W9-DJL-028

van Dale

Groot woordenboek Engels-Nederlands

E-N

bekort voorbeeld

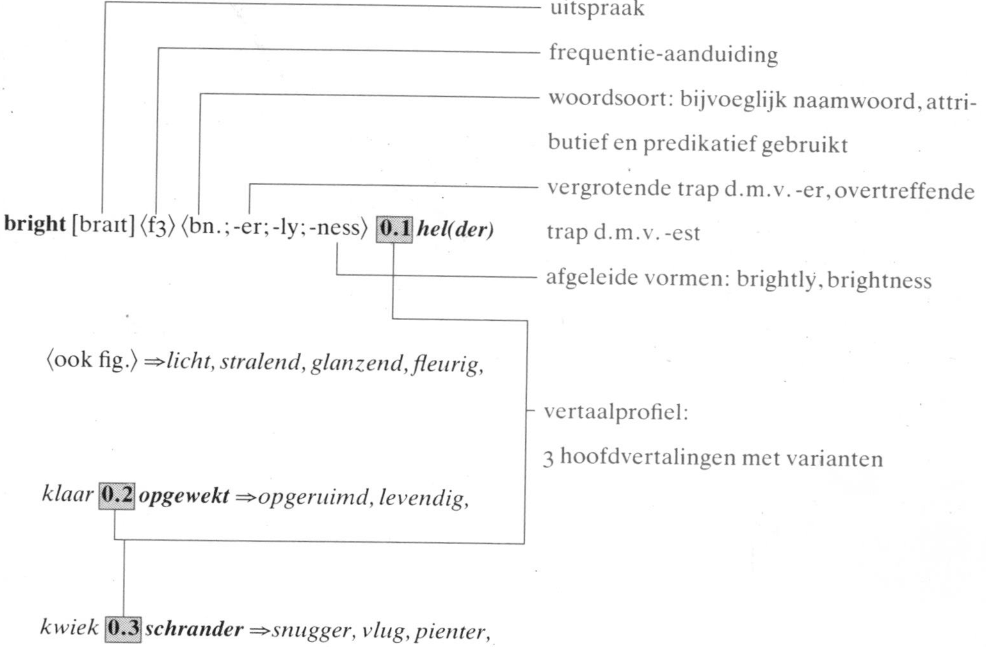
uitspraak
frequentie-aanduiding
woordsoort: bijvoeglijk naamwoord, attributief en predikatief gebruikt
vergrotende trap d.m.v. -er, overtreffende trap d.m.v. -est
afgeleide vormen: brightly, brightness
vertaalprofiel:
3 hoofdvertalingen met varianten
bright [braıt] ⟨f3⟩ ⟨bn.; -er; -ly; -ness⟩ **0.1** ***hel(der)***
⟨ook fig.⟩ ⇒*licht, stralend, glanzend, fleurig,*
klaar **0.2** ***opgewekt*** ⇒*opgeruimd, levendig,*
kwiek **0.3** ***schrander*** ⇒*snugger, vlug, pienter,*

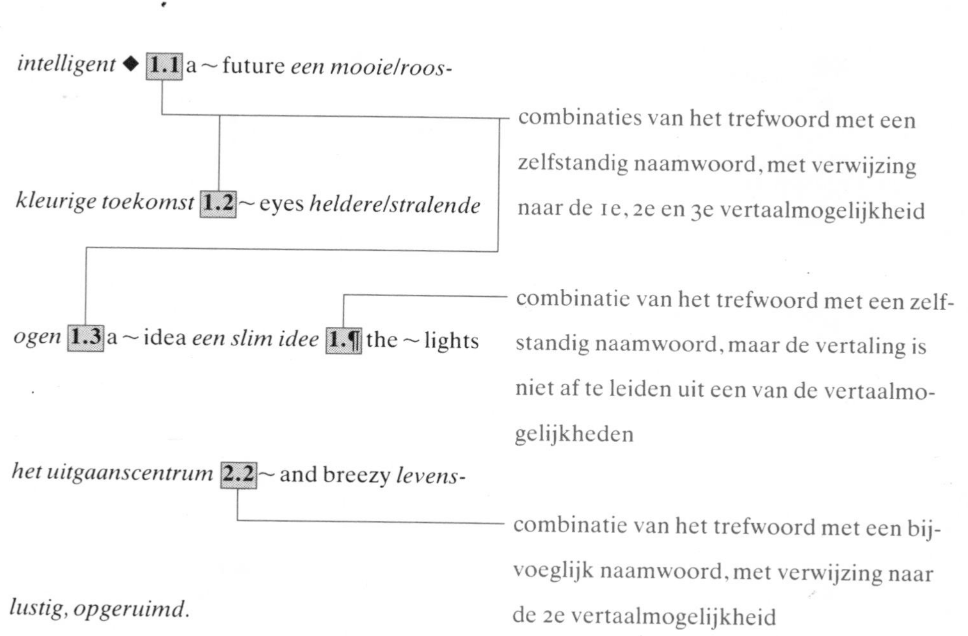
intelligent ◆ **1.1** a ~ future *een mooie/roos-*
kleurige toekomst **1.2** ~ eyes *heldere/stralende*
ogen **1.3** a ~ idea *een slim idee* **1.¶** the ~ lights
het uitgaanscentrum **2.2** ~ and breezy *levens-*
lustig, opgeruimd.
combinaties van het trefwoord met een zelfstandig naamwoord, met verwijzing naar de 1e, 2e en 3e vertaalmogelijkheid
combinatie van het trefwoord met een zelfstandig naamwoord, maar de vertaling is niet af te leiden uit een van de vertaalmogelijkheden
combinatie van het trefwoord met een bijvoeglijk naamwoord, met verwijzing naar de 2e vertaalmogelijkheid

Groot woordenboek Engels - Nederlands

Woordenboeken voor hedendaags taalgebruik

onder hoofdredactie van

prof. dr. B. P. F. Al

dr. P. Bogaards

prof. dr. H. L. Cox

prof. dr. W. Martin

prof. dr. P. G. J. van Sterkenburg

dr. G. A. J. Tops

Engels - Nederlands

Groot woordenboek Engels-Nederlands

door prof. dr. W. Martin
en dr. G. A. J. Tops

in samenwerking met

drs. J. L. Bol

dr. R. Eeckhout

drs. A. E. Reinders-Reeser

drs. L. Roos

drs. M. H. M. Schrama

tweede druk

Van Dale Lexicografie

Utrecht/Antwerpen

Vormgeving
Bern. C. van Bercum BNO

Zetwerk
Gardata bv, Leersum

Druk
Drukkerij Tulp bv

CIP-Gegevens Koninklijke Bibliotheek, Den Haag
Van Dale groot woordenboek Engels-Nederlands / door W. Martin [hoofdred.] en G. A. J. Tops [plaatsvervangend hoofdred.]. - Utrecht [etc.]: Van Dale Lexicografie. - (Reeks Van Dale woordenboeken voor hedendaags taalgebruik, ISBN 90-6648-114-5)
ISBN 90-6648-123-4 geb.
ISBN 90-6648-113-7 (set E-N/N-E)
SISO enge 831 UDC (038) = 20 = 393.1 NUGI503
Trefw.: Engelse taal; woordenboeken.

D/1989/0108/512

Eerste druk 1984
Tweede druk 1989

Aan de eerste druk van dit woordenboek werkten de volgende redacteuren mee:

Hoofdredacteur: Prof. dr. W. Martin
(Vrije Universiteit Amsterdam en
Universitaire Instelling Antwerpen)

Plaatsvervangend hoofdredacteur:
Dr. G. A. J. Tops
(Universitaire Faculteiten St.-Ignatius
Antwerpen)

Eindredactie:
Drs. J. L. Bol
Dr. R. Eeckhout
Drs. P. H. van Gelderen
Drs. M. E. Heesen
Drs. A. E. Reinders-Reeser
Drs. L. Roos
Drs. M. H. M. Schrama
Lic. A. Verhaert

Bureauredacteuren:
Drs. L. Roos
J. A. M. Vinck

Vertaalsupervisoren:
E. R. van Altena
Th. Th. M. Nicolaas †

Redacteuren-coördinatoren:
Drs. J. L. Bol
Dr. R. Eeckhout
Dr. St. Geukens
Prof. dr. L. Goossens
Drs. A. E. Reinders-Reeser

Redacteuren:
Dr. A. Belien-Cohen
Drs. Z. Borgeld-Guman
Drs. J. L. Commandeur
Lic. H. Cuyckens
Dr. B. Devriendt
Lic. A. de Geest
Drs. P. H. van Gelderen
Lic. H. Goubert
Drs. M. E. Heesen
Lic. D. Jaspers
Drs. M. W. L. Kester
Drs. M. van der Laaken
Lic. M. Macarthur
Drs. P. Nekeman
Prof. dr. J. P. van Noppen
Drs. C. Poldermans
T. De Rycker, M.A.
Drs. M. H. M. Schrama
Lic. A. de Schryver
Lic. K. de Smedt
Drs. Ch. E. Smit
Lic. W. Vanduffel
Lic. A. Verhaert
M. Verhoef
Dr. J. Verschueren
Lic. J. Vreven
Dr. M. de Winter
Lic. R. Wydouw

Grammaticaal compendium:
Prof. dr. X. Dekeyser
(hoofdstuk Uitspraak door
drs. A. P. A. Broeders)

Spreekwoorden:
M. Conlon
Drs. A. A. D. Kapteijns-Bacuna

Uitspraakredactie:
Drs. A. P. A. Broeders
P. J. E. Hyams, M.A.

De tweede, thans voorliggende druk werd verzorgd door de volgende personen:

Hoofdredacteur: Prof. dr. W. Martin
(Vrije Universiteit Amsterdam en Universitaire Instelling Antwerpen)

Plaatsvervangend hoofdredacteur:
Dr. G. A. J. Tops
(Universitaire Faculteiten St.-Ignatius Antwerpen)

Bureauredacteur: Drs. M. H. M. Schrama

Eindredacteuren: Drs. J. L. Bol
Dr. R. Eeckhout
Drs. A. E. Reinders-Reeser
Drs. L. Roos

Verder verleenden hun medewerking:
C. J. van Aarle, J. De Beenhouwer, drs. J. de Berg, drs. M. W. Brassé, drs. A. P. A. Broeders, drs. A. J. Brugman, drs. T. D. Bührs, prof. dr. R. Van Caeneghem, prof. dr. J. Claes, prof. dr. D. Conlon, prof. dr. X. Dekeyser, Lic. K. Geukens, dr. M. Hannay, drs. G. van Hoogstraten, A. ter Horst, prof. dr. H. Houtman-De Smedt, L. Kemp, drs. W. A. van Klaveren, dr. G. Kunis, prof. dr. J. L. Mackenzie, Lic. N. Malfait, prof. dr. G. Mannaerts, S. Massoty B. A., H. Neufkens, prof. dr. H. Parret, drs. P. J. van de Paverd, R. C. Rook, J. J. van Scherpenzeel, A. M. Schwarz, A. van der Stop, prof. dr. C. Tindemans, Lic. W. Vanduffel, M. Verhoef.

De redactie heeft bij haar werkzaamheden grote steun ondervonden van de vele gebruikers die de moeite hebben genomen hun op- en aanmerkingen aan Van Dale Lexicografie te doen toekomen. Met name worden hier genoemd degenen die een substantiële bijdrage aan deze tweede druk hebben geleverd, te weten Mr. H. de Bie, A. P. Bruinsma-Beijer, drs. I. J. Bruning, drs. R. Coppieters, drs. R. S. Eisenga, J. Engelsman, T. Huitenga, T. B. Jongeling, P. H. de Leeuw, A. J. M. van der Loop, drs. J. A. de Roos, drs. M. J. Sanders, P. A. Sweens, dr. A. G. Westerbrink, dr. J. van Zutphen. Een heel bijzonder woord van dank gaat naar de heer W. E. Ringer (Hilversum), de heer R. Kurpershoek (Amsterdam) en de heer B. Belder (Sea Cliff, SA, Australië) die, met niet aflatende ijver en regelmaat van 1984 af tot nu, ons waardevol materiaal en interessante suggesties hebben gestuurd.

Graag willen we ook danken de medewerkers aan het Groot Woordenboek Engels-Nederlands en Nederlands-Engels, eerste druk, die, als insiders, tijdens en na het werk, zeer veel op- en aanmerkingen hebben doorgestuurd. Met name dienen hier vermeld: drs. P. H. van Gelderen, K. C. Cook B. A., M. Verhoef.

Tenslotte is dankbaar gebruik gemaakt van het gegevensbestand dat de redactie van het nadien verschenen Van Dale Handwoordenboek Engels-Nederlands heeft opgebouwd en van de verzameling neologismen door J. A. Simpson (co-editor *Oxford English Dictionary)* ter beschikking gesteld.

Inhoud

Ter inleiding

In het nawoord van het *Groot Woordenboek Engels-Nederlands* eerste druk (1984) kon men onder meer het volgende lezen: 'Hoewel een foutloos woordenboek een utopie mag lijken en het risico van fouten groter wordt naarmate een complexere en genuanceerdere materie behandeld wordt, maken de auteurs zich sterk dat door het signaleren van redactionele fouten en onvolkomenheden de gebruikers meehelpen aan het instrument dat ze verdienen: een goed vertaalwoordenboek Engels-Nederlands.' De talrijke reacties die ons sindsdien hebben bereikt, hebben ons hoopvol gestemd: zowel waardering als kritiek wezen op een bijzonder grote betrokkenheid van het publiek bij deze onderneming. Alle op- en aanmerkingen hebben wij dan ook in dank aanvaard en zorgvuldig onderzocht. Zij hebben er mede toe geleid dat de thans voorliggende tweede druk, op vrijwel elke pagina en elke kolom, een aantal wijzigingen vertoont ten opzichte van de eerste druk. De belangrijkste ervan willen wij graag hieronder toelichten.

Een eerste, op het eerste gezicht allicht oppervlakkig, verschilpunt met de eerste druk, is het gebruik van een andere typografie. Immers, een steeds opnieuw geuite wens, zowel van de kant van de recensenten als van die van de 'gewone gebruikers', was het verhogen van de leesbaarheid van de woordenboekinformatie. Om aan dit verzoek gevolg te kunnen geven zonder tevens reële lexicografische informatie verloren te laten gaan, werden de volgende maatregelen getroffen: allereerst werd het grammaticaal compendium, dat oorspronkelijk 76 pagina's telde, in het voorliggende deel tot 24 pagina's teruggebracht. Deze bevatten met name het morfologische gedeelte, waarnaar vaak verwezen wordt. Het volledige compendium is verplaatst naar het deel Nederlands-Engels waar het, omwille van zijn voornamelijk produktieve functie, in de eerste plaats thuishoort en waar tevens de nodige ruimte voorhanden is. Vervolgens is besloten om alle vaste verbindingen voortaan slechts één keer in het woordenboek op te nemen. Dit betekent dat een uitdrukking als 'turn a deaf ear to s.o.' slechts éénmaal in het woordenboek wordt opgenomen (en behandeld), in casu onder het trefwoord **deaf.** Verwijzingen bij **turn** en **ear** komen, in tegenstelling tot de eerste druk, niet meer voor. Het is dus belangrijk dat de gebruiker zich het gehanteerde systeem voor het bepalen van het behandeltrefwoord bij vaste verbindingen eigen maakt. Uitleg hierover vindt men op pagina 26 van de gebruiksaanwijzing. Tenslotte werd overtollige, redundante of minder correcte informatie geschrapt of ingekort. Zo werd bijvoorbeeld bij **join 0.1** ***samenkomen*** ⇒ *zich verenigen, verenigd worden; elkaar ontmoeten, uitkomen op, samenlopen, samenvloeien, grenzen aan elkaar* de variant *samenlopen* geschrapt.

In de regel verschilt een nieuwe druk van een woordenboek van zijn voorganger onder meer door het feit dat, samen met de evolutie in de tijd en in de samenleving, ook een evolutie in de taal heeft plaatsgevonden. Een en ander vindt dan zijn neerslag in het woordenboek door de registratie van nieuwe woorden, nieuwe betekenissen van woorden, nieuwe combinatiemogelijkheden, verschuivingen binnen het gebruik van woorden enzovoort. Zo ook in deze tweede druk. Het aantal nieuwe ingangen bedraagt bijvoorbeeld ongeveer 4.000. Men vindt ze verspreid over allerlei communicatieve situaties en inhouden zoals uit de volgende voorbeelden moge blijken: **AIDS carrier, anchor woman, ATM, birth parent, blister pack, bluppie, bomb scare, download, gotcha, glitz, home banking, insider trading, kissagram, kiss-and-tell, lap top, maglev, magnet school, odour nuisance, one-stop shop, pantyshield, right-to-lifer, spreadsheet, wimp** enzovoort, enzovoort. Uiteraard kent het aantal woorden afkomstig uit gebieden die van grote invloed zijn op het dagelijkse leven, zoals de informatica, weer een sterke toename: typerend in dit opzicht is onder meer dat het aantal woorden waarin **computer** voorkomt in vergelijking met de eerste druk haast verdubbeld is. Andere opvallende 'clusters' zijn bijvoorbeeld nog de **Euro-** en de **job-**woorden. Zo komen in het eerste geval naast de woorden uit de eerste druk (**Eurocommunism, Eurocommunist, Eurocrat, Eurodollar, Euromissile,** en **Eurovision**) nu ook nog **Eurobond, Eurocheque, Eurocurrency, Euro-election, Euromarket, Euro-MP, Euronet, Europlug, Europoll, Eurospeak,** en **Eurosummit** voor: een duidelijk teken dat 1992 wenkt!

De registratie van de interne dynamiek van woorden, met name betekenisveranderingen, nieuwe combinaties, verschuivingen met betrekking tot gebruik en dergelijke, vergt in feite intenser lexicografisch onderzoek dan de registratie van nieuwe woorden op zich. Ook op dit vlak is de tweede druk aanmerkelijk verrijkt en verbeterd. Eén bladzijde uit de letter J bijvoorbeeld (**J - jack up**) kan een en ander verduidelijken: binnen dit traject treft men onder meer nieuwe voorbeelden aan als (in het artikel **jack**[1]): I'm all right, Jack (*(met mij is) alles kits,* ⟨ong.⟩ *ikke, ikke en de rest kan stikken)*; nieuwe betekenissen treft men aan bij **jack**[1] (⟨BE;sl.⟩ ***briefje v. £ 50)***, **jackboot** (naast de letterlijke nu ook de figuurlijke: ***totalitarisme)***, **jack up** (nieuw zijn onder meer de slang-betekenis ***heroïne spuiten*** en de informele betekenissen: ***verhogen*** ⟨salaris⟩ en ***regelen*** ⇒ *organiseren)*, **jackpot** ('hit the jackpot' in de figuurlijke betekenis van *een klapper maken, het (helemaal) maken)*; gebruiksveranderingen of nuanceringen vindt men onder meer bij **jackknife** (als term uit het schoonspringen, nu met de toevoeging: verouderd, de meer hedendaagse term luidt thans **forward pike dive**) en bij **jack**[1] (niet alleen gebruikelijk bij het jeu de boules maar ook bij bowling (op gras) en bij bowls, telkens met eigen, specifieke vertalingen).

Taalverandering impliceert uiteraard niet alleen het toevoegen of het wijzigen maar ook het verwijderen van bepaalde taalelementen. Vele woordenboeken lijden echter aan een conserveringssyndroom: zij voegen wel toe, maar schrappen zelden. Zo komt het dat men in bepaalde vertaalwoordenboeken met het Engels als brontaal woorden vindt die men in geen enkel synchroon Engelse verklarend woordenboek (nog) aantreft. Voor deze druk werden dan ook alle met ⟨verouderd⟩ gelabelde woorden of elementen uit de eerste druk nauwkeurig bekeken en onderzocht. **Faint** (in de betekenis ***drukkend*** ⇒ *benauwd, zwoel)* en **fluent** (in de betekenis ***veranderlijk*** ⇒ *wisselvallig)*, om slechts twee voorbeelden te noemen, komen niet langer in de tweede druk voor: men vindt ze nog wel in de *Oxford English Dictionary* terug, in de meeste synchrone Engelse monolinguale woordenboeken zijn ze echter niet langer aanwezig. Dezelfde politiek hebben wij ook toegepast met betrekking tot (voornamelijk Amerikaans) slang. Iedereen weet hoe voorbijgaand slang kan zijn. Grappig bedoelde, maar niet langer gebruikte formaties als **fishwrapper** (krant) en **fogmatic** (borrel en bezopen) hebben dan ook plaats moeten maken voor nieuwe, thans meer gebruikelijke slangwoorden of -uitdrukkingen zoals bijvoorbeeld **joint** (in de betekenis ***nor*** ⇒ *bak)*, **piss-artist** (in de betekenis ***praatjesmaker*** en ***zuipschuit)*** en 'be in the pudding club' (*met een dikke buik rondlopen)*.

Uiteraard heeft elke nieuwe druk de bedoeling de fouten en onvolkomenheden uit vorige drukken weg te werken. Grote steun hebben wij hierbij ondervonden van onze gebruikers die ons op allerlei onvolmaaktheden atten-

deerden (zoals bijvoorbeeld de vertaling 'megatron'(!) voor **microwave oven** of de spelling 'actrice' (i.p.v. 'actress' in het voorbeeld 'she has the stuff of an actress' (in het artikel **stuff**)). Naast deze waardevolle, occasionele op- en aanmerkingen hebben wij ook gepoogd het woordenboek op een systematische wijze te controleren en te corrigeren. Daartoe werden lijsten van vakgebieden en registers door de computer uitgedraaid en aan experts voorgelegd met het verzoek om commentaar. Dit heeft tot vele ingrepen geleid met name bij de volgende vakgebieden of taalregisters: dierkunde (sterker genormeerd), alle technische terminologie (van wiskunde, natuurkunde, biologie en scheikunde tot statistiek en informatica), sport (sterk uitgebreid en gedifferentieerd naar sporttakken), geologie, economie, taalkunde, Australisch- en Schots-Engels, muziek, literatuur en theater enzovoort, enzovoort.
Bij het werken aan de thans voorliggende druk zijn wij ons nog meer bewust geworden van het feit dat de weg naar het woordenboek dat wij ons tot doel hebben gesteld lang en moeizaam is. Wij hopen dat de hierboven beschreven veranderingen door de gebruikers als verbeteringen zullen worden ervaren en dat wij ook in de toekomst op hun gewaardeerde steun en coöperatie zullen kunnen rekenen.

W. Martin/G. Tops
Amsterdam/Antwerpen
zomer 1989

Gebruiksaanwijzing Engels-Nederlands

1 Algemene typering

Dit werk kan – heel in het algemeen – getypeerd worden als
- een woordenboek
- dat zich richt naar de behoeften van Nederlandstaligen
- bij het begrijpen en vertalen naar het Nederlands
- van hedendaagse, Engelse
- zowel gesproken als geschreven 'teksten'
- van algemene aard.

Met andere woorden, dit woordenboek wil Nederlandstaligen helpen bij het begrijpen en/of vertalen van modern Engels. Dat impliceert evenwel niet dat het uitsluitend een begrijp- of vertaalwoordenboek zou zijn. Het produktieve aspect komt eveneens aan bod, onder meer bij de spelling, de uitspraak, de frequentie-aanduiding, de grammaticale gegevens, de gebruiksrestricties en de voorbeelden, al zal dit aspect uiteraard de hoofdopzet van het deel Nederlands-Engels uitmaken. Zoals bij de meeste tweedelige bilinguale woordenboeken is die informatie ook hier ten dele complementair.

De structuur van het deel Engels-Nederlands is drieledig.
In de eerste plaats is er het eigenlijke woordenboekgedeelte, bestaande uit ongeveer 95.000 ingangen in alfabetische orde.
Daarop volgt een grammaticaal compendium, dat eveneens alfabetisch georganiseerd is. In het voorliggende deel gaat het om een beknopte weergave van dit compendium. Een meer uitgebreide versie is te vinden in de (nog te verschijnen) tweede druk van het deel Nederlands-Engels. De onderliggende gedachte hierbij is dat, hoewel voor het decoderen (begrijpen) van een tekst zowel een grammatica als een lexicon nodig zijn, dit laatste des te sterker geldt voor het encoderen (produceren) van een taal. Wil men dus meer grammatica-informatie dan moet men de meer uitgebreide versie in het complementaire, produktieve deel erop naslaan. Overigens is dit grammaticaal compendium contrastief opgezet (zie ook paragraaf 7 van deze gebruiksaanwijzing).
Tenslotte bevat het woordenboek nog twee appendices, te weten:
- een lijst van Engelse spreekwoorden met hun Nederlandse equivalenten, of, als die niet bestaan, een Nederlandse vertaling (zie par. 9);
- een lijst van (Britse en Amerikaanse) maten en gewichten.

De appendices hebben gemeen dat zij buiten het strikt lexicale en/of taalkundige domein vallen: spreekwoorden zijn – in tegenstelling tot wat de Nederlandse term suggereert – geen woorden, maar autonome woordgroepen of zinnen. Met namen van maten en gewichten komen we in het gebied van de encyclopedische kennis terecht. Dit woordenboek is geen encyclopedie, maar o.m. omwille van zijn begrijpfunctie hebben we gemeend er goed aan te doen dit appendix op te nemen.

2 Het beschreven taalgebruik

Zoals in het vorige punt al werd vermeld is de woordenschat die in dit boek beschreven wordt te karakteriseren als hedendaags – zowel gesproken als geschreven – Engels. Op elk van deze aspecten willen we hieronder even ingaan.

In de eerste plaats gaat het om een hedendaagse woordenschat. Concreet betekent dit o.m. dat in dit boek woorden, uitdrukkingen en betekenissen voorkomen die (nog) niet in de meeste andere (zelfs zgn. neologismenwoordenboeken) aan te treffen zijn (zoals *aged care, ageist, agrobiology, -aid, AIDS carrier, anchor woman, antiparticle, antiques road show, APB, ARC, A/S-level, audiosecretary, banning order, birth parent, blister pack, block release, bluppie, BMX, bomb scare* enz.).
Dit komt tevens tot uiting in de bijzondere aandacht voor termen die kenmerkend zijn voor de tijd waarin wij leven. Men hoeft slechts het trefwoord *nuclear* erop na te slaan om te zien wat hiermee wordt bedoeld.
Ook de proliferatie van computertermen is typerend in dit opzicht.
Naast de talrijke, in het gewone taalgebruik ingang vindende *termini technici* komt het woord *computer* zelf alleen al ruim 50 maal als ingang voor. O.m. in samenstellingen met *computer* als eerste lid (zoals *computer dating* en *computer terminal),* maar ook in afleidingen (zie bv. *computerizable* en *computerese),* in samenstellingen/afleidingen met *computer* als tweede lid (zoals *desktop computer, microcomputer* e.d.) en in afkortingen (zoals *CAI* of *CAD).* Hetzelfde geldt m.m. voor de *video*-woorden (±20 ingangen), de *space*-samenstellingen (ruim 30 ingangen met *space* als eerste lid) enz..
Deze aandacht voor het hedendaagse taalgebruik heeft mede tot gevolg gehad dat verouderde woorden en/of betekenissen in principe niet werden opgenomen. Dit gebeurde wel als er een redelijke kans bestond dat de lezer ze in literaire teksten zou tegenkomen of als woorden naast een verouderde ook één of meer niet-verouderde betekenissen hadden.
Er is ook extra aandacht besteed aan de spreektaal die in veel woordenboeken ondervertegenwoordigd is. Vandaar de ruime opname van informele, platte en vooral slangwoorden of -betekenissen. Overigens worden sommige *fourletter words* als *arse, cunt, fuck, piss, shit* e.d. geregeld gebruikt zijn en krijgen in het woordenboek dan ook een ⟨f2⟩ of ⟨f1⟩ als frequentie-aanduiding (zie par. 6).
Verder is ernaar gestreefd vertalingen van een vergelijkbaar niveau te geven. De alledaagse informele Engelse uitdrukking *it was a piece of cake* wordt dan ook niet door *een simpele zaak* vertaald, maar door *het was een makkie/peuleschilletje/een fluitje v.e. cent.*
Een eigenaardigheid waaraan dit woordenboek niet kon of mocht voorbijgaan is de volgende: als wereldtaal heeft het Engels een zeer sterke geografische spreiding en variatie, die op het ogenblik gedomineerd wordt door twee polen, nl. het Brits-Engelse en het Amerikaans-Engelse taalgebied. Het gevolg is dan ook dat het woordenboek zich niet alleen op de Britse standaardvariant van het Engels heeft gericht, maar evenzeer op de Amerikaanse.
Typische Briticismen of Amerikanismen worden trouwens van de labels ⟨BE⟩, resp. ⟨AE⟩ voorzien. Verder is er ook in zekere mate plaats ingeruimd voor andere supraregionale varianten, zoals Australisch, Canadees, Iers, Indisch, Schots en Zuidafrikaans Engels (zie ook par. 8).
Tenslotte zal het de lezer van het begin af duidelijk geworden zijn dat een woordenboek met 95.000 trefwoorden niet alleen de dagelijkse termen van het hedendaagse Britse en Amerikaanse Engels bevat. Daarnaast zijn er ook een groot aantal meer gespecialiseerde termen opgenomen, waarbij vooral aandacht is besteed enerzijds aan zgn. vak-externe termen, d.w.z. termen die niet alleen door vakdeskundigen worden gebruikt maar ook tot een publiek van niet-vakdeskundigen zijn doorgedrongen, anderzijds aan termen die specifieke vertaalmoeilijkheden bieden (zoals bv. namen uit de fauna en flora).
Vak-interne termen zijn dus in mindere mate te verwachten, vaktermen die geregeld in nietgespecialiseerde literatuur (schoolboeken, algemene boeken of tijdschriften, vulgariserende werken) voorkomen daarentegen wel. Bovendien worden, in de regel, bij woorden met algemene betekenissen ook de vaktechnische betekenissen opgegeven.

3 Ingangen

Een gebruiker van een vertaalwoordenboek raadpleegt het in veruit de meeste gevallen voor het oplossen van een semantisch probleem: hij kent een bepaald woord of een bepaalde uitdrukking uit de vreemde taal niet of niet goed, hij twijfelt aan zijn kennis, hij is op zoek naar een goed vertaalequivalent enz.. Het eerste wat die gebruiker moet weten is dan ook wáár hij iets moet zoeken, en hierbij is zijn eerste vraag dan weer welke eenheden hij als trefwoorden of ingangen verwachten kan (binnen het bereik waarop het woordenboek betrekking heeft, zie par. 2).
Op het eerste gezicht lijkt het voor de hand te liggen dat alleen woorden als ingang zullen fungeren. De meeste woordenboeken maken hierop echter – terecht – uitzonderingen en dat is ook bij dit werk het geval. In feite zal de gebruiker van de Van Dale E-N naast woorden ook de volgende soorten ingangen aantreffen:

- onregelmatig verbogen of vervoegde woordvormen;
- affixen (voor- en achtervoegsels);
- afkortingen, verkortingen en letterwoorden;
- samentrekkingen;
- sommige woordgroepen.

We maken een onderscheid tussen de plaats van behandeling van:

- woorden en woordgroepen enerzijds en
- onregelmatige woordvormen, affixen, samentrekkingen en afkortingen e.d. anderzijds.

3.1 In principe zijn alle opgenomen woorden ook trefwoorden en komen woordgroepen niet als trefwoorden voor. De volgende uitzonderingen gelden hierbij.
De bijwoorden op *-ly* en de naamwoorden op *-ness*, voorzover ze geen betekenis hebben ontwikkeld die verschilt van het bijvoeglijk naamwoord waarvan ze zijn afgeleid, treden niet als afzonderlijk trefwoord op. In de regel treft men deze afleidingen dan ook aan bij de grammaticalia van het corresponderende bijvoeglijk naamwoord. Het motief voor deze uitzondering is plaatsbesparing.
Brightly en *brightness* treft men dus niet als aparte ingangen aan, wel bij de grammaticalia van *bright* (zie het voorbeeld op de boekenlegger).
Gewone woordgroepen (d.w.z. groepen van woorden die als normale combinaties van woorden beschouwd kunnen worden en dus ook normaal syntactisch te analyseren zijn) komen nooit als trefwoord voor. Woordgroepen daarentegen die niet met een normale syntactische analyse behandeld kunnen worden zijn in zekere zin als samenstellingen op te vatten en komen derhalve wél als trefwoorden voor.
In concreto betekent dit dat de gebruiker naamwoord + naamwoord-combinaties als ingang kan verwachten: *arms control* wordt dus niet onder *arms* noch onder *control* maar als aparte ingang behandeld. Verder zullen ook als ingang fungeren woordgroepen van het type bijvoeglijk naamwoord (of tegenwoordig deelwoord) + naamwoord die tevens eenheidsaccent krijgen (hoofdklemtoon op het eerste deel van de woordgroep): ook hier immers is er een afwijking t.o.v. het normale woordgroeppatroon waarin niet het bepalende maar het bepaalde woord in de regel de hoofdklemtoon krijgt. Als gevolg hiervan treft men *'mineral water* en *'bargaining table* als trefwoorden aan, niet echter *absolute 'nonsense* of *crying 'baby*. In de laatste twee gevallen gaat het immers om normale woordgroepen en die komen uiteraard niet als trefwoord voor. Ook een (weliswaar klein) aantal genitief-constructies, de zgn. *classifying genitives,* komen als trefwoord voor (gevallen van het type *cat's meat* e.d.): in tegenstelling tot gewone woordgroepen modificeert bij dergelijk combinaties een bijvoeglijk naamwoord niet de onmiddellijk voorafgaande genitief maar de gehele combinatie.
Samengevat:

- op twee gevallen na (*-ly* en *-ness*-afleidingen) komen woorden altijd als trefwoord voor;
- woordgroepen daarentegen komen nooit als trefwoord voor, tenzij zij een formele (syntactische en/of fonetische) afwijking t.o.v. de woordgroepstructuur vertonen (de naamwoord + naamwoord-combinaties, de gevallen met eenheidsaccent, sommige genitief-constructies);

- tenslotte moet erop gewezen worden dat werkwoorden met een bijwoordelijk partikel of voorzetsel *(come in, look at* e.d.) altijd onder het hoofdwerkwoord worden vermeld; als deze combinaties echter semantisch ondoorzichtig zijn en/of vrij veel ruimte innemen, worden ze ook als aparte trefwoorden behandeld (zie verder par. 11).

Werkwoorden die altijd met een vast voorzetsel voorkomen, worden als zodanig als trefwoord vermeld. Aldus *rely (up)on.*

3.2 Naast woorden (en wij zijn er in het voorgaande stilzwijgend van uitgegaan dat woorden een typografische eenheid vormen, d.w.z. ofwel aaneengeschreven worden, ofwel met koppeltekens verbonden zijn) en de hierboven vermelde woordgroepen komen nog een aantal andere elementen als ingangen voor.
In de eerste plaats gaat het om voor- en achtervoegsels. Op deze wijze kan de gebruiker voor een deel van de niet in dit woordenboek beschreven ingangen toch de betekenis ervan vaststellen.
Afkortingen (zoals bv. *TUC),* verkortingen (zoals bv. *flu),* letterwoorden (zoals bv. *UNESCO)* vormen eveneens aparte ingangen, van waaruit bij de eerste twee altijd verwezen wordt naar het volledige woord of de woordgroep. In de regel volgt er bij verkortingen altijd, bij afkortingen en letterwoorden soms een behandeling (in het laatste geval afhankelijk van het al of niet voorhanden zijn van een Nederlands equivalent).
Onregelmatig verbogen of vervoegde vormen worden eveneens als afzonderlijke ingangen opgenomen (ze zijn immers voor de gemiddelde gebruiker ondoorzichtig) met verwijzing naar het trefwoord waaronder ze behandeld worden. Zo wordt bv. bij *ate* naar *eat* verwezen. Zoals algemeen gebruikelijk fungeren bij werkwoorden de onbepaalde wijs, bij zelfstandige naamwoorden het enkelvoud en bij bijvoeglijke naamwoorden de stellende trap als behandeltrefwoord. De onregelmatig verbogen of vervoegde vormen worden echter in de regel niet als ingang vermeld als ze zich binnen een afstand van tien trefwoorden van het normale behandeltrefwoord bevinden. Derhalve wordt *eaten* niet als ingang opgenomen.
Onregelmatige vormen die (semantisch en/of grammaticaal) een eigen leven zijn gaan leiden (zoals bv. *worse)* worden niet verwijzenderwijs, maar volledig behandeld. Om dezelfde redenen kunnen overigens ook regelmatige woordvormen worden opgenomen (zoals bv. *coloured,* oorspronkelijk voltooid deelwoord van *colour,* thans ook als bijvoeglijk naamwoord gebruikt).
Samentrekkingen tenslotte (zoals *don't, won't* e.d.) worden wel als trefwoord opgenomen maar voor behandeling wordt verwezen naar de volledige vorm.
Volledigheidshalve moet hieraan worden toegevoegd dat geografische namen in de regel niet als trefwoorden worden opgenomen tenzij zij een specifieke (vertaal)moeilijkheid bieden *(Vienna* bv. komt wél, *Canada* daarentegen niet voor). Andere eigennamen, behalve namen van talen en temporale eigennamen *(Tuesday* e.d.), worden trouwens niet in het woordenboek opgenomen, tenzij zij ook een bepaalde (vertaal)moeilijkheid vertonen en/of een soortnaambetekenis hebben gekregen (bv. *Jack).* Hetzelfde geldt m.m. voor eigennamen in vaste verbindingen.

3.3 Het laatste punt van deze paragraaf heeft betrekking op de orde waarin de ingangen verschijnen.
Deze is strikt alfabetisch, waarbij men rekening moet houden met de algemene stelregel dat het gewone vóór het ongewone komt. Dit laatste impliceert dat – bij gelijkheid op andere punten – kleine voor hoofdletters komen, affixen na woorden enz.. Voorbeeld:

re[1] (naamwoord)
re[2] (voorzetsel)
re- (voorvoegsel)
're (= are)
RE (afkorting)

Uit dit voorbeeld blijkt dat in het woordenboek ook homoniemen worden aangetroffen, d.w.z. meer dan één ingang van dezelfde vorm: zo komt naast *re*[1] ook *re*[2] voor. Omdat dit woordenboek uitgaat van de kennis van een Nederlandstalige gebruiker gebeurt deze splitsing nooit op grond van betekenisverschil alleen. In principe is één vorm één ingang. Twee of meer ingangen zijn slechts mogelijk

als het gaat om twee werkelijk verschillende woorden, waarbij het verschil betrekking heeft op woordcategorie, uitspraak of morfologie. *Bank* in de betekenis 'financiële instelling' enerzijds, 'oever' anderzijds vormt dus één en dezelfde ingang. *Lead* daarentegen vormt diverse ingangen: *lead*[1] [led] (zelfstandig naamwoord), *lead*[2] [li:d] (zelfstandig naamwoord), en *lead*[3] [li:d] (werkwoord). Hetzelfde geldt overigens voor *lie (lie*[1] = zelfstandig naamwoord; *lie*[2] = werkwoord (+ *lied, lied); lie*[3] = werkwoord (+ *lay, lain)*). Homografe ingangen worden dan d.m.v. superieure cijfers van elkaar onderscheiden. De onderlinge orde wordt door de woordsoort bepaald (eerst zelfstandig naamwoord, dan bijvoeglijk naamwoord, werkwoord enz., zie cijfer-punt-cijfercode par. 11).
Zijn de grammaticale verschillen tot een verschil in subcategorisering terug te voeren (zie verder par. 7), dan is er nog altijd slechts één ingang, maar het lemma is dan d.m.v. Romeinse cijfers duidelijk in twee of meer stukken onderverdeeld. Zo heeft het werkwoord *cake* naast een overgankelijke ook een onovergankelijke betekenis ('bedekken' vs. 'koeken/stollen'): beide worden in dezelfde ingang behandeld, maar door Romeinse cijfers van elkaar onderscheiden.

4 De opbouw van een artikel

Onder artikel wordt hier verstaan het geheel van alle gegevens i.v.m. een bepaalde ingang, inclusief deze ingang zelf.
Heeft deze ingang niet slechts een verwijzende functie dan zal de structuur van een artikel een aantal van de volgende elementen bevatten:

a trefwoord (met varianten)
b uitspraak
c frequentienotatie
d grammaticale informatie
e markeringen
f spreekwoordverwijzing
g vertaalprofiel
h vertaalequivalenten in contexten (of gecontextualiseerde vertaalequivalenten)

Het laatste deel (h) wordt d.m.v. een 'dropje' (◆) van wat voorafgaat gescheiden.

Gebruiksaanwijzing

Is een trefwoord in verschillende delen onderverdeeld (m.b.v. Romeinse cijfers), dan geldt dat de informatie die aan de verschillende delen gemeenschappelijk is aan de onderverdeling voorafgaat. Voor de afzonderlijke delen geldt dan dat de specifieke informatie in de hierboven aangeduide volgorde staat.
In het vervolg van deze gebruiksaanwijzing wordt nader op de punten a t/m h ingegaan.

5 Spelling en uitspraak

5.1 Trefwoorden kunnen grafische varianten hebben. In principe worden zij samen met het trefwoord, dus in één artikel, behandeld. Deze varianten komen voor zowel op het vlak van de spelling (al dan niet met uitspraakverschillen), als op het vlak van de morfologie.
Voorbeelden:

- *jasmin(e)* (spellingvariatie zonder uitspraakverschil);
- *alarm, alarum* (varianten met uitspraakverschillen);
- *etymological, etymologic* (morfologische varianten);
- *entrance fee, entrance money* (samenstellingen waarbij het eerste lid onveranderd blijft).

Wat de spelling betreft: het Engels vertoont, mede door zijn geografische spreiding, nogal wat spellingvariatie. De principes die gevolgd werden om deze variatie weer te geven zijn de volgende:

- Alleen de meest gebruikelijke varianten worden opgenomen.
- Deze vallen uiteen in twee groepen: algemene of vrije (woorden die in het gehele Engels-sprekende gebied op verschillende wijzen gespeld kunnen worden) en geografische (woorden die naar gelang van de regio verschillend gespeld kunnen worden, hoofdzakelijk gaat het hierbij om het onderscheid tussen Brits- en Amerikaans-Engels).
- Voor de algemene varianten geldt dat de meest frequente variant vóór de minder frequente komt, bij geografische variatie komt de Britse variant voorop.
- Bij het onderscheid Brits-Engels vs. Amerikaans-Engels worden drie mogelijkheden

onderscheiden, zoals de volgende type-voorbeelden illustreren:

a *colour,* ⟨AE sp.⟩ *color* (het Amerikaans-Engels gebruikt alleen de tweede variant en het Brits-Engels de eerste);

b *catalogue,* ⟨AE sp. ook⟩ *catalog* (naast de eerste komt in het Amerikaans-Engels ook de tweede variant voor);

c *aeroplane,* ⟨AE sp. vnl.⟩ *airplane* (in het Brits-Engels komen beide varianten voor, in het Amerikaans voornamelijk de laatste).

- Een trefwoord wordt altijd behandeld bij de eerste variant. Als echter de andere varianten bij een strikte alfabetische ordening meer dan tien trefwoorden van die eerste variant verwijderd zouden zijn, volgt er een verwijzing. Voorbeeld: vanuit *ameba* wordt verwezen naar *amoeba,* waar het woord behandeld wordt.

Tenslotte worden, bij zowel de trefwoorden als de varianten, de afbreekplaatsen aangegeven, daar het afbreken in het Engels vaak moeilijkheden veroorzaakt. Bij homografen wordt deze informatie slechts éénmaal vermeld. Samenstellingen die niet aaneen of niet met koppelteken voorkomen, krijgen geen afbreekinformatie als de samenstellende delen ook als afzonderlijke trefwoorden voorkomen.

Met betrekking tot het Nederlands is de officiële *Woordenlijst van de Nederlandse taal* gevolgd.

5.2 Wat geldt voor de spelling, geldt m.m. ook voor de uitspraak: het Engels vertoont een rijke regionale en daarenboven ook nog sociale verscheidenheid. Voor een uitvoerige beschrijving van opzet, verantwoording en gevolgde methode wordt de lezer verwezen naar het trefwoord *uitspraak* in het grammaticaal compendium (in het deel Nederlands - Engels). Hieronder volgt alleen een beknopte opsomming van de belangrijkste symbolen en conventies.

Klinkers

ɪ als in p**i**n
e als in p**e**n
æ als in p**a**n
(ɒ) als in g**o**ne
ʌ als in g**u**n
ʊ als in p**u**ll
ə als in **a**go

i: als in s**ea**
u: als in t**oo**
ɑ(:) als in c**al**m
ɔ(:) als in l**aw**
ɜ(:) als in b**ir**d

eɪ als in d**ay**
aɪ als in b**y**
ɔɪ als in b**oy**
aʊ als in h**ow**
oʊ als in h**o**me
(ɪə) als in f**ear**
(eə) als in f**air**
(ʊə) als in p**oor**

Medeklinkers

p als in **p**ill
b als in **b**ill
t als in **t**oo
d als in **d**o
k als in **c**oal
g als in **g**oal

f als in **f**ew
v als in **v**iew
θ als in **th**in
ð als in **th**is
s als in **s**eal
z als in **z**eal
ʃ als in fi**sh**
ʒ als in mea**s**ure
h als in **h**alf

tʃ als in **ch**in
dʒ als in **g**in

l als in **l**ine
m als in **m**ine
n als in **n**ine
ŋ als in si**ng**

r als in **r**ay
j als in **y**ell
w als in **w**ell

Marginale klanken

œ̃ ongeveer als in het Franse **un**
ɔ̃ ongeveer als in het Franse b**on**
ɛ̃ ongeveer als in het Franse v**in**
ɑ̃ ongeveer als in het Franse bl**anc**
x ongeveer als in Ned. dag, als in Schots lo**ch**

Speciale symbolen

i als in happ**y**
ɪ̵ als in pock**e**t
ţ als in ma**tt**er
nţ als in wi**nt**er

De tussen haakjes geplaatste klinkers komen niet voor in GA (= General American).

Een aantal symbolen en conventies verdient speciale aandacht:

|| scheidt de (Engelse) RP (Received Pronunciation)-transcriptie van de (Amerikaanse) GA-transcriptie, zoals in *past* [pɑ:st||pæst] (voor het onderscheid RP-GA zie trefwoord *uitspraak* in Grammaticaal Compendium deel Nederlands - Engels)

\- vervangt een identiek deel in een voorafgaande transcriptie zoals in *purpose* ['pɜ:pəs||'pɜr-]

i staat voor RP [ɪ], GA [i:], zoals in *happy* ['hæpi], *react* [ri'ækt]

ɨ staat voor RP [ɪ], GA [ə], zoals in *packet* ['pækɨt], *represent* ['reprɨ'zent]

t̬ staat voor een [t] die in GA vaak stemhebbend – als een zachte [d] – wordt uitgesproken, zoals in *meeting* ['mi:t̬ɪŋ], *kettle* ['ket̬l]

nt̬ geeft aan dat GA [nt] hier vaak als [n] lijkt te worden uitgesproken, zoals in *winter* ['wɪnt̬ər], *mental* ['ment̬l]

· geeft aan dat de klanken aan weerszijden van het symbool tot verschillende lettergrepen behoren, zoals in *cottony* ['kɒtn·i||'kɑ-]

() geven aan dat de betreffende klank vaak wordt weggelaten

' wordt geplaatst aan het begin van een beklemtoonde lettergreep

'-'- geeft aan dat het woordaccent valt op de laatst beklemtoonde lettergreep, tenzij er een beklemtoonde lettergreep volgt.

6 Frequentie

Moedertaalsprekers hebben niet alleen weet van uitspraak, betekenis, combinatiemogelijkheden e.d. van woorden, zij kunnen ook een onderscheid maken tussen het vaak en het minder vaak voorkomen van woorden. Zo 'weet' elke Engelstalige dat *anger* frequenter is dan *ire*, en dat dit bij *opulent* en *rich* net andersom is. Wie daar bij de communicatie geen rekening mee houdt, zal op zijn minst als 'eigenaardig' opvallen.
Binnen het kader van dit woordenboekproject is er gepoogd deze frequentiële communicatieve vaardigheid te simuleren en op grond daarvan een basisvocabularium samen te stellen, d.w.z. een verzameling woorden die centraal staan voor een ontwikkelde moedertaalspreker. De omvang van dit vocabularium omvat om en nabij de 25000 items. Het vocabularium is verder onderverdeeld in:

- f4-woorden: zeer frequente, vaak grammaticale woorden;
- f3-woorden: frequente woorden (circa 4000 woorden, minder gebruikt dan de eerste reeks, zij het nog erg gebruikelijk);
- f2-woorden: woorden die niet echt frequent, noch echt infrequent, m.a.w. 'neutraal' zijn;
- f1-woorden: woorden die (nog) niet perifeer zijn, maar (vaak om uiteenlopende redenen) minder gebruikt worden.

Het zou ons te ver voeren binnen dit bestek de gevolgde methodiek te beschrijven en te verantwoorden. Daarvoor verwijzen wij naar een recente publikatie (W. Martin, On the construction of a basic vocabulary, in S. Burton and D. Shorts (Eds.), *Proceedings of the 6th International Conference on Computers and the Humanities,* Computer Science Press, Rockville, 1983, 410-414). In het kort willen wij er echter op wijzen dat als basis voor het onderzoek een corpus van ruim 10 miljoen woorden heeft gediend, verdeeld over 6 subcorpora, waarvan 3 gesproken en 3 geschreven, en 3 Britse tegenover 3 Amerikaanse. Verder werden de frequentiegegevens uit de subcorpora niet absoluut gebruikt maar tot hun communicatief effect herleid (m.a.w. bij *dad* en *daddy* bv. wordt niet opgegeven dat ze in het totale corpus precies 906 resp. 419 maal voorkomen, wel dat ze beide behoren tot de groep frequente woorden, weergegeven als f3). Op die manier werd een basisvocabularium geconstitueerd en naar vier niveaus gedifferentieerd. De bedoeling is tweeledig. Enerzijds is die louter descriptief: er wordt een onderscheid gemaakt tussen centrale en perifere woorden (deze laatste krijgen dan geen f-annotatie) en de centrale woorden worden op hun beurt verder onderscheiden (*dog* bv. krijgt f3, *bark* f2); anderzijds is de bedoeling vooral didactisch: de gebruiker van het woordenboek weet bij het opslaan van een trefwoord of het gaat om iets centraals dan wel om iets perifeers. De frequentie-annotaties kunnen m.a.w. als signalen fungeren die

de lezer ertoe aanzetten meer of minder aandacht aan een of ander item te besteden. Kernachtiger uitgedrukt: wie de hier als centraal gekenmerkte (en dus van f-annotaties voorziene) Engelse items kent of zich eigen heeft gemaakt, heeft een taalbeheersing verworven die heel dicht die van de Engelse moedertaalspreker benadert.
Tot slot van deze paragraaf volgen nog een aantal in acht te nemen restricties:
- De frequentie-aanduidingen hebben altijd op de uiterlijke vorm betrekking; ⟨f4⟩, ⟨f3⟩, ⟨f2⟩, ⟨f1⟩-aanduidingen impliceren niet dat een woord in al zijn betekenissen even vaak gebruikt wordt.
- De meeste woorden hebben geen stabiele frequentie in de absolute zin van het woord, wel een binnen bepaalde grenzen fluctuerende; een aantal grensgevallen (woorden die in de ene dan wel in de andere f-categorie terecht komen) wordt daardoor onvermijdelijk.
- Om diverse redenen (praktische zowel als theoretische) is er bij de volgende groepen woorden nooit een frequentie-aanduiding opgegeven (ook al hebben sommige leden van die groepen een hoge gebruiksfrequentie): bij eigennamen (tenzij de eigennaam zich ook tot een soortnaam heeft ontwikkeld en/of tenzij het gaat om de dagen van de week of maanden van het jaar), bij afkortingen en samentrekkingen, bij letters, bij voor- en achtervoegsels, bij varianten van waaruit naar een trefwoord wordt verwezen.
- Verder dient men te bedenken dat van bijvoeglijke naamwoorden afgeleide bijwoorden vaak onder het bijvoeglijk naamwoord worden opgegeven en dat de frequentie-aanduiding als zodanig op deze beide samen slaat.
- Bij ingangen met varianten geldt overigens dat trefwoord + variant(en) als één geheel wordt beschouwd.

7 Grammaticale gegevens

Dit woordenboek bevat een grammaticaal compendium. Het gaat niet alleen om een autonoom, op zichzelf te raadplegen naslagwerk, maar ook om een aanvullende bron waarnaar de gebruiker, impliciet, verwezen kan worden.
Zo wordt bv. het regelmatig meervoud van zelfstandige naamwoorden niet expliciet opgegeven, wel is er in het grammaticaal compendium een rubriek 'meervoud van het naamwoord' waar de gebruiker terecht kan. Onregelmatige meervouden daarentegen worden wel bij de desbetreffende trefwoorden opgegeven, met een extra-verwijzing naar dit onderdeel binnen de meervoudsvorming (bv. →mv. 6 = onregelmatige meervoudsvorming bij samenstellingen) dat van toepassing is.
Uit het voorafgaande zal duidelijk geworden zijn dat ernaar is gestreefd de rol van lexicon en van grammatica zowel bij het begrijpen als bij het produceren van taal zoveel mogelijk te integreren. Bij vrijwel elke ingang is er dan ook impliciet en/of expliciet een verwijzing naar het grammaticaal compendium.
De grammaticale informatie binnen de punthaken na de frequentie-markering bevat één of meer van de volgende items. Het gaat om:
- Bij vrijwel elke ingang die in het woordenboek behandeld wordt is aangegeven tot welke woordsoort hij behoort (deze woordsoorten fungeren ook als ingang in het grammaticaal compendium), daarenboven is voor sommige woordsoorten ook de subcategorie opgegeven (zie afkortingenlijst hieronder).
- Onregelmatige vormen worden opgenomen en al naar gelang van de woordcategorie op een specifieke wijze weergegeven:
-- voor zelfstandige naamwoorden geldt dat het onregelmatig meervoud voluit wordt weergegeven behalve bij samenstellingen (behoudens daar waar de samenstellende delen afwijkingen zouden vertonen tegenover het simplex). Waar het echter gaat om louter spellingsonregelmatigheden (zoals bv. in *city, cities)* wordt met een verwijzing naar het GC volstaan;
-- voor werkwoorden geldt m.m. hetzelfde: onregelmatige hoofdtijden worden voluit weergegeven behalve bij samengestelde werkwoorden;
-- voor bijvoeglijke naamwoorden geldt het volgende: - er is altijd een opgave van de trappen van vergelijking behalve wanneer er geen zijn of de comparatie alleen met *more/most* gevormd wordt; - in alle andere gevallen is er expliciete opgave d.m.v. de

volgende conventies: *'-er'* (= comparatief/superlatief worden gevormd door toevoeging van *-er,* resp. *-est);* 'ook *-er'* (= naast *more/most* is ook *-er/-est* mogelijk).
- Bij bijvoeglijke naamwoorden worden in de regel het bijwoord op *-ly* en het naamwoord op *-ness* als afleidingen vermeld.
- Een aanvullende verwijzing naar het grammaticaal compendium is mogelijk.
- Tenslotte is ook ad hoc grammaticale informatie mogelijk.

Deze items komen in de regel in de hier opgegeven volgorde voor en worden onderling gescheiden door een puntkomma. Grammaticale informatie kan verder ook voorkomen in het vertaalprofiel of in de voorbeelden, nl. wanneer ze alleen op één vertaling of uitdrukking betrekking heeft.

Voor de woordsoorten werden de volgende afkortingen gebruikt (voor een verklaring raadplege men, zo nodig, het grammaticaal compendium):

- zn.	zelfstandig naamwoord
subcategorieën:	
eig.n.	eigennaam
telb.zn.	telbaar zelfstandig naamwoord
n.-telb.zn.	niet-telbaar zelfstandig naamwoord
verz.n.	verzamelnaam
mv.	zelfstandig naamwoord alleen in het meervoud gebruikt (plurale tantum)
- bn.	bijvoeglijk naamwoord, attributief en predikatief gebruikt
subcategorieën:	
bn., attr.	bijvoeglijk naamwoord alleen attributief gebruikt
bn., pred.	bijvoeglijk naamwoord alleen predikatief gebruikt
bn., post.	bijvoeglijk naamwoord na het zelfstandig naamwoord voorkomend
- ww.	werkwoord
subcategorieën:	
onov.ww.	onovergankelijk werkwoord
ov.ww.	overgankelijk werkwoord
kww.	koppelwerkwoord
hww.	hulpwerkwoord
-vnw.	voornaamwoord
subcategorieën:	
p.vnw.	persoonlijk voornaamwoord
bez.vnw.	bezittelijk voornaamwoord
aanw.vnw.	aanwijzend voornaamwoord
onb.vnw.	onbepaald voornaamwoord
vr.vnw.	vragend voornaamwoord
num.vnw./telw.	numeriek voornaamwoord/telwoord
betr.vnw.	betrekkelijk voornaamwoord
wdk.vnw.	wederkerend voornaamwoord
wkg.vnw.	wederkerig voornaamwoord
-bw.	bijwoord
-vz.	voorzetsel
-det.	determinator
subcategorieën:	
lidw.	lidwoord
bez.det.	bezittelijke determinator
aanw.det.	aanwijzende determinator
onb.det.	onbepaalde determinator
vr.det.	vragende determinator
num.det./telw.	numerieke determinator/telwoord
betr.det.	betrekkelijke determinator
predet.	predeterminator
-vw.	voegwoord
-tussenw.	tussenwerpsel

In de regel zijn combinaties van hoofdcategorieën niet mogelijk, van (tot dezelfde hoofdcategorie behorende) subcategorieën wel.

Ter illustratie volgen thans een aantal typische voorbeelden met commentaar:

- **abscissa** ⟨telb.zn.; ook abscissae; →mv. 5⟩

Grammaticale informatie komt altijd tussen afzonderlijke punthaken; de verschillende soorten informatie worden door puntkomma's gescheiden; in het bovenstaande geval treft men aan: hoofdcategorie + subcategorie (telbaar zelfstandig naamwoord), volledige opgave van het onregelmatig meervoud (met uitspraak), verwijzing naar die rubriek in het grammaticaal compendium waar deze meervouden besproken worden.

- **academy** ⟨zn.; →mv. 2⟩
 I ⟨eig.n.; A-; the⟩ ...;
 II ⟨telb.zn.; soms A-⟩.

Het gaat hier om een zelfstandig naamwoord dat een spellingsonregelmatigheid vertoont, nl. meervoud *-ies,* daarnaar wordt verwezen in

de grammatica; in de Romeinse-cijfer-rubrieken wordt het woord verder gesubcategoriseerd als eigennaam resp. telbaar; in beide rubrieken treft men ook ad-hoc grammaticalia aan: als eigennaam wordt *academy* met hoofdletter geschreven en door *the* voorafgegaan, als telbaar zelfstandig naamwoord komt het soms met hoofdletter voor.
- **acceleration** ⟨telb. en niet-telb.zn.⟩
Dit zelfstandig naamwoord wordt zowel telbaar als niet-telbaar gebruikt, zonder betekenisonderscheid.
- **accepted** ⟨bn.; volt.deelw. v. accept⟩
Het voltooide deelwoord van accept wordt - zowel attributief als predikatief - als bijvoeglijk naamwoord gebruikt.
- **acclimatize** ⟨onov.ww. en ov.ww.⟩
Dit werkwoord wordt zowel met als zonder lijdend voorwerp in dezelfde betekenis gebruikt.
- **accommodate** ⟨ww.⟩ → accomodating
I ⟨onov.ww.⟩ ...;
II ⟨ov.ww.⟩.
Bij dit woord wordt aangegeven dat het een werkwoord is, waarbij het verschil in subcategorie ook met verschil in betekenis gepaard gaat; overigens komt in dergelijke gevallen de onovergankelijke vóór de overgankelijk betekenis; verder is er ook een verwijzing naar de gerelateerde *-ing*-vorm
- **accountable** ⟨bn., pred.; -ly; -ness; → bijw. 3⟩
Het gaat om een predikatief gebruikt bijvoeglijk naamwoord, dat afleidingen op *-ly* en *-ness* toelaat, waarbij in het eerste geval *-le* door *-ly* wordt vervangen (een dergelijke 'wisseling' wordt in het grammaticaal compendium onder trefwoord *bijwoord,* rubriek 3 behandeld).

8 Markeringen

Markeringen kunnen betrekking hebben op het trefwoord in zijn geheel of op onderdelen ervan. In het eerste geval komen zij onmiddellijk na de grammaticale gegevens (zie ook par. 4).
Bv. **nitwit** ... ⟨telb.zn.⟩ ⟨inf.⟩ **0.1** ***imbeciel***
De markering kan ook betrekking hebben op één enkele betekenis; hij komt dan onmiddellijk na het desbetreffende betekeniscijfer. Zo bv. zal **knock up** in de betekenis ***met jong schoppen*** ⇒ *zwanger maken* voorafgegaan worden door de markering ⟨AE; sl.⟩. Dus **knock up** ... **0.6** ⟨AE; sl.⟩ ***met jong schoppen*** ⇒ *zwanger maken*.
Verder kan de markering ook slaan op slechts één uitdrukking of één (reeks) vertaalmogelijkhe(i)d(en). De markering staat dan vlak vóór de uitdrukking of vertaalmogelijkheid in kwestie.
Bv. **say** ... **4.2** ...; ⟨inf.⟩ ~ what you like *je mag zeggen wat je wilt* ...
jack ... **0.1** ...; ⟨AE; sl.⟩ *stille, rechercheur*
Is het trefwoord in zijn geheel gemarkeerd, dan wordt deze markering uiteraard niet herhaald bij onderdelen ervan. *(Heebie-jeebies* bv. wordt globaal als ⟨inf.⟩ gekarakteriseerd, vandaar dat *that gives me the heebie-jeebies* geen markering meer krijgt.) Hetzelfde geldt overigens voor markeringen die op één betekenis uit het vertaalprofiel slaan (de tweede betekenis van *afford* 'verschaffen' wordt als 'schrijftalig' gelabeld, deze markering geldt dan ook voor de voorbeelden die naar deze betekenis terugverwijzen, zie verder par. 11).
Markeringen worden dus gebruikt om variatie en/of restricties binnen taalgebruik weer te geven. In het woordenboek komen de volgende soorten markeringen voor: chronologische, geografische, stilistische, sociale. vaktechnische en connotatieve. Komen zij samen voor, dan wordt de hierbij opgegeven orde gevolgd en worden zij gescheiden door een puntkomma.
Hieronder geven we verdere informatie over de gevolgde methode en de gebruikte conventies.
- Als chronologisch label komt alleen ⟨vero.⟩ (= verouderd) voor, zo bv. bij **thou,** waar nader commentaar bij nodig is: **thou** ⟨vero. of relig.⟩ (zie ook par. 2).
- Zuiver regionaal taalgebruik wordt in principe niet beschreven. Wel wordt het typische taalgebruik van de volgende taalgebieden gemarkeerd, voor zover het gaat om de taal van de Engelse moedertaalsprekers: de Verenigde Staten van Amerika, Australië, Groot-Brittannië, Canada, Ierland, India, Schotland en Zuid-Afrika. De hiervoor gebruikte marke-

ringen zijn: ⟨AE⟩, ⟨Austr.E⟩, ⟨BE⟩, ⟨Can.E⟩, ⟨IE⟩, ⟨Ind.E⟩, ⟨Sch.E⟩, en ⟨Z.Afr.E⟩. De nadruk valt hierbij hoofdzakelijk op de Amerikaanse en Britse variant (zie ook par. 2). Aansluitend hierbij moet voor het corresponderende Nederlandse taalgebruik het label ⟨B.⟩ - met de betekenis: in het Nederlandstalige gedeelte van België algemeen gebruikelijk - worden vermeld. In de regel wordt ervan gebruik gemaakt wanneer een bepaalde Noordnederlandse equivalent of uitdrukking in het Nederlandstalige gedeelte van België on- of minder bekend zou zijn of tot verwarring aanleiding zou kunnen geven. Zo bv. komt bij **jabber** ... *afraffelen*, ⟨B.⟩ *aframmelen.*

- Er zijn vijf stijllagen te onderscheiden, waarvan er vier d.m.v. een label worden gemarkeerd:

⟨schr.⟩ schrijftalig, (zeer) formeel, literair, zou in dagelijkse conversatie erg opvallen c.q. potsierlijk aandoen (bv. *the brine)*

ongemarkeerd gewone spreek- en schrijftaal (bv. *a bright idea)*

⟨inf.⟩ informele spreektaal; gebruik hiervan in geschreven taal, die niet uitdrukkelijk de spreektaal wil weergeven, zou opvallen (bv. *bring home the bacon)*

⟨vulg.⟩ uitgesproken plat of vulgair; werkt vaak choquerend (bv. *bugger off)*

⟨sl.⟩ slang; altijd informeel, vaak aan sociale context of groep gebonden (bv. *babe*)

- Sociale markeringen duiden erop dat bepaald taalgebruik normaliter tot bepaalde groepen van taalgebruikers gerestringeerd is. Voorkomende afkortingen hierbij zijn o.m. ⟨stud.⟩ = studenten, ⟨sold.⟩ = soldaten, ⟨kind.⟩ = kinderen enz. (zie ook par. 12).

- Voor de voornaamste vakgebieden is een afkorting voorzien (zie hiervoor par. 12). Vaktechnische labels worden in dit woordenboek vnl. gebruikt bij vakinterne termen en/of uitdrukkingen en dit ter aanvulling van de betekenis. Zo bv. wordt *belladonna* in één van zijn betekenissen weergegeven als **0.1** ⟨plantk.⟩ ***wolfskers*** ⇒ *belladonna, doodkruid* ⟨Atropa belladonna⟩. Bij *rose* daarentegen staat niet het label ⟨plantk.⟩, net zomin als ⟨comp.⟩ staat bij *computer terminal*.

- Connotatieve markeringen als ⟨bel.⟩ = beledigend, ⟨euf.⟩ = eufemistisch, ⟨iron.⟩ = ironisch, ⟨pej.⟩ = pejoratief, ⟨scherts.⟩ = schertsend, duiden op een gevoelsnuancering eigen aan het woord of de uitdrukking in kwestie. Zo bv. krijgt *bugrake* het label ⟨scherts.⟩.

- Het label ⟨fig.⟩ (= figuurlijk) tenslotte wordt gebruikt ter nuancering binnen één betekenis (en in de regel niet ter onderscheiding van één betekenis van een andere). Zo bv. **blinker 0.1** ***oogklep*** ⇒ *ooglap;* ⟨fig.; steeds mv.⟩ *kortzichtigheid*. In combinatie met andere labels komt het dan ook altijd als laatste voor.

9 Spreekwoordenlijst

Om plaats te besparen en omdat spreekwoorden een apart geheel vormen zijn de voornaamste Engelse spreekwoorden en hun Nederlandse equivalenten of vertalingen in een afzonderlijke, genummerde lijst achteraan in het woordenboek ondergebracht.
Bij elk zelfstandig en bijvoeglijk naamwoord, bij elk werkwoord of ander typisch woord dat in een bepaald spreekwoord voorkomt, staat een verwijzing naar de nummers van deze lijst.

10 Vertaalprofiel

Uit een gebruikersonderzoek is gebleken dat de voornaamste reden voor het gebruik van een vertaal- of verklarend woordenboek het oplossen van een of ander semantisch probleem is. Zoals we in par. 3 schreven: vaak kent een gebruiker een bepaald woord of een uitdrukking of uiting niet goed, of hij twijfelt aan zijn kennis, of (in het geval van een vertaalwoordenboek) hij is op zoek naar een passend vertaalequivalent enz.. In deze en dergelijke gevallen is de gebruiker gediend met een efficiënte en snelle zoekprocedure.
Vandaar dat in dit woordenboek gekozen

werd voor een opsplitsing van de semantische informatie in twee delen: het vertaalprofiel of overzicht van de vertaalmogelijkheden vóór het 'dropje', en erna de gecontextualiseerde vertaalequivalenten of de vertaling van voorbeelden en combinaties van het trefwoord. Door deze scheiding ontstaat een overzichtelijkheid die de gebruiker snel in staat stelt ofwel zijn kennis aan te vullen ofwel deze te toetsen (in het eerste geval wist hij niet wat het trefwoord betekende, in het tweede heeft hij wel een bepaald vermoeden).
Komt hij met deze 'short cut', dit overzicht in het vertaalprofiel niet uit, of heeft hij om een andere reden behoefte aan meer contextuele informatie, dan kan hij na het 'dropje' meer toegespitste informatie aantreffen, in die zin dat het trefwoord daar nu is voorzien van context.
Doordat in het vertaalprofiel volstaan wordt met een contextloze opsomming van betekenissen, wordt feitelijk een beroep gedaan op het taalvermogen van de Nederlandstalige gebruiker. Immers niet alle gegeven vertaalequivalenten zijn van toepassing op het concrete geval waarmee de gebruiker bezig is. Zijn kennis van het Nederlands stelt hem in staat te beoordelen of een bepaalde vertaling in de gegeven context past. Vanzelfsprekend gaat dit gemakkelijker naarmate er minder onbekende woorden in die context voorkomen.
Het vertaalprofiel zelf vertoont in de regel ook een binaire structuur: enerzijds zijn er genummerde hoofdvertalingen (die zoveel mogelijk een één-op-één-relatie vertonen met het Engelse trefwoord), anderzijds zijn er de varianten van de hoofdvertalingen: zij worden d.m.v. een dubbelschachtige pijl van de desbetreffende hoofdvertaling gescheiden en zijn gewoon cursief gedrukt terwijl de hoofdvertalingen vetcursief zijn. De status van deze varianten varieert van (pseudo-)synoniemen tot contextgebonden equivalenten (die in die context dan ook vaak geschikter zijn). Zo wordt **brilliant** in één van zijn betekenissen als volgt weergegeven: **0.1** ***stralend*** ⇒ *glanzend, fonkelend, glinsterend.* In combinatie met *stars* echter zullen deze varianten zich niet gelijkwaardig gedragen maar zal bv. *fonkelend* wél, *glanzend* niet gekozen worden.

Voor de volgorde van de betekenissen gelden binnen een artikel of binnen een rubriek voorafgegaan door een Romeins cijfer, de volgende vuistregels:
- Wat frequent is komt vóór wat minder frequent is, m.a.w. op de eerste plaats komt de vertaling die overeenkomt met de betekenis die het woord in de meeste gevallen geacht wordt te hebben.
- Meer algemene betekenissen gaan vooraf aan meer gerestringeerde (bij het bijvoeglijk nw. **eccentric** bv. gaat de algemene betekenis *zonderling, buitenissig, excentriek* vooraf aan de betekenis *excentrisch,* die tot de wiskunde beperkt blijft).

Dat het niet altijd eenvoudig is deze principes toe te passen zal iedereen duidelijk zijn. Soms ontstaat er ook een conflict tussen de twee criteria. In een dergelijke situatie gaat in de regel het frequentiecriterium vóór.
Tot slot willen wij nog wijzen op het voorkomen van lexicografisch commentaar, zowel in het vertaalprofiel als in de gecontextualiseerde equivalenten. Lexicografisch commentaar is in ruime zin alle Nederlandse tekst die wordt toegevoegd aan, maar stricto senso niet behoort tot de vertaalequivalenten of vertalingen. In engere zin gaat het om meer encyclopedische informatie. In dat verband hebben wij, omwille van de begrijpfunctie van het woordenboek, m.n. bij sommige technische woorden, bij fauna/flora-termen e.d. een korte encyclopedische toelichting gegeven. Deze komt dan na de vertaling, tussen punthaken.

11 Gecontextualiseerde equivalenten en de cijfer-punt-cijfercode

Wat in de meeste woordenboeken met de term 'voorbeelden' wordt aangeduid hebben wij gecontextualiseerde equivalenten genoemd. Een van de verschilpunten tussen onze en de traditionele term heeft te maken met het feit dat onze voorbeelden m.b.v. een cijfer-punt-cijfercode zijn gestructureerd en met het vertaalprofiel verbonden. De onderliggende gedachte: de precieze betekenis van een woord - en dus ook de meest geschikte vertaling ervan - wordt in belangrijke mate bepaald door de context waarin dat woord voorkomt. Soms is de context zelfs zo cruciaal dat de betekenis van een uitdrukking niet kan worden afgeleid uit de betekenis van de samenstellende delen afzonderlijk. In dat geval spreken we van een idiomatische uitdrukking (E.*idiom*). De gebruiker vindt *na* het 'dropje' dus enerzijds een verfijning van de eerder gegeven informatie in het vertaalprofiel, anderzijds ook een aanvulling daarop. De context van een woord kan echter ook nog een andere rol spelen. Stel dat een gebruiker een woord opzoekt waarvan hij de betekenis in het geheel niet kent. De enige steun waarover hij dan kan beschikken is de context waarin dat woord voorkomt. Van deze omstandigheid is gebruik gemaakt in dit woordenboek. De voorbeelden staan niet in een willekeurige orde, maar zijn gerangschikt op grond van de woordsoort van bepaalde elementen uit de context van het trefwoord. De bedoeling is dat de gebruiker 'zijn' context snel kan vergelijken met die van het woordenboek.

Om dit te vergemakkelijken is er een cijfer-punt-cijfercode ontworpen, die aan elk voorbeeld voorafgaat. Het cijfer vóór de punt heeft betrekking op het contextuele element van het trefwoord in een bepaald voorbeeld dat inhoudelijk het meest van belang is. Is dat element een zelfstandig naamwoord dan wordt het cijfer **1.** gebruikt. Een bijvoeglijk naamwoord krijgt het cijfer **2.**. Een **3.** duidt een werkwoord aan, een **4.** een voornaamwoord, een **5.** een bijwoord, een **6.** een voorzetsel, een **7.** een determinator, een **8.** een voegwoord en een **9.** een tussenwerpsel.

Het cijfer ná de punt verwijst naar de hoofdvertaling met haar varianten die door het desbetreffende voorbeeld geïllustreerd wordt. Als concreet voorbeeld ter verduidelijking van het cijfer-punt-cijferprincipe nemen wij het bijvoeglijk naamwoord **bright,** dat zich ook op de boekenlegger bevindt.

Van **bright** worden drie vertaalmogelijkheden opgegeven nl.:

0.1 hel(der) ⟨ook fig.⟩ ⇒ *licht, stralend, glanzend, fleurig, klaar*

0.2 opgewekt ⇒ *opgeruimd, levendig, kwiek*

0.3 schrander ⇒ *snugger, vlug, pienter, intelligent*

Deze vertaalmogelijkheden staan vóór het dropje en worden het vertaalprofiel genoemd. Na het dropje treffen we o.a. de volgende voorbeelden aan:

1.1 a bright future *een mooie/rooskleurige toekomst*

1.2 bright eyes *heldere/stralende ogen*

1.3 a bright idea *een slim idee*

2.2 bright and breezy *levenslustig, opgeruimd*

De eerste drie voorbeelden hebben een zelfstandig naamwoord als context van het trefwoord en krijgen dus allemaal een **1.** als eerste cijfer. Telkens is echter een andere vertaalmogelijkheid van toepassing, dus volgen er ná de punt telkens andere cijfers. In het laatste voorbeeld wordt 'bright' met het bijvoeglijk naamwoord 'breezy' gecombineerd. Voor de punt komt dus een **2** te staan, erna een **2** (want de tweede vertaalmogelijkheid is van toepassing).

Aangezien de volgorde van de voorbeelden bepaald wordt door de cijfer-punt-cijfercode, waarbij een strikt numerieke orde geldt (dus **3.2** ná **2.3** maar vóór **4.1**), kan geconcludeerd worden dat in het hele woordenboek allereerst de voorbeelden komen waarin zelfstandige naamwoorden de relevante elementen uit de context vormen, dan de voorbeelden met bijvoeglijke naamwoorden als significant element, vervolgens de voorbeelden die combinaties van het trefwoord met werkwoorden demonstreren enz.. Binnen elk van deze categorieën bepaalt de ordening van hoofdvertalingen de rangschikking van de voorbeelden. Hieronder volgen nogmaals enkele codes, in de juiste volgorde, met hun interpretatie:

1.1 voorbeeld met een zelfstandig naamwoord als meest kenmerkend element uit de context van het trefwoord; vertaalmogelijkheid **0.1** van het desbetreffende trefwoord is van toepassing

1.3 idem als voor **1.1** behalve het feit dat nu de derde vertaalmogelijkheid (**0.3**) van toepassing is

2.3 relevant element uit de context: bijvoeglijk naamwoord; net als bij het onmiddellijk voorafgaande geval wordt weer de derde hoofdvertaling (of een van haar varianten) geïllustreerd

3.1 relevant element uit de context is een

werkwoord; de eerste vertaalmogelijkheid is van toepassing

6.2 context: voorzetsel; tweede vertaalmogelijkheid

8.1 context: voegwoord; eerste vertaalmogelijkheid

Twee bijzondere gevallen dienen vermeld te worden. Allereerst de *idiomatische uitdrukkingen,* d.w.z. gevallen waarbij de juiste vertaling niet is terug te leiden op een van de eerder opgesomde vertaalmogelijkheden. De woordsoort van het relevante element van de context kan vaak wel worden bepaald, zodat het eerste cijfer van de cijfer-punt-cijfercode kan worden toegekend. Na de punt komt echter een middeleeuws paragraafteken te staan (een zgn. 'vlag') i.p.v. een cijfer. Bij **bright** komt ná **1.3** bright idea, maar vóór **2.2** bright and breezy: **1.¶** the bright lights *het uitgaanscentrum.*

Deze opvallende markering zorgt ervoor dat idiomatische uitdrukkingen snel ontdekt kunnen worden. Tevens duidt dit voorbeeld er ook op dat de gevallen **1.¶**, **2.¶** enz., telkens op het einde komen van de categorieën die met hetzelfde eerste cijfer beginnen.

De andere bijzonderheid: soms is het niet goed mogelijk om het relevante element van de context van een trefwoord vast te stellen, bv. als er helemaal geen context is, zoals bij bevelen, uitroepen e.d., of als alle contextuele elementen even relevant zijn, of bij affixen. In dergelijke gevallen wordt ook van het middeleeuws paragraafteken gebruik gemaakt, maar dat staat nu vóór de punt, bv. **¶.2**. In de zeldzame gevallen dat beide bijzonderheden zich tegelijk voordoen, wordt de code **¶.¶** toegekend (zoals bij de uitroep **¶.¶** Hell!).

Tot slot moeten nog de volgende punten beklemtoond worden.

a Om plaats te besparen zijn in de regel alle vaste (idiomatische en niet-idiomatische) uitdrukkingen slechts één maal behandeld. Bij andere elementen uit dergelijke vaste verbindingen (de zgn. verwijswoorden) staat geen verwijzing naar de ingang waar de vertaling wél te vinden is (het zgn. behandeltrefwoord). Als de gebruiker dus de vertaling van een vaste verbinding wil opslaan, dient hij dit via de behandeltrefwoorden en niet via de verwijswoorden te doen. Daarom werd de volgende rangorde bij behandeltrefwoorden vastgesteld: gegeven een vaste verbinding is het behandeltrefwoord in de regel

- het eerste bijvoeglijk naamwoord van de verbinding; is er geen dan
- het eerste zelfstandig naamwoord; is er geen dan
- het eerste werkwoord; is er geen dan
- het eerste bijwoord.

Vrijwel alle vaste verbindingen bevatten een of meer van de deze vier woordsoorten.

Zo zal men *turn a deaf ear to s.o.* onder *deaf* behandeld vinden; *rain cats and dogs* onder *cat; keep good hours* onder *good; dance upon nothing* onder *dance* enz..

Uitzonderingen op het principe dat verbindingen die een adjectief bevatten onder dit adjectief behandeld worden vormen de diernamen met *great(er), lesser, common* en *little*. Zo worden bijvoorbeeld *greater yellowlegs* en *lesser yellowlegs* onder de gemeenschappelijke soortnaam *yellowlegs* behandeld.

b Een tweede punt betreft het zgn. *combinatiewoord.* Dit is het woord in een verbinding dat het eerste cijfer bepaalt van de cijfer-punt-cijfercode waaronder de verbinding wordt opgenomen. Bij vaste verbindingen geldt de volgende regel:

- Als de ingang een bijvoeglijk naamwoord is, is het combinatiewoord het zelfstandig naamwoord waarbij dat bijvoeglijk naamwoord staat: bij *deaf* staat *turn a deaf ear to s.o.* onder een code beginnend met **1.**. (N.B. Bij *dead* zou een voorbeeld als *the man is dead* ook onder **1.1** gerangschikt worden.)
- Als de ingang een zelfstandig naamwoord is, gelden de volgende prioriteiten: het combinatiewoord is
  - -- het eerste bijvoeglijk naamwoord van de verbinding; is er geen dan
  - -- het eerste zelfstandig naamwoord; is er geen dan
  - -- het eerste werkwoord; is er geen dan
  - -- het eerste bijwoord.

Bij *cat* staat *rain cats and dogs* dus onder een cijfer-punt-cijfercode beginnend met **1.**.

- Als de ingang een werkwoord is, geldt als combinatiewoord eerst het eerste zelfstandig naamwoord, dan het eerste werkwoord, dan het eerste bijwoord en pas dan het eerste bijvoeglijk naamwoord uit de verbinding. Onder *joke*[2] staat dus *you must be joking* onder een cijfer-punt-cijfercode beginnend met een **3.**. De hier geëxpliciteerde zoekstrategie sluit in feite heel dicht aan bij wat de gebruiker spontaan doet als hij de betekenis van een vaste verbinding in een woordenboek wil opslaan. Door deze impliciete kennis nu te gaan expliciteren zal de gebruiker bewuster en gerichter kunnen zoeken en dus ook sneller de informatie kunnen vinden.

c Om bepaalde elementen te laten opvallen en aldus de opzoekbaarheid verder te vergemakkelijken, zijn sommige Engelse woorden vet gedrukt. Dit is altijd het geval met de voorbeelden waarbij voorzetsels en/of adverbiale partikels *(down, up, on* enz.) als relevante combinatiewoorden optreden (en dus bij de categorieën die met een **6.** , resp. **5.** beginnen). Dit gebeurt voornamelijk omdat men gemakkelijk over deze kleine woordjes heen leest, terwijl het juist erg belangrijke herkenningselementen kunnen zijn, nl. in die gevallen waarin het om vaste voorzetsels gaat (bij zelfstandige en bijvoeglijke naamwoorden of bij werkwoorden) of bij combinaties van werkwoorden met een bijwoordelijk partikel (zgn. *phrasal verbs)*. Zo zal men bij het trefwoord **look** zowel **up** als **after** vet gedrukt vinden (resp. in de rubrieken **5.** en **6.**).

d Tenslotte moet worden opgemerkt dat met voorbeelden van zuiver illustratieve aard in dit woordenboek spaarzaam is omgesprongen. Als gecontextualiseerde equivalenten na het dropje werden bij voorkeur vaste verbindingen opgenomen (zowel idiomatisch als niet-idiomatisch). In het geval van vrije verbindingen werd de voorkeur gegeven aan contrastief relevante verbindingen of aan voorbeelden die het eerder gegeven vertaalprofiel verder konden preciseren en nuanceren.

12 Symbolen en afkortingen

In deze laatste paragraaf worden alle gebruikte symbolen gedefinieerd (met uitzondering van de fonetische tekens, die in par. 5 zijn vermeld), terwijl ook een opsomming wordt gegeven van alle gebruikte afkortingen met inbegrip van de (afgekorte) vaktaallabels.

Symbolen

[...] tussen deze haken staat de uitspraak van een trefwoord

(...) ronde haken geven een facultatief element aan

⟨...⟩ al het lexicografisch commentaar, inclusief de gestandaardiseerde afkortingen, staat tussen punthaken

⟨f4⟩ ⟨f3⟩ ⟨f2⟩ ⟨f1⟩ markeren de frequentie

⇒ dubbelschachtige pijl: scheidt hoofdvertaling van de bijbehorende varianten

→ enkelschachtige pijl: verwijst naar een andere ingang van het eigenlijke woordenboek, naar een ingang van het grammaticaal compendium of naar een spreekwoord

◆ 'dropje': scheidt vertaalprofiel van de vertaalequivalenten in contexten

~ tilde: staat (bij de voorbeelden) in de plaats van het trefwoord als het de exacte weergave van dit trefwoord is

¶ 'vlag' (middeleeuws paragraafteken): wordt gebruikt om aan te geven (a) dat de betekenis van een uitdrukking niet uit die van de samenstellende delen is af te leiden of (b) dat het meest kenmerkende woord uit de context van een trefwoord niet kon worden bepaald. In geval (a) vervangt de vlag het tweede cijfer van de cijfer-punt-cijfercode, in geval (b) vervangt hij het eerste cijfer

/ 'of'-teken: scheidt alternatieve delen van een uitdrukking, te onderscheiden van een komma die volledige alternatieven scheidt

. punt; gebruikt als afkortingsteken en ter afsluiting van een artikel

; puntkomma: gebruikt als scheidingsteken tussen Romeinse-cijferrubrieken en om ongelijksoortige informatie te scheiden, bv. chronologische van stilistische markeringen

, komma: gebruikt om gelijksoortige informatie te scheiden

Afkortingen

1e	eerste
2e	tweede
3e	derde
aand.	aanduiding
aant. w.	aantonende wijs
aanv. w.	aanvoegende wijs
aanw.	aanwijzend
aardr.	aardrijkskunde
abstr.	abstract
act.	actief
adm.	administratie
AE	Amerikaans-Engels
afk.	afkorting
alch.	alchemie
alg.	algemeen
Am.	Amerika(ans)
amb.	ambacht(elijk)
anat.	anatomie
antr.	antropologie
astr.	astrologie
attr.	attributief
Austr. E	Australisch-Engels
B.	in België
BE	Brits-Engels
beeld. k.	beeldende kunsten
beh.	behalve
bel.	beledigend
ben. voor	benaming voor
bep.	bepaald
bet.	betekenis
betr.	betrekkelijk
bez.	bezittelijk
bijb.	bijbel
bij uitbr.	bij uitbreiding
bijz.	bijzonder
bioch.	biochemie
biol.	biologie
bn.	bijvoeglijk naamwoord
boek.	boekwezen
bouwk.	bouwkunst
bv.	bij voorbeeld
bw./bijw.	bijwoord
Can. E	Canadees-Engels
cm	centimeter
com.	communicatie (media)
compar.	comparatie
comp.	computer(wetenschap)
concr.	concreet
conf.	confectie
cul.	culinaria
cyb.	cybernetica
dansk.	danskunst
deelw.	deelwoord
det.	determinator
dierk.	dierkunde
dipl.	diplomatie
d.m.v.	door middel van
dram.	dramatiek, dramaturgie, theater
druk.	drukwezen, drukkunst
Dui.	Duits
ec.	economie
e.d.	en dergelijke
eig.n.	eigennaam
elek.	elektriciteit
elk.	elkaar
emf.	emfatisch
Eng.	Engels (tenzij voorafgegaan door adj.; dan alleen E)
enk.	enkelvoud
enz.	enzovoort
euf.	eufemistisch
evt.	eventueel
fam.	familie
far.	farmacie
fig.	figuurlijk
fil.	filosofie
film.	film(kunde)
folk.	folklore
foto.	fotografie
Fr.	Frans
g.	geen
geb. w.	gebiedende wijs
geldw.	geldwezen
geneal.	genealogie
geol.	geologie
gesch.	geschiedenis
gew.	gewestelijk
graf.	grafische kunst
hand.	handel
hww.	hulpwerkwoord

id.	idem
IE	Iers-Engels
iem.	iemand
i.h.b.	in het bijzonder
ind.	industrie
Ind. E.	Indisch-Engels
inf.	informeel
ipv.	in plaats van
iron.	ironisch
i.t.t.	in tegenstelling tot
jacht.	jacht(wezen)
jud.	Judaïsme, jodendom
jur.	juridisch, recht
kerk.	kerkelijke groeperingen
kind.	kinderen
km	kilometer
kww.	koppelwerkwoord
landb.	landbouw
landmeetk.	landmeetkunde
lett.	letterlijk
lev.	levend
lidw.	lidwoord
lit.	literatuur
lucht.	luchtvaart
m	meter
man.	mannen
mbt.	met betrekking tot
med.	medicijnen, geneeskunde
meteo.	meteorologie
mijnw.	mijnwezen
mil.	leger
ml.	mannelijk(e)
muz.	muziek
mv.	meervoud
nat.	natuurkunde
Ned.	Nederland(s)
nl.	namelijk
N.T.	Nieuwe Testament
n.-telb.	niet-telbaar
num.	numeriek
nw.	naamwoord
o.a.	onder andere
o.m.	onder meer
onb(ep).	onbepaald

onbep. w.	onbepaalde wijs
oneig.	oneigenlijk
ong.	ongeveer
onov.	onovergankelijk
onvolt.	onvoltooid
oorspr.	oorspronkelijk(e)
opm.	opmerking
o.s.	oneself
O.T.	Oude Testament
ov.	overgankelijk
overtr.	overtreffend(e)
p.	persoonlijk
pass.	passief
pej.	pejoratief
pers.	persoon(lijk)
plantk.	plantkunde
pol.	politiek
post.	postnominaal, achtergeplaatst
pred.	predikatief
predet.	predeterminator
Prot.	protestants
psych.	psychologie
relig.	religie
resp.	respectievelijk
R.-K.	rooms-katholiek
ruim.	ruimtevaart
samentr.	samentrekking
Sch. E	Schots-Engels
scheep.	scheepvaart, scheepsbouw
schei.	scheikunde
scherts.	schertsend
school.	schoolwezen, onderwijs
schr.	schrijftalig, zeer formeel
sl.	slang
s.o.	someone
s.o.'s.	someone's
sold.	soldaten
sp.	spelling
Sp.	Spaans
sprw.	spreekwoord
stat.	statistiek
ster.	sterrenkunde
sth.	something
stud.	studenten
t1	tabel van maten en gewichten
t2	tabel onregelmatige werkwoordsvormen

t.	tijd
taalk.	taalkunde
tech.	technologie
teg.	tegenwoordig(e)
telb.	telbaar
telw.	telwoord
tgo.	tegenover
theol.	theologie
toek.	toekomende
tussenw.	tussenwerpsel
uitdr.	uitdrukking
uitspr.	uitspraak
U.S.A.	United States of America
v.	van
v.d.	van de
v.e.	van een
vergr.	vergrotend(e)
verk.	verkorting
verkeer	verkeer(swezen)
verl.	verleden
vero.	verouderd
versch.	verschillend(e)
verz.	verzekeringswezen
verz.n.	verzamelnaam
vgl.	vergelijk
v.h.	van het
vis.	visserij
vlg.	volgend(e)
vnl.	voornamelijk
vnw.	voornaamwoord
volks.	volkstaal, lower class
volt.	voltooid
voorw. w.	voorwaardelijke wijs
vr.	vrouwlijk(e)/vragend
vrouw.	vrouwen
vulg.	vulgair
vw.	voegwoord
vz.	voorzetsel
wederk./wdk.	wederkerend
wwb.	weg- en waterbouw
wet.	wetenschappelijk
wisk.	wiskunde
wkg.	wederkerig
ww.	werkwoord
Z. Afr. E	Zuidafrikaans-Engels
zgn.	zogenaamd(e)
zn.	zelfstandig naamwoord

a[1], **A** [eɪ]⟨zn.; a's, A's, zelden as, As⟩
I ⟨telb.zn.⟩ **0.1** ***(de letter) a, A*** **0.2** ***A, de eerste*** ⇒*de beste/hoogste (rang/graad);* ⟨AE; school.⟩ *A, hoogste graad;* ⟨attr. ook⟩ *eersteklas* ◆ **1.1** from A to B *van A naar B, van de ene plaats naar de andere* **1.2** ⟨AE; sl.; iron.⟩ an A for effort *een tien voor vlijt* **1.**¶ not know A from B *geen a voor een b kennen;* from A to Z *van A tot Z, van voor naar achter, van naaldje tot draadje* **4.2** ⟨scheep.⟩ A-one/A-1 *eerste-klas;* ⟨inf.⟩ *eerste-klas, prima, pico bello;*
II ⟨telb. en n.-telb.zn.⟩ ⟨muz.⟩ **0.1** ***a, A*** ⇒*A-snaar/toets/*⟨enz.⟩; *la.*

a[2] ⟨verk.⟩ →-a.

a[3] [ə]⟨vz.⟩ ⟨vero. of gew.⟩ **0.1** ***in*** **0.2** ***op*** ◆ **1.1** ~ God's name *in godsnaam* **1.2** married ~ Thursday *getrouwd op donderdag.*

a[4] [ə⟨sterk⟩eɪ‖ə, eɪ⟨sterk⟩eɪ], ⟨voor klinker en vaak voor een onbeklemtoonde lettergreep beginnend met h-⟩ **an** [ən⟨sterk⟩æn] ⟨f4⟩ ⟨lidw.; →telbaar/niet-telbaar naamwoord⟩ **0.1** ⟨onbepaald; generisch; maakt soortnaam v. eigennaam⟩ ***een*** **0.2** ***één*** **0.3** ⟨voor eigennaam⟩ ***een (zekere)*** ⇒*zekere, ene* **0.4** ⟨voor niet-telbaar zn.⟩ ***een (soort)*** **0.5** ***per*** ⇒*voor elk(e)* **0.6** ***de/hetzelfde*** **0.7** ⟨gew.⟩ ***zo'n*** ⇒*ongeveer* ◆ **1.1** a child who was crossing the street *een kind dat de straat overstak;* a child needs love *een kind heeft liefde nodig;* a new Milton *een nieuwe/tweede Milton;* a(n) historical novel *een historische roman* **1.3** a Mr Smith *een zekere meneer Smith* **1.4** an unknown cocoa *een onbekende cacaosoort* **1.5** five times a day *vijf keer per dag* **1.6** all of an age *allemaal even oud* **2.2** a single child *één enkel kind* **4.2** a hundred *honderd* **7.7** an eighty men *zo'n tachtig man.*

a[5], **A** ⟨afk.⟩ America, ampere, angström, answer, argon, Associate, atto-; (for) Adults ⟨BE; film⟩.

a- [ə⟨in bet. 0.4⟩eɪ, ə], ⟨in bet. 0.4 voor klinker of h⟩ **an-** [æn, ən] **0.1** ⟨met nw. v. plaats of richting⟩ ***op*** ⇒*in, aan* **0.2** ⟨met ww.⟩ ***uit-*** ⇒*op-, ont-* **0.3** ⟨met teg. deelw., dat dan pass. bet. kan hebben⟩ ⟨vero., beh. AE⟩ ***aan het*** **0.4** ***a(n)*** ⇒*zonder* ◆ ¶**.1** abed *in bed;* aboard *aan boord* ¶**.2** arise *oprijzen, verrijzen;* awake *ontwaken* ¶**.3** go abegging *gaan bedelen;* the house was still abuilding *men was nog aan het huis aan het bouwen* ¶**.4** amoral *amoreel;* anhydride *anhydride.*

-a ⟨in bet. 0.4 soms a⟩ **0.1** ⟨vr. nw. ontleend uit of gevormd naar model v. Grieks of Romaanse taal⟩ ***-a*** **0.2** ⟨vormt mv. v. onz. nw. ontleend uit of gevormd naar model v. Grieks of Latijn⟩ ⟨→mv. 5⟩ ***-a*** ⇒*-en, -s* **0.3** ⟨verk.⟩ ⟨of⟩ ⟨inf.⟩ **0.4** ⟨verk.⟩ ⟨have⟩ ⟨inf.⟩ ***hebben*** ◆ ¶**.1** arena *arena* ¶**.2** phenomena *verschijnselen;* Americana *Americana, wetenswaardigheden over Amerika* ¶**.3** pinta bitter *glas bier* ¶**.4** mighta/might a said *zou hebben kunnen zeggen.*

aa ['ɑ:ɑ:]⟨n.-telb.zn.⟩ ⟨geol.⟩ **0.1** ***aa*** ⟨sintelachtige lava⟩.

AA ⟨afk.⟩ anti-aircraft; Automobile Association ⟨BE⟩; Accompanied by Adult ⟨BE; film⟩; Alcoholics Anonymous ⟨AE⟩.

AAA ⟨afk.⟩ Amateur Athletic Association ⟨BE⟩; American Automobile Association ⟨AE⟩; Agricultural Adjustment Association / Act ⟨AE⟩.

AAAS ⟨afk.⟩ American Association for the Advancement of Science.

AAM ⟨afk.⟩ air-to-air missile.

A and M ⟨afk.⟩ (Hymns) Ancient and Modern.

A and R ⟨afk.⟩ artists and recording/repertoire.

aard·vark ['ɑ:dvɑ:k‖'ɑrdvɑrk]⟨telb.zn.⟩ ⟨dierk.⟩ **0.1** ***aardvarken*** ⟨Orycteropus afer⟩.

aard·wolf ['a:dwʊlf‖'ɑrd-]⟨telb.zn.; aardwolves [-wʊlvz]; →mv. 3⟩ ⟨dierk.⟩ **0.1** ***aardwolf*** ⟨Proteles cristatus⟩.

Aa·ron·ic [eə'rɒnɪk‖e'rɑnɪk], **Aa·ron·i·cal** [-ɪkl]⟨bn.⟩ **0.1** ***v./mbt. Aäron*** ⇒*levitisch* **0.2** ***hogepriesterlijk*** ⇒*pontificaal.*

Aar·on's beard ['eərənz 'bɪəd‖'erənz 'bɪrd]⟨telb.zn.⟩ ⟨plantk.⟩ **0.1** ***hertshooi*** ⇒*Sint-Janskruid* ⟨verschillende variëteiten v. Hypericum⟩ **0.2** ***moederplant*** ⟨Saxifraga sarmentosa⟩ **0.3** ***muurleeuwebek*** ⟨Linaria cymbalaria of Cymbalaria muralis⟩ **0.4** ***witharige vijgecactus*** ⟨Opunthia leucotricha⟩.

'Aar·on's 'rod ⟨telb.zn.⟩ **0.1** ⟨plantk.⟩ ***koningskaars*** ⇒*aronsstaf* ⟨Verbascum thapsus⟩ **0.2** ⟨bouwk.⟩ ***aronsstaf*** ⟨kroonlijst in de vorm v. 0.1⟩ **0.3** ⟨plantk.⟩ ***guldenroede*** ⟨Solidago virgaurea⟩.

AAU ⟨afk.⟩ Amateur Athletic Union.

ab- [æb] **0.1** ***ab-*** ⇒*af-, mis-, ont-* ◆ ¶**.1** abduct *ontvoeren;* abnormal *abnormaal;* abuse *misbruiken.*

AB ⟨afk.⟩ able-bodied seaman, Artium Baccalaureus ⟨AE⟩.

a·ba, ab·ba [ə'bɑ:, ɑ:'bɑ:], **a·ba·ya** [ə'bɑ:jə]⟨zn.⟩
I ⟨telb.zn.⟩ **0.1** ***aba*** ⟨Arabisch bovenkleed zonder mouwen, gemaakt v. II⟩;
II ⟨n.-telb.zn.⟩ **0.1** ***aba*** ⟨grove wollen stof⟩.

ABA ⟨afk.⟩ Amateur Boxing Association, American Bankers Association, American Bar Association.

a·bac ['eɪbæk]⟨telb.zn.⟩ ⟨wisk.⟩ **0.1** ***nomogram.***

ab·a·ca ['æbə'kɑ:]⟨zn.⟩
I ⟨telb.zn.⟩ ⟨plantk.⟩ **0.1** ***abaca*** ⟨soort Filippijnse bananenplant; Musa textilis⟩;
II ⟨n.-telb.zn.⟩ **0.1** ***abaca*** ⇒*manilahennep* ⟨bladvezels v. I⟩.

a·back [ə'bæk]⟨f1⟩ ⟨bw.⟩ **0.1** ⟨vero.⟩ ***terug*** ⇒*achteruit* **0.2** ⟨scheep.⟩ ***bak.***

ab·a·cus ['æbəkəs]⟨f2⟩ ⟨telb.zn.; ook abaci [-saɪ]; →mv. 5⟩ **0.1** ***telraam*** ⇒*abacus* **0.2** ⟨bouwk.⟩ ***abacus*** ⟨dekplaat op kapiteel v. zuil⟩.

A·bad·don [ə'bædn]⟨eig.n.⟩ **0.1** ⟨bijb.⟩ ***Abaddon*** ⟨de engel v.d. bodemloze afgrond; Openb. 9:11⟩ ⇒*de duivel, de boze* **0.2** ***de hel.***

a·baft[1] [ə'bɑ:ft‖ə'bæft]⟨bw.⟩ ⟨scheep.⟩ **0.1** ***(naar) achter*** ⇒*op/naar het achterschip* ◆ **1.1** with the wind ~ *met de wind van achteren.*

abaft[2] ⟨vz.⟩ ⟨scheep.⟩ **0.1** ***achter*** ◆ **1.1** ~ the mast *achter de mast.*

ab·a·lo·ne ['æbə'loʊni]⟨telb.zn.⟩ ⟨AE; dierk.⟩ **0.1** ***zeeoor*** ⟨genus Haliotis⟩.

a·ban·don[1] [ə'bændən]⟨f1⟩ ⟨n.-telb.zn.⟩ **0.1** ***ongedwongenheid*** ⇒*losheid, nonchalance, vrijheid* ◆ **6.1** **with** ~ *uitbundig, met overgave.*

abandon[2] ⟨f3⟩ ⟨ov.ww.⟩ →abandoned **0.1** ***in de steek laten*** ⇒*aan zijn lot overlaten, achter/verlaten* **0.2** ***op/prijsgeven*** ⇒*laten varen, afstaan, afstand doen van* **0.3** ***afvallen*** **0.4** ***terugnemen*** ⇒*afzien van, intrekken* **0.5** ⟨sport⟩ ***afgelasten*** **0.6** ⟨verz.⟩ ***abandonneren*** ◆ **1.1** ~ a baby *een baby te vondeling leggen;* the order to ~ ship *het bevel het schip te verlaten;* ~ one's wife *zijn vrouw in de steek laten* **1.2** ⟨sport⟩ they ~ed the game *zij staakten de wedstrijd;* ~ all hope *alle hoop laten varen;* ~ a subject *van een onderwerp afstappen* **1.3** ~ Christianity *het christendom ontrouw worden* **1.4** ~ a bill *een wetsvoorstel intrekken/terugnemen* **1.6** ⟨verz.⟩ ~ ship *het schip abandonneren* **4.2** ⟨wederk. ww.⟩ ~ o.s. to *zich overgeven aan;* ⟨in volt. t.⟩ *ten prooi zijn aan* **6.2** ~ one's position **to** the enemy *zijn stellingen aan de vijand overlaten.*

a·ban·don·ed [ə'bændənd]⟨f2⟩ ⟨bn.; volt. deelw. v. abandon⟩ **0.1** ***verlaten*** ⇒*in de steek gelaten, opgegeven* **0.2** ***verdorven*** ⇒*losbandig, zedeloos, pervers* **0.3** ***ongedwongen*** ⇒*ongeremd, uitbundig, uitgelaten.*

a·ban·don·ee [ə'bændə'ni:]⟨telb.zn.⟩ ⟨verz.⟩ **0.1** ***cessionaris*** ⟨i.h.b. assuradeur die het recht op een scheepslading of -wrak heeft⟩.

a·ban·don·ment [ə'bændənmənt]⟨f1⟩ ⟨n.-telb.zn.⟩ **0.1** ***ver/achterlating*** ⇒*het in de steek laten* **0.2** ***verlatenheid*** ⇒*het verlaten zijn* **0.3** ***het prijsgeven*** ⇒*afstand, overgave* **0.4** ***veronachtzaming*** ⇒*verwaarlozing* **0.5** ⟨verz.⟩ ***abandonnement*** ⇒*overlating* **0.6**

zelfverloochening **0.7** ***ongedwongenheid*** ⇒*nonchalance, uitbundigheid.*

a·base [ə'beɪs]⟨ov.ww.⟩ **0.1** ***vernederen*** ⇒*verlagen.*

a·base·ment [ə'beɪsmənt]⟨n.-telb.zn.⟩ **0.1** ***vernedering*** ⇒*verlaging.*

a·bash [ə'bæʃ]⟨ov.ww.; vnl. pass.⟩ **0.1** ***beschamen*** ⇒*verlegen maken, in verlegenheid brengen, van streek brengen* ◆ **3.1** stand ~ed *beteuterd staan te kijken, lelijk op zijn neus kijken.*

a·bash·ment [ə'bæʃmənt]⟨n.-telb.zn.⟩ **0.1** ***beschaming*** ⇒*schaamte, verlegenheid, onthutsing.*

a·bask [ə'bɑ:sk‖ə'bæsk]⟨bw.⟩⟨schr.⟩ **0.1** ***zich koesterend.***

a·bate [ə'beɪt]⟨f1⟩⟨ww.⟩

I ⟨onov.ww.⟩ **0.1** ***verminderen*** ⇒*afnemen, bedaren, verslappen* **0.2** ***vallen*** ⇒*dalen, zakken* **0.3** ⟨jur.⟩ ***ongeldig worden*** ◆ **1.1** the wind ~d *de wind ging liggen* **1.2** the fever ~d *de koorts daalde;*

II ⟨ov.ww.⟩ **0.1** ***uit de weg ruimen*** ⇒*een eind maken aan* **0.2** ***verminderen*** ⇒*verlagen, aftrekken* **0.3** ***verzachten*** ⇒*lenigen, verlichten* **0.4** ***verzwakken*** ⇒*doen bekoelen* **0.5** ⟨jur.⟩ ***vernietigen*** ⇒*nietig verklaren* ◆ **1.1** the air pollution must be ~d *er moet dringend iets gedaan worden aan de luchtvervuiling* **1.2** they are not likely to ~ taxes *belastingverlaging zit er niet in* **1.3** ~ a patient's pain *de pijn v.e. patiënt verlichten* **1.4** nothing could ~ his pride *niets kon zijn trots doen afnemen.*

a·bate·ment [ə'beɪtmənt]⟨f1⟩⟨n.-telb.zn.⟩ **0.1** ***vermindering*** ⇒*verzwakking, het tot bedaren/rust brengen, rust* **0.2** ***verzachting*** ⇒*leniging* **0.3** ***bestrijding*** **0.4** ***aftrek*** ⇒*korting, prijsvermindering* **0.5** ⟨jur.⟩ ***vernietiging*** ⇒*afschaffing* ◆ **6.4** **without** ~ *zonder reductie.*

ab·a·tis, ab·at·tis ['æbətɪs]⟨telb.zn.; abat(t)is of abat(t)es [-ti:z]; →mv. 4, 5⟩⟨mil.⟩ **0.1** ***verhakking*** ⟨versperring v. gevelde bomen⟩.

ab·at·toir ['æbətwɑ:‖-twɑr]⟨telb.zn.⟩ **0.1** ***slachthuis*** ⇒*abattoir.*

abaya →aba.

abb [æb]⟨n.-telb.zn.⟩ **0.1** ***inslag*** ⟨bij het weven⟩.

abba →aba.

ab·ba·cy ['æbəsi]⟨zn.; →mv. 2⟩

I ⟨telb.zn.⟩ **0.1** ***ambtsperiode v. abt/abdis*** **0.2** ***ambtsgebied;***

II ⟨telb. en n.-telb.zn.⟩ **0.1** ***functie/ambt v. abt/abdis;***

III ⟨n.-telb.zn.⟩ **0.1** ***rechtsbevoegdheid v. abt/abdis.***

ab·ba·tial [ə'beɪʃl]⟨bn.⟩ **0.1** ***abbatiaal*** ⟨mbt. /v abt/abdis/abdij⟩ ⇒*abts-, abdij-.*

ab·bé ['æbeɪ‖æ'beɪ]⟨telb.zn.⟩⟨vnl. als titel⟩ **0.1** ***abbé*** ⇒*eerwaarde.*

ab·bess ['æbɪs]⟨f1⟩⟨telb.zn.⟩ **0.1** ***abdis*** ⇒*moederoverste.*

ab·bey ['æbi]⟨f2⟩⟨zn.⟩

I ⟨telb.zn.⟩ **0.1** ***abdij*** **0.2** ***abdijkerk;***

II ⟨verz.n.; the⟩ **0.1** ***kloostergemeenschap*** ⇒*de monniken, de zusters.*

ab·bot ['æbət]⟨f2⟩⟨telb.zn.⟩ **0.1** ***abt.***

abbr(ev) ⟨afk.⟩ abbreviation.

ab·bre·vi·ate[1] [ə'bri:vɪət]⟨bn.⟩ **0.1** ⟨vnl. biol.⟩ ***(tamelijk) kort.***

abbreviate[2] [ə'bri:vieɪt]⟨f1⟩⟨ov.ww.⟩ →abbreviated **0.1** ***be/ver/inkorten*** **0.2** ***afkorten.***

ab·bre·vi·a·ted [ə'bri:vieɪtɪd]⟨f1⟩⟨bn.; volt. deelw. v. abbreviate⟩ **0.1** ***be/verkort*** ⇒*ingekort* **0.2** ***afgekort*** **0.3** ⟨vnl. biol.⟩ ***(tamelijk) kort.***

ab·bre·vi·a·tion [ə'bri:vi'eɪʃn]⟨f2⟩⟨zn.⟩

I ⟨telb.zn.⟩⟨muz.⟩ **0.1** ***abbreviatuur;***

II ⟨telb. en n.-telb.zn.⟩ **0.1** ***be/ver/inkorting*** **0.2** ***afkorting.***

ab·bre·vi·a·tor [ə'bri:vieɪtə‖-eɪtər]⟨telb.zn.⟩ **0.1** ***be/ver/inkorter*** **0.2** ***afkorter.***

ABC[1] ⟨f1⟩⟨telb.zn.⟩ **0.1** ***abc*** ⇒*alfabet* **0.2** ⟨vnl. mv.⟩ ***eerste beginselen v. lezen en schrijven*** ⇒⟨enk.⟩⟨fig.⟩ *abc, eerste beginselen* **0.3** ⟨BE⟩ ***alfabetische gids*** ⇒⟨i.h.b.⟩ *alfabetisch spoorboekje.*

ABC[2] ⟨afk.⟩ American Broadcasting Company; Atomic, Biological, and Chemical.

abdabs →habdabs.

Ab·de·rite ['æbdəraɪt]⟨telb.zn.; in bet. 0.2 ook a-⟩ **0.1** ***Abderiet*** ⟨inwoner v. Abdera⟩ **0.2** ***onnozele hals*** ⇒*sul, minus habens* ◆ **7.1** the ~ *Democritus.*

ab·di·cate ['æbdɪkeɪt]⟨f1⟩⟨ww.⟩

I ⟨onov. en ov.ww.⟩ **0.1** ***abdiceren*** ⇒*aftreden,* ⟨i.h.b.⟩ *troonsafstand doen* ◆ **1.1** ~ the throne *troonsafstand doen* **6.1** ~ **from** the throne *troonsafstand doen;*

II ⟨ov.ww.⟩⟨schr.⟩ **0.1** ***afstand doen van*** ◆ **1.1** ~ one's responsibilities *zijn verantwoordelijkheden afstoten/van zich afschuiven.*

ab·di·ca·tion ['æbdɪ'keɪʃn]⟨f1⟩⟨telb. en n.-telb.zn.⟩ **0.1** ***abdicatie*** ⇒*afstand,* ⟨i.h.b.⟩ *troonsafstand.*

ab·do·men ['æbdəmən]⟨f2⟩⟨telb.zn.⟩ **0.1** ***abdomen*** ⇒*(onder)buik* **0.2** ⟨dierk.⟩ ***achterlijf*** ⟨v. insekt⟩.

ab·dom·i·nal [æb'dɒmɪnl‖-'dɑ-]⟨f2⟩⟨bn.⟩ **0.1** ***abdominaal*** **0.2** ⟨dierk.⟩ ***abdominaal*** ⇒*mbt. /v. het achterlijf* ⟨v. insekt⟩ ◆ **1.1** ~ pain *abdominale pijn, pijn in de (onder)buik.*

ab·dom·i·nous [æb'dɒmɪnəs‖-'dɑ-]⟨bn.⟩ **0.1** ***dikbuikig*** ⇒*corpulent.*

ab·duce [æb'dju:s‖-'du:s]⟨ov.ww.⟩ **0.1** ⟨fil.⟩ ***abduceren*** ⟨niet-conclusief afleiden⟩ **0.2** →abduct 0.2.

ab·duct [æb'dʌkt], ⟨in bet. 0.2 vero. ook⟩ **ab·duce** ⟨f1⟩⟨ov.ww.⟩ **0.1** ***ontvoeren*** ⇒*kidnappen* **0.2** ⟨dierk.⟩ ***afvoeren*** ⟨v.d. as v.h. lichaam verwijderen⟩.

ab·duc·tee [æbdʌk'ti:]⟨telb.zn.⟩ **0.1** ***ontvoerde.***

ab·duc·tion [æb'dʌkʃn]⟨f1⟩⟨telb. en n.-telb.zn.⟩ **0.1** ***ontvoering*** ⇒*kidnapping* **0.2** ⟨dierk., fil.⟩ ***abductie.***

ab·duc·tor [æb'dʌktə‖-ər]⟨telb.zn.⟩ **0.1** ***ontvoerder*** ⇒*kidnapper* **0.2** ⟨dierk.⟩ ***abductor*** ⇒*afvoerder* ⟨spier⟩.

a·beam [ə'bi:m]⟨bw.⟩ **0.1** ⟨scheep.⟩ ***dwars(scheeps)*** **0.2** ⟨lucht.⟩ ***dwars*** ◆ **6.¶** ~ **of** *dwars van.*

a·be·ce·dar·i·an[1] ['eɪbi:si:'deərɪən‖-'der-]⟨telb.zn.⟩ **0.1** ***leerling die pas met lezen begint*** ⇒*(nog) ongeletterde;* ⟨fig.⟩ *beginner* **0.2** ***onderwijzer in de laagste klassen.***

abecedarian[2] ⟨bn.⟩ **0.1** ***alfabetisch*** **0.2** ***elementair.***

a·bed [ə'bed]⟨bw.⟩⟨schr.⟩ **0.1** ***te bed*** ⇒*in bed.*

a·bele [ə'bi:l, 'eɪbl]⟨telb.zn.⟩⟨plantk.⟩ **0.1** ***abeel*** ⇒*witte populier, zilverpopulier* ⟨Populus alba⟩.

Ab·er·deen ['æbə'di:n‖-bər-]⟨zn.⟩

I ⟨eig.n.⟩ **0.1** ***Aberdeen*** ⟨stad in Schotland⟩;

II ⟨telb.zn.⟩ **0.1** ⟨verk.⟩ ⟨Aberdeen Angus, Aberdeen terrier⟩.

Aberdeen An·gus [- 'æŋgəs]⟨telb.zn.⟩ **0.1** ***Aberdeen Angus*** ⟨Schots hoornloos zwart rund⟩.

'Aberdeen 'terrier ⟨telb.zn.⟩ **0.1** ***Schotse terrier.***

Ab·er·do·ni·an ['æbə'doʊnɪən‖'æbər-]⟨telb.zn.⟩ **0.1** ***inwoner v. Aberdeen.***

Ab·er·ne·thy ['æbə'neθi‖'æbər'ni:θi]⟨telb.zn.; →mv. 2⟩ **0.1** ***harde koek met komijnzaad.***

ab·er·rant [æ'berənt]⟨f1⟩⟨bn.⟩⟨vnl. biol.⟩ **0.1** ***afwijkend*** ⇒*atypisch* **0.2** ***afdwalend*** ⇒*afwijkend* ◆ **1.2** ~ behaviour *abnormaal gedrag.*

ab·er·ra·tion ['æbə'reɪʃn], ⟨in bet. 0.2 en 0.3 ook⟩ **ab·er·rance** [æ'berəns], **ab·er·ran·cy** [-si]⟨f1⟩⟨telb. en n.-telb.zn.; →mv. 2⟩ **0.1** ***storing*** ⇒*(geestes)stoornis, aberratie* **0.2** ⟨vnl. biol.⟩ ***afwijking*** **0.3** ***afdwaling*** ⇒*misstap, fout* **0.4** ⟨nat., ster.⟩ ***aberratie*** ◆ **1.1** she hit him in a moment of ~ *ze sloeg hem in een ogenblik v. verdwaasdheid* **2.4** spherical ~ *sferische aberratie* **6.1** an ~ **in** the computer *een storing in de computer* **6.3** ~ **of** behaviour *gedragsafwijking.*

a·bet [ə'bet]⟨ov.ww.; →ww. 7⟩⟨ook jur.⟩ **0.1** ***bijstaan*** ⇒*helpen* ⟨in iets slechts⟩ **0.2** ***meehelpen aan*** ⇒*bijstaan in* ⟨iets slechts⟩ **0.3** ***aanstoken*** ⇒*aanzetten, aan/ophitsen, uitlokken* ◆ **6.1** ~ s.o. **in** a crime *iem. helpen bij een misdaad.*

a·bet·ter, a·bet·tor [ə'betə‖ə'betər]⟨telb.zn.⟩⟨jur.⟩ **0.1** ***medeplichtige*** ⇒*handlanger* **0.2** ***aanstoker*** ⇒*uitlokker.*

ab ex·tra [æ'bekstrə]⟨bw.⟩⟨schr.⟩ **0.1** ***van buiten uit/af.***

a·bey·ance [ə'beɪəns]⟨f1⟩⟨n.-telb.zn.⟩⟨schr.⟩ **0.1** ⟨ook jur.⟩ ***opschorting*** ⇒*uitstel, onbruik* **0.2** ***toestand v. onzekerheid*** ⇒*onbeslistheid* **0.3** ⟨jur.⟩ ***het tijdelijk zonder eigenaar zijn*** ⇒*het onbezet zijn* ◆ **3.1** go into ~ *(voor onbepaalde tijd) verdaagd worden* **6.1** (be) **in**/(fall) **into** ~ *in onbruik/opgeschort (zijn/raken);* ⟨v. regel of wet ook⟩ *tijdelijk krachteloos (zijn/raken);* that trouble has now been **in** ~ for a while *die misère is nu toch een tijdje weggebleven* **6.2** the matter is **in** ~ *de zaak is onbeslist/hangende* **6.3** (be) **in**/(fall) **into** ~ *tijdelijk zonder eigenaar/onbezet (zijn/raken).*

ab·hor [əb'hɔ:‖əb'hɔr]⟨ov.ww.⟩⟨→sprw. 479⟩ **0.1** ***verafschuwen*** ⇒*verfoeien, gruwelen/walgen van.*

ab·hor·rence [əb'hɒrəns‖-'hɔr-]⟨zn.⟩

I ⟨telb.zn.⟩ **0.1** ***(voorwerp v.) gruwel*** ◆ **1.1** such baseness is my ~ *dergelijke laagheid is mij een gruwel;*

II ⟨n.-telb.zn.⟩ **0.1** ***afschuw*** ⇒*gruwel* ◆ **6.1** hold **in** ~ *verafschuwen, verfoeien, walgen van.*

ab·hor·rent [əb'hɒrənt‖-'hɔr-]⟨bn.⟩ **0.1** ***weerzinwekkend*** ⇒*afschuwelijk, afstotend* **0.2** ***onverenigbaar*** ⇒*strijdig, onbestaanbaar* **0.3** ***afkerig*** ⇒*wars* ◆ **6.1** that's ~ **to** him *zoiets verafschuwt hij* **6.2** ~ **from** *onverenigbaar met* **6.3** ~ **of** *afkerig/wars van.*

a·bid·ance [ə'baɪdns]⟨n.-telb.zn.⟩⟨schr.⟩ **0.1** ***(bestendig) verblijf*** **0.2** ***bestendiging*** ⇒*voortzetting, voortduring* **0.3** ***aanvaarding*** ⇒*nakoming* ◆ **6.3** ~ **with** the rules *aanvaarding/nakoming v.d. regels.*

a·bide [ə'baɪd]⟨f2⟩⟨ww.; verl. t. ook abode [ə'boʊd]; volt. deelw. ook abode [ə'boʊd], abidden [ə'bɪdn]⟩ →abiding

I ⟨onov.ww.⟩ **0.1** ⟨schr.⟩ ***blijven*** **0.2** ⟨vero.⟩ ***verblijven*** ⇒*vertoeven, wonen* ◆ **6.1** Lord, ~ **with** me *Heer, blijf bij mij* **6.¶** ⟨verl. t. alleen abided⟩ ~ **by** *zich schikken naar, zich neerleggen bij, zich houden aan; vasthouden aan, trouw blijven aan;*

II ⟨ov.ww.⟩ **0.1** ***doorstaan*** ⇒*het hoofd bieden aan* **0.2** ***dulden*** ⇒*verduren, zich neerleggen bij* **0.3** ⟨schr.⟩ ***verbeiden*** ⇒*ver/af-*

wachten ◆ **1.1** ~ the enemy's onslaught *de aanval v.d. vijand opvangen* **1.2** how can you ~ such cruelty? *hoe kun je zo'n wreedheid verdragen/aanzien?;* I can't ~ Mary *ik kan Maria niet uitstaan/luchten* **1.3** ~ the resurrection *op de verrijzenis wachten.*

a·bid·ing [ə'baɪdɪŋ]⟨bn.; teg. deelw. v. abide⟩⟨schr.⟩ **0.1** ***blijvend*** ⇒*bestendig, duurzaam, eeuwig.*

a·bi·et·ic ['æbi'eṭɪk]⟨bn.⟩⟨schei.⟩ **0.1** ***abiëtine-*** ◆ **1.1** ~ acid *abiëtinezuur.*

Ab·i·gail ['æbɪgeɪl]⟨eig.n., telb.zn.; ook a-⟩ **0.1** ***Abigail*** ⇒*dienstmaagd* ⟨naar 1 Sam. 25⟩.

a·bil·i·ty [ə'bɪləṭi]⟨f3⟩⟨zn.; →mv. 2⟩

I ⟨telb.zn.; vnl. mv.⟩ **0.1** ***talent*** ⇒*(geestes)gave;*

II ⟨n.-telb.zn.⟩ **0.1** ***bekwaamheid*** ⇒*vermogen, bevoegdheid* ⟨ook jur.⟩ **0.2** ⟨ec.⟩ ***solvabiliteit*** ⇒*solventie.*

ab in·i·ti·o ['æbɪ'nɪʃioʊ]⟨bw.⟩⟨schr.⟩ **0.1** ***van het begin af.***

ab·i·o·gen·e·sis ['eɪbaɪoʊ'dʒenɪsɪs]⟨n.-telb.zn.⟩ **0.1** ***abiogenesis*** ⇒*spontane generatie* ⟨v. leven uit niet-levende stof⟩.

ab·ject[1] ['æbdʒekt]⟨telb.zn.⟩ **0.1** ***verschoppeling*** ⇒*verworpeling, outcast* **0.2** ***laaghartig iem.***.

abject[2] ⟨f2⟩⟨bn.; -ly; -ness⟩ **0.1** ***rampzalig*** ⇒*ellendig, miserabel, vernederend* **0.2** ***verachtelijk*** ⇒*abject, kruiperig, laag, laf* **0.3** ***moedeloos*** ⇒*lusteloos, hopeloos* ◆ **1.1** in ~ misery *in de diepste ellende;* ~ poverty *troosteloze armoede* **1.2** ~ slave *verachtelijke slaaf* **1.3** ~ imitation *futloze/zouteloze imitatie.*

ab·jec·tion [æb'dʒekʃn]⟨n.-telb.zn.⟩ **0.1** ***rampzaligheid*** ⇒*ellende, vernedering* **0.2** ***verachtelijkheid*** ⇒*kruiperigheid, laagheid, lafheid* **0.3** ***moedeloosheid*** ⇒*lusteloosheid, hopeloosheid.*

ab·ju·ra·tion ['æbdʒʊə'reɪʃn‖-dʒə-]⟨telb. en n.-telb.zn.⟩ **0.1** ***afzwering*** ⇒*herroeping, verzaking* **0.2** ⟨BE; jur.⟩ ***eed een rechtsgebied te zullen verlaten en nooit terug te keren.***

ab·jure [əb'dʒʊə‖əb'dʒʊr]⟨ov.ww.⟩ **0.1** ***afzweren*** ⇒*herroepen, (onder ede) verzaken aan* ◆ **1.1** ⟨BE; jur.⟩ ~ the realm/a town *zweren het land/een stad te zullen verlaten om nooit terug te keren.*

ab·lac·ta·tion ['æblæk'teɪʃn]⟨n.-telb.zn.⟩ **0.1** ***het spenen.***

ab·late [æ'bleɪt]⟨ov.ww.⟩ **0.1** ⟨med.⟩ ***wegnemen*** ⇒*wegsnijden, amputeren* **0.2** ⟨geol.⟩ ***doen wegslijten*** ⇒*uitslijten, wegsmelten/eroderen* **0.3** ⟨ruim.⟩ ***doen wegsmelten*** ⇒*doen verdampen/evaporeren.*

ab·la·tion [æ'bleɪʃn]⟨telb. en n.-telb.zn.⟩ **0.1** ***ablatie*** ⇒*wegneming, amputatie* **0.2** ⟨geol.⟩ ***ablatie*** ⇒*erosie, afsmelting, afslijting* **0.3** ⟨ruim.⟩ ***ablatie*** ⇒*wegsmelting, verdamping, evaporatie* ⟨v. buitenkant v. ruimtevaartuig bij terugkeer in de dampkring⟩.

a'blation shield ⟨telb.zn.⟩⟨ruim.⟩ **0.1** ***hitteschild.***

ab·la·tive[1] ['æbləṭɪv]⟨telb.zn.⟩⟨taalk.⟩ **0.1** ***ablatief*** ⇒*zesde naamval, ablatiefvorm/constructie.*

ablative[2] ⟨f1⟩⟨bn., attr.⟩⟨taalk.⟩ **0.1** ***ablatief-*** ◆ **1.1** ~ case *ablatief, zesde naamval.*

ab·laut ['æblaʊt]⟨telb. en n.-telb.zn.⟩⟨taalk.⟩ **0.1** ***ablaut*** ⟨klinkerwisseling⟩.

a·blaze [ə'bleɪz]⟨f1⟩⟨bn., pred.⟩ **0.1** ***in lichterlaaie*** ⇒*in brand, schitterend, stralend;* ⟨fig.⟩ *opgewonden* ◆ **3.1** set ~ *in vuur en vlam zetten* **6.1** ~ **with** excitement *gloeiend v. opwinding.*

a·ble ['eɪbl]⟨f4⟩⟨bn.; -ly; →bijw. 3⟩

I ⟨bn.⟩ **0.1** ***bekwaam*** ⇒*competent* **0.2** ***begaafd*** ⇒*knap* **0.3** ***bevoegd*** ⇒*gerechtigd* **0.4** ⟨verk.⟩ ⟨able-bodied⟩ ◆ **1.1** an ~ lawyer *een bekwaam advocaat* **3.3** ~ to inherit *erfgerechtigd* **6.¶** ~ **in** body and mind *gezond v. lichaam en geest/v. lijf en leden* **¶.2** ~-minded *verstandig;*

II ⟨bn., pred.; →bekwaamheid⟩ **0.1** ***in staat*** ⇒*de macht/gelegenheid/mogelijkheid hebbend* ◆ **3.1** be ~ to *kunnen, in staat zijn te.*

-a·ble [əbl] **0.1** ⟨vormt bijv. nw. met pass. bet., vnl. v. ww., soms ook v. nw.⟩ ***-baar*** ⇒***-lijk*** **0.2** ⟨vormt andere bijv. nw. met versch. bet.; niet meer produktief⟩ ◆ **¶.1** bearable *draagbaar, dragelijk;* dutiable *belastbaar;* openable *te openen, openslaand* **¶.2** fashionable *modieus;* sizeable *(vrij) groot.*

a·ble-bod·ied ['eɪbl'bɒdɪd‖-'bɑ-]⟨f1⟩⟨bn.⟩ **0.1** ***gezond*** ⇒*gezond v. lijf en leden* **0.2** ⟨scheep.⟩ ***bevoegd*** ⇒*bevaren* ◆ **1.1** ~ recruit *goedgekeurd rekruut* **1.2** ~ seaman *vol matroos, matroos eerste klas.*

a·bloom [ə'blu:m]⟨bn., pred.⟩⟨schr.⟩ **0.1** ***in (volle) bloei*** ◆ **6.1** a meadow ~ **with** dandelions *een weide vol bloeiende paardebloemen.*

a·blush [ə'blʌʃ]⟨bn., pred.⟩⟨schr.⟩ **0.1** ***blozend.***

ab·lu·tion [ə'blu:ʃn]⟨zn.⟩

I ⟨telb. en n.-telb.zn.⟩ **0.1** ***ablutie*** ⇒*rituele/ceremoniële wassing* ⟨i.h.b. in R.-K. liturgie⟩ **0.2** ***het water/de wijn waarmee de ablutie verricht wordt;***

II ⟨mv.; ~s⟩ **0.1** ⟨scherts.⟩ ***het wassen*** ⇒*toilet* **0.2** ⟨BE; inf.; mil.⟩ ***waslokaal*** ⇒*badkamers;* ⟨euf.⟩ *toiletten* ◆ **3.1** have you performed your ~s? *ben je klaar met je toilet?.*

ABM ⟨afk.⟩ Anti-ballistic Missile.

ab·ne·gate ['æbnɪgeɪt]⟨ov.ww.⟩ **0.1** ***opgeven*** ⇒*verzaken (aan)* **0.2** ***afzweren*** ⇒*verzaken (aan)* **0.3** ***ontzeggen*** ◆ **1.1** ~ one's rights *zijn rechten verzaken* **1.2** ~ one's religion *zijn godsdienst verloochenen, zijn geloof afzweren* **4.3** ~ o.s. sth. *zich iets ontzeggen;* self-abnegating life *een leven v. zelfverloochening/zelfontzegging.*

ab·ne·ga·tion ['æbnɪ'geɪʃn]⟨n.-telb.zn.⟩ **0.1** ***weigering*** **0.2** ***verloochening*** **0.3** ***zelfverloochening.***

ab·nor·mal ['æb'nɔ:məl‖-'nɔr-]⟨f2⟩⟨bn.; -ly⟩ **0.1** ***abnormaal*** ⇒*afwijkend* **0.2** ***uitzonderlijk.***

ab·nor·mal·i·ty ['æbnɔ:'mæləti‖'æbnər'mæləṭi]⟨f1⟩⟨telb. en n.-telb.zn.; →mv. 2⟩ **0.1** ***abnormaliteit*** ⇒*afwijking.*

ab·nor·mi·ty [æb'nɔ:məti‖æb'nɔrməṭi]⟨telb. en n.-telb.zn.; →mv. 2⟩ **0.1** ***afwijking*** **0.2** ***wanstaltigheid*** ⇒*monstruositeit.*

ab·o ['æboʊ]⟨telb.zn.; soms A-⟩⟨verk.⟩ aboriginal ⟨Austr. E; sl.⟩ **0.1** ***inboorling.***

a·board[1] [ə'bɔ:d‖ə'bɔrd]⟨f2⟩⟨bw.⟩ **0.1** ***aan boord*** **0.2** ⟨scheep.⟩ ***langszij*** **0.3** ***schrijlings*** ◆ **3.2** lay ~ *langszij komen* **3.3** swing (a saddle) ~ *(een zadel) over het paard werpen* **4.1** all ~! *instappen!* **5.2** close/hard ~ *vlak langszij.*

aboard[2] ⟨f2⟩⟨vz.⟩ **0.1** ***aan boord v.*** **0.2** ***schrijlings op*** ◆ **1.1** ~ the bus *in de bus* **1.2** ~ a horse *schrijlings op een paard.*

a·bode[1] [ə'boʊd]⟨telb.zn.⟩⟨schr. of jur.⟩ **0.1** ***woonplaats*** ⇒*verblijf* ◆ **3.1** ~ of the blessed *huis der gelukzaligen, hemelrijk;* make one's ~ *zijn intrek nemen.*

abode[2] ⟨verl.t. en volt.deelw.⟩ →abide.

a·bol·ish [ə'bɒlɪʃ‖ə'bɑ-]⟨f2⟩⟨ov.ww.⟩ **0.1** ***afschaffen*** ⇒*een eind maken aan, opruimen, vernietigen* ◆ **1.1** ~ the death penalty *de doodstraf afschaffen.*

ab·o·li·tion ['æbə'lɪʃn]⟨f2⟩⟨telb. en n.-telb.zn.⟩ **0.1** ***afschaffing*** ⇒*abolitie* ⟨gesch. i.h.b. v. doodstraf of slavernij⟩.

ab·o·li·tion·ism ['æbə'lɪʃənɪzm]⟨n.-telb.zn.⟩⟨gesch.⟩ **0.1** ***abolitionisme*** ⟨beweging ter afschaffing v. slavernij⟩.

ab·o·li·tion·ist ['æbə'lɪʃənɪst]⟨f1⟩⟨telb.zn.⟩⟨gesch.⟩ **0.1** ***abolitionist*** ⟨voorstander v. afschaffing v. slavernij⟩.

ab·o·ma·sum ['æbə'meɪsəm]⟨telb.zn.; abomasa [-sə]; →mv. 5⟩ ⟨dierk.⟩ **0.1** ***lebmaag.***

A-bomb ['eɪbɒm‖'eɪbɑm]⟨f1⟩⟨telb.zn.⟩ **0.1** ***A-bom*** ⇒*atoombom* **0.2** ⟨AE; sl.⟩ ***snelle sportwagen.***

a·bom·i·na·ble [ə'bɒmɪnəbl‖ə'bɑ-]⟨f1⟩⟨bn.; -ly; →bijw. 3⟩ **0.1** ***afschuwelijk*** ⇒*abominabel* ◆ **1.1** ~ food *walgelijk voedsel;* Abominable Snowman *verschrikkelijke sneeuwman, yeti;* ~ weather *verschrikkelijk weer.*

a·bom·i·nate [ə'bɒmɪneɪt‖ə'bɑ-]⟨ov.ww.⟩ **0.1** ***verafschuwen*** ⇒*walgen/gruwelen van, verfoeien.*

a·bom·i·na·tion [ə'bɒmɪ'neɪʃn‖ə'bɑ-]⟨zn.⟩

I ⟨telb.zn.⟩ **0.1** ***walgelijk iets*** ◆ **6.1** ⟨schr.⟩ that is an ~ **(un)to** me *dat is mij een gruwel;*

II ⟨n.-telb.zn.⟩ **0.1** ***walg(ing)*** ⇒*gruwel, abominatie* ◆ **3.1** hold sth. in ~ *iets verafschuwen.*

ab·o·ral ['æb'ɔ:rəl]⟨bn.; -ly⟩⟨dierk.⟩ **0.1** ***aboraal*** ⟨gelegen aan de zijde die v.d. mond is afgekeerd⟩.

ab·o·rig·i·nal[1] ['æbə'rɪdʒɪnl]⟨f1⟩⟨telb.zn.⟩ **0.1** ***inboorling*** ⇒*inlander;* ⟨i.h.b., A-⟩ *Australische inboorling* **0.2** ***autochto(o)n(e) plant/dier.***

aboriginal[2] ⟨f2⟩⟨bn.; -ly⟩ **0.1** ***inheems*** ⇒*inlands, autochtoon, oorspronkelijk;* ⟨i.h.b., A-⟩ *mbt./v. de Australische inboorlingen.*

ab·o·rig·i·nal·i·ty ['æbərɪdʒɪ'næləṭi]⟨n.-telb.zn.⟩ **0.1** ***inheems karakter.***

ab·o·rig·i·ne ['æbə'rɪdʒɪni]⟨f1⟩⟨zn.⟩

I ⟨telb.zn.⟩ **0.1** →aboriginal[1] o.1;

II ⟨mv.; ~s⟩ **0.1** ***inlandse fauna en flora.***

a·born·ing [ə'bɔ:nɪŋ‖-'bɔr-]⟨bn., pred.⟩⟨AE⟩ **0.1** ***geboren wordend*** ⇒*in wording, bij ontstaan* ◆ **1.1** a new world was ~ *een nieuwe wereld was in wording* **3.1** the child died ~ *het kind stierf in/tijdens de geboorte;* the resolution died ~ *de resolutie vond een voortijdig einde.*

a·bort[1] [ə'bɔ:t‖ə'bɔrt]⟨telb.zn.⟩⟨lucht., ruim.⟩ **0.1** ***afgebroken vlucht/start*** **0.2** ***het (vroegtijdig) afbreken v.e. vlucht/start.***

abort[2] ⟨f1⟩⟨ww.⟩ →aborted

I ⟨onov.ww.⟩ **0.1** ***aborteren*** ⇒*een miskraam hebben, ontijdig bevallen* **0.2** ⟨biol.⟩ ***onvolgroeid blijven*** ⇒*ver/wegkwijnen* **0.3** ***tot een ontijdig einde komen*** ⇒*mislukken;* ⟨ruim.⟩ *de vlucht voortijdig afbreken/niet voltooien;* ⟨lucht.⟩ *de start afbreken;*

II ⟨ov.ww.⟩ **0.1** ***doen aborteren*** **0.2** ***tot een ontijdig einde brengen*** ⇒*doen mislukken;* ⟨i.h.b. comp., lucht., ruim.⟩ *voortijdig afbreken* ◆ **1.1** ~ a foetus *een vrucht afdrijven;* ~ a pregnancy *een zwangerschap afbreken/onderbreken.*

a·bort·ed [ə'bɔ:tɪd‖ə'bɔrṭɪd]⟨f1⟩⟨bn.; volt. deelw. v. abort⟩ **0.1** ***ontijdig geboren*** **0.2** ⟨biol.⟩ ***rudimentair*** **0.3** ***mislukt*** ⇒*onvoltooid,* *voortijdig afgebroken* **0.4** ⟨comp.⟩ ***(zonder voorbehoud) afgebroken*** ◆ **1.3** ⟨lucht.⟩ ~ take-off *afgebroken start.*

a·bor·ti·fa·cient[1] [ə'bɔ:tɪ'feɪʃnt‖ə'bɔrtɪ-]⟨telb.zn.⟩ **0.1** ***abortief/vruchtafdrijvend middel*** ⇒*abortivum.*

abortifacient[2] ⟨bn.⟩ **0.1** ***abortief*** ⇒*vruchtafdrijvend.*

a·bor·tion [ə'bɔ:ʃn‖ə'bɔrʃn]⟨f2⟩⟨zn.⟩

I ⟨telb.zn.⟩ **0.1** ***geaborteerde foetus*** ⇒*doodgeboren kind* **0.2** ***onvolgroeid/mismaakt schepsel*** ⇒*wangedrocht, dwerg* **0.3** ***misluking*** ⇒*miskleun, flop;*

II ⟨telb. en n.-telb.zn.⟩ **0.1** ***abortus*** ⇒*miskraam* **0.2** ***abortus (provocatus)*** ⇒*vruchtafdrijving* **0.3** ⟨biol.⟩ ***afgebroken ontwikkeling*** ⟨v.e. orgaan⟩.

a'bortion clinic ⟨telb.zn.⟩ **0.1** ***abortuskliniek.***

a·bor·tion·ism [ə'bɔ:ʃənɪzm‖ə'bɔr-]⟨n.-telb.zn.⟩ **0.1** ***(de) abortusbeweging.***

a·bor·tion·ist [ə'bɔ:ʃənɪst‖ə'bɔr-]⟨telb.zn.⟩ **0.1** ***aborteur/euse*** **0.2** ***voorstander/ster v. abortusbeweging.***

a'bor·tion-on-de·mand ⟨telb.zn.⟩ **0.1** ***vrije abortus*** **0.2** ***recht op abortus*** ⇒*baas-in-eigen-buikprincipe.*

a·bor·tive [ə'bɔ:tɪv‖ə'bɔrtɪv]⟨f1⟩⟨bn.;-ly⟩ **0.1** ***te vroeg geboren*** ⇒*onvoldragen, onrijp;* ⟨fig. ook⟩ *vroeg/ontijdig, voorbarig* **0.2** ***abortief*** ⇒*vruchtafdrijvend* **0.3** ***vruchteloos*** ⇒*mislukt, abortief, zin/doelloos* **0.4** ⟨biol.⟩ ***rudimentair*** **0.5** ⟨med.⟩ ***abortief*** ⟨v. ziekte; in het beginstadium genezend⟩.

a·bor·tive·ness [ə'bɔ:tɪvnəs‖ə'bɔrtɪv-]⟨n.-telb.zn.⟩ **0.1** ***abortief karakter.***

a·bou·li·a, a·bu·li·a [ə'b(j)u:lɪə‖'eɪ'bu:lɪə]⟨n.-telb.zn.⟩⟨med.⟩ **0.1** ***aboulie*** ⇒*(ziekelijke) willoosheid/besluiteloosheid.*

a·bound [ə'baʊnd]⟨f2⟩⟨onov.ww.⟩ **0.1** ***overvloedig aanwezig zijn*** ⇒*in overvloed voorkomen* ◆ **6.1** the Middle East ~s **in/with** oil *het Midden Oosten is zeer rijk aan olie;* ~ **in/with** rabbits *wemelen/krioelen van de konijnen.*

a·bout[1] [ə'baʊt]⟨f4⟩⟨bw.⟩ **0.1** ***ongeveer*** ⇒*bijna* **0.2** ⟨plaats en richting⟩ ***rond*** ⇒*rondom* **0.3** ⟨opeenvolging in de tijd⟩ ***afwisselend*** **0.4** ⟨tegengestelde richting, lett. en fig.⟩ ***om*** ⇒*omgekeerd* ◆ **1.2** for miles ~ *mijlen in het rond;* a long way ~ *een hele omweg* **1.3** take turns ~ *elkaar afwisselen, om en om gaan;* turn and turn ~ *om beurten* **1.4** the other way ~ *andersom;* the wrong way ~ *omgekeerd, achterstevoren* **2.1** ~ as bad as *haast even erg als* **3.1** that's ~ it *dat moet het zo ongeveer zijn, zoiets moet het wel zijn* **3.2** don't carry it ~ with you *draag het niet overal mee;* go ~ for money *met de pet rondgaan;* go ~ telling lies *overal leugens vertellen;* look ~ *kijk om je heen;* horse-carts? you don't see many of them ~ nowadays *paard en wagens? tegenwoordig zie je er niet veel meer;* those standing ~ *d(i)egenen die in de buurt stonden;* there's plenty of money ~ *er is veel geld in omloop;* they went ~ *zij liepen/gingen om, zij maakten een omweg* **3.4** ~ ⟨BE⟩ turn/⟨AE⟩ face! *rechtsomkeert!* **4.2** no one ~ *niemand te zien* **5.1** ⟨inf. understatement⟩ I've had ~ enough *ik heb er de buik van vol, ik ben het zat, voor mij is het welletjes* **7.1** ~ twenty pence *ongeveer twintig pence.*

about[2] ⟨f4⟩⟨vz.⟩ **0.1** ⟨beweging rond een punt⟩ ***rond*** ⇒*om ... heen* **0.2** ⟨plaats, ook fig.⟩ ***rondom*** ⇒*verspreid over, in (de buurt van), bij* **0.3** ⟨beweging door een ruimte⟩ ***door ... heen*** ⇒*over* **0.4** ⟨met voorwerp v. vnl. intellectuele of emotionele activiteit⟩ ***over*** ⇒*betreffende, met betrekking tot* **0.5** ***omstreeks*** ⇒*omtrent, ongeveer, rond* ◆ **1.1** dance ~ the table *rond de tafel dansen* **1.2** there was an air of mystery ~ that boy *die jongen had iets mysterieus/geheimzinnigs over zich;* ~ the entrance *bij/in de buurt van de ingang;* wounded ~ the head *aan het hoofd gewond;* somewhere ~ the house *ergens in of bij (het) huis;* he is well known ~ the town *hij is in de hele stad goed bekend;* ~ town *in de stad* **1.3** travel ~ the country *door het land trekken, in het land rondreizen* **1.4** something strange ~ her behaviour *haar gedrag heeft iets vreemds/is vreemd;* he was not long ~ the job *hij had dat karwei gauw geklaard;* my feelings ~ the problem *mijn gevoelens/mening over het probleem;* universities are ~ research *universiteiten zijn er voor (het) onderzoek;* the truth, that's what it's (all) ~ *de waarheid, daar gaat het (hem) om* **1.5** ~ midnight *omstreeks/tegen middernacht* **4.2** I have no money ~ me *ik heb geen geld bij me/op zak* **4.4** be quick ~ it *schiet eens wat op* **4.¶** ~ it! *aan de slag!;* what ~ it? *wat is ermee (aan de hand)?, wat doen we ermee?, wat vind je ervan?* **5.5** ~ there *daaromtrent, daar ergens* **¶.4** tell me all ~ it *zeg het eens, vertel mij alles maar.*

a'bout-'face[1], ⟨BE ook⟩ **a·'bout-'turn** ⟨f1⟩⟨telb.zn.; vnl. enk.⟩ **0.1** ⟨ook fig.⟩ ***totale om(me)keer*** ⇒*draai v. 180°, algehele wending/omzwenking, volte (face)* ◆ **6.1** an ~ **on** economic policies *een totale ommezwaai in het economisch beleid* **¶.1** ⟨mil.⟩ ~! *rechtsom(keert)!.*

a'bout-'face[2], ⟨BE ook⟩ **a'bout-'turn** ⟨onov.ww.⟩ **0.1** ***rechtsomkeert maken*** ⟨fig.⟩ ⇒*volte face maken, zijn standpunt totaal wijzigen, z'n koers 180° verleggen.*

a'bout-sledge ⟨telb.zn.⟩ **0.1** ***voorhamer*** ⇒*grote moker, smidshamer.*

a·bove[1] [ə'bʌv]⟨bn., attr.; →bijw. 1⟩⟨schr.⟩ **0.1** ***bovenstaande*** ⇒*vorig* ◆ **1.1** the ~ paragraph *de paragraaf hierboven.*

a·bove[2] ⟨f3⟩⟨bw.⟩ **0.1** ⟨→bijw. 1; hogere positie tgo. een referentiepunt⟩ ***boven*** ⇒*hoger* **0.2** ⟨plaats in een rangorde⟩ ***hoger*** ⇒*meer* ◆ **1.1** the fields ~ *de hogergelegen velden;* the rooms ~ *de kamers boven;* the saints ~ *de heiligen in de hemel;* the stars ~ *de sterren aan de hemel* **2.1** the cat's black ~ *de kat is zwart van boven/heeft een zwarte rug* **3.1** it looks different ~ from underneath *van bovenaf (gezien) ziet het er anders uit dan van onderaf;* as mentioned ~ *als boven, zoals hierboven vermeld;* the ~-mentioned *het bovengenoemde/hogervermelde; de bovengenoemde/hogervermelde personen;* the ~-named *de bovengenoemde (persoon/personen);* the ~-said *het bovengenoemde* **4.2** twenty and ~ *twintig en meer* **5.2** over and ~ *bovendien* **6.1 from** ~ *van boven;* ⟨fig.⟩ *van God, uit de hemel* **6.2** imposed **from** ~ *v. hogerhand opgelegd* **7.1** the ~ *het bovengenoemde, het hiervoor gestelde; de bovengenoemde personen* **7.2** those ~ *de hogergeplaatste personen, degenen van hogere rang* **8.1** as ~ *zoals boven, ut supra.*

above[3] ⟨f3⟩⟨vz.⟩ **0.1** ⟨hogergelegen plaats⟩ ***boven*** ⇒*over, hoger dan* **0.2** ⟨overschrijding in getal, kwaliteit, grootte, enz.⟩ ***hoger dan*** ⇒*meer dan* **0.3** ⟨met abstracte bestanddelen⟩ ***boven ... verheven*** ⇒*boven, buiten* ◆ **1.1** a coat ~ her dress *een mantel over haar jurk;* the roof ~ my head *het dak boven mijn hoofd;* ⟨aardr.⟩ Holland lies ~ Flanders *Nederland ligt boven/ten noorden van Vlaanderen;* ~ stairs *boven, op een hogere verdieping* **1.2** do not speak ~ a whisper *spreek fluisterend/op een fluistertoon* **3.3** he's ~ talking to a farmer *hij acht het beneden zich/zijn waardigheid met een boer te spreken* **4.2** ~ fifty *meer dan vijftig;* he is ~ me *hij staat boven mij, is mijn meerdere/superieur;* ~ all this *daar komt nog bij (dat)* **4.¶** ~ all *vooral, bovenal;* ⟨inf.⟩ be ~ oneself *pretenties hebben.*

a'bove-a'ward ⟨bn.⟩ **0.1** ***bovenwettelijk*** ⇒⟨B.⟩ *extralegaal* ⟨v. loon e.d.⟩.

a'bove'board ⟨bw.⟩ **0.1** ***eerlijk*** ⇒*openlijk, openhartig, rechtuit.*

a'bove'ground[1] ⟨bn.⟩ **0.1** ***bovengronds*** ⇒⟨fig.⟩ *(nog) levend, nog op aarde* ◆ **1.1** ~ masonry *opgaand metselwerk;* ~ miners *bovengrondse mijnwerkers.*

aboveground[2] ⟨bw.⟩ **0.1** ***(nog) boven de grond.***

Abp, abp ⟨afk.⟩ archbishop.

abr ⟨afk.⟩ abridged, abridg(e)ment.

ab·ra·ca·dab·ra ['æbrəkə'dæbrə]⟨telb. en n.-telb.zn.⟩ **0.1** ***abracadabra*** ⇒*toverformule, brabbel/wartaal, potjeslatijn* ◆ **¶.1** ~! *abracadabra!, hocuspocus!.*

a·brade [ə'breɪd]⟨ww.⟩

I ⟨onov.ww.⟩ **0.1** ***(af)slijten;***

II ⟨ov.ww.⟩ **0.1** ***schuren*** ⇒*(af)schaven;* ⟨fig.⟩ *ondermijnen* ◆ **1.1** the river ~s the bank *de rivier schuurt de oever (uit);* ~d skin *geschaafde huid.*

A·bra·ham ['eɪbrəhæm]⟨eig.n.⟩ **0.1** ***Abraham*** ◆ **1.¶** ~'s bosom *Abrahams schoot, de hemel, het paradijs* ⟨Luc. 16:22⟩ **3.¶** sham ~ *zich ziek houden, zich als een zwakzinnige gedragen.*

a·bran·chi·ate ['eɪ'bræŋkieɪt], **a·bran·chi·al** [-kɪəl], **a·bran·chi·ous** [-kɪəs]⟨bn.⟩⟨dierk.⟩ **0.1** ***zonder kieuwen*** ⇒*kieuwloos.*

ab·ra·sion [ə'breɪʒn]⟨f1⟩⟨zn.⟩

I ⟨telb.zn.⟩ **0.1** ***afgeschaafde plek*** ◆ **1.1** an ~ of the skin *een ontvelde plek;*

II ⟨n.-telb.zn.⟩ **0.1** ***(af)schuring*** ⇒*afslijting, afschaving* **0.2** ⟨geol.⟩ ***abrasie*** ◆ **1.1** ⟨foto.⟩ ~ marks *na ontwikkeling zichtbare krassen;* ~ of the teeth *overmatige slijtage v.d. tanden.*

ab·ra·sive[1] [ə'breɪsɪv], **abrad·ant** [ə'breɪdnt]⟨telb. en n.-telb.zn.⟩ **0.1** ***schuurmiddel*** ⇒*slijpmiddel* **0.2** ***schuurpapier.***

abrasive[2], **abradant** ⟨f1⟩⟨bn.;-ly⟩ **0.1** ***schurend*** ⇒*slijpend, krassend* **0.2** ***ruw*** ⇒*scherp, kwetsend, agressief* ◆ **1.1** ~ blasting *gritstralen;* ~ cloth *schuurlinnen;* ~ machine *slijpmachine;* ~ paper *schuurpapier;* ~ powder *slijppoeder* **1.2** ~ character *irritant karakter;* ~ voice *snijdende/scherpe stem.*

ab·re·act ['æbri'ækt]⟨ov.ww.⟩⟨psych.⟩ **0.1** ***afreageren.***

ab·re·ac·tion ['æbri'ækʃn]⟨telb. en n.-telb.zn.⟩⟨psych.⟩ **0.1** ***afreagering.***

ab·re·ac·tive ['æbri'æktɪv]⟨bn.⟩⟨psych.⟩ **0.1** ***afreagerend.***

a·breast [ə'brest]⟨f2⟩⟨bw.⟩ **0.1** ***zij aan zij*** ⟨in dezelfde richting⟩ ⇒*naast elkaar* **0.2** ***in gelijke tred*** ⇒*gelijk* **0.3** ⟨scheep.⟩ ***dwars*** ◆ **4.1** march four ~ *met vier op een rij marcheren;* two ~ *twee aan twee* **6.2** be ~ **of/with** the times *op de hoogte zijn v. d. actualiteit;* keep ~ **of/with** *zich op de hoogte houden v.;* keep wages ~ **of** the rising living costs *de lonen gelijke tred doen houden met de stijgende kosten v. levensonderhoud* **6.3** the ship was ~ **of** Ostend *het schip lag dwars v. Oostende.*

a·bridge [ə'brɪdʒ]⟨f1⟩⟨ov.ww.⟩ **0.1** ***verkorten*** ⇒*in/bekorten;* ⟨fig.⟩ *beperken, beknotten* **0.2** ⟨vero.⟩ ***beroven*** ◆ **1.1** an~d edition *een beknopte uitgave* **6.2** ~ s.o. **of** his rights *iem. v. zijn rechten beroven.*

a·bridg(e)·ment [ə'brɪdʒmənt]⟨f1⟩⟨zn.⟩
I ⟨telb.zn.⟩ **0.1** ***korte inhoud*** ⇒*kort begrip, excerpt, uittreksel;*
II ⟨telb.en n.-telb.zn.⟩ **0.1** ***verkorting*** ⇒*het verkorten* **0.2** ***beknotting*** ⇒*beperking* ◆ ¶.**1** an ~ for TV *een ingekorte versie voor de t.v..*

a·broach [ə'broʊtʃ]⟨bn., pred.⟩ **0.1** ***aangestoken*** ⟨v. vat⟩ ◆ **3.1** set ~ *aansteken;* ⟨fig.⟩ *aanstichten, opwekken, in de openbaarheid brengen.*

a·broad [ə'brɔ:d]⟨f3⟩⟨bw.⟩ **0.1** ***in/naar het buitenland*** **0.2** ***wijd uiteen*** ⇒*(naar) overal, in het rond;* ⟨fig. ook⟩ *in omloop, in circulatie* ◆ **1.2** there's bad news ~ *er zit slecht nieuws in de lucht;* there's a rumour ~ (that) *er gaat/loopt een gerucht (dat)* **3.2** blaze ~ *uitbazuinen;* the matter has got ~ *de zaak is ruchtbaar geworden/ligt op straat;* scattered ~ *wijd verspreid;* set sth. ~ *iets ruchtbaar maken;* take one's grievances ~ *met zijn grieven te koop lopen* **6.1** (back) **from** ~ *(terug) uit het buitenland, uit den vreemde.*

ab·ro·gate ['æbrəgeɪt]⟨ov.ww.⟩ **0.1** ***afschaffen*** ⇒*tenietdoen, opheffen, intrekken, abrogeren.*

ab·ro·ga·tion ['æbrə'geɪʃn]⟨telb.en n.-telb.zn.⟩ **0.1** ***afschaffing*** ⇒*opheffing, intrekking, abrogatie.*

ab·rupt [ə'brʌpt]⟨f2⟩⟨bn.; ook -er; -ly; -ness⟩ **0.1** ***bruusk*** ⇒*abrupt, plots(eling)* **0.2** ***kortaf*** ⇒*kort aangebonden* **0.3** ***hortend*** ⇒*abrupt* **0.4** ***steil*** ⇒*abrupt* **0.5** ⟨plantk.⟩ ***afgeknot*** ◆ **1.2** that man has an ~ manner *die man is kort v. stof.*

ab·rup·tion [ə'brʌpʃn]⟨telb.en n.-telb.zn.⟩ **0.1** ***(plotselinge) afbreking.***

abs- →ab-.

ABS ⟨afk.⟩ Anti-Blocking System **0.1** ***ABS*** ⟨anti-blokkeersysteem⟩.

ab·scess ['æbses]⟨f1⟩⟨telb.zn.⟩ **0.1** ***abces*** ⇒*ettergezwel.*

ab·scis·sa [æb'sɪsə]⟨telb.zn.; ook abscissae [æb'sɪsi:]; →mv. 5⟩ ⟨wisk.⟩ **0.1** ***abscis.***

ab·scis·sion [æb'sɪʒn,-'sɪʃn]⟨telb.en n.-telb.zn.⟩ **0.1** ***afsnijding*** **0.2** ⟨plantk.⟩ ***abscissie.***

ab·scond [əb'skɒnd‖æb'skand]⟨onov.ww.⟩⟨schr.⟩ **0.1** ***in het geheim vertrekken*** ⇒*met de noorderzon vertrekken, onderduiken* ◆ **6.1** ~ **from** an open prison *uit een open gevangenis weglopen;* ~ **with** sth. *ervandoor gaan met iets.*

ab·seil[1] ['æbsaɪl]⟨telb.zn.⟩⟨bergsport⟩ **0.1** ***daling aan het touw.***

abseil[2] ⟨onov.ww.⟩⟨bergsport⟩ →abseiling **0.1** ***abseilen*** ⇒*(gezekerd) (af)dalen aan het touw.*

'ab·seil·ing ⟨telb.zn.; gerund v. abseil⟩⟨bergsport⟩ **0.1** ***(het) abseilen*** ⇒*(het) dalen aan het touw.*

'abseil piton ⟨telb.zn.⟩⟨bergsport⟩ **0.1** ***abseilhaak.***

'abseil sling ⟨telb.zn.⟩⟨bergsport⟩ **0.1** ***abseillus.***

ab·sence ['æbsns]⟨f3⟩⟨telb.en n.-telb.zn.⟩⟨→sprw. 1⟩ **0.1** ***afwezigheid*** ⇒*absentie* **0.2** ***gebrek*** ⇒*afwezigheid* **0.3** ***verstrooidheid*** ⇒*afgetrokkenheid, absentie* ◆ **1.3** ~ of mind *verstrooidheid* **6.1** ⟨jur.⟩ he was condemned **in** his ~ *hij werd bij verstek veroordeeld* **6.2** **in** the ~ **of** proof *bij gebrek aan bewijs.*

ab·sent[1] ['æbsnt]⟨f3⟩⟨bn.; -ly⟩⟨→sprw. 2⟩ **0.1** ***afwezig*** ⇒*absent* **0.2** ***onbestaand*** ⇒*niet voorhanden* **0.3** ***verstrooid*** ⇒*afgetrokken, afwezig, absent* ◆ **1.1** ⟨mil.⟩ ~ without leave *weggebleven zonder verlof;* ⟨pol.⟩ ~ voter *iem. die per brief stemt, schriftelijke stem* **6.1** ~ **from** school *niet op school.*

ab·sent[2] [æb'sent]⟨ov.ww.; altijd met wederk. vnw. als lijdend vw.⟩ ⟨schr.⟩ **0.1** ***wegblijven*** ⇒*niet aanwezig zijn, niet verschijnen* **0.2** ***zich verwijderen*** ◆ **6.**¶ why did you ~ yourself **from** the meeting? *waarom ben je van de vergadering weggebleven/uit de vergadering weggelopen?.*

ab·sen·tee[1] ['æbsn'ti:]⟨f1⟩⟨telb.zn.⟩ **0.1** ***afwezige*** ⇒⟨school.⟩ *absent* **0.2** ⟨pol.⟩ ***iem. die per brief stemt*** **0.3** ⟨jur.⟩ ***eigenaar die niet op zijn goed woont.***

absentee[2] ⟨f1⟩⟨bn., attr.⟩ **0.1** ***mbt./v. een afwezige*** **0.2** ***in het buitenland/niet op zijn goed wonend*** ◆ **1.1** ⟨pol.⟩ ~ ballot *schriftelijke stem;* ⟨pol.⟩ cast an ~ ballot *per brief stemmen* **1.2** ~ landlord *eigenaar die niet op zijn goed woont.*

ab·sen·tee·ism ['æbsn'ti:ɪzm]⟨f1⟩⟨n.-telb.zn.⟩ **0.1** ***absent(e)isme*** ⇒*afwezigheid;* ⟨i.h.b.⟩ *arbeidsverzuim, spijbelarij.*

'ab·sent-'mind·ed ⟨f2⟩⟨bn.; -ly; -ness⟩ **0.1** ***verstrooid*** ⇒*afwezig, afgetrokken.*

ab·sinth(e) ['æbsɪnθ]⟨n.-telb.zn.⟩ **0.1** ⟨plantk.⟩ ***alsem*** ⟨Artemisia absinthium⟩ **0.2** ***absint*** ⟨drank met 0.1 bereid⟩.

ab·so·lute ['æbsə'lu:t]⟨f4⟩⟨bn.; -ly; -ness⟩ **0.1** ***absoluut*** ⟨ook fil., nat.⟩ ⇒*geheel, totaal, volkomen, volmaakt* **0.2** ***zuiver*** ⇒*onvermengd, puur, absoluut* ⟨ook kunst⟩ **0.3** ⟨vnl. pol.⟩ ***absoluut*** ⇒*onbeperkt* **0.4** ***onbetwistbaar*** ⇒*definitief* **0.5** ***onvoorwaardelijk*** **0.6** ⟨taalk.⟩ ***los*** ⇒*absoluut* **0.7** ⟨taalk.⟩ ***absoluut*** ⇒*zelfstandig* ⟨v. bijv. nw.⟩; *absoluut gebruikt, pseudotransitief* ⟨v. ww.⟩ ◆ **1.1** ⟨geol.⟩ ~ age *absolute ouderdom;* ⟨ster.⟩ ~ magnitude *absolute helderheid;* ⟨muz.⟩ ~ pitch *absoluut/volmaakt gehoor;* ⟨nat.⟩ *absolute frequentie* ⟨zonder beïnvloeding v. boventonen⟩; ~ temperature *absolute temperatuur;* ~ zero *het absolute nulpunt, nul graden Kelvin* ⟨−273°C⟩ **1.2** ~ alcohol *absolute/pure/onvermengde alcohol;* ~ music *absolute muziek* ⟨tgo. programmamuziek⟩ **1.3** ~ majority *volstrekte/absolute meerderheid;* ~ ruler *absoluut vorst* **1.4** ~ proof *onbetwistbaar/onweerlegbaar bewijs* **1.5** ~ promise *onvoorwaardelijke belofte* **1.6** ablative/accusative/ ⟨enz.⟩ ~ *losse ablatief/accusatief/* ⟨enz.⟩, *ablativus/accusativus/* ⟨enz.⟩ *absolutus;* ~ construction *losse constructie* **1.**¶ ⟨jur.⟩ rule ~ *bindende beschikking* **3.7** transitive verbs that can be used ~ly are also called intransitive in this dictionary *werkwoorden die absoluut gebruikt kunnen worden, worden in dit woordenboek ook onovergankelijk genoemd* **3.**¶ it ~ly exploded *het vloog zowaar/warempel de lucht in* **7.1** ⟨fil.⟩ the ~ *het absolute* ¶.**1** 'Aren't I right?' 'Absolutely!' *'Heb ik geen gelijk?' 'Absoluut!/ Zeker!'.*

ab·so·lu·tion ['æbsə'lu:ʃn]⟨f2⟩⟨telb.en n.-telb.zn.⟩ **0.1** ***absolutie*** ⇒*vergiffenis* **0.2** ***vrijspraak*** **0.3** ***ontheffing*** ⇒*kwijtschelding.*

ab·so·lut·ism ['æbsəlu:t̬ɪzm]⟨n.-telb.zn.⟩ **0.1** ⟨pol.⟩ ***absolutisme*** ⇒*alleenheerschappij, dictatuur, totalitarisme* **0.2** ⟨theol.⟩ ***predestinatieleer*** **0.3** ⟨fil.⟩ ***absolutisme*** ⇒*metafysica v.h. absolute.*

ab·so·lut·ist[1] ['æbsəlu:t̬ɪst]⟨telb.zn.⟩ **0.1** ***absolutist.***

absolutist[2], **ab·so·lu·tis·tic** ['æbsəlu:'tɪstɪk]⟨bn.; -(al)ly; →bijw. 3⟩ **0.1** ***absolutistisch.***

ab·solve [əb'zɒlv‖-'zɑlv, -'zɔlv]⟨f1⟩⟨ov.ww.⟩ **0.1** ***vergeven*** ⇒*de absolutie geven* **0.2** ***vrijspreken*** ⇒*absolveren* **0.3** ***ontheffen*** ⇒*kwijtschelden* ◆ **6.1** ~ s.o. **of** sin *iemands zonden vergeven* **6.2** ~ s.o. **from** guilt *iem. vrijspreken* **6.3** ~ s.o. **from** a promise *iem. ontslaan van een belofte;* ~ s.o. **of** responsibility *iem. ontheffen van verantwoordelijkheid.*

ab·sorb [əb'sɔ:b, -'zɔ:b‖-'sɔrb, -'zɔrb]⟨f3⟩⟨ov.ww.⟩ →absorbed, absorbing **0.1** ***absorberen*** ⇒*(in zich) opnemen, opzuigen, opslorpen, geheel in beslag nemen.*

ab·sorb·a·bil·i·ty [əb'sɔ:'bə'bɪləti, -'zɔ:-‖əb'sɔrbə'bɪləṭi, -'zɔr-]⟨n.-telb.zn.⟩ **0.1** ***absorbeerbaarheid.***

ab·sorb·a·ble [əb'sɔ:bəbl, -'zɔ:-‖-'sɔr-, -'zɔr-]⟨bn.⟩ **0.1** ***absorbeerbaar.***

ab·sorb·ed [əb'sɔ:bd, -'zɔ:bd‖-'sɔrbd, -'zɔrbd]⟨f2⟩⟨bn.; -ly; volt. deelw. v. absorb⟩ **0.1** ***geabsorbeerd*** ⇒*opgeslorpt, opgenomen* ◆ **6.1** be ~ **by** work *in het werk omkomen/verdrinken;* ~ **in** a book *verdiept in een boek;* ~ **in** thought *in gedachten verzonken.*

ab·sorb·ent[1] [əb'sɔ:bənt, -'zɔ:-‖-'sɔr-, -'zɔr-]⟨zn.⟩
I ⟨telb.zn.⟩⟨biol.⟩ **0.1** ***absorptiekanaaltje*** ⇒*lymfevat;*
II ⟨telb.en n.-telb.zn.⟩ **0.1** ***absorbens*** ⇒*absorbeermiddel, absorberende stof.*

absorbent[2], **ab·sorp·tive** [əb'sɔ:ptɪv, -'zɔ:p-‖-'sɔr-, -'zɔr-]⟨bn.⟩ **0.1** ***absorberend*** ◆ **1.1** ⟨AE⟩ absorbent cotton *ontvet katoen, (verband)watten.*

ab·sorb·er [əb'sɔ:bə, -'zɔ:-‖-'sɔrbər, -'zɔr-]⟨zn.⟩
I ⟨telb.zn.⟩ **0.1** ⟨tech.⟩ ***absorptievat*** ⇒*absorptiemiddel* **0.2** ⟨nat.⟩ ***neutronenvanger*** ⇒*absorptiemiddel* **0.3** ⟨elek.⟩ ***vonkdemper;***
II ⟨telb.en n.-telb.zn.⟩ **0.1** ***absorbens*** ⇒*absorberend materiaal.*

ab·sorb·ing [əb'sɔ:bɪŋ, -'zɔ:-‖-'sɔr-, -'zɔr-]⟨f2⟩⟨bn.; -ly; teg. deelw. v. absorb⟩ **0.1** ***absorberend*** ⇒*opzuigend, opslorpend* ◆ **1.1** an ~ lecture *een boeiende lezing.*

ab·sorp·tion [əb'sɔ:pʃn, -'zɔ:-‖-'sɔr-, -'zɔr-]⟨f2⟩⟨telb.en n.-telb.zn.⟩ **0.1** ***absorptie*** ⇒*opzuiging, opneming* ◆ **6.1** complete ~ **in** sport *het volledig opgaan in sport;* ~ of small businesses **into/by** big ones *opslorping v. kleine zaken door grote.*

ab·sorp·tiv·i·ty ['æbsɔ:p'tɪvɪti, -zɔ:p-‖-sɔr-, -zɔr-]⟨n.-telb.zn.⟩⟨nat.⟩ **0.1** ***absorptievermogen*** ⟨voor straling, geluid⟩.

ab·squat·u·late [əb'skwɒtʃʊleɪt‖-'skwɑtʃə-]⟨onov.ww.⟩⟨scherts.⟩ **0.1** ***hem smeren*** ⇒*zijn biezen pakken, wegwezen.*

ab·stain [əb'steɪn]⟨f1⟩⟨onov.ww.⟩ **0.1** ***zich onthouden*** ◆ **6.1** ~ **from** alcohol *zich onthouden van alcohol(gebruik);* ~ **from** smoking/ voting *niet roken/stemmen.*

ab·stain·er [əb'steɪnə‖-ər], **ab·sten·tion·ist** [əb'stenʃənɪst], **ab·sti·nent** ['æbstɪ̣nənt]⟨telb.zn.⟩ **0.1** ***onthouder*** ◆ **2.1** total abstainer *geheelonthouder.*

ab·ste·mi·ous [əb'sti:mɪəs], **ab·sti·nent** ['æbstɪ̣nənt]⟨bn.; -ly⟩ **0.1** ***matig*** ⇒*zich onthoudend, abstinent* ◆ **1.1** an abstemious meal *een sobere/karige maaltijd.*

ab·sten·tion [əb'stenʃn]⟨f1⟩⟨telb.en n.-telb.zn.⟩ **0.1** ***onthouding*** ◆ **7.1** six votes in favour, two ~s *zes stemmen voor, twee onthoudingen.*

ab·sten·tion·ism [əb'stenʃənɪzm]⟨n.-telb.zn.⟩ **0.1** ***onthoudersbeweging***.
ab·sten·tious [əb'stenʃəs] →abstemious.
ab·sterge [əb'stɜ:dʒ‖əb'stɜr-]⟨ov.ww.⟩ **0.1** ***reinigen***.
ab·ster·gent[1] [əb'stɜ:dʒnt‖əb'stɜr-], **ab·ster·sive** [əb'stɜ:sɪv‖əb'stɜr-] ⟨telb. en n.-telb.zn.⟩ **0.1** ***reinigingsmiddel***.
abstergent[2], **abstersive** ⟨bn.⟩ **0.1** ***reinigend***.
ab·ster·sion [əb'stɜ:ʃn‖əb'stɜrʒn]⟨telb. en n.-telb.zn.⟩ **0.1** ***reiniging***.
ab·sti·nence ['æbstɪnəns]⟨f1⟩⟨n.-telb.zn.⟩ **0.1** ***abstinentie*** *⇒onthouding* ◆ **1.1** days of ~ *abstinentiedagen, onthoudingsdagen* **2.1** total ~ *geheelonthouding*.
ab·sti·nen·cy ['æbstɪnənsi]⟨n.-telb.zn.⟩ **0.1** ***onthouding*** *⇒soberheid*.
ab·stract[1] ['æbstrækt]⟨f1⟩⟨telb.zn.⟩ **0.1** ***samenvatting*** *⇒resumé, excerpt, uittreksel, overzicht* **0.2** ***essentie*** **0.3** ***abstractie*** *⇒abstract(e) begrip/term* **0.4** ***abstract kunstwerk***.
abstract[2] ['æbstrækt]⟨f3⟩⟨bn.;-ly;-ness⟩ **0.1** ***abstract*** *⇒afgetrokken, theoretisch, vaag, algemeen* ◆ **1.1** ⟨taalk.⟩ ~ noun *abstract (zelfstandig) naamwoord;* ⟨wisk.⟩ ~ number *onbenoemd getal* **6.1** **in** the ~ *in theorie, in abstracto*.
abstract[3] [əb'strækt]⟨f1⟩⟨ww.⟩ →abstracted
I ⟨onov. en ov.ww.⟩ **0.1** ***abstraheren*** *⇒abstract denken (over)* ◆ **6.1** ~ **from** *abstractie maken van, buiten beschouwing laten;*
II ⟨ov.ww.⟩ **0.1** ***samenvatten*** *⇒excerperen* **0.2** ⟨tech.⟩ ***onttrekken*** *⇒aftrekken, scheiden* **0.3** ⟨euf.⟩ ***stelen*** *⇒ontvreemden, ontfutselen, kapen* **0.4** ***afleiden*** *⇒verstrooien* ◆ **6.2** ~ metal **from** ore *metaal uit erts winnen*.
ab·stract·ed [əb'stræktɪd]⟨f1⟩⟨bn.;-ly;volt. deelw. v. abstract+3⟩ **0.1** ***verstrooid*** *⇒absent, afgetrokken, in gedachten verzonken, afwezig* **0.2** ⟨tech.⟩ ***onttrokken*** *⇒afgetrokken, gescheiden, verwijderd* ◆ **¶.¶** ~ly *in theorie, in abstracto*.
ab·strac·tion [əb'strækʃn]⟨f2⟩⟨zn.⟩
I ⟨telb.zn.⟩ **0.1** ***abstractie*** *⇒abstract(e) begrip/term* **0.2** ***abstract kunstwerk;***
II ⟨telb. en n.-telb.zn.⟩ **0.1** ***abstractie*** *⇒het abstraheren, aftrekking* **0.2** ⟨tech.⟩ ***onttrekking*** **0.3** ⟨euf.⟩ ***ontvreemding;***
III ⟨n.-telb.zn.⟩ **0.1** ***verstrooidheid***.
ab·strac·tion·ism [əb'strækʃənɪzm]⟨n.-telb.zn.⟩ **0.1** ***abstracte kunst***.
ab·strac·tive [əb'stræktɪv]⟨bn.⟩ **0.1** ***abstraherend*** **0.2** ***abstract*** *⇒afgetrokken* **0.3** ⟨tech.⟩ ***onttrokken***.
ab·struse [əb'stru:s]⟨bn.⟩ **0.1** ***abstruus*** *⇒cryptisch, duister, diepzinnig*.
ab·surd [əb'sɜ:d‖-'sɜrd]⟨f3⟩⟨bn.;-ly⟩ **0.1** ***absurd*** *⇒ongerijmd, dwaas, onzinnig, zinloos, belachelijk* **0.2** ***absurdistisch***.
ab·surd·i·ty [əb'sɜ:dəti‖-'sɜrdəṭi]⟨f2⟩⟨telb. en n.-telb.zn.;→mv. 2⟩ **0.1** ***absurditeit*** *⇒ongerijmdheid, dwaasheid, zinloosheid*.
abulia →aboulia.
a·bun·dance [ə'bʌndəns]⟨f2⟩⟨telb. en n.-telb.zn.⟩ **0.1** ***overvloed*** *⇒weelde, rijkdom, menigte* **0.2** ⟨biol., schei.⟩ ***abondantie*** *⇒dichtheid, gehalte, (relatieve) hoeveelheid* ◆ **1.2** the ~ of certain species *de abondantie/relatieve dichtheid v. bepaalde soorten;* low ~s of uranium *kleine hoeveelheden/lage gehaltes v. uranium* **6.1** food **in** ~ *voedsel in overvloed*.
a·bun·dant [ə'bʌndənt]⟨f2⟩⟨bn.;-ly⟩ **0.1** ***overvloedig*** *⇒ruimschoots voldoende* **0.2** ***rijk*** ◆ **1.1** fish is ~ in the river *er zit veel vis in de rivier* **6.2** a river ~ **in/with** fish *een rivier rijk aan vis;* the river is ~ **with** trout *de rivier wemelt van forel*.
a·buse[1] [ə'bju:s]⟨f2⟩⟨zn.⟩
I ⟨telb.zn.⟩ **0.1** ***misbruik*** *⇒laakbare gewoonte, misstand* ◆ **3.1** crying ~ *ten hemel schreiende wantoestand, grof schandaal;*
II ⟨telb. en n.-telb.zn.⟩ **0.1** ***misbruik*** *⇒verkeerd gebruik* ◆ **6.1** uses and ~s **of** figures *gebruik en misbruik v. cijfers;*
III ⟨n.-telb.zn.⟩ **0.1** ***mishandeling*** **0.2** ***aanranding*** *⇒ontering, verkrachting, molestatie* **0.3** ***beschimping*** *⇒gescheld, belediging, scheldwoorden*.
abuse[2] [ə'bju:z]⟨f2⟩⟨ov.ww.⟩ **0.1** ***misbruiken*** *⇒abuseren* **0.2** ***mishandelen*** **0.3** ***aanranden*** *⇒molesteren, schenden, onteren, verkrachten* **0.4** ***beschimpen*** *⇒(uit)schelden, beledigen* ◆ **1.2** ~ a language *een taal radbraken* **4.1** ⟨wederk. ww.⟩ ~ o.s. *masturberen*.
a·bu·sive [ə'bju:sɪv]⟨f1⟩⟨bn.;-ly⟩ **0.1** ***verkeerd*** **0.2** ***ruw*** *⇒onvoorzichtig* **0.3** ***corrupt*** **0.4** ***schimpend*** *⇒grof* ◆ **1.2** ~ use of tools *ruw gebruik v. gereedschap* **1.3** ~ practices *corrupte praktijken* **1.4** in ~ language *op grove/beledigende toon, in krasse taal/bewoordingen;* an ~ letter *een scheldbrief* **3.4** become ~ *beginnen te schelden*.
a·but [ə'bʌt]⟨onov. en ov.ww.⟩⟨schr.⟩ **0.1** ***raken aan*** *⇒palen aan, gebouwd zijn tegen* ◆ **4.1** two lots that ~ each other *twee aangrenzende percelen* **6.1** his land ~s **(up)on/against** the road *zijn grond reikt tot aan de weg;* the house ~s **(up)on/against** the cathedral *het huis leunt tegen de kathedraal*.
a·but·ment [ə'bʌtmənt]⟨zn.⟩⟨schr.⟩
I ⟨telb.zn.⟩ **0.1** ***aanrakingspunt*** *⇒belending, aangrenzing, grens (paal)* **0.2** ***steun(punt)*** *⇒beer, schoor, draagvlak, bruggehoofd;*
II ⟨n.-telb.zn.⟩ **0.1** ***het steunen***.
a·bys·mal [ə'bɪzml]⟨f1⟩⟨bn.;-ly⟩ **0.1** ***bodemloos*** *⇒grondeloos, onpeilbaar* **0.2** ***hopeloos*** *⇒afgrijselijk* ◆ **1.2** ~ ignorance *grove onwetendheid*.
a·byss [ə'bɪs], ⟨schr. ook⟩ **a·bysm** [ə'bɪzm]⟨f1⟩⟨telb.zn.⟩ **0.1** ***afgrond*** *⇒peilloze diepte, bodemloze put;* ⟨fig.⟩ *hel* ◆ **1.1** an ~ of despair *een poel v. wanhoop*.
a·byss·al [ə'bɪsl]⟨bn.⟩ **0.1** ⟨geol.⟩ ***abyssaal*** *⇒abyssisch, diepzee-* **0.2** ⟨geol.⟩ ***plutonisch*** **0.3** →abysmal.
Ab·ys·sin·i·a ['æbɪ'sɪnɪə]⟨eig.n.⟩ **0.1** ***Abessinië*** *⇒Ethiopië*.
Ab·ys·sin·i·an[1] ['æbɪ'sɪnɪən]⟨telb.zn.⟩ **0.1** ***Abessijn*** *⇒Ethiopiër*.
Abyssinian[2] ⟨bn.⟩ **0.1** ***Abessijns*** *⇒Ethiopisch* ◆ **1.1** ~ cat *Abessijn, Abessijnse kat*.
ac ⟨afk.⟩ **0.1** ⟨acre⟩ **0.2** ⟨alternating current⟩ **0.3** ⟨ante cibum⟩ ⟨med.⟩ ***a.c.*** ⟨vóór de maaltijd⟩.
a/c, A/C ⟨afk.⟩ account current.
AC ⟨afk.⟩ **0.1** ⟨Air Corps, Aircraftman, athletic club, alternating current⟩ **0.2** ⟨Ante Christum⟩ ***v.C.*** ⟨voor Christus⟩.
a·ca·cia [ə'keɪʃə]⟨zn.;ook acacia;→mv. 4⟩
I ⟨telb.zn.⟩⟨plantk.⟩ **0.1** ***(echte) acacia*** ⟨Acacia arabica⟩ **0.2** ***(gewone) acacia*** ⟨Robinia pseudo-acacia⟩;
II ⟨n.-telb.zn.⟩ **0.1** ***Arabische gom***.
acad ⟨afk.⟩ academic, academician, academy.
ac·a·deme ['ækədi:m]⟨telb. en n.-telb.zn.; ook A-⟩⟨schr.⟩ **0.1** ***universiteit*** *⇒academie, school* **0.2** ***academische wereld*** *⇒universitaire omgeving*.
ac·a·de·mese [ə'kædə'mi:z]⟨n.-telb.zn.⟩ **0.1** ***academisch jargon*** *⇒academische stijl*.
ac·a·dem·i·a ['ækə'di:mɪə]⟨n.-telb.zn.⟩⟨vnl. AE⟩ **0.1** ***de academische wereld***.
ac·a·dem·ic[1] ['ækə'demɪk]⟨f2⟩⟨telb.zn.⟩ **0.1** ***academicus*** *⇒professor, hoogleraar, student* **0.2** ***geleerde*** *⇒wetenschapper, wetenschapsbeoefenaar* **0.3** ***platonisch filosoof***.
academic[2] ⟨f3⟩⟨bn.;-ally;→bijw. 3⟩ **0.1** ***academisch*** *⇒universiteits-* **0.2** ***academisch*** *⇒abstract, speculatief, theoretisch* **0.3** ***academisch*** *⇒schools, niet geïnspireerd, conventioneel, (te) formeel* **0.4** ***nuchter*** *⇒koel* **0.5** ⟨fig.⟩ ***platonisch*** ◆ **1.1** ~ freedom *academische vrijheid;* ~ qualifications *academische/universitaire graad;* ~ year *academisch jaar* **1.2** his way of teaching is too ~ *zijn manier van les geven is te theoretisch/te academisch/te abstract* **1.3** an ~ painting style *een academische schilderstijl* **1.4** take an ~ approach to sth. *iets nuchter benaderen*.
ac·a·dem·i·cals ['ækə'demɪklz]⟨mv.⟩ **0.1** ***academisch kostuum/ornaat*** ⟨baret en toga⟩.
ac·a·de·mi·cian [ə'kædə'mɪʃn‖'ækədə-]⟨telb.zn.⟩ **0.1** ***lid v.e. academie of genootschap***.
ac·a·dem·i·cism ['ækə'demɪsɪzm], **academism** [ə'kædəmɪzm]⟨n.-telb.zn.⟩ **0.1** ***academisme*** *⇒formalisme, schoolse stijl, conventionele stijl* **0.2** ***zuiver speculatief denken*** *⇒onpraktisch/theoretisch denken*.
a·cad·e·my [ə'kædəmi]⟨f3⟩⟨zn.;→mv. 2⟩
I ⟨eig.n.; A-; the⟩ **0.1** ***Academie*** *⇒tuin van Akademos* ⟨waar Plato onderwees⟩ **0.2** ***Academie*** *⇒platonische filosofische school;*
II ⟨telb.zn.; soms A-⟩ **0.1** ***academie*** *⇒genootschap* **0.2** ***academie*** *⇒school voor speciale opleiding* **0.3** ***middelbare school*** ⟨meestal particulier⟩ **0.4** ⟨Sch. E⟩ ***gymnasium*** ◆ **1.1** Royal Academy of Arts *Koninklijke Academie voor Beeldende Kunsten;* Academy of Science *Academie van Wetenschappen* **1.2** ~ of music *conservatorium;* Royal Military Academy *Koninklijke Militaire Academie* **7.1** the Academy *de jaarlijkse tentoonstelling van de Britse Koninklijke Academie voor Beeldende Kunsten*.
A·ca·di·an[1] [ə'keɪdɪən]⟨telb.zn.⟩ **0.1** ***bewoner v. Acadia*** ⟨nu Nova Scotia⟩.
Acadian[2] ⟨bn.⟩ **0.1** ***mbt./van Acadia***.
a·ca·jou ['ækəʒu:]⟨zn.⟩
I ⟨telb.zn.⟩ **0.1** ***acajouboom*** *⇒mahonieboom* **0.2** ***cashewnoot*** *⇒cachounoot, olifantsluis;*
II ⟨n.-telb.zn.⟩ **0.1** ***mahoniehout*** *⇒acajou(hout)*.
a·can·thus [ə'kænθəs]⟨telb.zn.; ook acanthi [-θaɪ];→mv. 5⟩ **0.1** ⟨plantk.⟩ ***acanthus*** ⟨fam. Acanthaceae⟩ *⇒akant, bereklauw* **0.2** ⟨beeld. k.⟩ ***acanthusmotief*** *⇒acanthusblad, acanthusversiering*.
a cap·pel·la ['ɑ:kə'pelə], **al·la cap·pel·la** ['ælə -]⟨bn.; bw.⟩ **0.1** ***a cappella*** *⇒zonder instrumentale begeleiding* ◆ **1.1** ~ choir *a-cappella-koor*.
a·car·i·cide [ə'kærəsaɪd]⟨telb.zn.⟩ **0.1** ***acaricide*** ⟨middel tegen mijten⟩.

ac·a·rid[1] ['ækərɪd]⟨telb.zn.⟩⟨dierk.⟩ **0.1** ***mijt.***
acarid[2] ⟨bn., attr.⟩ **0.1** ***van/mbt. mijten*** ⇒*mijt(en)-.*
a·car·pous [ə'kɑ:pəs‖'eɪ'kɑrpəs]⟨bn.⟩⟨plantk.⟩ **0.1** ***steriel*** ⇒*niet vruchtdragend.*
ACAS ['eɪkæs]⟨eig.n.⟩⟨afk.⟩ Advisory Conciliation and Arbitration Service **0.1** *ACAS* ⟨bemiddelingsdienst bij sociale conflicten in Eng.⟩.
a·cat·a·lec·tic[1] [ə'kætə'lektɪk‖'eɪkæṭə-]⟨telb.zn.⟩⟨lit.⟩ **0.1** ***acatalectisch vers*** ⟨met het vereiste aantal beklemtoonde en onbeklemtoonde lettergrepen⟩.
acatalectic[2] ⟨bn.⟩⟨lit.⟩ **0.1** ***acatalectisch.***
acc ⟨afk.⟩ acceleration, acceptance, accepted, accompanied, according, account, accountant, accusative.
ac·cede [ək'si:d]⟨onov.ww.⟩⟨schr.⟩ **0.1** ***aanvaarden*** ⟨ambt⟩ **0.2** ***bestijgen*** ⟨de troon⟩ **0.3** ***toetreden*** **0.4** ***toestemmen*** ⇒*instemmen, aanvaarden* ◆ **6.1** he ~ **to** the chairmanship *hij aanvaardde het voorzitterschap* **6.2** ~ **to** the throne *de troon bestijgen* **6.3** in 1973 Great Britain ~d **to** the E.E.C. *Groot-Brittannië trad in 1973 toe tot de E.E.G.;* Greece ~d **to** the treaty *Griekenland sloot zich aan bij het verdrag* **6.4** he ~d **to** a divorce *hij stemde toe in echtscheiding;* ~ **to** his request *zijn verzoek inwilligen.*
ac·cel·er·an·do[1] [ək'selə'rændou‖ɑ'tʃe-]⟨telb.zn.⟩⟨muz.⟩ **0.1** ***accelerando.***
accelerando[2] ⟨bn., attr.; bw.⟩⟨muz.⟩ **0.1** ***accelerando*** ⟨met toenemende snelheid⟩.
ac·cel·er·ate [ək'seləreɪt]⟨f2⟩⟨ww.⟩
I ⟨onov.ww.⟩ **0.1** ***sneller gaan*** ⇒*het tempo opvoeren* **0.2** ⟨tech.⟩ ***accelereren*** ⇒*versnellen;* ⟨i.h.b.⟩ *op een hogere versnelling overgaan, optrekken;*
II ⟨ov.ww.⟩ **0.1** ***versnellen*** ⇒*sneller laten lopen, accelereren, aanzetten* **0.2** ⟨schr.⟩ ***bespoedigen*** ⇒*verhaasten* ◆ **1.1** ⟨nat.⟩ ~d motion *versnelde beweging.*
ac·cel·er·a·tion [ək'selə'reɪʃn‖ɪk-]⟨f2⟩⟨telb. en n.-telb.zn.⟩ **0.1** ***versnelling*** ⇒*acceleratie* **0.2** ***bespoediging*** ⇒*verhaasting* ◆ **2.1** a car with bad ~ *een auto met een slechte acceleratie.*
ac·cel·er·a·tive [ək'selərətɪv‖ɪk'selə'reɪṭɪv]⟨bn.⟩ **0.1** ***versnellend*** ⇒*accelererend.*
ac·cel·er·a·tor [ək'seləreɪtə‖ɪk'seləreɪṭər]⟨telb.zn.⟩ **0.1** ***versneller*** **0.2** ***gaspedaal*** **0.3** ***acceleratiepomp*** ⇒*accelerator* **0.4** ⟨schei.⟩ ***versneller*** ⇒*accelerator, versnellingsmiddel* **0.5** ⟨nat.⟩ ***versneller*** ⟨voor subatomische deeltjes⟩ ⇒*deeltjesversneller, accellerator* **0.6** ***versneller*** ⟨voor fotografische ontwikkeling⟩ ⇒*versnellingsmiddel* **0.7** ⟨ec.⟩ ***accelerator*** ⟨toe/afname v. investering gedeeld door toe/afname v. inkomen⟩ **0.8** ⟨med.⟩ ***accelerator*** ⇒*acceleratorspier, acceleratorzenuw.*
ac'celerator pedal ⟨telb.zn.⟩ **0.1** ***gaspedaal.***
ac·cel·er·om·e·ter [ək'selə'rɒmɪṭə‖ɪk'selə'rɑməṭər]⟨telb.zn.⟩ **0.1** ***versnellingsmeter*** ⇒*acceleratiemeter.*
ac·cent[1] ['æksnt‖'æksent]⟨f3⟩⟨telb.zn.⟩ **0.1** ***accent*** ⟨ook fig.⟩ ⇒*klemtoon, nadruk, toon* **0.2** ***accent*** ⇒*klemtoonteken, accentteken* **0.3** ***accent*** ⇒*tongval, uitspraak* **0.4** ⟨vaak mv.⟩ ***spraak*** ⇒*(mondeling) taalgebruik, spreektaal, manier v. spreken* **0.5** ***stembuiging*** ◆ **1.4** the ~s of the ruling classes *het taalgebruik/de spraak van de heersende klasse* **2.3** a Scottish ~ *een Schots accent* **6.1** an ~ **on** the second syllable *een klemtoon op de tweede lettergreep;* at this show the ~ is **on** exotic flowers *op deze tentoonstelling ligt de nadruk op exotische bloemen* **6.3** speak English **without** an ~ *Engels spreken zonder accent.*
accent[2] [ək'sent‖'æksent], **ac·cen·tu·ate** [ək'sentʃueɪt]⟨f2⟩ ⟨ov.ww.⟩ **0.1** ***accentueren*** ⟨ook fig.⟩ ⇒*de klemtoon leggen op, nadruk leggen op, (sterk) doen uitkomen, intenser maken* **0.2** ***accentueren*** ⇒*accenttekens plaatsen op.*
ac·cen·tor [æk'sentə‖-'senṭər]⟨telb.zn.⟩⟨dierk.⟩ **0.1** ***heggemus*** ⟨genus Prunella⟩.
ac·cen·tu·a·tion [ək'sentʃu'eɪʃn, æk-]⟨telb. en n.-telb.zn.⟩ **0.1** ***accentuering*** ⇒*beklemtoning, klemtoon.*
ac·cept [ək'sept, æk-]⟨f4⟩⟨ww.⟩ →accepted
I ⟨onov.ww.⟩⟨vero.⟩ **0.1** ***iets aannemen*** ⇒*het aanvaarden* ◆ **6.1** ~ **of** a present *een geschenk aanvaarden;*
II ⟨ov.ww.⟩ **0.1** ***aannemen*** ⇒*aanvaarden, accepteren* ⟨ook hand.⟩, *overnemen* **0.2** ***aanvaarden*** ⇒*tolereren, verdragen* **0.3** ***goedvinden*** ⇒*goedkeuren, erkennen* **0.4** ⟨schr.⟩ ***aanvaarden*** ⇒*geloven, aannemen* ◆ **1.1** ~ed bill *geaccepteerde wissel, accept;* ~ a cheque *een cheque accepteren;* the machine does not ~ foreign coins *het apparaat neemt geen vreemde munten aan;* ~ an invitation *op een uitnodiging ingaan;* ~ a present *een geschenk aanvaarden/aannemen;* ~ on presentation *bij aanbieding aannemen* **1.2** ~ one's fate *zijn lot aanvaarden* **1.3** her family doesn't ~ her fiancé *haar familie aanvaardt haar verloofde niet;* all members ~ed the proposal *alle leden namen het voorstel aan* **8.4** I ~ that it can be done *ik neem aan dat het mogelijk is.*
ac·cept·abil·i·ty [ək'septə'bɪləṭi, æk-]⟨n.-telb.zn.⟩ **0.1** ***aanvaardbaarheid*** ⇒*aannemelijkheid* **0.2** ⟨taalk.⟩ ***acceptabiliteit.***
ac·cept·able [ək'septəbl, æk-]⟨f2⟩⟨bn.; -ly; -ness; →bijw. 3⟩ **0.1** ***aanvaardbaar*** ⇒*aannemelijk* **0.2** ***draaglijk*** ⇒*redelijk* **0.3** ***aangenaam*** ⇒*welkom* **0.4** ⟨taalk.⟩ ***acceptabel*** ◆ **1.2** results varied from excellent to ~ *de resultaten varieerden van uitstekend tot redelijk* **1.3** an invitation would be ~ *een uitnodiging zou welkom zijn.*
ac·cept·ance [ək'septəns, æk-]⟨f2⟩⟨telb. en n.-telb.zn.⟩ **0.1** ***aanvaarding*** ⇒*aanneming, overneming* **0.2** ***gunstige ontvangst*** ⇒*bijval* **0.3** ***instemming*** ⇒*goedkeuring, geloof* **0.4** ***tolerantie*** **0.5** ⟨hand.⟩ ***acceptatie*** ⇒*accept* ◆ **1.1** ~ of luggage *bagagebureau* **3.5** send out for ~ *ter accept(atie) zenden.*
ac'ceptance credit ⟨telb.zn.⟩⟨hand.⟩ **0.1** ***acceptkrediet.***
ac·cept·ant [ək'septənt, æk-]⟨bn.⟩ **0.1** ***bereid aan te nemen*** ⇒*bereid te aanvaarden, bereid over te nemen* **0.2** ***ontvankelijk*** ⇒*vatbaar voor indrukken* ◆ **1.2** an ~ mind *een ontvankelijke geest* **6.1** ~ **of** the prize *bereid de prijs te aanvaarden.*
ac·cep·ta·tion ['æksep'teɪʃn]⟨zn.⟩
I ⟨telb.zn.⟩ **0.1** ***(algemeen aanvaarde) betekenis;***
II ⟨telb. en n.-telb.zn.⟩ **0.1** ***gunstige ontvangst*** ⇒*bijval* **0.2** ***geloof.***
ac·cept·ed [ək'septɪd, æk-]⟨f3⟩⟨bn.; volt. deelw. v. accept⟩ **0.1** ***algemeen aanvaard*** ⇒*erkend* **0.2** ***goedgekeurd*** ⇒*erkend* ◆ **1.1** an ~ fact *een (algemeen) aanvaard feit;* an ~ interpretation of a piece of music *een conventionele interpretatie van een muziekstuk;* be ~ practice *algemeen gebruikelijk zijn* **1.2** ~ tolerance *toegelaten tolerantie.*
ac'cepting house ⟨telb.zn.⟩⟨BE; geldw.⟩ **0.1** ***acceptfirma*** ⟨accepteert wissels⟩ ⇒ ⟨bij uitbr.⟩ *effectenbank.*
ac·cep·tor, ⟨in bet. 0.4 ook⟩ **ac·cep·ter** [ək'septə, æk-‖-ər] ⟨telb.zn.⟩ **0.1** ***acceptor*** ⟨atoom of molecule die een extra elektron kan ontvangen⟩ **0.2** ***stof die een scheikundige reactie met een andere stof kan ondergaan*** **0.3** ***circuit dat resoneert op een gegeven frequentie*** **0.4** ⟨hand.⟩ ***acceptant*** ⟨v.e. wissel⟩ **0.5** ⟨AE⟩ ***ontvangende elektrode.***
ac·cess[1] ['ækses]⟨f3⟩⟨zn.⟩
I ⟨telb.zn.⟩ **0.1** ***toegang*** ⇒*passage, toegangsweg, inlaat* **0.2** ⟨schr.⟩ ***acces*** ⇒*aanval, vlaag* ◆ **6.1** an ~ **to** a building *een toegang tot een gebouw* **6.2** an ~ **of** hysteria *een aanval van hysterie;*
II ⟨n.-telb.zn.⟩ **0.1** ***toegang*** ⇒*toegangsrecht, toelating* **0.2** ***nadering*** ⇒*benadering* ◆ **2.2** easy of ~ *toegankelijk, gemakkelijk te bereiken/te benaderen;* difficult of ~ *ontoegankelijk, moeilijk te bereiken/te benaderen* **6.1** students need ~ **to** computers *studenten hebben toegang tot computers nodig.*
ac·cess[2] ⟨ov.ww.⟩ **0.1** ***toegang hebben tot*** ⇒*te weten komen* ◆ **1.1** information that can be ~ed *bereikbare/verkrijgbare informatie.*
ac·ces·si·bil·i·ty [ək'sesə'bɪləṭi, æk-]⟨n.-telb.zn.⟩ **0.1** ***toegankelijkheid*** ⇒*bereikbaarheid,* ⟨fig.⟩ *begrijpelijkheid.*
ac·ces·si·ble [ək'sesəbl, æk-]⟨f2⟩⟨bn.; -ly; -ness; →bijw. 3⟩ **0.1** ***toegankelijk*** ◆ **6.1** ~ **to** *toegankelijk/bereikbaar voor;* ⟨fig.⟩ *begrijpelijk voor.*
ac·ces·sion[1] [ək'seʃn, æk-]⟨f1⟩⟨zn.⟩⟨schr.⟩
I ⟨telb.zn.⟩ **0.1** ***aanwinst*** **0.2** ***aanval*** ⇒*vlaag, uitbarsting, acces* ◆ **1.2** an ~ of anger *een uitbarsting v. woede* **6.1** an ~ **to** the library *een aanwinst voor de bibliotheek;*
II ⟨telb. en n.-telb.zn.⟩ **0.1** ***instemming*** ⇒*aanvaarding* ◆ **6.1** ~ **to** *instemming met, aanvaarding van;*
III ⟨n.-telb.zn.⟩ **0.1** ***(ambts)aanvaarding*** **0.2** ***(troons)bestijging*** **0.3** ***toetreding*** **0.4** ***het verkrijgen v. rang/titel/positie*** **0.5** ***toevoeging*** ⇒*vergroting, vermeerdering, aanwinst(en)* **0.6** ***toelating*** ⇒*toegang(srecht)* **0.7** ⟨jur.⟩ ***natrekking*** ◆ **6.2** ~ **to** the throne *troonbestijging* **6.3** ~ **to** a treaty *toetreding tot een verdrag;* ~ **to** adult life *het bereiken van de volwassen leeftijd* **6.4** ~ **to** the estate *het erven v.h. (familie)bezit* **6.5** ~ **of** knowledge *kennisvermeerdering, kennisvergroting.*
accession[2] ⟨ov.ww.⟩ **0.1** ***opnemen (in de lijst der aanwinsten)*** ⇒*catalogiseren.*
ac·ces·so·ri·al ['æksə'sɔ:rɪəl]⟨bn., attr.⟩ **0.1** ***bijkomstig*** ⇒*bijkomend* **0.2** ***mbt. medeplichtigheid*** ◆ **1.1** ~ services *bijkomende werkzaamheden* **1.2** ~ guilt *schuld aan medeplichtigheid.*
ac·ces·so·rize, -rise [ək'sesəraɪz, æk-]⟨ov.ww.⟩ **0.1** ***voorzien van toebehoren*** ⇒*voorzien van accessoires, bijbehorende onderdelen leveren voor.*
ac·ces·so·ry[1], ⟨in bet. 0.1 ook⟩ **ac·ces·sa·ry** [ək'sesəri, æk-]⟨f1⟩ ⟨telb.zn.; →mv. 2⟩ **0.1** ***medeplichtige*** **0.2** ***bijkomstige zaak*** ⇒*bijkomstigheid* **0.3** ⟨vnl. mv.⟩ ***toebehoren*** ⇒*accessoires, noodzakelijke onderdelen, appendages* ◆ **6.1** ~ **before/after** the fact *medeplichtige door aansporing/door steun achteraf;* ~ **to** a crime *medeplichtig aan een misdaad.*
accessory[2], ⟨in bet. II ook⟩ **accessary** ⟨f1⟩⟨bn.; -ly; -ness; →bijw. 3⟩

I ⟨bn.⟩ **0.1** ***toebehorend*** **0.2** ***bijkomstig*** ⇒*bijkomend, additioneel* ◆ **6.1** be ~ **to** *(be)horen bij;*
II ⟨bn., pred.⟩ **0.1** ***medeplichtig***.
'access road ⟨telb.zn.⟩ **0.1** ***toegangsweg*** ⇒*oprijlaan, oprit*.
'access time ⟨telb. en n.-telb.zn.⟩ ⟨comp.⟩ **0.1** ***toegangstijd***.
ac·ci·dence ['æksɪd(ə)ns]⟨n.-telb.zn.⟩⟨taalk.⟩ **0.1** ***(ver)buigingsleer*** ⇒*morfologie*.
ac·ci·dent ['æksɪd(ə)nt]⟨f3⟩⟨zn.⟩⟨→sprw. 3⟩
I ⟨telb.zn.⟩ **0.1** ***toevalligheid*** ⇒*toevallige omstandigheid* **0.2** ***ongeluk*** ⇒*ongeval* **0.3** ***oneffenheid*** ⇒*onregelmatigheid* **0.4** ⟨fil.⟩ ***accident*** ⇒*toevallige eigenschap, bijkomstigheid;*
II ⟨n.-telb.zn.⟩ **0.1** ***toeval*** **0.2** ***ongeluk*** ◆ **6.1** **by** ~ *bij toeval, toevallig;* **by** ~ **of** birth *door geboorte* **6.2** **by** ~ *per ongeluk, bij ongeluk;* **without** ~ *zonder ongelukken*.
ac·ci·den·tal[1] ['æksɪ'dentl]⟨telb.zn.⟩ **0.1** ⟨fil.⟩ ***accident*** ⇒*toevallige eigenschap, bijkomstigheid* **0.2** ⟨muz.⟩ ***accident*** ⟨toevallige toonsverhoging of -verlaging⟩.
accidental[2] ⟨f2⟩⟨bn.⟩ **0.1** ***toevallig*** ⇒*onvoorzien, niet bedoeld, accidenteel* **0.2** ***door ongeval*** ⇒*door onvoorzichtigheid* **0.3** ***toevallig*** ⇒*niet-essentieel, bijkomstig,* ⟨fil.⟩ *accidenteel* ◆ **1.1** ~ on purpose *per ongeluk expres* **1.2** ~ death *dood door ongeval*.
ac·ci·den·tal·ly ['æksɪ'dentəli], **ac·ci·dent·ly** [-dəntli]⟨f2⟩⟨bw.⟩ **0.1** ***toevallig*** ⇒*bij toeval* **0.2** ***per ongeluk*** ⇒*bij ongeluk*.
'accident insurance ⟨telb.zn.⟩ **0.1** ***ongevallenverzekering***.
'ac·ci·dent-prone ⟨bn.⟩ **0.1** ***gemakkelijk ongelukken krijgend*** ◆ **1.1** smoking drivers are more ~ *autobestuurders die roken hebben een grotere kans op / veroorzaken meer ongelukken* **5.1** he's very ~ *hem overkomt altijd van alles*.
ac·ci·die ['æksɪdi], **ace·dia** [ə'si:dɪə], **ac·cid·ia** [ək'sɪ-]⟨telb. en n.-telb.zn.; ook accidiae [-dɪi:]; →mv. 5⟩ **0.1** ***luiheid*** ⇒*traagheid, apathie*.
ac·claim[1] [ə'kleɪm]⟨n.-telb.zn.⟩ **0.1** ***toejuiching*** ⇒*bijval, gejuich* ◆ **1.1** the performance received critical ~ *de voorstelling werd door de critici toegejuicht, kreeg enthousiaste kritieken*.
acclaim[2] ⟨ww.⟩
I ⟨onov.ww.⟩ **0.1** ***juichen;***
II ⟨ov.ww.⟩ **0.1** ***toejuichen*** ⇒*met gejuich begroeten, juichend instemmen met* **0.2** ***uitroepen (tot)*** ◆ **1.2** the people ~ed the hero their leader *het volk riep de held uit tot hun leider*.
ac·cla·ma·tion ['æklə'meɪʃn]⟨zn.⟩
I ⟨telb.zn.⟩ **0.1** ⟨vaak mv.⟩ ***toejuiching*** ⇒*juichkreet;*
II ⟨n.-telb.zn.⟩ **0.1** ***gejuich*** **0.2** ***acclamatie*** ◆ **6.2** **by** ~ *bij acclamatie* ⟨zonder hoofdelijke stemming⟩.
ac·cli·ma·ti·za·tion [ə'klaɪmətaɪ'zeɪʃn‖-məṭə-], ⟨AE ook⟩ **ac·cli·ma·tion** ['æklɪ'meɪʃn], **ac·cli·ma·ta·tion** [ə'klaɪmə'teɪʃn] ⟨n.-telb.zn.⟩ **0.1** ***acclimatisatie*** ⇒*gewenning aan een ander klimaat / aan een andere omgeving, aanpassing*.
ac·cli·ma·tize, -tise [ə'klaɪmətaɪz], ⟨AE ook⟩ **ac·cli·mate** ['æklɪmeɪt‖ə'klaɪmət]⟨onov. en ov.ww.⟩ **0.1** ***acclimatiseren*** ◆ **6.1** ~ **to** *(doen) wennen aan, (zich) aanpassen aan*.
ac·cliv·i·tous [ə'klɪvəṭəs]⟨bn.⟩ **0.1** ***opwaarts hellend***.
ac·cliv·i·ty [ə'klɪvəṭi]⟨telb.zn.; →mv. 2⟩ **0.1** ***opwaartse helling***.
ac·co·lade ['ækəleɪd]⟨telb.zn.⟩ **0.1** ***lofbetuiging*** ⇒*eerbetoon* **0.2** ⟨druk.⟩ ***accolade*** **0.3** ***accolade*** ⇒*omarming*.
ac·com·mo·date [ə'kɒmədeɪt‖-'kɑ-]⟨f2⟩⟨ww.⟩ →accommodating
I ⟨onov.ww.⟩ **0.1** ***accommoderen*** **0.2** ***zich aanpassen*** ◆ **1.1** the eye ~s continuously *het oog accommodeert voortdurend* **6.2** ~ **to** *zich aanpassen aan;*
II ⟨ov.ww.⟩ **0.1** ***huisvesten*** ⇒*herbergen, plaatsen, een plaats geven, onderbrengen* **0.2** ***plaats hebben voor*** ⇒*(kunnen) bevatten* **0.3** ***aanpassen*** ⇒*(met elkaar) in overeenstemming brengen, harmoniseren, verzoenen (met elkaar), bijleggen* ⟨ruzie⟩ **0.4** ***een dienst bewijzen (aan)*** ⇒*van dienst zijn, zorgen voor* **0.5** ***voorzien v.*** ⇒*helpen aan* ◆ **1.4** ~ s.o.'s wishes *aan iemands wensen tegemoet komen* **4.3** ~ o.s. (to) *zich aanpassen (aan), zich verzoenen (met)* **6.3** ~ sth. **to** *iets aanpassen aan* **6.4** ~ s.o. **with** sth. *iem. een genoegen doen met iets, iem. helpen met iets* **6.5** ~ s.o. **with** sth. *iem. voorzien v. iets, iem. iets toekennen;* the bank will ~ him **with** a loan *de bank zal hem een lening verstrekken*.
ac·com·mo·dat·ing [ə'kɒmədeɪtɪŋ‖ə'kɑmədeɪṭɪŋ]⟨f1⟩⟨bn.; -ly; oorspr. teg.deelw. v. accomodate⟩ **0.1** ***inschikkelijk*** ⇒*meegaand, coulant, plooibaar* **0.2** ***gedienstig*** ⇒*accommodabel*.
ac·com·mo·da·tion [ə'kɒmə'deɪʃn‖-'kɑ-]⟨f3⟩⟨zn.⟩
I ⟨telb.zn.⟩ **0.1** ***schikking*** ⇒*verzoening, vergelijk* **0.2** ***gerief*** **0.3** ***lening*** ⇒*voorschot* ◆ **3.1** come to an ~ *tot een vergelijk komen;*
II ⟨n.-telb.zn.⟩ **0.1** ⟨vnl. BE⟩ ***logies*** ⇒*onderdak, verblijf(plaats), woning, herberging* **0.2** ***aanpassing*** **0.3** ***accommodatie*** ⇒*accommodatievermogen, scherpstelling* ⟨v.h. oog⟩ **0.4** ***inschikkelijkheid*** ◆ **6.2** ~ **to** *aanpassing aan;*
III ⟨mv.; ~s⟩⟨AE⟩ **0.1** ***logies*** ⇒*onderdak, verblijf(plaats), woning, herberging* **0.2** ***plaats*** ⟨in voertuig⟩ ⇒*zitplaats, coupé, hut*.
accommo'dation acceptance, accommo'dation bill, accommo'dation note ⟨telb.zn.⟩⟨geldw.⟩ **0.1** ***schoorsteenwissel*** ⇒*ruiterwissel, accommodatiewissel, beleefdheidsaccept*.
accommo'dation address ⟨telb.zn.⟩ **0.1** ***correspondentieadres***.
accommo'dation ladder ⟨telb.zn.⟩ **0.1** ***staatsietrap*** ⇒*(grote) valreep*.
accommo'dation road ⟨telb.zn.⟩⟨BE⟩ **0.1** ***toegangsweg*** ⇒⟨ong.⟩ *eigen weg*.
accommo'dation train ⟨telb.zn.⟩⟨AE⟩ **0.1** ***stoptrein*** ⇒*boemel (trein)*.
ac·com·pa·ni·ment [ə'kʌmp(ə)nɪmənt]⟨f2⟩⟨telb.zn.⟩ **0.1** ***begeleidingsverschijnsel*** ⇒*bijkomstig verschijnsel / iets* **0.2** ⟨muz.⟩ ***begeleiding*** ⇒*accompagnement*.
ac·com·pa·nist [ə'kʌmp(ə)nɪst], **ac·com·pa·ny·ist** [ə'kʌmp(ə)niɪst] ⟨f1⟩⟨telb.zn.⟩⟨muz.⟩ **0.1** ***begeleider*** ⇒*accompagnateur*.
ac·com·pa·ny [ə'kʌmp(ə)ni]⟨f3⟩⟨ww.⟩
I ⟨onov.ww.⟩ **0.1** ***een begeleiding spelen*** ⇒*begeleiden, accompagneren;*
II ⟨ov.ww.⟩ **0.1** ***begeleiden*** **0.2** ***vergezeld doen gaan*** ⇒*toevoegen, bijvoegen* **0.3** ***begeleiden*** ⇒*samengaan met, optreden bij* **0.4** ⟨muz.⟩ ***begeleiden*** ⇒*accompagneren* ◆ **1.1** ~ a friend home *een vriend naar huis vergezellen* **1.3** ~ing letter *bijgaande brief, begeleidend schrijven;* thunder accompanies lightning *bliksem gaat gepaard met donder* **6.1** accompanied **by** s.o. *vergezeld v. iem.* **6.2** accompanied **with** sth. *gepaard met iets;* ~ words **with** gestures *gebaren toevoegen aan woorden, woorden aanvullen met gebaren*.
ac·com·plice [ə'kʌmplɪs‖-ə'kɑm-]⟨f1⟩⟨telb.zn.⟩ **0.1** ***medeplichtige*** ⇒*handlanger* ◆ **6.1** ~ **in** a crime *medeplichtige aan een misdaad*.
ac·com·plish [ə'kʌmplɪʃ‖ə'kɑm-]⟨f3⟩⟨ov.ww.⟩ →accomplished **0.1** ***volbrengen*** ⇒*voltooien, volvoeren, vervullen* **0.2** ***tot stand brengen*** **0.3** ***bereiken*** ◆ **1.1** ~ a distance *een afstand afleggen;* ⟨hand.⟩ one being ~ed others to stand void *het ene nagekomen zijnde, het andere v. geen waarde* ⟨mbt. connossement⟩ **1.3** ~ a certain age *een zekere leeftijd bereiken*.
ac·com·plish·a·ble [ə'kʌmplɪʃəbl‖ə'kɑm-]⟨bn.⟩ **0.1** ***vervulbaar*** ⇒*bereikbaar*.
ac·com·plished [ə'kʌmplɪʃt‖ə'kɑm-]⟨f2⟩⟨bn.; oorspr. volt.deelw. v. accomplish⟩ **0.1** ***volleerd*** ⇒*deskundig, talentvol* **0.2** ***volbracht*** ⇒*voltooid, vervuld* **0.3** ***tot stand gebracht*** **0.4** ***bereikt*** ◆ **1.2** ~ fact *voldongen feit;* ~ offence *voltooid misdrijf* **6.1** ~ **in** *bedreven in, deskundig op het gebied v.*.
ac·com·plish·ment [ə'kʌmplɪʃmənt‖ə'kɑm-]⟨f2⟩⟨zn.⟩
I ⟨telb.zn.⟩ **0.1** ***prestatie*** **0.2** ***bekwaamheid*** ⇒*vaardigheid* ⟨vnl. op sociaal gebied⟩;
II ⟨n.-telb.zn.⟩ **0.1** ***voltooiing*** ⇒*vervulling, voleinding* **0.2** ***het tot stand brengen*** **0.3** ***het bereiken***.
ac·cord[1] [ə'kɔ:d‖ə'kɔrd]⟨f2⟩⟨zn.⟩
I ⟨telb.zn.⟩ **0.1** ***akkoord*** ⇒*schikking, overeenkomst, verdrag;*
II ⟨n.-telb.zn.⟩ **0.1** ***overeenstemming*** ⇒*eensgezindheid, harmonie* ◆ **6.1** **in** ~ **(with)** *in overeenstemming (met);* **out of** ~ **(with)** *niet in overeenstemming (met), in disharmonie (met)* **6.¶** **of** one's own ~ *uit eigen beweging;* **with** one ~ *eenstemmig, unaniem*.
accord[2] ⟨f2⟩⟨ww.⟩
I ⟨onov.ww.⟩ **0.1** ***overeenstemmen*** ⇒*overeenkomen, harmoniëren* ◆ **1.1** the reward will be ~ing *de beloning zal dienovereenkomstig zijn* **6.1** ~ **with** *overeenstemmen met;*
II ⟨ov.ww.⟩ **0.1** ***in overeenstemming brengen*** ⇒*doen overeenkomen, harmoniseren* **0.2** ⟨schr.⟩ ***verlenen*** ⇒*geven, schenken, toestaan* ◆ **1.2** ~ s.o. permission *iem. toestemming verlenen* **6.1** ~ sth. **with** *iets in overeenstemming brengen met* **6.2** ~ permission **to** s.o. *toestemming verlenen aan iem.*.
ac·cord·ance [ə'kɔ:dns‖ə'kɔr-]⟨f2⟩⟨zn.⟩
I ⟨telb.zn.⟩ **0.1** ***verlening*** ⇒*schenking;*
II ⟨n.-telb.zn.⟩ **0.1** ***overeenstemming*** ⇒*conformiteit* ◆ **6.1** **in** ~ **with** *overeenkomstig, in overeenstemming met, conform*.
ac·cord·ant [ə'kɔ:dənt‖ə'kɔr-]⟨bn.; -ly⟩ **0.1** ***harmoniërend*** ⇒*in harmonie, welluidend* ◆ **6.1** ~ **to / with** *in overeenstemming met*.
ac·cord·ing [ə'kɔ:dɪŋ‖ə'kɔr-]⟨bn.⟩ **0.1** ***overeenstemmend*** ⇒*harmoniërend*.
ac·cord·ing·ly [ə'kɔ:dɪŋli‖ə'kɔr-]⟨f2⟩⟨bw.⟩ **0.1** →according **0.2** ***dienovereenkomstig*** **0.3** ***bijgevolg*** ⇒*dus* ◆ **3.2** I asked him to close the window and he acted ~ *ik vroeg hem het raam te sluiten en hij handelde dienovereenkomstig / en hij deed het* **3.3** he asked me to close the window and ~ I closed it *hij vroeg mij het raam te sluiten en dus sloot ik het*.
according to [ə'kɔ:dɪŋ tʊ‖-'kɔr-]⟨f3⟩⟨vz.⟩ **0.1** ***volgens (het zeggen v.)*** ⇒*naar ... beweert, luidens* **0.2** ***volgens*** ⇒*naar (gelang v.), in overeenstemming met, overeenkomstig* ◆ **1.1** ~ Sheila he is a genius *volgens Sheila is hij een genie* **1.2** God shall reward each ~ his merits *God zal eenieder naar verdienste belonen*.

ac·cor·di·on [ə'kɔ:dɪən||ə'kɔr-]⟨f1⟩⟨telb.zn.⟩ **0.1** ***harmonika*** *⇒accordeon* **0.2** ***accordeon*** *⇒trekharmonika.*

accor·di·on·ist [ə'kɔ:dɪənɪst||ə'kɔr-]⟨telb.zn.⟩ **0.1** ***accordeonist*** *⇒harmonikaspeler.*

ac'cordion pleat ⟨telb.zn.⟩ **0.1** ***plisséplooi*** *⇒harmonikaplooi.*

ac'cor·di·on-pleat·ed ⟨bn.⟩ **0.1** ***plissé-*** *⇒geplisseerd* ◆ **1.1** ~ skirt *plissérok.*

ac'cordion sleeve ⟨telb.zn.⟩ **0.1** ***plissémouw*** *⇒geplooide mouw.*

ac'cordion wall ⟨telb.zn.⟩ **0.1** ***harmonikawand*** *⇒vouwwand, opvouwbare wand.*

ac·cost[1] [ə'kɒst||ə'kɑst]⟨telb.zn.⟩⟨vero.⟩ **0.1** ***begroeting*** *⇒aanspreking.*

accost[2] ⟨f1⟩⟨ov.ww.⟩ **0.1** ***aanklampen*** *⇒lastig vallen* ◆ **1.1** I was ~ed by a stranger *een onbekende klampte mij aan;* the prostitute ~ed men *de prostituée sprak mannen aan.*

ac·couche·ment [ə'ku:ʃmənt]⟨telb.zn.⟩ **0.1** ***accouchement*** *⇒bevalling, verlossing.*

ac·cou·cheur ['æku:'ʃɜ:||-'ʃɜr]⟨telb.zn.⟩ **0.1** ***accoucheur*** *⇒vroedmeester, vroedkundige, verloskundige.*

ac·cou·cheuse ['æku:'ʃɜ:z||-'ʃɜz]⟨telb.zn.⟩ **0.1** ***accoucheuse*** *⇒vroedvrouw, verloskundige.*

ac·count[1] [ə'kaʊnt]⟨f3⟩⟨zn.⟩

I ⟨telb.zn.⟩ **0.1** ***verslag*** *⇒relaas, beschrijving, verhaal, uiteenzetting* **0.2** ***verklaring*** *⇒uitleg, opheldering* **0.3** ***vertolking*** *⇒interpretatie, opvoering* **0.4** ***rescontre*** *⇒afrekening, verrekening, vereffening, liquidatie* ⟨vnl. op de Londense beurs⟩ **0.5** ***rekening*** *⇒factuur* **0.6** ***kostenraming*** **0.7** ***(vaste) klant*** **0.8** ⟨ook mv.⟩ ***het rekenen*** *⇒rekenkunde* **0.9** ⟨mv.⟩ ***rekening(en)*** *⇒boekhouding* ◆ **1.4** sale for the ~ *verkoop op termijn/op rescontre* **1.5** ~ of goods purchased *inkooprekening/factuur* **2.1** by all ~s *naar alles wat men hoort, naar ieders mening;* by one's own ~ *naar eigen zeggen* **2.¶** annual ~s *jaarrekening;* nominal ~s in *uitkomsten-en-uitgavenrekening;* personal ~s *persoonlijke rekening, personenrekening;* real ~s *kapitaalrekening* ⟨i.h.b. van kapitaalmiddelen⟩ **3.2** demand an ~ *opheldering/rekenschap vragen;* give/render an ~ of *verslag uitbrengen over, een verklaring geven voor* **3.4** sell for the ~ *verkopen op termijn/op rescontre* **3.5** render an ~, send in an ~ *een rekening indienen/presenteren/sturen* **3.9** do the ~s, keep the ~s *de boekhouding doen/bijhouden* **3.¶** ⟨scherts.⟩ cast up/throw up one's ~s *overgeven, braken;* gone to one's ~ *naar het hiernamaals, overleden;* square (one's) ~ with s.o. *zijn schulden bij iem. vereffenen, het iem. betaald zetten* **6.5** **as per** ~ *volgens rekening;*

II ⟨telb. en n.-telb.zn.⟩ **0.1** ⟨vnl. geldw., hand.⟩ ***rekening*** ◆ **1.1** ~ of re-exchange *retourrekening;* for the ~ and risk of *voor rekening en risico van* **2.1** on one's own ~ *voor eigen rekening* **3.1** add sth. to s.o.'s ~, put sth. down to s.o.'s ~ *iets op iemands rekening schrijven;* balance/settle/square (one's) ~s with s.o. *de rekening vereffenen met iem.;* ⟨ook fig.⟩ *afrekenen met iem.;* charge an ~ *een rekening belasten;* have/keep an ~ at/with the bank *een rekening hebben bij de bank;* open an ~ at/with the bank *een rekening openen bij de bank;* pass to ~ *op rekening stellen/zetten;* pay (in)to the ~ *op rekening betalen/storten* **5.¶** not on any ~ *in geen geval, onder geen enkele voorwaarde* **6.1** **for** ~ **of** *voor rekening van;* **on** ~ *op rekening;* **to** s.o.'s ~ *op iemands rekening* **6.¶** **on** ~ **of** *wegens, ter wille van;* ⟨gew.⟩ *omdat;* **on** no ~ *in geen geval, onder geen enkele voorwaarde;* **on** this ~ *om deze reden;* **on** that ~ *om die reden, daarom;*

III ⟨n.-telb.zn.⟩ **0.1** ***rekenschap*** *⇒verantwoording* **0.2** ***beschouwing*** *⇒aandacht* **0.3** ***belang*** *⇒waarde, gewicht* **0.4** ***voordeel*** *⇒profijt, winst* ◆ **2.4** invest one's money to good ~ *zijn geld beleggen in winstgevende zaken* **3.1** bring/call s.o. to ~ for sth. *iem. ter verantwoording roepen voor iets, rekenschap vragen van iem. voor iets;* give/render ~ of *rekenschap afleggen over, rekenschap geven van* **3.2** leave sth. out of ~, take no ~ of sth. *iets buiten beschouwing laten, geen rekening houden met iets;* take sth. into ~, take ~ of sth. *rekening houden met iets, iets in aanmerking nemen* **3.3** hold sth. in great ~ *iets van grote waarde achten, groot belang hechten aan iets* **3.4** put/turn sth. to (good) ~ *zijn voordeel met iets doen, munt slaan uit iets, geld verdienen met* **6.1** **for** ~ of whom it may concern *voor rekening van wie het aangaat* **6.3** **of** ~ *belangrijk, van belang;* **of** no ~ *onbelangrijk, van geen belang;* this matter is reckoned **of** some ~ *aan deze zaak wordt enig belang gehecht.*

account[2] ⟨f3⟩⟨ov.ww.⟩ →accounting **0.1** ***beschouwen (als)*** *⇒houden voor, rekenen(onder)* ◆ **1.1** ~ the accused to be guilty *de verdachte schuldig verklaren;* Einstein is ~ed a great scientist *men rekent Einstein tot de grote geleerden* **6.¶** →account **for;** →account **to.**

ac·count·a·bil·i·ty [ə'kaʊnṭə'bɪləṭi]⟨telb. en n.-telb.zn.⟩ **0.1** ***verantwoordelijkheid*** *⇒toerekenbaarheid, aansprakelijkheid* **0.2** ***verklaarbaarheid.***

ac·count·a·ble [ə'kaʊnṭəbl]⟨bn., pred.; -ly; -ness; →bijw. 3⟩ **0.1** ***verantwoordelijk*** *⇒rekenschap verschuldigd, toerekenbaar* **0.2** ***verklaarbaar*** ◆ **6.1** be ~ **for** sth. **to** s.o. *verantwoording schuldig zijn aan iem. voor iets.*

ac·coun·tan·cy [ə'kaʊntənsi]⟨f1⟩⟨telb. en n.-telb.zn.⟩ **0.1** ***accountancy*** *⇒boekhouding, het boekhouden* **0.2** ***ambt/beroep van accountant/(hoofd)boekhouder*** **0.3** ***(ambtelijke) comptabiliteit.***

ac·coun·tant [ə'kaʊntənt||-tnt]⟨f2⟩⟨telb.zn.⟩ **0.1** ***accountant*** *⇒(hoofd)boekhouder, administrateur.*

ac'count book ⟨telb.zn.⟩⟨boekhouden⟩ **0.1** ***handelsboek*** *⇒koopmansboek, rekeningenboek.*

ac'count 'current ⟨telb.zn.; accounts current; →mv. 6⟩ **0.1** ***rekening-courant*** *⇒lopende rekening* ◆ **6.1** **on** ~ *in rekening-courant.*

ac'count day ⟨telb.zn.⟩ **0.1** ***rescontredag*** ⟨vnl. op de Londense beurs⟩.

ac'count executive ⟨telb.zn.⟩⟨hand.⟩ **0.1** ***(hoofd)verantwoordelijke voor relaties met vaste klanten*** ⟨vnl. bij reclamebureau⟩.

ac'count for ⟨onov.ww.⟩ **0.1** ***rekenschap geven v.*** *⇒verantwoorden, verslag uitbrengen over* **0.2** ***verklaren*** *⇒uitleggen, veroorzaken* **0.3** ***voor zijn rekening nemen*** *⇒aanpakken, vatten, doden, vernietigen* **0.4** ***vormen*** *⇒uitmaken* **0.5** ⟨vnl. pass.⟩ ***bekend zijn*** ◆ **1.2** his disease accounts for his strange behaviour *zijn ziekte verklaart zijn vreemde gedrag* **1.3** the U.S.A. ~ 35% of the world consumption of meat *de U.S.A. nemen 35% van de wereldconsumptie v. vlees voor hun rekening* **1.4** native speakers of English ~ 300 millions of the world population *Engelstaligen maken 300 miljoen v.d. wereldbevolking uit* **1.5** the rest of the passengers still have to be accounted for *de overige passagiers worden nog steeds vermist* **6.1** ~ one's absence **to** s.o. *zijn afwezigheid verantwoorden tegenover iem..*

ac·count·ing [ə'kaʊnṭɪŋ]⟨zn.; gerund v. account⟩

I ⟨telb.zn.⟩ **0.1** ***verrekening*** ◆ **2.1** render the annual ~ *de jaarlijkse verrekening maken;*

II ⟨n.-telb.zn.⟩ **0.1** ***boekhouding*** *⇒het boekhouden, financiële administratie.*

ac'counting machine ⟨telb.zn.⟩ **0.1** ***boekhoudmachine*** *⇒administratiemachine.*

ac'counting period ⟨telb.zn.⟩ **0.1** ***boekhoudkundige periode.***

ac'counting 'unit ⟨telb.zn.⟩⟨ec.⟩ **0.1** ***rekeneenheid.***

ac'count sales ⟨telb.zn.; accounts sales; →mv. 6⟩ **0.1** ***verkooprekening.***

ac'counts department ⟨telb.zn.⟩ **0.1** ***boekhouding*** *⇒financiële afdeling.*

ac'count to ⟨onov.ww.⟩ **0.1** ***zich verantwoorden tegenover*** ◆ **3.1** have to ~ *rekenschap verschuldigd zijn aan* **6.1** ~ s.o. **for** sth. *verantwoording afleggen aan iem. over iets.*

ac·cou·tre, ⟨AE sp.⟩ **ac·cou·ter** [ə'ku:tə||ə'ku:ṭər]⟨ov.ww.⟩ **0.1** ***uitrusten*** *⇒v.e. uitrusting voorzien, v.e. uniform voorzien, kleden, uitdossen.*

ac·cou·tre·ment, ⟨AE sp.⟩ **a·cou·ter·ment** [ə'ku:trəmənt||ə'ku:ṭər-]⟨telb.zn.; vaak mv.⟩ **0.1** ***(bijkomstig) uitrustingsstuk*** *⇒(bijkomstig) kledingstuk/uniformonderdeel* **0.2** ***uitrusting*** *⇒kledij, uniform* **0.3** ***kenteken*** *⇒(uiterlijk) kenmerk* ◆ **1.1** ⟨scherts.⟩ ~s of a tourist *parafernalia/spullen v.e. toerist;* ⟨mil.⟩ ~s of war *oorlogsuitrusting* **1.3** ~s of demagoguery *kentekens v. demagogie.*

ac·cred·it [ə'kredɪt]⟨f1⟩⟨ov.ww.⟩ →accredited **0.1** ***accrediteren*** *⇒krediet verschaffen aan, in vertrouwen brengen, aanzien verschaffen* **0.2** ***ingang doen vinden*** *⇒aanbevelen, goedkeuren, standaardiseren* **0.3** ***toeschrijven*** *⇒toekennen, op rekening stellen* **0.4** ***accrediteren*** *⇒v. geloofsbrieven voorzien, machtigen, met geloofsbrieven uitzenden* **0.5** ***accrediteren*** *⇒erkennen* ◆ **6.3** ~ sth. **to** s.o., ~ s.o. **with** sth. *iets aan iem. toeschrijven;* she is ~ed **with** having said so *die woorden worden haar toegeschreven* **6.4** ~ s.o. **at/to** a government (as an ambassador) *iem. (als ambassadeur) naar een regering zenden.*

ac·cred·i·ta·tion [ə'kredɪ'teɪʃn]⟨telb.zn.⟩ **0.1** ***erkenning*** *⇒het accrediteren* **0.2** ***het geaccrediteerd zijn*** ◆ **6.2** ~ **at/to** a country *het geaccrediteerd zijn bij een land.*

ac·cred·it·ed [ə'kredɪṭɪd]⟨f1⟩⟨bn.; volt. deelw. v. accredit⟩ **0.1** ***officieel erkend*** **0.2** ***(algemeen) erkend*** *⇒(algemeen) aangenomen* **0.3** ***goedgekeurd*** **0.4** ***geaccrediteerd*** *⇒met geloofsbrieven* **0.5** ***met goede naam*** *⇒krediet hebbend, kredietwaardig* ◆ **1.3** ~ milk *melk met kwaliteitsgarantie* **6.4** ~ **at/to** a court *geaccrediteerd bij een hof.*

ac·cres·cence [ə'kresns]⟨telb.zn.⟩ **0.1** ***groei*** *⇒aanwas, accres, toename, vermeerdering.*

ac·cres·cent [ə'kresnt]⟨bn.⟩ **0.1** ***groeiend*** *⇒aangroeiend/wassend, groter wordend, toenemend.*

ac·crete[1] [ə'kri:t]⟨bn., attr.⟩ **0.1** ***samengegroeid.***

accrete[2] ⟨ww.⟩

I ⟨onov.ww.⟩ 0.1 ***samengroeien*** **0.2** ***groeien*** ⇒*aangroeien/wassen, toenemen, vermeerderen* ◆ **6.1** ~ **to** *zich vasthechten aan;*
II ⟨ov.ww.⟩ **0.1** ***accumuleren*** ⇒*opbouwen, doen groeien* **0.2** ***aantrekken*** ⇒*tot zich trekken* **0.3** ***vasthechten*** ◆ **6.3** ~ sth. **to** *iets vasthechten aan.*

ac·cre·tion [ə'kri:ʃn]⟨zn.⟩
I ⟨telb.zn.⟩ **0.1** ***accretie*** ⇒*aanhechtsel, aanzetsel, aangroeisel, aanwas* **0.2** ***samengroeisel*** **0.3** ***aanslibsel;***
II ⟨telb. en n.-telb.zn.⟩ **0.1** ***accessie*** ⇒*gebiedsvergroting door aanwas;*
III ⟨n.-telb.zn.⟩ **0.1** ***aanzetting*** ⇒*aanhechting* **0.2** ***groei*** ⇒*aangroei, aanwas* **0.3** ***samengroeiing*** **0.4** ***aanslibbing.***

ac·cre·tion·ar·y [ə'kri:ʃənri‖-ʃəneri]⟨bn., attr.⟩ **0.1** ***aanzettings-*** ⇒*aanhechtings-* **0.2** ***groei-*** ⇒*aangroeiings-, aanwassings-* **0.3** ***samengroeiings-*** **0.4** ***aanslibbings-*** **0.5** ***accessie-.***

ac'cretion disk ⟨telb.zn.⟩⟨ster.⟩ **0.1** ***accretieschijf.***

ac·cre·tive [ə'kri:t̬ɪv]⟨bn., attr.⟩ **0.1** ***aanzettings-*** ⇒*aanhechtings-* **0.2** ***groei-*** ⇒*aangroeiings-, aanwassings-* **0.3** ***aangroeiend*** **0.4** ***samengroeiings-*** **0.5** ***samengroeiend*** **0.6** ***aanslibbings-*** **0.7** ***aanslibbend.***

ac·cru·al [ə'kru:əl]⟨zn.⟩
I ⟨telb.zn.⟩ **0.1** ***iets dat aangroeit;***
II ⟨telb. en n.-telb.zn.⟩ **0.1** ***groei*** ⇒*aangroei, toename* **0.2** ***het toekomen*** **0.3** ***het voortspruiten*** **0.4** ***het kweken*** ⇒*het doen aangroeien/toenemen.*

ac·crue [ə'kru:]⟨f2⟩⟨ww.⟩
I ⟨onov.ww.⟩ **0.1** ***groeien*** ⇒*aanwassen, toenemen, vermeerderen, zich op(een)stapelen* **0.2** ***toekomen*** **0.3** ***voortspruiten*** ⇒*voortkomen, gekweekt worden* ◆ **1.1** allow interest to ~ *rente laten aangroeien* **6.2** ~ **to** *toekomen aan* **6.3** ~ **from** *voortspruiten/voortkomen uit;*
II ⟨ov.ww.⟩ **0.1** ***kweken*** ⇒*doen (aan)groeien/toenemen/vermeerderen, op(een)stapelen* **0.2** ***opschrijven als aangroei*** ◆ **1.1** ~d interest *gekweekte rente.*

acct ⟨afk.⟩ account, accountant.

ac·cul·tur·ate [ə'kʌltʃəreɪt]⟨ww.⟩
I ⟨onov.ww.⟩ **0.1** ***zich aanpassen aan een andere cultuur*** ⇒*een andere leefwijze aannemen, zijn leefwijze veranderen;*
II ⟨ov.ww.⟩ **0.1** ***aanpassen aan een andere cultuur*** ⇒*invloed uitoefenen op de cultuur v., een andere leefwijze opdringen.*

ac·cul·tur·a·tion [ə'kʌltʃə'reɪʃn]⟨telb. en n.-telb.zn.⟩ **0.1** ***acculturatie*** ⇒*aanpassing aan een andere cultuur, beïnvloeding door een andere cultuur.*

ac·cum·bent [ə'kʌmbənt]⟨bn., attr.⟩⟨schr.⟩ **0.1** ***aanliggend*** ⇒*(neer)liggend.*

ac·cu·mu·late [ə'kju:mjʊleɪt‖-mjə-]⟨f2⟩⟨ww.⟩
I ⟨onov.ww.⟩ **0.1** ***zich op(een)stapelen*** ⇒*zich op(een)hopen, zich accumuleren, aangroeien, vermeerderen* ◆ **1.1** debts will ~ *schulden zullen oplopen;* troubles will ~ *moeilijkheden zullen zich op (een)stapelen;*
II ⟨ov.ww.⟩ **0.1** ***op(een)stapelen*** ⇒*op(een)hopen, accumuleren, bijeenbrengen, verzamelen* ◆ **1.1** ~ a fortune *een fortuin vergaren;* ~ speed *versnellen.*

ac·cu·mu·la·tion [ə'kju:mjʊ'leɪʃn‖-mjə-]⟨f2⟩⟨telb. en n.-telb.zn.⟩ **0.1** ***op(een)stapeling*** ⇒*op(een)hoping, accumulatie, verzameling* **0.2** ***aangroei*** ⇒*vermeerdering* **0.3** ***cumulatie*** **0.4** ⟨biol.⟩ ***accumulatie.***

ac·cu·mu·la·tive [ə'kju:mjʊlətɪv‖-mjəleɪt̬ɪv]⟨bn.; -ly; -ness⟩
I ⟨bn.⟩ **0.1** ***op(een)stapelend*** ⇒*op(een)hopend, accumulerend* **0.2** ***aangroeiend*** ⇒*vermeerderend;*
II ⟨bn., attr.⟩ **0.1** ***accumulatief.***

ac·cu·mu·la·tor [ə'kju:mjʊleɪtə‖-mjəleɪt̬ər]⟨telb.zn.⟩ **0.1** ***op(een)stapelaar*** ⇒*op(een)hoper, verzamelaar, bijeenbrenger* **0.2** ⟨BE⟩ ***accu(mulator)*** ⇒*elektrische batterij* **0.3** ⟨comp.⟩ ***accumulator*** ⟨register in CPU⟩ **0.4** ***accumulator*** ⟨aan hydraulische pers e.d.⟩ ⇒*energiereservoir* **0.5** ⟨BE⟩ ***reeks weddenschappen waarbij de winst telkens de inzet v.d. volgende wordt*** ◆ **3.2** charge an ~ *een accu opladen.*

ac·cu·ra·cy ['ækjərəsi]⟨f2⟩⟨n.-telb.zn.⟩ **0.1** ***nauwkeurigheid*** ⇒*preciesheid, nauwgezetheid, accuratesse.*

'accuracy 'jump ⟨telb.zn.⟩⟨parachutespringen⟩ **0.1** ***precisiesprong.***

'accuracy 'jumping ⟨n.-telb.zn.⟩⟨parachutespringen⟩ **0.1** ***(het) precisiespringen.***

ac·cu·rate ['ækjərət]⟨f3⟩⟨bn.; -ly; -ness⟩ **0.1** ***nauwkeurig*** ⇒*correct, exact, precies, zuiver* **0.2** ***nauwkeurig*** ⇒*nauwgezet, stipt, accuraat.*

ac·curs·ed [ə'kɜ:sɪd‖ə'kɜr-], ⟨schr.⟩ **ac·curst** [ə'kɜ:st‖ə'kɜrst]⟨f1⟩⟨bn.; accursedly [ə'kɜ:sɪdli‖ə'kɜr-]; accursedness [-sɪdnəs]⟩ **0.1** ***vervloekt*** ⇒*gedoemd, rampspoedig* **0.2** ***vervloekt*** ⇒*gehaat, hatelijk.*

ac·cu·sa·tion ['ækjʊ'zeɪʃn‖-kjə-], **ac·cus·al** [ə'kju:zl]⟨f2⟩⟨telb.zn.⟩ **0.1** ***beschuldiging*** ⇒*aanklacht, accusatie* ◆ **3.1** bring an ~ of corruption against s.o. *een aanklacht wegens omkoperij indienen tegen iem., iem. beschuldigen v. omkoperij* **6.1** be **under** an ~ **of** murder *beschuldigd worden v. moord.*

ac·cu·sa·ti·val [ə'kju:zə'taɪvl]⟨bn.; -ly⟩⟨taalk.⟩ **0.1** ***accusatief-*** ⇒*v./mbt./in de/een accusatief.*

ac·cu·sa·tive¹ [ə'kju:zət̬ɪv]⟨telb.zn.⟩⟨taalk.⟩ **0.1** ***accusatief*** ⇒*vierde naamval, accusatiefvorm/constructie.*

accusative² ⟨bn., attr.⟩⟨taalk.⟩ **0.1** ***accusatief-*** ◆ **1.1** ~ case *accusatief, vierde naamval.*

ac·cu·sa·to·ri·al [ə'kju:zə'tɔ:rɪəl]⟨bn.; -ly⟩⟨jur.⟩ **0.1** ***accusatoir*** ⟨uitgaande v.e. beschuldiging⟩.

ac·cu·sa·to·ry [ə'kju:zətri‖-tɔri]⟨bn.⟩ **0.1** ***beschuldigend*** ⇒*aanklagend.*

ac·cuse [ə'kju:z]⟨f3⟩⟨ww.⟩ →accused ⟨→sprw. 284, 485⟩
I ⟨onov.ww.⟩ **0.1** ***een aanklacht indienen;***
II ⟨ov.ww.⟩ **0.1** ***beschuldigen*** ⇒*aanklagen, aan de kaak stellen* **0.2** ***de schuld geven*** ◆ **6.1** ~ s.o. **of** being corrupt *iem. ervan beschuldigen corrupt te zijn;* ~ s.o. **of** corruption *iem. beschuldigen v./aanklagen wegens omkoperij.*

ac·cused [ə'kju:zd]⟨f2⟩⟨bn.; volt. deelw. v. accuse⟩ **0.1** ***beschuldigd*** ⇒*aangeklaagd* ◆ **7.1** the ~ *de verdachte(n), de beschuldigde(n), de beklaagde(n), de aangeklaagde(n).*

ac·cus·er [ə'kju:zə‖-ər], **ac·cus·ant** [ə'kju:znt]⟨f1⟩⟨telb.zn.⟩ **0.1** ***aanklager*** ⇒*beschuldiger.*

ac·cus·ing·ly [ə'kju:zɪŋli]⟨f1⟩⟨bw.⟩ **0.1** ***beschuldigend*** ⇒*aanklagend* ◆ **3.1** say sth. ~ *iets zeggen op een beschuldigende toon.*

ac·cus·tom [ə'kʌstəm]⟨f2⟩⟨ov.ww.⟩ **0.1** ***(ge)wennen*** ◆ **4.1** ~ oneself to sth. *wennen aan iets, iets gewoon worden* **6.1** ~ s.o. **to** sth. *iem. iets gewoon maken.*

ac·cus·tomed [ə'kʌstəmd]⟨f2⟩⟨bn.⟩ **0.1** ***gebruikelijk*** ⇒*gewoon* **0.2** ***gewend*** ⇒*gewoon* ◆ **1.1** his ~ chair *zijn vertrouwde stoel* **1.2** his ~ grin *zijn vertrouwde/gebruikelijke grijns* **6.1** be ~ **to** sth. *gewend zijn aan iets, iets gewoon zijn.*

AC/DC, ac/dc ['eɪsi:'di:si:]⟨bn.⟩⟨sl.; naar afk. voor Alternating Current/Direct Current⟩ **0.1** ***bi(seksueel).***

ace¹ [eɪs]⟨f2⟩⟨telb.zn.⟩ **0.1** ⟨kaartspel⟩ ***aas*** ⇒*één* **0.2** ⟨sport; vnl. tennis⟩ ***ace*** ⟨(punt gescoord door) opslag die niet kon worden teruggespeeld⟩ **0.3** ⟨inf.⟩ ***aasje*** ⇒*beetje, greintje* **0.4** ***aas*** ⟨vlieger die minstens vijf vijandelijke vliegtuigen heeft neergeschoten⟩ **0.5** ⟨inf.⟩ ***kraan*** ⇒*uitblinker, aas* **0.6** ⟨golf⟩ ***hole in één slag*** **0.7** ⟨schei.⟩ ***quark*** ⟨subatomisch deeltje⟩ **0.8** ⟨sl.⟩ ***maat*** ⇒*kameraad, toffe vent;* ⟨bij uitbr.⟩ *snelle jongen* **0.9** ⟨sl.⟩ ***joint*** **0.10** ⟨sl.⟩ ***dollarbiljet*** **0.11** ⟨sl.; restaurant⟩ ***klant alleen*** ⇒*tafel voor één persoon* ◆ **1.1** ~ of hearts *hartenaas* **1.¶** ⟨AE; sl.⟩ ~ in the hole, ⟨BE⟩ ~ up one's sleeve *troef achter de hand* **3.1** ⟨fig.⟩ play one's ~ *zijn troef uitspelen* **6.3** **within** an ~ **of** death *de dood nabij;* he was **within** an ~ **of** losing *het scheelde geen haar/ziertje of hij verloor* **6.5** an ~ **at** arithmetic *een hele piet in het rekenen* **¶.¶** ~ *o.k., okay;* ~!, ~s! *fantastisch!, geweldig!.*

ace² ⟨bn., attr.⟩⟨inf.⟩ **0.1** ***knap*** ⇒*prima, uitstekend* ◆ **1.1** an ~ player *een kraan v.e. speler, een topspeler.*

ace³ ⟨ov.ww.⟩ **0.1** ⟨sport; vnl. tennis⟩ ***een ace slaan*** ⟨punt scoren door opslag die niet kan worden teruggespeeld⟩ **0.2** ⟨golf⟩ ***in één slag maken*** ⟨hole⟩ **0.3** ⟨sl.⟩ ***het winnen v.*** ⇒*de baas worden, te slim af zijn* **0.4** ***een tien krijgen voor*** ⇒*een uitstekend resultaat behalen voor* ◆ **1.1** he ~d his competitor *hij won het van zijn mededinger* **1.4** he ~d his exam *hij kreeg een tien voor zijn examen* **5.¶** →ace **in;** →ace **out.**

-acea ['eɪʃə] **0.1** ***-aceeën*** ⟨vormt naam v. orde of klasse van dieren in mv.⟩ ◆ **¶.1** crustacea *crustaceeën, schaaldieren.*

-aceae ['eɪsii:] **0.1** ***-aceeën, -achtigen*** ⟨vormt naam v. plantenfam. in mv.⟩ ◆ **¶.1** rosaceae *rosaceeën, roosachtigen.*

-acean ['eɪʃn] **0.1** ⟨soms⟩ ***-achtige*** ⟨vormt nw. voor lid van plantenfam. of lid van orde of klasse van dieren⟩ **0.2** ⟨vaak⟩ ***-achtig*** ⟨vormt bijv. nw. voor lid van plantenfam. of lid van orde of klasse van dieren⟩ ◆ **¶.1** cyatheacean *boomvaren, lid v.d. cyatheaceeën* **¶.2** cetacean *walvisachtig, behorend tot de cetaceeën;* rosacean *roosachtig, behorend tot de rosaceeën.*

'ace-'deuce ⟨telb.zn.⟩⟨sl.⟩⟨kaartspel⟩ **0.1** ***(één) drie.***

acedia →accidie.

'ace-'high¹ ⟨telb.zn.⟩⟨sl.⟩⟨poker⟩ **0.1** ***kaarten met een aas*** **0.2** ***grote straat.***

ace-high² ⟨bn.⟩⟨sl.⟩ **0.1** ***voortreffelijk*** ⇒*eersteklas.*

'ace 'in ⟨ov.ww.⟩⟨sl.⟩ **0.1** ***listig spelen*** **0.2** ***begrijpen.***

A·cel·da·ma [ə'keldəmə], **A·kel·da·ma** [ə'keldəmə]⟨zn.⟩
I ⟨eig.n.⟩ **0.1** ***Akeldama*** ⟨bloedakker; Mattheüs 27:7, Handelingen 1:19⟩;
II ⟨telb.zn.⟩⟨ook a-⟩ **0.1** ***onheilsplaats*** ⇒*akelige plaats* **0.2** ***slagveld*** ⇒*plaats v. bloedvergieten.*

-aceous ['eɪʃəs] **0.1** ⟨vaak⟩ ***-achtig, -ig, -erig*** **0.2** ⟨vaak⟩ ***-achtig***

⟨vormt bijv. nw. voor plantenfam. of orde of klasse van dieren⟩ ◆ ¶.1 arenaceous *zandachtig, zanderig, zand-;* crustaceous *korstachtig, schaalachtig;* farinaceous *melig, meel-* ¶.2 crustaceous *schaaldierachtig, behorend tot de crustaceeën.*

'ace 'out ⟨ov.ww.⟩ **0.1** ***het winnen v.*** ⇒*de overhand krijgen op, de baas worden, te slim af zijn* ◆ **1.1** he aced out his competitor *hij won het v. zijn mededinger.*

a·ceph·a·lous [ə'sefələs, 'eɪ-]⟨bn.⟩ **0.1** ***zonder hoofd*** ⇒*zonder kop* **0.2** ***zonder leider*** ⇒*zonder hoofd* **0.3** ***zonder begin*** ⇒*zonder hoofd* **0.4** ***zonder begin*** ⟨v. verminkte boeken⟩ ⇒*zonder beginvoet* ⟨v.e. vers⟩.

a·ce·quia [ə'si:kwɪə‖ɑ'seɪkjɑ]⟨telb.zn.⟩⟨AE; gew.⟩ **0.1** ***irrigatiekanaal*** ⇒*bevloeiingskanaal.*

a·cerb [ə'sɜ:b‖ə'sɜrb], **a·cerb·ic** [-bɪk]⟨bn.⟩ **0.1** ***wrang*** ⇒*zuur, bitter* **0.2** ***bijtend*** ⇒*bitter, scherp, bits, cynisch, wrang.*

ac·er·bate ['æsəbeɪt‖-sər-]⟨ov.ww.⟩ **0.1** ***verbitteren*** ⇒*tergen, ergeren, irriteren.*

a·cer·bi·ty [ə'sɜ:bəti‖ə'sɜrbət̬i]⟨n.-telb.zn.⟩⟨schr.⟩ **0.1** ***wrangheid*** ⇒*zuurheid* **0.2** ***bitterheid*** ⇒*scherpheid, bitsheid, cynisme, wrangheid.*

a·cer·vate [ə'sɜ:vət, -veɪt‖ə'sɜrvət, 'æsərveɪt]⟨bn.⟩ **0.1** ***in bosjes groeiend.***

a·ces·cen·cy [ə'sesnsi], **a·ces·cence** [ə'sesns]⟨n.-telb.zn.⟩⟨ook fig.⟩ **0.1** ***het verzuren*** ⇒*het zuur worden, het enigszins zuur zijn.*

a·ces·cent [ə'sesnt]⟨bn.⟩ **0.1** ***verzurend*** ⟨ook fig.⟩ ⇒*zuur wordend, enigszins zuur.*

ac·et- ['æsɪ̬t]⟨schei.⟩ **0.1** ***acet-*** ⟨duidt verbinding met azijnzuur aan⟩.

ac·e·tab·u·lum ['æsɪ'tæbjʊləm‖-bjə-]⟨telb.zn.; acetabula [-lə]; →mv. 5⟩ **0.1** ⟨med.⟩ ***heupkom*** **0.2** ⟨dierk.⟩ ***zuignap(je)*** **0.3** ⟨gesch.⟩ ***(Romeinse) schaal voor azijn/saus.***

ac·et·al·de·hyde ['æsɪ̬'ældɪ̬haɪd]⟨n.-telb.zn.⟩⟨schei.⟩ **0.1** ***acetaldehyde*** ⇒*ethanal.*

ac·e·tate ['æsɪ̬teɪt]⟨zn.⟩
I ⟨telb. en n.-telb.zn.⟩ **0.1** ***acetaat*** ⇒*azijnzuur zout* **0.2** ***acetaat*** ⇒*azijnzure ester;*
II ⟨n.-telb.zn.⟩ **0.1** ⟨schei.⟩ ***celluloseacetaat*** **0.2** ***acetaatzijde*** ⇒*acetaatrayon, kunstzijde.*

'acetate 'silk ⟨n.-telb.zn.⟩ **0.1** ***acetaatzijde*** ⇒*acetaatrayon, kunstzijde.*

a·ce·tic [ə'si:t̬ɪk]⟨bn.⟩⟨schei.⟩ **0.1** ***azijnzuur*** ⇒*met/v. azijn* ◆ **1.1** ~ acid *azijnzuur, methaancarbonzuur, ethaanzuur.*

a·cet·i·fi·ca·tion [ə'set̬ɪfɪ'keɪʃn, ə'si:-]⟨telb. en n.-telb.zn.⟩ **0.1** ***omzetting in azijn*** ⇒*verzuring.*

a·cet·i·fy [ə'set̬ɪfaɪ, ə'si:-]⟨ww.⟩
I ⟨onov.ww.⟩ **0.1** ***azijn worden*** ⇒*verzuren, zuur worden;*
II ⟨ov.ww.⟩ **0.1** ***omzetten in azijn*** ⇒*verzuren, zuur maken.*

a·ce·to- ['æsɪ̬toʊ]⟨schei.⟩ **0.1** ***aceto-*** ⟨duidt verbinding met azijnzuur aan⟩.

ac·e·tone ['æsɪ̬toʊn]⟨n.-telb.zn.⟩⟨ook schei.⟩ **0.1** ***aceton*** ⇒*propanon, dimethylketon.*

ac·e·tous ['æsɪ̬təs], **ac·e·tose** ['æsɪ̬toʊs]⟨bn.⟩⟨schei.⟩ **0.1** ***azijnzuur*** ⇒*v./met azijn, azijnachtig* **0.2** ⟨ook fig.⟩ ***zuur*** ⇒*wrang, bijtend.*

ac·e·tyl ['æsɪ̬tɪl‖ə'si:t̬l]⟨n.-telb.zn.⟩⟨schei.⟩ **0.1** ***acetyl*** ⇒*methaancarbonyl, ethanoyl.*

ac·et·y·lene [ə'set̬ɪli:n]⟨n.-telb.zn.⟩⟨schei.⟩ **0.1** ***acetyleen(gas)*** ⇒*ethyn.*

acey-deucey ⟨bn.⟩⟨sl.⟩ **0.1** ***gemengd*** ⇒*dubbelzinnig, tegenstrijdig* **0.2** ***algemeen*** ⇒*veelomvattend, middelmatig, zozo.*

ace·y-deuc·y ['eɪsi'dju:si‖-'du:si]⟨n.-telb.zn.⟩ **0.1** ***variant v. triktrak*** ⟨spel⟩.

ACF ⟨afk.⟩ Army Cadet Force.

ACGB ⟨afk.⟩ Arts Council of Great Britain.

A·chae·an[1] [ə'ki:ən], **A·cha·ian** [ə'kaɪən]⟨telb.zn.⟩ **0.1** ***Achaïer*** ⇒*Achaeër.*

Achaean[2], **Achaian** ⟨bn.⟩ **0.1** ***Achaïsch*** ⇒*Achaeïsch.*

a·charne·ment [ə'ʃɑ:nmənt‖ɑ'ʃarnə'mɑ́]⟨n.-telb.zn.⟩ **0.1** ***bloeddorst(igheid)*** ⇒*woestheid, aanvalsdrift, vurigheid.*

ache[1] [eɪk]⟨f1⟩⟨telb.zn.⟩ **0.1** ***(voortdurende) pijn*** ◆ **1.1** ~s and pains *pijntjes, kwalen* **3.1** she has ~s all over *alles doet haar zeer.*

ache[2] [eɪtʃ]⟨telb.zn.⟩ **0.1** ***(de letter) h*** ◆ **3.1** drop one's ~s *de h's weglaten/inslikken.*

ache[3] [eɪk]⟨f3⟩⟨onov.ww.⟩⟨→sprw. 491, 693⟩ **0.1** ***(pijn) lijden*** ⟨ook fig.⟩ **0.2** ***pijn doen*** ⇒*schrijnen* **0.3** ⟨inf.⟩ ***(hevig) verlangen*** ◆ **1.2** her head ~d *ze had hoofdpijn* **3.3** be aching to do sth. *staan te popelen om iets te doen* **6.1** my heart ~s **for** them *ik heb erg met ze te doen* **6.3** ~ **for** *hunkeren naar;* ~ **with** desire *hevig verlangen.*

a·chene, a·kene [ə'ki:n]⟨telb.zn.⟩⟨plantk.⟩ **0.1** ***dopvrucht*** ⇒*nootje, achenium.*

A·cheu·li·an[1], **A·cheu·le·an** [ə'ʃu:lɪən]⟨eig.n.⟩⟨geol.⟩ **0.1** ***Acheuléen*** ⟨tijdperk in Oud-Paleolithicum⟩.

Acheulian[2], **Acheulean** ⟨bn.⟩⟨geol.⟩ **0.1** ***mbt. het Acheuléen*** ⇒*Acheuléen-.*

à cheval ['ɑ:ʃə'væl‖'ɑʃə'vɑl]⟨bw.⟩⟨Fr.⟩ **0.1** ***schrijlings*** ⟨op een paard⟩ **0.2** ⟨gokspel⟩ ***op de lijn*** ⟨v. fiche⟩ ⇒*op twee nummers/kleuren.*

a·chiev·a·ble [ə'tʃi:vəbl]⟨bn.⟩ **0.1** ***uitvoerbaar*** **0.2** ***bereikbaar*** ⇒*kans v. slagen hebbend.*

a·chieve [ə'tʃi:v]⟨f3⟩⟨ww.⟩
I ⟨onov.ww.⟩ **0.1** ***zijn doel bereiken*** ⇒*slagen, het tot een goed einde/er goed vanaf brengen;*
II ⟨ov.ww.⟩ **0.1** ***volbrengen*** ⇒*voltooien, uitvoeren, tot stand brengen, tot een goed einde brengen* **0.2** ***bereiken*** ⟨doel e.d.⟩ ⇒*het brengen tot, presteren* **0.3** ***verwerven*** ⇒*verkrijgen* ◆ **1.2** ~ success *succes behalen.*

a·chieve·ment [ə'tʃi:vmənt]⟨f3⟩⟨zn.⟩
I ⟨telb.zn.⟩ **0.1** ***prestatie*** ⇒*wapenfeit, verrichting, (roemrijke) daad, kunststuk* **0.2** ***succes*** **0.3** ⟨psych.⟩ ***score*** ⇒*resultaat* ⟨in test⟩ **0.4** ⟨heraldiek⟩ ***(wegens roemrijke daad verkregen) wapen*** **0.5** ⟨heraldiek⟩ ***rouwbord*** ⟨bord waarop naam en wapen v. overledene wordt geschilderd⟩;
II ⟨n.-telb.zn.⟩ **0.1** ***voltooiïng*** ⇒*het voltooien* **0.2** ***het bereiken*** ⇒*het behalen* ◆ **2.2** impossible of ~ *onbereikbaar, onuitvoerbaar.*

a'chievement test ⟨telb.zn.⟩⟨psych.⟩ **0.1** ***achievementtest*** ⇒⟨i.h.b.⟩ *schoolvorderingentest.*

A·chil·les' heel [ə'kɪli:z 'hi:l]⟨telb.zn.⟩ **0.1** ***achilleshiel*** ⇒*kwetsbare plaats, zwak punt.*

A'chil·les' 'tendon ⟨telb.zn.⟩⟨anat.⟩ **0.1** ***achillespees.***

A·chin [ə'tʃi:n]⟨eig.n.⟩⟨aardr.⟩ **0.1** ***Atjeh.***

Achi·nese[1] ['ætʃɪ'ni:z]⟨telb.zn.; Achinese; →mv. 4⟩ **0.1** ***Atjeeër.***

Achinese[2] ⟨bn.⟩ **0.1** ***v./mbt. Atjeh*** ⇒*Atjees.*

a·choo [ə'tʃu:]⟨f1⟩⟨tussenw.⟩ **0.1** ***hatsjie*** ⟨niesgeluid⟩.

ach·ro·mat·ic ['ækroʊ'mæt̬ɪk]⟨bn.; -ally; →bijw. 3⟩ **0.1** ***achromatisch*** ⟨ook foto., biol., optica⟩ ⇒*kleurloos, ongekleurd, zonder kleurschifting* **0.2** ⟨muz.⟩ ***diatonisch*** ⇒*achromatisch* ◆ **1.1** ⟨biol.⟩ ~ figure *achromatisch apparaat, spoelfiguur* ⟨in cel⟩; ~ lens *achromatische lens.*

a·chro·ma·tic·i·ty [ə'kroʊmə'tɪsəti‖'ækrəmæ'tɪsət̬i], **a·chro·ma·tism** [ə'kroʊmətɪzm‖eɪ'kroʊ-]⟨n.-telb.zn.⟩ **0.1** ***achromatisme*** ⇒*kleurloosheid.*

a·chro·ma·tize [ə'kroʊmətaɪz]⟨ov.ww.⟩ **0.1** ***achromatiseren*** ⇒*achromatisch/kleurloos maken.*

a·chy ['eɪki]⟨bn.; ook -er; →compar. 7⟩ **0.1** ***(pijn) lijdend.***

a·cic·u·la [ə'sɪkjʊlə]⟨telb.zn.; ook aciculae [-li:, -laɪ]; →mv. 5⟩ **0.1** ***naald(je).***

ac·id[1] ['æsɪd]⟨f3⟩⟨zn.⟩
I ⟨telb. en n.-telb.zn.⟩ **0.1** ⟨schei.⟩ ***zuur*** **0.2** ***zure stof/drank*** ⇒*zuur* ◆ **3.¶** ⟨sl.⟩ come the ~ *overdrijven; sarcastisch spreken;* ⟨Austr. E; sl.⟩ put the ~ on s.o. *iem. proberen in te pakken/geld af te troggelen, iem. onder druk zetten;*
II ⟨n.-telb.zn.⟩⟨sl.⟩ **0.1** ***acid*** ⇒*LSD.*

acid[2] ⟨f2⟩⟨bn.; -ly; -ness⟩ **0.1** ***zuur*** ⟨ook schei., geol.⟩ ⇒*zuurhoudend* **0.2** ***bits*** ⇒*bijtend, wrang, scherp* ◆ **1.1** ⟨BE⟩ ~ drop *zuurtje;* ~ precipitation *zure neerslag;* ~ rain *zure regen;* ⟨schei.⟩ ~ salt *zuur zout.*

'ac·id-fast ⟨bn.; -ness⟩ **0.1** ***zuurvast*** ⟨v. bacteriën, weefsels⟩.

'ac·id·head ⟨telb.zn.⟩⟨sl.⟩ **0.1** ***LSD-gebruiker/verslaafde.***

a·cid·ic [ə'sɪdɪk]⟨bn.⟩ **0.1** ***zuur*** ⇒*zuurrijk* **0.2** ***zuurvormend*** ⟨v. oxyde⟩.

a·cid·i·fi·ca·tion [ə'sɪdɪfɪ'keɪʃn]⟨n.-telb.zn.⟩ **0.1** ***verzuring*** **0.2** ***het aanzuren.***

a·cid·i·fy [ə'sɪdɪfaɪ]⟨ww.; →ww. 7⟩
I ⟨onov.ww.⟩ **0.1** ***verzuren*** ⟨ook fig.⟩ ⇒*zuur worden;*
II ⟨ov.ww.⟩ **0.1** ***(aan)zuren*** ⇒*zuur maken.*

ac·i·dim·e·ter [æsɪ'dɪmətə‖-mət̬ər]⟨telb.zn.⟩⟨schei.⟩ **0.1** ***zuurmeter*** ⇒*acidimeter.*

ac·i·dim·e·try [æsɪ'dɪmətri]⟨telb. en n.-telb.zn.; →mv. 2⟩⟨schei.⟩ **0.1** ***zuurmeting*** ⇒*acidimetrie.*

a·cid·i·ty [ə'sɪdət̬i]⟨telb. en n.-telb.zn.; →mv. 2⟩ **0.1** ***zuurheid*** ⇒*zuurte, aciditeit* **0.2** ***bitsheid*** ⇒*scherpte, sarcasme* **0.3** ***(maag) zuur*** **0.4** ⟨schei.⟩ ***zuur(heids)graad*** ⇒*zuurgehalte, aciditeit* ◆ **1.3** ~ of the stomach *maagzuur, het zuur.*

ac·id·less ['æsɪdləs]⟨bn.⟩ **0.1** ***zonder zuur.***

ac·i·do·phil·ic ['æsɪdoʊ'fɪlɪk], **ac·i·do·phil** [ə'sɪdəfɪl]⟨bn.⟩ **0.1** ***acidofiel*** ⟨v. bacterie: gedijend in zuur milieu⟩.

ac·i·do·sis [æsɪ'doʊsɪs]⟨telb. en n.-telb.zn.; acidoses [-si:z]; →mv. 5⟩⟨med.⟩ **0.1** ***zuurvergiftiging*** ⇒*acidose.*

'ac·id·proof ⟨bn.⟩ **0.1** ***zuurbestendig*** ⇒*zuurvast.*

'acid 'radical ⟨n.-telb.zn.⟩⟨schei.⟩ **0.1** ***zuurradicaal*** ⇒*acylradicaal.*

'acid 'rock ⟨n.-telb.zn.⟩ **0.1** ***psychedelische rock/muziek.***

'acid 'test ⟨telb.zn.⟩ **0.1** ***vuurproef*** ⟨fig.⟩.

a·cid·u·late [ə'sɪdʒʊleɪt‖-dʒə-]⟨ww.⟩
I ⟨onov.ww.⟩ **0.1** ***verzuren*** ⇒*zurig worden;*
II ⟨ov.ww.⟩ **0.1** ***aanzuren*** ⇒*zurig maken.*

a·cid·u·lous [ə'sɪdʒʊləs‖-dʒə-]⟨bn.⟩ **0.1** ***zurig*** **0.2** ***bitter (gestemd)*** ⇒*scherp, zuur, bits.*

'acid value ⟨telb. en n.-telb.zn.⟩⟨schei.⟩ **0.1** ***zuurgetal.***

ac·i·form ['æsɪfɔ:m‖-fɔrm]⟨bn.⟩⟨biol.⟩ **0.1** ***naaldvormig.***

a·cin·i·form [ə'sɪnɪfɔ:m‖-fɔrm]⟨bn.⟩ **0.1** ***trosvormig.***

ac·i·nus ['æsənəs]⟨telb.zn.; acini [-naɪ]; →mv. 5⟩ **0.1** ***vruchtje*** ⟨v. verzamelvrucht⟩ ⇒*druif* **0.2** ***tros(je)*** **0.3** ***zaadje*** ⟨v. bes, druif, enz.⟩ ⇒*pit(je), kern* **0.4** ⟨anat.⟩ ***klierblaasje/kwabje*** ⇒*acinus.*

ack ⟨afk.⟩ acknowledge, acknowledg(e)ment.

ack-ack ['æk 'æk]⟨telb. en n.-telb.zn.⟩⟨inf.; mil.⟩ **0.1** ***luchtafweer (batterij/geschut)*** ⇒*luchtdoelartillerie/geschut/kanon.*

a·(c)kee ['æki:,æ'ki:]⟨telb.zn.⟩⟨plantk.⟩ **0.1** ***akee*** ⟨tropische plant en vrucht; Blighia sapida⟩.

ack em·ma[1] ['æk'emə]⟨n.-telb.zn.⟩⟨BE; inf.⟩ **0.1** ***voormiddag*** ⇒*ochtend.*

ack emma[2] ⟨bw.⟩⟨BE; inf.⟩ **0.1** ***'s morgens*** ⇒*'s ochtends, in de voormiddag, a.m..*

ac·knowl·edge [ək'nɒlɪdʒ‖-'nɑ-]⟨f3⟩⟨ov.ww.⟩ **0.1** ***erkennen*** ⇒*accepteren* **0.2** ***toegeven*** ⇒*erkennen* **0.3** ***zijn erkentelijkheid betuigen over*** ⇒*belonen* **0.4** ***ontvangst bevestigen v.*** ⇒*kwiteren* **0.5** ***een teken v. herkenning geven aan*** ⟨d.m.v. knikje, glimlach, groet⟩ **0.6** ***beantwoorden*** ⟨groet⟩ ◆ **1.1** ~ s.o. leader *iem. als leider erkennen* **1.2** he doesn't ~ the signature *hij ontkent dat het zijn handtekening is;* ~ the truth of sth. *erkennen dat iets waar is* **1.4** I herewith ~ (receipt of) your letter *hierbij bevestig ik de ontvangst v. uw brief* **4.2** she ~d herself (to be) defeated *ze wist zich verslagen* **6.1** ~ s.o. **as** leader *iem. als leider erkennen* **6.2** ~ sth. **to** s.o. *tgo. iem. iets toegeven.*

ac·knowl·edg(e)·ment [ək'nɒlɪdʒmənt‖-'nɑ-]⟨f1⟩⟨zn.⟩
I ⟨telb.zn.⟩ **0.1** ***bewijs v. dank/erkentelijkheid*** ⇒*dankbetuiging* ⟨in boek⟩ **0.2** ***ontvangstbevestiging*** ⇒*kwitantie* **0.3** ***beantwoording*** ⟨v. groet⟩;
II ⟨n.-telb.zn.⟩ **0.1** ***erkenning*** ⇒*acceptatie* **0.2** ***erkentelijkheid*** ⇒*dank* ◆ **6.1 in** ~ **of** *als erkenning v.* **6.2 in** ~ **of** *als dank voor.*

a·clin·ic [ə'klɪnɪk‖'eɪ-]⟨bn.⟩ **0.1** ***aclinisch*** ⟨v. plaats waar aardmagnetisch veld geen inclinatie heeft⟩ ◆ **1.1** ~ line *aclinische lijn, magnetische evenaar* ⟨verbindingslijn v. aclinische punten⟩.

ACLU ⟨afk.⟩ American Civil Liberties Union.

ac·me ['ækmi]⟨n.-telb.zn.⟩ **0.1** ***top(punt)*** ⇒*hoogtepunt, summum, bloei(periode)* ◆ **1.1** the ~ of success *de top.*

ac·ne ['ækni]⟨f1⟩⟨telb. en n.-telb.zn.⟩⟨med.⟩ **0.1** ***acné*** ⇒*(jeugd) puistjes, pukkeltjes, vinnen.*

a·cock[1] [ə'kɒk‖ə'kɑk]⟨bn., post.⟩ **0.1** ***schuin*** ◆ **1.1** ears ~ *(met) gespitste oren.*

acock[2] ⟨bw.⟩ **0.1** ***schuin*** ⇒*op één oor.*

ac·o·lyte ['ækəlaɪt]⟨telb.zn.⟩ **0.1** ***assistent*** ⇒*helper* **0.2** ***misdienaar*** ⇒*acoliet* **0.3** ***volgeling*** ⇒*aanhanger* **0.4** ***beginneling.***

ac·o·nite ['ækənaɪt]⟨zn.⟩
I ⟨telb. en n.-telb.zn.⟩⟨plantk.⟩ **0.1** ***monnikskap*** ⇒*akoniet* ⟨genus Aconitum⟩;
II ⟨n.-telb.zn.⟩ **0.1** ***akoniet*** ⟨vergif uit I bereid⟩.

ac·o·nit·ic ['ækə'nɪṭɪk]⟨bn.⟩⟨scheik.⟩ **0.1** ***akoniet-*** ◆ **1.1** ~ acid *akonietzuur, propeentricarbonzuur.*

a·con·i·tine [ə'kɒnəti:n‖ə'kɑ-]⟨n.-telb.zn.⟩⟨schei.⟩ **0.1** ***aconitine*** ⟨giftig alkaloïd⟩.

a·corn ['eɪkɔ:n‖'eɪkɔrn,-kərn]⟨f1⟩⟨telb.zn.⟩⟨→sprw. 146, 245⟩ **0.1** ***eikel*** **0.2** →acorn barnacle.

'acorn 'barnacle, 'acorn 'shell ⟨telb.zn.⟩⟨dierk.⟩ **0.1** ***zeepok*** ⟨fam. Balanidae⟩.

'acorn cup ⟨telb.zn.⟩ **0.1** ***eikeldop.***

a·corned ['eɪkɔ:nd‖'eɪkɔrnd,-kərnd]⟨bn.⟩ **0.1** ***met eikels gevoed*** **0.2** ***eikels dragend*** ⇒*(vol) met eikels* **0.3** ⟨heraldiek⟩ ***geëikeld.***

'acorn worm ⟨telb.zn.⟩⟨dierk.⟩ **0.1** ***eikelworm*** ⟨genus Balanoglossus⟩.

ac·o·rus ['ækərəs]⟨telb.zn.⟩⟨plantk.⟩ **0.1** ***kalmoes*** ⟨Acorus calamus⟩.

a·cot·y·le·don [ə'kɒti'li:dn‖'eɪkɑṭə-]⟨telb.zn.⟩⟨plantk.⟩ **0.1** ***sporeplant*** ⇒*cryptogaam, acotyledon.*

a·cot·y·le·don·ous [ə'kɒti'li:dnəs‖'eɪkɑṭə-]⟨bn.⟩⟨plantk.⟩ **0.1** ***bedektbloeiend.***

a·cous·tic[1] [ə'ku:stɪk]⟨f1⟩⟨zn.⟩
I ⟨n.-telb.zn.⟩ **0.1** ***akoestiek*** ⟨v. zaal⟩ **0.2** ***geluidstechniek;***
II ⟨mv.; ~s⟩ **0.1** ⟨ww. vnl. enk.⟩ ***acustica*** ⇒*geluidsleer/techniek* **0.2** ⟨ww. vnl. mv.⟩ ***akoestiek*** ⟨v. zaal⟩.

acoustic[2], **a·cous·ti·cal** [ə'ku:stɪkl]⟨f1⟩⟨bn.; -(al)ly; →bijw. 3⟩ **0.1** ***akoestisch*** ⇒*geluid(s)-, mbt. /v.h. geluid* **0.2** ***geluid absorberend*** ⇒*akoestisch* **0.3** ***gehoor-*** ⇒*mbt. /v.h. gehoor* **0.4** ⟨muz.⟩ ***akoestisch*** ⇒*niet-versterkt/elektrisch* **0.5** ***acustisch*** ⇒*mbt. /v.d. geluidsleer/techniek* ◆ **1.1** ~ mine *akoestische mijn* **1.2** ~ ceiling *geluiddempend plafond* **1.3** ~ duct *gehoorgang* **1.4** ~ guitar *akoestische gitaar.*

ac·ous·ti·cian ['æku:'stɪʃn]⟨telb.zn.⟩ **0.1** ***akoesticus.***

ac·quaint [ə'kweɪnt]⟨f2⟩⟨ov.ww.⟩ →acquainted **0.1** ***op de hoogte brengen*** ⇒*in kennis stellen, vertrouwd maken, meedelen* ◆ **4.1** ~ oneself (with) *zich op de hoogte stellen (v.)* **6.1** ~ s.o. **of/with** the facts *iem. op de hoogte stellen v.d. feiten* **6.¶** ⟨vnl. AE⟩ ~ s.o. **with** *iem. voorstellen aan, iem. in contact brengen met.*

ac·quain·tance [ə'kweɪntəns]⟨f2⟩⟨zn.⟩
I ⟨telb.zn.⟩ **0.1** ***kennis*** ⇒*bekende* ◆ **1.1** a wide circle of ~s *een grote kennissenkring;*
II ⟨n.-telb.zn.⟩ **0.1** ***bekendheid*** ⇒*vertrouwdheid* **0.2** ***kennismaking*** **0.3** ***kennis*** ⇒*wetenschap* ◆ **1.3** ~ of foreign languages *talenkennis* **3.1** make the ~ of s.o., make s.o.'s ~ *kennis maken met iem.;* have a bowing/nodding ~ with s.o. *iem. oppervlakkig kennen* **3.¶** scrape ~ with s.o. *zich aan iem. opdringen* **6.1** ~ **with** *bekendheid met, kennis v.* **6.2 upon** (closer/further) ~ *bij nadere kennismaking;*
III ⟨verz.n.⟩ **0.1** ***kennissenkring*** ◆ **2.1** wide ~ *veel kennissen, grote kennissenkring.*

ac·quain·tance·ship [ə'kweɪntənsʃɪp]⟨f1⟩⟨zn.⟩
I ⟨telb.zn.⟩ **0.1** ***kennissenkring*** ⇒*kennissen;*
II ⟨telb. en n.-telb.zn.; g.mv.⟩ **0.1** ***bekendheid*** ⇒*vertrouwdheid* ◆ **2.1** have a long ~ *elkaar al lang kennen* **6.1** ~ **with** *bekendheid met.*

ac·quaint·ed [ə'kweɪnṭɪd]⟨f2⟩⟨bn.; (oorspr.) volt. deelw. v. acquaint⟩ **0.1** ***bekend*** ⇒*op de hoogte* ◆ **3.1** we are ~ *we kennen elkaar;* become/get ~ *elkaar leren kennen;* become/get ~ with s.o. /sth. *iem. /iets leren kennen;* make s.o. ~ with *iem. voorstellen aan/in contact brengen met/op de hoogte stellen v.* **6.1** ~ **with** *bekend met, op de hoogte v.;* be ~ **with** sth. *iets kennen, ergens van af weten.*

ac·quest [æ'kwest]⟨telb.zn.⟩⟨jur.⟩ **0.1** ***acquest*** ⟨niet door erving verworven bezit⟩.

ac·qui·esce ['ækwi'es]⟨f1⟩⟨onov.ww.⟩⟨schr.⟩ **0.1** ***(zwijgend) instemmen*** ⇒*aanvaarden, zich schikken, toestemmen* ◆ **6.1** ~ **in** *zich neerleggen bij, berusten in, instemmen met.*

ac·qui·es·cence ['ækwi'esns]⟨n.-telb.zn.⟩ **0.1** ***berusting*** ⇒*aanvaarding, instemming* ◆ **6.1** ~ **in** *berusting in, aanvaarding v..*

ac·qui·es·cent ['ækwi'esnt]⟨bn.; -ly⟩ **0.1** ***berustend*** **0.2** ***inschikkelijk*** ⇒*toegevend.*

ac·quir·a·ble [ə'kwaɪərəbl]⟨bn.⟩ **0.1** ***verkrijgbaar*** ⇒*bereikbaar.*

ac·quire [ə'kwaɪə‖-ər]⟨f3⟩⟨ov.ww.⟩ **0.1** ***verwerven*** ⇒*verkrijgen, aanleren* **0.2** ***zich verwerven*** ⇒*aanschaffen, (aan)kopen* ◆ **1.1** ⟨biol.⟩ ~d characteristics *aangeleerde* ⟨niet erfelijke⟩ *eigenschappen;* ~d taste *aangeleerde smaak;* it's an ~d taste *men moet het leren waarderen* ⟨eten, drinken enz.⟩.

ac·quire·ment [ə'kwaɪəmənt‖-ər-]⟨zn.⟩
I ⟨telb.zn.⟩ **0.1** ***verworvenheid*** **0.2** ***vaardigheid*** ⇒*verworven kennis;*
II ⟨n.-telb.zn.⟩ **0.1** ***verwerving.***

ac·qui·si·tion ['ækwə'zɪʃn]⟨f2⟩⟨zn.⟩
I ⟨telb.zn.⟩ **0.1** ***aanwinst*** ⇒*verworven bezit/goed, aankoop* ◆ **2.1** latest ~ *nieuwste/jongste aanwinst;*
II ⟨n.-telb.zn.⟩ **0.1** ***verwerving.***

ac·quis·i·tive [ə'kwɪzɪṭɪv]⟨bn.; -ly; -ness⟩ **0.1** ***hebzuchtig*** ⇒*hebberig, inhalig, kooplustig* **0.2** ***leergierig*** ◆ **1.1** ~ society *materialistische maatschappij.*

ac·quit [ə'kwɪt]⟨f1⟩⟨ov.ww.; →ww. 7⟩ **0.1** ***ontheffen*** ⟨v. verplichting⟩ ⇒*ontslaan, vrijlaten* **0.2** ⟨jur.⟩ ***vrijspreken*** **0.3** ⟨vero.⟩ ***aflossen*** ⟨schuld⟩ ⇒*afbetalen, voldoen, vereffenen* ◆ **4.¶** ~ oneself (ill/well) *zich (slecht/goed) v. zijn taak kwijten, het er (slecht/goed) afbrengen; zich (slecht/goed) gedragen* **6.2** be ~ed (on a charge) **of** murder *vrijgesproken worden van moord.*

ac·quit·tal [ə'kwɪṭl]⟨f1⟩⟨telb. en n.-telb.zn.⟩ **0.1** ***vervulling*** ⟨v. plicht⟩ **0.2** ***ontheffing*** **0.3** ⟨jur.⟩ ***vrijspraak*** **0.4** ⟨vero.⟩ ***aflossing*** ⇒*(af)betaling, vereffening.*

ac·quit·tance [ə'kwɪtns]⟨telb. en n.-telb.zn.⟩ **0.1** ***afbetaling*** ⇒*aflossing, vereffening* **0.2** ***kwitantie*** ⇒*kwijting, ontvangstbewijs* **0.3** ***ontheffing*** **0.4** ***vrijspraak.***

a·crawl [ə'krɔ:l]⟨bn., pred., bn., post.⟩ **0.1** ***krioelend*** ⇒*rondkruipend* ◆ **6.1** be ~ **with** *wemelen/krioelen v..*

a·cre ['eɪkə‖-ər]⟨f3⟩⟨zn.⟩
I ⟨telb.zn.⟩ **0.1** ***acre*** ⟨4046,86m²; →t1⟩ ⇒⟨ong.⟩ *akker, morgen* **0.2** ***akker*** ⇒*(stuk) (bouw)land, veld;*
II ⟨mv.; ~s⟩ **0.1** ***landerijen*** ⇒*grondgebied* **0.2** ***groot gebied*** **0.3** ⟨inf.⟩ ***stapels*** ⇒*massa's, bergen* ◆ **1.3** ~s of books *meters boeken.*

a·cre·age ['eɪkrɪdʒ]⟨f2⟩⟨n.-telb.zn.⟩ **0.1** ***oppervlakte (in acres).***

acr·ed ['eɪkəd‖'eɪkərd]⟨bn.⟩ **0.1** ***veel land bezittend*** **0.2** ***veel land omvattend.***

-acr·ed ['eɪkəd‖'eɪkərd] **0.1** ***v.... acres*** ◆ **¶.1** many-acred estate *landgoed v. vele acres.*

ac·rid ['ækrɪd]⟨f1⟩⟨bn.;-er;-ly;-ness⟩ **0.1** ***bijtend*** ⟨ook fig.⟩ *⇒scherp, bitter, bits, vinnig.*

ac·ri·dine ['ækrɪdi:n]⟨n.-telb.zn.⟩⟨schei.⟩ **0.1** ***acridine*** *⇒lineair dibenzopyridine.*

a·crid·i·ty [æ'krɪdət̬i]⟨n.-telb.zn.⟩ **0.1** ***bitterheid*** ⟨ook fig.⟩ *⇒scherpte, vinnigheid, bitsheid.*

ac·ri·fla·vine ['ækrɪ'fleɪvɪn,-vi:n]⟨n.-telb.zn.⟩⟨med.⟩ **0.1** ***acriflavine*** ⟨antiseptisch middel⟩.

ac·ri·mo·ni·ous ['ækrɪ'moʊnɪəs]⟨bn.;-ly;-ness⟩ **0.1** ***bitter*** *⇒scherp, bits, boosaardig, venijnig* ◆ **1.1** ~ dispute *felle woordentwist.*

ac·ri·mo·ny ['ækrɪməni‖-moʊni]⟨n.-telb.zn.⟩ **0.1** ***bitterheid*** ⟨vnl. fig.⟩ *⇒scherpheid, venijn.*

ac·ro·bat ['ækrəbæt]⟨f2⟩⟨telb.zn.⟩ **0.1** ***acrobaat*** **0.2** ***iem. die gemakkelijk/handig v. standpunt verandert*** ⟨vnl. pol.⟩ *⇒draaier, opportunist.*

ac·ro·bat·ic ['ækrə'bæt̬ɪk]⟨f1⟩⟨bn.;-ally;→bijw. 3⟩ **0.1** ***acrobatisch*** **0.2** ***soepel*** *⇒lenig, wendbaar* ◆ **1.1** ~ feat *acrobatentoer.*

ac·ro·bat·ics ['ækrə'bæt̬ɪks]⟨f1⟩⟨mv.⟩ **0.1** ⟨ww. vnl. enk.⟩ ***acrobatiek*** **0.2** ⟨ww. vnl. enk.⟩ ***luchtacrobatiek*** *⇒het kunstvliegen, het stuntvliegen* **0.3** ⟨ww. vnl. mv.⟩ ***acrobatenwerk*** *⇒acrobatische toeren, kunststukjes* ⟨ook fig.⟩.

ac·ro·bat·ism ['ækrəbætɪzm]⟨n.-telb.zn.⟩ **0.1** ***acrobatiek.***

ac·ro·lith ['ækrəlɪθ]⟨telb.zn.⟩ **0.1** ***acroliet*** ⟨houten beeld met marmeren hoofd, handen en voeten⟩.

ac·ro·meg·a·ly ['ækroʊ'megəli]⟨telb. en n.-telb.zn.;→mv. 2⟩ ⟨med.⟩ **0.1** ***acromegalie*** ⟨overmatige groei v. hoofd, handen en voeten⟩.

a·cron·y·c(h)al, a·cron·i·cal [ə'krɒnɪkl‖ə'krɑ-]⟨bn.;-ly⟩⟨ster.⟩ **0.1** ***(plaatsvindend) bij zonsondergang*** ◆ **1.1** this star has an ~ rising *deze ster komt op bij zonsondergang.*

ac·ro·nym ['ækrənɪm]⟨telb.zn.⟩ **0.1** ***acroniem*** *⇒letterwoord* ⟨bv. radar, NASA⟩.

a·crop·e·tal [ə'krɒpɪtl‖ə'krɑpɪt̬l]⟨bn.;-ly⟩⟨plantk.⟩ **0.1** ***acropetaal*** *⇒basifugaal* ⟨v. basis naar top verlopend⟩.

ac·ro·pho·bia ['ækrə'foʊbɪə]⟨telb. en n.-telb.zn.⟩⟨med.⟩ **0.1** ***acrofobie*** *⇒hoogtevrees.*

a·crop·o·lis [ə'krɒpəlɪs‖ə'krɑ-]⟨telb.zn.⟩ **0.1** ***akropolis*** *⇒rotsvesting, stadsburcht, citadel* ◆ **7.1** the Acropolis *de Akropolis* ⟨in Athene⟩.

a·cross[1] [ə'krɒs‖ə'krɔs]⟨f4⟩⟨bw.⟩ **0.1** ⟨plaats⟩ ***overdwars*** *⇒gekruist* **0.2** ⟨plaats⟩ ***aan de overkant*** **0.3** ⟨richting; fig. vnl. als element v. →werkwoord met bijwoordelijk partikel dat een vorm v. communicatie aanduidt⟩ ***over*** *⇒naar de overkant* **0.4** ⟨in kruiswoordraadsel⟩ ***horizontaal*** ◆ **1.1** with arms ~ *met gekruiste armen, met de armen over elkaar;* it measured fifty yards ~ *het had een doorsnede van vijftig yards* **3.1** it was cut ~ *het was overdwars gesneden* **3.2** they lived ~ from us *ze woonden aan de overkant* **3.3** the actor came ~ well *de acteur kwam goed over (bij het publiek);* the message got ~ *de boodschap kwam over/werd begrepen;* he swam ~ *hij zwom naar de overkant* **6.2** ⟨vnl. AE⟩ they live ~ **from** us *ze wonen tegenover ons.*

across[2] ⟨f4⟩⟨vz.⟩ **0.1** ***(tegen)over*** ⟨ook fig.⟩ *⇒dwars, gekruist, aan/naar de overkant van, over/door ... (heen)* ◆ **1.1** ~ various departments *over verschillende afdelingen;* ~ Europe *door heel Europa;* one leg ~ the other *(met) de benen over elkaar (geslagen);* the man sitting ~ Mary *de man die tegenover Mary zit;* it flashed ~ my mind *het schoot mij door het hoofd;* talk ~ a person *langs iemand heen praten;* he ran ~ the street *hij holde de straat over;* the people ~ the street *de overburen; de mensen aan de overkant (v.d. straat);* the shop ~ the street *de winkel aan de overkant (v.d. straat);* back ~ the years *jaren terug, terug door de jaren.*

a'cross-the-'board ⟨f1⟩⟨bn.;bw.⟩ **0.1** ***algemeen (geldend)*** ⟨belasting e.d.⟩ *⇒voor iedereen, over de hele linie* **0.2** ***op een vast tijdstip*** *⇒(elke dag) op hetzelfde tijdstip* ⟨v. radio en t.v.-programma⟩.

a·cros·tic [ə'krɒstɪk‖-'krɔ-]⟨telb.zn.⟩⟨lit.⟩ **0.1** ***naamdicht*** *⇒acrostichon* ◆ **2.1** double ~ *acrostichon v. begin- en eindletter;* single ~ *acrostichon v. beginletters;* triple ~ *acrostichon v. begin-, midden- en eindletters.*

a·cryl·ic[1] [ə'krɪlɪk]⟨zn.⟩
  I ⟨telb.zn.⟩ **0.1** ***schilderij in acrylverf;***
  II ⟨n.-telb.zn.⟩ **0.1** ***acrylverf*** **0.2** ***acrylvezel.***

acrylic[2] ⟨bn., attr.⟩ **0.1** ***acryl*** *⇒acrylaat-* ◆ **1.1** ~ acid *etheencarbonzuur, propeenzuur, acrylzuur;* ~ box *acrylaatdoos;* ~ colour *acrylverf;* ~ fibre *acrylvezel;* ~ resin *acrylaat, acrylhars.*

act[1] [ækt]⟨f4⟩⟨telb.zn.⟩ **0.1** ***handeling*** *⇒daad, werk, bedrijf, optreden* **0.2** ⟨ook A-⟩⟨jur.⟩ ***besluit*** *⇒bepaling, wet, verordening, handeling* **0.3** ⟨jur.⟩ ***akte*** *⇒stuk, processtuk* **0.4** ⟨dram.⟩ ***bedrijf*** *⇒akte* **0.5** ⟨circus, dram.⟩ ***nummer*** *⇒act* **0.6** ⟨circus, dram.⟩ ***artiest*** *⇒acteur, toneelspeler* **0.7** ⟨inf.; pej.⟩ ***komedie*** *⇒veinzerij, aanstellerij, spel* **0.8** ⟨ook A-⟩ ***in het openbaar verdedigde thesis*** ⟨vroeger, in Oxford en Cambridge⟩ **0.9** ⟨R.-K.⟩ ***akte*** ⟨v. geloof, hoop, liefde, berouw⟩ ◆ **1.1** ~ of faith *geloofsdaad;* ~ of war *oorlogshandeling, oorlogsdaad* **1.2** ⟨AE⟩ ~ of Congress/⟨BE⟩ ~ of Parliament *wet, wet v.h. Congres/Parlement, staatswet;* ⟨BE⟩ Act of Settlement *wet op de troonopvolging* ⟨v. 1701⟩; ⟨BE⟩ Act of Supremacy *wet waarbij de Engelse koning(in) als hoofd v.d. (Anglicaanse) kerk wordt erkend* **1.3** ~ of bankruptcy *faillietverklaring;* ⟨ec.⟩ ~ of honour *wissel;* ~ of sale *verkoopakte* **1.7** do the sweetheart ~ *het liefje uithangen* **1.9** ~ of contrition *akte v. berouw* **1.¶** ⟨bijb.⟩ Acts (of the Apostles) *Handelingen (der Apostelen);* ⟨gesch.⟩ ~ of faith *auto-da-fe;* ⟨i.h.b.⟩ *ketterverbranding;* ~ of God *straffe gods;* ⟨verz.⟩ *overmacht, force majeure* ⟨mbt. natuurgeweld⟩; ⟨jur.⟩ ~ of grace *concessie, privilege;* ⟨ook A-⟩ *amnestie(wet);* ⟨ook A-⟩ ~ of indemnity *amnestie (wet), schadeloosstelling (door de overheid);* ⟨ook A-⟩ ~ of oblivion *amnestie(wet)* **2.2** local ~ *plaatselijke verordening;* repressive ~ *beteugelende wet* **2.3** notarial ~ *notariële akte* **3.5** a juggling ~ *een jongleernummer* **3.7** go into one's ~ *zijn bekende grapje(s) uithalen* **3.¶** catch/take s.o. in the (very) ~ *iem. op heterdaad betrappen;* ⟨AE; sl.⟩ get one's ~ together *zijn zaakjes voor elkaar krijgen, de boel op orde krijgen;* ⟨inf.⟩ get in on the ~, get into the ~ *meedoen (om zijn deel v.d. koek te hebben);* ⟨inf.⟩ get in on s.o.'s ~ *meedoen met iem. (om een deel v.d. winst te krijgen);* ⟨sl.⟩ get one's ~ together *orde op zaken stellen, zichzelf meester worden;* go into one's ~, ⟨inf.⟩ put on an ~ *komedie spelen, zich aanstellen;* steal the ~ *uitblinken* **6.¶** I was **in** the (very) ~ **of** writing a letter *ik was net een brief aan het schrijven.*

act[2] ⟨f3⟩⟨ww.⟩ →acting
  I ⟨onov.ww.⟩ **0.1** ***zich voordoen*** *⇒zich gedragen* **0.2** ***handelen*** *⇒optreden, iets doen, bedrijvig zijn, ingrijpen* **0.3** ***fungeren*** *⇒optreden* **0.4** ***werken*** *⇒functioneren* **0.5** ⟨dram.⟩ ***acteren*** *⇒spelen* **0.6** ***komedie spelen*** *⇒zich aanstellen, veinzen* **0.7** ⟨dram.⟩ ***speelbaar zijn*** *⇒geschikt zijn voor het toneel, toneelmatig zijn* **0.8** ⟨jur.⟩ ***besluiten*** *⇒besluit nemen* ◆ **1.2** why don't the police ~? *waarom grijpt de politie niet in?* **2.1** he ~s important *hij doet gewichtig;* he ~s superior *hij gedraagt zich uit de hoogte* **5.7** Ayckbourn's plays ~ well *de stukken v. Ayckbourn zijn goed speelbaar/bekken goed* **5.¶** →act **up** **6.1** he ~s like a fool *hij gedraagt zich als een dwaas* **6.3** ~ **as** chairman *het voorzitterschap waarnemen;* the chairman asked her to ~ **for** him *de voorzitter vroeg haar om hem te vervangen/om zijn functie waar te nemen;* ⟨jur.⟩ ~ **for/on behalf of** a party *een partij vertegenwoordigen/bijstaan;* he ~ed **in** the capacity of secretary *hij nam de functie van secretaris waar* **6.¶** →act **on;** →act **upon;** →act **up to;**
  II ⟨ov.ww.⟩ **0.1** ***uitbeelden*** *⇒spelen, uitspelen* **0.2** ⟨dram.⟩ ***spelen*** *⇒opvoeren, op het toneel brengen, acteren, de rol spelen van* **0.3** ***spelen*** *⇒zich gedragen als, zich voordoen als* **0.4** ***voorwenden*** *⇒veinzen* **0.5** ***zich gedragen overeenkomstig*** ◆ **1.1** ~ one's emotions *zijn gevoelens tonen/naar buiten brengen;* ~ a story *een verhaal uitbeelden/dramatiseren* **1.2** ~ the part of Othello *de rol v. Othello spelen;* ~ a play *een toneelstuk opvoeren* **1.3** ~ the fool *voor gek spelen, de idioot uithangen;* she's always ~ing the coolheaded woman *zij speelt altijd de beheerste vrouw* **1.4** he ~ed ignorance *hij wendde onwetendheid voor* **1.5** she doesn't ~ her age *zij gedraagt zich niet naar haar leeftijd* **5.1** ~ **out** one's emotions *zijn gevoelens uitspelen/naar buiten brengen.*

ACT ⟨afk.⟩ Australian Capital Territory.

act·a ['æktə]⟨mv.⟩ **0.1** ***handelingen*** *⇒notulen, verslag* ⟨v.e. congres, e.d.⟩.

act·able ['æktəbl]⟨bn.⟩ **0.1** ***speelbaar*** *⇒opvoerbaar.*

'act drop ⟨telb.zn.⟩ **0.1** ***doek*** *⇒gordijn* ⟨neerlaten v.h. doek tussen twee bedrijven⟩.

actg ⟨afk.⟩ acting.

ACTH ⟨afk.⟩ adrenocorticotrophic hormone.

act·ing[1] ['æktɪŋ]⟨f2⟩⟨n.-telb.zn.; gerund v. act⟩ **0.1** ***het acteren*** *⇒het spelen* **0.2** ***komedie*** *⇒veinzerij, aanstellerij.*

acting[2] ⟨f2⟩⟨bn., attr.; teg. deelw. v. act⟩ **0.1** ***waarnemend*** *⇒vervangend, tijdelijk, loco-* **0.2** ***mbt. het acteren*** ◆ **1.1** serve in an ~ capacity *tijdelijk een functie vervullen;* the ~ chairman *de waarnemend voorzitter* **1.2** his first ~ role *zijn eerste rol/optreden als acteur* **1.¶** ⟨jur.⟩ ~ partner *werkend vennoot.*

'acting copy ⟨telb.zn.⟩ **0.1** ***acteursexemplaar*** *⇒rol, tekstboek.*

ac·tin·i·a [æk'tɪnɪə], **ac·tin·i·an** [-nɪən]⟨telb.zn.; 1e variant actiniae [-nii:];→mv. 5⟩ **0.1** ***zeeanemoon*** ⟨genus Actinia⟩.

ac·tin·ic [æk'tɪnɪk]⟨bn.;-ally;→bijw. 3⟩ **0.1** ***actinisch*** *⇒fotochemisch* ◆ **1.1** ~ glass *actinisch glas* ⟨heft chemische werking v.h. zonlicht op⟩; ~ rays *actinische lichtstralen;* ~ screen *lichtend scherm* ⟨b.v. v.e. oscillograaf⟩.

ac·ti·nide ['æktɪnaɪd]⟨telb.zn.⟩⟨schei.⟩ **0.1** *actinide* ⟨element v.d. tweede groep v.d. zeldzame aardmetalen⟩.

ac·ti·nism ['æktɪnɪzm]⟨n.-telb.zn.⟩ **0.1** *actiniteit* ⟨chemische werking van lichtstralen⟩.

ac·tin·i·um [æk'tɪnɪəm]⟨n.-telb.zn.⟩⟨schei.⟩ **0.1** *actinium* ⟨element 89⟩.

ac·ti·nom·e·ter ['æktɪ'nɒmɪtə‖-'nɑmɪṭər]⟨telb.zn.⟩ **0.1** *actinometer* ⟨om intensiteit v.d. zonnestraling e.d. te bepalen⟩.

ac·ti·no·mor·phic ['æktɪnoʊ'mɔ:fɪk‖-'mɔr-], **ac·ti·no·mor·phous** [-fəs]⟨bn.⟩⟨biol.⟩ **0.1** *actinomorf* ⇒*radiair symmetrisch*.

ac·ti·no·my·cete ['æktɪnoʊ'maɪsi:t]⟨telb.zn.⟩ **0.1** *actinomiceet* ⟨fam. ééncellige organismen⟩.

ac·tion[1] ['ækʃn]⟨f4⟩⟨zn.⟩⟨→sprw. 4⟩

I ⟨telb.zn.⟩ **0.1** ⟨ook attr.⟩ ***daad*** ⇒*handeling, actie, activiteit, beweging, gebaar* **0.2** ***(in)werking*** ⇒*effect* **0.3** ***gang*** ⇒*wijze van gaan, techniek* **0.4** ***mechaniek*** ⇒*werk* **0.5** ***aanslag*** ⟨v. toetsenbord, e.d.⟩ **0.6** ⟨ec.⟩ ***actie*** ⇒*aandeel* **0.7** ***liturgische ceremonie*** ⇒*communiedienst, canon* ⟨v.d. H.Mis⟩ ◆ **1.1** ~ holidays for ~ kids *actie(ve) vakanties voor actieve kinderen;* words and ~s should agree *woorden en gebaren moeten bij elkaar passen* **1.3** the ~ of a basketball player *de (spel)techniek v.e. basketbalspeler;* a horse with a fine ~ *een paard met een mooie gang;* the ~ of a runner *de (loop)techniek v.e. hardloper* **1.4** the ~ of a gun *het mechanisme v.e. geweer;* the ~ of a piano *het (toets)mechaniek / de hamers v.e. piano* **2.5** low ~ guitar strings *gitaarsnaren voor snel vingerwerk* ⟨laag boven de hals gespannen⟩; a piano with a stiff ~ *een piano met een zware aanslag* **3.1** suit the ~ to the word *de daad bij het woord voegen* **6.1** Carl is impulsive **in** his ~s *Karel gedraagt zich impulsief* **6.2** the ~ of a drug **on** the brain *de werking / invloed v.e. geneesmiddel op de hersenen;*

II ⟨telb. en n.-telb.zn.⟩ **0.1** ***gevechtsactie*** ⇒*actie, gevecht, treffen, strijd* **0.2** ⟨jur.⟩ ***actie*** ⇒*rechtshandeling, vervolging, rechtsvordering, proces, eis, klacht, beroep* **0.3** ***stoelgang*** ⇒*ontlasting* **0.4** ***actie*** ⟨wijze waarop een hengel onder spanning reageert⟩ **0.5** ***verhouding tussen het aantal omwentelingen v.d. klos v.e. hengel en dat v.d. hendel*** **0.6** ⟨AE; inf.⟩ ***spel met hoge inzet*** ⇒*hoog spel* ⟨bij gokken⟩ ◆ **1.1** ~ of debt *schuldvordering* **1.¶** ⟨inf.⟩ ~ stations, everyone! *iedereen klaar!, op de plaatsen!* **2.2** feigned ~ *fictieve vordering* **3.1** break off the ~ *de strijd staken;* go into ~ *de aanval inzetten;* be killed in ~ *in de strijd sneuvelen / vallen;* put s.o. out of ~ *iem. buiten gevecht stellen;* see ~ *aan de gevechtshandelingen deelnemen;* have you seen ~? *heb je gevechtservaring?* **6.2** ~ **for** libel *aanklacht wegens laster;*

III ⟨n.-telb.zn.⟩ **0.1** ***actie*** ⇒*beweging, handeling, activiteit* **0.2** ***actie*** ⇒*plot* ◆ **1.1** a man of ~ *een man v.d. daad* **3.1** bring / call / put / set a machine in(to) ~ *een machine in werking / bedrijf stellen / aan de gang brengen;* ⟨inf.⟩ we are not getting the ~ here *hier kunnen we niets beleven;* go into ~ *in actie komen, aan de gang gaan;* put an idea in(to) ~ *een gedachte in daden omzetten, een gedachte verwerkelijken;* put sth. out of ~ *iets buiten werking / bedrijf stellen;* take ~ *iets doen, handelend optreden, maatregelen nemen, tot handelen overgaan* **5.1** ⟨inf.⟩ New York is where the ~ is *in New York valt wat te beleven* **6.1 in(to)** ~ *in actie / beweging / werking;* **out of** ~ *buiten werking / bedrijf.*

action[2] ⟨ov.ww.⟩⟨jur.⟩ **0.1** ***een actie / rechtsvordering instellen tegen.***

ac·tion·a·ble ['ækʃnəbl]⟨bn.; -ly; →bijw. 3⟩⟨jur.⟩ **0.1** ***strafbaar*** ⇒*vervolgbaar.*

'action committee ⟨telb.zn.⟩ **0.1** ***actiecomité.***

'action group ⟨telb.zn.⟩ **0.1** ***actiegroep.***

'action painting ⟨n.-telb.zn.⟩ **0.1** ***action painting*** ⇒*peinture informelle.*

'action point ⟨telb.zn.⟩ **0.1** ***actiepunt.***

'action 'replay ⟨telb.zn.⟩ **0.1** ***herhaling*** ⟨meestal v. televisiebeelden v. sportwedstrijd⟩.

'action stations ⟨mv.⟩⟨mil.⟩ **0.1** ***gevechtsposten*** ⇒*gevechtsstellingen* ◆ **¶.1** ~! *iedereen klaar!, op de plaatsen!.*

'action team ⟨telb.zn.⟩ **0.1** ***actiegroep*** ⇒*actiecomité.*

ac·ti·vate ['æktɪveɪt]⟨f2⟩⟨ov.ww.⟩ **0.1** ***activeren*** ⇒*actief / werkzaam maken, doen werken, in werking / beweging brengen* **0.2** ⟨schei.⟩ ***activeren*** ⟨een reactie versnellen⟩ **0.3** ⟨nat.⟩ ***activeren*** ⇒*radioactief maken* ◆ **1.3** ~d water *geactiveerd / radioactief water.*

ac·ti·va·tion ['æktɪ'veɪʃn]⟨telb.zn.⟩ **0.1** ***activering*** ⇒*het activeren, het actief / werkzaam maken, het doen werken, het in werking / beweging brengen* **0.2** ⟨schei.⟩ ***activering*** **0.3** ⟨nat.⟩ ***activering*** ⇒*het radioactief maken.*

acti'vation analysis ⟨telb. en n.-telb.zn.⟩⟨schei.⟩ **0.1** ***activeringsanalyse.***

ac·tive[1] ['æktɪv]⟨f2⟩⟨zn.⟩

I ⟨telb.zn.⟩ **0.1** ***actief lid*** ⟨v.e. organisatie⟩ **0.2** ⟨schei.⟩ ***actieve stof;***

II ⟨telb. en n.-telb.zn.⟩⟨taalk.⟩ **0.1** ***actief*** ⇒*bedrijvende / actieve vorm, activum.*

active[2] ⟨f3⟩⟨bn.; -ness⟩ **0.1** ***actief*** ⇒*werkzaam, werkend, in werking* **0.2** ***actief*** ⇒*druk, bedrijvig, levendig, werkzaam* **0.3** ***actief*** ⇒*feitelijk, effectief* **0.4** ***actief*** ⇒*in dienst, dienstdoend* **0.5** ⟨taalk.⟩ ***actief*** ⇒*bedrijvend* **0.6** ⟨schei.⟩ ***activerend*** **0.7** ⟨nat.⟩ ***radioactief*** **0.8** ⟨nat.⟩ ***optisch actief*** **0.9** ⟨ec.⟩ ***actief*** ⇒*produktief* ◆ **1.1** an ~ remedy *een werkzaam middel;* an ~ volcano *een werkende / actieve vulkaan* **1.2** an ~ fellow *een dynamische kerel, een vlijtige jongen;* lead an ~ life *een actief / druk leven leiden;* an ~ market *een actieve / levendige markt* **1.3** ⟨mil.⟩ on ~ service ⟨BE⟩ *aan het front;* ⟨AE⟩ *in actieve / feitelijke dienst* **1.4** ⟨mil.⟩ ~ forces / troops *actieve troepen, troepen te velde;* ⟨mil.⟩ ~ list *lijst v. officieren in dienst* **1.5** ~ voice *bedrijvende vorm, actief* **1.6** ~ carbon *actieve kool, adsorptiekool* **1.9** an ~ balance of trade *een actieve / gunstige handelsbalans;* ~ property *activa* **1.¶** ~ euthanasia *actieve euthanasie;* be under ~ consideration *(ernstig) overwogen worden, (in detail) onderzocht worden;* ⟨hand.⟩ ~ debts *actieve / uitstaande schulden;* ⟨hand.⟩ ~ partner *werkend vennoot;* ⟨hand.⟩ ~ securities / stocks *actieve fondsen, druk verhandelde fondsen.*

ac·tive·ly ['æktɪvli]⟨f3⟩⟨bw.⟩ **0.1** ***actief*** ⇒*handelend, ingrijpend, metterdaad* **0.2** ***actief*** ⇒*druk, bedrijvig, levendig, dynamisch.*

ac·tiv·ism ['æktɪvɪzm]⟨n.-telb.zn.⟩ **0.1** ***activisme*** ⇒*streven naar (militante) actie.*

ac·tiv·ist ['æktɪvɪst]⟨telb.zn.⟩ **0.1** ***activist*** ⇒*man v.d. daad, voorstander v. (militante) actie.*

ac·tiv·i·ty [æk'tɪvəṭi]⟨f3⟩⟨zn.; →mv. 2⟩

I ⟨telb.zn.; vnl. mv.⟩ **0.1** ***activiteit*** ⇒*daad, bezigheid, verrichting, actie* ◆ **2.1** the state of economic activities *de conjuncturele situatie;* outdoor activities *activiteiten in de openlucht;*

II ⟨n.-telb.zn.⟩ **0.1** ***werking*** ⇒*activiteit, functie* **0.2** ***activiteit*** ⇒*bedrijvigheid, werkzaamheid, drukte, ijver* **0.3** ***levendigheid*** ⇒*behendigheid* **0.4** ⟨nat.⟩ ***radioactiviteit*** ◆ **2.2** economic ~ *conjunctuur, economische bedrijvigheid.*

'act 'lia'bility insurance ⟨telb.zn.⟩⟨BE; verz.⟩ **0.1** ***verzekering tegenover derden*** ⇒*W.A.-verzekering, aansprakelijkheidsverzekering* ⟨v. auto's⟩.

'act on, 'act upon ⟨onov.ww.⟩ **0.1** ***inwerken op*** ⇒*beïnvloeden* **0.2** ***opvolgen*** ⇒*zich laten leiden door* ◆ **1.1** this drug acts (up)on the nerves *dit geneesmiddel beïnvloedt / werkt op de zenuwen* **1.2** she acted (up)on his advice *zij volgde zijn raad op, ze handelde naar zijn advies.*

ac·tor ['æktə‖-ər]⟨f3⟩⟨telb.zn.⟩ **0.1** ***acteur*** ⟨ook fig.⟩ ⇒*toneelspeler, filmspeler* **0.2** ***medespeler*** ⇒*participant, deelnemer* **0.3** ***dader*** ⇒*overtreder* **0.4** ⟨jur.⟩ ***eiser*** **0.5** ⟨jur.⟩ ***advocaat.***

ac·tress ['æktrɪs]⟨f2⟩⟨telb.zn.⟩ **0.1** ***actrice*** ⟨ook fig.⟩ ⇒*toneelspeelster, filmspeelster.*

ac·tu·al ['æktʃʊəl]⟨f3⟩⟨bn., attr.⟩ **0.1** ***werkelijk*** ⇒*feitelijk, eigenlijk, reëel, echt, effectief* **0.2** ***actueel*** ⇒*bestaand, huidig, op het moment* ◆ **1.1** ~ capacity *effectieve capaciteit;* ⟨tech.⟩ ~ current *effectieve stroom;* ~ dimensions *werkelijke afmetingen;* ~ figures *reële cijfers;* ⟨tech.⟩ ~ horsepower *effectief vermogen, effectieve paardekracht;* ⟨tech.⟩ ~ power *nuttig / effectief vermogen;* ~ size *ware grootte* **1.2** take s.o. in the ~ commission of the crime *iem. op heterdaad betrappen* **1.¶** ⟨inf.⟩ in ~ fact *eigenlijk, in werkelijkheid* **4.1** ⟨inf.⟩ your ~ *je ware, (de enige) echt(e)* **7.¶** ⟨BE; vaak scherts.⟩ your ~ ... *de echte / ware;* now this is your ~ Russian caviar, isn't it? *dit is de enige, echte kaviaar, of niet soms?.*

ac·tu·al·i·ty ['æktʃʊ'æləṭi]⟨f2⟩⟨zn.; →mv. 2⟩

I ⟨telb.zn.; vaak mv.⟩ **0.1** ***actualiteit*** ⇒*feit, (bestaande) situatie / toestand, werkelijkheid, realiteit;*

II ⟨n.-telb.zn.⟩ **0.1** ***het werkelijk zijn*** ⇒*het reëel zijn* ◆ **6.¶** ⟨inf.⟩ **in** ~ *eigenlijk, in werkelijkheid.*

ac·tu·al·ize, -ise ['æktʃʊəlaɪz]⟨ov.ww.⟩ **0.1** ***realiseren*** ⇒*verwezenlijken, bewerkstelligen* **0.2** ***realistisch beschrijven / schilderen*** ◆ **4.1** ~ o.s. *zich verwerkelijken.*

ac·tu·al·ly ['æktʃʊəli, -(t)ʃəli]⟨f4⟩⟨bw.⟩ **0.1** ***eigenlijk*** ⇒*feitelijk, werkelijk, wezenlijk* **0.2** ***zowaar*** ⇒*werkelijk, notabene* **0.3** ***voor / op het ogenblik*** ⇒*momenteel* ◆ **1.3** the document which is ~ being distributed *het document dat op het ogenblik wordt verspreid* **3.2** they've ~ paid me! *ze hebben me zowaar betaald!* **¶.1** nominally but not ~ in power *op papier maar niet feitelijk aan de macht* **¶.¶** you never go to see PSV anymore. ~, I saw them play Ajax yesterday *je gaat nooit meer naar PSV. nou, ik heb ze gister tegen Ajax zien spelen;* you've met John, haven't you? ~, I haven't *je kent John, hè? nou, nee.*

ac·tu·ar·i·al ['æktʃʊ'eərɪəl‖-'erɪəl]⟨bn., attr.; -ly⟩⟨verz.⟩ **0.1** ***actuarieel*** ⇒*v.e. actuaris, v.d. verzekeringsstatistiek, statistisch.*

ac·tu·ar·y ['æktʃʊəri‖-tʃʊeri]⟨telb.zn.; →mv. 2⟩⟨verz.⟩ **0.1** ***actuaris*** ⇒*statistische expert, verzekeringsexpert.*

ac·tu·ate ['æktʃʊeɪt]⟨ov.ww.⟩ **0.1** ***(aan)drijven*** ⇒*(tot daden) aan-*

zetten, voortdrijven, op gang brengen **0.2** ***(aan)drijven*** ⇒*in werking/beweging brengen, doen werken* ◆ **1.1** ~d by hatred *gedreven door haat* **1.2** ~d by a turbine *aangedreven door een turbine.*
'act 'up ⟨f1⟩⟨onov.ww.⟩⟨inf.⟩ **0.1** ***lastig zijn*** ⇒*herrie schoppen, vervelend zijn, zich ongemanierd gedragen, weerspannig zijn* **0.2** ***drukte maken*** ⇒*branie schoppen, opscheppen* **0.3** ***reageren*** ◆ **1.3** Sheila didn't quite know how to ~ *Sheila wist niet hoe ze moet reageren/kijken* **6.¶** →act up **to**.
'act 'up to ⟨onov.ww.⟩ **0.1** ***handelen in overeenkomst met*** ◆ **1.1** ~ one's principles *handelen overeenkomstig zijn principes, zijn principes in daden omzetten.*
a·cu·i·ty [ə'kju:əṭi]⟨n.-telb.zn.⟩⟨schr.⟩ **0.1** ***scherpheid*** ⟨ook fig.⟩ ⇒*scherpte, acuïteit* **0.2** ***scherpzinnigheid.***
a·cu·le·ate [ə'kju:lɪət], **a·cu·le·at·ed** [-lieɪṭɨd]⟨bn.⟩ **0.1** ***scherp*** ⟨ook fig.⟩ ⇒*stekend, stekelig, prikkend* **0.2** ⟨dierk.⟩ ***met een angel/stekels*** **0.3** ⟨plantk.⟩ ***stekelig*** ⇒*met stekels.*
a·cu·le·us [ə'kju:lɪəs]⟨telb.zn.; aculei [-liaɪ]; →mv. 5⟩⟨biol.⟩ **0.1** ***angel*** ⇒*stekel.*
a·cu·men ['ækjʊmən‖ə'kju:-]⟨n.-telb.zn.⟩⟨schr.⟩ **0.1** ***scherpzinnigheid*** ⇒*scherpte v. verstand/geest/inzicht.*
a·cu·mi·nate[1] [ə'kju:mɨnət]⟨bn.⟩⟨biol.⟩ **0.1** ***spits*** ⇒*puntig, toegespitst.*
acuminate[2] [ə'kju:mɨneɪt]⟨ww.⟩⟨biol.⟩
I ⟨onov.ww.⟩ **0.1** ***spits toelopen;***
II ⟨ov.ww.⟩ **0.1** ***aanscherpen*** ⇒*tot een punt scherpen, toespitsen.*
'ac·u·pres·sure ['ækjəpreʃə‖-ʃər]⟨n.-telb.zn.⟩ **0.1** ***acupressuur.***
ac·u·punc·ture ['ækjʊpʌŋktʃə‖-ər]⟨f1⟩⟨n.-telb.zn.⟩⟨med.⟩ **0.1** ***acupunctuur.***
'ac·u·punc·tur·ist ['ækjʊpʌŋktʃərɪst]⟨telb.zn.⟩⟨med.⟩ **0.1** ***acupuncteur/turist.***
a·cush·la [ə'kʊʃlə]⟨aanspreekvorm⟩⟨IE⟩ **0.1** ***liefste*** ⇒*schat, hartedief.*
a·cu·tance [ə'kju:tns]⟨n.-telb.zn.⟩⟨foto.⟩ **0.1** ***contourscherpte.***
a·cute [ə'kju:t]⟨f2⟩⟨bn.; -ly; -ness⟩ **0.1** ***scherp*** ⇒*vlijmend* **0.2** ***acuut*** ⇒*dringend, kritisch, ernstig, hevig, intens* **0.3** ***scherp(zinnig)*** ⇒*doordringend, schrander, fijn, gevoelig* ⟨verstand, zintuigen⟩ **0.4** ***schril*** ⇒*scherp, snerpend, doordringend* ⟨geluid⟩ **0.5** ⟨wisk.⟩ ***scherp*** ◆ **1.1** an ~ angle *een scherpe hoek;* an ~ critique *een vlijmscherpe kritiek* **1.2** an ~ danger *een acuut gevaar;* an ~ disease *een acute ziekte;* an ~ pain *een hevige pijn;* ~ rheumatism *acuut reuma* **1.¶** ~ accent *accent aigu.*
ACV ⟨afk.⟩ actual cash value, air-cushion vehicle.
ACW ⟨afk.⟩ Aircraftwoman ⟨BE⟩.
-a·cy [əsi]⟨vormt abstr. nw. uit bijv. nw.⟩ **0.1** ***-atie/-aatheid*** ◆ **¶.1** diplomacy *diplomatie;* obstinacy *obstinaatheid.*
ac·yl ['æsɪl]⟨telb. en n.-telb.zn.⟩ **0.1** ***chemisch radicaal, afgeleid van een organisch zuur*** ⟨RCO-⟩.
ad[1] [æd]⟨f2⟩⟨zn.⟩⟨inf.⟩
I ⟨telb.zn.⟩ **0.1** ⟨verk.⟩ ⟨advertisement⟩ ***advertentie*** ⇒*annonce;*
II ⟨n.-telb.zn.⟩⟨AE, Can. E; tennis⟩ **0.1** ⟨verk.⟩ ⟨advantage⟩ ***advantage*** ⇒*voordeel.*
ad[2] ⟨afk.⟩ adapted, adapter, advertisement.
ad- [əd, æd], **-ag, -ap** **0.1** ⟨duidt oorspr. richting aan⟩ ◆ **¶.1** adjacent *aangrenzend;* adjunct *toegevoegd; toevoegsel; adjunct.*
-ad[1] [əd]⟨vormt nw.⟩ **0.1** ⟨vormt collectief telwoord⟩ **0.2** ⟨vormt vrouwelijke patronymica⟩ **0.3** ⟨in namen v. gedichten⟩ ◆ **¶.1** triad *triade, trits, drietal* **¶.2** Dryad *Dryade* **¶.3** Iliad *Ilias;* jeremiad *jeremiade.*
-ad[2] ⟨vormt bijv. nw., bijw.⟩⟨biol.⟩ **0.1** ⟨duidt richting aan⟩ ◆ **¶.1** caudad *in de richting v.d. staart.*
AD ⟨afk.⟩ **0.1** ⟨Anno Domini⟩ ***A.D.*** ⇒*Anno, in het jaar onzes Heren, n. C(hr).* **0.2** ⟨active duty⟩.
ADA ['eɪdə]⟨eig.n.⟩⟨comp.⟩ **0.1** ***Ada*** ⟨programmeertaal⟩.
ad·age ['ædɪdʒ]⟨f1⟩⟨telb.zn.⟩ **0.1** ***adagium*** ⇒*spreekwoord, spreuk.*
a·da·gio[1] [ə'dɑ:dʒoʊ]⟨telb.zn.⟩⟨muz.⟩ **0.1** ***adagio.***
adagio[2] ⟨bn., attr.; bw.⟩⟨muz.⟩ **0.1** ***adagio.***
Ad·am[1] ['ædəm]⟨eig.n., telb.zn.⟩⟨→sprw. 5⟩ **0.1** ***Adam*** ⇒⟨fig.⟩ *stamvader* ◆ **3.¶** not know s.o. from ~ *niet weten wie iem. is,* ⟨B.⟩ *iem. van haar noch pluimen kennen.*
Adam[2] ⟨bn., attr.⟩ **0.1** ***Adam-*** ⟨naar de 18e-eeuwse decoratieve stijl v. R. en J. Adam⟩ ◆ **1.¶** ~ style *'Adam-style'.*
ad·a·man·cy ['ædəmənsi]⟨n.-telb.zn.⟩⟨schr.⟩ **0.1** ***onvermurwbaarheid*** ⇒*onbuigzaamheid.*
'Ad·am-and-'Eve ⟨telb.zn.⟩⟨plantk.⟩ **0.1** ⟨ben. voor⟩ ***planten waarvan de knollen gelijkenis vertonen met menselijke vormen*** ⇒*Adam en Eva; Am. orchis* ⟨Aplectrum hyemale⟩; *monnikskap* ⟨Aconitum anglicum⟩.
ad·a·mant[1] ['ædəmənt]⟨telb. en n.-telb.zn.⟩⟨vero.⟩ **0.1** ***adamant*** ⇒*diamant;* ⟨fig.⟩ *hardsteen.*
adamant[2] ⟨f1⟩⟨bn.; -ly⟩
I ⟨bn.⟩⟨schr.⟩ **0.1** ***keihard*** ⇒*onvermurwbaar, onbuigzaam;*
II ⟨bn., attr.⟩⟨vero.⟩ **0.1** ***adamanten*** ⇒*diamanten.*
ad·a·man·tine ['ædə'mæntaɪn]⟨bn.⟩ **0.1** ⟨vero.⟩ ***adamanten*** ⇒*diamanten, diamantachtig* **0.2** ***keihard*** ⇒*steenhard, onvermurwbaar.*
Ad·am·ite[1] ['ædəmaɪt]⟨telb.zn.⟩ **0.1** ***adamskind*** ⇒*mensenkind* **0.2** ***adamiet*** ⇒*nudist, naturist.*
Adamite[2] ⟨bn., attr.⟩ **0.1** ***van Adam (afstammend)*** ⇒*adamitisch, menselijk.*
'Adam's 'ale, 'Adam's 'wine ⟨n.-telb.zn.⟩⟨scherts.⟩⟨→sprw. 5⟩ **0.1** ***ganzewijn*** ⇒*water.*
Adam's apple ['-'-‖'--]⟨f1⟩⟨telb.zn.⟩⟨anat.⟩ **0.1** ***adamsappel.***
'Adam's flannel ⟨telb.zn.⟩⟨plantk.⟩ **0.1** ***koningskaars*** ⇒*aronsstaf, nachtkaars* ⟨Verbascum thapsus⟩.
'Adam's 'needle ⟨telb.zn.⟩⟨plantk.⟩ **0.1** ***adamsnaald*** ⟨genus Yucca, vnl. Y. filamentosa⟩.
a·dapt [ə'dæpt]⟨f2⟩⟨ww.⟩
I ⟨onov.ww.⟩ **0.1** ***zich aanpassen*** ⇒*(zich) adapteren* ◆ **6.1** ~ **to** the circumstances *zich aan de omstandigheden aanpassen;*
II ⟨ov.ww.⟩ **0.1** ***aanpassen*** ⇒*bewerken* ◆ **6.1** ~ a novel **for** TV *een roman voor de t.v. bewerken/adapteren;* ~ poetry **from** French *poëzie uit het Frans vertalen/bewerken;* ~ a building **to** the handicapped *een gebouw voor de gehandicapten geschikt maken;* ~ o.s. **to** the rules *zich naar de regels schikken.*
a·dapt·a·bil·i·ty [ə'dæptə'bɪləṭi]⟨n.-telb.zn.⟩ **0.1** ***aanpassingsvermogen*** ⇒*buigzaamheid, souplesse, geschiktheid* **0.2** ***aanpasbaarheid.***
a·dapt·a·ble [ə'dæptəbl]⟨f1⟩⟨bn.; -ness⟩ **0.1** ***buigzaam*** ⇒*soepel, geschikt* **0.2** ***aanpasbaar*** ⇒*aan te passen, adapteerbaar.*
ad·ap·ta·tion ['ædəp'teɪʃn]⟨f2⟩⟨zn.⟩
I ⟨telb. en n.-telb.zn.⟩ **0.1** ***aanpassing*** ⇒⟨biol., psych.⟩ *adaptatie* **0.2** ⟨lit.⟩ ***adaptatie*** ⇒*bewerking;*
II ⟨n.-telb.zn.⟩ **0.1** ***geschiktheid*** ⇒*het aangepast zijn* **0.2** ***aanpassing*** ⇒*aanpassingsproces.*
a·dapt·er, a·dapt·or [ə'dæptə‖-ər]⟨telb.zn.⟩ **0.1** ***aanpasser*** ⇒*bewerker* **0.2** ⟨tech.⟩ ***adapter*** ⇒*tussenstuk, verbindingsstuk, verloopstuk, overgangsstuk, hulpstuk; verdeelstekker, verloopstekker.*
a·dap·tive [ə'dæptɪv]⟨bn.; -ly; -ness⟩ **0.1** ***adaptief*** ⇒*adaptatie-* ◆ **1.1** ~ power *aanpassingsvermogen.*
a'daptor card ⟨telb.zn.⟩⟨comp.⟩ **0.1** ***adapterkaart*** ⟨uitbreidingskaart voor andere uitbreidingen⟩.
ADC, adc ⟨afk.⟩ aide-de-camp, amateur dramatic club.
'ad campaign ⟨telb.zn.⟩ **0.1** ***advertentiecampagne*** ⇒*reclamecampagne.*
add[1] [æd]⟨telb.zn.⟩⟨verk.⟩ addition **0.1** ***optelling.***
add[2] ⟨f3⟩⟨ww.⟩
I ⟨onov.ww.⟩ **0.1** ***bijdragen*** **0.2** ***optellen*** ⇒*(een) optelling maken* ◆ **5.¶** these facts ~ **together** to show I am right *uit dit alles blijkt dat ik gelijk heb;* →add **up** **6.1** this discovery ~s **to** our knowledge *deze ontdekking draagt bij tot onze kennis;* high interest rates ~ **to** the economic crisis *de hoge rentevoet verergert/verzwaart de economische crisis;*
II ⟨ov.ww.⟩ **0.1** ***toevoegen*** ⇒*erbij doen, bijvoegen* **0.2** ***optellen*** **0.3** ***(samen)bundelen*** **0.4** ***nog verder zeggen*** ⇒*eraan toevoegen* ◆ **1.1** value ~ed tax *belasting op de toegevoegde waarde, BTW* **5.1** ~ **in** an egg before mixing *voeg een ei bij voor het mixen;* don't ~ **in** John for the party *reken John niet mee voor het feestje;* he ~ed **on** 10% for expenses *hij deed er 10% bij voor onkosten* **5.3** ~ **together** our efforts *onze inspanningen bundelen* **5.¶** →add **up** **6.1** his investigations ~ed a good deal **to** our understanding of the problem *zijn onderzoekingen droegen heel wat bij tot ons begrip v.h. probleem;* ~ your name **to** the list *uw naam aan de lijst toevoegen;* ~ a wing **to** the palace *een vleugel aan het paleis bijbouwen;* ~ wood **to** the fire *hout op het vuur gooien* **6.2** ~ five **to** three *tel vijf bij drie op.*
ad·dax ['ædæks]⟨telb.zn.⟩⟨dierk.⟩ **0.1** ***addax*** ⇒*Mendesantilope* ⟨Addax nasomaculatus⟩.
ad·den·dum [ə'dendəm]⟨telb.zn.; addenda [-də]; →mv. 5⟩ **0.1** ***addendum*** ⇒*bijvoegsel, aanvulling, toevoegsel* **0.2** ⟨vnl. mv.⟩ ***addenda*** ⇒*appendix, aanhangsel* ⟨v. boek⟩.
ad·der ['ædə‖'ædər]⟨f1⟩⟨telb.zn.⟩⟨dierk.⟩ **0.1** ***adder*** ⟨fam. Viperidae, vnl. Vipera berus⟩ **0.2** ⟨ben. voor⟩ ***niet-giftige slang*** ⇒*pofadder* ⟨genus Bitis⟩; *haakneusslang* ⟨genus Heterodon⟩ ◆ **2.1** deaf as an ~ *zo doof als een kwartel* **3.2** horned ~ *hoornadder* ⟨Cerastes cornutus⟩.
'adder's tongue ⟨telb. en n.-telb.zn.⟩⟨plantk.⟩ **0.1** ***addertong*** ⇒*slangebeet* ⟨varen; Ophioglossum vulgatum⟩.
ad·dict[1] ['ædɪkt]⟨f1⟩⟨telb.zn.⟩ **0.1** ***verslaafde*** ⇒⟨fig.⟩ *fanaat, enthousiast(eling).*
addict[2] [ə'dɪkt]⟨f2⟩⟨ov.ww.⟩ **0.1** ⟨vnl. pass.⟩ ***verslaven*** ⇒*afhankelijk maken* **0.2** ⟨vnl. wederk.⟩ ***zich wijden*** ⇒*zich overgeven* ◆ **6.1** ~ed **to** cocaine *verslaafd aan cocaïne* **6.2** ~ o.s. **to** science *zich volledig aan de wetenschap wijden.*

ad·dic·tion [ə'dɪkʃn]⟨f1⟩⟨telb. en n.-telb.zn.⟩ **0.1** ***verslaving*** ⇒*verslaafdheid.*

ad·dic·tive [ə'dɪktɪv]⟨bn.; -ness⟩ **0.1** ***verslavend.***

'add·ing-ma·chine ⟨telb.zn.⟩ **0.1** ***telmachine*** ⇒*rekenmachine.*

Ad·di·son's disease ['ædɪsnz dɪ,zi:z]⟨n.-telb.zn.⟩⟨med.⟩ **0.1** ***ziekte v. Addison.***

ad·di·tion [ə'dɪʃn]⟨f3⟩⟨zn.⟩

I ⟨telb.zn.⟩ **0.1** ***aanwinst*** ⇒*toevoeging, bijvoegsel* ◆ **6.1** an ~ **to** *een vermeerdering van;* an ~ **to** the family *gezinsuitbreiding;*

II ⟨n.-telb.zn.⟩ **0.1** ***toevoeging*** ⇒*optelling, het optellen, vermeerdering* ◆ **6.1 in** ~ *bovendien, daarbij;* **in** ~ **to** *behalve, naast.*

ad·di·tion·al [ə'dɪʃnəl]⟨f3⟩⟨bn.⟩ **0.1** ***bijkomend*** ⇒*aanvullend, additioneel, bijgevoegd* ◆ **1.1** ~ charges *extra kosten.*

ad·di·tion·al·ly [ə'dɪʃnəli]⟨bw.⟩ **0.1** →additional **0.2** ***bovendien.***

ad·di·tive[1] ['ædɪṭɪv]⟨f2⟩⟨telb.zn.⟩ **0.1** ***additief*** ⇒*toevoeging.*

additive[2] ⟨bn., attr.⟩ **0.1** ***bijkomend*** ⇒*toegevoegd, additief* ◆ **1.1** ⟨nat.⟩ ~ colours *additieve kleuren.*

ad·dle[1] ['ædl]⟨bn.⟩ **0.1** ***leeg*** ⇒*ijdel* **0.2** ***verward*** ⟨verstand⟩ **0.3** ***rot*** ⇒*bedorven* ⟨ei⟩.

addle[2] ⟨ww.⟩

I ⟨onov.ww.⟩ **0.1** ***in de war raken;***

II ⟨onov. en ov.ww.⟩ **0.1** ***bederven*** ⇒*(laten) rotten* ⟨ei⟩;

III ⟨ov.ww.⟩ **0.1** ***verwarren*** ⇒*in de war brengen, benevelen, bederven* **0.2** ⟨gew.⟩ ***verdienen.***

ad·dle-brained, ad·dle-pat·ed ['ædlbreɪnd, -peɪṭɪd]⟨bn.⟩ **0.1** ***leeghoofdig*** ⇒*warhoofdig, verward, geschift.*

'ad·dle-head ⟨telb.zn.⟩ **0.1** ***leeghoofd*** ⇒*warhoofd.*

'add-on ⟨telb.zn.⟩⟨comp.⟩ **0.1** ***randapparaat.***

add-'on card ⟨telb.zn.⟩⟨comp.⟩ **0.1** ***uitbreidingskaart.***

ad·dress[1] [ə'dres, ⟨in bet. I 0.1⟩ ə'dres‖'ædres]⟨f3⟩⟨zn.⟩

I ⟨telb.zn.⟩ **0.1** ***adres*** ⟨ook computer⟩ **0.2** ***toespraak*** **0.3** ***aanspreekvorm*** ⇒*aanspreektitel* **0.4** ***petitie*** ⇒*verzoek, rekest* ⟨tot bevoegde macht⟩ ◆ **6.4** an ~ **to** the Queen *een petitie aan de koningin;*

II ⟨n.-telb.zn.⟩ **0.1** ***gevatheid*** ⇒*handigheid, pienterheid, tact* **0.2** ⟨schr.⟩ ***conversatie*** ⇒*wijze van converseren* **0.3** ⟨schr.⟩ ***manieren*** ⇒*gedrag, optreden* ◆ **1.1** he has no ~ *hij heeft geen conversatie* **1.2** form of ~ *aanspreekvorm / titel / stijl;*

III ⟨mv.; ~es⟩ **0.1** ⟨vero.⟩ ***hofmakerij*** ⇒*attenties* ◆ **3.1** pay one's ~es to s.o. *iem. het hof maken.*

address[2] ⟨f3⟩⟨ov.ww.⟩ **0.1** ***richten*** ⇒*sturen* **0.2** ***adresseren*** ⟨ook in golf⟩ **0.3** ***toespreken*** ⇒*een rede houden voor* **0.4** ***aanspreken*** **0.5** ***aan de orde stellen*** ⇒*aanpakken, behandelen, gaan over* **0.6** ⟨comp.⟩ ***adresseren*** ◆ **1.1** ~ complaints to our office *richt u met klachten tot ons bureau* **1.2** ⟨golf⟩ ~ the ball *de bal adresseren* ⟨de juiste slaghouding aannemen⟩ **1.5** we must ~ this problem *we moeten wat doen aan dit probleem;* this chapter ~es three problems *in dit hoofdstuk worden drie problemen behandeld* **4.1** ~ o.s. to *zich richten / wenden tot; zich bezighouden met / toeleggen op, aanpakken* **6.4** ~ the judge as 'Your Honour' *spreek de rechter met 'Edelachtbare' aan.*

ad·dress·able [ə'dresəbl]⟨bn.⟩⟨comp.⟩ **0.1** ***adresseerbaar*** ⇒⟨alg.⟩ *bereikbaar.*

address change [-'---‖'---]⟨f1⟩⟨telb.zn.⟩ **0.1** ***adreswijziging.***

ad·dress·ee ['ædre'si:]⟨f1⟩⟨telb.zn.⟩ **0.1** ***geadresseerde.***

ad·dress·o·graph [ə'dresougrɑ:f‖-græf]⟨telb.zn.⟩⟨oorspr. merknaam⟩ **0.1** ***adresseermachine.***

ad·duce [ə'dju:s‖ə'du:s]⟨f1⟩⟨ov.ww.⟩ **0.1** ***aanhalen*** ⇒*aanvoeren, bijbrengen, citeren, adduceren* ◆ **1.1** ~ examples *voorbeelden aanhalen.*

ad·duc·ent [ə'dju:snt‖ə'du:-]⟨bn., attr.⟩⟨anat.⟩ **0.1** ***adducerend.***

ad·duc·i·ble, ad·duce·a·ble [ə'dju:səbl‖ə'du:-]⟨bn.⟩ **0.1** ***aanvoerbaar.***

ad·duct [ə'dʌkt]⟨ov.ww.⟩⟨anat.⟩ **0.1** ***adduceren.***

ad·duc·tion [ə'dʌkʃn]⟨telb. en n.-telb.zn.⟩ **0.1** ***aanhaling*** ⇒*citaat, adductie* **0.2** ⟨anat.⟩ ***adductie.***

ad·duc·tor [ə'dʌktə‖-ər]⟨telb.zn.⟩⟨anat.⟩ **0.1** ***adductor*** ⟨spier⟩.

'add 'up ⟨f2⟩⟨ww.⟩

I ⟨onov.ww.⟩⟨inf.⟩ **0.1** ***steek houden*** ⇒*kloppen* **0.2** ***als uitkomst geven*** ⇒⟨fig.⟩ *betekenen, inhouden* ◆ **1.1** the evidence does not ~ *het bewijsmateriaal deugt niet* **6.2** these numbers ~ **to** 499 *deze getallen zijn samen 499, de som v. deze getallen is 499;* this so-called invention does not ~ **to** much *deze zgn. uitvinding stelt weinig voor;* what your answer adds up **to** is that you refuse *je antwoord komt erop neer dat je weigert;*

II ⟨ov.ww.⟩ **0.1** ***optellen*** ⇒⟨fig.⟩ *samen nemen, beoordelen* ◆ **1.1** ~ numbers *getallen optellen;* when added up, the circumstances seem favourable *alles bij elkaar lijken de omstandigheden gunstig.*

-ade [eɪd]⟨vormt nw.⟩ **0.1** ⟨duidt handeling aan⟩ ***-ade*** **0.2** ⟨duidt produkt, resultaat aan⟩ ***-ade*** ◆ **¶.1** blockade *blokkade;* tirade *tirade* **¶.2** arcade *arcade;* lemonade *limonade.*

ad·e·nine ['æd(ə)ni:n]⟨n.-telb.zn.⟩⟨bioch.⟩ **0.1** ***adenine.***

ad·e·noi·dal ['æd(ə)'nɔɪdl], **ad·e·noid** [-nɔɪd]⟨bn., attr.⟩ **0.1** ***kliervormig*** ⇒*klier-* **0.2** ***adenoïde*** ⇒*adenoïdaal* ◆ **1.2** an adenoidal voice *een nasale stem.*

ad·e·noids ['æd(ə)nɔɪdz]⟨mv.⟩⟨med.⟩ **0.1** ***adenoïde vegetaties.***

ad·e·no·ma ['ædə'noumə]⟨telb.zn.; ook adenomata [-məṭə]; →mv. 5⟩⟨med.⟩ **0.1** ***adenoom*** ⟨gezwel⟩.

a·den·o·sine [ə'denəsi:n]⟨n.-telb.zn.⟩⟨bioch.⟩ **0.1** ***adenosine.***

a·dept[1] ['ædept]⟨f1⟩⟨telb.zn.⟩ **0.1** ***expert*** ⇒*deskundige, adept, ingewijde.*

adept[2] ['ædept‖ə'dept]⟨f1⟩⟨bn.⟩ **0.1** ***bedreven*** ⇒*deskundig, ingewijd* ◆ **6.1** be ~ **at / in** *bedreven zijn in.*

ad·e·qua·cy ['ædɪkwəsi]⟨f2⟩⟨n.-telb.zn.⟩ **0.1** ***geschiktheid*** ⇒*bekwaamheid* **0.2** ***adequaatheid*** ⇒*adequatie.*

ad·e·quate ['ædɪkwət]⟨f3⟩⟨bn.; -ly; -ness⟩ **0.1** ***voldoende*** ⇒*net genoeg, net goed genoeg* **0.2** ***geschikt*** ⇒*bekwaam* **0.3** ⟨vnl. fil.⟩ ***adequaat*** ⇒*gelijkwaardig, overeenstemmend, gepast* ◆ **6.1** ~ water **for** a week *voldoende water voor een week* **6.2** he is not ~ **to** this job *hij is niet geschikt voor dit werk.*

ad·here [əd'hɪə‖əd'hɪr]⟨f2⟩⟨onov.ww.⟩ **0.1** ***kleven*** ⇒*aan / vastkleven, hechten, plakken, vastzitten* **0.2** ***aanhangen*** ⇒*aankleven, adhereren* ◆ **6.2** I do not ~ **to** that policy *ik ben geen aanhanger / voorstander van die politiek;* you should ~ **to** your principles *je moet je aan je principes houden.*

ad·her·ence [əd'hɪərəns‖-'hɪr-]⟨f1⟩⟨n.-telb.zn.⟩ **0.1** ***het kleven*** ⇒*aankleving* **0.2** ***aanhankelijkheid.***

ad·her·ent[1] [əd'hɪərənt‖-'hɪr-]⟨f1⟩⟨telb.zn.⟩ **0.1** ***aanhanger*** ⇒*voorstander, volgeling* ◆ **6.1** an ~ **of** an idea *een voorstander v.e. idee;* an ~ **to** a party *een aanhanger v.e. partij.*

adherent[2] ⟨bn.⟩ **0.1** ***klevend*** **0.2** ***adherent*** ⇒*(nauw) verwant, onafscheidelijk.*

ad·he·sion [əd'hi:ʒn]⟨zn.⟩

I ⟨telb.zn.⟩⟨med.⟩ **0.1** ***adhesie*** ⇒*vergroeiing;*

II ⟨n.-telb.zn.⟩ **0.1** ***het vastkleven*** ⇒*aankleving* **0.2** ***aanhankelijkheid*** ⇒*loyaliteit, loyauteit* **0.3** ***adhesie*** ⇒*instemming* **0.4** ⟨nat.⟩ ***adhesie*** ⇒*moleculaire aantrekking* **0.5** ⟨verkeer⟩ ***adhesie*** ⇒*vaste wegligging, wegvastheid* ◆ **6.3** give one's ~ **to** *zijn adhesie / instemming betuigen met.*

ad·he·sive[1] [əd'hi:sɪv, -zɪv]⟨f1⟩⟨telb. en n.-telb.zn.⟩ **0.1** ***kleefstof*** ⇒*plak / hechtmiddel, lijm.*

adhesive[2] ⟨f1⟩⟨bn.; -ly; -ness⟩ **0.1** ***klevend*** ⇒*plakkend, hechtend* **0.2** ***gegomd*** ◆ **1.1** ~ plaster *hechtpleister;* ~ tape *plakband* **1.2** ~ envelopes *gegomde enveloppen.*

ad·hib·it [əd'hɪbɪṭ]⟨ov.ww.⟩⟨schr.⟩ **0.1** ***vasthechten*** ⇒*vastmaken* **0.2** ***toedienen*** ⟨medicijn⟩ **0.3** ***toepassen*** ⟨remedie⟩.

ad·hi·bi·tion ['ædhɪ'bɪʃn‖'ædə-]⟨telb. en n.-telb.zn.⟩⟨vero.⟩ **0.1** ***vasthechting*** **0.2** ***toediening*** ⟨v. medicijn⟩ **0.3** ***toepassing*** ⟨v. remedie⟩.

ad hoc ['æd 'hɒk‖-'hɑk]⟨bn., attr.; bw.⟩ **0.1** ***ad hoc*** ◆ **1.1** an ~ committee *een commissie ad hoc.*

ad hoc·(c)er·y, ad hock·er·y ['æd 'hɒkəri‖-'hɑk-]⟨n.-telb.zn.⟩⟨inf.⟩ **0.1** ***ad hoc beslissingen.***

ad-hoc·ra·cy ['æd'hɒkrəsi‖-'hɑk-]⟨n.-telb.zn.⟩⟨sl.⟩ **0.1** ***ad hoc beleid.***

ad ho·mi·nem ['æd 'hɒmɪnem‖-'hɑ-]⟨bn., attr., bn., post.⟩ **0.1** ***ad hominem*** ⇒*op de man af* ◆ **1.1** ~ argument, argument ~ *argument(um) ad hominem.*

ADI ⟨afk.⟩ Acceptable Daily Intake **0.1** ***maximale dosis*** ⟨v. medicijn of vitaminepreparaat⟩.

ad·i·a·bat·ic[1] ['ædɪə'bæṭɪk]⟨telb.zn.⟩⟨nat.⟩ **0.1** ***adiabaat*** ⟨curve⟩.

adiabatic[2] ⟨bn.; -ally; →bijw. 3⟩⟨nat.⟩ **0.1** ***adiabatisch.***

ad·i·an·tum ['ædi'æntəm]⟨n.-telb.zn.⟩⟨plantk.⟩ **0.1** ***adiantum*** ⟨genus Adiantum⟩ ⇒⟨vnl.⟩ *venushaar* ⟨A. capillus veneris⟩.

a·dieu[1] [ə'dju:‖ə'du:]⟨telb.zn.; ook adieux [-z]; →mv. 5⟩ **0.1** ***adieu*** ⇒*afscheidsgroet, laatste vaarwel.*

adieu[2] ⟨tussenw.⟩ **0.1** ***adieu*** ⇒*adé, vaarwel.*

ad in·fi·ni·tum ['æd ɪnfɪ'naɪṭəm]⟨bw.⟩ **0.1** ***ad infinitum*** ⇒*tot in het oneindige, eindeloos.*

ad in·ter·im[1] ['æd 'ɪṇtərɪm]⟨bn., attr.⟩ **0.1** ***ad interim*** ⇒*interim-, interimair, waarnemend, tijdelijk.*

ad interim[2] ⟨bw.⟩ **0.1** ***ad interim*** ⇒*inmiddels, in de tussentijd.*

a·di·os ['ædi'ous‖'ɑ:-]⟨tussenw.⟩ **0.1** ***adios*** ⇒*adieu, vaarwel.*

ad·i·po·cere ['ædɪpə'sɪə‖-'sɪr]⟨n.-telb.zn.⟩ **0.1** ***adipocire*** ⇒*lijkevet, vetwas.*

ad·i·pose[1] ['ædɪpous]⟨telb. en n.-telb.zn.⟩⟨biol.⟩ **0.1** ***(dierlijk) vet.***

adipose[2] ⟨bn., attr.; -ness⟩⟨biol.⟩ **0.1** ***mbt. (dierlijk) vet*** ⇒*vettig* ◆ **1.1** ~ tissue *vetweefsel.*

ad·i·pos·i·ty ['ædɪ'pɒsəti‖-'pɑsəṭi]⟨n.-telb.zn.⟩⟨med.⟩ **0.1** ***adipositas*** ⇒*vetheid, vetzucht.*

ad·it ['ædɪt]⟨zn.⟩

I ⟨telb.zn.⟩⟨mijnw.⟩ **0.1** ***ingang v.e. mijngang*** ⇒*open steengang;*

II ⟨n.-telb.zn.⟩ **0.1** ***toegang.***

ADIZ ⟨afk.⟩ Air Defense Identification Zone.
adj ⟨afk.⟩ adjacent, adjective, adjourned, adjunct, adjustment, adjutant.
ad·ja·cen·cy [ə'dʒeɪsnsi]⟨zn.;→mv.2⟩
I ⟨telb.zn.⟩ **0.1** ***belending*** ⇒*belendend/aangrenzend perceel/huis;*
II ⟨n.-telb.zn.⟩ **0.1** ***aangrenzing*** ⇒*nabijheid, belending;*
III ⟨mv.; adjacencies⟩ **0.1** ***omstreken*** ⇒*omgeving, omtrek.*
ad·ja·cent [ə'dʒeɪsnt]⟨f2⟩⟨bn.;-ly⟩ **0.1** ***aangrenzend*** ⇒*aanpalend, belendend* **0.2** ***naburig*** ⇒*nabijgelegen, omliggend* ◆ **1.1** ⟨wisk.⟩ ~ angles *aanliggende hoeken* **6.1** the site is ~ **to** the river *het terrein ligt aan de rivier.*
ad·jec·ti·val ['ædʒək'taɪvl]⟨f1⟩⟨bn.;-ly⟩⟨taalk.⟩ **0.1** ***adjectivisch*** ⇒*bijvoeglijk, adjectivaal* **0.2** ⟨euf.⟩ ***met (te) veel adjectieven*** ⇒*expletief* ◆ **1.1** ~ phrase *bijvoeglijke bepaling.*
ad·jec·tive[1] ['ædʒəktɪv]⟨f2⟩⟨telb.zn.⟩⟨taalk.⟩ **0.1** ***bijvoeglijk naamwoord*** ⇒*adjectief.*
adjective[2] ⟨bn., attr.;-ly⟩ **0.1** ***adjectief*** ⇒*toegevoegd, ondergeschikt, afhankelijk* **0.2** ⟨taalk.⟩ ***adjectivisch*** ⇒*bijvoeglijk* **0.3** ⟨jur.⟩ ***procedureel*** ◆ **1.2** ~ pronoun *bijvoeglijk voornaamwoord* **1.3** ~ dye *adjectieve verf(stof)* ⟨waarbij bijtmiddel nodig is⟩; ~ law *formeel recht.*
ad·join [ə'dʒɔɪn]⟨f2⟩⟨ww.⟩
I ⟨onov.ww.⟩ **0.1** ***aaneengrenzen;***
II ⟨ov.ww.⟩ **0.1** ***grenzen aan*** ⇒*palen aan* **0.2** ⟨vero.⟩ ***toevoegen*** ⇒*bijvoegen, samenvoegen.*
ad·journ [ə'dʒɜ:n‖ə'dʒɜrn]⟨f2⟩⟨ww.⟩
I ⟨onov.ww.⟩ **0.1** ***uiteengaan*** ⇒*op reces gaan* **0.2** ***zich verplaatsen*** ⇒*zich begeven* ◆ **1.1** the court ~ed at six *het hof ging om zes uur uiteen* **6.1** they ~ed **to** the sitting-room *zij begaven zich naar de zitkamer;*
II ⟨ov.ww.⟩ **0.1** ***verdagen*** ⇒*uitstellen* **0.2** ***schorsen*** ⇒*onderbreken;* ⟨schaken⟩ *afbreken.*
ad·journ·ment [ə'dʒɜ:nmənt‖-'dʒɜrn-]⟨f1⟩⟨telb. en n.-telb.zn.⟩ **0.1** ***verdaging*** ⇒*uitstel* **0.2** ***onderbreking*** ⇒*schorsing, reces.*
ad·judge [ə'dʒʌdʒ]⟨f1⟩⟨ov.ww.⟩⟨jur.⟩ **0.1** ***adjudiceren*** ⇒*toekennen* **0.2** ***oordelen over*** ⇒*beschikken, beslissen, verklaren* **0.3** ⟨vero.⟩ ***veroordelen*** ◆ **1.2** ~d the winner of the race *tot winnaar v.d. wedstrijd uitgeroepen* **6.1** ~d **to** his son *aan zijn zoon toegewezen* **6.3** ~ **to** *veroordelen tot* **8.2** the court ~d them guilty *het hof oordeelde hen schuldig.*
ad·judg(e)·ment [ə'dʒʌdʒmənt]⟨telb. en n.-telb.zn.⟩⟨jur.⟩ **0.1** ***adjudicatie*** ⇒*toekenning, toewijzing* **0.2** ***oordeel*** ⇒*beschikking.*
ad·ju·di·cate [ə'dʒu:dɪkeɪt]⟨ww.⟩⟨jur.⟩
I ⟨onov.ww.⟩ **0.1** ***oordelen*** ⇒*arbitreren, jureren* ◆ **6.1** ~ **(up)on** a matter *over een zaak oordelen, een zaak arbitreren;*
II ⟨ov.ww.⟩ **0.1** ***beschikken over*** ⇒*arbitreren* **0.2** ***adjudiceren*** ⇒*toekennen, toewijzen* **0.3** ***verklaren*** ◆ **2.3** ~ s.o. bankrupt *iem. failliet verklaren.*
ad·ju·di·ca·tion [ə'dʒu:dɪ'keɪʃn]⟨f1⟩⟨n.-telb.zn.⟩⟨jur.⟩ **0.1** ***arbitrage*** ⇒*scheidsrechterlijke uitspraak* **0.2** ***adjudicatie*** ⇒*toekenning, toewijzing.*
ad·ju·di·ca·tive [ə'dʒu:dɪkətɪv]⟨bn., attr.⟩ **0.1** ***scheidsrechterlijk.***
ad·ju·di·ca·tor [ə'dʒu:dɪkeɪtə‖-keɪt̬ər]⟨telb.zn.⟩ **0.1** ***scheidsrechter*** ⇒*arbiter, jurylid.*
ad·junct[1] ['ædʒʌŋ(k)t]⟨f1⟩⟨telb.zn.⟩ **0.1** ***toevoegsel*** ⇒*aanhangsel, bijkomstigheid* **0.2** ***adjunct*** **0.3** ⟨taalk.⟩ ***bepaling*** ◆ **6.1** an ~ **of/to** the main body *een toevoegsel aan het belangrijkste deel.*
adjunct[2] ⟨bn., attr.⟩ **0.1** ***toegevoegd*** ⇒*bijkomend, hulp-* **0.2** ***tijdelijk*** ◆ **1.1** ⟨taalk.⟩ ~ clause *bijzin* **1.2** ~ position *tijdelijke aanstelling.*
ad·junc·tive [ə'dʒʌŋ(k)tɪv]⟨bn.⟩ **0.1** ***toevoegend*** ⇒*vermeerderend* **0.2** ***bijkomend*** ⇒*toegevoegd.*
ad·ju·ra·tion ['ædʒʊ'reɪʃn]⟨telb. en n.-telb.zn.⟩ **0.1** ***bezwering*** ⇒*aanmaning, smeekbede.*
ad·jur·a·to·ry [ə'dʒʊərətri‖ə'dʒʊrətɔri]⟨bn., attr.⟩ **0.1** ***bezwerend*** ⇒*bezwerings-.*
ad·jure [ə'dʒʊə‖-ʊr]⟨ov.ww.⟩ **0.1** ***bezweren*** ⇒*aanmanen, smeken.*
ad·just [ə'dʒʌst]⟨f3⟩⟨ww.⟩
I ⟨onov.ww.⟩ **0.1** ***zich aanpassen*** ◆ **6.1** ~ **to** the circumstances *zich aan de omstandigheden aanpassen;*
II ⟨ov.ww.⟩ **0.1** ***regelen*** ⇒*schikken, in orde brengen, rechtzetten* **0.2** ***regelen*** ⇒*juist stellen, af/bijstellen, instellen* **0.3** ***schatten*** ⇒*vaststellen* ⟨schade⟩ **0.4** ***aanpassen*** ⇒*in overeenstemming brengen, harmoniseren, a(d)justeren* ◆ **4.4** ~ o.s. to new circumstances *zich aan nieuwe omstandigheden aanpassen.*
ad·just·a·ble [ə'dʒʌstəbl]⟨f1⟩⟨bn.;-ly;→bijw.3⟩ **0.1** ***regelbaar*** ⇒*verstelbaar.*
ad·just·er [ə'dʒʌstə‖-ər]⟨telb.zn.⟩ **0.1** ***regelaar*** **0.2** ⟨inf.⟩ ***schatter*** ⇒*schade-expert.*
ad·just·ment [ə'dʒʌs(t)mənt]⟨f3⟩⟨zn.⟩
I ⟨telb.zn.⟩⟨tech.⟩ **0.1** ***instelling*** ⇒*instelmechanisme, fijnafstemming, afstelling;*
II ⟨telb. en n.-telb.zn.⟩ **0.1** ***regeling*** ⇒*rechtzetting* **0.2** ***afstelling*** ⇒*instelling, bijstelling* **0.3** ***regeling*** ⇒*schikking, vereffening* ⟨v. schade e.d.⟩ **0.4** ***aanpassing*** ⇒*harmonisering;*
III ⟨n.-telb.zn.⟩ **0.1** ***het geregeld/afgestemd zijn.***
ad·ju·tage, a·ju·tage ['ædʒət̬ɪdʒ]⟨telb.zn.⟩ **0.1** ***mondstuk*** ⟨v. fontein⟩.
ad·ju·tan·cy ['ædʒət̬ənsi]⟨telb. en n.-telb.zn.;→mv.2⟩ **0.1** ***adjudantschap*** ⇒*adjudantspost/plaats.*
ad·ju·tant ['ædʒət̬ənt], ⟨in bet. 0.3 ook⟩ **'adjutant bird, 'adjutant stork** ⟨f1⟩⟨telb.zn.⟩ **0.1** ***assistent*** **0.2** ⟨mil.⟩ ***adjudant*** **0.3** ⟨dierk.⟩ ⟨ben. voor⟩ ***maraboe*** ⟨genus Leptopilos⟩ ⇒⟨i.h.b.⟩ *argalamaraboe* ⟨L. dubius⟩; *Javaanse maraboe* ⟨L. javanicus⟩.
'adjutant 'general ⟨telb.zn.; adjutants general;→mv.6⟩⟨mil.⟩ **0.1** ***administratief bevelvoerder v.e. eenheid*** **0.2** ***bevelvoerend officier v.d. Nationale Wacht v.e. Am. staat*** **0.3** ⟨A- G-; the⟩ ***administratief bevelvoerder v.h. Am. landleger.***
ad·ju·vant[1] ['ædʒʊvənt‖'ædʒə-]⟨telb.zn.⟩ **0.1** ***hulp.***
adjuvant[2] ⟨bn.⟩ **0.1** ***helpend*** ⇒*hulp-.*
Ad·le·ri·an[1] [æd'lɪərɪən‖-'lɪr-]⟨telb.zn.⟩ **0.1** ***Adleriaan*** ⇒*aanhanger v. (de theorieën v.) Adler.*
Adlerian[2] ⟨bn., attr.⟩ **0.1** ***Adleriaans*** ⇒*mbt. (de theorieën v.) Adler.*
ad lib[1] ['æd 'lɪb]⟨f1⟩⟨telb.zn.⟩⟨inf.⟩ **0.1** ***improvisatie*** **0.2** ***kwinkslag*** ⇒*geestige opmerking.*
ad lib[2] ⟨f1⟩⟨bn., attr.⟩⟨inf.⟩ **0.1** ***onvoorbereid*** ⇒*geïmproviseerd* ◆ **1.1** an ~ speech *een onvoorbereide toespraak.*
ad lib[3] ⟨f1⟩⟨onov. en ov.ww.;→ww.7⟩⟨inf.⟩ **0.1** ***improviseren*** ⇒*onvoorbereid/voor de vuist spreken/spelen* **0.2** ***een bijdrage leveren*** ⇒*een duit in het zakje doen* **0.3** ***een geestige opmerking maken.***
ad lib[4] ⟨f1⟩⟨bw.⟩⟨inf.⟩ **0.1** ***ad libitum*** ⇒*naar believen/goedvinden, onbeperkt* **0.2** ***onvoorbereid*** ⇒*geïmproviseerd, voor de vuist* ◆ **3.1** you can drink ~ today *vandaag kun je drinken zoveel je wil* **3.2** he spoke ~ *hij sprak uit het blote hoofd.*
ad lib·i·tum ['æd 'lɪbɪt̬əm]⟨bw.⟩⟨muz.⟩ **0.1** ***ad libitum*** ⇒*naar goedvinden.*
adm ⟨afk.⟩ administrative, administrator.
Adm ⟨afk.⟩ admiral, admiralty.
ad·man ['ædmæn]⟨telb.zn.; admen [-men];→mv.3⟩⟨inf.⟩ **0.1** ***reclameman*** ⇒*reclamejongen.*
'ad·mass ⟨n.-telb.zn.⟩⟨vnl. AE; BE inf., pej.⟩ **0.1** ***massareclame*** **0.2** ***massa*** ⇒*grote publiek* ⟨als doelgroep voor reclame⟩.
ad·meas·ure [əd'meʒə‖-ər]⟨ov.ww.⟩ **0.1** ***toemeten*** ⇒*toebedelen, verdelen.*
ad·meas·ure·ment [əd'meʒəmənt‖-ʒər-]⟨n.-telb.zn.⟩ **0.1** ***toemeting.***
ad·min[1] ['ædmɪn]⟨n.-telb.zn.⟩⟨verk.⟩ administration ⟨inf.⟩ **0.1** ***administratie.***
admin[2] ⟨afk.⟩ administration, administrator.
ad·min·is·ter [əd'mɪnɪstə‖-ər], **ad·min·is·trate** [-streɪt]⟨f2⟩⟨ww.⟩
I ⟨onov.ww.⟩ **0.1** ***het beheer voeren*** ⇒*het bestuur waarnemen;*
II ⟨ov.ww.⟩ **0.1** ***beheren*** ⇒*administreren, besturen, leiden* **0.2** ***toepassen*** ⇒*uitvoeren* **0.3** ***toedienen*** ⇒*uitreiken, verschaffen, bezorgen* ◆ **1.1** ~ an estate *een nalatenschap/bezit beheren* **1.2** ~ justice *rechtspreken;* ~ the law *de wet uitvoeren/toepassen* **1.3** ~ help to s.o. *iem. hulp verlenen;* ~ heavy losses to the enemy *de vijand zware verliezen toebrengen;* ~ a medicine to s.o. *iem. een medicijn toedienen;* ~ a punishment to s.o. *iem. een straf opleggen/geven;* ⟨R.-K.⟩ ~ the last sacraments to s.o. *iem. de laatste sacramenten toedienen.*
ad·min·is·tra·ble [əd'mɪnɪstrəbl]⟨bn.⟩ **0.1** ***bestuurbaar*** **0.2** ***toepasbaar*** ⇒*uitvoerbaar* **0.3** ***toedienbaar.***
ad·min·is·tra·tion [əd'mɪnɪ'streɪʃn]⟨f3⟩⟨zn.⟩
I ⟨telb.zn.⟩⟨AE⟩ **0.1** ⟨vaak A-⟩ ***regering*** ⇒*bestuur* **0.2** ***ambtsperiode/termijn/tijd*** ◆ **1.2** the ~ of the previous President *de ambtsperiode v.d. vorige president;*
II ⟨n.-telb.zn.⟩ **0.1** ***beheer*** ⇒*administratie, bestuur, leiding* **0.2** ***beleid*** ⇒*politiek* ⟨v.e. land⟩ **0.3** ***toediening*** ⇒*uitreiking, verschaffing, verlening* **0.4** ***toepassing*** ⇒*uitvoering* ◆ **1.1** the ~ of an estate *het beheer v.e. nalatenschap/bezit;* ⟨jur.⟩ letters of ~ *machtiging tot beheer v.d. nalatenschap v.e. intestaat* ⟨overledene zonder testament⟩ **1.3** ~ of justice *rechtsbedeling* **1.¶** ~ of an oath *afneming v.e. eed.*
admini'stration aide ⟨telb.zn.⟩ **0.1** ***regeringsmedewerker.***
ad·min·is·tra·tive [əd'mɪnɪstrətɪv‖-streɪt̬ɪv]⟨f3⟩⟨bn.: -ly⟩ **0.1** ***administratief*** ⇒*beheers-, bestuurs-.*
ad·min·is·tra·tor [əd'mɪnɪstreɪtə‖-streɪt̬ər]⟨f2⟩⟨telb.zn.⟩ **0.1** ***administrateur*** ⇒*beheerder, bestuurder, leider* **0.2** ***organisator*** **0.3** ***uitvoerder*** ⇒*executeur* ◆ **1.1** the ~ of s.o.'s property *de beheerder v. iemands bezit.*

ad·min·is·tra·trix [əd'mɪnɪ'streɪtrɪks]⟨telb.zn.; administratrices [-'streɪtrəsi:z]; →mv.5⟩ **0.1** ***administratrice*** ⇒*beheerster, bestuurster, leidster* **0.2** ***organisatrice*** **0.3** ***uitvoerster***.

ad·mi·ra·ble ['ædmrəbl]⟨f3⟩⟨bn.; -ly; -ness; →bijw.3⟩ **0.1** ***bewonderenswaard(ig)*** **0.2** ***voortreffelijk*** ⇒*excellent, uitstekend, heerlijk* ◆ **1.¶** an Admirable Crichton *een veelzijdig talent* ⟨naar 16e-eeuws Schots universeel genie⟩.

ad·mi·ral ['ædmrəl]⟨f2⟩⟨telb.zn.⟩ **0.1** ***admiraal*** ⇒*vlagofficier, vlootvoogd* **0.2** ***admiraal*** ⇒*admiraals/vlaggeschip* **0.3** ⟨A-⟩ ⟨mil.⟩ ***Admiraal*** ⟨op één na hoogste rang bij de Am., Britse, Canadese marine⟩ **0.4** ⟨dierk.⟩ ***admiraal(vlinder)*** ⟨genus Vanessa, Limenitis⟩ ◆ **1.3** Admiral of the Fleet *opperadmiraal* ⟨hoogste rang bij de Britse en Canadese marine⟩ **2.3** Lord High Admiral *Lord High Admiral* ⟨eretitel v.d. Engelse soeverein⟩ **2.4** red ~ *admiraal(vlinder), nummervlinder, atalanta* ⟨Vanessa atalanta⟩; white ~ *admiraal(vlinder)* ⟨Limenitis arthemis⟩.

ad·mi·ral·ty ['ædmrəlti]⟨f2⟩⟨zn.; →mv.2⟩

I ⟨telb.zn.⟩⟨jur.⟩ **0.1** ***admiraliteit*** ⇒*admiraliteitshof, hof voor maritieme kwesties;*

II ⟨n.-telb.zn.⟩ **0.1** ⟨jur.⟩ ***zeerecht*** ⇒*maritiem recht* **0.2** ⟨A-; the⟩ ***Admiraliteit(sgebouw)*** ◆ **1.1** court of ~ *admiraliteitshof, hof voor maritieme kwesties;*

III ⟨verz.n.; A-⟩⟨BE⟩ **0.1** ***Admiraliteit*** ⟨bestuurscollege v.d. Britse marine⟩ ◆ **1.1** Board of Admiralty *Admiraliteit(scollege);* ⟨gesch.⟩ High Court of Admiralty *Admiraliteitshof;* (First) Lord of the Admiralty *hoofd v.d. Admiraliteit;* ⟨ong.⟩ *Minister v. Marine;* Lords/Commissioners of the Admiralty *leden v.d. Admiraliteit*.

'Admiralty Board ⟨verz.n.⟩⟨BE⟩ **0.1** ***Admiraliteit*** ⟨bestuurscollege v.d. Britse marine⟩.

'admiralty court ⟨telb.zn.⟩ **0.1** ***admiraliteitshof*** ⇒*hof voor maritieme kwesties*.

'Admiralty mile ⟨telb.zn.⟩ **0.1** ***zeemijl*** ⟨1853,18 m⟩.

ad·mi·ra·tion ['ædmɪ'reɪʃn]⟨f3⟩⟨zn.⟩

I ⟨telb.zn.⟩ **0.1** ***voorwerp v. bewondering*** ◆ **1.1** he is the ~ of all girls *alle meisjes bewonderen hem/liggen aan zijn voeten;*

II ⟨n.-telb.zn.⟩ **0.1** ***bewondering*** ⇒*eerbied, respect* **0.2** ⟨vero.⟩ ***verwondering*** ⇒*verbazing* ◆ **6.1** to ~ *wondermooi, prachtig*.

ad·mire [əd'maɪə‖-ər]⟨f3⟩⟨ww.⟩ →admiring

I ⟨onov.ww.⟩ **0.1** ***in bewondering staan*** **0.2** ⟨AE; gew.⟩ ***graag willen;***

II ⟨ov.ww.⟩ **0.1** ***bewonderen*** ⇒*respecteren, vereren* **0.2** ⟨inf.⟩ ***loven*** ⇒*prijzen, de lof zingen van* **0.3** ⟨vero.⟩ ***verbaasd zijn over*** ◆ **1.2** he ~d her baby *hij complimenteerde haar met haar baby*.

ad·mir·er [əd'maɪrə‖-ər]⟨f2⟩⟨telb.zn.⟩ **0.1** ***bewonderaar*** ⇒*aanbidder*.

ad·mir·ing [əd'maɪərɪŋ]⟨f1⟩⟨bn.; teg. deelw. v. admire; -ly⟩ **0.1** ***bewonderend*** ⇒*lovend, vol bewondering/lof*.

ad·mis·si·bil·i·ty [əd'mɪsɪ'bɪləṭi]⟨n.-telb.zn.⟩ **0.1** ***aannemelijkheid*** ⇒*aanvaardbaarheid* **0.2** ***toelaatbaarheid*** ⇒*geoorloofdheid*.

ad·mis·si·ble [əd'mɪsəbl]⟨bn.; -ly; -ness; →bijw.3⟩ **0.1** ***aannemelijk*** ⇒*aanvaardbaar, acceptabel* **0.2** ***geoorloofd*** ⟨ook jur.⟩ ⇒*toelaatbaar* ◆ **1.2** ~ piece of evidence *geoorloofd bewijsstuk* **6.1** be ~ **to** an office *voor een ambt in aanmerking komen/kandidaat zijn*.

ad·mis·sion [əd'mɪʃn]⟨f3⟩⟨zn.⟩

I ⟨telb.zn.⟩ **0.1** ***erkenning*** ⇒*bekentenis, toegeving* ◆ **1.1** an ~ of guilt *een schuldbekentenis* **6.1** **by/on** s.o.'s own ~ *naar iem. zelf erkent/toegeeft;*

II ⟨telb. en n.-telb.zn.⟩ **0.1** ***toelating*** ⇒*aanneming, aanvaarding* **0.2** ***benoeming*** ⇒*aanstelling* ◆ **6.2** his ~ **to** that office *zijn benoeming in dat ambt;*

III ⟨n.-telb.zn.⟩ **0.1** ***toegang*** ⇒*toegangsgeld/prijs, entree*.

ad·mis·sive [əd'mɪsɪv]⟨bn.⟩ **0.1** ***toegevend*** ⇒*inschikkelijk, lankmoedig*.

ad·mit [əd'mɪt]⟨f3⟩⟨ww.; →ww.7⟩ →admitted

I ⟨onov.ww.⟩ **0.1** ***toelaten*** ⇒*de mogelijkheid openlaten, ruimte laten* **0.2** ***toegang geven*** ⇒*leiden* **0.3** ⟨schr.⟩ ***erkennen*** ⇒*toegeven, bekennen* ◆ **6.1** these facts ~ **of** one interpretation only *deze feiten zijn maar voor één interpretatie vatbaar* **6.2** this door ~s **to** the living-room *deze deur leidt naar de woonkamer;* this ticket ~s **to** the concert *dit kaartje geeft toegang tot het concert* **6.3** he ~s **to** knowing him *hij geeft toe dat hij hem kent;*

II ⟨ov.ww.⟩ **0.1** ***binnenlaten*** ⇒*toegang geven, toelaten* **0.2** ***aanvaarden*** ⇒*aannemen, accepteren* **0.3** ***toelaten*** ⇒*mogelijk maken* **0.4** ***erkennen*** ⇒*toegeven, bekennen* **0.5** ***groot genoeg zijn voor*** ◆ **1.3** his statement ~s one interpretation *zijn verklaring is voor één interpretatie vatbaar* **1.5** the hall ~s 2,000 people *de zaal kan 2000 mensen herbergen* **3.4** he ~ted having lied *hij gaf toe dat hij gelogen had;* he ~ted it to be a lie *hij gaf toe dat het een leugen was* **6.1** ~ **in(to)/to** the theatre *in het theater binnenlaten;* ~ted **to** hospital *in het ziekenhuis opgenomen*.

ad·mit·tance [əd'mɪtns]⟨f1⟩⟨n.-telb.zn.⟩ **0.1** ***toegang*** ⇒*toelating* **0.2** ⟨elek.⟩ ***admittantie*** ◆ **3.1** be refused ~ *de toegang geweigerd worden* **7.1** no ~ *geen toegang, toegang verboden*.

ad·mit·ted [əd'mɪṭɪd]⟨f2⟩⟨bn.; oorspr. volt. deelw. v. admit⟩

I ⟨bn.⟩ **0.1** ***toegelaten;***

II ⟨bn., attr.⟩ **0.1** ***(algemeen) erkend/aanvaard*** **0.2** ***zoals hij/zij zelf erkent/toegeeft*** ⇒*naar zijn eigen zeggen* ◆ **1.1** it is an ~ truth *het is een algemeen erkende/aanvaarde waarheid* **1.2** he is an ~ thief *hij erkent zelf een dief te zijn*.

ad·mit·ted·ly [əd'mɪṭɪdli]⟨bw.⟩ **0.1** ***toegegeven*** ◆ **¶.1** ~, that is true *toegegeven, dat is waar;* it is, ~, a major problem ... *het is weliswaar een groot probleem ...*.

ad·mix [əd'mɪks]⟨ww.⟩

I ⟨onov.ww.⟩ **0.1** ***zich vermengen*** ⇒*een mengsel vormen;*

II ⟨ov.ww.⟩ **0.1** ***toevoegen*** ⇒*bijvoegen* **0.2** ***mengen*** ◆ **6.2** ~ wine **with** water *wijn met water vermengen*.

ad·mix·ture [əd'mɪkstʃə‖-ər]⟨f1⟩⟨zn.⟩

I ⟨telb.zn.⟩ **0.1** ***toevoegsel*** ⇒*additief* **0.2** ***mengsel*** ⇒*mengeling, verbinding;*

II ⟨n.-telb.zn.⟩ **0.1** ***vermenging*** ⇒*mengeling*.

ad·mon·ish [əd'mɒnɪʃ‖-'mɑ-]⟨f1⟩⟨ov.ww.⟩ **0.1** ***waarschuwen*** ⇒*vermanen, berispen* **0.2** ***aanmanen*** ⇒*aansporen, oproepen* ◆ **3.2** he ~ed them not to smoke *hij riep hen op om niet te roken* **6.1** ~ **against/of** smoking *waarschuwen voor het roken;* ~ the children **for** their bad manners *de kinderen berispen om hun slechte manieren* **8.2** he ~ed him that he should come *hij spoorde hem aan om te komen*.

ad·mon·ish·ment [əd'mɒnɪʃmənt‖-'mɑ-]⟨telb. en n.-telb.zn.⟩ **0.1** ***aanmaning*** ⇒*aansporing, oproep* **0.2** ***waarschuwing*** ⇒*vermaning*.

ad·mo·ni·tion ['ædmə'nɪʃn]⟨f1⟩⟨telb. en n.-telb.zn.⟩ **0.1** ***waarschuwing*** ⇒*vermaning* **0.2** ***aanmaning*** ⇒*aansporing, oproep*.

ad·mon·i·to·ry [əd'mɒnɪtri‖əd'mɑnɪtɔri]⟨bn., attr.⟩ **0.1** ***waarschuwend*** ◆ **1.1** an ~ look *een vermanende blik*.

ad nau·se·am ['æd'nɔ:zɪəm, -iæm]⟨bw.⟩ **0.1** ***tot vervelens/walgens toe***.

ad·nom·i·nal ['æd'nɒmɪnl‖-'nɑ-]⟨bn.; -ly⟩⟨taalk.⟩ **0.1** ***adnominaal*** ⇒*bijvoeglijk*.

a·do [ə'du:]⟨f1⟩⟨n.-telb.zn.⟩⟨→sprw.474⟩ **0.1** ***drukte*** ⇒*ophef, omslag* ◆ **6.1** **without** much/more/further ~ *zonder omhaal/veel drukte, in stilte* **7.1** much ~ about nothing *veel geschreeuw en weinig wol, koude drukte*.

a·do·be [ə'doʊbi]⟨f1⟩⟨zn.⟩

I ⟨telb.zn.⟩ **0.1** ***adobeconstructie/gebouw;***

II ⟨telb. en n.-telb.zn.⟩ **0.1** ***adobe*** ⟨bouwsteen⟩;

III ⟨n.-telb.zn.⟩ **0.1** ***steenklei*** ⟨voor adobe⟩.

ad·o·les·cence ['ædə'lesns]⟨f2⟩⟨n.-telb.zn.⟩ **0.1** ***adolescentie*** ⇒*jongelings/jongemeisjesjaren*.

ad·o·les·cent[1] ['ædə'lesnt]⟨f2⟩⟨telb.zn.⟩ **0.1** ***puber*** ⇒*tiener, teenager, adolescent*.

adolescent[2] ⟨f2⟩⟨bn.⟩ **0.1** ***opgroeiend*** **0.2** ***puberachtig***.

A·don·is [ə'doʊnɪs]⟨eig.n., telb.zn.⟩ **0.1** ***Adonis*** ⇒*adonis, mooie knaap*.

a·dopt [ə'dɒpt‖ə'dɑpt]⟨f3⟩⟨ov.ww.⟩ **0.1** ***adopteren*** ⇒*aannemen, (uit)kiezen* **0.2** ***aannemen*** ⇒*overnemen, adopteren* **0.3** ***aannemen*** ⇒*gebruiken, toepassen* **0.4** ***aannemen*** ⇒*aanvaarden, goedkeuren* **0.5** ***als handboek nemen*** ⟨voor cursus⟩ **0.6** ⟨BE⟩ ***onderhouden*** ⟨wegen, e.d.⟩ ◆ **1.2** ~ the air of a hero *de houding v.e. held aannemen;* ~ an idea *een idee overnemen/adopteren* **1.3** ~ modern techniques *nieuwe technieken toepassen* **1.4** ~ a proposal *een voorstel aanvaarden* **5.¶** ⟨AE⟩ ~ **out** *voor adoptie vrijgeven* **6.1** ~ **as** a child *als kind adopteren;* ~ **as** a friend *tot vriend nemen*.

a·dopt·a·ble [ə'dɒptəbl‖ə'dɑp-]⟨bn.⟩ **0.1** ***adopteerbaar*** **0.2** ***bruikbaar*** **0.3** ***aanvaardbaar***.

a·dop·tee ['ædɒp'ti:‖'ædɑp'ti:]⟨telb.zn.⟩ **0.1** ***geadopteerd kind*** ⇒*adoptiefkind, pleegkind*.

a·dop·tion [ə'dɒpʃn‖ə'dɑpʃn]⟨f2⟩⟨telb. en n.-telb.zn.⟩ **0.1** ***adoptie*** ⇒*aanneming* **0.2** ***aanneming*** ⇒*het aannemen/overnemen* **0.3** ***gebruik*** ⇒*toepassing* **0.4** ***aanvaarding*** ⇒*goedkeuring, aanneming* ◆ **1.1** Canada is now his country of ~ *Canada is nu zijn nieuwe vaderland*.

a·dop·tive [ə'dɒptɪv‖ə'dɑp-]⟨bn., attr.; -ly⟩ **0.1** ***adoptief*** ⇒*aangenomen, pleeg-* ◆ **1.1** an ~ child *een geadopteerd kind, een pleegkind;* ~ parents *pleeg/adoptiefouders*.

a·dor·able [ə'dɔ:rəbl]⟨f1⟩⟨bn.; -ly; →bijw.3⟩ **0.1** ***aanbiddelijk*** ⇒*aanbiddenswaardig* **0.2** ⟨inf.⟩ ***aanbiddelijk*** ⇒*beminnelijk, schattig*.

ad·o·ra·tion ['ædə'reɪʃn]⟨f1⟩⟨n.-telb.zn.⟩ **0.1** ***aanbidding*** ⇒*verering, adoratie* **0.2** ***genegenheid*** ⇒*liefde, verering*.

a·dore [ə'dɔ:‖ə'dɔr]⟨f2⟩⟨ov.ww.⟩ →adoring **0.1** ***aanbidden*** ⇒*bewonderen, adoreren, vereren, beminnen* **0.2** ⟨relig.⟩ ***aanbidden***

⇒*vereren, vergoden, vergoddelijken* **0.3** ⟨inf.⟩ ***dol zijn op*** ⇒*houden van.*

a·do·rer [ə'dɔ:rə‖ə'dɔrər]⟨telb.zn.⟩ **0.1** ***aanbidder*** ⇒*vereerder, bewonderaar.*

a·dor·ing [ə'dɔ:rɪŋ]⟨f1⟩⟨bn., attr.; teg. deelw. v. adore; -ly⟩ **0.1** ***bewonderend*** ⇒*vererend, liefdevol.*

a·dorn [ə'dɔ:n‖ə'dɔrn]⟨f2⟩⟨ov.ww.⟩ **0.1** ***versieren*** ⇒*mooi maken, opschikken, tooien, decoreren.*

a·dorn·ment [ə'dɔ:nmənt‖-'dɔrn-]⟨telb. en n.-telb.zn.⟩ **0.1** ***versiering*** ⇒*opschik, tooi(sel), decoratie.*

a·down[1] [ə'daʊn]⟨bw.⟩⟨vero.⟩ **0.1** ⟨plaats en richting⟩ ***neder*** ◆ **3.1** they lay ~ *zij legden zich neder.*

adown[2] ⟨vz.⟩⟨vero.⟩ **0.1** ⟨plaats en richting⟩ ***af*** ⇒*langs ... neder* ◆ **1.1** she gazed ~ the valley *zij keek in het dal neder.*

ADP ⟨afk.⟩ adenosine diphosphate, automatic data processing.

ad rem ['æd 'rem]⟨bn.; bw.⟩ **0.1** ***ad rem*** ⇒*terzake* ◆ **1.1** an ~ remark *een rake opmerking.*

ad·re·nal[1] [ə'dri:nl]⟨telb.zn.⟩⟨anat.⟩ **0.1** ***bijnier.***

adrenal[2] ⟨bn., attr.⟩⟨anat.⟩ **0.1** ***bijnier-*** ◆ **1.1** ~ glands *bijnieren.*

ad·ren·a·lin(e) [ə'drenəlɪn]⟨n.-telb.zn.⟩⟨bioch.⟩ **0.1** ***adrenaline*** ⇒⟨fig.⟩ *stimulans, prikkel, oppepper.*

ad·re·no·cor·ti·co·trop·ic [ə'dri:noʊ'kɔ:tɪkoʊ'trɒpɪk‖ə'dri:nə'kɔrtɪkə'trɑpɪk], **ad·re·no·cor·ti·co·troph·ic** [-'trɒfɪk‖-'troʊfɪk]⟨bn., attr.⟩⟨bioch.⟩ **0.1** ***adrenocorticotroop.***

A·dri·at·ic ['eɪdri'ætɪk]⟨bn.⟩ **0.1** ***Adriatisch*** ◆ **1.1** the ~ Sea *de Adriatische Zee.*

a·drift[1] [ə'drɪft]⟨f1⟩⟨bn., pred., bn., post.⟩ **0.1** ***op drift*** ⇒*driftig* **0.2** ***stuurloos*** ⇒*losgeslagen* ⟨ook lett.⟩, *hulpeloos, doelloos* ◆ **1.2** help people ~ *stukgelopen mensen helpen.*

adrift[2] ⟨f1⟩⟨bw.⟩ **0.1** ***op drift*** ⇒*driftig* **0.2** ***stuurloos*** ⇒*losgeslagen* ⟨ook lett.⟩, *hulpeloos, doelloos* ◆ **3.1** cut a boat ~ from its moorings *de meerkabels van een boot doorhakken* **3.2** turn/cast s.o. ~ *iem. de woestijn in sturen;* the project went ~ *het project ging de mist in/liep spaak.*

a·droit [ə'drɔɪt]⟨f1⟩⟨bn.; -ly; -ness⟩ **0.1** ***handig*** ⇒*bijdehand, pienter, gevat* ◆ **6.1** be ~ **at/in** carpentering *handig zijn in het timmeren, goed kunnen timmeren.*

ad·sci·ti·tious ['ædsɪ'tɪʃəs]⟨bn.⟩ **0.1** ***bijkomstig*** ⇒*extrinsiek, ontleend* **0.2** ***bijkomend*** ⇒*aanvullend, supplementair.*

adscription →ascription.

ad·sorb [æd'sɔ:b‖-'sɔrb]⟨ov.ww.⟩⟨nat.⟩ **0.1** ***adsorberen.***

ad·sor·bate [æd'sɔ:bət‖-'sɔr-]⟨telb.zn.⟩⟨nat.⟩ **0.1** ***geadsorbeerde stof.***

ad·sor·bent[1] [æd'sɔ:bənt‖-'sɔr-]⟨telb.zn.⟩⟨nat.⟩ **0.1** ***adsorbens.***

adsorbent[2] ⟨bn.⟩⟨nat.⟩ **0.1** ***adsorberend.***

ad·sorp·tion [æd'sɔ:pʃn‖-'sɔr-]⟨n.-telb.zn.⟩⟨nat.⟩ **0.1** ***adsorptie.***

ad·sum ['ædsʌm]⟨tussenw.⟩ **0.1** ***aanwezig*** ⟨bij naamafroeping⟩ ⇒*present.*

ad·u·late ['ædʒʊleɪt‖'ædʒə-]⟨ov.ww.⟩⟨schr.⟩ **0.1** ***ophemelen*** ⇒*bewieroken, kruiperig vleien, aduleren.*

ad·u·la·tion ['ædʒʊ'leɪʃn‖'ædʒə-]⟨n.-telb.zn.⟩ **0.1** ***bewieroking*** ⇒*ophemeling, pluimstrijkerij.*

ad·u·la·tor ['ædʒʊleɪtə‖'ædʒəleɪtər]⟨telb.zn.⟩ **0.1** ***pluimstrijker*** ⇒*kruiper, vleier.*

ad·u·la·to·ry ['ædʒʊ'leɪtri‖'ædʒələtɔri]⟨bn.⟩ **0.1** ***vleierig*** ⇒*kruiperig.*

A·dul·la·mite [ə'dʌləmaɪt]⟨telb.zn.⟩⟨vnl. BE; pol.⟩ **0.1** ***dissident.***

a·dult[1] ['ædʌlt‖ə'dʌlt]⟨f3⟩⟨telb.zn.⟩ **0.1** ***volwassene*** **0.2** ***volwassen/volgroeid dier*** **0.3** ***volwassen/volgroeide plant*** **0.4** ⟨jur.⟩ ***meerderjarige*** ◆ **3.¶** ⟨euf.⟩ consenting ~ *meerderjarige (homoseksueel).*

adult[2] ⟨f3⟩⟨bn.; -ly; -ness⟩

I ⟨bn.⟩ **0.1** ***volwassen*** ⇒*volgroeid, rijp, adult* **0.2** ⟨jur.⟩ ***meerderjarig*** ◆ **1.1** ~ courses *cursussen voor volwassenen;* ~ education *volwassenenonderwijs;* in his ~ life *als volwassene, in zijn volwassenheid;*

II ⟨bn., attr.⟩⟨euf.⟩ **0.1** ***porno-*** ◆ **1.1** ~ bookstore *pornoshop;* ~ movie *pornofilm.*

a·dul·ter·ant[1] [ə'dʌltrənt]⟨telb.zn.⟩ **0.1** ***vervalsmiddel*** ⟨vnl. bij levensmiddelen⟩.

adulterant[2] ⟨bn.⟩ **0.1** ***vervalsend.***

a·dul·ter·ate[1] [ə'dʌltrət]⟨bn.⟩ **0.1** ***overspelig*** **0.2** ***vervalst*** ⇒*onecht, nagemaakt, bastaard-.*

adulterate[2] [ə'dʌltəreɪt]⟨ov.ww.⟩ **0.1** ***vervalsen*** ⇒*versnijden* ◆ **6.1** ~ wine **with** grape juice *wijn met druivesap aanlengen.*

a·dul·ter·a·tion [ə'dʌltə'reɪʃn]⟨telb. en n.-telb.zn.⟩ **0.1** ***vervalsing*** ⟨vnl. v. levensmiddelen⟩.

a·dul·ter·a·tor [ə'dʌltəreɪtə‖-reɪtər]⟨telb.zn.⟩ **0.1** ***vervalser.***

a·dul·ter·er [ə'dʌltrə‖-ər]⟨telb.zn.⟩ **0.1** ***overspelige (man)*** ⇒*echtbreker.*

a·dul·ter·ess [ə'dʌltrɪs]⟨telb.zn.⟩ **0.1** ***overspelige (vrouw)*** ⇒*echtbreekster.*

a·dul·ter·ine [ə'dʌltəri:n]⟨bn.⟩ **0.1** ***overspelig*** ⇒*onwettig, bastaard-* **0.2** ***vervalst*** ⇒*onecht, nagemaakt* **0.3** ***onwettig*** ⇒*illegaal* ◆ **1.1** an ~ child *een onecht kind.*

a·dul·ter·ous [ə'dʌltrəs]⟨bn.; -ly⟩ **0.1** ***overspelig.***

a·dul·te·ry [ə'dʌltəri]⟨f2⟩⟨telb. en n.-telb.zn.; →mv.2⟩ **0.1** ***overspel*** ⇒*echtbreuk, overspeligheid* **0.2** ⟨bijb.⟩ ***ontucht*** **0.3** ⟨bijb.⟩ ***afgoderij*** ⇒*afgodendienst.*

a·dult·hood ['ædʌlthʊd‖ə'dʌltʊd]⟨f1⟩⟨n.-telb.zn.⟩ **0.1** ***volwassenheid*** ⇒*volwassen leeftijd, volgroeidheid, meerderjarigheid.*

ad·um·brate ['ædəmbreɪt]⟨ov.ww.⟩ **0.1** ***afschaduwen*** ⇒*flauw afschetsen, een vage voorstelling geven van* **0.2** ***prefigureren*** ⇒*vaag aankondigen/voorspellen* **0.3** ***beschaduwen*** ⇒*overschaduwen, verduisteren.*

ad·um·bra·tion ['ædəm'breɪʃn]⟨telb. en n.-telb.zn.⟩ **0.1** ***afschaduwing*** ⇒*flauwe schets* **0.2** ***voorafschaduwing*** ⇒*voorafbeelding, prefiguratie, vage aankondiging* **0.3** ***beschaduwing*** ⇒*verduistering.*

ad·um·bra·tive [ə'dʌmbrətɪv]⟨bn.; -ly⟩ **0.1** ***afschaduwend*** ⇒*als een vage voorstelling* **0.2** ***voorafschaduwend*** ⇒*voorafbeeldend, prefigurerend* **0.3** ***beschaduwend*** ⇒*verduisterend.*

a·dust [ə'dʌst]⟨bn.⟩⟨vero.⟩ **0.1** ***verschroeid*** ⇒*(door de zon) verbrand* **0.2** ***somber*** ⇒*melancholisch.*

adv ⟨afk.⟩ adverb, adverbial, advertisement, advice.

ad va·lo·rem ['ædvə'lɔ:rem]⟨bn., attr.⟩⟨hand.⟩ **0.1** ***ad valorem*** ⇒*naar (geschatte) waarde/prijs* ◆ **1.1** ~ duties *waarderechten.*

ad·vance[1] [əd'vɑ:ns‖əd'væns]⟨f3⟩⟨zn.⟩

I ⟨telb.zn.⟩ **0.1** ***voorschot*** ⇒*vooruitbetaling, avance* **0.2** ***lening*** ⇒*levering op krediet* **0.3** ⟨schr.⟩ ***opslag*** ⇒*stijging, verhoging* ⟨v. prijs⟩ **0.4** ⟨vnl. mv.⟩ ***avance*** ⇒*eerste stappen, toenadering* ◆ **3.4** make ~ (to) *toenadering zoeken (tot), avances doen/maken;*

II ⟨telb. en n.-telb.zn.⟩ **0.1** ***vooruitgang*** ⟨ook fig.⟩ ⇒*voortgang/schrijding, opmars, vordering, ontwikkeling* ◆ **6.1 in** ~ *vooraf, van te voren* ⟨tijd⟩; *vooruit, voorop* ⟨ruimte⟩; he spent the money **in** ~ *hij gaf het geld uit bij voorbaat/voor hij het had;* he ran 20 yards **in** ~ *hij liep/lag 20 yards voor;* **in** ~ **of** his age *zijn tijd vooruit.*

advance[2] ⟨f2⟩⟨bn., attr.⟩ **0.1** ***vooraf*** ⇒*van te voren, bij voorbaat* ◆ **1.1** ~ booking *reservering (vooraf);* ~ copy *voorpublikatie;* ⟨mil.⟩ ~ guard/party *voorhoede, voorwacht, voorpost;* ~ man *voorbereider, vooruitgestuurd medewerker* ⟨ter voorbereiding v. bezoek/optreden v. prominent figuur, i.h.b. politicus⟩.

advance[3] ⟨f3⟩⟨ww.⟩ →advanced

I ⟨onov.ww.⟩ **0.1** ***vooruitgaan*** ⇒*voortbewegen/gaan/komen/schrijden, vorderen, vooruitgang boeken, vorderingen maken* **0.2** ***promotie maken*** ⇒*bevorderd/verhoogd worden* **0.3** ⟨schr.⟩ ***opslaan*** ⇒*stijgen* ⟨v. prijs⟩ ◆ **6.1** the troops ~d **against/(up)on** the enemy *de troepen naderden/rukten op naar de vijand;* he carefully ~d **towards** the door *hij bewoog zich behoedzaam in de richting v.d. deur;*

II ⟨ov.ww.⟩ **0.1** ***vooruitbewegen*** ⇒*vooruitbrengen/schuiven/zetten* **0.2** ***promoveren*** ⇒*bevorderen, verhogen (in rang)* **0.3** ***bevorderen*** ⇒*begunstigen, steunen* ⟨plan⟩ **0.4** ***naar voren brengen*** ⇒*aanvoeren, te berde brengen* **0.5** ***vervroegen*** ⇒*verhaasten* **0.6** ***voorschieten*** ⇒*vooruitbetalen* **0.7** ***lenen*** ⇒*op krediet leveren* **0.8** ⟨schr.⟩ ***opslaan*** ⇒*verhogen* ⟨prijs⟩ ◆ **1.4** ~ one's opinion *zijn mening naar voren brengen* **1.5** ~ the date of a meeting *de datum v.e. vergadering vervroegen* **6.2** ~ s.o. **to** a higher position *iem. bevorderen.*

ad·vanced [əd'vɑ:nst‖əd'vænst]⟨f2⟩⟨bn.; oorspr. volt. deelw. v. advance⟩ **0.1** ***(ver)gevorderd*** **0.2** ***geavanceerd*** ⇒*modern, vooruitstrevend* ◆ **1.1** ⟨BE⟩ the ~ level *toelatingsexamen voor hoger onderwijs;* ~ supplementary level ⟨BE⟩ *A/S-examen (niveau)* ⟨vanaf 1989 nemen VWO-eindexamenkandidaten 2 vakken op A-niveau en 2 op A/S-niveau, i.p.v. 3 op A-niveau⟩; ⟨AE⟩ ~ standing *statuut waarbij aan 'college'-student vrijstellingen verleend worden;* ~ studies *gevorderde studies, studies voor gevorderden;* ⟨schr.⟩ ~ in years *van gevorderde/hoge leeftijd* **1.2** ~ civilization *hoogontwikkelde beschaving;* ~ ideas *geavanceerde/progressieve ideeën.*

ad·vance·ment [əd'vɑ:nsmənt‖əd'væns-]⟨f2⟩⟨telb. en n.-telb.zn.⟩ **0.1** ***vordering*** ⇒*het vooruitbewegen* **0.2** ***bevordering*** ⇒*verbetering, vooruitgang* **0.3** ***promotie*** ⇒*bevordering* **0.4** ***vooruitbetaling*** ⇒*voorschot.*

ad'vance 'notice ⟨telb. en n.-telb.zn.⟩ **0.1** ***vooraankondiging*** ◆ **1.1** ~ of new publications *vooraankondiging v. nieuwe publikaties.*

ad·van·tage[1] [əd'vɑ:ntɪdʒ‖əd'væntɪdʒ]⟨f3⟩⟨zn.⟩

I ⟨telb.zn.⟩ **0.1** ***voordeel*** ⇒*gunstige omstandigheid* **0.2** ***overwicht*** ⇒*superioriteit* ◆ **3.1** gain/win an ~ over s.o. *een voordeel behalen op iem.;* give s.o. an ~ over *iem. een voordeel geven op;* have the ~ of/over s.o./sth. *iets voorhebben op iem./iets;* ⟨BE⟩ you have the ~ of me *u weet meer dan ik;* ⟨i.h.b.⟩ *u kent mij, maar ik*

ken u niet **3.2** get the ~ *de bovenhand krijgen;*
II ⟨n.-telb.zn.⟩ **0.1** ***voordeel*** ⇒*baat, nut, profijt, winst* **0.2** ⟨tennis⟩ ***advantage*** ⇒*voordeel* ⟨eerste punt na 40 gelijk⟩ ◆ **3.1** be/prove to s.o.'s ~ *voordelig/nuttig zijn voor iem.;* take ~ of s.o. *iem. te slim af zijn/beetnemen/uitbuiten; iem. verleiden;* take (full) ~ of sth. *(gretig) gebruik/misbruik maken van iets;* turn sth. to ~ *zijn voordeel met iets doen, van iets profiteren* **5.2** ~ **in** *advantage/voordeel voor de server/serveerder;* ~ **out** *advantage/voordeel voor de speler die de service terugslaat/ontvanger* **6.1 to** s.o.'s ~ *in iemands voordeel;* the sculpture shows **to** better/the best ~ from this angle *de sculptuur komt beter/het best uit vanuit deze hoek.*

advantage[2] ⟨ov.ww.⟩ **0.1** ***bevoordelen*** ⇒*begunstigen, bevorderen* **0.2** ***tot voordeel strekken*** ⇒*nuttig zijn voor.*

ad'vantage law ⟨telb.zn.; the⟩ ⟨rugby⟩ **0.1** ***voordeelregel.***

ad·van·ta·geous ['ædvən'teɪdʒəs]⟨f1⟩⟨bn.; -ly; -ness⟩ **0.1** ***voordelig*** ⇒*nuttig, gunstig* **0.2** ***winstgevend.***

ad'vantage rule ⟨telb.zn.⟩ ⟨sport⟩ **0.1** ***voordeelregel*** ◆ **3.1** play the ~ *de voordeelregel toepassen.*

ad·vec·tion [æd'vekʃn]⟨n.-telb.zn.⟩⟨meteo.⟩ **0.1** ***advectie.***

ad'vection 'fog ⟨n.-telb.zn.⟩⟨meteo.⟩ **0.1** ***advectieve mist.***

ad·vent ['ædvent]⟨f2⟩⟨telb.zn.⟩ **0.1** ***aankomst*** ⇒*komst, nadering* ⟨v. belangrijk iets/iem.⟩ **0.2** ⟨A-⟩⟨kerk.⟩ ***advent*** ⟨de vier weken voor Kerstmis⟩ **0.3** ⟨A-⟩⟨relig.⟩ ***komst/geboorte v. Christus*** ◆ **2.3** the Second ~ *de wederkomst v. Christus.*

Ad·vent·ism ['ædvəntɪzm]⟨n.-telb.zn.⟩⟨kerk.⟩ **0.1** ***adventisme.***

Ad·vent·ist ['ædvəntɪst‖əd'ventɪst]⟨telb.zn.⟩⟨kerk.⟩ **0.1** ***adventist.***

ad·ven·ti·tious ['ædvən'tɪʃəs]⟨bn.; -ly; -ness⟩ **0.1** ***bijkomend*** ⇒*accidenteel* **0.2** ***onvoorzien*** ⇒*onverwacht* **0.3** ⟨jur.⟩ ***toevallig verworven*** **0.4** ⟨biol.⟩ ***adventief*** ⇒*toevallig, bij-* ◆ **1.3** ~ property *toevallig verworven eigendom* **1.4** an ~ root *een bijwortel;* ~ shoots *adventieve/toevallige scheuten.*

ad·ven·tive [æd'ventɪv]⟨bn.⟩⟨biol.⟩ **0.1** ***adventief*** ⇒*pothoofd-* ⟨plant⟩ ◆ **1.1** ~ plants *adventieve planten, pothoofdplanten.*

ad·ven·ture[1] [əd'ventʃə‖-ər]⟨f3⟩⟨telb. en n.-telb.zn.⟩ **0.1** ***avontuur*** ⇒*riskante onderneming, risico, (beurs)speculatie* ◆ **1.1** a story of ~ *een avonturenverhaal.*

adventure[2] ⟨f1⟩⟨ww.⟩
I ⟨onov.ww.⟩ **0.1** ***risico/gevaar lopen*** ◆ **6.1** ~ **into/upon** a place *zich in/op een plaats wagen;* ~ **(up)on** an undertaking *zich aan een onderneming wagen;*
II ⟨ov.ww.⟩⟨vero.⟩ **0.1** ***riskeren*** ⇒*aandurven* ◆ **4.1** ~ o.s. *zich wagen/riskeren.*

ad'venture film ⟨telb.zn.⟩ **0.1** ***avonturenfilm.***

ad'venture playground ⟨telb.zn.⟩⟨BE⟩ **0.1** ***speelterrein*** ⟨met waardeloos materiaal zoals rubber banden, houten hutten e.d. om in/mee te spelen⟩.

ad·ven·tur·er [əd'ventʃərə‖-ər]⟨f1⟩⟨telb.zn.⟩ **0.1** ***avonturier*** ⇒*gelukzoeker; huurling, huursoldaat; speculant.*

ad·ven·tur·ess [əd'ventʃrɪs]⟨telb.zn.⟩ **0.1** ***avonturierster*** ⇒*gelukzoekster.*

ad·ven·tur·ism [əd'ventʃərɪzm]⟨n.-telb.zn.⟩ **0.1** ***avonturisme.***

ad·ven·tur·ous [əd'ventʃrəs], ⟨schr. ook⟩ **ad·ven·ture·some** [-tʃəsəm‖-tʃər-]⟨f2⟩⟨bn.; -ly; -ness⟩ **0.1** ***avontuurlijk*** ⇒*vermetel, ondernemend; gewaagd, gedurfd.*

ad·verb ['ædvɜ:b‖-vɜrb]⟨f2⟩⟨telb.zn.⟩⟨taalk.⟩ **0.1** ***bijwoord*** ⇒*adverbium.*

ad·verb·i·al [əd'vɜ:bɪəl‖-'vɜr-]⟨f1⟩⟨bn.; -ly⟩⟨taalk.⟩ **0.1** ***bijwoordelijk*** ⇒*adverbiaal.*

ad ver·bum [æd'vɜ:bəm‖-'vɜr-]⟨bn., attr.; bw.⟩ **0.1** ***woord voor woord*** ⇒*in extenso, verbatim.*

ad·ver·sar·ia ['ædvə'seərɪə‖'ædvər'særɪə]⟨mv.; ww. ook enk.⟩ **0.1** ***adversaria*** ⇒*(boek met) mengelwerk, aantekeningen.*

ad·ver·sar·i·al ['ædvə'seərɪəl‖'ædvər-], ⟨AE vnl.⟩ **ad·ver·sar·y** ['ædvərseri]⟨bn.⟩ **0.1** ⟨jur.⟩ ***met twee elkaar bestrijdende partijen*** **0.2** ***vijandig*** ⇒*antagonistisch, conflictueus, conflict-* ◆ **1.1** the ~ system of justice *het conflictmodel in de rechtspraak.*

ad·ver·sar·y[1] ['ædvəsri‖'ædvərseri]⟨f1⟩⟨telb.zn.; →mv. 2⟩ **0.1** ***tegenstander*** ⇒*vijand, antagonist, tegenstrever* ◆ **7.1** the Adversary *de Boze, de duivel, de Vijand.*

adversary[2] ⟨AE; jur.⟩ →adversarial.

ad·ver·sa·tive[1] [əd'vɜ:sətɪv‖əd'vɜrsətɪv]⟨telb.zn.⟩ **0.1** ***antithese*** ⇒*tegenstelling, tegengestelde* **0.2** ⟨taalk.⟩ ***tegenstellend voegwoord*** **0.3** ⟨taalk.⟩ ***tegenstellende bijzin.***

adversative[2] ⟨bn.; -ly⟩ **0.1** ***antithetisch*** ⇒*tegenstellend, tegengesteld.*

ad·verse ['ædvɜ:s‖-vɜrs]⟨f2⟩⟨bn.; -ly; -ness⟩ **0.1** ***vijandig*** ⇒*antagonistisch* **0.2** ***ongunstig*** ⇒*nadelig, tegenwerkend* **0.3** ⟨vero.⟩ ***tegenoverliggend*** ⇒*tegenoverstaand* ◆ **1.1** ~ criticism *afbrekende kritiek* **1.2** ⟨hand.⟩ ~ balance *passieve balans; passief saldo;* ~ conditions *ongunstige omstandigheden;* ~ winds *tegenwind* **6.¶** ~ **to** our interests *strijdig met onze belangen, in ons nadeel uitvallend.*

ad·ver·si·ty [əd'vɜ:səti‖əd'vɜrsəti]⟨f1⟩⟨telb. en n.-telb.zn.; →mv. 2⟩ ⟨→sprw. 6, 639⟩ **0.1** ***tegenslag*** ⇒*ongeluk* ◆ **3.1** meet with adversities *(met) tegenslag (te kampen) hebben* **6.1 in** (time of) ~ *in (tijden van) tegenspoed.*

ad·vert[1] ['ædvɜ:t‖-vɜrt]⟨f2⟩⟨telb.zn.⟩⟨verk.⟩ advertisement ⟨vnl. BE; inf.⟩ **0.1** ***advertentie*** ⇒*annonce.*

advert[2] [əd'vɜ:t‖-vɜrt]⟨onov.ww.⟩⟨schr.⟩ **0.1** ***verwijzen*** ⇒*de aandacht vestigen* ◆ **6.1** ~ **to** *verwijzen naar, de aandacht vestigen op.*

ad·vert·ence [əd'vɜ:tns‖-'vɜr-], **ad·vert·en·cy** [-nsi]⟨zn.; →mv. 2⟩
I ⟨telb.zn.⟩ **0.1** ***verwijzing;***
II ⟨n.-telb.zn.⟩ **0.1** ***aandacht*** ⇒*attentie, oplettendheid.*

ad·vert·ent [əd'vɜ:tnt‖-'vɜr-]⟨bn.; -ly⟩ **0.1** ***aandachtig*** ⇒*oplettend.*

ad·ver·tise, -tize ['ædvətaɪz‖-vər-]⟨f3⟩⟨ww.⟩ →advertising
I ⟨onov.ww.⟩ **0.1** ***adverteren*** ⇒*reclame maken* ◆ **6.¶** →advertise for;
II ⟨ov.ww.⟩ **0.1** ***adverteren*** ⇒*bekendmaken, ruchtbaar maken, aankondigen, reclame/publiciteit maken voor* **0.2** ***inlichten*** ⇒*op de hoogte brengen* **0.3** ⟨vero.⟩ ***waarschuwen*** ⇒*(aan)manen* ◆ **3.3** ~ s.o. to take care *iem. manen tot voorzichtigheid* **4.1** ~ oneself *zichzelf in het middelpunt plaatsen* **6.2** ~ s.o. **of** sth. *iem. van iets op de hoogte stellen* **8.2** ~ s.o. that... *iem. ervan verwittigen dat...*

'advertise for ⟨f1⟩⟨onov.ww.⟩ **0.1** ***een advertentie plaatsen voor*** ⇒*vragen (d.m.v. een advertentie)* ◆ **1.1** ~ a gardener *adverteren voor een tuinman.*

ad·ver·tise·ment, ⟨soms⟩ **-tize·ment** [əd'vɜ:tɪsmənt‖'ædvər'taɪz-]⟨f3⟩⟨zn.⟩
I ⟨telb.zn.⟩ **0.1** ***advertentie*** ⇒*annonce, aankondiging* ◆ **2.1** classified ~s *rubrieksadvertenties, kleine annonces;*
II ⟨n.-telb.zn.⟩ **0.1** ***reclame*** ⇒*publiciteit.*

ad'vertisement board ⟨telb.zn.⟩ **0.1** ***reclamebord.***

ad'vertisement manager, 'advertising manager ⟨telb.zn.⟩ **0.1** ***reclamechef.***

ad·ver·tis·er, -tiz·er ['ædvətaɪzə‖'ædvərtaɪzər]⟨f1⟩⟨telb.zn.⟩ **0.1** ***adverteerder*** **0.2** ***advertentieblad*** ⇒*huis-aan-huisblad,* ⟨B.⟩ *aankondigingsblad.*

ad·ver·tis·ing, -tiz·ing ['ædvətaɪzɪŋ‖-vər-]⟨f1⟩⟨n.-telb.zn.; gerund v. advertise⟩ **0.1** ***reclame*** ⇒*publiciteit.*

'advertising agency, 'advertising office ⟨f1⟩⟨telb.zn.⟩ **0.1** ***reclamebureau*** ⇒*advertentiebureau.*

'advertising artist ⟨telb.zn.⟩ **0.1** ***reclametekenaar*** ⇒*reclameschilder.*

'advertising column, 'advertising pillar ⟨telb.zn.⟩ **0.1** ***reclamezuil*** ⇒*aanplakzuil, peperbus.*

'advertising department, ad'vertisement department ⟨telb.zn.⟩ **0.1** ***reclameafdeling*** ⇒*publiciteitsafdeling.*

'advertising gimmick ⟨telb.zn.⟩ **0.1** ***reclamestunt.***

advert to [əd'vɜ:t‖-'vɜrt]⟨onov.ww.⟩⟨schr.⟩ **0.1** ***verwijzen naar*** ⇒*wijzen op, de aandacht vestigen op, aandacht schenken aan.*

ad·vice [əd'vaɪs]⟨f3⟩⟨zn.⟩⟨→sprw. 7, 515⟩
I ⟨telb.zn.; vnl. mv.⟩ **0.1** ***bericht*** ⇒*rapport, nota, kennisgeving* **0.2** ⟨hand.⟩ ***verzendadvies*** ⇒*pakbrief* ◆ **1.1** ~s from an ambassador *ambassadenota, nieuws v.d. ambassade* **1.2** letter of ~ *adviesbrief, verzendadvies;*
II ⟨n.-telb.zn.⟩ **0.1** ***raad*** ⇒*advies* **0.2** ***informatie*** ⇒*nieuws* ◆ **1.1** give s.o. a piece/bit/word/few words of ~ *iem. raad geven* **3.1** ask for/take ~ *om raad vragen, inlichtingen inwinnen;* act on/follow/take s.o.'s ~ *iemands advies opvolgen* **6.1 at/on** the doctor's ~ *op doktersadvies/op aanraden v.d. dokter* **6.2 at** last ~ *volgens de laatste berichten.*

ad'vice boat ⟨telb.zn.⟩⟨gesch.⟩ **0.1** ***adviesboot*** ⇒*adviesbark/jacht.*

ad'vice bureau ⟨telb.zn.⟩ **0.1** ***adviesbureau.***

ad'vice note ⟨telb.zn.⟩ **0.1** ***verzendadvies*** ⇒*adviesbrief, pakbon* **0.2** ⟨geldw.⟩ ***bericht v. creditering*** ⟨v. bank aan klant⟩ **0.3** ⟨hand.⟩ ***ontvangstbericht*** ⇒*ontvangstbevestiging.*

ad·vis·a·bil·i·ty [əd'vaɪzə'bɪləti]⟨n.-telb.zn.⟩ **0.1** ***raadzaamheid*** ⇒*wenselijkheid.*

ad·vis·a·ble [əd'vaɪzəbl]⟨f2⟩⟨bn.; -ly; -ness; →bijw. 3⟩ **0.1** ***raadzaam*** ⇒*wenselijk, opportuun.*

ad·vise [əd'vaɪz]⟨f3⟩⟨ww.⟩ →advised
I ⟨onov.ww.⟩ →advise with;
II ⟨onov. en ov.ww.⟩ **0.1** ***adviseren*** ⇒*raad geven, (aan)raden* ◆ **3.1** they ~d waiting/me to wait/that I should wait *ze gaven me de raad te wachten* **4.1** ~ s.o. *iem. raad geven;* ~ sth. *iets aanraden* **6.1** ~ (s.o.) **against** sth. *(iem.) iets afraden/ontraden;* ~ (s.o.) **on** sth. *(iem.) advies geven omtrent iets;*
III ⟨ov.ww.⟩ **0.1** ***informeren*** ⇒*inlichten* ◆ **6.1** ~ s.o. **of** sth. *iem. van iets op de hoogte brengen/stellen.*

ad·vised [əd'vaɪzd]⟨f1⟩⟨bn.; volt. deelw. v. advise⟩ **0.1** ***bedachtzaam*** ⇒*met overleg, opzettelijk, verstandig* **0.2** ***geïnformeerd*** ◆ **3.2** be

kept ~ *op de hoogte gehouden worden* **5.¶** you would be **well** ~ to come *je zou er goed aan doen te komen*.
ad·vis·ed·ly [əd'vaɪzɪdli] ⟨bw.⟩ **0.1** ***bedachtzaam*** ⇒*met overleg* **0.2** ***opzettelijk***.
ad·vis·ed·ness [əd'vaɪzɪdnəs] ⟨n.-telb.zn.⟩ **0.1** ***bedachtzaamheid*** ⇒*overleg*.
ad·vise·ment [əd'vaɪzmənt] ⟨n.-telb.zn.⟩ ⟨AE⟩ ◆ **6.¶** be **under** ~ *overwogen/besproken worden*.
ad·vis·er, ⟨AE ook⟩ **ad·vi·sor** [əd'vaɪzə‖-ər] ⟨f2⟩ ⟨telb.zn.⟩ **0.1** ***adviseur*** ⇒*raadgever, raadsman, voorlichter, consulent* **0.2** ⟨vnl. AE⟩ ***studiebegeleider*** ⇒*mentor*.
ad'vise with ⟨onov.ww.⟩ ⟨vnl. AE⟩ **0.1** ***raadplegen*** ⇒*te rade gaan bij*.
ad·vis·o·ry [əd'vaɪzəri] ⟨f2⟩ ⟨bn.; -ly; →bijw. 3⟩ **0.1** ***adviserend*** ⇒*raadgevend, voorlichtend* ◆ **1.1** ~ board/committee *adviescommissie, commissie v. advies*.
ad'visory body ⟨telb.zn.⟩ **0.1** ***adviesorgaan***.
ad'visory committee ⟨telb.zn.⟩ **0.1** ***adviescommissie***.
ad·vo·ca·cy ['ædvəkəsi] ⟨f1⟩ ⟨n.-telb.zn.⟩ **0.1** ***advocatuur*** ⇒*advocatenberoep* **0.2** ***verdediging*** ⇒*voorspraak* ◆ **6.2** ~ **of** reforms *het pleiten voor hervormingen*.
ad·vo·cate[1] ['ædvəkɪt] ⟨f2⟩ ⟨telb.zn.⟩ **0.1** ***verdediger*** ⇒*voorstander, exponent, advocaat* **0.2** ⟨Sch. E; jur.⟩ ***advocaat*** ⇒*pleitbezorger* ◆ **1.1** the devil's ~ *de advocaat v.d. duivel* **1.2** the Faculty of Advocates *de Schotse advocatuur;* Lord Advocate *hoogste officier v. justitie in Schotland*.
advocate[2] ['ædvəkeɪt] ⟨f2⟩ ⟨ov.ww.⟩ **0.1** ***bepleiten*** ⇒*verdedigen, aanbevelen, steunen* ◆ **3.1** he ~s sending children to school at the age of three *hij is er voorstander van kinderen op driejarige leeftijd naar school te sturen*.
ad·vo·cate·ship ['ædvəkɪtʃɪp] ⟨n.-telb.zn.⟩ **0.1** ***advocatuur*** ⇒*advocatenberoep*.
ad·vo·ca·tor ['ædvəkeɪtə‖-keɪt̬ər] ⟨telb.zn.⟩ **0.1** ***verdediger*** ⇒*voorstander*.
ad·vow·ee [əd'vaʊ'iː] ⟨telb.zn.⟩ ⟨BE; jur.⟩ **0.1** ***collator*** ⟨verlener v. geestelijk ambt⟩.
ad·vow·son [əd'vaʊzn] ⟨telb. en n.-telb.zn.⟩ ⟨BE; jur.⟩ **0.1** ***collatierecht*** ⟨recht tot verlening v. geestelijk ambt.⟩.
advt ⟨afk.⟩ advertisement.
advtg ⟨afk.⟩ advantage, advertising.
'ad·wom·an ⟨telb.zn.⟩ **0.1** ***fotomodel*** ⟨in advertenties⟩.
a·dy·nam·ia [eɪdaɪ'neɪmɪə] ⟨n.-telb.zn.⟩ ⟨med.⟩ **0.1** ***adynamie*** ⇒*(extreme) spierzwakte, krachteloosheid*.
a·dy·nam·ic [eɪdaɪ'næmɪk] ⟨bn.⟩ **0.1** ***adynamisch*** ⇒*krachteloos, immobiel*.
ad·y·tum ['ædɪtəm], **ad·y·ton** [-tɒn‖-tɑn] ⟨telb.zn.; adyta [-tə]; →mv. 5⟩ **0.1** ***adyton*** ⇒*allerheiligste, heilige der heiligen, sanctum sanctorum*.
adze, ⟨vnl. AE sp.⟩ **adz** [ædz] ⟨telb.zn.⟩ **0.1** ***dissel*** ⇒*houw, (bijl) houweel, hak*.
-ae [iː] **0.1** ⟨mv. achtervoegsel bij vreemde woorden op -a⟩ ◆ **¶.1** formulae *formules*.
AEA ⟨afk.⟩ Actors' Equity Association.
AE and P ⟨afk.⟩ Ambassador Extraordinary and Plenipotentiary.
AEC ⟨afk.⟩ Atomic Energy Commission.
ae·dile, ⟨AE sp. ook⟩ **e·dile** ['iːdaɪl] ⟨telb.zn.⟩ ⟨gesch.⟩ **0.1** ***(a)ediel*** ⇒*aedilis* ⟨Romeins opzichter v. openbare gebouwen enz.⟩.
AEF ⟨afk.⟩ Allied/American Expeditionary Force.
Ae·ge·an [iː'dʒiːən] ⟨bn.⟩ **0.1** ***Egeïsch***.
ae·gis, ⟨AE sp. ook⟩ **e·gis** ['iːdʒɪs] ⟨telb.zn.⟩ **0.1** ***aegis*** ⇒*aigis, schild* ⟨v. Zeus en Pallas Athene⟩; ⟨fig.⟩ *bescherming* ◆ **6.1 under** the ~ of *onder de hoge bescherming van*.
ae·gro·tat ['iːgroʊtæt] ⟨telb.zn.⟩ ⟨BE⟩ **0.1** ***ziekteattest*** ⟨voor student⟩ **0.2** ***vrijstelling v. tentamen bij ziekte*** **0.3** ***examenvrij verkregen academische graad*** ⟨in geval v. ziekte⟩.
AELTC ⟨afk.⟩ All England Lawn Tennis Club.
-ae·mia, ⟨AE sp.⟩ **-e·mia** [iːmɪə], **-hae·mia,** ⟨AE sp.⟩ **-he·mia** [hiːmɪə] **0.1** ***-(a)emie*** ◆ **¶.1** bacteriaemia *bacteriëmie*.
Ae·ne·id ['iːnɪɪd‖ɪ'niːɪd] ⟨eig.n.; the⟩ **0.1** ***Aeneïs*** ⇒*Aeneïde*.
Ae·o·li·an[1] [iː'oʊlɪən] ⟨zn.⟩
I ⟨eig.n.⟩ **0.1** ***Aeolisch*** ⟨Oudgrieks dialect⟩ ⇒*Eolisch, Aiolosch;*
II ⟨telb.zn.⟩ **0.1** ***Aeoliër*** ⇒*Aioliër*.
Aeolian[2], ⟨AE sp.⟩ **E·o·li·an** ⟨bn.⟩ **0.1** ***Aeolisch*** ⇒*Eolisch* **0.2** ⟨ook a-/e-⟩ ***(a)eolisch*** ⇒*wind-* ◆ **1.1** ~ mode *(a)eolische toonschaal* **1.2** ~ harp *(a)eolusharp, windharp*.
Ae·ol·ic[1] [iː'ɒlɪk‖iː'ɑlɪk] ⟨eig.n.⟩ **0.1** ***Aeolisch*** ⟨Oudgrieks dialect⟩ ⇒*Eolisch, Aiolisch*.
Aeolic[2] ⟨bn.⟩ **0.1** ***Aeolisch*** ⇒*Eolisch*.
ae·o·lot·ro·py, ⟨AE sp. ook⟩ **e·o·lot·ro·py** [ɪə'lɒtrəpi‖-'lɑ-] ⟨telb. en n.-telb.zn.; →mv. 2⟩ ⟨nat.⟩ **0.1** ***anisotropie*** ⇒*aeolotropie*.
ae·on, e·on ['iːən‖'iːɑn] ⟨telb.zn.⟩ **0.1** ***aeon*** ⇒*eeuwigheid;* ⟨fig.⟩ *eeuw* **0.2** ⟨geol.⟩ ***eon*** ⟨langste tijdeenheid in gesch. v.d. aarde⟩ **0.3** ⟨ster., geol.⟩ ***1 miljard jaar***.
ae·o·ni·an, e·o·ni·an [iː'oʊnɪən], **ae·o·ni·al** [-nɪəl], **ae·on·ic** [iː'ɒnɪk‖-'ɑnɪk] ⟨bn.⟩ **0.1** ***aeonisch*** ⇒*eeuwig(durend), tijdloos*.
aer·ate ['eəreɪt‖'er-] ⟨f1⟩ ⟨ov.ww.⟩ **0.1** ***aëreren*** ⇒*aan lucht blootstellen, (be)luchten* **0.2** ***met koolzuur verzadigen*** ◆ **1.2** ~d bread *gerezen brood;* ⟨vnl. BE⟩ ~d water *spuitwater, sodawater*.
aer·a·tion [eə'reɪʃn‖e'reɪʃn] ⟨n.-telb.zn.⟩ **0.1** ***het aëreren*** ⇒*luchting, ventilatie, aëratie*.
aer·a·tor ['eəreɪtə‖'ereɪt̬ər] ⟨telb.zn.⟩ **0.1** ***aërator*** ⇒*(water)beluchtingstoestel, (water)beluchter*.
aer·i·al[1] ['eərɪəl‖'er-] ⟨f1⟩ ⟨telb.zn.⟩ ⟨radio, t.v.⟩ **0.1** ***antenne***.
aerial[2] ⟨f2⟩ ⟨bn.; -ly⟩ **0.1** ***lucht-*** ⇒*gasvormig* **0.2** ***lucht-*** ⇒*bovengronds, hoog* **0.3** ***luchtig*** ⇒*etherisch, onwezenlijk, ijl* ◆ **1.2** ~ bombardment *luchtbombardement;* ~ cableway/railway/ropeway *kabelbaan, kabelspoor(weg), monorail;* ~ ladder *brandweerladder, magirusladder;* ~ navigation *luchtvaart;* ~ photograph *luchtfoto;* ~ roots *luchtwortels*.
aer·i·al·ist ['eərɪəlɪst‖'er-] ⟨telb.zn.⟩ **0.1** ***trapezeacrobaat*** ⇒*luchtacrobaat*.
aer·i·al·i·ty ['eəri'ælət̬i‖'er-] ⟨telb. en n.-telb.zn.; →mv. 2⟩ **0.1** ***luchtigheid***.
aer·ie, aer·y, eyr·ie, eyr·y ['eəri‖'eri] ⟨zn.; →mv. 2⟩
I ⟨telb.zn.⟩ **0.1** ***roofvogelnest*** ⇒*arendsnest* ⟨ook fig.⟩;
II ⟨verz.n.⟩ ⟨vero.⟩ **0.1** ***roofvogelgebroed*** ⇒*arendsjongen;* ⟨fig.⟩ *kroost*.
aer·i·form ['eərɪfɔːm‖'erɪfɔrm] ⟨bn.⟩ **0.1** ***luchtvormig*** ⇒*gasvormig* **0.2** ***ongrijpbaar*** ⇒*ijl, ontastbaar, ònwezenlijk, onwerkelijk*.
aer·o- ['eəroʊ‖'eroʊ] **0.1** ***aëro-*** ⇒*lucht-* ◆ **¶.1** aeroballistics *aëroballistiek*.
aer·o·bat·ic ['eərə'bætɪk‖'erə'bæt̬ɪk] ⟨bn.⟩ **0.1** ***luchtacrobatisch***.
aer·o·bat·ics [-'bæt̬ɪks] ⟨mv.; ww. vnl. enk.⟩ **0.1** ***luchtacrobatiek*** ⇒*kunstvliegen, stuntvliegen*.
aer·obe ['eəroʊb‖'eroʊb] ⟨telb.zn.⟩ ⟨biol.⟩ **0.1** ***aëroob organisme***.
aer·o·bic [eə'roʊbɪk‖e'roʊ-] ⟨bn.; -ally⟩ **0.1** ⟨biol.⟩ ***aëroob*** **0.2** ***aerobic*** ⇒*aërobisch* ◆ **1.2** ~ dancing *aërobic (dansen)*.
aer·o·bics [eə'roʊbɪks‖e'roʊ-] ⟨mv.; ww. vnl. enk.; ook attr.⟩ **0.1** ***aerobics*** ⇒*aërobische oefeningen*.
aer·o·club ['eərəklʌb‖'erə-] ⟨telb.zn.⟩ **0.1** ***vliegclub***.
aer·o·drome [-droʊm], ⟨AE vnl.⟩ **air·drome** ['eə-‖'er-] ⟨telb.zn.⟩ **0.1** ***vliegveld*** ⇒*vliegterrein, (kleine) luchthaven, luchtvaartterrein*.
aer·o·dy·nam·ic ['eəroʊdaɪ'næmɪk‖'eroʊ-] ⟨bn.; -ally; →bijw. 3⟩ **0.1** ***aërodynamisch*** ◆ **1.1** ~ body *windtunnelcarosserie, gestroomlijnde carosserie* ⟨v. auto⟩.
aer·o·dy·nam·i·cist [-daɪ'næmɪsɪst] ⟨telb.zn.⟩ **0.1** ***aërodynamicus***.
aer·o·dy·nam·ics [-daɪ'næmɪks] ⟨mv.; ww. vnl. enk.⟩ **0.1** ***aërodynamica*** ⇒*stromingsleer* ⟨v. lucht⟩.
aer·o·dyne [-daɪn] ⟨telb.zn.⟩ **0.1** ***aërodyne*** ⟨luchtvaartuig zwaarder dan lucht⟩ ⇒*vliegtuig, luchtreus, helicopter, wentelwiek* ⟨enz.⟩.
aer·o·en·gine [-endʒɪn] ⟨telb.zn.⟩ **0.1** ***vliegtuigmotor***.
aer·o·foil ['eərəfɔɪl‖'erə-], ⟨AE vnl.⟩ **air·foil** ['eə-‖'er-] ⟨f1⟩ ⟨telb.zn.⟩ **0.1** ⟨ben. voor⟩ ***aërodynamisch vlak*** ⇒*draagvlak; vliegtuigvleugel; kielvlak; staartvin; staartvlak; vleugelklap; propellerblad;* ⟨autosport⟩ *spoiler*.
aer·o·gen·er·a·tor ['eəroʊ'dʒenəreɪtə‖'eroʊ'dʒenəreɪt̬ər] ⟨telb.zn.⟩ **0.1** ***windgenerator*** ⇒*windmolen*.
aer·o·gram, ⟨in bet. 0.2 ook⟩ **aer·o·gramme** ['eərəgræm‖'erə-] ⟨telb.zn.⟩ **0.1** ***radio(tele)gram*** **0.2** ***luchtpostblad***.
aer·o·lite [-laɪt], **aer·o·lith** [-lɪθ] ⟨telb.zn.⟩ **0.1** ***meteoorsteen*** ⇒*aëroliet*.
aer·o·lit·ic [-'lɪt̬ɪk] ⟨bn.⟩ **0.1** ***meteoritisch*** ⇒*meteoorsteen-, aërolitisch*.
aer·o·log·i·cal [-'lɒdʒɪkl‖-'lɑ-] ⟨bn.⟩ **0.1** ***aërologisch*** ⇒*weerkundig*.
aer·ol·o·gy [eə'rɒlɪdʒi‖e'rɑ-] ⟨n.-telb.zn.⟩ **0.1** ***aërologie*** ⇒*weerkunde* ⟨v.d. hogere luchtlagen⟩.
aer·o·med·i·cine ['eərə'medsɪn‖'erə-] ⟨n.-telb.zn.⟩ **0.1** ***luchtvaartgeneeskunde***.
aer·om·e·ter [eə'rɒmɪtə‖e'rɑmɪt̬ər] ⟨telb.zn.⟩ **0.1** ***aërometer*** ⇒*luchtmeter*.
aer·om·e·try [eə'rɒmɪtri‖e'rɑ-] ⟨n.-telb.zn.⟩ **0.1** ***aërometrie*** ⇒*luchtmeting, luchtmeetkunde*.
aer·o·mod·el·ler ['eəroʊ'mɒdələ] ⟨telb.zn.⟩ ⟨BE⟩ **0.1** ***vliegtuigmodelbouwer***.
aer·o·naut ['eərənɔːt‖'erə-] ⟨telb.zn.⟩ **0.1** ***aëronaut*** ⇒*luchtschipper/vaarder, ballonvaarder*.
aer·o·nau·tic [-'nɔːt̬ɪk], **aer·o·nau·ti·cal** [-'nɔːt̬ɪkl] ⟨bn.; -(al)ly; →bijw. 3⟩ **0.1** ***luchtvaartkundig*** ⇒*luchtvaart-, aëronautisch*.
aer·o·nau·tics [-'nɔːt̬ɪks] ⟨mv.; ww. vnl. enk.⟩ **0.1** ***luchtvaart(kunde)*** ⇒*aëronautiek*.
aer·on·o·my [eə'rɒnəmi‖e'rɑ-] ⟨n.-telb.zn.⟩ **0.1** ***aëronomie*** ⟨studie v. hoge luchtlagen⟩.

aer·o·phobe ['eərəfoub]⟨telb.zn.⟩ **0.1** ***iem. met vliegangst.***
aer·o·plane ['eərəpleɪn‖'erə-], ⟨AE vnl.⟩ **air·plane** ['eə-‖'er-]⟨f2⟩ ⟨telb.zn.⟩ **0.1** ***vliegtuig*** ⇒*vliegmachine.*
aer·o·sol ['eərəsɒl‖'erəsoul]⟨f1⟩⟨zn.⟩
I ⟨telb.zn.⟩ **0.1** ***spuitbus*** ⇒*aërosol;*
II ⟨n.-telb.zn.⟩ **0.1** ***aërosol.***
'aerosol bomb, 'aerosol container ⟨telb.zn.⟩ **0.1** ***spuitbus*** ⇒*aërosol.*
'aerosol can ⟨telb.zn.⟩ **0.1** ***spuitbus.***
aer·o·space [-speɪs]⟨f1⟩⟨n.-telb.zn.; vaak attr.⟩ **0.1** ***ruimte*** ⟨dampkring v.d. aarde plus de ruimte daarbuiten⟩ ⇒*kosmos, heelal* **0.2** ***ruimtevaarttechnologie*** ⇒*ruimtevaartindustrie.*
'aerospace vehicle ⟨telb.zn.⟩ **0.1** ***ruimtevaartuig.***
aer·o·stat [-stæt]⟨telb.zn.⟩ **0.1** ***aërostaat*** ⟨luchtvaartuig lichter dan lucht⟩ ⇒*luchtballon, luchtschip, zeppelin.*
aer·o·stat·ics [-'stæṭɪks]⟨mv.; ww. vnl. enk.⟩ **0.1** ***aërostatica.***
aer·o·tow [-tou]⟨telb.zn.⟩⟨zweefvliegen⟩ **0.1** ***vliegtuigsleepstart.***
aer·o·train [-treɪn]⟨telb.zn.⟩ **0.1** ***luchtkussentrein.***
aer·tex ['eəteks‖'er-]⟨n.-telb.zn.⟩⟨BE⟩ **0.1** ***luchtig geweven stof*** ⇒⟨ong.⟩ *mousseline, neteldoek.*
ae·ru·gi·nous, ⟨AE sp. ook⟩ **e·ru·gi·nous** [ɪ'ru:dʒɪnəs]⟨bn.⟩ **0.1** ***kopergroen*** ⇒*koperroestkleurig, koperroestachtig.*
ae·ru·go, ⟨AE sp. ook⟩ **e·ru·go** [ɪ'ru:gou]⟨n.-telb.zn.⟩ **0.1** ***kopergroen*** ⇒*koperroest.*
aery[1] →aerie.
aer·y[2] ['eəri‖'eri]⟨bn.⟩⟨schr.⟩ **0.1** ***etherisch*** ⇒*onwezenlijk, ijl, ongrijpbaar.*
Aes·cu·la·pi·an ['i:skjʊ'leɪpɪən‖'eskjə-]⟨bn.⟩ **0.1** ***medisch*** ⇒*geneeskundig, v. Aesculaap.*
Aes·cu·la·pi·us ['i:skjʊ'leɪpɪəs‖'eskjə-]⟨zn.⟩
I ⟨eig.n.⟩ **0.1** ***Aesculaap*** ⇒*Aesculapius, Esculaap* ⟨Grieks-Romeinse god der geneeskunst⟩;
II ⟨telb.zn.; soms a-⟩ **0.1** ***geneesheer*** ⇒⟨scherts.⟩ *esculaap.*
Ae·sir ['eɪsɪə‖'æsɪr]⟨mv.⟩ **0.1** ***Asen*** ⟨goden v.d. oudnoorse mythologie⟩.
Ae·sop ['i:sɒp‖'i:sap]⟨eig.n.⟩ **0.1** ***Aesopus*** ⟨legendarische dichter⟩.
aes·thete, ⟨AE sp. ook⟩ **es·thete** ['i:sθi:t‖'es-]⟨telb.zn.⟩ **0.1** ***estheet*** ⇒*kunstminnaar* **0.2** ⟨BE; stud.⟩ ***blokker*** ⇒*vosser, kamergeleerde* ⟨tgo. student die zich op sport toelegt⟩.
aes·thet·ic[1], ⟨AE sp. ook⟩ **es·thet·ic** [i:s'θetɪk‖es'θeṭɪk]⟨f1⟩⟨zn.⟩
I ⟨telb. en n.-telb.zn.⟩ **0.1** ***esthetica*** ⇒*esthetiek, schoonheidsleer;*
II ⟨mv., ~s; ww. vnl. enk.⟩ **0.1** ***esthetica.***
aesthetic[2], ⟨AE sp. ook⟩ **esthetic, aes·thet·i·cal,** ⟨AE sp. ook⟩ **es·thet·i·cal** [i:s'θetɪkl‖es'θeṭɪkl]⟨f2⟩⟨bn.; -(al)ly; →bijw. 3⟩ **0.1** ***esthetisch.***
aes·the·ti·cian, ⟨AE sp. ook⟩ **es·the·ti·cian** ['i:sθə'tɪʃn‖'es-], **aes·thet·i·cist,** ⟨AE sp. ook⟩ **es·thet·i·cist** [i:s'θetɪsɪst‖es'θeṭɪ-] ⟨telb.zn.⟩ **0.1** ***estheticus.***
aes·thet·i·cism, ⟨AE sp. ook⟩ **es·thet·i·cism** [i:s'θetɪsɪzm‖es'θeṭɪ-] ⟨n.-telb.zn.⟩ **0.1** ***estheticisme*** ⇒*esthetische levensbeschouwing.*
aes·ti·val, ⟨AE sp. ook⟩ **es·ti·val** [i:'staɪvl‖'estəvəl]⟨bn.⟩⟨schr.⟩ **0.1** ***zomers*** ⇒*zomer-.*
aes·ti·vate, ⟨AE sp. ook⟩ **es·ti·vate** ['i:stɪveɪt‖'es-]⟨onov.ww.⟩ **0.1** ⟨schr.⟩ ***de zomer doorbrengen*** **0.2** ***een zomerslaap houden.***
aes·ti·va·tion, ⟨AE sp. ook⟩ **es·ti·va·tion** ['i:stɪ'veɪʃn‖'es-]⟨telb.zn.⟩ **0.1** ***aestivatie*** ⇒⟨dierk.⟩ *zomerslaap;* ⟨plantk.⟩ *knopligging.*
aet, aetat ⟨bw.⟩⟨afk.⟩ aetatis **0.1** ***aet*** ⇒*op ...-jarige leeftijd.*
ae·ta·tis [i:'teɪṭɪs]⟨bw.⟩ **0.1** ***op ...-jarige leeftijd*** ◆ **4.1** ~ 15 *op vijftienjarige leeftijd, vijftien jaar oud.*
aether →ether.
aetherial →ethereal.
ae·ti·o·log·ic, ⟨AE sp. vnl.⟩ **e·ti·o·log·ic** ['i:tɪə'lɒdʒɪk‖'i:ṭɪə'ladʒɪk], **ae·ti·o·log·i·cal,** ⟨AE sp. vnl.⟩ **e·ti·o·log·i·cal** [-ɪkl]⟨bn.; -(al)ly; →bijw. 3⟩ **0.1** ***aetiologisch.***
ae·ti·ol·o·gy, ⟨AE sp. vnl.⟩ **e·ti·ol·o·gy** ['i:ti'ɒlədʒi‖'i:ṭi'a-]⟨telb. en n.-telb.zn.; →mv. 2⟩ **0.1** ***aetiologie*** ⇒⟨med. ook⟩ *oorzaak* ⟨v. ziekte⟩.
af- →ad-.
Af[1] [æf]⟨telb.zn.⟩⟨Z. Afr. E; bel.⟩ **0.1** ***kaffer*** ⇒*zwarte.*
Af[2], **Afr** ⟨afk.⟩ Africa, African.
AF ⟨afk.⟩ air force, Anglo-French, audio frequency.
AFA ⟨afk.⟩ Amateur Football Association.
a·far [ə'fɑ:‖ə'far]⟨f1⟩⟨bw.⟩ **0.1** ***(van) ver*** ⇒*veraf* ◆ **5.1** ~ **off** *ver weg, in de verte* **6.1** **from** ~ *van ver, uit de verte.*
AFB ⟨afk.⟩ Air Force Base.
AFBS ⟨afk.⟩ American and Foreign Bible Society.
AFC ⟨afk.⟩ Air Force Cross, Association Football Club.
AFDC ⟨afk.⟩ Aid for Families with Dependent Children.
a·feard, a·feared [ə'fɪəd‖ə'fɪrd]⟨bn.⟩⟨vero. of gew.⟩ **0.1** ***bevreesd*** ⇒*bang.*
a·fe·brile ['eɪ'fi:braɪl‖-brəl]⟨bn.⟩⟨med.⟩ **0.1** ***koortsvrij*** ⇒*afebriel.*
af·fa·bil·i·ty ['æfə'bɪləṭi]⟨n.-telb.zn.⟩ **0.1** ***minzaamheid*** ⇒*vriendelijkheid, innemendheid, welwillendheid.*
af·fa·ble ['æfəbl]⟨f1⟩⟨bn.; -ly; -ness; →bijw. 3⟩ **0.1** ***minzaam*** ⇒*vriendelijk, innemend, welwillend.*
af·fair [ə'feə‖ə'fer]⟨f3⟩⟨telb.zn.⟩ **0.1** ⟨vaak mv.⟩ ***zaak*** ⇒*aangelegenheid, doen en laten, handel en wandel* **0.2** ⟨inf.⟩ ***affaire*** ⇒*kwestie, historie, boel, spul, ding, zaakje* **0.3** ***verhouding*** ⇒*amourette, liaison, liefdesgeschiedenis* ◆ **1.1** man of ~s *zakenman;* ~s of state *staatszaken* **1.¶** ~ of honour *erezaak, duel, tweegevecht* **2.1** current ~s *lopende zaken, actualiteiten;* foreign ~s *buitenlandse zaken* **2.2** the meeting was a noisy ~ *de vergadering was een Poolse landdag / lawaaierige bedoening;* a poor ~ *niet veel zaaks;* a solid ~ *een stevig geval* **3.1** mind your own ~s *bemoei je met je eigen zaken;* settle one's ~s *zijn zaken regelen;* ⟨i.h.b.⟩ *zijn testament maken* **3.3** have an ~ (with s.o.) *een verhouding hebben (met iem.);* have ~s on the side *vreemd gaan* **7.1** that is my ~ *dat zijn mijn zaken.*
af·faire d'a·mour [ə'feə də'muə‖ə'fer də'mʊr], **af·faire de coeur** [-də'kɜ:‖-də'kɜr]⟨telb.zn.; affaires d'amour [ə'feə(z)-‖-'fer(z)-], affaires de coeur [ə'feə(z)-‖ə'fer(z)-]; →mv. 4, 6⟩ **0.1** ***verhouding*** ⇒*amourette, liaison, liefdesgeschiedenis.*
af·faire d'hon·neur [ə'feə də'nɜ:‖ə'fer də'nɜr]⟨telb.zn.; affaires d'honneur [ə'feə(z)-‖ə'fer(z)-]; →mv. 5⟩ **0.1** ***erezaak*** ⇒*duel, tweegevecht.*
af·fect[1] ['æfekt]⟨telb.zn.⟩ **0.1** ⟨psych.⟩ ***affect.***
af·fect[2] [ə'fekt]⟨f3⟩⟨ov.ww.⟩ →affected, affecting **0.1** ***affecteren*** ⇒*voorwenden, voorgeven* **0.2** ***zich voordoen als*** ⇒*imiteren, spelen* **0.3** ***houden van*** ⇒*een neiging hebben te / tot, bij voorkeur gebruiken* **0.4** ***(ont)roeren*** ⇒*aangrijpen, aandoen* **0.5** ***beïnvloeden*** ⇒*treffen* **0.6** ***aantasten*** ⇒*aanvallen* ◆ **1.1** ~ illness *ziekte veinzen* **1.2** ~ the free thinker *de vrijdenker uithangen* **1.3** ~ long words *graag lange / dure woorden gebruiken* **1.4** his death ~ed his friends deeply *zijn vrienden waren diep getroffen door zijn dood* **1.5** how will the new law ~ our situation? *welke invloed zal de nieuwe wet op onze situatie hebben?;* the tax increases ~ the whole population *de belastingverhogingen treffen de hele bevolking* **1.6** smoking ~s your health *roken is slecht voor de gezondheid* **3.1** ~ not to hear s.o. *doen alsof men iem. niet hoort* **6.¶** he was ~ed **to** her service *hij werd haar ten dienste gesteld.*
af·fec·ta·tion ['æfek'teɪʃn]⟨f3⟩⟨telb. en n.-telb.zn.⟩ **0.1** ***geaffecteerdheid*** ⇒*gekunsteldheid, gemaaktheid* **0.2** ***aanstellerij*** ⇒*vertoon* **0.3** ***huichelarij*** ⇒*komedie, voorwendsel* ◆ **6.2** ~ **of** *vertoon van, ingenomenheid met.*
af·fect·ed [ə'fektɪd]⟨f2⟩⟨bn.; volt. deelw. v. affect; ly; -ness⟩ **0.1** ***voorgewend*** ⇒*gehuicheld, hypocriet* **0.2** ***geaffecteerd*** ⇒*gemaakt* **0.3** ***ontroerd*** ⇒*geroerd, aangedaan* **0.4** ***getroffen*** ⇒*betrokken* **0.5** ***aangetast*** ⟨door kanker, tuberculose enz.⟩ **0.6** ***gezind*** ◆ **1.1** ~ politeness *geveinsde beleefdheid* **1.2** an ~ style *een gekunstelde stijl* **1.4** the ~ area *het getroffen gebied* **5.6** ⟨vooral schr.⟩ well / ill ~ (towards) *goed / slecht gezind (jegens).*
af·fect·ing [ə'fektɪŋ]⟨bn.; tegenw. deelw. v. affect; -ly⟩ **0.1** ***(ont)roerend*** ⇒*aangrijpend, aandoenlijk.*
af·fec·tion [ə'fekʃn]⟨f3⟩⟨zn.⟩
I ⟨telb.zn.⟩⟨vero.⟩ **0.1** ***eigenschap*** ⇒*attribuut;*
II ⟨telb. en n.-telb.zn.⟩ **0.1** ***affectie*** ⇒*(toe)genegenheid, liefde* **0.2** ⟨med.⟩ ***aandoening*** ⇒*affectie, ziekte* **0.3** ⟨psych.⟩ ***affect(ie)*** **0.4** ***invloed*** ⇒*beïnvloeding* **0.5** ***neiging*** ⇒*hang, drang* ◆ **6.1** ~ **for / toward(s)** *genegenheid tot, liefde tot / voor;*
III ⟨mv.; ~s⟩ **0.1** ***gevoelens.***
af·fec·tion·al [ə'fekʃnəl]⟨bn.; -ly⟩ **0.1** ***gevoelsmatig*** ⇒*gevoels-, gemoeds-, gevoelig, ontvankelijk.*
af·fec·tion·ate [ə'fekʃnət]⟨f3⟩⟨bn.; -ly; -ness⟩ **0.1** ***hartelijk*** ⇒*warm, lief(hebbend), teder, toegenegen* ◆ **6.1** ~ **to** *hartelijk voor / tegenover* **¶.1** ~ly (yours) *veel liefs* ⟨in brief⟩.
af·fec·tive [ə'fektɪv]⟨bn.⟩ **0.1** ***affectief*** ⇒*gevoels-, gemoeds-.*
af·fec·tiv·i·ty ['æfek'tɪvəṭi]⟨telb. en n.-telb.zn.; →mv. 2⟩ **0.1** ***affectiviteit*** ⇒*gevoel.*
af·fen·pin·scher ['æfənpɪntʃə‖-ər]⟨telb.zn.⟩ **0.1** ***dwergpincher*** ⇒*smoushondje.*
af·fer·ent ['æfərənt]⟨bn.⟩⟨fysiologie⟩ **0.1** ***afferent*** ⇒*aan / toevoerend.*
af·fet·tu·o·so [æ'fetʃu'ouzou‖-sou]⟨bw.⟩⟨muz.⟩ **0.1** ***affettuoso*** ⇒*met veel gevoel.*
af·fi·ance[1] [ə'faɪəns]⟨telb.zn.⟩⟨vero.⟩ **0.1** ***(trouw)belofte*** ⇒*verloving.*
affiance[2] ⟨ov.ww.; vnl. pass.⟩⟨vero.⟩ **0.1** ***verloven*** ⇒*door trouwbelofte verbinden* ◆ **6.1** ~d **to** *verloofd met.*
af·fi·ant [ə'faɪənt]⟨telb.zn.⟩⟨AE; jur.⟩ **0.1** ***eed(s)aflegger.***
af·fiche [ə'fi:ʃ]⟨telb.zn.⟩ **0.1** ***affiche*** ⇒*aanplakbiljet, poster.*
af·fi·da·vit ['æfɪ'deɪvɪt]⟨f1⟩⟨telb.zn.⟩⟨jur.⟩ **0.1** ***beëdigde verklaring*** ⇒*attest, affidavit.*
af·fil·i·ate[1] [ə'fɪlɪət]⟨telb.zn.⟩ **0.1** ***aangesloten persoon / maatschappij*** ⇒*filiaal, afdeling.*

affiliate[2] [ə'fılieıt]⟨f1⟩⟨ww.⟩
I ⟨onov.ww.⟩ **0.1** ***zich aansluiten*** ◆ **6.1** ~ **to/with** *zich aansluiten bij;*
II ⟨ov.ww.⟩ **0.1** ***aansluiten*** ⇒*opnemen, aannemen, affiliëren* ◆ **6.1** ~ **to/with** *aansluiten bij;* ⟨jur.⟩ ~ a child **(up)on/to** s.o. *iem. als vader v.e. kind aanwijzen, iem. belasten met het onderhoud v.e. kind;* ~ **to/on** *toeschrijven aan.*

af·fil·i·a·tion [ə'fıli'eıʃn]⟨f1⟩⟨zn.⟩
I ⟨telb.zn.⟩ **0.1** ***connectie*** ⇒*band, verwantschap* **0.2** ***filiaal*** ⇒*afdeling, bijkantoor, depot;*
II ⟨n.-telb.zn.⟩ **0.1** ***affiliatie*** ⇒*aanhechting, aanneming, opname* **0.2** ***vaststelling v. vaderschap*** ◆ **2.1** what is your religious ~? *tot welke kerk behoor je?, wat is je godsdienst?.*

affili'ation fee ⟨telb.zn.⟩ **0.1** ***contributie*** ⇒*bijdrage.*

affili'ation order ⟨telb.zn.⟩⟨BE; jur.⟩ **0.1** ***veroordeling tot onderhoudsplicht v. onecht kind.***

af·fined [ə'faınd]⟨bn.⟩⟨vero.⟩ **0.1** ***verwant*** ⇒*verbonden* **0.2** ***verplicht.***

af·fin·i·tive [ə'fınət̬ıv]⟨bn.⟩ **0.1** ***verwant*** ⇒*gelijkaardig* ◆ **6.1** ~ **to** *verwant met.*

af·fin·i·ty [ə'fınət̬i]⟨f1⟩⟨telb.zn.; →mv. 2⟩ **0.1** ***(aan)verwantschap*** **0.2** ***affiniteit*** ⇒*verwantschap, gelijkaardigheid, overeenkomst* **0.3** ***uitverkorene*** ⇒*beminde aangebedene* **0.4** ⟨schei.⟩ ***affiniteit*** ◆ **6.2** ~ **between/with/to/for** *affiniteit tussen/aan, sympathie voor.*

af·firm [ə'fɜ:m‖ə'fɜrm]⟨f2⟩⟨ww.⟩
I ⟨onov.ww.⟩⟨jur.⟩ **0.1** ***de belofte afleggen*** ⟨voor rechtbank, ipv. de eed⟩ **0.2** ***het vonnis (v.d. lagere rechtbank) bevestigen;***
II ⟨ov.ww.⟩ **0.1** ***bevestigen*** ⇒*beamen, verzekeren, affirmeren, bekrachtigen* ◆ **1.1** ~ one's love for *zijn liefde verklaren voor* ¶**.1** ⟨elliptisch⟩ ~! *juist, correct, in orde.*

af·firm·a·ble [ə'fɜ:məbl‖ə'fɜr-]⟨bn.; -ly; →bijw. 3⟩ **0.1** ***bevestigbaar*** ◆ **6.1** a characteristic ~ **of** *een kenmerk dat geldt voor.*

af·firm·ant [ə'fɜ:mənt‖ə'fɜr-], **af·firm·er** [ə'fɜ:mə‖ə'fɜrmər]⟨telb.zn.⟩ **0.1** ***iem. die bevestigt*** ⟨enz.; zie affirm⟩.

af·fir·ma·tion ['æfə'meıʃn‖'æfər-]⟨f1⟩⟨telb. en n.-telb.zn.⟩ **0.1** ***bevestiging*** ⇒*verzekering, bekrachtiging, affirmatie* **0.2** ⟨jur.⟩ ***belofte*** ⟨ipv. eed⟩.

af·firm·a·tive[1] [ə'fɜ:mətıv‖ə'fɜrmət̬ıv]⟨f1⟩⟨telb.zn.⟩ **0.1** ***bevestiging*** ⇒*bevestigend woord* ◆ **2.1** the answer was a clear ~ *het antwoord was een duidelijk 'ja'* **3.1** answer in the ~ *bevestigend/met ja/positief antwoorden.*

affirmative[2] ⟨f1⟩⟨bn.; -ly⟩ **0.1** ***bevestigend*** ⇒*positief, bekrachtigend, affirmatief* ◆ **1.**¶ ⟨AE⟩ ~ action *voorkeursbehandeling/positieve discriminatie v. minderheden/vrouwen;* ⟨AE⟩ ~ action plan/program *(actie)plan/programma ter bescherming v.d. rechten v. minderheden/vrouwen;* ⟨i.h.b.⟩ *werkgelegenheidsplan ter stimulering v. werkgelegenheid voor minderheden/vrouwen.*

af·firm·a·to·ry [ə'fɜ:mətri‖ə'fɜrmətɔri]⟨bn.⟩ **0.1** ***bevestigend.***

af·fix[1] ['æfıks]⟨f1⟩⟨telb.zn.⟩ **0.1** ***toevoegsel*** ⇒*aanhangsel* **0.2** ⟨taalk.⟩ ***affix*** ⇒⟨oneig.⟩ *voorvoegsel, achtervoegsel, invoegsel* ◆ **6.1** she has an ~ **to** her name *ze heeft een titel.*

affix[2] [ə'fıks]⟨f2⟩⟨ov.ww.⟩ **0.1** ***toevoegen*** ⇒*(aan)hechten, vastmaken, verbinden* **0.2** ***toeschrijven*** ◆ **1.1** ~ a seal to *een zegel drukken op;* ~ one's name to a letter *een brief ondertekenen* **1.2** ~ blame for sth. to s.o. *iem. ergens de schuld van geven;* ~ blame to *zijn afkeuring uitspreken over* **6.1** ~ **to/on** *hechten/toevoegen aan, kleven op/aan.*

af·fix·ture [ə'fıkstʃə‖-ər]⟨telb. en n.-telb.zn.⟩ **0.1** ***toevoeging.***

af·fla·tus [ə'fleıt̬əs]⟨telb.zn.⟩ **0.1** ***ingeving*** ⇒*inspiratie, inblazing.*

af·flict [ə'flıkt]⟨f2⟩⟨ov.ww.⟩ **0.1** ***kwellen*** ⇒*bedroeven, aantasten, teisteren* ◆ **6.1** feel ~ed **at/by** the news *diepbedroefd/getroffen zijn door het nieuws;* be ~ed **with** *lijden aan;* I wish they wouldn't ~ us **with** their problems *ik wou dat ze niet voortdurend aan boord kwamen met hun problemen.*

af·flic·tion [ə'flıkʃn]⟨f1⟩⟨telb. en n.-telb.zn.⟩ **0.1** ***kwelling*** ⇒*pijn (iging), droefenis, smart, aandoening* **0.2** ***nood*** ⇒*onheil, ramp, bezoeking* ◆ **1.1** ~s of old age *ouderdomskwalen* **6.2** people **in** ~ *mensen in nood.*

af·flic·tive [ə'flıktıv]⟨bn.; -ly⟩ **0.1** ***kwellend*** ⇒*pijnigend, bedroevend.*

af·flu·ence ['æfluəns]⟨f1⟩⟨n.-telb.zn.⟩ **0.1** ***overvloed*** ⇒*rijkdom, weelde, welvaart* **0.2** ***toevloed*** ⇒*toestroming, toeloop* ◆ **1.2** the constant ~ of *de voortdurende toevloed v.* **3.1** live in ~ *in weelde leven;* rise to ~ *tot rijkdom komen.*

af·flu·ent[1] ['æfluənt]⟨telb.zn.⟩ **0.1** ***zijrivier*** ⇒*zijarm, bijrivier.*

affluent[2] ⟨f1⟩⟨bn.; -ly⟩ **0.1** ***rijk*** ⇒*overvloedig, welvarend* ◆ **1.1** the ~ society *de welvaartstaat;* in ~ circumstances *in weelde.*

af·flux ['æflʌks]⟨telb.zn.⟩ **0.1** ***toevloed*** ⇒*toestroming.*

af·force [ə'fɔ:s‖æ'fɔrs]⟨ov.ww.⟩ **0.1** ***versterken*** ⇒*uitbreiden* ◆ **1.1** ~ a jury *een jury versterken (door toevoeging v. experts).*

af·ford [ə'fɔ:d‖ə'fɔrd]⟨f3⟩⟨ov.ww.⟩ **0.1** ***zich veroorloven*** ⇒*zich permitteren, riskeren* **0.2** ⟨schr.⟩ ***verschaffen*** ⇒*verlenen, opleveren* ◆ **1.1** I cannot ~ a holiday *ik kan me geen vakantie veroorloven, ik heb geen tijd/geen geld voor vakantie* **1.2** the tree ~s a welcome shade *de boom zorgt voor wat welkome schaduw;* it ~s me great pleasure *het doet me zeer veel genoegen* **3.1** he can ~ to do it *hij kan het zich permitteren;* can you ~ to do without? *kun je wel zonder?, kun je er eigenlijk wel buiten?.*

af·ford·a·ble [ə'fɔ:dəbl‖ə'fɔr-]⟨f1⟩⟨bn.⟩ **0.1** ***geoorloofd*** ⇒*niet te riskant* **0.2** ***betaalbaar*** ⇒*economisch verantwoord* **0.3** ***te veroorloven*** ⇒*binnen bereik.*

af·for·est [ə'fɒrıst‖ə'fɔ-, ə'fɑ-]⟨ov.ww.⟩ **0.1** ***bebossen.***

af·for·es·ta·tion [ə'fɒrı'steıʃn‖ə'fɔ-, ə'fɑ-]⟨n.-telb.zn.⟩ **0.1** ***bebossing*** ⇒*aanplanting (v. bomen), aanplant.*

af·fran·chise [ə'fræntʃaız]⟨ov.ww.⟩ **0.1** ***vrijverklaren*** ⇒*vrijmaken, v. verplichting ontheffen.*

af·fran·chise·ment [ə'fræntʃaızmənt]⟨telb. en n.-telb.zn.⟩ **0.1** ***vrijverklaring*** ⇒*ontheffing, vrijmaking, bevrijding.*

af·fray [ə'freı]⟨telb.zn.⟩⟨schr.⟩ **0.1** ***rel(letje)*** ⇒*opstootje, ongeregeldheid.*

af·freight·ment [ə'freıtmənt]⟨telb.zn.⟩⟨scheep.⟩ **0.1** ***bevrachting.***

af·fri·cate ['æfrıkət]⟨telb.zn.⟩⟨taalk.⟩ **0.1** ***affricaat*** ⇒*semi-occlusief.*

af·fright[1] [ə'fraıt], **af·fright·ment** [ə'fraıtmənt]⟨n.-telb.zn.⟩⟨vero.⟩ **0.1** ***vrees*** ⇒*paniek, angst.*

affright[2] ⟨ov.ww.⟩⟨vero.⟩ **0.1** ***angst aanjagen*** ⇒*vrees inboezemen.*

af·front[1] [ə'frʌnt]⟨f2⟩⟨telb.zn.⟩ **0.1** ***belediging*** ⇒*hoon, smaad, krenking* ◆ **3.1** feel sth. an ~ *iets als een belediging opvatten;* offer an ~ *affronteren;* suffer an ~ *beledigd worden.*

affront[2] ⟨f1⟩⟨ov.ww.⟩ **0.1** ***(openlijk) beledigen*** ⇒*honen, affronteren* **0.2** ⟨vero.⟩ ***trotseren*** ⇒*tarten* ◆ **1.2** ~ death *de dood trotseren* **6.1** feel ~ed **at** sth. *zich door iets gekrenkt voelen.*

af·fu·sion [ə'fju:ʒn]⟨telb. en n.-telb.zn.⟩ **0.1** ***besprenkeling*** ⇒*begieting* ⟨vnl. bij doopsel⟩.

Afg ⟨afk.⟩ Afghanistan.

af·ghan[1] ['æfgæn]⟨f2⟩⟨zn.⟩
I ⟨eig.n.; A-⟩ **0.1** ***Afghaans*** ⇒*Pashto, Pasjto, Pushtu* ⟨taal⟩;
II ⟨telb.zn.⟩ **0.1** ⟨A-⟩ ***Afghaan(se)*** **0.2** ⟨vnl. A-⟩ ***Afghaan(se windhond)*** **0.3** ***(soort wollen, gehaakte) deken/sprei/sjaal*** **0.4** ***Afghaan(s tapijt)*** **0.5** ***Afghaanse jas*** ⇒*grove schapenwollen herdersjas.*

afghan[2] ⟨bn.; vnl. A-⟩ **0.1** ***Afghaans*** ◆ **1.1** ~ hound *Afghaanse windhond.*

a·fi·ci·o·na·do [ə'fıʃə'nɑ:doʊ]⟨telb.zn.⟩ **0.1** ***(grote) liefhebber*** ⇒*kenner* **0.2** ⟨sport⟩ ***(sport)fan*** ⇒*(vurige) supporter, aanhanger, liefhebber v. stierengevecht.*

a·field [ə'fi:ld]⟨f1⟩⟨bw.⟩ **0.1** ***ver (van huis)*** ⇒*ver weg* ⟨ook fig.⟩ **0.2** ***op/naar het veld*** ⇒*te velde* ◆ **3.1** this would lead us too far ~ *dit zou ons te ver voeren/doen afwijken (v.h. onderwerp).*

a·fire [ə'faıə‖-ər]⟨f1⟩⟨bn., pred.; bw.⟩ **0.1** ***in brand*** ⇒*in vuur en vlam, gloeiend, in lichterlaaie* ⟨ook fig.⟩ ◆ **3.1** be ~ *in brand staan;* set ~ *in brand steken* **6.1** be ~ **about** *enthousiast zijn voor/over;* be ~ **with** enthusiasm **for** *vreselijk enthousiast zijn over/voor.*

AFL, AF of L ⟨afk.⟩ American Federation of Labor ⟨Am. vakbond⟩.

a·flame [ə'fleım]⟨bn., pred.; bw.⟩ **0.1** ***in brand*** ⇒*in vuur en vlam, vlammend, gloeiend* ⟨ook fig.⟩ ◆ **3.1** be ~ *in brand staan* **6.1** ~ **with** a desire to learn *brandend van leergierigheid;* ~ **with** autumn colours *met vlammende herfstkleuren.*

AFL-CIO ⟨afk.⟩ American Federation of Labor and Congress of Industrial Organizations ⟨Am. vakbond⟩.

a·float [ə'floʊt]⟨f2⟩⟨bn., pred.; bw.⟩ **0.1** ***vlot(tend)*** ⇒*drijvend, varend, zeilend, stomend* **0.2** ***aan boord*** ⇒*op zee* **0.3** ***zwevend*** **0.4** ***uit de schuld*** **0.5** ***overstroomd*** ⇒*onder water* **0.6** ***in omloop*** ⇒*gangbaar* **0.7** ***in volle gang*** ⇒*op gang* **0.8** ***onzeker*** ⇒*stuurloos* ◆ **1.2** life ~ *zeemansleven* **1.6** nasty rumours are ~ *er doen gemene roddels/praatjes de ronde* **1.8** our plans are ~ *onze plannen staan (nog) niet vast* **3.1** get a boat ~ *een boot vlot maken/krijgen* **3.2** spend a long time ~ *lange tijd op zee doorbrengen;* sell sth. ~ *iets als scheepslading verkopen* **3.4** keep ~ *het hoofd boven water houden, rondkomen* **3.7** get sth. ~ *iets v.d. grond krijgen;* get a new periodical ~ *een nieuw tijdschrift lanceren/op de markt brengen.*

a·flut·ter [ə'flʌtə‖ə'flʌt̬ər]⟨bn., pred.⟩ **0.1** ***opgewonden*** ⇒*druk in de weer, in alle staten.*

AFM ⟨afk.⟩ Air Force Medal.

AFN ⟨afk.⟩ American Forces Network.

à fond ['ɑ: 'fɔ̃]⟨bw.⟩ **0.1** ***diepgaand*** ⇒*volledig, grondig, door en door, à fond.*

a·foot [ə'fʊt]⟨f1⟩⟨bn., pred.; bw.⟩ **0.1** ⟨vaak pej.⟩ ***op gang*** ⇒*aan de gang, gaande, in voorbereiding, op komst* **0.2** ⟨vero.⟩ ***te voet*** ⇒*op* *de been* ◆ **1.1** there is trouble ~ *er zijn moeilijkheden op til;* there is a plan ~ to raise taxes *er wordt een plan uitgedokterd om de belastingen te verhogen* **3.1** set ~ a building complex *een gebouwencomplex uit de grond stampen;* set ~ an organization *een organisatie op touw zetten.*

a·fore [ə'fɔ:‖ə'fɔr]⟨bw.⟩⟨vero.⟩ **0.1** ***vroeger*** ⇒*tevoren.*

a'fore'cit·ed, a·'fore·'men·tioned, a·'fore·'named, a·'fore·said ⟨f1⟩ ⟨bn., attr.⟩⟨schr.⟩ **0.1** ***voornoemd*** ⇒*bovengenoemd, voormeld* ◆ **1.1** the ~ people *voornoemde personen.*

a'fore·thought ⟨bn., post.⟩⟨vnl. jur.⟩ **0.1** ***voorbedacht*** ◆ **1.1** with malice ~ *met voorbedachten rade.*

a'fore·time[1] ⟨bn., attr.⟩⟨vero.⟩ **0.1** ***voormalig*** ⇒*vroeger.*

aforetime[2] ⟨bw.⟩⟨vero.⟩ **0.1** ***vroeger*** ⇒*eertijds.*

a for·ti·o·ri[1] ['eıfɔ:ti'ɔ:raı, -ri‖'eıfɔrţi-]⟨bn., attr.⟩ **0.1** ***a fortiori.***

a fortiori[2] ⟨bw.⟩ **0.1** ***a fortiori*** ⇒*met meer grond, des te eerder, zoveel te meer, met des te meer reden.*

a·foul of [ə'faʊl əv]⟨vz.⟩⟨vnl. AE⟩ **0.1** ***verstrikt in*** ◆ **1.1** fall/run ~ of the law *in botsing/conflict komen met de wet.*

a·fraid [ə'freıd]⟨f4⟩⟨bn., pred.⟩⟨→sprw. 292⟩ **0.1** ***bang*** ⇒*angstig, bevreesd, bezorgd, huiverig* ◆ **1.1** ~ of work *werkschuw;* ~ of one's own shadow *bang als een wezel* **3.1** be ~ to do sth. *iets niet durven doen;* ~ to wake her husband *haar man niet wakker durven maken* **6.1** I'm ~ **for** you/your safety *ik maak me zorgen om jou/jouw veiligheid;* ~ **of** sth. *bang voor iets;* ~ **of** waking her husband *bang dat ze haar man wakker zou maken;* don't be ~ **of** asking for help *vraag gerust om hulp* **8.1** be ~ that *bang zijn dat* **¶.1** I'm ~ I'm late *het spijt me dat ik te laat ben; ik geloof dat ik te laat ben;* I'm ~ you're wrong *ik vrees dat je ongelijk hebt.*

af·reet [ə'fri:t], **af·rit** [ə'frıt‖ə'fri:t]⟨telb.zn.⟩ **0.1** ***demon*** ⟨in Arabische mythologie⟩ ⇒*boze geest.*

a·fresh [ə'freʃ]⟨f2⟩⟨bw.⟩ **0.1** ***opnieuw*** ⇒*andermaal, nog eens, wederom* ◆ **3.1** start ~ *van voren af aan beginnen.*

Af·ri·can[1] ['æfrıkən]⟨f2⟩⟨telb.zn.⟩ **0.1** ***Afrikaan(se)*** **0.2** ⟨AE⟩ ***neger (in)*** ⇒*zwarte.*

African[2] ⟨f3⟩⟨bn.; ook a-⟩ **0.1** ***Afrikaans*** ◆ **1.¶** ⟨plantk.⟩ ~ lily *blauwe tuberoos* ⟨Agapanthus africanus⟩; ⟨plantk.⟩ ~ marigold *afrikaan(tje)* ⟨Tagetes erecta⟩; ⟨plantk.⟩ ~ violet *Kaaps viooltje* ⟨Saintpaulia ionantha⟩; ⟨AE; sl.⟩ ~ dominoes/golf *dobbelen.*

Af·ri·kaans[1] ['æfrı'kɑ:ns]⟨eig.n.⟩ **0.1** ***Afrikaans*** ⇒*Zuidafrikaans* ⟨taal⟩.

Afrikaans[2] ⟨bn.⟩ **0.1** ***Afrikaans*** ⇒*Zuidafrikaans.*

Af·ri·kan·der ['æfrı'kɑ:ndə‖-ər]⟨telb.zn.⟩ **0.1** ***Afrikaner*** ⇒*Afrikaander* **0.2** ⟨soms a-⟩ ***Zuidafrikaans schaap*** **0.3** ⟨soms a-⟩ ***afrikaner*** ⟨rund⟩ **0.4** ⟨soms a-⟩ ***Zuidafrikaanse gladiool.***

Af·ri·kan·er ['æfrı'kɑ:nə‖-ər]⟨f1⟩⟨telb.zn.⟩ **0.1** ***Afrikaner*** ⇒*Afrikaander.*

Af·ro[1] ['æfroʊ]⟨telb.zn.⟩ **0.1** ***afro-kapsel*** ⇒*afro-look.*

Afro[2] ⟨bn.⟩ **0.1** ***afro(-)*** ⇒*in afro-stijl.*

Af·ro- ['æfroʊ] **0.1** ***Afro-*** ⇒*in afro-stijl* ◆ **¶.1** Afro-American *Afro-Amerikaans;* Afro-wig *pruik in afro-stijl.*

Af·ro-A·mer·i·can·ese ['æfroʊəmerıkə'ni:z]⟨eig.n.⟩ **0.1** ***Negerengels.***

Af·ro-A·si·at·ic ['æfroʊeızi'æţık]⟨bn.⟩ **0.1** ***Afro-Aziatisch*** ◆ **1.1** ~ languages *Hamito-Semitische talen.*

'Af·ro-haired ⟨bn., attr.⟩ **0.1** ***met Afro-kapsel.***

aft[1] [ɑ:ft‖æft]⟨f1⟩⟨bw.⟩ **0.1** ⟨scheep.⟩ ***achteruit*** ⇒*achterdeks, op het achterdek/de achterplecht/het achterschip* **0.2** ⟨lucht.⟩ ***achterin*** ⇒*in de staart.*

aft[2] ⟨afk.⟩ afternoon.

af·ter[1] ['ɑ:ftə‖'æftər]⟨bn., attr.⟩ **0.1** ***later*** ⇒*volgend* **0.2** ⟨scheep.⟩ ***achter*** ◆ **1.1** in ~ years *in latere jaren* **1.2** ~ cabins *hutten op het achterdek, achterkajuiten.*

after[2] ⟨f3⟩⟨bw.; opeenvolging in tijd of ruimte⟩ **0.1** ***na*** ⇒*nadien, erna, erachter* ◆ **1.1** five years ~ *vijf jaar later* **3.1** Jack fell down and Jill came tumbling ~ *Jack viel en Jill kwam hem achterna getuimeld.*

after[3] ⟨f4⟩⟨vz.⟩ **0.1** ⟨plaats⟩ ***achter*** ⇒*na* **0.2** ⟨tijd⟩ ***na*** **0.3** ⟨rangschikking⟩ ***na*** ⇒*met uitzondering van* **0.4** ⟨vergelijkbaarheid of navolging⟩ ***naar*** ⇒*volgens, in navolging van* **0.5** ⟨verwijst naar een handeling of gebeuren in het onmiddellijke verleden; steeds met gerund⟩⟨vnl. IE⟩ ***pas*** ⇒*net* ◆ **1.1** cloud ~ cloud *de ene wolk na de andere;* Jack ran ~ Jill *Jack liep Jill achterna* **1.2** ~ Christ *na Christus, a.d.;* day ~ day *dag in dag uit, dag na/aan dag, onophoudelijk;* ⟨AE of gew.⟩ five ~ three o'clock *vijf over drie;* ⟨AE of gew.⟩ it's ~ two o'clock *het is over tweeën* **1.3** the greatest ~ Beethoven *de grootste na Beethoven* **1.4** named ~ his grandfather *naar zijn grootvader genoemd;* ~ his own manner *op zijn eigen manier/wijze;* ~ the French nobility *in navolging van de Franse adel* **4.1** stand one ~ another *achter elkaar staan;* ~ you *na u* **4.¶** ~ all *tegen alle verwachtingen in, toch.*

after[4] ⟨f3⟩⟨ondersch.vw.⟩ **0.1** ***nadat*** ⇒*als, toen, wanneer* ◆ **3.1** come back ~ finishing *kom terug als je klaar bent* **¶.1** ~ he insulted her she left *nadat hij haar beledigd had, ging ze weg.*

'af·ter·birth ⟨f1⟩⟨telb.zn.⟩ **0.1** ***nageboorte.***

'af·ter·born ⟨bn.⟩ **0.1** ***nageboren*** ⇒*postuum.*

'af·ter·burn·er ⟨telb.zn.⟩⟨tech.⟩ **0.1** ***na(ver)brander*** ⟨i.h.b. bij straalmotor⟩.

'af·ter·care ⟨f1⟩⟨n.-telb.zn.⟩ **0.1** ***nazorg.***

'af·ter·clap ⟨telb.zn.⟩ **0.1** ***staart(je)*** ⟨fig.⟩ ⇒*nasleep, (onverwacht en onprettig) gevolg, naspel.*

'af·ter·cost ⟨n.-telb.zn.⟩ **0.1** ***nakomende kosten.***

'af·ter·crop ⟨telb.zn.⟩ **0.1** ***tweede oogst.***

'af·ter·damp ⟨n.-telb.zn.⟩⟨mijnw.⟩ **0.1** ***explosiegas*** ⇒*ontploffingsgassen, schotrook.*

'af·ter·deck ⟨telb.zn.⟩ **0.1** ***achterdek*** ⇒*achterplecht.*

'af·ter·din·ner ⟨f1⟩⟨bn., attr.⟩ **0.1** ***na het diner*** ◆ **1.1** ~ cup *kleintje koffie, espresso;* ~ jacket *huisjasje;* ~ speech *rede na het diner.*

'af·ter·ef·fect ⟨telb.zn.; vaak mv.⟩ **0.1** ***nawerking*** ⇒⟨psych.⟩ *aftereffect.*

'af·ter·glow ⟨telb.zn.; vnl. enk.⟩ **0.1** ***naglans*** ⟨ook fig.⟩ ⇒*nagloeiing* ⟨v. afkoelend metaal⟩ **0.2** ***avondrood*** ⇒*het nalichten* **0.3** ***het nagenieten.***

'af·ter·grass ⟨n.-telb.zn.⟩ **0.1** ***nagras*** ⇒*etgroen.*

'af·ter·growth ⟨telb.zn.⟩ **0.1** ***nagewas*** ⇒*tweede oogst.*

'af·ter·hold ⟨telb.zn.⟩⟨scheep.⟩ **0.1** ***achterruim.***

'af·ter·im·age ⟨telb.zn.⟩⟨fysiologie⟩ **0.1** ***nabeeld.***

'af·ter·life ⟨telb. en n.-telb.zn.; vnl. enk.⟩ **0.1** ***latere/verdere leven*** **0.2** ***leven na de dood*** ⇒*hiernamaals* ◆ **6.1** **in** ~ *tijdens het verdere leven, op latere leeftijd.*

'af·ter·light ⟨telb.zn.⟩ **0.1** ⟨vnl. enk.⟩ ***schemering*** ⇒*avondrood.*

af·ter·math ['ɑ:ftəmɑ:θ‖'æftərmæθ]⟨f2⟩⟨zn.⟩

I ⟨telb.zn.; vnl. enk.⟩ **0.1** ***nasleep*** ⇒*naspel, (onprettige) gevolgen* ◆ **1.1** the ~ of war *de nasleep v.d. oorlog;*

II ⟨n.-telb.zn.⟩ **0.1** ***nagras*** ⇒*etgroen.*

'af·ter·most ⟨bn., attr.⟩⟨vnl. scheep.⟩ **0.1** ***achter-*** ⇒*in/op het achterschip.*

af·ter·noon ['ɑ:ftə'nu:n‖'æftər-]⟨f4⟩⟨telb.zn.⟩ **0.1** ***middag*** ⇒⟨B.⟩ *namiddag* ⟨ook fig.⟩ ◆ **1.1** in the ~ of life *op gevorderde leeftijd, in de herfst/de avond v.h. leven* **6.1** **in/during** the ~ *'s middags, in de namiddag;* **on** the ~ of June 1st *op de middag v.d. eerste juni.*

'afternoon 'concert ⟨telb.zn.⟩ **0.1** ***middagconcert*** ⇒⟨B.⟩ *namiddagconcert.*

'afternoon 'lady ⟨telb.zn.⟩⟨plantk.⟩ **0.1** ***nachtschone*** ⟨Mirabilis jalapa⟩.

af·ter·noons ['ɑ:ftə'nu:nz‖'æftər-]⟨f1⟩⟨bw.⟩⟨AE⟩ **0.1** ***(gewoonlijk) 's middags.***

'afternoon 'sleep ⟨telb.zn.⟩ **0.1** ***middagdutje*** ⇒*siësta.*

'afternoon 'tea ⟨f1⟩⟨telb. en n.-telb.zn.⟩ **0.1** ***middagthee*** ⇒*vieruurtje* ⟨met thee en eventueel enige zoete en/of hartige lekkernijen⟩.

'af·ter·pains ⟨mv.⟩ **0.1** ***naweeën.***

'af·ter·piece ⟨telb.zn.⟩⟨dram.⟩ **0.1** ***(komisch) nastukje*** ⇒*uitsmijter.*

'af·ter·roll ⟨telb.zn.⟩ **0.1** ***nadeining.***

af·ters ['ɑ:ftəz‖'æftərz]⟨f1⟩⟨mv.⟩⟨BE; inf.⟩ **0.1** ***toetje*** ⇒*dessert, nagerecht* ◆ **6.1** what's **for** ~? *wat krijgen we toe?.*

after-'sales service ⟨n.-telb.zn.⟩ **0.1** ***dienst-na-verkoop*** ⇒*reparatiedienst.*

'af·ter-sea·son ⟨bn., attr.⟩ **0.1** ***na het seizoen*** ⇒*in het naseizoen* ◆ **1.1** ~ sale(s) *seizoenopruiming.*

'af·ter·sen·sa·tion ⟨telb.zn.⟩ **0.1** ⟨ben. voor⟩ ***gewaarwording die optreedt/blijft na wegnemen v.d. prikkel*** ⇒*nabeeld, nasmaak, gevoel achteraf.*

'af·ter·shave, ⟨schr.⟩ **'aftershave lotion** ⟨f1⟩⟨telb. en n.-telb.zn.⟩ **0.1** ***aftershave.***

'af·ter·shock ⟨telb.zn.⟩ **0.1** ***naschok*** ⟨bij aardbeving⟩.

'af·ter·taste ⟨f1⟩⟨telb.zn.⟩ **0.1** ***nasmaak.***

'af·ter·tax ⟨bn., attr.⟩ **0.1** ***'schoon'*** ⇒*netto* ⟨na betaling v. belasting⟩ ◆ **1.1** ~ earnings *netto-inkomsten, schoon loon.*

'af·ter·thought ⟨f1⟩⟨telb.zn.⟩ **0.1** ***latere/nadere overweging*** ⇒*iets dat later bij iem. opkomt, nabeschouwing* **0.2** ***latere toevoeging*** ⇒*postscriptum* **0.3** ⟨inf.⟩ ***nakomertje.***

'af·ter·time ⟨n.-telb.zn.⟩ **0.1** ***toekomst.***

af·ter·wards ['ɑ:ftəwədz‖'æftərwərdz], ⟨AE ook⟩ **af·ter·ward** [-wəd‖-wərd]⟨f3⟩⟨bw.⟩ **0.1** ***later*** ⇒*naderhand, nadien, vervolgens.*

'af·ter·word ⟨telb.zn.⟩ **0.1** ***nawoord*** ⇒*epiloog, slotwoord.*

'af·ter·world ⟨telb.zn.; the⟩ **0.1** ***hiernamaals.***

aftn ⟨afk.⟩ afternoon.

ag- →**ad-**.

AG ⟨afk.⟩ attorney general, adjudant general, accountant general, agent general, antigas, air gunner.

a·ga, a·gha ['ɑ:gə]⟨telb.zn.⟩ **0.1** ***aga*** ⇒*agha* ⟨mohammedaanse titel⟩.

a·gain [ə'gen, ə'geɪn‖ə'gen]⟨f4⟩⟨bw.⟩ **0.1** ***opnieuw*** ⇒*weer, nog eens;* ⟨B.⟩ *terug* **0.2** ***terug*** ⇒*tegen* **0.3** ***nogmaals*** **0.4** ***anderzijds*** ⇒*daarentegen* ◆ **1.1** time and (time) ~ *telkens opnieuw, herhaaldelijk* **1.¶** what is his name ~? *hoe heet hij ook (al) weer?* **3.1** marry ~ *hertrouwen;* come ~ *terugkomen;* ⟨geb. w.; inf.⟩ *probeer het nog eens, hoe/wat zei je?* **3.2** turn ~ *omkeren, terugkeren;* answer ~ *iets terug zeggen;* laugh ~ *als reactie/v.d. weersomstuit lachen* **4.1** as much/many ~ *(nog) eens zoveel;* half as much/many ~ *nog eens half zoveel, anderhalf keer zoveel;* (the) same ~! *van hetzelfde!, schenk nog eens in!;* be oneself ~ *hersteld zijn; er weer bovenop zijn* **5.1** back/home ~ *weer/terug thuis;* not/never ~ *niet/nooit meer/weer;* once/yet ~ *nog één keer;* now and ~ *nu en dan;* ~ and ~ *telkens/steeds opnieuw, herhaaldelijk* **¶.3** ~, what about the child? *nogmaals, wat moet er met het kind?;* he might, and (then) ~ he might not *misschien doet hij het, en misschien ook wel weer niet* **¶.4** he might go, and (then) ~ he might not *misschien gaat hij, en misschien ook wel weer niet.*

a·gainst [ə'genst, ə'geɪnst‖ə'genst], ⟨schr.⟩ **'gainst** [genst, geɪnst‖genst]⟨f4⟩⟨vz.⟩ **0.1** ⟨plaats of richting; ook fig.⟩ ***tegen*** ⇒*tegen ... aan/in, naast, vlak bij, in strijd met* **0.2** ⟨vergelijking⟩ ***tegenover*** ⇒*in tegenstelling met* **0.3** ⟨tijd⟩⟨gew.⟩ ***vóór*** **0.4** ⟨geldw.⟩ ***voor*** ⇒*tegen* ⟨i.h.b. van wisselkoersen⟩ **0.5** ***met het oog op*** ⇒*voor* ◆ **1.1** a race ~ the clock *een wedloop tegen de klok;* ~ the current *tegen de stroom in;* fight ~ the enemy *tegen de vijand vechten, de vijand bevechten;* ~ the law *tegen/strijdig met de wet;* talk ~ the noise *boven het lawaai uit praten;* houses ~ a blue sky *huizen die afsteken tegen een blauwe hemel;* ~ the sun *tegen de (wijzers v.d.) klok in;* ⟨elliptisch⟩ votes for and ~ *stemmen vóór en tegen;* lean ~ the wall *tegen de muur leunen* **1.2** compare John ~ Dick *vergelijk John eens met Dick, stel John eens tegenover Dick;* the yen will rise ~ sterling *de yen zal stijgen tegenover/ten opzichte v. het pond* **1.3** ~ noon *vóór de middag* **1.4** 41 francs ~ one dollar *41 frank tegenover/voor één dollar* **1.5** save ~ old age *sparen met het oog op/voor zijn oude dag* **5.1** we live **over** ~ the church *wij wonen recht tegenover de kerk* **¶.2** as ~ *tegenover.*

ag·a·ma ['ægəmə], **ag·a·mid** ['ægəmɪd]⟨telb.zn.⟩⟨dierk.⟩ **0.1** ***agame*** ⟨hagedis; fam. Agamidae⟩.

ag·a·mi ['ægəmi]⟨telb.zn.⟩⟨dierk.⟩ **0.1** ***trompetvogel*** ⟨Psophia crepitans⟩.

a·gam·ic [eɪ'gæmɪk], **ag·a·mous** ['ægəməs]⟨bn.; -(al)ly; →bijw. 3⟩ **0.1** ***geslachtloos*** ⇒*agaam.*

ag·a·mo·gen·e·sis ['ægəmoʊ'dʒɪnəsɪs]⟨n.-telb.zn.⟩ **0.1** ***agamogenese*** ⇒*geslachtloze voortplanting.*

ag·a·mo·ge·net·ic ['ægəmoʊdʒe'neţɪk]⟨bn.; -ally; →bijw. 3⟩ **0.1** ***agamogenetisch*** ⇒*agaam, zich geslachtloos voortplantend.*

ag·a·pan·thus ['ægə'pænθəs]⟨telb.zn.⟩⟨plantk.⟩ **0.1** ***tuberoos*** ⟨genus Agapanthus⟩ ⇒⟨vnl.⟩ *blauwe tuberoos* ⟨A. africanus⟩.

a·ga·pe[1] ['ægəpi‖-peɪ]⟨zn.⟩

I ⟨telb.zn.; ook agapae, agapai [-pi:]; →mv. 5⟩ **0.1** ***agape*** ⇒*(vroegchristelijk) liefdemaal, vriendenmaal;*

II ⟨n.-telb.zn.⟩⟨theol.⟩ **0.1** ***agape*** ⇒*christelijke liefde.*

a·gape[2] [ə'geɪp]⟨f1⟩⟨bn., pred.; bw.⟩ **0.1** ***met open mond*** ⇒*wijd open,* ⟨fig.⟩ *ten zeerste verbaasd, verwonderd* ◆ **3.1** stand ~ *met open mond staan, staan gapen* **6.1** ~ **with** surprise *met wijd open mond van verwondering.*

a·gar ['eɪgɑ:‖'ɑgər], **'a·gar-'a·gar** ⟨n.-telb.zn.⟩ **0.1** ***agar-agar.***

ag·a·ric ['ægərɪk]⟨telb.zn.⟩⟨plantk.⟩ **0.1** ***paddestoel*** ⟨fam. Agaricaceae⟩.

a·gasp [ə'gɑ:sp‖ə'gæsp]⟨bn., pred.; bw.⟩ **0.1** ***snakkend (naar adem)*** ⇒*hijgend* **0.2** ***enthousiast*** ⇒*opgewonden.*

ag·ate ['ægət]⟨zn.⟩

I ⟨telb.zn.⟩ **0.1** ***agaatsteen*** ⇒*agaat* **0.2** ***knikker*** ⇒*'mooitje'* ⟨op agaat lijkend⟩;

II ⟨n.-telb.zn.⟩ **0.1** ***agaat*** ⇒*agaatsteen, polijststaal* ⟨voor goud, met agaatsteengruis⟩.

a·ga·ve [ə'geɪvi]⟨telb.zn.⟩⟨plantk.⟩ **0.1** ***agave*** ⟨genus Agave⟩ ⇒⟨vnl.⟩ *Amerikaanse agave/aloë* ⟨A. americana⟩.

a·gaze [ə'geɪz]⟨bn., pred.; bw.⟩ **0.1** ***starend.***

age[1] [eɪdʒ]⟨f4⟩⟨zn.⟩⟨→sprw. 9, 230⟩

I ⟨telb.zn.⟩ **0.1** ***leeftijd*** ⇒*ouderdom* **0.2** ***mensenleven*** ⇒*levensduur* **0.3** ***generatie*** **0.4** ⟨vaak A-⟩ ***eeuw*** ⇒*tijdperk* **0.5** ⟨vnl. mv.⟩ ⟨inf.⟩ ***eeuwigheid*** ◆ **1.1** ⟨jur.⟩ ~ of puberty *begin v.d. puberteit* ⟨meisje: 12; jongen: 14⟩ **1.4** the ~ of Aquarius *het tijdperk v.d. Waterman/v. vrijheid en broederlijkheid;* ~ of gold *gouden eeuw* ⟨ook mythologie⟩; the ~ of Reason *de Verlichting* **3.1** be your ~! *doe niet zo kinderachtig!, gedraag je naar je leeftijd!;* look one's ~ *er zo oud uitzien als men is* **3.5** wait for ~s *een eeuwigheid wachten;* you've been ~s *je bent vreselijk lang weggebleven* **4.1** what is your ~? *hoe oud ben je?* **6.1** **at** the ~ **of** ten *op tienjarige leeftijd;* ten years **of** ~ *tien jaar oud;* be **of** an ~ to do sth. *oud genoeg zijn om iets te doen;* **of** an ~ **with** *even oud als* **7.3** this ~ does not know what poverty is *de mens v. vandaag weet niet meer wat armoede is;*

II ⟨n.-telb.zn.⟩ **0.1** ***meerderjarigheid*** **0.2** ***ouderdom*** ⇒*hoge leeftijd* ◆ **1.¶** ~ of consent *meerderjarigheid; leeftijd* ⟨vooral v. meisje⟩ *waarop seksuele betrekkingen met meerderjarigen niet meer strafbaar zijn;* ~ of discretion *jaren des onderscheids/v. discretie en verstand* **3.1** be/come of ~ *meerderjarig zijn/worden* **6.1** **over** ~ *boven de leeftijdsgrens;* **under** ~ *minderjarig, te jong* **6.2** his back was bent **with** ~ *zijn rug was krom v. ouderdom;* **in** his (old) ~ *op zijn oude dag.*

age[2] ⟨f3⟩⟨ww.⟩ →aged, ag(e)ing

I ⟨onov.ww.⟩ **0.1** ***verouderen*** ⇒*ouder worden* **0.2** ***rijpen*** ⟨v. kaas⟩ ⇒*op dronk komen* ⟨v. wijn⟩ ◆ **5.1** he's ~d a lot *hij is erg oud geworden* **5.2** this wine ~s well *dit is een wijn om op te leggen;*

II ⟨ov.ww.⟩ **0.1** ***doen verouderen*** **0.2** ***laten rijpen*** ⟨kaas⟩ ⇒*opleggen, bewaren* ⟨wijn⟩.

-age [ɪdʒ] **0.1** ⟨ong.⟩ ***-ing*** ⇒*-schap* ⟨vormt nw. uit ww. of nw.⟩ ◆ **¶.1** coverage *dekking;* bondage *gevangenschap;* breakage *breuk.*

'age bracket ⟨telb.zn.⟩ **0.1** ***leeftijdsgroep/klasse.***

'age clause ⟨telb.zn.⟩ **0.1** ***leeftijdsclausule*** ⇒*leeftijdsbeperking/bepaling.*

a·ged[1] ['eɪdʒd]⟨f2⟩⟨bn.⟩

I ⟨bn.; -ly; -ness⟩ **0.1** ***oud*** ⇒*belegen* ◆ **1.1** ~ wine/cheese *oude wijn/kaas;*

II ⟨bn., pred., bn., post.⟩ **0.1** ***oud*** ◆ **4.1** ~ ten *tien jaar oud.*

aged[2] ['eɪdʒɪd]⟨f2⟩⟨bn.; -ly; -ness⟩ **0.1** ***oud*** ⇒*(hoog)bejaard* ◆ **1.1** an ~ man *een bejaard man* **7.1** the ~ *de bejaarden.*

'aged care ⟨n.-telb.zn.⟩ **0.1** ***bejaardenzorg.***

'age gap, 'age difference ⟨telb.zn.⟩ **0.1** ***leeftijdsverschil*** ⇒*leeftijdsonderscheid.*

'age group ⟨telb.zn.⟩ **0.1** ***leeftijdsgroep/klasse.***

age·ing, ⟨AE sp. vnl.⟩ **ag·ing** ['eɪdʒɪŋ]⟨f1⟩⟨n.-telb.zn.; gerund v. age⟩ **0.1** ***veroudering(sproces).***

age·ism, ag·ism ['eɪdʒɪzm]⟨n.-telb.zn.⟩ **0.1** ***leeftijdsdiscriminatie.***

age·ist ['eɪdʒɪst]⟨bn.⟩ **0.1** ***leeftijd discriminerend*** ⇒*ouderen discriminerend.*

age·less ['eɪdʒləs]⟨f1⟩⟨bn.; -ly; -ness⟩ **0.1** ***leeftijdloos*** ◆ **1.1** an ~ truth *een eeuwige/klassieke waarheid* **3.1** he seems ~ *hij lijkt de eeuwige jeugd te bezitten.*

'age limit ⟨telb.zn.⟩ **0.1** ***leeftijdsgrens*** ◆ **6.1** retire **under** the ~ *vroegtijdig met pensioen gaan, voortijdig uittreden.*

'age-long ⟨bn., attr.⟩ **0.1** ***eeuwenlang*** ⇒*eeuwigdurend, eindeloos* ◆ **1.1** ~ struggle for freedom *eeuwenlange strijd voor vrijheid.*

a·gen·cy ['eɪdʒənsi]⟨f3⟩⟨zn.; →mv. 2⟩

I ⟨telb.zn.⟩ **0.1** ***bureau*** ⇒*instantie, lichaam, instelling* **0.2** ***agentuur*** ⇒*agentschap, vertegenwoordiging* **0.3** ***impresariaat*** **0.4** ***macht*** ◆ **2.4** an invisible ~ *een onzichtbare macht;*

II ⟨n.-telb.zn.⟩ **0.1** ***bemiddeling*** ⇒*tussenkomst, toedoen* **0.2** ***werking*** ⇒*macht, kracht* ◆ **2.2** ⟨hand.⟩ exclusieve/sole ~ *exclusieve/uitsluitende vertegenwoordiging, alleenvertegenwoordiging;* human ~ in history *de menselijke factor in de geschiedenis* **6.1** fertilized **by** the ~ of insects *bevrucht door tussenkomst v. insekten;* obtain a job **through/by** the ~ **of** friends *een betrekking krijgen door toedoen v. vrienden* **6.2** wear **by/through** the ~ **of** water *afslijten door de kracht v.h. water.*

'agency business ⟨telb.zn.⟩ **0.1** ***commissiehandel*** **0.2** ***agentuur*** **0.3** ***impresariaat.***

a·gen·da [ə'dʒendə]⟨f1⟩⟨telb.zn.⟩ **0.1** ***agenda*** ⟨lijst⟩.

a·gen·dum [ə'dʒendəm]⟨telb.zn.; ook agenda [-də]; →mv. 5⟩ **0.1** ***agendapunt*** ⇒*onderwerp, activiteit.*

a·gent ['eɪdʒnt]⟨f3⟩⟨telb.zn.⟩ **0.1** ***agent*** ⇒*tussenpersoon, makelaar, rentmeester, impresario* **0.2** ***handelend persoon*** ⇒*instrument* **0.3** ⟨schei. enz.⟩ ***agens*** ⇒*middel, reagens* **0.4** ⟨taalk.⟩ ***agens*** ⟨als semantische functie⟩ ◆ **2.1** secret ~ *geheim agent* **2.2** I'm not a free ~ *ik ben niet mijn eigen baas* **3.3** oxidizing ~ *oxyderend agens, oxydans, oxydeer/oxydatiemiddel.*

a·gent-'gen·er·al ⟨telb.zn.; agents-general; →mv. 6⟩⟨BE⟩ **0.1** ***vertegenwoordiger in Londen*** ⟨v. Australische staat of Canadese provincie⟩.

a·gen·tial [eɪ'dʒenʃl]⟨bn.; -ly⟩ **0.1** ***agentschaps-*** ⇒*makelaars-, bemiddelend* **0.2** ***oorzakelijk*** ⇒*handelend.*

'agent phrase ⟨telb.zn.⟩⟨taalk.⟩ **0.1** ***door-bepaling.***

a·gent pro·vo·ca·teur ⟨telb.zn.; agents provocateurs ['æʒɑ̃ prɒvɒkə'tɜ:‖æ'ʒɑ̃ proʊvɑkə'tɜ:r]; →mv. 5⟩ **0.1** ***(agent-)provocateur.***

'age-'old ⟨f1⟩⟨bn.⟩ **0.1** ***eeuwenoud*** ⇒*stokoud* ◆ **1.1** ~ traditions *eeuwenoude tradities.*

'age pigment ⟨telb. en n.-telb.zn.⟩ **0.1** ***hyperpigmentatie.***

ag·gior·na·men·to [æ'dʒɔ:nə'mentoʊ‖æ'dʒɔrnə'mentoʊ]⟨telb.zn.; aggiornamenti [-menti];→mv. 5⟩ **0.1** ***aggiornamento*** ⇒*modernisering, aanpassing* ⟨i.h.b. van Vaticaanse politiek⟩.

ag·glom·er·ate[1] [ə'glɒmərət‖ə'glɑ-]⟨telb.zn.⟩ **0.1** ***agglomeraat*** ⇒*opeenhoping/stapeling, (chaotische) verzameling.*

agglomerate[2] ⟨bn., attr.⟩ **0.1** ***opeengehoopt/gestapeld.***

agglomerate[3] [ə'glɒməreɪt‖ə'glɑ-]⟨onov. en ov.ww.⟩ **0.1** ***(zich) opeenhopen/stapelen*** ⇒*agglomereren, samenklonteren/hopen/kleven, accumuleren, verzamelen.*

ag·glom·er·a·tion [ə'glɒmə'reɪʃn‖ə'glɑ-]⟨zn.⟩
I ⟨telb.zn.⟩ **0.1** ***agglomeratie*** ⇒*opeenhoping/stapeling, samenklontering, verzameling;*
II ⟨n.-telb.zn.⟩ **0.1** ***het opeenhopen/stapelen.***

ag·glom·er·a·tive [ə'glɒmərətɪv‖ə'glɑməreɪtɪv]⟨bn.⟩ **0.1** ***opeenhopend/stapelend.***

ag·glu·ti·nate[1] [ə'glu:tɪnət]⟨bn.⟩ **0.1** ***(vast)gelijmd*** ⇒*vastgekleefd/gehecht, samengebald* **0.2** ⟨biol. en taalk.⟩ ***agglutinerend.***

agglutinate[2] [ə'glu:tɪneɪt]⟨ww.⟩
I ⟨onov.ww.⟩ **0.1** ***zich tot lijm verbinden;***
II ⟨onov. en ov.ww.⟩ **0.1** ***samenkleven*** ⇒*samenballen, (doen) samenklonteren* **0.2** ⟨biol. en taalk.⟩ ***agglutineren.***

ag·glu·ti·na·tion [ə'glu:tɪ'neɪʃn]⟨telb. en n.-telb.zn.⟩ **0.1** ***agglutinatie*** ⇒*samenklontering.*

ag·glu·ti·na·tive [ə'glu:tɪnətɪv‖ə'glu:tneɪtɪv]⟨bn.⟩ **0.1** ***(aan)klevend*** **0.2** ⟨biol. en taalk.⟩ ***agglutinerend.***

ag·grade [ə'greɪd]⟨ov.ww.⟩ **0.1** ***(met sediment) verhogen.***

ag·gran·dize, -dise [ə'grændaɪz]⟨ov.ww.⟩ **0.1** ***vergroten*** ⇒*verruimen, uitbreiden* **0.2** ***verhogen*** ⇒*verheffen, verheerlijken* **0.3** ***overdrijven.***

ag·gran·dize·ment, -dise·ment [ə'grændɪzmənt]⟨telb. en n.-telb. zn.⟩ **0.1** ***vergroting*** ⇒*verruiming, uitbreiding* **0.2** ***verhoging*** ⇒*verheffing, verheerlijking* **0.3** ***overdrijving.***

ag·gra·vate ['ægrəveɪt]⟨f2⟩⟨ov.ww.⟩ →aggravating **0.1** ***verzwaren*** ⇒*verergeren, bemoeilijken* **0.2** ⟨inf.⟩ ***ergeren*** ⇒*boosmaken, provoceren, vervelen* ◆ **1.1** ~ an illness *een ziekte verergeren* **1.2** ~ a person *iem. het bloed onder de nagels vandaan halen.*

ag·gra·vat·ing ['ægrəveɪtɪŋ]⟨bn.; teg. deelw. v. aggravate; -ly⟩ **0.1** ***verzwarend*** ⇒*verergerend, bemoeilijkend* **0.2** ⟨inf.⟩ ***ergerlijk*** ⇒*irriterend, provocerend* ◆ **1.1** ~ circumstances *bezwarende omstandigheden* **5.2** how ~! *wat vervelend!.*

ag·gra·va·tion ['ægrə'veɪʃn]⟨f1⟩⟨telb. en n.-telb.zn.⟩ **0.1** ***verzwaring*** ⇒*verergering;* ⟨med.⟩ *aggravatie* **0.2** ⟨inf.⟩ ***ergerlijkheid*** ⇒*ergernis, irritatie.*

ag·gre·gate[1] ['ægrɪgət]⟨f1⟩⟨zn.⟩
I ⟨telb.zn.⟩ **0.1** ***complex*** ⇒*geheel, samenstel, verzameling, ophoping, massa* ◆ **6.1 in** (the) ~ *in totaal, globaal;* **on** ~ *totaal* ⟨v. score, stand⟩;
II ⟨n.-telb.zn.⟩⟨bouwk., wegenbouw⟩ **0.1** ***aggregaat*** ⟨toeslagstof bij betonbereiding⟩.

aggregate[2] ⟨f1⟩⟨bn., attr.⟩ **0.1** ***gezamenlijk*** ⇒*opgehoopt, bijeengevoegd, verzameld* ◆ **1.1** ⟨ec.⟩ ~ analysis *macro-economie;* ⟨ec.⟩ ~ demand *gezamenlijke/totale vraag;* the ~ amount *het totaal/globaal bedrag;* ⟨plantk.⟩ ~ fruit *samengestelde vrucht.*

aggregate[3] ['ægrɪgeɪt]⟨ww.⟩
I ⟨onov.ww.⟩ **0.1** ***zich verenigen*** ⇒*zich ophopen;*
II ⟨onov. en ov.ww.⟩⟨inf.⟩ **0.1** ***bedragen*** ◆ **1.1** his income for the year ~d (to) £ 10,000 *zijn jaarinkomsten bedroegen £ 10.000;*
III ⟨ov.ww.⟩ **0.1** ***bijeenvoegen*** ⇒*verenigen, verzamelen* ◆ **6.1** ~ s.o. **to** a club *iem. in een club opnemen.*

ag·gre·ga·tion ['ægrɪ'geɪʃn]⟨telb. en n.-telb.zn.⟩ **0.1** ***samenvoeging*** ⇒*verzameling, aggregatie, opname* ◆ **1.1** ⟨nat.⟩ state of ~ *aggregatietoestand, aggregaatstoestand.*

ag·gre·ga·tive ['ægrɪgeɪtɪv]⟨bn.⟩ **0.1** ***samen(genomen)*** ⇒*gezamenlijk, verzameld, bijeengevoegd, opgehoopt, aggregatie-* **0.2** ***verzamelend*** ⇒*ophopend, bijeenvoegend, aggregatie-.*

ag·gress [ə'gres]⟨onov. en ov.ww.⟩ **0.1** ***aanvallen*** ⇒*zich agressief gedragen, aanranden, agressie plegen.*

ag·gres·sion [ə'greʃn]⟨f2⟩⟨telb. en n.-telb.zn.⟩ **0.1** ***agressie*** ⇒*aanval, agressief gedrag* ◆ **6.1** an ~ **against/(up)on** public morality *een inbreuk/aanslag op de openbare zeden.*

ag·gres·sive [ə'gresɪv]⟨f3⟩⟨bn.; -ly⟩ **0.1** ***agressief*** ⇒*aanvallend, offensief, strijdlustig, militant* **0.2** ***opdringerig*** **0.3** ***ondernemend*** ⇒*stoutmoedig, ambitieus* **0.4** ***opzichtig*** **0.5** ⟨schei.⟩ ***agressief*** ⇒*aantastend* ◆ **1.1** ~ weapons *aanvalswapens* **1.4** an ~ dress *een opvallende/uitdagende jurk* **1.5** ~ waters *agressief bijtend water.*

ag·gres·sive·ness [ə'gresɪvnəs]⟨f1⟩⟨n.-telb.zn.⟩ **0.1** ***agressiviteit.***

ag·gres·sor [ə'gresə‖-ər]⟨f1⟩⟨telb.zn.⟩ **0.1** ***aanvaller*** ⇒*agressor.*

ag·grieve [ə'gri:v]⟨ov.ww.; vnl. pass.⟩ →aggrieved **0.1** ***grieven*** ⇒*krenken, verdriet/onrecht aandoen, benadelen.*

ag·grieved [ə'gri:vd]⟨f1⟩⟨bn.; volt.deelw. v. aggrieve; -ly; -ness⟩ **0.1** ***gekrenkt*** ⇒*gekwetst, verongelijkt* **0.2** ⟨jur.⟩ ***aangetast (in eer en goede naam)*** ◆ **6.1** feel (oneself) ~ **at/by/over** sth. *zich gekrenkt voelen door iets.*

ag·gro, ⟨in bet. 0.2 ook⟩ **agro** ['ægroʊ]⟨n.-telb.zn.⟩⟨BE; sl.; vnl. journalistiek⟩ **0.1** ***het ruziezoeken*** ⇒*agressiviteit* **0.2** ***agressie*** ⟨vnl. tussen jeugdbenden⟩.

agha →aga.

a·ghast [ə'gɑ:st‖ə'gæst]⟨f1⟩⟨bn., pred.⟩ **0.1** ***ontzet*** ⇒*verschrikt, verbijsterd, ontsteld* ◆ **6.¶** ~ **at** *verbluft door, totaal van z'n stuk door.*

AGI ⟨afk.⟩ adjusted gross income.

ag·ile ['ædʒaɪl‖'ædʒl]⟨f2⟩⟨bn.; -ly; -ness⟩ **0.1** ***behendig*** ⇒*beweeglijk, vlug, lenig, levendig* **0.2** ***alert*** ⇒*wakker, waakzaam, op z'n hoede.*

a·gil·i·ty [ə'dʒɪləti]⟨f1⟩⟨n.-telb.zn.⟩ **0.1** ***behendigheid*** ⇒*beweeglijkheid, vlugheid* **0.2** ***alertheid*** ⇒*waakzaamheid, scherpte.*

a·gin [ə'gɪn]⟨vz.⟩⟨gew.⟩ **0.1** ***tegen*** ◆ **1.1** leant ~ the wall *leunde tegen de muur.*

aging →ageing.

ag·i·o ['ædʒioʊ]⟨telb.zn.⟩ **0.1** ***agio*** ⇒*opgeld, hogere koers.*

'ag·i·o-job·ber ⟨telb.zn.⟩ **0.1** ***agioteur*** ⇒*geldwisselaar, beursspeculant, effectenhandelaar.*

ag·i·o·tage ['ædʒətɪdʒ]⟨n.-telb.zn.⟩ **0.1** ***agiotage*** ⇒*(vals)beursspel.*

a·gist [ə'dʒɪst]⟨ov.ww.⟩ **0.1** ***weiden*** ⟨andermans vee, tegen betaling⟩ **0.2** ***belasten*** ⇒*een belasting heffen op.*

a·gist·ment [ə'dʒɪstmənt]⟨zn.⟩
I ⟨telb. en n.-telb.zn.⟩ **0.1** ***weidegeld*** ⇒*belasting;*
II ⟨n.-telb.zn.⟩ **0.1** ***het weiden*** ⟨v. andermans vee, tegen betaling⟩.

ag·i·tate ['ædʒɪteɪt]⟨f2⟩⟨ww.⟩ →agitated
I ⟨onov.ww.⟩ **0.1** ***ageren*** ⇒*agiteren, agitatie voeren* ◆ **6.1** ~ **for/against** *actie voeren voor/tegen;* a cause worth agitating **for** *een zaak die de strijd waard is;*
II ⟨ov.ww.⟩ **0.1** ***schudden*** ⇒*roeren, bewegen* **0.2** ***verontrusten*** ⇒*opwinden, (be)roeren, agiteren, schokken* **0.3** ***opruien*** **0.4** ***aanroeren*** ⇒*bespreken* ◆ **1.1** a storm ~d the fields *een storm teisterde de velden.*

ag·i·tat·ed ['ædʒɪteɪtɪd]⟨bn.; oorspr. volt. deelw. v. agitate; -ly⟩ **0.1** ***geërgerd*** ⇒*geagiteerd.*

ag·i·ta·tion ['ædʒɪ'teɪʃn]⟨f2⟩⟨zn.⟩
I ⟨telb. en n.-telb.zn.⟩ **0.1** ***actie*** ⇒*agitatie, strijd* **0.2** ***opschudding*** **0.3** ***bespreking*** ⇒*debat, discussie;*
II ⟨n.-telb.zn.⟩ **0.1** ***agitatie*** ⇒*opgewondenheid, onrust, gisting* **0.2** ***het schudden*** ⇒*het schokken, het bewegen.*

ag·i·ta·tion·al ['ædʒɪ'teɪʃnəl]⟨bn.⟩ **0.1** ***agitatie-*** ⇒*oproer-.*

a·gi·ta·to ['ædʒɪ'tɑ:toʊ]⟨bw.⟩⟨muz.⟩ **0.1** ***agitato*** ⇒*opgewonden.*

ag·i·ta·tor ['ædʒɪteɪtə‖-teɪtər]⟨f1⟩⟨telb.zn.⟩ **0.1** ***agitator*** ⇒*onruststoker, opruier, volksmenner* **0.2** ***mengapparaat*** ⇒*roermachine, agitator.*

ag·it·prop ['ædʒɪtprɒp‖-prɑp]⟨zn.⟩⟨pol.⟩
I ⟨telb.zn.⟩ **0.1** ***agitpropdienst*** **0.2** ***(communistisch) agitator*** ⇒*propagandist;*
II ⟨n.-telb.zn.⟩ **0.1** ***agitprop*** ⇒*(communistische) agitatie en propaganda.*

a·gleam [ə'gli:m]⟨bn., pred.; bw.⟩ **0.1** ***glanzend*** ⇒*schijnend, glimmend, fonkelend.*

ag·let ['æglɪt], **ai·glet** ['eglɪt‖'eɪg-]⟨telb.zn.⟩ **0.1** ***nestel*** ⟨v. veter⟩ **0.2** ***vangsnoer*** **0.3** ***lover(tje)*** **0.4** ***metalen sierknopje/koordje/speldje*** **0.5** ***katje*** ⟨v. hazelaar enz.⟩.

a·gley, a·glee [ə'gleɪ, ə'gli:]⟨bw.⟩⟨Sch.E⟩ **0.1** ***scheef*** ⇒*schuin* **0.2** ***verkeerd*** ⇒*mis* ◆ **3.2** go ~ *mislopen, mislukken.*

a·glim·mer [ə'glɪmə‖-ər]⟨bn., pred.; bw.⟩ **0.1** ***glimmend*** ⇒*schemerend, flikkerend, zacht schijnend.*

a·glit·ter [ə'glɪtə‖ə'glɪtər]⟨bn., pred.; bw.⟩ **0.1** ***schitterend*** ⇒*blinkend, flikkerend, flonkerend, fonkelend.*

a·glow [ə'gloʊ]⟨bn., pred.; bw.⟩ **0.1** ***gloeiend*** ⇒*stralend* ⟨ook fig.⟩ ◆ **6.1** (all) ~ **with** happiness *stralend v. geluk.*

AGM ⟨afk.⟩ annual general meeting.

ag·nail ['ægneɪl]⟨telb.zn.⟩ **0.1** ***stroopnagel*** **0.2** ⟨inf.; med.⟩ ***ontstoken nagelbed*** ⇒*fijt, omloop, springend vuur.*

ag·nate[1] ['ægneɪt]⟨telb.zn.⟩ **0.1** ***agnaat*** ⇒*bloedverwant* ⟨v. vaderszijde⟩, *stamhouder* ⟨vnl. bij vorsten⟩.

agnate[2], **ag·nat·ic** [æg'nætɪk]⟨bn.; agnatically⟩ **0.1** ***agnatisch*** ⇒*verwant.*

ag·na·tion [æg'neɪʃn]⟨n.-telb.zn.⟩ **0.1** ***agnaatschap*** ⇒*(bloed)verwantschap* ⟨v. vaderszijde⟩.

ag·no·men [æg'noʊmən]⟨telb.zn.; agnomina [-'nɒmɪnə‖-'nɑ-]; →mv. 5⟩ **0.1** ***agnomen*** ⇒*bijnaam, erenaam* ⟨in Romeinse Oudheid⟩.

ag·no·sia [æg'noʊzɪə]⟨n.-telb.zn.⟩⟨psych.⟩ **0.1** ***agnosie.***

ag·nos·tic[1] [æg'nɒstɪk‖-'nɑ-]⟨telb.zn.⟩ **0.1** ***agnosticus.***

agnostic[2] ⟨bn.; -ally⟩ **0.1** ***agnostisch.***

ag·nos·ti·cism [æg'nɒstɪsɪzm‖-'nɑ-]⟨n.-telb.zn.⟩ 0.1 ***agnosticisme***.
ag·nus cas·tus ['ægnəs 'kɑ:stəs‖-'kæs-]⟨telb.zn.; agnus castuses; →mv. 5⟩⟨plantk.⟩ 0.1 ***agnus castus*** ⇒*kuisboom* ⟨Vitex agnus castus⟩.
Ag·nus De·i ['ægnʊs 'deɪi:‖'ɑg-]⟨telb. en n.-telb.zn.⟩ 0.1 ***Agnus Dei*** ⇒*Lam Gods*.
a·go [ə'goʊ]⟨f4⟩⟨bw.⟩ 0.1 ***geleden*** ◆ 1.1 a generation ~ *een generatie terug, in de vorige generatie;* ten years ~ *tien jaar geleden* 5.1 long ~ *lang geleden;* not long ~ *kort geleden, zo pas/juist, zoëven, daarnet*.
a·gog [ə'gɒg‖ə'gɑg]⟨bn., pred.⟩ 0.1 ***opgewonden*** ⇒*vol verwachting, dol, gretig* ◆ 3.1 be ~ to do sth. *op hete kolen zitten;* set the town ~ *de stad op stelten zetten/in beroering brengen* 6.1 ~ **for** news *op nieuws belust;* ~ **with** the news *opgewonden door het nieuws;* ~ **with** excitement *in beroering*.
a-go-go[1] [ə'goʊgoʊ]⟨telb.zn.⟩ 0.1 ***discobar*** ⇒*nachtclub, dancing*.
a-go-go[2], **à go-go, à go-go** ⟨f1⟩⟨bn., attr.; bw.⟩ 0.1 ***disco-*** 0.2 ***snel*** ⇒*jachtig* 0.3 ***eigentijds*** ⇒*'in', modern* 0.4 ***vrij*** ⇒*ongelimiteerd, ongeremd* ◆ 1.1 ~ dancers *discodansers/danseressen* 1.2 an ~ tempo *een ijltempo* 1.3 psychiatry ~ *psychiatrie v.d. nieuwste soort* 3.4 drink whisky ~ *whisky drinken in stromen/⟨B.⟩ à volonté*.
ag·on ['ægoʊn, -gɒn‖-gɑn]⟨telb.zn.; agones [ə'goʊni:z]; →mv. 5⟩ 0.1 ***agon*** ⇒*wedstrijd* ⟨ook fig.⟩.
a·gon·ic [ə'gɒnɪk‖-'gɑ-]⟨bn.⟩⟨wisk.⟩ 0.1 ***agonisch*** ◆ 1.1 ~ line *agone, agonische lijn*.
ag·o·nis·tic ['ægə'nɪstɪk], **ag·o·nis·ti·cal** [-ɪkl]⟨bn.; -(al)ly⟩ 0.1 ***strijdlustig*** ⇒*op competitie belust, polemiserend* 0.2 ***op effect berekend /belust***.
ag·o·nize, -nise ['ægənaɪz]⟨f2⟩⟨ww.⟩ →agonized, agonizing
I ⟨onov.ww.⟩ 0.1 ***vreselijk lijden*** ⇒*in doodsangst verkeren, worstelen;* ⟨wielrennen⟩ *afzien* 0.2 ***zich pijnigen/kwellen*** 0.3 ***vechten*** ⇒*worstelen, zich tot het uiterste inspannen* 0.4 ***op effect jagen*** ◆ 6.2 ~ **over** *zich het hoofd breken over, (ergens) vreselijk mee in zijn maag zitten* 6.3 ~ **after** *krampachtig nastreven/streven naar;*
II ⟨ov.ww.⟩ 0.1 ***doen lijden*** ⇒*kwellen, martelen, pijnigen*.
ag·o·nized, -nised ['ægənaɪzd]⟨f1⟩⟨bn.; volt. deelw. v. agonize⟩ 0.1 ***getourmenteerd*** ⇒*gekweld, doodsbenauwd* ◆ 1.1 ~ cry *wanhoopskreet*.
ag·o·ni·zing, -sing ['ægənaɪzɪŋ]⟨f1⟩⟨bn.; teg. deelw. v. agonize; -ly⟩ 0.1 ***kwellend*** ⇒*pijnigend, martelend, hartverscheurend* ◆ 1.1 the cry was ~ *de kreet ging door merg en been;* an ~ decision *een moeilijke/pijnlijke beslissing*.
ag·o·ny ['ægəni]⟨f3⟩⟨zn.; →mv. 2⟩
I ⟨telb.zn.⟩ 0.1 ***aanval*** ⇒*uitbarsting, aandoening* ◆ 1.1 ~ of mirth *opgewekte bui;* ~ of tears *huilbui, tranenvloed* 6.1 **in** an ~ of doubt *in vertwijfeling;*
II ⟨telb. en n.-telb.zn.⟩ 0.1 ***(ondraaglijke) pijn*** ⇒*kwelling, foltering, beklemming, marteling* 0.2 ***doodsstrijd*** ⇒*agonie* 0.3 ***zielestrijd*** 0.4 ***gevecht*** ⇒*strijd, worsteling* ◆ 1.2 ~ of death *doodsstrijd* 2.2 last ~ *doodsstrijd* 3.1 suffer agonies *ondraaglijke pijnen/doodsangsten uitstaan;* ⟨inf.⟩ pile on/put on/turn on the ~ *'t er dik (boven) opleggen, iets vreselijker afschilderen dan het eigenlijk is/was* 6.1 lie **in** ~ *kronkelen/kreperen v.d. pijn*.
'agony aunt ⟨telb.zn.; soms A- A-⟩⟨BE; inf.⟩ 0.1 ***Lieve Lita*** ⟨redactrice die lezersbrieven beantwoordt⟩.
'agony column ⟨telb.zn.⟩⟨inf.⟩ 0.1 ***Lieve Lita-rubriek*** ⇒*klachten- en vragenrubriek, problemenrubriek* 0.2 ***personalia*** ⟨in de krant⟩ ⇒*doodsberichten, overlijdensadvertenties, oproepen aan vermiste personen* ⟨e.d.⟩.
ag·o·ra ['ægərə]⟨telb.zn.; ook agorae ['ægəri:]; →mv. 5⟩ 0.1 ***agora*** ⇒*marktplein*.
ag·o·ra·pho·bi·a ['ægərə'foʊbɪə]⟨n.-telb.zn.⟩ 0.1 ***agorafobie*** ⇒*straat/ruimte/pleinvrees*.
a·gou·ti, a·gou·ty, a·gu·ti [ə'gu:ṭi]⟨telb.zn.; ook agouties, aguties; →mv. 2⟩⟨dierk.⟩ 0.1 ***agoeti*** ⟨genus Dasyprocta of Myoprocta; knaagdier⟩.
agr ⟨afk.⟩ agricultural, agriculture, agriculturist.
AGR ⟨afk.⟩ advanced gas-cooled (nuclear) reactor.
a·gra·pha ['ægrəfə]⟨mv.⟩ 0.1 ***agrafa*** ⟨mondeling overgeleverde uitspraken v. Jezus⟩ ⇒*'het ongeschrevene'*.
a·grar·i·an[1] [ə'χreərɪən‖ə'grer-]⟨telb.zn.⟩ 0.1 ***agrarist*** ⇒*landhervormer, voorstander v.d. ruilverkaveling/herverdeling v. grootgrondbezit*.
agrarian[2] ⟨f1⟩⟨bn.⟩ 0.1 ***agrarisch*** ⇒*landbouw-, het grondbezit/de boerenstand betreffend* 0.2 ***in 't wild groeiend*** ⇒*wild* ◆ 1.1 ~ laws *agrarische wetten, akker/landbouwwetten*.
a·grar·i·an·ism [ə'greərɪənɪzm‖ə'grer-]⟨n.-telb.zn.⟩ 0.1 ***agrarische hervormingsbeweging*** ⟨voor een rechtvaardiger grondverdeling⟩.
a·gree [ə'gri:]⟨f4⟩⟨ww.⟩ →agreed
I ⟨onov.ww.⟩ 0.1 ***akkoord gaan*** ⇒*het eens zijn/worden, overeenkomen, instemmen, toestemmen* 0.2 ***overeenstemmen*** ⇒*goed opschieten, 't samen vinden* 0.3 ⟨taalk.⟩ ***congrueren*** ⇒*overeenkomen* ◆ 3.1 ~ to differ/disagree *zich erbij neerleggen dat men niet tot een akkoord kan komen;* ~ to do sth. *afspreken iets te zullen doen* 4.1 I ~! *vind ik ook!;* I don't ~! *vind ik niet!* 6.1 ~ **as to** how to do it *akkoord gaan over de werkwijze;* ~ **on/upon** sth. *het ergens over eens zijn, een akkoord bereiken over iets;* ~ **to** sth. *met iets instemmen, in iets toestemmen;* ~ **with** s.o. **about** sth. *het met iem. over iets eens zijn* 6.2 ~ **with** *kloppen/stroken/overeenstemmen met, passen bij* 6.3 ~ **with** *overeenkomen met* 6.¶ →agree **with** 8.1 ~ that *ermee akkoord gaan/ook vinden dat* ¶.1 ~d! *akkoord!;*
II ⟨ov.ww.⟩ 0.1 ***doen overeenkomen*** ⇒*in overeenstemming brengen* 0.2 ***bepalen*** 0.3 ***goedkeuren*** ◆ 1.2 ~ a price *een prijs overeenkomen/afspreken* 1.3 ~ a government plan *een regeringsplan aanvaarden*.
a·gree·a·ble [ə'gri:əbl]⟨f2⟩⟨bn.; -ly; -ness; →bijw. 3⟩ 0.1 ***prettig*** ⇒*aangenaam* 0.2 ***overeenkomstig*** ⇒*overeenkomend* 0.3 ***inschikkelijk*** ⇒*gewillig, meegaand* ◆ 3.1 agreeably surprised *aangenaam verrast* 6.1 these terms are not ~ **to** us *deze voorwaarden staan ons niet aan/zijn voor ons niet aanvaardbaar* 6.2 ~ **to/with** *overeenkomstig met* 6.3 ~ **to** the suggestion *bereid/geneigd het voorstel te aanvaarden*.
a·greed [ə'gri:d]⟨bn.; oorspr. volt. deelw. v. agree⟩ 0.1 ***overeengekomen*** ⇒*afgesproken* ◆ 3.1 be ~ on *het eens zijn over*.
a·gree·ment [ə'gri:mənt]⟨f3⟩⟨telb. en n.-telb.zn.⟩ 0.1 ***overeenkomst*** ⇒*overeenstemming, afspraak;* ⟨jur.⟩ *contract, verdrag, agreement, bewilliging, aanvaarding* 0.2 ***instemming*** ⇒*goedkeuring* 0.3 ⟨taalk.⟩ ***congruentie*** ⇒*overeenkomst* ◆ 3.1 arrive at/to come at/make/reach an ~ (with s.o.) *tot een overeenkomst komen (met iem.)* 6.1 be **in** ~ **about/on/upon/with** *'t eens zijn over, akkoord gaan met*.
a'gree with ⟨f3⟩⟨onov.ww.; vnl. ontkennend/vragend⟩ 0.1 ***bevallen*** ⇒*gunstig beïnvloeden, bekomen* ◆ 1.1 the sea-air does not ~ him *de zeelucht is niet goed voor hem;* mussels do not ~ me *mosselen verdraag ik niet, ik ben allergisch voor mosselen*.
a·gres·tic [ə'grestɪk], **a·gres·ti·cal** [-ɪkl]⟨bn.⟩ 0.1 ***rustiek*** ⇒*landelijk, boers, ruw*.
ag·ri·busi·ness ['ægrɪbɪznɪs], **'ag·ro-in·dus·try** ⟨n.-telb.zn.⟩ 0.1 ***landbouwindustrie***.
agric ⟨afk.⟩ agriculture, agricultural, agriculturist.
ag·ri·cul·tur·al ['ægrɪ'kʌltʃrəl]⟨f3⟩⟨bn.; -ly⟩ 0.1 ***boeren-*** ⇒*landbouw-* ◆ 1.1 ~ college *landbouwhogeschool;* ~ industry *agro-industrie;* ~ worker *boerenknecht, landarbeider*.
ag·ri·cul·tur·al·ist ['ægrɪ'kʌltʃrəlɪst], **ag·ri·cul·tur·ist** [-tʃərɪst]⟨telb.zn.⟩ 0.1 ***landbouwkundige***.
ag·ri·cul·ture ['ægrɪkʌltʃə‖-ər]⟨f2⟩⟨n.-telb.zn.⟩ 0.1 ***landbouw***.
ag·ri·mo·ny ['ægrɪməni‖-moʊni]⟨telb. en n.-telb.zn.; →mv. 2⟩⟨plantk.⟩ 0.1 ***agrimonie*** ⟨genus Agrimonia, i.h.b. A. eupatoria⟩.
ag·ro·bi·o·log·i·cal ['ægroʊbaɪə'lɒdʒɪkl‖-'lɑdʒ-]⟨bn.⟩ 0.1 ***agrobiologisch***.
ag·ro·bi·ol·o·gist ['ægroʊbaɪ'ɒlədʒɪst‖-'ɑl-]⟨telb.zn.⟩ 0.1 ***agrobioloog*** ⇒*landbouwkundig bioloog*.
ag·ro·bi·ol·o·gy ['ægroʊbaɪ'ɒlədʒi‖-'ɑl-]⟨n.-telb.zn.⟩ 0.1 ***agrobiologie***.
ag·ro·chem·i·cal ['ægroʊ'kemɪkl]⟨bn.⟩ 0.1 ***landbouwscheikundig***.
ag·ro·e·co·sys·tem ['ægroʊ'i:koʊsɪstəm]⟨telb.zn.⟩ 0.1 ***landbouwkundig ecosysteem***.
ag·ro·me·te·o·rol·o·gy ['ægroʊmi:ṭɪə'rɒlədʒi‖-'rɑl-]⟨n.-telb.zn.⟩ 0.1 ***agrometeorologie*** ⇒*landbouwmeteorologie/weerkunde*.
ag·ro·nom·ic ['ægrə'nɒmɪk‖-'nɑ-], **ag·ro·nom·i·cal** [-ɪkl]⟨bn.⟩ 0.1 ***agronomisch*** ⇒*landbouwkundig*.
ag·ro·nom·ics ['ægrə'nɒmɪks‖-'nɑ-]⟨mv.; ww. vnl. enk.⟩ 0.1 ***agronomie*** ⇒*landhuishoudkunde, landbouwkunde*.
a·gron·o·mist [ə'grɒnəmɪst‖ə'grɑ-]⟨telb.zn.⟩ 0.1 ***agronoom*** ⇒*landbouwkundige, agronomist*.
a·gron·o·my [ə'grɒnəmi‖ə'grɑ-]⟨n.-telb.zn.⟩ 0.1 ***agronomie*** ⇒*plantenteelt en bodemkunde, landbouwkunde*.
ag·ro·pol·i·tics ['ægroʊ'pɒlɪṭɪks‖-'pɑl-]⟨mv.⟩ 0.1 ***landbouwpolitiek*** ⇒*landbouwbeleid*.
ag·ro·tech·nol·o·gy ['ægroʊtek'nɒlədʒi‖-'nɑl-]⟨telb. en n.-telb.zn.; →mv. 2⟩ 0.1 ***landbouwtechnologie*** ⇒*landbouwtechniek*.
a·ground [ə'graʊnd]⟨bn., pred.; bw.⟩ 0.1 ***aan de grond*** ⇒*vast* ◆ 3.1 be ~ *aan de grond zitten, vastzitten;* ⟨fig.⟩ *in de klem zitten;* run ~ *vastlopen, aan de grond (laten) lopen, (laten) stranden*.
a·gue ['eɪgju:]⟨telb. en n.-telb.zn.⟩ 0.1 ***(koude) koorts*** ⟨vnl. als symptoom v. malaria⟩ ⇒*koortsaanval, malariakoorts;* ⟨ook fig.⟩ *koude rillingen*.
'ague cake ⟨telb.zn.⟩ 0.1 ***miltuitzetting*** ⟨als gevolg v. malaria⟩.
a·gued ['eɪgju:d], **a·gu·ish** ['eɪgju:ɪʃ]⟨bn.; aguishly; -ness⟩ 0.1 ***koortsig*** ⇒*koortsachtig, rillerig*.

'ague fit ⟨telb.zn.⟩ **0.1** ***koortsaanval.***
aguti →agouti.
ah [ɑ:]⟨f3⟩⟨tussenw.⟩ **0.1** ***o*** ⇒*ha, ah, och* ◆ **4.1** ~ me *o wee, wee mij.*
Ah ⟨telb.zn.⟩⟨afk.⟩ ampere-hour **0.1** ***Ah.***
AH ⟨afk.⟩ anno Hegirae ⟨Islamitische jaartelling⟩.
a·ha [ɑ:'hɑ:]⟨f2⟩⟨tussenw.⟩ **0.1** ***aha.***
AHA ⟨afk.⟩ American Historical Association, American Hospital Association.
A·hab ['eɪhæb]⟨eig.n.⟩ **0.1** ***Achab*** ⟨Israëlitische koning, Koningen 16:29⟩.
a'ha re'action ⟨telb.zn.⟩ **0.1** ***aha-ervaring/erlebnis.***
a·head¹ [ə'hed]⟨f3⟩⟨bn., pred.⟩ **0.1** ***voorop*** **0.2** ***vooruit*** ◆ **1.¶** ⟨mil., scheep.⟩ V line ~ *kiellinie* **3.1** be ~ *aan de winnende hand zijn* **6.1** the days ~ **of** us *de komende dagen;* the road ~ **of** us *de weg voor ons.*
ahead² ⟨f3⟩⟨bw.⟩ **0.1** ***voorop*** ⇒*vóór, komend, in 't vooruitzicht* **0.2** ***vooruit*** ⇒*voorwaarts, v. tevoren, op voorhand* ◆ **1.2** full speed ~! *met volle kracht vooruit!* **3.1** go ~ *voorop gaan* **3.2** go ~ *v. start gaan, v. wal steken, voortgaan, vorderingen maken;* go ~! *vooruit!, vooruit dan maar!;* get ~ *vooruitkomen, vorderingen maken, succes boeken, carrière maken;* look/plan ~ *vooruitzien* **5.2** straight ~ *rechtdoor* **6.1** ⟨lett. en fig.⟩ ~ **of** *vooruit, vóór;* ~ **of** his time *zijn tijd vooruit, avant la lettre;* get ~ **of** s.o. *iem. de loef afsteken/de baas worden.*
a·hem [m'hm, ə'hem]⟨tussenw.⟩ **0.1** ***hum*** ⇒*h'm, hm.*
-aholic →-oholic.
a·hoy [ə'hɔɪ]⟨f1⟩⟨tussenw.⟩⟨scheep.⟩ **0.1** ***ahoy*** ⇒*ahoi, ahooi.*
à huis clos [ɑ:'wi:'kloʊ]⟨bw.⟩ **0.1** ***met gesloten deuren*** ⇒*privatim, in het geheim, zonder publiek.*
a·hull [ə'hʌl]⟨bw.⟩⟨scheep.⟩ **0.1** ***voor top en takel*** ⟨voor de wind, met geborgen zeilen⟩.
a·hum [ə'hʌm]⟨bn., pred.⟩ **0.1** ***gonzend*** ◆ **6.1** ~ **with** *gonzend van.*
ai [aɪ]⟨telb.zn.⟩⟨dierk.⟩ **0.1** ***ai*** ⇒*luiaard* ⟨Bradypus tridactylus⟩.
a.i. ⟨afk.⟩ ad interim **0.1** ***a.i.***
AI ⟨afk.⟩ **0.1** ⟨artificial intelligence⟩ ***A.I.*** **0.2** ⟨artificical insemination⟩ ***K.I.*** **0.3** ⟨Amnesty International⟩.
AIA ⟨afk.⟩ American Institute of Architects, Associate of the Institute of Actuaries.
aid¹ [eɪd]⟨f2⟩⟨zn.⟩
I ⟨telb.zn.⟩ **0.1** ***helper*** ⇒*assistent;* ⟨i.h.b.⟩ *(niet nader genoemde) naaste medewerker* **0.2** ***hulpmiddel*** ⇒*apparaat, toestel* **0.3** ⟨AE⟩ ***aide de camp*** ⇒*adjudant, veldadjudant, generaal-adjudant* ◆ **2.2** audiovisual ~s *audio-visuele hulpmiddelen;*
II ⟨n.-telb.zn.⟩ **0.1** ***hulp*** ⇒*bijstand, assistentie, medewerking* **0.2** ⟨gesch.⟩ ***bede*** ⇒*taille, pacht, cijns, belasting* ⟨te betalen aan feodale heer⟩; *cijns, belasting* ⟨te betalen aan koning⟩ ◆ **2.1** legal ~ *rechtsbijstand* **3.1** come/go to s.o.'s ~ *iem. te hulp komen/snellen;* pray s.o. in ~ *iemands hulp inroepen* **6.1** **in** ~ **of** *ten dienste van;* ⟨inf.⟩ what's that **in** ~ **of**? *waar is dat goed voor/dient dat toe?* **7.1** first ~ *eerste hulp (bij ongelukken), EHBO.*
aid² ⟨f3⟩⟨onov. en ov.ww.⟩ **0.1** ***helpen*** ⇒*steunen, bevorderen, bijdragen tot* ◆ **3.1** ⟨jur. of scherts.⟩ ~ and abet s.o. *iem. bijstaan/aanmoedigen, medeplichtig zijn;* ~ s.o. to do sth. *iem. iets helpen doen* **6.1** ~ **with** money *financiële steun verlenen, subsidiëren.*
-aid [eɪd] **0.1** ⟨ben. voor⟩ ***solidariteitsactie*** ⟨waarbij op wereldschaal geld voor project wordt ingezameld met medewerking v. prominenten en media⟩ ◆ **¶.¶** Live Aid *Live Aid, muzikale solidariteitsactie* ⟨voor slachtoffers v. droogte in Ethiopië⟩.
AID ⟨afk.⟩ **0.1** ⟨artificial insemination by donor⟩ ***K.I.D.*** **0.2** ⟨Agency for International Development⟩ ⟨vnl. AE⟩.
'aid climbing ⟨n.-telb.zn.⟩⟨bergsport⟩ **0.1** ***(het) klimmen met hulpmiddelen.***
aide [eɪd]⟨f1⟩⟨telb.zn.⟩ **0.1** ***aide de camp*** ⇒*adjudant, veldadjudant, generaaladjudant* **0.2** ***assistent*** ⇒*helper, (regerings)medewerker;* ⟨i.h.b.⟩ *(niet nader genoemde) naaste medewerker* ◆ **1.2** a nurse's ~ *een verpleeghulp.*
aide-de-camp ['eɪd də 'kɑ̃‖-'kæmp]⟨f1⟩⟨telb.zn.; aides-de-camp ['eɪd(z)-]; →mv. 5⟩ **0.1** ***aide de camp*** ⇒*adjudant (te velde), generaal-adjudant.*
aide-mé·moire ['eɪd mem'wɑ:‖-meɪm'wɑr]⟨telb.zn.; aides-mémoire ['eɪd(z)-]; →mv. 5⟩ **0.1** ***geheugensteuntje*** **0.2** ***aide-mémoire*** ⇒*(diplomatieke) nota, memorandum.*
'aid package ⟨telb.zn.⟩ **0.1** ***hulppakket.***
'aid post, 'aid station ⟨telb.zn.⟩ **0.1** ***eerste-hulppost*** ⇒*E.H.B.O.-post.*
AIDS [eɪdz]⟨afk.⟩ Acquired Immune/Immuno Deficiency Syndrome **0.1** ***aids.***
'AIDS carrier ⟨telb.zn.⟩ **0.1** ***drager v.h. aids-virus.***
'AIDS virus ⟨telb.zn.⟩ **0.1** ***aids-virus.***
aiglet →aglet.
ai·grette, ai·gret ['eɪgrət, eɪ'gret]⟨telb.zn.⟩ **0.1** ⟨dierk.⟩ ***aigrette*** ⇒⟨i.h.b.⟩ *(kleine) zilverreiger* ⟨Egretta garzetta⟩ **0.2** ***aigrette*** ⇒*vogelkuif* **0.3** ***aigrette*** ⇒*pluim, verentoef,* ⟨als hoofdsieraad⟩ *pluim v. edelstenen.*
ai·guille ['eɪgwi:l‖eɪ'gwi:l]⟨telb.zn.⟩ **0.1** ***rotspunt*** ⇒*piek* **0.2** ***rotsboor*** ⇒*(naaldvormige) steenboor.*
ai·guil·lette ['eɪgwɪ'let]⟨telb.zn.⟩ **0.1** ***nestel*** ⇒⟨ong.⟩ *vangsnoer* ⟨v. uniform⟩.
AIH ⟨afk.⟩ artificial insemination by husband.
ai·kid·o ['aɪkɪdoʊ]⟨n.-telb.zn.⟩⟨sport⟩ **0.1** ***aikido*** ⟨Japanse vechtsport⟩.
ail¹ →ailment.
ail² [eɪl]⟨f1⟩⟨ww.⟩ →ailing
I ⟨onov.ww.⟩ **0.1** ***ziek(elijk) zijn*** ⇒*sukkelen, iets mankeren* ⟨ook fig.⟩ ◆ **6.1** ~ **from** *sukkelen met;*
II ⟨ov.ww.; onderwerp vnl. what of onbep. vnw.⟩ **0.1** ***schelen*** ⇒*mankeren, last/pijn berokkenen* ◆ **4.1** what ~s him? *wat scheelt/mankeert hem?.*
ai·lan·thus [eɪ'lænθəs]⟨telb.zn.⟩⟨plantk.⟩ **0.1** ***hemelboom*** ⟨genus Ailanthus⟩.
ai·le·ron ['eɪlərɒn‖-rɑn]⟨telb.zn.⟩ **0.1** ***aileron*** ⇒*rolroer* ⟨v. vliegtuig⟩.
ail·ing ['eɪlɪŋ]⟨f2⟩⟨bn.; teg. deelw. v. ail⟩ **0.1** ***ziekelijk*** ⟨ook fig.⟩ ◆ **1.1** an ~ business *een kwijnende zaak, een noodlijdend bedrijf.*
ail·ment ['eɪlmənt], ⟨soms⟩ **ail** ⟨f2⟩⟨telb.zn.⟩ **0.1** ***kwaal*** ⇒*ziekte, aandoening.*
aim¹ [eɪm]⟨f3⟩⟨zn.⟩
I ⟨telb.zn.⟩ **0.1** ***(streef)doel*** ⇒*bedoeling, oogmerk, plan* **0.2** ⟨vero.⟩ ***doel*** ⇒*schietschijf* ◆ **1.1** what's your ~ in life? *wat wil je in je leven bereiken?;* ~s and objectives *doelstellingen;*
II ⟨n.-telb.zn.⟩ **0.1** ***aanleg*** ⇒*het mikken/richten/aanleggen* ◆ **3.1** take ~ (at) *aanleggen/richten (op).*
aim² ⟨f3⟩⟨ww.⟩
I ⟨onov.ww.; steeds met voorzetsel- of infinitiefcomplement⟩ **0.1** ***trachten*** ⇒*proberen, de bedoeling hebben, van zins zijn, nastreven* ◆ **3.1** ~ to be an artist *kunstenaar willen worden;* ~ to do sth. *iets willen/trachten te doen* **6.1** ~ **at/for** increased production *naar produktieverhoging streven;* ~ **at** doing sth. *iets willen/trachten te doen, van plan zijn iets te doen;* what are you ~ing **at?** *wat wil je nu eigenlijk?;*
II ⟨onov. en ov.ww.⟩ **0.1** ***richten*** ⇒*mikken, aanleggen* ◆ **5.1** ~ high *hoog mikken;* ⟨fig.⟩ *ambitieus zijn* **6.1** ~ (a gun) **at** *(een vuurwapen) richten op;* ~ **at** sth./s.o. *op iets/iem. doelen;* ~ **at** s.o. *'t op iem. gemunt hebben.*
AIM ⟨afk.⟩ American Indian Movement.
aim·less ['eɪmləs]⟨f2⟩⟨bn.; -ly; -ness⟩ **0.1** ***doelloos*** ⇒*zinloos.*
ain't [eɪnt; →t2]⟨samentr. v. am not, is not, are not, has not, have not⟩.
a·i·o·li [aɪ'oʊli, eɪ-]⟨n.-telb.zn.⟩⟨cul.⟩ **0.1** ***aïoli*** ⇒*(Provençaalse) knoflookmayonaise.*
air¹ [eə‖er]⟨f4⟩⟨zn.⟩
I ⟨telb.zn.⟩ **0.1** ***voorkomen*** ⇒*sfeer, aanzicht* **0.2** ⟨vaak mv.⟩ ***houding*** ⇒*manier van doen, aanstellerij, air, arrogante houding* **0.3** ⟨scheep. of schr.⟩ ***bries(je)*** ⇒*lichte wind, koeltje, tocht* **0.4** ⟨muz.⟩ ***aria*** ⇒*solo/sopraanpartij* **0.5** ⟨vero.⟩ ***melodie*** ⇒*wijsje, deuntje* ◆ **1.1** an ~ of comfort *een comfortabele indruk;* there was an ~ of excitement *er zat opwinding in de lucht, er heerste een opgewonden sfeer;* have an ~ of gentility *een deftige indruk maken* **1.2** ~s and graces *mooidoenerij, kouwe drukte* **2.3** light ~s *een zacht briesje* **3.2** give o.s./put on ~s *zich aanstellen, indruk proberen te maken* **6.2** he entered **with** a triumphant ~ *hij kwam triomfantelijk binnen;*
II ⟨n.-telb.zn.⟩ **0.1** ***lucht*** ⇒*atmosfeer, dampkring* **0.2** ***lucht*** ⇒*luchtruim, hemel* **0.3** ⟨radio en t.v.⟩ ***ether*** ◆ **1.2** the birds of the ~ *de vogels (in de lucht);* ⟨schr.⟩ *de vogelen des hemels* **2.2** in the open ~ *in (de) open lucht, onder de blote hemel* **3.1** clear the ~ in the room *de kamer luchten/* ⟨B.⟩ *verluchten;* get some (fresh) ~ *een luchtje (gaan) scheppen, een frisse neus halen* **3.2** they cleared the ~ of enemy planes *ze zuiverden het luchtruim v. vijandelijke vliegtuigen;* the plane has just taken the ~ *het vliegtuig is zojuist opgestegen* **3.¶** clear the ~ *de lucht doen opklaren, de atmosfeer zuiveren, een misverstand uit de weg ruimen;* ⟨inf.⟩ dance on ~ *opgeknoopt worden/zijn;* give ~ to one's feelings *uiting geven aan zijn gevoelens, zijn gevoelens ventileren;* ⟨AE⟩ give s.o. the ~ *iem. links laten liggen, niet (meer) met iem. omgaan, iem. laten vallen, iem. ontslaan/de laan uitsturen;* live on ~ *v.d. lucht leven, nauwelijks iets eten;* ⟨schr.⟩ take the ~ *een luchtje gaan scheppen;* tread/walk on ~ *in de wolken/de zevende hemel zijn* **6.2** **by** ~ *met het/per vliegtuig, per luchtpost* **6.3** be/go **on** the ~ *in de ether zijn/gaan, uitzenden, uitgezonden worden;* the prime minister went **on** the ~ *de eerste-minister hield een ra-*

dio-/t.v.-toespraak; go/be **off** the ~ *uit de ether verdwijnen/verdwenen zijn, niet meer uitzenden;* **over** the ~ *per radio* **6.¶** rumours are **in** the ~ *het gerucht doet de ronde;* Christmas was **in** the ~ for weeks *al weken van tevoren was Kerstmis in ieders gedachten;* my plans are still (up) **in** the ~ *mijn plannen staan nog niet vast;* he was left **in** the ~ *hij werd in het ongewisse gelaten;* she was up **in** the ~ about it *ze was er erg door opgewonden/van streek;* she went straight up **in** the ~ *ze stoof op/werd razend/kwaad;* ⟨mil.⟩ their flank was left **in** the ~ *hun flank bleef ongedekt;* he is good **in** the ~ *hij is sterk in de lucht/kan goed koppen.*

air² ⟨f2⟩⟨ww.⟩ →airing
I ⟨onov.ww.⟩ **0.1** ***drogen*** **0.2** ***gelucht worden*** ◆ **1.1** the washing is ~ing *de was hangt te drogen* **1.2** your suit is ~ing *uw kostuum wordt gelucht;*
II ⟨ov.ww.⟩ **0.1** ***drogen*** ⇒*te drogen hangen* **0.2** ***luchten*** ⇒*ventileren,* ⟨B.⟩ *verluchten* **0.3** ***bekendmaken*** ⇒*luchten, ventileren, publiciteit geven, ten toon spreiden* **0.4** ⟨radio en t.v.⟩ ***uitzenden*** ◆ **1.2** ~ the dog *de hond uitlaten;* ~ horses *paarden afstappen;* ~ a room *een kamer luchten* **1.3** ~ one's ideas *uiting geven aan zijn ideeën* **4.2** ~ o.s. *een luchtje scheppen* **4.3** ~ o.s. *zijn hart luchten; zijn kennis luchten, opsnijden.*

'air ace ⟨telb.zn.⟩⟨mil.⟩ **0.1** ***luchtgevechtkampioen*** ⟨piloot die meerdere vijandelijke vliegtuigen heeft neergeschoten⟩.
'air alert ⟨telb. en n.-telb.zn.⟩ **0.1** ***luchtalarm.***
'air-and-'space museum ⟨telb.zn.⟩ **0.1** ***lucht- en ruimtevaartmuseum.***
'Air arm ⟨verz.n.⟩ **0.1** ***luchtmacht*** ⇒*'t luchtwapen.*
'air-a'tom·ic ⟨bn.⟩ **0.1** ***met kernraketten*** ◆ **1.1** ~ powers *nucleaire mogendheden.*
'air attack ⟨telb.zn.⟩ **0.1** ***luchtaanval.***
'air bag ⟨telb.zn.⟩ **0.1** ***airbag*** ⇒*(automatisch opblaasbaar) luchtkussen* ⟨ter bescherming v. inzittenden v.e. wagen bij botsing⟩.
'air ball ⟨telb.zn.⟩⟨sport⟩ **0.1** ***bal in de lucht*** ⇒⟨voetbal vnl.⟩ *hoge bal;* ⟨basketbal⟩ *misser* ⟨bal die het bord niet raakt⟩.
'air balloon ⟨telb.zn.⟩ **0.1** ***luchtballon.***
'air base ⟨f1⟩⟨telb.zn.⟩ **0.1** ***lucht(macht)basis.***
'air bath ⟨telb.zn.⟩ **0.1** ***luchtbad.***
'air bed ⟨f1⟩⟨telb.zn.⟩⟨vnl. BE⟩ **0.1** ***luchtbed*** ⇒*opblaasbare matras.*
'air bell ⟨telb.zn.⟩ **0.1** ***luchtbel(letje)*** **0.2** ⟨foto.⟩ ***luchtbelvlek(je)*** ⇒*luchtblaasje* ⟨op negatief of afdruk⟩.
'air·bill ⟨telb.zn.⟩ **0.1** ***luchtvrachtbrief*** ⇒*cognossement voor luchtvervoer.*
'air bladder ⟨telb.zn.⟩⟨biol.⟩ **0.1** ***luchtzak*** ⇒*zwemblaas.*
'air 'blue ⟨n.-telb.zn.⟩ **0.1** ***azuurblauw.***
'air·borne ⟨f2⟩⟨bn.⟩ **0.1** ***in de lucht*** ⇒*door de lucht vervoerd/verspreid* **0.2** ⟨ook mil.⟩ ***per vliegtuig getransporteerd*** ◆ **1.1** the plane was ~ *het vliegtuig was in de lucht/los;* ~ pollen *door de lucht verspreid stuifmeel, stuifmeel in de lucht* **1.2** ~ attack *luchtlandingsoffensief;* ~ infantry *luchtinfanterie;* ~ troops *luchtlandingstroepen.*
'air brake ⟨telb.zn.⟩ **0.1** ***lucht(druk)rem*** **0.2** ***remklep*** ⇒⟨ong.⟩ *aileron, (laterale) vleugelklep* ⟨v. vliegtuig⟩.
'air brick ⟨telb.zn.⟩ **0.1** ***gaatsteen.***
'air bridge ⟨f1⟩⟨telb.zn.⟩ **0.1** ⟨lucht.⟩ ***aviobrug*** ⇒*slurf.*
'air·brush¹ ⟨telb.zn.⟩ **0.1** ***verfspuit*** ⇒*lakspuit, spuitpistool* **0.2** ⟨foto.⟩ ***luchtpenseel*** ⇒*aërograaf, retoucheerspuit.*
airbrush² ⟨onov. en ov.ww.⟩ **0.1** ***spuitlakken*** **0.2** ⟨foto.⟩ ***retoucheren met luchtpenseel.***
'air·burst ⟨telb.zn.⟩ **0.1** ***explosie in de lucht*** ⟨v. bom of granaat⟩.
'air bus ⟨telb.zn.⟩⟨lucht.⟩ **0.1** ***airbus*** ⇒*luchtbus.*
'air cargo ⟨telb. en n.-telb.zn.⟩ **0.1** ***luchtvracht.***
'air carrier ⟨telb.zn.⟩ **0.1** ***luchtvaartmaatschappij*** **0.2** ***(luchtwaardig bevonden) vliegtuig.***
'air casing ⟨telb.zn.⟩ **0.1** ***luchtmantel*** ⇒*luchtbekisting* ⟨v. buis, schoorsteen, enz.⟩ **0.2** ⟨scheep.⟩ ***luchtkast*** ⟨voor ventilatie v. ketelruim⟩.
air cav ['eə kæv‖'er kæv], **'air cavalry** ⟨verz.n.⟩⟨AE⟩ **0.1** ***legereenheid die per vliegtuig wordt getransporteerd.***
'air cell ⟨telb.zn.⟩ **0.1** ***luchtzak*** ⇒*longzak* ⟨v. vogels⟩ **0.2** ***luchtkamer*** ⟨v. ei⟩.
'air chief 'marshal ⟨telb.zn.⟩⟨BE⟩ **0.1** ***generaal*** ⟨bij de luchtmacht⟩.
'air cleaner ⟨telb.zn.⟩ **0.1** ***luchtzuiveringstoestel*** ⇒*luchtreiniger, luchtfilter.*
'air com'mand ⟨telb.zn.⟩⟨AE⟩ **0.1** ***luchtmachtcommando.***
'air 'commodore ⟨telb.zn.⟩⟨BE⟩ **0.1** ***commodore*** ⟨bij de luchtmacht⟩.
'air condenser ⟨telb.zn.⟩⟨elek.⟩ **0.1** ***luchtcondensator.***
'air-con'di·tioned ⟨f1⟩⟨bn.⟩ **0.1** ***met airconditioning*** ⇒*met klimaatregeling, met luchtverversing, geklimatiseerd.*
'air conditioner ⟨telb.zn.⟩ **0.1** ***airconditioning(sapparaat)*** ⇒*klimaatregelingstoestel.*
'air conditioning ⟨f1⟩⟨n.-telb.zn.⟩ **0.1** ***airconditioning*** ⇒*luchtbehandeling, klimaatregeling.*
'air conduit ⟨telb.zn.⟩ **0.1** ***ventilatiebuis*** ⇒*luchtbuis.*
air-con·trol·man ['eə kən,troulmən‖'er-]⟨telb.zn.; aircontrolmen [-mən]; →mv. 3⟩⟨AE⟩ **0.1** ***(lucht)verkeersleider.***
'air-'cooled ⟨bn.⟩ **0.1** ***met lucht gekoeld*** ⇒*luchtgekoeld.*
'air cooling ⟨n.-telb.zn.⟩ **0.1** ***luchtkoeling.***
'air corridor ⟨telb.zn.⟩ **0.1** ***luchtcorridor*** ⇒*luchtweg.*
'air cover ⟨telb. en n.-telb.zn.⟩⟨mil.⟩ **0.1** ***vliegtuigdekking*** ⇒*jagerscherm* ◆ **6.1 under** ~ *onder dekking v.d. luchtmacht.*
'air·craft ⟨f3⟩⟨telb.zn.⟩ **0.1** ***luchtvaartuig.***
'aircraft carrier ⟨telb.zn.⟩ **0.1** ***vliegdekschip*** ⇒*(vliegtuig)moederschip.*
air·craft(s)·man ['eəkrɑ:ft(s)mən‖'erkræft-], **'air·craft(s)·wo·man** ⟨telb.zn.; aircraft(s)men [-mən]⟩⟨vnl. BE⟩ **0.1** ***lid v.h. grondpersoneel v.d. luchtmacht.***
'aircraft station ⟨telb.zn.⟩ **0.1** ***vliegtuigzender.***
'air·crash ⟨telb.zn.⟩ **0.1** ***vliegtuigongeluk*** ⇒*vliegramp.*
'air·crew ⟨verz.n.⟩ **0.1** ***vliegtuigbemanning.***
'air-cure ⟨telb.zn.⟩ **0.1** ***luchtkuur.***
'air cushion ⟨telb.zn.⟩ **0.1** ***luchtkussen*** ⇒*windkussen* **0.2** ***luchtvering.***
air-cush·ion(ed) ⟨bn., attr.⟩ **0.1** ***luchtkussen-*** ◆ **1.1** ~ vehicle *luchtkussenvoertuig, hovercraft.*
'air dam ⟨telb.zn.⟩ **0.1** ***spoiler.***
'air defence, ⟨AE sp.⟩ **'air defense** ⟨telb. en n.-telb.zn.⟩ **0.1** ***luchtbescherming*** **0.2** ***luchtverdediging.***
'air division ⟨telb.zn.⟩ **0.1** ***luchtmachtdivisie.***
'air·dock ⟨telb.zn.⟩ **0.1** ***vliegtuigloods*** ⇒*hangar.*
'air door ⟨telb.zn.⟩ **0.1** ***luchtdeur*** ⟨warme verticale luchtstroom⟩.
'air drill ⟨telb.zn.⟩ **0.1** ***luchtdrukboor*** ⇒*pneumatische boor.*
airdrome →aerodrome.
'air·drop¹ ⟨telb.zn.⟩ **0.1** ***(voedsel)dropping.***
airdrop² ⟨ov.ww.⟩ **0.1** ***droppen*** ⟨voedsel, wapens, manschappen⟩.
'air-'dry¹ ⟨bn.⟩ **0.1** ***luchtdroog*** ⇒*winddroog.*
air-dry² ⟨ov.ww.⟩ **0.1** ***drogen*** ⇒*aan de lucht drogen.*
'air duct ⟨telb.zn.⟩ **0.1** ***luchtleiding*** ⇒*luchtkanaal, luchtkoker.*
aire·dale ['eədeɪl‖'er-], **'airedale 'terrier** ⟨telb.zn.; vaak A-⟩ **0.1** ***airedale (terriër).***
'air embolism ⟨telb. en n.-telb.zn.⟩ **0.1** ***(lucht)embolie.***
'air engine ⟨telb.zn.⟩ **0.1** ***heteluchtmotor.***
air·er ['eərə‖'erər]⟨telb.zn.⟩⟨BE⟩ **0.1** ***droogrek*** ⇒*droogmolen.*
'air fee ⟨telb. en n.-telb.zn.⟩ **0.1** ***luchtrecht*** ⇒*luchtport.*
'air ferry ⟨telb. en n.-telb.zn.⟩ **0.1** ***luchtveer*** ⇒*vliegverbinding.*
'air·field ⟨f1⟩⟨telb.zn.⟩ **0.1** ***vliegveld*** ⇒*luchthaven* **0.2** ***landingsbaan.***
'air·flow ⟨telb. en n.-telb.zn.⟩ **0.1** ***luchtstroom.***
air·foil →aerofoil.
'air force ⟨f1⟩⟨telb.zn.⟩ **0.1** ⟨vnl. enk. met the⟩ ***luchtmacht*** ⇒*luchtstrijdkrachten, luchtwapen* **0.2** ⟨AE⟩ ***luchtmachteenheid.***
'air·frame ⟨telb.zn.⟩ **0.1** ***(vliegtuig)casco*** ⟨vliegtuig zonder de motor⟩.
'air freight ⟨zn.⟩
I ⟨telb.zn.⟩ **0.1** ***luchtvracht;***
II ⟨n.-telb.zn.⟩ **0.1** ***luchtvrachtvervoer*** ⇒*luchttransport* **0.2** ***vrachtgeld*** ⟨voor luchtvervoer⟩.
'air freighter ⟨telb.zn.⟩ **0.1** ***vrachtvliegtuig*** **0.2** ***maatschappij voor luchtvrachtvervoer.***
'air frost ⟨n.-telb.zn.⟩ **0.1** ***vorst boven de grond.***
'air gas ⟨telb. en n.-telb.zn.⟩ **0.1** ***luchtgas.***
'air·glow ⟨n.-telb.zn.; the⟩ **0.1** ***nachtelijke atmosferische gloed.***
'air gun ⟨telb.zn.⟩ **0.1** ***luchtbuks*** ⇒*windbuks* **0.2** ***luchtdrukhamer*** ⟨pistoolvormig⟩ **0.3** ***verfspuit*** **0.4** ⟨foto.⟩ ***luchtpenseel.***
'air gunner ⟨telb.zn.⟩⟨mil.⟩ **0.1** ***boordschutter.***
'air hammer ⟨telb.zn.⟩ **0.1** ***luchtdrukhamer*** ⇒*pneumatische hamer.*
'air harbour, ⟨AE sp.⟩ **'air harbor** ⟨telb.zn.⟩ **0.1** ***landingsplaats voor watervliegtuigen.***
'air·head ⟨telb.zn.⟩ **0.1** ⟨vnl. AE; mil.⟩ ***luchtlandingshoofd*** **0.2** ***ventilatiegang*** ⟨in mijn⟩ **0.3** ⟨sl.⟩ ***leeghoofd*** ⇒*oen, sul, idioot.*
'air hole ⟨telb.zn.⟩ **0.1** ***luchtgat*** ⇒*keldergat* **0.2** ***(wind)wak*** **0.3** ⟨inf.; lucht.⟩ ***luchtzak.***
'air hostess ⟨f1⟩⟨telb.zn.⟩ **0.1** ***stewardess.***
'air hour ⟨telb.zn.⟩⟨com.⟩ **0.1** ***(uit)zenduur.***
'air hunger ⟨n.-telb.zn.⟩ **0.1** ***ademnood.***
air·ing ['eərɪŋ‖'erɪŋ]⟨f1⟩⟨zn.; (oorspr.) gerund v. air².⟩
I ⟨telb.zn.⟩ **0.1** ***wandeling*** ⇒*ritje, rijtoertje* **0.2** ***uiting*** ⇒*bekendmaking* **0.3** ⟨com.⟩ ***uitzending*** ◆ **2.3** weekly ~s *wekelijkse uitzendingen* **3.1** go for/take an ~ *een luchtje scheppen;* take the kids for an ~ *met de kinderen een straatje omgaan/gaan wande-*

len **3.2** give one's thoughts a good ~ *zijn mening ten beste geven* **3.3** get an ~ *behandeld worden;*
II ⟨telb. en n.-telb.zn.⟩ **0.1** ***het luchten*** ⇒⟨B.⟩ *verluchting* **0.2** ***het drogen*** ◆ **3.1, 3.2** give an ~ *luchten; te drogen hangen.*
'airing cupboard ⟨telb.zn.⟩ **0.1** ***droogkast.***
'air jacket ⟨telb.zn.⟩ **0.1** ***zwemvest*** ⟨met lucht gevuld⟩.
'air·land ⟨ov.ww.⟩ **0.1** ***aan de grond zetten*** ⇒*(met vliegtuigen) ter plaatse brengen* ⟨troepen of materiaal⟩.
'air lane ⟨telb.zn.⟩ **0.1** ***luchtcorridor*** ⇒*luchtweg, (aan)vliegroute.*
'air-launch ⟨ov.ww.⟩ **0.1** ***lanceren vanuit de lucht.***
air·less ['eələs‖'er-]⟨f1⟩⟨bn.⟩ **0.1** ***zonder lucht*** **0.2** ***bedompt*** ⇒*muf* **0.3** ***windstil.***
'air letter ⟨f1⟩⟨telb.zn.⟩⟨vnl. BE⟩ **0.1** ***luchtpostbrief*** **0.2** ***luchtpostblad.***
'air·lift[1] ⟨f1⟩⟨telb.zn.⟩ **0.1** ***luchtbrug.***
airlift[2] ⟨f1⟩⟨ww.⟩
I ⟨onov.ww.⟩ **0.1** ***een luchtbrug installeren;***
II ⟨ov.ww.⟩ **0.1** ***per luchtbrug vervoeren.***
'air·line ⟨f2⟩⟨telb.zn.⟩ **0.1** ***lucht(vaart)lijn*** ⇒*luchtverbinding* **0.2** ***luchtvaartmaatschappij*** **0.3** ***rechte lijn (tussen twee punten)*** **0.4** ***luchtbuis*** ⟨v. toestel, duikersuitrusting, enz.⟩.
'air·lin·er ⟨telb.zn.⟩ **0.1** ***lijnvliegtuig*** ⇒*lijntoestel, passagiersvliegtuig.*
'air lock ⟨telb.zn.⟩ **0.1** ***luchtzak*** ⇒*luchtbel* ⟨in een leiding⟩ **0.2** ***luchtsluis*** ⇒*caisson, luchtslot.*
'air·mail[1] ⟨f2⟩⟨n.-telb.zn.⟩ **0.1** ***luchtpost*** ⇒*airmail.*
airmail[2] ⟨ov.ww.⟩ **0.1** ***verzenden per luchtpost.***
'airmail edition ⟨telb.zn.⟩ **0.1** ***luchtposteditie*** ⟨v. krant⟩.
'airmail field ⟨telb.zn.⟩ **0.1** ***postvliegveld.***
'airmail service ⟨telb.zn.⟩ **0.1** ***luchtpostdienst.***
'airmail stamp ⟨telb.zn.⟩ **0.1** ***luchtpostzegel.***
air·man ['eəmən‖'er-]⟨f1⟩⟨telb.zn.; airmen [-mən]; →mv. 3⟩ **0.1** ***personeelslid v.d. luchtmacht*** **0.2** ***vlieger*** ⇒*vliegenier, piloot.*
air·man·ship ['eəmənʃɪp‖-'er]⟨n.-telb.zn.⟩ **0.1** ***vliegenierskunst.***
'Air 'Marshal ⟨telb.zn.⟩⟨BE⟩ **0.1** ***luchtmaarschalk*** ⇒*generaal (bij de luchtmacht).*
'air mattress ⟨f1⟩⟨telb.zn.⟩ **0.1** ***luchtbed*** ⇒*opblaasbare matras.*
'air mechanic ⟨telb.zn.⟩⟨BE⟩ **0.1** ***mecanicien*** ⇒*boordwerktuigkundige, vliegtuigmonteur.*
'air medicine ⟨n.-telb.zn.⟩ **0.1** ***luchtvaartgeneeskunde.***
'air-'mind·ed ⟨bn.; -ness⟩ **0.1** ***geïnteresseerd in luchtvaart / vliegtuigen.***
'air·miss ⟨telb.zn.⟩ **0.1** ***bijna-botsing in de lucht.***
'air·mo·bile ⟨bn., attr.⟩⟨mil.⟩ **0.1** ***mbt. mobiliteit door de lucht*** ◆ **1.1** ~ tactics *taktiek waarbij snelle troepenverplaatsingen door de lucht een centrale rol spelen.*
'air motor ⟨telb.zn.⟩ **0.1** ***heteluchtmotor.***
'Air officer ⟨telb.zn.⟩⟨vnl. BE⟩ **0.1** ***(hogere) luchtmachtofficier.***
'air·park ⟨telb.zn.⟩ **0.1** ***vliegveldje.***
'air-passenger traffic ⟨n.-telb.zn.⟩ **0.1** ***passagiersvluchten.***
'air pillow ⟨telb.zn.⟩ **0.1** ***luchtkussen*** ⇒*windkussen.*
'air pipe ⟨telb.zn.⟩ **0.1** ***luchtbuis*** ⇒*luchtkoker.*
'air piracy ⟨n.-telb.zn.⟩ **0.1** ***luchtpiraterij*** ⇒*vliegtuigkaperij.*
'air pirate ⟨telb.zn.⟩ **0.1** ***luchtpiraat*** ⇒*vliegtuigkaper.*
'air pistol ⟨telb.zn.⟩ **0.1** ***windpistool*** ⇒*luchtdrukpistool.*
air·plane →aeroplane.
'air·play ⟨n.-telb.zn.⟩ **0.1** ***airplay*** ⇒*het gedraaid worden op / voor de radio* ⟨v. platen⟩ ◆ **1.1** FM ~ *op de FM-zenders gedraaid worden* **2.1** this track deserves wide ~ *dit nummer verdient het om vaak (op de radio) gedraaid / gehoord te worden* **3.1** get much ~ *veel gedraaid worden, veel airplay krijgen.*
'air pocket ⟨telb.zn.⟩⟨lucht.⟩ **0.1** ***luchtzak.***
'air police ⟨verz.n.⟩ **0.1** ***militaire politie v.d. luchtmacht.***
'air pollution ⟨f1⟩⟨n.-telb.zn.⟩ **0.1** ***luchtverontreiniging*** ⇒*luchtvervuiling.*
'air·port ⟨f3⟩⟨telb.zn.⟩ **0.1** ***luchthaven*** ⇒*vliegveld.*
'air·post ⟨n.-telb.zn.⟩ **0.1** ***luchtpost.***
'air pot ⟨telb.zn.⟩ **0.1** ***thermotapkan*** ⇒*thermoskan met pomp.*
'air power ⟨n.-telb.zn.⟩ **0.1** ***sterkte v.d. luchtmacht*** ⇒*lucht(macht) potentieel, gevechtskracht v.d. luchtmacht.*
'air pressure ⟨f1⟩⟨n.-telb.zn.⟩ **0.1** ***luchtdruk.***
'air·proof[1] ⟨bn.⟩ **0.1** ***luchtdicht*** ⇒*hermetisch gesloten.*
airproof[2] ⟨ov.ww.⟩ **0.1** ***luchtdicht maken.***
'air pump ⟨telb.zn.⟩ **0.1** ***luchtpomp.***
'air racing ⟨n.-telb.zn.⟩⟨sport⟩ **0.1** ***(het) snelheidsvliegen*** ⟨vnl. in Amerika, op ovaal luchtcircuit⟩.
'air raid ⟨f1⟩⟨telb.zn.⟩ **0.1** ***luchtaanval.***
'air·raid pre'cautions service ⟨telb.zn.⟩ **0.1** ***luchtbescherming (sdienst)*** ⇒*burgelijke bescherming(sdienst).*
'air·raid shelter, 'air shelter ⟨telb.zn.⟩ **0.1** ***schuilkelder.***
'air·raid siren ⟨telb.zn.⟩ **0.1** ***luchtalarm.***
'air·raid warden, 'air warden ⟨telb.zn.⟩ **0.1** ***luchtbeschermings(blok)hoofd.***
'air rifle ⟨telb.zn.⟩ **0.1** ***windbuks*** ⇒*luchtbuks;* ⟨sport⟩ *luchtgeweer / karabijn.*
'air sac ⟨telb.zn.⟩⟨biol.⟩ **0.1** ***luchtzak*** ⇒*luchtcel.*
'air·scape ⟨telb.zn.⟩ **0.1** ***landschap vanuit de lucht (bekeken).***
'air scout ⟨telb.zn.⟩ **0.1** ***(piloot v.e.) verkenningsvliegtuig.***
'air·screw ⟨telb.zn.⟩⟨BE⟩ **0.1** ***propeller*** ⇒*(lucht)schroef.*
'air seal ⟨telb.zn.⟩ **0.1** ***luchtafdichting*** ⇒*luchtdichte afsluiting.*
'air-sea 'rescue ⟨telb. en n.-telb.zn.⟩ **0.1** ***redding(soperatie) op zee vanuit de lucht.***
'air shaft ⟨telb.zn.⟩⟨mijnw.⟩ **0.1** ***luchtschacht.***
'air·sheet ⟨telb.zn.⟩ **0.1** ***luchtpostblad.***
'air·ship ⟨f1⟩⟨telb.zn.⟩ **0.1** ***luchtschip*** ⇒*zeppelin.*
'air show ⟨telb.zn.⟩ **0.1** ***vliegdemonstratie / show*** ⇒*luchtvaartshow,* ⟨B.⟩ *vliegmeeting.*
'air·sick ⟨f1⟩⟨bn.; -ness⟩ **0.1** ***luchtziek.***
'air sleeve, 'air sock ⟨telb.zn.⟩ **0.1** ***windzak*** ⇒*windslurf.*
'air·space ⟨n.-telb.zn.⟩ **0.1** ***luchtruim*** ⟨v. land⟩.
'air speed ⟨telb.zn.⟩ **0.1** ***luchtsnelheid*** ⟨v. vliegtuig⟩.
'air spray ⟨zn.⟩
I ⟨telb.zn.⟩ **0.1** ***verstuiver*** ⇒*vaporisator, spuitbus;*
II ⟨n.-telb.zn.⟩ **0.1** ***verstoven vloeistof*** ⇒*spray.*
'air spring ⟨telb.zn.⟩ **0.1** ***luchtkussen.***
'air station ⟨telb.zn.⟩ **0.1** ***(kleine) luchthaven.***
'air stop ⟨telb.zn.⟩ **0.1** ***tussenlandingsplaats.***
'air strike ⟨telb.zn.⟩ **0.1** ***luchtaanval.***
'air·strip ⟨f1⟩⟨telb.zn.⟩ **0.1** ***landingsstrook*** ⇒*airstrip.*
'air support ⟨n.-telb.zn.⟩⟨mil.⟩ **0.1** ***luchtdekking.***
airt [eət], **airth** [eəθ]⟨telb.zn.⟩⟨Sch. E⟩ **0.1** ***richting.***
'air taxi ⟨telb.zn.⟩ **0.1** ***luchttaxi.***
'air terminal ⟨f1⟩⟨telb.zn.⟩ **0.1** ***luchthaven*** ⇒*aankomst / vertrekhal* **0.2** ***air terminal*** ⇒*trein / busstation voor vervoer v. en naar vliegveld.*
'air thread ⟨telb.zn.⟩ **0.1** ***herfstdraad.***
'air ticket ⟨telb.zn.⟩ **0.1** ***vliegticket*** ⇒*vliegbiljet.*
'air·tight ⟨f1⟩⟨bn.⟩ **0.1** ***luchtdicht*** ⇒*hermetisch gesloten;* ⟨fig.⟩ *sluitend, waterdicht* ◆ **1.1** his alibi is ~ *zijn alibi klopt als een bus;* an ~ argument *een onweerlegbaar argument.*
'air time ⟨n.-telb.zn.⟩⟨radio, t.v.⟩ **0.1** ***zendtijd*** ⇒*tijdstip v. uitzending.*
'air-to-'air ⟨f1⟩⟨bn., attr.⟩ **0.1** ***van vliegtuig tot vliegtuig*** ◆ **1.1** ⟨mil.⟩ ~ weapons *lucht-luchtwapens* **3.1** ~ refuelling *bijtanken in volle vlucht.*
'air-to-'ground, 'air-to-'sur·face ⟨f1⟩⟨bn., attr.⟩ **0.1** ***lucht-grond-*** ◆ **1.1** ~ missile *lucht-grondraket.*
'air traffic ⟨n.-telb.zn.⟩ **0.1** ***luchtverkeer.***
'air-traffic controller ⟨telb.zn.⟩ **0.1** ***(lucht)verkeersleider.***
'air transport ⟨zn.⟩
I ⟨telb.zn.⟩ **0.1** ***(militair) transportvliegtuig;***
II ⟨n.-telb.zn.⟩ **0.1** ***luchtvervoer*** ⇒*luchttransport.*
'air trap ⟨telb.zn.⟩ **0.1** ***luchtklep*** ⟨v. riool enz.⟩ **0.2** ***luchtzak / slot*** ⟨in leiding⟩ **0.3** ***waterslot*** ⇒*stankafsluiter.*
'air travel ⟨telb.zn.⟩ **0.1** ***vlucht.***
'air truck ⟨telb.zn.⟩ **0.1** ***vrachtvliegtuig.***
'air umbrella ⟨telb.zn.⟩⟨mil.⟩ **0.1** ***luchtdekking*** ⇒*jagerscherm.*
'air valve ⟨telb.zn.⟩ **0.1** ***luchtklep*** ⇒*luchtkraan* **0.2** ***ventiel.***
'air·view ⟨telb.zn.⟩ **0.1** ***luchtfoto.***
'air war ⟨telb.zn.⟩ **0.1** ***luchtoorlog.***
air warden →airraid warden.
'air·wave ⟨telb.zn.; vnl. mv.⟩⟨AE⟩ **0.1** ***(radio)golf*** ◆ **7.1** the ~s *radio en t.v..*
'air·way ⟨f1⟩⟨telb.zn.⟩ **0.1** ***luchtkanaal*** ⇒*luchtschacht / koker* ⟨in mijn enz.⟩ **0.2** ***luchtcorridor*** ⇒*luchtweg, (aan)vliegroute* **0.3** ⟨vaak mv.⟩ ***luchtvaartmaatschappij.***
'air·way·bill ⟨telb.zn.⟩ **0.1** ***luchtvrachtbrief*** ⇒*cognossement voor luchtvervoer.*
'air well ⟨telb.zn.⟩ **0.1** ***luchtschacht*** ⟨in groot gebouw⟩.
'air·wom·an ⟨telb.zn.⟩⟨vnl. BE⟩ **0.1** ***personeelslid v.d. luchtmacht*** ⟨niet boven de rang v. onderofficier⟩ **0.2** ***aviatrice*** ⇒*pilote.*
'air·wor·thi·ness ⟨n.-telb.zn.⟩ **0.1** ***luchtwaardigheid.***
'air·wor·thy ⟨bn.⟩ **0.1** ***luchtwaardig*** ⟨v. vliegtuig⟩.
air·y ['eəri‖'eri]⟨f2⟩⟨bn.; -er; -ly; -ness; →bijw. 3⟩ **0.1** ***lucht-*** ⇒*als lucht* **0.2** ***(hoog) in de lucht*** ⇒*hoog, verheven* **0.3** ***luchtig*** ⇒*fris, winderig* **0.4** ***luchtig*** ⇒*luchthartig, zorgeloos, vrolijk, levendig* **0.5** ***vluchtig*** ⇒*ijl, etherisch, nietig* **0.6** ***geaffecteerd*** ⇒*aanstellerig* ◆ **1.2** ~ regions *hooggelegen streken* **1.3** ~ room *frisse kamer* **1.4** ~ dance *gracieuze dans;* ~ tone *luchtige toon* **1.5** ~ promises *holle beloftes* **1.6** ~ attitude *arrogante houding.*
'air·y-'fair·y ⟨bn.⟩⟨inf.⟩ **0.1** ***feeachtig*** ⇒*gracieus, delicaat* **0.2** ***luchtig*** ⇒*luchthartig, oppervlakkig* **0.3** ***wazig*** ⇒*vaag, hol* ◆ **1.3** ~ notions *visioenen, droombeelden, hersenschimmen.*

aisle [aɪl]⟨f2⟩⟨telb.zn.⟩ **0.1** ***zijbeuk*** ⟨v. kerk⟩ **0.2** ***gang(pad)*** ⇒*middenpad* ⟨in kerk, trein, vliegtuig, schouwburg, enz.⟩ **0.3** ⟨vnl. AE⟩ ***pad*** ⇒*(nauwe) doorgang, passage* ◆ **3.¶** we knocked them in the ~s *het publiek lag krom, we hebben de zaal gevloerd;* roll (about) in the ~s *zich een breuk / ongeluk lachen.*

aisled ['aɪld]⟨bn.⟩ **0.1** ***met zijbeuken*** **0.2** ***met een gang(pad) / middenpad.***

ait, eyot [eɪt]⟨telb.zn.⟩⟨vnl. BE⟩ **0.1** ***(rivier)eilandje.***

aitch [eɪtʃ]⟨telb.zn.⟩ **0.1** ***(de letter) h*** ◆ **3.1** drop one's ~es *de h's weglaten / inslikken.*

aitch·bone ['eɪtʃboʊn]⟨telb.zn.⟩⟨BE⟩ **0.1** ***stuitbeen*** ⇒*staartbeen* ⟨v. rund⟩ **0.2** ***staartstuk*** ⇒*bilstuk.*

a·jar[1] [ə'dʒɑ:||ə'dʒɑr]⟨f1⟩⟨bn., pred.⟩ **0.1** ***op een kier*** ⇒*niet dicht, half open* ◆ **1.1** the door was ~ *de deur stond op een kier.*

ajar[2] ⟨bw.⟩ **0.1** ***op een kier*** **0.2** ***in onenigheid*** ⇒*in disharmonie, in tweedracht, verstoord* ◆ **1.2** ~ with the world *in de war* **3.1** leave the door ~ *de deur op een kier laten staan.*

AJC ⟨afk.⟩ Australian Jockey Club.

ajutage →adjutage.

ak ⟨telb.zn.⟩⟨afk.⟩ ass kisser ⟨AE; vulg.⟩ **0.1** ***kontlikker.***

aka, AKA ⟨afk.⟩⟨vnl. AE⟩ also known as.

AKC ⟨afk.⟩ Associate of King's College ⟨in Londen⟩; American Kennel Club.

akee →ackee.

A·ke·la [ə'keɪlə]⟨telb.zn.⟩⟨BE⟩ **0.1** ***akela.***

a·kim·bo[1] [ə'kɪmboʊ]⟨f1⟩⟨bn., post.⟩ **0.1** ***(met de handen) in de zij*** **0.2** ***gebogen*** ⇒*gekruist* ◆ **1.1** with arms ~ *met de handen in de zij;* with one elbow ~ *met één hand in de zij* **1.2** with legs ~ *in kleermakerszit.*

akimbo[2] ⟨f1⟩⟨bw.⟩ **0.1** ***met de hand(en) in de zij*** ◆ **3.1** stand ~ *met de handen in de zij staan.*

a·kin [ə'kɪn]⟨f2⟩⟨bn., pred.⟩⟨→sprw. 563⟩ **0.1** ***verwant*** ⇒*analoog, gelijk(soortig)* ◆ **6.1** ~ **to** *verwant aan / met;* mercy ~ **to** madness *goedheid die grenst aan het waanzinnige.*

al ⟨afk.⟩ alcohol, alcoholic.

-al [əl] **0.1** ⟨vormt nw. van ww.⟩⟨ong.⟩ ***-ing*** **0.2** ⟨vormt bijv. nw. van nw.⟩⟨ong.⟩ ***-aal*** ⇒*-eel, -isch, -(e)lijk* ◆ **¶.1** denial *ontkenning;* refusal *weigering* **¶.2** colossal *kolossaal;* sensational *sensationeel.*

Al ⟨afk.⟩ **0.1** ⟨Alabama⟩.

à la ['æ lə, 'ɑ: lɑ:]⟨vz.⟩ **0.1** ***à la*** ⇒*volgens, naar, op de wijze v., op z'n* ◆ **1.1** life ~ Hollywood *het leven zoals in Hollywood.*

Ala ⟨afk.⟩ Alabama.

ALA ⟨afk.⟩ American Library Association.

al·a·bas·ter ['æləbɑ:stə||-bæstər]⟨f1⟩⟨n.-telb.zn.⟩ **0.1** ***albast*** ⇒*albast(er).*

'alabaster 'skin ⟨telb.zn.⟩ **0.1** ***albasten huid.***

al·a·bas·trine ['ælə'bæstrɪn]⟨bn.⟩ **0.1** ***albasten*** ⇒*van albast, albastachtig, blank, opaal, doorschijnend.*

a·lack [ə'læk], **a'lack-a-day** ⟨tussenw.⟩⟨vero.⟩ **0.1** ***eilaas*** ⇒*ach, helaas.*

a·lac·ri·ty [ə'lækrəṭi]⟨f1⟩⟨n.-telb.zn.⟩ **0.1** ***monterheid*** ⇒*bereidwilligheid, enthousiasme, levendigheid, vrolijkheid.*

A·lad·din's lamp [ə'lædɪnz 'læmp]⟨telb.zn.⟩ **0.1** ***lamp v. Aladdin*** ⇒*wonderlamp.*

Alamannic, alamannian →Alemannic.

a·lar ['eɪlə||-ər]⟨bn.⟩ **0.1** ***vleugel-*** ⇒*gevleugeld* **0.2** ***vleugelachtig / vormig*** **0.3** ***oksel-.***

a·larm[1] [ə'lɑ:m||ə'lɑrm], ⟨vero., beh. in bet. I 0.5⟩ **a·lar·um** [ə'lɑ:rəm]⟨zn.⟩
 I ⟨telb.zn.⟩ **0.1** ***alarm*** ⇒*waarschuwing, alarmsignaal* **0.2** ***wekker*** **0.3** ***alarmsysteem*** ⇒*alarminstallatie* **0.4** ⟨mil.⟩ ***strijdsignaal*** **0.5** ⟨schermen⟩ ***appèl*** ◆ **1.¶** ⟨scherts.⟩ ~s and excursions *gerommel en gestommel, herrie, consternatie* ⟨oorspr. toneelaanwijzing⟩ **2.1** false ~ *vals / loos alarm* **3.1** give / raise / sound the ~ *alarm geven / slaan* **3.2** set the ~ for 6 o'clock *de wekker op zes uur zetten* **7.1** there were several ~s that night *er was die nacht meermalen alarm;*
 II ⟨n.-telb.zn.⟩ **0.1** ***alarm*** ⇒*schrik, ontsteltenis* ◆ **1.1** in a state of ~ *in paniek* **3.1** take ~ at *opschrikken van, in paniek raken bij.*

alarm[2], ⟨vero.⟩ **alarum** ⟨f3⟩⟨ww.⟩ →alarming
 I ⟨onov.ww.⟩ **0.1** ***alarm slaan;***
 II ⟨ov.ww.⟩ **0.1** ***alarmeren*** ⇒*waarschuwen, opschrikken, verontrusten.*

a'larm bell ⟨telb.zn.⟩ **0.1** ***alarmbel*** **0.2** ***alarmklok.***

a'larm chain ⟨telb.zn.⟩⟨BE⟩ **0.1** ***noodrem.***

a'larm clock ⟨f1⟩⟨telb.zn.⟩ **0.1** ***wekker*** ◆ **3.1** he set the ~ for 6 o'clock *hij zette de wekker op zes uur.*

a'larm gun ⟨telb.zn.⟩ **0.1** ***alarmpistool / kanon.***

a·larm·ing [ə'lɑ:mɪŋ||ə'lɑr-]⟨f2⟩⟨bn.; teg. deelw. v. alarm+2; -ly⟩ **0.1** ***alarmerend*** ⇒*onrustbarend, verontrustend.*

a·larm·ism [ə'lɑ:mɪzm||-'lɑr-]⟨n.-telb.zn.⟩ **0.1** ***paniekzaaierij*** ⇒*onruststokerij, alarmisme.*

a·larm·ist [ə'lɑ:mɪst||ə'lɑr-]⟨telb.zn.⟩ **0.1** ***paniekzaaier*** ⇒*onruststoker, alarmist.*

a'larm reaction ⟨telb.zn.⟩ **0.1** ***alarmreflex*** ⇒*paniekreactie.*

a'larm watch ⟨telb.zn.⟩ **0.1** ***wekkerhorloge*** ⇒*wekker.*

a·la·ry ['eɪləri]⟨bn.⟩ **0.1** ***vleugelvormig*** ⇒*vleugel-.*

a·las [ə'læs]⟨f2⟩⟨tussenw.⟩⟨schr.⟩ **0.1** ***helaas*** ⇒*ach, eilaas.*

Alas ⟨afk.⟩ Alaska.

A·las·ka [ə'læskə]⟨zn.⟩
 I ⟨eig.n.⟩ **0.1** ***Alaska*** ⟨noordelijkste staat v.d. U.S.A.⟩;
 II ⟨telb.zn.⟩⟨vaak a-⟩ **0.1** ***(zware gummi) overschoen;***
 III ⟨n.-telb.zn.⟩⟨vaak a-⟩ **0.1** ***alaskafluweel*** **0.2** ***alaskagaren*** ◆ **2.¶** baked ~ *gebakken ijs;* ⟨ong.⟩ *omelet sibérienne* ⟨dessert met cake, ijs en méringue gebakken in de oven⟩.

a·las·trim ['æləstrɪm]⟨n.-telb.zn.⟩⟨med.⟩ **0.1** ***alastrim*** ⇒*kafferpokken, witte pokken, variola minor.*

a·late ['eɪleɪt], **a·lat·ed** [eɪ'leɪṭɪd]⟨bn.⟩ **0.1** ***gevleugeld.***

a·la·tion [eɪ'leɪʃn]⟨n.-telb.zn.⟩ **0.1** ***gevleugeldheid.***

alb [ælb]⟨telb.zn.⟩⟨relig.⟩ **0.1** ***albe.***

ALB ⟨afk.⟩ Anti-Lock Brakes.

al·ba·core ['ælbəkɔ:||-kɔr], **al·bi·core** [-bɪ-]⟨telb.zn.; ook albacore, albicore; →mv. 4⟩⟨dierk.⟩ **0.1** ***albacore*** ⇒*witte tonijn* ⟨Thunnus alalunga⟩.

Al·ba·ni·an[1] [æl'beɪnɪən]⟨f1⟩⟨zn.⟩
 I ⟨eig.n.⟩ **0.1** ***Albanees*** ⟨taal v. Albanië⟩;
 II ⟨telb.zn.⟩ **0.1** ***Albanees*** ⇒*Albaniër.*

Albanian[2] ⟨f1⟩⟨bn.⟩ **0.1** ***Albanees*** ⟨v. Albanië⟩.

al·ba·ta [əl'beɪṭə]⟨n.-telb.zn.⟩ **0.1** ***pleetzilver*** ⇒*(zilver)pleet, juweliersspleet, alpaca.*

al·ba·tross ['ælbətrɒs||-trɔs, -trɑs]⟨f1⟩⟨zn.⟩
 I ⟨telb.zn.; ook albatross; →mv. 4⟩ **0.1** ⟨dierk.⟩ ***albatros*** ⟨fam. Diomedeidae⟩ **0.2** ***zware last*** ⇒*handicap, netelige zaak* **0.3** ⟨golf⟩ ***albatros*** ⟨een score v. drie slagen onder par voor een hole⟩ ◆ **1.2** an ~ around one's neck *een blok aan zijn been;*
 II ⟨n.-telb.zn.⟩ **0.1** ***pyjamaflanel.***

'albatross cloth ⟨n.-telb.zn.⟩ **0.1** ***pyjamaflanel.***

al·be·do [æl'bi:doʊ]⟨telb.zn.⟩ **0.1** ***albedo*** ⇒*weerkaatsingsvermogen.*

al·be·it [ɔ:l'bi:ɪt]⟨f2⟩⟨ondersch.vw.⟩⟨schr.⟩ **0.1** ***(of)schoon*** ⇒*zij het (dat), ondanks (het feit) dat, (al)hoewel* ◆ **2.1** ⟨elliptisch⟩ a small ~ important error *een kleine maar belangrijke vergissing* **¶.1** his English was good, ~ (that) he had an accent *zijn Engels was goed, zij het dat hij een accent had.*

al·bert ['ælbət||-bərt], **'albert chain** ⟨telb.zn.⟩⟨ook A-⟩ **0.1** ***(soort) horlogeketting*** ⟨naar prins Albert, gemaal v. Koningin Victoria⟩.

al·bes·cent [æl'besnt]⟨bn.⟩ **0.1** ***wit wordend*** ⇒*witachtig.*

Al·bi·gen·ses ['ælbɪ'gensi:z||-'dʒen-]⟨mv.⟩⟨gesch.⟩ **0.1** ***Albigenzen*** ⇒*Katharen.*

Al·bi·gen·si·an ['ælbɪ'gensɪən||-'dʒenʃn]⟨bn.⟩ **0.1** ***Albigenzisch*** ⇒*Kathaars, ketters.*

Al·bi·gen·si·an·ism ['ælbɪ'gensɪənɪzm||-'dʒenʃə-]⟨n.-telb.zn.⟩ **0.1** ***Albigenzisme*** ⇒*leer v.d. Albigenzen / Katharen.*

al·bi·ness [æl'bi:nɪs||-'baɪ-]⟨telb.zn.⟩ **0.1** ***albina*** ⟨vr. albino⟩.

al·bin·ism ['ælbɪnɪzm]⟨n.-telb.zn.⟩ **0.1** ***albinisme.***

al·bi·no [æl'bi:noʊ||-'baɪ-]⟨f1⟩⟨telb.zn.⟩ **0.1** ***albino.***

Al·bi·on ['ælbɪən]⟨eig.n.⟩⟨schr.⟩ **0.1** ***Albion*** ⇒*Engeland* ◆ **2.1** perfidious ~ *het perfide Albion.*

al·bite ['ælbaɪt]⟨telb. en n.-telb.zn.⟩ **0.1** ***albiet*** ⇒*natriumveldspaat.*

al·bum ['ælbəm]⟨f2⟩⟨telb.zn.⟩ **0.1** ***album*** ⇒*foto / poëzie / liederen / platenalbum, gastenboek* **0.2** ***langspeelplaat*** ⇒*elpee, (dubbel)album.*

al·bu·men ['ælbjʊmən||-'bju:-]⟨n.-telb.zn.⟩ **0.1** ***albumen*** ⇒*kiemwit, eiwit(stof), endosperm* **0.2** →albumin.

al·bu·min ['ælbjʊmɪn||-'bju:-]⟨n.-telb.zn.⟩ **0.1** ***albumine*** ⟨oplosbare proteïne⟩.

al·bu·mi·noid[1] [æl'bju:mɪnɔɪd]⟨n.-telb.zn.⟩ **0.1** ***albuminoïde*** ⇒*eiwitachtige stof, skleroproteïne* ⟨onoplosbare proteïne⟩.

albuminoid[2], **al·bu·mi·noi·dal** ['ælbjʊmɪ'nɔɪdl]⟨bn.⟩ **0.1** ***albuminoïde*** ⇒*eiwitachtig.*

al·bu·mi·nous [æl'bju:mɪnəs]⟨bn.⟩ **0.1** ***albumineus*** ⇒*eiwitachtig, eiwithoudend.*

al·bu·mi·nu·ri·a ['ælbjʊmɪ'njʊərɪə||-'nʊrɪə]⟨n.-telb.zn.⟩ **0.1** ***albuminurie*** ⇒*proteïnurie* ⟨aanwezigheid v. eiwitstoffen in de urine⟩.

al·bu·mose ['ælbjʊmoʊs||-bjə-]⟨n.-telb.zn.⟩ **0.1** ***albumose*** ⇒*polypeptide* ⟨afbraakprodukt v. eiwit⟩.

al·bur·num [æl'bɜ:nəm||-'bɜr-], **al·burn** ['ælbɜ:n||-bɜrn]⟨telb. en n.-telb.zn.⟩ **0.1** ***spint(hout).***

alc ⟨afk.⟩ alcohol, alcoholic.

alcahest →alkahest.

Al·ca·ic[1] [æl'keɪɪk]⟨telb.zn.; vnl. mv.; ook a-⟩⟨lit.⟩ **0.1** ***Alcaïsch vers*** ⇒*Alcaïsche strofe* ⟨Grieks kwatrijn⟩.

Alcaic[2] ⟨bn.⟩⟨ook a-⟩ **0.1** ***Alcaïsch.***

al·cal·de [ɑ:l'kɑ:ldi]⟨telb.zn.⟩ **0.1** ***alcalde*** ⇒*burgemeester, schout* ⟨in Spanje en Spaanstalig Amerika⟩.

Al·caz·ar ['ælkəzɑ:‖æl'kæzər]⟨zn.⟩
I ⟨eig.n.⟩ **0.1** ***Alcazar*** ⟨versterkt paleis o.m. in Sevilla⟩;
II ⟨telb.zn.⟩⟨a-⟩ **0.1** ***alcazar*** ⇒*kasteel, burcht* ⟨in Moorse stijl⟩.

al·che·mic ['æl'kemɪk], **al·che·mi·cal** [-ɪkl]⟨bn.; -(al)ly; →bijw. 3⟩ **0.1** ***alchimistisch*** ⇒*alchemistisch.*

al·che·mist ['ælkəmɪst]⟨f1⟩⟨telb.zn.⟩ **0.1** ***alchimist*** ⇒*alchemist.*

al·che·mis·tic ['ælkə'mɪstɪk], **al·che·mis·ti·cal** [-ɪkl]⟨bn.; -(al)ly; →bijw. 3⟩ **0.1** ***alchimistisch*** ⇒*alchemistisch.*

al·che·mize, -mise ['ælkəmaɪz]⟨ov.ww.⟩ **0.1** ***omtoveren*** ⇒*veranderen;* ⟨ook fig.⟩ *transformeren.*

al·che·my ['ælkəmi]⟨f1⟩⟨n.-telb.zn.⟩ **0.1** ***alchimie*** ⇒*alchemie, goudmakerij, toverkunst.*

al·che·rin·ga ['æltʃə'rɪŋgə]⟨n.-telb.zn.⟩ **0.1** ***alcheringa*** ⇒*gouden tijdperk, eeuwige droomtijd* ⟨in mythologie v. Australische inboorlingen⟩.

al·co- ['ælkoʊ] **0.1** ***met alcohol als brandstof*** ◆ **¶.1** alcoboat *boot die op alcohol vaart;* alcomobile *auto die op alcohol rijdt.*

al·co·hol ['ælkəhɒl‖-hɔl,-hɑl]⟨f3⟩⟨telb. en n.-telb.zn.⟩ **0.1** ***alcohol.***

al·co·hol·ate ['ælkə'hɒlət‖-'hɔl-,-hɑl-]⟨telb.zn.⟩ **0.1** ***alcoholaat.***

al·co·hol·ic[1] ['ælkə'hɒlɪk‖-'hɔl-,-hɑl-]⟨f2⟩⟨telb.zn.⟩ **0.1** ***alcoholicus.***

alcoholic[2] ⟨f2⟩⟨bn.; -ally; →bijw. 3⟩ **0.1** ***alcoholisch*** ⇒*gealcoholiseerd, alcoholhoudend* **0.2** ***alcoholistisch*** ◆ **1.1** ~ poisoning *alcoholintoxicatie/vergiftiging.*

al·co·hol·ic·i·ty ['ælkəhɒ'lɪsəti‖-hɔ'lɪsəṭi,-hɑ-]⟨n.-telb.zn.⟩ **0.1** ***alcoholgehalte/percentage.***

al·co·hol·ism ['ælkəhɒlɪzm‖-hɔ-,-hɑ-]⟨f1⟩⟨n.-telb.zn.⟩ **0.1** ***alcoholisme*** ⇒*drankzucht.*

al·co·hol·i·za·tion ['ælkəhɒlaɪ'zeɪʃn‖-hɔlə-,-hɑlə-]⟨telb. en n.-telb.zn.⟩ **0.1** ***alcoholisering(sproces)*** ⇒*alcoholisatie.*

al·co·hol·ize ['ælkəhɒlaɪz‖-hɔ-,-hɑ-]⟨ov.ww.⟩ **0.1** ***alcoholiseren.***

al·co·hol·om·e·ter ['ælkəhɒ'lɒmɪtə‖-hɔ'lɑməṭər,-hɑ-]⟨telb.zn.⟩ **0.1** ***alcoholmeter.***

Al·co·ran, Al·ko·ran ['ælkɔ:'ræn]⟨eig.n.⟩⟨vero.⟩ **0.1** ***de Koran.***

al·cove ['ælkoʊv]⟨f1⟩⟨telb.zn.⟩ **0.1** ***alkoof*** ⇒*(zit)nis* **0.2** ⟨vero.⟩ ***prieel(tje)*** ⇒*tuin/zomerhuisje.*

Ald ⟨afk.⟩ alderman.

al·de·hyde ['ældɪhaɪd]⟨telb.zn.⟩⟨schei.⟩ **0.1** ***aldehyd(e)*** ⇒*acetaldehyd(e).*

al·de·hyd·ic ['ældɪ'haɪdɪk]⟨bn.⟩ **0.1** ***aldehydisch.***

al den·te [æl'denṭi]⟨bn., pred.⟩ **0.1** ***al dente*** ⇒*beetgaar* ⟨v. deegwaren⟩.

al·der ['ɔ:ldə‖-ər]⟨telb.zn.⟩⟨plantk.⟩ **0.1** ***els*** ⟨Alnus gentinosa⟩.

'alder 'buckthorn, 'alder 'dogwood ⟨telb.zn.⟩⟨plantk.⟩ **0.1** ***vuilboom*** ⟨Rhamnus frangula⟩ ⇒⟨oneig.⟩ *sporkehout, zwarte els* ⟨Frangula alnus⟩.

al·der·man ['ɔ:ldəmən‖-ər-]⟨f2⟩⟨telb.zn.; aldermen [-mən]; →mv. 3⟩ **0.1** ***alderman*** ⟨in Engeland⟩ ⇒⟨ong.⟩ *wethouder, gedeputeerde;* ⟨B.⟩ *schepen.*

al·der·man·ic ['ɔ:ldə'mænɪk‖-dər-]⟨bn.⟩ **0.1** ***van/als een alderman*** ⇒⟨fig.⟩ *gewichtig, voornaam, statig.*

al·der·man·ly ['ɔ:ldəmənli‖-dər-]⟨bn.⟩ **0.1** ***van/als een alderman*** ⇒⟨fig.⟩ *gewichtig, voornaam.*

al·der·man·ry ['ɔ:ldəmənri‖-dər-]⟨zn.⟩
I ⟨telb.zn.⟩ **0.1** ***aldermanschap*** ⟨district onder de bevoegdheid v.e. alderman⟩;
II ⟨n.-telb.zn.⟩ **0.1** ***aldermanschap*** ⇒⟨oneig.⟩ *wethouderschap;* ⟨B.⟩ *schepenschap.*

al·der·man·ship ['ɔ:ldəmənʃɪp‖-dər-]⟨n.-telb.zn.⟩ **0.1** ***aldermanschap*** ⇒⟨oneig.⟩ *wethouderschap;* ⟨B.⟩ *schepenschap.*

Al·der·ney ['ɔ:ldəni‖-dər-]⟨zn.⟩
I ⟨eig.n.⟩ **0.1** ***Alderney*** ⟨één v.d. Kanaaleilanden⟩;
II ⟨telb.zn.⟩⟨veeteelt⟩ **0.1** ***Alderney(koe).***

al·der·wom·an ['ɔ:ldəwʊmən‖-dər-]⟨telb.zn.; alderwomen [-wɪmɪn]; →mv. 3⟩ **0.1** ***alderwoman*** ⇒*wethoudster,* ⟨B.⟩ *schepen.*

Al·dine[1] ['ɔ:ldaɪn]⟨zn.⟩
I ⟨telb.zn.⟩ **0.1** ***aldine*** ⟨boek gedrukt door Aldus Manutius⟩;
II ⟨telb. en n.-telb.zn.⟩ **0.1** ***aldine*** ⟨vet lettertype⟩.

Aldine[2] ⟨bn., attr.⟩ **0.1** ***aldinisch.***

Al·dis ['ɔ:ldɪs], **'Aldis lamp** ⟨telb.zn.⟩ **0.1** ***morseseinlamp.***

Aldm ⟨afk.⟩ alderman.

al·dol ['ældɒl‖-dɔl]⟨telb. en n.-telb.zn.⟩⟨schei.⟩ **0.1** ***aldol*** ⟨parfumbasis⟩.

al·dose ['ældoʊs], **'aldose sugar** ⟨telb. en n.-telb.zn.⟩⟨schei.⟩ **0.1** ***aldose*** ⇒*aldehylsuiker.*

al·drin ['ɔ:ldrɪn]⟨telb. en n.-telb.zn.⟩⟨schei.⟩ **0.1** ***aldrin*** ⟨insekticide⟩.

ale [eɪl]⟨f2⟩⟨telb. en n.-telb.zn.⟩⟨→sprw. 5⟩ **0.1** ***ale*** ⇒*(licht, sterk gehopt) bier.*

a·le·a·tor·ic ['eɪlɪə'tɒrɪk‖-'tɔrɪk], **a·le·a·to·ry** [-tri‖-tɔri]⟨bn.⟩ **0.1** ***aleatoir*** ⟨ook jur. en muz.⟩ ⇒*toevallig, onzeker, wisselvallig* ◆ **1.1** ~ contract *aleatoir contract, kansovereenkomst.*

ale·con·ner ['eɪlkɒnə‖-kɑnər]⟨telb.zn.⟩ **0.1** ***bierkeurmeester*** ⇒*bierproever.*

ale·cost ['eɪlkɒst‖-kɑst]⟨telb. en n.-telb.zn.⟩⟨plantk.⟩ **0.1** ***balsemwormkruid*** ⟨Chrysanthemum balsamita⟩.

a·lee [ə'li:]⟨bn., pred.; bw.⟩⟨scheep.⟩ **0.1** ***in/aan/naar lij*** ⇒*onder de wind, lijwaarts.*

al·e·gar ['eɪlɪgə‖'ælɪgər]⟨telb. en n.-telb.zn.⟩ **0.1** ***bierazijn.***

ale·hoof ['eɪlhu:f]⟨n.-telb.zn.⟩⟨plantk.⟩ **0.1** ***hondsdraf*** ⟨Glechoma hederacea⟩.

'ale·house ⟨telb.zn.⟩⟨vero.⟩ **0.1** ***bierhuis*** ⇒*herberg.*

Al·e·man·nic[1], **Al·a·man·nic** ['ælə'mænɪk], **Al·e·man·ni·an, Al·a·man·ni·an** ['ælə'mænɪən]⟨eig.n.⟩ **0.1** ***Alemannisch*** ⟨groep Zuidduitse dialecten⟩.

Alemannic[2], **Alamannic, Alemannian, Alamannian** ⟨bn.⟩ **0.1** ***Alemannisch.***

a·lem·bic [ə'lembɪk]⟨telb.zn.⟩ **0.1** ***alembiek*** ⇒*distilleerkolf.*

a·lem·bi·ca·ted [ə'lembɪkeɪṭɪd]⟨bn.⟩ **0.1** ***precieus*** ⇒*overbeschaafd, onnatuurlijk* ⟨v. literaire stijl⟩.

a·lem·bi·ca·tion [ə'lembɪ'keɪʃn]⟨n.-telb.zn.⟩ **0.1** ***overbeschaving*** ⇒*onnatuurlijkheid.*

a·leph ['ɑ:lef]⟨zn.⟩
I ⟨telb.zn.⟩ **0.1** ***alef*** ⟨eerste letter v. Hebreeuws alfabet⟩;
II ⟨n.-telb.zn.⟩⟨wisk.⟩ **0.1** ***alef*** ⟨geeft het oneindige aantal natuurlijke getallen aan⟩.

a·lert[1] [ə'lɜ:t‖ə'lɜrt]⟨f2⟩⟨telb.zn.⟩ **0.1** ***alarm(signaal)*** ⇒*luchtalarm* ◆ **3.1** give the ~ *alarm slaan* **6.1** **on the** ~ **(for)** *op zijn hoede (voor).*

alert[2] ⟨f2⟩⟨bn.; -ly; -ness⟩ **0.1** ***alert*** ⇒*waakzaam, wakker, nauwlettend, op zijn hoede* **0.2** ***levendig*** ⇒*vlug, kwiek* ◆ **6.1** ~ **to** danger *op gevaar bedacht.*

alert[3] ⟨f2⟩⟨ov.ww.⟩ **0.1** ***alarmeren*** ⇒*waarschuwen, attent maken* ◆ **6.1** ~ s.o. **to** the danger of *iem. wijzen op het gevaar v..*

a·leu·ron [ə'lju:rɒn‖'æljərɑn], **a·leu·rone** [-roʊn]⟨telb. en n.-telb.zn.⟩⟨plantk.⟩ **0.1** ***aleuron*** ⇒*zaadeiwit, plantaardig proteïne.*

A·leu·tians [ə'lu:ʃnz], **A'leutian Islands** ⟨eig.n., mv.⟩ **0.1** ***Aleoeten*** ⟨Alaska⟩.

'A level ⟨f1⟩⟨telb. en n.-telb.zn.⟩⟨afk.⟩ advanced level ⟨Brits schooleindexamen⟩ ◆ **3.¶** do a subject to ~ *een vak in je eindexamenpakket hebben;* pass one's ~s *zijn eindexamen halen;* ⟨ong.⟩ *slagen voor VWO.*

al·e·vin ['ælәvɪn]⟨telb. en n.-telb.zn.⟩ **0.1** ***visbroed(sel)*** ⇒*zalmbroed(sel).*

'ale·wife ⟨telb.zn.⟩ **0.1** ***waardin*** ⟨v. bierhuis⟩ **0.2** ⟨dierk.⟩ ***(soort) haring*** ⟨Pomobolus pseudoharengus⟩.

al·ex·an·ders ['ælɪg'zɑ:ndəz‖-'zændərz]⟨mv.⟩⟨plantk.⟩ **0.1** ***zwartmoeskervel*** ⟨Smyrnium olustratum⟩ **0.2** ***bereklauw*** ⟨genus Heracleum⟩.

Al·ex·an·dri·an ['ælɪg'zɑ:ndrɪən‖-'zæn-]⟨bn.⟩ **0.1** ***Alexandrijns.***

al·ex·an·drine ['ælɪg'zændraɪn‖-drɪn], **ale'xandrine verse** ⟨telb.zn.⟩ **0.1** ***alexandrijn*** ⟨versvorm⟩.

al·ex·an·drite ['ælɪg'zændraɪt]⟨telb. en n.-telb.zn.⟩ **0.1** ***alexandriet*** ⇒*(soort) chrysoberil* ⟨edelsteen⟩.

a·lex·i·a [eɪ'leksɪə]⟨n.-telb.zn.⟩ **0.1** ***alexie*** ⇒*lees/woord/schriftblindheid.*

a·lex·ic [eɪ'leksɪk]⟨bn.⟩ **0.1** ***leesblind*** ⇒*woordblind.*

a·lex·in, a·lex·ine [ə'leksɪn]⟨telb. en n.-telb.zn.⟩⟨med.⟩ **0.1** ***alexine*** ⇒*complement* ⟨bacteriedodend proteïne in bloedplasma⟩.

a·lex·i·phar·mic[1] [ə'leksɪ'fɑ:mɪk‖-'fɑr-]⟨telb.zn.⟩ **0.1** ***antidotum*** ⇒*tegengif.*

alexipharmic[2] ⟨bn.⟩ **0.1** ***antidotaal.***

ALF ⟨afk.⟩ Animal Liberation Front.

al·fa ['ælfə], **'alfa grass** ⟨telb.zn.⟩⟨plantk.⟩ **0.1** ***esparto(gras)*** ⇒*Spaans gras, (h)alfa(gras)* ⟨Stipa tenacissima, Lygeum spartum⟩.

al·fal·fa [æl'fælfə]⟨telb.zn.⟩⟨plantk.⟩ **0.1** ***luzerne*** ⇒*alfalfa* ⟨Medicago sativa⟩ **0.2** ⟨AE; inf.⟩ ***pijptabak*** **0.3** ⟨AE; gew.⟩ ***bakkebaard*** ⇒*baardje, gewas* **0.4** ***(weinig) geld*** ⇒*schijntje.*

al·fres·co [æl'freskoʊ]⟨bn.; bw.⟩ **0.1** ***in de open lucht*** ⇒*buiten* **0.2** ⟨schilderkunst⟩ ***al fresco*** ⇒*fresco.*

al·ga ['ælgə]⟨f2⟩⟨telb.zn.; algae [-dʒi:, -gi:]; →mv. 5; meestal mv.⟩ **0.1** ***alg(e)*** ⇒*wier, zeewier, plankton.*

al·gae·cide ['ældʒi:saɪd], **al·gi·cide** [-dʒɪ-]⟨telb. en n.-telb.zn.⟩ **0.1** ***algicide*** ⟨algendodend produkt⟩.

al·gal ['ælgl], **al·goid** [-gɔɪd]⟨bn.⟩ **0.1** ***algenachtig.***

al·ge·bra ['ældʒɪbrə]⟨f2⟩⟨telb. en n.-telb.zn.⟩ **0.1** ***algebra.***

al·ge·bra·ic ['ældʒə'breɪɪk], **al·ge·bra·ic·al** [-ɪkl]⟨f1⟩⟨bn.; -(al)ly; →bijw. 3⟩ **0.1** ***algebraïsch.***

al·ge·bra·ist ['ældʒə'breɪɪst], **al·ge·brist** ['ældʒəbrɪst]⟨telb.zn.⟩ **0.1** ***algebraïcus.***
Al·ge·ri·a ['æl'dʒɪərɪə||-'dʒɪr-]⟨eig.n.⟩ **0.1** ***Algerije*** ⇒*Algerië.*
Al·ge·ri·an[1] ['æl'dʒɪərɪən||-'dʒɪr-]⟨f1⟩⟨telb.zn.⟩ **0.1** ***Algerijn.***
Al·ge·ri·an[2] ⟨f1⟩⟨bn.⟩ **0.1** ***Algerijns.***
-al·gia ['ældʒə]⟨vormt nw.⟩⟨med.⟩ **0.1** ***-algie*** ◆ **¶.1** neuralgia *neuralgie, zenuw(hoofd)pijn.*
-al·gic ['ældʒɪk]⟨vormt bijv. nw.⟩⟨med.⟩ **0.1** ***-algisch*** ◆ **¶.1** neuralgic *neuralgisch.*
al·gid ['ældʒɪd]⟨bn.⟩ **0.1** ***koud*** ⇒*kil.*
al·gid·i·ty [æl'dʒɪdəṭi]⟨telb. en n.-telb.zn.;→mv. 2⟩ **0.1** ***koude*** ⇒*kilte.*
al·gin ['ældʒɪn]⟨telb. en n.-telb.zn.⟩⟨schei.⟩ **0.1** ***algine.***
al·gi·nate [æl'dʒɪneɪt]⟨telb. en n.-telb.zn.⟩⟨schei.⟩ **0.1** ***alginaat.***
al·gin·ic [æl'dʒɪnɪk]⟨bn.⟩⟨schei.⟩ **0.1** ***algine-*** ◆ **1.1** ~ acid *alginezuur.*
AL·GOL, Al·gol ['ælgɒl||-gɑl]⟨eig.n.⟩⟨afk.⟩ algorithmic language ⟨comp.⟩ **0.1** ***Algol*** ⟨computertaal⟩.
al·go·lag·ni·a ['ælgoʊ'lægnɪə]⟨n.-telb.zn.⟩ **0.1** ***algolagnie*** ⇒*sadomasochisme.*
al·go·log·i·cal ['ælgə'lɒdʒɪkl||-'lɑ-]⟨bn.⟩ **0.1** ***algologisch.***
al·gol·o·gist [æl'gɒlədʒɪst||-'gɑ-]⟨telb.zn.⟩ **0.1** ***algoloog.***
al·gol·o·gy [æl'gɒlədʒi||-'gɑ-]⟨telb. en n.-telb.zn.;→mv. 2⟩ **0.1** ***algologie.***
al·go·rithm ['ælgərɪðm], ⟨in bet. II ook⟩ **al·go·rism** ['ælgərɪzm] ⟨zn.⟩
I ⟨telb.zn.⟩ **0.1** ***algoritme;***
II ⟨n.-telb.zn.⟩ **0.1** ***decimaal stelsel*** ⇒*tientallig stelsel* **0.2** ***(lineaire) rekenkunde.***
al·go·rith·mic ['ælgə'rɪðmɪk]⟨bn.⟩ **0.1** ***algoritmisch.***
al·gous ['ælgəs]⟨bn.⟩ **0.1** ***algen-*** ⇒*algenachtig, vol algen.*
al·gua·cil ['ælgwə'si:l], **al·gua·zil** [-'zi:l]⟨telb.zn.; ook alguaciles [-'si:leɪs];→mv. 5⟩ **0.1** ***alguacil*** ⟨Spaans politieambtenaar⟩.
a·li·as[1] ['eɪlɪəs]⟨telb.zn.⟩ **0.1** ***alias*** ⇒*bijnaam, pseudoniem, schuilnaam.*
alias[2] ⟨f1⟩⟨bw.⟩ **0.1** ***alias*** ⇒*anders genoemd.*
al·i·bi[1] ['ælɪ̣baɪ]⟨f1⟩⟨telb.zn.⟩ **0.1** ⟨jur.⟩ ***alibi*** **0.2** ⟨inf.⟩ ***alibi*** ⇒*excuus, uitvlucht, schijnreden.*
alibi[2] ⟨onov. en ov.ww.⟩⟨inf.⟩ **0.1** ***(zich) verontschuldigen*** ⇒*een alibi voorleggen / bezorgen.*
alibi Ike ['ælɪ̣baɪ 'aɪk]⟨telb.zn.⟩⟨AE; sl.⟩ **0.1** ***man vol uitvluchten / excuses.***
Al·ice-in-Won·der·land ['ælɪs ɪn 'wʌndələnd||'ælɪs ɪn 'wʌndərlænd] ⟨bn., attr.⟩ **0.1** ***gefantaseerd*** ⇒*fantastisch, verzonnen, absurd* ⟨naar Alice van Lewis Carroll⟩.
al·i·cy·clic ['ælɪ̣'saɪklɪk]⟨bn.⟩⟨schei.⟩ **0.1** ***alicyclisch.***
al·i·dad ['ælɪ̣dæd], **al·i·dade** [-deɪd]⟨telb.zn.⟩ **0.1** ***alhidade*** ⇒*vizierliniaal.*
a·li·en[1] ['eɪlɪən]⟨f1⟩⟨telb.zn.⟩ **0.1** ***vreemdeling*** ⇒*buitenlander* **0.2** ***buitenaards wezen*** ⇒*marsmannetje* **0.3** ⟨vero.⟩ ***buitenstaander*** ⇒*uitgestotene* ◆ **2.1** illegal ~ *onwettig immigrant, illegale buitenlander.*
alien[2] ⟨f2⟩⟨bn.⟩ **0.1** ***vreemd*** ⇒*oneigen* **0.2** ***vreemd*** ⇒*buitenlands* **0.3** ***afwijkend*** ⇒*verschillend, disharmonieus* ◆ **1.1** priory ~, ~ priory *vreemde priorij* ⟨die onder een buitenlandse abdij ressorteert⟩ **6.3** ~ **from** *verschillend van;* ~ **to** *vreemd aan, strijdig met.*
al·ien·a·bil·i·ty ['eɪlɪənə'bɪləṭi]⟨n.-telb.zn.⟩ **0.1** ***vervreemdbaarheid.***
al·ien·a·ble ['eɪlɪənəbl]⟨bn.⟩ **0.1** ***vervreemdbaar*** ⇒*aliënabel.*
al·ien·age ['eɪlɪənɪdʒ]⟨n.-telb.zn.⟩ **0.1** ***vreemdelingenstatus.***
al·ien·ate[1] ['eɪlɪənət]⟨bn.⟩ **0.1** ***vervreemd*** ⇒*vreemd.*
alienate[2] ['eɪlɪəneɪt]⟨f1⟩⟨ov.ww.⟩ **0.1** ***vervreemden*** ⇒*afstand scheppen, doen bekoelen* ⟨vriendschap⟩ **0.2** ***losmaken*** ⇒⟨zich⟩ *afwenden van* **0.3** ⟨ook jur.⟩ ***aliëneren*** ⇒*onteigenen, overdragen, in beslag nemen* ◆ **1.1** ~ a friend *een vriend van zich vervreemden;* ~ s.o.'s affections *iemands genegenheid aantasten* **6.3** ~ **from** *vervreemden van, onttrekken aan.*
al·ien·a·tion ['eɪlɪə'neɪʃn]⟨f1⟩⟨n.-telb.zn.⟩ **0.1** ***vervreemding*** ⇒*aliënatie* ⟨ook psych. en dram.⟩ **0.2** ⟨jur.⟩ ***aliënatie*** ⇒*onteigening, overdracht* **0.3** ⟨vero.⟩ ***verstandsverbijstering*** ⇒*aliënatie.*
al·ien·a·tor ['eɪlɪəneɪtə||-neɪṭər]⟨telb.zn.⟩ **0.1** ***vervreemdingsfactor*** **0.2** ***onteigenaar.***
al·ien·ee ['eɪlɪə'ni:]⟨telb.zn.⟩⟨jur.⟩ **0.1** ***nieuwe eigenaar*** ⇒*koper.*
al·ien·ism ['eɪlɪənɪzm]⟨n.-telb.zn.⟩ **0.1** ***vreemdelingschap*** **0.2** ⟨vero.⟩ ***psychiatrie.***
al·ien·ist ['eɪlɪənɪst]⟨telb.zn.⟩ **0.1** ⟨AE; jur.⟩ ***gerechtspsychiater*** **0.2** ⟨vero.⟩ ***psychiater.***
al·ien·or ['eɪlɪənɔ:||-nɔr]⟨telb.zn.⟩⟨jur.⟩ **0.1** ***vroegere eigenaar*** ⇒*verkoper.*
a·lif ['ɑ:lɪf]⟨telb.zn.⟩ **0.1** ***alif*** ⟨eerste letter v.h. Arabisch alfabet⟩.
a·li·form ['ælɪ̣fɔ:m||'eɪləfɔrm]⟨bn.⟩ **0.1** ***vleugelvormig.***
a·light[1] [ə'laɪt]⟨f2⟩⟨bn., pred.⟩ **0.1** ***brandend*** ⇒*in brand, aan* **0.2** *verlicht* ⇒⟨fig.⟩ *schitterend* ◆ **3.1** catch ~ *vlam vatten;* set ~ *aansteken* **6.2** ~ **with** *stralend / schitterend van.*
alight[2] ⟨f1⟩⟨onov.ww.; ook alit, alit [ə'lɪt]⟩ **0.1** ***afstappen*** ⇒*uitstappen, afstijgen* **0.2** ***neerkomen*** ⇒*neerstrijken* ⟨v. vogel⟩, *landen* ⟨v. vliegtuig⟩ ◆ **6.1** ~ **from** a horse / car *van een paard stijgen / uit een auto stappen* **6.¶** →alight **on.**
a'light on ⟨f1⟩⟨onov.ww.⟩ **0.1** ***neerstrijken op*** **0.2** ⟨schr.⟩ ***(toevallig) ontdekken / aantreffen*** ⇒*vallen / komen op.*
a·lign, a·line [ə'laɪn]⟨f1⟩⟨ww.⟩
I ⟨onov.ww.⟩ **0.1** ***zich richten*** ⇒*op één lijn liggen, overeenkomen* **0.2** ***zich aansluiten*** ◆ **6.2** ~ **with** the enemy *zich bij de vijand voegen;*
II ⟨ov.ww.⟩ **0.1** ***richten*** ⇒*op één lijn brengen, doen overeenkomen, aanpassen, recht maken; uitlijnen* ⟨wiel⟩ **0.2** ***aan(een)sluiten*** ◆ **1.2** ~ two nations (against) *twee landen front doen vormen (tegen);* non-aligned countries *niet-gebonden landen* **6.2** ~ o.s. **with** *zich aansluiten bij.*
a·lign·ment, a·line·ment [ə'laɪnmənt]⟨f1⟩⟨zn.⟩
I ⟨telb.zn.⟩ **0.1** ***lijn*** ⇒*linie, rooilijn, grondplan, tracé;*
II ⟨telb. en n.-telb.zn.⟩ **0.1** ***groepering*** ⇒*verbond;*
III ⟨n.-telb.zn.⟩ **0.1** ***het richten / gericht zijn*** ⇒*het in / op één lijn brengen / liggen, centrering,* ⟨mil.⟩ *alignement, gebondenheid* ◆ **6.1 in** ~ *gericht, gecentreerd;* **out of** ~ *ontzet, uit zijn verband.*
a·like[1] [ə'laɪk]⟨f3⟩⟨bn., pred.⟩⟨→sprw. 609⟩ **0.1** ***gelijk(soortig)*** ⇒*hetzelfde* ◆ **3.1** be very much ~ *sprekend op elkaar lijken.*
alike[2] ⟨f2⟩⟨bw.⟩ **0.1** ***gelijk*** ⇒*op dezelfde manier, gelijkelijk* **0.2** ***evenzeer*** ⇒*evengoed* ◆ **2.2** ~ smart and strong *even slim als sterk* **3.1** treat all children ~ *alle kinderen gelijk behandelen.*
al·i·ment[1] ['ælɪ̣mənt]⟨telb.zn.⟩ **0.1** ***levensmiddel*** ⇒*voedsel, voeding,* ⟨ook fig.⟩ *(levens)onderhoud, alimentatie* **0.2** ⟨Sch. E; jur.⟩ ***alimentatiegeld*** ◆ **1.1** faith is love's only ~ *vertrouwen is de enige steun v.d. liefde.*
aliment[2] ['ælɪ̣ment]⟨ov.ww.⟩ **0.1** ***alimenteren*** ⇒*onderhouden, levensonderhoud verstrekken aan.*
al·i·men·tal ['ælɪ̣'menṭl]⟨bn.; -ly⟩⟨vero.⟩ **0.1** ***voedzaam*** ⇒*voedend.*
al·i·men·ta·ry ['ælɪ̣'mentri||'ælɪ̣mənṭeri]⟨bn.⟩
I ⟨bn.⟩ **0.1** ***voedend*** ⇒*voedzaam;*
II ⟨bn., attr.⟩ **0.1** ***alimentair*** ⇒*voedings-, voedsel-, spijs-* **0.2** ***onderhouds-*** ⇒*alimentatie-* ◆ **1.1** ~ canal *spijsverteringskanaal;* ~ system *spijsverteringsstelsel.*
al·i·men·ta·tion ['ælɪ̣men'teɪʃn]⟨n.-telb.zn.⟩ **0.1** ***voeding*** **0.2** ***alimentatie*** ⇒*onderhoud* ◆ **2.1** intravenous ~ *intraveneuze voeding.*
al·i·mo·ny ['ælɪ̣məni||-moʊni]⟨f1⟩⟨n.-telb.zn.⟩ **0.1** ***alimentatie*** ⇒*onderhoudsgeld* **0.2** ***onderhoud*** ⇒*steun.*
aline(ment) →align(ment).
al·i·phat·ic ['ælɪ̣'fæṭɪk]⟨bn.⟩⟨schei.⟩ **0.1** ***alifatisch.***
al·i·quot ['ælɪkwɒt||-kwɑt], **'aliquot part** ⟨telb.zn.⟩ **0.1** ⟨wisk.⟩ ***gehele deler*** ⇒*opgaand deel* **0.2** ***gedeelte*** ⇒*fractie, onderdeel* ◆ **4.1** six is an ~ of eighteen *zes is een factor van achttien* **7.2** divided into four ~s *in vier gelijke delen gedeeld.*
'aliquot tone ⟨telb.zn.⟩⟨muz.⟩ **0.1** ***aliquottoon.***
alit ⟨verl.t. en volt.deelw.⟩ →alight.
-al·it·y [-æləṭi]⟨vormt abstr. nw. uit bijv. nw.⟩ **0.1** ⟨ong.⟩ ***-iteit, -heid*** ◆ **¶.1** sexuality *seksualiteit;* generality *algemeenheid.*
a·live [ə'laɪv]⟨f3⟩⟨bn., pred.; -ness⟩ **0.1** ***levend*** ⇒*in leven* **0.2** ***actueel*** ⇒*in werking, van kracht, geldig* **0.3** ***levendig*** ⇒*springlevend, kwiek, actief, bezield* ◆ **1.1** any man ~ *om het even wie;* no man ~ *geen levende ziel, niemand;* the smartest woman ~ *de slimste vrouw ter wereld* **1.2** the issue isn't ~ any longer *het probleem is niet langer actueel;* the microphone is ~ *de microfoon staat aan;* the wire is ~ *er staat stroom op de draad* **1.¶** ⟨inf.⟩ man ~! *grote grutten!* **2.3** ~ and well *springlevend* **3.1** she did not even know I was ~ *voor haar bestond ik niet, ze zag me niet staan;* they'll skin us ~ *ze villen ons levend* **3.2** keep a matter ~ *een zaak warm / in de aandacht houden* **3.3** ⟨ook fig.⟩ come ~ *opleven, (klaar)wakker worden, tot leven komen;* ~ and kicking *springlevend* **3.¶** ⟨inf.⟩ look ~! *schiet op! maak voort!* **5.3** very much ~ *springlevend* **6.¶** ~ **to** *gevoelig / ontvankelijk voor* ⟨een probleem, idee enz.⟩; *op de hoogte / doordrongen van* ⟨een feit enz.⟩; her face was ~ **with** laughter *haar gezicht straalde;* the town was ~ **with** people *de stad krioelde van mensen.*
a·liz·a·rin [ə'lɪzərɪn], **a·liz·a·rine** [ə'lɪzəri:n]⟨n.-telb.zn.⟩⟨schei.⟩ **0.1** ***alizarien*** ⇒*alizarine, knaprood, meekrapwortel.*
al·ka·hest, al·ca·hest ['ælkəhest]⟨n.-telb.zn.⟩ **0.1** ***alkahest*** ⇒*universeel oplosmiddel* ⟨gezocht door de alchimisten⟩.
al·ka·les·cence ['ælkə'lesns], **al·ka·les·cen·cy** [-si]⟨n.-telb.zn.⟩ ⟨schei.⟩ **0.1** ***het alkalisch worden*** **0.2** ***alkaliteit*** ⇒*basiditeit.*
al·ka·les·cent ['ælkə'lesnt]⟨bn.⟩⟨schei.⟩ **0.1** ***alkalisch wordend*** **0.2** ***(licht) alkalisch.***
al·ka·li ['ælkəlaɪ]⟨telb. en n.-telb.zn.; ook -es;→mv. 2⟩⟨schei.⟩ **0.1** ***alkali*** ⇒*loogzout, base, alkalimetaal.*

'alkali feldspar ⟨n.-telb.zn.⟩⟨geol.⟩ **0.1** ***kaliveldspaat***.
al·kal·i·fy [æl'kælɪfaɪ, 'ælkəlɪfaɪ]⟨ww.⟩⟨schei.⟩
I ⟨onov.ww.⟩ **0.1** ***alkalisch worden;***
II ⟨ov.ww.⟩ **0.1** ***alkaliseren*** *⇒uitlogen; alkaliën toevoegen aan.*
'alkali metal ⟨telb.zn.⟩⟨schei.⟩ **0.1** ***alkalimetaal***.
al·ka·lim·e·ter ['ælkə'lɪmɪtə‖-mɪtər]⟨telb.zn.⟩⟨schei.⟩ **0.1** ***alkalimeter***.
al·ka·lim·e·try ['ælkə'lɪmɪtri]⟨n.-telb.zn.⟩⟨schei.⟩ **0.1** ***alkalimetrie***.
al·ka·line ['ælkəlaɪn]⟨bn.⟩⟨schei., geol.⟩ **0.1** ***alkalisch*** *⇒basisch* ◆ **1.1** ~ earth *alkalische aarde;* ~ earth metal *aardalkalimetaal.*
al·ka·lin·i·ty ['ælkə'lɪnəṭi]⟨n.-telb.zn.⟩⟨schei.⟩ **0.1** ***alkaliteit*** *⇒alkaliciteit, basiditeit, basiciteit.*
al·ka·loid ['ælkəlɔɪd]⟨telb.zn.⟩⟨schei.⟩ **0.1** ***alkaloïde***.
al·ka·loi·dal ['ælkə'lɔɪdl]⟨bn.⟩⟨schei.⟩ **0.1** ***alkaloïdeachtig*** *⇒alkaloïde-.*
al·ka·lo·sis ['ælkə'lousɪs]⟨telb. en n.-telb.zn.; alkaloses [-si:z]; →mv. 5⟩⟨med.⟩ **0.1** ***alkalose*** *⇒alkalivergiftiging.*
al·ka·net ['ælkənet]⟨zn.⟩
I ⟨telb.zn.⟩⟨plantk.⟩ **0.1** ***alkanna(wortel)*** ⟨Alkanna tinctoria⟩ **0.2** ***ossetong*** ⟨Anchusa⟩ **0.3** ***parelzaad*** ⟨Lithospermum⟩;
II ⟨n.-telb.zn.⟩ **0.1** ***alkannine*** *⇒alkannarood* ⟨kleurstof uit de alkannawortel⟩.
al·kene ['ælki:n]⟨telb.zn.⟩⟨schei.⟩ **0.1** ***alkeen*** *⇒olefine.*
al·ky, al·kie ['ælki]⟨telb.zn.; →mv. 2⟩⟨inf.⟩ **0.1** ***zuipschuit***.
al·kyd ['ælkɪd], **'alkyd resin** ⟨telb. en n.-telb.zn.⟩⟨schei.⟩ **0.1** ***alkydhars***.
al·kyl ['ælkɪl]⟨telb. en n.-telb.zn.⟩⟨schei.⟩ **0.1** ***alkyl***.
al·kyl·a·tion ['ælkɪ'leɪʃn]⟨telb.zn.⟩⟨schei.⟩ **0.1** ***alkylering(sproces)*** *⇒het alkyleren.*
'alkyl group ⟨telb.zn.⟩⟨schei.⟩ **0.1** ***alkylgroep***.
al·kyne, al·kine ['ælkaɪn]⟨telb.zn.⟩⟨schei.⟩ **0.1** ***alkyn***.
all[1] [ɔ:l]⟨f2⟩⟨telb.zn.; geen mv.⟩ **0.1** ***gehele bezit*** **0.2** ⟨the; vaak A-⟩ ***al*** *⇒geheel* ◆ **1.1** her jewels are her ~ *haar juwelen zijn haar gehele bezit* **2.2** the immense All *het onmetelijke (heel)al* **7.1** his little ~ *het weinige wat hij bezit.*
all[2] ⟨f4⟩⟨onb.vnw.; →onbepaald woord 1⟩⟨→sprw. 10, 11, 14-18, 20, 141, 242, 283⟩ **0.1** ***alle(n)*** *⇒allemaal, iedereen, elkeen* **0.2** ***alles*** *⇒al, allemaal* ◆ **3.2** when ~ is (said and) done *uiteindelijk, als puntje bij paaltje komt* **3.¶** it was ~ I could do to convince him *ik had er de grootste moeite mee hem te overtuigen* **4.1** ⟨tennis⟩ forty ~ *veertig gelijk;* one and ~, ~ and sundry, ⟨vero.⟩ ~ and some *jan en alleman;* they ~ have left, they have ~ left, ~ of them have left *ze zijn allemaal weg* **4.2** what's it ~ about? *waar gaat het nou eigenlijk over?, wat is er allemaal aan de hand?;* it's ~ one/the same to me *het is mij allemaal eender/om het even;* ⟨met beperkende betrekkelijke bijzin⟩ ~ that I could see *het enige wat ik kon zien;* ~ that it should be *alles wat men maar wensen kan* **4.¶** if you can't, I'll have to do it, that's ~ *als jij het niet kunt, dan zal ik het moeten doen, zo simpel is/ligt dat/er zit (nu eenmaal) niets anders op* **5.¶** once and for ~ *eens en voorgoed* **6.1** ~ **of** the soldiers *al de/alle soldaten* **6.2** **above** ~ *bovenal, voor alles* **6.¶** **after** ~ *immers, toch, tenslotte, per slot v. rekening, alles wel beschouwd;* ⟨nooit bevestigend⟩ **at** ~ *helemaal;* he can't walk **at** ~ *hij kan helemaal/in het geheel niet lopen;* if I could do it **at** ~ *als ik het maar enigszins kon doen;* did you do it **at** ~? *heb je het überhaupt/eigenlijk wel gedaan?;* she spoke very little if (she spoke) **at** ~ *ze zei heel weinig, als ze dan (überhaupt) al wat zei, zei ze weinig of niets;* ⟨na bedanking⟩ not **at** ~ *niets te danken, 't is niets, graag gedaan;* **for** ~ I care he can get stuffed *wat mij betreft kan hij de pot op;* **for** ~ I know *voor zover ik weet;* **for** ~ I know, he might not come at all *misschien komt hij helemaal niet, weet ik veel;* **in** ~ *in 't geheel, in totaal/toto;* ~ **in** ~ *alles samen genomen, alles wel beschouwd, in het algemeen;* she is ~ **in** ~ to me *zij is mijn alles/oogappel;* it costs ~ **of** $ 100 *het kost niet minder dan 100 dollar* **8.¶** and ~ *enzovoort;* ⟨gew. of inf.⟩ how could you do it, with your handicap and ~? *hoe heb je het kunnen doen, en dan nog wel met jouw handicap?.*
all[3] ⟨f4⟩⟨bw.⟩ **0.1** ***helemaal*** *⇒geheel, gans, volledig, totaal, compleet, een en al;* ⟨inf.⟩ *heel, erg* ◆ **2.1** ~ mad *knettergek;* ~ right *in orde, O.K.;* I am ~ right *met mij gaat alles goed, maak je over mij geen zorgen* **2.¶** ~ right! *in orde!, O.K.!, begrepen!, komt voor mekaar!;* ⟨inf.⟩ that's ~ right *dat gaat wel, dat volstaat (wel), dat is goed genoeg* **3.1** ~ worn out *helemaal versleten* **4.1** if it's ~ the same to you *als het jou helemaal eender is/niets uitmaakt* **4.¶** ~ the same *toch, desondanks* **5.1** I've known it ~ **along** *ik heb het altijd al geweten;* ~ at once *plotseling, eensklaps;* ⟨inf.⟩ ~ **out** *volkomen ernaast, helemaal mis;* ~ **over** again, ⟨AE⟩ ~ **over** *helemaal opnieuw, van voren af aan;* ~ **over** *(helemaal) voorbij, gedaan, uit;* ⟨vnl. AE⟩ books lay scattered ~ **over** *er lagen overal/her en der boeken;* I went cold ~ **over** *ik kreeg het koud over m'n hele lijf, ik kreeg het door en door koud;* paint it blue ~ **over** *schilder het helemaal blauw;* ~ **round** *overal, in alle richtingen;* ⟨fig.⟩ *in alle opzichten, helemaal;* ~ too soon *(maar) al te gauw;* it's ~ **up** with *het is helemaal afgelopen met* **5.¶** ⟨inf.⟩ ~ **in** *bekaf, volkomen uitgeput;* ~ **out** *uit alle macht; op volle snelheid;* ⟨inf.⟩ *bekaf, volkomen uitgeput;* go ~ **out** *alles geven, alles op alles zetten;* that's Jack ~ **over** ⟨inf.⟩ *dat is nou typisch Jack; hij lijkt precies/als twee druppels water op Jack;* he's a nut ~ **over** *hij is compleet gek;* that's him ~ right *hij is het zeker/beslist/inderdaad;* ~ right, do as you please *mij best, doe dan maar wat je wil;* ⟨inf.⟩ it's not ~ that difficult *zo (vreselijk) moeilijk is het nu ook weer niet;* ⟨inf.⟩ he's ~ there *hij is goed bij de pinken; hij heeft ze alle tien goed op een rijtje;* ⟨inf.⟩ ~ **up** *geruïneerd* **6.1** I'm ~ **for** it *ik ben er helemaal voor/een groot voorstander van* **6.¶** the dog was ~ **over** me with joy *de hond sprong v. alle kanten tegen me op v. vreugde;* the family were ~ **over** me *de familie verwelkomde me uitbundig* **7.¶** ~ the better *des/zoveel te beter* **8.¶** ~ but *bijna, haast;* she ~ but fainted *ze viel bijna in zwijm;* ~ but impossible *vrijwel onmogelijk.*
all[4] ⟨f4⟩⟨det.; →onbepaald woord 1⟩⟨→sprw. 12, 13, 19, 21, 22, 317, 364, 461, 465, 725⟩
I ⟨onb.det.⟩ **0.1** ***de grootst mogelijke*** **0.2** ***enig(e)*** **0.3** ***één en al*** *⇒*⟨AE⟩ *puur, zuiver* ◆ **1.1** with ~ speed *zo snel mogelijk, zo snel ik kan/jij kunt/*⟨enz.⟩ **1.2** beyond ~ doubt *zonder enige twijfel* **1.3** he was ~ ears *hij was één en al oor;* Pope John XXIII was ~ goodness *Paus Johannes XXIII was de goedheid zelve;* ⟨AE⟩ it's ~ wool *het is zuivere/100% wol* **6.1** ⟨inf.⟩ **of** ~ ... *nota bene* ⟨drukt verontwaardiging of verbazing uit⟩; today **of** ~ days *uitgerekend/juist vandaag;* **of** ~ the cheek/gall/nerve! *wat een brutaliteit!, hondsbrutaal!;* but they called on uncle Jim, **of** ~ people! *maar ze gingen nota bene bij oom Jim op bezoek!;*
II ⟨onb.det., predet.⟩ **0.1** ***al(le)*** *⇒gehe(e)l(e), he(e)l(e), het geheel v.* **0.2** ***al(le)*** *⇒ieder(e), elk(e)* ◆ **1.1** ~ (the) angles (taken together) are 180° *alle hoeken v.e. driehoek (samen) zijn 180°;* with ~ my heart *van ganser harte;* ⟨vnl. BE⟩ ~ the morning, ⟨vnl. AE⟩ ~ morning *de hele morgen* **1.2** ~ (the) angles are 60° *elke hoek is/alle hoeken zijn 60°* **7.¶** this pittance was ~ the riches (that) I ever had *dit miserable bedrag was alles wat ik ooit aan rijkdom had.*
al·la bre·ve ['ælə'brevi‖-'brev(ə), -'breveɪ]⟨bw.⟩⟨muz.⟩ **0.1** ***alla breve*** *⇒in allabrevemaat.*
alla cappella →a cappella.
Al·lah ['ælə, 'ælɑ:]⟨eig.n.⟩ **0.1** ***Allah***.
'all-A'mer·i·can[1] ⟨zn.⟩⟨sport⟩
I ⟨telb.zn.⟩ **0.1** ***lid v.h. all-American team;***
II ⟨verz.n.⟩ **0.1** ***all-American team*** ⟨door vakpers verkozen, imaginaire 'beste' ploeg v.h. jaar⟩.
all-American[2] ⟨f1⟩⟨bn.⟩ **0.1** ***(exclusief) Amerikaans*** *⇒op en top/door en door Amerikaans* **0.2** ***Panamerikaans*** ◆ **1.1** ~ girl/boy *doorsnee Amerikaans(e) meisje/jongen.*
al·lan·to·ic ['ælən'touɪk]⟨bn.⟩⟨dierk.⟩ **0.1** ***v.d./met een allantoïs/dooierzak***.
al·lan·toid[1] [ə'læntɔɪd]⟨telb.zn.⟩⟨dierk.⟩ **0.1** ***allantoïs*** *⇒dooierzak.*
allantoid[2], **al·lan·toi·dal** ['ælən'tɔɪdl]⟨bn.⟩ **0.1** ⟨dierk.⟩ ***van het/met een allantoïs*** **0.2** ***worstvormig***.
al·lan·to·is [ə'læntouɪs, -tɔɪs]⟨telb.zn.; allantoides [-'ælən'touɪdi:z, -'tɔɪdi:z]; →mv. 5⟩⟨dierk.⟩ **0.1** ***allantoïs*** *⇒dooierzak.*
all-around →all-round.
al·lay [ə'leɪ]⟨f1⟩⟨ov.ww.⟩⟨schr.⟩ **0.1** ***verminderen*** *⇒verlichten, verkleinen, verzachten, matigen* **0.2** ***kalmeren*** *⇒(tot) bedaren (brengen), doen bekoelen, stillen* **0.3** ***een domper zetten op*** *⇒bederven* ◆ **1.2** her statement ~ed all fears and suspicions *haar verklaring suste alle angst en achterdocht.*
'all but ⟨bw.⟩ **0.1** ***bijna*** *⇒nagenoeg* ◆ **2.1** ~ impossible *vrijwel onmogelijk.*
'all 'clear ⟨telb.zn.⟩ **0.1** ***eindsignaal van (lucht)alarm*** *⇒alles-veiligteken.*
'all-day ⟨f1⟩⟨bn., attr.⟩ **0.1** ***de hele dag durend*** ◆ **1.1** an ~ affair *de hele dag in beslag nemend.*
al·le·ga·tion ['ælɪ'geɪʃn]⟨f2⟩⟨telb.zn.⟩⟨schr.⟩ **0.1** ***bewering*** *⇒aantijging, aanvoering, (valse of onbewezen) beschuldiging.*
al·lege [ə'ledʒ]⟨f2⟩⟨ov.ww.⟩⟨schr.⟩ **0.1** ***beweren*** *⇒allegeren, aanvoeren, verklaren* ◆ **1.1** the ~d Mr Smith *de zogenaamde heer Smith;* the ~d thief *de vermeende dief* **3.1** he is ~d to have committed ten murders *hij zou tien moorden gepleegd hebben.*
al·leg·ed·ly [ə'ledʒɪdli]⟨f1⟩⟨bw.⟩ **0.1** ***zogezegd*** *⇒naar men beweert/zegt, naar verluidt.*
al·le·giance [ə'li:dʒəns]⟨f2⟩⟨telb. en n.-telb.zn.⟩ **0.1** ***(ge)trouw(heid)*** *⇒loyaliteit, burgerplicht;* ⟨gesch.⟩ *leenmanstrouw, band* ◆ **3.1** pledge ~ to the flag *trouw zweren aan de vlag.*
al·le·giant [ə'li:dʒənt]⟨bn.⟩ **0.1** ***trouw*** *⇒loyaal.*
al·le·gor·i·cal ['ælɪ'gɒrɪkl‖-'gɔr-], **al·le·gor·ic** [-ɪk]⟨f1⟩⟨bn.; -(al)ly; -ness; →bijw. 3⟩ **0.1** ***allegorisch*** *⇒zinnebeeldig.*

al·le·go·rist ['ælɪgərɪst]⟨telb.zn.⟩ **0.1** ***allegorist.***

al·le·go·rize, -rise ['ælɪgəraɪz]⟨onov. en ov.ww.⟩ **0.1** ***allegoriseren*** ⇒*zich zinnebeeldig uitdrukken, zinnebeeldig voorstellen/verklaren.*

al·le·go·ry ['ælɪgri‖-gɔri]⟨f1⟩⟨telb. en n.-telb.zn.; →mv. 2⟩ **0.1** ***allegorie.***

al·le·gret·to[1] [ælɪ'gretou]⟨telb.zn.⟩⟨muz.⟩ **0.1** ***allegretto.***

allegretto[2] ⟨bn.; bw.⟩⟨muz.⟩ **0.1** ***allegretto.***

al·le·gro[1] [ə'legrou, ə'leɪgrou]⟨f1⟩⟨telb.zn.⟩⟨muz.⟩ **0.1** ***allegro.***

allegro[2] ⟨f1⟩⟨bn.; bw.⟩⟨muz.⟩ **0.1** ***allegro.***

al·lele [ə'li:l], **al·lel** [ə'lel], **al·le·lo·morph** [ə'leləmɔ:f‖-mɔrf] ⟨telb.zn.⟩⟨biol.⟩ **0.1** ***alle(e)l*** ⇒*allelomorf.*

al·le·lu·ia, al·le·lu·ya [ælɪ'lu:jə], **hal·le·lu·jah** ['hælɪ'lu:jə]⟨f2⟩ ⟨telb.zn.⟩ **0.1** ***(h)alleluja*** ◆ **¶.¶** ~! *(h)alleluja!, looft de Heer!.*

al·le·mande ['ælɪmænd]⟨telb.zn.⟩⟨muz.⟩ **0.1** ⟨dans in 2/2 of 3/4 maat⟩ ***allemande.***

'all-em'brac·ing ⟨bn.⟩ **0.1** ***allesomvattend.***

al·ler·gen ['ælədʒən‖'ælər-]⟨telb.zn.⟩ **0.1** ***allergeen*** ⟨allergie veroorzakende stof⟩.

al·ler·gen·ic ['ælə'dʒenɪk‖'ælər-]⟨bn.⟩ **0.1** ***een allergie veroorzakend.***

al·ler·gic [ə'lɜ:dʒɪk‖ə'lɜr-]⟨f2⟩⟨bn.⟩ **0.1** ***allergisch*** ⇒⟨inf.; fig.⟩ *afkerig* ◆ **6.1** ~ **to** cats *allergisch voor katten; een hekel aan katten hebbend.*

al·ler·gy ['ælədʒi‖-ər-]⟨f1⟩⟨telb.zn.; →mv. 2⟩ **0.1** ***allergie*** ⇒⟨inf.; fig.⟩ *antipathie, afkeer* ◆ **6.1** he's developed an ~ **to** books *hij is allergisch voor boeken; hij kan geen boek meer zien.*

al·le·vi·ate [ə'li:vieɪt]⟨f2⟩⟨ov.ww.⟩ **0.1** ***verlichten*** ⇒*verzachten, lenigen, matigen, temperen* ◆ **1.1** ~ his pain *zijn pijn verlichten;* measures to ~ our problems *maatregelen om onze problemen te verminderen.*

al·le·vi·a·tion [ə'li:vi'eɪʃn]⟨f1⟩⟨zn.⟩
I ⟨telb.zn.⟩ **0.1** ***iets dat verzacht/kalmeert*** ⇒*verzachtend/kalmerend middel, pijnstiller;*
II ⟨n.-telb.zn.⟩ **0.1** ***verlichting.***

al·le·vi·a·tive [ə'li:vɪətɪv‖-eɪt̬ɪv], **al·le·vi·a·to·ry** [-tri‖-tɔri]⟨bn.⟩ **0.1** ***verzachtend*** ⇒*verlichtend.*

al·le·vi·a·tor [ə'livieɪtə‖-eɪt̬ər]⟨telb.zn.⟩ **0.1** ***iem. die/iets dat verzacht/kalmeert*** ⇒*pijnstillendmiddel, leniger.*

al·ley ['æli]⟨f2⟩⟨telb.zn.⟩ **0.1** ***steeg(je)*** ⇒*(door)gang, achterstraatje, slop* **0.2** ***laan(tje)*** ⇒*pad* **0.3** ***kegelbaan*** **0.4** ⟨vnl. dial.⟩ ***gangpad*** ⟨tussen gestoelte in kerk⟩ **0.5** ⟨vnl. AE; tennis⟩ ***(tram)rails*** ⇒*'fietspad'* ⟨extra-vak bij dubbelspel⟩ **0.6** →ally ◆ **6.¶** ⟨inf.⟩ it is right **down/up** his ~ *het is een kolfje naar zijn hand.*

'alley cat ⟨telb.zn.⟩⟨AE⟩ **0.1** ***zwerfkat*** ⇒*dakhaas* **0.2** ⟨sl.⟩ ***persoon van losse zeden*** ⇒⟨i.h.b.⟩ *snol, slet, straatmeid.*

Al·ley·ni·an [ə'leɪnɪən]⟨telb.zn.⟩⟨BE⟩ **0.1** ***lid van Dulwich College*** ⟨gesticht door Edward Alleyn⟩.

alley-oop shot ['æli'u:p ʃɒt‖- ʃɑt]⟨telb.zn.⟩⟨AE; sl.; basketbal⟩ **0.1** ***hoge boogbal.***

'al·ley·way ⟨telb.zn.⟩ **0.1** ***steeg(je)*** ⇒*(door)gang, achterstraatje.*

'All-fa·ther ⟨eig.n.; the⟩ **0.1** ***Alvader.***

'all-fired[1] ⟨bn., attr.; vaak -est; -ly⟩⟨vnl. AE⟩ **0.1** ***verduiveld*** ⇒*verdraaid* ◆ **1.1** he had the ~(est) nerve to cheat me *hij had de euvele moed mij te bedriegen.*

all-fired[2] ⟨bw.⟩⟨vnl. AE⟩ **0.1** ***verduiveld.***

'All 'Fools' Day ⟨eig.n.⟩ **0.1** ***1 april.***

'All'hal·low, 'All·'hal·lows ⟨eig.n.⟩ **0.1** ***Allerheiligen.***

'All-'high·est ⟨eig.n.; the⟩ **0.1** ***Allerhoogste*** ⇒*Opperheer.*

al·li·a·ceous [æli'eɪʃəs]⟨bn.⟩ **0.1** ***(knof)lookachtig*** ⇒*uiachtig.*

al·li·ance [ə'laɪəns]⟨f2⟩⟨zn.⟩
I ⟨telb.zn.⟩ **0.1** ***verdrag*** ⇒*overeenkomst, verbintenis, traktaat* **0.2** ***(ver)bond*** ⇒*liga, vereniging, federatie, coalitie* **0.3** ⟨vero.⟩ ***alliantie*** ⇒*vermaagschapping (door huwelijk), verzwagering* **0.4** ***verwantschap*** ⇒*affiniteit, band* **0.5** ⟨biol.⟩ ***orde*** ⇒*onderklasse* ◆ **6.2** enter **into** an ~ **with** *een bondgenootschap/alliantie sluiten met;*
II ⟨n.-telb.zn.⟩ **0.1** ***het alliëren/geallieerd zijn*** ◆ **6.1 in** ~ **with** *geallieerd met.*

al·lied ['ælaɪd, ə'laɪd]⟨f2⟩⟨bn.; volt. deelw. v. ally⟩ **0.1** ***verbonden*** ⇒*verenigd,* ⟨vaak A-⟩ *geallieerd* **0.2** ***verwant*** ⇒*gelijkwaardig* ◆ **1.1** the Allied Forces/Powers *de Geallieerden* **6.2** (closely) ~ **to** *(nauw) verwant met.*

al·li·ga·tor ['ælɪgeɪtə‖-geɪt̬ər]⟨f2⟩⟨zn.⟩
I ⟨telb.zn.⟩ **0.1** ⟨dierk.⟩ ***alligator*** ⇒*kaaiman* ⟨Alligator missisippiensis⟩ **0.2** ⟨ben. voor⟩ ***werktuig met stevige (getande) klauwen*** ⇒*ijzerpletter, steenbreker;*
II ⟨n.-telb.zn.⟩ **0.1** ***alligatorleer*** ⇒*krokodilleleer.*

'alligator clip ⟨telb.zn.⟩⟨tech.⟩ **0.1** ***krokodilleklem*** ⇒*krokodillebek.*

'alligator lizard ⟨telb.zn.⟩⟨dierk.⟩ **0.1** ***alligatorhagedis*** ⟨genus Anolis, Sceloporus⟩.

'alligator pear ⟨telb.zn.⟩⟨plantk.⟩ **0.1** ***avocado(boom)*** ⇒*alligatorpeer* ⟨Persea americana⟩.

'alligator shears ⟨mv.⟩ **0.1** ***krokodilleschaar.***

'alligator 'snapping turtle, 'alligator snapper ⟨telb.zn.⟩⟨dierk.⟩ **0.1** ***alligatorschildpad*** ⟨Macrochelys temminckii⟩.

'alligator wrench ⟨telb.zn.⟩ **0.1** ***sleutel met getande bek*** ⇒*gastang.*

'all-im'por·tant ⟨f1⟩⟨bn.⟩ **0.1** ***van het grootste belang*** ⇒*allerbelangrijkst.*

'all-in ⟨f1⟩⟨bn., attr.⟩⟨verk.⟩ all-inclusive **0.1** ⟨vnl. BE; inf.⟩ ***all-in*** ⇒*alles inbegrepen, inclusief, netto* **0.2** ***met inzet van alles/iedereen*** ⇒*niets ontziend* **0.3** ⟨sport⟩ ***vrij*** ◆ **1.1** ~ price *all-in prijs, prijs zonder bijkomende kosten, forfaitaire prijs* **1.2** ~ effort *massale inspanning;* ~ game *spel waaraan iedereen meedoet* **1.3** ~ wrestling *vrij worstelen.*

'all-in-'all ⟨telb.zn.⟩ **0.1** ***alles*** ⇒*uitverkoren persoon of voorwerp* ◆ **7.1** music was his ~ *muziek was alles voor hem/zijn alles.*

al·lit·er·ate [ə'lɪt̬əreɪt]⟨onov.ww.⟩ **0.1** ***allitereren.***

al·lit·er·a·tion [ə'lɪt̬ə'reɪʃn]⟨telb.zn.⟩ **0.1** ***stafrijm*** ⇒*alliteratie.*

al·lit·er·a·tive [ə'lɪtrətɪv‖ə'lɪt̬əreɪt̬ɪv]⟨bn.; -ly; -ness⟩ **0.1** ***alliterend.***

al·li·um ['ælɪəm]⟨telb.zn.⟩⟨plantk.⟩ **0.1** ***allium*** ⇒*(knof)look, ui, sjalot, prei* ⟨genus Allium⟩.

'all-'loss ⟨AE; verz.⟩ →all-risk(s).

'all-night ⟨f1⟩⟨bn., attr.⟩ **0.1** ***de hele nacht durend/geopend*** ⇒*nacht-.*

al·lo- ['ælou] **0.1** ***allo-*** ⟨duidt verschil, tegenstelling, afwijking aan⟩ ◆ **¶.1** ~morph *allomorf;* ~c(h)thonous *allochtoon.*

al·lo·cate ['æləkeɪt]⟨f2⟩⟨ov.ww.⟩ **0.1** ***toewijzen*** ⇒*toebedelen, verdelen, reserveren* **0.2** ***plaatsen*** ⇒*situeren, de plaats bepalen van* ◆ **6.1** ~ money **to** *geld bestemmen voor;* the land ~d **to** *het terrein toegekend aan.*

al·lo·ca·tion ['ælə'keɪʃn]⟨f2⟩⟨telb. en n.-telb.zn.⟩ **0.1** ***allocatie*** ⇒*toewijzing, toekenning, contingent, aandeel, vaststelling.*

al·loc·a·tive ['æləkeɪt̬ɪv]⟨bn.⟩ **0.1** ***toewijzings-*** ⇒*bestemmings-.*

al·lo·cu·tion ['ælə'kju:ʃn]⟨telb.zn.⟩ **0.1** ***toespraak*** ⇒*redevoering, allocutie.*

al·lo·di·al, a·lo·di·al [ə'loudɪəl]⟨bn.⟩⟨gesch.⟩ **0.1** ***allodiaal*** ⇒*niet leenroerig, eigen.*

al·lo·di·um, a·lo·di·um [ə'loudɪəm]⟨telb.zn.; ook al(l)odia [-dɪə]; →mv. 5⟩⟨gesch.⟩ **0.1** ***allodium*** ⇒*onleenroerig goed, vrij erfgoed, zonneleen.*

al·log·a·my [ə'lɒgəmi‖ə'lɑ-]⟨telb. en n.-telb.zn.; →mv. 2⟩⟨plantk.⟩ **0.1** ***allogamie*** ⇒*kruisbestuiving/bevruchting.*

al·lo·morph[1] ['æləmɔ:f‖-mɔrf]⟨telb.zn.⟩⟨taalk.⟩ **0.1** ***allomorf.***

allomorph[2], **al·lo·mor·phic** ['ælə'mɔ:fɪk‖-'mɔr-]⟨bn.⟩⟨taalk.⟩ **0.1** ***allomorf.***

al·longe [ə'lɒndʒ‖æ'lɔ̃ʒ]⟨telb.zn.⟩⟨geldw.⟩ **0.1** ***allonge.***

al·lo·nym ['ælənɪm]⟨telb.zn.⟩ **0.1** ***alloniem.***

al·lo·path ['æləpæθ], **al·lo·path·ist** [ə'lɒpəθɪst‖-'lɑ-]⟨telb.zn.⟩ ⟨med.⟩ **0.1** ***allopaat.***

al·lo·path·ic ['ælə'pæθɪk], **al·lo·path·i·cal** [-ɪkl]⟨bn.; -(al)ly; →bijw. 3⟩⟨med.⟩ **0.1** ***allopathisch.***

al·lop·a·thy [ə'lɒpəθi‖-'lɑ-]⟨n.-telb.zn.⟩⟨med.⟩ **0.1** ***allopathie.***

al·lo·phone ['æləfoun]⟨telb.zn.⟩⟨taalk.⟩ **0.1** ***allofoon.***

al·lo·phon·ic ['ælə'fɒnɪk‖-'fɑnɪk]⟨bn.⟩⟨taalk.⟩ **0.1** ***allofoon.***

al·lot [ə'lɒt‖-'lɑt]⟨f2⟩⟨ww.; →ww.7⟩
I ⟨onov.ww.⟩ **0.1** →allot upon;
II ⟨ov.ww.⟩ **0.1** ***toewijzen*** ⇒*toebedelen, toekennen, bestemmen, reserveren* ◆ **1.1** each in his ~ted space *ieder in de hem (door het lot) toegewezen tijd* **6.1** ~ flats **to** senior citizens *appartementen toewijzen aan 65-plussers;* ~ two weeks **to** a project *twee weken uittrekken voor een projekt.*

al·lot·ment [ə'lɒtmənt‖ə'lɑt-]⟨f2⟩⟨zn.⟩
I ⟨telb.zn.⟩ **0.1** ***toegewezen deel*** ⇒*aandeel, allocatie, contingent;* ⟨fig.⟩ *levenslot* **0.2** ⟨BE⟩ ***perceel*** ⟨door overheid verhuurd⟩ ⇒*volkstuintje, kavel, lapje grond, toegewezen terrein, concessieterrein* **0.3** ⟨mil.⟩ ***toelage*** ⇒*gezinstoelage* ⟨deel v. soldij bestemd voor gezins- of familieleden⟩ ◆ **1.1** a fair ~ of common sense *een redelijke dosis gezond verstand;*
II ⟨n.-telb.zn.⟩ **0.1** ***toewijzing*** ⇒*toekenning, allocatie, gunning, verdeling, verkaveling.*

al'lotment garden ⟨telb.zn.⟩ **0.1** ***volkstuintje*** ⇒*gemeentetuintje.*

al·lo·trope ['ælətroup]⟨telb.zn.⟩⟨schei.⟩ **0.1** ***allotroop*** ⇒*allotropische toestand.*

al·lo·trop·ic ['ælə'trɒpɪk, -'trɑ-], **al·lo·trop·i·cal** [-ɪkl]⟨bn.; (al)ly; →bijw. 3⟩⟨schei.⟩ **0.1** ***allotropisch*** ◆ **1.1** ~ state *allotropische toestand.*

al·lot·ro·py [ə'lɒtrəpi‖ə'lɑ-], **al·lot·ro·pism** [-pɪzm]⟨n.-telb.zn.⟩ ⟨schei.⟩ **0.1** ***allotropie.***

al·lot·(t)ee [əlɒ'ti:‖əlɑ'ti:]⟨telb.zn.⟩ **0.1** ***begunstigde*** ⇒*iem. aan wie iets wordt toegewezen.*

al'lot upon ⟨f1⟩⟨onov.ww.⟩⟨AE; inf.⟩ **0.1** ***vast rekenen op*** ⇒*donder zeggen op* ◆ **3.1** I ~ going *ik ben vast van plan te gaan.*

'all-out ⟨f1⟩⟨bn., attr.⟩⟨inf.⟩ **0.1** ***volledig*** ⇒*intensief, grootscheeps* ◆ **1.1** ~ support *onverdeelde steun;* an ~ effort *een krachtige/uiterste poging.*

'all-'o·ver ⟨bn., attr.⟩ **0.1** ***helemaal bedekkend*** ⇒*globaal, totaal, allesomvattend.*

'all-'o·ver·ish ⟨bn.; -ness⟩⟨inf.⟩ **0.1** ***lichtjes ongesteld*** ⇒*niet lekker* **0.2** ***bezorgd.***

al·low [ə'laʊ]⟨f4⟩⟨ww.⟩⟨→sprw. 154⟩

I ⟨onov.ww.⟩ →allow for, allow of;

II ⟨ov.ww.⟩ **0.1** ***toestaan*** ⇒*toelaten, veroorloven, permitteren* **0.2** ***voorzien*** ⇒*toestaan, mogelijk maken, zorgen voor* **0.3** ***toegang verlenen*** ⇒*binnenlaten* **0.4** ***toekennen*** ⇒*toestaan, toewijzen, geven, gunnen* **0.5** ***toegeven*** ⇒*erkennen, aannemen* **0.6** ⟨AE, gew.⟩ ***beweren*** ⇒*veronderstellen* ◆ **1.1** smoking is not ~ed *verboden te roken;* my mini ~s me to park anywhere *met mijn mini kan ik overal parkeren* **1.2** the plan ~s one hour for lunch *het plan voorziet één uur voor de lunch* **1.3** no dogs ~ed *honden niet toegelaten/buiten* **1.4** he was ~ed £100 a month *hij kreeg een maandelijkse toelage v. £100* **4.1** ⟨wederk. ww.⟩ ~ o.s. *zich veroorloven* **5.1** ~ s.o. **in** *iem. binnenlaten;* he isn't ~ed **out** at night *hij mag 's avonds niet buiten* **5.4** ~ twenty percent **off** (for) *twintig percent korting geven (op)* **8.5** he will not ~ that he's been defeated *hij zal niet toegeven dat hij verloren heeft.*

al·low·a·ble [ə'laʊəbl]⟨bn.; -ly; -ness; →bijw. 3⟩ **0.1** ***geoorloofd*** ⇒*toelaatbaar, aanvaardbaar* ◆ **1.1** ~load/stress *toegelaten/maximum belasting/spanning.*

al·low·ance¹ [ə'laʊəns]⟨f3⟩⟨zn.⟩

I ⟨telb.zn.⟩ **0.1** ***toelage*** ⇒*uitkering, subsidie, maand/week/zakgeld* **0.2** ***deel*** ⇒*portie, rantsoen* **0.3** ***vergoeding*** ⇒*toeslag* **0.4** ***korting*** ⇒*aftrek, vermindering* **0.5** ***belastingvrije som*** **0.6** ***vergunning*** ⇒*toelating, permissie, verlof* **0.7** ⟨ec., geldw.⟩ ***reserve*** ◆ **1.7** ⟨AE⟩ ~ for doubtful account *reserve voor oninbare vorderingen* **2.1** weekly ~ *weekgeld* **6.1** ~ **for** board *huishoudgeld, verpleeggeld(en);*

II ⟨telb. en n.-telb.zn.⟩ **0.1** ***consideratie*** ⇒*toegeeflijkheid* ◆ **2.1** due ~s being made *alles in aanmerking genomen* **6.1** make (an) ~ **for,** make ~(s) **for** *rekening houden met, in overweging/aanmerking nemen.*

allowance² ⟨ov.ww.⟩ **0.1** ***op rantsoen zetten*** ⇒*een (beperkte) toelage geven, subsidiëren* **0.2** ***rantsoeneren*** ◆ **1.1** he was ~d three pounds a week by his uncle *zijn oom keerde hem £3 weekgeld uit.*

al'low for ⟨f2⟩⟨onov.ww.⟩ **0.1** ***rekening houden met, verdisconteren*** ⇒*in aanmerking/overweging nemen, toestaan* ◆ **1.1** additional expenses are allowed for *bijkomende (on)kosten zijn voorzien;* allowing for his young age *gezien zijn jeugdige leeftijd.*

al'low of ⟨f1⟩⟨onov.ww.⟩ **0.1** ***toelaten*** ⇒*toestaan, mogelijk maken* ◆ **1.1** the weather allows of it *het weer staat het toe;* it allows of no excuse *het valt niet goed te praten.*

al·loy¹ ['ælɔɪ‖ə'lɔɪ]⟨f2⟩⟨zn.⟩

I ⟨telb.zn.⟩ **0.1** ***legering*** ⇒*metaalmengsel, alliage* **0.2** ***(bij)mengsel*** ⇒*alliage;*

II ⟨n.-telb.zn.⟩ **0.1** ***allooi*** ⇒*gehalte.*

alloy² [ə'lɔɪ]⟨f1⟩⟨ww.⟩

I ⟨onov.ww.⟩ **0.1** ***vermengd worden*** ⇒*samensmelten;*

II ⟨ov.ww.⟩ **0.1** ***legeren*** ⇒*alliëren, mengen, verbinden, temperen* **0.2** ***bederven*** ⇒*verknoeien, afbreuk doen aan, verminderen.*

'all-par·ty ⟨bn., attr.⟩ **0.1** ***alle partijen omvattend*** ⇒*door alle partijen gevormd.*

'all-play-'all ⟨n.-telb.zn.; vaak attr.⟩⟨BE⟩ **0.1** ***toernooi waarin iedereen tegen elkaar uitkomt.***

'all-pur·pose ⟨bn., attr.⟩ **0.1** ***voor alle doeleinden*** ⇒*universeel.*

'all 'red ⟨bn.; vnl. A- R-⟩ **0.1** ***volledig binnen het Britse gemenebest.***

'all 'right¹ ⟨f2⟩⟨bn.⟩

I ⟨bn.⟩ **0.1** ⟨inf.⟩ ***goed*** ⇒*eerlijk, betrouwbaar* ◆ **1.1** he's an ~ guy *hij is een beste/eerlijke kerel, hij mag er wezen;* an ~ movie *een (redelijk) goede film;*

II ⟨bn., pred.⟩ **0.1** ***veilig*** ⇒*gezond, onbeschadigd, ongedeerd* **0.2** ***in orde*** ⇒*bevredigend, goed genoeg, geschikt, voldoende* ◆ **1.2** his work is ~ *zijn werk is acceptabel/kan er mee door* **1.¶** ⟨BE⟩ a bit of ~ *het is reuze/heerlijk* **3.1** was he ~ (after the crash)? *is hij er (bij dat ongeluk) heelhuids vanaf gekomen?* **3.2** I am (feeling) ~ *met mij gaat alles goed* **6.2** it's ~ **by** me *van mij mag je* **¶.2** it's ~ ⟨ook⟩ *het geeft niet.*

'all 'right² ⟨f3⟩⟨bw.⟩ **0.1** ***in orde*** ⇒*bevredigend, goed genoeg, voldoende* **0.2** ***inderdaad*** ⇒*zonder twijfel, zeker* **0.3** ***begrepen*** ⇒*all right, in orde, goed zo, (dat is) afgesproken* ◆ **2.2** he's crazy ~ *hij is inderdaad ècht gek* **3.1** he's doing ~ *hij stelt het lang niet kwaad* **¶.3** can we go to the movies? ~ *mogen we naar de film? O.K.;* ~, do as you please *O.K. dan/mij best, doe wat je niet laten kunt;* ~! *komt voor mekaar!.*

'all-'risk(s) ⟨f1⟩⟨bn., attr.⟩ **0.1** ***all-risk*** ◆ **1.1** ~ insurance *all-risk(s) verzekering;* ~ policy *all-risk(s)polis, a-z polis.*

'all-round¹, ⟨AE ook⟩ **'all-around** ⟨f1⟩⟨bn., attr.⟩ **0.1** ***allround*** ⇒*veelzijdig* **0.2** ***uitmuntend*** ⇒*voortreffelijk* **0.3** ***ruim*** ⇒*veelomvattend, breed* **0.4** ***globaal*** **0.5** ***rondom-*** ◆ **1.3** an ~ view of the situation *een ruime kijk op de situatie* **1.4** the ~ price of the new house *de globale prijs v.h. nieuwe huis.*

'all-'round², ⟨AE ook⟩ **'all a'round** ⟨f1⟩⟨bw.⟩ **0.1** ***in alle opzichten*** ⇒*over het geheel/alles bij elkaar genomen* ◆ **3.1** ⟨mil.⟩ ~ defended position *egelstelling;* fail ~ *over de hele lijn falen.*

'all-'round·er ⟨f1⟩⟨telb.zn.⟩ **0.1** ***allrounder*** ⇒*iemand die van alle markten thuis/van zessen klaar is.*

'all 'saints' day ⟨eig.n.; vnl. A- S- D-⟩ **0.1** ***Allerheiligen(dag)*** ⟨1 november⟩.

'all·seed ⟨telb.zn.⟩⟨plantk.⟩ **0.1** ⟨ben. voor⟩ ***zaadrijke plant.***

'all-sorts ⟨mv.⟩ **0.1** ***allerlei*** ⇒*melange,* ⟨i.h.b.⟩ *gemengde (hoeveelheid) drop.*

'all 'souls' day ⟨eig.n.; vnl. A- S- D-⟩ **0.1** ***Allerzielen(dag)*** ⟨2 november⟩.

'all·spice ⟨zn.⟩

I ⟨telb.zn.⟩ **0.1** ***allspice*** ⇒*pimentbes/boom;*

II ⟨n.-telb.zn.⟩ **0.1** ***piment*** ⇒*jamaicapeper, Jamaicaanse peper.*

'all-star ⟨bn., attr.⟩ **0.1** ***louter uit sterren samengesteld*** ◆ **1.1** an ~ cast *een ster(ren)bezetting.*

'all-ter·rain ⟨bn., attr.⟩ **0.1** ***geschikt voor elk terrein*** ◆ **1.1** ~ bike *alterreinfiets, klimfiets.*

'all-time ⟨f1⟩⟨bn., attr.⟩ **0.1** ***van alle tijden*** ◆ **1.1** an ~ high *het hoogste punt ooit bereikt;* an ~ record *een (langdurig) ongebroken/onverbeterd record;* ⟨fig.⟩ *een onbreekbaar record.*

al·lude to [ə'lu:d tʊ]⟨f2⟩⟨onov.ww.⟩ **0.1** ***zinspelen op*** ⇒*(terloops) vermelden, een toespeling maken op, wijzen op, doelen op, bedoelen.*

'all 'up ⟨bn.⟩

I ⟨bn., attr.⟩ **0.1** ***volledig*** ⇒*bruto* ◆ **1.1** the ~ weight of a plane *het bruto (beladen) gewicht v.e. vliegtuig;*

II ⟨bn., pred.⟩ **0.1** ***aan zijn eind*** ◆ **6.1** it is ~ **with** you *het is afgelopen met je.*

al·lure¹ [ə'l(j)ʊə‖ə'lʊr]⟨telb. en n.-telb.zn.⟩ **0.1** ***aantrekkingskracht*** ⇒*charme, bekoorlijkheid, verleidelijkheid, betovering.*

allure² ⟨onov. en ov.ww.⟩ →alluring **0.1** ***(ver)lokken*** ⇒*aanlokken, verleiden* **0.2** ***bekoren*** ⇒*betoveren, boeien* ◆ **6.1** ~ s.o. **into** doing sth. *iem. ergens toe aanzetten/verlokken.*

al·lure·ment [ə'l(j)ʊəmənt‖ə'lʊr-]⟨zn.⟩

I ⟨telb.zn.⟩ **0.1** ***lokmiddel*** ⇒*(lok)aas, attractie;*

II ⟨n.-telb.zn.⟩ **0.1** ***verleiding*** ⇒*(ver)lokking, betovering* **0.2** ***aantrekkingskracht*** ⇒*verleidelijkheid, charme, bekoorlijkheid.*

al·lur·er [ə'l(j)ʊərə‖ə'lʊrər]⟨telb.zn.⟩ **0.1** ***verleider*** ⇒*(ver)lokker, charmeur.*

al·lur·ing [ə'l(j)ʊərɪŋ‖ə'lʊrɪŋ]⟨bn.; teg. deelw. v. allure; -ly; -ness⟩ **0.1** ***aanlokkelijk*** ⇒*verleidelijk, charmant, bekoorlijk.*

al·lu·sion [ə'lu:ʒn]⟨f2⟩⟨zn.⟩

I ⟨telb.zn.⟩ **0.1** ***zinspeling*** ⇒*toespeling* ◆ **6.1** ~s **to** sth. *zinspelingen op iets;*

II ⟨n.-telb.zn.⟩ **0.1** ***het zinspelen*** ⇒*het toespelingen maken.*

al·lu·sive [ə'lu:sɪv]⟨bn.; -ly; -ness⟩ **0.1** ***zinspelend*** ⇒*bedekt, vol toespelingen, dubbelzinnig.*

al·lu·vi·al¹ [ə'lu:vɪəl]⟨telb. en n.-telb.zn.⟩ **0.1** ***alluvium*** ⇒*alluviale grond* **0.2** ⟨Austr. E⟩ ***goudrijke (alluviale) grond.***

alluvial² ⟨bn.⟩ **0.1** ***alluviaal*** ⇒*aangeslibd, mbt. het Alluvium.*

al·lu·vi·on [ə'lu:vɪən]⟨telb. en n.-telb.zn.⟩ **0.1** ⟨geol.⟩ ***alluvium*** ⇒*aanslibbing, alluviale grond, alluvie* **0.2** ⟨jur.⟩ ***aangeslibd land*** ⇒*vergroting v. eigendom door aanslibbing* **0.3** ***golfslag*** ⟨tegen kust of oever⟩ ⇒*bespoeling* **0.4** ***overstroming.***

al·lu·vi·um [ə'lu:vɪəm]⟨telb. en n.-telb.zn.; ook alluvia [-vɪə]; →mv. 5⟩⟨geol.⟩ **0.1** ***alluvium*** ⇒*aanslibbing, alluviale grond, alluvie.*

'all-weather 'track ⟨telb.zn.⟩⟨atletiek⟩ **0.1** ***kunststofbaan*** ⇒*tartanbaan.*

al·ly¹ [ælaɪ‖ə'laɪ,'ælaɪ], ⟨in bet. 0.2 ook⟩ **al·ley** ['æli]⟨f2⟩⟨telb.zn.; →mv. 2⟩ **0.1** ***bondgenoot*** ⇒*medestander, geallieerde* **0.2** ***alikas (knikker)*** ◆ **7.1** the Allies *de Geallieerden.*

ally² [ə'laɪ]⟨f2⟩⟨ww.; →ww. 7⟩

I ⟨onov.ww.⟩ **0.1** ***zich verenigen*** ⇒*zich verbinden, zich aansluiten bij, een verbond sluiten, zich alliëren* ◆ **6.1** the population allied **with** the rebels **against** the government *de bevolking verenigde zich met de rebellen tegen de regering;*

II ⟨ov.ww.⟩ **0.1** ***verenigen*** ⇒*aansluiten, alliëren* ◆ **4.1** ~ oneself to *een verbond sluiten met, zich verbinden met* **6.1** ~ one's fortunes **with/to** *zijn lot verbinden aan;* its colour allies the work **to** the Impressionists *de kleur maakt het werk verwant aan het Impressionisme.*

-al·ly [əli] **0.1** ⟨vormt bijw. uit bijv. nw. eindigend in -ic⟩ ◆ **¶.1** heroically *heroïsch;* semantically *semantisch.*
al·lyl ['ælɪl]⟨telb. en n.-telb.zn.⟩⟨schei.⟩ **0.1** ***allyl*** ⇒*propeen-2 yl-1.*
almacantar →almucantar.
Al·ma·gest ['ælmədʒest]⟨eig.n., telb.zn.; soms a-⟩ **0.1** ***Almagest*** ⟨middeleeuws astronomisch of alchimistisch werk, i.h.b. Arabische vertaling v. astronomisch handboek v. Ptolemaeus⟩.
al·ma ma·ter ['ælmə 'meɪtə‖-'mɑṭər]⟨telb.zn.; vaak A- M-; ook almae matres ['ælmi: 'meɪtri:z‖'ælmaɪ 'mɑtreɪs]; →mv. 5⟩ **0.1** ***alma mater*** ⇒*universiteit, hogeschool* **0.2** ⟨AE⟩ ***eigen lied v.e. universiteit.***
al·ma·nac, ⟨vero.⟩ **al·ma·nack** ['ɔ:lmənæk]⟨f1⟩⟨telb.zn.⟩ **0.1** ***almanak*** ⇒*kalender.*
al·man·dine ['ælməndaɪn], **al·man·dite** [-daɪt]⟨telb. en n.-telb.zn.⟩ ⟨geol.⟩ **0.1** ***almandien*** ⟨mineraal uit granaat-groep⟩.
al·me·mar [æl'mi:mɑ:‖-mɑr], **al·me·mor** [-mɔ:‖-mɔr]⟨telb.zn.⟩ ⟨jud.⟩ **0.1** ***almemor*** ⟨estrade in de synagoge waarop de thora wordt voorgelezen⟩.
al·might·y[1] ['ɔ:l'maɪṭi]⟨f2⟩⟨bn.; -ly; -ness; →bijw. 3⟩
I ⟨bn.; vaak A-⟩ **0.1** ***almachtig*** ⇒*omnipotent* ◆ **7.1** the Almighty *de Almachtige, God;*
II ⟨bn., attr.⟩⟨inf.⟩ **0.1** ***allemachtig*** ⇒*enorm, geweldig* ◆ **1.1** an ~ din *een oorverdovend lawaai.*
almighty[2] ⟨f1⟩⟨bw.⟩⟨inf.⟩ **0.1** ***allemachtig*** ⇒*verdomd, buitengewoon* ◆ **2.1** an ~ good meal *hartstikke lekker eten.*
al·mi·rah [æl'maɪərə]⟨telb.zn.⟩⟨Ind.E⟩ **0.1** ***(kleren)kast*** ⇒*kabinet.*
al·mond ['ɑ:mənd‖'æ(l)-]⟨f2⟩⟨zn.⟩
I ⟨telb.zn.⟩ **0.1** ***amandel*** ⟨vrucht⟩ ⇒⟨fig.⟩ *amandelvormig voorwerp* **0.2** ⟨plantk.⟩ ***amandel(boom)*** ⟨Prunus amygdalus⟩ ◆ **3.1** blanched ~s *blanke amandelen;* ground ~s *gemalen amandelen;* shelled ~s *gepelde amandelen;*
II ⟨n.-telb.zn.; vaak attr.⟩ **0.1** ***amandelbruin.***
'almond 'eye ⟨telb.zn.⟩ **0.1** ***amandelvormig oog.***
'al·mond-'eyed ⟨bn.⟩ **0.1** ***met amandelvormige ogen.***
'almond 'oil ⟨n.-telb.zn.⟩ **0.1** ***amandelolie.***
'almond 'paste ⟨n.-telb.zn.⟩ **0.1** ***(amandel)spijs*** ⇒*amandelpers, amandel pars.*
'almond 'pastry ⟨telb.zn.⟩ **0.1** ***amandelgebak*** ⇒*banket.*
'al·mond-'shap·ed ⟨bn.⟩ **0.1** ***amandelvormig.***
al·mond·y ['ɑ:məndi‖'æ(l)]⟨bn.⟩ **0.1** ***amandelachtig.***
al·mo·ner ['ɑ:mənə‖'ælmənər]⟨telb.zn.⟩ **0.1** ⟨gesch.⟩ ***aalmoezenier*** ⇒*armenverzorger* **0.2** ⟨BE⟩ ***sociaal werk(st)er in ziekenhuis.***
al·mon·ry ['ɑ:mənri‖'æl-]⟨telb.zn.; →mv. 2⟩ **0.1** ⟨gesch.⟩ ***aalmoezeniershuis*** ⇒*liefdadigheidsgesticht.*
al·most ['ɔ:lmoʊst]⟨f4⟩⟨bw.⟩ **0.1** ***bijna*** ⇒*nagenoeg, vrijwel, praktisch, zo goed als, zowat* ◆ **4.1** ~ all of them *haast iedereen;* he said ~ nothing *hij zei vrijwel niets/nauwelijks iets* **5.1** I ~ never see her *ik zie haar zelden of nooit.*
alms [ɑ:mz‖ɑ(l)mz]⟨f1⟩⟨mv.; ww. vnl. enk.⟩ **0.1** ***aalmoes.***
'alms basket ⟨n.-telb.zn.; the⟩ **0.1** ***liefdadigheid*** ◆ **3.1** live on the ~ *van de liefdadigheid leven.*
'alms box ⟨telb.zn.⟩ **0.1** ***arm(en)bus.***
'alms·folk, 'alms·people ⟨verz.n.⟩ **0.1** ***bedeelden.***
alms·giv·ing ['ɑ:mszgɪvɪŋ‖'ɑ(l)mz-]⟨n.-telb.zn.⟩ **0.1** ***bedeling*** ⇒*liefdadigheid.*
'alms·house ⟨telb.zn.⟩⟨BE⟩ **0.1** ***hofje*** ⇒*diakenhuis, arm(en)huis, armengesticht, proveniershuis.*
alms·man ['ɑ:mzmən‖'ɑ(l)mz-]⟨telb.zn.; almsmen [-mən]; →mv. 3⟩ **0.1** ***bedeelde*** ⇒*provenier.*
'alms·wo·man ⟨telb.zn.⟩ **0.1** ***bedeelde.***
al·mu·can·tar ['ælmjʊ'kæntə‖-'kæṇtər], **al·ma·can·tar** ['ælmə-] ⟨telb.zn.⟩ **0.1** ***almucantar(at)*** ⇒*hoogtecirkel, parallelcirkel aan de hemel.*
alodium →allodium.
al·oe ['æloʊ], ⟨in bet. II vnl.⟩ **al·oes** ['æloʊz]⟨zn.⟩
I ⟨telb.zn.⟩⟨plantk.⟩ **0.1** ***aloë*** ⟨genus Aloe⟩;
II ⟨n.-telb.zn.⟩⟨med.⟩ **0.1** ***aloë(sap)*** ⇒*aloëbitter, aloïne.*
al·o·et·ic[1] ['æloʊ'eṭɪk]⟨telb.zn.⟩⟨med.⟩ **0.1** ***aloëpreparaat*** ⇒*aloëbereiding.*
aloetic[2] ⟨bn.⟩⟨med.⟩ **0.1** ***aloëachtig*** ⇒*aloïne bevattend.*
a·loft [ə'lɒft‖ə'lɔft]⟨f2⟩⟨bw.⟩ **0.1** ***omhoog*** ⇒*hemelwaarts, in de hoogte, opwaarts* ⟨ook fig.⟩ **0.2** ***hoog*** ⇒*in de lucht* **0.3** ⟨scheep.⟩ ***in de mast*** ⇒*in 't want, in de takelage* **0.4** ***aan dek*** ◆ **3.1** smoke kept rising ~ *er bleef maar rook opstijgen* **3.2** meals are served ~ *tijdens de vlucht worden maaltijden geserveerd* **3.3** ⟨scheep.⟩ go ~ *openteren;* ⟨fig.⟩ *sterven, doodgaan.*
al·og·i·cal [eɪ'lɒdʒɪkl‖-'lɑ-]⟨bn.; -ly⟩ **0.1** ***onlogisch*** ⇒*irrationeel.*
al·o·gism ['ælədʒɪzm]⟨zn.⟩
I ⟨telb.zn.⟩ **0.1** ***onlogische/irrationele uiting/redenering;***
II ⟨n.-telb.zn.⟩ **0.1** ***irrationalisme.***
a·lone[1] [ə'loʊn]⟨f4⟩⟨bn., pred.; -ness⟩⟨→sprw. 431⟩ **0.1** ***alleen*** ⇒*afzonderlijk, op zichzelf staand, eenzaam* ◆ **1.1** this book is altogether ~ in its approach to the problem *dit boek benadert het probleem op een totaal aparte/originele manier;* the author is not ~ in this *de auteur staat hierin niet alleen* **3.1** live/work ~ *alleen/op zijn eentje wonen/werken;* go it ~ *het op zijn eentje opknappen/afhandelen/doen;* leave ~ *alleen laten;* leave/let ~ *met rust laten, niet bemoeien met, laten begaan/staan;* leave/let s.o./sth. (severely) ~ *ergens zijn handen niet aan willen vuil maken;* ⟨scherts.⟩ *ergens zijn vingers niet aan willen branden;* leave/let well (enough) ~ *zo is het wel genoeg, laat het daar maar bij, het betere is de vijand v.h. goede;* let sth. ~ *iets laten rusten/zitten; iets (achterwege) laten* **3.¶** let ~ *laat staan, om maar niet te spreken van.*
alone[2] ⟨f4⟩⟨bw.⟩⟨→sprw. 280, 379, 382⟩ **0.1** ***slechts*** ⇒*enkel, alleen* ◆ **1.1** John ~ knew the way out *alleen John kende/wist de weg naarbuiten.*
a·long[1] [ə'lɒŋ‖ə'lɔŋ]⟨f4⟩⟨bw.; vnl. met ww. dat beweging of continue handeling uitdrukt⟩ **0.1** ⟨afstand of lengte, duur of herhaling⟩ ***door*** ⇒*langs, erlangs, verder, voort, erdoor* **0.2** ⟨begeleiding of gezelschap⟩ ***mee*** ⇒*bij zich, met ... samen, met ... mee, ook, vergezeld van* **0.3** ⟨verplaatsing naar een plaats waar iemand zich (gewoonlijk) bevindt⟩ ***langs*** **0.4** ⟨dichtbij eindpunt; vnl. met come en be⟩ ***gevorderd*** ◆ **1.4** ⟨AE⟩ Mary was about eight months ~ *Mary was zo'n acht maanden heen* ⟨zwanger⟩; ⟨AE⟩ the project was far ~ *het project was ver gevorderd;* ⟨AE⟩ the day was well ~ *het was al laat* **3.1** he chopped merrily ~ *hij hakte vrolijk voort;* pass the book ~ *geef het boek door;* pass the word ~ *vertel het door* **3.2** he brought his dog ~ *hij bracht zijn hond mee, hij had zijn hond bij zich;* come ~ *kom mee* **3.3** John came ~ too *John was ook van de partij* **3.4** the work is coming ~ *het werk vordert;* she's coming ~ *ze is aan de beterende hand/beterhand* **5.1** an avenue with trees all ~ *een laan met bomen erlangs;* all ~, ⟨AE ook⟩ right ~ *de hele tijd;* I suspected it all ~ *ik heb het altijd wel vermoed* **6.1** ~ **by** the wall *langs de muur* **6.2** ~ **with** *samen met* **¶.¶** ⟨AE⟩ ~ about the sixth of June *ergens omstreeks de zesde juni.*
along[2] ⟨f4⟩⟨vz.; ligging of richting in de lengte; ook fig.⟩ **0.1** ***langs*** ⇒*parallel met, door, volgens* ◆ **1.1** run ~ the corridor *loop door de gang;* an inquiry ~ these lines *een onderzoek volgens dit stramien;* flowers ~ the path *bloemen langs het pad;* we lost it ~ the way *we zijn het onderweg verloren;* ~ the years *door de jaren heen.*
a'long·ship ⟨bw.⟩⟨scheep.⟩ **0.1** ***langsscheeps.***
a'long'shore ⟨bw.⟩⟨scheep.⟩ **0.1** ***langs de kust.***
a'long'side[1] ⟨f2⟩⟨bw.; plaatsaanduiding⟩ **0.1** ***opzij*** ⇒*erlangs, aan zijn zijde* **0.2** ⟨scheep.⟩ ***langszij*** ◆ **1.1** a fence with flowers ~ *een hek met bloemen erlangs* **3.2** the sloop came ~ *de sloep kwam langszij* **6.1** he marched ~ **of** his father *hij marcheerde aan de zijde van zijn vader/naast zijn vader.*
a'longside[2] ⟨f2⟩⟨vz.; plaatsaanduiding⟩ **0.1** ***naast*** ⇒*aan de zijde van, opzij van* ◆ **1.1** ~ his friend *aan de zijde van zijn vriend;* ~ the road *aan de kant van de weg.*
a·loof[1] [ə'lu:f]⟨f1⟩⟨bn.; -ly; -ness⟩ **0.1** ***gereserveerd*** ⇒*afstandelijk, koel, ontoeschietelijk, terughoudend.*
aloof[2] ⟨f2⟩⟨bw.⟩ **0.1** ***op een afstand*** ⇒*ver, afzijdig* ◆ **3.1** keep/hold/stand ~ (from) *zich op een afstand/afzijdig houden (van);* try to keep feelings of guilt ~ *trachten schuldgevoelens van zich af te schuiven;* he stood ~ from wordly affairs *wereldlijke aangelegenheden waren hem vreemd/lieten hem koud.*
al·o·pe·ci·a ['ælə'pi:ʃə]⟨telb. en n.-telb.zn.⟩⟨med.⟩ **0.1** ***alopecia*** ⇒*kaalhoofdigheid, haaruitval.*
a·loud [ə'laʊd]⟨f2⟩⟨bw.⟩ **0.1** ***hardop*** ⇒*hoorbaar,* ⟨B.⟩ *luidop* **0.2** ⟨vero.⟩ ***luid(keels).***
a·low [ə'loʊ]⟨bw.⟩⟨scheep.⟩ **0.1** ***onder*** ⇒*(naar) beneden, omlaag.*
alp [ælp]⟨f2⟩⟨zn.⟩
I ⟨eig.n.; ~s; A-; the⟩ **0.1** ***Alpen;***
II ⟨telb.zn.⟩ **0.1** ***berg(top)*** ⇒*alp* **0.2** ***bergweide*** ⇒*alpenweide.*
ALP ⟨afk.⟩ Australian Labor Party.
al·pac·a ['æl'pækə]⟨zn.⟩
I ⟨telb.zn.⟩⟨dierk.⟩ **0.1** ***alpaca*** ⟨Zuidam. bergschaap; Lama pacos⟩;
II ⟨n.-telb.zn.⟩ **0.1** ***alpaca(wol).***
al·par·ga·ta ['ælpə'gɑ:tə‖'ælpər'gɑṭə]⟨telb.zn.⟩ **0.1** ***alpargata*** ⇒*espadrille, canvasschoen, touwschoen.*
al·pen·glow ['ælpənglou]⟨telb.zn.⟩ **0.1** ***alpengloed*** ⇒*alpengloeien.*
al·pen·horn ['ælpənhɔ:n‖-hɔrn], **alp·horn** ['ælp-]⟨telb.zn.⟩ **0.1** ***alpenhoorn.***
al·pen·stock ['ælpənstɒk‖-stɑk]⟨telb.zn.⟩ **0.1** ***alpenstok.***
al·pes·trine ['æl'pestrɪn]⟨bn.⟩⟨plantk.⟩ **0.1** ***(sub)alpien.***
al·pha ['ælfə]⟨telb.zn.; ook A-⟩ **0.1** ***alfa*** ⟨1e letter v.h. Griekse alfabet⟩ **0.2** ***alfa*** ⇒*begin, aanvang* **0.3** ***A*** ⟨beste graad bij quote-

ring⟩ **0.4** ***alfa*** ⟨helderste ster v.e. sterrebeeld⟩ **0.5** ⟨vnl. attr.⟩ ***alfa*** ⟨mbt. dominerend dier in groep⟩ ◆ **1.2** Alpha and Omega *alfa en omega, het begin en het einde, eerste en het laatste, de essentie* **3.2** ~ plus *A-plus, uitmuntend*.

al·pha·bet ['ælfəbet]⟨f2⟩⟨telb.zn.⟩ **0.1** ***alfabet*** ⇒*abc* ⟨ook fig.⟩ ◆ **1.1** the very ~ of human nature *de grondbeginselen v.d. menselijke natuur*.

al·pha·bet·ic ['ælfə'beṭɪk], **al·pha·bet·i·cal** [-ɪkl]⟨f2⟩⟨bn.; -(al)ly; →bijw. 3⟩ **0.1** ***alfabetisch***.

al·pha·bet·ize ['ælfəbetaɪz], ⟨AE, vnl. boek., ook⟩ **alphabet** ⟨f1⟩ ⟨ov.ww.⟩ **0.1** ***alfabetiseren*** ⇒*alfabetisch rangschikken*.

al·pha·mer·ic ['ælfə'merɪk], **al·pha·mer·i·cal** [-ɪkl], **al·pha·nu·mer·ic** [-nju:'merɪk‖-nu:-], **al·pha·nu·mer·i·cal** [-ɪkl]⟨bn.; -(al)ly; →bijw. 3⟩⟨comp.⟩ **0.1** ***alfanumeriek*** ◆ **1.1** ~ code *alfanumerieke code*; ~ printer *alfanumerieke drukmachine/printer*.

'alpha particle ⟨telb.zn.⟩ **0.1** ***alfadeeltje***.

'alpha radiation ⟨telb. en n.-telb.zn.⟩ **0.1** ***alfastraling***.

'alpha ray ⟨telb.zn.⟩ **0.1** ***alfastraal***.

al·pine[1] ['ælpaɪn]⟨telb.zn.⟩ **0.1** ***alpenplant*** ⇒*alpiene plant*.

alpine[2] ⟨f1⟩⟨bn.⟩ **0.1** ⟨vaak A-⟩ ***alpien*** ⟨ook mbt. skisport; afdalen, slalom⟩ ⇒*berg-* **0.2** ***alpinisten-*** ◆ **1.1** ~ horn *alpenhoorn*; the ~ race *het alpiene ras*; ~ skiing *alpineskiën*; ~ vegetation *alpiene vegetatie* **1.2** ~ club *alpinistenclub* **1.¶** ⟨dierk.⟩ ~ chough *alpenkauw* ⟨pyrrhocorax pyrrhocorax⟩.

al·pin·ism ['ælpɪnɪzm]⟨f1⟩⟨n.-telb.zn.; vaak A-⟩ **0.1** ***alpinisme*** ⇒*bergsport, alpensport, het bergbeklimmen*.

al·pin·ist ['ælpɪnɪst]⟨f1⟩⟨telb.zn.; vaak A-⟩ **0.1** ***alpinist*** ⇒*bergbeklimmer* **0.2** ***alpine skiër***.

al·ready [ɔ:l'redi]⟨f4⟩⟨bw.⟩ **0.1** ***reeds*** ⇒*al (eerder)*.

al·right ⟨f2⟩⟨bw.⟩ **0.1** ***in orde*** ⇒*oké* ⟨zie verder all right⟩.

ALS ⟨afk.⟩ autograph letter signed.

Al·sace ['æl'sæs]⟨zn.⟩
I ⟨eig.n.⟩ **0.1** ***de Elzas*** ⟨streek in Oost-Frankrijk⟩;
II ⟨telb. en n.-telb.zn.⟩ **0.1** ***Elzasser wijn***.

Al·sace-Lor·raine ['ælsæslə'reɪn]⟨eig.n.⟩ **0.1** ***Elzas-Lotharingen***.

Al·sa·tia [æl'seɪʃə]⟨zn.⟩
I ⟨eig.n.⟩⟨gesch.⟩ **0.1** ***de Elzas*** ⇒*Whitefriars* ⟨vrijplaats voor misdadigers in London in 17e eeuw⟩;
II ⟨telb.zn.⟩ **0.1** ***toevluchtsoord/vrijplaats voor misdadigers*** ⇒*wettelijk niemandsland*.

Al·sa·tian[1] [æl'seɪʃn]⟨f2⟩⟨telb.zn.⟩ **0.1** ***Elzasser*** **0.2** ⟨BE⟩ ***Duitse herder(shond)***.

Alsatian[2] ⟨bn.⟩ **0.1** ***Elzassisch*** ⇒*Elzasser* ◆ **1.¶** ~ dog *Duitse herder(shond)*.

al·sike ['ælsaɪk], **'alsike clover** ⟨telb. en n.-telb.zn.⟩⟨plantk.⟩ **0.1** ***basterdklaver*** ⟨Trifolium hybridum⟩.

al·so ['ɔ:lsou]⟨f4⟩⟨bw.⟩ **0.1** ***ook*** ⇒*bovendien, eveneens, insgelijks* ◆ **8.1** he has not only read the article but ~ understands it *hij heeft het artikel niet alleen gelezen, maar hij begrijpt het ook nog*.

'al·so-ran, ⟨zelden⟩ **al·so-run·ner** ⟨telb.zn.⟩⟨inf.⟩ **0.1** ***(niet winnende) deelnemer*** ⟨i.h.b. renpaard, sportman, politicus⟩ **0.2** ***(eeuwige) verliezer***.

alt[1] [ælt]⟨telb.zn.⟩⟨muz.⟩ **0.1** ***alt*** ⇒*altregister, altpartij* ◆ **6.1** **in** ~ *in hoge octaaf* ⟨van g″ tot f‴⟩; ⟨fig.⟩ *in (een) geëxalteerde/opgewonden stemming, verrukt*.

alt[2] ⟨bn.⟩⟨muz.⟩ **0.1** ***hoog*** ⇒*alt-*.

alt[3] ⟨afk.⟩ alteration, alternate, alternative, altitude.

Alta ⟨afk.⟩ Alberta.

al·tar ['ɔ:ltə‖'ɔltər]⟨f2⟩⟨telb.zn.⟩ **0.1** ***altaar*** ⇒*offertafel* **0.2** ***avondmaalstafel*** ◆ **3.1** lead to the ~ *naar het altaar leiden/voeren, huwen*.

'altar boy ⟨telb.zn.⟩ **0.1** ***acoliet*** ⇒*misdienaar, altaardienaar, koorknaap*.

'altar bread ⟨n.-telb.zn.⟩ **0.1** ***offerbrood*** ⇒*avondmaalbrood, hostie*.

'altar canopy, 'altar roof ⟨telb.zn.⟩ **0.1** ***altaarhemel*** ⇒*baldakijn*.

'altar card ⟨telb.zn.⟩ **0.1** ***canonbord***.

'altar cloth ⟨telb.zn.⟩ **0.1** ***altaardoek*** ⇒*altaarkleed*.

'al·tar·piece ⟨telb.zn.⟩ **0.1** ***altaarstuk*** ⇒*retabel, altaarschilderij*.

'altar rail ⟨telb.zn.⟩ **0.1** ***altaarhek*** ⇒*communiebank*.

'altar screen ⟨telb.zn.⟩ **0.1** ***altaarscherm***.

'altar slab ⟨telb.zn.⟩ **0.1** ***altaartafel***.

'altar wine ⟨telb. en n.-telb.zn.⟩ **0.1** ***miswijn***.

alt·az·i·muth [æl'tæzɪməθ]⟨telb.zn.⟩ **0.1** ***altazimut(h)*** ⟨meetinstrument⟩.

al·ter ['ɔ:ltə‖'ɔltər]⟨f3⟩⟨ww.⟩⟨schr.⟩
I ⟨onov.ww.⟩ **0.1** ***(zich) veranderen*** ⇒*zich wijzigen, altereren*;
II ⟨ov.ww.⟩ **0.1** ***(doen) veranderen*** ⇒*wijzigen, altereren* **0.2** ⟨vnl. AE; inf.; euf.⟩ ***helpen*** ⟨huisdier⟩ ⇒*castreren, steriliseren*.

al·ter·able ['ɔ:ltrəbl]⟨bn.; -ly; -ness; →bijw. 3⟩ **0.1** ***veranderbaar*** ⇒*veranderlijk, voor wijziging vatbaar*.

al·ter·a·tion ['ɔ:ltə'reɪʃn]⟨f3⟩⟨telb. en n.-telb.zn.⟩ **0.1** ***wijziging*** ⇒*verandering* **0.2** ⟨vnl. AE; inf.; euf.⟩ ***castratie*** ⇒*sterilisatie*.

al·ter·a·tive[1] ['ɔ:ltərətɪv‖-reɪṭɪv]⟨telb.zn.⟩⟨med.⟩ **0.1** ***alteratief (geneesmiddel)*** ⟨voor het herstel v.d. normale lichaamsprocessen⟩.

alterative[2] ⟨bn.⟩ **0.1** ***wijzigend*** ⇒*veranderend* **0.2** ⟨med.⟩ ***alteratief*** ⇒*helend, herstellend*.

al·ter·cate ['ɔ:ltəkeɪt‖'ɔltər-]⟨onov.ww.⟩ **0.1** ***(rede)twisten*** ⇒*kijven, krakelen* ◆ **6.1** ~ **with** *ruzie maken met, op zijn kop geven*.

al·ter·ca·tion ['ɔ:ltə'keɪʃn‖'ɔltər-]⟨f1⟩⟨zn.⟩
I ⟨telb.zn.⟩ **0.1** ***onenigheid*** ⇒*twist, ruzie, woordenwisseling*;
II ⟨n.-telb.zn.⟩ **0.1** ***gekrakeel*** ⇒*geruzie*.

al·ter ego ['æltər 'i:gou, 'ɔ:l-]⟨telb.zn.⟩ **0.1** ***alter ego*** ⇒*tweede ik, echtgenoot/note, boezemvriend(in)* **0.2** ***ander ik*** ⇒*andere helft v. iemands karakter*.

al·ter·nance [ɔ:l'tɜ:nəns‖'ɔltər-]⟨telb. en n.-telb.zn.⟩ **0.1** ***alterna(n)tie*** ⇒*(af)wisseling, alternering*.

al·ter·nant [ɔ:l'tɜ:nənt‖'ɔltər-]⟨bn.⟩ **0.1** ***(af)wisselend*** ⇒*alternerend*.

al·ter·nate[1] [ɔ:l'tɜ:nət‖'ɔltər-]⟨f1⟩⟨telb.zn.⟩ **0.1** ***alternatief*** **0.2** ⟨AE⟩ ***substituut*** ⇒*plaatsvervanger, invaller, vervangmiddel*.

alternate[2] ⟨f2⟩⟨bn.; -ly; -ness⟩ **0.1** ***alternerend*** ⇒*(af/ver)wisselend, beurtelings, intermitterend* **0.2** ⟨AE⟩ ***substituut-*** ⇒*plaatsvervangend, subsidiair* ◆ **1.1** ⟨wisk.⟩ ~ angles *verwisselende hoeken*; ⟨plantk.⟩ ~ bearing *tweejarige dracht* ⟨als bij appelbomen⟩; on ~ days *om de (andere) dag*; ⟨biol.⟩ ~ generation *metagenesis, generatiewisseling*; ⟨plantk.⟩ ~ leaves *afwisselend geplaatste/alternerende bladeren* **1.2** ⟨ijshockey⟩ ~ captain *plaatsvervangend aanvoerder, hulpaanvoerder*; ⟨mil.⟩ ~ position *uitwijkpositie*.

alternate[3] ['ɔ:ltəneɪt‖'ɔltər-]⟨f2⟩⟨onov. en ov.ww.⟩ **0.1** ***(doen) alterneren*** ⇒*afwisselen, verwisselen* ◆ **1.1** alternating current *wisselstroom*; ⟨wisk.⟩ alternating function *alternerende functie*; alternating perforation *zigzagperforatie*; ⟨wisk.⟩ alternating series *alternerende reeks* **6.1** ~ **between** optimism and pessimism *heen en weer geslingerd worden tussen optimisme en pessimisme*; good weather ~s **with** bad weather *goed en slecht weer wisselen elkaar af*.

al·ter·na·tion ['ɔ:ltə'neɪʃn‖'ɔltər-]⟨f1⟩⟨telb. en n.-telb.zn.⟩ **0.1** ***alterna(n)tie*** ⇒*beurteling, (af)wisseling* ◆ **1.1** ⟨biol.⟩ ~ of generations *metagenesis, generatiewisseling*.

al·ter·na·tive[1] [ɔ:l'tɜ:nətɪv‖ɔl'tərnəṭɪv]⟨f3⟩⟨telb.zn.⟩ **0.1** ***alternatief*** ⇒*keuze, optie, tweede/andere mogelijkheid* ◆ **6.1** **in** the ~ *in het tweede/andere geval, subsidiair*; the ~ **to** dying with cancer was to commit suicide *wilde hij niet aan kanker doodgaan, dan zat er niets anders op dan zelfmoord te plegen*.

alternative[2] ⟨f2⟩⟨bn.; -ly⟩ **0.1** ***alternatief*** ⇒*onconventioneel* ◆ **1.1** 'either' and 'or' are ~ conjunctions *'either' en 'or' zijn voegwoorden die alternatieven aanduiden*; ⟨stat.⟩ ~ hypothesis *alternatieve hypothese*; ~ school *alternatieve/vrije school*; the ~ society *de alternatieve maatschappij*; ~ vote *overdraagbare stem* **3.1** ~ birthing *natuurlijke bevalling, thuisbevalling*.

al·ter·na·tor ['ɔ:ltəneɪtə‖'ɔltərneɪṭər]⟨telb.zn.⟩ **0.1** ***alternator*** ⇒*wisselstroomdynamo, wisselstroommachine, synchrone generator*.

al·the·a, al·thae·a [æl'θi:ə]⟨telb.zn.⟩⟨plantk.⟩ **0.1** ***althea*** ⟨genus Althaea⟩ ⇒⟨i.h.b.⟩ *gewone heemst* ⟨A. communis⟩; *stokroos* ⟨A. rosea⟩ **0.2** ⟨oneig.⟩ ***hibiscus*** ⟨Hibiscus syriacus⟩.

'alt·horn ⟨telb.zn.⟩ **0.1** ***althoorn*** ⇒*beugelhoorn*.

although →though.

al·tim·e·ter ['æltɪmi:tə‖æl'tɪmɪṭər]⟨telb.zn.⟩ **0.1** ***altimeter*** ⇒*hoogtemeter*.

al·tim·e·try [æl'tɪmɪtri]⟨n.-telb.zn.⟩ **0.1** ***altimetrie*** ⇒*hoogtemeting*.

al·ti·tude ['æltɪtju:d‖-tu:d]⟨f2⟩⟨telb.zn.⟩ **0.1** ***hoogte*** ⇒*horizonshoogte, vlieg/vluchthoogte* **0.2** ***verhevenheid*** ⇒*heuvel, hoogte* **0.3** ***uitmuntendheid*** ⇒*hoogheid, hoogte, eminentie* ◆ **1.1** ~ of the pole *poolshoogte*; ⟨ster.⟩ ~ of the sun *zonnestand*; take the ~ of the sun *de zon schieten*; the ~ of a triangle *de hoogte v.e. driehoek* **2.1** breathing is difficult at these (high) ~s *ademen is moeilijk op deze hoogte(n)* **7.3** his Altitude *zijne Hoogheid*.

'altitude cabin, 'altitude chamber ⟨telb.zn.⟩ **0.1** ***drukcabine***.

'altitude sickness ⟨n.-telb.zn.⟩ **0.1** ***hoogteziekte***.

al·to ['æltou]⟨f1⟩⟨telb.zn.⟩⟨muz.⟩ **0.1** ***altpartij*** ⇒*altinstrument, altstem* **0.2** ***alt*** ⇒*altus, contratenor, falsetstem, kopstem* ⟨hoge mannenstem⟩ **0.3** ***alt*** ⇒*contralto, altzangeres* ⟨lage vrouwenstem⟩ **0.4** ***althoorn***.

'alto 'clef ⟨telb.zn.⟩ **0.1** ***altsleutel*** ⇒*C-sleutel*.

al·to·cu·mu·lus ['æltou'kju:mjʊləs‖-mjə-]⟨telb. en n.-telb.zn.; altocumuli [-laɪ]; →mv. 5⟩⟨meteo.⟩ **0.1** ***alto-cumulus***.

al·to·geth·er[1] [ɔ:ltə'geðə‖'ɔltə'geðər]⟨telb.zn.⟩ **0.1** ***geheel*** ⇒*totaal, ensemble* ◆ **6.¶** ⟨inf.⟩ **in** the ~ *naakt, in adamskostuum*.

altogether[2] ⟨f3⟩⟨bw.⟩ **0.1** ***totaal*** ⇒*geheel, volledig, helemaal, in alle opzichten* **0.2** ***in het geheel*** ⇒*in totaal, alles samen/bij elkaar* **0.3** ***over het algemeen*** ⇒*alles samen/bij elkaar (genomen/beschouwd)* ◆ **2.1** the attempt was ~ successful *de poging was een* *volkomen succes* **6.¶ for** ~ *voorgoed* **¶.2** 30 people ~ *in totaal 30 mensen* **¶.3** ~, our holidays were quite pleasant *alles bij elkaar was onze vakantie best prettig.*

al·to-re·lie·vo, al·to-ri·lie·vo ['æltouri'li:vou, -rɪli'eɪvou]⟨telb.zn.; ook alto-rilievi [-vi]; →mv. 5⟩⟨beeld. k.⟩ **0.1** ***haut-reliëf.***

al·to-stra·tus ['æltou'streɪtəs]⟨telb. en n.-telb.zn.; altostrati [-taɪ]; →mv. 5⟩⟨meteo.⟩ **0.1** ***alto-stratus.***

al·tri·cial [æl'trɪʃl]⟨bn.⟩ **0.1** ***in het nest blijvend*** ◆ **1.1** ~ birds *nestblijvers.*

al·tru·ism ['æltruɪzm]⟨zn.⟩
I ⟨telb.zn.⟩ **0.1** ***altruïstische daad;***
II ⟨n.-telb.zn.⟩ **0.1** ***altruïsme*** ⇒*onbaatzuchtigheid.*

al·tru·ist ['æltruɪst]⟨telb.zn.⟩ **0.1** ***altruïst*** ⇒*onbaatzuchtig iem..*

al·tru·is·tic ['æltru'ɪstɪk]⟨f1⟩⟨bn.; -ally; →bijw.3⟩ **0.1** ***altruïstisch*** ⇒*onbaatzuchtig, onzelfzuchtig.*

a·lum[1], **a·lumn** [ə'lʌm]⟨telb.zn.⟩⟨verk.⟩ alumnus, alumna ⟨inf.⟩ **0.1** ***oudstudent(e)*** ⇒*oudleerling(e), alumnus, alumna.*

al·um[2] ['æləm]⟨telb. en n.-telb.zn.⟩ **0.1** ***aluin*** ⇒*kaliumaluminiumsulfaat.*

alum[3] ⟨ov.ww.⟩ **0.1** ***met aluin vermengen / bewerken*** ⇒*aluinen.*

a·lu·mi·na [ə'l(j)u:mɪnə||ə'lu:-]⟨n.-telb.zn.⟩ **0.1** ***alumina*** ⇒*aluminium(tri)oxide.*

a·lu·mi·nate[1] [ə'l(j)u:mɪnət||ə'lu:-]⟨telb. en n.-telb.zn.⟩ **0.1** ***aluminaat.***

aluminate[2] [ə'l(j)u:mɪneɪt||ə'lu:-]⟨ov.ww.⟩ **0.1** ***met aluminium-(tri)oxide vermengen / behandelen*** **0.2** ***aluinen.***

al·u·min·i·um ['æl(j)u'mɪnɪəm], ⟨AE vnl.⟩ **a·lu·mi·num** [ə'lu:mɪnəm]⟨f2⟩⟨n.-telb.zn.⟩⟨schei.⟩ **0.1** ***aluminium*** ⟨element 13⟩.

alu'minium 'bronze ⟨n.-telb.zn.⟩ **0.1** ***aluminiumbrons*** ⇒*aluminiumkoper.*

alu'minium 'foil ⟨n.-telb.zn.⟩ **0.1** ***aluminiumfo(e)lie*** ⇒*bladaluminium.*

alu·mi·ni·za·tion, -sa·tion [ə'l(j)u:mɪnaɪ'zeɪʃn||ə'lu:mɪnə-]⟨telb. en n.-telb.zn.⟩ **0.1** ***aluminisering*** **0.2** ***behandeling met aluin / aluminium(tri)oxide.***

a·lu·mi·nize, -nise [ə'l(j)u:mɪnaɪz||ə'lu:-]⟨ov.ww.⟩ **0.1** ***aluminiseren*** ⇒*alumineren* **0.2** ***met aluminium(tri)oxide vermengen / bewerken*** **0.3** ***aluinen.***

alu·mi·nous [ə'l(j)u:mɪnəs||ə'lu:-]⟨bn.⟩ **0.1** ***aluminiumhoudend*** ⇒*aluminiumachtig* **0.2** ***aluinhoudend*** ⇒*aluinachtig.*

alum·na [ə'lʌmnə]⟨telb.zn.; alumnae [-ni:]; →mv. 5⟩⟨vnl. AE⟩ **0.1** ***oudstudente*** ⇒*oudleerlinge, alumna* **0.2** ***voormalig lid / medewerkster / werkneemster.***

a·lum·nus [ə'lʌmnəs]⟨f1⟩⟨telb.zn.; alumni [-naɪ]; →mv. 5⟩⟨vnl. AE⟩ **0.1** ***oudstudent*** ⇒*oudleerling, alumnus* **0.2** ***voormalig lid / werknemer / medewerker.***

al·um·root ['æləmru:t]⟨telb.zn.⟩⟨plantk.⟩ **0.1** ***(plant v.h. geslacht) Heuchera*** ⇒⟨i.h.b.⟩ *purperklokje* ⟨H. sanguinea⟩ **0.2** ***gevlekte ooievaarsbek*** ⟨Geranium macolatum⟩.

'alum shale, 'alum slate ⟨n.-telb.zn.⟩ **0.1** ***aluinlei*** ⇒*aluinschalie.*

'alum stone ⟨n.-telb.zn.⟩ **0.1** ***aluniet*** ⇒*aluinsteen.*

al·ve·o·lar[1] ['æl'vɪələ, 'ælvi'oulə||-ər]⟨zn.⟩
I ⟨telb.zn.⟩⟨taalk.⟩ **0.1** ***alveolaar(klank);***
II ⟨mv.; ~s⟩ **0.1** ***alveolen*** ⇒*tandkassen.*

alveolar[2] ⟨bn.; -ly⟩ **0.1** ***alveolaar*** ⇒*alveolair, blaasvormig, celvormig* **0.2** ***mbt. de longblaasjes*** ⇒*alveolaar* **0.3** ***mbt. de tandkassen*** ⇒*alveolaar* **0.4** ⟨taalk.⟩ ***alveolaar*** ◆ **1.3** ~ arch *boventandkassen, alveolen v.d. bovenkaak.*

al·ve·o·late [æl'vɪələt]⟨bn.⟩ **0.1** ***met holten / cellen / blaasjes.***

al·ve·o·lus [æl'vɪələs, 'ælvi'ouləs]⟨telb.zn.; alveoli [-laɪ]; →mv. 5⟩ **0.1** ***alveole*** ⇒*blaasje, holte* **0.2** ***(long)alveole*** ⇒*longblaasje* **0.3** ***alveole*** ⇒*tandkas* **0.4** ***honingcel.***

al·vine ['ælvaɪn]⟨bn., attr.⟩ **0.1** ***ingewands-.***

al·ways ['ɔ:lwəz, -weɪz], ⟨vero.⟩ **alway** ['ɔ:lweɪ]⟨f4⟩⟨bw.⟩ **0.1** ***altijd*** ⇒*steeds, aldoor, voorgoed* **0.2** ***in elk geval*** ⇒*altijd nog, hoe dan ook, hoe 't ook zij* ◆ **3.1** he's ~ complaining *hij loopt voortdurend te klagen;* I will love you ~ *ik zal eeuwig van je houden* **3.2** if that should fail too, you can ~ work *als dat ook mocht mislukken, dan kan je toch altijd nog gaan werken.*

a·lys·sum ['ælɪsm||ə'lɪsm]⟨telb. en n.-telb.zn.⟩⟨plantk.⟩ **0.1** ***schildzaad*** ⇒*zeeschildzaad* ⟨genus Alyssum⟩.

am [m, əm, ⟨sterk⟩æm]⟨eerste pers., teg.t.; →t2⟩ →be.

a.m., AM ⟨bw.⟩⟨afk.⟩ ante meridiem **0.1** ***voor de middag*** ⇒*a.m.* ◆ **7.1** be there at 5 ~ *zorg dat je er om vijf uur 's ochtends bent.*

Am ⟨afk.⟩ American, America.

AM ⟨afk.⟩ **0.1** ⟨amplitude modulation, anno mundi, Ave Maria⟩ *A.M.* **0.2** ⟨airmail, air marshal, air ministry, Albert Medal, associate member⟩ **0.3** ⟨Master of Arts; van artium magister⟩ ⟨AE⟩ *A.M.* ⇒⟨ong.⟩ *drs..*

AMA ⟨afk.⟩ American Medical Association, Australian Medical Association.

am·a·da·vat ['æmədə'væt||'æmədəvæt], **av·a·da·vat** ['ævə-]⟨telb.zn.⟩⟨dierk.⟩ **0.1** ***tijgervink*** ⟨Estrilda amandava⟩.

a·m·a·dou ['æmədu:]⟨n.-telb.zn.⟩ **0.1** ***tondel*** ⇒*tonder* ⟨van tondelzwam⟩.

a·ma(h) ['ɑ:mə, 'æmə]⟨telb.zn.⟩ **0.1** ***min*** ⇒*kindermeisje;* ⟨bij uitbr.⟩ *dienstmeisje* ⟨in het (verre) Oosten⟩.

a·main [ə'meɪn]⟨bw.⟩⟨vero.; schr.⟩ **0.1** ***onstuimig*** ⇒*uit alle macht* **0.2** ***met spoed*** ⇒*in volle vaart, ineens, plots, vlug* **0.3** ***buitengewoon*** ⇒*in hoge mate, zeer.*

A·mal [ə'mɑ:l]⟨n.-telb.zn.⟩ **0.1** ***(de) Amal(-beweging)*** ⟨politieke, paramilitaire beweging in Libanon⟩.

a·mal·gam [ə'mælgəm]⟨telb.zn.⟩ **0.1** ***amalgama*** ⇒*amalgaam, mengsel.*

a·mal·ga·mate[1] [ə'mælgəmeɪt, -mət]⟨bn., attr.⟩ **0.1** ***geamalgameerd.***

amalgamate[2] [ə'mælgəmeɪt]⟨f2⟩⟨ww.⟩
I ⟨onov.ww.⟩ **0.1** ***samensmelten*** ⇒*zich verbinden / vermengen, geamalgameerd worden* **0.2** ***onder elkaar huwen*** ◆ **6.1** ~ **with** *een fusie aangaan met;*
II ⟨ov.ww.⟩ **0.1** ***amalgameren*** ⇒*doen samensmelten, mengen, verenigen, integreren* **0.2** ***annexeren*** ⇒*in zich opnemen* ◆ **1.1** amalgamating mill *amalgamatiemolen.*

a·mal·ga·ma·tion [ə'mælgə'meɪʃn]⟨f1⟩⟨telb. en n.-telb.zn.⟩ **0.1** ***verbinding*** ⇒*amalgamatie, fusie, vermenging, samensmelting.*

a·mal·ga·ma·tor [ə'mælgəmeɪtə||-meɪtər]⟨telb.zn.⟩ **0.1** ***amalgamatiemolen*** ⇒*amalgaammolen* **0.2** ***persoon die amalgaammolen bedient.***

am·a·ni·ta ['æmə'naɪtə]⟨telb. en n.-telb.zn.⟩ **0.1** ***amaniet*** ⟨paddestoel⟩.

a·man·u·en·sis [ə'mænju'ensɪs]⟨telb.zn.; amanuenses [-si:z]; →mv. 5⟩ **0.1** ***amanuensis*** ⇒*schrijver (op dictaat), kopiïst, particulier secretaris.*

am·a·ranth ['æmərænθ]⟨zn.⟩
I ⟨telb.zn.⟩⟨plantk.⟩ **0.1** ***amarant*** ⇒*kattestaart* ⟨genus Amaranthus⟩ **0.2** ⟨schr.; fig.⟩ ***amarant*** ⟨symbolische bloem der onsterfelijkheid⟩;
II ⟨n.-telb.zn.; vaak attr.⟩ **0.1** ***amarant(kleur)*** ⇒*purper.*

am·a·ran·thine ['æmə'rænθaɪn]⟨bn.⟩ **0.1** ***amarantachtig*** **0.2** ***onvergankelijk*** ⇒*onverwelkbaar, onsterfelijk* **0.3** ***amarant(kleurig)*** ⇒*amarantrood, purperen.*

am·a·relle ['æmərel||-'rel]⟨telb.zn.⟩ **0.1** ***amarel(le)*** ⇒*morel.*

am·a·ryl·lis ['æmə'rɪlɪs]⟨telb.zn.⟩ **0.1** ***amaryllis.***

a·mass [ə'mæs]⟨f1⟩⟨ww.⟩
I ⟨onov.ww.⟩ **0.1** ***zich opstapelen*** ⇒*zich verzamelen / op(een)hopen, accumuleren* ◆ **1.1** the clouds ~ *de wolken trekken zich samen;*
II ⟨ov.ww.⟩ **0.1** ***vergaren*** ⇒*verzamelen, opeenhopen* ◆ **1.1** ~ riches *rijkdom vergaren.*

a·mass·ment [ə'mæsmənt]⟨telb.zn.⟩ **0.1** ***opeenhoping*** ⇒*accumulatie.*

am·a·teur[1] ['æmətə, -tʃə, -'tɜ:||'æmətʃər, -tjur, -'tɜr]⟨f2⟩⟨telb.zn.⟩ **0.1** ***amateur*** ⇒*liefhebber, dilettant.*

amateur[2] ⟨f2⟩⟨bn., attr.⟩ **0.1** ***amateur(s)-*** ⇒*amateuristisch, dilettantistisch, ondeskundig* ◆ **1.1** ⟨AE; sl.⟩ ~ night *amateurgedoe.*

am·a·teur·ish ['æmətərɪʃ, -tʃə-, -'tɜ:-||'æmətʃərɪʃ, -tʃurɪʃ, -'tɜrɪʃ]⟨f1⟩⟨bn.; -ly; -ness⟩ **0.1** ***amateuristisch*** ⇒*dilettantistisch, ondeskundig.*

am·a·teur·ism ['æmətərɪzm, -tʃə-, -'tɜ:-||'æmətʃərɪzm, -'tʃurɪzm, -'tɜrɪzm]⟨n.-telb.zn.⟩ **0.1** ***amateurisme*** ⇒*dilettantisme.*

am·a·tive ['æmətɪv]⟨bn.; -ly⟩ **0.1** ***verliefd (van natuur)*** ⇒*voor liefde vatbaar, liefde(s)-, ontvlambaar.*

am·a·tive·ness ['æmətɪvnəs]⟨n.-telb.zn.⟩ **0.1** ***ontvlambaarheid*** ⇒*zinnelijkheid, liefdesdrang.*

am·a·tol ['æmətɒl||-tɑl, -tɔl]⟨n.-telb.zn.⟩⟨schei.⟩ **0.1** ***amatol*** ⟨springstof⟩.

am·a·to·ry ['æmətri||-tɔri], **am·a·to·ri·ous** [-'tɔ:rɪəs], **am·a·to·ri·al** [-'tɔ:rɪəl]⟨bn.⟩ **0.1** ***erotisch*** ⇒*amoureus, verliefd, liefde(s)-.*

am·au·ro·sis ['æmɔ:'rousɪs]⟨telb. en n.-telb.zn.; amauroses [-si:z]; →mv. 5⟩⟨med.⟩ **0.1** ***amaurose*** ⇒*zwarte staar.*

am·au·rot·ic ['æmɔ:'rɒtɪk||-'rɑtɪk]⟨bn.⟩⟨med.⟩ **0.1** ***amaurotisch*** ⇒*blind.*

a·maze[1] [ə'meɪz]⟨n.-telb.zn.⟩⟨vero.; schr.⟩ **0.1** ***verbazing*** ⇒*verwondering.*

amaze[2] ⟨f3⟩⟨ww.⟩ →amazed, amazing
I ⟨onov.ww.⟩ **0.1** ***verbaasd zijn*** ⇒*verwonderd zijn;*
II ⟨ov.ww.⟩ **0.1** ***verbazen*** ⇒*verwonderen, versteld doen staan* **0.2** ⟨vero.⟩ ***verbijsteren*** ⇒*verwarren.*

a·mazed [ə'meɪzd]⟨f2⟩⟨bn.; -ly; -ness; volt.deelw. v. amaze⟩ **0.1** ***verbaasd*** ⇒*verwonderd.*

a·maze·ment [ə'meɪzmənt]⟨f2⟩⟨n.-telb.zn.⟩ **0.1** ***verbazing*** ⇒*verwondering* **0.2** ⟨vero.⟩ ***verbijstering*** ⇒*verwarring.*

a·maz·ing [ə'meɪzɪŋ]⟨f2⟩⟨bn.; -ly; teg.deelw. v. amaze⟩ **0.1** ***verbazingwekkend*** ⇒*verbazend.*

Am·a·zon ['æməzn‖-zɑn]⟨f1⟩⟨zn.⟩
I ⟨eig.n.⟩⟨aardr.⟩ **0.1** ***Amazone*** ⟨rivier⟩;
II ⟨telb.zn.; vaak a-⟩ **0.1** ***amazone*** ⟨krijgshaftige vrouw⟩.
'Amazon ant ⟨telb.zn.⟩⟨dierk.⟩ **0.1** ***amazonemier*** ⟨genus Polyergus⟩.
Am·a·zo·ni·an [ˌæmə'zoʊnɪən]⟨bn.⟩ **0.1** ⟨aardr.⟩ ***mbt./v.d. Amazone*** **0.2** ⟨fig.⟩ ***amazone(n)-*** ⇒*amazoneachtig, strijdbaar, strijdlustig, krijgshaftig* ⟨mbt. vrouwen⟩.
am·a·zon·ite ['æməzənaɪt‖-zɑ-], **'amazon·'stone** ⟨telb.zn.⟩ **0.1** ***amazonesteen*** ⇒*amazoniet* ⟨mineraal⟩.
amb, Amb ⟨afk.⟩ ambassador.
am·bage ['æmbɪdʒ]⟨telb.zn.⟩⟨vero.⟩ **0.1** ***omweg*** ⇒*slingerend pad* **0.2** ⟨vnl. mv.⟩ ***omhaal*** ⇒*uitvlucht, spitsvondigheid*.
am·bas·sa·dor [æm'bæsədə‖-ər]⟨f2⟩⟨telb.zn.⟩ **0.1** ***ambassadeur*** ⇒*vertegenwoordiger, (af)gezant* ◆ **2.1** ~ extraordinary *buitengewoon ambassadeur;* ~ plenipotentiary *gevolmachtigd ambassadeur* **6.1** the ~ **from** Nicaragua **to** the U.S. *de ambassadeur v. Nicaragua bij de V.S.*.
am'bas·sa·dor-at-'large ⟨telb.zn.; ambassadors-at-large; →mv. 6⟩ **0.1** ***ambassadeur in algemene dienst***.
am·bas·sa·do·ri·al [æm'bæsə'dɔ:rɪəl]⟨f1⟩⟨bn.; -ly⟩ **0.1** ***ambassadoriaal*** ⇒*ambassadeurs-, ambassade-, gezant(schap)s-*.
am·bas·sa·dor·ship [æm'bæsədəʃɪp‖-dərʃɪp]⟨zn.⟩
I ⟨telb.zn.⟩ **0.1** ***ambassadeursambt*** **0.2** ***ambassadeurspost;***
II ⟨telb. en n.-telb.zn.⟩ **0.1** ***ambassadeursschap***.
am·bas·sa·dress [æm'bæsədrɪs]⟨telb.zn.⟩ **0.1** ***ambassadrice*** ⇒*(af)gezante* **0.2** ***ambassadeursvrouw***.
am·ber[1] ['æmbə‖-ər]⟨f1⟩⟨zn.⟩
I ⟨telb. en n.-telb.zn.⟩ **0.1** ***amber(steen)*** ⇒*barnsteen;*
II ⟨n.-telb.zn.; vaak attr.⟩ **0.1** ***amber(kleur)*** ⇒*oranje, geelbruin* ◆ **7.1** the ~ (light) *het gele, oranje (verkeers/waarschuwings) licht*.
amber[2] ⟨bn., attr.⟩ **0.1** ***amber-*** ⇒*barnsteen-* **0.2** ***amber/barnsteenkleurig*** ⇒*geelbruin*.
'amber fluid ⟨n.-telb.zn.⟩⟨Austr. E; inf.⟩ **0.1** ***bier***.
am·ber·gris ['æmbəgri:s, -ɪs‖-bər-], **am·ber·grease** [-gri:s]⟨n.-telb.zn.⟩ **0.1** ***amber(grijs)*** ⇒*grijze amber*.
'amber oil ⟨n.-telb.zn.⟩ **0.1** ***barnsteenolie***.
'amber varnish ⟨n.-telb.zn.⟩ **0.1** ***barnsteenvernis*** ⇒*ambervernis*.
am·bi- ['æmbi] **0.1** ***ambi-*** ⇒*dubbel, tweevoudig* ◆ **¶.1** ambivalent *ambivalent, dubbelwaardig*.
am·bi·ance, am·bi·ence ['æmbɪəns]⟨telb.zn.⟩ **0.1** ***omgeving*** ⇒*milieu* **0.2** ***sfeer*** ⇒*stemming, stijl, ambiance*.
am·bi·dex·ter[1] ['æmbɪ'dekstə‖-ər]⟨telb.zn.⟩ **0.1** ***ambidexter*** **0.2** ***weerhaan*** ⇒*dubbelhartig persoon, hypocriet, huichelaar*.
ambidexter[2], **am·bi·dex·ter·ous, am·bi·dex·trous** ['æmbɪ'dekstrəs]⟨bn.; -(ous)ly; -(ous)ness; →bijw. 3⟩ **0.1** ***ambidexter*** **0.2** ***handig*** **0.3** ***dubbelhartig*** ⇒*schijnheilig, huichelachtig, hypocriet*.
am·bi·dex·ter·i·ty ['æmbɪdek'sterəṭi]⟨n.-telb.zn.⟩ **0.1** ***ambidextrie*** **0.2** ***handigheid*** **0.3** ***weerhanerij*** ⇒*dubbelhartigheid, hypocrisie*.
am·bi·ent[1] ['æmbɪənt]⟨telb.zn.⟩ **0.1** ***atmosfeer*** ⇒*dampkring* **0.2** ***omgeving*** ⇒*milieu* **0.3** ***sfeer*** ⇒*stemming, stijl, ambiance*.
ambient[2] ⟨bn., attr.⟩ **0.1** ***omringend*** ⇒*omsluitend, omgevend* ◆ **1.1** ~ air *lucht die voorwerp omgeeft;* ~ temperature *omgevingstemperatuur*.
am·bi·gui·ty ['æmbɪ'gju:əṭi]⟨f2⟩⟨telb. en n.-telb.zn.; →mv. 2⟩ **0.1** ***ambiguïteit*** ⇒*dubbelzinnigheid, ambilogie*.
ambi'guity error ⟨telb.zn.⟩⟨comp.⟩ **0.1** ***verspringfout***.
am·big·u·ous [æm'bɪgjʊəs]⟨f2⟩⟨bn.; -ly; -ness⟩ **0.1** ***ambigu*** ⇒*dubbelzinnig, meerduidig, vaag, onduidelijk*.
am·bi·sex·trous [-'sekstrəs], **am·bi·sex·u·al** ⟨bn.⟩ **0.1** ***biseksueel*** ⇒*bisex*.
am·bi·sex·u·al, am·bo·sex·u·al ['æmbɪ'sekʃʊəl, 'æmboʊ-]⟨bn.⟩⟨biol.⟩ **0.1** ***amboseksueel***.
am·bit ['æmbɪt]⟨telb.zn.⟩ **0.1** ***omtrek*** **0.2** ***gebied*** ⇒*domein, (actie) terrein, (invloeds)sfeer, omvang* **0.3** ⟨vaak mv.⟩ ***grenzen***.
am·bi·tion[1] [æm'bɪʃn]⟨f2⟩⟨telb. en n.-telb.zn.⟩ **0.1** ***ambitie*** ⇒*eerzucht, ideaal, streven, aspiratie*.
ambition[2] ⟨ov.ww.⟩ **0.1** ***ambiëren*** ⇒*streven naar, begeren, wensen*.
am·bi·tious [æm'bɪʃəs]⟨f2⟩⟨bn.; -ly; -ness⟩ **0.1** ***ambitieus*** ⇒*eerzuchtig, vol ambitie, ijverig, groots* **0.2** ***begerig*** ◆ **1.1** ~ plans *ambitieuze/grootse/grootscheepse plannen* **3.2** be ~ to do sth. *sterk wensen iets te doen* **6.2** ~ **of** sth. *begerig naar iets*.
am·biv·a·lence [æm'bɪvələns], **am·biv·a·len·cy** [-si]⟨f1⟩⟨telb.zn.; →mv. 2⟩ **0.1** ***ambivalentie*** ⇒*dubbelwaardigheid*.
am·biv·a·lent[1] ⟨telb.zn.⟩ **0.1** ***biseks(ueel) persoon***.
ambivalent[2] [æm'bɪvələnt]⟨f2⟩⟨bn.; -ly⟩ **0.1** ***ambivalent*** ⇒*dubbelwaardig* ◆ **1.1** ~ feelings *tegenstrijdige gevoelens*.
am·bi·ver·sion ['æmbɪ'vɜ:ʃn‖-'vɜrʒn]⟨n.-telb.zn.⟩⟨psych.⟩ **0.1** ***ambiversie*** ⟨het zowel introvert als extrovert zijn v.e. karakter⟩.
am·bi·ver·sive ['æmbɪ'vɜ:sɪv‖-'vɜrsɪv]⟨bn.⟩⟨psych.⟩ **0.1** ***ambivert***.
am·bi·vert ['æmbɪvɜ:t‖-vɜrt]⟨telb.zn.⟩⟨psych.⟩ **0.1** ***ambivert***.
am·ble[1] ['æmbl]⟨telb.zn.⟩ **0.1** ***telgang*** ⇒*pasgang* ⟨v. paard⟩ **0.2** ***kuierpas*** ⇒*kalme gang* ◆ **6.2** come along **at** an ~ *op zijn (dooie) gemak meekomen*.
amble[2] ⟨f2⟩⟨onov.ww.⟩ **0.1** ***in de telgang lopen*** **0.2** ***een paard berijden dat in de telgang loopt*** **0.3** ***kuieren*** ⇒*op zijn gemak wandelen;* ⟨fig.⟩ *gesmeerd lopen, vlot van stapel lopen*.
am·bler ['æmblə‖-ər]⟨telb.zn.⟩ **0.1** ***telganger*** **0.2** ***kuieraar*** ⇒*wandelaar*.
am·blyg·o·nite [æm'blɪgənaɪt]⟨telb.zn.⟩⟨schei.⟩ **0.1** ***amblygoniet*** ⟨lithiumhoudend mineraal⟩.
am·bly·o·pia ['æmbli'oʊpɪə]⟨n.-telb.zn.⟩ **0.1** ***amblyopie*** ⇒*lui oog*.
am·bly·op·ic ['æmbli'ɒpɪk‖-'ɑpɪk]⟨bn.⟩ **0.1** ***amblyoop*** ⇒*met een lui oog*.
am·bo ['æmboʊ]⟨telb.zn.; ook ambones [æm'boʊni:z]; →mv. 5⟩ **0.1** ***ambo(n)*** ⇒*kanselachtige verhoging* ⟨in vroeg-christelijke kerken⟩.
am·boi·na, am·boy·na [æm'bɔɪnə]⟨zn.⟩⟨plantk.⟩
I ⟨telb.zn.⟩ **0.1** ***linggoeaboom*** ⇒*Indische padoek* ⟨Pterocarpus indicus⟩;
II ⟨n.-telb.zn.⟩ **0.1** ***amboina(hout)*** ⟨v.d. Pterocarpus indicus⟩.
Am·boi·na, Am·boy·na, Am·bon ['æmbɒn‖-bɑn]⟨eig.n.⟩⟨aardr.⟩ **0.1** ***Ambon*** ⇒*Amboinia*.
Am·boi·nese[1] ['æmbɔɪ'ni:z], **A·mbo·nese** ['æmbə'ni:z]⟨zn.; Ambo(i)nese; →mv. 4⟩
I ⟨eig.n.⟩ **0.1** ***Ambonees*** ⇒*de Ambonese taal;*
II ⟨telb.zn.⟩ **0.1** ***Ambonees*** ⇒*Zuidmolukker*.
Amboinese[2], **Ambonese** ⟨bn.⟩ **0.1** ***Ambonees*** ⇒*Zuidmoluks*.
ambosexual →ambisexual.
am·bro·sia [æm'broʊʒə]⟨n.-telb.zn.⟩ **0.1** ***ambrozijn*** ⇒*ambrosia, godenspijs, nectar* **0.2** ***bijenbrood*** **0.3** ⟨plantk.⟩ ***ambrosia*** ⟨genus Ambrosia⟩.
am'brosia beetle ⟨telb.zn.⟩ **0.1** ***ambrosiakever***.
am·bro·si·al [æ'broʊʒl], **am·bro·si·an** [-'broʊʒn]⟨bn.⟩ **0.1** ***ambrozijnen*** ⇒⟨fig.⟩ *hemels, goddelijk; heerlijk; geurig*.
am·bry ['æmbri], **aum·bry** ['ɔ:mbri]⟨telb.zn.; →mv. 2⟩ **0.1** ***nis*** ⟨in kerk, ter bewaring v. kelken en gewaden⟩ **0.2** ⟨gesch.⟩ ***spinde*** ⇒*(provisie)kast, provisiekamer, muurkast(je)*.
ambs·ace, ames·ace ['eɪmzeɪs, 'æm-]⟨telb.zn.⟩ **0.1** ***dubbele één*** ⇒*twee azen* ⟨laagste worp in het dobbelspel⟩ **0.2** ***tegenvaller*** ⇒*pech, ongeluk* **0.3** ***niemandal(letje)*** ⇒*(haast) niets*.
am·bu·lance ['æmbjʊləns‖-bjə-]⟨f2⟩⟨telb.zn.⟩ **0.1** ***ambulance*** ⇒*ziekenwagen; (verplaatsbaar) veldhospitaal*.
'ambulance box ⟨telb.zn.⟩ **0.1** ***verbandkist***.
'ambulance chaser ⟨telb.zn.⟩⟨vnl. AE; sl.⟩ **0.1** ***advocaat die op klanten jaagt*** ⟨vnl. slachtoffers van ongevallen⟩ ⇒*neringzieke advocaat; profiteur v. andermans ongeluk*.
'ambulance class ⟨telb.zn.⟩ **0.1** ***verbandcursus***.
am·bu·lant ['æmbjʊlənt‖-bjə-]⟨bn.⟩ **0.1** ***ambulant*** ⇒*rondtrekkend/reizend* **0.2** ⟨med.⟩ ***ambulant*** ⇒*gaande, wandelend, op de been, niet bedlegerig*.
am·bu·late ['æmbjʊleɪt‖-bjə-]⟨onov.ww.⟩ **0.1** ***ambuleren*** ⇒*ambulant zijn, rondwandelen, rondtrekken*.
am·bu·la·tion ['æmbjʊ'leɪʃn‖-bjə-]⟨zn.⟩
I ⟨telb.zn.⟩ **0.1** ***wandeling;***
II ⟨n.-telb.zn.⟩ **0.1** ***het rondwandelen***.
am·bu·la·to·ry[1] ['æmbjʊ'leɪtri‖'æmbjələtɔri]⟨telb.zn.; →mv. 2⟩ **0.1** ⟨ben. voor⟩ ***wandelplaats*** ⇒*arcade, galerij* ⟨vnl. om abside v. kerk⟩; *kloostergang*.
ambulatory[2] ⟨bn.⟩ **0.1** ***ambulant*** ⇒*rondtrekkend, zwervend* **0.2** ***wandel-*** ⇒*lopend* **0.3** ⟨med.⟩ ***ambulant*** ⇒*op de been, niet bedlegerig, wandelend* **0.4** ⟨jur.⟩ ***wijzigbaar*** ⇒*veranderbaar, voor wijziging vatbaar, tijdelijk* ◆ **1.4** ~ will *herroepbaar/wijzigbaar testament*.
am·bush[1] ['æmbʊʃ], **am·bus·cade** ['æmbə'skeɪd]⟨f1⟩⟨zn.⟩
I ⟨telb.zn.⟩ **0.1** ***hinderlaag*** ⇒*val(strik), schuilplaats, schuilhoek* **0.2** ***verrassingsaanval*** ⟨vanuit een hinderlaag⟩ **0.3** ***verdekt opgestelde persoon of troepenmacht*** ◆ **6.1** fall **into** an ~ *in een hinderlaag vallen;*
II ⟨n.-telb.zn.⟩ **0.1** ***het verdekt opstellen*** **0.2** ***het verdekt opgesteld zijn*** ◆ **6.2** attack **by/from** ~ *uit een hinderlaag aanvallen;* lie/wait **in** ~ *in een hinderlaag liggen*.
ambush[2], **ambuscade** ⟨f1⟩⟨ww.⟩
I ⟨onov.ww.⟩ **0.1** ***in hinderlaag liggen*** ⇒*op de loer liggen;*
II ⟨ov.ww.⟩ **0.1** ***verdekt opstellen*** **0.2** ***(van)uit een hinderlaag aanvallen*** ⇒*in een hinderlaag lokken*.
AMDG ⟨bn.; bw.⟩⟨afk.⟩ ad majorem Dei gloriam **0.1** ***A.M.D.G.***.
ameba →amoeba.
amebic →amoebic.
ameer →amir.
a·me·lio·ra·ble [ə'mi:lɪərəbl]⟨bn.⟩ **0.1** ***verbeterbaar***.

a·me·lio·rant [ə'mi:lɪərənt]⟨telb.zn.⟩⟨landb.⟩ **0.1** ***grondverbeteraar.***

a·me·lio·rate [ə'mi:lɪəreɪt]⟨onov. en ov.ww.⟩ **0.1** ***(doen) verbeteren*** ⇒*beter maken/worden* ◆ **1.1** an ameliorating experience *een verrijkende ervaring.*

a·me·lio·ra·tion [ə'mi:lɪə'reɪʃn]⟨telb.zn.⟩ **0.1** ***verbetering*** ⇒*amelioratie.*

a·me·lio·ra·tive [ə'mi:lɪərətɪv‖-reɪt̬ɪv], **a·me·lio·ra·to·ry** [ə'mi:lɪərətri‖-tɔri]⟨bn.⟩ **0.1** ***verbeterend*** ⇒*beter wordend/makend.*

a·me·lio·ra·tor [ə'mi:lɪəreɪtə‖-reɪt̬ər]⟨telb.zn.⟩ **0.1** ***verbeteraar.***

a·men[1] ['ɑ:'men, 'eɪ-, 'eɪmen]⟨telb.zn.⟩ **0.1** ***amen*** ⇒*beaming, instemming.*

amen[2] ⟨ov.ww.⟩ **0.1** ***amen zeggen op*** ⇒*instemmen met* **0.2** ***eindigen.***

amen[3] ⟨bw.⟩ **0.1** ***waarlijk*** ⇒*zeker, voorwaar.*

amen[4] ⟨f2⟩⟨tussenw.⟩ **0.1** ***amen*** ⇒*het zij zo* ⟨vnl. relig.⟩ ◆ **3.1** say ~ to sth. *amen zeggen op iets, met iets instemmen.*

a·me·na·bil·i·ty [ə'mi:nə'bɪlət̬i]⟨n.-telb.zn.⟩ **0.1** ***volgzaamheid*** ⇒*meegaandheid, inschikkelijkheid* **0.2** ***ontvankelijkheid (voor)*** **0.3** ***verantwoordelijkheid*** ⇒*aansprakelijkheid.*

a·me·na·ble [ə'mi:nəbl]⟨f1⟩⟨bn.;-ly;-ness;→bijw. 3⟩ **0.1** ***handelbaar*** ⇒*meegaand, gedwee, plooibaar, inschikkelijk* **0.2** ***ontvankelijk (voor)*** ⇒*vatbaar (voor)* **0.3** ***onderworpen (aan)*** ⇒*blootgesteld/onderhevig (aan), verantwoordelijk, aansprakelijk* ◆ **6.2** ~ **to** bribes *omkoopbaar;* ~ **to** reason/advice *voor rede/raad vatbaar;* the discovery is ~ **to** the same tests *de ontdekking kan op dezelfde manier worden getest* **6.3** ~ **to** the law *wettelijk aansprakelijk;* the case is not ~ **to** the same rules *de zaak kan niet volgens dezelfde regels worden behandeld.*

a·mend [ə'mend]⟨f2⟩⟨ww.⟩

I ⟨onov.ww.⟩ **0.1** ***zich verbeteren*** ⇒*beter worden;*

II ⟨ov.ww.⟩ **0.1** ***beter maken*** ⇒*verbeteren, rectificeren, rechtzetten* **0.2** ***amenderen*** ⇒*(bij amendement) wijzigen* ◆ **1.2** ~ a bill *een wetsontwerp amenderen.*

a·mend·a·ble [ə'mendəbl]⟨bn.;-ness⟩ **0.1** ***voor verbetering vatbaar*** **0.2** ***amendeerbaar.***

a·mend·a·to·ry [ə'mendətri‖-tɔri]⟨bn.⟩ **0.1** ***verbeterend*** **0.2** ***amenderend*** ⇒*amendements-.*

a·mende hon·or·a·ble [ɑ:'mɑ̃:d ɔ:nɔ:'rɑ:bl]⟨telb.zn.; amendes honorables;→mv. 6⟩ **0.1** ***amende (honorable)*** ⇒*openlijke schuldbekentenis* ◆ **3.1** make an ~ *amende (honorable) doen.*

a·mend·ment [ə'men(d)mənt]⟨f3⟩⟨telb.zn.⟩ **0.1** ***amendement*** **0.2** ***verbetering*** ⇒*(a)melioratie, rectificatie, rechtzetting* ◆ **6.1** an ~ **to** a bill *een amendement bij een wetsvoorstel.*

a·mends [ə'men(d)z]⟨f1⟩⟨mv.⟩ **0.1** ***genoegdoening*** ⇒*schadeloosstelling, voldoening* ◆ **3.1** make ~ for sth. to s.o. *iets weer goedmaken bij iem., iem. schadevergoeding betalen voor iets.*

a·men·i·ty [ə'mi:nəti‖ə'menət̬i]⟨f2⟩⟨zn.;→mv. 2⟩

I ⟨telb.zn.; vaak mv.⟩ **0.1** ***aantrekkelijke kant*** ⇒*voordeel, gemak, (sociale) voorziening; hoffelijke houding; aangename ligging* ◆ **1.1** an exchange of amenities *een uitwisseling van beleefdheden;* the amenities of life *wat het leven aangenamer maakt;*

II ⟨n.-telb.zn.⟩ **0.1** ***aantrekkelijkheid*** ⇒*aangenaamheid, bevalligheid, gratie, hoffelijkheid, gerieflijkheid, leefbaarheid.*

a'menity bed ⟨telb.zn.⟩ **0.1** ***ziekenhuisbed met meer privacy*** ⟨tegen geringe vergoeding⟩.

a·men·or·rh(o)e·a [ə'menə'rɪə‖eɪ-]⟨telb.zn.⟩⟨med.⟩ **0.1** ***amenorroe*** ⇒*amenorroea, amenorree.*

am·ent[1] ['æmənt]⟨telb.zn.⟩ **0.1** ***zwakzinnige*** ⟨vanaf geboorte⟩ ⇒*idioot, krankzinnige, debiel.*

a·ment[2], **a·men·tum** [ə'ment̬əm]⟨telb.zn.; ook amenta [-tə];→mv. 5⟩⟨plantk.⟩ **0.1** ***katje.***

a·m·en·ta·ceous ['æmən'teɪʃəs]⟨bn.⟩⟨plantk.⟩ **0.1** ***katjesachtig*** ⇒*katjes-* **0.2** ***katjesdragend.***

a·men·tia [ə'menʃə‖'eɪ-]⟨n.-telb.zn.⟩ **0.1** ***zwakzinnigheid*** ⇒*debiliteit.*

a·m·en·tif·er·ous ['æmən'tɪf(ə)rəs]⟨bn.⟩⟨plantk.⟩ **0.1** ***katjesdragend.***

a·men·ti·form [ə'mentɪfɔ:m‖ə'ment̬ɪfɔrm]⟨bn.⟩⟨plantk.⟩ **0.1** ***katjesvormig.***

Am·er·a·sian ['æmə'reɪʃn, -'eɪʒn]⟨telb.zn.⟩ **0.1** ***persoon van gemengde Amerikaans-Aziatische afkomst.***

a·merce [ə'mɜ:s‖-'mɜrs]⟨ov.ww.⟩ **0.1** ***beboeten*** ⇒*(be)straffen.*

a·merce·ment [ə'mɜ:smənt‖-'mɜrs-]⟨telb. en n.-telb.zn.⟩ **0.1** ***beboeting*** ⇒*bestraffing; (geld)boete.*

a·mer·ci·a·ble [ə'mɜ:ʃəbl‖-'mɜr-]⟨bn.⟩ **0.1** ***strafschuldig*** ⇒*strafbaar (met geldboete).*

Am·er·Eng·lish ['æmərɪŋglɪʃ]⟨n.-telb.zn.⟩⟨BE⟩ **0.1** ***Amerikaans Engels.***

A·mer·i·ca [ə'merɪkə]⟨eig.n.⟩ **0.1** ***Amerika.***

A·mer·i·can[1] [ə'merɪkən]⟨f3⟩⟨zn.⟩

I ⟨telb.zn.⟩ **0.1** ***Amerikaan(se)*** ◆ **2.1** Latin ~ *iem. uit Latijns-Amerika;* North ~ *Noordamerikaan;*

II ⟨n.-telb.zn.⟩ **0.1** ***Amerikaans (Engels)*** ⟨idioom⟩.

American[2] ⟨f3⟩⟨bn.⟩ **0.1** ***Amerikaans*** ◆ **1.1** ⟨plantk.⟩ ~ aloe *Amerikaanse aloë, agave* ⟨Agave americana⟩; as ~ as apple-pie *typisch Amerikaans;* ~ dream *American dream, droom v. Amerika* ⟨het Amerikaanse ideaal⟩; ⟨dierk.; heraldiek⟩ ~ eagle *Amerikaanse adelaar* ⟨Haliaeetus leucocephalus; vnl. in Am. grootzegel⟩; ⟨taalk.⟩ ~ English *Amerikaans Engels;* ~ Falls *de Amerikaanse kant v.d. Niagarawatervallen;* ⟨BE⟩ ~ football *Amerikaans voetbal, (soort) rugby;* ~ Indian *(Amerikaanse) Indiaan;* ~ League *Amerikaanse Honkbal- en Voetballiga;* ~ Legion *Amerikaanse Oudstrijdersbond;* ⟨gesch.⟩ the ~ Revolution *de Amerikaanse Onafhankelijkheidsoorlog;* ⟨dierk.⟩ ~ sable *bep. marter* ⟨Martes americana⟩ **1.¶** ~ beauty *(soort donkerrode) roos; paarsrood;* ~ bowls *kegelspel;* ~ cheese *(milde) cheddar;* ~ cloth *wasdoek;* ⟨plantk.⟩ ~ cowslip *twaalfgodenkruid* ⟨genus Dodecatheon⟩; ⟨dierk.⟩ ~ elk *wapiti(-edelhert)* ⟨Cervus canadensis⟩; ⟨dierk.⟩ ~ golden plover *kleine goudplevier* ⟨Pluvialis dominica⟩; ⟨plantk.⟩ ~ ivy *Am. wilde wingerd* ⟨Parthenocissus quinquefolia⟩; ~ organ *(soort) kamerorgel* ⟨waarbij klank door aanzuiging v. lucht ontstaat⟩; ⟨AE⟩ ~ plan *vol pension;* ~ tiger *jaguar.*

A·mer·i·ca·na [ə'merɪ'kɑ:nə]⟨mv.⟩ **0.1** ***Amerikana*** ⟨geschriften e.d. mbt. Amerika⟩.

A'merican 'Indian ⟨bn.⟩ **0.1** ***Indiaans.***

A·mer·i·can·ism [ə'merɪkənɪzm]⟨zn.⟩

I ⟨telb.zn.⟩⟨taalk.⟩ **0.1** ***amerikanisme;***

II ⟨n.-telb.zn.⟩ **0.1** ***trouw aan/sympathie voor (de tradities en instellingen v.) de U.S.A..***

A·mer·i·can·ist [ə'merɪkənɪst]⟨telb.zn.⟩ **0.1** ***Amerika-deskundige*** ⟨historicus, geograaf, antropoloog⟩ **0.2** ***Amerika-sympathisant.***

A·mer·i·can·i·za·tion, -sa·tion [ə'merɪkənaɪ'zeɪʃn‖-ə'zeɪʃn]⟨f1⟩⟨n.-telb.zn.⟩ **0.1** ***amerikanisatie.***

A·mer·i·can·ize, -ise [ə'merɪkənaɪz]⟨f1⟩⟨ww.⟩

I ⟨onov.ww.⟩ **0.1** ***veramerikaansen*** ⇒*(ver)amerikaniseren* **0.2** ***amerikanismen gebruiken;***

II ⟨ov.ww.⟩ **0.1** ***amerikaniseren*** ⇒*Amerikaans maken* **0.2** ***tot Amerikaan naturaliseren.***

A·mer·i·ca·no [ə'merɪ'kɑ:noʊ]⟨telb.zn.⟩ **0.1** ***cocktail op basis v. zoete vermout.***

a·mer·i·can·ol·o·gist [ə'merɪkə'nɒlədʒɪst‖-'nɑ-]⟨telb.zn.⟩ **0.1** ***amerikanolo(o)g(e)*** ⇒*Amerika-deskundige.*

A·mer·i·ca·no·phobe [ə'merɪ'kænəfoʊb]⟨telb.zn.⟩ **0.1** ***Amerikahater.***

am·er·ic·i·um ['æmə'rɪsɪəm]⟨n.-telb.zn.⟩⟨schei.⟩ **0.1** ***americium*** ⟨element 95⟩.

a·mer·i·co·logue [ə'merɪkəlɒg‖-lɑg]⟨telb.zn.⟩ **0.1** ***Amerika-sociolo(o)g(e).***

Am·er·ind ['æmərɪnd], **Am·er·in·di·an** ['æmə'rɪndɪən]⟨telb.zn.⟩ ⟨verk.⟩ American Indian **0.1** ***(Amerikaanse) Indiaan*** **0.2** ***Eskimo.***

Amerindian, Am·er·in·dic ['æmə'rɪndɪk]⟨bn.⟩ **0.1** ***Indiaans*** **0.2** ***mbt./v.d. Eskimo's*** ⇒*Eskimo-.*

Am·es·lan ['æməslæn]⟨n.-telb.zn.⟩ **0.1** ***Amerikaanse gebarentaal.***

am·e·thyst ['æmɪθɪst]⟨f1⟩⟨zn.⟩

I ⟨telb.zn.⟩ **0.1** ***amethist;***

II ⟨n.-telb.zn.; vaak attr.⟩ **0.1** ***violet(kleur)*** ⇒*purperviolet, roodachtig blauw.*

am·e·thys·tine ['æmɪ'θɪstaɪn]⟨bn.⟩ **0.1** ***amethisten*** ⇒*amethist-* **0.2** ***amethistkleurig*** ⇒*violet, purper(violet).*

am·e·tro·pia ['æmɪ'troʊpɪə]⟨telb. en n.-telb.zn.⟩⟨med.⟩ **0.1** ***ametropie*** ⇒*bij/verziendheid.*

a·mi·a·bil·i·ty ['eɪmɪə'bɪlət̬i]⟨zn.⟩

I ⟨telb.zn.⟩ **0.1** ***vriendelijke opmerking;***

II ⟨n.-telb.zn.⟩ **0.1** ***beminnelijkheid*** ⇒*vriendelijkheid, voorkomendheid.*

a·mi·able ['eɪmɪəbl]⟨f2⟩⟨bn.;-ly;-ness;→bijw. 3⟩ **0.1** ***beminnelijk*** ⇒*aimabel, lief(devol), vriendelijk, gemoedelijk.*

am·i·an·thus ['æmi'ænθəs], **am·i·an·tus** [-təs]⟨n.-telb.zn.⟩ **0.1** ***amiant*** ⇒*steenvlas, aardvlas, (soort) asbest.*

am·i·ca·bil·i·ty ['æmɪkə'bɪlət̬i]⟨n.-telb.zn.⟩ **0.1** ***amicaliteit*** ⇒*vriend(schapp)elijkheid, minnelijkheid.*

am·i·ca·ble ['æmɪkəbl]⟨f2⟩⟨bn.;-ly;-ness;→bijw. 3⟩ **0.1** ***amicaal*** ⇒*vriend(schapp)elijk* ◆ **1.1** come to an ~ agreement *een minnelijke schikking treffen.*

am·ice ['æmɪs]⟨telb.zn.⟩⟨kerk.⟩ **0.1** ***amict*** ⇒*humeraal, schouderdoek* **0.2** ***kap(mantel)*** ⟨v. geestelijke orde⟩.

AMICE ⟨afk.⟩ Associate Member of the Institute of Civil Engineers.

a·mi·cus cu·ri·ae [æ'mi:kʊs'kjʊərɪi:‖ə'mɪ:kəs'kjʊrɪaɪ]⟨telb.zn.; amici curiae [-kaɪ-‖-ki:-];→mv. 6⟩ **0.1** ***amicus curiae*** ⟨belangeloos raadgever in rechtszaak, vriend in het hof⟩.

a·mid[1] [ə'mɪd], **a·midst** [ə'mɪdst]⟨bw.⟩⟨vero.⟩ **0.1** ***in het midden.***
amid[2], **amidst,** ⟨schr.⟩ **mid** [mɪd]⟨f2⟩⟨vz.⟩ **0.1** ***te midden v.*** ⇒*in het midden v.* **0.2** ***in de loop v.*** ⇒*tijdens, gedurende* ◆ **1.1** ~ the trees *tussen de bomen* **1.2** ~ tears *onder tranen.*
am·ide ['æmaɪd, 'æmɪd]⟨telb.zn.⟩⟨schei.⟩ **0.1** ***amide.***
am·i·done ['æmɪdoʊn]⟨telb.zn.⟩ **0.1** ***methadon.***
a·mid·ships [ə'mɪdʃɪps], ⟨AE⟩ **a·mid·ship** [ə'mɪdʃɪp]⟨f1⟩⟨bw.⟩ **0.1** ***midscheeps*** ⇒*tussendeks, in het midden v.h. schip.*
a·mine [ə'mi:n, 'æmɪn]⟨telb.zn.⟩⟨schei.⟩ **0.1** ***amine.***
a·mi·no [ə'mi:noʊ]⟨bn., attr.⟩⟨schei.⟩ **0.1** ***amino-*** ◆ **1.1** ~ acid *aminozuur.*
a·mi·no- [ə'mi:noʊ]⟨schei.⟩ **0.1** ***amino-*** ◆ **¶.1** amino-acid *aminozuur.*
amir, ameer →emir.
amirate, ameerate →emirate.
A·mish ['ɑ:mɪʃ]⟨bn.⟩ **0.1** ***Amisch*** ◆ **7.1** the ~ *de Amische Mennonieten* ⟨sekte v. wederdopers in Pennsylvania⟩.
a·miss[1] [ə'mɪs]⟨f2⟩⟨bn., pred.⟩ **0.1** ***verkeerd*** ⇒*onvolmaakt, fout (ief)* **0.2** ***misplaatst*** ⇒*ongepast, ongelegen* ◆ **3.1** what's ~? *wat scheelt er(aan)?;* there is nothing ~ with her *ze mankeert niets* **3.2** an apology would be ~ *een verontschuldiging zou misstaan;* that would not be ~ *dat zou niet kwaad zijn, dat zou me wel lijken.*
amiss[2] ⟨f2⟩⟨bw.⟩ **0.1** ***verkeerd*** ⇒*gebrekkig, fout(ief)* **0.2** ***misplaatst*** ⇒*ongeoorloofd, laakbaar, ongelegen* **0.3** ⟨zelden⟩ ***verloren*** ◆ **3.1** take sth. ~ *iets kwalijk nemen, iets verkeerd begrijpen / opvatten;* judge s.o. ~ *iem. verkeerd beoordelen* **3.2** nothing comes ~ to him *hij kan alles gebruiken* **3.3** go ~ *zoek raken.*
am·i·ty ['æmət̬i]⟨telb. en n.-telb.zn.; →mv. 2⟩ **0.1** ***vriendschap(pelijke relatie)*** ⇒*goede verstandhouding* ◆ **1.1** treaty of ~ *vriendschapsverdrag;* ~ and sweetness *pais en vree* **6.1 in ~ with** *bevriend / op goede voet met.*
am·me·ter ['æmɪtə‖'æmi:t̬ər]⟨telb.zn.⟩ **0.1** ***ampèremeter*** ⇒*stroommeter, ammeter.*
am·mo ['æmoʊ]⟨n.-telb.zn.⟩⟨verk.⟩ ammunition ⟨inf.⟩ **0.1** ***munitie*** **0.2** ***gegevens*** ⇒*informatie, argumenten* **0.3** ***poen*** ⇒*duiten.*
am·mo·nia [ə'moʊnɪə]⟨f1⟩⟨n.-telb.zn.⟩ **0.1** ***ammoniak(gas)*** **0.2** ***ammonia(k)*** ⇒⟨gew.⟩ *vliegende geest, geest v. zout* ◆ **2.1** liquid ~ *ammonia(k).*
am·mo·ni·ac[1] [ə'moʊniæk], **am·mo·ni·a·cum** ['æmə'naɪəkəm]⟨n.-telb.zn.⟩ **0.1** ***ammoniakgom.***
ammoniac[2], **am·mo·ni·a·cal** ['æmə'naɪəkl]⟨bn.⟩ **0.1** ***ammoniak-*** ⇒*ammoniakaal, ammoniakhoudend* ◆ **1.1** ~ liquor *ammoniakwater.*
am'monia 'gelatin ⟨n.-telb.zn.⟩ **0.1** ***dynamiet.***
am·mo·ni·ate[1] [ə'moʊnieɪt], **am·mo·nate** ['æməneɪt]⟨telb. en n.-telb.zn.⟩ **0.1** ***ammoniakverbinding.***
ammoniate[2] ⟨ov.ww.⟩ **0.1** ***verbinden / behandelen met ammoniak (gas).***
am'monia water ⟨n.-telb.zn.⟩ **0.1** ***ammonia(k).***
am·mon·ite ['æmənaɪt], **am·mon·oid** [-nɔɪd]⟨telb.zn.⟩ **0.1** ***ammoniet*** ⇒*ammonshoren* ⟨fossiele schelp⟩.
am·mo·ni·um [ə'moʊnɪəm]⟨f1⟩⟨n.-telb.zn.⟩⟨schei.⟩ **0.1** ***ammonium.***
am·mu·ni·tion ['æmjʊ'nɪʃn‖-jə-]⟨f2⟩⟨n.-telb.zn.⟩ **0.1** ***(am)munitie*** ⇒*schietvoorraad* ◆ **3.1** ⟨fig.⟩ provide the opposition with ~ for a new attack *de oppositie kruit voor een nieuwe aanval bezorgen.*
ammu'nition boot, ammu'nition shoe ⟨telb.zn.; vnl. mv.⟩⟨mil.; inf.⟩ **0.1** ***modelschoenen*** ⇒*kistjes.*
ammu'nition bread ⟨n.-telb.zn.⟩⟨mil.; inf.⟩ **0.1** ***commiesbrood*** ⇒*kazernebrood.*
am·ne·sia [æm'ni:zɪə‖-ʒə]⟨n.-telb.zn.⟩ **0.1** ***amnesie*** ⇒*geheugenverlies.*
am·ne·si·ac[1] [æm'ni:ziæk], **am·ne·sic** [-zɪk]⟨telb.zn.⟩ **0.1** ***amnesielijder*** ⇒*amnesiepatiënt.*
amnesiac[2], **amnesic, am·nes·tic** [æm'nestɪk]⟨bn.⟩ **0.1** ***amnestisch*** ⇒*amnesie-.*
am·nes·ty[1] ['æmnəsti]⟨f1⟩⟨telb. en n.-telb.zn.; →mv. 2⟩ **0.1** ***amnestie*** ⇒*generaal pardon.*
amnesty[2] ⟨ov.ww.; →ww. 7⟩ **0.1** ***amnestie / gratie verlenen aan*** ⇒*begenadigen.*
am·ni·o·cen·te·sis ['æmnɪə'sent̬əsɪs]⟨telb.zn.; amniocenteses [-si:z]; →mv. 5⟩⟨med.⟩ **0.1** ***vruchtwaterpunctie*** ⇒*amnioscopie.*
am·ni·on ['æmnɪən‖-nian]⟨telb.zn.; ook amnia [-nɪə]; →mv. 5⟩ **0.1** ***vruchtvlies*** ⇒*lamsvlies, amnion.*
am·ni·os·co·py ['æmni'ɒskəpi‖-'ɑskəpi]⟨telb. en n.-telb.zn.; →mv. 2⟩⟨med.⟩ **0.1** ***amnioscopie.***
am·ni·ot·ic ['æmni'ɒtɪk‖-'ɑt̬ɪk], **am·ni·on·ic** [-'ɒnɪk‖-'ɑnɪk], **am·nic** ['æmnɪk]⟨bn.⟩ **0.1** ***vrucht(vlies)-*** ◆ **1.1** ~ fluid *vruchtwater, lamsvocht.*
a·moe·ba, ⟨AE sp. ook⟩ **a·me·ba** [ə'mi:bə]⟨f1⟩⟨telb.zn.; ook am(o) ebae [-bi:]; →mv. 5⟩ **0.1** ***amoebe*** ⇒*slijmdiertje.*
am·oe·bae·an, am·oe·be·an, am·e·be·an ['æmi:'bi:ən]⟨bn.⟩ **0.1** ***dialogisch*** ◆ **1.1** ~ verse *stichomyt(h)ie.*
a·moe·bic, ⟨AE sp. ook⟩ **a·me·bic** [ə'mi:bɪk], **a·moe·ban,** ⟨AE sp. ook⟩ **a·me·ban** [ə'mi:bən], **a·moe·bous,** ⟨AE sp. ook⟩ **a·me·bous** [ə'mi:bəs]⟨bn.⟩ **0.1** ***amoeboïde*** **0.2** ***amoeben-*** ◆ **1.2** ~ dysentery *amoebendysenterie.*
a·mok [ə'mɒk‖ə'mɑk], **a·muck** [ə'mʌk]⟨f1⟩⟨bw.⟩ **0.1** ***amok*** ⇒*razend, dol;* ⟨oneig.⟩ *onbesuisd* ◆ **3.1** run ~ *amok maken, woest worden, als een bezetene te keer gaan;* ⟨oneig.⟩ *herrie schoppen, onbesuisd te werk gaan.*
a·mong [ə'mʌŋ], **a·mongst** [ə'mʌŋst]⟨f4⟩⟨vz.⟩ **0.1** ⟨plaatsaanduidend⟩ ***te midden v.*** ⇒*onder, tussen, omgeven door* **0.2** ⟨groepsaanduidend⟩ ***onder*** ⇒*als deel / lid v., uit, bij* ◆ **1.1** the house stood ~ the trees *het huis stond tussen de bomen* **1.2** ~ the crowd *onder / in de massa;* distributed ~ his friends *onder zijn vrienden uitgedeeld;* customs ~ the Indians *gebruiken bij de Indianen;* a man ~ men *mens onder de mensen* **1.¶** a teacher ~ teachers *een uitstekende leraar, als leraar een primus inter pares* **4.1** ~ themselves *onder elkaar, onderling;* we have ten copies ~ us *we hebben samen tien exemplaren* **4.2** choose ~ us *kies één van ons.*
a·mon·til·la·do [ə'mɒntɪ'lɑ:doʊ‖-'mɑn-]⟨telb. en n.-telb.zn.; vaak A-⟩ **0.1** ***amontillado*** ⟨soort medium droge sherry⟩.
a·mor·al [eɪ'mɒrəl‖-'mɑr-, -'mɔr-]⟨bn.; -ly⟩ **0.1** ***amoreel*** ⇒*moraalloos, zonder zedelijk(e) overwegingen / besef.*
a·mor·al·ism ['eɪ'mɒrəlɪzm‖-'mɑr-, -'mɔr-]⟨n.-telb.zn.⟩ **0.1** ***amoralisme*** ⇒*amoraliteit.*
a·mo·ral·i·ty ['eɪmɒ'ræləti‖eɪmə'rælət̬i]⟨telb. en n.-telb.zn.; →mv. 2⟩ **0.1** ***amoraliteit.***
am·o·ret·to ['æmə'ret̬oʊ]⟨telb.zn.; ook -es; ook amoretti [-'ret̬i]; →mv. 2, 5⟩ **0.1** ***amorette*** ⇒*cupidootje, liefdesgodje, putto, engeltje.*
am·or·ist ['æmərɪst], **am·our·ist** [ə'mʊərɪst‖-'mʊr-]⟨telb.zn.⟩ **0.1** ***minnaar*** **0.2** ***schrijver v. liefdesverhalen / gedichten*** ⇒*amorist.*
a·mo·ro·so[1] ['æmə'roʊsoʊ]⟨telb. en n.-telb.zn.⟩ **0.1** ***(glas v.e. (bep. soort)) sherry.***
amoroso[2] ⟨bw.⟩⟨muz.⟩ **0.1** ***amoroso*** ⇒*innig, teder.*
am·o·rous ['æmərəs]⟨f1⟩⟨bn.; -ly; -ness⟩ **0.1** ***amoureus*** ⇒*verliefd, liefde(s)-, erotisch* ◆ **6.1** ~ **of** *verliefd op.*
a·mor·phism [ə'mɔ:fɪzm‖-'mɔr-]⟨n.-telb.zn.⟩ **0.1** ***amorfisme*** ⇒*amorfe toestand* ⟨ook schei.⟩; *vormloosheid.*
a·mor·phous [ə'mɔ:fəs‖-'mɔr-]⟨f1⟩⟨bn.; -ly; -ness⟩ **0.1** ***amorf*** ⇒*vormloos* **0.2** ⟨schei.⟩ ***amorf*** ⟨niet kristallijn⟩.
am·or·tis·seur [ə'mɔ:tɪ'sɜ:‖ə'mɔrt̬ə'sɜr], **amortis'seur winding** ⟨telb.zn.⟩⟨elek.⟩ **0.1** ***dempwikkeling.***
am·or·tiz·a·ble [ə'mɔ:tɪzəbl‖'æmər'taɪzəbl]⟨bn.⟩ **0.1** ***amortiseerbaar*** ⇒*delgbaar.*
am·or·ti·za·tion [ə'mɔ:taɪ'zeɪʃn‖'æmərt̬ə'zeɪʃn], **a·mor·tize·ment** [ə'mɔ:tɪzmənt‖'æmər'taɪzmənt]⟨telb. en n.-telb.zn.⟩ **0.1** ***amortisatie*** ⇒*(schuld)delging, afschrijving, overdracht in de dode hand.*
am·or·tize, -tise [ə'mɔ:taɪz‖æ'mər-]⟨ov.ww.⟩ **0.1** ***amortiseren*** ⇒*delgen, aflossen, afbetalen* ⟨schulden⟩; *in de dode hand overdragen* ⟨onroerende goederen⟩.
a·mo·ti·va·tion·al ['eɪmoʊt̬ɪ'veɪʃənl]⟨bn.⟩⟨psych.⟩ **0.1** ***ongemotiveerd.***
a·mount [ə'maʊnt]⟨f4⟩⟨telb.zn.⟩ **0.1** ***hoeveelheid*** ⇒*grootte, quantum* **0.2** ***totaal*** ⇒*bedrag, som, waarde* **0.3** ***betekenis*** ⇒*gewicht, belang, inhoud* ◆ **1.3** the ~ of his remarks is that … *zijn opmerkingen betekenen dat* … **6.1 in** small ~s *bij beetjes* **6.2 to** the ~ **of** *ten bedrage van* **7.1** any ~ of money *een berg geld;* no ~ of pain *geen pijn, hoe hevig dan ook;* a certain ~ of risk *enig risico, een zekere mate van risico.*
a'mount to ⟨f3⟩⟨onov.ww.⟩ **0.1** ***bedragen*** ⇒*oplopen tot, bereiken* **0.2** ***neerkomen op*** ⇒*gelijk staan met / zijn aan, overeenkomen met* ◆ **1.1** costs may ~ several millions *de kosten kunnen tot ettelijke miljoenen oplopen* **1.2** his reply amounted to a refusal *zijn antwoord kwam neer op een weigering* **4.2** it does not ~ much *het heeft niet veel te betekenen / om het lijf* **4.¶** he'll never ~ much *hij zal nooit vooruitkomen, hij zal het nooit ver schoppen.*
a·mour [ə'mʊə‖ə'mʊr]⟨zn.⟩
I ⟨telb.zn.⟩ **0.1** ⟨vnl. mv.⟩ ***vrijerij*** ⇒*vrijage* **0.2** ***(geheim) avontuurtje*** ⇒*(geheim(e)) amourette / minnarij(tje) / verhouding* **0.3** ***liefje*** ⇒*minna(a)r(es), geliefde, maîtresse;*
II ⟨n.-telb.zn.⟩ **0.1** ***liefde.***
am·ou·rette ['æmʊ'ret‖'æmə'ret]⟨telb.zn.⟩ **0.1** ***amourette*** ⇒*minnarij(tje), vrijerij, liefdesavontuur.*
a·mour-pro·pre ['æmʊə'prɒp(rə)‖'æmʊr'prɑprə]⟨n.-telb.zn.⟩ **0.1** ***amour propre*** ⇒*zelfrespect, eigendunk, ijdelheid.*
amp [æmp]⟨telb.zn.⟩⟨inf.⟩ **0.1** ⟨verk.⟩ ⟨ampere⟩ ***ampère*** **0.2** ⟨verk.⟩ ⟨amplifier⟩ ***versterker*** **0.3** ⟨AE⟩⟨verk.⟩ ⟨amplified guitar⟩ ***elektrische gitaar.***
am·pe·lop·sis ['æmpɪ'lɒpsɪs‖-'lɑ-]⟨telb.zn.; ampelopsis; →mv. 4⟩

⟨plantk.⟩ **0.1** ***wilde wingerd*** ⇒*wijnstok, ampelopsis* ⟨genus Parthenocissus⟩.
am·per·age ['æmpərɪdʒ]⟨telb. en n.-telb.zn.⟩⟨elek.⟩ **0.1** ***stroomsterkte*** ⟨in ampère uitgedrukt⟩.
am·pere, am·père ['æmpeə‖'æmpɪr]⟨telb.zn.⟩⟨elek.⟩ **0.1** ***ampère***.
'am·pere-'hour ⟨telb.zn.⟩⟨elek.⟩ **0.1** ***ampère-uur***.
'am·pere·me·ter ⟨telb.zn.⟩⟨elek.⟩ **0.1** ***ampèremeter***.
'am·pere-turn ⟨telb.zn.⟩⟨elek.⟩ **0.1** ***ampèrewinding***.
am·per·sand ['æmpəsænd‖'æmpər-]⟨telb.zn.⟩ **0.1** ***en-teken*** ⟨&⟩.
am·phet·a·mine [æm'fetəmi:n, -mɪn]⟨f1⟩⟨telb. en n.-telb.zn.⟩ **0.1** ***amfetamine***.
am·phi- ['æmfi], **amph-** [æmf] **0.1** ***amf(i)-*** ⇒*rond(om), aan beide zijden*.
Am·phib·i·a [æm'fɪbɪə]⟨mv.⟩ **0.1** ***(klasse v.) amfibieën***.
am·phib·i·an[1] [æm'fɪbɪən]⟨f1⟩⟨telb.zn.⟩ **0.1** ***amfibie*** ⇒*tweeslachtig dier* **0.2** ***amfibievoertuig*** ⇒*amfibie(tank/vliegtuig)*.
amphibian[2] ⟨bn.⟩ **0.1** ***amfibie-*** ⟨ook mil.⟩ ⇒*amfibisch, tweeslachtig* ◆ **1.1** ~ tank *amfibietank*.
am·phib·i·ol·o·gist ['æmfɪbi'ɒlədʒɪst‖-'ɑl-]⟨telb.zn.⟩ **0.1** ***amfibioloog***.
am·phib·i·ol·o·gy ['æmfɪbi'ɒlədʒi‖-'ɑl-]⟨n.-telb.zn.⟩ **0.1** ***amfibiologie*** ⇒*amfibieënkunde*.
am·phi·bi·ot·ic ['æmfɪbaɪ'ɒtɪk‖-'ɑtɪk]⟨bn.⟩ **0.1** ***amfibiotisch*** ⟨v. op het land levend insekt waarvan de larve in het water leeft⟩.
am·phib·i·ous [æm'fɪbɪəs]⟨bn.; -ly; -ness⟩ **0.1** ***amfibisch*** ⟨ook mil.⟩ ⇒*amfibie-, tweeslachtig* ◆ **1.1** ⟨mil.⟩ ~ operation *amfibische operatie*; ~ vehicles *amfibievoertuigen*.
am·phib·ole ['æmfɪboʊl]⟨telb.zn.⟩ **0.1** ***amfibool*** ⟨mineraal⟩.
am·phib·o·lite [æm'fɪbəlaɪt]⟨n.-telb.zn.⟩ **0.1** ***amfiboliet*** ⟨gesteente⟩.
am·phib·o·log·i·cal ['æmfɪbə'lɒdʒɪkl‖-'lɑ-], **am·phib·o·lous** [æm'fɪbələs]⟨bn.; -ly⟩ **0.1** ***dubbelzinnig*** ⇒*twijfelachtig*.
am·phi·bol·o·gy ['æmfɪ'bɒlədʒi‖-'bɑ-], **am·phib·o·ly** [æm'fɪbəli]⟨telb. en n.-telb.zn.; →mv. 2⟩ **0.1** ***amfibolie*** ⇒*dubbelzinnigheid*.
am·phi·brach ['æmfɪbræk]⟨telb.zn.⟩ **0.1** ***amfibrachys*** ⟨versvoet⟩.
am·phi·brach·ic ['æmfɪ'brækɪk]⟨bn.⟩ **0.1** ***amfibrachisch*** ⇒*bestaande uit amfibrachen*.
am·phi·coe·lous, am·phi·ce·lous, am·phy·coe·lous ['æmfɪ'si:ləs]⟨bn.⟩ **0.1** ***amficoel*** ⇒*biconcaaf, dubbelhol* ⟨v. wervellichaam⟩.
am·phic·ty·on [æm'fɪktɪən]⟨telb.zn.⟩⟨gesch.⟩ **0.1** ***amphictioon*** ⟨raadslid v. amphictionie⟩.
am·phic·ty·on·ic [æm'fɪkti'ɒnɪk‖-'ɑnɪk]⟨bn.⟩⟨gesch.⟩ **0.1** ***mbt./v.e. amphictionie***.
am·phic·ty·o·ny [æm'fɪktɪəni]⟨telb.zn.; →mv. 2⟩⟨gesch.⟩ **0.1** ***amphictionie*** ⇒*bond v. rond een tempel wonende volken* ⟨in Griekenland⟩, *bond v. buurlanden/nabuurstaten*.
am·phi·ga·mous [æm'fɪgəməs]⟨bn.⟩⟨plantk.⟩ **0.1** ***zonder (duidelijke) geslachtsorganen***.
am·phi·go·ry ['æmfɪgri‖'æmfɪgɔri, æm'fɪgəri], **am·phi·gou·ri** ['æmfɪ'gʊəri‖'æmfɪgu:'ri:]⟨telb.zn.; →mv. 2⟩ **0.1** ***nonsensgedicht*** ⇒*kolderverhaal*.
am·phim·a·cer [æm'fɪməsə‖-ər]⟨telb.zn.⟩ **0.1** ***amfimacer*** ⟨versvoet⟩.
am·phi·mix·is ['æmfɪ'mɪksɪs]⟨telb. en n.-telb.zn.; amphimixes [-si:z]; →mv. 5⟩⟨biol.⟩ **0.1** ***amfimixis*** **0.2** ***kruising***.
am·phi·ox·us ['æmfi'ɒksəs‖-'ɑk-]⟨telb.zn.; ook amphioxi [-saɪ]; →mv. 5⟩⟨dierk.⟩ **0.1** ***lancetvisje*** ⟨Branchiostoma lanceolatum⟩.
am·phi·pod[1] ['æmfɪpɒd‖-pɑd], **am·phip·o·dan** [æm'fɪpədən]⟨telb.zn.⟩⟨dierk.⟩ **0.1** ***vlokreeft*** ⟨zoetwatergarnaal; orde Amphipoda⟩.
amphipod[2], **amphipodan, am·phip·o·dal** [æm'fɪpədl], **am·phip·o·dous** [-pədəs]⟨bn.⟩⟨dierk.⟩ **0.1** ***mbt. vlokreeft***.
am·phip·ro·style[1] [æm'fɪprəstaɪl‖æmfɪ'proʊstaɪl]⟨telb.zn.⟩⟨bouwk.⟩ **0.1** ***amfiprostylos*** ⟨tempel met een zuilenrij aan voor- en achterkant⟩.
amphiprostyle[2], **am·phip·ro·sty·lar** [æm'fɪprə'staɪlə‖-ər]⟨bn.⟩ **0.1** ***met een zuilenrij aan voor- en achterkant***.
am·phis·bae·na ['æmfɪs'bi:nə]⟨telb.zn.; in bet. 0.1 ook amphisbaenae [-ni:]; →mv. 5⟩ **0.1** ⟨mythologie⟩ ***slang met kop aan beide uiteinden*** **0.2** ⟨dierk.⟩ ***wormhagedis*** ⟨genus Amphisbaena⟩.
am·phi·the·a·tre, ⟨AE sp. vnl.⟩ **am·phi·the·a·ter** ['æmfɪθɪətə‖-θɪətər]⟨telb.zn.⟩ **0.1** ***amfitheater*** **0.2** ***arena*** ⇒*strijdtoneel/perk*.
am·pho·ra ['æmfərə]⟨bn.; ook amphorae [-ri:]; →mv. 5⟩ **0.1** ***amfora*** ⇒*amfoor*.
am·pho·ter·ic ['æmfə'terɪk], **am·phi·pro·tic** ['æmfɪ'proʊtɪk]⟨bn.⟩⟨schei.⟩ **0.1** ***amfoteer*** ⟨zowel als zuur alsook als base reagerend⟩.
am·ple ['æmpl]⟨f3⟩⟨bn., attr.; ook -er; -ly; -ness; →bijw. 3⟩ **0.1** ***ruim*** ⇒*groot, omvangrijk, wijd, uitgestrekt* **0.2** ***uitvoerig*** ⇒*breedvoerig, ampel* **0.3** ***rijk(elijk)*** ⇒*ruimschoots voldoende, overvloedig* **0.4** ⟨euf.⟩ ***corpulent*** ⇒*gezet, volumineus, gevuld* ◆ **1.1** an ~ living room *een ruime woonkamer* **1.2** an ~ report *een omstandig verslag* **1.3** have ~ resources *bemiddeld zijn* **1.4** a man of ~ girth *een gezette heer* **3.3** amply rewarded *rijkelijk beloond*.
am·pli·fi·ca·tion ['æmplɪfɪ'keɪʃn]⟨telb.zn.⟩ **0.1** ***amplificatie*** ⇒*uitweiding, aanvulling, uitbreiding, toelichting* **0.2** ⟨elek.⟩ ***versterking***.
amplifi'cation factor ⟨telb.zn.⟩⟨elek.⟩ **0.1** ***versterkingsfactor***.
am·pli·fi·er ['æmplɪfaɪə‖-ər]⟨f2⟩⟨telb.zn.⟩⟨ook elek.⟩ **0.1** ***versterker***.
am·pli·fy ['æmplɪfaɪ]⟨f2⟩⟨ww.; →ww. 7⟩
I ⟨onov.ww.⟩ **0.1** ***uitweiden*** ◆ **6.1** ~ **on** the details *in detail treden*;
II ⟨ov.ww.⟩ **0.1** ***vergroten*** ⇒*vermeerderen, verzwaren, verhogen* **0.2** ⟨elek.⟩ ***versterken*** **0.3** ***uitbreiden*** ⇒*aanvullen, toelichten, uitweiden over* **0.4** ⟨vero.⟩ ***overdrijven*** ⇒*opblazen* ◆ **1.3** ⟨taalk.⟩ ~ing clause *uitbreidende bijzin*.
am·pli·tude ['æmplɪtju:d‖-tu:d]⟨f1⟩⟨zn.⟩
I ⟨telb. en n.-telb.zn.⟩ **0.1** ***amplitude*** ⇒*(trillings/slinger)wijdte, amplitudo* **0.2** ***amplitude*** ⇒*morgen/avondwijdte* ⟨v. ster⟩;
II ⟨n.-telb.zn.⟩ **0.1** ***uitgestrektheid*** ⇒*grootte, omvang, ruimheid* **0.2** ***overvloed*** ⇒*volheid*.
'amplitude modu'lation ⟨telb.zn.⟩ **0.1** ***amplitudemodulatie*** ⟨v. radio: AM⟩.
am·poule, am·pul, am·pule ['æmpu:l‖'æmpju:l]⟨telb.zn.⟩⟨far.⟩ **0.1** ***ampul***.
am·pul·la [æm'pʊlə]⟨telb.zn.; ampullae [-li:]; →mv. 5⟩ **0.1** ⟨relig.⟩ ***ampul*** ⇒*ampulla, fiool* **0.2** ⟨anat.⟩ ***ampul*** ⟨verwijd eind v. lichaamskanaal⟩ **0.3** ⟨gesch.⟩ ***ampul*** ⇒*kolfflesje, olie/wijnkruik* ⟨v. Romeinen⟩.
am·pul·la·ceous ['æmpʊ'leɪʃəs‖-pə-]⟨bn.⟩ **0.1** ***ampulvormig*** ⇒*in de vorm v.e. (buikige) fles, blaasvormig*.
am·pul·lar ['æm'pʊlə‖-ər]⟨bn.⟩ **0.1** ⟨anat.⟩ ***ampullair*** ⇒*verwijd* **0.2** ***ampulvormig***.
am·pu·tate ['æmpjʊteɪt‖-pjə-]⟨f1⟩⟨onov. en ov.ww.⟩ **0.1** ***amputeren*** ⇒*afzetten* **0.2** ***snoeien*** ⇒*knotten*.
am·pu·ta·tion ['æmpjʊ'teɪʃn‖-pjə-]⟨f1⟩⟨telb. en n.-telb.zn.⟩ **0.1** ***amputatie*** ⇒*afzetting* **0.2** ***weglating*** ⇒*coupure, bekorting* **0.3** ***snoeiing***.
am·pu·ta·tor ['æmpjʊteɪtə‖-pjəteɪtər]⟨telb.zn.⟩ **0.1** ***iem. die amputeert***.
am·pu·tee ['æmpjʊ'ti:‖-pjə-]⟨f1⟩⟨telb.zn.⟩ **0.1** ***iem. die een amputatie heeft ondergaan*** ⇒⟨i.h.b.⟩ *iem. wiens arm/been is geamputeerd, geamputeerde*.
am·scray ['æmskreɪ]⟨onov.ww.⟩⟨sl.⟩ **0.1** ***hem smeren*** ⇒*pleite gaan*.
am·trac(k) ['æmtræk]⟨telb.zn.⟩ **0.1** ***amfibievoertuig*** ⟨om troepen aan land te zetten⟩.
Am·trak ['æmtræk]⟨eig.n.⟩ **0.1** ***Amtrak*** ⇒*(Noord-)Amerikaanse Spoorwegen*.
amuck →amok.
am·u·let ['æmjʊlɪt‖-jə-]⟨f1⟩⟨telb.zn.⟩ **0.1** ***amulet*** ⇒*talisman, afweermiddel*.
a·muse [ə'mju:z]⟨f3⟩⟨ov.ww.⟩ →amusing **0.1** ***amuseren*** ⇒*vermaken, onderhouden, afleiding bezorgen* ◆ **3.1** keep s.o. ~d *iem. zoethouden* **4.1** that ~s me *dat vind ik leuk*; ~ oneself *zich amuseren, zich bezighouden* **6.1** be ~d **at/by/with** sth. *pret hebben over iets, iets amusant vinden*.
a·muse·ment [ə'mju:zmənt]⟨f2⟩⟨telb. en n.-telb.zn.⟩ **0.1** ***amusement*** ⇒*tijdverdrijf, ontspanning, vermakelijkheid* **0.2** ***plezier*** ⇒*pret, genot* ◆ **1.1** places of ~ *gelegenheden tot vermaak* **4.1** a town with many ~s *een stad met veel uitgaansmogelijkheden* **6.2** watch **in** ~ *geamuseerd toekijken*.
a'musement arcade ⟨telb.zn.⟩ **0.1** ***automatenhal***.
a'musement grounds ⟨mv.⟩ **0.1** ***lunapark*** ⇒*pretpark*.
a'musement park ⟨f1⟩⟨telb.zn.⟩ **0.1** ***lunapark*** ⇒*pretpark*.
a·mus·ing [ə'mju:zɪŋ], **a·mus·ive** [-zɪv]⟨f3⟩⟨bn.; -ly⟩ **0.1** ***vermakelijk*** ⇒*amusant, onderhoudend, leuk*.
a·myg·da·line [ə'mɪgdəlaɪn, -lɪn]⟨bn.⟩ **0.1** ***amandel-*** ⇒*amygdaliform*.
a·myg·da·loid [ə'mɪgdəlɔɪd], **a·myg·da·loi·dal** [ə'mɪgdə'lɔɪdl]⟨bn.⟩ **0.1** ***amandelvormig*** **0.2** ***amandelsteenachtig***.
am·yl ['æmɪl]⟨n.-telb.zn.⟩⟨schei.⟩ **0.1** ***amyl*** ⟨eenwaardig radicaal⟩.
am·yl- ['æmɪl], **am·y·lo-** ['æmɪloʊ] **0.1** ***amyl(o)-*** ⇒*zetmeel-*.
am·y·la·ceous ['æmɪ'leɪʃəs]⟨bn.⟩ **0.1** ***zetmeelachtig*** ⇒*zetmeelhoudend*.
'amyl 'acetate ⟨n.-telb.zn.⟩⟨schei.⟩ **0.1** ***amylacetaat***.
'amyl 'alcohol ⟨n.-telb.zn.⟩⟨schei.⟩ **0.1** ***amylalcohol***.
am·y·lase ['æmɪleɪs]⟨telb.zn.⟩⟨schei.⟩ **0.1** ***amylase*** ⟨zetmeel aantastend enzym⟩.
am·y·loid[1] ['æmɪlɔɪd]⟨zn.⟩

I ⟨telb.zn.⟩ **0.1** ***zetmeelachtige stof;***
II ⟨n.-telb.zn.⟩ ⟨med.⟩ **0.1** ***amyloïde*** ⟨intercellulaire substantie⟩.
amyloid², **amy·loi·dal** ['æmɪ'lɔɪdl] ⟨bn.⟩ **0.1** ***zetmeelachtig*** *⇒zetmeelhoudend.*
am·y·lo·plast ['æmɪloʊplæst], **am·y·lo·plas·tid** [-'plæstɪd], **am·y·lo·plas·tide** [-'plæstaɪd] ⟨telb.zn.⟩ **0.1** ***amyloplast*** *⇒leucoplast, amyloleuciet, zetmeelkorrel.*
am·y·lop·sin ['æmɪ'lɒpsɪn‖-'lɑp-] ⟨telb.zn.⟩ **0.1** ***amylase v.h. alvleeskliersap.***
am·y·lose ['æmɪloʊs] ⟨telb.zn.⟩ **0.1** ***amylose*** ⟨component v. zetmeel⟩.
am·y·lum ['æmɪləm] ⟨n.-telb.zn.⟩ **0.1** ***amylum*** *⇒zetmeel, stijfsel.*
an¹ ⟨f4⟩ →a.
an², **an'** [æn] ⟨vw.⟩
I ⟨ondersch.vw.⟩ ⟨vero.⟩ **0.1** ***zo*** *⇒indien, als* ◆ **¶.1** ~ thou be quick I shall reward thee *als gij u spoedt zal ik u belonen;*
II ⟨nevensch.vw.⟩ **0.1** →and.
an³, **AN** ⟨afk.⟩ above named, Anglo-Norman, army-navy, arrival notice.
an- →a-.
-an [ən], **-e·an** [ɪən], **-i·an** [ɪən] **0.1** ⟨vormt nw.⟩ ⟨ong.⟩ ***-(e/i)aan*** *⇒-ein, -en* **0.2** ⟨vormt bijv. nw.⟩ ⟨ong.⟩ ***-iaans*** *⇒-ees, -elijk, -eins* **0.3** ⟨vormt nw.⟩ ⟨ong.⟩ ***-(i)cus*** ◆ **¶.1** Christian *christen;* European *Europeaan;* republican *republikein* **¶.2** Christian *christelijk;* European *Europees;* Mozartean *Mozartiaans;* republican *republikeins* **¶.3** historian *historicus.*
an·a ['ɑ:nə‖'ænə] ⟨telb.zn.; ook ana; →mv. 4⟩ **0.1** ***collectie uitspraken van/anekdotes over iem.***.
an·a- ['ænə], **an-** [æn] **0.1** ***an(a)-*** *⇒her-, weder-, op-, opwaarts.*
-a·na ['ɑ:nə‖'ænə], **-i·a·na** [i'ɑ:nə‖i'ænə] **0.1** ***-(i)ana*** ◆ **¶.1** Americana *Amerikana;* Voltairiana *Voltairiana.*
an·a·bap·tism ['ænə'bæptɪzm] ⟨n.-telb.zn.; vnl. A-⟩ **0.1** ***anabaptisme*** *⇒wederdoperij.*
an·a·bap·tist ['ænə'bæptɪst] ⟨telb.zn.; vnl. A-⟩ **0.1** ***anabaptist*** *⇒wederdoper.*
an·a·bas ['ænəbæs, -bəs] ⟨telb.zn.⟩ ⟨dierk.⟩ **0.1** ***klimvis*** ⟨fam. Anabantidae⟩.
a·nab·a·sis [ə'næbəsɪs] ⟨telb.zn.; anabases [-si:z]; →mv. 5⟩ **0.1** ***veldtocht*** *⇒opmars* **0.2** ***(moeilijke/gevaarlijk) terugtocht.***
an·a·bat·ic ['ænə'bæt̬ɪk] ⟨bn.⟩ ⟨meteo.⟩ **0.1** ***anabatisch*** *⇒opstijgend* ⟨v. wind⟩.
an·a·bi·o·sis ['ænəbaɪ'oʊsɪs] ⟨telb. en n.-telb.zn.; anabioses [-si:z]; →mv. 5⟩ ⟨biol.⟩ **0.1** ***anabiose.***
an·a·bi·ot·ic ['ænəbaɪ'ɒtɪk‖-'ɑt̬ɪk] ⟨bn.⟩ **0.1** ***schijndood.***
an·a·bol·ic¹ ['ænə'bɒlɪk‖-bɑl-] ⟨telb.zn.; vaak mv.⟩ **0.1** ***anabool*** *⇒* ⟨in mv.⟩ *anabolica, anabole steroïden.*
anabolic² ⟨bn.⟩ ⟨biol., med.⟩ **0.1** ***anabolisch*** *⇒bevorderend voor de opbouw v. eiwit* ◆ **1.1** ~ steroids *anabolica, anabole steroïden.*
a·nab·o·lism [ə'næbəlɪzm] ⟨n.-telb.zn.⟩ ⟨biol.⟩ **0.1** ***anabolisme*** *⇒biosynthese.*
an·a·branch ['ænəbrɑ:ntʃ‖-bræntʃ] ⟨telb.zn.⟩ ⟨vnl. Austr.E.⟩ **0.1** ***rivierarm*** ⟨die zich stroomafwaarts weer bij hoofdstroom voegt⟩.
an·a·chron·ic ['ænə'krɒnɪk‖-'krɑ-], **an·a·chron·i·cal** [-ɪkl], **a·nach·ro·nis·tic** [ə'nækrə'nɪstɪk], **a·nach·ro·nis·ti·cal** [-ɪkl], **a·nach·ro·nous** [ə'nækrənəs] ⟨f1⟩ ⟨bn.; -(al)ly; →bijw. 3⟩ **0.1** ***anachronistisch*** **0.2** ***ouderwets.***
a·nach·ro·nism [ə'nækrənɪzm] ⟨f1⟩ ⟨telb.zn.⟩ **0.1** ***anachronisme.***
an·a·clit·ic ['ænə'klɪt̬ɪk] ⟨bn.⟩ ⟨psych.⟩ **0.1** ***anaclitisch.***
an·a·co·lu·thon ['ænəkə'lu:θɒn‖-θɑn] ⟨telb.zn.; ook anacolutha [-θə]; →mv. 5⟩ ⟨taalk.⟩ **0.1** ***anakoloet*** ⟨onjuiste zinsconstructie⟩.
an·a·con·da ['ænə'kɒndə‖-'kɑn-] ⟨telb.zn.⟩ ⟨dierk.⟩ **0.1** ***anaconda*** ⟨(Zuidamerikaanse) reuzenslang; Eunectus murinus⟩.
anac·re·on·tic¹ [ə'nækri'ɒntɪk‖-'ɑnt̬ɪk] ⟨telb.zn.; soms A-⟩ **0.1** ***Anacreontisch vers*** *⇒minnelied.*
anacreontic² ⟨bn.; vnl. A-; -ally; →bijw. 3⟩ **0.1** ***Anacreontisch*** **0.2** ***feestelijk*** *⇒licht, vrolijk, lustig, verliefd.*
an·a·cru·sis ['ænə'kru:sɪs] ⟨telb.zn.; anacruses [-si:z]; →mv. 5⟩ **0.1** ⟨lit.⟩ ***anacrusis*** ⟨extra onbeklemtoonde lettergreep bij begin v. vers⟩ **0.2** ⟨muz.⟩ ***voorslag*** *⇒opslag, opmaat.*
an·a·dem ['ænədem] ⟨telb.zn.⟩ ⟨schr.⟩ **0.1** ***bloemenkrans*** ⟨als hoofdtooi⟩ *⇒guirlande, hoofdband.*
an·ad·ro·mous [ə'nædrəməs] ⟨bn.⟩ ⟨dierk.⟩ **0.1** ***anadroom.***
a·nae·mi·a, ⟨AE sp.⟩ **a·ne·mi·a** [ə'ni:mɪə] ⟨f1⟩ ⟨telb. en n.-telb.zn.⟩ ⟨med.⟩ **0.1** ***bloedarmoede*** *⇒anemie, bleekzucht;* ⟨fig.⟩ *lusteloosheid.*
a·nae·mic, ⟨AE sp.⟩ **a·ne·mic** [ə'ni:mɪk] ⟨bn.⟩ ⟨med.⟩ **0.1** ***bloedarm*** *⇒anemisch, bleekzuchtig;* ⟨fig.⟩ *lusteloos.*
an·aer·obe ['ænəroʊb, ə'neə-‖'ænəroʊb, ə'ner-], **an·aer·o·bi·um** ['ænə'roʊbɪəm] ⟨telb.zn.; ook anaerobia [-bɪə]; →mv. 5⟩ **0.1** ***anaëroob (micro-)organisme.***
an·aer·o·bic ['ænə'roʊbɪk] ⟨bn.; -ally; →bijw. 3⟩ **0.1** ***anaëroob.***
an·aes·the·sia, ⟨AE sp. ook⟩ **an·es·the·sia** ['ænɪs'θi:ʒə] ⟨f1⟩ ⟨n.-telb.zn.⟩ **0.1** ***anest(h)esie*** *⇒analgesie, verdoving, narcose* **0.2** ***gevoelloosheid*** *⇒anest(h)esie* ⟨door ziekte⟩.
an·aes·the·si·ol·o·gy, ⟨AE sp. ook⟩ **an·es·the·si·ol·o·gy** ['ænɪsθi:zi'ɒlədʒi‖-'ɑlə-] ⟨n.-telb.zn.⟩ **0.1** ***anest(h)esiologie*** *⇒narcoseleer.*
an·aes·thet·ic¹, ⟨AE sp. ook⟩ **an·es·thet·ic** ['ænɪs'θet̬ɪk] ⟨f2⟩ ⟨telb. en n.-telb.zn.⟩ **0.1** ***verdovingsmiddel*** *⇒narcoticum.*
anaesthetic², ⟨AE sp. ook⟩ **anesthetic** ⟨bn.; -ally; →bijw. 3⟩ **0.1** ***verdovend*** *⇒narcotisch* **0.2** ***v./mbt. gevoelloosheid*** *⇒anest(h)esie-* **0.3** ***gevoelloos*** *⇒ongevoelig, onverschillig* ◆ **6.3** ~ **to** new ideas *niet vatbaar voor nieuwe ideeën.*
an·aes·the·tist, ⟨AE sp. ook⟩ **an·es·the·tist** [ə'ni:sθətɪst‖ə'nesθət̬ɪst] ⟨f1⟩ ⟨telb.zn.⟩ **0.1** ***anest(h)esist*** *⇒narcotiseur, anest(h)esioloog.*
an·aes·the·tize, -tise, ⟨AE sp. ook⟩ **an·es·the·tize** [ə'ni:sθətaɪz‖ə'nes-] ⟨ov.ww.⟩ **0.1** ***verdoven*** *⇒verdoving toedienen, onder narcose brengen, anesthes eren.*
an·a·glyph ['ænəglɪf] ⟨telb.zn.⟩ **0.1** ***anaglyf*** *⇒bas-reliëf* **0.2** ⟨foto.⟩ ***anaglyf*** *⇒stereofoto.*
an·a·glyph·ic ['ænə'glɪfɪk] ⟨bn.⟩ **0.1** ***anaglyfisch*** **0.2** ⟨foto.⟩ ***stereoscopisch.***
an·a·go·ge, **an·a·go·gy** ['ænə'goʊdʒi] ⟨telb.zn.; voor tweede variant; →mv. 2⟩ **0.1** ***anagoge*** *⇒anagogie, geestelijke/zinnebeeldige verklaring.*
an·a·gog·ic ['ænə'gɒdʒɪk‖-'gɑ-], **an·a·gog·i·cal** [-ɪkl] ⟨bn.; -(al)ly; →bijw. 3⟩ **0.1** ***anagogisch*** *⇒mystiek, zinnebeeldig.*
an·a·gram ['ænəgræm] ⟨f1⟩ ⟨telb.zn.⟩ **0.1** ***anagram*** *⇒letterkeer, wisselwoord.*
an·a·gram·mat·ic ['ænəgrə'mæt̬ɪk], **an·a·gram·mat·i·cal** [-ɪkl] ⟨bn.; -(al)ly; →bijw. 3⟩ **0.1** ***anagrammatisch.***
an·a·gram·ma·tist ['ænə'græmət̬ɪst] ⟨telb.zn.⟩ **0.1** ***maker v. anagrammen.***
an·a·gram·ma·tize ['ænə'græmətaɪz] ⟨ov.ww.⟩ **0.1** ***een anagram vormen v..***
a·nal¹ ['eɪnl] ⟨f1⟩ ⟨bn.; -ly⟩ **0.1** ***anaal*** *⇒v.d. anus* ◆ **1.1** ~ cleft *bilnaad.*
anal² ⟨afk.⟩ analogous, analogy, analysis, analytic.
a·nal·cime [ə'nælsi:m, -saɪm], **a·nal·cite** [-saɪt] ⟨telb. en n.-telb.zn.⟩ **0.1** ***analciet*** *⇒analciem* ⟨mineraal⟩.
an·a·lects ['ænəlekts], **an·a·lec·ta** [-'lektə] ⟨mv.⟩ **0.1** ***analecten*** *⇒analecta, bloemlezing, uittreksels.*
an·a·lem·ma ['ænə'lemə] ⟨telb.zn.; ook analemmata [-lemət̬ə]; →mv. 5⟩ **0.1** ***analemma*** *⇒tijdschaal* ⟨bv. v. zonnewijzer⟩.
an·a·lep·tic¹ ['ænə'leptɪk] ⟨telb.zn.⟩ **0.1** ***analepticum*** *⇒versterkend/opwekkend middel.*
analeptic² ⟨bn.⟩ **0.1** ***analeptisch*** *⇒versterkend, opwekkend.*
an·al·ge·sia ['ænəl'dʒi:zɪə] ⟨n.-telb.zn.⟩ **0.1** ***analgesie*** *⇒gevoelloosheid (voor pijn).*
an·al·ge·sic¹ ['ænəl'dʒi:sɪk] ⟨telb.zn.⟩ **0.1** ***analgeticum*** *⇒pijnstillend middel.*
analgesic² ⟨bn.⟩ **0.1** ***pijnstillend.***
analog →analogue.
'analog com'puter ⟨telb.zn.⟩ ⟨comp.⟩ **0.1** ***analoge computer.***
an·a·log·ic ['ænə'lɒdʒɪk‖-'lɑ-], **an·a·log·i·cal** [-ɪkl] ⟨bn.; -(al)ly; →bijw. 3⟩ **0.1** ***analogisch*** *⇒analoog, overeenkomstig.*
anal·o·gist [ə'nælədʒɪst] ⟨telb.zn.⟩ **0.1** ***gebruiker v. analogieën*** *⇒iem. die analoog redeneert.*
a·nal·o·gize, -gise [ə'nælədʒaɪz] ⟨ww.⟩
I ⟨onov.ww.⟩ **0.1** ***analogiseren*** *⇒analogisch spreken/denken* **0.2** ***overeenstemmen*** ◆ **6.2** ~ **with** *in overeenstemming/harmonie zijn met;*
II ⟨ov.ww.⟩ **0.1** ***analogisch verklaren/uitdrukken*** ◆ **6.1** ~ **to/with** *verklaren naar analogie v., in overeenstemming brengen met.*
a·nal·o·gous [ə'næləgəs] ⟨f2⟩ ⟨bn.; -ly; -ness⟩ **0.1** ***analoog*** *⇒overeenkomstig, analogisch, gelijk* **0.2** ⟨biol.⟩ ***analoog*** *⇒met overeenkomstige functie* ◆ **6.1** ~ **to/with** *analoog met.*
an·a·logue, ⟨AE sp. ook⟩ **an·a·log** ['ænəlɒg‖-lɔg, -lɑg] ⟨f1⟩ ⟨telb.zn.⟩ **0.1** ***analogon*** *⇒parallel, corresponderende uitdrukking/vorm* **0.2** ⟨biol.⟩ ***analo(o)g(e) orgaan/structuur.***
a·nal·o·gy [ə'nælədʒi] ⟨f3⟩ ⟨zn.; →mv. 2⟩
I ⟨telb. en n.-telb.zn.⟩ **0.1** ***analogie*** *⇒overeenkomst, overeenstemming, gelijk(aardig)heid, parallel(lisme)* ◆ **6.1** argue **by/from** ~ *analogisch redeneren;* draw an ~ **with/to/between** *een vergelijking maken met/tussen;* on the ~ **of/by** ~ with *naar analogie van;*
II ⟨n.-telb.zn.⟩ **0.1** ⟨biol.⟩ ***analogie*** **0.2** ⟨taalk.⟩ ***analogie*** **0.3** ⟨wisk.⟩ ***evenredigheid*** *⇒analogie.*
an·al·pha·bet·ic¹ ['ænælfə'bet̬ɪk] ⟨telb.zn.⟩ **0.1** ***analfabeet*** *⇒ongeletterde.*
analphabetic² ⟨bn.⟩ **0.1** ***ongeletterd*** *⇒analfabeet* **0.2** ***niet alfabetisch.***

an·a·lys·a·ble, ⟨AE sp.⟩ **an·a·lyz·a·ble** ['ænəlaɪzəbl]⟨bn.⟩ **0.1** ***analyseerbaar*** ⇒*ontleedbaar*.

a·nal·y·sand [ə'nælɪsænd]⟨telb.zn.⟩⟨psych.⟩ **0.1** ***analysant(e)***.

an·a·ly·sa·tion, ⟨AE sp.⟩ **an·a·ly·za·tion** ['ænəlaɪ'zeɪʃn‖-lə-] → analysis.

an·a·lyse, ⟨AE sp.⟩ **an·a·lyze** ['ænəlaɪz]⟨f3⟩⟨ov.ww.⟩ **0.1** ⟨ben. voor⟩ ***analyseren*** ⇒*ontleden* ⟨zin, verbinding⟩, *ontbinden; onderzoeken* **0.2** ⟨vnl. AE⟩ ***aan psychoanalyse onderwerpen*** ◆ **1.1** ~ the political situation *de politieke toestand onderzoeken/uiteenzetten*.

an·a·lys·er, ⟨AE sp.⟩ **an·a·lyz·er** ['ænəlaɪzə‖-ər]⟨telb.zn.⟩ **0.1** ***analysator*** ⇒*beeldontleder* ⟨t.v.⟩ **0.2** ***analist(e)***.

a·nal·y·sis [ə'nælɪsɪs]⟨f3⟩⟨zn.; analyses [-si:z]; →mv. 5⟩
I ⟨telb. en n.-telb.zn.⟩ **0.1** ***analyse*** ⟨v. stof, zin, enz.⟩ ⇒*onderzoek, ontleding, ontbinding* **0.2** ⟨vnl. AE⟩ ***(psycho)analyse*** ◆ **2.1** in the final/last/ultimate ~ *ten slotte, uiteindelijk, per slot v. rekening, in laatste instantie;*
II ⟨n.-telb.zn.⟩⟨wisk.⟩ **0.1** ***analyse***.

an·a·lyst ['ænəlɪst]⟨f2⟩⟨telb.zn.⟩ **0.1** ***analist(e)*** ⇒*scheikundige* **0.2** ⟨vnl. AE; psych.⟩ ***analyticus*** **0.3** ⟨verk.⟩ ⟨systems analyst⟩.

an·a·lyt·ic ['ænə'lɪtɪk], **an·a·lyt·i·cal** [-ɪkl]⟨f2⟩⟨bn.; -(al)ly; →bijw. 3⟩ **0.1** ***analytisch*** ⇒*analyserend, ontledend* **0.2** ⟨taalk.⟩ ***analytisch*** ◆ **1.1** ~ chemist *analist;* ~ geometry *analytische meetkunde;* analytical philosophy *analytische filosofie*.

an·a·lyt·ics ['ænə'lɪtɪks]⟨n.-telb.zn.⟩ **0.1** ***analyse*** ⇒*ontbindings/ontledingsleer*.

an·am·ne·sis ['ænəm'ni:sɪs]⟨telb.zn.; anamneses [-si:z]; →mv. 5⟩ **0.1** ⟨med.⟩ ***anamnese*** ⇒*voorgeschiedenis v.e. ziek(t)e* **0.2** ⟨psych.⟩ ***herinnering***.

an·am·nes·tic ['ænəm'nestɪk]⟨bn.; -ally; →bijw. 3⟩ **0.1** ***anamnestisch*** ⇒*mbt. anamnese, behorend tot de ziekte geschiedenis*.

an·a·mor·phic ['ænə'mɔ:fɪk‖-'mɔr-]⟨bn.⟩⟨optica⟩ **0.1** ***anamorfotisch***.

an·a·mor·pho·sis ['ænə'mɔ:fəsɪs‖-'mɔr-]⟨telb.zn.; anamorphoses [-si:z]; →mv. 5⟩⟨optica⟩ **0.1** ***anamorfose***.

a·na·na [ə'nɑ:nə‖'ænə'nɑ], **a·na·nas** [ə'nɑ:nəs‖'ænənæs]⟨telb.zn.⟩ **0.1** ***ananas***.

an·an·drous ['æn'ændrəs]⟨bn.⟩⟨plantk.⟩ **0.1** ***meeldraadloos*** ⇒*vrouwelijk*.

an·a·paest, ⟨AE sp. ook⟩ **an·a·pest** ['ænəpi:st‖-pest]⟨telb.zn.⟩⟨lit.⟩ **0.1** ***anapest*** **0.2** ***anapestisch vers***.

an·a·paes·tic[1], ⟨AE sp. ook⟩ **an·a·pes·tic** ['ænə'pi:stɪk‖-'pestɪk]⟨telb.zn.⟩ **0.1** ***anapestisch vers***.

anapaestic[2], ⟨AE sp. ook⟩ **anapestic** ⟨bn.; -ally; →bijw. 3⟩ **0.1** ***anapestisch***.

an·a·phase ['ænəfeɪz]⟨telb.zn.⟩⟨biol.⟩ **0.1** ***anafase***.

a·naph·o·ra [ə'næfərə]⟨zn.⟩
I ⟨telb.zn.⟩ **0.1** ⟨taalk.⟩ ***anafora*** ⇒*anafoor* **0.2** ⟨relig.⟩ ***offerande;***
II ⟨n.-telb.zn.⟩ **0.1** ***anaforisch woordgebruik***.

an·a·phor·ic ['ænə'fɒrɪk‖-'fɔr-, -'fɑr-]⟨bn.; -ally; →bijw. 3⟩ **0.1** ***anaforisch*** ⇒*terugwijzend*.

an·aph·ro·dis·i·a ['ænæfrə'dɪzɪə‖-ʒə]⟨telb. en n.-telb.zn.⟩ **0.1** ***anafrodisie*** ⇒*frigiditeit*.

an·aph·ro·dis·i·ac[1] ['ænæfrə'dɪziæk]⟨telb. en n.-telb.zn.⟩ **0.1** ***anafrodisiacum*** ⇒*middel dat de geslachtsdrift vermindert*.

anaphrodisiac[2] ⟨bn.⟩ **0.1** ***anafrodisiacaal*** ⇒*de geslachtsdrift verminderend*.

an·a·phy·lac·tic ['ænəfɪ'læktɪk]⟨bn.; -ally; →bijw. 3⟩⟨med.⟩ **0.1** ***anafylactisch***.

an·a·phy·lax·is ['ænəfɪ'læksɪs]⟨telb. en n.-telb.zn.; anafylaxes [-si:z]; →mv. 5⟩⟨med.⟩ **0.1** ***anafylaxie***.

an·a·plas·ty ['ænəplæsti]⟨n.-telb.zn.⟩⟨med.⟩ **0.1** ***anaplastiek*** ⇒*plastische chirurgie*.

an·arch ['ænɑ:k‖-ɑrk]⟨telb.zn.⟩ **0.1** ***anarchist*** ⇒*oproerling, opstandeling, rebel* **0.2** ⟨schr.⟩ ***oproerleider*** ⇒*onruststoker* **0.3** ⟨schr.⟩ ***despoot*** ⇒*tiran*.

an·ar·chic [æ'nɑ:kɪk‖-ɑr-], **an·ar·chi·cal** [-ɪkl]⟨f1⟩⟨bn.; -(al)ly; →bijw. 3⟩ **0.1** ***anarchistisch*** ⇒*oproerig, opstandig* **0.2** ***ordeloos*** ⇒*wetteloos, chaotisch, regeringloos*.

an·ar·chism ['ænəkɪzm‖-ər-]⟨n.-telb.zn.⟩ **0.1** ***anarchisme***.

an·ar·chist ['ænəkɪst‖-ər-]⟨f1⟩⟨telb.zn.⟩ **0.1** ***anarchist*** ⇒*revolutionair, rebel*.

an·ar·chis·tic ['ænə'kɪstɪk‖-ər-]⟨bn.; -ally; →bijw. 3⟩ **0.1** ***anarchistisch***.

an·ar·chy ['ænəki‖-ər-]⟨f2⟩⟨telb. en n.-telb.zn.; →mv. 2⟩ **0.1** ***anarchie***.

an·ar·thria ['æn'ɑ:θrɪə‖-'ɑr-]⟨telb. en n.-telb.zn.⟩⟨med.⟩ **0.1** ***anartrie***.

an·ar·thric ['æn'ɑ:θrɪk‖-'ɑr-]⟨bn.⟩⟨med.⟩ **0.1** ***anartrisch***.

an·ar·throus ['æn'ɑ:θrəs‖-'ɑr-]⟨bn.; -ly⟩ **0.1** ⟨taalk.⟩ ***zonder lidwoord*** **0.2** ⟨dierk.⟩ ***gewrichtsloos***.

an·a·sar·ca ['ænə'sɑ:kə‖-sɑr-]⟨telb. en n.-telb.zn.⟩⟨med.⟩ **0.1** ***anasarca*** ⇒*huidwaterzucht*.

an·as·tig·mat [ə'næstɪgmæt, 'ænə'stɪg-]⟨telb.zn.⟩ **0.1** ***anastigmaat*** ⇒*anastigmatische lens*.

an·a·stig·mat·ic ['ænəstɪg'mætɪk]⟨bn.⟩ **0.1** ***anastigmatisch***.

a·nas·to·mose [ə'næstəmoʊz]⟨ww.⟩
I ⟨onov.ww.⟩ **0.1** ⟨biol., med.⟩ ***door anastomose in verbinding staan*** **0.2** ***anastomeren*** ⇒*aantappen, in elkaar uitmonden* ⟨v. rivieren⟩;
II ⟨ov.ww.⟩⟨biol., med.⟩ **0.1** ***verbinden (door anastomose)*** ⇒*in elkaar doen uitmonden* ⟨rivieren⟩, *doen samenkomen*.

a·nas·to·mo·sis [ə'næstə'moʊsɪs]⟨telb. en n.-telb.zn.; anastomoses [-si:z]; →mv. 5⟩⟨biol., med., tech.⟩ **0.1** ***anastomose*** ⇒*verbinding*.

a·nas·tro·phe [ə'næstrəfi]⟨telb.zn.⟩ **0.1** ***anastrofe*** ⟨stijlfiguur⟩.

anat ⟨afk.⟩ anatomical, anatomist, anatomy.

an·a·tase ['ænəteɪs]⟨telb. en n.-telb.zn.⟩ **0.1** ***anataas*** ⇒*octaëdriet* ⟨mineraal⟩.

a·nath·e·ma [ə'næθəmə]⟨telb.zn.⟩ **0.1** ***anat(h)ema*** ⇒*(ban)vloek, (kerkelijke) ban,* ⟨bij uitbr.⟩ *verwensing, vervloeking* **0.2** ***geëxcommuniceerd/vervloekt persoon*** ⇒*anathema,* ⟨bij uitbr.⟩ *verafschuwd iem.* **0.3** ⟨vnl. enk.⟩ ***gruwel*** ⇒*verafschuwd iets* ◆ **6.3** that is (an) ~ **to** me *daar heb ik een gloeiende hekel aan*.

a·nath·e·ma·tize [ə'næθəmətaɪz]⟨ww.⟩
I ⟨onov.ww.⟩ **0.1** ***vloeken*** ⇒*verwensingen uiten;*
II ⟨ov.ww.⟩ **0.1** ***anat(h)ematiseren*** ⇒*vervloeken, in de (kerk)ban doen, excommuniceren, de banvloek/zijn anathema uitspreken (over)*.

an·a·tom·i·cal ['ænə'tɒmɪkl‖-'tɑ-], **an·a·tom·ic** [-mɪk]⟨f1⟩⟨bn.; -(al)ly; →bijw. 3⟩ **0.1** ***anatomisch*** ⇒*ontleedkundig* **0.2** ***structureel***.

a·nat·o·mist [ə'nætəmɪst]⟨telb.zn.⟩ **0.1** ***anatoom*** ⇒*ontleedkundige, ontleder*.

a·nat·o·mize, -mise [ə'nætəmaɪz]⟨ov.ww.⟩⟨ook fig.⟩ **0.1** ***anatomiseren*** ⇒*ontleden, analyseren*.

a·nat·o·my [ə'nætəmi]⟨f2⟩⟨zn.; →mv. 2⟩
I ⟨telb.zn.⟩ **0.1** ***(anatomische) bouw/structuur*** ⟨v. lichaam, plant⟩ **0.2** ***anatomische verhandeling*** ⇒*anatomieatlas* **0.3** ⟨vnl. enk.⟩ ***ontleding*** ⟨alleen fig.⟩ ⇒*analyse, onderzoek,* ⟨bij uitbr.⟩ *structuur, mechanisme* **0.4** ⟨inf.⟩ ***lijf*** ⇒*lichaam* **0.5** ***skelet*** ⇒*geraamte;* ⟨fig.⟩ *mager scharminkel* **0.6** ***mummie*** ◆ **1.3** an ~ of Britain *een analyse v.h. leven in Groot-Brittannië;*
II ⟨telb. en n.-telb.zn.⟩ **0.1** ***ontleding*** ⇒*anatomie, dissectie;*
III ⟨n.-telb.zn.⟩ **0.1** ***anatomie*** ⇒*ontleedkunde*.

a·nat·ro·pous [ə'nætrəpəs]⟨bn.⟩⟨plantk.⟩ **0.1** ***anatroop***.

anatta, anatto → annatto.

anc ⟨afk.⟩ ancient.

-ance [-əns], **-an·cy** [ənsi]⟨vormt nw. uit ww. en bijv.nw.⟩ **0.1** ⟨ong.⟩ ***-(t)ie*** ⇒*-ing* ◆ **¶.1** appearance *verschijning;* arrogance *arrogantie*.

an·ces·tor ['ænsestə‖-ər]⟨f3⟩⟨telb.zn.⟩ **0.1** ⟨vaak mv.⟩ ***voorouder*** ⇒*voor/stamvader* **0.2** ***oertype*** ⟨v. plant e.d.; ook fig.⟩ ⇒*voorloper, prototype*.

an·ces·tral ['æn'sestrəl]⟨f2⟩⟨bn.; -ly⟩ **0.1** ***voorouderlijk*** ⇒*voorvaderlijk, ancestraal* **0.2** ***prototypisch*** ⇒*oer-, voorloper zijnd v.*.

an·ces·tress ['ænsestrɪs]⟨telb.zn.⟩ **0.1** ***stamvrouw*** ⇒*stammoeder*.

an·ces·try ['ænsestri]⟨f1⟩⟨telb. en n.-telb.zn.; vnl. enk.; →mv. 2⟩ **0.1** ***voorgeslacht*** ⇒*voorouders/vaderen* **0.2** ***afkomst*** ⇒*geslacht, stam/geslachtsboom, afstamming, (hoge) geboorte* **0.3** ***voorgeschiedenis***.

an·chi·there ['æŋkɪθɪə‖-θɪr]⟨telb.zn.⟩ **0.1** ***Anchitherium*** ⟨uitgestorven voorvader v.h. paard⟩.

an·chor[1] ['æŋkə‖-ər]⟨f2⟩⟨telb.zn.⟩ **0.1** ***anker*** **0.2** ***steun*** ⇒*toeverlaat, plechtanker, toevlucht* **0.3** ⟨radio, t.v.⟩ ***(programma)coördinator*** **0.4** →anchor man ◆ **1.¶** ~ to windward *voorzorgsmaatregel* **3.1** cast/drop/let go the ~ *het anker (uit)werpen/vieren/neerlaten;* come to ~, bring (a ship) to ~ *voor anker komen/gaan;* lie/be at ~, ride to/at ~ *voor/ten anker liggen, voor anker rijden, geankerd liggen;* weigh ~ *het anker lichten/winden/thuishalen* **3.¶** have an ~ to windward *voorzorgsmaatregelen genomen hebben;* swallow the ~ *voorgoed aan land gaan, ermee ophouden* **6.1** at ~ *voor anker*.

anchor[2] ⟨f1⟩⟨ww.⟩
I ⟨onov.ww.⟩ **0.1** ***ankeren*** ⇒*het anker uitwerpen;* ⟨fig.⟩ *zich vestigen* **0.2** ***voor anker liggen*** **0.3** ⟨radio, t.v.⟩ ***een programma coördineren*** **0.4** ⟨sport⟩ ***als laatste (man/vrouw) zwemmen/lopen*** ⟨enz.⟩;
II ⟨ov.ww.⟩ **0.1** ***(ver)ankeren*** ⟨ook fig.⟩ ⇒*vastleggen, (be)vestigen* **0.2** ⟨radio, t.v.⟩ ***coördineren***.

an·chor·age ['æŋkərɪdʒ]⟨f1⟩⟨zn.⟩
I ⟨telb.zn.⟩ **0.1** ***ankerplaats*** ⇒*ankergrond;*
II ⟨telb. en n.-telb.zn.⟩ **0.1** ⟨alleen enk.⟩ ***ankergeld*** ⇒*havengeld*

0.2 *steun* *⇒toeverlaat, toevlucht(soord)* **0.3 *bevestiging*** *⇒verankering, landshoofd* ⟨v. brug⟩, *anker;*
III ⟨n.-telb.zn.⟩ **0.1 *verankering*** *⇒het voor anker liggen, het ankeren.*

'anchorage ground ⟨telb.zn.⟩ **0.1 *ankerplaats*** *⇒ankergrond.*

an·cho·ress ['æŋkərɪs], **an·cress** ['æŋkrɪs]⟨telb.zn.⟩ **0.1 *kluizenaarster*** *⇒vrouwelijke heremiet.*

an·cho·ret·ic ['æŋkə'retɪk], **an·cho·rit·ic** [-'rɪtɪk]⟨bn.⟩ **0.1 *kluizenaars-*** *⇒eenzelvig, afgezonderd, teruggetrokken, anaechoretisch.*

'an·chor-hold ⟨telb.zn.⟩ **0.1 *ankergrond*** *⇒ankerbedding* **0.2 *ankergreep*** *⇒het grijpen* ⟨v. anker⟩; ⟨fig.⟩ *houvast, steun, vat.*

an·chor·ice ['æŋkəraɪs]⟨n.-telb.zn.⟩ **0.1 *grondijs.***

an·cho·rite ['æŋkəraɪt], **an·cho·ret** [-rət‖-ret]⟨telb.zn.⟩ **0.1 *kluizenaar*** *⇒heremiet, anachoreet.*

'anchor leg ⟨telb.zn.⟩⟨atletiek⟩ **0.1 *laatste loper/loopster*** ⟨in estafettewedstrijd⟩.

'anchor man ⟨f1⟩⟨telb.zn.; anchor men; →mv. 3⟩ **0.1** ⟨ben. voor⟩ ***de belangrijke man*** *⇒leider, moderator* ⟨v. debat⟩; *eindredacteur (en lezer)* ⟨v. nieuwsuitzending⟩; *laatste speler/loper/man* ⟨in estafettewedstrijd, enz.⟩ **0.2** ⟨radio, t.v.⟩ ***(programma)coördinator*** **0.3** ⟨radio, t.v.⟩ ***presentator.***

'anchor plate ⟨telb.zn.⟩ **0.1 *ankerplaat.***

'anchor ring ⟨telb.zn.⟩⟨wisk.⟩ **0.1 *torus.***

'an·chor·shack·le ⟨telb.zn.⟩ **0.1 *ankersluiting*** *⇒(anker)roering.*

'anchor woman ⟨telb.zn.⟩⟨radio, t.v.⟩ **0.1 *presentatrice.***

an·cho·vet·(t)a ['æntʃə'vetə]⟨telb.zn.⟩⟨dierk.⟩ **0.1 *ansjovis*** ⟨o.a. voor vismeel; Cetengraulis mysticetus⟩.

an·cho·vy ['æntʃəvi]⟨f1⟩⟨telb.zn.; ook anchovy; →mv. 2, 4⟩ **0.1 *ansjovis.***

'anchovy paste ⟨telb. en n.-telb.zn.⟩ **0.1 *ansjovispasta.***

'anchovy pear ⟨telb. en n.-telb.zn.⟩ **0.1 *ansjovispeer*** ⟨geconfijte vrucht v. Grias cauliflora⟩ **0.2** ⟨plantk.⟩ ***Grias cauliflora*** ⟨bep. tropische boom⟩.

'anchovy sauce ⟨telb. en n.-telb.zn.⟩ **0.1 *ansjovissaus.***

'anchovy toast ⟨telb. en n.-telb.zn.⟩ **0.1 *toast met ansjovispasta.***

an·chu·sa [æŋ'kju:sə‖-'ku:-]⟨telb.zn.⟩⟨plantk.⟩ **0.1 *ossetong*** ⟨genus Anchusa⟩.

anchylose, anchylosio →ankylose.

ancien régime ['ɑ:nsjen reɪ'ʒi:m‖ɑ̃sjɛ̃ -]⟨telb.zn.; anciens régimes [-ʒi:mz]; →mv. 6⟩ **0.1 *ancien régime*** **0.2 *oude regering(sstelsel).***

an·cient[1] ['eɪnʃənt]⟨f1⟩⟨zn.⟩
I ⟨telb.zn.⟩ **0.1 *iem. uit de (klassieke) oudheid*** **0.2** ⟨vero.⟩ ***grijsaard*** *⇒oude, hoogbejaarde* **0.3** ⟨vero.⟩ ***vaandel*** *⇒standaard, vlag* **0.4** ⟨vero.⟩ ***vaandeldrager*** *⇒vaandrig* ◆ **1.2** ⟨bijb.⟩ Ancient of Days *de Oude van Dagen* ⟨God; Dan. 7:9⟩;
II ⟨mv.; ~s; the; vaak A-⟩ **0.1 *de Ouden*** ⟨i.h.b. Grieken en Romeinen⟩.

ancient[2] ⟨f3⟩⟨bn.; ook -er; -ness⟩ **0.1 *antiek*** *⇒klassiek, oud, uit de oudheid* **0.2** ⟨ook scherts.⟩ ***zeer oud*** *⇒stokoud, ouderwets, antiek* ◆ **1.1** ~ history *de oude geschiedenis* ⟨tot de val v.h. Westromeinse rijk in 476⟩ **1.2** ~ history *een oude geschiedenis, 'oude koeien';* ~ light(s) *venster dat een buurman niet betimmeren mag;* ⟨BE⟩ ~ monument *historisch monument.*

an·cient·ly ['eɪnʃəntli]⟨bw.⟩ **0.1 *in oude tijden*** *⇒vanouds, in vroeger dagen.*

an·cient·ry ['eɪnʃəntri]⟨n.-telb.zn.⟩ **0.1 *oudheid*** *⇒oude tijden* **0.2 *ouderdom*** **0.3 *ouderwetsheid*** *⇒ouderwetse stijl.*

an·cil·lary[1] [æn'sɪləri‖'ænsɪleri]⟨telb.zn.; →mv. 2⟩ **0.1 *assistent*** *⇒helper.*

ancillary[2] ⟨f1⟩⟨bn.⟩ **0.1 *ondergeschikt*** *⇒bijkomstig, accessoir* **0.2 *helpend*** *⇒hulp-, aanvullend* ◆ **1.1** ~ industry *toeleveringsbedrijf* **6.1** ~ **to** *ondergeschikt aan.*

an·cip·i·tal [æn'sɪpɪtl]⟨bn.⟩⟨plantk.⟩ **0.1 *tweesnijdend.***

an·con ['æŋkɒn‖-kɑn]⟨telb.zn.; ancones [æŋ'kouni:z]; →mv. 5⟩ ⟨bouwk.⟩ **0.1 *console*** *⇒kraagsteen, draagsteen, modillon.*

ancress →anchoress.

-ancy →-ance.

an·cy·lo·sto·mi·a·sis ['ænsɪlɒstə'maɪəsɪs‖'æŋkɪlɑstə-]⟨telb. en n.-telb.zn.; ancylostomiases [-si:z]; →mv. 5⟩⟨med.⟩ **0.1 *mijnworm (ziekte)*** *⇒ancylostomiasis.*

and[1] [(ə)n(d)⟨sterk⟩ænd], ⟨gew. of inf.⟩ **an(')** [(ə)n]⟨f4⟩⟨nevensch.vw.⟩ **0.1 *en*** *⇒(samen) met, en toen/dan* **0.2** ⟨intensiteit of herhaling⟩ ***en (nog)*** *⇒(en) maar, en nog eens* **0.3** ⟨de woorden voor het voegw. bepalen die erna; niet te vertalen⟩ **0.4** ⟨tussen twee ww.; het tweede is doel v.h. eerste⟩ ***te*** **0.5** ⟨tussen twee ww.; het eerste duidt een toestand aan, het tweede een handeling die in die toestand gebeurt⟩ ***te*** **0.6** ⟨gevolg; vaak ter vervanging v. voorwaarde⟩ ***en*** *⇒of, en dan* **0.7 *maar*** **0.8** ⟨jur.⟩ ***en/of*** **0.9** ⟨nadruk⟩ ***en dan nog*** *⇒en wat voor, en hoe* ◆ **1.1** one gin ~ tonic *één gin tonic;* ~ interest *met rente;* milk ~ sugar please *melk en suiker graag* **1.2** thousands ~ thousands of people *duizenden en nog eens duizenden mensen* **1.9** Jill ~ Jill alone *Jill en alleen Jill;* but three words ~ those three were curses *slechts drie woorden en dat waren ook nog vloeken* **1.¶** there are bags ~ bags *je hebt zakken v. alle soorten* **2.3** the air is beautiful ~ clear *de lucht is mooi helder;* nice ~ quiet *lekker rustig;* lovely ~ warm *heerlijk warm* **2.8** he was tried as a civil ~ criminal offender *hij stond terecht in een civiele en/of strafrechtelijke procedure* **2.9** a deep wound ~ a lethal one (at that) *een diepe wonde en (bovendien nog) een dodelijke* **3.1** children come ~ go *kinderen komen en gaan* **3.2** he laughed ~ laughed *hij lachte maar;* she screamed ~ screamed *ze gilde als maar door* **3.4** try ~ finish it *probeer het af te maken;* then he went ~ killed her *toen heeft hij haar vermoord;* phone ~ let me know *bel op om mij op de hoogte te houden;* come ~ see *kom kijken* **3.5** he lay ~ dreamt *hij lag te dromen* **3.7** he aimed at the tree ~ hit a bush *hij mikte op de boom maar trof een struik* **4.1** two ~ two *twee en/aan twee;* ⟨vero.⟩ one ~ twenty *éénentwintig* **4.9** myself ~ me alone *enkel en alleen ik* **5.1** ~ so forth/on *enzovoort(s), en zo verder* **8.1** ~/or *en/of* **¶.1** he walked quickly ~ without stopping *hij liep vlug door en stopte niet* **¶.6** another word ~ I'll shoot you *nog één woord en ik schiet* **¶.9** she danced, ~ how! *ze danste, en hoe!.*

and[2] ⟨afk.⟩ andante.

An·da·lu·sian[1] ['ændə'lu:ʒn]⟨zn.⟩
I ⟨eig.n.⟩ **0.1 *Andalusisch*** ⟨Spaans dialect⟩;
II ⟨telb.zn.⟩ **0.1 *Andalusiër*** *⇒Andalusische.*

Andalusian[2] ⟨bn.⟩ **0.1 *Andalusisch.***

an·da·lu·site ['ændə'lu:saɪt]⟨telb.zn.⟩ **0.1 *andalusiet*** ⟨mineraal⟩.

an·dan·te[1] [æn'dænti]⟨telb.zn.⟩⟨muz.⟩ **0.1 *andante.***

andante[2] ⟨bn.; bw.⟩⟨muz.⟩ **0.1 *andante.***

an·dan·ti·no[1] ['ændæn'ti:noʊ]⟨telb.zn.⟩⟨muz.⟩ **0.1 *andantino.***

andantino[2] ⟨bn.; bw.⟩⟨muz.⟩ **0.1 *andantino.***

An·de·an ['ændɪən]⟨bn.⟩ **0.1 *v./als de Andes.***

an·de·site ['ændɪzaɪt]⟨n.-telb.zn.⟩ **0.1 *andesiet*** ⟨gesteente⟩.

and·i·ron ['ændaɪən‖-ərn]⟨telb.zn.⟩ **0.1 *vuurbok*** *⇒haardijzer, vuurijzer, hengst.*

an·dra·dite ['ændrədaɪt‖æn'drɑdaɪt]⟨telb. en n.-telb.zn.⟩ **0.1 *andradiet*** ⟨granaatsteen⟩.

an·dro·cen·tric ['ændrə'sentrɪk]⟨bn.⟩ **0.1 *androcentrisch*** *⇒op de man gericht.*

an·dro·cen·trism ['ændrə'sentrɪzm]⟨n.-telb.zn.⟩ **0.1 *androcentrisme.***

an·droe·ci·um [æn'dri:sɪəm]⟨telb.zn.; androecia [-sɪə]; →mv. 5⟩ ⟨plantk.⟩ **0.1 *androecium*** ⟨meeldraden v. bloem⟩.

an·dro·gen ['ændrədʒən]⟨telb.zn.⟩⟨biol.⟩ **0.1 *androgeen hormoon.***

an·dro·gen·ic ['ændrə'dʒenɪk]⟨bn.⟩⟨biol.⟩ **0.1 *androgeen.***

an·dro·gyne[1] ['ændrədʒaɪn]⟨telb.zn.⟩ **0.1 *androgyn*** *⇒hermafrodiet, tweeslachtig wezen* **0.2** ⟨plantk.⟩ ***androgyn*** *⇒tweeslachtige/biseksuele plant.*

androgyne[2], **an·drog·y·nous** [æn'drɒdʒɪnəs‖-'drɑ-]⟨bn.⟩ **0.1 *androgyn*** *⇒hermafrodiet, tweeslachtig* **0.2** ⟨plantk.⟩ ***tweeslachtig*** *⇒androgyn.*

an·drog·y·ny [æn'drɒdʒɪni‖-'drɑ-]⟨n.-telb.zn.⟩ **0.1 *androgynie*** *⇒hermafroditisme, tweeslachtigheid* **0.2** ⟨plantk.⟩ ***tweeslachtigheid*** *⇒androgynie.*

an·droid[1] ['ændrɔɪd]⟨telb.zn.⟩ **0.1 *androïde*** *⇒robot.*

android[2] ⟨bn.⟩ **0.1 *androïde*** *⇒mensvormig.*

an·dros·ter·one [æn'drɒstəroʊn‖-'drɑ-]⟨telb.zn.⟩ **0.1 *adrosteron*** *⇒mannelijk geslachtshormoon.*

-an·drous ['ændrəs]⟨vormt bijv. nw.⟩⟨plantk.⟩ **0.1 *-andrisch*** ◆ **¶.1** monandrous *monandrisch, met één meeldraad.*

-an·dry ['ændri]⟨vormt nw.⟩ **0.1 *-andrie*** *⇒mannerij* **0.2** ⟨plantk.⟩ ***-andrie*** ◆ **¶.1** monandry *huwelijk met één man;* polyandry *polyandrie, veelmannerij* **¶.2** heterandry *eigenschap v. meeldraden verschillende vorm of lengte te hebben;* monandry *monandrie.*

-ane [eɪn] **0.1** ⟨vormt bijv. nw.⟩ ***-aan*** *⇒ain* **0.2** ⟨schei. vormt nw.⟩ ***-aan*** ◆ **¶.1** humane *humaan;* mundane *mondain* **¶.2** propane *propaan.*

a·near[1] [ə'nɪə‖ə'nɪr]⟨bw.⟩⟨vero.⟩ **0.1 *welhaast*** *⇒bijna* **0.2 *naderbij*** *⇒nabij* ◆ **3.1** then he ~ did weep *toen schreide hij welhaast* **3.2** she drew ~ *ze kwam naderbij.*

anear[2] ⟨vz.⟩⟨vero. of gew.⟩ **0.1 *dicht bij*** *⇒nabij.*

an·ec·dot·age ['ænɪk'doʊtɪdʒ]⟨n.-telb.zn.⟩ **0.1 *anekdotiek*** *⇒anekdotenverzameling, serie anekdotes* **0.2** ⟨scherts.⟩ ***leuterleeftijd*** *⇒praatzieke ouderdom, seniliteit, kindsheid* ◆ **3.2** fall into ~ *beginnen te wauwelen.*

an·ec·do·tal ['ænɪk'doʊtl]⟨f1⟩⟨bn.⟩ **0.1 *anekdotisch.***

an·ec·do·tal·ist ['ænɪk'doʊtlɪst], **an·ec·dot·ist** ['ænɪk'doʊtɪst] ⟨telb.zn.⟩ **0.1 *verteller/verzamelaar/schrijver v. anekdoten.***

an·ec·dote ['ænɪkdoʊt]⟨f2⟩⟨telb.zn.; in bet. 0.2 ook anecdota [-doʊtə]; →mv. 5⟩ **0.1 *anekdote*** **0.2 *verholen geschiedkundige/biografische bijzonderheid.***

an·ec·dot·ic ['ænɪk'dɒtɪk‖-'dɑṭɪk], **an·ec·dot·i·cal** [-ɪkl]⟨bn.; -(al)ly; →bijw. 3⟩ 0.1 ***anekdotisch*** ⇒*anekdoten-* 0.2 ***praatziek*** ⇒*praatlustig, babbelachtig, steeds anekdoten vertellend.*

an·e·cho·ic ['ænɪ̣'koʊɪk]⟨bn.⟩ 0.1 ***echoloos*** ⇒*echovrij.*

a·nele [ə'ni:l]⟨ov.ww.⟩⟨vero.⟩ 0.1 ***zalven*** 0.2 ***het Heilig/laatste oliesel toedienen.***

anemia →anaemia.

anemic →anaemic.

a·nem·o·graph [ə'neməgrɑ:f‖-græf]⟨telb.zn.⟩⟨meteo.⟩ 0.1 ***anemograaf*** ⇒*windmeter.*

a·nem·o·graph·ic [ə'nemə'græfɪk]⟨bn.⟩⟨meteo.⟩ 0.1 ***anemografisch.***

an·e·mog·ra·phy ['ænɪ̣'mɒgrəfi‖-'mɑ-]⟨n.-telb.zn.⟩⟨meteo.⟩ 0.1 ***anemografie.***

an·e·mol·o·gy ['ænɪ̣'mɒlədʒi‖-'mɑ-]⟨n.-telb.zn.⟩⟨meteo.⟩ 0.1 ***anemologie.***

an·e·mom·e·ter ['ænɪ̣'mɒmɪ̣tə‖-'mɑmɪ̣ṭər]⟨telb.zn.⟩⟨meteo.⟩ 0.1 ***anemometer*** ⇒*windmeter, windsnelheidsmeter.*

an·e·mo·met·ric ['ænɪ̣moʊ'metrɪk], **an·e·mo·met·ri·cal** [-ɪkl]⟨bn.⟩⟨meteo.⟩ 0.1 ***anemometrisch.***

an·e·mom·e·try ['ænɪ̣'mɒmətri‖-'mɑ-]⟨n.-telb.zn.⟩⟨meteo.⟩ 0.1 ***anemometrie*** ⇒*windsterktemeting.*

a·nem·o·ne [ə'neməni]⟨f1⟩⟨telb.zn.⟩ 0.1 ⟨plantk.⟩ ***anemoon*** ⇒*windbloem* ⟨genus Anemone⟩ 0.2 ***zeeanemoon.***

an·e·moph·i·lous ['ænɪ̣'mɒfɪ̣ləs‖-'mɑ-]⟨bn.⟩⟨plantk.⟩ 0.1 ***anemofiel*** ⇒*anemogaam.*

an·e·moph·i·ly ['ænɪ̣'mɒfɪ̣li‖-'mɑ-]⟨n.-telb.zn.⟩⟨plantk.⟩ 0.1 ***anemofilie*** ⇒*anemogamie.*

a·nent [ə'nent]⟨vz.⟩ 0.1 ⟨vero. of gew.⟩ ***naast*** ⇒*naartoe, tegen* 0.2 ***over*** ⇒*met betrekking tot.*

-a·ne·ous ['eɪnɪəs] 0.1 ⟨vormt bijv. nw.⟩ ◆ ¶.1 cutaneous *v.d. huid;* miscellaneous *afwisselend.*

an·er·oid[1] ['ænerɔɪd]⟨telb.zn.⟩ 0.1 ***aneroïde-barometer*** ⇒*doosbarometer, metaalbarometer.*

aneroid[2] ⟨bn.⟩ 0.1 ***aneroïde*** ◆ 1.1 ~ barometer *aneroïde-barometer, doosbarometer, metaalbarometer.*

anesthesia →anaesthesia.

anesthesiology →anaesthesiology.

anesthetic →anaesthetic.

anesthetist →anaesthetist.

anesthetize →anaesthetize.

an·eu·rin [ə'njʊərɪ̣n‖'ænjərɪ̣n], **an·eu·rine** [ə'njʊəri:n‖'ænjəri:n]⟨telb.zn.⟩ 0.1 ***aneurine*** ⇒*vitamine B_1 thiamine.*

an·eu·rysm, an·eu·rism ['ænjərɪzm]⟨telb.zn.⟩⟨med.⟩ 0.1 ***aneurysma*** ⇒*slagadergezwel, verwijding v. slagader.*

an·eu·rys·mal, an·eu·ris·mal ['ænjə'rɪzml]⟨bn.⟩⟨med.⟩ 0.1 ***aneurysmaal*** ⇒*aneurysmatisch.*

a·new [ə'nju:‖ə'nu:]⟨f1⟩⟨bw.⟩ 0.1 ***opnieuw*** ⇒*nogmaals, weer, nog eens* 0.2 ***anders.***

an·frac·tu·os·i·ty ['ænfræktʃʊ'ɒsəti‖-'ɑsəṭi]⟨zn.; →mv. 2⟩
I ⟨telb.zn.⟩ 0.1 ***kronkel(ing)*** ⟨ook v. geest⟩ ⇒*kronkelgang/weg;*
II ⟨n.-telb.zn.⟩ 0.1 ***het kronkelig zijn*** ⇒*bochtigheid* 0.2 ***ingewikkeldheid.***

an·frac·tu·ous ['æn'fræktʃʊəs]⟨bn.; -ness⟩ 0.1 ***kronkelig*** ⇒*kronkelend, krom, bochtig* 0.2 ***ingewikkeld.***

an·ga·ry ['æŋgəri], **an·gar·i·a** [æŋ'ger$hwə]⟨n.-telb.zn.⟩⟨jur.⟩ 0.1 ***angarie.***

an·gel[1] ['eɪndʒəl]⟨f3⟩⟨telb.zn.⟩⟨→sprw. 204⟩ 0.1 ⟨ook A-⟩⟨bijb.⟩ ***engel*** ⟨laatste der negen engelenkoren⟩ ⇒⟨bij uitbr.⟩ *boodschapper, godsbode, hemelgeest; engelbewaarder* 0.2 ***schat*** ⇒*lieverd, engel* 0.3 ⟨inf.⟩ ***sponsor*** ⟨v. theaterproduktie, verkiezingscampagne⟩ ⇒*financier* 0.4 ***(onverklaarde) radarecho*** 0.5 ⟨mil.⟩ ***vijandelijk vliegtuig*** 0.6 ⟨gesch.⟩ ***nobel*** ⟨Engelse gouden munt met beeltenis v. Michael⟩ ◆ 2.1 my evil ~ *het duiveltje in mij;* my good ~ *mijn goede engel/beschermengel* 3.1 entertain ~s unawares *niet beseffen in welk uitgelezen gezelschap men is;* recording ~ *engel die goede en slechte daden boekstaaft* 3.2 be an ~ and go to bed *wees lief/wees een engel en ga naar bed* 3.¶ ministering ~ *dienende/reddende engel* ⟨i.h.b. verpleegster⟩; ⟨inf.⟩ it is enough to make ~s weep *het is om te huilen, daar zakt toch je broek van af.*

angel[2] ⟨ov.ww.⟩⟨inf.⟩ 0.1 ***sponsoren*** ⟨vnl. mbt. theater⟩ ⇒*financieren.*

'angel cake, 'angel food, 'angel food cake ⟨telb. en n.-telb.zn.⟩⟨cul.⟩ 0.1 ***luchtig, wit biscuitgebak*** ⟨v. bloem, suiker en eiwitten⟩.

'angel dust ⟨n.-telb.zn.⟩⟨sl.⟩ 0.1 ***PCP*** ⇒*angel dust* ⟨als drug gebruikt narcosemiddel⟩.

An·ge·le·no ['ændʒɪ̣'li:noʊ]⟨telb.zn.⟩ 0.1 ***inwoner v. Los Angeles.***

'an·gel·fish ⟨telb.zn.⟩⟨dierk.⟩ 0.1 ***klipvis*** ⟨Chaetodontidae⟩ 0.2 ***Braziliaanse maanvis*** ⟨Plerophyllum scalare⟩ 0.3 →angel shark.

an·gel·ic ['æn'dʒelɪk], **an·gel·i·cal** [-ɪkl]⟨f1⟩⟨bn.; -(al)ly; →bijw. 3⟩ 0.1 ***engelachtig*** ⇒*hemels, goddelijk, angeliek* 0.2 ⟨inf.⟩ ***lief*** ⇒*engelachtig* ◆ 1.1 Angelic Doctor *doctor angelicus, engelendoctor* ⟨St. Thomas v. Aquino⟩ 1.¶ the Angelic Salutation *het Ave Maria.*

an·gel·i·ca [æn'dʒelɪ̣kə], ⟨in bet. I ook⟩ **an·ge·lique** ['ændʒə'li:k]⟨zn.⟩
I ⟨telb.zn.⟩⟨plantk.⟩ 0.1 ***engelwortel*** ⇒*engelkruid, angelica* ⟨genus Angelica⟩;
II ⟨n.-telb.zn.⟩ 0.1 ***versuikerde/gekonfijte angelicawortel/stengel/blad*** 0.2 ⟨vaak A-⟩ ***benedictine*** ⟨likeur met angelica-olie⟩.

'an·gel-'no·ble ⟨telb.zn.⟩⟨gesch.⟩ 0.1 ***nobel*** ⟨Engelse gouden munt met beeltenis v. Michael⟩.

an·gel·ol·a·try ['eɪndʒə'lɒlətri‖-'lɑ-]⟨n.-telb.zn.⟩ 0.1 ***engelenverering.***

an·gel·ol·o·gy ['eɪndʒə'lɒlədʒi‖-'lɑ-]⟨n.-telb.zn.⟩ 0.1 ***engelenleer*** ⇒*angelologie.*

'angel shark ⟨telb.zn.⟩⟨dierk.⟩ 0.1 ***zeeëngel*** ⇒*speelman, schoorhaai* ⟨genus Squatina⟩.

'an·gels-on-'horse·back ⟨mv.⟩⟨cul.⟩ 0.1 ***baconrolletjes gevuld met oester*** ⟨op toast⟩.

'angel teat ⟨telb.zn.⟩⟨sl.⟩ 0.1 ***zachte whisky met goed boeket*** 0.2 ***prettige taak*** ⇒*makkie.*

an·ge·lus ['ændʒɪ̣ləs]⟨n.-telb.zn.; the; vaak A-⟩⟨R.-K.⟩ 0.1 ***angelus*** 0.2 ***angelus(klokje).***

'angelus bell ⟨n.-telb.zn.⟩ 0.1 ***angelus(klokje).***

an·ger[1] ['æŋgə‖-ər]⟨f3⟩⟨zn.⟩
I ⟨telb.zn.⟩⟨BE; gew.⟩ 0.1 ***ontsteking*** ⇒*pijnlijke plek, zweer;*
II ⟨n.-telb.zn.⟩ 0.1 ***woede*** ⇒*boosheid, toorn, razernij* ◆ 1.1 outburst of ~ *woedeaanval* 6.1 be filled with ~ **at** sth. *woedend zijn om iets.*

anger[2] ⟨f1⟩⟨ww.⟩
I ⟨onov.ww.⟩ 0.1 ***boos/woedend worden*** ◆ 5.1 he ~s easily *hij wordt gemakkelijk kwaad;*
II ⟨ov.ww.⟩ 0.1 ***boos/woedend maken*** ⇒*vertoornen* 0.2 ⟨BE; gew.⟩ ***ontstoken doen raken.***

An·ge·vin[1] ['ændʒɪ̣vɪ̣n]⟨telb.zn.⟩ 0.1 ***inwoner v. Anjou*** 0.2 ***lid v.h. huis v. Anjou.***

Angevin[2] ⟨bn.⟩ 0.1 ***uit/v. Anjou*** 0.2 ***Angevijns*** ⇒*v.h. huis v. Anjou.*

an·gi·na [æn'dʒaɪnə]⟨telb. en n.-telb.zn.⟩⟨med.⟩ 0.1 ⟨ben. voor⟩ ***ziekte met pijnlijk verstikkingsgevoel*** ⇒*angina, keelontsteking; kroepeuze angina; difterie* 0.2 ***angina pectoris*** ⇒*hartbeklemming.*

angina pec·to·ris [æn'dʒaɪnə 'pektərɪ̣s]⟨telb. en n.-telb.zn.⟩⟨med.⟩ 0.1 ***angina pectoris*** ⇒*hartbeklemming, stenocardie.*

an·gi·og·ra·phy [ændʒɪ'ɒgrəfi‖-'ɑ-]⟨telb. en n.-telb.zn.; →mv. 2⟩⟨med.⟩ 0.1 ***angiografie*** ⟨zichtbaar maken v. bloedvaten op röntgenfoto⟩.

an·gi·ol·o·gy ['ændʒɪ'ɒlədʒi‖-'ɑlə-]⟨n.-telb.zn.⟩⟨med.⟩ 0.1 ***angiologie.***

an·gi·o·ma ['ændʒɪ'oʊmə]⟨telb.zn.; ook angiomata [-məṭə]; →mv. 5⟩⟨med.⟩ 0.1 ***angioom*** ⇒*vaatgezwel.*

an·gi·o·sperm ['ændʒɪəspɜ:m‖'ændʒɪoʊspərm]⟨telb.zn.⟩⟨plantk.⟩ 0.1 ***angiosperm*** ⇒*bedektzadige (plant)* ⟨Angiospermae⟩.

Angl ⟨afk.⟩ Anglican.

an·gle[1] ['æŋgl]⟨f3⟩⟨telb.zn.⟩ 0.1 ⟨wisk.⟩ ***hoek*** ⇒*lichaamshoek* 0.2 ***hoek*** ⇒*kant, uitstekende punt* 0.3 ***gezichtshoek*** ⇒*perspectief;* ⟨fig.⟩ *gezichts/oogpunt, standpunt, visie, optiek* 0.4 ***aspect*** ⇒*kant, zijde* 0.5 ⟨sl.⟩ ***intrige*** ⇒*boos opzet, angel* 0.6 ⟨sl.⟩ ***zelfzuchtig motief*** ⇒*stiekem profijt/voordeel* 0.7 ⟨vero.⟩⟨ben. voor⟩ ***vistuig*** ⇒*vishaak, angel; vislijn; hengel* ◆ 1.1 ~ of incidence *invalshoek, hoek v. inval;* ~ of reflection *terugkaatsingshoek;* ~ of refraction *brekingshoek;* ⟨atletiek⟩ ~ of release *werphoek* ⟨v. discus, speer, (slinger)kogel⟩; ~ of repose *hellings/glooiingshoek, natuurlijk(e) helling/talud, wrijvingshoek;* ⟨mil.⟩ ~ of sight *vizierhoek, richthoek* 3.4 consider all ~s of a question *alle facetten v.e. probleem bekijken;* figure all the ~s *iets v. alle kanten bekijken* 3.5 suspect an ~ *vrezen dat er een adder onder het gras schuilt* 6.1 **at** an ~ (with) *schuin (op)* 6.3 look at sth. **from** a different/another ~ *iets bekijken vanuit een ander standpunt, iets v.e. andere kant bekijken.*

angle[2] ⟨f2⟩⟨ww.⟩ →angled
I ⟨onov.ww.⟩ 0.1 ***zich kronkelen*** ⇒*zich buigen/krommen/bukken* 0.2 ***vissen*** ⟨ook fig.⟩ ⇒*hengelen* ◆ 1.1 the road ~d through the forest *de weg kronkelde zich door het woud* 6.1 ~ **to** the right *naar rechts buigen* 6.2 ~ **for** compliments *naar complimentjes vissen;* ~ **for** information *naar informatie hengelen;*
II ⟨ov.ww.⟩ 0.1 ***ombuigen*** ⇒*(om)draaien* 0.2 ⟨inf.⟩ ***verdraaien*** ⇒*tendentieus voorstellen, vervormen* 0.3 ⟨sport, vnl. tennis⟩ ***scherp slaan*** ⟨bal⟩ ◆ 6.2 their protest is always ~d **on** the harm this does to children *ze doen altijd/stellen het altijd zo voor alsof ze protesteren omdat dit slecht is voor kinderen.*

An·gle ['æŋgl]⟨telb.zn.⟩⟨gesch.⟩ **0.1** ***Angel*** ⟨lid v. stam v.d. Angelen⟩.
'angle bracket ⟨f1⟩⟨telb.zn.⟩ **0.1** ***punthaak*** **0.2** ***hoekijzer*** *⇒hoeksteun.*
angl·ed ['æŋgld]⟨bn.; volt. deelw. v. angle⟩ **0.1** ***hoekig*** *⇒angulair* ◆ **1.1** ~ bracket *punthaak.*
'an·gle·doz·er ⟨telb.zn.⟩ **0.1** ***hoekschuiver*** ⟨bulldozer met schuin blad⟩.
'angle iron ⟨telb.zn.⟩ **0.1** ***hoekstaal.***
'angle parking ⟨n.-telb.zn.⟩ **0.1** ***schuin parkeren.***
'angle plate ⟨telb.zn.⟩ **0.1** ***hoekplaat*** ⟨op draaibank⟩.
an·gle·poise lamp ['æŋglpɔɪz]⟨telb.zn.; ook A-⟩ **0.1** ***(verstelbare) bureaulamp.***
an·gler ['æŋglə‖-ər]⟨f1⟩⟨telb.zn.⟩ **0.1** ***visser*** *⇒hengelaar* **0.2** ***intrigant*** **0.3** →anglerfish.
'an·gler·fish ⟨telb.zn.⟩⟨dierk.⟩ **0.1** ***zeeduivel*** *⇒hozemond* ⟨Lophiiformes/Pediculati⟩.
'angle shot ⟨telb.zn.⟩ **0.1** ***onder een hoek genomen foto.***
an·gle·site ['æŋglsaɪt]⟨n.-telb.zn.⟩ **0.1** ***anglesiet*** ⟨mineraal⟩.
'an·gle·worm ⟨telb.zn.⟩ **0.1** ***aardworm*** ⟨gebruikt als aas⟩ *⇒regenworm, pier.*
An·gli·an[1] ['æŋglɪən]⟨zn.⟩⟨gesch.⟩
 I ⟨eig.n.⟩ **0.1** ***Anglisch*** ⟨dialect v.h. Oud-Engels⟩;
 II ⟨telb.zn.⟩ **0.1** ***Angel*** ⟨lid v.d. stam der Angelen⟩.
Anglian[2] ⟨bn.⟩⟨gesch.⟩ **0.1** ***Anglisch*** ⟨v.d. Angelen⟩.
An·gli·can[1] ['æŋglɪkən]⟨f1⟩⟨telb.zn.⟩ **0.1** ***anglicaan.***
Anglican[2] ⟨f2⟩⟨bn.⟩ **0.1** ***anglicaans*** **0.2** ⟨AE⟩ ***Brits*** *⇒Engels* ◆ **1.1** the ~ Church *de Anglicaanse Kerk.*
An·gli·can·ism ['æŋglɪkənɪzm]⟨n.-telb.zn.⟩ **0.1** ***anglicanisme.***
An·gli·ce ['æŋglɪsi]⟨bw.⟩ **0.1** ***in het Engels.***
an·gli·cism ['æŋglɪsɪzm]⟨zn.; vaak A-⟩
 I ⟨telb.zn.⟩ **0.1** ⟨taalk.⟩ ***anglicisme*** **0.2** ***(typisch) Engelse gewoonte/houding/manier;***
 II ⟨n.-telb.zn.⟩ **0.1** ***anglofilie*** **0.2** ***het Engels-zijn.***
An·gli·cist ['æŋglɪsɪst]⟨telb.zn.⟩ **0.1** ***anglist.***
An·gli·cize, -cise ['æŋglɪsaɪz]⟨f1⟩⟨ww.; ook a-⟩
 I ⟨onov.ww.⟩ **0.1** ***(zich) verengelsen;***
 II ⟨ov.ww.⟩ **0.1** ***verengelsen.***
an·gling ['æŋglɪŋ]⟨f1⟩⟨n.-telb.zn.; gerund v. angle⟩ **0.1** ***hengelsport.***
'angling line ⟨telb.zn.⟩ **0.1** ***hengelsnoer.***
'angling rod ⟨telb.zn.⟩ **0.1** ***hengel(stok)*** *⇒vishengel.*
an·glist ['æŋglɪst]⟨telb.zn.⟩ **0.1** ***anglist*** ⟨kenner/beoefenaar v.d. Engelse taal en literatuur⟩.
An·glis·tics [æŋ'glɪstɪks]⟨n.-telb.zn.; ook a-⟩ **0.1** ***anglistiek*** ⟨wetenschappelijke studie v.d. Engelse taal en literatuur⟩.
An·glo ['æŋgloʊ]⟨telb.zn.⟩ **0.1** ⟨AE⟩ ***blanke Amerikaan*** ⟨i.t.t. Hispanic⟩ **0.2** ⟨Can. E⟩ ***Engelstalige Canadees*** **0.3** ⟨BE⟩ ***Engelsman*** ⟨tgo. Ier, Schot en iem. uit Wales⟩ **0.4** ***Engelssprekend iem..***
Anglo- ⟨ook a-⟩ **0.1** ***Engels*** **0.2** ***van Engelse oorsprong.***
'An·glo-A'mer·i·can[1] ⟨f1⟩⟨telb.zn.⟩ **0.1** ***Amerikaan v. Engelse afkomst.***
Anglo-American[2] ⟨f1⟩⟨bn.⟩ **0.1** ***Engels-Amerikaans*** *⇒Anglo-Amerikaans.*
'An·glo-'Cath·o·lic[1] ⟨telb.zn.⟩ **0.1** ***anglo-katholiek*** ⟨R.K.-gezinde anglicaan, vooral mbt. het toedienen v. sacramenten⟩.
Anglo-Catholic[2] ⟨bn.⟩ **0.1** ***anglo-katholiek.***
an·glo·cen·tric·i·ty ['æŋgloʊsen'trɪsət̬i]⟨n.-telb.zn.⟩ **0.1** ***anglocentrisme*** *⇒het gericht zijn op Engeland.*
'An·glo-'French[1] ⟨eig.n.⟩ **0.1** ***Anglo-Normandisch*** ⟨Normandische taal, in Engeland gesproken na 1066 tot eind 13e eeuw⟩.
Anglo-French[2] ⟨bn.⟩ **0.1** ***Engels-Frans*** **0.2** ***Anglo-Normandisch.***
'An·glo-'In·di·an[1] ⟨telb.zn.⟩ **0.1** ***Engelsman geboren/wonende in Indië*** **0.2** ***Euraziër*** **0.3** ***Engels, als gesproken in Indië*** *⇒Indisch Engels.*
Anglo-Indian[2] ⟨bn.⟩ **0.1** ***Engels-Indisch*** **0.2** ***Europees-Aziatisch.***
An·glo·ma·nia ['æŋglə'meɪnɪə]⟨n.-telb.zn.⟩ **0.1** ***anglomanie.***
An·glo·ma·ni·ac [-'meɪniæk]⟨telb.zn.⟩ **0.1** ***anglomaan.***
'An·glo-'Nor·man[1] ⟨zn.⟩
 I ⟨eig.n.⟩ **0.1** ***Anglo-Normandisch*** ⟨taal⟩;
 II ⟨telb.zn.⟩ **0.1** ***Anglo-Normandiër*** ⟨Normandisch kolonist in Engeland⟩.
Anglo-Norman[2] ⟨bn.⟩ **0.1** ***Anglo-Normandisch.***
An·glo·phil(e)[1] ['æŋgləfaɪl, -fɪl]⟨telb.zn.⟩ **0.1** ***anglofiel*** *⇒Engelsgezinde.*
Anglophil(e)[2] ⟨bn.⟩ **0.1** ***anglofiel*** *⇒Engelsgezind.*
An·glo·phil·ia [-'fɪlɪə]⟨n.-telb.zn.⟩ **0.1** ***Engelsgezindheid*** *⇒anglofilie.*
An·glo·phobe [-foʊb]⟨telb.zn.⟩ **0.1** ***anglofoob.***
An·glo·pho·bia [-'foʊbɪə]⟨n.-telb.zn.⟩ **0.1** ***anglofobie.***
An·glo·phone[1] [-foʊn]⟨telb.zn.⟩ **0.1** ***Engelstalige.***
Anglophone[2] ⟨bn.⟩ **0.1** ***Engelstalig.***
'An·glo-'Sax·on[1] ⟨f2⟩⟨zn.⟩
 I ⟨eig.n.⟩ **0.1** ***Oudengels*** **0.2** ⟨AE⟩ ***modern/ongekunsteld Engels;***
 II ⟨telb.zn.⟩ **0.1** ***Angelsakser*** **0.2** ***(typische) Engelsman.***
Anglo-Saxon[2] ⟨f2⟩⟨bn.⟩ **0.1** ***Angelsaksisch*** **0.2** ***Oudengels*** **0.3** ⟨AE⟩ ***Engels.***
an·go·ra [æŋ'gɔ:rə], **an·go·la** [æŋ'goʊlə]⟨zn.⟩
 I ⟨telb.zn.; vaak A-⟩ **0.1** ***angora*** ⟨kat/geit/konijn met lange haren⟩;
 II ⟨n.-telb.zn.⟩ **0.1** ***angorawol*** *⇒mohair.*
an·gos·tu·ra, an·gus·tu·ra ['æŋgə'stjʊərə‖-'stʊrə]⟨n.-telb.zn.⟩ **0.1** ***angostura*** ⟨elixer uit Zuidamerikaanse boom⟩.
ango'stura bark ⟨telb.zn.⟩ **0.1** ***angosturabast.***
'angostura 'bitters ⟨n.-telb.zn.⟩ **0.1** ***angostura*** ⟨tonicum⟩.
an·gries ['æŋgriz]⟨mv.⟩⟨verk.⟩ Angry Young Men **0.1** ***jongeren in opstand tegen het establishment*** ⟨± 1950, vooral gezegd van schrijvers⟩.
an·gry ['æŋgri]⟨f3⟩⟨bn.; -er; -ly; →bijw. 3⟩ **0.1** ***boos*** *⇒kwaad, verbolgen, nijdig* **0.2** ***dreigend*** *⇒stormachtig* **0.3** ***prikkelbaar*** *⇒geprikkeld* **0.4** ***ontstoken*** *⇒pijnlijk, rood* ◆ **1.2** ~ clouds *dreigende wolken;* an ~ sea *een onstuimige zee* **1.4** an ~ wound *een ontstoken wond* **6.1** ~ **at/with** s.o. *boos op iemand;* ~ **at/about** sth. *boos over iets.*
angst [æŋ(k)st]⟨n.-telb.zn.⟩ **0.1** ***angstgevoel*** **0.2** ***levensangst.***
an·guil·li·form ['æŋ'gwɪlɪfɔm‖-fɔrm]⟨bn.⟩ **0.1** ***aalvormig*** *⇒slangvormig.*
an·guine ['æŋgwɪn]⟨bn.⟩ **0.1** ***aalachtig*** *⇒slangachtig.*
an·guish[1] ['æŋgwɪʃ]⟨f2⟩⟨n.-telb.zn.⟩ **0.1** ***(ziele)leed*** *⇒smart, lijden, angst.*
anguish[2] ⟨f1⟩⟨ww.⟩ →anguished
 I ⟨onov.ww.⟩ **0.1** ***lijden*** *⇒pijn lijden, angst hebben;*
 II ⟨ov.ww.⟩ **0.1** ***pijnigen*** *⇒kwellen.*
an·guish·ed ['æŋgwɪʃt]⟨bn.; volt. deelw. v. anguish⟩ **0.1** ***gekweld*** *⇒vol angst/smart.*
an·gu·lar ['æŋgjʊlə‖-gjələr]⟨f2⟩⟨bn.; -ly; -ness⟩ **0.1** ***hoekig*** *⇒hoekvormig, met hoeken* **0.2** ***kantig*** *⇒met scherpe kanten* **0.3** ***hoek-*** **0.4** ***onbehouwen*** *⇒ruw* **0.5** ***benig*** *⇒knokig, mager* **0.6** ***nukkig*** *⇒halsstarrig* ◆ **1.3** ~ velocity *hoeksnelheid* **1.¶** ⟨kernfysica⟩ ~ momentum *impulsmoment.*
an·gu·lar·i·ty ['æŋgjʊ'lærəti‖-gjə'lærət̬i]⟨telb. en n.-telb.zn.; →mv. 2⟩ **0.1** ***hoekigheid*** **0.2** ***onbehouwenheid*** *⇒lompheid* **0.3** ***nukkigheid.***
an·gu·late[1] ['æŋgjʊlət‖-gjə-]⟨bn.; -ly⟩ **0.1** ***hoekig.***
angulate[2] ['æŋgjʊleɪt‖-gjə-]⟨ww.⟩ →angulated
 I ⟨onov.ww.⟩ **0.1** ***hoekig worden;***
 II ⟨ov.ww.⟩ **0.1** ***hoekig maken.***
an·gu·lat·ed ['æŋgjʊleɪt̬ɪd‖-gjəleɪt̬ɪd]⟨bn.; volt. deelw. v. angulate⟩ **0.1** ***hoekig.***
an·gu·la·tion ['æŋgjʊ'leɪʃn‖-gjə-]⟨telb. en n.-telb.zn.⟩ **0.1** ***hoekige vorm(ing).***
angustura →angostura.
an·hy·drous ['æn'haɪdrəs]⟨bn.⟩ **0.1** ***watervrij*** *⇒vochtvrij.*
a·nigh[1] [ə'naɪ]⟨bw.⟩⟨vero.⟩ **0.1** ***nabij*** ◆ **3.1** draw ~ *naderbij komen.*
anigh[2], **nigh** ⟨vz.⟩⟨vero.⟩ **0.1** ***nabij*** ◆ **1.1** well ~ the forest *heel dicht bij het bos.*
an·il ['ænɪl]⟨telb. en n.-telb.zn.⟩ **0.1** ***indigo.***
an·ile ['eɪnaɪl‖'ænaɪl]⟨bn.⟩ **0.1** ***als (v.) een oude vrouw*** *⇒oud en zwak, kinds, suf.*
an·i·line ['ænɪli:n, -lɪn‖'æn(ə)-]⟨n.-telb.zn.⟩ **0.1** ***aniline.***
'aniline 'dye ⟨telb.zn.⟩ **0.1** ***anilinekleurstof*** **0.2** ***synthetische kleurstof.***
anil·i·ty [ə'nɪlət̬i]⟨telb. en n.-telb.zn.; →mv. 2⟩ **0.1** ***stompzinnigheid*** ⟨als v.e. oude vrouw⟩ *⇒sufheid, kindsheid.*
an·i·mad·ver·sion ['ænɪmæd'vɜ:ʃn‖-'vɜrʒn]⟨telb.zn.⟩⟨schr.⟩ **0.1** ***aanmerking*** *⇒berisping* ◆ **6.1** make ~s **(up)on** *kritiek uitoefenen op.*
an·i·mad·vert ['ænɪmæd'vɜ:t‖-'vɜrt]⟨ww.⟩⟨schr.⟩
 I ⟨onov.ww.⟩ **0.1** ***aanmerkingen maken*** *⇒kritiek uitoefenen* ◆ **6.1** ~ **(up)on/about** s.o.'s conduct *aanmerkingen hebben op iemands gedrag;*
 II ⟨ov.ww.⟩⟨vero.⟩ **0.1** ***opmerken*** *⇒observeren.*
an·i·mal[1] ['ænɪməl]⟨f3⟩⟨telb.zn.⟩ **0.1** ***dier*** *⇒beest, dierlijk wezen, zoogdier* **0.2** ***viervoeter*** **0.3** ***beest*** ⟨fig.⟩ *⇒schoft;* ⟨sport, i.h.b. Am. voetbal⟩ *beul, slager* **0.4** ⟨the⟩ ***dierlijkheid*** *⇒dierlijke natuur* ◆ **7.¶** there is no such ~ *zo iets bestaat niet/kán niet bestaan.*
animal[2] ⟨f2⟩⟨bn.⟩ **0.1** ***dierlijk*** *⇒dier(en)-* **0.2** ***vleselijk*** *⇒zinnelijk* ◆ **1.1** ~ charcoal *beenderkool;* ~ heat *lichaamswarmte;* ~ husbandry *veeteelt;* ~ spirits *levenslust;* ~ world *dierenwereld* **1.2** ~ desires *vleselijke lusten* **1.¶** ~ magnetism ⟨scherts.⟩ *sex appeal;* ⟨vero.⟩ *dierlijk magnetisme, mesmerisme, hypnotisme.*

an·i·mal·cule ['ænɪ'mælkju:l]⟨telb.zn.⟩ **0.1** ***microscopisch klein diertje.***

'an·i·mal-free ⟨bn., attr.⟩ **0.1** ***vegetarisch*** ⇒*niet van/door dieren gemaakt.*

an·i·mal·ism ['ænɪməlɪzm]⟨telb. en n.-telb.zn.⟩ **0.1** ***dierlijkheid*** **0.2** ***zinnelijkheid*** **0.3** ***levenskracht*** ⇒*vitaliteit* **0.4** ***animalisme*** ⟨leer dat de mens geen ziel heeft⟩.

an·i·mal·ist ['ænɪməlɪst]⟨telb.zn.⟩ **0.1** ***sensualist*** **0.2** ***aanhanger v.h. animalisme*** **0.3** ***dierenschilder*** **0.4** ***voorstander v. dierenrechten.***

an·i·mal·i·ty ['ænɪ'mæləṭi]⟨telb. en n.-telb.zn.; →mv. 2⟩ **0.1** ***dierlijke natuur*** ⇒*dierlijkheid* **0.2** ***levenskracht*** ⇒*vitaliteit* **0.3** ***dierenwereld.***

an·i·mal·i·za·tion, -sa·tion ['ænɪməlaɪ'zeɪʃn‖-ə'zeɪʃn]⟨n.-telb.zn.⟩ **0.1** ***verdierlijking.***

an·i·mal·ize, -ise ['ænɪməlaɪz]⟨ov.ww.⟩ **0.1** ***verdierlijken*** **0.2** ***zinnelijk maken.***

'animal kingdom ⟨n.-telb.zn.; the⟩ **0.1** ***dierenrijk.***

'animal libe'ration, ⟨inf.⟩ **animal lib** [-'lɪb]⟨n.-telb.zn.⟩ **0.1** ***dierenbevrijdingsbeweging/front.***

'Animal Libe'ration Front ⟨eig.n.⟩ **0.1** ***Dierenbevrijdingsfront.***

'animal 'rights ⟨mv.⟩ **0.1** ***dierenrechten.***

an·i·mate[1] ['ænɪmət]⟨bn.⟩ **0.1** ***levend*** ⟨ook taalk.⟩ **0.2** ***bezield*** **0.3** ***levendig*** ⇒*opgewekt.*

animate[2] ['ænɪmeɪt]⟨f2⟩⟨ov.ww.⟩ →animated **0.1** ***leven geven*** ⇒*bezielen* **0.2** ***verlevendigen*** ⇒*opwekken, opvrolijken* **0.3** ***animeren*** ⇒*aanmoedigen, aanzetten* **0.4** ***inspireren*** ⇒*in beweging brengen* **0.5** ⟨film⟩ ***tot leven brengen*** ⟨poppen, voorwerpen⟩.

an·i·mat·ed ['ænɪmeɪṭɪd]⟨f2⟩⟨bn.; volt. deelw. v. animate; -ly⟩ **0.1** ***levend(ig)*** ⇒*bezield, geanimeerd* ◆ **1.¶** ~ cartoon *tekenfilm.*

an·i·ma·tion ['ænɪ'meɪʃn]⟨f2⟩⟨zn.⟩

I ⟨telb.zn.⟩ **0.1** ***animatiefilm*** ⇒*teken/poppenfilm;*

II ⟨n.-telb.zn.⟩ **0.1** ***het levend(ig) maken*** **0.2** ***levendigheid*** ⇒*opgewektheid, opgewondenheid, animo* **0.3** ***het maken v. animatie/teken/poppenfilms*** ⇒*animatie* ◆ **3.¶** suspended ~ *schijndood.*

an·i·mism ['ænɪmɪzm]⟨n.-telb.zn.⟩ **0.1** ***animisme.***

an·i·mist[1] ['ænɪmɪst]⟨telb.zn.⟩ **0.1** ***animist*** ⟨aanhanger v.h. animisme⟩.

animist[2] ⟨bn.⟩ **0.1** ***animistisch.***

an·i·mis·tic ['ænɪ'mɪstɪk]⟨bn.⟩ **0.1** ***animistisch.***

an·i·mos·i·ty ['ænɪ'mɒsəti‖-'mɑsəṭi]⟨f2⟩⟨telb. en n.-telb.zn.; →mv. 2⟩ **0.1** ***animositeit*** ⇒*vijandigheid, vijandschap* **0.2** ***verbittering*** ⇒*haat, wrok.*

an·i·mus ['ænɪməs]⟨telb. en n.-telb.zn.; g.mv.⟩ **0.1** ***geest*** ⇒*kracht, bezieling* **0.2** ***drijfveer*** ⇒*bedoeling, neiging* **0.3** ***animositeit*** ⇒*vijandschap, vijandigheid.*

an·ion ['ænaɪən]⟨telb.zn.⟩⟨nat., schei.⟩ **0.1** ***anion*** ⟨negatief geladen ion⟩.

an·ion·ic ['ænaɪ'ɒnɪk‖-'ɑnɪk]⟨bn.⟩⟨nat., schei.⟩ **0.1** ***anionisch.***

a·nis [æ'ni:s]⟨n.-telb.zn.⟩ **0.1** ***anijslikeur*** ⇒*pastis.*

an·ise ['ænɪs]⟨telb.zn.⟩⟨plantk.⟩ **0.1** ***anijsplant*** ⟨Pimpinella anisum⟩.

an·i·seed ['ænɪsi:d]⟨telb. en n.-telb.zn.⟩ **0.1** ***anijszaad(je).***

an·i·sette ['ænɪ'zet]⟨n.-telb.zn.⟩ **0.1** ***anisette*** ⟨fijne anijslikeur⟩.

an·i·so- ['æn'aɪsoʊ], **an·i·s-** ['ænaɪs] **0.1** ***ongelijk*** ⇒*verschillend* ◆ **¶.1** ⟨dierk.⟩ anisodactylous *ongelijktenig;* anisometric *anisometrisch.*

an·ker ['æŋkə‖-ər]⟨telb.zn.⟩⟨gesch.⟩ **0.1** ***anker*** ⟨inhoudsmaat, ong. 38 l⟩ **0.2** ***vaatje van die inhoud.***

an·kle[1] ['æŋkl]⟨f3⟩⟨telb.zn.⟩ **0.1** ***enkel.***

ankle[2] ⟨onov.ww.⟩⟨AE; sl.⟩ **0.1** ***lopen.***

'ankle biter ⟨telb.zn.⟩⟨Austr. E; inf.⟩ **0.1** ***kind*** ⇒*kleuter, handenbinder.*

'ank·le·bone ⟨telb.zn.⟩ **0.1** ***kootbeen*** ⇒*sprongbeen.*

'ankle boot ⟨telb.zn.⟩ **0.1** ***enkellaars(je).***

'ank·le-'deep ⟨bn.⟩ **0.1** ***tot aan de enkels.***

'ankle jack ⟨telb.zn.⟩ **0.1** ***enkellaars(je).***

'an·kle-length ⟨bn., attr.⟩ **0.1** ***tot aan de enkels reikend*** ◆ **1.1** ~ skirt *voetvrije rok.*

'ankle sock ⟨telb.zn.⟩ **0.1** ***enkelsok*** ⇒*halve sok.*

an·klet ['æŋklɪt]⟨telb.zn.⟩ **0.1** ***enkelring*** ⇒⟨mil.⟩ *enkelstuk* **0.2** ***voetboei*** **0.3** ⟨AE⟩ ***enkelsok*** ⇒*halve sok, anklet.*

an·ky·lose, an·c(h)y·lose ['æŋkɪlouz, -loʊs]⟨ww.⟩⟨med.⟩

I ⟨onov.ww.⟩ **0.1** ***aaneengroeien v. botten v. gewricht*** ⇒*stijf worden;*

II ⟨ov.ww.⟩ **0.1** ***stijf maken door ankylose.***

an·ky·lo·sis, an·c(h)y·lo·sis ['æŋkɪ'loʊsɪs], **an·ky·lose, an·chy·lose** ⟨telb. en n.-telb.zn.; ankyloses [-si:z]; →mv. 5⟩⟨med.⟩ **0.1** ***ankylose*** ⇒*gewrichtsverstijving, gewrichtsstijfheid.*

an·lace ['ænlɪs]⟨telb.zn.⟩⟨vero.⟩ **0.1** ***hartsvanger*** ⇒*korte dolk.*

ann ⟨afk.⟩ annals, annuals, annuity.

an·na ['ænə]⟨telb.zn.⟩⟨gesch.⟩ **0.1** ***anna*** ⟨Indiase munt, $^1/_{16}$ v. roepij⟩.

an·nal·ist ['ænəlɪst]⟨telb.zn.⟩ **0.1** ***kroniekschrijver*** ⇒*annalist, jaarboekschrijver.*

an·nals ['ænlz]⟨f1⟩⟨mv.⟩ **0.1** ***annalen*** ⟨ook fig.⟩ ⇒*kronieken, jaarboeken, jaaroverzicht.*

an·nates ['æneɪts, -nəts]⟨mv.⟩⟨gesch.⟩ **0.1** ***annaten*** ⟨aandeel in de inkomsten v.e. geestelijk ambt gedurende het eerste jaar, aan de paus verschuldigd⟩.

a(n)·nat·to [ə'nɑ:ṭoʊ], **a·nat·ta** [ə'nɑ:ṭə]⟨n.-telb.zn.⟩ **0.1** ***anatto*** ⇒*orleaan* ⟨geelachtig rode plantaardige kleurstof⟩.

an·neal [ə'ni:l]⟨ov.ww.⟩⟨tech.⟩ **0.1** ***uitgloeien*** ⇒*temperen* ⟨glas⟩; *zachtgloeien, ontharden* ⟨water⟩; ⟨fig.⟩ *harden, stalen* ◆ **1.1** ~ing furnace *gloeioven.*

an·nec·tent [ə'nektənt]⟨bn.⟩⟨biol.⟩ **0.1** ***verbindend*** ⇒*overgangs-* ◆ **1.1** an ~ species between apes and man *een soort die de overgang vormt tussen de mensaap en de mens.*

an·ne·lid ['ænəlɪd], **an·nel·i·dan** [ə'nelɪdən]⟨telb.zn.⟩ **0.1** ***ringworm.***

annelidan ⟨bn.⟩ **0.1** ***mbt. de ringworm.***

an·nex[1], **an·nexe** ['æneks]⟨f1⟩⟨telb.zn.⟩ **0.1** ***aanhangsel*** ⇒*addendum* **0.2** ***bijlage*** **0.3** ***aanbouw, dependance*** ⇒*bijgebouw.*

annex[2] [ə'neks]⟨f1⟩⟨ov.ww.⟩ **0.1** ***aanhechten*** **0.2** ***(bij)voegen*** **0.3** ***annexeren*** ⇒*inlijven;* ⟨inf., iron.⟩ *zich toeëigenen, ontvreemden, gappen* **0.4** ***verbinden.***

an·nex·a·tion ['ænek'seɪʃn]⟨f1⟩⟨telb. en n.-telb.zn.⟩ **0.1** ***aanhechting*** **0.2** ***bijvoeging*** **0.3** ***annexatie*** **0.4** ***verbinding.***

an·nex·a·tion·ist ['ænek'seɪʃənɪst]⟨telb.zn.⟩ **0.1** ***annexionist*** ⇒*voorstander v. annexatie.*

an·ni·hi·late [ə'naɪəleɪt]⟨f1⟩⟨ww.⟩

I ⟨onov.ww.⟩ **0.1** ***vernietigd worden*** ⇒⟨i.h.b. kernfysica⟩ *annihilatie ondergaan;*

II ⟨ov.ww.⟩ **0.1** ***vernietigen*** ⇒*tenietdoen* ⟨ook fig.⟩.

an·ni·hi·la·tion [ə'naɪə'leɪʃn]⟨f2⟩⟨telb. en n.-telb.zn.⟩ **0.1** ***vernietiging*** **0.2** ⟨kernfysica⟩ ***verstraling*** ⇒*annihilatie.*

an·ni·ver·sa·ry[1] ['ænɪ'vɜ:sri‖-'vɜr-]⟨f2⟩⟨telb.zn.; →mv. 2⟩ **0.1** ***verjaardag*** ⇒*jaardag, gedenkdag* **0.2** ***verjaarsfeest*** ⇒*verjaringsfeest, jaarfeest* ◆ **7.1** my golf-club celebrated its 100th ~ *mijn golfclub vierde zijn honderdjarig bestaan.*

anniversary[2] ⟨bn., attr.⟩ **0.1** ***jaarlijks.***

An·no Dom·i·ni[1] ['ænoʊ 'dɒmɪnaɪ‖-'dɑ-]⟨n.-telb.zn.⟩⟨inf.⟩ **0.1** ***de oude dag*** ⇒*de ouderdom* ◆ **3.1** suffer from ~ *last hebben v.d. oude dag.*

Anno Domini[2] ⟨bw.⟩ **0.1** ***anno Domini*** ⇒*in het jaar onzes Heren.*

An·no Mun·di [-'mʊndi]⟨bw.⟩ **0.1** ***anno mundi*** ⇒*in het jaar v.d. wereld.*

an·no·tate ['ænəteɪt]⟨f1⟩⟨ww.⟩

I ⟨onov.ww.⟩ **0.1** ***aantekeningen maken*** ◆ **6.1** ~ (up)on *aantekeningen maken bij, commentaar schrijven op;*

II ⟨ov.ww.⟩ **0.1** ***annoteren*** ⇒*van commentaar/verklarende aantekeningen voorzien, glosseren.*

an·no·ta·tion ['ænə'teɪʃn]⟨f1⟩⟨zn.⟩

I ⟨telb.zn.⟩ **0.1** ***annotatie*** ⇒*aantekening;*

II ⟨n.-telb.zn.⟩ **0.1** ***het annoteren.***

an·no·ta·tor ['ænəteɪtə‖-teɪṭər]⟨telb.zn.⟩ **0.1** ***annotator*** ⇒*maker v. verklarende aantekeningen.*

an·nounce [ə'naʊns]⟨f3⟩⟨ov.ww.⟩ **0.1** ***aankondigen*** ⇒*bekend maken, melden, aanduiding zijn van* **0.2** ***omroepen*** ◆ **1.1** the first swallows ~d that spring was here *de eerste zwaluwen kwamen als voorboden v.d. lente.*

an·nounce·ment [ə'naʊnsmənt]⟨f2⟩⟨telb.zn.⟩ **0.1** ***aankondiging*** ⇒*bekendmaking, mededeling.*

an·nounc·er [ə'naʊnsə‖-ər]⟨f1⟩⟨telb.zn.⟩ **0.1** ⟨com.⟩ ***omroeper*** ⇒*verslaggever, reporter* **0.2** ***aankondiger.***

an·noy [ə'nɔɪ]⟨f3⟩⟨ww.⟩ →annoying

I ⟨onov.ww.⟩ **0.1** ***vervelend zijn;***

II ⟨ov.ww.⟩ **0.1** ***ergeren*** ⇒*kwellen, irriteren* **0.2** ***lastig vallen*** ⇒*hinderen, molesteren, plagen* **0.3** ⟨mil.⟩ ***bestoken*** ⇒*teisteren* ◆ **3.1** she was ~ed to discover ... *ze was een beetje nijdig toen ze ontdekte ...* **6.1** be ~ed **at** sth. *zich over iets ergeren;* be ~ed **with** s.o. *boos zijn op iem..*

an·noy·ance [ə'nɔɪəns]⟨f3⟩⟨telb. en n.-telb.zn.⟩ **0.1** ***ergernis*** ⇒*kwelling* **0.2** ***last*** ⇒*hinder, plaag.*

an·noy·ing [ə'nɔɪɪŋ]⟨f2⟩⟨bn.; teg. deelw. v. annoy; -ly⟩ **0.1** ***ergerlijk*** ⇒*vervelend, lastig, hinderlijk* ◆ **1.1** the ~ thing about it is ... *het vervelende v.d. zaak is ....*

an·nu·al[1] ['ænjuəl]⟨telb.zn.⟩ **0.1** ***éénjarige plant*** **0.2** ***jaarboek*** ⇒*jaarlijks gepubliceerde periodiek* **0.3** ⟨relig.⟩ ***jaargetij(de)*** ⇒*jaarmis.*

annual[2] ⟨f3⟩⟨bn.; -ly⟩ **0.1** ***jaarlijks*** ⇒*jaar-* **0.2** ***eenjarig*** ◆ **1.1** ⟨boekhouden⟩ ~ accounts *jaarrekening;* ~ general meeting *jaarlijkse algemene vergadering* ⟨van vennootschap, vereniging e.d.⟩; ~ income *jaar(lijks) inkomen;* ~ instalment *annuïteit, jaar-*

lijkse aflossing; ~ production *jaarlijkse produktie;* ~ report *jaarverslag;* ~ ring *jaarring;* ~ value *huurwaardeforfait;* ⟨B.⟩ *kadastraal inkomen.*

an·nu·al·ize ['ænjʊəlaɪz]⟨ov.ww.⟩⟨geldw.⟩ **0.1** ***op jaarbasis berekenen*** ⟨voor een kortere periode, bv. een maand⟩.

an·nu·i·tant [ə'nju:ɪtənt‖ə'nu:ɪṭənt]⟨telb.zn.⟩ **0.1** ***lijfrentetrekker*** ⇒*jaargeldtrekker.*

an·nu·it coep·tis ['ænjʊɪt'septɪs]⟨eig.n.⟩ **0.1** ***Hij*** ⟨God⟩ ***heeft onze ondernemingen gezegend*** ⟨spreuk op keerzijde v.h. Am. grootzegel, naar Aeneis 9.625⟩.

an·nu·i·ty [ə'nju:əti‖ə'nu:əṭi]⟨telb.zn.;→mv. 2⟩ **0.1** ***jaargeld*** ⇒*jaarrente, lijfrente, annuïteit* ◆ **3.1** consolidated annuities *consols* ⟨schuldbewijzen v. geconsolideerde leningen⟩; deferred annuities *uitgestelde lijfrente.*

an·nul [ə'nʌl]⟨f1⟩⟨ov.ww.;→ww. 7⟩ **0.1** ***vernietigen*** ⇒*tenietdoen, afschaffen* **0.2** ***ongeldig/nietig verklaren*** ⇒*herroepen, intrekken, opheffen, annuleren.*

an·nu·lar ['ænjʊlə‖'ænjələr]⟨bn.;-ly⟩ **0.1** ***ringvormig*** ⇒*ring-* ◆ **1.1** ~ eclipse *ringvormige zonsverduistering.*

an·nu·late, an·nu·lat·ed ['ænjʊleɪt(ɪ)d‖'ænjəleɪṭ(ɪ)d]⟨bn.⟩ **0.1** ***geringd.***

an·nu·la·tion ['ænjʊ'leɪʃn‖-jə-]⟨zn.⟩

I ⟨telb.zn.⟩ **0.1** ***ringvorm*** ⇒*ringvormige structuur/bouw;*

II ⟨telb. en n.-telb.zn.⟩ **0.1** ***ringvorming.***

an·nu·let ['ænjʊlɪt‖-jə-]⟨telb.zn.⟩ **0.1** ***ringetje*** ⇒⟨bouwk.⟩ *smalle ringvormige versiering rond zuil.*

an·nul·ment [ə'nʌlmənt]⟨f1⟩⟨telb. en n.-telb.zn.⟩ **0.1** ***vernietiging*** ⇒*tenietdoening, afschaffing* **0.2** ***nietigverklaring*** ⇒*herroeping, intrekking, opheffing, annulering.*

an·nun·ci·ate [ə'nʌnʃieɪt]⟨ov.ww.⟩ **0.1** ***aankondigen*** ⇒*af/verkondigen, proclameren.*

an·nun·ci·a·tion [ə'nʌnsi'eɪʃn]⟨zn.⟩

I ⟨eig.n.; A-; the⟩⟨relig.⟩ **0.1** ***Maria Boodschap*** ⟨Lc. 1:28-38⟩ **0.2** →Annunciation Day;

II ⟨telb.zn.⟩ **0.1** ***aankondiging*** ⇒*proclamatie, afkondiging;*

III ⟨n.-telb.zn.⟩ **0.1** ***het aankondigen.***

Annunci'ation Day ⟨eig.n.⟩⟨relig.⟩ **0.1** ***(feest v.) Maria Boodschap*** ⟨25 maart⟩.

an·nun·ci·a·tor [ə'nʌnsieɪtə‖-eɪṭər]⟨telb.zn.⟩ **0.1** ***aankondiger*** **0.2** ***nummerpaneel*** ⟨waarop, in een gebouw met elektrische belinstallatie, zichtbaar wordt waar gebeld is⟩.

an'nunciator board ⟨telb.zn.⟩ **0.1** ***nummerbord*** ⟨in hotel, kantoor⟩ ⇒*oproepbord met valkleppen of verklikkerlichtjes.*

an'nunciator disc, an'nunciator drop ⟨telb.zn.⟩ **0.1** ***valklep(je).***

an·o·dal ['ænoʊdl]⟨bn., attr.⟩⟨tech.⟩ **0.1** ***anode-.***

an·ode ['ænoʊd]⟨f1⟩⟨telb.zn.⟩⟨tech.⟩ **0.1** ***anode*** ⇒*plaat* ⟨radiobuis⟩.

'anode ray ⟨telb.zn.⟩⟨tech.⟩ **0.1** ***anodestraal.***

an·od·ic [æ'nɒdɪk‖æ'nɑdɪk]⟨bn.⟩⟨tech.⟩ **0.1** ***anode-.***

an·o·dize, -dise ['ænoʊdaɪz]⟨ov.ww.⟩⟨tech.⟩ **0.1** ***anodiseren.***

an·o·dyne[1] ['ænədaɪn]⟨telb.zn.⟩ **0.1** ⟨med.⟩ ***pijnstillend middel*** **0.2** ***zoethoudertje.***

anodyne[2] ⟨bn.⟩ **0.1** ***pijnstillend*** **0.2** ***ontspannend*** ⇒*verzachtend, kalmerend, sussend* **0.3** ***verwaterd*** ⇒*flauw.*

a·noint [ə'nɔɪnt]⟨f1⟩⟨ov.ww.⟩ **0.1** ⟨vnl. relig.⟩ ***zalven*** **0.2** ***inwrijven*** ⇒*insmeren* **0.3** ⟨inf.⟩ ***afrossen*** ⇒*een pak slaag geven* ◆ **1.1** the Lord's Anointed *de Gezalfde des Heren.*

a·noint·ment [ə'nɔɪntmənt]⟨telb. en n.-telb.zn.⟩ **0.1** ***zalving.***

a·nole [ə'noʊl]⟨telb.zn.⟩⟨dierk.⟩ **0.1** ***anolis*** ⟨salamandersoort; genus Anolis⟩ ◆ **2.1** green ~ *roodkeelanolis* ⟨A. carolinensis⟩.

a·nom·a·lis·tic [ə'nɒmə'lɪstɪk‖ə'nɑ-], **a·nom·a·lis·ti·cal** [-ɪkl]⟨bn.; -(al)ly;→bijw. 3⟩⟨ster.⟩ **0.1** ***anomalistisch*** ◆ **1.1** ~ month *anomalistische maand;* ~ year *anomalistisch jaar.*

a·nom·a·lous [ə'nɒmələs‖ə'nɑ-]⟨f1⟩⟨bn.; -ly; -ness⟩ **0.1** ***abnormaal*** ⇒*anomaal, afwijkend, onregelmatig.*

a·nom·a·ly [ə'nɒməli‖ə'nɑ-]⟨f1⟩⟨telb.zn.;→mv. 2⟩ **0.1** ***anomalie.***

a·nom·ic [ə'nɒmɪk‖ə'nɑ-]⟨bn.⟩ **0.1** ***anomisch*** ⇒*wetteloos, regelloos, losgeslagen.*

an·o·mie, an·o·my ['ænɒmi‖'ænəmi]⟨n.-telb.zn.⟩ **0.1** ***anomie*** ⇒*wetteloosheid, wetsverkrachting.*

a·non[1] [ə'nɒn‖ə'nɑn]⟨bw.⟩⟨vero.⟩ **0.1** ***onmiddellijk*** ⇒*aanstonds, dadelijk* **0.2** ***weldra*** ⇒*straks* **0.3** ***een andere keer*** ⇒*dan weer.*

anon[2] [ə'nɒn‖ə'nɑn]⟨afk.⟩ anonymous.

an·o·nym ['ænənɪm]⟨telb.zn.⟩ **0.1** ***anonymus*** ⇒*ongenoemde, naamloze* **0.2** ***anoniem*** ⇒*naamloos geschrift* **0.3** ***pseudoniem*** ⇒*schuilnaam.*

an·o·nym·i·ty ['ænə'nɪməṭi]⟨f1⟩⟨n.-telb.zn.⟩ **0.1** ***anonimiteit*** ⇒*naamloosheid.*

a·non·y·mous [ə'nɒnɪməs‖ə'nɑ-]⟨f1⟩⟨bn.; -ly⟩ **0.1** ***anoniem*** ⇒*naamloos.*

a·noph·e·les [ə'nɒfɪli:z‖-'nɑ-]⟨telb.zn.⟩⟨dierk.⟩ **0.1** ***anofeles*** ⇒*(malaria)muskiet genus Anopheles.*

an·o·rak, a·na·rak ['ænəræk]⟨f1⟩⟨telb.zn.⟩ **0.1** ***anorak*** ⇒*parka.*

an·o·rec·tic[1] [ænə'rektɪk], **an·o·rex·ic** [ænə'reksɪk]⟨telb.zn.⟩⟨med.⟩ **0.1** ***anorexiepatiënt*** ◆ **7.1** she is an ~ *zij lijdt aan/is een geval v. anorexia nervosa.*

anorectic[2], **anorexic** ⟨bn.⟩⟨med.⟩ **0.1** ***lijdend aan anorexie.***

an·o·rex·ia [ænə'reksɪə], ⟨in bet. 0.2 ook⟩ **anorexia nervosa** [nɜ:'vθʊsə‖nər]⟨telb. en n.-telb.zn.⟩⟨med.⟩ **0.1** ***anorexie*** **0.2** ***anorexia nervosa.***

an·os·mi·a [æ'nɒzmɪə‖ə'nɑz-]⟨telb. en n.-telb.zn.⟩⟨med.⟩ **0.1** ***anosmie*** ⇒*reukverlies.*

an·oth·er[1] [ə'nʌðə‖-ər]⟨f4⟩⟨onb.vnw.;→onbepaald woord 13⟩ **0.1** ⟨één uit een groep waartoe een eerste entiteit behoort⟩ ***nog één*** **0.2** ⟨een entiteit die verschilt v.e. eerste entiteit⟩ ***een andere*** ⇒*de andere, een verschillende* **0.3** ⟨BE; jur.⟩ ***bijkomende onvernoemde partij in een rechtsgeding*** ◆ **1.1** for one reason or ~ *om een of andere reden* **1.3** X vs. Y and ~ *X tegen Y en Z* **3.1** one went to market, ~ stayed at home *één ging naar de markt, en een andere bleef thuis* **3.2** smoking is one thing but taking drugs is ~ *roken is één ding maar drugs gebruiken is wat anders* **7.1** ⟨vero.⟩ such ~ *een dergelijke, zo één.*

another[2] ⟨f4⟩⟨onb.det.;→onbepaald woord 13⟩ **0.1** ***nog een*** ⇒*een tweede, een andere* **0.2** ***een ander(e)*** ⇒*een verschillend(e)* ◆ **1.1** just ~ argument *alleen maar nog zo'n discussie;* have ~ biscuit *neem nog een koekje;* tomorrow is ~ day *morgen komt er weer een dag;* she's ~ Sophia Loren *ze is een tweede Sophia Loren* **1.2** that's ~ matter *dat is een heel andere zaak;* I have become ~ person since I met you *ik ben een ander/nieuw mens sinds ik jou ken* **4.1** she gave me ~ one *ze gaf er mij nog een.*

A.N. Other ['eɪ en 'ʌðə‖-ər], ⟨soms⟩ **An·oth·er** [ə'nʌðə‖ər]⟨eig.n.⟩ ⟨BE; sport⟩ **0.1** ***N.N.*** ⇒*X* ⟨nog niet geselecteerd speler⟩.

an·ox·i·a [ə'nɒksɪə‖-'nɑk-]⟨telb. en n.-telb.zn.⟩⟨med.⟩ **0.1** ***zuurstofgebrek.***

ans ⟨afk.⟩ answer.

an·sa·phone ['ɑ:nsəfoʊn‖'æn-]⟨telb. en n.-telb.zn.⟩ **0.1** ***antwoordtelefoon*** ⇒*antwoordapparaat* ◆ **1.1** 24 hours ~ *dag en nacht telefonisch bereikbaar.*

An·schluss ['ænʃlʊs]⟨telb.zn.⟩⟨pol.⟩ **0.1** ***Anschluss*** ⇒*aansluiting, inlijving, annexatie* ⟨vnl. mbt. de vereniging v. Oostenrijk met Duitsland, 1938⟩.

an·ser·ine ['ænsəraɪn]⟨bn.⟩ **0.1** ***gansachtig*** **0.2** ***dom (als een gans)*** ⇒*onnozel, sullig.*

ANSI ⟨afk.⟩ American National Standards Institution.

an·swer[1] ['ɑ:nsə‖'ænsər]⟨f3⟩⟨telb.zn.⟩⟨→sprw. 495, 615⟩ **0.1** ***antwoord*** **0.2** ***reactie*** ⇒*antwoord* **0.3** ***oplossing*** ⇒*resultaat, antwoord* **0.4** ⟨jur.⟩ ***verdediging*** ⇒*verweer* **0.5** ***tegenhanger*** ⇒*pendant* ◆ **1.2** their ~ was a new attack *hun reactie was/ze antwoordden met een nieuwe aanval* **1.¶** an ~ to a maiden's prayer *een echte adonis* **2.4** the defendant had a complete ~ to the accusation *de gedaagde kon de beschuldiging volledig weerleggen* **3.1** he gave/made no ~ *hij gaf geen antwoord* **3.3** he knew the ~s to only 5 questions *hij kon maar 5 vragen beantwoorden* **3.¶** he knows all the ~s *hij is v. alle markten thuis* **4.2** no ~ *er wordt niet opgenomen;* if no ~ *bij geen gehoor* **6.2** **in** ~ **to** your letter *in antwoord op uw brief/schrijven;* she came at once **in** ~ **to** my telephone call *ze kwam meteen na mijn telefoontje;* my only ~ **to** that insult was to walk out *mijn enige reactie op die belediging was de zaal verlaten.*

answer[2] ⟨f4⟩⟨ww.⟩

I ⟨onov.ww.⟩ **0.1** ***antwoorden*** ⇒*een antwoord geven* **0.2** ***voldoende zijn*** ⇒*volstaan, aan het doel beantwoorden, succes hebben, slagen* ◆ **1.1** Mary couldn't ~ *Mary wist er geen antwoord op* **1.2** one word would ~ *één woord zou volstaan* **5.¶** →answer **back** **6.¶** →answer **for;** →answer **to;**

II ⟨ov.ww.⟩ **0.1** ***antwoorden (op)*** ⇒*beantwoorden, het/een antwoord geven op* **0.2** ***reageren op*** **0.3** ***beantwoorden aan*** ⇒*voldoen aan, voldoende zijn voor* **0.4** ***zich verantwoorden wegens*** ⇒*zich verdedigen tegen* ◆ **1.1** ~ your father! *geef je vader antwoord!;* ~ my question *geef antwoord op mijn vraag;* ~ a riddle *een raadsel oplossen* **1.2** ~ the door (bell) *opendoen;* the ship didn't ~ the helm *het schip luisterde niet naar het roer;* our prayers were ~ed *onze gebeden werden verhoord;* ~ the telephone *de telefoon opnemen* **1.3** ~ the description *aan het signalement beantwoorden;* she didn't ~ our hopes *ze beantwoordde niet aan onze verwachtingen* **1.4** ~ a charge *zich verantwoorden wegens een beschuldiging* **5.¶** →answer **back.**

an·swer·a·ble ['ɑ:nsrəbl‖'æn-]⟨f1⟩⟨bn.; -ly;→bijw. 3⟩ **0.1** ***verantwoordelijk*** ⇒*aansprakelijk* **0.2** ***beantwoordbaar*** ◆ **6.1** be ~ **to** s.o. **for** sth. *bij iem. voor iets verantwoording moeten afleggen.*

'answer 'back ⟨ww.⟩

I ⟨onov.ww.⟩ **0.1** ***zich verdedigen;***

II ⟨onov. en ov.ww.⟩ **0.1** ***brutaal antwoorden*** ⇒*(schaamteloos) wat terugzeggen, tegenspreken.*

'answer for ⟨f3⟩⟨onov.ww.⟩ **0.1** ***verantwoorden*** *⇒verantwoordelijk zijn/worden voor* **0.2** ***instaan voor*** *⇒beloven* **0.3** ***boeten voor*** *⇒rekenschap afleggen voor* **0.4** ***spreken uit naam van*** ◆ **1.1** one day he'll have to ~ his deeds *eens zal hij zich voor zijn daden moeten verantwoorden* **1.2** I can't ~ the consequences *ik kan niet instaan voor de gevolgen* **1.¶** she has a lot to ~ *zij heeft heel wat op haar geweten.*

'answering machine ⟨telb.zn.⟩ **0.1** ***antwoordapparaat*** *⇒telefoonbeantwoorder.*

'answering service ⟨telb.zn.⟩ **0.1** ***(telefonische) antwoorddienst.***

'answer to ⟨f3⟩⟨onov.ww.⟩ **0.1** ***antwoorden op*** *⇒antwoord geven aan (op)* **0.2** ***gehoorzamen*** *⇒luisteren naar, reageren op* **0.3** ***zich verantwoorden tegenover*** *⇒rekenschap afleggen bij* **0.4** ***beantwoorden aan*** ◆ **1.2** the ship didn't ~ the helm *het schip luisterde niet naar het roer;* my dog answers to the name of Dixie *mijn hond heet/luistert naar de naam Dixie* **1.3** you'll have to ~ the headmaster for your behaviour *je zal je bij de directeur voor je gedrag moeten verantwoorden* **1.4** he didn't ~ the description of the escaped prisoner *hij beantwoordde niet aan het signalement v.d. ontsnapte gevangene.*

ant[1] [ænt]⟨f2⟩⟨telb.zn.⟩⟨dierk.⟩ **0.1** ***mier*** ⟨fam. der Formicidae⟩ ◆ **1.¶** ⟨sl.⟩ he's got ~s in his pants *hij heeft geen rust in zijn kont, hij zit van de zenuwen geen moment stil; hij kan geen vrouw met rust laten* **3.¶** ⟨sl.⟩ have ~s about sth. *ergens de kriebel van krijgen, zich over iets zorgen maken.*

ant[2] ⟨afk.⟩ antenna, antiquarian, antiquity, antonym.

-ant [ənt] **0.1** ⟨vormt bijv. nw. die een handeling aanduiden⟩ **0.2** ⟨vormt nw. die een handeling of een handelende persoon aanduiden⟩ ◆ **¶.1** repentant *berouwvol* **¶.2** inhabitant *inwoner.*

ant·ac·id[1] [æn'tæsɪd]⟨telb. en n.-telb.zn.⟩⟨med.⟩ **0.1** ***antacidum*** ⟨geneesmiddel tegen maagzuur⟩.

antacid[2] ⟨bn.⟩⟨med.⟩ **0.1** ***maagzuur neutraliserend*** *⇒zuurbestendig.*

an·tag·o·nism [æn'tægənɪzm]⟨f2⟩⟨telb. en n.-telb.zn.⟩ **0.1** ***antagonisme*** *⇒(tegen)strijd, vijandschap, tegenstand* **0.2** ***tegenstrijdig principe*** *⇒tegengestelde kracht* ◆ **6.1** there is strong ~ **between** those two leaders, the two leaders feel a strong ~ **for/to(ward)** each other *de twee leiders zijn het grondig met elkaar oneens.*

an·tag·o·nist [æn'tægənɪst]⟨f2⟩⟨telb.zn.⟩ **0.1** ***antagonist*** *⇒tegenstander, tegenpartij, vijand* **0.2** ⟨med.⟩ ***antagonist*** ⟨spier⟩.

an·tag·o·nis·tic [æn'tægə'nɪstɪk]⟨f2⟩⟨bn.;-ally;→bijw.3⟩ **0.1** ***antagonistisch*** *⇒vijandig* **0.2** ⟨tech.⟩ ***tegenwerkend.***

an·tag·o·nize, -nise [æn'tægənaɪz]⟨f1⟩⟨ov.ww.⟩ **0.1** ***tegen zich in het harnas jagen*** *⇒zich tot vijand maken, ophitsen, irriteren* ⟨persoon⟩ **0.2** ***neutraliseren*** *⇒tegenwerken, bestrijden* ⟨kracht⟩ ◆ **1.2** ~ the effect of atropine *de uitwerking v. atropine neutraliseren.*

Ant·arc·tic[1] [æn'tɑ:(k)tɪk‖'tɑr-]⟨eig.n.;the⟩ **0.1** ***Antarctis*** *⇒zuidpool(gebied)* **0.2** ***Zuidelijke IJszee.***

Antarctic[2] ⟨f1⟩⟨bn.⟩ **0.1** ***antarctisch*** *⇒zuidpool-* ◆ **1.1** ~ Circle *Zuidpoolcirkel;* ~ (Ocean) *Zuidelijke IJszee.*

'ant-bear ⟨telb.zn.⟩⟨dierk.⟩ **0.1** ***aardvarken*** ⟨Orycteropus afer⟩.

'ant-bird, 'ant-catch·er ⟨telb.zn.⟩⟨dierk.⟩ **0.1** ***miervogel*** ⟨fam. der Formicariidae⟩.

'ant-cow ⟨telb.zn.⟩ **0.1** ***bladluis*** ⟨fam. der Aphididae⟩.

an·te[1] ['ænti-]⟨telb.zn.;meestal enk.⟩ **0.1** ⟨spel⟩ ***inzet*** *⇒pot* **0.2** ***vooruitbetaling*** *⇒voorschot* **0.3** ⟨inf.⟩ ***bijdrage*** *⇒aandeel* ◆ **3.1** raise the ~ *de inzet verhogen.*

ante[2] ⟨ww.⟩
I ⟨onov. en ov.ww.⟩⟨AE;inf.⟩ **0.1** ***dokken*** ◆ **5.1** ~ **up** *dokken;*
II ⟨ov.ww.⟩ **0.1** ⟨spel⟩ ***inzetten*** **0.2** ***(ver)wedden.***

an·te- [ænţi] **0.1** ***ante-*** *⇒voor-* ⟨vormt nw. en bijv.nw. met betekenis 'voorafgaand' in tijd, plaats en rang⟩ ◆ **¶.1** ante-room *voorkamer/wachtkamer;* antenuptial *voorhuwelijks.*

'ant-eat·er ⟨telb.zn.⟩⟨dierk.⟩ **0.1** ***miereneter*** *⇒*⟨i.h.b.⟩ *grote miereneter* ⟨Myrmecophaga tridactyla⟩ **0.2** →ant-bear **0.3** →ant-bird.

an·te·bel·lum ['ænţɪ'beləm]⟨bn.⟩ **0.1** ***vooroorlogs*** ⟨i.h.b. vóór de Am. Burgeroorlog⟩.

an·te·cede ['ænţɪ'si:d]⟨onov. en ov.ww.⟩ **0.1** ***voorafgaan*** *⇒antecederen, de voorrang hebben (op).*

an·te·ced·ence ['ænţɪ'si:dns]⟨n.-telb.zn.⟩ **0.1** ***het voorafgaan*** *⇒voorrang, prioriteit, antecedentie.*

an·te·ce·dent[1] ['ænţɪ'si:dnt]⟨f1⟩⟨zn.⟩
I ⟨telb.zn.⟩ **0.1** ***iets voorafgaands*** *⇒voorafgaand feit;* ⟨in mv.⟩ *antecedenten* **0.2** ⟨taalk.⟩ ***antecedent*** **0.3** ⟨logica⟩ ***voorgaande term;***
II ⟨mv.;~s⟩ **0.1** ***voorouders.***

antecedent[2] ⟨bn.;-ly⟩ **0.1** ***voorafgaand*** **0.2** ⟨logica⟩ ***a priori*** *⇒vermoedelijk* ◆ **6.1** ⟨schr.⟩ ~ly **to** *eerder dan.*

an·te·cham·ber ['ænţɪtʃeɪmbə‖-ər]⟨telb.zn.⟩ **0.1** ***antichambre*** *⇒voorvertrek, voorkamer* **0.2** ***wachtkamer.***

an·te·chap·el [-tʃæpl]⟨telb.zn.⟩ **0.1** ***voorportaal/vestibule v.e. kapel.***

an·te·date[1] [-deɪt‖-'deɪt]⟨telb.zn.⟩ **0.1** ***antidatering*** *⇒vervroegde dagtekening.*

antedate[2] ⟨ov.ww.⟩ **0.1** ***antidateren*** *⇒te vroeg dateren* **0.2** ***vervroegen*** **0.3** ***vooruitlopen op*** *⇒anticiperen* **0.4** ***voorafgaan aan.***

an·te·di·lu·vi·an[1] [-dɪ'lu:vɪən]⟨telb.zn.⟩⟨scherts.⟩ **0.1** ***ouderwets mens*** **0.2** ***zeer oud mens.***

antediluvian[2] ⟨bn.⟩ **0.1** ***van vóór de zondvloed*** *⇒voorwereldlijk, antediluviaans* **0.2** ⟨scherts.⟩ ***ouderwets*** *⇒zeer oud, primitief.*

'ant(s')-egg ⟨telb.zn.⟩ **0.1** ***miereëi.***

an·te·lope ['ænţɪloup]⟨f1⟩⟨zn.⟩
I ⟨telb.zn.;ook antelope;→mv.4⟩ **0.1** ***antilope;***
II ⟨n.-telb.zn.⟩ **0.1** ***antilopeleer*** *⇒antiloop.*

an·te·me·rid·i·an ['æntɪmə'rɪdɪən]⟨bn.⟩⟨vero.⟩ **0.1** ***v.d. voormiddag*** *⇒voormiddags, voormiddag-, ochtend-, morgen-.*

an·te me·rid·i·em [-mə'rɪdɪəm]⟨bw.⟩⟨vero. in deze volle vorm, niet als afk. a.m.⟩ **0.1** ***voormiddags*** *⇒'s morgens, 's ochtends.*

an·te·mun·dane [-mʌn'deɪn]⟨bn.⟩ **0.1** ***voorwereldlijk.***

an·te·na·tal [-'neɪţl]⟨f1⟩⟨bn., attr.⟩⟨BE⟩ **0.1** ***prenataal*** *⇒v. vóór de geboorte, zwangerschaps-* ◆ **1.1** ~ care *zwangerschapszorg;* ~ clinic *kliniek voor aanstaande moeders.*

an·ten·na[1] [æn'tenə]⟨f2⟩⟨telb.zn.⟩⟨vnl. AE⟩ **0.1** ***antenne.***

antenna[2] ⟨telb.zn.; antennae [-'teni:];→mv.5⟩ **0.1** ***voelhoorn*** *⇒(voel)spriet, tastspriet, antenne.*

an·ten·nal [æn'tenl], **an·ten·na·ry** [æn'tenəri]⟨bn.⟩ **0.1** ***v.(d.) voelhoorn(s)*** *⇒voelsprietachtig.*

an·te·nup·tial ['ænţɪ'nʌpʃl]⟨bn.⟩ **0.1** ***voorhuwelijks*** ◆ **1.1** ~ contract *huwelijkscontract, huwelijkse voorwaarden.*

an·te·pen·dium [-'pendɪəm]⟨telb.zn.; ook antependia [-'pendɪə]; →mv.5⟩ **0.1** ***altaarvoorhangsel*** *⇒antependium.*

an·te·pe·nult[1] [-pɪ'nʌlt], **an·te·pe·nul·ti·mate** [-pɪ'nʌltɪmət]⟨telb.zn.⟩ **0.1** ***op twee na laatste lettergreep*** *⇒voorvoorlaatste lettergreep, antepenultima.*

antepenult[2], **antepenultimate** ⟨bn.⟩ **0.1** ***op twee na laatst(e)*** *⇒voorvoorlaatst(e).*

an·te·post [-poust]⟨bn., attr.⟩⟨BE; paardenrennen⟩ **0.1** ***voordat de nummers bekend gemaakt zijn*** ◆ **1.1** ~ racing bets *weddenschappen voordat de nummers v.d. paarden bekend gemaakt zijn.*

an·te·prand·ial [-'prændɪəl]⟨bn., attr.⟩ **0.1** ***(van) vóór het middagmaal.***

an·te·ri·or [æn'tɪərɪə‖æn'tɪrɪər]⟨f1⟩⟨bn.;-ly⟩ **0.1** ***voorste*** *⇒eerste, voor-* **0.2** ***voorafgaand*** *⇒vroeger, ouder, anterieur* ◆ **6.2** ~ **to** *vroeger/ouder dan, voorafgaand aan.*

an·te·ri·or·i·ty [æn'tɪəri'ɒrəti‖æn'tɪri'ɔrəţi]⟨n.-telb.zn.⟩ **0.1** ***het voorafgaan*** **0.2** ***voorrang.***

an·te·room ['ænţɪrʊm,-ru:m]⟨f1⟩⟨telb.zn.⟩ **0.1** ***antichambre*** *⇒voorvertrek, voorkamer* **0.2** ***wachtkamer.***

'ant-fly ⟨telb.zn.⟩ **0.1** ***gevleugelde mier*** *⇒vliegende mier.*

'ant·heap, 'ant·hill ⟨telb.zn.⟩ **0.1** ***mierenhoop*** *⇒mierennest* ⟨ook fig.⟩.

ant·he·li·on ['ænt'hi:lɪən]⟨telb.zn.; ook anthelia [-ɪə];→mv.5⟩ ⟨ster.⟩ **0.1** ***tegenzon.***

ant·hel·min·tic[1] ['ænθel'mɪnţɪk‖'ænthel-], **ant·hel·min·thic** [-'mɪnθɪk]⟨telb.zn.⟩⟨med.⟩ **0.1** ***anti-wormmiddel.***

anthelmintic[2], **anthelminthic** ⟨bn.⟩⟨med.⟩ **0.1** ***wormverdrijvend.***

an·them ['ænθəm]⟨f2⟩⟨telb.zn.⟩ **0.1** ***beurtzang*** *⇒tegenzang, antifoon* **0.2** ***motet*** *⇒koraal* **0.3** ***lofzang*** *⇒hymne* ◆ **2.3** national ~ *volkslied.*

an·the·mion [æn'θi:mɪən]⟨telb.zn.; anthemia [-mɪə];→mv.5⟩ ⟨beeld. k.⟩ **0.1** ***anthemion*** ⟨bloem/bladvormig ornament⟩.

an·ther ['ænθə‖-ər]⟨telb.zn.⟩⟨plantk.⟩ **0.1** ***helmknop.***

'anther dust ⟨n.-telb.zn.⟩⟨plantk.⟩ **0.1** ***stuifmeel*** *⇒pollen.*

an·thol·o·gist [æn'θɒlədʒɪst‖-'θɑ-]⟨telb.zn.⟩ **0.1** ***bloemlezer*** *⇒samensteller v.e. bloemlezing.*

an·thol·o·gize, -gise [æn'θɒlədʒaɪz‖-'θɑ-]⟨onov. en ov.ww.⟩ **0.1** ***bloemlezen*** *⇒een bloemlezing maken.*

an·thol·o·gy [æn'θɒlədʒi‖-'θɑ-]⟨f1⟩⟨telb.zn.⟩ **0.1** ***anthologie*** *⇒bloemlezing.*

An·tho·ny ['æntəni‖-θəni]⟨zn.⟩
I ⟨eig.n.⟩ **0.1** ***Anton(ius);***
II ⟨telb.zn.⟩ **0.1** ⟨verk.⟩ ⟨Anthony pig⟩.

'Anthony pig ⟨telb.zn.⟩ **0.1** ***kleinste big v.e. worp*** *⇒big aan de achterste mem.*

'Anthony's 'fire ⟨n.-telb.zn.⟩⟨med.⟩ **0.1** ***(sint-) antoniusvuur*** *⇒wondroos, belroos, erysipelas.*

an·thra·cite ['ænθrəsaɪt]⟨n.-telb.zn.⟩ **0.1** ***antraciet.***

an·thrax ['ænθræks]⟨zn.; anthraces ['ænθrəsi:z];→mv.5⟩
I ⟨telb.zn.⟩⟨vero.⟩ **0.1** ***bloedzweer*** *⇒bloedvin, furunkel, negenoog;*
II ⟨n.-telb.zn.⟩ **0.1** ***miltvuur.***

an·throp·(o)- ['ænθrəpou] **0.1** ***mens-*** *⇒mensen-, antrop(o)-* ◆ **¶.1** anthropophagus *menseneter, kannibaal.*

an·thro·po·cen·tric ['ænθrəpoʊ'sentrɪk]⟨bn.⟩ **0.1** ***antropocentrisch.***
an·thro·po·cen·trism [-'sentrɪzm], **an·thro·po·cen·tri·cism** [-'sentrɪsɪzm]⟨n.-telb.zn.⟩ **0.1** ***antropocentrisme.***
an·thro·po·gen·ic ['ænθrəpoʊ'dʒenɪk]⟨bn.⟩ **0.1** ***antropogeen*** ⇒*v. menselijke oorsprong, door mensen teweeggebracht* **0.2** ***antropogenetisch.***
an·thro·pog·e·ny ['ænθrə'pɒdʒəni‖-'pɑ-]⟨n.-telb.zn.⟩ **0.1** ***antropogenese*** ⇒*antropogenie, antropogenetica.*
an·thro·pog·ra·phy ['ænθrə'pɒgrəfi‖-'pɑ-]⟨n.-telb.zn.⟩ **0.1** ***antropografie.***
an·thro·poid[1] ['ænθrəpɔɪd]⟨telb.zn.⟩ **0.1** ***mensaap.***
anthropoid[2] ⟨bn.⟩ **0.1** ***antropoïde*** ⇒*mensachtig, mensvormig, op de mens gelijkend* **0.2** ⟨inf.; pej.⟩ ***aapachtig*** ◆ **1.¶** ⟨dierk.⟩ ~ apes *mensapen* ⟨fam. Pongidae⟩.
an·thro·po·log·i·cal [-pə'lɒdʒɪkl‖-pə'lɑ-]⟨f1⟩⟨bn.; -ly⟩ **0.1** ***antropologisch.***
an·thro·pol·o·gist ['ænθrə'pɒlədʒɪst‖-'pɑ-]⟨f1⟩⟨telb.zn.⟩ **0.1** ***antropoloog.***
an·thro·pol·o·gy [-'pɒlədʒi‖-'pɑ-]⟨f1⟩⟨n.-telb.zn.⟩ **0.1** ***antropologie.***
an·thro·po·met·ric ['ænθrəpoʊ'metrɪk]⟨bn.⟩ **0.1** ***antropometrisch.***
an·thro·pom·e·try [-'pɒmətri‖-'pɑ-]⟨n.-telb.zn.⟩ **0.1** ***antropometrie.***
an·thro·po·morph·ic ['ænθrəpoʊ'mɔ:fɪk‖-'mɔr-]⟨bn.⟩ **0.1** ***antropomorf*** ⇒*op de mens gelijkend, onder menselijke gestalte, mensachtig.*
an·thro·po·morph·ism [-'mɔ:fɪzm‖-'mɔr]⟨n.-telb.zn.⟩ **0.1** ***antropomorfisme.***
an·thro·po·mor·phize, -phise [-'mɔ:faɪz‖-'mɔrfaɪz]⟨ov.ww.⟩ **0.1** ***antropomorfiseren.***
an·thro·po·mor·phous [-'mɔ:fəs‖-'mɔrfəs]⟨bn.⟩ **0.1** ***antropomorf*** ⇒*mensvormig.*
an·thro·po·path·ic [-'pæθɪk]⟨bn.⟩ **0.1** ***met menselijke gevoelens.***
an·thro·poph·a·gous [-'pɒfəgəs‖-'pɑ-]⟨bn.⟩ **0.1** ***mensenetend*** ⇒*kannibaals.*
an·thro·poph·a·gus [-'pɒfəgəs‖-'pɑ-]⟨telb.zn.; anthropophagi [-'pɒfəgaɪ‖-'pɑ-]; →mv. 5⟩ **0.1** ***menseneter*** ⇒*kannibaal.*
an·thro·poph·a·gy ['ænθrə'pɒfədʒi‖-'pɑ-]⟨n.-telb.zn.⟩ **0.1** ***antropofagie*** ⇒*kannibalisme.*
an·thro·po·soph·i·cal ['ænθrəpə'sɒfɪkl‖-'sɑ-]⟨bn.⟩ **0.1** ***antroposofisch.***
an·thro·pot·o·my ['ænθrə'pɒtəmi‖-'pɑt̬ə-]⟨n.-telb.zn.⟩ **0.1** ***antropotomie*** ⟨anat. v.h. menselijk lichaam⟩.
an·ti[1] ['ænti‖'ænt̬aɪ, ænt̬i]⟨f1⟩⟨telb.zn.⟩⟨inf.⟩ **0.1** ***tegenstander*** ⇒*anti, tegenstrever, dwarsdrijver.*
anti[2] ['ænti‖'ænt̬i, 'ænt̬aɪ]⟨f1⟩⟨vz.⟩ **0.1** ***tegen*** ⇒*anti, tegenstander van, strijdig met* ◆ **3.1** very ~ smoking *erg tegen het roken gekant.*
an·ti- ['ænti‖'ænt̬aɪ, ænt̬i], **ant-** [ænt] **0.1** ***tegen-*** ⇒*anti-, strijdig met* ◆ **¶.1** anticlerical *antiklerikaal;* antilogy *tegenstrijdigheid;* antimalarial *(middel) tegen malaria.*
an·ti·a·bor·tion [-ə'bɔ:ʃn‖-'bɔr-]⟨bn.⟩ **0.1** ***anti-abortus.***
an·ti·a·bor·tion·ism [-ə'bɔ:ʃənɪzm‖-'bɔr-]⟨telb.zn.⟩ **0.1** ***anti-abortusbeweging.***
an·ti·a·bor·tion·ist [- ə'bɔ:ʃənɪst‖-'bɔr-]⟨telb.zn.⟩ **0.1** ***tegenstander v. (vrije) abortus(wetgeving).***
an·ti·air·craft[1] [-'eəkrɑ:ft‖-'erkræft]⟨f1⟩⟨n.-telb.zn.⟩ **0.1** ***luchtafweergeschut*** ⇒*luchtafweerbatterij.*
antiaircraft[2] ⟨f1⟩⟨bn., attr.⟩ **0.1** ***luchtdoel-*** ⇒*luchtafweer-* ◆ **1.1** ~ gun *luchtdoelkanon.*
'anti-'aircraft fire ⟨n.-telb.zn.⟩ **0.1** ***luchtafweergeschut.***
an·ti·ar ['æntiɑ:‖-ænt̬iɑr]⟨zn.⟩
I ⟨telb.zn.⟩ **0.1** ***oepasboom*** ⟨Antiaris toxicaria⟩;
II ⟨n.-telb.zn.⟩ **0.1** ***pijlgif uit oepasboom.***
an·ti·au'thor·i·ty ⟨bn.⟩ **0.1** ***tegen de autoriteiten*** ⇒*anti-autoritair.*
an·ti·bac·te·ri·al ['æntɪ'bæktɪərɪəl‖-tɪr-]⟨telb.zn.⟩ **0.1** ***bactericide.***
an·ti·bi·o·sis ['æntɪbaɪ'oʊsɪs‖'ænt̬aɪ-]⟨n.-telb.zn.; antibioses [-si:z]; →mv. 5⟩ **0.1** ***antibiose*** ⇒*dodelijk parasitisme.*
an·ti·bi·ot·ic[1] [-baɪ'ɒtɪk‖-baɪ'ɑt̬ɪk]⟨f2⟩⟨telb.zn.⟩⟨med.⟩ **0.1** ***antibioticum.***
antibiotic[2] ⟨f1⟩⟨bn.; -ally; →bijw. 3⟩ **0.1** ***antibiotisch.***
an·ti·body ['æntɪbɒdi‖-'bɑdi]⟨f2⟩⟨telb.zn.; →mv. 2⟩ **0.1** ***antistof*** ⇒*afweerstof, antilichaam.*
an·tic[1] ['ænt̬ɪk]⟨f1⟩⟨telb.zn.; vaak mv.⟩ **0.1** ***capriool*** ⇒*bokkesprong, dolle streek* **0.2** ***frats*** ⇒*grap, klucht* **0.3** ***hansworst*** ⇒*potsenmaker.*
antic[2] ⟨bn.⟩⟨vero.⟩ **0.1** ***potsierlijk*** ⇒*grotesk, kluchtig.*
'an·ti-'choice ⟨bn.⟩ **0.1** ***anti-abortus.***
an·ti·christ ['ænt̬ɪkraɪst]⟨telb.zn.; ook A-⟩ **0.1** ***antikrist*** ⇒*duivel.*
an·ti·chris·tian[1] ['ænt̬ɪ'krɪstʃən]⟨telb.zn.⟩ **0.1** ***tegenstander v.h. christendom.***
antichristian[2] ⟨bn.⟩ **0.1** ***v.d. antikrist*** ⇒*duivels* **0.2** ***antichristelijk.***
an·tic·i·pate [æn'tɪsɪ̦peɪt]⟨f3⟩⟨ov.ww.⟩ **0.1** ***vóór zijn*** ⇒*voorkomen, ondervangen, de wind uit de zeilen nemen* **0.2** ***verwachten*** ⇒*afwachten, tegemoet zien, hopen op* **0.3** ***een voorgevoel hebben v.*** ⇒*voorvoelen/zien, van tevoren realiseren, vooraf ondervinden* **0.4** ***vervroegen*** ⇒*verhaasten* **0.5** ***anticiperen*** ⇒*vooruitlopen (op)* **0.6** ***voortijdig behandelen/doen/uitgeven*** ⇒*vooruit beschikken over* **0.7** ***vooruitbetalen*** ◆ **1.1** he ~s all his wife's wishes *hij voorkomt al de wensen v. zijn vrouw* **1.2** trouble is ~d with the Unions *men rekent op/houdt rekening met moeilijkheden met de vakbonden;* she is anticipating a visit with her daughter *zij kijkt uit naar een bezoek aan haar dochter* **1.3** ~ the enemy's movements *de vijandige troepenbewegingen voorzien* **1.6** ~ one's income *zijn geld al bij voorbaat opmaken* **1.7** ~d payment *vooruitbetaling* **3.5** I won't ~ *ik wil niet op mijn verhaal vooruitlopen.*
an·tic·i·pa·tion [æn'tɪsɪ̦'peɪʃən]⟨f2⟩⟨n.-telb.zn.⟩ **0.1** ***verwachting*** ⇒*hoop, afwachting* **0.2** ***het vooruitlopen (op)*** ⇒*het anticiperen (op)* **0.3** ***het voorkomen*** ⇒*het vóór zijn* **0.4** ***voorschot*** **0.5** ***voorgevoel*** ⇒*het vooruitzien, intuïtie* **0.6** ⟨muz.⟩ ***anticipatie*** ◆ **6.1** **contrary to** ~ *tegen de verwachting in;* **in** ~ **of** *in afwachting van;* thanking you **in** ~ *bij voorbaat dank.*
an·tic·i·pa·to·ry [æn'tɪsɪ̦'peɪtri‖æn'tɪsəpətɔri], **an·tic·i·pa·tive** [æn'tɪsɪ̦pətɪv‖-peɪt̬ɪv]⟨bn.⟩ **0.1** ***anticiperend*** **0.2** ***vooruitvoelend*** **0.3** ***vooruitlopend*** **0.4** ***vol verwachting*** ⇒*hoopvol, verwachtend* **0.5** ***vervroegd.***
an·ti·cler·i·cal[1] ['æntɪ'klerɪkl‖'ænt̬aɪ-]⟨f1⟩⟨telb.zn.⟩ **0.1** ***antiklerikaal.***
anticlerical[2] ⟨f1⟩⟨bn.⟩ **0.1** ***antiklerikaal.***
an·ti·cler·i·cal·ism [-'klerɪkəlɪzm]⟨n.-telb.zn.⟩ **0.1** ***antiklerikalisme.***
an·ti·cli·mac·tic [-klaɪ'mæktɪk], **an·ti·cli·mac·ti·cal** [-ɪkl]⟨bn.⟩ **0.1** ***op een ontgoochelende manier aflopend*** ⇒*in anticlimax eindigend.*
an·ti·cli·max [-'klaɪmæks]⟨f1⟩⟨telb.zn.⟩ **0.1** ***anticlimax.***
an·ti·cli·nal [-'klaɪnl]⟨bn.⟩⟨geol.⟩ **0.1** ***anticlinaal.***
an·ti·cline [-klaɪn]⟨telb.zn.⟩⟨geol.⟩ **0.1** ***anticlinaal*** ⇒*anticline* ⟨naar boven bolronde plooi in gesteente of aardlaag⟩.
an·ti·clock·wise [-'klɒkwaɪz‖-'klɑk-]⟨bn.; bw.⟩⟨BE⟩ **0.1** ***linksomdraaiend*** ⇒*tegen de wijzers v.d. klok (in).*
an·ti-com·mu·nist[1] [-'kɒmjʊnɪst‖-'kɑmjə-]⟨f1⟩⟨telb.zn.⟩ **0.1** ***anticommunist.***
anti-communist[2] ⟨f1⟩⟨bn.⟩ **0.1** ***anti-communistisch.***
an·ti·cy·clone [-'saɪkloʊn]⟨telb.zn.⟩⟨meteo.⟩ **0.1** ***anticycloon*** ⇒*centrum v.e. hogedrukgebied.*
an·ti·cy·clon·ic [-saɪ'klɒnɪk‖-saɪ'klɑ-]⟨bn.⟩ **0.1** ***anticyclonaal.***
an·ti·de·pres·sant [-dɪ'presnt]⟨telb.zn.⟩ **0.1** ***kalmeringsmiddel.***
an·ti·dot·al ['ænt̬ɪ̦'doʊt̬l]⟨bn.⟩ **0.1** ***als tegengif dienend*** ⇒*tegengif-.*
an·ti·dote ['ænt̬ɪ̦doʊt]⟨f1⟩⟨telb.zn.⟩ **0.1** ***tegengif.***
an·ti·dump·ing ['æntɪ'dʌmpɪŋ‖'ænt̬aɪ-]⟨f1⟩⟨bn., attr.⟩⟨ec., jur.⟩ **0.1** ***anti-dumping*** ◆ **1.1** ~ laws *wetten die dumping verbieden.*
an·ti·en·vi·ron·men·tal·ist [-ɪnvaɪərən'ment̬lɪst]⟨telb.zn.⟩ **0.1** ***tegenstander v. milieubeheer.***
an·ti·fe·brile[1] ['æntɪ'fi:braɪl‖'ænt̬aɪ'fi:brəl]⟨telb.zn.⟩ **0.1** ***koortswerend middel.***
antifebrile[2] ⟨bn.⟩ **0.1** ***koortswerend.***
an·ti·fe·male [-'fi:meɪl]⟨bn.⟩ **0.1** ***vrouwvijandig.***
an·ti·fog·mat·ic [-fɒg'mætɪk‖-fɔg'mæt̬ɪk]⟨telb.zn.⟩⟨AE⟩ **0.1** ***hartversterking*** ⇒*stevige borrel.*
an·ti·freeze [-fri:z]⟨f1⟩⟨n.-telb.zn.⟩ **0.1** ***antivries(middel).***
an·ti·g [-'dʒi:]⟨bn.⟩⟨lucht.⟩ **0.1** ***anti-G*** ⟨de gevolgen v. hoge acceleratie neutraliserend⟩ ◆ **1.1** (anti-)g suit *vliegerkostuum.*
an·ti·gen ['æntɪdʒən]⟨telb.zn.⟩⟨med.⟩ **0.1** ***antigeen.***
an·ti·he·ro ['æntɪhɪəroʊ‖'ænt̬aɪhɪroʊ]⟨telb.zn.; -es; →mv. 2⟩ **0.1** ***antiheld.***
an·ti·his·ta·mine [-'hɪstəmɪn‖-'hɪstəmi:n]⟨telb. en n.-telb.zn.⟩⟨med.⟩ **0.1** ***antihistaminicum.***
an·ti·hy·per·ten·sive [-haɪpə'tensɪv‖-pər-]⟨telb.zn.⟩ **0.1** ***middel tegen hoge bloeddruk.***
an·ti·knock [-'nɒk‖-'nɑk]⟨n.-telb.zn.; ook attr.⟩⟨tech.⟩ **0.1** ***antiklopmiddel*** ⇒*klopwerend middel.*
an·ti·log [-lɒg‖-lɑg]⟨telb.zn.⟩⟨verk.⟩ antilogarithm ⟨inf.; wisk.⟩ **0.1** ***antilogaritme*** ⇒*numurus.*
an·ti·log·a·rithm [-'lɒgərɪðm‖-'lɑ-]⟨telb.zn.⟩⟨wisk.⟩ **0.1** ***antilogaritme*** ⇒*numurus.*
an·til·o·gy [æn'tɪlədʒi]⟨telb.zn.⟩ **0.1** ***antilogie*** ⇒*tegenstrijdigheid.*
an·ti·ma·cas·sar ['æntɪmə'kæsə‖'ænt̬ɪmə'kæsər]⟨telb.zn.⟩ **0.1** ***antimakassar*** ⟨sofabeschermer/hoes⟩.
an·ti·ma·lar·i·al[1] ['æntɪmə'leərɪəl‖ænt̬ɪmə'lerɪəl]⟨telb.zn.⟩ **0.1** ***middel tegen malaria*** ⇒*malariapil.*
antimalarial[2] ⟨bn.⟩ **0.1** ***tegen malaria*** ◆ **1.1** ~ pill *malariapil.*
anti-Mar·ke·teer [-mɑ:kə'tɪə‖-mɑrkə'tɪr]⟨telb.zn.⟩ **0.1** ***tegenstander v. Britse deelneming aan de E.E.G.***
an·ti·masque [-mɑ:sk‖-mæsk]⟨telb.zn.⟩⟨dram.⟩ **0.1** ***grotesk tussenspel.***

an·ti·mat·ter ['æntɪmætə||'æntaɪmætər]⟨n.-telb.zn.⟩ **0.1** ***antimaterie.***
an·ti·mo·ni·al[1] ['æntɪ'mounɪəl]⟨telb.zn.⟩⟨med.⟩ **0.1** ***antimoon preparaat.***
antimonial[2] ⟨bn.⟩ **0.1** ***antimoniumhoudend*** ⇒*antimoon-.*
an·ti·mo·ny ['æntɪməni||-mouni]⟨n.-telb.zn.⟩⟨schei.⟩ **0.1** ***antimonium*** ⇒*antimoon, spiesglans* ⟨element 51⟩.
an·ti·no·mi·an[1] ['æntɪ'noumɪən||'æntaɪ-]⟨telb.zn.⟩ **0.1** ***antinomiaan*** ⇒*antinomist.*
antinomian[2] ⟨bn.⟩ **0.1** ***antinomisch.***
an·tin·o·my [æn'tɪnəmi]⟨telb.zn.;→mv. 2⟩ **0.1** ***antinomie*** ⇒*innerlijke tegenstrijdigheid* **0.2** ***gezagsconflict*** **0.3** ***paradox.***
an·ti·nov·el ['æntɪnɒvl||'æntaɪnɑvl]⟨telb.zn.⟩ **0.1** ***antiroman.***
an·ti·nu·cle·ar[1] [-'nju:klɪə||-'nu:klɪr, 'nu:kjələr]⟨telb.zn.⟩ **0.1** ***atoompacifist*** ⇒*tegenstander v. kernwapens* **0.2** ***tegenstander v. kernenergie.***
an·ti·nu·cle·ar[2] ⟨f1⟩⟨bn.⟩ **0.1** ***anti-nucleair*** ⇒*anti-kernwapen, anti-kerncentrale.*
an·ti·nuke[1] [-'nju:k||-'nu:k], **an·ti·nuk·er** [-'nju:kə||-'nu:kər] ⟨telb.zn.⟩ **0.1** ***atoompacifist*** ⇒*tegenstander v. kernwapens* **0.2** ***tegenstander v. kernenergie.***
an·ti·nuke[2] ⟨bn.⟩ **0.1** ***anti-nucleair*** ◆ **1.1** ~ movement *anti-atoombeweging.*
an·ti·par·ti·cle ['æntɪpɑ:tɪkl||-pɑrtɪkl]⟨telb.zn.⟩ **0.1** ***antideeltje.***
an·ti·pas·to ['æntɪ'pɑ:stou]⟨telb.zn.; ook antipasti [-sti:];→mv. 5⟩ **0.1** ***(Italiaans) voorgerecht.***
an·ti·pa·thet·ic ['æntɪpə'θetɪk]⟨f1⟩⟨bn.;-ally⟩ **0.1** ***antipathiek*** **0.2** ***volkomen tegengesteld*** ◆ **6.1** ~ **to** any new idea *voor geen enkel nieuw idee te vinden.*
an·tip·a·thy [æn'tɪpəθi]⟨f2⟩⟨telb. en n.-telb.zn.;→mv. 2⟩ **0.1** ***antipathie*** ⇒*vooringenomenheid, afkeer.*
an·ti·per·son·nel ['æntɪpɜ:sə'nel||'æntaɪpɜrsə'nel]⟨bn.⟩⟨mil.⟩ **0.1** ***tegen personen gericht*** ◆ **1.1** ~ bomb *brisantbom.*
an·ti·per·spi·rant[1] [-pə'spaɪərənt||-'pɜrspərənt]⟨telb.zn.⟩ **0.1** ***transpiratiewerend preparaat.***
antiperspirant[2] ⟨bn.⟩ **0.1** ***transpiratiewerend.***
an·ti·phlo·gis·tic[1] [-flə'dʒɪstɪk]⟨telb.zn.⟩⟨med.⟩ **0.1** ***ontstekingwerend middel.***
antiphlogistic[2] ⟨bn.⟩⟨med.⟩ **0.1** ***ontstekingwerend.***
an·ti·phon ['æntɪfən]⟨telb.zn.⟩⟨muz.⟩ **0.1** ***antifoon*** ⇒*beurtzang, tegenzang* **0.2** ⟨fig.⟩ ***antwoord*** ⇒*repliek.*
an·tiph·o·nal[1] [æn'tɪfənl]⟨telb.zn.⟩⟨R.-K.⟩ **0.1** ***antifonarium*** ⇒*graduale* ⟨gezangboek⟩.
antiphonal[2] ⟨bn.;-ly⟩ **0.1** ***antifonisch*** ⇒*antifonaal, antifoon-.*
an·tiph·o·nary [æn'tɪfənri||-neri]⟨telb.zn.⟩⟨R.-K.⟩ **0.1** ***antifonarium*** ⇒*graduale* ⟨gezangboek⟩.
an·tiph·o·ny [æn'tɪfəni]⟨telb.zn.;→mv. 2⟩ **0.1** ***antifonisch gezang*** **0.2** ***antifoon*** **0.3** ***antwoord*** ⇒*echo.*
an·tip·o·dal [æn'tɪpədl]⟨bn.⟩ **0.1** ***antipodisch*** **0.2** ***diametraal tegengesteld*** **0.3** →antipodean.
an·ti·pode ['æntɪpoud]⟨zn.; antipodes [æn'tɪpədi:z];→mv. 5⟩
I ⟨telb.zn.⟩ **0.1** ***tegenvoeter*** ⇒*antipode;*
II ⟨mv.;~s; the⟩ **0.1** ***land v.d. tegenvoeters*** **0.2** ⟨A-⟩⟨BE; schr.⟩ ***Australië en Nieuw-Zeeland.***
an·tip·o·de·an [æn'tɪpə'dɪən]⟨bn.⟩⟨BE; schr.⟩ **0.1** ***Australisch en Nieuwzeelands.***
an·ti·pole ['æntɪpoul]⟨telb.zn.⟩ **0.1** ***tegenpool*** **0.2** ***tegendeel*** ⇒*tegenstander, tegengestelde.*
an·ti·pol·lu·tion [-pə'lu:ʃn]⟨n.-telb.zn.⟩ **0.1** ***anti-vervuiling*** ⇒*antipollutie.*
an·ti·pope ['æntɪpoup]⟨telb.zn.⟩ **0.1** ***tegenpaus.***
an·ti·py·ret·ic[1] ['æntɪpaɪ'retɪk||'æntaɪpaɪ'retɪk]⟨telb.zn.⟩ **0.1** ***koortswerend middel.***
antipyretic[2] ⟨bn.⟩ **0.1** ***koortswerend.***
an·ti·quar·i·an[1] ['æntɪ'kweərɪən||-'kwer-]⟨f1⟩⟨telb.zn.⟩ **0.1** ***oudheidkundige*** ⇒*oudheidkenner* **0.2** ***antiquair*** **0.3** ***antiquaar.***
antiquarian[2] ⟨bn.⟩ **0.1** ***oudheidkundig*** **0.2** ***antiquarisch.***
an·ti·quar·y ['æntɪkwəri||-kweri]⟨telb.zn.;→mv. 2⟩ **0.1** ***oudheidkundige*** ⇒*oudheidkenner* **0.2** ***antiquair*** **0.3** ***antiquaar.***
an·ti·quate ['æntɪkweɪt]⟨ov.ww.⟩ →antiquated **0.1** ***doen verouderen*** ⇒*ouderwets maken* **0.2** ***antiquiseren*** ⇒*een antiek uiterlijk geven.*
an·ti·quat·ed ['æntɪkweɪtɪd]⟨f1⟩⟨bn.;-ness; (oorspr.) volt. deelw. v. antiquate⟩ **0.1** ***ouderwets*** ⇒*verouderd, achterhaald.*
an·ti·que[1] [æn'ti:k]⟨f2⟩⟨telb.zn.⟩ **0.1** ***antiquiteit*** ◆ **7.¶** the ~ *de antieke kunst (stijl).*
antique[2] ⟨f2⟩⟨bn.;-ly;-ness⟩ **0.1** ***antiek*** ⇒*oud* **0.2** ***ouderwets*** **0.3** ***archaïsch*** ◆ **1.¶** moire ~ *moiré, gevlamde zijde.*
antique[3] ⟨ww.⟩
I ⟨onov.ww.⟩ **0.1** ***de antiekwinkels aflopen;***
II ⟨ov.ww.⟩ **0.1** ***antiquiseren*** ⇒*een antiek uiterlijk geven.*

an'tique dealer ⟨telb.zn.⟩ **0.1** ***antiquair*** ⇒*antiekhandelaar.*
an·tiqu·er [æn'ti:kə||-ər]⟨telb.zn.⟩ **0.1** ***antiekverzamelaar.***
an'tique shop ⟨f1⟩⟨telb.zn.⟩ **0.1** ***antiekwinkel.***
an'tiques road show ⟨telb.zn.⟩ **0.1** ***rondtrekkende antiekverkoping.***
an·tiq·ui·ty [æn'tɪkwəti]⟨f2⟩⟨zn.;→mv. 2⟩
I ⟨telb.zn.; vnl. mv.⟩ **0.1** ***antiquiteit*** ⇒*overblijfsel, ruïne,* ⟨mv.⟩ *oudheden;*
II ⟨n.-telb.zn.⟩ **0.1** ***ouderdom*** **0.2** ⟨ook A-⟩ ***Oudheid*** **0.3** ⟨ook A-⟩ ***de Ouden.***
an·ti-rac·ist ['æntɪ'reɪsɪst||'æntaɪ-]⟨bn.⟩ **0.1** ***anti-racistisch.***
an·tir·rhi·num ['æntɪ'raɪnəm]⟨telb.zn.⟩⟨plantk.⟩ **0.1** ***leeuwebek*** ⟨genus Antirrhinum⟩.
an·ti·sa·loon ['æntɪsə'lu:n||'æntaɪ-]⟨bn.⟩⟨AE⟩ **0.1** ***drankbestrijdend*** ⇒*v.d. blauwe knoop* ◆ **1.1** The Anti-Saloon League *de bond tot bestrijding v.h. drankgebruik.*
an·ti·scor·bu·tic[1] [-skɔ:'bju:tɪk||-skɔr'bju:tɪk]⟨telb.zn.⟩⟨med.⟩ **0.1** ***middel tegen scheurbuik.***
antiscorbutic[2] ⟨bn.⟩⟨med.⟩ **0.1** ***tegen scheurbuik.***
an·ti·scrip·tur·al [-'skrɪptʃərəl]⟨bn.⟩⟨relig.⟩ **0.1** ***tegen de Schrift gericht/handelend*** ⇒*onschriftuurlijk.*
an·ti-Sem·ite[1] [-'si:maɪt||-'se-]⟨f1⟩⟨telb.zn.⟩ **0.1** ***antisemiet.***
anti-Semite[2], **an·ti-Se·mit·ic** [-sə'mɪtɪk]⟨f1⟩⟨bn.⟩ **0.1** ***antisemitisch.***
an·ti-Sem·i·tism [-'semɪtɪzm]⟨f1⟩⟨n.-telb.zn.⟩ **0.1** ***antisemitisme.***
an·ti·sep·sis [-'sepsɪs]⟨telb.zn.⟩ **0.1** ***antisepsis*** ⇒*ontsmettende wondbehandeling.*
an·ti·sep·tic[1] [-'septɪk]⟨telb.zn.⟩ **0.1** ***ontsmettend middel*** ⇒*antisepticum.*
antiseptic[2] ⟨f1⟩⟨bn.;-ally;→bijw. 3⟩ **0.1** ***antiseptisch*** ⇒*ontsmettend* **0.2** ***overdreven schoon/netjes*** **0.3** ***steriel.***
an·ti·se·rum [-sɪərəm||-sɪrəm]⟨telb.zn.; ook antisera [-rə];→mv. 5⟩ **0.1** ***antiserum*** ⟨serum met antistoffen⟩.
an·ti·skat·ing[1] [-'skeɪtɪŋ]⟨n.-telb.zn.⟩ **0.1** ***dwarskrachtcompensatie*** ⟨v. pickup-arm⟩.
antiskating[2] ⟨bn., attr.⟩⟨audio⟩ ◆ **1.¶** ~ compensation *dwarskrachtcompensatie;* ~ control/device *(voorziening voor) dwarskrachtcompensatie.*
an·ti·skid [-'skɪd]⟨bn., attr.⟩ **0.1** ***antislip.***
an·ti·slav·ery [-'sleɪvri]⟨bn., attr.⟩ **0.1** ***tegen de slavernij (gericht).***
an·ti·so·cial [-'souʃl]⟨f2⟩⟨bn.⟩ **0.1** ***asociaal*** **0.2** ***ongezellig.***
an·ti·so·cial·ist [-'souʃ(ə)lɪst]⟨bn.⟩ **0.1** ***anti-socialistisch.***
an·ti·spas·mod·ic[1] [-spæz'mɒdɪk||-'mɑ-]⟨telb.zn.⟩ **0.1** ***krampstillend/werend middel.***
antispasmodic[2] ⟨bn.⟩ **0.1** ***krampstillend*** ⇒*krampwerend.*
an·ti·stat·ic [-'stætɪk]⟨bn.⟩ **0.1** ***antistatisch.***
an·tis·tro·phe [æn'tɪstrəfi]⟨telb.zn.⟩⟨lit.⟩ **0.1** ***antistrofe*** ⇒*tegenzang.*
an·ti·tank ['æntɪ'tæŋk||'æntaɪ-]⟨f1⟩⟨bn., attr.⟩ **0.1** ***antitank-*** ◆ **1.1** ~ gun *anti-tankkanon.*
an·ti·ter·ror·ist [-'terərɪst]⟨bn., attr.⟩ **0.1** ***anti-terreur-*** ◆ **1.1** ~ measures *maatregelen tegen terrorisme;* ~ unit/squad *anti-terreurbrigade.*
an·tith·e·sis [æn'tɪθəsɪs]⟨f1⟩⟨telb. en n.-telb.zn.; antitheses [-si:z]; →mv. 5⟩ **0.1** ***antithese*** ⇒*tegenstelling, tegenstrijdigheid* **0.2** ***tegengestelde.***
an·ti·thet·ic ['æntɪ'θetɪk], **an·ti·thet·i·cal** [-ɪkl]⟨bn.;-(al)ly;→bijw. 3⟩ **0.1** ***antithetisch*** ⇒*tegengesteld, tegenstrijdig.*
an·ti·tox·in ['æntɪ'tɒksɪn||'æntaɪ'tɑk-]⟨telb. en n.-telb.zn.⟩ **0.1** ***antitoxine*** ⇒*tegengif.*
an·ti·trade[1] [-treɪd]⟨telb.zn.; vnl.⟩ **0.1** ***antipassaat(wind)*** ⇒*tegenpassaat.*
antitrade[2] ⟨bn., attr.⟩ **0.1** ***antipassaat*** ◆ **1.1** ~ wind *antipassaatwind.*
an·ti·trust [-'trʌst]⟨bn., attr.⟩⟨AE; ec.⟩ **0.1** ***antitrust-*** ◆ **1.1** ~ laws *antitrustwetten* ⟨die bedrijfsconcentratie verhinderen⟩.
an·ti·tus·sive[1] [-'tʌsɪv]⟨telb.zn.⟩⟨med.⟩ **0.1** ***(anti)hoestmiddel.***
antitussive[2] ⟨bn.⟩ **0.1** ***hoeststillend.***
an·ti·type [-taɪp]⟨telb.zn.⟩ **0.1** ***antitype*** ⇒*tegenbeeld, pendant, tegenhanger.*
an·ti·ve·nene [-və'ni:n], **an·ti·ve·nin** [-'venɪn]⟨telb. en n.-telb.zn.⟩ ⟨med.⟩ **0.1** ***tegengif (tegen slangebeten)*** ⇒*slangepoeder.*
ant·ler ['æntlə||-ər]⟨f1⟩⟨telb.zn.⟩ **0.1** ***geweitak*** **0.2** ⟨mv.⟩ ***gewei.***
ant·ler·ed ['æntləd||-ərd]⟨bn.⟩ **0.1** ***geweidragend*** ⇒*met gewei, getakt.*
'ant-li·on ⟨telb.zn.⟩ **0.1** ***mierenleeuw*** ⟨fam. der Myrmeleontidae⟩.
an·to·nym ['æntənɪm]⟨telb.zn.⟩⟨taalk.⟩ **0.1** ***antoniem.***
an·ton·y·mous [æn'tɒnɪməs||-'tɑ-]⟨bn.⟩⟨taalk.⟩ **0.1** ***antoniem.***
an·ton·y·my [æn'tɒnɪmi||-'tɑ-]⟨n.-telb.zn.⟩⟨taalk.⟩ **0.1** ***antonymie.***
an·tre ['æntrə||'æntər]⟨telb.zn.⟩⟨vero.⟩ **0.1** ***hol*** ⇒*grot.*
an·trum ['æntrəm]⟨telb.zn.; antra ['æntrə];→mv. 5⟩⟨anat.⟩ **0.1** ***beenderholte*** ⇒*lichaamsholte.*
a·nus ['eɪnəs]⟨f1⟩⟨telb.zn.⟩ **0.1** ***anus*** ⇒*aars, aarsopening.*

an·vil ['ænvɪl]⟨f1⟩⟨telb.zn.⟩ **0.1** ***aambeeld*** ◆ **6.1** ⟨fig.⟩ on the ~ *in de maak, in voorbereiding, onder handen.*

anx·i·ety [æŋ(k)'zaɪət̬i]⟨f3⟩⟨telb.en n.-telb.zn.;→mv.2⟩ **0.1** ***bezorgdheid*** *⇒ongerustheid, zorg, vrees* **0.2** ***(psychische) angst*** *⇒benauwdheid* **0.3** ⟨inf.⟩ ***(vurig) verlangen*** *⇒begeerte.*

anx·ious ['æŋ(k)ʃəs]⟨f3⟩⟨bn.;-ly;-ness⟩ **0.1** ***bezorgd*** *⇒ongerust, bekommerd* **0.2** ***verontrustend*** *⇒zorgwekkend, beangstigend, angstvallig* **0.3** ⟨inf.⟩ ***verlangend*** *⇒begerig, erop uit* ◆ **1.2** ~ days followed *er volgden angstige dagen* **3.3** I am very ~ to know the result *ik kijk vol spanning uit naar het resultaat;* he was ~ to leave *hij stond te popelen om te mogen vertrekken* **6.1** he is very ~ **about/for** his mother's health *hij maakt zich grote zorgen over de gezondheid van zijn moeder;* you needn't be ~ **about** me *je hoeft je over mij geen zorgen te maken;* I am ~ **at** their non-arrival *ik maak me er zorgen over dat ze er nog niet zijn* **6.3** she is ~ **for** her mother to meet her new friend *zij wil dolgraag dat haar moeder haar nieuwe vriend ontmoet* **8.3** he was ~ that the guests should have all they want *hij deed zijn best aan de wensen van zijn gasten tegemoet te komen.*

an·y[1] ['eni]⟨f4⟩⟨onb.vnw.;→onbepaald woord⟩ **0.1** ⟨aantal of hoeveelheid⟩ ***enige*** *⇒enkele, wat* **0.2** ⟨entiteit⟩ ***iemand/iets*** *⇒om het even wie/wat, wie/wat ook, alles/iedereen/elkeen, eenieder* ◆ **3.1** I didn't get ~ *ik heb er geen enkele gehad;* are there ~ left? *zijn er nog over(gebleven)?;* did you see ~ of the children? *heb je een van de kinderen gezien?;* didn't you see ~ of the children? *heb je geen van de kinderen gezien?* **3.2** ~ will do *geef me er maar een, het geeft niet welke* **3.¶** ⟨inf.⟩ I'm not having ~ (of that) *dat pik ik niet, daar trap/loop ik niet in, mij niet gezien* **6.2** she's as pretty as ~ *ze is net zo mooi als wie dan ook* **8.1** defects, if ~, must be reported immediately *eventuele gebreken moeten onmiddellijk gemeld worden;* few, if ~ *weinig of geen, zo goed als geen.*

any[2] ⟨f3⟩⟨bw.⟩ **0.1** ⟨in negatieve en vragende constructies; vnl. AE en zeer inf. tenzij met vergrotende trap⟩ ***enigszins*** *⇒op enigerlei wijze, in enig opzicht* ◆ **2.1** are you ~ happier here? *ben je hier gelukkiger?* **3.1** she's not spoiling you ~ *ze verwent je helemaal niet* **5.1** I cannot sleep ~ more *ik kan niet meer slapen.*

any[3] ⟨f4⟩⟨onb.det.;→onbepaald woord⟩ **0.1** ⟨aantal of hoeveelheid⟩ ***enig(e)*** *⇒enkele, wat* **0.2** ⟨entiteit⟩ ***om het even welk(e)*** *⇒welk(e) ... ook, elk(e), een willekeurig(e)* ◆ **1.1** don't pay ~ attention to him *let maar niet op hem;* we might just as well have done nothing, for ~ effect our efforts have had *we hadden net zo goed niets kunnen ondernemen, zo weinig resultaat hebben onze inspanningen gehad;* I cannot see ~ houses *ik zie geen huizen;* I can give you ~ number of marbles *ik kan je zoveel knikkers geven als je maar wilt;* have you got ~ paper? *heb je papier?* **1.2** would you use ~ book? *zou je welk boek dan ook gebruiken?;* ~ child can tell you that *elk kind kan je dat vertellen;* warn me if ~ part is missing *waarschuw mij als er enig stuk/onderdeel ontbreekt* **4.1** ~ one *om 't even welke, één;* →anybody.

an·y·bod·y[1] ['enibɒdi‖-bɑdi]⟨f2⟩⟨telb.zn.;→mv.2; enk. steeds zonder onbep. lidw.⟩ **0.1** ***iemand van betekenis*** ◆ **3.1** if you are ~ you must be there *als je iemand bent die iets betekent dan moet je daar zijn.*

anybody[2], **an·y·one** ['eniwʌn]⟨f4⟩⟨onb.vnw.;→onbepaald woord⟩ **0.1** ***om het even wie*** *⇒wie dan ook, iemand, iedereen* ◆ **1.1** it's ~'s contest/game/⟨enz.⟩ *iedereen kan winnen* **3.1** did ~ call *heeft er iemand gebeld?;* ~ could do it *iedereen zou dat kunnen* **5.1** she 's not just ~ *ze is niet de eerste de beste.*

an·y·how[1] ['enihaʊ], ⟨in bet. 0.1 en 0.3 ook⟩ **an·y·way** ['eniweɪ]⟨f3⟩⟨bw.;→onbepaald woord⟩ **0.1** ***hoe dan ook*** *⇒trouwens, in ieder geval;* ⟨aan het zinseinde⟩ *toch (maar)* **0.2** ⟨inf.⟩ ***slordig*** *⇒kriskras, op z'n (jan)boerefluitjes, ongeordend* **0.3** ***hoe dan ook*** *⇒op welke wijze ook, op om het even welke wijze* ◆ **1.2** things are all ~ there! *het is me daar een janboel!* **3.2** he does his work ~ *hij maakt van zijn werk een potje* **3.3** she parked the car ~ *ze parkeerde de auto zoals het uitkwam* **¶.1** ~, when I got there he'd already left *nou ja, hoe dan ook, toen ik dus aankwam, was hij al weg;* tell her ~ *vertel het haar toch maar;* ~, I'm stronger *trouwens, ik ben sterker.*

anyhow[2], **anyway** ⟨f3⟩⟨ondersch.vw.⟩ **0.1** ***zoals (...) maar*** ◆ **¶.1** do it ~ you like *doe het zoals je (maar) wilt.*

an·y·more, ⟨BE vnl.⟩ **any more** ['eni'mɔː‖-'mɔr]⟨f2⟩⟨bw.;→onbepaald woord⟩ **0.1** ***nog*** *⇒meer, opnieuw, langer* ⟨enz.⟩ ◆ **3.1** I'm not coming ~ *ik kom niet meer;* are you eating ~ *eet je nog wat?;* it's not hurting ~ *het doet geen pijn meer.*

anyone →anybody.

an·y·place ['enipleɪs]⟨f1⟩⟨bw.;→onbepaald woord⟩⟨AE;inf.⟩ **0.1** ***waar dan ook*** *⇒om het even waar, ergens* ◆ **3.1** I won't let you go ~ *ik laat je niet zomaar overal naar toe gaan;* don't go ~ else *ga nergens anders heen;* sleep ~ you like *slaap waar je wilt;* you can study ~ *je kunt overal studeren.*

an·y·thing[1] ['eniθɪŋ]⟨f2⟩⟨n.-telb.zn.⟩ **0.1** ***alles*** *⇒wat dan ook, wat het ook zij* ◆ **3.1** she guards her jewels, her books, her ~ *ze bewaakt haar juwelen, haar boeken, alles wat ze heeft.*

anything[2] ⟨f4⟩⟨onb.vnw.;→onbepaald woord⟩ **0.1** ***om het even wat*** *⇒wat dan ook, iets, (van) alles* ◆ **3.1** she didn't eat ~ *ze at niets;* she didn't eat just ~ *ze heeft niet zomaar iets gegeten;* she doesn't eat just ~ *ze eet niet zomaar alles;* give me ~ *geef me maar wat* **6.1** not **for** ~ *voor geen goud, voor niets ter wereld;* that could be ~ **from** $10 **to** $100 *het kan 10, het kan 100 dollar kosten, weet ik veel/ik heb geen idee* **8.1** ⟨inf.⟩ as/like ~ *heel;* as drunk as ~ *ladderzat;* she squealed like ~ *ze gilde dat het een aard had;* ~ but safe *allesbehalve veilig;* if ~ *indien dan al iets, dan ...;* if ~ this is even worse *dit is zo mogelijk nog slechter;* he feels a little better, if ~ *hij voelt zich misschien wel een tikje beter.*

anything[3] ⟨f1⟩⟨bw.;→onbepaald woord⟩ **0.1** ***enigszins*** *⇒in enige mate;* ⟨met ontkenning⟩ *bijlange na (niet)* ◆ **4.1** it isn't ~ much *het heeft niet veel om het lijf, het stelt niet veel voor* **5.1** she wasn't ~ like as pretty as Jill *ze was bijlange niet zo mooi als Jill.*

an·y·time ['enitaɪm]⟨f1⟩⟨bw.;→onbepaald woord⟩⟨inf.⟩ **0.1** ***wanneer (dan) ook*** *⇒om het even wanneer* ◆ **3.1** I can beat you ~ *ik kan you altijd verslaan;* come ~ *kom wanneer je maar wilt;* he can come ~ *hij kan elk ogenblik komen;* she'll read to you ~ *ze zal je altijd voorlezen.*

anyway →anyhow.

an·y·where[1] ['eniweə‖-(h)wer]⟨f2⟩⟨onb.vnw.;→onbepaald woord⟩ **0.1** ***overal*** *⇒ergens, om het even waar, waar dan ook* ◆ **6.1** he could come **from** ~ *hij zou waar dan ook vandaan kunnen komen;* far away **from** ~ *vreselijk afgelegen;* they moved **to** ~ where they could find jobs *ze verhuisden naar waar ze maar werk konden vinden.*

anywhere[2] ⟨f3⟩⟨bw.;→onbepaald woord⟩ **0.1** ⟨plaats; ook fig.⟩ ***overal*** *⇒ergens, om het even waar* **0.2** ⟨mate of graad⟩ ***in enigerlei mate*** *⇒ergens* ◆ **3.1** go ~ you like *ga maar waar je naar toe wil;* she'd tell it ~ *ze zou het overal vertellen* **5.2** she isn't ~ near as tall as John *ze is lang niet zo groot als John* **6.2** ~ **between** twenty and fifty people, ~ **from** twenty **to** fifty people *tussen de twintig en vijftig mensen.*

an·y·wise ['eniwaɪz]⟨bw.;→onbepaald woord⟩ **0.1** ***op een of andere wijze*** *⇒enigszins, hoe dan ook, überhaupt* ◆ **2.1** nor was it ~ important *en het was ook geenszins belangrijk.*

An·zac[1] ['ænzæk]⟨telb.zn.⟩ **0.1** ***soldaat v.h. ANZAC*** **0.2** ***Nieuwzeelands/Australisch soldaat*** **0.3** ***Nieuwzeelander/Australiër.***

Anzac[2] ⟨bn.⟩ **0.1** ***v.h. ANZAC*** **0.2** ***Nieuwzeelands/Australisch.***

ANZAC ['ænzæk]⟨afk.⟩ Australian and New-Zealand Army Corps ⟨WO I⟩.

'Anzac Day ⟨eig.n.⟩ **0.1** ***Anzac-dag*** ⟨25 april, officiële feestdag in Australië en Nieuw-Zeeland⟩.

a.o., a/o ⟨afk.⟩ account of, among others, and others.

AO ⟨afk.⟩ Army Order.

AOB ⟨n.-telb.zn.⟩⟨afk.⟩ any other business **0.1** ***wvttk*** *⇒wat verder ter tafel komt.*

AOK ⟨bn., pred.⟩⟨afk.⟩ all systems OK ⟨AE; inf.⟩ **0.1** ***alles in orde.***

AONB ⟨afk.⟩ Area of Outstanding Natural Beauty ⟨BE⟩.

a·o·rist ['eərɪst‖'eɪə-]⟨telb.zn.⟩⟨taalk.⟩ **0.1** ***aorist(us).***

a·o·ris·tic ['eə'rɪstɪk‖'eɪə-]⟨bn., attr.;-ally;→bijw. 3⟩ **0.1** ***van/in de aorist(us).***

a·or·ta [eɪ'ɔːtə‖-'ɔrt̬ə]⟨telb.zn.; ook aortae [-'ɔːtiː‖-'ɔrt̬iː];→mv. 5⟩ **0.1** ***aorta*** *⇒grote lichaamsslagader.*

a·or·tal [-eɪ'ɔːtl‖-'ɔrt̬l], **a·or·tic** [-'ɔːtɪk‖-'ɔrt̬ɪk]⟨bn., attr.⟩ **0.1** ***v.d. aorta.***

a·ou·dad ['aʊdæd]⟨telb.zn.⟩⟨dierk.⟩ **0.1** ***manenschaap*** ⟨Ammotragus lervia⟩.

à ou·trance ['ɑː 'uːtrɑ̃s‖-uː'trɑ̃s]⟨bw.⟩ **0.1** ***tot in de dood*** *⇒tot het bittere einde, tot het uiterste.*

ap ⟨afk.⟩ above proof, account paid, additional premium, apothecary/apothecaries', author's proof.

ap- [əp] **0.1** →ad- **0.2** →apo-.

AP ⟨afk.⟩ airplane (pilot), antipersonnel, Associated Press.

APA ⟨afk.⟩ American Philological Association, American Psychiatric Association.

a·pace [ə'peɪs]⟨bw.⟩⟨schr.⟩⟨→sprw. 331, 332⟩ **0.1** ***snel*** *⇒vlug, met grote snelheid.*

a·pache [ə'pæʃ]⟨telb.zn.; apaches [ə'pæʃ];→mv. 5⟩ **0.1** ***apache*** *⇒straatbandiet, boef* ⟨vnl. in Parijs⟩.

A·pach·e [ə'pætʃi]⟨telb.zn.; ook Apache;→mv. 5⟩ **0.1** ***Apache*** ⟨lid v. Noordamerikaanse Indianenstam⟩.

a'pache dance ⟨telb.zn.⟩ **0.1** ***apachendans*** ⟨grillige moderne dans⟩.

ap·a·nage, ap·pa·nage ['æpənɪdʒ]⟨telb.zn.⟩ **0.1** ***apanage*** ⟨leengoed/jaargeld voor onderhoud v. niet-regerende leden v.e. vorstenhuis⟩ **0.2** ***emolument*** ⇒*bijkomende verdienste/titel, bijkomend recht;* ⟨ook fig.⟩ *toegeëigend/vanzelfsprekend recht, attribuut* **0.3** ***onderhorigheid*** ⇒*leengebied* ◆ **1.2** the diplomacy used to be the ~ of the aristocracy *de diplomatie was vroeger exclusief voorbehouden aan de aristocratie* **2.2** the natural ~ of happiness *een natuurlijk attribuut v.h. geluk.*

a·part[1] [ə'pɑ:t‖ə'pɑrt]⟨f2⟩⟨bn., post.⟩ **0.1** ***apart*** ⇒*speciaal* ◆ **1.1** a house ~ *een apart soort huis.*

apart[2] ⟨f3⟩⟨bw.⟩ **0.1** ***los*** ⇒*onafhankelijk, op zichzelf* **0.2** ⟨vnl. na bep. v. afstand of tijd⟩ ***van elkaar (verwijderd)*** ⇒*op ... afstand, met ... verschil* **0.3** ***uit elkaar*** ⇒*aan stukken, kapot* **0.4** ⟨na nw.⟩ ***daargelaten*** ⇒*behoudens* ◆ **1.2** legs wide ~ *de benen gespreid;* five miles ~ *op vijf mijlen van elkaar* **1.4** these things ~ *deze dingen daargelaten/buiten beschouwing gelaten* **3.1** the shed stood ~ from the farm *het schuurtje stond opzij van/los van de boerderij;* he stood ~ *hij stond terzijde;* viewed ~ *afzonderlijk beschouwd, op zichzelf genomen* **3.3** come ~ *losgaan/raken;* fall ~ *uiteen vallen;* take ~ *uit elkaar halen/nemen, demonteren* **3.¶** be ~ *het oneens zijn* **6.¶** ~ **from** *... terzijde gelaten, op ... na, ... buiten beschouwing gelaten, uitgenomen, behalve.*

a·part·heid [ə'pɑ:thaɪt, -heɪt‖ə'pɑrt-]⟨f1⟩⟨n.-telb.zn.⟩ **0.1** ***apartheid*** ⟨rassenscheiding in Zuid-Afrika⟩ ⇒*segregatie.*

a·part·ho·tel [ə'pɑ:thoʊtel‖ə'pɑrt-]⟨telb.zn.⟩⟨BE⟩ **0.1** ***koopflats die verhuurd worden als de eigenaars er niet zijn.***

a·part·ment [ə'pɑ:tmənt‖-'pɑrt-]⟨f3⟩⟨telb.zn.⟩ **0.1** ***kamer*** ⇒*vertrek* **0.2** ⟨vaak mv.⟩⟨BE⟩ ***appartement(en)*** ⇒*reeks kamers* **0.3** ⟨AE⟩ ***flat*** ⇒*etage* **0.4** ⟨BE⟩ ***suite*** ◆ **3.2** ~s to let *kamers te huur.*

a'partment building, a'partment house ⟨f1⟩⟨telb.zn.⟩⟨AE⟩ **0.1** ***flatgebouw.***

a'partment hotel ⟨telb.zn.⟩⟨AE⟩ **0.1** ***service flat(s).***

A·pas ['eɪpəs]⟨eig.n.⟩ **0.1** ***Paradijsvogel*** ⇒*Apus* ⟨sterrenbeeld⟩.

ap·a·thet·ic ['æpə'θeṭɪk], **ap·a·thet·i·cal** [-ɪkl]⟨f1⟩⟨bn.; -(al)ly; →bijw. 3⟩ **0.1** ***apathisch*** ⇒*lusteloos, onverschillig.*

ap·a·thy ['æpəθi]⟨f1⟩⟨n.-telb.zn.⟩ **0.1** ***apathie*** ⇒*lusteloosheid.*

ap·a·tite ['æpətaɪt]⟨n.-telb.zn.⟩⟨schei.⟩ **0.1** ***apatiet*** ⇒*calciumfosfaat.*

APB ⟨telb.zn.⟩⟨afk.⟩ all points bulletin ⟨AE⟩ **0.1** ***opsporingsbericht.***

ape[1] [eɪp]⟨f2⟩⟨telb.zn.⟩ **0.1** ***(mens)aap*** ⇒*staartloze aap;* ⟨fig.⟩ *naäper* **0.2** ⟨inf.⟩ ***lompe aap*** ⇒*lomperd* **0.3** ⟨AE; sl.; bel.⟩ ***nikker*** ⇒*roetmop* ◆ **3.1** play the ~ *naäpen* **3.¶** ⟨vnl. AE; sl.⟩ go ~ *gek worden.*

ape[2] ⟨f1⟩⟨ov.ww.⟩ **0.1** ***naäpen.***

a·peak [ə'pi:k]⟨bn., pred.; bw.⟩⟨scheep.⟩ **0.1** ***loodrecht*** ⇒*verticaal* ◆ **1.1** with the oars ~ *met de riemen loodrecht.*

'ape hanger ⟨telb.zn.⟩⟨AE; sl.⟩ **0.1** ***groot (motor)fietsstuur.***

'ape-man ⟨telb.zn.⟩ **0.1** ***aapmens.***

a·pep·sia [eɪ'pepsɪə], **a·pep·sy** [-si]⟨telb.en n.-telb.zn.; →mv. 2⟩ ⟨med.⟩ **0.1** ***apepsie*** ⇒*slechte spijsvertering.*

a·per·çu ['æpɜ:'su:‖-pɜr-]⟨telb.zn.⟩ **0.1** ***aperçu*** ⇒*schets, overzicht* **0.2** ***plots inzicht.***

a·pe·ri·ent[1] [ə'pɪərɪənt‖-'pɪr-]⟨telb.en n.-telb.zn.⟩⟨vero.⟩ **0.1** ***laxeermiddel*** ⇒*laxatief.*

aperient[2] ⟨bn.⟩⟨vero.⟩ **0.1** ***laxatief*** ⇒*purgerend.*

a·pe·ri·od·ic ['eɪpɪəri'ɒdɪk‖-pɪri'ɑ-]⟨bn.; -ally; →bijw. 3⟩ **0.1** ***onregelmatig*** **0.2** ⟨nat.⟩ ***aperiodisch.***

a·per·i·tif [ə'perɪ'ti:f]⟨f1⟩⟨telb.zn.⟩ **0.1** ***aperitief.***

ap·er·ture ['æpətʃə‖'æpərtʃʊr]⟨f1⟩⟨telb.zn.⟩ **0.1** ***opening*** ⇒*gat, spleet* **0.2** ⟨foto.⟩ ***lensopening*** ⇒*apertuur.*

ap·er·y ['eɪpəri]⟨zn.; →mv. 2⟩

I ⟨telb.zn.⟩ **0.1** ***apestreek*** ⇒*dwaze streek* **0.2** ***apekolonie*** ⇒*apekooi* ⟨in dierentuin⟩;

II ⟨n.-telb.zn.⟩ **0.1** ***naäperij.***

a·pet·al·ous ['eɪ'peṭələs]⟨bn.⟩⟨plantk.⟩ **0.1** ***zonder bloembladen.***

a·pex ['eɪpeks]⟨f1⟩⟨telb.zn.; ook apices ['eɪpɪsi:z]; →mv. 5⟩ **0.1** ***top*** ⇒*hoogste punt, apex;* ⟨fig.⟩ *toppunt, hoogtepunt* **0.2** ⟨parachutespringen⟩ ***stabilisatiegat*** ⟨boven in koepel⟩ ⇒*schoorsteen.*

APEX ['eɪpeks]⟨afk.⟩ Advance Purchase Excursion; Association of Professional, Executive, Clerical and Computer Staff ⟨BE⟩.

a·ph(a)er·e·sis [ə'fɪərəsɪs‖-'fɪrə-]⟨telb.en n.-telb.zn.; aph(a)ereses [-si:z]; →mv. 5⟩⟨taalk.⟩ **0.1** ***afaeresis.***

a·pha·sia [ə'feɪʒə]⟨n.-telb.zn.⟩⟨med.⟩ **0.1** ***afasie.***

a·pha·sic[1] [ə'feɪzɪk]⟨telb.zn.⟩⟨med.⟩ **0.1** ***afasie-patiënt*** ⇒*afaticus.*

aphasic[2] ⟨bn.⟩⟨med.⟩ **0.1** ***afatisch.***

a·phe·li·on [æ'fi:lɪən]⟨telb.zn.; aphelia [-lɪə]; →mv. 5⟩⟨ster.⟩ **0.1** ***aphelium*** ⟨in baan om zon, punt het verst verwijderd v.d. zon⟩.

a·phid ['eɪfɪd]⟨telb.zn.⟩⟨dierk.⟩ **0.1** ***bladluis*** ⟨fam. Aphididae⟩.

a·phis ['eɪfɪs]⟨telb.zn.; aphides ['eɪfɪdi:z]; →mv. 5⟩⟨dierk.⟩ **0.1** ***bladluis*** ⟨fam. Aphididae⟩.

a·pho·ni·a [eɪ'foʊnɪə], **a·pho·ny** ['æfəni]⟨n.-telb.zn.⟩ **0.1** ***afonie*** ⇒*stemloosheid, volslagen heesheid.*

a·phon·ic ['eɪ'fɒnɪk‖-'fɑ-]⟨bn.⟩ **0.1** ***afoon*** ⇒*stom* **0.2** ⟨taalk.⟩ ***stemloos.***

aph·o·rism ['æfərɪzm]⟨telb.zn.⟩ **0.1** ***aforisme.***

aph·o·rist ['æfərɪst]⟨telb.zn.⟩ **0.1** ***aforisticus.***

aph·o·ris·tic ['æfə'rɪstɪk]⟨bn.; -ally; →bijw. 3⟩ **0.1** ***aforistisch.***

aph·ro·dis·i·ac[1] ['æfrə'dɪziæk]⟨telb. en n.-telb.zn.⟩ **0.1** ***afrodisiacum.***

aphrodisiac[2] ⟨bn.⟩ **0.1** ***de geslachtsdrift prikkelend.***

aph·ro·dite ['æfrə'daɪṭi]⟨zn.⟩

I ⟨eig.n.; A-⟩ **0.1** ***Aphrodite*** ⇒*Venus;*

II ⟨telb.zn.⟩⟨dierk.⟩ **0.1** ***zeemuis*** ⟨soort zeeworm; fam. Aphroditidae⟩ **0.2** ***paarlemoervlinder*** ⟨Argynnis aphrodite⟩.

aph·tha ['æfθə, 'æp-]⟨zn.; aphthae [-θi:]; →mv. 5⟩⟨med.⟩

I ⟨telb.zn.⟩ **0.1** ***(mond)blaar(tje);***

II ⟨telb. en n.-telb.zn.⟩ **0.1** ***spruw.***

a·phyl·lous ['eɪ'fɪləs, ə'fɪləs]⟨bn.⟩⟨plantk.⟩ **0.1** ***bladloos.***

a·pi·an ['eɪpɪən]⟨bn.⟩ **0.1** ***bijen-.***

a·pi·ar·i·an[1] ['eɪpi'eərɪən‖-'er-]⟨telb.zn.⟩ **0.1** ***i(e)mker*** ⇒*bijenhouder.*

apiarian[2] ⟨bn.⟩ **0.1** ***v./mbt. de bijen(teelt)*** ⇒*bijen-.*

a·pi·a·rist ['eɪpɪərɪst]⟨telb.zn.⟩ **0.1** ***i(e)mker*** ⇒*bijenhouder.*

a·pi·ar·y ['eɪpɪəri‖'eɪpieri]⟨telb.zn.; →mv. 2⟩ **0.1** ***bijenstal.***

ap·i·cal ['æpɪkl, 'eɪ-]⟨bn.; -ly⟩ **0.1** ***apicaal*** ⇒*v./aan het toppunt, top-* **0.2** ⟨taalk.⟩ ***apicaal*** ⟨met de tongpunt gearticuleerd⟩ ◆ **1.1** ⟨plantk.⟩ ~ cell *apicale cel;* ⟨plantk.⟩ ~ dominance *apicale dominantie.*

a·pi·ces ⟨mv.⟩ →apex.

a·pi·cul·tur·al ['eɪpɪ'kʌltʃərəl]⟨bn.⟩ **0.1** ***v./mbt. de bijenteelt.***

a·pi·cul·ture ['eɪpɪkʌltʃə‖-ər]⟨n.-telb.zn.⟩ **0.1** ***bijenteelt*** ⇒*apicultuur.*

a·pi·cul·tur·ist ['eɪpɪ'kʌltʃərɪst]⟨telb.zn.⟩ **0.1** ***i(e)mker*** ⇒*bijenhouder.*

a·piece [ə'pi:s]⟨f2⟩⟨bw.⟩ **0.1** ***elk*** ⇒*per stuk, het stuk* ◆ **1.1** she gave us £ 10 ~ *ze gaf ons elk £ 10;* these pears cost 10 pence ~ *deze peren kosten 10 pence het stuk.*

ap·ish ['eɪpɪʃ]⟨f1⟩⟨bn.; -ly; -ness⟩ **0.1** ***aapachtig*** ⟨ook fig.⟩ ⇒*potsierlijk, onnozel* **0.2** ***naäperig*** **0.3** ***vol streken*** ⇒*ondeugend.*

ap·la·nat ['æplənæt]⟨telb.zn.⟩⟨optiek⟩ **0.1** ***aplanaat.***

ap·la·nat·ic ['æplə'næṭɪk]⟨bn.⟩⟨optiek⟩ **0.1** ***aplanatisch*** ⇒*zonder sferische aberratie* ⟨lens, spiegel⟩.

a·pla·sia [ə'pleɪʒə]⟨n.-telb.zn.⟩⟨med.⟩ **0.1** ***aplasie*** ⇒*atrofie.*

a·plen·ty [ə'plenṭi]⟨bn., pred., bn., post.; bw.⟩ **0.1** ***in overvloed.***

a·plomb [ə'plɒm‖ə'plɑm]⟨f1⟩⟨n.-telb.zn.⟩ **0.1** ***aplomb*** ⇒*zelfverzekerdheid, zelfvertrouwen, doortastendheid* **0.2** ***loodrechte stand.***

ap·noe·a, ⟨AE sp.⟩ **ap·ne·a** ['æpnɪə]⟨telb. en n.-telb.zn.⟩⟨med.⟩ **0.1** ***apnoe.***

a·po- ['æpoʊ], **ap-** **0.1** ***ap(o)-*** ⇒⟨ong.⟩ *weg/gescheiden/los van, gebrek aan* ◆ **¶.1** aphelion *aphelium.*

APO ⟨afk.⟩ Army Post Office.

a·po·ap·sis ['æpoʊ'æpsɪs]⟨telb.zn.; apoapsides [-sɪdi:z]; →mv. 5⟩ ⟨ster.⟩ **0.1** ***apoapsis*** ⟨punt in loopbaan v.e. hemellichaam het verst verwijderd v.h. hemellichaam waar het omheen draait⟩.

Apoc ⟨afk.⟩ Apocalypse ⟨bijb.⟩ **0.1** ***Openb.***.

a·poc·a·lypse [ə'pɒkəlɪps‖-'pɑ-]⟨telb.zn.⟩ **0.1** ***openbaring*** **0.2** ***openbaringsgeschrift*** **0.3** ***apocalyps*** ⇒*chaotische tijd/gebeurtenissen, einde v.d. wereld* ◆ **7.1** ⟨bijb.⟩ the Apocalypse *de Apocalypsis, de Apocalyps(e), (het Boek der) Openbaring.*

a·poc·a·lyp·tic [ə'pɒkə'lɪptɪk‖ə'pɑ-], **a·poc·a·lyp·ti·cal** [-ɪkl]⟨bn.; -(al)ly; →bijw. 3⟩ **0.1** ***apocalyptisch*** ⇒*onheilspellend, catastrofaal* **0.2** ⟨bijb.⟩ ***apocalyptisch*** ⇒*v.d. Openbaring* ◆ **1.1** ~ scenes *apocalyptische taferelen.*

ap·o·car·pous ['æpoʊ'kɑ:pəs‖-'kɑr-]⟨bn.⟩⟨plantk.⟩ **0.1** ***apocarp*** ⟨met niet-vergroeide vruchtbladen⟩.

a·poc·o·pe [ə'pɒkəpi‖-'pɑ-]⟨telb. en n.-telb.zn.⟩⟨taalk.⟩ **0.1** ***apocope.***

Apocr ⟨afk.⟩ Apocrypha.

A·poc·ry·pha [ə'pɒkrɪfə‖ə'pɑ-]⟨verz.n.; the⟩ **0.1** ***apocriefe boeken*** ⇒*apocriefen.*

a·poc·ry·phal [ə'pɒkrɪfl‖ə'pɑ-]⟨bn.; -ly⟩ **0.1** ***apocrief*** ⇒*niet echt/gezaghebbend* **0.2** ***ongeloofwaardig*** ⇒*onaannemelijk.*

ap·od ['eɪpɒd‖-pɑd]⟨telb.zn.; apodes [-pədi:z], apoda [-pədə]; →mv. 5⟩⟨dierk.⟩ **0.1** ***pootloos dier*** **0.2** ***vis zonder buikvinnen.***

ap·o·dal ['æpədl]⟨bn.⟩⟨dierk.⟩ **0.1** ***pootloos*** **0.2** ***zonder buikvinnen.***

ap·o·dic·tic ['æpə'dɪktɪk], **ap·o·deic·tic** [-'daɪk-]⟨bn.; -ally; →bijw. 3⟩ **0.1** ***apodictisch*** ⇒*onweerlegbaar, stellig, onbetwistbaar.*

ap·o·ge·an ['æpə'dʒi:ən]⟨bn.⟩⟨ster.⟩ **0.1** ***v.h. apogeum.***

ap·o·gee ['æpədʒi:]⟨telb.zn.⟩ **0.1** ⟨ster.⟩ ***apogeum*** ⟨punt waarop maan, (kunst)maan of planeet het verst v.d. aarde staat⟩ **0.2** ***hoogste punt*** ⇒*toppunt, climax* ◆ **1.2** the ~ of romantic painting *het hoogtepunt v.d. romantische schilderkunst.*

ap·o·laus·tic ['æpə'lɔ:stɪk]⟨bn.⟩ **0.1** ***genotziek.***

a·po·lit·i·cal ['eɪpə'lɪt̬ɪkl]⟨bn.; -ly⟩ **0.1** ***onpolitiek*** ⇒*apolitiek*.
A·pol·lo [ə'pɒloʊ‖-'pɑ-]⟨eig.n., telb.zn.⟩ **0.1** ***Apollo*** ⇒*(bijzonder) knappe jongeman*.
Ap·ol·lo·ni·an ['æpə'loʊnɪən]⟨bn.⟩ **0.1** ***apollinisch*** ⇒*evenwichtig, beheerst, sereen*.
A·pol·ly·on [ə'pɒlɪən‖ə'pɑ-]⟨eig.n.⟩⟨bijb.⟩ **0.1** ***Apollyon*** ⇒*de duivel* ⟨Openb. 9:11⟩.
apologetic [ə'pɒlə'dʒetɪk‖ə'pɑlə'dʒet̬ɪk]⟨f2⟩⟨bn.; -(al)ly; →bijw. 3⟩ **0.1** ***verontschuldigend*** **0.2** ***verdedigend*** **0.3** ⟨relig.⟩ ***apologetisch*** ◆ **1.1** with an ~ smile *met een schuldbewuste glimlach* **6.1** she was most ~ **about** her mistake *ze zei dat het haar zeer/oprecht speet*.
a·pol·o·get·ics [ə'pɒlə'dʒetɪks‖ə'pɑlə'dʒet̬ɪks]⟨mv.; ww. vnl. enk.⟩ ⟨vnl. relig.⟩ **0.1** ***apologetiek*** ⇒*leer v.d. geloofsverdediging* **0.2** ***apologie*** ⇒*verdedigings(rede), verweerschrift*.
ap·o·lo·gi·a ['æpə'loʊdʒɪə]⟨telb.zn.⟩ **0.1** ***apologie*** ⇒*verdedigingsrede, verweerschrift*.
a·pol·o·gist [ə'pɒlədʒɪst‖-'pɑ-]⟨telb.zn.⟩ **0.1** ***apologeet*** ⇒*(geloofs) verdediger*.
a·pol·o·gize, -gise [ə'pɒlədʒaɪz‖ə'pɑ-]⟨f3⟩⟨onov.ww.⟩ **0.1** ***zich verontschuldigen*** ⇒*zijn excuses aanbieden* ◆ **6.1** you should ~ **to** your parents **for** being so rude *je moet je ouders je verontschuldigingen aanbieden voor je onbeleefd gedrag*.
ap·o·logue ['æpəlɒg‖-lɔg, -lɑg]⟨telb.zn.⟩ **0.1** ***apoloog*** ⟨fabel met moraal⟩.
a·pol·o·gy [ə'pɒlədʒi‖-'pɑ-]⟨f3⟩⟨telb.zn.; →mv. 2⟩ **0.1** ***verontschuldiging*** **0.2** ***apologie*** ⇒*verdedigingsrede, verweerschrift* **0.3** ⟨inf.⟩ ***minderwaardig vervangingsmiddel*** ⇒*surrogaat, aftreksel, ersatz* ◆ **1.1** ~ for absence *bericht v. verhindering* **3.1** please accept my apologies *gelieve mijn verontschuldigingen te aanvaarden* **6.1** make/offer an ~ **to** s.o. **for** sth. *zich bij iem. voor iets verontschuldigen* **6.3** it was only an ~ **for** a meal! *en dat moest een maaltijd voorstellen!*.
ap·o·lune ['æpəlu:n]⟨telb.zn.⟩⟨ster.⟩ **0.1** ***aposelenium*** ⟨punt waarop maansatelliet verst v. maan is⟩.
ap·o·phthegm, ap·o·thegm ['æpəθem]⟨telb.zn.⟩ **0.1** ***apofthegma*** ⇒*kernspreuk, zedespreuk*.
ap·o·plec·tic ['æpə'plektɪk]⟨bn.; -ally; →bijw. 3⟩ **0.1** ***apoplectisch*** ⇒*mbt. een beroerte* **0.2** ⟨inf.⟩ ***cholerisch*** ⇒*licht ontvlambaar, vlug rood aanlopend* ◆ **1.1** ~ stroke/fit *beroerte, attaque*.
ap·o·plex·y ['æpəpleksi]⟨telb. en n.-telb.zn.; →mv. 2⟩ **0.1** ***apoplexie*** ⇒*beroerte, attaque*.
ap·o·se·lene ['æpoʊsɪ'li:ni:], **ap·o·se·le·ni·um** ['æpoʊsɪ'li:nɪəm]⟨telb.zn.⟩⟨ster.⟩ **0.1** ***aposelenium*** ⟨punt waarop maansatelliet verst v. maan is⟩.
ap·o·si·o·pe·sis ['æpəsaɪə'pi:sɪs]⟨telb. en n.-telb.zn.; aposiopeses [-si:z]; →mv. 5⟩⟨lit.⟩ **0.1** ***aposiopesis*** ⟨het plotseling afbreken v.e. zin⟩ ⇒*verzwijging, reticentia*.
a·pos·ta·sy [ə'pɒstəsi‖-'pɑ-]⟨telb. en n.-telb.zn.; →mv. 2⟩ **0.1** ***apostasie*** ⇒*afval(ligheid)* ⟨v. geloof/partij⟩, *geloofsverzaking*.
a·pos·tate[1] [ə'pɒsteɪt, -tət‖-'pɑ-]⟨telb.zn.⟩ **0.1** ***apostaat*** ⇒*geloofsverzaker, afvallige, renegaat*.
apostate[2] ⟨bn.⟩ **0.1** ***afvallig***.
ap·o·stat·ic ['æpə'stæt̬ɪk], **ap·o·stat·i·cal** [-ɪkl]⟨bn.; -(al)ly; →bijw. 3⟩ **0.1** ***afvallig***.
a·pos·ta·tize, -tise [ə'pɒstətaɪz‖-'pɑ-]⟨onov.ww.⟩ **0.1** ***apostaseren*** ⇒*afvallig worden, zijn geloof verzaken, tot/naar de tegenpartij overlopen*.
a pos·te·ri·o·ri ['eɪpɒsteri'ɔ:raɪ‖'eɪpɑstɪri'ɔraɪ]⟨f1⟩⟨bn.; bw.⟩⟨logica⟩ **0.1** ***a posteriori*** ⇒*inductief, empirisch* ◆ **1.1** ~ demonstration *aposteriorisch bewijs*.
a·pos·til(le) [ə'pɒstɪl‖-'pɑ-]⟨telb.zn.⟩⟨vero.⟩ **0.1** ***apostille*** ⇒*kanttekening*.
a·pos·tle [ə'pɒsl‖ə'pɑsl]⟨f2⟩⟨telb.zn.⟩ **0.1** ***apostel***.
a'postle bird ⟨telb.zn.⟩⟨dierk.⟩ **0.1** ***apostelvogel*** ⟨Struthidea cinerea⟩.
Apostles' Creed [ə'pɒslz 'kri:d‖-'pɑ-]⟨n.-telb.zn.; the⟩ **0.1** ***apostolische geloofsbelijdenis*** ⇒*Credo*.
a·pos·tle·ship [ə'pɒslʃɪp‖-'pɑ-]⟨telb. en n.-telb.zn.⟩ **0.1** ***apostelschap*** ⇒*apostolaat, apostelambt*.
a'pos·tle-spoon ⟨telb.zn.⟩ **0.1** ***apostellepel***.
a·pos·to·late [ə'pɒstələt‖-'pɑ-]⟨telb.zn.⟩ **0.1** ***apostolaat*** ⇒*apostelambt, apostelschap*.
ap·os·tol·ic ['æpə'stɒlɪk‖-'stɑ-], **ap·os·tol·i·cal** [-ɪkl]⟨f1⟩⟨bn.; -(al)ly; →bijw. 3⟩ **0.1** ***apostolisch*** ⇒*apostoliek, (als) v.d. apostelen* **0.2** ***apostolisch*** ⇒*pauselijk* ◆ **1.1** the Apostolic Fathers *de Apostolische Vaders;* ~ succession *apostolische successie* **1.2** ⟨R.-K.⟩ ~ delegate *apostolisch delegaat* ⟨vertegenwoordiger v. Heilige Stoel in landen waarmee het Vaticaan geen geregelde diplomatieke betrekkingen onderhoudt⟩; the Apostolic See *de Apostolische/Heilige Stoel*.
a·pos·tro·phe [ə'pɒstrəfi‖-'pɑ-]⟨f1⟩⟨telb.zn.⟩ **0.1** ⟨taalk.⟩ ***apostrof*** ⇒*weglatingsteken, afkappingsteken* **0.2** ⟨lit.⟩ ***apostrof*** ⇒*toespraak, aanspraak*.
ap·os·troph·ic ['æpə'strɒfɪk‖-'strɑ-]⟨bn.⟩⟨lit., taalk.⟩ **0.1** ***mbt. een apostrof***.
a·pos·tro·phize [ə'pɒstrəfaɪz‖ə'pɑs-]⟨ww.⟩
I ⟨onov.ww.⟩ **0.1** ⟨lit.⟩ ***een apostrof aanwenden*** ⇒*met veel nadruk spreken* **0.2** ⟨taalk.⟩ ***een apostrof zetten/aanbrengen*** ◆ **6.1** ~ **to** *apostroferen, met veel nadruk toespreken;*
II ⟨ov.ww.⟩ **0.1** ⟨lit.⟩ ***apostroferen*** **0.2** ⟨taalk.⟩ ***v.e. apostrof voorzien***.
a'pothecaries' measure ⟨n.-telb.zn.⟩ **0.1** ***apothekersmaat***.
a'pothecaries' 'weight ⟨n.-telb.zn.⟩ **0.1** ***apothekersgewicht***.
a·poth·e·car·y [ə'pɒθɪkri‖ə'pɑθɪkeri]⟨telb.zn.; →mv. 2⟩⟨vero. of Sch.E⟩ **0.1** ***apotheker***.
apothegm →apophthegm.
ap·o·them ['æpəθem]⟨telb.zn.⟩⟨wisk.⟩ **0.1** ***apothema***.
a·poth·e·o·sis [ə'pɒθi'oʊsɪs‖-'pɑ-]⟨telb.zn.; apotheoses [-si:z]; →mv. 5⟩ **0.1** ***apotheose*** ⇒*vergoding, vergoddelijking, verheerlijking* **0.2** ***heiligverklaring*** **0.3** ***(vergoddelijkt) ideaal*** ◆ **1.3** the ~ of womanhood *de ideale vrouw*.
ap·o·the·o·size [ə'pɒθɪəsaɪz‖'æpə'θɪə-]⟨ov.ww.⟩ **0.1** ***apotheoseren*** ⇒*vergoden, vergoddelijken, verheerlijken*.
ap·o·tro·pa·ic ['æpoʊtrə'peɪɪk]⟨bn.⟩⟨schr.⟩ **0.1** ***apotropaeisch*** ⇒*afwendend, bezwerend*.
app ⟨afk.⟩ apparatus, appendix, applied, appoint(ed), apprentice.
ap·pal, ⟨AE sp. ook⟩ **ap·pall** [ə'pɔ:l]⟨f2⟩⟨ov.ww.; →ww. 7⟩ →appalling **0.1** ***met schrik vervullen*** ⇒*ontstellen, ontzetten, verschrikken* ◆ **6.1** she was appalled **at** the news *ze vernam het nieuws met ontzetting*.
ap·pall·ing [ə'pɔ:lɪŋ]⟨f2⟩⟨bn.; teg. deelw. v. appal; -ly⟩ **0.1** ***ontstellend*** ⇒*ontzettend* **0.2** ⟨inf.⟩ ***erg slecht*** ◆ **1.1** the ~ news *het ontstellende nieuws* **1.2** he's an ~ driver *hij is een ramp achter het stuur/gevaar op de weg*.
appanage →apanage.
ap·pa·rat ['æpəræt, -'rɑ:t]⟨telb.zn.⟩ **0.1** ***(communistisch) partijapparaat***.
ap·pa·ra·tchik ['æpə'rætʃɪk‖'ɑpə'rɑ-]⟨telb.zn.; ook apparatchiki [-tʃɪki]; →mv. 5⟩ **0.1** ***apparatsjik*** ⇒*lid v.h. communistisch partijapparaat;* ⟨fig.⟩ *volgzame/willoze ambtenaar* **0.2** ***communistische agent/spion***.
ap·pa·ra·tus ['æpə'reɪtəs‖-'ræt̬əs]⟨f2⟩⟨zn.; ook apparatus; →mv. 5⟩
I ⟨telb.zn.⟩ **0.1** ***apparaat*** ⇒*toestel, machine* **0.2** ***apparaat*** ⇒*inrichting, organisatie;* ⟨med. ook⟩ *organen* **0.3** ⟨verk.⟩ ⟨apparatus criticus⟩ ◆ **2.2** the respiratory ~ *het ademhalingsapparaat, de ademhalingsorganen;*
II ⟨n.-telb.zn.⟩ **0.1** ***apparatuur*** ⇒*apparaat, gereedschap, apparaten, toestellen* ◆ **1.1** a piece of ~ *een stuk gereedschap* **3.1** the men set up their ~ *de mannen stelden hun apparatuur op*.
apparatus crit·i·cus [-'krɪt̬ɪkəs]⟨telb.zn.⟩ **0.1** ***kritisch apparaat*** ⟨bij tekstuitgave⟩.
ap·par·el[1] [ə'pærəl]⟨n.-telb.zn.⟩⟨schr.⟩ **0.1** ***kleding*** ⇒*gewaad, (boven)kleed* **0.2** ***borduurwerk op priestergewaad*** **0.3** ⟨AE⟩ ***kleren*** ⇒*kledij* **0.4** ***uitrusting*** ⟨v. schip⟩ ◆ **1.1** the gay ~ of spring *het fleurig voorjaarskleed*.
apparel[2] ⟨ov.ww.; →ww. 7⟩⟨schr.⟩ **0.1** ***kleden*** ⇒*hullen* **0.2** ***tooien*** ⇒*verfraaien, versieren, uitdossen* **0.3** ***uitrusten*** ⟨schip⟩.
ap·par·ent [ə'pærənt]⟨f4⟩⟨bn.; -ly; -ness⟩ **0.1** ***duidelijk*** ⇒*klaarblijkelijk, blijkbaar, kennelijk* **0.2** ***schijnbaar*** ⇒*ogenschijnlijk* ◆ **1.1** heir ~ *rechtmatige erfgenaam/(troon)opvolger, erfgenaam bij versterf* **1.2** ~ death *schijndood;* ~ horizon *schijnbare/zichtbare/lokale horizon;* ⟨ster.⟩ ~ magnitude *schijnbare helderheid v.e. ster* **1.¶** ~ time *zonnetijd* **6.2** **for** no ~ reason *zonder aanwijsbare reden* **¶.1** ~ly he never got your letter *blijkbaar heeft hij je brief nooit ontvangen*.
ap·pa·ri·tion ['æpə'rɪʃn]⟨f1⟩⟨telb.zn.⟩ **0.1** ***verschijning*** ⇒*spook, geest*.
ap·pa·ri·tion·al ['æpə'rɪʃnəl]⟨bn.⟩ **0.1** ***spookachtig*** ⇒*spook-*.
ap·par·i·tor [ə'pærɪtɔ:‖ə'pærət̬ər]⟨telb.zn.⟩ **0.1** ⟨gesch.; ook kerkelijk recht⟩ ***deurwaarder*** ⇒*gerechtsbode*.
ap·peal[1] [ə'pi:l]⟨f3⟩⟨zn.⟩
I ⟨telb.zn.⟩⟨sport⟩ **0.1** ***appel*** ⇒*het appelleren* ⟨bij scheidsrechter⟩;
II ⟨telb. en n.-telb.zn.⟩ **0.1** ***beroep*** ⇒*verzoek, oproep, smeekbede* **0.2** ⟨jur.⟩ ***appel*** ⇒*(recht v.) beroep* ◆ **1.1** with a look of ~ in her eyes *met een smekende blik in haar ogen* **1.2** give notice of ~ *appel aantekenen, in appel/in (hoger) beroep gaan* **3.2** lodge an ~ *beroep aantekenen* **6.1** ~s **for** money **to** the government *verzoeken tot de regering om geld* **6.2** ~ **to** a higher court *appel bij een hogere rechtbank;*
III ⟨n.-telb.zn.⟩ **0.1** ***aantrekkingskracht*** ◆ **6.1** that has no ~ **for** me *dat doet me niks, dat interesseert me niet*.

appeal[2] ⟨f3⟩ ⟨ww.⟩ →appealing
I ⟨onov.ww.⟩ **0.1** ***verzoeken*** ⇒*smeken* **0.2** ***aantrekkelijk zijn voor*** ⇒*aanspreken, aantrekken* **0.3** ⟨jur.⟩ ***in beroep gaan*** ⇒*appelleren* **0.4** ⟨sport⟩ ***appelleren*** ⟨bij scheidsrechter⟩ ◆ **1.2** that book doesn't ~ (to anyone) *dat boek/idee spreekt niemand aan* **6.1** ~ **to** s.o. **for** sth. *iem. (om) iets verzoeken, iem. om iets smeken* **6.3** he will ~ **against** that decision *hij zal tegen die beslissing beroep aantekenen;* ~ **against** a sentence *tegen een vonnis in (hoger) beroep gaan* **6.4** ~ **to** the referee *appelleren bij de scheidsrechter* **6.¶** →appeal **to;**
II ⟨ov.ww.⟩ **0.1** ***(naar een hoger gerechtshof) verwijzen.***

ap·peal·a·ble [ə'pi:ləbl]⟨bn.⟩⟨jur.⟩ **0.1** ***appellabel*** ⇒*voor hoger beroep vatbaar* ◆ **1.1** ~ judgment *vonnis in eerste aanleg, appellabel vonnis.*

ap'peal fund ⟨telb.zn.⟩ **0.1** ***hulpfonds.***

ap·peal·ing [ə'pi:lɪŋ]⟨f2⟩ ⟨bn.; teg. deelw. v. appeal; -ly⟩ **0.1** ***smekend*** ⇒*meelijwekkend* **0.2** ***aantrekkelijk*** ⇒*aanlokkelijk, interessant.*

ap'peals court ⟨telb.zn.⟩ **0.1** ***hof v. beroep.***

ap'peal to ⟨f3⟩ ⟨onov.ww.⟩ **0.1** ***een beroep doen op*** ⇒*appelleren aan* ⟨gevoelens, gezond verstand⟩ **0.2** ***aanwenden*** ⇒*zijn toevlucht (moeten) nemen tot* ◆ **1.1** ~ the courts *zijn toevlucht tot het gerecht nemen;* may we ~ your generosity? *mogen wij een beroep doen op uw vrijgevigheid?;* ~ the sword *naar het zwaard grijpen.*

ap·pear [ə'pɪə‖ə'pɪr]⟨f4⟩ ⟨ww.⟩ ⟨→sprw. 644⟩
I ⟨onov.ww.⟩ **0.1** ***verschijnen*** ⇒*voorkomen* **0.2** ***opdagen*** **0.3** ***optreden*** ◆ **1.1** this novel ~ed ten years ago *deze roman werd tien jaar geleden gepubliceerd* **6.1** ~ **before** court *vóórkomen* **6.3** L. Olivier ~ed **as** Henry V *L. Olivier speelde Henry V* **6.¶** ⟨jur.⟩ ~ **for** s.o. (in court) *iem. ter gerechtzitting vertegenwoordigen;*
II ⟨kww.⟩ **0.1** ***schijnen*** ⇒*lijken* **0.2** ***blijken*** ◆ **2.1** she ~s tired *ze ziet er moe uit* **3.2** he ~ed to be honest *hij bleek eerlijk te zijn* **4.1** so it ~s *'t schijnt zo, klaarblijkelijk.*

ap·pear·ance [ə'pɪərəns‖ə'pɪr-]⟨f3⟩ ⟨zn.⟩
I ⟨telb.zn.⟩ **0.1** ***verschijning*** ⇒*optreden* **0.2** ***fenomeen*** ⇒*verschijnsel* ◆ **3.1** he put in/made an ~ at the party *hij liet zich even zien/gaf acte de présence op het feest* **7.1** he made his last ~ *hij trad voor de laatste keer op;*
II ⟨telb. en n.-telb.zn.⟩ **0.1** ***schijn*** ⇒*voorkomen, uitzicht* ◆ **2.1** ~s are deceptive *schijn bedriegt;* he has a foreign ~ *hij heeft een uitheems uiterlijk;* outward ~s *uiterlijkheden* **3.1** keep up/save ~s *de schijn redden* **6.1** ~s are **against** her *de schijn is tegen haar;* one shouldn't judge **by** ~s *je mag niet oordelen naar de schijn;* **in** ~ *uiterlijk;* **to/by/from** all ~(s) *waarschijnlijk, naar het zich laat aanzien.*

ap'pearance money ⟨n.-telb.zn.⟩ **0.1** ***startgeld*** ⇒⟨B.⟩ *startpremie (s).*

ap·peas·a·ble [ə'pi:zəbl]⟨bn.; -ly; →bijw. 3⟩ **0.1** ***te kalmeren*** **0.2** ***verzoenlijk*** ⇒*vergevensgezind.*

ap·pease [ə'pi:z]⟨f1⟩ ⟨ov.ww.⟩ **0.1** ***kalmeren*** ⇒*bedaren, sussen, stillen, verzoenen* **0.2** ***bevredigen*** **0.3** ***zoet houden*** ⇒*omkopen* ◆ **1.1** ~ a quarrel *een twist bijleggen* ⟨door concessies te doen⟩ **1.2** ~ one's curiosity *zijn nieuwsgierigheid bevredigen;* ~ one's thirst *zijn dorst lessen.*

ap·pease·ment [ə'pi:zmənt]⟨f1⟩ ⟨zn.⟩
I ⟨telb. en n.-telb.zn.⟩ **0.1** ***kalmering*** ⇒*geruststelling, verzoening* **0.2** ***bevrediging;***
II ⟨n.-telb.zn.⟩ **0.1** ***concessiepolitiek*** ⇒*afkopingspolitiek, verzoeningspolitiek* ⟨i.h.b. met opoffering v. eigen principes⟩.

ap·peas·er [ə'pi:zə‖-ər]⟨telb.zn.⟩ **0.1** ***verzoener*** ⇒*vredestichter.*

ap·pel·lant[1] [ə'pelənt]⟨telb.zn.⟩ **0.1** ⟨jur.⟩ ***appellant*** **0.2** ***smekeling.***

appellant[2] ⟨bn.⟩ **0.1** ⟨jur.⟩ ***appellerend*** ⇒*appellatoir* **0.2** ***smekend*** ⇒*vragend, verzoekend.*

ap·pel·late [ə'pelət]⟨bn., attr.⟩ ⟨jur.⟩ **0.1** ***met appelrecht*** ⇒*appellatoir* ◆ **1.1** ~ court *hof van appel/beroep.*

ap·pel·la·tion ['æpə'leɪʃn]⟨telb.zn.⟩ ⟨schr.⟩ **0.1** ***benaming*** ⇒*titel* **0.2** ***nomenclatuur.***

ap·pel·la·tive[1] [ə'pelətɪv]⟨telb.zn.⟩ **0.1** ⟨taalk.⟩ ***soortnaam*** ⇒*appellatief* **0.2** ***benaming.***

appellative[2] ⟨bn.⟩ **0.1** ⟨taalk.⟩ ***appellatief*** ⇒*als soortnaam gebruikt* **0.2** ***benoemend*** ◆ **1.1** ~ noun *soortnaam.*

ap·pel·lee ['æpə'li:]⟨telb.zn.⟩ ⟨jur.⟩ **0.1** ***geïntimeerde*** ⇒*gedaagde/verweerder in hoger beroep.*

ap·pend [ə'pend]⟨f1⟩ ⟨ov.ww.⟩ ⟨schr.⟩ **0.1** ***bijvoegen*** ⇒*toevoegen* **0.2** ***bevestigen*** ⇒*vastmaken, (aan)hechten* ◆ **6.2** ~ a seal **to** a document *een zegel aan een document bevestigen.*

ap·pend·age [ə'pendɪdʒ]⟨f1⟩ ⟨telb.zn.⟩ **0.1** ***aanhangsel*** ⟨ook biol.⟩ ⇒*toevoegsel, bijvoegsel* **0.2** ***aanhang(er)*** ⇒*volgeling, afhankelijke.*

ap·pend·ant[1] [ə'pendənt]⟨telb.zn.⟩ **0.1** ***aanhangsel*** **0.2** ***aanhanger*** ⇒*volgeling, afhankelijke* **0.3** ⟨BE; jur.⟩ ***toegevoegd recht*** ⟨mbt. grondbezit⟩.

appendant[2] ⟨bn.⟩ **0.1** ***bijgevoegd*** ⇒*toegevoegd, annex* **0.2** ***begeleidend*** ⇒*bijbehorend* ◆ **6.¶** ~ **to** *behorend bij.*

ap·pen·dec·to·my ['æpn̩'dektəmi], **ap·pen·di·cec·to·my** [ə'pendɪ'sektəmi]⟨telb.zn.; →mv. 2⟩ ⟨med.⟩ **0.1** ***blindedarmoperatie*** ⇒*appendectomie.*

ap·pen·di·ci·tis [ə'pendɪ'saɪtɪs]⟨f1⟩ ⟨telb. en n.-telb.zn.⟩ **0.1** ***appendicitis*** ⇒*blindedarmontsteking.*

ap·pen·dix [ə'pendɪks]⟨f2⟩ ⟨telb.zn.; ook appendices [-dɪsi:z]; →mv. 5⟩ **0.1** ***aanhangsel*** ⇒*toevoegsel, bijvoegsel, appendix* **0.2** ⟨med.⟩ ***appendix*** **0.3** ⟨tech.⟩ ***vulslurf*** ⟨v. luchtballon⟩ ◆ **2.2** vermiform ~ *wormvormig aanhangsel v.d. blinde darm.*

ap·per·ceive ['æpə'si:v‖'æpər-]⟨ov.ww.⟩ ⟨fil. en psych.⟩ **0.1** ***apperciperen*** ⇒*bewust/associatief waarnemen.*

ap·per·cep·tion ['æpə'sepʃn‖'æpər-]⟨n.-telb.zn.⟩ ⟨fil., psych.⟩ **0.1** ***apperceptie*** ⇒*bewuste/associatieve waarneming.*

ap·per·cep·tive ['æpə'septɪv‖'æpər-]⟨bn.⟩ ⟨fil., psych.⟩ **0.1** ***apperceptief*** ⇒*bewust/associatief waarnemend.*

ap·per·tain to ['æpə'teɪn‖-ər-]⟨onov.ww.⟩ ⟨schr.⟩ **0.1** ***(toe)behoren aan*** ⇒*behoren tot* **0.2** ***behoren bij*** ⇒*passen bij* **0.3** ***betrekking hebben op*** ⇒*in verband staan met.*

ap·pe·tence ['æpɪtəns], **ap·pe·ten·cy** [-si]⟨telb. en n.-telb.zn.; →mv. 2⟩ ⟨schr.⟩ **0.1** ***begeerte*** ⇒*verlangen* ◆ **6.1** ~ **of/for/after** *begeerte naar, neiging tot.*

ap·pe·tent ['æpɪtənt]⟨bn.⟩ ⟨schr.⟩ **0.1** ***begerig*** ⇒*verlangend* ◆ **6.1** ~ **of/for/after** *begerig naar.*

ap·pe·tite ['æpɪtaɪt]⟨f3⟩ ⟨telb. en n.-telb.zn.⟩ **0.1** ***eetlust*** ⇒*appetijt, honger, trek* **0.2** ***begeerte*** ⇒*zin* ◆ **1.1** lack of ~ *gebrek aan eetlust* **2.2** sexual ~s *geslachtsdriften, seksuele lusten* **3.1** you spoil my ~ *je beneemt me de eetlust;* whet the ~ *de eetlust scherpen* **3.2** whet s.o.'s ~ *iem. graag/lekker maken* **6.1** immense ~ **for** fish *enorme trek in vis* **6.2** ~ **for** revenge *wraaklust.*

ap·pet·i·tive ['æpətaɪtɪv‖æ'petətɪv]⟨bn.⟩ ⟨schr.⟩ **0.1** ***begerend*** ⇒*verlangend* ◆ **1.1** ~ needs *begeerten, lusten.*

ap·pe·tiz·er, -tis·er ['æpɪtaɪzə‖-ər]⟨f1⟩ ⟨telb.zn.⟩ **0.1** ***aperitief*** **0.2** ***voorgerechtje*** ⇒*hapje vooraf, amuse-gueule* **0.3** ⟨AE⟩ ***voorgerecht.***

ap·pe·tiz·ing, -tis·ing ['æpɪtaɪzɪŋ]⟨f1⟩ ⟨bn.; -ly⟩ **0.1** ***appetijtelijk*** ⇒*eetlust opwekkend, smakelijk, lekker;* ⟨ook fig.⟩ *aanlokkelijk, aantrekkelijk.*

appl ⟨afk.⟩ applied.

ap·plaud [ə'plɔ:d]⟨f2⟩ ⟨ww.⟩
I ⟨onov.ww.⟩ **0.1** ***applaudisseren;***
II ⟨ov.ww.⟩ **0.1** ***toejuichen*** ⟨ook fig.⟩ ⇒*prijzen, loven, goedkeuren.*

ap·plause [ə'plɔ:z]⟨f3⟩ ⟨telb. en n.-telb.zn.⟩ **0.1** ***applaus*** ⇒*toejuiching, goedkeuring.*

ap·ple ['æpl]⟨f3⟩ ⟨telb.zn.⟩ ⟨→sprw. 24-26, 542⟩ **0.1** ***appel*** **0.2** ⟨AE; inf.⟩ ***(grote) stad*** **0.3** ⟨AE; sl.⟩ ***vent*** ⇒*gozer* **0.4** ⟨AE; sl.⟩ ***bal*** ⟨vnl. voor honkbal en bowling⟩ ◆ **1.¶** ~ of the/one's eye *oogappel* ⟨ook fig.⟩; ⟨schr.⟩ ~ of discord *twistappel;* ⟨wisk.⟩ ~s and oranges *appelen en peren, ongelijksoortige grootheden;* ⟨lit.⟩ ~ of Sodom *sodomsappel;* ⟨BE; sl.⟩ ~s (and pears) *trap* ⟨rijmt op stairs⟩ **2.3** the Big Apple *New York* **4.¶** ⟨Austr.E; inf.⟩ she's ~s *alles is onder controle/in orde, het gaat prima;* ⟨Austr.E; inf.⟩ she'll be ~s *het komt voor elkaar.*

'apple 'brandy ⟨n.-telb.zn.⟩ **0.1** ***appelbrandewijn.***

'apple butter ⟨n.-telb.zn.⟩ ⟨AE⟩ **0.1** ***appeljam*** ⇒*appelcrème, appelmoes.*

'ap·ple·cart ⟨f1⟩ ⟨telb.zn.⟩ **0.1** ***fruitstalletje*** ◆ **3.¶** upset the/s.o.'s ~ *een streep door de/iemands rekening halen, iemands plannen ondersteboven gooien.*

ap·ple·cor·er ['æplkɔ:rə‖-ər]⟨telb.zn.⟩ **0.1** ***appelboor.***

'apple 'dumpling ⟨telb.zn.⟩ **0.1** ***appelbol.***

'apple 'fritter ⟨telb.zn.⟩ **0.1** ***appelbeignet.***

'apple 'green ⟨n.-telb.zn.; vaak attr.⟩ **0.1** ***appelgroen*** ⇒*lichtgroen.*

'ap·ple·head ⟨telb.zn.⟩ **0.1** ***rond kopje*** ⟨dwerghondje⟩.

'ap·ple·jack ⟨n.-telb.zn.⟩ ⟨AE⟩ **0.1** ***appelbrandewijn.***

'apple juice ⟨f1⟩ ⟨telb. en n.-telb.zn.⟩ **0.1** ***appelsap.***

'ap·ple-'pie ⟨f1⟩ ⟨telb. en n.-telb.zn.⟩ **0.1** ***appeltaart.***

'apple-pie 'bed ⟨telb.zn.⟩ **0.1** ***zak*** ⇒*zakbed, bed met dichtgevouwen lakens* ⟨als plagerij⟩.

'apple-pie 'order ⟨n.-telb.zn.⟩ ⟨inf.⟩ **0.1** ***perfecte orde*** ◆ **6.1** everything is **in** ~ *alles is volmaakt/keurig in orde.*

'apple-pie virtues ⟨mv.⟩ **0.1** ***traditioneel Amerikaanse deugden.***

'ap·ple-pol·ish ⟨onov. en ov.ww.⟩ ⟨AE; inf.⟩ **0.1** ***vleien*** ⇒*pluimstrijken, flikflooien, strooplikken.*

'ap·ple-pol·ish·er ⟨telb.zn.⟩ ⟨AE; inf.⟩ **0.1** ***pluimstrijker*** ⇒*vleier, strooplikker.*

ap·ple·sauce ['-'-‖'--]⟨f1⟩ ⟨n.-telb.zn.⟩ **0.1** ***appelmoes*** **0.2** ⟨AE; sl.⟩ ***prietpraat*** ⇒*larie, onzin.*

'apple tree ⟨f1⟩ ⟨telb.zn.⟩ **0.1** ***appelboom.***

ap·pli·ance [ə'plaɪəns]⟨f2⟩⟨zn.⟩
I ⟨telb.zn.⟩ 0.1 ***middel*** ⇒*hulpmiddel* **0.2** ***toestel*** ⇒*gereedschap, uitrusting, apparaat, werktuig, instrument* **0.3** ***brandweerwagen;***
II ⟨n.-telb.zn.⟩ **0.1** ***aanwending*** ⇒*toepassing, gebruik*.

ap·pli·ca·bil·i·ty ['æplɪkə'bɪləṭi]⟨f1⟩⟨n.-telb.zn.⟩ **0.1** ***toepasselijkheid***.

ap·pli·ca·ble ['æplɪkəbl, ə'plɪkəbl]⟨f2⟩⟨bn.; -ly; →bijw. 3⟩ **0.1** ***toepasselijk*** ⇒*toepasbaar, bruikbaar* **0.2** ***geschikt*** ⇒*passend, doelmatig* ◆ **6.1** this law is also ~ **to** foreigners *deze wet is ook v. toepassing op vreemdelingen*.

ap·pli·cant ['æplɪkənt]⟨f2⟩⟨telb.zn.⟩ **0.1** ***sollicitant*** ⇒*verzoeker, aanvrager* ◆ **6.1** ⟨hand.⟩ ~ **for** a patent *octrooiaanvrager;* ⟨hand.⟩ ~ **for** shares *inschrijver op aandelen*.

ap·pli·ca·tion ['æplɪ'keɪʃn]⟨f3⟩⟨zn.⟩
I ⟨telb.zn.⟩ **0.1** ***sollicitatie*** ⇒*sollicitatiebrief* **0.2** ***papje*** ⇒*smeerseltje, zalf(je)* **0.3** ***aanvraag(formulier)*** **0.4** ⟨hand.⟩ ***inschrijving*** **0.5** ⟨jur.⟩ ***verzoekschrift*** ◆ **1.1** letter of ~ *sollicitatiebrief* **3.1** put in an ~ *solliciteren* **3.3** fill out the ~ first *je moet eerst het aanvraagformulier invullen* **6.1** the firm received fifty ~s **for** the position *de firma ontving vijftig sollicitaties voor de betrekking* **6.2** the doctor ordered four ~s **of** this poultice **to** the wound every day *we moesten van de dokter viermaal per dag een omslag met deze pap op de wond aanbrengen* **6.4** ~ **for** shares *inschrijving op aandelen* **6.5** make an ~ **to** the court *bij de rechtbank een verzoekschrift indienen;*
II ⟨n.-telb.zn.⟩ **0.1** ***toepassing*** ⇒*gebruik, aanwending, applicatie* **0.2** ***aanbrenging*** **0.3** ***aanvraag*** ⇒*verzoek* **0.4** ***ijver*** ⇒*inspanning, aandacht, toewijding* ◆ **2.1** for outward ~ only *alleen voor uitwendig gebruik* **6.1** the ~ **of** poison-gas is forbidden *het gebruik v. gifgas is verboden* **6.3 on** ~ *op aanvraag* **6.4** he always studies **with** great ~ *hij studeert altijd zeer vlijtig*.

ap·pli'ca·tion form, ⟨AE⟩ **appli'cation blank** ⟨f3⟩⟨telb.zn.⟩ **0.1** ***aanvraagformulier*** ⇒*invul/aangifte/inschrijvingsformulier, inschrijvingsbiljet*.

appli'cation(s) software ⟨n.-telb.zn.⟩⟨comp.⟩ **0.1** ***toepassingsprogrammatuur***.

ap·pli·ca·tive [ə'plɪkətɪv‖'æpləkeɪṭɪv]⟨bn.; -ly⟩ **0.1** ***bruikbaar*** ⇒*geschikt, toepasselijk, v. toepassing, praktisch*.

ap·pli·ca·tor ['æplɪkeɪtə‖-keɪṭər]⟨telb.zn.⟩⟨med.⟩ **0.1** ***instrument*** ⟨(hulp)middel om iets aan te brengen, bv. spatel⟩.

ap·pli·ca·to·ry [ə'plɪkətri‖'æplɪkətori]⟨bn.⟩ **0.1** ***praktisch***.

ap·plied [ə'plaɪd]⟨f2⟩⟨bn.; volt. deelw. v. apply⟩ **0.1** ***toegepast*** **0.2** ***geappliqueerd*** ⇒*ingelegd, opgelegd* ◆ **1.1** ~ art *toegepaste kunst, kunstnijverheid;* ~ linguistics *toegepaste taalkunde;* ~ mathematics *toegepaste wiskunde;* ~ science *toegepaste wetenschap*.

ap·pli·qué[1] [ə'pli:keɪ‖'æplə'keɪ]⟨telb. en n.-telb.zn.; ook attr.⟩ **0.1** ***appliqué*** ⇒*applicatie(werk), oplegwerk*.

appliqué[2] ⟨ov.ww.⟩ **0.1** ***appliqueren*** ⇒*voorzien v. oplegwerk*.

ap·ply [ə'plaɪ]⟨f3⟩⟨ww.; →ww. 7⟩ →applied
I ⟨onov.ww.⟩ **0.1** ***toepasselijk zijn*** ⇒*v. toepassing zijn, betrekking hebben (op), gelden* **0.2** ***zich richten*** ⇒*zich wenden* **0.3** ***solliciteren*** ⇒*inschrijven* **0.4** ***zijn best doen*** ⇒*zich toeleggen* ◆ **5.2** ~ **within/next** door *hier/hiernaast te bevragen* **5.4** the more you ~ the better your results will be *hoe harder je werkt hoe beter je resultaten zullen zijn* **6.1** these rules don't ~ **to** you *dit reglement geldt niet voor u* **6.3 to** whom should I ~ **for** this job? *bij wie moet ik solliciteren voor deze baan?;* ~ **for** a patent *een octrooi aanvragen;*
II ⟨ov.ww.⟩ **0.1** ***aanbrengen*** ⇒*aanleggen, zetten, (op)leggen, toedienen* **0.2** ***toepassen*** ⇒*gebruiken, benutten, in praktijk brengen* ◆ **1.1** ~ a dressing *een verband aanbrengen;* ~ the key to the door *de sleutel in het slot steken* **1.2** ~ the brakes *remmen* **4.1** ~ o.s. (to) *zich inspannen (voor), zich toeleggen (op), zich wijden (aan)* **6.1** ~ this lotion **to** the skin *wrijf de huid in met deze lotion;* ~ a plaster **to** a cut *een pleister op een wond doen* **6.2** he had to ~ all his energy **to** arriving at a decision *hij had al zijn energie nodig om tot een besluit te komen*.

ap·pog·gia·tu·ra [əpɒdʒə'tʊərə‖əpɑdʒə'tʊrə]⟨n.-telb.zn.⟩⟨muz.⟩ **0.1** ***voorslag*** ⇒*appogiatura*.

ap·point [ə'pɔɪnt]⟨f3⟩⟨ov.ww.⟩ **0.1** ***vaststellen*** ⇒*bepalen, vastleggen* **0.2** ***voorschrijven*** ⇒*bevelen, opleggen, bestemmen* **0.3** ***benoemen*** ⇒*aanstellen* **0.4** ⟨vnl. volt. deelw.⟩ ***uitrusten*** ⇒*inrichten, meubileren* **0.5** ***bescheiden*** ⇒*toewijzen, toedelen* ◆ **1.1** at the ~ed time *op de vastgestelde tijd* **1.3** ~ a headmaster *een directeur aanstellen;* ~ as chairman *als voorzitter aanstellen* **5.4** the hotel was badly ~ed *het hotel was slecht uitgerust* **6.3** ~ **to** the chairmanship of the new committee *tot voorzitter v.d. nieuwe commissie benoemen*.

ap·poin·tee [əpɔɪn'ti:]⟨telb.zn.⟩ **0.1** ***benoemde*** ⇒*aangestelde* **0.2** ⟨jur.⟩ ***vruchtgebruiker***.

ap·point·ive [ə'pɔɪnṭɪv]⟨bn.⟩ **0.1** ***benoemings-*** **0.2** ***door benoeming waar te nemen*** ◆ **1.1** ⟨AE⟩ only the President has ~ powers *alleen de president heeft het recht v. benoeming* **1.2** ⟨AE⟩ an ~ office *een ambt waartoe men benoemd wordt*.

ap·point·ment [ə'pɔɪntmənt]⟨f3⟩⟨zn.⟩
I ⟨telb. en n.-telb.zn.⟩ **0.1** ***afspraak*** **0.2** ***aanstelling*** ⇒*benoeming, ambt* **0.3** ***bepaling*** ⇒*voorschrift, beschikking* ◆ **3.2** a teaching ~ *een aanstelling als leraar* **6.1 by** ~ *volgens afspraak;* **by** special ~ to H.M. the Queen *hofleverancier;*
II ⟨mv.; ~s⟩ **0.1** ***uitrusting*** ⇒*inrichting, meubilair*.

ap'point·ment book ⟨telb.zn.⟩ **0.1** ***agenda***.

ap·port [ə'pɔ:t‖ə'pɔrt]⟨zn.⟩
I ⟨telb.zn.⟩ **0.1** ***door spiritist te voorschijn gebracht voorwerp;***
II ⟨n.-telb.zn.⟩ **0.1** ***apport*** ⇒*het bij spiritistische seances te voorschijn brengen v. voorwerpen*.

ap·por·tion [ə'pɔ:ʃn‖ə'pɔrʃn]⟨f1⟩⟨ov.ww.⟩ **0.1** ***toebedelen*** ⇒*verdelen, uitdelen, distribueren, omslaan*.

ap·por·tion·ment [ə'pɔ:ʃnmənt‖ə'pɔr-]⟨telb. en n.-telb.zn.⟩ **0.1** ***toebedeling*** ⇒*(evenredige) verdeling, omslag* **0.2** ⟨AE⟩ ***evenredige zetelverdeling in Huis v. Afgevaardigden***.

ap·pose [ə'pouz‖æ-]⟨ov.ww.⟩ **0.1** ***aanhechten*** **0.2** ***bijeenplaatsen***.

ap·po·site ['æpəzɪt]⟨f1⟩⟨bn.; -ly; -ness⟩ **0.1** ***passend*** ⇒*treffend, voegzaam* ◆ **1.1** an ~ answer *een gevat antwoord* **6.1** ~ **to** *geschikt voor, toepasselijk op*.

ap·po·si·tion ['æpə'zɪʃn]⟨telb. en n.-telb.zn.⟩ **0.1** ***aanhechting*** ⇒*bijvoeging, bijeenplaatsing* **0.2** ⟨taalk.⟩ ***bijstelling*** ⇒*appositie* **0.3** ⟨biol.⟩ ***appositie***.

ap·po·si·tion·al ['æpə'zɪʃnəl]⟨bn.; -ly⟩⟨taalk.⟩ **0.1** ***appositioneel*** ⇒*v.e./als bijstelling*.

ap·pos·i·tive[1] [ə'pɒzətɪv‖ə'pɑzəṭɪv]⟨telb. en n.-telb.zn.⟩⟨taalk.⟩ **0.1** ***bijstelling*** ⇒*appositie*.

appositive[2] ⟨bn.; -ly⟩⟨taalk.⟩ **0.1** ***appositioneel***.

ap·prais·a·ble [ə'preɪzəbl]⟨telb.zn.⟩ **0.1** ***taxeerbaar*** ⇒*te schatten*.

ap·prais·al [ə'preɪzl], **ap·praise·ment** [ə'preɪzmənt]⟨f2⟩⟨telb. en n.-telb.zn.⟩ **0.1** ***schatting*** ⇒*waardebepaling* **0.2** ***beoordeling*** ⟨v. persoon⟩.

ap·praise [ə'preɪz]⟨f1⟩⟨ov.ww.⟩ **0.1** ***schatten*** ⇒*waarderen, taxeren, evalueren, opnemen*.

ap·prais·er [ə'preɪzə‖-ər]⟨telb.zn.⟩ **0.1** ***schatter*** ⇒*taxateur, verificateur*.

ap·pre·cia·ble [ə'pri:ʃəbl]⟨f2⟩⟨bn.; -ly; →bijw. 3⟩ **0.1** ***schatbaar*** ⇒*taxeerbaar* **0.2** ***merkbaar*** ⇒*waarneembaar, aanzienlijk*.

ap·pre·ci·ate [ə'pri:ʃieɪt]⟨f3⟩⟨ww.⟩
I ⟨onov.ww.⟩ **0.1** ***stijgen*** ⟨in prijs, waarde⟩;
II ⟨ov.ww.⟩ **0.1** ***appreciëren*** ⇒*(naar waarde) schatten, waarderen, evalueren, taxeren* **0.2** ***zich bewust zijn v.*** ⇒*beseffen, begrip tonen voor, begrijpen, gevoelig zijn voor, erkennen* **0.3** ***dankbaar zijn voor*** ⇒*dankbaarheid tonen voor* **0.4** ***bewonderen*** **0.5** ***verhogen*** ⟨prijs⟩.

ap·pre·ci·a·tion [ə'pri:ʃi'eɪʃn]⟨f2⟩⟨telb. en n.-telb.zn.⟩ **0.1** ***appreciatie*** ⇒*evaluatie, waardetoetsing* **0.2** ***beoordeling*** ⇒*bespreking, kritiek* **0.3** ***appreciatie*** ⇒*waardering, erkenning* **0.4** ***waardevermeerdering*** ◆ **1.1** the ~ of the artist's performance by the jury disappointed the public *de jurybeoordeling v.d. prestatie v.d. artiest ontgoochelde het publiek* **1.2** write an ~ of the novel *een bespreking v.d. roman schrijven*.

ap·pre·cia·tive [ə'pri:ʃəṭɪv]⟨f2⟩⟨bn.; -ly⟩ **0.1** ***erkentelijk*** ⇒*dankbaar* **0.2** ***begrijpend*** **0.3** ***appreciërend*** ⇒*waarderend, bewonderend*.

ap·pre·cia·to·ry [ə'pri:ʃətri‖-tori]⟨bn.⟩ **0.1** ***appreciërend*** ⇒*waarderend*.

ap·pre·hend ['æprɪ'hend]⟨f1⟩⟨onov. en ov.ww.⟩ **0.1** ***aanhouden*** ⇒*arresteren, in hechtenis nemen, gevangennemen* **0.2** ⟨vero.⟩ ***bevatten*** ⇒*aanvoelen* **0.3** ⟨schr.⟩ ***vrezen*** ⇒*voorvoelen*.

ap·pre·hen·si·bil·i·ty ['æprɪhensə'bɪləṭi]⟨n.-telb.zn.⟩ **0.1** ***bevattelijkheid*** ⇒*begrijpelijkheid* **0.2** ***waarneembaarheid***.

ap·pre·hen·si·ble ['æprɪ'hensəbl]⟨bn.; -ly; →bijw. 3⟩ **0.1** ***bevattelijk*** ⇒*begrijpelijk* **0.2** ***waarneembaar***.

ap·pre·hen·sion ['æprɪ'henʃn]⟨f2⟩⟨telb. en n.-telb.zn.⟩ **0.1** ***aanhouding*** ⇒*arrestatie* **0.2** ***begrip*** ⇒*bevattingsvermogen* **0.3** ***vrees*** ⇒*bezorgdheid, ongerustheid, (bang) voorgevoel* ◆ **1.3** she had ~s for her safety and about her future *ze maakte zich zorgen over haar veiligheid en haar toekomst* **2.2** quick/slow of ~ *vlug/traag van begrip*.

ap·pre·hen·sive ['æprɪ'hensɪv]⟨f2⟩⟨bn.; -ly; -ness⟩ **0.1** ***ongerust*** **0.2** ***begrips-*** ⇒*bevattings-* **0.3** ⟨vero.⟩ ***scherpzinnig*** ⇒*schrander, intelligent* ◆ **6.1** ~ **for** his son and **of** the future *bezorgd over zijn zoon en de toekomst*.

ap·pren·tice[1] [ə'prentɪs]⟨f2⟩⟨telb.zn.⟩ **0.1** ***leerjongen*** ⇒*leerling* **0.2** ***aspirant*** ⇒*beginner, beginneling, nieuweling* ⟨vnl. jonge jockey⟩.

apprentice[2] ⟨f2⟩⟨ov.ww.⟩ **0.1** ***in de leer doen/nemen*** ⇒*door een leercontract binden* ◆ **6.1** ~d **to** an electrician *in de leer gedaan bij een elektricien*.

ap·pren·tice·ship [ə'prentɪʃɪp]⟨f2⟩⟨telb. en n.-telb.zn.⟩ **0.1** ***leerlingschap*** ⇒⟨B.⟩ *leercontract* **0.2** ***leertijd*** ◆ **7.1** there are several ~s with that carpenter *die timmerman kan verscheidene leerjongens plaatsen*.

ap·prise, -ize [ə'praɪz]⟨ov.ww.⟩⟨vero., beh. pass.⟩ **0.1** ***informeren*** ⇒*op de hoogte brengen* ◆ **6.1** ~d **of** the facts *op de hoogte van de feiten* **8.1** she was ~d that he would come *ze werd van zijn komst op de hoogte gesteld*.

ap·pro ['æproʊ]⟨n.-telb.zn.⟩⟨verk.⟩ approval ⟨BE; inf.⟩ **0.1** ***goedkeuring*** ◆ **6.1 on** ~ *op zicht*.

ap·proach[1] [ə'proʊtʃ]⟨f3⟩⟨zn.⟩

I ⟨telb.zn.⟩ **0.1** ***toegang(sweg)*** ⇒*oprit* **0.2** ***aanpak*** ⇒*methode, (wijze v.) benadering* **0.3** ⟨vaak mv.⟩ ***avances*** ⇒*toenadering, eerste stappen* **0.4** ***nadering*** ⟨bij landingsmanoeuvre v. vliegtuig⟩ ⇒*aanvliegroute* **0.5** ⟨golf⟩ ***slag naar de green vanaf de fairway*** **0.6** ***lange putt*** ⟨naar de hole⟩ **0.7** ⟨bridge⟩ ***(bied)systeem*** **0.8** ⟨mv.⟩⟨mil.⟩ ***loopgraven*** ⇒*naderingswerken, approches* ◆ **2.7** general ~ *basissysteem* **3.3** make ~es to s.o. *bij iem. avances maken, met iem. contact zoeken* **6.2** the ~ **to** a problem *de benadering/aanpak v.e. probleem;*

II ⟨n.-telb.zn.⟩ **0.1** ***nadering*** ⇒*het nabij/dichterbij komen* **0.2** ***gelijkenis*** ⇒*verwantschap* **0.3** ⟨atletiek⟩ ***aanloop*** ◆ **2.1** easy/difficult of ~ *moeilijk/gemakkelijk te bereiken*.

approach[2] ⟨f3⟩⟨ww.⟩

I ⟨onov.ww.⟩ **0.1** ***naderen*** ⇒*(naderbij/dichtbij)komen* **0.2** ⟨golf⟩ ***de bal op de green slaan vanaf de fairway*** **0.3** ***een lange putt maken*** ◆ **1.1** worried about his ~ing move *bezorgd over zijn komende/aanstaande verhuizing;*

II ⟨ov.ww.⟩ **0.1** ***naderen*** ⇒*komen bij/in de buurt v.* **0.2** ***benaderen*** ⇒*zich wenden tot* **0.3** ***gelijken op*** ⇒*benaderen* **0.4** ***aanpakken*** ⇒*benaderen* **0.5** ⟨vero.⟩ ***naderbij brengen*** ◆ **6.2** ~ the director **about** a rise *de directeur benaderen/aanspreken over een loonsverhoging;* he ~ed us **for** damages *hij sprak ons aan voor schadevergoeding;* he ~ed the official **on** a building permit *hij polste de ambtenaar over een bouwvergunning*.

ap·proach·a·bil·i·ty [ə'proʊtʃə'bɪləṭi]⟨n.-telb.zn.⟩ **0.1** ***toegankelijkheid*** ⇒⟨fig.⟩ *openheid, vriendelijkheid*.

ap·proach·a·ble [ə'proʊtʃəbl]⟨bn.⟩ **0.1** ***toegankelijk*** ⇒⟨fig.⟩ *open, vriendelijk*.

ap'proach area ⟨telb.zn.⟩⟨bowling⟩ **0.1** ***aanloopzone***.

ap'proach shot ⟨telb.zn.⟩⟨tennis⟩ **0.1** ***voorbereidende slag*** ⟨om met een smash te kunnen afmaken⟩.

ap·pro·bate ['æprəbeɪt]⟨ov.ww.⟩⟨AE⟩ **0.1** ***officieel goedkeuren*** ⇒*sanctioneren, bekrachtigen, wettigen*.

ap·pro·ba·tion ['æprə'beɪʃn]⟨f1⟩⟨n.-telb.zn.⟩ **0.1** ***officiële goedkeuring*** ⇒*sanctie, bekrachtiging, wettiging*.

ap·pro·ba·tive ['æprə'beɪṭɪv]⟨bn.⟩⟨AE⟩ **0.1** ***goedkeurend***.

ap·pro·ba·to·ry [ə'proʊbətri‖-tɔri]⟨bn.⟩ **0.1** ***goedkeurend*** ⇒*lovend*.

ap·pro·pri·a·ble [ə'proʊprɪəbl]⟨bn.⟩ **0.1** ***aanwendbaar*** ⇒*toewijsbaar* **0.2** ***toeëigenbaar***.

ap·pro·pri·ate[1] [ə'proʊprɪət]⟨f3⟩⟨bn.; -ly; -ness⟩ **0.1** ***geschikt*** ⇒*toepasselijk, juist, aangepast, aangewezen, terecht* **0.2** ⟨vero.⟩ ***eigen*** ⇒*typisch* ◆ **5.1** where ~ *waar nodig/van toepassing, in voorkomende gevallen* **6.1** ~ **for/to** *geschikt/passend voor* **6.2** ~ **to** *eigen aan*.

appropriate[2] [ə'proʊprieɪt]⟨f2⟩⟨ov.ww.⟩ **0.1** ***bestemmen*** ⇒*toewijzen, uittrekken* **0.2** ***(zich) toeëigenen*** ⇒*inpalmen, nemen* ◆ **6.1** funds were ~d **for** building schools *er werden gelden gereserveerd voor scholenbouw* **6.2** ~ large sums **to** o.s. *zich grote bedragen toeëigenen;* ~ a company car **to** one's private use *de auto v.d. zaak voor privédoeleinden gebruiken*.

ap·pro·pri·a·tion [ə'proʊpri'eɪʃn]⟨f1⟩⟨zn.⟩

I ⟨telb.zn.⟩ **0.1** ***toegestane som geld*** ⇒*fonds, subsidie, krediet;*

II ⟨n.-telb.zn.⟩ **0.1** ***toewijzing*** ⇒*besteding, aanwending* **0.2** ***toeëigening*** ⇒*inpalming, inbeslagneming* ◆ **1.1** ~ of profits *winstdeling, winstuitkering, tantième*.

ap·pro·pri·a·tive [ə'proʊprɪətɪv‖-prieɪṭɪv]⟨bn.⟩ **0.1** ***toewijzend*** **0.2** ***toeëigenend***.

ap·pro·pri·a·tor [ə'proʊprieɪtə‖-eɪṭər]⟨telb.zn.⟩ **0.1** ***toewijzer*** **0.2** ***toeëigenaar***.

ap·prov·a·ble [ə'pru:vəbl]⟨bn.⟩ **0.1** ***goed te keuren*** ⇒*loffelijk, prijzenswaardig*.

ap·prov·al [ə'pru:vl]⟨f3⟩⟨telb. en n.-telb.zn.⟩ **0.1** ***goedkeuring*** ⇒*toestemming, bekrachtiging, sanctie, fiat* **0.2** ***aanbeveling*** ◆ **6.1 on** ~ *op zicht*.

ap·prove [ə'pru:v]⟨f3⟩⟨ww.⟩

I ⟨onov.ww.⟩ **0.1** ***akkoord gaan*** ⇒*zijn goedkeuring geven* ◆ **6.1** I don't ~ **of** this waste of money *ik kan het niet eens zijn met deze geldverspilling;*

II ⟨ov.ww.⟩ **0.1** ***goedkeuren*** ⇒*goedvinden, toestemmen in, akkoord gaan met, bevestigen* **0.2** ***aanbevelen*** **0.3** ⟨vero.⟩ ***aantonen*** ⇒*bewijzen* ◆ **1.1** an ~ contractor *een erkend aannemer;* ~d school *erkende school;* ⟨BE; vero.⟩ *verbeteringsinrichting, opvoedingsgesticht*.

ap·prov·ing [ə'pru:vɪŋ]⟨bn.; (oorspr.) teg. deelw. v. approve⟩ **0.1** ***goedkeurend*** ◆ **1.1** an ~ reaction *een positieve reactie* **6.1** be ~ **of** *goedkeuren/vinden*.

approx ⟨afk.⟩ approximate(ly).

ap·prox·i·mate[1] [ə'prɒksɪmət‖ə'prɑk-]⟨f3⟩⟨bn.; -ly⟩ **0.1** ***bij benadering (aangegeven)*** ⇒*geschat, benaderend, bijna juist* **0.2** ***nabij*** ⇒*nabijgelegen* **0.3** ***dicht bijeen*** ◆ **7.1** there were ~ly 2,000 demonstrators *er waren ongeveer/rond de 2000 betogers*.

approximate[2] [ə'prɒksɪmeɪt‖ə'prɑk-]⟨f1⟩⟨onov. en ov.ww.⟩ **0.1** ***benaderen*** ⇒*na(der)bij komen, niet ver af zijn van* **0.2** ***nader brengen*** ◆ **1.1** the damage will ~ £1,000 *de schade zal de 1000 pond benaderen* **6.1** his description ~s **to** reality *zijn beschrijving benadert de werkelijkheid*.

ap·prox·i·ma·tion [ə'prɒksɪ'meɪʃn‖ə'prɑk-]⟨f2⟩⟨telb. en n.-telb. zn.⟩ **0.1** ***benadering*** **0.2** ***approximatie*** ⇒*benadering, approximatieve/benaderende waarde* ◆ **6.1 by** ~ *bij benadering;* 100 is a fair ~ **of/to** the real value *100 is een goede benadering v.d. reële waarde*.

ap·prox·i·ma·tive [ə'prɒksɪmətɪv‖ə'prɑksɪmeɪṭɪv]⟨bn.; -ly⟩ **0.1** ***benaderend*** ⇒*bij benadering*.

appt ⟨afk.⟩ appoint, appointed.

ap·pur·te·nance [ə'pɜ:tɪnəns‖ə'pɜrtnəns]⟨telb.zn.⟩ **0.1** ***aanhangsel*** ⇒*bijvoegsel* **0.2** ⟨mv.⟩ ***toebehoren*** ⇒*accessoires, uitrusting, gereedschap* **0.3** ⟨jur.⟩ ***voorrecht/erfdienstbaarheid bij eigendom*** ◆ **1.3** the house and its ~s *het huis en zijn bijkomende rechten en erfdienstbaarheden/servituten*.

ap·pur·te·nant [ə'pɜ:tɪnənt‖ə'pɜrtnənt]⟨bn.⟩ **0.1** ***bijbehorend*** ◆ **6.1** ~ **to** *behorend bij*.

Apr ⟨afk.⟩ April.

APR ⟨afk.⟩ annual(ized) percentage rate, annual purchase rate.

aprax·ia [eɪ'præksɪə]⟨n.-telb.zn.⟩⟨med.⟩ **0.1** ***apraxie***.

après-ski ['ɑ:preɪ ski:‖ɑ'preɪ-]⟨n.-telb.zn.; vaak attr.⟩ **0.1** ***après-ski***.

apri·cot ['eɪprɪkɒt‖'æprɪkɑt]⟨f1⟩⟨telb.zn.⟩ **0.1** ***abrikoos*** **0.2** ***abrikozeboom*** ⇒*abrikoos* **0.3** ⟨vaak attr.⟩ ***abrikozekleur***.

April ['eɪprəl]⟨f3⟩⟨eig.n.⟩ **0.1** ***april***.

'April 'fool ⟨telb.zn.⟩ **0.1** ***aprilgek***.

'April 'Fools' Day ['eɪprəl 'fu:lz deɪ]⟨f1⟩⟨eig.n.⟩ **0.1** ***één april***.

'April weather ⟨n.-telb.zn.⟩ **0.1** ***aprilweer***.

a pri·o·ri ['eɪ praɪ'ɔ:raɪ‖-pri'ɔri:]⟨bn., attr.; bw.⟩ **0.1** ***a priori*** ⇒*van tevoren, vooraf*.

apri·o·rism ['eɪpraɪ'ɔ:rɪzm‖-pri'ɔrɪzm]⟨telb.zn.⟩ **0.1** ***apriorisme*** ⇒*vooropgezette mening, vooroordeel*.

a·pron[1] ['eɪprən]⟨f2⟩⟨telb.zn.⟩ **0.1** ***schort*** ⇒*voorschoot, boezelaar, schootsvel, dekkleed* **0.2** ***transportband*** ⇒*lopende band* **0.3** ***platform*** ⟨op luchthaven⟩ **0.4** ***voortoneel*** ⇒*proscenium* **0.5** ***plankier*** ⇒*vloer* **0.6** ***vlonder*** ⇒*waterstoep, walstoep* **0.7** ***zand- en kiezelvlakte vóór morene*** **0.8** ⟨golf⟩ ***apron*** ⟨rand met hoger gras om green heen⟩.

apron[2] ⟨ov.ww.⟩ **0.1** ***van een voorschoot/schort voorzien***.

'apron stage ⟨telb.zn.⟩ **0.1** ***voortoneel*** ⇒*proscenium*.

'apron string ⟨telb.zn.; meestal mv.⟩ **0.1** ***schorteband*** ◆ **3.1** he is tied to his mother's/wife's ~s *hij loopt aan de leiband van zijn moeder/vrouw*.

a·pro·pos[1] ['æprə'poʊ]⟨bn.⟩ **0.1** ***gepast*** ⇒*geschikt* ◆ **1.1** ~ remarks *relevante opmerkingen* **3.1** be ~ *terzake zijn*.

apropos[2] ⟨bw.⟩ **0.1** ***op het gepaste/geschikte ogenblik*** **0.2** ***apropos*** ◆ **3.1** arrive ~ *op het geschikte ogenblik aankomen* **6.¶** →apropos of **¶.2** ~, is John coming too? *apropos, komt John ook?*.

'apro'pos of, ⟨inf. ook⟩ **apropos** ⟨vz.⟩ **0.1** ***wat betreft*** ⇒*met betrekking tot* ◆ **1.1** ~ our topic *wat ons onderwerp betreft*.

apse [æps], **ap·sis** ['æpsɪs]⟨telb.zn.; apsides ['æpsɪdi:z]; →mv. 5⟩ **0.1** ***apsis*** ⇒*abside* ⟨uitbouw aan kerkkoor⟩ **0.2** ⟨ster.⟩ ***apsis*** ⟨uiteinde v. lengteas v. ellipsvormige planeetbaan⟩.

apsidal ['æpsɪdl]⟨bn.⟩ **0.1** ***v.e. apsis***.

apt[1] [æpt]⟨f2⟩⟨bn.; -ly; -ness⟩ **0.1** ***geschikt*** ⇒*passend* **0.2** ***geneigd*** **0.3** ***goedleers*** ⇒*vlug van begrip, schrander* **0.4** ***juist*** ⇒*ad rem* ◆ **6.2** a car is ~ **to** slip on icy roads *een auto slipt gauw op beijzelde wegen* **6.3** ~ **at** understanding mathematics *goed in wiskunde*.

apt[2] ⟨afk.⟩⟨vnl. AE⟩ apartment.

APT ⟨afk.⟩ administrative, professional and technical government personnel, advanced passenger train, automatic picture transmission, automatically programmed tool.

ap·ter·al ['æptrəl]⟨bn.⟩ **0.1** ⟨biol.⟩ ***ongevleugeld*** **0.2** ⟨bouwk.⟩ ***zonder zuilenrijen aan de zijkanten***.

ap·ter·ous ['æptrəs]⟨bn.⟩⟨biol.⟩ **0.1** ***ongevleugeld***.

ap·ter·yx ['æptərɪks]⟨telb.zn.⟩ **0.1** ***kiwi*** ⟨Nieuwzeelandse loopvogel, genus Apteryx⟩.

ap·ti·tude ['æptɪtju:d||-tu:d]⟨f1⟩⟨telb. en n.-telb.zn.⟩ **0.1** ***geschiktheid*** **0.2** ***neiging*** **0.3** ***aanleg*** ⇒*talent, begaafdheid* ◆ **6.3** that boy shows an ~ **for** music *die jongen toont aanleg voor muziek*.

'aptitude test ⟨telb.zn.⟩⟨psych.⟩ **0.1** ***onderzoek naar geschiktheid*** ⇒*psychotechnische test*.

Apu·lia [ə'pju:lɪə]⟨eig.n.⟩ **0.1** ***Apulië*** ⟨Italiaanse provincie⟩.

apy·ret·ic ['æpaɪ'retɪk||'eɪpaɪ'reṭɪk]⟨bn.⟩ **0.1** ***koortsvrij***.

apy·rous ['eɪ'paɪrəs]⟨bn.⟩ **0.1** ***onontvlambaar*** ⇒*vuurvast*.

aq·ua ['ækwə]⟨telb.zn.; ook aquae ['ækwi:];→mv. 5⟩ **0.1** ⟨vnl. far.⟩ ***water*** ⇒*vloeistof, oplossing* **0.2** ***waterkleur*** ⇒*bleek blauwgroen*.

aqua- ['ækwə] **0.1** ***aqua-*** ⇒*aqui-, water-* ◆ **¶.1** aqualung *aqualong*.

aq·ua·bob ['ækwəbɒb||-bɑb]⟨telb.zn.⟩⟨sport⟩ **0.1** ***aquabob***.

aq·ua·cade ['ækwə'keɪd]⟨telb.zn.⟩ **0.1** ***waterballet***.

aq·ua·cul·tur·al ['ækwə'kʌltʃrəl], **aq·ui·cul·tur·al** ['ækwɪ-]⟨bn.⟩ **0.1** ***van/door aquicultuur***.

aq·ua·cul·ture ['ækwəkʌltʃə||-ər], **aq·ui·cul·ture** ['ækwɪ-]⟨n.-telb.zn.⟩ **0.1** ***hydrocultuur*** ⇒*watercultuur*.

aq·ua·drome ['ækwədroʊm]⟨telb.zn.⟩ **0.1** ***watersportcentrum***.

aq·ua·for·tis ['ækwə'fɔ:ṭɪs||-'fɔrṭɪs]⟨n.-telb.zn.⟩ **0.1** ***sterk water*** ⇒*sterk salpeterzuur, aqua fortis*.

aq·ua·lung ['ækwəlʌŋ]⟨telb.zn.⟩ **0.1** ***aqualong*** ⟨duikersuitrusting; oorspr. merknaam⟩.

aq·ua·ma·rine ['ækwəmə'ri:n]⟨telb. en n.-telb.zn.⟩ **0.1** ***aquamarijn*** ⇒*groene beril zeewatersteen, zeegroensteen* **0.2** ⟨vaak attr.⟩ ***aquamarijn(kleur)*** ⇒*zeegroen*.

aq·ua·naut ['ækwənɔ:t]⟨telb.zn.⟩ **0.1** ***aquanaut*** ⇒*diepzeeonderzoeker*.

aq·ua·plane[1] ['ækwəpleɪn]⟨f1⟩⟨telb.zn.⟩ **0.1** ***waterskiplank***.

aquaplane[2] ⟨f1⟩⟨onov.ww.⟩ →aquaplaning **0.1** ***waterskiën*** ⟨op plank⟩.

aq·ua·plan·ing ['ækwəpleɪnɪŋ]⟨n.-telb.zn.; gerund v. aquaplane⟩ **0.1** ***(het) waterskiën*** ⇒*aquaplaning* **0.2** ⟨vnl. BE; verkeer⟩ ***aquaplaning***.

aqua re·gia ['ækwə'ri:dʒə]⟨n.-telb.zn.⟩⟨schei.⟩ **0.1** ***koningswater*** ⟨bijtend middel⟩.

aq·ua·relle ['ækwə'rel]⟨telb.zn.⟩ **0.1** ***aquarel*** ⇒*waterverfschilderij*.

aq·ua·rel·list ['ækwə'relɪst]⟨telb.zn.⟩ **0.1** ***aquarellist***.

A·quar·i·an[1] [ə'kweərɪən||-'kwer-]⟨telb.zn.⟩⟨astr.⟩ **0.1** ***Waterman***.

Aquarian[2] ⟨bn.⟩⟨astr.⟩ **0.1** ***mbt./over het tijdperk v. Aquarius/(de) Waterman***.

a·quar·ist ['ækwərɪst]⟨telb.zn.⟩ **0.1** ***aquarist*** ⇒*aquariumhouder/liefhebber*.

a·quar·i·um [ə'kweərɪəm||-'kwer]⟨f1⟩⟨telb.zn.; ook aquaria; →mv. 5⟩ **0.1** ***aquarium***.

A·quar·i·us [ə'kweərɪəs||-'kwer-]⟨zn.⟩
I ⟨eig.n.⟩⟨astr., ster.⟩ **0.1** ***(de) Waterman*** ⇒*Aquarius;*
II ⟨telb.zn.⟩⟨astr.⟩ **0.1** ***Waterman*** ⟨iem. geboren onder I⟩.

aq·ua·tel ['ækwə'tel]⟨telb.zn.⟩⟨BE⟩ **0.1** ***drijvend hotel***.

a·quat·ic[1] [ə'kwæṭɪk]⟨telb.zn.⟩ **0.1** ***waterplant*** ⇒*hydrofyt* **0.2** ***waterdier*** **0.3** ⟨mv.⟩ ***watersport***.

aquatic[2] ⟨f1⟩⟨bn.; -ally; →bijw. 3⟩ **0.1** ***aquatisch*** ⇒*water-*.

aq·u·atint ['ækwətɪnt]⟨telb. en n.-telb.zn.⟩ **0.1** ***aquatint(a)*** ⟨graveermethode/ets met gradaties in tint⟩.

'aq·ua·tube ⟨telb.zn.⟩ **0.1** ***superglijbaan*** ⟨in zwembad⟩.

aq·ua·vit ['ækwəvɪt||ɑ:kwəvi:t], **ak·va·vit** [-və-||-vɑ-]⟨n.-telb.zn.⟩ **0.1** ***aquaviet*** ⟨Scandinavische sterke drank⟩.

aqua vi·tae ['ækwə'vaɪṭi:, -'vi:ṭaɪ]⟨n.-telb.zn.⟩ **0.1** ***alcohol*** **0.2** ***brandewijn*** ⇒*aqua vitae, levenswater*.

aq·ue·duct ['ækwədʌkt]⟨f1⟩⟨telb.zn.⟩ **0.1** ***aquaduct*** **0.2** ⟨anat.⟩ ***kanaal***.

a·que·ous ['eɪkwɪəs, 'æ-]⟨bn.; -ly⟩ **0.1** ***water*** ⇒*waterig, van water* ◆ **1.1** ⟨anat.⟩ ~ humour *humor aquaeus, waterachtig vocht* ⟨tussen hoornvlies en ooglens⟩; ~ rocks *sedimentair gesteente;* ~ solution *oplossing in water*.

aq·ui- ['ækwi] **0.1** ***aqui-*** ⇒*water-* ◆ **¶.1** aquiculture *aquicultuur*.

aquicultural →aquacultural.

aquiculture →aquaculture.

aq·ui·fer ['ækwɪfə||-ər]⟨telb.zn.⟩⟨geol.⟩ **0.1** ***waterhoudende grondlaag***.

a·quif·er·ous [æ'kwɪfərəs]⟨bn.⟩⟨geol.⟩ **0.1** ***waterhoudend***.

Aq·ui·la ['ækwɪlə]⟨eig.n.⟩⟨ster.⟩ **0.1** ***Aquila*** ⇒*Arend* ⟨sterrenbeeld v.h. noordelijk halfrond⟩.

aq·ui·le·gia ['ækwə'li:dʒə]⟨telb.zn.⟩⟨plantk.⟩ **0.1** ***akelei*** ⟨genus Aquilegia⟩.

aq·ui·line ['ækwɪlaɪn]⟨bn., attr.⟩ **0.1** ***arends-*** ⇒*adelaars-* **0.2** ***gekromd*** ⇒*krom, gebogen* ◆ **1.1** ~ nose *adelaars/arendsneus;* ~ profile *adelaars/arendsprofiel*.

Aq·ui·taine ['ækwɪ'teɪn]⟨eig.n.⟩ **0.1** ***Aquitanië***.

a·quos·i·ty [ə'kwɒsəti||ə'kwɑsəṭi]⟨n.-telb.zn.⟩ **0.1** ***waterigheid*** ⇒*waterachtigheid*.

ar[1] →are.

ar[2] ⟨afk.⟩ arrival, arrive.

-ar [-ə||-ər] **0.1** ⟨vormt bijv. nw. v. nw.⟩ **0.2** ⟨vormt nw., vaak persoonsnaam, van ander nw.⟩ **0.3** ⟨vormt persoonsnaam van ww.; variant v. -er⟩ ◆ **¶.1** nuclear *nucleair;* polar *polair* **¶.2** bursar *thesaurier* **¶.3** beggar *bedelaar;* liar *leugenaar*.

A/R ⟨afk.⟩ account receivable.

AR ⟨afk.⟩ account receivable, Airman Recruit, Arkansas, army regulation, All Risks, Annual Return.

A·ra ⟨eig.n.⟩ **0.1** ***Altaar*** ⇒*Ara* ⟨sterrenbeeld v.h. zuidelijk halfrond⟩.

ARA ⟨afk.⟩ Associate of the Royal Academy.

Ar·ab[1] ['ærəb]⟨f3⟩⟨telb.zn.⟩ **0.1** ***Arabier*** **0.2** ***Arabische volbloed*** ⇒*Arabier* ⟨paard⟩ **0.3** ***zwerver*** ⇒*verwaarloosd kind*.

Arab[2] ⟨f2⟩⟨bn.⟩ **0.1** ***Arabisch*** ◆ **1.1** ~ League *Arabische Liga*.

Arab[3] ⟨afk.⟩ Arabia, Arabian, Arabic.

ar·a·besque[1] ['ærə'besk]⟨telb.zn.⟩ **0.1** ***arabesk(e)***.

arabesque[2] ⟨bn.⟩ **0.1** ***arabesk***.

A·ra·bia [ə'reɪbɪə]⟨eig.n.⟩ **0.1** ***Arabië***.

A·ra·bi·an[1] [ə'reɪbɪən]⟨telb.zn.⟩ **0.1** ***Arabier*** **0.2** ***Arabische volbloed*** ⇒*Arabier* ⟨paard⟩.

Arabian[2] ⟨f1⟩⟨bn.⟩ **0.1** ***Arabisch*** ◆ **1.1** ~ camel *dromedaris;* ~ Nights (Entertainments) *(Vertellingen van) Duizend-en-één-nacht*.

Ar·a·bic[1] ['ærəbɪk]⟨eig.n.⟩ **0.1** ***Arabisch*** ⟨taal⟩.

Arabic[2] ⟨f2⟩⟨bn., bn., post.; a-⟩ **0.1** ***Arabisch*** ◆ **1.1** gum arabic *Arabische gom;* arabic numerals *Arabische cijfers*.

Ar·ab·ist ['ærəbɪst]⟨telb.zn.⟩ **0.1** ***arabist***.

arab·ize, -ise ['ærəbaɪz]⟨ov.ww.; ook A-⟩ **0.1** ***arabiseren*** ⟨bevolking, taal e.d.⟩.

ar·a·ble[1] ['ærəbl]⟨n.-telb.zn.⟩ **0.1** ***bouwland*** ⇒*landbouwgrond, akkerland*.

arable[2] ⟨f1⟩⟨bn.⟩ **0.1** ***bebouwbaar*** ⇒*ploegbaar* **0.2** ⟨BE⟩ ***te verbouwen*** ⇒*te telen, zaaibaar*.

Ar·a·by ['ærəbi]⟨eig.n.⟩⟨lit.⟩ **0.1** ***het (mysterieuze) Oosten***.

a·rach·nid [ə'ræknɪd]⟨telb.zn.; ook arachnidae [ə'ræknɪdi:];→mv. 5⟩ **0.1** ***spinachtig dier*** ⇒*arachnide, spinachtige*.

a·rach·noid[1] [ə'ræknɔɪd]⟨telb.zn.⟩ **0.1** ⟨anat.⟩ ***spinneweb(s)vlies*** **0.2** ***spinachtig dier***.

arachnoid[2] ⟨bn.⟩ **0.1** ***spinnewebachtig*** **0.2** ***mbt./als de spinachtigen*** **0.3** ⟨plantk.⟩ ***spindraadachtig behaard***.

a·rag·o·nite [ə'rægənaɪt]⟨n.-telb.zn.⟩⟨mineralogie⟩ **0.1** ***aragoniet***.

arak →arrack.

ARAM ⟨afk.⟩ Associate of the Royal Academy of Music.

Ar·a·ma·ic[1] ['ærə'meɪɪk]⟨eig.n.⟩ **0.1** ***Aramees*** ⟨taal⟩.

Aramaic[2] ⟨bn.⟩ **0.1** ***Aramees***.

Ar·a·me·an[1] ['ærə'mi:ən]⟨zn.⟩
I ⟨eig.n.⟩ **0.1** ***Aramees*** ⟨taal⟩;
II ⟨telb.zn.⟩ **0.1** ***Aramees*** ⟨inwoner⟩.

Aramean[2] ⟨bn.⟩ **0.1** ***Aramees***.

ar·a·pai·ma ['ærə'paɪmə]⟨telb.zn.⟩⟨dierk.⟩ **0.1** ***arapaima*** ⟨Zuidamerikaanse zoetwatervis, Arapaima gigas⟩.

ar·au·car·ia ['ærɔ:'keərɪə||'ærə'kerɪə]⟨telb.zn.⟩⟨plantk.⟩ **0.1** ***araucaria*** ⟨uitheemse naaldboom⟩.

ar·ba·lest ['ɑ:bəlest||'ɑrbəlɪst], **ar·be·list** [-lɪst]⟨telb.zn.⟩ **0.1** ***voetboog*** ⟨kruisboog met zwaar trekmechanisme⟩.

ar·bi·ter ['ɑ:bɪtə||'ɑrbɪṭər]⟨f1⟩⟨telb.zn.⟩ **0.1** ***leidende figuur*** ⇒*trendsetter* **0.2** ***arbiter*** ⇒*scheidsrechter, scheidsman* ◆ **6.1** he is the ~ **of** Paris fashion *hij geeft de toon aan in de Parijse mode* **¶.1** ~ elegantiae/elegantiarum *arbiter elegantiarum* ⟨persoon die de toon aangeeft in mondaine kringen⟩.

ar·bi·trage ['ɑ:bɪ'trɑ:ʒ||ɑr-]⟨n.-telb.zn.⟩⟨hand.⟩ **0.1** ***arbitrage***.

ar·bi·tra·geur ['ɑ:bɪtrɑ:'ʒɜ:||'ɑrbɪtrɑ'ʒɜr]⟨telb.zn.⟩⟨hand.⟩ **0.1** ***arbitrageant***.

ar·bi·tral ['ɑ:bɪtrəl||'ɑrbɪtrəl]⟨bn.⟩ **0.1** ***arbitraal*** ⇒*scheidsrechterlijk*.

ar·bit·ra·ment [ɑ:'bɪtrəmənt||ɑr-]⟨zn.⟩
I ⟨telb.zn.⟩ **0.1** ***arbitrage;***
II ⟨n.-telb.zn.⟩ **0.1** ***arbitrale beslissing/uitspraak***.

ar·bi·trar·y ['ɑ:bɪtri||'ɑrbɪtreri]⟨f2⟩⟨bn.; -ly; -ness; →bijw. 3⟩ **0.1** ***willekeurig*** ⇒*grillig, arbitrair* **0.2** ***eigenmachtig*** ⇒*eigenzinnig, despotisch, absoluut* **0.3** ***arbitraal*** ⇒*scheidsrechterlijk* ◆ **1.¶** ⟨druk.⟩ ~ character *bijzonder teken*.

ar·bi·trate ['ɑ:bɪtreɪt||'ɑr-]⟨f1⟩⟨ww.⟩
I ⟨onov.ww.⟩ **0.1** ***arbitreren*** ⇒*als arbiter/scheidsrechter/bemiddelaar optreden* ◆ **6.1** ~ **between** the parties *tussen de partijen bemiddelen;*
II ⟨ov.ww.⟩ **0.1** ***aan arbitrage onderwerpen*** ⇒*scheidsrechterlijk (laten) regelen, bij arbitrage afhandelen*.

ar·bi·tra·tion ['ɑ:bɪ'treɪʃn||'ɑr-]⟨f1⟩⟨n.-telb.zn.⟩ **0.1** ***arbitrage*** ⇒*scheidsrechterlijke beslissing* ◆ **3.1** go to ~ *het geschil aan arbi-*

trage onderwerpen; refer a dispute to ~ *een arbeidsconflict aan een arbitrage/geschillencommissie voorleggen.*

arbi'tration board, arbi'tration panel ⟨telb.zn.⟩ **0.1** ***arbitragecommissie.***

ar·bi·tra·tor ['ɑ:bɪ̥treɪtə||'ɑrbɪ̥treɪt̬ər]⟨telb.zn.⟩ **0.1** ***scheidsrechter*** ⇒*arbiter, scheidsman, bemiddelaar.*

ar·bi·tress ['ɑ:bɪ̥trɪs||'ɑr-]⟨telb.zn.⟩ **0.1** ***scheidsvrouw*** ⇒*(vrouwelijke) arbiter, bemiddelaarster.*

ar·bor ['ɑ:bə||'ɑrbər]⟨telb.zn.⟩ **0.1** ⟨ben. voor⟩ ***cilindervormig onderdeel/gereedschap*** ⇒*(hoofd)as, spil, pin, cilinder, boom, doorn, klokkebalk* **0.2** →arbour.

ar·bo·ra·ceous ['ɑ:bə'reɪʃəs||'ɑr-]⟨bn.⟩ **0.1** ***boomachtig*** **0.2** ***boomrijk*** ⇒*bebost.*

'Arbor Day ⟨eig.n.⟩ **0.1** ***boomplantdag.***

ar·bo·re·al [ɑ:'bɔ:rɪəl||ɑr-]⟨bn.; -ly⟩ **0.1** ***boomachtig*** ⇒*bomen-* **0.2** ***in bomen levend*** ◆ **1.2** ~ animal *boomdier.*

ar·bo·re·ous [ɑ:'bɔ:rɪəs||ɑr-]⟨bn.⟩ **0.1** ***boomrijk*** ⇒*bebost* **0.2** ***boomachtig.***

ar·bo·res·cence ['ɑ:bə'resns||'ɑr-]⟨n.-telb.zn.⟩ **0.1** ***boomachtig uiterlijk/karakter/voorkomen.***

ar·bo·res·cent ['ɑ:bə'resnt||'ɑr-]⟨bn.⟩ **0.1** ***boomachtig*** ⇒*vertakt.*

ar·bo·re·tum ['ɑ:bə'ri:təm||'ɑrbə'ri:t̬əm]⟨telb.zn.; ook arboreta [-ri:t̬ə]; →mv. 5⟩ **0.1** ***arboretum*** ⇒*(wetenschappelijke) bomentuin.*

ar·bo·ri·cul·tur·al ['ɑ:brɪ'kʌltʃrəl||'ɑr-]⟨bn.⟩ **0.1** ***van/mbt. (de) boomkwekerij.***

ar·bo·ri·cul·ture ['ɑ:brɪkʌltʃə||'ɑr-]⟨n.-telb.zn.⟩ **0.1** ***het boomkweken*** ⇒*boomkwekerij.*

ar·bo·ri·cul·tur·ist ['ɑ:brɪ'kʌltʃərɪst||'ɑr-]⟨telb.zn.⟩ **0.1** ***boomkweker.***

ar·bo·rist ['ɑ:bərɪst||'ɑr-]⟨telb.zn.⟩ **0.1** ***boomspecialist*** ⇒*boomchirurg.*

ar·bo·ri·za·tion, -sa·tion ['ɑ:bəraɪ'zeɪʃn||'ɑrbərə-]⟨telb. en n.-telb.zn.⟩ **0.1** ***(ontwikkeling tot) boomvorm*** ⟨ook mbt. mineralen, fossielen⟩.

ar·bo·rous ['ɑ:brəs||'ɑr-]⟨bn.⟩ **0.1** ***boom-*** ⇒*bomen-, van bomen.*

ar·bor·vi·tae ['ɑ:bɔ:'vaɪti:||'ɑrbər'vaɪt̬i:]⟨telb.zn.⟩ **0.1** ⟨plantk.⟩ ***levensboom*** ⇒*thuja* **0.2** ⟨anat.⟩ ***arbor vitae*** ⇒*levensboom.*

ar·bour, ⟨AE sp.⟩ **ar·bor** ['ɑ:bə||'ɑrbər]⟨f1⟩⟨telb.zn.⟩ **0.1** ***prieel*** ⇒*berceau.*

ar·bour·ed ['ɑ:bəd||'ɑrbərd]⟨bn.⟩ **0.1** ***(door een prieel) beschaduwd/beschut.***

ar·bo·vi·rus ['ɑ:boʊvaɪərəs||'ɑr-]⟨telb.zn.⟩⟨med.⟩ **0.1** ***arbovirus*** ⟨door bloedzuigende insekten verspreid⟩.

ar·bu·tus [ɑ:'bju:təs||ɑr'bju:t̬əs]⟨telb.zn.⟩⟨plantk.⟩ **0.1** ***arbutus*** ⇒*aardbeiboom* ◆ **3.1** ⟨AE⟩ trailing ~ *mayflower* ⟨Epigaea repens⟩.

arc[1] [ɑ:k||ɑrk]⟨f2⟩⟨telb.zn.⟩ **0.1** ***(cirkel)boog*** **0.2** ⟨atletiek⟩ ***werplijn*** ⇒*afzetlijn* ⟨bij speerwerpen⟩ **0.3** ⟨elek.⟩ ***lichtboog*** ⇒*vlamboog.*

arc[2] ⟨ov.ww.; arced, arcked [ɑ:kt||ɑrkt]; arcing, arcking [-ɪŋ]⟩ **0.1** ***een boog vormen*** **0.2** ⟨elek.⟩ ***vonken*** ⇒*een lichtbrug vormen.*

ARC, ARC ⟨afk.⟩ **0.1** ⟨Agricultural Research Council⟩ **0.2** ⟨AIDS-related condition/complex⟩ ***ARC*** **0.3** ⟨American Red Cross⟩.

ar·cade [ɑ:'keɪd||ɑr-]⟨f1⟩⟨telb.zn.⟩ **0.1** ***arcade*** ⇒*galerij, zuilengang,* ⟨B.⟩ *gaanderij* **0.2** ***winkelgalerij*** **0.3** ***speelhal*** ⇒*automatenhal,* ⟨B.⟩ *lunapark.*

ar·cad·ed [ɑ:'keɪdɪ̥d||ɑr-]⟨bn.⟩ **0.1** ***overwelfd*** ⇒*overhuifd.*

ar'cade game ⟨telb.zn.⟩ **0.1** ***videospelletje*** ⟨in amusementshal⟩ ⇒*gokspelletje.*

Ar·ca·dia [ɑ:'keɪdɪə||ɑr-]⟨zn.⟩
I ⟨eig.n.⟩ **0.1** ***Arcadia*** ⇒*Arcadië;*
II ⟨telb.zn.⟩ **0.1** ***liefelijk oord.***

Ar·ca·di·an[1] [ɑ:'keɪdɪən||ɑr-]⟨zn.⟩
I ⟨eig.n.⟩ **0.1** ⟨Grieks dialect⟩ ***Arcadisch;***
II ⟨telb.zn.⟩ **0.1** ***Arcadiër*** ⇒*vredig, ietwat naïef mens.*

Arcadian[2] ⟨bn.⟩ **0.1** ***Arcadisch*** **0.2** ⟨vnl. a-⟩ ***arcadisch*** ⇒*landelijk, herderlijk, eenvoudig, onschuldig.*

Ar·ca·dy ['ɑ:kədi||'ɑr-]⟨eig.n.⟩⟨lit.⟩ **0.1** ***Arcadia*** ⇒*Arcadië.*

ar·cane [ɑ:'keɪn||ɑr-]⟨bn.; -ly; -ness⟩ **0.1** ***geheim(zinnig)*** ⇒*mysterieus, esoterisch.*

ar·ca·num [ɑ:'keɪnəm||ɑr-]⟨telb.zn.; arcana [-nə]; →mv. 5; meestal mv.⟩ **0.1** ***arcanum*** ⇒*mysterie, diep geheim* **0.2** ***(levens)elixer.***

arch[1] [ɑ:tʃ||ɑrtʃ]⟨f2⟩⟨telb.zn.⟩ **0.1** ***boog*** ⇒*gewelf, arcade* **0.2** ***voetholte*** ⇒*het holle v.d. voet* ◆ **2.1** triumphal ~ *triomfboog* **3.2** fallen ~es *platvoeten.*

arch[2] ⟨f2⟩⟨bn.; -ly; -ness⟩ **0.1** ***ondeugend*** ⇒*schalks, guitig* ◆ **1.1** an ~ glance/smile *een schalkse blik/guitig lachje.*

arch[3] ⟨f2⟩⟨ww.⟩
I ⟨onov.ww.⟩ **0.1** ***(zich) welven*** ⇒*zich uitspannen* ◆ **6.1** the trees ~ed **across/over** the drive *de bomen overwelfden de dreef;*
II ⟨ov.ww.⟩ **0.1** ***(over)welven*** ⇒*overspannen* **0.2** ***krommen*** ⇒*buigen* ◆ **1.2** the cat ~ed its back *de kat zette een hoge rug op* **1.¶** ~ed squall *tropisch onweer* ⟨over een breed front opkomend⟩.

arch[4] ⟨afk.⟩ archaic, archaism, archery, archipelago, architect, architectural, architecture.

arch- [ɑ:tʃ, ɑ:k||ɑrtʃ, ɑrk] **0.1** ***aarts-*** ◆ **¶.1** archbishop *aartsbisschop;* archenemy *aartsvijand.*

-arch [-ək] **0.1** ***-arch*** ⟨duidt heersend persoon aan⟩ ◆ **¶.1** monarch *monarch.*

Arch ⟨afk.⟩ archbishop.

Ar·chae·an[1], ⟨AE sp. ook⟩ **Ar·che·an** [ɑ:'ki:ən||ɑr-]⟨eig.n.; the⟩⟨geol.⟩ **0.1** ***Archaïcum*** ⟨vroegste geologische hoofdtijdperk⟩.

Ar·chae·an[2], ⟨AE sp. ook⟩ **Ar·che·an** ⟨bn.⟩⟨geol.⟩ **0.1** ***archaïsch.***

ar·chae·o·log·ic, ⟨AE sp. ook⟩ **ar·che·o·log·ic** ['ɑ:kɪə'lɒdʒɪk||'ɑrkɪə'lɑ-], **ar·chae·o·log·i·cal,** ⟨AE sp. ook⟩ **ar·che·o·log·i·cal** [-ɪkl]⟨f2⟩⟨bn.; -(al)ly; →bijw. 3⟩ **0.1** ***archeologisch*** ⇒*oudheidkundig.*

ar·chae·ol·o·gist, ⟨AE sp. ook⟩ **ar·che·ol·o·gist** ['ɑ:ki'ɒlədʒɪst||'ɑrki'ɑ-]⟨f2⟩⟨telb.zn.⟩ **0.1** ***archeoloog*** ⇒*oudheidkundige.*

ar·chae·ol·o·gy, ⟨AE sp. ook⟩ **ar·che·ol·o·gy** ['ɑ:ki'ɒlədʒi||'ɑrki'ɑ-]⟨f2⟩⟨n.-telb.zn.⟩ **0.1** ***archeologie*** ⇒*oudheidkunde* ◆ **2.1** industrial ~ *industriële archeologie.*

ar·chae·op·ter·yx ['ɑ:ki'ɒptərɪks||'ɑrki'ɑp-]⟨telb.zn.⟩ **0.1** ***archaeopteryx*** ⟨fossiele vogelsoort⟩.

Ar·chaeo·zo·ic[1], ⟨AE sp. ook⟩ **Ar·cheo·zo·ic** ['ɑ:kɪə'zoʊɪk||'ɑr-]⟨eig.n.; the⟩⟨geol.⟩ **0.1** ***Archeozoïcum*** ⟨vroege geologische hoofdtijdperk⟩.

Ar·chaeo·zo·ic[2], ⟨AE sp. ook⟩ **Ar·cheo·zo·ic** ⟨bn.⟩⟨geol.⟩ **0.1** ***Archeozoïsch.***

ar·cha·ic [ɑ:'keɪɪk||ɑr-]⟨f1⟩⟨bn.; -ally; →bijw. 3⟩ **0.1** ***archaïsch*** ⇒*verouderd, ouderwets* ◆ **1.1** ~ expression *archaïsme, verouderde uitdrukking;* Archaic Latin *Oudlatijn;* ~ smile *archaïsche glimlach* ⟨in vroeg-Griekse beeldhouwkunst; ook fig.⟩.

ar·cha·ism [ɑ:'keɪɪzm||'ɑrki-]⟨zn.⟩
I ⟨telb.zn.⟩ **0.1** ***archaïsme*** ⇒*verouderd woord, verouderde zegswijze;*
II ⟨n.-telb.zn.⟩ **0.1** ***het archaïseren*** ⇒*archaïstische stijl.*

ar·cha·ist [ɑ:'keɪɪst||'ɑrkiɪst]⟨telb.zn.⟩ **0.1** ***antiquaar*** **0.2** ***archaïserend kunstenaar.***

ar·cha·is·tic ['ɑ:keɪ'ɪstɪk||'ɑrki-]⟨bn.⟩ **0.1** ***archaïstisch*** ⇒*archaïserend.*

ar·cha·ize, -ise ['ɑ:keɪaɪz||'ɑrki-]⟨onov. en ov.ww.⟩ **0.1** ***archaïseren.***

arch·an·gel ['ɑ:keɪndʒl||'ɑrk-]⟨f1⟩⟨zn.⟩
I ⟨eig.n.; A-⟩ **0.1** ***Archangelsk*** ⟨Russische havenstad⟩;
II ⟨telb.zn.⟩ **0.1** ⟨ook A-⟩⟨bijb.⟩ ***aartsengel*** ⟨achtste der negen engelenkoren⟩ **0.2** ⟨plantk.⟩ ***engelwortel*** ⇒*grote engelwortel* ⟨Angelica (archangelica)⟩ **0.3** ***bronskleurige huisduif met zwarte vlekken.***

arch·an·gel·ic ['ɑ:kæn'dʒelɪk||'ɑrk-]⟨bn.⟩ **0.1** ***aartsengelachtig.***

arch·bish·op ['ɑ:tʃ'bɪʃəp||'ɑrtʃ-]⟨f2⟩⟨telb.zn.⟩ **0.1** ***aartsbisschop.***

arch·bish·op·ric [-'bɪʃəprɪk]⟨telb.zn.⟩ **0.1** ***aartsbisschoppelijke rang/waardigheid*** **0.2** ***ambtsperiode v.e. aartsbisschop*** **0.3** ***aartsbisdom*** ⇒*aartsdiocees.*

Archbp ⟨afk.⟩ archbishop.

arch·con·ser·va·tive ['ɑ:tʃkən'sɜ:vət̬ɪv||'ɑrtʃkən'sɜrvət̬ɪv]⟨bn.⟩ **0.1** ***aartsconservatief.***

arch·dea·con [-'di:kən]⟨f1⟩⟨telb.zn.⟩⟨vnl. Anglicaanse Kerk⟩ **0.1** ***aartsdiaken*** ⇒*aartsdeken.*

arch·dea·con·ry [-'di:kənri]⟨telb.zn.; →mv. 2⟩⟨vnl. Anglicaanse Kerk⟩ **0.1** ***aartsdiakenschap*** ⇒*aartsdecanaat, ambtsgebied/woning v. aartsdiaken.*

arch·di·o·cese [-'daɪəsɪs]⟨telb.zn.⟩ **0.1** ***aartsbisdom*** ⇒*aartsdiocees.*

arch·du·cal [-'dju:kl||-'du:kl]⟨bn.⟩ **0.1** ***aartshertogelijk.***

arch·duch·ess [-'dʌtʃɪs]⟨telb.zn.⟩ **0.1** ***aartshertogin.***

arch·duchy [-'dʌtʃi]⟨telb.zn.; →mv. 2⟩ **0.1** ***aartshertogdom.***

arch·duke [-'dju:k||-'du:k]⟨telb.zn.⟩ **0.1** ***aartshertog.***

Ar·che·an →Ar·chae·an.

ar·che·go·ni·um ['ɑ:kɪ̥'goʊnɪəm||'ɑrkɪ̥-]⟨telb.zn.; archegonia; →mv. 5⟩⟨plantk.⟩ **0.1** ***archegonium*** ⟨vrouwelijk geslachtsorgaan bij lagere planten⟩.

arch·en·e·my ['ɑ:tʃ'enəmi||'ɑrtʃ-], **arch·fiend** ['ɑ:tʃ'fi:nd||'ɑrtʃ-]⟨f1⟩⟨zn.; →mv. 2⟩
I ⟨telb.zn.⟩ **0.1** ***aartsvijand*** ⇒*doodsvijand;*
II ⟨n.-telb.zn.; the; meestal A-⟩ **0.1** ***(de) aartsvijand*** ⇒*(de) duivel, Satan.*

archeo- →archaeo-.

arch·er ['ɑ:tʃə||'ɑrtʃər]⟨f1⟩⟨zn.⟩
I ⟨eig.n.; A-; the⟩⟨astr., ster.⟩ **0.1** ***Boogschutter*** ⇒*Sagittarius;*
II ⟨telb.zn.⟩ **0.1** ***boogschutter*** **0.2** ⟨A-⟩⟨astr.⟩ ***Boogschutter*** ⟨iem. geboren onder I⟩.

'arch·er·fish ⟨telb.zn.⟩ ⟨dierk.⟩ **0.1** ***schuttersvis*** ⟨Oostindische vissoort; Toxotes jaculator⟩.
arch·ery ['ɑ:tʃəri‖'ɑr-] ⟨f1⟩ ⟨zn.; →mv. 2⟩
I ⟨telb.zn.⟩ **0.1** ***(boog)schuttersgilde;***
II ⟨n.-telb.zn.⟩ **0.1** ***het boogschieten*** **0.2** ***pijl en boog.***
ar·che·typ·al ['ɑ:kɪ'taɪpl‖'ɑrk-] ⟨bn.; -ly⟩ **0.1** ***archetypisch*** ⇒*oorspronkelijk, oer-;* ⟨fig.⟩ *klassiek.*
ar·che·type [-taɪp] ⟨telb.zn.⟩ **0.1** ***archetype*** ⇒*oerbeeld, oertype;* ⟨fig.⟩ *school/standaardvoorbeeld.*
ar·che·typ·i·cal [-'tɪpɪkl], **ar·che·typ·ic** [-'tɪpɪk] ⟨bn.; -(al)ly; →bijw. 3⟩ **0.1** ***archetypisch*** ⇒*oorspronkelijk, oer-;* ⟨fig.⟩ *klassiek.*
ar·chi·di·ac·o·nal ['ɑ:kɪdaɪ'ækənl‖'ɑr-] ⟨bn.⟩ **0.1** ***aartsdiaconaal*** ⇒*v.e. aartsdiaken.*
ar·chi·di·ac·o·nate ['ɑ:kɪdaɪ'ækənət‖'ɑr-] ⟨n.-telb.zn.⟩ **0.1** ***aartsdiakenschap.***
ar·chi·e·pis·co·pal ['ɑ:kiɪ'pɪskəpl‖'ɑr-] ⟨bn.; -ly⟩ **0.1** ***aartsbisschoppelijk*** ◆ **1.1** ~ cross *patriarchenkruis, Lotharings kruis.*
ar·chi·e·pis·co·pate ['ɑ:kiɪ'pɪskəpət‖'ɑr-] ⟨telb. en n.-telb.zn.⟩ **0.1** ***aartsbisschoppelijk episcopaat*** ⇒*aartsbisdom.*
archil →orchil.
ar·chi·man·drite ['ɑ:kɪ'mændraɪt‖'ɑr-] ⟨telb.zn.⟩ **0.1** ***archimandrict*** ⟨opperabt in de Griekse kerk⟩.
Ar·chi·me·de·an ['ɑ:kɪ'mi:dɪən‖'ɑr-] ⟨bn.⟩ **0.1** ***Archimedisch*** ◆ **1.1** ~ screw *schroef v. Archimedes, tonmolen, schroefpomp, vijzel.*
Ar·chi·me·des' principle ['ɑ:kɪmi:di:z 'prɪnsɪpl‖'ɑr-] ⟨n.-telb.zn.⟩ **0.1** ***Wet v. Archimedes.***
ar·chi·pel·a·go ['ɑ:kɪ'peləgoʊ‖'ɑr-] ⟨f1⟩ ⟨telb.zn.; ook -es; →mv. 2⟩ **0.1** ***archipel*** ⇒*eilandengroep.*
ar·chi·tect ['ɑ:kɪtekt‖'ɑr-] ⟨f3⟩ ⟨telb.zn.⟩ **0.1** ***architect*** ⇒*bouwmeester, bouwkundige* **0.2** ***(scheeps)bouwer*** **0.3** ⟨fig.⟩ ***ontwerper*** ⇒*schepper, bouwer, architect, grondlegger* **0.4** ⟨rel.⟩ ***Schepper.***
ar·chi·tec·ton·ic [-'tɒnɪk‖-'tɑnɪk], **ar·chi·tec·ton·i·cal** [-ɪkl] ⟨bn.; -(al)ly; →bijw. 3⟩ **0.1** ***architectonisch*** ⇒*bouwkundig.*
ar·chi·tec·ton·ics [-'tɒnɪks‖-'tɑnɪks] ⟨n.-telb.zn.⟩ **0.1** ***bouwkunde*** ⇒*architectuur, bouw, constructie* **0.2** ⟨fil.⟩ ***systematiek.***
ar·chi·tec·tur·al ['ɑ:kɪ'tektʃrəl‖'ɑr-] ⟨f2⟩ ⟨bn.; -ly⟩ **0.1** ***architecturaal*** ⇒*bouwkundig.*
ar·chi·tec·ture ['ɑ:kɪtektʃə‖'ɑrkɪtektʃər] ⟨f3⟩ ⟨n.-telb.zn.⟩ **0.1** ***architectuur*** ⇒*bouwkunst/stijl/werk(en), bouwsel(s), opbouw, constructie.*
ar·chi·trave ['ɑ:kɪtreɪv‖'ɑr-] ⟨telb.zn.⟩ ⟨bouwk.⟩ **0.1** ***architraaf*** ⇒*ribbe, graat.*
ar·chiv·al [ɑ:'kaɪvl‖ɑr-] ⟨bn.⟩ **0.1** ***archivaal*** ⇒*van/in archieven, archief-.*
ar·chive ['ɑ:kaɪv‖'ɑr-] ⟨ov.ww.⟩ **0.1** ***archiveren*** ⇒*behandelen voor en opbergen in een archief.*
ar·chives ['ɑ:kaɪvz‖'ɑr-] ⟨f1⟩ ⟨mv.; in bet. 0.1 soms ook telb.zn.⟩ **0.1** ***archief*** ⟨bewaarplaats v. geschriften⟩ **0.2** ***archieven*** ⟨ter bewaring opgeslagen geschriften⟩ ◆ **1.¶** the ~ of the mind *het geheugen, de herinnering.*
ar·chi·vist ['ɑ:kɪvɪst‖'ɑr-] ⟨telb.zn.⟩ **0.1** ***archivaris.***
ar·chi·volt ['ɑ:kɪvoʊlt‖'ɑr-], **ar·chi·vault** ⟨telb.zn.⟩ ⟨bouwk.⟩ **0.1** ***archivolt(e)*** ⟨profielornament langs boog⟩.
ar·chon ['ɑ:kən‖'ɑrkɑn] ⟨telb.zn.⟩ **0.1** ***archont*** ⟨magistraat in oud-Athene⟩.
ar·chon·ship ['ɑ:kənʃɪp‖'ɑr-] ⟨n.-telb.zn.⟩ **0.1** ***archontschap.***
arch·priest ['ɑ:tʃ'pri:st‖'ɑr-] ⟨telb.zn.⟩ **0.1** ***aartspriester.***
'arch support ⟨telb.zn.⟩ **0.1** ***steunzool.***
archt ⟨afk.⟩ architect.
'arch·way ⟨f1⟩ ⟨telb.zn.⟩ **0.1** ***overwelfde/overdekte galerij/doorgang/ingang*** ⇒*poort, zuilengang.*
arch·wise ['ɑ:tʃwaɪz‖'ɑr-] ⟨bw.⟩ **0.1** ***boogsgewijs*** ⇒*in boogvorm.*
-ar·chy [əki, ɑ:ki‖ərki, ɑrki] **0.1** ***-archie*** ⟨duidt bestuursvorm aan⟩ ◆ **¶.1** anarchy *anarchie;* oligarchy *oligarchie.*
arcked ⟨verl. t., volt. deelw.⟩ →arc[2].
arcking ⟨teg. deelw.⟩ →arc[2].
'arc lamp ⟨telb.zn.⟩ **0.1** ***booglamp*** ⇒*koolspitslamp.*
'arc light ⟨telb.zn.⟩ **0.1** ***booglicht.***
arc·tic[1] ['ɑ:(k)tɪk‖'ɑr-] ⟨f1⟩ ⟨zn.⟩
I ⟨eig.n.; the; A-⟩ **0.1** ***noordpoolgebied*** ⇒*Arctica, Arctis;*
II ⟨telb.zn.⟩ ⟨AE⟩ **0.1** ***warme, waterdichte overschoen.***
arctic[2] ⟨f2⟩ ⟨bn.; -ally; →bijw. 3⟩ **0.1** ⟨ook A-⟩ ***arctisch*** ⇒*(noord)pool-* **0.2** ***ijskoud*** ◆ **1.1** Arctic Archipelago *noordpoolarchipel* ⟨deel v. Canada⟩; Arctic Circle *noordpoolcirkel, arctische cirkel;* ~ fox *poolvos;* Arctic Ocean *Noordelijke IJszee* **1.¶** ⟨dierk.⟩ ~ warbler *Noordse boszanger* ⟨Phylloscopus borealis⟩.
ar·cu·ate ['ɑ:kjʊət‖'ɑr-], **ar·cu·at·ed** [-eɪtɪd] ⟨bn.; arcuately⟩ **0.1** ***boogvormig*** ⇒*gebogen, gewelfd* **0.2** ***overwelfd*** ⇒*overhuifd, overkapt.*
'arc weld·ing ⟨n.-telb.zn.⟩ **0.1** ***het (vlam)booglassen.***
-ard [əd‖ərd], **-art** [ət‖ərt] **0.1** ⟨ong.⟩ ***-aard, -erd, -erik*** ⟨vormt vnl. pejoratieve kwalifikaties⟩ ◆ **¶.1** braggart *bluffer;* drunkard *dronkaard.*
ar·den·cy ['ɑ:dnsi‖'ɑr-] ⟨n.-telb.zn.⟩ **0.1** ***vurigheid*** ⇒*vuur, bezieling, hartstocht(elijkheid), geestdrift* **0.2** ***vuur*** ⇒*gloed, hitte.*
Ar·dennes [ɑ:'denz‖ɑr-] ⟨eig.n.; the⟩ **0.1** ***Ardennen.***
ar·dent ['ɑ:dnt‖'ɑr-] ⟨f2⟩ ⟨bn.; -ly; -ness⟩ **0.1** ***vurig*** ⇒*ijverig, hevig, hartstochtelijk* **0.2** ***brandend*** ⇒*gloeiend, heet* ◆ **1.¶** ~ spirits *geestrijke/alcoholische dranken.*
ar·dour, ⟨AE sp.⟩ **ar·dor** ['ɑ:də‖'ɑrdər] ⟨f1⟩ ⟨telb. en n.-telb.zn.⟩ **0.1** ***hitte*** ⇒*gloed, vuur* **0.2** ***vurigheid*** ⇒*vuur, bezieling, hartstocht, ijver* ◆ **6.2** his acts prove his ~ **for** justice *zijn daden bewijzen zijn vurig rechtvaardigheidsgevoel.*
ar·du·ous ['ɑ:djʊəs‖'ɑrdʒʊəs] ⟨f1⟩ ⟨bn.; -ly; -ness⟩ **0.1** ***moeilijk*** ⇒*zwaar, lastig* **0.2** ***energiek*** ⇒*ijverig, ingespannen* **0.3** ***steil*** ◆ **1.1** an ~ road *een steile weg.*
are[1], **ar** [ɑ:‖ɑr] ⟨f1⟩ ⟨telb.zn.⟩ **0.1** ***are.***
are[2] [ə⟨sterk⟩ɑ:‖ər⟨sterk⟩ɑr] ⟨2e pers. enk. en alle pers. mv. aant.w. teg.t.; →t2⟩ →be.
ar·e·a ['eərɪə‖'erɪə] ⟨f4⟩ ⟨telb.zn.⟩ **0.1** ***oppervlakte*** ⇒*areaal* **0.2** ***gebied*** ⟨ook fig.⟩ ⇒*streek, domein* **0.3** ***ruimte*** ⇒*plaats* **0.4** ***binnenplaats*** **0.5** ***keldergat*** ⇒*lichtgat* ◆ **1.2** the ~ of history *het domein der geschiedenis.*
'area code ⟨telb.zn.; ook A- C-⟩ ⟨AE⟩ **0.1** ***netnummer.***
'area defence ⟨n.-telb.zn.⟩ ⟨sport⟩ **0.1** ***ruimtedekking*** ⇒*zonedekking.*
ar·e·al ['eərɪəl‖'er-] ⟨bn.⟩ **0.1** ***oppervlakte-*** ⇒*gebieds-.*
'ar·ea·way ⟨telb.zn.⟩ ⟨AE⟩ **0.1** ***keldergat*** ⇒*lichtgat.*
ar·e·ca ['ærɪkə] ⟨telb.zn.⟩ ⟨plantk.⟩ **0.1** ***areka(palm)*** ⇒*betelpalm* ⟨genus Areca⟩.
'areca nut ⟨telb.zn.⟩ **0.1** ***arekanoot*** ⇒*betelnoot.*
a·re·na [ə'ri:nə] ⟨f2⟩ ⟨telb.zn.⟩ **0.1** ***arena*** ⇒*strijdperk* ⟨ook fig.⟩ **0.2** ⟨paardesport⟩ ***ring*** ⇒*piste.*
ar·e·na·ceous ['ærɪ'neɪʃəs] ⟨bn.⟩ **0.1** ***zandachtig*** ⇒*zanderig, zandig* **0.2** ⟨geol.⟩ ***zand-*** ⇒*zandhoudend* ◆ **1.1** ~ flora *zandflora.*
a'rena polo ⟨n.-telb.zn.⟩ ⟨polo⟩ **0.1** ***indoorpolo.***
a'rena stage ⟨telb.zn.⟩ **0.1** ***arenatoneel.***
a'rena theatre ⟨telb.zn.⟩ **0.1** ***arenatheater*** ⇒*theater 'en rond'.*
ar·eo·cen·tric ['eərɪə'sentrɪk‖'ærioʊ-] ⟨bn.⟩ **0.1** ***met de planeet Mars als centrum.***
a·re·o·la [ə'rɪələ] ⟨telb.zn.; ook areolae [-li:]; →mv. 5⟩ ⟨biol., anat.⟩ **0.1** ***areola.***
a·re·o·lar [ə'rɪələ‖-ər] ⟨bn.⟩ **0.1** ***als/van de areola.***
ar·e·om·e·ter ['eəri'ɒmɪtə‖'æri'ɑmɪt̬ər] ⟨telb.zn.⟩ **0.1** ***areometer*** ⇒*vochtweger.*
Ar·e·op·a·gite ['æri'ɒpəgaɪt‖-'ɑpə-] ⟨telb.zn.⟩ **0.1** ***lid v.d. areopagus*** ⟨hoogste gerechtshof in het oude Athene⟩.
a·rête [æ'reɪt] ⟨telb.zn.⟩ **0.1** ***bergkam.***
argal →argol.
ar·ga·la ['ɑ:gələ‖'ɑr-] ⟨telb.zn.⟩ ⟨dierk.⟩ **0.1** ***adjudant*** ⟨soort maraboe; Leptopilus dubius, L. javanicus⟩.
ar·ga·li ['ɑ:gəli‖'ɑr-] ⟨telb.zn.; ook argali; →mv. 4⟩ ⟨dierk.⟩ **0.1** ***argalischaap*** ⟨Ovis ammon⟩.
ar·gand burner ['ɑ:gənd ˌbɜ:nə‖'ɑrgænd ˌbɜrnər] ⟨telb.zn.⟩ **0.1** ***argandse brander*** ⇒*ringvormige gasbrander.*
ar·gent ['ɑ:dʒnt‖'ɑr-] ⟨n.-telb.zn.⟩ ⟨vero.; heraldiek⟩ **0.1** ***zilver (kleur)*** **0.2** ⟨vaak attr.⟩ ***zilver-*** ⇒*zilveren, zilverkleurig.*
ar·gen·tif·er·ous ['ɑ:dʒn'tɪfərəs‖'ɑr-] ⟨bn.⟩ **0.1** ***zilverhoudend.***
Ar·gen·ti·na ['ɑ:dʒn'ti:nə‖'ɑr-] ⟨eig.n.⟩ **0.1** ***Argentinië.***
ar·gen·tine[1] ['ɑ:dʒntaɪn‖'ɑr-] ⟨zn.; voor II 0.2 ook argentine; →mv. 4⟩
I ⟨eig.n.; the⟩ **0.1** ***Argentinië;***
II ⟨telb.zn.⟩ **0.1** ⟨A-⟩ ***Argentijn*** **0.2** ⟨dierk.⟩ ***zilvervis*** ⟨fam. Argentinidae⟩;
III ⟨n.-telb.zn.⟩ **0.1** ***nieuwzilver*** ⇒*argentaan* **0.2** ***zilver.***
argentine[2] ⟨bn.⟩ **0.1** ⟨A-⟩ ***Argentijns*** **0.2** ***zilveren*** ⇒*zilverachtig* **0.3** ***zilverhoudend.***
Ar·gen·tin·i·an[1], **Ar·gen·tin·e·an** ['ɑ:dʒn'tɪnɪən‖'ɑr-] ⟨f1⟩ ⟨telb.zn.⟩ **0.1** ***Argentijn.***
Argentinian[2], **Argentinean** ⟨f1⟩ ⟨bn.⟩ **0.1** ***Argentijns.***
ar·gen·tite ['ɑ:dʒntaɪt‖'ɑr-] ⟨n.-telb.zn.⟩ **0.1** ***argentiet*** ⟨soort zilvererts⟩.
Ar·gie ['ɑ:dʒi] ⟨telb.zn.⟩ ⟨inf.⟩ **0.1** ***Argentijn(se).***
ar·gie-bar·gie →argy-bargy.
ar·gil ['ɑ:dʒɪl‖'ɑr-] ⟨n.-telb.zn.⟩ **0.1** ***(pottenbakkers)klei*** ⇒*pottenbakkersaarde, potaarde, pijpaarde.*
ar·gil·la·ceous ['ɑ:dʒɪ'leɪʃəs‖'ɑr-] ⟨bn.⟩ ⟨geol.⟩ **0.1** ***kleiachtig*** ⇒*kleihoudend.*
Ar·give[1] ['ɑ:gaɪv‖'ɑrdʒaɪv] ⟨telb.zn.⟩ **0.1** ***inwoner v. Argos*** ⟨oud Griekenland⟩.
Argive[2] ⟨bn.⟩ **0.1** ***v. Argos.***
ar·gle-bar·gle[1] ['ɑ:gl'bɑ:gl‖'ɑrglbɑrgl] ⟨n.-telb.zn.⟩ ⟨inf.⟩ **0.1** ***gekibbel.***

argle-bargle[2] ⟨onov.ww.⟩⟨inf.⟩ **0.1** ***kibbelen*** ⇒*krakelen, kijven, kiften*.

ar·gol, ar·gal ['ɑ:gɒl‖'ɑrgl]⟨n.-telb.zn.⟩ **0.1** ***wijnsteen*** ⟨ruw kaliumbitartraat⟩.

ar·gon ['ɑ:gɒn‖'ɑrgɑn]⟨n.-telb.zn.⟩⟨schei.⟩ **0.1** ***argon*** ⟨element 18⟩.

ar·go·naut ['ɑ:gənɔ:t‖'ɑrgənɔt]⟨telb.zn.⟩ **0.1** ⟨dierk.⟩ ***argonaut*** ⟨soort inktvis; Argonauta argo⟩ **0.2** ⟨A-; vnl. mv.⟩ ***Argonaut*** ⟨in de Griekse mythologie⟩ **0.3** ***goudzoeker*** ⟨vnl. in de 19e eeuw in Californië⟩.

Ar·go·nau·tic ['ɑ:gə'nɔ:tɪk‖'ɑrgə'nɔṭɪk]⟨bn.⟩ **0.1** ***mbt. de Argonauten***.

ar·go·sy ['ɑ:gəsi‖'ɑr-]⟨telb.zn.; →mv. 2⟩⟨vero.⟩ **0.1** ***(groot) koopvaardijschip*** ⇒*schip, scheepslading* **0.2** ***koopvaardijvloot***.

ar·got ['ɑ:goʊ‖'ɑrgət]⟨telb. en n.-telb.zn.⟩ **0.1** ***bargoens*** ⇒*dieventaal, slang, jargon*, ⟨B.⟩ *argot*.

ar·gu·a·ble ['ɑ:gjʊəbl‖'ɑr-]⟨f1⟩⟨bn.; -ly; →bijw. 3⟩ **0.1** ***betwistbaar*** ⇒*aanvechtbaar* **0.2** ***aantoonbaar*** ⇒*aanwijsbaar* ◆ **1.1** it's an ~ point *daar kun je van mening over verschillen*.

ar·gue ['ɑ:gju:‖'ɑr-]⟨f3⟩⟨ww.⟩
I ⟨onov.ww.⟩ **0.1** ***argumenteren*** ⇒*pleiten* **0.2** ***redetwisten*** ⇒*debatteren, polemiseren* **0.3** ***twisten*** ⇒*ruziën, kibbelen, tegenspreken* ◆ **5.1** ~ **away** *wegredeneren, wegpraten* **6.1** they were ~ing **against/for** military intervention *zij pleitten tegen/voor militaire interventie* **6.2** ~ **about** *aanvechten, in twijfel trekken;* ~ **against/with** John **about** politics *met Jan over politiek debatteren* **6.3** don't ~ **with** me! *spreek me niet tegen!;*
II ⟨ov.ww.⟩ **0.1** ***doorpraten*** ⇒*bespreken* **0.2** ***stellen*** ⇒*aanvoeren, trachten te bewijzen, bepleiten* **0.3** ***overreden*** ⇒*ompraten, overhalen* **0.4** ⟨schr.⟩ ***suggereren*** ⇒*wijzen op* ◆ **3.4** his way of life ~s him to be rich *zijn levenswijze doet vermoeden dat hij rijk is* **6.3** I managed to ~ him **into** coming *ik kon hem overreden om te komen;* he ~d me **out of** joining the army *hij deed me ervan afzien in het leger te gaan* **8.2** he ~d that she should spend less money *hij zei dat ze minder geld moest uitgeven*.

ar·gu·fy ['ɑgjʊfaɪ‖'ɑrgjə-]⟨ww.; →ww. 7⟩⟨inf.⟩
I ⟨onov.ww.⟩ **0.1** ***bekvechten*** ⇒*kibbelen;*
II ⟨ov.ww.⟩ **0.1** ***bekvechten/bomen over***.

ar·gu·ment ['ɑ:gjʊmənt‖'ɑrgjə-]⟨f3⟩⟨zn.⟩⟨→sprw. 651⟩
I ⟨telb.zn.⟩ **0.1** ***argument*** ⇒*bewijs(grond)* **0.2** ***ruzie*** ⇒*onenigheid, woordenwisseling, twist* **0.3** ***hoofdinhoud*** ⇒*korte inhoud* ⟨v. boek⟩ **0.4** ***onderwerp*** ⇒*thema* ⟨v. gedicht, roman⟩ **0.5** ⟨logica⟩ ***minor*** **0.6** ⟨wisk.⟩ ***argument*** ◆ **1.1** ⟨theol.⟩ ~ from design *godsbewijs uit de schepping; fysicotheologisch godsbewijs;* ~ from silence *argumentum e(x) silencio* ⟨argument berustend op stilzwijgen⟩ **2.1** a strong ~ for/against *een sterk argument voor/tegen* **3.¶** ram the ~ home *een argument sterk benadrukken/doordrijven, hameren op een argument;*
II ⟨telb. en n.-telb.zn.⟩ **0.1** ***bewijsvoering*** ⇒*betoog, redenering* **0.2** ***discussie*** ⇒*gedachtenwisseling, debat* ◆ **1.1** let us, for the sake of ~, suppose ... *stel nu eens (het hypothetische geval) dat ...* **1.2** this is a matter for ~ *hiervoor kan men v. mening verschillen* **2.2** open to ~ *voor rede vatbaar* **3.2** settle sth. by ~ *iets oplossen door met elkaar te praten*.

ar·gu·men·ta·tion ['ɑ:gjʊmen'teɪʃn‖'ɑrgjə-]⟨zn.⟩
I ⟨telb.zn.⟩ **0.1** ***discussie*** ⇒*redetwist;*
II ⟨n.-telb.zn.⟩ **0.1** ***argumentatie*** ⇒*bewijsvoering* **0.2** ***deductie*** ⇒*afleiding*.

ar·gu·men·ta·tive ['ɑ:gjʊ'mentətɪv‖'ɑrgjə'menṭəṭɪv]⟨f1⟩⟨bn.; -ly; -ness⟩
I ⟨bn.⟩ **0.1** ***twistziek*** ⇒*twistgierig; belust op discussie* **0.2** ***logisch*** ⇒*beredeneerd;*
II ⟨bn., pred.⟩ **0.1** ***suggererend*** ⇒*wijzend op* ◆ **6.1** his attitude is ~ **of** guilt *zijn houding suggereert schuld*.

ar·gu·men·tum ['ɑ:gjʊ'mentəm‖'ɑrgjə'menṭəm]⟨telb.zn.; argumenta; →mv. 5⟩⟨logica⟩ **0.1** ***argument(um)*** ◆ **1.1** ~ ad hominem *argument(um) ad hominem, argument op de man af;* ~e silentio *argumentum e(x) silentio* ⟨argument berustend op stilzwijgen⟩.

Ar·gus ['ɑ:gəs‖'ɑr-]⟨zn.⟩
I ⟨eig.n., telb.zn.⟩ **0.1** ***Argus*** ⇒*argus, alert bewaker/persoon;*
II ⟨telb.zn.⟩⟨dierk.⟩ **0.1** ***argusfazant*** ⟨hoendersoort op Malakka; Argusianus argus⟩ **0.2** ***argus*** ⇒*argusvlinder* ⟨vlindersoorten met oogvormige vlekken op de vleugels; o.a. Pararge megara⟩.

'Ar·gus-'eyed ⟨bn.⟩ **0.1** ***met argusogen*** ⇒*scherpziend, waakzaam*.

'argus pheasant ⟨telb.zn.⟩⟨dierk.⟩ **0.1** ***argusfazant*** ⟨hoendersoort op Malakka; Argusianus argus⟩.

ar·gy-bar·gy[1] ['ɑ:dʒi'bɑ:dʒi‖'ɑrdʒi'bɑrdʒi]⟨f1⟩⟨telb.zn.⟩⟨BE; inf.⟩ **0.1** ***gehakketak*** ⇒*hak(ke)takkerij, gekibbel*.

argy-bargy[2] ⟨f1⟩⟨onov.ww.⟩⟨BE; inf.⟩ **0.1** ***hakketakken*** ⇒*kibbelen, over en weer discussiëren*.

Ar·gy·rol ['ɑ:dʒɪrɒl‖'ɑrdʒɪrɔl, -roʊl]⟨eig.n.⟩ **0.1** ***Argyrol*** ⟨merknaam v. lokaal antisepticum⟩.

a·ri·a ['ɑ:rɪə‖'ærɪə]⟨f1⟩⟨telb.zn.⟩⟨muz.⟩ **0.1** ***aria*** **0.2** ***melodie*** ⇒*air*.

-ar·i·an ['eərɪən‖'erɪən] **0.1** ⟨vormt nw. vnl. met bet. v. aanhanger v. discipline/overtuiging⟩⟨ong.⟩ ***-ariër*** ⇒*-aar* **0.2** ⟨vormt bijv. nw. om verband met discipline, overtuiging aan te duiden⟩ ⟨ong.⟩ ***-air*** ⇒*-aristisch, -arisch* ◆ **¶.1** agrarian *agrariër;* vegetarian *vegetariër* **¶.2** authoritarian *autoritair;* vegetarian *vegetarisch*.

Ar·i·an[1] ['eərɪən‖'ærɪən, 'er-]⟨zn.⟩
I ⟨eig.n.⟩ **0.1** →Aryan;
II ⟨telb.zn.⟩ **0.1** ***Ariaan*** ⟨aanhanger v.h. arianisme⟩ **0.2** →Aryan.

Arian[2] ⟨bn.⟩ **0.1** ***Ariaans*** ⇒*v.h. arianisme* **0.2** →Aryan.

Ar·i·an·ism ['eərɪənɪzm‖'ærɪənɪzm, 'er-]⟨n.-telb.zn.⟩ **0.1** ***arianisme***.

ARIBA ⟨afk.⟩ Associate of the Royal Institute of British Architects ⟨BE⟩.

ar·id ['ærɪd]⟨f1⟩⟨bn.; -ly; -ness⟩ **0.1** ***dor*** ⇒*droog, schraal, onvruchtbaar* **0.2** ***saai*** ⇒*droog* **0.3** ⟨aardr.⟩ ***aride*** ◆ **1.3** an ~ climate *een aride klimaat*.

a·rid·i·ty [ə'rɪdɪṭi]⟨n.-telb.zn.⟩ **0.1** ***dorheid*** **0.2** ***saaiheid*** **0.3** ⟨aardr.⟩ ***ariditeit***.

ar·i·el ['eərɪəl‖'ærɪəl, 'er-]⟨telb.zn.⟩⟨dierk.⟩ **0.1** ***gazelle*** ⟨in West Azië en Afrika; Gazella arabica⟩.

Ar·ies ['eəri:z‖'eri:z]⟨zn.⟩
I ⟨eig.n.⟩⟨astr., ster.⟩ **0.1** ***Ram*** ⇒*Aries;*
II ⟨telb.zn.⟩⟨astr.⟩ **0.1** ***ram*** ⟨iem. geboren onder I⟩.

a·right [ə'raɪt]⟨bw.⟩⟨schr.⟩ **0.1** ***juist*** ⇒*correct, goed* ◆ **3.1** have I heard that ~? *heb ik dat goed gehoord?*.

ar·il ['ærɪl]⟨telb.zn.⟩⟨plantk.⟩ **0.1** ***zaadrok*** ⇒*arillus*.

a·rise [ə'raɪz]⟨f3⟩⟨onov.ww.; arose [ə'roʊz]; arisen [ə'rɪzn]⟩ **0.1** ***zich voordoen*** ⇒*zich aandienen, gebeuren, optreden, verschijnen* **0.2** ***voortkomen*** ⇒*ontstaan* **0.3** ***opstaan*** ⟨i.h.b. uit het graf⟩ ⇒*verrijzen* **0.4** ⟨zelden⟩ ***zich verheffen*** ⇒*omhooggaan, opgaan, opstijgen* ◆ **1.1** difficulties have ~n *er zijn moeilijkheden ontstaan;* now another question ~s *nu is er een ander probleem aan de orde;* a mist arose *een mist kwam op(zetten);* a thunderstorm arose *er stak een onweer op* **6.2** ~ **from** *voortkomen uit, het gevolg zijn v., veroorzaakt worden door;* those difficulties ~ **from** our irresponsibility *die moeilijkheden zijn het gevolg v. onze onverantwoordelijkheid*.

a·ris·ta [ə'rɪstə]⟨telb.zn.; aristae [-ti:]; →mv. 5⟩ **0.1** ***baard*** ⟨v. graan, gras⟩ ⇒*kafnaalden* **0.2** ***borstel*** ⟨v. insekten⟩.

Ar·is·tarch ['ærɪstɑ:k‖-stɑrk]⟨eig.n., telb.zn.⟩ **0.1** ***Aristarch*** ⇒*streng criticus*.

ar·is·toc·ra·cy ['ærɪstɒkrəsi‖-'stɑ-]⟨f2⟩⟨zn.; →mv. 2⟩
I ⟨telb. en n.-telb.zn.⟩⟨ook fig.⟩ **0.1** ***aristocratie;***
II ⟨verz.n.⟩ **0.1** ***aristocraten*** ⇒*aristocratie, adel*.

a·ris·to·crat ['ærɪstəkræt‖ə'rɪ-]⟨f2⟩⟨telb.zn.⟩ **0.1** ***aristocraat*** ⇒*iem. v. adel* **0.2** ***beste*** ⇒*voornaamste, aristocraat* ◆ **1.2** eat Edam, the ~ of Dutch cheeses *eet Edammer, de aristocraat/koning/beste v. Nederlandse kazen*.

a·ris·to·crat·ic ['ærɪstə'krætɪk‖ə'rɪstə'kræṭɪk], **a·ris·to·crat·i·cal** [-ɪkl]⟨f2⟩⟨bn.; -(al)ly; →bijw. 3⟩⟨ook fig.⟩ **0.1** ***aristocratisch***.

Ar·is·to·te·li·an[1], **Ar·is·to·te·le·an** ['ærɪstə'ti:lɪən]⟨telb.zn.⟩ **0.1** ***Aristoteliaan***.

Aristotelian[2], **Aristotelean** ⟨bn.⟩ **0.1** ***Aristotelisch*** ◆ **1.1** ~ logic *de Aristotelische logica, logica v. Aristoteles*.

a·rith·me·tic[1] [ə'rɪθmətɪk]⟨f2⟩⟨zn.⟩
I ⟨telb.zn.⟩ **0.1** ***rekenboek;***
II ⟨n.-telb.zn.⟩ **0.1** ***rekenkunde*** ⇒*aritmetica, getallenleer* **0.2** ***het rekenen***.

ar·ith·met·ic[2] ['ærɪθ'meṭɪk], **ar·ith·met·i·cal** [-ɪkl]⟨f1⟩⟨bn.; -(al)ly; →bijw. 3⟩ **0.1** ***rekenkundig*** ⇒*aritmetisch, rekenkunstig* ◆ **1.1** ~ mean ⟨stat.⟩ *rekenkundig gemiddelde;* ~ progression *rekenkundige reeks*.

arith·me·ti·cian [ə'rɪθmə'tɪʃn]⟨telb.zn.⟩ **0.1** ***rekenkundige***.

-ar·i·um ['eərɪəm‖'erɪəm, 'ær-]⟨vormt vnl. plaatsaanduidende nw.⟩ **0.1** ***-arium*** ◆ **¶.1** aquarium *aquarium;* terrarium *terrarium*.

Ariz ⟨afk.⟩ Arizona.

Ar·i·zo·nan[1] ['ærɪ'zoʊnən], **Ar·i·zo·ni·an** [-nɪən]⟨telb.zn.⟩ **0.1** ***inwoner v. Arizona***.

Arizonan[2], **Arizonian** ⟨bn.⟩ **0.1** ***v./uit Arizona***.

ark [ɑ:k‖ɑrk]⟨f2⟩⟨telb.zn.⟩ **0.1** ***ark*** ⟨waarin tafelen der Wet⟩ ⇒*Ark des Verbonds* **0.2** ***ark (v. Noah)*** **0.3** ***woonschuit*** ⇒*ark* **0.4** ***toevluchtsoord*** ⇒*schuilplaats* **0.5** ⟨vnl. gew.⟩⟨ben. voor⟩ ***opbergvoorwerp*** ⇒*kist; koffer; doos; mand; kast* ◆ **1.1** Ark of the Covenant, Ark of Testimony *Ark des Verbonds, Ark(e) des Heren* **1.2** Noah's ~ *ark v. Noach* ⟨ook als speelgoed⟩; ⟨fig.⟩ *(ouderwets) gevaarte, kast* ⟨v. auto e.d.⟩ **1.¶** ⟨dierk.⟩ Noah's ~ *Noachs ark* ⟨Arca noae⟩ **6.¶** ⟨inf.⟩ **out** of the ~ *uit het jaar nul*.

Ark ⟨afk.⟩ Arkansas.

Ar·kan·san[1] [ɑ:'kænzn‖ɑr-]⟨telb.zn.⟩ **0.1** ***inwoner v. Arkansas***.

Arkansan[2] ⟨bn.⟩ **0.1** ***v./uit Arkansas.***

Ar·kan·saw·yer ['ɑ:kənsɔ:jə‖'ɑrkənsɔjər]⟨telb.zn.⟩ **0.1** ***inwoner v. Arkansas.***

arm[1] [ɑ:m‖ɑrm]⟨f4⟩⟨zn.⟩

I ⟨telb.zn.⟩ **0.1** ***arm*** ⟨v. mens, dier; ook fig.⟩ ⇒*voorste lidmaat/ledemaat, vangarm* **0.2** ***mouw*** ⇒*arm* **0.3** ***armleuning*** **0.4** ***(boom)tak*** **0.5** ***afdeling*** ⇒*tak* **0.6** ***vuurwapen*** ⇒*geweer* **0.7** ⟨mil.⟩ ***wapen*** ⟨als afdeling⟩ **0.8** ⟨scheep.⟩ ***ranok*** **0.9** ⟨sl.⟩ ***pik*** ⇒*penis* ◆ **1.1** ~ in ~ *arm in arm, gearmd;* the (long) ~ of the law *de sterke/wereldlijke arm;* at ~'s length *op een afstand, op gepaste afstand;* he wants to keep him at ~'s length *hij wil hem op een afstand houden;* in the ~s of Morpheus *in de armen van Morpheus;* within ~'s reach *met de hand te bereiken, binnen handbereik;* an ~ of the sea *een zeearm* **1.5** an ~ of a multinational *een afdeling v.e. multinationaal bedrijf* **1.7** the air force is an important ~ of the military forces *de luchtmacht is een belangrijk wapen v.d. strijdkrachten* **1.¶** ⟨inf.⟩ charge s.o. an ~ and a leg *iem. een poot uitdraaien;* ⟨inf.⟩ cost an ~ and a leg *het was een rib uit mijn lijf* **3.1** ⟨sl.⟩ put the ~ on *vasthouden, arresteren; (in elkaar) slaan; om geld vragen;* she took my ~ *zij gaf me een arm;* twist s.o.'s ~ *iemands arm omdraaien;* ⟨fig.⟩ *forceren, het mes op de keel zetten* **3.¶** ⟨AE; sl.⟩ broken ~ *halfvol bord, kliekje(s), etensresten;* ⟨BE; inf.⟩ chance one's ~ *het erop wagen* **5.1** with ~s across *met gekruiste armen* **6.1** she was just a babe **in** ~s *zij kon nog niet lopen, zij was nog maar een baby;* he lay **in** her ~s *hij lag in haar armen;* he had a child **on** his ~ *hij had een kind op zijn arm;* he carried a bundle **under** his ~ *hij droeg een pak onder zijn arm* **6.¶** ⟨AE; sl.⟩ **on** the ~ *op de pof; gratis;*

II ⟨mv.; ~s⟩ **0.1** ***wapenen*** ⇒*(oorlogs)wapens, bewapening* **0.2** ***oorlogvoering*** ⇒*strijd* **0.3** ⟨heraldiek⟩ ***wapen*** ⇒*blazoen, familieteken/wapen* ◆ **1.1** the profession of ~s *een militaire loopbaan* **1.¶** ~s at the trail *met de wapens in de hand* **3.1** ⟨schr.⟩ bear ~s *gewapend zijn; onder de wapens/wapenen staan/zijn;* call to ~s *te wapen roepen;* fly to ~s *te wapen snellen;* lay down (one's) ~s *de wapens neerleggen;* pile ~s *de geweren aan rotten zetten;* present ~s *het geweer presenteren;* reverse ~s *het geweer met de kolf naar boven houden* ⟨als teken v. rouw⟩; secure ~s *het geweer onder de oksel dragen met de loop naar beneden;* stand to ~s *in het geweer zijn/komen;* take up ~s *naar de wapens grijpen, de wapens opvatten; onder de wapens komen, in dienst gaan;* ⟨fig.⟩ *de strijd aanbinden;* throw down ~s *de wapens neerleggen;* trail ~s *het geweer* ⟨BE⟩ *horizontaal/* ⟨AE⟩ *onder een hoek van 30° dragen* **3.2** rise up in ~s against *in verzet/opstand/het geweer komen tegen* **3.3** bear ~s *een familiewapen hebben* **3.¶** ⟨heraldiek⟩ canting ~s *sprekend wapen* ⟨symboliseert de naam v.d. familie⟩ **6.1** **in** ~s *gewapend;* **under** ~s *onder de wapenen* **6.¶** be **up in** ~s **about/over** sth. *verontwaardigd/niet te spreken zijn over iets; ergens door gealarmeerd zijn.*

arm[2] ⟨f3⟩⟨ww.⟩ →armed

I ⟨onov.ww.⟩ **0.1** ***zich bewapenen*** ⟨ook fig.⟩ ⇒*zich ten oorlog uitrusten* ◆ **1.1** those countries are ~ing again for a new war *die landen zijn zich aan het herbewapenen voor een nieuwe oorlog* **6.1** ~ **against** jealous critics *zich tegen jaloerse critici wapenen/pantseren;*

II ⟨ov.ww.⟩ **0.1** ***bewapenen*** ⟨ook fig.⟩ ⇒*wapenen, uitrusten* **0.2** ***versterken*** ⇒*wapenen, verstevigen* **0.3** ***omarmen*** **0.4** ***bij de arm voeren*** ⇒*aan de arm geleiden* **0.5** ⟨mil.⟩ ***scherp stellen*** ⇒*afstellen* ◆ **1.5** the bomb was ~ed *de bom was/werd scherp gesteld* **6.1** ~ yourself **with** serious arguments **against** criticism *je met serieuze argumenten tegen kritiek wapenen;* ~ed **with** a lot information *met een boel informatie gewapend, voorzien v.e. boel informatie.*

ar·ma·da [ɑ:'mɑ:də‖ɑr-]⟨verz.n.⟩ **0.1** ***armada*** ⇒*krijgsvloot, oorlogsvloot* ◆ **7.1** The Armada *de armada* ⟨v. 1558⟩.

ar·ma·dil·lo ['ɑ:mə'dɪloʊ‖'ɑr-]⟨f1⟩⟨telb.zn.⟩⟨dierk.⟩ **0.1** ***gordeldier*** ⟨fam. Dasypodidae⟩.

Ar·ma·ged·don ['ɑ:mə'gedn‖'ɑr-]⟨eig.n., telb.zn.⟩⟨bijb.; ook fig.⟩ **0.1** ***armageddon*** ⇒*eindstrijd, wereldbrand, reuzenstrijd* ⟨Openb. 16:16⟩.

ar·ma·ment ['ɑ:məmənt‖'ɑr-]⟨f1⟩⟨zn.⟩

I ⟨telb.zn.; vaak mv.⟩ **0.1** ***strijdmacht*** ⇒*krijgsmacht, oorlogskrachten, strijdkrachten* **0.2** ***wapentuig*** ⟨v. tank, schip, vliegtuig⟩ ⇒*oorlogstuig* ◆ **1.2** the ~s of the warship *het geschut v.h. oorlogsschip;*

II ⟨n.-telb.zn.⟩ **0.1** ***het bewapenen*** ⇒*bewapening.*

ar·ma·men·tar·i·um ['ɑ:məmən'teərɪəm‖'ɑr-'terɪəm]⟨telb.zn.; ook armamentaria [-rɪə]; →mv. 5⟩ **0.1** ***armamentarium*** ⇒*(medische) uitrusting, instrumentarium.*

armaments industry, arms industry ['ɑ:məmənts ɪndəstri‖'ɑr-]⟨telb.en n.-telb.zn.⟩ **0.1** ***wapenindustrie*** ⇒*oorlogsindustrie.*

ar·ma·ture ['ɑ:mətʃə‖'ɑrmətʃər]⟨f1⟩⟨telb.zn.⟩ **0.1** ***armatuur*** ⇒*(be)wapening, versterking* ⟨v. constructie⟩ **0.2** ***wapentooi*** ⇒*wapen(rusting)* **0.3** ***armatuur*** ⟨v.e. magneet⟩ **0.4** ⟨elek.⟩ ***anker*** **0.5** ⟨biol.⟩ ***pantser.***

'armature winding ⟨telb.zn.⟩⟨elek.⟩ **0.1** ***ankerwikkeling.***

arm·band ⟨telb.zn.⟩ **0.1** ***mouwband*** ⇒*armband, rouwband.*

'arm carry ⟨n.-telb.zn.⟩⟨atletiek⟩ **0.1** ***armvoering*** ⟨houding v. armen tijdens lopen⟩.

arm·chair ⟨f2⟩⟨telb.zn.; ook attr.⟩ **0.1** ***leunstoel*** ⇒⟨in attr. bet.⟩ *theoretisch, zonder praktische ervaring, naar de studeerkamer riekend* ◆ **1.1** ~ critic *betweter, bediller, criticaster;* ~ critics *stuurlui aan wal;* ⟨pej.⟩ ~ politician *salonpoliticus;* ~ traveller *thuisreiziger* ⟨die alleen reisgidsen leest⟩.

arme blanche ['ɑ:m 'blɑ:nʃ‖'ɑrm-]⟨telb.zn.; armes blanches; →mv. 6⟩⟨mil.⟩ **0.1** ***blank wapen*** ⇒*steekwapen.*

arm·ed ['ɑ:md‖ɑrmd]⟨f2⟩⟨bn.; in bet. 0.2 en 0.3 volt. deelw. v. arm⟩ **0.1** ***met armen*** ⇒*gearmd* **0.2** ***gewapend*** ⇒*strijd-* **0.3** ***uit/toegerust*** ◆ **1.2** ~ forces, ⟨in vredestijd⟩ ~ services *strijdkrachten;* ~ neutrality *gewapende neutraliteit* **6.3** ~ **for** sth. *uitgerust voor iets, met de uitrusting voor iets.*

-arm·ed [ɑ:md‖ɑrmd] **0.1** ***-armig*** ⇒*met ... armen* ◆ **¶.1** three-armed *driearmig.*

Ar·me·ni·a [ɑ:'mi:nɪə‖ɑr-]⟨eig.n.⟩ **0.1** ***Armenië.***

Ar·me·ni·an[1] [ɑ:'mi:nɪən‖ɑr-]⟨zn.⟩

I ⟨eig.n.⟩ **0.1** ***Armeens*** ⇒*de Armeense taal;*

II ⟨telb.zn.⟩ **0.1** ***Armeniër*** **0.2** ⟨relig.⟩ ***(Armeens) monofysiet.***

Armenian[2] ⟨bn.⟩ **0.1** ***Armeens.***

arm·ful ['ɑ:mfʊl‖'ɑrm-]⟨telb.zn.⟩ **0.1** ***armvol*** ◆ **1.1** books by the ~ *hele ladingen boeken.*

'arm·hole ⟨f1⟩⟨telb.zn.⟩ **0.1** ***armsgat.***

ar·mi·ger ['ɑ:mɪdʒə‖'ɑrmɪdʒər]⟨telb.zn.⟩ **0.1** ***schildknaap*** **0.2** ⟨heraldiek⟩ ***iem. die een wapen mag voeren.***

ar·mi·ger·ous [ɑ:'mɪdʒərəs‖ɑr-]⟨bn.⟩⟨heraldiek⟩ **0.1** ***een wapen voerend.***

ar·mil·lar·y [ɑ:'mɪləri‖ɑr-]⟨telb.zn.⟩ **0.1** ***v./mbt. armbanden*** ◆ **1.¶** ⟨ster.⟩ ~ sphere *armillairsfeer, armillarium* ⟨instrument dat cirkels v.d. hemelbol d.m.v. ringen voorstelt⟩.

Ar·min·i·an[1] [ɑ:'mɪnɪən‖ɑr-]⟨telb.zn.⟩⟨relig.⟩ **0.1** ***Arminiaan.***

Arminian[2] ⟨bn.⟩⟨relig.⟩ **0.1** ***arminiaans.***

Ar·min·i·an·ism [ɑ:'mɪnɪənɪzm‖ɑr-]⟨n.-telb.zn.⟩⟨relig.⟩ **0.1** ***Arminianisme.***

ar·mi·stice ['ɑ:mɪstɪs‖ɑr-]⟨f2⟩⟨telb.zn.⟩ **0.1** ***wapenstilstand*** ⇒*bestand.*

'Armistice Day ⟨f1⟩⟨eig.n.⟩ **0.1** ***(verjaar)dag v.d. wapenstilstand*** ⟨v. 11 november 1918⟩.

arm·less ['ɑ:mləs‖'ɑrm-]⟨bn.⟩ **0.1** ***ongewapend*** ⇒*zonder wapens* **0.2** ***zonder armen*** **0.3** ***mouwloos.***

arm·let ['ɑ:mlɪt‖'ɑrm-]⟨telb.zn.⟩ **0.1** ***armband*** **0.2** ***mouwband*** ⇒*armband* ⟨v. stof⟩ **0.3** ***kleine (zee/rivier)arm.***

ar·moire [ɑ:'mwɑ:‖'ɑrmər]⟨telb.zn.⟩ **0.1** ***grote (kleer)kast.***

ar·mo·ri·al[1] [ɑ:'mɔ:rɪəl‖ɑr-]⟨telb.zn.⟩⟨heraldiek⟩ **0.1** ***armoriaal*** ⇒*wapenboek.*

armorial[2] ⟨bn.⟩ **0.1** ***heraldisch*** ⇒*heraldiek, wapenkundig.*

ar·mor·ist ['ɑ:mərɪst‖ɑr-]⟨telb.zn.⟩ **0.1** ***heraldicus*** ⇒*wapenkundige.*

ar·mour[1], ⟨AE sp.⟩ **ar·mor** ['ɑ:mə‖'ɑrmər]⟨f2⟩⟨n.-telb.zn.⟩ **0.1** ***wapenrusting*** ⇒*armuur, harnas* **0.2** ***pantser(bekleding)*** ⇒*pantsering* **0.3** ***beschutting*** ⇒*dekking, schuilplaats* **0.4** ⟨ben. voor⟩ ***pantservoertuigen*** ⇒*pantsertreinen; pantserwagens; pantserschepen; pantserkruisers* **0.5** ***duikerspak*** **0.6** ⟨biol.⟩ ***schubbedekking*** ⇒*pantser* **0.7** ⟨heraldiek⟩ ***wapenbeelden.***

armour[2], ⟨AE sp.⟩ **armor** ⟨f1⟩⟨ov.ww.⟩ →armoured **0.1** ***pantseren*** ⇒*blinderen* **0.2** ***wapenen*** ⟨glas, beton, enz.⟩.

'ar·mour·bear·er ⟨telb.zn.⟩ **0.1** ***schildknaap*** ⇒*wapendrager, wapenknecht.*

'ar·mour-'clad ⟨bn.⟩ **0.1** ***gepantserd*** ⇒*geblindeerd.*

ar·mour·ed, ⟨AE sp.⟩ **ar·mor·ed** ['ɑ:məd‖'ɑrmərd]⟨f1⟩⟨bn.; volt. deelw. v. armour⟩ **0.1** ***gepantserd*** ⇒*geblindeerd* **0.2** ***gewapend*** ⟨glas, beton, enz.⟩ **0.3** ***geharnast*** ◆ **1.1** ~ belt *pantsergordel;* ~ car *pantserwagen;* ~ division *pantserdivisie;* ~ train *pantsertrein, gepantserde/geblindeerde trein* **1.2** ~ glass *gewapend glas;* ~ hose *gewapende brand/tuinslang.*

ar·mour·er, ⟨AE sp.⟩ **ar·mor·er** ['ɑ:m(ə)rə‖'ɑrmərər]⟨telb.zn.⟩ **0.1** ***wapensmid*** **0.2** ⟨mil.⟩ ***wapenmeester.***

'armour 'plate ⟨zn.⟩

I ⟨telb.zn.⟩ **0.1** ***pantserplaat;***

II ⟨n.-telb.zn.⟩ **0.1** ***pantserbekleding*** ⟨v.e. schip bv.⟩.

'ar·mour-'plat·ed ⟨bn.⟩ **0.1** ***gepantserd.***

ar·mour·y, ⟨AE sp.⟩ **ar·mor·y** ['ɑ:m(ə)ri‖'ɑr-]⟨f1⟩⟨telb.zn.; →mv. 2⟩ **0.1** ***wapenkamer*** ⇒*wapenzaal/magazijn* **0.2** ***wapensysteem*** **0.3** ***rustkamer*** **0.4** ***arsenaal*** ⇒*tuighuis* **0.5** ***wapenfabriek*** **0.6** ⟨AE⟩ ***exercitieplein*** ⇒*drilplaats* **0.7** ⟨AE⟩ ***wapensmisse*** ⇒*wapensmederij.*

'arm·pit ⟨fɪ⟩⟨telb.zn.⟩ **0.1** ***oksel*** **0.2** ⟨AE; sl.⟩ ***smerigste gat*** ⟨v.h. land/v.d. buurt⟩.

'arm·rack ⟨telb.zn.⟩ **0.1** ***wapenrek***.

'arm·rest ⟨telb.zn.⟩ **0.1** ***armleuning*** ⇒*armsteun* ⟨in auto bv.⟩.

'arm-rol ⟨telb.zn.⟩⟨worstelen⟩ **0.1** ***armzwaai***.

'arms control ⟨n.-telb.zn.⟩ **0.1** ***bewapeningscontrole*** ⇒*wapenbeheersing*.

'arms flow ⟨telb.zn.⟩ **0.1** ***wapenstroom*** ⇒*wapentoevoer*.

'arms limitation ⟨n.-telb.zn.⟩ **0.1** ***beperking v.d. bewapening***.

'arms race ⟨fɪ⟩⟨telb.zn.⟩ **0.1** ***bewapeningswedloop***.

'arms supply ⟨telb.zn.⟩ **0.1** ***wapenlevering***.

'arms talks ['ɑ:mz tɔ:ks‖'ɑrmz tɔks]⟨mv.⟩ **0.1** ***ontwapeningsonderhandelingen*** ⇒*bewapeningsbesprekingen*.

'armstand dive ⟨telb.zn.⟩⟨schoonspringen⟩ **0.1** ***sprong uit handstand***.

'arm·strong ⟨telb.zn.; ook A-⟩⟨sl.; muz.⟩ **0.1** ***hoge noot/noten*** ⟨op trompet⟩.

'arm·twist ⟨ov.ww.⟩ **0.1** ***(onfatsoenlijke) persoonlijke druk uitoefenen op***.

'arm-twist·ing ⟨n.-telb.zn.⟩ **0.1** ***(onfatsoenlijke) persoonlijke druk*** ⇒*pressie, sterke druk* ⟨v. superieuren⟩.

'arm-wres·tling ⟨n.-telb.zn.⟩ **0.1** ***(het) elleboog/tafelworstelen*** ⇒*(het) armdrukken*.

ar·my ['ɑ:mi‖'ɑrmi]⟨f4⟩⟨telb.zn.; →mv. 2⟩ **0.1** ***leger*** ⟨ook fig.⟩ ⇒*massa, menigte, heleboel* ◆ **1.1** an ~ of bees *een grote zwerm bijen;* an ~ of locusts *een leger van sprinkhanen* **3.1** be in the ~ *onder de wapenen zijn, bij het leger zijn;* conscripted ~ *militie(leger);* join/go into the ~ *in dienst treden, onder de wapens komen* **7.¶** the Army *het Leger des Heils, het Heilsleger*.

'Army Act ⟨n.-telb.zn.⟩ **0.1** ***krijgsartikelen*** ⇒*militaire straf- en tuchtwetten*.

'army base ⟨telb.zn.⟩ **0.1** ***legerbasis***.

'army 'beef ⟨n.-telb.zn.⟩ **0.1** ***blikjesvlees***.

'army 'chaplain ⟨telb.zn.⟩ **0.1** ***aalmoezenier*** ⟨in leger⟩.

'army contractor ⟨telb.zn.⟩ **0.1** ***legerleverancier***.

'army corps ⟨verz.n.⟩ **0.1** ***legerkorps***.

'Army Council ⟨telb.zn.⟩ **0.1** ***legerraad***.

'Army List ⟨telb.zn.⟩⟨BE⟩ **0.1** ***officierslijst***.

'army man ⟨telb.zn.⟩ **0.1** ***militair***.

'army 'medic ⟨telb.zn.⟩ **0.1** ***legerarts*** ⇒*militaire arts*.

'army officer ⟨telb.zn.⟩ **0.1** ***legerofficier***.

'army unit ⟨telb.zn.⟩ **0.1** ***legereenheid***.

'ar·my·worm ⟨telb.zn.⟩⟨dierk.⟩ **0.1** ⟨ben. voor⟩ ***schadelijke insektelarve*** ⇒⟨i.h.b.⟩ *Amerikaanse rups* ⟨Leucania/Pseudaletia unipuncta⟩ **0.2** ***rouwmuglarve*** ⇒*legerworm* ⟨genus Sciara⟩.

ar·ni·ca ['ɑ:nɪkə‖'ɑr-]⟨telb. en n.-telb.zn.⟩⟨plantk.⟩ **0.1** ***valkruid*** ⇒*wolverlei* ⟨ook als wondkruid; genus Arnica⟩.

a·roint [ə'rɔɪnt]⟨ov.ww.⟩⟨vero.⟩ **0.1** ***wegjagen*** ◆ **4.1** ~ thee! *scheer je weg!, weg, jij!*.

a·ro·ma [ə'roʊmə]⟨fɪ⟩⟨telb.zn.⟩ **0.1** ***aroma*** ⇒*geur* ◆ **1.1** ⟨fig.⟩ an ~ of wealth *een zweem v. rijkdom*.

a·ro·ma'ther·a·py ⟨n.-telb.zn.⟩ **0.1** ***reuktherapie***.

ar·o·mat·ic[1] ['ærə'mætɪk]⟨fɪ⟩⟨telb.zn.⟩ **0.1** ***aromastof*** ⇒*aromaten, aromatica*.

aromatic[2] ⟨fɪ⟩⟨bn.; -ally; →bijw. 3⟩ **0.1** ***aromatisch*** ⇒*geurig* ◆ **1.1** ⟨schei.⟩ ~ compounds *aromatische verbindingen;* ~ vinegar *aromatische/kruidenazijn*.

a·ro·ma·tize, -tise [ə'roʊmətaɪz]⟨ov.ww.⟩ **0.1** ***aromatiseren***.

a·rose ⟨verl. t.⟩ →arise.

a·round[1] [ə'raʊnd]⟨f4⟩⟨bw.⟩ **0.1** ⟨fig. vnl. als bijwoordelijke bepaling van wijze⟩ ***rond*** ⇒*in de vorm/richting van een cirkel* **0.2** ***in het rond*** ⇒*aan alle kanten, in alle richtingen, verspreid* **0.3** ⟨nabijheid⟩ ***in de buurt*** ⇒⟨bij uitbr.⟩ *überhaupt, bestaand* **0.4** ⟨benadering⟩ ***ongeveer*** ⇒*omtrent, omstreeks* ◆ **1.1** the other way ~ *andersom;* a way ~ *een omweg;* the year ~ *het jaar rond* **1.3** the strongest metal ~ *het sterkste metaal dat er bestaat;* for miles ~ *kilometers in de omtrek* **3.1** bring ~ *tot een andere mening brengen, overreden;* his turn came ~ *het was zijn beurt;* dance ~ three times *driemaal rond dansen;* people gathered ~ to see *mensen verzamelden zich om te kijken;* it measures five foot ~ *het heeft een omtrek van vijf voet* **3.2** news gets ~ fast *nieuws verspreidt zich snel;* grope ~ *in het rond tasten, om zich heen tasten;* look ~ *om zich heen kijken;* scattered ~ *her en der verspreid* **3.3** stay ~ *blijf in de buurt, ga niet weg* **4.4** ~ six *omstreeks zes uur;* he's ~ sixty *hij is rond de zestig* **7.4** ~ fifty people *om en bij de vijftig mensen*.

around[2] ⟨f4⟩⟨vz.⟩ **0.1** ⟨cirkel⟩ ***rond*** ⇒*rondom, om ... heen* **0.2** ⟨nabijheid⟩ ***in het rond*** ⇒*rondom, om ... heen* **0.3** ⟨in alle richtingen door een ruimte⟩ ***door*** ⇒*rond, her en der in* ◆ **1.1** ~ the corner *om de hoek;* built ~ a fountain *gebouwd om een fontein heen/met een fontein als middelpunt;* he ran ~ the green *hij liep rond het plein;* ⟨fig.⟩ planned ~ a theme *rond een thema gepland/opgezet* **1.2** the houses ~ the church *de huizen bij de kerk;* the dog hung ~ the door *de hond bleef in de buurt van de deur rondhangen* **1.3** he paced ~ the house *hij liep op en neer/heen en weer door het huis;* all ~ the land *door het hele land* **4.2** only those ~ him *alleen zijn naaste medewerkers*.

a·rous·al [ə'raʊzl]⟨n.-telb.zn.⟩ **0.1** ***opwinding*** ⇒*prikkeling, ophitsing* **0.2** ***het (op)wekken*** ⇒*opwekking, uitlokking* **0.3** ***het ontwaken***.

a·rouse [ə'raʊz]⟨f3⟩⟨ov.ww.⟩ **0.1** ***wekken*** ⟨ook fig.⟩ ⇒*uitlokken, doen ontstaan* **0.2** ***opwekken*** ⇒*prikkelen, ophitsen* ◆ **1.1** ~ suspicion *wantrouwen wekken* **6.1** ~ s.o. **from** indifference *iem. uit de onverschilligheid halen*.

a·row [ə'roʊ]⟨bw.⟩ **0.1** ***in een rij*** ⇒*op een rij*.

ARP ⟨afk.⟩ air raid precautions.

ar·peg·gi·o [ɑ:'pedʒioʊ‖ɑr-]⟨telb.zn.⟩⟨muz.⟩ **0.1** ***arpeggio***.

ar·peg·gi·oed [ɑ:'pedʒioʊd‖ɑr-]⟨bn.⟩⟨muz.⟩ **0.1** ***gearpeggieerd*** ⇒*arpeggio*.

ar·que·bus ['ɑ:kwɪbəs‖'ɑr-], **har·que·bus** ['hɑ:kwɪbəs‖'hɑr-]⟨telb.zn.⟩ **0.1** ***haakbus***.

ar·que·bus·ier ['ɑ:kwɪbə'sɪə‖'ɑrkwɪbə'sɪr], **har·que·bus·ier** ['hɑ:kwɪbəsɪə‖'hɑrkwɪbəsɪr]⟨telb.zn.⟩ **0.1** ***arkebus(s)ier***.

arr ⟨afk.⟩ arranged (by), arrival, arrive(s/d).

ar·rack, a·rak ['ærək]⟨n.-telb.zn.⟩ **0.1** ***arak***.

ar·raign [ə'reɪn]⟨fɪ⟩⟨ov.ww.⟩ **0.1** ***beschuldigen*** ⇒*aanvallen, aantijgen* **0.2** ***kapittelen*** ⇒*streng berispen, de mantel uitvegen* **0.3** ⟨jur.⟩ ***aanklagen*** ⇒*een (aan)klacht indienen tegen, voor de rechtbank slepen*.

ar·raign·ment [ə'reɪnmənt]⟨telb.zn.⟩ **0.1** ***beschuldiging*** ⇒*aantijging* **0.2** ***berisping*** ⇒*vermaning, uitbrander* **0.3** ⟨jur.⟩ ***aanklacht***.

ar·range [ə'reɪndʒ]⟨f3⟩⟨ww.⟩

I ⟨onov.ww.⟩ **0.1** ***maatregelen nemen/treffen*** ⇒*stappen ondernemen* **0.2** ***overeenkomen*** ⇒*het eens zijn, een akkoord sluiten* ◆ **6.1** ~ **about** sth. *ergens voor zorgen;* ~ **for** sth. *iets arrangeren/in orde brengen* **6.2** ~ **with** s.o. **about** sth. *iets overeenkomen met iem.;*

II ⟨ov.ww.⟩ **0.1** ***schikken*** ⇒*rangschikken, ordenen, opstellen* **0.2** ***bijleggen*** ⇒*rechtzetten, rechttrekken* **0.3** ***arrangeren*** ⇒*organiseren, plannen, regelen, afspreken* **0.4** ⟨muz.⟩ ***arrangeren*** ◆ **1.3** ~ a meeting *een vergadering beleggen* **6.3** a marriage has been ~d **between** Mr Jones and Miss Smith *Dhr. Jones en Mej. Smith zullen in het huwelijk treden;* I ~d an appointment **for** them **with** my employer *ik heb een afspraak voor hen gemaakt met mijn werkgever*.

ar·range·ment [ə'reɪndʒmənt]⟨f3⟩⟨telb.zn.⟩ **0.1** ***ordening*** ⇒*(rang)schikking, opstelling, samenvoeging, geheel* **0.2** ***afspraak*** **0.3** ***arrangement*** ⇒*regeling, akkoord, schikking, overeenkomst* **0.4** ⟨vaak mv.⟩ ***maatregel*** ⇒*voorzorgen* **0.5** ⟨muz.⟩ ***arrangement*** ⇒*bewerking* **0.6** ⟨vaak mv.⟩ ***plan*** ◆ **6.2** an ~ **about** *een afspraak i.v.m.;* an ~ **with** *een afspraak met* **6.3** an ~ **about** *een regeling i.v.m.;* an ~ **with** *een akkoord/schikking met* **6.4** let's make ~s **for** getting home in time *laten we voorzorgen nemen om op tijd thuis te komen*.

ar·rant ['ærənt]⟨bn., attr.; -ly⟩⟨pej.⟩ **0.1** ***compleet*** ⇒*volslagen, door en door, aarts-* ◆ **1.1** an ~ knave *een doortrapte schurk;* ~ nonsense *klinkklare onzin*.

ar·ras ['ærəs]⟨telb.zn.; arras; →mv. 5⟩ **0.1** ***wandtapijt*** ⇒*tapijtwerk* **0.2** ***tapijtbehangsel***.

ar·rassed ['ærest]⟨bn.⟩ **0.1** ***van tapijtwerk voorzien***.

ar·ray[1] [ə'reɪ]⟨f2⟩⟨telb.zn.⟩ **0.1** ***serie*** ⇒*collectie, pakket, reeks, opeenvolging, rij, rits* **0.2** ***gelid*** ⇒*marsorde, slagorde* **0.3** ***legeruitrusting*** **0.4** ⟨vnl. enk.⟩ ***kleed*** ⇒*kledij* **0.5** ⟨schr.⟩ ***kledertooi*** ⇒*klederpracht, opschik, opsmuk* **0.6** ⟨jur.⟩ ***(het opstellen v.d.) lijst der juryleden*** **0.7** ⟨wisk.⟩ ***matrix*** **0.8** ⟨comp.⟩ ***rij*** ◆ **1.1** an ~ of information to support one's viewpoint *een berg informatie om zijn standpunt te staven*.

array[2] ⟨fɪ⟩⟨ov.ww.⟩ **0.1** ***(in slagorde) opstellen*** ⇒*verzamelen, (in het gelid) scharen/schikken* **0.2** ***(op)tooien*** ⇒*versieren, uitdossen* **0.3** ⟨jur.⟩ ***samenstellen*** ⟨jury⟩.

ar·rear [ə'rɪə‖ə'rɪr]⟨fɪ⟩⟨telb.zn.; vnl. mv.⟩ **0.1** ***achterstand*** **0.2** ***achterstal*** ⇒*(geld)schuld* ◆ **1.1** ~s of correspondence *onbeantwoorde correspondentie* **3.2** be in ~(s) *achterop/(ten) achter zijn* ⟨met betaling⟩; fall into ~s *achterop/(ten) achter raken* **6.1** interest payable **in** ~ *interest betaalbaar op het einde v.d. periode;* **in** ~s **with** one's work *achterop/achter met zijn werk* **6.2** **in** ~s *verschuldigd* ⟨van geldsom⟩; **in** ~s **with** *achterop/(ten) achter met* ⟨betaling⟩.

ar·rear·age [ə'rɪərɪdʒ‖-'rɪr-]⟨telb.zn.⟩ **0.1** ***achterstand*** ⇒*(opgelopen) vertraging* **0.2** ⟨vnl. mv.⟩ ***achterstal*** ⇒*(geld)schuld*.

ar·rest[1] [ə'rest]⟨f2⟩⟨telb.zn.⟩ **0.1** ***stilstand*** ⟨v.d. groei, beweging⟩ **0.2** ***bedwinging*** ⇒*intoming, beteugeling* ⟨v. ziekte, verval, enz.⟩ **0.3** ***arrestatie*** ⇒*arrest, (voorlopige) hechtenis* **0.4** ***arrestatie***

⇒*aanhouding, inhechtenisneming* **0.5** ***arrêt*** ⇒*pal* ◆ **1.2** ⟨jur.⟩ ~ of judgement *opschorting v. vonnis* **2.1** ⟨med.⟩ cardiac ~ *hartstilstand* **3.3** be under ~ *aangehouden/gearresteerd zijn;* place/put under ~ *in arrest nemen* **6.3** **under** ~ *in arrest.*

arrest[2] ⟨f3⟩⟨ov.ww.⟩ →arresting **0.1** ***tegenhouden*** ⇒*bedwingen, stuiten, stilhouden, stoppen* **0.2** ***arresteren*** ⇒*aanhouden* **0.3** ***boeien*** ⇒*frapperen, treffen, aantrekken, fascineren* ◆ **1.1** ⟨jur.⟩ ~ judgement *vonnis opschorten.*

ar·rest·a·ble [ə'restəbl]⟨bn.⟩ **0.1** ***arrestabel.***

ar·rest·er, ar·rest·or [ə'restə‖-ər], **ar'rester hook** ⟨telb.zn.⟩ **0.1** ***remkruk*** ⇒*remhaak* ⟨aan vliegtuig; haakt zich vast in remkabels⟩.

ar'rester wire ⟨telb.zn.⟩ **0.1** ***remkabel*** ⟨op vliegdekschip⟩.

ar·rest·ing [ə'restɪŋ]⟨bn.; teg. deelw. v. arrest; -ly⟩ **0.1** ***boeiend*** **0.2** ***verbazend*** ⇒*treffend.*

ar·rest·ive [ə'restɪv]⟨bn.; -ly⟩ **0.1** ***boeiend*** **0.2** ***verbazend*** ⇒*treffend.*

ar·rest·ment [ə'res(t)mənt]⟨n.-telb.zn.⟩⟨vnl. Sch. E.⟩ **0.1** ***inbeslagneming*** ⇒*beslaglegging* ⟨v. bezittingen, inkomsten⟩.

ar'rest warrant ⟨telb.zn.⟩ **0.1** ***arrestatiebevel(schrift).***

ar·rêt [æ'reɪ]⟨telb.zn.⟩⟨jur.⟩ **0.1** ***arrest*** **0.2** ***vonnis*** ⟨ook fig.⟩ ⇒*besluit.*

ar·r(h)yth·mi·a [ə'rɪðmɪə]⟨n.-telb.zn.⟩⟨med.⟩ **0.1** ***aritmie.***

ar·ri·ère-ban ['ærieəbæn‖'ærier'bɑn]⟨telb.zn.; arrière-bans [-nz]; →mv. 5⟩⟨gesch.⟩ **0.1** ***heerban*** ⇒*krijgsban.*

ar·ri·ère-pen·sée ['ærieəpɑ̃'seɪ]⟨telb.zn.; arrière-pensées [-'seɪz]; →mv. 5⟩ **0.1** ***achtergedachte*** ⇒*bijgedachte, bijbedoeling* **0.2** ***heimelijk voorbehoud.***

ar·ris ['ærɪs]⟨telb.zn.; ook arris; →mv. 4⟩⟨bouwk.⟩ **0.1** ***scherpe kant*** ⇒*graat, uitspringende hoek* ⟨lijn waar twee vlakken samenkomen⟩.

'arris beam ⟨telb.zn.⟩⟨bouwk.⟩ **0.1** ***graatspar*** ⇒*graatbalk.*

'arris gutter ⟨telb.zn.⟩⟨bouwk.⟩ **0.1** ***V-vormige goot.***

ar·ris·ways ['ærɪsweɪz], **ar·ris·wise** [-waɪz]⟨bw.⟩⟨bouwk.⟩ **0.1** ***diagonaalsgewijs*** **0.2** ***met scherpe kant/hoek.***

ar·ri·val [ə'raɪvl]⟨f3⟩⟨zn.⟩

I ⟨telb.zn.⟩ **0.1** ***aangekomene*** **0.2** ***nieuwkomer*** ⇒*nieuweling* **0.3** ***binnengevaren schip*** ◆ **2.1** ⟨fig.⟩ new ~ *pasgeborene, jonggeborene;*

II ⟨telb. en n.-telb.zn.⟩ **0.1** ***(aan)komst*** **0.2** ***aanvoer;***

III ⟨n.-telb.zn.⟩ **0.1** ***het opduiken*** ⇒*het ten tonele verschijnen* **0.2** ***het bereiken*** ⟨v.e. doel⟩.

ar'rival lounge ⟨telb.zn.⟩ **0.1** ***aankomsthal.***

ar'rival platform ⟨telb.zn.⟩ **0.1** ***perron van aankomst.***

ar·rive [ə'raɪv]⟨f4⟩⟨onov.ww.⟩ **0.1** ***arriveren*** ⇒*aankomen* ⟨v. personen/zaken⟩ **0.2** ***arriveren*** ⇒*opkomen, vooruitkomen, het (waar) maken* **0.3** ***aanbreken*** ⇒*komen* **0.4** ⟨inf.⟩ ***(ter wereld) komen*** ⇒*geboren worden* ◆ **6.1** →arrive **at;** ~ **in** harbour *binnenlopen.*

ar'rive at ⟨f4⟩⟨onov.ww.⟩ **0.1** ***bereiken*** ⟨ook fig.⟩ ⇒*komen tot* ◆ **1.1** ~ a conclusion *een besluit nemen, een conclusie trekken.*

ar·ri·viste ['æri'vi:st]⟨telb.zn.; arrivistes [-ti:z]; →mv. 5⟩ **0.1** ***arrivist.***

ar·ro·gance ['ærəgəns], **ar·ro·gan·cy** [-si]⟨f1⟩⟨n.-telb.zn.⟩ **0.1** ***arrogantie*** ⇒*laatdunkendheid, aanmatiging* ◆ **1.1** ~ of power *machtsarrogantie.*

ar·ro·gant ['ærəgənt]⟨f2⟩⟨bn.; -ly⟩ **0.1** ***arrogant*** ⇒*aanmatigend, verwaand.*

ar·ro·gate ['ærəgeɪt]⟨ov.ww.⟩ **0.1** ***zich aanmatigen*** ⇒*(ten onrechte) opeisen* **0.2** ***zich toeëigenen*** ⇒*beslag leggen op, naar zich toe halen* **0.3** ***aanwrijven*** ⇒*aantijgen* ◆ **6.2** ~ sth. **to** o.s. *zich iets toeëigenen, iets aanhalen* **6.3** ~ evil intentions **to** s.o. *iem. kwade bedoelingen toedichten.*

ar·ro·ga·tion ['ærə'geɪʃn]⟨telb.zn.⟩ **0.1** ***aanmatiging*** **0.2** ***toeëigening*** **0.3** ***aantijging.***

ar·ron·disse·ment ['ærən'di:smənt‖-, ə'rɑndɪsmənt]⟨telb.zn.; arrondissements; →mv. 5⟩ **0.1** ***arrondissement.***

ar·row ['ærou]⟨f2⟩⟨telb.zn.⟩ **0.1** ***pijl*** ◆ **1.¶** have an ~ left in one's quiver *nog andere pijlen op zijn boog/in zijn koker hebben, al zijn kruit nog niet verschoten hebben.*

'arrow bracket ⟨telb.zn.⟩ **0.1** ***punthaak*** ⇒*spitse haak.*

'ar·row·head ⟨f1⟩⟨telb.zn.⟩ **0.1** ***pijlpunt*** ⇒*pijlspits* **0.2** ***pionier (swerk)*** **0.3** ⟨plantk.⟩ ***pijlkruid*** ⟨genus Sagittaria⟩.

'arrow rest ⟨telb.zn.⟩⟨boogschieten⟩ **0.1** ***pijlsteun*** ⟨op boog⟩.

'ar·row·root ⟨n.-telb.zn.⟩ **0.1** ⟨plantk.⟩ ***arrowroot*** ⇒*pijlwortel* ⟨Maranta arundinacea⟩ **0.2** ***arrowroot*** ⇒*pijlwortelmeel.*

'ar·row·worm ⟨telb.zn.⟩⟨dierk.⟩ **0.1** ***pijlworm*** ⟨genus Sagitta⟩.

ar·roy·o [ə'rɔɪou]⟨telb.zn.⟩⟨AE⟩ **0.1** ***beek*** ⇒*stroom* **0.2** ***ravijn*** ⇒*(droge) geul.*

arse [ɑ:s‖ɑrs]⟨f1⟩⟨telb.zn.⟩⟨BE; vulg.⟩ **0.1** ***reet*** ⇒*gat, kont* **0.2** ***klootzak*** ⇒*lul* ◆ **1.¶** not know one's ~ from one's elbow *er de ballen verstand v. hebben* **3.1** lick s.o.'s ~ *iem. in zijn reet kruipen, kontlikken;* shift your ~ *laat je handjes eens wapperen;* he can stuff/shove/stick it up his ~ *hij kan m'n reet likken* **4.¶** my ~! *lik m'n reet!.*

'arse a'bout, 'arse a'round ⟨onov.ww.⟩⟨BE; vulg.⟩ **0.1** ***(aan/rond) klooien*** ⇒*aanrotzooien.*

'arse-hole ⟨telb.zn.⟩⟨BE; vulg.⟩ **0.1** ***gat*** ⇒*kont, reet* **0.2** ***klootzak*** ⇒*lul, hufter.*

'arse-lick·ing ⟨n.-telb.zn.⟩⟨BE; vulg.⟩ **0.1** ***kont/gatlikkerij.***

ar·se·nal ['ɑ:snəl‖'ɑr-]⟨f1⟩⟨telb.zn.⟩⟨mil.⟩ **0.1** ***arsenaal*** ⇒*tuighuis;* ⟨fig.⟩ *(wapen)arsenaal.*

ar·se·nic[1] ['ɑ:snɪk‖'ɑr-]⟨f1⟩⟨n.-telb.zn.⟩ **0.1** ⟨schei.⟩ ***arsenicum*** ⇒*arseen* ⟨element 33⟩ **0.2** ***rattenkruit.***

arsenic[2] [ɑ:'senɪk‖ɑr-], **ar·sen·i·cal** [-ɪkl]⟨bn.⟩⟨schei.⟩ **0.1** ***arsenicum-*** ⇒*arseenhoudend* ◆ **1.1** ~ acid *arsenicumzuur, arseenzuur;* ~ trioxide *arsenicumtrioxide, arseentrioxide.*

ar·sen·i·ous [ɑ:'si:nɪəs‖ɑr-]⟨bn.⟩⟨schei.⟩ **0.1** ***arsenig-.***

ar·sine ['ɑ:si:n‖'ɑr-, ɑr'si:n]⟨n.-telb.zn.⟩⟨schei.⟩ **0.1** ***arseenwaterstof.***

ar·sis ['ɑ:sɪs‖'ɑr-]⟨telb.zn.; arses [-si:z]; →mv. 5⟩⟨lit., muz., taalk.⟩ **0.1** ***arsis.***

ar·son ['ɑ:sn‖'ɑrsn]⟨f1⟩⟨n.-telb.zn.⟩ **0.1** ***brandstichting.***

ar·son·ist ['ɑ:sənɪst‖'ɑr-]⟨telb.zn.⟩ **0.1** ***brandstichter*** ⇒*pyromaan.*

ars·phen·a·mine [ɑ:'sfenəmi:n, -mɪn‖ɑr-]⟨n.-telb.zn.⟩⟨med.⟩ **0.1** ***salvarsan*** ⟨oud geneesmiddel tegen syfilis⟩.

art[1] [ɑ:t‖ɑrt]⟨f4⟩⟨zn.⟩⟨→sprw. 27⟩

I ⟨telb.zn.⟩ **0.1** ***kunst*** ⇒*vaardigheid* **0.2** ***kunst(greep)*** ⇒*list, truc* **0.3** ***kunst(richting)*** **0.4** ***gilde*** **0.5** ***bedrijf*** ◆ **1.1** ~s and crafts *kunst en ambacht, kunstnijverheid, ambachtskunst* **1.¶** ~ and part in *betrokken bij* **2.1** the black ~ *zwarte kunst, magie* **2.3** the fine ~s *de schone kunsten;*

II ⟨n.-telb.zn.⟩ **0.1** ***kunst*** **0.2** ***kunst*** ⇒*bekwaamheid* **0.3** ***kunst*** ⇒*kunstvoorwerpen* **0.4** ⟨AE; sl.⟩ ***foto's v. gezochte misdadigers*** ◆ **1.1** work of ~ *kunstwerk* **1.2** ~ of war *krijgskunst;*

III ⟨mv.; ~s; vnl. A-⟩ **0.1** ***alfawetenschappen*** ⇒*letteren* **0.2** ***schone kunsten*** ◆ **1.1** Bachelor of Arts *baccalaureus in de letteren;* Master of Arts ⟨ong.⟩ *doctorandus in de letteren;* Faculty of Arts *faculteit der letteren.*

art[2] ⟨2e pers. enk.; →t2⟩ →be.

art[3] ⟨afk.⟩ **0.1** ⟨article⟩ ***art.*** **0.2** ⟨artificial⟩ **0.3** ⟨artillery⟩ **0.4** ⟨artist⟩.

-art [ət‖ərt]⟨vormt zelfst.nw.⟩⟨vnl. pej.⟩ **0.1** ⟨ong.⟩ ***-aard*** ⇒*-er* ◆ **¶.1** braggart *bluffer, pocher.*

art de·co ['ɑ:t 'dekou‖'ɑrt 'deɪkou]⟨n.-telb.zn.⟩ **0.1** ***art deco.***

ar·te·fact, ar·ti·fact ['ɑ:tɪfækt‖'ɑrt̬ɪ-]⟨f1⟩⟨telb.zn.⟩ **0.1** ***artefact*** ⇒*kunstvoorwerp* **0.2** ⟨archeologie⟩ ***artefact*** **0.3** ⟨biol., med.⟩ ***artefact.***

ar·tel [ɑ:'tel‖ɑr-]⟨telb.zn.⟩ **0.1** ***artel*** ⇒*coöperatieve vereniging* ⟨cultureel of industrieel, in de Sovjet-Unie⟩.

ar·te·mis·i·a [ɑ:tɪ'mi:ʒə‖'ɑrt̬ɪ-]⟨n.-telb.zn.⟩⟨plantk.⟩ **0.1** ***alsem*** ⇒*aalst* ⟨genus Artemisia⟩.

ar·te·ri·al [ɑ:'tɪərɪəl‖ɑr'tɪr-]⟨f1⟩⟨bn.; -ly⟩ **0.1** ***arterieel*** ⇒*slagaderlijk* ◆ **1.1** ~ drainage *rioolstelsel* ⟨vertakt, met hoofdriool⟩; ~ road *verkeers(slag)ader, hoofdweg.*

ar·te·ri·al·i·za·tion, -sa·tion [-aɪ'zeɪʃn‖-ə'zeɪʃn]⟨n.-telb.zn.⟩ **0.1** ***arterialisatie*** **0.2** ***het aanbrengen v. wegen/kanaaltjes*** ⟨enz.⟩.

ar·te·ri·al·ize, -ise [-aɪz]⟨ov.ww.⟩ **0.1** ***arterialiseren*** **0.2** ***een stelsel v. wegen/kanaaltjes aanbrengen.***

ar·te·ri·ole [ɑ:'tɪərioul‖ɑr'tɪr-]⟨telb.zn.⟩⟨anat.⟩ **0.1** ***(kleine) arterie*** ⇒*kleine slagader* ⟨verbonden met de haarvaten⟩.

ar·te·ri·o·scle·ro·sis [ɑ:'tɪəriousklɪ'rousɪs‖ɑr'tɪr-]⟨telb. en n.-telb.zn.; arterioscleroses [-si:z]; →mv. 5⟩ **0.1** ***arteriosclerose*** ⇒*aderverkalking.*

ar·te·ri·o·scle·rot·ic [-sklɪ'rɒtɪk‖-'rɑt̬ɪk]⟨bn.⟩ **0.1** ***arteriosclerotisch.***

ar·te·ri·ot·o·my [ɑ:tɪəri'ɒtəmi‖ɑr'tɪri'ɑt̬əmi]⟨telb.zn.; →mv. 2⟩⟨med.⟩ **0.1** ***slagaderincisie*** ⇒*slagadersectie.*

ar·te·ri·tis ['ɑ:tə'raɪtɪs‖ɑrt̬ə'raɪt̬ɪs]⟨f1⟩⟨telb. en n.-telb.zn.⟩ **0.1** ***slagaderwandontsteking*** **0.2** ***slagaderwandverharding.***

ar·ter·y ['ɑ:təri‖'ɑrt̬əri]⟨f2⟩⟨telb.zn.; →mv. 2⟩ **0.1** ***slagader*** ⇒*arterie, kloppende ader;* ⟨fig.⟩ *(verkeers/handels)slagader.*

ar·te·sian [ɑ:'ti:zɪən‖ɑr'ti:ʒn]⟨bn., attr.⟩ **0.1** ***artesisch*** ◆ **1.1** ~ well *artesische put, welput.*

'art form ⟨telb.zn.⟩ **0.1** ***kunstvorm.***

art·ful ['ɑ:tf(ə)l‖'ɑrt-]⟨f1⟩⟨bn.; -ly; -ness⟩ **0.1** ***listig*** ⇒*spitsvondig, ingenieus, geslepen, gewiekst* **0.2** ***kundig*** ⇒*(kunst)vaardig, kunstig* **0.3** ***gekunsteld*** ⇒*kunstmatig, artificieel.*

'art gallery ⟨f1⟩⟨telb.zn.⟩ **0.1** ***kunstgalerij.***

ar·thrit·ic[1] [ɑ:'θrɪtɪk‖ɑr'θrɪt̬ɪk]⟨telb.zn.⟩ **0.1** ***artritispatiënt*** ⇒*iem. met jicht/gewrichtsontsteking.*

arthritic[2] ⟨bn.⟩ **0.1** ***jichtig*** ⇒*artritisch.*

ar·thri·tis [ɑ:'θraɪtɪs‖ɑr'θraɪt̬ɪs]⟨f2⟩⟨telb. en n.-telb.zn.; arthritides [-t̬ɪdi:z]; →mv. 5⟩ **0.1** ***artritis*** ⇒*jicht, gewrichtsontsteking.*

ar·thro·pod ['ɑ:θrəpɒd‖'ɑrθrəpɑd]⟨telb.zn.⟩⟨biol.⟩ **0.1** ***geleedpotige***.

ar·thro·sis [ɑ:'θroʊsɪs‖ɑr-]⟨telb. en n.-telb.zn.⟩⟨med.⟩ **0.1** ***arthrose*** ⟨degeneratie v.e. gewricht⟩.

Ar·thu·rian [ɑ:'θjʊəriən‖ɑr'θʊriən]⟨bn.⟩ **0.1** ***Arthur-*** ◆ **1.1** ~ legends *Arthurlegenden*.

ar·ti·choke ['ɑ:tɪtʃoʊk‖'ɑrtɪ-]⟨f1⟩⟨zn.⟩
I ⟨telb.zn.⟩⟨plantk.⟩ **0.1** ***artisjok*** ⟨Cynara scolymus⟩ **0.2** ***aardpeer*** ⟨Helianthus tuberosus⟩;
II ⟨telb. en n.-telb.zn.⟩⟨cul.⟩ **0.1** ***artisjok*** **0.2** ***wortelknol v.d. aardpeer***.

ar·ti·cle[1] ['ɑ:tɪkl‖'ɑrtɪkl]⟨f3⟩⟨zn.⟩
I ⟨telb.zn.⟩ **0.1** ***artikel*** ⇒*stuk, tekstfragment* **0.2** ⟨jur.⟩ ***artikel*** ⇒*bepaling* **0.3** ⟨com.⟩ ***artikel*** **0.4** ⟨hand.⟩ ***artikel*** ⇒*koopwaar, handelswaar* **0.5** ⟨taalk.⟩ ***lidwoord*** ⇒*artikel* **0.6** ⟨AE; sl.⟩ ***(gewiekst) persoon*** ◆ **1.1** ~ of faith *geloofspunt/artikel* **1.3** a newspaper ~ *een krantenartikel* **1.4** ~ of clothing *kledingstuk;* ~ of furniture *meubel(stuk)* **1.¶** in the ~ of death *met de dood voor ogen, in het aanschijn v.d. dood* **2.5** definite/indefinite ~ *bepaald/onbepaald lidwoord* **3.3** leading ~ *hoofdartikel, leader* **3.4** deal in an ~ *in een artikel handelen* **6.3** read an ~ **on** Kenia *een artikel over Kenia lezen* **7.1** the Thirty-nine Articles (of Religion) *de negenendertig artikelen, anglicaanse geloofsbelijdenis;*
II ⟨mv.; ~s⟩ **0.1** ***contract*** ⇒*overeenkomst, verdrag, statuten* **0.2** ***leerovereenkomst*** ◆ **1.1** ~s of association *statuten;* ~s of partnership *akten v. vennootschap;* Articles of war *krijgsartikelen* **1.2** ~s of apprenticeship *leerovereenkomst;* ⟨B.⟩ *leercontract* **3.1** draw up the ~s *de statuten opmaken* **3.2** serve one's ~s *in de leer zijn* **6.1** **against** the ~s *in strijd met de statuten* **6.2** **in** ~s *in de leer;* ⟨B.⟩ *op leercontract*.

article[2] ⟨f1⟩⟨ov.ww.⟩ **0.1** ***in de leer doen*** ⇒*als stagiaire aannemen* **0.2** ***aanklagen*** ⇒*beschuldigen, een aanklacht indienen* **0.3** ***contractueel binden*** **0.4** ⟨jur.⟩ ***articuleren*** ⇒*punt voor punt formuleren* ◆ **6.1** be ~d **to** *in de leer zijn bij;* be ~d **to** a firm of lawyers *als stagiaire opgenomen/werkzaam zijn op een advocatenkantoor;* ~ s.o. **to/with** *iem. in de leer doen bij* **6.2** ~ **against** *een aanklacht indienen tegen*.

ar·tic·u·la·cy [ɑ:'tɪkjələsi‖ɑr-]⟨n.-telb.zn.⟩ **0.1** ***duidelijkheid*** **0.2** ***gearticuleerdheid***.

ar·tic·u·lar [ɑ:'tɪkjʊlə‖ɑr'tɪkjələr]⟨bn.; -ly⟩ **0.1** ***gewrichts-***.

ar·ti·cu·late[1] [ɑ:'tɪkjʊlət‖ɑr'tɪkjə-]⟨telb.zn.⟩ **0.1** ***geleed dier***.

articulate[2] [ɑ:'tɪkjʊlət‖ɑr'tɪkjə-]⟨f2⟩⟨bn.; -ly; -ness⟩ **0.1** ***zich goed/duidelijk uitdrukkend*** ⟨persoon⟩ ⇒*(wel)bespraakt, spreekvaardig, vloeiend sprekend* **0.2** ***duidelijk*** ⇒*helder (uitgedrukt/verwoord)* ⟨gedachte e.d.⟩ **0.3** ***gearticuleerd*** ⇒*duidelijk (uit)sprekend* **0.4** ***geleed*** ⇒*met gewrichten, scharnierend* ◆ **1.1** ~ consumers *mondige consumenten* **1.2** give ~ expression to *helder verwoorden*.

articulate[3] [ɑ:'tɪkjʊleɪt‖ɑr'tɪkjə-]⟨f2⟩⟨ww.⟩
I ⟨onov.ww.⟩ **0.1** ***klank(en) uiten*** ⇒*zich uiten* **0.2** ***duidelijk spreken*** ⇒*articuleren* **0.3** ***zich door een gewricht verbinden*** ◆ **6.3** a bone which ~s **with** another *een bot dat door een gewricht met een ander verbonden is;*
II ⟨ov.ww.⟩ **0.1** ***uiten*** ⇒*spreken* **0.2** ***articuleren*** ⇒*duidelijk uitspreken* **0.3** ***(helder) verwoorden*** ⇒*uitspreken, onder woorden brengen* **0.4** ⟨vnl. pass.⟩ ***aaneenkoppelen*** ⇒*(als) met gewrichten/scharnieren verbinden* ◆ **1.4** ~d bus *harmonikabus;* ~d door *vouwdeur;* ~d lorry *truck met aangekoppelde oplegger, vrachtwagencombinatie* **¶.¶** ⟨vnl. BE⟩ ~d *geleed*.

ar·tic·u·la·tion [ɑ:'tɪkjʊ'leɪʃn‖ɑr'tɪkjə-]⟨f1⟩⟨zn.⟩
I ⟨telb.zn.⟩ **0.1** ***verbindingsstuk*** ⇒*geleding, lidverbinding, gewricht, scharnier* **0.2** ⟨plantk.⟩ ***knoop;***
II ⟨n.-telb.zn.⟩ **0.1** ***articulatie*** **0.2** ***(heldere) verwoording*** **0.3** ***verbinding*** ⇒*aaneenkoppeling, lidverbinding*.

ar·tic·u·la·to·ry [ɑ:'tɪkjʊlətri‖ɑr'tɪkjələtɔri]⟨bn.⟩ **0.1** ***mbt. geleding*** ⇒*gewrichts-* **0.2** ⟨taalk.⟩ ***articulatorisch*** ◆ **1.2** ~ phonetics *articulatorische fonetiek*.

artifact →artefact.

ar·ti·fice ['ɑ:tɪfɪs‖'ɑrtɪfɪs]⟨zn.⟩
I ⟨telb.zn.⟩ **0.1** ***truc*** ⇒*kunstgreep, handigheidje, kneep* **0.2** ***list;***
II ⟨n.-telb.zn.⟩ **0.1** ***handigheid*** ⇒*spitsvondigheid* **0.2** ***listigheid*** ⇒*gladheid, gewiekstheid*.

ar·tif·i·cer [ɑ:'tɪfɪsə‖ɑr'tɪfɪsər]⟨telb.zn.⟩ **0.1** ***handwerksman*** ⇒*vakman* **0.2** ⟨mil.⟩ ***geschoold mecanicien/technicus*** **0.3** ⟨marine⟩ ***onderofficier-machinist*** **0.4** ***maker*** ⇒*vormgever, bewerker, schepper* ◆ **6.4** ~ **of** *maker van*.

ar·ti·fi·cial[1] [ɑ:tɪ'fɪʃl‖ɑrtɪ-]⟨zn.⟩
I ⟨telb.zn.⟩ **0.1** ***namaakartikel*** ⇒*namaaksel;*
II ⟨mv.; ~s⟩⟨vnl. BE⟩ **0.1** ***kunstmest***.

artificial[2] ⟨f3⟩⟨bn.; -ly; -ness⟩ **0.1** ***kunstmatig*** **0.2** ***kunst*** ⇒*namaak-* **0.3** ***artificieel*** ⇒*gemaakt, geaffecteerd, gekunsteld* ◆ **1.1** ~ insemination *kunstmatige inseminatie;* ~ intelligence *artificiële/kunstmatige intelligentie;* ~ respiration *kunstmatige ademhaling* **1.2** ~ blood *kunstbloed;* ~ flowers *kunstbloemen;* ⟨lucht.⟩ ~ horizon *kunstmatige horizon;* ~ kidney *kunstnier;* ~ language *kunsttaal;* ~ manures *kunstmest;* ~ mother *kunstmoeder* ⟨voor kuikens⟩; ⟨vero.⟩ ~ silk *kunstzijde;* ~ tooth *kunsttand;* ⟨sport⟩ ~ turf *kunstgras* **1.3** an ~ smile *een gemaakte glimlach;* ~ tears *krokodilletranen* **1.¶** ~ person *(privaat- of publiekrechtelijke) fictieve rechtspersoon*.

ar·ti·fi·ci·al·i·ty [ɑ:tɪfɪʃi'æləti‖'ɑrtɪfɪʃi'æləti]⟨n.-telb.zn.⟩ **0.1** ***kunstmatigheid*** **0.2** ***gekunsteldheid*** ⇒*gemaaktheid*.

ar·ti·fi·ci·al·ize, -ise [ɑ:tɪ'fɪʃəlaɪz‖'ɑrtɪ-]⟨ov.ww.⟩ **0.1** ***artificieel maken*** ⇒*gekunsteld/onnatuurlijk maken*.

ar·til·ler·ist [ɑ:'tɪlərɪst‖ɑr-]⟨telb.zn.⟩⟨mil.⟩ **0.1** ***artillerist***.

ar·til·ler·y [ɑ:'tɪləri‖ɑr-]⟨f2⟩⟨zn.; →mv. 2⟩
I ⟨telb.zn.⟩⟨AE; sl.⟩ **0.1** ⟨ben. voor⟩ ***handwapen*** ⇒*pistool; mes; revolver* **0.2** ***spuit*** ⟨v. druggebruiker⟩;
II ⟨n.-telb.zn.⟩⟨mil.⟩ **0.1** ***artillerie*** ⇒*geschut*.

ar·til·ler·y·man [ɑ:'tɪlərimən‖ɑr-]⟨telb.zn.; artillerymen [-mən]; →mv. 3⟩⟨mil.⟩ **0.1** ***artillerist***.

ar'tillery shell ⟨telb.zn.⟩ **0.1** ***artilleriegranaat***.

ar·ti·o·dac·tyl ['ɑ:tɪə'dæktɪl‖'ɑrtɪə-]⟨telb.zn.⟩⟨dierk.⟩ **0.1** ***evenhoevig zoogdier*** ⟨orde Artiodactyla⟩.

ar·ti·san [ɑ:tɪ'zæn‖'ɑrtɪzən]⟨f2⟩⟨telb.zn.⟩ **0.1** ***handwerksman*** ⇒*vakman, ambachtsman*.

ar·ti·san·al [ɑ:'tɪzənəl‖ɑr'tɪ-]⟨bn.⟩ **0.1** ***artisanaal*** ⇒*ambachtelijk*.

art·ist ['ɑ:tɪst‖'ɑrtɪst]⟨f3⟩⟨telb.zn.⟩ **0.1** ***artiest(e)*** ⇒*kunstenaar/nares* ⟨ook fig.⟩; ⟨i.h.b.⟩ *schilder(es), tekenaar/nares* **0.2** ***artiest(e)*** ⇒*zanger(es), danser(es), speler/speelster, acteur/actrice* **0.3** ⟨vnl. Austr. E; inf.; pej.⟩ ***klant*** ⇒*snuiter, artiest* ◆ **1.1** ~ in words *woordkunstenaar* **1.3** booze ~ *zuipschuit, zuiplap*.

ar·tiste [ɑ:'ti:st‖ɑr-]⟨telb.zn.⟩ **0.1** ***artiest(e)*** ⇒*varieté-artiest, danser(es), zanger(es)*.

ar·tis·tic [ɑ:'tɪstɪk‖ɑr-], **ar·tis·ti·cal** ⟨f3⟩⟨bn.; -(al)ly; →bijw. 3⟩ **0.1** ***artistiek*** ◆ **1.1** artistics billiards *kunststoten, artistiek biljarten*.

art·ist·ry ['ɑ:tɪstri‖'ɑrtɪstri]⟨f1⟩⟨n.-telb.zn.⟩ **0.1** ***kunstenaarstalent*** ⇒*kunstgevoel* **0.2** ***kunstbeoefening***.

'artist's im'pression ⟨telb.zn.⟩ **0.1** ***robotfoto*** **0.2** ⟨tech.⟩ ***schets(tekening)*** ⟨v.e. ontwerp⟩.

ar·ti·um ma·gis·ter ['ɑ:tɪəm-mə'dʒɪstə‖'ɑrtɪəm--ər]⟨telb.zn.⟩ **0.1** *Master of Arts* ⇒⟨ong.⟩ *doctorandus in de menswetenschappen/letteren*.

art·less ['ɑ:tləs‖'ɑrt-]⟨f1⟩⟨bn.; -ly; -ness⟩ **0.1** ***ongekunsteld*** ⇒*natuurlijk, eenvoudig, argeloos* **0.2** ***onbedreven*** ⇒*onervaren, ongeoefend* **0.3** ***onverfijnd*** ⇒*ruw*.

'art lover ⟨telb.zn.⟩ **0.1** ***kunstliefhebber/hebster***.

art nou·veau [ɑ: nu:'voʊ‖'ɑr-]⟨n.-telb.zn.⟩⟨beeld. k.⟩ **0.1** ***Jugendstil*** ⇒*art nouveau*.

'art paper ⟨n.-telb.zn.⟩ **0.1** ***kunstdruk(papier)***.

'art·school ⟨telb.zn.⟩ **0.1** ***kunstacademie***.

'art show ⟨telb.zn.⟩ **0.1** ***kunsttentoonstelling***.

'art union ⟨telb.zn.⟩⟨Austr. E⟩ **0.1** ***(goedgekeurde) loterij***.

'art·work ⟨n.-telb.zn.⟩ **0.1** ***kunst*** **0.2** ***illustraties***.

art·y ['ɑ:ti‖'ɑrti]⟨f1⟩⟨bn.; -er; -ly; -ness; →bijw. 3⟩⟨vaak pej.⟩ **0.1** ***quasi-artistiek*** ⇒*kitscherig* **0.2** ***artistiekerig***.

'art·y-'craft·y, 'art·y-and-'craft·y, ⟨vnl. AE⟩ **arts·y-crafts·y** ['ɑ:tsi 'krɑ:ftsi‖'ɑrtsi 'kræftsi]⟨bn.⟩⟨scherts.⟩ **0.1** ***tierelantijnerig*** ⟨v. meubelen⟩ ⇒*decoratief, ornamenteel* **0.2** ***artistiekerig***.

A·ru·ban[1] [ə'ru:bən]⟨telb.zn.⟩ **0.1** ***Arubaan***.

Aruban[2] ⟨bn.⟩ **0.1** ***Arubaans***.

ar·um ['eərəm‖'erəm]⟨telb.zn.⟩⟨plantk.⟩ **0.1** ***aronskelk*** ⟨genus Arum⟩ **0.2** →arum lily.

'ar·um lily, arum ⟨telb.zn.⟩⟨plantk.⟩ **0.1** ***witte aronskelk*** ⟨Zantedeschia aethiopica⟩.

aruspex →haruspex.

ar·vo ['ɑ:voʊ‖'ɑrvoʊ]⟨telb.zn.⟩⟨Austr. E; inf.⟩ **0.1** ***middag***.

-ar·y [(ə)ri‖eri] **0.1** ⟨vormt nw.⟩ ***-arium/ari(e)*** **0.2** ⟨vormt persoonsnamen⟩ ***-aris*** ⇒*-air* **0.3** ⟨vormt bijv. nw. uit nw.⟩ ***-air*** ◆ **¶.1** January *januari;* ovary *ovarium* **¶.2** missionary *missionaris* **¶.3** budgetary *budgettair*.

Ar·y·an[1], **Ar·i·an** ['eəriən‖'er-]⟨zn.⟩
I ⟨eig.n.⟩ **0.1** ***Arisch*** ⇒*Indo-Iraans* ⟨taal⟩ **0.2** ⟨vero.⟩ ***Arisch*** ⇒*(Proto-)Indoeuropees, Indogermaans* ⟨taal⟩;
II ⟨telb.zn.⟩ **0.1** ***Ariër*** ⇒*Indo-Iraan* **0.2** ⟨vero.⟩ ***Ariër*** ⇒*Indo-Europeeër, Indogermaan* **0.3** ⟨nazisme⟩ ***Ariër*** ⇒*niet-Jood*.

Aryan[2], **Arian** ⟨bn.⟩ **0.1** ***Arisch*** ⇒*Indo-Iraans*.

ar·yl ['ærɪl]⟨n.-telb.zn.⟩⟨schei.⟩ **0.1** ***aryl***.

ar·y·te·noid[1] ['ærɪ'ti:nɔɪd]⟨telb. en n.-telb.zn.⟩⟨dierk.⟩ **0.1** ***bekervormig kraakbeen***.

arytenoid[2] ⟨bn.⟩⟨dierk.⟩ **0.1** ***bekervormig*** ⟨v. kraakbeen⟩.

as[1] [æs]⟨telb.zn.; →mv. 2⟩⟨gesch.⟩ **0.1** ⟨geldw.⟩ ***as*** ⟨Romeinse munt⟩ **0.2** ***as*** ⇒*libra* ⟨Romeins pond, 327,45 g⟩.

as[2] [əz⟨sterk⟩æs]⟨betr.vnw.⟩⟨schr.⟩ **0.1** ***die/dat*** ◆ **4.1** the same ~ he had seen *dezelfde die hij gezien had;* such/⟨gew.⟩ them ~ came *zij die kwamen.*

as[3] ⟨f4⟩⟨bw.;→vergelijking⟩ **0.1** ***even*** ⇒*zo* ◆ **2.1** none ~ clever *niemand zo slim* **5.1** he sang ~ well as she *hij zong even goed als zij* **5.¶** ~ well *ook, eveneens, evenzeer; net zo lief/goed;* ~ well as *zowel ... als, en, niet alleen ... maar ook;* in theory ~ well as in practice *zowel in theorie als in de praktijk* **6.¶** her arguments ~ **against** yours *haar argumenten tegenover die van jou;* ~ **from** now *van nu af, vanaf heden.*

as[4] ⟨f4⟩⟨vz.⟩ **0.1** ⟨aard, rol, functie enz.⟩ ***als*** ⇒*in de rol van, in de hoedanigheid van* **0.2** ⟨vergelijking; schr. voegw.;→naamval 4, c⟩⟨inf.⟩ ***als*** ⇒*gelijk* ◆ **1.1** appointed ~ inspector *aangesteld als inspecteur;* starring ~ Juliet *in de rol van Juliet;* he is known ~ an honest man *hij staat bekend als een eerlijk man;* she wanted power ~ power *zij wilde de macht om de macht* **1.2** eyes ~ little beads *ogen als kraaltjes;* as big ~ a mountain *zo groot als een berg* **3.2** he ran ~ one pursued *hij liep alsof hij achtervolgd werd* **4.2** the same ~ me *hetzelfde als ik, zoals ik, ik ook* **4.¶** ~ such *als zodanig.*

as[5] ⟨f4⟩⟨ondersch.vw.⟩ **0.1** ⟨overeenstemming of vergelijking; de bijzin is vaak elliptisch;→naamval 4, c⟩ ***zoals*** ⇒*als, gelijk, volgens, naar de wijze van, in de aard van, in de hoedanigheid van, naar(mate), naar gelang* **0.2** ⟨gelijktijdigheid⟩ ***terwijl*** ⇒*toen* **0.3** ⟨reden of oorzaak⟩ ***aangezien*** ⇒*daar, omdat* **0.4** ⟨gew. ipv. than⟩ ***dan*** **0.5** ⟨gew. ipv. het onderschikkende voegwoord that⟩ ***dat*** ◆ **1.1** he lived ~ a hermit (would) *hij leefde als een kluizenaar* **2.1** as tall ~ seven feet *wel zeven voet lang* **2.4** better ~ that *beter dan dat* **3.1** young ~ I am *zo jong als ik ben, hoe jong ik ook ben;* cheap ~ cars go *goedkoop voor een wagen;* he got deafer ~ he got older *hij werd steeds dover naarmate hij ouder werd;* ~ it is *op zichzelf, (nu) al, zoals het is;* it's bad enough ~ it is *het is zo al erg genoeg;* ~ he later realized *zoals hij later besefte;* rebel ~ he was *als de rebel die hij was, hoewel hij een rebel was;* ~ it were *als het ware, om zo te zeggen;* ⟨mil.⟩ ~ you were! *herstel!* **3.2** ~ he spoke it happened *terwijl hij sprak, gebeurde het* **3.3** ~ he was poor *aangezien/daar hij arm was* **3.5** he said ~ he was happy *hij zei dat hij gelukkig was* **3.¶** ⟨AE⟩ ~ is *zoals hij/zij/het is/was;* the car was sold ~ is *de auto werd verkocht zoals/in de toestand waarin hij was* **4.1** as tall ~ I *zo lang als ik* **5.1** she is as kind ~ she is beautiful *ze is even lief als ze mooi is;* as good ~ good *zo braaf als maar kan zijn;* now ~ then *nu zoals (ook) toen;* so beautiful ~ to seem unreal *zo mooi dat het onwerkelijk scheen;* be so kind ~ to *wees zo goed om te* **5.¶** so ~ to be first *om de eerste te zijn* **6.¶** ~ **for/to** *wat betreft;* ~ **from**/⟨AE⟩ **of** today *vanaf vandaag, met ingang v. heden* **8.1** ~ if *alsof* **¶.1** ~ by chance *als per toeval.*

As ⟨afk.⟩ Asian.

AS ⟨afk.⟩ Academy of Science, Account Sales, Anglo-Saxon, Assistant Secretary.

ASA ⟨afk.⟩⟨vnl. BE⟩ Amateur Swimming Association; ⟨AE⟩ American Standards Association.

as·a·foet·i·da, ⟨AE sp. ook⟩ **as·a·fet·i·da** ['æsə'fet̮ɪdə]⟨n.-telb.zn.⟩ **0.1** ***duivelsdrek*** ⟨gomhars uit planten v. genus Ferula⟩.

asap ⟨afk.⟩ as soon as possible.

ASB ⟨afk.⟩ Alternative Service Book.

as·bes·tic [æz'bestɪk||æs-], **as·bes·tine** [-ti:n, -tɪn]⟨bn.⟩ **0.1** ***mbt./als asbest.***

as·bes·tos, as·bes·tus [æz'bestɒs||æs'bestəs]⟨f1⟩⟨n.-telb.zn.⟩ **0.1** ***asbest*** ⇒*steenvlas, amiant, aardvlas.*

as'bestos cement ⟨n.-telb.zn.⟩ **0.1** ***eterniet.***

as·bes·to·sis ['æzbe'stoʊsɪs, 'æs-]⟨telb. en n.-telb.zn.; asbestoses [-si:z];→mv. 5⟩⟨med.⟩ **0.1** ***asbestose*** ⇒*asbestziekte.*

as·ca·rid ['æskərɪd]⟨telb.zn.⟩⟨dierk.⟩ **0.1** ***ascaride*** ⟨spoelworm; fam. Ascaridae⟩.

as·cend [ə'send]⟨f2⟩⟨ww.⟩

I ⟨onov.ww.⟩ **0.1** ***(op)stijgen*** ⇒*(op)rijzen, omhooggaan/rijzen, zich verheffen* **0.2** ***oplopen*** ⇒*zich verheffen* ⟨v. glooiing, terrein⟩ **0.3** ⟨muz.⟩ ***stijgen*** ⟨v. toon/melodie⟩ **0.4** ***zich opwerken*** ⇒*(op) klimmen* **0.5** ***opklimmen*** ⇒*teruggaan* ⟨in tijd⟩ **0.6** ⟨druk.⟩ ***een stok hebben*** ⟨v. kleine letter⟩ ◆ **1.1** ~ing line *opgaande lijn;* ~ing series *opklimmende reeks;*

II ⟨ov.ww.⟩ **0.1** ***opgaan*** ⇒*naar boven gaan* **0.2** ***beklimmen*** **0.3** ***bestijgen*** ⟨troon⟩ **0.4** ⟨scheep.⟩ ***opvaren*** ⇒*stroomopwaarts varen.*

as·cend·a·ble, as·cend·i·ble [ə'sendəbl]⟨bn.⟩ **0.1** ***beklimbaar.***

as·cen·dan·cy, as·cen·den·cy [ə'sendənsi], **as·cen·dance, as·cen·dence** [ə'sendəns]⟨f1⟩⟨n.-telb.zn.⟩ **0.1** ***overwicht*** ⇒*(overwegende) invloed, overhand, ascendant, dominantie* ◆ **3.1** have/gain (the) ~ over *(het) overwicht hebben/behalen op.*

as·cen·dant[1], **as·cen·dent** [ə'sendənt]⟨telb.zn.⟩ **0.1** ***ascendant*** ⇒*overwicht, overheersende invloed, dominantie* **0.2** ⟨astr.⟩ ***ascendant*** **0.3** ***voorouder*** ⇒*ascendent, voorvader* ◆ **6.1 in** the ~ *v. overwegende invloed, dominant;* ⟨inf.⟩ *opkomend.*

ascendant[2], **ascendent** ⟨bn.⟩ **0.1** ***stijgend*** ⇒*opklimmend, (op)rijzend* **0.2** ***dominant*** **0.3** ⟨astr.⟩ ***opkomend*** ⟨boven horizon⟩.

as·cend·er [ə'sendə||-ər]⟨telb.zn.⟩ **0.1** ***beklimmer*** ⇒*(be)stijger* **0.2** ⟨druk.⟩ ***stok*** ⟨v. kleine letter⟩ **0.3** ⟨druk.⟩ ***letter met stok.***

as·cen·sion [ə'senʃn]⟨f1⟩⟨n.-telb.zn.⟩ **0.1** ***bestijging*** ⇒*beklimming, het opgaan* **0.2** ***(sociale) promotie*** ⇒*het (op)klimmen* **0.3** ⟨A-; the⟩ ***hemelvaart*** **0.4** ⟨astr.⟩ ***het rijzen*** ⇒*het boven de horizon verschijnen/opkomen* **0.5** ⟨astr.⟩ ***klimming*** ◆ **2.5** ⟨astr.⟩ right ~ *rechte klimming.*

as·cen·sion·al [ə'senʃnəl]⟨bn.⟩ **0.1** ***(be)klimmings-*** ⇒*mbt. het opgaan/(be)stijgen* **0.2** ⟨astr.⟩ ***mbt. het rijzen.***

A'scension Day ⟨eig.n.⟩ **0.1** ***Hemelvaartsdag.***

as·cen·sive [ə'sensɪv]⟨bn.⟩ **0.1** ***stijgend*** ⇒*rijzend, zich verheffend* **0.2** ***versterkend*** ⇒*verstevigend.*

as·cent [ə'sent]⟨f1⟩⟨telb. en n.-telb.zn.⟩ **0.1** ***be/opstijging*** ⇒*(be) klim(ming), het (op)rijzen/omhooggaan* **0.2** ***oplopende helling/glooiing*** **0.3** ***vooruitgang*** ⇒*sociale promotie, ontwikkeling* **0.4** ***opklimming*** ⟨in tijd⟩ **0.5** ⟨geneal.⟩ ***klimming*** **0.6** ***bordes*** ⇒*treden* ◆ **1.1** an ~ of the mountain *een beklimming v.d. berg;* the ~ of the river *het opvaren v.e. rivier* **1.2** the road has an ~ of thirteen degrees *de weg heeft een helling v. dertien graden* **3.1** make an ~ in a balloon *een opstijging met een ballon maken.*

as·cer·tain ['æsə'teɪn||'æsər-]⟨f2⟩⟨ov.ww.⟩ **0.1** ***zich vergewissen van*** ⇒*nagaan, verifiëren, zich verzekeren van* **0.2** ***ontdekken*** ⇒*op het spoor komen, te weten komen, komen achter.*

as·cer·tain·able ['æsə'teɪnəbl||'æsər-]⟨bn.; -ly; -ness;→bijw. 3⟩ **0.1** ***achterhaalbaar*** ⇒*naspeurbaar, doorgrondelijk.*

as·cer·tain·ment ['æsə'teɪnmənt||'æsər-]⟨n.-telb.zn.⟩ **0.1** ***vergewissing*** ⇒*vaststelling.*

as·ces·is [ə'si:sɪs], **as·kes·is** [ə'ski:-]⟨telb.zn.; asceses [ə'si:si:z];→mv. 5⟩ **0.1** ***ascese.***

as·cet·ic[1] [ə'set̮ɪk]⟨f1⟩⟨telb.zn.⟩ **0.1** ***asceet.***

ascetic[2], ⟨soms⟩ **as·cet·i·cal** [ə'set̮ɪkl]⟨f1⟩⟨bn.; -(al)ly;→bijw. 3⟩ **0.1** ***ascetisch.***

as·cet·i·cism [ə'set̮ɪsɪzm]⟨n.-telb.zn.⟩ **0.1** ***ascetisme*** ⇒*ascese.*

as·cid·i·an [ə'sɪdɪən]⟨telb.zn.⟩⟨dierk.⟩ **0.1** ***zakpijp*** ⟨manteldier; klasse Ascidiacea⟩.

ASCII ⟨afk.⟩ American Standard Code for Information Interchange ⟨comp.⟩ **0.1** ***ASCII.***

as·ci·tes [ə'saɪt̮i:z]⟨telb. en n.-telb.zn.; ascites;→mv. 4⟩⟨med.⟩ **0.1** ***ascites*** ⇒*buikwaterzucht.*

As·cle·pi·ad [ə'skli:pɪəd]⟨telb.zn.⟩⟨lit.⟩ **0.1** ***Asclepiades-vers*** ⟨naar Grieks epigrammendichter Asclepiades⟩.

a·scor·bic [ə'skɔ:bɪk||ə'skɔr-]⟨bn.⟩ **0.1** ***ascorbine-*** ◆ **1.1** ~ acid *ascorbinezuur, vitamine C.*

as·cot ['æskət]⟨zn.⟩

I ⟨eig.n.; A-⟩ **0.1** ***Ascot*** ⟨renbaan in Berkshire, Engeland⟩;

II ⟨telb.zn.⟩⟨AE⟩ **0.1** ***halsdoek*** ⟨voor heren⟩ **0.2** ***(brede) das.***

as·crib·a·ble [ə'skraɪbəbl]⟨bn.⟩ **0.1** ***toe te schrijven*** ◆ **6.1** ~ **to** *toe te schrijven/rekenen aan.*

as·cribe [ə'skraɪb]⟨f2⟩⟨ov.ww.⟩ **0.1** ***toeschrijven*** ⇒*toerekenen, toekennen, attribueren* ◆ **6.1** ~ **to** *toeschrijven aan.*

as·crip·tion [ə'skrɪpʃn]⟨zn.⟩

I ⟨telb.zn.⟩⟨relig.⟩ **0.1** ***lofprijzing*** ⇒*lofbetuiging* ⟨aan God bij einde v. preek⟩;

II ⟨n.-telb.zn.⟩ **0.1** ***toeschrijving*** ⇒*toerekening* ◆ **6.1** ~ **to** *toeschrijving aan.*

'a-'scroll ⟨telb.zn.⟩⟨vnl. AE⟩ **0.1** ***apestaartje*** ⇒*slinger-a-tje* ⟨, te lezen als "at"⟩.

as·dic ['æzdɪk]⟨telb.zn.; oorspr. afk. v. anti-submarine detection investigation committee⟩ **0.1** ***asdic*** ⟨voorloper v. sonar⟩.

-ase [eɪz, eɪs, əs]⟨schei.⟩ **0.1** ***-ase*** ◆ **¶.1** amylase *amylase.*

a·sea [ə'si:]⟨bw.⟩ **0.1** ***op zee*** **0.2** ***zeewaarts*** ⇒*naar zee.*

ASEAN ['æsiæn||'ɑsɪən]⟨eig.n.⟩⟨afk.⟩ Association of Southeast Asian Nations.

a·se·i·ty [æ'sɪəti||eɪ'sɪət̮i], **a·se·i·tas** [-tæs]⟨n.-telb.zn.⟩⟨fil.⟩ **0.1** ***aseïteit*** ⇒*aseitas* ⟨het volledig uit zich zelf bestaan, i.h.b. v. God⟩.

a·sep·sis [æ'sepsɪs, eɪ-||eɪ-]⟨n.-telb.zn.⟩⟨med.⟩ **0.1** ***asepsis*** ⇒*aseptie, ontsmetting* **0.2** ***aseptiek*** ⟨aseptische toestand⟩.

a·sep·tic [ə'septɪk, eɪ-||eɪ-]⟨bn.; -ally;→bijw. 3⟩ **0.1** ***aseptisch*** ⇒*gesteriliseerd, steriel* ⟨ook fig.⟩ **0.2** ***zuiverend*** ⇒*bevrijdend, opluchtend* ◆ **1.1** ~ gauze *aseptisch verband, verbandgaas;* ~ smile *steriele glimlach.*

a·sex·u·al [eɪ'sekʃʊəl]⟨bn.; -ly⟩ **0.1** ***aseksueel*** ⇒*geslachtloos* ⟨v. organisme⟩; *ongeslachtelijk* ⟨v. voortplanting⟩; ⟨fig.⟩ *niet seksueel geïnteresseerd.*

a·sex·u·al·i·ty [eɪ'sekʃʊ'ælət̮i]⟨n.-telb.zn.⟩ **0.1** ***aseksualiteit*** ⇒*het aseksueel zijn* ⟨ook fig.⟩.

As·gard ['æsgɑ:d||-gard], **As·garth** ['æsgɑ:θ||-garθ], **As·gar·dhr** ['æsχɑ:ð(r)||-χarðr]⟨eig.n.⟩ **0.1** ***Asgard*** ⟨aards verblijf der goden in Scandinavische mythologie⟩.

ash [æʃ]⟨f3⟩⟨zn.⟩
I ⟨telb.zn.⟩⟨plantk.⟩ **0.1** *es* ⟨genus Fraxinus⟩;
II ⟨n.-telb.zn.⟩ **0.1** *as* ⟨ook geol.⟩ **0.2** *essehout;*
III ⟨mv.; ~es⟩ **0.1** *as* **0.2** ⟨A-; the⟩⟨BE; cricket⟩ *Ashes* ⟨(trofee voor winnaar v.d.) reeks testmatches tussen Engeland en Australië⟩ ◆ **1.1** we are ~es and dust *wij zijn maar stof en as* **3.1** a new city was built on the ~es of the old *op de puinhopen v.d. oude stad werd een nieuwe gebouwd, de stad herrees uit haar as;* cast ~es on one's head *zijn hoofd met as bestrooien, het boetekleed aantrekken, zich in rouw dompelen;* lay in ~es *in de as leggen* **3.2** Australia retained the Ashes *Australië werd opnieuw winnaar v.d. testmatches.*

a·sham·ed [əˈʃeɪmd]⟨f3⟩⟨bn., pred.; -ly; -ness⟩ **0.1** *beschaamd* ⇒*beschroomd* ◆ **3.1** feel ~ *zich schamen* **6.1** be ~ **for** *zich schamen/generen voor;* be ~ **of** *zich schamen over;* you should be ~ **of** yourself *je moest je schamen.*

'ash·bin ⟨telb.zn.⟩ **0.1** *vuilnisbak* ⇒*asbak, vuilnisemmer, vuilnisvat.*

'ash 'blonde ⟨bn.⟩ **0.1** *asblond.*

'ash cake ⟨telb.zn.⟩⟨AE; cul.⟩ **0.1** *askoek* ⇒*in hete as gebakken cake/koek.*

'ash can ⟨telb.zn.⟩⟨AE⟩ **0.1** *vuilnisbak* ⇒*asbak, vuilnisemmer, vuilnisvat* **0.2** ⟨sl.⟩ *dieptebom.*

ash·en [ˈæʃn]⟨f1⟩⟨bn.⟩ **0.1** *as-* ⇒*v. as* **0.2** *asgrauw* ⇒*vaal, (licht) grijs* **0.3** *(lijk)bleek* **0.4** *esse(n)-* ⇒*es-, v.e. es* **0.5** ⟨vero.⟩ *essehouten.*

ash·et [ˈæʃɪt]⟨telb.zn.⟩⟨sch. E⟩ **0.1** *(groot) bord.*

Ash·ke·naz·i [ˈæʃkəˈnɑ:zi‖-ˈnæzi]⟨eig.n., telb.zn.; Ashkenazim [-zɪm]; →mv. 5⟩ **0.1** *Ashkenazi* ⟨jood uit Centraal- en Oost-Europa⟩.

Ash·ke·naz·ic [ˈæʃkəˈnæzɪk]⟨bn.⟩ **0.1** *Ashkenazisch.*

'ash-key ⟨telb.zn.⟩ **0.1** *(gevleugeld) essenootje.*

ash·lar, ash·ler [ˈæʃlə‖-ər]⟨zn.⟩
I ⟨telb.zn.⟩ **0.1** *blok natuursteen;*
II ⟨n.-telb.zn.⟩ **0.1** *(blokken) natuursteen* ⇒*hardsteen, arduinsteen* **0.2** *metselwerk v. behouwen steen* ⟨ook als 'fineerlaag' op baksteen, beton⟩ ⇒*hardstenen metselwerk.*

ash·lar·ing [ˈæʃlərɪŋ]⟨telb.zn.⟩ **0.1** *beschot tussen het (schuine) dak en de vloer* ⟨v. vliering; ong. 50-100 cm. hoog⟩.

a·shore [əˈʃɔ:‖əˈʃɔr]⟨f2⟩⟨bw.⟩ **0.1** *kustwaarts* ⇒*landwaarts* **0.2** *aan land* ⇒*aan wal, op het strand* ◆ **3.2** go ~ *aan wal gaan;* all ~ that is going ashore! *alle bezoekers aan wal (, we varen uit)!;* run/be driven ~ *stranden, aan de grond lopen.*

'ash·pan ⟨telb.zn.⟩ **0.1** *asbak* ⇒*aspot, asla(de), asplaats.*

'ash·pit ⟨telb.zn.⟩ **0.1** *asgat* ⇒*askuil, asput.*

'ash·plant ⟨telb.zn.⟩ **0.1** *jonge es* **0.2** *wandelstok* ⟨gemaakt v. o.1⟩.

ash·ram [ˈæʃræm, ˈɑʃ-]⟨telb.zn.⟩ **0.1** ⟨Ind. E⟩ *retraitehuis* **0.2** ⟨Ind. E⟩ *kluis* ⇒*ermitage* **0.3** ⟨AE⟩ *commune* ⇒*tehuis voor hippies.*

'ash·tray ⟨f2⟩⟨telb.zn.⟩ **0.1** *asbakje.*

'Ash 'Wednesday ⟨eig.n.⟩⟨R.-K.⟩ **0.1** *aswoensdag* ⇒*Asdag.*

ash·y [ˈæʃi]⟨bn.; -er; →compar. 7⟩ **0.1** *asachtig* ⇒*as-, met as bedekt* **0.2** *askleurig* ⇒*grauw, grijs, (ziekelijk) bleek.*

A·sia [ˈeɪʃə‖ˈeɪʒə]⟨eig.n.⟩ **0.1** *Azië* ◆ **2.1** ~ Minor *Klein-Azië.*

A·sian[1] [ˈeɪʃn‖ˈeɪʒn], **A·si·at·ic** [ˈeɪziˈæṭɪk‖ˈeɪʒi-]⟨f1⟩⟨telb.zn.⟩ **0.1** *Aziaat.*

Asian[2], **Asiatic** ⟨f2⟩⟨bn.⟩ **0.1** *Aziatisch* ◆ **1.1** Asian flu *a-griep;* Asiatic cholera *Aziatische cholera* **1.¶** ⟨dierk.⟩ Asiatic golden plover *kleine goudplevier* ⟨Pluvialis dominica⟩.

a·side[1] [əˈsaɪd]⟨f1⟩⟨telb.zn.⟩ **0.1** ⟨dram.⟩ *terzijde* **0.2** *terloopse opmerking/uitweiding/afwijking* ⇒*parenthese.*

aside[2] ⟨f3⟩⟨bw.⟩ **0.1** *ter zijde* ⇒*opzij, zijwaarts, (uit de) weg* ◆ **3.1** ⟨fig.⟩ brush ~ protests *protesten naast zich neerleggen;* ⟨fig.⟩ all joking ~ *alle gekheid op een stokje, zonder gekheid, in alle ernst;* ⟨fig.⟩ put one's doubts ~ *zijn twijfels opzij zetten;* ⟨fig.⟩ set ~ *opzij zetten/leggen, reserveren; sparen* ⟨geld⟩; ⟨jur.⟩ *vernietigen, casseren; van zich afzetten* ⟨zorgen⟩; take s.o. ~ *iem. terzijde nemen* ⟨voor gesprek⟩ **6.¶** ⟨AE⟩ ~ **from** *afgezien van, met uitzondering van.*

as·i·nine [ˈæsɪnaɪn]⟨bn.; -ly⟩ **0.1** *ezelachtig* ⟨ook fig.⟩ ⇒*dwaas, stompzinnig, dom.*

as·i·nin·i·ty [ˈæsɪˈnɪnəṭi]⟨telb. en n.-telb.zn.; →mv. 2⟩ **0.1** *ezelachtigheid* ⇒*dwaasheid, domheid.*

ASIO ⟨afk.⟩ Australian Security Intelligence Organization.

-a·sis [əsɪs]⟨vormt namen v. ziekten⟩⟨med.⟩ **0.1** *-asis* ◆ **¶.1** psoriasis *psoriasis.*

ask [ɑ:sk‖æsk]⟨f4⟩⟨ww.⟩ →asking ⟨→sprw. 28, 56, 485⟩
I ⟨onov.ww.⟩ **0.1** *vragen* ⇒*informeren, navraag doen* ◆ **4.¶** ⟨inf.⟩ now you're ~ing! *dolgraag!* **5.¶** ⟨AE⟩ ~ **out** *zijn ontslag nemen, uittreden, aftreden* **6.1** ~ **about/after/for** s.o./sth. *naar iem./iets vragen;* ~ **for** advice *om raad vragen;* ⟨inf.⟩ ~ **for** it *erom vragen, het uitlokken;* ~ **for** nothing better *niets liever willen;* ~ **for** trouble *moeilijkheden uitlokken, om moeilijkheden vragen;*
II ⟨ov.ww.⟩ **0.1** *vragen* ⇒*verzoeken* **0.2** *eisen* ⇒*vorderen, verlangen, vergen, verwachten* **0.3** *vragen* ⇒*uitnodigen* **0.4** ⟨vero.⟩ *afkondigen* ⟨huwelijk⟩ ◆ **1.1** ~ s.o. a question *iem. een vraag stellen;* ~ a riddle *een raadsel opgeven* **1.4** ~ the banns *een huwelijk kerkelijk afkondigen* **4.1** ⟨inf.⟩ ~ me another, you've ~ed me one, now you are ~ing! *daar vraag je me wat, weet ik veel!* **4.2** that's too much to ~ *dat is teveel gevraagd* **4.¶** stop it, I ~ you! *hou ermee op, alsjeblief!* ⟨drukt ergenis of grote verbazing uit⟩; ⟨inf.⟩ if you ~ me *volgens mij, als je mij vraagt* **5.1** ~ sth. **again** *iets opnieuw vragen;* ~ sth. **back** *iets terugvragen* **5.3** ~ s.o. **in** *iem. vragen binnen te komen;* ~ s.o. **out/over** for dinner/to a party *iem. voor een etentje/op een feestje uitnodigen;* ~ s.o. **round** *iem. thuis uitnodigen* **6.1** ~ a favour **of** s.o. *iem. om een gunst vragen;* ⟨schr.⟩ ~ a question **of** s.o. *iem. een vraag stellen* **6.2** you are ~ing a lot/a great deal/too much **of** me *je verlangt (te) veel v. mij;* this job ~s a great deal **of** me *deze baan vergt veel v. mijn krachten* **6.3** ~ s.o. **for** dinner/**to** one's home *iem. voor een etentje/bij zich thuis uitnodigen* **6.4** be ~ed **in** church *onder de geboden staan, ondertrouwd zijn.*

a·skance [əˈskɑ:ns‖əˈskæns], **a·skant** [əˈskænt]⟨bw.⟩ **0.1** *van terzijde* ⇒*schuin(s), tersluiks* **0.2** *achterdochtig* ⇒*wantrouwend* **0.3** *dubbelzinnig* ◆ **3.2** look at s.o./sth. ~, look ~ at s.o./sth. *iem. achterdochtig bekijken, iem. schuins aanzien.*

as·ka·ri [æsˈkæri‖ˈæskəri]⟨telb.zn.⟩ **0.1** *askari* ⇒*inlandse soldaat/politieman* ⟨in Oost-Afrika⟩.

askesis →ascesis.

a·skew[1] [əˈskju:]⟨bn., pred.⟩ **0.1** *scheef* ⇒*schuin.*

askew[2] ⟨f1⟩⟨bw.⟩ **0.1** *scheef* ⇒*schuin(s)* **0.2** *minachtend* ⇒*verachtelijk.*

ask·ing [ˈɑ:skɪŋ‖ˈæ-]⟨zn.; (oorspr.) gerund v. ask⟩
I ⟨telb.zn.⟩ **0.1** *huwelijksafkondiging;*
II ⟨n.-telb.zn.⟩ **0.1** *het vragen* ◆ **3.1** if it is not ~ing *als ik vragen mag* **6.1** for the (mere) ~ *het is (alleen) maar een vraag;* it's yours **for** the ~ *je hebt er maar om te vragen.*

ask·ing·ly [ˈɑ:skɪŋli‖ˈæ-]⟨bw.⟩ **0.1** *smekend.*

'asking price ⟨telb.zn.⟩ **0.1** *vraagprijs.*

ASL ⟨afk.⟩ American Sign Language.

a·slant[1] [əˈslɑ:nt‖əˈslænt]⟨bn., pred.⟩ **0.1** *schuin* ⇒*scheef.*

aslant[2] [əˈslɑ:nt‖əˈslænt]⟨bw.⟩ **0.1** *schuin* ⇒*naar één kant* ◆ **3.1** he held it ~ *hij hield het schuin.*

aslant[3] ⟨vz.⟩ **0.1** *schuin over* ⇒*dwars over* ◆ **1.1** ~ the road *schuin over de weg.*

a·sleep [əˈsli:p]⟨f3⟩⟨bn., pred.; bw.⟩ **0.1** *in slaap* ⇒*slapend, sluimerend, rustend* **0.2** *werkeloos* ⇒*nietsdoend* **0.3** *verdoofd* ⇒*ongevoelig, zonder gevoel* ⟨mbt. ledematen⟩ **0.4** ⟨euf.⟩ *rustend* ⇒*overleden* **0.5** *onbeweeglijk* ⟨v. zeil⟩ ⇒*ogenschijnlijk onbeweeglijk* ⟨v. draaiende tol⟩ ◆ **1.3** my arm is ~ *mijn arm slaapt* **3.1** fall ~ *in slaap vallen* **3.4** fall ~ *inslapen, overlijden* **3.5** be ~ *staan* ⟨v. tol⟩ **5.1** fast/sound ~ *in een diepe slaap* **6.¶** ~ **to** all danger *zich v. geen gevaar bewust.*

ASLEF [ˈæzlef]⟨eig.n.⟩⟨afk.⟩⟨BE⟩ Associated Society of Locomotive Engineers and Firemen.

'A/S level ⟨telb.zn.; afk.⟩ Advanced Supplementary level **0.1** *A/S-(examen)niveau* ⟨vanaf 1989 nemen VWO-eindexamenkandidaten 2 vakken op A-niveau en 2 op A/S-niveau, i.p.v. 3 op A-niveau⟩.

ASLIB ⟨afk.⟩⟨BE⟩ Association of Special Libraries and Information Bureaux.

a·slope [əˈsloup]⟨bn., pred.; bw.⟩ **0.1** *(over)hellend* ⇒*schuin(s), scheef, leunend.*

ASM ⟨afk.⟩ air-to-surface missile.

'as-main'tained ⟨bn.⟩⟨AE⟩ **0.1** *volgens de standaard voor maten en gewichten v.h. National Bureau of Standards.*

a·so·cial [ˈeɪˈsouʃl]⟨bn.⟩ **0.1** *asociaal* ⇒*onmaatschappelijk* **0.2** *antisociaal* **0.3** *egocentrisch* ⇒*egoïstisch, zelfzuchtig.*

asp [æsp]⟨telb.zn.⟩ **0.1** ⟨dierk.⟩ *aspis* ⇒*ureüsslang* ⟨Naja haje⟩ **0.2** ⟨dierk.⟩ *aspisadder* ⟨Vipera aspis⟩ **0.3** ⟨plantk.⟩ *esp* ⇒*espeboom, ratelpopulier* ⟨Populus tremula⟩.

ASP ⟨afk.⟩ American Spelling Price, Anglo-Saxon Protestant.

as·par·a·gus [əˈspærəgəs]⟨f1⟩⟨telb. en n.-telb.zn.; ook asparagus; →mv. 4⟩ **0.1** *asperge.*

a'sparagus bed ⟨telb.zn.⟩ **0.1** *aspergebed.*

a'sparagus beetle ⟨telb.zn.⟩⟨dierk.⟩ **0.1** *aspergekevertje* ⟨Crioceris asparagi, Cr. duodecimpunctata⟩.

a'sparagus fern ⟨telb.zn.⟩⟨plantk.⟩ **0.1** *pluimasperge* ⟨Asparagus plumosus⟩.

a'sparagus shoot ⟨telb.zn.⟩ **0.1** *aspergescheut.*

a'sparagus tip ⟨telb.zn.⟩ **0.1** *aspergepunt* ⇒*aspergekop.*

as·par·tame [əˈspɑ:teɪm‖æˈspɑr-]⟨n.-telb.zn.⟩ **0.1** *aspartaam* ⟨zoetstof⟩.

as·par·tic [ə'spɑ:tɪk‖-'spɑrṭɪk], **as·pa·rag·ic** [ə'spærədʒɪk]⟨bn., attr.⟩⟨bioch.⟩ **0.1** *asparagine-* ◆ **1.1** ~ acid *asparaginezuur* ⟨soort aminozuur⟩.

ASPCA ⟨afk.⟩ American Society for the Prevention of Cruelty to Animals.

as·pect ['æspekt]⟨f3⟩⟨zn.⟩
I ⟨telb.zn.⟩ **0.1** *gezichtspunt* ⇒*oogpunt* **0.2** *ligging* ⇒*uitzicht* ⟨v. huis, kamer, landschap⟩ **0.3** *zijde* ⇒*kant, facet* **0.4** *aspect* ⟨ook v. planeten⟩ **0.5** ⟨schr.⟩ *gelaatsuitdrukking* **0.6** *aanblik* ⇒*voorkomen, uiterlijk* **0.7** ⟨vero.⟩ *blik* ◆ **3.2** a house with a south-facing ~ *een huis dat op het zuiden ligt* **6.1 from** a different ~ *uit een ander oogpunt;* **in/under** this ~ *uit dit oogpunt;*
II ⟨telb. en n.-telb.zn.⟩⟨taalk.⟩ **0.1** *aspect* ⟨v. ww.⟩.

'aspect ratio ⟨telb.zn.⟩⟨tech.⟩ **0.1** *hoogte- breedte-verhouding bij t.v.-beelden* **0.2** ⟨lucht.⟩ *slankheidsverhouding.*

as·pec·tu·al [æ'spektʃʊəl]⟨bn., attr.; -ly⟩⟨taalk.⟩ **0.1** *v./mbt. (het) aspect.*

as·pen[1] ['æspən]⟨f1⟩⟨telb.zn.⟩⟨plantk.⟩ **0.1** *esp* ⇒*espeboom, ratelpopulier* ⟨Populus tremula⟩.

aspen[2] ⟨bn.⟩⟨vero.⟩ **0.1** *espen* ⇒*espehouten* **0.2** *trillend* ⇒*bevend* ◆ **1.2** tremble like an ~ leaf *trillen als een espeblad.*

as·perge [ə'spɜ:dʒ‖ə'spɜrdʒ]⟨ov.ww.⟩ **0.1** *besprenkelen.*

as·per·ges [æ'spɜ:dʒi:z‖ə'spɜrdʒi:z]⟨telb.zn.⟩⟨R.-K.⟩ **0.1** *asperges me* ⟨(hymne tijdens) besprenkeling met wijwater vóór hoogmis⟩.

as·per·gill ['æspədʒɪl‖'æspər-], **as·per·gil·lum** [-'dʒɪləm]⟨telb.zn.; ook aspergilla [-'dʒɪlə]; →mv. 5⟩⟨R.-K.⟩ **0.1** *wijwaterkwast.*

as·per·i·ty [æ'sperəṭi]⟨zn.; →mv. 2⟩
I ⟨telb.zn.⟩ **0.1** ⟨vnl. mv.⟩ *ruw woord* ⇒*ruwe/bittere/onvriendelijke opmerking* **0.2** *ruwe uitwas* ⇒*oneffenheid* **0.3** ⟨vnl. mv.⟩ *misère* ⇒*narigheid;*
II ⟨n.-telb.zn.⟩ **0.1** *ruwheid* ⇒*scherpheid, bitterheid.*

as·perse [ə'spɜ:s‖ə'spɜrs]⟨ov.ww.⟩ **0.1** *bekladden* ⇒*belasteren, smaden* **0.2** ⟨vero.⟩ *besprenkelen* ⟨met water⟩ ⇒*bestrooien* ⟨met stof⟩.

as·pers·er, as·per·sor [ə'spɜ:sə‖ə'spɜrsər]⟨telb.zn.⟩ **0.1** *beklader* ⇒*lasteraar.*

as·per·sion [ə'spɜ:ʃn‖ə'spɜrʒn]⟨f1⟩⟨telb. en n.-telb.zn.⟩ **0.1** ⟨schr. of scherts.⟩ *laster* ⇒*belastering* **0.2** ⟨vero.⟩ *besprenkeling* ◆ **3.1** cast ~s on/upon s.o. *iem. belasteren/bekladden.*

as·per·sive [ə'spɜ:sɪv‖ə'spɜrsɪv]⟨bn.; -ly⟩ **0.1** *lasterlijk* ⇒*lasterend.*

as·per·so·ri·um ['æspə'sɔ:rɪəm‖'æspər-]⟨telb.zn.; ook aspersoria [-rɪə]; →mv. 5⟩⟨R.-K.⟩ **0.1** *doopvont* **0.2** *wijwatervat* **0.3** *wijwaterkwast.*

as·per·so·ry [æ'spɜ:səri‖-'spɜr-]⟨telb.zn.; →mv. 2⟩⟨R.-K.⟩ **0.1** *wijwaterkwast.*

as·phalt[1] ['æsfælt‖'æsfɔlt], **as·phal·tum** [-təm], **as·phal·tus** [-təs]⟨f1⟩⟨n.-telb.zn.⟩ **0.1** *asfalt.*

asphalt[2] ⟨f1⟩⟨ov.ww.⟩ **0.1** *asfalteren.*

as·phal·tic [æs'fæltɪk‖æs'fɔltɪk]⟨bn.⟩ **0.1** *asfaltachtig* ⇒*asfalten.*

'asphalt 'jungle ⟨telb. en n.-telb.zn.⟩ **0.1** *grote stad* ⇒*het asfalt, het grote-stadsleven.*

a·spher·ic [eɪ'sferɪk], **a·spher·i·cal** [-ɪkl]⟨bn.⟩⟨optiek⟩ **0.1** *asferisch in.*

as·pho·del ['æsfədel]⟨telb.zn.; ook asphodel; →mv. 4⟩ **0.1** ⟨plantk.⟩ *affodil(le)* ⇒*slaaplelie* ⟨v.h. geslacht Asphodeline of Asphodelus⟩ **0.2** ⟨schr.⟩ *eeuwige bloem in het Elyseum* ⇒*narcis.*

as·phyx·i·a [æs'fɪksɪə], **as·phyx·y** [æs'fɪksi]⟨n.-telb.zn.⟩ **0.1** *verstikking(sdood)* ⇒*asfyxie.*

as·phyx·i·al [æs'fɪksɪəl]⟨bn., attr.⟩ **0.1** *verstikkings-.*

as·phyx·i·ant[1] [æs'fɪksɪənt]⟨telb.zn.⟩ **0.1** *substantie die verstikking teweegbrengt.*

asphyxiant[2] ⟨bn.⟩ **0.1** *verstikkend* ⇒*asfyxiërend.*

as·phyx·i·ate [æs'fɪksieɪt]⟨ww.⟩
I ⟨onov.ww.⟩ **0.1** *verstikken* ⇒*de verstikkingsdood sterven;*
II ⟨ov.ww.⟩ **0.1** *doen stikken* ⇒*asfyxiëren.*

as·phyx·i·a·tion [æs'fɪksi'eɪʃn]⟨n.-telb.zn.⟩ **0.1** *verstikking(sdood)* ⇒*asfyxiatie.*

as·phyx·i·a·tor [æs'fɪksieɪtə‖-eɪṭər]⟨telb.zn.⟩ **0.1** *asfyxiatieagens/toestel.*

as·pic ['æspɪk]⟨zn.⟩
I ⟨telb.zn.⟩ **0.1** ⟨cul.⟩ *aspicschotel* **0.2** ⟨vero.⟩ *adder* **0.3** ⟨plantk.⟩ *Indische spijk* ⟨Lavandula spica⟩;
II ⟨n.-telb.zn.⟩ **0.1** ⟨cul.⟩ *aspic* ⇒*gestold vlees/visnat.*

as·pi·dis·tra ['æspɪ'dɪstrə]⟨telb.zn.⟩⟨plantk.⟩ **0.1** *aspidistra* ⟨vnl. Aspidistra lurida⟩.

as·pi·rant[1] [ə'spaɪərənt‖'æspɪrənt]⟨f1⟩⟨telb.zn.⟩ **0.1** ⟨ben. voor⟩ *iem. die een machtspositie ambieert* ⇒*kandida(a)t(e), gegadigde, aspirant* ◆ **6.1** an ~ **after/for/to** advancement *iem. die streeft naar bevordering.*

aspirant[2] ⟨f1⟩⟨bn.⟩ **0.1** *aspirerend* ⇒*dingend, strevend* ⟨naar iets hogers⟩; *eerzuchtig* **0.2** ⟨schr.⟩ *opkomend* ⇒*opklimmend.*

as·pi·rate[1] ['æspɪrət]⟨telb.zn.⟩⟨taalk.⟩ **0.1** *geaspireerde consonant* **0.2** *h* ⇒*spiritus asper.*

aspirate[2] ['æspɪrət]⟨bn.⟩⟨taalk.⟩ **0.1** *geaspireerd* ⟨v. klank⟩ ⇒*aangeblazen.*

aspirate[3] ['æspɪreɪt]⟨ov.ww.⟩ **0.1** ⟨med.⟩ *opzuigen* ⇒*door zuigen verwijderen* **0.2** ⟨taalk.⟩ *aspireren* ⇒*aanblazen.*

as·pi·ra·tion ['æspɪ'reɪʃn]⟨f2⟩⟨zn.⟩
I ⟨telb.zn.⟩ **0.1** ⟨taalk.⟩ *geaspireerde klank* **0.2** *h* ⇒*spiritus asper;*
II ⟨telb. en n.-telb.zn.⟩ **0.1** *aspiratie* ⇒*verlangen, ambitie, ideaal;*
III ⟨n.-telb.zn.⟩ **0.1** *inademing* **0.2** ⟨med.⟩ *aspiratie* ⇒*op/weg/afzuiging* **0.3** ⟨taalk.⟩ *aspiratie* ⇒*aanblazing.*

as·pi·ra·tor ['æspɪreɪtə‖-reɪṭər]⟨telb.zn.⟩ **0.1** ⟨med.⟩ *aspirateur* ⇒*aspirator, zuigtoestel* **0.2** ⟨tech.⟩ *zuigpomp.*

as·pir·a·to·ry [ə'spaɪərətri‖-tɔri]⟨bn., attr.⟩ **0.1** *aspiratie-* ⇒*afzuig-* **0.2** *ademhalings-.*

as·pire [ə'spaɪə‖-ər]⟨f1⟩⟨onov.ww.⟩ →aspiring **0.1** *aspireren* ⇒*streven, trachten, dingen* **0.2** ⟨vero.; vnl. fig.⟩ *verrijzen* ⇒*oprijzen, opstijgen* ◆ **6.1** ~ **after/to** sth. *naar iets streven/verlangen.*

as·pi·rin ['æsprɪn]⟨f2⟩⟨telb. en n.-telb.zn.; ook aspirin; →mv. 4⟩ **0.1** *aspirine* ⇒*aspirientje.*

as·pir·ing [ə'spaɪərɪŋ]⟨bn.; -ly; teg. deelw. v. aspire⟩ **0.1** *strevend* ⇒*verlangend* **0.2** *eerzuchtig* **0.3** *zich verheffend* ⇒*opstijgend, hoog.*

a·squint [ə'skwɪnt]⟨bn., pred.; bw.⟩ **0.1** *zijdelings* ⇒*van terzij, vanuit een ooghoek, loensend.*

ass [æs]⟨f2⟩⟨telb.zn.⟩⟨→sprw. 150⟩ **0.1** *ezel* ⟨ook fig.⟩ ⇒*domoor* **0.2** ⟨AE; vulg.; sl.⟩ *aars* ⇒*gat, kont, anus* **0.3** ⟨AE; vulg.; sl.⟩ *kut* ⇒*potje neuken* ◆ **1.¶** ⟨AE; vulg.; sl.⟩ a bit/piece of ~ *een lekker stuk* **3.1** make an ~ of o.s. *zichzelf belachelijk maken;* make an ~ of s.o. *iem. belachelijk maken* **3.2** get your ~ over here *kom verdomme hierheen;* ⟨fig.⟩ kiss s.o.'s ~ *iem. in zijn kont kruipen, kruipen voor iem., iem. vreselijk slijmen* **3.3** be looking for ~ *op zoek zijn naar kut* **3.¶** cover one's ~ *goed voor z'n eige zorgen, zich goed indekken;* ⟨sl.⟩ drag ~ *balen, in de put zitten, apathisch zijn; 'm smeren;* ⟨AE; sl.⟩ haul ~ *opkrassen; opschieten, snel doen; scheuren* ⟨auto⟩ *, snel reizen;* ⟨inf.⟩ you can kiss your ~ goodbye *je kunt het wel schudden, je bent een vogel voor de kat;* ⟨sl.⟩ shag ~ *pleite gaan, 'm smeren* **5.¶** ⟨AE; sl.⟩ ~ backwards *achterstevoren, in omgekeerde volgorde; tegendraads.*

-ass [æs]⟨AE; vulg.; drukt intense minachting uit⟩ **0.1** ⟨ong.⟩ *klote-* ◆ **¶.1** dead-ass wrong *straalverkeerd;* a smart-ass *wijsneus.*

'ass a'bout, 'ass a'round ⟨onov.ww.⟩⟨AE; sl.⟩ **0.1** *(aan)klooien* ⇒*aanrotzooien.*

as·sa·gai, as·se·gai ['æsɪgaɪ]⟨telb.zn.⟩ **0.1** *assagaai* ⇒*werpspies.*

as·sai [æ'saɪ‖ɑ'saɪ]⟨bw.⟩⟨muz.⟩ **0.1** *assai* ⇒*zeer.*

as·sail [ə'seɪl]⟨f1⟩⟨ov.ww.⟩⟨schr.⟩ **0.1** *aanvallen* ⟨ook fig.⟩ ⇒*aanranden, bestormen, overvallen* **0.2** *aanpakken* ⇒*aanvatten* **0.3** *overstelpen* ⇒*overweldigen* ◆ **6.3** ~ s.o. **with** questions *iem. met vragen bestoken;* be ~ed **with/by** doubt *overmand zijn door twijfel.*

as·sail·a·ble [ə'seɪləbl]⟨bn.; -ness⟩⟨schr.⟩ **0.1** *kwetsbaar* ⇒*niet onneembaar, met zwakke plekken* **0.2** *aantastbaar* ⇒*kritiseerbaar.*

as·sail·ant [ə'seɪlənt], **as·sail·er** [ə'seɪlə‖-ər]⟨f1⟩⟨telb.zn.⟩⟨schr.⟩ **0.1** *aanvaller.*

as·sail·ment [ə'seɪlmənt]⟨telb. en n.-telb.zn.⟩⟨schr.⟩ **0.1** *aanval.*

As·sa·mese[1] ['æsə'mi:z]⟨zn.; Assamese; →mv. 4⟩
I ⟨eig.n.⟩ **0.1** *Assamitisch* ⇒*de Assamitische taal;*
II ⟨telb.zn.⟩ **0.1** *Assamiet.*

Assamese[2] ⟨bn.⟩ **0.1** *Assamitisch.*

as·sart[1], **es·sart** [ə'sɑ:t‖ə'sɑrt]⟨zn.⟩⟨BE; jur.⟩
I ⟨telb.zn.⟩ **0.1** *gerooid stuk land;*
II ⟨n.-telb.zn.⟩ **0.1** *het rooien* ⟨bos, bomen⟩.

assart[2], **essart** ⟨ov.ww.⟩⟨BE; jur.⟩ **0.1** *rooien* ⟨bomen, bos⟩.

as·sas·sin [ə'sæsɪn]⟨f1⟩⟨telb.zn.⟩ **0.1** *moordenaar* ⇒*sluip/huurmoordenaar* **0.2** ⟨A-⟩⟨gesch.⟩ *assassijn* ⟨lid v. middeleeuwse ismaëlitische sekte⟩.

as·sas·si·nate [ə'sæsɪneɪt]⟨f1⟩⟨ov.ww.⟩ **0.1** *vermoorden* ⟨i.h.b. prominenten⟩ **0.2** *vernietigen* ⇒*aantasten, schaden* ⟨reputatie⟩ ◆ **1.2** ~ s.o.'s character *iemands goede naam bezoedelen.*

as·sas·si·na·tion [ə'sæsɪ'neɪʃn]⟨f1⟩⟨telb. en n.-telb.zn.⟩ **0.1** *moord* ⇒*sluipmoord.*

assassi'nation attempt ⟨telb.zn.⟩ **0.1** *moordaanslag.*

as·sas·si·na·tive [ə'sæsɪneɪtɪv]⟨bn.⟩ **0.1** *verraderlijk* ⇒*heimelijk.*

as·sas·si·na·tor [ə'sæsɪneɪtə‖-neɪṭər]⟨telb.zn.⟩ **0.1** *moordenaar* ⇒*sluip/huurmoordenaar.*

as'sassin bug ⟨telb.zn.⟩⟨dierk.⟩ **0.1** *roofwants* ⟨fam. Reduviidae⟩.

as'sassin fly ⟨telb.zn.⟩⟨dierk.⟩ **0.1** *roofvlieg* ⟨fam. Asilidae⟩.

as·sault[1] [ə'sɔ:lt]⟨f2⟩⟨zn.⟩
I ⟨telb.zn.⟩ **0.1** *aanval* ⟨ook fig.⟩ **0.2** ⟨mil.⟩ *bestorming* **0.3** ⟨euf.⟩ *verkrachting* ◆ **1.¶** ⟨BE⟩ ~ at/of arms *militair assaut* **6.1**

make an ~ **(up)on** sth. *op iets een aanval doen* **6.2** carry/take **by** ~ *stormenderhand innemen;*
II ⟨telb. en n.-telb.zn.⟩ ⟨jur.⟩ **0.1** ***daadwerkelijke bedreiging/belediging*** ◆ **1.1** ~ and battery *mishandeling, geweldpleging, slagen en verwondingen.*
assault² ⟨f2⟩ ⟨ww.⟩
I ⟨onov.ww.⟩ **0.1** ***een aanval doen*** **0.2** ***stormlopen;***
II ⟨ov.ww.⟩ **0.1** ***aanvallen*** ⟨ook fig.⟩ **0.2** ⟨mil.⟩ ***bestormen*** **0.3** ⟨euf.⟩ ***aanranden*** ⟨vrouw⟩.
as'sault-at-'arms ⟨telb.zn.; assaults-at-arms; →mv. 6⟩ ⟨BE⟩ **0.1** ***militair assaut.***
as'sault course ⟨telb.zn.⟩ ⟨mil.⟩ **0.1** ***stormbaan.***
as'sault craft ⟨telb.zn.⟩ ⟨mil.⟩ **0.1** ***lichte aanvalsboot*** ⇒*licht landingsvaartuig.*
as·sault·er [ə'sɔ:ltə‖-ər] ⟨telb.zn.⟩ **0.1** ***aanvaller.***
as'sault troops ⟨mv.⟩ **0.1** ***stormtroepen.***
as·say¹ [ə'seɪ‖'æseɪ] ⟨f1⟩ ⟨zn.⟩
I ⟨telb.zn.⟩ **0.1** ***analyse*** ⇒*test, keuring, onderzoek, vaststelling v. gehalte;* ⟨v. metaal, erts⟩ *essaai* **0.2** ⟨vero.⟩ ***poging;***
II ⟨telb. en n.-telb.zn.⟩ **0.1** ***te analyseren stof.***
assay² [ə'seɪ] ⟨f1⟩ ⟨ww.⟩
I ⟨onov.ww.⟩ **0.1** ***een gehalte blijken te bevatten*** ◆ **6.1** the ore ~ed high **in** gold *het erts bleek een hoog gehalte aan goud te bevatten;*
II ⟨ov.ww.⟩ **0.1** ***analyseren*** ⇒*toetsen, aan een test onderwerpen, onderzoeken, keuren;* ⟨metaal, erts⟩ *essaaieren* **0.2** ***evalueren*** ⇒*taxeren, schatten, beoordelen* **0.3** ⟨vero.⟩ ***pogen*** ⇒*beproeven.*
as·say·a·ble [ə'seɪəbl] ⟨bn.⟩ **0.1** ***analyseerbaar*** ⇒⟨metaal, erts⟩ *essaaieerbaar.*
as·say·er [ə'seɪə‖æ'seɪər], **as·say·ist** [-ɪst], **as·'say-mas·ter** ⟨telb.zn.⟩ **0.1** ***essayeur*** ⇒*keurmeester.*
As'say Office ⟨eig.n., telb.zn.⟩ **0.1** ***essaaikantoor*** ⇒*waarborgkantoor.*
assegai →assagai.
as·sem·blage [ə'semblɪdʒ, ⟨in bet. I 0.2, II 0.2 ook⟩ 'æsəm'blɑ:ʒ] ⟨f1⟩ ⟨zn.⟩
I ⟨telb.zn.⟩ **0.1** ***assemblage*** ⇒*geassembleerd voorwerp, montage* **0.2** ⟨beeld. k.⟩ ***assemblage;***
II ⟨n.-telb.zn.⟩ **0.1** ***assemblage*** ⇒*het assembleren/monteren/ineenzetten/samenvoegen* **0.2** ⟨beeld. k.⟩ ***assemblage(kunst)*** **0.3** ***het verzamelen;***
III ⟨verz.n.⟩ **0.1** ⟨mbt. personen scherts.⟩ ***collectie*** ⇒*verzameling, groep, vereniging.*
as·sem·blag·ist ['æsəm'blɑ:ʒɪst] ⟨telb.zn.⟩ ⟨beeld. k.⟩ **0.1** ***assemblagekunstenaar.***
as·sem·ble [ə'sembl] ⟨f3⟩ ⟨ww.⟩
I ⟨onov.ww.⟩ **0.1** ***zich verzamelen*** ⇒*samenkomen;*
II ⟨ov.ww.⟩ **0.1** ***assembleren*** ⇒*samenvoegen, verenigen;* ⟨tech.⟩ *in elkaar zetten, monteren, (samen)bouwen* **0.2** ***ordenen*** **0.3** ⟨comp.⟩ ***assembleren*** ⟨omzetten in machine-taal⟩.
as·sem·bler [ə'semblə‖-ər] ⟨telb.zn.⟩ **0.1** ***assembleur*** ⇒⟨comp., tech.⟩ *monteur* **0.2** ⟨comp.⟩ ***assembleerprogramma.***
as'sembler programme ⟨telb.zn.⟩ ⟨comp.⟩ **0.1** ***assembleerprogramma.***
as'sembling factory ⟨telb.zn.⟩ **0.1** ***montagefabriek.***
as'sembling hall ⟨telb.zn.⟩ **0.1** ***montageloods*** ⇒*montagewerkplaats /hal.*
as'sembling room ⟨telb.zn.⟩ **0.1** ***montagewerkplaats.***
as·sem·bly [ə'sembli] ⟨f3⟩ ⟨zn.; →mv. 2⟩
I ⟨telb. en n.-telb.zn.⟩ **0.1** ***vergadering*** ⇒*verzameling, samenkomst* **0.2** ⟨mil.⟩ ***verzameling*** ⇒*verzamelingssignaal;*
II ⟨n.-telb.zn.⟩ **0.1** ***assemblage*** ⇒*samenvoeging, montage;*
III ⟨verz.n.⟩ **0.1** ***assemblée*** **0.2** ⟨relig.⟩ ***gemeente*** ⇒*congregatie* ◆ **1.1** ⟨gesch.⟩ Assembly of Notables *Assemblée des notables* ⟨niet verkozen noodparlement⟩.
as'sembly code ⟨telb.zn.⟩ ⟨comp.⟩ **0.1** ***assembleertaal.***
as'sembly hall ⟨telb.zn.⟩ **0.1** ***montagehal*** ⇒*montageloods/werkplaats* **0.2** ***aula*** ⇒*vergaderzaal.*
as'sembly language, as'sembler language ⟨telb.zn.⟩ ⟨comp.⟩ **0.1** ***assembleertaal.***
as'sembly line ⟨f1⟩ ⟨telb.zn.⟩ **0.1** ***montageband*** ⇒*lopende band.*
as'sem·bly·man [ə'semblimən], **as·'sem·bly·wo·man** ⟨telb.zn.; assemblymen [-mən], assemblywomen; →mv. 3⟩ **0.1** ***lid v.e. assemblée*** ⟨v.e. wetgevende vergadering⟩.
as'sembly room ⟨telb.zn.⟩ **0.1** ***montagehal*** ⇒*montagewerkplaats* **0.2** ⟨vaak mv.⟩ ***balzaal*** ⇒*ontspanningszaal, aula, vergaderzaal.*
as'sembly routine ⟨telb.zn.⟩ ⟨comp.⟩ **0.1** ***assembleerprogramma.***
as'sembly shop ⟨telb.zn.⟩ **0.1** ***montagehal*** ⇒*montagewerkplaats.*
as·sent¹ [ə'sent] ⟨f2⟩ ⟨telb. en n.-telb.zn.⟩ **0.1** ***toestemming*** ⇒*instemming, inwilliging, goedkeuring, aanvaarding* ◆ **2.1** royal ~ *koninklijke bekrachtiging* ⟨v. wet⟩ **6.1** **by** common ~ *met algemene stemmen, eenstemmig, unaniem;* ⟨schr.⟩ **with** one ~ *eenstemmig, unaniem.*
assent² ⟨f1⟩ ⟨onov.ww.⟩ ⟨schr.⟩ **0.1** ***toestemmen*** ⇒*instemmen, inwilligen, goedkeuren, aanvaarden* **0.2** ***het eens zijn*** ⇒*beamen* ◆ **6.1** ~ **to** sth. *met iets instemmen.*
as·sen·ta·tion ['æsen'teɪʃn‖'æsn-] ⟨telb. en n.-telb.zn.⟩ **0.1** ***kruiperige toestemming*** ⇒*het laf toegeven.*
as·sen·ti·ent¹ [ə'senʃnt] ⟨telb.zn.⟩ **0.1** ***toestemmer*** ⇒*instemmer.*
assentient² ⟨bn.⟩ **0.1** ***toestemmend*** ⇒*instemmend, goedkeurend.*
as·sent·ing·ly [ə'senṭɪŋli] ⟨bw.⟩ **0.1** ***instemmend.***
as·sen·tive [ə'senṭɪv] ⟨bn.; -ness⟩ **0.1** ***toestemmend.***
as·sen·tor, ⟨in bet. 0.1 ook⟩ **as·sent·er** [ə'sentə‖ə'senṭər] ⟨telb.zn.⟩ **0.1** ***toestemmer*** ⇒*instemmer* **0.2** ⟨BE; jur.⟩ ***mede-ondertekenaar v. iemands kandidatuur bij een verkiezing.***
as·sert [ə'sɜ:t‖ə'sɜrt] ⟨f3⟩ ⟨ov.ww.⟩ **0.1** ***beweren*** ⇒*verklaren, verzekeren, staande houden, bevestigen* **0.2** ***handhaven*** ⇒*verdedigen, laten/doen gelden, staan op, opkomen voor* ⟨rechten⟩ ◆ **1.2** ~ one's influence *zijn invloed doen gelden* **4.2** ~ o.s. *op zijn recht staan, zich handhaven, zich laten/doen gelden; voor zichzelf opkomen; bazig zijn.*
as·sert·a·ble, as·sert·i·ble [ə'sɜ:təbl‖ə'sɜrṭəbl] ⟨bn.⟩ **0.1** ***verdedigbaar*** ⇒*niet contradictorisch.*
as·ser·tion [ə'sɜ:ʃn‖ə'sɜrʃn] ⟨f2⟩ ⟨telb. en n.-telb.zn.⟩ **0.1** ***bewering*** ⇒*verklaring, verzekering, bevestiging* **0.2** ***handhaving*** ⇒*verdediging.*
as·ser·tion·al [ə'sɜ:ʃnəl‖-'sɜr-] ⟨bn.⟩ **0.1** ***bevestigend.***
as·ser·tive [ə'sɜ:tɪv‖ə'sɜrṭɪv] ⟨f1⟩ ⟨telb.zn.; -ly; -ness⟩ **0.1** ***stellig*** ⇒*uitdrukkelijk, zeker, positief, bepaald, beslist* **0.2** ***bevestigend*** **0.3** ⟨psych.⟩ ***assertief*** ⇒*zelfverzekerd/bewust, aanmatigend, dominerend* **0.4** ***dogmatisch.***
as'sertiveness training ⟨telb. en n.-telb.zn.⟩ **0.1** ***assertiviteitstraining.***
as·ser·tiv·i·ty [æsɜ:'tɪvɪṭi‖æsɜr-] ⟨n.-telb.zn.⟩ ⟨psych.⟩ **0.1** ***assertiviteit*** ⇒*zelfverzekerdheid.*
as·ser·tor, as·sert·er [ə'sɜ:tə‖ə'sɜrṭər] ⟨telb.zn.⟩ **0.1** ***steller*** ⇒*wie iets beweert* **0.2** ***verdediger.***
as·ser·to·ry [ə'sɜ:tri‖ə'sɜrṭəri] ⟨bn.⟩ **0.1** ***bevestigend*** ⇒*verzekerend, verklarend.*
as·ses¹ ⟨mv.⟩ →as.
ass·es² ⟨mv.⟩ →ass.
'asses' bridge ⟨zn.⟩
I ⟨eig.n.⟩ ⟨wisk.⟩ **0.1** ***pons asinorum*** ⇒*'ezelsbruggetje'* ⟨stelling dat hoeken tegenover gelijke zijden v. gelijkbenige driehoek gelijk zijn; 5e stelling uit 1e boek v. Eukleides⟩;
II ⟨telb.zn.⟩ **0.1** ***moeilijkheid*** ⇒*struikelblok* ⟨voor beginners⟩.
as·sess [ə'ses] ⟨f2⟩ ⟨ov.ww.⟩ **0.1** ***bepalen*** ⇒*vaststellen* ⟨waarde, bedrag, schade⟩ **0.2** ***belasten*** ⇒*aanslaan* ⟨persoon, goed⟩ **0.3** ***taxeren*** ⇒*schatten, ramen* **0.4** ***beboeten*** **0.5** ***beoordelen*** ⇒*waarderen, inschatten* ◆ **1.5** ~ the situation *de situatie beoordelen* **6.2** the house was ~ed **at** £ 50 *het huis werd aangeslagen voor een bedrag v. £ 50;* ~ taxes **upon** s.o. *iem. belastingen opleggen.*
as·sess·a·ble [ə'sesəbl] ⟨bn.⟩ **0.1** ***taxeerbaar*** ⇒*belastbaar* **0.2** ***schatbaar*** **0.3** ***beoordeelbaar*** ⇒*waardeerbaar.*
as·sess·ment [ə'sesmənt] ⟨f2⟩ ⟨telb. en n.-telb.zn.⟩ **0.1** ***belasting*** ⇒*aanslag* **0.2** ***schatting*** ⇒*taxatie, raming, omslag* **0.3** ***vaststelling*** ⇒*bepaling* **0.4** ***beoordeling*** ⇒*waardering.*
as'sessment notice ⟨telb.zn.⟩ **0.1** ***aanslagbiljet.***
as·ses·sor [ə'sesə‖-ər] ⟨f1⟩ ⟨telb.zn.⟩ **0.1** ***assessor*** ⇒*bijzitter, raadgever, assistent* **0.2** ***taxateur*** ⇒*schatter, schade-expert.*
as·ses·so·ri·al ['æse'sɔ:rɪəl] ⟨bn., attr.⟩ **0.1** ***van de assessor*** ⇒*bijzitter (s).*
as·set ['æset] ⟨f2⟩ ⟨zn.⟩
I ⟨telb.zn.⟩ **0.1** ***goed*** ⇒*bezit,* ⟨fig. ook⟩ *kwaliteit, waardevolle/nuttige eigenschap, deugd, voordeel, aanwinst* **0.2** ⟨ec.⟩ ***creditpost*** ◆ **2.1** health is the greatest ~ *gezondheid is het hoogste goed* **4.1** he's an ~ to the team *hij is een grote aanwinst voor het team;*
II ⟨mv.; ~s⟩ ⟨ec.⟩ **0.1** ***activa*** ⇒*(bedrijfs)middelen, actief, baten* ◆ **1.1** ~s and liabilities *activa en passiva, baten en lasten* **2.1** available ~s *beschikbare activa;* current/circulating/floating ~s *vlottende activa;* fixed/permanent ~s *vaste/vastliggende activa;* (in)tangible ~ *(im)materiële activa;* liquid ~s *liquide activa;* net ~ *netto activa;* real ~s *onroerende activa, onroerend vermogen;* realizable ~s *realiseerbare activa.*
ASSET ⟨afk.⟩ Association of Supervisory Staffs, Executives and Technicians ⟨BE⟩.
'as·set-strip·ping ⟨n.-telb.zn.⟩ **0.1** ***verkoop v. waardevolle activa*** ⟨na overname slechtlopend bedrijf⟩.
as·sev·er·ate [ə'sevəreɪt] ⟨ov.ww.⟩ ⟨schr.⟩ **0.1** ***plechtig verklaren/verzekeren/betuigen.***
as·sev·er·a·tion [ə'sevə'reɪʃn] ⟨telb. en n.-telb.zn.⟩ **0.1** ***plechtige verklaring/verzekering/betuiging.***

'ass·hole ⟨f1⟩⟨telb.zn.⟩⟨vulg.⟩ **0.1** ***gat*** *⇒kont, reet* **0.2** ***klootzak*** *⇒hufter, lul.*

as·si·du·i·ty ['æsɪ'dju:əti‖-'du:əṭi]⟨zn.;→mv. 2⟩⟨schr.⟩
I ⟨telb.zn.⟩ **0.1** ⟨vnl. mv.⟩ ***attentie*** *⇒voortdurende aandacht;*
II ⟨n.-telb.zn.⟩ **0.1** ***volharding*** *⇒onverdroten ijver/inspanning.*

as·sid·u·ous [ə'sɪdjʊəs‖-dʒʊəs]⟨bn.;-ly;-ness⟩ **0.1** ***volhardend*** *⇒vlijtig, onverdroten* **0.2** ***dienstvaardig*** *⇒gedienstig, toegewijd.*

as·sign[1] [ə'saɪn]⟨telb.zn.⟩⟨jur.⟩ **0.1** ***cessionaris*** *⇒rechtverkrijgende.*

assign[2] ⟨f3⟩⟨ov.ww.⟩ **0.1** ***toewijzen*** *⇒toekennen, aanwijzen, bestemmen* **0.2** ***bepalen*** *⇒aangeven, vastleggen* ⟨dag, datum⟩; *opgeven, aanwijzen* ⟨als reden, oorzaak⟩ **0.3** ***aanwijzen*** *⇒aanstellen* **0.4** ⟨jur.⟩ ***overdragen*** *⇒afstaan, cederen* ⟨eigendom, rechten⟩ **0.5** ⟨mil.⟩ ***indelen*** *⇒onderbrengen* ◆ **1.1** ~ a task to s.o., ~ s.o. a task *iem. een taak toebedelen* **6.2** ~ a day **for** the trial *een datum voor de zitting vaststellen;* ~ s.o.'s problems **to** drink *iemands problemen aan de drank wijten* **6.3** ~ s.o. **to** a post *iem. in een functie benoemen* **6.5** ~ him **to** the 4th company *deel hem in bij de 4de compagnie.*

as·sign·a·bil·i·ty [ə'saɪnə'bɪləṭi]⟨n.-telb.zn.⟩ **0.1** ***bepaalbaarheid*** **0.2** ⟨jur.⟩ ***overdraagbaarheid.***

as·sign·a·ble [ə'saɪnəbl]⟨bn.;-ly;→bijw. 3⟩ **0.1** ***toewijsbaar*** *⇒toe te schrijven* **0.2** ***aanwijsbaar*** *⇒vast te stellen* **0.3** ⟨jur.⟩ ***overdraagbaar.***

as·sig·nat ['æsɪn'jɑ:‖'æsɪgnæt]⟨telb.zn.⟩⟨gesch.⟩ **0.1** ***assignaat.***

as·sig·na·tion ['æsɪg'neɪʃn]⟨zn.⟩
I ⟨telb.zn.⟩ **0.1** ***taak*** *⇒opdracht* **0.2** ***toegekend bedrag*** **0.3** ⟨AE; pej.⟩ ***afspraak*** *⇒rendez-vous* ⟨vnl. clandestien of overspelig⟩;
II ⟨telb. en n.-telb.zn.⟩ **0.1** ***toewijzing*** *⇒toekenning, toeschrijving* **0.2** ***bepaling*** *⇒vaststelling, vastlegging* ⟨v. dag, datum⟩ **0.3** ⟨jur.⟩ ***overdracht*** *⇒afstand, cessie* ⟨v. rechten, eigendom⟩.

assig'nation house ⟨telb.zn.⟩⟨AE⟩ **0.1** ***bordeel.***

as·sign·ee ['æsaɪ'ni:]⟨telb.zn.⟩ **0.1** ***gevolmachtigde*** *⇒afgevaardigde, vertegenwoordiger, agent* **0.2** ⟨jur.⟩ ***cessionaris*** *⇒rechtverkrijgende* **0.3** ⟨gesch.⟩ ***dwangarbeider*** ⟨in dienst zonder loon bij vrij burger in Australië⟩ ◆ **1.1** ⟨jur.⟩ ~ in bankruptcy *curator.*

as·sign·ment [ə'saɪnmənt]⟨f2⟩⟨zn.⟩
I ⟨telb.zn.⟩ **0.1** ***taak*** *⇒opdracht;* ⟨AE; school.⟩ *huiswerk, taak* **0.2** ⟨jur.⟩ ***akte van overdracht/afstand*** **0.3** ⟨jur.⟩ ***overgedragen recht/eigendom;***
II ⟨telb. en n.-telb.zn.⟩ **0.1** ***toewijzing*** *⇒toekenning, bestemming* **0.2** ***opgave*** ⟨v. redenen⟩ **0.3** ⟨jur.⟩ ***overdracht*** *⇒afstand, cessie* **0.4** ⟨AE⟩ ***benoeming;***
III ⟨n.-telb.zn.⟩⟨gesch.⟩ **0.1** ***dwangarbeidssysteem*** ⟨waarbij gestrafte in dienst was bij burgers in Australië⟩.

as·sign·or ['æsɪ'nɔ:‖ə'saɪnər, -nɔr]⟨telb.zn.⟩⟨jur.⟩ **0.1** ***overdrager*** *⇒cedent.*

as·sim·i·la·bil·i·ty [ə'sɪmɪlə'bɪləṭi]⟨n.-telb.zn.⟩ **0.1** ***assimileerbaarheid.***

as·sim·i·la·ble [ə'sɪmɪləbl]⟨bn.⟩ **0.1** ***assimileerbaar.***

as·sim·i·late [ə'sɪmɪleɪt]⟨f1⟩⟨ww.⟩
I ⟨onov.ww.⟩ **0.1** ***zich assimileren*** *⇒opgenomen worden, gelijk worden/zijn* ◆ **6.1** ~ **into/with** sth. *opgenomen worden in/zich assimileren met iets;*
II ⟨ov.ww.⟩ **0.1** ***assimileren*** ⟨ook biol., taalk.⟩ *⇒gelijk maken, opnemen* ⟨ook fig.⟩; *in zich opnemen, verwerken* ⟨kennis, ideeën⟩ **0.2** ***vergelijken*** *⇒op een lijn stellen* ◆ **6.1** ~ sth. **to** sth. *iets met iets gelijk(vormig) maken* **6.2** ~ sth. **to/with** sth. else *iets met iets anders vergelijken.*

as·sim·i·la·tion [ə'sɪmɪ'leɪʃn]⟨f1⟩⟨telb. en n.-telb.zn.⟩ **0.1** ***assimilatie*** ⟨ook taalk. en soc.⟩ *⇒opneming, gelijkmaking, gelijkstelling.*

as·sim·i·la·tive [ə'sɪmɪlətɪv‖-leɪṭɪv], **as·sim·i·la·to·ry** [-tri‖-təri]⟨bn.⟩ **0.1** ***assimilerend*** *⇒assimilatie bevorderend/veroorzakend.*

as·sim·i·la·tor [ə'sɪmɪleɪtə‖-leɪṭər]⟨telb.zn.⟩ **0.1** ***assimilator*** *⇒wie/wat opneemt/gelijk maakt.*

as·sist[1] [ə'sɪst]⟨f2⟩⟨zn.⟩⟨AE⟩
I ⟨telb.zn.⟩ **0.1** ***helpende hand*** *⇒steun* **0.2** ⟨sport, i.h.b. basketbal, ijshockey⟩ ***assist*** *⇒(beslissende) voorzet, eindpass* **0.3** ⟨tech.⟩ ***hulpinstrument;***
II ⟨n.-telb.zn.⟩ **0.1** ***hulp*** *⇒assistentie.*

assist[2] ⟨f3⟩⟨ww.⟩
I ⟨onov.ww.⟩ **0.1** ***hulp verlenen*** *⇒meewerken* **0.2** ***deelnemen*** *⇒aanwezig zijn* ◆ **6.1** ~ **in** sth. *bij iets meewerken* **6.2** ~ **at** sth. *iets bijwonen;*
II ⟨ov.ww.⟩ **0.1** ***helpen*** *⇒bijstaan, assisteren* ◆ **3.1** ~ s.o. to do sth. *iem. bij iets helpen* **6.1** ~ s.o. **with** sth./**in** doing sth. *iem. bij iets helpen.*

as·sis·tance [ə'sɪstəns]⟨f3⟩⟨n.-telb.zn.⟩ **0.1** ***hulp*** *⇒bijstand, assistentie, steun* **0.2** ⟨BE; inf.⟩ ***sociale bijstand*** ◆ **2.2** National Assistance *sociale bijstand.*

as·sis·tant[1] [ə'sɪstənt]⟨f3⟩⟨telb.zn.⟩ **0.1** ***helper, helpster*** *⇒assistent(e), adjunct, secondant* **0.2** ***bediende*** *⇒hulpje* **0.3** ***assistent(e)*** ⟨aan de universiteit⟩ **0.4** ***hulpmiddel.***

assistant[2] ⟨f2⟩⟨bn.⟩ **0.1** ***assistent-*** *⇒ondergeschikt* **0.2** ⟨vero.⟩ ***behulpzaam*** ◆ **1.1** ⟨AE⟩ ~ attorney *hulpofficier v. justitie;* ⟨AE⟩ ~ professor ⟨ong.⟩ *wetenschappelijk assistent, wetenschappelijk hoofdmedewerker* ⟨met eigen leeropdracht, maar niet vast benoemd⟩ **1.¶** ⟨BE⟩ Assistant (Under-) Secretary *Secretaris-Generaal.*

as·sis·tant·ship [ə'sɪstəntʃɪp]⟨f1⟩⟨telb.zn.⟩ **0.1** ***assistentschap.***

as·sist·er [ə'sɪstə‖-ər]⟨telb.zn.⟩ **0.1** ***helper.***

as·size [ə'saɪz]⟨zn.⟩⟨vnl. gesch. of jur.⟩
I ⟨telb.zn.⟩ **0.1** ***zitting*** *⇒sessie* ⟨v. wetgevend orgaan⟩ **0.2** ***zetting*** *⇒standaardgewicht/prijs/maat* ⟨v. brood/bier⟩ **0.3** ***verordening*** *⇒decreet, edict* ⟨v. bestuurlijk, wetgevend of juridisch orgaan⟩ **0.4** ⟨BE⟩ ***gerechtelijk onderzoek*** **0.5** ⟨BE⟩ ***rechtszitting*** *⇒proces, rechtszaak/-geding* **0.6** ⟨BE⟩ ***bevelschrift*** *⇒dagvaarding* **0.7** ⟨BE⟩ ***verdict*** *⇒uitspraak* **0.8** ⟨Sch. E⟩ ***(rechtsgeding met) jury;***
II ⟨mv.; ~s⟩⟨BE⟩ **0.1** ***periodieke zittingen van rechters*** ⟨in Engeland, Wales; tot 1971⟩.

assn ⟨afk.⟩ association.

assoc ⟨afk.⟩ associated, association.

as·so·ci·a·bil·i·ty [ə'soʊʃə'bɪləṭi], **as·so·ci·a·ble·ness** [ə'soʊʃəblnəs] ⟨n.-telb.zn.⟩ **0.1** ***verenigbaarheid*** *⇒associeerbaarheid* ⟨ook fig.⟩.

as·so·ci·a·ble [ə'soʊʃəbl]⟨bn.⟩ **0.1** ***verenigbaar*** *⇒associeerbaar* ⟨ook fig.⟩, *in verband te brengen (met).*

as·so·ci·ate[1] [ə'soʊʃɪət, -ʃət]⟨f2⟩⟨telb.zn.⟩ **0.1** ***partner*** *⇒deelgenoot, bondgenoot, compagnon, associé* **0.2** ***(met)gezel*** *⇒kameraad, medeplichtige* **0.3** ***collega*** *⇒ambtgenoot* **0.4** ***ondergeschikt lid v.e. genootschap*** **0.5** ***bijverschijnsel*** *⇒begeleidende omstandigheid.*

associate[2] ⟨f2⟩⟨bn., attr.⟩ **0.1** ***verenigd*** *⇒verbonden, verwant* **0.2** ***toegevoegd*** *⇒bijgevoegd, mede-* **0.3** ***begeleidend*** *⇒samengaand* ◆ **1.2** ~ member *buitengewoon lid;* ⟨AE⟩ ~ professor ⟨ong.⟩ *universitair hoofddocent, hoogleraar* ⟨vast benoemd, maar lager dan ordinarius; vergelijkbaar met Belgisch⟩ *docent.*

associate[3] [ə'soʊʃɪeɪt, ə'soʊsi-]⟨f3⟩⟨ww.⟩
I ⟨onov.ww.⟩ **0.1** ***zich verenigen*** *⇒zich associëren* **0.2** ***omgaan*** ◆ **6.2** ~ **with** *omgaan met;*
II ⟨ov.ww.⟩ **0.1** ***verenigen*** *⇒verbinden;* ⟨ook fig.⟩ *associëren, combineren, in verband brengen* ◆ **6.1** ~ o.s. **with** *zich verenigen met/aansluiten bij/inlaten met;* closely ~d **with** this project *nauw betrokken bij dit project.*

as·so·ci·a·tion [ə'soʊʃi'eɪʃn, ə'soʊsi-]⟨f3⟩⟨zn.⟩
I ⟨telb.zn.⟩ **0.1** ***vereniging*** *⇒genootschap, gezelschap, bond, associatie, liga, unie;*
II ⟨telb. en n.-telb.zn.⟩ **0.1** ***associatie*** ⟨ook plantk., schei., ecologie, psych.⟩ *⇒verband, verbinding* **0.2** ***samenwerking*** *⇒connectie* **0.3** ***omgang*** *⇒vriendschap, kameraadschap* ◆ **1.1** articles/deed of ~ *statuten (v. handelsvennootschap)* **6.2** **in** ~ **with** *samen/in samenwerking met.*

As'sociation 'football ⟨f1⟩⟨n.-telb.zn.⟩⟨BE⟩ **0.1** ***voetbal*** ⟨gewoon voetbal, tgo. rugby⟩.

as·so·ci·a·tive [ə'soʊʃəṭɪv]⟨bn.;-ly⟩ **0.1** ***associatief*** ⟨ook wisk.⟩.

as·soil [ə'sɔɪl]⟨ov.ww.⟩⟨vero.⟩ **0.1** ***vergeven*** **0.2** ***vrijspreken*** **0.3** ***bevrijden*** *⇒vrijlaten* **0.4** ***boeten voor.***

as·so·nance ['æsənəns]⟨telb. en n.-telb.zn.⟩ **0.1** ***assonantie*** *⇒halfrijm, klinkerrijm* **0.2** ***gelijkenis*** *⇒vage overeenstemming.*

as·so·nant[1] ['æsənənt]⟨telb.zn.⟩ **0.1** ***assonant*** *⇒assonerend(e) klank/rijm.*

assonant[2] ⟨bn.⟩ **0.1** ***assonerend*** *⇒gelijkluidend.*

as·sort [ə'sɔ:t‖ə'sɔrt]⟨f1⟩⟨ww.⟩ →assorted
I ⟨onov.ww.⟩ **0.1** ***passen*** *⇒geschikt zijn* **0.2** ***omgaan*** ◆ **6.1** ~ **with** *passen bij* **6.2** ~ **with** *omgaan met;*
II ⟨ov.ww.⟩ **0.1** ***assorteren*** *⇒ordenen, classificeren, uitzoeken, sorteren* **0.2** ***voorzien*** ◆ **5.2** a well-assorted shop/kitchen *een goed voorziene winkel/keuken* **6.1** ~ **with** *groeperen/indelen bij.*

as·sort·a·tive [ə'sɔ:tətɪv‖ə'sɔrṭəṭɪv]⟨bn.;-ly⟩ **0.1** ***assorterend*** *⇒ordenend, groeperend* **0.2** ***bij elkaar passend*** ◆ **3.1** ~ mating *selectieve partnerkeuze.*

as·sort·ed [ə'sɔ:tɪd‖ə'sɔrṭɪd]⟨f1⟩⟨bn.; volt. deelw. v. assort⟩ **0.1** ***geassorteerd*** *⇒gemengd, gevarieërd, verscheiden* **0.2** ***bij elkaar passend*** ◆ **5.2** ill-/well-~ *slecht/goed bij elkaar passend.*

as·sort·er [ə'sɔ:tə‖ə'sɔrṭər]⟨telb.zn.⟩ **0.1** ***assorteerder.***

as·sort·ment [ə'sɔ:tmənt‖-'sɔrt-]⟨f1⟩⟨zn.⟩
I ⟨telb.zn.⟩ **0.1** ***assortiment*** *⇒collectie, ruime keuze, verscheidenheid;*
II ⟨telb. en n.-telb.zn.⟩ **0.1** ***sortering.***

ASSR ⟨afk.⟩ Autonomous Soviet Socialist Republic.

asst ⟨afk.⟩ assistant.

as·suage [ə'sweɪdʒ]⟨f1⟩⟨ov.ww.⟩ **0.1** ***kalmeren*** *⇒verzachten, ver-*

lichten, bedaren, lenigen, tevredenstellen ⟨persoon, gevoelens, pijn⟩ **0.2** ***bevredigen*** ⇒*stillen* ⟨honger, verlangen⟩; *lessen* ⟨dorst⟩.

as·suage·ment [ə'sweɪdʒmənt]⟨telb. en n.-telb.zn.⟩ **0.1** ***verzachting*** ⇒*leniging, verlichting* ⟨persoon, gevoelens, pijn⟩ **0.2** ***bevrediging***.

as·sua·sive [ə'sweɪsɪv]⟨bn.⟩ **0.1** ***kalmerend*** ⇒*verzachtend, verlichtend, bedarend*.

as·sum·a·ble [ə'sju:məbl‖ə'su:m-]⟨bn.; -ly; →bijw. 3⟩ **0.1** ***aannemelijk***.

as·sume [ə'sju:m‖ə'su:m]⟨f3⟩⟨ov.ww.⟩ →assumed, assuming **0.1** ***aannemen*** **0.2** ***overnemen*** ⇒*nemen, grijpen, zich meester maken van* **0.3** ***aantrekken*** ⟨kleren⟩ **0.4** ***op zich nemen*** **0.5** ***veinzen*** ⇒*voorwenden, simuleren* **0.6** ***zich aanmatigen*** ⇒*zich toeëigenen* **0.7** ***aannemen*** ⇒*vermoeden, veronderstellen* **0.8** ⟨R.-K.⟩ ***ten hemel opnemen*** ◆ **1.1** ~ a human form *een menselijke gedaante aannemen;* he ~d the role of benefactor *hij nam de rol van weldoener aan, hij speelde de weldoener* **1.4** ~ one's duties *zijn taak aanvangen* ¶**.7** ~ he's coming, what we'll do then? *stel dat hij komt, wat doen we dan?*.

as·sumed [ə'sju:md‖ə'su:md]⟨f1⟩⟨bn.; volt. deelw. v. assume⟩ **0.1** ***aangenomen*** ⇒*voorgewend, verzonnen, onecht* **0.2** ***aangenomen*** ⇒*verondersteld*.

as·sum·ed·ly [ə'sju:mɪ̣dli‖ə'su:mɪ̣dli]⟨f1⟩⟨bw.⟩ **0.1** ***vermoedelijk***.

as·sum·ing[1] [ə'sju:mɪŋ‖ə'su:mɪŋ]⟨bn.; -ly; teg. deelw. v. assume⟩ **0.1** ***aanmatigend*** ⇒*arrogant, laatdunkend, pretentieus*.

assuming[2] ⟨ondersch.vw.; oorspr. teg. deelw. v. assume⟩ **0.1** ***ervan uitgaande dat***.

as·sump·tion [ə'sʌm(p)ʃn]⟨f3⟩⟨zn.⟩

I ⟨eig.n.; A-⟩⟨R.-K.⟩ **0.1** ***Maria-Hemelvaart*** ⇒*Tenhemelopneming (v. Maria)* ⟨15 augustus⟩;

II ⟨telb.zn.⟩ **0.1** ***vermoeden*** ⇒*(ver)onderstelling* **0.2** ⟨fil.⟩ ***aanname*** ⟨minderterm v.e. sluitrede⟩ ◆ **6.1 on** that ~ *in die (ver)onderstelling;*

III ⟨telb. en n.-telb.zn.⟩ **0.1** ***aanneming*** ⇒*aanvaarding* ⟨v. ambt/functie⟩ **0.2** ***overname*** ⟨v. macht⟩ **0.3** ***toeëigening*** **0.4** ***gespeelde rol*** ◆ **6.2** ~ **of** power *machtsovername* **6.4 with** an ~ **of** modesty *met geveinsde/gespeelde bescheidenheid;*

IV ⟨n.-telb.zn.⟩ **0.1** ***arrogantie*** ⇒*aanmatiging*.

as·sump·tive [ə'sʌm(p)tɪv]⟨bn.; -ly⟩ **0.1** ***aangenomen*** **0.2** ***gemakkelijk aannemend*** ⇒*kritiekloos* **0.3** ***arrogant*** ⇒*aanmatigend*.

as·sur·a·ble [ə'ʃʊərəbl‖ə'ʃʊr-]⟨bn.⟩ **0.1** ***verzekerbaar***.

as·sur·ance [ə'ʃʊərəns‖ə'ʃʊr-]⟨f2⟩⟨zn.⟩

I ⟨telb.zn.⟩ **0.1** ***verzekering*** ⇒*belofte, garantie* ◆ **3.1** give s.o. one's ~ that *iem. verzekeren dat;*

II ⟨n.-telb.zn.⟩ **0.1** ***zekerheid*** ⇒*vertrouwen* **0.2** ***zelfvertrouwen*** **0.3** ***driestheid*** ⇒*stoutmoedigheid, vermetelheid* **0.4** ***onbeschaamdheid*** ⇒*schaamteloosheid* **0.5** ⟨BE⟩ ***assurantie*** ⇒*verzekering,* ⟨i.h.b.⟩ *levensverzekering* ◆ **3.1** make ~ doubly sure *alle twijfels wegnemen, niets aan het toeval overlaten*.

as·sure [ə'ʃʊə‖ə'ʃʊr]⟨f3⟩⟨ov.ww.⟩ →assured **0.1** ***verzekeren*** ⇒*beveiligen* **0.2** ***overtuigen*** ⇒*beloven* **0.3** ***zeker maken*** ⇒*waarborgen* **0.4** ***geruststellen*** ⇒*bemoedigen* **0.5** ⟨BE⟩ ***assureren*** ⇒*verzekeren, een verzekering sluiten op/voor* ◆ **4.2** ~ o.s. *er zich van verzekeren* **6.2** ~ s.o. **of** one's support *iem. v. zijn steun verzekeren*.

as·sured[1] [ə'ʃʊəd‖ə'ʃʊrd]⟨telb.zn.; ook assured; the; (oorspr.) volt. deelw. v. assure; →mv. 4⟩⟨BE⟩ **0.1** ***verzekerde*** ⇒*verzekeringnemer* ⟨vnl. v. levensverzekering⟩.

assured[2] ⟨f2⟩⟨bn.; -ly; -ness; volt. deelw. v. assure⟩ **0.1** ***zelfverzekerd*** ⇒*zelfbewust, overtuigd, stoutmoedig, driest* **0.2** ***zeker*** ⇒*stellig, verzekerd, zonder twijfel* ◆ **3.2** you may rest ~ that *u mag er zeker van zijn/erop vertrouwen dat*.

as·sur·er, as·sur·or [ə'ʃʊərə‖ə'ʃʊrər]⟨telb.zn.⟩ **0.1** ***verzekeraar*** ⇒*assuradeur* **0.2** ***verzekerde***.

as·sur·gent [ə'sɜ:dʒənt‖-'sɜr-]⟨bn., attr.⟩ **0.1** ***rijzend*** ⇒*zich verheffend* **0.2** ⟨plantk.⟩ ***klim-***.

assy ⟨afk.⟩ assembly.

Assyr ⟨afk.⟩ Assyrian.

As·syr·i·a [ə'sɪrɪə]⟨eig.n.⟩⟨gesch.⟩ **0.1** ***Assyrië***.

As·syr·i·an[1] [ə'sɪrɪən]⟨f1⟩⟨zn.⟩

I ⟨eig.n.⟩ **0.1** ***Assyrisch;***

II ⟨telb.zn.⟩ **0.1** ***Assyriër***.

Assyrian[2] ⟨f1⟩⟨bn.⟩ **0.1** ***Assyrisch***.

As·syr·i·ol·o·gist [ə'sɪri'ɒlədʒɪst‖-'ɑlə-]⟨telb.zn.⟩ **0.1** ***assyrioloog*** ⟨kenner v.d. Assyrische taal, cultuur, enz.⟩.

As·syr·i·ol·o·gy [ə'sɪri'ɒlədʒi‖-'ɑlə-]⟨n.-telb.zn.⟩ **0.1** ***assyriologie*** ⟨studie v.d. Assyrische taal, cultuur, enz.⟩.

AST ⟨afk.⟩ Atlantic Standard Time.

a·sta·ble ['eɪ'steɪbl]⟨bn.⟩ **0.1** ***onstabiel*** ⇒*onvast, veranderlijk*.

a·sta·sia [ə'steɪʒə]⟨n.-telb.zn.⟩⟨med.⟩ **0.1** ***astasie*** ⟨onvermogen om te staan⟩.

a·stat·ic ['eɪ'stætɪ̣k]⟨bn.; -ally⟩ **0.1** ***onstabiel*** ⇒*onvast, veranderlijk* **0.2** ⟨nat.⟩ ***astatisch*** ◆ **1.2** ~ galvanometer *astatische galvanometer*.

as·ta·tine ['æstəti:n]⟨telb.zn.⟩⟨schei.⟩ **0.1** ***astatium*** ⇒*astaat* ⟨element 85⟩.

as·ter ['æstə‖-ər]⟨telb.zn.⟩⟨plantk.⟩ **0.1** ***aster*** ⟨genus Aster⟩.

-as·ter ['æstə‖-ər]⟨vormt nw.⟩ **0.1** ***-aster*** ⟨duidt op minderwaardige of bedrieglijke kwaliteit⟩ **0.2** ⟨plantk.⟩ ***-aster*** ⟨duidt op verre gelijkenis⟩ ◆ ¶**.1** poetaster *poëtaster, rijmelaar* ¶**.2** oleaster *wilde olijfboom, oleaster*.

as·te·ri·at·ed [æ'stɪərieɪtɪ̣d‖æ'stɪrieɪt̬ɪ̣d]⟨bn.⟩ **0.1** ***met asterie*** ⇒*met stervormige lichtbreking* ⟨v. mineralen, edelstenen⟩.

as·ter·isk[1] ['æstərɪsk]⟨f1⟩⟨telb.zn.⟩ **0.1** ***asterisk*** ⇒*sterretje*.

asterisk[2] ⟨ov.ww.⟩ **0.1** ***met een asterisk/sterretje merken/aanduiden***.

as·ter·ism ['æstərɪzm]⟨zn.⟩

I ⟨telb.zn.⟩ **0.1** ⟨druk.⟩ ***driester*** ⇒*drie sterretjes* **0.2** ⟨ster.⟩ ***gesternte*** ⇒*sterrenbeeld, constellatie;*

II ⟨telb. en n.-telb.zn.⟩ **0.1** ***asterie*** ⟨v. mineralen, edelstenen⟩.

a·stern [ə'stɜ:n‖ə'stɜrn]⟨f1⟩⟨bw.⟩⟨scheep.⟩ **0.1** ***achteruit*** ⇒*(naar) achter(en)* ◆ **3.1** fall ~ (of) *achter(op) raken (bij)*.

a·ster·nal ['eɪ'stɜ:nl‖-'stɜr-]⟨bn.⟩⟨med., dierk.⟩ **0.1** ***niet met het borstbeen verbonden*** **0.2** ***zonder borstbeen***.

as·ter·oid[1] ['æstərɔɪd]⟨telb.zn.⟩ **0.1** ⟨ster.⟩ ***asteroïde*** ⇒*kleine planeet, planetoïde* **0.2** ⟨dierk.⟩ ***zeester*** ⟨klasse Asteroidea⟩.

asteroid[2], **as·ter·oi·dal** ['æstə'rɔɪdl]⟨bn.⟩ **0.1** ***stervormig***.

as·the·ni·a [æs'θi:nɪə], **as·the·ny** ['æsθəni]⟨n.-telb.zn.⟩⟨med.⟩ **0.1** ***asthenie*** ⇒*zwakte, krachteloosheid*.

as·then·ic[1] [æs'θenɪk]⟨telb.zn.⟩⟨med.⟩ **0.1** ***asthenisch type*** ⇒*persoon met zwak gestel*.

asthenic[2], **as·then·i·cal** [æs'θenɪkl]⟨bn.⟩⟨med.⟩ **0.1** ***asthenisch*** ⇒*zwak*.

as·the·no·pi·a ['æsθə'noʊpɪə]⟨n.-telb.zn.⟩⟨med.⟩ **0.1** ***asthenopie*** ⇒*gezichtszwakte* ⟨overinspanning v.d. ogen met hoofdpijn⟩.

asth·ma ['æsmə‖'æzmə]⟨f2⟩⟨n.-telb.zn.⟩⟨med.⟩ **0.1** ***astma***.

asth·mat·ic[1] [æs'mætɪk‖æz'mæt̬ɪk]⟨f1⟩⟨telb.zn.⟩⟨med.⟩ **0.1** ***astmalijder*** ⇒*astmaticus*.

asthmatic[2] ⟨f1⟩⟨bn.; -ally⟩⟨med.⟩ **0.1** ***astmatisch***.

as·tig·mat·ic ['æstɪg'mæt̬ɪk]⟨bn.; -ally⟩⟨med.⟩ **0.1** ***astigmatisch***.

a·stig·ma·tism [ə'stɪgmətɪzm]⟨n.-telb.zn.⟩⟨med.⟩ **0.1** ***astigmatisme***.

a·stir [ə'stɜ:‖ə'stɜr]⟨f1⟩⟨bn., pred.; bw.⟩ **0.1** ***in beweging*** ⇒*op de been, op(gestaan), wakker* **0.2** ***opgewonden*** ⇒*geestdriftig*.

ASTMS ⟨afk.⟩ Association of Scientific, Technical, and Managerial Staffs ⟨BE⟩.

a·stom·a·tous ['eɪ'stɒmətəs‖-'stɑmət̬əs], **as·tom·ous** ['æstəməs], **a·stom·a·tal** [eɪ'stɒmətl‖-'stɑmət̬l]⟨bn.⟩ **0.1** ⟨dierk.⟩ ***zonder mond*** **0.2** ⟨plantk.⟩ ***zonder huidmondje***.

a·ston·ied [ə'stɒnid‖-'stɑ-]⟨bn.⟩⟨vero.⟩ **0.1** ***verbijsterd*** ⇒*in de war, verlamd* ⟨v. schrik⟩; *bedwelmd, verdoofd*.

a·ston·ish [ə'stɒnɪʃ‖ə'stɑ-]⟨f3⟩⟨ov.ww.⟩ →astonishing **0.1** ***verbazen*** ⇒*versteld doen staan* ◆ **6.1** be ~ed **at** sth. *stomverbaasd zijn over iets, zich over iets verbazen*.

a·ston·ish·ing [ə'stɒnɪʃɪŋ‖ə'stɑ-]⟨f2⟩⟨bn.; -ly; teg. deelw. v. astonish⟩ **0.1** ***verbazingwekkend***.

a·ston·ish·ment [ə'stɒnɪʃmənt‖ə'stɑ-]⟨f2⟩⟨zn.⟩

I ⟨telb.zn.⟩ **0.1** ***wonder*** ⇒*wonderbaarlijk iets;*

II ⟨n.-telb.zn.⟩ **0.1** ***verbazing***.

a·stound [ə'staʊnd]⟨f2⟩⟨ov.ww.⟩ →astounding **0.1** ***ontzetten*** ⇒*verbazen, schokken*.

a·stound·ing [ə'staʊndɪŋ]⟨bn.; -ly; teg. deelw. v. astound⟩ **0.1** ***verbazingwekkend***.

a·strad·dle[1] [ə'strædl]⟨bn., pred.; bw.⟩ **0.1** ***schrijlings*** ◆ **6.1** ~ **of/on** *schrijlings op*.

astraddle[2] ⟨vz.⟩ **0.1** ***schrijlings op***.

as·tra·gal ['æstrəgl]⟨telb.zn.⟩ **0.1** ⟨bouwk.⟩ ***astragaal*** ⟨band, krans of lijst om zuil⟩ **0.2** ***sierring*** ⟨om loop v. kanon⟩.

as·trag·a·lus [ə'strægələs]⟨telb.zn.; astragali [-laɪ]; →mv. 5⟩ **0.1** ⟨dierk., med.⟩ ***sprongbeen*** ⇒*kootbeen* **0.2** ⟨plantk.⟩ ***Astragalus*** ⟨vlinderbloemig plantengenus⟩.

as·tra·khan, as·tra·chan ['æstrə'kæn‖'æstrəkən]⟨f1⟩⟨telb. en n.-telb.zn.⟩ **0.1** ***astrakan(bont/vel)***.

as·tral ['æstrəl]⟨bn.; -ly⟩ **0.1** ***astraal*** ⇒*de sterren betreffend* **0.2** ⟨biol.⟩ ***stervormig*** ◆ **1.1** ⟨occultisme⟩ ~ body *astraallichaam;* ~ lamp *astraallamp, sterrelamp;* ⟨occultisme⟩ ~ spirits *astrale geesten*.

as·tra·pho·bi·a ['æstrə'foʊbɪə]⟨n.-telb.zn.⟩ **0.1** ***vrees voor donder en bliksem***.

a·stray [ə'streɪ]⟨f1⟩⟨bn., pred.; bw.⟩⟨→sprw. 56⟩ **0.1** ***verdwaald*** ⇒⟨fig.⟩ *op het verkeerde/slechte pad, op een dwaalspoor* ◆ **3.1** be ~ *verdwaald zijn, het geheel mis hebben;* go ~ *verdwalen, de verkeerde weg opgaan;* lead s.o. ~ *iem. op een dwaalspoor/het slechte pad brengen*.

as·trict [ə'strɪkt]⟨ov.ww.⟩⟨vero.⟩ **0.1** ***binden*** ⇒*verplichten* ⟨vnl. moreel en legaal⟩.
as·tric·tion [ə'strɪkʃn]⟨telb. en n.-telb.zn.⟩⟨vero.⟩ **0.1** ***binding*** ⇒⟨fig.⟩ *beperking*.
as·tric·tive [ə'strɪktɪv]⟨bn.; -ly; -ness⟩⟨vero.⟩ **0.1** ***bindend*** ⇒*samentrekkend*.
a·stride[1] [ə'straɪd]⟨f1⟩⟨bw.⟩ **0.1** ***schrijlings*** ⇒*wijdbeens, dwars* ◆ **3.1** she rode ~ *ze reed schrijlings* **6.1** she sat ~ **of** the roof *ze zat schrijlings op de nok v.h. dak*.
astride[2] ⟨f1⟩⟨vz.⟩ **0.1** ***schrijlings over*** ⇒*aan beide kanten v.* ◆ **1.1** she sat ~ her horse *ze zat schrijlings op haar fiets;* they stand ~ two cultures *ze behoren tot twee culturen;* it stood ~ the flowerbed *het stond over het bloembed heen*.
as·tringe [ə'strɪndʒ]⟨ov.ww.⟩ **0.1** ***samentrekken*** ⇒*samenbinden, insnoeren*.
as·trin·gen·cy [ə'strɪndʒənsi]⟨n.-telb.zn.⟩ **0.1** ⟨med.⟩ ***samentrekkende werking*** **0.2** ***strengheid*** ⇒*scherpte, bitterheid, hardheid*.
as·trin·gent[1] [ə'strɪndʒənt]⟨f1⟩⟨telb.zn.⟩⟨med.⟩ **0.1** ***samentrekkend middel*** ⇒*styptisch/bloedstelpend/adstringerend middel, adstringens*.
astringent[2] ⟨bn.; -ly⟩ **0.1** ⟨med.⟩ ***samentrekkend*** ⇒*styptisch, bloedstelpend, adstringerend* **0.2** ***streng*** ⇒*scherp, bitter, nors, hard*.
as·tro-, astr- ['æstr(oʊ)] **0.1** ***astro-*** ⇒*ster(ren)-, stervormig* ◆ **¶.1** astrology *sterrenwichelarij;* astrodog *ruimtehond*.
as·tro·bi·ol·o·gy ['æstroʊbaɪ'ɒlədʒi‖-'ɑlədʒi]⟨n.-telb.zn.⟩ **0.1** ***astrobiologie*** ⟨studie v.d. buitenaardse organismen⟩.
as·tro·bleme ['æstroʊbli:m]⟨telb.zn.⟩ **0.1** ***inslag v. meteoriet***.
as·tro·bot·a·ny ['æstroʊ'bɒtəni‖-'bɑtni]⟨n.-telb.zn.⟩ **0.1** ***astrobotanica*** ⟨studie v.d. plantengroei op hemellichamen⟩.
as·tro·chro·nol·o·gist ['æstroʊkrə'nɒlədʒɪst‖-'nɑ-]⟨telb.zn.⟩ **0.1** ***sterrekundige*** ⇒⟨i.h.b.⟩ *specialist in de evolutie v. hemellichamen*.
as·tro·cyte ['æstroʊsaɪt]⟨telb.zn.⟩⟨biol.⟩ **0.1** ***stercel***.
as·tro·cy·to·ma ['æstroʊsaɪ'toʊmə]⟨telb.zn.; ook astrocytomata [-mətə]; →mv. 5⟩⟨med.⟩ **0.1** ***kwaadaardige tumor v. stercellen***.
as·tro·dome ['æstrədoʊm], ⟨in bet. 0.2 ook⟩ **as·tro·hatch** [-hætʃ] ⟨telb.zn.⟩ **0.1** ⟨vnl. A-⟩ ***overdekt (sport)stadion met doorzichtige koepel*** **0.2** ⟨vero.; lucht.⟩ ***(observatie) koepel*** ⟨in vliegtuig⟩.
as·tro·dy·nam·ics ['æstroʊdaɪ'næmɪks]⟨mv.; ww. vnl. enk.⟩ **0.1** ***astrodynamica*** ⟨leer v.d. bewegingen v.d. hemellichamen⟩.
as·tro·gate ['æstrəgeɪt]⟨onov.ww.⟩ **0.1** ***een ruimteschip besturen***.
as·tro·ga·tion ['æstrə'geɪʃn]⟨n.-telb.zn.⟩ **0.1** ***ruimtevaart(navigatie)*** ⇒*het besturen v.e. ruimteschip*.
as·tro·ga·tor ['æstrəgeɪtə‖-geɪtər]⟨telb.zn.⟩ **0.1** ***ruimtevaarder*** ⇒*bestuurder v.e. ruimteschip*.
as·tro·ge·ol·o·gy ['æstroʊdʒi'ɒlədʒi‖-'ɑlə-]⟨n.-telb.zn.⟩ **0.1** ***astrogeologie*** ⟨wetenschap v.d. geologische samenstelling v.d. hemellichamen⟩.
astrol ⟨afk.⟩ astrologer, astrological, astrology.
as·tro·labe ['æstrəleɪb]⟨telb.zn.⟩ **0.1** ***astrolabium*** ⇒*hoekmeter*.
as·trol·o·ger [ə'strɒlədʒə‖ə'strɑlədʒər]⟨telb.zn.⟩ **0.1** ***astroloog*** ⇒*sterrenwichelaar*.
as·tro·log·ic ['æstrə'lɒdʒɪk‖-'lɑdʒɪk], **as·tro·log·i·cal** [-ɪkl]⟨bn.; -(al)ly; →bijw. 3⟩ **0.1** ***astrologisch***.
as·trol·o·gy [ə'strɒlədʒi‖ə'strɑ-]⟨f1⟩⟨n.-telb.zn.⟩ **0.1** ***astrologie*** ⇒*sterrenwichelarij*.
as·tro·met·ric ['æstroʊ'metrɪk], **as·tro·met·ri·cal** [-ɪkl]⟨bn.; -(al)ly; →bijw. 3⟩ **0.1** ***astrometrisch***.
as·trom·e·try [æ'strɒmɪtri‖-'strɑ-]⟨n.-telb.zn.⟩ **0.1** ***astrometrie***.
astron ⟨afk.⟩ astronomer, astronomical, astronomy.
as·tro·naut ['æstrənɔ:t]⟨f2⟩⟨telb.zn.⟩ **0.1** ***astronaut*** ⇒*ruimtevaarder* ⟨i.h.b. Am.⟩, *kosmonaut*.
as·tro·naut·ess ['æstrənɔ:tɪs]⟨telb.zn.⟩ **0.1** ***astronaute*** ⇒*kosmonaute*.
as·tro·nau·tic ['æstrə'nɔ:tɪk], **as·tro·nau·ti·cal** [-ɪkl]⟨bn.; -(al)ly; →bijw. 3⟩ **0.1** ***astronautisch***.
as·tro·nau·tics ['æstrə'nɔ:tɪks]⟨n.-telb.zn.⟩ **0.1** ***astronautica*** ⇒*ruimtevaartwetenschap/technologie*.
as·tro·nav·i·ga·tion ['æstroʊnævɪ'geɪʃn]⟨n.-telb.zn.⟩ **0.1** ***astronavigatie***.
as·tro·nav·i·ga·tor ['æstroʊ'nævɪgeɪtə‖-geɪtər]⟨telb.zn.⟩ **0.1** ***astronavigator***.
as·tron·o·mer [ə'strɒnəmə‖ə'strɑnəmər]⟨f1⟩⟨telb.zn.⟩ **0.1** ***astronoom*** ⇒*sterrenkundige*.
as·tro·nom·i·cal ['æstrə'nɒmɪkl‖-'nɑ-], **as·tro·nom·ic** [-'nɒmɪk‖-'nɑ-] ⟨f2⟩⟨bn.; -(al)ly; →bijw. 3⟩ **0.1** ***astronomisch*** ⟨ook fig.⟩ ⇒*sterrenkundig* ◆ **1.1** ⟨fig.⟩ astronomical figures/distances *astronomische cijfers/afstanden;* astronomical unit *astronomische eenheid* ⟨de lengte v.d. halve grote as v.d. aardbaan⟩.
as·tron·o·my [ə'strɒnəmi‖ə'strɑ-]⟨f2⟩⟨n.-telb.zn.⟩ **0.1** ***astronomie*** ⇒*sterrenkunde*.
as·tro·pho·to·graph·ic ['æstroʊfoʊtə'græfɪk]⟨bn.⟩ **0.1** ***astrofotografisch***.
as·tro·pho·tog·ra·phy ['æstroʊfə'tɒgrəfi‖-'tɑ-]⟨n.-telb.zn.⟩ **0.1** ***astrofotografie***.
as·tro·phys·i·cal ['æstroʊ'fɪzɪkl]⟨bn.⟩ **0.1** ***astrofysisch***.
as·tro·phys·i·cist ['æstroʊ'fɪzɪsɪst]⟨telb.zn.⟩ **0.1** ***astrofysicus***.
as·tro·phys·ics ['æstroʊ'fɪzɪks]⟨n.-telb.zn.⟩ **0.1** ***astrofysica***.
as·tro·space ['æstroʊspeɪs]⟨n.-telb.zn.⟩ **0.1** ***de ruimte tussen de sterren/planeten***.
As·tro·turf ['æstroʊtɜ:f‖-tɜrf]⟨n.-telb.zn.⟩⟨merknaam⟩ **0.1** ***kunstgras***.
As·tu·ri·an[1] [æ'stʊəriən‖-'stʊr-]⟨telb.zn.⟩ **0.1** ***Asturiër***.
Asturian[2] ⟨bn.⟩ **0.1** ***Asturisch***.
As·tu·ri·as [æ'stʊəriæs‖-'stʊr-]⟨eig.n.⟩ **0.1** ***Asturië***.
as·tute [ə'stju:t‖ə'stu:t]⟨f2⟩⟨bn.; -ly; -ness⟩ **0.1** ***scherpzinnig*** ⇒*schrander, slim, sluw, geslepen*.
a·sty·lar ['eɪstaɪlə‖-ər]⟨bn.⟩⟨vero.; bouwk.⟩ **0.1** ***zonder zuilen of pilasters***.
ASU ⟨afk.⟩ Asuncion ⟨luchtvaartcode⟩.
a·sun·der [ə'sʌndə‖-ər]⟨bw.⟩⟨schr.⟩ **0.1** ***van/uit elkaar*** ⇒*gescheiden* **0.2** ***in stukken*** ◆ **1.1** ⟨fig.⟩ poles ~ *hemelsbreed verschillend* **3.2** tear ~ *stukscheuren*.
ASV ⟨afk.⟩ American Standard Version.
a·syl·lab·ic ['eɪsɪ'læbɪk]⟨bn.⟩ **0.1** ***niet syllabisch***.
a·sy·lum [ə'saɪləm]⟨f1⟩⟨zn.⟩
I ⟨telb.zn.⟩ **0.1** ***asiel*** ⇒*toevluchtsoord, wijkplaats, vrijplaats, schuilplaats* **0.2** ⟨vero.⟩ ***inrichting*** ⇒*tehuis/gesticht,* ⟨i.h.b.⟩ *krankzinnigengesticht;*
II ⟨n.-telb.zn.⟩ **0.1** ***asiel*** ⇒*toevlucht* ◆ **2.1** political ~ *politiek asiel*.
a'sylum country ⟨telb.zn.⟩ **0.1** ***asielland***.
asymmetric ['eɪsɪ'metrɪk, 'æ-], **a·sym·met·ri·cal** [-ɪkl]⟨f1⟩⟨bn.; -(al)ly; →bijw. 3⟩ **0.1** ***asymmetrisch*** ◆ **1.1** ⟨turnen⟩ ~ bars *brug met ongelijke leggers*.
a·sym·me·try ['eɪ'sɪmətri]⟨n.-telb.zn.⟩ **0.1** ***asymmetrie***.
a·symp·to·mat·ic ['eɪsɪm(p)tə'mætɪk]⟨bn.; -ally; →bijw. 3⟩ **0.1** ***niet-symptomatisch*** ⟨geen symptomen vertonend of veroorzakend⟩.
as·ymp·tote ['æsɪm(p)toʊt]⟨telb.zn.⟩⟨wisk.⟩ **0.1** ***asymptoot***.
as·ymp·tot·ic ['æsɪm(p)'tɒtɪk‖-'tɑtɪk], **as·ymp·tot·i·cal** [-ɪkl]⟨bn.; -(al)ly; →bijw. 3⟩ **0.1** ***asymptotisch***.
a·syn·chro·nism ['eɪ'sɪŋkrənɪzm]⟨n.-telb.zn.⟩ **0.1** ***gemis aan synchronisme***.
a·syn·chro·nous ['eɪ'sɪŋkrənəs]⟨bn.; -ly⟩ **0.1** ***asynchroon*** ⇒*niet-synchroon*.
as·yn·det·ic ['æsɪn'detɪk]⟨bn.; -ally; →bijw. 3⟩⟨taalk.⟩ **0.1** ***asyndetisch***.
a·syn·de·ton [æ'sɪndɪtən‖ə'sɪndətɑn]⟨telb. en n.-telb.zn.⟩⟨taalk.⟩ **0.1** ***asyndeton*** ⟨zinsverband zonder voegwoorden⟩.
a·syn·tac·tic ['eɪsɪn'tæktɪk]⟨bn.⟩ **0.1** ***niet-syntactisch***.
As·yut, As·yût, As·siut [æ'sju:t]⟨eig.n.⟩ **0.1** ***Sioet*** ⇒*Assioet, Asjoet* ⟨stad in Egypte⟩.
at[1] [ət⟨sterk⟩æt]⟨f4⟩⟨vz.⟩ **0.1** ⟨plaats, tijd, punt op een schaal⟩ ***aan*** ⇒*te, in, op, bij* ⟨enz.⟩ **0.2** ⟨doel of richting⟩ ***naar*** **0.3** ⟨activiteit of beroep⟩ ***bezig met*** **0.4** ⟨vaardigheid⟩ ***op het gebied van*** **0.5** ⟨omstandigheid of een toestand⟩ ***verkerende in*** **0.6** ⟨oorzaak, middel, wijze, oorsprong, handelende persoon, enz. v.e. handeling⟩ ***door*** ⇒*naar aanleiding van, als gevolg van, door middel van, via* ◆ **1.1** ~ my aunt's *bij mijn tante;* ~ Christmas *met Kerstmis;* ~ the corner *op de hoek;* bake ~ 150° degrees centigrade *bakken bij een temperatuur v. 150° Celsius;* ~ dinner *bij het diner;* ~ the entrance *aan de ingang;* too tight ~ the knees *te strak bij de knieën;* ~ 20 miles an hour *met 20 mijl per uur;* a night ~ the opera *een avond in de opera;* cheap ~ 10 p. *goedkoop voor 10 pence;* ~ the races *op/bij de paardenrennen;* ~ that time *toen, in die tijd* **1.2** he aimed the gun ~ Jill *hij richtte het geweer op Jill;* he came ~ Jill *hij kwam op Jill af/viel Jill aan;* point ~ a person *naar iemand wijzen* **1.3** I was ~ my sums *ik was bezig mijn sommen te maken;* the man ~ the wheel *de man aan het stuur, de chauffeur;* ~ work *aan het werk* **1.4** an expert ~ chess *een expert in het schaakspel* **1.5** he was ~ ease *hij voelde zich op zijn gemak;* her mind was ~ rest *ze was gerustgesteld* **1.6** sold ~ auction *bij opbod verkocht;* ~ my command *op mijn bevel;* have men ~ one's command *mannen onder zich hebben, het bevel voeren over mannen;* ~ a glance *met/in één oogopslag;* she died ~ his hands *hij heeft haar gedood;* surprised ~ her reaction *verbaasd over haar reactie;* he cried ~ the sight *hij huilde toen hij het zag;* ~ full speed *in volle vaart* **4.1** ~ forty *op veertigjarige leeftijd;* ⟨sl.⟩ where it's ~ *waar het om draait, de essentie; waar het te doen is* **4.3** he doesn't know what he's ~ *hij weet niet wat hij doet/wil* **6.¶** ⟨scheep., verz.⟩ ~ and from *verzekerd in de haven van vertrek en onderweg*.

at² ⟨afk.⟩ attorney.
AT ⟨afk.⟩ antitank.
atabrine →atebrin.
ataghan →yataghan.
at·a·man ['æţəmæn]⟨telb.zn.⟩ **0.1** ***kozakkenleider***.
at·a·rac·tic¹ [-'æţə'ræktɪk], **at·a·rax·ic** [-'ræksɪk]⟨telb.zn.⟩⟨med.⟩ **0.1** ***kalmeringsmiddel*** ⇒*tranquillizer, sedativum*.
ataractic², ataraxic ⟨bn.⟩ **0.1** ***kalmerings-*** ⇒*kalmerend*.
at·a·rax·y ['æţəræksi], **at·a·rax·i·a** [-'ræksɪə]⟨n.-telb.zn.⟩ **0.1** ***onbewogenheid*** ⇒*volkomen gemoedsrust, stoïcijnse onverstoorbaarheid/onverschilligheid, ataraxie*.
a·tav·ic [ə'tævɪk‖'æţə-]⟨bn.⟩ **0.1** ***atavistisch***.
at·a·vism ['æţəvɪzm]⟨telb. en n.-telb.zn.⟩ **0.1** ***atavisme*** ⇒*terugslag*.
at·a·vist ['æţəvɪst]⟨telb.zn.⟩ **0.1** ***atavist***.
at·a·vis·tic ['æţə'vɪstɪk]⟨bn.; -ally; →bijw. 3⟩ **0.1** ***atavistisch***.
a·tax·ic¹ [ə'tæksɪk]⟨telb.zn.⟩⟨med.⟩ **0.1** ***ataxiepatiënt***.
ataxic² ⟨bn.⟩⟨med.⟩ **0.1** ***ataxisch***.
a·tax·y [ə'tæksi], **a·tax·i·a** [-sɪə]⟨n.-telb.zn.⟩⟨med.⟩ **0.1** ***ataxie*** ⟨stoornis in de coördinatie v.d. spieren⟩ ◆ **2.1** locomotor ~ *locomotorische ataxie*.
ATC ⟨afk.⟩ air traffic control, Air Training Corps ⟨BE⟩.
a·tchoo [ə'tʃu:]⟨tussenw.⟩⟨AE⟩ **0.1** ***hatsjie***.
ate [et‖eɪt]⟨verl. t.⟩ →eat.
-ate [ət, eɪt] **0.1** ⟨vormt zelfst. nw. die een ambt, functie of staat, groep, produkt, of in de schei. een zout v.e. zuur aanduiden⟩ **0.2** ⟨vormt bijv. nw. die een bezit, vorm of alg. kenmerken aanduiden⟩ ◆ **¶.1** chlorate *chloraat;* electorate *kiezerscorps;* filtrate *filtraat;* magistrate *magistraat* **¶.2** desolate *desolaat;* lyrate *liervormig*.
at·e·brin, at·a·brine ['æţəbrɪn]⟨telb. en n.-telb.zn.⟩ **0.1** ***atebrine*** ⟨verouderd geneesmiddel tegen de malaria⟩.
at·el·ier [ə'telieɪ‖'æţl'jeɪ]⟨telb.zn.⟩ **0.1** ***atelier***.
a·tem·po·ral ['eɪ'temprəl]⟨bn.⟩ **0.1** ***atemporeel*** ⇒*tijdloos*.
ATH ⟨afk.⟩ Athens ⟨luchtvaartcode⟩.
Ath·a·na·sian¹ ['æθə'neɪʃn‖-'neɪʒn]⟨telb.zn.⟩ **0.1** ***volger v. Athanasius en zijn leer***.
Athanasian² ⟨bn.⟩ **0.1** ***Athanasiaans*** ◆ **1.1** ~ Creed *geloofsbelijdenis v. Athanasius*.
Ath·a·pas·can¹, Ath·a·pas·kan ['æθə'pæskən], **Ath·a·bas·can, Ath·a·bas·kan** [-'bæs-]⟨zn.⟩
I ⟨eig.n.⟩ **0.1** ***Athabaskisch*** ⟨taal v. Noordamerikaanse Indianenstam⟩;
II ⟨telb.zn.⟩ **0.1** ***Athabask*** ⟨Noordamerikaanse Indiaan⟩.
Athapascan², Athapaskan, Athabascan, Athabaskan ⟨bn.⟩ **0.1** ***Athabaskisch***.
a·the·ism ['eɪθiɪzm]⟨f1⟩⟨n.-telb.zn.⟩ **0.1** ***atheïsme*** ⇒*godloochening* **0.2** ***goddeloosheid***.
a·the·ist ['eɪθiɪst]⟨f1⟩⟨telb.zn.⟩ **0.1** ***atheïst*** ⇒*godloochenaar*.
a·the·is·tic ['eɪθi'ɪstɪk]⟨f1⟩⟨bn.; -ness⟩ **0.1** ***atheïstisch***.
a·the·is·ti·cal ['eɪθi'ɪstɪkl]⟨f1⟩⟨bn.; -ly⟩ **0.1** ***atheïstisch***.
ath·e·ling, aeth·e·ling ['æθəlɪŋ]⟨telb.zn.⟩⟨gesch.⟩ **0.1** ***prins*** ⇒*lord, edelman* ⟨bij de Angelsaksen⟩.
a·the·mat·ic ['eɪθi:'mæţɪk]⟨bn.⟩⟨muz., taalk.⟩ **0.1** ***athematisch***.
ath·e·ne·um, ath·e·nae·um, ⟨AE sp. ook⟩ **ath·e·ne·um** ['æθə'ni:əm]⟨zn.⟩
I ⟨eig.n.; A-⟩⟨gesch.⟩ **0.1** ***Atheneum*** ⇒*Griekse tempel* **0.2** ***Atheneum*** ⟨Romeinse school⟩ ⇒*illustere school;*
II ⟨telb.zn.⟩ **0.1** ***literaire/wetenschappelijke vereniging*** ⇒*academie* **0.2** ***leeszaal*** ⇒***bibliotheek***.
A·the·ni·an¹ [ə'θi:nɪən]⟨f1⟩⟨telb.zn.⟩ **0.1** ***Athener***.
Athenian² ⟨f1⟩⟨bn.⟩ **0.1** ***Atheens***.
Ath·ens ['æθɪnz]⟨eig.n.⟩ **0.1** ***Athene***.
ath·er·o·scle·ro·sis ['æθəroʊsklə'roʊsɪs]⟨telb. en n.-telb.zn.; atherosclerosis [-si:z]; →mv. 5⟩⟨med.⟩ **0.1** ***atherosclerose*** ⟨vorm v. arteriosclerose⟩.
a·thirst [ə'θɜ:st‖ə'θɜrst]⟨bn., pred.⟩⟨schr.⟩ **0.1** ***dorstend*** ⇒*begerig, verlangend* **0.2** ⟨vero.⟩ ***dorstig*** ◆ **6.1** ~ **for** glory *dorstend naar roem*.
athl ⟨afk.⟩ athlete, athletic(s).
ath·lete ['æθli:t]⟨f2⟩⟨telb.zn.⟩ **0.1** ***atleet*** ⇒*sportman* **0.2** ***atletisch type*** ⇒*krachtige figuur; sterke persoonlijkheid* ⟨ook fig.⟩.
'athlete's 'foot ⟨n.-telb.zn.⟩⟨med.⟩ **0.1** ***voetschimmel***.
'athlete's 'heart ⟨telb. en n.-telb.zn.⟩ **0.1** ***sporthart*** ⟨uitgezet, hypertrofisch hart⟩.
ath·let·ic [æθ'leţɪk, əθ-]⟨f2⟩⟨bn.; -ally; →bijw. 3⟩ **0.1** ***atletisch*** ⇒*gymnastiek-* **0.2** ***atletisch*** ⇒⟨ook antr.⟩ *sterk, groot en gespierd* ◆ **1.1** ~ sports *atletieksport;* ~ support(er) *sportsuspensoir/suspensorium*.
ath·let·i·cism [æθ'leţɪsɪzm, əθ-]⟨n.-telb.zn.⟩ **0.1** ***atletiek*** **0.2** ***atletische eigenschappen***.
ath·let·ics [æθ'leţɪks, əθ-]⟨f2⟩⟨mv.⟩ **0.1** ⟨ww. vnl. enk.⟩ ***atletiek*** ⇒*de atletieksport* **0.2** ⟨ww. mv.⟩⟨AE⟩ ***atletiekoefeningen/wedstrijden*** ⇒*sport* ⟨in het alg.⟩.
at-home [ət'hoʊm]⟨telb.zn.⟩⟨vero.⟩ **0.1** ***kleine informele receptie thuis*** ⇒*jour, ontvangdag*.
-athon **0.1** ***marathon*** ⟨vaak voor liefdadigheidsdoeleinden⟩ ◆ **¶.1** bikeathon *fietsmarathon;* danceathon *dansmarathon;* talkathon *praatmarathon*.
a·throb [ə'θrɒb‖ə'θrɑb]⟨bn., pred.⟩ **0.1** ***kloppend***.
a·thwart¹ [ə'θwɔ:t‖ə'θwɔrt], ⟨vero.⟩ **thwart** [θwɔ:t‖θwɔrt]⟨bw.⟩ **0.1** ***schuin*** ⇒*dwars, scheef* **0.2** ***dwars*** ⟨ook fig.⟩ ⇒*koppig, onhandelbaar, verkeerd* ◆ **3.2** all his plans went ~ *al zijn plannen liepen mis* **6.1** it ran ~ **to** the edge *het liep schuin ten opzichte v.d. rand*.
athwart², ⟨vero.⟩ **thwart** ⟨vz.⟩ **0.1** ***over ... heen*** ⇒*v.d. ene kant naar de andere v., dwars op* **0.2** ***tegen ... in*** ⟨ook fig.⟩ ⇒*dwars* ◆ **1.1** steered ~ our course *kruiste onze koers;* lay ~ the path *lag dwars over het pad* **1.2** ~ his own principles *tegen zijn eigen principes in*.
a'thwart·hawse ⟨bw.⟩⟨scheep.⟩ **0.1** ***dwars voor de boeg***.
a'thwart·ships ⟨bw.⟩⟨scheep.⟩ **0.1** ***dwarsscheeps***.
a·tilt [ə'tɪlt]⟨bn., post.; bw.⟩ **0.1** ***overhellend*** ⇒*kippend, wippend, bijna omvallend, kantelend* **0.2** ⟨vero.⟩ ***met gevelde lans*** ◆ **3.2** ⟨vnl. fig.⟩ run/ride ~ at/against/with *aanvallen, te lijf gaan*.
-a·tion ['eɪʃn]⟨vormt nw. die een handeling of toestand uitdrukken of een resultaat aanduiden⟩ **0.1** ***-atie*** ⇒*-ing* ◆ **¶.1** civilization *beschaving;* negotiation *onderhandeling*.
a·tish·oo [ə'tɪʃu:], ⟨AE⟩ **a·tchoo, a·choo** [ə'tʃu:]⟨tussenw.⟩ **0.1** ***hatsjie***.
-a·tive [ətɪv‖əţɪv, eɪţɪv]⟨vormt bijv. nw., vnl. uit zelfst. nw. en ww.⟩ **0.1** ***-atief*** ◆ **¶.1** talkative *praatziek;* pejorative *pejoratief*.
Atl ⟨afk.⟩ Atlantic.
At·lan·te·an ['ætlæn'ti:ən]⟨bn.⟩ **0.1** ***(zo)als/van Atlas*** ⇒⟨fig.⟩ *sterk, machtig* **0.2** ***(zo)als/van Atlantis***.
at·lan·tes ⟨mv.⟩ →atlas.
At·lan·tic¹ [ət'lænţɪk]⟨eig.n.; the⟩ **0.1** ***Atlantische Oceaan***.
Atlantic² ⟨f1⟩⟨bn.⟩ **0.1** ***Atlantisch*** **0.2** ***van Atlas*** **0.3** ***van het Atlasgebergte*** **0.4** ⟨dierk.⟩ ***v./mbt. de atlas*** ◆ **1.1** ~ Ocean *Atlantische Oceaan;* ~ Time *Atlantische Tijd* ⟨standaardtijd in Oost-Canada⟩ **1.¶** ⟨dierk.⟩ ~ herring *haring* ⟨Clupea harengus⟩; ⟨dierk.⟩ ~ salmon *Europese zalm* ⟨Salmo salar⟩.
at·lan·to·sau·rus [ət'lænţə'sɔ:rəs]⟨telb.zn.⟩⟨dierk.⟩ **0.1** ***atlantosaurus*** ⟨uitgestorven reuzenreptiel⟩.
at·las¹ ['ætləs]⟨f2⟩⟨zn.⟩
I ⟨telb.zn.⟩ **0.1** ***atlas*** **0.2** ⟨dierk.⟩ ***atlas*** ⇒*bovenste halswervel* ◆ **2.1** an anatomical ~ *een atlas der anatomie;*
II ⟨n.-telb.zn.⟩ **0.1** ***atlas*** ⇒*zwaar satijn* **0.2** ***atlasformaat*** ⟨v. tekenpapier⟩.
atlas² ⟨telb.zn.; atlantes [ət'lænti:z]; →mv. 5; vnl. mv.⟩⟨bouwk.⟩ **0.1** ***atlant*** ⇒*dragende mannenfiguur, schraagbeeld*.
atm ⟨afk.⟩ atmosphere, atmospheric.
ATM ⟨afk.⟩ Automatic Telling/Teller Machine.
at·man ['ætmən‖'ɑtmən]⟨telb.zn.⟩ **0.1** ***atman*** ⇒*ziel, levensprincipe* ⟨hindoeïsme⟩.
at·mo- [ætmoʊ]⟨duidt op de aanwezigheid van of verwijst naar damp⟩ **0.1** ***atmo-*** ⇒*damp-* ◆ **¶.1** atmosphere *dampkring*.
at·mol·y·sis [ət'mɒləsɪs‖-'mɑ-]⟨telb. en n.-telb.zn.; atmolyses; →mv. 5⟩⟨nat.⟩ **0.1** ***atmolyse*** ⟨scheiden v. gassen uit een gasmengsel⟩.
at·mom·e·ter [æt'mɒmɪţə‖-'mɑmɪţər]⟨telb.zn.⟩⟨nat.⟩ **0.1** ***verdampingsmeter*** ⇒*atmometer*.
atmos ⟨afk.⟩ atmosphere, atmospheric.
at·mos·phere ['ætməsfɪə‖-sfɪr]⟨f3⟩⟨telb.zn.⟩ **0.1** ⟨vnl. the⟩ ***dampkring*** ⇒*atmosfeer* **0.2** ***(atmo)sfeer*** ⇒*stemming* **0.3** ⟨nat.⟩ ***atmosfeer*** ⟨eenheid v. druk⟩.
at·mos·pher·ic ['ætmə'sferɪk], **at·mos·pher·i·cal** [-ɪkl]⟨f2⟩⟨bn.; -(al)ly; →bijw. 3⟩ **0.1** ⟨ook meteo.⟩ ***atmosferisch*** ⇒*lucht-, dampkrings-* **0.2** ***sfeer-*** ◆ **1.1** ⟨nat.⟩ ~ pressure *atmosferische druk* **1.2** ~ music *sfeermuziek*.
at·mos·pher·ics ['ætmə'sferɪks]⟨mv.; ww. ook enk.⟩ **0.1** ***luchtstoringen*** ⇒*atmosferische storingen* ⟨op radio⟩ **0.2** ***gunstige sfeer***.
at·oll ['ætɒl‖'ætɑl]⟨telb.zn.⟩⟨aardr.⟩ **0.1** ***atol***.
at·om ['æţəm]⟨f3⟩⟨telb.zn.⟩ **0.1** ⟨nat.⟩ ***atoom*** **0.2** ***zeer kleine hoeveelheid*** ◆ **1.2** not an ~ of common sense *geen greintje verstand*.
'atom bomb ⟨f1⟩⟨telb.zn.⟩ **0.1** ***atoombom***.
at·om·ic [ə'tɒmɪk‖ə'tɑ-], ⟨zelden⟩ **at·om·i·cal** [-ɪkl]⟨f2⟩⟨bn.; -(al)ly; →bijw. 3⟩
I ⟨bn.⟩ **0.1** ***atoom-*** ⇒*kern-, atomisch* ⟨mbt. het atoom⟩, *nucleair* **0.2** ***atoom-*** ⇒*kern-, werkend op kernenergie* **0.3** ***zeer klein*** ◆ **1.1** ~ mass *atoomgewicht;* ~ number *atoomgetal, atoomnummer;* ~ philosophy *atomisme;* ~ theory ⟨fil.⟩ *atomisme;* ⟨nat.⟩ *atoomtheorie;* ~ weight *atoomgewicht* **1.2** ~ bomb *atoombom;* ~ clock

atoomklok; ~ war *atoomoorlog;* ~ warfare *oorlogvoering met atoomwapens;*
II ⟨bn., attr.⟩ **0.1** ***atoom-*** ⇒*mbt. kernsplitsing* **0.2** ***atoom-*** ⇒*kern-, in het bezit v. atoomwapens* ◆ **1.1** ~ age, Atomic Age *atoomtijdperk;* ~ energy *atoomenergie;* ~ pile *atoomreactor;* ~ power *atoomkracht; atoommogendheid;* ~ power station *kerncentrale;* ~ reactor *atoomreactor;* ~ scientist *atoomgeleerde, kernfysicus.*

at·om·ism ['æṭəmɪzm] ⟨n.-telb.zn.⟩ **0.1** ⟨fil., psych.⟩ ***atomisme*** **0.2** ⟨pol., soc.⟩ ***de verdeling v.d. maatschappij in eenheden / klassen / groepen op basis v.e. sterk individualistische tendens.***

at·om·ist ['æṭəmɪst] ⟨telb.zn.⟩ **0.1** ***atomist*** ⟨aanhanger v.h. atomisme⟩.

at·om·i·za·tion, -sa·tion ['ætəmaɪ'zeɪʃn‖'æṭəmə-] ⟨n.-telb.zn.⟩ **0.1** ***atomisering*** ⇒*versplintering* **0.2** ***verstuiving*** ⇒*verneveling* **0.3** ***het bombarderen met atoomwapens.***

at·om·ize, -ise ['æṭəmaɪz] ⟨ov.ww.⟩ **0.1** ***atomiseren*** ⇒*zo klein mogelijk maken, versplinteren* **0.2** ***verstuiven*** ⇒*vernevelen* **0.3** ***vernietigen door atoomwapens*** ◆ **1.1** the explosion ~d the bridge *de ontploffing verwoestte de brug totaal;* human behaviour has ~d society *het menselijk gedrag heeft de gemeenschap sterk verdeeld* **1.2** ~d fuel *in fijne druppeltjes verstoven olie, vernevelde olie.*

at·om·iz·er ['ætəmaɪzə‖'ætəmaɪzər] ⟨f1⟩ ⟨telb.zn.⟩ **0.1** ***verstuiver*** **0.2** ⟨landb.⟩ ***nevelspuit.***

'atom 'smasher ⟨telb.zn.⟩ ⟨inf.⟩ **0.1** ***deeltjesversneller.***

at·o·my ['æṭəmi] ⟨telb.zn.; →mv.2⟩ ⟨vero.⟩ **0.1** ***skelet*** ⟨ook fig.⟩ ⇒*geraamte* **0.2** ***atoom*** ⇒*partikel, kleinste deeltje* **0.3** ***nietig wezentje.***

a·ton·al [eɪ'tounl] ⟨bn.; -ly⟩ ⟨muz.⟩ **0.1** ***atonaal.***

a·to·nal·i·ty [eɪtou'næləṭi] ⟨n.-telb.zn.⟩ ⟨muz.⟩ **0.1** ***atonaliteit.***

a·tone [ə'toun] ⟨f1⟩ ⟨ww.⟩
I ⟨onov.ww.⟩ **0.1** ***goedmaken*** **0.2** ⟨vero.⟩ ***instemmen*** ◆ **6.1** ~ **for** *weer goedmaken, boeten voor;*
II ⟨ov.ww.⟩ ⟨vero.⟩ **0.1** ***weer goedmaken*** ⇒*boeten voor* **0.2** ***verzoenen.***

a·tone·ment [ə'tounmənt] ⟨f1⟩ ⟨n.-telb.zn.⟩ **0.1** ***vergoeding*** ⇒*boetedoening* ◆ **1.1** ⟨Jud.⟩ Day of Atonement *Grote Verzoendag, Jom Kippoer* **7.1** ⟨theol.⟩ the Atonement *de verlossing door / het zoenoffer v. Christus;* ⟨Christian Science⟩ *de verbondenheid v.d. mens met God.*

a·ton·ic [eɪ'tɒnɪk‖-'tɑ-] ⟨bn.⟩ **0.1** ⟨taalk.⟩ ***onbeklemtoond*** **0.2** ⟨med.⟩ ***atonisch*** ⇒*krachteloos, slap.*

at·o·ny ['æt(ə)ni] ⟨n.-telb.zn.⟩ **0.1** ⟨taalk.⟩ ***het onbeklemtoond zijn*** **0.2** ⟨med.⟩ ***atonie*** ⟨gebrek aan spierspanning⟩.

a·top[1] [ə'tɒp‖ə'tɑp] ⟨f1⟩ ⟨bn., post.; bw.⟩ ⟨schr.⟩ **0.1** ***(er) bovenop / aan*** ◆ **1.1** masts with flags ~ *masten met vlaggen (er) bovenaan* **6.1** ~ **of** it *er bovenop.*

atop[2] ⟨f1⟩ ⟨vz.⟩ ⟨schr.⟩ **0.1** ***boven op*** ⇒*(er)boven* ◆ **1.1** the cross ~ the spire *het kruis boven op de torenspits.*

-a·tor ['eɪtə‖'eɪṭər] **0.1** ⟨ong.⟩ ***-aar*** ⇒*-ier, -er* ⟨duidt handelende persoon / factor aan⟩ ◆ **¶.1** aviator *vliegenier.*

-a·to·ry [ətri‖ətɔri] **0.1** ⟨ong.⟩ ***met betrekking tot*** ⇒*gericht op, van* ◆ **¶.1** amendatory measure *corrigerende maatregel;* perspiratory gland *zweetklier.*

ATP ⟨afk.⟩ adenosine triphosphate.

at·ra·bil·ious ['ætrə'bɪlɪəs] ⟨bn.; -ness⟩ **0.1** ***zwartgallig*** **0.2** ***bitter*** ⇒*slechtgeluimd* **0.3** ***hypochondrisch*** ⇒*zwaarmoedig* ◆ **1.1** ~ temperament *zwartgallig temperament, atrabiliteit.*

a·trip[1] [ə'trɪp] ⟨bn., pred.⟩ ⟨scheep.⟩ **0.1** ***gelicht*** ⟨v. anker⟩ ⇒*van de grond, op* **0.2** ***gehesen*** ⟨v. zeil⟩ ⇒*strak staand, met staand zeil* **0.3** ***met geschoten steng*** ⟨v. hoofdmastra of steng⟩.

atrip[2] ⟨bw.⟩ ⟨scheep.⟩ **0.1** ***gelicht*** **0.2** ***gehesen*** **0.3** ***klaar voor strijken.***

a·tri·um ['eɪtrɪəm] ⟨telb.zn.; atria ['eɪtrɪə]; →mv.5⟩ **0.1** ⟨bouwk.⟩ ***atrium*** **0.2** ⟨med.⟩ ***atrium*** ⇒*boezem* ⟨v.h. hart⟩.

a·tro·cious [ə'trouʃəs] ⟨f1⟩ ⟨bn.; -ly; -ness⟩ **0.1** ***wreed*** ⇒*monsterachtig* **0.2** ***afschuwelijk slecht*** ◆ **1.1** an ~ crime *een wrede / afschuwelijke misdaad* **1.2** ~ weather *vreselijk slecht weer.*

a·troc·i·ty [ə'trɒsəti‖ə'trɑsəṭi] ⟨f1⟩ ⟨telb. en n.-telb.zn.; →mv.2⟩ **0.1** ***wreedheid*** ⇒*gruweldaad* **0.2** ***afschuwelijkheid.***

at·ro·phy[1] ['ætrəfi] ⟨f1⟩ ⟨n.-telb.zn.⟩ ⟨ook fig.⟩ **0.1** ***het wegkwijnen*** ⇒*atrofie* ◆ **1.1** ~ of an organ *atrofie / verschrompeling v.e. orgaan;* they witnessed the ~ of freedom *ze waren er getuige van hoe de vrijheid teloorging.*

atrophy[2] ⟨f1⟩ ⟨ww.; →ww.7⟩ ⟨ook fig.⟩
I ⟨onov.ww.⟩ **0.1** ***wegkwijnen*** ⇒*atrofiëren* ◆ **1.1** their friendship atrophied *hun vriendschap kwijnde weg / bloedde dood;*
II ⟨ov.ww.⟩ **0.1** ***doen atrofiëren*** ⇒*atrofie veroorzaken van, doen wegkwijnen.*

at·ro·pine ['ætrəpɪn‖-pi:n] ⟨n.-telb.zn.⟩ ⟨med.⟩ **0.1** ***atropine.***

ATS ⟨afk.⟩ American Temperance Society, Army Transport Service.

att ⟨afk.⟩ attached, attention, attorney.

at·ta·boy ['æṭəbɔɪ] ⟨tussenw.⟩ ⟨sl.⟩ **0.1** ***goed zo!*** ⇒*ga zo door!.*

at·tach [ə'tætʃ] ⟨f3⟩ ⟨ww.⟩
I ⟨onov.ww.⟩ →attach to;
II ⟨ov.ww.⟩ **0.1** ***(aan)hechten*** ⟨ook fig.⟩ ⇒*vastmaken, vastbinden, verbinden* **0.2** ⟨jur.⟩ ***toekennen*** ⇒*hechten* **0.3** ***detacheren*** ⇒*(tijdelijk) indelen / te werk stellen* **0.4** ⟨mil., jur.⟩ ***toevoegen*** ⇒*verbinden* **0.5** ⟨jur.⟩ ***arresteren*** ⇒*in beslag nemen, beslag leggen op, verbeurd verklaren, aanslaan* ◆ **1.1** ~ed you will find the documents *hierbij treft u de documenten aan* **6.1** ⟨fig.⟩ deeply ~ed **to** her brother *zeer gehecht aan haar broer, erg op haar broer gesteld;* ⟨fig.⟩ ~ o.s. **to** a group *zich bij een groep aansluiten;* ⟨fig.⟩ ~ o.s. **to** sth. / s.o. *zich aan iets / iem. hechten* **6.2** ~ too much importance **to** sth. *ergens te zwaar aan tillen;* ~ a meaning **to** sth. *een betekenis geven aan iets, iets interpreteren* **6.3** ~ **to** *detacheren bij, (tijdelijk) te werk stellen bij / in* **6.4** ~ed **to** the general *aan de generaal toegevoegd* **6.¶** →attach **to.**

at·tach·able [ə'tætʃəbl] ⟨bn.⟩ **0.1** ***bevestigbaar*** **0.2** ***vatbaar voor beslag*** **0.3** ***toe te schrijven*** ◆ **1.1** there is an ~ yellow glass for this camera *op dit fototoestel kun je een geelfilter zetten* **1.2** his possessions are ~ for debt *zijn bezittingen kunnen in beslag genomen worden om de schuld te delgen* **6.3** ~ **to** *toe te schrijven aan.*

at·ta·ché [ə'tæʃeɪ‖'æṭə'ʃeɪ] ⟨f1⟩ ⟨telb.zn.⟩ **0.1** ***attaché.***

attaché case ['--] ⟨f1⟩ ⟨telb.zn.⟩ **0.1** ***diplomatenkoffertje*** ⇒*attaché case.*

at·tach·ment [ə'tætʃmənt] ⟨f2⟩ ⟨zn.⟩
I ⟨telb.zn.⟩ **0.1** ***aanhechtsel*** ⇒*toevoegsel, bijvoegsel* **0.2** ***hulpstuk*** ⇒⟨in mv.⟩ *toebehoren, accessoires;*
II ⟨telb. en n.-telb.zn.⟩ **0.1** ***aanhechting*** ⇒*verbinding, toevoeging, aanknoping* **0.2** ***gehechtheid*** ⇒*genegenheid, trouw, band, vriendschap* **0.3** ***detachering*** ⇒*(tijdelijke) indeling / tewerkstelling* **0.4** ⟨jur.⟩ ***arrestatie*** ⇒*beslaglegging* **0.5** ⟨jur.⟩ ***arrestatie*** ⇒*lijfsdwang* ◆ **1.1** the ~s of the muscle *de aanhechting v.d. spier* **6.2** his ~ **to** the cause *zijn toewijding aan de zaak* **6.3 on** ~ **from** *uitgeleend door* ⟨bedrijf bv.; mbt. iets wat je tijdelijk niet nodig hebt⟩.

at'tach to ⟨f3⟩ ⟨onov.ww.⟩ **0.1** ***horen bij*** ⇒*inherent zijn aan, te maken hebben met, vastzitten aan* **0.2** ***toe te schrijven zijn aan*** ⇒*te wijten / danken zijn aan* ◆ **1.1** far-reaching changes ~ the union's demand *de vakbondseis brengt ingrijpende veranderingen met zich mee;* a fine attaches to this infraction *er staat een boete op deze overtreding* **1.2** no blame attaches to the chairman *de voorzitter treft geen blaam.*

at·tack[1] [ə'tæk] ⟨f3⟩ ⟨telb. en n.-telb.zn.⟩ **0.1** ***aanval*** ⇒*(scherpe) kritiek* **0.2** ***aanpak*** **0.3** ⟨muz.⟩ ***inzet*** ◆ **1.1** an ~ of the blues *een weemoedige / neerslachtige bui;* an ~ of fever *een koortsaanval* **1.2** his ~ of the problem *zijn aanpak van het probleem* **1.3** the performers' ~ was ragged *de musici zetten ongelijk in* **6.1** be **under** ~ *aangevallen worden.*

attack[2] ⟨f3⟩ ⟨ww.⟩
I ⟨onov. en ov.ww.⟩ **0.1** ***aanvallen*** ⟨ook fig., sport⟩ ⇒*overvallen;*
II ⟨ov.ww.⟩ **0.1** ***aantasten*** ⇒*aanvreten* **0.2** ***aanpakken*** **0.3** ***aanvallen*** ⇒*scherp / fel (be)kritiseren* ◆ **1.1** rust will soon ~ the body of a car *de carosserie v.e. wagen wordt gauw door roest aangevreten* **1.2** she ~ed the food *ze tastte toe;* ~ a problem *een probleem aanpakken.*

at'tack dog ⟨telb.zn.⟩ ⟨AE⟩ **0.1** ***politiehond.***

at·tack·er [ə'tækə‖-ər] ⟨f2⟩ ⟨telb.zn.⟩ **0.1** ***aanvaller.***

at'tacking zone ⟨telb.zn.⟩ ⟨ijshockey⟩ **0.1** ***aanvalszone.***

'attack line ⟨telb.zn.⟩ ⟨sport, i.h.b. volleybal⟩ **0.1** ***aanvalslijn.***

at·tain [ə'teɪn] ⟨f2⟩ ⟨onov. en ov.ww.⟩ **0.1** ***bereiken*** ⇒*verkrijgen, verwerven* ⟨i.h.b. door inspanning⟩ ◆ **1.1** ~ old age *een hoge leeftijd bereiken* **6.1** ⟨schr.⟩ ~ **to** *bereiken, geraken tot, verwerven;* ~ **to** a man's estate *de volwassenheid bereiken.*

at·tain·a·bil·i·ty [ə'teɪnə'bɪləṭi] ⟨n.-telb.zn.⟩ **0.1** ***haalbaarheid*** ⇒*bereikbaarheid* ◆ **1.1** I doubt the ~ of his proposals *ik betwijfel of zijn voorstellen haalbaar zijn.*

at·tain·able [ə'teɪnəbl] ⟨bn.; -ness⟩ **0.1** ***bereikbaar*** ⇒*haalbaar.*

at·tain·der [ə'teɪndə‖-ər] ⟨telb. en n.-telb.zn.⟩ ⟨gesch., jur.⟩ **0.1** ***burgerlijke dood*** ⇒*verlies van burgerrechten en verbeurdverklaring van goederen tengevolge van een doodvonnis of vogelvrijverklaring.*

at·tain·ment [ə'teɪnmənt] ⟨f2⟩ ⟨zn.⟩
I ⟨telb.zn.; vnl. mv.⟩ **0.1** ***verworvenheid*** ⇒*kundigheid;*
II ⟨n.-telb.zn.⟩ **0.1** ***bereiking*** ◆ **1.1** the ~ of social status was her life ambition *op sociale status was heel haar leven gericht.*

at·taint [ə'teɪnt] ⟨ov.ww.⟩ **0.1** ⟨gesch., jur.⟩ ***ter dood veroordelen*** ⇒*van burgerrechten beroven* ⟨i.h.b. wegens hoogverraad⟩ **0.2** ***besmetten*** ⇒*aantasten treffen;* ⟨ook fig.⟩ *bezoedelen.*

at·tar ['ætə‖'æṭər], **ot·tar** ['ɒtə‖'ɑṭər], **ot·to** ['ɒtou‖'ɑṭou] ⟨n.-telb.zn.⟩ **0.1** ***parfum*** ⇒*welriekende olie;* ⟨i.h.b.⟩ *rozenolie* ◆ **1.1** ~ of oil *rozenolie.*

at·tem·per [ə'tempə‖-ər]⟨ov.ww.⟩⟨vero.⟩ **0.1** ***(door menging) verzachten*** ⇒*matigen, temperen,* ⟨B.⟩ *milderen* ◆ **1.1** ~ a crowd *een menigte tot bedaren brengen* **6.1** ~ **to** *aanpassen aan, doen overeenstemmen met.*

at·tempt[1] [ə'tem(p)t]⟨f3⟩⟨telb.zn.⟩ **0.1** ***poging*** **0.2** ***aanval*** ⇒*aanslag* ◆ **1.1** ~ at conciliation *toenaderingspoging;* ~ at felony/murder *poging tot misdaad/moord;* ~ at suicide *zelfmoordpoging* **3.1** make an ~ on *een gooi doen naar, een recordpoging ondernemen;* they make no ~ to change/at changing their living conditions *ze doen niets om hun levensvoorwaarden te verbeteren* **6.1** ~ **at** *poging tot* **6.2** ~ **on** s.o.'s life *aanslag op iemands leven.*

at·tempt[2] ⟨f3⟩⟨ov.ww.⟩ **0.1** ***pogen*** ⇒*proberen, wagen, een poging doen tot* **0.2** ***proberen te veroveren*** ⇒*proberen te belegeren* **0.3** ***een aanslag plegen op*** ⇒*proberen te doden* **0.4** ⟨vero.⟩ ***verleiden*** ◆ **1.1** charged with ~ed murder *beschuldigd v.e. moordpoging* **1.3** ⟨vero.⟩ ~ the life of *proberen te doden* **3.1** the rioters ~ed to occupy the building *de relmakers probeerden het gebouw te bezetten.*

at·tempt·a·ble [ə'tem(p)təbl]⟨bn.⟩ **0.1** ***te proberen.***

at·tend [ə'tend]⟨f3⟩⟨ww.⟩
I ⟨onov.ww.⟩ **0.1** ***aanwezig zijn*** **0.2** ***opletten*** ⇒*aandachtig zijn, luisteren* ◆ **5.2** you're not ~ing! *je let niet op! je bent aan 't dromen!* **6.1** ~ **at** church *de dienst bijwonen* **6.¶** →attend **to;**→attend **(up)on;**
II ⟨ov.ww.⟩ **0.1** ***bijwonen*** ⇒*aanwezig zijn bij* **0.2** ***zorgen voor*** ⇒*verplegen* **0.3** ***letten op*** ⇒*bedienen* **0.4** ***begeleiden*** ⇒*vergezellen;* ⟨fig. ook⟩ *gepaard gaan met* ◆ **1.1** ~ church regularly *trouwe kerkgangers zijn;* will you be ~ing his lecture? *ga je naar zijn lezing?* **1.3** who's ~ing this machine? *wie bedient deze machine?.*

at·ten·dance [ə'tendəns]⟨f2⟩⟨zn.⟩
I ⟨telb.zn.⟩ **0.1** ***opkomst*** ⇒*aantal aanwezigen, bezoek* **0.2** ⟨vero.⟩ ***gevolg*** ⇒*bedienden* ◆ **6.1** a large ~ **at** the meeting *veel volk op de bijeenkomst;*
II ⟨telb. en n.-telb.zn.⟩ **0.1** ***aanwezigheid*** ◆ **2.1** he hasn't sufficient ~s *hij is te vaak afwezig geweest;*
III ⟨n.-telb.zn.⟩ **0.1** ***dienst*** ⇒*toezicht* **0.2** ***bediening*** ⇒*verzorging* **0.3** ***behandeling*** ⇒*verpleging* ◆ **3.2** dance ~ upon s.o. *naar iemands pijpen dansen, iem. op zijn wenken bedienen* **6.1** doctor **in** ~ *dienstdoende arts* **6.2** be **in** ~ **upon** s.o. *iem. bedienen* **6.3** be **in** ~ **upon** s.o. *iem. behandelen/verplegen.*

at'tendance book, at'tendance list, at'tendance sheet ⟨telb.zn.⟩ **0.1** ***presentielijst.***

at'tendance centre ⟨telb.zn.⟩ **0.1** ***opvanginrichting voor jonge delinquenten.***

at'tendance fee ⟨telb.zn.⟩ **0.1** ***presentiegeld*** ⇒⟨B.⟩ *zitpenning.*

at'tendance teacher ⟨telb.zn.⟩⟨AE⟩ **0.1** ***spijbelambtenaar.***

at·ten·dant[1] [ə'tendənt]⟨f2⟩⟨telb.zn.⟩ **0.1** ***bediende*** ⇒*dienaar, knecht* **0.2** ***begeleider*** ⇒*volgeling;* ⟨in mv.⟩ *gevolg* **0.3** ***bewaker*** ⇒*suppoost* **0.4** ***aanwezige*** ⟨bij bep. gelegenheid⟩ ⇒*bezoeker* **0.5** ***bijverschijnsel*** ◆ **1.1** ~ in the heart ward *broeder/zuster v. dienst bij de hartpatiënten* **1.2** the ~s of the bride *de bruidsjonkers, de bruidsmeisjes* **2.5** leisure and its cultural and touristic ~s *de vrije tijd en zijn culturele en toeristische bijverschijnselen.*

attendant[2] ⟨f1⟩⟨bn.⟩ **0.1** ***dienend*** ⇒*dienstdoend* **0.2** ***begeleidend*** **0.3** ***aanwezig*** **0.4** ***gepaard gaand*** ⇒*samengaand* ◆ **1.4** ~ circumstances *omstandigheden op dat ogenblik, begeleidende/bijkomende omstandigheden* **6.1** the footman ~ **on** the host *de knecht die de gastheer bediende* **6.2** Lady L. was ~ **on** the queen *Lady L. begeleidde de koningin* **6.3** the celebrations ~ **on** the coronation *de feestelijkheden ter gelegenheid van de kroning.*

at'tend to ⟨f2⟩⟨onov.ww.⟩ **0.1** ***aandacht schenken aan*** ⇒*letten op, luisteren naar* **0.2** ***zich inzetten voor*** ⇒*zorgen voor* ◆ **1.1** ~ his directions *volg zijn richtlijnen;* ~ my warning *sla mijn waarschuwing niet in de wind* **1.2** ~ s.o.'s interests *iemands belangen behartigen;* he will ~ the business during my absence *hij past tijdens mijn afwezigheid op de zaak;* customers are attended to by experienced staff *de cliëntele wordt bediend door ervaren personeel.*

at'tend (up)on ⟨f2⟩⟨onov.ww.⟩ **0.1** ***zorgen voor*** ⇒*bijstaan, bedienen, in dienst zijn van* **0.2** ⟨schr.⟩ ***vergezellen*** ⇒*gepaard gaan met* ◆ **1.1** attended on by the best doctors *aan de zorgen van de beste dokters toevertrouwd* **1.2** the action was attended upon by ill effects *de actie had nadelige gevolgen.*

at·ten·tion [ə'tenʃn]⟨f4⟩⟨zn.⟩
I ⟨telb.zn.; vnl. mv.⟩ **0.1** ***attentie*** ⇒*hoffelijkheid* ◆ **3.1** accept all the little ~s *al onze kleine attenties aanvaarden* **3.¶** pay one's ~s to s.o. *iem. het hof maken;*
II ⟨n.-telb.zn.⟩ **0.1** ***aandacht*** ⇒*oplettendheid, zorg, attentie* **0.2** ***belangstelling*** ⇒*erkenning* ◆ **1.1** ~ Mr J. Smith *ter attentie v. dhr. J. Smith* **2.1** your letter had our careful ~ *we hebben aan uw brief alle aandacht geschonken* **3.1** attract s.o.'s ~ *iemands aandacht trekken;* may I call this to your ~? *mag ik uw aandacht hierop vestigen?;* it escaped my ~ *het is aan mijn aandacht ontsnapt;* this plant needs a lot of ~ *deze plant vergt veel zorg;* pay ~ *opletten* **3.2** as a writer he received much ~ *als schrijver werd hij erg gewaardeerd* **3.¶** ⟨mil.⟩ come to ~ *in de houding gaan staan;* ⟨mil.⟩ be/stand at ~ *in de houding staan* **6.1** **for** the ~ **of** *ter attentie v.* **7.1** I am all ~ *ik ben één en al aandacht* **¶.1** ⟨mil.⟩ ~! *geef acht!.*

at·ten·tion·al [ə'tenʃnəl]⟨bn., attr.⟩ **0.1** ***aandachts-*** ⇒*mbt. de aandacht* ◆ **1.1** the ~ value of TV-ads *de aandachtswaarde/impact van televisiereclame.*

at'tention signal ⟨telb.zn.⟩ **0.1** ***waarschuwingssein/signaal.***

at'tention span ⟨telb.zn.⟩ **0.1** ***concentratieperiode.***

at·ten·tive [ə'tentɪv]⟨f2⟩⟨bn.; -ly; -ness⟩ **0.1** ***aandachtig*** ⇒*oplettend* **0.2** ***attent*** ⇒*voorkomend, hoffelijk, gedienstig* ◆ **6.1** he is ~ **to** details *hij is gevoelig voor/attent op details, hij let op kleinigheden* **6.2** he is always very ~ **to** pretty girls *voor knappe meisjes is hij altijd heel attent.*

at·ten·u·ate[1] [ə'tenjuət]⟨bn.⟩ **0.1** ***dun*** ⇒*mager* **0.2** ***verfijnd*** **0.3** ⟨plantk.⟩ ***puntig*** ⇒*spits gepunt* ◆ **1.2** an ~ sort of humour *een verfijnd soort geestigheid* **1.3** ~ leaves *lancetvormige bladeren.*

attenuate[2] [ə'tenjueɪt]⟨ww.⟩
I ⟨onov.ww.⟩ **0.1** ***verdunnen*** ⇒*dunner worden* **0.2** ***verzwakken*** ◆ **1.1** leaves that ~ *spits toelopende bladeren* **1.2** with old age memories ~ *met de oude dag vervagen de herinneringen;*
II ⟨ov.ww.⟩ **0.1** ***verdunnen*** ⇒*versmallen* **0.2** ***verzwakken*** ⇒*verminderen, dempen* **0.3** ⟨schei.⟩ ***dunner/zachter/minder visceus maken*** ⟨bv. door verwarmen⟩ ⇒*aanlengen* ◆ **1.1** ~d glass threads *heel dunne glasvezels* **1.2** ~ the electric current *de elektrische spanning verlagen;* he tried to ~ the shock *hij probeerde de schok te verzachten;* an ~d strain of the virus *een verzwakte stam v.h. virus.*

at·ten·u·a·tion [ətenju'eɪʃn]⟨telb. en n.-telb.zn.⟩⟨schr.⟩ **0.1** ***verdunning*** ⇒*vermagering* **0.2** ***vermindering*** ⇒*verzwakking, afneming;* ⟨tech.⟩ *demping* ⟨geluid⟩ ◆ **1.2** ~ of the population *bevolkingsafname, vermindering v.d. bevolkingsdichtheid.*

at·test [ə'test]⟨f1⟩⟨ww.⟩
I ⟨onov.ww.⟩ **0.1** ***getuigen*** ⇒*getuigenis afleggen* **0.2** ⟨mil.⟩ ***opkomen*** ⇒*zich laten inlijven* ◆ **6.1** ~ **to** *getuigenis afleggen van;*
II ⟨ov.ww.⟩ **0.1** ***plechtig verklaren*** ⇒*officieel bevestigen, attesteren* **0.2** ***getuigen van*** ⇒*betuigen* **0.3** ⟨jur.⟩ ***waarmerken*** ⇒*wettigen, door eed/belofte/handtekening bekrachtigen* **0.4** ⟨jur.⟩ ***beëdigen*** **0.5** ⟨mil.⟩ ***(als rekruut) inlijven*** ◆ **1.1** the doctor ~ed him mad *de geneesheer gaf een krankzinnigverklaring over hem af* **1.2** the ruins ~ the city's power *de ruïnes getuigen van de macht v.d. stad.*

at·tes·ta·tion ['æte'steɪʃn]⟨f1⟩⟨zn.⟩
I ⟨telb.zn.⟩⟨jur.⟩ **0.1** ***attest*** ⇒*getuigschrift;*
II ⟨telb. en n.-telb.zn.⟩ **0.1** ***bevestiging*** ⇒*bekrachtiging* **0.2** ***attestatie*** ⇒*getuigenis, bewijs* **0.3** ***attestatie*** ⇒*bekrachtiging door eed/belofte/handtekening* **0.4** ***wettiging*** ⇒*legalisatie* **0.5** ***eedaflegging*** ⇒*beëdiging.*

at·tes·ter, at·tes·tor [ə'testə‖-ər]⟨telb.zn.⟩ **0.1** ***bekrachtiger*** ⇒*waarmerker, degene die wettigt* **0.2** ***getuige.***

Att Gen ⟨afk.⟩ Attorney General.

at·tic[1] ['æṭɪk]⟨f2⟩⟨zn.⟩
I ⟨eig.n.; A-⟩ **0.1** ***het Attisch (dialect);***
II ⟨telb.zn.⟩ **0.1** ***vliering*** ⇒*zolder(kamer)* **0.2** ⟨bouwk.⟩ ***attiek.***

attic[2] ⟨bn.; vnl. A-⟩ **0.1** ***Attisch*** ⇒*v. Attica/Athene;* ⟨fig.⟩ *klassiek, eenvoudig, verfijnd* ◆ **1.1** ⟨bouwk.⟩ ~ order *Attische orde* ⟨met vierkante zuil in elk v.d. vijf klassieke ordes⟩; ~ salt/wit *Attisch zout, fijne geestigheid;* ~ talent *Attisch talent* ⟨26 kg zilver⟩.

at·ti·cism ['æṭɪsɪzm]⟨telb. en n.-telb.zn.⟩ **0.1** ***atticisme*** ⇒*eenvoudige, verfijnde wijze van spreken.*

at·tire[1] [ə'taɪə‖-ər]⟨f1⟩⟨n.-telb.zn.⟩ **0.1** ⟨schr.⟩ ***gewaad*** ⇒*tooi, kledij, dos* **0.2** ⟨heraldiek⟩ ***gewei van hert/reebok.***

attire[2] ⟨ov.ww.; vnl. pass.⟩⟨schr.⟩ **0.1** ***kleden*** ⇒*tooien* ◆ **4.1** ~ oneself in *zich hullen in, zich tooien met* **6.1** ~d **in** a cloak *gehuld in een mantel.*

at·ti·tude ['æṭɪtju:d‖'æṭɪtu:d]⟨f3⟩⟨telb.zn.⟩ **0.1** ***houding*** ⇒*stand;* ⟨beeld. k. ook⟩ *attitude* **0.2** ⟨psych.⟩ ***houding*** ⇒*attitude, gedrag, reactie* **0.3** ***zienswijze*** ⇒*standpunt, opvatting* **0.4** ⟨dansk.⟩ ***attitude*** **0.5** ⟨lucht.⟩ ***positie*** ⇒*stand* ⟨v. vliegtuig⟩ ◆ **1.2** ~ of mind *geesteshouding* **2.2** her negligent ~ *dat achteloze air van haar* **3.2** strike an ~ *een gekunstelde houding/pose aannemen;* try to strike a firm ~ *proberen er vastberaden uit te zien* **6.3** his ~ **towards** racism *zijn standpunt inzake het racisme.*

at·ti·tu·di·nal ['æṭɪ'tju:dɪnl‖'æṭɪ'tu:dnəl]⟨bn.⟩ **0.1** ***gedrags-*** ◆ **1.1** ~ standards *gedragsnormen/patronen.*

at·ti·tu·di·nar·i·an ['æṭɪtju:dɪ'neərɪən‖'æṭɪtu:dn'er-],
at·ti·tu·di·ni·zer ['æṭɪ'tju:dɪnaɪzə‖'æṭɪ'tu:dnaɪzər]⟨telb.zn.⟩ **0.1** ***poseur.***

at·ti·tu·di·nize, -nise ['æṭɪ'tju:d(ɪ)naɪz‖'æṭɪ'tu:dnaɪz]⟨onov.ww.⟩ **0.1** ***(zich) gekunsteld gedragen/spreken/schrijven*** ⇒*poseren.*

attn ⟨afk.⟩ (for the) attention (of).
at·torn [ə'tɜ:n‖ə'tɜrn]⟨onov.ww.⟩⟨jur.⟩ **0.1** ***de landheer erkennen*** ⇒*de nieuwe eigenaar erkennen*.
at·tor·ney [ə'tɜ:ni‖-'tɜr-]⟨f2⟩⟨telb.zn.⟩ **0.1** ⟨BE⟩ ***procureur*** ⇒*gevolmachtigde* **0.2** ⟨AE⟩ ***advocaat*** ◆ **1.1** power of ~ *volmacht;* warrant/letters of ~ *volmacht(brief)* **1.2** ~ at law *advocaat*.
At'torney 'General ⟨telb.zn.; vnl. Attorneys General; →mv. 6⟩ **0.1** ***Procureur-Generaal*** **0.2** ⟨AE⟩ ***Minister v. Justitie***.
at·tor·ney·ship [ə'tɜ:niʃɪp‖-'tɜr-]⟨zn.⟩
I ⟨telb.zn.⟩ **0.1** ***procuratie;***
II ⟨n.-telb.zn.⟩ **0.1** ***procureurschap***.
at·tract [ə'trækt]⟨f3⟩⟨ov.ww.⟩ **0.1** ***aantrekken*** ⟨ook fig.⟩ ⇒*lokken, boeien, bekoren, voor zich winnen* ◆ **1.1** a magnet does not ~ copper *een magneet trekt geen koper aan;* ~ capital *kapitaal aantrekken;* this ad ~s attention *die advertentie trekt de aandacht*.
at·tract·a·ble [æ'træktəbl]⟨bn.⟩ **0.1** ***aantrekbaar***.
at·trac·tion [ə'trækʃn]⟨f3⟩⟨zn.⟩
I ⟨telb.zn.⟩ **0.1** ***aantrekkelijkheid*** **0.2** ***attractie*** ⇒*vermakelijkheid, bezienswaardigheid* ◆ **1.1** her eyes are her greatest ~ *vooral haar ogen maken haar aantrekkelijk;*
II ⟨n.-telb.zn.⟩ **0.1** ***aantrekking*** ⇒*aantrekkelijkheid, bekoring* **0.2** ⟨nat.⟩ ***aantrekking(skracht)*** **0.3** ⟨taalk.⟩ ***attractie*** ◆ **1.2** ~ of gravity *zwaartekracht* **3.1** that profession has little ~ for me *dat beroep trekt me niet zo/zegt me niet veel*.
at'traction power ⟨n.-telb.zn.⟩⟨nat.⟩ **0.1** ***aantrekkingskracht***.
at·trac·tive [ə'træktɪv]⟨f3⟩⟨bn.; -ly; -ness⟩ **0.1** ***aantrekkelijk*** ⇒*attractief;* ⟨fig.⟩ *aanlokkelijk, bekoorlijk, knap* ◆ **1.1** ~ force/power *aantrekkingskracht;* at an ~ price *tegen een aantrekkelijke prijs;* your proposal is very ~ *uw voorstel is erg aanlokkelijk*.
at·trac·tor, at·tract·er [ə'træktə‖-ər]⟨telb.zn.⟩ **0.1** ***iem. die aantrekt/boeit/lokt***.
attrib ⟨afk.⟩ attribute, attributive.
at·trib·ut·a·ble [ə'trɪbjət̬əbl]⟨f1⟩⟨bn., pred.⟩ **0.1** ***toe te schrijven*** ⇒*toe te kennen* ◆ **6.1** ~ **to** *toe te schrijven aan*.
at·trib·ute[1] ['ætrɪbju:t]⟨f1⟩⟨telb.zn.⟩ **0.1** ***eigenschap*** ⇒*(essentieel) kenmerk, attribuut* **0.2** ***attribuut*** ⇒*(symbolisch) kenteken* **0.3** ⟨taalk.⟩ ***attribuut*** ⇒*bijvoeglijke bepaling* ◆ **1.1** chastity was an ~ of the Knights of the Holy Grail *kuisheid was kenmerkend voor de Graalridders* **1.2** the scales are the ~ of Justice *de weegschaal is het symbool van de Gerechtigheid*.
attribute[2] [ə'trɪbju:t]⟨f2⟩⟨ov.ww.⟩ **0.1** ***toeschrijven*** ⇒*toekennen* **0.2** ***situeren*** ⇒*plaatsen* ◆ **1.1** success can be ~d to various factors *succes kan te wijten/danken zijn aan verschillende factoren* **6.1** ~ a play **to** Shakespeare *een stuk aan Shakespeare toeschrijven* **6.2** this painting is usually ~d **to** the 14th century *dit schilderij situeert men gewoonlijk in de 14de eeuw*.
at·tri·bu·tion ['ætrɪ'bju:ʃn]⟨f1⟩⟨zn.⟩
I ⟨telb.zn.⟩ **0.1** ***attributie*** ⇒*dat wat toegekend/toegeschreven wordt* ◆ **1.1** chastity was a mere literary ~ to knights *kuisheid was een eigenschap die de ridders uitsluitend in de literatuur wordt toegekend;*
II ⟨telb. en n.-telb.zn.⟩ **0.1** ***attributie*** ⟨vnl. jur.⟩ ⇒*toekenning, toebedeling* **0.2** ***attributie*** ⇒*toeschrijving* ◆ **1.1** ~ of a gift *toekenning v.e. gift;* ~ of guilt *toeschrijving/toebedeling v. schuld* **6.2** ~ **of** a work **to** an author *toeschrijving v.e. werk aan een auteur*.
at·trib·u·tive[1] [ə'trɪbjət̬ɪv]⟨telb.zn.⟩⟨taalk.⟩ **0.1** ***bijvoeglijke bepaling*** ⇒*attributief gebruikt woord*.
attributive[2] ⟨bn.; -ly; -ness⟩ **0.1** ***attributief*** ⇒*toekennend* **0.2** ⟨taalk.⟩ ***attributief*** ⇒*als bijvoeglijke bepaling gebruikt* ◆ **1.1** an ~ Vermeer *een werk dat aan Vermeer wordt toegeschreven* **1.2** ~ adjective *attributief gebruikt bijvoeglijk naamwoord;* this word has an ~ function *dit woord is attributief gebruikt*.
at·trit [ə'trɪt]⟨ov.ww.⟩⟨AE; mil.⟩ **0.1** ***uitputten*** ⟨vijand⟩.
at·trit·ed [ə'traɪt̬ɪd], **at·trite** [ə'traɪt]⟨bn.⟩ **0.1** ***uitgesleten***.
at·tri·tion [ə'trɪʃn]⟨n.-telb.zn.⟩ **0.1** ***af/uitslijting door wrijving*** **0.2** ***uitputting*** **0.3** ***natuurlijk verloop*** ⇒*natuurlijke afvloeiing* **0.4** ⟨school⟩ ***studie-uitval*** **0.5** ⟨theol.⟩ ***berouw uit vrees voor straf*** ⇒⟨R.-K.⟩ *onvolmaakt berouw* ◆ **1.2** war of ~ *uitputtingsoorlog/slag* **3.1** this material withstands ~ *deze stof is tegen wrijving bestand* **6.3** the workforce will diminish **through** ~ *het personeelsbestand zal door natuurlijk verloop in omvang afnemen*.
'attrition ('out) ⟨ov.ww.⟩ **0.1** ***door natuurlijk verloop verminderen*** ⟨arbeidsplaatsen/krachten⟩ ⇒*door natuurlijk verloop in aantal doen afnemen* ◆ **1.1** 9000 employees were to be attritioned out *het aantal arbeidskrachten zou door natuurlijk verloop met 9000 moeten dalen*.
at·tune [ə'tju:n‖ə'tu:n]⟨ov.ww.⟩ **0.1** ⟨muz.⟩ ***stemmen*** **0.2** ***doen overeenstemmen*** ⇒*doen harmoniëren, afstemmen* ◆ **1.2** their minds were ~d *zij waren op elkaar afgestemd* **6.2** my ears are not ~d **to** modern jazz *mijn oren zijn niet gewend aan/bestand tegen moderne jazz;* ~d **to** prayer *tot gebed gestemd*.
atty, Atty ⟨afk.⟩ attorney.
Atty Gen ⟨afk.⟩ Attorney General.
ATV ⟨afk.⟩ Associated Television ⟨BE⟩; all-terrain vehicle.
a·twit·ter [ə'twɪtə‖ə'twɪt̬ər]⟨bn., pred., bn., post.⟩ **0.1** ***(zenuwachtig) opgewonden*** ◆ **6.1** ~ **with** gossip *opgewonden door alle praatjes*.
at wt ⟨afk.⟩ atomic weight.
a·typ·ic [eɪ'tɪpɪk], **a·typ·i·cal** [-ɪkl]⟨bn.; -(al)ly; →bijw. 3⟩ **0.1** ***atypisch*** ⇒*afwijkend v.h. normale, opvallend, vreemd*.
AU ⟨afk.⟩ astronomical unit.
au·bade [oʊ'bɑ:d]⟨telb.zn.⟩ **0.1** ***aubade***.
au·berge [oʊ'beəʒ‖-'berʒ]⟨telb.zn.⟩ **0.1** ***herberg*** ⇒*landelijk hotel/restaurant, rustiek eethuisje*.
au·ber·gine ['oʊbəʒi:n‖-bər-]⟨telb.zn.; cul. ook n.-telb.zn.⟩⟨vnl. BE; plantk., cul.⟩ **0.1** ***aubergine*** ⇒*eierplant, melanzaan* ⟨Solanum melongena⟩.
au·burn[1] ['ɔ:bən‖'ɔbərn]⟨f1⟩⟨n.-telb.zn.⟩ **0.1** ***kastanjebruin***.
auburn[2] ⟨f1⟩⟨bn.⟩ **0.1** ***kastanjebruin*** **0.2** ***met kastanjebruin haar***.
au cou·rant ['oʊ ku:'rɑ̃]⟨bn., pred.⟩ **0.1** ***op de hoogte*** ⇒*au courant* ◆ **6.1** ~ **of/with** *op de hoogte van/met*.
auc·tion[1] ['ɔ:kʃn]⟨f1⟩⟨zn.⟩
I ⟨telb. en n.-telb.zn.⟩ **0.1** ***veiling*** ⇒*verkoop bij opbod, vendutie* **0.2** ⟨kaartspel⟩ ***bieding*** ⇒*biedverloop* ◆ **1.1** ~ of an estate *veiling v.e. nalatenschap, boedelveiling;* sale by ~ *veiling* **3.1** conduct an ~ *een veiling leiden/houden;* sell by ~, put up for ~ *veilen, verkopen bij opbod;*
II ⟨n.-telb.zn.⟩ **0.1** ⟨verk.⟩ ⟨auction bridge⟩.
auction[2], ⟨soms⟩ **auc·tion·eer** ['ɔ:kʃə'nɪə‖-'nɪr]⟨f1⟩⟨ov.ww.⟩ **0.1** ***veilen*** ⇒*verkopen bij opbod* ◆ **5.1** ~ **off** *bij opbod verkopen*.
'auction 'bridge ⟨n.-telb.zn.⟩ **0.1** ***auction bridge*** ⇒⟨oneig.⟩ *contract bridge*.
auc·tion·eer ['ɔ:kʃə'nɪə‖-'nɪr]⟨f1⟩⟨telb.zn.⟩ **0.1** ***veilingmeester*** ⇒*veiler, venduhouder*.
'auction fees, auctio'neer's fees ⟨mv.⟩ **0.1** ***veilingkosten*** ⇒*veilingopcenten*.
'auc·tion-mart ⟨telb.zn.⟩ **0.1** ***venduhuis***.
'auction plate ⟨telb.zn.⟩⟨paardesport⟩ **0.1** ***wedren*** ⟨voor 1-jarige, geveilde paarden⟩.
'auction room ⟨telb.zn.⟩ **0.1** ***veilingzaal***.
aud ⟨afk.⟩ audit, auditor.
au·da·cious [ɔ:'deɪʃəs]⟨f1⟩⟨bn.; -ly; -ness⟩ **0.1** ***dapper*** ⇒*koen, onversaagd, vermetel* **0.2** ***roekeloos*** ⇒*aanmatigend* **0.3** ***vrijpostig*** ⇒*brutaal* ◆ **1.1** that remained an ~ dream *dat bleef een stoute droom;* an ~ experiment *een gewaagd experiment* **1.2** an ~ disregard of tradition *een hautain negeren v.d. traditie* **1.3** ~ speech *onbeschofte taal*.
au·dac·i·ty [ɔ:'dæsət̬i]⟨f1⟩⟨zn.; →mv. 2⟩
I ⟨telb.zn.⟩ **0.1** ***dappere daad*** ⇒*waagstuk* **0.2** ***brutaliteit*** ⇒*vrijpostigheid;*
II ⟨n.-telb.zn.⟩ **0.1** ***dapperheid*** ⇒*onversaagdheid, vermetelheid* **0.2** ***roekeloosheid*** ⇒*verwaandheid* **0.3** ***vrijpostigheid*** ⇒*brutaliteit, onbeschoftheid*.
au·di·bil·i·ty ['ɔ:dɪ'bɪlət̬i]⟨n.-telb.zn.⟩ **0.1** ***hoorbaarheid*** ⇒*verstaanbaarheid;* ⟨com.⟩ *waarneembaarheid*.
au·di·ble[1] ['ɔ:dəbl]⟨telb.zn.⟩⟨AE; Am. voetbal⟩ **0.1** ***tactiekwijziging (in code)*** ⟨hardop gegeven door quarterback aan spelers in de scrimmagelijn⟩.
audible[2] ⟨f2⟩⟨bn.; -ly; -ness; →bijw. 3⟩ **0.1** ***hoorbaar*** ⇒*verstaanbaar;* ⟨com.⟩ *waarneembaar* ◆ **1.1** ~ signal *geluidssein/signaal*.
au·di·ence ['ɔ:dɪəns]⟨f3⟩⟨zn.⟩
I ⟨telb.zn.⟩ **0.1** ***audiëntie*** ◆ **6.1** an ~ **with/of** the queen *een audiëntie bij de koningin;*
II ⟨n.-telb.zn.⟩ **0.1** ***het (aan)horen*** ◆ **3.1** give ~ to s.o. *het oor lenen aan iem., iem. gehoor geven/verlenen;*
III ⟨verz.n.⟩ **0.1** ***publiek*** ⇒*luister/kijkers/lezerspubliek, toehoorders, toeschouwers, auditorium* ◆ **3.1** the ~ react(s) enthusiastically *het publiek reageert enthousiast*.
'au·di·ence-cham·ber ⟨telb.zn.⟩ **0.1** ***gehoorzaal*** ⇒*auditorium, schouwburgzaal; audiëntiezaal*.
'au·di·ence-friend·ly ⟨bn.⟩ **0.1** ***publieksvriendelijk***.
au·di·ent ['ɔ:dɪənt]⟨bn.⟩ **0.1** ***luisterend***.
au·dile ['ɔ:daɪl]⟨bn.⟩ **0.1** ***gehoor-*** ◆ **1.1** an ~ memory *een auditief geheugen;* ~ perception *waarneming via het gehoor*.
au·di·o[1] ['ɔ:dioʊ]⟨n.-telb.zn.⟩ **0.1** ***geluidsweergave/ontvangst*** ⇒*audio* **0.2** ***geluidsgedeelte*** ⟨v.t.v.⟩ **0.3** ***waarneembaar geluid*** **0.4** ***geluidsinstallatie***.
audio[2] ⟨bn., attr.⟩ **0.1** ***audio-*** ⇒*geluids-, gehoor-* ◆ **1.1** ~ frequency *audio/gehoorfrequentie, frequentie v. hoorbare trillingen*.
au·di·o- ['ɔ:dioʊ] **0.1** ***audio-*** ⇒*geluids-, gehoor-* ◆ ¶**.1** audio-signal *geluidssignaal*.
aud·i·o·cas·sette ['ɔ:dioʊkə'set]⟨telb.zn.⟩ **0.1** ***audiocassette*** ⇒*geluidscassette*.

au·di·om·e·ter ['ɔ:di'ɒmɪtə||'ɔdi'ɑmɪtər]⟨telb.zn.⟩ **0.1** ⟨med.⟩ ***audiometer* 0.2 *geluidmeter*.**

au·di·o·met·ric ['ɔ:dɪə'metrɪk]⟨bn.; -ally; →bijw. 3⟩ **0.1** ***audiometrisch*.**

au·di·om·e·try ['ɔ:di'ɒmɪtri||'ɔdi'ɑ-]⟨n.-telb.zn.⟩ **0.1** ⟨med., tech.⟩ ***audiometrie*** ⇒*het meten v.d. toonfrequentie en geluidssterkte, het testen v.h. vermogen v.h. gehoor*.

au·di·o·phile ['ɔ:dioʊfaɪl]⟨telb.zn.⟩ **0.1** ***hi-fi-hobbyist*** ⇒*hi-fi-maniak*.

aud·i·o·sec·re·ta·ry ['ɔ:dioʊ'sek(r)ətri||-teri]⟨telb.zn.⟩ **0.1** ***audiotypist(e)*.**

au·di·o·tape[1] ['ɔ:dioʊteɪp]⟨telb.zn.⟩ **0.1** ***geluidsband*.**

audiotape[2] ⟨ov.ww.⟩ **0.1** ***op geluidsband vastleggen*.**

au·di·o·typ·ing ['ɔ:dioʊtaɪpɪŋ]⟨n.-telb.zn.⟩ **0.1** ***tikken v. bandopname*.**

aud·i·o·typ·ist ['ɔ:dioʊ'taɪpɪst]⟨telb.zn.⟩ **0.1** ***audiotypist(e)*** ⇒*dictafonist(e), fonotypist(e)*.

au·di·o-vis·u·al ['ɔ:dioʊ'vɪʒʊəl]⟨f1⟩⟨bn.⟩ **0.1** ***audiovisueel*** ◆ **1.1** ~ aids *audiovisuele middelen;* ~ teaching methods *audiovisuele onderwijsmethoden*.

au·dit[1] ['ɔ:dɪt]⟨f1⟩⟨telb.zn.⟩ **0.1** ⟨ec., jur.⟩ ***accountantsonderzoek/controle*** ⇒*het nazien v.d. boeken/rekeningen* **0.2** ⟨ec., jur.⟩ ***accountantsverslag* 0.3 *balans*** ⇒*afrekening* **0.4** ⟨vero.; jur.⟩ ***getuigenverhoor*.**

audit[2] ⟨f1⟩⟨ww.⟩

I ⟨onov.ww.⟩⟨ec., jur.⟩ **0.1** ***de boeken/rekeningen controleren;***

II ⟨onov. en ov.ww.⟩⟨AE; school.⟩ **0.1** ***auditeren*** ⇒*college lopen/een college volgen als vrij student;*

III ⟨ov.ww.⟩⟨ec., jur.⟩ **0.1** ***controleren*** ⇒*nazien* ⟨rekeningen⟩.

au·di·tion[1] [ɔ:'dɪʃn]⟨f1⟩⟨zn.⟩

I ⟨telb.zn.⟩⟨dram., film, muz., dansk.⟩ **0.1** ***auditie*** ⇒*proefoptreden* ◆ **3.1** give an ~ to *(een) auditie laten doen;*

II ⟨telb. en n.-telb.zn.⟩ **0.1** ***(kritische) beluistering*** ◆ **1.1** an ~ of that record *een kritische beluistering v. die plaat;*

III ⟨n.-telb.zn.⟩ **0.1** ***het horen*** ⇒*het gehoor*.

audition[2] ⟨f1⟩⟨ww.⟩⟨dram., film, muz., dansk.⟩

I ⟨onov.ww.⟩ **0.1** ***(een) auditie doen*** ⇒*voor proef optreden* ◆ **6.1** ~ **for** the lead *een auditie doen voor de hoofdrol;*

II ⟨ov.ww.⟩ **0.1** ***een auditie afnemen van*** ⇒*testen in een auditie, laten optreden voor proef*.

au·di·tive ['ɔ:dətɪv]⟨bn.⟩ **0.1** ***auditief*** ⇒*mbt. het gehoor* ◆ **1.1** ~ impressions *gehoor/luisterindrukken*.

au·di·tor ['ɔ:dɪtə||'ɔdɪtər]⟨f1⟩⟨telb.zn.⟩ **0.1** ***auditor*** ⇒*toehoorder, luisteraar* **0.2** ***(register-)accountant*** ⇒⟨B.⟩ *bedrijfsrevisor* **0.3** ⟨AE; school.⟩ ***auditor*** ⇒*toehoorder* ⟨iem. die colleges volgt zonder de bedoeling credits te behalen⟩ ◆ **1.1** the ~s of a programme *de luisteraars v.e. programma*.

'Auditor 'General ⟨telb.zn.⟩ **0.1** ***President v.d. Rekenkamer*.**

au·di·to·ri·um ['ɔ:dɪ'tɔ:rɪəm]⟨f2⟩⟨telb.zn.; ook auditoria [-rɪə]; →mv. 5⟩ **0.1** ***gehoorzaal*** ⇒*auditorium, aula, schouwburgzaal* ◆ **1.1** the city's ~ *de stadsgehoorzaal*.

au·di·to·ry[1] ['ɔ:dɪtri||-tɔri]⟨zn.; →mv. 2⟩

I ⟨telb.zn.⟩ **0.1** ***auditorium*** ⇒*gehoorzaal, aula;*

II ⟨verz.n.⟩ **0.1** ***publiek*** ⇒*toehoorders, auditorium*.

auditory[2] ⟨bn.⟩ **0.1** ***auditief*** ⇒*gehoor-, mbt. het gehoor* ⟨vnl. med.⟩ ◆ **1.1** ~ meatus *gehoorgang;* ~ nerve *gehoorzenuw;* ~ troubles *gehoorstoornissen*.

AUEW ⟨afk.⟩ Amalgamated Union of Engineering Workers.

au fait ['oʊ 'feɪ]⟨bn., pred.⟩ **0.1** ***op de hoogte*** ⇒*vertrouwd, ervaren* ◆ **6.1** ~ **with/on** *op de hoogte van, ingewijd in*.

au·fond ['oʊ 'fɔ̃]⟨bw.⟩ **0.1** ***in de grond*** ⇒*eigenlijk, wezenlijk, au fond*.

Au·ge·an [ɔ:'dʒi:ən]⟨bn.⟩ **0.1** ***Augias-*** ⇒*uiterst vuil, verdorven* ◆ **1.1** clean the ~ stables *een Augiasstal reinigen;* an ~ task *een uiterst zware opgave*.

au·gend ['ɔ:dʒənd]⟨telb.zn.⟩⟨wisk.⟩ **0.1** ***hoeveelheid waaraan iets wordt toegevoegd*** ⇒*element v.e. optelsom, opteltal*.

au·ger ['ɔ:gə||-ər]⟨telb.zn.⟩⟨tech.⟩ **0.1** ***(n)avegaar*** ⇒*agger, effer, aard/grondboor*.

aught[1], **ought** [ɔ:t]⟨telb.zn.⟩ **0.1** ***(het cijfer/symbool) nul*.**

aught[2], **ought** [ɔ:t||ɔt, ɑt]⟨onb.vnw.⟩⟨vero.⟩ **0.1** ***iets*** ⇒*enig ding, wat dan ook, alles* ◆ **3.1** I don't care ~ for her *ik geef helemaal niets om haar;* for ~ I care! *voor mijn part, wat mij betreft;* if ~ should disturb you *als er iets jou mocht storen*.

aught[3], **ought** ⟨bw.⟩⟨vero.⟩ **0.1** ***enigszins*** ⇒*in enig opzicht*.

aug·ment[1] ['ɔ:gmənt]⟨telb.zn.⟩⟨taalk.⟩ **0.1** ***augment*.**

aug·ment[2] [ɔ:g'ment]⟨f1⟩⟨onov. en ov.ww.⟩ **0.1** ***vergroten*** ⇒*(doen) toenemen, vermeerderen* ◆ **1.1** ⟨muz.⟩ ~ed interval *overmatig interval*.

aug·ment·a·ble [ɔ:g'mentəbl]⟨bn.⟩ **0.1** ***toeneembaar*** ⇒*vermeerderbaar*.

aug·men·ta·tion ['ɔ:gmen'teɪʃn]⟨telb. en n.-telb.zn.⟩ **0.1** ***vergroting*** ⇒*toename, verhoging* **0.2** ⟨muz.⟩ ***augmentatie*** ⇒*vergroting* ⟨v. thema, door verlenging der noten⟩.

aug·men·ta·tive[1] [ɔ:g'mentətɪv], **aug·men·tive** [-'mentɪv]⟨telb.zn.⟩⟨taalk.⟩ **0.1** ***augmentatief*** ⟨vergrotingswoord/affix⟩.

augmentative[2], **augmentive** ⟨bn.⟩ **0.1** ***vergrotend* 0.2** ⟨taalk.⟩ ***augmentatief*** ⇒*vergrotend*.

au gra·tin ['oʊ 'grætɪn||-'grɑtn]⟨bn., post.⟩⟨cul.⟩ **0.1** ***gegratineerd*** ◆ **1.1** potatoes ~ *gegratineerde aardappelen*.

au·gur[1] ['ɔ:gə||-ər]⟨telb.zn.⟩ **0.1** ***augur*** ⇒*(vogel)wichelaar, ziener, voorspeller*.

augur[2] ⟨ww.⟩⟨schr.⟩

I ⟨onov.ww.⟩ **0.1** ***voorspellingen doen*** ◆ **5.1** ~ well/ill for *goeds/kwaads voorspellen voor;*

II ⟨ov.ww.⟩ **0.1** ***augureren*** ⇒*voorspellen*.

au·gu·ral ['ɔ:gjərəl]⟨bn., attr.⟩ **0.1** ***v.d. auguren*** ⇒*voorspellers-* **0.2** ***mbt. een voorspelling* 0.3 *voorspellend*** ◆ **1.2** the ~ rite *de voorspellingsrite, het voorspellingsritueel* **1.3** this month's ~ trade figures *de onheilspellende omzetcijfers van deze maand*.

au·gu·ry ['ɔ:gjəri]⟨zn.; →mv. 2⟩

I ⟨telb.zn.⟩ **0.1** ***voorspelling*** ⇒*voorzegging* **0.2** ***voorteken*** ⇒*omen* ◆ **2.2** a hopeful ~ *een gunstig voorteken;*

II ⟨n.-telb.zn.⟩ **0.1** ***het augureren*** ⇒*de rituele/priesterlijke waarzeggerij*.

au·gust [ɔ:'gʌst]⟨f1⟩⟨bn.; -ly; -ness⟩ **0.1** ***verheven*** ⇒*groots, doorluchtig, majesteitelijk*.

Au·gust ['ɔ:gəst]⟨f3⟩⟨eig.n.⟩ **0.1** ***augustus*.**

Au·gus·tan[1] [ɔ:'gʌstən]⟨telb.zn.⟩⟨kunst⟩ **0.1** ***(neo)classicus*** ⇒*(neo) klassiek schrijver/kunstenaar* ⟨i.h.b. uit het Romeinse Augusteïsche tijdvak of de tijd v. koningin Anna in Engeland⟩.

Augustan[2] ⟨bn.⟩ **0.1** ***Augusteïsch*** ⇒*van/ten tijde v. keizer Augustus* **0.2** ⟨kunst⟩ ***klassiek*** ⟨i.h.b. uit het Augusteïsche tijdperk of de tijd v. koningin Anna in Engeland⟩ ⇒*neoklassiek, classicistisch* **0.3** ⟨relig.⟩ ***Augsburgs*** ◆ **1.2** Dryden, Pope and Swift were ~ writers *Dryden, Pope and Swift waren neoklassieke auteurs* **1.3** ~ Confession *Augsburgse Belijdenis* **1.¶** ~ age *bloeitijd, gouden eeuw*.

Au·gus·tine [ɔ:'gʌstɪn]⟨zn.⟩

I ⟨eig.n.⟩ **0.1** ***(de heilige) Augustinus;***

II ⟨telb.zn.⟩ **0.1** ***augustijner monnik*.**

Au·gus·tin·i·an[1] [ɔ:gə'stɪnɪən], **Aus·tin** ['ɒstɪn||'ɔ-]⟨telb.zn.⟩ **0.1** ***volgeling/aanhanger v. de leer v. Augustinus*** ⇒*augustijner monnik*.

Augustinian[2], **Austin** ⟨bn.⟩ **0.1** ***van/mbt. (de leer van) Augustinus* 0.2 *augustijner*** ⇒*v.d. augustijnen*.

auk [ɔ:k]⟨telb.zn.⟩⟨dierk.⟩ **0.1** ***alk*** ⟨fam. Alcidae⟩ ◆ **2.1** little ~ *kleine alk* ⟨Plautus alle⟩.

auld ['ɔ:ld]⟨bn.⟩⟨vero. of Sch. E⟩ **0.1** ***oud*** ◆ **1.¶** ~ lang syne ⟨titel van afscheidslied⟩ *lang geleden, de goeie oude tijd;* Auld Reekie ⟨spotnaam voor⟩ *Edinburgh*.

au·lic ['ɔ:lɪk]⟨bn.⟩ **0.1** ***hof-*** ⇒*aan het hof verbonden* **0.2** ***hoofs*** ◆ **1.1** Aulic Council *kroonraad (in het Heilige Roomse Rijk)* ⟨1501-1806⟩ **1.2** ~ civilization *de hoofse cultuur*.

au na·tu·rel ['oʊ nætʃə'rel]⟨bn., pred., bn., post.; bw.⟩ **0.1** ***natuurlijk*** ⇒*naakt* **0.2** ⟨cul.⟩ ***puur*** ⇒*nature, eenvoudig klaargemaakt, op eenvoudige wijze bereid* ◆ **1.2** mussels ~ *gekookte mosselen* **3.1** swimming ~ *naaktzwemmen*.

aunt [ɑ:nt||ænt]⟨f3⟩⟨telb.zn.⟩ **0.1** ***tante* 0.2** ⟨AE; sl.⟩ ***hoerenmadam*** ⇒*koppelaarster* **0.3** ⟨AE; sl.⟩ ***ouwe nicht*** ⟨homofiel⟩ **0.4** →auntie 0.2 ◆ **1.¶** ⟨AE; sl.⟩ Aunt Jane/Jemima *onderdanige zwarte vrouw;* Aunt Sally *houten pop waarop men mikt met ballen of stokken; het volksspel waarbij naar dergelijke poppen gegooid wordt;* ⟨attr.⟩ *makkelijk te weerleggen, zwak;* ⟨BE⟩ she is the Aunt Sally at the office *op kantoor hebben ze de pik op haar;* ⟨AE; sl.⟩ Aunt Tom *antifeministe* **4.¶** my (sainted) ~! *hemeltjelief!, mijn hemel!*.

aunt·ie, aunt·y ['ɑ:nti||'ænti]⟨f2⟩⟨zn.⟩

I ⟨eig.n.; A-⟩⟨BE; inf.⟩ **0.1** ***de B.B.C.*** ◆ **1.1** Auntie Beeb *de B.B.C.;*

II ⟨telb.zn.; →mv. 2⟩ **0.1** ⟨inf. of kind.⟩ ***tantetje* 0.2** ⟨AE; sl.; mil.⟩ ***anti-raket-raket* 0.3** →aunt 0.3.

'aunt-in-law ⟨telb.zn.; aunts-in-law; →mv. 6⟩ **0.1** ***behuwdtante*.**

au pair[1] ['oʊ 'peə||-'per]⟨f1⟩⟨telb.zn.⟩ **0.1** ***au pair (meisje)*.**

au pair[2] ⟨f1⟩⟨bn.⟩ **0.1** ***au pair*.**

au·ra ['ɔ:rə]⟨f1⟩⟨telb.zn.; ook aurae ['ɔ:ri:]; →mv. 5⟩ **0.1** ***aroma*** ⇒*geur, adem, uitwaseming* **0.2** ***aura*** ⇒*sfeer, waas, uitstraling* **0.3** ⟨med.⟩ ***aura*** ⟨begin van epileptische aanval⟩ ◆ **1.1** with its sweet ~ *met zijn zoete geur* **1.2** he has an ~ of respectability *hij heeft iets waardigs over zich;* an ~ of mystery *een waas van geheimzinnigheid*.

au·ral ['ɔ:rəl]⟨f1⟩⟨bn.; -ly⟩ **0.1** ***oor-*** ⇒*van het oor* **0.2** ***via/langs het***

gehoor ⇒*auditief* **0.3** ***geurend*** ⇒*aromatisch;* ⟨fig.⟩ *sfeervol* ◆ **1.1** an ~ infection *een oorontsteking* **1.2** ~ impressions *auditieve indrukken.*

au·ral·ize ['ɔ:rəlaɪz]⟨ov.ww.⟩ **0.1** ***in gedachten horen.***

au·re·ate ['ɔ:rɪət]⟨bn.; -ly; -ness⟩ **0.1** ***gouden*** ⇒*verguld, goudgeel* **0.2** ***schitterend*** ⇒*prachtig* **0.3** ***bloemrijk*** ⇒*plechtstatig, pompeus.*

au·re·li·a [ɔ:'ri:lɪə]⟨telb.zn.⟩⟨dierk.⟩ **0.1** ***pop*** ⟨i.h.b. v. vlinder⟩ **0.2** ***oorkwal*** ⟨genus Aurelia⟩.

au·re·li·an[1] [ɔ:'ri:lɪən]⟨telb.zn.⟩ **0.1** ***vlinderverzamelaar.***

aurelian[2] ⟨bn.⟩ **0.1** ***goudkleurig*** ⇒*gouden.*

au·re·ole ['ɔ:rioʊl], **au·re·o·la** [ɔ:'rɪələ]⟨telb.zn.⟩ **0.1** ***aureool*** ⇒*stralenkrans, lichtkrans;* ⟨ster.⟩ *halo.*

au·re·o·my·cin ['ɔ:rioʊ'maɪsɪn]⟨n.-telb.zn.⟩⟨med.⟩ **0.1** ***aureomycine*** ⟨antibioticum⟩.

au re·voir ['oʊ rə'vwɑ:||-vwɑr]⟨tussenw.⟩ **0.1** ***tot ziens*** ◆ ¶**.1** no good-bye, but ~ *geen vaarwel, maar tot ziens.*

au·ric ['ɔ:rɪk]⟨bn.⟩ **0.1** ***goud-*** ◆ **1.1** ~ acid *goudoxyde.*

au·ri·cle ['ɔ:rɪkl]⟨telb.zn.⟩ **0.1** ⟨med.⟩ ***uitwendig oor*** ⇒*oorschelp* **0.2** ⟨med.⟩ ***atrium cordis*** ⇒*hartboezem* **0.3** ⟨biol.; plantk.⟩ ***oortje*** ⇒*oorvormig(e) aanhangsel/aanwas.*

au·ri·cled ['ɔ:rɪkld]⟨bn.⟩⟨biol.; plantk.⟩ **0.1** ***geoord*** ⇒*met oorvormige lobben* ◆ **1.1** an ~ leaf *een geoord blad.*

au·ric·u·la [ɔ:'rɪkjʊlə||-kjələ]⟨telb.zn.; ook auriculae [-li:]; →mv. 5⟩ **0.1** ⟨plantk.⟩ ***aurikel*** ⇒*bereoor* ⟨Primula auricula⟩ **0.2** ⟨med.⟩ ***atrium cordis*** ⇒*hartboezem.*

au·ric·u·lar[1] [ɔ:'rɪkjʊlə||-kjələr]⟨telb.zn.; vnl. mv.⟩⟨dierk.⟩ **0.1** ***oorveertje.***

auricular[2] ⟨bn.; -ly⟩ **0.1** ***oor-*** ⇒*gehoor-, auditief, hoorbaar* **0.2** ***oorvormig*** **0.3** ⟨med.⟩ ***mbt. de hartboezem*** ⇒*hart-* ◆ **1.1** I have ~ assurance *men heeft het mij mondeling verzekerd;* ⟨R.-K.⟩ ~ confession *oorbiecht;* ~ tube *gehoorgang;* ~ witness *oorgetuige* **1.**¶ ~ finger *pink.*

au·ric·u·late [ɔ:'rɪkjələt], **au·ric·u·lat·ed** [-leɪt̬ɪd]⟨bn.⟩⟨dierk.; plantk.⟩ **0.1** ***geoord*** ⇒*met oorvormig aanhangsel* **0.2** ***oorvormig*** ◆ **1.1** ~ leaves *geoorde bladeren.*

au·rif·e·rous [ɔ:'rɪfrəs]⟨bn.⟩ **0.1** ***goudhoudend.***

auriflamme →oriflamme.

au·ri·form ['ɔ:rɪfɔ:m||-fɔrm]⟨bn.⟩ **0.1** ***oorvormig.***

Au·ri·ga [ɔ:'raɪgə]⟨eig.n.⟩⟨ster.⟩ **0.1** ***de Voerman*** ⇒*Auriga.*

Au·rig·na·cian ['ɔ:rɪg'neɪʃn]⟨bn.; soms a-⟩⟨antr.⟩ **0.1** ***Vroeg-Paleolitisch.***

au·rist ['ɔ:rɪst]⟨telb.zn.⟩ **0.1** ***oorarts.***

au·rochs ['ɔ:rɒks||'ɔrɑks]⟨telb.zn.⟩⟨dierk.⟩ **0.1** ***oeros*** ⇒*oerrund* ⟨Bos primigenius⟩.

au·ro·ra [ə'rɔ:rə]⟨zn.; ook aurorae [-ri:]; →mv. 5⟩

I ⟨eig.n.; A-⟩⟨schr.⟩ **0.1** ***Aurora*** ⟨godin v.d. dageraad⟩ ⇒*de dageraad, het morgenrood, het ochtendgloren;*

II ⟨telb.zn.⟩⟨meteo.⟩ **0.1** ***lichtstralen in de atmosfeer*** ◆ **2.1** ~ australis *zuiderlicht;* ~ borealis *noorderlicht;* ~ polaris *poollicht.*

au·ro·ral [ə'rɔ:rəl]⟨bn.; -ly⟩ **0.1** ***v./mbt. de dageraad*** **0.2** ***stralend (als de dageraad)*** ⇒*schitterend, blinkend* **0.3** ⟨meteo.⟩ ***v./mbt. het poollicht*** ◆ **1.1** the ~ sky *de ochtendhemel;* ~ glow *dageraad in gloed van kleuren* **1.3** ~ streamers *de stralen v.h. poollicht.*

au·rous ['ɔ:rəs]⟨bn.⟩ **0.1** ***v./mbt. goud*** ⇒*goudhoudend;* ⟨schei.⟩ *auro-.*

au·rum ['ɔ:rəm]⟨n.-telb.zn.⟩⟨schei.⟩ **0.1** ***goud*** ⟨element 79⟩.

Aus ⟨afk.⟩ Australia, Austria.

aus·cul·tate ['ɔ:skəlteɪt]⟨onov. en ov.ww.⟩⟨med.⟩ **0.1** ***ausculteren.***

aus·cul·ta·tion ['ɔ:skəl'teɪʃn]⟨telb. en n.-telb.zn.⟩⟨med.⟩ **0.1** ***auscultatie.***

aus·cul·ta·tive [ɔ:'skʌltət̬ɪv]⟨bn.⟩⟨med.⟩ **0.1** ***auscultatief.***

aus·cul·ta·to·ry [ɔ:'skʌltətri||-tɔri]⟨bn.⟩⟨med.⟩ **0.1** ***auscultatorisch.***

au sé·ri·eux ['oʊ seri'ɜ:]⟨bw.⟩ **0.1** ***ernstig*** ◆ **3.1** take sth. ~ *iets ernstig nemen.*

aus·pex ['ɔ:speks]⟨telb.zn.; auspices ['ɔ:spɪsi:z]; →mv. 5⟩ **0.1** ***augur*** ⇒*vogelwichelaar.*

aus·pi·cate ['ɔ:spɪkeɪt]⟨ov.ww.⟩⟨vero.⟩ **0.1** ***inaugureren*** ⇒*inwijden.*

aus·pice ['ɔ:spɪs]⟨f1⟩⟨zn.⟩

I ⟨telb.zn.⟩ **0.1** ***voorspelling*** ⇒*voorteken* ⟨i.h.b. in de vogelwichelarij⟩;

II ⟨mv.; ~s⟩ **0.1** ***auspiciën*** ⇒*bescherming, beschermheerschap* ◆ **6.1** **under** the ~s **of** Her Majesty *onder de bescherming v. Hare Majesteit.*

aus·pi·cious [ɔ:'spɪʃəs]⟨f1⟩⟨bn.; -ly; -ness⟩ **0.1** ***gunstig*** ⇒*onder gunstige omstandigheden, voorspoedig* **0.2** ***goeds voorspellend*** ⇒*veelbelovend.*

Aus·sie[1] ['ɒzi||'ɑsi, 'ɔsi]⟨zn.⟩⟨inf.⟩

I ⟨eig.n.⟩ **0.1** ***Australië;***

II ⟨telb.zn.⟩ **0.1** ***Australiër*** ⟨i.h.b. Australisch soldaat⟩.

Aussie[2] ⟨bn.⟩⟨sl.⟩ **0.1** ***Australisch.***

Aust ⟨afk.⟩ Austria, Austrian.

aus·tere [ɔ:'stɪə||ɔ'stɪr]⟨f1⟩⟨bn.; ook -er; -ly; -ness; →compar. 7⟩ **0.1** ***streng*** ⇒*onvriendelijk, hard, nors, grimmig* **0.2** ***ernstig*** ⇒*(ge)streng, niet toegevend* **0.3** ***matig*** ⇒*sober, ascetisch* **0.4** ***eenvoudig*** ⇒*onversierd, sober* ◆ **1.1** ~ Puritan living *de strenge Puriteinse levenswijze* **1.2** an ~ judge *een gestreng rechter* **1.3** he is an ~ sort of person *hij is een asceet* **1.4** ~ early Gothic buildings *eenvoudige vroeg-gotische gebouwen.*

aus·ter·i·ty [ɒ'sterəti, ɔ:-||ɔ'sterət̬i]⟨f1⟩⟨zn.; →mv. 2⟩

I ⟨telb.zn.⟩ **0.1** ⟨vnl. mv.⟩⟨ec.⟩ ***soberheidsmaatregel*** ⇒*besparingsmaatregel* **0.2** ⟨relig.⟩ ***verstervingspraktijk*** ⇒⟨i.h.b.⟩ *zelfkastijding* **0.3** ⟨zelden⟩ ***uiting v. strengheid/ernst/soberheid/eenvoud*** ◆ **1.1** the austerities during the war *de schaarste gedurende de oorlog* **3.2** some religious orders practise various austerities *sommige religieuze orden passen vormen van kastijding toe;*

II ⟨n.-telb.zn.⟩ **0.1** ***strengheid*** ⇒*grimmigheid, norsheid* **0.2** ***ernst*** ⇒*(ge)strengheid* **0.3** ***soberheid*** ⇒*matiging, ascese* **0.4** ***(strenge) eenvoud*** ⇒*soberheid* **0.5** ⟨ec.⟩ ***beperking*** ⇒*bezuiniging, inkrimping, inlevering* ◆ **1.2** the ~ of the penalty *de zwaarte v.d. straf* **1.3** the ~ of life in the mountains *het harde leven in de bergen* **1.4** characterized by ~ of design *gekenmerkt door strakke lijnen/soberheid (van lijn).*

au'sterity measure ⟨telb.zn.⟩ **0.1** ***versoberingsmaatregel.***

au'sterity policy ⟨telb.zn.⟩⟨ec.⟩ **0.1** ***bezuinigingsbeleid.***

au'sterity programme ⟨telb.zn.⟩ **0.1** ***versoberingsprogramma.***

Austin ['ɒstɪn||'ɔ-]⟨telb.zn.⟩⟨verk.⟩ Augustinian.

aus·tral ['ɔ:strəl]⟨bn.⟩ **0.1** ***zuidelijk*** ⇒*austraal, komend van het zuiden* **0.2** ***van Australië*** ⇒*Australisch* ◆ **1.1** the ~ signs of the zodiac *de zuidelijke sterrenbeelden* **1.2** ~ English *Australisch Engels.*

Aus·tral·a·sian[1] ['ɒstrə'leɪʒn||'ɔ-, 'ɑ-]⟨telb.zn.⟩ **0.1** ***bewoner van Austraal-Azië*** ⟨Oceanië⟩.

Australasian[2] ⟨bn.⟩ **0.1** ***Austraal-Aziatisch.***

Aus·tra·lian[1] [ɒ'streɪlɪən||'ɔ-, 'ɑ-]⟨f2⟩⟨zn.⟩

I ⟨eig.n.⟩ **0.1** ***Australisch*** ⟨een v.d. talen gesproken in Australië⟩;

II ⟨telb.zn.⟩ **0.1** ***Australiër.***

Australian[2] ⟨f2⟩⟨bn.⟩ **0.1** ***Australisch*** ⇒*van Australië* ◆ **1.1** ~ (National) Rules (football) *Australisch voetbal* ⟨soort rugby⟩ **1.**¶ ~ ballot *stembiljet met de namen van alle kandidaten/de tekst v. alle voorstellen;* ⟨dierk.⟩ ~ bear *koala, buidelbeertje* ⟨Phascolarctus cinereus⟩.

Aus·tra·lian·ism [ɒ'streɪlɪənɪzm||ɔ-, ɑ-]⟨zn.⟩

I ⟨telb.zn.⟩⟨taalk.⟩ **0.1** ***australicisme;***

II ⟨n.-telb.zn.⟩ **0.1** ***australofilie*** ⇒*voorliefde voor Australië.*

Aus·tri·a ['ɒstrɪə||'ɔ-, 'ɑ-]⟨eig.n.⟩ **0.1** ***Oostenrijk.***

Aus·tri·an[1] ['ɒstrɪən||'ɔ-]⟨f2⟩⟨telb.zn.⟩ **0.1** ***Oostenrijker/se.***

Austrian[2] ⟨f2⟩⟨telb.zn.⟩ **0.1** ***Oostenrijks.***

Aus·tro- ['ɒstroʊ||'ɔ-, 'ɑ-] **0.1** ***zuid-*** ⇒*Austraal* **0.2** ***Oostenrijks-*** ◆ ¶**.1** Austro-Asiatic *Austraal-Aziatisch, Oceanisch* ¶**.2** the Austro-German border *de Oostenrijks-Duitse grens.*

AUT ⟨afk.⟩ Association of University Teachers.

au·ta·coid, au·to·coid ['ɔ:t̬əkɔɪd]⟨telb.zn.⟩ **0.1** ***autacoïde*** ⟨als geneesmiddel werkende organische stof⟩.

au·tar·chic [ɔ:'tɑ:kɪk||ɔ'tɑr-], **au·tar·chi·cal** [-ɪkl]⟨bn.; -(al)ly; →bijw. 3⟩ **0.1** ***despotisch*** ⇒*totalitair, op absolute macht gericht* **0.2** ⟨oneig.⟩ →autarkic.

au·tar·chy ['ɔ:tɑ:ki||'ɔtɑrki]⟨telb. en n.-telb.zn.⟩ **0.1** ***autocratie*** ⇒*dictatuur* **0.2** ⟨oneig.⟩ →autarky.

au·tar·kic [ɔ:'tɑ:kɪk||ɔ'tɑr-], **au·tar·ki·cal** [-ɪkl]⟨bn.; -(al)ly; →bijw. 3⟩⟨vnl. ec.⟩ **0.1** ***autarkisch*** ⇒*strevend naar economische onafhankelijkheid, zelfgenoegzaam* ◆ **6.1** the country has become ~ **in** military goods *het land voorziet zichzelf nu van wapens.*

au·tar·ky ⟨telb. en n.-telb.zn.⟩⟨vnl. ec.⟩ **0.1** ***autarkie*** ⇒*gesloten staatshuishouding, autarkische staat.*

au·te·col·o·gy ['ɔ:tɪ'kɒlədʒi||'ɔt̬ɪ'kɑ-]⟨n.-telb.zn.⟩ **0.1** ***autecologie*** ⟨ecologie v.h. individuele organisme tgo. zijn milieu⟩ ⇒*fysiologische ecologie.*

au·teur [ɔ:'tɜ:||oʊ'tɜr]⟨telb.zn.⟩ **0.1** ***filmregisseur.***

auth ⟨afk.⟩ authentic, author, authority, authorized.

au·then·tic [ɔ:'θent̬ɪk]⟨f2⟩⟨bn.; -ally⟩ **0.1** ***authentiek*** ⇒*betrouwbaar, geloofwaardig* **0.2** ***authentiek*** ⇒*onvervalst, echt, origineel* **0.3** ***authentiek*** ⇒*rechtsgeldig* **0.4** ⟨muz.⟩ ***authentiek*** ⟨tgo. plagaal⟩ **0.5** ***oprecht*** ⇒*waarachtig, ongeveinsd* ◆ **1.1** an ~ description of wartime living conditions *een doorleefde beschrijving van het leven onder oorlogsomstandigheden/tijdens de oorlog* **1.2** the Rubens proved to be ~ *het bleek een echte Rubens te zijn;* an ~ custom *een volksgebruik, een ingeworteld gebruik* **1.3** an ~ deed *een rechtsgeldige akte* **1.4** ~ final *authentieke cadens, heel slot, authentieke sluiting;* ~ modes *kerktoonaarden* **1.5** her regret was ~ *haar spijt was oprecht.*

au·then·ti·cate [ɔːˈθentɪkeɪt]⟨f1⟩⟨ov.ww.⟩ **0.1** ***(voor) authentiek verklaren*** ⇒*de authenticiteit bewijzen/bevestigen/waarborgen van, staven* **0.2** ⟨jur.⟩ ***authentiseren*** ⇒*rechtsgeldig maken, legaliseren, waarmerken* ◆ **1.1** this ~d Rembrandt *die voor authentiek verklaarde Rembrandt* **1.2** an ~d building permit *een wettige bouwvergunning;* to ~ a will *een testament bekrachtigen.*

au·then·ti·ca·tion [ɔːˈθentɪkeɪʃn]⟨telb. en n.-telb.zn.⟩ **0.1** ***echtverklaring*** ⇒*bekrachtiging, bevestiging* **0.2** ⟨jur.⟩ ***echtverklaring*** ⇒*legalisatie, waarmerking.*

au·then·ti·ca·tor [ɔːˈθentɪkeɪtə‖ɔˈθentɪkeɪtər]⟨telb.zn.⟩ **0.1** ***iem. die iets authentiek verklaart/legaliseert.***

auth·en·tic·i·ty [ˈɔːθenˈtɪsəti]⟨f1⟩⟨n.-telb.zn.⟩ **0.1** ***authenticiteit*** ⇒*echtheid, onvervalstheid* **0.2** ***authenticiteit*** ⇒*betrouwbaarheid* **0.3** ***getrouwheid*** **0.4** ***rechtsgeldigheid*** **0.5** ***oprechtheid*** ⇒*waarachtigheid* ◆ **1.5** the ~ of her feelings *de oprechtheid van haar gevoelens.*

au·thor[1] [ˈɔːθə‖-ər]⟨f3⟩⟨telb.zn.⟩ **0.1** ***auteur*** ⇒*schrijver, schrijfster, opsteller* **0.2** ***auteur*** ⇒*maker, vinder, schepper, stichter* **0.3** ⟨jur.⟩ ***dader*** ⇒*aanstichter, ontwerper* ◆ **1.2** Author of all things *Schepper aller dingen;* the fresco is attributed to a 13th century ~ *het fresco wordt aan een 13de-eeuws kunstenaar toegeschreven;* God, Author of the universe *God, schepper van het heelal* **1.3** they do not know who is the ~ of the mutiny *zij weten niet wie tot de muiterij aangezet heeft;* the ~ of an unpopular law *de ontwerper van een weinig populaire wet.*

author[2] ⟨ov.ww.⟩ **0.1** ***schrijver zijn van*** ⇒*schrijven* **0.2** ***maken*** ⇒*scheppen, tot stand brengen* ◆ **1.1** she ~ed a series of detective stories *ze heeft een reeks detectiveverhalen op haar naam* **1.2** he has ~ed a new style in hairdressing *hij heeft een nieuwe haarstijl/haardracht gecreëerd/gelanceerd.*

au·thor·ess [ˈɔːθrɪs]⟨telb.zn.⟩ **0.1** ***schrijfster.***

au·thor·i·al [ɔːˈθɔːrɪəl]⟨bn., attr.⟩ **0.1** ***mbt. een schrijver*** ⇒*auteur (s)-.*

ˈauthoring system ⟨telb.zn.⟩⟨comp.⟩ **0.1** ***auteurssysteem.***

au·thor·i·tar·i·an[1] [ɔːˈθɒrɪˈteərɪən‖əˈθarɪˈter-]⟨telb.zn.⟩ **0.1** ***autoritair iemand*** ⇒*eigenmachtig individu* **0.2** ⟨pol.⟩ ***aanhanger/voorstander v. autoritaire principes.***

authoritarian[2] ⟨f1⟩⟨bn.⟩ **0.1** ***autoritair*** ⇒*eigenmachtig.*

au·thor·i·tar·i·an·ism [ɔːˈθɒrɪˈteərɪənɪzm‖əˈθarəˈterɪənɪzm]⟨n.-telb.zn.⟩ **0.1** ***autoritair systeem*** ⇒*autoritaire praktijken/handelwijze.*

au·thor·i·ta·tive [ɔːˈθɒrətətɪv, ə-‖əˈθarəteɪtɪv]⟨f2⟩⟨bn.; -ly; -ness⟩ **0.1** ***gemachtigd*** ⇒*met volmacht* **0.2** ***gebiedend*** ⇒*dwingend* **0.3** ***gezaghebbend*** ⇒*betrouwbaar* ◆ **1.1** ~ prohibition/order *officiëel verbod/bevel* **1.2** speak in an ~ tone *op een gebiedende toon spreken* **1.3** ~ information on the subject *toonaangevende informatie over het onderwerp.*

au·thor·i·ty [ɔːˈθɒrəti, ə-‖əˈθarəti]⟨f3⟩⟨zn.; →mv. 2⟩

I ⟨telb.zn.⟩ **0.1** ⟨vnl. mv.⟩ ***autoriteit*** ⇒*overheidsinstantie/persoon* **0.2** ***recht*** ⇒*toestemming* **0.3** ***autoriteit*** ⇒*(gezaghebbende) bron v. informatie, deskundige, kenner* **0.4** ***citaat*** ⇒*getuigenis, bewijsplaats, bron* **0.5** ⟨jur.⟩ ***precedent*** ◆ **1.4** list of authorities *bronvermelding* **2.1** the competent authorities *de bevoegde overheden* **3.2** a written ~ *een schriftelijke toestemming* **6.3** an ~ **on** the subject *een autoriteit op dit gebied;* to have sth. **on** good ~ *iets uit gezaghebbende bron vernomen hebben* **6.5** this decision will be an ~ **for** similar cases *deze beslissing levert jurisprudentie voor soortgelijke zaken;*

II ⟨n.-telb.zn.⟩ **0.1** ***autoriteit*** ⇒*gezag, wettige macht* **0.2** ***autoriteit*** ⇒*(moreel) gezag, invloed, persoonlijk aanzien, overwicht* **0.3** ***geloofwaardigheid*** **0.4** ***volmacht*** ⇒*machtiging* ◆ **1.1** abuse of ~ *machtsmisbruik* **3.2** you cannot deny his ~ *je kunt niet ontkennen dat hij iemand van aanzien is;* overstep one's ~ *zijn boekje te buiten gaan* **3.4** he has no ~ to decide *hij heeft geen volmacht om te beslissen* **6.4** **on/under** the ~ **of** *in opdracht v.;* ⟨fig.⟩ *op grond v..*

auˈthority figure ⟨telb.zn.⟩ **0.1** ***gezagdrager/draagster.***

au·thor·i·za·tion, -sa·tion [ˈɔːθəraɪˈzeɪʃn‖ˈɔθərə-]⟨f1⟩⟨telb. en n.-telb.zn.⟩ **0.1** ***autorisatie*** ⇒*bekrachtiging, machtiging, volmacht* **0.2** ***vergunning*** ⇒*goedkeuring* **0.3** ***rechtvaardiging*** ◆ **1.1** ~ of husband to wife *maritale machtiging* **3.1** ~ to negotiate *volmacht om te onderhandelen;* show my ~ *mijn machtiging/pasje tonen.*

au·thor·ize, -ise [ˈɔːθəraɪz]⟨f2⟩⟨ov.ww.⟩ **0.1** ***machtigen*** ⇒*recht geven tot, volmacht verlenen, opdracht geven, autoriseren* **0.2** ***goedkeuren*** ⇒*inwilligen, toelaten* **0.3** ***rechtvaardigen*** ⇒*verantwoorden, billijken* ◆ **1.1** ~d agent *gevolmachtigd vertegenwoordiger, gevolmachtigde, mandataris;* ~d persons *bevoegde personen* **1.2** ~d boiler pressure *toelaatbare keteldruk;* ⟨ec.⟩ ~d capital/issue/stock *maatschappelijk/vennootschappelijk kapitaal;* the Authorized Version *de goedgekeurde Bijbelvertaling, de King-Jamesbijbel* ⟨v. 1611⟩ **3.3** custom and tradition ~ us to act this way *gewoonte en traditie rechtvaardigen onze handelwijze.*

ˈauthor's copy ⟨telb.zn.⟩ **0.1** ***bewijsexemplaar*** ⇒*bewijsnummer.*

au·thor·ship [ˈɔːθəʃɪp‖-ər-]⟨f1⟩⟨n.-telb.zn.⟩ **0.1** ***auteurschap*** ⇒*schrijverschap, schrijversberoep; oorsprong v. literair werk/idee* ◆ **1.1** the ~ of this play *het auteurschap van dit (toneel)stuk.*

ˈauthor's proof ⟨telb.zn.⟩ **0.1** ***voorgecorrigeerde drukproef.***

au·tism [ˈɔːtɪzm]⟨n.-telb.zn.⟩⟨psych.⟩ **0.1** ***autisme.***

au·tist [ˈɔːtɪst]⟨telb.zn.⟩⟨psych.⟩ **0.1** ***autist.***

au·tis·tic [ɔːˈtɪstɪk]⟨f1⟩⟨bn.; -ally; →bijw. 3⟩⟨psych.⟩ **0.1** ***autistisch.***

au·to[1] [ˈɔːtou]⟨f2⟩⟨telb.zn.⟩⟨AE; inf.⟩ **0.1** ***auto*** ◆ **6.1** by ~ *per auto.*

auto[2] ⟨onov.ww.⟩⟨inf.⟩ **0.1** ***rondrijden*** ⇒*toeren, tuffen.*

au·to- [ˈɔːtou], ⟨in bet. 0.1 en 0.2 ook⟩ **aut- 0.1** ***auto-*** ⇒*zelf, van zichzelf, op zichzelf* **0.2** ***auto-*** ⇒*automatisch, uit zichzelf* **0.3** ***auto-*** ⇒*automobiel-* ◆ **¶.1** autocriticism *zelfkritiek* **¶.2** autokinetic *autokinetisch* ⟨uit zichzelf bewegend⟩ **¶.3** autoist *automobilist;* autosilo *garage* ⟨ouder flatgebouw e.d.⟩; *parkeerkelder.*

au·to·bahn [ˈɔːtəbaːn, ˈɔːtou-]⟨telb.zn.; ook autobahnen; →mv. 5; ook A-⟩ **0.1** ***snelweg (in Duitsland)*** ⇒*autoweg.*

au·to·bi·o·graph·er [-baɪˈɒgrəfə‖-baɪˈagrəfər]⟨telb.zn.⟩ **0.1** ***autobiograaf.***

au·to·bi·o·graph·ic [-baɪəˈgræfɪk], **au·to·bi·o·graph·ic·al** [-ɪkl]⟨f1⟩⟨bn.; -(al)ly; →bijw. 3⟩ **0.1** ***autobiografisch.***

au·to·bi·og·ra·phy [-baɪˈɒgrəfi‖-baɪˈagrəfi]⟨f2⟩⟨telb. en n.-telb.zn.⟩ **0.1** ***autobiografie.***

au·to·bus [ˈɔːtəbʌs]⟨telb.zn.⟩⟨AE⟩ **0.1** ***(auto)bus.***

au·to·cade [ˈɔːtəkeɪd]⟨telb.zn.⟩ **0.1** ***stoet v./met auto's*** ⇒*autocolonne.*

au·to·ceph·a·lous [ˈɔːtəˈsefələs]⟨bn.⟩⟨relig.⟩ **0.1** ***autocefaal*** ⇒*onafhankelijk, zelfstandig.*

au·toch·thon [ɔːˈtɒkθən‖ɔˈtak-]⟨telb.zn.; ook autochthones [-niːz]; →mv. 5; vnl. mv.⟩ **0.1** ***oerbewoner*** ⇒⟨in mv.⟩ *autochtonen* **0.2** ***iets dat inheems is*** ⇒⟨i.h.b.⟩ *inheems dier, inheemse plant.*

au·toch·tho·nous [ɔːˈtɒkθənəs‖ɔˈtak-], **au·toch·tho·nal** [-θənl], **au·toch·tho·nic** [ˈɔːtɒkˈθɒnɪk‖ˈɔtakˈθanɪk]⟨bn.⟩ **0.1** ***autochtoon*** ⇒*inheems, eigen, niet geïmporteerd* ◆ **1.1** carpet weaving is not ~ in this region *tapijtweven komt van origine in deze streek niet voor.*

au·to·clave [ˈɔːtəkleɪv]⟨telb.zn.⟩⟨schei.⟩ **0.1** ***autoclaaf*** ⇒*drukvat, Papimaanse pot.*

autocoid [ˈɔːtəkɔɪd] →autacoid.

ˈau·to·com·po·nent ⟨telb.zn.⟩ **0.1** ***auto-onderdeel.***

au·to·coup·ler [ˈɔːtoukʌplə‖ˈɔtoukʌplər]⟨telb.zn.⟩⟨tech.⟩ **0.1** ***automatische koppeling.***

au·toc·ra·cy [ɔːˈtɒkrəsi‖ɔˈta-]⟨telb. en n.-telb.zn.; →mv. 2⟩ **0.1** ***autocratie*** ⇒*autocratisch regime, despotisme.*

au·to·crat [ˈɔːtəkræt]⟨telb.zn.⟩ **0.1** ***autocraat*** ⇒*alleenheerser;* ⟨fig.⟩ *despoot, eigenmachtig optredend persoon.*

au·to·crat·ic [ˈɔːtəˈkrætɪk], **au·to·crat·i·cal** [-ɪkl]⟨bn.; -(al)ly; →bijw. 3⟩ **0.1** ***autocratisch*** ⇒*alleenheersend.*

au·toc·ra·trix [ˈɔːtəˈkrætrɪks]⟨telb.zn.⟩ **0.1** ***alleenheerseres.***

ˈau·to·crime [ˈɔːtəkraɪm]⟨telb.zn.⟩ **0.1** ***autodiefstal*** ⇒*diefstal uit auto's.*

au·to·cross [ˈɔːtoukrɒs‖ˈɔtəkrɔs]⟨telb.zn.⟩ **0.1** ***autocross.***

au·to·cue [ˈɔːtoukjuː‖ˈɔːtə-]⟨telb.zn.⟩ **0.1** ***afleesapparaat voor t.v.-omroepers*** ⟨merknaam⟩.

au·to·cy·cle [ˈɔːtəsaɪkl]⟨telb.zn.⟩⟨vero.⟩ **0.1** ***fiets met hulpmotor.***

au·to·da·fé [ˈɔːtoudaːˈfeɪ‖ˈɔtoudəˈfeɪ]⟨telb.zn.; autos-da-fé; →mv. 6⟩⟨gesch.⟩ **0.1** ***auto-da-fe*** ⇒⟨i.h.b.⟩ *ketterverbranding.*

au·to·di·dact [ˈɔːtouˈdaɪdækt]⟨telb.zn.⟩ **0.1** ***autodidact.***

au·to·di·dac·tic [ˈɔːtoudaɪˈdæktɪk]⟨bn.⟩ **0.1** ***autodidactisch.***

au·to·drome [ˈɔːtədroum]⟨telb.zn.⟩ **0.1** ***autodroom*** ⇒*autorenbaan, racebaan.*

au·to·e·mis·sion [ˈɔːtouɪˈmɪʃn]⟨telb.zn.⟩⟨elek.⟩ **0.1** ***koude emissie.***

au·to·e·rot·ic [-ɪˈrɒtɪk‖-ɪˈratɪk]⟨bn.⟩ **0.1** ***auto-erotisch.***

au·to·er·o·tism [-ˈerətɪzm], **au·to·e·rot·i·cism** [-ɪˈrɒtɪsɪzm‖-ɪˈratəsɪzm]⟨n.-telb.zn.⟩ **0.1** ***auto-erotiek.***

au·to·fi·nanc·ing [ˈɔːtouˈfaɪnænsɪŋ]⟨n.-telb.zn.⟩ **0.1** ***autofinanciering*** ⟨dmv. winst⟩ ⇒*zelffinanciering.*

au·to-flight installation [ˈɔːtəflaɪt ɪnstəˌleɪʃn]⟨telb.zn.⟩ **0.1** ***vliegautomaat*** ⟨toestel voor automatisch uitvoeren van vlucht⟩.

au·tog·a·my [ɔːˈtɒgəmi‖ɔˈta-]⟨n.-telb.zn.⟩⟨biol., plantk.⟩ **0.1** ***autogamie*** ⇒*zelfbestuiving/bevruchting.*

au·to·gen·e·sis [ˈɔːtouˈdʒenɪsɪs]⟨n.-telb.zn.⟩⟨biol.⟩ **0.1** ***autogenese*** ⇒*abiogenesis.*

au·to·ge·net·ic [ˈɔːtoudʒɪˈnetɪk]⟨bn.; -(al)ly; →bijw. 3⟩⟨biol.⟩ **0.1** ***autogeen*** ⇒*vanzelf ontstaand* ⟨v. levende uit niet-levende substantie⟩.

au·tog·e·nous [ɔːˈtɒdʒənəs‖ɔˈta-], **au·to·gen·ic** [ˈɔːtouˈdʒenɪk]⟨bn.; autogenously⟩ **0.1** ***autogeen*** ◆ **1.1** ~ changes *veranderingen die vanzelf plaatsvinden;* ~ cutting machine *autogene snijmachine* **3.1** ~ welding *autogeen lassen.*

au·to·ges·tion ['ɔ:toʊ'dʒestʃən]⟨n.-telb.zn.⟩ **0.1** ***zelfbeheer*** ⇒*het leiden v.e. bedrijf door de werknemers.*
au·to·gi·ro, au·to·gy·ro ['ɔ:ţoʊ'dʒaɪroʊ]⟨telb.zn.⟩⟨verkeer⟩ **0.1** ***autogiro*** ⇒*molenwiekvliegtuig.*
au·to·graft ['ɔ:təgrɑ:ft‖'ɔţəgræft]⟨telb.zn.⟩⟨med.⟩ **0.1** ***transplantatie v. eigen weefsel/orgaan.***
au·to·graph[1] ['ɔ:təgrɑ:f‖'ɔţəgræf]⟨f2⟩⟨telb.zn.⟩ **0.1** ***autograaf*** ⇒*eigenhandig geschreven tekst/stuk/brief, handschrift,* ⟨i.h.b.⟩ *handtekening, autogram.*
autograph[2] ⟨ov.ww.⟩ **0.1** ***(onder)tekenen*** ⇒*signeren, handtekening zetten op/onder* **0.2** ***eigenhandig schrijven*** ◆ **1.1** ~ed copies *door de auteur gesigneerde exemplaren.*
'autograph book, 'autograph album ⟨telb.zn.⟩ **0.1** ***autogrammenalbum*** ⇒*album met handtekeningen* ⟨bv. v. schrijvers⟩.
au·to·graph·ic ['ɔ:tə'græfɪk‖'ɔţə-], **au·to·graph·i·cal** [-ɪkl]⟨bn.;-(al) ly;→bijw. 3⟩ **0.1** ***autografisch*** **0.2** ⟨druk.⟩ ***autografisch*** ◆ **1.1** an ~ letter *een eigenhandig geschreven brief* **1.2** an ~ copy *een autografie;* ~ ink *autografische inkt.*
'autograph seeker ⟨telb.zn.⟩ **0.1** ***handtekeningenverzamelaar*** ⇒*autogrammenjager.*
au·tog·ra·phy [ɔ:'tɒgrəfi‖ɔ'tɑ-]⟨n.-telb.zn.⟩ **0.1** ***het eigenhandig schrijven*** **0.2** ***verzameling autografen*** **0.3** ⟨druk.⟩ ***autografie.***
au·to·harp ['ɔ:toʊhɑ:p‖'ɔţoʊhɑrp]⟨telb.zn.⟩⟨muz.⟩ **0.1** ***citer met klavier.***
au·to-·ig·ni·tion ['ɔ:ţoʊɪg'nɪʃn]⟨n.-telb.zn.⟩⟨tech.⟩ **0.1** ***zelfontsteking*** ⇒*zelfontbranding.*
au·to·im·mune ['ɔ:ţoʊɪ'mju:n]⟨bn.⟩⟨med.⟩ **0.1** ***auto-immuun*** ◆ **1.1** ~ diseases *auto-immuunziekten.*
au·to·im·mu·ni·ty ['ɔ:ţoʊɪ'mju:nəţi]⟨n.-telb.zn.⟩⟨med.⟩ **0.1** ***auto-immuniteit.***
'au·to·in·dus·try ⟨telb.zn.⟩ **0.1** ***auto-industrie.***
au·to·in·tox·i·ca·tion ['ɔ:ţoʊɪntɒksɪ'keɪʃn‖-tɑk-]⟨telb. en n.-telb.zn.⟩⟨med.⟩ **0.1** ***auto-intoxicatie*** ⇒*zelfvergiftiging* ⟨door stofwisseling⟩.
au·to-load·ing ['ɔ:ţoʊloʊdɪŋ]⟨bn.⟩ **0.1** ***semi-automatisch*** ⟨v. vuurwapens⟩.
au·tol·y·sis [ɔ:'tɒləsɪs‖ɔ'tɑ-]⟨n.-telb.zn.⟩⟨bioch.⟩ **0.1** ***autolyse.***
au·tol·y·tic ['ɔ:ţə'lɪţɪk]⟨bn.⟩⟨bioch.⟩ **0.1** ***autolytisch.***
'au·to·mak·er ⟨f1⟩⟨telb.zn.⟩ **0.1** ***autofabrikant.***
au·to·mat ['ɔ:ţəmæt]⟨telb.zn.⟩ **0.1** ***automatiek*** ⇒*cafetaria met automaten.*
au·to·mate ['ɔ:ţəmeɪt]⟨f1⟩⟨ww.⟩
I ⟨onov.ww.⟩ **0.1** ***automatisch werken/gaan*** ⇒*geautomatiseerd zijn;*
II ⟨ov.ww.⟩ **0.1** ***automatiseren*** ⇒*automatisch doen werken.*
au·to·mat·ic[1] ['ɔ:ţə'mæţɪk]⟨f2⟩⟨telb.zn.⟩ **0.1** ***automatisch wapen*** **0.2** ***automaat*** ⟨auto, apparaat⟩.
automatic[2] ⟨f3⟩⟨bn.;-ally;→bijw. 3⟩ **0.1** ***automatisch*** ⇒*zelfwerkend* **0.2** ***automatisch*** ⇒*onbewust, werktuiglijk, mechanisch, zonder nadenken* **0.3** ***automatisch*** ⇒*noodzakelijk, vanzelf tot stand komend* **0.4** ⟨psych.⟩ ***automatisch*** ⇒*reflexmatig* ◆ **1.1** ⟨comp.⟩ ~ data processing *automatische gegevensverwerking;* ~ gear-change *automatische versnelling;* ~ pilot *automatische piloot;* ~ pistol *automatisch pistool;* ~ rifle *automatisch geweer;* ~ telling/teller machine *geldautomaat, bankautomaat* **1.2** blinking is mostly ~ *met de ogen knipperen gebeurt meestal onwillekeurig/vanzelf* **1.3** system of ~ pay rises *systeem v. automatische loonsverhogingen;* this ~ally results from that decision *dat is een noodzakelijk gevolg v. die beslissing;* he was ~ally disqualified *hij werd automatisch gediskwalificeerd* **1.4** ~ writing *automatisch schrift* ⟨v.e. medium in trance⟩.
au·tom·a·tic·i·ty ['ɔ:ţəmə'tɪsəţi]⟨n.-telb.zn.⟩ **0.1** ***automatisme.***
au·to·ma·tion ['ɔ:ţə'meɪʃn]⟨f1⟩⟨n.-telb.zn.⟩ **0.1** ***automatisering.***
au·tom·a·tism [ɔ:'tɒmətɪzm‖ɔ'tɑ-]⟨f1⟩⟨zn.⟩
I ⟨telb.zn.⟩ **0.1** ***automatische handeling*** ⇒*automatisme, routinehandeling;*
II ⟨n.-telb.zn.⟩ **0.1** ***automatisme*** ⇒*automatische werking* **0.2** ⟨psych., en bij uitbr. ook kunst⟩ ***automatisme*** ⇒*automatie, automatisch schrijven* **0.3** ***theorie v. automatisme*** ⟨ziet mens en dier als automaat⟩ ⇒⟨ong.⟩ *mechanicisme* ◆ **3.2** using ~ the painter produced his best work *met behulp v. automatisme maakte de schilder zijn beste werk.*
au·tom·a·tize, -tise [ɔ:'tɒmətaɪz‖ɔ'tɑ-]⟨f1⟩⟨ov.ww.⟩ **0.1** ***automatiseren.***
au·tom·a·ton [ɔ:'tɒmətən‖ɔ'tɑmətɑn]⟨f1⟩⟨telb.zn.; ook automata; →mv. 5⟩⟨ook fig.⟩ **0.1** ***automaat*** ⇒*robot* ◆ **3.1** production at the assembly line degrades human beings to ~s *produktie aan de lopende band verlaagt de mens tot robot.*
au·to·mo·bile[1] ['ɔ:təməbi:l‖'ɔţəmoʊ'bi:l]⟨f2⟩⟨telb.zn.⟩⟨AE⟩ **0.1** ***auto*** **0.2** ⟨sl.⟩ ***snelle werker/denker/prater.***
automobile[2] ⟨bn.⟩ **0.1** ***automobiel*** ⇒*zichzelf voortbewegend.*
automobile[3] ⟨onov.ww.⟩⟨AE⟩ **0.1** ***(in een) auto rijden.***
'Automobile Association ⟨eig.n.⟩⟨BE⟩ **0.1** ***club v. automobilisten*** ⇒⟨ong.⟩ *A.N.W.B..*
au·to·mo·tive ['ɔ:ţə'moʊţɪv]⟨bn.⟩ **0.1** ***automobiel*** ⇒*zichzelf voortbewegend* **0.2** ***automobiel-*** ⇒*auto-, mbt. motervoertuigen* ◆ **1.1** the ~ vehicle running on petrol *het motorvoertuig dat op benzine loopt* **1.2** ~ production *produktie v. gemotoriseerde voertuigen.*
au·to·net·ics ['ɔ:ţoʊ'netɪks]⟨n.-telb.zn.⟩ **0.1** ***studie v. automatische geleidings- en controlesystemen.***
au·to·nom·ic ['ɔ:tə'nɒmɪk‖'ɔţə'nɑmɪk], **au·to·nom·i·cal** [-ɪkl]⟨f2⟩⟨bn.;-(al)ly;→bijw. 3⟩ **0.1** ***autonoom*** ⇒*zelfstandig* **0.2** ⟨med.⟩ ***v./mbt. het autonome zenuwstelsel*** ⇒*autonoom* **0.3** ⟨plantk.⟩ ***autonoom*** ◆ **1.2** ~ nervous system *autonome zenuwstelsel.*
au·ton·o·mist [ɔ:'tɒnəmɪst‖ɔ'tɑ-]⟨telb.zn.⟩ **0.1** ***autonomist*** ⇒*strijder voor/verdediger v. zelfbestuur.*
au·ton·o·mous [ɔ:'tɒnəməs‖ɔ'tɑ-]⟨f1⟩⟨bn.;-ly⟩ **0.1** ***autonoom*** ⇒*zelfstandig, onafhankelijk, op zichzelf staand* **0.2** ***autonomie bezittend*** ⇒*met zelfbestuur, autonoom* **0.3** ***v./mbt. een autonome staat/gemeenschap*** **0.4** ⟨biol.; plantk.⟩ ***autonoom*** ◆ **1.1** an ~ will *een vrije wil* **1.2** ~ state *autonome staat.*
au·ton·o·my [ɔ:'tɒnəmi‖ɔ'tɑ-]⟨f2⟩⟨zn.;→mv. 2⟩
I ⟨telb.zn.⟩ **0.1** ***autonome staat/gemeenschap*** ◆ **1.1** British dominions are autonomies *de Britse dominions zijn autonome staten;*
II ⟨n.-telb.zn.⟩ **0.1** ***autonomie*** ⇒*(bevoegdheid tot) zelfregering, zelfbestuur; zelfstandigheid, (wils)vrijheid* ◆ **1.1** ~ of local authorities *autonomie v.d. plaatselijke overheid;* ~ of the individual *onafhankelijkheid v.h. individu.*
au·toph·a·gy [ɔ:'tɒfədʒi‖ɔ'tɑ-]⟨n.-telb.zn.⟩⟨med., biol.⟩ **0.1** ***autofagie.***
au·to·phyte ['ɔ:ţəfaɪt]⟨telb.zn.⟩⟨plantk.⟩ **0.1** ***autotrofe plant.***
au·to·phyt·ic ['ɔ:ţə'fɪţɪk]⟨bn.⟩⟨plantk.⟩ **0.1** ***autotroof.***
au·to·pi·lot ['ɔ:ţoʊpaɪlət]⟨telb.zn.⟩⟨verk.⟩ automatic pilot **0.1** ***automatische piloot.***
au·to·pis·ta ['ɔ:ţoʊ'pi:stə]⟨telb.zn.⟩⟨verkeer⟩ **0.1** ***Spaanse autoweg.***
au·to·plas·ty ['ɔ:ţoʊplæsti]⟨n.-telb.zn.⟩⟨med.⟩ **0.1** ***autoplastiek.***
au·top·sic [ɔ:'tɒpsɪk‖ɔ'tɑp-], **au·top·si·cal** [-ɪkl]⟨bn.;-ally;→bijw. 3⟩ **0.1** ***autoptisch*** ⇒*uit eigen waarneming.*
au·top·sist ['ɔ:tɒpsɪst‖'ɔtɑp-]⟨telb.zn.⟩ **0.1** ***lijkschouwer.***
au·top·sy ['ɔ:tɒpsi‖'ɔtɑpsi]⟨f1⟩⟨telb. en n.-telb.zn.;→mv. 2⟩ **0.1** ⟨med.⟩ ***autopsie*** ⇒*lijkschouwing, sectie* **0.2** ***persoonlijke waarneming*** **0.3** ***kritische ontleding/analyse.***
au·to·ra·di·o·graph ['ɔ:toʊ'reɪdioʊgrɑ:f‖'ɔţoʊ-græf]⟨telb.zn.⟩ **0.1** ***autoradiogram.***
au·to·ra·di·o·graph·ic ['ɔ:ţoʊreɪdioʊ'græfɪk]⟨bn.⟩ **0.1** ***autoradiografisch.***
au·to·ra·di·og·ra·phy ['ɔ:toʊreɪdi'ɒgrəfi‖'ɔţoʊ-'ɑgrəfi]⟨n.-telb.zn.⟩ **0.1** ***autoradiografie.***
au·to·route ['ɔ:toʊru:t‖'ɔţoʊru:t]⟨telb.zn.⟩ **0.1** ***Franse autoweg.***
au·to·some ['ɔ:ţəsoʊm]⟨telb.zn.⟩⟨biol.⟩ **0.1** ***autosoom*** ⇒*homologe chromosoom.*
au·to·stra·da ['ɔ:toʊstrɑ:də‖'ɔţoʊ'strædə]⟨telb.zn.; autostrade [-deɪ];→mv. 5⟩ **0.1** ***autostrada.***
au·to·sug·gest·i·bil·i·ty ['ɔ:ţoʊsədʒestɪ'bɪləţi]⟨n.-telb.zn.⟩⟨psych.⟩ **0.1** ***vatbaarheid voor autosuggestie*** ⇒*autosuggestibiliteit.*
au·to·sug·gest·i·ble ['ɔ:ţoʊsə'dʒestəbl]⟨bn.⟩⟨psych.⟩ **0.1** ***vatbaar voor/onderworpen aan autosuggestie*** ⇒*autosuggestibel* ◆ **1.1** self-confidence is ~ *zelfvertrouwen kan je verkrijgen door autosuggestie.*
au·to·sug·ges·tion ['ɔ:ţoʊsə'dʒestʃn]⟨f1⟩⟨n.-telb.zn.⟩⟨psych.⟩ **0.1** ***autosuggestie.***
au·to·sug·ges·tive ['ɔ:ţoʊsə'dʒestɪv]⟨bn.⟩⟨psych.⟩ **0.1** ***autosuggestief.***
au·to·tel·ic ['ɔ:ţoʊ'telɪk]⟨bn.⟩ **0.1** ***een doel op zichzelf hebbend*** ◆ **1.1** art is ~ *kunst is een doel op zichzelf.*
au·to·tim·er ['ɔ:ţoʊtaɪmə‖-ər]⟨telb.zn.⟩ **0.1** ***automatische tijdklok*** ⟨op oven e.d.⟩.
au·tot·o·mize [ɔ:'tɒtəmaɪz‖ɔ'tɑţə-]⟨ww.⟩⟨dierk.⟩
I ⟨onov.ww.⟩ **0.1** ***autotomie ondergaan;***
II ⟨ov.ww.⟩ **0.1** ***afstoten*** ⟨lichaamsdeel⟩ ◆ **1.1** some types of lizards ~ their tails for self-protection *sommige soorten hagedissen stoten hun staart af als zelfverdediging.*
au·tot·o·my [ɔ:'tɒtəmi‖ɔ'tɑţəmi]⟨n.-telb.zn.⟩⟨dierk.⟩ **0.1** ***autotomie*** ⇒*zelfverminking, afstoting v. lichaamsdeel.*
au·to·tox·ae·mi·a, au·to·tox·e·mi·a ['ɔ:toʊtɒk'si:mɪə‖'ɔţoʊtɑk-]⟨n.-telb.zn.⟩⟨med.⟩ **0.1** ***zelfvergiftiging.***
au·to·tox·in ['ɔ:toʊ'tɒksɪn‖'ɔţoʊ'tɑksɪn]⟨telb.zn.⟩ **0.1** ***vergif in het eigen lichaam geproduceerd.***
'au·to-train ⟨telb.zn.⟩ **0.1** ***autotrein.***
au·to·trans·form·er ['ɔ:toʊtræns'fɔ:mə‖'ɔţoʊ-'fɔrmər]⟨telb.zn.⟩ ⟨elek.⟩ **0.1** ***spaartransformator.***

au·to·trans·fu·sion ['ɔ:ţoʊtrænz'fju:ʒn]⟨telb. en n.-telb.zn.⟩ ⟨med.⟩ **0.1** ***autotransfusie***.

au·to·troph ['ɔ:toʊtroʊf‖'ɔţoʊtrɑf]⟨telb.zn.⟩ ⟨biol.⟩ **0.1** ***autotroof organisme***.

au·to·troph·ic ['ɔ:toʊ'trɒfɪk‖'ɔţoʊ'trɑfɪk]⟨bn.;-ally;→bijw. 3⟩ ⟨biol.⟩ **0.1** ***autotroof***.

au·tot·ro·phy [ɔ:'tɒtrəfi‖ɔ'tɑ-]⟨n.-telb.zn.⟩ ⟨biol.⟩ **0.1** ***autotrofie***.

au·to·truck ['ɔ:ţoʊtrʌk]⟨telb.zn.⟩ **0.1** ***vrachtwagen***.

au·to·type ['ɔ:ţoʊtaɪp]⟨zn.⟩
I ⟨telb.zn.⟩ **0.1** ***facsimile;***
II ⟨telb. en n.-telb.zn.⟩ ⟨druk.⟩ **0.1** ***autotypie***.

au·tumn ['ɔ:ţəm]⟨f3⟩ ⟨telb. en n.-telb.zn.⟩ ⟨ook fig.⟩ **0.1** ***herfst*** ⇒*najaar* ◆ **1.1** the ~ of his life *de herfst v. zijn leven* **6.1 in** ~ *in de herfst/het najaar*.

au·tum·nal [ɔ:'tʌmnəl]⟨f1⟩ ⟨bn.;-ly⟩ ⟨ook fig.⟩ **0.1** ***herfst-*** ⇒*herfstachtig* ◆ **1.1** ~ colours *herfstkleuren;* ~ equinox *herfstnachtevening;* ~ sunshine *herfstzon*.

'autumn 'crocus ⟨telb.zn.⟩ ⟨plantk.⟩ **0.1** ***herfsttijloos*** ⟨Colchicum autumnale⟩.

autumn equinox [- 'i:kwɪnɒks‖-nɑks]⟨n.-telb.zn.⟩ **0.1** ***herfstnachtevening***.

'autumn 'tints ⟨mv.⟩ **0.1** ***herfstkleuren***.

'autumn 'weather ⟨n.-telb.zn.⟩ **0.1** ***herfstweer***.

au·tun·ite ['ɔ:tʊnaɪt‖oʊ'tʌnaɪt]⟨n.-telb.zn.⟩ ⟨schei.⟩ **0.1** ***autuniet*** ⟨uraanmineraal⟩.

aux ⟨afk.⟩ auxiliary.

au·xa·nom·e·ter [ɔ:ksə'nɒmɪtə‖-'nɑmɪţər]⟨telb.zn.⟩ **0.1** ***auxanometer*** ⇒*groeimeter* ⟨vnl. bij planten⟩.

aux·il·ia·ry[1] [ɔ:g'zɪl(j)əri,ɔ:k'sɪ-‖ɔg-]⟨f2⟩ ⟨zn.;→mv. 2⟩
I ⟨telb.zn.⟩ **0.1** ***helper*** ⇒*ondergeschikte, hulp, assistent* **0.2** ***hulpmiddel*** **0.3** ⟨taalk.⟩ ***hulpwerkwoord*** **0.4** ⟨mil., scheep.⟩ ***hulpschip*** **0.5** ⟨scheep.⟩ ***(zeilboot met) hulpmotor*** **0.6** ***(onder)afdeling*** ⟨v. vereniging, club e.d.⟩ ⇒⟨i.h.b.⟩ *echtgenotenclub* ◆ **1.6** a women's ~ *een vrouwenafdeling* ⟨bv. v. mannenvereniging⟩;
II ⟨mv.; auxiliaries⟩ **0.1** ***hulptroepen*** ⇒*bondgenoten, hulpcomité*.

auxiliary[2] ⟨f2⟩ ⟨bn.⟩ **0.1** ***hulp-*** ⇒*behulpzaam, helpend* **0.2** ***aanvullend*** ⇒*supplementair, bijkomend, auxiliair* **0.3** ***reserve-*** ⇒*hulp-, auxiliair* **0.4** ⟨scheep.⟩ ***met hulpmotor*** ⟨v.e. zeilboot⟩ ◆ **1.1** psychology is an ~ science to literature *psychologie is een hulpwetenschap voor literatuurstudie;* Esperanto is an ~ language *Esperanto is een hulptaal;* ⟨taalk.⟩ ~ verb *hulpwerkwoord* **1.2** the university has two ~ branches *de universiteit heeft twee dependances* **1.3** the ~ police *de reserve-eenheid van politie;* ~ power plant *hulpcentrale;* ~ troops *hulptroepen* **1.4** an ~ sloop *een sloep met hulpmotor* **6.1** ~ **to** *behulpzaam voor*.

aux·in ['ɔ:ksɪn]⟨n.-telb.zn.⟩ ⟨plantk.⟩ **0.1** ***auxine***.

Auz·zie[1] ['ɒzi‖'ɔzi,'ɑzi]⟨telb.zn.⟩ ⟨sl.⟩ **0.1** ***Australiër***.

Auzzie[2] ⟨bn.⟩ ⟨sl.⟩ **0.1** ***Australisch***.

av ⟨afk.⟩ ad valorem, avenue, average, avoirdupois.

Av ⟨afk.⟩ avenue.

AV ⟨afk.⟩ audio-visual, Authorized Version.

avadavat →amadavat.

a·vail[1] [ə'veɪl]⟨n.-telb.zn.⟩ ⟨schr.⟩ **0.1** ***nut*** ⇒*voordeel, baat* ◆ **6.1 of** little ~ *v. weinig nut/baat;* **of** no ~ *nutteloos;* your intervention was **of** no ~ *uw tussenkomst leverde niets op;* **of** what ~ *wat voor nut;* **of** what ~ are all your efforts? *wat leveren al uw inspanningen op?;* **to** no ~ *nutteloos, vruchteloos;* **without** ~ *nutteloos, vruchteloos, zonder succes/resultaat*.

avail[2] ⟨f2⟩ ⟨onov. en ov.ww.⟩ **0.1** ***baten*** ⇒*helpen, v. nut zijn, voordeel opleveren* ◆ **1.1** your efforts to persuade her didn't ~ *uw pogingen haar te overreden haalden niets uit* **4.1** ~ s.o. nothing *iem. geen enkel voordeel opleveren* **4.¶** ~ o.s. of *gebruiken, profiteren v., benutten, te baat nemen*.

a·vail·a·bil·i·ty [əveɪlə'bɪləţi]⟨f2⟩ ⟨n.-telb.zn.⟩ **0.1** ***beschikbaarheid*** ⇒*aanwezigheid* **0.2** ***nut*** ⇒*bruikbaarheid, geschiktheid* **0.3** ***geldigheid*** ◆ **1.2** his ~ as a candidate for this position *de geschiktheid v.d. kandidaat voor die betrekking*.

a·vail·a·ble [ə'veɪləbl]⟨f3⟩ ⟨bn.;-ly;-ness;→bijw. 3⟩ **0.1** ***beschikbaar*** ⇒*voorhanden, verkrijgbaar* **0.2** ***beschikbaar*** ⇒*ten dienste staand, niet bezet* **0.3** ***geldig*** ◆ **1.1** ⟨geldw.⟩ ~ balance *beschikbaar saldo;* the first excuse ~ *het eerste het beste excuus;* use all ~ means/resources *alle beschikbare middelen aanwenden;* papers are ~ in the lounge *kranten liggen ter beschikking in de conversatiezaal;* this sweater is ~ in different colours *deze trui is verkrijgbaar in verschillende kleuren* **1.2** engineer wants position, ~ from June onwards *ingenieur zoekt betrekking, vrij beschikbaar vanaf juni* **1.3** that plea is not ~ *die bewering is niet geldig;* ~ until revocation *geldig tot herroeping;* these tickets are ~ for three days *deze kaartjes zijn drie dagen geldig*.

av·a·lanche[1] ['ævəlɑ:ntʃ‖-læntʃ]⟨f1⟩ ⟨telb.zn.⟩ **0.1** ***lawine*** **0.2** ⟨vnl. enk.⟩ ***vloed*** ⇒*vloedgolf, stortvloed, lawine* ⟨v. woorden, verwijten, vragen⟩ ◆ **1.2** an ~ of criticism *een golf v. kritiek;* an ~ of letters *een massa brieven*.

avalanche[2] ⟨ww.⟩
I ⟨onov.ww.⟩ **0.1** ***neerstorten als een lawine*** ◆ **6.1** boxes and bottles ~d **out of** the medicine cabinet when I opened it *een lawine v. doosjes en flesjes viel uit het medicijnkastje toen ik het openmaakte;*
II ⟨ov.ww.⟩ **0.1** ***overweldigen*** ⇒*overstelpen* ◆ **6.1** ~d **with** applications for this vacancy *overstelpt met sollicitaties voor die vacature*.

a·vant-garde[1] ['ævɑ̃ŋ 'gɑ:d‖-'gɑrd]⟨f1⟩ ⟨verz.n.; the⟩ **0.1** ***avant-garde*** **0.2** ***bewonderaars/aanhangers v.d. avant-garde***.

avant-garde[2] ⟨f1⟩ ⟨bn.⟩ **0.1** ***avant-garde*** **0.2** ***gedurfd*** ⇒*zijn tijd vooruit* ◆ **1.1** ~ theatre *avant-gardetoneel*.

a·vant-gard·ism ['ævɑ̃ŋ'gɑ:dɪzm‖-'gɑr-]⟨n.-telb.zn.⟩ **0.1** ***avant-gardebeweging***.

a·vant-gard·ist ['ævɑ̃ŋ'gɑ:dɪst‖-'gɑr-]⟨telb.zn.⟩ **0.1** ***avantgardist***.

av·a·rice ['ævərɪs]⟨f1⟩ ⟨n.-telb.zn.⟩ ⟨schr.⟩ **0.1** ***gierigheid*** ⇒*hebzucht, inhaligheid* ◆ **6.1** ~ **of** *hebzucht/begerigheid naar;* **out of** ~ *uit hebzucht*.

av·a·ri·cious [ævə'rɪʃəs]⟨bn.;-ly;-ness⟩ **0.1** ***hebzuchtig*** ⇒*gierig, vrekkig, inhalig* ◆ **6.1** ~ **of** power *begerig naar macht*.

a·vast [ə'vɑ:st‖ə'væst]⟨tussenw.⟩ ⟨scheep.⟩ **0.1** ***stop!*** ⇒*hou op!*.

av·a·tar ['ævətɑ:‖-tɑr]⟨telb.zn.⟩ **0.1** ***avatar*** ⟨hindoeïsme; afdaling v. godheid in vorm v. mens of dier⟩ **0.2** ***incarnatie*** ⇒*vleeswording, belichaming, archetype* **0.3** ***avatar*** ⟨fig.⟩ ⇒*(ontwikkelings) fase, openbaring, verschijningsvorm* ◆ **1.2** the ~ of avarice *de hebzucht zelf*.

a·vaunt [ə'vɔ:nt]⟨tussenw.⟩ ⟨vero.⟩ **0.1** ***weg!*** ⇒*ga weg!*.

AVC ⟨afk.⟩ American Veteran's Committee, automatic volume control.

avdp ⟨afk.⟩ avoirdupois.

a·ve[1] ['ɑ:vi,'ɑ:veɪ]⟨telb.zn.⟩ **0.1** ***welkomst/afscheidsgroet***.

ave[2] ⟨tussenw.⟩ **0.1** ***welkom*** ⇒*ave* **0.2** ***vaarwel*** ⇒*ave*.

A·ve[1], **A·ve Ma·ri·a** ['ɑ:vi mə'ri:ə], **A·ve Ma·ry** ['ɑ:vi 'meəri]⟨f1⟩ ⟨telb.zn.⟩ ⟨relig.⟩ **0.1** ***Ave-Maria*** ⟨R.-K. gebed, ontleend aan Luc. 1:28⟩ ⇒*ave, weesgegroet* **0.2** ***ave*** ⇒*weesgegroet(je), Ave-Maria* ⟨v.d. rozenkrans⟩ **0.3** ***tijd waarop het ave gebeden wordt***.

Ave[2] ⟨afk.⟩ Avenue.

a·venge [ə'vendʒ]⟨f1⟩ ⟨ww.⟩
I ⟨onov.ww.⟩ **0.1** ***zich wreken*** ⇒*wraak nemen;*
II ⟨ov.ww.⟩ **0.1** ***wreken*** ⇒*wraak nemen voor* ◆ **1.1** ~ s.o.'s death *iemands dood wreken* **4.1** ~ o.s. on s.o. for sth. *zich op iem. over iets wreken, op iem. wraak nemen voor iets* **6.1** be ~d **on** *zich wreken op;* be ~d **on** him **for** that libel *neem wraak op hem voor die laster*.

a·veng·er [ə'vendʒə‖-ər]⟨telb.zn.⟩ **0.1** ***wreker***.

a·veng·ing·ly [ə'vendʒɪŋli]⟨bw.⟩ **0.1** ***vol wraak*** ⇒*wraakzuchtig* ◆ **3.1** he acted ~ly *hij handelde wraakzuchtig*.

av·ens ['ævɪnz]⟨telb.zn.; ook avens;→mv. 4⟩ ⟨plantk.⟩ **0.1** ***nagelkruid*** ⟨genus Geum⟩.

aven·tu·rine [ə'ventjʊrɪn‖-tʃəri:n]⟨n.-telb.zn.⟩ **0.1** ***aventurien*** ⟨mineraal⟩.

av·e·nue ['ævənju:‖-nu:]⟨f3⟩ ⟨telb.zn.⟩ **0.1** ***avenue*** ⇒*brede laan, brede (hoofd)straat* **0.2** ***laan*** **0.3** ⟨vnl. BE⟩ ***oprijlaan*** ⟨naar kasteel, landgoed⟩ ⇒*toegangsweg* **0.4** ***weg*** ⟨alleen fig.⟩ ⇒*toegang, middel* ◆ **3.4** explore every ~ *alle wegen verkennen, alle middelen proberen* **6.4** a new ~ **of** nuclear research *een nieuwe richting in kernonderzoek;* **on** the ~ **to** fame *op weg naar de roem* **7.¶** ⟨als bn. gebruikt⟩ ⟨AE⟩ Fifth/5th Avenue *top-, eersteklas/rangs;* ⟨AE⟩ Sixth/6th Avenue *tweederangs;* ⟨AE⟩ Seventh/7th Avenue *derderangs* ⟨enz.⟩.

a·ver [ə'vɜ:‖ə'vɜr]⟨ov.ww.;→ww. 7⟩ **0.1** ***met klem beweren*** ⇒*verzekeren, staande houden* **0.2** ***bewijzen*** ◆ **1.2** ~ a plea *een bewering bewijzen* **8.1** ~ that *verzekeren dat*.

av·er·age[1] ['ævrɪdʒ]⟨f3⟩ ⟨zn.⟩
I ⟨telb. en n.-telb.zn.⟩ **0.1** ⟨ook wisk.⟩ ***gemiddelde*** ⇒*middelmaat;* ⟨ook fig.⟩ *doorsnee* ◆ **1.1** ten is the ~ of four and sixteen *tien is het gemiddelde v. vier en zestien;* the ~s of summer temperatures *de gemiddelde waarden v.d. zomertemperaturen* **3.1** his performance does not exceed the ~ *zijn prestatie stijgt niet boven de middelmaat uit;* children attending this school seldom mix with the ~ *kinderen die hier op school zitten, gaan zelden met gewone/doorsnee kinderen om* **6.1 above** (the) ~ *boven het gemiddelde;* **below** (the) ~ *onder het gemiddelde;* **up to** (the) ~ *gemiddeld, middelmatig, gewoon* **6.¶ on** (the/on) ~ *gemiddeld, doorgaans;*
II ⟨n.-telb.zn.⟩ ⟨jur., scheep.⟩ **0.1** ***averij*** ⇒*zeeschade* ◆ **2.1** general/gross ~ *averij-grosse, gemene averij;* particular ~ *bijzondere/particuliere/kleine averij* **3.1** adjust/settle ~ *de averij berekenen, de averij vaststellen;* make ~ *averij maken*.

average[2] ⟨f3⟩⟨bn.; -ly⟩ **0.1** ***gemiddeld*** ⇒*midden-* **0.2** ***middelmatig*** ⇒*gewoon* ◆ **1.1** ⟨ec.⟩ ~ cost *gemiddelde kostprijs;* ~ life *gemiddelde levensduur;* ~ speed *gemiddelde snelheid;* this month's ~ temperature *de gemiddelde temperatuur van deze maand* **1.2** your brother is just ~ *je broer is maar middelmatig begaafd;* ~ quality *middelsoort.*

average[3] ⟨f2⟩⟨ww.⟩
I ⟨onov.ww.⟩ **0.1** ***een gemiddelde halen/bereiken*** **0.2** ***het gemiddelde berekenen*** ◆ **1.1** his yacht ~ed as expected in the race *in de koers haalde zijn jacht het verwachte gemiddelde* **5.¶** →average **out;**
II ⟨ov.ww.⟩ **0.1** ***het gemiddelde berekenen v.*** ⇒*het gemiddelde schatten/nemen v.* **0.2** ***het gemiddelde halen v.*** ⇒*gemiddeld doen/hebben/geven/betalen/leveren/verdienen/krijgen/uitgeven* ⟨enz.⟩ **0.3** ***evenredig verdelen*** ◆ **1.1** if you ~ these amounts *als je het gemiddelde neemt v. die bedragen* **1.2** he ~s two hours of tennis a week *doorgaans speelt hij twee uur tennis per week;* the snowfall ~s one yard at that height *op die hoogte valt er gemiddeld een meter sneeuw* **1.3** ~ a loss/profits *een verlies/winst evenredig verdelen* **5.¶** →average **out.**

'average adjuster ⟨telb.zn.⟩⟨jur., scheep.⟩ **0.1** ***dispacheur.***

'average adjustment, 'average statement ⟨telb. en n.-telb.zn.⟩⟨jur., scheep.⟩ **0.1** ***averijregeling*** ⇒*dispache.*

'average bond ⟨telb.zn.⟩⟨jur., scheep.⟩ **0.1** ***compromis v. averij.***

'average clause ⟨telb.zn.⟩⟨jur., scheep.⟩ **0.1** ***averijclausule.***

'average deposit ⟨telb.zn.⟩ **0.1** ***depot v. averij.***

'average 'out ⟨ww.⟩⟨inf.⟩
I ⟨onov.ww.⟩ **0.1** ***gemiddeld op hetzelfde neerkomen*** ⇒*uiteindelijk een gemiddelde bereiken* ◆ **1.1** life's joys and sorrows ~ in the end *tenslotte wegen lief en leed tegen elkaar op;* the profits averaged out at fifty pounds a day *de winst kwam, dooreengenomen, neer op vijftig pond per dag;*
II ⟨ov.ww.⟩ **0.1** ***een gemiddelde berekenen v.*** ⇒*een gemiddelde schatten v.* ◆ **1.1** if we ~ your income over three years at seven thousand pounds *als we uw inkomen over drie jaar op gemiddeld zevenduizend pond schatten.*

av·er·ag·er ['ævrɪdʒə‖-ər]⟨telb.zn.⟩⟨jur., scheep.⟩ **0.1** ***dispacheur.***

a·ver·ment [ə'vɜ:mənt‖-'vɜr-]⟨telb.zn.⟩⟨i.h.b. jur.⟩ **0.1** ***bevestiging*** ⇒*staving, bekrachtiging, verzekering, bewijs(voering)* **0.2** ***bewering.***

a·ver·run·ca·tor ['ævərʌŋ'keɪtə‖-'keɪṭər]⟨telb.zn.⟩ **0.1** ***boomschaar.***

a·verse [ə'vɜ:s‖ə'vɜrs]⟨f1⟩⟨bn., pred.; -ly; -ness⟩ **0.1** ***afkerig*** ⇒*tegen, afwijzend, avers* ◆ **6.1** ⟨zelden⟩ ~ **from** *afkerig v., tegen;* ~ **to** *afkerig v., tegen.*

a·ver·sion [ə'vɜ:ʃn‖ə'vɜrʒn]⟨f1⟩⟨zn.⟩
I ⟨telb.zn.⟩ **0.1** ***antipathie*** ⇒*persoon/iets waar men een aversie tegen heeft;*
II ⟨telb. en n.-telb.zn.⟩ **0.1** ***afkeer*** ⇒*antipathie, aversie, tegenzin, afschuw* ◆ **3.1** take an ~ to *een afkeer krijgen v.* **6.1** ~ **to/from/for** *afkeer v., aversie tegen.*

a'version therapy ⟨telb. en n.-telb.zn.⟩⟨psych.⟩ **0.1** ***aversie-therapie.***

a·ver·sive [ə'vɜ:sɪv‖-'vɜr-]⟨bn.; -ly⟩⟨psych.⟩ **0.1** ***aversief*** ⇒*aversie opwekkend.*

a·vert [ə'vɜ:t‖ə'vɜrt]⟨f2⟩⟨ov.ww.⟩ **0.1** ***afwenden*** ⟨ogen⟩ ⇒*afkeren* **0.2** ***voorkomen*** ⇒*vermijden, afwenden, verhoeden* **0.3** ***afweren*** ◆ **1.2** ~ danger *het gevaar keren* **6.1** ~ **from** *afwenden v.*

a·vert·a·ble, a·vert·i·ble [ə'vɜ:təbl‖ə'vɜrṭəbl]⟨bn.⟩ **0.1** ***afwendbaar.***

A·ves·ta [ə'vestə]⟨eig.n.; the⟩ **0.1** ***Avesta*** ⇒*Zend-Avesta* ⟨oudperzische heilige boeken⟩.

A·ves·tan[1] [ə'vestən], **A·ves·tic** [ə'vestɪk]⟨eig.n.⟩ **0.1** ***Avestisch*** ⇒*Zend-Avesta* ⟨oudperzische taal⟩.

Avestan[2], **Avestic** ⟨bn.⟩ **0.1** ***Avestisch.***

a·vi·an ['eɪvɪən], **a·vine** ['eɪvaɪn]⟨bn.⟩⟨dierk.⟩ **0.1** ***v./m.b.t. vogels*** ⇒*vogel-, ornithologisch.*

a·vi·ar·y ['eɪvɪəri‖'eɪvieri]⟨f1⟩⟨telb.zn.; →mv. 2⟩ **0.1** ***vogelhuis*** ⟨in dierentuin⟩ ⇒*vogelverblijf, aviarium, volière.*

a·vi·ate ['eɪvieɪt]⟨onov. en ov.ww.⟩ **0.1** ***vliegen*** ⟨v. piloot⟩.

a·vi·a·tion ['eɪvi'eɪʃn]⟨f2⟩⟨zn.⟩
I ⟨telb.zn.⟩⟨mil.⟩ **0.1** ***gevechtsvliegtuig;***
II ⟨n.-telb.zn.⟩ **0.1** ***vliegkunst*** ⇒*vliegsport, het vliegen* **0.2** ***vliegtuigbouw*** **0.3** ***luchtvaart*** ⇒*aviatiek.*

avi'ation medicine ⟨n.-telb.zn.⟩ **0.1** ***luchtvaartgeneeskunde.***

avi'ation spirit ⟨n.-telb.zn.⟩ **0.1** ***vliegtuigbenzine.***

a·vi·a·tor ['eɪvieɪtə‖-eɪṭər]⟨telb.zn.⟩ **0.1** ***vliegenier*** ⇒*vlieger, piloot, aviateur.*

a·vi·a·to·ry ['eɪvɪətri‖-tɔri]⟨bn.⟩ **0.1** ***vlieg-*** ⇒*luchtvaart-, navigatie-.*

a·vi·a·trix ['eɪvieɪtrɪks‖'eɪvi'eɪ-]⟨telb.zn.⟩ **0.1** ***vliegenierster.***

a·vi·cul·ture ['eɪvɪ̩kʌltʃə‖-ər]⟨n.-telb.zn.⟩ **0.1** ***vogelteelt*** ⇒*aviculture.*

av·id ['ævɪ̩d]⟨f1⟩⟨bn.; -ly; -ness⟩ **0.1** ***gretig*** ⇒*enthousiast* **0.2** ***begerig*** ⇒*verlangend* ◆ **6.2** ~ **for/of** *begerig naar.*

a·vid·i·ty [ə'vɪdəṭi]⟨n.-telb.zn.⟩ **0.1** ***begeerte*** ⇒*hebzucht* **0.2** ***gretigheid*** ⇒*aviditeit.*

a·vi·fau·na ['eɪvɪ'fɔ:nə]⟨telb. en n.-telb.zn.⟩ **0.1** ***vogelwereld*** ⇒*avifauna.*

a·vine ⟨bn.⟩ **0.1** ***vogel-.***

a·vi·on·ics ['əɪvi'ɒnɪks‖-'ɑnɪks]⟨mv.⟩ **0.1** ***vliegtuigelektronica.***

av·i·so [ə'vaɪzoʊ]⟨telb.zn.⟩⟨scheep.⟩ **0.1** ***adviesjacht*** ⇒*aviso (jacht).*

a·vi·ta·min·o·sis ['eɪvɪtæmɪ̩'noʊsɪs‖'eɪvaɪṭə-]⟨telb. en n.-telb.zn.; avitaminoses [-si:z]; →mv. 5⟩⟨med.⟩ **0.1** ***avitaminose*** ⇒*vitaminegebrek.*

av·o·ca·do ['ævə'kɑ:doʊ], **'avocado 'pear** ⟨f1⟩⟨telb.zn.⟩⟨plantk.⟩ **0.1** ***avocado(peer)*** ⟨Persea americana⟩ ⇒*advocaat(peer), alligatorpeer.*

av·o·ca·tion ['ævə'keɪʃn]⟨telb.zn.⟩ **0.1** ***hobby*** ⇒*nevenwerkzaamheden, afleiding* **0.2** ⟨inf.; oneig.⟩ ***roeping*** **0.3** ***beroep*** ⇒*werk(zaamheden).*

av·o·cet ['ævəset]⟨telb.zn.⟩⟨dierk.⟩ **0.1** ***kluut*** ⟨Recurvirostra avosetta⟩.

a·void [ə'vɔɪd]⟨f3⟩⟨ov.ww.⟩ **0.1** ***(ver)mijden*** ⇒*ontwijken, uit de weg gaan* **0.2** ⟨jur.⟩ ***nietig verklaren*** ⇒*ongeldig maken/verklaren, vernietigen, annuleren* ◆ **3.1** ~ doing sth. *iets laten, afzien v./zich onthouden v. iets;* they couldn't ~ doing it *zij moesten (het) wel (doen);* in case of fire ~ using the elevator *bij brand lift niet gebruiken.*

a·void·a·ble [ə'vɔɪdəbl]⟨bn.; -ly; →bijw. 3⟩ **0.1** ***vermijdbaar*** **0.2** ***annuleerbaar.***

a·void·ance [ə'vɔɪdəns]⟨f1⟩⟨n.-telb.zn.⟩ **0.1** ***vermijding*** ⇒*het vermijden/ontwijken* **0.2** ⟨jur.⟩ ***vernietiging*** ⇒*annulering.*

av·oir·du·pois[1] ['ævədə'pɔɪz,'ævwɑ:dju:'pwɑ:‖'ævərdə'pɔɪz], **'avoirdupois 'weight** ⟨f1⟩⟨n.-telb.zn.⟩ **0.1** ***Eng. gewichtsstelsel*** ⇒*avoirdupoids(stelsel)* **0.2** ***(handels)gewicht*** **0.3** ***lichaamsgewicht*** ⇒*dikte* ⟨v. mensen⟩.

avoirdupois[2] ⟨bn., attr.⟩ **0.1** ***v./mbt. het avoirdupoidsstelsel*** ◆ **1.1** ~ pound *handelspond;* ~ weight *Eng. gewichtstelsel, avoirdupoids (stelsel).*

a·vouch [ə'vaʊtʃ]⟨ww.⟩⟨schr.⟩
I ⟨onov. en ov.ww.⟩ **0.1** ***bekennen*** **0.2** ***garanderen*** ⇒*instaan (voor)* ◆ **6.2** ~ **for** sth. *instaan voor iets;*
II ⟨ov.ww.⟩ **0.1** ***bevestigen*** ⇒*garanderen, verzekeren* **0.2** ***betuigen*** **0.3** ***erkennen.***

a·vouch·ment [ə'vaʊtʃmənt]⟨telb.zn.⟩ **0.1** ***garantie*** ⇒*verzekering* **0.2** ***betuiging*** ⇒*verklaring, bewering.*

a·vow [ə'vaʊ]⟨f1⟩⟨ov.ww.⟩ →avowed **0.1** ***toegeven*** ⇒*erkennen, avoueren* **0.2** ***(openlijk) bekennen*** ⇒*belijden.*

a·vow·a·ble [ə'vaʊəbl]⟨bn.; -ly; →bijw. 3⟩ **0.1** ***te belijden/erkennen.***

a·vow·al [ə'vaʊəl]⟨telb. en n.-telb.zn.⟩⟨schr.⟩ **0.1** ***(openlijke) bekentenis*** ⇒*belijdenis, aveu.*

a·vowed [ə'vaʊd]⟨bn., attr.; volt. deelw. v. avow⟩ **0.1** ***open(lijk)*** **0.2** ***erkend*** **0.3** ***verklaard*** ◆ **1.3** ~ enemies *gezworen vijanden.*

a·vow·ed·ly [ə'vaʊɪ̩dli]⟨bw.⟩ **0.1** →avowed **0.2** ***naar eigen zeggen*** ⇒*naar hij/zij zelf erkent.*

a·vul·sion [ə'vʌlʃn]⟨telb.zn.⟩ **0.1** ***(gewelddadige) scheiding*** ⇒*scheuring, wegrukking* **0.2** ⟨jur.⟩ ***avulsie.***

a·vun·cu·lar [ə'vʌŋkjʊlə‖-kjələr]⟨bn.; -ly⟩ **0.1** ***als/v. een (vriendelijke) oom*** **0.2** ***vaderlijk*** ⇒*vriendelijk.*

aw [ɔ:‖ɔ,ɑ]⟨f2⟩⟨tussenw.⟩ **0.1** ***jakkes*** ⇒*bah.*

AWACS ['eɪwæks]⟨eig.n.⟩⟨afk.⟩ Airborne Warning and Control System.

a·wait [ə'weɪt]⟨f3⟩⟨ov.ww.⟩ **0.1** ***opwachten*** ⇒*wachten op, afwachten* **0.2** ***verwachten*** ⇒*tegemoetzien, in afwachting zijn v.* **0.3** ***wachten*** ⇒*klaar liggen voor* ◆ **1.3** a warm welcome ~s them *er wacht hen een warm welkom.*

a·wake[1] [ə'weɪk]⟨f3⟩⟨bn., pred.⟩ **0.1** ***wakker*** **0.2** ***waakzaam*** ⇒*alert, op zijn hoede* ◆ **3.1** come ~ *wakker worden* **5.1** wide ~ *klaarwakker, uitgeslapen* ⟨ook fig.⟩ **6.2** ~ **to** *zich bewust v..*

awake[2], ⟨i.h.b. in fig. bet.⟩ **a·wak·en** [ə'weɪkən]⟨f3⟩⟨ww.; voor 1e variant ook awoke [ə'woʊk]; ook awoken [ə'woʊkən]⟩ →awakening
I ⟨onov.ww.⟩ **0.1** ***ontwaken*** ⟨ook fig.⟩ ⇒*wakker worden, zich bewust worden, gaan beseffen* ◆ **6.1** ~ **from** a deep sleep *uit een diepe slaap ontwaken;* awake **to** *zich bewust worden v.;*
II ⟨ov.ww.⟩ **0.1** ***wekken*** ⇒*wakker maken* **0.2** ***bewust maken*** ⇒*uit de droom helpen, doen beseffen* ◆ **6.2** be roughly awoken **from** *wakker geschud worden uit;* awaken s.o. **to** *iem. bewust maken v..*

a·wak·en·ing [ə'weɪkənɪŋ]⟨f1⟩⟨telb.zn.; zelden mv.; oorspr. gerund v. awaken⟩ **0.1** ***het ontwaken*** **0.2** ***bewustwording*** ◆ **6.2** ~ **to** *bewustwording v..*

a·ward[1] [ə'wɔ:d‖ə'wɔrd]⟨f3⟩⟨telb.zn.⟩ **0.1** ***beloning*** ⇒*prijs, bekroning* **0.2** ***toekenning*** ⇒*gunning* ⟨v. beloning, prijs, schadevergoeding⟩ **0.3** ***(scheidsrechterlijke) uitspraak*** ⇒*vonnis* **0.4** ***(studie) beurs*** ⇒*toelage*.
award[2] ⟨f3⟩⟨ww.⟩
I ⟨onov.ww.⟩ **0.1** ***beslissen;***
II ⟨ov.ww.⟩ **0.1** ***toekennen*** ⟨prijs⟩ ⇒*toewijzen; gunnen* **0.2** ***belonen*** **0.3** ***opleggen*** ⟨boete, straf⟩ ⇒*veroordelen tot* ◆ **6.1** ~ **to** *toekennen aan*.
a'ward wage, award ⟨telb.zn.⟩⟨Austr. E⟩ **0.1** ***minimumloon*** ◆ **6.1** **above** award *meer dan het minimum(loon)*.
a·ware [ə'weə‖ə'wer]⟨f3⟩⟨bn.⟩
I ⟨bn.⟩ **0.1** ***welingelicht*** ⇒*op de hoogte* ◆ **5.1** politically ~ *politiek bewust;*
II ⟨bn., pred.⟩ **0.1** ***zich bewust*** ⇒*gewaar* ◆ **6.1** be ~ **of** *zich bewust zijn v.;* become ~ **of** *gewaarworden* **8.1** ~ that *zich ervan bewust dat*.
a·ware·ness [ə'weənəs‖ə'wer-]⟨f2⟩⟨n.-telb.zn.⟩ **0.1** ***bewustzijn*** ◆ **1.1** lack of ~ *onoplettendheid*.
a·wash [ə'wɒʃ‖ə'wɑʃ,ə'wɔʃ]⟨bn., pred.⟩ **0.1** ***onder water (staand)*** ⇒*overstroomd, blank, overspoeld, ondergelopen* **0.2** ***tussen water en wind*** **0.3** ***overspoeld*** ⇒*omspoeld* ◆ **1.¶** ⟨sl.⟩ decks ~ *zat, verzopen, teut* **3.1** be ~ *blank staan* ⟨fig.⟩ **6.¶** ~ **with** *vol (met), vol v.*.
a·way[1] [ə'weɪ]⟨f1⟩⟨telb.zn.⟩ **0.1** ***uitwedstrijd*** **0.2** ***overwinning bij een uitwedstrijd***.
away[2] ⟨f1⟩⟨bn.⟩
I ⟨bn., attr.⟩ **0.1** ***uit-*** ◆ **1.1** ~ goal *uitdoelpunt;* ~ match *uitwedstrijd;*
II ⟨bn., pred.⟩ **0.1** ***weg*** ⇒*afwezig* ◆ **6.1** ~ **from** home *v. huis weg*.
away[3] ⟨f4⟩⟨bw.⟩ **0.1** ***weg*** ⟨ook fig.⟩ ⇒*voort, op (een) afstand, verdwenen, uit, v. huis* **0.2** ***voortdurend*** ⇒*onophoudelijk* **0.3** ***onmiddellijk*** **0.4** ⟨sl.⟩ ***out*** ⟨honkbal⟩ ◆ **3.1** die ~ *wegsterven* ⟨v. geluid⟩; ⟨fig.⟩ do ~ with *uit de weg ruimen* **6.1** ~ **with!** *weg met!, ga weg!*.
a'way goal ⟨telb.zn.⟩ **0.1** ***in uitwedstrijd gescoord doelpunt***.
awe[1] [ɔ:]⟨f1⟩⟨n.-telb.zn.⟩ **0.1** ***ontzag*** ⇒*eerbied, vrees* ◆ **3.1** hold/keep s.o. in ~ *ontzag hebben voor iem.;* stand in ~ of *groot respect/ontzag hebben voor*.
awe[2] ⟨f2⟩⟨ov.ww.⟩ **0.1** ***ontzag inboezemen*** ◆ **6.1** be ~d **into** silence *(door ontzag) tot zwijgen gebracht worden*.
a·wea·ry [ə'wɪəri‖ə'wɪri]⟨bn., pred.⟩⟨schr.⟩ **0.1** ***moe(de)*** ⇒*vermoeid* ◆ **6.1** ~ **of** *moe(de) v.*.
a·weath·er [ə'weðə‖-ər]⟨bn., pred.⟩⟨scheep.⟩ **0.1** ***loefwaarts***.
a·weigh [ə'weɪ]⟨bn., pred.; bw.⟩⟨scheep.⟩ **0.1** ***los*** ⇒*uit de grond* ⟨v. anker⟩, *ankerop*.
'awe-in'spir·ing ⟨bn.; -ly⟩ **0.1** ***ontzagwekkend***.
awe·some ['ɔ:səm]⟨f1⟩⟨bn.; -ly; -ness⟩ **0.1** ***ontzagwekkend*** **0.2** ***eerbiedig*** **0.3** ⟨sl.; teenagers⟩ ***geweldig*** ⇒*fantastisch*.
'awe-strick·en, 'awe-struck ⟨bn.⟩ **0.1** ***vol ontzag*** ⇒*met ontzag vervuld*.
aw·ful ['ɔ:f(ə)l]⟨f3⟩⟨bn.; -ness⟩ **0.1** ⟨inf.⟩ ***afschuwelijk*** ⇒*ontzettend, ontzaglijk, vreselijk* **0.2** ***indrukwekkend*** **0.3** ***ontzagwekkend*** ⇒*schrikwekkend* **0.4** ⟨vero.⟩ ***eerbiedig*** ◆ **1.3** an ~ lot *een heleboel, heel wat*.
aw·ful·ly ['ɔ:fli]⟨f2⟩⟨bw.⟩ **0.1** →awful **0.2** ⟨inf.⟩ ***erg*** ⇒*ontzettend* ◆ **1.2** thanks ~ *reuze bedankt* **2.2** ~ nice *vreselijk aardig*.
a·wheel[1] [ə'wi:l‖ə'hwi:l]⟨bn., attr.⟩ **0.1** ***rijdend***.
awheel[2] ⟨bw.⟩ **0.1** ***rijdend*** ⇒*met de fiets/auto, per as*.
a·while [ə'waɪl]⟨f2⟩⟨bw.⟩ **0.1** ***korte tijd*** ⇒*een poosje/tijdje* ◆ **3.1** stay ~ *even blijven*.
awk·ward ['ɔ:kwəd‖'ɔkwərd]⟨f3⟩⟨bn.; -ly; -ness⟩ **0.1** ***onhandig*** ⇒*onbeholpen, lomp* **0.2** ***onpraktisch*** ⇒*onhandig* **0.3** ***ongelegen*** ⇒*lastig, ongunstig* **0.4** ***gênant*** ⇒*penibel* **0.5** ***opgelaten*** ⇒*niet op zijn gemak, verlegen* **0.6** ***onaangenaam*** ⇒*vervelend* **0.7** ***gevaarlijk*** **0.8** ***vreemd*** ⇒*niet helemaal in orde, gestoord* ⟨v. mens⟩ ◆ **1.4** ~ situation *pijnlijke situatie* **1.¶** ~ age *vlegeljaren, moeilijke leeftijd, puberteit;* ~ customer *lastig/moeilijk persoon;* ⟨inf.⟩ ~ squad *jonge lichting, groentjes* ⟨ook fig.⟩.
awl [ɔ:l]⟨telb.zn.⟩⟨tech.⟩ **0.1** ***els*** ⇒*priem*.
awl·wort ['ɔ:lwɜ:t‖'ɔlwɜrt]⟨n.-telb.zn.⟩⟨plantk.⟩ **0.1** ***priemkruid*** ⟨Subularia aquatica⟩.
awn [ɔ:n]⟨telb.zn.⟩⟨plantk.⟩ **0.1** ***kafnaald***.
awned [ɔ:nd], **awn·y** ['ɔ:ni]⟨bn.⟩⟨plantk.⟩ **0.1** ***gebaard*** ⇒*baard-, met kafnaalden*.
awn·ing ['ɔ:nɪŋ]⟨f1⟩⟨telb.zn.⟩ **0.1** ***dekzeil*** **0.2** ***scherm*** ⇒*luifel, kap, zonnescherm, markies*.
'awning deck ⟨telb.zn.⟩⟨scheep.⟩ **0.1** ***tentdek*** ⇒*awning-dek, stormdek*.
awoke ⟨verl. t.⟩ →awake.
awoken ⟨volt. deelw.⟩ →awake.
AWOL, awol ⟨afk.⟩⟨mil.⟩ absent without leave.
a·wry[1] [ə'raɪ]⟨f1⟩⟨bn., pred.⟩ **0.1** ***scheef*** ⟨ook fig.⟩ ⇒*schuin, fout, verkeerd*.
awry[2] ⟨f1⟩⟨bw.⟩ **0.1** ***scheef*** ⟨ook fig.⟩ ⇒*schuin, fout, verkeerd* ◆ **3.1** go ~ *misgaan, mislukken;* look ~ *scheel kijken*.
axe[1], ⟨AE sp.⟩ **ax** [æks]⟨f3⟩⟨zn.; axes; →mv. 3⟩
I ⟨telb.zn.⟩ **0.1** ***bijl*** **0.2** ⟨AE; sl.⟩ ***muziekinstrument*** ⇒*kist(je), toeter, kast* ◆ **3.1** have an ~ to grind *zijn gram willen halen; (een) bijbedoeling(en) hebben, iets uit zelfzuchtige motieven doen;*
II ⟨n.-telb.zn.; the⟩⟨inf.⟩ **0.1** ***de zak*** ⇒*de bons, ontslag; verwijdering* ⟨v. school⟩; *afwijzing* ⟨door geliefde⟩ ◆ **3.1** get the ~ *de zak krijgen, v. school gestuurd worden; een blauwtje lopen*.
axe[2], ⟨AE sp.⟩ **ax** ⟨ov.ww.⟩ **0.1** ***de zak/bons geven*** ⇒*ontslaan, aan de dijk zetten* **0.2** ***afschaffen***.
'axe·break·er ⟨telb.zn.⟩⟨Austr. E; plantk.⟩ **0.1** ⟨bep. Australische boom met hard hout, Notelaea longifolia⟩.
'axe·head ⟨telb.zn.⟩ **0.1** ***bijlblad***.
ax·el ['æksl]⟨telb.zn.⟩ **0.1** ***axel*** ⟨sprong bij kunstrijden⟩.
axe·man ['æksmən]⟨telb.zn.; -men [-mən]; →mv. 3⟩ **0.1** ***houthakker*** **0.2** ⟨sl.⟩ ***gitarist*** ⟨in popgroep⟩.
axes ⟨mv.⟩ →ax(e), axis.
ax·i·al ['æksɪəl]⟨bn.; -ly⟩ **0.1** ***axiaal*** ⇒*v./mbt. een as, as-* **0.2** ***rond een as*** ⇒*om een as* ◆ **1.2** ~ rotation *draaiing om as*.
ax·i·al·i·ty ['æksi'æləṭi]⟨n.-telb.zn.⟩ **0.1** ***axialiteit*** ⇒*axiale toestand*.
ax·il ['æksɪl]⟨telb.zn.⟩⟨plantk.⟩ **0.1** ***oksel***.
ax·il·la [æk'sɪlə]⟨telb.zn.; axillae [-li]; →mv. 5⟩⟨ook plantk.⟩ **0.1** ***oksel***.
ax·il·lar [æk'sɪlə‖-ər], **ax·il·lar·y** [-əri]⟨bn.⟩ **0.1** ***v./mbt. oksel*** ⇒*oksel-* **0.2** ⟨plantk.⟩ ***(groeiend) bij de oksel*** ⇒*axillair, hoekstandig*.
ax·i·o·log·i·cal ['æksɪə'lɒdʒɪkl‖-'lɑ-]⟨bn.; -ly⟩⟨fil.⟩ **0.1** ***axiologisch***.
ax·i·ol·o·gist ['æksɪ'ɒlədʒɪst‖-'ɑlə]⟨telb.zn.⟩⟨fil.⟩ **0.1** ***student/geleerde in de axiologie***.
ax·i·ol·o·gy ['æksɪ'ɒlədʒi‖-'ɑlə-]⟨n.-telb.zn.⟩⟨fil.⟩ **0.1** ***waardeleer*** ⇒*axiologie*.
ax·i·om ['æksɪəm]⟨f1⟩⟨telb.zn.⟩ **0.1** ***axioma*** ⇒*(onbewezen) grondstelling* **0.2** ***vanzelfsprekendheid*** ⇒*onomstotelijke waarheid*.
ax·i·o·mat·ic ['æksɪə'mæṭɪk], **ax·i·o·mat·i·cal** [-ɪkl]⟨f1⟩⟨bn.; -(al)ly⟩ **0.1** ***vanzelfsprekend*** ⇒*axiomatisch* **0.2** ***axiomatisch***.
ax·is ['æksɪs]⟨f2⟩⟨telb.zn.; axes [-si:z]; →mv. 5⟩ **0.1** ***as(lijn)*** ⇒*spil* **0.2** ⟨plantk.⟩ ***as*** ⇒*spil* **0.3** ⟨med.⟩ ***draaier*** ⇒*tweede halswervel* **0.4** ***middellijn*** **0.5** ⟨A-; the⟩⟨pol.⟩ ***As*** ⟨Berlijn-Rome-Tokio⟩ **0.6** ⟨verk.⟩ ⟨axis deer⟩.
'axis deer ⟨telb.zn.; vnl. axis deer; →mv. 4⟩⟨dierk.⟩ **0.1** ***axishert*** ⟨Axis axis⟩.
'Axis powers ⟨mv.⟩⟨pol.⟩ **0.1** ***asmogendheden***.
ax·le ['æksl]⟨f1⟩⟨telb.zn.⟩⟨tech.⟩ **0.1** ***(draag)as*** ⇒*spil, loopas* **0.2** →axletree.
'ax·le·box ⟨telb.zn.⟩⟨tech.⟩ **0.1** ***asbus*** ⇒*asblok*.
'axle grease ⟨telb.zn.⟩⟨sl.⟩ **0.1** ***boter*** ⇒*smeer*.
'ax·le·pin ⟨telb.zn.⟩⟨tech.⟩ **0.1** ***luns*** ⇒*spie*.
'ax·le·tree, axle ⟨telb.zn.⟩⟨tech.⟩ **0.1** ***wielas***.
Ax·min·ster carpet ['æksmɪnstə 'kɑ:pɪt‖-ər 'kɑrpɪt]⟨telb.zn.⟩ **0.1** ***axminster(tapijt)***.
ax·o·lotl ['æksə'lɒtl‖-'lɑṭl]⟨telb.zn.⟩⟨dierk.⟩ **0.1** ***axolotl*** ⟨Salamanderachtig dier; Ambystoma mexicanum⟩.
ax·on ['æksɒn‖-sɑn]⟨telb.zn.⟩⟨biol.⟩ **0.1** ***axon*** ⇒*neuriet* ⟨uitloper v.e. zenuwcel⟩.
ay[1], **aye** [aɪ]⟨f1⟩⟨telb.zn.; ayes [aɪz]; →mv. 3⟩ **0.1** ***bevestigend antwoord*** ⇒*bevestiging* **0.2** ***vóórstem(mer)*** ◆ **3.2** ⟨pol.⟩ the ayes have it *de meerderheid is vóór; aangenomen*.
ay[2], **aye** ⟨f2⟩⟨bw.⟩ **0.1** ⟨schr.; gew.; scheep.⟩ ***ja*** ⇒*zeker, inderdaad* **0.2** ⟨schr.⟩ ***immer*** ⇒*altijd, eeuwig, voortdurend* ◆ **1.1** aye, aye, sir *tot uw orders* **6.2** **for** ~ *(voor) immer, (voor) eeuwig*.
ay[3] ⟨tussenw.⟩ **0.1** ***wee*** ◆ **4.1** ~ me! *wee mij!*.
a·yah ['aɪə]⟨telb.zn.⟩⟨Ind. E⟩ **0.1** ***(inlandse) dienstbode*** ⇒*(kinder) meisje;* ⟨ong.⟩ *baboe*.
a·ya·tol·lah, a·ya·tul·lah ['aɪə'tɒlə‖-'toulə]⟨telb.zn.⟩ **0.1** ***ayatollah*** ⟨Islamitisch religieus leider; ook fig., dan pej.⟩.
aye-aye ['aɪaɪ]⟨telb.zn.⟩⟨dierk.⟩ **0.1** ***vingerdier*** ⟨Daubentonia madagascariensis⟩.
Ayles·bur·y ['eɪlzbri]⟨telb. en n.-telb.zn.⟩ **0.1** ***Aylesbury-eend(en)***.
Ayr·shire ['eəʃə‖'erʃɪr]⟨telb. en n.-telb.zn.⟩ **0.1** ***ayrshirerund (eren)***.
AZ ⟨afk.⟩ Arizona ⟨postcode⟩.
a·zal·ea [ə'zeɪlɪə]⟨f2⟩⟨telb.zn.⟩⟨plantk.⟩ **0.1** ***azalea*** ⟨Azalea, vnl. mollis⟩.
aze·o·trope [ə'zi:ətroup‖eɪ-]⟨telb.zn.⟩⟨schei.⟩ **0.1** ***azeotroop***.
aze·o·trop·ic ['eɪzɪə'trɒpɪk‖-'trɑ-]⟨bn.⟩⟨schei.⟩ **0.1** ***azeotropisch***.
A·zil·ian[1] [ə'zɪlɪən‖ə'zi:lɪən]⟨telb.zn.⟩ **0.1** ***Azilien*** ⟨Mesolitische beschaving⟩.

Azilian[2] ⟨bn.⟩ **0.1** ***v./mbt. het Azilien.***
az·i·muth ['æzɪməθ]⟨telb.zn.⟩⟨landmeetk.; ster.⟩ **0.1** ***azimut.***
az·i·muth·al ['æzɪ'mju:θl‖-'mʌθl]⟨bn.; -ly⟩⟨landmeetk.; ster.⟩ **0.1** ***azimutaal*** ⇒*azimut-.*
az·o- ['æzoʊ]⟨schei.⟩ **0.1** ***azo-*** ◆ **¶.1** azobenzene *azobenzeen.*
a·zo·ic [ə'zoʊɪk]⟨bn.⟩ **0.1** ***azoïsch*** ⇒*zonder spoor v. leven, zonder organische overblijfselen.*
AZT ⟨afk.⟩ azidothymidine **0.1** ***AZT*** ⇒*zidovudine, retrovir* ⟨gebruikt in de behandeling v. AIDS⟩.
Az·tec[1] ['æztek]⟨zn.⟩
I ⟨eig.n.⟩ **0.1** ***Nahuatl(dialect)*** ⇒*Azteeks, de Azteekse taal;*
II ⟨telb.zn.⟩ **0.1** ***Azteek.***
Aztec[2] ⟨bn.⟩ **0.1** ***Azteeks*** ⇒*v./mbt. de Azteken.*
az·ure[1] ['æʒə,'æʒjʊə‖'æʒər]⟨telb. en n.-telb.zn.⟩ **0.1** ***hemelsblauw(e kleur)*** **0.2** ⟨heraldiek⟩ ***azuur*** ⇒*blauw* **0.3** ⟨schr.⟩ ***wolkenloze hemel*** ⇒*blauw, onbewolkt hemelgewelf, azuur.*
azure[2] ⟨fɪ⟩⟨bn.⟩
I ⟨bn.⟩ **0.1** ***hemelsblauw*** ⇒*azuurblauw;* ⟨fig.⟩ *wolkenloos, sereen;*
II ⟨bn., post.⟩⟨heraldiek⟩ **0.1** ***azuren*** ⇒*azuurkleurig.*
azure[3] ⟨ov.ww.⟩ **0.1** ***blauw kleuren/verven.***
'azure stone ⟨telb.zn.⟩ **0.1** ***(l)azuursteen*** ⇒*lapis lazuli.*
az·y·gous[1] ['æzɪgəs]⟨telb.zn.⟩⟨biol.⟩ **0.1** ***ongepaard orgaan.***
azygous[2] ⟨bn.⟩⟨biol.⟩ **0.1** ***ongepaard.***
a·zyme ['æzɪm‖'æzaɪm]⟨telb.zn.⟩ **0.1** ***ongezuurd brood.***
a·zym·ous ['æzɪməs]⟨bn.⟩ **0.1** ***ongezuurd*** ⇒*ongegist.*

b

b[1], **B** [bi:]⟨zn.; b's, B's; zelden bs, Bs⟩
I ⟨telb.zn.⟩ **0.1** ***(de letter) b/B*** **0.2** ***B, de tweede*** ⇒*de tweede rang/graad/klasse;* ⟨AE; school.⟩ *B, op één na hoogste graad;* ⟨attr. ook⟩ *tweederangs,* ⟨BE⟩ *secundair* ⟨weg⟩ ◆ **1.2** B film *B film, voorfilm;* B road *secundaire weg;* the B side of a record *de B-kant v.e. plaat;*
II ⟨telb. en n.-telb.zn.⟩⟨muz.⟩ **0.1** ***b, B*** ⇒*B-snaar/toets/*⟨enz.⟩; *si.*
b[2], **B** ⟨afk.⟩ Bachelor, bacillus; barn ⟨nat.⟩; baryon number, base; bass(o) ⟨muz.⟩; bastard ⟨sl.⟩; Baumé scale, bay (horse), bel(s), bible, billion; bishop ⟨schaken⟩; black, Blessed, book, born, bottom, bowled by, breadth, British, brother(hood); bugger ⟨sl.⟩; bye.
Ba [bɑ:]⟨telb.zn.⟩ **0.1** ***ziel*** ⟨in de Egyptische mythologie⟩.
BA ⟨afk.⟩ Bachelor of Arts, British Academy, British Airways, British Association (for the Advancement of Science), Buenos Aires.
baa[1], **ba** [bɑ:]⟨fɪ⟩⟨n.-telb.zn.⟩ **0.1** ***geblaat.***
baa[2] ⟨fɪ⟩⟨onov.ww.; baaed, baa'd [bɑ:d]⟩ **0.1** ***blaten.***
baa[3] ⟨tussenw.⟩ **0.1** ***bèè.***
BAA ⟨afk.⟩ British Airports Authority.
Ba·al [bɑ:l‖beɪl]⟨telb.zn.; Baalim ['bɑ:lɪm‖'beɪlɪm]; →mv. 5⟩ **0.1** ***Baäl*** ⟨Fenicische/Kanaänitische god⟩ **0.2** ⟨vaak b-⟩ ***afgod.***
'baa-lamb ⟨telb.zn.⟩⟨kind.⟩ **0.1** ***lammetje*** ⇒*schaapje.*
Baal·ism ['bɑ:lɪzm‖'beɪlɪzm]⟨n.-telb.zn.⟩ **0.1** ***Baälsdienst*** ⇒*afgodendienst.*
Baal·ist ['bɑ:lɪst‖'beɪlɪst], **Baal·ite** ['bɑ:laɪt‖'beɪlaɪt]⟨telb.zn.⟩ **0.1** ***Baälsdienaar*** ⇒*Baälaanbidder, afgodendienaar.*
baas [bɑ:s]⟨telb.zn.⟩⟨Z. Afr. E⟩ **0.1** ***baas*** ⇒*meester* ⟨aanspreekvorm, vnl. gebruikt door niet-blanken⟩.
baas·(s)kap ['bɑ:skæp]⟨n.-telb.zn.⟩⟨Z. Afr. E⟩ **0.1** ***blanke overheersing*** ⟨over de kleurlingen⟩.
Bab ⟨afk.⟩ Babylonia(n).
ba·ba ['bɑ:bɑ:], **baba au rhum** ['bɑ:bɑ: oʊ'rʌm]⟨fɪ⟩⟨telb.zn.; babas ['bɑ:bɑ:z], babas au rhum ['bɑ:bɑ:z oʊ'rʌm]; →mv. 6⟩ **0.1** ***baba*** ⇒*rumtaartje, rumgebakje.*
ba·ba·coo·te ['bɑ:bə'ku:tə], **ba·ba·ko·to** ['bɑ:bə'koʊtoʊ]⟨telb.zn.⟩⟨dierk.⟩ **0.1** ***indri*** ⟨halfaap op Madagaskar; Indri indri⟩.
bab·bitt[1], **bab·bit** [bæbɪt]⟨zn.⟩
I ⟨telb.zn.; B-⟩⟨AE⟩ **0.1** ***filister*** ⇒*bekrompen en zelfvoldaan zakenman* ⟨oorspr. eigennaam⟩;
II ⟨n.-telb.zn.; ook B-⟩⟨tech.⟩ **0.1** ***lagerbekleding uit babbittmetaal.***

babbitt[2] ⟨ov.ww.⟩ **0.1** ***met antifrictiemetaal voeren*** ⇒*bekleden met/voorzien van babbittmetaal.*

'babbitt metal ⟨n.-telb.zn.; ook B-⟩ **0.1** ***babbittmetaal*** ⇒*witmetaal, lagermetaal, antifrictiemetaal.*

Bab·bit(t)·ry ['bæbɪ̣tri]⟨n.-telb.zn.⟩ **0.1** ***filisterij.***

bab·ble[1] [bæbl]⟨n.-telb.zn.⟩ **0.1** ***gebabbel*** ⇒*getater, gekeuvel* **0.2** ***gewauwel*** ⇒*geklets, gesnater* **0.3** ***gekabbel*** ⟨v. beek⟩ **0.4** ***storing door overspreken*** ⟨telefoon⟩.

babble[2] ⟨f1⟩⟨ww.⟩
I ⟨onov.ww.⟩ **0.1** ***babbelen*** ⇒*tateren, keuvelen* **0.2** ***wauwelen*** ⇒*kletsen* **0.3** ***kabbelen*** ⟨v. beek⟩ ◆ **5.1** ~ **away/on** *tateren* ⟨v. kleine kinderen⟩ **5.3** ~ **along/away/on** *kabbelen* ⟨v. beek⟩;
II ⟨ov.ww.⟩ **0.1** ***aframmelen*** ⇒*afbabbelen, uitslaan* **0.2** ***verklappen*** ⇒*uitbabbelen* ◆ **1.1** ~ nonsense *nonsens verkopen* **6.2** ~ a secret **out to** s.o. *iem. een geheim verklappen.*

bab·ble·ment ['bæblmənt]⟨n.-telb.zn.⟩ **0.1** ***gebabbel*** ⇒*getater, gekeuvel* **0.2** ***gewauwel*** ⇒*geklets* **0.3** ***gekabbel*** ⟨v. beek⟩.

bab·bler ['bæblə‖-ər]⟨telb.zn.⟩ **0.1** ***babbelaar*** ⇒*snapper, babbelkous; tateraar* ⟨ook mbt. klein kind⟩ **0.2** ***klikspaan*** **0.3** ⟨dierk.⟩ ***timalia*** ⟨vogel v.d. fam. Timaliidae⟩.

babby →baby.

babe [beɪb]⟨f2⟩⟨telb.zn.⟩ **0.1** ⟨schr.⟩ ***baby*** ⇒*zuigeling, kindje* **0.2** ⟨vnl. AE; sl.⟩ ***popje*** ⇒*liefje, meisje, kind* **0.3** ⟨sl.; fig.⟩ ***simpele duif*** ⇒*onnozele hans, doetje, naïeveling* ◆ **1.3** ~s and sucklings *simpele duiven;* ~ in the woods/in arms *simpele duif* **2.3** as innocent as a ~ *onschuldig als een lam.*

ba·bel ['beɪbl]⟨f1⟩⟨zn.⟩
I ⟨eig.n.; B-⟩⟨bijb.⟩ **0.1** ***Babel*** ⟨O.T., Gen. 11⟩ ◆ **1.1** tower of ~ *toren v. Babel* ⟨ook fig.⟩, *hersenschim, droombeeld, visionair plan;*
II ⟨telb.zn.⟩ **0.1** ***toren v. babel*** ⇒*hoog gebouw* **0.2** ***babel*** ⇒*spraakverwarring* **0.3** ***hersenschim*** ⇒*droombeeld, visionair plan* **0.4** ***verwarring*** ⇒*wanorde, chaos* **0.5** ***rumoer*** ⇒*rumoerige bijeenkomst, Poolse landdag.*

bab·i·rous·sa, bab·i·ru·sa, bab·i·rus·sa ['bæbɪ̣'ru:sə]⟨telb.zn.⟩ ⟨dierk.⟩ **0.1** ***babiroessa*** ⇒*hertezwijn* ⟨Babyrousa babyrussa⟩.

Bab·ism ['bɑ:bɪzm], **Ba·bi** ['bɑ:bi]⟨n.-telb.zn.⟩ **0.1** ***Babisme*** ⟨Perzische sekte, gesticht in 1844⟩.

Bab·ist ['bɑ:bɪst], **Babi** ⟨telb.zn.⟩ **0.1** ***Babist*** ⟨lid v.h. Babisme⟩.

bab·ka ['bæbkə]⟨telb.zn.⟩ **0.1** ***Pools koffiegebak.***

baboo →babu.

ba·boon [bə'bu:n‖bæ-]⟨f1⟩⟨telb.zn.⟩ **0.1** ***baviaan*** **0.2** ⟨inf.; bel.⟩ ***babok*** ⇒*baviaan; botterik, lomperd.*

ba·boon·er·y [bə'bu:nəri‖'bæ-]⟨n.-telb.zn.⟩ **0.1** ***aperij.***

ba·bouche [bə'bu:ʃ]⟨telb.zn.⟩ **0.1** ***baboesje*** ⟨oosters muiltje⟩.

ba·bu, ba·boo ['bɑ:bu:]⟨telb.zn.; ook attr.⟩⟨Ind. E⟩ **0.1** ***mijnheer*** **0.2** ⟨vaak bel.⟩ ***inlandse klerk*** **0.3** ⟨vaak bel.⟩ ***half verengelste Hindoe*** ◆ **1.¶** ~ English *bloemrijk (en ietwat kunstmatig) Engels.*

ba·bul [bə'bu:l]⟨telb.zn.⟩⟨plantk.⟩ **0.1** ***echte acacia*** ⟨Acacia arabica⟩.

ba·bush·ka [bə'buʃkə]⟨telb.zn.⟩ **0.1** ***hoofddoek*** ⟨voor vrouwen, vnl. v.h. Russische platteland⟩.

ba·by[1] ['beɪbi], **bab·by** ['bæbi]⟨f4⟩⟨telb.zn.; →mv. 2⟩ **0.1** ***baby*** ⇒*zuigeling, kleuter* **0.2** ***jongste*** ⟨v. gezin, team, klas, ...⟩ ⇒*benjamin* **0.3** ⟨fig.⟩ ***klein kind*** ⇒*kinderachtig persoon* **0.4** ***jong*** ⟨v. dier⟩ **0.5** ⟨vnl. AE; sl.⟩ ***schatje*** ⇒*liefje, meisje* **0.6** ⟨sl.⟩ ***persoon*** ⇒*zaak* ◆ **2.6** he's a tough ~ *hij is een taaie* **3.¶** ⟨fig.⟩ throw away the ~/throw the ~ out with the bathwater *het kind met het badwater weggooien;* ⟨inf.; fig.⟩ wet the ~'s head *op de jonggeborene drinken;* ⟨fig.⟩ be left carrying/holding/to carry/to hold the ~ *met de gebakken peren blijven zitten, voor iets moeten opdraaien* **7.6** that's your ~ *dat is jouw zaak.*

baby[2] ⟨f2⟩⟨bn., attr.⟩ **0.1** ***kinder-*** **0.2** ***klein*** ⇒*jong* **0.3** ***kinderachtig*** ⇒*infantiel* ◆ **1.2** ~ elephant *baby-olifant, olifantje;* ~ mushrooms *(erg) kleine paddestoelen.*

baby[3] ⟨f1⟩⟨ov.ww.; →ww. 7⟩⟨inf.⟩ **0.1** ***als een baby behandelen*** ⇒*vertroetelen, verwennen.*

'ba·by-bat·ter·ing ⟨n.-telb.zn.⟩ **0.1** ***babymishandeling.***

'baby 'blue[1] ⟨telb. en n.-telb.zn.⟩ **0.1** ***babyblauw.***

baby blue[2] ⟨bn.⟩ **0.1** ***babyblauw.***

'ba·by-'blue-eyes ⟨mv.⟩⟨plantk.⟩ **0.1** ***bosliefje*** ⟨Nemophila menziesii⟩.

'baby bond ⟨telb.zn.⟩⟨AE⟩ **0.1** ***obligatie met een nominale waarde die de $100 niet te boven gaat.***

'baby book ⟨telb.zn.⟩ **0.1** ***kinderfotoalbum.***

'baby boom ⟨telb.zn.⟩ **0.1** ***geboortengolf*** ⇒*hoog geboortencijfer.*

'baby boom·er ⟨telb.zn.⟩ **0.1** ***iem. v. geboortengolfgeneratie.***

'baby bouncer, ⟨BE⟩ **'baby jumper** ⟨telb.zn.⟩ **0.1** ***babybouncer*** ⇒*loopstel, springstel* ⟨dat bv. aan deurkozijn hangt en waarin de baby leert lopen en bewegen⟩.

'baby buggy, 'baby carriage, 'baby coach ⟨telb.zn.⟩⟨AE⟩ **0.1** ***kinderwagen.***

'baby bust ⟨telb.zn.⟩ **0.1** ***laag geboortencijfer.***

'baby car ⟨telb.zn.⟩ **0.1** ***miniatuurauto.***

'baby clinic ⟨telb.zn.⟩ **0.1** ***consultatiebureau.***

'baby 'doll ⟨telb.zn.⟩⟨AE; sl.⟩ **0.1** ***knap meisje.***

'baby face ⟨f1⟩⟨telb.zn.⟩ **0.1** ***(persoon met) kindergezicht.***

'ba·by-faced ⟨bn.⟩ **0.1** ***met een kindergezicht.***

'baby farm ⟨bn.⟩⟨vaak pej.⟩ **0.1** ***instelling waar jonge (meestal ongewenste) kinderen uitbesteed worden.***

'baby farmer ⟨bn.⟩⟨vaak pej.⟩ **0.1** ***kinderverzorgster.***

'baby farming ⟨n.-telb.zn.⟩⟨vaak pej.⟩ **0.1** ***kinderverzorging.***

'baby 'grand ⟨f1⟩⟨telb.zn.⟩ **0.1** ***kleine vleugel*** ⟨piano⟩.

ba·by·hood ['beɪbihʊd]⟨n.-telb.zn.⟩ **0.1** ***(eerste) kindsheid*** **0.2** ***kleine kinderen.***

ba·by·ish ['beɪbiɪʃ]⟨f1⟩⟨bn.; -ly; -ness⟩⟨vaak pej.⟩ **0.1** ***kinderachtig*** ⇒*kinderlijk, onvolwassen, onrijp.*

baby jumper →baby bouncer.

'baby kisser ⟨telb.zn.⟩⟨AE; sl.⟩ **0.1** ***campagne voerende politicus.***

'baby linen ⟨n.-telb.zn.⟩ **0.1** ***babylinnen*** ⇒⟨i.h.b.⟩ *luiers.*

Bab·y·lon ['bæbɪ̣lən]⟨f1⟩⟨eig.n., telb.zn.⟩ **0.1** ***Babylon*** ⇒*verdorven/zondige/corrupte stad* **0.2** ***oord v. gevangenschap*** ⇒*verbanningsoord.*

Bab·y·lo·ni·an[1] ['bæbɪ̣'loʊnɪən]⟨f1⟩⟨zn.⟩
I ⟨eig.n.⟩ **0.1** ***Babylonisch*** ⟨taal⟩;
II ⟨telb.zn.⟩ **0.1** ***Babyloniër.***

Babylonian[2], **Bab·y·lon·ic** ['bæbɪ̣'lɒnɪk‖-'lɑ-], **Bab·y·lon·ish** ['bæbɪ̣'loʊnɪʃ]⟨f1⟩⟨bn.⟩ **0.1** ***Babylonisch*** **0.2** ***verdorven*** ⇒*zondig, liederlijk, weelderig, corrupt* **0.3** ***reusachtig*** ◆ **1.2** ~ captivity *Babylonische gevangenschap.*

'baby pa·trol·ler service ⟨telb.zn.⟩ **0.1** ***kinderopvang.***

ba·by's-breath, ba·bies'-breath ['beɪbizbreθ]⟨telb.zn.⟩⟨plantk.⟩ **0.1** ***gipskruid*** ⟨Gypsophila paniculata⟩.

'baby's head ⟨telb.zn.⟩⟨sl.⟩ **0.1** ⟨ong.⟩ ***balkenbrij.***

'ba·by-sit ⟨f2⟩⟨onov. en ov.ww.⟩ **0.1** ***babysitten*** ⇒*babysit zijn* **0.2** ⟨AE; sl.⟩ ***in moeilijkheden steunen*** ⇒*uit persoonlijke problemen helpen.*

'baby sitter, ⟨vnl. BE⟩ **'baby minder** ⟨f2⟩⟨telb.zn.⟩ **0.1** ***babysitter*** ⇒*oppas.*

'baby snatcher ⟨telb.zn.⟩⟨sl.⟩ **0.1** ***kinderdief/dievegge*** ⇒*kinderrover* **0.2** ⟨sl.⟩ ***vrouw met veel jongere echtgenoot.***

'baby talk ⟨n.-telb.zn.⟩ **0.1** ***kinderpraat.***

ba·by-tears ['beɪbitɪəz‖-tɪrz], **ba·by's-tears** ['beɪbiz-]⟨mv.⟩ ⟨plantk.⟩ **0.1** ⟨ben. voor⟩ ***Corsicaans rotsplantje*** ⟨Helxine soleirolii⟩.

'baby tooth ⟨telb.zn.⟩⟨vnl. AE⟩ **0.1** ***melktand.***

'baby walker ⟨telb.zn.⟩ **0.1** ***loopstel.***

BAC ⟨afk.⟩ Blood Alcohol Content, British Aircraft Corporation.

Ba·car·di [bə'kɑ:di‖-'kɑr-]⟨telb. en n.-telb.zn.⟩ **0.1** ***bacardi(cocktail).***

bac·ca ['bækə]⟨n.-telb.zn.⟩⟨sl.⟩ **0.1** ***tabak.***

bac·ca·lau·re·ate ['bækə'lɔ:rɪət]⟨telb.zn.⟩⟨schr.⟩ **0.1** ***baccalaureaat*** ⟨graad v. bachelor, ong. kandidaatsdiploma, laagste universitair diploma⟩ **0.2** ⟨AE⟩ ***afscheidstoespraak*** ⟨aan de universiteit⟩.

bac·ca·ra(t) ['bækərɑ:‖'bɑkə'rɑ]⟨n.-telb.zn.⟩ **0.1** ***baccarat(spel).***

bac·cate ['bækeɪt]⟨bn.⟩⟨plantk.⟩ **0.1** ***bessendragend*** **0.2** ***besachtig.***

Bac·chae ['bæki:]⟨mv.⟩ **0.1** ***bacchanten*** ⇒*bacchuspriesteressen, bacchusvereersters.*

bac·cha·nal[1] ['bækənl, 'bækə'næl]⟨telb.zn.⟩ **0.1** ***bacchant(e)*** ⇒*bacchuspriester(es)* **0.2** ***zwierbol*** ⇒*zwelger* **0.3** ***bacchanaal*** ⇒*zwelgpartij, drinkgelag.*

bacchanal[2] ⟨bn.⟩ **0.1** ***bacchanalisch*** ⇒*losbandig, bacchantisch.*

Bac·cha·na·lia ['bækə'neɪlɪə]⟨mv.⟩ **0.1** ***bacchanalen*** ⇒*bacchanaliën, drinkgelag.*

bac·cha·na·lian[1] ['bækə'neɪlɪən]⟨telb.zn.⟩ **0.1** ***bacchant*** ⇒*zwierbol, zwelger.*

bacchanalian[2] ⟨bn.⟩ **0.1** ***bacchantisch*** ⇒*losbandig, orgiastisch.*

bac·chant[1] ['bækənt]⟨telb.zn.; ook bacchantes [bə'kænti:z]; →mv. 5⟩ **0.1** ***bacchant*** **0.2** ***zwierbol*** ⇒*zwelger.*

bacchant[2] ⟨bn., attr.⟩ **0.1** ***bacchantisch*** ⇒*losbandig, zwelg-.*

bac·chante [bə'kænti]⟨telb.zn.⟩ **0.1** ***bacchante.***

bac·chic ['bækɪk]⟨bn.⟩ **0.1** ***bacchisch*** **0.2** ***bacchanalisch*** ⇒*bacchantisch, losbandig, dronken.*

bac·cif·er·ous [bæk'sɪfərəs]⟨bn.⟩⟨plantk.⟩ **0.1** ***bessendragend.***

bac·ci·form ['bæksɪ̣fɔ:m‖-fɔrm]⟨bn.⟩⟨plantk.⟩ **0.1** ***besvormig.***

bac·civ·or·ous [bæk'sɪvərəs]⟨bn.⟩ **0.1** ***bessenetend.***

bac·cy ['bæki]⟨n.-telb.zn.⟩⟨vnl. BE; inf.⟩ **0.1** ***tabak*** ⇒*shag.*

bach[1] [bætʃ]⟨telb.zn.⟩ **0.1** ***vakantiehuisje*** ⟨in Nieuw-Zeeland⟩.

bach[2], **batch** [bætʃ]⟨onov.ww.⟩⟨sl.⟩ **0.1** ***als een vrijgezel leven*** ◆ **4.1** ~ it *als een vrijgezel leven.*

bach[3] ⟨afk.⟩ bachelor.

bach·e·lor ['bætʃ(ə)lə‖-ər]⟨f3⟩⟨telb.zn.⟩ **0.1** ***vrijgezel*** **0.2** ***baccalaureus*** ⟨laagste academische graad, maar de facto⟩ ⇒⟨ong.⟩ *doc-*

torandus, licentiaat 0.3 ⟨gesch.⟩ jonge ridder ⟨in dienst v. andere ridder⟩ 0.4 ⟨dierk.⟩ jong dier zonder wijfje ⟨vnl. jonge zeehond⟩ ◆ 1.2 Bachelor of Arts baccalaureus in de letteren; Bachelor of Science baccalaureus in de exacte wetenschappen.

'bach·e·lor-at-'arms ⟨telb.zn.⟩ ⟨gesch.⟩ 0.1 jonge ridder ⟨in dienst v. andere ridder⟩.

bach·e·lor·dom ['bætʃ(ə)lədəm‖-ər-], **bach·e·lor·hood** [-hʊd] ⟨n.-telb.zn.⟩ 0.1 vrijgezellenstaat ⇒ongehuwde staat, vrijgezellenleven/tijd.

bach·e·lor·ette ['bætʃ(ə)lə'ret] ⟨telb.zn.⟩ 0.1 vrijgezellin ⇒jonge ongetrouwde vrouw.

'bachelor flat ⟨telb.zn.⟩ 0.1 vrijgezellenflat.

'bachelor girl ⟨f1⟩ ⟨telb.zn.⟩ ⟨euf.⟩ 0.1 ongehuwde vrouw ⟨vnl. zelfstandig en jong⟩ ⇒vrijgezellin.

'bachelor mother ⟨telb.zn.⟩ ⟨sl.⟩ 0.1 ongehuwde moeder ⇒bommoeder 0.2 alleenstaande moeder.

'bachelor's button, ⟨in bet. 0.2 ook⟩ **'bachelor's buttons** ⟨telb.zn.⟩ ⟨plantk.⟩ 0.1 korenbloem ⟨Centaurea cyanus⟩ 0.2 margriet ⟨Chrysanthemum leucanthemum⟩.

'bachelor seal ⟨telb.zn.⟩ 0.1 jonge zeehond zonder wijfje.

'bach·e·lor·ship ['bætʃ(ə)ləʃɪp‖-ər-] ⟨n.-telb.zn.⟩ 0.1 →bachelordom 0.2 baccalaureaat ⇒graad v. bachelor.

'bachelor's wife ⟨telb.zn.⟩ 0.1 ideale vrouw zoals een vrijgezel zich voorstelt.

bac·il·lar·y [bə'sɪləri‖'bæsəleri] ⟨bn.⟩ ⟨med.⟩ 0.1 bacillair.

ba·cil·li·form [bə'sɪlɪfɔ:m‖-fɔrm] ⟨bn.⟩ ⟨med.⟩ 0.1 staafvormig.

ba·cil·lus [bə'sɪləs] ⟨f1⟩ ⟨telb.zn.; bacilli [-laɪ]; →mv. 5⟩ 0.1 bacil 0.2 ⟨vaak mv.⟩ ⟨oneig.⟩ bacterie.

back[1] [bæk] ⟨f4⟩ ⟨zn.⟩ ⟨→sprw. 227, 376, 772⟩

I ⟨telb.zn.⟩ 0.1 rug ⇒achterkant 0.2 achter(hoede)speler ⇒verdediger, back 0.3 kiel ⟨v. schip⟩ 0.4 (verf/brouw)bak ◆ 1.3 ~ of a ship kiel 1.¶ ⟨fig.⟩ with one's ~ to the wall met zijn rug tegen de muur, in het nauw 3.¶ break the ~ of s.o. / break s.o.'s ~ iem. te zwaar belasten, overladen ⟨met werk⟩; have broken the ~ of sth. het grootste deel/ergste v. iets achter de rug hebben/gedaan hebben; break her ~ in tweeën breken ⟨v. schip⟩; ⟨inf.⟩ get s.o.'s ~ up iem. irriteren/kwaad maken; ⟨inf.⟩ get off s.o.'s ~ iem. met rust laten; get on s.o.'s ~ iem. achter de vodden zitten; iem. treiteren; give s.o. a ~ bok staan voor iem.; ⟨inf.⟩ have one's ~ up nijdig zijn; make a ~ for s.o. bok staan voor iem.; pat o.s. on the ~ tevreden zijn over zichzelf, zichzelf feliciteren; pat s.o. on the ~ iem. een goedkeurend/bemoedigend klopje geven, iem. feliciteren; put one's ~ into sth. ergens de schouders onder zetten, hard aan iets werken; ⟨inf.⟩ put s.o.'s ~ up iem. irriteren/kwaad maken; glad to see the ~ of s.o. blij v. iem. af te zijn, iem. liever zien gaan dan komen; stab s.o. in the ~ iem. een dolk in de rug steken, iem. verraden; turn one's ~ zich omdraaien/omkeren; turn one's ~ on de rug toekeren, in de steek laten, negeren 6.1 **behind** s.o.'s ~ achter iemands rug ⟨ook fig.⟩; stiekem; (flat) **on** one's ~ (ziek) in bed; ⟨fig.⟩ hulpeloos, machteloos 6.¶ have **on** one's ~ op zijn nek hebben, torsen; ⟨inf.⟩ be **on** s.o.'s ~ iem. jennen, kritiek hebben op iem.; afhankelijk zijn v. iem.;

II ⟨telb. en n.-telb.zn.; the⟩ 0.1 achterkant ⇒achterzijde, keerzijde, rug 0.2 (rug)leuning 0.3 achterste deel 0.4 ⟨sport⟩ achter ◆ 1.1 ~ to ~ ruggelings, rug-aan-rug, rug tegen rug; achtereenvolgens; the ~ of a book de rug v.e. boek; the ~ of a hand de rug v.e. hand; ~ of head achterhoofd; the ~ of a knife de rug v.e. mes; ~ of leg achterkant v. been 1.3 the ~ of a book de laatste bladzijden v.e. boek; ⟨fig.⟩ at the ~ of one's mind in zijn achterhoofd, op de achtergrond v. zijn gedachten 1.¶ the ~ of beyond (verloren) uithoek; know like the ~ of one's hand op zijn duimpje/als zijn broekzak kennen; ⟨inf.; scherts.⟩ it has fallen off the ~ of a lorry het is gestolen (goed); talk through the ~ of one's neck uit zijn nek kletsen 6.1 **at** the ~ **of** achter(op); be **at** the ~ **of** s.o. achter iem. staan ⟨ook fig.⟩; ⟨AE⟩ **in** ~ **(of)** achter(op) 6.3 **at** the ~ achterin ⟨v. boek⟩;

III ⟨mv.; Backs; the⟩ 0.1 bep. collegeterreinen ⟨in Cambridge⟩.

back[2] ⟨f2⟩ ⟨bn.⟩

I ⟨bn.⟩ 0.1 achter;

II ⟨bn., attr.⟩ 0.1 achter- 0.2 terug- 0.3 ver(weg) ⇒(achter)afgelegen 0.4 achterstallig 0.5 oud ⟨v. uitgave, tijdschrift⟩ 0.6 minderwaardig 0.7 omgekeerd 0.8 ⟨taalk.⟩ achter- 0.9 tegen- ◆ 1.1 ~ door achterdeur; ⟨fig.⟩ get in through/by the ~ door een baan krijgen via kruiwagens/dank zij oneerlijke manipulaties; ⟨BE; inf.; euf.⟩ ~ passage rectum, endeldarm; ~ room achterkamer (tje) ⟨ook fig.⟩; ergens achteraf; ⟨sl.⟩ boys in the ~ room politiek ingewijden; ~ seat achterbank ⟨v. auto⟩; ⟨fig.⟩ tweede plaats; put into the ~ seat naar het tweede plan verwijzen; take a ~ seat op de achtergrond treden, terugtreden 1.4 ~ taxes achterstallige belastingen 1.5 ~ number oud nummer ⟨v. tijdschrift⟩; ⟨inf.⟩ ouderwets iem./iets, iem. die/iets dat uit de tijd is 1.8 ~ vowel achterklinker.

back[3] ⟨f3⟩ ⟨ww.⟩ →backed

I ⟨onov.ww.⟩ 0.1 krimpen ⟨v. wind⟩ 0.2 terugkrabbelen ⇒teruggaan, toegeven, bakzeil halen 0.3 zich terugtrekken 0.4 bakzeil halen ◆ 5.2 ~ **down,** ⟨AE⟩ ~ **off** terugkrabbelen, toegeven 5.3 ~ **off** terugdeinzen, achteruitwijken; ~ **out** (of) zich terugtrekken (uit), afzien (van) 5.¶ ⟨AE; inf.⟩ ~ **off!** hou op! ⟨bv. met pesten⟩; ⟨AE; inf.⟩ ~ **off** langzamer gaan, (het) wat rustiger aan doen; →back up 6.¶ ~ **onto** aan de achterkant uitkomen op/grenzen aan;

II ⟨onov. en ov.ww.⟩ 0.1 achteruit bewegen ⇒achteruitrijden, (doen) achteruitgaan 0.2 ⟨scheep.⟩ brassen ◆ 1.2 ~ (the sails) bakzeil halen 3.1 ⟨AE⟩ ~ and fill heen en weer bewegen, aarzelen 5.1 ~ **away** (from) zich terugtrekken (v.), achteruit weglopen (v.); ~ **off** achteruitrijden/gaan; ~ **out** achteruit wegrijden; ~ the car **out** of the garage de auto achteruit uit de garage rijden 6.1 ~ (one's car) **into** another car achteruitrijden tegen een andere auto;

III ⟨ov.ww.⟩ 0.1 (onder)steunen ⟨ook financieel⟩ ⇒backen, (rug)steunen, schragen, bijstaan 0.2 ⟨inf.⟩ wedden (op) ⇒gokken op, vertrouwen op 0.3 ⟨vaak pass.⟩ voeren ⟨kleding e.d.⟩ 0.4 ⟨geldw.⟩ avaleren ⇒aval geven, voor aval tekenen 0.5 v.e. rug/achterkant voorzien ◆ 1.2 ⟨fig.⟩ ~ the wrong horse op het verkeerde paard wedden 1.4 ~ a bill een wissel avaleren 5.1 →back up 5.¶ ⟨AE; inf.⟩ ~ s.o. **off** iem. eruitgooien/eruitzetten 6.1 ~ s.o. **in** sth. iem. ergens in steunen 6.3 ~ed **with** silk met zijde gevoerd.

back[4] ⟨f4⟩ ⟨bw.⟩ 0.1 achter(op) ⇒aan de achterkant 0.2 achteruit ⇒terug 0.3 terug ⟨ook fig.⟩ ⇒⟨i.h.b.⟩ weer thuis 0.4 ⟨inf.⟩ in het verleden ⇒geleden, terug 0.5 op (enige) afstand 0.6 achterom ◆ 1.4 a few years ~ een paar jaar geleden 3.1 ⟨cricket⟩ play ~ defensief spelen ⟨v. slagman die een stap achterwaarts doet⟩ 3.¶ →answer back; →get back; →put back; →set back 5.¶ ~ and forward/forth heen en weer 6.1 ⟨AE⟩ ~ **of** achter; ~ **in** one's thirties achter in de dertig ¶.4 ~ in 1975 (nog/reeds/destijds) in 1975.

'back·ache ⟨f1⟩ ⟨telb. en n.-telb.zn.⟩ 0.1 rugpijn ⇒pijn in de rug.

back·ass·wards ['bækɑ:swərdz‖-æswədz] ⟨bw.⟩ ⟨AE; sl.⟩ 0.1 achterstevoren ⇒in omgekeerde volgorde 0.2 tegendraads.

'back·band ⟨telb.zn.⟩ 0.1 rugriem ⟨v. paardetuig⟩.

'back·beat ⟨telb.zn.⟩ 0.1 drumritme op de achtergrond.

'back'bench[1] ⟨zn.; the⟩ ⟨BE⟩

I ⟨n.-telb.zn.⟩ 0.1 ⟨the⟩ achterste bank in Lagerhuis;

II ⟨mv.; ~es⟩ 0.1 gewone Lagerhuisleden.

'backbench[2] ⟨bn., attr.⟩ 0.1 v./mbt. gewone kamerleden ⟨Eng. Lagerhuis⟩.

'back'bench·er ⟨f1⟩ ⟨telb.zn.⟩ ⟨BE⟩ 0.1 gewoon Lagerhuislid ⇒weinig prominent Lagerhuislid.

'back·bite ⟨f1⟩ ⟨ww.⟩

I ⟨onov.ww.⟩ 0.1 achterklappen ⇒roddelen, lasteren, kwaadspreken;

II ⟨ov.ww.⟩ 0.1 belasteren ⇒roddelen over, kwaadspreken over.

'back·bit·er ⟨telb.zn.⟩ 0.1 roddelaar(ster) ⇒kwaadspreker/spreekster.

'back·bit·ing ⟨n.-telb.zn.⟩ 0.1 achterklap.

'back·blocks ⟨mv.⟩ ⟨Austr. E⟩ 0.1 uithoek ⇒afgelegen gebied.

'back·board ⟨telb.zn.⟩ 0.1 rugplank ⇒bedplank 0.2 achterplank 0.3 ⟨med.⟩ rechthouder 0.4 ⟨basketbal⟩ bord 0.5 ⟨tennis⟩ oefenplank ⇒oefenmuur.

'back·boil·er ⟨telb.zn.⟩ ⟨BE⟩ 0.1 boiler achter haard of fornuis.

'back·bone ⟨f2⟩ ⟨zn.⟩

I ⟨telb.zn.⟩ 0.1 ⟨inf.⟩ ruggegraat ⇒wervelkolom 0.2 ⟨AE⟩ rug ⟨v. boek⟩ ◆ 6.1 ⟨fig.⟩ **to** the ~ volledig, grondig, door en door;

II ⟨n.-telb.zn.⟩ 0.1 ruggegraat ⟨fig.⟩ ⇒wilskracht, pit ◆ 6.1 the ~ **of** the nation de ruggegraat v.h. land.

'back·boned ⟨bn.⟩ 0.1 met een ruggegraat 0.2 ⟨dierk.⟩ gewerveld.

'back·break·ing ⟨bn.; -ly⟩ 0.1 slopend ⇒uitputtend, zwaar.

'back burner ⟨telb.zn.⟩ ⟨inf.⟩ ◆ 6.¶ be/put **on** the ~ op een laag/klein pitje staan/zetten; consign sth. **to** the ~ iets op een laag/klein pitje zetten, iets in de ijskast zetten.

'back-burn·er ⟨bn.⟩ ⟨inf.⟩ 0.1 v. minder belang ⇒(v.) secundair (belang).

'back channel ⟨telb.zn.; vaak attr.⟩ ⟨AE⟩ 0.1 achterdeur(tje) ◆ 1.1 ~ diplomacy diplomatie via de/een achterdeur.

'back·chat ⟨n.-telb.zn.⟩ ⟨inf.⟩ 0.1 brutaliteit ⇒brutale opmerking, brutaal antwoord, tegenspraak.

'back·cloth, 'back·drop ⟨f1⟩ ⟨telb. en n.-telb.zn.⟩ ⟨dram.⟩ 0.1 achterdoek ⇒achterscherm, fond; ⟨fig.⟩ achtergrond.

'back·comb ⟨ov.ww.⟩ 0.1 tegenkammen ⇒touperen.

'back·coun·try ⟨telb.zn.⟩ ⟨Austr. E⟩ 0.1 binnenland.

'back crawl ⟨n.-telb.zn.⟩ ⟨zwemsport⟩ 0.1 rugcrawl.

'back·cross ⟨ov.ww.⟩ ⟨biol.⟩ 0.1 terugkruisen.

'back·date ⟨ov.ww.⟩ 0.1 met terugwerkende kracht in doen gaan 0.2 antidateren ⇒antedateren.

'back·door[1] ⟨telb.zn.⟩ 0.1 achterdeur(tje) ⟨ook fig.⟩.

'backdoor[2] ⟨bn., attr.⟩ **0.1** ***geheim*** *⇒heimelijk, onderhands, achterbaks.*
'back·down ⟨telb.zn.⟩ **0.1** ***opgave*** *⇒het opgeven.*
backdrop →backcloth.
backed ['bækt]⟨bn.; oorspr. volt. deelw. v. back⟩ **0.1** ***met een rug/leuning.***
-backed ⟨vormt bijv. nw.⟩ **0.1** ***met een ... rug/leuning*** ◆ **¶.1** low-backed *met een lage rug.*
'back end ⟨n.-telb.zn.⟩⟨vnl. BE⟩ **0.1** ***naherfst.***
back·er ['bækə‖-ər]⟨f1⟩⟨telb.zn.⟩ **0.1** ***(rugge)steun*** *⇒helper, financier, producent, sponsor* **0.2** ***wedder*** *⇒gokker* **0.3** ⟨geldw.⟩ ***avalgever*** *⇒avalist.*
'back·fall ⟨telb.zn.⟩ **0.1** ***val op de rug*** ⟨worstelen⟩ *⇒lelijke smak* ⟨ook fig.⟩.
'back·fill[1] ⟨n.-telb.zn.⟩ **0.1** ***vulgrond*** *⇒teruggestorte grond.*
backfill[2] ⟨ov.ww.⟩ **0.1** ***weer opvullen/dichtgooien*** ⟨gat; i.h.b. archeologie⟩.
'back·fire[1], **'back·kick** ⟨telb.zn.⟩⟨tech.⟩ **0.1** ***terugslag*** ⟨v. motor⟩ *⇒naontsteking.*
backfire[2] ['-'-‖'--], ⟨in bet. 0.1 ook⟩ **'backkick** ⟨onov.ww.⟩ **0.1** ⟨tech.⟩ ***terugslaan*** ⟨v. motor⟩ *⇒naontsteking hebben* **0.2** ***mislopen*** *⇒een averechtse uitwerking hebben.*
'back'flip ⟨telb.zn.⟩ **0.1** ***volledige ommekeer*** **0.2** ⟨gymnastiek⟩ ***flick-flack*** ⟨handstandoverslag achterover⟩.
'back-for·ma·tion ⟨telb. en n.-telb.zn.⟩⟨taalk.⟩ **0.1** ***back formation*** *⇒woordvorming in omgekeerde richting* ⟨bv. 'automate' v. 'automation'⟩.
'back-'four ⟨telb.zn.; the⟩⟨voetbal⟩ **0.1** ***achterste vier.***
'back·front ⟨telb.zn.⟩ **0.1** ***achtergevel.***
back·gam·mon ['bæk'gæmən]⟨f1⟩⟨n.-telb.zn.⟩ **0.1** ***backgammon*** *⇒*⟨oneig.⟩ *tric-trac, bakspel.*
'backgammon set ⟨telb.zn.⟩ **0.1** ***backgammon-spel.***
'back·ground ⟨f3⟩⟨telb.zn.⟩ **0.1** ***achtergrond*** ⟨ook fig.⟩ **0.2** ⟨nat.⟩ ***nuleffect*** *⇒achtergrond(straling)* ◆ **6.1** remain **in** the ~ *op de achtergrond blijven, zich op de achtergrond houden.*
back·ground·er ['bækgraʊndə‖-ər]⟨telb.zn.⟩⟨AE; pol.⟩ **0.1** ***informele persconferentie*** *⇒informele voorlichtingsbijeenkomst.*
'background information ⟨f1⟩⟨n.-telb.zn.⟩ **0.1** ***achtergrondinformatie*** *⇒achtergronden.*
'background music ⟨n.-telb.zn.⟩ **0.1** ***achtergrondmuziek*** *⇒muzikale achtergrond.*
'back·hand, ⟨in bet. 0.1 ook⟩ **'backhand stroke** ⟨f1⟩⟨telb.zn.⟩ **0.1** ⟨tennis⟩ ***backhand(slag)*** **0.2** ***linkshellend schrift.***
'back'hand·ed, 'backhand ⟨f1⟩⟨bn.; backhandedly; backhandedness⟩ **0.1** ***met de rug v.d. hand*** **0.2** ***in tegengestelde richting*** ⟨v. normaal⟩ **0.3** ***indirect*** **0.4** ***dubbelzinnig*** **0.5** ***achterbaks*** ◆ **1.4** backhanded compliment *dubbelzinnig/dubieus compliment.*
'back·hand·er ⟨telb.zn.⟩ **0.1** ⟨tennis⟩ ***backhandslag*** **0.2** ***slag met de rug v.d. hand*** **0.3** ***indirecte aanval*** **0.4** ⟨inf.⟩ ***smeergeld.***
'back heel ⟨telb.zn.⟩⟨voetbal⟩ **0.1** ***hakje.***
'back-'heel ⟨ov.ww.⟩⟨voetbal⟩ **0.1** ***een hakje geven*** ◆ **1.1** ~ a penalty to a team-mate *een strafschop met een hakje aan een ploegmaat toespelen.*
back·ing[1] ['bækɪŋ]⟨f2⟩⟨zn.; (oorspr.) gerund v. back⟩
I ⟨telb. en n.-telb.zn.⟩ **0.1** ***(rugge)steun*** **0.2** ***achterban*** *⇒medestanders* **0.3** ***achterkantbedekking*** **0.4** ⟨muz.⟩ ***begeleiding*** *⇒achtergrond(muziek)* **0.5** ⟨geldw.⟩ ***dekking*** **0.6** ⟨hengelsport⟩ ***volglijn*** ◆ **1.3** (a) ~ of wood *een versteviging v. hout* **3.2** his ~ includes all the members of the club *alle clubleden maken deel uit v. zijn achterban;*
II ⟨n.-telb.zn.⟩ **0.1** ***steun*** *⇒ondersteuning.*
backing[2] ⟨f1⟩⟨bn., attr.⟩ **0.1** ***achtergrond-*** ◆ **1.1** ~ singer *achtergrondzanger;* ~ tape *begeleidingsband;* ~ vocals *achtergrondstemmen.*
'back 'issue ⟨telb.zn.⟩ **0.1** ***vroeger (verschenen) nummer*** ⟨bv. v. tijdschrift⟩.
'back judge ⟨telb.zn.⟩⟨Am. voetbal⟩ **0.1** ***achterscheidsrechter*** ⟨let op het vangen v.d. pass binnen de lijnen en op de tussenkomst van verdedigers⟩.
backkick →backfire.
'back·lash ⟨f1⟩⟨telb. en n.-telb.zn.⟩ **0.1** ***tegenstroom*** *⇒verzet, reactie* **0.2** ⟨tech.⟩ ***speling*** ⟨v. tandrad⟩ *⇒naloop, blinde schroefgang* ◆ **2.1** white ~ to Black Power *blank verzet tegen Black Power.*
back·less ['bækləs]⟨bn.⟩ **0.1** ***rugloos*** ⟨v. japon⟩ *⇒met een lage rug/rugdecolleté.*
'back·line ⟨zn.⟩
I ⟨telb.zn.⟩⟨dammen⟩ **0.1** ***damrij/lijn;***
II ⟨verz.n.⟩⟨sport⟩ **0.1** ***achterste linie*** *⇒verdedigingslinie.*
'back·list ⟨telb.zn.⟩ **0.1** ***fondslijst*** *⇒fondscatalogus* ⟨v. uitgever⟩.
'back·log ⟨f1⟩⟨telb.zn.; vaak enk.⟩ **0.1** ⟨vnl. BE⟩ ***achterstand*** ⟨in werk⟩ *⇒nalevering* **0.2** ⟨vnl. AE⟩ ***reserve(orders)*** **0.3** ⟨vnl. AE⟩ ***reserve(voorraad)*** **0.4** ⟨AE⟩ ***groot houtblok achter in de haard.***

'back 'lot ⟨telb.zn.⟩ **0.1** ***achterbuurt.***
'back marker ⟨telb.zn.⟩ **0.1** ⟨golf⟩ ***speler met hoge handicap*** **0.2** ⟨sport⟩ ***achterblijver*** *⇒hekkesluiter* **0.3** ⟨autosport⟩ ***raceauto op de achterste rij*** ⟨bij startopstelling⟩.
back·most ['bækmoʊst]⟨bn., attr.⟩ **0.1** ***achterst.***
'back 'nine ⟨n.-telb.zn.⟩⟨golf⟩ **0.1** ***laatste negen*** ⟨holes v.e. 18-holesbaan⟩.
'back-'of·fice ⟨telb.zn.⟩ **0.1** ***privé-kantoor.***
'back-of-the-'envelope, 'back-of-an-'envelope ⟨bn., attr.⟩ **0.1** ***vlug (te doen)*** *⇒makkelijk, vlot* ◆ **1.1** ~ calculation *simpel sommetje;* ~ stuff *makkie.*
'back order ⟨telb.zn.⟩⟨hand.⟩ **0.1** ***back order*** *⇒besteld maar niet aanwezig artikel* **0.2** ***nabestelling.***
'back·pack[1] ⟨telb.zn.⟩⟨AE⟩ **0.1** ***rugzak.***
backpack[2] ⟨onov.ww.⟩⟨AE⟩ **0.1** ***(rond)trekken*** ⟨met rugzak⟩.
'back·pack·er ⟨telb.zn.⟩ **0.1** ***trekker met rugzak.***
back·ped·al ['-'-‖'---]⟨onov.ww.; 1e variant; →ww. 7⟩ **0.1** ***terugtrappen*** *⇒achteruitfietsen* **0.2** ***terugkrabbelen.***
'backpedal brake ⟨telb.zn.⟩ **0.1** ***terugtraprem.***
'back projection ⟨telb.zn.⟩⟨foto.⟩ **0.1** ***doorzichtprojectie*** ⟨met projector achter het scherm⟩.
'back·rest ⟨telb.zn.⟩ **0.1** ***rugleuning.***
'back·room ⟨telb.zn.⟩ **0.1** ***achterkamer(tje)*** ⟨ook fig.⟩ *⇒ergens achteraf* ◆ **1.¶** ⟨inf.⟩ boys in the ~ *politiek ingewijden.*
'back·room boys ⟨mv.⟩⟨BE; inf.⟩ **0.1** ***geleerden*** *⇒planners* ⟨werkend aan geheim onderzoek e.d.⟩.
'back·scat·ter·ing ⟨n.-telb.zn.⟩⟨nat.⟩ **0.1** ***(terug)verstrooiing.***
'back·scratch·er ⟨telb.zn.⟩ **0.1** ***ruggekrabber*** **0.2** ***nuttige relatie.***
'back-seat 'driver ⟨telb.zn.⟩ **0.1** ***passagier die 'meerijdt'*** ⇒⟨fig.⟩ *stuurman aan de wal.*
'back·set ⟨telb.zn.⟩ **0.1** ***tegenslag*** **0.2** ***tegenstroom.***
backsheesh, backshish →baksheesh.
'back shop ⟨telb.zn.⟩ **0.1** ***achterwinkel.***
'back·side ⟨f1⟩⟨telb.zn.⟩ **0.1** ⟨inf.⟩ ***achterwerk*** *⇒zitvlak, achterste, achterkwartier* **0.2** ***achtereinde.***
'back·sight ⟨telb.zn.⟩ **0.1** ***vizier*** ⟨v. geweer⟩ **0.2** ⟨landmeetk.⟩ ***achterwaartse waarneming/meting.***
'back slang ⟨n.-telb.zn.⟩ **0.1** ***achteruittaaltje*** ⟨waarbij alle woorden omgedraaid worden⟩.
'back·slap·ping ⟨bn.⟩ **0.1** ***uitbundig*** *⇒joviaal.*
'back·slash ⟨telb.zn.⟩ **0.1** ***backslash*** ⟨schuine streep naar links⟩.
'back·slide ⟨onov.ww.⟩ **0.1** ***terugvallen*** ⟨in fout⟩ *⇒vervallen* **0.2** ***afvallig worden.***
'back·slid·er ⟨telb.zn.⟩ **0.1** ***afvallige.***
back·space ['-'-‖'--]⟨onov.ww.⟩ **0.1** ***een spatie teruggaan*** ⟨op schrijfmachine⟩.
'back·stage[1] ⟨bn., attr.⟩ **0.1** ⟨dram.⟩ ***achtertoneel-*** ⇒⟨fig.⟩ *privé-.*
'back'stage[2] ⟨f1⟩⟨bw.⟩⟨dram.; ook fig.⟩ **0.1** ***achter de schermen/coulissen*** *⇒in het geheim.*
'back·stair(s) ⟨bn., attr.⟩ **0.1** ***privé-*** *⇒geheim, heimelijk* **0.2** ***achterbaks*** *⇒onderhands* ◆ **1.1** ~ gossip *achterklap.*
'back'stairs ⟨mv.⟩ **0.1** ***achtertrap*** *⇒geheime trap;* ⟨fig.⟩ *achterdeur(tje), uitweg.*
'back·stay ⟨telb.zn.; vaak mv.⟩⟨scheep.⟩ **0.1** ***pardoen.***
'back·stitch[1] ⟨telb.zn.⟩⟨handwerken⟩ **0.1** ***achtersteek.***
backstitch[2] ⟨ww.⟩⟨handwerken⟩
I ⟨onov.ww.⟩ **0.1** ***achtersteek naaien;***
II ⟨ov.ww.⟩ **0.1** ***met achtersteek naaien.***
'back·stop[1] ⟨telb.zn.⟩⟨vero.; AE; honkbal⟩ **0.1** ***achtervanger*** **0.2** ***vangscherm/gaas*** ⟨achter achtervanger⟩.
backstop[2] ⟨ov.ww.⟩⟨AE; honkbal⟩ **0.1** ***(achter)vangen.***
'back-street ⟨bn., attr.⟩ **0.1** ***clandestien*** *⇒illegaal* ◆ **1.1** ~ abortion *illegale abortus.*
'back·stroke, ⟨in bet. I ook⟩ **back·strok·er** ['bækstroʊkə‖-kər]⟨f1⟩⟨telb. en n.-telb.zn.⟩⟨zwemsport⟩ **0.1** ***rugslag.***
'back·swamp ⟨telb.zn.⟩⟨aardr.⟩ **0.1** ***kom.***
'back·swing ⟨telb.zn.⟩⟨sport, i.h.b. badminton⟩ **0.1** ***achterzwaai.***
'back·sword ⟨telb.zn.⟩ **0.1** ***houwdegen*** **0.2** ***batonneerstok*** **0.3** ***houwdegenschermer.***
'back talk ⟨n.-telb.zn.⟩⟨AE; inf.⟩ **0.1** ***brutaliteit*** *⇒brutaal antwoord, tegenspraak.*
'back·track ⟨onov.ww.⟩ **0.1** ***op z'n schreden terugkeren*** ⇒⟨fig.⟩ *terugbladeren, een stuk/zin opnieuw lezen* **0.2** ***terugkrabbelen.***
'back track ⟨telb.zn.⟩ **0.1** ***weg terug*** ◆ **3.1** take the ~ *terugkrabbelen, terugtreden.*
back·track·ing ⟨n.-telb.zn.; (oorspr.) gerund v. backtrack⟩ ⟨comp.⟩ **0.1** ***backtracking*** *⇒(het) terugritten.*
'back·up ⟨f1⟩⟨telb.zn.; ook attr.⟩ **0.1** ***(rugge)steun*** *⇒ondersteuning* **0.2** ***reserve(-exemplaar)*** *⇒voorraad* **0.3** ⟨AE⟩ ***file*** *⇒queue.*
'back 'up ⟨f1⟩⟨ww.⟩
I ⟨onov.ww.⟩ **0.1** ***zich verzamelen*** ⟨bv. v. water achter dam⟩ **0.2**

⟨AE⟩ *een file vormen* **0.3** ⟨AE⟩ ***achteruitrijden*** ⟨v. auto⟩;
II ⟨ov.ww.⟩ **0.1** ***(onder)steunen*** ⇒*staan achter, bijstaan* **0.2** ***bevestigen*** ⟨verhaal⟩ ⇒*vollediger verklaren* **0.3** ***herhalen*** **0.4** ⟨comp.⟩ ***een back-up/kopie maken v.*** ⇒*backuppen, kopiëren*.
back-'up file ⟨telb.zn.⟩ ⟨comp.⟩ **0.1** ***reservebestand***.
'back-'up light ⟨telb.zn.⟩ ⟨AE⟩ **0.1** ***achteruitrijlamp***.
'back·veld ⟨telb.zn.⟩ ⟨Z. Afr. E⟩ **0.1** ***uithoek***.
back·ward ['bækwəd‖-wərd] ⟨f2⟩ ⟨bn.; -ly; -ness⟩
I ⟨bn.⟩ **0.1** ***achter(lijk)*** ⇒*achtergebleven* ⟨in ontwikkeling⟩, *traag, niet bij* ◆ **1.1** ⟨schaken⟩ ~ pawn *achtergebleven pion;* ⟨pej.⟩ ~ country/nation *onderontwikkeld land, ontwikkelingsland* **6.1** be ~ **in** one's studies *achter zijn met zijn studie;*
II ⟨bn., attr.⟩ **0.1** ***achteruit(-)*** ⇒*achterwaarts, ruggelings, terug* ◆ **1.1** a ~ flow *een teruggaande stroom;* a ~ glance *een blik achterom;* a ~ journey *een reis terug;*
III ⟨bn., pred.⟩ **0.1** ***terughoudend*** ⇒*verlegen, aarzelend* **0.2** ***saai*** ◆ **6.1** be ~ **in** giving one's opinion *aarzelen zijn mening te geven*.
back·ward·a·tion ['bækwə'deɪʃn‖-wərd-] ⟨n.-telb.zn.⟩ ⟨BE; geldw.⟩ **0.1** ***deport***.
back·wards ['bækwədz‖-wərdz], ⟨vnl. AE⟩ **backward** ⟨f2⟩ ⟨bw.⟩ **0.1** ***achteruit*** ⟨ook fig.⟩ ⇒*achterwaarts, terug, ruggelings* **0.2** ***naar het verleden*** ⇒*terug* ◆ **3.1** go ~ *achteruitgaan* ⟨ook fig.⟩; look ~ *achterom kijken;* put on one's cap ~ *zijn pet achterste voren opzetten;* ring the bells ~ *de klokken v. laag naar hoog luiden;* spell ~ *v. achteren naar voren spellen* **5.1** ~ and forward(s) *heen en weer*.
'back·wash ⟨n.-telb.zn.; the⟩ **0.1** ***boeggolf*** **0.2** ***terugloop*** ⟨v. water⟩ ⇒⟨inf.; fig.⟩ *terugslag, reactie; nasleep* **0.3** ***luchtzuiging*** ⟨bij vliegtuig⟩.
'back·wat·er ⟨n.-telb.zn.⟩ **0.1** ***(stil) binnenwater*** ⇒⟨fig.⟩ *impasse, (geestelijke) stagnatie* **0.2** ***achterwater*** **0.3** ***boegwater*** **0.4** ***teruglopend water***.
back·woods ['--‖'-'-] ⟨f1⟩ ⟨mv.⟩ **0.1** ***binnenlanden*** ⇒*oerwouden* ⟨i.h.b. in U.S.A.⟩.
back·woods·man ['bækwudzmən‖bæk'wudz-] ⟨telb.zn.; backwoodsmen [-mən]; →mv. 3⟩ **0.1** ***woudbewoner*** **0.2** ⟨BE⟩ ***hogerhuislid dat zelden present is***.
'back'yard ⟨f2⟩ ⟨telb.zn.⟩ **0.1** ***plaatsje*** ⇒*achterplaats;* ⟨fig.⟩ *achtertuin* **0.2** ⟨AE⟩ ***achtertuin*** ◆ **2.1** in one's own ~ *in zijn eigen achtertuin, aan den lijve*.
ba·con ['beɪkən] ⟨f3⟩ ⟨n.-telb.zn.⟩ **0.1** ***bacon*** ⇒*spek* ◆ **1.1** ~ and eggs *gebakken eieren met spek* **3.¶** ⟨inf.⟩ bring home the ~ *de kost verdienen; slagen, het klaren;* ⟨vnl. BE; inf.⟩ save one's ~ *zijn hachje redden; er zonder kleerscheuren afkomen*.
ba·con·er ['beɪkənə‖-ər], **'bacon pig** ⟨telb.zn.⟩ **0.1** ***baconvarken*** ⇒*zouter*.
Ba·co·ni·an[1] [beɪ'kounɪən] ⟨telb.zn.⟩ **0.1** ***baconist***.
Baconian[2] ⟨bn.⟩ **0.1** ***baconistisch*** **0.2** ***experimenteel*** ⇒*inductief* ◆ **1.¶** ~ theory *theorie dat de toneelstukken v. Shakespeare door F. Bacon geschreven zijn*.
ba·con·y ['beɪkəni] ⟨bn.⟩ **0.1** ***spekachtig*** ⇒*vet*.
bacteria [bæk'tɪərɪə‖-'tɪr-] ⟨mv.⟩ →bacterium.
bac·te·ri·al [bæk'tɪərɪəl‖-'tɪr-] ⟨f2⟩ ⟨bn.; -ly⟩ **0.1** ***bacterieel*** ⇒*bacterie-*.
bac·te·ri·cide [bæk'tɪərɪsaɪd‖-'tɪr-] ⟨telb. en n.-telb.zn.⟩ **0.1** ***bacteriedodend middel*** ⇒*bacteri(o)cide*.
bac·te·ri·o·log·i·cal [bæk'tɪrɪə'lɒdʒɪkl‖-'lɑ-] ⟨bn.; -ly⟩ **0.1** ***bacteriologisch*** ◆ **1.1** ~ warfare *bacteriologische oorlogsvoering*.
bac·te·ri·ol·o·gist [bæk'tɪri'ɒlədʒɪst‖-'ɑlədʒɪst] ⟨telb.zn.⟩ **0.1** ***bacterioloog***.
bac·te·ri·ol·o·gy [-'ɒlədʒi‖-'ɑlədʒi] ⟨f2⟩ ⟨n.-telb.zn.⟩ **0.1** ***bacteriologie***.
bac·te·ri·ol·y·sis [-'ɒlɪsɪs‖-'ɑlɪsɪs] ⟨telb. en n.-telb.zn.; bacteriolyses [-lɪsi:z]; →mv. 5⟩ ⟨med.⟩ **0.1** ***bacteriolyse***.
bac·te·ri·o·lyt·ic [bæk'tɪrɪə'lɪtɪk] ⟨bn.⟩ ⟨med.⟩ **0.1** ***bacteriolytisch*** ⇒*bacteriolyse veroorzakend*.
bac·te·ri·o·phage [bæk'tɪrɪəfeɪdʒ] ⟨telb.zn.⟩ ⟨med.⟩ **0.1** ***bacteriofaag***.
bac·te·ri·o·sta·sis [-'steɪsɪs] ⟨telb. en n.-telb.zn.; bacteriostases [-'steɪsi:z]; →mv. 5⟩ ⟨med.⟩ **0.1** ***bacteriostase***.
bac·te·ri·o·stat·ic [-'stætɪk] ⟨bn.; -ally; →bijw. 3⟩ ⟨med.⟩ **0.1** ***bacteriostatisch***.
bac·te·ri·um [bæk'tɪərɪəm‖-'tɪr-] ⟨f2⟩ ⟨telb.zn.; bacteria [-'tɪərɪə]; →mv. 5; vaak mv.⟩ **0.1** ***bacterie***.
Bac·tri·an ['bæktrɪən] ⟨bn.⟩ **0.1** ***Bactrisch*** ⇒*uit/van Bactrië* ⟨streek in N.-Afghanistan⟩ ◆ **1.¶** ⟨dierk.⟩ ~ camel *huiskameel* ⟨Camelus Bactrianus⟩.
bad[1] ⟨f2⟩ ⟨n.-telb.zn.⟩ **0.1** ***het slechte*** ⇒*het kwade* **0.2** ***pech*** **0.3** ***debet*** ⇒*schuld* ◆ **3.1** go to the ~ *de verkeerde kant opgaan;* take the ~ with the good *het goede met het kwade nemen* **6.3** be £ 500 **to** the ~ *voor 500 pond in het krijt staan, 500 pond kwijt zijn* **6.¶** ⟨AE; inf.⟩ be **in** ~ **with** s.o. *bij iem. in een slecht blaadje staan;* get **in** ~ **with** *het aan de stok krijgen met*.
bad[2] [bæd] ⟨f4⟩ ⟨bn.; worse [wɜ:s‖wɜrs], worst [wɜ:st‖wɜrst]; -ness; →compar. 6⟩ →worse, worst ⟨→sprw. 31-33, 217, 237, 464, 518, 572, 588, 680-682⟩
I ⟨bn.⟩ **0.1** ***slecht*** ⇒*minderwaardig, verkeerd* **0.2** ***kwaad*** ⇒*kwaadaardig, boosaardig, stout, ondeugend* **0.3** ***ziek*** ⇒*naar, pijnlijk* **0.4** ***erg*** ⇒*ernstig, lelijk* **0.5** ***ongunstig*** **0.6** ***vals*** **0.7** ***schadelijk*** ◆ **1.1** ~ air/meat *bedorven lucht/vlees;* ~ bevel *wankant* ⟨v. hout⟩; ⟨druk.⟩ ~ colour *slechte afdruk;* ~ conscience *slecht geweten;* ⟨BE⟩ ~ form *slechte manieren;* ⟨inf.⟩ make the best of a ~ job *het beste er van (zien te) maken;* ~ mood *slecht humeur;* have a ~ night *slecht slapen, een onrustige nacht hebben;* in ~ order *in slechte staat;* ~ shot *misser, slechte jager;* ⟨fig.⟩ *slechte gok;* ~ smell *stank;* ~ temper *slecht humeur, driftig karakter* **1.2** breed ~ blood, make/stir up ~ blood/feeling(s) *kwaad bloed zetten;* ~ boy *stoute jongen;* ⟨fig.⟩ *enfant terrible;* in ~ faith *te kwader trouw;* ~ feeling *bitterheid, wrok;* ~ language *grove taal, gevloek;* ~ mouth *geroddel, lasterpraat; hard in de mond* ⟨v. paard dat slecht naar bit luistert⟩; ~ news *storend/onwelkom nieuws/iets/iem.;* ~ word *grofheid, vloek, obsceniteit* **1.3** ~ finger *zere vinger, fijt;* ~ head *hoofdpijn;* ⟨sl.⟩ have a ~ trip *flippen, slecht reageren op drugs* **1.4** ~ accident *zwaar ongeval;* ~ blunder *stommiteit;* ~ debt *oninbare schuld/vordering, kwade schuld;* come to a ~ end *slecht aflopen;* be in a ~ way *er slecht aan toe zijn;* ⟨fig.⟩ get into ~ ways *zich uitsloven;* ~ weather *slecht/onstuimig/zwaar weer* **1.5** (make) a ~ bargain *een onvoordelige zaak (doen);* make the best of a ~ bargain *er het beste v. maken, zich zo goed mogelijk schikken;* be in s.o.'s ~ book(s) *bij iem. in een slecht blaadje staan;* ~ business *een ongelukkige zaak;* ~ day *ongeluksdag;* make s.o. appear in a ~ light *iem. in een kwaad daglicht stellen;* ~ luck *pech;* call s.o. ~ names *iem. uitschelden/beledigen;* in a ~ sense *ongunstig, pejoratief;* be on ~ terms with *een slechte verstandhouding/ruzie hebben met;* it's a ~ thing to *het is onverstandig om* **1.6** ~ coin *valse munt;* ~ law *ongeldige wet* **1.¶** ⟨IE⟩ ~ cess to thee! *onheil over u!;* ⟨inf.⟩ he is a ~ egg/⟨BE⟩ hat/lot *hij deugt voor geen cent;* with (a) ~ grace *met tegenzin;* ⟨BE; sl.⟩ a ~ hat *een kwaaie, een gemenerd, een linke jongen;* keep ~ hours *laat naar bed gaan, het laat maken, onregelmatig leven;* ~ life *iem. met een kleine levensverwachting;* bring one's eggs/hogs to the wrong/a ~ market *van een koude kermis thuiskomen;* ⟨geldw.⟩ ~ paper *slecht papier; niet gehonoreerde/noodlijdende wissels;* strike/hit/be going through a ~ patch *geen geluk hebben, een moeilijke tijd doormaken, een periode hebben waarin alles tegenzit;* (turn up) like a ~ penny *telkens ongewenst verschijnen;* ⟨IE⟩ ~ scran to *pech voor;* ~ style *niet zoals het hoort;* be ~ style *tegen de normen zondigen, uit de toon vallen;* have a ~ time of it *op zwart zaad zitten;* ⟨scheep.⟩ make ~ weather of it *zich slecht houden in storm;* have a ~ wind *een slechte conditie hebben, weinig uithoudingsvermogen hebben* **2.2** from ~ to worse *van kwaad tot erger, van de wal in de sloot* **3.1** go ~ *bederven, beschimmelen;* bad-mannered *ongemanierd* **3.3** feel/be taken ~ *zich ziek/beroerd voelen;* she looks ~ *zij ziet er slecht/ziek/ongezond uit* **3.5** that looks ~ *dat voorspelt niets/niet veel goeds* **5.1** not ~ (at all) *(helemaal) niet gek;* not half/so ~ *niet zo gek/slecht* **5.5** ⟨inf.⟩ (that's) too ~ *(dat is) zonde/jammer;* (just) too ~ (for you) *(dat is je) eigen schuld, pech gehad, daar kan ik niets aan veranderen* **6.1** I am ~ **at** football *ik ben niet goed in voetballen, ik ben een slecht voetballer* **6.7** ~ **for** your liver *slecht voor je lever;*
II ⟨bn., pred.⟩ **0.1** ***vol spijt*** ◆ **6.1** I feel ~ **about** that *dat spijt me;* feel ~ **for** s.o. *medelijden met iem. hebben*.
bad[3] ⟨bn.; -er; →compar. 7⟩ ⟨vnl. AE; inf.⟩ **0.1** ***fantastisch*** ⇒*geweldig, prima, fijn*.
bad[4] →badly.
bad·die, bad·dy ['bædi] ⟨telb.zn.; →mv. 2⟩ **0.1** ***bandiet*** ⟨ook in (Wildwest)film, toneel, enz.⟩ **0.2** ***mislukte poging*** ⇒*misser* ◆ **1.1** all the baddies of the West *al de schurken v.h. Wilde Westen*.
bad·dish ['bædɪʃ] ⟨bn.⟩ **0.1** ***inferieur*** ⇒*minderwaardig*.
bade [bæd, beɪd] ⟨verl. t. en volt. deelw.⟩ →bid.
badge[1] [bædʒ] ⟨f2⟩ ⟨telb.zn.⟩ **0.1** ***kenteken*** ⇒*ordeteken, insigne, politiepenning* **0.2** ***kenmerk*** ⇒*uiterlijk teken* **0.3** ⟨AE; sl.⟩ ***smeris*** ◆ **1.1** his ~ of office *het kenmerk v. zijn functie;* ⟨heraldiek⟩ Badge of Ulster *open hand* ⟨in wapen⟩ **1.2** chains are the ~ of slavery *ketenen zijn het kenteken/symbool v. slavernij*.
badge[2] ⟨ov.ww.⟩ **0.1** ***een onderscheiding verlenen*** **0.2** ***van een kenteken/kenmerk voorzien***.
badg·er[1] ['bædʒə‖-ər] ⟨f2⟩ ⟨zn.⟩
I ⟨telb.zn.⟩ **0.1** ⟨dierk.⟩ *das* ⟨vnl. Meles en Taxidea taxus⟩ **0.2** ***penseel/borstel v. dassehaar*** ◆ **2.1** bald as a ~ *zo kaal als een biljartbal;*
II ⟨n.-telb.zn.⟩ **0.1** ***dassehaar*** **0.2** ***huid v.e. das***.

badger[2] ⟨f2⟩⟨ov.ww.⟩ **0.1** ***pesten*** *⇒sarren, lastig vallen, achterna zitten* ◆ **6.1** ~ s.o. **for** an ice-cream *bij iem. om een ijsje zeuren;* I ~ed him **into** working for me *ik drong zolang aan dat hij toch maar besloot voor mij te gaan werken;* stop ~ing me **with** your questions *hou nou eens op met dat gevraag.*

'badger baiting, 'badger driving ⟨n.-telb.zn.⟩ **0.1** ***dassenjacht.***

'badger game ⟨telb.zn.⟩⟨AE; sl.⟩ **0.1** ***chantage*** *⇒afpersing.*

bad·ger-leg·ged ⟨bn.⟩ **0.1** ***met benen/poten v. ongelijke lengte.***

'badger plane ⟨telb.zn.⟩ **0.1** ***schuine boorschaaf*** *⇒schuine lijstenschaaf.*

'Badger State ⟨telb.zn.⟩⟨AE; inf.⟩ **0.1** ⟨bijnaam voor⟩ ***Wisconsin.***

bad·i·nage ['bædɪnɑ:ʒ‖'bædə'nɑʒ]⟨n.-telb.zn.⟩ **0.1** ***badinage*** *⇒scherts.*

bad·lands ['bædlæn(d)z]⟨mv.⟩⟨AE⟩ **0.1** ***woeste streek*** *⇒steenwoestijn, maanlandschap.*

bad·ly ['bædli], ⟨AE; inf.⟩ **bad** ⟨f3⟩⟨bw.⟩ **0.1** →bad **0.2** ***erg*** *⇒zeer, hard* ◆ **3.1** act ~ *zich verkeerd gedragen;* do ~ *een slecht resultaat behalen;* ~ wounded *zwaar gewond* **3.2** I need it ~ *ik heb het hard/dringend/hoog nodig;* I want it ~ *ik wil het dolgraag hebben* **6.1** be ~ off **for** *arm zijn aan.*

'bad·man ⟨telb.zn.; badmen; →mv.3⟩ **0.1** ***schurk*** *⇒bandiet;* ⟨AE⟩ *desperado.*

bad·min·ton ['bædmɪntən‖-mɪntn]⟨f1⟩⟨n.-telb.zn.⟩ **0.1** ***badminton*** **0.2** ***rode wijn met suiker en sodawater.***

bad-mouth ['bædmaʊθ, -maʊð]⟨ov.ww.⟩⟨AE; sl.⟩ **0.1** ***kwaadspreken over*** **0.2** ***kleineren*** *⇒afgeven op.*

'bad-'tem·pered ⟨f1⟩⟨bn.⟩ **0.1** ***slechtgezind/geluimd*** *⇒gemelijk* **0.2** ***kwaadaardig.***

baf·fle[1] ['bæfl], **baf·fler** ['bæflə‖-ər]⟨telb.zn.⟩ **0.1** ⟨tech.⟩ ***schot*** *⇒plaat, tong* **0.2** ⟨AE⟩ ***klankbord*** *⇒klankkast.*

baffle[2] ⟨f2⟩⟨ov.ww.⟩ →baffling **0.1** ***verbijsteren*** *⇒van zijn stuk/in de war brengen* **0.2** ***verhinderen*** *⇒verijdelen* **0.3** ***tarten*** *⇒te boven gaan* **0.4** ***teleurstellen*** **0.5** ***stoppen*** *⇒smoren, afleiden* ⟨geluid, luchtstroom, e.d.⟩ ◆ **1.1** ~ one's pursuers *zijn achtervolgers op een dwaalspoor brengen* **1.3** the scene ~d all description *het schouwspel tartte elke beschrijving* **1.4** ~d hopes/expectations *verijdelde hoop/verwachtingen* **4.1** the question ~d me *de vraag bracht me van mijn stuk;* he ~s me *hij is me een raadsel* **6.2** they were ~d **in** their attempt *hun poging werd in het honderd gestuurd.*

'baf·fle-board ⟨telb.zn.⟩ **0.1** ***klankbord.***

baf·fle·ment ['bæflmənt]⟨n.-telb.zn.⟩ **0.1** ***het verbijsteren*** **0.2** ***verbijstering.***

'baf·fle-plate ⟨telb.zn.⟩ **0.1** ***klankbord*** **0.2** ⟨tech.⟩ ***keerschot*** *⇒keerplaat, stootplaat, spatplaat* **0.3** ***leiplaat*** ⟨v. vliegtuigmotor⟩ **0.4** ***vuurscherm*** ⟨v. stoomketel⟩ **0.5** ⟨mijnw.⟩ ***stootplaat*** *⇒stootring* **0.6** ***slingerschot*** ⟨v. schip, vliegtuig⟩.

'baf·fle-re·flec·tion ⟨telb. en n.-telb.zn.⟩ **0.1** ***tussenwand-echo*** ⟨in ultrasonoor onderzoek⟩.

baf·fling ['bæflɪŋ]⟨f1⟩⟨bn.; teg. deelw. v. baffle; -ly⟩ **0.1** ***verbijsterend*** *⇒ongelooflijk.*

BAFTA ['bæftə]⟨afk.⟩ British Association of Film and Television Arts.

bag[1] [bæg]⟨f3⟩⟨zn.⟩

I ⟨telb.zn.⟩ **0.1** ***zak*** *⇒baal* **0.2** ***zak*** *⇒tas, handtas, weitas, reistas, koffer* **0.3** ⟨ben. voor⟩ ***zakvormig voorwerp/lichaamsdeel*** *⇒honingmaag; buidel; uier; (gif)blaas; scrotum, balzak;* ⟨sl.⟩ *kapotje* **0.4** ***zak vol*** *⇒*⟨fig.⟩ *grote hoeveelheid* **0.5** ***vangst*** *⇒buit, hoeveelheid gevangen/geschoten wild/vogels* **0.6** ⟨inf.⟩ ***verzameling*** *⇒samenraapsel* **0.7** ⟨inf.⟩ ***humeur*** **0.8** ⟨sl.⟩ ***gewoonte*** *⇒manier v. leven, bezigheid, specialiteit, stijl* ⟨v. jazz⟩ **0.9** ⟨sl.; bel.⟩ ***(lelijk) vrouwmens*** *⇒wijf, hoer* **0.10** ⟨sl.⟩ ***complex*** *⇒frustratie* **0.11** ⟨sl.⟩ ***situatie*** **0.12** ⟨sl.⟩ ***pessarium*** *⇒diafragma* **0.13** ⟨honkbal⟩ ***honk*** ◆ **1.1** ⟨sl.⟩ a ~ (of heroin) *een zakje/capsule/dosis heroïne* **1.2** leave with/pack up ~ and baggage *er met z'n hele hebben en houden vandoor gaan, z'n biezen pakken;* pack up ~ and baggage *zijn biezen pakken* **1.3** ~s under the eyes *wallen onder de ogen;* his trousers have ~s at the knees *hij heeft knieën in zijn broek;* a ~ in the sail *een zak in het zeil* ⟨d.i. met gevierd piekeval⟩; ⟨verloskunde⟩ ~ of waters *baarvlies* **1.4** the whole ~ of tricks *de hele santekraam* **1.8** a singer in the soul ~ *een soulzanger(es)* **1.¶** he is a ~ of bones *hij is vel over been* **2.5** a good ~ *een flinke vangst* **2.7** he's in his stupid ~ *hij heeft een v. zijn rare kuren* **2.9** a silly old ~ *een stom oud wijf* **3.2** pack one's ~s *zijn biezen pakken* **3.5** make a ~ *een goede jacht/vangst hebben* **3.6** a mixed ~ *een allegaartje* **3.¶** ⟨AE; sl.⟩ have a ~ on *het op een zuipen zetten;* ⟨sl.⟩ hold the ~ *hou de baby even vast;* I was left holding the ~ *ik kreeg alle schuld, ik mocht het allemaal alleen opknappen* **6.4** ⟨inf.⟩ ~s **of** money *massa's/hopen geld, een bom duiten;* ~s of room *plaats genoeg* **6.11** **in** a ~ *in de nesten* **6.¶** ⟨inf.⟩ it's **in** the ~ *het is in kannen en kruiken;* ⟨AE; inf.⟩ that match was **in** the ~ *die wedstrijd was van tevoren verkocht;* ⟨inf.⟩ he is **in** the ~ *hij is stomdronken* **7.8** it's not my ~ *dat ligt niet in mijn lijn;* what's your ~? *wat doe je eigenlijk (voor de kost)?;*

II ⟨mv.; ~s⟩⟨BE; inf.⟩ **0.1** ***(wijde) broek.***

bag[2] ⟨f2⟩⟨ww.; →ww.7⟩ →bagged, bagging

I ⟨onov.ww.⟩ **0.1** ***uitzakken*** **0.2** ***opzwellen*** *⇒uitpuilen,* ⟨biol.⟩ *uiers krijgen* **0.3** ⟨scheep.⟩ ***afvallen*** *⇒hoogte verliezen, in lij vallen, verlijeren* **0.4** ⟨scheep.⟩ ***klapperen*** ⟨v. zeil⟩ *⇒in de wind liggen* ◆ **1.3** the ship ~ged to leeward *het schip verlijerde* **5.1** his pants ~ **out** at the knees *hij heeft knieën in zijn broek* **5.2** the heifers are ~ging **up** *de uiers v.d. vaarzen beginnen te zwellen;*

II ⟨ov.ww.⟩ **0.1** ***doen zwellen/uitpuilen/uitzakken*** **0.2** ***in een zak doen/stoppen*** **0.3** ***vangen*** *⇒arresteren, in de wacht slepen* **0.4** ⟨BE; inf.⟩ ***inpikken*** *⇒te pakken krijgen, (mee)pikken, (weten te) bemachtigen* **0.5** ***(ver)garen*** ⟨koren e.d.⟩ **0.6** ⟨sl.⟩ ***spijbelen*** **0.7** ⟨sl.⟩ ***de zak geven*** ◆ **1.1** the wind ~ged the parachute *de wind bolde de parachute* **1.2** ~ged cargo *lading in zakken;* ~ged goods *zakgoed* **1.3** ~ rabbits *konijnen vangen* **1.4** who has ~ged my pen *wie is er met mijn pen vandoor?* **4.4** ⟨BE; sl; kind.⟩ ~s I! *hebbes!, mijn!, da's van/voor mij!* **5.2** ~ **up** flour *meel in zakken doen.*

ba·gasse [bə'gæs]⟨n.-telb.zn.⟩ **0.1** ***bagasse*** *⇒ampas.*

bag·a·telle ['bægə'tel]⟨zn.⟩

I ⟨telb.zn.⟩ **0.1** ***kleinigheid*** *⇒bagatel* **0.2** ⟨muz.⟩ ***bagatelle;***

II ⟨n.-telb.zn.⟩ **0.1** ***flipperspel*** **0.2** ***soort biljartspel*** ⟨met negen ballen⟩.

ba·gel ['beɪgl]⟨telb.zn.⟩ **0.1** ***hard ringvormig ongezuurd broodje.***

bag·ful ['bægfʊl]⟨f1⟩⟨telb.zn.; ook bagsful ['bægzfʊl]; →mv.6⟩ **0.1** ***zak vol*** *⇒*⟨fig.⟩ *grote hoeveelheid* ◆ **1.1** ~s of money *hopen geld.*

bag·gage ['bægɪdʒ]⟨f2⟩⟨zn.⟩

I ⟨telb.zn.⟩ **0.1** ⟨inf.⟩ ***meid*** *⇒nest, deern, brutaaltje* **0.2** ⟨inf.⟩ ***slet*** *⇒tuig, hoer* **0.3** ⟨bel.⟩ ***oud wijf;***

II ⟨n.-telb.zn.⟩ **0.1** ⟨vnl. AE⟩ ***bagage*** *⇒reisgoed* **0.2** ***bagage*** *⇒legertas* **0.3** ***(culturele)bagage*** *⇒algemene ontwikkeling, belezenheid* ◆ **1.1** four pieces of ~ *vier stuks bagage.*

'baggage car ⟨telb.zn.⟩⟨AE⟩ **0.1** ***bagagewagen.***

'baggage check ⟨telb.zn.⟩⟨AE⟩ **0.1** ***bagagereçu*** **0.2** ***bagagecontrole.***

'baggage claim ⟨f1⟩⟨telb.zn.⟩ **0.1** ***bagage-afhaalruimte.***

bag·gage·man ['bægɪdʒmən]⟨telb.zn.; -men [-mən]; →mv.3⟩⟨AE⟩ **0.1** ***drager*** *⇒witkiel, kruier* **0.2** ***drager*** *⇒piccolo.*

'bag·gage·mas·ter ⟨telb.zn.⟩⟨AE⟩ **0.1** ***ladingmeester.***

'baggage plane ⟨telb.zn.⟩ **0.1** ***vrachtvliegtuig.***

'baggage rack ⟨telb.zn.⟩⟨AE⟩ **0.1** ***bagagerek.***

'baggage room ⟨telb.zn.⟩⟨AE⟩ **0.1** ***bagagedepot.***

'bag·gage-smash·er ⟨telb.zn.⟩⟨AE; sl.; vnl. lucht.⟩ **0.1** ***bagageafhandelaar*** *⇒*⟨fig.⟩ *rouwdouw; kluns.*

'baggage tag ⟨telb.zn.⟩⟨AE⟩ **0.1** ***bagagelabel.***

bagged [bægd]⟨bn.; volt. deelw. v. bag⟩⟨sl.⟩ **0.1** ***bezopen*** *⇒teut, lam.*

bag·ging ['bægɪŋ]⟨n.-telb.zn.; gerund v. bag⟩ **0.1** ***zakkengoed*** *⇒jute, gonje.*

bag·gy ['bægi]⟨f1⟩⟨bn.; -er; -ly; -ness; →bijw. 3⟩ **0.1** ***zakachtig*** *⇒flodderig* ◆ **1.1** ~ cheeks *hangwangen;* ~ pants *flodder/slobberbroek.*

bag·gys ['bægiz]⟨mv.⟩⟨AE⟩ **0.1** ***boksershort*** *⇒wijd broekje* ⟨ook als zwembroek⟩.

'bag job ⟨telb.zn.⟩⟨AE; sl.⟩ **0.1** ***illegale huiszoeking*** *⇒*⟨bij uitbr.⟩ *inbraak, diefstal.*

'bag lady, 'shopping bag lady ⟨telb.zn.⟩⟨inf.⟩ **0.1** ***zwerfster*** ⟨die haar bezittingen in plastic tassen met zich mee draagt⟩ *⇒dak/thuisloze.*

bag·man ['bægmən]⟨telb.zn.; bagmen [-mən]; →mv.3⟩ **0.1** ⟨vnl. BE; inf.⟩ ***handelsreiziger*** *⇒vertegenwoordiger* **0.2** ⟨sl.; jacht⟩ ***vos in een zak*** **0.3** ⟨Austr. E⟩ ***landloper*** **0.4** ⟨Austr. E; inf.⟩ ***bookmaker*** **0.5** ⟨AE; sl.⟩ ***koerier*** *⇒geldophaler, man met de buidel* ⟨mbt. protectie/smeergeld⟩ **0.6** ⟨Can. E; sl.⟩ ***man met de buidel*** ⟨beheerder/verwerver v. verkiezingsfondsen⟩ **0.7** ⟨vnl. AE; inf.⟩ ***zwerver*** *⇒dak/thuisloze* **0.8** ⟨AE; sl.⟩ ***(drug)pusher.***

'bag net ⟨telb.zn.⟩⟨vis.⟩ **0.1** ***kruisnet*** *⇒totebel.*

bagn·io ['bɑ:njoʊ‖'bæn-]⟨telb.zn.⟩⟨vero.⟩ **0.1** ***bajes*** **0.2** ***bordeel.***

'bag·pipe, 'bag·pipes ⟨f1⟩⟨telb.zn., mv.⟩ **0.1** ***doedelzak.***

'bag·pip·er ⟨telb.zn.⟩ **0.1** ***doedelzakspeler.***

'bag-play ⟨n.-telb.zn.⟩ **0.1** ***geflikflooi*** *⇒hielenlikkerij.*

'bag·snatch·er ⟨telb.zn.⟩ **0.1** ***tassendief.***

bah [bɑ:]⟨f1⟩⟨tussenw.⟩ **0.1** ***ba(h)*** *⇒foei.*

bai·kal teal [baɪ'kɑ:l 'ti:l, -kæl]⟨telb.zn.⟩⟨dierk.⟩ **0.1** ***Siberische taling*** ⟨Anas formosa⟩.

bail[1] [beɪl]⟨f2⟩⟨zn.⟩

I ⟨telb.zn.⟩ **0.1** ***vestingmuur*** **0.2** ***binnenhof*** ⟨v. kasteel⟩ **0.3** ***dwarsboom*** *⇒sluitboom* ⟨in stal⟩ **0.4** ⟨cricket⟩ ***bail*** ⟨dwarshoutje⟩ **0.5** ***papierliniaal*** ⟨op schrijfmachine⟩ **0.6** ***beugel*** *⇒heng-*

sel **0.7** ⟨scheep.⟩ ***hoosvat;***
II ⟨n.-telb.zn.⟩⟨jur.⟩ **0.1** ***borg(stelling)*** ⇒*borgsom, cautie, garantie* ◆ **3.1** admit to / grant / hold to ~ *tegen borgtocht vrijlaten;* forfeit / ⟨AE ook⟩ jump one's ~ *zijn borgtocht verbeuren;* give ~ *borg stellen;* go / stand / put in ~ for s.o. / sth. *borg staan / zich borg stellen voor iem. / iets;* ⟨fig.⟩ *voor iem. / iets instaan, garanderen;* refuse ~ *vrijlating tegen borgtocht weigeren;* save / surrender to one's ~ *opkomen, voorkomen* **6.1** out **on** ~ *vrijgelaten op / tegen borgtocht.*
bail² ⟨f1⟩⟨ww.⟩
I ⟨onov.ww.⟩ **0.1** ***hozen*** **0.2** ***de handen omhoog steken*** **0.3** ⟨petroleumwinning⟩ ***pulsen*** ◆ **5.¶** →bail **out;**
II ⟨ov.ww.⟩ **0.1** ***vrijlaten tegen / onder borgstelling*** **0.2** ***in bewaring / onderpand geven*** **0.3** ***leeghozen*** ◆ **5.¶** →bail **out;** →bail **up.**
bail·a·ble ['beɪləbl]⟨bn.⟩⟨jur.⟩ **0.1** ***vrijlaatbaar tegen borgtocht*** **0.2** ***vrijlating tegen borgtocht toelatend*** ◆ **1.1** the prisoner is ~ *de gevangene komt voor vrijstelling onder borgtocht in aanmerking* **1.2** ~ offence *misdrijf waarbij vrijlating tegen borgstelling mogelijk is.*
'bail-bond ⟨telb.zn.⟩⟨jur.⟩ **0.1** ***schriftelijk bewijs v. borgstelling*** ◆ **1.1** claim out of ~ *vordering ontstaan uit een borgstelling.*
bail·ee [beɪ'li:]⟨telb.zn.⟩⟨jur.⟩ **0.1** ***bewaarnemer*** ⇒*depositaris.*
bail·er, ⟨in bet. 0.1 ook⟩ **bal·er** ['beɪlə‖-ər]⟨telb.zn.⟩ **0.1** ***hoosvat*** **0.2** ***opscheplepel*** **0.3** ⟨petroleumwinning⟩ ***puls*** **0.4** →bailor.
'bail·er-grab ⟨telb.zn.⟩⟨petroleumwinning⟩ **0.1** ***pulshaak.***
bai·ley ['beɪli]⟨f2⟩⟨telb.zn.⟩ **0.1** ***vestingmuur*** **0.2** ***binnenhof*** ⟨v. kasteel e.d.⟩.
Bailey bridge ['beɪli brɪdʒ]⟨telb.zn.⟩ **0.1** ***Baileybrug*** ⟨nood- of geniebrug in geprefabriceerde onderdelen⟩.
bail·ie ['beɪli]⟨telb.zn.⟩⟨Sch. E⟩ **0.1** ⟨ong.⟩ ***wethouder*** ⇒⟨B.⟩ *schepen* **0.2** ⟨vero.⟩ →bailiff.
bai·liff ['beɪlɪf]⟨f1⟩⟨telb.zn.⟩ **0.1** ⟨BE; jur.⟩ ***deurwaarder*** **0.2** ⟨AE; jur.⟩ ***gerechtsdienaar*** **0.3** ⟨gesch.⟩ ***baljuw*** ⇒*drossaard, drost, schout* **0.4** ***rentmeester*** **0.5** ⟨mijnw.⟩ ***bedrijfsleider.***
'bailiff's 'writ ⟨telb.zn.⟩⟨BE; jur.⟩ **0.1** ***bevelschrift*** ⇒*dwangbevel.*
bai·li·wick ['beɪliwɪk]⟨telb.zn.⟩ **0.1** ***district van wethouder / deurwaarder*** **0.2** ***baljuwschap*** **0.3** ⟨vnl. scherts.; alleen fig.⟩ ***domein*** ⇒*terrein* **0.4** ***omgeving*** ⇒*buurt* ◆ **1.3** matters outside his ~ *zaken buiten zijn domein / waar hij niets van af weet* **2.3** successful in the political ~ *succes in politieke sferen.*
'bail-jump·er ⟨telb.zn.⟩ **0.1** ***iem. die zijn borgtocht verbeurt.***
'Bail·lon's 'crake [beɪlən]⟨telb.zn.⟩⟨dierk.⟩ **0.1** ***Kleinst waterhoen*** ⟨Porzana pusilla⟩.
bail·ment ['beɪlmənt]⟨n.-telb.zn.⟩⟨jur.⟩ **0.1** ***vrijstelling onder borgtocht*** **0.2** ***bewaargeving*** ◆ **1.2** ~ for hire *bewaargeving onder huurcontract.*
bail·or, ⟨AE sp. ook⟩ **bailer** ['beɪlə‖-ər]⟨telb.zn.⟩⟨jur.⟩ **0.1** ***bewaargever.***
'bail·out ⟨telb.zn.⟩ **0.1** ***(financiële) reddingsoperatie*** ⇒*financiële injectie.*
'bail 'out, bale out ⟨f1⟩⟨ww.⟩
I ⟨onov.ww.⟩ **0.1** ***hozen*** **0.2** ***het vliegtuig uitspringen*** ⟨met parachute⟩ **0.3** ⟨surfsport⟩ ***van surfplank afspringen*** **0.4** ⟨sl.⟩ ***ermee kappen*** ⇒*er tussenuit knijpen;* ⟨i.h.b.⟩ *een vrouw laten zitten;*
II ⟨ov.ww.⟩ **0.1** ⟨jur.⟩ ***door borgtocht in vrijheid stellen*** ⇒*vrijkopen* **0.2** ***opkopen*** ⇒*door subsidie / financiële injectie voor faillissement behoeden* **0.3** ⟨inf.⟩ ***uit de penarie helpen*** **0.4** ***leeghozen*** ◆ **1.2** ~ all failing industries *alle op de rand van het failliet verkerende industrieën overeind houden.*
bails·man ['beɪlzmən]⟨telb.zn.; bailsmen [-mən]; →mv.3⟩⟨jur.⟩ **0.1** ***borg.***
'bail 'up ⟨ov.ww.⟩⟨Austr. E⟩ **0.1** ***vastzetten*** ⟨koe, om te melken⟩ **0.2** ***met de handen omhoog zetten*** ⟨slachtoffer v. aanval e.d.⟩ **0.3** ***aanklampen*** ⇒*staande houden.*
bain-marie ['bænmə'ri:]⟨telb.zn.; bains-marie; →mv.6⟩⟨cul.⟩ **0.1** ***bain-marie*** ⇒*warmwaterbad.*
'Baird's 'sandpiper ['beəd]⟨telb.zn.⟩⟨dierk.⟩ **0.1** ***Bairds strandloper*** ⟨Calidris bairdii⟩.
bairn [beən‖bern]⟨telb.zn.⟩⟨vnl. Sch. E⟩ **0.1** ***kind.***
bait¹ [beɪt]⟨f2⟩⟨zn.⟩⟨→sprw. 34, 198⟩
I ⟨telb.zn.⟩ **0.1** ⟨vero.⟩ ***pleistering*** ⇒*onderbreking, pauze* ⟨tijdens reis⟩ **0.2** ⟨gew.⟩ ***hapje*** **0.3** ⟨BE; sl.⟩ ***furie*** ⇒*woede* **0.4** ⟨AE; gew.⟩ ***flinke hoeveelheid*** ◆ **1.4** a ~ of pie *een flink stuk taart;* a ~ of wood *een flinke stapel hout* **6.3** be **in** a ~ *woest zijn;*
II ⟨telb. en n.-telb.zn.⟩ **0.1** ***aas*** ⇒*lokaas;* ⟨fig.⟩ *voorspiegeling, verleiding* ◆ **2.1** live ~ *levend aas* ⟨visjes, maden of wormen⟩ **3.1** rise to / swallow / take the ~ *toebijten, toehappen;* ⟨fig. ook⟩ *erin trappen, de dupe zijn.*
bait² ⟨f1⟩⟨ww.⟩
I ⟨onov.ww.⟩ **0.1** ⟨mijnw.⟩ ***schaften*** **0.2** ⟨vero.⟩ ***pleisteren;***
II ⟨ov.ww.⟩ **0.1** ***van lokaas voorzien*** **0.2** ***lokken*** ⇒*verleiden* **0.3** ***ophitsen*** ⇒*sarren* ⟨dier, vnl. met honden⟩ **0.4** ***treiteren*** ⇒*provoceren, boosmaken, kwellen, pesten* **0.5** ⟨vero.⟩ ***onderweg voeren*** ⟨paarden⟩ ◆ **1.1** he ~ed his hook with worms *hij deed wormen aan zijn haak* **1.2** ~ the customers with *de klanten lokken met* **1.3** ~ a bear with dogs *een (vastgelegde) beer met honden ophitsen.*
'bait-and-'switch ⟨bn., attr.⟩⟨AE⟩ **0.1** ***lokaas-reclame makend*** ◆ **1.1** ~ advertising *lokaas-reclame.*
'bait needle ⟨telb.zn.⟩⟨hengelsport⟩ **0.1** ***aasnaald.***
'bait-time ⟨telb.zn.⟩⟨mijnw.⟩ **0.1** ***schafttijd.***
'bait tin ⟨telb.zn.⟩⟨hengelsport⟩ **0.1** ***aasdoos.***
baize [beɪz]⟨n.-telb.zn.⟩ **0.1** ***baai*** **0.2** ***groen laken*** ◆ **1.2** ~ door *gecapitonneerde deur* **2.2** the green ~ of the billiard-table *het groene biljartlaken.*
bake¹ [beɪk]⟨f1⟩⟨telb.zn.⟩⟨AE⟩ **0.1** ***bakfeest*** ⇒*picknick;* ⟨ong.⟩ *barbecue, feestje waar gerechten gebakken worden.*
bake² ⟨f3⟩⟨onov. en ov.ww.⟩ →baking **0.1** ***bakken*** ⟨o.a. v. baksteen⟩ **0.2** ***rijpen*** **0.3** ***verbranden*** ◆ **1.1** ~d beans *gebakken witte bonen* ⟨meestal in tomatensaus ingeblikt⟩; ~d potatoes *in de oven / as gebakken aardappelen in de schil* **1.2** the sun ~s the grapes *de zon rijpt de druiven* **3.3** to lie baking on the beach *op het strand liggen bruin bakken* **¶.1** open a window, I'm ~ing in here! *doe een raam open, het lijkt hier wel een oven!.*
'bake(d)-'ap·ple, 'bak·ed-'ap·ple berry ⟨telb.zn.⟩⟨plantk.⟩ **0.1** ***bergbraambes*** ⟨Rubus chamaemorus⟩.
'bake-house ⟨telb.zn.⟩ **0.1** ***bakkerij.***
ba·ke·lite ['beɪkəlaɪt]⟨n.-telb.zn.; ook B-⟩ **0.1** ***bakeliet*** ⟨oorspr. merknaam⟩.
'bake-off ⟨telb.zn.⟩⟨AE⟩ **0.1** ***bakwedstrijd.***
bak·er ['beɪkə‖-ər]⟨f1⟩⟨telb.zn.⟩ **0.1** ***bakker*** **0.2** ⟨AE⟩ ***draagbare oven*** **0.3** ⟨AE⟩ ***gemakkelijk te bakken voedsel*** ◆ **2.3** Idaho potatoes are good ~s *Idahoaardappelen laten zich goed bakken.*
'baker's 'dozen ⟨f1⟩⟨telb.zn.⟩ **0.1** ***dertien.***
bak·er·y ['beɪkəri]⟨f1⟩⟨telb.zn.; →mv. 2⟩ **0.1** ***bakkerij*** **0.2** ***bakkerswinkel.***
bak·ing¹ ['beɪkɪŋ]⟨f1⟩⟨n.-telb.zn.; gerund v. bake⟩ **0.1** ***het bakken*** **0.2** ***baksel*** ◆ **¶.2** the whole week's ~ *het baksel van een hele week.*
baking² ⟨f1⟩⟨bn.; teg. deelw. v. bake⟩ **0.1** ***snikheet*** ⇒*brandend* ◆ **1.1** the ~ sand of the desert *het brandend woestijnzand.*
'baking powder ⟨f1⟩⟨n.-telb.zn.⟩ **0.1** ***bakpoeder*** ⇒*kunstgist.*
'baking soda ⟨n.-telb.zn.⟩ **0.1** ***zuiveringszout*** ⟨natriumbicarbonaat⟩.
'baking tin ⟨telb.zn.⟩ **0.1** ***bakvorm*** ⇒*taartvorm.*
'baking tray ⟨telb.zn.⟩ **0.1** ***bakplaat.***
ba·kla·va ['bɑ:kləvɑ:]⟨telb. en n.-telb.zn.⟩ **0.1** ***baklava*** ⟨Turks gebak⟩.
bak·sheesh, bakh·sheesh, bak·shish, bakh·shish, back·sheesh, back·shish ['bækʃi:ʃ]⟨telb. en n.-telb.zn.; bak(h)sheesh; →mv. 4⟩ ⟨vnl. in het Oosten⟩ **0.1** ***baksjisj*** ⇒*fooi, geldgeschenk* **0.2** ***aalmoes*** ◆ **3.2** give ~ to s.o. *iem. een aalmoes geven.*
bal ⟨afk.⟩ balance.
ba·laam ['beɪlæm‖-ləm]⟨zn.⟩
I ⟨eig.n.; B-⟩⟨bijb.⟩ **0.1** ***Bileam;***
II ⟨n.-telb.zn.⟩⟨BE; sl.; com.⟩ **0.1** ***bladvulling*** ⇒*waardeloze tekst.*
bal·a·cla·va ['bælə'klɑ:və], **bala'clava helmet** ⟨telb.zn.⟩ **0.1** ***bivakmuts.***
bal·a·lai·ka ['bælə'laɪkə]⟨telb.zn.⟩ **0.1** ***balalaika.***
bal·ance¹ ['bæləns]⟨f3⟩⟨zn.⟩
I ⟨eig.n.; B-; the⟩⟨astr., ster.⟩ **0.1** ***(de) Weegschaal*** ⇒*Libra;*
II ⟨telb.zn.⟩ **0.1** ***balans*** ⇒*weegschaal* **0.2** ***tegengewicht*** ⟨vnl. fig.⟩ **0.3** ⟨tech.⟩ ***onrust*** ⟨in klok e.d.⟩ **0.4** ⟨hand.⟩ ***balans*** **0.5** ⟨geldw., hand.⟩ ***saldo*** ⇒*tegoed, overschot* **0.6** ⟨geldw.⟩ ***opgeld*** ⇒*opleg* ◆ **1.4** ~ of payments *betalingsbalans;* ~ of trade *handelsbalans* **1.5** ~ in / on hand *kasvoorraad;* ~ of profit *overwinst;* ~ of an account *saldo v.e. rekening* **1.6** ~ in cash *uitkering tot gelijkmaking / in contanten* **2.4** adverse ~ *passieve balans;* favourable / unfavourable ~ of trade *actieve / passieve handelsbalans* **2.5** adverse ~ *passief saldo;* available ~ *beschikbaar saldo;* budgetary ~ *begrotingssaldo;* ~ due *debetsaldo;* external ~ *uitvoersaldo* **3.1** ⟨fig.⟩ hold the ~ *de doorslag geven, beslissingsrecht / bevoegdheid hebben;* ⟨fig.⟩ hold the ~ even *eerlijk handelen, de kerk in het midden laten;* ⟨fig.⟩ tip the ~ *de balans doen doorslaan;* tremble in the ~ *aan een zijden draadje hangen* **3.4** strike a ~ *de balans opmaken, het saldo trekken;* ⟨fig.⟩ *een compromis / het juiste evenwicht vinden* **3.5** pay the ~ *het saldo vereffenen* **6.1** ⟨fig.⟩ his fate is / hangs **in** the ~ *zijn lot is onbeslist / onzeker;* ⟨fig.⟩ your future is **in** the ~ *je toekomst staat op het spel* **6.2** his calm acts as a ~ **to** his wife's nervousness *zijn kalmte weegt op tegen / compenseert de zenuwachtigheid v. zijn vrouw* **6.5** **on** ~ *per saldo;* ⟨fig.⟩ *rekening houdend met alle gegevens, alles in aanmerking geno-*

men;
III ⟨telb. en n.-telb.zn.⟩ **0.1** ***evenwicht*** ⇒*balans* **0.2** ***harmonie*** ⇒*esthetisch evenwicht* **0.3** ***overwicht*** **0.4** ***(geluids)balans*** ⟨tussen stereo kanalen⟩ ◆ **1.1** ~ of mind *psychologisch evenwicht, gezondheid v. geest;* he pursues a perfect ~ of mind and body *hij streeft een volmaakt evenwicht tussen geest en lichaam na;* ~ of nature *natuurlijk/ecologisch evenwicht;* ~ of power *machtsevenwicht, staatkundig/strategisch evenwicht;* ~ of terror *afschrikkingsevenwicht* **1.3** the ~ of advantage is/lies with her *zij heeft het overwicht, het voordeel is aan haar kant* **3.1** keep one's ~ *zijn evenwicht behouden;* lose one's ~ *zijn evenwicht verliezen;* ⟨fig.⟩ *van zijn stuk/van streek raken;* upset the ~ *het evenwicht verbreken;* redress the ~ *het evenwicht herstellen* **6.1 off** ~ *niet in evenwicht, labiel, topzwaar;* he put me **off** ~ *hij bracht me uit mijn evenwicht/deed me vallen;* ⟨fig.⟩ *hij bracht mij van mijn stuk.*

balance[2] ⟨f3⟩ ⟨ww.⟩ →balanced, balancing
I ⟨onov.ww.⟩ **0.1** ***schommelen*** ⇒*balanceren, weifelen, slingeren* **0.2** ⟨hand.⟩ ***sluiten*** ⟨v. balans⟩ ⇒*gelijk uitkomen, kloppen* **0.3** ***in evenwicht staan/blijven*** ⇒*balanceren* **0.4** ***opwegen tegen elkaar*** ◆ **1.2** my account ~s *mijn boekhouding/rekening sluit/klopt* **5.2** his debts and credits ~d **out** *zijn schulden en vorderingen hielden elkaar in evenwicht* **5.4** ~ **out** *elkaar compenseren* **6.1** he ~d **between** the two issues *hij weifelde tussen de twee mogelijkheden* **6.3** ~ **on** one hand *op één hand balanceren* **6.4** his moments of depression ~ **with** times of excitement *zijn neerslachtige buien werden afgewisseld met/wogen op tegen zijn ogenblikken van opwinding;*
II ⟨ov.ww.⟩ **0.1** ***wegen*** ⇒⟨fig.⟩ *overwegen, tegen elkaar afwegen* **0.2** ***in evenwicht brengen/houden*** **0.3** ⟨hand.⟩ ***opmaken*** ⇒*laten kloppen, sluitend maken, salderen* ⟨balans⟩ **0.4** ⟨hand.⟩ ***vereffenen*** **0.5** ***uitbalanceren*** **0.6** ***opwegen tegen*** ⇒*compenseren* ◆ **1.1** he ~d the various possibilities *hij woog de verschillende mogelijkheden tegen elkaar af* **1.2** the seal ~d a ball on its nose *de zeehond balanceerde een bal op zijn neus* **1.3** ~ an account *een rekening afsluiten/salderen;* ~ the books *de boeken/het boekjaar afsluiten;* the accountant ~d his budget *de boekhouder maakte zijn begroting op* **1.4** ~ an account *een rekening vereffenen* **1.5** a ~d diet *een uitgebalanceerd/evenwichtig dieet* **5.3** ~ off/up the accounts *balanceren, de rekeningen opmaken* **5.6** his youth and his maturity ~ each other **out** *zijn jeugd en zijn ontwikkeling/rijpheid wegen tegen elkaar op.*

'balance arbor ⟨telb.zn.⟩ **0.1** ***stift v. onrust*** ⟨in horloge⟩.

'balance beam ⟨telb.zn.⟩ **0.1** ***wipbalk*** ⇒*balansarm* **0.2** ***waagbalk*** ⇒*equator* **0.3** ***juk*** ⟨v. weegschaal⟩ **0.4** ⟨gymnastiek⟩ ***evenwichtsbalk.***

'balance bridge ⟨telb.zn.⟩ **0.1** ***(op)klapbrug*** ⇒*wipbrug.*

bal·anced ['bælənst] ⟨f2⟩ ⟨bn.; volt. deelw. v. balance⟩ **0.1** ***evenwichtig*** ⇒*bezadigd, harmonisch* **0.2** ⟨tech.⟩ ***(uit)gebalanceerd*** ⇒*gecentreerd* **0.3** ⟨tech.⟩ ***symmetrisch*** ⇒*gelijkbelast, met nulgemiddelde* **0.4** ⟨tech.⟩ ***ontlast*** ⇒*gecompenseerd, met contragewicht* ◆ **1.1** a ~ budget *een sluitende begroting,* ⟨B.⟩ *een begroting in evenwicht;* a ~ character/personality *een evenwichtig karakter/harmonische persoonlijkheid;* ~ diet *evenwichtig/uitgebalanceerd dieet* **1.2** ~ armature *gecentreerd anker* **1.3** ⟨comp.⟩ ~ error *fout met nulgemiddelde;* ⟨elek.⟩ ~ load *symmetrische belasting;* ~ phases *gelijkbelaste fasen* **1.4** ~ valve *evenwichtsklep, ontlaste klep.*

'balance fish ⟨telb.zn.⟩ ⟨dierk.⟩ **0.1** ***hamerhaai*** ⟨Sphyrna zygaena⟩.

'balance plough ⟨telb.zn.⟩ **0.1** ***kipploeg.***

bal·anc·er ['bælənsə‖-ər] ⟨telb.zn.⟩ **0.1** ***evenwichtskunstenaar*** ⇒*koorddanser, equilibrist* **0.2** ⟨dierk.⟩ ***halter*** ⇒*kolfje* ⟨evenwichtsorgaan bij tweevleugelige insekten⟩ **0.3** ⟨tech.⟩ ***stabilisator*** ⇒*vereffeningsdynamo.*

'balance sheet ⟨f1⟩ ⟨telb.zn.⟩ ⟨hand.⟩ **0.1** ***balans*** ◆ **2.1** annual ~ *jaarbalans, slotbalans;* fraudulent ~ *valse balans* **3.1** draw up/strike/form the ~ *de balans opmaken;* cooked/veiled/doctored ~ *geflatteerde balans.*

'balance weight ⟨telb.zn.⟩ **0.1** ***tegengewicht*** ⇒*balanceergewicht.*

'balance wheel ⟨telb.zn.⟩ **0.1** ***onrust*** ⟨in horloge⟩ **0.2** ***schakelrad*** ⟨in slingeruurwerk⟩.

bal·anc·ing ['bælənsɪŋ] ⟨n.-telb.zn.; gerund v. balance⟩ ⟨tech.⟩ **0.1** ***vereffening*** ⇒*compensatie* **0.2** ***evenwicht*** **0.3** ***gewicht*** **0.4** ***het wegen*** ⇒*het uitbalanceren.*

'balancing dynamo ⟨telb.zn.⟩ ⟨tech.⟩ **0.1** ***vereffeningsdynamo.***

'balancing machine, 'balancing apparatus ⟨telb.zn.⟩ ⟨tech.⟩ **0.1** ***balanceermachine.***

bal·as ['bæləs], **'balas ruby** ⟨telb.zn.⟩ **0.1** ***rode spinel*** ⟨edelsteen⟩.

ba·la·ta [bə'lɑ:ṭə] ⟨zn.⟩ ⟨plantk.⟩
I ⟨telb.zn.⟩ **0.1** ***balata*** ⇒*balataboom, bolletrie(boom)* ⟨Manilkara bidentata, Mimusops balata⟩;
II ⟨n.-telb.zn.⟩ **0.1** ***balata*** ⟨rubber uit balataboom⟩.

Bal·brig·gan [bæl'brɪgən] ⟨zn.; ook b-⟩
I ⟨n.-telb.zn.⟩ **0.1** ***Balbriggankatoen*** ⟨ongebleekt katoen, vnl. voor ondergoed⟩;
II ⟨mv.; ~s⟩ **0.1** ***ondergoed uit Balbriggankatoen.***

bal·co·nied ['bælkənid] ⟨bn.⟩ **0.1** ***met balkon(s)*** ⇒*van balkons voorzien, met balkons versierd* ◆ **1.1** a ~ house/façade *een huis/gevel met balkons.*

bal·co·ny ['bælkəni] ⟨f2⟩ ⟨telb.zn.; →mv. 2⟩ **0.1** ***balkon*** ⇒*bordes* **0.2** ***balkon*** ⇒*galerij;* ⟨AE i.h.b.⟩ *eerste balkon* **0.3** ***loopbrug*** ⟨langs machine e.d.⟩.

bald[1] [bɔ:ld] ⟨f2⟩ ⟨bn.⟩ **0.1** ***kaal*** ⇒⟨fig. ook⟩ *sober, onopgesmukt, saai* **0.2** ***naakt*** ⇒*bloot* **0.3** ***met bles*** ⟨v. paard⟩ **0.4** ***met witte kopveren/kuif*** ⟨v. vogel⟩ ◆ **1.1** ~ as a badger/coot *kaal als een biljartbal;* a ~ style *een sobere stijl;* ~ tyre *gladde band* **1.2** the ~ facts *de blote feiten, de naakte waarheid;* a ~ lie *een formele/flagrante leugen* **1.4** ⟨dierk.⟩ ~ coot *meerkoet* ⟨Fulica atra⟩; ⟨dierk., ook heraldiek⟩ ~ eagle *Amerikaanse zeearend* ⟨Heliaeetus leucocephalus⟩.

bald[2] ⟨onov.ww.⟩ **0.1** ***kalen*** ⇒*kaal worden* ◆ **1.1** a ~ing man *een kalende man.*

bal·da·chin, bal·da·quin ⟨telb.zn.⟩ **0.1** ***baldakijn.***

bal·der·dash ['bɔ:ldədæʃ‖'bɔldər-] ⟨n.-telb.zn.⟩ **0.1** ***onzin*** ⇒*nonsens* ◆ **2.1** plain ~ *klinkklare onzin.*

'bald-face ⟨telb.zn.⟩ **0.1** ***paard met bles.***

'bald-'faced ⟨bn.⟩ **0.1** ⟨dierk.⟩ ***met witte vlek/bles*** **0.2** ***onverholen*** ⇒*uitgesproken* ⟨leugen⟩.

'bald·head ⟨f1⟩ ⟨telb.zn.⟩ **0.1** ***kaalkop*** ⇒*kaalhoofdig iemand;* ⟨B.⟩ *kletskop* **0.2** ***vogel met witte vlekken op de kop*** ⟨vnl. smient, fluiteend⟩.

'bald-'head·ed[1] ⟨bn.⟩ **0.1** ***kaalhoofdig*** ⇒*kaal* ◆ **1.¶** ⟨AE; sl.; dram.⟩ ~ row *eerste rang, nekloge* ⟨met rijk, oud publiek⟩.

bald-headed[2] ⟨bw.⟩ ⟨inf.⟩ **0.1** ***roekeloos*** ⇒*hals over kop, in aller ijl.*

bald·ly ['bɔ:ldli] ⟨f1⟩ ⟨bw.⟩ **0.1** ***gewoonweg*** ⇒*zonder omwegen.*

'bald·mon·ey ⟨telb. en n.-telb.zn.⟩ ⟨plantk.⟩ **0.1** ***gentiaan*** ⇒⟨i.h.b.⟩ *slanke gentiaan* ⟨Gentiana amarella⟩.

bald·ness ['bɔ:ldnəs] ⟨f1⟩ ⟨n.-telb.zn.⟩ **0.1** ***kaalhoofdigheid*** ⇒*kaalheid* **0.2** ***onomwondenheid.***

'bald·pate ⟨telb.zn.⟩ **0.1** ***kaalkop*** ⇒⟨B.⟩ *kletskop* **0.2** ⟨dierk.⟩ ***Amerikaanse fluiteend*** ⟨Mareca americana/penelope⟩.

bal·dric, bal·drick ['bɔ:ldrɪk] ⟨telb.zn.⟩ ⟨gesch.⟩ **0.1** ***schouderriem*** ⇒*bandelier.*

Bald·win ['bɔ:ldwɪn] ⟨eig.n.⟩ **0.1** ***Boudewijn.***

bale[1] [beɪl] ⟨f2⟩ ⟨zn.⟩
I ⟨telb.zn.⟩ **0.1** ***baal;***
II ⟨telb. en n.-telb.zn.⟩ ⟨schr.⟩ **0.1** ***onheil*** ⇒*pijn, ellende* ◆ **1.1** ~s and tribulations *lijden en beproevingen;* I read nothing but ~ in his eyes *zijn blik voorspelde niets dan onheil.*

bale[2] ⟨f1⟩ ⟨ww.⟩
I ⟨onov.ww.⟩ →bail out;
II ⟨ov.ww.⟩ **0.1** ***in balen verpakken*** ◆ **5.¶** →bail **out.**

Bal·e·ar·ic ['bæli'ærɪk] ⟨bn.⟩ **0.1** ***Balearisch*** ◆ **1.1** the ~ Islands *de Balearen.*

ba·leen [bə'li:n] ⟨n.-telb.zn.⟩ **0.1** ***balein.***

ba'leen 'whale ⟨telb.zn.⟩ ⟨dierk.⟩ **0.1** ***baardwalvis*** ⟨onderorde Mysticeti⟩.

'bale·fire ⟨telb.zn.⟩ ⟨schr.⟩ **0.1** ***(vreugde)vuur*** **0.2** ***signaalvuur*** ⇒*vuurbaken* **0.3** ***brandstapel.***

bale·ful ['beɪlfl] ⟨f1⟩ ⟨bn.; -ly; -ness⟩ **0.1** ***noodlottig*** **0.2** ***onheilspellend.***

'bale 'out →bail out.

bal·er ['beɪlə‖-ər] ⟨telb.zn.⟩ **0.1** ***hoosvat*** ⇒*hoosblok* **0.2** ***hooi-/stropakmachine*** **0.3** ***autopletmachine.***

'baler twine ⟨n.-telb.zn.⟩ ⟨landb.⟩ **0.1** ***pakkentouw.***

'baler wire ⟨telb. en n.-telb.zn.⟩ ⟨landb.⟩ **0.1** ***pakkendraad.***

Ba·li·nese[1] ['bɑ:lɪ̩ni:z] ⟨zn.; Balinese; →mv. 4⟩
I ⟨eig.n.⟩ **0.1** ***Balinee*** ⇒*de Balinese taal, Balisch;*
II ⟨telb.zn.⟩ **0.1** ***Baline(e)s(e)*** ⇒*Baliër/Balische* **0.2** ***Balinese kat*** ⟨langharige mutatie v. Siamees⟩.

Balinese[2] ⟨bn.⟩ **0.1** ***Balinees*** ⇒*v. Bali, Balisch.*

balk[1], **baulk** [bɔ:k, bɔ:lk] ⟨telb.zn.⟩ **0.1** ***balk*** ⇒*bint* **0.2** ***rug tussen twee voren*** ⇒*materiaal tussen twee uitgravingen* **0.3** ***hindernis*** ⇒*tegenslag* **0.4** ⟨biljarten⟩ ***(anker)kader*** **0.5** ⟨AE⟩ ***flater*** ⇒*stommiteit* **0.6** ⟨honkbal⟩ ***schijnworp*** ⟨overtreding v. spelregel⟩ **0.7** ⟨badminton⟩ ***baulk*** ⟨onreglementaire schijnbeweging⟩.

balk[2], **baulk** ⟨f1⟩ ⟨ww.⟩
I ⟨onov.ww.⟩ **0.1** ***weigeren*** ⇒*stokken, blijven steken/hangen, tegenstribbelen* **0.2** ***terugschrikken*** ⇒*bezwaar maken* **0.3** ⟨honkbal⟩ ***een schijn maken*** ⟨overtreding v. spelregel⟩ **0.4** ⟨AE⟩ ***kibbelen*** **0.5** ⟨bowling⟩ ***werplijn overschrijden (zonder de bal te bowlen)*** ⟨als overtreding⟩ ◆ **1.1** the engine ~ed *de motor sloeg af/weigerde* **6.1** the horse ~ed **at** the fence *het paard weigerde de hin-*

dernis **6.2** the accountant ~ed **at** the expense *de accountant/boekhouder had bezwaar tegen de onkosten(rekening);*
II ⟨ov.ww.⟩ **0.1** ***verhinderen*** ⇒*verijdelen, teleurstellen* **0.2** ***mislopen*** **0.3** ⟨vero.⟩ ***over het hoofd zien*** **0.4** ⟨vero.⟩ ***ontwijken*** ◆ **1.1** ~ s.o.'s plans *iemands plannen in de weg staan/verijdelen* **1.2** ~ an opportunity *een kans mislopen* **1.3** ~ an invitation *een uitnodiging vergeten* **1.4** ~ a touchy subject *een gevoelig onderwerp omzeilen* **6.1** be ~ed **in** one's purpose *verhinderd zijn zijn doel te bereiken;* ~ed **in** one's ambitions *geremd in zijn ambities;* ~ s.o. **of** his hopes *iemands hoop verijdelen.*

Bal·kan ['bɔ:lkən], ⟨soms⟩ **Bal·kan·ic** [bɔ:l'kænɪk]⟨f1⟩⟨bn.⟩ **0.1** ***Balkan-*** ⇒*v./mbt. de Balkan.*

bal·kan·i·za·tion, -sa·tion [bɔ:lkənaɪ'zeɪʃn]⟨n.-telb.zn.⟩⟨pol.⟩ **0.1** ***balkanisering.***

bal·kan·ize, -ise ['bɔ:lkənaɪz]⟨onov.ww.⟩⟨pol.⟩ **0.1** ***balkaniseren.***

Bal·kans ['bɔ:lkənz]⟨eig.n.; the⟩ **0.1** ***de Balkan.***

'balk line ⟨telb.zn.⟩⟨biljarten⟩ **0.1** ***kaderlijn.***

balky, baulky ['bɔ:ki, 'bɔ:lki]⟨bn.⟩ **0.1** ***weigerachtig*** ⇒*onhandelbaar,* ⟨fig. ook⟩ *nukkig, vaak stuk* ◆ **1.1** a ~ gadget *een ding dat het vaak niet doet, een apparaat dat vaak weigert;* a ~ horse *een nukkig paard, een paard dat vaak zomaar stopt.*

ball[1] [bɔ:l]⟨f3⟩⟨zn.⟩
I ⟨telb.zn.⟩ **0.1** ***bal*** **0.2** ***bol*** ⇒*bolvormig voorwerp, bal* **0.3** ***prop*** ⇒*kluwen, bol* **0.4** ⟨ben. voor⟩ ***rond lichaamsdeel*** ⇒*bal* ⟨v. voet⟩; *muis* ⟨v. hand⟩; *oogbol/appel* **0.5** ***kogel*** **0.6** ***pil*** ⟨voor dier⟩ **0.7** ⟨sport⟩ ***worp*** ⇒*opslag;* ⟨honkbal⟩ *wijd(bal)* **0.8** ***bal*** ⇒*dansfeest* **0.9** ⟨sl.⟩ ***plezier*** ⇒*leut, lol* **0.10** ⟨sl.⟩ ***knuffelpartijtje*** ⇒*partijtje vrijen, orgie* **0.11** ⟨AE; sl.⟩ ***peppil*** ◆ **1.1** the ~ is in your court *nu is het jouw beurt* ⟨ook fig.⟩; ⟨fig.⟩ keep one's eye on the ~ *een oogje in het zeil houden, op zijn hoede zijn;* ⟨BE; fig.⟩ have the ~ at one's feet *het spel/zijn toekomst in eigen hand hebben* **1.2** the earth is a ~ *de aarde is een bol* **1.3** a ~ of string *een bol touw;* a ~ of wool *een kluwen wol;* ⟨fig.⟩ a ~ of fire *een kooltje vuur, een energiek/vurig iem.* **3.1** ⟨fig.⟩ carry the ~ *de verantwoordelijkheid dragen, het initiatief nemen;* ⟨fig.⟩ keep the ~ rolling *het gesprek enz. aan de gang houden;* set/start the ~ rolling *de zaak aan het rollen brengen, iets aan de gang brengen, de stoot geven tot iets;* ⟨fig.⟩ take up the ~ *deelnemen, gaan meedoen* **3.5** load with ~ *met scherp laden* **3.7** pass the ~ forward *de bal naar voren plaatsen;* throw the ~ in *ingooien;* ⟨Am. voetbal⟩ touch the ~ down *een touchdown maken* **3.8** give a ~ *een bal geven;* open the ~ *het bal openen* **3.9** have a ~ *zich amuseren, plezier hebben* **3.¶** open the ~ *beginnen, de bal aan het rollen brengen* **6.¶** ⟨AE⟩ be **behind** the eight ~ *voor een raadsel staan; in het nadeel zijn;* **on** the ~ *wakker/op zijn hoede, ad rem;* be (right) **on** the ~ *op de hoogte/ad rem zijn, lik op stuk geven* **7.¶** three ~s *(uithangbord v.) lommerd/pandjeshuis;*
II ⟨n.-telb.zn.⟩ **0.1** ***balspel*** ⇒⟨AE i.h.b.⟩ *honkbal* ◆ **3.1** play ~ *met de bal spelen;* ⟨AE⟩ *honkbal spelen;* ⟨fig.⟩ *aan het werk slaan, meewerken;*
III ⟨mv.; ~s⟩ **0.1** ⟨vulg.⟩ ***ballen*** ⇒*kloten* **0.2** ⟨sl.⟩ ***lef*** ◆ **3.1** have s.o. by the ~s *iem. bij de kladden hebben/in z'n macht hebben;* put ~s on sth. *iets oppeppen* **3.¶** ⟨sl.⟩ break one's ~s *lastig zijn; lijden/onbehagen bezorgen* **¶.1** ~s! *gelul!, onzin!.*

ball[2] ⟨f1⟩⟨ww.⟩
I ⟨onov.ww.⟩ **0.1** ***zich ballen*** **0.2** ***klonteren*** **0.3** ⟨AE; sl.⟩ ***lol hebben*** ⇒*zich amuseren* ◆ **1.2** the mud ~ed under his feet *de modder klonterde onder zijn voeten* **6.3** ~ **on** sth. *ergens pret/genoegen aan beleven;*
II ⟨ov.ww.⟩ **0.1** ***ballen*** **0.2** ⟨vulg.⟩ ***neuken*** ⇒*naaien* **0.3** ⟨bijenteelt⟩ ***zwermen rond*** ⇒*samendrommen rond* **0.4** ***vastklonteren*** ⇒*belemmeren* **0.5** ***van een kluit aarde voorzien*** ◆ **1.1** he ~ed the paper into a wad *hij frommelde het papier tot een prop* **1.3** the bees ~ the queen *de bijen drommen samen/zwermen rond de koningin* **1.4** the animal's hoofs were ~ed with snow *onder de poten van het dier klonterde de sneeuw* **5.¶** →ball **up**.

'ball-ach·ing ⟨bn., attr.⟩⟨vulg.⟩ **0.1** ***klote-*** ⇒*klere-, rot-.*

bal·lad ['bæləd]⟨f2⟩⟨telb.zn.⟩ **0.1** ***ballade*** ⇒*volks/straatlied; gedicht.*

bal·lade [bæ'lɑ:d‖bə-]⟨telb.zn.⟩ **0.1** ***ballade.***

bal·lad·eer, bal·lad·ier ['bælə'dɪə‖-'dɪr]⟨telb.zn.⟩ **0.1** ***balladezanger.***

'bal·lad-mon·ger ⟨telb.zn.⟩ **0.1** ***balladenverkoper*** **0.2** ***liedjeszanger*** **0.3** ⟨pej.⟩ ***rijmelaar*** ⇒*prulpoëet, verzensmid.*

bal·lad·ry ['bælədri]⟨n.-telb.zn.⟩ **0.1** ***balladenpoëzie*** ⇒*balladenkunst.*

'ballad singer ⟨telb.zn.⟩ **0.1** ***straatzanger.***

'ball and 'chain ⟨telb.zn.; balls and chains; →mv. 6⟩ **0.1** ***kluister*** ⇒*boei* **0.2** ***kluister*** ⇒*beperking van vrijheid, belemmering* **0.3** ⟨inf.; pej.⟩ ***echtgenote*** ⇒*moeder de vrouw* ◆ **3.2** his noble birth proved a ~ in his political career *zijn adellijke oorsprong bleek een handicap te zijn in zijn politieke loopbaan.*

'ball-and-'sock·et bear·ing ⟨telb.zn.⟩⟨tech.⟩ **0.1** ***kogeltapblok.***

'ball-and-'sock·et joint ⟨telb.zn.⟩⟨tech.⟩ **0.1** ***kogelscharnier*** ⇒*kogelgewricht.*

bal·last[1] ['bæləst]⟨f1⟩⟨zn.⟩
I ⟨telb.zn.⟩⟨elek.⟩ **0.1** ***ballast*** ⇒*stabilisator* ⟨o.a. in neonlamp⟩;
II ⟨n.-telb.zn.⟩ **0.1** ***ballast*** ⇒⟨fig.⟩ *bagage* ◆ **1.1** the railroad was laid over a bed of ~ *de spoorweg werd gelegd op een ballastbed/grindbed* **3.1** ~ was stowed in the holds *ze namen ballast in;* throw out ~ *ballast uitwerpen* **6.1** ⟨scheep.⟩ **in** ~ *in ballast, zonder lading.*

ballast[2] ⟨ov.ww.⟩ **0.1** ***ballasten*** **0.2** ***stabiliseren*** ⟨ook fig.⟩ ⇒*evenwicht/zekerheid geven* **0.3** ***begrinten*** ◆ **1.2** ~ one's character *karaktervast worden* **1.3** ~ a road/path *een weg/pad begrinten.*

'ballast chips ⟨mv.⟩⟨spoorwegbouw⟩ **0.1** ***steenslagballast.***

'ballast donkey ⟨telb.zn.⟩ **0.1** ***ballastpomp.***

'ballast mark ⟨telb.zn.⟩⟨scheep.⟩ **0.1** ***ballastwaterlijn/diepgangslijn.***

'ballast pit ⟨telb.zn.⟩ **0.1** ***zandgroeve*** **0.2** ***grinderij*** ⇒*grindput.*

'ball 'bearing ⟨f1⟩⟨telb.zn.⟩⟨tech.⟩ **0.1** ***kogellager*** **0.2** ***kogelblok.***

'ball boy ⟨telb.zn.⟩⟨tennis⟩ **0.1** ***ballenjongen.***

'ball-break·ing ⟨bn.⟩⟨sl.; vulg.⟩ **0.1** ***keihard*** ⇒*dominerend* ⟨v. vrouw⟩.

'ball-bust·er, 'ball-break·er ⟨telb.zn.⟩⟨AE; sl.⟩ **0.1** ***harde job*** ⇒*kloteklus, klotebaan* **0.2** ***voorman in zo'n baan*** ⇒*beul.*

'ball cartridge ⟨telb.zn.⟩ **0.1** ***scherpe patroon*** ⇒*scherpe kogel, scherp.*

'ball clay ⟨n.-telb.zn.⟩⟨AE⟩ **0.1** ***kaolien*** ⇒*pijpaarde, porseleinaarde.*

'ball cock ⟨telb.zn.⟩⟨tech.⟩ **0.1** ***kogelklep*** ⇒*vlotterkraan.*

'ball control ⟨f1⟩⟨n.-telb.zn.⟩⟨sport⟩ **0.1** ***balcontrole/beheersing.***

bal·le·ri·na ['bælə'ri:nə]⟨f1⟩⟨telb.zn.⟩ **0.1** ***balletdanseres*** ⇒*ballerina* **0.2** ***ballerina*** ⟨lage damesschoen zonder hak⟩.

bal·let ['bæleɪ‖bæ'leɪ]⟨f3⟩⟨zn.⟩
I ⟨telb.zn.⟩ **0.1** ***ballet*** **0.2** ***ballet(groep)*** **0.3** ***stuk balletmuziek*** ◆ **7.2** Béjart and his ~ are coming to London *Béjart komt met zijn balletgroep naar Londen;*
II ⟨n.-telb.zn.⟩ **0.1** ***ballet*** ⇒*balletkunst* ◆ **3.1** she studies ~ *ze studeert ballet.*

'ballet-skirt ⟨telb.zn.⟩ **0.1** ***tutu*** ⇒*balletrokje.*

'ball·flow·er ⟨telb.zn.⟩⟨bouwk.⟩ **0.1** ***bal in bloembladen*** ⟨ornament⟩.

'ball game ⟨f1⟩⟨telb.zn.⟩ **0.1** ***balspel*** ⇒⟨AE i.h.b.⟩ *honkbalspel/-match* **0.2** ⟨AE⟩ ***wedstrijd*** ⇒*strijdperk* **0.3** ⟨AE; inf.⟩ ***situatie*** ⇒*stand van zaken* ◆ **2.3** we are now in a whole new ~ *de zaak staat er nu heel anders voor* **3.2** the Democrats are entering the ~ *de Demokraten treden in het strijdperk/doen mee aan de wedloop* **6.3** be **in** the ~ *meetellen, erbij zijn;* not be **in** the ~ *er voor spek en bonen bijstaan.*

'ball girl ⟨telb.zn.⟩⟨tennis⟩ **0.1** ***ballenmeisje.***

'ball hawk ⟨telb.zn.⟩⟨sl.; honkbal⟩ **0.1** ***uitstekende vanger*** ⟨gezegd van verrevelder⟩.

ba(l)·lis·ta [bə'lɪstə]⟨telb.zn.; ook ba(l)listae [-ti:]; →mv. 5⟩ **0.1** ***ballista*** ⟨Romeins oorlogstuig⟩ ⇒*steenwerper, blijde.*

bal·lis·tic [bə'lɪstɪk]⟨f1⟩⟨bn.; -ally; →bijw. 3⟩ **0.1** ***ballistisch*** ◆ **1.1** ~ missile *ballistisch projectiel, ballistische raket;* ⟨tech.⟩ ~ mortar test *loodblokproef;* ~ pendulum *ballistische slinger.*

bal·lis·tics [bə'lɪstɪks]⟨f1⟩⟨mv.; in bet. 0.1 ww. vnl. enk.⟩ **0.1** ***ballistiek*** **0.2** ***ballistische kenmerken*** ⟨v. projectiel, vuurwapen⟩.

bal·locks, bol·locks ['bɒləks‖'bɑləks]⟨mv.⟩⟨BE; vulg.⟩ **0.1** ***kloten*** **0.2** ***onzin.***

bal·loon[1] [bə'lu:n]⟨f2⟩⟨telb.zn.⟩ **0.1** ***(lucht)ballon*** ⇒*(speelgoed) ballon(netje)* **0.2** ***ballon*** ⇒*ontvanger* ⟨v. distilleertoestel⟩ **0.3** ***ballon(netje)*** ⟨met tekst, in stripverhaal⟩ **0.4** ***bolvormig cognacglas*** **0.5** ⟨scheep.⟩ ***spinnaker*** ⇒*ballonfok* **0.6** ⟨sport⟩ ***vuurpijl*** ◆ **3.1** the ~ goes up *de ballon stijgt op;* ⟨fig.⟩ *de pret begint; de moeilijkheden beginnen.*

balloon[2] ⟨f1⟩⟨ww.⟩ →ballooning
I ⟨onov.ww.⟩ **0.1** ***per luchtballon reizen*** **0.2** ***opzwellen*** ⇒*bol gaan staan* **0.3** ***zweven als een ballon*** **0.4** ***uitbuigen*** ⟨v. draad op ringspinmachine⟩ **0.5** ***snel stijgen*** ◆ **1.2** the sails ~ed in the breeze *de zeilen bolden zich in de bries* **1.3** the ball ~ed over the keeper's head and into the goal *de bal zweefde over het hoofd van de keeper zo het doel in;*
II ⟨ov.ww.⟩ **0.1** ***doen opzwellen*** ⇒*opblazen* **0.2** ***naar boven schoppen*** ⟨ook fig.⟩ ◆ **1.1** he ~ed his cheeks *hij bolde zijn wangen* **1.2** he ~ed the ball *hij stuurde de bal de lucht in, hij gaf een vuurpijl;* ⟨fig.⟩ inflation has ~ed prices *de inflatie heeft de prijzen omhoog gejaagd.*

bal'loon barrage ⟨telb.zn.⟩ **0.1** ***ballonversperring.***

bal'loon-head ⟨telb.zn.⟩⟨AE; sl.⟩ **0.1** ***leeghoofd.***

bal'loon-head·ed ⟨bn.⟩⟨AE; sl.⟩ **0.1** ***stom.***

bal·loon·ing [bəˈlu:nɪŋ]⟨f1⟩⟨n.-telb.zn.; gerund v. balloon⟩ **0.1** ***het ballonvaren*** ⇒*(de) ballonvaart* **0.2** ***uitbuiging v.d. draad*** ⟨op ringspinmachine⟩.

bal·loon·ist [bəˈlu:nɪst]⟨f1⟩⟨telb.zn.⟩ **0.1** ***ballonvaarder***.

balˈloon sail ⟨telb.zn.⟩ **0.1** ***spinnaker*** ⇒*ballonfok*.

ˈballoon shot ⟨telb.zn.⟩⟨balsport⟩ **0.1** ***vuurpijl***.

balˈloon tire ⟨telb.zn.⟩ **0.1** ***ballonband***.

bal·lot[1] [ˈbælət]⟨f1⟩⟨zn.⟩

I ⟨telb.zn.⟩ **0.1** ***stem(biljet/briefje/balletje)*** **0.2** ***stemming*** ⇒*stemronde* **0.3** ***(aantal) uitgebrachte stemmen*** ⇒*resultaat v.d. stemming* **0.4** ***loting*** ◆ **3.1** cast one's ~ *zijn stem uitbrengen;* spoil one's ~ *zijn stembiljet ongeldig maken* **3.2** let's take/have a ~ *laten we erover stemmen* **7.2** second ~ *tweede stemronde, herstemming* ¶.**3** the ~ was in favour of the Liberals *de stemming viel in het voordeel van de Liberalen uit;*

II ⟨n.-telb.zn.⟩ **0.1** ***(geheime) stemming*** **0.2** ***stemrecht*** ◆ **1.2** the ~ for women! *vrouwenkiesrecht!* **6.1** voting **by** ~ *geheime stemming*.

ballot[2] ⟨f2⟩⟨ww.⟩

I ⟨onov.ww.⟩ **0.1** ***stemmen*** **0.2** ***loten*** ◆ **6.1** ~ **for** *stemmen op, kiezen* **6.2** ~ **for** precedence *loten over de volgorde* ⟨i.h.b. van moties in het Parlement⟩;

II ⟨ov.ww.⟩ **0.1** ***laten stemmen*** **0.2** ***loten*** ◆ **1.2** ~ men for the army *rekruten voor het leger uitloten* **6.1** ~ the men **on** the proposal *de mannen over het voorstel laten stemmen*.

bal·lo·tage [ˈbæletɪdʒ‖-ˈtɑʒ]⟨telb.zn.⟩ **0.1** ***herstemming*** ⇒*tweede stemronde, ballotage*.

ˈballot box ⟨telb.zn.⟩ **0.1** ***stembus***.

ˈballot paper ⟨f1⟩⟨telb.zn.⟩ **0.1** ***stembriefje*** ⇒*stembiljet*.

ˈball park ⟨f1⟩⟨telb.zn.⟩⟨AE⟩ **0.1** ***honkbalveld*** **0.2** ⟨inf.⟩ ***gebied*** ⟨waarin bep. waarde zich bevindt⟩ ◆ **6.2** **in** the ~ *ongeveer juist/raak;* that's not **in** the (right) ~ *je zit er helemaal naast, je slaat de plank mis*.

ˈball-park ⟨bn.⟩ **0.1** ***onnauwkeurig*** ◆ **1.1** a ~ estimate *een ruwe schatting*.

ˈball pen, ˈball-point (ˈpen) ⟨f1⟩⟨telb.zn.⟩ **0.1** ***ballpoint*** ⇒*balpen*.

ˈball pivot ⟨telb.zn.⟩⟨tech.⟩ **0.1** ***kogeltap***.

ˈball·play·er ⟨f1⟩⟨telb.zn.⟩ **0.1** ***balspeler*** ⇒⟨AE i.h.b.⟩ *(beroeps) honkbalspeler*.

ˈball race ⟨telb.zn.⟩⟨tech.⟩ **0.1** ***lagerring*** ⇒*loopring*.

ˈball ˈretaining valve ⟨telb.zn.⟩⟨tech.⟩ **0.1** ***kogelterugslagklep***.

ball return →ball-return track.

ˈball-return track ⟨telb.zn.⟩⟨bowling⟩ **0.1** ***terugloopgoot***.

ˈball·room ⟨f2⟩⟨telb.zn.⟩ **0.1** ***balzaal*** ⇒*danszaal*.

ballroom ˈdancing ⟨n.-telb.zn.⟩ **0.1** ***(het) ballroomdansen*** ⇒*(het) salondansen*.

ˈball-skill ⟨f1⟩⟨telb. en n.-telb.zn.⟩ **0.1** ***balvaardigheid***.

ˈball socket ⟨telb.zn.⟩⟨tech.⟩ **0.1** ***kogelmof***.

ˈballs ˈup, ⟨AE sp.⟩ **ˈball ˈup** ⟨ov.ww.⟩⟨vulg.⟩ **0.1** ***verpesten*** ⇒*moeren, naar de knoppen/z'n (ouwe) moer helpen* ◆ **1.1** ~ the party *het feestje verzieken*.

ˈballs-up, ⟨AE ook⟩ **ˈball-up** ⟨telb.zn.⟩⟨vulg.⟩ **0.1** ***rotzooi*** ⇒*troep*.

ball·sy [ˈbɔ:lzi]⟨bn.; -er; -ness; →compar. 7⟩ **0.1** ***pittig*** ⇒*agressief* **0.2** ***moedig*** ◆ **1.1** a ~ little guy *een pittig kereltje*.

ˈball tap ⟨telb.zn.⟩ **0.1** ***balkraan***.

bal·lute [bəˈlu:t]⟨telb.zn.⟩ **0.1** ***(opblaasbare) remparachute*** ⟨voor het afremmen van vliegtuigen e.d.⟩.

ˈball valve ⟨telb.zn.⟩ **0.1** ***kogelklep***.

bal·ly[1] [ˈbæli]⟨telb. en n.-telb.zn.; →mv. 2⟩⟨AE; sl.⟩ **0.1** →bally stand **0.2** →ballyhoo.

bally[2] ⟨bn., attr.; bw.⟩⟨BE; euf. voor bloody⟩ **0.1** ***verdomd***.

bal·ly·hoo[1] [ˈbæliˈhu:‖ˈbælihu:]⟨f1⟩⟨n.-telb.zn.⟩ **0.1** ***reclamebluf*** ⇒*tamtam* **0.2** ***trammelant*** **0.3** ***bombast*** **0.4** ***kretologie***.

ballyhoo[2] ⟨onov.ww.⟩ **0.1** ***druk reclame maken voor*** **0.2** ***veel reclame richten tot*** ⇒*door (opdringerige) reclame bewerken* ◆ **1.1** the product bears labels ~ing the manufacturer *het produkt is volgestopt met reklame voor de fabrikant* **1.2** ~ the public with songs and music *het publiek met liedjes en muziek lekker maken/lokken*.

ˈbal·ly·rag, ˈbul·ly·rag ⟨ww.; →ww. 7⟩

I ⟨onov.ww.⟩ **0.1** ***stoeien*** **0.2** ***ruwe grappen maken;***

II ⟨ov.ww.⟩ **0.1** ***pesten*** ⇒*treiteren* **0.2** ***tiranniseren*** ⇒*intimideren*.

ˈbally show ⟨telb.zn.⟩⟨AE; sl.⟩ **0.1** ***(doorlopende) kleine show in kermis/circustent***.

ˈbally stand ⟨telb.zn.⟩⟨AE; sl.⟩ **0.1** ***platform voor kermis/circustent van waarop boniseur toeschouwers naar binnen lokt***.

balm[1] [bɑ:m‖bɑm, bɑlm]⟨f1⟩⟨zn.⟩

I ⟨telb.zn.⟩⟨plantk.⟩ **0.1** ***balsemboom*** ◆ **1.1** ~ of/in Gilead *mekkabalsem* ⟨Commiphora opobalsamum/meccanensis⟩; ⟨AE en Can. E ook⟩ *soort populier/abeel* ⟨Populus candicans⟩;

II ⟨telb. en n.-telb.zn.⟩ **0.1** ***balsem*** ⟨ook fig.⟩ ⇒*troost, verzachting, leniging* **0.2** ***balsemgeur*** ⇒*aangename geur* ◆ **1.1** ~ of Gilead *mekkabalsem* ⟨balsem v. boom in I 1.1⟩;

III ⟨n.-telb.zn.⟩⟨plantk.⟩ **0.1** ***citroenmelisse*** ⟨Melissa officinalis⟩.

balm[2] ⟨ov.ww.⟩ **0.1** ***balsemen*** **0.2** ***lenigen*** ⇒*verlichten*.

balm-cricket ⟨telb.zn.⟩⟨dierk.⟩ **0.1** ***cicade*** ⟨Cicada plebeia⟩.

bal·mor·al [bælˈmɒrəl‖-ˈmɔr-]⟨telb.zn.⟩ **0.1** ⟨vaak B-⟩ ***Schotse muts*** ⟨rond en plat⟩ **0.2** ***rijgschoen/laars***.

balm·y [ˈbɑ:mi‖ˈbɑmi, ˈbɑlmi]⟨f1⟩⟨bn.; -er; -ly; -ness; →bijw. 3⟩ **0.1** ***balsemachtig*** **0.2** ***geurend*** ⇒*balsemiek* **0.3** ***zacht*** ⇒*mild* **0.4** ***verzachtend*** ⇒*geneeskrachtig, kalmerend, sussend* **0.5** ⟨inf.⟩ ***gek*** ⇒*zot, niet goed snik* **0.6** ⟨sl.⟩ ***bezopen*** ◆ **1.2** ~ flowers *zacht geurende bloemen* **1.3** ~ climate *zacht klimaat* **1.4** ~ syrup *verzachtende siroop*.

bal·ne·al [ˈbælnɪəl], **bal·ne·ar·y** [-nɪəri‖-nieri]⟨bn.⟩ **0.1** ***bad-*** ◆ **1.1** a ~ installation *een badgelegenheid/badkamer;* a ~ resort *badplaats*.

bal·ne·ol·o·gy [ˈbælniˈɒlədʒi‖-ˈɑlədʒi]⟨n.-telb.zn.⟩ **0.1** ***balneologie*** ⟨leer v. geneeskundige toepassing v. baden⟩.

ba·lo·ney, bo·lo·ney [bəˈlouni]⟨zn.⟩

I ⟨telb. en n.-telb.zn.⟩⟨verk.⟩ baloney sausage;

II ⟨n.-telb.zn.⟩⟨inf.⟩ **0.1** ***onzin*** ⇒*flauwekul, nonsens, gelul,* ⟨B.⟩ *zever* ◆ **4.1** that's ~! *je kletst/lult (uit je nekharen)!*.

baloney sausage ⟨telb. en n.-telb.zn.⟩⟨AE⟩ **0.1** ***saucisse de Boulogne*** ⇒*Bolognese worst*.

bal·sa [ˈbɔ:lsə]⟨zn.⟩

I ⟨telb.zn.⟩ **0.1** ⟨plantk.⟩ ***balsa*** ⟨Ochroma lagopus⟩ **0.2** ***vlot;***

II ⟨n.-telb.zn.⟩ **0.1** ***balsa(hout)***.

bal·sam [ˈbɔ:lsəm]⟨f1⟩⟨zn.⟩

I ⟨telb.zn.⟩⟨plantk.⟩ **0.1** ***balsemboom*** **0.2** ***springzaad*** ⟨genus Impatiens⟩ ⇒⟨i.h.b.⟩ *balsemien* ⟨I. balsamina⟩;

II ⟨telb. en n.-telb.zn.⟩⟨ook fig.⟩ **0.1** ***balsem*** ⇒*verzachting, troost, leniging* ◆ **1.1** music is ~ to the senses *muziek is een balsem voor de ziel;* ~ of Peru/Tolu *Peru/tolubalsem*.

ˈbalsam apple ⟨telb.zn.⟩ **0.1** ***balsemappel***.

ˈbalsam ˈfir ⟨telb.zn.⟩⟨plantk.⟩ **0.1** ***balsemden*** ⟨Abies balsamea⟩.

bal·sam·ic [bɔ:lˈsæmɪk]⟨bn.⟩ **0.1** ***balsemachtig*** **0.2** ***balsemiek*** ◆ **1.1** ~ medicinal preparation *balsemachtig/verzachtend geneesmiddel* **1.2** ~ fragrance *balsemieke geur*.

bal·sam·if·er·ous [ˈbɔ:lsəˈmɪfərəs]⟨bn.⟩ **0.1** ***balsemhoudend***.

ˈbalsam ˈpoplar ⟨telb.zn.⟩⟨plantk.⟩ **0.1** ***balsempopulier*** ⟨Populus balsamifera⟩.

bal·tha·zar [ˈbælθəzɑ:‖-zɑr]⟨zn.⟩

I ⟨eig.n.; B-⟩ **0.1** ***Balthasar;***

II ⟨telb.zn.⟩ **0.1** ***balthasar*** ⟨wijnfles met inhoud v. 16 'gewone' flessen⟩.

Bal·tic[1] [ˈbɔ:ltɪk]⟨zn.⟩

I ⟨eig.n.; the⟩ **0.1** ***Oostzee*** ⇒*Baltische zee* **0.2** ***Baltisch*** ⟨taalgroep⟩;

II ⟨n.-telb.zn.; vaak attr.; ook b-⟩ **0.1** ***mirtgroen*** ⇒*donker blauwgroen*.

Baltic[2] ⟨f1⟩⟨bn.⟩ **0.1** ***Baltisch*** ◆ **1.1** ~ Sea *Oostzee*.

bal·ti·more [ˈbɔ:ltɪmɔ:‖ˈbɔltɪmɔr], **ˈbaltimore ˈbird, ˈbaltimore ˈoriole** ⟨telb.zn.⟩⟨dierk.⟩ **0.1** ***baltimoretroepiaal*** ⟨Icterus galbula⟩.

ˈBaltimore ˈchop ⟨telb.zn.⟩⟨AE⟩ **0.1** ***hoog gekaatste bal*** ⟨in baseball⟩.

bal·us·ter [ˈbæləstə‖-ər]⟨telb.zn.⟩ **0.1** ***baluster*** ⇒*spijl, leuningstijl, zuiltje*.

bal·us·trade [ˈbæləˈstreɪd‖ˈbæləstreɪd]⟨f1⟩⟨telb.zn.⟩ **0.1** ***balustrade*** **0.2** ***hekwerk*** ⇒*reling* ⟨v. trap, terras e.d.⟩, *borstwering* ⟨op zuiltjes⟩.

bam[1] [bæm]⟨telb.zn.⟩⟨AE; sl.; drugs⟩ **0.1** ***cocktail*** ⟨i.h.b. v. barbituraat en amfetamine⟩.

bam[2] ⟨ov.ww.; →ww. 7⟩⟨AE; sl.⟩ **0.1** ***slaan***.

bam·bi·no [bæmˈbi:nou]⟨telb.zn.; ook bambini [-ˈbi:ni:]; →mv. 5⟩ **0.1** ***baby*** ⇒*kind* **0.2** ***kindeke Jezus***.

bam·boo [ˈbæmˈbu:]⟨f1⟩⟨zn.⟩

I ⟨telb.zn.⟩ **0.1** ⟨plantk.⟩ ***bamboe(plant)*** ⟨genus Bambusa⟩ **0.2** ***bamboestok;***

II ⟨n.-telb.zn.⟩ **0.1** ***bamboe*** **0.2** ⟨vaak attr.⟩ ***bamboegeel***.

ˈbamboo ˈcurtain ⟨telb.zn.⟩ **0.1** ***bamboegordijn*** ⟨grens tussen communistisch China en rest v. Azië⟩.

bam·boo·zle [bæmˈbu:zl]⟨ov.ww.⟩⟨inf.⟩ **0.1** ***bedriegen*** ⇒*verlakken, beetnemen, misleiden* **0.2** ***verwarren*** ⇒*in de war brengen* ◆ **6.1** ~ s.o. **into** doing sth. *iem. door list ertoe brengen iets te doen;* ~ s.o. **out of** his money *iem. zijn geld afzetten/afhandig maken*.

bam·boo·zle·ment [bæmˈbu:zlmənt]⟨n.-telb.zn.⟩⟨inf.⟩ **0.1** ***oplichterij*** ⇒*bedrog, zwendel*.

bam·boo·zler [bæmˈbu:zlə‖-ər]⟨telb.zn.⟩⟨inf.⟩ **0.1** ***oplichter***.

ban[1] [bæn]⟨f2⟩⟨telb.zn.⟩ **0.1** ***ban*** ⇒*afkondiging* **0.2** ***ban(vloek)*** **0.3**

verbanning ⇒*ban* **0.4** *verbod* **0.5** *verwerping* **0.6** ⟨gesch.⟩ ***krijgsban*** ⇒*heerban* **0.7** ⟨gesch.⟩ ***ban*** ⇒*banus* ⟨bestuurder v.e. grensdistrict in Hongarije⟩ **0.8** ***spreek- en publikatieverbod*** ⟨i.h.b. in Zuid-Afrika⟩ ◆ **1.2** the Pope's ~ *pauselijke banvloek/anathema* **6.3** be **under** a ~ *verbannen zijn* **6.4** put a ~ **on** smoking *het roken officieel verbieden;* a ~ **on** the sale of armaments *een embargo op de wapenhandel* **6.5** a public ~ **on** the building of a nuclear plant *een publieke afkeuring v.d. bouw v.e. kerncentrale.*

ban[2] [bæn‖bɑn]⟨telb.zn.; bani [bɑ:ni]; →mv.5⟩ **0.1** ***ban*** ⟨Roemeense munt⟩.

ban[3] ⟨f2⟩⟨ov.ww.; →ww.7⟩ **0.1** ***verbieden*** **0.2** ***verbannen*** ⇒*uitsluiten* **0.3** ***verwerpen*** ⇒*afwijzen* **0.4** ***onder een banning-order plaatsen*** ⟨in Zuid-Afrika⟩ ⇒*spreek- en publikatieverbod opleggen* **0.5** ⟨vero.⟩ ***vervloeken*** ◆ **1.1** the book/film was ~ned by the censors/church *het boek/de film werd door de censuur verboden/op de index gezet* **1.2** ~ those thoughts from your mind *verjaag die gedachten* **1.3** ~ the bomb *weg met de atoombom.*

ban·al [bə'nɑ:l‖'beɪnl]⟨f1⟩⟨bn.; -ly⟩⟨vaak pej.⟩ **0.1** ***banaal*** ⇒*gewoon, alledaags* **0.2** ***banaal*** ⇒*niet interessant, vervelend* ◆ **1.1** ⟨med.⟩ a ~ form of flu *een gewone vorm v. griep* **1.2** a ~ subject *een afgezaagd onderwerp.*

ban·al·i·ty [bə'næləṭi]⟨f1⟩⟨zn.⟩
I ⟨telb.zn.⟩ **0.1** ***gemeenplaats*** ⇒*waarheid als een koe, truïsme;*
II ⟨n.-telb.zn.⟩ **0.1** ***banaliteit*** ⇒*het banaal zijn.*

ban·al·ize ['bænəlaɪz]⟨ov.ww.⟩⟨inf.⟩ **0.1** ***banaliseren*** ⇒*gewoon/onbeduidend maken* ◆ **1.1** great virtues and qualities, now eroded and ~d *grote deugden en eigenschappen die nu versleten en alledaags geworden.*

ba·nan·a [bə'nɑ:nə‖-'nænə]⟨f2⟩⟨telb.zn.⟩ **0.1** ***banaan*** ⇒*pisang* **0.2** ***bananeboom*** **0.3** ⟨AE; sl; pej.⟩ ***oosterling die met blanken samenwerkt*** **0.4** ⟨sl.⟩ ***neukpartij*** **0.5** ⟨sl.⟩ ***ejaculatie*** ◆ **1.1** a hand of ~s *een kam bananen* **2.3** a Japanese-American ~, yellow on the outside, white inside *een Japans-Am. geelhuid, v. buiten geel, v. binnen blank* **3.4** have one's ~ peeled *neuken; seksueel bevredigd zijn.*

ba'nana ball ⟨telb.zn.⟩⟨golf⟩ **0.1** ***'kromme' bal*** ⟨curvemakend v. links naar rechts⟩.

ba'nana bird ⟨telb.zn.⟩⟨dierk.⟩ **0.1** ***suikervogel*** ⟨genus Coereba⟩.

ba'nana kick ⟨telb.zn.⟩⟨voetbal⟩ **0.1** ***kromme bal.***

ba'nan·a·land·er, Ba'nana bender ⟨telb.zn.⟩⟨Austr. E⟩ **0.1** ***bewoner v. Queensland.***

ba'nana oil ⟨n.-telb.zn.⟩ **0.1** ⟨schei.⟩ ***amylacetaat*** **0.2** ⟨schei.⟩ ***isoamylacetaat*** **0.3** ⟨AE; sl.⟩ ***mooie praatjes*** ⇒*gevlei, onzin* ◆ **¶.3** ~! *klets!, gelul!.*

ba'nana re'public ⟨f1⟩⟨telb.zn.⟩⟨vaak pej.⟩ **0.1** ***bananenrepubliek.***

ba·nan·as[1] [bə'nɑ:nəz‖-'nænəz]⟨bn., pred.⟩⟨inf.⟩ **0.1** ***knettergek*** ⇒*hysterisch* **0.2** ***woest*** ⇒*opgewonden* ◆ **3.1** drive s.o. ~ *iem. gek maken;* go ~ *stapelgek worden.*

bananas[2] ⟨tussenw.⟩⟨AE; sl.⟩ **0.1** ***onzin*** ⇒*larie, kletskoek.*

ba'nana seat ⟨telb.zn.⟩ **0.1** ***banaanzitje*** ⟨langwerpig zadel op kinderfiets⟩.

ba'nana shot ⟨telb.zn.⟩⟨voetbal⟩ **0.1** ***kromme bal.***

ba'nana skin ⟨telb.zn.⟩ **0.1** ***bananeschil*** **0.2** ⟨inf.⟩ ***uitglijder*** ⇒*blunder, flater;* ⟨attr.⟩ *blunderend.*

ba'nana 'split ⟨telb. en n.-telb.zn.⟩ **0.1** ***gerecht met banaan, roomijs en slagroom*** ⇒⟨oneig.⟩ *ijscoup, sorbet.*

ba·nau·sic [bə'nɔ:sɪk]⟨bn.⟩ **0.1** ***utilitaristisch*** ⇒*(louter) praktisch* **0.2** ***mechanistisch*** **0.3** ***materialistisch.***

'banbury cake, 'banbury 'tart ⟨telb.zn.; ook B-⟩ **0.1** ***krententaart*** ⇒*bladerdeeg met krentenvulling.*

banc [bæŋk]⟨telb.zn.⟩⟨jur.⟩ **0.1** ***in volle zitting*** ⟨v. rechtbank⟩ **0.2** ***met volle rechterlijke macht*** ◆ **6.1** sitting **in** ~ *in volle zitting.*

ban·co ['bæŋkoʊ]⟨telb.zn.⟩ **0.1** ***inzet voor totale waarde door bank geboden*** ⟨in kansspel⟩ **0.2** ***bank*** ⟨in rivier⟩ ⇒*dode arm* ⟨v. meander⟩ **0.3** ⟨geldw.⟩ ***banco*** ⇒*bankmuntvoet* **0.4** →banc.

band[1] [bænd]⟨f3⟩⟨zn.⟩
I ⟨telb.zn.⟩ **0.1** ⟨ben. voor⟩ ***band*** ⟨ook fig.⟩ ⇒*lint; riem; ring; snoer; (dwars)streep* ⟨op beest⟩; *strook; reep; rand; boord* **0.2** ***bende*** ⇒*groep, troep;* ⟨AE ook⟩ *kudde* **0.3** ***band*** ⇒*(dans)orkestje, fanfare, kapel, popgroep* **0.4** ***bereik*** ⇒*veld, groep* ⟨v. numerieke waarden⟩ **0.5** ***track*** ⇒*nummer* ⟨v. plaat, CD⟩ **0.6** ⟨comp.⟩ ***track*** ⇒*(opname)spoor* **0.7** ⟨scheep.⟩ ***zijde*** **0.8** ⟨radio⟩ ***frequentieband*** ◆ **1.1** a ~ of light *een lichtstreep/strook;* break the ~s of tradition *de banden der traditie verbreken* **1.2** a ~ of robbers *een bende dieven/rovers* **1.¶** Band of Hope *vereniging v. geheelonthouders* **2.1** a black ~ round his hat *een zwart(e) lint/band om zijn hoed;* a rubber ~ *een elastiekje* **3.¶** ⟨inf.⟩ beat the ~ *iedereen de baas/onovertreffelijk zijn;* that beats the ~ *dat slaat alles;* the ~ begins to play *nu wordt het ernstig/menens;*
II ⟨mv.; ~s⟩ **0.1** ***bef*** ◆ **1.1** ~s and gown *bef en toga;* a pair of ~s *bef.*

band[2] ⟨f3⟩⟨ww.⟩
I ⟨onov.ww.⟩ **0.1** ***zich verenigen*** ⇒*zich verenen, uniëren* ◆ **5.1** the Bretons ~ed together against the Paris government *de Bretons verzetten zich als één man tegen de regering in Parijs;* Englishmen abroad tend to ~ together *Engelsen in het buitenland hebben de neiging samen te klitten* **6.1** ~ **with** *zich voegen bij;*
II ⟨ov.ww.⟩ **0.1** ***strepen*** **0.2** ***ringen*** ⟨vogels, bomen⟩ **0.3** ***v.e. band voorzien*** ⇒*samenbinden, ringen, omboorden* **0.4** ***verenigen*** **0.5** ⟨BE; school⟩ ***indelen naar niveaugroepen*** ◆ **1.1** a ~ed animal *een gestreept dier* **1.3** ~ asparagus *asperges in bossen binden;* ~ a coat *een jas omboorden/afwerken* **4.4** the students ~ed themselves together *de studenten verenigden zich/vormden één groep.*

ban·dage[1] ['bændɪdʒ]⟨f2⟩⟨telb.zn.⟩ **0.1** ***verband*** ⇒*zwachtel* **0.2** ***blinddoek.***

bandage[2] ⟨f2⟩⟨ov.ww.⟩ **0.1** ***verbinden*** ⇒*in een verband leggen, omzwachtelen* ◆ **1.1** he ~d his wounds *hij verbond zijn wonden* **5.1** ~ **up** s.o.'s arm *iemands arm in het verband leggen.*

'band-aid ⟨telb.zn.⟩⟨AE; inf.⟩ **0.1** ***wondpleister*** ⟨oorspr. merknaam⟩ **0.2** ***tijdelijke oplossing/maatregel*** ⇒*lapmiddel.*

'band-aid·box ⟨telb.zn.⟩ **0.1** ***verbandtrommel.***

ban·dan·(n)a [bæn'dænə]⟨telb.zn.⟩ **0.1** ***kleurige hals/hoofd/zakdoek.***

'b and 'b, 'b & 'b ⟨telb.zn.⟩⟨afk.⟩ bed and breakfast.

'band·box ⟨telb.zn.⟩ **0.1** ***hoededoos*** **0.2** ***lintendoos*** ◆ **3.1** he looks as if he came out of a ~ *hij ziet er uit om door een ringetje te halen.*

'band conveyor ⟨telb.zn.⟩ **0.1** ***transportband.***

ban·deau ['bændoʊ‖bæn'doʊ]⟨telb.zn.; ook bandeaux [-doʊz]; →mv.5⟩ **0.1** ***bandeau*** ⇒*haarband* **0.2** ***hoedeband*** ⇒*boordsel* **0.3** ***brassière*** ⇒*beha.*

ban·de·ril·la ['bændə'rɪljə‖-'rɪə]⟨telb.zn.⟩ **0.1** ***banderilla*** ⟨versierde stok met weerhaak, in stierengevecht⟩.

ban·de·ril·le·ro ['bændərɪ'ljeəroʊ‖-ri'eroʊ]⟨telb.zn.⟩ **0.1** ***banderillero*** ⇒*torero met banderilla.*

ban·de·rol(e) ['bændəroʊl]⟨telb.zn.⟩ **0.1** ***banderol*** ⇒*wimpel, vaan* **0.2** ***banderol*** ⇒*spreukband* **0.3** ***banier.***

bandh [bænd]⟨telb.zn.⟩ **0.1** ***algemene staking*** ⟨in India⟩.

ban·di·coot ['bændɪku:t], ⟨in bet. 0.1 en 0.2 ook⟩ **'bandicoot rat** ⟨telb.zn.⟩⟨dierk.⟩ **0.1** ***borstelrat*** ⟨genus Bandicota⟩ **0.2** ***molrat*** ⟨genus Nesokia⟩ **0.3** ***buideldas*** ⟨fam. Peramelidae⟩.

ban·dit ['bændɪt]⟨f1⟩⟨telb.zn.; vnl. in bet. 0.1 ook banditti [-'dɪṭi]; →mv.5⟩ **0.1** ***bandiet*** ⇒*rover, gangster* **0.2** ⟨mil.⟩ ***vijandelijk vliegtuig*** **0.3** ⟨sl.⟩ ***vijand.***

ban·dit·ry ['bændɪtri]⟨f1⟩⟨n.-telb.zn.⟩ **0.1** ***roof*** ⇒*roverij* **0.2** ***banditisme.***

'band·lead·er ⟨telb.zn.⟩ **0.1** ***bandleider.***

'band·mas·ter ⟨telb.zn.⟩ **0.1** ***kapelmeester.***

'band·moll ⟨telb.zn.⟩⟨AE; inf.⟩ **0.1** ***groupie*** ⟨meisje dat met een rock 'n roll band meereist en omgaat⟩.

ban·do·leer, ban·do·lier ['bændə'lɪə‖-'lɪr]⟨telb.zn.⟩ **0.1** ***bandelier*** ⇒*schouderriem* **0.2** ***patroongordel.***

'band pavilion ⟨telb.zn.⟩ **0.1** ***kiosk*** ⇒*muziektent.*

'band saw ⟨telb.zn.⟩ **0.1** ***lintzaag.***

bands·man ['bændzmən]⟨telb.zn.; bandsmen [-mən]; →mv.3⟩ **0.1** ***muzikant*** ⟨in een band of kapel⟩.

'band·stand ⟨f1⟩⟨telb.zn.⟩ **0.1** ***muziektent*** ⇒*tribune, kiosk.*

'band·wag·on ⟨f1⟩⟨telb.zn.⟩ **0.1** ***muziekwagen*** **0.2** ⟨fig.⟩ ***iets dat algemene bijval vindt*** **0.3** ***mode*** ⇒*gril* ◆ **3.2** climb/get/hop/jump on the ~ *met de massa meedoen/meelopen; aan de kant v.d. winnaar gaan staan.*

'bandwagon mentality ⟨n.-telb.zn.⟩ **0.1** ***opportunisme.***

'band width ⟨telb.zn.⟩⟨radio⟩ **0.1** ***bandbreedte.***

ban·dy[1] ['bændi]⟨zn.; →mv.2⟩
I ⟨telb.zn.⟩ **0.1** ***stick*** ⇒*bandystock/stick* **0.2** ***Indische ossekar/wagen;***
II ⟨n.-telb.zn.⟩ **0.1** ***bandyspel/bal*** ⟨soort hockeyspel⟩.

bandy[2] ⟨bn.; -er; →compar.7⟩ **0.1** ***(naar buiten) gebogen*** ⟨van poten of benen⟩ ⇒*krom, met o-benen* ◆ **1.1** a ~ table *een tafel met gebogen/kromme poten.*

bandy[3] ⟨f1⟩⟨ov.ww.; →ww.7⟩ **0.1** ***heen en weer doen bewegen/gooien/slaan*** ⇒*doen wapperen* **0.2** ***(uit)wisselen*** **0.3** ***lichtzinnig behandelen*** **0.4** ***te pas en te onpas noemen*** ⇒*bespreken* **0.5** ***verspreiden*** ⇒*rondbazuinen* ◆ **1.1** ~ blows *slaags raken, (elkaar) klappen uitdelen* **1.2** ~ words with s.o. *ruzie maken/woorden hebben met iem.* **1.4** he has his name bandied about *hij wordt voortdurend genoemd* **5.3** do not ~ that pistol **about** *ga niet zo onvoorzichtig om met dat pistool;* I won't be bandied **about** by a subaltern *ik laat niet met me sollen door een ondergeschikte* **5.4** he keeps ~ing **about** meaningless statistics *hij haalt er voortdurend cijfers bij die niets betekenen* **5.5** the news was quickly bandied **about** *het nieuws ging als een lopend vuurtje.*

'ban·dy-'leg·ged ⟨f1⟩⟨bn.⟩ **0.1** ***met o-benen.***

bane [beɪn]⟨n.-telb.zn.⟩ **0.1** ***last*** ⇒*pest, kruis* **0.2** ***vloek*** ⇒*verderf* **0.3** ⟨vero.⟩ ***vergif*** ◆ **1.1** the ~ of my existence/life *de last v. mijn leven/een nagel aan mijn doodskist*.

bane·ful ['beɪnfʊl]⟨bn.; -ly⟩ **0.1** ***verderfelijk*** **0.2** ⟨vero.⟩ ***giftig*** ⇒*dodelijk* ◆ **1.1** a ~ influence *een kwade invloed*.

'bane·wort ['beɪnwɜ:t‖-wɜrt]⟨telb.zn.⟩⟨plantk.⟩ **0.1** ***wolfskers*** ⇒*belladonna, doodkruid, nachtschade* ⟨Atropa belladonna⟩ **0.2** ⟨BE⟩ ***egelboterbloem*** ⟨Ranunculus flammula⟩.

bang[1] [bæŋ]⟨f2⟩⟨telb.zn.⟩ **0.1** ***klap*** ⇒*dreun, slag, pats (boem)* **0.2** ***knal*** ⇒*ontploffing, schot* **0.3** ***plotselinge inspanning/energie*** **0.4** ⟨vnl. AE; inf.⟩ ***opwinding*** ⇒*sensatie* **0.5** ***vitaliteit*** **0.6** ***pony*** ⟨haar⟩ **0.7** ⟨sl.⟩ ***spuit*** ⟨v. drugs⟩ **0.8** ⟨sl.⟩ ***coïtus*** ⇒*potje rammen, copulatie* ◆ **1.1** he got a ~ on the head *hij kreeg een klap op zijn hoofd* **2.2** the balloon burst with a loud ~ *de ballon ontplofte met een luide knal* **3.3** start off with a ~ *hard aan het werk gaan/v. stapel lopen* **3.4** get a ~ out of sth. *ergens plezier/genoegen aan beleven, ergens een kick van krijgen;* it gives him a ~ *het geeft hem een kick* **3.¶** ⟨inf.⟩ go off/⟨AE⟩ go over with a ~ *een reuze succes oogsten* **6.4** **for** the ~ **of** it *voor het plezier ervan, voor de leut* **6.¶** **with** a ~ *enorm, v. jewelste*.

bang[2] ⟨f3⟩⟨ww.⟩

I ⟨onov.ww.⟩ **0.1** ***knallen*** ⇒*dreunen, ploffen, klappen* **0.2** ***bonzen*** ⇒*kloppen, slaan* **0.3** ***zich storten*** ⇒*stormen, vliegen* ⟨bv. de trap af⟩ **0.4** ⟨sl.⟩ ***(heroïne) spuiten*** ◆ **2.1** the door ~ed shut *de deur viel met een klap dicht* **5.2** s.o. is ~ing **about** in the room with heavy shoes *er stommelt iem. met zware schoenen in de kamer rond* **5.¶** →bang **away;** ~ **on** *doorzeuren, doordrammen* **6.2** ~ **on** the window *op het raam bonzen/bonken* **6.¶** ~ **into** s.o. *iem. toevallig ontmoeten;*

II ⟨ov.ww.⟩ **0.1** ***stoten*** ⇒*bonzen, botsen* **0.2** ***dichtgooien/smijten*** ⇒*dreunend dichtdoen* **0.3** ***smijten*** ⇒*(neer)smakken* **0.4** ***in een pony knippen*** ⟨haar⟩ **0.5** ⟨sl.⟩ ***neuken met*** ⇒*rampetampen met* ◆ **1.1** ~ one's fist on the table *met zijn vuist op tafel slaan;* ~ the grammar into one's pupils' heads *zijn leerlingen de grammatica in stampen;* he ~ed his head *hij stootte zijn hoofd* **1.2** don't ~ the door *gooi de deur niet dicht;* he ~ed the lid down *hij klapte het deksel dicht* **1.4** wear one's hair ~ed *zijn haar in een pony dragen* **5.¶** →bang **out;** **5.¶** ~ up *verwonden, bont en blauw slaan; vernielen;* ⟨sl.⟩ *opsluiten, achter de tralies zetten*.

bang[3] ⟨f1⟩⟨bw.⟩ **0.1** ***pats*** ⇒*vierkant, vlak, pardoes* **0.2** ***plof*** ⇒*boem, paf, klets* ◆ **1.1** ~ in the face *precies in zijn gezicht* **3.2** go ~ *uiteenbarsten/ploffen; in elkaar klappen, dichtklappen;* ~ went another million *nog een miljoen naar de maan/verspild* **5.1** ⟨inf.⟩ ~ **on** *precies goed/raak/*⟨B.⟩ *bots erop; krek;* ~ **on** time *precies op tijd* **5.¶** ⟨inf.⟩ ~ **off** *direct, meteen* **6.1** ~ **in** the middle *er middenin, in de roos;* go ~ up **against** sth. *dwars/regelrecht tegen iets in gaan/druisen*.

bang[4] ⟨f2⟩⟨tussenw.⟩ **0.1** ***boem!*** ⇒*pats!, pang!* ◆ **¶.1** ~, ~! *pief, paf, poef!*.

'bang a'way ⟨onov.ww.⟩ **0.1** ⟨inf.⟩ ***hard werken*** ⇒*ploeteren, jakkeren* **0.2** ⟨sl., vulg.⟩ ***er op los neuken*** **0.3** ***ratelen*** ⇒*hameren, er op los knallen* ⟨vuurwapens⟩.

bang·er ['bæŋə‖-ər]⟨telb.zn.⟩⟨BE⟩ **0.1** ***worstje*** **0.2** ***stuk (knal)vuurwerk*** **0.3** ⟨inf.⟩ ***aftandse auto*** ⇒*stuk roest, ouwe kar*.

ban·gle ['bæŋgl]⟨f1⟩⟨telb.zn.⟩ **0.1** ***armband*** **0.2** ***enkelband*** **0.3** ***ronde hanger*** ⟨aan halsketting e.d.⟩.

'bang 'out ⟨ov.ww.⟩⟨inf.⟩ **0.1** ***in elkaar flansen*** ⇒⟨i.h.b.⟩ *uit de schrijfmachine rammen* ⟨tekst⟩ **0.2** ***trommelen*** ⇒*dreunen, jengelen* ⟨muziek⟩ ◆ **1.1** ~ a short paper on him *vlug een artikeltje over hem in elkaar flansen;* they have been banging out all those old tunes on the piano *ze hebben al die oude deuntjes geriedeld op de piano*.

'bang·tail ⟨telb.zn.⟩ **0.1** ***recht afgeknipte staart*** ⟨v. paard⟩ **0.2** ***paard met recht afgeknipte staart*** **0.3** ⟨inf.⟩ ***renpaard***.

'bang-up ⟨bn., attr.⟩⟨AE; inf.⟩ **0.1** ***piekfijn*** ⇒*uitstekend, prima* ◆ **1.1** he has done a ~ job *hij heeft dat werkje piekfijn voor elkaar gebracht*.

'bang-zone ⟨telb.zn.⟩⟨AE⟩ **0.1** ***schokgolfbereik*** ⟨v. supersoon vliegtuig⟩.

ba·ni [bɑ:ni] →ban.

ban·ian, ban·yan ['bænjən, -jæn]⟨telb.zn.⟩ **0.1** ***Hindoes koopman*** **0.2** ***flanellen kabaai*** **0.3** →banian tree.

'banian hospital ⟨telb.zn.⟩ **0.1** ***dierenhospitaal***.

'banian tree, banian ⟨telb.zn.⟩⟨plantk.⟩ **0.1** ***banyan*** ⟨Ficus benghalensis⟩.

ban·ish ['bænɪʃ]⟨f2⟩⟨ov.ww.⟩ **0.1** ***verbannen*** ⇒*uitwijzen* **0.2** ***toegang ontzeggen*** **0.3** ***verjagen*** ⇒*verwijderen* ◆ **1.1** ~ one's foes from the country *zijn tegenstanders uitwijzen/uit het land verbannen* **1.2** ~ foreigners from the club *vreemdelingen de toegang tot de club versperren* **1.3** a spray to ~ mosquitoes *een sproeimiddel om muggen te verjagen;* ~ those thoughts from your mind *zet die gedachten maar uit je hoofd*.

ban·ish·ment ['bænɪʃmənt]⟨n.-telb.zn.⟩ **0.1** ***ballingschap*** ⇒*verbanning, uitwijzing* ◆ **6.1** go **into** ~ *in ballingschap gaan*.

ban·is·ter, bannister ['bænɪstə‖-ər]⟨f2⟩⟨zn.⟩

I ⟨telb.zn.⟩ **0.1** ***(trap)leuning*** ⟨met spijlen⟩ **0.2** ***(trap)spijl;***

II ⟨mv.; ~s; ww. vnl. mv.⟩ **0.1** ***(trap)leuning*** ⟨met spijlen⟩.

ban·jax ['bændʒæks]⟨ov.ww.⟩⟨sl.⟩ **0.1** ***(in elkaar) slaan***.

ban·jo[1] ['bændʒoʊ]⟨f1⟩⟨telb.zn.; ook -es; →mv. 2⟩ **0.1** ***banjo*** **0.2** ***schop*** ◆ **3.1** play the ~ *banjo spelen*.

banjo[2] ⟨ov.ww.⟩⟨AE; sl.⟩ **0.1** ***in het kruis raken/trappen***.

ban·jo·ist ['bændʒoʊɪst]⟨telb.zn.⟩ **0.1** ***banjospeler***.

bank[1] [bæŋk]⟨f4⟩⟨telb.zn.⟩ **0.1** ⟨ben. voor⟩ ***bank*** ⇒*mistbank; wolkenbank; sneeuwbank; zandbank; ophoging, aardwal* **0.2** ***oever*** ⇒*glooiing, talud* **0.3** ***bank*** ⟨ook als gebouw⟩ ⇒*geldbedrijf* **0.4** ***reserve*** ⇒*voorraad, spaarpot* ⟨ook lett.⟩, *bank* ⟨in kansspelen bv.⟩ **0.5** ⟨ben. voor⟩ ***rij*** ⇒*serie; batterij* **0.6** ⟨lucht.⟩ ***slagzij*** ⇒*dwarshelling* **0.7** ***boord*** ⟨v. biljarttafel⟩ **0.8** ⟨scheep.⟩ ***doft*** ⇒*roeiersbank* **0.9** ⟨mijnw.⟩ ***schachtmond*** ⇒*putrand* ◆ **1.1** ~ of clouds/mist *wolken/mistbank* **1.3** Bank for International Settlements *Bank voor Internationale Betalingen;* ~ of circulation/issue *circulatiebank;* ~ of deposit *depositobank* **1.5** ~ of cylinders *cilinderblok;* ~ of keys *toetsenbord; klavier* ⟨v. schrijfmachine⟩; ~ of oars *rij roeibanken* **2.2** left/right ~ *linker/rechteroever* **2.3** central ~ *staatsbank;* ⟨B.⟩ *nationale bank* **3.4** break the ~ *de bank doen springen* **6.1** the ship ran aground **on** a ~ *het schip liep vast op een zandbank* **7.3** The Bank *de Bank v. Engeland*.

bank[2] ⟨f2⟩⟨ww.⟩ →banking

I ⟨onov.ww.⟩ **0.1** ***zich opstapelen*** ⇒*een bank vormen* **0.2** ***(over) hellen*** ⟨in een bocht⟩ **0.3** ***een bankrekening hebben*** ⇒*bij een bank aangesloten zijn, in bankrelatie staan (met)* **0.4** ***bankzaken doen*** ⇒*de bank houden* **0.5** ⟨kansspel⟩ ***de bank hebben*** ◆ **5.1** the snow has ~ed **up** *de sneeuw heeft banken gevormd/zich opgehoopt;* seaweed ~s **up** along the coast *het zeewier vormt banken langs de kust* **6.3** who(m) do you ~ **with?** *bij welke bank ben jij aangesloten?* **6.¶** ⟨inf.⟩ you cannot ~ **on** those brakes *je kunt niet op die remmen vertrouwen;* ⟨inf.⟩ I had ~ed **on** a first prize *ik had op een eerste prijs gerekend/geaasd* **¶.3** where do you ~? *bij welke bank beleg jij je geld?;*

II ⟨ov.ww.⟩ **0.1** ***indammen*** ⇒*indijken* **0.2** ***opstapelen*** ⇒*ophopen, steunen* **0.3** ***doen hellen*** ⇒*schuin leggen, doen glooien* **0.4** ***opbanken*** ⇒*afdekken, inrekenen* ⟨vuur⟩ **0.5** ***deponeren*** ⇒*beleggen, op een bankrekening zetten* **0.6** ***op een rij zetten*** **0.7** ⟨biljart⟩ ***bandstoten*** ◆ **1.1** ~ the river *de rivier indijken* **1.3** ~ a plane *een vliegtuig doen hellen;* ~ a road at the curve *een weg schuin leggen in de bocht* **1.5** ~ one's salary *zijn salaris op de bank zetten* **1.6** ~ engines *motoren in batterij opstellen* **5.2** ~ **up** earth along the fence *aarde langs de omheining opstapelen* **5.4** ~ **up** the fire *het vuur opbanken* **5.7** ~ **in** *via de band spelen* **5.¶** ⟨sport⟩ ~ing it **in** *scorend*.

bank·a·ble ['bæŋkəbl]⟨bn.⟩ **0.1** ***aanvaardbaar voor de bank*** ⇒*bankabel, betaalbaar* **0.2** ***betrouwbaar*** **0.3** ⟨AE⟩ ***volle zalen trekkend*** ⟨vnl. (film)acteur/actrice⟩ ⇒*veel geld in het laatje brengend* ◆ **1.1** ~ bills *verdisconteerbaar papier;* a cheque ~ in any branch *een cheque in elk filiaal verzilverbaar/betaalbaar;* a ~ risk *een voor de bank aanvaardbaar risico* **1.3** ~ superstar *grote publiekstrekker*.

'bank account ⟨f1⟩⟨telb.zn.⟩ **0.1** ***bankrekening***.

'bank balance ⟨telb.zn.⟩ **0.1** ***banksaldo*** ⇒*banktegoed*.

'bank bill ⟨telb.zn.⟩ **0.1** ⟨vnl. BE⟩ ***bankaccept*** **0.2** ⟨AE⟩ ***bankbiljet***.

'bank·book ⟨telb.zn.⟩ **0.1** ***bankboekje*** ⇒*spaarboekje, depositoboekje, rekeningboekje* **0.2** ***kassiersboek***.

'bank card, 'banker's card ⟨telb.zn.⟩ **0.1** ***bankkaart*** ⇒*kredietkaart*.

'bank circulation ⟨n.-telb.zn.⟩ **0.1** ***bankbiljettenomloop/circulatie***.

'bank clerk ⟨telb.zn.⟩ **0.1** ***bankbediende***.

'bank credit ⟨telb. en n.-telb.zn.⟩ **0.1** ***bankkrediet***.

'bank draft, 'banker's draft ⟨telb.zn.⟩ **0.1** ***bankcheque*** **0.2** ⟨BE⟩ ***bankaccept***.

'bank engine ⟨telb.zn.⟩⟨BE⟩ **0.1** ***voorspanlocomotief*** ⇒*opdruklocomotief*.

bank·er ['bæŋkə‖-ər]⟨f2⟩⟨telb.zn.⟩ **0.1** ***bankier*** **0.2** ⟨kansspel⟩ ***bankhouder*** **0.3** ***plank*** ⇒*plankier, werkplank* ⟨v. metselaar, stukadoor, beeldhouwer⟩ **0.4** ***grondwerker*** **0.5** ***visser(sboot)*** ⇒*kabeljouwvisser* ⟨bij Newfoundland⟩ **0.6** ⟨Austr. E⟩ ***tot boven aan de oever/dijk stromende rivier*** **0.7** ***serie identieke voorspellingen op één voetbaltotocoupon*** ◆ **3.¶** let me be your ~ *laat mij je het nodige geld lenen*.

'banker's card ⟨telb.zn.⟩ **0.1** ***betaalpas(je)*** ⇒⟨B.⟩ *bank/chequekaart*.

'banker's o'pinion ⟨telb.zn.⟩⟨hand.⟩ **0.1** ***handelsinlichtingen*** ⇒*handelsinformatie, commerciële inlichtingen* ⟨mbt. solvabiliteit⟩.

'banker's 'order ⟨telb.zn.⟩ **0.1** ***doorlopende opdracht*** ⟨aan bank⟩.

'banker's reference ⟨telb.zn.⟩ **0.1** ***bankreferentie.***

'bank 'holiday ⟨f1⟩⟨telb.zn.⟩ **0.1** ⟨BE⟩ ***officiële feestdag op een werkdag*** ⟨waarop banken gesloten zijn⟩ **0.2** ⟨AE⟩ ***periode waarin de banken v. staatswege gesloten zijn*** ◆ **1.1** Easter Monday is a ~ *Tweede Paasdag is een officiële vakantiedag/beursvakantie.*

bank·ing ['bæŋkɪŋ]⟨f1⟩⟨zn.; (oorspr.) gerund v. bank⟩
I ⟨telb.zn.⟩ **0.1** ***glooiing;***
II ⟨n.-telb.zn.⟩ **0.1** ***bankwezen*** ⇒*bankbedrijf* **0.2** ***dijkbouw*** **0.3** ***visserij rond Newfoundland.***

'banking business ⟨n.-telb.zn.⟩ **0.1** ***bankzaken*** ⇒*bankoperaties/verrichtingen.*

'banking establishment ⟨telb.zn.⟩ **0.1** ***bankinstelling.***

'banking hours ⟨mv.⟩ **0.1** ***openingsuren v.e. bank.***

'banking house ⟨telb.zn.⟩ **0.1** ***bankiershuis*** ⇒*bankiersfirma.*

'banking industry ⟨telb.zn.⟩ **0.1** ***bankwereld.***

'banking operation ⟨telb.zn.⟩ **0.1** ***bankoperatie*** ⇒*financiële transactie.*

'bank manager ⟨telb.zn.⟩ **0.1** ***bankdirecteur*** ⟨v. filiaal⟩.

'bank martin ⟨telb.zn.⟩⟨dierk.⟩ **0.1** ***oeverzwaluw*** ⟨Riparia riparia⟩.

'bank note ⟨f1⟩⟨telb.zn.⟩ **0.1** ***bankbiljet.***

'bank post bill ⟨telb.zn.⟩⟨BE⟩ **0.1** ***bankassignatie.***

'bank rate ⟨telb.zn.; vaak the⟩⟨vnl. BE⟩ **0.1** ***bankdisconto*** ⇒*officieel disconto* ⟨v. centrale bank⟩.

'bank return ⟨telb.zn.⟩ **0.1** ***(wekelijkse) bankstaat*** ⟨i.h.b. v.d. Bank of England⟩.

'bank robbery ⟨f1⟩⟨telb.zn.⟩ **0.1** ***bankoverval.***

'bank·roll[1] ⟨telb.zn.⟩⟨AE⟩ **0.1** ***rol bankbiljetten*** **0.2** ***fonds*** ◆ **1.2** a dent in the family ~ *een gat in het familiebudget.*

bankroll[2] ⟨ov.ww.⟩⟨inf.⟩ **0.1** ***financieel steunen*** ⇒*financieren* ◆ **1.1** the project was ~ed by the state *het plan werd door de staat gesubsidieerd.*

'bank run ⟨telb.zn.⟩⟨geldw.⟩ **0.1** ***run op de bank*** ⇒*stormloop op/bestorming v.d. bank* ⟨voor opvraging v. tegoeden⟩.

bank·rupt[1] ['bæŋkrʌpt]⟨f1⟩⟨telb.zn.⟩ **0.1** ***bankroetier*** ⇒*gefailleerde* **0.2** ⟨pej.⟩ ***mislukkeling*** ◆ **2.2** a moral ~, who will do anything *een gewetenloos mens die nergens voor terugdeinst.*

bankrupt[2] ⟨f1⟩⟨bn.⟩ **0.1** ***failliet*** **0.2** ⟨pej.⟩ ***ontdaan*** ⟨v. bep. hoedanigheid⟩ **0.3** ⟨pej.⟩ ***waardeloos*** ⇒*nergens goed (meer) voor* ◆ **3.1** go ~ *failliet gaan* **6.2** ~ **in/of** positive feelings *ontdaan van alle/zonder enige positieve gevoelens.*

bankrupt[3] ⟨ov.ww.⟩ **0.1** ***failliet doen gaan.***

bank·rupt·cy ['bæŋkrʌp(t)si]⟨f1⟩⟨telb. en n.-telb.zn.; →mv. 2⟩ ⟨ook fig.⟩ **0.1** ***bankroet*** ⇒*faillissement, machteloosheid, fiasco.*

banks·ia ['bæŋksɪə]⟨telb.zn.⟩⟨plantk.⟩ **0.1** ***banksia*** ⟨genus Banksia⟩.

banksia rose ['bæŋksɪə roʊz], **banksian rose** [-sɪən]⟨telb.zn.; ook B-⟩⟨plantk.⟩ **0.1** ***Chinese klimroos*** ⟨Rosa banksiae⟩.

'bank statement ⟨telb.zn.⟩ **0.1** ***rekeningafschrift*** **0.2** ***bankstaat.***

'bank stock ⟨n.-telb.zn.⟩ **0.1** ***bankkapitaal.***

ban·ner[1] ['bænə‖-ər]⟨f2⟩⟨telb.zn.⟩ **0.1** ***banier*** ⟨ook fig.⟩ ⇒*vaandel* **0.2** ***spandoek*** **0.3** ***schijfsignaal*** **0.4** ***krantekop over hele pagina*** ◆ **3.1** follow/join the ~ of s.o. *zich onder iemands banier scharen* **3.¶** carry the ~ for *een lans breken voor;* ⟨AE; sl.⟩ carry the ~ *rondbanjeren* ⟨op zoek naar slaapplaats⟩ **6.1** **under** the ~ **of** *onder de banier/het teken v..*

banner[2] ⟨bn., attr.⟩⟨AE⟩ **0.1** ***prima*** ⇒*uitstekend* ◆ **1.1** a ~ year for wines *een prima wijnjaar.*

ban·ner·et ['bænərɪt]⟨telb.zn.⟩ **0.1** ⟨gesch.⟩ ***baanderheer*** ⇒⟨in Vlaanderen/Brabant⟩ *baanrots* **0.2** →bannerette.

ban·ner·ette ['bænə'rət]⟨telb.zn.⟩ **0.1** ***vaantje.***

'banner 'headline ⟨telb.zn.⟩ **0.1** ***krantekop over hele pagina.***

'ban·ning order ⟨telb.zn.⟩ **0.1** ***banning-order*** ⟨in Zuid-Afrika⟩.

bannister →banister.

ban·nock ['bænək]⟨telb.zn.⟩ **0.1** ⟨vnl. Sch. E⟩ ***gerste/haverbrood*** ⇒*gerste/haverkoek* **0.2** ⟨AE⟩ ***maïsbrood*** ⇒*maïskoek.*

banns ['bænz]⟨mv.⟩ **0.1** ***geboden*** ⇒*(kerkelijke) huwelijksaankondiging* ◆ **3.1** ask/call/publish/put up the ~, have one's ~ called *een huwelijk (kerkelijk) afkondigen, in ondertrouw gaan, de geboden aflezen;* forbid the ~ *de geboden stuiten.*

ban·quet[1] ['bæŋkwɪt]⟨f2⟩⟨telb.zn.⟩ **0.1** ***banket*** ⇒*feestmaal, gastmaal* **0.2** ***festijn*** ⇒*smulpartij.*

banquet[2] ⟨f2⟩⟨ww.⟩
I ⟨onov.ww.⟩ **0.1** ***banketteren*** ⇒*smullen, brassen* **0.2** ***deelnemen aan een banket;***
II ⟨ov.ww.⟩ **0.1** ***op een banket vergasten*** ⇒*onthalen, trakteren.*

ban·quette [bæŋ'ket]⟨telb.zn.⟩ **0.1** ***muurbank*** **0.2** ⟨mil.⟩ ***banket*** **0.3** ⟨AE; gew.⟩ ***trottoir*** ⇒*stoep.*

ban·shee, ban·shie [bæn'ʃi:‖'bænʃi:]⟨telb.zn.⟩⟨IE, Sch. E⟩ **0.1** ***vrouwelijke geest wier gejammer een sterfgeval aankondigt.***

ban·tam[1] ['bæntəm]⟨f1⟩⟨telb.zn.⟩ **0.1** ***bantammer*** ⟨soort kip⟩ **0.2** ***vechtersbaasje*** ⇒*brutaaltje* **0.3** ⟨verk.⟩ ⟨bantamweight⟩ ***bantamgewicht.***

bantam[2] ⟨bn., attr.⟩ **0.1** ***klein*** ⇒*mini-* **0.2** ***(klein en) vechtlustig*** **0.3** ***kinder-*** ⇒*junioren-* ◆ **1.1** a ~ edition *een uitgave in zakformaat;* ~ car *miniautootje* **1.2** the ~ team *de kinderploeg, de juniores/junioren.*

'ban·tam·weight ⟨telb.zn.⟩⟨sport⟩ **0.1** ***bantamgewicht.***

ban·ter[1] ['bæntə‖'bænṭər]⟨f1⟩⟨n.-telb.zn.⟩ **0.1** ***geplaag*** ⇒*scherts, badinage.*

banter[2] ⟨f1⟩⟨ww.⟩ →bantering
I ⟨onov.ww.⟩ **0.1** ***schertsen*** ⇒*gekscheren, badineren;*
II ⟨ov.ww.⟩ **0.1** ***plagen*** ⇒*pesten, voor de gek houden* **0.2** ⟨gew.⟩ ***uitdagen*** ◆ **6.2** ~ **to** a game *uitdagen voor/tot een spelletje.*

ban·ter·ing ['bæntrɪŋ‖'bænṭərɪŋ]⟨bn.; teg. deelw. v. banter; -ly⟩ **0.1** ***plagerig*** ⇒*schertsend* ◆ **1.1** ~ remarks *plagerige opmerkingen.*

ban·ting ['bænṭɪŋ]⟨n.-telb.zn.⟩⟨vero.⟩ **0.1** ***vermageringskuur*** ⇒*vermageringsdieet.*

bant·ling ['bæntlɪŋ]⟨telb.zn.⟩ **0.1** ***bengel*** ⇒*wichtje, kleine schavuit.*

Ban·tu[1] ['bæntu:]⟨f1⟩⟨zn.; ook Bantu; →mv. 4⟩
I ⟨eig.n.⟩ **0.1** ***Bantoe*** ⇒*de Bantoe ta(a)l(en);*
II ⟨telb.zn.⟩ **0.1** ***Bantoe.***

Bantu[2] ⟨f1⟩⟨bn.⟩ **0.1** ***Bantoe-*** ⇒*v.d. Bantoes.*

Ban·tu·stan ['bæntu:'stæn]⟨telb.zn.⟩⟨Z. Afr. E⟩ **0.1** ***Bantoestan*** ⇒*thuisland* ⟨toegewezen woongebied⟩.

banyan →banian.

ban·zai [bæn'zaɪ]⟨tussenw.⟩ **0.1** ***banzai*** ⟨Japanse heilroep⟩.

ba·o·bab ['beɪəbæb‖'baʊbæb]⟨telb.zn.⟩⟨plantk.⟩ **0.1** ***apebroodboom*** ⇒*baobab* ⟨Adansonia digitata⟩.

BAOR ⟨afk.⟩ British Army of the Rhine.

bap [bæp]⟨telb.zn.⟩ **0.1** ***zacht broodje.***

Bap, Bapt ⟨afk.⟩ Baptist.

bap·tism ['bæptɪzm]⟨f1⟩⟨telb. en n.-telb.zn.⟩ **0.1** ***doop*** **0.2** ***doop*** ⟨fig.⟩ ⇒*inwijding (en naamgeving), inzegening* ◆ **1.1** the sacrament of ~ *het sacrament v.d. doop;* ⟨R.-K.⟩ *het doopsel* **1.2** ~ of a bell *doop v.e. klok;* ~ of fire *vuurdoop;* ~ of a ship *doop v.e. schip* **1.¶** ~ of blood *bloeddoop* **7.1** there were four ~s last Sunday *er werden afgelopen zondag vier kinderen/mensen gedoopt.*

bap·tis·mal [bæp'tɪzml]⟨bn., attr.; -ly⟩ **0.1** ***doop-*** ◆ **1.1** ~ certificate *doopakte/attest;* ~ font *doopvont;* ~ name *doopnaam;* ~ vows *doopbeloften;* ~ water *doopwater.*

Bap·tist ['bæptɪst]⟨f2⟩⟨telb.zn.⟩ **0.1** ***doper*** **0.2** ***doopsgezinde*** ◆ **1.1** John the ~ *Johannes de Doper* **3.2** the ~s baptise adults by immersion *de doopsgezinden/baptisten dopen volwassenen door onderdompeling* **7.1** The ~ *Johannes de Doper.*

bap·tis·ter·y, bap·tis·try ['bæptɪstri]⟨telb.zn.; →mv. 2⟩ **0.1** ***doopkapel*** **0.2** ***doopvont*** **0.3** ***doopbassin*** ⟨v.d. baptisten⟩.

bap·tize, -tise ['bæp'taɪz‖'bæptaɪz]⟨f2⟩⟨ww.⟩
I ⟨onov.ww.⟩ **0.1** ***dopen*** ⇒*de doop geven* ◆ **1.1** John ~ed in the river Jordan *Johannes doopte in de Jordaan;*
II ⟨ov.ww.⟩ **0.1** ***dopen*** **0.2** ***een naam geven*** ⇒*noemen, dopen* **0.3** ***inwijden*** **0.4** ***louteren*** ◆ **1.1** ~d a Roman Catholic *katholiek gedoopt* **1.2** he was ~d Samuel, but his friends ~d him Cookie *zijn doopnaam was Samuel, maar zijn vrienden doopten hem Cookie* **6.1** he was ~d **into** the Church *hij werd door de doop in de kerk opgenomen* **6.4** ~d **with** suffering *gelouterd door het lijden.*

bar[1] [bɑ:‖bɑr]⟨f3⟩⟨zn.⟩
I ⟨telb.zn.⟩ **0.1** ⟨ben. voor⟩ ***langwerpig stuk*** ⟨v. hard materiaal⟩ ⇒*staaf, stang, stok, spaak, spijl; baar, staaf; reep;* ⟨voetbal⟩ *(doel)lat;* ⟨atletiek⟩ *(spring)lat;* ⟨gewichtheffen⟩ *halter(stang)* **0.2** ⟨ben. voor⟩ ***afgrendelend iets*** ⇒*tralie; grendel; barrière, slagboom, afsluitboom;* ⟨fig.⟩ *obstakel, hindernis, bezwaar* **0.3** ***drempel*** ⟨in rivier, zee⟩ ⇒*ondiepte, (zand)bank* **0.4** ⟨ben. voor⟩ ***streep*** ⇒*strook, baan; balk* ⟨op wapen, onderscheidingsteken⟩ **0.5** ***bar*** ⟨ook als lokaal⟩ ⇒*buffet, toog* **0.6** ⟨BE⟩ ***ruimte voor niet-leden in parlement*** **0.7** ⟨muz.⟩ ***maatstreep*** ⇒⟨bij uitbr.⟩ *maat* **0.8** ⟨dierk.⟩ ***ombervis*** ⟨Sciaena aquila⟩ **0.9** ⟨tech.⟩ ***bar*** ⟨drukeenheid⟩ ◆ **1.1** ~ of chocolate *reep chocola;* ~ of gold *baar goud;* ~ of soap *stuk zeep* **1.4** a medal with a ~ on the ribbon *een medaille met een (zilveren) balk/gesp op het lint;* ~s of sunlight *strepen zonlicht;* ~s of yellow *stroken/banen geel* **1.7** the first ~s of the symphony *de eerste maten v.d. symfonie* **3.3** the ship stuck fast on the ~ *het schip liep vast op de zandbank/ondiepte* **6.2** **behind** ~s *achter (de) tralies, in de gevangenis;* a ~ **to** happiness *een hindernis op de weg naar het geluk, een belemmering voor geluk;*
II ⟨telb. en n.-telb.zn.⟩ **0.1** ***balie*** ⟨v. rechtbank⟩ ⇒⟨bij uitbr.⟩ *gerecht, rechtbank;* ⟨fig.⟩ *oordeel* **0.2** ⟨jur.⟩ ***exceptie*** ◆ **1.1** the ~ of conscience/public opinion *het oordeel v.h. geweten/v.d. publieke opinie* **3.1** be tried at (the) ~ *in openbare terechtzitting berecht worden;*
III ⟨verz.n.; meestal B-; the⟩ **0.1** ***advocatuur*** ⇒*balie, advocatenstand, orde der advocaten,* ⟨AE⟩ *orde der juristen* ◆ **3.1** read/study for the Bar *voor advocaat studeren, rechten doen* **3.¶** be called/go to the Bar *als advocaat toegelaten worden;* be called within the Bar *tot Queen's counsel benoemd worden.*

bar[2] ⟨f2⟩⟨ov.ww.;→ww. 7⟩ →barring **0.1** ***vergrendelen*** *⇒afsluiten* **0.2** ***opsluiten*** *⇒insluiten, buitensluiten* **0.3** ***versperren*** ⟨ook fig.⟩ *⇒verhinderen* **0.4** ***verbieden*** **0.5** ⟨meestal pass.⟩ ***strepen*** **0.6** ⟨jur.⟩ ***een exceptie opwerpen tegen*** **0.7** ⟨muz.⟩ ***de maat met maatstrepen aangeven*** **0.8** ⟨BE;sl.⟩ ***een hekel hebben aan*** *⇒verafschuwen* ◆ **1.1** ~ the door *de deur vergrendelen* **1.3** fallen trees ~red the road *gevallen bomen versperden de weg* **1.4** smoking is ~red in the school *het roken is verboden op school* **1.5** the flag is ~red in red and white *de vlag heeft rode en witte strepen* **1.8** I ~ that bloke *ik kan die vent niet luchten* **1.¶** ⟨ster.⟩ ~red spiral *balkspiraal* **4.2** ~ o.s. in/out *zichzelf binnen/buitensluiten* **6.2** they were ~red **out of** the club *de toegang tot de club werd hun ontzegd, zij werden uitgesloten* **6.4** ~ s.o. **from** participation *iem. de deelneming verbieden.*

bar[3] ⟨f1⟩⟨vz.⟩ **0.1** ***behalve*** *⇒uitgezonderd* ◆ **1.1** ~ very bad weather *tenzij het zeer slecht weer is* **4.1** all ~ one *alle(n) op één na;* ~ none *zonder uitzondering.*

barb[1] [bɑ:b‖bɑrb]⟨f2⟩⟨zn.⟩
I ⟨telb.zn.⟩ **0.1** ***weerhaak*** *⇒prikkel* **0.2** ***steek*** ⟨fig.⟩ *⇒hatelijkheid, hatelijke opmerking* **0.3** ***baardje*** ⟨v. veer⟩ **0.4** ***baard*** ⟨v. vis, planten⟩ **0.5** ***(linnen)kap*** ⟨alleen nog door nonnen gedragen⟩ **0.6** ***barbarijs paard*** **0.7** ***barbarijse duif*** **0.8** ⟨dierk.⟩ ***barbeel*** ⟨genus Barbus/Puntius⟩ **0.9** ⟨Austr. E⟩ ***zwarte (schaap)herdershond*** ◆ **1.2** the ~s of criticism *de klauwen v.d. kritiek;*
II ⟨telb. en n.-telb.zn.⟩⟨verk.⟩ barbiturate ⟨AE; inf.⟩.

barb[2] ⟨f1⟩⟨ov.ww.⟩ →barbed **0.1** ***v. weerhaken/prikkels voorzien.***

Bar·ba·di·an[1] ['bɑ:'beɪdɪən‖bɑr-]⟨telb.zn.⟩ **0.1** ***Barbadaan*** *⇒inwoner v. Barbados.*

Barbadian[2] ⟨bn.⟩ **0.1** ***uit/v. Barbados*** *⇒Barbadaans.*

bar·bar·i·an[1] [bɑ:'beərɪən‖bɑr'berɪən]⟨f2⟩⟨telb.zn.⟩ **0.1** ***barbaar*** *⇒onbeschaafd iem., primitieveling* **0.2** ***woesteling*** *⇒bruut, barbaar* **0.3** ⟨gesch.⟩ ***barbaar*** *⇒vreemdeling, buitenlander* ⟨bij Grieken en Romeinen⟩.

barbarian[2] ⟨bn.⟩ **0.1** ***barbaars*** *⇒onbeschaafd, woest, primitief.*

bar·bar·ic [bɑ:'bærɪk‖bɑr-]⟨f1⟩⟨bn.; -ally; →bijw. 3⟩ **0.1** ***barbaars*** *⇒ruw, onbeschaafd* **0.2** ***barbaars*** *⇒wreed, wild* **0.3** ***wild*** ⟨v. kunst, stijl⟩ *⇒primitief, onbehouwen* ◆ **1.1** ~ customs *barbaarse gewoonten* **1.2** ~ treatment *ruwe/wrede behandeling* **1.3** the ~ splendour of Attila's court *de ruwe/wilde/primitieve pracht aan het hof v. Attila;* ~ use of colour *ongebreideld/smakeloos gebruik v. kleur.*

bar·ba·rism ['bɑ:bərɪzm‖'bɑr-]⟨zn.⟩
I ⟨telb.zn.⟩ **0.1** ***barbaarse daad/trek/gewoonte*** **0.2** ⟨lit.⟩ ***barbarisme;***
II ⟨n.-telb.zn.⟩ **0.1** ***barbaarsheid.***

bar·bar·i·ty [bɑ:'bærəti‖bɑr'bærət̬i]⟨telb. en n.-telb.zn.; →mv. 2⟩ **0.1** ***barbaarsheid*** *⇒wreedheid* ◆ **¶.1** the barbarities of the last war *de barbaarse wreedheden v.d. laatste oorlog.*

bar·ba·rize, -rise ['bɑ:bəraɪz‖'bɑr-]⟨ww.⟩
I ⟨onov.ww.⟩ **0.1** ***barbaars worden;***
II ⟨ov.ww.⟩ **0.1** ***barbaars maken*** *⇒doen ontaarden.*

bar·ba·rous ['bɑ:brəs‖'bɑr-]⟨f1⟩⟨bn.; -ly; -ness⟩ **0.1** ***barbaars*** *⇒onbeschaafd; wreed* **0.2** ***ongemanierd*** *⇒onverfijnd, smakeloos* **0.3** ***door barbarismen gekenmerkt*** ⟨taal⟩.

Bar·ba·ry ape ['bɑ:bri 'eɪp‖'bɑr-]⟨telb.zn.⟩⟨dierk.⟩ **0.1** ***magot*** *⇒Turkse aap* ⟨op Gibraltar; Macaca silvana⟩.

'Barbary 'partridge ⟨telb.zn.⟩⟨dierk.⟩ **0.1** ***Barbarijse patrijs*** ⟨Alectoris barbara⟩.

bar·be·cue[1] ['bɑ:bɪkju:‖'bɑr-]⟨f1⟩⟨telb.zn.⟩ **0.1** ***barbecue*** *⇒rooster op (houtskool)vuur* **0.2** ***op barbecue geroosterd (stuk) dier/vlees*** **0.3** ***barbecue-feest*** *⇒barbecue-party* **0.4** ⟨sl.⟩ ***informele bijeenkomst*** **0.5** ⟨AE⟩ ***droogvloer*** ⟨voor koffiebonen⟩.

barbecue[2] ⟨f1⟩⟨ov.ww.⟩ **0.1** ***roosteren*** *⇒barbecuen* **0.2** ***in pikante saus bereiden*** **0.3** ***boven het vuur drogen/roken*** ⟨vlees⟩ ◆ **1.1** ~d chicken *geroosterde kip, kip aan 't spit.*

'barbecue sauce ⟨n.-telb.zn.⟩ **0.1** ***barbecuesaus.***

barb·ed [bɑ:bd‖bɑrbd]⟨f2⟩⟨bn.; in bet. 0.1 en 0.2 volt. deelw. v. barb⟩ **0.1** ***met weerhaken*** *⇒met weerhaakje* **0.2** ***met stekels/prikkels*** **0.3** ***scherp*** *⇒bijtend, stekelig, hatelijk* ⟨opmerkingen, woorden⟩ ◆ **1.2** ~ wire *prikkeldraad.*

bar·bel ['bɑ:bl‖'bɑrbl]⟨telb.zn.⟩ **0.1** ***voeldraad*** ⟨v. vis⟩ **0.2** ⟨dierk.⟩ ***barbeel*** ⟨genus Barbus⟩.

bar·bell ['bɑ:bel‖'bɑr-]⟨telb.zn.⟩⟨sport⟩ **0.1** ***lange halter.***

bar·ber[1] ['bɑ:bə‖'bɑrbər]⟨f2⟩⟨telb.zn.⟩ **0.1** ***herenkapper*** *⇒barbier* ◆ **3.¶** ⟨inf.⟩ do a ~ *ouwehoeren.*

barber[2] ⟨ww.⟩
I ⟨onov.ww.⟩ **0.1** ***herenkapper/barbier zijn;***
II ⟨ov.ww.⟩ **0.1** ***barbieren*** *⇒scheren* **0.2** ***kort knippen*** ⟨haar, gras⟩ **0.3** ***bijknippen*** ⟨baard⟩ ◆ **1.2** a ~ed lawn *een kortgeknipt gazon.*

bar·ber·ry ['bɑ:bri‖'bɑrberi]⟨telb.zn.; →mv. 2⟩⟨plantk.⟩ **0.1** ***berberis*** ⟨genus Berberis⟩.

'barbershop quartet ⟨telb.zn.⟩⟨AE; inf.⟩ **0.1** ***vierstemmig folkloristisch-populair mannenkwartet.***

'barber's 'itch, 'barber's 'rash ⟨n.-telb.zn.⟩ **0.1** ***barbiersschurft.***

'barber's 'pole ⟨f1⟩⟨telb.zn.⟩ **0.1** ***gestreepte paal buiten kapperszaak.***

'barber's shop, ⟨AE sp. ook⟩ **'bar·ber·shop** ⟨f1⟩⟨telb.zn.⟩ **0.1** ***herenkapperszaak.***

bar·bet ['bɑ:bət‖'bɑr-]⟨telb.zn.⟩⟨dierk.⟩ **0.1** ***baardvogel*** ⟨fam. Capitonidae⟩ **0.2** ***langharig poedeltje.***

bar·bette [bɑ:'bet‖bɑr-]⟨telb.zn.⟩⟨mil., scheep.⟩ **0.1** ***barbette.***

bar·bi·can ['bɑ:bɪkən‖'bɑr-]⟨telb.zn.⟩⟨mil.⟩ **0.1** ***buitenwerk*** ⇒⟨i.h.b.⟩ *(dubbele) vestingtoren* ⟨boven brug, poort⟩, *barbacane.*

bar·bie ['bɑ:bi‖'bɑrbi]⟨telb.zn.⟩⟨Austr. E; inf.⟩ **0.1** ***barbecue.***

Bar·bie Doll ['bɑ:bi dɒl‖'bɑrbi dɑl]⟨telb.zn.; ook attr.⟩⟨sl.⟩ **0.1** ***onmenselijk/plastic persoon*** *⇒pop.*

'bar 'billiards ⟨n.-telb.zn.⟩⟨spel⟩ **0.1** ***biljart*** ⟨met kleinere tafel en beperkte speeltijd⟩.

bar·bi·tone ['bɑ:bɪtoun‖'bɑr-], ⟨AE⟩ **bar·bi·tal** ['bɑ:bɪtæl‖'bɑrbɪtɔl]⟨n.-telb.zn.⟩ **0.1** ***slaapmiddel.***

bar·bi·tu·rate [bɑ:'bɪtʃərət‖bɑr-]⟨telb. en n.-telb.zn.⟩ **0.1** ***barbituraat*** ⟨als slaappil/drug⟩.

bar·bi·tu·ric ['bɑ:bɪ'tjuərɪk‖'bɑrbɪ'turɪk]⟨bn., attr.⟩ **0.1** ***barbituur-*** ◆ **1.1** ~ acid *barbituurzuur.*

Bar·bi·zon school ['bɑ:bɪzɒn sku:l‖'bɑrbɪzɑn-]⟨n.-telb.zn.⟩ **0.1** *School v. Barbizon* ⟨landschapsschilders⟩.

'barb'wire ⟨n.-telb.zn.⟩⟨AE⟩ **0.1** ***prikkeldraad.***

bar·ca·role, bar·ca·rolle ['bɑ:kə'roul‖'bɑr-]⟨telb.zn.⟩ **0.1** ***barcarolle*** *⇒gondellied.*

'bar chart, 'bar diagram, 'bar graph ⟨telb.zn.⟩⟨stat.⟩ **0.1** ***staafdiagram.***

'bar code ⟨telb.zn.⟩⟨comp.⟩ **0.1** ***streepjescode.***

'bar-code ⟨ov.ww.⟩ **0.1** ***van streepjescode voorzien.***

bard[1] [bɑ:d‖bɑrd]⟨telb.zn.⟩ **0.1** ***bard*** *⇒Keltisch zanger* **0.2** ***dichter*** **0.3** ***harnas*** ⟨v. paard⟩ **0.4** ***spekreep*** *⇒bardeerreep* ◆ **7.2** the Bard (of Avon) *Shakespeare, dè dichter (uit Avon).*

bard[2] ⟨ov.ww.⟩ **0.1** ***harnassen*** ⟨paard⟩ **0.2** ***barderen.***

bard·ic ['bɑ:dɪk‖'bɑr-]⟨bn., attr.⟩ **0.1** ***barden-*** ◆ **1.1** ~ song *bardenlied.*

bard·ol·a·try [bɑ:'dɒlətri‖bɑr'dɑ-]⟨n.-telb.zn.⟩ **0.1** ***Shakespeareverering*** *⇒Shakespearecultus.*

bare[1] [beə‖ber]⟨f3⟩⟨bn.; -er; -ness; →compar. 7⟩
I ⟨bn.⟩ **0.1** ***naakt*** *⇒bloot, ongedekt* **0.2** ***kaal*** *⇒leeg, onversierd/begroeid/bekleed* ◆ **1.1** in his ~ bottom *in zijn blote kont;* with one's ~ hands *met blote handen;* with one's head ~ *blootshoofds;* in his ~ skin *piemelnaakt, in zijn blootje* **1.2** the ~ facts *de onopgesmukte/naakte feiten, de feiten zoals ze zijn;* a ~ floor/wall *een kale vloer/muur;* a ~ tree *een kale/bladerloze boom* **1.¶** sail under ~ poles *met gestreken zeilen varen, voor top en takel drijven* **3.1** lay ~ *blootleggen, aan het licht brengen, openleggen* **6.2** ~ **of** sth. *zonder iets;* ⟨scheep.⟩ **under/in** ~ poles *voor top en takel* ⟨met geen enkel zeil⟩;
II ⟨bn., attr.⟩ **0.1** ***enkel*** *⇒zondermeer, alleen maar, niets meer/anders dan* **0.2** ***schaars*** *⇒schraal, krap, net voldoende* ◆ **1.1** the ~ necessities (of life) *het strikt noodzakelijke, het allernodigste;* the ~ thought! *de gedachte alleen al!;* a ~ word would suffice *een enkel woord zou volstaan* **1.2** with a ~ majority *met een krappe/nauwelijks voldoende meerderheid.*

bare[2] ⟨f2⟩⟨ov.ww.⟩ **0.1** ***ontbloten*** **0.2** ***blootleggen*** *⇒onthullen, openbaren, bekendmaken* **0.3** ***ontdoen*** ◆ **1.1** ~ one's head *zijn hoed afnemen;* the animal ~d its teeth *het dier liet zijn tanden zien;* ~ the end of a wire *het einde v.e. draad ontbloten* **1.2** ~ one's heart/soul *zijn hart/gevoelens openleggen/luchten* **6.3** he ~d his leg **of** its bandages *hij ontdeed zijn been v. zijn verbanden.*

bare[3] ⟨verl. t.⟩ →bear.

'bare·back[1] ⟨bn., attr.⟩ **0.1** ***zonder zadel rijdend*** *⇒bloot* **0.2** ⟨sl.⟩ ***zonder kapotje*** ◆ **1.2** ~ rider *neuker zonder kapotje.*

bareback[2] ⟨bw.⟩ **0.1** ***zonder zadel*** **0.2** ⟨sl.⟩ ***zonder kapotje*** ◆ **3.1** ride ~ *zonder zadel (paard)rijden, bloot paardrijden.*

'bare·back·ed ⟨bn.; bw.⟩ **0.1** ***met blote rug*** *⇒ongezadeld, zonder zadel* ⟨v. paard⟩.

'bare'bon·ed ⟨bn.⟩ **0.1** ***(brood)mager.***

'bare·bow ⟨n.-telb.zn.⟩⟨veldboogschieten⟩ **0.1** ***(het) instinctief schieten.***

'bare'fac·ed ⟨f1⟩⟨bn.; -ly [-'feɪsɪdli]; -ness⟩ **0.1** ***onbeschaamd*** *⇒brutaal, schaamteloos* **0.2** ***onverholen*** *⇒openlijk* **0.3** ***zonder masker*** **0.4** ***zonder baard*** ◆ **1.1** ~ lies *schaamteloze leugens;* a ~ trick *een brutale streek.*

'bare·foot[1], **'bare·'foot·ed** ⟨f1⟩⟨bn.⟩ **0.1** ***met/op blote voeten*** *⇒zonder schoenen/sokken* **0.2** ***zonder hoefijzers*** ⟨paard⟩ **0.3** ***ongeschoeid*** *⇒met sandalen* ⟨monnik⟩.

barefoot[2] ⟨f1⟩⟨bw.⟩ 0.1 ***blootsvoets*** ⇒*barrevoets* ◆ 3.1 go/walk ~ *op blote voeten lopen*.

'barefoot doctor ⟨telb.zn.⟩ 0.1 ***blotevoetendokter***.

'barefoot skiing ⟨n.-telb.zn.⟩⟨waterskiën⟩ 0.1 ***(het) blootvoetsskiën***.

ba·rege, ba·rège [bə'reʒ]⟨n.-telb.zn.; ook attr.⟩ 0.1 ***barège*** ⟨japonstof⟩.

'bare-'hand·ed ⟨bn.; bw.⟩ 0.1 ***met blote handen*** ⇒*zonder handschoenen* 0.2 ***zonder wapen(s)/gereedschap*** ⇒*met blote handen*.

'bare'head·ed ⟨f1⟩⟨bn.; bw.⟩ 0.1 ***blootshoofds*** ⇒*zonder hoed*.

'bare'leg·ged ⟨bn.; bw.⟩ 0.1 ***met blote benen*** ⇒*zonder kousen*.

bare·ly ['beəli‖'berli]⟨f3⟩⟨bw.⟩ 0.1 ***nauwelijks*** ⇒*amper, net, ternauwernood* 0.2 ***schaars*** ⇒*spaarzaam, armzalig* ◆ 2.1 ~ enough to eat *nauwelijks genoeg te eten* 3.1 he can ~ read *hij kan amper lezen*.

barf [bɑ:f‖bɑrf]⟨ov.ww.⟩⟨AE; sl.⟩ 0.1 ***kotsen*** ⇒*braken, overgeven*.

barf·cit·y ['bɑ:f 'sɪti‖'bɑrf 'sɪṭi]⟨bn.⟩⟨AE; sl.; tieners⟩ 0.1 ***om niet goed v. te worden*** ⇒*om (v.) te kotsen, walgelijk*.

'bar·fly ⟨telb.zn.⟩⟨inf.⟩ 0.1 ***kroegloper***.

bar·gain[1] ['bɑ:gɪn‖'bɑr-]⟨f3⟩⟨telb.zn.⟩⟨→sprw. 35⟩ 0.1 ***afspraak*** ⇒*akkoord, overeenkomst;* ⟨bij uitbr.⟩ *koop, transactie* 0.2 ***koopje*** ◆ 3.1 make/strike a ~ *een akkoord sluiten/beklinken, tot een akkoord komen;* wet the ~ *de koop onder/met een drankje beklinken* 4.1 it's/that's a ~! *top!, akkoord!* 6.1 that was not **in** the ~! *dat was zo niet afgesproken!* 6.¶ **into**/⟨AE⟩ **in** the ~ *op de koop toe, bovendien, ook nog eens* 7.¶ ⟨sl.⟩ no ~ *oninteressante vrijgezel*.

bargain[2] ⟨f2⟩⟨ww.⟩
I ⟨onov.ww.⟩ 0.1 ***onderhandelen*** ⇒*dingen, marchanderen, pingelen, loven en bieden* 0.2 ***overeenkomen*** ⇒*tot een akkoord komen, afspreken* ◆ 6.1 ~ **about/over** sth. *over iets onderhandelen;* ~ **about** the price *pingelen, op de prijs afdingen;* ~ **for** sth. *over iets onderhandelen, iets bedingen* 6.¶ ~ **for**/⟨AE ook⟩ **on** *verwachten, rekenen op;* more than he ~ed **for**/⟨AE ook⟩ **on** *meer dan waar hij op rekende/wat hij verwachtte;*
II ⟨ov.ww.⟩ 0.1 ***ruilen*** ⇒*verhandelen* 0.2 ***bedingen*** ⇒*als voorwaarde stellen* ◆ 1.1 ~ one house for another *een huis tegen/voor een ander ruilen* 5.¶ ~ **away** sth. *iets versjacheren, iets verkwanselen* 8.2 the workers ~ed that they should get better pay *de arbeiders stelden als voorwaarde/bedongen dat ze beter betaald zouden worden*.

'bargain basement ⟨telb.zn.⟩ 0.1 ***benedenverdieping waar uitverkoop gehouden wordt*** ⟨in warenhuis⟩.

'bargain counter ⟨telb.zn.⟩ 0.1 ***toonbank met koopjes*** ⇒*uitverkooptafel*.

bar·gain·er ['bɑ:gɪnə‖'bɑrgɪnər]⟨telb.zn.⟩ 0.1 ***afdinger*** ⇒*pingelaar*.

'bargain 'fare ⟨telb.zn.⟩ 0.1 ***reisaanbieding***.

'bargain hunter ⟨telb.zn.⟩ 0.1 ***koopjesjager*** ⇒*koopjesloper*.

'bargain hunting ⟨n.-telb.zn.⟩ 0.1 ***koopjesjacht*** ⇒*(het) op koopjes jagen*.

'bargaining chip ⟨telb.zn.⟩ 0.1 ***onderhandelingstroef***.

'bar·gain·ing position ⟨f1⟩⟨telb.zn.⟩ 0.1 ***onderhandelingspositie*** ◆ 2.1 be in a good ~ *in een goede onderhandelingspositie zijn*.

'bar·gain·ing table ⟨telb.zn.⟩ 0.1 ***onderhandelingstafel***.

'bargain offer ⟨telb.zn.⟩ 0.1 ***speciale aanbieding***.

'bargain price, 'bargain rate ⟨f1⟩⟨telb.zn.⟩ 0.1 ***spotprijs*** ⇒*weggeefprijs*.

'bargain sale ⟨f1⟩⟨telb.zn.⟩ 0.1 ***uitverkoop*** ⇒*reclameverkoop*.

barge[1] [bɑ:dʒ‖bɑrdʒ]⟨f1⟩⟨telb.zn.⟩ 0.1 ***schuit*** ⇒*praam, aak* 0.2 ***staatsiesloep*** ⇒*galaboot, staatsieboot* 0.3 ***woonboot*** ⇒⟨i.h.b.⟩ *drijvend clubhuis* ⟨in Oxford⟩ 0.4 ⟨inf.⟩ ***schuit*** ⟨voor oud schip e.d.⟩ 0.5 ⟨scheep.⟩ ***sloep*** ⇒⟨i.h.b.⟩ *barkassloep, officierssloep*.

barge[2] ⟨f2⟩⟨ww.⟩
I ⟨onov.ww.⟩⟨inf.⟩ 0.1 ***stommelen*** ⇒*zich lomp/onhandig verplaatsen* ◆ 5.1 ~ **about/along** *rondstommelen* 5.¶ ~ **in** *binnenvallen; zich (ongevraagd) inmengen, zich bemoeien, onderbreken;* ~ **in** on the conversation *zich (ongevraagd) in het gesprek mengen;* ~ **in** on s.o. *iem. lastigvallen/storen* 6.1 ~ **into/against** sth. *ergens tegenaan bonken/botsen* 6.¶ ~ **into** (the conversation) *zich (lomp) mengen in (het gesprek);*
II ⟨ov.ww.⟩ 0.1 ***per aak/schuit vervoeren;***
III ⟨onov. en ov.ww.⟩⟨atletiek⟩ 0.1 ***duwen*** ⇒*hinderen*.

'barge·board ⟨telb.zn.⟩⟨bouwk.⟩ 0.1 ***gevellijst*** ⇒*windveer*.

bar·gee [bɑ:'dʒi:‖bɑr-]⟨telb.zn.⟩⟨BE⟩ 0.1 ***schipper*** ⇒*schuitevoerder* ◆ 3.1 swear like a ~ *vloeken als een ketter*.

barge·man ['bɑ:dʒmən‖'bɑrdʒ-]⟨telb.zn.; bargemen [-mən]; →mv. 3⟩⟨AE⟩ 0.1 ***schipper*** ⇒*schuitevoerder*.

'barge-pole ⟨telb.zn.⟩ 0.1 ***vaarboom*** ⇒*schippersboom* ◆ 3.¶ ⟨BE; inf.⟩ I wouldn't touch him with a ~ *ik zou hem nog met geen tang willen aanraken, ik wil helemaal niets met hem te maken hebben*.

'barge port ⟨telb.zn.⟩ 0.1 ***overlaadhaven*** ⟨zonder kaden voor de kust⟩.

'bar girl ⟨f1⟩⟨telb.zn.⟩ 0.1 ***animeermeisje***.

bar graph →bar chart.

bar·i·a·tri·cian ['bærɪə'trɪʃn]⟨telb.zn.⟩ 0.1 ***specialist voor zwaarlijvigheid***.

bar·i·at·rics ['bæri'ætrɪks]⟨n.-telb.zn.⟩ 0.1 ***medische behandeling v. zwaarlijvigheid***.

bar·ic ['bærɪk]⟨bn., attr.⟩ 0.1 ⟨schei.⟩ ***barium-*** 0.2 ⟨nat.⟩ ***bar-*** ⇒*barometrisch*.

ba·ril·la [bə'rɪlə]⟨n.-telb.zn.⟩ 0.1 ⟨plantk.⟩ ***loogkruid*** ⇒*sodakruid* ⟨genus Salsola⟩ 0.2 ***ruwe soda*** ⟨uit sodakruid en zeewier⟩.

'bar iron ⟨n.-telb.zn.⟩ 0.1 ***staafijzer***.

bar·i·tone, bar·y·tone ['bærɪtoʊn]⟨f1⟩⟨telb.zn.⟩⟨muz.⟩ 0.1 ***bariton*** ⟨stem, zangpartij en instrument⟩.

bar·i·um ['beərɪəm‖'ber-]⟨n.-telb.zn.⟩ 0.1 ⟨schei.⟩ ***barium*** ⟨element 56⟩ 0.2 ***bariumsulfaat*** ⟨contrastmiddel voor röntgenfoto's⟩.

'barium enema ⟨telb.zn.⟩ 0.1 ***bariumclysma*** ⟨voor röntgenonderzoek v. ingewanden⟩.

'barium 'meal ⟨telb.zn.⟩ 0.1 ***bariumpap(je)*** ⟨voor röntgenonderzoek v. maag⟩.

bark[1], ⟨in bet. I 0.2, 0.3 ook⟩ **barque** [bɑ:k‖bɑrk]⟨f2⟩⟨zn.⟩
I ⟨telb.zn.⟩ 0.1 ***blaffend geluid*** ⇒*geblaf;* ⟨fig.⟩ *blafhoest; ruw stemgeluid; knal* ⟨v. vuurwapen⟩ 0.2 ⟨scheep.⟩ ***bark*** ⇒*barkas* 0.3 ***boot*** ⇒*scheepje, sloep* ◆ 1.1 the ~ of guns *het knallen der geweren* 2.1 speak in an angry ~ *afblaffen;* his ~ is worse than his bite *(het is bij hem) veel geschreeuw en weinig wol, hij blaft harder dan hij bijt;*
II ⟨n.-telb.zn.⟩ 0.1 ***schors*** ⇒*bast;* ⟨leerlooierij⟩ *run* 0.2 ***kinine*** 0.3 ***huid*** ⇒*vel* ◆ 1.1 cork is the ~ of cork-oaks *kurk is de bast/schors v.d. kurkeik* 3.3 he scraped the ~ off his knees when he fell *toen hij viel schaafde hij het vel v. zijn knieën*.

bark[2] ⟨f2⟩⟨ww.⟩⟨→sprw. 11, 36, 751⟩
I ⟨onov.ww.⟩ 0.1 ***blaffen*** ⇒⟨fig.⟩ *hoesten; knallen* 0.2 ⟨AE⟩ ***klanten lokken*** ◆ 1.1 the guns ~ed *de kanonnen bulderden* 6.1 ~ **at** s.o. *tegen iem. blaffen; iem. afblaffen, tegen iem. uitvaren;*
II ⟨ov.ww.⟩ 0.1 ***(uit)brullen*** ⇒*aanblaffen; luid aanprijzen* 0.2 ***ontschorsen*** ⇒*afschillen* 0.3 ***schaven*** ⟨vel⟩ 0.4 ***tanen*** 0.5 ***looien*** ◆ 1.1 ~ (out) an order *een bevel schreeuwen;* ~ one's wares *zijn waar luidkeels aanprijzen*.

'bar·keep·er, 'bar·keep ⟨f1⟩⟨telb.zn.⟩⟨AE⟩ 0.1 ***barman*** ⇒*barkeeper, bartender* 0.2 ***kastelein*** ⇒*caféhouder, kroegbaas*.

bar·ken·tine, bar·quen·tine ['bɑ:kənti:n‖'bɑr-]⟨telb.zn.⟩⟨scheep.⟩ 0.1 ***schoenerbark*** ⇒*barkentijn*.

bark·er ['bɑ:kə‖'bɑrkər]⟨telb.zn.⟩ 0.1 ***stoepier*** ⇒*klantenlokker, boniseur* 0.2 ***ontschorser*** ⇒*ontschorsmachine* 0.3 ⟨sl.⟩ ***blaffer*** ⇒*schietijzer, pistool* 0.4 ⟨AE; sl.⟩ ***honkbaltrainer***.

'barking deer ⟨telb.zn.⟩⟨dierk.⟩ 0.1 ***muntjak(hert)*** ⟨genus Muntiacus⟩.

'bark mill ⟨telb.zn.⟩ 0.1 ***runmolen***.

'bark remover ⟨telb.zn.⟩ 0.1 ***ontschorsmachine***.

'bark spud ⟨telb.zn.⟩ 0.1 ***ontschorsmes***.

'bark tree ⟨telb.zn.⟩⟨plantk.⟩ 0.1 ***kinaboom*** ⟨genus Cinchona⟩.

bar·ley ['bɑ:li‖'bɑrli]⟨f1⟩⟨n.-telb.zn.⟩ 0.1 ***gerst***.

'bar·ley·corn ⟨zn.⟩
I ⟨telb.zn.⟩ 0.1 ***gerstkorrel*** 0.2 ***lengtemaat*** ⟨1/3 inch⟩ 0.3 ***korrel*** ⟨op geweer⟩;
II ⟨n.-telb.zn.⟩ 0.1 ***gerst***.

'barley sugar ⟨zn.⟩
I ⟨telb.zn.⟩ 0.1 ***lolly;***
II ⟨n.-telb.zn.⟩ 0.1 ***gerstesuiker***.

'barley water ⟨n.-telb.zn.⟩ 0.1 ***gerstewater***.

'barley 'wine ⟨n.-telb.zn.⟩⟨vnl. BE⟩ 0.1 ***gerstewijn***.

bar·low ['bɑ:loʊ‖'bɑr-], **'barlow knife** ⟨telb.zn.⟩⟨AE⟩ 0.1 ***groot zakmes met lang lemmet***.

barm [bɑ:m‖bɑrm]⟨n.-telb.zn.⟩ 0.1 ***(bier)gist***.

'bar magnet ⟨telb.zn.⟩ 0.1 ***magneetstaaf*** ⇒*staafmagneet*.

'bar·maid ⟨f1⟩⟨telb.zn.⟩ 0.1 ***barmeisje*** ⇒*barmeid, dienster, serveerster, buffetjuffrouw*.

bar·man ['bɑ:mən‖'bɑr-]⟨f1⟩⟨telb.zn.; barmen [-mən]; →mv. 3⟩ 0.1 ***barman*** ⇒*man achter de tap*.

Bar·me·cide[1] ['bɑ:mɪsaɪd‖'bɑr-]⟨eig.n., telb.zn.⟩ 0.1 ***schijnweldoener***.

Barmecide[2], **Bar·me·ci·dal** ['bɑ:mɪ'saɪdl‖'bɑr-]⟨bn., attr.⟩ 0.1 ***denkbeeldig*** 0.2 ***bedrieglijk*** ⇒*schijn-* ◆ 1.1 a ~ meal *een denkbeeldig maal*.

bar mi(t)z·vah[1] ['bɑ:'mɪtsvə‖'bɑr-], ⟨in bet. 0.1 ook⟩ **bar mi(t)zvah boy** ⟨telb.zn.; vaak B- M-; ook bar mi(t)zvot(h)[-voʊθ]; →mv. 5⟩ ⟨jud.⟩ 0.1 ***bar mitswa*** ⟨dertienjarige Joodse jongen als volwassen en verantwoordelijk in het geloof beschouwd⟩ 0.2 ***bar mitswa*** ⟨bevestigingsceremonie v. dertienjarige jongens⟩.

bar mi(t)zvah[2] ⟨onov.ww.⟩ ⟨jud.⟩ **0.1** ***zijn bar mitswa doen*** ⟨in de synagoge⟩.
barm·y ['bɑ:mi‖'bɑrmi]⟨f1⟩ ⟨bn.; -er; →compar. 7⟩ **0.1** ***gistig*** ⇒*gistend* **0.2** ⟨vnl. BE; sl.⟩ ***stapelgek.***
barn[1] [bɑ:n‖bɑrn]⟨f3⟩ ⟨telb.zn.⟩ **0.1** ***schuur*** **0.2** ⟨AE⟩ ***stal*** ⇒*loods, stalling* **0.3** ⟨pej.⟩ ***kast*** ⇒*groot oud huis* **0.4** ⟨nat.⟩ ***barn*** ⟨nucleaire oppervlakte-eenheid⟩ ◆ **1.3** a ~ of a house *een kast v.e. huis* **2.1** as big as a ~ *zo groot als een huis / olifant.*
barn[2] ⟨ov.ww.⟩ ⟨AE⟩ **0.1** ***in een schuur opslaan.***
bar·na·cle ['bɑ:nəkl‖'bɑr-]⟨f1⟩ ⟨zn.⟩
 I ⟨telb.zn.⟩ **0.1** ***eendemossel*** ⟨orde Cirripedia⟩ ⇒*zeepok; aangroei, baard* ⟨op scheepshuid⟩; ⟨fig.⟩ *plakker;*
 II ⟨mv.; ~s⟩ **0.1** ***neusknijper*** ⟨voor paard⟩ **0.2** ⟨gew.⟩ ***bril.***
'barnacle 'goose ⟨telb.zn.⟩ ⟨dierk.⟩ **0.1** ***brandgans*** ⟨Branta Leucopsis⟩.
'barn dance ⟨telb.zn.⟩ **0.1** ***boerenbal*** ⟨oorspr. in stal⟩ **0.2** ***boerendans*** ⇒*Schotse driepas / trije.*
'barn 'door ⟨f1⟩ ⟨telb.zn.⟩ **0.1** ***staldeur*** **0.2** ⟨scherts.⟩ ***groot doel*** ⟨dat men niet kan missen⟩ **0.3** ***klap*** ⟨v. toneelspot⟩ **0.4** ⟨mv.⟩ ⟨AE; inf.⟩ ***grote voortanden*** ◆ **3.2** he couldn't hit a ~ *hij kan nog geen olifant raken* **3.¶** lock the ~ after the horse has bolted / been stolen *de put dempen als het kalf verdronken is;* nail to the ~ *aan de kaak stellen.*
'barn-door fowl ⟨telb.zn.⟩ **0.1** ***scharrelkip*** ⇒*klein pluimvee.*
bar·ney ['bɑ:ni‖'bɑrni]⟨telb.zn.⟩ **0.1** ⟨BE; inf.⟩ ***luidruchtige ruzie*** **0.2** ⟨BE; inf.⟩ ***luidruchtig vermaak*** ⇒*slechte (toneel)voorstelling* **0.3** ⟨AE; inf.⟩ ***verkochte wedstrijd*** ⇒*doorgestoken kaart.*
'barn owl ⟨telb.zn.⟩ ⟨dierk.⟩ **0.1** ***kerkuil*** ⟨Tyto alba⟩.
'barn·storm ⟨f1⟩ ⟨ww.⟩
 I ⟨onov.ww.⟩ **0.1** ***op tournee gaan*** ⟨v. acteurs, showmen, politici⟩;
 II ⟨ov.ww.⟩ **0.1** ***(op tournee) doorkruisen.***
barn·storm·er ['bɑ:nstɔ:mə‖'bɑrnstɔrmər]⟨telb.zn.⟩ **0.1** ***acteur / showman / politicus op tournee.***
'barn swallow ⟨telb.zn.⟩ ⟨dierk.⟩ **0.1** ***boerenzwaluw*** ⟨Hirundo rustica⟩.
barn·yard ['bɑ:njɑ:d‖'bɑrnjɑrd]⟨f1⟩ ⟨telb.zn.⟩ **0.1** ***boerenerf*** ⇒*hof.*
ba·ro·co·co [bærə'koʊkoʊ‖bə'roʊkə'koʊ]⟨bn.⟩ ⟨pej.⟩ **0.1** ***barok en rococo-*** **0.2** ***overdadig versierd*** ⇒*overladen.*
bar·o·graph ['bærəgrɑ:f‖-græf]⟨telb.zn.⟩ **0.1** ***barograaf*** ⇒*zelfregistrerende barometer.*
ba·rom·e·ter [bə'rɒmɪtə‖bə'rɑmɪtər]⟨f1⟩ ⟨telb.zn.⟩ **0.1** ***barometer*** ⟨ook fig.⟩ ◆ **6.1** the buying-power is a ~ **of** the economy *de koopkracht is een barometer / maatstaf / peilglas v.d. economie.*
bar·o·met·ric ['bærə'metrɪk], **bar·o·met·ri·cal** [-ɪkl]⟨f1⟩ ⟨bn.; (-al)ly; →bijw. 3⟩ **0.1** ***barometrisch*** ⇒*barometer-* ◆ **1.1** ~ pressure *luchtdruk, barometerstand.*
bar·on ['bærən]⟨f2⟩ ⟨telb.zn.⟩ **0.1** ***baron*** **0.2** ⟨vaak in samenstellingen⟩ ⟨vnl. AE⟩ ***magnaat*** **0.3** ⟨jur., heraldiek⟩ ***man*** **0.4** ***(onuitgebeend) dubbel lendestuk*** ◆ **1.2** oil ~ *oliebaron / -magnaat* **1.3** ~ and fem(m)e *man en vrouw.*
bar·on·age ['bærənɪdʒ]⟨f1⟩ ⟨zn.⟩
 I ⟨telb.zn.⟩ **0.1** ***adelboek;***
 II ⟨n.-telb.zn.⟩ **0.1** ***waardigheid v. baron;***
 III ⟨verz.n.⟩ **0.1** ***adelstand.***
bar·on·ess ['bærənɪs]⟨f1⟩ ⟨telb.zn.⟩ **0.1** ***barones(se).***
bar·on·et[1] ['bærənɪt‖'bærə'net]⟨telb.zn.⟩ **0.1** ***baronet*** ⟨rang tussen knight en baron⟩.
baronet[2] ⟨ov.ww.⟩ **0.1** ***tot de rang v. baronet verheffen.***
bar·on·et·age ['bærənɪtɪdʒ‖-netɪdʒ]⟨zn.⟩
 I ⟨telb.zn.⟩ **0.1** ***lijst v. baronets*** **0.2** ***titel v. baronet;***
 II ⟨verz.n.⟩ **0.1** ***de baronets.***
bar·on·et·cy ['bærənɪtsi]⟨telb.zn.; →mv. 2⟩ **0.1** ***titel v. baronet.***
ba·ro·ni·al [bə'roʊnɪəl]⟨bn.⟩ **0.1** ***v.e. baron*** **0.2** ***groot, rijk, en statig*** ◆ **2.1** a ~ mansion *een statig herenhuis.*
bar·on·y ['bærəni]⟨telb.zn.; →mv. 2⟩ **0.1** ***rang / waardigheid v. baron*** **0.2** ***baronie*** **0.3** ⟨IE⟩ ***district*** ⟨v.e. graafschap⟩ **0.4** ⟨Sch.E⟩ ***groot herenhuis.***
ba·roque[1] [bə'rɒk, bə'roʊk‖bə'roʊk, -'rɑk]⟨f1⟩ ⟨zn.⟩
 I ⟨eig.n.; B-; the⟩ **0.1** ***Barok;***
 II ⟨telb.zn.⟩ **0.1** ***barok kunstwerk*** **0.2** ***barokparel*** ⇒*onregelmatig gevormde parel;*
 III ⟨n.-telb.zn.⟩ **0.1** ***barokkunst*** ◆ **7.1** the ~ *de barok(stijl) / (tijd).*
baroque[2], **ba·roc·co** [bə'rɒkoʊ‖bə'rɑ-]⟨f2⟩ ⟨bn.⟩ **0.1** ***barok.***
ba·rouche [bə'ru:ʃ]⟨telb.zn.⟩ **0.1** ***barouchet(te)*** ⇒*kales.*
'bar parlour ⟨telb.zn.⟩ **0.1** ***box*** ⇒*salon* ⟨in café of bar⟩.
barque →bark[1].
bar·rack[1] ['bærək]⟨f2⟩ ⟨zn.⟩
 I ⟨telb.zn.⟩ **0.1** ***barak*** ⇒*keet;*
 II ⟨mv.; (a) ~s; ww. ook enk.⟩ **0.1** ***kazerne*** ⇒*kampement* **0.2** ⟨pej.⟩ ***groot, lelijk huis*** ◆ **2.1** their ~s is / are ugly *hun kazerne is een monstrum* **3.2** live in a ~s like that *in zo'n afschuwelijke kast v.e. huis wonen.*
barrack[2] ⟨ww.⟩ →barracking
 I ⟨onov.ww.⟩ ⟨BE, Austr. E⟩ **0.1** ***joelen en jouwen*** ⇒*herrie / keet schoppen* ◆ **6.¶** ~ **for** *aanmoedigen;*
 II ⟨ov.ww.⟩ **0.1** ***inlegeren*** ⇒*inkwartieren, kazerneren, in kazernes onderbrengen* **0.2** ⟨BE, Austr. E⟩ ***uitjouwen.***
bar·rack·er ['bærəkə‖-ər]⟨telb.zn.⟩ ⟨Austr. E; inf.⟩ **0.1** ***supporter*** ⟨v. team e.d.⟩.
bar·rack·ing ['bærəkɪŋ]⟨n.-telb.zn.; gerund v. barrack⟩ ⟨BE, Austr.E⟩ **0.1** ***herrie*** ⇒*protest* ⟨bij vergaderingen, sport e.d.⟩.
'barrack-room 'lawyer, ⟨AE⟩ **'barracks 'lawyer** ⟨telb.zn.⟩ ⟨sl.; sold.⟩ **0.1** ***bemoeial*** ⇒*betweter, dienstklopper* ⟨v. soldaat⟩.
'barracks bag ⟨telb.zn.⟩ **0.1** ***plunjezak*** ⇒*ransel, pukkel.*
'barracks square, 'barracks yard ⟨telb.zn.⟩ **0.1** ***kazerneplein.***
bar·ra·coon ['bærə'ku:n]⟨telb.zn.⟩ **0.1** ***barakkenkamp*** ⇒*omheinde ruimte* ⟨voor slaven, gevangenen e.d.⟩.
bar·ra·cu·da ['bærə'kju:də‖-'ku:də]⟨telb.zn.; ook barracuda; →mv. 4⟩ ⟨dierk.⟩ **0.1** ***barracuda*** ⟨roofvis; fam. Sphyraenidae⟩.
bar·rage[1] ['bærɑ:ʒ‖bə'rɑ:ʒ⟨in bet. 0.1 en 0.2⟩'bɑrɪdʒ]⟨f1⟩ ⟨telb.zn.⟩ **0.1** ***stuwdam*** **0.2** ***versperring*** **0.3** ***spervuur*** ⟨ook fig.⟩ ⇒*barrage* **0.4** ⟨sport⟩ ***barrage*** ⇒*beslissingswedstrijd* ◆ **1.1** a ~ across the Nile *een dam in de Nijl.*
barrage[2] ['bærɑ:ʒ‖bə'rɑʒ]⟨ov.ww.⟩ **0.1** ***onder spervuur leggen*** ⇒*met spervuur bestoken* ⟨ook fig.⟩ ◆ **1.1** he was ~d with questions *hij kreeg een spervuur van vragen te beantwoorden.*
'barrage balloon ⟨telb.zn.⟩ **0.1** ***versperringsballon.***
bar·ra·mun·da ['bærə'mʌndə], **bar·ra·mun·di** [-'mʌndi]⟨telb.zn.; ook barramunda, barramundi; →mv. 4⟩ ⟨dierk.⟩ **0.1** ***barramunda*** ⇒⟨i.h.b.⟩ *Australische longvis* ⟨Neoceratodus forsteri⟩.
bar·ra·tor, bar·ra·ter, bar·re·tor ['bærətə‖'bærətər]⟨telb.zn.⟩ **0.1** ***ruziezoeker*** ⇒*twistzoeker* **0.2** ⟨jur.⟩ ***baratteur.***
bar·ra·trous ['bærətrəs]⟨bn.; -ly⟩ **0.1** ***frauduleus*** **0.2** ***proceszuchtig*** ⇒*procesziek* **0.3** ***baratterie plegend.***
bar·ra·try ['bærətri]⟨n.-telb.zn.⟩ ⟨jur.⟩ **0.1** ⟨scheep.⟩ ***schelmerij*** ⇒*baratterie* **0.2** ***aanzetting tot processen*** ⇒*proceszucht* **0.3** ***handel in kerkelijke of staatsambten.***
barre [bɑ:‖bɑr]⟨telb.zn.⟩ ⟨dansk.⟩ **0.1** ***barre*** ⇒*bar.*
bar·rel[1] ['bærəl]⟨f3⟩ ⟨telb.zn.⟩ **0.1** ***ton*** ⇒*vat* ⟨voor vloeistof, i.h.b. olie, 158,97 l; voor droge waren 115,6l; →t1⟩ **0.2** ⟨ook mv.⟩ ⟨inf.⟩ ***hoop*** ⇒*grote hoeveelheid* **0.3** ⟨ben. voor⟩ ***cilinder*** ⟨v. horloge e.d.⟩ ⇒*loop* ⟨v. vuurwapen⟩; *trommel* ⟨v. orgel, lier, uurwerk⟩; *zuigerhuis* ⟨v. pomp⟩; *inktreservoir* **0.4** ***romp*** ⟨v. paard / koe⟩ **0.5** ⟨AE; inf.⟩ ***dikkerd*** ⇒*dikzak, ton* ◆ **1.2** ~s of money *een massa geld* **3.¶** scrape the ~ *zijn laatste duiten bijeenschrapen, aan het eind van zijn latijn zijn* **6.¶** be **in** the ~ *aan de grond zitten;* **over** a ~ *hulpeloos;* have s.o. **over** a ~ *iem. in zijn macht hebben.*
barrel[2] ⟨ww.; →ww. 7⟩
 I ⟨onov.ww.⟩ ⟨AE; sl.⟩ **0.1** ***scheuren*** ⇒*hard rijden;*
 II ⟨ov.ww.⟩ **0.1** ***in vaten doen*** ◆ **1.1** ~ed beer *bier in vaten / op het vat;* ~ed pickles *ingelegde augurken.*
'barrel arbor ⟨telb.zn.⟩ **0.1** ***veeras*** **0.2** ***trommeldraaispil.***
'bar·rel-'chest·ed ⟨bn.⟩ **0.1** ***kloek gebouwd*** ⇒*een ronde borst hebbend* ◆ **1.1** a ~ man *een vent als een kleerkast.*
'bar·rel·ful ['bærəlfʊl]⟨telb.zn.; ook barrelsful; →mv. 6⟩ **0.1** ***ton*** ⇒*inhoud v.e. ton.*
'barrel gate ⟨telb.zn.⟩ **0.1** ***vatkraan.***
'barrel gig ⟨telb.zn.⟩ **0.1** ***kaardtrommel.***
'bar·rel·head ⟨telb.zn.⟩ **0.1** ***bodem / deksel v. ton*** ◆ **3.¶** pay on the ~ *contant betalen.*
'bar·rel·house ⟨zn.⟩ ⟨AE⟩
 I ⟨telb.zn.⟩ **0.1** ***knijp*** ⇒*hoeretent, rendez-vous-hotel, kamers-per-uur-huis;*
 II ⟨n.-telb.zn.⟩ **0.1** ***barrelhouse-jazz*** ⟨met collectieve improvisaties en in up-tempo⟩.
'barrel key ⟨telb.zn.⟩ **0.1** ***pijpsleutel*** ⟨met holle schacht⟩.
'barrel loop ⟨telb.zn.⟩ **0.1** ***haft*** ⟨v. geweer⟩ ⇒*bajonethouder.*
'barrel organ ⟨f1⟩ ⟨telb.zn.⟩ **0.1** ***draaiorgel*** ⇒*pierement.*
'barrel roll ⟨telb.zn.⟩ **0.1** ⟨stuntvliegen⟩ ***kurketrekker.***
'barrel spanner ⟨telb.zn.⟩ **0.1** ***pijpsleutel*** ⇒*dopsleutel* ⟨voor moeren⟩.
'barrel vault ⟨telb.zn.⟩ **0.1** ***tongewelf.***
'barrel wheel ⟨telb.zn.⟩ **0.1** ***cilinder*** ⇒*anker* ⟨horloge⟩.
'barrel wind·ing ⟨telb.zn.⟩ **0.1** ***ankerwikkeling*** ⟨in elektromotor⟩.
bar·ren[1] ['bærən]⟨telb.zn.; vaak mv.⟩ **0.1** ***dorre streek.***
barren[2] ⟨f2⟩ ⟨bn.; vaak -er; -ly; -ness⟩ **0.1** ***onvruchtbaar*** ⇒*steriel, onproduktief;* ⟨ook fig.⟩ *nutteloos* **0.2** ***dor*** ⇒*bar, kaal* ◆ **1.1** a ~ discussion *een niets opleverende discussie;* the ~ fig-tree *de on-*

vruchtbare vijgeboom; a ~ woman/womb *een onvruchtbare/steriele vrouw/schoot* **1.2** ~ grounds/lands *barre gronden* **6.1** ~ **of** *zonder, ontdaan van.*

'Barren 'Grounds, 'Barren 'Lands ⟨eig.n.; the⟩ **0.1** ⟨dorre vlakte in Noord-Canada⟩.

bar·ret ['bærɪt], **bar·rette** [bə'ret]⟨telb.zn.⟩ **0.1** ***baret*** ⟨i.h.b. als hoofddeksel v. geestelijken⟩.

bar·rette [bə'ret]⟨telb.zn.⟩⟨AE⟩ **0.1** ***haarspeldje*** *⇒haarklemmetje.*

bar·ri·a·da ['bæri'ɑ:də]⟨telb.zn.⟩ **0.1** ***achterbuurt*** *⇒sloppen.*

bar·ri·cade[1] ['bærɪkeɪd, 'bærɪ'keɪd]⟨f1⟩⟨telb.zn.⟩ **0.1** ***barricade*** *⇒versperring* **0.2** ***hindernis*** ◆ **3.1** ⟨fig.⟩ she fought on the ~s for women's rights *ze ging voor de rechten v.d. vrouw de barricaden op.*

barricade[2] ⟨f1⟩⟨ov.ww.⟩ **0.1** ***barricaderen*** *⇒versperren, afzetten* **0.2** ***achter barricades verdedigen*** ◆ **4.2** he ~ed himself in his room *hij sloot zichzelf in zijn kamer op* **5.2** they have ~d themselves **in** *ze hebben zichzelf opgesloten/gebarricadeerd.*

bar·ri·er ['bærɪə‖-ər]⟨f3⟩⟨zn.⟩

I ⟨telb.zn.⟩ **0.1** ***barrière*** *⇒hek, afsluiting, slagboom* **0.2** ***grens*** *⇒grenspaal, tolhuis* **0.3** ***hinderpaal*** *⇒hindernis* **0.4** ***controle*** ⟨op station⟩ **0.5** ***beschot*** *⇒rijbaanwand, barrière* ⟨bij paardenrennen⟩ **0.6** ***ijsbarrière*** ⟨Zuidpool⟩ **0.7** ***remnet voor vliegtuig*** ⟨op vliegdekschip⟩ **0.8** →potential barrier ◆ **3.3** put up ~s *barrières opwerpen* **6.3** ~ **to** trade *handelsbelemmering;* lack of money is a ~ **to** progress *gebrek aan geld blokkeert de vooruitgang;* the only ~ **between** them *de enige hindernis die hen scheidt;*

II ⟨mv.; ~s⟩ **0.1** ***toernooi*** ◆ **6.1 at** ~s *in het strijdperk.*

'barrier cream ⟨telb.zn.⟩ **0.1** ***beschermende huidcrème.***

'barrier line ⟨telb.zn.⟩ **0.1** ***middenstreep*** ⟨op wegdek⟩.

'barrier material ⟨n.-telb.zn.⟩ **0.1** ***vloeistofdicht en/of gasdicht verpakkingsmateriaal.***

'barrier reef ⟨telb.zn.⟩ **0.1** ***barrièrerif.***

bar·ring ['bɑ:rɪŋ]⟨f1⟩⟨vz.; oorspr. teg. deelw. v. bar⟩ **0.1** ***uitgezonderd*** *⇒behalve, tenzij, behoudens* ◆ **1.1** there was no way out, ~ unexpected aid *er was geen uitweg, tenzij er onverwachts hulp opdaagde;* we shall arrive at noon ~ accidents *ijs en weder dienende zullen we om twaalf uur aankomen.*

bar·ri·o ['bɑ:riou]⟨telb.zn.⟩ **0.1** ***Spaanse wijk*** ⟨in grote stad⟩.

bar·ris·ter ['bærɪstə‖-ər]⟨f2⟩⟨telb.zn.⟩⟨jur.⟩ **0.1** ⟨BE⟩ ***advocaat*** ⟨pleiter bij hogere rechtbanken⟩ **0.2** ⟨AE⟩ ***jurist.***

'bar·ris·ter-at-'law ⟨telb.zn.; barrister-at-law; →mv. 6⟩⟨BE; schr.⟩ **0.1** ***advocaat*** ⟨pleiter bij hogere rechtbanken⟩.

'bar·room ⟨telb.zn.⟩ **0.1** ***gelagkamer*** *⇒bar.*

bar·row ['bærou]⟨f2⟩⟨telb.zn.⟩ **0.1** ***kruiwagen*** *⇒steekwagen* **0.2** ***draagbaar*** *⇒berrie, burrie, lamoen* **0.3** ***handkar*** *⇒karretje, venterskar* **0.4** ⟨archeologie⟩ ***grafheuvel*** *⇒tumulus, graf, terp* **0.5** ***barg*** *⇒gesneden mannetjesvarken/beer* ◆ **2.4** long ~ *langgraf.*

'barrow boy, 'barrow man ⟨telb.zn.⟩ **0.1** ***venter*** ⟨met kar⟩.

'Bar·row's 'goldeneye ⟨telb.zn.⟩⟨dierk.⟩ **0.1** ***IJslandse brilduiker*** ⟨Bucephala islandica⟩.

'barrow way ⟨telb.zn.⟩ **0.1** ***transportgalerij*** ⟨mijnbouw⟩.

'bar shoe ⟨telb.zn.⟩ **0.1** ***rondom gesloten hoefijzer.***

Bart [bɑ:t‖bɑrt]⟨afk.⟩ baronet ⟨schr.; ook scherts.⟩.

'bar-'tailed ⟨bn.⟩⟨dierk.⟩ ◆ **1.¶** ~ godwit *rosse grutto* ⟨Limosa lapponica⟩.

bar·tend ['bɑ:tend‖'bɑr-]⟨onov.ww.⟩ **0.1** ***als barkeeper fungeren*** *⇒tappen, inschenken.*

'bar·tend·er ⟨f1⟩⟨telb.zn.⟩⟨AE⟩ **0.1** ***barman*** *⇒barkeeper.*

bar·ter[1] ['bɑ:tə‖'bɑrṭər]⟨n.-telb.zn.⟩ **0.1** ***ruilhandel.***

barter[2] ⟨f1⟩⟨ww.⟩

I ⟨onov.ww.⟩ **0.1** ***ruilhandel drijven*** **0.2** ***marchanderen*** *⇒loven en bieden, handjeklap spelen, pingelen* ◆ **6.2** ~ **for** food **with** a merchant *op voedsel afdingen bij een koopman;*

II ⟨ov.ww.⟩ **0.1** ***ruilen*** **0.2** ***opgeven*** ⟨in ruil voor iets⟩ ◆ **5.2** ~ **away** one's freedom *zijn vrijheid prijsgeven/versjacheren* **6.1** he ~ed his books **for** a coat *hij ruilde zijn boeken voor/tegen een jas.*

bar·ter·er ['bɑ:tərə‖'bɑrṭərər]⟨telb.zn.⟩ **0.1** ***ruilhandelaar*** *⇒sjacheraar.*

bar·ti·zan, bar·ti·san ['bɑ:tɪzn‖'bɑrṭəzn]⟨telb.zn.⟩ **0.1** ***erkertorentje.***

Bar·tók·ian [bɑ:'təukɪən‖'bɑr-]⟨bn.⟩ **0.1** ***Bartokiaans*** *⇒in de trant/stijl van Bartok.*

bar·ton ['bɑ:tn‖'bɑrtn]⟨telb.zn.⟩⟨vero.; gew.⟩ **0.1** ***boerenerf.***

'bar tracery ⟨n.-telb.zn.⟩⟨bouwk.⟩ **0.1** ***streepjesmaaswerk*** *⇒streepjestracering, streepjestraceerwerk* ⟨v. gotisch venster⟩.

'Bar·tram's 'sandpiper ['bɑ:trəm‖'bɑr-]⟨telb.zn.⟩⟨dierk.⟩ **0.1** ***Bartrams ruiter*** ⟨Bartramia longicauda⟩.

Bart's [bɑ:ts‖bɑrts]⟨eig.n.⟩⟨verk.⟩ St. Bartholomew's Hospital ⟨in Londen⟩⟨inf.⟩.

'bar·wood ⟨n.-telb.zn.⟩ **0.1** ***roodhout.***

bar·y·on ['bærɪɒn‖-ɑn]⟨telb.zn.⟩⟨nat.⟩ **0.1** ***baryon.***

bar·y·sphere ['bærɪsfɪə‖-'sfɪr]⟨telb.zn.⟩ **0.1** ***aardkern.***

ba·ry·ta [bə'raɪṭə]⟨n.-telb.zn.⟩ **0.1** ***bariumoxyde*** **0.2** ***bariumhydroxyde.***

ba·ry·tes [bə'raɪṭi:z]⟨n.-telb.zn.⟩ **0.1** ***bariet*** *⇒zwaarspaat, bariumsulfaat.*

bar·y·tone[1] ['bærɪtoun]⟨telb.zn.⟩ **0.1** ***woord met onbetoonde eindsyllabe*** ⟨Griekse grammatica⟩ **0.2** →baritone.

barytone[2] ⟨bn.⟩ **0.1** ***met onbetoonde eindsyllabe*** ⟨Griekse grammatica⟩.

bas·al ['beɪsl]⟨bn.; -ly⟩ **0.1** ***basis-*** *⇒grond-* **0.2** ***basis-*** *⇒minimum-, vitaal, fundamenteel* ◆ **1.1** ~ leaves *wortelblad(er)en, wortelstandige blad(er)en* **1.2** ~ diet *minimum/basisdieet;* ~ metabolism *basaal metabolisme;* ~ principles *basisprincipes.*

ba·salt ['bæsɔ:lt, bə'sɔ:lt‖'bæ-, 'beɪ-]⟨n.-telb.zn.⟩ **0.1** ⟨geol.⟩ ***basalt*** **0.2** →basalt ware.

ba·sal·tic [bə'sɔ:ltɪk]⟨bn.⟩ **0.1** ***basaltachtig.***

basalt ware, basalt ['- -]⟨n.-telb.zn.⟩ **0.1** ***basalt-ware*** ⟨aardewerk met zwarte scherf⟩.

bas bleu ['bɑ: 'blɜ:]⟨telb.zn.; bas bleus ['bɑ: 'blɜ:]; →mv. 5⟩ **0.1** ***blauwkous.***

bas·cule ['bæskju:l]⟨telb.zn.⟩ **0.1** ***bascule*** *⇒wip* ⟨v. brug⟩, *balans, tegenwicht, contragewicht.*

'bascule bridge ⟨telb.zn.⟩ **0.1** ***wipbrug*** *⇒basculebrug, klepbrug, balansbrug.*

base[1] [beɪs]⟨f3⟩⟨telb.zn.⟩ **0.1** ***basis*** *⇒draagvlak, voetstuk, voet* **0.2** ***grond*** *⇒*⟨meetkunde⟩ *grondlijn, grondvlak, basis* **0.3** ***grondslag*** *⇒fundament;* ⟨fig.⟩ *uitgangspunt, premisse* **0.4** ***hoofdbestanddeel*** **0.5** ***basiskamp*** *⇒*⟨mil.⟩ *basis, hoofdkwartier* **0.6** ⟨anat.⟩ ***basis*** *⇒wortel, oorsprong* ⟨v. lichaamsdeel⟩ **0.7** ⟨taalk.⟩ ***stam(morfeem)*** *⇒basismorfeem, grondwoord* **0.8** ⟨taalk.⟩⟨verk.⟩ ⟨base component⟩ **0.9** ⟨wisk.⟩ ***grondtal*** *⇒basis* ⟨v.e. driehoek, voor een topologie⟩ **0.10** ⟨schei.⟩ ***base*** **0.11** ⟨sport⟩ ***honk*** **0.12** ⟨foto.⟩ ***drager*** ⟨v. gevoelige laag⟩ **0.13** ⟨elektronica⟩ ***basis*** ⟨middendeel v. transistor⟩ **0.14** ⟨heraldiek⟩ ***schildvoet*** **0.15** ⟨geldw.⟩ ***bodemprijs*** ⟨v. aandeel⟩ ◆ **1.1** the ~ of the column *het voetstuk v.d. zuil;* the ~ of the mountain *de voet v.d. berg* **1.2** BC is the ~ of the triangle *BC is de basis v.d. driehoek* **1.5** ~ of operations *operatiebasis* **1.6** ~ of the nose/skull *neuswortel/schedelbasis* **2.3** construct one's argument on solid ~s *zijn argumenten stevig onderbouwen* **3.¶** ⟨AE; inf.⟩ touch ~ with *contact opnemen met; in contact komen met, voeling krijgen met* **4.9** the decimal system uses ~ ten *het tientallig stelsel werkt met het getal 10 als grondtal* **6.1** ~ **over** apex *over de kop, onderste boven* **6.11** ⟨fig.⟩ **off** ~ *naast het doel, helemaal mis;* catch s.o. **off** ~ *iem. onverwacht treffen/betrappen* **7.¶** ⟨AE⟩ not get to first ~ *nog nergens staan;* he has not got to first ~ with his project *hij heeft nog geen enkel succes bereikt met zijn projekt;* he does not even get to first ~ with her *hij krijgt bij haar geen poot aan de grond.*

base[2] ⟨f1⟩⟨bn.; -er; -ly; -ness; →bijw. 3⟩ **0.1** ***laag*** *⇒minderwaardig, verachtelijk* **0.2** ***laag in rang*** *⇒gemeen* **0.3** ***onedel*** *⇒onecht* **0.4** ***verbasterd*** **0.5** ⟨vero.⟩ ***laaggeboren*** ◆ **1.1** a ~ action *een laffe/gemene daad;* act from ~ motives *uit lage overwegingen handelen* **1.2** ~ tasks *laag/grof werk* **1.3** ~ coin *munt van laag gehalte, valse munt;* ~ metal *onedel metaal* **1.4** ~ Latin *potjeslatijn.*

base[3] ⟨f3⟩⟨ov.ww.⟩ **0.1** ***baseren op*** *⇒gronden, funderen* ⟨ook fig.⟩ **0.2** ***vestigen*** **0.3** ***als basis dienen voor*** ◆ **1.1** computer-~d accountancy *geautomatiseerde/gecomputeriseerde boekhouding;* a Daiquiri is a rum-~d cocktail *een Daiquiri is een cocktail op basis v. rum* **1.2** the fleet is ~d on/in Malta *de vloot heeft zijn basis op Malta;* a London-~d movement *een beweging met het hoofdkwartier in Londen* **1.3** the carrier can ~ 50 helicopters *het moederschip kan tot basis dienen voor 50 helikopters* **4.1** I ~d myself on his predictions *ik ging van zijn voorspellingen uit* **6.1** assertions ~d **(up)on** mere gossip *beweringen die slechts op roddel berusten;* the success is ~d **(up)on** a careful preparation *het welslagen is het gevolg v. nauwkeurige voorbereiding.*

'base·ball ⟨f2⟩⟨zn.⟩

I ⟨telb.zn.⟩ **0.1** ***honkbal*** ⟨bal⟩;

II ⟨n.-telb.zn.⟩ **0.1** ***honkbal*** ⟨spel⟩.

'base·board ⟨f1⟩⟨telb.zn.⟩ **0.1** ***grondplaat*** **0.2** ⟨AE⟩ ***plint*** ◆ **1.1** the ~ of a camera *de slede v.e. camera.*

'base·born ⟨bn.⟩ **0.1** ***laaggeboren*** *⇒van lage/onedele afkomst* **0.2** ***buitenechtelijk*** *⇒bastaard-* **0.3** ***gemeen*** *⇒onedel, minderwaardig, verachtelijk.*

'base·burn·er ⟨telb.zn.⟩ **0.1** ***vulkachel.***

'base component, base ⟨telb.zn.⟩⟨taalk.⟩ **0.1** ***basiscomponent*** ⟨in transformationele grammatica⟩.

'base-court ⟨telb.zn.⟩ **0.1** ***buitenhof*** ⟨v. kasteel⟩ **0.2** ***erf achter boerderij*** *⇒hoenderhof, binnenplaats* **0.3** ⟨BE; jur.⟩ ***laag gerechtshof.***

'base hit ⟨telb.zn.⟩ **0.1** ***honkslag*** ⟨slag die de slagman toelaat honk te bereiken⟩.

base·less ['beɪsləs]⟨bn.; -ly; -ness⟩ **0.1** ***ongegrond*** ⇒*ongefundeerd*.

'base line ⟨f1⟩⟨telb.zn.⟩ **0.1** ***basislijn*** ⇒*grondlijn, voetlijn* **0.2** ⟨honkbal⟩ ***binnenveldlijn*** ⟨deel v. foutlijn⟩ ⇒*honklijn* **0.3** ⟨tennis⟩ ***achterlijn*** ⇒*baselijn*.

'baseline game ⟨telb.zn.⟩⟨tennis⟩ **0.1** ***baselinespel*** ⟨afwachtend/defensief spel⟩.

'baseline judge ⟨telb.zn.⟩⟨tennis⟩ **0.1** ***achterlijnrechter***.

'baseline player ⟨telb.zn.⟩⟨tennis⟩ **0.1** ***baselinespeler***.

'base·lin·er ⟨telb.zn.⟩⟨tennis⟩ **0.1** ***baselinespeler***.

'base load ⟨telb.zn.⟩ **0.1** ***basisbelasting*** ⟨v. elektriciteitsnet e.d.⟩ **0.2** ⟨BE⟩ ***minimale orderportefeuille*** ⟨v. bedrijf om draaiende te blijven⟩.

base·man ['beɪsmən]⟨telb.zn.; basemen [-mən]; →mv. 3⟩ ⟨honkbal⟩ **0.1** ***honkman*** ⟨speler op honk⟩.

base·ment ['beɪsmənt]⟨f3⟩⟨telb.zn.⟩ **0.1** ***fundering*** ⇒*fundament, grondmuur, grondslag, sokkel* **0.2** ***kelderverdieping*** ⇒*souterrain, kelder*.

'basement 'garage ⟨telb.zn.⟩ **0.1** ***ondergrondse garage***.

'base-'mind·ed ⟨bn.; -ly; -ness⟩ **0.1** ***laaghartig***.

ba·sen·ji [bə'sendʒi]⟨telb.zn.⟩ **0.1** ***basenji*** ⟨kleine Afrikaanse hond die zelden of nooit blaft⟩.

'base pair ⟨telb.zn.⟩⟨genetica⟩ **0.1** ***samenstelling v. twee (v.d. vier) bestanddelen die DNA-moleculen vormen***.

'base·plate ⟨telb.zn.⟩ **0.1** ***grondplaat*** ⇒*funderingsplaat, voetplaat* **0.2** ***motorraam*** ⟨v. transportband e.d.⟩ **0.3** ***gebitplaat*** ⇒*basis* ⟨v. kunstgebit⟩ ◆ **1.1** ~ of points *glijplaat* ⟨v. wissel⟩.

'base rate ⟨telb.zn.⟩ **0.1** ***basistarief*** ⟨v.d. grote banken⟩.

bas·es ⟨mv.⟩ →base[1], basis.

bash[1] [bæʃ]⟨f1⟩⟨telb.zn.⟩ **0.1** ⟨inf.⟩ ***dreun*** ⇒*stoot, mep, opstopper* **0.2** ⟨sl.⟩ ***fuif*** **0.3** ⟨BE; sl.⟩ ***poging*** ◆ **3.1** give s.o. a ~ on the head *iem. een dreun op zijn kop geven* **3.3** have a ~ (at sth.), give sth. a ~ *iets eens proberen*.

bash[2] ⟨f2⟩⟨ww.⟩⟨inf.⟩

I ⟨onov.ww.⟩ **0.1** ***botsen*** ⇒*bonken, slaan* ◆ **5.¶** ~ **on** with *(zonder veel animo) doorgaan met* **6.1** ~ **at** *slaan naar;* the car ~ed **into** a tree *de auto reed te pletter tegen een boom;*

II ⟨ov.ww.⟩ **0.1** ***slaan*** ⇒*beuken, stoten* **0.2** ***uithalen naar*** **0.3** ***deuken*** **0.4** ⟨mijnw.⟩ ***opvullen*** ◆ **1.1** ~ one's head *zijn hoofd stoten* **5.1** ~ the door **down** *de deur rammen/inbeuken;* ~ s.o.'s head **in** *iemands schedel inslaan* **5.¶** ~ **up** *in elkaar rammen/slaan*.

bashaw →pasha.

bash·er ['bæʃə‖-ər]⟨telb.zn.⟩⟨sl.⟩ **0.1** ***vechtersbaas*** ⇒*bokser;* ⟨Austr.E⟩ *rover die zijn slachtoffers afranselt*.

bash·ful ['bæʃfl]⟨f1⟩⟨bn.; -ly; -ness⟩ **0.1** ***verlegen*** ⇒*bedeesd, teruggehouden, schuw*.

bash·i-ba·zouk ['bæʃibə'zu:k]⟨telb.zn.⟩ **0.1** ⟨gesch.⟩ ***Turks huurling*** ⟨berucht om plundering en wreedheid⟩ **0.2** ***ruw, onbeschaafd iemand***.

-bash·ing ['bæʃɪŋ]⟨vormt niet-telb. zn.⟩⟨inf.⟩ **0.1** ⟨in combinatie met personen, groepen⟩ ***(het) afranselen*** ⇒*(het) rammen;* ⟨fig.⟩ *(het) fel kritiseren, (het) afkraken* **0.2** ⟨duidt op intense activiteit mbt. het object⟩ ◆ **¶.1** ⟨vnl. BE⟩ Paki-bashing *(het) afranselen v. Pakistani's* ⟨uit racisme⟩; union-bashing *zwaar uithalen naar de vakbond* **¶.2** bible-bashing *(het) fanatiek verkondigen/naleven v.d. bijbel*.

'bash 'out ⟨ov.ww.⟩ **0.1** ***inslaan*** ⟨hersens⟩.

ba·sic ['beɪsɪk]⟨f3⟩⟨bn.⟩ **0.1** ***basis-*** ⇒*fundamenteel, grond-, hoofd-; primair* **0.2** ***basis-*** ⇒*minimum-* **0.3** ⟨schei., geol.⟩ ***basisch*** ◆ **1.1** ~ data *hoofdgegevens;* ~ dye *grond/hoofdkleur, enkelvoudige kleur;* ~ index *basisindex;* ~ industry *basisindustrie* **1.2** ~ pay/salary *basisloon, minimumwedde;* ~ training *basisopleiding;* ~ vocabulary *basisvocabularium* **1.3** ~ dye *basische kleurstof;* ~ process *thomasmethode* ⟨v. staalbereiding⟩; ~ slag *thomasslakkenmeel* ⟨meststof⟩; ~ steel *thomasstaal*.

Ba·sic ['beɪsɪk], **'Basic 'English** ⟨eig.n.⟩⟨afk.⟩ British American Scientific International Commercial **0.1** ***Basic (English)*** ⇒*Basis-Engels* ⟨vereenvoudigd, met woordenschat v. 850 woorden⟩.

BASIC ['beɪsɪk]⟨eig.n.⟩⟨afk.⟩ Beginners All-purpose Symbolic Instruction Code **0.1** ***BASIC*** ⟨computertaal⟩.

ba·si·cal·ly ['beɪsɪkli]⟨f2⟩⟨bw.⟩ **0.1** ***in de grond*** ⇒*fundamenteel, van nature, eigenlijk, voornamelijk*.

ba·sic·i·ty [beɪ'sɪsəṭi]⟨n.-telb.zn.⟩⟨schei.⟩ **0.1** ***basiciteit*** ⇒*basiditeit*.

ba·si·cra·ni·al ['beɪsɪ'kreɪnɪəl]⟨bn.⟩ **0.1** ***mbt. de schedelbasis***.

ba·sics ['beɪsɪks]⟨f1⟩⟨mv.⟩⟨vaak inf.⟩ **0.1** ***grondbeginselen*** ⇒*basiskennis* ◆ **3.1** back to ~ *(laten we) even de basiskennis ophalen;* learn the ~ first *doe eerst de basiskennis op*.

ba·si·fy ['bæsɪ̩faɪ]⟨ov.ww.; →ww. 7⟩⟨schei.⟩ **0.1** ***basisch maken***.

bas·il [bæzl]⟨f1⟩⟨zn.⟩

I ⟨telb.zn.⟩ **0.1** ***schuinte*** ⇒*schuine kant;*

II ⟨telb. en n.-telb.zn.⟩ **0.1** ***bezaanleder*** ⇒*gelooide schapehuid;*

III ⟨n.-telb.zn.⟩⟨plantk.⟩ **0.1** ***basilicum*** ⇒*basiliekruid, koningskruid* ⟨Ocimum basilicum⟩.

ba·si·lect ['bæzɪ̩lekt]⟨telb.zn.⟩ **0.1** ***plat*** ⟨dialect met het minste prestige in een gemeenschap⟩.

ba·sil·ic [bə'zɪlɪk, -'sɪ-], **ba·sil·i·cal** [-ɪkl], **ba·sil·i·can** [-ɪkən]⟨bn.⟩ **0.1** ***mbt. een basilica/basiliek*** **0.2** ***belangrijk*** ⇒*vooraanstaand, koninklijk* ◆ **1.¶** basilic vein *koningsader*.

ba·sil·i·ca [bə'zɪlɪ̩kə, -'sɪ-]⟨telb.zn.⟩ **0.1** ⟨bouwk.⟩ ***basilica*** **0.2** ⟨R.-K.⟩ ***basiliek***.

ba·sil·i·con [bə'sɪlɪ̩kɒn‖-kɑn], **ba'silicon ointment** ⟨n.-telb.zn.⟩ **0.1** ***pekzalf*** ⇒*pikzalf, basilicum*.

bas·i·lisk ['bæsɪ̩lɪsk, 'bæz-]⟨telb.zn.⟩ **0.1** ***basilisk*** ⇒*basiliscus, slangdraak* ⟨in fabels en heraldiek⟩ **0.2** ⟨dierk.⟩ ***basilisk*** ⟨soort Am. boomhagedis; genus Basiliscus⟩ **0.3** ⟨gesch.⟩ ***veldslang*** ⟨kanon⟩.

'basilisk glance ⟨telb.zn.⟩ **0.1** ***venijnige blik***.

ba·sin ['beɪsn]⟨f2⟩⟨telb.zn.⟩ **0.1** ***kom*** ⇒*schaal, schotel* **0.2** ***waterbekken*** ⇒*bak* **0.3** ⟨aardr.⟩ ***bekken*** ⇒*stroomgebied* **0.4** ⟨geol.⟩ ***bekken*** ⇒*laagte* **0.5** ***keteldal*** **0.6** ***waskom*** ⇒*gootsteen, wasbak* **0.7** ***bassin*** ⇒*dok, havendok* **0.8** →basinful ◆ **1.2** a fountain with a ~ *een fontein met een (vang)bekken* **2.3** the Mediterranean ~ *het Middellands(e zee-)bekken* **2.7** tidal ~ *getijbekken, getijhaven*.

bas·i·net, bas·ci·net, bas·si·net ['bæsɪnɪ̩t‖'bæsə'net]⟨telb.zn.⟩ ⟨gesch.⟩ **0.1** ***lichte (vizier)helm***.

ba·sin·ful, basin ['beɪsnfʊl]⟨telb.zn.⟩ **0.1** ***komvol*** ◆ **3.¶** ⟨inf.⟩ I've had a ~ *ik heb er mijn buik van vol/meer dan genoeg van*.

ba·sip·e·tal [beɪ'sɪpɪ̩ṭl]⟨bn.; -ly⟩⟨biol.⟩ **0.1** ***basipetaal*** ⟨van boven naar beneden groeiend⟩.

ba·sis ['beɪsɪs]⟨f3⟩⟨telb.zn.; bases ['beɪsi:z]; →mv. 5⟩ **0.1** ***basis*** ⇒*fundament;* ⟨fig.⟩ *grond(slag)* **0.2** ***basis*** ⇒*hoofdbestanddeel* **0.3** ***principe*** ⇒*maatstaf, criterium, standaard* ◆ **2.1** he has a firm ~ for his arguments *hij onderbouwt zijn argumenten stevig* **6.1** **on** the ~ **of** our data *op grond v. onze gegevens* **6.3** work **on** a half-time ~ *op deeltijdbasis werken;* be/stand **on** a first-name ~ with s.o. *iem. tutoyeren;* let me ask you **on** a friendly ~ *ik vraag het je als vriend/vriendschappelijk*.

'basis price ⟨telb.zn.⟩ **0.1** ***basisprijs***.

'basis rate ⟨telb.zn.⟩ **0.1** ***basistarief***.

ba·si·tem·po·ral ['beɪsɪ'temprəl]⟨bn.⟩ **0.1** ***mbt. de onderkant v.d. slapen*** ⟨bij schedel v. vogels⟩.

ba·si·ver·te·bral ['beɪsɪ'vɜ:təbrəl‖-'vɜrṭə-]⟨bn.⟩ **0.1** ***mbt. de onderkant v.d. wervels***.

bask [bɑ:sk‖bæsk]⟨f2⟩⟨onov.ww.⟩⟨ook fig.⟩ **0.1** ***zich koesteren*** ◆ **6.1** ~ **in** the sun *zich in 't zonnetje koesteren;* ~ **in** s.o.'s favour *bij iem. in de gunst/gratie staan*.

bas·ket[1] ['bɑ:skɪ̩t‖'bæs-]⟨f3⟩⟨telb.zn.⟩ **0.1** ***mand*** ⇒*korf* **0.2** ⟨basketbal⟩ ***basket*** **0.3** ⟨basketbal⟩ ***treffer*** ⇒*doelpunt* **0.4** ***mandvol*** **0.5** ***sneeuwkrans*** ⟨aan skistok⟩ **0.6** ***typekorf*** ⇒*korf* ⟨schrijfmachine⟩ **0.7** ⟨inf.; euf.⟩ ***type*** ⇒*mens, vent* **0.8** ⟨inf.; euf.⟩ ***schoft*** ⇒*smeerlap* **0.9** ⟨vulg.; sl.⟩ ***lul en ballen*** ⇒*zakie, zaakje, bobbel* ⟨zichtbaar in strakke broek⟩ ◆ **1.1** the ~ of a balloon *het schuitje/de gondel/de mand v.e. luchtballon* **1.4** ~s of apples *manden appels* **1.¶** smile like a ~ of chips *met een brede grijns glimlachen* **3.3** make/shoot a ~ *scoren*.

basket[2] ⟨ov.ww.⟩ **0.1** ***in een mand pakken*** **0.2** ***in de prullenmand gooien*** ⇒*weggooien*.

'bas·ket·ball ⟨f2⟩⟨zn.⟩

I ⟨telb.zn.⟩ **0.1** ***bal bij het basketbal gebruikt;***

II ⟨n.-telb.zn.⟩ **0.1** ***basketbal*** ◆ **3.1** play ~ *basketballen*.

'basket case ⟨telb.zn.; ook attr.⟩ **0.1** ***iem. met geamputeerde armen en benen*** ⇒⟨fig.⟩ *hulpeloos/hopeloos geval; zenuwzieke, zenuwpatiënt, zenuwpees*.

'basket chair ⟨telb.zn.⟩ **0.1** ***rieten stoel***.

'basket clause ⟨telb.zn.⟩ **0.1** ***allesomvattende clausule***.

'basket fish, 'basket star ⟨telb.zn.⟩⟨dierk.⟩ **0.1** ***slangster*** ⟨v.d. klasse Ophiuroider, i.h.b. v. orde Euryalae⟩.

'bas·ket·ful ['bɑ:skɪ̩tfʊl‖'bæs-]⟨telb.zn.; ook basketsful; →mv. 6⟩ **0.1** ***mand(vol)***.

'basket hilt ⟨telb.zn.⟩ **0.1** ***korfgevest*** ⟨v. sabel⟩.

'basket meal ⟨telb.zn.⟩ **0.1** ⟨ong.⟩ ***boerenmaaltijd*** ⇒*broodmaaltijd in mandje*.

bas·ket·ry ['bɑ:skɪ̩tri‖'bæs-], **'bas·ket·work** ⟨n.-telb.zn.⟩ **0.1** ***mandewerk***.

'basking shark ⟨telb.zn.⟩⟨dierk.⟩ **0.1** ***reuzehaai*** ⟨Cetorhinus maximus⟩.

bason →basin.

basque [bæsk]⟨telb.zn.⟩ **0.1** ***schootje*** **0.2** ***keurslijf met schootje***.

Basque[1] [bæsk]⟨f1⟩⟨zn.⟩

I ⟨eig.n.⟩ **0.1** ***Baskisch*** ⇒*de Baskische taal;*

II ⟨telb.zn.⟩ **0.1** ***Bask(ische)***.

Basque[2] ⟨f1⟩⟨bn.⟩ **0.1** ***Baskisch***.

bas-re·lief ['bɑ:rɪ'li:f, 'bæs-]⟨telb. en n.-telb.zn.⟩⟨beeld. k.⟩ **0.1** ***bas-reliëf***.

bass[1] [bæs]⟨f1⟩⟨zn.⟩
I ⟨telb.zn.; ook bass; →mv. 4⟩⟨dierk.⟩ **0.1** ***baars*** ⟨i.h.b. Perca fluviatilis⟩ **0.2** ***zeebaars*** ⟨vnl. Labrax lupus⟩;
II ⟨n.-telb.zn.⟩ **0.1** ***bast*** ⟨voor vlechten v. manden, matten enz.⟩ ⇒*linde/palmbast* **0.2** ⟨verk.⟩ ⟨basswood⟩.
bass[2] [beɪs]⟨f1⟩⟨telb.zn.⟩⟨muz.⟩ **0.1** ***bas*** ⟨stem, partij, persoon, instrument⟩ **0.2** ***lage tonen(regelaar)*** ⟨mbt. versterker⟩ **0.3** ⟨inf.⟩ ⟨verk.⟩ ⟨bass guitar, double bass⟩ ◆ **3.1** figured ~ *becijferde bas*.
bass[3] [beɪs]⟨f1⟩⟨bn., attr.⟩⟨muz.⟩ **0.1** ***bas-*** ◆ **1.1** ~ guitar *basgitaar;* ~ voice *basstem*.
bass clef ['beɪs klef]⟨telb.zn.⟩⟨muz.⟩ **0.1** ***bassleutel***.
'bass 'drum ⟨telb.zn.⟩ **0.1** ***grote trom*** ⇒*bass drum*.
bas·set ['bæsɪt]⟨zn.⟩
I ⟨telb.zn.⟩ **0.1** ⟨verk.⟩ ⟨basset hound⟩;
II ⟨n.-telb.zn.⟩ **0.1** ***basset*** ⟨18e eeuws kaartspel⟩.
'basset horn ⟨telb.zn.⟩⟨muz.⟩ **0.1** ***bassethoorn*** ⇒*kromhoorn, altklarinet*.
'basset hound ⟨telb.zn.⟩ **0.1** ***basset*** ⇒*brakhond*.
bas·si·net(te) ['bæsɪ'net]⟨telb.zn.⟩ **0.1** ***mandewieg*** **0.2** ***mandewagen (tje)***.
bass·ist ['beɪsɪst]⟨f1⟩⟨telb.zn.⟩ **0.1** ***bassist*** ⇒*contrabasspeler* **0.2** ***bas(zanger)***.
bas·so ['bæsoʊ]⟨telb.zn.; ook bassi [-si]; →mv. 5⟩ **0.1** ***bas(zanger)*** ⟨vnl. in opera⟩.
basso continuo ['bæsoʊ kən'tɪnjʊoʊ]⟨telb. en n.-telb.zn.⟩⟨muz.⟩ **0.1** ***generale bas*** ⇒*basso continuo*.
bas·soon [bə'su:n]⟨f1⟩⟨telb.zn.⟩ **0.1** ***fagot*** ⇒*basson*.
bas·soon·ist [bə'su:nɪst]⟨telb.zn.⟩ **0.1** ***fagottist***.
basso pro·fun·do ['bæsoʊ prə'fʊndoʊ]⟨telb.zn.; ook bassi profundi ['bæsi prə'fʊndi]; →mv. 5⟩⟨muz.⟩ **0.1** ***basso profundo*** ⇒*(zanger met) diepe basstem*.
bas·so-re·lie·vo ['bæsoʊrɪ'li:voʊ, -rɪ'ljeɪvoʊ]⟨telb.zn.; ook bassi-relievi ['bæsirɪ'li:vi, -'ljeɪvi]; →mv. 5⟩⟨beeld. k.⟩ **0.1** ***bas-reliëf***.
bass viol ['beɪs 'vaɪəl]⟨telb.zn.⟩⟨muz.⟩ **0.1** ***basgamba*** ⇒*bas viola da gamba* **0.2** ⟨AE⟩ ***contrabas***.
bass·wood ['bæswʊd]⟨zn.⟩
I ⟨telb.zn.⟩⟨plantk.⟩ **0.1** ***Amerikaanse linde*** ⟨vnl. Tilia americana⟩;
II ⟨n.-telb.zn.⟩ **0.1** ***hout v. Amerikaanse linde***.
bast [bæst]⟨n.-telb.zn.⟩ **0.1** ⟨plantk.⟩ ***floëem*** ⇒*bastweefsel* **0.2** ***(linde)bast*** ⟨voor vlechten v. manden, matten, enz.⟩.
bas·tard[1] ['bɑ:stəd‖'bæstərd]⟨f3⟩⟨zn.⟩
I ⟨telb.zn.⟩ **0.1** ***bastaard*** ⇒*basterd, onecht kind* **0.2** ⟨inf.; bel.⟩ ***smeerlap*** ⇒*rotvent, schoft* **0.3** ⟨inf.; scherts. of affectief⟩ ***vent*** ⇒*peer, fijne kerel* **0.4** ⟨inf.⟩ ***rotding*** ⇒*kreng, inferieur product, namaak(sel)* ◆ **1.4** a ~ of a snowstorm *een gemene sneeuwstorm;* a ~ of a toothache *een k(o)lerekiespijn* **2.2** he became a real ~ *hij werd een echte schoft* **2.3** you lucky ~! *geluksvogel die je bent!* **2.4** that job is a real ~ *dat is een echte rotklus;*
II ⟨n.-telb.zn.⟩ **0.1** ***basterdsuiker***.
bastard[2] ⟨f1⟩⟨bn., attr.⟩ **0.1** ***bastaard*** ⇒⟨ook fig.⟩ *verbasterd* **0.2** ***onecht*** ⇒*namaak-, minderwaardig* **0.3** ***v. ongewoon formaat*** ⇒*met willekeurige maat* ◆ **1.1** ⟨plantk.⟩ ~ cedar *bastaardceder* ⟨o.m. Guazuma ulmifolia⟩; ~ file *bastaardvijl;* ~ wing *duimvleugel* ⟨v. vogel⟩ **1.2** ⟨inf.⟩ ~ measles *rode hond;* ⟨typografie⟩ ~ title *Franse titel* **1.3** a ~ car *een wagen waarvan geen standaardmodel bestaat*.
bas·tard·i·za·tion, -sa·tion ['bæstədaɪ'zeɪʃn, 'bɑ:‖'bæstərdə-]⟨n.-telb.zn.⟩ **0.1** ***verbastering*** **0.2** ⟨jur.⟩ ***het tot bastaard verklaren***.
bas·tard·ize, -ise ['bɑ:stədaɪz‖'bæstər-]⟨ww.⟩
I ⟨onov.ww.⟩ **0.1** ***verbasteren*** ⇒*ontaarden;*
II ⟨ov.ww.⟩ **0.1** ***verbasteren*** **0.2** ⟨jur.⟩ ***tot bastaard verklaren*** ◆ **1.1** a ~d account of the facts *een onnauwkeurige weergave v.d. feiten*.
bas·tard·y ['bɑ:stədi‖'bæstərdi]⟨n.-telb.zn.⟩ **0.1** ***bastaardij*** ⇒*onwettigheid, onechtheid*.
'bastardy order ⟨telb.zn.⟩⟨jur.⟩ **0.1** ***bevel aan vader tot onderhoud v. buitenhuwelijks/onecht kind***.
baste [beɪst]⟨f1⟩⟨ov.ww.⟩ →basting **0.1** ***los aaneennaaien*** ⇒*(aaneen)rijgen,* ⟨B.⟩ *driegen* **0.2** ⟨cul.⟩ ***bedruipen*** **0.3** ***(af)ranselen***.
bas·tille, ⟨in bet. II ook⟩ **bas·tile** [bæ'sti:l]⟨zn.⟩
I ⟨eig.n.; B-; the⟩⟨gesch.⟩ **0.1** ***de Bastille;***
II ⟨telb.zn.⟩ **0.1** ***gevangenis***.
bas·ti·na·do[1] ['bæstɪ'neɪdoʊ, -'nɑ:-]⟨telb.zn.; ook -es; →mv. 2⟩ **0.1** ***bastonnade*** ⟨stokslagen op de voetzolen⟩.
bastinado[2] ⟨ov.ww.⟩ **0.1** ***met een stok op de voetzolen slaan*** ⇒*een bastonnade geven/toedienen, afrossen*.
bast·ing ['beɪstɪŋ]⟨zn.; (oorspr.) gerund v. baste⟩
I ⟨telb.zn.; meestal mv.⟩ **0.1** ***rijgsteken*** ⇒⟨B.⟩ *driegsteken;*
II ⟨n.-telb.zn.⟩ **0.1** ***het los aan elkaar naaien*** **0.2** ⟨verk.⟩ ⟨basting-thread⟩.
'bast·ing-thread ⟨n.-telb.zn.⟩ **0.1** ***rijgdraad*** ⇒*rijggaren,* ⟨B.⟩ *driegdraad, drieggaren*.
bas·tion ['bæstɪən‖'bæstʃən]⟨f1⟩⟨telb.zn.⟩ **0.1** ***bastion*** ⟨ook fig.⟩ ⇒*bolwerk*.
bas·tion·ed ['bæstɪənd‖-tʃənd]⟨bn.⟩ **0.1** ***(versterkt) met bastions***.
bat[1] [bæt]⟨f3⟩⟨telb.zn.⟩ **0.1** ⟨dierk.⟩ ***vleermuis*** ⟨orde der Chiroptera⟩ **0.2** ***knuppel*** **0.3** ⟨sport⟩ ***slaghout*** ⇒⟨cricket, tafeltennis⟩ *bat;* ⟨honkbal, kastie ook⟩ *knuppel;* ⟨slagbal⟩ *slaghout;* ⟨badminton, tennis, squash⟩ *racket;* ⟨inf., paardesport⟩ *jockeyzweep, rijzweep* **0.4** ⟨vnl. mv.⟩⟨lucht.⟩ ***stel landingsseinschijven*** ⇒*pannekoeken* **0.5** ⟨verk.⟩ ⟨batsman⟩ **0.6** ⟨inf.⟩ ***slag*** ⟨v. bat/knuppel⟩ **0.7** ⟨BE; sl.⟩ ***vaart*** ⇒*gang* **0.8** ⟨AE; sl.⟩ ***zuippartij*** ⇒*fuif* **0.9** ***halve (bak)steen*** **0.10** ***taaltje*** ⇒*vreemde omgangstaal* **0.11** ⟨AE; sl.⟩ ***tippelaarster*** ⇒*straathoertje* **0.12** ⟨AE; sl.⟩ ***(lelijke) meid*** ⇒*(onaantrekkelijke) vrouw, roddeltante, heks* ◆ **1.¶** like a ~ out of hell *als een duveltje uit een doosje;* ⟨inf.⟩ have ~s in the/one's belfry *met molentjes lopen, een klap van de molen(wieken) beethebben* **3.3** carry one's ~ *het einde v.d. innings bereiken zonder uitgeschakeld te zijn* ⟨v. batsman in cricket⟩ **3.10** sling the ~ *de omgangstaal v.d. inlanders spreken* **6.3** be **at** ~ *aan beurt/slag zijn* **6.7** **at** (full/a rare) ~ *in volle vaart* **6.8** **on** a ~ *aan de boemel* **6.¶** ⟨BE; inf.⟩ **off** one's own ~ *uit eigen beweging, op eigen houtje, op eigen kracht;* ⟨AE; inf.⟩ (right) **off** the ~ *zonder aarzelen, direct;* ⟨AE; sl.⟩ go **to** ~ *de nor indraaien, de bak ingaan;* ⟨inf.⟩ go **to** ~ against s.o. *iem. aanvallen, getuigen tegen iem.;* ⟨inf.⟩ go **to** ~ for s.o. *iem. verdedigen*.
bat[2] ⟨f2⟩⟨ww.; →ww. 7⟩
I ⟨onov.ww.⟩ **0.1** ⟨sport⟩ ***batten*** ⇒*met het bat/slaghout slaan* **0.2** ***aan bat gaan*** ⇒*aan de beurt zijn om te batten* ◆ **5.¶** ⟨AE of gew. BE; inf.⟩ ~ **along** *rondzwerven;* →**bat around;**
II ⟨ov.ww.⟩ **0.1** ***slaan*** ⇒*raken* ⟨met bat/knuppel/stok⟩ **0.2** ⟨honkbal⟩ ***een slaggemiddelde hebben v.*** **0.3** ***knipp(er)en*** ◆ **1.3** she's ~ting her eyes at him *ze zit hem met d'r knipogen te verleiden* **5.1** ⟨honkbal⟩ ~ s.o. home/in *iem. binnen slaan* **5.¶** →**bat around;** ⟨AE; inf.⟩ ~ **out** *in elkaar flansen*.
bat[3] ⟨afk.⟩ battallion.
'bat a'round ⟨ww.⟩⟨AE of gew. BE⟩
I ⟨onov.ww.⟩ **0.1** ***rondzwerven*** ⇒*rondhollen/hangen/lummelen;*
II ⟨ov.ww.⟩ **0.1** ***doorpraten*** ⇒*lang en breed bespreken, geheel doornemen*.
ba·ta·ta [bə'tɑ:t̬ə]⟨telb.zn.⟩⟨plantk.⟩ **0.1** ***bataat*** ⇒*zoete aardappel* ⟨Iponnea batatas⟩.
Ba·ta·vi·an[1] [bə'teɪvɪən]⟨telb.zn.⟩⟨gesch.⟩ **0.1** ***Bataaf(se)*** ⇒*Batavier* **0.2** ***Bataviaan(se)*** ⟨inwoner v. Batavia, nu Djakarta⟩.
Batavian[2] ⟨bn.⟩⟨gesch.⟩ **0.1** ***Bataafs*** **0.2** ***Bataviaans***.
batch[1] [bætʃ]⟨f2⟩⟨telb.zn.⟩ **0.1** ***baksel*** ⇒*oven(vol)* **0.2** ***partij*** ⇒*groep, stapel, reeks, hoop* **0.3** ⟨tech.⟩⟨ben. voor⟩ ***hoeveelheid in bewerking*** ⇒*lading, vulling, mengsel, charge* ◆ **1.1** a ~ of bread *een baksel brood* **1.2** a ~ of coffee *een partij koffie;* a ~ of prisoners *een groep/troep gevangenen*.
batch[2] ⟨ww.⟩
I ⟨onov.ww.⟩ ◆ **5.¶** ⟨AE; hot rod racing⟩ ~ **out** *uit staande start vertrekken;*
II ⟨ov.ww.⟩ **0.1** ***groeperen***.
'batch processing ⟨n.-telb.zn.⟩⟨comp.⟩ **0.1** ***batch-verwerking***.
'batch production ⟨n.-telb.zn.⟩ **0.1** ***gegroepeerde productie***.
batchy →batty.
bate[1]**, bait** [beɪt]⟨zn.⟩
I ⟨telb.zn.⟩ **0.1** ⟨BE; inf.⟩ ***woede*** ⇒*razernij* ◆ **6.1** be **in** an awful ~ *razend (v. woede) zijn;*
II ⟨n.-telb.zn.⟩ **0.1** ***looistof*** ⇒*looizuur*.
bate[2] ⟨ww.⟩
I ⟨onov.ww.⟩ **0.1** ⟨valkejacht⟩ ***klapwieken*** ⇒*met de vleugels slaan, rondfladderen;* ⟨fig.⟩ *rusteloos zijn* **0.2** ⟨gew.⟩ ***afnemen*** ⇒*verminderen;*
II ⟨ov.ww.⟩ **0.1** ***verminderen*** ⇒*matigen, afzwakken* **0.2** ***looien*** ⇒*in looistof drenken, logen* **0.3** ***afstand doen v.*** ⇒*laten vallen* ◆ **1.1** ~ s.o.'s curiosity *iemands nieuwsgierigheid bevredigen;* with -d breath *met ingehouden adem, in angstige spanning* **1.3** not ~ one's pretensions *zijn aanspraken niet laten vallen*.
ba·teau [bæ'toʊ]⟨telb.zn.; bateaux [-'toʊz]; →mv. 5⟩⟨scheep.⟩ **0.1** ***platboomd rivierschip*** ⟨vnl. in Canada⟩.
bate·leur ['bætə'lɜ:‖'bæt̬ə'lɜr], **'bateleur eagle** ⟨telb.zn.⟩⟨dierk.⟩ **0.1** ***goochelaar*** ⟨Terathopius ecaudatus⟩.
bate·ment light ['beɪtmənt laɪt]⟨telb.zn.⟩⟨bouwk.⟩ **0.1** ***maaswerkvenster(deel) in spitsboog***.
'bat·fowl ⟨onov.ww.⟩ **0.1** ***vogels vangen (met de lichtbak)***.
bath[1] [bɑ:θ‖bæθ]⟨f3⟩⟨zn.; BE mv. vnl. [bɑ:ðz], zelden [bɑθs], AE mv. [bæðz, bæθs]; →mv. 3⟩
I ⟨telb.zn.⟩ **0.1** ***bad*** ⟨ook elektrolyse, foto., schei., enz.⟩ **0.2** ***bad*** ⇒*badkuip, badwater* **0.3** ***badkamer*** **0.4** ***zwembad*** ◆ **1.1** ~ of

blood *bloedbad* **1.2** course of ~s *badkuur* **3.2** have/take a ~ *een bad nemen* **3.¶** ⟨AE; sl.⟩ take a ~ *op de fles/failliet gaan; zwaar verlies lijden, een flinke strop hebben;*
II ⟨mv.; ~s⟩ **0.1** ***badhuis*** ⇒*zweminrichting, zwembad* **0.2** ***kuuroord*** ⇒*badplaats (met geneeskrachtig water).*
bath² ⟨f2⟩ ⟨ww.⟩ ⟨BE⟩
I ⟨onov.ww.⟩ **0.1** ***een bad nemen;***
II ⟨ov.ww.⟩ **0.1** ***een bad geven*** ⇒*baden.*
'Bath 'brick ⟨telb.zn.⟩ **0.1** ***schuursteen*** ⇒*poetssteen, polijststeen.*
'Bath 'bun ⟨telb.zn.⟩ ⟨BE⟩ **0.1** ***koffiebroodje.***
'Bath 'chair ⟨telb.zn.; ook b-⟩ **0.1** ***rolstoel*** ⇒*invalidenwagentje.*
'Bath 'chap ⟨telb. en n.-telb.zn.⟩ ⟨cul.⟩ **0.1** ***kinnebak*** ⇒*varkenskaak, stuk kopvlees.*
'bath cube ⟨telb.zn.⟩ **0.1** ***blokje badzout.***
bathe¹ [beɪð] ⟨f1⟩ ⟨telb.zn.⟩ ⟨BE⟩ **0.1** ***bad*** ⇒*zwempartij* ◆ **3.1** have a ~ *(gaan) zwemmen/baden;* let's go for a ~ *laten we gaan zwemmen.*
bathe² ⟨f3⟩ ⟨ww.⟩ →bathing
I ⟨onov.ww.⟩ **0.1** ⟨vnl. BE⟩ ***zich baden*** ⇒*zwemmen* **0.2** ⟨vnl. AE⟩ ***een bad nemen*** ⇒*zich wassen* **0.3** ***baden*** ⟨fig.⟩ ⇒*opgaan, zich wentelen, geabsorbeerd worden* ◆ **6.3** ~ **in** happiness *baden in geluk;*
II ⟨ov.ww.⟩ **0.1** ***baden*** ⇒*onderdompelen, natmaken, bevochtigen* **0.2** ***betten*** **0.3** ⟨vaak pass.⟩ ***baden*** ⇒*overgieten* **0.4** ***bespoelen*** ◆ **1.1** ~ one's eyes *zijn ogen baden* **1.2** ~ a wound *een wonde betten* **6.3** ~d **in/with** tears *badend in tranen, nat v. tranen;* the mountain top was ~d **in** sunshine *de top v.d. berg was met zon overgoten, baadde in het zonlicht.*
bath·er ['beɪðə‖-ər] ⟨zn.⟩
I ⟨telb.zn.⟩ **0.1** ***bader*** ⇒*zwemmer;*
II ⟨mv.; ~s⟩ ⟨Austr. E⟩ **0.1** ***zwempak*** ⇒*badpak.*
ba·thet·ic [bə'θeṭɪk], **ba·thot·ic** [bə'θɒtɪk‖-'θɑṭɪk] ⟨bn.; -ally; →bijw. 3⟩ **0.1** ***vervallend v.h. sublieme tot het banale*** ⇒*met een anticlimax, met een plotselinge banaliteit* **0.2** ***vol vals pathos*** **0.3** ***banaal*** ⇒*vlak.*
'bath·house ⟨telb.zn.⟩ **0.1** ***badhuis*** **0.2** ***zwembad*** ⇒*zweminrichting,* ⟨B.⟩ *zwemdok.*
bath·ing ['beɪðɪŋ] ⟨f2⟩ ⟨n.-telb.zn.; gerund v. bathe⟩ **0.1** ***het baden*** ⇒*het zwemmen* ◆ **3.1** mixed ~ *gemengd zwemmen.*
'bath·ing beauty, ⟨vero.⟩ **'bathing belle** ⟨telb.zn.⟩ **0.1** ***schone in badpak.***
'bathing-beauty contest ⟨telb.zn.⟩ **0.1** ***schoonheidswedstrijd (in badpak).***
'bath·ing-box ⟨telb.zn.⟩ ⟨vnl. BE⟩ **0.1** ***badhokje.***
'bath·ing-cab·in ⟨telb.zn.⟩ **0.1** ***badhuisje*** ⇒*cabine* ⟨op het strand⟩.
'bath·ing-cap ⟨f1⟩ ⟨telb.zn.⟩ **0.1** ***badmuts.***
'bath·ing-cos·tume ⟨telb.zn.⟩ ⟨vnl. vero.⟩ **0.1** ***badpak*** ⟨vnl. voor vrouwen⟩ ⇒*badkostuum.*
'bath·ing-es·tab·lish·ment ⟨telb.zn.⟩ **0.1** ***badinrichting*** ⇒*zwembad.*
'bath·ing-ma·chine ⟨telb.zn.⟩ ⟨gesch.⟩ **0.1** ***badkoets.***
'bath·ing-suit ⟨f1⟩ ⟨telb.zn.⟩ **0.1** ***badpak.***
'bath·ing-tent ⟨telb.zn.⟩ **0.1** ***badtent.***
'bath·ing-trunks ⟨mv.⟩ **0.1** ***zwembroek.***
'bath lubrication ⟨telb. en n.-telb.zn.⟩ **0.1** ***oliebadsmering.***
'bath mat ⟨telb.zn.⟩ **0.1** ***badmat*** **0.2** ***antislipmat*** ⟨in bad⟩.
ba·tho- ['bæθoʊ, 'beɪθoʊ], **bath·y-** ['bæθi] **0.1** ***batho-*** ⇒*bathy-, diepte-.*
bath·o·lith ['bæθəlɪθ], **bath·o·lite** ['bæθəlaɪt] ⟨telb.zn.⟩ ⟨geol.⟩ **0.1** ***batholiet.***
Bath Oliver ['bɑ:θ 'ɒlɪvə‖'bæθ 'ɑlɪvər] ⟨telb.zn.⟩ ⟨BE⟩ **0.1** ***kaakje*** ⇒*biscuitje zonder suiker* ⟨naar W. Oliver uit Bath⟩.
ba·thom·e·ter [bə'θɒmɪṭə‖-'θɑmɪṭər] ⟨telb.zn.⟩ **0.1** ***bat(h)ometer*** ⇒*dieptemeter.*
Ba·tho·ni·an [bə'θoʊnɪən] ⟨telb.zn.⟩ **0.1** ***inwoner v. Bath.***
ba·thos ['beɪθɒs‖-θɑs] ⟨n.-telb.zn.⟩ **0.1** ⟨retoriek⟩ ***plotse overgang v.h. sublieme naar het banale*** ⇒*anticlimax* **0.2** ***vals pathos*** **0.3** ***banaliteit*** **0.4** ***dieptepunt*** ◆ **1.4** the very ~ of stupidity *het absolute toppunt v. domheid.*
'bath·robe ⟨f1⟩ ⟨telb.zn.⟩ **0.1** ***badjas*** ⇒*badmantel* **0.2** ⟨AE⟩ ***kamerjas.***
'bath·room ⟨f3⟩ ⟨telb.zn.⟩ **0.1** ***badkamer*** **0.2** ⟨euf.⟩ ***toilet*** ⇒*W.C..*
'bath salts ⟨mv.⟩ **0.1** ***badzout.***
'Bath 'stone ⟨telb.zn.⟩ ⟨BE⟩ **0.1** ***oölietische bouwsteen*** ⟨zoals gebruikt in Bath⟩.
'bath·tub ⟨f2⟩ ⟨telb.zn.⟩ **0.1** ***badkuip.***
bath·y·al ['bæθɪəl] ⟨bn.⟩ ⟨geol.⟩ **0.1** ***bathyaal*** ⟨mbt. zeediepten v. 200 tot 2000/4000 m⟩.
ba·thy·scaph ['bæθɪskæf], **ba·thy·scaphe** ['bæθɪskeɪf, -skæf] ⟨telb.zn.⟩ **0.1** ***bathyscaaf.***
bath·y·scaphe ['bæθɪskeɪf, -skæf], **bath·y·scaph** [-skæf] ⟨telb.zn.⟩ **0.1** ***bathyscaaf*** ⟨duiktoestel voor diepzeeonderzoek⟩.
bath·y·sphere ['bæθɪsfɪə‖-sfɪr] ⟨telb.zn.⟩ **0.1** ***bathysfeer.***
ba·tik, bat·tik [bə'ti:k, 'bæṭɪk] ⟨zn.⟩
I ⟨telb.zn.⟩ **0.1** ***batik(doek);***
II ⟨n.-telb.zn.⟩ **0.1** ***batikkunst*** **0.2** ***batikstof*** **0.3** ***batikdruk.***
bat·ing ['beɪṭɪŋ] ⟨n.-telb.zn.⟩ **0.1** ***behandeling met enzymenoplossing bij het looien.***
ba·tiste [bæ'ti:st‖bə-] ⟨n.-telb.zn.⟩ **0.1** ***batist.***
bat·man ['bætmən] ⟨f1⟩ ⟨telb.zn.; batmen [-mən]; →mv. 3⟩ ⟨BE; mil.⟩ **0.1** ***batman*** ⇒*oppasser v.e. officier, soldaat-huisknecht.*
bat mi(t)z·vah ['bɑ:t 'mɪtsvə‖'bɑt '-], **bas mi(t)z·vah** ['bɑ:s 'mɪtsvə‖'bɑs '-] ⟨telb.zn.; vaak B- M-⟩ ⟨jud.⟩ **0.1** ***bat/bas mitswa*** ⟨dertienjarig Joods meisje als volwassen en verantwoordelijk in het geloof beschouwd⟩ **0.2** ***bat/bas mitswa*** ⟨ceremonie n.a.v. o.1⟩.
ba·ton ['bætɒn‖bə'tɑn] ⟨f2⟩ ⟨telb.zn.⟩ **0.1** ***stok*** ⇒*wapen/gummistok* ⟨v. politieagent⟩; *dirigeerstok; tamboer-majoorstok;* ⟨atletiek⟩ *estafettestokje* **0.2** ***stok(brood)*** **0.3** ***staf*** ⟨als teken v. waardigheid⟩ **0.4** ⟨wapenkunde⟩ ***smalle schuinbalk*** **0.5** ***streepje*** ⟨op wijzerplaat⟩ ◆ **3.1** ~ twirling *het zwaaien met tamboerstokken* **6.1 under** the ~ **of** *onder leiding v., gedirigeerd door.*
'baton change ⟨telb.zn.⟩ ⟨atletiek⟩ **0.1** ***wissel v. estafettestokje*** ⇒*(stok)wissel.*
'baton charge ⟨telb.zn.⟩ **0.1** ***charge met de wapenstok.***
'baton-charge ⟨ov.ww.⟩ **0.1** ***een charge met de wapenstok uitvoeren tegen.***
'baton gun ⟨telb.zn.⟩ **0.1** ***geweer met rubber kogels.***
'baton round ⟨telb.zn.⟩ **0.1** ***rubber kogel.***
ba·tra·chi·an¹ [bə'treɪkɪən] ⟨telb.zn.⟩ **0.1** ***kikvorsachtige*** ⇒*kikvorsachtig dier* ⟨vnl. kikker en pad⟩.
batrachian² ⟨bn.⟩ **0.1** ***kikvorsachtig.***
bats [bæts] ⟨bn., pred.⟩ ⟨sl.⟩ **0.1** ***niet goed snik*** ◆ **3.1** gone ~ *knettergek geworden.*
bats·man ['bætsmən] ⟨f1⟩ ⟨telb.zn.; batsmen [-mən]; →mv. 3⟩ **0.1** ⟨sport⟩ ***slagman*** ⇒⟨cricket⟩ *batsman, batter* **0.2** ⟨lucht.⟩ ***signaleur*** ⇒*parkeermeester, deklandingsofficier.*
bats·man·ship ['bætsmənʃɪp] ⟨n.-telb.zn.⟩ ⟨sport, i.h.b. cricket⟩ **0.1** ***batsmanschap*** ⇒*kwaliteit als batsman.*
batsman's wicket ['bætsmənz 'wɪkɪt] ⟨telb.zn.⟩ ⟨cricket⟩ **0.1** ***batsman's wicket*** ⇒*wicket v.d. batter.*
batt [bæt] ⟨n.-telb.zn.⟩ **0.1** ***vulsel*** ⇒*(vel) watten* ⟨in deken, enz.⟩.
bat·tal·ion [bə'tælɪən] ⟨f2⟩ ⟨telb.zn.⟩ ⟨→sprw. 582⟩ **0.1** ***bataljon.***
bat·tels ['bæṭlz] ⟨mv.⟩ **0.1** ***verblijfskosten*** ⇒*rekening* ⟨voor vnl. kost en inwoning in Oxford college⟩.
bat·ten¹ ['bætn] ⟨f1⟩ ⟨telb.zn.⟩ **0.1** ***lat*** ⇒*plank, hechtlat;* ⟨i.h.b.⟩ *balting, badding, vloerbint;* ⟨scheep.⟩ *schalmlat* **0.2** ***richtlat*** ⇒*rij, strooklat, (teken)mal* **0.3** ***(lat met) lampenrij*** ⟨voor toneelverlichting⟩ **0.4** ⟨weverij⟩ ***lade(balk)*** ⇒*la* **0.5** ⟨scheep.⟩ ***zeillat.***
batten² ⟨ww.⟩
I ⟨onov.ww.⟩ **0.1** ***zich vetmesten*** ⇒*zich volvreten, vet worden* **0.2** ***parasiteren*** ◆ **5.¶** →batten **down** **6.1** ~ **(up)on** *zich volvreten met* **6.2** ~ **(up)on** *parasiteren op, uitbuiten;*
II ⟨ov.ww.⟩ **0.1** ***met latten versterken*** ⇒*v. latten voorzien* ◆ **1.1** a ~ed wall *een lattenmuur* **5.1** →batten **down.**
'batten 'down ⟨ww.⟩ ⟨scheep.⟩
I ⟨onov.ww.⟩ **0.1** ***zich tegen de storm beveiligen*** ⟨d.m.v. schalmlatten⟩;
II ⟨ov.ww.⟩ **0.1** ***schalmen*** ⇒*met schalmlatten afdekken* ◆ **1.1** ~ the hatches *de luiken schalmen;* ⟨fig.⟩ *voorbereidingen treffen, veiligheidsmaatregelen nemen.*
bat·ter¹ ['bætə‖'bæṭər] ⟨f1⟩ ⟨zn.⟩
I ⟨telb.zn.⟩ **0.1** ⟨vnl. honkbal⟩ ***slagman*** ⇒*batter* **0.2** ***schuinte*** ⇒*het achteroverhellen, het uit het lood staan* **0.3** ⟨druk., graf.⟩ ***beschadigd type*** ⇒*afgesleten/gebroken letter;*
II ⟨n.-telb.zn.⟩ **0.1** ⟨cul.⟩ ***beslag*** **0.2** ⟨sl.⟩ ***boemelarij*** ◆ **6.2 on** the ~ *aan de boemel.*
batter² ⟨f2⟩ ⟨ww.⟩
I ⟨onov.ww.⟩ **0.1** ***beuken*** ⇒*bonken, timmeren* **0.2** ***achteroverhellen*** ⟨v. muur, enz.⟩ ◆ **6.1** ~ (away) **at** *inbeuken op;*
II ⟨ov.ww.⟩ **0.1** ***slaan*** ⇒*timmeren op, toetakelen, havenen* **0.2** ***beschieten*** ⇒*bombarderen* **0.3** ***rammeien*** ◆ **1.1** ~ed baby *mishandelde baby;* a ~ed car *een ingedeukte wagen;* ⟨fig.⟩ a ~ed face *een afgeleefd gezicht;* a ~ed old hat *een gehavende/afgedragen hoed* **1.2** ⟨fig.⟩ ~ a theory *een theorie zwaar aanvallen* **5.1** ~ **in** s.o.'s skull *iem. de hersens inslaan* **5.2** ~ **down** *platschieten, neerhalen, kort en klein slaan.*
'bat·ter·ing-ram ⟨f1⟩ ⟨telb.zn.⟩ **0.1** ***stormram.***
'battering train ⟨telb.zn.⟩ ⟨mil.⟩ **0.1** ***belegeringsbatterij.***
bat·ter·y ['bætri‖'bæṭəri] ⟨f3⟩ ⟨zn.⟩
I ⟨telb.zn.; →mv. 2⟩ **0.1** ***batterij*** ⟨geschut of als gevechtseenheid⟩ **0.2** ***(elektrische/droge) batterij*** **0.3** ***accu(mulator)*** **0.4** ***batterij*** ⇒*reeks* ⟨v. gelijksoortige eenheden⟩, *hele hoop;* ⟨i.h.b.⟩ *legbatterij* **0.5** ***slagwerk*** ⟨in orkest⟩ **0.6** ⟨honkbal⟩ ***batterij*** ⟨werper

en vanger) ◆ **3.1** ⟨fig.⟩ turn s.o.'s ~ against himself *iem. met zijn eigen wapens bestrijden* **6.4** a ~ **of** clinical tests *een hele reeks / batterij klinische testen;* a ~ **of** ovens *een batterij ovens;* a ~ **of** questions *een spervuur v. vragen;* a ~ **of** specialists *een heel legertje specialisten;*
II ⟨n.-telb.zn.⟩ **0.1** ⟨jur.⟩ ***aanranding*** **0.2** ⟨vaak attr.⟩ ***koperwerk*** ⇒*(voorwerpen v.) geslagen koper / metaal.*
'battery cage ⟨telb.zn.⟩ **0.1** ***legbatterij.***
bat·ting ['bæṭɪŋ]⟨f1⟩⟨n.-telb.zn.; in bet. 0.1 gerund v. bat⟩ **0.1** ⟨sport⟩ ***het slaan*** ⇒*slag, het batten* **0.2** ***(watten)vulsel*** ⇒*watten, wattering* ◆ **¶.1** his ~ was good *hij was een goede slagman.*
'batting average ⟨telb.zn.⟩⟨sport⟩ **0.1** ***batgemiddelde*** ⇒⟨cricket, honkbal⟩ *slaggemiddelde* **0.2** ***record.***
'batting crease ⟨telb.zn.⟩⟨cricket⟩ **0.1** ***wicketlijn.***
'batting tee ⟨telb.zn.⟩⟨softbal⟩ **0.1** ***slagstatief.***
bat·tle[1] ['bæṭl]⟨f3⟩⟨zn.⟩ (→sprw. 194)
I ⟨telb.zn.⟩ **0.1** ***(veld)slag*** ⇒*strijd, gevecht, competitie* ◆ **3.1** fight a losing ~ *een hopeloze strijd voeren, vechten tegen de bierkaai;* fight one's own ~s *zich er alleen door slaan, zijn eigen boontjes doppen;* fight s.o.'s ~(s) *voor iem. de kastanjes uit het vuur halen;* a pitched ~ *een geregelde veldslag;* ⟨fig.⟩ *een hevige discussie;* a running ~ *een strijd zonder eind;* ⟨fig.⟩ *een eindeloze discussie;*
II ⟨n.-telb.zn.⟩ **0.1** ***het slag leveren*** **0.2** ⟨the⟩ ***overwinning*** ◆ **1.1** trial by ~ *godsoordeel door tweekamp, gerechtelijke tweekamp* **3.1** do / give / join / offer ~ *de strijd aangaan, vechten;* refuse ~ *weigeren de strijd aan te gaan, zich aan de strijd onttrekken* **3.¶** give ~ *slag / strijd leveren* **6.1** go **into** ~ *ten strijde trekken* **8.2** that's half the ~ *daarmee is de zaak al voor de helft gewonnen;* youth is half the ~ *jeugd geeft grotere kansen op succes, als je maar jong bent;* the ~ is to the strong *de overwinning behoort aan de sterken.*
battle[2] ⟨f2⟩⟨ww.⟩
I ⟨onov.ww.⟩ **0.1** ***slag leveren*** ⟨ook fig.⟩ ⇒*kampen, strijden, vechten* ◆ **5.1** ~ **away** *er duchtig op los kloppen;* ⟨fig.⟩ ~ **on** *doorploeteren* **6.1** he was battling **for** breath *hij snakte naar adem;* he ~d **through** the crowd *hij baande zich een weg door de menigte;*
II ⟨ov.ww.⟩ **0.1** ***door vechten bereiken*** **0.2** ⟨vnl. AE⟩ ***bekampen*** ⇒*bevechten, strijden met* ◆ **1.1** ~ one's way up to the top *door hard knokken de top bereiken* **5.1** ⟨inf.⟩ ~ it **out** *het uitvechten.*
'battle array ⟨telb.zn.⟩ **0.1** ***slagorde*** ⇒*gevechtsopstelling.*
'bat·tle-axe, ⟨AE sp. ook⟩ **'battle-ax** ⟨telb.zn.⟩ **0.1** ***strijdbijl*** **0.2** ⟨inf.⟩ ***dragonder*** ⇒*manwijf, virago.*
'battle bowler ⟨telb.zn.⟩⟨sl.; mil.⟩ **0.1** ***helm.***
'battle cruiser ⟨telb.zn.⟩ **0.1** ***slagkruiser.***
'battle cry ⟨telb.zn.⟩ **0.1** ***strijdkreet*** ⇒*leus, slogan.*
bat·tle·dore ['bætldɔ:‖'bæṭldɔr]⟨zn.⟩⟨vero.⟩
I ⟨telb.zn.⟩ **0.1** ⟨sport; gesch.⟩ ***racket*** **0.2** ***houten schop*** ⟨oorspr. gebruikt door bakkers, wassters, glasbewerkers enz.⟩;
II ⟨n.-telb.zn.⟩⟨verk.⟩ battledore and shuttlecock **0.1** ***pluimbalspel.***
'battle dress ⟨f1⟩⟨telb.zn.⟩ **0.1** ***battle dress*** ⇒*veldtenue.*
'battle fatigue ⟨n.-telb.zn.⟩⟨psych.⟩ **0.1** ***oorlogsneurose.***
'bat·tle·field ⟨f2⟩⟨telb.zn.⟩ **0.1** ***slagveld*** ⟨ook fig.⟩.
'bat·tle·ground ⟨f1⟩⟨telb.zn.⟩ **0.1** ***gevechtsterrein*** ⟨ook fig.⟩ ⇒*slagveld.*
'bat·tle-horse ⟨telb.zn.⟩ **0.1** ***strijdros.***
bat·tle·ment ['bæṭlmənt]⟨f1⟩⟨telb.zn.; meestal mv.⟩ **0.1** ***kanteel*** ⇒*tinne* ◆ **1.1** the ~s of the town wall *de tinnen v.d. stadsmuur.*
bat·tle·ment·ed ['bæṭlmenṭɪd]⟨bn.⟩ **0.1** ***v. tinnen voorzien*** ⇒*met kantelen, gekanteeld.*
'battle piece ⟨telb.zn.⟩⟨beeldk., muz., lit.⟩ **0.1** ***schilderij / beschrijving v.e. veldslag.***
bat·tler ['bæṭlə‖-ər]⟨telb.zn.⟩ **0.1** ***dappere ploeteraar*** ⇒*stugge zwoeger.*
'battle 'royal ⟨telb.zn.; ook battles royal; →mv. 6⟩ **0.1** ***algemene vechtpartij*** **0.2** ***strijd tot het bittere einde*** ⇒*verbeten strijd* **0.3** ***verhitte discussie*** ⇒*scherpe woordenwisseling.*
'bat·tle·ship ⟨f1⟩⟨telb.zn.⟩ **0.1** ***slagschip.***
'battleship 'gray ⟨n.-telb.zn.⟩ **0.1** ***middelgrijs*** ⇒*zacht blauwgrijs.*
'battle station ⟨telb.zn.⟩⟨mil.⟩ **0.1** ***commandopost.***
'battle tank ⟨telb.zn.⟩ **0.1** ***gevechtstank.***
'bat·tle·wag·on ⟨telb.zn.⟩⟨AE; sl.⟩ **0.1** ***slagschip*** **0.2** ***politie(patrouille-)auto.***
'bat·tle·wea·ry ⟨bn.⟩ **0.1** ***oorlogsmoe.***
'bat·tle·wor·thy ⟨bn.⟩ **0.1** ***gevechtswaardig*** ⇒*gevechtsklaar.*
bat·tue [bæ'tu:]⟨telb.zn.⟩ **0.1** ***drijfjacht*** ⟨ook fig.⟩ ⇒*klopjacht, razzia* **0.2** ***(door drijfjacht) opgejaagd / geschoten wild*** **0.3** ***bloedbad*** ◆ **6.1** driven at ~ *samengedreven.*
bat·ty ['bæṭi], **batch·y** ['bætʃi]⟨bn.; -er; -ness; →bijw. 3⟩⟨sl.⟩ **0.1** ***getikt*** **0.2** ***excentriek*** ◆ **6.1** be ~ **in** the bean *v. lotje getikt zijn, niet goed snik zijn.*
'bat·wing ⟨bn., attr.⟩ **0.1** ***vleermuis(vleugel)-*** ⇒*gevormd zoals de vleugel(s) v.e. vleermuis* ◆ **1.1** ~ burner *vleermuisbrander, gas / petroleumbrander* ⟨met waaiervormige vlam⟩; ~ sleeve *vleermuismouw.*
'bat·wom·an ⟨telb.zn.; batwomen; →mv. 3⟩⟨BE; mil.⟩ **0.1** ***vrouwelijke batman.***
bau·ble ['bɔ:bl]⟨f1⟩⟨telb.zn.⟩ **0.1** ***(prullig) sier / speelding*** ⇒*prulletje, snuisterij* **0.2** ***marot*** ⇒*zotskolf, narrenstok.*
baud [bɔ:d]⟨telb.zn.; ook baud; →mv. 4⟩⟨com.⟩ **0.1** ***baud.***
baulk →balk.
baulk line →balk line.
Bau·mé scale [boʊ'meɪ skeɪl]⟨n.-telb.zn.; the⟩ **0.1** ***bauméschaal.***
baux·ite ['bɔ:ksaɪt]⟨n.-telb.zn.⟩ **0.1** ***bauxiet.***
baux·it·ic [bɔ:k'sɪṭɪk]⟨bn.⟩ **0.1** ***bauxiet-.***
Bav ⟨afk.⟩ Bavaria(n).
Ba·var·i·a [bə'veərɪə‖-'ver-]⟨eig.n.⟩ **0.1** ***Beieren.***
Ba·var·i·an[1] [bə'veərɪən‖-'ver-]⟨zn.⟩
I ⟨eig.n.⟩ **0.1** ***Beiers*** ⇒*het Beiers dialect;*
II ⟨telb.zn.⟩ **0.1** ***Beier(se);***
III ⟨telb. en n.-telb.zn.⟩⟨cul.⟩ **0.1** ***bavarois.***
Bavarian[2] ⟨bn.⟩ **0.1** ***Beiers*** ◆ **1.¶** ⟨cul.⟩ ~ cream *bavarois.*
baw·bee [bɔ:'bi:‖'bɑ:bi:]⟨telb.zn.⟩⟨Sch. E; inf.⟩ **0.1** ***halve stuiver.***
bawd [bɔ:d]⟨telb.zn.⟩⟨vero.⟩ **0.1** ***hoerenwaard(in)*** ⇒*hoerenmadam* **0.2** ***prostituée*** ⇒*hoer.*
bawd·ry ['bɔ:dri]⟨n.-telb.zn.⟩⟨vero.⟩ **0.1** ***schuine praat.***
bawd·y[1] ['bɔ:di]⟨f1⟩⟨n.-telb.zn.⟩ **0.1** ***schuine praat*** ⇒*dubbelzinnigheid* ◆ **3.1** talk ~ *schuine moppen tappen.*
bawdy[2] ⟨f1⟩⟨bn.; -er; -ly; -ness; →bijw. 3⟩ **0.1** ***schuin*** **0.2** ***gemeen*** ⇒*vies.*
'bawd·y·house ⟨telb.zn.⟩⟨vero.⟩ **0.1** ***hoerenkast*** ⇒*bordeel.*
bawl[1] [bɔ:l]⟨telb.zn.⟩ **0.1** ***schreeuw.***
bawl[2] ⟨f2⟩⟨ww.⟩
I ⟨onov. en ov.ww.⟩ **0.1** ***schreeuwen*** ⇒*tieren, balken* ◆ **4.1** he ~ed himself hoarse *hij schreeuwde zich hees* **6.1** he ~ed **at** me *hij brulde me toe;*
II ⟨ov.ww.⟩ →bawl out.
'bawl 'out ⟨f1⟩⟨ov.ww.⟩⟨AE; inf.⟩ **0.1** ***uitfoeteren*** ⇒*een schrobbering geven, uitkafferen.*
bax·ter ['bækstə‖-ər]⟨telb.zn.⟩⟨med.⟩ **0.1** ***baxter*** ⇒*infuus.*
bay[1] [beɪ]⟨f3⟩⟨zn.⟩
I ⟨telb.zn.⟩ **0.1** ***baai*** ⇒*zeearm, inham, bocht;* ⟨AE⟩ *uitloper v.e. prairie* **0.2** ***(muur)vak*** **0.3** ***nis*** ⇒*erker* **0.4** ⟨ben. voor⟩ ***afdeling*** ⇒*vleugel, gedeelte, compartiment, vak* ⟨in gebouw, zaal enz.⟩; *opslagruimte; bommenruimte* ⟨in vliegtuig⟩; *ziekenboeg* ⟨op schip⟩; *paardenbox* **0.5** ⟨BE⟩ ***doodlopend zijspoor*** ⇒*kopspoor (perron)* **0.6** ***laurier(boom)*** **0.7** ***vos(paard)*** ◆ **1.1** the Bay of Biscay *de Golf v. Biskaje;*
II ⟨n.-telb.zn.⟩ **0.1** ***vos(kleur)*** **0.2** ***luid geblaf*** ⇒*gebas* ⟨v. meute⟩ ◆ **3.¶** bring to ~ *in het nauw drijven;* hold / keep at ~ *op een afstand houden, tot staan brengen;* stand at ~ *zich te weer stellen;* turn to ~ *zich tegen zijn aanvallers keren* **6.¶** **at** ~ *in het nauw gedreven;*
III ⟨mv.; ~s⟩ **0.1** ***laurierkrans*** ⟨ook fig.⟩ ⇒*lauwerkrans, lauweren.*
bay[2] ⟨f1⟩⟨bn., attr.⟩ **0.1** ***voskleurig*** ⇒*roodbruin* ◆ **1.1** a ~ horse *een vos(paard).*
bay[3] ⟨f1⟩⟨ww.⟩
I ⟨onov.ww.⟩ **0.1** ***(luid en aanhoudend) blaffen*** ⇒*bassen, huilen;*
II ⟨ov.ww.⟩ **0.1** ***(aan)blaffen*** **0.2** ***al blaffend vervolgen*** ⇒*in het nauw drijven, tot staan brengen.*
ba·ya·dere[1] ['baɪə'dɪə‖-dɪr]⟨zn.⟩
I ⟨telb.zn.⟩ **0.1** ***bajadère*** ⟨Indische tempeldanseres⟩;
II ⟨n.-telb.zn.⟩ **0.1** ***bajadère*** ⟨stof / ontwerp met bonte, dwarse strepen⟩.
bayadere[2] ⟨bn., attr.⟩ **0.1** ***bajadère-*** ⇒*dwarsgestreept in bonte kleuren.*
bay·ard[1] ['beɪəd‖-ərd]⟨zn.⟩
I ⟨eig.n.; B-⟩ **0.1** ***(het ros) Beiaard;***
II ⟨telb.zn.⟩⟨vero.⟩ **0.1** ⟨ook B-; verk. Seigneur de Bayard⟩ ***ridder*** ⟨fig.⟩ ⇒*ridderlijk pers.* **0.2** ***vos(kleurig paard).***
bayard[2] ⟨bn.⟩⟨vero.⟩ **0.1** ***voskleurig.***
'Bay Area ⟨eig.n.; the⟩ **0.1** ***streek rond (de baai v.) San Francisco.***
bay·ber·ry ['beɪbəri‖-beri]⟨telb.zn.; →mv. 2⟩⟨plantk.⟩ **0.1** ***laurierbes*** **0.2** ***wasboom*** ⇒*wasgagel* ⟨Myrica cerifera⟩ **0.3** ***vrucht v.d. wasboom*** **0.4** ***pimenta*** ⇒*pimentboom* ⟨Pimenta acris⟩ **0.5** ***pimentbes.***
Ba·yeux tapestry [baɪ'jɜ: 'tæpɪstri‖beɪ'ju:-]⟨n.-telb.zn.; the⟩ **0.1** ***tapijt v. Bayeux.***
'bay laurel ⟨telb.zn.⟩⟨plantk.⟩ **0.1** ***laurierboom*** ⟨Lauris nobilis⟩.
'bay leaf ⟨telb.zn.⟩ **0.1** ***laurierblad.***
'bay 'lynx ⟨telb.zn.⟩⟨dierk.⟩ **0.1** ***rode lynx*** ⟨Lynx rufus⟩.

bay man ['beɪmən]⟨telb.zn.; bay men [-mən]; →mv. 3⟩ **0.1** ***baaibewoner*** ⇒*baaivaarder* **0.2** ⟨scheep.⟩ ***ziekenoppasser***.
bay·o·net[1] ['beɪənɪt, -net]⟨f2⟩⟨telb.zn.; ook attr.⟩ **0.1** ⟨mil.⟩ ***bajonet*** **0.2** ⟨tech.⟩ ***bajonet(sluiting)*** ◆ **6.1** the ~ **at** the charge *aanval met gevelde bajonet*.
bayonet[2] ⟨ov.ww.; →ww. 7⟩ **0.1** ***(door)steken met de bajonet*** ⇒*doodsteken/voortdrijven met de bajonet; met geweld dwingen*.
'bayonet cap ⟨telb.zn.⟩ **0.1** ***bajonetvoet*** ⟨v. lamp⟩.
'bayonet catch ⟨telb.zn.⟩ **0.1** ***bajonetsluiting***.
'bayonet drill ⟨telb.zn.⟩ **0.1** ***bajonettraining***.
'bayonet plug ⟨telb.zn.⟩ **0.1** ***bajonetstek(k)er***.
'bayonet socket ⟨telb.zn.⟩ **0.1** ***bajonetfitting***.
bay·ou ['baɪu:]⟨telb.zn.⟩ **0.1** ***moerassige rivierarm*** ⟨in zuiden v. U.S.A.⟩ ⇒*uitwatering*.
'bay 'rum ⟨n.-telb.zn.⟩ **0.1** ***bay rum*** ⇒*pimentawater/lotion* ⟨parfum, geneesmiddel⟩.
'bay 'rum tree ⟨telb.zn.⟩⟨plantk.⟩ **0.1** ***pimentboom*** ⟨Pimenta acris⟩.
'bay salt ⟨n.-telb.zn.⟩ **0.1** ***baaizout*** ⇒*grof zout, zeezout*.
'Bay State ⟨eig.n.; the⟩⟨AE⟩ **0.1** ***Baaienstaat*** ⟨bijnaam voor Massachusetts⟩.
'Bay Street ⟨eig.n.⟩⟨Can. E⟩ **0.1** ***Bay Street*** ⟨financieel centrum v. Toronto⟩ ⇒*de financiële wereld (v. Toronto)*.
'bay system ⟨telb.zn.⟩⟨bouwk.⟩ **0.1** ***vakwerksysteem***.
'bay tree ⟨telb.zn.⟩⟨plantk.⟩ **0.1** ***laurierboom*** ⟨Laurus nobilis⟩ **0.2** ***Californische laurierboom*** ⟨Umbellularia californica⟩.
'bay 'window ⟨telb.zn.⟩ **0.1** ***erker*** **0.2** ⟨sl.⟩ ***buikje***.
'bay wood ⟨n.-telb.zn.⟩ **0.1** ***(Mexicaans) mahoniehout*** ⟨vnl. v.d. Swietenia macrophylla⟩.
'bay wreath ⟨telb.zn.⟩ **0.1** ***lauwerkrans***.
ba·zaar, ba·zar [bə'zɑ:‖bə'zɑr]⟨f1⟩⟨telb.zn.⟩ **0.1** ***bazaar*** ⇒*liefdadigheidsbazaar*.
ba·zoo [bə'zu:]⟨telb.zn.⟩⟨AE; sl.⟩ **0.1** ***snater*** ⇒*snavel, waffel, mond*.
ba·zoo·ka [bə'zu:kə]⟨telb.zn.⟩ **0.1** ***bazooka*** ⟨wapen, muziekinstrument⟩.
bb ⟨afk.⟩ ball bearing.
BB ⟨afk.⟩ bed and breakfast, best of breed, bill book, double black (pencil-lead).
BBA ⟨afk.⟩ Bachelor of Business Administration.
'B battery ⟨telb.zn.⟩⟨AE⟩ **0.1** ***anodebatterij***.
BBB ⟨afk.⟩ Better Business Bureau ⟨AE⟩; treble black (pencil-lead).
BBC ⟨afk.⟩ British Broadcasting Corporation, baseball club, basketball club.
bbl ⟨afk.⟩ barrel(s).
BBQ ⟨telb.zn.; afk.⟩ barbecue.
BC ⟨afk.⟩ **0.1** ⟨Bachelor of Chemistry⟩ **0.2** ⟨Bachelor of Commerce⟩ **0.3** ⟨Battery Commander⟩ **0.4** ⟨before Christ⟩ ***v. C.*** ⇒*v. Chr.* **0.5** ⟨borough council⟩ **0.6** ⟨bowling club⟩ **0.7** ⟨British Columbia⟩ **0.8** ⟨British Council⟩.
BCD ⟨afk.⟩ binary-coded decimal, bad conduct discharge.
BCE ⟨afk.⟩ Bachelor of Chemical Engineering, Bachelor of Civil Engineering, Before the Common Era.
BCL ⟨afk.⟩ Bachelor of Canon Law, Bachelor of Civil Law.
BD ⟨afk.⟩ Bachelor of Divinity, bills discounted.
Bde ⟨afk.⟩ brigade ⟨mil.⟩.
bdel·li·um ['deliəm]⟨zn.⟩
I ⟨telb.zn.⟩⟨plantk.⟩ **0.1** ***balsemboom*** ⟨vnl. genus Commiphora⟩;
II ⟨n.-telb.zn.⟩ **0.1** ***bdellium*** ⇒*(welriekende) gomhars*.
BDS ⟨afk.⟩ Bachelor of Dental Surgery.
BDST ⟨afk.⟩ British Double Summer Time.
be [bi⟨sterk⟩bi:]⟨f4⟩⟨ww.; →t2 voor onregelmatige vormen⟩ →be going to ⟨→sprw. 690⟩
I ⟨onov.ww.⟩ **0.1** ⟨vnl. met there⟩ ***zijn*** ⇒*bestaan, voorkomen*; ⟨v. gebeurtenis⟩ *plaatshebben* **0.2** ⟨alleen in volt. t.⟩ ***geweest/gekomen zijn*** **0.3** ⟨schr.⟩ ***ten deel vallen*** **0.4** ⟨alleen in onbep. w.⟩ ***ongestoord zijn*** ⇒*doorgaan* ◆ **1.1** God is *God is/bestaat;* the meeting has already been *de vergadering is al voorbij/heeft al plaatsgehad* **1.2** has the postman been? *is de postbode al geweest?* **1.3** woe is me! *wee mij!* **3.4** leave/let him ~ *laat hem met rust/betijen;* let it ~ *laat maar (zitten)* **3.¶** ⟨inf.⟩ have been and gone and done it *zo stom zijn geweest (om te), het in zijn hoofd gehaald hebben (te)* **5.1** there are no insects with eight legs *er zijn/bestaan geen insekten met acht poten;* there's a meeting in room 11 *er is een vergadering (aan de gang) in lokaal 11* **6.3** peace ~ **with** you *vrede zij (met) u* **8.¶** ⟨BE; inf.⟩ he's been and won the first prize *laat-ie me nou toch de eerste prijs winnen;* who's been and messed around with my typewriter? *wie heeft er (met z'n poten) aan mijn schrijfmachine gezeten?;*
II ⟨kww.; →do-operator⟩ **0.1** ⟨ter aanduiding v. identiteit of equivalentie, lidmaatschap v.e. verzameling, toestand of eigenschap⟩ ***zijn*** **0.2** ⟨met aanduiding v. maat⟩ ***(waard/groot/oud/*** ⟨enz.⟩ ***) zijn*** ⇒*kosten, meten, duren* ⟨enz.⟩ **0.3** ***zijn*** ⇒*zich bevinden, plaatshebben, gebeuren* ⟨ook fig.⟩ **0.4** ***zijn*** ⇒*betekenen* **0.5** ***liggen aan*** ⇒*komen door, de schuld zijn v.* **0.6** ⟨alleen met noemvorm⟩ ***bedoeld zijn*** ⇒*dienen* **0.7** ⟨dram.⟩ ***zijn*** ⇒*de rol spelen v.* ◆ **1.1** she's a teacher *zij is lerares;* she'd like to ~ a teacher *ze zou graag lerares worden;* the bride-to-be *de toekomstige/aanstaande bruid;* Mrs Smith, Miss Jones that was *mevr. Smith, geboren Jones;* ⟨inf.⟩ he was a nice chap, was Mr Chips *het was een aardige vent, die meneer Chips* **1.2** it's five miles *het is acht kilometer;* it's a long time since *het is lang geleden dat* **1.5** it's that bloody bike of mine *het ligt aan die verdomde fiets van me* **1.7** Larry is Hamlet tonight *Larry is vanavond/speelt vanavond de rol v. Hamlet* **2.4** A+ is excellent *een A-plus is/betekent uitstekend* **3.1** ~ that as it may *hoe het ook zij, hoe dan ook* **3.2** he was five minutes locating a detective *binnen de vijf minuten had hij een detective gevonden* **3.5** the celebration is to honour Mr B. *de viering wordt georganiseerd om de heer B. te eren* **3.6** an axe is to fell trees with *een bijl dient om bomen om te hakken* **4.1** ⟨inf.⟩ it's me, ⟨schr.⟩ it is I *ik ben het;* how are you? *hoe is het met je?, hoe gaat het?* **4.3** it was in 1953 *het was/gebeurde in 1953* **5.1** John was down *John was neerslachtig;* so ~ it *het zij zo* **5.3** ~ **away** *weg zijn, opgeborgen zijn;* ⟨inf.⟩ be well **away** *goed weg zijn, een goede start genomen hebben* ⟨lett. en fig.⟩; ~ **back** in time *op tijd terugzijn;* ~ **back** in its place *weer op zijn plaats staan /zijn;* I'm a bit **behind** (in my work) *ik ben een beetje achter met mijn werk* **5.5** how is that? *hoe komt dat (zo)?, waaraan ligt dat?* **5.¶** →be **about;** →be **along;** →be **around;** ⟨inf.⟩ ~ well **away** *vrolijk zijn, 'm om hebben;* ~ **beforehand** *wat* ⟨geld⟩ *in reserve hebben;* →be **down;** →be **in;** ⟨inf.⟩ ~ nowhere *nergens zijn, ver achter liggen;* →be **off;** →be **on;** →be **out;** →be **over;** →be **through;** →be **up;** →be **up** to **6.3** it's **about/around** the house *het moet ergens in huis zijn/rondslingeren;* ~ **above** sth. *hoger zijn dan;* ⟨fig.⟩ *ergens boven staan;* he's **above** forcing you *hij is te fatsoenlijk om je te dwingen;* I'm **before** you *ik kom voor u aan de beurt;* what's **behind** all this? *wat steekt hier allemaal achter?;* he's **behind** all his competitors *hij ligt achter op al zijn concurrenten;* it's **beyond** repair *het kan niet (meer) gerepareerd worden;* ⟨inf.⟩ he's **in** and **out of** hospital all the time *hij is om de haverklap in het ziekenhuis;* it is **of** importance *het is van belang;* that's **outside** my competence *dat ligt buiten mijn bevoegdheid;* ⟨alleen in volt. t.⟩ have you ever been **to** India? *ben je ooit naar/in India geweest?;* they are now **within** range of our guns *ze zijn nu binnen het bereik v. onze kanonnen;* that's clearly **within** your field *dat behoort duidelijk tot jouw vakgebied* **6.4** what's that **to** him? *wat trekt hij zich daarvan aan?* **6.¶** they were already **about** their business *ze waren al (met hun zaken) bezig;* ⟨inf.⟩ it's **above** me *het gaat boven mijn pet(je);* ~ **after** s.o. *iem. achternazitten;* ~ **after** sth. *iets proberen te pakken te krijgen, op iets uit zijn, zijn zinnen gezet hebben op iets;* ~ **around** the world of music *meetellen/meedraaien in de muziekwereld;* →be **at;** ⟨jur.⟩ ~ **before** the court *voor de rechtbank verschijnen, voorkomen;* →be **for;** ⟨inf.⟩ ~ **off** sth. *geen trek/zin meer hebben in, geen belangstelling meer hebben voor;* he's **off** girls *hij kijkt niet meer (om) naar meisjes;* →be **on;** →be **out of;** ⟨inf.⟩ ~ **past** it *zijn (beste) tijd gehad hebben;* →be **with** **8.¶** as is/was *zoals hij/zij/het is/was;*
III ⟨hww.⟩ **0.1** ⟨→duratieve vorm⟩ ***aan het ... zijn*** **0.2** ⟨→lijdende vorm⟩ ***worden*** ⇒⟨in volt. t.⟩ *zijn* **0.3** ⟨in aanvoegende wijs 2.3, →voorwaarde⟩ ***mocht*** ⇒*zou* **0.4** ⟨als hulpwerkwoord v. volt. t.⟩⟨vero.⟩ ***zijn*** ◆ **3.1** they were reading *ze waren aan het lezen, ze lazen* **3.2** it is claimed that he has been murdered *er wordt beweerd dat hij vermoord is* **3.3** if this were to happen, were this to happen *als dit zou/mocht gebeuren* **3.4** Christ is risen *Christus is verrezen* **¶.¶** →be to.
be- [bɪ]⟨vormt transitieve ww. v. bijv. nw., nw., ww.⟩ **0.1** ***be-*** ◆ **¶.1** becloud *bewolken;* befoul *bevuilen;* besmear *besmeren;* bespectacled *bebrild*.
Bé ⟨n.-telb.zn.⟩⟨afk.⟩ Baumé scale **0.1** ***Bé***.
B/E ⟨afk.⟩ bill of entry, bill of exchange.
BE ⟨afk.⟩ Bachelor of Education, Bachelor of Engineering, Bank of England, bill of entry, bill of exchange; Board of Education ⟨AE⟩; (Order of the) British Empire.
BEA ⟨afk.⟩ British Electricity Authority, British Epilepsy Association, British European Airways ⟨vero.⟩.
be a'bout, ⟨in bet. 0.1 en 0.2 ook⟩ **be a'round** ⟨f2⟩⟨onov.ww.⟩ **0.1** ***rondhangen*** ⇒*rondslingeren, in de buurt zijn* **0.2** ***er zijn*** ⇒*beschikbaar/aanwezig zijn* **0.3** ⟨steeds met ww.⟩ ***op het punt staan*** ◆ **1.1** is John about yet? *is John al op?/al weer beter?;* John's got to ~ somewhere *John moet ergens in de buurt zijn* **1.2** there's a

lot of flu about *er is heel wat griep onder de mensen;* there's a lot of snow about on the roads *er ligt heel wat sneeuw op de wegen* **3.3** he was about to leave *hij stond op het punt te vertrekken, hij ging net vertrekken.*

beach[1] [bi:tʃ]⟨f3⟩⟨telb.zn.⟩ **0.1** ***strand*** ⇒*oever* ◆ **3.1** raised ~ *verhoogde kust, strand dat boven de waterlijn is komen te liggen* **6.¶ on** the ~ *op straat, werkloos; gestrand, aan lagerwal;* (officers) **on** the ~ *(zeeofficieren) met werk aan wal.*

beach[2] ⟨ov.ww.⟩ **0.1** ***op het strand duwen/trekken/zetten*** ⇒*laten stranden.*

'beach ball ⟨f1⟩⟨telb.zn.⟩ **0.1** ***strandbal.***

'beach buggy ⟨telb.zn.⟩ **0.1** ***strandbuggy.***

'beach·comb·er ⟨telb.zn.⟩ **0.1** ***strandjutter*** ⟨i.h.b. v. blanke op Zuidzee-eilanden⟩ ⇒*strandzwerver, leegloper* **0.2** ***lange strandgolf.***

'beach·head ⟨telb.zn.⟩ **0.1** ⟨mil.⟩ ***bruggehoofd*** ⟨op strand⟩ **0.2** ***gunstige aanvangspositie.***

beach-la-mar ['bi:tʃlə'mɑ:||-'mɑr]⟨eig.n.⟩ **0.1** ***beach-la-mar*** ⟨verbasterde Engelse handelstaal in Z.W. v. Stille Zuidzee⟩.

'beach·mas·ter ⟨telb.zn.⟩ **0.1** ⟨scheep.⟩ ***officier belast met ontschepen v. troepen en munitie*** **0.2** ⟨dierk.⟩ ***mannelijke zeehond.***

'beach plum ⟨telb.zn.⟩ **0.1** ***pruim*** ⟨vrucht v. Prunus maritima⟩ **0.2** ⟨plantk.⟩⟨bep. Am.⟩ ***pruimeboom*** ⟨Prunus maritima⟩.

'beach wear ⟨f1⟩⟨n.-telb.zn.⟩ **0.1** ***strandkleding.***

beach·y ['bi:tʃi]⟨bn.; -er; →compar. 7⟩ **0.1** ***kiezelachtig*** ⇒*kiezel-.*

bea·con[1] [bi:kən]⟨f1⟩⟨telb.zn.⟩ **0.1** ⟨ben. voor⟩ ***(vuur)baken*** ⇒*waarschuwingsvuur, licht/waarschuwingssignaal; vuurtoren, lichtbaken, lichtopstand;* ⟨fig.⟩ *lichtend voorbeeld, inspiratiebron* **0.2** ***bakenzender*** ⇒*radiobaken* **0.3** ***knipperbol*** **0.4** ⟨BE⟩ ***geschikte heuvel voor licht/waarschuwingssignalen.***

beacon[2] ⟨ww.⟩
 I ⟨onov.ww.⟩ **0.1** ***schijnen (als een baken);***
 II ⟨ov.ww.⟩ **0.1** ***v. bakens voorzien*** ⇒*bebakenen* **0.2** ***(als een baken) verlichten*** ⟨ook fig.⟩ ⇒*inspireren, leiden.*

bea·con·age ['bi:kənɪdʒ]⟨n.-telb.zn.⟩ **0.1** ***bakengeld*** **0.2** ***bakenwezen.***

bead[1] [bi:d]⟨f2⟩⟨zn.⟩
 I ⟨telb.zn.⟩ **0.1** ***kraal*** **0.2** ***druppel*** ⇒*parel, kraal* **0.3** ***belletje*** ⇒*bubbel(tje), parel* **0.4** ***(vizier)korrel*** **0.5** ⟨bouwk.⟩ ***kraal*** **0.6** ⟨bouwk.⟩ ***kraallijst*** ⇒*astragaal, parellijst* **0.7** ⟨tech.⟩ ***lasrups*** **0.8** ⟨tech.⟩ ***velgrand*** ⟨v. band⟩ ⇒*felsrand* ◆ **1.2** ~s of sweat *parels v. zweet* **2.3** this wine holds a good ~ *deze wijn parelt mooi* **3.4** ⟨ook fig.⟩ draw a ~ on *op de korrel nemen, mikken op;* ⟨lett.⟩ *het vizier richten op;*
 II ⟨mv.; ~s⟩ **0.1** ***rozenkrans*** **0.2** ***kralen halssnoer*** **0.3** ⟨the⟩⟨sl.⟩ ***lot*** ⇒*bestemming* ◆ **3.1** ⟨vero.⟩ count/say/tell one's ~s *(de rozenkrans) bidden.*

bead[2] ⟨ww.⟩ →beading
 I ⟨onov.ww.⟩ **0.1** ***kralen/parels vormen*** ⇒*kralen, parelen;*
 II ⟨ov.ww.⟩ **0.1** ***v. kralen/kraalvormige elementen voorzien*** ⇒*met kralen versieren* **0.2** ***(aaneen) rijgen*** **0.3** ***doen parelen*** ◆ **1.1** ~ed bags *met kralen bestikte tassen* **1.3** a face ~ed with sweat *een gezicht bedekt met zweetparels.*

'bead 'curtain ⟨telb.zn.⟩ **0.1** ***kralengordijn.***

bead·ing ['bi:dɪŋ]⟨zn.; in bet. II gerund v. bead⟩
 I ⟨telb. en n.-telb.zn.⟩⟨bouwk.⟩ **0.1** ***kraal*** ⇒*lijstwerk* **0.2** ***parellijst;***
 II ⟨n.-telb.zn.⟩ **0.1** ***kraal/parelvorming*** **0.2** ***kralenversiering*** ⇒*kralenwerk, kantwerk met kralen.*

bea·dle ['bi:dl]⟨f1⟩⟨telb.zn.⟩ **0.1** ⟨BE⟩ ***bode*** ⇒*ceremoniemeester,* ⟨i.h.b.⟩ *pedel* ⟨op universiteit⟩ **0.2** ⟨BE; gesch.⟩ ***ordebewaarder in kerk*** **0.3** ***koster*** ⟨v. synagoog⟩ **0.4** ⟨Sch. E⟩ ***koster.***

bea·dle·dom ['bi:dldəm]⟨n.-telb.zn.⟩⟨pej.⟩ **0.1** ***beambtendom*** ⇒*bureaucratie, enggeestige bedillerij.*

bea·dle·ship ['bi:dlʃɪp]⟨n.-telb.zn.⟩ **0.1** ***pedelschap*** **0.2** ***het ambt v. ordebewaarder*** ⟨in kerk of synagoog⟩.

'bead moulding ⟨telb.zn.⟩⟨bouwk.⟩ **0.1** ***kraallijst*** ⇒*parellijst.*

'bead·roll ⟨telb.zn.⟩ **0.1** ***reeks*** ⇒*(was)lijst* **0.2** ***rozenkrans*** **0.3** ⟨vero.⟩ ***lijst v. personen voor wie gebeden dient te worden.***

beads·man, bedes·man ['bi:dzmən]⟨telb.zn.; beadsmen [-mən]; →mv. 6⟩⟨gesch.⟩ **0.1** ***iem. die voor weldoener moet bidden*** **0.2** ***bewoner v. armenhuis/godshuis*** ⇒*provenier.*

'bead·work ⟨n.-telb.zn.⟩ **0.1** ***kralenwerk*** **0.2** ⟨bouwk.⟩ ***kraal*** ⇒*lijstwerk.*

bead·y ['bi:di]⟨bn.; ook -er; →compar. 7⟩ **0.1** ***kraalvormig*** **0.2** ***kralend*** ⇒*parelend* ◆ **1.1** black ~ eyes *zwarte kraaloogjes* **1.¶** give s.o. the ~ eye *iem. dreigend/vermanend aankijken.*

bea·gle[1] [bi:gl]⟨f1⟩⟨telb.zn.⟩ **0.1** ***brak*** ⇒*kleine drijfhond* **0.2** ⟨vero.⟩ ***speurder*** ⇒*spion.*

beagle[2] ⟨onov.ww.⟩ →beagling **0.1** ***met brakken jagen.***

bea·gling ['bi:glɪŋ]⟨n.-telb.zn.; gerund v. beagle⟩ **0.1** ***(haze)jacht met brakken.***

beak [bi:k]⟨f2⟩⟨telb.zn.⟩ **0.1** ***snavel*** ⇒*bek, sneb, snuit* **0.2** ⟨ben. voor⟩ ***puntig, vooruitspringend element*** ⇒*mondstuk* ⟨v. sommige muziekinstrumenten⟩; *tuit;* ⟨inf.⟩ *(haak)neus* **0.3** ⟨gesch.; scheep.⟩ ***sneb*** ⇒*ramsteven* **0.4** ⟨BE; sl.⟩ ***politierechter*** **0.5** ⟨BE; sl.⟩ ***schoolmeester*** ⟨op sommige public schools⟩ ◆ **1.2** ~ of a retort *spits uitlopend buisje v.e. distilleerkolf* **2.2** ⟨tech.⟩ flat/round ~ *vierkante/ronde aambeeldhoorn.*

beaked [bi:kt]⟨bn.⟩ **0.1** ***gesnaveld*** ⇒*gebekt* **0.2** ***snavelvormig*** ⇒*bekvormig.*

beak·er ['bi:kə||-ər]⟨f2⟩⟨telb.zn.⟩ **0.1** ***beker(glas)*** **0.2** ⟨vero.⟩ ***drinkbeker.***

'be-all ⟨f1⟩⟨telb.zn.; the⟩ **0.1** ***essentie*** ◆ **1.1** the ~ and end-all of sth. *de alfa en omega v. iets.*

be a'long ⟨onov.ww.⟩ **0.1** ***eraan komen*** **0.2** ***meegaan*** **0.3** ***langskomen*** ◆ **1.2** oh, John will ~ *oh, John gaat heus wel mee/zal ook wel van de partij zijn* **1.3** the vicar came along *de dominee kwam eens langs* **6.¶** ~ **to** a meeting *naar een bijeenkomst komen.*

beam[1] [bi:m]⟨f2⟩⟨zn.⟩
 I ⟨telb.zn.⟩ **0.1** ***balk*** **0.2** ⟨ben. voor⟩ ***balkvormig voorwerp(je)*** ⇒*ankerschacht; disselboom; ketting/weversboom; ploegboom; drijfstang; hoofdtak v. hertegewei; waagbalk* **0.3** ⟨scheep.⟩ ***dekbalk*** **0.4** ⟨scheep.⟩ ***grootste breedte v. schip*** **0.5** ⟨scheep.⟩ ***zijde v. schip*** **0.6** ***straal*** ⇒*stralenbundel, deeltjesbundel, straling* **0.7** ***geleide straal*** ⇒*bakenstraal* **0.8** ***stralende blik/glimlach*** **0.9** ⟨gymnastiek⟩ ***(evenwichts)balk*** ◆ **1.8** with a ~ of welcome *met een gezicht dat welkom uitstraalt* **1.¶** not see the ~ in one's eye *de balk in eigen ogen niet zien* **2.4** ⟨fig.; inf.⟩ she's broad in the ~ *ze is breed v. heupen, ze heeft flink wat zitvlees* **3.2** kick/strike the ~ *omhooggaan* ⟨v. schaal v. balans⟩; ⟨fig.⟩ *minder gewicht in de schaal leggen, het afleggen* **6.4 abaft/before** the ~ *op het achter/voorschip* **6.5** wind **on** the ~ *wind dwars* **6.7** be **off** (the) ~ *van de koers zijn;* ⟨inf.⟩ *het spoor kwijt zijn, ernaast zitten, de bal misslaan;* be **on** the ~ *de koerslijn volgen;* ⟨scheep.⟩ *dwars(scheeps) liggen;* ⟨inf.⟩ *op het goede spoor zitten, het juist hebben;*
 II ⟨mv.; ~s; the⟩⟨scheep.⟩ **0.1** ***balkwerk*** ⇒*balklaag.*

beam[2] ⟨f2⟩⟨ww.⟩ →beamed
 I ⟨onov.ww.⟩ **0.1** ***stralen*** ⇒*stralen uitwerpen, schijnen* ◆ **6.1** ~ **on** one's friend *zijn vriend stralend aankijken;* ~ **with** happiness *stralen van geluk;*
 II ⟨ov.ww.⟩ **0.1** ***uitstralen*** **0.2** ***in één richting uitzenden*** ⟨ook fig.⟩ ⇒*richten* ◆ **1.1** ~ a cheerful welcome *met stralend gezicht verwelkomen;* ~ (forth/out) approval *goedkeuring uitstralen, een en al goedkeuring zijn* **6.2** programmes ~ed **at** sportsmen *programma's bedoeld voor sportlui;* the radio news was ~ed **to** South Africa *de nieuwsberichten werden uitgezonden naar Zuid-Afrika.*

'beam aerial, 'beam antenna ⟨telb.zn.⟩ **0.1** ***gerichte antenne.***

'beam compass ⟨telb.zn.; vnl. mv.⟩ **0.1** ***stokpasser.***

'beam dividers ⟨mv.⟩ **0.1** ***stokpasser.***

beamed [bi:md]⟨bn.; ook volt. deelw. v. beam⟩ **0.1** ***van balken voorzien*** **0.2** ***met gewei*** ⟨volwassen hert⟩ ◆ **1.2** ~ stag *hert met vol gewei.*

'beam-'ends ⟨mv.⟩ **0.1** ***uiteinden v.d. balken v.e. schip*** ◆ **6.1** the ship is thrown **on** her ~ *het schip wordt op zijn zij geworpen* **6.¶** be **on** one's ~ *op zwart zaad zitten, blut zijn.*

'beam engine ⟨telb.zn.⟩ **0.1** ***balansmachine.***

'beam hole ⟨telb.zn.⟩ **0.1** ***bundelgat*** ⟨in schild v. kernreactor⟩.

'beam radio, 'beam service, 'beam system, 'beam wireless ⟨telb.zn.⟩ **0.1** ***gerichte radiotelegrafie.***

'beam-rid·er ⟨telb.zn.⟩ **0.1** ***door stralenbundel geleide raket*** ⇒*bundelvolger.*

'beam-rid·ing ⟨n.-telb.zn.⟩ **0.1** ***bundelgeleiding.***

'beam-trans·mit·ter ⟨telb.zn.⟩⟨com.⟩ **0.1** ***straalzender.***

'beam tree ⟨telb.zn.⟩⟨plantk.⟩ **0.1** ***meelbes*** ⟨Sorbus aria⟩.

'beam·width ⟨telb.zn.⟩ **0.1** ***bundeldoorsnede*** ⟨v. radar, radio⟩.

'beam-wind ⟨telb.zn.⟩⟨scheep.⟩ **0.1** ***dwarswind.***

beam·y ['bi:mi]⟨bn.; -er; →compar. 7⟩ **0.1** ***breed*** ⟨v. schip⟩ **0.2** ***stralend*** **0.3** ***zwaar en groot*** ⟨zoals een balk⟩ **0.4** ***met vol gewei.***

bean[1] [bi:n]⟨f2⟩⟨telb.zn.⟩ **0.1** ***boon*** **0.2** ⟨AE; sl.⟩ ***knikker*** ⇒*kop, hoofd* **0.3** ⟨BE; sl.⟩ ***pond sterling*** ◆ **3.1** baked ~s *witte bonen in tomatensaus/met suiker en spek* **3.¶** ⟨inf.⟩ I don't care a ~ *het kan me geen zier schelen;* ⟨sl.⟩ give s.o. ~s *iem. een pak ransel geven, iem. de huid vol schelden;* ⟨sl.⟩ not have a ~ *geen rooie duit hebben;* ⟨inf.⟩ I don't know ~s about politics *ik heb niet het flauwste benul v. politiek;* ⟨inf.⟩ he knows (his) ~s *hij weet er alles van, hij weet waar Abraham de mosterd haalt;* ⟨sl.⟩ spill the ~s *zijn mond voorbijpraten, uit de school klappen* **6.¶** ⟨sl.⟩ **without** a ~ *zonder een cent.*

bean[2] ⟨ov.ww.⟩⟨AE; sl.; honkbal⟩ **0.1** ***het hoofd raken van*** ⟨slagman⟩ ⇒*op zijn kop geven* ⟨ook fig.⟩.

'bean·bag, ⟨in bet. 0.2 ook⟩ **'beanbag 'chair** ⟨telb.zn.⟩ **0.1** *zakje met*

bonen ⟨gebruikt in kinderspel⟩ ⇒⟨fig.⟩ *kinderspel* **0.2** ***zitzak*** **0.3** ⟨sl.⟩ ***zakje met ganzenhagel/zand enz.*** ⟨gebruikt door oproerpolitie⟩.

'bean curd ⟨n.-telb.zn.⟩ ⟨cul.⟩ **0.1** ***tahoe*** ⇒*tofu.*

'bean·eater ⟨telb.zn.⟩ ⟨AE; sl.⟩ **0.1** ***bonenvreter*** ⇒*inwoner v. Boston* ⟨U.S.A.⟩; *Chicano* ⟨Amerikaan v. Mexicaanse afkomst⟩.

bean·er·y ['bi:nəri] ⟨telb.zn.; →mv. 2⟩ ⟨vnl. AE; inf.⟩ **0.1** ***goedkoop restaurantje*** ⇒*eethuis.*

'bean·feast ⟨telb.zn.⟩ ⟨BE; inf.⟩ **0.1** ***jaarlijks diner*** ⟨v. werkgever aan werknemers⟩ ⇒*personeelsfeest* **0.2** ***fuif*** ⇒*feestje.*

'bean 'goose ⟨telb.zn.⟩ ⟨dierk.⟩ **0.1** ***rietgans*** ⟨Anser fabalis⟩.

bean·ie, bean·y ['bi:ni] ⟨telb.zn.; →mv. 2⟩ ⟨vnl. AE⟩ **0.1** ***pet zonder klep*** ⇒*(schooljongens/studenten)pet.*

bean·o ['bi:noʊ] ⟨telb.zn.⟩ **0.1** ***bingo*** ⟨met bonen als spelmateriaal⟩ **0.2** ⟨BE; sl.⟩ ***jaarlijks diner*** ⟨v. werkgever aan werknemers⟩ ⇒*personeelsfeest* **0.3** ⟨BE; sl.⟩ ***fuif*** ⇒*feestje.*

'bean oil ⟨n.-telb.zn.⟩ **0.1** ***sojaolie.***

'bean pod ⟨telb.zn.⟩ **0.1** ***boneschil*** ⇒*peul.*

'bean·pole ⟨telb.zn.⟩ **0.1** ***bonestaak*** ⟨ook fig.⟩.

'bean slicer ⟨telb.zn.⟩ **0.1** ***bonesnijmolen*** ⇒*snijboonmolen.*

'bean sprout ⟨telb.zn.; vnl. mv.⟩ ⟨cul.⟩ **0.1** ⟨B.⟩ ***sojascheut*** ⇒*taugé.*

'bean·stalk ⟨telb.zn.⟩ **0.1** ***bonestengel.***

'bean tree ⟨telb.zn.⟩ ⟨plantk.⟩ **0.1** ⟨ben. voor⟩ ***boom met boonachtige vruchten*** ⇒*johannesbroodboom* ⟨Geratonia siliqua⟩; *trompetboom* ⟨Catalpa⟩.

'bean wagon ⟨telb.zn.⟩ ⟨AE; sl.⟩ **0.1** ***eettent*** ⇒*goedkoop eethuisje.*

bear[1] [beə‖ber] ⟨f3⟩ ⟨telb.zn.; in bet. 0.1 ook bear; →mv. 4⟩ **0.1** ***beer*** ⇒⟨Austr. E⟩ *koala* **0.2** ***ongelikte beer*** ⇒*bullebak, lomperik* **0.3** ⟨geldw.⟩ ***baissier*** ⇒*baissespeculant, contramineur* **0.4** ***kei*** ⇒*uitblinker* **0.5** ⟨AE; sl.⟩ ***draak*** ⇒*lelijkerd* **0.6** ⟨sl.⟩ ***kip*** ⇒*smeris* ◆ **6.4** a ~ **at** mathematics *een kei in wiskunde* **6.¶** be a ~ **for** rough treatment *tegen een stootje kunnen* **7.¶** the Bear *Rusland.*

bear[2] ⟨f4⟩ ⟨ww.; bore [bɔ:‖bɔr], borne [bɔ:n‖bɔrn]⟩ →bearing ⟨→sprw. 187⟩

I ⟨onov.ww.⟩ **0.1** ***houden*** ⟨v. ijs⟩ **0.2** ***dragen*** ⟨v. muur⟩ **0.3** ***vruchten voortbrengen*** ⇒*vruchtbaar/vruchtdragend zijn* **0.4** ***(aan)houden*** ⟨v. richting⟩ ⇒*volgen, (voort)gaan, lopen* **0.5** ***druk uitoefenen*** ⇒*duwen, leunen* **0.6** ***invloed hebben*** ⇒*v. invloed zijn* **0.7** ***liggen*** ⇒*gelegen zijn* **0.8** ⟨geldw.⟩ ***à la baisse speculeren*** ◆ **5.4** ~ (to the) left *links aanhouden, links afslaan;* ~ near *naderen* **5.5** ~ **back** *achteruitwijken, plaats maken;* ~ hard/heavily/severely (up)on *zwaar drukken op* ⟨fig.⟩ **5.¶** →bear **down;** →bear **up** **6.6** ~ **(up)on** *beïnvloeden, van invloed zijn op, betekenen voor, betrekking hebben op* **6.¶** →bear **with;**

II ⟨ov.ww.⟩ **0.1** ***dragen*** **0.2** ***(over)brengen*** **0.3** ***vertonen*** ⇒*hebben* **0.4** ***hebben/voelen voor*** ⇒*toedragen, koesteren* **0.5** ***verdragen*** ⇒*dulden, uitstaan* **0.6** ***voortbrengen*** ⇒*baren* **0.7** ***opbrengen*** ⇒*geven* ⟨rente⟩ **0.8** ***uitoefenen*** **0.9** ***drijven*** ⇒*duwen, drukken* **0.10** ⟨geldw.⟩ ***de prijs doen dalen v.*** ◆ **1.1** ~ the costs *de kosten dragen /op zich nemen;* ~ fruit *vruchten voortbrengen;* ⟨fig.⟩ *vrucht dragen, vruchten afwerpen* **1.3** ~ a likeness/resemblance to *gelijkenis/overeenkomst vertonen met;* a word ~ing several meanings *een woord dat verschillende betekenissen heeft;* ~ a relation to *in verband staan met;* ~ a proportion to *in verhouding staan tot;* his letter bore no signature *zijn brief was niet ondertekend;* ~ signs/ traces of *tekenen/sporen vertonen v.* **1.4** ~ s.o. a grudge *een wrok koesteren jegens iem.* **1.5** ~ comparison with *de vergelijking doorstaan met, zich laten vergelijken met;* ~ examination *het daglicht verdragen* **1.6** his wife has borne him two sons *zijn vrouw heeft hem twee zonen geschonken* **1.7** ~ing capital *dragend kapitaal* **3.5** most people can't ~ being laughed at *de meeste mensen kunnen er niet tegen als ze uitgelachen worden;* his words won't ~ repeating *zijn woorden zijn niet voor herhaling vatbaar* **4.¶** ~ o.s. with dignity *zich waardig gedragen;* he ~s himself like a soldier *hij heeft de houding v.e. soldaat* **5.1** ~ **away/off** a prize *een prijs in de wacht slepen;* be borne **away** *meegesleept worden* **5.¶** →bear **down;** →bear **out;** →bear **up** **6.6** borne **by** *geboren uit* **6.¶** be borne in **(up)on** s.o. *doordringen tot iem., post vatten bij iem., zich opdringen aan iem.* ⟨v. gedachte⟩.

bear·a·ble ['beərəbl‖'ber-] ⟨f1⟩ ⟨bn.; -ly; →bijw. 3⟩ **0.1** ***draaglijk*** ⇒*te dragen.*

'bear·bait·ing ⟨n.-telb.zn.⟩ ⟨folk.⟩ **0.1** ⟨ong.⟩ ***berebijt*** ⟨het vechten v. honden tegen vastgeketende (bruine) beer⟩.

bear·ber·ry ['beəbəri‖'berberi] ⟨telb.zn.; →mv. 2⟩ ⟨plantk.⟩ **0.1** ***beredruif*** ⟨genus Arctostaphylos⟩.

beard[1] [bɪəd‖bɪrd] ⟨f3⟩ ⟨telb.zn.⟩ **0.1** ***baard*** ⟨ook v. vogel, mossel, plant enz.⟩ **0.2** ***weerhaak*** **0.3** ⟨druk.⟩ ***baard.***

beard[2] ⟨ov.ww.⟩ **0.1** ***trotseren*** ⇒*tarten* **0.2** ***(ont)baarden*** ⟨mossel⟩.

beard·ed ['bɪədɪd‖'bɪrdɪd] ⟨f2⟩ ⟨bn.⟩ **0.1** ***gebaard*** **0.2** ***met een weerhaak*** **0.3** ***met een staart*** ⟨v. komeet⟩ ◆ **1.¶** ⟨dierk.⟩ ~ reedling *baardmannetje* ⟨Panurus biarmicus⟩; ⟨dierk.⟩ ~ tit *baardmees, baardmannetje* ⟨Panurus biarmicus⟩; ⟨dierk.⟩ ~ vulture *lammergier* ⟨Gypaetus barbatus⟩.

-beard·ed ['bɪədɪd‖'bɪrdɪd] **0.1** ***met een ... baard*** ◆ **¶.1** red-bearded *met een rode baard.*

beard·ie ['bɪədi‖'bɪrdi] ⟨telb.zn.⟩ ⟨inf.⟩ **0.1** ***baardman(s).***

beard·less ['bɪədləs‖'bɪrd-] ⟨bn.: -ness⟩ **0.1** ***baardeloos*** ⇒*zonder baard, glad (geschoren);* ⟨fig.⟩ *onvolwassen, onervaren.*

'bear 'down ⟨f1⟩ ⟨ww.⟩

I ⟨onov.ww.⟩ **0.1** ***zich inspannen*** **0.2** ***persen*** ⇒*druk uitoefenen* ◆ **6.1** ~ **with** all one's strength *zich tot het uiterste inspannen, uit alle macht proberen* **6.¶** ~ **(up)on** *zwaar drukken op; hard aanpakken, streng straffen;* ~ **(up)on** *(snel) afkomen op, afstormen op;*

II ⟨ov.ww.⟩ **0.1** ***neerdrukken*** **0.2** ***verslaan*** ⇒*overwinnen, de kop indrukken, smoren* ◆ **6.1** ~ **(up)on** *zwaar drukken op; hard aanpakken, streng straffen* **6.¶** ~ **(up)on** *(snel) afkomen op, afstormen op.*

bear·er ['beərə‖'berər] ⟨f2⟩ ⟨telb.zn.⟩ **0.1** ***drager*** **0.2** ***houder*** **0.3** ***stut*** ⇒*steun* **0.4** ***bode*** ⇒*(over)brenger, boodschapper* **0.5** ***toonder*** ⟨v. cheque enz.⟩ **0.6** ⟨vnl. Ind. E⟩ ***bediende*** **0.7** ***vruchtdragende boom /plant*** ◆ **1.2** the ~ of a passport *de houder v.e. paspoort* **1.3** the ~ of this letter *de brenger dezes* **2.6** these trees are good ~s *deze bomen dragen goed* **3.4** pay to ~ *betaal aan toonder.*

'bearer cheque ⟨telb.zn.⟩ **0.1** ***cheque aan toonder.***

'bearer paper ⟨n.-telb.zn.⟩ ⟨geldw.⟩ **0.1** ***toonderpapier.***

'bearer share, 'bearer stock ⟨telb.zn.⟩ ⟨geldw.⟩ **0.1** ***aandeel aan toonder.***

'bear garden ⟨telb.zn.⟩ **0.1** ***zwijnestal*** ⇒*puinhoop, bende* **0.2** ⟨gesch.⟩ ***berebijt*** ⟨herberg waar berebijt plaatsvindt⟩ ◆ **¶.1** this is a classroom, not a ~ *dit is een leslokaal, geen kleuterklas.*

'bear hug ⟨telb.zn.⟩ ⟨inf.⟩ **0.1** ***houdgreep*** ⇒*onstuimige omhelzing.*

bear·ing ['beərɪŋ‖'berɪŋ] ⟨f2⟩ ⟨zn.; (oorspr.) gerund v. bear⟩

I ⟨telb.zn.⟩ **0.1** ***verband*** ⇒*betrekking, verhouding* **0.2** ***betekenis*** ⇒*strekking, draagwijdte* **0.3** ***peiling*** **0.4** ⟨wapenkunde⟩ ***wapenbeeld*** **0.5** ⟨vnl. mv.⟩ ⟨tech.⟩ ***lager*** ⇒*asblok, kussenblok* **0.6** ⟨tech.⟩ ***ondersteuning*** ⇒*steunpunt, draagvlak* ◆ **2.3** relative/ true ~ *relatieve/ware peiling* **3.3** take a ~ *peiling nemen* **6.1** consider the matter **in** all its ~s *alle aspecten v.d. zaak in ogenschouw nemen, alle kanten v.d. zaak bekijken;* have no ~ **on** *los staan v., geen invloed hebben op;*

II ⟨telb. en n.-telb.zn.⟩ **0.1** ***druk*** ⇒*spanning;*

III ⟨n.-telb.zn.⟩ **0.1** ***het dragen*** **0.2** ***houding*** ⇒*voorkomen* **0.3** ***gedrag*** ⇒*houding, optreden* **0.4** ***het verduren*** ⇒*het verdragen, het dulden* **0.5** ***het (vruchten) voortbrengen*** ◆ **6.4** **beyond/past** (all) ~ *onduldbaar, onverdraaglijk, onuitstaanbaar* **6.5** **in** ~ *dragend* ⟨v. boom⟩; **past** ~ *niet langer vruchtdragend/barend;*

IV ⟨mv.; ~s⟩ **0.1** ***positie*** ⇒*ligging, plaats, richting* **0.2** ⟨wapenkunde⟩ ***(familie)wapen*** ◆ **3.1** get/take one's ~s *zijn positie bepalen, zich oriënteren; poolshoogte nemen;* lose/be out of one's ~s *zijn positie niet kunnen bepalen, verdwaald zijn; de kluts kwijt zijn.*

'bearing rein ⟨telb.zn.⟩ **0.1** ***opzet(teugel).***

bear·ish ['beərɪʃ‖'berɪʃ] ⟨bn.⟩ **0.1** ***lomp*** ⇒*ruw, ongemanierd, onbeholpen* **0.2** ***uit zijn humeur*** ⇒*ontstemd, nukkig, nors* **0.3** ***in baissestemming*** ⇒*à la baisse, dalend* ⟨op effectenbeurs⟩; ⟨fig.⟩ *pessimistisch.*

'bear leader ⟨telb.zn.⟩ **0.1** ***gouverneur*** ⟨begeleider v. rijke jongeman op culturele reis⟩.

'bear market ⟨telb.zn.⟩ **0.1** ***baissemarkt*** ⇒*dalende markt* ⟨op effectenbeurs⟩.

bé·ar·naise ['beɪə'neɪz‖'ber'neɪz], **'béarnaise 'sauce** ⟨telb. en n.-telb.zn.⟩ ⟨cul.⟩ **0.1** ***béarnaise(saus).***

be a'round, ⟨in bet. 0.1 ook⟩ **be 'round** ⟨f2⟩ ⟨onov.ww.⟩ **0.1** ***even aanlopen*** ⇒*bezoeken, op bezoek zijn* **0.2** ⟨inf.⟩ ***meetellen*** ⇒*meedraaien, zijn mannetje kunnen staan* **0.3** ⟨alleen in volt. t.⟩ ⟨inf.⟩ ***heel wat meegemaakt hebben*** ⇒*van wanten weten, weten waar Abraham de mosterd haalt, heel wat ervaring/een verleden hebben* ⟨i.h.b. op seksueel gebied⟩ **0.4** →be about ◆ **1.2** Beethoven will ~ for a long time *Beethoven zal nog een hele tijd meetellen/ heeft nog lang niet afgedaan* **6.1** he was (a)round **at** my place all evening *hij is de hele avond bij me blijven hangen.*

'bear 'out ⟨f1⟩ ⟨ov.ww.⟩ **0.1** ***(onder)steunen*** ⇒*bevestigen, bekrachtigen, staven* ◆ **4.1** bear s.o. out *iemands verklaring/verhaal bevestigen.*

bear's-breech ['beəzbri:tʃ‖'berz-] ⟨telb.zn.⟩ ⟨plantk.⟩ **0.1** ***acanthus*** ⟨genus Acanthus⟩.

'bear's-ear ⟨telb.zn.⟩ ⟨plantk.⟩ **0.1** ***bereoor*** ⇒*aurikel* ⟨Primula auricula⟩.

'bear's-foot ⟨telb. en n.-telb.zn.⟩ ⟨plantk.⟩ **0.1** ***stinkend nieskruid*** ⟨Helleborus foetidus⟩.

'bear's grease, 'bear's oil ⟨n.-telb.zn.⟩ **0.1** ***berevet*** ⟨vroeger gebruikt als pommade⟩.

'bear·skin ⟨f1⟩⟨zn.⟩
I ⟨telb.zn.⟩⟨mil.⟩ **0.1** ***beremuts;***
II ⟨telb.en n.-telb.zn.⟩ **0.1** ***berehuid;***
III ⟨n.-telb.zn.⟩ **0.1** ***ruige wollen stof*** ⟨voor overjas, enz.⟩.
'bear 'up ⟨f1⟩⟨ww.⟩
I ⟨onov.ww.⟩ **0.1** ***zich (goed) houden*** ⇒*zich redden, het aankunnen/afkunnen* **0.2** ***de moed niet laten zakken*** ◆ **6.1** ~ **against** sth. *ergens tegen opgewassen/bestand zijn, iets het hoofd bieden;*
II ⟨ov.ww.⟩ **0.1** ***(onder)steunen.***
'bear with ⟨onov.ww.⟩ **0.1** ***geduld hebben met*** **0.2** ***voor lief nemen*** ⇒*verdragen, dulden.*
beast [bi:st]⟨f3⟩⟨telb.zn.⟩ **0.1** ***beest*** ⟨ook fig.⟩ ⇒*dier, viervoeter; bruut, onmens, barbaar, schoft* **0.2** ***rund*** ⇒*(koe)beest* **0.3** ***rijdier*** ⇒⟨i.h.b.⟩ *paard* **0.4** ⟨ben. voor⟩ ***vervelend iets/iem.*** ◆ **1.1** ~ of burden *lastdier;* ~ of prey *roofdier;* ~ of ravin *roofdier* **1.4** a ~ of a day *een beroerde dag;* a ~ of a job *een verschrikkelijk karwei* **7.1** the ~ *het beest/dierlijke (in de mens)* **7.¶** the Beast *de antichrist.*
'beast epic ⟨telb.zn.⟩ **0.1** ***dierenepos.***
'beast fable ⟨telb.zn.⟩ **0.1** ***dierenfabel.***
beastings →beestings.
beast·ly[1] ['bi:stli]⟨f1⟩⟨bn.; ook -er; -ness; →bijw. 3⟩ **0.1** ***beestachtig*** ⇒*dierlijk, smerig* **0.2** ⟨inf.⟩ ***beestachtig*** ⇒*beroerd* ◆ **1.2** ~ stench *walgelijke stank.*
beastly[2] ⟨f1⟩⟨bw.⟩⟨vnl. BE; inf.⟩ **0.1** ***beestachtig*** ⇒*hardstikke, stierlijk* ◆ **2.1** ~ drunk *stomdronken, straal(bezopen), ladder (zat).*
beat[1] [bi:t]⟨f3⟩⟨telb.zn.⟩ **0.1** ***(vaste) ronde/route*** ⟨vnl. v. politieagent⟩ ⇒*wijk, gebied, terrein* **0.2** ***jachtgebied/veld*** **0.3** ***klop/drijfjacht*** **0.4** ⟨inf.⟩ ***beatnik*** **0.5** ⟨AE⟩ ***(kies)district*** **0.6** ***slag*** ⇒*klap, het slaan, het kloppen, getik* **0.7** ⟨muz.⟩ ***maat(slag)*** **0.8** ***metrum*** ⇒ *versmaat* **0.9** ⟨sport⟩ ***(slagen)tempo*** ⟨per minuut⟩ **0.10** ***ritme*** ⇒*beat* ⟨bij jazz, pop e.d.⟩ **0.11** ⟨nat.⟩ ***zweving*** **0.12** ⟨AE; inf.⟩ ***primeur*** ⟨v. krant⟩ **0.13** ⟨AE; inf.⟩ ***vent v. niks*** ⇒*nietsnut, drol, leeglоper* **0.14** ⟨zeilsport⟩ ***kruisrak*** ◆ **3.¶** ⟨AE; inf.⟩ I have never heard/seen the ~ of that *zoiets heb ik nog nooit gehoord/gezien, dat slaat alles* **6.1** ⟨fig.⟩ that is **off** my ~ *dat is onbekend terrein voor mij, dat ligt niet in mijn lijn;* be **on** one's ~ *op zijn ronde zijn, zijn ronde doen.*
beat[2] ⟨f3⟩⟨ww.; beat [bi:t], beaten ['bi:tn], ook beat [bi:t]⟩ → beaten, beating ⟨→sprw. 527⟩
I ⟨onov.ww.⟩ **0.1** ***slaan*** ⇒*bonzen, beuken; woeden; kloppen* ⟨v. hart, bloed⟩; *trommelen* ⟨ook v. konijn⟩; *tikken* ⟨v. klok⟩; *fladderen* ⟨v. vleugel⟩ **0.2** ***een klop/drijfjacht houden*** **0.3** ***zich (moeizaam) een weg banen*** **0.4** ⟨scheep.⟩ ***laveren*** ⇒*kruisen* **0.5** ⟨nat.⟩ ***zweving veroorzaken*** ◆ **5.4** →beat **about;** ~ **up** *oplaveren, opkruisen* **5.¶** →beat **about;** →beat **down;** →beat **off;**
II ⟨ov.ww.⟩ **0.1** ⟨ben. voor⟩ ***slaan (op)*** ⇒⟨cul.⟩ *kloppen, klutsen; kloppen* ⟨mat⟩; *fladderen met* ⟨vleugel⟩ **0.2** ***(uit)smeden*** ⇒*pletten* **0.3** ***braken*** ⟨hennep, vlas⟩ **0.4** ***banen*** ⟨pad⟩ **0.5** ***verslaan*** ⇒*de baas zijn, eronder krijgen, (een slag) voor zijn, overtreffen* **0.6** ***uitputten*** **0.7** ***afzoeken*** ⇒*uitkammen* **0.8** ⟨AE; inf.⟩ ***ontlopen*** ⇒*ontkomen aan,* ⟨straf⟩ *niet betalen (voor)* ◆ **1.1** ~ an alarm *alarm slaan;* ⟨inf.⟩ ~ s.o.'s brains out *iem. de hersens inslaan, iem. v. kant maken;* the recipe to ~ all recipes *het allesovertreffende recept, het recept dat alles slaat* **1.5** this problem has ~en me *dit probleem is me te machtig, hier kom ik niet uit;* ~ the record *het record breken* **1.¶** ~ a check *zonder betalen weglopen, niet afrekenen* **2.1** ~ flat *platslaan, pletten* **3.5** I won't be ~en *mij krijgen ze niet klein* **4.5** that ~s all *dat slaat alles; het is me een raadsel;* ⟨inf.⟩ it has me ~ *dat gaat boven mijn pet(je);* ⟨inf.⟩ can you ~ that? *heb je ooit zoiets gehoord/gezien?* **4.¶** ⟨sl.⟩ ~ it! *smeer 'm!, wegwezen!* **5.1** ~ **back** *terugslaan/drijven, doen terugtrekken;* →beat **down;** ~ **in** *inslaan;* ~ the door **in** *de deur intrappen/inbeuken;* ~ s.o.'s head **in** *iem. de hersens inslaan;* →beat **off;** →beat **up** **5.5** →beat **out** **5.6** dead ~ *(dood)op, uitgeteld* **5.¶** →beat **down;** →beat **out;** →beat **up** **6.1** ~ sth. **into** s.o.'s head *iem. iets instampen/inhameren* **6.5** he ~ me **to** it *hij was er het eerst, hij was me voor.*
be at [⟨onder 4⟩ -'-]⟨f2⟩⟨onov.ww.⟩⟨inf.⟩ **0.1** ***zitten aan*** **0.2** ***op de huid zitten*** ⇒*lastig vallen, aan iemands kop zeuren* ◆ **1.1** who's been at my camera? *wie heeft er aan mijn fototoestel gezeten?* **1.2** she's at John again to take her out to dinner *ze zit weer aan John's kop te zeuren dat hij haar uit eten moet nemen* **4.¶** ⟨sl.⟩ where it's at *waar het om te doen is;* ⟨vnl. pej.⟩ they are at it again *daar gaan ze weer, ze zijn weer bezig;* ⟨niet inf.⟩ ~ one (with s.o.) *het (roerend) eens zijn (met iem.);* what are you at? *wat bedoel je nou eigenlijk?, wat wil je (daarmee) nou eigenlijk zeggen?.*
'beat a'bout ⟨onov.ww.⟩ **0.1** ***(naarstig) zoeken*** **0.2** ***laveren*** ⇒*kruisen* ◆ **6.1** ~ **for** *(naarstig) zoeken naar.*
'beat 'down ⟨f1⟩⟨ww.⟩
I ⟨onov.ww.⟩ **0.1** ***branden*** ⟨v. zon⟩ ◆ **6.1** the sun ~ **on** my back *de zon brandde op mijn rug;*
II ⟨ov.ww.⟩ **0.1** ***neerslaan*** **0.2** ***intrappen*** ⇒*inbeuken* ⟨deur⟩ **0.3** ***naar beneden brengen*** ⇒*drukken, doen zakken* ⟨prijs⟩ **0.4** ***afdingen (bij/op)*** ◆ **6.4** he wanted $30 for the bicycle but I managed to beat him down **to** $25 *hij wilde $30 voor de fiets hebben maar ik kon afdingen tot $25.*
beat·en ['bi:tn]⟨f2⟩⟨bn.; (oorspr.) volt. deelw. v. beat⟩⟨→sprw. 39⟩ **0.1** ***veel betreden*** ⇒*gebaand* ⟨v. weg; ook fig.⟩ **0.2** ***gesmeed*** ⇒*geplet, blad-* **0.3** ***verslagen*** **0.4** ***uitgeput*** ⟨ook v. grond⟩ ⇒*doodmoe* **0.5** ***versleten*** ⇒*vervallen* ◆ **1.1** ~ path *veel betreden/platgetreden pad* ⟨ook fig.⟩; go off the ~ track *nieuwe wegen inslaan, eens iets anders/nieuws doen;* keep to the ~ track *gebaande wegen gaan/bewandelen* **1.2** ~ gold *bladgoud.*
beat·er ['bi:tə||'bi:t̬ər]⟨f1⟩⟨telb.zn.⟩ **0.1** ***(eier)klopper*** ⇒*klutser, mixer* **0.2** ***(matte)klopper*** **0.3** ***(grond)stamper*** **0.4** ⟨jacht⟩ ***drijver.***
'beat generation ⟨n.-telb.zn.; the⟩⟨AE⟩ **0.1** ***beatgeneratie*** ⟨non-conformistische jongeren uit de jaren 50⟩.
be·a·tif·ic [bɪə'tɪfɪk], **be·a·tif·i·cal** [-kl]⟨bn.; -(al)ly; →bijw. 3⟩ **0.1** ***gelukzalig*** **0.2** ***zaligmakend*** ◆ **1.2** ~ vision *zalige aanschouwing.*
be·at·i·fi·ca·tion [bi'æt̬ɪfɪ'keɪʃn]⟨telb. en n.-telb.zn.⟩ **0.1** ***zaliging*** **0.2** ***(geluk)zaligheid*** **0.3** ⟨R.-K.⟩ ***zaligverklaring*** ⇒*beatificatie.*
be·at·i·fy [bi'æt̬ɪfaɪ]⟨ov.ww.; →ww. 7⟩ **0.1** ***(volmaakt) gelukkig maken*** **0.2** ***verheerlijken*** **0.3** ⟨R.-K.⟩ ***zalig verklaren*** ⇒*beatificeren.*
beat·ing ['bi:t̬ɪŋ]⟨f1⟩⟨telb. en n.-telb.zn.; (oorspr.) gerund v. beat⟩ **0.1** ***afstraffing*** ⟨ook fig.⟩ ⇒*bestraffing, pak slaag; nederlaag* **0.2** ***(hart)klopping*** **0.3** ⟨nat.⟩ ***zweving*** ◆ **2.1** get a good ~ *er goed v. langs krijgen; een fikse nederlaag lijden* **3.1** take some/a lot of ~ *moeilijk te overtreffen zijn.*
be·at·i·tude [bi'æt̬ɪtju:d||bi'æt̬ɪtu:d]⟨zn.⟩
I ⟨telb. en n.-telb.zn.⟩⟨relig.⟩ **0.1** ***zaligspreking/verklaring*** ◆ **7.1** the Beatitudes *de (acht) zaligsprekingen/zaligheden* ⟨Matth. 5:3-11⟩;
II ⟨n.-telb.zn.⟩ **0.1** ***(geluk)zaligheid.***
'beat music ⟨f1⟩⟨n.-telb.zn.⟩ **0.1** ***beatmuziek.***
beat·nik ['bi:tnɪk]⟨f1⟩⟨telb.zn.⟩ **0.1** ***beatnik.***
'beat 'off ⟨ww.⟩
I ⟨onov.ww.⟩⟨AE; sl.⟩ **0.1** ***(zich) afrukken*** ⇒*(zich) aftrekken, masturberen;*
II ⟨ov.ww.⟩ **0.1** ***afslaan*** ⇒*terugdrijven, afweren.*
'beat 'out ⟨f1⟩⟨ov.ww.⟩ **0.1** ***uitslaan*** ⟨vuur⟩ **0.2** ***uitdeuken*** **0.3** ***(uit) smeden*** ⇒*pletten* **0.4** ***trommelen*** ⟨melodie⟩ **0.5** ⟨AE⟩ ***verslaan.***
'beat 'up ⟨f1⟩⟨ov.ww.⟩ →beat-up **0.1** ⟨inf.⟩ ***in elkaar slaan*** **0.2** ⟨cul.⟩ ***(op)kloppen*** ⇒*klutsen, beslaan* **0.3** ⟨inf.⟩ ***op/bijeentrommelen*** ⇒*werven.*
beat-'up ⟨bn.; volt. deelw. v. beat up⟩⟨inf.⟩ **0.1** ***totaal versleten*** ⇒*afgereden, afgedragen, aftands.*
beau[1] [boʊ]⟨telb.zn.; ook beaux [boʊz]; →mv. 5⟩⟨schr.⟩ **0.1** ***fat*** ⇒*dandy, modepop/gek* **0.2** ***galant*** ⇒*vrijer, aanbidder, minnaar.*
beau[2] ⟨ov.ww.⟩⟨schr.⟩ **0.1** ***begeleiden*** ⟨dame⟩.
Beau Brum·mell ['boʊ 'brʌml]⟨telb.zn.⟩ **0.1** ***fat*** ⇒*dandy, modepop/gek.*
Beau·fort scale ['boʊfət skeɪl||-fərt-]⟨n.-telb.zn.; the⟩ **0.1** ***beaufortschaal*** ⇒*schaal v. Beaufort* ⟨geeft windsnelheden aan⟩.
beau geste ['boʊ 'ʒest]⟨telb.zn.; beaux gestes; →mv. 6⟩ **0.1** ***edelmoedig/nobel gebaar*** **0.2** ***schoon/mooi gebaar*** ⟨maar zonder inhoud⟩.
beau ideal[1] ['boʊ aɪ'dɪəl]⟨telb.zn.⟩ **0.1** ***(schoon/mooi) ideaal.***
beau ideal[2] ['boʊ i:di'ɑ:l||-aɪ'dɪəl]⟨telb. en n.-telb.zn.; beaux/beaus ideal(s)[boʊz- i:di:'ɑ:l]; →mv. 5⟩ **0.1** ***volmaakte schoonheid*** ⇒*volmaaktheid.*
Beau·jo·lais ['boʊʒəleɪ||'boʊʒə'leɪ]⟨telb. en n.-telb.zn.⟩ **0.1** ***beaujolais*** ⟨wijn⟩.
beau monde ['boʊ 'mɔ:nd||-'mɑnd]⟨telb.zn.; ook beaux mondes; →mv. 5⟩ **0.1** ***beau monde*** ⇒*grote/uitgaande wereld.*
beaut[1] [bju:t]⟨telb.zn.⟩⟨verk.⟩ beauty ⟨AE, Austr. E; sl.⟩ **0.1** ***pracht(exemplaar)*** ⇒*juweel(tje), schoonheid, beauty* ◆ **3.1** I don't often make mistakes but when I make one it's a ~ *ik maak niet vaak fouten maar als ik er een maak dan is het ook een goeie.*
beaut[2] ⟨bn.⟩⟨AE, Austr. E; sl.⟩ **0.1** ***prima*** ⇒*uit de kunst, dik voor mekaar* ◆ **1.1** the weather was ~! *het weer was zo!.*
beau·te·ous ['bju:tɪəs]⟨bn.; -ly; -ness⟩⟨schr.⟩ **0.1** ***schoon*** ⇒*prachtig.*
beau·ti·cian [bju:'tɪʃn]⟨telb.zn.⟩ **0.1** ***schoonheidsspecialist(e).***
beau·ti·fi·er ['bju:tɪfaɪə||'bju:t̬ɪfaɪər]⟨telb.zn.⟩ **0.1** ***schoonheidsmiddel(tje)*** ⇒*kosmetisch middel* **0.2** ***verfraaier.***
beau·ti·ful ['bju:t̬ɪfl]⟨f4⟩⟨bn.; -ly; -ness⟩ **0.1** ***mooi*** ⇒*fraai, prachtig, schoon* **0.2** ***heerlijk*** ⇒*kostelijk, verrukkelijk* ⟨v. eten, weer⟩ **0.3** ***indrukwekkend*** ⇒*bewonderenswaardig* ⟨v. geduld⟩ **0.4** ⟨inf.⟩ ***geweldig*** ⇒*uit de kunst* ◆ **1.¶** ⟨AE⟩ ~ letters *bellettrie;* the ~ people *de chic, de jet set, de beau monde.*

beau·ti·fy ['bju:ṭɪfaɪ]⟨ww.;→ww. 7⟩
I ⟨onov.ww.⟩ **0.1** ***mooi worden*** ⇒*opknappen, opfleuren;*
II ⟨ov.ww.⟩ **0.1** ***verfraaien*** ⇒*opknappen, (ver)sieren, mooi maken.*

beau·ty ['bju:ṭi]⟨f3⟩⟨zn.;→mv. 2⟩⟨→sprw. 9, 37, 40, 41, 74⟩
I ⟨telb.zn.⟩⟨inf.⟩ **0.1** ***pracht(exemplaar)*** ⇒*juweeltje, schoonheid, beauty* ◆ **2.1** his black eye is a real ~ *hij heeft een pracht v.e. blauw oog;*
II ⟨telb. en n.-telb.zn.⟩ **0.1** ***schoonheid*** ⇒*pracht, bekoorlijkheid, sieraad* ◆ **4.1** that is the ~ of it *dat is het mooie ervan.*

'beauty competition ⟨telb.zn.⟩ **0.1** ***schoonheidswedstrijd.***

'beauty consultant ⟨telb.zn.⟩ **0.1** ***schoonheidsconsulent(e).***

'beauty contest ⟨f1⟩⟨telb.zn.⟩ **0.1** ***schoonheidswedstrijd*** ⇒*miss-verkiezing.*

'beauty parlour, 'beauty salon, ⟨AE⟩ **'beauty shop** ⟨f1⟩⟨telb.zn.⟩ **0.1** ***schoonheidssalon*** ⇒*schoonheidsinstituut.*

'beauty queen ⟨f1⟩⟨telb.zn.⟩ **0.1** ***schoonheidskoningin.***

'beauty sleep ⟨n.-telb.zn.⟩⟨vnl. scherts.⟩ **0.1** ***schoonheidsslaap(je)*** ⟨slaap voor middernacht⟩ **0.2** ***dutje.***

'beauty spot ⟨f1⟩⟨telb.zn.⟩ **0.1** ***schoonheidspleister/vlekje*** ⇒*moesje, mouche* **0.2** ***mooi plekje.***

'beauty treatment ⟨telb.zn.⟩ **0.1** ***schoonheidsbehandeling.***

beaux [boʊz]⟨mv.⟩ →beau.

beaux-arts [boʊ'zɑ:‖-'zɑr]⟨mv.⟩ **0.1** ***schone kunsten.***

beaux yeux ['boʊ 'ʒɜ:]⟨mv.⟩ **0.1** ***gunst*** ◆ **6.1** do sth. **for** the ~ **of** s.o. *belangeloos iets voor iem. doen.*

bea·ver ['bi:və‖-ər]⟨f2⟩⟨zn.⟩
I ⟨telb.zn.; in bet. 0.1 ook beaver;→mv. 4⟩ **0.1** ***bever*** **0.2** ***kastoor (hoed)*** ⇒*vilthoed* **0.3** ***hoge hoed*** ⇒*hoge zijden* **0.4** ⟨inf.⟩ ***harde werker*** ⇒*werkpaard, zwoeger, ploeteraar* **0.5** ⟨sl.⟩ ***lange/volle baard*** ⇒⟨bij uitbr.⟩ *baardaap* **0.6** ⟨gesch.⟩ ***kinbescherming*** ⟨v. helm⟩ **0.7** ⟨gesch.⟩ ***vizier*** ⟨v. helm⟩ **0.8** ⟨vaak B-⟩ ***welp*** ⟨jonge padvinder/ster v. 6 - 8 jaar⟩ ◆ **3.1** work like a ~ *flink doorwerken/aanpakken;*
II ⟨n.-telb.zn.⟩ **0.1** ***bever(bont)*** ⇒*kastoor* **0.2** ⟨verk.⟩ ⟨beaver cloth⟩.

'beaver a'way ⟨onov.ww.⟩⟨BE; inf.⟩ **0.1** ***zwoegen*** ⇒*aanpakken, de handen uit de mouwen steken, ploeteren.*

'bea·ver·board ⟨n.-telb.zn.⟩ **0.1** ***houtvezelplaat.***

'beaver cloth ⟨n.-telb.zn.⟩ **0.1** ***bever*** ⟨grof katoenweefsel⟩.

bea·ver·teen ['bi:və'ti:n‖-vər-]⟨n.-telb.zn.⟩ **0.1** ***bevertien*** ⟨geruwd katoenweefsel⟩ ⇒*moleskin.*

be·bop ['bi:bɒp‖-bɑp]⟨n.-telb.zn.⟩ **0.1** ***bop*** ⇒*bebop, rebop* ⟨stijl v. jazz⟩.

be·calm [bɪ'kɑ:m]⟨f1⟩⟨ov.ww.⟩ **0.1** ⟨vnl. pass.⟩ ***de wind uit de zeilen nemen*** ⟨lett.⟩ **0.2** ***kalmeren*** ⇒*bedaren, tot bedaren brengen, stillen* ◆ **1.1** the fleet was ~ed *de vloot werd door windstilte overvallen.*

be·came [bɪ'keɪm]⟨verl. t.⟩ →become.

be·cause [bɪkəz⟨sterk⟩bɪ'kɒz‖bɪkəz⟨sterk⟩bɪ'kɔz, bɪ'kʌz], ⟨inf. ook⟩ **'cause, 'cos, cos** [kəz]⟨f4⟩⟨ondersch.vw.⟩ **0.1** ***omdat*** **0.2** ⟨elliptisch; vnl. met bijv. nw.⟩ ***want*** ⇒*omdat hij/zij/het ... is* **0.3** ⟨inf.⟩ ***het feit dat*** ◆ **2.2** exclusive ~ expensive *exclusief want duur;* she was all the more charming ~ modest *ze was des te liever omdat ze bescheiden was* **¶.1** she had to stay in ~ she had a fever *ze moest binnen blijven omdat ze koorts had* **¶.3** another reason for coming is ~ I left my book here *nog een reden om te komen is het feit dat ik hier mijn boek heb achtergelaten* **¶.¶** 'Why (not)?' '~!' *'Waarom (niet)?' 'Daarom (niet)!'.*

be'cause of ⟨f4⟩⟨vz.⟩ **0.1** ***wegens*** ⇒*terwille v., omwille v., ten gevolge v.* ◆ **1.1** she stayed in ~ her illness *ze bleef binnen wegens haar ziekte;* ~ overwork *ten gevolge v. overwerktheid.*

bec·ca·fi·co [bekə'fi:koʊ]⟨telb. en n.-telb.zn.⟩⟨cul.⟩ **0.1** ***zangvogel (tje)*** ⟨als gerecht in Italië⟩ ⇒⟨i.h.b.⟩ *tuinfluiter.*

bé·cha·mel ['beɪʃə'mel]⟨telb. en n.-telb.zn.⟩⟨cul.⟩ **0.1** ***béchamelsaus*** ⟨melksaus⟩.

be·chance [bɪ'tʃɑ:ns‖-'tʃæns]⟨ww.⟩⟨vero.⟩
I ⟨onov.ww.⟩ **0.1** ***gebeuren;***
II ⟨ov.ww.⟩ **0.1** ***overkomen*** ⇒*gebeuren met.*

bêche-de-mer ['beʃdə'meə‖-'mer]⟨zn.; bêches-de-mer;→mv. 6⟩
I ⟨telb. en n.-telb.zn.⟩⟨dierk.⟩ **0.1** ***zeekomkommer*** ⟨Holothuria edulis⟩;
II ⟨n.-telb.zn.⟩ **0.1** →beach-la-mar.

Bech·u·a·na·land ['betʃʊ'ɑ:nəlænd]⟨eig.n.⟩⟨gesch.⟩ **0.1** ***Bechuanaland*** ⟨Eng. protectoraat, thans Botswana⟩.

beck [bek]⟨f1⟩⟨telb.zn.⟩ **0.1** ⟨schr.⟩ ***teken*** ⇒*knik, wenk, kik, gebaar* **0.2** ⟨BE; gew.⟩ ***(berg)beek(je)*** ⇒*stroom(pje), rivier(tje)* ◆ **1.1** be at s.o.'s ~ and call *op iemands wenken vliegen, iem. op zijn wenken bedienen;* I have him/he is at my ~ and call *ik hoef maar te kikken en hij komt, hij staat altijd voor me klaar.*

beck·et ['bekɪṭ]⟨telb.zn.⟩⟨scheep.⟩ **0.1** ***touwring*** ⇒*grommer, worst, strop* **0.2** ***seizing*** ⇒*bindsel.*

beck·on ['bekən]⟨f2⟩⟨ww.⟩
I ⟨onov.ww.⟩ **0.1** ***lonken;***
II ⟨onov. en ov.ww.⟩ **0.1** ***wenken*** ⇒*een teken geven* ◆ **5.1** he ~ed me **in/on** *hij gebaarde dat ik binnen moest komen/door moest lopen* **6.1** ~ **to** *wenken (naar), een wenk geven (aan);*
III ⟨ov.ww.⟩ **0.1** ***lonken naar.***

be·cloud [bɪ'klaʊd]⟨ov.ww.⟩ **0.1** ***bewolken*** ⇒*verduisteren* **0.2** ***vertroebelen*** ⟨fig.⟩.

be·come [bɪ'kʌm]⟨f4⟩⟨ww.; became [bɪ'keɪm], become [bɪ'kʌm]⟩ →becoming
I ⟨onov.ww.⟩ ◆ **6.¶** ~ **of** *worden/terechtkomen van, gebeuren/aflopen met;* what has become **of** him? *wat is er van hem geworden/hoe is het hem vergaan?;* what (ever) has become **of** my green coat? *waar is mijn groene jas toch gebleven?;*
II ⟨ov.ww.⟩ **0.1** ***passen*** ⇒*betamen, voegen, sieren* **0.2** ***eer aandoen*** **0.3** ***(goed) staan*** ⟨v. kleding⟩ ◆ **5.1** it ill ~s you *het siert je niet;*
III ⟨kww.⟩ **0.1** ***worden*** ⇒*(ge)raken* ◆ **1.1** John became mayor *John werd burgemeester* **2.1** the sky is becoming cloudy *het wordt bewolkt, de lucht betrekt* **3.1** he became wounded *hij (ge)raakte gewond.*

be·com·ing [bɪ'kʌmɪŋ]⟨f1⟩⟨bn.; (oorspr.) teg. deelw. v. become; -ly; -ness⟩ **0.1** ***gepast*** ⇒*betamelijk, behoorlijk* **0.2** ***goed staand*** ⇒*bevallig, gracieus* ◆ **3.2** red looks ~ on you *rood staat je goed* **8.1** as is ~ *zoals het hoort.*

bec·que·rel [bekə'rel]⟨telb.zn.⟩ **0.1** ***becquerel*** ⟨eenheid v. (kern)activiteit (B9)⟩.

bed[1] [bed]⟨f4⟩⟨zn.⟩⟨→sprw. 29, 132⟩
I ⟨telb.zn.⟩ **0.1** ***(bloem/tuin)bed*** **0.2** ***(oester)bed*** **0.3** ***leger*** ⇒*bed* ⟨v. dier⟩ **0.4** ***(laatste) rustplaats*** ⇒*graf* **0.5** ***(rivier)bed(ding)*** **0.6** ***bed(ding)*** ⇒*grondslag, onderlaag* **0.7** ⟨geol.⟩ ***bedding*** ⇒*(bodem) laag* ◆ **1.7** ~ of coal *(steen)kolenbedding;* ~ of sand *zandbedding;*
II ⟨telb. en n.-telb.zn.⟩ **0.1** ***bed*** ⇒*bedstede, ledikant, matras, slaapplaats, logies* **0.2** ***(huwelijks)bed*** ⇒⟨bij uitbr.⟩ *huwelijk* ◆ **1.1** ~ and board *kost en inwoning;* ⟨BE⟩ ~ and breakfast *logies met ontbijt;* ~ of death *sterfbed, doodsbed;* ~ of sickness *ziekbed;* ~ of state *praalbed;* it is time for ~ *het is bedtijd* **1.2** separation from ~ and board *scheiding v. tafel en bed* **1.¶** ~ of nails *spijkerbed;* ⟨BE; fig.⟩ *hachelijke situatie, lastig parket;* a ~ of roses *een heerlijk bestaan, een luizeleven;* ⟨inf.⟩ be on a ~ of roses *op rozen zitten, het makkelijk hebben;* no ~ of roses *geen pretje; geen peuleschil;* a ~ of thorns/nails *geen pretje, een moeilijk bestaan* **2.1** double/single ~ *tweepersoons/eenpersoonsbed;* spare ~ *logeerbed* **3.1** die in (one's) ~ *rustig inslapen, een natuurlijke dood sterven;* go to ~ *naar bed gaan, gaan slapen;* ⟨druk.⟩ *ter perse gaan, gedrukt worden;* go to ~ with *naar bed gaan met, vrijen met;* keep (to) one's ~ *het bed houden, bedlegerig zijn;* put to ~ *naar bed brengen, in bed stoppen;* ⟨druk.⟩ *ter perse leggen, laten drukken;* take to one's ~ *(ziek) naar bed gaan, het bed moeten houden;* wet one's ~ *bedwateren, in bed plassen* **3.2** she left his ~ and board *zij ging bij hem weg* **3.¶** ⟨schr.⟩ be brought to ~ (of) *bevallen (v.);* have made one's ~ and have to lie in it, lie in the ~ one has made *de gevolgen v. zijn daden (moeten) ervaren, op de blaren zitten;*
III ⟨n.-telb.zn.⟩ **0.1** ***seks*** ◆ **4.1** think of nothing but ~ *aan niets anders dan/alleen maar aan seks denken.*

bed[2] ⟨f2⟩⟨ww.;→ww. 7⟩ →bedding
I ⟨onov.ww.⟩ **0.1** ***naar bed gaan*** ⇒*gaan slapen* **0.2** ***een leger/nest maken*** **0.3** ***een laag vormen*** ◆ **5.1** ~ **down** *naar bed gaan, gaan slapen* **6.1** ⟨inf.⟩ ~ **with** *naar bed gaan met, vrijen met;*
II ⟨ov.ww.⟩ **0.1** ***een slaapplaats geven*** ⇒*onderbrengen* **0.2** ***naar bed brengen*** ⇒*in bed stoppen* **0.3** ***ligstro geven*** ⇒*v.e. leger voorzien* ⟨dier⟩ **0.4** ⟨inf.⟩ ***naar bed gaan met*** ⇒*vrijen met* **0.5** ***planten*** ⇒*uitzetten* **0.6** ***vastzetten*** ⇒*vastleggen, verzinken, inbedden* **0.7** ***in een laag plaatsen/leggen*** ◆ **5.1** ~ **down** *een slaapplaats geven, onderbrengen* **5.3** ~ **down** *ligstro geven, v.e. leger voorzien* **5.5** ~ **out** *uitplanten, verspenen* **5.6** ~ **in** *vastzetten, ingraven* **6.6** ~ o.s. **in** the wall *zich in de muur boren.*

B Ed ⟨afk.⟩ Bachelor of Education.

be·dab·ble [bɪ'dæbl]⟨ov.ww.⟩ **0.1** ***bespatten*** ⇒*bevlekken.*

be·dad [bɪ'dæd]⟨tussenw.⟩⟨IE⟩ **0.1** ***sodeju*** ⇒*verdorie, verduveld.*

be·daub [bɪ'dɔ:b]⟨ov.ww.⟩ **0.1** ***besmeuren*** ⇒*bekladden* **0.2** ***opdirken*** ⇒*opsmukken.*

be·daz·zle [bɪ'dæzl]⟨ov.ww.⟩ **0.1** ***verblinden.***

'bed·bug ⟨telb.zn.⟩⟨dierk.⟩ **0.1** ***bedwants*** ⟨Cimex lectularius⟩.

'bed·cham·ber ⟨telb.zn.⟩⟨vero.⟩ **0.1** ***slaapkamer.***

'bed·clothes ⟨f1⟩⟨mv.⟩ **0.1** ***beddegoed.***

bed·da·ble ['bedəbl]⟨bn.⟩ **0.1** ***seksueel aantrekkelijk*** ⇒*lekker, smakelijk.*

bed·der ['bedə‖-ər]⟨telb.zn.⟩ **0.1** ⟨BE; inf.⟩ ***kamermeisje/jongen***

⟨v. student⟩ **0.2** ⟨BE; inf.⟩ ***slaapkamer* 0.3 *(bloeiende) plant v.d. volle/koude grond*** ⇒*tuinplant*.

bed·ding ['bedɪŋ]⟨f2⟩⟨n.-telb.zn.; oorspr. gerund v. bed⟩ **0.1 *beddegoed* 0.2 *ligstro* 0.3 *onderlaag*** ⇒*grondslag, bedding* **0.4** ⟨geol.⟩ ***stratificatie*** ⇒*gelaagdheid*.

'bedding plant ⟨telb.zn.⟩ **0.1 *plant v.d. volle/koude grond*** ⇒*tuinplant*.

bed·dy-byes ['bedibaɪz]⟨mv.⟩⟨BE; kind.⟩ ◆ **3.¶** go to ~ *slaapjes/slapies doen, naar bedje gaan*.

Bede [bi:d]⟨eig.n.⟩ **0.1 *B(a)eda*** ⟨Angelsaksisch theoloog, 672-735⟩.

be·deck [bɪ'dek]⟨f1⟩⟨ov.ww.⟩ **0.1 *(op)tooien*** ⇒*ver/opsieren*.

bed·e·g(u)ar ['bedɪga:||-gar]⟨n.-telb.zn.⟩ **0.1 *bedeg(u)ar*** ⇒*hondsrozespons* ⟨harige gal op rozestruik⟩.

be·del(l) [bɪ'del, 'bi:dl]⟨telb.zn.⟩⟨BE⟩ **0.1 *pedel*.**

bedesman →beadsman.

be·dev·il [bɪ'devl]⟨f1⟩⟨ov.ww.; →ww. 7⟩ **0.1 *mishandelen*** ⇒*folteren* **0.2 *treiteren*** ⇒*negeren, pesten, lastig vallen, dwarszitten* **0.3 *uitschelden* 0.4 *beheksen*** ⇒*bezeten maken* **0.5 *bederven*** ⇒*verknoeien, ruïneren* **0.6 *verwarren*** ⇒*in het honderd sturen* **0.7 *(ernstig) bemoeilijken*** ⇒*lastig maken, compliceren*.

be·dew [bɪ'dju:||bɪ'du:]⟨ov.ww.⟩ **0.1 *bedauwen*** ⇒*bevochtigen* ◆ **6.1** ⟨schr.⟩ cheeks ~ed **with** tears *bedauwde wangen*.

bed·fast ['bedfa:st||-fæst]⟨bn.⟩ **0.1 *bedlegerig*.**

'bed·fel·low ⟨telb.zn.⟩⟨→sprw. 6⟩ **0.1 *bedgeno(o)t(e)*** ⇒*slaapkameraad, slaapje* **0.2 *metgezel*** ⇒*kameraad*.

Bed·ford cord ['bedfəd 'kɔ:d||'bedfərd 'kɔrd]⟨n.-telb.zn.⟩ **0.1 *Bedfordcord*** ⟨stof⟩.

'bed-hop ⟨onov.ww.⟩⟨inf.⟩ **0.1 *met iedereen de koffer induiken*.**

be·dight [bɪ'daɪt]⟨bn., pred.⟩⟨vero.⟩ **0.1 *getooid*.**

be·dim [bɪ'dɪm]⟨ov.ww.; →ww. 7⟩ **0.1 *verdonkeren*** ⇒*verduisteren, dof maken, benevelen*.

be·di·zen [bɪ'daɪzn, bɪ'dɪzn]⟨ov.ww.⟩ **0.1 *opdirken*** ⇒*opsmukken, opschikken, optuigen*.

'bed jacket ⟨telb.zn.⟩ **0.1 *bedjasje*.**

bed·lam ['bedləm]⟨telb.zn.⟩ **0.1 *gekkenhuis*** ⟨ook fig.⟩ ⇒*krankzinnigeninrichting, gesticht* ⟨naar inrichting in Londen, St. Mary of Bethlehem/Bedlam⟩; ⟨inf.⟩ *heksenketel*.

bed·lam·ite ['bedləmaɪt]⟨telb.zn.⟩⟨vero.⟩ **0.1 *krankzinnige*** ⇒*gek*.

'bed linen ⟨n.-telb.zn.⟩ **0.1 *lakens en slopen*.**

Bed·ling·ton ['bedlɪŋtən], **'Bedlington 'terrier** ⟨telb.zn.⟩ **0.1 *Bedlingtonterriër*.**

'bed·mak·er ⟨telb.zn.⟩⟨BE⟩ **0.1** ⟨ong.⟩ ***kamermeisje/jongen*** ⟨in hotel; v. student⟩.

'bed·mate ⟨telb.zn.⟩ **0.1 *slaapkameraad*** ⇒*slaapje*.

Bed·(o)u·in ['bedʊɪn]⟨f1⟩⟨telb.zn.; ook Bedo(u)in; →mv. 4⟩ **0.1 *bedoeïen*.**

be 'down ⟨onov.ww.⟩ **0.1 *beneden/onderaan zijn*** ⇒*minder/verminderd/gezakt zijn* ⟨lett. en fig.⟩ **0.2 *uitgeteld zijn/liggen*** ⇒⟨fig.⟩ *somber/gedeprimeerd/neerslachtig zijn* **0.3 *neer/ingeschreven zijn*** ⇒⟨jur.⟩ *op de rol staan* **0.4 *buiten bedrijf zijn*** ⇒*plat liggen* ⟨v. computer(systeem)⟩ **0.5** ⟨sport⟩ ***achterstaan*** ◆ **1.1** the blinds were down *de luiken waren neergelaten;* demand was down *er was minder vraag;* the fire is down *het vuur is bijna uit;* Sue's hair was still down *Sues haar was nog niet opgestoken;* Mary isn't down yet *Maria is nog niet beneden/op;* the plane is down *het vliegtuig is geland/neergestort/neergeschoten;* the telephone wires are down *de telefoondraden liggen op de grond;* the water is down *het water staat laag/is gezakt* **1.2** John was pretty down *Jan zat goed in de put* **1.5** Navratilova was down 30-40 *Navratilova stond (met) 30-40 achter;* ⟨fig.⟩ we're two bottles of wine down *we zijn twee flessen wijn armer* **3.3** ~ to speak *op de lijst v. sprekers staan* **5.2** ~ and **out** ⟨bokssport⟩ *uitgeteld/knock-out zijn;* ⟨fig.⟩ *berooid/aan lager wal zijn, helemaal aan de grond zitten* ⟨B.⟩ *niet meer weten v. welk hout pijlen te maken* **6.1** shares are down **on** yesterday *de aandelen liggen lager dan gisteren* **6.2** ⟨inf.⟩ he's down **with** the flu *hij is door griep geveld, hij ligt met griep in bed* **6.3** ~ **for** consideration *op de agenda staan;* ~ **for** a club *voorhangen;* he's been down **for** Eton since he was born *hij is al ingeschreven voor Eton sinds zijn geboorte;* ⟨jur.⟩ the case is down **for** a hearing *de zaak staat op de rol* **6.5** ~ **by** two to one *met twee tegen een achter staan, tegen een achterstand v. twee tegen een aankijken* **6.¶** ⟨AE; sl.⟩ ~ **for** *klaar zijn voor;* ~ **to** *te wijten zijn aan;* ⟨inf.⟩ ~ **on** sth. *fel gekant zijn tegen iets, ergens niets van moeten hebben;* ⟨inf.⟩ ~ **on** s.o. *iem. aanpakken/overvallen; iem. op de huid zitten, de pik hebben op iem.;* he's down **to** his last pound *hij heeft nog maar één pond over*.

'bed·pan ⟨telb.zn.⟩ **0.1 *(onder)steek*.**

'bed·plate ⟨telb.zn.⟩⟨tech.⟩ **0.1 *grondplaat*** ⇒*bed/bodem/funderingsplaat* ⟨v. machine⟩.

'bed·post ⟨telb.zn.⟩ **0.1 *bedstijl*** ◆ **4.¶** ⟨inf.⟩ between you and me and the ~ *onder ons gezegd (en gezwegen)*.

be·drab·ble [bɪ'dræbl]⟨ov.ww.⟩ **0.1 *bemodderen*** ⇒*(nat en) smerig maken*.

be·drag·gle [bɪ'drægl]⟨f1⟩⟨ov.ww.; vnl. pass.⟩ **0.1 *doorweken* 0.2 *verfomfaaien*** ⇒*toetakelen* **0.3 *bemodderen*** ⇒*besmeuren, smerig maken* ◆ **1.2** ~d buildings *vervallen gebouwen* **3.2** look ~d *er verfomfaaid/gehavend/sjofel uitzien*.

'bed rest ⟨n.-telb.zn.⟩ **0.1 *bedrust* 0.2 *hoofdsteun*.**

bed·rid·den ['bedrɪdn], **bed·rid** ['bedrɪd]⟨f1⟩⟨bn.⟩ **0.1 *bedlegerig* 0.2 *achterhaald*** ⇒*overjarig, uit het jaar nul*.

'bed·rock ⟨f1⟩⟨n.-telb.zn.⟩ **0.1** ⟨geol.⟩ ***vast gesteente* 0.2 *minimum*** ⇒*laagste punt, kleinste hoeveelheid* **0.3 *basis*** ⇒*fundament, bodem, (harde) kern, essentie, harde feiten* ◆ **3.3** get down to ~ *tot de kern doordringen* **3.¶** ⟨sl.⟩ strike ~ *de pijp uitgaan, doodgaan*.

'bed·roll ⟨telb.zn.⟩⟨vnl. AE⟩ **0.1 *(opge)rol(d) beddegoed*** ⟨v. kampeerders⟩.

'bed·room ⟨f3⟩⟨telb.zn.⟩ **0.1 *slaapkamer*.**

'bedroom scene ⟨telb.zn.⟩ **0.1 *bedscene*.**

'bedroom town ⟨telb.zn.⟩ **0.1 *slaapstad*.**

Beds ⟨afk.⟩ Bedfordshire.

'bed·side ⟨f2⟩⟨telb.zn.⟩ **0.1 *rand v.h. bed*** ◆ **3.1** be called to s.o.'s ~ *aan iemands bed geroepen worden* ⟨v. zieke⟩.

'bedside 'literature ⟨n.-telb.zn.⟩ **0.1 *lectuur voor in bed*** ⇒*lichte lectuur*.

'bedside 'manner ⟨telb.zn.⟩ **0.1 *optreden v. dokter aan het ziekbed*** ⇒*houding tgo. patiënt*.

'bedside 'table ⟨telb.zn.⟩ **0.1 *bed/nachttafeltje*.**

'bed'sit ⟨onov.ww.⟩⟨BE⟩ **0.1 *een zitslaapkamer hebben/huren*.**

'bed-'sit·ting-room, ⟨inf.⟩ **'bed-'sit·ter,** ⟨inf.⟩ **'bed-sit** ⟨f1⟩⟨telb.zn.⟩ ⟨BE⟩ **0.1 *zitslaapkamer*.**

'bed·sock ⟨telb.zn.⟩ **0.1 *bed/slaapsok*.**

'bed·sore ⟨telb.zn.⟩ **0.1 *doorligging*** ⇒*doorgelegen plek*.

'bed·space ⟨n.-telb.zn.⟩ **0.1 *slaapplaatsen*** ⇒*slaapaccomodatie* **0.2 *(aantal) bedden*** ⟨in ziekenhuis⟩.

'bed·spread ⟨f1⟩⟨telb.zn.⟩ **0.1 *sprei*.**

'bed·stead ⟨f1⟩⟨telb.zn.⟩ **0.1 *ledikant*.**

'bed·straw ⟨zn.⟩

I ⟨telb. en n.-telb.zn.⟩⟨plantk.⟩ **0.1 *walstro*** ⟨genus Galium⟩;

II ⟨n.-telb.zn.⟩ **0.1 *bedstro*.**

'bed·tick ⟨telb. en n.-telb.zn.⟩ **0.1 *beddetijk*** ⟨(stof voor) overtrek v. bed⟩.

'bed·time ⟨f2⟩⟨n.-telb.zn.⟩ **0.1 *bedtijd*.**

'bedtime prayer ⟨telb. en n.-telb.zn.⟩ **0.1 *nachtgebed*** ⇒*gebed voor het slapen gaan*.

'bedtime story ⟨telb.zn.⟩ **0.1 *verhaaltje voor het slapen gaan*.**

'bed-wet·ting ⟨f1⟩⟨n.-telb.zn.⟩ **0.1 *het bedwateren*.**

bee [bi:]⟨f2⟩⟨telb.zn.⟩ **0.1 *bij* 0.2 *bezige bij*** ⇒*harde werker* **0.3** ⟨inf.⟩ ***gril*** ⇒*obsessie* **0.4 *spelwedstrijd* 0.5** ⟨AE⟩ ***bijeenkomst*** ⟨vnl. v. buren, voor gezelligheid en werkzaamheden⟩ ◆ **1.¶** ⟨inf.⟩ have a ~ in one's bonnet (about sth.) *door iets geobsedeerd worden/zijn; een afwijking hebben/niet helemaal normaal zijn (op een bep. punt)*.

Beeb [bi:b]⟨eig.n.; the⟩⟨verk.⟩ BBC ⟨BE; inf.⟩ **0.1 *BBC*.**

'bee·bread ⟨n.-telb.zn.⟩ **0.1 *bijenbrood*** ⟨voedsel v. bijenlarve⟩.

beech [bi:tʃ]⟨f2⟩⟨zn.⟩

I ⟨telb.zn.⟩⟨plantk.⟩ **0.1 *beuk*** ⟨genus Fagus⟩;

II ⟨n.-telb.zn.⟩ **0.1 *beukehout*.**

beech·en ['bi:tʃn]⟨bn., attr.⟩ **0.1 *beuken*** ⇒*beukehouten*.

'beech fern ⟨telb.zn.⟩⟨plantk.⟩ **0.1 *beukvaren*** ⟨fam. Phegopteris⟩.

'beech marten ⟨telb.zn.⟩⟨dierk.⟩ **0.1 *steenmarter*** ⟨Martes foina⟩.

'beech mast ⟨n.-telb.zn.⟩ **0.1 *beukenmast*** ⟨veevoeder v. beukenootjes⟩.

'beech-nut ⟨f1⟩⟨telb.zn.⟩ **0.1 *beukenoot(je)*.**

'beech wood ⟨n.-telb.zn.⟩ **0.1 *beukehout*.**

'bee culture ⟨n.-telb.zn.⟩ **0.1 *bijenteelt*.**

'bee-eat·er ⟨telb.zn.⟩⟨dierk.⟩ **0.1 *bijeneter*** ⟨Merops apiaster⟩.

beef[1] [bi:f]⟨f2⟩⟨zn.⟩

I ⟨telb.zn.⟩⟨sl.⟩ **0.1 *klacht*** ⇒*aanmerking, gemopper;*

II ⟨n.-telb.zn.⟩ **0.1 *rundvlees* 0.2** ⟨inf.⟩ ***(spier)kracht*** ⇒*spieren, spierballen* ◆ **3.1** corned ~ *cornedbeef, rundvlees in blik* **3.2** an engine with added ~ *een opgevoerde motor;* put some ~ into sth. *ergens de schouders onder zetten, 'm beetpakken*.

beef[2] ⟨telb.zn.; BE beeves [bi:vs]; →mv. 3; vaak mv.⟩ **0.1 *(gemest/geslacht) rund*** ⇒*mest/slachtvee*, ⟨i.h.b.⟩ *os*.

beef[3] ⟨ww.⟩

I ⟨onov.ww.⟩⟨sl.⟩ **0.1 *kankeren*** ⇒*mopperen, zeuren;*

II ⟨ov.ww.⟩⟨vnl. AE⟩ ◆ **5.¶** ~ **up** *versterken, opvoeren*.

beef·burg·er ['bi:fbɜ:gə||-bɜrgər]⟨f1⟩⟨telb.zn.⟩ **0.1 *beef/hamburger*.**

'beef·cake ⟨n.-telb.zn.⟩⟨sl.⟩ **0.1 *(foto's v.) gespierde kerels*** ⇒*spierbundels, krachtpatsers, klerenkasten*.

'beef cattle ⟨verz.n.⟩ **0.1 *mest/slachtvee*.**

'beef·eat·er ⟨f1⟩⟨telb.zn.⟩ **0.1** ⟨BE⟩ ***koninklijke lijfwacht*** **0.2** ⟨BE⟩ ***hellebaardier v.d. Tower*** **0.3** ⟨AE;inf.⟩ ***Engelsman.***
'beef 'essence, 'beef 'extract ⟨n.-telb.zn.⟩ **0.1** ***vleesextract.***
'beef·steak ⟨f1⟩⟨telb. en n.-telb.zn.⟩ **0.1** ***biefstuk*** ⇒*runderlap(je).*
'beefsteak fungus ⟨telb.zn.⟩⟨plantk.⟩ **0.1** ***biefstukzwam*** ⟨Fistulina hepatica⟩.
'beefsteak tomato ⟨telb.zn.⟩ **0.1** ***vleestomaat.***
'beef 'tea ⟨n.-telb.zn.⟩ **0.1** ***bouillon*** ⇒*beeftea.*
'beef-'wit·ted ⟨bn.⟩ **0.1** ***stom (als een rund).***
beef·y ['bi:fi]⟨bn.; ook -er; -ness; →bijw. 3⟩ **0.1** ***vlezig*** ⇒*zwaar* **0.2** ***stevig*** ⇒*gespierd, krachtig.*
'bee·hive ⟨f1⟩⟨telb.zn.⟩ **0.1** ***bijenkorf*** ⟨ook fig.⟩ **0.2** ***suikerbrood*** ⟨getoupeerd/opgestoken haar⟩.
'beehive 'chair ⟨telb.zn.⟩ **0.1** ***strandstoel.***
'beehive 'tomb ⟨telb.zn.⟩ **0.1** ***koepelgraf.***
'bee·keep·er, 'bee·mas·ter ⟨f1⟩⟨telb.zn.⟩ **0.1** ***bijenhouder*** ⇒*i(e)mker.*
'bee·line ⟨f1⟩⟨telb.zn.⟩ **0.1** ***rechte lijn*** ⇒*kortste weg* ◆ **3.1** ⟨inf.⟩ make a ~ for/to *regelrecht afgaan/afstevenen op, zich zonder omwegen/via de kortste weg spoeden naar.*
Be·el·ze·bub [bi'elzɪbʌb]⟨eig.n.⟩ **0.1** ***Beëlzebub*** ⇒*Duivel.*
been [bi:n]⟨volt. deelw.; →t2⟩ →be.
'bee orchid ⟨telb.zn.⟩⟨plantk.⟩ **0.1** ***bijenorchis*** ⟨Ophrys apifera⟩.
beep[1] [bi:p]⟨telb.zn.⟩ **0.1** ***getoeter*** ⇒*toet* **0.2** ***fluit/pieptoon*** ⇒*piep (je), pip* ⟨als tijdsein⟩.
beep[2] ⟨f1⟩⟨onov.ww.⟩ **0.1** ***toeteren*** **0.2** ***piepen.***
beep·er ['bi:pə‖-ər]⟨telb.zn.⟩ **0.1** ***pieper*** ⇒*portofoon, semafoon.*
beer [bɪə‖bɪr]⟨f3⟩⟨zn.⟩⟨→sprw. 393⟩
 I ⟨telb.zn.⟩ **0.1** ***biertje*** ⇒*glas bier,* ⟨B.⟩ *pintje* ◆ **3.¶** ⟨sl.⟩ drink one's ~ *zijn waffel/kop/mond houden;*
 II ⟨telb. en n.-telb.zn.⟩ **0.1** ***bier.***
'beer belly ⟨telb.zn.; →mv. 2⟩⟨sl.⟩ **0.1** ***bierbuikje.***
'beer bust ⟨telb.zn.⟩⟨AE; sl.⟩ **0.1** ***bierfuif/feest.***
'beer engine, 'beer pump ⟨telb.zn.⟩ **0.1** ***bierpomp.***
'beer hall ⟨telb.zn.⟩ **0.1** ***bierhal*** ⇒*café.*
'beer house ⟨telb.zn.⟩⟨BE⟩ **0.1** ***bierhuis/tapperij/kroeg*** ⟨café waar alleen bier geschonken mag worden⟩.
'beer money ⟨n.-telb.zn.⟩ **0.1** ⟨ong.⟩ ***rookgeld*** ⇒*spaarpotje.*
'beer·pull ⟨telb.zn.⟩ **0.1** ***bierpomp*** **0.2** ***greep/handvat v.e. bierpomp.***
'beer 'up ⟨onov.ww.⟩⟨sl.⟩ **0.1** ***bijtanken*** ⇒*zich volzuipen (met bier).*
beer·y ['bɪəri‖'bɪri]⟨bn.; ook -er; →compar. 7⟩ **0.1** ***bierachtig*** ⇒*naar bier ruikend/smakend* **0.2** ***beneveld*** ⇒*dronkemans-* ◆ **1.1** ~ breath *bierkegel;* ~ smell *bierlucht.*
bee's knees ['bi:z 'ni:z]⟨mv.; the⟩⟨sl.⟩ **0.1** ***je v. het*** ⇒*neusje v.d. zalm, je ware.*
beest [bi:st]⟨n.-telb.zn.⟩ **0.1** ***biest.***
beest·ings, beast·ings ['bi:stɪŋz]⟨mv.; ww. ook enk.⟩ **0.1** ***biest.***
'bees·wax[1] ⟨n.-telb.zn.⟩ **0.1** ***(bijen)was*** ◆ **3.¶** ⟨AE; vnl. kind.⟩ mind your own ~! *bemoei je met je eigen zaken!* **4.¶** ⟨AE; vnl. kind.⟩ none of your ~! *gaat je niks aan!.*
beeswax[2] ⟨ov.ww.⟩ **0.1** ***met (bijen)was (op)boenen.***
'bees·wing ⟨telb.zn.⟩ **0.1** ***vliesje (wijnsteen)*** ⟨op oude (port)wijn⟩.
beet [bi:t]⟨f2⟩⟨telb.zn.⟩ **0.1** ***biet*** **0.2** ⟨vnl. AE⟩ ***(biete)kroot*** ⇒*rode biet.*
bee·tle[1] ['bi:tl̩]⟨f2⟩⟨telb.zn.⟩ **0.1** ***kever*** ⇒*tor* **0.2** ⟨ook B-⟩⟨inf.⟩ ***kever*** ⇒*VW, Volkswagen* **0.3** ***kever*** ⇒*druiloor, sukkel, domoor* **0.4** ***(grond)stamper*** **0.5** ***(zware) houten hamer*** ⇒*moker* **0.6** ***slag/stampkalander*** ⟨maakt weefsel glad en glanzig⟩.
beetle[2] ⟨bn., attr.⟩ **0.1** ***uitstekend*** ⇒*vooruitspringend* ◆ **1.1** ~ brows *zware, borstelige/gefronste wenkbrauwen.*
beetle[3] ⟨f1⟩⟨ww.⟩
 I ⟨onov.ww.⟩ **0.1** ***uitsteken*** ⇒*vooruitspringen, overhangen* **0.2** ⟨BE; sl.⟩ ***zich uit de voeten maken*** ◆ **5.2** ~ **off!** *smeer 'm!, wegwezen!;*
 II ⟨ov.ww.⟩ **0.1** ***stampen*** **0.2** ***kalanderen*** ⟨stof⟩.
'bee·tle·brain, 'bee·tle·head ⟨telb.zn.⟩ **0.1** ***kever*** ⇒*druiloor, sukkel, uilskuiken.*
'bee·tle-'brow·ed ⟨bn.⟩ **0.1** ***met zware, borstelige/gefronste wenkbrauwen.***
'bee·tle·crush·er ⟨telb.zn.⟩ **0.1** ***grote schoen/voet*** ⇒*schuit.*
'bee·tle'head·ed ⟨bn.⟩ **0.1** ***dom*** ⇒*stom, suf.*
'bee tree ⟨telb.zn.⟩ **0.1** ***bijenboom.***
'beet·root ⟨f1⟩⟨telb. en n.-telb.zn.; ook beetroot; →mv. 4⟩⟨BE⟩ **0.1** ***(biete)kroot*** ⇒*rode biet* **0.2** ***beetwortel*** ⇒*suikerbiet* ◆ **2.1** as red as a ~ *zo rood als een (biete)kroot/biet.*
'beet 'sugar ⟨n.-telb.zn.⟩ **0.1** ***bietsuiker.***
beeves [bi:vz]⟨mv.⟩ →beef.
bee·zer ['bi:zə‖-ər]⟨telb.zn.⟩⟨sl.⟩ **0.1** ***gok*** ⇒*snuffert, neus* **0.2** ***kanis*** ⇒*kop, bek, hoofd* **0.3** ***gozer*** ⇒*gast, vent, kerel.*
BEF ⟨afk.⟩ British Expeditionary Force ⟨BE; gesch.⟩.
be·fall [bɪ'fɔ:l]⟨f1⟩⟨ww.; befell [-'fel], befallen [-'fɔ:lən]⟩⟨schr.⟩
 I ⟨onov.ww.⟩ **0.1** ***voorvallen*** ⇒*gebeuren, plaatsvinden;*
 II ⟨ov.ww.⟩ **0.1** ***overkomen*** ⇒*gebeuren (met).*
be·fit [bɪ'fɪt]⟨f1⟩⟨ov.ww.; →ww. 7⟩⟨schr.⟩ →befitting **0.1** ***betamen*** ⇒*voegen, passen* ◆ **1.1** act in a ~ting manner *doen zoals het betaamt.*
be·fit·ting [bɪ'fɪṭɪŋ]⟨f1⟩⟨bn.; -ly; -ness; teg. deelw. v. befit⟩⟨schr.⟩ **0.1** ***passend*** ⇒*geschikt, voegzaam, betamelijk.*
be·fog [bɪ'fɒg‖bɪ'fɔg, bɪ'fɑg]⟨ov.ww.; →ww. 7⟩ **0.1** ***in mist/nevel hullen*** ⟨ook fig.⟩ ⇒*benevelen; verduisteren, vertroebelen, verwarren.*
be·fool [bɪ'fu:l]⟨ov.ww.⟩ **0.1** ***belachelijk maken*** ⇒*voor gek zetten* **0.2** ***voor de gek houden*** ⇒*beetnemen, om de tuin leiden, erin laten lopen* **0.3** ***misleiden*** ⇒*bedriegen.*
be 'for ⟨f2⟩⟨onov.ww.⟩⟨inf.⟩ **0.1** ***zijn voor*** ⇒*voorstander zijn v.* ◆ **4.¶** you're for it! *er zwaait wat voor je!* **5.1** I'm all for it *helemaal mijn idee.*
be·fore[1] [bɪ'fɔ:‖bɪ'fɔr]⟨f4⟩⟨bw.⟩ **0.1** ⟨plaats⟩ ***voorop*** ⇒*vooraan, ervoor* **0.2** ⟨voorafgaande tijd⟩ ***vroeger*** ⇒*eerder, vooraf, voordien, reeds, geleden* **0.3** ⟨toekomende tijd⟩ ***in de toekomst*** ⇒*op komst, voor (ons) liggend* ◆ **1.1** a ship with seagulls behind and ~ *een schip met meeuwen erachter en ervoor* **1.2** three weeks ~ *drie weken geleden/ervoor* **3.1** look behind and look ~ *achter zich kijken en voor zich kijken;* he ran ~ *hij liep voorop* **3.2** I've been there ~ *ik ben daar nog geweest;* ⟨inf., fig.⟩ *ik ken dat al;* tomorrow, not ~ *morgen, maar niet eerder/vroeger;* mentioned ~ *eerder genoemd;* we have met ~ *wij hebben elkaar al eerder ontmoet;* I have seen it ~ *ik heb het vroeger/al gezien* **3.3** what lies ~? *wat staat ons te wachten?* **6.¶** be ~ **with** *vóór zijn met.*
before[2] ⟨f4⟩⟨vz.⟩ **0.1** ⟨tijd⟩ ***vóór*** ⇒*vroeger dan, alvorens, eerder dan* **0.2** ⟨plaats; ook fig.⟩ ***voor*** ⇒*voor ... uit, ten overstaan van, tegenover, ten gehore van, ter beschikking van, onderworpen aan, geconfronteerd met* **0.3** ⟨relatieve waarde of belangrijkheid⟩ ***voor ... op*** ⇒*gesteld voor/boven/hoger dan* ⟨enz.⟩ ◆ **1.1** ~ Christmas *voor Kerstmis* **1.2** turn left ~ the church *sla voor de kerk linksaf;* run ~ the enemy *voor de vijand uit vluchten;* all are equal ~ God *allen zijn gelijk voor God;* he stood ~ his judges *hij stond voor zijn rechters;* a crime ~ the law *een misdaad volgens de wet;* submit ~ the law *zich aan de wet onderwerpen;* put a bill ~ parliament *een wetsontwerp bij het parlement indienen;* ⟨scheep.⟩ a ship running ~ a heavy sea *een schip dat op de storm rijdt;* unmoved ~ her sorrow *onbewogen bij het zien v. haar verdriet;* ⟨scheep.⟩ sail ~ the wind *voor de wind zeilen* **1.3** a child ~ his age in intelligence *een kind dat in intelligentie zijn leeftijd voor is;* put idols ~ God *idolen boven God stellen;* a philosopher ~ his time *een filosoof die zijn tijd voor is/was* **3.1** ~ going home *alvorens naar huis te gaan* **3.3** he would die ~ giving away the secret *hij zou liever sterven dan zijn geheim prijsgeven* **4.2** what lies ~ us *wat ons te wachten staat, wat de tijd ons brengen zal* **4.3** she is a lady ~ all else *ze is voor alles/in de eerste plaats een dame* **5.1** ~ long *binnenkort, weldra, eerlang.*
before[3] ⟨f4⟩⟨ondersch.vw.⟩⟨tijd of fig.⟩ **0.1** ***alvorens*** ⇒*voor, eer, vooraleer* ◆ **3.1** she will die ~ she will consent/~ consenting *ze zal eerder sterven dan toe te geven/toegeven;* ~ a month had elapsed *voor er een maand voorbij was gegaan* **8.1** ⟨vero.⟩ ~ that he has seen the governor *voor hij de gouverneur gesproken heeft.*
be·fore·hand[1] [bɪ'fɔ:hænd‖bɪ'fɔr-]⟨f2⟩⟨bn., pred.⟩ **0.1** ***voor*** ⇒*vroeg (tijdig)* ◆ **6.1** be ~ **with** one's opponent *zijn tegenstander (een stap) voor zijn;* try to be ~ **with** your packing *probeer bijtijds te pakken.*
beforehand[2] ⟨f2⟩⟨bw.⟩ **0.1** ***vooraf*** ⇒*van te voren, vooruit, voordien* ◆ **3.1** he was paid ~ *hij werd vooruit betaald* **3.¶** ⟨mbt. iemands financiële situatie⟩ he was usually a little ~ *hij had altijd wat in reserve;* he had nothing ~ *hij had geen reserve* **6.¶** in an argument she was always ~ **with** me *ze was me in een discussie altijd voor.*
be·foul [bɪ'faʊl]⟨ov.ww.⟩ **0.1** ***bezoedelen*** ⟨ook fig.⟩ ⇒*bevuilen; belasteren, te schande/zwart maken.*
be·friend [bɪ'frend]⟨f1⟩⟨ov.ww.⟩ **0.1** ***een vriend zijn voor*** ⇒*zich ontfermen over, bijstaan, steunen, helpen.*
be·fud·dle [bɪ'fʌdl]⟨ov.ww.⟩ **0.1** ***verwarren*** ⇒*in de war/v.d. wijs/in verlegenheid brengen; een raadsel zijn voor* **0.2** ***dronken maken*** ⇒*benevelen* ◆ **6.2** be ~d **with** drink *in kennelijke staat zijn.*
beg [beg]⟨f3⟩⟨ww.; →ww. 7⟩
 I ⟨onov.ww.⟩ **0.1** ***opzitten*** ⟨v. hond⟩ **0.2** ***de vrijheid nemen*** ⇒*zo vrij zijn* ◆ **3.2** I ~ to differ *ik ben zo vrij daar anders over te denken;*
 II ⟨onov. en ov.ww.⟩ **0.1** ***bedelen*** **0.2** ***(dringend/met klem) verzoeken*** ⇒*smeken, (nederig) vragen* ◆ **1.1** ~ one's bread *zijn/het brood bedelen* **1.2** the children ~ged and ~ged until she said yes *de kinderen zeurden net zo lang tot ze ja zei;* ~ leave *permissie*

vragen; I ~ leave to disagree *met uw welnemen / met uw verlof / met permissie / neemt u mij niet kwalijk maar ik ben het daar niet mee eens* **5.2** ~ **off** *zich laten verontschuldigen, het laten afweten* **5.¶** →beg **off** **6.1** ~ **for** *bedelen om* **6.2** ~ **for** *smeken om;* I ~ **of** you: don't go *ik smeek je: ga niet* **7.¶** ⟨Austr. E; inf.⟩ ~ yours pardon? *wat zeg je?;*
III ⟨ov.ww.⟩ ⟨inf.⟩ **0.1** ***ontwijken*** ⇒*links laten liggen, negeren* ⟨probleem⟩.

be·gad [bɪ'gæd] ⟨tussenw.⟩ ⟨vero.; inf.⟩ **0.1** ***verdomme*** ⇒*begot.*

be·get [bɪ'get] ⟨f2⟩ ⟨onov.ww.; verl. t. begot [bɪ'gɒt‖bɪ'gɑt] / ⟨vero. of bijb.⟩ begat [bɪ'gæt];⟩, ⟨volt. deelw.⟩ begotten [bɪ'gɒtn‖bɪ'gɑtn] / ⟨vero.⟩ begot ⟨→sprw. 462⟩ **0.1** ⟨bijb.⟩ ***gewinnen*** ⇒*voortbrengen, verwekken, telen* **0.2** ⟨schr.⟩ ***voortbrengen*** ⇒*veroorzaken, verwekken* ◆ **1.1** Abraham begat Isaac *Abraham gewon Izaäk* **1.2** poverty ~s crime *armoe verwekt misdaad / brengt misdaad voort.*

be·get·ter [bɪ'getə‖-'geṭər] ⟨telb.zn.⟩ ⟨schr.⟩ **0.1** ***verwekker*** ⇒*oorzaak, bewerker* ◆ **1.1** ignorance is the ~ of evil *onwetendheid leidt tot kwaad / verwekt het kwade.*

beg·gar[1] ['begə‖-ər] ⟨f2⟩ ⟨telb.zn.⟩ ⟨→sprw. 42, 323, 607⟩ **0.1** ***bedelaar(ster)*** ⇒*schooier, stakker(d), proleet* **0.2** ⟨inf.; vaak scherts.⟩ ***kerel*** ◆ **2.2** a fine little ~ *een lekker schoffie* **7.¶** the Beggars *de Geuzen.*

beggar[2] ⟨f1⟩ ⟨ov.ww.⟩ **0.1** ***tot de bedelstaf brengen*** ⇒*verarmen, ruïneren, verzwakken* **0.2** ***te boven gaan*** ◆ **1.1** his luxurious life ~ed his family *zijn luxeleven bracht zijn gezin tot de bedelstaf* **1.2** ~ (all) description *alle beschrijving tarten / te boven gaan* **¶.¶** I'm ~ed if I spoke to her *ik laat me hangen als ik met haar gesproken heb.*

beg·gar·ly ['begəli‖-gər-] ⟨f1⟩ ⟨bn.; -ness; →bijw. 3⟩ **0.1** ***armoedig*** ⇒*bedelaars-, verachtelijk* ◆ **1.1** a ~ pension *een armzalig pensioentje.*

'beg·gar-my-'neigh·bour, 'beg·gar-thy-'neigh·bour ⟨n.-telb.zn.; attr. vaak fig.⟩ **0.1** ***kaartspel waarbij de winnaar alle kaarten van de anderen bemachtigt*** ⇒*koetjemelk, luizen, pesten* ◆ **1.¶** a ~ policy ⟨ong.⟩ *een de-ene-zijn-dood-is-de-andere-zijn-broodpolitiek.*

'beg·gar's-lice ⟨mv.; ww. ook enk.⟩ ⟨plantk.⟩ **0.1** ⟨ben. voor⟩ ***plant(en) met stekelige of kleverige knoppen*** ⟨vnl. v.h. genus Galium, Lappula en Desmodium⟩ ⇒*kleefkruid* ⟨Galium aparine⟩, *stekelzaad* ⟨Lappula squarrosa⟩ **0.2** ***klis(sen)*** ⇒*klit(ten)* ⟨knoppen of zaad v. deze planten⟩.

'beg·gar·ticks ⟨mv.; ww. ook enk.⟩ ⟨plantk.⟩ **0.1** ⟨ben. voor⟩ ***plant(en) met stekelige of kleverige knoppen*** ⟨vnl. v.h. genus Bidens en Agrimonia; ook v.h. genus Galium, Lappula en Desmodium⟩ ⇒*drieledig tandzaad* ⟨Bidens tripartitus⟩, *agrimonie* ⟨Agrimonia eupatoria⟩, *kleefkruid* ⟨Galium aparine⟩, *stekelzaad* ⟨Lappula squarrosa⟩ **0.2** ***klis(sen)*** ⇒*klit(ten)* ⟨knoppen of zaad v. deze planten⟩.

'beg·gar·weed ⟨n.-telb.zn.⟩ ⟨plantk.⟩ **0.1** ***Floridaklaver*** ⟨planten v.h. genus Desmodium, vnl. D. purpureum, verbouwd als veevoeder in het Zuiden v.d. U.S.A.⟩.

beg·gar·y ['begəri] ⟨f1⟩ ⟨n.-telb.zn.⟩ **0.1** ***(zwarte) armoede*** **0.2** ***bedelvolk*** ⇒*bedelaars* **0.3** ***(het) bedelen*** ⇒*(de) bedelstaf, bedelarij* ◆ **3.3** reduced to ~ *tot de bedelstaf gebracht.*

'begging bowl ⟨telb.zn.⟩ **0.1** ***bedelnap.***

'begging letter ⟨telb.zn.⟩ **0.1** ***bedelbrief.***

be·gin [bɪ'gɪn] ⟨f4⟩ ⟨onov. en ov.ww.; began [bɪ'gæn], begun [bɪ'gʌn]⟩ →beginning ⟨→sprw. 74, 279, 282, 293, 724⟩ **0.1** ***beginnen*** ⇒*aanvangen, starten, een aanvang nemen (met)* ◆ **1.1** ~ a dynasty *een dynastie vestigen;* ~ school *voor het eerst naar school gaan;* ~ work *beginnen te werken* **3.1** he began to sing *hij begon te zingen;* he began learning / to learn German *hij begon Duits te leren;* he couldn't (even) ~ to write a novel *hij zou niet (eens) weten hoe hij aan een roman moest beginnen* **6.1** ~ **at** page 40 *begin op bladzijde 40;* the meeting ~s **at** 6 *de vergadering begint om zes uur;* life ~s **at** sixty *met zestig begint het èchte leven;* he began **on** another bottle *hij brak een nieuwe fles aan;* he began **(up)on** a new book *hij begon aan een nieuw boek;* begin (sth.) **with / by** *(iets) beginnen met / door* **6.¶** to ~ **with** *om te beginnen, in / op de eerste plaats, aanvankelijk;* they had very little to ~ **with** *aanvankelijk hadden ze niet veel;* to ~ **with,** I am not rich enough *in de eerste plaats ben ik niet rijk genoeg.*

be·gin·ner [bɪ'gɪnə‖-ər] ⟨f2⟩ ⟨telb.zn.⟩ **0.1** ***beginner*** ⇒*die begint / aanvangt, bewerker, aanstichter;* ⟨i.h.b.⟩ *beginneling, nieuweling.*

be'ginner's luck ⟨n.-telb.zn.⟩ **0.1** ⟨ong.⟩ ***meer geluk dan wijsheid.***

be·gin·ning [bɪ'gɪnɪŋ] ⟨f3⟩ ⟨zn.; oorspr. gerund v. begin⟩ ⟨→sprw. 172⟩
I ⟨telb.zn.⟩ **0.1** ***begin*** ⇒*aanvang, oorsprong* ◆ **1.1** the ~ of the end *het begin v.h. einde* **6.1** **from** ~ **to** end *van begin tot einde;* **in** the ~ *aanvankelijk;* ⟨bijb.⟩ *in den beginne;*
II ⟨mv.; ~s; the⟩ **0.1** ***(prille) begin*** ◆ **1.1** the ~s of history *het prille begin der geschiedenis.*

be·gird [bɪ'gɜːd‖-gɜrd] ⟨ov.ww.; begirt [-'gɜːt‖-'gɜrt] / begirded [-'gɜːdɪd‖-'gɜr-], begirt / begirded⟩ ⟨schr.⟩ **0.1** ***omgorden*** **0.2** ***omringen*** ⇒*omsluiten, insluiten.*

'beg 'off ⟨f1⟩ ⟨ww.⟩
I ⟨onov.ww.⟩ **0.1** ***zich excuseren*** ⇒*zich verontschuldigen* **0.2** ***om vrijstelling verzoeken*** ◆ **1.1** Ian begged off *Ian zegde af;*
II ⟨ov.ww.⟩ **0.1** ***verontschuldigen*** ⇒*excuseren* **0.2** ***vrijstelling vragen voor*** ◆ **6.1** ~ Mary **for** tonight's meeting *Mary verontschuldigen voor de vergadering v. vanavond.*

be going to [bi 'gouɪŋ tʊ] ⟨f4⟩ ⟨hww.⟩ **0.1** ⟨→wilsuiting 3⟩ ***v. plan / zins zijn*** ⇒*plannen te* **0.2** ***gaan*** ⇒*zullen, op het punt staan te* ◆ **1.1** I am going to tell her tomorrow *morgen zeg ik het haar;* we were going to visit the British Museum, but it had become too late *we waren v. plan het British Museum te bezoeken, maar het was te laat geworden* **1.2** she is going to have a baby *ze verwacht een baby;* I am going to put that down *ik noteer dat even;* it is going to rain *er komt (nog) regen, het gaat (nog) regenen.*

be·gone [bɪ'gɒn‖bɪ'gɑn] ⟨onov.ww.; alleen geb. w. en noemvorm⟩ ⟨vnl. schr.⟩ **0.1** ***weggaan*** ⇒*verdwijnen, heengaan* ◆ **6.1** ~ **from** my sight *verdwijn, ga uit mijn ogen, maak dat je wegkomt.*

be·go·nia [bɪ'gounɪə] ⟨f1⟩ ⟨telb.zn.⟩ **0.1** ***begonia.***

be·gor·ra [bɪ'gɒrə‖-'gɔrə] ⟨tussenw.⟩ ⟨IE⟩ **0.1** ***verdomme*** ⇒*begort, jandorie.*

be·got ⟨verl. t. of volt. deelw.⟩ →beget.

be·got·ten ⟨volt. deelw.⟩ →beget.

be·grime [bɪ'graɪm] ⟨ov.ww.⟩ **0.1** ***bevuilen*** ⇒*bezoedelen, bemorsen, besmeuren* ◆ **6.1** faces ~d **with** sweat and dust *gezichten, vuil van zweet en stof.*

be·grudge [bɪ'grʌdʒ] ⟨f1⟩ ⟨ov.ww.⟩ **0.1** ***misgunnen*** ⇒*benijden, niet gunnen, met tegenzin geven* ◆ **1.1** ~ you your little pleasures *je je pleziertjes misgunnen;* I ~ every moment I have to spend with her *ik betreur elk moment dat ik tot haar veroordeeld ben / dat ik met / bij haar moet doorbrengen.*

be·guile [bɪ'gaɪl] ⟨f1⟩ ⟨ov.ww.⟩ →beguiling **0.1** ***bedriegen*** ⇒*verschalken, verleiden* **0.2** ***korten*** ⇒*verdrijven, de aandacht afleiden van* **0.3** ***bekoren*** ⇒*charmeren, betoveren, amuseren* ◆ **1.1** the serpent ~d me and I did eat *de slang heeft mij verleid en toen heb ik gegeten* **1.2** we ~d the time by playing cards *we kortten / verdreven de tijd met kaartspelen* **6.1** ~ **into** *ertoe verleiden (te);* be ~d **(out) of** money *geld ontfutseld worden* **6.2** the journey was ~d **with** pleasant stories *de reis werd gekort met leuke verhalen.*

be·guile·ment [bɪ'gaɪlmənt] ⟨telb. en n.-telb.zn.⟩ **0.1** ***verleiding*** ⇒*bedrog, bekoring, betovering.*

be·guil·ing [bɪ'gaɪlɪŋ] ⟨bn.; (oorspr.) teg. deelw. v. beguile; -ly⟩ **0.1** ***verleidelijk*** ⇒*bedrieglijk, bekoorlijk.*

beg·uin·age ['begɪnɑːʒ] ⟨telb.zn.⟩ **0.1** ***begijnhof.***

beg·uine[1], **bég·uine** ['begiːn] ⟨telb.zn.; vaak B-⟩ **0.1** ***begijn.***

be·guine[2] [bɪ'giːn] ⟨telb.zn.⟩ **0.1** ***beguine*** ⟨bolero-achtige Zuidam. dans; salondans daarop gebaseerd⟩.

be·gum ['beɪgəm, 'biː-] ⟨telb.zn.; ook B-⟩ **0.1** ***begum*** ⟨Moslim prinses of dame van hoge rang⟩.

be·gun ⟨volt. deelw.⟩ →begin.

be·half [bɪ'hɑːf‖bɪ'hæf] ⟨f3⟩ ⟨n.-telb.zn.⟩ ◆ **6.¶** **on /** ⟨AE ook⟩ **in** ~ **(of)** *namens, uit naam v., vanwege, ten voordele / behoeve v.;* he intervened **on / in** our ~ *hij bemiddelde voor ons;* ⟨AE⟩ **in** ~ **(of)** *ten voordele / behoeve (van);* an intervention **on / in** my ~ *een interventie te mijnen behoeve / in mijn voordeel.*

be·have [bɪ'heɪv] ⟨f3⟩ ⟨onov.ww.; ook wederk. ww.⟩ →-behaved **0.1** ***zich gedragen*** ⇒*zich goed / fatsoenlijk gedragen* **0.2** ***zich gedragen*** ⇒*functioneren, werken* ◆ **1.2** your car seems to ~ (well) *je wagen doet het blijkbaar goed* **6.1** she ~d badly **to(wards)** him *zij misdroeg zich tegenover hem, was onbeleefd tegen hem* **¶.1** ~ (yourself)! *gedraag je!.*

-be·haved [bɪ'heɪvd] ⟨volt. deelw. v. behave⟩ **0.1** ***zich gedragend*** ⟨vormt bijv. nw. met bijw.⟩ ◆ **¶.1** ill-~ *onbeleefd;* well-~ *beleefd.*

be·hav·iour, ⟨AE sp.⟩ **be·hav·ior** [bɪ'heɪvɪə‖-ər] ⟨f3⟩ ⟨n.-telb.zn.⟩ **0.1** ***gedrag*** ⇒*gedraging, houding, optreden* **0.2** ***gedrag*** ⇒*werking* ◆ **1.2** the ~ of aluminium under low pressure *het gedrag van aluminium onder lage druk* **2.1** be on one's best ~ *zijn beste beentje voorzetten;* put s.o. on his best ~ *iem. waarschuwen dat hij zich (goed) moet gedragen;* a reward for good ~ *een beloning voor goed gedrag;* ⟨jur.⟩ be of good ~ *van goed gedrag zijn* **6.1** his ~ **to(wards)** her *zijn houding tgo. / t.o.v. haar.*

be·hav·iour·al, ⟨AE sp.⟩ **be·hav·ior·al** [bɪ'heɪvɪərəl] ⟨f1⟩ ⟨bn.; -ly⟩ **0.1** ***het gedrag betreffend*** ◆ **1.1** ~ disturbances *gedragsstoornissen;* ~ sciences *gedragswetenschappen.*

be·hav·iour·ism, ⟨AE sp.⟩ **be·hav·ior·ism** [bɪ'heɪvɪərɪzm] ⟨n.-telb.zn.⟩ **0.1** ***behavio(u)risme*** ⇒*(bep. richting i.d.) gedragspsychologie.*

be·hav·iour·ist, ⟨AE sp.⟩ **be·hav·ior·ist** [bɪˈheɪvɪərɪst]⟨telb.zn.⟩ **0.1** ***behavio(u)rist*** ⇒*gedragspsycholoog.*

be·hav·iour·ist·ic, ⟨AE sp.⟩ **be·hav·ior·ist·ic** [bɪˈheɪvɪəˈrɪstɪk]⟨bn.⟩ **0.1** ***behavio(u)ristisch.***

beˈhaviour therapy ⟨telb.zn.⟩ **0.1** ***gedragstherapie.***

be·head [bɪˈhed]⟨f1⟩⟨ov.ww.⟩ **0.1** ***onthoofden.***

be·held ⟨verl.t. en volt. deelw.⟩ →behold.

be·he·moth [bɪˈhi:mɒθ‖-məθ]⟨eig.n., telb.zn.; vaak B-⟩ **0.1** ***behemoth*** ⇒*kolos(sus);* ⟨fig.⟩ *monster* ⟨reusachtig dier uit Job 40:10-19⟩ ◆ **1.1** a ~ of a tractor *een monster van een tractor.*

be·hest [bɪˈhest]⟨telb.zn.; meestal enk.⟩⟨schr.⟩ **0.1** ***opdracht*** ⇒*bevel, verzoek, aandringen* ◆ **6.1 at** the ~ **of** his next of kin *op aandringen v. zijn naaste familie;* **at** the Queen's ~ *in opdracht/op verzoek v.d. koningin.*

be·hind[1] [bɪˈhaɪnd]⟨f1⟩⟨telb.zn.⟩ **0.1** ⟨inf.; euf.⟩ ***achterste*** **0.2** ⟨Austr. voetbal⟩ ***(één) punt*** ⟨gescoord door bal over achterlijn náást doel te trappen⟩.

behind[2] ⟨f4⟩⟨bw.⟩ **0.1** ⟨beweging, plaats of ruimte⟩ ***erachter*** ⇒*achteraan, achterop, achterin, achter zich, achter de rug, voorbij, achterom, om* **0.2** ⟨vertraging of achterstand⟩ ***achterop*** ⇒*ten achter(en), achterstallig, in vertraging* ◆ **1.1** the car ~ *de wagen daarachter/achter ons;* their young days were well ~ *ze hadden hun jonge jaren al een tijd achter de rug;* a valley with hills ~ *een dal met heuvels erachter/aan de overkant* **1.2** the bus was 15 minutes ~ *de bus had 15 minuten vertraging;* my watch is ~ *mijn horloge loopt achter* **3.1** look ~ *omkijken, achter zich kijken* **3.2** they fell ~ *ze raakten achter* **6.1** he came **from** ~ *hij kwam van achteren* **6.2** ~ **in** arithmetic *achterop met wiskunde;* ~ **in** my work *achterop met mijn werk;* be ~ **with** the rent *achter zijn met de huur.*

behind[3] ⟨f4⟩⟨vz.⟩ **0.1** ⟨plaats, richting of tijd; ook fig.⟩ ***achter*** ⇒*voorbij, verder dan, om* **0.2** ⟨vertraging of achterstand⟩ ***achter op*** ⇒*later dan, onder, ten achter bij* **0.3** ⟨(verborgen) drijfveer⟩ ***achter*** ⇒*aan de basis, grond, oorsprong van* **0.4** ⟨ondersteuning⟩ ***achter*** ⇒*ter ondersteuning van, als steun van* ◆ **1.1** the house ~ the church *het huis achter de kerk;* ~ the tranquillity of the twenties lay the storms of the Great War *aan de rust van de twintiger jaren ging de onrust van de eerste wereldoorlog vooraf* **1.2** ~ the average *onder het gemiddelde;* our profits are ~ last year's *onze winsten liggen lager dan die van vorig jaar;* be close ~ his opponent *zijn tegenstander op de hielen zitten;* ⟨honkbal⟩ the batter was ~ the pitcher *de batsman had een achterstand op de werper;* theory always runs ~ practice *de theorie loopt steeds achter op de praktijk;* 1'39 ~ *op 1'39* **1.3** the man ~ the controls *de man die alles in handen heeft;* the man ~ the plot *de man die het complot op touw zette;* the real reasons ~ the quarrel *de echte redenen voor de ruzie;* the truth ~ the story *de waarheid achter het verhaal* **4.1** one's best years are ~ one *zijn beste jaren gehad hebben;* put one's problems ~ one *zijn problemen van zich afzetten* **4.3** who is ~ this? *wie is hiervoor verantwoordelijk?* **4.4** he had generations of teachers ~ him *hij kon putten uit/steunen op de ervaring van generaties leerkrachten.*

be·hind·hand ⟨bn., pred.; bw.⟩ **0.1** ⟨mbt. achterstand⟩ ***achter(op)*** ⇒*achterstallig;* ⟨financieel⟩ *met schulden* **0.2** ⟨in tijd⟩ ***te traag*** ⇒*te laat, na de feiten* **0.3** ⟨mbt. een norm⟩ ***achter*** ⇒*ten achter, achterop* ◆ **1.2** their offer was ~ *hun aanbod kwam met vertraging* **6.1** be ~ **in** paying one's bills *achter(stallig) zijn met het betalen van zijn rekeningen* **6.3** that country is ~ **in** its politics *dat land is achterlijk op politiek gebied;* be ~ **with** one's work *achter zijn met zijn werk.*

beˈhind post ⟨telb.zn.⟩⟨Austr. voetbal⟩ **0.1** ***buitenpaal*** ⟨een v.d. twee kortere palen naast de doelpalen⟩.

be·hold [bɪˈhoʊld]⟨f1⟩⟨ov.ww.; beheld, beheld [bɪˈheld]⟩⟨vero., beh. in uitdr. onder 8.1⟩ **0.1** ***aanschouwen*** ⇒*waarnemen, zien* ◆ **1.1** he beheld the Lord in all His glory *hij aanschouwde de Heer in al zijn glorie* **8.1** ⟨scherts.⟩ lo and ~! *wel, wel!, en ziedaar!* ⟨uitroep v. verrassing⟩ **¶.¶** ⟨geb.w.⟩ ~! *zie(daar)!.*

be·hol·den [bɪˈhoʊldən]⟨f1⟩⟨bn., pred.⟩ **0.1** ***verschuldigd*** ⇒*verplicht* ◆ **6.1** I'm much ~ **to** you **for** your offer *uw aanbod verplicht mij zeer.*

be·hold·er [bɪˈhoʊldə‖-ər]⟨telb.zn.⟩(→sprw. 41) **0.1** ***aanschouwer*** ⇒*toeschouwer, beschouwer.*

be·hoof [bɪˈhu:f]⟨n.-telb.zn.⟩⟨vero.⟩ **0.1** ***belang*** ⇒*behoeve* ◆ **6.1 to /for/on** (the) ~ **of** *ten behoeve van.*

be·hove [bɪˈhoʊv], ⟨AE sp.⟩ **be·hoove** [bɪˈhu:v]⟨ov.ww.; onpers. ww.⟩⟨schr.⟩ **0.1** ***betamen*** ⇒*(be)horen, passen* ◆ **3.1** it ~s you to be always honest *je hoort steeds eerlijk te zijn* **5.1** it **ill** ~s me to ask her *het zou (van mij) ongepast zijn als ik haar vroeg.*

beige [beɪʒ]⟨f1⟩⟨n.-telb.zn., bn., attr.⟩ **0.1** ***beige.***

be ˈin ⟨f3⟩⟨onov.ww.⟩ **0.1** ***binnen zijn*** ⇒*er zijn, aanwezig/aangekomen zijn;* ⟨sl.⟩ *in de nor zitten* **0.2** ***geaccepteerd zijn*** ⇒*erbij/aanvaard/opgenomen zijn; in de mode/in zijn* ⟨v. dingen⟩ **0.3** ⟨ben. voor⟩ ***in werking zijn*** **0.4** ⟨pol.⟩ ***verkozen zijn*** ⇒*aan de macht zijn* ◆ **1.1** the crop is in *de oogst is binnen(gehaald);* the fleet is in *de vloot ligt in de (thuis)haven;* ⟨sl.⟩ John's in for murder *John zit in de bajes wegens moord;* the psychiatrist is in *de psychiater is aanwezig/er;* the train is in *de trein is aangekomen* **1.2** blue is in *blauw is in (de mode)* **1.3** ⟨cricket⟩ John is in *John is aan bat/slag;* the fire is in *het vuur is nog aan;* pears are in *het is perentijd;* the tide is in *het is hoog tij;* the well is in *de (olie) bron is in werking* **1.4** the Tories are in *de Tories zijn aan de macht* **4.¶** Ascot isn't in it *Ascot is er niets bij vergeleken* **5.¶** ⟨inf.⟩ ~ bad with s.o. *slecht aangeschreven staan bij iem.;* ⟨AE; sl.⟩ ~ there *zich uitsloven, erg zijn best doen; het aan kunnen, opgewassen zijn tegen iets;* be well in with s.o., ⟨AE; inf.⟩ be in good with s.o. *in een goed blaadje staan bij iem.* **6.2** ~ **on** *meedoen aan;* ~ **on** it *v.d. partij zijn;* ~ **on** the latest developments *op de hoogte zijn v.d. laatste ontwikkelingen;* ~ **on** the latest news *bij zijn, het laatste nieuws weten;* ~ **on** the secret *deelgenoot zijn v.h. geheim;* ~ **with** *het eens zijn met;* ~ **with** the audience *door het publiek aanvaard zijn;* ~ **with** the boss *in een goed blaadje staan bij de baas;* ~ **with** the gang *bij de groep horen;* ~ **with** somebody *goede maatjes zijn met iem.* **6.3** ~ **for** a position *kandidaat zijn/kandideren voor een betrekking;* ⟨sport⟩ ~ **for** a competition *meedoen aan een wedstrijd* **6.¶** ⟨inf.⟩ we're in **for** a bit of frost/a nasty surprise *er staat ons een beetje vorst/een onaangename verrassing te wachten.*

ˈbe-in ⟨telb.zn.⟩ **0.1** ***be-in*** ⟨informele openbare bijeenkomst⟩.

be·ing [ˈbi:ɪŋ]⟨f3⟩⟨zn.; oorspr. gerund v. be⟩

I ⟨telb.zn.⟩ **0.1** ***wezen*** ⇒*schepsel* ◆ **2.1** the Supreme B~ *het Opperwezen, God;* a human ~ *een menselijk wezen;*

II ⟨n.-telb.zn.⟩ **0.1** ***wezen*** ⇒*bestaan, zijn, existentie, leven* **0.2** ***wezen*** ⇒*essentie, aard, het wezenlijke* ◆ **3.1** bring/call into ~ *tot leven wekken, creëren, doen ontstaan;* come into ~ *ontstaan* **6.1 in** ~ *in wezen, bestaand* **6.2** the very ~ **of** religion *de diepste essentie v.d. godsdienst.*

be·jab·ers [bɪˈdʒeɪbəz‖-ərz], **be·jab·bers** [-ˈdʒæ-]⟨tussenw.⟩⟨IE⟩ **0.1** ***verdomme*** ⇒*jasses, godallemachtig* ◆ **3.¶** beat the ~ out of s.o. *iem. een flink pak rammel geven.*

be·je·sus [bɪˈdʒi:zəs], **be·ja·zus** [bɪˈdʒeɪzəs]⟨n.-telb.zn.; the⟩⟨AE; sl.⟩ ◆ **3.¶** hit/knock/beat/kick the ~ out of s.o. *iem. allejezus/ flink op zijn donder/falie/lazer geven.*

beˈjew·el·led, ⟨AE sp.⟩ **be·ˈjew·el·ed** [bɪˈdʒu:əld]⟨bn.⟩ **0.1** ***met juwelen getooid.***

bel [bel]⟨telb.zn.⟩ **0.1** ***bel*** ⟨eenheid v. geluidsintensiteit⟩.

be·la·bour, ⟨AE sp.⟩ **be·la·bor** [bɪˈleɪbə‖-ər]⟨f1⟩⟨ov.ww.⟩ **0.1** ***ervan langs geven*** ⇒*op zijn kop geven, afranselen* **0.2** ***te uitvoerig behandelen*** ⇒*uitspinnen, rekken, blijven hameren op* ◆ **2.2** ~ the obvious *open deuren intrappen* **6.1** ~ s.o. **with** arguments *iem. met argumenten bewerken.*

be·lat·ed [bɪˈleɪtɪd]⟨f1⟩⟨bn.; -ly⟩ **0.1** ***laat*** ⇒⟨B.⟩ *laattijdig* **0.2** ***door het duister overvallen*** ◆ **1.2** ~ travellers *door de nacht verraste reizigers.*

be·lay[1] [bɪˈleɪ]⟨telb.zn.⟩ **0.1** ⟨scheep.⟩ ***klamp*** ⇒*(beleg/kruis) klamp, kikker, bolder, korvijnagel* **0.2** ⟨bergsport⟩ ***zelfzekering*** ⇒*rotspunt* ⟨waaraan touw belegd wordt⟩ **0.3** ⟨scheep., bergsport⟩ ***belegging*** ⇒*bindsel, kruising.*

belay[2] ⟨ov.ww.⟩⟨scheep., bergsport⟩ **0.1** ***beleggen*** ⇒*vastsjorren/ maken* ◆ **¶.¶** ⟨scheep.; sl.⟩ ~ (there)! *ophouden!; inbinden!; genoeg!.*

beˈlay·ing cleat ⟨telb.zn.⟩⟨scheep.⟩ **0.1** ***klamp*** ⇒*kruisklamp, kikker, koornklamp.*

beˈlay·ing pin ⟨telb.zn.⟩ **0.1** ⟨scheep.⟩ ***korvijnagel.***

bel can·to [ˈbelˈkæntoʊ‖-ˈkɑntoʊ]⟨n.-telb.zn.⟩⟨muz.⟩ **0.1** ***belcanto.***

belch[1] [beltʃ]⟨f1⟩⟨telb.zn.⟩ **0.1** ***boer*** ⇒*oprisping* **0.2** ***uitbarsting*** **0.3** ⟨AE; sl.⟩ ***klacht.***

belch[2] ⟨f1⟩⟨ww.⟩

I ⟨onov.ww.⟩ **0.1** ***boeren*** ⇒*een oprisping laten* **0.2** ***braken*** ⇒*uitbarsten* **0.3** ⟨AE; sl.⟩ ***klagen*** **0.4** ⟨AE; sl.⟩ ***klikken;***

II ⟨ov.ww.⟩ **0.1** ***uitbraken*** ⇒*met kracht uitstoten, uitspuwen* ◆ **5.1** ⟨schr.⟩ ~ **forth** *uitspuwen;* the volcano ~ed **out** rocks *de vulkaan spuwde stenen (uit).*

bel·dam, bel·dame [ˈbeldəm]⟨telb.zn.⟩⟨vero.⟩ **0.1** ***oud wijf*** ⇒*feeks, manwijf.*

be·lea·guer [bɪˈli:gə‖-ər]⟨f1⟩⟨ov.ww.⟩ **0.1** ***belegeren*** ⟨ook fig.⟩ ⇒*(zwaar) op de proef stellen, (erg) bekritiseren* ◆ **1.1** a ~ed castle *een belegerd kasteel;* ~ed by the press *door de pers belegerd/ bestormd.*

bel·em·nite [ˈbeləmnaɪt]⟨telb.zn.⟩ **0.1** ***belemniet*** ⇒*pijl/ dondersteen.*

bel es·prit [ˈbel eˈspri:]⟨telb.zn.; beaux esprits [ˈboʊz-]; →mv. 5⟩ **0.1** ***bel esprit.***

bel·fry ['belfri]⟨f1⟩⟨telb.zn.;→mv. 2⟩ **0.1** ***klokketoren*** ⇒*belfort* **0.2** ***klokkestoel***.

Bel·gian[1] ['beldʒən]⟨f2⟩⟨telb.zn.⟩ **0.1** ***Belg***.

Belgian[2] ⟨f2⟩⟨bn.⟩ **0.1** ***Belgisch*** ◆ **1.¶** ⟨AE⟩ ~ endive(s) *witlof;* ~ hare *Vlaamse reus*.

Bel·gic ['beldʒɪk]⟨bn.⟩⟨gesch.⟩ **0.1** ***Belgisch*** ⇒*Oudbelgisch* **0.2** ***Nederlands*** ⇒*van de Nederlanden*.

Bel·gium ['beldʒəm]⟨eig.n.⟩ **0.1** ***België***.

Bel·gra·via [bel'greɪvɪə]⟨eig.n.⟩ **0.1** ***Belgravia*** ⟨woonwijk v. stand in Z.-W. Londen⟩.

Be·li·al ['bi:lɪəl]⟨eig.n.⟩ **0.1** ***Belial*** ⟨2 Cor. 6:15⟩ ⇒*Satan, de hellevorst, de duivel*.

be·lie [bɪ'laɪ]⟨f1⟩⟨ov.ww.;→ww. 7⟩ **0.1** ***een valse/verkeerde indruk geven van*** ⇒*tegenspreken, verloochenen, verdoezelen* **0.2** ***logenstraffen*** ⇒*tegenspreken* **0.3** ***niet nakomen*** ◆ **1.1** her smile ~d her grief *haar glimlach verborg haar smart* **1.2** the attack ~d our hopes for peace *de aanval logenstrafte onze hoop op vrede* **1.3** he ~d his promises *hij kwam zijn beloften niet na*.

be·lief [bɪ'li:f]⟨f3⟩⟨zn.⟩

I ⟨telb.zn.⟩ **0.1** ***overtuiging*** ◆ **2.1** my religious ~s *mijn godsdienstige overtuiging(en);*

II ⟨n.-telb.zn.⟩ **0.1** ***geloof*** ⇒*vertrouwen* **0.2** ***geloof*** ⇒*mening, overtuiging* ◆ **2.2** to the best of my ~ *volgens mijn vaste overtuiging, ik ben er stellig van overtuigd dat* **6.1** ⟨predikatief gebruikt⟩ **beyond** ~ *ongelooflijk, niet te geloven;* my ~ **in** teachers *mijn vertrouwen in leraren;* my ~ **in** God *mijn geloof in God/dat God bestaat* **8.2** it is his ~ that *hij is ervan overtuigd dat*.

be·liev·a·ble [bɪ'li:vəbl]⟨f1⟩⟨bn.;-ly;→bijw. 3⟩ **0.1** ***geloofwaardig*** ⇒*geloofbaar, aannemelijk*.

be·lieve [bɪ'li:v]⟨f4⟩⟨ww.⟩⟨→sprw. 391, 605, 720⟩

I ⟨onov.ww.⟩ **0.1** ***geloven*** ⇒*gelovig zijn* **0.2** ***geloven*** ⇒*vertrouwen hebben* **0.3** ***geloven*** ⇒*menen, veronderstellen* ◆ **6.2** ~ **in** God *in God geloven, geloven dat God bestaat;* ~ **in** doctors *vertrouwen hebben in dokters;* ~ **in** free trade *geloven/vertrouwen hebben in de vrije handel, de vrije handel voorstaan;* she ~s **in** yoga *zij doet aan yoga* **¶.3** Mrs Smith, I believe *mevrouw Smith, geloof/meen ik;*

II ⟨ov.ww.⟩ **0.1** ***geloven*** ⇒*voor waar aannemen* **0.2** ***geloven*** ⇒*menen, van mening zijn (dat)* ◆ **1.1** ~ a story *een verhaal geloven/voor waar aannemen* **5.1** ~ implicitly *zonder er bij na te denken geloven/voor waar aannemen* **6.1** I'll ~ anything **of** that woman *die vrouw acht ik tot alles in staat* **8.2** ~ that he's gone home *geloven/menen dat hij naar huis gegaan is*.

be·liev·er [bɪ'li:və‖-ər]⟨telb.zn.⟩ **0.1** ***gelover*** ⇒*iem. die gelooft* ⟨in⟩ **0.2** ***gelovige***.

be·like [bɪ'laɪk]⟨bw.⟩⟨vero.; vaak scherts.⟩ **0.1** ***waarschijnlijk*** **0.2** ***misschien***.

Be·li·sha beacon [bə'li:ʃə 'bi:kən]⟨f1⟩⟨telb.zn.⟩⟨BE⟩ **0.1** ***knipperbol*** ⟨bij zebrapad⟩.

be·lit·tle [bɪ'lɪtl]⟨f2⟩⟨ov.ww.⟩ **0.1** ***klein(er) doen schijnen*** **0.2** ***onbelangrijk(er) doen schijnen*** ⇒*kleineren, bagatelliseren*.

bell[1] [bel]⟨f3⟩⟨zn.⟩

I ⟨telb.zn.⟩ **0.1** ***klok*** ⇒*bel, schel, belsignaal* **0.2** ⟨scheep.⟩ ***glas*** ⇒*halfuur* **0.3** ***(bloem)klokje*** ⇒*klokjesbloem* **0.4** ***het burlen*** ⇒*het brullen;* ⟨B.⟩ *beurelen* ⟨v. bronstig hert⟩ **0.5** ⟨muz.⟩ ***paviljoen*** ⇒*(klank)beker* ⟨v. blaasinstrument⟩ ◆ **1.3** ⟨plantk.⟩ B~s of Ireland *Ierse klokjes* ⟨Molluccella laevis⟩ **1.¶** ⟨inf.⟩ ~, book and candle *overdreven ritueel;* ~s and whistles *toeters en bellen* **3.1** pull/ring the ~ *(aan)bellen;* ring the ~s backwards *de klokken van laag naar hoog luiden* **3.2** my guard lasted four ~s *mijn wacht duurde vier glazen/twee uren* **3.¶** bear/carry away the ~ *met de eerste prijs gaan strijken, winnen;* give s.o. a ~ *iem. een belletje geven/opbellen;* that rings a ~ *dat komt me ergens bekend voor, daar gaat een lampje branden;* ring the ~ *succes hebben, overtuigen, gunstig onthaald worden;* saved by the ~ *op het nippertje gered* **6.¶** **with** ~s **on** *in vol ornaat, op zijn paasbest;*

II ⟨mv.; ~s⟩ **0.1** ***breeduitlopende broek*** ⇒*broek met klokvormige pijpen* **0.2** ⟨AE; sl.; muz.⟩ ***vibrafoon***.

bell[2] ⟨ww.⟩

I ⟨onov.ww.⟩ **0.1** ***klokken*** ⇒*de vorm v.e. klok hebben* **0.2** ***burlen*** ⇒*brullen,* ⟨B.⟩ *beurelen* ⟨v. bronstig hert⟩;

II ⟨ov.ww.⟩ **0.1** ***de bel aanbinden*** **0.2** ***een klokvorm geven***.

bel·la·don·na ['belə'dɒnə‖-'dɑnə]⟨n.-telb.zn.⟩ **0.1** ⟨plantk.⟩ ***wolfskers*** ⇒*belladonna, doodkruid* ⟨Atropa belladonna⟩ **0.2** ⟨med.⟩ ***atropine***.

'belladonna 'lily ⟨telb.zn.⟩⟨plantk.⟩ **0.1** ***(Zuidafrikaanse) amaryllis*** ⟨Amaryllis belladonna⟩.

'bell-bird ⟨telb.zn.⟩⟨dierk.⟩ **0.1** ***klokvogel*** ⟨Chasmorhynchus niveus⟩.

'bell-'bot·tom·ed ⟨bn.⟩ **0.1** ***wijduitlopend*** ⇒*geklokt*.

'bell-bot·toms ⟨mv.⟩ **0.1** ***(strakke) broek met wijd uitlopende pijpen***.

'bell-boy ⟨f1⟩⟨telb.zn.⟩ **0.1** ***piccolo***.

'bell-buoy ⟨telb.zn.⟩ **0.1** ***belboei***.

'bell-cot ⟨telb.zn.⟩ **0.1** ***schaapskooi***.

belle [bel]⟨telb.zn.⟩ **0.1** ***belle*** ⇒*beauté, schoonheid* ◆ **1.1** the ~ of the ball *het mooiste meisje, de mooiste vrouw aanwezig*.

belle é·poque ['bel eɪ'pɒk‖-'pɑk]⟨eig.n.⟩ **0.1** ***belle époque***.

belle laide ⟨telb.zn.; belles laides ['bel'leɪd];→mv. 5⟩ **0.1** ***belle laide*** ⟨lelijke maar fascinerende vrouw⟩.

belles-let·tres ['bel'let(rə)]⟨mv.; ww. vaak enk.⟩ **0.1** ***bellettrie*** ⇒*(schone) letteren*.

bel·let·rism ['bel'letrɪzm]⟨n.-telb.zn.⟩ **0.1** ***bellettristiek***.

bel·let·rist ['bel'letrɪst]⟨telb.zn.⟩ **0.1** ***bellettrist***.

bel·le·tris·tic ['belɪ'trɪstɪk]⟨bn.⟩ **0.1** ***bellettristisch***.

'bell-flow·er ⟨f1⟩⟨telb.zn.⟩⟨plantk.⟩ **0.1** ***klokbloem*** ⇒*klokje* ⟨genus Campanula⟩.

'bell-found·er ⟨telb.zn.⟩ **0.1** ***klokkengieter***.

'bell-found·ing ⟨n.-telb.zn.⟩ **0.1** ***het klokkengieten***.

'bell-foun·dry ⟨telb.zn.⟩ **0.1** ***klokkengieterij***.

'bell-glass ⟨telb.zn.⟩ **0.1** ***klok*** ⇒*(glazen) stolp*.

'bell-heath·er ⟨n.-telb.zn.⟩⟨plantk.⟩ **0.1** ***(gewone) dopheide*** ⇒*dopjeshei* ⟨Erica tetralix⟩ **0.2** ***rode dopheide*** ⟨Erica cinerea⟩.

'bell·hop ⟨f1⟩⟨telb.zn.⟩⟨AE⟩ **0.1** ***piccolo***.

bellicism →belligerence.

bel·li·cose ['belɪkoʊs]⟨bn.;-ly;-ness⟩ **0.1** ***strijdlustig*** ⇒*oorlogszuchtig, twistziek, agressief*.

bel·li·cos·i·ty ['belɪ'kɒsəti‖-'kɑsəṭi]⟨n.-telb.zn.⟩ **0.1** ***strijdlustigheid*** ⇒*oorlogszuchtigheid, agressiviteit*.

-bel·lied ['belid]⟨vormt bijv. nw. uit nw. en bijv. nw.⟩ **0.1** ***-buikig*** ⇒*met een ... buik* ◆ **¶.1** empty-bellied *met een lege maag, hongerig;* pot-bellied *met een buikje*.

bel·lig·er·ence [bɪ'lɪdʒrəns], **bel·li·cism** ⟨f1⟩⟨n.-telb.zn.⟩ **0.1** ***strijdlustigheid*** ⇒*oorlogszucht, agressiviteit*.

bel·lig·er·en·cy [bɪ'lɪdʒrənsi]⟨n.-telb.zn.⟩ **0.1** ***staat van oorlog*** **0.2** ***strijdlustigheid*** ⇒*oorlogszucht, agressiviteit*.

bel·lig·er·ent[1] [bɪ'lɪdʒrənt]⟨telb.zn.⟩ **0.1** ***oorlogspartij*** ⇒*oorlogvoerende/aanvallende partij, agressor, twistzoeker, ruziezoeker*.

belligerent[2] ⟨f1⟩⟨bn.⟩ **0.1** ***oorlogvoerend*** **0.2** ***strijdlustig*** ⇒*uitdagend, ruziezoekend* ◆ **1.1** ~ nations *oorlogvoerende naties* **1.2** ~ language *agressieve/uitdagende taal*.

'bell lap ⟨telb.zn.⟩⟨sport⟩ **0.1** ***laatste ronde***.

bell·man ['belmən]⟨telb.zn.; bellmen [-mən];→mv. 2⟩ **0.1** ***(dorps-/stads)omroeper*** ⇒⟨B.⟩ *belleman*.

'bell-met·al ⟨n.-telb.zn.⟩ **0.1** ***klok(ke)spijs***.

bel·low[1] ['beloʊ]⟨telb.zn.⟩ **0.1** ***gebrul*** ⇒*geloei, gebulk*.

bellow[2] ⟨f2⟩⟨ww.⟩

I ⟨onov.ww.⟩ **0.1** ***bulken*** ⇒*loeien, brullen;*

II ⟨onov. en ov.ww.; vaak met out of forth⟩ **0.1** ***(uit)brullen*** ⇒*bulderen, schreeuwen* ◆ **1.1** the guns ~ed (out) their salvos *de kanonnen barstten in salvo's uit/losten bulderend hun salvo's;* the general ~ed (out) his orders *de generaal schreeuwde zijn bevelen* **6.1** ~ (out) **with** pain *het uitschreeuwen van pijn*.

bel·lows ['beloʊz]⟨f1⟩⟨mv.; soms telb.zn.⟩ **0.1** ***blaasbalg*** **0.2** ***balg*** **0.3** ⟨inf.⟩ ***longen*** ◆ **¶.1** a (pair of) ~ *een blaasbalg*.

'bellows blower ⟨telb.zn.⟩ **0.1** ***orgeltrapper***.

'bell-pull ⟨telb.zn.⟩ **0.1** ***schellekoord*** ⇒*belkoord*.

'bell-punch ⟨telb.zn.⟩ **0.1** ***kaartjesknipapparaat met bel*** ⇒*(kaartjes) automaat*.

'bell-push ⟨f1⟩⟨telb.zn.⟩ **0.1** ***belknop(je)***.

'bell-ring·er ⟨telb.zn.⟩ **0.1** ***klok(ken)luider*** ⇒*klokkenist, beiaardier* **0.2** ***politicus*** ⟨die bij kiescampagne overal aanbelt⟩ **0.3** ⟨AE; sl.⟩ ***huis-aan-huisverkoper***.

'bell-ring·ing ⟨n.-telb.zn.⟩ **0.1** ***het klokkenluiden*** ⇒*klokkenspel*.

'bell-shaped ⟨bn.⟩ **0.1** ***klokvormig*** ⟨v. curve⟩.

'bell-tent ⟨telb.zn.⟩ **0.1** ***klokvormige tent*** ⇒*zestienmanstent*.

'bell-weth·er ⟨telb.zn.⟩⟨→sprw. 199⟩ **0.1** ***belhamel*** ⟨ook fig.⟩ ⇒*haantje-de-voorste*.

bel·ly[1] ['beli]⟨f2⟩⟨telb.zn.;→mv. 2⟩⟨→sprw. 50, 247⟩ **0.1** ⟨inf.⟩ ***buik*** ⇒*maag, schoot* **0.2** ***holte*** ⟨als v.e. buik⟩ ⇒*ruim* **0.3** ***ronding*** ⟨als v.e. buik⟩ ⇒*uitstulping, bol gedeelte* **0.4** →belly laugh ◆ **1.2** the boat's ~ was full of coal *de buik/het ruim v.d. boot zat vol steenkool* **1.3** the ~ of an aeroplane *de buik/onderkant v.e. vliegtuig;* the ~ of a bottle *de buik v.e. fles;* the ~ of a violin *de buik/het bovenblad v.e. viool;* the ~ of a muscle *de buik/het dikste gedeelte v.e. spier;* the ~ of a sail *de buik v.e. zeil* **2.1** with an empty ~ *met een lege buik/maag*.

belly[2] ⟨ww.;→ww. 7; meestal met out⟩

I ⟨onov.ww.⟩ **0.1** ***zwellen*** ⇒*bol (gaan) staan, bollen* ◆ **1.1** the sails bellied (out) *de zeilen bolden zich* **6.¶** ⟨AE; sl.⟩ ~ **up to** *recht erop af gaan;*

II ⟨ov.ww.⟩ **0.1** ***doen zwellen*** ⇒*bol doen staan, bollen* ◆ **1.1** the wind bellied (out) the sails *de wind bolde de zeilen*.

'bel·ly·ache[1] ⟨f1⟩⟨zn.⟩
I ⟨telb.zn.⟩⟨sl.⟩ **0.1** ***(ongegronde) klacht*** ⇒*buikpijn* ◆ **6.1** have ~s **about** sth. *buikpijn om/over iets hebben, klagen over;*
II ⟨telb. en n.-telb.zn.⟩ **0.1** ***buikpijn.***
bellyache[2] ⟨onov.ww.⟩⟨sl.⟩ **0.1** ***zaniken*** ⇒*klagen, lamenteren* ◆ **6.1** bellyaching **about** *zeuren over.*
'bel·ly·band ⟨telb.zn.⟩ **0.1** ***buikriem*** ⇒*zadelriem* **0.2** ***navelbandje.***
'bel·ly-board ⟨telb.zn.⟩ **0.1** ***buik(surf)plank*** ⟨waarop men op zijn buik ligt⟩.
'belly brass ⟨n.-telb.zn.⟩⟨AE; sl.⟩ **0.1** ***gouden medailles/insignes enz.*** ⟨aan horlogeketting gedragen⟩.
'belly breathing ⟨n.-telb.zn.⟩⟨vnl. sport⟩ **0.1** ***buikademhaling.***
'bel·ly-bur·glar, 'bel·ly-rob·ber ⟨telb.zn.⟩⟨AE; sl.⟩ **0.1** ***foerageur*** **0.2** ***messbediende*** **0.3** ***kampkok.***
'belly button ⟨f1⟩⟨telb.zn.⟩⟨inf.⟩ **0.1** ***navel.***
'belly dance ⟨f1⟩⟨telb.zn.⟩ **0.1** ***buikdans.***
'belly dancer ⟨f1⟩⟨telb.zn.⟩ **0.1** ***buikdanseres.***
'belly flop[1], **'belly flopper, 'belly whop(per)** ⟨telb.zn.⟩⟨inf.⟩ **0.1** ⟨zwemsport⟩ ***platte duik*** **0.2** ⟨rodelen⟩ ***vliegende start*** ⟨waarbij men op zijn buik op de slede ploft⟩ **0.3** ***buiklanding.***
belly flop[2] ⟨onov.ww.⟩⟨inf.⟩ **0.1** ***plat op zijn buik vallen*** ⟨bij het duiken of het op een slee springen⟩ ⇒*een buiklanding maken.*
bel·ly·ful ['beliful]⟨telb.zn.⟩⟨inf.⟩ **0.1** ***buikvol*** ⇒*(meer dan) genoeg* ◆ **1.1** I've had a ~ of his poetry *ik heb mijn buik vol van zijn poëzie.*
'belly gun ⟨telb.zn.⟩⟨AE; sl.⟩ **0.1** ***(klein) pistool*** ⇒*(kleine, op afstand onnauwkeurige) revolver, damesrevolver.*
'bel·ly·hold ⟨telb.zn.⟩ **0.1** ***bagageruim*** ⇒*bagageruimte* ⟨onder in vliegtuig⟩.
'bel·ly-land ⟨onov.ww.⟩⟨inf.⟩ **0.1** ***een buiklanding maken.***
'belly landing ⟨telb.zn.⟩⟨inf.⟩ **0.1** ***buiklanding.***
'belly laugh[1] ⟨f1⟩⟨telb.zn.⟩⟨inf.⟩ **0.1** ***daverende/gulle lach.***
belly laugh[2] ⟨onov.ww.⟩⟨inf.⟩ **0.1** ***schuddebuiken (v.h. lachen).***
'bel·ly-pinched ⟨bn.⟩⟨inf.⟩ **0.1** ***uitgehongerd*** ⇒*rammelend v.d. honger.*
'belly 'up ⟨onov.ww.⟩⟨sl.⟩ **0.1** ***achterover vallen*** **0.2** ***bezwijken*** **0.3** ***sterven.***
'bel·ly-wash ⟨telb. en n.-telb.zn.⟩⟨AE; sl.⟩ **0.1** ⟨ben. voor⟩ ***iets te zuipen*** ⇒*soep, whisky, drank.*
be·long [bɪ'lɒŋ‖bɪ'lɔŋ]⟨f3⟩⟨onov.ww.⟩ **0.1** ***passen*** ⇒*(thuis)horen* **0.2** ⟨inf.⟩ ***thuis horen*** ⇒*zich thuis voelen, op z'n plaats zijn* **0.3** ⟨AE⟩ ***verblijven*** ⇒*wonen* ◆ **1.2** a sense of ~ing *het gevoel erbij te horen/er thuis te zijn* **6.1** a copy of the Bible ~s **in** every home *in elk huis hoort wel een bijbel te zijn;* →belong **to;** whales don't ~ **under** fish *walvissen zijn geen vissen;* it ~s **with** the others *het hoort bij de anderen* ¶**.2** I feel I ~ *ik heb het gevoel hier thuis te zijn/erbij te horen;* though they tried hard to adapt themselves, they never really ~ed *al deden ze hun best om zich aan te passen, ze waren (hier/er/daar) nooit echt op hun plaats.*
be·long·ings [bɪ'lɒŋɪŋz‖bɪ'lɔŋ-]⟨f2⟩⟨mv.⟩ **0.1** ***persoonlijke bezittingen/eigendommen*** ⇒*bagage* **0.2** ⟨inf.⟩ ***verwanten*** ⇒*naaste familie.*
be'long to ⟨onov.ww.⟩ **0.1** ***toebehoren aan*** ⇒*(eigendom) zijn van* **0.2** ***horen bij*** ⇒*lid/deel zijn van, thuishoren in/bij* ◆ **1.1** that book belongs to me *dat boek is van mij* **1.2** which group do you ~? *bij welke groep zit jij?.*
be·lov·ed[1] [bɪ'lʌvɪd]⟨telb.zn.⟩⟨schr.⟩ **0.1** ***beminde*** ◆ **7.1** my ~ *mijn geliefde* ¶**.1** ⟨rel.⟩ ~! *beminden!, vrienden (in den Here)!.*
be·lov·ed[2] [bɪ'lʌvɪd]⟨f3⟩⟨bn., attr.⟩⟨schr.⟩ **0.1** ***bemind*** ⇒*geliefd* ◆ **1.1** my ~ wife *mijn geliefde vrouw* **5.1** dearly ~ *teerbeminden.*
beloved[3] [bɪ'lʌvd]⟨bn., pred.⟩⟨schr.⟩ ◆ **6.**¶ ~ **by/of** *geliefd bij, bemind door.*
be·low[1] [bɪ'loʊ]⟨f3⟩⟨bw.⟩ **0.1** ⟨plaats⟩ ***beneden*** ⇒*eronder, onderaan, lager gelegen;* ⟨mbt. aarde tgo. hemel, en mbt. onderwereld tgo. aarde⟩ *hier beneden* **0.2** ⟨waardenschaal⟩ ***ondergeschikt*** ◆ **1.1** the footnote ~ *de voetnoot onderaan;* he saw the village ~ *hij zag het dorp in de diepte/beneden (zich)* **1.2** ⟨jur.⟩ the court ~ had ruled otherwise *het lagere gerechtshof had anders beslist* **3.1** be ~ *beneden zijn;* ⟨scheep.⟩ *benedendeks zijn;* go ~ *naar beneden gaan;* ⟨scheep.⟩ *naar onder/het benedendek gaan;* see ~ *zie verder* **4.2** officers and those ~ *officieren en ondergeschikten;* twenty ~ *20 graden onder nul* **5.1** **down** ~ *(naar) beneden, naar/in het ruim; in de hel; in het graf; op de zeebodem;* us, sinners, here ~ *ons, zondaars, hier beneden/op aarde;* way ~ *helemaal onderaan* **5.**¶ ⟨dram.⟩ **down** ~ *vooraan op het toneel.*
below[2] ⟨f3⟩⟨vz.⟩ **0.1** ⟨plaats⟩ ***onder*** ⇒*beneden, lager (gelegen) dan;* ⟨fig.⟩ *(verscholen/verborgen) achter* **0.2** ⟨rang of waarde⟩ ***ondergeschikt*** ⇒*lager/minder dan* **0.3** ⟨negatieve evaluatie⟩ ***beneden*** ⇒*onder, beneden de waardigheid van, te min* ◆ **1.1** Ghent lies ~ Antwerp *Gent ligt onder/ten zuiden van Antwerpen;* ~ grounds *ondergronds;* the truth ~ all these lies *de waarheid achter al deze leugens;* he went fishing ~ the locks *hij ging stroomafwaarts v.d. sluis vissen* **1.2** those ~ the general *de ondergeschikten v.d. generaal* **1.3** workmen were ~ Mrs Smith *arbeiders waren Mrs Smith te min.*
belt[1] [belt]⟨f3⟩⟨telb.zn.⟩ **0.1** ***gordel*** ⇒*(broek)riem, ceintuur, koppel, (draag)band, bandelier, veiligheidsgordel, kogelriem* **0.2** ***drijfriem*** ⇒*riem-zonder-einde* **0.3** ***(transport)band*** ⇒*lopende band* **0.4** ⟨vooral als 2de lid v.e. samenstelling⟩ ***zone*** ⇒*klimaatgordel, -band, -streek, -gebied* **0.5** ⟨sl.⟩ ***opduvel*** ⇒*opdoffer, oplawaai, baffer* **0.6** ⟨BE; sl.⟩ ***korte, snelle rit/race*** ⇒*spurt* **0.7** ⟨mil.⟩ ***pantsergordel*** ⟨beplating v. oorlogsschip op waterlijn⟩ **0.8** ⟨AE; inf.; honkbal⟩ ***(succesvolle) slag*** ⟨mep, lel⟩ ⇒*bit* **0.9** ⟨AE; sl.⟩ ***reefer*** ⇒*joint, stickie, (effect v.e.) marihuanasigaret* **0.10** ⟨AE; sl.⟩ ***slok (drank)*** ◆ **1.4** a ~ of cornfields *een gordel v. maïsvelden;* a ~ of low pressure *een zone v. lage (lucht)druk, een lagedrukgebied* **1.**¶ ~ and braces *dubbele veiligheidsmaatregelen;* wear a ~ and braces *geen risico's nemen* **2.1** ⟨budo⟩ black ~ *zwarte band* **2.4** black ~ *zwarte zone, negergebied, steenkoolgebied* **3.**¶ hit below the ~ *onder de gordel slaan/treffen;* tighten one's ~, ⟨AE ook⟩ pull one's ~ in *de buikriem aanhalen* **6.**¶ **under** one's ~ *achter zijn ribben/kiezen/knopen; in zijn bezit, binnen.*
belt[2] ⟨f2⟩⟨ww.⟩ →belted, belting
I ⟨onov.ww.⟩⟨sl.⟩ **0.1** ***racen*** ⇒*scheuren, snel rijden* ◆ **5.**¶ →belt **up;**
II ⟨ov.ww.⟩ **0.1** ***omgorden*** ⇒*aangorden* **0.2** ***een pak slaag/rammel geven met een riem*** ⇒*billekoek geven, over de knie leggen* **0.3** ***van een riem/gordel/band voorzien*** **0.4** ⟨sl.⟩ ***een opduvel/oplawaai/opdoffer geven*** **0.5** ⟨AE; sl.⟩ ***zuipen*** **0.6** ⟨vaak met out⟩⟨inf.⟩ ***brullen*** ◆ **5.1** he ~ed his sword **on** *hij gordde zijn zwaard aan* **5.6** ~ **out** *brullen, luid roepen, bulken, brallen* **5.**¶ ~ **out** a song *een lied uitbrullen/uitbulken;* →belt **up.**
bel·tane, beal·tine ['beltein, -tɪn]⟨eig.n.; vaak B-⟩ **0.1** ***meidag*** ⟨oude Sch. kalender⟩ **0.2** ***(Keltisch) meifeest.***
belt·ed ['beltɪd]⟨f1⟩⟨bn.; volt. deelw. v. belt⟩ **0.1** ***met riem*** ⇒*met ceintuur* **0.2** ***met (orde)band*** ⟨als onderscheidingsteken v. graven, bokskampioenen, judoka's enz.⟩ ◆ **1.1** a ~ coat *een jas met ceintuur* **1.2** ~ cattle *lakenvelders* ⟨rund met wit middenstuk⟩; a ~ earl *een graaf met ordeband.*
belt·ing ['beltɪŋ]⟨zn.; oorspr. gerund v. belt⟩
I ⟨telb.zn.⟩ **0.1** ***pak slaag (met een riem);***
II ⟨n.-telb.zn.⟩ **0.1** ***riemen*** ⇒*drijfriemen* **0.2** ***materiaal voor (drijf) riemen.***
'belt·line ⟨telb.zn.⟩⟨AE⟩ **0.1** ***ceintuurbaan*** ⇒*ringbaan* ⟨v.spoorweg⟩.
'belt·pul·ley ⟨telb.zn.⟩ **0.1** ***riemschijf.***
'belt-rail·way ⟨telb.zn.⟩⟨AE⟩ **0.1** ***ringspoorweg*** ⇒*ceintuur(spoorweg)baan.*
'belt-saw ⟨telb.zn.⟩ **0.1** ***lintzaag*** ⇒*bandzaag.*
'belt 'up ⟨ww.⟩
I ⟨onov.ww.⟩ **0.1** ***zijn veiligheidsgordel aandoen*** **0.2** ⟨sl.⟩ ***zijn waffel/bek houden*** ◆ **1.1** ~ for safety *veiligheidsgordels? vast en zeker!;*
II ⟨ov.ww.⟩ **0.1** ***omgorden*** ⇒*met een gordel/ceintuur sluiten.*
'belt-way ⟨f1⟩⟨telb.zn.⟩⟨AE⟩ **0.1** ***ring(weg)*** ⇒*randweg, verkeersring* ⟨rond stad⟩.
be·lu·ga, be·lou·ga [bɪ'lu:gə]⟨zn.⟩
I ⟨telb.zn.⟩⟨dierk.⟩ **0.1** ***(soort) witte steur*** ⟨Acipenser huso⟩ **0.2** ***witte dolfijn*** ⟨Delphinapterus leucas⟩;
II ⟨n.-telb.zn.⟩ **0.1** ***belugakaviaar.***
bel·ve·dere ['belvɪdɪə‖-dɪr]⟨telb.zn.⟩ **0.1** ***belvédère*** ⇒*uitzichttoren, uitzichtkoepel, (villa met) fraai uitzicht.*
BEM ⟨afk.⟩ British Empire Medal, bug-eyed monster.
be·ma ['bi:mə], ⟨soms⟩ **bi·ma(h)** [bi:mə]⟨telb.zn.; bemata ['bi:mətə]; →mv. 5⟩ **0.1** ⟨Griekse oudheid⟩ ***bema*** ⇒*spreekgestoelte* **0.2** ⟨Jud.⟩ ***bema*** ⇒*almemor* ⟨platform in synagoge⟩ **0.3** ⟨Orthodoxe kerk⟩ ***bema*** ⇒*heilige plaats voor het hoofdaltaar, heiligdom.*
be·mire [bɪ'maɪə‖-'maɪər]⟨ov.ww.⟩ **0.1** ***bemodderen*** ⇒*met modder bespatten;* ⟨in pass.⟩ *in de modder vastraken.*
be·moan [bɪ'moʊn]⟨ov.ww.⟩⟨schr.⟩ **0.1** ***bejammeren*** ⇒*beklagen, bewenen, weeklagen over.*
be·muse [bɪ'mju:z]⟨ov.ww.⟩ →bemused **0.1** ***verbijsteren*** ⇒*verwarren, verdwazen.*
be·mused [bɪ'mju:zd]⟨f1⟩⟨bn.; -ly; volt. deelw. v. bemuse⟩ **0.1** ***verbijsterd*** ⇒*verdwaasd* **0.2** ***verstrooid*** ⇒*in gedachten verzonken* ◆ **6.1** ~ **by/with** *verbijsterd/in de war gebracht door;* ~ **with** sleep *slaapdronken.*
ben [ben]⟨telb.zn.⟩⟨Sch. E⟩ **0.1** ***binnenkamer*** **0.2** ⟨in namen v. bergen⟩ ***berg*** ⇒*bergtop* ◆ **1.2** Ben Nevis *Ben Nevis, de Nevisberg.*
bench[1] [bentʃ]⟨f3⟩⟨zn.⟩
I ⟨telb.zn.⟩ **0.1** ***bank*** ⇒*zitbank* **0.2** ***roeibank*** ⇒*doft* **0.3** ⟨BE⟩ ***(parlements)zetel*** ⇒*bank* ⟨in het Lagerhuis⟩ **0.4** ***rechterstoel*** **0.5**

platform ⟨bij hondententoonstellingen⟩ **0.6** ***werkbank*** **0.7** ⟨sport⟩ ***reservebank*** ⇒*strafbank(je)* **0.8** ⟨vnl. geol.⟩ ***terras*** ⇒*harde laag;*
II ⟨n.-telb.zn.; the⟩ **0.1** ***rechtbank*** **0.2** ***rechter*** ⇒*rechtersambt;*
III ⟨verz.n.; the⟩ **0.1** ***rechtbank*** ⇒*de rechters* **0.2** ⟨sport⟩ ***de reservebank*** ⇒*de reservespelers* **0.3** ⟨soms B-⟩ ⟨ben. voor elk collectief v. gezagsdragers⟩ ***de (zittende) magistratuur*** ⇒*de bisschoppen* ⟨enz.⟩ ◆ **3.¶** be raised to the ~ *tot rechter / bisschop benoemd worden* **6.¶** be **on** the ~ *rechter zijn, bij de rechterlijke macht / de zittende magistratuur zijn* ⟨AE; sport⟩ *(vaste) reserve zijn.*

bench[2] ⟨ov.ww.⟩ **0.1** ***van banken voorzien*** **0.2** ***aanstellen tot rechter*** **0.3** ***tentoonstellen*** ⇒*doen deelnemen aan een (honden)tentoonstelling* **0.4** ⟨AE; sport⟩ ***als reserve opstellen*** **0.5** ⟨inf.; sport⟩ ***naar de kant halen*** ⇒*v.h. veld halen.*

bench·er ['bentʃə‖-ər] ⟨telb.zn.⟩ ⟨BE⟩ **0.1** ***bestuurslid*** ⟨van een v.d. Inns of Court, een soort orde van juristen⟩ **0.2** ***lanterfanter*** ⇒*baliekluiver.*

'bench hook ⟨telb.zn.⟩ **0.1** ***klamp*** ⟨op werkbank⟩.

'bench-mark ⟨telb.zn.; ook attr.⟩ **0.1** ⟨ook comp.⟩ ***criterium*** ⇒*standaard, maatstaf* **0.2** ⟨geol., landmeetk.⟩ ***vast punt*** ⇒*referentiepunt* ◆ **1.1** a ~ price *een standaardprijs.*

'bench press ⟨telb.zn.⟩ ⟨krachtsport⟩ **0.1** ***bankdrukken*** ⟨halter uitdrukken liggend op een bank⟩ ◆ **7.1** ten ~es *tienmaal bankdrukken.*

'bench seat ⟨telb.zn.⟩ **0.1** ***autobank*** ⟨uit één stuk, over de hele breedte v.d. wagen⟩.

'bench show ⟨telb.zn.⟩ **0.1** ***dierententoonstelling*** ⇒⟨vnl.⟩ *hondenshow.*

'bench-table ⟨telb.zn.⟩ **0.1** ***stenen bank*** ⟨langs een muur, rond een zuil⟩.

'bench test ⟨telb.zn.⟩ **0.1** ***testbankproef.***

'bench-vice ⟨telb.zn.⟩ **0.1** ***bankschroef.***

'bench warmer ⟨telb.zn.⟩ ⟨AE; sl.; sport⟩ **0.1** ***vaste reserve*** ⇒*bankzitter.*

'bench-war·rant ⟨telb.zn.⟩ ⟨jur.⟩ **0.1** ***bevel tot aanhouding*** ⟨uitgaande v.e. hogere rechtbank⟩.

bend[1] [bend] ⟨f3⟩ ⟨zn.⟩
I ⟨telb.zn.⟩ **0.1** ***buiging*** ⇒*kromming, knik, knie* **0.2** ***bocht*** ⇒*draai;* ⟨sport ook⟩ *laatste bocht* **0.3** ⟨scheep.⟩ ***knoop*** **0.4** ⟨wapenkunde⟩ ***band*** ⇒*(schuin)balk* **0.5** ⟨sl.⟩ ***fuif*** ⇒*feestje / boemelpartij* ◆ **2.2** a sharp ~ in the road *een scherpe bocht in de weg* **2.4** ~ sinister *linkerschuinbalk* ⟨soms als teken v. bastaardij beschouwd⟩ **3.5** go on a ~ *de bloemetjes (gaan) buitenzetten* **6.¶** (go) **(a)round** the ~ *knettergek, kierewiet (worden);* the noise drove me **round** the ~ *het lawaai maakte me horendol;*
II ⟨mv.; ~s; the; ww. vaak enk.⟩ ⟨inf.⟩ **0.1** ***caissonziekte.***

bend[2] ⟨f3⟩ ⟨ww.; bent, bent [bent]⟩ →bended, bent
I ⟨onov.ww.⟩ **0.1** ***buigen*** ⇒*krommen, zwenken, neigen* **0.2** ***(zich) buigen*** ⇒*zich onderwerpen, wijken, zich plooien* ◆ **1.1** plastic ~s easily *plastic buigt gemakkelijk / laat zich gemakkelijk buigen* **5.1** ~ **down** *vooroverbuigen;* the road ~s (to the) left *de weg buigt naar links* **5.2** he doesn't ~ easily *hij is weinig plooibaar / geeft niet gemakkelijk toe* **5.¶** ~ **over** backwards *zich dubbel vouwen, zich tot het uiterste inspannen* **6.1** they bent **before / to** the king *zij bogen voor de koning;* she always ~s **to(wards)** her own tastes *ze volgt steeds haar eigen smaak* **6.2** ~ **before / to** s.o.'s power *zich aan iemands macht onderwerpen, voor iemands macht buigen / wijken;*
II ⟨ov.ww.⟩ **0.1** ***spannen*** **0.2** ***buigen*** ⇒*krommen, verbuigen* **0.3** ***onderwerpen*** ⇒*(doen) buigen, plooien* **0.4** ***richten*** ⇒*doen overhellen, concentreren* **0.5** ⟨scheep.⟩ ***aanslaan*** ⟨v. zeilen⟩ ⇒*vastmaken, vastknopen* ⟨v. lijnen en vallen⟩ **0.6** ⟨voetbal⟩ ***effect geven (aan)*** ⟨bal⟩ **0.7** ⟨sl.; autosport⟩ ***opblazen*** ⟨motor of auto⟩ ⇒*de vernieling in rijden* ◆ **1.1** ~ a bow *een boog (op)spannen* **1.2** ~ one's brows *zijn wenkbrauwen fronsen / optrekken;* he accidentally bent the can opener *per ongeluk verboog hij de blikopener;* ⟨fig.⟩ ~ the rules *de regels toepassen zoals het 't beste uitkomt / vrij interpreteren / verkrachten;* ⟨ong.⟩ *een loopje met de wet nemen* **1.4** ~ all one's efforts to / on saving the firm *al zijn krachten bundelen om de zaak te redden;* all eyes were bent on her *aller ogen waren op haar gericht;* ~ one's eyes to sth. *zijn ogen op iets richten;* ~ one's mind to a problem *zijn aandacht op een probleem richten, zich op een probleem concentreren;* ~ one's steps *van het (voorgenomen) pad afwijken;* ~ one's steps to *zijn schreden richten naar* **1.5** ~ the sail *het zeil aanslaan* **4.3** I cannot bend him *ik kan hem niet temmen / op mijn lijn krijgen / naar mijn hand zetten* **5.2** bend **down / up** *naar beneden / boven buigen;* his back was bent **down** with age *zijn rug was door ouderdom gekromd* **6.3** ~ s.o. **to** one's will *iem. naar zijn hand zetten, iem. zijn wil opdringen.*

bend·ed ['bendɨd] ⟨f1⟩ ⟨bn., attr.; vero. volt. deelw. v. bend⟩ **0.1** ***gebogen*** ◆ **1.1** ⟨schr.⟩ on ~ knees *op zijn blote knieën.*

bend·er ['bendə‖-ər] ⟨telb.zn.⟩ **0.1** ***buiger*** ⇒*iem. die / iets dat buigt;* ⟨tech.⟩ *buigtang* **0.2** ⟨sl.⟩ ***fuif*** ⇒*boemelpartij; doorzakfeestje* **0.3** ⟨BE; inf.⟩ ***homo*** **0.4** ⟨AE; sl.⟩ ***gestolen auto*** ◆ **6.2** **on** a ~ *aan de boemel.*

bend·y ['bendi] ⟨bn.; -er; →compar. 7⟩ **0.1** ⟨inf.⟩ ***buigzaam*** **0.2** ***bochtig.***

be·neath[1] [bɪ'ni:θ] ⟨f1⟩ ⟨bw.⟩ **0.1** ⟨plaats, vnl. overdekt of bedekt⟩ ***eronder*** ⇒*daaronder, onderaan* **0.2** ⟨waardenschaal⟩ ***ondergeschikt*** ⇒*eronder* ◆ **1.1** a mat with tiles ~ *een mat met tegels eronder* **4.2** those above and ~ *meerderen en ondergeschikten.*

beneath[2], ⟨gew. of schr. ook⟩ **neath** [ni:θ] ⟨f3⟩ ⟨vz.⟩ **0.1** ⟨plaats⟩ ***onder*** ⇒*beneden, lager dan, aan de voet van* **0.2** ⟨verborgen of bedekt⟩ ***achter*** ⇒*verborgen achter* **0.3** ⟨beïnvloeding⟩ ***onder*** ⇒*onder de invloed van, onder het juk / het gewicht van, in de macht van* **0.4** ⟨rang⟩ ***ondergeschikt aan*** ⇒*onder, beneden* **0.5** ⟨negatieve evaluatie⟩ ***beneden*** ⇒*onder, beneden de waardigheid van, te min* ◆ **1.1** ~ the horizon *achter de horizon* **1.2** the deceit ~ his smile *het bedrog dat hij achter zijn glimlach verbergt* **1.3** bent ~ his burden *onder zijn last gebukt* **1.4** manual labour was ~ Mr Smith *handenarbeid was Mr Smith te min* **1.5** marry ~ one's station *onder zijn stand trouwen;* work ~ one's capacity *werk beneden zijn bekwaamheid* **4.4** the director and those ~ him *de directeur en zijn ondergeschikten.*

be·ne·di·ci·te ['benɪ'daɪsəti‖-'dɪsəṭi] ⟨telb.zn.⟩ ⟨relig.⟩ **0.1** ⟨B~⟩ ***Benedicite*** ⟨danklied⟩ **0.2** ***zegenbede*** ⇒*gebed voor het eten, dankzegging* ◆ **¶.¶** ~! *God zegene u!.*

ben·e·dick ['benɪdɪk], ⟨AE meestal⟩ **be·ne·dict** ['benɪdɪkt] ⟨telb.zn.; vaak B~⟩ **0.1** ***nieuwbakken echtgenoot*** ⇒⟨vnl.⟩ *bekeerde oude vrijgezel* ⟨naar Benedick, in Shakespeares Much Ado About Nothing⟩.

ben·e·dic·tine ['benɪ'dɪkti:n] ⟨n.-telb.zn.; vaak B-⟩ **0.1** ***benedictine*** ⟨likeur⟩.

Ben·e·dic·tine[1] ['benɪ'dɪktɪn] ⟨telb.zn.⟩ ⟨rel.⟩ **0.1** ***benedictijn / tines.***

Benedictine[2] ⟨bn.⟩ **0.1** ***benedictijns*** ⇒*benedictijner.*

ben·e·dic·tion ['benɪ'dɪkʃn] ⟨f1⟩ ⟨telb.zn.⟩ ⟨relig.⟩ **0.1** ***benedictie*** ⇒*zegening* ◆ **1.1** ⟨R.-K.⟩ ~ of the Blessed Sacrament *Benedictie met het Allerheiligste / met het Heilig Sacrament.*

ben·e·dic·to·ry ['benə'dɪktəri] ⟨bn.⟩ **0.1** ***zegenend*** ⇒*zegen-, zegenings-.*

Ben·e·dic·tus ['benɪ'dɪktəs] ⟨eig.n.; the⟩ ⟨relig.⟩ **0.1** ***Benedictus*** ⟨tweede deel v.h. Sanctus in de R.-K. mis⟩ **0.2** ***Benedictus*** ⟨loflied, Luc. 1:68 - 79⟩.

ben·e·fac·tion ['benɪ'fækʃn] ⟨zn.⟩
I ⟨telb.zn.⟩ **0.1** ***goed werk*** ⇒*goede daad, weldaad* **0.2** ***schenking;***
II ⟨n.-telb.zn.⟩ **0.1** ***het goed doen*** ⇒*liefdadigheid.*

ben·e·fac·tor ['benɪfæktə‖-ər] ⟨f1⟩ ⟨telb.zn.⟩ **0.1** ***weldoener.***

ben·e·fac·tress ['benɪfæktrɪs] ⟨telb.zn.⟩ **0.1** ***weldoenster.***

be·ne·fic [bɪ'nefɪk] ⟨bn.⟩ **0.1** ***weldoend*** ⇒*heilzaam.*

ben·e·fice ['benɪfɪs] ⟨telb.zn.⟩ **0.1** ***beneficie*** ⇒*beneficium, prebende* **0.2** ⟨gesch.⟩ ***leengoed.***

ben·e·ficed ['benɪfɪst] ⟨bn.⟩ **0.1** ***met een beneficie*** ⇒*beneficiair* ◆ **1.1** a ~ clergyman *een beneficiarus.*

be·nef·i·cence [bɪ'nefɪsns] ⟨zn.⟩
I ⟨telb.zn.⟩ **0.1** ***goed werk*** ⇒*goede daad, weldaad* **0.2** ***schenking;***
II ⟨telb. en n.-telb.zn.⟩ **0.1** ***liefdadigheid*** ⇒*weldadigheid.*

be·nef·i·cent [bɪ'nefɪsnt] ⟨bn.; -ly⟩ **0.1** ***liefdadig*** ⇒*goeddoend, weldadig, weldoend.*

ben·e·fi·cial ['benɪ'fɪʃl] ⟨f2⟩ ⟨bn.; -ly⟩ **0.1** ***voordelig*** ⇒*nuttig, heilzaam, weldoend, bevorderlijk* **0.2** ⟨jur.⟩ ***vruchtgebruik genietend*** ⇒*vruchtgenot hebbend* ◆ **1.1** ~ ownership *vruchtgebruik.*

ben·e·fi·cia·ry ['benɪ'fɪʃəri‖-'fɪʃieri] ⟨f1⟩ ⟨telb.zn.; →mv. 2⟩ **0.1** ***beneficiarus*** ⇒*beneficiant* **0.2** ***begunstigde*** **0.3** ⟨gesch.⟩ ***leenman*** **0.4** ⟨jur.⟩ ***vruchtgebruiker.***

ben·e·fi·ci·a·tion ['benɪfɪʃi'eɪʃn] ⟨n.-telb.zn.⟩ ⟨tech.⟩ **0.1** ***ertsvoorbereiding*** ⟨v. ertsen⟩.

ben·e·fit[1] ['benɪfɪt] ⟨f3⟩ ⟨zn.⟩
I ⟨telb.zn.⟩ **0.1** ***benefiet*** ⇒*liefdadigheidsvoorstelling, benefiet-* **0.2** ⟨vero.⟩ ***goede daad*** ⇒*goed werk, weldaad;*
II ⟨telb. en n.-telb.zn.⟩ **0.1** ***voordeel*** ⇒*profijt, hulp, nut, genot* **0.2** ***uitkering*** ⇒*steun(geld)* ◆ **1.1** give s.o. the ~ of the doubt *iem. het voordeel v.d. twijfel geven;* ~s in kind *voordelen in natura* **3.1** derive ~ from sth. *voordeel uit iets halen* **6.1** **for** the ~ **of** *ten voordele van;* ⟨vaak scherts.⟩ *tot stichting / ,,ter leeringhe" van;*
III ⟨n.-telb.zn.⟩ **0.1** ⟨vero.⟩ ⟨gesch.⟩ ***privilegie*** ⇒*vrijheden* **0.2** ⟨AE⟩ ***belastingvermindering*** ◆ **1.1** ~ of clergy ⟨gesch.⟩ *beneficium / privilegium clericale, de vrijheden v.d. clerus;* ⟨scherts.; euf.⟩ *kerkelijke goedkeuring;* they are living together without ~ of clergy *zij zijn over de puthaak getrouwd, ze wonen samen (zonder voor de kerk / officieel getrouwd te zijn), ze leven zonder boterbriefje.*

benefit[2] ⟨f2⟩ ⟨ww.; ook benefitted, benefitting; →ww. 7⟩
I ⟨onov.ww.⟩ **0.1** ***voordeel halen*** ⇒*baat vinden* ◆ **6.1** no-one will ~ **from/by** his death *niemand wordt beter van zijn dood;*
II ⟨ov.ww.⟩ **0.1** ***ten goede komen aan*** ⇒*goed doen voor/aan, nuttig zijn voor, bevorderlijk zijn voor.*

'benefit association ⟨telb.zn.⟩ ⟨AE⟩ **0.1** ***vereniging tot onderling hulpbetoon*** ⇒*steunfonds, pensioenfonds, ziekenfonds.*

'benefit club, 'benefit society ⟨telb.zn.⟩ **0.1** ***vereniging tot onderling hulpbetoon*** ⇒*steunfonds, pensioenfonds, ziekenfonds.*

'benefit concert ⟨f1⟩ ⟨telb.zn.⟩ **0.1** ***liefdadigheidsconcert*** ⇒*benefietconcert.*

'benefit match ⟨f1⟩ ⟨telb.zn.⟩ **0.1** ***benefietwedstrijd.***

'benefit performance ⟨f1⟩ ⟨telb.zn.⟩ **0.1** ***benefietvoorstelling*** ⇒*liefdadigheidsoptreden.*

'benefit shop →welfare shop.

'benefit society ⟨telb.zn.⟩ ⟨AE⟩ **0.1** ***vereniging voor onderlinge bijstand*** ⟨bij ziekte e.d.⟩.

be·nev·o·lence [bɪ̣'nevələns] ⟨f1⟩ ⟨n.-telb.zn.⟩ **0.1** ***liefdadigheid*** ⇒*welwillendheid, vrijgevigheid, goedheid* **0.2** ***gunst*** **0.3** ⟨gesch.⟩ ***bede.***

be·nev·o·lent [bɪ̣'nevələnt] ⟨f1⟩ ⟨bn.; -ly⟩ **0.1** ***welwillend*** ⇒*goedgunstig, goedgezind* **0.2** ***liefdadig*** ⇒*weldadig, vrijgevig.*

be'nevolent fund ⟨telb.zn.⟩ **0.1** ***liefdadigheidsfonds*** ⇒*steunfonds.*

B Eng ⟨afk.⟩ Bachelor of Engineering.

Ben·gal[1] ['beŋ'gɔ:l] ⟨eig.n.⟩ **0.1** ***Bengalen.***

Bengal[2] ⟨f1⟩ ⟨bn.⟩ **0.1** ***Bengaals*** ◆ **1.1** ~ light *Bengaals vuur;* ⟨dierk.⟩ ~ tiger *Bengaalse tijger, koningstijger* ⟨Felis tigris⟩.

be·night·ed [bɪ'naɪtɪ̣d] ⟨bn.; -ly; -ness⟩ **0.1** ⟨vero.⟩ ***door de nacht verrast*** **0.2** ⟨schr.⟩ ***onverlicht*** ⇒*achterlijk, onwetend.*

be·nign [bɪ'naɪn] ⟨f1⟩ ⟨bn.; -ly⟩ **0.1** ***minzaam*** ⇒*welwillend, vriendelijk* **0.2** ***zacht*** ⇒*gunstig* **0.3** ⟨med.⟩ ***goedaardig*** ⟨gezwel, bv.⟩ ◆ **1.1** a ~ power *een bevriende mogendheid* **1.2** a ~ climate *een zacht/heilzaam klimaat.*

be·nig·nan·cy [bɪ'nɪgnənsi] ⟨telb. en n.-telb.zn.⟩ **0.1** ***minzaamheid*** ⇒*beminnelijkheid, tegemoetkomendheid.*

be·nig·nant [bɪ'nɪgnənt] ⟨bn.; -ly⟩ **0.1** ***minzaam*** ⇒*beminnelijk, welwillend, tegemoetkomend* **0.2** ***heilzaam*** **0.3** ⟨med.⟩ ***goedaardig.***

be·nig·ni·ty [bɪ'nɪgnətɪ̣] ⟨zn.; →mv. 2⟩
I ⟨telb.zn.⟩ **0.1** ***minzaam gebaar*** ⇒*gunst, gebaar v. welwillendheid;*
II ⟨n.-telb.zn.⟩ **0.1** ***minzaamheid*** ⇒*welwillendheid, vriendelijkheid* **0.2** ***zachtheid*** **0.3** ⟨med.⟩ ***goedaardigheid.***

ben·i·son ['benɪ̣zn] ⟨telb.zn.⟩ ⟨vero.⟩ **0.1** ***zegen*** ⇒*zegening.*

ben·ja·min ['bendʒəmɪ̣n] ⟨zn.⟩
I ⟨eig.n., telb.zn.; B-⟩ **0.1** ***Benjamin*** ⇒*jongste kind, troetelkind;*
II ⟨telb.zn.⟩ ⟨sl.⟩ **0.1** ***overjas;***
III ⟨n.-telb.zn.⟩ **0.1** ***benzoë*** ⟨gom v.d. benzoëboom⟩.

'benjamin tree ⟨telb.zn.⟩ ⟨plantk.⟩ **0.1** ***benzoëboom*** ⟨Styrax benzoën⟩.

ben·ne, ben·ni, be·ne ['beni] ⟨n.-telb.zn.⟩ ⟨plantk.⟩ **0.1** ***sesam*** ⟨Sesamum indicum⟩ ⇒*sesamzaad.*

ben·net ['benɪ̣t] ⟨n.-telb.zn.⟩ ⟨plantk.⟩ **0.1** ***nagelkruid*** ⇒*benedictuskruid* ⟨Genus urbanus⟩.

ben·ny ['beni] ⟨zn.⟩
I ⟨eig.n.; B-⟩ **0.1** ***Benny;***
II ⟨telb.zn.; →mv. 2⟩ **0.1** ⟨sl.⟩ ***overjas*** **0.2** ⟨AE; sl.⟩ ***peppil*** ⇒*speed, pep, dope* ⟨benzedrinetabletten⟩.

bent[1] [bent], ⟨in bet. II 0.1 ook⟩ **bent grass** ⟨f1⟩ ⟨zn.⟩
I ⟨telb.zn.⟩ **0.1** ⟨zelden mv.⟩ ***neiging*** ⇒*aanleg, voorliefde, instelling* **0.2** ***bloemstengel v. stijvere grassoorten*** ⇒*pijpestrootje* ◆ **2.1** a strong mathematical ~ *een sterk wiskundige aard* **3.1** follow one's ~ *z'n voorliefde volgen* **6.1** have a ~ **for** sth. *aanleg/een zwak hebben voor iets;*
II ⟨n.-telb.zn.⟩ **0.1** ***struisgras*** ⟨Agrostis⟩ ⇒⟨i.h.b.⟩ *gewoon struisgras* ⟨Agrostis tenuis⟩.

bent[2] ⟨f1⟩ ⟨bn.; ⟨oorspr.⟩ volt. deelw. v. bend⟩
I ⟨bn.⟩ **0.1** ***afwijkend*** ⇒*krom, vals, illegaal* **0.2** ⟨BE; sl.⟩ ***gestolen*** ⇒*achterovergedrukt* **0.3** ⟨BE; sl.⟩ ***omkoopbaar*** **0.4** ⟨BE; sl.⟩ ***mesjogge*** ⇒*excentriek, gek* **0.5** ⟨BE; sl.⟩ ***pervers*** ⇒*verdorven* **0.6** ⟨BE; sl.⟩ ***verkeerd*** ⟨homoseksueel⟩ ⇒*miëus, nichterig, van de verkeerde kant* **0.7** ⟨AE⟩ ***(stom)dronken*** ⇒*lazarus* **0.8** ⟨AE⟩ ***straatarm*** ⇒*aan de grond;*
II ⟨bn., pred.⟩ **0.1** ***vastbesloten*** ◆ **6.1** ~ **on** *uit op;* ~ **on** his work *geconcentreerd bezig met zijn werk.*

bent[3] ⟨verl. t. en volt. deelw.⟩ →bend.

Ben·tham·ism ['benθəmɪzm] ⟨n.-telb.zn.⟩ **0.1** ***benthamisme*** ⇒*utilitarisme* ⟨filosofie v.h. grootste geluk voor het grootste aantal, naar de Eng. filosoof J. Bentham⟩.

Ben·tham·ite ['benθəmaɪt] ⟨telb.zn.⟩ **0.1** ***benthamist*** ⇒*utilitarist, aanhanger v.h. benthamisme.*

ben·thic ['benθɪk], **ben·thal** [-θl] ⟨bn., attr.⟩ ⟨biol.⟩ **0.1** ***benthaal*** ⇒*v.d. zeebodem.*

ben·thos ['benθɒs], **ben·thon** [-θɒn] ⟨n.-telb.zn.⟩ ⟨biol.⟩ **0.1** ***benthos*** ⇒*fauna en flora v.d. zeebodem* **0.2** ***zeebodem.***

ben·ton·ite ['bentənaɪt‖'bentnaɪt] ⟨n.-telb.zn.⟩ **0.1** ***bentoniet*** ⇒*kleigesteente* ⟨naar fort Benton in Montana⟩.

'bent·wood ⟨n.-telb.zn.⟩ **0.1** ***buighout*** ◆ **1.1** a ~ chair *een stoel v. gebogen hout, een Wener stoeltje, een Thonetstoel.*

be·numb [bɪ'nʌm] ⟨f1⟩ ⟨ov.ww.⟩ **0.1** ***gevoelloos maken*** ⇒*doen verstijven, verkleumen* **0.2** ⟨vnl. pass.⟩ ***suf maken*** ⇒*verlammen* ◆ **6.1** ~ed **with** cold *stijf van de kou.*

Ben·ze·drine ['benzɪ̣dri:n] ⟨n.-telb.zn.⟩ ⟨vaak merknaam⟩ **0.1** ***benzedrine*** ⇒*amfetamine.*

ben·zene ['benzi:n, ben'zi:n] ⟨n.-telb.zn.⟩ **0.1** ***benzeen*** ⇒*benzol.*

'benzene 'ring ⟨telb.zn.⟩ ⟨schei.⟩ **0.1** ***benzeenring*** ⇒*benzeenketen* ⟨arrangement v. 6 koolstofatomen in een benzeenmolecule⟩.

ben·zine ['benzi:n, ben'zi:n] ⟨n.-telb.zn.⟩ **0.1** ***benzine*** ⟨vnl. als reinigingsmiddel⟩ ⇒*wasbenzine.*

ben·zoin ['benzouɪn, 'benzɔɪn] ⟨zn.⟩
I ⟨telb.zn.⟩ ⟨plantk.⟩ **0.1** ***benzoëboom*** ⟨Styrax benzoin⟩;
II ⟨n.-telb.zn.⟩ **0.1** ***benzoë*** ⇒*reukhars* **0.2** ⟨schei.⟩ ***benzoïen*** ⇒*benzoylfenylmethanol.*

ben·zol, ben·zole ['benzɒl‖-zoul] ⟨n.-telb.zn.⟩ **0.1** ***benzol*** ⇒*benzeen.*

be 'off ⟨f3⟩ ⟨onov.ww.⟩ **0.1** ***gevallen zijn*** **0.2** ⟨inf.⟩ ***ervandoorzijn/gaan*** ⟨ook fig.⟩ ⇒*vertrekken, wegzijn/wezen;* ⟨sport⟩ *starten, weg zijn; beginnen* ⟨i.h.b. te praten⟩ **0.3** ***verwijderd zijn*** ⟨ook fig.⟩ **0.4** ***afgelast zijn*** ⇒*niet doorgaan* **0.5** ⟨inf.⟩ ***niet in orde zijn*** ⇒*de kluts kwijt zijn, niet goed snik zijn* ⟨v. pers.⟩; *bedorven zijn* ⟨v. voedsel⟩ **0.6** ***afgesloten zijn*** ⟨v. water, gas, elektriciteit⟩ **0.7** ⟨inf.⟩ ***afgelopen zijn*** ⇒*klaar/v.d. baan zijn* **0.8** ***er niet meer zijn*** ⇒*op zijn* ⟨v. gerecht in restaurant⟩ ◆ **1.1** John's managed the hurdle, but Chris is off *John is over de horde, maar Chris is (v. zijn paard) gevallen* **1.2** when he saw Sue, John was off *toen hij Sue zag, nam John de benen* **1.3** Easter was two weeks off *het was nog twee weken vóór Pasen;* his guess was far off *hij sloeg de bal helemaal mis* **1.4** the party's off *het feestje gaat niet door* **1.5** the milk is off *de melk is (een beetje) zuur* **4.2** ⟨sport⟩ and they're off! *en weg zijn ze!* **4.7** that's off *voor mekaar, klaar is kees* **5.¶** ⟨inf.⟩ be badly off *in de rats zitten, er slecht voorstaan;* be better/worse off *er/beter/slechter aan toe zijn;* 'How are you off for food?' 'Well, we are well off for food, but we are badly off for water' *'Hoeveel voedsel heb je (nog)?' 'Wel, we hebben genoeg voedsel, maar we hebben gebrek aan (goed) water'* **6.2** ~ **to** a bad start *slecht v. start gaan;* ~ **with** you *maak dat je wegkomt, scheer je weg;* he's off again **on** his favourite subject *daar begint-ie weer over z'n geliefkoosd onderwerp* **¶.2** ~! *scheer je weg!.*

be 'on[1] ⟨f3⟩ ⟨onov.ww.⟩ **0.1** ***aan (de gang) zijn*** ⇒*aan staan* **0.2** ***bezig zijn*** ⇒*aan de beurt zijn, dienst hebben;* ⟨inf.⟩ *meedoen;* ⟨honkbal⟩ *aan bat/slag zijn* **0.3** ***gevorderd zijn*** **0.4** ***doorgaan*** ⇒*gehandhaafd worden* **0.5** ⟨alleen met ontkenning⟩ ⟨inf.⟩ ***gepermitteerd zijn*** **0.6** ***op het toneel staan*** ⇒*spelen* ⟨v. acteur⟩ **0.7** ***op het programma staan*** ⇒*gegeven/vertoond/opgevoerd worden, op de radio/t.v. zijn* **0.8** ⟨jur.⟩ ***behandeld worden*** ⟨v. rechtszaak⟩ **0.9** ⟨sl.⟩ ***tipsy zijn*** ⇒*'m om hebben* ◆ **1.1** the kettle's on *de ketel staat op het vuur;* the light's still on *het licht is nog aan/brandt nog;* the match is on *de wedstrijd is bezig;* there's a heavy sea on *er staat een zware zee;* the water's on again *er is weer water* **1.3** the project is well on *het project vordert goed* **4.2** 'I want to put five pound on Little Red Riding Hood' 'Right, Sir, you are on' *'Ik wil vijf pond zetten op Roodkapje' 'Voor mekaar/U staat genoteerd, meneer'* ⟨bij weddingschap; eigenlijk 'u doet mee'⟩ **4.5** go to a disco in tails? that's not on! *naar een disco gaan in rok? dat doe je niet/dat kan niet (door de beugel)* **5.3** it was well on into the night *het was al diep in de nacht* **6.1** ~ **with** sth. new *met iets nieuws bezig zijn, iets nieuws aan de hand hebben* **6.3** be well on **in(to)** her eighties *al een heel eind/diep in de tachtig zijn* **6.7** what's on **at** the Plaza tonight? *wat draaien ze vanavond in de Plaza?* **6.¶** ⟨inf.⟩ ~ **about** sth. ⟨alg.⟩ *het hebben over iets;* ⟨pej.⟩ *altijd maar zeuren over iets;* what's he on **about** now? *waar heeft-ie het nu weer over?;* ⟨inf.⟩ ~ **at/to** s.o. *iem. aan z'n kop zeuren, altijd wat aan te merken hebben over, altijd schelden op;* ⟨inf.⟩ ~ **to** s.o. *even/eens praten met iem.; weten wat voor vlees men in de kuip heeft;* I've just been on **to** the boss **about** your salary *ik heb het net met de baas over je salaris gehad;* ⟨inf.⟩ ~ **to** sth. *iets in de gaten/door hebben, iets op het spoor zijn.*

be on[2] [⟨onder 4.¶⟩ -'-] ⟨onov.ww.⟩ **0.1** ***verwed zijn op*** **0.2** ⟨inf.⟩ ***op kosten zijn van*** ⇒*betaald worden door* ⟨bij het geven v.e. rondje⟩ ◆ **1.1** my shirt was on Golden Wonder *ik had mijn hemd/laatste cent verwed op Golden Wonder* **1.2** the drinks are on John *John trakteert* **4.¶** Christmas will soon be (up)on us *het zal gauw kerstmis zijn, het is eerder kerstmis dan je denkt, het zal kerstmis zijn voor we het in de gaten hebben.*

be 'out ⟨f3⟩⟨onov.ww.⟩ **0.1** ***(er)uit/buiten zijn*** ⇒*weg zijn, er niet (meer) zijn* **0.2** ⟨inf.⟩ ***uit/voorbij zijn*** **0.3** ***uit(gedoofd) zijn*** ⟨v. licht, bv.⟩ **0.4** ***openbaar (gemaakt) zijn*** ⇒*gepubliceerd/verschenen zijn, aangekondigd zijn* **0.5** ⟨inf.⟩ ***uit de mode zijn*** ⇒*niet meer in zijn* **0.6** ⟨inf.⟩ ***onmogelijk zijn*** ⇒*niet in aanmerking komen, niet gepermitteerd zijn* **0.7** ⟨met bijwoordelijke bep.⟩⟨BE⟩ ***ernaast zitten*** ⇒*verkeerd geschat/geraden hebben* **0.8** ***in staking zijn*** **0.9** ⟨sl.⟩ ***uitgeteld zijn/liggen*** ⇒*liggen te pitten* **0.10** ⟨inf.⟩ ***vrijgelaten zijn*** ⇒*op vrije voeten gesteld zijn* ⟨v. gevangene⟩ **0.11** ***laag zijn*** ⟨v. getij⟩ **0.12** ⟨cricket, honkbal⟩ ***uit zijn*** **0.13** ⟨pol.⟩ ***niet (meer) aan de macht zijn*** **0.14** ⟨ster.⟩ ***zichtbaar zijn*** **0.15** ⟨plantk.⟩ ***in bloei staan*** ◆ **1.1** that book is always out *dat boek is altijd uitgeleend;* his car is out *zijn auto is weg/staat er niet;* the chickens are out *de kuikens zijn uit het ei gekropen;* the jury were out for two hours *de juryleden beraadslaagden (buiten de rechtszaal) gedurende twee uur;* that stain is out *die vlek is eruit* **1.2** before the year is out *voor het jaar voorbij/om is* **1.4** the book will ~ in March *het boek komt in maart uit/verschijnt in maart;* the invitations are out *de uitnodigingen zijn verstuurd;* the results are out *de resultaten zijn bekend;* the secret is out *het geheim is uitgelekt* **1.6** rough games are out! *geen ruwe spelletjes!;* dirty tricks are out *gesjoemel kunnen we niet hebben* **1.7** his forecast was well out *zijn voorspelling was er helemaal naast/sloeg de plank helemaal mis* **1.8** the miners are out *de mijnwerkers zijn in staking* **1.9** one hook and Ali was out *één hoekslag en Ali was uitgeteld* **1.10** Chuck's out on bail *Chuck is vrij op borgtocht* **1.11** the tide is out *het is laag tij/eb* **1.13** the Tories are out *de Tories zijn niet (meer) aan de macht/liggen eruit/zijn in de oppositie* **1.14** all planets were out *alle planeten waren zichtbaar/stonden aan de hemel* **1.¶** is the Jones girl out yet? *heeft het meisje v. Jones haar debuut al gemaakt?;* there's a fierce wind out *er waait een verschrikkelijke wind* **3.¶** ⟨inf.⟩ ~ to do sth. *v. plan zijn iets te doen, het in z'n hoofd gehaald hebben iets te doen* **4.1** ⟨inf.⟩ one more word and you are out! *nog één woord en je vliegt eruit!* **6.1** they are out **at** the theatre *ze zijn naar de schouwburg;* we are barely 20 miles out **from** base *we zijn nauwelijks twintig mijl v. onze basis verwijderd* **6.7** you are out **in** your calculations *er zit een fout in je berekeningen* **6.¶** ~ **by** twenty pounds *twintig pond te weinig hebben, twintig pond armer zijn, er twintig pond bij inschieten;* ⟨inf.⟩ ~ **for** sth. *uit/tuk zijn op iets;* he is out **for** the Senate *hij is kandidaat voor de senaat;* ~ **for** o.s. *zijn eigen belangen dienen;* →be out of; ⟨inf.⟩ ~ **with** s.o. *met iem. overhoop liggen.*

be 'out of ⟨f2⟩⟨onov.ww.⟩ **0.1** ***uit/buiten zijn*** **0.2** ***zonder zijn/zitten*** ◆ **1.1** we are out of range *we zijn buiten bereik;* she is out of sight *ze is uit het zicht* **1.2** he's out of a job/petrol *hij heeft geen werk/benzine (meer)* **4.1** ~ it *er niet bijhoren, erbuiten staan* **4.¶** ~ it *de kluts kwijt zijn, zich niet op zijn gemak voelen;* ⟨inf.⟩ you're well out of that *dan ben je aardig/mooi ontsnapt, daar ben je mooi vanaf gekomen.*

be 'over[1] ⟨f2⟩⟨onov.ww.⟩ **0.1** ***voorbij/over/uit zijn*** **0.2** ***overschieten*** **0.3** ***op bezoek zijn*** ⟨i.h.b. op grote afstand⟩ ◆ **1.1** the winter is over *de winter is over/voorbij* **1.2** there's a little bit of fabric over *er schiet een klein beetje stof over* **3.1** ⟨inf.⟩ that's over and done with *dat is voltooid verleden tijd, dat is voor eens en altijd uit/voorbij* **6.3** ~ **at/with** *op bezoek zijn bij.*

be over[2] [⟨in bet. 0.2⟩ -'-]⟨onov.ww.; met all⟩⟨inf.⟩ **0.1** ***overal bekend zijn in/op*** **0.2** ***niet kunnen afblijven v.*** ⇒*(overdreven) enthousiast begroeten, uitbundig verwelkomen* **0.3** ⟨sport⟩ ***overklassen*** ◆ **1.1** it's all over the office *het hele kantoor weet ervan* **1.2** the creep was all over me *de griezel kon zijn poten niet thuis houden;* my mother-in-law was all over me *mijn schoonmoeder heette me poeslief welkom* **1.3** in the first quarter they were all over our side *in het eerste kwartier overklasten ze onze ploeg/speelden ze onze ploeg van het veld.*

be·queath [bɪ'kwi:ð, bɪ'kwi:θ]⟨f1⟩⟨ov.ww.⟩⟨schr.⟩ **0.1** ⟨jur.⟩ ***legateren*** ⇒*vermaken, nalaten, testeren* **0.2** ⟨fig.⟩ ***nalaten*** ⇒*overmaken* ◆ **1.1** he ~ed me his silver coins *hij heeft me zijn zilveren munten nagelaten/vermaakt.*

be·quest [bɪ'kwest]⟨f1⟩⟨zn.⟩
I ⟨telb.zn.⟩ **0.1** ***legaat;***
II ⟨n.-telb.zn.⟩ **0.1** ***erflating*** ⇒*legaat.*

be·rate [bɪ'reɪt]⟨ov.ww.⟩⟨schr.⟩ **0.1** ***hekelen*** ⇒*een fikse uitbrander geven* ◆ **6.1** she ~d him **for** not supporting his family *zij hekelde hem/schold hem de huid vol omdat hij zijn gezin niet onderhield.*

Ber·ber ['bɜ:bə‖'bɜrbər]⟨f1⟩⟨zn.⟩
I ⟨eig.n.⟩ **0.1** ***Berber*** ⟨taalgroep of dialect ervan⟩;
II ⟨telb.zn.⟩ **0.1** ***Berber(s).***

ber·ceuse [beə'sɜ:z‖ber'sɜz]⟨telb.zn.⟩ **0.1** ***wiegeliedje*** ⇒*slaapliedje* **0.2** ⟨muz.⟩ ***berceuse.***

be·reave[1] [bɪ'ri:v]⟨f1⟩⟨ov.ww.; vnl. pass.⟩ **0.1** ***beroven*** ⟨v.e. familielid door overlijden⟩ ◆ **1.1** the ~d parents *de beroofde/getroffen ouders;* ⟨ook⟩ *de diepbedroefde ouders;* the accident ~d him of his daughter *het ongeval beroofde hem van zijn dochter, bij het ongeval verloor hij zijn dochter* **6.1** ~d **of** *beroofd van.*

bereave[2] ⟨f1⟩⟨ov.ww.; bereft, bereft [bɪ'reft]; vnl. pass.⟩ **0.1** ***beroven*** ⇒*doen verliezen* ◆ **6.1** the explosion bereft them **of** their senses *de ontploffing deed hen horen en zien vergaan;* bereft **of** all hope *van alle hoop verstoken/beroofd.*

be·reave·ment [bɪ'ri:vmənt]⟨zn.⟩
I ⟨telb.zn.⟩ **0.1** ***sterfgeval*** ⇒*overlijden;*
II ⟨n.-telb.zn.⟩ **0.1** ***het beroofd zijn*** ⇒*verlies v.e. dierbare* **0.2** ***verlies*** ◆ **3.2** we sympathize with you in your ~ *wij voelen mee in/betuigen onze innige deelneming met uw verlies.*

be·ret ['bereɪ‖bə'reɪ]⟨f1⟩⟨telb.zn.⟩ **0.1** ***baret.***

berg [bɜ:g‖bɜrg]⟨telb.zn.⟩ **0.1** ***ijsberg*** **0.2** ***berg*** ⇒*heuvel* ⟨in Z.-Afrika⟩.

ber·ga·mot ['bɜ:gəmɒt‖'bɜrgəmɑt]⟨zn.⟩
I ⟨telb.zn.⟩ **0.1** ⟨plantk.⟩ ***bergamotboom*** ⟨Citrus bergamia⟩ **0.2** ***bergamot*** ⇒*bergamotcitroen* **0.3** ***bergamot*** ⇒*bergamotpeer* ◆ **1.1** essence of ~ *bergamotolie;*
II ⟨n.-telb.zn.⟩ **0.1** ***bergamotolie*** **0.2** ⟨plantk.⟩ ***citroenmunt*** ⟨Mentha citrata⟩.

'bergamot oil ⟨n.-telb.zn.⟩ **0.1** ***bergamotolie.***

'bergamot 'orange ⟨telb.zn.⟩⟨plantk.⟩ **0.1** ***bergamotboom*** ⟨Citrus bergamia⟩.

'berg·schrund ['beəgʃrʊnd‖'berk-]⟨telb.zn.⟩⟨geol.⟩ **0.1** ***gletsjerspleet*** ⟨tussen steile bovenhelling en gletsjer⟩.

'berg wind ⟨telb. en n.-telb.zn.⟩ **0.1** ***bergwind*** ⟨droge en hete noordenwind in de Z.-Afr. kuststreken⟩.

ber·gylt ['bɜ:gɪlt‖'bɜr-]⟨telb.zn.⟩⟨dierk.⟩ **0.1** ***Noorse schelvis*** ⟨Sebastes marinus⟩.

ber·i·ber·i ['beri'beri]⟨n.-telb.zn.⟩⟨med.⟩ **0.1** ***beriberi*** ⇒*rijstziekte.*

berk, birk, burk, burke [bɜ:k‖bɜrk]⟨telb.zn.⟩⟨BE; sl.⟩ **0.1** ***sul*** ⇒*oen,* ⟨B.⟩ *snul* ◆ **¶.1** you ~! *jij plurk!.*

Berke·le·ian[1], **Berke·ley·an** [bɑ:'klɪən, 'bɑ:-‖'bɜr-]⟨telb.zn.⟩ **0.1** ***Berkeleyaan*** ⇒*aanhanger v.h. subjectief idealisme v. Berkeley* ⟨Anglicaans bisschop⟩.

Berkeleian[2], **Berkeleyan** ⟨bn.⟩ **0.1** ***Berkeleyaans*** ⇒*mbt. het subjectief idealisme v. Berkeley.*

Berke·le·ian·ism, Berke·ley·an·ism [bɑ:'klɪənɪzm, 'bɑ:-‖'bɜr-]⟨n.-telb.zn.⟩ **0.1** ***Berkeleyanisme*** ⇒*subjectief idealisme.*

ber·ke·li·um [bə'ki:lɪəm‖'bɜrklɪəm]⟨n.-telb.zn.⟩⟨schei.⟩ **0.1** ***berkelium*** ⟨element 97⟩.

Berks [bɑ:ks‖bɜrks]⟨afk.⟩ Berkshire.

ber·lin ['bɜ:'lɪn‖'bɜr-], ⟨in bet. I 0.1 en 0.2 ook⟩ **ber·line** [bə'li:n‖bɜr-]⟨zn.⟩
I ⟨telb.zn.⟩ **0.1** ***berline*** ⟨lichte reiskoets met openslaande kap⟩ **0.2** ***berline*** ⇒*limousine* ⟨met glazen wand tussen chauffeur en passagiers⟩ **0.3** ⟨vaak B-⟩ ***gebreide handschoen;***
II ⟨n.-telb.zn.; vaak B-⟩ **0.1** ***(dunne) breiwol.***

'Berlin 'black ⟨n.-telb.zn.⟩ **0.1** ***matzwarte lak*** ⟨voor ijzerwerk⟩ ⇒*zwarte fietslak.*

'Berlin 'blue ⟨n.-telb.zn.; vaak attr.⟩ **0.1** ***Berlijns blauw*** ⇒*Pruisisch blauw, ijzerblauw.*

'Berlin 'gloves ⟨mv.⟩ **0.1** ***gebreide handschoenen.***

'Berlin 'wool ⟨n.-telb.zn.⟩ **0.1** ***(dunne) breiwol.***

berm [bɜ:m‖bɜrm]⟨telb.zn.⟩ **0.1** ***berm*** ⇒*wegberm* **0.2** ⟨mil.⟩ ***berm*** ⟨tussen borstwering en gracht⟩.

Ber·mu·da rig [bə'mju:də 'rɪg‖bər-], **Bermudian rig** [-dɪən-]⟨telb.zn.⟩⟨scheep.⟩ **0.1** ***bermudatuig*** ⇒*torentuig.*

Ber·mu·das [bə'mju:dəz‖bər-], **Ber'muda 'shorts** ⟨f1⟩⟨mv.⟩ **0.1** ***bermuda's*** ⇒*bermudashort(s), korte broek.*

Ber·mu·di·an[1] [bə'mju:dɪən‖bər-]⟨telb.zn.⟩ **0.1** ***Bermudaan*** ⇒*inwoner v.d. Bermudas.*

Bermudian[2] ⟨bn.⟩ **0.1** ***Bermudaans*** ⇒*van/uit Bermuda, Bermuda-* ◆ **1.1** ⟨scheep.⟩ ~ mainsail *Bermudazeil, grootzeil.*

Ber·nard·ine[1] ['bɜ:nədaɪn‖'bɜr-]⟨telb.zn.⟩⟨R.-K.⟩ **0.1** ***bernardijn (e)*** ⇒*cisterciënzer(in).*

Bernardine[2] ⟨bn.⟩⟨R.-K.⟩ **0.1** ***bernardijns*** ⇒*cisterciënzer.*

be 'round →be around.

ber·ry[1] ['beri]⟨f2⟩⟨telb.zn.; →mv.2⟩ **0.1** ***bes*** ⟨ook biol.⟩ **0.2** ***(koffie) boon*** **0.3** ***eitje*** ⟨v. vis of kreeft⟩ **0.4** ⟨sl.⟩⟨ong.⟩ ***piek*** ⟨BE een pond, AE een dollar⟩ ⇒*pieterman,* ⟨mv.⟩ *ballen.*

berry[2] ⟨onov.ww.; →ww.7⟩ **0.1** ***bessen vormen*** **0.2** ***kuit schieten*** **0.3** ***bessen zoeken*** ⇒*bessen plukken.*

ber·serk[1] [bɜ:'zɜ:k, bə-‖bɜr'sɜrk, bər-], **ber·serk·er** [-ə‖-ər]⟨telb.zn.⟩⟨gesch.⟩ **0.1** ***berserker*** ⇒*woesteling.*

berserk[2] ⟨f1⟩⟨bn.⟩ **0.1** ***woest*** ◆ **1.1** in ~ fury *razend van woede* **3.1** go ~ *razend worden;* send s.o. ~ *iem. razend maken.*

berth[1] [bɜ:θ‖bɜrθ]⟨f2⟩⟨telb.zn.⟩ **0.1** ***kooi*** ⇒*hut, couchette, slaapplaats* **0.2** ⟨scheep.⟩ ***ligplaats*** ⇒*ankerplaats, aanlegplaats* **0.3**

⟨scheep.⟩ *manoeuvreerruimte* ⇒*afstand* ⟨tot andere schepen, land enz.⟩ **0.4** ⟨inf.⟩ ***baantje*** ◆ **2.4** find a snug ~ *een makkelijk/goed baantje te pakken krijgen* **3.3** the captain kept a good ~ *de kapitein hield goed afstand.*

berth[2] ⟨f1⟩ ⟨ww.⟩
I ⟨onov. en ov.ww.⟩ ⟨scheep.⟩ **0.1** ***aanleggen*** ⇒*ankeren;*
II ⟨ov.ww.⟩ **0.1** ***te slapen leggen*** ⇒*slaapplaats bezorgen aan* **0.2** ***stationeren*** ⇒*parkeren.*

ber·tha [ˈbɜːθə‖ˈbɜrθə] ⟨telb.zn.⟩ **0.1** ***berthe*** ⇒*(kanten) pelerine, schouderkraagje.*

ber·yl [ˈberɪl] ⟨telb. en n.-telb.zn.⟩ **0.1** ***beryl*** ⇒*beril.*

be·ryl·li·um [beˈrɪlɪəm] ⟨n.-telb.zn.⟩ ⟨schei.⟩ **0.1** ***beryllium*** ⟨element 4⟩.

be·seech [bɪˈsiːtʃ] ⟨f1⟩ ⟨ov.ww.; ook besought, besought [bɪˈsɔːt]⟩ ⟨schr.⟩ **0.1** ***smeken*** ⇒*dringend verzoeken, bidden, aandringen op* ◆ **1.1** he besought the permission of the king *hij verzocht de koning dringend om toestemming* **6.1** ~ **for** *met aandrang vragen om.*

be·seem [bɪˈsiːm] ⟨onov.ww.; alleen onpersoonlijk⟩ ⟨vero.⟩ **0.1** ***betamen*** ⇒*voegen* ◆ **5.1** it ill ~s you to do this *het past je slecht/niet, dit te doen.*

be·set [bɪˈset] ⟨f1⟩ ⟨ov.ww.; beset, beset [bɪˈset]⟩ →besetting **0.1** ⟨vnl. pass.⟩ ***belegeren*** ⟨ook fig.⟩ ⇒*bestoken, overvallen, omsingelen, omringen* **0.2** ***insluiten*** ⇒*bezetten, van alle kanten aanvallen* **0.3** ⟨vero.⟩ ***bezetten*** ⇒*versieren* ◆ **1.2** ~ every entrance to *elke toegang versperren tot;* the enemy ~ the fortress *de vijand sloot de vesting in* **6.1** ~ **by** doubts *door twijfel overvallen;* ~ **by** temptations *door verleidingen omringd;* a plan ~ **with** difficulties *een met moeilijkheden overladen plan.*

be·set·ment [bɪˈsetmənt] ⟨telb. en n.-telb.zn.⟩ **0.1** ***belegering*** ⇒*insluiting, omsingeling, versperring, bestoking* **0.2** ***beklemming*** ⇒*kwelling, zorg, nijpend probleem.*

be·set·ting [bɪˈseṭɪŋ] ⟨bn.; teg. deelw. v. beset⟩ **0.1** ***steeds wederkerend*** ⇒*hardnekkig* ◆ **1.1** ~ sin *zonde waarin men steeds weer vervalt, zwakheid, slechte gewoonte.*

be·shrew [bɪˈʃruː] ⟨ov.ww.⟩ ⟨vero. of scherts.⟩ **0.1** ***vervloeken*** ◆ **¶.1** ~ you! *de duivel hale je!.*

be·side [bɪˈsaɪd] ⟨f3⟩ ⟨vz.⟩ **0.1** ⟨ligging of richting; ook fig.⟩ ***naast*** ⇒*bij, langs, dichtbij, vergeleken bij* **0.2** →besides ◆ **1.1** she sat ~ her father *ze zat naast haar vader;* she talked ~ the point *ze praatte om de kwestie heen* **4.¶** be ~ oneself *buiten zichzelf zijn.*

be·sides[1] [bɪˈsaɪdz] ⟨f3⟩ ⟨bw.⟩ **0.1** ***bovendien*** ⇒*daarenboven, op de koop toe, daarbij* **0.2** ***anders*** ⇒*daarnaast/buiten, behalve dat* **0.3** ***trouwens*** ◆ **1.1** a new suit and a blouse ~ *een nieuw pak en ook nog/en bovendien een bloes* **2.1** mean and bossy ~ *gierig en bazig op de koop toe* **4.2** he brought sweets but nothing ~ *hij bracht snoep mee maar niets anders* **¶.1** the shop was closed and ~ I had no money *de winkel was dicht en ik had bovendien geen geld* **¶.3** ~, I did not like to hurt her feelings *trouwens, ik wilde haar gevoelens niet kwetsen.*

besides[2], ⟨soms⟩ **beside** ⟨f2⟩ ⟨vz.⟩ **0.1** ***behalve*** ⇒*buiten, naast, benevens* ◆ **1.1** ~ concerts she loved books and films *behalve van concerten hield zij ook v. boeken en films* **3.1** I can do nothing ~ wait(ing) *ik kan alleen maar wachten.*

be·siege [bɪˈsiːdʒ] ⟨ov.ww.⟩ **0.1** ***belegeren*** **0.2** ***bestormen*** ◆ **1.2** doubts ~d him *hij werd door twijfel overvallen* **6.2** ~ s.o. **with** questions **about** *iem. bestormen met vragen over;* be ~d **with** invitations *overspoeld worden door uitnodigingen.*

be·sieg·er [bɪˈsiːdʒə‖-ər] ⟨telb.zn.⟩ **0.1** ***belegeraar*** **0.2** ⟨fig.⟩ ***bestormer.***

be·slav·er [bɪˈslævə‖-ər], **be·slob·ber** [bɪˈslɒbə‖bɪˈslɑbər] ⟨ov.ww.⟩ **0.1** ***bekwijlen*** **0.2** ***kruiperig vleien bij*** ⇒*gatlikken bij.*

be·slub·ber [bɪˈslʌbə‖-ər] ⟨ov.ww.⟩ **0.1** ***bevuilen*** ⇒*bezoedelen.*

be·smear [bɪˈsmɪə‖-ˈsmɪr], **be·smirch** [bɪˈsmɜːtʃ‖-ˈsmɜrtʃ] ⟨f1⟩ ⟨ov.ww.⟩ **0.1** ***bevuilen*** ⇒*besmeuren, bekladden* **0.2** ***bekladden*** ⇒*belasteren.*

be·som[1] [ˈbiːzəm] ⟨telb.zn.⟩ **0.1** ***bezem*** **0.2** ⟨BE; gew.; pej.⟩ ***wijf*** ⇒*slons.*

besom[2] ⟨ov.ww.⟩ **0.1** ***vegen.***

be·sot [bɪˈsɒt‖-ˈsɑt] ⟨f1⟩ ⟨ov.ww.; →ww. 7; vnl. pass.⟩ **0.1** ***verdwazen*** ⇒*verblinden, benevelen, dronken maken* **0.2** ***gek maken*** ⇒*verliefd maken.*

be·span·gle [bɪˈspæŋgl] ⟨ov.ww.⟩ **0.1** ***met lovertjes versieren*** **0.2** ***bezaaien*** ⟨met glinsterende dingen⟩ ◆ **6.2** ~d with raindrops *bezaaid met regendruppels, glinsterend v.d. regendruppels.*

be·spat·ter [bɪˈspætə‖bɪˈspæṭər] ⟨ov.ww.⟩ **0.1** ***bespatten*** ⇒*onderspatten* **0.2** ***bekladden*** ⟨ook fig.⟩ ⇒*belasteren, uitschelden, ontsieren* ◆ **6.2** he ~ed her **with** the foulest language *hij schold haar uit met de smerigste bewoordingen.*

be·speak [bɪˈspiːk] ⟨ov.ww.; bespoke [-ˈspoʊk], bespoken [-ˈspoʊkən]⟩ **0.1** ***bespreken*** ⇒*bestellen, reserveren* **0.2** ***getuigen v.*** ⇒*verraden* **0.3** ***verzoeken om*** ⇒*bedingen* **0.4** ⟨vero.⟩ ***toespreken*** ⇒*aanspreken, spreken tot* **0.5** ⟨vero.⟩ ***voorspellen*** ⇒*spellen* ◆ **1.1** the room had been bespoken *de kamer was gereserveerd* **1.2** his reaction bespoke his stupidity *zijn reactie verried zijn domheid* **1.3** ~ a favour *om een gunst verzoeken.*

be·spec·ta·cled [bɪˈspektəkld] ⟨f1⟩ ⟨bn.⟩ **0.1** ***gebrild*** ⇒*met een bril (op).*

be·spoke [bɪˈspoʊk] ⟨f1⟩ ⟨bn., attr.⟩ ⟨vnl. BE⟩ **0.1** ***maat-*** ⇒*op maat gemaakt* ◆ **1.1** a ~ tailor *een maatkleermaker.*

be·sprent [bɪˈsprent] ⟨bn., pred.⟩ ⟨vero.⟩ **0.1** ***besprenkeld.***

be·sprinkle [bɪˈsprɪŋkl] ⟨ov.ww.⟩ **0.1** ***besprenkelen*** ⇒*bezaaien* ◆ **6.1** ~ liquid **over** sth. *iets met vloeistof besprenkelen;* ~ **with** *besprenkelen met.*

Bes·se·mer [ˈbesɪmə‖-ər] ⟨bn., attr.⟩ **0.1** ***bessemer*** ◆ **1.1** ~ convertor *bessemerpeer, bessemerconvertor;* ~ iron *bessemerijzer;* ~ pig *ruw ijzer* ⟨voor bessemerproces⟩; ~ process *bessemerproces.*

best[1] [best] ⟨f3⟩ ⟨n.-telb.zn.; meestal the⟩ **0.1** ***(de/het) beste*** **0.2** ***beste kleren*** ⇒*beste/zondagse pak, paasbest* ◆ **1.1** to the ~ of my ability *naar mijn beste vermogen;* she's the ~ of housewives *ze is de beste huisvrouw die je je kunt indenken;* with the ~ of intentions *met de beste bedoelingen;* the ~ of the joke *het beste/mooiste v.d. grap;* to the ~ of my knowledge (and belief) *voor zover ik weet/op de hoogte ben, volgens mij;* (have) the ~ of both worlds *het beste/gunstigste/voordeligste v. twee dingen (combineren)* **3.1** bring out the ~ in s.o. *het beste in iem. doen uitkomen, iem. op zijn best/voordeligst tonen;* the hard life brought out the ~ in him *het zware leven bracht zijn beste kanten boven;* do the ~ one can *z'n best doen, het zo goed doen als men kan;* do/try one's (very) ~ *z'n (uiterste) best doen;* get/have the ~ of the deal *het meest profiteren v./gebaat zijn bij de overeenkomst;* look one's ~ *er op z'n best uitzien, er uitstekend uitzien;* make the ~ of one's opportunities *zijn kansen te baat nemen/benutten;* make the ~ of *het beste maken van, zich tevreden stellen met, voor lief nemen* **3.2** he wore his (Sunday) best *hij had zijn beste/zondagse kleren aan* **3.¶** do sth./all for the ~ *iets/het doen om bestwil/om goed te doen/met de beste bedoelingen;* get/have the ~ of s.o. *iem. te slim/vlug af zijn, het winnen van iem.;* get/have the ~ of it *de overhand krijgen/hebben, (het) winnen;* get/have the ~ of everything *uit alles het meeste voordeel weten te halen;* get/have the ~ of the fight/quarrel *het gevecht/de ruzie winnen;* give s.o. (the) ~ *iem. als winnaar/zijn meerdere/de beste erkennen;* give of one's ~ *zijn uiterste best doen;* make the ~ of one's way *zich haasten;* make the ~ of one's way home *zo gauw mogelijk thuis zien te komen* **4.1** ~ of all *het beste/leukste (v. alles/allemaal);* the ~ of it *het beste/mooiste van al, het toppunt* **4.¶** six of the ~ *stokslagen, met de lat* **6.1 at** ~ *op z'n best (genomen), in het gunstigste geval; hoogstens;* **at** its/one's ~ *op z'n best;* (even) **at** the ~ of times *(zelfs) onder de gunstigste omstandigheden, (zelfs) in het beste geval;* be **past** one's ~ *zijn beste tijd gehad hebben, op zijn retour zijn;* ⟨geldw.⟩ buy/sell **at** ~ *tegen de beste prijs kopen/verkopen;* **with** the ~ (of them) *met de besten, met wie dan ook;* he can still play golf **with** the ~ *bij het golfen staat hij z'n mannetje nog* **6.¶** it is (all) **for** the ~ *het komt allemaal wel goed, alles is in orde/prima* **¶.1** all the ~! *het beste!;* give them my ~! *wens ze 't beste van mij!.*

best[2] ⟨f4⟩ ⟨bn.; overtr. trap v. good; →compar. 6⟩ →good ⟨→sprw. 3, 5, 43-45, 133, 136, 300, 303, 307, 523, 602, 723, 742⟩ **0.1** ***best*** ◆ **1.1** ~ bib and tucker *beste pak, mooiste kleren;* ~ buy *beste/prima koop;* play one's ~ card *zijn hoogste/beste troeven uitspelen;* the ~ families *de beste families;* the ~ people *de grote chic;* the ~ thing to do *het beste dat men kan doen;* with the ~ will in the world *met de beste wil v.d. wereld* **1.¶** have seen its/one's ~ days *zijn beste tijd gehad hebben;* put one's ~ foot forward *zijn beste beentje voorzetten, zijn best doen;* ⟨sl.⟩ ~ girl *liefje, snoes;* put one's ~ leg foremost *aanstappen, zich haasten;* ~ man *getuige* ⟨v. bruidegom⟩; *bruidsjonker, ceremoniemeester* ⟨ook scherts.⟩; the ~ part (of) *het merendeel/grootste deel (v.), bijna alles;* I haven't been abroad for the ~ part of a year *ik ben al bijna een jaar niet meer in het buitenland geweest.*

best[3] ⟨ov.ww.⟩ ⟨inf.⟩ **0.1** ***verslaan*** ⇒*winnen van, kloppen.*

best[4] ⟨f3⟩ ⟨bw.; overtr. trap v. well; →compar. 6⟩ →well ⟨→sprw. 763⟩ **0.1** ***best*** ⇒*het best* **0.2** ***meest*** ◆ **2.2** those ~ able to pay *zij die het meeste kunnen betalen;* the ~ hated woman *de meest gehate vrouw* **3.1** this is ~ denied *dit kun je beter ontkennen;* had ~/⟨AE⟩ would ~ *zou 't beste;* you'd best go home *je zou 't beste naar huis kunnen gaan, ga maar naar huis* **3.2** as ~ one can/may *zo goed en zo kwaad als men kan, zo goed mogelijk;* like/love ~ *het meest houden van* **6.1** ~ **before** *tenminste houdbaar tot.*

ˈbest boat ⟨telb.zn.⟩ ⟨roeisport⟩ **0.1** ***gladde boot*** ⟨lichte wedstrijdboot⟩.

be·stead[1], **be·sted** [bɪˈsted] ⟨bn.⟩ ⟨vero.⟩ **0.1** ***geplaatst*** ⇒*gevestigd* ◆ **6.1** all our hopes are ~ **in** thee *al onze hoop is op U gevestigd.*

bestead[2] ⟨ov.ww.⟩⟨vero.⟩ **0.1** ***helpen*** **0.2** ***van dienst zijn.***

bes·tial ['bestɪəl‖'bestʃəl]⟨f1⟩⟨bn.;-ly⟩⟨ook fig.⟩ **0.1** ***beestachtig*** ⇒*bestiaal, dierlijk, wreed.*

bes·ti·al·i·ty ['besti'æləti‖'bestʃi'æləṭi]⟨zn.;→mv.2⟩
I ⟨telb. en n.-telb.zn.⟩ **0.1** ***beestachtigheid*** ⇒*laagheid, wreedheid, dierlijkheid* ◆ **1.1** the bestialities of war *de wreedheden v.d. oorlog;*
II ⟨n.-telb.zn.⟩ **0.1** ***bestialiteit*** ⟨seksuele omgang met dieren⟩ ⇒*zoöfilie.*

bes·tial·ize, -ise ['bestɪəlaɪz‖'bestʃɪə-]⟨ov.ww.⟩ **0.1** ***in een dier veranderen*** **0.2** ***verdierlijken*** ⇒*doen ontaarden.*

bes·ti·ar·y ['bestɪəri‖'bestʃieri]⟨telb.zn.;→mv.2⟩ **0.1** ***bestiarium*** ⟨dierenboek⟩.

be·stir [bɪ'stɜ:‖bɪ'stɜr]⟨ov.ww.;→ww.7⟩⟨schr.⟩ **0.1** ***in beweging/beroering brengen*** ⇒*activeren* ◆ **4.1** ~ o.s. to *zich haasten om, zich ertoe brengen om.*

'best-'known ⟨f1⟩⟨bn.⟩ **0.1** ***bekendst*** ⇒*beroemdst.*

be·stow [bɪ'stoʊ]⟨f1⟩⟨ov.ww.⟩ **0.1** ⟨schr.⟩ ***verlenen*** ⇒*schenken, besteden, geven* **0.2** ⟨vero.⟩ ***logeren*** ⇒*huizen* ◆ **6.1** the king ~ed a title **upon/on** him *de koning verleende hem een titel.*

be·stow·al [bɪ'stoʊəl], **be·stow·ment** [-mənt]⟨telb. en n.-telb.zn.⟩ **0.1** ***schenking*** ⇒*gift, verlening, besteding, gave* **0.2** ⟨vero.⟩ ***plaatsing*** ⇒*berging.*

be·strew [bɪ'stru:]⟨ov.ww.; bestrewed, bestrewn [bɪ'stru:n]/bestrewed⟩ **0.1** ***bestrooien*** ⇒*in het rond strooien op* **0.2** ***uitgestrooid liggen op*** ◆ **1.2** flowers ~ed the grave *bloemen bedekten het graf* **6.1** a grave ~n **with** flowers *een graf bestrooid met bloemen.*

be·stride [bɪ'straɪd]⟨ov.ww.; bestrode, bestridden⟩ **0.1** ***schrijlings (gaan) zitten op*** **0.2** ***stappen over.***

'best 'seller ⟨f2⟩⟨telb.zn.⟩ **0.1** ***bestseller*** ⇒*succesboek* **0.2** ***successchrijver*** **0.3** ***succesartikel/produkt.***

bet[1] [bet]⟨f2⟩⟨telb.zn.⟩ **0.1** ***weddenschap*** **0.2** ***inzet*** **0.3** ***iets waarop men wedt*** ⇒*kans, keuze* **0.4** ***mening*** ◆ **2.3** your best ~ is to take the nightboat *je maakt de meeste kans met de nachtboot;* that car is a poor ~ *die wagen maakt geen kans, die wagen is een slechte keuze;* that horse is a safe ~ *op dat paard kun je veilig wedden, dat paard maakt veel kans;* the safest ~ to invest your money is oil *olie is de veiligste geldbelegging* **3.1** accept a ~ *een weddenschap aanvaarden, ingaan op/meedoen met een weddenschap;* cover/hedge one's ~s *zich (in)dekken (door op meer dan één mogelijkheid te wedden), het risico spreiden;* lay a ~ on sth. *op iets wedden;* make/place a bet (on sth.) *wedden (op iets), een weddenschap aangaan* **8.4** my ~ is that he won't win *ik wed/durf erop te wedden dat hij niet wint.*

bet[2] ⟨f3⟩⟨onov. en ov.ww.; ook bet, bet;→ww.7⟩ **0.1** ***wedden*** ⇒*verwedden* **0.2** ⟨inf.⟩ ***wedden*** ⇒*zeker (kunnen) zijn van* ◆ **4.2** ⟨inf.⟩ I ~ he's missed the bus again *wedden dat-ie de bus weer gemist heeft?;* ⟨iron., door intonatie zowel bevestigend als ontkennend⟩ Will he do it? I ~ he will! *Zal hij het doen? Dat zal wel (waar wezen)/Dat had je gedacht!;* Scared? You ~ I was *Ik bang? Nou en of/Wat dacht je!;* I ~ he'll do it!; You ~ he will! *Hij doet het vast! Kom nou!, Uiteraard!;* ⟨inf.⟩ are you going to go? you ~! *ben je van plan te gaan? natuurlijk!/reken maar!* **6.1** ~ **on** sth. *op iets wedden;* I ~ him **on** the race *ik wedde met hem op de wedstrijd;* ⟨paardesport⟩ we're ~ting **on** Soda Cream *wij wedden op Soda Cream* **8.1** I ~ you five pounds that he'll win *ik zet er vijf pond op/ik verwed er vijf pond onder dat hij wint.*

be·ta ['bi:tə‖'beɪṭə]⟨f2⟩⟨telb.zn.⟩ **0.1** ***bèta*** ⟨2e letter v.h. Griekse alfabet⟩ **0.2** ***B*** ⟨in beoordeling v. schoolwerk: tussen uitstekend en middelmaat⟩ ⇒⟨ong. Nederlands cijfer⟩ *acht* **0.3** ⟨ster.⟩ ***bèta*** ⟨op één na helderste ster in een sterrebeeld⟩.

'beta-block·er ⟨telb.zn.⟩⟨med.⟩ **0.1** ***bètablokker.***

be·take [bɪ'teɪk]⟨ov.ww.; betook, betaken; wederk. ww.⟩ **0.1** ⟨schr.⟩ ***zich begeven naar*** **0.2** ⟨vero.⟩ ***zich zetten aan*** ⇒*zich voornemen* ◆ **4.1** ~ o.s. to *zich begeven naar.*

'beta 'minus ⟨telb.zn.⟩ **0.1** ⟨ong.⟩ ***zeven min*** ⟨in beoordeling v. schoolwerk⟩.

'beta particle ⟨telb.zn.⟩⟨nat.⟩ **0.1** ***bèta-deeltje.***

'beta 'plus ⟨telb.zn.⟩ **0.1** ⟨ong.⟩ ***zeven plus*** ⟨in beoordeling v. schoolwerk⟩.

'beta ray ⟨telb.zn.⟩⟨nat.⟩ **0.1** ***bèta-straal.***

be·ta·tron ['bi:tətrɒn‖'beɪṭətrɑn]⟨telb.zn.⟩⟨nat.⟩ **0.1** ***bètatron*** ⟨elektronenversneller⟩.

be·tel ['bi:ṭl]⟨n.-telb.zn.⟩ **0.1** ***betel*** ⇒*sirihpruim, sirih.*

'betel nut ⟨telb. en n.-telb.zn.⟩ **0.1** ***pinangnoot*** ⇒*arekanoot.*

bête noire ['bet 'nwɑ:‖-'nwɑr]⟨telb.zn.; bêtes noires;→mv.5⟩ ⟨fig.⟩ **0.1** ***bête noire*** ⇒*zwart schaap.*

beth·el ['beθl]⟨telb.zn.⟩ **0.1** ⟨bijb.⟩ ***bethel*** ⇒*Huis Gods* **0.2** ⟨vnl. BE⟩ ***afgescheiden kapel*** **0.3** ⟨vnl. AE⟩ ***zeemanskapel*** ⇒*schipperskapel.*

be·think [bɪ'θɪŋk]⟨ww.; verl. t. en volt. deelw. bethought [bɪ'θɔ:t]⟩
I ⟨onov.ww.⟩⟨vero.⟩ **0.1** ***nadenken*** ⇒*overwegen;*
II ⟨ov.ww.; wederk. ww.⟩ **0.1** ***bedenken*** ⇒*denken over* **0.2** ***zich herinneren*** ⇒*denken (aan)* ◆ **6.2** ~ o.s. **of** *denken aan* **8.1** ~ o.s. how/that *bedenk hoe/dat.*

be·thought [bɪ'θɔ:t]⟨verl. t. en volt. deelw.⟩ →bethink.

be 'through ⟨f3⟩⟨onov.ww.⟩ **0.1** ***klaar zijn*** ⇒*er doorheen zijn* **0.2** ⟨inf.⟩ ***erdoor zitten*** ⇒*het niet meer zien zitten, er de brui aan geven; afgedaan hebben* ⟨v. dingen⟩ **0.3** ⟨inf.⟩ ***het uitgemaakt hebben*** **0.4** ⟨com.⟩ ***verbonden zijn*** ⇒*verbinding hebben* ◆ **4.3** we are through *het is uit tussen ons* **6.1** I'm through **with** my work *ik ben klaar met mijn werk* **6.2** ~ **with** sth. *ergens z'n buik v. vol hebben, iets beu zijn, niets meer moeten weten v. iets;* I'm through **with** you *ik trek m'n handen v. je af* **6.4** ~ **to** New York *verbonden zijn met New York.*

be·tide [bɪ'taɪd]⟨ww.; alleen onbep. wijs en 3e pers. enk. aanv. w.⟩ ⟨schr.⟩
I ⟨onov.ww.⟩ **0.1** ***gebeuren*** ◆ **4.1** whatever may ~ *wat er ook gebeure, kome wat komen moet;*
II ⟨ov.ww.⟩ **0.1** ***overkomen*** ⇒*gebeuren.*

be·times [bɪ'taɪmz]⟨bw.⟩ **0.1** ⟨schr., scherts.⟩ ***op tijd*** ⇒*tijdig* **0.2** ⟨vero.⟩ ***spoedig*** ⇒*weldra.*

be to ⟨f3⟩⟨hww.;→modale hulpwerkwoorden⟩ **0.1** ⟨→gebod 2⟩ ***moeten*** **0.2** ⟨→verbod 3; steeds met ontkenning⟩ ***mogen*** **0.3** ⟨toekomende tijd⟩ ***gaan*** ⇒*zullen* **0.4** ***zijn te*** ⇒*kunnen* ◆ **3.1** what am I to do *wat moet ik doen?;* you are to leave immediately *u moet onmiddelijk vertrekken* **3.2** visitors are not to feed the animals *de bezoekers mogen de dieren niet voeren* **3.3** we are to be married next year *we gaan volgend jaar trouwen* **3.4** Molly is nowhere to be found *Molly is nergens te vinden.*

be·to·ken [bɪ'toʊkən]⟨ov.ww.⟩⟨schr.⟩ **0.1** ***betekenen*** ⇒*een teken zijn v., voorspellen, aankondigen.*

bet·o·ny ['betəni‖'betn·i]⟨telb.zn.;→mv.2⟩⟨plantk.⟩ **0.1** ***betonie*** ⟨Stachys/Betonica officinalis⟩.

be·took ⟨verl.t.⟩ →betake.

be·tray [bɪ'treɪ]⟨f2⟩⟨ov.ww.⟩ **0.1** ***verraden*** ⇒*in de steek laten, verraad plegen tegenover* **0.2** ***verraden*** ⇒*uitbrengen, bekendmaken, verklappen* **0.3** ***blijk geven v.*** ⇒*verraden, tonen, doen blijken* **0.4** ***misleiden*** ⇒*bedriegen,* ⟨i.h.b.⟩ *verleiden (en in de steek laten)* ◆ **1.1** ⟨fig.⟩ the old car ~ed him *de oude auto liet hem in de steek* **1.2** his eyes ~ed his thoughts *zijn ogen verraadden zijn gedachten* **1.3** this painting ~s great skill *dit schilderij verraadt grote bekwaamheid* **1.4** the girl had been ~ed once too often *het meisje was al te vaak verleid en in de steek gelaten* **4.2** her grin ~ed her, she ~ed herself by her grinning *haar grijns verried haar, ze verraadde zichzelf door haar grijns* **6.1** ~ **to** the enemy *aan de vijand verraden* **6.4** circumstance ~ed him **into** crime *omstandigheden brachten hem tot de misdaad* **8.2** his torn clothes ~ed that he had fought *zijn verscheurde kleren verraadden dat hij had gevochten.*

be·tray·al [bɪ'treɪəl]⟨f2⟩⟨zn.⟩
I ⟨telb.zn.⟩ **0.1** ***daad v. verraad*** **0.2** ***blijk*** ⇒*teken* ◆ **1.1** his silence was a ~ of his nervousness *zijn stilzwijgen was een teken v./verraadde zijn zenuwachtigheid;*
II ⟨n.-telb.zn.⟩ **0.1** ***verraad*** **0.2** ***misleiding*** ⇒*verleiding.*

be·tray·er [bɪ'treɪə‖-ər]⟨telb.zn.⟩ **0.1** ***verrader.***

be·troth [bɪ'troʊð, -troʊθ]⟨ov.ww.⟩⟨schr.⟩ →betrothed **0.1** ***verloven*** ◆ **6.1** her parents ~ed her **to** a colonel *haar ouders verloofden haar met een kolonel;* she ~ed herself **to** a lawyer *ze verloofde zich met een advocaat.*

be·troth·al [bɪ'troʊðl]⟨telb. en n.-telb.zn.⟩ **0.1** ***verloving.***

be·troth·ed[1] [bɪ'troʊðd, -troʊθt]⟨zn.; oorspr. volt. deelw. v. betroth⟩
I ⟨telb.zn.; g.mv.⟩ **0.1** ***verloofde*** ⇒*aanstaande (bruid/bruidegom);*
II ⟨verz.n.; ww. mv.⟩ **0.1** ***verloofden*** ⇒*aanstaande bruid en bruidegom.*

betrothed[2] ⟨bn.; volt. deelw. v. betroth⟩ **0.1** ***verloofd*** ◆ **6.1** ~ **to** *verloofd met.*

bet·ter[1], ⟨in bet. I 0.1 ook⟩ **bet·tor** ['betə‖'beṭər]⟨f3⟩⟨zn.⟩⟨→sprw. 46-56, 112, 174, 248, 256, 530, 572, 575, 658, 703⟩
I ⟨telb.zn.⟩ **0.1** ***wedder/ster*** ⇒*gokker/ster* **0.2** ⟨vnl. mv.⟩ ***betere*** ⇒*meerdere, superieur* **0.3** ⟨g.mv.⟩ ***iets beters*** ◆ **1.2** listen to the advice of your elders and ~s *luister naar de raad v. mensen die ouder en wijzer zijn dan jij* **3.3** that's their proposal, can we think of a ~? *dat is hun voorstel, kunnen wij iets beters bedenken?* **4.2** John's my ~ at tennis *John tennist beter dan ik/is mij de baas bij tennis;*
II ⟨n.-telb.zn.⟩ **0.1** ***wat beter/gunstiger/wenselijker enz. is*** ⇒*verbetering* ◆ **1.¶** for ~ or(/for) worse *in voor- en tegenspoed, in lief en leed* ⟨in huwelijksceremonie⟩ **3.1** change for the ~ *veranderen ten voordele/in z'n voordeel, ten goede veranderen* **3.¶** get/have the ~ of s.o. *iem. te slim af zijn; het winnen v. iem.;* his emo-

tions got the ~ of him *hij werd door zijn emoties overmand;* get the ~ of sth. *voordeel halen uit iets, iets winnen, de overhand / bovenhand krijgen in iets;* she always gets the ~ of their fights *zij wint het steeds in hun ruzies;* think (all) the ~ of s.o. for *een hogere dunk v. iem. krijgen vanwege, iem. hoger achten vanwege.*

better[2] ⟨f4⟩ ⟨bn.; in bet. I vergr. trap v. good; in bet. II vergr. trap v. well; →compar. 6⟩ →good, well
I ⟨bn.⟩ **0.1** ***beter*** **0.2** ***groter*** ⇒*grootste* ⟨gedeelte⟩ ◆ **1.1** ⟨AE⟩ Better Business Bureau *Bureau ter bevordering van eerlijke praktijken in het zakenleven* ⟨oorspr. merknaam⟩; the hotel had seen ~ days *het hotel had betere dagen / tijden gekend;* my ~ feelings *mijn betere ik, mijn geweten, mijn betere gevoelens;* do sth. against one's ~ judgement *iets tegen beter weten in doen;* ~ luck next time! *volgende keer meer geluk!, volgende keer beter!;* one's ~ self *zijn betere ik / eigenschappen;* have ~ things to do *wel wat beters te doen hebben* **1.2** ~ half *grootste helft;* the ~ part of the day *het grootste gedeelte v.d. dag, bijna de hele dag* **1.¶** ⟨scherts.⟩ my ~ half *mijn wederhelft / echtgenote;* on the ~ side of forty / fifty *nog geen veertig / vijftig;* ⟨inf.⟩ be ~ than one's word *meer doen dan men beloofd heeft* **5.1** little / no ~ than *weinig / nauwelijks beter / meer dan, vrijwel, zo goed als;* he is little ~ than a thief *hij is nauwelijks beter / meer dan een dief, hij is eigenlijk (niet meer dan) een dief* **5.¶** I'm none the ~ for it *ik ben er niet beter van geworden, dat helpt me weinig vooruit / is mij van geen nut;*
II ⟨bn., pred.⟩ **0.1** ***hersteld*** ⇒*genezen, beter* **0.2** ***beter*** ⇒*minder ziek* ◆ **1.1** father is ~ now *vader is nu genezen / weer gezond* **1.2** father is much ~ now *vader is nu heel wat beter / al flink hersteld.*

better[3] ⟨f2⟩ ⟨ww.⟩
I ⟨onov.ww.⟩ **0.1** ***verbeteren*** ⇒*beter worden* ◆ **1.1** working conditions ~ed *de werkomstandigheden verbeterden;*
II ⟨ov.ww.⟩ **0.1** ⟨ook wederk. ww.⟩ ***verbeteren*** **0.2** ***overtreffen*** ⇒*verbeteren* ◆ **1.1** ~ working conditions *de werkomstandigheden verbeteren* **1.2** she ~ed the record *zij verbeterde het record* **4.1** ~ o.s. *een hogere / beter betaalde positie verwerven, meer verdienen, promotie maken, vooruitkomen, zich opwerken.*

better[4] ⟨f3⟩ ⟨bw.; vergr. trap v. well; →compar. 6⟩ →well **0.1** ***beter*** **0.2** ***meer*** ◆ **3.1** she knows the exact figures ~ than I do *zij weet de juiste cijfers beter dan ik;* she reads ~ than her brother *zij leest beter dan haar broer* **3.2** I like prunes ~ than figs *ik hou meer v. pruimen dan v. vijgen;* the queen was ~ loved than ever before *de koningin was geliefder dan ooit tevoren* **5.1** teachers are ~ **off** than we *leraren doen het financieel beter / stellen het beter / hebben het makkelijker dan wij;* he was ~ **off** without their help *hij was beter af zonder hun hulp* **8.2** ~ than six *meer dan zes.*

bet·ter·ment ['betəmənt‖'beṭər-] ⟨zn.⟩
I ⟨telb.zn.; meestal mv.⟩ **0.1** ***verbetering*** ⟨aan onroerend goed⟩;
II ⟨n.-telb.zn.⟩ **0.1** ***waardevermeerdering*** ⟨v. onroerend goed, door aanpassing v.d. omgeving⟩.

bet·ter·most ['betəmoʊst‖'beṭər-] ⟨bn.⟩ ⟨vnl. gew.⟩ **0.1** ***best.***

'bet·ting man ⟨telb.zn.⟩ **0.1** ***beroepsgokker*** ⇒*beroepswedder.*

'bet·ting shop ⟨telb.zn.⟩ ⟨BE⟩ **0.1** ***bookmakerskantoor.***

be·tween[1] [bɪ'twi:n], ⟨verk.⟩ **'tween** ['twi:n] ⟨f1⟩ ⟨bw.⟩ **0.1** ⟨plaats of richting⟩ ***ertussen*** **0.2** ⟨tijd⟩ ***tussendoor*** ⇒*ertussen* ◆ **1.1** two gardens with a fence ~ *twee tuinen met een schutting ertussen* **1.2** two lectures with a seminar ~ *twee lezingen met een werkgroep tussendoor* **3.1** instead of sailing around the sandbanks he went ~ *in plaats van rond de zandbanken te varen, ging hij ertussen door.*

between[2], ⟨verk.⟩ **'tween** ⟨f4⟩ ⟨vz.⟩ **0.1** ⟨verbinding of (onder) scheiding⟩ ***onder*** ⇒*tussen, gedeeld door, gedeeld onder, dat ... verbindt, dat ... onderscheidt* **0.2** ⟨in ruimte, tijd of op een schaal⟩ ***tussen*** ⇒*tussen ... door, tussen ... in* ◆ **1.1** no difference ~ *geen verschil tussen;* a road ~ the cities *een verbindingsweg tussen de steden;* a fence ~ two fields *een hek dat twee velden scheidt;* an agreement ~ the parties *een overeenkomst die de partijen verbindt;* ~ school, her music and her friends she led a busy life *met de school, haar muziek en haar vrienden had ze alles bij elkaar een druk leven;* ~ one thing and another she could make ends meet *met alle beetjes samen kon ze de eindjes aan elkaar knopen;* ~ work and housekeeping she had no time for visitors *het werk en het huishouden samen lieten haar geen tijd om bezoek te ontvangen* **1.2** it measured ~ twenty and twenty one centimeter *het was tussen de twintig en eenentwintig centimeter;* lost ~ the files *tussen de dossiers zoekgeraakt;* ~ laughing and crying *half lachend, half huilend* **3.1** choose ~ *kiezen tussen* **4.1** they ate five loaves ~ them *ze aten met zijn allen vijf broden op;* they gave her a present ~ them *ze gaven haar samen een geschenk;* they wrote the book ~ them *ze schreven het boek samen;* ~ us *onder ons (gezegd);* a secret ~ us *een geheim tussen ons;* ~ you and me *onder ons (gezegd).*

be'tween-decks[1] ⟨n.-telb.zn.⟩ ⟨scheep.⟩ **0.1** ***tussendek*** **0.2** ***tussendeks.***

be'tween-'decks[2] ⟨bw.⟩ ⟨scheep.⟩ **0.1** ***tussendeks.***

be'tween-maid ⟨telb.zn.⟩ ⟨BE⟩ **0.1** ***hulpje*** ⟨v. twee andere dienstboden⟩ ⇒*dienstmeisje.*

be·twixt[1] [bɪ'twɪkst], ⟨verk.⟩ **'twixt** ['twɪkst] ⟨bw.⟩ ⟨vero. of gew.⟩ **0.1** ***ertussen*** ◆ **5.¶** ⟨niet vero.; inf.⟩ ~ and between *half en half, zo-zo* **¶.1** with scarce a pause ~ *met nauwelijks een pauze ertussen.*

betwixt[2], ⟨verk.⟩ **'twixt** ⟨vz.⟩ ⟨vero. of gew.⟩ **0.1** ***tussen.***

be 'up ⟨f3⟩ ⟨onov.ww.⟩ **0.1** ⟨ben. voor⟩ ***in een hoge(re) positie zijn*** ⟨ook fig.⟩ **0.2** ***op zijn*** ⇒*opstaan, wakker zijn* **0.3** ***op zijn*** ⇒*over / voorbij / om zijn* **0.4** ***ter discussie staan*** ⇒*in aanmerking komen;* ⟨jur.⟩ *voorkomen* **0.5** ***zijn*** ⟨mbt. tot een (sociaal) centraal punt⟩ ⇒*wonen* ⟨BE i.h.b. in een grote stad of aan een universiteit⟩ **0.6** ***aan de gang / hand zijn*** ⇒*gaande zijn* **0.7** ***aan de beurt zijn*** ⇒⟨sport⟩ *aan slag / bat zijn* ◆ **1.1** his blood is up *zijn bloed kookt;* the bubbly is up *de champagne schuimt;* his collar was up *zijn kraag was opgeslagen;* ⟨ec.⟩ copper is up *koper staat hoog;* the country was up *het land was in opstand / in rep en roer;* Gladstone is up *Gladstone gaat spreken / is aan het woord;* petrol's up again *de benzine is weer duurder geworden;* the river is up *de rivier staat hoog / is gezwollen;* the road is up *de weg is opgebroken;* the sun is up already *de zon is al op;* his sleeves were up *hij had zijn mouwen opgestroopt / opgerold;* ⟨scheep.⟩ the storm was up *de storm was opgestoken;* is de tent up yet? *staat de tent al?;* the piano is a tone up *de piano staat een toon te hoog* **1.2** ~ until well into the small hours *tot in de kleine uurtjes opblijven* **1.3** your chance is up *je kans is verkeken;* ⟨BE; pol.⟩ Parliament is up *het Parlement is op reces;* time's up *de tijd is om, het is tijd (om te stoppen)* **1.4** Mary / Mary's case is up (in court) this afternoon *Maria / Maria's zaak komt vanmiddag voor* **3.2** ~ and doing *druk in de weer zijn* **3.6** ~ and running *in werking zijn* **4.1** ⟨sport⟩ be one up on s.o. *een punt voorstaan op iem.;* ⟨fig.⟩ *iem. een slag voor zijn, een streepje voor hebben op iem.* **4.3** ⟨sport, spel⟩ the game is ten up *we spelen tot tien, wie het eerst tien punten heeft* **4.6** sth.'s up again *er is weer iets aan de hand, er hangt weer wat in de lucht* **4.7** who's up? *wie is er aan de beurt?* **5.1** the water was up as far as my knees *het water kwam / stond tot aan mijn knieën;* ⟨BE; inf.⟩ be high up in school *bij de besten v.d. klas zijn* **5.2** ⟨inf.⟩ ~ and about *(weer) op de been zijn, druk aan het werk zijn* **5.3** ⟨inf.⟩ it's all up with him *het is met hem gedaan / afgelopen, hij is er bij* **5.5** ⟨golf⟩ the ball was well up *de bal kwam dicht bij de hole uit* **6.1** the water was up **to** my chin *het water stond tot aan mijn kin* **6.4** ~ **for** a club *voorhangen;* ~ **for** discussion *ter discussie staan;* ~ **for** election *verkiesbaar zijn, op de kieslijst staan;* ~ **for** an exam *een examen (moeten) afleggen;* the procedure is up **for** review *op de volgende vergadering wordt bekeken of de procedure niet veranderd moet worden;* ~ **for** sale *te koop zijn / staan* **6.5** my son is up **at** Oxford *mijn zoon studeert in Oxford;* are they still up **in** Aberdeen? *wonen ze nog altijd in Aberdeen?;* ⟨BE⟩ what are you up **for?** *waarom ben jij in Londen / Cambridge / ⟨enz.⟩ ?* **6.6** what's up **with** you? *wat is er met jou aan de hand?* **6.¶** ~ **against** s.o. *tegenover iem. staan, in conflict zijn / komen met iem., te doen hebben met iem.;* ~ **against** a problem *op een probleem gestoten zijn, met een probleem zitten;* what are we up **against?** *wat staat ons te wachten?;* ⟨inf.⟩ ~ **against** it *in de puree / rats zitten; aan de grond zitten, aan lager wal zijn, het (bepaald) niet makkelijk hebben;* ⟨inf.⟩ how are you up **for** wine? *hoe staat het met je voorraad wijn?, heb je nog (voldoende) wijn?;* he's (well) up **in / on** the news *hij is goed bij / op de hoogte v.h. laatste nieuws;* ⟨inf.⟩ he's (well) up **in / on** chemistry *hij is een kei in scheikunde, hij weet z'n weetje v. scheikunde;* →be up **to**.

'be upon →be on[2] 4.¶.

be 'up to ⟨f3⟩ ⟨onov.ww.⟩ ⟨inf., beh. in bet. 0.1⟩ **0.1** ***komen / staan / reiken tot*** **0.2** ***in z'n schild voeren*** ⇒*uit zijn op, zin hebben in* **0.3** ***in de gaten / smiezen hebben*** ⇒*doorhebben / zien, weet hebben v., begrijpen* **0.4** ***de zaak zijn v.*** **0.5** ⟨vnl. met ontkenning⟩ ***voldoen aan*** ⇒*beantwoorden aan* **0.6** ⟨steeds met ontkenning of vragend⟩ ***aankunnen*** ⇒*berekend zijn op, de moed hebben tot, aandurven* ◆ **1.1** ⟨fig.⟩ I'm up to my ears in work *ik zit tot over m'n oren in het werk* **1.2** he's up to a trick or two *hij zit vol gemene streken, hij is voor geen cent te vertrouwen* **1.3** I'm up to all his tricks *ik heb z'n truukjes door* **1.4** it's up to John to find it *Jan moet het maar opzoeken* **1.5** ~ our expectations *aan onze verwachtingen beantwoorden;* her work isn't up to scratch *haar werk kan niet door de beugel* **1.6** he isn't up to this job *hij kan deze klus niet aan* **4.2** what are you up to now? *wat voer je nu weer in je schild?* **4.4** it's up to you *het is jouw plicht / zaak, dat moet jij weten / doen* **4.5** it's not up to much *het is niet veel zaaks, het stelt niet veel voor* **4.¶** what are you up to? *wat scheelt je?, wat hapert er?.*

BeV ⟨afk.⟩ billion electron-volts **0.1** *GeV* ⟨giga-elektron volte; 10^9 elektronvolt⟩.

bev·el[1] ['bevl]⟨f1⟩⟨zn.⟩
I ⟨telb.zn.⟩ **0.1** ***schuine rand*** ⇒*schuinte, helling* ⟨vooral op hout en glas⟩ **0.2** ***zwei*** ⇒*zwaaihaak;*
II ⟨mv.; ~s⟩⟨sl.⟩ **0.1** ***dobbelstenen met bewerkte randen*** ⟨om vals te spelen⟩.

bevel[2] ⟨bn.⟩ **0.1** ***schuin*** ⇒*schuinhoekig, met een schuine rand, afgeschuind, afgekant.*

bevel[3] ⟨f1⟩⟨ww.; →ww. 7⟩
I ⟨onov.ww.⟩ **0.1** ***schuin aflopen*** ⇒*hellen;*
II ⟨ov.ww.⟩ **0.1** ***afschuinen*** ⇒*met een schuine kant afwerken, afkanten.*

'bevel gear ⟨zn.⟩
I ⟨telb.zn.⟩ **0.1** ***kegelwiel*** ⇒*conisch tandwiel, kegelrad;*
II ⟨mv.; ~s⟩ **0.1** ***overbrenging met konische tandwielen*** ⇒*kegeltandwieloverbrenging.*

'bevel square ⟨telb.zn.⟩ **0.1** ***zwei*** ⇒*zwaaihaak.*

'bevel wheel ⟨telb.zn.⟩ **0.1** ***kegelwiel*** ⇒*konisch tandwiel, kegelrad.*

bev·er·age ['bevrɪdʒ]⟨f2⟩⟨telb.zn.⟩⟨schr.⟩ **0.1** ***drank.***

bev·y ['bevi]⟨f1⟩⟨telb.zn.; →mv. 2⟩ **0.1** ***gezelschap*** ⇒*schare, groep* ⟨v. vrouwen/meisjes⟩ **0.2** ***troep*** ⟨v. vogels, dieren⟩ ⇒⟨i.h.b.⟩ *vlucht* ⟨v. kwartels, leeuweriken⟩.

be·wail [bɪ'weɪl]⟨ov.ww.⟩ **0.1** ***bewenen*** ⇒*bejammeren, betreuren.*

be·ware [bɪ'weə||bɪ'wer]⟨f2⟩⟨onov. en ov.ww.; alleen geb. w. en onbep. wijs⟩⟨→sprw. 389⟩ **0.1** ***oppassen*** ⇒*op zijn hoede zijn, voorzichtig zijn* ◆ **6.1** ~ **of** the dog *pas op voor de hond, wacht u voor de hond;* ~ **of** pickpockets *pas op voor zakkenrollers* **8.1** ~ (of) how you tackle him *pas op hoe je hem aanpakt;* ~ (of) what you do with that poison *wees voorzichtig (met)/kijk uit wat je met dat vergif doet.*

be·weep [bɪ'wi:p]⟨ov.ww.⟩ **0.1** ***bewenen*** ⇒*tranen vergieten om.*

Bewick's swan ['bju:ɪks 'swɒn||'swɑn]⟨telb.zn.⟩⟨dierk.⟩ **0.1** ***kleine zwaan*** ⟨Cygnus bewickii⟩.

be·wig·ged [bɪ'wɪgd]⟨bn.⟩ **0.1** ***gepruikt*** ⇒*met een pruik op, een pruik dragend.*

be·wil·der [bɪ'wɪldə||-ər]⟨f2⟩⟨ov.ww.⟩ →bewildering **0.1** ***verbijsteren*** ⇒*in de war brengen, doen duizelen, verwarren* **0.2** ⟨zelden⟩ ***misleiden*** ◆ **1.1** ~ed by the many unexpected protests *door de vele onverwachte protesten v. zijn stuk gebracht.*

be·wil·der·ing [bɪ'wɪldərɪŋ]⟨f1⟩⟨bn.; teg. deelw. v. bewilder; -ly⟩ **0.1** ***verbijsterend.***

be·wil·der·ment [bɪ'wɪldəmənt||-dər-]⟨f1⟩⟨zn.⟩
I ⟨telb.zn.⟩ **0.1** ***wirwar*** ⇒*chaos;*
II ⟨n.-telb.zn.⟩ **0.1** ***verbijstering*** ⇒*verbazing.*

be·witch [bɪ'wɪtʃ]⟨f1⟩⟨ov.ww.⟩ →bewitching **0.1** ***beheksen*** **0.2** ***betoveren*** ⇒*bekoren.*

be·witch·er·y [bɪ'wɪtʃəri], **be·witch·ment** [-mənt]⟨telb. en n.-telb.zn.; →mv. 2⟩ **0.1** ***betovering*** ⇒*bekoring.*

be·witch·ing [bɪ'wɪtʃɪŋ]⟨bn.; teg. deelw. v. bewitch; -ly⟩ **0.1** ***betoverend*** ⇒*bekoorlijk.*

be with [⟨in bet. 0.3 en 0.4⟩ -'-]⟨f3⟩⟨onov.ww.⟩ **0.1** ***zijn bij*** **0.2** ***werken voor*** **0.3** ⟨inf.⟩ ***(kunnen) volgen*** ⇒*(nog) begrijpen* **0.4** ⟨inf.⟩ ***aan de kant staan van*** ⇒*op de hand zijn van, partij kiezen voor* ◆ **1.1** he's with Sheila *hij is bij Sheila* **1.2** I am with Intermills *ik werk voor Intermills* **1.4** we are broadly with John *we zijn het in grote trekken eens met John* **4.3** are you still with me? *volg/snap je me nog?.*

be·wray [bɪ'reɪ]⟨ov.ww.⟩⟨vero.⟩ **0.1** ***onthullen*** ⇒*(ongewild) verraden.*

bey [beɪ]⟨telb.zn.; vaak B-⟩ **0.1** ***bei*** ⇒*bey, beg* ⟨vorst v. Tunis; Ottomaanse districtsgouverneur; moderne Turkse aanspreektitel⟩ ◆ **1.1** Bey of Tunis *bei v. Tunis.*

bey·lic ['beɪlɪk]⟨telb.zn.⟩⟨gesch.⟩ **0.1** ***district v. bei*** **0.2** ***rechtsgebied v. bei.***

bey·ond[1] [bɪ'jɒnd||bɪ'jɑnd]⟨f1⟩⟨n.-telb.zn.; the; vaak hoofdl.⟩ **0.1** ***het onbekende*** ⇒⟨i.h.b.⟩ *het hiernamaals* ◆ **2.1** the great ~ *het grote onbekende.*

beyond[2] ⟨f3⟩⟨bw.⟩ **0.1** ⟨plaats of tijd⟩ ***verder*** ⇒*daarachter, aan de overzijde, daarna, daar voorbij* **0.2** ***daarenboven*** ⇒*bovendien, meer, daarbuiten* ◆ **1.1** the lake and the house ~ *het meer en het huis aan de overkant;* he thought of the afternoon, suppertime and ~ *hij dacht aan de namiddag, het avondmaal en daarna* **4.2** she told him how she had escaped but nothing ~ *ze vertelde hem hoe ze was ontsnapt, maar niets daarbuiten/meer.*

beyond[3] ⟨f3⟩⟨vz.⟩ **0.1** ⟨plaats of richting⟩ ***voorbij*** ⇒*achter, verder dan, aan de overkant van* **0.2** ***naast*** ⇒*buiten, behalve, meer dan* **0.3** ⟨met abstr. nw. of gerund⟩ ***niet te ...*** ⇒*buiten, boven* ◆ **1.1** the hills ~ the city *de heuvels achter de stad;* ~ the ocean *aan/naar de overzijde van de oceaan* **1.2** he gave nothing ~ his friendship *hij gaf niets meer dan zijn vriendschap;* new duties ~ her daily tasks *nieuwe plichten buiten/behalve haar dagelijkse taken* **1.3** ~ doubt *boven alle twijfel, buiten twijfel;* it is ~ his strength *het gaat zijn krachten te boven;* stay ~ one's time *te lang blijven* **3.1** he had got ~ saying it *hij zei het al lang niet meer* **3.2** ~ helping his friend he also cared for his mother *naast de hulp die hij zijn vriend gaf, zorgde hij ook voor zijn moeder* **3.3** ~ bearing *on(ver)draaglijk;* ~ mentioning *onnoemelijk* **4.3** that is ~ anything *dat is al te kras;* it is ~ me *dat gaat boven mijn pet(je), dat gaat mijn verstand te boven.*

be·zant ['beznt], **by·zant** ⟨telb.zn.⟩ **0.1** ⟨gesch.⟩ ***bezant*** ⟨gouden munt uit Byzantium⟩ **0.2** ⟨heraldiek⟩ ***bezant*** ⟨gouden schijfje op schild⟩.

be·zel, be·zil ['bezl]⟨telb.zn.⟩ **0.1** ***scherpe/schuine kant*** ⟨v. beitel e.d.⟩ **0.2** ***gefacetteerd vlak*** ⟨v. edelsteen⟩ **0.3** ***kas*** ⟨v. vingerring⟩ ⇒*vatting* **0.4** ***gegroefde ring*** ⇒*gleufje* ⟨voor horlogeglas⟩.

be·zique [bɪ'zi:k]⟨n.-telb.zn.⟩⟨kaartspel⟩ **0.1** ***bezique.***

be·zoar ['bi:zouɔ||-ər], **'bezoar stone** ⟨telb. en n.-telb.zn.⟩ **0.1** ***bezoar*** ⇒*bezoarsteen* ⟨vroeger beschouwd als tegengif⟩.

bf ⟨afk.⟩ bloody fool ⟨BE; euf.⟩; bold face, brought forward.

'B-girl ⟨telb.zn.⟩⟨sl.⟩ **0.1** ***animeermeisje.***

B'ham ⟨afk.⟩ Birmingham.

bhang [bæŋ]⟨n.-telb.zn.⟩ **0.1** ***bhang*** ⇒*bheng, marihuana.*

bhp ⟨afk.⟩ brake horsepower.

bi [baɪ]⟨bn.⟩⟨sl.⟩ **0.1** ***biseks*** ⇒*biseksueel, bi.*

bi- [baɪ], ⟨voor klinker vaak⟩ **bin-** [bɪn] **0.1** ⟨toegevoegd aan nw. en bijv. nw. mbt. tijdsperioden⟩ ***twee-*** ⇒*om de twee* **0.2** ⟨toegevoegd aan nw. en bijv. nw. mbt. tijdsperioden; minder vaak⟩ ***half-*** ⇒*twee keer per* **0.3** ***bi-*** ⇒*twee-, met twee, dubbel-* ◆ **¶.1** biennial *tweejaarlijks;* bimonthly *tweemaandelijks, om de twee maanden* **¶.2** biannual *halfjaarlijks;* bimonthly ⟨minder vaak; vaak afgekeurd⟩ *halfmaandelijks, om de veertien dagen* **¶.3** biconcave *biconcaaf, dubbelhol;* bilingual *tweetalig.*

bi·a·ly [bɪ'ɑ:li], **bi·a·ly·stok** [-stɒk||-stɑk]⟨telb.zn.⟩⟨sl.⟩ **0.1** ***rond uienbroodje.***

bi·an·nu·al [baɪ'ænjʊəl]⟨bn.; -ly⟩ **0.1** ***halfjaarlijks*** **0.2** ⟨zelden; vaak afgekeurd⟩ ***tweejaarlijks.***

bi·as[1] ['baɪəs]⟨f2⟩⟨telb. en n.-telb.zn.; BE ook biasses; →mv. 2⟩ **0.1** ***neiging*** ⇒*tendens,* ⟨i.h.b.⟩ *vooroordeel, vooringenomenheid* **0.2** ***aanleg*** **0.3** ***schuinte*** ⇒*diagonaal* ⟨v. stof⟩ **0.4** ⟨bowls⟩ ***eenzijdige verzwaring*** ⟨v. bal⟩ ⇒⟨bij uitbr.⟩ *afwijking* ⟨in vorm en/of loop v.d. bal⟩, *effect* **0.5** ⟨elek.⟩ ***voorspanning*** **0.6** ***voormagnetisatie*** ⟨v. cassette⟩ **0.7** ⟨stat.⟩ ***vertekening*** ⇒*bias* ◆ **2.1** a theory with a sociological ~ *een theorie met een sociologische inslag* **2.2** with a mathematical ~ *met aanleg voor wiskunde, met een wiskundeknobbel* **2.4** the ball had a fairly narrow/wide ~ *de bal week vrij weinig/veel af* **3.3** cut (cloth) on the ~ *(stof) schuin knippen, (stof) in de schuinte knippen* **3.4** give a ~ to the ball *de bal met effect gooien* **6.1** a ~ **against** the left *een vooroordeel tegen links/de linkerzijde;* a ~ **towards** the left *een voorkeur voor/neiging naar links/de linkerzijde;* **without** ~ *onpartijdig, onbevooroordeeld.*

bias[2] ⟨bn., attr.; bw.⟩ **0.1** ***schuin*** ⇒*diagonaal, dwars.*

bias[3] ⟨f1⟩⟨ov.ww.; →ww. 7⟩ →bias(s)ed **0.1** ***bevooroordeeld maken*** ⇒*beïnvloeden* **0.2** ⟨bowls⟩ ***effect geven aan*** ⇒*doen afwijken* **0.3** ***in de schuinte/schuin knippen*** ⟨stof⟩ **0.4** ⟨elek.⟩ ***voorspanning geven*** ◆ **6.1** ~(s)ed **against** *vol vooroordelen tegen.*

'bias 'binding ⟨n.-telb.zn.⟩ **0.1** ***biais(band)*** ⟨schuin geweven/geknipt band⟩.

bi·ased, bi·assed ['baɪəst]⟨bn.; volt. deelw. v. bias⟩ **0.1** ***vooringenomen*** ⇒*bevooroordeeld* **0.2** ***tendentieus.***

bi·ath·lon [baɪ'æθlɒn||-'æθlɑn]⟨telb.zn.⟩⟨sport⟩ **0.1** ***biatlon*** ⟨gecombineerde ski- en schietwedstrijd⟩.

bi·ax·i·al ['baɪ'æksɪəl]⟨bn.⟩ **0.1** ***tweeassig.***

bib[1] [bɪb]⟨f1⟩⟨zn.⟩
I ⟨telb.zn.⟩ **0.1** ***slab*** ⇒*slabbetje, morsdoekje* **0.2** ***borstje*** ⇒*borststuk* ⟨v. schort, salopette enz.⟩ ◆ **3.¶** ⟨Austr. E⟩ stick one's ~ in *zich ermee bemoeien, zijn neus ertussen steken;*
II ⟨telb. en n.-telb.zn.⟩⟨dierk.⟩ **0.1** ***steenbolk*** ⟨schelvisachtige; Trisopterus/Gadus luscus⟩;
III ⟨mv.; ~s⟩⟨netbal⟩ **0.1** ***shirt/overblouse met spelpositie-initialen.***

bib[2] ⟨onov. en ov.ww.; →ww. 7⟩⟨vero.⟩ **0.1** ***drinken*** ⇒*pimpelen.*

bi·ba·cious [bɪ'beɪʃəs]⟨bn.⟩⟨scherts.⟩ **0.1** ***graag en veel drinkend*** ⇒*aan de drank (verslaafd).*

bib·ber ['bɪbə||-ər]⟨telb.zn.⟩ **0.1** ***pimpelaar*** ⇒*drinkebroer.*

bib·ble-bab·ble ['bɪbl'bæbl]⟨telb. en n.-telb.zn.⟩⟨sl.⟩ **0.1** ***gebabbel*** ⇒*gewauwel.*

bib·cock ['bɪbkɒk||-kɑk]⟨telb.zn.⟩ **0.1** ***kraan*** ⇒*aftapkraan.*

bi·be·lot ['bɪblou]⟨telb.zn.⟩ **0.1** ***bibelot*** ⇒*snuisterij.*

bib·ful ['bɪbfʊl]⟨telb.zn.⟩⟨sl.⟩ **0.1** ***geklets*** ⇒*geroddel.*

bi·ble ['baɪbl]⟨f3⟩⟨telb.zn.; in bet. 0.1 vnl. B-⟩ **0.1** ***bijbel*** ⟨ook fig.⟩ **0.2** ⟨sl.⟩ ***waarheid*** **0.3** ⟨sl.⟩ ***platform met gereserveerde plaatsen*** ⟨in circus⟩.

'bi·ble-bang·er ⟨telb.zn.⟩ ⟨sl.⟩ **0.1** ***strenge protestant*** ⟨i.h.b. fundamentalist⟩.

'Bi·ble-bash·ing, 'Bi·ble-pound·ing, 'Bi·ble-punch·ing, 'Bi·ble-thump·ing ⟨n.-telb.zn.⟩ ⟨sl.⟩ **0.1** ***het agressief verkondigen v.d. bijbel*** ⇒*fanatieke bijbelverkondiging* **0.2** ***het fanatiek naleven v.d. bijbel.***

'Bible Belt ⟨eig.n.; the⟩ ⟨AE⟩ **0.1** ***bijbelstreek/zone*** ⟨streek, in U.S.A. of Canada, met veel Prot. fundamentalisten⟩.

'Bible class ⟨telb. en n.-telb.zn.⟩ **0.1** ***bijbelles.***

'Bible clerk ⟨telb.zn.⟩ ⟨BE⟩ **0.1** ***bijbellezer*** ⟨student, in college in Oxford⟩.

'bible oath ⟨telb.zn.⟩ **0.1** ***eed op de bijbel.***

'Bible paper ⟨n.-telb.zn.⟩ **0.1** ***dundrukpapier*** ⇒*bijbelpapier.*

'bi·ble-punch·er ⟨telb.zn.⟩ ⟨inf.⟩ **0.1** ***(protestants) predikant.***

'Bible society ⟨f1⟩ ⟨telb.zn.⟩ **0.1** ***bijbelgenootschap.***

bib·li·cal ['bɪblɪkl] ⟨f2⟩ ⟨bn.; -ly; ook B-⟩ **0.1** ***bijbels.***

bib·li·cism ['bɪblɪsɪzm] ⟨n.-telb.zn.⟩ **0.1** ***biblicisme.***

bib·li·o- ['bɪbliou] **0.1** ***biblio-*** ⇒*boeken-.*

bib·li·og·ra·pher ['bɪbli'ɒgrəfə‖-'ɑgrəfər] ⟨telb.zn.⟩ **0.1** ***bibliograaf.***

bib·li·o·graph·ic ['bɪblɪə'græfɪk], **bib·li·o·graph·i·cal** [-ɪkl] ⟨bn.; -(al) ly; →bijw. 3⟩ **0.1** ***bibliografisch.***

bib·li·og·ra·phy ['bɪbli'ɒgrəfi‖-'ɑgrəfi] ⟨f2⟩ ⟨zn.; →mv. 2⟩
I ⟨telb.zn.⟩ **0.1** ***bibliografie*** ⇒*literatuurlijst, titellijst, boekenlijst;*
II ⟨n.-telb.zn.⟩ **0.1** ***bibliografie*** ⇒*(leer/kunst v.d.) boekbeschrijving, bibliologie.*

bib·li·ol·a·ter ['bɪbli'ɒlətə‖-'ɑlətər] ⟨telb.zn.⟩ **0.1** ***bijbelvereerder*** **0.2** ***boekenvereerder.***

bib·li·ol·a·trous ['bɪbli'ɒlətrəs‖-'ɑlətrəs] ⟨bn.⟩ **0.1** ***bijbelvererend*** **0.2** ***boekenvererend.***

bib·li·ol·a·try ['bɪbli'ɒlətri‖-'ɑlətri] ⟨n.-telb.zn.⟩ **0.1** ***bijbelverering*** ⇒*bibliotrie* **0.2** ***boekenverering.***

bib·li·o·man·cy ['bɪbliouмænsi] ⟨telb. en n.-telb.zn.; →mv. 2⟩ **0.1** ***bibliomantie*** ⇒*waarzeggerij d.m.v. boeken/bijbel.*

bib·li·o·ma·ni·a ['bɪbliou'meɪnɪə] ⟨telb. en n.-telb.zn.⟩ **0.1** ***bibliomanie.***

bib·li·o·ma·ni·ac ['bɪbliou'meɪnɪæk] ⟨telb.zn.⟩ **0.1** ***bibliomaan*** ⇒*boekengek.*

bib·li·o·phil(e) ['bɪblioufaɪl] ⟨telb.zn.⟩ **0.1** ***bibliofiel*** ⇒*boekenliefhebber.*

bib·li·oph·i·lic ['bɪbliou'fɪlɪk], **bib·li·oph·i·lis·tic** [-fɪ'lɪstɪk] ⟨bn.⟩ **0.1** ***bibliofiel.***

bib·li·oph·i·ly ['bɪbli'ɒfɪli‖-'ɑfɪli], **bib·li·oph·i·lism** [-lɪzm] ⟨n.-telb.zn.⟩ **0.1** ***bibliofilie.***

bib·li·o·pole ['bɪblɪəpoul] ⟨telb.zn.⟩ **0.1** ***handelaar in zeldzame boeken.***

bib·li·op·o·ly ['bɪbli'ɒpəli‖-'ɑpəli] ⟨telb.zn.; →mv. 2⟩ **0.1** ***handel in zeldzame boeken.***

bib·u·lous ['bɪbjʊləs‖-bjə-] ⟨bn.; -ly; -ness⟩ **0.1** ⟨scherts.⟩ ***graag een borreltje lustend*** ⇒*aan de drank (verslaafd)* **0.2** ***opslorpend*** ⇒*absorberend.*

bi·cam·er·al ['baɪ'kæmrəl] ⟨bn.⟩ **0.1** ***twee-kamer-*** ◆ **1.1** a ~ heart *een hart met twee kamers;* a ~ legislature *een wetgevend lichaam/stelsel met twee kamers;* their Parliament is ~ *hun Parlement bestaat uit twee kamers;* ~ system *tweekamersstelsel.*

bi·cam·er·al·ist ['baɪ'kæmrəlɪst], **bi·cam·er·ist** ['baɪ'kæm(ə)rɪst] ⟨telb.zn.⟩ **0.1** ***aanhanger v.h. tweekamerstelsel.***

bi·cap·su·lar ['baɪ'kæpsjʊlə‖-sjələr] ⟨bn.⟩ ⟨plantk.⟩ **0.1** ***bicapsulair*** ⇒*met twee zaaddozen* **0.2** ***tweehokkig.***

bi·car·bon·ate ['baɪ'kɑ:bənət‖-'kɑrbəneɪt], ⟨inf.⟩ **bi·carb** ['baɪkɑ:b‖-kɑ:b] ⟨n.-telb.zn.⟩ **0.1** ***bicarbonaat*** ⇒*zuiveringszout,* ⟨B.⟩ *maagzout* ◆ **1.1** ~ of soda *natriumbicarbonaat, dubbelkoolzure soda, zuiveringszout.*

bice [baɪs] ⟨n.-telb.zn.; vaak attr.⟩ **0.1** ***bergblauw*** ⇒*lazuurblauw* ◆ **2.1** ~ blue, blue ~ *bergblauw.*

bi·cen·ten·ni·al[1] ['baɪsen'tenɪəl], **bi·cen·ten·a·ry** ['baɪsen'ti:nəri‖-'tenəri] ⟨f1⟩ ⟨telb.zn.; →mv. 2⟩ **0.1** ***tweehonderdjarig jubileum*** ⇒*tweehonderdjarige gedenkdag, tweehonderdjarig gedenkfeest.*

bicentennial[2], **bicentenary** ⟨f1⟩ ⟨bn., attr.⟩ **0.1** ***tweehonderdjarig*** ◆ **1.1** ~ anniversary *tweehonderdste verjaardag.*

bi·cen·tric ['baɪ'sentrɪk] ⟨bn.⟩ ⟨biol.⟩ **0.1** ***tweekernig.***

bi·ceph·a·lous ['baɪ'sefələs], **bi·ceph·al·ic** [-sɪ'fælɪk] ⟨bn.⟩ **0.1** ***tweehoofdig*** ⇒*met twee hoofden.*

bi·ceps ['baɪseps] ⟨f1⟩ ⟨telb. en n.-telb.zn.; ook biceps; →mv. 4⟩ **0.1** ***biceps*** **0.2** ***spierkracht*** ◆ **1.2** a man with ~ *een man met biceps, een gespierde man.*

bi·chlo·ride ['baɪ'klɔ:raɪd] ⟨n.-telb.zn.⟩ ⟨schei.⟩ **0.1** ***bichloride*** ⇒*dichloride.*

bi·cip·i·tal ['baɪ'sɪpɪtl] ⟨bn.⟩ **0.1** ***tweehoofdig.***

bick·er[1] ['bɪkə‖-ər] ⟨zn.⟩
I ⟨telb.zn.⟩ **0.1** ***kibbelpartij;***
II ⟨n.-telb.zn.⟩ **0.1** ***gekibbel.***

bicker[2] ⟨f1⟩ ⟨onov.ww.⟩ **0.1** ***kibbelen*** ⇒*ruziën, krakélen* **0.2** ***kletteren*** ⟨v. regen, bv.⟩ ⇒*ratelen* **0.3** ***flakkeren*** ⇒*flikkeren* ⟨v. vuur, bv.⟩ ◆ **6.1** ~ **with** s.o. **about/over** sth. *met iem. over iets kibbelen.*

bick·er·er ['bɪkərə‖-ər] ⟨telb.zn.⟩ **0.1** ***kibbelaar(ster).***

bi·col·our, ⟨AE sp.⟩ **bi·col·or** ['baɪkʌlə‖-ər] ⟨bn., attr.⟩ **0.1** ***tweekleurig.***

bi·col·our·ed, ⟨AE sp.⟩ **bi·col·or·ed** ['baɪ'kʌləd‖-ərd] ⟨bn.⟩ **0.1** ***tweekleurig.***

bi·con·cave ['baɪ'kɒŋkeɪv‖-'kɑŋ-] ⟨bn.⟩ **0.1** ***dubbelconcaaf*** ⇒*biconcaaf, dubbelhol* ⟨holrond aan beide kanten⟩ ◆ **1.1** ~ lenses *dubbelconcave lenzen.*

bi·con·vex ['baɪ'kɒnveks‖-'kɑn-] ⟨bn.⟩ **0.1** ***dubbelconvex*** ⇒*biconvex, dubbelbol* ⟨bolrond aan beide kanten⟩.

bi·corn ['baɪkɔ:n‖-kɔrn], **bi·corn·ed** [-'kɔ:nd‖-'kɔrnd], **bi·cor·nous** [-'kɔ:nəs‖-'kɔrnəs], **bi·cor·nu·ate** [-'kɔ:njʊeɪt‖-'kɔrn-], **bi·cor·nu·ous** [-'kɔ:njʊəs‖-'kɔrn-] ⟨bn.⟩ **0.1** ***tweehoornig*** ⇒*met twee hoorns.*

bi·cor·po·ral ['baɪ'kɔ:prəl‖-pɔr-], **bi·cor·po·re·al** [-pɔ:rɪəl] ⟨bn.⟩ **0.1** ***tweelijvig*** ⇒*met/bestaande uit een dubbelfiguur* ◆ **1.1** Pisces is one of the ~ signs of the zodiac *het teken Vissen uit de dierenriem vertoont een dubbelfiguur.*

bi·cul·tur·al ['baɪ'kʌltʃərəl] ⟨bn.⟩ **0.1** ***bicultureel*** ◆ **1.1** Canada is a ~ country *Canada heeft een tweevoudige cultuur.*

bi·cus·pid[1] ['baɪ'kʌspɪd] ⟨telb.zn.⟩ **0.1** ***premalaar*** ⇒*tweepuntige/valse kies.*

bicuspid[2], **bi·cus·pi·date** ['baɪ'kʌspɪdeɪt] ⟨bn.⟩ **0.1** ***tweepuntig.***

bi·cy·cle[1] ['baɪsɪkl] ⟨f3⟩ ⟨telb.zn.⟩ **0.1** ***fiets*** ⇒*rijwiel.*

bicycle[2] ⟨f1⟩ ⟨onov. en ov.ww.⟩ **0.1** ***fietsen*** ⇒*op de fiets gaan, met de fiets vervoeren;* ⟨fig.⟩ *overbrengen.*

'bicycle chain ⟨f1⟩ ⟨telb.zn.⟩ **0.1** ***fietsketting.***

'bicycle clip ⟨telb.zn.⟩ **0.1** ***broekveer*** ⇒⟨B.⟩ *fietsspeld.*

'bicycle kick ⟨telb.zn.⟩ ⟨voetbal⟩ **0.1** ***achterwaartse omhaal*** ⇒*omhaal achterover.*

'bicycle polo ⟨n.-telb.zn.⟩ ⟨sport⟩ **0.1** ***fietspolo.***

'bicycle pump ⟨f1⟩ ⟨telb.zn.⟩ **0.1** ***fietspomp.***

'bicycle rack ⟨telb.zn.⟩ **0.1** ***fietsenrek*** ⇒*rijwielrek.*

'bicycle shed ⟨telb.zn.⟩ **0.1** ***fietsenstalling*** ⇒*rijwielbewaarplaats.*

'bicycle track ⟨telb.zn.⟩ **0.1** ***rijwielpad*** ⇒*fietspad* **0.2** ***wielerbaan.***

bi·cy·clic ['baɪ'sɪklɪk, -'saɪ-] ⟨bn.⟩ **0.1** ***bicyclisch*** **0.2** ⟨plantk.⟩ ***dubbelcyclisch*** ⇒*dubbelkransstandig* **0.3** ⟨schei.⟩ ***bicyclisch.***

bi·cy·cli·cal ['baɪ'sɪklɪkl] ⟨bn.⟩ **0.1** ***fiets(en)-*** ⇒*fietsend* **0.2** →bicyclic.

bi·cy·clist ['baɪsɪklɪst] ⟨telb.zn.⟩ **0.1** ***fietser*** **0.2** ***(wiel)renner.***

bid[1] [bɪd] ⟨f2⟩ ⟨telb.zn.⟩ **0.1** ***bod*** **0.2** ***prijsopgave*** ⇒*offerte* **0.3** ⟨kaartspel⟩ ***bod*** ⇒*beurt (om te bieden)* **0.4** ***poging*** ⟨om iets te verkrijgen⟩ ⇒*gooi* **0.5** ⟨AE⟩ ***aanbod*** ⇒*uitnodiging* ◆ **3.1** enter a ~ *een (schriftelijk) bod doen;* make a ~ at an auction for *op een veiling een bod doen op* **3.2** ~s are invited by the end of January *offertes tegen eind januari* **3.3** make a ~ of two clubs *een bod doen van twee klaveren, twee klaveren bieden;* raise the ~ *het bod (in dezelfde kleur) verhogen* **3.5** I got a ~ to join the fraternity *ik ben gevraagd als lid van de sociëteit* **6.1** a ~ **of** £10 **for** an old bicycle *een bod van 10 pond op een oude fiets* **6.4** a ~ **for** The Presidency *een gooi naar het presidentschap* **7.3** ⟨BE⟩ no ~ *pas;* it is your ~ *u moet bieden.*

bid[2] ⟨f2⟩ ⟨ww.; bid [bɪd], bid⟩ →bidding
I ⟨onov.ww.⟩ **0.1** ***bieden*** ⇒*een bod doen* **0.2** ***een prijsopgave indienen*** ⇒*een offerte inzenden* **0.3** ***dingen*** ◆ **5.1** ~ **up** *opbieden* **5.¶** it ~s fair to succeed *het belooft te zullen slagen* **6.1** why were you ~ding **against** him? *waarom heb je tegen hem opgeboden?* **6.2** our firm decided to ~ **on** the new tunnel *onze firma besloot een offerte te doen voor/in te schrijven op de nieuwe tunnel* **6.3** ~ **for** the public's favour *naar de gunst v.h. publiek dingen;*
II ⟨ov.ww.⟩ **0.1** ***bieden*** ⇒*een bod doen van* ◆ **5.1** the painting was ~ **up** to £1,000 *het schilderij werd opgeboden tot 1.000 pond;* the price was ~ **up** to £1,000 *de prijs werd opgedreven/opgejaagd tot 1.000 pond* **6.1** ~ 5 dollars **for** sth. *5 dollar voor iets bieden.*

bid[3] ⟨f1⟩ ⟨ov.ww.; bade [bæd, beɪd]/bid, bid [bɪd]/bidden ['bɪdn]⟩ ⟨schr.⟩ →bidding **0.1** ***bevelen*** ⇒*gelasten, last geven, opdragen* **0.2** ***noden*** ⇒*(uit)nodigen* **0.3** ***heten*** ⇒*zeggen* ◆ **1.2** a ~den guest *een genode gast* **1.3** ~ s.o. farewell *iem. vaarwel zeggen* **2.3** ~ s.o. welcome *iem. welkom heten* **¶.1** do as you are ~ *doe wat u wordt opgedragen.*

bid[4], **BID** ⟨afk.⟩ bis in die ⟨med.⟩ **0.1** ***tweemaal per dag.***

bi·dar·ka [baɪ'dɑ:kə‖-'dɑr-], **bi·dar·kee** [-ki:] ⟨telb.zn.⟩ **0.1** ***met huiden bedekte kano*** ⟨v.d. Eskimo's in Alaska⟩.

bid·da·bil·i·ty ['bɪdə'bɪləti] ⟨n.-telb.zn.⟩ **0.1** ***inschikkelijkheid*** ⇒*volgzaamheid, makheid.*

bid·da·ble ['bɪdəbl] ⟨bn.; -ly; →bijw. 3⟩ **0.1** ***inschikkelijk*** ⇒*gezeglijk, volgzaam, mak* **0.2** ⟨kaartspel⟩ ***biedbaar*** ◆ **1.2** a ~ hand *een biedbare kaart, een puntentotaal waarmee je kunt bieden.*

bid·der ['bɪdə‖-ər]⟨f1⟩⟨telb.zn.⟩ **0.1** ***bieder*** **0.2** ⟨schr.⟩ ***gebieder*** ⇒*lastgever* **0.3** ⟨schr.⟩ ***uitnodiger*** ◆ **2.1** the highest ~ *de meestbiedende*.

bid·ding ['bɪdɪŋ]⟨f1⟩⟨zn.; (oorspr.) gerund v. bid⟩
I ⟨telb.zn.⟩ **0.1** ***bod;***
II ⟨n.-telb.zn.⟩ **0.1** ***het bieden*** **0.2** ⟨schr.⟩ ***gebod*** ⇒*bevel* **0.3** ⟨schr.⟩ ***(uit)nodiging*** ◆ **3.2** do s.o.'s ~ *iemands bevelen uitvoeren;* ⟨pej.⟩ *naar iemands pijpen dansen* **6.2 at** s.o.'s ~ *ten dienste v. iem.; op iemands bevel*.

'bidding prayer ⟨telb.zn.⟩ **0.1** ***gemeenschappelijk gebed*** ⟨met specifieke intenties, vooral in Anglicaanse Kerk⟩.

bid·dy, ⟨in bet. I, II 0.2 en 0.3 soms ook⟩ **bid·die** ['bɪdi]⟨zn.; →mv. 2⟩
I ⟨eig.n.; B-⟩ **0.1** ***Biddy*** ⟨verkleinwoord v. Bridget⟩;
II ⟨telb.zn.⟩ **0.1** ⟨gew.⟩ ***kip*** ⇒*hen,* ⟨B.⟩ *kieken* **0.2** ⟨sl.; pej.⟩ ***(dienst)meid*** **0.3** ⟨sl.; pej.⟩ ***wijf*** ⇒*zeur(kous), zaag*.

bide [baɪd]⟨ww.; verl. t. ook bode [boʊd]⟩
I ⟨onov.ww.⟩ ⟨vero.⟩ **0.1** ***blijven*** ⇒*verblijven;*
II ⟨ov.ww.⟩ **0.1** ⟨enkel in uitdr. onder 1.1⟩ ***afwachten*** ◆ **1.1** ~ one's time *zijn tijd afwachten*.

bi·den·tate ['baɪ'denteɪt]⟨bn.⟩ **0.1** ***tweetandig*** ⇒*met twee tanden*.

bi·det ['bi:deɪ‖bɪ'det]⟨telb.zn.⟩ **0.1** ***bidet***.

bi·don ['bi:dɔ̃‖bi:'dɔ̃]⟨telb.zn.⟩⟨wielrennen⟩ **0.1** ***bidon*** ⇒⟨B.⟩ *drinkbus*.

bi·don·ville ['bɪdɒnvɪl‖'bi:dɔ̃'vi:l]⟨telb.zn.⟩ **0.1** ***bidonville*** ⇒⟨ong.⟩ *krottenwijk, sloppen(wijk)*.

'bid price ⟨telb.zn.⟩⟨geldw.⟩ **0.1** ***biedprijs*** ⟨vnl. voor effecten⟩.

Bie·der·mei·er ['bi:dəmaɪə‖'bi:dərmaɪər]⟨bn., attr.⟩⟨vaak pej.⟩ **0.1** ***biedermeier(-)*** ⇒*(klein)burgerlijk, conventioneel, droogstoppelig* ◆ **1.1** ~ furniture *biedermeiermeubelen;* a ~ writer *een huisbakken schrijver*.

bi·en·ni·al[1] [baɪ'enɪəl]⟨telb.zn.⟩ **0.1** ***biënnale*** ⇒*tweejarig feest* **0.2** ⟨plantk.⟩ ***tweejarige plant***.

biennial[2] ⟨f1⟩⟨bn.; -ly⟩ **0.1** ***tweejarig***.

bi·en·ni·um [baɪ'enɪəm]⟨telb.zn.; mv. ook biennia [-ɪə]; →mv. 5⟩ **0.1** ***periode v. twee jaar*** ⇒*biennium*.

bier [bɪə‖bɪr]⟨f1⟩⟨telb.zn.⟩ **0.1** ***(lijk)baar*** ⇒*katafalk*.

BIF ⟨afk.⟩ British Industries Fair.

bi·fa·cial ['baɪ'feɪʃl]⟨bn.; -ly⟩ **0.1** ***met twee gezichten*** ⇒*tweekoppig*.

biff[1] [bɪf]⟨telb.zn.⟩⟨sl.⟩ **0.1** ***opdoffer*** ⇒*opduvel, opdonder, oplawaai* **0.2** ⟨muz.⟩ ***kiks*** ⇒*gans* ⟨mislukte hoge noot op blaasinstrument⟩.

biff[2] ⟨ov.ww.⟩⟨sl.⟩ **0.1** ***een opdoffer geven*** ◆ **6.1** ~ s.o. **on** the kisser *iem. een dreun voor zijn kanis geven*.

biff·er ['bɪfə‖-ər]⟨telb.zn.⟩⟨AE; sl.⟩ **0.1** ***niet mooi, wel makkelijk te versieren meisje***.

bif·fin ['bɪfɪn]⟨telb.zn.⟩⟨BE⟩ **0.1** ***(rode) stoofappel*** **0.2** ***gestoofde appel*** ⇒*stoofappel*.

bi·fid ['baɪfɪd]⟨bn.; -ly⟩ **0.1** ***gespleten*** **0.2** ⟨plantk.⟩ ***twee(zaad)lobbig***.

bi·fi·lar ['baɪ'faɪlə‖-ər]⟨bn.; -ly⟩ **0.1** ***tweedraads*** ⇒*bifilair, tweedradig, met dubbele draad*.

bi·flag·el·late ['baɪ'flædʒɪleɪt]⟨bn.⟩⟨biol.⟩ **0.1** ***biflagellaat*** ⇒*met twee zweepdraden*.

bi·fo·cal ['baɪ'foʊkl]⟨bn.⟩ **0.1** ***bifocaal*** ⇒*met twee brandpunten, dubbelgeslepen* ◆ **1.1** ~ lenses *dubbelfocus lenzen/glazen*.

bi·fo·cals ['baɪ'foʊklz]⟨f1⟩⟨mv.⟩ **0.1** ***dubbelfocusbril*** ⇒*bifocale bril*.

bi·fold ['baɪ'foʊld]⟨bn.⟩ **0.1** ***tweevoudig*** ⇒*dubbel*.

bi·fo·li·ate ['baɪ'foʊlɪət], **bi·fo·li·o·late** [-lɪələt]⟨bn.⟩ **0.1** ***tweebladig*** ⇒*met twee blaadjes*.

bi·forked ['baɪ'fɔ:kt‖-'fɔrkt]⟨bn.⟩ **0.1** ***tweetakkig*** ⇒*gaffelvormig*.

bi·form ['baɪfɔ:m‖-fɔrm]⟨bn.⟩ **0.1** ***tweevormig*** ⇒*met twee gedaanten, met dubbele gedaante*.

bi·fur·cate[1] ['baɪfəkeɪt‖-fər-], **bi·fur·cat·ed** [-keɪtɪd], ⟨zelden⟩ **bi·fur·cal** ['baɪ'fɜ:kl‖-'fɜrkl]⟨bn.; bifurcately⟩ **0.1** ***gevorkt*** ⇒*gaffelvormig, met vertakking*.

bifurcate[2] ⟨ww.⟩
I ⟨onov.ww.⟩ **0.1** ***zich splitsen*** ⇒*bifurqueren, een bifurcatie vormen, zich verdelen, zich vertakken in twee delen* ◆ **1.1** the river ~s *de stroom vertakt zich;* the road ~s *de weg splitst zich;*
II ⟨ov.ww.⟩ **0.1** ***opsplitsen*** ⇒*in tweeën verdelen*.

bi·fur·ca·tion ['baɪfə'keɪʃn‖-fər-]⟨zn.⟩
I ⟨telb.zn.⟩ **0.1** ***bifurcatie*** ⇒*vertakking(spunt), gaffelverdeling* **0.2** ***bifurcatie*** ⇒*tak, vertakking;*
II ⟨telb. en n.-telb.zn.⟩ **0.1** ***opsplitsing*** ⇒*opdeling, scheiding* ◆ **6.1** the Cartesian ~ of reality **into** mind and matter *de Cartesiaanse opsplitsing v.d. werkelijkheid in stof en geest*.

big[1] [bɪg]⟨f4⟩⟨bn.⟩⟨→sprw. 582⟩
I ⟨bn.; -er; →compar. 7⟩ **0.1** ***groot*** ⇒*omvangrijk, uitgestrekt, dik, fors* **0.2** ***belangrijk*** ⇒*groot, voornaam, gewichtig* **0.3** ***groot*** ⇒*ouder, volwassen* **0.4** ***hevig*** ⇒*groot* **0.5** ***luid*** ⇒*groot, hard* **0.6** ⟨inf.⟩ ***groot(s)*** ⇒*hoogdravend, opgeblazen* **0.7** ⟨inf.⟩ ***groot(moedig)*** ⇒*gul, nobel* ◆ **1.1** ~ bag *zandzak, stootzak;* ~ game *grof/groot wild* ⟨ook fig.⟩; a ~ house *een groot huis;* a ~ majority *een ruime meerderheid;* ~ money *grof geld, het grote geld;* ~ toe *grote teen;* ⟨BE⟩ ~ wheel *reuzenrad;* a ~ woman *een grote/zware vrouw* **1.2** a ~ banker *een invloedrijk bankier;* ⟨inf.⟩ the ~ boss *de grote baas, de direkteur;* ~ business *het groot kapitaal, de grote zakenwereld;* ⟨inf.⟩ the ~ Chief *het grote opperhoofd; de grote baas;* ~ events *belangrijke gebeurtenissen;* a ~ man *een groot man;* ⟨inf.⟩ Mister Big *grote meneer, de grote baas;* he is a ~ name in show business *hij heeft een grote naam in de showwereld;* ~ science *grootschalige wetenschap* **1.3** my ~ sister *mijn grote/oudere zus* **1.4** a ~ earthquake *een grote/hevige aardbeving* **1.5** a ~ bang *een luide knal;* the Big Bang *de Grote Knal, Oerknal, Oerexplosie* **1.6** ⟨inf.⟩ have ~ ideas *ambitieus zijn, het hoog in de bol hebben;* have ~ plans *grootse plannen hebben;* ~ talk *grootspraak, snoeverij;* ⟨vnl. pej.⟩ ~ words *grote/dikke woorden, bombast* **1.7** have a ~ heart *een groot hart hebben, gulhartig zijn* **1.¶** ⟨AE; inf.⟩ the Big Apple *New York City;* Big Ben *Big Ben* ⟨klok/uurwerk/toren v. Brits parlementsgebouw⟩; Big Bertha *dikke Bertha* ⟨Duits kanon uit WO I⟩; ⟨AE; inf.⟩ Big Board *de New-Yorkse effectenbeurs;* ⟨sl.⟩ be too ~ for one's boots/breeches *barsten van pretentie, naast zijn schoenen lopen;* ⟨AE; sl.⟩ ~ boy/bug *hoge ome, grote baas;* Big Brother *Big Brother, Grote Broeder* ⟨de totalitaire dictator in Orwells roman '1984'⟩; ⟨inf.; euf.⟩ the Big C *K, kanker;* ⟨sl.; iron.⟩ ~ Daddy *de grote baas;* ⟨iron.⟩ ~ deal! *reusachtig!;* ⟨BE⟩ ~ dipper *roetsjbaan;* ⟨AE⟩ the Big Dipper *de Grote Beer;* ⟨AE; inf.⟩ Big Ditch ⟨ben. voor⟩ *groot kanaal, grote zee;* ⟨o.a.⟩ *Panamakanaal, Atlantische Oceaan;* ⟨AE; sl.⟩ the ~ drink *de Mississippi; de grote plas* ⟨de Atlantische Oceaan, de Pacific⟩; ⟨vaak fig.⟩ bang/beat the ~ drum *de grote trom roeren, hoog van de toren blazen;* ⟨tech.⟩ ~ end *(grote) drijfstangkop, big end;* ⟨inf.⟩ ~ gun *hoge ome, belangrijke troef;* ⟨inf.⟩ ~ head *verwaande kwast; kater* ⟨v. drank⟩; ⟨sl.⟩ ~ house *(staats)gevangenis, nor, verbeteringsgesticht;* ⟨iron.⟩ ~ idea! *schitterend idee!;* ⟨inf.⟩ what's the ~ idea? *wat zullen we nou krijgen?; had je wat?;* the ~ league *de hoofd/ereklasse, de eredivisie;* ⟨fig.⟩ play in the ~ league *met de grote jongens meespelen;* ⟨AE; inf.⟩ Big Muddy Missouri *(de rivier) de Missouri;* ⟨sl.⟩ ~ noise *grote baas; hoge ome;* ⟨inf.⟩ ~ number *grote meneer;* ⟨AE; inf.⟩ ~ pond *Atlantische Oceaan;* ⟨sl.⟩ ~ pot/shot *grote baas; hoge ome;* ⟨vooral Austr. E⟩ ~ smoke *grote stad;* ⟨inf.⟩ ~ stick *(militaire) machtsontplooiing;* ⟨sl.⟩ ~ stiff *hopeloos geval;* ⟨sl.; iron.⟩ ~ thrill! *reusachtig!, fantastisch!;* ⟨inf.⟩ ~ top *circustent; hoofdtent;* ⟨AE; plantk.⟩ ~ tree *mammoetboom, reuzenboom* ⟨Sequioadendron giganteum⟩; in a ~ way *op grote schaal; grandioos; met enthousiasme;* ⟨AE; sl.⟩ ~ wheel *hoge ome;* ⟨AE; inf.⟩ ~ wind *windmaker;* ⟨inf.⟩ the ~ bad wolf *het grote gevaar, het monster* **3.2** do the ~ *zich aanstellen, de (grote) jongen uithangen, de mijnheer spelen* **4.¶** ⟨sl.⟩ a ~ one *(een biljet v.) duizend dollar, een duizendje* **5.¶** ⟨sl.⟩ yea ~ *zó groot* ⟨met handgebaar⟩; *overstelpend groot;*
II ⟨bn., attr.⟩ ⟨inf.⟩ **0.1** ***groot*** ⇒*langverwacht* ◆ **1.1** the ~ moment *het langverwachte ogenblik;* the ~ opportunity *de grote kans;*
III ⟨bn., pred.⟩ **0.1** ⟨schr.⟩ ***vol*** ⟨ook fig.⟩ ⇒*(hoog)drachtig, (hoog)zwanger* **0.2** ⟨inf.⟩ ***gek*** ⇒*verlekkerd, enthousiast* ◆ **6.1** ~ **with** child *(hoog) zwanger, op alle dagen;* the cow was ~ **with** calf *de koe stond op kalveren, was (hoog)drachtig;* her heart was ~ **with** sadness *haar hart was vol v. verdriet/barstte v. verdriet* **6.2** ~ **on** Indian food *gek/dol op Indisch eten*.

big[2] ⟨f2⟩⟨bw.⟩ **0.1** ⟨inf.⟩ ***veel*** ⇒*duur, ruim* **0.2** ⟨sl.⟩ ***goed*** ⇒*reuze, succesvol* **0.3** ⟨inf.⟩ ***dapper*** ⇒*moedig* ◆ **3.1** come ~ *duur uitvallen;* pay ~ for sth. *veel voor iets betalen* **3.2** ⟨AE; sl.; dram.⟩ go over ~ *het maken;* ⟨AE; inf.⟩ make (it) ~ *het maken, succes hebben;* the ~gest-selling newspaper *de krant met de grootste oplage;* the new shop went ~ *de nieuwe zaak liep fantastisch* **3.3** he took the loss ~ *hij nam het verlies dapper op*.

big·a·mist ['bɪgəmɪst]⟨telb.zn.⟩ **0.1** ***bigamist***.

big·a·mous ['bɪgəməs]⟨bn.; -ly⟩ **0.1** ***bigamisch***.

big·a·my ['bɪgəmi]⟨f1⟩⟨n.-telb.zn.⟩ **0.1** ***bigamie***.

big·ar·reau ['bɪgəroʊ]⟨telb.zn.⟩ **0.1** ***bigarreau*** ⟨soort geconfijte kers⟩.

'big 'band ⟨f1⟩⟨telb.zn.⟩ **0.1** ***big band*** ⟨dans/jazz-orkest met meer dan 10 musici⟩.

'big 'banger ⟨telb.zn.; ook B- B-⟩ **0.1** ***aanhanger v.d. oerknaltheorie***.

'big 'bang 'theory ⟨n.-telb.zn.; ook B- B-; the⟩ **0.1** ***oerknaltheorie*** ⟨het heelal zou ontstaan zijn uit een explosie⟩.

'big'bel·lied ⟨bn.⟩ **0.1** ***dikbuikig***.

'big'boned ⟨bn.⟩ **0.1** ***met sterke/grote botten*** ⇒*potig, met sterk beendergestel*.

bi·gem·i·nate ['baɪ'dʒemɪneɪt], **bi·gem·i·nat·ed** [-neɪtɪd]⟨bn.⟩ ⟨plantk.⟩ **0.1** ***dubbel gepaard.***

big·gie [bɪgi]⟨telb.zn.⟩⟨inf.⟩ **0.1** ***grote*** ⇒*groot succes, knaller; belangrijk iem.*.

big·gin ['bɪgɪn]⟨telb.zn.⟩ **0.1** ⟨BE⟩ ***muts*** ⇒*kindermuts* **0.2** ***19e-eeuws type v. koffiepercolator.***

big·gish ['bɪgɪʃ]⟨bn.⟩ **0.1** ***vrij groot*** ⇒*betrekkelijk groot.*

big·gi·ty, big·ge·ty ['bɪgəṭi]⟨bn.⟩⟨inf.⟩ **0.1** ***verwaand*** ⇒*zelfgenoegzaam.*

'big·head ⟨zn.⟩
I ⟨telb.zn.⟩ **0.1** ⟨inf.⟩ ***blaaskaak*** ⇒*verwaande kwast* **0.2** ⟨AE; sl.⟩ ***kater*** ⇒*houten kop;*
II ⟨telb. en n.-telb.zn.⟩⟨veeartsenij⟩ **0.1** ***dierziekte waarbij een zwelling aan de kop optreedt;***
III ⟨n.-telb.zn.⟩⟨AE; inf.⟩ **0.1** ***eigenwaan*** ⇒*verwaandheid, praalzucht.*

'big'head·ed ⟨bn.⟩⟨inf.⟩ **0.1** ***verwaand.***

big·head·ed·ness ['bɪg'hedɪdnəs]⟨n.-telb.zn.⟩⟨inf.⟩ **0.1** ***eigenwaan*** ⇒*verwaandheid, blaaskakerij.*

big-heart·ed ['bɪg'hɑ:tɪd‖-'hɑrṭɪd]⟨bn.; -ly; -ness⟩ **0.1** ***grootmoedig*** ⇒*groothartig.*

'big·horn ⟨telb.zn.; ook bighorn; →mv. 4⟩⟨dierk.⟩ **0.1** ***dikhoornschaap*** ⟨Ovis canadensis⟩.

bight[1] [baɪt]⟨telb.zn.⟩ **0.1** ***bocht*** ⇒*kromming, baai* **0.2** ⟨scheep.⟩ ***lus (in een touw)*** ⇒*oogsplits.*

bight[2] ⟨ov.ww.⟩⟨scheep.⟩ **0.1** ***vastsjorren*** ⇒*vastmarlen.*

'big-'league ⟨bn., attr.; vaak B-L-⟩⟨AE; inf.⟩ **0.1** ***eersteklas(-)*** ⇒*eersterangs-, professioneel, van klasse* ◆ **1.1** ⟨inf.⟩ ~ politics *de grote politiek.*

'big·mouth ⟨telb.zn.⟩ **0.1** ⟨ben. voor⟩ ***vis met een brede bek*** **0.2** ⟨sl.⟩ ***grote bek*** ⇒*schreeuwlelijk, ratel.*

big·mouth·ed ['bɪg'maʊðd, -'maʊθt]⟨bn.⟩ **0.1** ***met een grote mond*** **0.2** ***lawaaierig*** ⇒*babbelziek, praatziek.*

big·ness ['bɪgnəs]⟨f1⟩⟨telb. en n.-telb.zn.⟩ **0.1** ***grootte*** **0.2** ***hoogdravendheid.***

Big·no·nia ['bɪg'noʊnɪə]⟨telb.zn.⟩⟨plantk.⟩ **0.1** ***bignonia*** ⟨genus Bignonia⟩ ⇒*trompetbloem.*

big·ot ['bɪgət]⟨f1⟩⟨telb.zn.⟩ **0.1** ***dweper*** ⇒*(bekrompen) fanaticus, geestdrijver, kwezel.*

big·ot·ed ['bɪgəṭɪd]⟨f1⟩⟨bn.; -ly⟩ **0.1** ***dweepziek*** ⇒*onverdraagzaam.*

big·ot·ry ['bɪgətri]⟨f1⟩⟨telb. en n.-telb.zn.; →mv. 2⟩ **0.1** ***dweperij*** ⇒*fanatisme, onverdraagzaamheid.*

'big'spend·er ⟨telb.zn.⟩ **0.1** ***iem. die veel geld uitgeeft*** ⇒*verkwister.*

'big-tick·et ⟨bn., attr.⟩ **0.1** ***duur*** ⇒*kostbaar* ◆ **1.1** a ~ purchase *een dure aankoop.*

'big time ⟨n.-telb.zn.; the⟩⟨sl.⟩ **0.1** ***top*** ◆ **3.1** break into/make the ~ *de top bereiken;* get into/hit/make the ~ *het (helemaal) maken* **6.1** be **in** the ~ *aan de top staan.*

'big-time ⟨bn.⟩⟨sl.⟩ **0.1** ***top-*** ⇒*eersteklas(-), eersterangs(-)* ◆ **1.1** ~ artist *populair artiest;* ~ athlete *topatleet;* her performance was ~ *haar optreden was uit de kunst.*

'big-tim·er ['bɪgtaɪmə‖-ər]⟨telb.zn.⟩⟨sl.⟩ **0.1** ***topper*** ⇒*grote naam, topartiest, topspeler, topatleet.*

'big·wig ⟨telb.zn.⟩⟨inf.; vaak iron.⟩ **0.1** ***hoge ome/piet*** ⇒*man v. gewicht.*

bi·jou[1] ['bi:ʒu:]⟨telb.zn.; bijoux ['bi:ʒu:z]; →mv. 5⟩⟨ook fig.⟩ **0.1** ***juweel(tje)*** ⇒*kleinood, sieraad.*

bijou[2] ⟨bn., attr.⟩ **0.1** ***snoezig*** ⇒*gracieus, klein en elegant* ◆ **1.1** a ~ cottage *een huisje om te stelen.*

bi·jou·te·rie [bɪ'ʒu:ṭəri]⟨zn.⟩
I ⟨telb.zn.⟩ **0.1** ***kwinkslag*** ⇒*bon mot, woordspeling;*
II ⟨telb. en n.-telb.zn.⟩ **0.1** ***bijouterie(ën)*** ⇒*kleinodiën, juwelen.*

bike[1] [baɪk]⟨f2⟩⟨telb.zn.⟩⟨inf.⟩ **0.1** ***fiets*** **0.2** ⟨AE⟩ ***motorfiets*** ◆ **6.¶** ⟨BE; inf.⟩ **on** your ~! *donder op!, ga fietsen!.*

bike[2] ⟨f1⟩⟨onov.ww.⟩⟨inf.⟩ **0.1** ***fietsen*** ⇒*rijden (met de fiets)* **0.2** ⟨AE⟩ ***rijden (met de motor).***

'bike lane ⟨telb.zn.⟩⟨AE⟩ **0.1** ***fietspad.***

bik·er ['baɪkə‖-ər]⟨telb.zn.⟩⟨AE; inf.⟩ **0.1** ***fietser*** **0.2** ***motorrijder.***

'bike·way ⟨telb.zn.⟩⟨AE; inf.⟩ **0.1** ***fietspad*** ⇒*rijwielpad.*

bik·ie ['baɪki]⟨telb.zn.⟩⟨Austr. E; sl.⟩ **0.1** ***rouw-douw op een motorfiets.***

bi·ki·ni [bɪ'ki:ni]⟨f1⟩⟨telb.zn.⟩ **0.1** ***bikini.***

bi'kini briefs ⟨mv.⟩ **0.1** ***bikinibroekje.***

bi·la·bi·al[1] ['baɪ'leɪbɪəl]⟨telb.zn.⟩⟨taalk.⟩ **0.1** ***bilabiaal.***

bilabial[2] ⟨bn.; -ly⟩ **0.1** ***met (twee) lippen*** **0.2** ⟨taalk.⟩ ***bilabiaal*** ⟨met beide lippen uitgesproken⟩.

bi·la·bi·ate ['baɪ'leɪbɪeɪt]⟨bn.⟩⟨plantk.⟩ **0.1** ***tweelippig.***

bil·an·der ['bɪləndə‖-ər]⟨telb.zn.⟩⟨scheep.⟩ **0.1** ***bijlander*** ⟨zeilvaartuig⟩.

bi·lat·er·al ['baɪ'lætrəl‖-'læṭərəl]⟨f1⟩⟨bn.; -ly⟩ **0.1** ***tweezijdig*** ⇒*dubbel, tweevoudig* **0.2** ***bilateraal*** ⇒*wederzijds (bindend), tussen twee landen/partijen* ◆ **1.1** a problem with a ~ difficulty *een probleem met een tweevoudige moeilijkheid;* ⟨tech.⟩ ~ gear *tweezijdige tandwielaandrijving* **1.2** a ~ agreement *een bilateraal akkoord.*

bi·lat·er·al·ism ['baɪ'lætrəlɪzm‖-'læṭər-]⟨n.-telb.zn.⟩ **0.1** ***bilateraliteit.***

bil·ber·ry ['bɪlbri‖-beri]⟨f1⟩⟨telb.zn.; →mv. 2⟩⟨plantk.⟩ **0.1** ***bosbes*** ⟨genus Vaccinium⟩ ⇒*blauwbes, kraakbes, klokkebei.*

bil·bo ['bɪlboʊ]⟨telb.zn.; ook -es; →mv. 2⟩⟨gesch.⟩ **0.1** ***(Spaanse) degen*** **0.2** ⟨meestal mv.⟩ ***voetboei*** ⇒*galeiketen, voetkluisters, scheepsboeien* ⟨die heen en weer schuiven langs een ijzeren stang⟩.

bile [baɪl]⟨f1⟩⟨n.-telb.zn.⟩ **0.1** ***gal*** **0.2** ⟨med.⟩ ***galstoornis*** ⇒*galachtigheid* **0.3** ⟨fig.⟩ ***korzeligheid*** ⇒*zwartgalligheid, humeurigheid.*

'bile-duct ⟨telb.zn.⟩⟨med.⟩ **0.1** ***galkanaal.***

'bile·stone ⟨telb.zn.⟩ **0.1** ***galsteen.***

bi-lev·el ['baɪlevl]⟨telb.zn.⟩ **0.1** ***huis met sous-terrain.***

bilge[1] [bɪldʒ]⟨f1⟩⟨zn.⟩
I ⟨telb.zn.⟩ **0.1** ***buik*** **0.2** ⟨scheep.⟩ ***onderruim*** ⇒*ruim* **0.3** ⟨scheep.⟩ ***kim*** ◆ **1.1** the ~ of a cask *de buik v.e. ton;*
II ⟨n.-telb.zn.⟩ **0.1** ⟨scheep.⟩ ***ruimwater*** ⇒*lenswater* **0.2** ⟨sl.⟩ ***flauwe kul*** ⇒*larie, kletskoek, nonsens,* ⟨B.⟩ *zever.*

bilge[2] ⟨ww.⟩
I ⟨onov.ww.⟩ **0.1** ***opzwellen*** ⇒*uitpuilen, uitstulpen* **0.2** ***lek slaan*** ⇒*een lek krijgen* ◆ **1.2** the ship ~d *het schip sloeg lek;*
II ⟨ov.ww.⟩ **0.1** ***een gat slaan in*** ⇒*inslaan, in duigen slaan* ◆ **1.1** the boat was ~d by a reef *de boot sloeg lek op een rif* **5.1** ~ **in** *in duigen slaan, inslaan, lek slaan.*

'bilge-keel, 'bilge-piece ⟨telb.zn.⟩⟨scheep.⟩ **0.1** ***kimkiel*** ⇒*slingerkiel.*

'bilge-pump ⟨telb.zn.⟩⟨scheep.⟩ **0.1** ***lenspomp.***

'bilge-strake ⟨telb.zn.⟩⟨scheep.⟩ **0.1** ***kimgang.***

'bilge-wa·ter ⟨n.-telb.zn.⟩⟨scheep.⟩ **0.1** ***ruimwater*** ⇒*lenswater.*

bilg·y ['bɪldʒi]⟨bn.; -er; →compar. 7⟩ **0.1** ***stinkend (als ruimwater)*** ⇒*vies.*

bil·har·zia [bɪl'hɑ:zɪə‖-'hɑr-]⟨zn.⟩
I ⟨telb.zn.⟩⟨dierk.⟩ **0.1** ***bilharzia*** ⟨tropische parasitaire worm⟩;
II ⟨telb. en n.-telb.zn.⟩⟨med.⟩ **0.1** ***bilharziasis*** ⇒*bilharzia, schistosomiasis.*

bil·har·zi·a·sis ['bɪlhɑ:'zaɪəsɪs‖-hɑr-]⟨n.-telb.zn.; bilharziases; →mv. 5⟩⟨med.⟩ **0.1** ***bilharziasis*** ⇒*bilharzia, schistosomiasis.*

bil·i·ar·y ['bɪlɪəri]⟨bn.⟩ **0.1** ***gal-*** ⇒*galachtig* ◆ **1.1** ~ acid *galzuur;* ~ calculus *galsteen;* ~ colic *galsteenkoliek;* ~ duct/canal *galkanaal;* ~ fever *galkoorts.*

bi·lin·e·ar ['baɪ'lɪnɪə‖-ər]⟨bn.⟩ **0.1** ***tweelijnig*** **0.2** ⟨wisk.⟩ ***bilineair.***

bi·lin·gual[1] ['baɪ'lɪŋgwəl]⟨f1⟩⟨telb.zn.⟩ **0.1** ***tweetalig iem.***.

bilingual[2] ⟨f1⟩⟨bn.⟩ **0.1** ***tweetalig*** ⇒*bilinguïstisch* ◆ **1.1** a ~ country *een tweetalig land.*

bi·lin·gual·ism ['baɪ'lɪŋgwəlɪzm]⟨n.-telb.zn.⟩ **0.1** ***tweetaligheid*** ⇒*bilinguïsme.*

bil·ious ['bɪlɪəs]⟨f1⟩⟨telb.zn.; -ly⟩ **0.1** ***gal-*** ⇒*galachtig* **0.2** ***galachtig*** ⇒*kittelorig, korzelig, gemelijk, (zwart)gallig, humeurig* **0.3** ***afschuwelijk*** ⇒*walg(e)lijk* ◆ **1.1** ~ attack *galstoornis/aanval* **1.2** he has a ~ temperament *hij heeft een opvliegend temperament, hij is een lichtgeraakt iemand* **1.3** ~ weather *rotweer, hondeweer.*

bil·ious·ness ['bɪlɪəsnəs]⟨n.-telb.zn.⟩ **0.1** ***galachtigheid*** ⇒*galligheid* **0.2** ***zwartgalligheid*** ⇒*humeurigheid.*

bil·i·ru·bin ['bɪlɪ'ru:bɪn]⟨n.-telb.zn.⟩⟨med.⟩ **0.1** ***bilirubine.***

-bil·i·ty ['bɪləṭi] **0.1** ⟨ong.⟩ ***-heid*** ⟨vormt abstr. nw. uit bijv. nw. op -able, -ible⟩ ◆ **1.¶** possibility *mogelijkheid.*

bil·i·ver·din ['bɪlɪ'vɜ:dɪn‖-'vɜr-]⟨n.-telb.zn.⟩⟨med.⟩ **0.1** ***biliverdine*** ⟨groene galkleurstof⟩.

bilk[1] [bɪlk]⟨zn.⟩
I ⟨telb.zn.⟩ **0.1** ***oplichter*** ⇒*afzetter, bedrieger;*
II ⟨n.-telb.zn.⟩ **0.1** ***oplichterij*** ⇒*afzetterij.*

bilk[2] ⟨ov.ww.⟩ **0.1** ***oplichten*** ⇒*afzetten, bedriegen* **0.2** ***dwarsbomen*** ⇒*verijdelen, blokkeren* **0.3** ⟨vero.⟩ ***ontglippen*** ⇒*uit de weg gaan* **0.4** ⟨vero.⟩ ***niet betalen*** ◆ **1.2** ~ s.o.'s plans *iemands plannen de grond in boren* **6.1** ~ s.o. **out of** a large amount of money *iem. voor een grote som geld oplichten.*

bilk·er ['bɪlkə‖-ər]⟨telb.zn.⟩ **0.1** ***oplichter*** ⇒*afzetter, bedrieger.*

bill[1] [bɪl]⟨f4⟩⟨zn.⟩
I ⟨eig.n.; B-⟩ **0.1** ***Bill*** ⇒*Wim;*
II ⟨telb.zn.⟩ **0.1** ***rekening*** ⇒*factuur, nota* **0.2** ***lijst*** ⇒*aanplakbiljet, (strooi)biljet, menu; programma, affiche* **0.3** ***certificaat*** ⇒*bewijs, brief, rapport, verklaring, ce(d)el* **0.4** ***bek*** ⇒*snavel, neus* **0.5** ***klep*** ⟨v. pet⟩ **0.6** ⟨scheep.⟩ ***(anker)punt*** **0.7** ⟨BE⟩ ***landtong*** **0.8** ⟨AE⟩ ***(bank)biljet*** ⇒⟨i.h.b.⟩ *100-dollar biljet* **0.9** ⟨geldw.⟩ ***wissel*** ⇒*schuldbekentenis* **0.10** ⟨pol.⟩ ***wetsvoorstel*** ⇒*wetsontwerp* **0.11** ⟨jur.⟩ ***akte v. beschuldiging*** **0.12** ⟨gesch.⟩ ***(soort) piek/hellebaard***

⟨met haak ipv. bijl⟩ **0.13** →billhook ◆ **1.1** ~ of charges/costs *onkostenrekening;* electricity ~ *elektriciteitsrekening* **1.2** ~ of fare *menu;* ⟨gesch.⟩ ~ of mortality *sterftelijst* ⟨wekelijkse lijst v. sterfgevallen in en om Londen⟩; ⟨BE; bouwk.⟩ ~ of quantities *(quanta) bestek, kostenraming, begroting* **1.3** ⟨scheep.⟩ ~ of carriage *vrachtbrief;* ⟨jud.⟩ ~ of divorce(ment) *scheid(ings)brief;* ~ of entry *douaneverklaring;* ⟨scheep.⟩ ~ of health *gezondheidsattest, gezondheidspas;* ⟨scheep.⟩ ~ of lading *vrachtbrief, cognossement, connossement;* ~ of rights ⟨ook B- of R-⟩ *officiële (vaak grondwettelijke) verklaring v.d. rechten v. bepaalde groepen v. personen, Bill of Rights* ⟨BE: grondwettelijke overeenkomst v. 1689; AE: de eerste tien amendementen op de grondwet⟩; ~ of sale *koopakte, koopbrief, koopcontract;* ~ of sight *consent/toestemming tot bezichtiging;* ⟨scheep.⟩ ~ of tonnage *meetbrief* **1.9** ~ of exchange *wissel* **1.11** ⟨gesch.⟩ ~ of attainder *akte v. veroordeling (zonder proces)* ⟨vnl. wegens hoogverraad⟩; ~ of indictment *akte v. veroordeling (zonder proces)* ⟨vnl. wegens hoogverraad⟩ **2.9** ~s payable *te betalen wissels;* ~s receivable *te innen wissels* **3.1** foot the ~ (for) *de hele rekening betalen (voor); de verantwoordelijkheid dragen (voor)* **3.2** ⟨inf.⟩ head/top the ~ *de ster/vedette zijn, de attractie zijn, de hoofdacteur/actrice zijn; bovenaan (de lijst) staan;* stick no ~s *verboden aan te plakken* **3.10** defeat a ~ *een wetsvoorstel verwerpen;* pass the ~ *het wetsvoorstel aannemen;* the ~ is read for the first time *het wetsvoorstel is voor de eerste keer in behandeling genomen* **3.11** ignore/throw out the ~ *rechtsingang weigeren* **3.¶** ⟨inf.⟩ fill the ~ *(volledige) voldoening schenken, aan alle eisen voldoen;* fit the ~ *geschikt zijn, aan je wensen tegemoet komen* **6.2** what's **on** the ~ tonight? *wat staat er vanavond op het programma/het menu?.*

bill[2] ⟨f2⟩ ⟨ww.⟩ →billed, billing
I ⟨onov.ww.⟩ **0.1** ***trekkebekken*** ⇒*minnekozen, liefkozen* ◆ **1.1** look at those doves ~ing *kijk die duifjes eens tortelen* **3.1** ~ and coo *minnekozen;*
II ⟨ov.ww.⟩ **0.1** ***op het affiche plaatsen*** ⇒*aankondigen, adverteren, aanplakken* **0.2** ***(met affiches) beplakken*** **0.3** ***op de rekening zetten*** ⇒*toerekenen, de rekening sturen* **0.4** ***inschrijven*** ⇒*boeken* **0.5** ***(op)pikken*** ⇒*meepikken* **0.6** ⟨AE; hand.⟩ ***factureren*** ◆ **1.1** a leading actor is ~ed (to appear) as Macbeth *er staat een eersterangs acteur als Macbeth aangekondigd;* a new play is ~ed for next week *er staat voor volgende week een nieuw stuk op het programma* **1.3** the gas company ~s its customers every quarter *het gasbedrijf stuurt zijn klanten elk kwartaal een rekening* **1.4** they were ~ing the goods *ze waren de goederen aan het inschrijven/inboeken* **1.5** swallows ~ insects on the wing *zwaluwen pikken insekten op in de vlucht* **4.3** ~ me later *stuur me de rekening maar, zet het maar op mijn rekening.*

bil·la·bong ['bɪləbɒŋ‖-bɔŋ] ⟨telb.zn.⟩ ⟨Austr. E⟩ **0.1** ***(doodlopende) zijarm*** ⟨v.e. rivier⟩ **0.2** ***(stil) binnenwater.***

bill·board ['bɪlbɔ:d‖-bɔrd] ⟨f1⟩ ⟨telb.zn.⟩ **0.1** ⟨vnl. AE⟩ ***aanplakbord*** ⇒*reklamebord* **0.2** ⟨vnl. AE; radio en t.v.⟩ ***titelrol*** ⟨opsomming v. medewerkers, sponsors enz. aan het begin of eind v.e. programma⟩ **0.3** ⟨scheep.⟩ ***ankerbord*** ⇒*ankerbrug.*

'bill-book ⟨telb.zn.⟩ ⟨geldw.⟩ **0.1** ***wisselboek.***

'bill broker ⟨telb.zn.⟩ ⟨vnl. BE; geldw.⟩ **0.1** ***wisselmakelaar.***

'bill·brok·ing ⟨n.-telb.zn.⟩ ⟨vnl. BE; geldw.⟩ **0.1** ***wisselhandel.***

bill·ed [bɪld] ⟨bn.; volt. deelw. v. bill⟩ **0.1** ***gebekt*** ⇒*met een bek/snavel* **0.2** ***met een klep*** ◆ **5.1** a thick- ~ bird *een vogel met een brede snavel* **5.2** a long- ~ cap *een pet met een lange klep.*

bil·let[1] ['bɪl̩ɪt] ⟨telb.zn.⟩ **0.1** ***kwartier*** ⇒*bestemming, verblijfplaats* **0.2** ***(hout)klomp*** ⇒*(hout)blik, stuk (brand)hout* **0.3** ***hals/buikriem*** ⟨o.m. v. paardetuig⟩ ⇒*uiteinde v.e. riem; schuifpassant* **0.4** ⟨mil.⟩ ***inkwartieringsbevel*** ⇒*inkwartieringsbiljet* **0.5** ⟨inf.⟩ ***baan (tje)*** ⇒*job* **0.6** ⟨metaalindustrie⟩ ***staaf*** ⇒*baar, knuppel* ⟨gegoten ruw metaal⟩ **0.7** ⟨bouwk.⟩ ***blokvormige versiering v. lijstwerk*** ◆ **1.1** be in ~s *ingekwartierd liggen* **2.5** have a soft ~ *een makkelijk/zacht baantje hebben.*

billet[2] ⟨ww.⟩
I ⟨onov.ww.⟩ **0.1** ***ingekwartierd zijn*** ⇒*logeren, zijn verblijf hebben, verblijven* ◆ **1.1** the soldiers ~ed in the town hall *de soldaten hadden hun kwartier in het stadhuis;*
II ⟨ov.ww.⟩ **0.1** ***inkwartieren*** ⇒*onderbrengen, logeren, onderdak geven* **0.2** ⟨inf.⟩ ***een baan geven*** ◆ **6.1** he ~ed his troops **(up)on** a farmer/**on** a farm/**on** a town nearby *hij bracht zijn troepen onder bij een boer/op een boerderij/in een stad in de buurt.*

bil·let-doux ['bɪleɪ'du:] ⟨telb.zn.; billets-doux; →mv. 5, 6⟩ ⟨vero. of scherts.⟩ **0.1** ***liefdesbrief(je)*** ⇒*billet-doux.*

bil·le·tee ['bɪl̩ɪ'ti:] ⟨telb.zn.⟩ **0.1** ***ingekwartierd militair.***

'bil·let-mas·ter ⟨telb.zn.⟩ ⟨mil.⟩ **0.1** ***kwartiermeester.***

'bil·let-mon·ey ⟨n.-telb.zn.⟩ ⟨mil.⟩ **0.1** ***inkwartieringsgeld*** ⇒*inkwartieringsvergoeding/premie.*

'bill·fish ⟨telb.zn.⟩ ⟨AE⟩ **0.1** ⟨ben. voor⟩ ***(Noordamerikaanse) vis met sterk verlengde snuit*** ⇒*beensnoek, marlijn, speerhaai, makreelgeep.*

'bill·fold ⟨telb.zn.⟩ ⟨AE⟩ **0.1** ***zakportefeuille.***

'bill·head ⟨telb.zn.⟩ **0.1** ***factuur (met gedrukt opschrift)*** **0.2** ***briefhoofd (op factuur).***

'bill·hook ⟨telb.zn.⟩ **0.1** ***snoeimes*** ⇒*kapmes, fascinemes.*

bil·liard ['bɪlɪəd‖-jərd] ⟨f2⟩ ⟨telb.zn.⟩ ⟨AE⟩ **0.1** ***carambole.***

'billiard ball ⟨f1⟩ ⟨telb.zn.⟩ **0.1** ***biljartbal.***

'billiard cloth ⟨n.-telb.zn.⟩ **0.1** ***biljartlaken.***

'billiard cue ⟨f1⟩ ⟨telb.zn.⟩ **0.1** ***biljartkeu.***

'billiard marker ⟨telb.zn.⟩ **0.1** ***(biljart)teller*** ⇒*markeur.*

'billiard rest ⟨telb.zn.⟩ **0.1** ***bok.***

bil·liards ['bɪlɪədz‖-jərdz] ⟨n.-telb.zn.⟩ **0.1** ***biljart.***

'billiard table ⟨f1⟩ ⟨telb.zn.⟩ **0.1** ***biljarttafel*** ⇒*biljart.*

bill·ing ['bɪlɪŋ] ⟨f1⟩ ⟨telb. en n.-telb.zn.; (oorspr.) gerund v. bill⟩ **0.1** ⟨dram.⟩ ***plaats op het affiche of in het programma*** **0.2** ⟨AE⟩ ***aankondiging*** ⇒*publiciteit* **0.3** ⟨AE; hand.⟩ ***facturering*** ◆ **2.1** get top ~ *bovenaan het affiche staan, de ster zijn.*

bil·lings·gate ['bɪlɪŋzgeɪt] ⟨n.-telb.zn.⟩ ⟨BE; naar vismarkt in Londen⟩ **0.1** ***viswijventaal*** ⇒*gemene taal, gekijf.*

bil·lion ['bɪlɪən] ⟨f2⟩ ⟨telw.⟩ **0.1** ***miljard*** ⇒⟨fig.⟩ *talloos* **0.2** ⟨BE⟩ ***biljoen*** ◆ **¶.1** a thousand times one million is one ~ *duizend maal een miljoen is een miljard* **¶.2** a million times a million is a ~ *een miljoen maal een miljoen is een biljoen.*

bil·lion·aire ['bɪlɪə'neə‖-'ner] ⟨telb.zn.⟩ ⟨vnl. AE⟩ **0.1** ***miljardair.***

bil·lionth ['bɪlɪənθ] ⟨telw.⟩ **0.1** ⟨BE⟩ ***biljoenste*** **0.2** ⟨AE⟩ ***miljardste*** ◆ **1.¶** the ~ time *de zoveelste keer.*

bill·man ['bɪlmən] ⟨telb.zn.; billmen [-mən]; →mv. 3⟩ **0.1** ***(aan) plakker*** **0.2** ⟨gesch.⟩ ***hellebaardier.***

bil·lon ['bɪlən] ⟨zn.⟩
I ⟨telb. en n.-telb.zn.⟩ **0.1** ***biljoen*** ⟨afgekeurd/uit roulatie genomen geld⟩ ⇒*ongeldige munt;*
II ⟨n.-telb.zn.⟩ **0.1** ***biljoengoud*** ⇒*legering v. goud/zilver met koper/tin* **0.2** ***zilver v. laag gehalte*** ⇒*djokjazilver, medaillezilver.*

bil·low[1] ['bɪloʊ] ⟨telb.zn.⟩ **0.1** ***(zware) golf*** ⇒*stortzee, (woeste) baar, hoge deining* **0.2** ⟨vnl. mv.⟩ ⟨schr.⟩ ***zee*** **0.3** ⟨fig.⟩ ***golf*** ⇒*zee* ◆ **1.3** ~s of smoke swept across the town *een deken v. rook viel over de stad;* ~s of soldiers *een vloedgolf v. soldaten.*

billow[2] ⟨ww.⟩
I ⟨onov.ww.⟩ **0.1** ***deinen*** ⇒*golven, op en neer gaan, opkomen, (op)zwellen* ◆ **1.1** the ~ing sea *de golvende zee;* her skirt ~ed in the spring breeze *haar rok stond bol in de lentebries;*
II ⟨ov.ww.⟩ **0.1** ***doen deinen*** ⇒*doen zwellen* ◆ **1.1** the wind ~ed the sails *de wind bolde de zeilen.*

bil·low·i·ness ['bɪloʊinəs] ⟨n.-telb.zn.⟩ **0.1** ***deining*** ⇒*golving, het golven.*

bil·low·y ['bɪloʊi] ⟨bn.; soms -er; →compar. 7⟩ ⟨ook fig.⟩ **0.1** ***golvend*** ◆ **1.1** the ~ prairie *de golvende prairie;* the ~ sea *de golvende zee.*

'bill·post·er ⟨f1⟩ ⟨telb.zn.⟩ **0.1** ***(aan)plakker*** **0.2** ***aanplakbiljet*** ⇒*affiche, poster.*

'bill-stamp ⟨telb.zn.⟩ **0.1** ***wisselzegel*** ⇒*plakzegel.*

'bill·stick·er ⟨telb.zn.⟩ **0.1** ***(aan)plakker.***

bil·ly ['bɪl̩i] ⟨zn.; →mv. 2; voor II 0.1 en 0.2 mv. ook billys⟩
I ⟨eig.n.; B-⟩ **0.1** ***Billy*** ⇒*Wim, Wil, Willie;*
II ⟨telb.zn.⟩ **0.1** ***(geite)bok*** **0.2** ⟨AE; inf.⟩ ***houten knuppel*** ⇒*gummiknuppel* **0.3** ⟨vnl. Austr. E⟩ ***kantineblik*** ⇒*kampeerpot(je).*

'bil·ly·boy ⟨telb.zn.⟩ ⟨BE; scheep.⟩ **0.1** ***kaag*** ⇒*lichter.*

'bil·ly·can ⟨telb.zn.⟩ ⟨vnl. Austr. E⟩ **0.1** ***kantineblik*** ⇒*kampeerpot (je).*

'billy club ⟨telb.zn.⟩ ⟨AE; inf.⟩ **0.1** ***houten knuppel*** ⇒*gummiknuppel.*

'bil·ly·cock ⟨telb.zn.⟩ ⟨vero.; BE⟩ **0.1** ***bolhoed*** ⇒*dophoed, garibaldihoed.*

'billy goat ⟨f1⟩ ⟨telb.zn.⟩ **0.1** ***(geite)bok.***

bil·ly-o(h), bil·ly-ho ['bɪlioʊ] ⟨n.-telb.zn.⟩ ⟨BE; inf.⟩ **0.1** ⟨duidt hevigheid aan⟩ ◆ **6.¶** like ~ *dat het een aard heeft, duchtig;* fighting like ~ *vechten dat de stukken eraf vliegen;* it's raining like ~ *het regent dat het giet.*

bi·lo·bate [baɪ'loʊbeɪt], **bi·lo·bat·ed** [-'loʊbeɪt̬ɪd], **bi·lobed** [-'loʊbd] ⟨bn.⟩ ⟨plantk.⟩ **0.1** ***tweelobbig.***

bi·lo·ca·tion ['baɪloʊ'keɪʃn] ⟨n.-telb.zn.⟩ **0.1** ***bilocatie.***

bi·loc·u·lar [baɪ'lɒkjʊlə‖-'lakjələr] ⟨bn.⟩ ⟨biol.⟩ **0.1** ***met twee vakken /cellen/hokken/kamers*** ⇒*tweecellig, tweevakkig, tweehokkig.*

bil·tong ['bɪltɒŋ‖-tɔŋ] ⟨telb. en n.-telb.zn.⟩ ⟨Z.Afr. E⟩ **0.1** ***biltong*** ⇒*reep gedroogd vlees.*

BIM ⟨afk.⟩ British Institute of Management.

bima(h) →bema.

bi·ma·nal ['bɪmənl, 'baɪ'meɪnl], **bi·ma·nous** ['bɪmənəs] ⟨bn.⟩ **0.1** ***tweehandig*** ⇒*met twee handen.*

bi·mane ['baɪmeɪn] ⟨telb.zn.⟩ ⟨dierk.⟩ **0.1** ***tweehandig dier.***

bi·man·u·al ['baɪ'mænjʊəl]⟨bn.; -ly⟩ **0.1** ***(te bedienen) met beide / twee handen.***

bim·ba·shi ['bɪm'bæʃi]⟨telb.zn.⟩ **0.1** ***(Turks) majoor*** ⇒*(Turks) marinecommandant.*

bim·bo ['bɪmboʊ]⟨telb.zn.; ook bimboes; →mv. 2⟩⟨sl.; pej.⟩ **0.1** ***knul(letje)*** ⇒*kerel(tje), vent(je)* **0.2** ***teef*** ⇒*slet, hoer.*

bi·mes·tri·al ['baɪ'mestrɪəl]⟨bn.⟩ **0.1** ***tweemaandelijks*** ⇒*om de twee maanden.*

bi·met·al ['baɪ'metl]⟨telb. en n.-telb.zn.⟩ **0.1** ***bimetaal.***

bi·me·tal·lic ['baɪmɪ'tælɪk]⟨bn.⟩ **0.1** ***bimetaal-*** ⟨samengesteld uit twee metalen⟩ **0.2** ⟨geldw.⟩ ***bimetalliek*** ◆ **2.1** ~ strip *bimetaal(tje).*

bi·met·al·lism ['baɪ'metlɪzm]⟨n.-telb.zn.⟩⟨geldw.⟩ **0.1** ***bimetallisme*** ⟨gebruik v. gouden en zilveren muntstandaard⟩.

bi·met·al·list ['baɪ'metlɪst]⟨telb.zn.⟩⟨geldw.⟩ **0.1** ***bimetallist*** ⇒*voorstander v.h. bimetallisme.*

bi·mil·le·nar·y[1] ['baɪmɪ'li:nəri‖'baɪ'mɪlɪneri], **bi·mil·len·ni·um** ['baɪmɪ'lenɪəm]⟨telb.zn.; ook bimillennia [-'lenɪə]; →mv. 2, 5⟩ **0.1** ***periode v. tweeduizend jaar*** **0.2** ***tweeduizendjarige herdenking.***

bimillenary[2] ⟨bn.⟩ **0.1** ***tweeduizendjarig.***

bi·mo·le·cu·lar ['baɪmə'lekjʊlə‖-kjələr]⟨bn.⟩ **0.1** ***bimoleculair.***

bi·month·ly[1] ['baɪ'mʌnθli]⟨f1⟩⟨telb.zn.; →mv. 2⟩ **0.1** ***tweemaandelijkse publicatie*** ⇒*tweemaandelijks tijdschrift.*

bimonthly[2] ⟨f1⟩⟨bn.; bw.⟩ **0.1** ***tweemaandelijks*** ⇒*om de twee maanden (verschijnend)* **0.2** ⟨oneig.⟩ ***halfmaandelijks.***

bi·mo·tored ['baɪ'moʊtəd‖-'moʊtərd]⟨bn.⟩ **0.1** ***tweemotorig.***

bin[1] [bɪn]⟨f2⟩⟨zn.⟩
I ⟨telb.zn.⟩ **0.1** ⟨ben. voor⟩ ***vergaarbak*** ⇒*bun, bak, bus, mand, trog, trommel;* ⟨i.h.b.⟩ *vuilnisbak; broodtrommel; wijnkist; viskaar* **0.2** ⟨ben. voor⟩ ***afgesloten voorraadruimte*** ⇒*opslagplaats, reservoir,* ⟨scheep.⟩ *laadruim, bunker* **0.3** ⟨BE⟩ ***hopzak*** ⟨plukzak bij hopoogst⟩;
II ⟨n.-telb.zn.; the⟩⟨sl.⟩ **0.1** ***(krankzinnigen)gesticht*** ⇒*gekkenhuis.*

bin[2] ⟨onov.ww.; →ww. 7⟩ **0.1** ***opslaan*** ⇒*opbergen.*

bi·na·ry[1] ['baɪnəri]⟨telb.zn.; →mv. 2⟩ **0.1** ***tweevoudig (samengesteld) iets*** **0.2** ⟨wisk.⟩ ***binair getal*** **0.3** ⟨ster.⟩ ***dubbelster.***

binary[2] ⟨f1⟩⟨bn.⟩ **0.1** ***binair*** ⇒*tweevoudig, tweedelig* ◆ **1.1** ⟨schei.⟩ ~ compound *binaire verbinding;* ⟨comp., wisk.⟩ ~ digit *binair / tweetallig cijfer, bit;* ⟨biol.⟩ ~ fission *binaire (cel)deling;* ⟨muz.⟩ ~ measure *tweekwartsmaat;* ⟨comp., wisk.⟩ ~ notation / system of numbers *binair / tweetallig stelsel, binair talstelsel;* ~ operation *binaire bewerking;* ~ scale *binair / tweetallig stelsel;* ⟨ster.⟩ ~ star *dubbelster.*

bi·nate ['baɪneɪt]⟨bn.; -ly⟩⟨plantk.⟩ **0.1** ***gepaard*** ⇒*paarsgewijs groeiend.*

bin·au·ral ['baɪ'nɔ:rəl]⟨bn.; -ly⟩ **0.1** ***met twee oren*** ⇒*voor beide / twee oren* **0.2** ***stereofonisch*** ⟨bandrecorder, bv.⟩ ◆ **1.1** ~ stethoscope *binaurale stethoscoop.*

'bin bag ⟨telb.zn.⟩⟨BE⟩ **0.1** ***vuilniszak.***

bind[1] [baɪnd]⟨f1⟩⟨telb.zn.⟩ **0.1** ***band*** ⇒*bindsel* **0.2** ***binding*** ⇒*band, gebondenheid* **0.3** ⟨inf.⟩ ***moeilijkheid*** ⇒*dilemma* **0.4** ⟨muz.⟩ ***(door)verbindingsteken*** **0.5** ⟨mijnw.⟩ ***kleilaag (tussen twee koollagen)*** ⇒*kleischalie* **0.6** →bine ◆ **6.3** be **in** a (bit of a) ~ *(nogal) in de knoei zitten.*

bind[2] ⟨f3⟩⟨ww.; bound, bound [baʊnd]⟩ →binding, bound
I ⟨onov.ww.⟩ **0.1** ***plakken*** ⇒*aaneenplakken, zich verbinden, vast / hard / dik worden* **0.2** ***vastzitten*** **0.3** ⟨sl.⟩ ***zeuren*** ⇒*kankeren* **0.4** ***bindend zijn*** ⇒*verplichten* ◆ **1.1** butter ~s with egg and flour *boter bindt met ei en bloem;* the snow ~s well *de sneeuw plakt goed* **3.3** do stop ~ing *hou toch op met dat gezanik;*
II ⟨ov.ww.⟩ **0.1** ***(vast)binden*** ⇒*bijeenbinden, vastleggen, inbinden, boeien, bevestigen* **0.2** ***bedwingen*** ⇒*inbinden, aan banden leggen, hinderen* **0.3** ***verplichten*** ⇒*verbinden, dwingen* **0.4** ***verbinden*** ⇒*omwinden, omwikkelen* **0.5** ***(om)boorden*** ⇒*een band leggen rond* **0.6** ***(in)binden*** ⇒*van een band voorzien* **0.7** ***binden*** ⇒*dik maken, verharden, vast(er) maken* **0.8** ***verstoppen*** **0.9** ***(contractueel) verbinden*** ⇒*in dienst nemen / in de leer doen als leerjongen, bekrachtigen, bezegelen* **0.10** ⟨sl.⟩ ***vervelen*** ◆ **1.1** ~ the corn into sheaves *het koren in schoven (bijeen)binden;* ~ one's hair *zijn haar bijeenbinden, een band in / om zijn haar doen;* ⟨fig.⟩ bound by the magic of his voice *geboeid door zijn betoverende stem* **1.2** be snow-bound *vastzitten in / door de sneeuw* **1.4** ~ a wound *een wond verbinden* **1.5** ~ a carpet *een tapijt omboorden / omzomen* **1.6** ~ books *boeken (in)binden* **1.7** ~ a sauce with corn flour *een saus binden met maïzena;* frost had bound the soil *de vorst had de grond hard gemaakt / de vorst zat in de grond* **1.8** ~ the bowels *verstopping veroorzaken* **1.9** ~ a bargain *een koop bezegelen;* he's bound (by contract) *hij is (bij contract) gebonden* **3.3** they bound her to stay away *ze dwongen haar weg te blijven;* she's bound to come *ze moet (wel) / is verplicht te komen, ze zal zeker komen* **3.¶** I'll be bound *ik ben er absoluut zeker van* **5.1** ~ sth. **on** with a rope *iets met een touw vastbinden;* love ~s them **together** *liefde houdt hen bijeen;* bound **up** with each other *innig met elkaar verbonden;* ~ **up** one's hair *zijn haar op / samenbinden* **5.2** she felt bound **down** by the regulations *zij voelde zich aan banden gelegd / beknot door de bepalingen* **5.4** ~ **up** wounds *wonden verbinden* **5.9** bound **out / over** as an apprentice to a baker *bij een bakker in de leer gedaan* **5.¶** →bind **over;** he's bound **up** in his job *hij gaat helemaal op in zijn werk* **6.1** ~ s.o. **to** a tree *iem. aan een boom vastbinden* **6.3** I'm bound **over** it *ik ben ertoe verplicht;* ~ s.o. **to** secrecy *iem. tot geheimhouding verplichten;* he bound himself **with** an oath to serve his country *hij zwoer dat hij zijn land zou dienen* **6.9** he bound himself **to** a tailor *hij ging als leerjongen in dienst bij een kleermaker.*

bind·er ['baɪndə‖-ər]⟨f1⟩⟨zn.⟩
I ⟨telb.zn.⟩ **0.1** ***binder*** ⟨ook landb.⟩ ⇒*bindster, boekbinder* **0.2** ***band*** ⇒*bindsel, snoer, touw, windsel, omslag;* ⟨sigarenmakerij⟩ *omblad, binnendek* **0.3** ***map*** ⇒*omslag, ringband* **0.4** ⟨ben. voor⟩ ***verbindingsstuk*** ⇒*bint, bindsteen, kopsteen, sluitsteen, verbindingsbalk* **0.5** ⟨jur.⟩ ***voorlopig (verzekerings)contract*** **0.6** ⟨landb.⟩ ***schovenbinder*** ⇒*maaibinder* ⟨machine⟩ **0.7** ⟨sl.; motorsport⟩ ***rem*** ⇒*klauw* ◆ **1.2** send magazines in a ~ *tijdschriften in een bandje versturen* **1.5** ⟨AE⟩ is 50 dollars o.k. as a ~? *is 50 dollar voorschot accoord?* **2.2** ⟨med.⟩ obstetric(al) ~ *sluitlaken;*
II ⟨telb. en n.-telb.zn.⟩ **0.1** ***bindmiddel.***

'binder twine ⟨n.-telb.zn.⟩ **0.1** ***paktouw*** ⇒*bindtouw.*

bind·er·y ['baɪndəri]⟨telb.zn.; →mv. 2⟩ **0.1** ***(boek)binderij.***

bind·ing[1] ['baɪndɪŋ]⟨f1⟩⟨zn.; (oorspr.) gerund v. bind⟩
I ⟨telb.zn.⟩ **0.1** ***band*** ⇒*boekband, verband, lint, boordlint;*
II ⟨n.-telb.zn.⟩ **0.1** ***het binden*** ⇒*het boekbinden* **0.2** ***boordsel.***

binding[2] ⟨f1⟩⟨bn.⟩ **0.1** ***bindend*** ◆ **1.1** a ~ agreement *een bindende overeenkomst* **6.1** the treaty is ~ **on** all of us *het verdrag bindt ons allen.*

'bind·ing-a·gent ⟨telb.zn.⟩ **0.1** ***bindmiddel.***

'binding energy ⟨n.-telb.zn.⟩⟨nat.⟩ **0.1** ***bindingsenergie.***

'bind·ing-wire ⟨telb.zn.⟩ **0.1** ***binddraad*** **0.2** ⟨boekbinderij⟩ ***naaidraad.***

'bind 'over ⟨ov.ww.⟩⟨jur.⟩ **0.1** ***dagvaarden*** **0.2** ***onder toezicht plaatsen*** ◆ **3.1** bind s.o. over to appear *iem. dagvaarden* **3.2** bind s.o. over to keep the peace *iem. onder toezicht plaatsen (in het belang v.d. openbare orde).*

'bind·weed ⟨n.-telb.zn.⟩⟨plantk.⟩ **0.1** ***woekerkruid*** ⇒*winde* ⟨genus Convolvulus⟩, *slingerplant, woekerplant.*

bine [baɪn], ⟨zelden⟩ **bind** [baɪnd]⟨telb.zn.⟩ **0.1** ***rank (v. klimplant)*** ⇒*stengel* **0.2** ***hoprank*** ⇒*hopstengel* **0.3** ***winde*** ⇒*woekerkruid, slingerplant.*

binge[1] [bɪndʒ]⟨n.-telb.zn.⟩⟨inf.⟩ **0.1** ***fuif*** ⇒*braspartij, zuippartij* **0.2** ⟨in samenstellingen⟩ ***bui*** ⇒*vlaag, -partij, -woede* ◆ **3.1** have a ~ *fuiven, de bloemetjes buiten zetten* **3.2** crying ~ *huilpartij;* have the shopping ~ *koopziek zijn* **6.1** go **on** the ~ *fuiven, gaan stappen.*

binge[2] ⟨onov.ww.⟩⟨inf.⟩ **0.1** ***fuiven*** ⇒*brassen.*

bin·go[1] ['bɪŋgoʊ]⟨f1⟩⟨telb. en n.-telb.zn.⟩ **0.1** ***bingo(spel)*** ⇒*lotto,* ⟨ong.⟩ *kienen.*

bingo[2] ⟨f1⟩⟨tussenw.⟩ **0.1** ***bingo!*** ⟨uitroep v. winnaar bij het bingospel⟩ ⇒*hei!, hoera!, raak!, kien!.*

'bin-lin·er ⟨telb.zn.⟩ **0.1** ***(plastic) vuilniszak*** ⇒*pedaalemmerzak.*

bin·na·cle ['bɪnəkl]⟨telb.zn.⟩⟨scheep.⟩ **0.1** ***kompashuis(je)*** ⇒*nachthuisje.*

bi·nocs [bɪ'nɒks‖-'nɑks]⟨mv.⟩⟨inf.⟩ **0.1** ***(verre)kijker*** ⇒*veldkijker, toneelkijker.*

bin·oc·u·lar[1] [bɪ'nɒkjʊlə‖-'nɑkjələr]⟨f2⟩⟨zn.⟩
I ⟨telb.zn.⟩ **0.1** ***binoculair*** ⇒⟨zelden⟩ *verrekijker;*
II ⟨mv.; ~s; ww. zelden enk.⟩ **0.1** ***(verre)kijker*** ⇒*veldkijker, toneelkijker* ◆ **1.1** two pairs of ~s *twee verrekijkers.*

binocular[2] ['baɪ'nɒkjʊlə‖-'nɑkjələr]⟨bn.; -ly⟩ **0.1** ***binoculair*** ⇒*voor / met / aan beide ogen* ◆ **1.1** ~ camera *stereoscopische camera, camera met twee objectieven;* ~ infection *infectie aan beide ogen;* ~ microscope *binoculaire microscoop.*

bi'nocular case ⟨telb.zn.⟩ **0.1** ***verrekijkerfoedraal*** ⇒*verrekijkeretui / tas.*

bi·no·mi·al[1] ['baɪ'noʊmɪəl]⟨telb.zn.⟩ **0.1** ⟨wisk.⟩ ***tweeterm*** ⇒*binomium, binoom* **0.2** ⟨taxonomie⟩ ***naam in binominale nomenclatuur.***

binomial[2] ⟨bn.; -ly⟩ **0.1** ⟨wisk.⟩ ***binominaal*** ⇒*binomisch* **0.2** ⟨taxonomie⟩ ***binominaal*** ⇒*tweenamig* ◆ **1.1** ~ expression *binominale uitdrukking, tweeterm, binomium;* ~ theorem *binomium v. Newton* **1.¶** ⟨stat.⟩ ~ distribution *binomiale verdeling.*

bi·no·mi·nal ['baɪ'nɒmɪnl‖-'nɑ-]⟨bn.⟩ **0.1** ***binominaal*** ⇒*tweenamig* ◆ **1.1** ⟨biol.⟩ ~ nomenclature / system *binominale nomenclatuur, binominaal systeem.*

bint [bɪnt]⟨telb.zn.⟩⟨BE; inf.; vaak bel.⟩ **0.1** ***vrouwmens*** ⇒*teef, wijf*.
bin·tu·rong ['bɪntuərɒŋ‖-'turɔŋ]⟨telb.zn.⟩⟨dierk.⟩ **0.1** ***bontoerong*** ⇒*beermarter* ⟨Arctitis binturong⟩.
bi·nu·cle·ar [baɪ'nju:klɪə‖-'nu:klɪər,-'nu:kjələr], **bi·nu·cle·ate** [baɪ'nju:klieɪt‖-nu:-], **bi·nu·cle·at·ed** [-eɪṭɪd]⟨bn.⟩ **0.1** ***tweekernig*** ⇒*met twee kernen*.
bi·o- ['baɪoʊ] **0.1** ***bio-*** ◆ **¶.1** biology *biologie*.
bi·o·as·say ['baɪoʊ'æseɪ, -ə'seɪ]⟨telb.zn.⟩⟨med.⟩ **0.1** ***biotoets*** ⇒*biotest*.
bi·o·as·tro·nau·tics [-æstrə'nɔ:ṭɪks]⟨mv.; ww. zelden mv.⟩ **0.1** ***bioastronautica*** ⇒*ruimtevaartgeneeskunde*.
bi·o·cat·a·lyst [-'kæṭlɪst]⟨telb.zn.⟩ **0.1** ***biokatalysator*** ⇒*biochemische katalysator*.
bi·o·chem·ic [-'kemɪk], **bio·chem·ic·al** [-ɪkl]⟨bn.; -(al)ly; →bijw. 3⟩ **0.1** ***biochemisch***.
bi·o·chem·ist [-'kemɪst]⟨telb.zn.⟩ **0.1** ***biochemicus***.
bi·o·chem·is·try [-'kemɪstri]⟨n.-telb.zn.⟩ **0.1** ***biochemie*** **0.2** ***biochemische samenstelling***.
bi·o·cide ['baɪəsaɪd]⟨telb. en n.-telb.zn.⟩ **0.1** ***biocide*** ⇒*pesticide, verdelgingsmiddel*.
bi·o·coe·nol·o·gy, ⟨AE sp. ook⟩ **bi·o·ce·nol·o·gy** [-sɪ'nɒlədʒi‖-sɪ'nɑ-]⟨telb. en n.-telb.zn.; →mv. 2⟩⟨biol.⟩ **0.1** ***bioc(o)enologie*** ⇒*leer der biocenosen*.
bi·o·coe·no·sis, ⟨AE sp. ook⟩ **bi·o·ce·no·sis** [-sɪ'noʊsɪs]⟨telb. en n.-telb.zn.; bioc(o)enoses [-si:z]; →mv. 5⟩⟨biol.⟩ **0.1** ***bioc(o)enose*** ⇒*levensgemeenschap*.
bi·o·com·mu·ni·ca·tion [-kəmju:nɪ'keɪʃn]⟨n.-telb.zn.⟩ **0.1** ***biocommunicatie***.
bi·o·crat [-kræt]⟨telb.zn.⟩ **0.1** ***biocraat*** ⟨technicus die de biologische wetenschappen vertegenwoordigt⟩.
bi·o·de·grad·a·bil·i·ty [-dɪgreɪdə'bɪləṭi]⟨n.-telb.zn.⟩ **0.1** ***(biologische) afbreekbaarheid***.
bi·o·de·grad·a·ble [-dɪ'greɪdəbl]⟨bn.⟩ **0.1** ***(biologisch) afbreekbaar*** ⇒*biogradabel* ◆ **1.1** ~ detergents *afbreekbare wasmiddelen*.
bi·o·deg·ra·da·tion [-degrə'deɪʃn]⟨n.-telb.zn.⟩ **0.1** ***(biologische) afbraak*** ⇒*biologische degradatie*.
bi·o·de·grade [-dɪ'greɪd]⟨onov.ww.⟩ **0.1** ***afbreken***.
bi·o·en·gi·neer [-endʒɪ'nɪə‖-'nɪr]⟨telb.zn.⟩ **0.1** ***biotechnicus***.
bi·o·en·gi·neer·ing [-endʒɪ'nɪərɪŋ‖-'nɪrɪŋ]⟨n.-telb.zn.⟩ **0.1** ***biotechniek***.
bi·o·feed·back [-'fi:dbæk]⟨n.-telb.zn.⟩ **0.1** ***biofeedback*** ⟨toepassing v. terugkoppelingstechniek ter controle v. lichaamsreflexen⟩.
biog ⟨afk.⟩ biographer, biographical, biography.
bi·o·gas ['baɪoʊgæs]⟨telb. en n.-telb.zn.⟩ **0.1** ***biogas***.
'biogas plant ⟨telb.zn.⟩ **0.1** ***biogasinstallatie*** ⇒*biogasgenerator*.
bi·o·gen·e·sis ['baɪoʊ'dʒenɪsɪs], **bi·og·e·ny** ['baɪ'ɒdʒəni‖-'ɑdʒə-]⟨n.-telb.zn.⟩ **0.1** ***biogenesis*** ⇒*biogenese*.
bi·o·ge·net·ic ['baɪədʒɪ'neṭɪk], **bi·o·ge·net·ic·al** [-ɪkl]⟨bn.; -(al)ly; →bijw. 3⟩ **0.1** ***biogenetisch*** ⟨de biogenesis betreffend⟩.
bi·o·gen·ic [-'dʒenɪk], **bi·og·e·nous** [baɪ'ɒdʒənəs‖-'ɑdʒənəs]⟨bn.⟩ **0.1** ***biogeen*** ⇒*door levende organismen gevormd*.
bi·o·ge·og·ra·phy ['baɪədʒi'ɒgrəfi‖-dʒi'ɑ-]⟨n.-telb.zn.⟩⟨biol.⟩ **0.1** ***biogeografie***.
bi·og·ra·phee [baɪ'ɒgrə'fi:‖baɪ'ɑ-]⟨telb.zn.⟩ **0.1** ***onderwerp v.e. biografie***.
bi·og·ra·pher [baɪ'ɒgrəfə‖-'ɑgrəfər]⟨f1⟩⟨telb.zn.⟩ **0.1** ***biograaf*** ⇒*biografe, levensbeschrijver/schrijfster*.
bi·o·graph·ic ['baɪə'græfɪk], **bi·o·graph·i·cal** [-ɪkl]⟨f1⟩⟨bn.; -(al)ly; →bijw. 3⟩ **0.1** ***biografisch*** ⇒*levensbeschrijvend* ◆ **1.1** ~ dictionary *biografisch woordenboek*.
bi·og·ra·phy[1] [baɪ'ɒgrəfi‖baɪ'ɑ-]⟨f2⟩⟨telb. en n.-telb.zn.; →mv. 2⟩ **0.1** ***biografie*** ⇒*levensbeschrijving, levensgeschiedenis*.
biography[2], **bi·o·graph** ['baɪəgrɑ:f‖-græf], **bi·og·ra·phize** [baɪ'ɒgrəfaɪz‖baɪ'ɑ-]⟨ov.ww.; →ww. 7⟩ **0.1** ***een/de biografie schrijven v.***.
'bio industry ⟨telb. en n.-telb.zn.; the⟩ **0.1** ***bio-industrie***.
biol ⟨afk.⟩ biological, biologist, biology.
bi·o·log·i·cal[1] ['baɪə'lɒdʒɪkl‖-'lɑdʒɪkl], **bi·o·log·ic** [-'lɒdʒɪk‖-'lɑdʒɪk]⟨telb.zn.; vaak mv.⟩⟨far.⟩ **0.1** ***biologisch preparaat*** ⇒*biologisch geneesmiddel*.
biological[2], **biologic** ⟨f3⟩⟨bn.; -(al)ly; →bijw. 3⟩ **0.1** ***biologisch*** ◆ **1.1** biological clock *biologische/inwendige klok;* biological control *(selectieve) biologische bestrijding (v. schadelijke planten en dieren);* biological warfare *biologische oorlogvoering*.
bi·ol·o·gist [baɪ'ɒlədʒɪst‖baɪ'ɑ-]⟨f2⟩⟨telb.zn.⟩ **0.1** ***bioloog***.
bi·ol·o·gy [baɪ'ɒlədʒi‖baɪ'ɑ-]⟨f2⟩⟨n.-telb.zn.⟩ **0.1** ***biologie***.
bi·o·lu·mi·nes·cence ['baɪoʊlu:mɪ'nesns]⟨n.-telb.zn.⟩ **0.1** ***bioluminescentie*** ⇒*luminescentie v. levende organismen*.
bi·o·lu·mi·nes·cent [-lu:mɪ'nesnt]⟨bn.⟩ **0.1** ***(bio)luminescent*** ⇒*lichtgevend*.
bi·o·mass [-mæs]⟨n.-telb.zn.⟩⟨biol.⟩ **0.1** ***biomassa***.
bi·o·math·e·mat·ics [-mæθə'mæṭɪks]⟨mv.; ww. vnl. enk.⟩ **0.1** ***biologische wiskunde*** ⇒*biomathematica*.
bi·o·med·i·cal [baɪoʊ'medɪkl]⟨bn.⟩ **0.1** ***biomedisch***.
bi·o·met·ric ['baɪə'metrɪk], **bi·o·met·ri·cal** [-ɪkl]⟨bn.; -(al)ly; →bijw. 3⟩ **0.1** ***biometrisch***.
bi·o·me·tri·cian [-mə'trɪʃn], **bi·o·met·ri·cist** [-'metrəsɪst]⟨telb.zn.⟩ **0.1** ***biometricus***.
bi·o·met·rics [-'metrɪks]⟨mv.; ww. vnl. enk.⟩ **0.1** ***biometrie***.
bi·o·morph [-'mɔ:f‖-'mɔrf]⟨telb.zn.⟩ **0.1** ***biomorfe vorm***.
bi·on·ic [baɪ'ɒnɪk‖-'ɑnɪk]⟨bn.⟩ **0.1** ***bionisch*** **0.2** ⟨inf.⟩ ***supervlug*** ⇒*supersterk*.
bi·on·ics [baɪ'ɒnɪks‖-'ɑnɪks]⟨mv.; ww. vnl. enk.⟩ **0.1** ***bionica***.
bi·o·nom·ics ['baɪə'nɒmɪks‖-'nɑ-]⟨mv.; ww. vnl. enk.⟩ **0.1** ***bionomie***.
bi·o·phys·i·cal ['baɪoʊ'fɪzɪkl]⟨bn.; -ly⟩ **0.1** ***biofysisch***.
bi·o·phys·i·cist [-'fɪzɪsɪst]⟨telb.zn.⟩ **0.1** ***biofysicus***.
bi·o·phys·ics [-'fɪzɪks]⟨mv.; ww. vnl. enk.⟩ **0.1** ***biofysica***.
bi·o·pic ['baɪoʊpɪk]⟨telb.zn.⟩⟨inf.⟩ **0.1** ***filmbiografie*** ⟨v.e. beroemdheid⟩ ⇒*(populaire) film over beroemdheid*.
bi·op·sy ['baɪɒpsi‖-ɑp-]⟨telb.zn.; →mv. 2⟩⟨med.⟩ **0.1** ***biopsie*** ⇒*proefexcisie*.
bi·o·rhythm ['baɪoʊrɪðm]⟨telb.zn.; vaak mv.⟩ **0.1** ***bioritme(n)***.
bi·o·sat·el·lite ['baɪoʊ'sæṭəlaɪt]⟨telb.zn.⟩ **0.1** ***biosatelliet***.
bi·o·scope ['baɪəskoʊp]⟨telb.zn.⟩⟨vero., Z. Afr. E⟩ **0.1** ***bioscoop*** ⇒*cinema* **0.2** ***filmprojector***.
bi·o·sphere ['baɪəsfɪə‖-sfɪr]⟨n.-telb.zn.; the⟩ **0.1** ***biosfeer***.
bi·o·syn·the·sis ['baɪoʊ'sɪnθəsɪs]⟨telb. en n.-telb.zn.; biosyntheses [-si:z]; →mv. 5⟩ **0.1** ***biosynthese***.
bi·o·ta [baɪ'oʊṭə]⟨n.-telb.zn.⟩⟨biol.⟩ **0.1** ***biota*** ⇒*fauna en flora (v.e. bep. gebied)*.
biotech ⟨verk.⟩ biotechnological, biotechnology.
bi·o·tech·nol·o·gy ['baɪoʊtek'nɒlədʒi‖-'nɑ-]⟨n.-telb.zn.⟩ **0.1** ***biotechnologie*** **0.2** ⟨AE⟩ ***ergonomie***.
bi·ot·ic [baɪ'ɒtɪk‖-'ɑṭɪk], **bi·ot·i·cal** [-ɪkl]⟨bn.⟩ **0.1** ***biotisch*** ⇒*mbt. de levensomstandigheden* ◆ **1.1** ~ potential *biologisch potentieel*.
bi·o·tin ['baɪətɪn]⟨n.-telb.zn.⟩⟨med.⟩ **0.1** ***biotine*** ⇒*vitamine H*.
bi·o·tope [-toʊp]⟨telb.zn.⟩⟨biol.⟩ **0.1** ***biotoop*** ⇒*woongebied*.
bip·a·rous ['bɪpərəs]⟨bn.⟩ **0.1** ⟨dierk.⟩ ***tweelingbarend*** **0.2** ⟨plantk.⟩ ***tweetakkig*** ⇒*gaffelvormig*.
bi·par·ti·san, bi·par·ti·zan ['baɪpɑ:tɪ'zæn‖'baɪ'pɑrṭɪzn]⟨f1⟩⟨bn.⟩ ⟨pol.⟩ **0.1** ***tweeledig*** ⇒*tweepartijen-*.
bi·par·tite ['baɪ'pɑ:taɪt‖-'pɑr-]⟨bn.; -ly⟩ **0.1** ***tweedelig*** ⇒*tweevoudig, tweeledig, tweezijdig* ◆ **1.1** a ~ contract *een tweezijdig/bilateraal contract*.
bi·par·ti·tion ['baɪpɑ:'tɪʃn‖-pɑr-]⟨telb. en n.-telb.zn.⟩ **0.1** ***tweedeligheid*** ⇒*tweeledigheid*.
bi'party system ⟨telb.zn.⟩ **0.1** ***tweepartijenstelsel***.
bi·ped[1] ['baɪped]⟨telb.zn.⟩ **0.1** ***tweevoeter*** ⇒*tweevoetig wezen/dier*.
biped[2], **bi·ped·al** ['baɪ'pedl]⟨bn.⟩ **0.1** ***tweevoetig*** ⇒*tweebenig*.
bi·pet·al·ous ['baɪ'peṭələs]⟨bn.⟩⟨plantk.⟩ **0.1** ***met twee bloembladen***.
bi·pin·nate ['baɪ'pɪneɪt]⟨bn.; -ly⟩⟨plantk.⟩ **0.1** ***dubbel geveerd*** ⇒*dubbel gevind*.
bi·plane ['baɪpleɪn]⟨f1⟩⟨telb.zn.⟩ **0.1** ***tweedekker*** ⇒*biplaan*.
bi·pod ['baɪpɒd‖-pɑd]⟨telb.zn.⟩ **0.1** ***steun (met twee poten)*** ⟨voor instrument of wapen⟩.
bi·po·lar ['baɪ'poʊlə‖-ər]⟨bn.⟩ **0.1** ***tweepolig*** ⇒*bipolair, dubbelpolig*.
bi·po·lar·i·ty ['baɪpə'lærəṭi]⟨telb. en n.-telb.zn.; →mv. 2⟩ **0.1** ***tweepoligheid*** ⇒*bipolariteit, dubbelpoligheid*.
bi·pro·pel·lant ['baɪprə'pelənt]⟨telb. en n.-telb.zn.⟩⟨ruim.⟩ **0.1** ***dubbelstuwstof*** ⟨voor raket⟩.
bi·quad·rat·ic[1] ['baɪkwɒ'dræṭɪk‖-kwɑ-]⟨telb.zn.⟩⟨wisk.⟩ **0.1** ***vierde macht*** ⇒*bikwadraat* **0.2** ***vierdemachtsvergelijking*** ⇒*bikwadraatsvergelijking, vergelijking v.d. vierde graad*.
biquadratic[2] ⟨bn.⟩⟨wisk.⟩ **0.1** ***vierdemachts-*** ⇒*bikwadraats-* ◆ **1.1** ~ equation *vierdemachtsvergelijking*.
bi·quar·ter·ly ['baɪ'kwɔ:təli‖-'kwɔrṭərli]⟨bn.⟩ **0.1** ***tweemaal per kwartaal*** ⇒*achtmaal 's jaars*.
bi·ra·cial ['baɪ'reɪʃl]⟨bn.⟩ **0.1** ***biraciaal***.
bi·ra·cial·ism ['baɪ'reɪʃlɪzm]⟨n.-telb.zn.⟩ **0.1** ***biracialiteit*** ⇒*vermenging v. twee rassen/blank en zwart*.
birch[1] [bɜ:tʃ‖bərtʃ]⟨f2⟩⟨zn.⟩
I ⟨telb.zn.⟩ **0.1** ⟨plantk.⟩ ***berk(eboom)*** ⟨genus Betula⟩ **0.2** ***(berke)roede*** ⇒*berkerijs* **0.3** ***kano*** ⟨v. berkehout⟩;
II ⟨n.-telb.zn.⟩ **0.1** ***berke(hout)*** **0.2** ***berkeschors***.
birch[2] ⟨ov.ww.⟩ **0.1** ***kastijden*** ⇒⟨B.⟩ *v.d. roede geven*.
'birch·bark ⟨zn.⟩
I ⟨telb.zn.⟩ **0.1** ***kano (v. berkehout)*** ⟨vnl. v.d. papierberk⟩;
II ⟨n.-telb.zn.⟩ **0.1** ***berkeschors*** ⇒*berkebast* ⟨v.d. papierberk⟩.

'birch broom ⟨telb.zn.⟩ **0.1** ***bezem (v. berkerijs).***

birch·en ['bɜːtʃn‖'bɜrtʃn]⟨bn., attr.⟩ **0.1** ***berke-*** ⇒*v. berkehout/berkeschors.*

Birch·er ['bɜːtʃə‖-ər], **Birch·ite** [-tʃaɪt], **Birch·ist** [-tʃɪst]⟨telb.zn.⟩⟨AE⟩ **0.1** ***lid/aanhanger v.d. John Birch Society*** ⇒⟨oneig.⟩ *ultraconservatief.*

Birch·ism ['bɜːtʃɪzm‖'bɜr-]⟨n.-telb.zn.⟩⟨AE⟩ **0.1** ***doctrine v.d. John Birch Society*** ⇒⟨oneig.⟩ *ultraconservatisme, anticommunisme.*

'birch rod ⟨telb.zn.⟩ **0.1** ***(berke)roede*** ⇒*berkerijs.*

'birch·wood ⟨zn.⟩
 I ⟨telb.zn.⟩ **0.1** ***berkebos;***
 II ⟨n.-telb.zn.⟩ **0.1** ***berk(ehout).***

bird[1] [bɜːd‖bɜrd]⟨f3⟩⟨zn.⟩(→sprw. 57, 58, 131, 527, 561)
 I ⟨telb.zn.⟩ **0.1** ***vogel*** **0.2** ⟨jacht⟩ ***vogel*** ⇒*hoen, patrijs* **0.3** ⟨inf.⟩ ***vogel*** ⇒*snuiter, kerel, creatuur, sujet, persoon(tje)* **0.4** ⟨BE; inf.⟩ ***stuk*** ⇒*mokkel, griet, meisje* **0.5** ⟨badminton⟩ ***pluimpje*** ⇒*pluimbal, shuttle* **0.6** ⟨schietsport⟩ ***vogeltje*** ⇒*kleiduif* **0.7** ⟨sl.⟩ ***nor*** ⇒*bak, bajes* **0.8** ⟨sl.⟩ ***vogel*** ⇒*gevangene* **0.9** ⟨sl.; ruim.⟩ ***vogel*** ⇒*ruimtevaartuig, raket, satelliet* **0.10** ⟨sl.⟩ ***kist*** ⇒*vliegtuig, helikopter* ◆ **1.1** ~ of night *nachtvogel; uil;* ~ of paradise *paradijsvogel;* ~ of passage *trekvogel;* ⟨fig.⟩ *passant, doortrekkend reiziger;* ~ of prey *roofvogel* **1.¶** ⟨inf.⟩ the ~s and the bees *de bloemetjes en de bijtjes* ⟨basisfeiten over seks⟩; they are ~s of a feather ⟨vnl. pej.⟩ *het is één pot nat, ze hebben veel gemeen/van elkaar weg;* kill two ~s with one stone *twee vliegen in één klap/slag slaan* **2.3** a queer ~ *een rare vogel/snuiter* **2.4** Mollie is a beautiful ~ *Mollie is een prachtstuk* **3.2** hunt ~s *op hoenderjacht gaan/zijn* **3.8** the ~ is/has flown *de vogel is gevlogen* **3.¶** ⟨inf.⟩ I knew my ~ *ik wist wat voor vlees ik in de kuip had* **6.¶** ⟨inf.⟩ (strictly) **for** the ~s *lullig, onbenullig;* like a ~ *gezwind, vlotjes;*
 II ⟨n.-telb.zn.⟩⟨BE; inf.⟩ **0.1** ***gevangenisstraf*** ◆ **3.1** do ~ *in de bak zitten, brommen* **3.¶** ⟨inf.⟩ get the ~ *uitgefloten worden; de bons krijgen;* ⟨inf.⟩ give s.o. the ~ *iem. uitfluiten/uitjouwen; iem. de bons geven;* ⟨sl.⟩ *de middelvinger opheffen* ⟨met de betekenis dat de ander dood kan vallen⟩; ⟨inf.⟩ the ~ was there *we werden uitgefloten.*

bird[2] ⟨onov.ww.⟩ **0.1** ***vogels observeren*** ⇒*aan vogelobservatie doen* **0.2** ***vogels vangen.***

'bird·bath ⟨telb.zn.⟩ **0.1** ***vogelbad*** ⟨vnl. in tuin⟩.

'bird·box ⟨telb.zn.⟩ **0.1** ***nestkastje.***

'bird·brain ⟨telb.zn.⟩⟨inf.⟩ **0.1** ***sul*** ⇒*onnozele hals, domkop.*

'bird-brained ⟨bn.⟩⟨inf.⟩ **0.1** ***stompzinnig*** ⇒*dom, onnozel.*

'bird·cage ⟨f1⟩⟨telb.zn.⟩ **0.1** ***vogelkooi*** **0.2** ⟨AE; sl.⟩ ***kooi*** ⇒*hok, gevangeniscel* **0.3** ⟨AE; sl.⟩ ***slaapplaats in logement*** **0.4** ⟨AE; sl.; Am. voetbal⟩ ***gezichtsbeschermer*** ⇒*masker.*

'bird·call ⟨f1⟩⟨telb.zn.⟩ **0.1** ***vogelroep*** **0.2** ***vogelfluitje, lokstem.***

'bird cherry, 'bird's cherry ⟨telb.zn.⟩⟨plantk.⟩ **0.1** ***vogelkers*** ⟨Prunus padus⟩.

'bird colonel ⟨telb.zn.⟩⟨AE; sl.; mil.⟩ **0.1** ***(volle) kolonel*** ⇒*kornel* ⟨naar adelaar op kolonelsinsigne⟩.

'bird dog ⟨f1⟩⟨telb.zn.⟩⟨AE⟩ **0.1** ***jachthond*** ⇒*retriever, apporterende hond* **0.2** ***speurder*** ⇒*detective; (talent)scout.*

'bird-dog ⟨ww.; →ww. 7⟩⟨AE⟩
 I ⟨onov.ww.⟩ **0.1** ***detective spelen;***
 II ⟨ov.ww.⟩ **0.1** ***opsporen*** ⇒*uitzoeken* **0.2** ⟨inf.⟩ ***(scherp/onafgebroken) in de gaten houden.***

bird·er ['bɜːdə‖'bɜrdər]⟨telb.zn.⟩⟨inf.⟩ **0.1** ***vogelwachter*** ⇒*vogelaar.*

'bird·fan·ci·er ⟨telb.zn.⟩ **0.1** ***vogelliefhebber*** ⇒*vogelkenner* **0.2** ***vogelhandelaar*** ⇒*vogelkoopman/verkoper.*

'bird·house ⟨telb.zn.⟩ **0.1** ***volière*** **0.2** ***nestkastje.***

bird·ie[1] ['bɜːdi‖'bɜrdi]⟨f2⟩⟨zn.⟩
 I ⟨telb.zn.⟩ **0.1** ***vogeltje*** **0.2** ⟨golf⟩ ***birdie*** ⟨score v. 1 slag onder par voor een hole⟩;
 II ⟨mv.; ~s⟩ →bird-legs.

birdie[2] ⟨ov.ww.⟩⟨golf⟩ **0.1** ***met een birdie slaan*** ⟨hole⟩.

'bird-legs, birdies ['bɜːdiz‖'bɜr-]⟨mv.⟩⟨AE; sl.⟩ **0.1** ***spillebenen.***

'bird·lime ⟨n.-telb.zn.⟩ **0.1** ***vogellijm.***

'bird·lore ⟨n.-telb.zn.⟩ **0.1** ***vogelkunde.***

'bird·man ⟨telb.zn.; birdmen; →mv. 3⟩ **0.1** ***vogelvanger*** ⇒*vogelaar* **0.2** ***vogelkenner*** **0.3** ⟨inf.⟩ ***vlieger*** ⇒*piloot.*

'bird sanctuary ⟨telb.zn.⟩ **0.1** ***vogelreservaat.***

'bird·seed ⟨n.-telb.zn.⟩ **0.1** ***vogelzaad*** **0.2** ⟨AE; sl.⟩ ***corn flakes.***

'bird's-eye[1] ⟨zn.⟩
 I ⟨telb.zn.⟩⟨plantk.⟩ **0.1** ***(soort v.) sleutelbloem*** ⟨vnl. Primula farinosa⟩ **0.2** ⟨BE⟩ ***gewone ereprijs*** ⟨Veronica chamaedrys⟩ **0.3** ⟨BE⟩ ***herfstadonis*** ⟨Adonis autumnalis/annua⟩;
 II ⟨n.-telb.zn.⟩ **0.1** ***(soort) grove tabak*** ⟨waarvan nerven ook gekorven⟩ **0.2** ***birdseye*** ⇒*vogelkop, kranenoog, pauwoog* ⟨gespikkelde stof⟩.

bird's-eye[2] ⟨f1⟩⟨bn., attr.⟩ **0.1** ***panoramisch*** ⇒*in vogelvlucht* **0.2** ***algemeen*** ⇒*vluchtig, globaal* **0.3** ***(in) birdseye(-piqué)*** ⇒*gestipt, gespikkeld* ◆ **1.1** a ~ view of the town *een panoramisch gezicht op de stad, de stad in vogelvlucht/vogel(vlucht)perspectief* **1.2** a ~ view of linguistics *een algemeen overzicht v.d. taalkunde* **1.3** a ~ blouse *een bloes in birdseye-piqué.*

'bird's-eye maple ⟨zn.⟩
 I ⟨telb.zn.⟩ **0.1** ⟨plantk.⟩ ***suikeresdoorn*** ⇒*suikerahorn* ⟨Acer saccharum⟩ **0.2** ⟨AE; sl.⟩ ***licht mulattenmeisje;***
 II ⟨n.-telb.zn.⟩ **0.1** ***(hout v.d.) suikeresdoorn.***

'bird's-foot, 'bird-foot ⟨telb.zn.; bird('s)-foots⟩⟨plantk.⟩ **0.1** ***vogelpootje*** ⟨Ornithopus perpusillus⟩ **0.2** ***rolklaver*** ⟨genus Lotus⟩ **0.3** ***hoornklaver*** ⟨genus Trigonella⟩.

'bird's-foot 'clover, 'bird's-foot 'trefoil ⟨telb.zn.⟩⟨plantk.⟩ **0.1** ***gewone rolklaver*** ⟨Lotus corniculatus⟩ **0.2** ***vogelpootklaver*** ⟨Trigonella ornithopodioides⟩.

'bird shot ⟨n.-telb.zn.⟩ **0.1** ***ganzenhagel.***

'bird's-nest[1], ⟨soms ook⟩ **bird-nest** ⟨f1⟩⟨telb.zn.⟩ **0.1** ***vogelnest*** **0.2** ⟨scheep.⟩ ***kraaienest*** **0.3** ⟨plantk.⟩ ***(wilde) peen*** ⟨Daucus carota⟩ **0.4** ⟨plantk.⟩ ***(vogel)stofzaad*** ⟨Monotropa hypopytis⟩ **0.5** ⟨plantk.⟩ ***vogelnestje*** ⟨Neottia nidus-avis⟩.

'bird's-nest[2], **'bird-nest** ⟨onov.ww.⟩ **0.1** ***(vogel)nesten roven/plunderen/uithalen.***

'bird spider ⟨telb.zn.⟩ **0.1** ***vogelspin*** ⟨fam. Aviculariidae⟩.

'bird·strike ⟨telb.zn.⟩ **0.1** ***vogelbotsing*** ⟨tussen vogel(s) en vliegtuig⟩.

'bird·table ⟨telb.zn.⟩ **0.1** ***voederplank (voor vogels).***

'bird watcher ⟨f1⟩⟨telb.zn.⟩ **0.1** ***vogelwachter*** ⇒*vogelwaarnemer.*

'bird-watch·ing ⟨n.-telb.zn.⟩ **0.1** ***vogelwaarneming*** ⇒*vogelobservatie.*

bi·re·frin·gence ['baɪrɪ'frɪndʒəns]⟨n.-telb.zn.⟩⟨nat.⟩ **0.1** ***dubbele breking.***

bi·re·frin·gent ['baɪrɪ'frɪndʒənt]⟨bn.⟩⟨nat.⟩ **0.1** ***dubbelbrekend.***

bi·reme ['baɪriːm]⟨telb.zn.⟩ **0.1** ***bireem*** ⇒*galei (met twee rijen roeibanken boven elkaar).*

bi·ret·ta [bɪ'reṭə]⟨telb.zn.⟩ **0.1** ***baret*** ⟨vnl. v. R.-K. priesters⟩.

birk →berk.

birl[1] [bɜːl‖bɜrl]⟨telb.zn.⟩ **0.1** ***gegons*** ⇒*gebrom.*

birl[2] ⟨ww.⟩ →birling
 I ⟨onov.ww.⟩ **0.1** ***gonzen*** ⇒*brommen;*
 II ⟨ov.ww.⟩ **0.1** ***doen draaien/tollen*** ⟨drijvend houtblok, muntstuk⟩.

birl·ing ['bɜːlɪŋ‖'bɜr-]⟨n.-telb.zn.; gerund v. birl⟩⟨vnl. AE⟩ **0.1** ***spel waarbij spelers zich op een drijvend houtblok in evenwicht proberen te houden.***

bi·ro ['baɪroʊ]⟨telb. en n.-telb.zn.⟩ **0.1** ***ballpoint*** ⇒*kogelpen* ⟨oorspr. merknaam⟩ ◆ **6.1 in** ~ *met ballpoint.*

birr [bɜː‖bɜr]⟨telb.zn.⟩⟨AE⟩ **0.1** ***gegons*** ⇒*gebrom.*

birth [bɜːθ‖bɜrθ]⟨f3⟩⟨zn.⟩
 I ⟨telb. en n.-telb.zn.⟩ **0.1** ***geboorte*** ⇒⟨fig.⟩ *ontstaan, begin, oorsprong* ◆ **2.1** caesarian ~ *keizersnede(geboorte);* ⟨theol.⟩ new ~ *wedergeboorte* **3.1** give ~ to *het leven schenken aan* **6.1** the cat had five young **at** a ~ *de kat had vijf jongen in één worp* **7.1** second ~ *wedergeboorte;*
 II ⟨n.-telb.zn.⟩ **0.1** ***afkomst*** ⇒*afstamming* ◆ **2.1** of noble ~ *v. adellijke afkomst/geboorte* **6.1** French **by** ~ *v. Franse afkomst, Fransman v. geboorte.*

'birth certificate ⟨f1⟩⟨telb.zn.⟩ **0.1** ***geboorteakte.***

'birth control ⟨f1⟩⟨n.-telb.zn.⟩ **0.1** ***geboortenbeperking.***

'birth·day ⟨f3⟩⟨telb.zn.⟩ **0.1** ***geboortedag*** **0.2** ***verjaardag*** ◆ **2.2** happy ~! *gefeliciteerd!* **7.2** when is your ~? *wanneer ben je jarig?, wanneer is je verjaardag?.*

'birthday 'honours ⟨mv.⟩⟨BE⟩ **0.1** ***door de koning(in) gegeven onderscheiding bij zijn/haar verjaardag*** ⇒*onderscheidingenlijst op verjaardag v. vorst(in) gepubliceerd.*

'birthday present ⟨f1⟩⟨telb.zn.⟩ **0.1** ***verjaar(s)cadeau*** ⇒*verjaardagsgeschenk.*

'birthday suit ⟨n.-telb.zn.⟩⟨inf.; scherts.⟩ **0.1** ***adamskostuum*** ◆ **6.1 in** one's ~ *in adamskostuum.*

'birth father ⟨telb.zn.⟩ **0.1** ***biologische vader.***

'birth·mark ⟨f1⟩⟨telb.zn.⟩ **0.1** ***moedervlek.***

'birth mother ⟨telb.zn.⟩ **0.1** ***biologische moeder.***

'birth parent ⟨telb.zn.⟩ **0.1** ***biologische ouder.***

'birth·place ⟨f1⟩⟨telb.zn.⟩ **0.1** ***geboorteplaats*** ⇒*geboortehuis.*

'birth rate, 'birth·ing rate ⟨f1⟩⟨telb.zn.⟩ **0.1** ***geboortencijfer.***

'birth·right ⟨f1⟩⟨telb. en n.-telb.zn.⟩ **0.1** ***geboorterecht*** ⇒*aangeboren recht* **0.2** ***eerstgeboorterecht*** ◆ **3.2** sell one's ~ for a mess of pottage *zijn eerstgeboorterecht voor een schotel linzen verkopen* ⟨naar Gen. 25:29-33⟩ **6.1** be free **by** ~ *als vrij mens geboren zijn.*

'birth·root ⟨telb. en n.-telb.zn.⟩⟨plantk.⟩ **0.1** ***trillium*** ⟨lelieachtige v.h. genus Trillium; i.h.b. T. erectum⟩.

'**birth·sin** ⟨n.-telb.zn.⟩ **0.1** ***erfzonde***.
'**birth·wort** ⟨telb. en n.-telb.zn.⟩ ⟨plantk.⟩ **0.1** ***pijpbloem*** ⟨genus Aristolochia⟩.
bis [bɪs] ⟨bw.⟩ **0.1** ***bis*** ⇒*tweemaal, opnieuw*.
BIS ⟨afk.⟩ Bank for International Settlements, British Information Service.
Bis·cay ['bɪskeɪ] ⟨eig.n.⟩ **0.1** ***Biskaje*** ◆ **1.1** Bay of ~ *Golf v. Biskaje*.
Bis·cay·an[1] [bɪ'skeɪən] ⟨zn.⟩
I ⟨eig.n.⟩ **0.1** ***Biskajisch*** ⟨Baskisch dialect⟩;
II ⟨telb.zn.⟩ **0.1** ***Biskajer*** ⟨bewoner v. Vizcaya⟩.
Biscayan[2] ⟨bn.⟩ **0.1** ***Biskajisch*** ⟨uit Vizcaya, Spaans Baskenland⟩.
bis·cuit ['bɪskɪt] ⟨f2⟩ ⟨zn.⟩
I ⟨telb.zn.⟩ **0.1** ⟨BE⟩ ***biscuit*** ⇒*cracker* **0.2** ⟨AE⟩ ***zacht rond koekje*** **0.3** ⟨BE; mil.; sl.⟩ ***vierkant stuk v. soldatenmatras*** **0.4** ⟨sl.⟩ ***muntstuk*** ⇒*bankbiljet* **0.5** ⟨sl.⟩ ***wijf*** ◆ **3.¶** ⟨BE; sl.⟩ take the ~ *de kroon spannen;*
II ⟨telb. en n.-telb.zn.; vaak attr.⟩ **0.1** ***lichtbruin*** ⇒*beige;*
III ⟨n.-telb.zn.⟩ **0.1** ***biscuit*** ⟨onverglaasd porselein⟩.
'**biscuit hooks** ⟨mv.⟩ ⟨sl.⟩ **0.1** ***poten*** ⇒*jatten, fikken*.
bi·sect ['baɪ'sekt] ⟨ww.⟩
I ⟨onov.ww.⟩ **0.1** ***zich splitsen*** ⇒*uiteengaan* ⟨bv. weg⟩;
II ⟨ov.ww.⟩ **0.1** ***middendoor/in tweeën delen/splitsen/snijden*** ⇒*halveren*.
bi·sec·tion ['baɪ'sekʃn] ⟨n.-telb.zn.⟩ **0.1** ***halvering*** ⇒*splitsing*.
bisec·tor ['baɪ'sektə‖-ər] ⟨telb.zn.⟩ ⟨wisk.⟩ **0.1** ***bissectrice*** ⇒*deellijn*.
bi·sex·u·al ['bai'sekʃuəl] ⟨f1⟩ ⟨bn.; -ly⟩ **0.1** ***biseksueel***.
bi·sex·u·al·i·ty [baɪ'sekʃʊ'æləṭi], **bi·sex·u·al·ism** [baɪ'sekʃuəlɪzm] ⟨n.-telb.zn.⟩ **0.1** ***biseksualiteit***.
bish [bɪʃ] ⟨telb.zn.⟩ ⟨BE; sl.⟩ **0.1** ***flater***.
bish·op[1] ['bɪʃəp] ⟨f3⟩ ⟨zn.⟩
I ⟨telb.zn.⟩ **0.1** ***bisschop*** **0.2** ⟨schaken⟩ ***loper*** ⇒*raadsheer* **0.3** ⟨AE; gesch.⟩ ***tournure*** ⟨aan damesjapon, 18e/19e eeuw⟩;
II ⟨n.-telb.zn.⟩ **0.1** ***bisschop(wijn)***.
bishop[2] ⟨ov.ww.⟩ **0.1** ***tot bisschop wijden*** **0.2** ***opflikken*** ⟨paard, door operatie aan het gebit⟩.
bish·op·ric ['bɪʃəprɪk] ⟨f1⟩ ⟨telb.zn.⟩ **0.1** ***bisdom*** ⇒*diocees* **0.2** ***bisschopsambt***.
Bishop's Bible ['bɪʃəps ˌbaɪbl] ⟨eig.n.⟩ **0.1** ***Bishop's Bible*** ⟨bijbelvertaling uit 1568⟩.
'**bishop sleeve** ⟨telb.zn.⟩ **0.1** ***polsmouw***.
'**bishop's 'purple** ⟨telb. en n.-telb.zn.⟩ **0.1** ***licht paarsrood*** ⇒*purper*.
'**bishop's 'violet** ⟨telb. en n.-telb.zn.⟩ **0.1** ***(licht) purper***.
'**bishop's weed,** '**bishop-weed** ⟨telb. en n.-telb.zn.; bishops' weeds, bishop-weeds; →mv. 6⟩ ⟨plantk.⟩ **0.1** ***akkerscherm*** ⟨genus Ammi⟩ **0.2** ***zevenblad*** ⟨Aegopodium podagraria⟩.
Bis·marck herring ['bɪzmɑ:k'herɪŋ‖-mɑrk-] ⟨telb.zn.⟩ **0.1** ***bismarckharing***.
bis·muth ['bɪzməθ] ⟨n.-telb.zn.⟩ ⟨schei.⟩ **0.1** ***bismut*** ⟨element 83⟩.
bi·son ['baɪsn] ⟨f1⟩ ⟨telb.zn.; ook bison; →mv. 4⟩ ⟨dierk.⟩ **0.1** ***bizon*** ⟨genus Bison⟩ ⇒⟨i.h.b.⟩ *Amerikaanse bizon, (Noordamerikaanse) buffel* ⟨B. bison⟩; *(Europese) bizon, wisent* ⟨B. bonasus⟩.
bisque, ⟨in bet. II 0.1 ook⟩ **bisk** [bɪsk] ⟨zn.⟩
I ⟨telb.zn.⟩ ⟨tennis, croquet, golf⟩ **0.1** ***voorgift*** ⟨v. resp. één punt, beurt of slag voor speler die erom vraagt⟩;
II ⟨telb. en n.-telb.zn.⟩ **0.1** ***krachtige (room)soep*** ⟨vnl. v. kreeft⟩ **0.2** ⟨vaak attr.⟩ ***bleek oranjegeel*** **0.3** ⟨AE⟩ ***roomijs met gemalen bitterkoekjes/noten;***
III ⟨n.-telb.zn.⟩ **0.1** ***biscuit*** ⟨onverglaasd porselein⟩.
bis·sex·tile[1] [bɪ'sekstaɪl‖'baɪ'sekstl] ⟨telb.zn.⟩ **0.1** ***schrikkeljaar***.
bissextile[2] ⟨bn., attr.⟩ **0.1** ***schrikkel-***.
bi·sta·ble ['baɪ'steɪbl] ⟨bn.⟩ ⟨comp.⟩ **0.1** ***bistabiel***.
bis·tort ['bɪstɔ:t‖-tɔrt] ⟨telb. en n.-telb.zn.⟩ ⟨plantk.⟩ **0.1** ***duizendknoop*** ⟨genus Polygonum⟩ ⇒⟨i.h.b.⟩ *adderwortel* ⟨P. bistorta⟩.
bis·tou·ry ['bɪstəri] ⟨telb.zn.; →mv. 2⟩ **0.1** ***bistouri*** ⟨chirurgisch mes⟩.
bis·tre, ⟨AE sp. ook⟩ **bis·ter** ['bɪstə‖-ər] ⟨n.-telb.zn.; ook attr.⟩ **0.1** ***bister*** ⇒⟨attr. ook⟩ *roetbruin*.
bis·tro, bis·trot ['bi:strou, 'bɪ-] ⟨telb.zn.⟩ **0.1** ***bistro***.
bi·sul·phate, ⟨AE sp.⟩ **bi·sul·fate** ['baɪ'sʌlfeɪt] ⟨n.-telb.zn.⟩ ⟨schei.⟩ **0.1** ***bisulfaat***.
bit[1] [bɪt] ⟨f4⟩ ⟨telb.zn.⟩ **0.1** ***beetje*** ⇒*hapje, stukje* ⟨voedsel⟩ **0.2** ***beetje*** ⇒*stukje, kleinigheid* **0.3** ***beetje*** ⇒*ogenblikje, momentje* **0.4** ***nummer*** ⇒*act* ⟨v. artiest⟩; *bijrolletje* ⟨in film, toneel⟩; ⟨fig.; inf.⟩ *aandeel, bijdrage* ⟨in activiteit⟩ **0.5** ***scène*** ⇒*episode* ⟨uit toneelstuk⟩; *sequentie* ⟨uit film⟩ **0.6** ***(ge)bit*** ⟨mondstuk voor paard⟩ **0.7** ***boorijzer*** **0.8** ***schaafijzer/beitel/mes*** **0.9** ***bek*** ⟨v. nijptang⟩ **0.10** ***sleutelbaard*** **0.11** ***soldeerbout*** **0.12** ⟨BE⟩ ***(geld)stukje*** ⇒*muntje* **0.13** ⟨AE; inf.⟩ ***twaalf en een halve dollarcent*** **0.14** ⟨comp.⟩ ***bit*** ⟨verkorting v. binary digit⟩ **0.15** ⟨sl.⟩ ***(lekker) stuk*** **0.16** ⟨AE; sl.⟩ ***gevangenisstraf*** ◆ **1.2** ~s and pieces/bobs *stukken en brokken;* ⟨inf.⟩ a ~ at a time *bij beetjes, stukje voor stukje* **1.15** ⟨BE; sl.⟩ a (nice) ~ of skirt/stuff/fluff/crumpet/tail *een lekker stuk* **1.¶** ⟨inf.⟩ a ~ of fat *een meevallertje;* ⟨inf.⟩ have a ~ on the side *vreemd gaan, een slippertje maken;* a ~ of a lad *een losbol, vrolijke Frans* **2.12** a threepenny/sixpenny ~ *een munt v. drie/zes (oude) pence* **3.2** ⟨inf.⟩ now you stretch it a ~ *nu ben je wel wat aan het overdrijven* **3.6** ⟨fig.⟩ champ/chafe at the ~ *niet te houden/ongedurig zijn;* take/have/get the ~ between its teeth *op hol slaan* ⟨v. paard⟩; ⟨fig.⟩ take/have/get the ~ between one's teeth *(te) hard van stapel lopen* **3.¶** ⟨inf.⟩ do one's ~ *het zijne doen, zijn steen(tje) bijdragen;* ⟨inf.⟩ I don't care two ~s *het kan me geen barst schelen* **4.2** that was a ~ much for me *dat was me wat te veel* **6.2** ⟨inf.⟩ ~ **by** ~ *bij beetjes, stukje voor stukje;* go **to** ~s *aan stukken/flarden/diggelen gaan;* tear sth. **to** ~s *iets in stukken scheuren;* ⟨fig.⟩ my nerves went **to** ~s *ik kreeg het op de zenuwen* **6.¶** ~s **of** children *stakkers/bloedjes v. kinderen;* ~s **of** furniture *armoedige meubeltjes* **7.2** a ~ tired *wat vermoeid;* not a ~ better *geen haar beter;* not a ~ (of it) *helemaal niet(s), geen zier;* it takes a ~ of pushing *er is nogal wat duwen voor nodig;* he is a ~ of a liar *hij is nogal een leugenaar;* ⟨inf.⟩ he is only a ~ of a singer *hij is een zanger v. niets;* a ~ of advice *een goede raad;* a ~ of luck *wat geluk, een meevaller(tje);* a ~ of news *een nieuwtje* **7.3** wait a ~! *wacht even!* **7.12** two ~s *vijfentwintig dollarcent, een kwart dollar* **7.¶** ⟨inf.⟩ every ~ as good as you *in alle opzichten zo goed als jij*.
bit[2] ⟨ov.ww.; →ww. 7⟩ **0.1** ***het (ge)bit aandoen*** ⟨paard⟩ **0.2** ***aan het (ge)bit gewennen*** ⟨paard⟩ **0.3** ***beteugelen*** **0.4** ***een baard slijpen aan*** ⟨sleutel⟩.
bi·tar·trate ['baɪ'tɑ:treɪt‖-'tɑr-] ⟨n.-telb.zn.⟩ ⟨schei.⟩ **0.1** ***bitartraat***.
bitch[1] [bɪtʃ] ⟨f2⟩ ⟨telb.zn.⟩ **0.1** ⟨ook attr.⟩ ***teef*** ⇒*wijfje* ⟨v. hond, vos⟩ **0.2** ⟨sl.; bel.⟩ ***teef*** ⇒*kreng (v.e. wijf)* **0.3** ⟨sl.⟩ ***klacht*** **0.4** ⟨sl.⟩ ***moeilijk probleem*** **0.5** ⟨sl.⟩ ***hoer*** **0.6** ⟨sl.; kaartspel⟩ ***dame*** ⇒*vrouw* **0.7** ⟨sl.⟩ ***mietje*** **0.8** ⟨sl.⟩ ***iets opmerkelijks*** ⇒*iets plezierigs* ◆ **1.1** ~ fox *teef, wijfjes/moervos;* ~ otter *wijfjesotter;* ~ wolf *wolvin*.
bitch[2] ⟨bn.⟩ ⟨sl.⟩ **0.1** ***surrogaat*** ⇒*geïmproviseerd, zelfgemaakt, minderwaardig*.
bitch[3] ⟨f1⟩ ⟨ww.⟩ →bitching
I ⟨onov.ww.⟩ **0.1** ***hatelijk doen*** **0.2** ***oneerlijk spel spelen*** **0.3** ⟨inf.⟩ ***zeuren*** ⇒*klagen;*
II ⟨ov.ww.⟩ **0.1** ***hatelijk doen tegen*** **0.2** ***oneerlijk spel spelen met*** **0.3** ⟨inf.⟩ ***verknoeien*** ◆ **5.¶** ~ **up** *bederven* ⟨vnl. door woorden⟩.
bitch·en ['bɪtʃɪn] ⟨bn.⟩ ⟨AE; sl.; tieners⟩ **0.1** ***te gek***.
bitch·ing ['bɪtʃɪŋ] ⟨bn.; teg. deelw. v. bitch⟩ ⟨sl.⟩ **0.1** ***uitstekend*** ⇒*heel goed, fijn, prima*.
'**bitch kitty** ⟨telb.zn.⟩ ⟨sl.⟩ **0.1** ***kreng(erige vrouw)*** **0.2** ***rotklus***.
'**bitch session** ⟨telb.zn.⟩ ⟨sl.⟩ **0.1** ***gesprek*** ⇒*geouwehoer* **0.2** ***klachtenuurtje***.
bitch·y ['bɪtʃi] ⟨f1⟩ ⟨bn.; -er; -ly; -ness; →bijw. 3⟩ **0.1** ***bedorven*** ⇒*slecht* **0.2** ***hatelijk*** ⇒*boosaardig* **0.3** ***humeurig*** ⇒*kribbig*.
bite[1] [baɪt] ⟨f3⟩ ⟨zn.⟩ ⟨→sprw. 154⟩
I ⟨telb.zn.⟩ **0.1** ***beet*** ⇒*hap* **0.2** ***hap(je)*** ⇒*beetje* ⟨eten⟩ **0.3** ***beet*** ⟨bij het vissen⟩ **0.4** ⟨sl.⟩ ***lening*** **0.5** ⟨sl.⟩ ***(on)kosten*** **0.6** ⟨sl.⟩ ***aandeel*** ◆ **3.1** take a ~ at an apple *een beet nemen v.e. appel* **3.2** I had not had a ~ that day *ik had die dag geen hap gegeten;* have a ~ of food/to eat *iets eten* **3.3** after two hours I got a ~ *na twee uren kreeg ik beet* **3.4** take a ~ out of s.o. *geld van iem. lenen/aftroggelen* **7.¶** ⟨inf.⟩ get two ~s of/at the cherry *twee kansen krijgen;* two ~s at a cherry *een schuchtere poging;* a second/another ~ at the cherry *een tweede kans;*
II ⟨telb. en n.-telb.zn.⟩ **0.1** ***vinnigheid*** ⇒*bits(ig)heid; snibbigheid, scherpte; schrijning* ◆ **1.1** there was a ~ in the air *er hing een vinnige kou in de lucht;* that gin had much ~ *die gin had een scherpe smaak;*
III ⟨n.-telb.zn.⟩ **0.1** ***beet*** ⇒*het bijten* **0.2** ⟨schr.⟩ ***greep*** ⇒*vast, houvast* **0.3** ⟨tech.⟩ ***grip*** ⇒*het pakken* ⟨v. werktuig⟩ **0.4** ⟨schei.⟩ ***het inbijten*** ⟨vnl. v. zuur bij etsen⟩ ⇒*etsende werking* ◆ **3.¶** ⟨AE; sl.⟩ put the ~ on s.o. *geld lenen/afpersen v. iem.*.
bite[2] ⟨f3⟩ ⟨ww.; bit [bɪt], bitten ['bɪtn]/⟨vero.⟩ bit⟩ →biting ⟨→sprw. 36, 324, 526⟩
I ⟨onov.ww.⟩ **0.1** ***bijten*** ⇒*toebijten, (toe)happen* ⟨ook fig.⟩, *zich (gemakkelijk) laten beetnemen* **0.2** ***bijten*** ⇒*invreten, inwerken* ⟨v. zuren; ook fig.⟩ **0.3** ***voelbaar worden*** ⇒*effect hebben/sorteren* ⟨vnl. mbt. iets negatiefs⟩ **0.4** ***grip krijgen*** ⇒*pakken* ⟨bv. v. wiel, anker⟩ ◆ **1.2** acids ~ into metals *zuren bijten in metalen* **4.¶** sth. to ~ on *iets tastbaars/voelbaars; een houvast* ⟨vnl. fig.⟩ **6.1** ~ **at** sth. *naar iets happen;*
II ⟨ov.ww.⟩ **0.1** ***bijten*** ⇒*happen* ⟨ook fig.⟩ **0.2** ***bijten*** ⇒*steken, prikken* ⟨v. insekten⟩ **0.3** ***doorboren/steken/priemen*** ⟨v. zwaard⟩ **0.4** ***vastgrijpen/houden*** ⟨mbt. werktuigen⟩ **0.5** ***aanvreten*** ⇒*bijten*

in, inwerken op ⟨v. zuren; ook fig.⟩ **0.6** ⟨vnl. pass.⟩ ***beetnemen*** ⇒*bedotten* **0.7** ⟨sl.⟩ ***geld lenen/vragen*** ◆ **1.1** the cold bit my fingers *de koude beet/sneed me in de vingers;* ⟨fig.⟩ ~ the dust *in het stof/zand bijten;* ~ the hand that feeds you *je weldoener beledigen;* ⟨fig.⟩ ~ one's lip(s) *zich verbijten* **3.¶** ~ off more than one can chew *te veel hooi op zijn vork nemen* **4.¶** ⟨inf.⟩ what's biting you? *wat zit je dwars?, waar pieker je over?* **5.1** ~ **off** *afbijten* **5.¶** ~ **back** a promise *een belofte inslikken* **6.¶** bitten **with** a passion for *verslingerd aan.*

bit·er ['baɪtə||'baɪtər]⟨telb.zn.⟩ **0.1** ***bijter*** ◆ **3.¶** the ~ bit(ten) *de bedrieger bedrogen.*

bit·ing ['baɪtɪŋ]⟨f2⟩⟨bn.; teg. deelw. v. bite; -ly; -ness⟩ **0.1** ***bijtend*** ⟨ook fig.⟩ ⇒*scherp, bits(ig), vinnig* ◆ **1.1** a ~ remark *een scherpe /hekelende opmerking;* a ~ wind *een bijtende wind.*

'bit part ⟨telb.zn.⟩ **0.1** ***bijrolletje*** ⟨in film, toneel⟩.

bitt[1] [bɪt]⟨telb.zn.⟩⟨scheep.⟩ **0.1** ***beting.***

bitt[2] ⟨ov.ww.⟩⟨scheep.⟩ **0.1** ***om de beting vastleggen*** ⟨touw⟩.

bit·ten ['bɪtn]⟨volt. deelw.⟩ →bite.

bit·ter[1] ['bɪtə||'bɪtər]⟨f1⟩⟨zn.⟩

I ⟨telb.zn.⟩⟨scheep.⟩ **0.1** ***slag om de beting;***

II ⟨telb. en n.-telb.zn.⟩⟨BE⟩ **0.1** ***bitter (bier);***

III ⟨n.-telb.zn.⟩ **0.1** ***bitterheid*** ⇒*het bittere* ◆ **3.1** take the ~ with the sweet *het nemen zoals het valt;*

IV ⟨mv.; ~s⟩ **0.1** ***(maag)bitter*** ⟨digestieve likeur⟩.

bitter[2] ⟨f3⟩⟨bn.; -er; -ly; -ness⟩ **0.1** ***bitter*** ⟨ook fig.⟩ ⇒*bijtend, scherp; bits(ig), spijtig; verbitterd* ◆ **1.1** ⟨fig.⟩ the ~ end *het bittere einde;* ⟨fig.⟩ a ~ pill to swallow *een bittere pil;* a ~ wind *een bitter koude/bijtende wind* **1.¶** ~ aloes *aloëbitter, aloine;* ~ apple/gourd *bitterappel, kolokwint* ⟨Citrullus colocynthis⟩; ~ almond *bittere amandel* ⟨Prunus amygdalus amara⟩; ~ cress *veldkers* ⟨Cardamine⟩; *bittere veldkers* ⟨C. amara⟩; *kleine veldkers* ⟨C. hirsuta⟩; Bitter Lakes *Bittermeren* ⟨in Suezkanaal⟩; ~ orange *bittere/zure sinaasappel* ⟨Citrus aurantium⟩.

'bitter 'end ⟨telb.zn.⟩⟨scheep.⟩ **0.1** ***eind v. tros om beting.***

'bit·ter-'end·er ⟨telb.zn.⟩ **0.1** ***onverzoenlijk/onvermurwbaar mens*** ⇒⟨i.h.b.⟩ *radicaal, extremist.*

bit·ter·ish ['bɪtərɪʃ]⟨bn.⟩ **0.1** ***enigszins bitter/verbitterd.***

bit·ter·ling ['bɪtəlɪŋ||'bɪtər-]⟨telb.zn.⟩⟨dierk.⟩ **0.1** ***bittervoorn*** ⟨Rhodeus amarus⟩.

bit·tern ['bɪtən||'bɪtərn]⟨zn.⟩

I ⟨telb.zn.⟩⟨dierk.⟩ **0.1** ***roerdomp*** ⟨genus Botaurus/Ixobrychus⟩ ◆ **2.1** little ~ *wouwaapje* ⟨Ixobrychus minutus⟩;

II ⟨n.-telb.zn.⟩⟨schei.⟩ **0.1** ***moederloog*** ⟨na zoutwinning uit zeewater⟩.

'bit·ter·sweet[1] ⟨n.-telb.zn.⟩ **0.1** ***bitterzoetheid*** **0.2** ⟨plantk.⟩ ***bitterzoet*** ⇒*alfrank* ⟨Solanum dulcamara⟩.

'bitter'sweet[2] ⟨bn.⟩ **0.1** ***bitterzoet*** ⟨ook fig.⟩.

'bit·ter·weed ⟨telb. en n.-telb.zn.⟩⟨plantk.⟩ **0.1** ***ambrosia*** ⟨Ambrosia⟩ ⇒⟨i.h.b.⟩ *alsemambrosia* ⟨A. artemisiifolia, A. trifolia⟩ **0.2** ***bitterkruid*** ⟨genus Picris⟩.

bit·ter·wort ['bɪtəwɜ:t||'bɪtərwɜrt]⟨n.-telb.zn.⟩⟨plantk.⟩ **0.1** ***gentiaan*** ⟨fam. Gentianaceae⟩ ⇒⟨i.h.b.⟩ *slanke gentiaan* ⟨Gentianella amarella⟩.

bitts [bɪts]⟨mv.⟩⟨scheep.⟩ **0.1** ***beting.***

bit·ty ['bɪti]⟨bn.; -er; -ness; →bijw. 3⟩ **0.1** ***samengeflanst*** ⇒*samengeraapt* **0.2** ⟨AE; gew.⟩ *petieterig* ⇒*nietig.*

bi·tu·men ['bɪtʃʊmɪn||bɪ'tu:-]⟨f1⟩⟨zn.⟩

I ⟨telb.zn.⟩ **0.1** ⟨Austr. E; inf.⟩ ***asfaltweg;***

II ⟨n.-telb.zn.⟩ **0.1** ***bitumen.***

bi·tu·mi·ni·za·tion, ⟨BE sp. ook⟩ **bi·tu·mi·ni·sa·tion** [bɪ'tju:mɪnaɪ'zeɪʃn||bɪ'tu:mɪnə'zeɪʃn]⟨n.-telb.zn.⟩ **0.1** ***bituminering.***

bi·tu·mi·nize, ⟨BE sp. ook⟩ **bi·tu·mi·nise** [bɪ'tju:mɪnaɪz||bɪ'tu:-]⟨ov.ww.⟩ **0.1** ***bitumineren.***

bi·tu·mi·nous [bɪ'tju:mɪnəs||bɪ'tu:-]⟨bn.⟩ **0.1** ***bitumineus*** ◆ **1.1** ~ coal *vette kolen.*

bi·va·lence ['baɪ'veɪləns], **bi·va·len·cy** [-si]⟨n.-telb.zn.⟩⟨schei.⟩ **0.1** ***bivalentie*** ⇒*tweewaardigheid.*

bi·va·lent ['baɪ'veɪlənt]⟨bn.⟩⟨schei.⟩ **0.1** ***bivalent*** ⇒*tweewaardig.*

bi·valve[1] ['baɪvælv]⟨telb.zn.⟩⟨dierk.⟩ **0.1** ***tweekleppig dier*** ⟨klasse Bivalvia⟩.

bivalve[2], **bi·val·vu·lar** ['baɪ'vælvjʊlə||-vjələr]⟨bn.⟩ **0.1** ⟨dierk.⟩ ***tweekleppig*** **0.2** ***tweeledig*** ⟨fig.⟩ ⇒*dubbelgeleed.*

biv·ou·ac[1] ['bɪvʊæk]⟨f1⟩⟨telb.zn.⟩ **0.1** ***bivak.***

bivouac[2] ⟨f1⟩⟨onov.ww.; bivouacked; →ww. 7⟩ **0.1** ***bivakkeren.***

biv·vy ['bɪvi]⟨telb.zn.; →mv. 2⟩⟨sl.⟩ **0.1** ***schuilplaats*** ⇒⟨i.h.b.⟩ *tentje.*

bi·week·ly[1] ['baɪ'wi:kli]⟨telb.zn.; →mv. 2⟩ **0.1** ***veertiendaags tijdschrift*** **0.2** ⟨gew.⟩ ***halfwekelijks tijdschrift.***

biweekly[2] ⟨bn.⟩ **0.1** ***veertiendaags*** **0.2** ⟨gew.⟩ ***halfwekelijks.***

biweekly[3] ⟨bw.⟩ **0.1** ***om de veertien dagen*** **0.2** ⟨gew.⟩ ***tweemaal per week.***

bi·year·ly[1] ['baɪ'jɪəli||-'jɪr-]⟨bn.⟩ **0.1** ***tweejaarlijks*** **0.2** ⟨gew.⟩ ***halfjaarlijks.***

biyearly[2] ⟨bw.⟩ **0.1** ***om de twee jaren*** **0.2** ⟨gew.⟩ ***om het halve jaar*** ⇒*om de zes maanden.*

biz [bɪz]⟨f1⟩⟨n.-telb.zn.⟩⟨verk.⟩ business ⟨inf.⟩ **0.1** ***zaken.***

bi·zarre [bɪ'zɑ:||bɪ'zɑr]⟨f2⟩⟨bn.; -ly; -ness⟩ **0.1** ***bizar*** ⇒*excentriek.*

bi·zar·re·rie [bɪ'zɑ:rəri||-'ri:]⟨n.-telb.zn.⟩ **0.1** ***bizarrerie*** ⇒*bizarriteit.*

bi(z)zazz →pizzazz.

BJ ⟨afk.⟩ Bachelor of Journalism.

bk ⟨afk.⟩ bank, book.

bkg ⟨afk.⟩ banking.

bklr ⟨afk.⟩ black letter ⟨druk., graf.⟩.

bkpg ⟨afk.⟩ bookkeeping.

bkpt ⟨afk.⟩ bankrupt.

bks ⟨afk.⟩ barracks.

bl ⟨afk.⟩ barrel, black, blue.

B/L ⟨afk.⟩ bill of lading.

BL ⟨afk.⟩ Bachelor of Law(s)/Letters/Literature, bill of lading, British Library.

BLA ⟨afk.⟩ Bachelor of Liberal Arts.

blab[1] [blæb], **blab·ber** ['blæbə||-ər]⟨zn.⟩

I ⟨telb.zn.⟩ **0.1** ***flapuit;***

II ⟨n.-telb.zn.⟩ **0.1** ***geklets*** ⇒*gebabbel.*

blab[2], **blabber** ⟨f1⟩⟨ww.; →ww. 7⟩

I ⟨onov.ww.⟩ **0.1** ***zijn mond voorbij praten*** ⇒*loslippig zijn;*

II ⟨ov.ww.⟩ **0.1** ***(er)uitflappen*** ⇒*verraden* ⟨geheim⟩ ◆ **5.1** ~ **out** sth. *iets eruitflappen.*

'blab·ber·mouth ⟨telb.zn.⟩⟨sl.; pej.⟩ **0.1** ***kletskous*** ⇒*flapuit.*

black[1] [blæk]⟨f3⟩⟨zn.⟩

I ⟨telb.zn.⟩ **0.1** ⟨vaak B-⟩ ***zwarte*** ⇒*neger(in)* **0.2** ⟨vaak B-⟩ ***zwarte*** ⇒*aborigine* ⟨Austr. inboorling⟩ **0.3** ***roetdeeltje*** **0.4** ***zwart(e) schaakstuk/damsteen*** ◆ **3.¶** ⟨inf.⟩ work like a ~ *werken als een paard;*

II ⟨n.-telb.zn.⟩ **0.1** ***zwart*** **0.2** ***zwart*** ⇒*zwartsel, zwarte kleur/verfstof; roetzwart* **0.3** ⟨plantk.⟩ ***zwart*** ⇒*brand(zwam)* ⟨Ustilago carbo; vnl. op graangewassen⟩ **0.4** ***positief saldo*** ◆ **1.1** ~ and white *zwart-wit* ⟨film; ook fig.⟩; ⟨fig.⟩ in ~ and white *zwart op wit* **1.¶** ~ and white (drawing) *pentekening* **3.¶** two ~s don't make a white *vergeld kwaad niet met kwaad;* ⟨inf.⟩ swear ~ is white *bij hoog en (bij) laag/bij kris en bij kras zweren* **6.4** be **in** the ~ *uit de rode cijfers zijn, solvent zijn;*

III ⟨mv.; ~s⟩ **0.1** ***zwarte kleren*** ⇒*zwart pak, rouwkleding.*

black[2] ⟨f4⟩⟨bn.; -er; -ly⟩⟨→sprw. 107, 567, 680⟩ **0.1** ***zwart*** ⇒*(zeer) donker;* ⟨fig. ook⟩ *duister, geheim* **0.2** ***zwart*** ⇒*vuil, besmeurd, morsig, bemorst* **0.3** ***zwart*** ⇒*(zeer) slecht, rampspoedig, somber; nors, onvriendelijk; nijdig, kwaad; snood* ◆ **1.1** ⟨inf.⟩ (as) ~ as the ace of spades *roetzwart, zo zwart als zwarte Piet;* Black Africa *Zwart Afrika;* ⟨plantk.⟩ ~ alder *zwarte els* ⟨Alnus glutinosa⟩; ~ art *zwarte kunst, nigromantie, toverij;* ⟨dierk.⟩ ~ bass *zwarte baars, zwartbaars* ⟨genus Micropterus⟩; ⟨dierk.⟩ ~ bear *zwarte beer* ⟨Ursus/Euarctos americanus⟩; *kraagbeer* ⟨Ursus/Selenarctos thibetanus⟩; ~ belt *zwarte band* ⟨bv. bij judo⟩; *zwarte streek/wijk* ⟨met overwegend zwarte bevolking, in de U.S.A.⟩; *de zwarte gordel* ⟨streek met zeer vruchtbare grond in Georgia, Alabama, Mississippi⟩; be in s.o.'s ~ book(s) *bij iem. slecht aangeschreven staan;* ~ box *zwarte doos, black box* ⟨met geheime, vnl. vluchtgegevens; ook in informatietheorie⟩; ~ bread *zwart brood, grof roggebrood;* ⟨BE; gesch.⟩ ~ cap *zwarte baret* ⟨v. rechter, bij uitspreken v. doodvonnis⟩; ~ coffee *zwarte koffie, koffie zonder melk;* ⟨dierk.⟩ ~ crappie *zwarte crappie* ⟨Pomoxis nigromaculatus⟩; Black Death *de Zwarte Dood* ⟨pestepidemie in de veertiende eeuw⟩; ~ diamond *zwarte diamant, carbon (ado);* ⟨fig.⟩ ~ diamonds *zwarte diamant, steenkool;* ~ earth *(het land v.) de Zwarte Aarde* ⟨in Oekraïne⟩; ~ eye *donker/zwart oog; blauw oog* ⟨na slag⟩; ⟨fig.⟩ *zware slag/nederlaag;* ⟨fig.⟩ be ~ in the face *paars/purper/blauw zien* ⟨bv. v. woede⟩; ⟨gesch.⟩ ~ flag *zwarte vlag* ⟨v. piraten; na executie in gevangenis; ook autosport, gebruikt samen met nummer v. raceauto om aan te geven dat deze moet stoppen⟩; Black Forest *Zwarte Woud;* ~ ginger *zwarte gember* ⟨niet v. opperhuid ontdaan⟩; ⟨dierk.⟩ ~ guillemot *zwarte zeekoet* ⟨Cepphus grylle⟩; Black Hand *Zwarte Hand* ⟨maffia in U.S.A., eind 19e eeuw⟩; ~ as one's hat *roetzwart;* ⟨dierk.⟩ ~ kite *zwarte wouw* ⟨Milvus migrans⟩; ⟨ster.⟩ ~ hole *zwart gat;* ⟨mil.⟩ *militaire gevangenis, cachot;* ⟨fig.⟩ *benauwde ruimte;* like the Black Hole of Calcutta *benauwd, om te stikken;* ⟨gesch.; fig.⟩ ~ ivory *zwart ivoor* ⟨negerslaven⟩; ⟨dierk.⟩ ~ lark *zwarte leeuwerik* ⟨Melanocorphyra yeltoniensis⟩; ⟨dierk.⟩ ~ leopard *zwart(e) luipaard/panter* ⟨Panthera pardus⟩; ~ magic *zwarte kunst, toverij;* ~ mark *zwarte vlek;* ⟨fig. ook⟩ *slecht punt, slechte zaak, smet;* ~ mass, Black Mass *zwarte* *mis, satansdienst; requiemmis;* ⟨plantk.⟩ ~ mustard *zwarte mosterd* ⟨Brassica nigra⟩; ⟨plantk.⟩ ~ nightshade *zwarte nachtschade* ⟨Solanum nigrum⟩; ~ pepper *zwarte peper* ⟨v. onrijpe bessen⟩; (as) ~ as pitch *zo zwart als roet, pikzwart;* ⟨plantk.⟩ ~ poplar *zwarte populier* ⟨Populus nigra⟩; ⟨dierk.⟩ ~ redstart *zwarte roodstaart* ⟨Phoenicurus ochruros⟩; Black Sea *Zwarte Zee;* ~ sheep *zwart schaap* ⟨vnl. fig.⟩; ⟨dierk.⟩ ~ stork *zwarte ooievaar* ⟨Ciconia nigra⟩; ⟨dierk.⟩ ~ swan *zwarte zwaan* ⟨Cygnus atratus⟩; ⟨fig.⟩ *witte raaf;* ~ tea *zwarte thee, thee zonder melk;* ⟨dierk.⟩ ~ tern *zwarte stern* ⟨Chlidonias niger⟩; ~ tie *zwart strikje; smoking;* ⟨dierk.⟩ ~ vulture *monniksgier* ⟨Aegypius monachus⟩; *zwarte gier* ⟨Am. vogel; Coragyps atratus⟩; ⟨plantk.⟩ ~ walnut *zwarte walnoot* ⟨Juglans nigra⟩; ⟨dierk.⟩ ~ wheatear *zwarte tapuit* ⟨Oenanthe leucura⟩; ⟨dierk.⟩ ~ widow *zwarte weduwe* ⟨Latrodectus mactans⟩; ⟨dierk.⟩ ~ woodpecker *zwarte specht* ⟨Dryocopus martius⟩ **1.2** ⟨fig.⟩ ~ work *besmet werk* ⟨dat door stakers verboden wordt⟩ **1.3** ~ comedy *zwarte komedie;* ~ day *zwarte dag;* ~ deeds *misdaden, snode daden;* ~ despair *zwarte/diepe wanhoop;* ~ humour *zwarte humor;* ~ ingratitude *harteloze/ijskoude ondankbaarheid;* give s.o. a ~ look *iem. nors aankijken;* in a ~ mood *in een sombere stemming;* ⟨inf.⟩ look on the ~ side *alles zwart inzien, door een zwarte bril kijken;* ⟨inf.⟩ look as ~ as thunder *er kwaad/grimmig uitzien;* ~ tidings *sombere/onheilspellende tijdingen;* ⟨inf.⟩ a ~ villain *een gemene schurk* **1.¶** ⟨plantk.⟩ ~ bindweed *zwaluwtong* ⟨Polygonum/Bilderdykia convolvulus⟩; ⟨plantk.⟩ ~ bryony *spekwortel* ⟨Tamus communis⟩; ~ cattle *(Schots/Wels) rundvee* ⟨oorspr. zwart⟩; ⟨BE⟩ Black Country ⟨ben. voor⟩ *industriegebied rond Birmingham;* ~ damp *(verstikkend) mijngas, stiklucht;* ~ dog *zwartgalligheid, pessimisme;* ~ drops *laudanumdruppels;* ~ economy *grijze circuit, informele economie;* Black English *het Engels v. Am. zwarten;* ⟨dierk.⟩ ~ fly *kriebelmug* ⟨fam. Simuliidae⟩; *zwarte bonenluis* ⟨Aphis fabae⟩; *kasthrips* ⟨Heliothrips haemorrhoidalis⟩; *zwarte citrusvlieg* ⟨Aleurocanthus woglomi⟩; Black Friar *predikheer, dominicaan;* ⟨BE⟩ ~ frost *(harde) vorst zonder rijp;* ⟨dierk.⟩ ~ game/grouse *korhoen* ⟨Lyrurus tetrix⟩; ⟨plantk.⟩ ~ horehound *stinkende ballote* ⟨Ballota nigra⟩; ~ ice *ijzel;* ~ lead *potlood, grafiet; zwartsel;* ⟨druk.⟩ ~ letter *gotische letter;* ⟨nat.⟩ ~ light *onzichtbaar licht* ⟨ultraviolet, infrarood⟩; ⟨med.⟩ ~ lung *stoflong(ziekte);* ⟨inf.⟩ Black Maria, black maria *overvalwagen;* ~ market *zwarte markt;* ~ markete(e)r *zwarthandelaar;* ⟨plantk.⟩ ~ medic(k) *hopklaver* ⟨Medicago lupulina⟩; ~ money *zwart geld;* Black Monk *benedictijn;* Black Muslim(s) *Zwarte Moslem(s), (lid v.) separatistische moslimsekte v. Am. zwarten;* Black Panther(s) *Zwarte Panter(s), (lid van) militante beweging van Am. zwarten;* ⟨BE⟩ Black Paper *zwartboek* ⟨aanklagend verslag⟩; Black Pope *Zwarte Paus* ⟨generaal v.d. jezuïeten⟩; Black Power *Black Power, militante emancipatiebeweging v. Am. zwarten;* ⟨gesch.⟩ the Black Prince *de Zwarte Prins, Edward, Prins v. Wales* ⟨1330-1376⟩; ⟨BE⟩ ~ pudding *bloedworst;* ⟨BE⟩ Black Rod *ceremoniemeester v.h. Britse Hogerhuis;* ⟨plantk.⟩ ~ salsify *echte schorseneer* ⟨Scorzonera hispanica⟩; ~ scab *wratziekte* ⟨v. aardappels⟩; ~ spot *zwarte plek, rampenplek* ⟨waar veel ongevallen gebeuren⟩; ⟨ben. voor⟩ *planteziekten;* ⟨i.h.b.⟩ *schurft;* ~ squall *(tropische) windvlaag met donkere wolken;* ⟨wet.⟩ ~ studies *Afro-Amerikaanse wetenschappen;* ⟨Austr. E⟩ ~ tracker *zwarte gids, aborigine die in de Austr. bush bij opsporingen helpt;* ~ velvet *mengsel v. stout en champagne;* ⟨Austr./Nieuwzeelands E; sl.⟩ *vrouw met donkere huid;* ~ vomit *braaksel met bloed; gele koorts;* ⟨BE⟩ Black Watch *42e regiment Hooglanders;* ⟨ook b- w-⟩ *donkerblauw-donkergroen tartan* **2.¶** ~ and blue *bont en blauw* ⟨geslagen⟩ **3.1** everything went ~ *het werd me zwart voor de ogen* **3.3** look ~ at s.o. *iem. nors bekijken* **5.3** he is not so ~ as he is painted *hij is niet zo slecht/kwaad als algemeen beweerd wordt.*

black[3] ⟨f2⟩ ⟨ov.ww.⟩ →blacking **0.1** ***zwart maken*** ⇒*zwarten; poetsen* ⟨zwarte schoenen⟩ **0.2** ***bevuilen*** ⇒*besmeuren* **0.3** ***besmet verklaren*** ⟨lading v. schip, door stakende havenarbeiders⟩ ◆ **1.¶** ~ s.o.'s eye *iem. een blauw oog slaan* **5.1** ~ **up** *(zich) zwart grimeren* **5.¶** →**black out.**

black·a·moor ['blækəmʊə‖-mʊr] ⟨telb.zn.⟩ ⟨vero.; scherts.⟩ **0.1** ***neger*** ⇒*zwarte, moor, moriaan.*

'black and 'tan, (in bet. I 0.1 ook) **'black and tan 'terrier** ⟨zn.; black and tans; →mv. 6⟩

I ⟨telb.zn.⟩ **0.1** ***Manchesterterriër*** ⟨zwart-geelbruin⟩ **0.2** ⟨B- and T-⟩ ***Black and Tan*** ⟨militair die de Ierse opstand v. 1920-'21 bestreed⟩;

II ⟨n.-telb.zn.⟩ ⟨BE⟩ **0.1** ***mengsel v. bitter bier en stout.***

'black-and-'white ⟨bn.⟩ **0.1** ***zwart-wit*** ⟨lett. en fig.; van t.v., bv.⟩.

'black-back·ed ⟨bn., attr.⟩ ⟨dierk.⟩ **0.1** ***met zwarte rug*** ◆ **1.1** great ~ gull *mantelmeeuw* ⟨Larus marinus⟩; lesser ~ gull *kleine mantelmeeuw* ⟨Larus fuscus⟩; ~ jackal *zadeljakhals* ⟨Canis mesomelas⟩.

'black·ball[1] ⟨telb.zn.⟩ **0.1** ***zwart balletje*** ⟨bij stemming⟩ ⇒⟨fig.⟩ *afwijzende stem.*

blackball[2] ⟨ov.ww.⟩ **0.1** ***deballoteren*** ⇒*als lid afwijzen.*

'black-bee·tle ⟨telb.zn.⟩ ⟨dierk.⟩ **0.1** ***kakkerlak*** ⟨fam. Blattidae⟩ ⇒⟨i.h.b.⟩ *oosterse kakkerlak, bakkerstor* ⟨Blatta orientalis⟩.

black·ber·ry ['blækbri‖-beri] ⟨f2⟩ ⟨telb.zn.⟩ ⟨plantk.⟩ **0.1** ***braam (struik)*** ⟨genus Rubus⟩ **0.2** ***braam(bes)*** ◆ **2.2** ⟨fig.⟩ plentiful as blackberries *in overvloed.*

black·ber·ry·ing ['blækberiŋ] ⟨n.-telb.zn.⟩ **0.1** ***het plukken v. braambessen*** ◆ **3.1** go ~ *braambessen gaan plukken.*

'black·bird ⟨f1⟩ ⟨telb.zn.⟩ **0.1** ⟨BE; dierk.⟩ ***merel*** ⟨Turdus merula⟩ **0.2** ⟨AE⟩ ⟨ben. voor⟩ ***vogels v.d. fam. Icteridae*** ⇒⟨i.h.b.⟩ *koevogel/spreeuw* ⟨genus Molothrus⟩; *bootstaart* ⟨genus Quiscalus⟩; *koperwiek* ⟨Agelaius phoeniceus⟩ **0.3** ⟨gesch.⟩ ***als slaaf gevangen Kanaak/neger.***

'black·bird·er ⟨telb.zn.⟩ ⟨gesch.⟩ **0.1** ***slavenjager*** ⇒⟨i.h.b.⟩ *Kanakenjager.*

'black·bird·ing ⟨n.-telb.zn.⟩ ⟨gesch.⟩ **0.1** ***slavenjacht*** ⇒⟨i.h.b.⟩ *Kanakenjacht.*

'black·board ⟨f2⟩ ⟨telb.zn.⟩ **0.1** ***(school)bord.***

'blackboard 'jungle ⟨telb.zn.⟩ **0.1** ***onordelijke/opstandige (toestand in) school*** ⟨oorspr. titel v. boek en film⟩.

'black'bod·y ⟨telb.zn.⟩ ⟨nat.⟩ **0.1** ***zwartlichaam*** ⟨dat theoretisch alle invallende straling absorbeert⟩.

'blackbody radiation ⟨n.-telb.zn.⟩ ⟨nat.⟩ **0.1** ***zwarte straling.***

'black·boy ⟨telb.zn.⟩ ⟨Austr. E; plantk.⟩ **0.1** ***grasboom*** ⟨genus Xanthorrhoea⟩.

'black-'brow·ed ⟨bn.⟩ **0.1** ***met zwarte wenkbrauwen*** ⇒⟨fig.⟩ *met fronsende/dreigende blik.*

'black·buck ⟨telb.zn.⟩ ⟨dierk.⟩ **0.1** ***Indische/hertegeitantilope*** ⟨Antilope cervicapra⟩.

'black·cap ⟨telb.zn.⟩ **0.1** ⟨dierk.⟩ ***zwartkop*** ⟨Sylvia atricapilla⟩ **0.2** ⟨plantk.⟩ ***braam*** ⟨Rubus occidentalis⟩.

'black·coat ⟨telb.zn.⟩ **0.1** ⟨pej.⟩ ***zwartrok*** ⟨geestelijke⟩ **0.2** ⟨BE; vero.⟩ ***kantoorbediende.***

'black-coat worker, 'black-coated 'worker ⟨telb.zn.⟩ ⟨BE; vero.⟩ **0.1** ***kantoorbediende.***

'black·cock ⟨telb.zn.⟩ ⟨dierk.⟩ **0.1** ***korhaan*** ⟨Lyrurus tetrix⟩.

black'cur·rant ⟨telb.zn.⟩ ⟨plantk.⟩ **0.1** ***zwarte bes*** ⟨vrucht, struik; Ribes nigrum⟩.

'black-'eared ⟨bn.⟩ ⟨dierk.⟩ ◆ **1.¶** ~ wheatear *blonde tapuit* ⟨Oenanthe hispanica⟩.

black·en ['blækən] ⟨f1⟩ ⟨ww.⟩

I ⟨onov.ww.⟩ **0.1** ***zwart/donker worden*** ⇒*zwarten;*

II ⟨ov.ww.⟩ **0.1** ***zwarten*** ⇒*zwart maken, bekladden* ⟨ook fig.⟩.

'black'ey·ed ⟨bn.⟩ **0.1** ***zwartogig*** ⇒*met zwarte ogen* ◆ **1.¶** ⟨plantk.⟩ ~ Susan *rudbeckia* ⟨genus Rudbeckia⟩.

'black·face ⟨zn.⟩

I ⟨telb.zn.⟩ **0.1** ***zwart gegrimeerd acteur*** ⟨vnl. als black minstrel⟩ **0.2** ***zwartkopschaap;***

II ⟨n.-telb.zn.⟩ **0.1** ⟨dram.⟩ ***zwarte grime*** ⟨in black minstrel-show⟩ **0.2** ⟨druk.⟩ ***vette letter.***

'black'fac·ed ⟨bn.⟩ **0.1** ***met zwart gezicht*** ⇒⟨fig.⟩ *somber* **0.2** ⟨druk.⟩ ***met vet lettertype*** ⇒*vet,* ⟨B.⟩ *vetjes.*

'black·fel·low ⟨telb.zn.⟩ **0.1** ***(Australische) aborigine.***

'black·fish ⟨telb.zn.⟩ ⟨dierk.⟩ **0.1** ⟨ben. voor⟩ ***donker gekleurde vis*** ⇒⟨o.a.⟩ *waaiervis* ⟨Dallia pectoralis⟩; *Tautoga onitis* ⟨soort lipvis⟩; *gri(e)nd, grindewal* ⟨Globicephala⟩; *zalm na paaitijd.*

'black·foot ⟨zn.; blackfeet; in bet. II 0.1 ook Blackfoot; →mv. 3, 4⟩

I ⟨eig.n.; B-⟩ **0.1** ***Zwartvoet(taal)*** ⇒*Blackfoot;*

II ⟨telb.zn.⟩ **0.1** ⟨B-⟩ ***Zwartvoet(indiaan)*** ⇒*Blackfoot* **0.2** ⟨Sch. E⟩ ***koppelaar*** ⇒*huwelijksbemiddelaar.*

black·guard[1] ['blægɑ:d, -gəd‖-gɑrd, -gərd] ⟨telb.zn.⟩ ⟨pej.⟩ **0.1** ***schurk*** ⇒*bandiet, schoelje* **0.2** ***vuilbek.***

blackguard[2], **black·guard·ly** [-li] ⟨bn.; blackguardly⟩ ⟨pej.⟩ **0.1** ***schurkachtig*** ⇒*gemeen* **0.2** ***plat*** ⇒*schunnig.*

blackguard[3] ⟨ww.⟩

I ⟨onov.ww.⟩ **0.1** ***zich schurkachtig/gemeen gedragen;***

II ⟨ov.ww.⟩ **0.1** ***voor schurk uitmaken*** **0.2** ***(grof) uitschelden.***

black·guard·ism ['blægədɪzm‖-gər-] ⟨n.-telb.zn.⟩ **0.1** ***schurkerij*** **0.2** ***vuile taal.***

'black·head ⟨f1⟩ ⟨telb.zn.⟩ **0.1** ***meeëter*** ⇒*vetpuistje* **0.2** ⟨dierk.⟩ ⟨ben. voor⟩ ***zwartkoppige vogel*** ⇒⟨i.h.b.⟩ *toppereend* ⟨Aythya marila⟩ **0.3** ⟨dierk.⟩ ***blackhead*** ⇒*histomoniasis* ⟨vogelziekte, vnl. bij kalkoenen⟩.

'black-'head·ed ⟨bn., attr.⟩ ⟨dierk.⟩ **0.1** ***met zwarte kop*** ⇒*zwartkoppig* ◆ **1.1** ⟨dierk.⟩ ~ bunting *zwartkopgors* ⟨Emberiza melanocephala⟩; ~ gull *kok/kapmeeuw* ⟨Larus ridibundus⟩.

'black'heart·ed ⟨bn.⟩ **0.1** ***snood*** *⇒(door)slecht.*

black·ing ['blækɪŋ]⟨n.-telb.zn.; gerund v. black⟩ **0.1** ***zwart(e) schoensmeer*** **0.2** ***zwartsel*** *⇒lampzwart.*

black·ish ['blækɪʃ]⟨bn.; -ly⟩ **0.1** ***zwartachtig.***

'black·jack[1] ⟨f1⟩⟨zn.⟩
I ⟨telb.zn.⟩ **0.1** ***leren beker/kroes/fles*** **0.2** ***zeeroversvlag*** **0.3** ⟨AE⟩ ***ploertendoder*** *⇒gummiknuppel* **0.4** ⟨AE; plantk.⟩ ***zwarte eik*** ⟨Quercus marilandica⟩;
II ⟨n.-telb.zn.⟩ **0.1** ***eenentwintigen*** *⇒banken* ⟨kaartspel⟩ **0.2** ***sfaleriet*** *⇒(zink)blende.*

blackjack[2] ⟨ov.ww.⟩ **0.1** ***met een knuppel/ploertendoder slaan*** **0.2** ***afdwingen.***

black·lead[1] ['blæk'led]⟨n.-telb.zn.⟩ **0.1** ***potlood*** *⇒grafiet* **0.2** ***zwartsel*** ⟨bv. voor kachel⟩.

'black'lead[2] ⟨ov.ww.⟩ **0.1** ***potloden*** *⇒zwarten* ⟨bv. kachel⟩.

'black·leg[1] ⟨f1⟩⟨telb.zn.⟩ **0.1** ***oplichter*** *⇒bedrieger* ⟨bij races, kaartspel⟩ **0.2** ⟨BE; pej.⟩ ***stakingbreker*** *⇒onderkruiper, rat.*

blackleg[2] ⟨onov. en ov.ww.; →ww. 7⟩⟨BE; pej.⟩ **0.1** ***onderkruipen*** **0.2** ***bedriegen*** *⇒oplichten* ⟨bij races, kaartspel⟩.

'black·list[1] ⟨f1⟩⟨telb.zn.⟩ **0.1** ***zwarte lijst.***

blacklist[2] ⟨f1⟩⟨ov.ww.⟩ **0.1** ***op de zwarte lijst plaatsen.***

'black·mail[1] ⟨f2⟩⟨n.-telb.zn.⟩ **0.1** ***afpersing*** *⇒*⟨fig.⟩ *chantage, het afdwingen onder dreiging* ◆ **3.1** levy ~ *chantage plegen/afpersen.*

blackmail[2] ⟨f1⟩⟨ov.ww.⟩ **0.1** ***chanteren*** *⇒chantage plegen op, (geld) afpersen van;* ⟨fig.⟩ *afdwingen (onder dreiging)* ◆ **6.1** ~ s.o. **into** sth. *iem. iets afdreigen.*

'black·mail·er ⟨f1⟩⟨telb.zn.⟩ **0.1** ***afperser*** *⇒afdreiger, chanteur.*

'black-'mark·et ⟨f1⟩⟨ww.⟩
I ⟨onov.ww.⟩ **0.1** ***zwarte handel drijven;***
II ⟨ov.ww.⟩ **0.1** ***op de zwarte markt verkopen*** *⇒zwart verhandelen.*

'black-necked ⟨bn.⟩⟨dierk.⟩ ◆ **1.¶** ~ grebe *geoorde fuut* ⟨Podiceps nigricollis⟩.

black·ness ['blæknəs]⟨f2⟩⟨n.-telb.zn.⟩ **0.1** ***zwart(ig)heid*** **0.2** ***negritude*** *⇒het neger zijn* ⟨v. Am. zwarten⟩ **0.3** ***zwarte humor.***

'black·out ⟨f2⟩⟨telb.zn.⟩ **0.1** ***verduistering*** ⟨in oorlogstijd, op toneel, door stroomuitval⟩ **0.2** ***black-out*** *⇒tijdelijke bewusteloosheid; tijdelijk geheugenverlies; tijdelijke blindheid* ⟨v. gevechtspiloot⟩ **0.3** ***black-out*** ⟨het onderbreken/stopzetten v. berichtgeving⟩.

'black 'out ⟨f2⟩⟨ww.⟩
I ⟨onov.ww.⟩ **0.1** ***een black-out hebben*** **0.2** ***verduisterd worden;***
II ⟨ov.ww.⟩ **0.1** ***verduisteren*** **0.2** ***bedekken*** *⇒onleesbaar maken* ⟨tekst⟩; ⟨fig.⟩ *censureren* ⟨nieuws⟩ **0.3** ⟨vnl. pass.⟩ ***uit de ether doen verdwijnen*** ⟨t.v., bv. bij staking⟩.

'Black·shirt, 'black·shirt ⟨telb.zn.⟩⟨gesch.⟩ **0.1** ***zwarthemd*** ⟨(Italiaans) fascist⟩.

'black·smith ⟨f2⟩⟨telb.zn.⟩ **0.1** ***smid*** *⇒*⟨i.h.b.⟩ *hoefsmid.*

'black·snake ⟨telb.zn.⟩ **0.1** ⟨dierk.⟩⟨ben. voor⟩ ***donker gekleurde slang*** *⇒*⟨o.a.⟩ *hardloper* ⟨Coluber constrictor⟩; *Flaphe obsoleta* ⟨soort klimslang⟩ **0.2** ⟨AE; gew.⟩ ***lange gevlochten zweep.***

blacksploitation →blaxploitation.

'black·strap, 'blackstrap molasses ⟨n.-telb.zn.⟩ **0.1** ***melasse.***

'black·tail deer, 'black·tail·ed 'deer ⟨telb.zn.⟩⟨dierk.⟩ **0.1** ***muildierhert*** ⟨Odocoileus hemionus⟩ *⇒*⟨i.h.b.⟩ *zwartstaarthert* ⟨O. hemionus hemionus⟩.

'black-'tailed ⟨bn.⟩⟨dierk.⟩ ◆ **1.¶** ~ godwit *grutto* ⟨Limosa limosa⟩.

'black·thorn ⟨zn.⟩
I ⟨telb.zn.⟩ **0.1** ***knuppel/wandelstok v. sleedoorn;***
II ⟨telb. en n.-telb.zn.⟩⟨plantk.⟩ **0.1** ***sleedoorn/doren*** *⇒sleepruim, sleien, trekkebek* ⟨Prunus spinosa⟩ **0.2** ***Am. meidoorn*** ⟨Crataegus tomentosa⟩.

'blackthorn winter ⟨telb.zn.⟩⟨BE⟩ **0.1** ***late winter*** ⟨wanneer de sleedoorn al bloeit⟩.

'black-throat·ed ⟨bn.⟩⟨dierk.⟩ ◆ **1.¶** ~ diver *parelduiker* ⟨Gavia arctica⟩.

'black-'tie ⟨telb.zn.; vaak attr.⟩ **0.1** ***avondkleding*** ◆ **1.1** ~ dinner *diner in avondkleding.*

'black·top[1] ⟨n.-telb.zn.⟩⟨AE⟩ **0.1** ***asfaltbekleding*** ⟨op wegdek⟩.

black·top[2] ⟨ov.ww.; →ww. 7⟩⟨AE⟩ **0.1** ***met een asfaltlaag bekleden*** ⟨wegdek⟩.

'black·wa·ter 'fever ⟨n.-telb.zn.⟩⟨med.⟩ **0.1** ***zwartwaterkoorts*** ⟨acute vorm v. Malaria tropica⟩.

'black-'winged ⟨bn.⟩⟨dierk.⟩ ◆ **1.¶** ~ kite *grijze wouw* ⟨Elanus caeruleus⟩; ~ pratincole *steppenvorkstaartplevier* ⟨Glareola nordmanni⟩; ~ stilt *steltkluut* ⟨Himantopus himantopus⟩.

'black·wood ⟨n.-telb.zn.⟩⟨plantk.⟩ **0.1** ***zwarte mangrove*** ⟨Avicennia marina⟩ **0.2** ***rozehout*** ⟨o.m. v. Dalbergia latifolia⟩.

black·y, black·ey, black·ie ['blæki]⟨telb.zn.⟩ **0.1** ⟨inf.⟩ ***zwart(j)e*** **0.2** ⟨ben. voor⟩ ***zwarte/donker gekleurde vogels.***

blad·der ['blædə||-ər]⟨f2⟩⟨telb.zn.⟩ **0.1** ***blaas*** **0.2** ***blaar*** *⇒bladder, blaasje* **0.3** ***windbuil*** *⇒opgeblazen persoon, praatjesmaker* ◆ **1.1** a ~ in a football *een blaas in een voetbal, een met lucht gevulde holte in een voetbal* **1.2** ~s on a painted wall *bladders op een geverfde muur* **2.1** urinary ~ *urineblaas.*

blad·der·ed ['blædəd||-ərd]⟨bn.⟩ **0.1** ***(op)gezwollen*** *⇒met blaasjes/blaren, opgezet.*

'blad·der·fern ⟨telb.zn.⟩⟨plantk.⟩ **0.1** ***blaasvaren*** ⟨Cystopteris⟩.

'blad·der-kelp, 'blad·der·weed ⟨n.-telb.zn.⟩⟨plantk.⟩ **0.1** ***(groot soort) blaaswier*** ⟨Fucus vesiculosus⟩.

'blad·der·nose, 'blad·der·nos·ed 'seal ⟨telb.zn.⟩⟨dierk.⟩ **0.1** ***blaasrob*** *⇒klapmuts* ⟨Cystophora cristata⟩.

'blad·der'sen·na ⟨telb.zn.⟩⟨plantk.⟩ **0.1** ***blazenstruik*** *⇒blaasboom* ⟨Colutea arborescens⟩.

'bladder worm ⟨telb.zn.⟩⟨dierk.⟩ **0.1** ***blaasworm.***

'blad·der·wort ⟨n.-telb.zn.⟩⟨plantk.⟩ **0.1** ***blaas(jes)kruid*** ⟨Uticularia⟩.

'bladder wrack ⟨n.-telb.zn.⟩⟨plantk.⟩ **0.1** ***blaaswier*** ⟨soort zeewier met luchtblazen; Fucus vesiculosus⟩.

blad·der·y ['blædəri]⟨bn.⟩ **0.1** ***blaasachtig*** **0.2** ***(vol) met blaren/bladders/blazen*** *⇒opgeblazen.*

blade[1] [bleɪd], ⟨in bet. 0.5 ook⟩ **'blade·bone** ⟨f3⟩⟨telb.zn.⟩ **0.1** ⟨ben. voor⟩ ***plat snijgedeelte*** *⇒lemmet* ⟨v. mes⟩, *blad* ⟨v. bijl, zaag⟩, *kling* ⟨v. zwaard⟩, *(scheer)mesje, dunne snijplaat, ijzer* ⟨v. schaats⟩ **0.2** ***blaadje*** ⟨bv. v. gras⟩ *⇒halm, spriet, blad, bladschijf, scheutje* **0.3** ***(plat) uiteinde*** ⟨bv. v. propeller, roeiriem⟩ *⇒blad* ⟨v. scheepsschroef⟩, *schoep, platte zijde* **0.4** ***schouderblad*** *⇒scapula* **0.5** ⟨taalk.⟩ ***voorste gedeelte v.h. tongblad*** *⇒lamina* **0.6** ***joviale vent*** *⇒gezellige kerel* ◆ **1.2** a ~ of grass *een grasprietje.*

blade[2] ⟨ww.⟩ →bladed
I ⟨onov.ww.⟩ **0.1** ***(uit)spruiten;***
II ⟨ov.ww.⟩ **0.1** ***v.e. blad/lemmet voorzien.***

blad·ed ['bleɪdɪd]⟨bn.; volt. deelw. v. blade⟩ **0.1** ***met een blad/schoep/lemmet*** *⇒geschoept, met een dunne snijplaat* **0.2** ***met blad(er)en*** *⇒met scheutjes, gebladerd.*

blae·ber·ry ['bleɪbri||-beri]⟨telb.zn.; →mv. 2⟩⟨vnl. Sch.E; plantk.⟩ **0.1** ***(blauwe) bosbes*** *⇒blauwbes* ⟨Vaccinium myrtillus⟩.

blah[1] [blɑ:], **'blah-'blah** ⟨f1⟩⟨n.-telb.zn.⟩ **0.1** ***blabla*** *⇒(hoogdravend) gezwam.*

blah[2], **blah-blah** ⟨bn.⟩⟨sl.⟩ **0.1** ***onzinnig*** **0.2** ***waardeloos*** **0.3** ***minzaam*** **0.4** ***niet opwindend*** *⇒onaantrekkelijk, onbehaaglijk.*

blah[3], **blah-blah** ⟨ww.⟩
I ⟨onov.ww.⟩ **0.1** ***zwetsen*** *⇒zwammen, (hoogdravende) nonsens uitkramen;*
II ⟨ov.ww.⟩ **0.1** ***nawauwelen*** *⇒nakletsen, domweg nazeggen.*

blain [bleɪn]⟨telb.zn.⟩⟨med.⟩ **0.1** ***blaar*** *⇒blein, ontstoken wondje.*

blame[1] [bleɪm]⟨f2⟩⟨n.-telb.zn.⟩ **0.1** ***schuld*** *⇒blaam, verantwoording* ⟨voor iets slechts⟩ **0.2** ***kritiek*** *⇒afkeuring, berisping, veroordeling* ◆ **3.1** bear/take the ~ *de schuld op zich nemen, de verantwoordelijkheid dragen;* put/lay the ~ on s.o. *iem. de schuld geven, iem. verantwoordelijk stellen, iem. iets kwalijk nemen.*

blame[2] ⟨f3⟩⟨ov.ww.⟩ →blamed ⟨→sprw. 2, 33⟩ **0.1** ***de schuld geven aan*** *⇒verantwoordelijk stellen, verwijten* **0.2** ***afkeuren*** *⇒veroordelen, bekritiseren, berispen* ◆ **1.1** it's not her fault, I ~ you *het is niet haar schuld, maar de jouwe;* I don't ~ Jane *ik geef Jane geen ongelijk* **3.1** we are not to ~ *wij kunnen er niets aan doen;* be to ~ for *schuldig zijn aan;* he is to ~ *het is zijn schuld, hij is hiervoor verantwoordelijk* **6.1** don't always ~ him **for** everything/don't always ~ everything **on** him *geef hem niet altijd overal de schuld van* **6.2** I ~ you **for** telling her *ik neem het je kwalijk dat je het haar verteld hebt.*

blam(e)·a·ble ['bleɪməbl]⟨bn.; -ly; -ness; →bijw. 3⟩ **0.1** ***laakbaar*** *⇒afkeurenswaard(ig).*

blam·ed [bleɪmd]⟨f1⟩⟨bn.; oorspr. volt. deelw. v. blame⟩⟨inf.; euf.⟩ **0.1** ***verwenst*** *⇒verrekt* ◆ **3.1** I'll be ~ if I know what you mean *ik mag een boon zijn als ik weet wat je bedoelt.*

blame·ful ['bleɪmfʊl]⟨bn.; -ly; -ness⟩ **0.1** ***schuldig*** *⇒berispelijk, laakbaar, verantwoordelijk* ⟨voor iets slechts⟩ **0.2** ***afkeurend.***

'blame·less ['bleɪmləs]⟨f1⟩⟨bn.; -ly; -ness⟩ **0.1** ***onberispelijk*** *⇒smetteloos, onschuldig, vrij v. blaam.*

'blame·wor·thy ⟨f1⟩⟨bn.; -ness; →bijw. 3⟩ **0.1** ***laakbaar*** *⇒schuldig, berispelijk, afkeurenswaard(ig).*

blanch [blɑ:ntʃ||blæntʃ]⟨f1⟩⟨ww.⟩
I ⟨onov.ww.⟩ **0.1** ***bleek/wit worden*** *⇒verbleken* ◆ **6.1** ~ **at** that remark *v. kleur verschieten bij die opmerking;* ~ **with** fear *verbleken v. schrik;*
II ⟨ov.ww.⟩ **0.1** ***doen verbleken*** *⇒bleken, bleek/wit maken, doen verkleuren/verschieten, ontkleuren* **0.2** ***blancheren*** ⟨groente, metaal⟩ *⇒even opkoken/stomen* **0.3** ***blancheren*** *⇒(door wering v. licht) bleek doen opgroeien* ⟨bv. selderij⟩ **0.4** ***pellen*** ⟨amande-

len⟩ **0.5** ***vertinnen*** ⇒*met laagje tin bedekken* ⟨bv. ijzeren plaat⟩ ◆ **5.1** ~ **over** s.o.'s story *iemands verhaal afzwakken (door verkeerde voorstelling v. zaken).*

blanc·mange [blə'mɒn(d)ʒ‖-'mɑn(d)ʒ]⟨telb. en n.-telb.zn.⟩⟨cul.⟩ **0.1** ***blanc-manger*** ⟨nagerecht v. amandelen, room en suiker⟩.

blan·co[1] ['blæŋkoʊ]⟨n.-telb.zn.⟩⟨mil.⟩ **0.1** ***blanco*** ⇒*witsel, wit poetsmiddel* ⟨bv. voor koppel⟩.

blanco[2] ⟨ov.ww.⟩⟨mil.⟩ **0.1** ***blancoën*** ⇒*witten, wit maken/poetsen.*

bland [blænd]⟨f2⟩⟨bn.; -er; -ness⟩ **0.1** ***vriendelijk*** ⇒*(zacht)aardig, zacht, minzaam, poeslief* **0.2** ***mild*** ⇒*niet (te) gekruid, zacht* **0.3** ***neutraal*** ⇒*nietszeggend, niet irritant/aanstootgevend, (ver)zacht(end)* **0.4** ***flauw*** ⇒*karakterloos, middelmatig, saai, eentonig* **0.5** ***nuchter*** ⇒*koel, emotieloos, laconiek, onverstoorbaar, ijskoud* ◆ **1.1** his ~ behaviour *zijn vriendelijke gedrag* **1.2** a ~ soup *een flauw/zacht soepje* **1.5** a ~ description of his crimes *een emotieloze/klinische beschrijving v. zijn misdaden.*

blan·dish ['blændɪʃ]⟨f1⟩⟨ov.ww.⟩ **0.1** ***vleien*** ⇒*door vleierij bepraten/bewerken, (ver)lokken, strelen.*

blan·dish·ment ['blændɪʃmənt]⟨f1⟩⟨telb.zn.; vnl. mv.⟩ **0.1** ***vleierij*** ⇒*(ver)lokking, verleiding(smiddel), vleitaal, lieve/zoete woordjes.*

bland·ly ['blændli]⟨bw.⟩ **0.1** →bland **0.2** ***doodleuk.***

blank[1] [blæŋk]⟨f2⟩⟨telb.zn.⟩ **0.1** ***leegte*** ⇒*lege plek, open stukje, leemte, spatie, blanco papier/formulier* **0.2** ***losse patroon*** ⟨v. geweer⟩ ⇒*losse flodder* **0.3** ***niet*** ⇒*niet in de prijzen vallend lot* **0.4** ***streepje*** ⟨i.p.v. woord/letter⟩ **0.5** ***blank*** ⟨v. dominosteen⟩ ⇒*(helft v.) dominosteen zonder ogen* **0.6** ***stuk onafgewerkt materiaal*** ⇒*muntplaatje, rondel, onvoltooide sleutelvorm* **0.7** ***doel(wit)*** **0.8** ⟨skateboarding⟩ ***platte dek*** ◆ **1.1** his memory is a ~ *hij weet zich niets meer te herinneren* **1.3** a lottery without ~s *een loterij zonder nieten* **2.5** a double ~ *een dubbel blank, een dominosteen zonder ogen* **3.3** draw a ~ *niet in de prijzen vallen;* ⟨fig.⟩ *bot vangen, ernaast zitten, niets bereiken;* ⟨sl.⟩ *vergeten, zich niet herinneren; dronken zijn; geen belangstelling krijgen* **3.¶** ⟨AE; inf.⟩ fire ~s *onvruchtbaar zijn* ⟨v. man of vrouw⟩.

blank[2] ⟨f2⟩⟨bn.; -er; -ness⟩ **0.1** ***leeg*** ⇒*blanco, onbeschreven, onbedrukt, niet ingevuld* **0.2** ***uitdrukkingsloos*** ⇒*wezenloos, nietszeggend, onbegrijpend* **0.3** ***blank*** ⇒*niet-rijmend* ⟨met vijfvoetige jamben⟩, *rijmloos* **0.4** ***nutteloos*** ⇒*vruchteloos, doelloos* **0.5** ***blind*** ⇒*zonder ramen/opening* **0.6** ***saai*** ⇒*kleurloos, ledig, karakterloos* **0.7** ***bot*** ⇒*vierkant, onbeleefd, kortaf* **0.8** ***absoluut*** ⇒*louter, volkomen, puur, volledig* **0.9** ⟨euf.⟩ ***vervloekt*** ⇒*verrekt* ◆ **1.1** ⟨geldw.⟩ a ~ bill *een blanco wissel;* a ~ cartridge *een losse patroon/flodder;* ⟨geldw.⟩ a ~ cheque *een blanco cheque;* ⟨geldw.⟩ ~ letter of credit *blanco krediet/accreditief, open krediet/accreditief;* a ~ line *een witte regel;* a ~ page *een lege/blanco pagina* **1.2** a ~ look *een wezenloze/beteuterde blik* **1.3** ~ verse *blank/rijmloos vers* ⟨in vijfvoetige jamben⟩ **1.4** a ~ effort *een vruchteloze poging* **1.5** a ~ door *een blinde deur, een deur die niet open kan;* a ~ wall *een blinde muur; een lege muur* ⟨zonder decoratie⟩; a ~ window *een blind venster; vorm/uitsparing v. raam zonder opening; dicht gemetselde muur* **1.7** a ~ refusal *een botte weigering* **1.8** in ~ amazement *in volkomen verbijstering* **1.¶** ~ sheet *fris hoofd, onbevangen geest.*

blank[3] ⟨ov.ww.⟩ →blanked **0.1** ***verhullen*** ⇒*aan het gezicht onttrekken* **0.2** ⟨AE⟩ ***verslaan (zonder tegenpunten)*** ⇒⟨tegenstander⟩ *beletten te scoren* **0.3** ⟨tech.⟩ ***stansen*** **0.4** ⟨euf.⟩ ***verwensen*** ⇒*verdoemen.*

blanked [blæŋkt]⟨bn.; volt. deelw. v. blank+3⟩ **0.1** ***verwenst*** ⇒*drommels, verdraaid.*

blan·ket[1] ['blæŋkɪt]⟨f3⟩⟨telb.zn.⟩ **0.1** ***(wollen) deken*** ⇒*bedekking;* ⟨fig.⟩ *(dikke) laag* **0.2** ⟨sl.⟩ ***pannekoek*** **0.3** ⟨sl.⟩ ***vloeitje.***

blanket[2] ⟨f1⟩⟨bn., attr.⟩ **0.1** ***allesomvattend*** ⇒*inclusief, algemeen geldig, op iedereen/alles v. toepassing* ◆ **1.1** a ~ agreement *een algemene/collectieve overeenkomst;* ~ instructions *allesomvattende instructies;* a ~ insurance policy *pakketverzekering; blokverzekering* ⟨in België⟩; a ~ rule *een algemene regel.*

blanket[3] ⟨f1⟩⟨ov.ww.; vnl. pass.⟩ **0.1** ***(geheel) bedekken*** ⇒*onderstoppen, toedekken, afsluiten, verzegelen* **0.2** ***in de doofpot stoppen*** ⇒*verbergen, onderdrukken, smoren, verdoezelen, sussen* **0.3** ⟨scheep.⟩ ***de loef afsteken*** ⇒*de wind uit de zeilen nemen* **0.4** ***overstemmen*** ⇒*overschaduwen, verdringen, buitensluiten* ◆ **6.1** the hills ~ed **with** snow *de heuvels bedekt met een dikke laag sneeuw.*

blan·ket·ing ['blæŋkɪṭɪŋ]⟨n.-telb.zn.⟩ **0.1** ***stof voor dekens*** ⇒*dekens, dekenstof.*

'blanket stitch ⟨telb. en n.-telb.zn.⟩ **0.1** ***festonneersteek.***

blank·et·y-blank[1] [blæŋkɪṭi 'blæŋk]⟨telb.zn.⟩⟨sl.⟩ **0.1** ***puntje, puntje, puntje*** ⟨euf. voor taboewoord⟩ ◆ **7.1** who the ~ are you? *wie ben jij voor de drommel?.*

blankety-blank[2] ⟨bn.⟩⟨sl.⟩ **0.1** ***verwenst*** ⇒*drommels, verdraaid* ⟨euf. voor taboewoord⟩.

blank·ly ['blæŋkli]⟨bw.⟩ **0.1** →blank **0.2** ***botweg.***

blare[1] [bleə‖bler]⟨n.-telb.zn.; the⟩ **0.1** ***geschal*** ⇒*lawaai, gebral, geloei* ◆ **1.1** the ~ of trompets *trompetgeschal.*

blare[2] ⟨f2⟩⟨onov.ww.⟩ **0.1** ***schallen*** ⇒*lawaai maken, galmen, luid klinken* ◆ **5.1** ~ **out** *uitgalmen, doen brullen/loeien.*

blar·ney[1] ['blɑ:ni‖'blɑrni]⟨f1⟩⟨n.-telb.zn.⟩⟨inf.⟩ **0.1** ***gefleem*** ⇒*gevlei, vleierij, geslijm, zoete woordjes.*

blarney[2] ⟨onov. en ov.ww.⟩ **0.1** ***vleien*** ⇒*verlokken/overhalen door vleierij, bepraten, bedotten.*

Blarney Stone ['blɑ:ni stoʊn‖'blɑrni-]⟨eig.n.; the⟩ ◆ **3.¶** he has/must have kissed the ~ *hij kan goed vleien/praten/liegen.*

bla·sé ['blɑ:zeɪ‖blæ'zeɪ]⟨f1⟩⟨bn.⟩ **0.1** ***blasé*** ⇒*geblaseerd.*

blas·pheme [blæ'sfi:m]⟨f1⟩⟨onov. en ov.ww.⟩ **0.1** ***blasfemeren*** ⇒*godslasterlijk spreken (over), godslasteringen uiten (over), spotten (met), (be)lasteren.*

blas·phem·er [blæ'sfi:mə‖-ər]⟨telb.zn.⟩ **0.1** ***(gods)lasteraar.***

blas·phe·mous ['blæsfɪməs]⟨f1⟩⟨bn.; -ly; -ness⟩ **0.1** ***blasfemisch*** ⇒*(gods)lasterlijk.*

blas·phe·my ['blæsfɪmi]⟨f1⟩⟨telb. en n.-telb.zn.; →mv. 2⟩ **0.1** ***(gods)lastering*** ⇒*blasfemie, (gods)lasterlijke uitspraak.*

blast[1] [blɑ:st‖blæst]⟨f2⟩⟨zn.⟩

I ⟨telb.zn.⟩ **0.1** ***(wind)vlaag*** ⇒*rukwind* **0.2** ***sterke luchtstroom*** ⟨bv. bij ontploffing⟩ **0.3** ***plotselinge uitval*** ⇒*felle reprimande, uitbarsting, (strenge) terechtwijzing* **0.4** ***stoot*** ⟨bv. op trompet⟩ ⇒*(claxon-/fluit)signaal, tetterend geluid, doordringende/snerpende toon* **0.5** ***springlading*** ⇒*lading dynamiet* **0.6** ***vloek*** ⇒*pest* **0.7** ⟨AE; inf.⟩ ***dreun*** ⇒*slag, mep,* ⟨honkbal i.h.b.⟩ *homerun* **0.8** ⟨AE; inf.⟩ ***knaller/klapper*** ⇒*iets fantastisch* **0.9** ⟨AE; inf.⟩ ***wild feest(je)*** ⇒⟨bij uitbr.⟩ *dikke pret, grote lol* **0.10** ⟨AE; sl.⟩ ***kick*** **0.11** ⟨AE; sl.⟩ ***borrel*** ⇒*drank(je)* **0.12** ⟨AE; sl.⟩ ***dosis*** ⇒*shot, drugs* **0.13** ⟨AE; sl.⟩ ***totale flop*** ⇒*fiasco* ◆ **2.1** at full ~ *op volle kracht, op volle toeren;* preparations at/in full ~ *voorbereidingen in volle gang* **3.3** I didn't expect this ~ *ik verwachtte niet zo de wind v. voren te krijgen;* ⟨sl.⟩ put/lay the ~ on s.o. *iem. heftig bekritiseren* **¶.¶** ~! *verdomme!, verdikkeme!;*

II ⟨telb. en n.-telb.zn.⟩ **0.1** ***blast*** ⇒*trommelzucht* ⟨bv. bij schapen⟩.

blast[2] ⟨f2⟩⟨ww.⟩ →blasted

I ⟨onov.ww.⟩⟨sl.⟩ **0.1** ***openlijk kritiek leveren*** **0.2** ***klagen*** **0.3** ***uitzenden*** ⟨v. radio⟩ **0.4** ***bekendmaken*** **0.5** ***overdreven prijzen*** **0.6** ***(voorbij) scheuren*** ⟨v. auto⟩;

II ⟨ov.ww.⟩ **0.1** ***opblazen*** ⇒*doen exploderen, bombarderen;* ⟨fig.⟩ *vernietigen, verijdelen, ruïneren* **0.2** ⟨schr.⟩ ***doen verschrompelen*** ⟨bv. plant⟩ ⇒*doen verdorren/verwelken/verzengen;* ⟨fig.⟩ *bezoedelen* **0.3** ⟨euf.⟩ ***verwensen*** ⇒*vervloeken* **0.4** ⟨sl.⟩ ***slaan*** ⟨honkbal⟩ **0.5** ⟨sl.; sport⟩ ***verslaan*** **0.6** ⟨sl.⟩ ***neerschieten*** **0.7** ⟨sl.⟩ ***verbaal aanvallen*** **0.8** ⟨sl.⟩ ***gebruiken*** ⟨drugs⟩ ⇒*roken, spuiten* ⟨enz.⟩ ◆ **1.2** ~ someone's reputation *iemands reputatie bezoedelen* **4.1** ~ him! *laat hem naar de maan lopen!* **5.¶** →blast **off.**

-blast [blæst]⟨biol.⟩ **0.1** ***-blast*** ⇒*kiem-, -kiem, -cel, cel-* ◆ **¶.1** erythroblasts *erytroblasten.*

blast·ed ['blɑ:stɪd‖'blæs-]⟨f2⟩⟨bn.; oorspr. volt. deelw. v. blast⟩⟨sl.⟩ **0.1** ***volkomen blut*** **0.2** ***buitengewoon*** **0.3** ***verdomd.***

blast·er ['blɑ:stə‖'blæstər]⟨telb.zn.⟩⟨sl.⟩ **0.1** ***blaffer*** ⇒*revolver.*

'blast-fur·nace ⟨telb.zn.⟩ **0.1** ***blaasoven*** ⇒*smeltoven, hoogoven.*

blas·to·derm ['blæstədɜ:m‖-dɜrm]⟨n.-telb.zn.⟩⟨biol.⟩ **0.1** ***blastoderm*** ⇒*kiemhuid.*

'blast 'off ⟨f1⟩⟨ww.⟩

I ⟨onov.ww.⟩ **0.1** ***gelanceerd worden*** ⇒*gestart/afgevuurd worden* ◆ **1.1** the rocket will ~ in one minute *de raket start over één minuut;*

II ⟨ov.ww.⟩ **0.1** ***lanceren*** ⇒*starten, afvuren.*

'blast-off ⟨f1⟩⟨telb.zn.⟩ **0.1** ***lancering*** ⟨v. raket⟩ ⇒*start.*

'blast-off pipe ⟨telb.zn.⟩ **0.1** ***aanjager*** ⟨v. locomotief⟩.

'blast party, 'blast·ing party ⟨telb.zn.⟩⟨sl.⟩ **0.1** ***blow party*** ⇒*bijeenkomst v. marihuanarokers.*

blas·tu·la ['blæstjʊlə‖'blæstʃələ]⟨telb.zn.; ook blastulae [-li:]; →mv. 5⟩ **0.1** ***blastula*** ⇒*kiemblaas.*

blat[1] [blæt]⟨telb.zn.⟩⟨sl.⟩ **0.1** ***krant.***

blat[2] ⟨ww.⟩⟨AE; sl.⟩

I ⟨onov.ww.⟩ **0.1** ***ouwehoeren;***

II ⟨ov.ww.⟩ **0.1** ***eruit flappen*** ⇒*zijn mond voorbij praten.*

bla·tan·cy ['bleɪtnsi]⟨telb. en n.-telb.zn.; →mv. 2⟩ **0.1** ***luidruchtigheid*** ⇒*rumoerigheid* **0.2** ***schaamteloosheid*** ⇒*onbeschaamdheid* **0.3** ***opvallendheid*** ⇒*overduidelijkheid* **0.4** ***hinderlijkheid*** ⇒*ergerlijkheid.*

bla·tant ['bleɪtnt]⟨f2⟩⟨bn.; -ly⟩ **0.1** ***luidruchtig*** ⇒*lawaaierig, rumoerig* **0.2** ***schaamteloos*** ⇒*onbeschaamd* **0.3** ***overduidelijk*** ⇒*opvallend, flagrant, zonneklaar* **0.4** ***hinderlijk*** ⇒*ergerlijk* ◆ **1.1** the ~ crowd at the party *de rumoerige menigte op het feest* **1.2** ~ behaviour *onbeschaamd gedrag* **1.3** a ~ lie *een regelrechte leugen* **1.4** his ~ indiscretion *zijn hinderlijke tactloosheid.*

blather →blether.

blatherskite →bletherskate.

blax·ploi·ta·tion ['blæksplɔɪ'teɪʃn]⟨telb.zn.⟩⟨sl.⟩ **0.1** ***exploitatie v. belangstelling voor negers*** ⟨i.h.b. in film⟩.

blaze[1] [bleɪz]⟨f2⟩⟨zn.⟩
I ⟨telb.zn.; vnl. enk.⟩ **0.1** ***vlammen(zee)*** ⇒*vuurzee, (verwoestend) vuur, vlam, brand* **0.2** ***uitbarsting*** ⇒*plotselinge uitval/aanval, ontploffing* ⟨bv. v. woede⟩ **0.3** ***felle gloed*** ⟨v. licht/kleur⟩ ⇒*vol licht, schittering* **0.4** ***bles*** ⇒*witte plek* ⟨op dierekop⟩ **0.5** ***routeteken*** ⟨op stam v. boom⟩ ⇒*wegwijzerteken (in boom gesneden), wegmarkering* ◆ **1.1** the ~ of the fire in the room *de gloed v.h. vuur in de kamer;* the house was in a ~ *het huis stond in lichterlaaie* **1.2** a ~ of anger *een uitbarsting v. woede;*
II ⟨mv.; ~s⟩ **0.1** ***hel*** ◆ **3.1** go to ~s! *loop naar de hel!* **6.1** go **like** ~s *zeer snel gaan, als de weerlicht gaan;* work **like** ~s *zeer fanatiek werken.*

blaze[2] ⟨f2⟩⟨ww.⟩
I ⟨onov.ww.⟩ **0.1** ***(fel) branden*** ⇒*(op)vlammen, gloeien, in lichterlaaie staan,* ⟨ook fig.⟩ *in vuur en vlam staan, overlopen* ⟨bv. v. woede/opwinding⟩ **0.2** ***(fel) schijnen*** ⇒*verlicht zijn, schitteren* ◆ **1.2** a blazing light in the drawing-room *een fel licht in de salon* **5.1** ~ **about/forth** *rondbazuinen;* the fire was blazing **away** *het vuur laaide hoog op;* she ~s **out** in anger *ze barst in woede uit; ze vaart/valt uit v. woede;* the petrol-station ~d **up** *de vlammen sloegen uit het benzinestation;* the quarrel ~d **up** *de ruzie laaide op* **5.**¶ →blaze **away** **6.1** his eyes ~d **with** anger *zijn ogen schoten vuur v. woede;*
II ⟨ov.ww.⟩ **0.1** ⟨ook fig.⟩ ***banen*** ⟨pad⟩ ⇒⟨nieuwe weg⟩ *inslaan, aangeven* ⟨dmv. ingegrifte tekens in bomen⟩, *merken* ⟨bomen⟩ **0.2** ***verspreiden*** ⟨nieuws⟩ ⇒*overal bekend maken, rondvertellen* ◆ **1.1** ~ a trail *een pad banen/markeren, een nieuwe weg inslaan* **5.2** ~ **abroad** the news *het nieuws rondbazuinen* **5.**¶ →blaze **away**.

'blaze a'way ⟨f1⟩⟨ww.⟩
I ⟨onov.ww.⟩ **0.1** ***oplaaien*** ⟨v. vuur⟩ ⇒*oplichten, opvlammen, opstijgen, branden* **0.2** ***losbarsten*** ⇒*plotseling te voorschijn komen* **0.3** ***(snel) vuren*** ⇒*in het wilde weg schieten* ◆ **6.2** ~ **about** your ideals *losbarsten over je idealen;* ~ **at** *met kracht werken aan;*
II ⟨ov.ww.⟩⟨inf.⟩ **0.1** ***(snel) afvuren*** ⇒⟨munitie⟩ *uitputten, opschieten* ◆ **1.1** ~ one's ammunition *je munitie achter elkaar opschieten.*

blaz·er ['bleɪzə||-ər]⟨f1⟩⟨telb.zn.⟩ **0.1** ***blazer*** ⇒*sportjasje* **0.2** ***rondbazuiner*** ⇒*rondverteller* ⟨v. nieuws⟩ **0.3** ⟨inf.⟩ ***snikhete dag.***

blaz·ing ['bleɪzɪŋ]⟨f1⟩⟨bn.; oorspr. teg. deelw. v. blaze⟩ **0.1** ***fel brandend*** ⇒*vlammend* ⟨toorts, blik⟩; *schel, verblindend* ⟨(zon) licht⟩ **0.2** ⟨inf.⟩ ***overduidelijk*** **0.3** ***woedend*** ⇒*kokend* **0.4** ***verdomd*** ◆ **1.1** the ~ house *het huis in lichterlaaie;* ⟨AE; plantk.⟩ ~ star *bep. plant met stervormige bloemen* ⟨genus Liatris⟩ **1.2** a ~ lie *een regelrechte leugen;* ⟨vossenjacht⟩ a ~ scent *een scherpe/doordringende geur* **1.4** he's a ~ fool *hij is een verdomde idioot.*

bla·zon[1] ['bleɪzn]⟨f1⟩⟨telb.zn.⟩ **0.1** ***blazoen*** ⇒*heraldiek wapen* **0.2** ***wapenbeschrijving*** **0.3** ***(uiterlijke) tentoonspreiding*** ⇒*vertoon.*

blazon[2] ⟨ov.ww.⟩ **0.1** ***blazoeneren*** ⇒*(wapenschilden) schilderen (op), beschrijven* **0.2** ***rondbazuinen*** ⇒*wijd en zijd verkondigen* **0.3** ***voordelig tonen*** ⇒*mooi doen uitkomen.*

bla·zon·ment ['bleɪznmənt]⟨telb. en n.-telb.zn.⟩ **0.1** ***blazoenering*** ⇒*wapenvoorstelling/beschrijving/schildering* **0.2** ***protserige vertoning*** ⇒*uiterlijk vertoon, praal* **0.3** ***kleurenpracht.***

bla·zon·ry ['bleɪznri]⟨telb. en n.-telb.zn.; →mv. 2⟩ **0.1** ***wapenkunde*** ⇒*heraldiek, beschrijving v. wapens* **0.2** ***wapenpraal*** ⇒*praal, show, uiterlijk vertoon* **0.3** ***(wapen)stukken*** ⇒*voorstellingen in wapens.*

bldg ⟨afk.⟩ building.

bleach[1] [bli:tʃ]⟨f1⟩⟨zn.⟩
I ⟨telb.zn.⟩ **0.1** ***bleekmiddel;***
II ⟨n.-telb.zn.⟩ **0.1** ***het bleken*** ⇒*bleekproces* **0.2** ***(mate v.) bleking*** ⇒*blekingsgraad.*

bleach[2] ⟨f2⟩⟨onov. en ov.ww.⟩ **0.1** ***bleken*** ⇒*bleek worden/maken, (doen) verbleken* ◆ **1.1** ~ the linen *het linnengoed bleken.*

bleach·er ['bli:tʃə||-ər]⟨f1⟩⟨zn.⟩
I ⟨telb.zn.⟩ **0.1** ***bleker*** ⇒*iem. die bleekt, bleekmiddel* **0.2** ***bleekkuip;***
II ⟨mv.; ~s⟩⟨AE⟩ **0.1** ***(vnl. niet-overdekte) tribune(plaats)*** ⟨voor toeschouwers bij sportveld⟩ ◆ **1.1** sit in the ~s *op de (open) tribune zitten;* seats in the ~s are cheaper than those in the grandstand *de plaatsen op de onoverdekte tribune zijn goedkoper dan die op de (overdekte) hoofdtribune.*

'bleach·ing powder ⟨n.-telb.zn.⟩ **0.1** ***bleekpoeder*** ⇒*chloor(kalk), calciumhypochloriet.*

bleak[1] [bli:k]⟨telb.zn.⟩⟨dierk.⟩ **0.1** ***alver*** ⟨vis; Alburnus alburnus⟩.

bleak[2] ⟨f2⟩⟨bn.; -er; -ly; -ness⟩ **0.1** ***guur*** ⟨bv. v. weer⟩ ⇒*onaangenaam, kil, somber* **0.2** ***ontmoedigend*** ⇒*deprimerend, somber, zwaarmoedig, akelig* **0.3** ***onbeschut*** ⇒*aan weer en wind blootgesteld, kaal* **0.4** ***(ziekelijk) bleek*** ⇒*grauw, vaal, vuilwit* ◆ **1.1** the ~ atmosphere *de kille/naargeestige sfeer;* a ~ sky *een donkere/grauwe lucht* **1.2** a ~ house *een somber huis;* ~ prospects *akelige/nare vooruitzichten* **1.3** a ~ cliff *een kale/onbeschutte rots* **1.4** the ~ face of the patient *het grauwe gezicht v.d. patiënt.*

blear[1] →bleary.

blear[2] [blɪə||blɪr]⟨ov.ww.⟩ **0.1** ***doen tranen*** ⇒*wazig maken* **0.2** ***doen vervagen*** ⇒*duister/onduidelijk/vaag maken.*

blear·y ['blɪəri||'blɪri], **blear** [blɪə||blɪr]⟨bn.; -er; -ly; -ness; →bijw. 3⟩ **0.1** ***wazig*** ⇒*beneveld* ⟨blik⟩; *slaperig, waterig* ⟨ogen⟩ **0.2** ***onduidelijk*** ⇒*dof, vaag, onscherp* **0.3** ***uitgeput*** ⇒*zeer vermoeid* ◆ **1.1** look at s.o. with ~ eyes *iem. met een wazige blik aankijken* **1.2** the ~ outline of a man in the fog *de vage omtrekken v.e. man in de mist.*

'blear·y-eyed ⟨bn.⟩ **0.1** ***met omfloerste/wazige blik*** **0.2** ***kortzichtig*** ⇒*dom.*

bleat[1] [bli:t]⟨f1⟩⟨telb.zn.⟩ **0.1** ***blatend/mekkerend geluid*** ⇒*geblaat, gemekker;* ⟨fig.⟩ *gejammer, gezanik.*

bleat[2] ⟨f1⟩⟨ww.⟩
I ⟨onov.ww.⟩ **0.1** ***blaten*** ⇒*blèren, (een) mekkerend geluid maken; mekkeren* ⟨ook fig.⟩; ⟨fig.⟩ *zaniken, jammeren* ◆ **6.1** ~ **about** his bad health *zeuren over zijn slechte gezondheid;*
II ⟨ov.ww.⟩ **0.1** ***klaaglijk uiten*** ⇒*zaniken/jammeren over* ◆ **5.1** ~ **out** a complaint *zeuren over een grief.*

bleb [bleb]⟨telb.zn.⟩ **0.1** ***bobbeltje*** ⟨bv. op huid⟩ ⇒*blaar, puistje, bladder* **0.2** ***luchtbel(letje)*** ⟨bv. in glas⟩.

bleed [bli:d]⟨f3⟩⟨ww.; bled, bled [bled]⟩ →bleeding
I ⟨onov.ww.⟩ **0.1** ***bloeden*** ⇒*bloed verliezen;* ⟨fig.⟩ *pijn/verdriet/medelijden hebben, gewond zijn* **0.2** ***uitvloeien*** ⇒*diffunderen, uitlopen, doorlopen* ⟨v. kleurstof⟩ **0.3** ***(vloeistof) afgeven*** ⇒*bloeden, afscheiden* ⟨bv. v. plant⟩ **0.4** ***uitgezogen worden*** ⇒*te veel moeten betalen, boeten, bloeden, afgezet worden* **0.5** ⟨druk.⟩ ***doormidden gesneden worden*** ⇒*aflopen, over marge v. pagina gaan* ⟨bv. v. illustratie⟩ ◆ **1.1** my heart ~s *ik ben erg verdrietig;* ⟨iron.⟩ *oh jee, wat heb ik een medelijden* **1.3** this plant ~s *deze plant scheidt sap af* **5.5** ~ **off** *doorgesneden worden, (gedeeltelijk) buiten de pagina vallen* **6.1** he was ~ing **at** the nose *hij had een bloedneus;* he ~s **from** his ear *er komt bloed uit zijn oor;* ~ **to** death *doodbloeden;*
II ⟨ov.ww.⟩ **0.1** ***doen bloeden*** ⇒*bloed afnemen van, bloed aftappen, aderlaten* **0.2** ***uitzuigen*** ⇒*te veel laten betalen, laten bloeden/boeten, afzetten,* ⟨sl.⟩ *geld afpersen* **0.3** ***onttrekken*** ⟨bv. vloeistof⟩ ⇒*laten stromen* ◆ **6.2** he ~s me **for** every penny I earn *hij neemt me elke penny af die ik verdien.*

bleed·er ['bli:də||-ər]⟨telb.zn.⟩ **0.1** ***bloeder*** ⇒*lijder aan hemofilie/bloederziekte* **0.2** ⟨BE; vulg.⟩ ***klootzak*** ⇒*hufter, schoft* **0.3** ⟨BE; vulg.⟩ ***ziel*** ⇒*persoon, vent* **0.4** ⟨sl.⟩ ***matige slag*** ⟨honkbal⟩ **0.5** ⟨sl.⟩ ***toevalstreffer*** ⟨honkbal⟩ ◆ **2.3** he's a lucky ~ *verdomme, wat heeft hij geboft;* poor ~ *verdomme, die arme rakker.*

bleed·ing[1] ['bli:dɪŋ]⟨f1⟩⟨telb.zn.; gerund v. bleed⟩ **0.1** ***bloeding.***

bleeding[2] ⟨f1⟩⟨bn.; teg. deelw. v. bleed⟩
I ⟨bn.⟩ **0.1** ***bloedend*** ⇒*bloederig, vol bloed;*
II ⟨bn., attr.⟩⟨BE; vulg.⟩ **0.1** ***vervloekt*** ⇒*verdomd.*

'bleed·ing-'heart ⟨telb.zn.⟩ **0.1** ⟨plantk.⟩ ***gebroken hartje*** ⟨Dicentra spectabilis⟩ **0.2** ⟨sl.⟩ ***weekhartig iem..***

bleep[1] [bli:p]⟨f1⟩⟨telb.zn.⟩ **0.1** ***piep*** ⇒*hoge pieptoon, signaaltoon* **0.2** →bleeper.

bleep[2] ⟨f1⟩⟨ww.⟩
I ⟨onov.ww.⟩ **0.1** ***piepen*** ⇒*piepgeluid maken, pieptoon uitzenden* ◆ **1.1** ~ for the doctor *de dokter oppiepen;*
II ⟨ov.ww.⟩ **0.1** ***oppiepen*** ⇒*oproepen met piepsignaal.*

bleep·er ['bli:pə||-ər]⟨telb.zn.⟩ **0.1** ***pieper*** ⟨v. oproepsysteem⟩.

blem·ish[1] ['blemɪʃ]⟨f1⟩⟨telb. en n.-telb.zn.⟩ **0.1** ***vlek*** ⟨ook fig.⟩ ⇒*smet, klad, bezoedeling, onvolkomenheid;* ⟨mv.⟩ *puistjes* ◆ **1.1** a ~ on s.o.'s good name *een smet op iemands goede naam.*

blemish[2] ⟨f1⟩⟨ov.ww.⟩ **0.1** ***bevlekken*** ⟨ook fig.⟩ ⇒*besmetten, bekladden; een smet werpen op, onvolkomen maken* ◆ **1.1** her reputation was ~ed *haar reputatie werd bezoedeld.*

blench [blentʃ]⟨f1⟩⟨onov.ww.⟩ **0.1** ***ineenkrimpen*** ⇒*terugdeinzen, (even) rillen, een schrikbeweging maken* **0.2** ***verbleken*** ⇒*bleek/wit worden* ◆ **6.1** **at** this remark he ~ed *bij deze opmerking kromp hij ineen.*

blend[1] [blend]⟨f2⟩⟨telb.zn.⟩ **0.1** ***mengsel*** ⟨bv. v. tabak, thee, koffie, whisky⟩ ⇒*melange, mengeling, vermenging* **0.2** ⟨taalk.⟩ ***portmanteau-woord*** ⟨woord gevormd door samenvoegen v. twee woorden, bv. brunch; breakfast + lunch⟩ ◆ **1.1** what ~ is this tea? *wat voor melange is deze thee?.*

blend[2] ⟨f2⟩⟨ww.; ook blent, blent [blent]⟩

I ⟨onov.ww.⟩ 0.1 *zich vermengen* ⇒*één worden, (onmerkbaar) in elkaar overgaan, een harmonieus geheel vormen, bij elkaar passen* ◆ 1.1 their voices ~ well (with each other) *hun stemmen klinken goed bij elkaar* 5.1 ~ **in** with *harmoniëren met, zich vermengen met* 6.1 this building ~s **into** the landscape *dit gebouw vormt één geheel met het landschap;*
II ⟨ov.ww.⟩ 0.1 *mengen* ⇒*door elkaar werken, combineren, in elkaar doen overlopen, een melange maken van* ◆ 1.1 this tea has been ~ed in England *deze thee is in Engeland gemengd;* ~ed whisky *blend* 6.1 now ~ the eggs **with** the sugar *meng/roer nu de eieren door de suiker.*

'blend-corn ⟨n.-telb.zn.⟩ 0.1 *mengkoren* ⇒*masteluin.*

blende [blend] ⟨n.-telb.zn.⟩ ⟨schei.⟩ 0.1 *blende* ⟨mineraal⟩.

blend·er ['blendə‖-ər] ⟨telb.zn.⟩ 0.1 *menger* ⇒*mengapparaat, mixer, blender, iem. die mengt* 0.2 ⟨vnl. AE⟩ *soort (vruchte)pers.*

Blen·heim ['blenɪm], **'Blenheim 'spaniel** ⟨telb.zn.⟩ ⟨dierk.⟩ 0.1 *kleine rood-witte spaniel* ⟨soort patrijshond⟩.

'Blenheim 'orange ⟨telb.zn.⟩ 0.1 *bep. goudkleurige late appel(soort).*

blen·ny ['bleni] ⟨telb.zn.; →mv. 2⟩ ⟨dierk.⟩ 0.1 *slijmvis* ⇒*puitaal* ⟨Blennius⟩.

bleph·a·ri·tis ['blefə'raɪtɪs] ⟨telb. en n.-telb.zn.; blepharitides [-'rɪtədi:z]; →mv. 5⟩ ⟨med.⟩ 0.1 *ooglidontsteking.*

bles·bok ['blesbɒk‖-bɑk], **bles·buck** [-bʌk] ⟨telb.zn.; ook blesbok; →mv. 4⟩ ⟨dierk.⟩ 0.1 *blesbok* ⟨antilope; Damaliscus albifrons⟩.

bless [bles] ⟨f3⟩ ⟨ov.ww.; ook blest, blest⟩ →blessed 0.1 *zegenen* ⇒*(in)wijden, consacreren, (dmv. kruisteken) heiligen* 0.2 *geluk toewensen aan* ⇒*Gods zegen/begunstiging vragen voor, om goddelijke steun vragen voor, zegenen* 0.3 *begunstigen* ⇒*zegenen, begiftigen, bevoordelen, gelukkig maken* 0.4 *vereren* ⟨bv. God⟩ ⇒*aanbidden, heilig noemen, loven, (zalig) prijzen* 0.5 *zijn geluk toeschrijven aan* ⇒*dank uitspreken aan* ◆ 1.1 the priest ~es the bread and wine *de priester zegent het brood en de wijn* 1.2 he ~ed the poor refugees at sea *hij vroeg om Gods steun voor de arme vluchtelingen op zee* 1.3 you are ~ed with great talent *je bent gezegend met groot talent* 1.4 Lord, we ~ Thy Holy Name *Heer, we aanbidden/prijzen Uw Heilige Naam* 1.5 he ~ed his stars *hij dankte de hemel* 4.1 ⟨fig.⟩ have no penny to ~ oneself with *geen rode cent hebben, blut zijn;* ~ oneself *een kruis slaan;* ⟨fig.⟩ *zich gelukkig prijzen* 4.3 (may) God ~ you *God zegene je* 4.¶ ⟨inf.⟩ (God) ~ me/you; I'm blest; ~ my eyes/heart/soul *goeie genade, lieve hemel;* he said '(God) ~ you' when I sneezed *hij zei 'gezondheid' toen ik niesde.*

bless·ed ['blesɪd, blest], **blest** [blest] ⟨f2⟩ ⟨bn.; oorspr. volt. deelw. v. bless; blessedly⟩
I ⟨bn.⟩ 0.1 *heilig* ⇒*(door God) gezegend/begunstigd, geheiligd* ◆ 1.1 Our Blessed Lord *Onze Lieve Heer;* the Blessed Sacrament *het Heilig Sacrament, de Heilige Communie;* the Blessed Virgin *de Heilige Maagd* 7.1 may the Blessed help you *mogen de heiligen je bijstaan;*
II ⟨bn., attr.⟩ 0.1 *gelukkig* ⇒*aangenaam, (geluk)zalig, gezegend* 0.2 ⟨sl.⟩ *vervloekt* ⇒*verwenst* ◆ 1.1 in his ~ ignorance *in zijn zalige onwetendheid;* of ~ memory *zaliger gedachtenis* 1.2 the whole ~ day *de godganse dag;* he's a ~ fool *hij is een verdomde dwaas;* not a ~ penny *geen rooie cent;* every ~ thing *alles, maar dan ook alles* 6.1 ~ **with** good health *gezegend met een goede gezondheid* ¶.1 ~ly funny *bijzonder geestig.*

bless·ed·ness ['blesɪdnəs] ⟨n.-telb.zn.⟩ 0.1 *geluk(zaligheid)* ⇒*heerlijke staat, zeer aangename omstandigheden, gezegende positie* ◆ 2.1 ⟨scherts.⟩ live in single ~ *(gelukkig) ongetrouwd zijn, een vrijgezellenbestaan leiden.*

bless·ing ['blesɪŋ] ⟨f2⟩ ⟨telb.zn.⟩ 0.1 *zegen(ing)* ⇒*zegenwens, godsgave, geluk* 0.2 *goedkeuring* ⇒*aanmoediging, zegen* ◆ 1.1 a ~ in disguise *een verhulde zegen, een ramp die uitpakt als iets goeds* 3.1 a mixed ~ *geen onverdeeld(e) genoegen/vreugde;* her new car was a mixed ~ *haar nieuwe auto had zo zijn voor- en nadelen/zijn voor en zijn tegen;* ask a ~ *Gods zegen vragen (over een maaltijd), bidden voor/na het eten;* count your ~s! *wees blij/tevreden met wat je hebt!;* give one's ~ *zijn zegen/goedkeuring geven* 3.2 your proposal has my ~ *je voorstel heeft mijn goedkeuring/zegen.*

bleth·er[1] ['bleðə‖-ər], **blath·er** ['blæðə‖-ər] ⟨n.-telb.zn.⟩ 0.1 *geklets* ⇒*gewauwel, het uitkramen v. onzin/nonsens.*

blether[2], **blather** ⟨onov.ww.⟩ 0.1 *dom kletsen* ⇒*onzin verkopen, wauwelen, nonsens uitkramen, zwetsen.*

bleth·er·skate ['bleðəskeɪt‖-ðər-], **blath·er·skite** ['blæðəskaɪt‖-ðər-] ⟨zn.⟩
I ⟨telb.zn.⟩ 0.1 *domme kletskous* ⇒*zwamneus, onzinverkoper;*
II ⟨n.-telb.zn.⟩ 0.1 *geklets* ⇒*gewauwel.*

blew ⟨verl. t.⟩ →blow.

blew·its ['blu:ɪts] ⟨telb.zn.⟩ ⟨biol.⟩ 0.1 *soort champignon* ⟨Tricholoma personatum⟩.

blight[1] [blaɪt] ⟨f1⟩ ⟨zn.⟩
I ⟨telb.zn.⟩ 0.1 *verwoestende invloed* ⇒*duistere/kwade werking, verderf* ◆ 1.1 air pollution is a ~ *luchtvervuiling is een kwaad/verderfelijk iets* 3.1 cast/put a ~ (up)on *een vloek werpen op, een vernietigende werking hebben op;*
II ⟨telb. en n.-telb.zn.⟩ 0.1 *planteziekte* ⇒*meeldauw, roest, brand;* ⟨BE⟩ *soort bladluis;*
III ⟨n.-telb.zn.⟩ 0.1 *afzichtelijkheid* ⇒*onooglijkheid, afschuwelijkheid.*

blight[2] ⟨f1⟩ ⟨ov.ww.⟩ 0.1 *aantasten met planteziekte* ⇒*doen verdorren/verwelken* 0.2 *een vernietigende uitwerking hebben op* ⇒*zwaar schaden, verwoesten, ruïneren, te gronde richten, verijdelen* ◆ 1.2 her ~ing presence *haar funeste aanwezigheid;* a life ~ed by worries *een leven dat vergald werd door de zorgen;* all his plans were ~ed *al zijn plannen werden verijdeld.*

blight·er ['blaɪtə‖'blaɪṭər] ⟨telb.zn.⟩ ⟨BE; sl.⟩ 0.1 *naarling* ⇒*ellendeling, schoft* 0.2 *man(spersoon)* ⇒*vent, snuiter* ◆ 2.2 poor ~ *arme stakker.*

Blight·y ['blaɪṭi] ⟨eig.n.⟩ ⟨BE; sl.; sold.⟩ 0.1 *Groot-Brittannië* ⇒*het vaderland, thuis* ⟨gezien vanuit dienst in het buitenland⟩ ◆ 1.1 a ~ wound/one *een wond waardoor men zeker teruggezonden werd naar Engeland.*

blim·ey ['blaɪmi] ⟨tussenw.⟩ ⟨BE; sl.⟩ 0.1 *verdorie* ⇒*verdomme.*

blimp [blɪmp] ⟨telb.zn.⟩ 0.1 *blimp* ⟨bep. klein luchtschip⟩ 0.2 ⟨film.⟩ *blimp* ⇒*geluiddichte filmcamera-kast.*

Blimp [blɪmp] ⟨telb.zn.⟩ 0.1 *pompeuze reactionair* ⇒*(domme) chauvinist, extreme/kortzichtige conservatief* ⟨naar personage v.d. cartoonist David Low⟩.

blimp·er·y ['blɪmp(ə)ri] ⟨n.-telb.zn.⟩ 0.1 *star conservatisme.*

blimp·ish ['blɪmpɪʃ] ⟨bn.⟩ 0.1 *extreem conservatief* ⇒*kortzichtig, behoudend, reactionair, chauvinistisch.*

blind[1] [blaɪnd] ⟨f2⟩ ⟨telb.zn.⟩ 0.1 ⟨ben. voor⟩ *scherm* ⇒*jaloezie, zonneblind, rolgordijn; radiatorhoes;* ⟨BE⟩ *zonnescherm, markies* 0.2 *voorwendsel* ⇒*uitvlucht, smoesje, dekmantel, bedrog; stroman* 0.3 ⟨AE⟩ *schuilhut* ⟨v. jagers⟩ ⇒*schuilplaats, hinderlaag, valstrik* 0.4 *blinddoek* 0.5 ⟨vnl. mv.⟩ *oogklep* 0.6 ⟨BE; sl.⟩ *zuippartij* ⇒*zware drinkpartij, braspartij* 0.7 ⟨poker⟩ *blind bod* 0.8 ⟨mil.⟩ *blindering* ◆ 1.2 a ~ for his spying activities *een dekmantel voor zijn spionagewerk* 3.1 pull down the ~s *trek de jaloezieën naar beneden.*

blind[2] ⟨f3⟩ ⟨bn.; -er; -ly; -ness⟩ ⟨→sprw. 318, 336, 419, 449, 509, 661⟩
I ⟨bn.⟩ 0.1 *blind* ⇒*zonder te (kunnen) zien;* ⟨fig.⟩ *ondoordacht, roekeloos, onvoorwaardelijk* 0.2 *blind* ⇒*onzichtbaar, aan het oog onttrokken, met slechte zichtbaarheid* 0.3 *doodlopend* ⇒⟨fig.⟩ *zonder vooruitzichten* 0.4 *blind* ⇒*zonder opening* 0.5 ⟨cul.⟩ *blind/droog gebakken* ⟨zonder vulling⟩ 0.6 ⟨sl.⟩ *toeter* ⇒*lam, zat, dronken* 0.7 *onleesbaar* ⇒*onbestelbaar* 0.8 ⟨plantk.⟩ *loos* ⇒*zonder vruchtvorming* ◆ 1.1 ~ anger *blinde woede;* as ~ as a bat *zo blind als een mol;* ~ chess *blindschaak;* now they suffer for their ~ decision *nu boeten ze voor hun ondoordachte beslissing;* ~ faith *blind geloof/vertrouwen;* ~ landing *blinde landing* ⟨op de instrumenten⟩; as ~ as a mole *stekeblind, zo blind als een mol* 1.2 ~ corner *blinde hoek;* ~ curve *blinde bocht;* ~ ditch *schuilgaande gracht;* ~ side *blinde zijde* ⟨tgo. kijkrichting⟩; ⟨fig.⟩ *zwakke zijde* 1.3 ~ alley *doodlopend steegje/straatje* 1.4 ~ baggage *goederenwagon* ⟨zonder ramen en met gesloten deuren⟩; ~ wall *blinde muur* 1.7 ~ letter *onbestelbare brief* 1.¶ ~ bargain *een kat in de zak;* not a ~ bit of *geen schijn van, niet de/het minste;* ~ business *fictieve handelszaak* ⟨als dekmantel⟩; ⟨inf.⟩ ~ date/drag *afspraak tussen elkaar nog onbekende man en vrouw; elk v.d. partners daarbij;* turn a/one's ~ eye to sth. *iets door de vingers zien, een oogje dichtknijpen voor iets;* ~ gut *blindedarm;* ~ God *Cupido, Eros;* ~ hook(e)y *kansspel met kaarten;* ~ lantern *dievenlantaarn;* ~ nettle *dovenetel;* ~ impression *blinddruk;* ⟨AE; sl.⟩ ~ pig/tiger *illegale kroeg;* ~ shell *blindganger* 3.1 he was ~ly groping his way *tastend zocht hij zijn weg;* ~ly follow the leader *verblind/onvoorwaardelijk de leider volgen* 3.3 end ~ly *doodlopen* 6.1 ~ **in** one eye *blind aan één oog;* ~ **with** rage *blind van woede* 7.1 the ~ *de blinden;* the ~ leading the ~ *de lamme leidt de blinde;*
II ⟨bn., pred.⟩ 0.1 *blind* ⇒*zonder begrip, ongevoelig* ◆ 6.1 be ~ **to** the faults of one's girlfriend *geen oog hebben voor de fouten v. zijn vriendin;* ~ **to** the beauty of flowers *ongevoelig voor de pracht v. bloemen.*

blind[3] ⟨f2⟩ ⟨ww.⟩ →blinding
I ⟨onov.ww.⟩ 0.1 ⟨BE; sl.⟩ *sjezen* ⇒*rauzen, snel en onbezonnen rijden* 0.2 ⟨AE; stud.⟩ *blindelings handelen* ⇒*blindelings slagen;*
II ⟨ov.ww.⟩ 0.1 *verblinden* ⇒*blind maken* 0.2 *verblinden* ⇒*misleiden, begoochelen* 0.3 *verduisteren* ⇒*verbergen, overschaduwen* 0.4 *blinddoeken* 0.5 ⟨wegenbouw⟩ *de slijtlaag aanbrengen op* 0.6 ⟨mil.⟩ *blinderen* ◆ 1.1 the bright sunlight ~s us *het felle zon-*

licht verblindt ons **1.2** prejudice ~s common sense *vooroordelen blokkeren het gezond verstand* **1.3** the torches ~ the candles *de fakkels doen de kaarsen verbleken* **6.2** ~ **with** science *overstelpen / overdonderen met kennis / feiten*.

blind[4] ⟨f1⟩⟨bw.⟩ **0.1** ***blind(elings)*** ⇒*zonder te (kunnen) zien, ondoordacht, roekeloos* **0.2** ***blind / droog gebakken*** ⟨zonder vulling⟩ ◆ **2.¶** ~ drunk *stomdronken* **3.1** go it ~ *zonder overleg handelen;* fly ~ *blind / op de instrumenten vliegen* **3.2** bake ~ *zonder vulling bakken*.

blind·age ['blaɪndɪdʒ]⟨telb.zn.⟩⟨mil.⟩ **0.1** ***blindering***.

'blind 'alley job ⟨telb.zn.⟩ **0.1** ***uitzichtloos baantje***.

'blind coal ⟨n.-telb.zn.⟩ **0.1** ***antraciet*** ⇒*glanskool*.

blind·er ['blaɪndə||-ər]⟨f1⟩⟨telb.zn.⟩ **0.1** ⟨BE⟩ ***prachtprestatie*** ⇒*knalnummer, prachtvertoning* **0.2** ⟨BE; inf.⟩ ***wild feest*** ⇒*drankfestijn* **0.3** ⟨AE⟩ ***oogklep*** ⇒*ooglap;* ⟨fig.; steeds mv.⟩ *kortzichtigheid* ◆ **3.1** play a ~ of a game *een geweldige wedstrijd spelen* **3.2** wear ~s *oogkleppen ophebben, bekrompen zijn*.

'blind·fold[1] ⟨f1⟩⟨telb.zn.⟩ **0.1** ***blinddoek*** ⟨ook fig.⟩.

blindfold[2] ⟨f1⟩⟨bn.; bw.⟩ **0.1** ***geblinddoekt*** ⇒⟨fig.⟩ *roekeloos, ondoordacht, vermetel* ◆ **1.1** ~ chess *blindschaken* **3.1** play chess ~ *blindschaken*.

blindfold[3] ⟨f1⟩⟨ov.ww.⟩ **0.1** ***blinddoeken*** ⇒⟨fig.⟩ *misleiden, bedriegen, verblinden, een rad voor ogen draaien*.

blind·ing[1] ['blaɪndɪŋ]⟨telb. en n.-telb.zn.⟩⟨wegenbouw⟩ **0.1** ***slijtlaag***.

blinding[2] ⟨bn.; -ly; teg. deelw. v. blind⟩ **0.1** ***verblindend*** ⇒*spectaculair, verbluffend* ◆ **2.1** ~ly obvious *zonneklaar*.

'blind·man's 'buff ⟨n.-telb.zn.⟩ **0.1** ***blindemannetje***.

'blind school ⟨telb.zn.⟩ **0.1** ***school voor blinden*** ⇒*blindeninstituut*.

'blind spot ⟨telb.zn.⟩ **0.1** ⟨med.⟩ ***blinde vlek*** **0.2** ***blinde hoek*** **0.3** ***zwakke plek*** ◆ **3.3** I have a ~ where politics is concerned *van politiek heb ik geen kaas gegeten*.

'blind stamp ⟨telb.zn.⟩ **0.1** ***blinddruk*** ⟨vnl. op boekband⟩ ⇒*blindstempel, blindpraeg*.

'blind stamp·ing, 'blind tool·ing ⟨n.-telb.zn.⟩ **0.1** ***blinddruk*** ⇒*blindstempel* ⟨vnl. op boekband⟩.

'blind·stitch[1] ⟨telb. en n.-telb.zn.⟩ **0.1** ***blindsteek*** ⇒*onzichtbare steek*.

blind·stitch[2] ⟨onov. en ov.ww.⟩ **0.1** ***met een blindsteek naaien***.

'blind·worm ⟨telb.zn.⟩⟨dierk.⟩ **0.1** ***hazelworm*** ⟨Anguis fragilis⟩.

bling·er ['blɪŋə||-ər]⟨telb.zn.⟩⟨AE; inf.⟩ **0.1** ***extreem geval / voorbeeld***.

blink[1] [blɪŋk]⟨f1⟩⟨zn.⟩

I ⟨telb.zn.⟩ **0.1** ***knipoog*** ⇒*(oog)wenk* **0.2** ***glimp*** ⇒*oogopslag, vluchtige blik* **0.3** ***flikkering*** ⇒*schijnsel;*

II ⟨n.-telb.zn.⟩ **0.1** ***ijsblink*** ◆ **6.¶** ⟨inf.⟩ **on** the ~ *niet in orde, defect* ⟨v. zaken⟩; *niet lekker, lusteloos* ⟨v. personen⟩; *dood*.

blink[2] ⟨f3⟩⟨ww.⟩

I ⟨onov.ww.⟩ **0.1** ***knippen*** ⇒*knipogen, met halftoegeknepen ogen kijken* **0.2** ***knipperen*** ⇒*flikkeren, schitteren* ◆ **6.¶** →blink at;

II ⟨ov.ww.⟩ **0.1** ***knippe(re)n met*** **0.2** ***negeren*** ⇒*ontwijken, geen oog hebben voor, zich onttrekken aan* ◆ **1.1** the oncoming driver ~ed his lights *de tegenligger knipperde met zijn lichten* **1.2** there was no ~ing the fact that *men kon niet negeren dat* **5.1** ~ **away / back** one's tears *zijn tranen wegpinken*.

'blink at ⟨f1⟩⟨onov.ww.⟩ **0.1** ***een oogje dichtdoen / toedoen voor*** **0.2** ***verrast zijn (door)*** ◆ **1.1** ~ illegal practices *illegale praktijken door de vingers zien*.

blink·er[1] ['blɪŋkə||-ər]⟨f1⟩⟨zn.⟩

I ⟨telb.zn.⟩ **0.1** ***oogklep*** ⇒*ooglap;* ⟨fig.; steeds mv.⟩ *kortzichtigheid* **0.2** ⟨AE⟩ ***knipperlicht*** ⇒⟨mbt. auto⟩ *clignoteur, richting (aan)wijzer* **0.3** ⟨vaak mv.⟩⟨AE; sl.⟩ ***doppen*** ⇒*kijkers, ogen* ◆ **3.1** wear ~s when it comes to politics *oogkleppen dragen / een bekrompen blik hebben waar het politiek betreft;*

II ⟨mv.; ~s⟩ **0.1** ***stofbril***.

blinker[2] ⟨ov.ww.⟩ →blinkered **0.1** ***oogkleppen opzetten*** ⇒⟨vnl. fig.⟩ *misleiden, verbergen, blinddoeken*.

blink·er·ed ['blɪŋkəd||-kərd]⟨f1⟩⟨bn.; volt. deelw. v. blinker⟩ **0.1** ***met oogkleppen*** ⇒⟨fig.⟩ *bekrompen, kortzichtig*.

blink·ie ['blɪŋki]⟨telb.zn.⟩⟨AE; sl.⟩ **0.1** ***bedelaar*** ⟨die voorgeeft blind te zijn⟩.

blink·ing ['blɪŋkɪŋ]⟨bn., attr.; bw.⟩⟨inf.; euf.⟩ **0.1** ***verdomd*** ⇒*verdraaid, verduiveld* ◆ **1.1** ~ (old) nuisance *verrekte (ouwe) lastpost*.

blink·y ['blɪŋki]⟨bn.; -er; →compar. 7⟩ **0.1** ***met knipperende ogen***.

blintz [blɪnts], **blin·tze** ['blɪntsə]⟨telb.zn.⟩⟨cul.⟩ **0.1** ***blinis*** ⟨gevuld flensje⟩.

blip[1] [blɪp]⟨telb.zn.⟩ **0.1** ***piep*** ⇒*bliep, knars* **0.2** ⟨radar⟩ ***echo***.

blip[2] ⟨ww.; →ww. 7⟩

I ⟨onov.ww.⟩ **0.1** ***knersen*** ⇒*knetteren, piepen;*

II ⟨ov.ww.⟩ **0.1** ***meppen*** ⇒*flink slaan* **0.2** ***(uit)wissen*** ⟨bv. geluid, beeld⟩ ◆ **5.¶** ⟨AE; sl.⟩ ~ **off** *vermoorden, koud maken*.

bliss [blɪs]⟨f2⟩⟨n.-telb.zn.⟩⟨→sprw. 746⟩ **0.1** ***zegen*** ⇒*(geluk)zaligheid, het einde, paradijs, verrukking, vreugde, genot*.

bliss·ful ['blɪsfəl]⟨f2⟩⟨bn.; -ly; -ness⟩ **0.1** ***zalig*** ⇒*verrukkelijk, paradijselijk, hemels, goddelijk*.

blis·ter[1] ['blɪstə||-ər]⟨f1⟩⟨telb.zn.⟩ **0.1** ***(brand)blaar*** **0.2** ***bladder*** ⇒*blaas, bel* **0.3** ***gietgal*** ⇒*gietblaas* **0.4** ***trekpleister*** ⇒*hansaplast, leukoplast* **0.5** ***geschutkoepel*** ⇒*observatiekoepel* **0.6** ⟨inf.⟩ ***klier*** ⇒*kolerelijer* **0.7** ⟨AE; sl.⟩ ***hoer*** ⇒*snol* **0.8** ⟨AE; sl.⟩ ***zwerfster***.

blister[2] ⟨f1⟩⟨ww.⟩ →blistering

I ⟨onov.ww.⟩ **0.1** ***blaren krijgen*** ⇒*blaren trekken* **0.2** ***(af)bladderen*** ⇒*afblaren, blaren / blazen / bellen vormen;*

II ⟨ov.ww.⟩ **0.1** ***doen bladderen*** ⇒*verschroeien, blaar / blaren / blaasjes veroorzaken op* **0.2** ***scherp bekritiseren*** ⇒*aanvallen, vernietigen*.

'blister copper ⟨n.-telb.zn.⟩ **0.1** ***blarenkoper*** ⇒*ruw koper*.

blis·ter·ing ['blɪstrɪŋ]⟨bn.; teg. deelw. v. blister; -ly⟩ **0.1** ***verschroeiend*** ⇒*blarentrekkend, verzengend* **0.2** ***vernietigend*** ⇒*afbrekend, kwetsend, grievend* **0.3** ⟨BE; inf.⟩ ***vervloekt*** ⇒*verdomd* ◆ **1.1** ~ gas *blaartrekkend gas* **1.2** ~ speeches *vernietigende toespraken*.

'blister pack ⟨telb.zn.⟩ **0.1** ***blisterverpakking*** ⇒*doordruk / stripverpakking, doordrukstrip*.

'blister steel ⟨n.-telb.zn.⟩ **0.1** ***blarenstaal*** ⟨gecementeerd staal⟩.

blithe [blaɪð||blaɪθ], **blithesome** [-səm]⟨bn.; -er; -ly; -ness; →compar. 7⟩⟨schr.⟩ **0.1** ***vreugdevol*** ⇒*monter, lustig, dartel, blij* **0.2** ***zorgeloos*** ⇒*onbezorgd*.

blith·er·ing ['blɪðrɪŋ]⟨bn., attr.⟩⟨pej.⟩ **0.1** ***zwammerig*** ⇒*leuterend, beuzelziek, bazelend* **0.2** ***volslagen*** ⇒*volkomen, ontiegelijk, aarts-* ◆ **1.1** ~ old man *geitebreier, lapswans* **1.2** ~ nonsense *klinkklare onzin*.

B Litt ['bi: 'lɪt]⟨afk.⟩ Bachelor of Letters / Literature ⟨Baccalaureus Litterarum⟩.

blitz[1] [blɪts]⟨f2⟩⟨telb.zn.⟩⟨verk.⟩ blitzkrieg **0.1** ***Blitzkrieg*** ⇒*Blitz, bliksemoorlog* **0.2** ⟨ben. voor⟩ ***Duitse bomaanvallen op Londen in 1940*** **0.3** ***(intensieve) campagne*** ⇒*(overrompelende) actie, uitbarsting* **0.4** ⟨sport⟩ ***razendsnelle aanval*** ⇒⟨Am. voetbal⟩ *felle charge* ⟨door verdedigers tegen quarterback⟩.

blitz[2] ⟨ww.⟩

I ⟨onov.ww.⟩⟨sport⟩ **0.1** ***razendsnelle / flitsende aanval uitvoeren*** ⇒⟨Am. voetbal⟩ *felle charge uitvoeren* ⟨tegen quarterback⟩;

II ⟨ov.ww.⟩ **0.1** ***bombarderen*** ⇒*luchtaanval uitvoeren op* ◆ **1.1** ~ed villages *platgegooide dorpen*.

blitz·krieg ['blɪtskri:g]⟨telb.zn.⟩ **0.1** ***Blitzkrieg*** ⇒*bliksemoorlog*.

bliz·zard ['blɪzəd||-ərd]⟨f2⟩⟨telb.zn.⟩ **0.1** ***blizzard*** ⇒*(hevige) sneeuwstorm*.

B LL ⟨afk.⟩ Bachelor of Laws ⟨Baccalaureus Legum⟩.

bloat [bloʊt]⟨f2⟩⟨ww.; vnl. als volt. deelw.⟩

I ⟨onov.ww.⟩ **0.1** ***zwellen*** ⇒*dikker / boller worden, opblazen, overdrijven, opzetten* ◆ **1.1** ~ed dead body *opgezwollen lijk;* ~ed numbers *overdreven aantallen;*

II ⟨ov.ww.⟩ **0.1** ***doen (op)zwellen*** ⇒*opblazen* **0.2** ***(licht) roken*** ⟨haring⟩.

bloat·er ['bloʊtə||'bloʊtər]⟨telb.zn.⟩ **0.1** ***bokking*** ⇒*(licht) gerookte vis*.

blob [blɒb||blɑb]⟨f1⟩⟨telb.zn.⟩ **0.1** ***klodder*** ⇒*druppel, klets, kwak, klont(er), bobbel, spat* **0.2** ***vlek(je)*** ⇒*spikkel*.

bloc [blɒk||blɑk]⟨f2⟩⟨telb.zn.⟩ **0.1** ***blok*** ⇒*groep, coalitie, (ver) bond*.

block[1] [blɒk||blɑk]⟨f3⟩⟨telb.zn.⟩ **0.1** ***blok*** ⟨ook druk., ook pol.⟩ ⇒*stronk, (hak / kap / vlees)blok; steenblok;* ⟨the⟩ *beulsblok;* ⟨AE⟩ *baksteen, tegel* **0.2** ***hoedevorm*** **0.3** ***(teken / schrijf / notitie) blok*** ⇒*blocnote* **0.4** ***blok*** ⟨v. gebouwen⟩ ⇒*huizenblok,* ⟨BE⟩ *(groot) gebouw* **0.5** ***(takel)blok*** **0.6** ***versperring*** ⇒*blok, stremming, stilstand, opstopping,* ⟨psych.; sport⟩ *blokkering, obstructie* **0.7** ***keiharde*** ⇒*onverzettelijk / onbuigzaam / ongevoelig mens / figuur* **0.8** ⟨cricket⟩ ***block*** **0.9** ⟨atletiek⟩ ***(start)blok*** **0.10** ⟨volleybal⟩ ***blok*** **0.11** ⟨Austr. E⟩ ***(bouw)terrein*** ⇒*stuk grond, perceel* ⟨door staat aan immigranten gegeven⟩ **0.12** ⟨inf.⟩ ***kop*** ⇒*kanis* **0.13** ⟨BE⟩ ***cliché*** ◆ **1.1** ~ and tackle *touw en blok;* ~ of marble *een blok marmer* **1.4** ⟨BE⟩ ~ of flats *flatgebouw;* laboratory ~ *(geheel v.) laboratoria, laboratoriumvleugel* **1.6** ⟨med.⟩ heart ~ *hartblok;* traffic ~ *verkeersopstopping* **2.6** psychological ~ *psychologische barrière / drempel* **3.9** staggered ~ *verspringend startblok* **3.12** ⟨inf.⟩ knock his ~ off *sla z'n hersens in* **5.4** he lives four ~s **away** *hij woont vier straten verder(op)* **6.1** be **on** the ~ *ter bezichtiging zijn, tentoongesteld staan; in veiling gebracht / onder de hamer zijn* **6.4** walk **around** the ~ *een straatje omlopen*.

block[2] ⟨f3⟩⟨ww.⟩

I ⟨onov.ww.⟩⟨sport⟩ **0.1** ***blokkeren*** ⇒*obstructie plegen;*

II ⟨ov.ww.⟩ **0.1** ***versperren*** ⇒*verstoppen, stremmen* **0.2** ***belemmeren*** ⇒*verhinderen, tegenhouden, beletten* **0.3** ***in/tot/met een blok/ blokken vormen*** **0.4** ***met blokken ondersteunen*** **0.5** ***schetsen*** **0.6** ⟨sport; psych.⟩ ***blokkeren*** ⇒*obstructie plegen tegen* **0.7** ⟨cricket⟩ ***v.d. wicket houden*** ⟨de bal⟩ ⇒*stoppen* **0.8** ⟨druk.⟩ ***stempelen*** ⟨band⟩ ⇒*persen, afdrukken* ◆ **1.1** ~ accounts *rekeningen blokkeren;* ~ a bill *obstructie voeren tegen een wetsvoorstel;* his blood was ~ed *zijn bloed werd gestremd;* ~ credits *kredieten bevriezen;* the exits were ~ed *de uitgangen waren versperd/geblokkeerd/ gebarrikadeerd;* ~ed policy *pauschalpolis* **1.2** he ~ed my plans *hij verhinderde mijn plannen, hij reed mij in de wielen* **1.3** ~ a hat *een hoed vormen/maken* **1.5** ~ positions for actors *posities voor acteurs uitwerken/schetsen* **5.1** ~ **out** sth. on a photo *iets op een foto afdekken/wegwerken;* ~ **off** *afsluiten, blokkeren;* ~ **up/in** a window *een raam afsluiten/dichtmetselen/dichtspijkeren* **5.5** ~ **in /out** *ontwerpen, schetsen, ruw uitvoeren.*

block·ade[1] [blɒˈkeɪd‖blɑ-]⟨f1⟩⟨n.-telb.zn.⟩ **0.1** ***blokkade*** ⇒*afsluiting, insluiting, versperring* ◆ **3.1** raise a ~ *een blokkade opheffen;* run a ~ *een blokkade breken.*

blockade[2] ⟨f1⟩⟨ov.ww.⟩ **0.1** ***blokkeren*** ⇒*insluiten, afsluiten* **0.2** ***belemmeren*** ⇒*verhinderen, barrikaderen, afzetten* ◆ **1.2** the caravan ~s my view *de caravan beneemt mij het uitzicht.*

bloˈck·ade-run·ner ⟨telb.zn.⟩ **0.1** ***blokkadebreker.***

block·age [ˈblɒkɪdʒ‖ˈblɑ-]⟨f1⟩⟨telb.zn.⟩ **0.1** ***verstopping*** ⇒*opstopping, obstakel, obstructie* **0.2** ***stagnatie*** ⇒*stremming* ◆ **6.2** there is a ~ **in** supplies of blankets *de aanvoer v. dekens stokt.*

ˈblock assoˈciation ⟨verz.n.⟩⟨AE⟩ **0.1** ***buurtvereniging*** ⇒*wijkvereniging/raad.*

ˈblock·board ⟨n.-telb.zn.⟩ **0.1** ***meubelplaat.***

ˈblock book ⟨telb.zn.⟩ **0.1** ***blokboek.***

ˈblock booking ⟨telb. en n.-telb.zn.⟩ **0.1** ***block booking*** ⟨het opkopen v.e. groot aantal films/kaartjes tegelijk⟩.

ˈblock·bust ⟨ov.ww.⟩ **0.1** ***paniekverkoop stimuleren.***

ˈblock·bust·er ⟨f1⟩⟨telb.zn.⟩ **0.1** ***blockbuster*** ⟨bom met grote vernietigingskracht en reikwijdte⟩ **0.2** ⟨ook attr.⟩⟨inf.⟩ ***kassucces*** **0.3** ⟨inf.⟩ ***kei*** ⟨geweldig persoon/ding, opzienbarend iem./iets⟩ **0.4** ⟨AE⟩ ***speculant*** ⟨die paniekverkoop v. huizen stimuleert door blanke eigenaars wijs te maken dat zwarten in de wijk komen wonen⟩.

ˈblock-calendar ⟨telb.zn.⟩ **0.1** ***scheurkalender*** ⇒*dagkalender.*

block capital →block letter.

ˈblock chain ⟨telb.zn.⟩ **0.1** ***blokketting*** ⇒*fietsketting.*

ˈblock ˈdiagram ⟨telb.zn.⟩ **0.1** ***blokdiagram*** ⇒⟨comp.⟩ *blokschema.*

ˈblock grant ⟨telb.zn.⟩ **0.1** ***éénmalige subsidie/toelage.***

ˈblock·head ⟨f1⟩⟨telb.zn.⟩ **0.1** ***domkop*** ⇒*stommerik, stomkop.*

ˈblock·house ⟨f1⟩⟨telb.zn.⟩ **0.1** ***blokhuis*** **0.2** ***bunker.***

ˈblock ˈletter, ˈblock ˈcapital ⟨f1⟩⟨telb.zn.⟩ **0.1** ***blokletter.***

ˈblock·out ⟨telb.zn.⟩⟨basketbal⟩ **0.1** ***uitblokkering*** ⟨verhinderen dat tegenstander de rebound krijgt⟩.

ˈblock printing ⟨n.-telb.zn.⟩ **0.1** ***blokdruk.***

ˈblock release ⟨n.-telb.zn.⟩ **0.1** ***studieverlof.***

ˈblock signal ⟨telb.zn.⟩⟨spoorwegen⟩ **0.1** ***bloksignaal*** ⇒*bloksein.*

ˈblock system ⟨telb.zn.⟩⟨spoorwegen⟩ **0.1** ***blokstelsel*** ⇒*bloksysteem.*

ˈblock tackle ⟨telb.zn.⟩⟨voetbal⟩ **0.1** ***bloktackle.***

ˈblock tin ⟨n.-telb.zn.⟩ **0.1** ***bloktin.***

ˈblock ˈvote ⟨telb. en n.-telb.zn.⟩⟨pol.⟩ **0.1** ***blokstem(ming)*** ⇒*het stemmen in blok* ⟨manier v. stemmen, waarbij de waarde v.d. stem afhangt v.d. grootte v.d. groep die de stemmer vertegenwoordigt⟩.

bloke [bloʊk]⟨f2⟩⟨telb.zn.⟩⟨vnl. BE; inf.⟩ **0.1** ***kerel*** ⇒*gozer, vent.*

blond[1], ⟨in bet. I vr. vnl.⟩ **blonde** [blɒnd‖blɑnd]⟨f1⟩⟨zn.⟩

I ⟨telb.zn.⟩ **0.1** ***blond iem.*** ⇒⟨vr.⟩ *blondje, blondine* **0.2** ***iem. met een licht/bleke huidkleur;***

II ⟨n.-telb.zn.⟩ **0.1** ***blond*** ⟨de kleur⟩ **0.2** ***blonde*** ⟨fijne zijden kant met motieven v. dikker garen⟩.

blond[2], ⟨vr. vnl.⟩ **blonde** ⟨f2⟩⟨bn.⟩ **0.1** ***blond*** **0.2** ***met een lichte/bleke huidkleur.***

blood[1] [blʌd]⟨f4⟩⟨zn.⟩⟨→sprw. 59, 765⟩

I ⟨telb.zn.⟩ **0.1** ***(vol)bloed*** **0.2** ⟨BE⟩ ***sensatieverhaal*** ⇒*gruwelverhaal, melodrama* **0.3** ⟨AE; sl.⟩ ***(zwarte) broeder*** **0.4** ⟨AE; sl.⟩ ***vooraanstaand student*** **0.5** ⟨vero.⟩ ***dandy*** ⇒*playboy* ◆ **2.2** young ~s *jonge feestelingen/dandies/leeghoofden;*

II ⟨n.-telb.zn.⟩ **0.1** ***bloed*** ⇒⟨jacht⟩ *zweet* **0.2** ***temperament*** ⇒*aard, gemoedsgesteldheid, bloed, hartstocht, drift* **0.3** ***bloedverwantschap*** ⇒*afstamming, bloed, afkomst, ras* **0.4** ***familie*** ⇒*verwantschap, (familie)leden, verwanten* **0.5** ***adellijke afkomst*** **0.6** ***bloedvergieten*** ⇒*moord, bloed(schuld)* ◆ **1.1** circulation of the ~ *bloedsomloop* **1.6** have ~ on one's hands *bloed aan zijn handen hebben (kleven);* ~ and iron *bloed en ijzer* ⟨meedogenloos gebruik v. macht; motto v. Bismarck⟩ **2.1** in cold ~ *in koelen bloede;* infuse new ~ into a firm *een firma nieuw leven inblazen* **2.3** blue ~ *blauw bloed;* of the royal ~ *v. den bloede, v. koninklijken bloede* **3.1** get s.o.'s ~ up *iem. razend maken;* it makes your ~ boil *het doet je bloed koken, het maakt je razend/ziedend/laaiend/woest;* let ~ *aderlaten, bloed laten;* shed ~ *(zijn) bloed vergieten, (zijn) bloed doen vloeien, doden, sneuvelen, gewond raken;* needless shedding of ~ *nodeloos bloedvergieten;* sweat ~ *bloed/etter* ⟨B.⟩ *water en bloed zweten* **3.3** bring in fresh ~ *vreemd/vers bloed inbrengen* **3.5** marry ~ *iem. met blauw bloed/ v. adel/v. adellijken huize trouwen* **3.¶** stir the ~ *enthousiast maken, opzwepen;* taste ~ *voorproefje v. succes/roem krijgen/hebben, succes proeven/ruiken* **5.2** his ~ is **up** *zijn bloed kookt* **6.1** be **out for** s.o.'s ~ *iemands bloed willen zien* **6.3** be/run **in** one's ~ *in het bloed zitten* **7.¶** of the ~ (royal) *v. den bloede, v. nobelen /koninklijken bloede/huize.*

blood[2] ⟨ov.ww.⟩ **0.1** ***de vuurdoop laten ondergaan*** ⇒*laten kennismaken met, inwijden* **0.2** ⟨jacht⟩ ***het gejaagde stuk wild toewerpen*** ⇒*van het gejaagde stuk wild laten eten* ⟨meute honden⟩ **0.3** ⟨jacht⟩ ***ontgroenen*** ⟨v. nieuwe leden v.e. 'hunt', door ze op het gezicht te merken met het bloed v.h. gejaagde dier⟩.

ˈblood ˈalcohol content ⟨n.-telb.zn.⟩ **0.1** ***bloedalcoholgehalte.***

ˈblood-and-ˈthunder story ⟨telb.zn.⟩ **0.1** ***sensatieverhaal*** ⇒*gruwelverhaal, melodrama.*

ˈblood bank ⟨f1⟩⟨telb.zn.⟩ **0.1** ***bloedbank*** ⇒*bloedtransfusiecentrale/ dienst.*

ˈblood·bath ⟨f1⟩⟨telb.zn.⟩ **0.1** ***bloedbad*** ⇒*(grote) slachting, massacre, slachtpartij, afslachting* ◆ **3.1** cause a ~ *een bloedbad aanrichten.*

ˈblood ˈbrother ⟨telb.zn.⟩ **0.1** ***(bloedeigen) broer*** **0.2** ***bloedbroeder.***

ˈblood cell ⟨f1⟩⟨telb.zn.⟩ **0.1** ***bloedcel.***

ˈblood clot ⟨f1⟩⟨telb.zn.⟩⟨med.⟩ **0.1** ***bloedstolsel.***

ˈblood corpuscle ⟨telb.zn.⟩ **0.1** ***bloedlichaampje*** ⇒*bloedcel.*

ˈblood count ⟨f1⟩⟨telb.zn.⟩ **0.1** ***bloedonderzoek*** ⇒*bloedtelling.*

blood·cur·dling [ˈblʌdkɜːdlɪŋ‖-kɜr-]⟨bn.; -ly⟩ **0.1** ***ijzingwekkend*** ⇒*gruwelijk, huiveringwekkend, akelig, griezelig.*

ˈblood donor ⟨f1⟩⟨telb.zn.⟩⟨med.⟩ **0.1** ***bloedgever/geefster.***

ˈblood doping ⟨n.-telb.zn.⟩⟨sport⟩ **0.1** ***bloeddoping.***

blood·ed [ˈblʌdɪd]⟨bn.⟩ **0.1** ***volbloed.***

-blood·ed [ˈblʌdɪd] **0.1** ***-bloedig*** ◆ **¶.1** warm-blooded *warmbloedig.*

ˈblood feud ⟨telb.zn.⟩ **0.1** ***(bloed)vete.***

ˈblood group ⟨f1⟩⟨telb.zn.⟩ **0.1** ***bloedgroep.***

ˈblood·guilt ⟨n.-telb.zn.⟩ **0.1** ***bloedschuld.***

ˈblood heat ⟨n.-telb.zn.⟩ **0.1** ***bloedwarmte*** ⇒*lichaamswarmte.*

ˈblood horse ⟨telb.zn.⟩ **0.1** ***volbloed (paard)*** ⇒*pur-sang, bloedpaard.*

ˈblood·hound ⟨f1⟩⟨telb.zn.⟩ **0.1** ***bloedhond*** ⇒*jachthond, speurhond;* ⟨fig.⟩ *speurder, detective.*

blood·less [ˈblʌdləs]⟨f1⟩⟨bn.; -ly; -ness⟩ **0.1** ***bloedeloos*** ⇒*onbloedig* **0.2** ***bleek*** ⇒*kleurloos, anemisch, levenloos, slap* **0.3** ***saai*** ⇒*duf* **0.4** ***hardvochtig*** ⇒*(ijs)koud, ongevoelig, harteloos* ◆ **1.1** ~ battle *slag zonder bloedvergieten, bloedeloze slag.*

blood·let·ting [ˈblʌdletɪŋ]⟨telb. en n.-telb.zn.⟩ **0.1** ***aderlating*** ⇒*bloedlating* **0.2** ***bloedvergieten.***

ˈblood·line ⟨telb.zn.⟩ **0.1** ***stamboom.***

ˈblood·lust ⟨telb. en n.-telb.zn.⟩ **0.1** ***bloeddorst*** ⇒*moordlust, bloedbelustheid.*

ˈblood money ⟨n.-telb.zn.⟩ **0.1** ***bloedgeld*** ⇒*moordloon, bloedprijs* **0.2** ***weergeld*** ⇒*zoengeld.*

ˈblood orange ⟨telb.zn.⟩ **0.1** ***bloedsinaasappel*** ⇒*bloedappel.*

ˈblood plasma ⟨n.-telb.zn.⟩ **0.1** ***bloedplasma.***

ˈblood poisoning ⟨f1⟩⟨telb. en n.-telb.zn.⟩ **0.1** ***bloedvergiftiging.***

ˈblood pressure ⟨f1⟩⟨telb. en n.-telb.zn.⟩ **0.1** ***bloeddruk.***

ˈblood pudding ⟨telb. en n.-telb.zn.⟩ **0.1** ***bloedworst.***

ˈblood-ˈred ⟨f1⟩⟨n.-telb.zn.; vaak attr.⟩ **0.1** ***bloedrood.***

ˈblood relation ⟨telb.zn.⟩ **0.1** ***bloedverwant(e).***

ˈblood root ⟨telb.zn.⟩⟨plantk.⟩ **0.1** ⟨AE⟩ ***bloedwortel*** ⟨Sanguinaria canadensis⟩ **0.2** ***tormentil*** ⇒*meerwortel* ⟨Potentilla tormentilla/ erecta⟩.

ˈblood ˈroyal ⟨n.-telb.zn.⟩ **0.1** ***koninklijke familie*** ◆ **6.1** **of** the ~ *v. den bloede, v. koninklijken bloede.*

ˈblood·shed ⟨f1⟩⟨n.-telb.zn.⟩ **0.1** ***bloedvergieten*** ⇒*oorlogsbedrijf.*

ˈblood·shot ⟨f1⟩⟨bn.⟩ **0.1** ***bloeddoorlopen*** ⇒*bloedbelopen.*

ˈblood spavin ⟨telb. en n.-telb.zn.⟩⟨med.⟩ **0.1** ***bloedspat*** ⟨bij paarden⟩.

ˈblood sport ⟨telb.zn.; vnl. mv.⟩⟨pej.⟩ **0.1** ***jacht*** ⇒*bloedige sport, slachters/slagers sport, slachtpartij.*

ˈblood·stain ⟨f1⟩⟨telb.zn.⟩ **0.1** ***bloedvlek.***

ˈblood·stain·ed ⟨f1⟩⟨bn.⟩ **0.1** ***met bloed bevlekt*** ⇒*bloederig.*

ˈblood·stock ⟨n.-telb.zn.⟩ **0.1** ***volbloed dieren*** ⇒*volbloed paarden/ vee.*

ˈblood·stone ⟨telb. en n.-telb.zn.⟩ **0.1** ***bloedsteen*** ⇒*hematiet, rode* *glaskop* **0.2** ***heliotroop*** ⟨blauw-groen gesteente met rode stippen⟩.

'blood·stream ⟨f1⟩ ⟨telb. en n.-telb.zn.⟩ **0.1** ***bloedstroom/baan***.

'blood·suck·er ⟨telb.zn.⟩ **0.1** ⟨ook fig.⟩ ***bloedzuiger*** ⇒*woekeraar, uitzuiger, afperser*.

'blood test ⟨telb.zn.⟩ **0.1** ***bloedonderzoek***.

'blood·thirst·y ⟨f1⟩ ⟨bn.; -ly; -ness; →bijw. 3⟩ **0.1** ***bloeddorstig*** ⇒*bloedbelust, moorddadig*.

'blood track ⟨telb.zn.⟩ **0.1** ***bloedspoor*** **0.2** ⟨jacht⟩ *zweetspoor*.

'blood transfusion ⟨f1⟩ ⟨telb. en n.-telb.zn.⟩ **0.1** ***bloedtransfusie***.

'blood type ⟨f1⟩ ⟨telb.zn.⟩ **0.1** ***bloedgroep***.

'blood vessel ⟨f1⟩ ⟨telb.zn.⟩ **0.1** ***bloedvat*** ⇒*ader*.

'blood·worm ⟨telb.zn.⟩ ⟨dierk.⟩ **0.1** ***rode worm*** ⟨genus Polycirrus/Enoplobranchus⟩ **0.2** ***larve v. dansmug***.

'blood·wort ⟨telb.zn.⟩ ⟨plantk.⟩ **0.1** ***Haemodorumachtige*** **0.2** ***bloedzuring*** ⟨Rumex sanguineus⟩ **0.3** ***waterzuring*** ⟨Rumex hydrolapathum⟩ **0.4** ***kruidvlier*** ⟨Sambucus ebulus⟩.

blood·y[1] ['blʌdi] ⟨f3⟩ ⟨bn.; -er; -ly; -ness; →bijw. 3⟩
I ⟨bn.⟩ **0.1** ***bloedachtig*** ⇒*bloed-, bloedrood* **0.2** ***bebloed*** **0.3** ***bloed(er)ig*** **0.4** ***bloeddorstig*** ⇒*wreed* ◆ **1.2** ~ flux *bloeddiarree, dysenterie;* ~ nose *bloedneus* **1.¶** Bloody Mary *Bloody Mary* ⟨cocktail v. wodka en tomatensap⟩; ~ sweat *bloedzweet;*
II ⟨bn., attr.⟩ ⟨vnl. BE; inf.⟩ **0.1** ***verdomd*** ⇒*verdraaid, rot, klere-* **0.2** ***verdomd*** ⟨als stopwoord, bijna betekenisloos⟩ ◆ **1.1** that ~ train is late again *die rottrein is alweer te laat* **1.2** a ~ shame *een grof schandaal;* not a ~ soul in here *er is hier geen levende ziel te bekennen* **3.¶** get a ~ worse *het onderspit delven*.

bloody[2] ⟨ov.ww.; →ww. 7⟩ **0.1** ***bebloed/bloed(er)ig maken*** ⇒*met bloed(vlekken) bevlekken/bezoedelen*.

bloody[3] ⟨f3⟩ ⟨bw.⟩ ⟨vooral BE; inf.⟩ **0.1** ***verdomd*** ⇒*verdraaid, erg, verduveld* ⟨ook uitsluitend versterkend⟩ ◆ **2.1** not ~ likely! *weinig kans!, geen kwestie van!;* you're ~ well right *je hebt nog gelijk ook*.

blood·y·bones ['blʌdibounz] ⟨n.-telb.zn.⟩ **0.1** ***boeman*** ⇒*spook, geest*.

'blood·y-'mind·ed ⟨bn.; -ness⟩ ⟨BE⟩ **0.1** ***wreed*** ⇒*bloeddorstig, onbarmhartig* **0.2** ⟨inf.⟩ ***dwars*** ⇒*koppig, obstinaat, stijfhoofdig*.

bloom[1] [blu:m] ⟨f2⟩ ⟨zn.⟩
I ⟨telb.zn.⟩ **0.1** ***bloem*** ⟨vooral v. planten die voor de bloem gekweekt worden⟩ ⇒*bloesem* **0.2** ***wolf*** ⟨klomp ijzer⟩ **0.3** ***loep*** ⟨klomp puddelijzer⟩ **0.4** ***ontluikend(e) bloem/roosje*** ⟨gezegd v. vrouw⟩;
II ⟨n.-telb.zn.⟩ **0.1** ***bloei(tijd)*** ⇒*fleur, kracht, hoogste ontwikkeling* **0.2** ***waas*** ⇒*dauw* **0.3** ***algenschuim*** ⟨op water⟩ **0.4** ***blos*** ⇒*gloed, glans, frisheid, ongereptheid* **0.5** ***vochtaanslag*** ⇒*(vocht) film* ⟨op lens, enz.⟩ **0.6** ***fleur*** ⟨v. munt⟩ ◆ **1.1** the ~ of one's life *de mei v. zijn leven* **3.4** take the ~ off a friendship *de vriendschap verzwakken/laten verlopen* **6.1** my tulips are **in** (full) ~ *mijn tulpen staan in (volle) bloei;* **in** the ~ of one's youth *in de kracht v. zijn jeugd;* **in** the ~ of one's beauty *in volle schoonheid, op zijn mooist*.

bloom[2] ⟨f2⟩ ⟨ww.⟩
I ⟨onov.ww.⟩ **0.1** ***bloeien*** ⇒*in bloei zijn/staan* **0.2** ***in volle bloei komen*** ⟨ook fig.⟩ ⇒*tot volle ontplooiing komen* **0.3** ***floreren*** ⇒*gedijen, tieren, welvaren, groeien* **0.4** ***blaken*** ⇒*blozen, stralen, fleurig zijn* ⟨vnl. v. vrouw⟩ **0.5** ***zich ontwikkelen*** ⇒*(op)bloeien, uitgroeien* ◆ **1.1** try to make the desert ~ *proberen de woestijn te doen bloeien/vruchtbaar te maken* **6.4** she ~ed **with** health *zij blaakte v. gezondheid;* she ~ed **with** beauty *ze was stralend mooi;*
II ⟨ov.ww.⟩ **0.1** ***doen bloeien*** ⇒*doen groeien/floreren/gedijen* **0.2** ⟨foto.⟩ ***reflectiewerend maken*** ⇒*coaten* **0.3** ***uitwalsen*** ⟨ijzer⟩.

bloom·er ['blu:mə‖-ər] ⟨zn.⟩
I ⟨telb.zn.⟩ **0.1** ***bloeiende plant*** **0.2** ***iem. op het hoogtepunt v. zijn/haar bloei*** **0.3** ⟨inf.⟩ ***blunder*** ⇒*miskleun, flop* ◆ **3.3** make a ~ *een flater slaan;*
II ⟨mv.; ~s⟩ **0.1** ⟨gesch.⟩ ***knickerbockers*** ⟨v. vrouw⟩ **0.2** ⟨inf.⟩ ***slipje***.

bloom·ing ['blu:mɪŋ] ⟨bn., attr.; bw.⟩ ⟨euf. voor bloody⟩ **0.1** ***verdraaid***.

bloop·er ['blu:pə‖-ər] ⟨telb.zn.⟩ ⟨AE; inf.⟩ **0.1** ***stommiteit*** ⇒*blunder, flater* **0.2** ***vuistslag*** ⇒*kleun, muilpeer*.

blos·som[1] ['blɒsm‖'blɑsm] ⟨f2⟩ ⟨telb. en n.-telb.zn.⟩ ⟨ook fig.⟩ **0.1** ***bloesem*** ⇒*bloeisel, bloei, fleur* ◆ **6.1** be **in** ~ *in bloesem zijn/staan, in bloei zijn/staan;* their friendship was **in** ~ *hun vriendschap was hecht/bloeide*.

blossom[2] ⟨f2⟩ ⟨onov.ww.⟩ **0.1** ***ontbloeien*** ⇒*tot bloei/rijpheid/wasdom komen* **0.2** ***zich ontwikkelen*** ⇒*zich ontplooien, zich ontpoppen* ◆ **1.1** the pear trees are ~ing *de perebomen staan in bloei/bloesemen/dragen bloesems* **5.2** ~ **forth/out** *opbloeien;* the athlete ~s **out** *de atleet is op weg naar de top/'groeit'* **6.2** the village ~ed **into** a city *het dorp groeide uit tot een stad*.

blos·som·y ['blɒsəmi‖'blɑ-] ⟨bn.⟩ **0.1** ***bloeiend*** ⇒*bloemrijk, fleurig*.

blot[1] [blɒt‖blɑt] ⟨f2⟩ ⟨telb.zn.⟩ **0.1** ***vlek*** ⇒*klad, smet* **0.2** ***(schand)vlek*** ⇒*smet, tekortkoming, blaam* **0.3** ***ontsiering*** ⇒*misvorming, verlelijking* **0.4** ***ongedekt stuk*** ⟨in backgammon, een soort triktrak⟩ ◆ **1.1** ~ of ink *inktvlek* **1.¶** a ~ on the escutcheon *een klad op een schone bladzijde, een bezoedeling v./een smet op een (goede) naam* **6.3** the building was a ~ **on** the landscape *het gebouw ontsierde het landschap*.

blot[2] ⟨f2⟩ ⟨ww.; →ww. 7⟩
I ⟨onov.ww.⟩ **0.1** ***vlekken maken*** ⇒*knoeien, kladden, kliederen* **0.2** ***vlekken (krijgen)*** ⇒*vloeien* ⟨v. papier⟩ ◆ **1.1** ink ~s easily *inkt vlekt gemakkelijk* **1.2** that paper ~s well *dat papier vloeit goed;*
II ⟨ov.ww.⟩ **0.1** ***bevlekken*** ⇒*bekladden, bezoedelen;* ⟨fig.⟩ *besmetten, schandvlekken, onteren, belasteren* **0.2** ***ontsieren*** ⇒*misvormen, bederven* **0.3** ***(af)vloeien*** ⇒*drogen met vloeipapier* **0.4** ***belemmeren*** ⇒*aan het gezicht onttrekken* ◆ **5.¶** →blot out.

blotch[1] [blɒtʃ‖blɑtʃ] ⟨f1⟩ ⟨telb.zn.⟩ **0.1** ***vlek*** ⇒*klad, spikkel, puist, smet*.

blotch[2] ⟨ov.ww.⟩ **0.1** ***bevlekken*** ⇒*bekladden, besmetten, bespikkelen*.

blotch·y ['blɒtʃi‖'blɑtʃi] ⟨bn.; -er; →compar. 7⟩ **0.1** ***gevlekt*** ⇒*vlekkerig, met gekleurde plekken, puistig; wankleurig, verweerd*.

'blot 'out ⟨f1⟩ ⟨ov.ww.⟩ **0.1** ***(uit-, weg-) schrappen*** ⇒*uitpoetsen, doorhalen, door/wegstrepen uitwissen, teniet doen* **0.2** ***verbergen*** ⇒*aan het gezicht onttrekken, verduisteren* **0.3** ***vernietigen*** ⇒*uitroeien, uitwissen* **0.4** ⟨AE; sl.⟩ ***koud maken*** ⇒*om zeep brengen, vermoorden* ◆ **1.1** words have been blotted out *woorden zijn weggeschrapt* **1.2** clouds ~ the sun *wolken schuiven voor de zon;* cars ~ my view *auto's belemmeren mij het uitzicht* **1.3** hundreds of people have been blotted out *honderden mensen zijn v.d. aardbodem weggevaagd*.

blot·ter ['blɒtə‖'blɑt̬ər] ⟨telb.zn.⟩ **0.1** ***vloeiblok*** ⇒*vloeiroller, vloeischommel* **0.2** ***stuk vloei(papier)*** **0.3** ⟨AE⟩ ***(politie)register*** ⇒*boek v. gevonden voorwerpen, arrestantenregister* **0.4** ⟨AE; sl.⟩ ***dronkaard*** ⇒*spons*.

blot·ting paper ['blɒtɪŋ ˌpeɪpə‖'blɑt̬ɪŋ ˌpeɪpər] ⟨f1⟩ ⟨n.-telb.zn.⟩ **0.1** ***vloei(papier)***.

blot·to ['blɒtou‖'blɑt̬ou] ⟨bn., post.⟩ ⟨BE; inf.⟩ **0.1** ***ladderzat*** ⇒*kachel, bewusteloos, buiten westen*.

blouse[1] [blauz‖blaus] ⟨f3⟩ ⟨telb.zn.⟩ **0.1** ***blouse*** ⇒*bloes; blauwe (werk)kiel* **0.2** ***tuniek*** ⟨gedragen door o.a. het Am. leger⟩ ⇒*uniformjas*.

blouse[2] ⟨ww.⟩
I ⟨onov.ww.⟩ **0.1** ***bloezen;***
II ⟨ov.ww.⟩ **0.1** ***laten bloezen*** ⇒*laten overhangen, draperen*.

blow[1] [blou] ⟨f3⟩ ⟨zn.⟩ ⟨→sprw. 194⟩
I ⟨telb.zn.⟩ **0.1** ***wind(vlaag)*** ⇒*rukwind; storm, stijve/stevige bries* **0.2** ***slag*** ⇒*klap, dreun; aanval* **0.3** ***(tegen)slag*** ⇒*ramp, shock, schok* **0.4** ⟨sl.⟩ ***blow(tje)*** ⇒*snuifje* ⟨heroïne/cocaïne⟩; *wit neusje* ⟨cocaïne⟩ **0.5** →flyblow ◆ **3.1** give your nose a ~ *snuit je neus;* get/have a ~ of fresh air *een luchtje scheppen, een frisse neus halen* **3.2** come to/exchange ~s *handgemeen worden, slaags raken, (met elkaar) op de vuist gaan, een strijd aangaan;* ⟨ook fig.⟩ deal s.o. a ~/deal a ~ at s.o. *iem. een slag toebrengen* **5.2** he struck a ~ **against/for** democracy *hij gaf de democratie een flinke knauw/hielp de democratie een stap vooruit;* even he got a ~ **in** *zelfs hij slaagde erin een mep uit te delen* **6.1** go **for/have** a ~ *een luchtje scheppen, zich laten doorwaaien;* a ~ **on** a whistle *gefluit op een fluitje* **6.2** **at** a ~ *plotseling;* **at/with** a (single)/one ~ *in één klap/poging;* ~ **by** ~ *v. moment tot moment, gedetailleerd; van naaldje tot draadje;* without (striking) a ~ *zonder slag of stoot* **6.3** be a ~ **to** our hopes *onze hoop de bodem inslaan;* a heavy ~ **to** her *een zware/harde slag voor haar;*
II ⟨n.-telb.zn.⟩ **0.1** ⟨vero.⟩ ***bloei*** ⇒*bloesemrijkdom* **0.2** ⟨BE; sl.⟩ ***wiet*** ⇒*stuff* ⟨cannabis⟩ **0.3** ⟨AE; sl.⟩ ***sneeuw*** ⇒*coke, cocaïne* ◆ **6.1** **in** (full) ~ *in (volle) bloei, bloesemend*.

blow[2] ⟨ww.; blew [blu:], blown [bloun]⟩ ⟨→sprw. 633⟩
I ⟨onov.ww.⟩ **0.1** ***(uit)blazen*** ⇒*fluiten, weerklinken; (uit)waaien, dwarrelen, wapperen* **0.2** ***hijgen*** ⇒*blazen, puffen* **0.3** ***stormen*** ⇒*hard waaien* **0.4** ***spuiten*** ⟨v. walvissen⟩ ⇒*blazen* **0.5** ***doorsmelten*** ⇒*doorbranden, doorslaan* **0.6** ***bol staan*** ⟨v. conservenblik⟩ **0.7** ⟨AE, Austr. E⟩ ***snoeven*** ⇒*pochen, opscheppen* **0.8** ⟨vero.⟩ ***ontluiken*** ⟨vnl. als volt. deelw.⟩ ⇒*(uit)bloeien, zich ontwikkelen* **0.9** ⟨sl.⟩ ***'m smeren*** **0.10** ⟨inf.⟩ ***blowen*** ⟨v. hasj/marihuana⟩ ⇒*roken* ◆ **1.1** his hair blew in the wind *zijn haar wapperde in de wind;* the bugle ~s *de hoorn (weer)klinkt;* the whistle ~s *het fluitje gaat* **1.2** a storm is ~ing *het stormt* **1.8** a full-~n tulip *een geheel uitgekomen tulp* **4.4** ⟨walvisvaart⟩ there she ~s! *daar spuit-ie!* **5.1** leaves are ~ing **about** *bladeren dwarrelen rond;* ~ **back** *terugwaaien/blazen; exploderen, ontploffen;* ~ **down** *neer-*

geblazen worden, omwaaien; (af)spuiten ⟨v. stoomketel⟩; ⟨inf.⟩ ~ **in** *(komen) binnenvallen, binnenstormen, (komen) aanwaaien; inwaaien;* →blow **out;** the scandal will ~ **over** *het schandaal zal wel overwaaien/voorbijgaan;* →blow **up 5.7** ⟨AE; inf.⟩ ~ **off** *pochen, opscheppen* **5.¶** ⟨inf.⟩ ~ hot and cold (about) *veranderen gelijk het weer, weifelen, geen kleur bekennen;* ⟨inf.⟩ ~ (wide) open *bekend worden* **6.1** ⟨inf.⟩ ~ **into** the room *de kamer binnenvallen, lawaaierig binnenkomen;*

II ⟨ov.ww.⟩ **0.1** ***blazen (op, door)*** ⇒*aan/af/op/rond/uit/wegblazen; snuiten* ⟨neus⟩; *doen wapperen/dwarrelen* **0.2** ***doorsmelten*** ⇒*doen doorslaan, doen doorbranden* **0.3** ***uitputten*** ⇒*afdraven* ⟨paard⟩, *afmatten* **0.4** ***eieren leggen in*** ⟨v. vlieg⟩ **0.5** ***bespelen*** ⇒*blazen op, spelen op* **0.6** ⟨AE; inf.⟩ ***verknallen*** ⇒*verprutsen, verknoeien, bederven, vernietigen* **0.7** ⟨sl.⟩ ***verspelen*** ⇒*er doorheen jagen, verkwisten; uitgeven; trakteren* **0.8** ⟨sl.⟩ ***pijpen*** ⇒*afzuigen* **0.9** ⟨inf.⟩ ***onthullen*** ⇒*openbaren, ruchtbaar maken; verklikken, verraden, aangeven* **0.10** ⟨inf.⟩ ***roken*** ⟨stuff e.d.⟩ **0.11** ⟨sl.⟩ ***vervloeken*** ⇒*verwensen, naar de hel wensen; vergeten, negeren, in de wind slaan* **0.12** ⟨AE; sl.; dram.⟩ ***blank staan*** ⇒*de tekst kwijt zijn* ◆ **1.1** ~ the bellows *(aan) de blaasbalg trekken, een orgel trappen;* ~ bubbles *bellen blazen;* ~ an egg *een ei uitblazen;* the door was ~n open *de deur waaide open;* ~ (up) the fire *het vuur aanblazen;* it's ~ing (up) a gale/great guns/storm *het stormt, het gaat stormen;* ~ glass *glasblazen* **1.5** ~ the whistle *op het fluitje blazen, fluiten* **1.9** ~ one's cover *zijn ware identiteit bekend maken* **1.10** ~ grass *stuff/wiet roken, blowen* **1.11** ~ the cost! *wat kunnen mij de kosten schelen!* **4.6** ⟨AE; inf.⟩ you blew it *je hebt het verpest, je hebt er een puinhoop v. gemaakt* **4.11** ⟨sl.⟩ I'll be ~ed if I'll do it *ik verdom het;* ⟨sl.⟩ ~ it *verdorie;* ⟨sl.⟩ well, I'm ~ed *wel heb je me nou!, wat zeg je me daar van!;* ⟨sl.⟩ ~ me if it isn't falling! *verdomd zeg, het valt!* **5.1** ~ **away** *wegblazen; wegjagen;* ⟨vnl. AE; sl.⟩ *wegmaaien, neerschieten;* he was blown away by her beauty *hij was helemaal ondersteboven van haar schoonheid;* the wind blew the trees **down** *de wind blies de bomen om(ver);* ~ **in** *doen binnenwaaien, aanblazen, inblazen* ⟨ook fig.⟩; *doen springen* ⟨ruit⟩; *in bedrijf stellen* ⟨oliebron⟩; ~ **off** *wegblazen, doen wegwaaien, omblazen; afblazen, uitblazen, laten ontsnappen* ⟨stoom⟩; →blow **out;** ~ **over** *om(ver)blazen, doen omwaaien;* ~ skyhigh *in de lucht laten vliegen, opblazen;* ⟨fig.⟩ *geen spaan heel laten van;* →blow **up 5.9** ~ **abroad** *ruchtbaar maken, als gerucht verspreiden* **5.¶** ⟨inf.⟩ ~ (wide) open *bekend maken; (geheel) open maken* ⟨(wed)strijd⟩; ⟨inf.⟩ his goal blew the match wide open *door zijn doelpunt was de wedstrijd weer helemaal open* **6.1** ~ **to** bits *stukschieten, de volle lading geven;* the tank was ~n **to** pieces *de tank werd aan stukken gereten;* they were ~n **to** glory *zij werden opgeblazen, zij werden naar God geschoten.*

'blow·back ⟨telb.zn.; vaak attr.⟩ **0.1** ***ontploffing*** ⟨in gaspijp⟩ ⇒*explosie.*

'blow·ball ⟨telb.zn.⟩ **0.1** ***kaarsje*** ⟨v. paardebloem⟩ ⇒*pluisjes.*

'blow·down ⟨telb.zn.⟩ **0.1** ***pijpbreuk*** ⟨v. koelwaterpijp in kerncentrale⟩.

'blow-dry[1] ⟨telb.zn.; g. mv.⟩ **0.1** ***(het) föhnen*** ◆ **1.1** I had a cut and a ~ *ik liet mijn haar knippen en föhnen.*

blow-dry[2] ⟨ov.ww.⟩ **0.1** ***föhnen.***

'blow-dry·er ⟨telb.zn.⟩ **0.1** ***föhn*** ⇒*haardroger.*

blow·er ['blouə‖-ər] ⟨f1⟩ ⟨telb.zn.⟩ **0.1** ***aanjager*** ⇒*blower, ventilator* **0.2** ⟨BE; inf.⟩ ***hoorn*** ⇒*spreekbuis; telefoon* **0.3** ⟨BE⟩ ***goklijn*** ⟨privé telefoon v. bookmaker⟩ **0.4** ⟨inf.⟩ ***opschepper*** ⇒*branieschopper, lulhannes* **0.5** ⟨AE; sl.⟩ ***zakdoek.***

'blow·fish ⟨telb.zn.⟩ ⟨dierk.⟩ **0.1** ***kogelvis*** ⟨fam. Tetraodontidae⟩ **0.2** ***glasoogbaars*** ⟨Stirustedion vitreum⟩.

'blow·fly ⟨telb.zn.⟩ ⟨dierk.⟩ **0.1** ***vleesvlieg*** ⟨fam. Calliphoridae⟩.

'blow·gun ⟨telb.zn.⟩ **0.1** ***blaaspijp*** ⇒*blaasroer.*

'blow·hard ⟨telb.zn.⟩ ⟨AE; inf.⟩ **0.1** ***branieschopper*** ⇒*opschepper, lefgozer.*

'blow·hole ⟨telb.zn.⟩ **0.1** ***spuitgat*** ⟨v. walvis⟩ **0.2** ***trekgat*** ⇒*tochtgat, luchtgat* **0.3** ***gietblaas*** **0.4** ***wak*** ⟨in ijs⟩.

'blow·job ⟨telb.zn.⟩ ⟨AE⟩ **0.1** ⟨vulg.⟩ ***het pijpen*** ⟨seksuele bevrediging met de mond⟩ **0.2** ⟨sl.; mil.⟩ ***propellervliegtuig.***

'blow·lamp, ⟨AE⟩ **'blow·torch** ⟨telb.zn.⟩ **0.1** ***soldeerlamp.***

'blow·off ⟨telb.zn.⟩ ⟨AE; sl.⟩ **0.1** ***climax*** ⇒*de druppel die de emmer doet overlopen* **0.2** ***ruzie*** ⇒*aanleiding tot ruzie* **0.3** ***eerste klant v. standwerker*** ⇒*jatmousbrenger.*

'blow·out ⟨telb.zn.⟩ **0.1** ***klapband*** ⇒*lekke/gesprongen band* **0.2** ***lek*** **0.3** ***uitbarsting*** ⟨v. aktiviteit in olie/gasbron⟩ ⇒*eruptie* **0.4** ⟨inf.⟩ ***knalfeest*** ⇒*knalfuif; eetfestijn, vreetpartij* **0.5** ***mislukte roofoverval*** **0.6** ***vermeerdering (v. kosten/prijzen).***

'blow 'out ⟨f1⟩ ⟨ww.⟩

I ⟨onov.ww.⟩ **0.1** ***uitwaaien*** ⇒*uitgaan* **0.2** ***springen*** ⇒*klappen, barsten* **0.3** ***ophouden te werken*** ⟨v. elektrische apparatuur⟩ ⇒*afslaan, uitvallen, doorslaan, doorbranden* **0.4** ***(naar buiten) spuiten*** ⟨v. gas, damp⟩ **0.5** ***uitrazen*** ⇒*gaan liggen, (in kracht) afnemen* ◆ **1.1** the lights blew out *het licht ging uit* **1.5** the storm had blown itself out *de storm was uitgeraasd/was gaan liggen;*

II ⟨ov.ww.⟩ **0.1** ***uitblazen*** ⇒*uitdoen* **0.2** ***doen springen*** ⇒*doen klappen/barsten* **0.3** ***buiten bedrijf/werking stellen*** ⟨elektrische apparatuur⟩ ◆ **1.¶** ~ one's brains *zich voor de kop schieten.*

'blow·pipe ⟨telb.zn.⟩ **0.1** ***blaaspijp*** **0.2** ***gasbrander(pijp)*** **0.3** ***glas (blaas)pijp.***

'blow·top ⟨telb.zn.⟩ ⟨AE; sl.⟩ **0.1** ***driftkikker.***

'blow·torch ⟨telb.zn.⟩ ⟨AE⟩ **0.1** ***brander*** ⇒*soldeerlamp* **0.2** ⟨sl.; mil.⟩ ***straaljager.***

'blow·up ⟨f1⟩ ⟨telb.zn.⟩ **0.1** ***explosie*** ⇒*ontploffing* **0.2** ***uitbarsting*** ⇒*ruzie, herrie, bonje* **0.3** ⟨foto.⟩ ***(uit)vergroting*** ⇒*blow up, detailvergroting.*

'blow 'up ⟨f2⟩ ⟨ww.⟩

I ⟨onov.ww.⟩ **0.1** ***ontploffen*** ⇒*exploderen, in de lucht vliegen, (uit elkaar) barsten, springen* **0.2** ⟨inf.⟩ ***in rook opgaan*** ⇒*verijdeld worden, te niet gedaan worden; instorten, niets overblijven van* **0.3** ***opzwellen*** ⇒*opgeblazen worden, zich met lucht vullen* **0.4** ***opblazen*** ⇒*pochen, inbeelden* **0.5** ***(in woede) uitbarsten*** ⇒*ontploffen* **0.6** ***sterker worden*** ⟨v. wind, storm⟩ ⇒*komen opzetten, naderen;* ⟨fig.⟩ *uitbreken, losbreken, losbarsten* **0.7** ⟨sport⟩ ***kapot zitten*** ⇒*de man met de hamer tegenkomen, leeg zijn, een ram/inzinking krijgen* ◆ **1.6** the crisis blew up *de crisis brak uit* **6.5** he blew up **at** her *hij viel tegen haar uit;*

II ⟨ov.ww.⟩ **0.1** ***opblazen*** ⇒*laten ontploffen/exploderen/springen, tot ontploffing brengen; vullen* ⟨met lucht⟩ **0.2** ⟨sl.⟩ ***verijdelen*** ⇒*te niet doen, vernietigen* **0.3** ***opblazen*** ⇒*overdrijven* **0.4** ***ingebeeld maken*** ⇒*opgeblazen/verwaand/pedant maken* **0.5** ⟨sl.⟩ ***afbekken*** ⇒*afsnauwen, uitkafferen, een uitbrander geven* **0.6** ***aanblazen*** ⟨vuur⟩ ⇒*aanwakkeren, (op)stoken* **0.7** ***doen opwaaien*** ⇒*opjagen, opdwarrelen* **0.8** ⟨foto.⟩ ***(uit)vergroten*** ⇒*een blow up maken van, opblazen* ◆ **1.5** the boss is always blowing him up *de baas bekt hem altijd af.*

blow·y ['blouі] ⟨bn.; -er; →compar.7⟩ **0.1** ***winderig.***

blow·zy, blow·sy ['blauzі] ⟨bn.; -er; →compar.7⟩ ⟨vnl. v. vrouw⟩ **0.1** ***met een rooie kop*** ⇒*als een boerentrien* **0.2** ***slonzig*** ⇒*verloederd.*

blt ⟨telb.zn.⟩ ⟨afk.⟩ bacon, lettuce and tomato ⟨AE; inf.⟩ **0.1** ***broodje (met) spek, sla en tomaat.***

blub [blʌb] ⟨onov.ww.; →ww.7⟩ ⟨sl.⟩ **0.1** ***snotteren*** ⇒*grienen, blèren.*

blub·ber[1] ['blʌbə‖-ər] ⟨f1⟩ ⟨zn.⟩

I ⟨telb.zn.⟩ **0.1** ***kwal;***

II ⟨n.-telb.zn.⟩ **0.1** ***blubber*** ⇒*walvisspek; spek* **0.2** ⟨sl.⟩ ***gejank*** ⇒*gegrien.*

blubber[2] ⟨f1⟩ ⟨bn.⟩ **0.1** ***gezwollen*** ⟨v. lippen⟩ ⇒*dik, opgezet.*

blubber[3] ⟨ww.⟩

I ⟨onov.ww.⟩ **0.1** ***grienen*** ⇒*snotteren, janken, blèren, snikken* **0.2** ***(op)zwellen*** ⟨v. gezicht⟩ ⇒*opzetten, dik worden;*

II ⟨ov.ww.⟩ **0.1** ***snikkend zeggen*** ⇒*jankend zeggen* **0.2** ***betranen*** ⟨gezicht⟩ ◆ **5.1** ~ sth. **out** *iets snikkend/jankend zeggen.*

'blub·ber·head ⟨telb.zn.⟩ ⟨AE; sl.⟩ **0.1** ***stomkop.***

blub·ber·y ['blʌb(ə)ri] ⟨bn.⟩ **0.1** ***dik*** ⇒*vet* **0.2** ***wanstaltig.***

blu·cher ['blu:kə,-tʃə‖-ər] ⟨telb.zn.⟩ **0.1** ***halve laars*** ⇒*schoenlaars.*

bludg·eon[1] ['blʌdʒn] ⟨f1⟩ ⟨telb.zn.⟩ **0.1** ***(gummi)knuppel*** ⇒*ploertendoder.*

bludgeon[2] ⟨f1⟩ ⟨ov.ww.⟩ **0.1** ***(neer)knuppelen*** ⇒*(met een knuppel) aftuigen/afrossen* **0.2** ***(af)dwingen*** ⇒*door geweld gedaan krijgen, afpersen, ontwringen* ◆ **6.2** he was ~ed **into** giving his money *zijn geld werd hem afgeperst.*

bludg·er [blʌdʒə‖-ər] ⟨telb.zn.⟩ ⟨Austr. E; inf.⟩ **0.1** ***schooier*** **0.2** ***profiteur*** ⇒*bietser* **0.3** ***lapzwans*** ⇒*klungel.*

blue[1] [blu:] ⟨f3⟩ ⟨zn.⟩

I ⟨telb.zn.⟩ **0.1** ***blauw*** **0.2** ***blauwtje*** ⟨vlinder, fam. Lycaenidae⟩ **0.3** ⟨biljart⟩ ***blauwe bal*** ⟨bij snooker⟩ **0.4** ***lid/kleur v.e. conservatieve politieke partij*** ⇒⟨BE⟩ *Tory, conservatief, reactionair* **0.5** ⟨BE⟩ ***student(e) die universiteit*** ⟨Oxford of Cambridge⟩ ***vertegenwoordigt in sportwedstrijden*** ⇒⟨AE⟩ *ijverig/gezagsgetrouw student, heilig boontje* **0.6** ⟨Austr. E; inf.⟩ ***ruzie*** ⇒*gevecht, twist* **0.7** ***blauwe*** ⟨iem. in blauw uniform⟩ ⇒⟨i.h.b.⟩ *politieagent* **0.8** ⟨soms B-⟩ ***unionist*** ⟨soldaat v.h. federale leger in de Am. burgeroorlog⟩ ⇒⟨ook⟩ *Union Army* **0.9** ⟨verk.⟩ ⟨bluestocking⟩ ***blauwkous*** ⇒*(verstokt) feministe, mannenhaatster* **0.10** ⟨AE; sl.; pej.⟩ ***erg donkere neger*** ⇒⟨ong.⟩ *blauwe* ◆ **2.5** dark ~ *Oxford, sporter die Oxford vertegenwoordigt;* light ~ *Cambridge, sporter die Cambridge vertegenwoordigt;*

II ⟨n.-telb.zn.⟩ **0.1** ***blauw*** **0.2** ***blauwsel*** ⟨poeder om linnengoed te blauwen⟩ **0.3** ⟨the⟩ ***blauwe lucht*** ⇒*blauwe hemel, azuur* **0.4** ⟨schr.; the⟩ ***zee*** ⇒*zilte nat, ruime sop; ruimte* **0.5** ***recht om de universiteitskleur te dragen*** ⟨Oxford of Cambridge⟩ ◆ **3.5** get/win one's ~ *gekozen worden als vertegenwoordiger (v. Oxford of Cambridge) in sportwedstrijden* **6.1** dressed in ~ *in het blauw (gekleed)* **6.3 out of** the ~ *plotseling, onverwacht, als een donderslag bij heldere hemel;* it appears/comes **out of** the ~ *het komt uit de lucht vallen/onverwacht;* **into** the ~ *naar/in het onbekende, in de ruimte;*

III ⟨verz.n.; ~s⟩ **0.1** ⟨vaak the⟩ ***(de) blues*** **0.2** ⟨the⟩ ⟨inf.⟩ ***zwaarmoedigheid*** ⇒*landerigheid, heimwee, mineur, rottig gevoel* ◆ **1.2** an attack of the ~s *een aanval v. melancholie;* the baby ~s *postnatale depressie* **3.1** he played another ~s *hij speelde nog een blues* **3.2** he suffers from the ~s *hij lijdt aan zwaarmoedigheid;*

IV ⟨mv.; Blues; the⟩ **0.1** ⟨BE⟩ ***Blauwe Garde*** ⟨eig. Royal Horse Guards⟩.

blue[2] ⟨f3⟩ ⟨bn.; -er; -ly; →bijw. 3⟩

I ⟨bn.⟩ **0.1** ***blauw*** ⇒*azuur* **0.2** ***blues-achtig*** ⇒*kenmerkend voor de blues* **0.3** ***tot een conservatieve politieke partij behorend*** ⇒⟨BE⟩ *conservatief, reactionair, Tory* **0.4** ***blauwkouserig*** ⇒*feministisch, geleerd, intellectueel* **0.5** ⟨inf.⟩ ***obsceen*** ⇒*porno-, gewaagd; schunnig, schuin* **0.6** ⟨AE⟩ ***puriteins*** **0.7** ***kompleet*** ⇒*uiterst, enorm* **0.8** ⟨AE; sl.⟩ ***dronken*** ⇒*toeter, lam, lazarus* **0.9** ⟨AE; sl.⟩ ***neerslachtig*** ⇒*triest, gedeprimeerd* ◆ **1.1** ~ blood *blauw bloed;* ~ blooded *v. adellijke afkomst, met blauw bloed (in zijn/haar aderen), v. adel;* ~ cheese *schimmelkaas;* ~ girls *fabrieksarbeidsters, ateliermeisjes, modinettes;* ⟨dierk.⟩ ~ rock thrush *blauwe rotslijster* ⟨Monticola solitarius⟩ **1.2** ~ notes *blues tonen* ⟨kleine terts en kleine septiem in majeur toonladder/accoord⟩ **1.5** ~ film *pornofilm, seksfilm;* ⟨inf.⟩ ~ joke *schuine mop, gewaagde bak* **1.¶** ~ chip ⟨kansspel⟩ *blauw fiche* ⟨v. hoge waarde⟩; ⟨geldw.⟩ *prima aandeel, steraandeel;* ~ dahlia *rond vierkant, iets onmogelijks;* ⟨scheep.⟩ ~ ensign *Britse scheepsvlag;* wait till one is ~ in the face *wachten tot je een ons weegt;* ⟨inf.⟩ have a ~ fit *zich rot schrikken;* ⟨inf.⟩ be in a ~ funk *in de rats zitten;* once in a ~ moon *(hoogst)zelden, op schaarse momenten, zelden of nooit, een doodenkele keer;* I haven't seen you in a ~ moon *ik heb je al heel lang niet gezien;* cry/scream/shout ~ murder *moord en brand schreeuwen;* ⟨the; ook B- P-⟩ ~ peter ⟨vnl. zeilsport⟩ *Blue Peter, vlag P* ⟨witgeblokte blauwe vlag die 5 minuten voor aanvang v.e. wedstrijd wordt gehesen⟩ *, vertrek/afvaartvlag* **6.1** ~ **with** anger *witheet v. woede;* ~ **with** cold *blauw v.d. kou* **6.7** put s.o. **in** a ~ fear *iem. wit v. angst maken;*

II ⟨bn., pred.⟩ ⟨inf.⟩ **0.1** ***landerig*** ⇒*hangerig, down, terneergeslagen; treurig* ◆ **3.1** I'm feeling ~ today *ik voel me rot vandaag;* things are looking ~ *de zaken staan er slecht voor, het ziet er triest uit.*

blue[3] ⟨ww.; teg. deelw. blueing, bluing⟩

I ⟨onov.ww.⟩ **0.1** ***blauw worden;***

II ⟨ov.ww.⟩ **0.1** ***blauwen*** ⇒*blauw kleuren/maken* **0.2** ***blauwsel gebruiken bij*** **0.3** ⟨sl.⟩ ***verkwisten*** ⇒*over de balk gooien, erdoor jagen.*

'blue-'arsed ⟨bn.⟩ ⟨inf.⟩ ◆ **1.¶** run (a)round like a ~ fly *het zo druk hebben als een klein baasje, van hot naar haar rennen.*

blue 'baby ⟨telb.zn.⟩ **0.1** ***blauwe baby*** ⟨met blauwzucht/cyanose, door aangeboren hart- of longdefect⟩.

'blue bag ⟨zn.⟩

I ⟨telb.zn.⟩ **0.1** ***(blauwe) advocatentas*** **0.2** ***zakje blauw;***

II ⟨n.-telb.zn.⟩ **0.1** ***blauwsel.***

'blue·beard ⟨fɪ⟩ ⟨telb.zn.; vaak B-⟩ **0.1** ***blauwbaard*** ⇒*vrouwenhater, vrouwenmoordenaar, wreedaard.*

'blue·beat ⟨n.-telb.zn.⟩ ⟨muz.⟩ **0.1** ***bluebeat*** ⟨voorloper v. reggae⟩.

'blue·bell ⟨fɪ⟩ ⟨telb.zn.⟩ **0.1** ***klokje*** ⟨fam. Campanula⟩ ⇒⟨i.h.b.⟩ *grasklokje* ⟨vnl. in Schotland en Noord Engeland; Campanula rotundifolia⟩ **0.2** ***wilde hyacint*** ⟨Scilla/Endymion non-scriptus⟩.

blue·ber·ry ['blu:bri‖-beri] ⟨fɪ⟩ ⟨telb.zn.⟩ ⟨plantk.⟩ **0.1** ***bosbes*** ⟨genus Vaccinium⟩ **0.2** ***(bos)bes*** ⇒*bosbezie, blauwbes, kraakbes, klokkebei.*

'blue·bird ⟨fɪ⟩ ⟨telb.zn.⟩ **0.1** ***sialia*** ⟨Noord-Am. zangvogel, genus Sialis⟩.

'blue book ⟨telb.zn.; ook B- B-⟩ **0.1** ⟨BE⟩ ***blauwboek*** ⇒*regeringsrapport/verslag/uitgave;* ⟨AE⟩ *regeringsregister* ⟨over leden v.d. regering⟩ **0.2** ⟨BE⟩ ***examenboekje*** ⟨blauw boek waarin universiteitsexamens worden geregistreerd⟩ **0.3** ⟨AE; inf.⟩ ***VIP boek*** ⟨boek met persoonlijke details over maatschappelijke prominenten⟩ **0.4** ⟨AE; inf.⟩ ***(periodiek verschijnende) gids v. bars en bordelen.***

'blue·bot·tle ⟨telb.zn.⟩ **0.1** ***aasvlieg*** ⟨fam. Calliphora⟩ ⇒*bromvlieg* **0.2** ***korenbloem*** ⟨Centaurea cyanus⟩.

'blue·coat ⟨telb.zn.⟩ **0.1** ***iem. in blauw uniform*** ⇒⟨i.h.b.⟩ *diender, smeris, kip* **0.2** ⟨gesch.⟩ ***unionist*** ⟨soldaat v.h. federale leger in de Am. burgeroorlog⟩ **0.3** ⟨ook B-⟩ ***schoolkind v. Christ's Hospital*** ⟨herkenbaar aan lange blauwe jas⟩.

'blue-'collar ⟨bn., attr.⟩ **0.1** ***blauwe boorden-*** ⇒*hand-, fabrieks-* ⟨arbeider(s)⟩ ◆ **1.1** ~ workers *handarbeiders, fabrieksarbeiders* ⟨tgo. kantoormensen⟩.

'blue 'devils ⟨mv.⟩ **0.1** ⟨plantk.⟩ ***(gewoon) slangekruid*** ⟨Echium vulgare⟩ **0.2** ⟨inf.⟩ ***gedeprimeerdheid*** ⇒*(gevoel v.) landerigheid, moedeloosheid, futloosheid* **0.3** ***delirium tremens*** ⇒*dronkemanswaanzin.*

'blue-eyed ⟨fɪ⟩ ⟨bn., attr.⟩ **0.1** ***blauwogig*** **0.2** ***favoriet*** ⇒*lievelings-* ◆ **1.1** ~ boy *lieveling, oogappel(tje);* ⟨vero.⟩ *ogelijn, favoriet, kroonprins* ⟨voor politieke funktie⟩; ~ soul *blue-eyed soul* ⟨soul muziek v. blanke musici, geïnspireerd op gospels⟩.

'blue·fish ⟨telb.zn.⟩ ⟨dierk.⟩ **0.1** ***blauwbaars*** ⟨Pomatomus saltatrix⟩ **0.2** ***zeeforel*** ⟨Salmo trutta⟩.

blue 'fox ⟨zn.⟩

I ⟨telb.zn.⟩ ⟨dierk.⟩ **0.1** ***blauwvos*** ⟨poolvos in zomervacht; Alopex lagopus⟩;

II ⟨n.-telb.zn.⟩ **0.1** ***blauwvos*** ⟨bont⟩ ⇒*poolvos(sebont).*

'blue·grass ⟨fɪ⟩ ⟨telb. en n.-telb.zn.⟩ ⟨AE⟩ **0.1** ⟨plantk.⟩ ***beemdgras*** ⟨genus Poa⟩ ⇒⟨i.h.b.⟩ *veldbeemdgras* ⟨Poa pratensis⟩ **0.2** ⟨inf.⟩ ***bluegrass*** ⟨country muziek, met vijfsnarige banjo⟩.

'blue-'green ⟨bn.⟩ **0.1** ***blauwgroen.***

'blue 'gum ⟨telb.zn.⟩ ⟨plantk.⟩ **0.1** ***gomboom*** ⟨genus Eucalyptus⟩ ⇒*eucalyptus;* ⟨i.h.b.⟩ *blauwe gomboom* ⟨Eucalyptus globulus⟩.

'blue-'head·ed ⟨bn.⟩ ⟨dierk.⟩ ◆ **1.¶** ~ wagtail *gele kwikstaart* ⟨Motacilla flava⟩.

'blue helmet ⟨telb.zn.⟩ **0.1** ***blauwe baret*** ⇒*blauwhelm* ⟨VN-soldaat⟩.

'blue·jack·et ⟨telb.zn.⟩ **0.1** ***matroos*** ⇒*jantje, zeeman.*

'blue jeans ⟨fɪ⟩ ⟨mv.⟩ **0.1** ***jeans*** ⇒*spijkerbroek.*

'blue law ⟨telb.zn.⟩ ⟨AE; inf.⟩ **0.1** ***strenge puriteinse wet*** ⟨v. kracht onder de eerste kolonisten v. New England⟩ ⇒*zedenwet.*

'blue 'mould, ⟨AE sp.⟩ **'blue 'mold** ⟨zn.⟩

I ⟨telb.zn.⟩ ⟨plantk.⟩ **0.1** ***(penseel)schimmel*** ⟨genus Penicillium⟩;

II ⟨n.-telb.zn.⟩ **0.1** ***schimmel(rot).***

blue·ness ['blu:nəs] ⟨n.-telb.zn.⟩ **0.1** ***blauwheid.***

'blue·nose ⟨telb.zn.⟩ **0.1** ⟨vaak B-⟩ ⟨inf.⟩ ***persoon uit Nova Scotia*** **0.2** ⟨vaak B-⟩ ⟨inf.⟩ ***(oorlogs)schip uit Nova Scotia*** **0.3** ***puritein*** ⇒*ultraconservatief.*

'blue 'pencil ⟨telb.zn.⟩ **0.1** ***rode potlood*** ⟨v.d. censor⟩.

'blue-'pencil ⟨ov.ww.⟩ ⟨inf.⟩ **0.1** ***censureren*** ⇒*schrappen, doorstrepen, het rode potlood hanteren in, eruit knippen.*

'blue pill ⟨telb.zn.⟩ **0.1** ***kwikpil*** ⟨vnl. als laxeermiddel⟩.

'blue point ⟨telb.zn.⟩ ⟨AE⟩ **0.1** ***(eetbare) oester.***

'blue·print[1] ⟨fɪ⟩ ⟨telb.zn.⟩ **0.1** ***blauwdruk*** ⇒*cyanotypie; ontwerp, schets; (gedetailleerd/gedegen) plan* ◆ **1.1** ~ stage *blauwdrukfase.*

blueprint[2] ⟨ov.ww.⟩ **0.1** ***een blauwdruk maken van*** **0.2** ***een plan ontwerpen van*** ⇒*een schema opstellen/beramen van.*

'blue 'ribbon ⟨telb.zn.⟩ **0.1** ***lint v.d. Orde v.d. Kouseband*** **0.2** ***hoogste onderscheiding*** ⇒*eerste prijs* **0.3** ***blauwe wimpel*** **0.4** ⟨fig.⟩ ***blauwe knoop*** ◆ **1.3** the ~ of the Atlantic *de blauwe wimpel* ⟨voor het schip dat de Atlantische Oceaan het snelst overstak⟩.

'blue-'ribbon ⟨bn., attr.⟩ **0.1** ***eersterangs*** ⇒*voortreffelijk, v.d. bovenste plank.*

'blue rock ⟨telb.zn.⟩ ⟨dierk.⟩ **0.1** ***rotsduif*** ⟨Columba livia⟩.

blues [blu:z] →blue III en IV.

'blue-'sky ⟨bn., attr.⟩ ⟨AE⟩ **0.1** ***waardeloos*** ⇒*ongedekt; ondeugdelijk, onbetrouwbaar* **0.2** ***onrealistisch*** ⇒*te hoog gegrepen, fantasmagorisch, zweverig* **0.3** ***zuiver wetenschappelijk*** ◆ **1.1** ~ law *wet ter bescherming v.d. effectenhandel* **1.3** ~ research *zuiver wetenschappelijk onderzoek.*

'blue·stock·ing ⟨fɪ⟩ ⟨telb.zn.⟩ **0.1** ⟨vaak pej.⟩ ***blauwkous*** ⇒*geleerde/intellectuele vrouw* **0.2** ⟨dierk.⟩ ***Am. kluut*** ⟨Recurvirostra americana⟩.

'blue·stone ⟨zn.⟩

I ⟨telb.zn.⟩ **0.1** ***arduinsteen*** ⇒*hardsteen;*

II ⟨n.-telb.zn.⟩ **0.1** ***(gekristalliseerd) cuprisulfaat.***

'blue 'streak ⟨telb.zn.⟩ **0.1** ⟨inf.⟩ ***flits*** ⟨snel bewegend persoon/ding⟩ **0.2** ***woordenvloed*** ⇒*woordenstroom* ◆ **3.2** talk a ~ *honderduit praten, zijn mondje roeren* **6.1 like** a ~ *bliksemsnel.*

blues·y ['blu:zi] ⟨bn.⟩ **0.1** ***blues-achtig.***

blu·et ['blu:ɪt] ⟨telb.zn.⟩ ⟨BE; inf.; plantk.⟩ **0.1** ***korenbloem*** ⟨Centaurea cyanus⟩.

'blue·throat ⟨telb.zn.⟩ ⟨dierk.⟩ **0.1** ***blauwborst*** ⟨Luscinia svecica⟩.

'blue·tit ⟨telb.zn.⟩ ⟨dierk.⟩ **0.1** ***pimpelmees*** ⟨Parus caeruleus⟩.

'blue 'vitriol ⟨n.-telb.zn.⟩ **0.1** ***(gekristalliseerd) cuprisulfaat*** ⇒*blauwe vitriool, kopersulfaat.*

'blue 'water ⟨n.-telb.zn.⟩ **0.1** ***ruime sop*** ⇒*(volle/open) zee.*

'blue 'whale ⟨telb.zn.⟩ ⟨dierk.⟩ **0.1** ***blauwe vinvis*** ⟨Sibbaldus musculus⟩.

'blue-'winged ⟨bn.⟩ ⟨dierk.⟩ ◆ **1.¶** ~ teal *blauwvleugeltaling* ⟨Anas discors⟩.

blue·y ['blu:i]⟨telb.zn.;→mv. 2⟩ **0.1** ⟨Austr. E⟩ ***bundel*** ⟨bagage v. zwerver/kolonist⟩ **0.2** ⟨inf.⟩ ***(blauwe) oproep(ing)*** ⇒*blauw oproepingspapier*.

bluff[1] [blʌf]⟨f2⟩⟨zn.⟩
I ⟨telb.zn.⟩ **0.1** ***hoge, steile oever*** ⇒*steil voorgebergte, steile rotswand, klif, kaap* **0.2** ***bluffer*** **0.3** ***oogklep*** ⟨vooral v. paard⟩;
II ⟨telb. en n.-telb.zn.⟩ **0.1** ***bluf*** ⇒*misleiding, poging tot overdonderen/overbluffen, driest optreden, bangmakerij* ◆ **3.1** call one's ~ *iem. tarten/uitdagen (zijn woorden waar te maken/iets (dan ook) te doen); iemands uitdaging aannemen*.

bluff[2] ⟨f1⟩⟨bn.;-er;-ly;-ness⟩ **0.1** ***kortaf maar oprecht/openhartig*** ⇒*bruusk/plompverloren maar ronduit/eerlijk* **0.2** ***breed*** ⟨v. boeg⟩ ⇒*stomp, plat* **0.3** ***steil*** ◆ **1.1** a ~ way of expressing *een plompe manier v. uitdrukken* **1.2** a ~ boat *een volschip*.

bluff[3] ⟨f1⟩⟨ww.⟩
I ⟨onov.ww.⟩ **0.1** ***bluffen*** ⟨ook v. poker⟩ ⇒*brutaal/driest optreden* **0.2** ***doen alsof*** ⇒*voorwenden, veinzen, simuleren;*
II ⟨ov.ww.⟩ **0.1** ***overbluffen*** ⇒*overdonderen, (met loze dreigementen) v.d. wijs brengen, afschrikken* **0.2** ***misleiden*** ⇒*bedriegen, veinzen* ◆ **1.2** ~ one's way out of a situation *zich (door bluf/bedrog) uit een (precaire) situatie redden* **5.2** ⟨inf.⟩ ~ it **out** *zich door bedrog/bluf eruit redden;* shall we tell the truth, or ~ it **out** *zullen we de waarheid zeggen, of doen alsof onze neus bloedt* **6.1** ~ s.o. **into** believing sth. *iem. iets doen/ertoe leiden te geloven, iem. iets wijsmaken*.

bluff-bow·ed ['blʌf'baʊd]⟨bn.⟩ **0.1** ***met brede, stompe boeg*** ⇒*breedgeboegd* ⟨v. schip⟩.

bluf·fer ['blʌfə‖-ər]⟨telb.zn.⟩ **0.1** ***bluffer*** ⇒*iem. die bluft*.

blu·ish, ⟨ook⟩ **blue·ish** ['blu:ɪʃ]⟨bn.;-ness⟩ **0.1** ***blauwachtig*** ⇒*blauwig*.

blun·der[1] ['blʌndə‖-ər]⟨f1⟩⟨telb.zn.⟩ **0.1** ***blunder*** ⇒*miskleun* ◆ **3.1** make a ~ *een flater slaan*.

blunder[2] ⟨f2⟩⟨ww.⟩
I ⟨onov.ww.⟩ **0.1** ***blunderen*** ⇒*een stomme fout begaan/maken, een flater slaan, zich vergalopperen/zwaar vergissen* **0.2** ***strompelen*** ⇒*zich onhandig voortbewegen, al struikelend lopen, stommelen* ◆ **5.1** ~ **away** *er op los knoeien* **5.2** ~ **on** *voortsukkelen/strompelen* **6.2** ~ **into** a tree *tegen een boom op knallen;* ~ **(up)on** sth. *tegen iets aan lopen, door stom toeval/geluk iets vinden/tegenkomen;*
II ⟨ov.ww.⟩ **0.1** ***verknallen*** ⇒*verknoeien, knoeiboel maken v., verprutsen* **0.2** ***weggooien*** ⇒*(door wanbeheer/onzorgvuldigheid/stommiteiten) verliezen, verdoen* **0.3** ***laten ontglippen*** ⇒*laten ontschieten, uitkramen* ◆ **5.2** ~ the shop **away** *de winkel verspelen (door eigen, stomme schuld)* **5.3** ~ **across/out** a stupid remark *een stomme opmerking eruit flappen*.

blun·der·buss ['blʌndəbʌs‖-dər-]⟨telb.zn.⟩ **0.1** ***donderbus*** ⟨oud pistool⟩ **0.2** ***klungel*** ⇒*knoeier, prutser, sukkel, rund*.

blun·der·er ['blʌnd(ə)rə‖-ər]⟨f1⟩⟨telb.zn.⟩ **0.1** ***klungel***.

'blun·der·head ⟨telb.zn.⟩ **0.1** ***klungel*** ⇒*stommeling*.

blunge [blʌndʒ]⟨ov.ww.⟩ **0.1** ***kneden*** ⟨klei⟩ ⇒*met water mengen*.

blunt[1] [blʌnt]⟨telb.zn.⟩ **0.1** ***stomp voorwerp*** ⟨bv. naald, pijl⟩.

blunt[2] ⟨f3⟩⟨bn.;-er;-ly;-ness⟩ **0.1** ***bot*** ⇒*stomp, afgekant* **0.2** ***afgestompt*** ⇒*ongevoelig, koud* **0.3** ***(p)lomp*** ⇒*ongezouten, hard, ruw, bars* ⟨v. woorden, stem⟩, *bot, onbehouwen* **0.4** ***dom*** ⇒*traag v. begrip, langzaam* ◆ **1.3** a ~ man *een lompe man;* ~ refusal *botte weigering* **3.2** make senses ~ *zintuigen afstompen* **3.3** tell s.o. sth. ~ly *iem. iets botweg zonder er doekjes om te winden/recht in zijn gezicht vertellen*.

blunt[3] ⟨f1⟩⟨ww.⟩
I ⟨onov.ww.⟩ **0.1** ***stomp/bot worden*** ⇒*afstompen* ⟨ook fig.⟩;
II ⟨ov.ww.⟩ **0.1** ***stomp/bot maken*** ⇒*afkanten* **0.2** ***afstompen*** ⇒*ongevoelig maken, afzwakken* ◆ **1.2** the loss ~ed her lively spirit *het verlies stompte haar levendige geest af*.

blup·pie ['blʌpi]⟨telb.zn.; samentr. v. black yuppie⟩ **0.1** ***zwarte yuppie***.

blur[1] [blɜ:‖blɜr]⟨f2⟩⟨telb.zn.⟩ **0.1** ***vlek*** ⇒*klad, smet, veeg;* ⟨fig.⟩ *(schand)vlek* **0.2** ***onduidelijke plek*** ⇒*wazig/nevelig beeld/effect, verflauwde/doffe/vage indruk* **0.3** ***geroezemoes*** ⇒*gegons, rumoer, geruis* ◆ **1.2** the letters turned into a ~ *de letters gingen in elkaar over;* the statues appeared as a ~ *de standbeelden doemden vaag op* **1.3** the ~ of music in the distance *het verwarde rumoer v. muziek in de verte*.

blur[2] ⟨f1⟩⟨ww.;→ww. 7⟩
I ⟨onov.ww.⟩ **0.1** ***vervagen*** ⇒*vaag/onduidelijk worden* **0.2** ***vlekken*** ⇒*smerig/beklad worden* ◆ **1.2** the ink has ~red *de inkt is uitgelopen;*
II ⟨ov.ww.⟩ **0.1** ***bevlekken*** ⇒*bezwalken, besmeren;* ⟨fig.⟩ *bekladden, bezoedelen, (be)smetten* **0.2** ***onduidelijk/onscherp maken*** ⇒*vaag maken, uitwissen, vervageren* **0.3** ***benevelen*** ⇒*verdoven, suf maken* ◆ **1.2** the tears ~ his eyes *de tranen vertroebelen zijn ogen;* ~red photographs *onscherpe foto's;* ~red windows *beslagen ramen*.

blurb [blɜ:b‖blɜrb]⟨f1⟩⟨telb.zn.⟩ **0.1** ***aanbevelingstekst*** ⟨bv. op omslag v. boek⟩ ⇒*flaptekst, blurb*.

blur·ry ['blɜ:ri]⟨f1⟩⟨bn.; ook -er;→compar. 7⟩ **0.1** ***onduidelijk*** ⇒*onscherp, wazig, vaag, nevelig*.

blurt [blɜ:t‖blɜrt]⟨f2⟩⟨ov.ww.⟩ **0.1** ***eruit flappen*** ⇒*eruit gooien, uitbarsten, laten ontglippen* ◆ **5.1** ~ **out** *eruit flappen*.

blush[1] [blʌʃ]⟨f1⟩⟨telb.zn.⟩ **0.1** ***(schaamte)blos*** ⇒*(rode) kleur, schaamrood, (rode/roze)gloed* **0.2** ⟨vero.⟩ ***glimp*** ⇒*blik, kijkje, vluchtige indruk* ◆ **3.1** ⟨schr.⟩ put s.o. to the ~ *iem. beschaamd maken;* spare his ~es *maak hem niet verlegen (door hem te prijzen)* **7.2** at (the) first ~ *op het eerste gezicht*.

blush[2] ⟨bn.⟩ **0.1** ***rood*** ⇒*roze, met een (rode) gloed/blos*.

blush[3] ⟨f2⟩⟨onov.ww.⟩ →blushing **0.1** ***blozen*** ⇒*een kleur/blos krijgen, rood worden, kleuren* **0.2** ***zich schamen*** ⇒*zich onbehaaglijk/niet op zijn gemak voelen* **0.3** ***rood/roze zijn*** ⇒*een rode gloed hebben* ◆ **6.1** ~ **at** sth. *om/vanwege iets blozen;* ~ **for/with** shame *blozen v. schaamte* **6.2** you always ~ **for** him *je schaamt je altijd voor hem*.

blush·er ['blʌʃə‖-ər]⟨f1⟩⟨n.-telb.zn.⟩ **0.1** ***rouge***.

blush·ful ['blʌʃfəl]⟨bn.⟩ **0.1** ***(snel) blozend*** ⇒*verlegen, bleu* **0.2** ***roodachtig***.

blush·ing ['blʌʃɪŋ]⟨bn.; teg. deelw. v. blush;-ly⟩ **0.1** ***blozend*** ⇒*met een blos/kleur, een blos/kleur krijgend*.

blus·ter[1] ['blʌstə‖-ər]⟨f1⟩⟨zn.⟩
I ⟨telb.zn.⟩ **0.1** ***storm*** ⇒*rukwind, windvlaag, windstoot;*
II ⟨n.-telb.zn.⟩ **0.1** ***tumult*** ⇒*spektakel, drukte; geloei, gehuil, gebulder* ⟨v. storm⟩; *geraas, getier* ⟨v. boze stemmen⟩ **0.2** ***gebral*** ⇒*opschepperij, poeha, tamtam*.

bluster[2] ⟨f1⟩⟨ww.⟩
I ⟨onov.ww.⟩ **0.1** ***razen*** ⇒*bulderen, tieren, tekeergaan* **0.2** ***bulderen*** ⇒*loeien, huilen* ⟨v. wind⟩ **0.3** ***brallen*** ⇒*opscheppen* ◆ **3.3** ~ and rant *luid tekeer gaan, veel bombarie maken;*
II ⟨ov.ww.⟩ **0.1** ***schreeuwen*** ⇒*brullen, bulderen* **0.2** ***(door intimidatie) dwingen*** **0.3** ***(voort)drijven*** ⇒*(voort)jagen* ◆ **5.1** he ~ed **out** threats to us *hij brulde dreigementen tegen ons*.

blus·ter·er ['blʌst(ə)rə‖-ər]⟨telb.zn.⟩ **0.1** ***bulderaar*** ⇒*bullebak, schreeuwlelijk* **0.2** ***opschepper*** ⇒*snoever, windbuil*.

blus·ter·y ['blʌstri], **blus·ter·ous** [-trəs]⟨bn.⟩ **0.1** ***stormachtig*** ⇒*winderig* **0.2** ***brallerig*** ⇒*blufferig, opschepperig*.

blvd ⟨afk.⟩ boulevard.

'Blyth's 'reed warbler [blaɪθ]⟨telb.zn.⟩⟨dierk.⟩ **0.1** ***Blyths rietzanger*** ⟨Acrocephalus dumetorum⟩.

BM ⟨afk.⟩ Bachelor of Medicine, Bachelor of Music, British Museum.

BMA ⟨afk.⟩ British Medical Association.

B Mus ⟨afk.⟩ Bachelor of Music.

BMX ⟨afk.⟩ bicycle motocross.

BMX bike ⟨telb.zn.; afk.⟩ bicycle motocross bike **0.1** ***crossfiets***.

bn ⟨afk.⟩ billion.

Bn ⟨afk.⟩ baron, battalion.

bo[1] [boʊ]⟨telb.zn.⟩ **0.1** ***ouwe jongen*** ⇒*kerel, (ouwe) makker* **0.2** ⟨AE; inf.⟩ ***hobo*** **0.3** ⟨AE; sl.⟩ ***schandknaapje***.

bo[2], **BO** ⟨afk.⟩ body odour, box office, buyer's option, branch office.

bo·a ['boʊə]⟨f1⟩⟨telb.zn.⟩ **0.1** ***boa*** ⟨genus Boa⟩ ⇒*pyt(h)on,* ⟨i.h.b.⟩ *boa constrictor* **0.2** ***boa*** ⇒*bontstola, bontje*.

BOAC ⟨eig.n.⟩⟨afk.⟩ British Overseas Airways Corporation ⟨gesch.⟩ **0.1** ***B.O.A.C.***.

boar [bɔ:‖bɔr]⟨f2⟩⟨telb.zn.⟩ **0.1** ***beer*** ⟨mannetjesvarken⟩ ⇒*mannetje* ⟨v. zoogdieren⟩ **0.2** ***wild zwijn*** ⇒*everzwijn* ◆ **2.2** wild ~ *wild zwijn, everzwijn*.

board[1] [bɔ:d‖bɔrd]⟨f4⟩⟨zn.⟩
I ⟨telb.zn.⟩ **0.1** ***plank*** ⇒*deel, lat, ski, (surf)board, (surf)plank; zwaard* ⟨v. schip⟩, *midzwaard, zijzwaard* **0.2** ***(aanplak/score) bord*** ⟨v. vezelmateriaal⟩ ⇒*schild, plank, plaat; bord* ⟨v. boek, basket- en korfbal⟩; *plat* ⟨v. boek⟩; *schakelbord* ⟨v. telefoon⟩; *(speel)bord* **0.3** ⟨scheep.⟩ ***boord*** **0.4** ***tafel*** ⇒⟨i.h.b.⟩ *bestuurstafel; dis* **0.5** ⟨scheep.⟩ ***slag*** ⟨bij het laveren⟩ **0.6** ***boord*** ⟨v. stof enz.⟩ **0.7** ⟨bridge⟩ ***bord*** ⇒*board, spel; mapje* **0.8** ⟨vnl. in mv.⟩ ***examen*** ⟨voor een commissie af te leggen⟩ **0.9** ⟨AE⟩ ***koersenbord*** ⟨op beurs⟩ **0.10** ⟨AE; inf.⟩ ***beurs*** ⟨v. aandelen e.d.⟩ **0.11** ⟨AE; sl.⟩ ***toegangskaartje*** **0.12** →blackboard, chessboard, notice board, springboard, surfboard ◆ **1.1** a two-inch ~ *een plank v. vijf cm dikte, v. 5 streep dik* **1.3** ~ and ~ *boord aan boord* **3.2** bound in ~s *gekartonneerd* **3.¶** groaning ~ *rijkbeladen tafel/dis;* sweep the ~ *iedereen v.d. tafel vegen, de gehele inzet/alle kaarten/al het geld winnen; grote winst(en) boeken, zegevieren;* take on ~ *aan boord nemen;* ⟨inf.; fig.⟩ *begrijpen, accepteren, aannemen* ⟨nieuwe ideeën e.d.⟩ **6.3** go **by** the ~ *overboord slaan/vallen/gaan;*

⟨fig.⟩ *overboord gegooid worden, verloren gaan, afgedankt worden; volledig mislukken;* ~ **by** ~, ~ **on** ~ *boord aan boord, met de schepen langszij;* **on** ~ *aan boord van* **6.¶ above** ~ *open, eerlijk;* **across** the ~ *over de hele linie, iedereen, niemand uitgezonderd;* ⟨inf.⟩ the horse is **across** the ~ *het paard is als winnend genoteerd/bij het trio geëindigd;* go **on** ~ a train *in de trein stappen;*
II ⟨n.-telb.zn.⟩ **0.1** ***kost(geld)*** ⇒*onderhoud, pension; voedsel* **0.2** ***deel*** ⇒*beplanking, planket(sel), (planken)beschot, latwerk* **0.3** ***bordpapier*** ⇒*karton, (stro)bord* ◆ **1.1** ~ and lodging *kost en inwoning/logies, vol pension* **2.1** full ~ *volpension;*
III ⟨verz.n.; vaak B-⟩ **0.1** ***raad*** ⇒*bestuur(slichaam), commissie, college, gouvernement* ◆ **1.1** ~ of directors *raad v. bestuur;* ~ of governors *bestuur, curatorium;* ~ of trade ⟨gesch.⟩ *ministerie v. Handel* ⟨in Eng.⟩; *handelskamer* ⟨in U.S.A.⟩ **2.1** editorial ~ *redactiecomité* **6.1** be **on** the ~ *in het bestuur zitten; commissaris/bestuurslid zijn;*
IV ⟨mv.; ~s⟩ **0.1** ⟨the⟩ ***planken*** ⇒*het toneel, de bühne* **0.2** ***boards*** ⟨omheining v. ijshockeyveld⟩ **0.3** ***kaarten*** ⇒*spel kaarten* ◆ **3.¶** tread/walk the ~s *op de planken staan, acteur/actrice zijn* **6.¶** be **on** the ~s *op de planken staan, acteur/actrice zijn.*

board² ⟨f2⟩ ⟨ww.⟩ →boarding
I ⟨onov.ww.⟩ **0.1** ***in de kost zijn*** ⇒*in een pension wonen, logeren* **0.2** ***laveren*** ⇒*slagen maken, (op)kruisen, opwerken* ◆ **5.1** ~ **out** *(altijd) buitenshuis eten; elders in de kost gaan* **6.1** ~ing **at** their house/**with** them *bij hen in de kost;*
II ⟨ov.ww.⟩ **0.1** ***beplanken*** ⇒*(met planken) bedekken/beschieten/betimmeren/bevloeren, kartonneren* **0.2** ***in de kost hebben/nemen*** **0.3** ***uit huis doen*** ⇒*in de kost doen* **0.4** ***aan boord gaan van*** ⇒*instappen, binnengaan; embarkeren* ⟨vliegtuig⟩; *opstappen* ⟨motor⟩ **0.5** ⟨scheep.⟩ ***enteren*** **0.6** ***voor een commissie leiden*** ◆ **1.4** ~ a ship *zich inschepen;* he ~s her sister constantly ⟨fig.⟩ *hij klampt/spreekt haar zus voortdurend aan* **5.1** ~ **up** the building *het gebouw dichtspijkeren* **5.3** ~ s.o. **out** *iem. elders in de kost doen/onderbrengen.*

'board computer ⟨telb.zn.⟩ **0.1** ***boordcomputer*** **0.2** ***kaartcomputer.***

board·er ['bɔ:də‖'bɔrdər] ⟨f1⟩ ⟨telb.zn.⟩ **0.1** ***pensiongast*** ⇒*kostganger* **0.2** ***kostleerling*** ⇒*intern, pensionair* **0.3** ⟨vero.; scheep.⟩ ***iem. die (een schip) entert.***

'board foot ⟨telb.zn.⟩ **0.1** ***144 kubieke duim*** ⟨0,00236 m³; Am. houtmaat⟩.

'board game ⟨telb.zn.⟩ **0.1** ***bordspel.***

board·ing ['bɔ:dɪŋ‖'bɔr-] ⟨f2⟩ ⟨zn.; gerund v. board⟩
I ⟨telb. en n.-telb.zn.⟩ **0.1** ***beplanking*** ⇒*betimmering, lambrizering, beschot, schutting; scheepshuid* **0.2** ***het inschepen*** ⇒*het aan boord gaan;*
II ⟨n.-telb.zn.⟩ **0.1** ***het in de kost (doen) nemen.***

'board·ing card, board·ing pass ⟨f1⟩ ⟨telb.zn.⟩ **0.1** ***instapkaart.***

'board·ing house ⟨f1⟩ ⟨telb.zn.⟩ **0.1** ***kosthuis*** ⇒*pension, logement.*

'boarding school ⟨f1⟩ ⟨telb.zn.⟩ **0.1** ***kostschool*** ⇒*internaat.*

'board·room ⟨f1⟩ ⟨telb.zn.⟩ **0.1** ***bestuurskamer*** ⇒*directiekamer.*

'board·sail·ing ⟨n.-telb.zn.⟩ ⟨sport⟩ **0.1** ***(het) plankzeilen*** ⇒*(het) (wind)surfen.*

'board·sail·or ⟨telb.zn.⟩ ⟨sport⟩ **0.1** ***plankzeiler*** ⇒*(wind)surfer.*

'board wages ⟨mv.⟩ **0.1** ***kost en inwoning (als salaris)*** ⟨v. dienstboden⟩ **0.2** ***kostgeld*** ⟨als onderdeel v. salaris⟩.

'board·walk ⟨telb.zn.⟩ ⟨AE⟩ **0.1** ***promenade*** ⇒*plankenpad* ⟨langs strand⟩.

boar·ish ['bɔ:rɪʃ] ⟨bn.⟩ **0.1** ***zwijnachtig*** ⇒*grof, ongelikt* **0.2** ***wreed*** ⇒*onmenselijk, barbaars, bruut* **0.3** ***geil*** ⇒*wellustig, ontuchtig.*

boast¹ [boʊst] ⟨telb.zn.⟩ **0.1** ⟨vnl. pej.⟩ ***bluf*** ⇒*grootspraak, sterk verhaal* **0.2** ***trots*** ⇒*roem, grootsheid, glorie* ◆ **2.2** proudest ~ *grootste trots/eer.*

boast² ⟨f2⟩ ⟨ww.⟩
I ⟨onov.ww.⟩ **0.1** ⟨vnl. pej.⟩ ***opscheppen*** ⇒*pochen, overdrijven, dik doen, sterke verhalen vertellen* ◆ **6.1** ~ **about/of** *opscheppen over, prat gaan op;*
II ⟨ov.ww.⟩ **0.1** ***in het (trotse) bezit zijn van*** ⇒*zich beroemen op (het bezit van), zich verheugen in* **0.2** ⟨vnl. pej.⟩ ***(met misplaatste) trots vertellen*** ⇒*opscheppen, ophemelen* ◆ **1.1** this town ~s a stadium *deze stad kan bogen op een stadion/is een stadion rijk.*

boast·er ['boʊstə‖-ər] ⟨telb.zn.⟩ ⟨vnl. pej.⟩ **0.1** ***opschepper/ster*** ⇒*praatjesmaker, pocher, kwast.*

boast·ful ['boʊs(t)fl] ⟨f1⟩ ⟨bn.; -ly; -ness⟩ ⟨vnl. pej.⟩ **0.1** ***opschepperig*** ⇒*opsnij(d)erig, ophakkerig, vol eigendunk.*

boat¹ [boʊt] ⟨f3⟩ ⟨telb.zn.⟩ **0.1** ***(open) boot*** ⇒*vaartuig, (dek)schuit, sloep, vlet, visboot(je), roeiboot(je)* **0.2** ⟨AE⟩ ***(zeewaardig) schip*** ⇒*(stoom)boot* ⟨vnl. door niet-zeelui gebruikt⟩ **0.3** ***(jus/saus) kom*** ⇒*botervloot* **0.4** ⟨AE; inf.⟩ ***auto*** ⇒*wagen* ◆ **2.1** be (all) in the same ~ ⟨fig.⟩ *(allen) in hetzelfde schuitje zitten* **3.1** take to the ~s *in de boten/scheep gaan;* ⟨fig.⟩ *ijlings/gehaast een onderneming opgeven, de wijk nemen, met de noorderzon vertrekken* **3.¶** burn one's ~s *z'n schepen achter zich verbranden;* miss the ~ *de boot missen, zijn kans voorbij laten gaan;* ⟨BE; inf.⟩ push the ~ out *de bloemetjes buiten zetten, uitbundig vieren, niet op een cent kijken;* ⟨inf.⟩ rock the ~ *dwarsliggen, spelbreker zijn, de boel in het honderd sturen* **6.¶ in** his ~ *in zijn situatie.*

boat² ⟨f1⟩ ⟨ww.⟩ →boating
I ⟨onov.ww.⟩ **0.1** ***in een boot varen*** ⇒*uit varen/roeien/zeilen gaan, spelevaren, schuitjevaren;*
II ⟨ov.ww.⟩ **0.1** ***verschepen*** ⇒*per schip/boot vervoeren/verzenden* **0.2** ***in een boot plaatsen/laden*** ⇒*binnen boord leggen* ◆ **1.2** they ~ed their oars *ze legden/haalden hun riemen binnen boord.*

boat·age ['boʊṭɪdʒ] ⟨zn.⟩
I ⟨telb. en n.-telb.zn.⟩ **0.1** ***vracht(prijs/geld/loon)*** ⇒*scheepsvracht;*
II ⟨n.-telb.zn.⟩ **0.1** ***vervoer per boot/schip.***

'boat·bill ⟨telb.zn.⟩ ⟨dierk.⟩ **0.1** ***lepelbekreiger*** ⟨Cochlearius cochlearius⟩.

'boat bridge ⟨telb.zn.⟩ **0.1** ***schipbrug.***

'boat·deck ⟨telb.zn.⟩ **0.1** ***sloependek.***

'boat drill ⟨telb.zn.⟩ ⟨scheep.⟩ **0.1** ***sloepenrol.***

bo(a)t·el [boʊ'tel] ⟨telb.zn.⟩ **0.1** ***botel*** ⟨hotel op schip⟩ ⇒*hotelschip* **0.2** ***hotel aan het water*** ⟨voor bootbezitters e.d.⟩.

boat·er ['boʊtə‖'boʊṭər] ⟨telb.zn.⟩ **0.1** ***schipper*** ⇒*roeier* **0.2** ***(stijve, platte) strohoed*** ⇒*matelot.*

'boat·hook ⟨telb.zn.⟩ **0.1** ***bootshaak.***

'boat·house ⟨telb.zn.⟩ **0.1** ***botenhuis*** ⇒*schuitenhuis.*

boat·ing ['boʊṭɪŋ] ⟨n.-telb.zn.; gerund v. boat⟩ **0.1** ***het bootjevaren*** ⇒*het schuitjevaren, roeisport.*

'boat·load ⟨telb.zn.⟩ **0.1** ***scheepslading*** ⟨wat een boot kan bevatten⟩.

boat·man ['boʊtmən] ⟨f1⟩ ⟨telb.zn.; boatmen [-mən]; →mv.3⟩ **0.1** ***jolleman*** ⇒*vletterman* **0.2** ***bootjesverhuurder*** ⇒*schuitenverhuurder.*

boat·man·ship ['boʊtmənʃɪp] ⟨n.-telb.zn.⟩ **0.1** ***zeemansschap*** ⇒*roeikunst.*

'boat people ⟨verz.n.⟩ **0.1** ***bootvluchtelingen*** ⟨in Z.O. Azië⟩.

'boat race ⟨f1⟩ ⟨telb.zn.⟩ **0.1** ***roeiwedstrijd*** ⇒*boot race* **0.2** ⟨AE; sl.; paardesport⟩ ***'verkochte' race*** ⇒*afgesproken werk.*

'boat·rope ⟨telb.zn.⟩ **0.1** ***vanglijn*** ⇒*meertouw, landvast.*

boat·swain ['boʊsn] ⟨f1⟩ ⟨telb.zn.⟩ **0.1** ***bootsman*** ⇒*boots* ⟨onderofficier op schip⟩ **0.2** ⟨dierk.⟩ ***jager*** ⟨soort meeuw; Stercoraridae⟩.

'boatswain's 'chair ⟨telb.zn.⟩ **0.1** ***bootsmansstoeltje.***

'boatswain's 'mate ⟨telb.zn.⟩ **0.1** ***bootsmansmaat*** ⇒*onderbootsman.*

'boat train ⟨telb.zn.⟩ **0.1** ***boottrein.***

'boat·yard ⟨f1⟩ ⟨telb.zn.⟩ **0.1** ***werf*** ⟨i.h.b. voor kleinere boten⟩.

bob¹ [bɒb‖bɑb] ⟨f1⟩ ⟨zn.⟩
I ⟨eig.n.; B-⟩ **0.1** ***Bob*** ◆ **1.¶** ⟨BE; inf.⟩ Bob's your uncle *klaar is Kees, voor mekaar;*
II ⟨telb.zn.⟩ **0.1** ⟨ben. voor⟩ ***hangend voorwerp*** ⇒*(slinger)gewicht* ⟨v. pendule⟩; *gewicht, strik* ⟨aan vlieger⟩; *lood* ⟨v. dieplood⟩; *tuiltje, bosje* ⟨v. bloemen⟩; *knoet(je), knot(je), (korte) krul, lok* ⟨in haar⟩; *dobber, waker; aaskluwen* ⟨v. peur⟩ **0.2** ***bob (slee)*** **0.3** ***refrein*** ⇒*slotregel/vers, keervers* **0.4** ***vast muzikaal patroon bij klokkenspel*** **0.5** ***gecoupeerde staart*** ⇒*geangliseerde staart* **0.6** ***plotselinge (korte) beweging*** ⇒*ruk, stoot, sprong;* ⟨i.h.b.⟩ *(knie)buiging, knix,* ⟨vero.⟩ *dienaresje* **0.7** ***bob(bed kapsel)*** ⇒*korte/kort geknipte kop, jongenskop, krullebol* ◆ **3.7** wear one's hair in a ~ *een kort krullend kapsel hebben, een kort kopje hebben.*

bob² ⟨telb.zn.; bob; →mv.4⟩ ⟨BE; inf.⟩ **0.1** ***shilling*** ⇒*5 pence, poen, geld.*

bob³ ⟨f1⟩ ⟨ww.; →ww.7⟩
I ⟨onov.ww.⟩ **0.1** ***bobben*** ⇒*met de bob(slee) glijden/gaan, rodelen, bobsleeën* **0.2** ***(zich) op en neer/heen en weer bewegen*** ⇒*wippen, (op)springen, hoppen, dansen, dobberen* **0.3** ***buigen*** ⇒*een (knie)buiging/knix maken, nijgen, knikken* **0.4** ***happen*** ⇒*met de mond pakken* **0.5** ***hengelen*** ⇒*vissen* **0.6** ***peuren*** ⇒*poeren* ◆ **1.2** the boat ~bed on the waves *de boot danste op de golven* **5.2** ~ **up** *de kop opsteken, (plotseling) te voorschijn komen;* ⟨fig.⟩ that man ~s **up** (like a cork) *die man is niet klein/er niet onder te krijgen* **6.3** ~ **to** s.o. *een buiging voor iem. maken* **6.4** ~ **for** apples *naar appels happen;*
II ⟨ov.ww.⟩ **0.1** ***(kort) knippen*** ⟨haar⟩ **0.2** ***couperen*** ⇒*kortstaarten, angliseren* **0.3** ***met de bobslee vervoeren*** **0.4** ***heen en weer/op en neer bewegen*** ⇒*doen dansen, laten dobberen, knikken* **0.5** ***tikken op*** ⇒*zachtjes kloppen op, (aan)stoten* ◆ **1.1** have one's hair ~bed *het haar kort laten knippen; het haar bobbed dragen* **1.4** ~ a curtsy to s.o. *voor iem. een buiging maken.*

bob·ber ['bɒbə‖'bɑbər] ⟨telb.zn.⟩ **0.1** ***dobber*** **0.2** ***peur*** **0.3** ***peurder*** **0.4** ***iem. die rodelt.***

bob·be·ry[1] ['bɒbəri||'bɑ-]⟨telb.zn.;→mv. 2⟩ **0.1** ***rumoer*** ⇒*lawaai, ruzie, geraas.*

bobbery[2] ⟨bn.⟩ **0.1** ***bastaard*** ⟨v. jachthonden⟩ ⇒*v.e. vuilnisbakkenras, niet-raszuiver, v. middelmatige/slechte kwaliteit.*

bob·bin ['bɒbɪn||'bɑbɪn]⟨f1⟩⟨telb.zn.⟩ **0.1** ***spoel*** ⇒*klos, bobine, haspel* **0.2** ***gallon*** ⇒*boordsel, band* **0.3** ***(deur)koord*** ⇒*klinklichter.*

bob·bi·net ['bɒbɪ'net||'bɑ-]⟨n.-telb.zn.⟩ **0.1** ***bobbinet*** ⟨tuleachtig weefsel⟩ ⇒*tule, gaas.*

'bobbin lace ⟨n.-telb.zn.⟩ **0.1** ***kloskant*** ⇒*gekloste kant.*

bob·bish ['bɒbɪʃ||'bɑ-]⟨bn.⟩⟨BE; inf.⟩ **0.1** ***opgewekt*** ⇒*kwiek, monter.*

bob·ble[1] ['bɒbl||'bɑbl]⟨telb.zn.⟩ **0.1** ***golf/schommelbeweging*** ⇒*deining* ⟨v. zee⟩ **0.2** ⟨AE⟩ ***fout*** ⇒*vergissing* **0.3** ⟨sport⟩ ***misser*** ⇒*verprutste/verknoeide bal* **0.4** ***wollen balletje*** ⟨randversiering⟩.

bobble[2] ⟨ww.⟩
I ⟨onov.ww.⟩ **0.1** ***schommelen*** ⇒*wiebelen, trillen, huppelen* **0.2** ⟨AE⟩ ***blunderen*** ⇒*in de fout gaan, het verknallen;*
II ⟨ov.ww.⟩⟨AE⟩ **0.1** ***onhandig/stuntelig hanteren*** ⇒*verknoeien.*

bob·by ['bɒbi||'bɑbi]⟨f2⟩⟨telb.zn.;→mv. 2⟩ **0.1** ⟨BE; inf.⟩ ***bobby*** ⇒*oom agent, diender* **0.2** →bobby calf.

'bobby calf ⟨telb.zn.⟩⟨Austr.E.⟩ **0.1** ***nuchter kalf*** ⟨dat vlak na de geboorte geslacht wordt⟩ ⇒*kalfje.*

'bobby pin ⟨telb.zn.⟩⟨AE⟩ **0.1** ***(plat) haarspeld(je).***

'bobby sock ⟨telb.zn.; ook bobby sox ['bɒbisɒks||'bɑbisɑks]⟩⟨AE; inf.⟩ **0.1** ***(enkel)sokje.***

bob·by·sox·er ['bɒbi'sɒksə||'bɑbi'sɑksər], **bob·by·sock·er** [-'sɒkə||-'sɑkər]⟨telb.zn.⟩⟨AE; inf.; vaak pej.⟩ **0.1** ***bakvis*** ⟨vnl. in 40er jaren⟩ ⇒*tiener, teenager.*

'bob·cat ⟨telb.zn.; ook bobcat;→mv. 4⟩⟨dierk.⟩ **0.1** ***rode lynx*** ⟨Lynx rufus⟩.

bob·let ['bɒblɪt||'bɑb-]⟨telb.zn.⟩ **0.1** ***tweepersoonsbob(slee).***

bob·o·link ['bɒbəlɪŋk||'bɑb-]⟨telb.zn.⟩⟨dierk.⟩ **0.1** ***rijsttroepiaal*** ⇒*bobolink* ⟨Am. zangvogel; Dolichonyx oryzivorus⟩.

bob·sleigh[1] ['bɒbsleɪ||'bɑb-], **bob·sled** [-sled]⟨telb.zn.⟩ **0.1** ***bob (slee).***

bobsleigh[2], **bobsled** ⟨onov.ww.;→ww. 7⟩ **0.1** ***bobsleeën*** ⇒*bobben, met een bob(slee) racen.*

'bobsleigh course, 'bobsleigh run ⟨telb.zn.⟩⟨wintersport⟩ **0.1** ***bobsleebaan.***

'bob·stay ⟨telb.zn.⟩⟨scheep.⟩ **0.1** ***waterstag.***

'bob·tail[1] ⟨telb.zn.⟩ **0.1** ***kortstaart*** ⇒*bolstaart* **0.2** ***gecoupeerde/geangliseerde staart*** **0.3** ⟨AE; sl.; mil.⟩ ***oneervol ontslag.***

bobtail[2] ⟨bn.⟩ **0.1** ***met een korte staart*** **0.2** ***verkort.***

bobtail[3] ⟨ov.ww.⟩ →bobtailed **0.1** ***couperen*** ⇒*kortstaarten, angliseren* **0.2** ***af/inkorten*** ⇒*afkappen.*

bob·tail·ed ['bɒbteɪld||'bɑb-]⟨bn.; volt.deelw.v. bobtail⟩ **0.1** ***(met een) gecoupeerd(e staart)*** **0.2** ***spits/dun toelopend*** ⇒*met korte slippen* ⟨v. jas⟩.

'bob·white ⟨telb.zn.⟩⟨dierk.⟩ **0.1** ***boomkwartel*** ⟨Colinus virginianus⟩.

'bob wig ⟨telb.zn.⟩ **0.1** ***korte pruik.***

bo·cage [bɒ'kɑ:ʒ||bɑ-]⟨n.-telb.zn.⟩ **0.1** ***coulisselandschap*** ⟨velden, heggen, kreupelhout; ook op keramiek⟩.

Boche [bɒʃ||bɑʃ]⟨telb.zn.; ook Boche;→mv. 4⟩⟨sl.; bel.⟩ **0.1** ***(rot) mof*** ⇒*Duitser.*

'bock beer, bock [bɒk||bɑk]⟨n.-telb.zn.⟩ **0.1** ***bo(c)kbier*** ⇒*bock.*

bod [bɒd||bɑd]⟨telb.zn.⟩⟨BE; inf.⟩ **0.1** ***kerel*** ⇒*vent* **0.2** ⟨verk.⟩ ⟨body⟩ ⟨AE; inf.⟩ ***lijf*** ⇒*lichaam.*

bo·da·cious [boʊ'deɪʃəs]⟨bn.; -ly⟩⟨inf.⟩ **0.1** ***stoutmoedig*** ⇒*vermetel, driest* **0.2** ⟨gew.⟩ ***onmiskenbaar*** **0.3** ⟨gew.⟩ ***opmerkelijk.***

bode[1] [boʊd]⟨f1⟩⟨ov.ww.; geen pass.⟩⟨schr.⟩ →boding **0.1** ***voorspellen*** ⇒*een voorbode zijn van, aankondigen* ◆ **1.1** ~ no good *niets/weinig goeds voorspellen;* ~ well/ill for *een goed/slecht voorteken zijn voor.*

bode[2] ⟨verl. t.⟩ →bide.

bode·ful ['boʊdfl]⟨bn.⟩⟨schr.⟩ **0.1** ***onheilspellend*** ⇒*dreigend.*

bo·de·ga [boʊ'di:gə||-'deɪ-]⟨telb.zn.⟩ **0.1** ***bodega*** ⇒*(wijn)proeflokaal* **0.2** ***wijn(pak)huis*** ⇒*(Spaanse) wijnkelder* **0.3** ⟨AE; gew.⟩ ***kruidenier.***

bode·ment ['boʊdmənt]⟨telb.zn.⟩⟨schr.⟩ **0.1** ***voorteken*** ⇒*omen* **0.2** ***voorspelling*** **0.3** ***voorgevoel.***

bodge →botch.

bo·dhi·satt·va ['boʊdi'sætvə, -'sɑ:tvə]⟨telb.zn.⟩⟨boeddhisme⟩ **0.1** ***bodhisattva*** ⟨iem. die uit menslievendheid aan het nirwana verzaakt⟩.

bod·ice ['bɒdɪs||'bɑ-]⟨f1⟩⟨telb.zn.⟩ **0.1** ***lijfje*** ⇒*keurs(lijf).*

-bod·ied ['bɒdid||'bɑdid] **0.1** ***-gebouwd*** ◆ ¶**.1** strongbodied *met een sterk lichaam.*

bod·i·less ['bɒdiləs||'bɑ-]⟨bn.; -ness⟩ **0.1** ***lichaamsloos*** ⇒*onlichamelijk* **0.2** ***onstoffelijk.***

bod·i·ly[1] ['bɒdɪli||'bɑ-]⟨f1⟩⟨bn.⟩ **0.1** ***lichamelijk*** ⇒*v.h. lichaam, lijfelijk* ◆ **1.1** ~ fear *vrees voor lichamelijk letsel/zijn eigen hachje.*

bodily[2] ⟨f1⟩⟨bw.⟩ **0.1** ***met geweld*** **0.2** ***lichamelijk*** ⇒*in levenden lijve, lijfelijk* **0.3** ***in z'n geheel*** ⇒*compleet, met huid en haar* ◆ **3.1** he was removed from the meeting ~ *hij werd met geweld uit de vergadering weggevoerd* **3.3** the group walked ~ to the exit *de groep liep in z'n geheel naar de uitgang.*

bod·ing ['boʊdɪŋ]⟨telb.zn.; oorspr. gerund v. bode⟩ **0.1** ***omen*** ⇒*(slecht) voorteken, (slecht) voorgevoel.*

bod·kin ['bɒdkɪn||'bɑd-]⟨telb.zn.⟩ **0.1** ***rijgpen*** ⇒*rijgpin, rijgnaald* **0.2** ***priem*** ⇒⟨druk.⟩ *els* **0.3** ***lange haarspeld.***

Bod·lei·an ['bɒd'li:ən, 'bɒdlɪən||bɑd'li:ən], ⟨inf.⟩ **Bod·ley** ['bɒdli||'bɑdli]⟨eig.n.; the⟩ **0.1** ***Bodleian (bibliotheek)*** ⟨in Oxford, opnieuw gesticht door Sir Thomas Bodley, ±1600⟩.

Bo·do·ni [bə'doʊni]⟨telb. en n.-telb.zn.⟩⟨druk.⟩ **0.1** ***Bodoni*** ⟨lettertype⟩.

bod·y[1] ['bɒdi||'bɑdi]⟨f4⟩⟨zn.;→mv. 2⟩
I ⟨telb.zn.⟩ **0.1** ***lichaam*** ⇒*romp, lijf, lijk* **0.2** ***persoon*** ⇒⟨jur.⟩ *rechtspersoon;* ⟨inf.⟩ *mens, ziel* **0.3** ***grote hoeveelheid*** ⇒*massa* **0.4** ⟨ben. voor⟩ ***voornaamste deel*** ⇒*grootste/centrale deel, kern, meerderheid; schip* ⟨v. kerk⟩; *casco, carrosserie, laadbak* ⟨v. auto⟩; *romp* ⟨v. vliegtuig⟩; *klankkast* ⟨v. instrument⟩; *lijfje* ⟨v. kleding⟩ **0.5** ***voorwerp*** ⇒*object* **0.6** ⟨AE; inf.⟩ ***(uitdagende) vrouw*** ⇒*stoot* ◆ **1.1** he thinks he owns me ~ and soul *hij denkt dat ik hem met lichaam en ziel toebehoor;* keep ~ and soul together *het er levend afbrengen, het (net) redden* **1.3** bodies of water *watermassa's, watervlakten* **1.4** the ~ of the hall *het midden v.d. hal;* the ~ of a letter *de kern v.e. brief* **1.¶** ⟨AE; inf.⟩ ~ and soul *minnaar, minnares, vriend, liefje* **2.1** a dead ~ *een lijk* **2.5** a foreign ~ in my eye *iets wat er niet hoort in mijn oog;* heavenly bodies *hemellichamen* **3.1** keep ~ and soul together *in leven blijven;*
II ⟨n.-telb.zn.⟩ **0.1** ***substantie*** ⇒*dichtheid, degelijkheid, betekenis, diepgang* ⟨v. literair werk⟩ ◆ **1.1** that is wine of good ~ *dat is een volle/rijke wijn;*
III ⟨verz.n.; soms B-⟩ **0.1** ***lichaam*** ⇒*groep, corporatie, corps, troep;* ⟨mil.⟩ *macht* ◆ **3.1** the Governing Body is/are meeting today *het bestuur vergadert vandaag* **6.1** they left **in** a ~ *ze vertrokken als één man.*

body[2] ⟨ov.ww.;→ww. 7⟩ **0.1** ***een lichaam geven*** ⇒*belichamen* **0.2** ***vaste vorm geven*** ⇒*vormen (in de geest), symboliseren* **0.3** ***viskeuzer maken*** ⟨olie⟩ ◆ **5.2** slowly he bodied **forth** the idea *langzaam gaf hij het idee gestalte;* she bodied **out** her sketchy plans *ze gaf vastere vorm aan haar vage plannen.*

'body art ⟨n.-telb.zn.⟩ **0.1** ***body art*** ⟨gebruikt lichaam als expressiemiddel⟩.

'body bag ⟨telb.zn.⟩ **0.1** ***lijkzak*** ⟨v. rubber of plastic⟩.

'body blow ⟨telb.zn.⟩ **0.1** ⟨bokssport⟩ ***(reglementaire) stoot op het lichaam*** **0.2** ***zware (tegen)slag.***

'bod·y-build·er ⟨f1⟩⟨telb.zn.⟩ **0.1** ***body-builder*** ⇒*iem. die aan bodybuilding doet.*

'body building ⟨f1⟩⟨n.-telb.zn.⟩ **0.1** ***body building.***

'bod·y·check ⟨telb.zn.⟩⟨ijshockey⟩ **0.1** ***bodycheck*** ⇒*harde tackle.*

'body-cloth ⟨telb.zn.⟩ **0.1** ***paardedeken.***

'body colour ⟨telb.zn.⟩ **0.1** ***dekkleur*** ⇒*dekverf.*

'body count ⟨telb.zn.⟩⟨mil.; euf.⟩ **0.1** ***aantal gesneuvelden.***

'bod·y·guard ⟨telb., verz.n.⟩ **0.1** ***lijfwacht.***

'body language ⟨n.-telb.zn.⟩ **0.1** ***lichaamstaal*** ⇒*kinetisch gedrag* ⟨als onderdeel v. menselijke communicatie⟩.

'bod·y·line 'bowl·ing, ⟨inf.⟩ **'bodyline** ⟨n.-telb.zn.⟩⟨cricket⟩ **0.1** ***het op de man werpen*** ⇒*het (opzettelijk) in gevaar brengen v.d. slagman* ⟨door de bal hard en recht op hem af te gooien⟩.

'body-louse ⟨telb.zn.⟩ **0.1** ***lijfluis.***

'body odour ⟨f1⟩⟨telb. en n.-telb.zn.⟩ **0.1** ***lichaamsgeur*** ⇒*zweetlucht.*

'body packer ⟨telb.zn.⟩ **0.1** ***slikker*** ⟨iem. die drugs smokkelt door ze in te slikken⟩.

'body scanner ⟨telb.zn.⟩⟨med.⟩ **0.1** ***(body)scanner.***

'body servant ⟨telb.zn.⟩ **0.1** ***bediende*** ⇒*kamerdienaar, lijfknecht.*

'body shop ⟨telb.zn.⟩ **0.1** ***carosseriebedrijf*** ⇒*plaatwerkerij.*

'body snatcher ⟨telb.zn.⟩ **0.1** ***lijkenrover*** ⟨vnl. voor ontleding⟩.

'body stocking ⟨f1⟩⟨telb.zn.⟩ **0.1** ***bodystocking*** ⟨damesondergoed uit één stuk, dat lichaam en vaak armen en/of benen bedekt⟩.

'body warmer ⟨telb.zn.⟩ **0.1** ***bodywarmer*** ⟨kort, warm jasje zonder mouwen⟩.

'bod·y·work ⟨f1⟩⟨n.-telb.zn.⟩ **0.1** ***carrosserie*** ⇒*koetswerk.*

Boe·ing ['boʊɪŋ]⟨f1⟩⟨zn.⟩
I ⟨eig.n.⟩ **0.1** ***Boeing*** ⟨firma⟩;
II ⟨telb.zn.⟩ **0.1** ***Boeing*** ⟨(verkeers)vliegtuig⟩.

Boe·o·tian[1] [bi'oʊʃn]⟨eig.n., telb.zn.⟩ **0.1** ***Beotiër*** ⇒*lomperd.*

Boeotian[2] ⟨bn.⟩ **0.1** ***Beotisch*** ⇒*lomp, vervelend, dom.*

Boer[1] [bʊə, bɔ:||bʊr, bɔr]⟨telb.zn.⟩ **0.1** ***Boer*** ⇒*Afrika(a)n(d)er.*

Boer[2] ⟨bn., attr.⟩ **0.1** ***Boeren-.***

'Boer 'War ⟨eig.n.; the⟩ **0.1** ***Boerenoorlog*** ⇒*Zuidafrikaanse vrijheidsoorlog* ⟨1899-1920⟩.

B of E ⟨afk.⟩ Board of Education.
boff[1] [bɒf‖bɑf]⟨telb.zn.⟩⟨AE; sl.⟩ **0.1** ***klap*** ⇒*slag, mep* **0.2** ***(ge)lach*** **0.3** ***grap*** ⇒*mop.*
boff[2] ⟨ov.ww.⟩⟨AE; sl.; vulg.⟩ **0.1** ***neuken.***
bof·fin ['bɒfɪn‖'bɑ-]⟨telb.zn.⟩⟨vnl. BE; inf.⟩ **0.1** ***expert*** ⇒*egghead, wetenschapper.*
bof·fo[1] ['bɒfoʊ‖'bɑ-]⟨telb.zn.⟩⟨AE; sl.⟩ **0.1** ***(kas)succes.***
boffo[2] ⟨bn.⟩⟨AE; sl.⟩ **0.1** ***super*** ⟨mbt. show e.d.⟩ ⇒*fantastisch, zeer populair.*
Bo·fors ['boʊfəz‖-fərz], **'Bofors gun** ⟨telb.zn.⟩ **0.1** ***Boforsgeweer*** ⟨licht luchtafweergeschut⟩.
B of T ⟨afk.⟩ Board of Trade.
bog[1] [bɒg‖bɑg]⟨f1⟩⟨zn.⟩
I ⟨telb.zn.⟩ **0.1** ***(veen)moeras*** ⇒*veenpoel* **0.2** ⟨BE; inf.⟩ ***plee*** ⇒*WC, pisbak* ◆ **2.¶** Serbonian ~ *moeilijke/uitzichtloze situatie, wespenest* ⟨naar Miltons Paradise Lost⟩;
II ⟨n.-telb.zn.⟩ **0.1** ***laagveen.***
bog[2] ⟨f2⟩⟨ww.; →ww. 7⟩
I ⟨onov.ww.⟩ **0.1** →bog down;
II ⟨ov.ww.⟩ **0.1** →bog down ◆ **5.¶** ⟨inf.⟩ ~ **up** *verwarren, door elkaar gooien/halen.*
'bog 'asphodel ⟨telb.zn.⟩⟨plantk.⟩ **0.1** ***beenbreek*** ⇒*affodillelie* ⟨Narthecium ossifragum⟩.
'bog·bean ⟨telb.zn.⟩⟨plantk.⟩ **0.1** ***waterdrieblad*** ⟨Menyantes trifoliata⟩.
'bog 'down ⟨f1⟩⟨ww.⟩
I ⟨onov.ww.⟩ **0.1** ***gehinderd worden*** ⇒*afgeremd/vertraagd worden, in een impasse raken, vastlopen* **0.2** ***vast komen te zitten (in de modder)*** **0.3** ***overstelpt worden*** ⇒*overladen worden;*
II ⟨ov.ww.; vnl. pass.⟩ **0.1** ***verhinderen*** ⇒*afremmen, vertragen, in de weg staan* **0.2** ***in de modder terecht doen komen*** **0.3** ***doen vastzitten*** **0.4** ***gebukt doen gaan*** ⇒*onder doen gaan* ◆ **6.4** be bogged down **by/in** work *tot over zijn oren in het werk zitten.*
bo·gey[1], **bo·gy, bo·gie** ['boʊgi]⟨telb.zn.; →mv. 2⟩ **0.1** ***boeman*** ⇒*(kwel)duivel, kwade geest* **0.2** ***spookbeeld*** ⇒*schrikbeeld* **0.3** ⟨ook B-⟩⟨golf⟩ ***bogey*** ⟨score v. 1 slag boven par voor een hole⟩ **0.4** ⟨sl.⟩ ***punnik*** ⟨uit de neus⟩ **0.5** ⟨sl.⟩ ***juut*** ⇒*kip, smeris* **0.6** ⟨sl.; mil.⟩ ***ongeïdentificeerd vliegtuig*** ⇒*UFO, vijand(elijk toestel).*
bogey[2] ⟨ov.ww.⟩⟨golf⟩ **0.1** ***met een bogey slaan*** ⟨hole⟩ ◆ **1.1** he ~ed the last hole *hij scoorde een bogey op de laatste hole.*
'bo·g(e)y·man ⟨telb.zn.; bog(e)ymen; →mv. 3⟩ **0.1** ***boeman*** ⇒*(kwel)duivel, kwade geest.*
bog·gle[1] ['bɒgl‖'bɑgl]⟨telb. en n.-telb.zn.⟩ **0.1** ***warboel*** ⇒*knoei/prutswerk* **0.2** ***terugdeinzing*** ⇒*ontwijking, scrupule* **0.3** ***aarzeling*** ⇒*weifeling* **0.4** →bogle.
boggle[2] ⟨f1⟩⟨ww.⟩
I ⟨onov.ww.⟩ **0.1** ***terugschrikken*** ⇒*terugdeinzen, bezwaar maken, tegenstribbelen* **0.2** ***aarzelen*** ⇒*weifelen* **0.3** ***eromheen praten*** ◆ **1.¶** the mind ~s! *dat gaat mijn verstand te boven, daar kan ik (met mijn verstand) niet bij* **6.1** not ~ **about** sth. *geen scrupules hebben jegens iets;* ~ **at** murder *terugdeinzen voor moord;*
II ⟨ov.ww.⟩ **0.1** ***verknoeien*** ⇒*verprutsen, verbroddelen.*
bog·gler ['bɒglə‖'bɑglər]⟨telb.zn.⟩ **0.1** ***knoeier*** ⇒*prutser, broddelaar* **0.2** ***weifelaar.***
bog·gy ['bɒgi‖'bɑgi]⟨f1⟩⟨bn.; -er; -ness; →bijw. 3⟩ **0.1** ***moerassig*** ⇒*vol moerassen, drassig* **0.2** ***(met) veenachtig(e grond)*** ⇒*veen-.*
'bog hole ⟨telb.zn.⟩ **0.1** ***laagte met moerassige grond/drijfzand.***
'bog·house ⟨telb.zn.⟩⟨BE; inf.⟩ **0.1** ***privaat*** ⇒*WC, plee.*
bo·gie, bo·gy ['boʊχi]⟨telb.zn.; →mv. 2⟩ **0.1** ***karretje*** ⇒*lorrie* **0.2** ⟨vnl. BE⟩ ***draaibaar onderstel*** ⇒*draaistel, bogie* **0.3** ⟨vnl. BE⟩ ***locomotief/wagon met bogie/draaibaar onderstel*** **0.4** →bogey **0.5** →bogy.
bo·gle ['boʊgl], **bog·gle, bog·gard** ['bɒgəd‖'bɑgərd], **bog·gart** ['bɒgət‖'bɑgərt]⟨telb.zn.⟩⟨gew.⟩ **0.1** ***vogelverschrikker*** **0.2** ***kabouter*** **0.3** ***boeman*** **0.4** ***spook(beeld)*** ⇒*geest.*
'bog myrtle ⟨telb.zn.⟩⟨plantk.⟩ **0.1** ***gagel*** ⟨katjesdragend heestergewas; Myrica gale⟩.
'bog 'oak ⟨n.-telb.zn.⟩ **0.1** ***eikehout, in zwarte staat geconserveerd in laagveen.***
'bog ore ⟨n.-telb.zn.⟩ **0.1** ***ijzeroer.***
'bog-rush ⟨telb.zn.⟩⟨plantk.⟩ **0.1** ***knopbies*** ⟨Schoenus nigricans⟩.
'bog spavin ⟨n.-telb.zn.⟩ **0.1** ***spat*** ⟨paardeziekte⟩.
'bog·trot·ter ⟨telb.zn.⟩ **0.1** ***bewoner/bezoeker van moerassen*** **0.2** ⟨pej.⟩ ***Ier.***
'bog-up ⟨telb.zn.⟩⟨inf.⟩ **0.1** ***warboel*** ⇒*rotzooi.*
bo·gus ['boʊgəs]⟨f2⟩⟨bn., attr.; -ly; -ness⟩ **0.1** ***vals*** ⇒*onecht, zogenaamd, pseudo-* ◆ **1.1** ~ company *zwendelonderneming.*
'bog·wood ⟨n.-telb.zn.⟩ **0.1** ***hout, geconserveerd in laagveen.***
bo·gy ['boʊgi]⟨f1⟩⟨telb.zn.; →mv. 2⟩ **0.1** ***kabouter*** **0.2** →bogey **0.3** →bogie.
bo·gy·ism ['boʊgiɪzm]⟨n.-telb.zn.⟩ **0.1** ***het (menen te) zien van duivels/geesten/kabouters.***
bogyman →bogeyman.
boh [bu:]⟨tussenw.⟩ **0.1** ***boe!.***
bo·hea ['boʊ'hi:]⟨n.-telb.zn.⟩ **0.1** ***zwarte Chinese thee v. slechte kwaliteit*** ⟨laatste oogst v.h. seizoen⟩.
Bo·he·mi·a [boʊ'hi:mɪə]⟨zn.⟩
I ⟨eig.n.⟩ **0.1** ***Bohemen;***
II ⟨telb.zn.; ook b-⟩ **0.1** ***kunstenaarswereldje*** **0.2** ***kunstenaarswijk.***
Bo·he·mi·an[1] [boʊ'hi:mɪən]⟨f1⟩⟨zn.⟩
I ⟨eig.n.⟩⟨vero.⟩ **0.1** ***Tsjechisch*** ⇒*taal v.d. Tsjechen;*
II ⟨telb.zn.⟩ **0.1** ***Bohemer*** ⇒*Tsjech* **0.2** ⟨vaak b-⟩ ***zigeuner*** **0.3** ⟨vaak b-⟩ ***bohémien*** ◆ **1.¶** ⟨dierk.⟩ ~ waxwing *pestvogel* ⟨Bombycilla garrulus⟩.
Bohemian[2] ⟨f1⟩⟨bn.⟩ **0.1** ***Boheems*** **0.2** ⟨vaak b-⟩ ***onconventioneel*** ⇒*bohémienachtig* ◆ **1.1** ⟨gesch.⟩ ~ Brethren *Boheemse Broeders, hernhutters.*
bo·he·mi·an·ism [boʊ'hi:mɪənɪzm]⟨n.-telb.zn.⟩ **0.1** ***bohème*** ⇒*leven/manieren v. e. bohémien.*
'Bohr theory ['bɔ: ˌθɪəri‖'bɔr ˌθɪri]⟨telb.zn.⟩ **0.1** ***theorie v. Bohr*** ⟨model v. atoomstructuur v. Niels Bohr, 1885-1962⟩.
bo·hunk ['boʊhʌŋk]⟨telb.zn.⟩⟨AE; inf.; pej.⟩ **0.1** ***immigrant in U.S.A. uit Midden/Zuid-Oost-Europa*** **0.2** ***karpatenkop*** ⇒*grove vent, ruwe kerel.*
boil[1] [bɔɪl]⟨f2⟩⟨zn.⟩
I ⟨telb.zn.⟩ **0.1** ***steenpuist*** **0.2** ***kooksel*** **0.3** ***kookwas*** ◆ **1.2** put in a ~ of sudsy water *in een kokend sop doen;*
II ⟨n.-telb.zn.; the⟩ **0.1** ***kookpunt*** ⇒*het koken, kook* ◆ **3.1** bring/raise to the ~ *aan de kook brengen;* come to the ~ *koken;* ⟨fig.⟩ *tot uitbarsting komen* **6.1** be **at/on** the ~ *staan te koken;* go **off** the ~ *van de kook raken; stoom afblazen* ⟨ook fig.⟩.
boil[2] ⟨f3⟩⟨ww.⟩ →boiled, boiling ⟨→sprw. 37, 716⟩
I ⟨onov.ww.⟩ **0.1** ***(staan te) koken*** ⇒*het kookpunt bereiken* **0.2** ***zieden*** ⇒*(inwendig) koken* **0.3** ***kolken*** ⇒*tekeer gaan, (heftig) borrelen/golven* **0.4** ***uitbarsten*** ⇒*te voorschijn spuiten* ◆ **1.1** the kettle is ~ing *het (thee)water staat op/kookt;* ~ed oil *gekookte lijnolie;* ⟨BE⟩ ~ed sweet *snoepgoed gemaakt v. gekookte suiker, suikergoed* **1.3** ~ing surges *kolkende golven* **2.1** ~ing hot *kokend heet* **5.1** ~ **away** *staan te koken (tot niets overblijft), verkoken;* ~ **down** *inkoken;* ~ **over** *overkoken* **5.2** ~ **over/up** *(in woede) uitbarsten, tot uitbarsting komen, z'n zelfbeheersing verliezen* **5.¶** ⟨inf.⟩ ~ **up** *zich ontwikkelen, broeien* ⟨v. onheil enz.⟩ **6.2** ~ing **with** anger *ziedend v. woede, witheet v. kwaadheid* **6.¶** ⟨inf.⟩ ~ **down to** *neerkomen op (in het kort, in grote lijnen);*
II ⟨ov.ww.⟩ **0.1** ***koken*** ⇒*aan de kook brengen/houden* ◆ **5.1** ~ **down** *inkoken* **5.¶** ⟨inf.⟩ ~ **down** *kort samenvatten, de hoofdlijnen aangeven* **6.¶** ⟨inf.⟩ ~ a story **down to** two sentences *een verhaal samenvatten in/bekorten tot/inkrimpen tot/condenseren tot twee zinnen.*
boiled [bɔɪld]⟨bn.; volt. deelw. v. boil⟩⟨AE; inf.⟩ **0.1** ***dronken.***
boil·er ['bɔɪlə‖-ər]⟨f2⟩⟨telb.zn.⟩ **0.1** ***boiler*** ⇒*heetwaterketel, stoomketel, warmwaterreservoir* **0.2** ***koker*** ⟨iem. die kookt⟩ **0.3** ***groente/gevogelte enz. geschikt om te koken*** ⇒⟨i.h.b.⟩ *soepkip* **0.4** ***kookketel*** ⇒*kookpan.*
'boiler deck ⟨telb.zn.⟩ **0.1** ***benedendek*** ⟨v. schip⟩.
'boil·er·mak·er ⟨telb.zn.⟩ **0.1** ***boilermonteur*** ⇒*boilerreparateur* **0.2** ⟨sl.⟩ ***een whiskey gevolgd door een bier.***
'boil·er·plate ⟨n.-telb.zn.⟩ **0.1** ***ketelplaat*** ⟨stalen plaat voor de fabricage v. ketels⟩ **0.2** ⟨com.⟩ ***clichéschrijverij*** **0.3** ⟨com.⟩ ***print*** ⟨materiaal dat in diverse kranten tegelijk wordt gepubliceerd⟩.
'boiler room ⟨telb.zn.⟩ **0.1** ***ketelruim*** ⟨v. schip⟩.
'boiler scale ⟨n.-telb.zn.⟩ **0.1** ***ketelsteen.***
'boiler shell ⟨telb.zn.⟩ **0.1** ***ketelwand*** ⇒*ketelromp/mantel.*
'boi·ler·suit ⟨telb.zn.⟩ **0.1** ***overall*** ⟨met lange mouwen⟩ ⇒*ketelpak.*
boi·lie [bɔɪli]⟨telb.zn.⟩⟨hengelsport⟩ **0.1** ***boilie*** ⟨kant-en-klaar lokaas⟩.
boil·ing[1] ['bɔɪlɪŋ]⟨f1⟩⟨telb. en n.-telb.zn.; (oorspr.) gerund v. boil⟩ **0.1** ***het koken*** ⇒*kooksel* **0.2** ⟨inf.⟩ ***(rot)zooi*** ⇒*troep.*
boiling[2] ⟨f1⟩⟨bn.; teg. deelw. v. boil⟩ **0.1** ***kolkend*** ⇒*(heftig) golvend/borrelend* **0.2** ***ziedend*** ⇒*(inwendig) kokend* **0.3** ⟨inf.⟩ ***kokend (heet)*** ⇒*gloeiend* **0.4** ***zeer*** ⇒*erg, ontzettend* ◆ **2.4** ~ hot *om te stikken.*
'boiling fowl ⟨telb.zn.⟩ **0.1** ***soepkip.***
'boiling point ⟨f1⟩⟨telb.zn.⟩⟨ook fig.⟩ **0.1** ***kookpunt*** ◆ **3.1** reach one's ~ *zijn zelfbeheersing verliezen.*
'boil·o·ver ⟨telb.zn.⟩⟨Austr. E⟩ **0.1** ***(race met) onverwachte uitslag/winnaar.***
bois·ter·ous ['bɔɪstrəs]⟨f1⟩⟨bn.; -ly; -ness⟩ **0.1** ***onstuimig*** ⇒*onbesuisd, luid(ruchtig), rumoerig* **0.2** ***ruw*** ⇒*heftig, stormachtig, bar, beesten-* ⟨v. wind, weer, e.d.⟩.
Bokhara rug →Bukhara rug.
bo·ko ['boʊkoʊ], ⟨AE⟩ **boke** [boʊk]⟨telb.zn.⟩⟨sl.⟩ **0.1** ***gok*** ⇒*gak, scheg, neus.*

bo·la ['boʊlə], **bo·las** ['boʊləs]⟨telb.zn.; 2e variant ook -es; 2e variant ww. ook mv.; →mv. 5⟩ **0.1** ***bola*** ⟨aan uiteinden verzwaarde Z.-Am. lasso⟩.

bold [boʊld]⟨f3⟩⟨bn.; -er; -ly; -ness⟩⟨→sprw. 208⟩ **0.1** ***dapper*** ⇒*(stout)moedig, doortastend* **0.2** ⟨vaak pej.⟩ ***brutaal*** ⇒*vrijpostig, schaamteloos* **0.3** ***krachtig*** ⇒*fors, eruitspringend, goed uitkomend, scherp (omlijnd/(af)getekend)* **0.4** ***steil (af/oplopend)*** ⇒*loodrecht* **0.5** ⟨druk.⟩ ***vet (gedrukt)*** ◆ **1.2** ⟨inf.⟩ as ~ as brass *(honds)brutaal, zo brutaal als de beul* **1.3** ~ description *duidelijke beschrijving;* ~ imagination *levendig voorstellingsvermogen;* which is a ~ word *en dat zegt wat* **1.¶** put a ~ face on the matter *doen alsof men zich de zaak niet aantrekt, zich goedhouden* **3.2** make (so) ~ (as) to disturb s.o. *zo vrij zijn/zich verstouten om iem. te storen;* make ~ with sth. *zich vrijheden met iets veroorloven, iets vrijelijk gebruiken.*

'bold·face ⟨f1⟩⟨n.-telb.zn.⟩⟨druk.⟩ **0.1** ***vette letter.***

'bold-'faced ⟨bn.⟩ **0.1** ***onbeschaamd*** ⇒*brutaal, schaamteloos, grof* **0.2** ⟨druk.⟩ ***vet*** ⇒*vet gedrukt.*

bole [boʊl]⟨zn.⟩
I ⟨telb.zn.⟩ **0.1** ***(boom)stam*** **0.2** ⟨vnl. Sch. E⟩ ***nis*** ⇒*muurkast;*
II ⟨n.-telb.zn.⟩ **0.1** ***bolus*** ⇒*zegelaarde, kleiaarde* **0.2** ⟨vaak attr.⟩ ***roodachtig bruin.***

bo·lec·tion [boʊ'lekʃn]⟨telb.zn.⟩ **0.1** ***paneellijst*** ⇒*paneelraam.*

bo·le·ro ['bɒlәroʊ⟨in bet. 0.2⟩bә'leәroʊ‖bә'leroʊ]⟨f1⟩⟨telb.zn.⟩ **0.1** ***bolero*** ⟨kort jasje; Spaanse volksdans⟩.

bo·le·tus [boʊ'li:t̬әs], **bo·lete** [boʊ'li:t]⟨telb.zn.; 1e variant ook boleti; →mv. 5⟩⟨plantk.⟩ **0.1** ***boleet*** ⟨vlezige paddestoel; genus Boletus⟩.

bo·lide ['boʊlaɪd, -lɪd]⟨telb.zn.⟩ **0.1** ***bolide*** ⇒*vuurbol, meteoorsteen* **0.2** ⟨inf.⟩ ***racewagen*** ⇒*sportwagen/auto, bolide.*

bol·i·var ['bɒlɪvɑ:‖'bɑlɪvɑr]⟨telb. en n.-telb.zn.; ook bolivares ['bɒlɪ'vɑ:reɪz]; →mv. 5⟩ **0.1** ***bolivar*** ⟨Venezolaanse munt(eenheid)⟩.

Bo·liv·i·an[1] [bә'lɪvɪәn]⟨f1⟩⟨telb.zn.⟩ **0.1** ***Boliviaan(se).***

Bolivian[2] ⟨f1⟩⟨bn.⟩ **0.1** ***Boliviaans.***

boll [boʊl]⟨telb.zn.⟩ **0.1** ***(zaad)bol*** ⟨vnl. v. vlas, katoen⟩ ⇒*zaaddoos/huis.*

bol·lard ['bɒlәd‖'bɑlәrd]⟨telb.zn.⟩ **0.1** ⟨ben. voor⟩ ***korte paal*** ⇒*bolder, meerklamp, meerpaal; verkeerszuiltje/paaltje.*

bollix[1], **bollocks** →ballocks.

bol·lix[2], **bol·lox, bo·lax, bo·lex** ['bɒlɪks‖'bɑlɪks]⟨ov.ww.⟩⟨sl.; vulg.⟩ **0.1** ***verknoeien*** ⇒*in de soep/het honderd laten lopen, versjteren* ◆ **5.1** all ~ed **up** *compleet naar de kloten.*

bol·lock·ing ['bɒlәkɪŋ‖'bɑl-]⟨telb.zn.⟩⟨sl.⟩ **0.1** ***uitbrander.***

'boll 'weevil ⟨telb.zn.⟩ **0.1** ⟨dierk.⟩ ***katoen(pluis)kever*** ⇒*boll weevil* ⟨Anthonomus grandis⟩ **0.2** ⟨AE; sl.⟩ ***ongeorganiseerd arbeider*** ⇒*maffer, onderkruiper,* ⟨B.⟩ *rat.*

bo·lo ['boʊloʊ]⟨telb.zn.⟩⟨AE⟩ **0.1** ***hakmes*** ⇒*machete* ⟨gebruikt op de Filippijnen⟩.

bo·lo·gna [bә'loʊnjә], **bologna sausage** ⟨telb.zn., n.-telb.zn.⟩⟨AE⟩ **0.1** ***saucisse de Boulogne*** ⇒*Bolognese worst.*

bo·lom·e·ter [boʊ'lɒmɪtә, bә-‖-'lɑmɪt̬әr]⟨telb.zn.⟩ **0.1** ***bolometer*** ⇒*stralingsmeter.*

bo·lo·met·ric ['boʊlә'metrɪk]⟨bn.⟩ **0.1** ***bolometrisch.***

boloney →baloney.

Bol·she·vik ['bɒlʃɪvɪk‖'boʊl-, 'bɑl-]⟨f1⟩⟨telb.zn.; ook Bolsheviki [-'vi:ki]; →mv. 5⟩ **0.1** ⟨gesch.⟩ ***bolsjewiek*** **0.2** ***(marxistisch) revolutionair*** ⇒*radicaal, bolsjewiek.*

Bol·she·vism ['bɒlʃɪvɪzm‖'boʊl-, 'bɑl-]⟨n.-telb.zn.; soms b-⟩⟨gesch.⟩ **0.1** ***bolsjewisme*** ⇒*Russisch communisme, leninisme.*

Bol·she·vist ['bɒlʃәvɪst‖'boʊl-, 'bɑl-]⟨telb.zn.; soms b-⟩⟨gesch.⟩ **0.1** ***bolsjewist.***

bol·she·vize ['bɒlʃɪvaɪz‖'boʊl-, 'bɑl-]⟨ov.ww.; zelden B-⟩ **0.1** ***bolsjewistisch maken*** ⇒*volgens bolsjewistische principes besturen.*

Bol·shie[1], **Bol·shy** ['bɒlʃi‖'boʊl-, 'bɑl-]⟨telb.zn.; zelden b-; 2e variant; →mv. 2⟩⟨BE; sl.⟩ **0.1** ***bolsjewist*** ⇒*revolutionair.*

Bolshie[2], **Bolshy** ⟨bn.; -er; →compar. 7; vnl. b-⟩⟨BE; inf.⟩ **0.1** ***bolsjewistisch*** **0.2** ***radicaal*** ⇒*rood, revolutionair, links* **0.3** ⟨pej.⟩ ***dwars*** ⇒*opstandig, agressief, recalcitrant.*

bol·ster[1] ['boʊlstә‖-әr]⟨f1⟩⟨telb.zn.⟩ **0.1** ***peluw*** ⇒*(onder)kussen, hoofdmatras, bolster* **0.2** ***steun*** ⇒*ondersteuning, stut* **0.3** ***steenbeitel(tje).***

bolster[2] ⟨f2⟩⟨ov.ww.⟩ **0.1** ***met kussen(s)/peluw(s)(onder)steunen*** **0.2** ***schragen*** ⇒*ondersteunen, versterken, opkrikken* **0.3** ***opvullen*** ⇒*opbollen, polsteren* ◆ **5.2** ~ **up** *onderschragen, verdedigen; (kunstmatig) in stand houden.*

bolt[1] [boʊlt]⟨f3⟩⟨telb.zn.⟩ **0.1** ***(slot)bout*** **0.2** ***(deur)grendel*** ⇒*schuif;* ⟨ook⟩ *schoot, schieter, valklink, tong* **0.3** ***bliksemstraal/flits*** **0.4** ***rol*** ⟨weefsel⟩ **0.5** ***sprong*** ⇒*duik, plotselinge opvlucht* **0.6** ⟨gesch.⟩ ***korte, stompe pijl*** ⇒*schicht* ⟨v. kruisboog⟩ **0.7** ***grendel*** ⇒*sluittoestel* ⟨v. geweer⟩; *sluitstuk* ⟨v. achterlader⟩ ◆ **1.¶** a ~ from the blue *een complete verrassing, een donderslag bij heldere hemel* **3.5** make a ~ for it *er op afvliegen; er vandoor gaan, de benen nemen* **3.6** ⟨fig.⟩ my ~ is shot *ik heb al mijn pijlen/kruit verschoten.*

bolt[2], ⟨in bet. II 0.7 ook⟩ **boult** ⟨f3⟩⟨ww.⟩
I ⟨onov.ww.⟩ **0.1** ⟨inf.⟩ ***op de loop/vlucht gaan*** ⇒*de benen nemen, wegstormen; op hol slaan* ⟨v. paard⟩ **0.2** ***(plotseling/verschrikt) op(zij)/wegspringen*** ⇒*zich storten, overeind vliegen, wegduiken;* ⟨jacht⟩ *springen, opgaan, rijzen, opvliegen* **0.3** ***doorschieten*** ⇒*(vroegtijdig/te vroeg) in het zaad schieten* **0.4** ⟨AE; inf; pol.⟩ ***uit (eigen) partij treden*** ⇒*weigeren in te stemmen met de politiek v. (eigen) partij, zich afscheiden* **0.5** ***met bouten bevestigd zitten/zijn*** **0.6** ***sluiten*** ⇒*een grendel hebben, vergrendeld zijn;*
II ⟨ov.ww.⟩ **0.1** ***(snel) verorberen*** ⇒*in de keel gieten, (op)slokken, verslinden* **0.2** ***vergrendelen*** ⇒*op de knip doen, op slot doen* **0.3** ***met bout(en) bevestigen*** ⇒*(vast)bouten* **0.4** ⟨jacht⟩ ***opjagen*** ⇒*uit het leger drijven, opstoten* **0.5** ***uitstoten*** ⟨woorden⟩ ⇒*eruit flappen* **0.6** ⟨AE; inf.; pol.⟩ ***treden uit*** ⟨eigen partij⟩ ⇒*weigeren te steunen, in de steek laten, zich afscheiden van* **0.7** ***ziften*** ⇒*builen* ⟨meel⟩; ⟨fig.⟩ *onderzoeken, naspeuren* **0.8** ***op rol zetten*** ⟨v. weefsel⟩ ◆ **1.6** they ~ed the country *zij vluchtten uit het land* **5.1** ~ **down** food *eten snel naar binnen werken/opschrokken* **5.2** be ~ed **in** *ingesloten zijn;* ~ s.o. **out** *iem. buitensluiten.*

bolt[3] ⟨bw.⟩ **0.1** ***recht*** ◆ **5.1** ~ upright *kaarsrecht.*

bolt·er, ⟨in bet. 0.3, 0.4 ook⟩ **boul·ter** ['boʊltә‖-әr]⟨telb.zn.⟩ **0.1** ⟨paardensport⟩ ***uitbreker*** **0.2** ⟨AE; inf.; pol.⟩ ***afvallige*** ⟨v. eigen partij⟩ ⇒*wegloper* **0.3** ***wan*** ⇒*buil(zeef), zeefinrichting, meelbuil* **0.4** ***wanner.***

'bolt·hole ⟨telb.zn.⟩ **0.1** ***vluchtgang*** ⇒*vluchtgat, uitweg* **0.2** ***schuilplaats*** ⇒*toevlucht(soord), vluchtplaats.*

'bolting hutch ⟨telb.zn.⟩ **0.1** ***builvat.***

'bolt rope ⟨telb.zn.⟩ **0.1** ⟨scheep.⟩ ***lijketouw*** ⟨v. zeil⟩.

bo·lus ['boʊlәs]⟨telb.zn.⟩ **0.1** ***kleine, ronde massa*** **0.2** ⟨med.⟩ ***bolus*** ⟨hoeveelheid voedsel/drank in één keer ingeslikt⟩ ⇒*hap, slok* **0.3** ***grote pil*** ⇒*bolus* **0.4** ⟨AE; sl.⟩ ***pil*** ⟨dokter⟩.

bomb[1] [bɒm‖bɑm]⟨f3⟩⟨zn.⟩
I ⟨telb.zn.⟩ **0.1** ***bom*** ⇒⟨vero.⟩ *(hand)granaat,* ⟨AE; sl.⟩ *blindganger* **0.2** ⟨geol.⟩ ***bom*** ⇒*brok lava* **0.3** ⟨sl.⟩ ***bom duiten*** ⇒*een tiet met geld* **0.4** ***cilinder*** ⇒*patroon, spuitbus, bom* **0.5** ⟨sl.⟩ ***stickie*** **0.6** ⟨Am. voetbal⟩ ***(lange spectaculaire) dieptepass*** **0.7** ⟨BE; inf.⟩ ***hit*** ⇒*klapper, daverend succes* **0.8** ⟨AE; inf.; vnl. dram.⟩ ***flop*** ⇒*fiasco, echec* **0.9** ⟨Austr. E; inf.⟩ ***ouwe brik/auto*** ⇒*rammelkast, rijdende doodkist* ◆ **3.3** cost a ~ *kapitalen kosten* **3.7** ⟨inf.⟩ go (down) like a ~ *inslaan als een bom; lopen als een trein; het helemaal maken; een groot succes zijn* ⟨ook v. feestje⟩; *een grote afknapper zijn;*
II ⟨n.-telb.zn.; the⟩ **0.1** ***atoombom*** ⇒*nucleaire bom; A-Bom, H-bom, Waterstofbom,* ⟨bij uitbr.⟩ *atoom know-how.*

bomb[2] ⟨f2⟩⟨ww.⟩ →bombed
I ⟨onov.ww.⟩ **0.1** ***bommen werpen*** ⇒*een bomaanval/bombardement uitvoeren* **0.2** ***razen*** ⇒*racen* **0.3** ⟨AE; inf.⟩ ***totaal mislukken*** ⇒*een fiasco zijn/lijden, floppen* **0.4** ⟨Am. voetbal⟩ ***een hoge dieptepass geven*** ◆ **5.1** ~ **up** *met bommen beladen worden;*
II ⟨ov.ww.⟩ **0.1** ***bombarderen*** ⇒*bommen werpen op, met bommen bestoken* ◆ **5.1** ~ **out** *door bombardement(en) dakloos maken/verdrijven;* ~ **up** *met bommen beladen* **6.¶** ~ **down** a hill *een heuvel afrazen.*

bom·bard[1] ['bɒmbɑ:d‖'bɑmbɑrd]⟨telb.zn.⟩⟨gesch.⟩ **0.1** ***bombarde*** ⇒*steengeschut.*

bombard[2] [bɒm'bɑ:d‖bɑm'bɑrd]⟨f1⟩⟨ov.ww.⟩ **0.1** ***bombarderen*** ⇒*onder granaatvuur leggen, met granaatvuur/bommen beschieten/bestoken, bommen werpen op;* ⟨fig.⟩ *bestoken, bestormen, lastig vallen* **0.2** ⟨nat.⟩ ***beschieten*** ⟨atoomdeeltjes⟩ **0.3** ⟨gesch.⟩ ***kanonneren*** ⇒*met steengeschut beschieten* ◆ **6.1** ~ s.o. **with** questions *vragen afvuren op iem..*

bom·bar·dier ['bɒmbә'dɪә‖'bɑmbәr'dɪr]⟨f1⟩⟨telb.zn.⟩ **0.1** ⟨BE⟩ ***korporaal bij de artillerie*** **0.2** ⟨AE⟩ ***bommenrichtapparaat*** **0.3** ⟨AE⟩ ***bommenrichter*** ⟨persoon⟩ **0.4** ⟨gesch.⟩ ***kanonnier*** ⇒*schutter.*

bombar'dier beetle ⟨telb.zn.⟩⟨dierk.⟩ **0.1** ***bombaardeerkever*** ⟨genus Brachinus⟩.

bom·bard·ment [bɒm'bɑ:dmәnt‖bɑm'bɑrd-]⟨f2⟩⟨telb. en n.-telb.zn.⟩ **0.1** ***bombardering*** ⇒*bombardement, bomaanval, bestoking* **0.2** ⟨nat.⟩ ***beschieting.***

bom·bar·don [bɒm'bɑ:dn‖bɑm'bɑrdn]⟨telb.zn.⟩⟨muz.⟩ **0.1** ***bombardon*** ⇒*(contrabas-)tuba, helicon* **0.2** ***bazuin*** ⇒*bombardon* ⟨orgelregister⟩.

bom·bast ['bɒmbæst‖'bɑm-]⟨f1⟩⟨n.-telb.zn.⟩ **0.1** ***bombast*** ⇒*gezwollen/hoogdravende/pompeuze taal/stijl, holle retoriek.*

bom·bas·tic ['bɒm'bæstɪk‖'bɑm-]⟨f1⟩⟨bn.; -ally; →bijw. 3⟩ **0.1** ***bombastisch*** ⇒*hoogdravend, gezwollen, pompeus.*

'bomb attack ⟨telb.zn.⟩ **0.1** ***bomaanslag.***

Bom·bay 'duck ['bɒmbeɪ'dʌk||'bam-]⟨zn.⟩
I ⟨telb.zn.⟩⟨dierk.⟩ **0.1** ***bombay-eend*** ⟨lantaarnvisachtige; Harpodon nehereus⟩;
II ⟨n.-telb.zn.⟩⟨cul.⟩ **0.1** ***Bombay Duck*** ⟨delicatesse v. gedroogde visjes⟩.

bom·ba·zine ['bɒmbə'zi:n||'bam-], **bom·ba·sine** [-'si:n]⟨n.-telb.zn.⟩ ⟨textiel⟩ **0.1** ***bombazijn*** ⇒⟨oneig.⟩ *pilo.*

'bomb bay ⟨telb.zn.⟩ **0.1** ***bommenruim.***

'bomb disposal ⟨n.-telb.zn.⟩ **0.1** ***mijn/bomopruiming.***

'bomb disposal squad ⟨telb.zn.⟩ **0.1** ***mijnopruimingsdienst*** ⇒*bomopruimingsdienst.*

bombe [bɒmb, bɔ̃(m)b||bam(b)]⟨telb. en n.-telb.zn.⟩⟨cul.⟩ **0.1** ***bom(be)(glaceé)*** ⟨ijs in twee of meer smaken en kleuren⟩.

bomb·ed [bɒmd||bamd]⟨bn.; volt. deelw. v. bomb⟩⟨sl.⟩ **0.1** ***stomdronken*** ⇒*lazerus, kachel* **0.2** ***stoned*** ⟨door drugs⟩.

bomb·er ['bɒmə||'bamər]⟨f2⟩⟨telb.zn.⟩ **0.1** ***bommenwerper*** ⇒*bombardementsvliegtuig, bombardeur* **0.2** ***bombardeur*** ⟨persoon⟩ **0.3** ⟨AE; sl.⟩ ***stickie*** ⇒*reefer, joint.*

bom·bi·late ['bɒmbɪleɪt||'bam-], **bom·bi·nate** [-neɪt]⟨onov.ww.⟩ ⟨schr.⟩ **0.1** ***gonzen*** ⇒*snorren, zoemen, brommen.*

bomb·ing raid ['bɒmɪŋ reɪd||'ba-]⟨telb.zn.⟩ **0.1** ***bomaanval.***

'bomb·proof ⟨bn.⟩ **0.1** ***bomvrij*** ⇒*schootvrij, schotvrij.*

'bomb scare ⟨telb.zn.⟩ **0.1** ***bommelding.***

'bomb·shell ⟨f1⟩⟨telb.zn.⟩ **0.1** ***granaat*** ⇒*bom;* ⟨inf.; fig.⟩ *donderslag, shock, (onaangename) verrassing* **0.2** ⟨AE; sl.⟩ ***stoot*** ⇒*moordmeid, slet* ◆ **3.1** drop a ~ *een sensationele mededeling doen.*

'bomb shelter ⟨telb.zn.⟩ **0.1** ***schuilkelder*** ⇒*bunker.*

'bomb·sight ⟨telb.zn.⟩ **0.1** ***bommenrichtkijker*** ⇒*bommenvizier.*

'bomb site ⟨telb.zn.⟩ **0.1** ***platgebombardeerde plek*** ⇒*open plek, gat (in bebouwing).*

bom·by·cid ['bɒmbɪsɪd||'bam-]⟨telb.zn.⟩⟨dierk.⟩ **0.1** ***spinner*** ⟨fam. Bombycidae⟩ ⇒⟨i.h.b.⟩ *zijderups* ⟨Bombyx mori⟩.

bo·na fide ['bounə'faɪdi||'bounəfaɪd]⟨f1⟩⟨bn.⟩ **0.1** ***te goeder trouw*** ⇒*bonafide, betrouwbaar, solide,* ⟨jacht⟩ *weidelijk* **0.2** ***authentiek*** ⇒*echt, onvervalst.*

bo·na fi·des ['bounə'faɪdiz]⟨n.-telb.zn.⟩⟨jur.⟩ **0.1** ***goede trouw*** **0.2** ***oprechtheid*** ⇒*betrouwbaarheid, soliditeit, eerlijkheid.*

bo·nan·za[1] [bə'nænzə, bou-]⟨f1⟩⟨telb.zn.⟩ **0.1** ***rijke (erts)vindplaats*** ⟨vnl. v. goud, zilver, olie⟩ ⇒*rijke (erts)ader/oliebron/mijn;* ⟨fig.⟩ *goudmijn* **0.2** ***grote opbrengst*** **0.3** ***onverwacht succes*** ⇒*meevaller, triomf* **0.4** ***geluk*** ⇒*voorspoed, welvarendheid, fortuin.*

bonanza[2] ⟨f1⟩⟨bn.⟩ **0.1** ***welvarend*** ⇒*voorspoedig, goed gedijend* ◆ **1.1** a ~ farm *een bloeiend boerenbedrijf.*

'Bo·na·parte's 'gull ['bounəpa:t]⟨telb.zn.⟩⟨dierk.⟩ **0.1** ***kleine kokmeeuw*** ⟨Larus philadelphia⟩.

bon·bon ['bɒnbɒn||'banban]⟨telb.zn.⟩ **0.1** ***bonbon*** **0.2** ***suikerfiguurtje*** ⇒*snoepje suikerpopje;* ⟨fig.⟩ *niemendalletje* **0.3** ***knalbonbon*** ⇒*pistache.*

bonce [bɒns||bans]⟨telb.zn.⟩⟨BE⟩ **0.1** ***(grote) knikker/stuiter*** ⇒*tientje;* ⟨sl.; fig.⟩ *knikker, kop, kanes, harse(n)s.*

bond[1] [bɒnd||band]⟨f3⟩⟨zn.⟩⟨→sprw. 299⟩
I ⟨telb. en n.-telb.zn.⟩ **0.1** ***band*** ⇒*binding, binder* **0.2** ***band*** ⇒*verbond(enheid)* **0.3** ***verbintenis*** ⇒*contract, verplichting* **0.4** ***obligatie*** ⇒*schuldbrief, schuldbekentenis* **0.5** ***verbinding*** ⇒*hechting;* ⟨schei.⟩ *verbinding;* ⟨metselen⟩ *verband* **0.6** ***borg*** ⇒*cautiesteller, garantieverlener* **0.7** ***opslag in entrepot*** ⟨(v. belastbare goederen)⟩ **0.8** ⟨AE⟩ ***verzekeringspolis*** ⟨tegen schade veroorzaakt door werknemers⟩ **0.9** →bond paper ◆ **1.3** that man's word is as good as his ~ *je kunt die man op zijn woord vertrouwen* **6.7** place goods **in** ~ *goederen in entrepot opslaan;* take goods **out of** ~ *goederen uit entrepot halen (door het betalen v. accijnzen/invoerrechten);*
II ⟨mv.; ~s⟩ **0.1** ***boeien*** ⇒*ketenen, gevangenschap* ◆ **3.1** burst one's ~s *de vrijheid hernemen, ontsnappen, uitbreken* **6.1** **in** ~s *in de gevangenis, in gevangenschap, in de boeien.*

bond[2] ⟨f1⟩⟨ww.⟩ →bonded
I ⟨onov.ww.⟩ **0.1** ***zich verbinden (met elkaar)*** ⇒*(aan elkaar) vast blijven zitten;* ⟨fig.⟩ *een emotionele band krijgen (met elkaar)* **0.2** ***plakken*** ⇒*lijmen, hechten;*
II ⟨ov.ww.⟩ **0.1** ***in entrepot opslaan*** **0.2** ***(aan elk.) verbinden*** ⇒*(aan elk.) lijmen/metselen, hechten;* ⟨schei.⟩ *binden* **0.3** ***zich verplichten in een contract*** ⇒*verhypothekeren, garant/borg staan voor* **0.4** ***in verband metselen*** ◆ **1.2** this glue will ~ various materials *deze lijm kan diverse materialen hechten* **1.3** the firm ~s this merchandise *de zaak staat garant voor deze waar.*

bond·age ['bɒndɪdʒ/'ban-]⟨f1⟩⟨n.-telb.zn.⟩ **0.1** ***slavernij*** ⇒*lijfeigenschap, knechtschap* **0.2** ***onderworpenheid*** ⇒*het gebonden/verplicht zijn, gebondenheid* **0.3** ***bondage*** ⟨vorm v. seksuele omgang waarbij de partner vastgebonden is⟩ ⇒⟨ong.⟩ *S.M..*

bond·ed ['bɒndɪd||'ban-]⟨bn.; volt. deelw. v. bond⟩ **0.1** ***in entrepot (geplaatst)*** **0.2** ***gegarandeerd*** ⇒*geborgd* **0.3** ***aan elk. gelijmd*** ⇒*bestaande uit meerdere op elkaar gelijmde lagen, gelaagd* ◆ **1.1** ~ goods *goederen in entrepot;* ~ warehouse, ⟨BE⟩ ~ store *entrepot* **1.2** ~ debts *obligatieschulden* **1.3** ~ wood *multiplex, gelaagd hout* **1.¶** ⟨BE⟩ ~ carman *wegvervoerder die niet-ingeklaarde goederen mag vervoeren.*

bond·er ['bɒndə||'bandər]⟨telb.zn.⟩ **0.1** ***entrepothouder*** **0.2** ⟨metselen⟩ ***bindsteen*** ⇒*kopsteen.*

'bond·hold·er ⟨telb.zn.⟩ **0.1** ***obligatiehouder.***

'bond·maid ⟨telb.zn.⟩ **0.1** ***slavin*** ⇒*lijfeigene.*

bond·man ['bɒndmən||'band-]⟨telb.zn.; bondmen; →mv. 3⟩ **0.1** ***slaaf*** ⇒*lijfeigene.*

bond·man·ship ['bɒndmənʃɪp||'band-], **bonds·man·ship** ['bɒn(d)z-||'ban(d)z-]⟨n.-telb.zn.⟩ **0.1** ***slavernij*** ⇒*lijfeigenschap.*

'bond paper, bond ⟨n.-telb.zn.⟩ **0.1** ***bankpost*** ⟨papiersoort v. hoge kwaliteit⟩ ⇒*schrijfpapier, brief/correspondentiepapier.*

'bond·ser·vant ⟨telb.zn.⟩ **0.1** ***slaaf/slavin.***

'bond·ser·vice ⟨n.-telb.zn.⟩ **0.1** ***slavernij*** ⇒*lijfeigenschap, knechtschap.*

'bond·slave ⟨telb.zn.⟩ **0.1** ***slaaf/slavin.***

bonds·man ['bɒn(d)zmən||'ban(d)z-]⟨telb.zn.; bondsmen; →mv. 3⟩ **0.1** ***borg*** ⇒*cautiesteller, garantieverlener* **0.2** ***slaaf*** ⇒*lijfeigene, dorper.*

'bond·stone ⟨telb.zn.⟩⟨metselen⟩ **0.1** ***bindsteen*** ⇒*kopsteen.*

'bond washing ⟨n.-telb.zn.⟩ **0.1** ***(het) ontduiken v. belasting op inkomsten uit obligaties*** ⟨via afspraak tussen bedrijven⟩.

bond·wom·an, bonds·wom·an ['bɒn(d)zwʊmən||'ban(d)z-]⟨telb.zn.⟩ **0.1** ***slavin*** ⇒*lijfeigene.*

bone[1] [boun]⟨f3⟩⟨zn.⟩⟨→sprw. 253, 626, 728⟩
I ⟨telb.zn.⟩ **0.1** ***bot*** ⇒*been, balein, graat* ⟨v. vis⟩ **0.2** ***kluif*** ⇒*stuk been* **0.3** ***benen voorwerp*** **0.4** ***essentie*** **0.5** ⟨AE; sl.⟩ ***dollar*** **0.6** ⟨AE; sl.⟩ ***stijve (pik)*** ◆ **1.1** ⟨fig.⟩ work one's fingers to the ~ *zich kapot werken, pezen;* ⟨inf.⟩ all skin and ~ *vel over been, broodmager* **1.¶** have a ~ in one's arm/leg *het harde werken niet uitgevonden hebben, niet vooruit te branden zijn;* ~ of contention *twistappel* **2.1** as dry as a ~ *kurkdroog, beendroog* **2.4** up to the bare ~s *tot op het bot/merg* **3.¶** bred in the ~ *erfelijk;* no ~s broken? *sans rancune?, even goede vrienden?;* cut to the ~ *uitkleden tot op het bot;* make no ~s about *geen been zien in, niet aarzelen om;* have a ~ to pick with s.o. *met iem. een appeltje te schillen hebben* **6.1** chilled/frozen to the ~ *verkleumd/bevroren tot op het bot, door en door koud;* a communist **to** the ~ *communist tot in z'n merg;* ham **on** the ~ *ham aan het been, beenham* **6.¶** close **to/near** the ~ *pijnlijk* ⟨v. opmerking, grap e.d.⟩; *ontbloot/verstoken van; gewaagd, op het kantje af;*
II ⟨n.-telb.zn.⟩ **0.1** ***been*** ⇒*beenachtige stof, ivoor;*
III ⟨mv.; ~s⟩ **0.1** ***gebeente*** ⇒*skelet, beenderen* **0.2** ***lichaam*** **0.3** ***dobbelstenen*** **0.4** ***castagnetten*** ⇒*kleppers* ◆ **6.2** it is **in** my ~s *ik weet het zeker, ik voel het aankomen.*

bone[2] ⟨f1⟩⟨bn.⟩ **0.1** ***benen*** ⇒*v. been/balein, ivoren.*

bone[3] ⟨f1⟩⟨ww.⟩ →boned
I ⟨onov.ww.⟩ **0.1** ⟨inf.⟩ ***hard studeren*** ⇒*blokken* ◆ **5.1** ~ **up** on my maths *hard op mijn wiskunde blokken;*
II ⟨ov.ww.⟩ **0.1** ***uitbenen*** ⇒*ontgraten* **0.2** ***verstevigen met baleinen*** ⇒*baleinen zetten in* **0.3** ⟨sl.⟩ ***gappen*** ⇒*jatten, pikken, stelen* **0.4** ***met beendermeel bemesten.***

bone[4] ⟨f1⟩⟨bw.⟩ **0.1** ***extreem*** ⇒*uiterst* ◆ **2.1** ~ dry *kurkdroog;* ~ idle/lazy *aartslui;* ~ weary *doodmoe.*

'bone ash ⟨n.-telb.zn.⟩ **0.1** ***beenderas*** ⇒*beenaarde.*

'bone bank ⟨telb.zn.⟩ **0.1** ***beenbank*** ⟨depot voor beenweefsel t.b.v. plastische chirurgie⟩.

'bone·black ⟨n.-telb.zn.⟩ **0.1** ***beenzwart.***

'bone char ⟨n.-telb.zn.⟩ **0.1** ***beenderkool.***

'bone 'china ⟨n.-telb.zn.⟩ **0.1** ***porselein*** ⟨v. klei vermengd met beenderas⟩.

boned [bound]⟨bn., attr.; volt. deelw. v. bone⟩ **0.1** ⟨ook ~ out⟩ ***uitgebeend*** ⇒*ontgraat* **0.2** ***(als) met baleinen versterkt.***

-boned [bound]⟨vormt bijv. nw.⟩ **0.1** ***met botten*** ⇒*met beenderen* ◆ **¶.1** bigboned *met een sterk beendergestel;* strongboned *met sterke /zware botten.*

'bone dust ⟨n.-telb.zn.⟩ **0.1** ***beendermeel*** ⇒*beenpoeder.*

'bone earth ⟨n.-telb.zn.⟩ **0.1** ***beenderas*** ⇒*beenaarde.*

'bone·fish ⟨telb.zn.⟩⟨dierk.⟩ **0.1** ***gratenvis*** ⟨Albula vulpes⟩.

'bone·head ⟨telb.zn.⟩⟨sl.⟩ **0.1** ***stommeling*** ⇒*uilskuiken, kruk, sufferd* **0.2** ⟨sl.⟩ ***stijfkop.***

'bone'head·ed ⟨bn.; -ness⟩⟨sl.⟩ **0.1** ***stom*** ⇒*achterlijk, idioot.*

bone·less ['bounləs]⟨bn.⟩ **0.1** ***zonder bot(ten)*** ⇒*zonder been(deren), graatloos* **0.2** ***slap*** ⇒*krachteloos, zonder ruggegraat.*

Bo·nel·li's eagle ['bouneliz 'i:gl]⟨telb.zn.⟩⟨dierk.⟩ **0.1** ***havikarend*** ⟨Hieraaetus fasciatus⟩.

'Bo·nel·li's 'warbler ⟨telb.zn.⟩ ⟨dierk.⟩ **0.1** ***bergfluiter*** ⟨Phylloscopus bonelli⟩.
'bone meal ⟨n.-telb.zn.⟩ **0.1** ***beendermeel*** ⟨vnl. voor bemesting⟩ ⇒*beenpoeder*.
'bone oil ⟨n.-telb.zn.⟩ **0.1** ***beenderolie*** ⇒*beenteer*.
bon·er ['bounə||-ər] ⟨telb.zn.⟩ ⟨AE; sl.⟩ **0.1** ***blunder*** ⇒*flater, bok* **0.2** ***stijve (pik)***.
'bone·set·ter ⟨telb.zn.⟩ **0.1** ***osteopaat***.
'bone·shak·er ⟨telb.zn.⟩ ⟨inf.⟩ **0.1** ***rammelkast*** ⇒*wrakkige auto/kar/fiets*.
'bone spavin ⟨n.-telb.zn.⟩ **0.1** ***spat*** ⟨paardeziekte⟩.
'bone·yard ⟨telb.zn.⟩ ⟨sl.⟩ **0.1** ***knekelmijn*** ⇒*knekelveld*.
bon·fire ['bɒnfaɪə||'bɑnfaɪər] ⟨f2⟩ ⟨telb.zn.⟩ **0.1** ***vuur in de openlucht*** ⇒*vreugdevuur, vuur om dode bladeren/afval te verbranden* ◆ **3.¶** make a ~ of *vernietigen*.
'Bonfire Night ⟨eig.n.⟩ ⟨BE⟩ **0.1** ***5 november*** ⇒*Guy Fawkes Day*.
bong[1] [bɒŋ||bɔŋ, bɑŋ] ⟨telb.zn.⟩ **0.1** ***dong*** ⇒*tong* ⟨geluid (als) v. klokgelui⟩ **0.2** ***(marihuana/hasjies)pijp***.
bong[2] ⟨ww.⟩
I ⟨onov.ww.⟩ **0.1** ***luiden*** ⟨v. klok⟩;
II ⟨ov.ww.⟩ **0.1** ***aankondigen met klokgelui*** ⇒*slaan*.
bon·go[1] ['bɒŋgou||'bɑŋ-] ⟨telb.zn.; ook bongo; →mv. 4⟩ ⟨dierk.⟩ **0.1** ***bongo*** ⟨bosantilope; Boocercus eurycerus⟩.
bongo[2], ⟨in bet. 0.2 ook⟩ **'bongo drum** ⟨telb.zn.; ook -es; →mv. 2⟩ **0.1** ***bongo(trom)*** **0.2** ⟨AE; sl.; skateboarding⟩ ***hoofdwond***.
bon·ho·mie ['bɒnəmi||'bɑnəmi:], **bon·hom·mie** ⟨n.-telb.zn.⟩ **0.1** ***goedaardigheid*** ⇒*hartelijkheid, opgewektheid, jovialiteit*.
bon·ho·mous ['bɒnəməs||'bɑ-] ⟨bn.⟩ **0.1** ***hartelijk*** ⇒*opgewekt, joviaal*.
Bon·i·face ['bɒnɪfeɪs||'bɑ-] ⟨zn.⟩
I ⟨eig.n.⟩ **0.1** ***(Sint-)Bonifacius;***
II ⟨telb.zn.; ook b-⟩ **0.1** ***herbergier*** ⟨uit Beaux' Stratagem, een blijspel v. George Farquhar⟩.
bon·ing-rod ['bounɪŋ rɒd||-rɑd] ⟨telb.zn.⟩ **0.1** ***nivelleerlat*** ⇒*stok met waterpas*.
bon·ism ['bounɪzm] ⟨n.-telb.zn.⟩ **0.1** ***leer dat de wereld goed is***.
bo·ni·to [bə'ni:ṭou], **bo·ni·ta** [bə'ni:ṭə] ⟨telb.zn.; ook bonito, ook bonita; →mv. 5⟩ ⟨dierk.⟩ **0.1** ***boniter*** ⟨vis v.h. genus Sarda⟩ **0.2** ***echte bonito*** ⟨tonijn; Katsuwonus pelamis⟩.
bonk[1] [bɒŋk||bɑŋk] ⟨telb.zn.⟩ **0.1** ***bons*** ⇒*gebonk* **0.2** ⟨inf.⟩ ***(potje) vrijen*** ⇒*wip* **0.3** ⟨sl.; wielrennen⟩ ***man met de hamer*** ⇒*uitputting, stukzitten, leeg zijn* ◆ **2.1** did you have a good ~ last night? *heb je vannacht lekker gevreeën?*.
bonk[2] ⟨ww.⟩ ⟨inf.⟩
I ⟨onov.ww.⟩ **0.1** ***vrijen*** ⇒*een wip maken, bonken;*
II ⟨ov.ww.⟩ **0.1** ***vrijen met*** ⇒*slapen met, een wip maken met*.
'bonk bag ⟨telb.zn.⟩ ⟨sl.; wielrennen⟩ **0.1** ***etenszakje***.
bon·kers ['bɒŋkəz||'bɑŋkərz] ⟨f1⟩ ⟨bn., pred.⟩ ⟨BE; sl.⟩ **0.1** ***gek*** ◆ **5.1** stark raving/staring ~ *volkomen geschift/getikt*.
bon mot ['bɔ̃ 'mou||'bɑn-] ⟨telb.zn.; ook bons mots [-'mou(z)]; →mv. 5, 6⟩ **0.1** ***bon-mot*** ⇒*kwinkslag, spitsvondige opmerking, geestige zet*.
bonne bouche ['bɒn 'bu:ʃ||'bɑn-] ⟨telb.zn.; ook bonnes bouches ['bɒn-||'bɑn-]; →mv. 5, 6⟩ **0.1** ***delicatesse*** ⇒*heerlijk toetje* **0.2** ***verrassing ter afsluiting***.
bon·net[1] ['bɒnɪt||'bɑ-] ⟨f2⟩ ⟨telb.zn.⟩ **0.1** ***bonnet*** ⇒*hoed* ⟨met banden onder de keel, zonder klep⟩, *muts, kaper, kapothoed* **0.2** ***platte Schotse muts*** ⟨i.h.b. v. soldaten⟩ ⇒*baret* **0.3** ***ceremonieel hoofddeksel*** ⟨v. veren, bij Indianen⟩ **0.4** ⟨ben. voor⟩ ***beschermkap*** ⇒*schoorsteenkap;* ⟨BE⟩ *motorkap; vonkenvanger* ⟨v. locomotief⟩ **0.5** ⟨scheep.⟩ ***bonnet*** ⟨verlenging v.h. gaffelzeil⟩ **0.6** ⟨dierk.⟩ ***huif*** ⇒*muts, netmaag* ⟨tweede maag bij herkauwers⟩.
bonnet[2] ⟨ov.ww.⟩ **0.1** ***een hoed opzetten*** **0.2** ***de hoed over de ogen slaan***.
'bonnet monkey ⟨telb.zn.⟩ ⟨dierk.⟩ **0.1** ***Indische kroonaap*** ⟨Macaca radiata⟩.
bon·ny ['bɒni||'bɑni] ⟨bn.; -er; -ly, -ness; →bijw. 3⟩ ⟨vnl. Sch. E⟩
I ⟨bn.⟩ **0.1** ***aardig*** ⇒*blozend, mooi, (blakend v.) gezond(heid);*
II ⟨bn., attr.⟩ **0.1** ***bekwaam*** ⇒*bedreven* ◆ **1.1** a ~ wrestler *een bedreven worstelaar*.
bonnyclabber →clabber.
bon·sai ['bɒnsaɪ||'bɑn-, 'boun-] ⟨zn.; bonsai; →mv. 4⟩
I ⟨telb.zn.⟩ **0.1** ***bonsaiboompje*** **0.2** ***bonsaistruik;***
II ⟨n.-telb.zn.⟩ **0.1** ***bonsai*** ⟨het kweken v. miniatuurbomen/struiken⟩.
bon·spiel ['bɒnspi:l||'bɑn-] ⟨telb.zn.⟩ ⟨vnl. Sch. E⟩ **0.1** ***curlingwedstrijd***.
bon·te·bok ['bɒntəbɒk||'bɑntəbɑk] ⟨telb.zn.; ook bontebok; →mv. 4⟩ ⟨dierk.⟩ **0.1** ***bontebok*** ⟨Damaliscus pygargus⟩.
bon ton ['bɒn 'tɔ̃||'bɑn 'tɑn] ⟨n.-telb.zn.⟩ ⟨vero.⟩ **0.1** ***bon-ton*** ⇒*welgemanierdheid, stijl* **0.2** ***modieuze wereld***.
bo·nus[1] ['bounəs] ⟨f2⟩ ⟨telb.zn.⟩ **0.1** ***bonus*** ⇒*premie, extra dividend, tantième* **0.2** ***bijslag*** ⇒*toelage* **0.3** ⟨inf.⟩ ***meevaller*** ⇒*extraatje, verrassing*.
bonus[2] ⟨ov.ww.⟩ **0.1** ***een toelage verstrekken*** ⇒*subsidiëren, bonus geven aan*.
'bonus issue ⟨telb.zn.⟩ ⟨BE; geldw.⟩ **0.1** ***bonusuitgifte***.
'bonus share ⟨telb.zn.⟩ ⟨geldw.⟩ **0.1** ***bonusaandeel***.
bon vi·vant ['bɒn vi:'vɑ̃||'bɑn-] ⟨telb.zn.; ook bons vivants [-'vɑ̃(z)]; →mv. 5, 6⟩ **0.1** ***bon vivant*** ⇒*levensgenieter, fijnproever*.
bon vi·veur ['bɒn vi'vɜ:||'bɑn vi'vɜr] ⟨telb.zn.; ook bons viveurs [-'vɜ:(z)||-'vɜr(z)]; →mv. 5, 6⟩ **0.1** ***doordraaier*** ⇒*pretmaker*.
bon·y ['bouni] ⟨f2⟩ ⟨bn.; -er; -ness; →bijw. 3⟩ **0.1** ***beenachtig*** **0.2** ***benig*** ⇒*met veel bot(ten)/graten* **0.3** ***benig*** ⇒*knokig* **0.4** ***mager*** ⇒*met weinig vlees, vel over been* ◆ **1.2** ~ fish *vis vol graten* **1.3** ~ hand *knokige hand*.
bonze [bɒnz||bɑnz] ⟨telb.zn.⟩ **0.1** ***bonze*** ⟨boeddhistisch priester/monnik⟩.
bon·zer ['bɒnzə||'bɑnzər] ⟨bn.⟩ ⟨Austr. E; sl.⟩ **0.1** ***mieters***.
boo[1], **bo(h)** [bu:] ⟨f1⟩ ⟨zn.⟩
I ⟨telb.zn.⟩ **0.1** ***boe*** ⇒*kreet v. afkeuring, gejouw, boe-geroep* ◆ **1.¶** can't/couldn't say ~ to a goose *dodelijk verlegen zijn; zo bang als een wezel zijn;*
II ⟨n.-telb.zn.⟩ ⟨AE; sl.⟩ **0.1** ***marihuana***.
boo[2], **bo(h)** ⟨f1⟩ ⟨ww.⟩
I ⟨onov.ww.⟩ **0.1** ***boe roepen*** ⇒*joelen, jouwen;*
II ⟨ov.ww.⟩ **0.1** ***uitjouwen*** ⇒*wegjoelen* ◆ **6.1** ~ s.o. **off** the platform *iem. v.h. podium joelen*.
boo[3], **bo(h)** ⟨f1⟩ ⟨tussenw.⟩ **0.1** ***boe***.
boob[1] [bu:b] ⟨f1⟩ ⟨telb.zn.⟩ ⟨sl.⟩ **0.1** ***flater*** ⇒*stommiteit* **0.2** ***stommerd*** ⇒*sufferd* **0.3** ⟨vaak mv.⟩ ***tiet***.
boob[2] ⟨ww.⟩ ⟨inf.⟩
I ⟨onov.ww.⟩ **0.1** ***een flater slaan*** ⇒*een stommiteit begaan;*
II ⟨ov.ww.⟩ **0.1** ***falen voor*** ⇒*bakken/zakken/stralen voor*.
'boo-'boo ⟨telb.zn.⟩ ⟨inf.⟩ **0.1** ***flater*** ⇒*blunder, stommiteit*.
boo·book ['bu:bʊk], **'boobook owl** ⟨telb.zn.⟩ ⟨dierk.⟩ **0.1** ***koekoeksuil*** ⟨Ninox novae-seelandiae boobook⟩.
'boob tube ⟨telb.zn.⟩ ⟨inf.⟩ **0.1** ***strapless topje*** **0.2** ⟨AE⟩ ***kijkkast*** ⇒*kijkbuis, TV*.
boo·by ['bu:bi] ⟨f1⟩ ⟨telb.zn.; →mv. 2⟩ **0.1** ⟨inf.⟩ ***stommerd*** ⇒*domkop, idioot* **0.2** ⟨dierk.⟩ ***rotspelikaan*** ⟨genus Sula⟩ **0.3** ⟨vulg.⟩ ***tiet***.
'booby hatch ⟨telb.zn.⟩ **0.1** ⟨scheep.⟩ ***toegangsluik*** **0.2** ⟨AE; sl.⟩ ***gekkenhuis***.
'booby prize ⟨f1⟩ ⟨telb.zn.⟩ **0.1** ***poedelprijs***.
'booby trap ⟨f1⟩ ⟨telb.zn.⟩ **0.1** ***voorwerp, op een deur geplaatst, dat op hoofd v.d. eerst binnenkomende moet vallen*** **0.2** ⟨mil.⟩ ***booby-trap*** ⇒*valstrikbom/mijn*.
'boo·by-trap ⟨f1⟩ ⟨ov.ww.; →ww. 7⟩ **0.1** ***(voorwerp) plaatsen op*** **0.2** ⟨mil.⟩ ***een booby-trap plaatsen op/bij*** ◆ **1.1** ~ the door with a sandbag *een zandzak op de deur plaatsen*.
boo·dle[1] ['bu:dl] ⟨telb. en n.-telb.zn.⟩ ⟨AE; sl.⟩ **0.1** ***omkoopgeld*** ⇒*smeergeld* **0.2** ***gestolen geld*** ⇒*buit, poet* **0.3** ***vals geld*** **0.4** ***(smak) geld*** **0.5** ***horde*** ⇒*troep, hoop* ◆ **6.5** a big ~ **of** children *een troep kinderen*.
boodle[2] ⟨ww.⟩ ⟨AE; sl.⟩
I ⟨onov.ww.⟩ **0.1** ***steekpenningen/smeergeld aannemen*** ⇒*zich laten omkopen;*
II ⟨ov.ww.⟩ **0.1** ***omkopen*** **0.2** ***bedonderen*** ⇒*belazeren, vernachelen, verneuken*.
boo·gie-woo·gie ['bu:gi'wu:gi] ⟨telb. en n.-telb.zn.⟩ ⟨muz.⟩ **0.1** ***boogie-woogie***.
boo·hoo[1] ['bu:'hu:] ⟨telb.zn.⟩ **0.1** ***geluid v. kindergehuil*** ⇒*geblèr, gehuil, (ge)brul*.
boohoo[2] ⟨onov.ww.⟩ **0.1** ***blèren*** ⇒*huilen, janken, brullen*.
boohoo[3] ⟨tussenw.⟩ **0.1** ***boehoe***.
book[1] [bʊk] ⟨f4⟩ ⟨zn.⟩
I ⟨eig.n.; B-; the⟩ **0.1** ***het Boek (der Boeken)*** ⇒*de Heilige Schrift* ◆ **1.1** the people of the Book *het Joodse volk* **3.1** kiss the ~ *de bijbel kussen* ⟨bij eed⟩; swear on the Book *de eed op de Bijbel afleggen, op de Bijbel zweren;*
II ⟨telb.zn.⟩ **0.1** ***boek*** ⇒*boekdeel/werk;* ⟨vnl. BE; inf.⟩ *telefoonboek* **0.2** ⟨inf.⟩ ***blad*** ⇒*tijdschrift* **0.3** ***boek*** ⟨hoofdstuk v. bijbel, gedicht e.d.⟩ **0.4** ***tekstboekje*** ⇒*libretto* ⟨v. opera e.d.⟩; *manuscript, script* ⟨v. toneelstuk⟩ **0.5** ***(schrijf)boek*** ⇒*schrift, blocnote* **0.6** ***boekje*** ⟨kaartjes, lucifers, postzegels⟩ ⇒*chequeboek, stalenboek, monsterboek* **0.7** ***register*** ⇒*lijst, boek;* ⟨i.h.b.⟩ *lijst v. aangegane weddenschappen* ⟨bij wedrennen⟩ **0.8** ***tabaksrol*** ⇒*tabaksbundel* **0.9** ⟨bridge⟩ ***boekje*** ⟨6 slagen⟩ **0.10** ⟨the⟩ ⟨AE; sl.⟩ ***levenslang*** ⇒*zware douw, strenge straf;* ⟨fig.⟩ *dodelijke kritiek* **0.11** →bookie ◆ **1.1** Book of Common Prayer *Gebedenboek* ⟨v. Anglicaanse Kerk⟩; ~ of hours *getijdenboek, brevier* **1.3** Books

of the Maccabees *Boeken der Makkabeeën;* the ~s of the Old Testament *de boeken v.h. Oude Testament* **1.4** ~ of words *tekstboek, libretto* **1.5** ~ of sales *verkoopboek* **1.7** ~ of fate *boek v.h. noodlot;* ~ of life *boek v.h. leven* **3.1** speak/talk like a ~ *als een boek spreken/praten, onnatuurlijke taal gebruiken* **3.7** make/keep (a) ~ *wedmakelen, bookmaker zijn* **3.¶** bring s.o. to ~ for sth. *iem. voor iets rekenschap vragen/laten afleggen; iem. zijn gerechte straf doen ondergaan;* closed ~ *gesloten boek, boek met zeven zegelen;* ⟨AE; inf.⟩ hit the ~s *blokken, hard studeren;* read s.o. like a ~ *iem. volkomen door hebben/doorzien/doorgronden;* speak by the ~ *goed gedocumenteerd spreken, zich nauwkeurig uitdrukken;* it won't suit my ~ *het komt mij ongelegen/niet v. pas;* ⟨inf.⟩ throw the ~ (of rules) at s.o. *iem. een stevige douw geven, iem. met maximum straf toebedelen; iem. flink de mantel uitvegen* **4.¶** ⟨inf.⟩ one for the ~ *iets om in de annalen vast te leggen/om niet te vergeten* **6.1** be always **at** one's ~s *altijd met zijn neus in de boeken zitten, zitten te blokken, een boekenwurm zijn* **6.¶** **by** the ~ *volgens het boekje/de voorschriften;* **in** my ~ *volgens mij, mijns inziens, naar mijn mening;* not **in** the ~ *verboden, niet toegestaan, niet zoals het hoort;* **without** ~ *zonder autoriteit/gezag; uit het hoofd, uit het geheugen puttend, losweg, improviserend;*

III ⟨mv.; ~s; the⟩ **0.1** ***de boeken*** ⇒*kasboek, koopmansboek, kantoorboek, journaal* **0.2** ***boek*** ⇒*register, (leden)lijst* ◆ **1.1** ~s of account *boekhouding, boeken* **3.¶** open the ~s *de boeken (her)openen, de intekening openstellen* **6.2** **off** the ~s *uitgeschreven, v.d. lijst geschrapt;* **on** the ~s *ingeschreven, lid;* he is not **on** my ~s any longer *hij is mijn maatje niet meer, hij staat niet langer in mijn kladboekje, ik moet hem niet meer.*

book[2] ⟨f3⟩ ⟨ww.⟩ →booked, booking

I ⟨onov.ww.; ook ~up⟩ ⟨vnl. BE⟩ **0.1** ***een plaats bespreken*** ⇒*een kaartje nemen, reserveren* ◆ **5.1** ~ through *een doorgaand reisbiljet/kaartje nemen* **5.¶** ~ **in** *zich laten inschrijven* ⟨in hotelregister⟩; *inchecken* ⟨op vliegveld⟩ **6.1** ~ **to** Australia *passage boeken naar Australië;*

II ⟨ov.ww.⟩ **0.1** ***boeken*** ⇒*reserveren, bestellen, engageren* **0.2** ***een kaartje geven*** ⇒*boeken* **0.3** ***inschrijven*** ⇒*opschrijven, registreren, inboeken, op lijst plaatsen, noteren* **0.4** ***bekeuren*** ⇒*verbaliseren, een proces-verbaal opmaken tegen* **0.5** ***vaststellen*** ⇒*noteren* **0.6** ⟨voetbal⟩ ***een boeking geven*** ⇒*een officiële waarschuwing geven, een gele kaart geven* **0.7** ⟨paardesport⟩ ***noteren*** ⇒*boeken* ⟨weddenschap⟩ ◆ **1.1** ~ a passage *passage/overtocht boeken* **1.3** ~ an order *een bestelling noteren/opnemen* **1.5** ~ a meeting *een vergadering vaststellen* **5.1** ~ed **up** *volgeboekt, uitverkocht;* ⟨v. persoon⟩ *bezet* **5.2** ~ s.o. **through** *iem. een doorgaand reisbiljet geven* **5.3** ~ the guests **in** *de gasten (in het register) inschrijven* **6.1** ~ Rubinstein **for** a concert *Rubinstein voor een concert engageren.*

book·a·ble ['bʊkəbl] ⟨bn.⟩ **0.1** ***bespreekbaar*** ⇒*te reserveren.*

'book·bind·er ⟨telb.zn.⟩ **0.1** ***(boek)binder.***

'book·bind·er·y ⟨telb. en n.-telb.zn.; →mv. 2⟩ **0.1** ***(boek)binderij.***

'book·bind·ing ⟨n.-telb.zn.⟩ **0.1** ***(boek)binderij*** ⇒*het (boek)binden.*

'book·case ⟨f2⟩ ⟨telb.zn.⟩ **0.1** ***boekenkast.***

'book club ⟨f1⟩ ⟨telb.zn.⟩ **0.1** ***boekenclub*** **0.2** ***leesgezelschap*** ⇒*leeskring.*

'book debt ⟨telb.zn.; vaak mv.⟩ ⟨hand.⟩ **0.1** ***vordering*** ⇒*uitstaande schuld.*

book·ed [bʊkt] ⟨bn.; volt. deelw. v. book⟩ **0.1** ***bezet*** ⇒*met een volgeboekte agenda* **0.2** ***volgeboekt*** ⇒*uitverkocht* **0.3** ***(voor)bestemd*** ⇒*ervoor gemaakt, gedoodverfd, geboren* **0.4** ⟨sl.⟩ ***gesnapt*** ⇒*erbij, gegrepen, gepakt.*

'book·end ⟨telb.zn.; vnl. in mv.⟩ **0.1** ***boekensteun*** ⇒*boekenstut.*

book·ie ['bʊki] ⟨f1⟩ ⟨telb.zn.⟩ ⟨inf.; paardesport⟩ **0.1** ***bookmaker.***

book·ing ['bʊkɪŋ] ⟨f2⟩ ⟨telb. en n.-telb.zn.; (oorspr.) gerund v. book⟩ **0.1** ***bespreking*** ⇒*reservering, boeking, engagement* **0.2** ⟨kaartspel⟩ ***het rond/uitdelen*** **0.3** ***verbalisering*** **0.4** ***notering*** ⇒*inschrijving* **0.5** ⟨voetbal⟩ ***boeking*** ⇒*(officiële) waarschuwing, gele kaart.*

'booking clerk ⟨f1⟩ ⟨telb.zn.⟩ ⟨BE⟩ **0.1** ***kaartjesverkoper/verkoopster.***

'booking form ⟨f1⟩ ⟨telb.zn.⟩ **0.1** ***inschrijvingsformulier.***

'booking hall ⟨telb.zn.⟩ ⟨BE⟩ **0.1** ***(stations)hal/vestibule*** ⟨met loketten⟩.

'booking office ⟨f1⟩ ⟨telb.zn.⟩ ⟨BE⟩ **0.1** ***bespreekbureau*** ⇒*plaats (kaarten)bureau, kassa.*

book·ish ['bʊkɪʃ] ⟨f1⟩ ⟨bn.; -ly; -ness⟩ **0.1** ***boek(en)-*** **0.2** ***leesgraag*** ⇒*verslaafd aan boeken* **0.3** ***boekachtig*** ⇒*boekerig, stijf, onnatuurlijk, schrijf-* **0.4** ***theoretisch*** ⇒*schools, saai* ◆ **1.1** ~ knowledge *boekenkennis/geleerdheid;* ~ person *kamergeleerde, boekenmens* **1.2** ~ person *leesgek/fanaat, boekenwurm, bibliomaan.*

'book jacket ⟨telb.zn.⟩ **0.1** ***boekomslag*** ⇒*stofomslag, kaft.*

'book·keep·er ⟨f1⟩ ⟨telb.zn.⟩ **0.1** ***boekhouder/ster.***

'book·keep·ing ⟨f1⟩ ⟨telb. en n.-telb.zn.⟩ **0.1** ***boekhouding.***

'book-learn·ed ['bʊklɜ:nid‖-lɜr-] ⟨bn.⟩ **0.1** ***met boekengeleerdheid/wijsheid*** **0.2** ***boekerig*** ⇒*waanwijs, schools.*

'book learning, 'book·lore ⟨n.-telb.zn.⟩ ⟨inf.; vaak pej.⟩ **0.1** ***boekenkennis*** ⇒*boekengeleerdheid/wijsheid.*

book·let ['bʊklɪt] ⟨f2⟩ ⟨telb.zn.⟩ **0.1** ***boekje.***

'book·louse ⟨telb.zn.⟩ ⟨dierk.⟩ **0.1** ***stofluis*** ⇒*boekenluis* ⟨orde Psocoptera; i.h.b. Trogium pulsatorium⟩.

'book·mak·er ⟨f1⟩ ⟨telb.zn.⟩ **0.1** ***boekenmaker*** ⇒*boekenschrijver;* ⟨vaak pej.⟩ *broodschrijver, compilator, samensteller* **0.2** ⟨paardesport⟩ ***bookmaker.***

book·man ['bʊkmən] ⟨telb.zn.; bookmen [-mən]; →mv. 3⟩ **0.1** ***boek(en)man*** ⇒*geleerde* **0.2** ***boekhandelaar*** ⇒*boekverkoper.*

'book·mark, 'book·mark·er ⟨f1⟩ ⟨telb.zn.⟩ **0.1** ***boekelegger*** ⇒*blad/leeswijzer.*

'book match ⟨telb.zn.⟩ **0.1** ***lucifer uit een boekje/mapje.***

'book·mo·bile ['bʊkmoʊ,bi:l] ⟨telb.zn.⟩ ⟨vnl. AE⟩ **0.1** ***bibliobus.***

'book muslin ⟨n.-telb.zn.⟩ **0.1** ***calico(t)*** ⇒*boekbinderslinnen.*

'book notice ⟨telb.zn.⟩ **0.1** ***boekenaankondiging.***

'book·page ⟨telb.zn.⟩ **0.1** ***bladzijde*** ⇒*pagina* ⟨v.e. boek⟩ **0.2** ***boekenpagina*** ⇒*literatuurpagina/sectie/bijlage* ⟨v.e. krant⟩.

'book·plate ⟨telb.zn.⟩ **0.1** ***boekmerk*** ⇒*ex-libris.*

'book post ⟨n.-telb.zn.⟩ ⟨BE⟩ **0.1** ***drukwerk(post).***

'book profit ⟨telb.zn.⟩ ⟨hand.⟩ **0.1** ***boekhoudkundige winst.***

'book·rack ⟨telb.zn.⟩ **0.1** ***boekenrek*** **0.2** ***lessenaar.***

'book·rest ⟨telb.zn.⟩ **0.1** ***lessenaar*** ⇒*lezenaar, boekenstandaard.*

'book·sel·ler ⟨f2⟩ ⟨telb.zn.⟩ **0.1** ***boekhandelaar*** ⇒*boekverkoper.*

'book·shelf ⟨f2⟩ ⟨telb.zn.⟩ **0.1** ***boekenplank*** ⇒*boekenrek.*

'book·shop ⟨f2⟩ ⟨telb.zn.⟩ ⟨BE⟩ **0.1** ***boekwinkel*** ⇒*boekhandel.*

'book·stall ⟨f1⟩ ⟨telb.zn.⟩ **0.1** ***boekenstalletje*** **0.2** ⟨vnl. BE⟩ ***(tijdschriften-, kranten)kiosk.***

'book·stand ⟨telb.zn.⟩ **0.1** ***boekenstander*** ⇒*boekenstandaard* **0.2** ***lessenaar.***

'book·store ⟨f1⟩ ⟨telb.zn.⟩ ⟨AE⟩ **0.1** ***boekwinkel*** ⇒*boekhandel.*

book·sy ['bʊksi] ⟨bn.; -er; →compar. 7⟩ ⟨inf.⟩ **0.1** ***waanwijs*** ⇒*met literaire pretenties* ◆ **1.1** ~ people *literatuursnobs.*

'book·tell·er ⟨telb.zn.⟩ **0.1** ***inlezer*** ⟨bv. v. boeken op band⟩.

'book token ⟨f1⟩ ⟨telb.zn.⟩ ⟨BE⟩ **0.1** ***boekebon.***

'book value ⟨telb. en n.-telb.zn.⟩ **0.1** ***boekwaarde.***

'book·work ⟨n.-telb.zn.⟩ **0.1** ***het leren*** ⇒*(boeken)studie, theorie.*

'book·worm ⟨f1⟩ ⟨telb.zn.⟩ **0.1** ***boekworm*** ⇒⟨fig.⟩ *boekenwurm.*

Bool·e·an ['bu:lɪən] ⟨bn.⟩ **0.1** ***v./mbt. Boole*** ⟨Eng. wiskundige, 1815-1864⟩ ◆ **1.1** ~ algebra *Boole'se algebra* ⟨symbolische logica⟩.

boom[1] [bu:m] ⟨f2⟩ ⟨telb.zn.⟩ **0.1** ***(dof, hol) gedreun*** ⇒*gebulder, gebrul, gedonder; gebrom, gegons* ⟨v. insekten⟩; *geschreeuw* ⟨v. uil e.d.⟩ **0.2** ***hausse*** ⇒*(periode v.) hoogconjunctuur, sterke loon/prijsstijging, tijd v. hoge welvaart* **0.3** ***(hoge) vlucht*** ⇒*(plotselinge, krachtige) stijging/toename* ⟨in aanzien/rijkdom/groei⟩, *bloei, opkomst* **0.4** ⟨scheep.⟩ ***giek*** ⇒*gijk, spriet, bezaansboom* **0.5** ⟨scheep.⟩ ***(laad)boom*** ⇒*giek; (zware) spier* **0.6** ***galg*** ⇒*statief* ⟨v. microfoon e.d.⟩ **0.7** ***(haven)boom*** ⇒*versperring* ⟨v. havenmond⟩ **0.8** ⟨houthandel⟩ ***boom*** ⟨afsluiting v. houtvlot⟩ ◆ **3.¶** ⟨sl.⟩ drop the ~ *geen krediet geven; een gunst vragen; uitkafferen;* lower a ~ on s.o. *iem. attaqueren* **6.3** be **on** the ~ *erg in trek/in (de mode) zijn.*

boom[2] ⟨f2⟩ ⟨ww.⟩

I ⟨onov.ww.⟩ **0.1** ⟨ben. voor⟩ ***een dof geluid maken*** ⇒⟨alg.⟩ *dreunen, bulderen* ⟨wind⟩, *brullen, galmen; rollen* ⟨v. donder⟩; *brommen, gonzen* ⟨v. insekten⟩; *krassen* ⟨v. uil⟩; *kwaken* ⟨v. kikvors⟩ **0.2** ***een (hoge) vlucht nemen*** ⇒*zich snel ontwikkelen, tieren, bloeien; opgedreven worden, sterk stijgen* ⟨v. prijs⟩ **0.3** ***(snel) in aanzien stijgen*** ⇒*in opkomst zijn, beroemd worden* ◆ **1.2** business is ~ing *het zakenleven neemt een hoge vlucht/bloeit* **1.3** a ~ing painter *een schilder in razendsnelle opkomst/die een bliksemcarrière maakt* **5.1** the clock ~ed **out** *de klok dreunde* **5.¶** that line ~ed **out** *die zinsnede sprong eruit;*

II ⟨ov.ww.⟩ **0.1** ***bulderend/galmend/dreunend uiten*** **0.2** ***enorm doen bloeien/ontwikkelen*** ⇒*een (hoge) vlucht doen nemen, bijzonder stimuleren; (kunstmatig) opdrijven* ⟨prijs⟩ **0.3** ⟨scheep.⟩ ***uitbomen*** ⇒*te loevert zetten* ⟨zeil⟩ **0.4** ⟨scheep.⟩ ***(met (haven) boom) versperren/afsluiten*** ◆ **1.2** that will ~ the market *daardoor zal de markt krachtig gestimuleerd worden* **5.1** he ~ed **out** his poem *met bulderende/donderende stem droeg hij zijn gedicht voor* **5.3** ~ **out** the sail *het zeil uitbomen, het zeil op de boom/loet zetten* **5.¶** ⟨scheep.⟩ ~ **off** *afbomen, afduwen.*

boom[3] ⟨tussenw.⟩ **0.1** ***boem*** ◆ **3.¶** ⟨sl.⟩ fall down and go ~ *met veel lawaai naar beneden kletteren/donderen;* ⟨fig.⟩ *goed op zijn bek vallen, onderuit gaan, er niets van bakken.*

'boom box ⟨telb.zn.⟩ **0.1** ***ghettoblaster*** ⟨grote, draagbare radio-cassetterecorder⟩.

boom·er ['bu:mə||-ər]⟨telb.zn.⟩ **0.1** ***roller*** ⇒*breker* ⟨grote golf⟩ **0.2** ⟨dierk.⟩ ***(mannetjes) reuzenkangoeroe*** ⇒⟨i.h.b.⟩ *grijze reuzenkangoeroe* ⟨Macropus giganteus⟩ **0.3** ⟨dierk.⟩ ***stompstaarteekhoorn*** ⟨Aplodontia rufa⟩ **0.4** ⟨AE; inf.⟩ ***seizoenwerker*** ⇒*reizend arbeider, houthakker, wegwerker, bouwvakker* ⟨ieder die vaak van baas of werkplek verandert⟩ **0.5** ⟨AE; sl.⟩ ***rokkenjager***.

boo·mer·ang[1] ['bu:məræŋ]⟨f1⟩⟨telb.zn.⟩ **0.1** ***boemerang*** ⟨ook fig.⟩.

boomerang[2] ⟨f1⟩⟨onov.ww.⟩ **0.1** ***als een boemerang terugkeren/werken*** ⇒*'n boemerangeffect hebben, op iemands eigen hoofd terugkaatsen*.

boom·slang ['bu:mslæŋ]⟨telb.zn.⟩⟨dierk.⟩ **0.1** ***boomslang*** ⟨Dispholidus typus⟩.

'boom stick ⟨zn.⟩⟨AE; sl.⟩
I ⟨telb.zn.⟩ **0.1** ***reizend (spoor)wegwerker*** **0.2** ***schietijzer*** ⇒*blaffer;*
II ⟨mv.; ~s⟩ **0.1** ***drumstokken*** ⇒*trommelstokken*.

'boom town ⟨f1⟩⟨telb.zn.⟩ **0.1** ***explosief gegroeide stad*** ⟨door industriële ontwikkeling⟩.

boon[1] [bu:n]⟨f1⟩⟨telb.zn.⟩⟨→sprw. 717⟩ **0.1** ***zegen*** ⇒*gerief, weldaad, hulp, gemak* **0.2** ⟨schr.⟩ ***gunst*** ⇒*geschenk, gave; verzoek, wens* **0.3** ***houtachtig deel v. vlas- of hennepstengel*** ⇒*vlasafval, hennepafval*.

boon[2] ⟨bn., attr.⟩ **0.1** ***monter*** ⇒*vrolijk, lustig* **0.2** ⟨vero.⟩ ***vriendelijk*** ⇒*goed(aard)ig* ◆ **1.1** ~ companion *goede kameraad, vrolijke kornuit*.

boon·dock·er ['bu:ndɒkə||-dɑkər]⟨zn.⟩⟨AE; sl.; mil.⟩
I ⟨telb.zn.⟩ **0.1** ***rimboesoldaat;***
II ⟨mv.; ~s⟩ **0.1** ***kistjes*** ⇒*stappers* ⟨stevige schoenen⟩.

boon·docks ['bu:ndɒks||-dɑks], **boon·ies** ['bu:ni:z]⟨mv.; the⟩⟨AE; sl.⟩ **0.1** ***rimboe*** ⟨ook fig.⟩ ⇒*jungle, wildernis, achtergebleven gebied* ◆ **6.1** down **in** the ~ *in een of ander godvergeten gat*.

boon·dog·gle[1] ['bu:ndɒgl||-dɑgl]⟨telb.zn.⟩ **0.1** ⟨AE; inf.⟩ ***geld- en tijdverspilling*** ⇒⟨i.h.b.⟩ *verspilling v. belastinggeld* **0.2** ⟨AE⟩ ***leren padvindersriem*** **0.3** ⟨AE; sl.⟩ ***dinges*** ⇒*hoeheethet*.

boondoggle[2] ⟨onov.ww.⟩⟨AE; inf.⟩ **0.1** ***geld en tijd verspillen*** ⇒⟨i.h.b.⟩ *belastinggeld verspillen*.

boor [bʊə||bʊr]⟨f1⟩⟨telb.zn.⟩ **0.1** ***boer*** ⇒*landbouwer* **0.2** ⟨pej.⟩ ***lomperd*** ⇒*vlegel, (boeren)kinkel, heikneuter*.

boor·ish ['bʊərɪʃ||'bʊrɪʃ]⟨bn.; -ly; -ness⟩ **0.1** ***lomp*** ⇒*boers, vlegelachtig, onbehouwen, kafferig*.

booshwa(h) →bushwah.

boost[1] [bu:st]⟨f2⟩⟨telb.zn.⟩ **0.1** ***duw (omhoog)*** ⇒*zetje, hulp, (onder)steun(ing), handje, kontje* **0.2** ***verhoging*** ⇒*(prijs)opdrijving, hausse* **0.3** ***stimulans*** ⇒*aanmoediging, bevordering, oppepper, versterking* **0.4** ***reclame/propaganda(campagne)*** ⇒*opvijzeling, promotion, ophemelarij* **0.5** ***waardevermeerdering*** ◆ **1.2** ~ in salary *salarisverhoging, opslag* **1.3** a ~ to one's spirits *een opkikker (tje)*.

boost[2] ⟨f2⟩⟨ww.⟩
I ⟨onov.ww.⟩⟨AE; sl.⟩ **0.1** ***ladelichten*** ⇒*(winkel)diefstal plegen, gappen, kruimeldieven* ◆ **6.1** ~ **from** *gappen v.;*
II ⟨ov.ww.⟩ **0.1** ***(op/omhoog)duwen*** ⇒*een duwtje/zetje geven, ondersteunen, assisteren* **0.2** ***verhogen*** ⇒*opdrijven, opjagen, opvoeren* ⟨prijs, produktie e.d.⟩ **0.3** ***aanprijzen*** ⇒*propageren, adverteren, promoten, ophemelen* **0.4** ***stimuleren*** ⇒*aanmoedigen, verbeteren, bevorderen, oppeppen* **0.5** ***verhogen*** ⟨druk, spanning⟩ ⇒*onder hogere druk zetten* ⟨vloeistof⟩; *aanjagen* ⟨vuur⟩; *versterken* ⟨radiosignaal⟩ ◆ **1.3** ⟨vnl. AE⟩ ~ one's own country *propaganda/reclame maken voor eigen land* **1.4** ~ one's spirits *iemands (goede) humeur verbeteren, iem. opkikkeren;* ~ trade *de handel aanzwengelen, de animo in de handel opjagen* **5.1** ~ s.o. **up** *iem. een duwtje (omhoog) geven*.

boost·er ['bu:stə||-ər]⟨f1⟩⟨telb.zn.⟩ **0.1** ⟨ben. voor⟩ ***hulpkrachtbron*** ⇒*(booster)versterker, hulpversterker, voorversterker, spanningsverhoger; hulpdynamo; opjager, booster(pomp), aanjaagpomp* ⟨v. druk⟩; *startmotor; startraket* ⟨v. vliegtuig⟩; ⟨verk. van booster rocket⟩ **0.2** ⟨med.⟩⟨verk.⟩ ⟨booster injection⟩ **0.3** ***verbetering*** ⇒*opkikker* **0.4** ⟨vnl. AE⟩ ***aanprijzer*** ⇒*reclamemaker, promotor, bevorderaar, propagandist, stoepier; fan, enthousiasteling* **0.5** ⟨AE; sl.⟩ ***opzetter*** ⇒*opjager, opdrijver* ⟨bij veilingen⟩ **0.6** ⟨AE; sl.⟩ ***winkeldievegge/dief***.

'booster injection ⟨telb.zn.⟩⟨med.⟩ **0.1** ***aanvulling*** ⇒⟨i.h.b.⟩ *herhalingsvaccinatie/inenting; aanvullend morfinespuitje*.

boost·er·ism ['bu:stərɪzm]⟨n.-telb.zn.⟩ **0.1** ***(verkiezings)propaganda***.

'booster rocket ⟨telb.zn.⟩ **0.1** ***hulpraket*** ⇒*draagraket, aanjaagraket*.

boot[1] [bu:t]⟨f3⟩⟨zn.⟩
I ⟨telb.zn.⟩ **0.1** ***laars*** **0.2** ⟨BE⟩ ***hoge schoen*** **0.3** ⟨paardesport⟩ ***rijlaars*** **0.4** ***Spaanse laars*** ⇒*beenijzer* ⟨folterwerktuig⟩ **0.5** ***schop*** ⇒*trap* **0.6** ⟨the⟩ ***ontslag*** ⇒*de bons* **0.7** ⟨AE; mil., sl.⟩ ***rekruut*** **0.8** ⟨BE⟩ ***kofferbak*** ⟨v. auto⟩ ⇒*bagageruimte* **0.9** ⟨AE; sl.⟩ ***kick*** ⇒*goed gevoel* **0.10** ⟨AE; sl.; bel.⟩ ***zwarte*** ⇒*neger* ◆ **1.1** ~ and saddle *opstijgen!, te paard!* **1.¶** the ~ is on the other foot/leg *de bakens zijn verzet, de bordjes zijn verhangen* **3.6** give/get the ~ *ontslag/de bons geven/krijgen* **3.¶** ⟨inf.⟩ you can bet your (old) ~s *je kunt er donder op zeggen;* die in one's ~s/with one's ~s on *in het harnas sterven, niet in bed sterven;* ⟨inf.⟩ eat one's ~s *een boon (mogen) zijn (als);* ⟨scherts.⟩ hang up one's ~s *de lier aan de wilgen hangen, de troffel in de kalkbak gooien;* lick s.o.'s ~s *iemands hielen likken, iem. vleien;* ⟨sl.⟩ put the ~ in *in elkaar trappen, erop inhakken;*
II ⟨n.-telb.zn.⟩⟨vero., beh. in uitdr. onder 6.1⟩ **0.1** ***baat*** ⇒*voordeel* ◆ **6.1 to** ~ *bovendien, op de koop toe, daarenboven*.

boot[2] ⟨f2⟩⟨ww.⟩ →booted
I ⟨onov. en ov.ww.; vnl. onpersoonlijk⟩⟨vero.⟩ **0.1** ***baten*** ⇒*helpen, voordeel bieden* ◆ **3.1** it ~s not to peruse those books again *opnieuw die boeken doornemen zal je niet baten;*
II ⟨ov.ww.⟩ **0.1** ⟨inf.⟩ ***schoppen*** ⇒*trappen* **0.2** ***laarzen aantrekken*** **0.3** ⟨AE; inf.⟩ ***ontslaan*** ⇒*op straat zetten, eruit gooien* **0.4** ⟨ook ~ up⟩⟨comp.⟩ ***opstarten*** ⇒*booten* **0.5** ⟨AE; inf.⟩ ***bekritiseren*** ⇒*slechte referenties geven* **0.6** ⟨AE; inf.⟩ ***verpesten*** ⇒*fout doen, verzieken* **0.7** ⟨AE; inf.⟩ ***voorstellen*** ⇒*introduceren* **0.8** ⟨AE; inf.⟩ ***uitleggen*** ⇒*uiteenzetten* ◆ **4.6** ~ it/one *het verknallen* **5.3** ~ed **out** for *op de keien gezet vanwege*.

'boot·black ⟨telb.zn.⟩ **0.1** ***schoenpoetser***.

'boot camp ⟨telb.zn.⟩⟨AE; sl.⟩ **0.1** ***opleidingskamp voor mariniers***.

boot·ed ['bu:ṭɪd]⟨f1⟩⟨bn.; volt. deelw. v. boot⟩ **0.1** ***gelaarsd*** **0.2** ***met gevederde poten*** ⟨v. vogels⟩ **0.3** ***met verhoornde poten*** ⟨v. vogels⟩ ◆ **1.¶** ⟨dierk.⟩ ~ eagle *dwergarend* ⟨Hieraaetus pennatus⟩.

boo·tee ['bu:'ti:, 'bu:ṭi], **boo·tie** ⟨telb.zn.⟩ **0.1** ***kort laarsje/sokje*** ⟨v. wol/vilt⟩.

boot·er ['bu:tə||-ər]⟨telb.zn.⟩⟨sl.; voetbal⟩ **0.1** ***voetballer***.

booth [bu:ð||bu:θ]⟨f2⟩⟨telb.zn.⟩ **0.1** ***kraam*** ⇒*marktkraam, stalletje, kiosk, (feest)tent, kermistent* **0.2** ***hokje*** ⇒*stemhokje, telefooncel, (luister)cabine* ⟨in platenwinkel enz.⟩ ◆ **3.2** listening ~ *luistercabine;* polling ~ *stemhokje*.

'boot hook ⟨telb.zn.⟩ **0.1** ***laarzetrekker***.

'boot·jack ⟨telb.zn.⟩ **0.1** ***laarzeknecht***.

'boot·lace ⟨f1⟩⟨telb.zn.⟩ **0.1** ***veter voor laars*** **0.2** ⟨BE⟩ ***schoenveter*** ◆ **3.¶** pull o.s. up by one's own ~s *zichzelf helemaal opwerken, zichzelf redden, het alleen klaarspelen*.

'boot·leg[1] ⟨zn.⟩
I ⟨telb.zn.⟩ **0.1** ***schacht*** ⟨v. laars⟩ **0.2** ⟨Am. voetbal⟩ ***onverwachte loopmanoeuvre*** ⟨door quarterback⟩;
II ⟨n.-telb.zn.; vaak attr.⟩ **0.1** ***smokkelwaar*** ⇒*illegaal geproduceerde waar* ◆ **1.1** ~ tape *illega(a)l(e) (kopie v.e.) bandje*.

bootleg[2] ⟨onov. en ov.ww.; →ww. 7⟩ **0.1** ***smokkelen*** ⇒*clandestien (drank) produceren/stoken/verkopen* **0.2** ⟨Am. voetbal⟩ ***een bootleg uitvoeren/maken***.

'boot·leg·ger ⟨f1⟩⟨telb.zn.⟩ **0.1** ***(drank)smokkelaar*** ⇒*illegale drankstoker/verkoper*.

boot·less ['bu:tləs]⟨bn.; -ly; -ness⟩⟨schr.⟩ **0.1** ***vergeefs*** ⇒*vruchteloos*.

'boot·lick[1], **'boot·lick·er** ⟨telb.zn.⟩ **0.1** ***hielenlikker*** ⇒*strooplikker, vleier*.

bootlick[2] ⟨onov. en ov.ww.⟩ **0.1** ***vleien*** ⇒*hielen likken (van)*.

boots [bu:ts]⟨telb.zn.; boots; →mv. 4⟩⟨BE⟩ **0.1** ***knecht/schoenpoetser*** ⟨in een hotel⟩.

'boot sale ⟨telb.zn.⟩ **0.1** ***kofferbakverkoop*** ⇒*kofferbakmarkt*.

'boot·strap[1] ⟨f1⟩⟨telb.zn.⟩ **0.1** ***laarzetrekker*** ⟨lus aan laars⟩ ⇒*laarzestrop* **0.2** ⟨ook attr.⟩⟨comp.⟩ ***zelfstart*** ◆ **1.2** ~ loader *lader voor startprogramma* **3.¶** pull o.s. up by one's (own) ~s *zichzelf opwerken, opklimmen op eigen kracht, het alleen klaarspelen*.

bootstrap[2] ⟨ov.ww.⟩⟨comp.⟩ **0.1** ***opstarten*** ⇒*booten*.

'boot·tree ⟨telb.zn.⟩ **0.1** ***leest*** ⟨voor laarzen/schoenen⟩.

boo·ty ['bu:ṭi]⟨f1⟩⟨telb. en n.-telb.zn.; →mv. 2⟩ **0.1** ***buit*** ⇒*roof* ⟨vnl. in oorlog⟩ **0.2** ***winst*** ⇒*prijs, beloning*.

booze[1] [bu:z]⟨f1⟩⟨zn.⟩⟨inf.⟩
I ⟨telb.zn.⟩ **0.1** ***zuippartij;***
II ⟨n.-telb.zn.⟩ **0.1** ***(sterke) drank*** ◆ **6.1 on** the ~ *aan de drank*.

booze[2] ⟨f1⟩⟨onov.ww.⟩⟨inf.⟩ **0.1** ***zuipen*** ⇒*hijsen, pimpelen*.

booz·er ['bu:zə||-ər]⟨telb.zn.⟩⟨inf.⟩ **0.1** ***zuiper*** ⇒*zuipschuit, dronkelap* **0.2** ⟨BE⟩ ***kroeg*** ⇒*café, knijp*.

'booze-up ⟨telb.zn.⟩⟨BE; inf.⟩ **0.1** ***zuippartij***.

booz·y ['bu:zi]⟨bn.; -er; -ly; -ness; →bijw. 3⟩⟨inf.⟩ **0.1** ***drankzuchtig*** **0.2** ***dronken*** ⇒*beschonken*.

bop[1] [bɒp||bɑp]⟨zn.⟩
I ⟨telb.zn.⟩ **0.1** ***slag*** ⇒*tik, klap, stomp* **0.2** ⟨BE; inf.⟩ ***dans(en)*** ⇒*swingen* ⟨op pop/discomuziek⟩ ◆ **3.2** let's go and have a ~ *komop, we gaan swingen;*
II ⟨n.-telb.zn.⟩⟨verk.⟩ bebop **0.1** ***bop*** ⟨jazzstijl⟩.

bop[2] ⟨zn.; →ww. 7⟩
I ⟨onov.ww.⟩ **0.1** ⟨BE; inf.⟩ ***swingen*** ⇒*dansen* ⟨op pop/disco-

muziek⟩ **0.2** ⟨AE; sl.⟩ ***vechten*** **0.3** ⟨AE; sl.⟩ ***met verende tred lopen;***
II ⟨ov.ww.⟩ **0.1** ⟨inf.⟩ ***slaan*** ⇒*stompen, 'n tik geven* **0.2** ⟨AE; sl.⟩ ***verslaan*** ⇒*inmaken.*
bo·peep ['boʊ'pi:p]⟨n.-telb.zn.⟩ **0.1** ***kiekeboe*** ◆ **3.1** play ~ *kiekeboe spelen.*
bop·per ['bɒpə‖'bɑpər]⟨telb.zn.⟩⟨verk.⟩ teenybopper **0.1** ***tiener*** ⇒*teenager.*
bor- →boro-.
bo·ra ['bɔ:rə]⟨telb.zn.⟩ **0.1** ***bora*** ⟨koude valwind aan de Dalmatische kust⟩.
bo·rac·ic [bə'ræsɪk]⟨bn.⟩ **0.1** ***boor-*** ⇒*borax-* ◆ **1.1** ~ acid *boorzuur;* ~ lotion *boorwater;* ~ointment *boorzalf.*
bor·age ['bɒrɪdʒ‖'bɔrɪdʒ]⟨n.-telb.zn.⟩⟨plantk.⟩ **0.1** ***bernag(i)e*** ⟨Borago officinalis⟩.
bo·rate ['bɔ:reɪt]⟨telb. en n.-telb.zn.⟩⟨schei.⟩ **0.1** ***boraat.***
bo·rax ['bɔ:ræks]⟨f1⟩⟨telb. en n.-telb.zn.⟩ **0.1** ***borax*** ⇒*boorzure soda* **0.2** ⟨AE; sl.⟩ ***goedkoop prul*** ⇒*slechte waar, kermisartikel* **0.3** ***leugen(s)*** ⇒*opschepperij, flauwe kul.*
bor·bo·ryg·mus [bɔ:bə'rɪgməs‖bɔr-]⟨telb.zn.; borborygmi [-maɪ]; →mv. 5⟩ **0.1** ***borreling*** ⟨in de buik⟩ ⇒⟨mv.⟩ *gerommel.*
bor·del·lo [bɔ:'deloʊ‖bɔr-], **bor·del** [bɔ:'del‖bɔr-]⟨telb.zn.⟩⟨AE; vero.⟩ **0.1** ***bordeel*** ⇒*hoerenkast/huis.*
bor·der[1] ['bɔ:də‖'bɔrdər]⟨f3⟩⟨zn.⟩
I ⟨eig.n.; B-; the⟩ **0.1** ⟨BE⟩ ***Border*** ⟨grens(gebied) tussen Engeland en Schotland⟩;
II ⟨telb.zn.⟩ **0.1** ***grens*** ⇒*grenslijn, afscheiding, demarcatie* **0.2** ***grensgebied*** ⇒*grensstreek* **0.3** ⟨ben. voor⟩ ***rand*** ⇒*band; boord (sel), zoom, bies; (weg)berm; marge, kantlijn* **0.4** ***lijst*** ⇒*rand* **0.5** ***border*** ⇒*rabat.*
border[2] ⟨f2⟩⟨ww.⟩
I ⟨onov.ww.⟩ →border (up)on;
II ⟨ov.ww.⟩ **0.1** ***begrenzen*** ⇒*omzomen, omranden, af/insluiten, afbakenen, demarqueren* **0.2** ***grenzen aan.***
'border clash ⟨telb.zn.; vaak mv.⟩ **0.1** ***grensconflict.***
'border crossing ⟨f1⟩⟨telb.zn.⟩ **0.1** ***grensovergang*** ⇒*grenspost.*
bor·de·reau ['bɔ:də'roʊ]⟨telb.zn.; bordereaux [-'roʊz]; →mv. 5⟩ **0.1** ***borderel*** ⇒*(specificatie)lijst, staat.*
bor·der·er ['bɔ:d(ə)rə‖'bɔrdərər]⟨telb.zn.⟩ **0.1** ***grensbewoner*** ⇒⟨i.h.b.⟩⟨B-⟩ *grensbewoner v. Eng./Schots grensgebied.*
'bor·der·land ⟨telb. en n.-telb.zn.⟩ **0.1** ***grensgebied*** ⇒*grensstreek/strook* **0.2** ⟨the⟩ ***overgangsgebied*** ⇒*niemandsland.*
'bor·der·line[1] ⟨f1⟩⟨telb.zn.⟩ **0.1** ***grens(lijn)*** ⇒*scheidingslijn, demarcatie.*
borderline[2] ⟨f1⟩⟨bn., attr.⟩ **0.1** ***grens-*** ⇒*dubieus* **0.2** ***net (niet) acceptabel*** ⇒*op het kantje* ◆ **1.1** ~ case *grensgeval.*
'border po'lice ⟨verz.n.⟩ **0.1** ***grenswacht.***
'border post ⟨telb.zn.⟩ **0.1** ***grenspost.***
'border state ⟨telb.zn.⟩ **0.1** ***randstaat*** ⇒*grensstaat.*
'border (up)on ⟨onov.ww.⟩ **0.1** ***grenzen/palen aan*** ⇒*liggen naast, belenden.*
'border village ⟨telb.zn.⟩ **0.1** ***grensdorp.***
bor·dure ['bɔ:djʊə‖'bɔrdʒər]⟨telb.zn.⟩⟨wapenk.⟩ **0.1** ***zoom*** ⇒*rand* ⟨v. schild⟩.
bore[1] [bɔ:‖bɔr]⟨f2⟩⟨telb.zn.⟩ **0.1** ***boorgat*** ⇒*geboord gat, boring;* ⟨mijnw.⟩ *put* **0.2** ***ziel*** ⟨v. vuurwapen⟩ **0.3** ***kaliber*** ⇒*diameter, boring* ⟨v.e. cilinder⟩ **0.4** ***boor*** **0.5** ***(hoge) vloedgolf*** ⇒*bore, getijgolf* **0.6** ⟨pej.⟩ ***vervelend persoon*** ⇒*droogstoppel/pruim, zeur(piet/kous), ouwehoer* **0.7** ⟨inf.⟩ ***vervelend iets*** ⇒*saaie boel, gezanik.*
bore[2] ⟨f3⟩⟨ww.⟩ →boring
I ⟨onov.ww.⟩ **0.1** ***(een gat) boren*** ⇒*drillen, een put slaan* **0.2** ***te (door)boren zijn*** **0.3** ***het hoofd vooruitsteken*** ⇒*de hals strekken* ⟨v. paard⟩ ◆ **1.2** concrete does not ~ well *in beton is moeilijk te boren;*
II ⟨onov. en ov.ww.⟩ **0.1** ***doordringen*** ⇒*boren, moeizaam vooruitkomen* ◆ **6.1** they ~d (their way) **through** the jungle *ze baanden zich moeizaam een weg door het oerwoud;*
III ⟨ov.ww.⟩ **0.1** ***boren*** ⇒*doorboren, uitboren, uithollen, kalibreren* ⟨wapens⟩, *een gat boren in* **0.2** ***vervelen*** **0.3** ⟨atletiek, paardesport⟩ ***opzij/wegduwen*** ⇒*uit de koers drukken* ⟨paard⟩ **0.4** ⟨bokssport⟩ ***in de touwen werken*** ◆ **5.2** ⟨inf.⟩ I'm ~d stiff *ik verveel mij rot/kapot* **6.2** ⟨inf.⟩ she was ~d **to** tears/death *ze verveelde zich dood.*
bore[3] ⟨verl. t.⟩ →bear.
bo·re·al ['bɔ:rɪəl]⟨bn.⟩ **0.1** ***noordelijk*** ⇒*arctisch, boreaal, noorder-* **0.2** ***mbt. de noordenwind/poolwind.***
Bo·re·as ['bɔ:riæs]⟨eig.n., telb.zn.⟩ **0.1** ***Boreas*** ⇒*noordenwind.*
bore·cole ['bɔ:koʊl‖'bɔr-]⟨telb. en n.-telb.zn.⟩ **0.1** ***boerenkool.***
bore·dom ['bɔ:dəm‖'bɔr-]⟨f2⟩⟨zn.⟩
I ⟨telb.zn.⟩ **0.1** ***iets vervelends*** ⇒*saaie boel;*
II ⟨n.-telb.zn.⟩ **0.1** ***verveling*** ⇒*landerigheid, vervelendheid.*

'bore·hole ⟨telb.zn.⟩ **0.1** ***boorgat*** ⇒⟨mijnw.⟩ *put.*
'bore meal ⟨n.-telb.zn.⟩ **0.1** ***boormeel/gruis*** ⇒*boorsel.*
bor·er ['bɔ:rə‖-ər]⟨telb.zn.⟩ **0.1** ***boor(apparaat)*** **0.2** ***boorder*** ⇒*iem. die boort* **0.3** ***borend insekt/weekdier*** ⇒⟨i.h.b.⟩ *rups v. maisboorder, boormossel, boorkever.*
bo·ric ['bɔ:rɪk]⟨bn., attr.⟩⟨schei.⟩ **0.1** ***boor-*** ◆ **1.1** ~ acid *boorzuur.*
bor·ing[1] ['bɔ:rɪŋ]⟨zn.⟩
I ⟨telb.zn.⟩ **0.1** ***boring*** ⇒*boorgat* **0.2** ⟨vnl. mv.⟩ ***boorsel*** ⇒*boormeel, boorgruis;*
II ⟨n.-telb.zn.⟩ **0.1** ***het boren*** ⇒*boring.*
boring[2] ⟨f3⟩⟨bn.; teg. deelw. v. bore; -ly⟩
I ⟨bn.⟩ **0.1** ***vervelend*** ⇒*saai, langdradig, zeurderig, temerig* **0.2** ***(dood)gewoon*** ⇒*eenvoudig;*
II ⟨bn., attr.⟩ **0.1** ***boor-*** ◆ **1.1** a ~ tool *boorgereedschap.*
born [bɔ:n‖bɔrn]⟨f3⟩⟨bn.; (oorspr.) volt. deelw. v. bear⟩
I ⟨bn.⟩ **0.1** ***geboren*** ⇒*van geboorte/afkomst/herkomst/oorsprong/origine* **0.2** ***geboren*** ⇒*voorbestemd, in de wieg gelegd* **0.3** ***geboren*** ⇒*van nature* ◆ **1.2** (as) to the manner ~ *voor iets geboren/geknipt/in de wieg gelegd* **1.¶** all my ~ days *al mijn levensdagen* **2.1** she was ~ French *ze was v. huis uit een Française;* ~ idle/tired *liever lui dan moe, aartslui;* ~ wealthy *van rijke komaf* **2.3** he is ~ a performer/a ~ performer/a performer ~ *hij is een rasartiest* **3.1** ~ and bred *geboren en getogen* **3.2** ~ to be a leader *voor leiderschap in de wieg gelegd* **5.1** ~ **again** *herboren, wedergeboren;* not ~ yesterday *niet van gisteren, niet op z'n achterhoofd gevallen* **6.1** ~ **to** a fortune *erfgenaam v.e. fortuin;*
II ⟨bn., attr.⟩ **0.1** ***volslagen*** ⇒*compleet* ◆ **1.1** a ~ lunatic *een volslagen krankzinnige, een hopeloze gek;*
III ⟨bn., pred.⟩ **0.1** ***geboren*** ⇒*ontsproten, voortgekomen* ◆ **6.1** ~ **of** resentment *uit wrok ontstaan.*
borne [bɔ:n‖bɔrn]⟨volt. deelw.⟩ →bear.
bor·né ['bɔ:neɪ‖bɔr'neɪ]⟨bn.⟩ **0.1** ***geborneerd*** ⇒*bekrompen.*
bo·ro- ['bɔ:roʊ], **bor-** [bɔ:r]⟨schei.⟩ **0.1** ***boor-*** ⇒*boro-* ◆ **¶.1** borofluoride *borofluoride.*
bo·ron ['bɔ:rɒn‖'bɔrɑn]⟨n.-telb.zn.⟩⟨schei.⟩ **0.1** ***boor*** ⇒*borium* ⟨element 5⟩.
bor·ough ['bʌrə‖'bɜroʊ]⟨f2⟩⟨zn.⟩
I ⟨eig.n.; B-; The⟩ **0.1** ***Southwark*** ⟨Londense wijk⟩;
II ⟨telb.zn.⟩ **0.1** ***stad*** ⇒*(stedelijke) gemeente* **0.2** ⟨BE; gesch.⟩ ***kiesdistrict*** **0.3** ⟨AE⟩ ***een v.d. vijf wijken in New York City*** **0.4** ⟨AE⟩ ***provincie*** ⇒*gewest* ⟨in Alaska⟩ ◆ **2.1** municipal ~ *(stedelijke) gemeente* **2.2** parliamentary ~ *(stedelijk) kiesdistrict.*
'borough 'council ⟨telb.zn.⟩ **0.1** ***gemeenteraad.***
'bor·ough-'Eng·lish ⟨n.-telb.zn.⟩⟨gesch.⟩ **0.1** ***minoraat*** ⟨erfopvolging via jongste zoon, broer of dochter⟩.
bor·row ['bɒroʊ‖'bɑroʊ]⟨f3⟩⟨onov. en ov.ww.⟩ →borrowing ⟨→sprw. 750⟩ **0.1** ***lenen*** ⇒*ontlenen* **0.2** ⟨euf.⟩ ***pikken*** ⇒*lenen* ◆ **1.1** ~ ideas/methods *ideeën/methoden overnemen;* ~ed light *teruggekaatst licht;* live on ~ed time *in geleende tijd leven* ⟨terwijl je normaal al dood had moeten zijn⟩ **6.1** ~ money **from/off** s.o. *geld van iem. lenen;* this word is ~ed **from** Latin *dit woord is aan het Latijn ontleend.*
bor·row·er ['bɒrʊə‖'bɑroʊər]⟨f1⟩⟨telb.zn.⟩ **0.1** ***(ont)lener.***
bor·row·ing ['bɒroʊɪŋ‖'bɑ-]⟨f1⟩⟨telb.zn.; oorspr. gerund v. borrow⟩ **0.1** ***iets dat is geleend*** ⇒⟨taalk.⟩ *leenwoord* ◆ **6.1** ~s **from** other languages *woorden aan andere talen ontleend, leenwoorden.*
bors(c)h [bɔ:ʃ‖bɔrʃ], **borscht** [bɔ:ʃt‖bɔrʃt], **borshch** [bɔ:ʃtʃ‖bɔrʃtʃ], **bortsch** [bɔ:tʃ‖bɔrtʃ]⟨n.-telb.zn.⟩ **0.1** ***borsjt*** ⟨Russische bietensoep⟩.
'borscht circuit ⟨n.-telb.zn.; the⟩⟨AE; sl.; dram.⟩ **0.1** ***zomer-tournee in de Catskill Mountain hotels*** ⟨met vnl. Oostjoods publiek⟩.
Bor·stal ['bɔ:stl‖'bɔrstl], **'Borstal institution** ⟨f2⟩⟨telb.zn.; soms b-⟩ ⟨BE⟩ **0.1** ***jeugdgevangenis*** ⇒*opvoedingsgesticht, tuchtschool.*
bort, boart [bɔ:t‖bɔrt]⟨zn.⟩
I ⟨telb.zn.⟩ **0.1** ***onzuivere diamant;***
II ⟨n.-telb.zn.⟩ **0.1** ***boort*** ⇒*diamantafval.*
bor·zoi ['bɔ:zɔɪ‖'bɔr-]⟨telb.zn.⟩ **0.1** ***barzoi*** ⟨Russische windhond⟩.
bos·cage, bos·kage ['bɒskɪdʒ‖'bɑs-]⟨telb. en n.-telb.zn.⟩ **0.1** ***bosschage*** ⇒*bosje, kreupelhout, struikgewas.*
bosh [bɒʃ‖bɑʃ]⟨n.-telb.zn.⟩⟨inf.⟩ **0.1** ***onzin*** ⇒*kletskoek.*
bosk, bosque [bɒsk‖bɑsk]⟨telb.zn.⟩⟨vero.⟩ **0.1** ***bosschage*** ⇒*bosje.*
bos·ket, bos·quet ['bɒskɪt‖'bɑs-]⟨telb.zn.⟩⟨vero.⟩ **0.1** ***bosschage*** ⇒*bosje.*
bos·ky ['bɒski‖'bɑski]⟨bn.; -ness; →bijw. 3⟩⟨schr.⟩ **0.1** ***bosachtig*** ⇒*bebost, begroeid.*
bo(')s'n, bo(')·sun ['boʊsn]⟨telb.zn.⟩⟨verk.⟩ boatswain **0.1** ***boots*** ⇒*bootsman.*
bos·om ['bʊzəm]⟨f2⟩⟨telb.zn.⟩ **0.1** ***borst*** ⇒*buste, boezem* **0.2** ***borststuk*** ⟨v. kledingstuk; AE ook v. herenkleding⟩ **0.3** ***ruimte tussen borst en kleding*** ⇒*boezem* **0.4** ***oppervlak*** ⟨vnl. v. zee, meer, aar-

de⟩ **0.5** ***boezem*** ⇒*kring v. bijeenhorende personen* **0.6** ⟨schr.⟩ ***gemoed*** ⇒*hart, boezem* ◆ **1.5** return to the ~ of the church *terugkeren in de armen/schoot v.d. kerk.*

'bosom friend ⟨f1⟩⟨telb.zn.⟩ **0.1** ***hartsvriend(in)*** ⇒*boezemvriend (in).*

bos·om·y ['bʊzəmi]⟨f1⟩⟨bn.⟩ **0.1** ***met zware boezem*** ⇒*met een flink gemoed.*

boss[1] [bɒs‖bɔs]⟨f3⟩⟨telb.zn.⟩ **0.1** ⟨inf.⟩ ***baas*** ⇒*chef, voorman* **0.2** ⟨AE; inf.; pol.⟩ ***partijbons*** ⇒*partijbaas, kopstuk* **0.3** ***knop*** ⇒*knobbel, uitstulping* ⟨als versiersel op schild⟩ **0.4** ⟨bouwk.⟩ ***rozet*** ⟨versiersel op kruispunt v. ribben in gewelf⟩ ⇒*sluitsteen* **0.5** ⟨tech.⟩ ***naaf*** **0.6** ⟨AE⟩ ***koe*** ⇒*kalf* **0.7** ⟨BE; sl.⟩ ***slecht schot*** ⇒*misser, puinhoop, knoeiboel* **0.8** ⟨boogschieten⟩ ***doelpak*** ⇒*schietstand* ◆ **3.7** make a ~ of it *het verknoeien.*

boss[2] ⟨f1⟩⟨ww.⟩

I ⟨onov. en ov.ww.⟩⟨inf.⟩ **0.1** ***commanderen*** ⇒*de baas spelen (over), orders geven (aan)* ◆ **1.1** ~ the show *alles regelen* **5.1** ~ one's sister **about/around** *zijn zusje lopen te commanderen;*

II ⟨ov.ww.⟩ **0.1** ⟨tech.⟩ ***drijven*** ⇒*bosseleren, figuren in metaal kloppen* **0.2** ⟨BE; sl.⟩ ***missen*** ⇒*verknoeien.*

'boss-'eyed ⟨bn.⟩⟨BE; sl.⟩ **0.1** ***scheel*** ⇒*aan een oog blind.*

bos·sism ['bɒsɪzm‖'bɔs-]⟨n.-telb.zn.⟩ **0.1** ***overheersing v.e. organisatie/partij door partijbonzen.***

'boss-man ⟨telb.zn.; bossmen; →mv. 3⟩ **0.1** ***baas*** ⇒*chef, voorman.*

'boss shot ⟨telb.zn.⟩⟨BE; sl.⟩ **0.1** ***slecht schot*** ⇒*misser, knoeiboel* ◆ **3.1** make a ~ at sth. *iets voor het eerst (en waarschijnlijk slecht) proberen.*

boss·y ['bɒsi‖'bɔsi]⟨f1⟩⟨bn.; -er; -ly; -ness; →bijw. 3⟩⟨inf.⟩ **0.1** ***bazig*** ⇒*overheersend, autoritair.*

'boss·y-boots, 'boss·y-pants ⟨telb.zn.⟩⟨inf.⟩ **0.1** ***bazige tante*** ⇒*bemoeiziek iem., bemoeial.*

bo·sun ['bousn]⟨telb.zn.⟩⟨verk.⟩ boatswain **0.1** ***bootsman.***

Bos·well ['bɒzwəl‖'bɑz-]⟨telb.zn.⟩ **0.1** ***toegewijd/ijverig biograaf*** ⟨zoals James Boswell⟩.

bot ⟨afk.⟩ botany, bottle, bought.

BOT ⟨afk.⟩ Board of Trade.

bo·tan·i·cal [bə'tænɪkl], **bo·tan·ic** [-ɪk]⟨f1⟩⟨bn., attr.⟩ **0.1** ***botanisch*** ⇒*plantkundig* **0.2** ***plantaardig*** ⇒*uit planten verkregen* ◆ **1.1** ~ garden *botanische tuin, hortus botanicus* **1.2** a ~ drug *een plantaardig geneesmiddel.*

bot·a·nist ['bɒtənɪst‖'bɑtn-]⟨f1⟩⟨telb.zn.⟩ **0.1** ***plantkundige*** ⇒*botanist.*

bot·a·nize, -nise ['bɒtənaɪz‖'bɑtn-]⟨onov. en ov.ww.⟩ **0.1** ***botaniseren*** ⇒*(planten) verzamelen en bestuderen* ◆ **1.1** last year he ~d Ghana *vorig jaar heeft hij de flora v. Ghana bestudeerd.*

bot·a·ny ['bɒtəni‖'bɑtni]⟨f1⟩⟨n.-telb.zn.⟩ **0.1** ***plantkunde*** ⇒*botanie.*

botch[1] [bɒtʃ‖bɑtʃ], **'botch-up, bodge** ⟨f1⟩⟨telb.zn.⟩⟨inf.⟩ **0.1** ***knoeiwerk*** ⇒*puinhoop* **0.2** ***slechte reparatie*** ◆ **3.1** make a ~ of sth. *iets verknoeien.*

botch[2], **bodge** ⟨f1⟩⟨ov.ww.⟩⟨inf.⟩ **0.1** ***verknoeien*** ⇒*een puinhoop maken van, doen mislukken* **0.2** ***oplappen*** ⇒*slecht/slordig repareren* ◆ **1.2** that plumber ~ed the repairs *die loodgieter heeft niets v. die reparatie terecht gebracht* **5.1** ~ **together** *ineenflansen;* ~ it **up** *het verknallen.*

botch·er ['bɒtʃə‖'bɑtʃər]⟨telb.zn.⟩⟨inf.⟩ **0.1** ***kluns*** ⇒*knoeier, prutser.*

botch·y ['bɒtʃi‖'bɑtʃi]⟨bn.; -er; -ly; →bijw. 3⟩ **0.1** ***slecht*** ⇒*slordig, slecht/slordig gerepareerd.*

'bot·fly ⟨telb.zn.⟩ **0.1** ***paardevlieg*** ⟨genus Gasterophilus of Oestrus⟩.

both[1] [bouθ]⟨f4⟩⟨telw.; →onbepaald woord⟩ **0.1** ***beide(n)*** ⇒*allebei, getweeën, alle twee* ◆ **1.1** Jack and Jill ~ got hurt *Jack en Jill raakten beiden gewond* **3.1** they could ~ sing *ze konden beiden zingen* **4.1** I saw them ~ *ik heb ze alle twee gezien* **6.1** ~ **of** them *alle twee.*

both[2] ⟨f4⟩⟨onb.det., predet.; →onbepaald woord⟩ **0.1** ***beide*** ⇒*allebei, de/alle twee* ◆ **1.1** ~ (the) children were frightened *allebei de kinderen waren bang;* he hurt ~ feet *hij raakte gewond aan beide voeten.*

both[3] ⟨f4⟩⟨nevensch.vw.; correleert met and⟩ **0.1** ***zowel*** ⇒*beide* ◆ **1.1** ~ Jack and Jill got hurt *zowel Jack als Jill raakten gewond* **2.1** ~ tall and slim *lang en slank* **3.1** went ~ this way and that *ging zus en zo* **¶.1** he was present ~ when the fire broke out and when the car crashed *hij was zowel aanwezig toen de brand uitbrak als toen de auto verongelukte.*

both·er[1] ['bɒðə‖'bɑðər]⟨f2⟩⟨zn.⟩

I ⟨telb.zn.⟩ **0.1** ***last*** ⇒*lastpost, plaag* ◆ **3.1** a ~ to you *u tot last;*

II ⟨n.-telb.zn.⟩ **0.1** ***moeite*** ⇒*probleem, moeilijkheid, ongemak* **0.2** ***drukte*** ⇒*gezeur* ◆ **3.1** we had a lot of ~ finding the house *het heeft ons veel moeite gekost om het huis te vinden.*

bother[2] ⟨f3⟩⟨ww.⟩

I ⟨onov.ww.⟩ **0.1** ***de moeite nemen*** ⇒*zich de moeite geven* ◆ **3.1** don't ~ changing/to change *je hoeft je niet om te kleden* **6.1** don't ~ **about** that *maak je daar nu maar niet druk om;* too busy to ~ **with** such things *te druk om zich met zulke dingen bezig te houden* **¶.1** don't ~ *doe maar geen moeite, laat maar* **¶.¶** ~! *verdomme!, wat naar nou!;*

II ⟨ov.ww.⟩ **0.1** ***lastig vallen*** ⇒*hinderen, ergeren, dwars zitten* ◆ **1.1** don't ~ your head/yourself about it *maak je er maar niet druk om;* his leg ~s him a lot *hij heeft veel last van zijn been;* ~ the lot of you, be quiet *hou verdomme allemaal je mond;* don't ~ your sister when she is reading *laat je zusje met rust als ze zit te lezen* **3.1** I can't be ~ed *ik heb geen zin/dat is me te veel moeite* **4.1** what's ~ing her? *wat heeft ze toch?.*

both·er·a·tion ['bɒðə'reɪʃn‖'bɑ-]⟨telb. en n.-telb.zn.⟩ **0.1** ⟨zelden⟩ ***gezeur*** ⇒*last, moeite; verdomme, wat vervelend.*

both·er·some ['bɒðəsəm‖'bɑðər-]⟨f1⟩⟨bn.⟩ **0.1** ***ergerlijk*** ⇒*vervelend, irritant, hinderlijk, lastig.*

both·y ['bɒθi]⟨telb.zn.; →mv. 2⟩⟨Sch. E⟩ **0.1** ***(berg)hut*** **0.2** ***boerenstulp.***

'bo tree ⟨telb.zn.⟩ **0.1** ***heilige Indische vijgeboom*** ⟨Ficus religiosa⟩.

bo·try·tis [bou'traɪtɪs]⟨n.-telb.zn.⟩ **0.1** ***botrytis*** ⇒*grauwe schimmel, smeul;* ⟨op wijndruiven⟩ *edele rotting.*

bot(t) [bɒt‖bɑt]⟨telb.zn.⟩ **0.1** ***larve v.e. paardevlieg/daas.***

bot·tle[1] ['bɒtl‖'bɑtl]⟨f3⟩⟨zn.⟩

I ⟨telb.zn.⟩ **0.1** ***fles*** ⇒⟨fig.⟩ *drank* **0.2** ⟨AE; sl.⟩ ***glazen isolator*** ⟨voor bovengrondse leidingen⟩ **0.3** ⟨gew.⟩ ***bundel*** ⇒*bos* ◆ **3.1** crack a ~ *een fles aanspreken, een fles soldaat maken;* ⟨inf.⟩ hit the ~ *(te veel) beginnen te drinken* **6.1** a ~ **of** rum *een fles rum;* my baby is brought up **on** the ~ *mijn baby wordt met de fles grootgebracht/krijgt de fles/is aan de fles;* **on** the ~ *aan de drank (verslaafd);* let's discuss this **over** a ~ *zullen we dit onder een drankje bespreken?;*

II ⟨n.-telb.zn.⟩⟨BE; inf.⟩ **0.1** ***lef*** ⇒*moed, durf* ◆ **3.1** lose one's ~ *bang worden* **7.1** he's got no ~ *hij is een (bange)schijterd.*

bottle[2] ⟨f2⟩⟨ww.⟩

I ⟨onov.ww.⟩⟨BE; inf.⟩ ◆ **5.¶** ~ **out** *ertussenuit knijpen, niet durven (mee)doen/gaan;* ~ **out** of the final test *voor de beslissende test terugschrikken/deinzen;*

II ⟨ov.ww.⟩ **0.1** ***bottelen*** ⇒*in flessen doen* **0.2** ***inmaken*** ◆ **1.2** ~d pears *ingemaakte peren* **5.¶** →bottle **up** **¶.¶** ⟨sl.⟩ ~d *dronken.*

'bottle baby ⟨telb.zn.⟩⟨BE⟩ **0.1** ***flessekind*** **0.2** ⟨AE; sl.⟩ ***zuiplap.***

'bottle bank ⟨telb.zn.⟩ **0.1** ***glasbak.***

'bot·tle·brush ⟨telb.zn.⟩ **0.1** ***flesseborstel*** ⇒*flessewisser.*

'bot·tle-feed ⟨f1⟩⟨onov. en ov.ww.⟩ **0.1** ***met de fles grootbrengen*** ⇒⟨fig.⟩ *vertroetelen* ◆ **1.1** bottle-fed baby *flessekind, fleskindje.*

bot·tle·ful ['bɒtlful‖'bɑtl-]⟨telb.zn.⟩ **0.1** ***fles*** ◆ **6.1** John drank three ~s **of** milk *John dronk drie flessen melk (leeg).*

'bottle glass ⟨n.-telb.zn.⟩ **0.1** ***flessenglas*** ⇒*donkergroen glas.*

'bottle 'green ⟨f1⟩⟨n.-telb.zn.; vaak attr.⟩ **0.1** ***donkergroen*** ⇒*flessegroen.*

'bottle heath ⟨n.-telb.zn.⟩⟨plantk.⟩ **0.1** ***gewone dopheide*** ⟨Erica tetralix⟩.

'bot·tle·neck ⟨f1⟩⟨zn.⟩

I ⟨telb.zn.⟩ **0.1** ***flessehals*** ⟨ook fig.⟩ ⇒*knelpunt, bottleneck;*

II ⟨n.-telb.zn.⟩ **0.1** →bottleneck guitar.

'bottleneck guitar, 'bottleneck ⟨n.-telb.zn.⟩ **0.1** ***bottleneck (gitaar)*** ⟨bep. stijl v. gitaar spelen⟩.

'bottle nose ⟨telb.zn.⟩ **0.1** ***gezwollen neus*** ⇒*drankneus.*

'bot·tle-nosed ⟨bn.⟩ ◆ **1.¶** ⟨dierk.⟩ ~ dolphin *tuimelaar* ⟨dolfijn; Tursiops truncatus⟩.

'bot·tle·o·pen·er ⟨f1⟩⟨telb.zn.⟩ **0.1** ***flesopener*** ⇒*wipper.*

'bottle party ⟨telb.zn.⟩ **0.1** ***Amerikaanse fuif*** ⟨feestje waarbij ieder een fles drank mee brengt⟩.

'bottle shop, 'bottle store ⟨telb.zn.⟩ **0.1** ***drankwinkel/zaak*** ⇒*slijterij.*

'bottle 'up ⟨f1⟩⟨ov.ww.⟩ **0.1** ***opkroppen*** **0.2** ***omsingelen*** ⇒*insluiten* ◆ **1.1** ~ your anger *je woede opkroppen* **1.2** the enemy forces were bottled up in a valley *de vijandelijke troepen waren ingesloten in een dal.*

'bot·tle-wash·er ⟨telb.zn.⟩ **0.1** ***flessenspoeler*** ⇒⟨inf.⟩ *manusje v. alles, factotum, duivelstoejager.*

bot·tling ['bɒtlɪŋ‖'bɑ-]⟨telb.zn.⟩ **0.1** ***gebottelde drank*** ⇒*botteling* ⟨i.h.b. wijn⟩.

bot·tom[1] ['bɒtəm‖'bɑtəm]⟨f3⟩⟨zn.⟩⟨→sprw. 43, 293⟩

I ⟨telb.zn.⟩ **0.1** ***bodem*** ⇒⟨fig.⟩ *grond, het diepst* **0.2** ***onderste deel*** ⇒*bodem, voet, onderkant, basis* ⟨ook fig.⟩; *lage instrumenten* ⟨in orkest⟩ **0.3** ***het verste deel/punt*** ⇒⟨fig.⟩ *het minst eervolle gedeelte* **0.4** ***oorzaak*** ⇒*basis, reden* **0.5** ***zitting*** ⟨v.e. stoel⟩ **0.6** ⟨inf.⟩ ***achterste*** ⇒*gat* **0.7** ***kiel*** ⇒⟨fig.⟩ *schip, bodem* ◆ **1.1** from the ~ of my heart *uit de grond v. mijn hart* **1.3** Jack is at the ~ of his class *Jack is een v.d. slechtsten v. zijn klas;* the ~ of the garden *achterin*

de tuin; the ~ of the social ladder *onderaan de sociale ladder* **1.¶** it's in the ~ of the bag *het is het laatste redmiddel;* get to the ~ of the heap *tot de verliezers/mislukkelingen (gaan) behoren* **3.1** go to the ~ *zinken, ten onder gaan;* send to the ~ *in de grond boren, kelderen;* touch ~ *vaste bodem voelen, kunnen staan;* ⟨fig.⟩ *het laagste peil bereiken; diep in de put zitten* **3.2** the ~ is going to fall out of the gold market soon *de bodem valt binnenkort wel uit de goudmarkt, de goudmarkt stort binnenkort in;* knock the ~ out of sth. *iets waardeloos/krachteloos maken, doen mislukken;* knock the ~ out of an argument *een argument ontzenuwen;* reach ~ *de bodem bereiken, het laagste punt bereiken* **3.6** behave, or I'll smack your ~! *gedraag je, of je krijgt een pak voor je broek!* **5.2** ~ **up** *onderste boven* **5.¶** ⟨inf.⟩ ~s **up!** *ad fundum!, drink je glas leeg!* **6.2 at/in/on** the ~ of his glass *op de bodem van zijn glas;* **at** the ~ of the mountain/the stairs *aan de voet v.d. berg/trap;* **from** the ~ up *van bij het begin, helemaal (opnieuw)* **6.4 at** ~ *eigenlijk, in wezen;* tell me who is **at** the ~ of this *zeg me wie hier verantwoordelijk voor is/wie hier achter steekt;* get **to** the ~ of this *dit grondig uitzoeken;*
II ⟨n.-telb.zn.⟩ ⟨bridge⟩ **0.1** ***nul;***
III ⟨mv.; ~s⟩ **0.1** ⟨the⟩ ***laagliggend stuk land langs rivier* 0.2 *piamabroek*.**

bottom[2] ⟨f2⟩ ⟨bn., attr.⟩ **0.1** ***onderste*** ⇒*laatste, laagste* ◆ **1.1** on the ~ rung *op de eerste sport/tree* **1.¶** ~ dog *de zwakste, de onderdrukte;* you can bet your ~ dollar *daar kun je je laatste stuiver onder verwedden;* ⟨BE; inf.⟩ ~ drawer *uitzet;* ⟨inf.⟩ from the ~ drawer *van het laagste/minste allooi;* ⟨BE⟩ ~ gear *laagste versnelling;* ⟨inf.⟩ ~ man *allerlaatste in de rij, rode-lantaarndrager.*

bottom[3] ⟨f1⟩ ⟨ww.⟩
I ⟨onov.ww.⟩ **0.1** ***de bodem raken*** ⇒*op de bodem rusten* ◆ **1.1** the wreck ~ed on the floor of the Atlantic *het wrak rustte op de bodem v.d. Atlantische Oceaan* **5.1** oil prices ~ **out** in 1973 *de olieprijzen bereikten hun laagste peil in 1973;*
II ⟨ov.ww.⟩ **0.1** ***van een bodem voorzien*** ⇒*matten* ⟨stoelen⟩ **0.2** ***doorgronden*** ⇒*begrijpen* **0.3** ***funderen*** ⇒*baseren* ◆ **1.2** ~ the mysteries of acupuncture *de raadselen v.d. acupunctuur doorgronden* **6.3** ~ your theories **on** sound data *baseer je theorieën op betrouwbare gegevens.*

'bot·tom·land ⟨n.-telb.zn.⟩ **0.1** ***laagliggend stuk land langs rivier*.**

bot·tom·less ['bɒtəmləs‖'bɑṭəm-] ⟨f1⟩ ⟨bn.⟩ **0.1** ***bodemloos*** ⇒*heel diep* **0.2** ***onuitputtelijk*** ⇒*ongelimiteerd* **0.3** ⟨AE; inf.⟩ ***naakt*** ⇒*bloot* ◆ **1.1** ⟨fig.⟩ a ~ pit *een bodemloze put* **1.¶** the ~ pit *de bodemloze put, de hel;* ⟨op menu's e.d.⟩ ~ cup *drinken* ⟨i.h.b. koffie/thee⟩ *naar believen/zoveel als u maar wilt.*

'bot·tom-'line ⟨f1⟩ ⟨telb.zn.; ook attr.⟩ **0.1** ***saldo*** **0.2** ***einduitkomst*** ⇒*resultaat* **0.3** ***hoofdkenmerk*** ◆ **1.1** ~ numbers *winst- of verliescijfers* **1.2** the ~ of the lesson *de moraal v.h. verhaal* **1.3** vitality was his ~ *vitaliteit was zijn voornaamste eigenschap.*

bot·tom·most ['bɒtəmmoʊst‖'bɑṭəm-] ⟨bn.⟩ **0.1** ***onderste*** ⇒*laagste.*

bot·tom·ry ['bɒtəmri‖'bɑṭəmri] ⟨n.-telb.zn.⟩ **0.1** ***bodemerij*** ⟨systeem waarbij de reder/gezagvoerder geld leent met zijn schip als onderpand⟩.

bot·ty ['bɒti‖'bɑti] ⟨telb.zn.; →mv. 2⟩ ⟨inf.⟩ **0.1** ***achterste*** ◆ **3.1** behave, or I'll smack your ~! *gedraag je, of je krijgt een pak voor je broek!.*

bot·u·lism ['bɒtʃʊlɪzm‖'bɑtʃə-] ⟨n.-telb.zn.⟩ **0.1** ***botulisme*** ⟨vergiftiging door bedorven voedsel⟩.

bou·clé ['bu:kleɪ‖-'kleɪ], **bou·cle** ⟨n.-telb.zn.⟩ **0.1** ***bouclé*** ⟨soort ruwe garen stof⟩.

bou·doir ['bu:dwɑ:‖-dwɑr] ⟨telb.zn.⟩ **0.1** ***boudoir*** ⟨klein damesvertrek⟩.

bouf·fant ['bu:fɒŋ‖'bu:'fɑnt] ⟨bn.⟩ **0.1** ***wijd uitstaand*** ⟨v. jurk, haar⟩.

bou·gain·vil·l(a)ea ['bu:gən'vɪlɪə] ⟨telb.zn.⟩ **0.1** ***bougainvillea*** ⟨tropische plant⟩.

bough [baʊ] ⟨f1⟩ ⟨telb.zn.⟩ **0.1** ***(grote) tak*.**

bought ⟨verl. t. en volt. deelw.⟩ →buy.

'bought book ⟨telb.zn.⟩ ⟨hand.⟩ **0.1** ***inkoopboek*.**

bought·en ['bɔ:tn] ⟨bn.⟩ ⟨AE⟩ **0.1** ***in de winkel gekocht*.**

bou·gie ['bu:ʒi] ⟨telb.zn.⟩ **0.1** ***kaars*** **0.2** ⟨med.⟩ ***bougie*** ⇒*dilatator* **0.3** ⟨AE; med.⟩ ***zetpil*.**

bouil·la·baisse ['bu:jə'bes‖-'beɪs] ⟨telb. en n.-telb.zn.⟩ **0.1** ***bouillabaisse*** ⟨Provençaalse vissoep⟩.

boul·der, ⟨AE sp. soms⟩ **bowl·der** ['boʊldə‖-ər] ⟨f2⟩ ⟨telb.zn.⟩ **0.1** ***kei*** ⇒*rolsteen, zwerfkei, zwerfblok.*

'boulder clay ⟨n.-telb.zn.⟩ ⟨geol.⟩ **0.1** ***keileem*.**

'boulder period ⟨telb.zn.; ook B-⟩ **0.1** ***ijstijd*.**

boule[1] [bu:l] ⟨n.-telb.zn.⟩ **0.1** ***jeu de boules*** ⇒*pétanque* ⟨Frans balspel⟩ **0.2** →buhl.

bou·le[2] ['bu:li, bu:'leɪ] ⟨telb.zn.; vaak B-⟩ **0.1** ***boulè*** ⟨wetgevend lichaam v.h. oude en moderne Griekenland⟩.

boul·e·vard ['bu:lvɑ:, -vɑ:d‖'bʊləvɑrd] ⟨f2⟩ ⟨telb.zn.⟩ **0.1** ***boulevard*** ⇒*hoofdverkeersweg.*

boulle →buhl.

boult →bolt[2].

boulter →bolter.

bounce[1] [baʊns] ⟨f1⟩ ⟨zn.⟩
I ⟨telb.zn.⟩ **0.1** ***stuit*** ⇒*terugsprong* ⟨v. bal⟩ **0.2** ***plotse sprong*** **0.3** ⟨BE⟩ ***brutale leugen*** ⇒*verzinsel* **0.4** ***klap*** ⇒*knal* **0.5** ⟨muz.⟩ ***verende beat*** ◆ **6.1** she caught the ball **on** the ~ *ze ving de bal na een keer stuit(er)en* **¶.4** ~! *boem! beng!;*
II ⟨n.-telb.zn.⟩ **0.1** ***vermogen tot stuit(er)en*** ⟨van bal⟩ **0.2** ***levendigheid*** ⇒*beweeglijkheid* **0.3** ***opschepperij*** ⇒*praatjes, snoeverij, grootspraak, pocherij* **0.4** ⟨the⟩ ***ontslag*** ⇒*bons* ◆ **2.2** full of ~ *levenslustig* **3.1** lose its ~ *niet meer stuiteren.*

bounce[2] ⟨f3⟩ ⟨ww.⟩ →bouncing
I ⟨onov.ww.⟩ **0.1** ***stuit(er)en*** ⇒*terugkaatsen* **0.2** ***springen*** ⇒*wippen* **0.3** ⟨inf.⟩ ***ongedekt zijn*** ⇒*geweigerd worden* ⟨v. cheque⟩ **0.4** ⟨inf.⟩ ***opscheppen*** ⇒*opsnijden, snoeven* ◆ **1.3** he paid by cheque but it ~d *hij betaalde met een ongedekte cheque* **5.1** ⟨inf.; fig.⟩ ~ **back** after a setback *er na een tegenslag weer bovenop komen, zich van een tegenslag herstellen* **5.2** he ~d **out** angrily *hij stormde woest naar buiten* **6.2** she ~d **into** the room *ze viel de kamer binnen* **6.¶** →bounce **out with;**
II ⟨ov.ww.⟩ **0.1** ***laten stuit(er)en*** ⇒*kaatsen, stuit(er)en* **0.2** ⟨inf.⟩ ***eruit gooien*** ⇒*ontslaan* **0.3** ***overbluffen*** ⇒*met een grote mond ergens toe dwingen* **0.4** ***weigeren*** ⇒*terugsturen* ⟨cheque, wegens saldotekort⟩ ◆ **1.1** Lucia ~d her sister (on her knee) *Lucia liet haar zusje paardje rijden (op haar knie)* **6.3** Phil ~d Tim **into** doing what he wanted *met zijn grote mond kreeg Phil Tim zover dat hij deed wat hij wilde.*

'bounce 'out with ⟨onov.ww.⟩ **0.1** ***eruit flappen*.**

bounc·er ['baʊnsə‖-ər] ⟨telb.zn.⟩ **0.1** ***iem. die/iets dat stuit*** **0.2** ⟨inf.⟩ ***uitsmijter*** **0.3** ⟨inf.⟩ ***opschepper*** ⇒*opsnijder* **0.4** ***leugen*** **0.5** ⟨inf.⟩ ***kanjer*** **0.6** ⟨inf.⟩ ***cheque die geweigerd wordt*** ⇒*ongedekte/vervalste cheque.*

bounc·ing ['baʊnsɪŋ] ⟨f2⟩ ⟨bn.; teg. deelw. v. bounce⟩ **0.1** ***gezond*** ⇒*levendig, actief* **0.2** ***fors*** ⇒*flink, overdreven* ◆ **1.1** a ~ baby *een flinke/levendige baby, een baby waar pit/leven in zit.*

bounc·y ['baʊnsi] ⟨f1⟩ ⟨bn.; ook -er; -ly; -ness; →bijw. 3⟩ **0.1** ***levendig*** ⇒*levenslustig, luidruchtig, druk* **0.2** ***die/dat kan stuiten*** **0.3** ***veerkrachtig*** ◆ **1.2** what a ~ ball this is *wat stuitert deze bal goed.*

bound[1] [baʊnd] ⟨f3⟩ ⟨telb.zn.⟩ **0.1** ***grens*** ⇒⟨wisk.⟩ *limiet,* ⟨fig., in mv.⟩ *perken* **0.2** ***sprong*** **0.3** ***stuit*** ⇒*terugsprong* ⟨v. bal⟩ ◆ **3.1** his anger knew no ~s *zijn woede kende geen grenzen/ging alle perken te buiten* **3.¶** ⟨BE⟩ beat the ~s *de grenzen v.d. parochie markeren;* keep within the ~s of reason *redelijk blijven* **6.1 out of** ~s *verboden terrein, taboe* ⟨ook fig.⟩ **6.2 at** a/one ~ *met één sprong;* he tried to hit the ball **on** the ~ but he missed *hij probeerde de bal te raken toen hij opstuitte maar hij sloeg mis.*

bound[2] ⟨f3⟩ ⟨bn.; volt. deelw. v. bind⟩
I ⟨bn.⟩ **0.1** ⟨boek.⟩ ***gebonden*** **0.2** ⟨taalk.⟩ ***gebonden*** ⟨tgo. vrij⟩ **0.3** ⟨schei.⟩ ***gebonden*** ⇒*verbonden;*
II ⟨bn., attr.⟩ **0.1** ***leer-*** ◆ **1.1** a ~ boy/girl *een leerjongen/leermeisje;*
III ⟨bn., pred.⟩ **0.1** ***gebonden*** ⇒*vast* **0.2** ***zeker*** **0.3** ***verplicht*** **0.4** ***vastbesloten*** **0.5** ***op weg*** ⇒*onderweg* ◆ **3.2** he's ~ to pass his exam *hij haalt zijn examen beslist* **3.3** I feel ~ to warn you *ik voel me verplicht je te waarschuwen* **3.4** ~ and determined to try it *vastbesloten het te proberen* **4.2** I'll be ~ *daar sta ik voor in, daar ben ik zeker van, beslist* **6.1** he's ~ **to** his job *hij zit vast aan zijn werk;* she's completely ~ **up in** her research *ze gaat helemaal op in haar onderzoek;* our future is ~ **up with** that of the EEC *onze toekomst is nauw verbonden met die v.d. EEG* **6.5** this train is ~ **for** Poland *deze trein gaat naar Polen.*

bound[3] ⟨f2⟩ ⟨ww.⟩
I ⟨onov.ww.⟩ **0.1** ***springen*** **0.2** ***stuit(er)en*** ⇒*terugkaatsen* ◆ **5.1** the dogs ~ed **down** the hill *de honden kwamen met grote sprongen de heuvel af;*
II ⟨ov.ww.⟩ **0.1** ***begrenzen*** ⇒*de grens vormen, beperken* ◆ **1.1** Belgium is ~ed on the South by France *België grenst in het Zuiden aan Frankrijk.*

-bound [baʊnd] ⟨volt. deelw. v. bind⟩ **0.1** ⟨ong.⟩ ***gehinderd door*** ⇒*vastzittend aan* **0.2** ***gebonden in*** ◆ **¶.1** be snowbound *vastzitten in de sneeuw* **¶.2** leather-bound books *in leer gebonden boeken.*

bound·a·ry ['baʊndri] ⟨f3⟩ ⟨telb.zn.; →mv. 2⟩ **0.1** ***grens*** ⇒*grenslijn* **0.2** ⟨cricket⟩ ***boundary*** ⇒*grenslijn, slag tot/over de grenslijn* ◆ **3.1** mark the ~ between the two estates *de grens tussen de twee landgoederen aangeven* **3.2** hit a ~ *een boundary slaan* **6.1** this is **beyond** the ~ **of** human knowlegde *dit gaat de kennis van de mens te boven.*

'boundary symbol ⟨telb.zn.⟩ ⟨taalk.⟩ **0.1** ***grenssymbool*.**

bound·en ['baʊndən]⟨bn., attr.⟩⟨vero., tenzij in uitdr. onder 1.1⟩ **0.1** ***bindend*** ◆ **1.1** ⟨schr.⟩ ~ duty *dure/heilige plicht.*

boun·der ['baʊndə‖-ər]⟨telb.zn.⟩ **0.1** ***iem. die/iets dat springt/stuit*** **0.2** ⟨vero.; BE; inf.⟩ ***onbeschoft persoon*** ⇒*proleet.*

bound·less ['baʊndləs]⟨f1⟩⟨bn.; -ly; -ness⟩ **0.1** ***grenzeloos*** ⇒*onbegrensd, oneindig, ongelimiteerd.*

boun·te·ous ['baʊn̩tɪəs], **boun·ti·ful** ['baʊn̩tɪfl]⟨bn.; -ly; -ness⟩ ⟨schr.⟩ **0.1** ***vrijgevig*** ⇒*gul, genereus, royaal* **0.2** ***overvloedig*** ⇒*copieus, rijk* ◆ **1.1** Lady Bountiful *weldoenster;* my uncle has always been a ~ giver *mijn oom is altijd heel gul geweest* **1.2** a ~ harvest *een rijke oogst.*

boun·ty ['baʊn̩ti]⟨f1⟩⟨zn.; →mv. 2⟩
I ⟨telb.zn.⟩ **0.1** ***(gulle) gift*** ⇒*donatie* **0.2** ***premie*** ⇒*bonus* ◆ **3.2** the government gives a ~ for every killed rat *de regering keert een premie uit voor elke gedode rat;*
II ⟨n.-telb.zn.⟩ **0.1** ***gulheid*** ⇒*vrijgevigheid.*

'bounty hunter ⟨telb.zn.⟩ **0.1** ***premiejager.***

bou·quet ['boʊ'keɪ, 'bu:-]⟨f2⟩⟨zn.⟩
I ⟨telb.zn.⟩ **0.1** ***boeket*** ⇒*bos bloemen, ruiker* **0.2** ***complimentje*** ⇒*lof* ◆ **2.1** ~ garni *kruidenbuiltje* **3.¶** hand out ~s to s.o. *iem. prijzen, iem. in de bloemetjes zetten;*
II ⟨telb. en n.-telb.zn.⟩ **0.1** ***boeket*** ⇒*geur en smaak* ⟨v. wijn⟩.

bour·bon ['bʊəbən‖'bɜr-]⟨f1⟩⟨zn.⟩⟨AE⟩
I ⟨telb.zn.; B-⟩ **0.1** ***reactionair*** ⇒*conservatief;*
II ⟨n.-telb.zn.⟩ **0.1** ***bourbon*** ⟨Am. whisky⟩.

'bourbon 'biscuit ⟨telb.zn.⟩ **0.1** ***chocoladewafeltje.***

bour·don ['bʊədn‖'bʊrdn]⟨telb.zn.⟩⟨muz.⟩ **0.1** ***bourdon*** ⟨16- of 32-voets orgelregister⟩ ⇒*zware labiaalstem* **0.2** ***bourdon*** ⟨zware luidklok v. klokkenspel⟩ **0.3** ***baspijp*** ⟨v. doedelzak⟩ **0.4** ***brompijp*** ⟨v. doedelzak⟩.

bour·geois[1] ['bʊəʒwɑ:‖bʊr'ʒwɑ]⟨n.-telb.zn.⟩ **0.1** ***bourjois*** ⟨drukletter v. ong. 9 punten⟩.

bour·geois[2] ⟨f2⟩⟨telb.zn.; bourgeois; →mv. 4⟩ **0.1** ***bourgeois*** ⇒*burger, iem. uit de middenstand/bezittende klasse* **0.2** ⟨pej.⟩ ***bourgeois*** ⇒*bekrompen/kleinburgerlijk persoon.*

bourgeois[3] ⟨f2⟩⟨bn.⟩ **0.1** ***(klein)burgerlijk*** ⇒*bourgeois.*

bour·geoi·sie ['bʊəʒwɑ:'zi:‖'bʊr-]⟨telb., verz.n.; bourgeoisie; →mv. 4; the⟩ **0.1** ***bourgeoisie.***

b(o)ur·geon[1] ['bɜ:dʒən‖'bɜr-]⟨telb.zn.⟩⟨schr.; plantk.⟩ **0.1** ***scheut*** ⇒*spruit, knop, uitloper.*

b(o)urgeon[2] ⟨ww.⟩⟨schr.; plantk.⟩
I ⟨onov.ww.⟩ **0.1** ***uitbotten*** ⇒*uitlopen, uitkomen;* ⟨fig.⟩ *ontluiken, als een paddestoel uit de grond schieten;*
II ⟨ov.ww.⟩ **0.1** ***doen uitkomen*** ⇒*doen uitbotten;* ⟨fig.⟩ *doen ontluiken.*

bourn(e) [bɔ:n‖bɔrn]⟨telb.zn.⟩⟨vero.⟩ **0.1** ***stroompje*** ⇒*beekje, watertje* **0.2** ***grens*** ⇒*limiet, uiterste, einddoel, doel.*

bourse [bʊəs‖bʊrs]⟨telb.zn.⟩ **0.1** ***beurs*** ⇒*effectenbeurs* ⟨buiten Engeland⟩.

boushwa(h) →bushwah.

bou·stro·phe·don [bu:strə'fi:dən]⟨bn.; bw.⟩ **0.1** ***(te lezen) van links naar rechts (en omgekeerd)*** ⇒⟨bij uitbr.⟩ *heen en weer.*

bout [baʊt]⟨f2⟩⟨telb.zn.⟩ **0.1** ***vlaag*** ⇒*tijdje, poos, periode* **0.2** ***beurt*** **0.3** ***aanval*** ⇒*periode* ⟨v. ziekte⟩ **0.4** ***wedstrijd*** ⇒*partij* ⟨v. boksen, worstelen⟩ ◆ **1.1** ~s of activity *vlagen v. activiteit* **1.3** suffer from ~s of migraine *last van migraineaanvallen hebben* **1.4** a ~ of fighting *een knokpartijtje.*

bou·tique [bu:'ti:k]⟨f1⟩⟨telb.zn.⟩ **0.1** ***boutique*** ⇒*boetiek, shop.*

bou·ton·niere ['bu:tɒni'eə‖'bu:tnɪr]⟨telb.zn.⟩ **0.1** ***boutonniere.***

bou·zou·ki [bʊ'zu:ki]⟨telb.zn.⟩ **0.1** ***bouzouki*** ⟨Griekse mandoline⟩.

bo·vid[1] ['boʊvɪd]⟨telb.zn.⟩⟨dierk.⟩ **0.1** ***runderachtige*** ⇒*rund.*

bovid[2] ⟨telb.zn.⟩⟨dierk.⟩ **0.1** ***runderachtig.***

bo·vine ['boʊvaɪn]⟨f1⟩⟨bn.⟩ **0.1** ***runderachtig*** ⇒*runder-, bovien* **0.2** ⟨pej.⟩ ***stom*** ⇒*dom* **0.3** ⟨pej.⟩ ***sloom*** ⇒*traag* ◆ **1.1** ~ animals *runderachtigen.*

bov·ril ['bɒvrɪl‖'bɑv-]⟨n.-telb.zn.⟩⟨BE⟩ **0.1** ***bouillon.***

bov·ver ['bɒvə‖'bɑvər]⟨n.-telb.zn.⟩⟨BE; sl.⟩ **0.1** ***geweld*** ⟨v. straatbenden⟩ ◆ **1.1** a spot of ~ *een knokpartijtje.*

'bovver boot ⟨telb.zn.⟩ **0.1** ***laars met stalen neus.***

bow[1] [baʊ]⟨f2⟩⟨telb.zn.⟩ **0.1** ***buiging*** **0.2** ⟨vaak mv.⟩ ***boeg*** ⟨voorste deel v. schip⟩ **0.3** ***boeg*** ⟨roeier die bij de boeg zit⟩ ◆ **3.1** make one's ~ *formeel groeten/afscheid nemen;* take a ~ *applaus in ontvangst nemen* **5.2** **down** by the ~s *met de boeg onder water* **6.2** **off/on** the (port/starboard) ~ *over de (bakboords/stuurboords) boeg, over bakboord/stuurboord.*

bow[2] [boʊ]⟨f2⟩⟨telb.zn.⟩ **0.1** ***boog*** ⇒*regenboog, zadelboog, kromming, curve, bocht* **0.2** ***boog*** ⇒*handboog* **0.3** ***strijkstok*** ⇒*streek v.e. strijkstok* **0.4** ***strik*** **0.5** ***hengsel*** ⟨v. emmer⟩ **0.6** ***gareel*** ⇒*schouderjurk* **0.7** ***oog*** ⟨v. schaar, sleutel⟩ **0.8** ⟨AE⟩ ***montuur*** ⇒*poot* ⟨v. bril⟩, *veer* ◆ **1.¶** draw a ~ at a venture *gokken* **3.4** she tied her shoe-laces in a ~ *ze legde een strik in haar schoenveters.*

bow[3] [baʊ]⟨f2⟩⟨ww.⟩
I ⟨onov.ww.⟩ **0.1** ***buigen*** ⇒*nijgen* ⟨als groet⟩ **0.2** ***buigen*** ⇒*knielen, zich onderwerpen, zich (erbij) neerleggen* ◆ **1.1** have a ~ing acquaintance with *vaag bekend zijn met, vaag kennen* **3.1** ~ and scrape *vleien, pluimstrijken, iemands hielen likken* **5.1** ~ **down** *neerbuigen* **5.¶** →bow **out** **6.2** he ~ed **to** the inevitable *hij legde zich bij het onvermijdelijke neer;* ~ down **to** the invaders *zich gewonnen geven aan de invallers;* I ~ **to** nobody in this *wat dit betreft doe ik voor niemand onder/ga ik voor niemand opzij;*
II ⟨ov.ww.⟩ **0.1** ***buigen*** **0.2** ***buigend doen*** **0.3** ***buigend begeleiden*** ◆ **1.1** ~ the knee/the neck (to) *buigen (voor), zich onderwerpen (aan)* **1.2** she ~ed her thanks *ze bedankte met een buiging* **5.1** he was ~ed **down** with worry *hij ging gebukt onder de zorgen* **5.3** ~ a person **in** *iem. met buigingen verwelkomen;* ~ o.s. **out** *buigend weggaan;* ~ a person **out** *iem. met buigingen uitgeleide doen* **6.3** ~ a person **into/out of** a place *iem. met veel égards/strijkages/buigend naar binnen/buiten begeleiden.*

bow[4] [boʊ]⟨f1⟩⟨onov. en ov.ww.⟩ →bowing **0.1** ***buigen*** ⇒*krommen* **0.2** ***strijken*** ⟨v. violist⟩ ◆ **1.2** this violinist ~s excellently *deze violist heeft een uitstekende stokvoering.*

bow arm ['boʊ ɑ:m‖-ɑrm]⟨telb.zn.⟩ **0.1** ***rechterarm*** ⇒*arm die de strijkstok vasthoudt* **0.2** ***linkerarm*** ⇒*arm die de boog vasthoudt* ⟨v. boogschutter⟩.

'Bow 'Bells ['boʊ 'belz]⟨mv.⟩⟨BE⟩ **0.1** ***de klokken v. Bow Church in Londen*** ◆ **3.1** born within the sound of ~ *een echte Cockney/Londenaar.*

bow compass ['boʊ kʌmpəs]⟨telb.zn.⟩ **0.1** ***oreillonpassertje*** ⇒*precisiepassertje.*

bowd·ler·i·za·tion, -sa·tion ['baʊdləraɪ'zeɪʃn‖-rə'zeɪʃn]⟨telb.zn.⟩ ⟨pej.⟩ **0.1** ***neiging tot kuisen*** ⟨boeken e.d.⟩.

bowd·ler·ize, -ise ['baʊdləraɪz]⟨ov.ww.⟩⟨pej.⟩ **0.1** ***kuisen*** ⇒*zuiveren, castigeren* ⟨boeken e.d.⟩.

'bow door ⟨telb.zn.; vaak mv.⟩⟨scheep.⟩ **0.1** ***boegdeur.***

bow·el ['baʊəl]⟨f1⟩⟨zn.⟩
I ⟨telb.zn.⟩⟨med.⟩ **0.1** ***darm*** ◆ **2.1** the large/small ~ *de dikke/dunne darm;*
II ⟨mv.; ~s⟩ **0.1** ***darmen*** ⇒*ingewanden* **0.2** ⟨vero.⟩ ***hart*** ⇒*gevoel* ⟨v. medelijden enz.⟩ **0.3** ***ingewand*** ⇒*binnenste* ◆ **1.2** ~s of pity *medelijden in het hart* **1.3** deep in the ~s of the earth *in de diepste diepten v.d. aarde, diep onder de grond* **3.3** ⟨euf.⟩ he has moved his ~s, his ~s have moved *hij heeft stoelgang gehad.*

'bowel motion ⟨telb.zn.⟩ **0.1** ***ontlasting*** ⇒*stoelgang.*

bow·er ['baʊə‖-ər]⟨telb.zn.⟩ **0.1** ***tuinhuisje*** ⇒*prieel(tje), zomerhuisje, beschaduwde plek* ⟨in tuin⟩ **0.2** ***boeganker*** **0.3** ⟨schr.⟩ ***boudoir*** **0.4** ⟨kaartspel⟩ ***boer.***

'bower anchor ⟨telb.zn.⟩ **0.1** ***boeganker.***

'bow·er·bird ⟨telb.zn.⟩⟨dierk.⟩ **0.1** ***prieelvogel*** ⟨paradijsvogel die in de paartijd kleurige 'prieeltjes' bouwt; fam. Ptilonorhynchidae⟩.

'bow·er·ca·ble ⟨telb.zn.⟩ **0.1** ***(boeg)ankerkabel.***

bow·er·y ['baʊəri]⟨bn.⟩ **0.1** ***schaduwrijk*** ⇒*beschaduwd.*

Bow·er·y ['baʊəri]⟨eig.n.; the⟩⟨AE⟩ **0.1** ***Bowery*** ⟨verpauperde wijk in New York⟩.

bow·fin ['boʊfɪn]⟨telb.zn.⟩⟨dierk.⟩ **0.1** ***moddersnoek*** ⟨Amia calva⟩.

bow·head ['boʊhed]⟨telb.zn.⟩⟨dierk.⟩ **0.1** ***Groenlandse walvis*** ⟨Balaena mysticetus⟩.

'bow'heav·y ⟨bn.⟩⟨scheep.⟩ **0.1** ***koplastig.***

bow·ie ['boʊi], **'bowie knife** ⟨telb.zn.⟩ **0.1** ***lang jachtmes*** ⇒*bowiemes.*

bow·ing ['boʊɪŋ]⟨n.-telb.zn.; gerund v. bow⟩ **0.1** ***stokvoering*** ⟨v. violist⟩.

bowl[1] [boʊl]⟨f3⟩⟨zn.⟩
I ⟨telb.zn.⟩ **0.1** ***kom*** ⇒*schaal, bekken* **0.2** ⟨AE; aardr.⟩ ***kom*** ⇒*komvormig gebied, bekken* **0.3** ***kop*** ⟨v. pijp⟩ **0.4** ***(closet)pot*** **0.5** ⟨AE⟩ ***amfitheater*** ⇒*stadion* **0.6** ***bowl*** ⇒*eenzijdig verzwaarde bal* **0.7** ⟨vero.⟩ ***nap*** ⇒*mok, beker.*

bowl[2] ⟨f2⟩⟨ww.⟩ →bowling
I ⟨onov.ww.⟩ **0.1** ***bowlen*** ⇒*werpen, de bowl spelen (als bowler/werper)* **0.2** ***bowlen*** ⇒*een bal rollen* ⟨bij bowls, bowling enz.⟩ **0.3** ***bowlen*** ⇒*werpen, de bal naar de slagman gooien* ⟨honkbal, cricket enz.⟩ ◆ **5.¶** →bowl **along;**
II ⟨ov.ww.⟩ **0.1** ***bowlen*** ⇒*rollen* ⟨bij bowls, bowling⟩ **0.2** ***bowlen*** ⇒*werpen, naar de slagman gooien* ⟨honkbal, cricket enz.⟩ **0.3** ***voortrollen*** ⇒*rollen* **0.4** ⟨cricket⟩ ***uitgooien*** ⇒*uitbowlen* ◆ **1.3** the wind ~ed the bag down the street *de wind blies de tas door de straat* **5.4** the batsman was ~ed **out** *de slagman werd uitgegooid* **5.¶** →bowl **over.**

'bowl along ⟨onov.ww.⟩ **0.1** ***snel rijden*** ⇒*rollen,* ⟨B.⟩ *bollen* ⟨v. auto⟩ **0.2** ***vlotten*** ⇒*lekker gaan* ⟨v. werk⟩.

bowlder →boulder.

bow·leg ['boʊ 'leχ]⟨telb.zn.; meestal mv.⟩ **0.1** ***o-been*** ⇒*krom been.*

bow·leg·ged ['boʊ'legd, -gɪd]⟨f1⟩⟨bn.⟩ **0.1** ***met o-benen*** ⇒*met kromme benen.*

bowl·er ['boʊlə‖-ər]⟨f2⟩⟨telb.zn.⟩ **0.1** ***iem. die bowls speelt*** **0.2** ***werper*** ⇒*bowler, iem. die bowlt* ⟨honkbal, cricket enz.⟩ **0.3** ⟨verk.⟩ ***bowler hat.***

'bowler'hat[1] ⟨telb.zn.⟩⟨BE⟩ **0.1** ***bolhoed*** ⇒*dophoed, garibaldi, derby.*

'bowler'hat[2] ⟨ov.ww.;→ww. 7⟩⟨BE; sl.⟩ **0.1** ***uit het leger gaan*** ⇒*afzwaaien.*

'bowler's thumb ⟨telb.zn.⟩⟨sport⟩ **0.1** ***duimspierverrekking*** ⇒*'duimpje'.*

bowl·ful ['boʊlfʊl]⟨telb.zn.⟩ **0.1** ***komvol*** ⇒*kom.*

'bowl game ⟨telb.zn.⟩⟨Am. voetbal⟩ **0.1** ***exhibitiewedstrijd*** ⟨aan eind v. seizoen⟩.

bow·line ['boʊlɪn]⟨telb.zn.⟩ **0.1** ***paalsteek*** **0.2** ⟨scheep.⟩ ***boelijn.***

'bowline knot ⟨telb.zn.⟩ **0.1** ***paalsteek.***

'bowl·ing ['boʊlɪŋ]⟨f2⟩⟨n.-telb.zn.; gerund v. bowl⟩ **0.1** ***bowling*** ⇒*kegelen.*

'bowling alley ⟨telb.zn.⟩ **0.1** ***kegelbaan*** ⇒*bowlingbaan/centrum.*

'bowling ball ⟨telb.zn.⟩⟨bowling⟩ **0.1** ***bowlingbal.***

'bowling green ⟨f1⟩⟨telb.zn.⟩ **0.1** ***veld om bowls op te spelen*** ⇒*green.*

'bowling shoe ⟨telb.zn.⟩⟨bowling⟩ **0.1** ***bowlingschoen*** ⟨geschikt voor gladde baan⟩.

'bowl 'over ⟨ov.ww.⟩ **0.1** ***omverlopen*** ⇒*omverschieten* **0.2** ***van z'n stuk brengen*** ⇒*een diepe indruk maken op, verwarren* ◆ **1.2** his impudent behaviour quite bowled me over *zijn onbeschaamd gedrag maakte me sprakeloos.*

'bowl riding ⟨n.-telb.zn.⟩ **0.1** ***skateboarding in een skatepark met een bassin/bowl.***

bowls [boʊlz]⟨f1⟩⟨n.-telb.zn.⟩ **0.1** ***bowls*** ⟨spel met eenzijdig verzwaarde bal op gras⟩ **0.2** ***bowling*** ⇒*kegelen.*

bow·man[1] ['baʊmən]⟨telb.zn.; bowmen [-mən];→mv. 3⟩ **0.1** ***boeg (roeier).***

bowman[2] ['boʊmən]⟨telb.zn.; bowmen [-mən];→mv. 3⟩ **0.1** ***boogschutter.***

bow·net ['boʊnet]⟨telb.zn.⟩ **0.1** ***fuik*** **0.2** ***vogelnet.***

bow out ['baʊ 'aʊt]⟨onov.ww.⟩ **0.1** ***officieel afscheid nemen*** ⇒*zich terugtrekken* ⟨uit hoge positie⟩.

bow pen ['boʊ pen]⟨telb.zn.⟩ **0.1** ***passer met pen.***

bow saw ['boʊsɔ:]⟨telb.zn.⟩ **0.1** ***spanzaag*** ⇒*boogzaag.*

bow·ser ['baʊzə‖-ər]⟨telb.zn.⟩ **0.1** ***tankwagen met vliegtuigbrandstof*** **0.2** ⟨Austr. E⟩ ***benzinepomp.***

bow·shot ['boʊʃɒt‖-ʃɑt]⟨telb.zn.⟩ **0.1** ***boogscheut*** ⇒*boogschot* ⟨bereik v.e. pijlschot⟩ ◆ **1.1** the village is not a ~ from here *het dorp is nog geen boogscheut van hier.*

bow·sprit ['boʊsprɪt]⟨telb.zn.⟩ **0.1** ***boegspriet.***

bow·string[1] ['boʊstrɪŋ]⟨telb.zn.⟩ **0.1** ***(boog)pees.***

bowstring[2] ⟨ov.ww.⟩ **0.1** ***worgen met een boogpees.***

bow tie ['boʊ 'taɪ]⟨f1⟩⟨telb.zn.⟩ **0.1** ***strikje*** ⇒*vlinderdas.*

bow wave ['boʊ weɪv]⟨telb.zn.⟩ **0.1** ***boeggolf.***

bow window ['boʊ 'wɪndoʊ]⟨telb.zn.⟩ **0.1** ***erkerraam.***

bow·wow ['baʊ waʊ]⟨zn.⟩
 I ⟨telb.zn.⟩ **0.1** ⟨kind.⟩ ***wafwaf*** ⇒*hondje, woef* **0.2** ⟨AE; sl.; bel.⟩ ***lelijk meisje*** ⇒*'paard'* **0.3** ⟨AE; sl.⟩ ***hotdog;***
 II ⟨mv.; ~s⟩⟨AE; sl.⟩ **0.1** ***voeten.***

bow·yer ['boʊjə‖-ər]⟨telb.zn.⟩ **0.1** ***boogmaker*** **0.2** ***boogschutter.***

box[1] [bɒks‖bɑks]⟨f3⟩⟨zn.⟩
 I ⟨telb.zn.⟩ **0.1** ⟨ben. voor⟩ ***doos*** ⇒*kist, bak; trommel, bus; lettervakje; kompashuisje;* ⟨verk. v. letterbox, mailbox⟩ *brievenbus;* ⟨verk. v. money box⟩ *spaarpot;* ⟨verk. v. post-office box⟩ *postbus* **0.2** ⟨ben. voor⟩ ***aparte ruimte*** ⇒*loge* ⟨in theater⟩; *nis, chambre séparée* ⟨in restaurant⟩; *box* ⟨v. paard in stal⟩; ⟨verk. v. telephone box, call box⟩ *telefooncel;* ⟨verk. v. jury box⟩ *jurybank;* ⟨verk. v. sentry box⟩ *wachthuisje;* ⟨verk. v. signal box⟩ *seinhuisje;* ⟨verk. v. witness box⟩ *getuigenbank* **0.3** ***jachthuis*** **0.4** ***foedraal*** ⇒*beschermhoes* **0.5** ⟨cricket, ijshockey, vechtsporten⟩ ***toque*** ⇒*protector, onderlijfbeschermer* ⟨beschermschildje voor geslachtsdelen⟩ **0.6** ***kader*** ⇒*omlijning, lijst, omlijnd gebied,* ⟨voetbal⟩ *strafschopgebied* **0.7** ***mep*** ⇒*oorveeg* **0.8** ***naafbus*** **0.9** ***bok*** ⟨v. rijtuig⟩ **0.10** ***insnijding in boom*** ⟨voor de winning v. hars, e.d.⟩ **0.11** ***hachelijke positie*** **0.12** ⟨AE; inf.⟩⟨ben. voor⟩ ***kast(je)*** ⇒*box (camera); koelkast; pick-up, platenspeler; doodkist; brandkast, safe;* ⟨muz.⟩ *gitaar, accordeon, piano* **0.13** ⟨AE; vulg.⟩ ***kut*** **0.14** ⟨gymnastiek⟩ ***springkast*** **0.15** ⟨verk.⟩ ⟨box junction⟩ ◆ **1.¶** Box and Cox *twee personen die nooit samen (thuis) zijn; twee personen die om beurten iets doen* **3.6** ⟨in krant/tijdschrift e.d.⟩ see ~ *zie kader* **3.7** lend s.o. a ~ on the ears *iem. een draai om de oren geven* **3.12** ⟨AE; sl.⟩ go home in a ~ *sterven, vermoord worden, het hoekje omgaan, koud gemaakt worden, kassiewijlen gaan* **6.11** be **in** a ~ *in de narigheid/puree zitten* **6.13** ⟨AE; vulg.⟩ be **in** the ~ *neuken, naaien;*
 II ⟨n.-telb.zn.; the⟩⟨inf.⟩ **0.1** ***buis*** ⇒*TV, televisie.*

box[2] ⟨f1⟩⟨zn.; ook box;→mv. 4⟩
 I ⟨telb. en n.-telb.zn.⟩⟨plantk.⟩ **0.1** ***buks*** ⇒*buksboom, palmboompje* ⟨Buxus sempervirens⟩;
 II ⟨n.-telb.zn.⟩ **0.1** ***hout v.d. buksboom*** ⇒*bukshout.*

box[3] ⟨f3⟩⟨ww.⟩ →boxing
 I ⟨onov.ww.⟩ **0.1** ***boksen*** ◆ **3.¶** Box and Cox *beurtelings iets doen* **5.¶** ⟨sl.⟩ ~ clever *slim doen* **6.1** ~ **against/with** *boksen tegen/met;*
 II ⟨ov.ww.⟩ **0.1** ***boksen tegen/met*** **0.2** ***in dozen doen*** **0.3** ***een draai om de oren geven*** **0.4** ⟨sport, i.h.b. wielrennen⟩ ***insluiten*** ◆ **1.3** ~ s.o.'s ears *iem. een draai om z'n oren geven* **5.¶** →box **in**; →box **off**; →box **up**.

'box barrage ⟨telb.zn.⟩⟨mil.⟩ **0.1** ***vuurdekking/spervuur van alle kanten.***

'box bed ⟨telb.zn.⟩ **0.1** ***bedstee*** **0.2** ***opvouwbed*** ⇒*vouwbed, opklapbed.*

'box calf ⟨n.-telb.zn.⟩ **0.1** ***boxcalf*** ⇒*boxkalfsleer* ⟨met chroom gelooid kalfsleer⟩.

'box camera ⟨telb.zn.⟩ **0.1** ***boxje*** ⇒*boxcamera.*

'box·car ⟨f1⟩⟨telb.zn.⟩⟨AE⟩ **0.1** ***gesloten goederenwagen.***

'box 'clever ⟨onov.ww.⟩⟨BE; sl.⟩ **0.1** ***zich slim gedragen*** ⇒*slim handelen.*

'box coat ⟨telb.zn.⟩ **0.1** ***koetsiersjas*** ⇒*zware overjas.*

box·er ['bɒksə‖'bɑksər]⟨f2⟩⟨telb.zn.⟩ **0.1** ***bokser*** ⇒*iem. die bokst* **0.2** ***bokser*** ⟨soort hond⟩ **0.3** ***inpakker.***

'box file ⟨telb.zn.⟩ **0.1** ***archiefdoos.***

box·ful ['bɒksfʊl‖'bɑks-]⟨telb.zn.⟩ **0.1** ***doos vol*** ⇒*volle doos.*

'box girder ⟨telb.zn.⟩ **0.1** ***kokerbalk.***

'box·haul ⟨ov.ww.⟩⟨scheep.⟩ **0.1** ***halzen*** ⟨vierkant getuigd zeilschip wenden zonder over stag te gaan⟩ **0.2** ***gijpen*** ⟨gaffelgetuigd schip voor de wind wenden⟩.

'box 'in ⟨ov.ww.⟩ **0.1** ***opsluiten*** ⇒*insluiten* ◆ **3.1** feel boxed in *zich gekooid voelen.*

box·ing ['bɒksɪŋ‖'bɑk-]⟨f2⟩⟨n.-telb.zn.; gerund v. box⟩ **0.1** ***(het) boksen*** ⇒*bokssport.*

'Boxing Day ⟨f1⟩⟨telb.zn.⟩ **0.1** ***tweede kerstdag*** **0.2** ***derde kerstdag*** ⟨als tweede kerstdag op een zondag valt⟩.

'boxing glove ⟨f1⟩⟨telb.zn.⟩ **0.1** ***bokshandschoen.***

'boxing match ⟨f1⟩⟨telb.zn.⟩⟨sport⟩ **0.1** ***bokswedstrijd.***

'boxing ring ⟨f1⟩⟨telb.zn.⟩⟨sport⟩ **0.1** ***boksring.***

'boxing weight ⟨telb.zn.⟩⟨sport⟩ **0.1** ***gewichtsklasse.***

'box junction ⟨telb.zn.⟩⟨BE⟩ **0.1** ***kruispunt dat te allen tijde vrijgelaten moet worden*** ⟨aangegeven met arcering op wegdek⟩.

'box kite ⟨telb.zn.⟩⟨spel⟩ **0.1** ***doosvormige vlieger.***

'box number ⟨telb.zn.⟩ **0.1** ***(antwoord)nummer*** ⟨in advertentie e.d.⟩.

'box 'off ⟨ov.ww.⟩ **0.1** ***apart/gescheiden houden*** ⇒*apart zetten.*

'box office ⟨f1⟩⟨telb.zn.⟩ **0.1** ***bespreekbureau*** ⇒*loket, kassa* ⟨v. theater⟩.

'box office suc'cess ⟨telb.zn.⟩ **0.1** ***publiekstrekker*** ⇒*kassucces.*

'box pew ⟨telb.zn.⟩ **0.1** ***gesloten kerkbank.***

'box pleat ⟨telb.zn.⟩ **0.1** ***dubbele plooi.***

'box room ⟨telb.zn.⟩⟨BE⟩ **0.1** ***bergruimte*** ⇒*opslagruimte* ⟨voor dozen⟩.

'box score ⟨telb.zn.⟩⟨honkbal⟩ **0.1** ***samenvatting v. honkbalwedstrijden*** ⟨in tabelvorm⟩.

'box seat ⟨telb.zn.⟩ **0.1** ***logeplaats*** ⟨in theater⟩.

'box spanner ⟨telb.zn.⟩⟨BE⟩ **0.1** ***dopsleutel*** ⇒*soksleutel.*

'box spring ⟨telb.zn.⟩ **0.1** ***springveer*** ⟨in matras⟩.

'box tortoise ⟨telb.zn.⟩ **0.1** ***Noord-Am. (eetbare) schildpad*** ⇒*terrapine.*

'box tree ⟨telb.zn.⟩ **0.1** ***buks(boom)*** ⟨Buxus sempervirens⟩.

'box 'up ⟨ww.⟩
 I ⟨onov.ww.; vnl. geb. w.⟩⟨inf.⟩ **0.1** ***zich gedeisd houden;***
 II ⟨ov.ww.⟩ **0.1** ***opsluiten*** ⇒*insluiten* **0.2** ⟨inf.⟩ ***verknoeien*** ⇒*in de war sturen/brengen.*

'box-up ⟨telb.zn.⟩⟨inf.⟩ **0.1** ***war/knoeiboel.***

'box wagon ⟨telb.zn.⟩ **0.1** ⟨BE⟩ ***gesloten goederenwagen.***

box·wal·lah ['bɒkswɒlə‖'bɑkswɑlə]⟨telb.zn.⟩ **0.1** ***venter.***

'box·wood ⟨n.-telb.zn.⟩ **0.1** ***bukshout.***

'box wrench ⟨telb.zn.⟩⟨AE⟩ **0.1** ***dopsleutel*** ⇒*soksleutel.*

boy[1] [bɔɪ]⟨f4⟩⟨zn.⟩⟨→sprw. 22, 60⟩
 I ⟨telb.zn.⟩ **0.1** ***jongen*** ⇒*knaap, joch, knul* **0.2** ***jongen*** ⇒*zoon(tje)* **0.3** ***boy*** ⇒*(inlandse) huisbediende* **0.4** ⟨AE; inf.⟩ ***man*** ⇒*jongen, vent, kerel* **0.5** ***arbeider*** **0.6** ⟨AE; sl.⟩ ***portier*** ⇒*kruier* **0.7** ⟨AE; sl.⟩ ***heroïne*** ◆ **2.1** blue-eyed ~ *oogappel, lieveling* **2.4** Tom Lyons is a local ~ *Tom Lyons komt hier uit de buurt;* come on, old ~ *vooruit, ouwe jongen* **4.1** that's my ~ *grote jongen, bravo knul* **9.¶** oh ~! *sjonge!;*

II ⟨mv.; ~s; the⟩ **0.1** ***jongens*** ⇒*vriendjes, club, café vrienden* ◆ **1.1** jobs for the ~s *vriendjespolitiek, nepotisme* **2.1** ⟨AE; inf.⟩ the ~s uptown *de hoge smerissen, de maffiabazen.*
boy² ⟨f2⟩ ⟨tussenw.⟩ ⟨vnl. AE; inf.⟩ **0.1** ***jonge jonge*** ⇒*goeie hemel.*
'boy-and-'girl ⟨bn., attr.⟩ **0.1** ***kalver-*** ◆ **1.1** a ~ romance *een kalverliefde, een jongensverliefdheid.*
bo·yar ['boʊjɑ: , 'bɔɪə] ⟨telb.zn.⟩ **0.1** ***bojaar.***
boy·cott¹ ['bɔɪkɒt‖-kɑt] ⟨f1⟩ ⟨telb.zn.⟩ **0.1** ***boycot*** ⇒*kopersstaking.*
boycott² ⟨f2⟩ ⟨ov.ww.⟩ **0.1** ***boycotten.***
'boy·friend ⟨f2⟩ ⟨telb.zn.⟩ **0.1** ***vriend*** ⇒*vriendje, vrijer.*
boy·hood ['bɔɪhʊd] ⟨f2⟩ ⟨n.-telb.zn.⟩ **0.1** ***jongenstijd*** ⇒*jongensjaren, jeugd.*
boy·ish ['bɔɪɪʃ] ⟨f2⟩ ⟨bn.; -ly; -ness⟩ **0.1** ***jongensachtig*** ⇒*jongens-* ◆ **1.1** ~ pranks *jongensstreken, kattekwaad.*
'boy-'meets-'girl ⟨bn., attr.⟩ **0.1** ***conventioneel*** ⟨v. verliefdheid, enz.⟩ ⇒*ouderwets.*
boy·o ['bɔɪoʊ] ⟨telb.zn.⟩ ⟨IE, Welsh; sl.⟩ **0.1** ***kerel*** ⇒*man, jongen, vent.*
'boy 'scout ['-'-‖'--] ⟨f1⟩ ⟨telb.zn.⟩ **0.1** ***padvinder.***
'boy's-love ⟨telb. en n.-telb.zn.⟩ ⟨BE; plantk.⟩ **0.1** ***citroenkruid*** ⇒*limoenkruid, averuit, averoon* ⟨soort alsem met geurende bladeren; Artemisia abrotanium⟩.
boy 'wonder →wonder boy.
bo·zo ['boʊzoʊ] ⟨telb.zn.⟩ ⟨AE; sl.⟩ **0.1** ***dommekracht*** ⇒*klerenkast.*
Bp ⟨afk.⟩ bishop.
BP ⟨afk.⟩ Bachelor of Pharmacy, Bachelor of Philosophy, bills payable, boiling point, British Petroleum, British Pharmacopoeia.
bpd ⟨afk.⟩ barrels per day.
bps ⟨afk.⟩ bits per second ⟨comp.⟩.
Br, br ⟨afk.⟩ **0.1** ⟨British⟩ ***Br.*** **0.2** ⟨Brother⟩ ***Br.*** **0.3** ⟨brown⟩.
BR ⟨afk.⟩ British Rail(ways).
bra [brɑ:] ⟨f1⟩ ⟨telb.zn.⟩ ⟨verk.⟩ brassière **0.1** ***beha.***
brace¹ [breɪs] ⟨f2⟩ ⟨zn.⟩
I ⟨telb.zn.⟩ **0.1** ***klamp*** ⇒*(draag)beugel, (muur)anker* **0.2** ***steun*** ⇒*stut, schoor, verstijvingsbalk* **0.3** ***booromslag*** **0.4** ***band*** ⇒*riem, spansnoer* **0.5** ⟨tandheelkunde⟩ ***beugel*** **0.6** ⟨druk.⟩ ***accolade*** **0.7** ⟨scheep.⟩ ***bras*** **0.8** ⟨polo⟩ ***staande houding*** ⟨v. polospeler om beter te kunnen slaan⟩ ◆ **1.3** ~ and bit *boor;*
II ⟨mv.; ~s⟩ ⟨BE⟩ **0.1** ***bretels*** ◆ **1.1** two pairs of ~s *twee stel/paar bretels.*
brace² ⟨f1⟩ ⟨telb.zn.; brace; →mv. 4⟩ **0.1** ***koppel*** ⇒*paar, stel* ◆ **1.1** three ~ of partridge *drie koppel patrijzen* **6.¶** ⟨BE; inf.⟩ **in** a ~ of shakes *in een vloek en een zucht.*
brace³ ⟨f2⟩ ⟨ww.⟩ →bracing
I ⟨onov. en ov.ww.⟩ **0.1** ***moed scheppen/geven*** ◆ **5.1** ~ **up** *zich schrap zetten;*
II ⟨ov.ww.⟩ **0.1** ***vastbinden*** ⇒*aantrekken, aanhalen* **0.2** ***verster-ken*** ⇒*verstevigen, ondersteunen* **0.3** ***schrap zetten*** **0.4** ***verfrissen*** ⇒*versterken, opwekken, stimuleren* **0.5** ⟨scheep.⟩ ***brassen*** **0.6** ⟨AE; sl.⟩ ***aanklampen*** ⟨voor geld⟩ **0.7** ⟨AE; sl.⟩ ***beschuldigen*** ◆ **1.2** ~ a wall *een muur verstevigen* **1.3** she ~d her foot against the wall *ze zette haar voet schrap tegen de muur* **1.4** a bracing climate *een verkwikkend klimaat* **4.3** ~ o.s. for a shock *zich op een schok voorbereiden.*
brace·let ['breɪslɪt] ⟨f1⟩ ⟨zn.⟩
I ⟨telb.zn.⟩ **0.1** ***armband*** ⇒*bracelet;*
II ⟨mv.; ~s⟩ ⟨sl.⟩ **0.1** ***handboeien.***
brac·er ['breɪsə‖-ər] ⟨telb.zn.⟩ **0.1** ⟨boogschieten, schermen⟩ ***armbeschermer*** **0.2** ***opkikkertje*** ⇒*hartversterking.*
brach [brætʃ] ⟨telb.zn.⟩ ⟨vero.⟩ **0.1** ***teef.***
brach·i·al ['breɪkɪəl] ⟨bn.⟩ **0.1** ***arm-*** ⇒*armvormig, brachiaal.*
brach·i·ate ['breɪkieɪt] ⟨onov.ww.⟩ **0.1** ***(aan de armen) slingeren*** ⟨v. aap⟩.
brach·i·o·pod ['breɪkɪəpɒd, 'bræk-‖-pɑd] ⟨telb.zn.⟩ ⟨dierk.⟩ **0.1** ***armpotige*** ⟨Brachiopoda⟩.
brach·y- ['bræki] **0.1** ***kort-*** ◆ **¶.1** brachycephalic *kortschedelig.*
brach·y·ur·an ['brækɪ'jʊərən] ⟨telb.zn.⟩ ⟨dierk.⟩ **0.1** ***brachyura*** ⇒*echte krab.*
brac·ing¹ ['breɪsɪŋ] ⟨f1⟩ ⟨n.-telb.zn.; gerund v. brace⟩ **0.1** ***het (onder)steunen*** ⇒*het vastmaken, het verankeren* **0.2** ***steunmateriaal.***
bracing² ⟨f1⟩ ⟨bn.; teg. deelw. v. brace⟩ **0.1** ***verkwikkend*** ⇒*opwekkend, versterkend* ⟨i.h.b. v. klimaat⟩.
brack·en ['brækən] ⟨f1⟩ ⟨zn.⟩
I ⟨telb.zn.⟩ ⟨plantk.⟩ **0.1** ***adelaarsvaren*** ⟨Pteridium aquilinum⟩;
II ⟨n.-telb.zn.⟩ **0.1** ***varenvegetatie*** ⇒*varenbegroeiing, varens.*
brack·et¹ ['brækɪt] ⟨f2⟩ ⟨telb.zn.⟩ **0.1** ***steun*** ⇒*planksteun, klamp, steunlatje, wang, karbeel, draagsteen, kraagsteen, console* **0.2** ***plank*** ⇒*etagère* **0.3** ***arm*** ⟨v. lamp⟩ ⇒*gasarm, uithouder* **0.4** ***accolade*** ⇒*haakje, vierkante haak, punthaak* **0.5** ***klasse*** ⇒*groep* **0.6** ⟨mil.⟩ ***afstand tussen twee proefschoten*** ⟨het een gericht vóór, het andere achter het doel, om de vereiste elevatiehoek te bepalen⟩ **0.7** ⟨schaatssport⟩ ***tegendrie*** ◆ **1.5** the lower income ~ *de lagere inkomensgroep/klasse* **6.4** **in/between** ~s *tussen haakjes.*
bracket² ⟨f1⟩ ⟨ov.ww.⟩ **0.1** ***tussen haakjes zetten*** **0.2** ***koppelen*** ⇒*in dezelfde categorie plaatsen, op een lijn stellen, gelijkstellen* **0.3** ***(onder)steunen*** ⟨met klamp⟩ **0.4** ⟨mil.⟩ ***zich inschieten op*** ⟨een doelwit⟩ ◆ **5.1** ~ **off** *tussen haakjes zetten* **5.2** ~ **together** *koppelen, in een adem noemen.*
brack·ish ['brækɪʃ] ⟨f1⟩ ⟨bn.; -ness⟩ **0.1** ***brak*** ⇒*niet zuiver* **0.2** ***onsmakelijk*** ⇒*naar, onaangenaam.*
bract ['brækt] ⟨telb.zn.⟩ ⟨plantk.⟩ **0.1** ***bractee*** ⇒*schutblad, dekblad* ⟨vaak helder v. kleur, draagt bloem in oksel⟩.
brac·te·ate ['bræktɪət] ⟨bn.⟩ ⟨plantk.⟩ **0.1** ***bracteaat*** ⇒*met schutblaadjes, schutbladdragend.*
brad [bræd] ⟨telb.zn.⟩ **0.1** ***spijker zonder kop*** ⇒*kopolze spijker, stift, verzinknagel.*
brad·awl ['brædɔ:l] ⟨telb.zn.⟩ **0.1** ***priem*** ⇒*els.*
Brad·shaw ['brædʃɔ:] ⟨telb.zn.⟩ ⟨BE; gesch.⟩ **0.1** ***Brits spoorboekje*** ⟨1839 - 1961⟩.
brad·y- ['brædi] **0.1** ***langzaam*** ⇒*brady-* ◆ **¶.1** bradycardia *bradycardie* ⟨abnormaal langzame hartslag⟩; bradyseism *het langzaam stijgen en dalen v.d. aardkorst.*
bra·dy·car·di·a ['brædɪ'kɑ:dɪə‖-'kɑrdɪə] ⟨n.-telb.zn.⟩ ⟨med.⟩ **0.1** ***bradycardie*** ⟨te langzame hartwerking, minder dan 60 per minuut⟩.
brae [breɪ] ⟨telb.zn.⟩ ⟨Sch. E⟩ **0.1** ***helling*** ⇒*steile oever.*
brag¹ [bræg] ⟨n.-telb.zn.⟩ **0.1** ***blufpoker*** **0.2** ***opschepperij*** ⇒*bluf.*
brag² ⟨f1⟩ ⟨onov.ww.; →ww. 7⟩ ⟨→sprw. 675⟩ **0.1** ***opscheppen*** ⇒*pochen, snoeven* ◆ **6.1** ~ **about/of** *opscheppen over;* nothing to ~ **about** *niet veel bijzonders, niet geweldig, niet om over naar huis te schrijven.*
brag·ga·do·cio ['brægə'doʊʃioʊ] ⟨zn.⟩
I ⟨telb.zn.⟩ **0.1** ***opschepper*** ⇒*snoever, pochhans;*
II ⟨n.-telb.zn.⟩ **0.1** ***opschepperij*** ⇒*gesnoef, gepoch.*
brag·gart ['brægət‖-ərt] ⟨f1⟩ ⟨telb.zn.⟩ **0.1** ***opschepper*** ⇒*pocher.*
Brah·man ['brɑ:mən] ⟨telb.zn.⟩ **0.1** ***brahmaan.***
Brah·min ['brɑ:mɪn] ⟨telb.zn.⟩ **0.1** ***brahmaan*** **0.2** ⟨ook b-⟩ ⟨AE; inf.⟩ ***intellectuele snob.***
Brah·min·ic ['brɑ:'mɪnɪk], **Brah·min·ic·al** [-ɪkl] ⟨bn.⟩ **0.1** ***brahmaans.***
Brah·min·ism ['brɑ:mɪnɪzm] ⟨n.-telb.zn.⟩ **0.1** ***Brahmanisme*** **0.2** ⟨AE⟩ ***intellectueel snobisme.***
braid¹ [breɪd] ⟨f1⟩ ⟨zn.⟩
I ⟨telb.zn.; vaak mv.⟩ **0.1** ***vlecht*** **0.2** ***(door het haar gevlochten) band*** ⇒*lint, haarband* ◆ **6.1** hair **in** ~s *haar in vlechten;*
II ⟨n.-telb.zn.⟩ **0.1** ***galon*** ⇒*boordsel, tres, passement, band, nestel* ◆ **2.1** uniform with gold ~ *uniform met goudgalon/gouden tressen.*
braid² ⟨f2⟩ ⟨ov.ww.⟩ **0.1** ***vlechten*** ⇒*vlechten maken in* **0.2** ***versieren met tressen.***
brail¹ [breɪl] ⟨telb.zn.⟩ ⟨scheep.⟩ **0.1** ***geitouw.***
brail² ⟨ov.ww.⟩ ⟨scheep.⟩ **0.1** ***geien.***
braille¹ [breɪl] ⟨f1⟩ ⟨n.-telb.zn.; soms B-⟩ **0.1** ***braille(schrift).***
braille² ⟨ov.ww.⟩ **0.1** ***in brailleschrift omzetten/transcriberen.***
brain¹ [breɪn] ⟨f3⟩ ⟨zn.⟩
I ⟨telb.zn.⟩ **0.1** ⟨med.⟩ ***hersenen*** ⇒*hersens, brein* ⟨als orgaan⟩ **0.2** ⟨inf.⟩ ***knappe kop*** ⇒*brein, genie* **0.3** ⟨sl.⟩ ***computer*** ◆ **1.1** the human ~ *het menselijk brein;*
II ⟨telb. en n.-telb.zn.⟩ **0.1** ***brein*** ⇒*intelligentie, hoofd, hersens, verstand* ◆ **3.1** beat/cudgel/rack one's ~(s) about *zich het hoofd breken/zijn hersens pijnigen/diep nadenken over;* beat one's ~s out *zich suf peinzen/werken;* get/have sth. on the ~ *steeds aan iets denken, iets niet uit zijn hoofd kunnen krijgen;* she has (a lot of) ~s/a good ~ *ze heeft (een goed stel) hersens;* pick s.o.'s ~(s) *iemands ideeën stelen;* tax one's ~ *veel van zijn hersens eisen;* turn s.o.'s ~ *iem. het hoofd op hol brengen;*
III ⟨mv.; ~s; ww. ook enk.⟩ ⟨inf.⟩ **0.1** ***hersens*** ⇒*hersenen* ⟨als substantie⟩ ◆ **1.1** I don't like calf's ~s *ik lust geen kalfshersenen* **3.1** beat s.o.'s ~ out *iem. de hersens inslaan, iem. v. kant maken;* blow s.o.'s ~s out *iem. een kogel door de kop/het hoofd schieten/jagen;* dash s.o.'s ~s out *iem. de hersens inslaan.*
brain² ⟨ov.ww.⟩ **0.1** ***de hersens inslaan*** **0.2** ⟨inf.⟩ ***heel hard slaan.***
'brain·box ⟨telb.zn.⟩ ⟨sl.⟩ **0.1** ***hersenpan*** **0.2** ***knappe kop.***
'brain·child ⟨telb.zn.⟩ ⟨inf.⟩ **0.1** ***geesteskind*** ⇒*geestesproduct.*
'brain damage ⟨telb. en n.-telb.zn.⟩ **0.1** ***hersenbeschadiging/letsel*** ◆ **1.1** brain-damaged children *kinderen met hersenletsel.*
'brain dead ⟨bn.⟩ **0.1** ***hersendood.***
'brain death ⟨n.-telb.zn.⟩ **0.1** ***hersendood.***
'brain drain ⟨f1⟩ ⟨telb.zn.⟩ **0.1** ***uittocht/migratie v.h. intellect*** ⇒*hersenvlucht.*
'brain fag ⟨n.-telb.zn.⟩ **0.1** ***geestelijke uitputting*** ⇒*geestelijke oververmoeidheid.*

'brain fever ⟨n.-telb.zn.⟩ **0.1** ***hersenontsteking*** *⇒hersenkoorts* ⟨encephalitis⟩, *hersenvliesontsteking* ⟨meningitis⟩.

'brain-fever bird ⟨telb.zn.⟩ ⟨dierk.⟩ **0.1** ***koekoek*** ⟨luidschreeuwende koekoek uit India; Cuculus varius⟩.

brain·less ['breɪnləs] ⟨f1⟩ ⟨bn.; -ly; -ness⟩ **0.1** ***dom*** *⇒stom, stompzinnig, hersenloos.*

'brain·pan ⟨telb.zn.⟩ **0.1** ***hersenpan.***

'brain·pow·er ⟨n.-telb.zn.⟩ **0.1** ***intelligentie*** *⇒intellectueel vermogen, intellectuele capaciteit.*

'brain·sick ⟨bn.; -ly; -ness⟩ **0.1** ***gek*** *⇒niet goed bij het hoofd.*

'brain·stem ⟨telb.zn.⟩ ⟨anat.⟩ **0.1** ***hersenstam*** ⟨medulla oblongata⟩.

'brain·storm ⟨f1⟩ ⟨telb.zn.⟩ **0.1** ***hersenstoring*** **0.2** ⟨AE⟩ ***ingeving*** *⇒goed idee, goede inval, inspiratie* ◆ **3.1** I must have had a ~ *ik ben er zeker even niet bij geweest.*

brain·storm·ing ⟨f1⟩ ⟨n.-telb.zn.⟩ ⟨AE⟩ **0.1** ***het brainstormen.***

'brains trust, ⟨AE⟩ **'brain trust** ⟨telb.zn.⟩ **0.1** ***braintrust*** *⇒vertrouwensraad, adviesraad* ⟨raad v. vertrouwensmannen, (ministeriële) adviescommissie⟩.

'brain·teas·er, 'brain·twist·er ⟨telb.zn.⟩ **0.1** ***hersenbreker*** *⇒puzzel, raadsel, moeilijke vraag.*

'brain·wash ⟨f1⟩ ⟨ov.ww.⟩ ⟨pej.⟩ **0.1** ***hersenspoelen*** **0.2** ⟨AE; inf.⟩ ***overtuigen*** *⇒overhalen* ◆ **6.2** ~ s.o. **into** doing sth. *iem. bewerken om iets te doen.*

'brain·wash·ing ⟨f1⟩ ⟨telb. en n.-telb.zn.⟩ ⟨pej.⟩ **0.1** ***hersenspoeling.***

'brain wave ⟨f1⟩ ⟨telb.zn.⟩ ⟨inf.⟩ **0.1** ***ingeving*** *⇒(goede) inval, goed idee.*

'brain·work ⟨n.-telb.zn.⟩ **0.1** ***hersenarbeid*** *⇒hersenwerk.*

brain·y ['breɪni] ⟨f1⟩ ⟨bn.; -er; -ly; -ness; →bijw. 3⟩ ⟨inf.⟩ **0.1** ***slim*** *⇒knap, intelligent.*

braise [breɪz] ⟨f1⟩ ⟨ov.ww.⟩ ⟨cul.⟩ **0.1** ***smoren.***

brake[1] [breɪk] ⟨f2⟩ ⟨zn.⟩
I ⟨telb.zn.⟩ **0.1** ***rem*** **0.2** ***braak*** *⇒braakmachine vlaskneuzer* **0.3** ***braak*** *⇒kneedmachine* **0.4** ***braak*** *⇒kluitenbreker, eg* **0.5** ***(pomp) zwengel*** **0.6** ***brik*** *⇒brikwagentje* ⟨open rijtuigje met banken aan de zijkant⟩ **0.7** ***afrijbrik*** ⟨om paarden af te richten⟩ **0.8** ***stationcar*** **0.9** ***remmer*** ⟨v. bobslee⟩ **0.10** ⟨plantk.⟩ ***adelaarsvaren*** ⟨Pteridium aquilinum⟩ ◆ **3.1** apply/put on the ~s *remmen;* ⟨fig.⟩ *matigen, temperen;* slam the ~s on *hard op het rempedaal trappen;*
II ⟨n.-telb.zn.⟩ **0.1** ***varenvegetatie*** *⇒varenbegroeiing, varens* **0.2** ***kreupelhout*** *⇒bosje.*

brake[2] ⟨f1⟩ ⟨ww.⟩
I ⟨onov.ww.⟩ **0.1** ***remmen;***
II ⟨ov.ww.⟩ **0.1** ***(af)remmen*** **0.2** ***braken*** *⇒kneuzen, breken* ⟨vlas, e.d.⟩.

'brake block ⟨telb.zn.⟩ **0.1** ***remblok.***

'brake disc ⟨telb.zn.⟩ **0.1** ***remschijf.***

'brake disc pad ⟨telb.zn.⟩ **0.1** ***remschijfblokje.***

'brake drum ⟨telb.zn.⟩ **0.1** ***remtrommel.***

'brake fluid ⟨n.-telb.zn.⟩ **0.1** ***remolie*** *⇒remvloeistof.*

'brake harrow ⟨telb.zn.⟩ **0.1** ***kluitenbreker.***

'brake 'horsepower ⟨n.-telb.zn.⟩ **0.1** ***rempaardekracht*** *⇒aspaardekracht, effectief vermogen.*

'brake lining ⟨n.-telb.zn.⟩ **0.1** ***remvoering.***

brake·man ['breɪkmən], ⟨BE⟩ **brakes·man** [-smən] ⟨telb.zn.; brake(s)men [-smən]; →mv. 3⟩ **0.1** ***remmer*** ⟨v. trein⟩.

'brake pad ⟨telb.zn.⟩ **0.1** ***remblokje*** ⟨v. fiets⟩.

'brake shoe ⟨telb.zn.⟩ **0.1** ***remschoen.***

'brake van ⟨telb.zn.⟩ **0.1** ***remwagen*** ⟨v. trein⟩.

bram·ble [bræmbl] ⟨f1⟩ ⟨telb.zn.⟩ ⟨plantk.⟩ **0.1** ***doornstruik*** **0.2** ***braamstruik*** ⟨Rubus caesius, Rubus fruticosus⟩ **0.3** ***frambozenstruik*** ⟨Rubus idaeus⟩ **0.4** ⟨vnl. BE⟩ ***braam.***

'bram·ble·ber·ry ⟨telb.zn.⟩ ⟨vnl. BE⟩ **0.1** ***braambes.***

'bram·bling [bræmblɪŋ] ⟨telb.zn.⟩ ⟨dierk.⟩ **0.1** ***keep*** ⟨Fringilla montifringilla⟩.

bran [bræn] ⟨n.-telb.zn.⟩ **0.1** ***zemelen.***

branch[1] [brɑːntʃ‖bræntʃ] ⟨f3⟩ ⟨telb.zn.⟩ ⟨→sprw. 295⟩ **0.1** ***tak*** *⇒loot* **0.2** ***tak*** *⇒vertakking, afsplitsing, arm, zijlijn* ⟨v. rivier, weg enz.⟩ **0.3** ***tak*** *⇒filiaal, bijkantoor, agentschap;* ⟨BE⟩ *plaatselijke afdeling* ⟨v. vakbond⟩ **0.4** ⟨AE⟩ ***beek*** *⇒stroompje* **0.5** ⟨scheep.⟩ ***loodspatent*** ◆ **1.2** a ~ of the Germanic family of languages *een tak/lid v.d. Germaanse taalfamilie.*

branch[2] ⟨f1⟩ ⟨onov.ww.⟩ **0.1** ***zich vertakken*** *⇒zich splitsen, aftakken* ◆ **1.1** this road ~es there *deze weg splitst (zich) daar* **5.1** ~ **off** *aftakken, zich vertakken, zich splitsen;* they have ~ed **off** there *ze zijn daar afgeslagen* **5.¶** →branch **out.**

bran·chi·a ['bræŋkɪə] ⟨telb.zn.; branchiae [-kiiː]; →mv. 5⟩ ⟨biol.⟩ **0.1** ***kieuw.***

bran·chi·al ['bræŋkɪəl] ⟨bn.⟩ ⟨biol.⟩ **0.1** ***kieuwachtig*** *⇒kieuw-.*

bran·chi·ate ['brɑŋkɪət, -kieɪt] ⟨bn.⟩ ⟨biol.⟩ **0.1** ***met kieuwen*** *⇒kieuw-.*

branch·let ['brɑːntʃlɪt‖'bræntʃ-] ⟨telb.zn.⟩ **0.1** ***takje.***

'branch 'out ⟨onov.ww.⟩ **0.1** ***zijn zaken/zich uitbreiden*** *⇒zich ontwikkelen* ◆ **1.1** the company is branching out into furniture *de maatschappij wil ook meubelen gaan verkopen.*

branch·y ['brɑːntʃi‖'bræntʃi] ⟨bn.⟩ **0.1** ***vertakt*** *⇒met veel takken.*

brand[1] [brænd] ⟨f3⟩ ⟨telb.zn.⟩ **0.1** ***merk*** *⇒merknaam, soort, type* **0.2** ***brandmerk*** *⇒schandteken, stigma* **0.3** ***brandijzer*** *⇒schroeiijzer* **0.4** ⟨schr.⟩ ***brandend/verkoold stuk hout*** **0.5** ⟨schr.⟩ ***fakkel*** *⇒toorts* **0.6** ⟨schr.⟩ ***zwaard*** **0.7** ⟨plantk.⟩ ***brand(ziekte)*** ◆ **1.1** this is a new ~ of soap *dit is een nieuw merk zeep* **1.2** ~ of Cain *bloedschuld, brandmerk v.e. moordenaar* **3.¶** a ~ from the burning *bekeerde zondaar, bekeerling, geredde ziel* **7.1** ⟨hand.⟩ own ~ *huismerk, eigen merk* ⟨B. ook⟩ *wit produkt.*

brand[2] ⟨f2⟩ ⟨ov.ww.⟩ →branded **0.1** ***merken*** *⇒markeren* **0.2** ***brandmerken*** *⇒stigmatiseren* **0.3** ***tekenen*** **0.4** ***griffen*** ◆ **1.1** ~ed goods *merkartikelen* **1.2** they ~ed him (as) a heretic *zij hebben hem als ketter gebrandmerkt* **1.3** his experiences in Vietnam ~ed him for life *zijn ervaringen in Viëtnam hebben hem voor het leven getekend* **1.4** ~ed on his memory *in zijn geheugen gegrift.*

brand·ed ['brændɪd] ⟨bn., attr.; oorspr. volt. deelw. v. brand⟩ **0.1** ***met merknaamlabel*** *⇒merk-.*

'brand·ing iron ⟨telb.zn.⟩ **0.1** ***brandijzer*** *⇒schroeiijzer.*

bran·dish ['brændɪʃ] ⟨f1⟩ ⟨ov.ww.⟩ **0.1** ***zwaaien met*** ◆ **1.1** ~ a sword *(dreigend) zwaaien met een zwaard.*

brand·ling ['brændlɪŋ] ⟨telb.zn.⟩ **0.1** ***pier*** *⇒regenworm* ⟨Eisenia foetida⟩.

'brand name ⟨telb.zn.⟩ **0.1** ***merknaam.***

brand-new ['bræn(d)'njuː‖-'nuː], **bran-new** ['bræn'njuː‖-'nuː] ⟨f2⟩ ⟨bn.⟩ **0.1** ***gloednieuw*** *⇒splinternieuw.*

bran·dy[1] ['brændi] ⟨f2⟩ ⟨telb. en n.-telb.zn.; →mv. 2⟩ **0.1** ***cognac*** **0.2** ***brandewijn.***

brandy[2] ⟨ov.ww.; →ww. 7⟩ **0.1** ***in brandewijn/cognac conserveren/bewaren*** ⟨v. vruchten⟩ ◆ **1.1** brandied apricots *abrikozen op brandewijn.*

'brandy ball ⟨telb.zn.⟩ **0.1** ***snoepje met cognacsmaak.***

'brandy snap ⟨telb.zn.⟩ **0.1** ***dun, kleverig, opgerold koekje/wafeltje met gembersmaak.***

brank·ur·sine [bræn'kɜːsɪn‖bræn'kɜrsn] ⟨telb. en n.-telb.zn.⟩ ⟨plantk.⟩ **0.1** ***acanthus*** ⟨genus Acanthus⟩.

brant →brent goose.

brash[1] [bræʃ] ⟨zn.⟩
I ⟨telb.zn.⟩ ⟨vnl. Sch. E⟩ **0.1** ***regenbui;***
II ⟨n.-telb.zn.⟩ **0.1** ***steenslag*** *⇒puin, steenbrokken* **0.2** ***ijsbrokken*** **0.3** ***snoeisel*** *⇒afgesnoeide takken* **0.4** ***het zuur*** ⟨zure oprisping v. maagsap⟩.

brash[2] ⟨f1⟩ ⟨bn.; -er; -ly; -ness⟩ ⟨inf.⟩ **0.1** ***onbezonnen*** *⇒overhaast, al te voortvarend* **0.2** ***brutaal*** *⇒vrijpostig, onbeschaamd.*

brass[1] [brɑːs‖bræs] ⟨f2⟩ ⟨zn.⟩
I ⟨telb.zn.⟩ **0.1** ***koperen voorwerp/ornament*** **0.2** ***koperen grafversiering/gedenkplaat*** **0.3** ⟨muz.⟩ ***koperen instrument*** **0.4** ⟨tech.⟩ ***lagerschaal*** **0.5** ⟨sl.⟩ ***hoer;***
II ⟨n.-telb.zn.⟩ **0.1** ***koper*** *⇒messing, geelkoper* **0.2** ***koper*** *⇒koperwerk* **0.3** ⟨muz.⟩ ***koper*** *⇒koperen instrumenten* **0.4** ⟨sl.⟩ ***duiten*** *⇒centen, geld* **0.5** ⟨sl.⟩ ***lef*** ◆ **7.3** the ~ was playing out of tune *het koper speelde vals;*
III ⟨verz.n.⟩ ⟨inf.⟩ **0.1** ***hoge omes*** *⇒hoge pieten, hoge politici/officieren;*
IV ⟨mv.; ~es⟩ **0.1** ***koper*** *⇒koperwerk* **0.2** ⟨muz.⟩ ***koper*** *⇒koperen instrumenten.*

brass[2] ⟨f3⟩ ⟨bn.⟩ **0.1** ***koperen*** *⇒van koper* ◆ **1.1** ~ plate *(koperen) naambordje/plaatje* **1.¶** not a ~ farthing *geen cent;* ⟨sl.⟩ ~ hat *hoge officier; hoge piet;* ⟨AE⟩ ~ knuckles *boksbeugel;* ⟨gesch., scheep.⟩ ~ monkey *driehoekige bak waarop kanonkogels opgestapeld worden;* ⟨BE; inf.⟩ (cold enough to) freeze the balls of a ~ monkey *de stenen uit de grond vriezen, zo koud zijn dat je ballen eraf vallen/vriezen;* ⟨inf.⟩ get down to ~ tacks *tot de kern v.d. zaak doordringen, spijkers met koppen slaan.*

bras·sage ['bræsɪdʒ] ⟨n.-telb.zn.⟩ **0.1** ***muntloon*** ⟨betaling aan Munt voor het aanmunten v. geld⟩.

bras·sard ['bræsɑːd‖brə'sɑrd], **bras·sart** [-sɑːt‖-'sɑrt] ⟨telb.zn.⟩ **0.1** ***band om de arm*** ⟨met insigne e.d.⟩.

'brass 'band ⟨f1⟩ ⟨telb.zn.⟩ **0.1** ***fanfarekorps.***

'brassed 'off ⟨bn., pred.⟩ ⟨BE; sl.⟩ **0.1** ***zat*** ◆ **3.1** I am ~ with this *ik ben het beu, voor mij hoeft het niet meer.*

bras·se·rie ['bræsri‖'bræsə'riː] ⟨telb.zn.⟩ **0.1** ***bierhuis*** *⇒brasserie.*

brass·ie, brass·(e)y ['brɑːsi‖'bræsi] ⟨telb.zn.; →mv. 2⟩ **0.1** ***brassie*** ⟨een no.2 hout⟩.

bras·siere, bras·sière ['bræzɪə‖brə'zɪr] ⟨f1⟩ ⟨telb.zn.⟩ **0.1** ***brassière*** *⇒bustehouder.*

'brass 'monkey ⟨telb.zn.⟩ ⟨BE; sl.⟩ ◆ **¶.¶** it's ~s *het is stervenskoud.*

'brass-mon·key weather ⟨telb.zn.⟩ ⟨BE; sl.⟩ **0.1** ***stervenskoud/zeer koud weer.***

'brass player ⟨telb.zn.⟩ **0.1** ***koperblazer***.
'brass 'rags ⟨mv.⟩⟨sl.; zeelui⟩ **0.1** ***poetslap/doek*** ◆ **3.¶** ⟨inf.⟩ part ~ with s.o. *uit elkaar gaan* ⟨v. vrienden⟩; *de vriendschap beëindigen*.
'brass rubbing ⟨telb.zn.⟩ **0.1** ***wrijfsel/rubbing v. koperen grafversiering*** *⇒brass rubbing*.
'brass·ware ⟨n.-telb.zn.⟩ **0.1** ***koperwerk*** *⇒koper*.
brassy ['brɑ:si‖'bræsi]⟨f1⟩⟨bn.; -er; -ly; -ness; →bijw. 3⟩ **0.1** ***(geel) koperen*** *⇒messing, koperkleurig;* ⟨mbt. klank⟩ *v./mbt. het koper, schetterend, schel* **0.2** ***onbeschaamd*** *⇒brutaal* **0.3** ***pretentieus*** *⇒verwaand*.
brat [bræt]⟨f1⟩⟨telb.zn.⟩ **0.1** ⟨pej.⟩ ***kreng (v.e. kind)*** *⇒snotaap, rotkind*.
brat·tice ['bræṭɪs]⟨telb.zn.⟩ **0.1** ⟨mijnw.⟩ ***houten beschot/schachtbekleding*** *⇒luchtschot* **0.2** ⟨gesch.; mil.⟩ ***(houten) borstwering***.
bra·va·do [brə'vɑ:doʊ]⟨f1⟩⟨n.-telb.zn., zelden telb.zn.; ook ~es; →mv. 2⟩ **0.1** ***bravade*** *⇒lef, vertoon van moed/durf*.
brave[1] [breɪv]⟨f1⟩⟨telb.zn.⟩⟨→sprw. 510⟩ **0.1** ***krijger*** *⇒dappere* ⟨v.N. Am. Indianen⟩.
brave[2] ⟨f3⟩⟨bn.; -er; -ly; -ness; →compar. 7⟩ **0.1** ***dapper*** *⇒moedig, onverschrokken, koen* **0.2** ⟨vero.⟩ ***prachtig*** *⇒schitterend, grandioos* ◆ **1.1** put a ~ face on *zich sterk houden*.
brave[3] ⟨f1⟩⟨ov.ww.⟩ **0.1** ***trotseren*** *⇒weerstaan, uitdagen* ◆ **1.1** she braved his anger *ze tartte zijn woede* **4.1** I'll have to ~ it out *ik zal me erdoorheen moeten slaan*.
brav·er·y ['breɪvri]⟨f1⟩⟨n.-telb.zn.⟩ **0.1** ***moed*** *⇒dapperheid, onverschrokkenheid* **0.2** ⟨vero.⟩ ***pracht*** *⇒praal*.
bra·vo[1] [brɑ:'voʊ, 'brɑ:'voʊ]⟨telb.zn.; soms bravi ['brɑ:vi]; →mv. 5⟩ **0.1** ***bravo*** ⟨uitroep v. lof⟩.
bra·vo[2] ['brɑ:voʊ]⟨telb.zn.; ook bravoes, ook bravi ['brɑ:ri]; →mv. 2, 5⟩ **0.1** ***desperado*** *⇒huurmoordenaar, bravo*.
'bra'vo[3] [brɑ:'voʊ, 'brɑ:'voʊ]⟨f2⟩⟨tussenw.⟩ **0.1** ***bravo!***.
bra·vu·ra [brə'v(j)ʊərə‖brə'v(j)ʊrə]⟨n.-telb.zn.⟩ **0.1** ***bravoure***.
braw [brɔ:, brɒ:]⟨bn.⟩⟨vnl. Sch. E⟩ **0.1** ***fijn*** *⇒prima* ⟨bv. knul⟩ **0.2** ***goedverzorgd/gekleed***.
brawl[1] [brɔ:l]⟨f1⟩⟨telb.zn.⟩ **0.1** ***vechtpartij*** *⇒knokpartij* **0.2** ⟨AE; sl.⟩ ***uit de hand gelopen feest***.
brawl[2] ⟨f1⟩⟨onov.ww.⟩ **0.1** ***knokken*** *⇒op de vuist gaan* **0.2** ***razen*** *⇒borrelen, bruisen* ⟨v. stromend water⟩.
brawn [brɔ:n]⟨n.-telb.zn.⟩ **0.1** ***spierkracht*** *⇒spieren* **0.2** ⟨BE⟩ ***hoofdkaas*** *⇒(zure) zult*.
brawn·y ['brɔ:ni]⟨bn.; -er; -ly; -ness; →bijw. 3⟩ **0.1** ***gespierd*** *⇒musculeus, sterk, krachtig*.
bray[1] [breɪ]⟨f1⟩⟨telb.zn.⟩ **0.1** ***schreeuw*** ⟨v. ezel⟩ *⇒gebalk* **0.2** ***schetterend geluid*** *⇒geschetter, geschal* ⟨v. trompet⟩.
bray[2] ⟨f1⟩⟨ww.⟩⟨→sprw. 150⟩
I ⟨onov.ww.⟩ **0.1** ***balken*** ⟨v. ezel⟩ **0.2** ***schetteren*** *⇒schallen* ⟨v. trompet⟩;
II ⟨ov.ww.⟩ **0.1** ***verpulveren*** *⇒fijnstampen, fijnmalen, verpoederen* **0.2** ***inkten*** *⇒met inkt insmeren*.
bray·er ['breɪə‖-ər]⟨telb.zn.⟩⟨druk.⟩ **0.1** ***handinktrol***.
braze[1] [breɪz]⟨telb.zn.⟩ **0.1** ***soldeernaad***.
braze[2] ⟨ov.ww.⟩ **0.1** ***hard solderen*** *⇒solderen met messing* **0.2** ***harden*** ◆ **1.1** ~d joint *soldeernaad*.
bra·zen ['breɪzn]⟨f1⟩⟨bn.; -ly; -ness⟩ **0.1** ***(geel)koperen*** *⇒messing, koperkleurig, koper-* **0.2** ***brutaal*** *⇒onbeschaamd, schaamteloos* **0.3** ***schel*** *⇒koperachtig* ⟨v. klank⟩.
'bra·zen'fac·ed ⟨bn.; -ly⟩ **0.1** ***brutaal*** *⇒onbeschaamd*.
'brazen 'out ⟨ov.ww.⟩ **0.1** ***zich brutaal redden uit*** ◆ **4.1** ⟨vnl. in de uitdr.⟩⟨inf.⟩ brazen it out *zich er brutaal doorheen slaan, de situatie brutaal het hoofd bieden, doen alsof je neus bloedt*.
bra·zier, bra·sier ['breɪzɪə‖-ʒər]⟨f1⟩⟨telb.zn.⟩ **0.1** ***barbecue*** **0.2** ***stoof*** *⇒komfoor* **0.3** ***koperslager***.
bra·zier·y ['breɪzɪəri‖-ʒəri]⟨telb.zn.; →mv. 2⟩ **0.1** ***koperslagerij***.
Bra·zil [brə'zɪl]⟨eig.n.⟩ **0.1** ***Brazilië***.
Bra·zil·ian[1] [brə'zɪljən]⟨telb.zn.⟩ **0.1** ***Braziliaan(se)***.
Brazilian[2] ⟨bn.⟩ **0.1** ***Braziliaans***.
Bra'zil nut ⟨telb.zn.⟩ **0.1** ***paranoot***.
bra'zil·wood, brazil ⟨n.-telb.zn.⟩ **0.1** ***brazielhout*** *⇒braziel, fernambuk(hout)*.
BRCS ⟨afk.⟩ British Red Cross Society.
breach[1] [bri:tʃ]⟨f2⟩⟨zn.⟩
I ⟨telb.zn.⟩ **0.1** ***breuk*** *⇒bres, gat* **0.2** ***sprong*** ⟨v. walvis uit water⟩ ◆ **3.1** ⟨fig.⟩ stand in the ~ *het het hardst te verduren hebben* ⟨in gevecht, werk⟩; *het meeste werk verrichten;* ⟨fig.⟩ step into/fill the ~ *te hulp komen;* ⟨fig.⟩ throw/fling o.s. into the ~ *in de bres springen, te hulp schieten;*
II ⟨telb. en n.-telb.zn.⟩ **0.1** ***breuk*** *⇒inbreuk, schending, verzuim* **0.2** ***breuk*** *⇒scheiding, vervreemding, ruzie* ◆ **1.1** ~ of confidence *schending v. vertrouwen;* ~ of contract *contractbreuk;* ~ of promise *schending v./het breken v.e. trouwbelofte;* ~ of the peace *ordeverstoring;*
III ⟨n.-telb.zn.⟩ **0.1** ***het breken*** ⟨v. golf⟩ *⇒branding*.
breach[2] ⟨f1⟩⟨ww.⟩
I ⟨onov.ww.⟩ **0.1** ***uit het water springen*** ⟨v. walvis⟩;
II ⟨ov.ww.⟩ **0.1** ***doorbreken*** *⇒een gat maken in, een bres slaan in, doorsteken* ⟨dijk⟩ **0.2** ***verbreken*** *⇒een inbreuk maken op*.
bread[1] [bred]⟨f3⟩⟨n.-telb.zn.⟩⟨→sprw. 61, 248, 431⟩ **0.1** ***brood*** **0.2** ***brood*** *⇒kost, levensonderhoud, boterham* **0.3** ⟨sl.⟩ ***geld*** *⇒centen* ◆ **1.1** ~ and butter *boterham met boter;* ⟨fig.⟩ *dagelijkse levensbehoeften, levensonderhoud;* ~ and circuses *brood en spelen;* ~ and milk *in hete melk gebrokkeld brood, broodpap;* ~ and scrape *dun beboterd brood;* ~ and water *water en brood;* ~ and wine *brood en wijn, Avondmaalsspijs;* a loaf of ~ *een brood;* slice of ~ *boterham* **2.2** daily ~ *dagelijks brood, dagelijkse levensbehoeften* **3.1** ⟨vero.⟩ break ~ (with) *de maaltijd gebruiken (met);* breaking of ~ *broodbreking* ⟨viering v.h. Avondmaal⟩ **3.2** earn one's ~ *zijn brood/boterham/kostje verdienen;* take the ~ out of s.o.'s mouth *iem. het brood uit de mond stoten/zijn broodwinning ontnemen* **3.¶** his ~ is buttered on both sides *het gaat hem goed, alles zit hem mee;* cast one's ~ upon the waters *parelen voor de zwijnen gooien;* eat the ~ of affliction *het brood der smarte eten;* quarrel with one's ~ and butter *door eigen toedoen brodeloos worden, zichzelf benadelen, zijn eigen glazen ingooien*.
bread[2] ⟨ov.ww.⟩ **0.1** ***paneren***.
'bread-and-'butter ⟨f1⟩⟨bn., attr.⟩ **0.1** ***om den brode*** *⇒voor de kost; v. elke dag, alledaags, routine-* **0.2** ***bedank-*** **0.3** ***broodnodig*** ◆ **1.1** a ~ job *een baantje om den brode/om zijn boterham (mee) te verdienen* **1.2** ~ letter/note *bedankbrief(je)* ⟨voor genoten gastvrijheid⟩ **1.3** a ~ issue *een vitale kwestie*.
'bread-and-'cir·cus ⟨bn., attr.⟩ **0.1** ***brood-en-circus-*** *⇒brood-en-spelen-*.
'bread·bas·ket ⟨f1⟩⟨telb.zn.⟩ **0.1** ***broodmandje*** **0.2** ⟨sl.⟩ ***maag*** **0.3** ***korenschuur*** ⟨streek die veel koren produceert⟩.
'bread·bin ⟨telb.zn.⟩ **0.1** ***broodtrommel***.
'bread·board ⟨telb.zn.⟩ **0.1** ***broodplank***.
breadcrumb ⟨ov.ww.⟩⟨cul.⟩ **0.1** ***paneren***.
'bread crumb ⟨f1⟩⟨telb.zn.⟩ **0.1** ***broodkruimel*** *⇒* ⟨mv.⟩ *paneermeel, fijngestampte beschuit*.
'bread·fruit, ⟨in bet. I 0.1 ook⟩ **breadfruit tree** ⟨zn.⟩
I ⟨telb.zn.⟩⟨plantk.⟩ **0.1** ***brood(vrucht)boom*** ⟨Artocarpus incisa⟩;
II ⟨telb. en n.-telb.zn.⟩ **0.1** ***broodvrucht(en)***.
'bread·line ⟨telb.zn.⟩ **0.1** ***rij van wachtenden voor de bedeling*** ◆ **6.1** be on the ~ *in de bedeling zijn, erg arm zijn*.
'bread roll ⟨telb.zn.⟩ **0.1** ***broodje***.
'bread 'sauce ⟨telb. en n.-telb.zn.⟩ **0.1** ***melksaus met broodkruimels***.
'bread·stick ⟨telb.zn.⟩ **0.1** ***soepstengel***.
bread·stuffs ['bredstʌfs]⟨mv.⟩ **0.1** ***granen*** *⇒meel, grondstoffen voor brood* **0.2** ***brood***.
breadth [bredθ, bretθ]⟨f2⟩⟨zn.⟩
I ⟨telb.zn.⟩ **0.1** ***breedte*** ⟨v. afmetingen⟩ **0.2** ***breedte*** *⇒strook, baan* ⟨v. stof, behang enz.⟩ **0.3** ***ruimte*** *⇒uitgestrektheid;*
II ⟨n.-telb.zn.⟩ **0.1** ***breedte*** ⟨v. afmetingen⟩ **0.2** ***ruimdenkendheid***.
breadth·ways ['bredθweɪz, 'bretθ-], **breadth·wise** [-waɪz]⟨bn.; bw.⟩ **0.1** ***in de breedte***.
'bread·win·ner ⟨f1⟩⟨telb.zn.⟩ **0.1** ***broodwinner*** *⇒kostwinner*.
break[1], ⟨in bet. 0.8 ook⟩ **brake** [breɪk]⟨f3⟩⟨zn.⟩
I ⟨telb.zn.⟩ **0.1** ⟨ben. voor⟩ ***onderbreking/breuk*** *⇒barst, scheur, breuk; verbreking, verandering, ommekeer; onderbreking, verzetje, pauze; val, chute* ⟨v. sonnet⟩; *rust, cesuur;* ⟨elek.⟩ *stroomonderbreking/-storing* **0.2** ***uitbraak*** *⇒ontsnapping, demarrage* **0.3** ⟨tennis⟩ ***servicedoorbraak*** **0.4** ⟨druk.⟩ ***afbrekingsteken*** **0.5** ⟨inf.⟩ ***kans*** *⇒gelegenheid, geluk, mazzel* **0.6** ⟨inf.⟩ ***pech*** *⇒ongeluk, tegenspoed* **0.7** ⟨inf.⟩ ***blunder*** *⇒domme opmerking* **0.8** ***(af-rij)brik*** ⟨open rijtuigje met banken aan de zijkant⟩ *⇒break, brikwagentje* **0.9** ⟨AE⟩ ***plotselinge (prijs)daling*** ⟨vnl. op beurs⟩ **0.10** ⟨biljart⟩ ***serie*** **0.11** ⟨biljart⟩ ***openingsstoot*** **0.12** ⟨muz.⟩ ***(jazz) solo*** **0.13** ⟨cricket⟩ ***afwijking v. bal na stuiten*** **0.14** ⟨sport, i.h.b. atletiek⟩ ***tussensprint*** *⇒demarrage* **0.15** ⟨sport, i.h.b. wielrennen⟩ ***kopgroep*** ◆ **1.1** a ~ in the concert *een pauze tijdens het concert;* a ~ for lunch *een lunchpauze;* there was a ~ in the weather *het weer sloeg om* **2.5** bad ~ *pech, tegenvaller;* lucky ~ *geluk, mazzel, meevaller* **2.7** bad ~ *domme opmerking, flater* **3.1** give s.o. a ~ *iem. even met rust laten* **3.2** make a ~ for it *proberen te ontsnappen* **3.5** give s.o. a ~ *iem. een kans geven (om zichzelf te bewijzen), iem. een plezier/lol doen* **6.1** **without** a ~ *onophoudelijk, zonder te stoppen;*
II ⟨n.-telb.zn.⟩ **0.1** ***het breken*** **0.2** ***het aanbreken*** ⟨v. dag⟩ ◆ **1.1** I heard the ~ of glass *ik hoorde glas breken* **1.2** ~ of day *dageraad, ochtendgloren*.

break² ⟨f4⟩⟨ww.; verl. t. broke [broʊk], ⟨vero.⟩ brake [breɪk]; volt. deelw. broken ['broʊkən], ⟨vero. of substandaard⟩ broke [broʊk]⟩ →breaking, broke, broken ⟨→sprw. 253, 314, 376, 626, 767⟩
I ⟨onov.ww.⟩ **0.1** ⟨ben. voor⟩ ***kapot gaan*** ⟨ook fig.⟩ ⇒*barsten, scheuren; afbreken; het begeven* ⟨v. gezondheid⟩; *instorten; breken* ⟨v. golf, klinker⟩; *opengaan* ⟨v. blaar⟩; *scheuren* ⟨v. wolk⟩; *springen, bankroet gaan* ⟨v. bank⟩; *stokken* ⟨v. stem⟩ **0.2** ***ontsnappen*** ⇒*uitbreken;* ⟨wielrennen⟩ *demarreren, wegspringen* **0.3** ***inbreken*** **0.4** ***pauzeren*** **0.5** ***ophouden*** ⇒*tot een einde komen, omslaan* ⟨v. weer⟩ **0.6** ⟨ben. voor⟩ ***plotseling beginnen*** ⇒*aanbreken* ⟨v. dag⟩; *uitbreken, losbreken, losbarsten* ⟨v. storm⟩ **0.7** ***bekendgemaakt worden*** ⟨v. nieuws⟩ **0.8** ***zich verspreiden*** ⇒*uiteengeslagen worden* ⟨v. troepen⟩ **0.9** ***plotseling dalen*** ⇒*kelderen, ineenstorten* ⟨v. prijzen op beurs⟩ **0.10** ⟨cricket⟩ ***wegstuiten*** **0.11** ⟨(snooker)biljart⟩ ***van acquit gaan*** ◆ **1.1** the abscess broke *het abces brak door;* my heart ~s *het breekt mijn hart;* his voice broke *hij kreeg de baard in zijn keel; zijn stem stokte in zijn keel* **1.5** the frost broke *het hield op met vriezen, het ging dooien* **2.2** ~ free/loose *ontsnappen, losbreken* **3.3** ~ing and entering *inbraak, diefstal met inbraak* **5.1** ~ **through** *doorbreken;* ⟨fig.⟩ *een doorbraak maken;* school broke **up** *de vakantie begon* **5.2** ~ **away** (from) *wegrennen (van), ontsnappen (aan);* ⟨fig.⟩ *zich losmaken (van), zich afscheiden (van)* **5.10** ⟨cricket⟩ ~ **back** *terugstuiten, terugkaatsen* **5.¶** →break **down;** ~ even *quitte spelen, niet winnen en niet verliezen;* ~ **forth** *uitbarsten, losbarsten* ⟨in woede⟩; →break **in;** →break **off;** →break **out;** →break **up** **6.1** ~ **through** *breken door; doorheenbreken;* ⟨fig.⟩ *doorbréken;* ~ **through** the sound barrier *door de geluidsbarrière heenbreken;* ~ **with** *breken met* ⟨traditie, familie bv.⟩ **6.2** ~ **out of** *ontsnappen uit, ontkomen aan, wegkomen uit* **6.3** ~ **into** *inbreken in/bij* **6.6** ~ **into** a gallop *plotseling gaan galopperen;* ~ **into** laughter *in lachen uitbarsten* **6.¶** ~ **into** a fiver *een briefje van vijf aanbreken;* my evenings have been broken **into** far too much *er wordt veel te veel van mijn avonden afgeknabbeld;* ~ **over** *overheen golven, overheen spoelen;*
II ⟨ov.ww.⟩ **0.1** ***breken*** ⟨ook fig.⟩ ⇒*kapot maken, slopen, beschadigen, (financieel) ruïneren, laten springen* ⟨bank⟩, *vernietigen* **0.2** ***onderbreken*** ⟨reis bv.⟩ **0.3** ***uiteenslaan*** ⟨vijand⟩ **0.4** ***temmen*** ⇒*breken, dresseren* ⟨paard⟩ **0.5** ***(voorzichtig) vertellen*** ⇒*tactvol vertellen* **0.6** ***ontplooien*** ⇒*uitvouwen* ⟨vlag⟩ **0.7** ***schaven*** ⇒*bezeren* ⟨huid⟩ **0.8** ***ontcijferen*** ⇒*breken* ⟨code⟩ **0.9** ⟨tennis⟩ ***doorbreken*** ⟨service⟩ **0.10** ***scheiden*** ⟨v. boksers⟩ ◆ **1.1** ~ a blow *een klap opvangen/breken;* ~ bounds *zonder verlof v.h. terrein afgaan* ⟨v. soldaten, schoolkinderen⟩; ~ camp *het kamp opbreken;* ~ a contract *een contract verbreken;* ~ cover *te voorschijn komen, uit de schuilplaats komen;* ~ a dollar *een dollar stukmaken/wisselen voor kleingeld;* ~ faith with s.o. *iem. verraden, iemands vertrouwen teleurstellen;* ~ his fall *zijn val breken;* ~ s.o. of a habit *(iem.) een gewoonte afleren;* ~ s.o.'s heart *iemands hart breken;* ~ the law *de wet overtreden/breken;* ~ an officer *een officier ontslaan/casseren;* ~ a path/way *een weg banen;* ~ prison/jail *uitbreken;* ~ a promise *een belofte breken;* ~ a record *een record verbeteren/breken;* ~ a set *onderdelen apart verkopen;* ~ a strike *een staking breken;* ~ the surface *boven water komen, bovenkomen* ⟨v. onderzeeër bv.⟩ **1.4** ~ a horse to the rein/to harness *een paard aan de teugel/aan het tuig wennen* **1.5** ~ the news *het nieuws bekendmaken; het nieuws voorzichtig vertellen* **5.¶** →break **down;** →break **in;** →break **off;** →break **up** **6.1** ~ sth. **in** two/**into** pieces *iets in tweeën/in stukken breken* **¶.10** ⟨bokssport⟩ ~! *break!, los!.*

break·a·ble ['breɪkəbl]⟨f1⟩⟨bn.; -ness⟩ **0.1** ***breekbaar.***

break·a·bles ['breɪkəblz]⟨mv.⟩ **0.1** ***breekbare dingen.***

break·age ['breɪkɪdʒ]⟨telb. en n.-telb.zn.⟩ **0.1** ***breuk*** ⇒*het breken, barst, scheur* **0.2** ***brekage*** ⇒*gebroken waar* **0.3** ***vergoeding voor breukschade*** ◆ **1.2** £10 for ~s *£10 voor brekage.*

'break·a·way¹ ⟨telb.zn.; ook breaksaway; →mv. 6⟩ **0.1** ***afscheiding*** ⇒*afgescheiden groep* **0.2** ⟨Austr. E⟩ ***uit de kudde weggelopen dier*** **0.3** ⟨Austr. E⟩ ***plotselinge schrik en vlucht*** ⟨v. vee⟩ **0.4** ⟨AE⟩ ***makkelijk breekbaar object*** **0.5** ⟨sport⟩ ***valse start*** **0.6** ⟨sport⟩ ***uitval*** ⇒*demarrage, aanval.*

breakaway² ⟨bn., attr.⟩ **0.1** ***afgescheiden*** **0.2** ***makkelijk breekbaar*** **0.3** ⟨sl.⟩ ***makkelijk los/uit te krijgen/verplaatsbaar.***

'breakbone 'fever ⟨telb. en n.-telb.zn.⟩⟨med.⟩ **0.1** ***dengue*** ⇒*knokkelkoorts, vijfdaagse koorts, dadelziekte, dandykoorts.*

'break dance ⟨telb.zn.⟩ **0.1** ***breakdance*** ⟨acrobatische dans uit de jaren tachtig⟩.

'break-dance ⟨onov.ww.⟩ **0.1** ***breakdansen.***

'break·danc·ing ⟨n.-telb.zn.⟩ **0.1** ***breakdancing*** ⟨acrobatisch dansen, ook liggend op grond⟩.

'break·down ⟨f2⟩⟨telb.zn.⟩ **0.1** ***defect*** ⇒*het weigeren, mankement, storing, panne, averij* **0.2** ***instorting*** ⇒*zenuwinstorting* **0.3** ***uitsplitsing*** ⇒*(statistische) analyse, specificatie* **0.4** ***stilstand*** ⇒*breuk* ◆ **1.3** ~ of costs *kostenverdeling* **1.4** a ~ of negotiations *een mislukken v.d. onderhandelingen.*

'break 'down ⟨ww.⟩
I ⟨onov.ww.⟩ **0.1** ***stuk/kapot gaan*** ⇒*defect raken* ⟨v. machine⟩; *verbroken raken* ⟨v. verbindingen⟩ **0.2** ***mislukken*** ⟨v. besprekingen, huwelijk e.d.⟩ **0.3** ***instorten*** ⟨v. mens⟩ **0.4** ***zich laten uitsplitsen*** ⇒*omgeslagen/verdeeld worden;* ⟨+ into⟩ *uiteenvallen (in);*
II ⟨ov.ww.⟩ **0.1** ***afbreken*** ⟨muur; ook fig.⟩ ⇒*vernietigen, met de grond gelijkmaken; slopen, inslaan/trappen* ⟨deur⟩ **0.2** ***uitsplitsen*** ⇒*analyseren* ⟨gegevens⟩; ⟨schei.⟩ *afbreken* **0.3** ***doorheenbreken*** ⇒*overwinnen* ⟨verlegenheid⟩.

break·er ['breɪkə‖-ər]⟨f1⟩⟨telb.zn.⟩ **0.1** ***breker*** ⇒*ijsbreker* **0.2** ***sloper*** **0.3** ***breker*** ⇒*brandingsgolf, grote golf, stortzee* **0.4** ***vaatje*** ⇒*watervat.*

'break-'even¹ ⟨telb.zn.⟩⟨ec.⟩ **0.1** ***rentabiliteitsdrempel.***

break-even² ⟨bn., attr.⟩⟨ec.⟩ **0.1** ***break-even*** ⇒*evenwichts-* ◆ **1.1** ~ chart *break-evendiagram;* ~ point *rentabiliteitsdrempel.*

break·fast¹ ['brekfəst]⟨f3⟩⟨telb. en n.-telb.zn.⟩⟨→sprw. 327⟩ **0.1** ***ontbijt*** ◆ **6.1** what will you have **for** ~ *wat wil je als/bij je ontbijt hebben?.*

breakfast² ⟨f1⟩⟨onov.ww.⟩ **0.1** ***ontbijten*** ◆ **3.1** lay ~ *het ontbijt klaarzetten* **6.1** ~ **on** eggs and tea *ontbijten met eieren en thee.*

'breakfast 'television, 'breakfast tv ⟨n.-telb.zn.⟩ **0.1** ***ontbijttelevisie.***

'break 'in ⟨f1⟩⟨ww.⟩
I ⟨onov.ww.⟩ **0.1** ***interrumperen*** **0.2** ***inbreken*** **0.3** ⟨sl.⟩ ***vrijwillig de gevangenis ingaan*** ◆ **6.1** ~ **on/upon** *interrumperen, storen bij;*
II ⟨ov.ww.⟩ **0.1** ***africhten*** ⇒*beleren, mak maken, dresseren* **0.2** ⟨inf.⟩ ***inlopen*** ⟨schoenen⟩ **0.3** ⟨inf.⟩ ***inrijden*** ⟨auto⟩.

'break-in ⟨f1⟩⟨telb.zn.⟩ **0.1** ***inbraak*** **0.2** ***voorzichtig eerste gebruik.***

break·ing ['breɪkɪŋ]⟨zn.; (oorspr.) gerund v. break⟩
I ⟨telb. en n.-telb.zn.⟩⟨taalk.⟩ **0.1** ***breking;***
II ⟨n.-telb.zn.⟩⟨jur.⟩ **0.1** ***braak*** ◆ **3.1** ~ and entering *inbraak.*

'breaking point ⟨f1⟩⟨telb.zn.⟩ **0.1** ***breekpunt*** ⇒*breeksterktegrens.*

'breaking strength, 'breaking stress ⟨n.-telb.zn.⟩ **0.1** ***breukspanning*** ⇒*breeksterkte, breekweerstand.*

'break line ⟨telb.zn.⟩⟨druk.⟩ **0.1** ***afbreeklijn*** ⟨laatste regel v. alinea⟩.

'break·neck ⟨bn., attr.⟩ **0.1** ***halsbrekend*** ◆ **6.1** **at** (a) ~ speed *in razende vaart, met razende snelheid.*

'break 'off ⟨ww.⟩
I ⟨onov.ww.⟩ **0.1** ***afbreken*** ⟨bv. v. tak⟩ **0.2** ***pauzeren*** **0.3** ***ophouden met praten*** ⇒*zijn mond houden, niets meer zeggen;*
II ⟨ov.ww.⟩ **0.1** ***afbreken*** ⟨bv. tak; ook fig.: onderhandelingen e.d.⟩ **0.2** ***verbreken*** ⟨relatie met iem.⟩ ⇒*ophouden met.*

'break·out ⟨f1⟩⟨telb.zn.⟩ **0.1** ***uitbraak*** ⇒*ontsnapping,* ⟨voetbal ook⟩ *counter.*

'break 'out ⟨onov.ww.⟩ **0.1** ***uitbreken*** ⟨v. epidemie, oorlog⟩ **0.2** ***ontsnappen*** ⇒*uitbreken, ontkomen, wegkomen* ◆ **6.2** ~ **of** *ontsnappen uit, ontkomen aan, wegkomen uit* **6.¶** ~ **in** *bedekt raken met, onder komen te zitten* ⟨vlekjes bv.⟩; ~ **in** cries/tears *in huilen/tranen uitbarsten;* ~ **in** curses *beginnen te vloeken;* ~ **on** *bedekken, verschijnen op* ⟨v. vlekjes bv.⟩.

'break point ⟨telb.zn.⟩⟨tennis⟩ **0.1** ***breakpoint*** ⟨beslissende fase in tenniswedstrijd⟩.

'break·through ⟨f2⟩⟨telb.zn.⟩ **0.1** ***doorbraak*** ◆ **2.1** medical ~ *medische doorbraak.*

'break 'up ⟨ww.⟩
I ⟨onov.ww.⟩ **0.1** ***uit elkaar vallen*** ⟨v. ding⟩ ⇒*in stukken breken;* ⟨fig.⟩ *ten einde komen; ontbonden worden* ⟨v. vergadering⟩ **0.2** ***uit elkaar gaan*** ⟨v. (huwelijks)partners, groep mensen e.d.⟩ ⇒*uiteengaan, scheiden* **0.3** ***instorten*** ⟨v. mens⟩ **0.4** ***ophouden*** ⟨v. bep. activiteit; i.h.b. mbt. school⟩ **0.5** ⟨AE; inf.⟩ ***ontzettend lachen*** ⇒*zich kostelijk amuseren* ◆ **1.1** their marriage broke up *hun huwelijk ging kapot* **1.4** school broke up in June *de schoolvakantie begon in juni* **6.2** ~ **with** s.o. *het met iem. uitmaken, met iem. breken;*
II ⟨ov.ww.⟩ **0.1** ***uit elkaar doen vallen*** ⇒*in stukken breken, afbreken, uit elkaar halen;* ⟨fig.⟩ *onder/doorbreken* ⟨routine, stuk tekst⟩ **0.2** ***kapot maken*** ⟨huwelijk, iem.⟩ ⇒*vernietigen, ruïneren* **0.3** ***verspreiden*** ⇒*uiteenjagen* ⟨groep mensen⟩ **0.4** ***beëindigen*** ⇒*een eind maken aan* ⟨ruzie, gevecht, vergadering⟩ **0.5** ***doen instorten*** ⇒*in elkaar doen klappen* **0.6** ⟨AE; inf.⟩ ***ontzettend laten lachen*** ◆ **1.1** it breaks up the day *het breekt de dag een beetje* **1.5** the news of his death broke her up *door het bericht v. zijn dood stortte ze in* **1.6** his joke really broke me up *ik lag in een deuk om zijn mop* **4.4** break it up! *hou ermee op!* **6.1** ~ **into** short lengths *in korte stukken breken;* ⟨fig.⟩ ~ **into** *analyseren in, uitsplitsen, opsplitsen, verdelen over.*

'break-up ⟨f1⟩⟨telb.zn.⟩ **0.1** ***opheffing*** ⇒*het opbreken, beëindiging,* *liquidatie* ⟨bedrijf⟩ **0.2** ⟨inf.⟩ ***scheiding*** ⟨v. minnaars⟩ **0.3** ⟨inf.⟩ ***uitbarsting***.

'break·wat·er ⟨f1⟩ ⟨telb.zn.⟩ **0.1** ***golfbreker*** ⇒*breekwater*.

'break·wind ⟨telb.zn.⟩ ⟨Austr. E⟩ **0.1** ***windscherm*** ⇒*windbreking, beschutting tegen de wind*.

bream[1] [bri:m] ⟨f1⟩ ⟨telb.zn.; ook bream; →mv. 4⟩ ⟨dierk.⟩ **0.1** ***brasem*** ⟨genus Abramis⟩ **0.2** ***zeebrasem*** ⟨fam. Sparidae⟩.

bream[2] ⟨ov.ww.⟩ ⟨scheep.⟩ **0.1** ***schoonbranden/schrapen*** ⟨kiel⟩.

breast[1] [brest] ⟨f3⟩ ⟨telb.zn.⟩ (→sprw. 304) **0.1** ***borst*** ⇒*boezem, voorzijde, borststuk* **0.2** ***hart*** ⇒*boezem, gemoed* **0.3** ***boezem*** ⟨v. schoorsteen⟩ ◆ **2.1** be ~ high/deep *tot de borst komen, borsthoog/borstdiep zijn/staan* **3.¶** beat one's ~ *groot misbaar v. verdriet maken;* give a child the ~ *een kind borstvoeding geven* **6.1** the baby is **at** the ~ *de baby is aan de borst*.

breast[2] ⟨f1⟩ ⟨ov.ww.⟩ **0.1** ***het hoofd bieden*** ⇒*weerstaan, beklimmen, (op)worstelen tegen, doorklieven* **0.2** ⟨vero.; sport⟩ ***met de borst doorbreken*** ⟨finish⟩.

'breast·bone ⟨f1⟩ ⟨telb.zn.⟩ **0.1** ***borstbeen*** ⟨sternum⟩.

'breast cancer ⟨n.-telb.zn.⟩ **0.1** ***borstkanker***.

'breast drill ⟨telb.zn.⟩ **0.1** ***borstboor***.

breast·ed ['brestɨd] ⟨bn.⟩ **0.1** ***met borst(en)***.

'breast-feed ⟨f1⟩ ⟨onov. en ov.ww.⟩ **0.1** ***borstvoeding geven*** ◆ **1.1** breast-fed babies *baby's die borstvoeding krijgen/kregen*.

'breast·pin ⟨telb.zn.⟩ **0.1** ***broche*** ⇒*borstspeldje* **0.2** ***dasspeld***.

'breast·plate ⟨telb.zn.⟩ **0.1** ***borstschild*** ⇒*borstplaat* ⟨v. wapenrusting⟩, *buikschild* ⟨v. schildpad⟩ **0.2** ***plaat*** ⟨op doodskist⟩ **0.3** ⟨tech.⟩ ***borst-/drilplankje***.

'breast 'pocket ⟨f1⟩ ⟨telb.zn.⟩ **0.1** ***borstzak***.

'breast pump, 'breast reliever ⟨telb.zn.⟩ **0.1** ***borstpomp***.

'breast stroke ⟨f1⟩ ⟨telb.zn.; vnl. enk.⟩ **0.1** ***schoolslag*** ⇒*borstslag*.

breast·sum·mer ['bresəmə‖-ər] ⟨telb.zn.⟩ **0.1** ***draagbalk*** ⇒*latei (hout)* ⟨horizontale balk in muur boven opening⟩.

'breast wall ⟨telb.zn.⟩ **0.1** ***borstwering*** **0.2** ***steunmuur*** ⇒*aarden baan*.

'breast wheel ⟨telb.zn.⟩ **0.1** ***middenslagwaterrad*** ⇒*tussenslagwaterrad*.

'breast·work ⟨zn.⟩
I ⟨telb.zn.⟩ **0.1** ***borstwering;***
II ⟨mv.; ~s⟩ ⟨sl.⟩ **0.1** ***tieten***.

breath [breθ] ⟨f3⟩ ⟨zn.⟩ (→sprw. 368, 600)
I ⟨telb.zn.⟩ **0.1** ***zuchtje (wind)*** ⇒*licht briesje* **0.2** ***vleugje*** ⇒*zweempje, spoor* **0.3** ***geur*** ◆ **1.1** a ~ of fresh air *een beetje frisse lucht;* get a ~ of (fresh) air *een luchtje scheppen, een frisse neus halen* **6.2** not a ~ **of** suspicion *geen greintje argwaan;*
II ⟨telb. en n.-telb.zn.⟩ **0.1** ***adem(haling)*** ⇒*lucht, ademtocht* ◆ **1.¶** the ~ of life *noodzaak* **2.1** his last ~ *zijn laatste adem(tocht);* in the next ~ *direct daarna;* in the same ~ *in één adem* **3.1** with bated ~ *met ingehouden adem, gespannen* **3.¶** catch one's ~ *weer op adem komen;* hold his ~ *zijn adem inhouden;* draw/take ~ *inademen, ademhalen;* first draw ~ *geboren worden, ter wereld komen;* dying ~ *laatste adem(tocht);* get one's ~ (back)(again) *weer op adem komen;* have no ~ left *buiten adem zijn;* save your ~ *houd je mond maar, het heeft geen zin iets te zeggen;* keep/save your ~ to cool your porridge *houd je mond maar, hou je praatjes voor je;* take a deep ~ *diep ademhalen;* take one's ~ away *de adem benemen, perplex doen staan;* waste one's ~ *woorden verspillen, vergeefs iets zeggen* **6.1** **in** one ~ *in één adem* **6.¶** **under** one's ~ *fluisterend;* **out of** ~ *buiten adem;*
III ⟨n.-telb.zn.⟩ ⟨schr.⟩ **0.1** ***leven*** ⇒*adem*.

breath·a·lyse, ⟨AE sp.⟩ **breath·a·lyze** ['breθəlaɪz] ⟨ov.ww.⟩ ⟨verkeer⟩ **0.1** ***een ademtesten afnemen v.*** ⇒*laten blazen op een blaaspijpje*.

breath·a·lys·er, -ly·zer ['breθəlaɪzə‖-ər] ⟨telb.zn.; ook B-⟩ ⟨vnl. BE; verkeer⟩ **0.1** ***blaaspijpje*** ⇒⟨B.⟩ *ademontleder*.

breathe [bri:ð] ⟨f3⟩ ⟨ww.⟩ →breathing
I ⟨onov.ww.⟩ **0.1** ***ademen*** ⇒*ademhalen,* ⟨schr.⟩ *leven* **0.2** ***op adem komen*** ⇒*uitblazen, bijkomen, uitrusten* **0.3** ***rieken*** ⇒*geuren* ◆ **1.1** the wine must ~ *de wijn moet ademen* **3.1** ⟨inf.⟩ as I live and ~ *hoe is het mogelijk!* **5.1** be able to ~ again/freely *weer (ruimer) kunnen ademhalen, herademen;* ~ **in** *inademen;* ~ **out** *uitademen* **6.¶** ~ **upon** *aantasten, bezoedelen;*
II ⟨ov.ww.⟩ **0.1** ***inademen*** **0.2** ***uitblazen*** ⇒*uitademen* **0.3** ***inblazen*** ⇒*ingeven, inboezemen* **0.4** ***fluisteren*** ⇒*uiting geven aan, (zachtjes) zeggen* **0.5** ***laten rusten*** ⇒*bij laten komen, op adem laten komen, laten ademen* ◆ **1.2** ~ one's last *de laatste adem (tocht) uitblazen;* ⟨fig.⟩ ~ fire *vuur spuwen* **1.3** ~ new life into *nieuw leven inblazen, weer op gang brengen* **1.4** ~ simplicity *eenvoud uitstralen;* don't ~ a word of this! *praat je mond niet voorbij!* **5.¶** ~ **in** every word *elk woord opzuigen/indrinken* **6.3** ~ courage **into** the soldiers *de soldaten moed inblazen*.

breath·er ['bri:ðə‖-ər] ⟨f1⟩ ⟨telb.zn.⟩ **0.1** ***iem. die ademhaalt*** **0.2** ⟨inf.⟩ ***pauze*** ⇒*adempauze* **0.3** ***beetje beweging*** ⇒*wandeling, fietstocht* **0.4** ***ontluchtingskanaal*** ⇒*ontluchter, ventilatieopening* ◆ **3.2** give a horse a ~ *een paard op adem laten komen;* have/take a ~ *even rusten* **3.3** give a horse a ~ *een paard afrijden*.

breath·ing ['bri:ðɪŋ] ⟨f2⟩ ⟨telb. en n.-telb.zn.; (oorspr.) gerund v. breathe⟩ **0.1** ***ademhaling*** ⇒*het ademen* ◆ **3.1** ⟨muz.⟩ staggered ~ *koorademhaling*.

'breathing space, 'breathing spell ⟨telb. en n.-telb.zn.⟩ **0.1** ***pauze*** ⇒*adempauze, rustperiode*.

breath·less ['breθləs] ⟨f2⟩ ⟨bn.; -ly; -ness⟩ **0.1** ***buiten adem*** ⇒*hijgend, ademloos* **0.2** ***ademloos*** ⇒*gespannen, zonder adem te halen, doods* **0.3** ***adembenemend*** **0.4** ***dood*** ⇒*zonder te ademen* **0.5** ***ademloos*** ⇒*windstil, bladstil* ◆ **1.3** with ~ speed *met adembenemende snelheid*.

'breath·tak·ing ⟨f2⟩ ⟨bn.; -ly⟩ **0.1** ***adembenemend*** ⇒*opwindend*.

'breath test ⟨f1⟩ ⟨telb.zn.⟩ **0.1** ***ademtest*** ⇒*blaasproef/test, ademproef*.

breath·y ['breθi] ⟨bn.; -er; -ly; -ness; →bijw. 3⟩ **0.1** ***met ademgeruis***.

brec·ci·a ['brekɪə, 'bretʃɪə] ⟨telb. en n.-telb.zn.⟩ ⟨geol.⟩ **0.1** ***breccië*** ⇒*breccie* ⟨gesteente bestaande uit rotsblokken en bindmateriaal⟩.

bred [bred] ⟨verl.t. en volt.deelw.⟩ →breed.

bree, brie [bri:] ⟨n.-telb.zn.⟩ ⟨Sch. E⟩ **0.1** ***drank***.

breech[1] [bri:tʃ], ⟨in bet. II; AE ook⟩ **britches,** ⟨in bet. II; Sch. E.⟩ **breeks** ⟨f1⟩ ⟨zn.; -es ['brɪtʃɪz]⟩
I ⟨telb.zn.⟩ **0.1** ⟨vero.⟩ ***achterste*** ⇒*stuit, billen* **0.2** ***kulas*** ⇒*stootbodem, broek* ⟨v. kanon⟩ **0.3** ***staartstuk*** ⟨v. geweer⟩;
II ⟨mv.; ~es⟩ **0.1** ***kniebroek*** ⇒⟨inf.⟩ *lange broek, pantalon* ◆ **1.1** two pairs of ~es *twee broeken* **3.¶** she wears the ~es *zij heeft de broek aan, zij is de baas in huis*.

breech[2] ⟨ov.ww.⟩ ⟨vero.⟩ **0.1** ***broeken*** ⇒*in de broek steken*.

'breech birth ⟨telb.zn.⟩ **0.1** ***stuitgeboorte***.

'breech·block ⟨telb.zn.⟩ **0.1** ***grendel*** ⟨v. geweer⟩ **0.2** ***sluitstuk*** ⟨v. kanon⟩.

'breech·cloth, 'breech·clout ⟨telb.zn.⟩ **0.1** ***lendendoek***.

'breech delivery ⟨telb.zn.⟩ ⟨med.⟩ **0.1** ***stuitbevalling***.

'breeches buoy ⟨telb.zn.⟩ ⟨scheep.⟩ **0.1** ***broek*** ⟨broek aan touw voor redden v. schipbreukelingen⟩.

breech·ing ['brɪtʃɪŋ] ⟨zn.⟩
I ⟨telb.zn.⟩ **0.1** ***broek*** ⟨v. paardetuig⟩ **0.2** ***kulas*** ⇒*stootbodem, broek* ⟨v. kanon⟩ **0.3** ⟨scheep.⟩ ***broeking*** ⟨touw om terugstoot v. scheepskanon te stoppen⟩ ⇒*remkabel;*
II ⟨n.-telb.zn.⟩ **0.1** ***grove schape/geitewol*** ⟨v. dijen en poten⟩.

'breech·load·er ⟨telb.zn.⟩ **0.1** ***achterlader***.

'breech·load·ing ⟨bn.⟩ **0.1** ***achterladend***.

'breech piece ⟨telb.zn.⟩ **0.1** ***staartstuk*** ⟨v. kanon⟩.

'breech pin ⟨telb.zn.⟩ **0.1** ***staartschroef*** ⟨v. kanon⟩.

'breech presentation ⟨telb.zn.⟩ ⟨med.⟩ **0.1** ***stuitligging***.

breed[1] [bri:d] ⟨f2⟩ ⟨telb.zn.⟩ **0.1** ***ras*** ⇒*aard, soort, type, geslacht* **0.2** ⟨AE; vnl. pej.⟩ ***halfbloed***.

breed[2] ⟨f3⟩ ⟨ww.; bred, bred [bred]⟩ →breeding (→sprw. 183, 728)
I ⟨onov.ww.⟩ **0.1** ***zich voortplanten*** ⇒*jongen* ◆ **5.1** ~ **in** and **in** *inteelt plegen;* ~ **out** and **out** *inteelt vermijden;*
II ⟨ov.ww.⟩ **0.1** ***kweken*** ⇒*telen, fokken;* ⟨fig.⟩ *veroorzaken, voortbrengen, doen ontstaan, verwekken* **0.2** ***kweken*** ⇒*opvoeden, grootbrengen, opleiden* ◆ **3.2** a Londoner bred and born/born and bred *een Londenaar in hart en nieren, hij is in Londen geboren en getogen* **5.2** well bred *goed opgevoed, welgemanierd* **6.2** bred **to** the law *tot advocaat opgeleid*.

breed·er ['bri:də‖-ər] ⟨telb.zn.⟩ **0.1** ***fokker*** ⇒*kweker, teler* **0.2** ***fokdier*** **0.3** ⟨verk.⟩ ⟨breeder reactor⟩.

'breeder reactor ⟨telb.zn.⟩ **0.1** ***kweekreactor***.

breed·ing ['bri:dɪŋ] ⟨f2⟩ ⟨n.-telb.zn.; gerund v. breed⟩ **0.1** ***het fokken*** ⇒*het kweken/telen, fokkerij, kwekerij* **0.2** ***voortplanting*** ⇒*het jongen* **0.3** ***opvoeding*** ⇒*goede manieren* ◆ **1.3** a lady by birth and ~ *een dame door afkomst en opvoeding/van huis uit, een geboren dame*.

'breeding ground ⟨f1⟩ ⟨telb.zn.⟩ **0.1** ***broedplaats*** ⇒*kweekplaats/grond*.

breeks →breech[1] II.

breeze[1] [bri:z] ⟨f3⟩ ⟨zn.⟩
I ⟨telb.zn.⟩ **0.1** ⟨inf.⟩ ***koud kunstje*** ⇒*makkelijk karweitje, makkie* **0.2** ⟨vnl. BE; inf.⟩ ***ruzietje*** ⇒*onenigheid* **0.3** ⟨vero. of gew.⟩ ***(paarde)horzel*** ⇒*brems* ◆ **6.1** ⟨AE⟩ **in** a ~ *op z'n sloffen, makkelijk;*
II ⟨telb. en n.-telb.zn.⟩ **0.1** ***bries*** ⇒*wind, koelte* ◆ **3.¶** ⟨AE; sl.⟩ shoot/bat the ~ *kletsen, keuvelen* **7.1** there's not much (of a) ~ *er staat niet veel wind;*
III ⟨n.-telb.zn.⟩ ⟨BE⟩ **0.1** ***bries*** ⇒*sintels, cokesgruis*.

breeze[2] ⟨f1⟩ ⟨onov.ww.⟩ **0.1** ***zachtjes waaien*** **0.2** ⟨inf.⟩ ***(zich) snel/vlot bewegen*** ⇒*vliegen* **0.3** ⟨AE; sl.⟩ ***uitbreken*** ⇒*vluchten* ⟨uit gevangenis⟩ ◆ **5.1** it was breezing **up** *er kwam een bries(je) opzetten* **5.2** ~ **along** *lekker voortsnorren, sjezen, snellen;* ~ **in** *(vrolijk/nonchalant) binnen komen waaien, onverwachts binnenslenteren; op de sloffen winnen* ⟨in paardenrace⟩; ~ **off** *vertrekken, weggaan;* ⟨AE⟩ *zich koest houden;* ~ **out** *abrupt weggaan* **6.2** ~ **through** sth. *(nonchalant) door iets heen vliegen.*

'breeze block ⟨telb.zn.⟩ **0.1** ***B-2-blok*** ⟨grote, lichte bouwsteen v. sintels en cement⟩.

'breeze·way ⟨telb.zn.⟩ **0.1** ***(overdekte) passage.***

breez·y ['bri:zi]⟨f1⟩⟨bn.; -er; -ly; -ness; →bijw. 3⟩ **0.1** ***winderig*** ⇒*tochtig* **0.2** ***opgewekt*** ⇒*levendig, vrolijk, fris, joviaal* **0.3** ⟨AE; inf.⟩ ***verwaand*** ⇒*hooghartig, met de neus in de wind.*

brems·strah·lung ['bremʃtrɑ:ləŋ]⟨n.-telb.zn.⟩⟨nat.⟩ **0.1** ***remstraling*** ⇒*bremsstrahlung.*

bren [bren], **'bren gun** ⟨telb.zn.⟩ **0.1** ***bren*** ⟨licht machinegeweer⟩.

'brent 'goose, brent [brent], ⟨AE sp.⟩ **brant** [brænt], **'brant 'goose** ⟨telb.zn.⟩ **0.1** ***rotgans*** ⟨Branta bernicla⟩.

brer [brɜ:, breə‖brɜr, brer]⟨telb.zn.⟩⟨AE⟩ **0.1** ***broer.***

breth·ren ['breðrən]⟨mv.⟩ →brother.

Bret·on¹ ['bretn]⟨zn.⟩

I ⟨eig.n.⟩ **0.1** ***Breto(e)ns*** ⇒*de Breto(e)nse taal;*

II ⟨telb.zn.⟩ **0.1** ***Breto(e)n.***

Breton² ⟨bn.⟩ **0.1** ***Breto(e)ns.***

brev ⟨afk.⟩ brevet, brevier.

breve [bri:v]⟨telb.zn.⟩ **0.1** ***breve*** ⇒*pauselijk schrijven, vorstelijk schrijven* **0.2** ⟨muz.⟩ ***twee hele noten*** **0.3** ⟨lit., taalk.⟩ ***boogje ter aanduiding v. korte klinker/lettergreep*** ⟨[SJF]⟩.

bre·vet¹ ['brevɪt‖brɪ'vet]⟨telb.zn.⟩ **0.1** ***document dat titulaire rang verleent.***

brevet² ⟨ov.ww.; →ww. 7⟩ **0.1** ***titulaire rang verlenen.***

bre·vet·cy ['brevɪtsi]⟨telb.zn.; →mv. 2⟩ **0.1** ***titulaire rang.***

'brevet major ⟨telb.zn.⟩ **0.1** ***majoor-titulair.***

'brevet rank ⟨telb.zn.⟩ **0.1** ***titulaire rang.***

bre·vi·ar·y ['bri:vɪəri‖-vieri]⟨telb.zn.; →mv. 2⟩ **0.1** ***brevier*** ⇒*getijdenboek, breviarium, gebedenboek.*

bre·vier [brə'vɪə‖-'vɪr]⟨telb. en n.-telb.zn.⟩⟨druk.⟩ **0.1** ***brevier.***

brev·i·ty ['brevəṭi]⟨f1⟩⟨n.-telb.zn.⟩⟨→sprw. 62⟩ **0.1** ***kortheid*** ⇒*korte duur* **0.2** ***beknoptheid*** ⇒*bondigheid.*

brew¹ [bru:]⟨f1⟩⟨telb.zn.⟩⟨→sprw. 5⟩ **0.1** ***brouwsel*** ⇒*bier, aftreksel* ◆ **2.1** you'll need a big ~ for all those people *je zal veel van dat brouwsel/bier nodig hebben voor zoveel mensen;* I like a strong ~ *ik houd van sterke thee.*

brew² ⟨f2⟩⟨ww.⟩

I ⟨onov.ww.⟩ **0.1** ***bierbrouwen*** **0.2** ***trekken*** ⟨v. thee⟩ **0.3** ***broeien*** ⇒*dreigen, op komst/til zijn* ◆ **1.3** there is a storm ~ing *er is storm op komst/til* **4.3** something's ~ing *er broeit iets* **5.1** ~ **up** *thee zetten;*

II ⟨ov.ww.⟩ **0.1** ***brouwen*** ⇒*zetten* **0.2** ***brouwen*** ⇒*uitdenken, uitbroeden* ◆ **1.2** they're ~ing trouble *ze hebben narigheid in de zin.*

brew·er ['bru:ə‖-ər]⟨f1⟩⟨telb.zn.⟩ **0.1** ***brouwer.***

'brewer's 'droop ⟨n.-telb.zn.⟩⟨BE⟩⟨scherts.⟩ **0.1** ***impotentie door overmatig alcoholgebruik.***

brew·er·y ['bru:əri]⟨f2⟩⟨telb.zn.; →mv. 2⟩ **0.1** ***brouwerij.***

'brew·house ⟨telb.zn.⟩ **0.1** ***brouwerij.***

brew·ster ['bru:stə‖-ər]⟨telb.zn.⟩⟨BE⟩ **0.1** ***brouwer.***

'Brewster Sessions ⟨mv.⟩ **0.1** ***zitting v.d. overheidsinstelling die slijt/tapvergunningen verstrekt.***

bri·ar, bri·er ['braɪə‖-ər]⟨f1⟩⟨zn.⟩

I ⟨telb.zn.⟩ **0.1** ***doornstruik*** **0.2** ***bruyèrepijp*** **0.3** →brier rose;

II ⟨n.-telb.zn.⟩ **0.1** ***bruyère(hout)*** ⟨v. boomheide⟩ **0.2** ⟨plantk.⟩ ***boomheide*** ⟨Erica arborea⟩.

bri·ar·y, bri·er·y ['braɪəri]⟨bn.⟩ **0.1** ***doornig*** ⇒*stekelig.*

bribe¹ [braɪb]⟨f1⟩⟨telb.zn.⟩ **0.1** ***steekpenning*** ⇒*omkoopsom, smeergeld* **0.2** ***lokmiddel.***

bribe² ⟨f2⟩⟨onov. en ov.ww.⟩ **0.1** ***(om)kopen*** ⇒*steekpenningen geven, smeergeld betalen* ◆ **1.1** ~ one's way to *zich een weg kopen naar.*

brib(e)·a·ble ['braɪbəbl]⟨f1⟩⟨bn.⟩ **0.1** ***omkoopbaar.***

brib·er·y ['braɪbri]⟨f1⟩⟨n.-telb.zn.⟩ **0.1** ***omkoperij.***

bric-à-brac ['brɪkəbræk]⟨f1⟩⟨n.-telb.zn.⟩ **0.1** ***bric-à-brac*** ⇒*snuisterijen, curiosa, ouderwetse dingen, prulletjes.*

brick¹ [brɪk]⟨f3⟩⟨zn.⟩

I ⟨telb.zn.⟩ **0.1** ***rechthoekig stuk/voorwerp*** ⇒*blok, broodje* **0.2** ⟨BE⟩ ***blok*** ⟨speelgoed⟩ **0.3** ⟨sl.⟩ ***fijn mens*** ⇒*goede vriend, reuzevent, reuzemeid, rots, vent/meid waarop je kunt bouwen* **0.4** ⟨AE; sl.⟩ ***(pak v.) 1 kg marihuana;***

II ⟨telb. en n.-telb.zn.⟩ **0.1** ***baksteen*** ◆ **1.1** ⟨inf.⟩ ~s and mortar *gebouwen, huizen* **1.¶** make ~s without straw *ijzer met handen willen breken* **3.¶** ⟨BE; sl.⟩ drop a ~ *iets verkeerds zeggen, een blunder begaan, een steen in de vijver gooien;* ⟨vulg.⟩ be shitting ~s/a ~ *het in z'n broek doen, in z'n broek schijten* ⟨v. schrik⟩;

III ⟨n.-telb.zn.⟩ **0.1** ⟨vaak attr.⟩ ***steenrood*** ⇒*brick;*

IV ⟨mv.; ~s; the⟩⟨AE; sl.⟩ **0.1** ***stoep*** ⇒*straat, plaveisel* **0.2** ***buitenwereld*** ⇒*vrijheid* ⟨voor gevangene⟩ ◆ **3.¶** hit the ~s *de straat opgaan, de deur uitgaan; uit de bajes komen; staken, demonstreren; rondzwalken.*

brick² ⟨f1⟩⟨ov.ww.⟩ **0.1** ***metselen*** ⇒*met baksteen bekleden* ◆ **5.1** ~ **in** *inmetselen;* ~ **over** *dichtmetselen;* ~ **up** *dichtmetselen, inmetselen.*

'brick·bat ⟨telb.zn.⟩ **0.1** ***projectiel*** ⇒*geworpen steen* **0.2** ⟨inf.⟩ ***verwensing*** ⇒*scheldkanonnade.*

'brick clay, 'brick earth ⟨n.-telb.zn.⟩ **0.1** ***tichelaarde*** ⇒*steenklei, tichelgrond.*

'brick·field ⟨telb.zn.⟩ **0.1** ***steenbakkerij*** ⇒*steenfabriek, tichelbakkerij.*

'brick·field·er ⟨telb.zn.⟩⟨Austr. E⟩ **0.1** ***(hete) stofstorm.***

brick·ie ['brɪki]⟨telb.zn.⟩⟨BE; sl.⟩ **0.1** ***metselaar.***

'brick·kiln ⟨telb.zn.⟩ **0.1** ***steenoven*** ⇒*ticheloven.*

'brick·lay·er ⟨f1⟩⟨telb.zn.⟩ **0.1** ***metselaar.***

'brick·mak·er ⟨telb.zn.⟩ **0.1** ***steenbakker*** ⇒*tichelaar, steenvormer.*

'brick nog·ging ⟨n.-telb.zn.⟩ **0.1** ***vakwerk*** ⟨metselwerk tussen houtwerk⟩.

'brick 'red ⟨f1⟩⟨n.-telb.zn.; vaak attr.⟩ **0.1** ***steenrood.***

'brick 'tea ⟨n.-telb.zn.⟩ **0.1** ***geperste thee*** ⟨in tabletten⟩.

'brick·top ⟨telb.zn.⟩⟨AE; sl.⟩ **0.1** ***vuurtoren*** ⇒*roodharige, rooie.*

'brick 'wall ⟨f1⟩⟨telb.zn.⟩ **0.1** ***bakstenen muur*** ◆ **3.1** ⟨fig.⟩ see through a ~ *ogen in zijn rug hebben, helderziende/heel schrander zijn.*

'brick·work ⟨f1⟩⟨n.-telb.zn.⟩ **0.1** ***metselwerk.***

brick·y ['brɪki]⟨bn.; -er; →compar. 7⟩ **0.1** ***bakstenen*** ⇒*baksteen-* **0.2** ***steenrood.***

'brick·yard ⟨telb.zn.⟩⟨vnl. AE⟩ **0.1** ***steenbakkerij*** ⇒*steenfabriek, tichelbakkerij.*

bri·dal¹ ['braɪdl]⟨telb.zn.⟩ **0.1** ***bruiloft*** ⇒*trouwerij, huwelijksplechtigheid.*

bridal² ⟨f1⟩⟨bn., attr.⟩ **0.1** ***bruids-*** ⇒*trouw-, huwelijks-, bruilofts-* ◆ **1.1** ~ suite *bruidssuite* ⟨in hotel⟩.

bride ['braɪd]⟨f3⟩⟨telb.zn.⟩ **0.1** ***bruid.***

'bride·cake ⟨telb.zn.⟩ **0.1** ***bruidstaart.***

'bride·groom ⟨f2⟩⟨telb.zn.⟩ **0.1** ***bruidegom.***

'bride price, 'bride wealth ⟨telb.zn.⟩ **0.1** ***bruidsprijs.***

brides·maid ['braɪdzmeɪd]⟨f2⟩⟨telb.zn.⟩ **0.1** ***bruidsmeisje.***

brides·man ['braɪdzmən]⟨telb.zn.; bridesmen [-mən]; →mv. 3⟩ **0.1** ***ceremoniemeester*** ⟨op een bruiloft⟩ **0.2** ***bruidsjonker.***

'bride-to-'be ⟨telb.zn.; brides-to-be; →mv. 6⟩ **0.1** ***aanstaande bruid.***

bride·well ['braɪdwəl]⟨telb.zn.; soms B-⟩⟨vero.⟩ **0.1** ***tuchthuis*** ⇒*verbeteringsgesticht, spinhuis, rasphuis.*

bridge¹ [brɪdʒ]⟨f3⟩⟨zn.⟩⟨→sprw. 118⟩

I ⟨telb.zn.⟩ **0.1** ⟨elek., scheep., tandheelkunde, wwb.⟩ ***brug*** **0.2** ***neusrug*** **0.3** ***brug*** ⟨tussenstuk v.e. brilmontuur⟩ **0.4** ***kam*** ⟨op snaarinstrument⟩ **0.5** ***bok*** ⟨houten steun of steun met de linkerhand voor de keu bij het biljarten⟩ **0.6** ⟨inf.⟩ ***overbruggingskrediet*** **0.7** ⟨worstelen⟩ ***brug(stand)*** ◆ **1.1** ~ of boats *ponton/schipbrug* **1.¶** ~ of asses *vijfde stelling v.h. eerste boek van Euclides;* ⟨bij uitbr.⟩ *struikelblok voor beginners* **3.¶** burn one's ~s *zijn schepen achter zich verbranden;* we'll cross that ~ when we come/get to it *we zien wel als het zover is;* a lot of water has flowed under the ~ (since then) *er is (sinds die tijd) heel wat water naar de zee gestroomd;*

II ⟨n.-telb.zn.⟩ **0.1** ***bridge*** ⟨kaartspel⟩.

bridge² ⟨f1⟩⟨ov.ww.⟩ →bridging **0.1** ***overbruggen*** ⇒*een brug slaan/leggen over* ◆ **1.1** a bridging loan *een overbruggingskrediet;* ~ a river *een brug slaan over een rivier* **5.¶** →bridge **over.**

'bridge·board ⟨telb.zn.⟩ **0.1** ***(trap)boom*** ⟨balk die de traptreden draagt⟩ ⇒*achterhout.*

'bridge deck ⟨telb.zn.⟩⟨scheep.⟩ **0.1** ***brug(ge)dek.***

'bridge·head ⟨f1⟩⟨telb.zn.⟩⟨mil.⟩ **0.1** ***bruggehoofd*** ⟨ook fig.⟩.

bridge·man ['brɪdʒmən]⟨telb.zn.; bridgemen [-mən]; →mv. 3⟩ ⟨AE⟩ **0.1** ***brugwacht(er).***

'bridge'mas·ter ⟨telb.zn.⟩⟨BE⟩ **0.1** ***brugwacht(er).***

'bridge 'over ⟨ov.ww.⟩ **0.1** ***voorlopig oplossen/overwinnen*** ⇒*verhelpen* **0.2** ***uit de brand helpen*** ⇒*nood op korte termijn lenigen* ◆ **1.1** ~ s.o.'s difficulties *iem. uit de nood helpen* **1.2** this money should bridge you over till next week *met dit geld kun je tot de volgende week wel weer vooruit/haal je de volgende week wel.*

'bridge passage ⟨telb.zn.⟩⟨muz.⟩ **0.1** ***overgang(spassage).***

'bridge·roll ⟨telb.zn.⟩ **0.1** ***puntje*** ⟨soort broodje⟩.

'bridge train ⟨telb.zn.⟩⟨mil.⟩ **0.1** ***pontontrein.***

'bridge·work ⟨zn.⟩⟨tandheelkunde⟩

I ⟨telb.zn.⟩ **0.1** ***brug;***

II ⟨n.-telb.zn.⟩ **0.1** ***de verzamelde bruggen in een gebit.***

bridg·ing ['brɪdʒɪŋ]⟨n.-telb.zn.; gerund v. bridge⟩ **0.1** ***klampwerk*** ⟨bij vloeren, daken enz.⟩.

bri·dle[1] ['braɪdl]⟨f1⟩⟨telb.zn.⟩ **0.1** ***hoofdstel*** ⇒*hoofdtuig,* ⟨fig.⟩ *breidel, toom* **0.2** ⟨scheep.⟩ ***hanepoot*** ⟨gaffellijn⟩ **0.3** ⟨anat.⟩ ***weefselbandje*** ⟨zoals bv. de tongriem⟩ ⇒*ligament.*

bridle[2] ⟨f1⟩⟨ww.⟩
I ⟨onov.ww.⟩ **0.1** ***steigeren*** ⟨alleen fig.⟩ ⇒*(gepikeerd, verontwaardigd) het hoofd in de nek gooien* ◆ **6.1** she ~d (up) **with** anger **at** his remarks *ze gooide het hoofd in de nek van boosheid om zijn opmerkingen;*
II ⟨ov.ww.⟩ **0.1** ***(een paard) het hoofdstel aandoen*** ⇒*tomen, tuigen* **0.2** ***breidelen*** ⇒*in toom houden* ◆ **1.2** ~ one's tongue / passions *zijn tong / hartstochten in bedwang houden.*

'bridle hand ⟨telb.zn.⟩ **0.1** ***teugelhand*** ⟨hand die de teugel vasthoudt⟩ ⇒*linkerhand.*

'bridle path, 'bridle road, 'bridle trail, 'bridle way ⟨telb.zn.⟩ **0.1** ***ruiterpad*** ⇒*paardenpad / spoor.*

'bridle rein ⟨telb.zn.⟩ **0.1** ***teugel.***

bri·doon [brɪ'du:n]⟨telb.zn.⟩ **0.1** ***trens en teugel*** ⇒*lichte teugel.*

Brie [bri:]⟨n.-telb.zn.⟩ **0.1** ***Brie*** ⟨Franse kaassoort⟩.

brief[1] [bri:f]⟨f1⟩⟨zn.⟩
I ⟨telb.zn.⟩ **0.1** ***résumé*** ⇒*overzicht v. hoofdzaken;* ⟨jur.⟩ *instructie voor pleiter* ⟨hoofdpunten v.e. zaak, door een procureur opgesteld ten behoeve v.e. pleitend advocaat⟩; ⟨BE; bij uitbr.⟩ *opdracht voor een 'barrister'* **0.2** ⟨AE; jur.⟩ ***conclusie (v. eis)*** ⇒*petitum, akte v. beschuldiging* **0.3** ⟨vnl. BE⟩ ***instructiepakket*** ⇒*pakket v. bevoegdheden en plichten, instructies, machtiging, (ambts) bevoegdheid* **0.4** ⟨lucht.⟩ ***vlieginstructie*** ⟨voor (gevechts)piloten⟩ ⇒*briefing* **0.5** ⟨R.-K.⟩ ***breve*** ⇒*kort pauselijk schrijven* ◆ **1.1** a barrister with plenty of ~s *een advocaat met een drukke praktijk* **3.1** hold (a) ~ for ⟨lett.⟩ *gehouden zijn te pleiten voor; pleitbezorger zijn van;* I hold no ~ for capital punishment *ik ben geen pleitbezorger / voorstander v.d. doodstraf;* throw down one's ~ *de verdediging staken, een zaak niet voortzetten* **3.3** my ~ does not include the buying of spare parts *ik heb geen opdracht / ben niet gemachtigd om reserveonderdelen te kopen;* it's not part of your ~ to tell her what to do *het is niet aan jou haar te zeggen wat ze doen moet* **3.¶** make ~ of *snel afhandelen / doen;*
II ⟨mv.; ~s⟩ **0.1** ***(dames / heren)slip*** ⇒*(pijploos) onderbroekje, bikinibroekje.*

brief[2] ⟨f3⟩⟨bn.; -er; -ly; -ness⟩ **0.1** ***kort(stondig)*** ⇒*beknopt, bondig* ◆ **1.1** a ~ look at the newspaper *een vluchtige blik in de krant;* ~ and to the point *kort en krachtig* **3.1** be ~ *kort van stof zijn, het kort houden* **6.1** in ~ *om kort te gaan, kort en goed, kortom.*

brief[3] ⟨f2⟩⟨ov.ww.⟩ →briefing **0.1** ***voorbereiden*** ⇒*(van tevoren) hoofdzaken op een rijtje zetten / kernpunten doornemen met, een korte uiteenzetting geven (voor)* **0.2** ⟨BE⟩ ***instrueren*** ⟨balie-advocaat⟩ **0.3** ⟨BE⟩ ***in de arm nemen*** ⟨balie-advocaat⟩ **0.4** ⟨lucht.⟩ ***(laatste) aanwijzingen geven aan*** ⇒*instrueren.*

'brief bag ⟨telb.zn.⟩⟨BE⟩ **0.1** ***advocatenkoffertje*** ⟨met de 'briefs' v.d. barrister⟩.

'brief·case ⟨f2⟩⟨telb.zn.⟩ **0.1** ***aktentas*** ⇒*diplomatenkoffertje.*

brief·ing ['bri:fɪŋ]⟨f1⟩⟨telb. en n.-telb.zn.; (oorspr.) gerund v. brief⟩ **0.1** ***(laatste) instructies*** ⇒*briefing, instruering,* ⟨i.h.b.⟩ *vluchtinstructies* **0.2** ⟨reclame⟩ ***campagne-instructies*** ⟨aan creatieve medewerker⟩.

'briefing service ⟨telb.zn.⟩ **0.1** ***inlichtingendienst.***

brief·less ['bri:fləs]⟨bn.⟩ **0.1** ***werkloos*** ⟨v. advocaat⟩ ⇒*zonder praktijk.*

brier →briar.

'brier rose, briar, brier ⟨telb.zn.⟩⟨plantk.⟩ **0.1** ***hondsroos*** ⟨Rosa canina⟩ ⇒*wilde roos.*

brig [brɪg]⟨f1⟩⟨telb.zn.⟩ **0.1** ⟨scheep.⟩ ***brik*** ⇒*brigantijn* **0.2** ⟨AE; scheep.⟩ ***scheepsgevangenis*** **0.3** ⟨AE; sl.⟩ ***(militaire) gevangenis*** ⇒*petoet, cachot* **0.4** ⟨Sch. E⟩ ***brug.***

Brig ⟨afk.⟩ Brigadier.

bri·gade[1] [brɪ'geɪd]⟨f2⟩⟨telb.zn.⟩ **0.1** ***brigade*** ⇒*legereenheid* **0.2** ***(geüniformeerde) groep mensen (met een bep. taak)*** ⇒*korps, corps, brigade.*

brigade[2] ⟨ov.ww.⟩ **0.1** ***tot een brigade samenvoegen.***

brig·a·dier ['brɪgə'dɪə‖-'dɪr]⟨f2⟩⟨telb.zn.; ook B-⟩ **0.1** ***brigadegeneraal*** ⟨in het Britse leger⟩ ⇒*brigadecommandant* **0.2** ⟨AE⟩ ⟨verk.⟩ ⟨brigadier general⟩.

'brigadier 'general ⟨f1⟩⟨telb.zn.; brigadiers general; →mv. 6; ook B- G-⟩ **0.1** ⟨BE⟩ ***brigadegeneraal*** ⟨ook als titulaire rang⟩ **0.2** ⟨AE⟩ ***brigadegeneraal*** ⟨ook bij luchtmacht en marine⟩.

brig·and ['brɪgənd]⟨telb.zn.⟩ **0.1** ***(struik)rover*** ⇒*bandiet.*

brig·and·age ['brɪgəndɪdʒ]⟨n.-telb.zn.⟩ **0.1** ***banditisme*** ⇒*(struik) roverij.*

brig·an·dine ['brɪgəndi:n]⟨telb.zn.⟩ **0.1** ***pantserhemd*** ⇒*maliënhemd / kolder.*

brig·an·tine ['brɪgənti:n]⟨telb.zn.⟩⟨scheep.⟩ **0.1** ***brigantijn.***

bright[1] [braɪt]⟨zn.⟩
I ⟨telb.zn.⟩ **0.1** ***tipkwastje*** ⟨plat penseel om lichte plekken aan te brengen⟩;
II ⟨n.-telb.zn.; the⟩⟨AE of schr.⟩ **0.1** ***de dag*** ⇒*het daglicht;*
III ⟨mv.; ~s⟩ **0.1** ***vérstralers*** ⇒*groot licht.*

bright[2] ⟨f3⟩⟨bn.; -er; -ly; -ness⟩ **0.1** ***hel(der)*** ⟨ook fig.⟩ ⇒*licht, stralend, glanzend, fleurig, klaar* **0.2** ***opgewekt*** ⇒*opgeruimd, levendig, kwiek* **0.3** ***schrander*** ⇒*snugger, vlug, pienter, intelligent* ◆ **1.1** a ~ future *een mooie / rooskleurige toekomst;* one of the ~est moments in the history of Europe *een v.d. meest glorieuze momenten in de geschiedenis v. Europa;* ~ as a new pin *zo helder als wat;* look on the ~ side of things *de dingen van de zonzijde bezien, optimistisch blijven* **1.2** ~ eyes *heldere / stralende ogen* **1.3** a ~ idea *een slim idee* **1.¶** the ~ lights *het uitgaanscentrum;* ⟨BE; inf.; vaak iron.⟩ a ~ spark *een slimme kerel, een slimmerd, een groot licht* **2.2** ~ and breezy *levenslustig, opgeruimd.*

bright[3] ⟨f1⟩⟨bw.⟩ **0.1** ***helder*** ◆ **2.1** ~ red *helderrood* **3.1** shine ~ *helder schijnen* **5.¶** ~ and early *voor dag en dauw, in alle vroegte, vroegtijdig, bijtijds.*

bright·en ['braɪtn]⟨f2⟩⟨ww.⟩
I ⟨onov.ww.⟩ **0.1** ***opklaren*** ⇒*ophelderen* ⟨ook fig.⟩ ◆ **5.1** the sky is ~ing **up** *de lucht klaart op;*
II ⟨ov.ww.⟩ **0.1** ***doen opklaren*** ⇒*opglanzen, oppoetsen, polijsten* **0.2** ***opfleuren*** ⇒*opmonteren, opvrolijken* ◆ **5.2** she has ~ed **up** his whole life *dank zij haar is hij helemaal opgeleefd.*

'bright-'eyed ⟨f1⟩⟨bn.⟩ **0.1** ***met heldere / pientere ogen*** ⇒*jeugdig-enthousiast;* ⟨fig.⟩ *bij de pinken, alert* ◆ **2.1** ~ and bushy-tailed *kien en pienter.*

'bright-'light district ⟨telb.zn.⟩ **0.1** ***uitgaanscentrum.***

'Bright's disease ⟨n.-telb.zn.⟩⟨med.⟩ **0.1** ***ziekte van Bright*** ⇒*glomerulonephritis* ⟨bep. nierziekte⟩.

'bright·work ⟨n.-telb.zn.⟩ **0.1** ***polijstwerk*** ⟨glanzende delen van machines enz.⟩.

brill[1] [brɪl]⟨f1⟩⟨telb.zn.; ook brill; →mv. 4⟩⟨dierk.⟩ **0.1** ***griet*** ⟨Scophthalmus rhombus⟩.

brill[2] ⟨bn.⟩⟨BE; inf.⟩ **0.1** ***fantastisch*** ⇒*geweldig, prachtig.*

bril·liance ['brɪlɪəns], **bril·lian·cy** [-si]⟨f2⟩⟨n.-telb.zn.⟩ **0.1** ***briljantheid*** ⇒*schittering, helderheid, zuiverheid, glans* **0.2** ***virtuositeit*** ⇒*genialiteit, briljantheid.*

bril·liant[1] ['brɪlɪənt]⟨f1⟩⟨telb.zn.⟩ **0.1** ***briljant(je)*** **0.2** ⟨boek.⟩ ***briljant*** ⟨driepuntslettertje⟩.

brilliant[2] ⟨f3⟩⟨bn.; -ly; -ness⟩ **0.1** ***stralend*** ⇒*glanzend, fonkelend, glinsterend* **0.2** ***briljant*** ⇒*schitterend, magnifiek; virtuoos, geniaal* ◆ **1.1** ~ stars *fonkelende sterren* **1.2** cut / make a ~ figure *een briljante indruk maken;* ~ rendering *briljante vertolking;* ~ scientist *briljant geleerde* **2.1** ~ red *hoogrood.*

bril·lian·tine ['brɪlɪənti:n]⟨n.-telb.zn.⟩ **0.1** ***brillantine*** **0.2** ⟨AE⟩ ***brillantinegaren.***

Bril'lo pad ['brɪloʊ pæd]⟨telb.zn.⟩⟨merknaam⟩ **0.1** ***(Brillo-)staalwolsponsje*** ⇒*schuursponsje.*

brim[1] [brɪm]⟨f2⟩⟨telb.zn.⟩ **0.1** ***(boven)rand*** ⇒*boord* **0.2** ***rand*** ⟨v.e. hoed⟩ ◆ **6.1** full **to** the ~ *tot de rand toe vol, boordevol, met een kop erop* ⟨v. glaasje⟩.

brim[2] ⟨f1⟩⟨ww.; →ww. 7⟩
I ⟨onov.ww.⟩ **0.1** ***boordevol zijn*** ⇒*tot barstens toe gevuld zijn* ◆ **1.1** her eyes ~med with tears *haar ogen schoten vol tranen, de tranen kwamen in haar ogen* **5.¶** →brim over;
II ⟨ov.ww.⟩ **0.1** ***tot de rand toe vullen*** ⇒*volgieten, volgooien, vol doen.*

brim·ful(l) ['brɪmfʊl]⟨f1⟩⟨bn., attr.⟩ **0.1** ***boordevol*** ⇒*propvol* ◆ **6.1** ~ **of** new ideas *boordevol nieuwe ideeën;* ~ **with** sugar *boordevol suiker.*

-brimmed ['brɪmd] **0.1** ***-gerand*** ⟨v.e. hoed⟩ ◆ **¶.1** a broad-brimmed hat *een breedgerande hoed.*

'brim 'over ⟨f1⟩⟨onov.ww.⟩ **0.1** ***overlopen*** ⇒*over de rand lopen* ◆ **6.1** ~ **with** *overvloeien / lopen van, bruisen van;* he brims over **with** ideas *hij zit barstensvol ideeën.*

brim·stone ['brɪmstoʊn]⟨n.-telb.zn.⟩⟨vero., tenzij in uitdr. onder 1.1⟩ **0.1** ***zwavel*** **0.2** →brimstone butterfly **0.3** ⟨vero.⟩ ***feeks*** ⇒*helleveeg* ◆ **1.1** fire and ~ *vuur en zwavel;* ⟨i.h.b.⟩ *het hellevuur.*

'brimstone butterfly ⟨telb.zn.⟩ **0.1** ***citroenvlinder*** ⇒*citroentje* ⟨Gonepteryx rhamni⟩.

brin [brɪn]⟨telb.zn.⟩ **0.1** ***rib*** ⟨v.e. waaier⟩ ⇒*been.*

brin·dle ['brɪndl], **brin·dled** ['brɪndld]⟨bn.⟩ **0.1** ***getijgerd*** ⟨vnl. v. koeien en katten⟩ ⇒*gestreept en gevlekt* ⟨op bruinige ondergrond⟩.

brine[1] [braɪn]⟨f1⟩⟨n.-telb.zn.⟩ **0.1** ***pekel(nat / water)*** ⇒*brijn, brem* **0.2** ⟨the⟩⟨schr.⟩ ***het zilte nat*** ⇒*de pekelplas, het pekelnat.*

brine[2] ⟨ov.ww.⟩ **0.1** ***(in)pekelen.***

'brine pan ⟨telb.zn.⟩ **0.1** ***zoutpan*** ⇒*zouttuin.*

bring [brɪŋ]⟨f4⟩⟨ov.ww.; brought, brought [brɔ:t]⟩ **0.1** ***(mee)brengen*** ⇒*(mee)nemen, komen met, aandragen, aanvoeren* **0.2** ***opleveren*** ⇒*opbrengen* **0.3** ⟨jur.⟩ ***indienen*** ⇒*instellen* **0.4** ***teweegbrengen*** ⇒*leiden tot, halen, voortbrengen, brengen tot* ◆ **1.1** his cries brought his neighbours running *op zijn kreten kwamen zijn buren aangesneld;* one sad letter brought Jenny crying home *één verdrietige brief en Jenny kwam in tranen terug naar huis;* ~ your friend to the party *neem je vriend(in) mee naar het feestje* **1.2** ~ a good price *een goede prijs opbrengen/halen;* his deeds brought him fame *zijn daden brachten hem roem* **1.3** ~ a complaint *een klacht indienen* **1.4** spring ~s flowers *de lente komt met bloemen;* the sight brought tears to my eyes *de aanblik bracht mij (de) tranen in de ogen* **3.1** ~ to bear *toepassen, concentreren (op), doen inwerken, doen gelden; richten* ⟨vuurwapen⟩; ~ pressure to bear on *druk uitoefenen op* **4.4** ~ to naught *doen mislukken* **5.4** ~ low *neerhalen; geen goed doen, afbreuk doen aan, aan lager wal doen raken* **5.¶** ~ home to *duidelijk maken, zich doen realiseren, aan het verstand brengen;* ~ a charge home to s.o. *iemands schuld bewijzen;* →bring **about;** →bring **along/on;** →bring **along/(a) round;** →bring **(a)round/over;** →bring **away;** →bring **back;** →bring **down;** →bring **forth;** →bring **forward;** →bring **in;** →bring **off;** →bring **on;** →bring **out;** →bring **over;** →bring **round;** →bring **through;** →bring **to;** →bring **together;** →bring **under;** →bring **up** **6.1** ~ **before** *(ter beoordeling/discussie) voorleggen;* ~ a case **before** the court *een zaak aan de rechter voorleggen;* ~ the problem **before** the group *breng het probleem in de groep;* he will ~ us **through** this crisis *hij zal ons door deze crisis heen helpen;* he ~s his wide experience **to** the task *hij kan bij dit werk terugvallen op zijn ruime ervaring;* ~ **to** oneself *tot zichzelf brengen, wakker schudden;* her suggestions can be brought **under** three headings *haar suggesties kunnen ondergebracht worden in drie categorieën/vallen in drie categorieën uiteen* **6.3** ~ a charge **against** *een klacht indienen tegen; verbaal opmaken tegen, verbaliseren* **6.4** ⟨mil⟩ ~ **into** action *in actie/stelling brengen, inzetten;* ~ **into** blossom/flower *in bloei zetten, tot bloei brengen;* ~ **into** sight/view *zichtbaar maken, onthullen;* ⟨mil.⟩ ~ **to** attention *in de houding zetten;* this purchase ~s your bill **to** more than you can afford *met deze aankoop komt uw rekening op meer dan u zich kunt veroorloven;* you've brought this problem **(up)on** yourself *je hebt je dit probleem zelf op de hals gehaald;* you've brought her wrath/fury **(up)on** your head *je hebt haar toorn/woede over je afgeroepen.*

'bring a'bout ⟨f1⟩⟨ov.ww.⟩ **0.1** ***veroorzaken*** ⇒*teweegbrengen, tot gevolg hebben, aanrichten, bewerkstelligen* **0.2** ⟨scheep.⟩ ***wenden.***

'bring a'long/(a)'round ⟨ov.ww.⟩ **0.1** ***meebrengen*** ⇒*meenemen.*

'bring a'long/'on ⟨ov.ww.⟩ **0.1** ***opkweken*** ⇒*opleiden, in de ontwikkeling stimuleren* **0.2** ***doen gedijen*** ⇒*doen uitbotten/ontkiemen/uitlopen, in bloei zetten* ◆ **1.1** ~ promising young swimmers *jong zwemtalent opkweken* **1.2** this fine weather will bring the crops along very nicely *met dit mooie weer zal het gewas uit de grond schieten.*

'bring-and-'buy sale ⟨telb.zn.⟩⟨BE; Nieuw-Zeeland⟩ **0.1** ***rommelmarkt voor liefdadig doel.***

'bring (a)'round/'over ⟨f1⟩⟨ov.ww.⟩ **0.1** ***overhalen*** ⇒*ompraten, overreden* **0.2** →bring along/(a)round ◆ **6.1** I can't bring him around **to** our point of view *ik kan hem niet overtuigen van onze zienswijze.*

'bring a'way ⟨ov.ww.⟩ **0.1** ***overhouden*** ⇒*mee terug/meebrengen.*

'bring 'back ⟨f2⟩⟨ov.ww.⟩ **0.1** ***terugbrengen*** ⇒*terugbezorgen, retourneren* **0.2** ***meebrengen*** ⇒*meenemen, mee terugbrengen* **0.3** ***in de herinnering terugbrengen*** ⇒*de herinnering ophalen aan, doen terugdenken aan, doen herleven, oproepen* **0.4** ***herinvoeren*** ⇒*herintroduceren* ◆ **1.2** if you go shopping bring me back a newspaper/a newspaper back for me *als je boodschappen gaat doen, neem dan een krant voor me mee/koop dan meteen even een krant voor me* **1.3** the smell of honeysuckle brought back a night some years before *de geur van kamperfoelie bracht de herinnering aan een avond van een paar jaar geleden weer boven* **1.4** ~ capital punishment *de doodstraf weer invoeren* **6.1** ~ **to** health *weer gezond maken, genezen;* ~ **to** life *weer tot leven wekken, nieuw leven inblazen.*

'bring 'down ⟨ov.ww.⟩ **0.1** ***neerhalen*** ⇒*neerschieten* ⟨vliegtuig, vogel⟩ **0.2** ***aan de grond zetten*** **0.3** ⟨jacht⟩ ***neerschieten*** ⇒*neerleggen* **0.4** ⟨sport⟩ ***neerleggen*** ⇒*onderuithalen, ten val brengen* ⟨tegenspeler⟩ **0.5** ***ten val brengen*** ⇒*omverwerpen* ⟨regering⟩ **0.6** ***drukken*** ⇒*verlagen, terugschroeven/brengen* ⟨kosten⟩ **0.7** ⟨wisk.⟩ ***aanhalen*** ⇒*bijhalen,* ⟨B.⟩ *neerlaten* ⟨bij delingen⟩ **0.8** ⟨boekhouden⟩ ***overbrengen*** ⟨naar rekening op dezelfde pagina⟩ ◆ **6.¶** ~ sth. **on** s.o. *iem. iets aandoen, iets over iem. brengen, iets afroepen over iem., iem. met iets opschepen;* ~ the story **to** 1776 *het verhaal bijwerken/voortzetten tot 1776.*

'bring 'forth ⟨ov.ww.⟩⟨schr.⟩ **0.1** ***voortbrengen*** ⇒*het leven schenken aan, ter wereld brengen;* ⟨fig.⟩ *veroorzaken* **0.2** ***onthullen*** ⇒*aan het licht brengen.*

'bring 'forward ⟨ov.ww.⟩ **0.1** ***naar voren brengen*** ⇒*voorstellen, aanvoeren* **0.2** ***vervroegen*** ⇒*naar voren schuiven, verzetten, terugzetten* ⟨klok, horloge⟩ **0.3** ⟨boekhouden⟩ ***transporteren*** ⇒*overbrengen* ◆ **1.1** can you ~ any proof of this story? *kunt u enig bewijs leveren voor dit verhaal?;* ~ a question *een kwestie aan de orde stellen* **1.2** can't we ~ this meeting to August? *kunnen we die vergadering niet al in augustus houden?.*

'bring 'in ⟨f1⟩⟨ov.ww.⟩ **0.1** ***binnenhalen*** ⟨oogst⟩ **0.2** ***opleveren*** ⇒*opbrengen, afwerpen, inbrengen* **0.3** ***bijhalen*** ⇒*opnemen in, aanwerven* **0.4** ***opbrengen*** ⇒*inrekenen* ⟨arrestant⟩ **0.5** ***komen aanzetten met*** ⇒*introduceren* ⟨nieuwe mode⟩, *indienen* ⟨wetsontwerp⟩, *uitbrengen* ⟨rapport⟩ **0.6** ***in produktie brengen*** ⇒*ontsluiten* ⟨oliebron/veld⟩ ◆ **1.2** my sons ~ £10 a week *mijn zoons zijn samen goed voor £10 per week* **1.3** ~ experts to advise *het advies van deskundigen inwinnen* **1.¶** ~ a verdict *uitspraak doen* ⟨v.e. jury⟩ **2.5** ~ a person guilty or not guilty *iem. schuldig of onschuldig verklaren* **6.3** ~ **on** *inschakelen/betrekken bij;* they must be brought in **on** our plans *ze moeten inspraak krijgen/gemoeid worden in onze plannen.*

bring·ing-up ⟨telb. en n.-telb.zn.⟩ **0.1** ***opvoeding*** ⇒*kinderverzorging.*

'bring 'off ⟨f1⟩⟨ov.ww.⟩ **0.1** ***in veiligheid brengen*** ⇒*weghalen van, redden uit, verlossen van/uit* **0.2** ⟨inf.⟩ ***voor elkaar krijgen/boksen*** ⇒*fiksen, uit het vuur slepen* ◆ **4.2** it was a difficult job, but we've brought it off *het was een lastig karwei, maar we hebben het voor elkaar gekregen/het er goed afgebracht/het gefikst.*

'bring 'on ⟨ov.ww.⟩ **0.1** ***veroorzaken*** ⇒*teweegbrengen, tot gevolg hebben, leiden tot* **0.2** →bring along/on ◆ **1.1** the smell almost brought on an attack of nausea *je werd bijna misselijk van de stank.*

'bring 'out ⟨f1⟩⟨ov.ww.⟩ **0.1** ***naar buiten brengen*** ⇒*voor de dag komen met,* ⟨fig. ook⟩ *uitbrengen* **0.2** ***op de markt brengen*** ⇒*uitbrengen* ⟨produkt⟩ **0.3** ***doen bloeien/uitkomen*** **0.4** ***duidelijk doen uitkomen*** ⇒*releveren, expliciteren* **0.5** ***vrijer laten spreken/handelen*** ⇒*doen loskomen, ontdooien* **0.6** ***het werk laten neerleggen*** ⇒*doen staken, in staking laten gaan* **0.7** ⟨vero.⟩ ***in de (grote) wereld brengen*** ⇒*introduceren* ⟨in de uitgaande wereld⟩ ◆ **1.1** he brought out a pile of old newspapers *hij kwam met een stapel oude kranten tevoorschijn;* she couldn't ~ a word *ze kon geen woord uitbrengen;* he brings out the worst in me *hij roept de wildste instincten in mij wakker* **1.2** ~ a loan *een lening uitschrijven* **1.4** this photo brings out all the details *op deze foto zijn alle details goed te zien;* the meaning of the poem was not brought out well *de betekenis v.h. gedicht kwam niet duidelijk naar voren/kwam niet goed uit de verf* **1.6** the shop-stewards brought out the steelworkers *de vakbondsvertegenwoordigers hebben de metaalarbeiders het werk laten neerleggen* **1.7** ~ a girl *een meisje haar debuut laten maken* **6.¶** excitement brings him out **in** a rash *als hij opgewonden is, krijgt hij vlekken in zijn gezicht/uitslag.*

'bring 'over ⟨f1⟩⟨ov.ww.⟩ **0.1** ***laten overkomen*** ⟨van verre⟩ ⇒*overhalen* **0.2** →bring (a)round/over.

'bring 'round ⟨ov.ww.⟩ **0.1** ***bij bewustzijn brengen*** ⇒*bijbrengen* **0.2** ⟨scheep.⟩ ***omdraaien*** ⇒*(om)wenden* **0.3** →bring along/(a)round **0.4** →bring (a)round/over ◆ **6.¶** ~ **to** *(het gesprek) brengen op, in de richting sturen/leiden van.*

'bring 'through ⟨ov.ww.⟩ **0.1** ***er doorheen brengen*** ⇒⟨i.h.b.⟩ *er bovenop helpen, er doorheen slepen, het leven redden.*

'bring 'to ⟨ww.⟩

I ⟨onov.ww.⟩⟨scheep.⟩ **0.1** ***tot stilstand komen*** ⇒*bijdraaien;*

II ⟨ov.ww.⟩ **0.1** ***bij bewustzijn brengen*** ⇒*bijbrengen/helpen* **0.2** ⟨scheep.⟩ ***tot stilstand brengen/dwingen*** ⇒*doen bijdraaien.*

'bring to'gether ⟨ov.ww.⟩ **0.1** ***bijeenbrengen*** ⇒*samenbrengen, bij elkaar brengen, verzoenen.*

'bring 'under ⟨ov.ww.⟩ **0.1** ***bedwingen*** ⇒*het zwijgen opleggen, de kop indrukken, onderwerpen, onderdrukken.*

'bring 'up ⟨f1⟩⟨ww.⟩

I ⟨onov.ww.⟩ **0.1** ***stoppen*** ⇒⟨vnl. scheep.⟩ *voor anker gaan, de reis beëindigen;*

II ⟨ov.ww.⟩ **0.1** ***naar boven brengen*** **0.2** ***grootbrengen*** ⇒*opvoeden* **0.3** ***ter sprake brengen*** ⇒*de aandacht vragen voor, in het midden brengen, naar voren brengen* **0.4** ⟨jur.⟩ ***voorleiden*** ⇒*voorbrengen* **0.5** ⟨mil.⟩ ***aanvoeren*** ⇒*inzetten, naar voren/de voorste linie brengen/dirigeren* **0.6** ⟨inf.⟩ ***(plotseling) tegenhouden*** ⇒*(plotseling) doen ophouden, afkappen, stuiten, onderbreken* **0.7** ⟨vnl. BE; inf.⟩ ***mopperen op*** ⇒*een standje geven, uitfoeteren* **0.8** ⟨inf.⟩ ***uitbraken*** ⇒*overgeven, uitkotsen* ◆ **1.2** the two brothers were brought up the hard way *de twee broers zijn met harde hand opgevoed/zijn in hun jeugd niet met zijden hand-*

schoenen aangepakt **5.6** a shrill cry brought me up short *een schrille kreet deed mij abrupt de pas inhouden* **6.1** ~ **to** the standard of the others *op gelijke hoogte brengen met/op het niveau brengen v.d. anderen.*

brin·jal ['brɪndʒl]⟨telb. en n.-telb.zn.⟩⟨Ind. en Afrikaans E⟩ **0.1** ***aubergine*** ⇒*eierplant* ⟨Selanum melongena⟩.

brink [brɪŋk]⟨f2⟩⟨telb.zn.; alleen enk.⟩ **0.1** ***(steile) rand*** ⇒*dalrand, (steile) oever* ◆ **1.1** on to the ~ of the grave *op de rand v.h. graf, met één been in het graf* **3.1** shiver on the ~ *de sprong/grote stap niet goed durven/wagen, weifelen op het laatste ogenblik* **6.1 on/to** the ~ of (war/ruin) *op/tot op de rand v. (oorlog/ondergang).*

brink·man·ship ['brɪŋkmənʃɪp], ⟨zelden⟩ **brinks·man·ship** ['brɪŋks-]⟨n.-telb.zn.⟩ **0.1** ***va-banquepolitiek*** ⇒*crisisdiplomatie* ⟨die gaat tot aan de rand v.d. oorlog/catastrofe⟩.

'brin shrimp ⟨telb.zn.⟩⟨dierk.⟩ **0.1** ***zoutkreeftje*** ⟨genus Artemia, vnl. A. salina⟩.

brin·y[1] ['braɪni], **'briny 'deep** ⟨n.-telb.zn.; the⟩⟨inf.⟩ **0.1** ***het zilte nat*** ⇒*het ruime sop.*

briny[2] ⟨bn.; -er; →compar. 7⟩ **0.1** ***(brem)zout*** ⇒*gepekeld.*

bri·o ['bri:oʊ]⟨n.-telb.zn.⟩ **0.1** ***brio*** ⇒*levendigheid, animo, vuur.*

bri·oche [bri:'ɒʃ‖-'oʊʃ]⟨telb.zn.⟩ **0.1** ***brioche*** ⟨luxe broodje⟩.

bri·o·lette ['brɪə'let]⟨telb.zn.⟩ **0.1** ***briolet*** ⟨peervormig geslepen edelsteen⟩.

bri·quet(te) [brɪ'ket]⟨telb.zn.⟩ **0.1** ***briket.***

bri·sance ['bri:zns‖brɪ'zɑ:ns]⟨n.-telb.zn.⟩ **0.1** ***brisantie*** ⇒*ontplofingskracht.*

brisk[1] [brɪsk]⟨f3⟩⟨bn.; ook -er; -ly; -ness⟩ **0.1** ***kwiek*** ⇒*vief, vlot, kordaat, levendig, flink* **0.2** ***verkwikkend*** ⇒*fris* **0.3** ***bruusk*** ⇒*kortaf* **0.4** ⟨med.⟩ ***snelwerkend*** ◆ **1.1** ~ pace *kwieke/energieke/verende tred;* ~ trade *levendige/vlotte handel* **1.2** a ~ wind *een fris/pittig windje* **1.3** he is of a ~er sort *hij is een beetje een ongelikte beer* **1.4** ~ purge *snelwerkend laxeermiddel.*

brisk[2], ⟨soms⟩ **brisk·en** ['brɪskən]⟨ww.⟩
I ⟨onov.ww.⟩ **0.1** ***levendig worden*** ◆ **5.1** ~ **about** *in het rond hollen;* the market ~s **up** *er komt leven in de markt;*
II ⟨ov.ww.⟩ **0.1** ***verlevendigen*** ⇒*verfrissen, opmonteren* **0.2** ***opdoffen*** ◆ **5.1** ~ed **up** with quotes *opgesmukt met citaten* **5.2** she ~ed herself **up** for the wedding *ze trok wat moois aan voor de trouwpartij.*

bris·ket ['brɪskɪt]⟨telb.zn.⟩⟨cul.⟩ **0.1** ***borst(stuk)*** ⟨vnl. v. rund⟩.

bris·ling ['brɪzlɪŋ, 'brɪs-]⟨telb. en n.-telb.zn.⟩⟨dierk.⟩ **0.1** ***sprot*** ⟨Clupea sprattus⟩.

bris·tle[1] ['brɪsl]⟨f1⟩⟨telb. en n.-telb.zn.⟩ **0.1** ***stoppel(haar)*** ⇒*borstelhaar, stekel(haar);* ⟨mv. ook⟩ *zwijnsborstels.*

bristle[2] ⟨f2⟩⟨ww.⟩
I ⟨onov.ww.⟩ **0.1** ***recht overeind staan*** ⟨v. haar⟩ ◆ **5.1** ~ (up) *zijn stekels opzetten; stekelig reageren, nijdig worden;* ~ (up) with anger *opvliegen van woede;* he ~d (up) to me *hij kwam met opgestoken zeil naar me toe;* the dog ~d (up) *de hond zette zijn nekhaar overeind* **6.1** ~ **with** *stijf staan van, wemelen/bol staan/krioelen van;* the question ~s **with** difficulties *aan die kwestie zitten veel haken en ogen, die kwestie kent vele voetangels;*
II ⟨ov.ww.⟩ **0.1** ***(recht) overeind zetten*** ⟨haar, veren⟩.

bris·tled ['brɪsld], **bris·tly** ['brɪsli]⟨f1⟩⟨bn.; -er; →compar. 7⟩ **0.1** ***borstelig*** ⇒*rasperig, stekelig, getand, gekarteld.*

'bris·tle·tail ⟨telb.zn.⟩⟨dierk.⟩ **0.1** ***franjestaart*** ⟨orde der Thysanura of Diplura⟩.

'Bristol board ⟨n.-telb.zn.⟩ **0.1** ***bristolkarton*** ⇒*bristolpapier, bristol.*

Bris·tol fash·ion ['brɪstl 'fæʃn]⟨bn., pred.; bw.⟩⟨scheep.⟩ **0.1** ***in de beste orde.***

bris·tols ['brɪstlz]⟨mv.⟩⟨BE; sl.⟩ **0.1** ***tieten*** ⇒*bollen, memmen, prammen.*

Brit[1] [brɪt]⟨telb.zn.⟩⟨verk.⟩ Briton ⟨inf.⟩.

Brit[2] ⟨afk.⟩ Britain, British.

Brit·ain ['brɪtn]⟨eig.n.⟩ **0.1** ***Groot-Brittannië*** ⟨Engeland, Wales en Schotland⟩.

Bri·tan·nia [brɪ'tænɪə]⟨zn.⟩
I ⟨eig.n.⟩ **0.1** ***(Vrouwe) Brittannia*** ⟨personificatie v. Groot-Brittannië⟩ **0.2** ⟨schr.⟩ ***Groot-Brittannië;***
II ⟨n.-telb.zn.; ook b-⟩ **0.1** →Britannia metal.

Bri'tannia metal, Britannia ⟨n.-telb.zn.; ook b-⟩ **0.1** ***brittanniametaal*** ⟨tinlegering⟩.

Bri·tan·nic [brɪ'tænɪk]⟨bn.⟩ **0.1** ***Brits*** ◆ **1.1** Her/His ~ Majesty *Zijne/Hare Majesteit de Koning(in) van Groot-Brittannië.*

britches →breech[1] II.

Brit·i·cism ['brɪtɪsɪzm], **Brit·ish·ism** [-ʃɪzm]⟨telb.zn.⟩ **0.1** ***britticisme*** ⟨een alleen in Groot-Brittannië gangbaar woord of idioom⟩.

Brit·ish[1] ['brɪtɪʃ]⟨eig.n.⟩⟨AE⟩ **0.1** ***Brits*** ⇒*Brits Engels, het Engels.*

British[2] ⟨f3⟩⟨bn.⟩ **0.1** ***Brits*** ⇒*Engels* ◆ **1.1** ~ Council *British Council* ⟨Brits Cultureel Genootschap⟩; the ~ Empire *het Britse Rijk;* ~ English *Brits Engels;* ~ legion *Britse legioen, Britse vereniging v. oudstrijders;* ~ thermal unit *BTU, British thermal unit* ⟨Britse warmte-eenheid⟩ **1.¶** ⟨inf.⟩ the best of ~! *veel succes!;* ~ gum *dextrien, dextrine;* ~ warm *legerjekker* **7.1** the ~ *de Britten, de Engelsen.*

Brit·ish·er ['brɪtɪʃə‖'brɪtɪʃər]⟨telb.zn.⟩⟨AE; inf.⟩ **0.1** ***Engelsman/Engelse*** ⇒*Brit(se), Engels onderdaan.*

Brit·ish·ness ['brɪtɪʃnəs]⟨n.-telb.zn.⟩ **0.1** ***het Brits/Engels zijn.***

Brit·on ['brɪtn]⟨f1⟩⟨telb.zn.⟩⟨ook gesch.⟩ **0.1** ***Brit(se).***

Brit·ta·ny ['brɪt(ə)ni]⟨eig.n.⟩ **0.1** ***Bretagne.***

brit·tle[1] ['brɪtl]⟨telb.zn.⟩ **0.1** ***notencroquantje*** ⇒*notensnoepje, pindarotsje.*

brittle[2] ⟨f2⟩⟨bn.; ook -er; -ly; -ness; →bijw. 3⟩ **0.1** ***broos*** ⇒*bros, breekbaar* **0.2** ***broos*** ⇒*vergankelijk, onbestendig, wankel, frêle* **0.3** ***kil*** ⇒*koel, afstandelijk, kribbig* ◆ **1.1** she has a ~ nature *ze is lichtgeraakt/gauw op haar teentjes getrapt* **1.¶** ⟨dierk.⟩ ~ star *slangster* ⟨klasse Ophiuroidea⟩.

'brit·tle-star ⟨telb.zn.⟩⟨dierk.⟩ **0.1** ***slangster*** ⟨Ophiuroidea⟩.

bro ⟨afk.⟩ brother.

broach[1] [broutʃ]⟨telb.zn.⟩ **0.1** ***braadspit*** ⇒*braadpan, brochette, braadspies* **0.2** ⟨ben. voor⟩ ***priem(achtig gereedschap)*** ⇒*els; boorstift; trekfrees; broots, ruimer, ruimijzer/naald; puntbeitel; (vat)boor* **0.3** ***boorgat*** **0.4** ***stang*** ⟨v. gewei⟩ **0.5** ***(achthoekige) torenspits*** **0.6** →brooch.

broach[2] ⟨f1⟩⟨ww.⟩
I ⟨onov.ww.⟩ →broach to;
II ⟨ov.ww.⟩ **0.1** ***ontkurken*** ⇒*openmaken, aanspreken* ⟨fles, enz.⟩ **0.2** ***aanslaan*** ⇒*aansteken* ⟨vat⟩ **0.3** ***aansnijden*** ⇒*ter sprake brengen, beginnen over* **0.4** ***brootsen*** ⇒*trekfrezen* **0.5** ***(op)ruimen*** ⟨boorgat⟩ ◆ **5.¶** →broach **to** **6.3** at last she ~ed the subject of their divorce **to/with** him *eindelijk sneed ze tegenover/bij hem dan toch (het onderwerp van) hun scheiding aan.*

'broach 'to ⟨ww.⟩⟨scheep.⟩
I ⟨onov.ww.⟩ **0.1** ***tegen de wind oplopen*** ⇒*dwarszees vallen* ⟨zo dwars op wind en water komen, dat kapseisgevaar bestaat⟩;
II ⟨ov.ww.⟩ **0.1** ***tegen de wind laten oplopen*** ⇒*dwarszees laten vallen.*

broad[1] [brɔ:d]⟨f1⟩⟨telb.zn.⟩ **0.1** ***brede (ge)deel(te)*** **0.2** ⟨vnl. mv.; vaak B-⟩⟨BE⟩ ***plas*** **0.3** ***wijf*** ⇒*mokkel, slet, hoer* ◆ **1.1** the ~ of the back *het achterste, het ondereind v.d. rug* **7.2** the (Norfolk) Broads *de Norfolkse plassen.*

broad[2] ⟨f3⟩⟨bn.; -er; -ly; -ness⟩
I ⟨bn.⟩ **0.1** ***breed(gebouwd)*** ⇒*wijd, weids, ruim, uitgestrekt, in de breedte* **0.2** ***ruim(denkend)*** ⇒*onbekrompen, vrijzinnig* **0.3** ***gedurfd*** ⇒*onbekrompen, weids, royaal* **0.4** ***duidelijk*** ⇒*klaar, apert, evident, direct* **0.5** ***grof*** ⇒*plat, lomp, zwaar, sterk* ◆ **1.1** ~ arrow *pijlteken* ⟨op Brits staatseigendom en vroeger ook op gevangeniskleding⟩; ⟨inf.⟩ ~ in the beam *met een zwaar achterwerk, goedgebroekt;* ~ bean *tuin/veld/paardeboon, roomse boon;* 2 feet ~ *60 centimeter breed/in de breedte;* ~ fields *uitgestrekte velden;* ~ gauge *breedspoor* ⟨v. treinrails⟩; ~ lawn *ruim/uitgestrekt gazon;* ⟨scheep.⟩ ~ pennant *standaard* ⟨v.e. commandeur⟩; *wimpel;* ~ seal *rijks/grootzegel;* ~ shoulders *brede schouders* **1.2** Broad Church *vrijzinnige stroming in de Anglicaanse Kerk;* ~ views *ruime opvattingen, liberale denkbeelden* **1.3** the ~ sweep of his imagination *de grote vlucht van zijn fantasie* **1.4** ~ facts *hoofdzaken, voornaamste feiten;* a ~ hint *een overduidelijke wenk;* a ~ suggestion *een onverbloemd voorstel* **1.5** ~ humour *platvloerse/grove/laag-bij-de-grondse humor, platte lol;* ~ Scots *plat Schots, met een sterk Schots accent* **1.¶** (land of) ~ acres *Yorkshire;* make ~ the phylactery *met zijn rechtschapenheid te koop lopen* **2.1** as ~ as it is long *zo lang als het breed is, om het even* **3.1** ~ly speaking *in zijn algemeenheid, in het algemeen gesproken/genomen;*
II ⟨bn., attr.⟩ **0.1** ***ruim*** ⇒*ruw, algemeen* **0.2** ***helder*** ⇒*duidelijk, open en bloot, ondubbelzinnig* ◆ **1.1** a ~ distinction *een globaal onderscheid;* a ~ idea *een algemeen/globaal idee, een ruwe indruk;* in ~ outline *in brede trekken;* a ~ question *een algemene vraag;* the ~est sense of the word *de ruimste zin v.h. woord;* ⟨taalk.⟩ ~ transcription *fonemische transcriptie* **1.2** in ~ daylight *op klaarlichte dag.*

broad[3] ⟨f1⟩⟨bw.⟩ **0.1** ***volledig*** ⇒*geheel, compleet, volstrekt* ◆ **2.1** ~ awake *klaarwakker.*

'broad·axe ⟨telb.zn.⟩ **0.1** ***aks*** ⇒*(houthakkers)bijl, hand/houw/strijdbijl.*

'broad·band ⟨bn., attr.⟩ **0.1** ***met/over brede frequentieband*** ◆ **1.1** ~ antenna *breedbandantenne.*

'broad·bill ⟨telb.zn.⟩⟨dierk.⟩ **0.1** ***breedbek*** ⟨vogel, fam. Eurylaimidae⟩ **0.2** ***toppereend*** ⟨Aythya marila⟩ **0.3** ***slobeend*** ⟨Anas clypeata⟩ **0.4** ***zwaardvis*** ⟨Xiphias gladius⟩.

'broad-'billed ⟨bn.⟩⟨dierk.⟩ ◆ **1.¶** ~ sandpiper *breedbekstrandloper* ⟨Limicola falcinellus⟩.

'broad·brim ⟨telb.zn.⟩ **0.1** ***kwakershoed*** ⟨hoed met brede rand⟩ **0.2** ⟨B-⟩ ⟨scherts.⟩ ***kwaker*** ⟨lid v.d. godsdienstige sekte⟩.

'broad-brush ⟨bn., attr.⟩ **0.1** ***globaal*** ⇒*ruw geschetst, grof.*

broad·cast[1] ['brɔ:dkɑ:st‖-kæst]⟨f2⟩⟨telb.zn.⟩ **0.1** ***(radio-/televisie-) uitzending.***

broadcast[2] ⟨bn.⟩ **0.1** ***breedwerpig gezaaid*** ⟨v. zaad⟩ ⇒⟨fig.⟩ *her en der/wijd verspreid.*

broadcast[3] ⟨f3⟩⟨ww.; ook broadcast, broadcast ['brɔ:dkɑ:st‖ -kæst]⟩ →broadcasting
I ⟨onov.ww.⟩ **0.1** ***uitzenden*** ⇒*in de lucht zijn, te beluisteren zijn* **0.2** ***voor de radio/op de televisie zijn/komen*** ◆ **1.1** the BBC ~s all day *de BBC zendt de hele dag uit;*
II ⟨ov.ww.⟩ **0.1** ***breedwerpig zaaien*** ⟨zaad⟩ ⇒⟨fig.⟩ *wijd en zijd bekendmaken, rondbazuinen, uitstrooien* **0.2** ***uitzenden*** ⇒*via radio/televisie bekendmaken* ◆ **1.1** you'd better not ~ this news *je kunt dit nieuws beter niet aan de grote klok hangen* **1.2** a ~ing station *een zend/omroepstation.*

broadcast[4] ⟨bw.⟩ **0.1** ***breedwerpig*** ⟨v. zaaien⟩ ⇒⟨fig.⟩ *wijd en zijd, in alle windrichtingen, breeduit, breedvoerig.*

'broadcast ap'peal ⟨telb.zn.⟩ **0.1** ***radio-/televisie-oproep.***

broad·cast·er ['brɔ:dkɑ:stə‖-kæstər]⟨telb.zn.⟩ **0.1** ***omroep (instelling/organisatie)*** **0.2** ***radio/televisiemedewerker*** ⇒⟨i.h.b.⟩ *verslaggever, nieuwslezer, presentator.*

broad·cast·ing ['brɔ:dkɑ:stɪŋ‖-kæs-]⟨f1⟩⟨n.-telb.zn.; gerund v. broadcast⟩ **0.1** ***het uitzenden*** ⇒*radio, televisie.*

'broadcasting station ⟨telb.zn.⟩ **0.1** ***omroepstation*** ⇒*zender.*

'broadcast journalism ⟨n.-telb.zn.⟩ **0.1** ***radio- en t.v.-journalistiek.***

'broadcast time ⟨n.-telb.zn.⟩ **0.1** ***zendtijd.***

'broad·cloth ⟨n.-telb.zn.⟩ **0.1** ***(gekeperd) laken*** **0.2** ***popeline.***

broad·en ['brɔ:dn]⟨f2⟩⟨ww.⟩
I ⟨onov.ww.⟩ **0.1** ***(zich) verbreden*** ⇒*breder worden* ◆ **1.1** his face ~ed into a smile *er verscheen een brede glimlach op zijn gezicht* **5.1** the river ~s out here *de rivier verbreedt zich hier;*
II ⟨ov.ww.⟩ **0.1** ***verbreden*** ⇒*breder maken* ◆ **1.1** reading ~s the mind *lezen verbreedt/verruimt de blik.*

'broad jump ⟨f1⟩⟨n.-telb.zn.; the⟩⟨AE; sport⟩ **0.1** ***(het) verspringen.***

'broad-'leaved, 'broad-'leafed, 'broad·leaf ⟨bn.⟩⟨plantk.⟩ **0.1** ***breedbladig*** ◆ **1.1** ~ forest/woodland *loofbos.*

'broad·loom[1] ⟨telb.zn.⟩ **0.1** ***kamerbreed tapijt.***

broadloom[2] ⟨bn.⟩ **0.1** ***kamerbreed*** ⟨v. tapijt⟩.

'broad-'mind·ed ⟨f1⟩⟨bn.; -ly; -ness⟩ **0.1** ***ruimdenkend*** ⇒*ruim v. opvatting, verdraagzaam, liberaal, onbekrompen.*

Broad·moor ['brɔ:dmɔ:‖-mɔr]⟨eig.n.⟩ **0.1** ***Broadmoor*** ⟨krankzinnigengesticht in Engeland⟩.

'broad·sheet, broadside ⟨telb.zn.⟩ **0.1** ***plano(blad/vel)*** **0.2** ⟨BE⟩ ***vlugschrift*** ⇒*pamflet, schotschrift, circulaire.*

'broad'shoul·dered ⟨bn.⟩ **0.1** ***breedgeschouderd.***

'broad·side ⟨f2⟩⟨telb.zn.⟩ **0.1** ⟨scheep.⟩ ***(vrij)boord*** **0.2** ⟨scheep.⟩ ***boordbatterij*** ⟨geschut aan één zijde v. oorlogsschip⟩ **0.3** ***boordvuur/salvo*** ⟨v. boordbatterij⟩ ⇒⟨fig.⟩ *grof geschut, de volle laag, tirade* **0.4** ***(effen) vlak*** ⇒*breedte, plat* **0.5** →broadsheet ◆ **5.1** ~ **on/to** *v. langszij, v. opzij, dwars (op), uit de flank, met de breedste zijde voor.*

'broadside ballad ⟨telb.zn.⟩ **0.1** ***ballade*** ⇒*verhalend vers, volkslied* ⟨op planovel, in Engeland, in 16de eeuw⟩.

'broad-spec·trum ⟨bn., attr.⟩⟨med.⟩ **0.1** ***breedspectrum-*** ⟨met breed werkingsgebied⟩ ◆ **1.1** ~ antibiotics *breedspectrumantibiotica.*

'broad·sword ⟨telb.zn.⟩ **0.1** ***slagzwaard.***

'broad·tail ⟨zn.⟩
I ⟨telb.zn.⟩ **0.1** ***karakoelschaap*** ⇒*vetstaart(schaap);*
II ⟨n.-telb.zn.⟩ **0.1** ***breitschwans*** ⟨bont v.h. onvoldragen lam v.h. karakoelschaap⟩ ⇒*persianer, astrakan* ⟨bont v.h. enige dagen oude lam⟩.

'broad·way ⟨f2⟩⟨zn.⟩
I ⟨telb.zn.⟩ **0.1** ***hoofdstraat*** ⇒*brede straat;*
II ⟨n.-telb.zn.⟩⟨B-⟩ **0.1** ***het theatercentrum/leven in New York*** ⇒*Broadway.*

broad·ways ['brɔ:dweɪz], **broad·wise** [-waɪz]⟨bw.⟩ **0.1** ***met de breedste zijde voor*** ⇒*vanuit/in de flank, op de breedste zijde af.*

Brob·ding·nag ['brɒbdɪŋnæg‖'brɑb-]⟨eig.n.⟩ **0.1** ***Brobdingnag*** ⟨land der reuzen in Swifts Gulliver's Travels⟩ ⇒*reuzenland.*

Brob·ding·nag·ian ['brɒbdɪŋ'nægɪən‖'brɑb-]⟨bn.⟩ **0.1** ***Brobdingnagiaans*** ⇒*reuzen-.*

bro·cade[1] [brə'keɪd‖broʊ-]⟨f1⟩⟨n.-telb.zn.⟩ **0.1** ***(goud/zilver)brokaat.***

brocade[2] ⟨ov.ww.⟩ **0.1** ***versieren met reliëfpatronen*** ⇒*brocheren* ⟨weefsel⟩.

broc·a·tel(le) ['brɒkə'tel‖'brɑ-]⟨n.-telb.zn.⟩ **0.1** ***brocatel(le)*** ⟨brokaat zonder goud of zilverdraad⟩.

broc·(c)o·li ['brɒkəli‖'brɑ-]⟨telb. en n.-telb.zn.⟩ **0.1** ***broccoli.***

broch [brɒx‖brɑx]⟨telb.zn.⟩ **0.1** ***broch*** ⟨prehistorische toren in Schotland⟩.

bro·chette [brɒ'ʃet‖broʊ-]⟨telb.zn.⟩ **0.1** ***brochette.***

bro·chure ['broʊʃə‖broʊ'ʃʊr]⟨f1⟩⟨telb.zn.⟩ **0.1** ***brochure*** ⇒*prospectus* ◆ **3.1** advertising ~s *reclamefolders.*

brock [brɒk‖brɑk]⟨telb.zn.⟩ **0.1** ⟨dierk.⟩ ***das*** ⟨genus Meles/Taxidea⟩ **0.2** ⟨BE⟩ ***vieze vent*** ⇒*smeerlap.*

brock·et ['brɒkɪt‖'brɑ-]⟨telb.zn.⟩ **0.1** ⟨jacht⟩ ***tweejarige hertebok*** ⇒*spiesbok* **0.2** ⟨dierk.⟩ ***spieshert*** ⟨genus Mazama⟩.

bro·de·rie an·glaise ['broʊdri'ɒŋglez‖-ã'gleɪz]⟨n.-telb.zn.⟩ **0.1** ***broderie anglaise*** ⇒*Engels borduurwerk.*

bro·die[1] ['broʊdi]⟨telb.zn.⟩⟨AE; sl.⟩ **0.1** ***blunder*** ⇒*misser, stommiteit.*

brodie[2] ⟨onov.ww.⟩⟨AE; sl.⟩ **0.1** ***jezelf van kant maken*** ⇒*zelfmoord plegen* ⟨i.h.b. door van brug/hoog gebouw te springen⟩ **0.2** ***blunderen*** ⇒*falen, voor schut staan.*

brogue [broʊg]⟨telb.zn.⟩ **0.1** ⟨vnl. mv.⟩ ***golfschoen*** ⇒*brogue* **0.2** ⟨vnl. enk.⟩ ***zwaar (regionaal) accent*** ⇒⟨i.h.b.⟩ *Iers accent.*

broi·der ['brɔɪdə‖-ər]⟨ov.ww.⟩⟨vero.⟩ **0.1** ***borduren.***

broil[1] [brɔɪl]⟨telb.zn.⟩ **0.1** ***braadstuk*** ⇒*gebraad* **0.2** ⟨vero.⟩ ***gekrakeel*** ⇒*gekijf, kibbelarij.*

broil[2] ⟨f1⟩⟨ww.⟩
I ⟨onov.ww.⟩ **0.1** ***(liggen) bakken/branden*** ⟨ook v. pers. in de zon⟩ ⇒*smoren* **0.2** ⟨vero.⟩ ***krakélen*** ⇒*kibbelen, ruziën* ◆ **4.1** I am ~ing! *ik smelt haast!;*
II ⟨ov.ww.⟩⟨vooral AE⟩ **0.1** ***grillen*** ⇒*grilleren, roosteren* **0.2** ***stoven*** ⇒*verhitten, blakeren, verzengen* ◆ **1.2** a ~ing day *een snikhete dag* **2.2** ~ing hot *gloeiend/kokend heet, smoor/bloedheet.*

broil·er ['brɔɪlə‖-ər]⟨telb.zn.⟩ **0.1** ***grill*** ⇒*braadrooster* **0.2** ***braadkuiken*** ⇒*slachtkuiken* **0.3** ⟨inf.⟩ ***snikhete dag*** ⇒*tropische dag.*

'broiler house ⟨telb.zn.⟩ **0.1** ***slachtkuikenbedrijf/batterij.***

broke[1] [broʊk]⟨f2⟩⟨bn., pred.; oorspr. volt. deelw. v. break⟩⟨inf.⟩ **0.1** ***platzak*** ⇒*rut, blut, aan de grond* **0.2** ***bankroet*** ⇒*op de fles* ◆ **3.¶** ⟨sl.⟩ go for ~ *je uit de naad/het (lep)lazerus werken; tot het uiterste gaan, alles op alles zetten* **5.1** stony/flat ~ *finaal aan de grond, zonder een rooie cent.*

broke[2] ⟨verl. t. en volt. deelw.⟩ →break.

bro·ken ['broʊkən]⟨f2⟩⟨bn.; volt. deelw. v. break; -ly; -ness⟩ ⟨→sprw. 562, 578⟩ **0.1** ***gebroken*** ⇒*gebarsten, stuk; geknakt, gedesillusioneerd, ontmoedigd; getemd, onderworpen, gedwee; geschonden, verbroken, overtreden; gebrekkig* **0.2** ***oneffen*** ⟨v. terrein⟩ ⇒*ruw, geaccidenteerd* **0.3** ***onderbroken*** ⇒*los, onsamenhangend, met onderbrekingen, verbrokkeld* ◆ **1.1** ~ clock *kapotte klok;* ~ colours *gebroken kleuren;* ~ English *gebroken/gebrekkig/krom Engels;* ~ home *onvolledig/ontwricht gezin;* ~ man *gebroken/geknakt man;* a ~ marriage *een stukgelopen huwelijk;* a ~ reed *een zwak riet* ⟨iem. of iets waarop men niet kan vertrouwen⟩; ~ spirit *gebroken geest, geknakte levenslust;* ~ stallion *getemde/afgerichte hengst;* ~ tea *gebroken thee, theegruis;* ~ troops *verbroken gelederen;* ~ water *branding, woelig water* **1.2** ~ ground *ruw terrein* **1.3** ⟨muz.⟩ ~ chords *gebroken akkoorden, arpeggio's;* ~ journey *een reis met veel onderbrekingen;* ~ line *streeplijn;* ~ sleep *onrustige/telkens onderbroken slaap;* ~ time *tijdverlies; gederfde tijd* **1.¶** ⟨AE; inf.⟩ ~ arm *halfvol bord, kliekje(s), etensresten;* ~ consort *ensemble met instrumenten v. verschillende families;* ~ wind *dampigheid, kortademigheid* ⟨v. paard⟩ **3.3** speak ~ly *hortend spreken, hakkelen.*

'bro·ken-'backed ⟨bn.⟩ **0.1** ***gebroken*** ⟨fig.⟩ ⇒*geknakt.*

'bro·ken-'down ⟨f1⟩⟨bn.⟩ **0.1** ***versleten*** ⇒*vervallen, bouwvallig, ontredderd; kapot, stuk, af; afgeleefd, uitgeput, op.*

'broken field ⟨telb.zn.⟩⟨Am. voetbal⟩ **0.1** ***lege ruimte.***

'bro·ken'heart·ed ⟨f1⟩⟨bn.; -ly⟩ **0.1** ***ontroostbaar*** ⇒*diepbedroefd, gebroken, geknakt.*

'bro·ken-'wind·ed ⟨bn.⟩ **0.1** ***dampig*** ⟨v. paarden⟩.

bro·ker[1] ['broʊkə‖-ər]⟨f2⟩⟨telb.zn.⟩ **0.1** ***(effecten)makelaar*** ⇒*valuta/premie/assurantie/goederenmakelaar, agent, commissionair, tussenpersoon* **0.2** ***lommerdhouder*** ⇒*pandnemer, pandjesbaas* **0.3** ⟨BE⟩ ***curator*** ⇒*executeur* ⟨v. goederen waarop beslag is gelegd⟩, *boedelmeester.*

broker[2] ⟨ww.⟩
I ⟨onov.ww.⟩ **0.1** ***als makelaar optreden;***
II ⟨ov.ww.⟩ **0.1** ***(als makelaar) regelen.***

bro·ker·age ['broʊkərɪdʒ], **brokage** [broʊkɪdʒ]⟨n.-telb.zn.⟩ **0.1** ***makelaardij*** ⇒*makelarij* **0.2** ***courtage*** ⇒*makel(aars)loon, makelarij.*

'brokerage house ⟨telb.zn.⟩ **0.1** ***makelaarskantoor.***

brok·ing ['broʊkɪŋ]⟨n.-telb.zn.⟩ **0.1** ***het makelen*** ⇒*makelarij.*

brol·ly ['brɒli‖'brɑli]⟨telb.zn.; →mv. 2⟩⟨BE⟩ **0.1** ⟨inf.⟩ ***(para)plu*** **0.2** ⟨sl.⟩ ***parachute.***

bro·mate ['broʊmeɪt]⟨telb. en n.-telb.zn.⟩⟨schei.⟩ **0.1** ***bromaat*** ⇒*broomzuurzout.*

brome [broʊm], **'brome grass** ⟨telb. en n.-telb.zn.⟩ ⟨plantk.⟩ **0.1** ***dravik*** ⇒*zwenkgras* ⟨genus Bromus⟩.
bro·me·lia [broʊ'mi:lɪə], **bro·me·li·ad** [broʊ'mi:liæd] ⟨telb.zn.⟩ ⟨plantk.⟩ **0.1** ***bromelia*** ⟨fam. Bromeliaceae⟩.
bro·mic ['broʊmɪk] ⟨bn., attr.⟩ ⟨schei.⟩ **0.1** ***broom-*** ◆ **1.1** ~ acid *broomzuur*.
bro·mide ['broʊmaɪd] ⟨f1⟩ ⟨zn.⟩
I ⟨telb.zn.⟩ **0.1** ***banaliteit*** ⇒*afgezaagde onbenulligheid/mop* **0.2** ***zeur(kous)*** ⇒*sufferd, mafkees;*
II ⟨telb. en n.-telb.zn.⟩ ⟨far., schei.⟩ **0.1** ***bromide*** ⇒*broomkali/natrium* ⟨als kalmeringsmiddel⟩.
'bromide paper ⟨n.-telb.zn.⟩ ⟨foto.⟩ **0.1** ***(zilver)bromidepapier*** ⇒*broomzilverpapier*.
bro·mid·ic [broʊ'mɪdɪk] ⟨bn.⟩ **0.1** ***slaapverwekkend*** ⇒*saai*.
bro·mine ['broʊmi:n] ⟨n.-telb.zn.⟩ ⟨schei.⟩ **0.1** ***broom*** ⟨element 35⟩.
bro·min·ism ['broʊmɪnɪzm], **bro·mism** ['broʊmɪzm] ⟨telb. en n.-telb.zn.⟩ ⟨med.⟩ **0.1** ***bromisme*** ⇒*broomvergiftiging*.
bro·mo-, ⟨vnl. voor klinkers⟩ **brom-** ['broʊmoʊ, broʊm] **0.1** ***broom-***.
'bro·mo'ac·e·tone, 'brom·'ac·e·tone ⟨n.-telb.zn.⟩ ⟨schei.⟩ **0.1** ***broomaceton*** ⟨werkzaam bestanddeel v. traangas⟩ ⇒*broompropanon*.
bronc →bronc(h)o.
bron·chi·a ['brɒŋkɪə‖'brɑŋ-] ⟨mv.⟩ ⟨anat.⟩ **0.1** ***bronchi-vertakkingen***.
bron·chi·al ['brɒŋkɪəl‖'brɑŋ-] ⟨f1⟩ ⟨bn.⟩ ⟨anat.⟩ **0.1** ***bronchiaal*** ◆ **1.1** ~ tubes *bronchiën, luchtpijptakken*.
bron·chi·ole ['brɒŋkioʊl‖'brɑŋ-] ⟨telb.zn.⟩ ⟨anat.⟩ **0.1** ***bronchiolus*** ⟨zeer fijne vertakking v. bronchie⟩.
bron·chit·ic [brɒŋ'kɪtɪk‖brɑŋ'kɪṭɪk] ⟨bn.⟩ ⟨med.⟩ **0.1** ***bronchitisch***.
bron·chi·tis [brɒŋ'kaɪtɪs‖brɑŋ'kaɪṭɪs] ⟨f1⟩ ⟨telb. en n.-telb.zn.; bronchitides [-'kɪṭədi:z]; →mv. 5⟩ ⟨med.⟩ **0.1** ***bronchitis***.
bron·c(h)o ['brɒŋkoʊ‖'brɑŋ-], **bronc, bronk** [brɒŋk‖brɑŋk] ⟨f1⟩ ⟨telb.zn.⟩ **0.1** ***(half) wild paard*** ⇒*bronco* ⟨in westen v. U.S.A.⟩.
bron·cho·pneu·mon·ia ['brɒŋkoʊnju'moʊnɪə‖'brɑŋkoʊnu:'-] ⟨telb. en n.-telb.zn.⟩ ⟨med.⟩ **0.1** ***bronchopneumonie***.
bron·cho·scope ['brɒŋkəskoʊp‖'brɑŋ-] ⟨telb.zn.⟩ ⟨med.⟩ **0.1** ***bronchoscoop***.
bron·chus ['brɒŋkəs‖'brɑŋ-] ⟨telb.zn.; bronchi [-kaɪ]; →mv. 5⟩ **0.1** ***bronchus*** ⇒*bronchie*.
'bron·co·bust·er, 'bronco peel·er, 'bronco snap·per, 'bronco twist·er ⟨telb.zn.⟩ ⟨AE; inf.⟩ **0.1** ***wilde-paardentemmer*** ⇒*cowboy*.
bron·to·saur ['brɒntəsɔ:‖'brɑnṭəsɔr], **bron·to·sau·rus** [-'sɔ:rəs] ⟨f1⟩ ⟨telb.zn.; brontosauri [-'sɔ:raɪ]; →mv. 5⟩ ⟨dierk.⟩ **0.1** ***brontosaurus*** ⟨genus Apatosaurus⟩.
Bronx [brɒŋks‖brɑŋks] ⟨zn.⟩
I ⟨eig.n.; the⟩ **0.1** ***Bronx*** ⟨stadsdeel v. New York⟩;
II ⟨telb.zn.⟩ **0.1** ⟨verk.⟩ ⟨Bronx cocktail⟩.
'Bronx 'cheer ⟨telb.zn.⟩ ⟨AE; sl.⟩ **0.1** ***lipscheet*** ⇒*afkeurend pf!; boegeroep, gefluit* **0.2** ***negatieve kritiek*** ⇒*afkeuring, bespotting*.
'Bronx 'cocktail, Bronx ⟨telb. en n.-telb.zn.⟩ ⟨AE⟩ **0.1** ***Bronx-cocktail*** ⟨vermouth, gin en sinaasappelsap⟩.
bronze[1] [brɒnz‖brɑnz] ⟨f2⟩ ⟨zn.⟩
I ⟨telb.zn.⟩ **0.1** ***bronzen (kunst)voorwerp*** ⇒*brons* **0.2** ***bronzen medaille*** ⇒*brons, derde plaats* ◆ **1.1** a fine collection of ~s *een fraaie collectie bronzen;*
II ⟨n.-telb.zn.⟩ **0.1** ***brons*** **0.2** ⟨vaak attr.⟩ ***bronskleur*** ⇒*brons*.
bronze[2] ⟨f1⟩ ⟨ww.⟩
I ⟨onov.ww.⟩ **0.1** ***bronsachtig/kleurig worden*** ⇒*bruinen;*
II ⟨ov.ww.⟩ **0.1** ***bronzen*** ⇒*bruinen*.
'Bronze 'Age ⟨eig.n.; the⟩ **0.1** ***bronstijd*** ⇒*bronsperiode*.
'bronze 'medal ⟨f1⟩ ⟨telb.zn.⟩ **0.1** ***bronzen medaille*** ⇒*brons*.
bronz·y ['brɒnzi‖'brɑnzi] ⟨bn.; -er; →compar. 7⟩ **0.1** ***bronzig*** ⇒*bronsachtig, bronskleurig*.
brooch, broach [broʊtʃ] ⟨f2⟩ ⟨telb.zn.⟩ **0.1** ***broche*** ⇒*blouse/borst/doekspeld*.
brood[1] [bru:d] ⟨f1⟩ ⟨verz.n.⟩ **0.1** ***gebroed*** ⇒*broed(sel), toom, nest, kroost, verzameling*.
brood[2] ⟨f3⟩ ⟨onov.ww.⟩ **0.1** ***broeden*** **0.2** ***tobben*** ⇒*piekeren, peinzen, broeden* ◆ **6.2** ~ **about/on/over/upon** *tobben over, broeden op;* ~ **on** a problem *peinzen over een probleem;* ~ **over** one's future *piekeren/inzitten over zijn toekomst* **6.¶** →brood **on/over**.
brood·er ['bru:də‖-ər] ⟨telb.zn.⟩ **0.1** ***kunstmoeder*** ⟨ter opfok v. jonge kuikens⟩ ⇒*verwarmd hok* ⟨ook voor biggen enz.⟩ **0.2** ***piekeraar*** ⇒*tobber, wroeter*.
'brood·hen ⟨telb.zn.⟩ **0.1** ***broedkip***.
'brood·mare ⟨telb.zn.⟩ **0.1** ***fokmerrie***.
'brood on/over ⟨onov.ww.⟩ **0.1** ***laag/dreigend neerhangen boven*** ◆ **1.1** trouble broods over them *er hangt hen iets boven het hoofd*.
brood·y ['bru:di] ⟨f1⟩ ⟨bn.; ook -er; -ly; -ness; →bijw. 3⟩ **0.1** ***broeds*** **0.2** ***bedrukt*** ⇒*somber, mis/zwaarmoedig, zwaartillend* **0.3** ⟨inf.⟩ ***verlangend naar een eigen kind***.
brook[1] [brʊk] ⟨f2⟩ ⟨telb.zn.⟩ **0.1** ***beek*** ⇒*stroompje*.
brook[2] ⟨ov.ww.; vnl. met ontkenning⟩ ⟨schr.⟩ **0.1** ***dulden*** ⇒*verdragen, gedogen* ◆ **1.1** this matter ~s no delay *deze kwestie kan geen uitstel lijden*.
brook·ite ['brʊkaɪt] ⟨n.-telb.zn.⟩ **0.1** ***brookiet*** ⟨mineraal⟩.
brook·let ['brʊklɪ̣t] ⟨telb.zn.⟩ **0.1** ***beekje***.
'brook·lime ⟨telb. en n.-telb.zn.⟩ ⟨plantk.⟩ **0.1** ***beekpunge*** ⟨Veronica beccabunga⟩.
'brook trout ⟨telb.zn.⟩ ⟨dierk.⟩ **0.1** ***bronforel*** ⟨Salvelinus fontinalis⟩.
'brook·weed ⟨telb. en n.-telb.zn.⟩ ⟨plantk.⟩ **0.1** ***waterpunge*** ⟨Samolus valerandi⟩.
broom[1] [bru:m, brʊm] ⟨f2⟩ ⟨zn.⟩ ⟨→sprw. 493⟩
I ⟨telb.zn.⟩ **0.1** ***bezem*** ⇒*schrobber;*
II ⟨n.-telb.zn.⟩ ⟨plantk.⟩ **0.1** ***brem*** ⇒*bezemkruid* ⟨genus Cytisus /Genista⟩.
broom[2] ⟨ov.ww.⟩ **0.1** ***vegen***.
'broom·corn ⟨telb. en n.-telb.zn.⟩ ⟨plantk.⟩ **0.1** ***bezemgierst*** ⟨Sorghum vulgare⟩.
'broom moss ⟨telb. en n.-telb.zn.⟩ ⟨plantk.⟩ **0.1** ***gaffeltandmos*** ⟨Dicranum scoparium⟩.
'broom·rape ⟨telb.zn.⟩ ⟨plantk.⟩ **0.1** ***bremraap*** ⟨genus Orobanche⟩.
'broom·stick ⟨f1⟩ ⟨telb.zn.⟩ **0.1** ***bezemsteel*** **0.2** ⟨AE; sl.⟩ ***bonestaak*** ⇒*(magere) lat, mager pers.*.
broom·y ['bru:mi] ⟨bn.; -er; →compar. 7⟩ **0.1** ***vol brem***.
Bros ⟨afk.; vnl. als onderdeel v.e. firmanaam⟩ Brothers **0.1** ***Gebr.*** ⟨Gebroeders⟩ ◆ **1.1** Jones ~ *Gebr. Jones*.
brose [broʊz] ⟨n.-telb.zn.⟩ ⟨vnl. Sch. E⟩ **0.1** ***(haver)meelpap*** ⟨havermeel met kokend water of kokende melk⟩.
broth [brɒθ‖brɔθ] ⟨f1⟩ ⟨telb. en n.-telb.zn.⟩ ⟨→sprw. 368, 695⟩ **0.1** ***bouillon*** ⇒*vleesnat, soep* **0.2** ***vloeibare kweek/bodem*** ⟨voor bacteriën⟩ ◆ **1.¶** ⟨IE; inf.⟩ a ~ of a boy *een puike vent/prima jongen*.
broth·el ['brɒθl‖'brɑ-, 'brɔ-] ⟨f1⟩ ⟨telb.zn.⟩ **0.1** ***bordeel***.
'broth·el-creep·ers ⟨mv.⟩ ⟨BE; inf.⟩ **0.1** ***bordeelsluipers*** ⟨schoenen⟩.
broth·er ['brʌðə‖-ər] ⟨f4⟩ ⟨telb.zn.; in bet. 0.2 ook brethren ['breðrən]; →mv. 3⟩ **0.1** ***broer*** **0.2** ***broe(de)r*** ⇒*ambtgenoot, gildebroeder; ordebroeder, kloosterbroeder; collega* **0.3** ⟨AE; inf.⟩ ***makker*** ⇒*maat, broer, oudste, grote, kleine, Nelis* ⟨als aanspreekvorm⟩ ◆ **1.2** ⟨BE; vero.⟩ Brother Jonathan *broeder Jonathan* ⟨naam voor een Amerikaan of de Amerikanen⟩; ~ in arms *wapenbroeder;* Brother Luke will read the morning prayer *broeder Lucas zal het ochtendgebed lezen* **1.¶** ~ of the angle *visser, hengelaar* **2.2** beloved brethren *geliefde broeders* **6.1** he's been like a ~ to me *hij is als een broer voor me geweest* **¶.3** what's wrong, ~? *wat is er, ouwe?* **¶.¶** ⟨vnl. AE⟩ oh ~! *nee toch!, o jee!, ach Jezus!*.
'brother 'doctor ⟨telb.zn.⟩ **0.1** ***collega-arts***.
'broth·er-'ger·man ⟨telb.zn.; brothers-german; →mv. 6⟩ **0.1** ***volle broer***.
broth·er·hood ['brʌðəhʊd‖-ər-] ⟨f1⟩ ⟨telb. en n.-telb.zn.⟩ **0.1** ***broederschap***.
'broth·er-in-law ⟨f2⟩ ⟨telb.zn.; brothers-in-law; →mv. 6⟩ **0.1** ***zwager*** ⇒⟨B.⟩ *schoonbroer*.
broth·er·ly ['brʌðəli‖-ər-] ⟨f1⟩ ⟨bn.; bw.; -ness; →bijw. 3⟩ **0.1** ***broederlijk*** ◆ **1.1** ~ love *broederliefde*.
'brother 'officer ⟨telb.zn.⟩ **0.1** ***medeofficier***.
'brother 'uterine ⟨telb.zn.⟩ **0.1** ***halfbroer*** ⟨v. dezelfde moeder⟩.
brougham ['bru:əm] ⟨telb.zn.⟩ ⟨gesch.⟩ **0.1** ***coupé*** ⟨vierwielige tweepersoons koets getrokken door één paard⟩ **0.2** ***coupé-de-ville*** ⟨auto met open chauffeursplaats⟩.
brought ⟨verl. t. en volt. deelw.⟩ →bring.
brou·ha·ha ['bru:hɑ:hɑ:‖'bru:'hɑhɑ] ⟨n.-telb.zn.⟩ ⟨inf.⟩ **0.1** ***heisa*** ⇒*soesa, trammelant, hommeles*.
brow [braʊ] ⟨f2⟩ ⟨telb.zn.⟩ **0.1** ⟨vnl. mv.⟩ ***wenkbrauw*** ⇒*brauw* **0.2** ***voorhoofd*** **0.3** ⟨schr.⟩ ***gelaat(suitdrukking)*** ⇒*aanschijn* **0.4** ***bovenrand*** ⇒*steile helling, (overhangende) rots/heuvelrand; top, kruin* ◆ **3.1** knit one's ~s *(de wenkbrauwen) fronsen*.
'brow·band ⟨telb.zn.⟩ **0.1** ***frondeel*** ⟨v.e. paardehoofdstel⟩ ⇒*frontstuk, voorhoofdsriem*.
'brow·beat ⟨f1⟩ ⟨ov.ww.⟩ **0.1** ***overdonderen*** ⇒*intimideren, brutaliseren, afblaffen, koeioneren* ◆ **1.1** the landlord browbeat them into moving *de huisbaas werkte hen met intimidaties/dreigementen hun woning uit*.
'brow·beat·er ⟨telb.zn.⟩ **0.1** ***bullebak*** ⇒*bullebijter, boeman*.
brown[1] [braʊn] ⟨f2⟩ ⟨zn.⟩
I ⟨telb. en n.-telb.zn.⟩ **0.1** ***bruin(e kleur)*** ⇒*bruine verfstof* ◆ **3.1** dressed in ~ *gekleed in het bruin;*
II ⟨n.-telb.zn.; the⟩ **0.1** ***klucht*** ⇒*troep* ⟨vogels in de vlucht⟩,

vlucht, kluft ◆ **3.1** fire into the ~ *op goed geluk in een kluft/klucht/troep schieten;* ⟨bij uitbr.⟩ *blindelings/in het wilde weg vuren.*

brown² ⟨f3⟩⟨bn.; -er; -ness⟩ **0.1** ***bruin(kleurig)*** ◆ **1.1** ⟨plantk.⟩ ~ algae *bruinwieren* ⟨Phaeophyta⟩; ⟨dierk.⟩ ~ bear *bruine beer* ⟨Ursus arctos⟩; ~ belt *bruine band* ⟨bij judo en karate⟩; ~ Betty ⟨ong.⟩ *appeltaart;* ~ bread *bruinbrood; volkorenbrood;* ~ coal *bruinkool;* ~ paper *pakpapier;* ~ rice *zilvervliesrijst, bruine/ongepelde rijst;* ⟨dierk.⟩ ~ rat *bruine rat* ⟨Rattus norvegicus⟩; ~ sugar *bruine suiker;* ⟨dierk.⟩ ~ thrasher *bruine krombekspotlijster* ⟨Toxostoma rufum⟩; ⟨dierk.⟩ ~ trout *beekforel* ⟨Salmo trutta⟩ **1.¶** ⟨gesch.⟩ ~ Bess *vuursteenmusket, bruine musket, snaphaan* ⟨voorheen in Britse leger⟩; ~ fat *bruin vet* ⟨vetweefsel v. zoogdieren, vnl. als reserve voor de winterslaap⟩; ~ George *aardewerken kan;* ~ goods *bruingoed* ⟨radio, t.v. enz.⟩; ~ Holland *ruw/ongebleekt linnen, grauwlinnen;* ~ patch *zwarte roest* ⟨schimmelziekte⟩; ~ rot *monilia-rot, moniliasis, candidiasis, spruw* ⟨infectieziekte⟩; in a ~ study *in hoger sferen, in gepeins verzonken, in gedachten;* Brown Swiss *bruinvee, roodbont* ⟨Zwitsers rundvee⟩ **3.¶** ⟨sl.⟩ do ~ *belazeren, besodemieteren; knoeien, rotzooien.*

brown³ ⟨f2⟩⟨onov. en ov.ww.⟩ **0.1** ***bruinen*** **0.2** ⟨cul., tech.⟩ ***bruineren*** ◆ **1.1** this meat ~s well *dit vlees wordt mooi bruin;* ~ed by the sun *bruingebrand* **5.1** →brown **off**.

'brown-bag ⟨onov.ww.; →ww. 7⟩⟨AE; sl.⟩ **0.1** ***zijn eigen lunch/voedsel/drank meebrengen*** ⟨in een restaurant, naar zijn werk, enz.⟩ **0.2** ⟨AE; inf.⟩ ***stiekem op straat drinken*** ⟨uit een fles in een bruine papieren zak⟩.

Brown·ian motion ['braʊnɪən 'moʊʃn], **Brownian movement** [-'mu:vmənt]⟨telb.zn.⟩⟨nat.⟩ **0.1** ***brownbeweging*** ⇒*brownse beweging* ⟨v. deeltjes in vloeistoffen en gassen⟩.

brown·ie ['braʊni]⟨f1⟩⟨telb.zn.⟩ **0.1** ***goede fee*** ⇒*nachtelfje* **0.2** ⟨AE⟩ ***chocoladecakeje*** **0.3** ⟨B-⟩ ***padvindster*** ⇒*kabouter* ⟨v. 7 tot 11 jaar oud⟩.

'brownie point ⟨telb.zn.; ook B-⟩⟨AE; inf.⟩ **0.1** ⟨ong.⟩ ***tien met een griffel*** ⇒*pluspunt, schouderklopje.*

Brown·ing ['braʊnɪŋ]⟨telb.zn.⟩ **0.1** ***browning*** ⟨ben. voor diverse automatische handvuurwapens⟩.

brown·ish ['braʊnɪʃ]⟨bn.⟩ **0.1** ***bruinachtig*** ⇒*bruinig.*

'brown 'lung disease ⟨n.-telb.zn.⟩⟨med.⟩ **0.1** ***stoflong(ziekte)*** ⟨speciaal voorkomend bij katoenfabriekarbeiders⟩ ⇒*byssinosis.*

'brown·nose¹ ⟨telb.zn.⟩⟨sl.; vulg.⟩ **0.1** ***kontlikker*** ⇒*kontkruiper, bruinwerker.*

brownnose² ⟨ww.⟩⟨sl.; vulg.⟩

I ⟨onov.ww.⟩ **0.1** ***kontlikken*** ⇒*gatlikken, kontkruipen, een bruine arm halen, slijmen;*

II ⟨ov.ww.⟩ **0.1** ***in iemands kont kruipen*** ⇒*slijmen tegen.*

'brown-'nosed ⟨bn.⟩⟨sl.⟩ **0.1** ***kruiperig.***

'brown 'off ⟨ov.ww.⟩⟨sl.⟩ **0.1** ***doen afknappen (op)*** ⇒*vervelen* ◆ **5.1** he's really browned off *hij is het spuugzat.*

'brown·out ⟨telb.zn.⟩ **0.1** ***verdonkering*** ⟨stroombesparing op vnl. lichtreclames⟩ ⇒*(besparings)verduistering.*

'Brown Shirts ⟨mv.⟩⟨pej.⟩ **0.1** ***bruinhemden*** ⟨i.h.b. de leden v. Sturmabteilungen⟩ ⇒⟨bij uitbr.⟩ *nazi's.*

'brown·stone ⟨zn.⟩⟨AE⟩

I ⟨telb.zn.⟩ **0.1** ***huis v. bruinrode zandsteen*** ⇒*voornaam huis, patriciërshuis;*

II ⟨n.-telb.zn.⟩ **0.1** ***bruinrode zandsteen.***

'brown-tail 'moth ⟨telb.zn.⟩⟨dierk.⟩ **0.1** ***bastaardsatijnvlinder*** ⟨Euproctis phaeorrhoea⟩.

'brown·ware ⟨n.-telb.zn.⟩ **0.1** ***aardewerk.***

browse¹ [braʊz]⟨f1⟩⟨zn.⟩

I ⟨telb.zn.; vnl. enk.⟩ **0.1** ***het grasduinen*** ⇒*het neuzen* ◆ **3.1** have a good ~ through *flink grasduinen in;*

II ⟨n.-telb.zn.⟩ **0.1** ***(jonge) scheuten*** ⟨als voedsel voor dieren⟩ ⇒*spruiten, uitlopers, uitspruitsel, rijzen.*

browse² ⟨f1⟩⟨ww.⟩

I ⟨onov.ww.⟩ **0.1** ***grasduinen*** ⇒*(in boeken) snuffelen, struinen, neuzen* ◆ **6.1** ~ **among/through** *(te hooi en te gras) doornemen/doorneuzen;*

II ⟨onov. en ov.ww.⟩ **0.1** ***weiden*** ⇒*(af)grazen, (af)scheren, afweiden, azen.*

BRS ⟨afk.⟩ British Road Services.

bru·cel·lo·sis ['bru:sɪ'loʊsɪs]⟨telb. en n.-telb.zn.; brucelloses [-si:z]; →mv. 5⟩⟨med.⟩ **0.1** ***brucellose*** ⟨bij mensen, febris undulans⟩ ⇒*maltakoorts, ziekte van Bang* **0.2** ***brucellose*** ⟨bij dieren⟩ ⇒*ziekte van Bang.*

bruc·ine ['bru:si:n]⟨n.-telb.zn.⟩⟨schei.⟩ **0.1** ***brucine*** ⟨krampverwekkend middel⟩.

Bruges [bru:ʒ]⟨eig.n.⟩ **0.1** ***Brugge.***

Bruin ['bru:ɪn]⟨eig.n.; ook b-⟩ **0.1** ***Bruin(tje de beer).***

bruise¹ [bru:z]⟨f2⟩⟨telb.zn.⟩ **0.1** ***kneuzing*** ⟨ook v. fruit⟩ ⇒*blauwe plek, buil, kwetsing, bloeduitstorting.*

bruise² ⟨f2⟩⟨ww.⟩ →bruising

I ⟨onov.ww.⟩ **0.1** ***blauwe plek(ken) vertonen*** ⇒*gekneusd zijn* ◆ **1.1** a baby's skin ~s easily *een babyhuidje is gauw bezeerd;*

II ⟨ov.ww.⟩ **0.1** ***kneuzen*** ⇒*bezeren; vergruizen; kwetsen, krenken, grieven* ◆ **1.1** ⟨vero.⟩ a ~d reed *een geknakt riet.*

bruis·er ['bru:zə‖-ər]⟨telb.zn.⟩⟨inf.⟩ **0.1** ***krachtpatser*** ⇒*beer, buffel, rouwdouwer, schaver.*

bruis·ing ['bru:zɪŋ]⟨f1⟩⟨bn.; teg. deelw. v. bruise⟩⟨inf.⟩ **0.1** ***slopend*** ⇒*uitputtend, afmattend* ◆ **1.1** a ~ battle between the two teams *een uitputtings/slijtageslag tussen de twee ploegen.*

bruit¹ [bru:t]⟨telb.zn.⟩ **0.1** ⟨vero.⟩ ***mare*** ⇒*tijding, gerucht* **0.2** ⟨med.⟩ ***geruis*** ⟨bij auscultatie⟩.

bruit² ⟨ov.ww.⟩⟨AE; vero. in BE⟩ **0.1** ***rondbazuinen*** ⇒*verspreiden, verkondigen, uitdragen* ◆ **5.1** ~ the news **about/abroad** *het nieuws van de daken schreeuwen.*

Brum [brʌm]⟨eig.n.⟩⟨BE; inf.⟩ **0.1** ***Birmingham*** ⟨in Engeland⟩.

bru·mal ['bru:ml]⟨bn., attr.⟩⟨schr.⟩ **0.1** ***winters*** ⇒*winter-.*

brum·by ['brʌmbi]⟨telb.zn.; →mv. 2⟩⟨Austr. E⟩ **0.1** ***wild/verwilderd paard.***

brume [bru:m]⟨telb.zn.⟩⟨schr.⟩ **0.1** ***(dichte) mist*** ⇒*nevel.*

Brum·ma·gem¹ ['brʌmədʒəm]⟨eig.n.⟩⟨BE; inf.⟩ **0.1** ***Birmingham*** ⟨in Engeland⟩.

Brummagem² ⟨bn.; ook b-⟩ **0.1** ***vals*** ⇒*nagemaakt, onecht* **0.2** ***opzichtig*** ⇒*protserig, patserig.*

Brum·mie ['brʌmi]⟨eig.n.⟩⟨BE; inf.⟩ **0.1** ***inwoner v. Birmingham*** ⟨in Engeland⟩.

bru·mous ['bru:məs]⟨bn.⟩⟨schr.⟩ **0.1** ***winters*** **0.2** ***nevelig*** ⇒*mistig, dampig.*

brunch [brʌntʃ]⟨f1⟩⟨telb. en n.-telb.zn.⟩ **0.1** ***brunch*** ⇒*zondagsontbijt.*

bru·net(te)¹ [bru:'net]⟨f1⟩⟨telb.zn.⟩ **0.1** ***brunet(te).***

brunet(te)² ⟨bn.⟩ **0.1** ***donker(bruin)*** ⟨v. huid, haar, ogen⟩.

'Brün·nich's 'guillemot [brɪnɪk]⟨telb.zn.⟩⟨dierk.⟩ **0.1** ***kortsnavelzeekoet*** ⟨Uria lomvia⟩.

Bruns·wick ['brʌnzwɪk]⟨eig.n.⟩ **0.1** ***Brunswijk*** ⟨Braunschweig in West-Duitsland⟩.

'Brunswick 'stew ⟨telb. en n.-telb.zn.⟩ **0.1** ***hachee*** ⟨met konijne- of eekhoornvlees⟩.

brunt [brʌnt]⟨f1⟩⟨n.-telb.zn.; the⟩ **0.1** ***piek*** ⇒*zwaartepunt, toppunt, druk, het ergste/heetste/felste* ◆ **3.1** she bore the (full) ~ of his anger *zij kreeg de volle laag;* bear the ~ of an attack *het bij een aanval het zwaarst te verduren hebben.*

brush¹ [brʌʃ]⟨f3⟩⟨zn.⟩

I ⟨telb.zn.⟩ **0.1** ***borstel*** ⇒*schuier, stoffer, plumeau; kwast, penseel; brushes* ⟨slagborstels voor snaartrommels⟩ **0.2** ***pluim(staart)*** ⇒*vossestaart* **0.3** ***(af)borsteling*** **0.4** ***streek*** ⇒*lichte aanraking, beroering, vluchtig contact; schaafplek* **0.5** ***schermutseling*** ⇒*kort treffen* **0.6** ⟨elek.⟩ ***(kool)borstel*** ⇒*sleepcontact* ◆ **2.1** ⟨fig.⟩ tarred with the same ~ *met hetzelfde sop overgoten, uit hetzelfde (slechte) hout gesneden* **3.3** give one's clothes a ~ *zijn kleren afborstelen/schuieren;* give one's hair a ~ *de borstel door zijn haar halen* **3.4** he felt the ~ of her skirt against him as she passed *hij voelde de aanraking van haar rok toen ze langs hem liep;*

II ⟨n.-telb.zn.⟩ **0.1** ***kreupelhout*** ⇒*onderhout* **0.2** ***kreupelbos*** ⇒*met dicht struikgewas begroeid gebied/terrein* **0.3** ***sprokkelhout*** ⇒*sprokkels, sprokkelingen* **0.4** ***penseelvoering*** ⇒*touche.*

brush² ⟨f3⟩⟨ww.⟩ →brushed

I ⟨onov.ww.⟩ **0.1** ***aanstrijken*** ⟨v.e. paard: de benen licht langs elkaar schuren⟩ ⇒*zich bestrijken;*

II ⟨onov. en ov.ww.⟩ **0.1** ***(af/op/uit)borstelen*** ⇒*(af/weg/uit)vegen, stoffen, poetsen, wrijven; boenen, schrobben* **0.2** ***strijken (langs/over)*** ⇒*strelen, aaien, rakelings gaan (langs)* ◆ **1.1** ~ one's trousers *zijn broek afschuieren* **2.1** ~ one's nails clean *zijn nagels schoonborstelen* **5.1** ~ **away** a fly from the table *een vlieg van tafel slaan/vegen* **5.2** ~ **over** *aan/bestrijken, dunnetjes overschilderen, sausen;* she just ~ed **past** me when we met last *toen ik haar laatst tegenkwam, liep ze me straal voorbij* **5.¶** →brush **aside**; →brush **down**; →brush **off**; →brush **up**.

'brush a'side ⟨f1⟩⟨ov.ww.⟩ **0.1** ***weg/opzijschuiven*** ⟨weerstand, oppositie, e.d.⟩ ⇒*uit de weg ruimen* **0.2** ***terzijde schuiven*** ⇒*negeren, naast zich neerleggen, van de hand wijzen* ◆ **1.2** brush complaints aside *klachten wegwuiven/onder tafel vegen.*

'brush discharge ⟨telb.zn.⟩⟨elek.⟩ **0.1** ***sproeiontlading*** ⇒*pluimontlading.*

'brush 'down ⟨ov.ww.⟩ **0.1** ***afborstelen*** **0.2** ⟨inf.⟩ ***de wind van voren geven*** ⇒*de mantel uitvegen, uitfoeteren, tekeergaan tegen.*

brushed [brʌʃt]⟨bn.; volt. deelw. v. brush⟩ **0.1** ***geruwd*** ⟨v. weefsels; voorzien v.e. pluizig oppervlak⟩.

brush·er ['brʌʃə‖-ər]⟨telb.zn.⟩ **0.1** ***borstelaar*** **0.2** ***borstelmachine.***

'brush fire ⟨telb.zn.⟩ **0.1** ***kreupelhoutbrand*** ⇒*bosrandbrand, bosbrand, grond/kruip/loopvuur.*
'brush-fire ⟨bn.⟩ **0.1** ***kleinschalig*** ⟨v. oorlog⟩ ⇒*beperkt, lokaal, mini-.*
'brush 'off ⟨f1⟩ ⟨ww.⟩
I ⟨onov.ww.⟩ **0.1** ***zich laten wegborstelen*** ⇒*(door borstelen) loslaten* ◆ **1.1** the dirt won't ~ *het vuil gaat er niet af/laat zich niet wegborstelen;*
II ⟨ov.ww.⟩ **0.1** ***wegborstelen*** ⇒*afborstelen* **0.2** ***(zich v.) iem. afhouden*** ⇒*afwijzen, afschepen, zich afsluiten voor, bruuskeren* ◆ **1.2** we can't brush our neighbours off once again *we kunnen onze buren niet nog eens de deur uit bonjouren.*
'brush-off ⟨f1⟩ ⟨n.-telb.zn.; the⟩ ⟨inf.⟩ **0.1** ***afscheping*** ⇒*afpoeiering, kat, afjacht; de bons* ◆ **3.1** get the ~ *niet gehoord worden, onheus behandeld worden; de bons krijgen;* give s.o. the ~ *iem. afsnauwen/met een kluitje in het riet sturen; iem. de bons geven.*
'brush turkey ⟨telb.zn.⟩ ⟨dierk.⟩ **0.1** ***boskalkoen*** ⟨in Australië; Alectura lathami⟩.
'brush·up ⟨f1⟩ ⟨telb.zn.⟩ **0.1** ***opknapbeurt*** ⇒*opfrissing* ◆ **3.1** your French needs a ~ *je mag je Frans wel eens ophalen.*
'brush 'up ⟨f1⟩ ⟨onov. en ov.ww.⟩ **0.1** ***opfrissen*** ⟨kennis⟩ ⇒*ophalen, bijspijkeren* ◆ **1.1** ~ (on) your English *je Engels wat ophalen.*
'brush wheel ⟨telb.zn.⟩ **0.1** ***wrijvingswiel*** ⟨ter overbrenging v. energie⟩ **0.2** ***borstelschijf*** ⇒*polijstschijf.*
'brush·wood ⟨n.-telb.zn.⟩ **0.1** ***onderhout*** ⇒*kreupelhout* **0.2** ***kreupelbos*** **0.3** ***sprokkelhout*** ⇒*rijshout, sprokkels, sprokkelingen.*
'brush·work ⟨n.-telb.zn.⟩ **0.1** ***penseelwerk/voering/behandeling*** ⇒*touche.*
brush·y ['brʌʃi] ⟨bn.; -er; →compar. 7⟩ **0.1** ***borstelig*** ⇒*ruw, stekelig* **0.2** ***vol kreupelhout.***
brusque, brusk [bru:sk, brʊsk‖brʌsk] ⟨f1⟩ ⟨bn.; -er; -ly; -ness⟩ **0.1** ***bruusk*** ⇒*bits, nors, stroef, bars.*
brus·que·rie ['brʌskəˈri:] ⟨n.-telb.zn.⟩ **0.1** ***bruuskheid.***
brus·sels ['brʌslz] ⟨mv.; ook B-⟩ ⟨BE; inf.⟩ **0.1** ***spruitjes*** ⇒*Brusselse kooltjes/spruitkool.*
'Brussels 'carpet ⟨telb. en n.-telb.zn.⟩ **0.1** ***Brussels tapijt*** ⟨geweven, kleurig, hoogpolig tapijt⟩.
'Brussels 'lace ⟨n.-telb.zn.⟩ **0.1** ***Brussels(e) kant.***
'Brussels 'sprouts ⟨f1⟩ ⟨mv.; ook b-⟩ **0.1** ***spruitjes*** ⇒*Brusselse kooltjes/spruitkool.*
brut [bru:t] ⟨bn.⟩ **0.1** ***brut*** ⟨v. wijn, champagne⟩ ⇒*zeer droog.*
bru·tal ['bru:tl] ⟨f2⟩ ⟨bn.; -ly⟩ **0.1** ***bruut*** ⇒*beestachtig, honds, onmenselijk; hardvochtig, meedogenloos, harteloos; grof, bot, onheus, ongelikt; woest, ruw, guur* ◆ **1.1** ~ frankness *genadeloze/niets ontziende openhartigheid;* a ~ lie *een brutale leugen;* ~ weather *bar weer, honde/beestenweer.*
bru·tal·ism ['bru:t̬əlɪzm] ⟨n.-telb.zn.⟩ ⟨bouwk.⟩ **0.1** ***brutalisme*** ⟨bouwen met ruw materiaal en zichtbare installaties⟩.
bru·tal·i·ty [bru:ˈtæləṱi] ⟨f2⟩ ⟨telb. en n.-telb.zn.; →mv. 2⟩ **0.1** ***bruutheid*** ⇒*wreedheid, onmenselijkheid, gewelddadigheid* **0.2** ⟨sport, i.h.b. waterpolo⟩ ***(ernstig) wangedrag.***
bru·tal·i·za·tion, -sa·tion ['bru:təlaɪˈzeɪʃn‖'bru:t̬ələ-] ⟨n.-telb.zn.⟩ **0.1** ***verwildering*** ⇒*ontmenselijking, verdierlijking.*
bru·tal·ize, -ise ['bru:t̬laɪz] ⟨ov.ww.⟩ **0.1** ***verwilderen*** ⇒*ontmenselijken, verdierlijken* **0.2** ***brutaliseren*** ⇒*grof bejegenen.*
brute[1] [bru:t] ⟨f2⟩ ⟨telb.zn.⟩ **0.1** ***beest*** ⇒*dier* **0.2** ***bruut*** ⇒*beest, woesteling, onmens.*
brute[2] ⟨f1⟩ ⟨bn., attr.⟩ **0.1** ***bruut*** ⇒*wreed, ruw* ◆ **1.1** ~ creatures *redeloze dieren;* ~ force *grof geweld;* ~ matter *ruwe materie.*
bru·ti·fy ['bru:t̬ɪfaɪ] ⟨onov. en ov.ww.; →ww. 7⟩ **0.1** ***verwilderen*** ⇒*ontmenselijken, verdierlijken.*
brut·ish ['bru:t̬ɪʃ] ⟨bn.; -ly; -ness⟩ **0.1** ***dierlijk*** ⇒*grof, bot; zinnelijk, liederlijk* ◆ **3.1** eat with ~ appetite *eten als een beest, schrokken.*
bry·o- ['braɪoʊ] **0.1** ***bryo-*** ⟨duidt in samenstellingen mos aan⟩.
bry·o·log·i·cal ['braɪəˈlɒdʒɪkl‖-ˈlɑ-] ⟨bn.⟩ **0.1** ***bryologisch.***
bry·ol·o·gist [braɪˈɒlədʒɪst‖-ˈɑlə-] ⟨telb.zn.⟩ **0.1** ***bryoloog*** ⇒*moskundige.*
bry·ol·o·gy [braɪˈɒlədʒi‖-ˈɑlə-] ⟨n.-telb.zn.⟩ **0.1** ***bryologie*** ⇒*moskunde.*
bry·o·ny ['braɪəni] ⟨telb.zn.; →mv. 2⟩ ⟨plantk.⟩ **0.1** ***bryonia*** ⟨geslacht⟩ ⇒*heggerank* ◆ **2.1** black ~ *spekwortel* ⟨Tamus communis⟩; white ~ *heggerank* ⟨Bryonia dioica⟩.
bry·o·phyte ['braɪəfaɪt] ⟨bn.⟩ ⟨plantk.⟩ **0.1** ***mos*** ⟨afdeling Bryophyta⟩.
bry·o·zo·an ['braɪəˈzoʊən] ⟨telb.zn.⟩ ⟨dierk.⟩ **0.1** ***mosdiertje*** ⟨stam Bryozoa⟩.
Bry·thon·ic [brɪˈθɒnɪk‖-ˈθɑnɪk] ⟨eig.n.⟩ **0.1** ***Brythonisch*** ⟨Keltische taal v. Cornwall, Wales, Cumbria⟩.
BS ⟨afk.⟩ Bachelor of Surgery, British Standard; Bachelor of Science ⟨AE⟩.
BSA ⟨afk.⟩ Bachelor of Science in Agriculture, Boy Scouts of America.
B Sc ⟨afk.⟩ Bachelor of Science.
B S Ed ⟨afk.⟩ Bachelor of Science in Education.
bsh ⟨telb.zn.⟩ ⟨afk.⟩ bushel **0.1** ***bs.***.
BSI ⟨afk.⟩ British Standards Institution.
BST ⟨afk.⟩ British Standard Time, British Summer Time.
Bt ⟨afk.⟩ Baronet.
BT, B Th ⟨afk.⟩ Bachelor of Theology.
B th u, Btu ⟨telb.zn.⟩ ⟨afk.⟩ British thermal unit **0.1** ***BTU.***
BTU ⟨afk.⟩ Board of Trade Unit.
bu ⟨telb.zn.⟩ ⟨afk.⟩ bushel **0.1** ***bs.***.
bub [bʌb] ⟨zn.⟩
I ⟨n.-telb.zn.; aanspreekvorm⟩ ⟨AE; sl.⟩ **0.1** ***makker*** ⇒*ouwe (jongen);*
II ⟨mv.; ~s⟩ **0.1** ***tieten*** ⇒*memmen, prammen, jongens.*
bub·ble[1] ['bʌbl] ⟨f2⟩ ⟨zn.⟩
I ⟨telb.zn.⟩ **0.1** ***(lucht)bel(letje)*** ⇒*bol(letje), blaas(je), bobbel* **0.2** ***glaskoepel*** **0.3** ⟨fig.⟩ ***zeepbel*** ⇒*ballonnetje* ◆ **2.1** ⟨geldw.⟩ a speculative ~ *een speculatieve zeepbel* ⟨een onverantwoorde waardeverhoging v. aandelen⟩ **3.1** blow ~s *bellen blazen* **3.3** the first problem pricked his ~ *bij het eerste echte probleem spatte zijn zeepbel uiteen;*
II ⟨n.-telb.zn.⟩ **0.1** ***geprutteI*** ⇒*gesputter, gespetter, gebruis* ◆ **1.1** ⟨vnl. BE⟩ ~ and squeak *stoofpot/schotel* ⟨aardappelen, kool of andere groente, soms vlees, tesamen in boter bereid⟩.
bubble[2] ⟨f2⟩ ⟨onov.ww.⟩ **0.1** ***borrelen*** ⇒*bruisen, pruttelen; mousseren, sprankelen, parelen, fonkelen* **0.2** ***glimmen*** ⇒*stralen* ◆ **1.2** the girl was bubbling on her birthday *het meisje glom v. plezier op haar verjaardag* **5.1** the oil ~d **up** through the sand *de olie welde/borrelde omhoog uit het zand* **5.2** her joy ~d **over** *ze straalde v. geluk;* ~ **over** with enthusiasm *overlopen v. enthousiasme.*
'bubble bath ⟨f1⟩ ⟨telb. en n.-telb.zn.⟩ **0.1** ***schuimbad*** **0.2** ***badschuim*** ⇒*mousse.*
'bubble car ⟨telb.zn.⟩ **0.1** ***autoscooter.***
'bubble chamber ⟨telb.zn.⟩ ⟨nat.⟩ **0.1** ***bellenvat*** ⇒*glaservat.*
'bubble gum ⟨f1⟩ ⟨n.-telb.zn.⟩ **0.1** ***klap(kauw)gom*** **0.2** ***bubblegum*** ⟨muziek voor jonge tieners⟩.
'bubble pack →blister pack.
bub·bler ['bʌblə‖-ər] ⟨telb.zn.⟩ **0.1** ***drinkfontein(tje).***
bub·bly[1] ['bʌbli] ⟨n.-telb.zn.⟩ ⟨BE; inf.; scherts.⟩ **0.1** ***champie*** ⇒*champagne.*
bubbly[2] ⟨bn.; -er; →compar. 7⟩ **0.1** ***bruisend*** ⇒*sprankelend, parelend* **0.2** ***jolig*** ⇒*uitgelaten, welgemutst, monter.*
'bub·bly-jock ⟨telb.zn.⟩ ⟨Sch. E⟩ **0.1** ***kalkoense haan.***
bub·by ['bʌbi] ⟨telb.zn.; →mv. 2; vnl. mv.⟩ **0.1** ***tietje*** ⇒*borstje* **0.2** ⟨AE⟩ ***ventje*** ⇒*kereltje.*
bu·bo ['bju:boʊ‖'bu:] ⟨telb.zn.; -es; →mv. 2⟩ **0.1** ***bubo*** ⟨gezwollen lymfklier, vnl. in lies of oksel⟩ ⇒*lymfknoopzwelling.*
bu·bon·ic [bju:ˈbɒnɪk‖bu:ˈbɑ-] ⟨bn., attr.⟩ **0.1** ***builen-*** ⇒*bubonen-* ◆ **1.1** ~ plague *(builen)pest, bubonenpest, pestepidemie.*
bu·bon·o·cele [bju:ˈbɒnəsi:l‖bu:ˈbɑ-] ⟨telb. en n.-telb.zn.⟩ ⟨med.⟩ **0.1** ***(onvolledige) liesbreuk.***
buc·cal ['bʌkl] ⟨bn., attr.⟩ ⟨med.⟩ **0.1** ***buccaal*** ⇒*wang-, mond-.*
buc·ca·neer[1] ['bʌkəˈnɪə‖-ˈnɪr] ⟨telb.zn.⟩ **0.1** ***boekanier*** ⇒*zeerover, piraat, vrijbuiter, avonturier.*
buccaneer[2] ⟨onov.ww.⟩ **0.1** ***zeeroverij/piraterij bedrijven*** ⇒*avonturieren.*
buc·ci·na·tor ['bʌksɪneɪtə‖-neɪt̬ər] ⟨telb.zn.⟩ ⟨med.⟩ **0.1** ***trompetterspier*** ⟨wangspier⟩ ⇒*buccinator.*
Bu·cha·rest ['bju:kəˈrest‖'bu:kərest] ⟨eig.n.⟩ **0.1** ***Boekarest*** ⟨hoofdstad v. Roemenië⟩.
Buch·man·ism ['bʊkmənɪzm] ⟨n.-telb.zn.⟩ ⟨vaak bel.⟩ **0.1** ***Buchmanisme*** ⇒*Morele Herbewapening* ⟨naar Frank Buchman, oprichter v.d. Oxfordgroep waaruit de Morele Herbewapening voortkwam⟩.
buck[1] [bʌk] ⟨f2⟩ ⟨zn.; in bet.I 0.1, 0.2 en 0.4 ook buck; →mv. 4⟩
I ⟨telb.zn.⟩ **0.1** ***mannetjesdier*** ⇒*bok* ⟨v. hert⟩, *ram(melaar)* ⟨v. konijn, haas⟩, *mannetjesrat* **0.2** ***antilope*** **0.3** ⟨inf.⟩ ***robuuste jongeman*** ⇒*atleet, hercules, hengst, draufgänger; neger; indiaan* **0.4** ***(spring)bok*** **0.5** ⟨AE⟩ ***zaag/houtbok*** **0.6** ***bokkesprong*** ⟨v. paard⟩ **0.7** ***praatje*** ⇒*gesprek* **0.8** ⟨vnl. AE, Austr. E; inf.⟩ ***dollar*** **0.9** ⟨sl.⟩ ***voorwerp dat voor een pokerspeler werd gelegd ten teken dat hij als volgende moest geven*** **0.10** ⟨BE⟩ ***aalfuik*** ⇒*palingkorf* **0.11** ⟨vero.⟩ ***fat*** ⇒*heertje, dandy, beau* ◆ **3.¶** ⟨inf.⟩ pass the ~ (to s.o.) *de verantwoordelijkheid afschuiven (op iem.), (iem.) met de verantwoordelijkheid opzadelen; (iem.) de zwartepiet toespelen;* the ~ stops here *de verantwoordelijkheid kan niet verder worden afgeschoven, einde afschuiving* **6.8** ⟨sl.⟩ be **in** the ~s *een*

dot/stoot poen hebben;
II ⟨n.-telb.zn.⟩ **0.1** ***gesnoef*** ⇒*gepoch, opschepperij.*
buck[2] ⟨bn., attr.⟩ ⟨sl.⟩ **0.1** ***mannelijk*** **0.2** ⟨AE; sold.⟩ ***laagste*** ⟨in rang⟩ ⇒*gemeen* ◆ **1.1** ⟨bel.⟩ ~ nigger *nikker(jong)* **1.2** ~ general *brigadegeneraal;* ~ private *(olie)bol, rekruut, gemeen soldaat.*
buck[3] ⟨f1⟩ ⟨ww.⟩ →bucked
I ⟨onov.ww.⟩ **0.1** ***bokken*** ⟨v. paard⟩ ⇒*bokkesprongen/gambades maken* **0.2** ⟨AE; sl.⟩ ***strooplikken*** ⇒*(kruiperig) vleien* **0.3** →buck up ◆ **6.2** he's really ~ing **for** the job *hij zet alles op alles/gaat door roeien en ruiten om die baan te krijgen;*
II ⟨ov.ww.⟩ **0.1** ***afwerpen*** ⟨ruiter⟩ ⇒*afgooien* **0.2** ⟨vnl. AE; inf.⟩ ***tegenwerken*** ⇒*tegenstribbelen, ingaan tegen, dwarsliggen* **0.3** ⟨vnl. BE, gew.⟩ ***logen*** ⇒*in loog wassen, in de loog zetten* **0.4** ⟨AE; sport⟩ ***rammen*** ⟨met het hoofd⟩ **0.5** →buck up ◆ **1.2** you can't go on ~ing the system *je kunt je niet blijven verzetten tegen het systeem* **5.1** ~ **off** *afwerpen.*
'buck-and-'wing ⟨telb.zn.⟩ **0.1** ***snelle tapdans.***
buck·a·roo, buck·e·roo ['bʌkəru:, -'ru:], **buck·ay·ro** [bʌ'keroʊ], **buck·ha·ra** [bʌ'kɑ:rə] ⟨telb.zn.⟩ ⟨AE⟩ **0.1** ***vaquero*** ⇒*cowboy, veedrijver.*
'buck·bean ⟨telb.zn.⟩ ⟨plantk.⟩ **0.1** ***waterdrieblad*** ⟨Menyanthes trifoliata⟩ ⇒*waterklaver, boksboon.*
'buck·board ⟨telb.zn.⟩ **0.1** ***eenvoudig licht vierwielig karretje*** ⟨vnl. in U.S.A.⟩.
bucked [bʌkt] ⟨bn.; volt. deelw. v. buck⟩ ⟨inf.⟩ **0.1** ***opgekikkerd*** ⇒*opgelucht, opgefleurd, gesterkt.*
buck·een [bʌ'ki:n] ⟨telb.zn.⟩ ⟨vnl. IE⟩ **0.1** ***kale heer*** ⇒*verlopen dandy, saletjonker.*
buck·er ['bʌkə‖-ər] ⟨telb.zn.⟩ **0.1** ***bokker*** ⇒*bokkend paard* **0.2** ⟨AE; sl.⟩ ***strooplikker*** ⇒*vleier, kruiper* **0.3** ⟨AE; sl.⟩ ***vaquero.***
buck·et[1] ['bʌkɪt] ⟨f3⟩ ⟨telb.zn.⟩ **0.1** ***emmer*** ⇒*putemmer, puts(e)* **0.2** ***emmer (vol)*** **0.3** ***grijper*** ⇒*(grijp)emmer; schoep* ⟨v. rad⟩ **0.4** ***huls*** ⇒*koker* ⟨v. zweep⟩, *schoen* ⟨v. lans⟩ **0.5** ⟨basketbal⟩ ***basket*** **0.6** ⟨basketbal⟩ ***veldtreffer*** ⟨2 punten⟩ **0.7** ⟨AE; sl.⟩ ***oud vervoermiddel*** ⇒⟨i.h.b.⟩ *auto, slee; schuit, torpedojager* **0.8** ***kont*** **0.9** ***poepdoos*** ⇒*plee* ◆ **3.¶** ⟨sl.⟩ kick the ~ *het hoekje omgaan, het afleggen* **6.1** ⟨inf.; fig.⟩ it came down **in** ~s *het regende dat het goot, de regen kwam bij bakken uit de hemel.*
bucket[2] ⟨f1⟩ ⟨ww.⟩
I ⟨onov.ww.⟩ **0.1** ⟨BE; inf.⟩ ***pijpestelen regenen*** ⇒*plenzen, gieten* **0.2** ⟨BE; inf.⟩ ***bij bakken neerkomen*** ⟨v. regen⟩ **0.3** ***slingeren*** ⇒*zigzaggen, schichten, zoeven* ◆ **5.1** it's been ~ing **down** all morning *het giet de hele ochtend al* **5.2** the rain is ~ing **down** *de regen komt bij bakken naar beneden* **6.3** the car ~ed **along** the motorway *de auto scheurde over de snelweg;* the car ~ed **down** the hill *de auto kwam hotsend de heuvel af denderen;*
II ⟨ov.ww.⟩ **0.1** ***scheppen*** ⟨met emmers⟩ **0.2** ***slingerend rijden met*** ⟨auto⟩ **0.3** ***afrijden*** ⟨paard⟩ ⇒*op de stang rijden, afjakkeren* **0.4** ⟨sl.⟩ ***belazeren*** ⇒*besodemieteren, vernachelen.*
'bucket dredge, 'bucket dredger ⟨telb.zn.⟩ **0.1** ***emmerbaggermolen.***
'bucket elevator ⟨telb.zn.⟩ **0.1** ***jakobsladder*** ⇒*emmerladder.*
buck·et·ful ['bʌkɪtfʊl] ⟨f1⟩ ⟨telb.zn.; ook bucketsful; →mv. 6⟩ **0.1** ***emmer (vol)*** ◆ **1.1** ~ of water *emmer water* **1.¶** I have a ~ of John *ik heb de balen v. John.*
'buck·et-head ⟨telb.zn.⟩ ⟨AE; sl.⟩ **0.1** ***stommeling*** ⇒*dwaas.*
'bucket seat ⟨telb.zn.⟩ **0.1** ***kuipstoel*** ⟨in auto/vliegtuig⟩ ⇒*vliegtuigstoel* **0.2** ***klapstoel*** ⇒*klapzitting.*
'bucket shop ⟨telb.zn.⟩ **0.1** ***effectengokkantoor*** ⇒*(illegaal) effectenkantoor* **0.2** ⟨BE⟩ ***semi-legaal reisbureau*** ⟨gespecialiseerd in goedkope vliegreizen⟩.
'buck·eye[1] ⟨telb.zn.⟩ **0.1** ⟨plantk.⟩ ***paardekastanje*** ⟨genus Aesculus⟩ ⇒*(wilde) kastanje* **0.2** ⟨vaak B-⟩ ⟨AE⟩ ⟨bijnaam v.⟩ ***bewoner v. Ohio.***
buckeye[2] ⟨bn.⟩ ⟨AE⟩ **0.1** ***protserig*** ⇒*poen(er)ig.*
'Buckeye State ⟨eig.n.; the⟩ ⟨AE⟩ **0.1** ⟨bijnaam v.⟩ ***Ohio.***
'buck fever ⟨n.-telb.zn.⟩ ⟨AE; inf.⟩ **0.1** ***plankenkoorts*** ⇒*beginnerszenuwen, faalangst, besluiteloosheid, ondoortastendheid.*
buckhara →buckaroo.
'buck·horn, ⟨in bet. I ook⟩ **'buck's horn** ⟨zn.⟩
I ⟨telb.zn.⟩ ⟨plantk.⟩ **0.1** ***hertshoorn*** ⟨Plantago coronopus⟩;
II ⟨n.-telb.zn.⟩ **0.1** ***bokshoorn*** ⟨materiaal voor heften, enz.⟩.
'buck·hound ⟨telb.zn.⟩ **0.1** ***jachthond*** ⇒*jagershond.*
buck·ish ['bʌkɪʃ] ⟨bn.; -ly⟩ **0.1** ***fatterig.***
'buck·jump ⟨onov.ww.⟩ **0.1** ***bokken*** ⟨v. paard⟩.
'buck·jump·er ⟨telb.zn.⟩ **0.1** ***bokker*** ⇒*bokkend paard.*
buck·le[1] ['bʌkl] ⟨f2⟩ ⟨telb.zn.⟩ **0.1** ***gesp*** **0.2** ***knik*** ⟨in materiaal⟩ ⇒*welving, bolling, uitstulping* ◆ **2.1** shoes with ornamental ~s *schoenen met siergespen.*
buckle[2] ⟨f2⟩ ⟨ww.⟩
I ⟨onov.ww.⟩ **0.1** ***met een gesp sluiten/vastzitten*** ⇒*aangegespt (kunnen) worden* **0.2** ***kromtrekken*** ⇒*ontzetten, ontwricht raken, omkrullen, verbuigen* **0.3** ***wankelen*** ⇒*wijken, ineenstorten, bezwijken* ◆ **5.1** the ends of this collar ~ **together** at the back *de uiteinden v. deze ketting zitten van achter met een sluitinkje vast* **5.¶** →buckle to; ⟨AE⟩ ~ **up** for safety(, buckle up) *veiligheidsgordels? vast en zeker!* **6.3** we ~d **under** their attack *we wankelden onder hun aanval* **6.¶** →buckle **down to;**
II ⟨ov.ww.⟩ **0.1** ***(vast)gespen*** ⇒*aangespen, omgespen* **0.2** ***ontwrichten*** ⇒*ontzetten, (uit/ver)buigen, knikken* ◆ **1.2** the fire ~d the plates of the ship *door de brand raakten de platen v.h. schip ontzet* **4.1** ~ oneself into a seat *zijn gordel omdoen* **5.1** ~ **on** a sword *zich een zwaard aan/omgorden;* ~ **up** a belt *een riem omdoen/gespen.*
'buckle 'down to ⟨onov.ww.⟩ ⟨inf.⟩ **0.1** ***de schouders zetten onder*** ⇒*zich toeleggen op, (serieus) aanpakken* ◆ **1.1** ~ your work *ga serieus aan je werk.*
buck·ler ['bʌklə‖-ər] ⟨telb.zn.⟩ **0.1** ***beukelaar*** ⟨klein rond schild met knop in het midden⟩ ⇒*rondas;* ⟨fig.⟩ *schild, beschutting* **0.2** →buckler fern.
'buckler fern ⟨telb.zn.⟩ ⟨plantk.⟩ **0.1** ***schildvaren*** ⟨Polystichum, genus Aspidium⟩ ⇒*niervaren, bosvaren.*
'buckle 'to ⟨onov.ww.⟩ ⟨inf.⟩ **0.1** ***de handen uit de mouwen steken*** ⇒*de handjes laten wapperen, zijn best doen* ◆ **1.1** we'll never get the job done if we don't ~ *we krijgen de zaak nooit voor elkaar als we er niet stevig tegenaan gaan.*
buck·ling ['bʌklɪŋ] ⟨telb. en n.-telb.zn.⟩ **0.1** ***bokking*** ⟨gerookte haring⟩.
'buck 'naked ⟨bn.⟩ ⟨AE; sl.⟩ **0.1** ***spiernaakt*** ⇒*piemelnaakt, moedernaakt.*
buck·o[1] ['bʌkoʊ] ⟨telb.zn.; ~es; →mv. 2⟩ ⟨sl.; vnl. zeelui⟩ **0.1** ***bullebak*** ⇒*boeman, kwaaie, ploert.*
bucko[2] ⟨bn.⟩ ⟨AE; sl.⟩ **0.1** ***ploertig*** ⇒*gemeen.*
buck·ram[1] ['bʌkrəm] ⟨n.-telb.zn.⟩ **0.1** ***buckram*** ⇒*boekbinderslinnen, bougran, stijf linnen* **0.2** ***houterigheid*** ⇒*stijfheid, vormelijkheid.*
buckram[2] ⟨bn.⟩ **0.1** ***buckram*** ⇒*stijf* **0.2** ***houterig*** ⇒*stijf, vormelijk.*
Bucks [bʌks] ⟨afk.⟩ Buckinghamshire.
'buck·saw ⟨telb.zn.⟩ **0.1** ***schulpzaag*** ⇒*raamzaag.*
buck·shee[1] ['bʌk'ʃi:] ⟨telb.zn.⟩ ⟨BE; sl.⟩ **0.1** ***extraatje*** ⇒*toemaat, bijslag, meevaller, voordeeltje.*
buckshee[2] ⟨bn.⟩ ⟨BE; sl.⟩ **0.1** ***extra*** **0.2** ***gratis*** ⇒*kosteloos* ◆ **1.2** ~ ticket *koefnoen, rooi(e)pan, pannetje, vrijkaartje.*
buckshee[3] ⟨bw.⟩ ⟨BE; sl.⟩ **0.1** ***voor nop(pes)*** ⇒*gratis, om niet, kosteloos, te geef* ◆ **3.1** get in ~ *voor koef naar binnen komen, een vrijkaartje hebben.*
buck's horn →buckhorn.
'buck·shot ⟨telb.zn.; ook buckshot; →mv. 4⟩ ⟨jacht⟩ **0.1** ***schot grove hagel*** ⇒*reeposten.*
'buck·skin[1] ⟨zn.⟩
I ⟨telb.zn.⟩ **0.1** ***bokkevel*** ⟨v. hert⟩ **0.2** ⟨AE⟩ ***izabel*** ⟨bruingeel paard⟩;
II ⟨n.-telb.zn.⟩ **0.1** ***geite-/schapeleer*** ⇒*chevreau, glacéleer* **0.2** ***bukskin*** ⟨dikke gladde stof⟩;
III ⟨mv.; ~s⟩ ⟨AE⟩ **0.1** ⟨ben. voor⟩ ***leren kledingstuk*** ⇒*glacés, bukskinse broek/schoenen.*
buckskin[2] ⟨bn.⟩ **0.1** ***geite-/schapeleren*** ⇒*v. geite-/schapeleer* **0.2** ***bukskins*** ⇒*v. bukskin.*
'buck slip ⟨telb.zn.⟩ ⟨AE; sl.⟩ **0.1** ***papier met probleem dat afgeschoven wordt.***
'buck·thorn ⟨telb.zn.⟩ ⟨plantk.⟩ **0.1** ***wegedoorn*** ⟨Rhamnus cathartica⟩.
'buck·tooth ⟨telb.zn.; vnl. mv.⟩ **0.1** ***vooruitstekende (boven)tand.***
'buck 'up ⟨f1⟩ ⟨ww.⟩ ⟨inf.⟩
I ⟨onov.ww.⟩ **0.1** ***opschieten*** ⇒*voortmaken, haast maken;*
II ⟨onov. en ov.ww.⟩ **0.1** ***opvrolijken*** ⇒*opfleuren, sterken, goed doen* ◆ **1.¶** he'll need to buck his ideas up, if he wants to keep his job *als hij zijn baan wil houden zal hij toch eens wat kwieker/actiever/alerter moeten worden* **¶.1** ~, things will be all right *laat je hoofd niet zo hangen, het komt wel weer goed.*
'buck·wheat ⟨n.-telb.zn.⟩ **0.1** ⟨plantk.⟩ ***boekweit*** ⟨Fagopyrum esculentum⟩ **0.2** ***boekweitzaad*** **0.3** ***boekweitmeel*** ⇒*boekweitbloem.*
bu·col·ic[1] [bju:'kɒlɪk‖-'kɑ-] ⟨telb.zn.; vnl. mv.⟩ ⟨schr.⟩ **0.1** ***herdersdicht*** ⇒*bucolisch gedicht, ecloge, pastorale, herderszang.*
bucolic[2], **bu·col·i·cal** [-ɪkl] ⟨bn.; -(al)ly; →bijw. 3⟩ **0.1** ***bucolisch*** ⇒*pastoraal, herders-, herderlijk* **0.2** ***plattelands*** ⇒*dorps, boers.*
bud[1] [bʌd] ⟨f2⟩ ⟨zn.⟩
I ⟨telb.zn.⟩ ⟨verk.⟩ buddy ⟨vnl. AE⟩;
II ⟨telb. en n.-telb.zn.⟩ **0.1** ***knop*** ⇒*uitspruitsel, kiem* ◆ **3.1** nip in the ~ *in de kiem smoren* **6.1** **in** ~ *in knop;* ⟨fig.⟩ **in** the ~ *in de dop.*
bud[2] ⟨f2⟩ ⟨ww.; →ww. 7⟩ →budding
I ⟨onov.ww.⟩ **0.1** ***knoppen*** ⇒*ontkiemen, ontluiken, uitbotten;*

II ⟨ov.ww.⟩ **0.1** ***doen uitbotten*** ⇒*doen uitlopen* **0.2** ⟨plantk.⟩ ***oculeren*** ⇒*enten* ⟨knop⟩.
Bud·dha ['bʊdə||'bu:də]⟨f1⟩⟨eig.n., telb.zn.⟩ **0.1** ***boeddha*** ⇒*boeddhabeeld*.
Bud·dhism ['bʊdɪzm||'bu:-]⟨f1⟩⟨n.-telb.zn.⟩ **0.1** ***boeddhisme***.
Bud·dhist[1] ['bʊdɪst||'bu:-]⟨f1⟩⟨telb.zn.⟩ **0.1** ***boeddhist***.
Buddhist[2], **Bud·dhis·tic** [bʊ'dɪstɪk||'bu:], **Bud·dhis·ti·cal** [-ɪkl]⟨f1⟩ ⟨bn.;-(al)ly;→bijw.3⟩ **0.1** ***boeddhistisch***.
bud·ding ['bʌdɪŋ]⟨f1⟩⟨bn., attr.; oorspr. teg. deelw. v. bud⟩ **0.1** ***ontluikend*** ⇒*aankomend, in de dop*.
bud·dle ['bʌdl]⟨telb.zn.⟩ **0.1** ***wastrog*** ⟨voor erts⟩.
bud·dle·ia, bud·dle·ja ['bʌdlɪə]⟨telb.zn.⟩⟨plantk.⟩ **0.1** ***buddleja*** ⇒*vlinderstruik* ⟨fam. Buddleiaceae, i.h.b. Buddleia davidii⟩.
bud·dy[1], **bud·die** ['bʌdi], ⟨in bet. 0.2 ook⟩ **bud** ⟨f2⟩⟨telb.zn.;→mv. 2⟩⟨inf.⟩ **0.1** ***maat*** ⇒*vriend, partner, kameraad* **0.2** ⟨i.h.b. als aanspreekvorm⟩ ***maatje*** ⟨vnl. AE⟩ ⇒*makker, broer, vader*.
buddy[2] ⟨onov.ww.⟩⟨AE; sl.⟩ **0.1** ***goede maatjes worden*** ⇒*bevriend raken, beginnen om te gaan* **0.2** ⟨stud.⟩ ***samenwonen*** ⇒*woonruimte delen* ◆ **5.¶** ~ **up** to s.o. *iem. stroop om de mond smeren* **6.1** ~ **(up) with** s.o. *goede maatjes met iem. worden*.
'bud·dy-bud·dy[1] ⟨telb.zn.⟩⟨AE; sl.⟩ **0.1** ***maatje*** ⇒*slapie* **0.2** ⟨iron.⟩ ***grote vriend*** ⇒*vijand, kwijlebal, zeikerd* **0.3** ***slijmerd*** ⇒*slijmjurk*.
buddy-buddy[2] ⟨bn.⟩⟨AE; sl.⟩ **0.1** ***slijmerig*** ⇒*overvriendelijk*.
buddy-buddy[3] ⟨onov.ww.⟩⟨AE; sl.⟩ **0.1** ***strooplikken*** ⇒*slijmen, overvriendelijk zijn* **0.2** ***strooplikken*** ⇒*slijmen*.
'buddy seat ⟨telb.zn.⟩⟨AE; inf.⟩ **0.1** ***zijspan*** ⟨v. motor⟩.
budge[1] [bʌdʒ]⟨zn.⟩
I ⟨telb.zn.⟩ **0.1** →budgie;
II ⟨n.-telb.zn.⟩ **0.1** ***lamsvacht*** ⟨vroeger als voering v. toga's⟩.
budge[2] ⟨bn.⟩ **0.1** ***met lamsvacht gevoerd***.
budge[3] ⟨f2⟩⟨ww.; vnl. met ontkenning v. shall/will/would, can/could⟩
I ⟨onov.ww.⟩ **0.1** ***zich (ver)roeren*** ⇒*(zich) bewegen, zich verplaatsen* **0.2** ***veranderen*** ◆ **1.1** the cap won't ~ *ik krijg geen beweging in die dop* **6.2** not ~ **from** one's opinion *aan zijn mening vasthouden, bij zijn standpunt blijven;*
II ⟨ov.ww.⟩ **0.1** ***(een klein stukje) verplaatsen*** ⇒*verschuiven, verschikken* ◆ **1.1** not ~ one inch *geen duimbreed wijken*.
bud·ger·i·gar ['bʌdʒrɪgɑ:||-gɑr], **bud·ger·ee·gah, bud·ger·y·gah** [-gɑ:]⟨f1⟩⟨telb.zn.⟩⟨dierk.⟩ **0.1** ***grasparkiet*** ⟨Melopsittacus undulatus⟩.
budg·et[1] ['bʌdʒɪt]⟨f3⟩⟨telb.zn.⟩ **0.1** ***begroting*** ⇒*budget, budgettaire raming* **0.2** ***hoeveelheid*** ⇒*voorraad, verzameling, pakket* ⟨vooral v. geschreven of gedrukt materiaal⟩ ◆ **3.1** balance the ~ *de begroting sluitend maken;* ⟨pol.⟩ introduce/open the ~ *de begroting presenteren* **6.1** **on** a ~ *zuinig*.
budget[2] ⟨f1⟩⟨bn., attr.⟩ **0.1** ***voordelig*** ⇒*gunstig, goedkoop* ◆ **1.1** ~ prices! *voordeelprijzen!, speciale aanbiedingen!*.
budget[3] ⟨f2⟩⟨ww.⟩
I ⟨onov.ww.⟩ **0.1** ***budgetteren*** ⇒*een/de begroting opstellen* **0.2** ***huishouden*** ◆ **6.1** ~ **for** *geld reserveren/uittrekken voor; de begroting opstellen voor;*
II ⟨ov.ww.⟩ **0.1** ***in een begroting opnemen*** ⇒*reserveren, ramen* ◆ **1.1** next year we'll be able to ~ a new car *volgend jaar kan er wel een nieuwe auto af*.
budg·et·ar·y ['bʌdʒɪtri||-teri]⟨f1⟩⟨bn.⟩ **0.1** ***budgettair*** ◆ **1.1** ⟨hand.⟩ ~ balance *begrotingssaldo;* ~ control *budgetcontrole*.
'budg·et-break·ing ⟨n.-telb.zn.⟩ **0.1** ***het overschrijden v.d. begroting***.
'budget cut ⟨telb.zn.⟩ **0.1** ***besnoeiing op de begroting***.
'budg·et-cut·ter, 'budg·et-par·er ⟨telb.zn.⟩ **0.1** ***besnoeier v. begroting***.
'budget cutting ⟨n.-telb.zn.⟩ **0.1** ***het besnoeien op de begroting*** ⇒*besparing op het budget*.
budg·et·eer ['bʌdʒɪ'tɪə||-'tɪr]⟨telb.zn.⟩ **0.1** ***opsteller v. begroting***.
'budg·et-speech ⟨telb.zn.⟩ **0.1** ***begrotingsrede***.
bud·gie ['bʌdʒi]⟨f1⟩⟨telb.zn.⟩⟨verk.⟩ budgerigar ⟨inf.⟩ **0.1** ***piet (je)***.
bu·do ['bu:doʊ]⟨n.-telb.zn.⟩⟨sport⟩ **0.1** ***budo*** ⟨verzamelnaam voor (trainingstechnieken v.) Oosterse vechtsporten⟩.
buff[1] [bʌf]⟨f2⟩⟨zn.⟩
I ⟨eig.n.; the; B-; ~s⟩⟨BE; mil.⟩ **0.1** ***East Kent Regiment;***
II ⟨telb.zn.⟩ **0.1** ⟨vnl. als 2e lid in samenstellingen⟩⟨AE; inf.⟩ ***enthousiast*** ⇒*kenner, liefhebber, gek, fanaat, fan* **0.2** ***dreun*** ⇒*stoot, bons, slag* **0.3** ***leren legerjas*** **0.4** ***polijsttoestel*** ⇒*polijststaaf/schijf* ◆ **1.1** my brother is a film ~ *mijn broer is een filmfanaat;*
III ⟨n.-telb.zn.⟩ **0.1** ***rundleer*** ⇒*buffelleer* **0.2** ⟨vaak attr.⟩ ***vaalgeel*** ⇒*vaalgele kleur, bruingeel, buff* **0.3** ⟨inf.⟩ ***nakie*** ⇒*blootje* ◆ **1.2** ~ yellow *vaalgeel* **6.3** **in** the ~ *naakt*.
buff[2] ⟨f1⟩⟨bn.⟩ **0.1** ***vaalgeel*** ⇒*bleekgeel* **0.2** ***rundleren*** ⇒*buffelleren, van rund-/buffelleer* **0.3** ⟨inf.⟩ ***naakt*** ⇒*bloot*.
buff[3] ⟨ov.ww.⟩ **0.1** ***polijsten*** ⇒*gladmaken, gladwrijven, lakken* **0.2** ***vaalgeel verven*** ⇒*een vaalgele tint geven* **0.3** ***dempen*** ⇒*opvangen* ⟨een schok⟩, *smoren, absorberen*.
buf·fa·lo[1] ['bʌfəloʊ]⟨f2⟩⟨telb.zn.; ook ~es en buffalo;→mv. 2, 4⟩ **0.1** ⟨dierk.⟩ ***buffel*** ⟨i.h.b. Syncerus caffer⟩ **0.2** ⟨dierk.⟩ ***karbouw*** ⟨Buballus bubalis⟩ **0.3** ⟨dierk.⟩ ***bizon*** ⟨Bison bison⟩ **0.4** ***amfibietank*** **0.5** ⟨AE; sl.⟩ ***mokkel*** ⇒*stoot, dikke vrouw*.
buffalo[2] ⟨ov.ww.⟩⟨AE; sl.⟩ **0.1** ***koeioneren*** ⇒*overdonderen, afblaffen, intimideren* **0.2** ***(opzettelijk) in de war brengen***.
'buffalo berry ⟨telb.zn.⟩⟨plantk.⟩ **0.1** ***buffelbes*** ⟨Shepherdia argentea⟩.
'buffalo chips ⟨mv.⟩ **0.1** ***gedroogde buffelmest*** ⟨als brandstof⟩.
'buffalo grass ⟨n.-telb.zn.⟩⟨AE; plantk.⟩ **0.1** ***buffelgras*** ⟨Buchloë dactyloides⟩.
'buffalo head ⟨telb.zn.⟩⟨AE; sl.⟩ **0.1** ***vijfcentstuk*** ⟨in Canada en U.S.A.⟩ ⇒*stuiver*.
'buffalo robe ⟨telb.zn.⟩⟨AE⟩ **0.1** ***buffelvacht*** ⟨als kleed, plaid, enz.⟩.
'buff-'breast·ed ⟨bn.⟩⟨dierk.⟩ ◆ **1.¶** ~ sandpiper *blonde ruiter* ⟨Tryngites subruficollis⟩.
buff·er[1] ['bʌfə||-ər]⟨f2⟩⟨telb.zn.⟩ **0.1** ***buffer*** ⇒*stootkussen/-veer/-plaat/-b(l)ok* **0.2** ***bufferstaat*** **0.3** ⟨schei.⟩ ***buffer(mengsel)*** **0.4** ⟨comp.⟩ ***buffer(geheugen)*** **0.5** ***poetsgereedschap*** ⇒*poetskussen, poetslap, polijstschijf* **0.6** ⟨sl.⟩ ***ouwe gek*** ⇒*mafkees, malloot* ◆ **2.1** ⟨fig.⟩ this money will be a nice little ~ *dit geld is een aardig appeltje voor de dorst*.
buffer[2] ⟨ov.ww.⟩ **0.1** ***als buffer optreden voor*** ⇒*beschermen, behoeden* **0.2** ⟨schei.⟩ ***bufferen*** ⇒*behandelen met een buffermengsel* ◆ **6.1** I can't ~ him any longer **against** their demands *ik kan hem niet langer tegen hun aanspraken in bescherming nemen*.
'buffer solution ⟨telb.zn.⟩⟨schei.⟩ **0.1** ***bufferoplossing*** ⇒*buffermengsel*.
'buffer state ⟨telb.zn.⟩ **0.1** ***bufferstaat***.
'buffer stock ⟨telb.zn.⟩ **0.1** ***buffervoorraad***.
'buffer stop ⟨telb.zn.⟩⟨BE⟩ **0.1** ***stootb(l)ok*** ⟨voor trein⟩.
buf·fet[1] ['bʊfeɪ||bə'feɪ]⟨f1⟩⟨telb.zn.⟩ **0.1** ***dressoir*** ⇒*glazenkast, buffet* **0.2** ***buffet*** ⇒*schenktafel* **0.3** ***restauratie*** ⇒*buffet, cafetaria* **0.4** ***niet-uitgeserveerde maaltijd*** ◆ **2.4** cold ~ *koud buffet, koud vlees*.
buffet[2] ['bʌfɪt]⟨f1⟩⟨telb.zn.⟩ **0.1** ***slag*** ⟨ook fig.⟩ ⇒*klap, dreun, tegenslag* ◆ **1.1** ~s of fate *slagen v.h. noodlot*.
buffet[3] ⟨f1⟩⟨ov.ww.⟩ →buffeting **0.1** ***meppen*** ⇒*petsen, slaan, aframmelen, ranselen; beuken* **0.2** ***teisteren*** ⇒*kwellen, treffen* **0.3** ⟨schr.⟩ ***worstelen met*** ⇒*bekampen, zwoegen tegen* ◆ **1.1** rain and wind ~ed the trees *regen en wind geselden de bomen* **1.2** ~ed by misfortunes *geteisterd door tegenslag* **5.1** ~ **about** *heen en weer gooien, door elkaar schudden/rammelen, sollen* **6.3** ~ **with** the waves *tegen de golven in ploeteren/zwoegen*.
'buffet car ⟨telb.zn.⟩⟨vnl. BE⟩ **0.1** ***restauratiewagen***.
buf·fet·ing ['bʌfɪţɪŋ]⟨n.-telb.zn.; gerund v. buffet⟩ **0.1** ***schudding*** ⟨snelle trilling v.e. vliegtuig⟩ ⇒*buffeting*.
'buffet 'supper ⟨f1⟩⟨telb.zn.⟩ **0.1** ***wandelend souper***.
'buff·ing wheel ⟨telb.zn.⟩ **0.1** ***polijstschijf***.
'buf·fle·head, 'buf·fel·head ⟨telb.zn.⟩⟨dierk.⟩ **0.1** ***buffelkopeend*** ⟨Bucephala albeola⟩.
buf·fo[1] ['bʊfoʊ||'bu:-]⟨telb.zn.; ook buffi [-fi:];→mv. 5⟩ **0.1** ***zanger/acteur in de opera buffa*** ⇒*komisch zanger/acteur*.
buffo[2] ⟨bn.⟩ **0.1** ***komisch*** ⇒*burlesk*.
buf·foon[1] [bə'fu:n]⟨f1⟩⟨telb.zn.⟩ **0.1** ***hansworst*** ⇒*potsenmaker, paljas* **0.2** ***lolbroek*** ⇒*grapjas, fratsenmaker, pias* ◆ **3.1** play the ~ *de clown/gek uithangen*.
buffoon[2] ⟨ww.⟩
I ⟨onov.ww.⟩ **0.1** ***de clown/gek uithangen;***
II ⟨ov.ww.⟩ **0.1** ***belachelijk maken***.
buf·foon·er·y [bə'fu:n(ə)ri]⟨telb. en n.-telb.zn.;→mv. 2⟩ **0.1** ***zotternij*** ⇒*snakerij, apestreek, bouffonerie*.
bug[1] [bʌg]⟨f2⟩⟨telb.zn.⟩ **0.1** ⟨dierk.⟩ ***halfvleugelig insekt*** ⟨orde Hemiptera⟩ ⇒*wants;* ⟨i.h.b.⟩ *bedwants* ⟨Cimex lectularius⟩ **0.2** ⟨AE⟩ ***insekt*** ⇒*beestje, ongedierte* **0.3** ⟨AE; sl.⟩ ***kever*** ⟨Volkswagen⟩ **0.4** ⟨ook attrib.⟩⟨inf.⟩ ***virus*** ⟨ook fig.⟩ ⇒*bacil, bacterie, manie* **0.5** ⟨inf.⟩ ***fanaat*** ⇒*enthousiast(eling)* **0.6** ⟨inf.⟩ ***obsessie*** **0.7** ⟨AE; sl.; vnl. in gevangenis⟩ ***slechte bui*** ⇒*kwaadheid, knorrigheid* **0.8** ⟨inf.⟩ ***mankement*** ⇒*storing, defect;* ⟨comp.⟩ *programmeerfout, bug* **0.9** ⟨inf.⟩ ***afluisterapparaatje*** ⇒*verborgen microfoontje* **0.10** ⟨AE; sl.; kaartspel⟩ ***joker*** ⇒*verkeerde kaart* ⟨bij poker⟩ **0.11** ⟨AE; sl.⟩⟨verk.⟩ ⟨burglar alarm⟩ ◆ **1.8** there's a ~ in the circuit somewhere *ergens in het circuit is er iets mis* **1.¶** ⟨AE; sl.⟩ have a ~ up one's ass *een obsessie hebben;* ⟨AE; sl.⟩ have a ~ in one's ear *een obsessie hebben, een gerucht/roddelpraat voor waar houden;* ⟨AE; sl.⟩ have a ~ up one's ass/nose *lange tenen hebben, lichtgeraakt zijn* **3.1** ⟨dierk.⟩ kissing ~ *roofwants* ⟨fam. Reduviidae⟩ **3.4** bitten by the disco ~ *aangestoken door het discovirus, gegrepen door de discorage* **3.¶** ⟨AE; sl.⟩ put

a ~ in s.o.'s ear *iem. iets suggereren/insinueren* **5.7** have a ~ **on** *kwaad zijn*.
bug² ⟨f2⟩⟨ww.;→ww.7⟩
I ⟨onov.ww.⟩ **0.1** ***uitpuilen*** ⟨v. ogen⟩ ◆ **5.¶** ⟨AE;sl.⟩ ~ **off,** ~ **out** *zich terugtrekken, ervandoor gaan, 'm smeren, zich drukken;*
II ⟨ov.ww.⟩⟨inf.⟩ **0.1** ***afluisteren*** ⟨met apparatuur⟩ **0.2** ***afluisterapparatuur plaatsen in*** ⇒*voorzien van afluisterapparatuur* **0.3** ⟨vnl. AE⟩ ***irriteren*** ⇒*ergeren, lastigvallen, mieren* ◆ **1.3** what's ~ging that man? *wat zit die man dwars?, wat heeft die man toch?* **3.3** stop ~ging me! *hou op met je gezeur!*.
bug·a·boo ['bʌgəbu:]⟨telb.zn.⟩⟨inf.⟩ **0.1** ***kwelling*** ⇒*obsessie, kwelgeest, zorg* **0.2** →bugbear.
'bug·bane ⟨telb.zn.⟩⟨plantk.⟩ **0.1** ***zilverkaars*** ⟨genus Cimicifuga⟩.
'bug·bear ⟨f1⟩⟨telb.zn.⟩⟨inf.⟩ **0.1** ***spook(beeld)*** ⇒*boeman, schrikbeeld, bête noire*.
'bug doctor ⟨telb.zn.⟩⟨AE;sl.;in gevangenis⟩ **0.1** ***psychiater*** **0.2** ***psycholoog***.
'bug-'ey·ed ⟨bn.⟩ **0.1** ***(uit)puilend*** ⟨v. ogen⟩ ⇒*met puilogen* **0.2** ⟨AE;sl.⟩ ***stomverbaasd*** ⇒*verbijsterd*.
'bugged 'up ⟨bn.⟩⟨AE;sl.⟩ **0.1** ***verward*** ⇒*verbijsterd; opgewonden*.
bug·ger¹ ['bʌgə‖-ər]⟨f1⟩⟨telb.zn.⟩ **0.1** ⟨sl.; vulg.⟩ ***lul(hannes)*** ⇒*zak(kewasser), ouwehoer, smeerlap* **0.2** ⟨sl.; vulg.⟩ ***sodemieter*** ⇒*sodeflikker;* ⟨jur.⟩ *pederast, sodomiet* **0.3** ***(arme) drommel*** ⇒*(arme) donder, knakker, gozer* **0.4** ***heidense klus*** ⇒*klerewerk, klotesituatie, gesodemieter* **0.5** ***vloek*** ⇒*verwensing* **0.6** ***stevig stuk snot*** ◆ **2.1** you silly ~! *stomme zak!* **2.3** come on, old ~ *kom op, ouwe rukker* **¶.¶** ~-all *geen sodemieter/flikker, niets*.
bugger² ⟨f2⟩⟨ww.⟩ →buggered
I ⟨onov.ww.⟩ **0.1** ⟨jur. of sl.; vulg.⟩ ***sodomie bedrijven*** ⇒*sodemieteren* **0.2** ***vloeken*** ◆ **5.¶** →bugger **about/around;**→bugger **off;**
II ⟨ov.ww.⟩ **0.1** ⟨jur. of sl.; vulg.⟩ ***sodomie bedrijven met*** ⇒*sodemieteren met* **0.2** ***vervloeken*** ⇒*verdoemen* **0.3** ⟨BE;sl.;vulg.⟩ ***verkloten*** ⇒*verzieken, verknallen* **0.4** ⟨vnl. BE;sl.⟩ ***uitputten*** ◆ **4.3** ~ him! *hij kan de tering krijgen;* ~ it, you've messed the whole thing up *sodeju, je hebt er een puinhoop v. gemaakt* **5.¶** →bugger **about/around;**→bugger **up**.
'bugger a'bout, 'bugger a'round ⟨ww.⟩⟨sl.; vulg.⟩
I ⟨onov.ww.⟩ **0.1** ***donderjagen*** ⇒*klooien, rotzooien, mieren* ◆ **3.1** stop buggering about! *hou op met dat gesodemieter!* **6.1** he's not dangerous; he's just buggering around **with** his knife again *hij is niet gevaarlijk; hij zit gewoon weer wat met zijn mes te kloten;*
II ⟨ov.ww.⟩ **0.1** ***een kunstje flikken*** ⇒*sollen met, van het kastje naar de muur sturen, besodemieteren* **0.2** ***pesten*** ⇒*dwarszitten*.
bug·gered ['bʌgəd‖-ərd]⟨bn.; volt. deelw. v. bugger⟩⟨vnl. BE;sl.; vulg.⟩ **0.1** ***afgepeigerd*** ⇒*(dood)op*.
'bugger 'off ⟨onov.ww.⟩⟨BE;sl.;vulg.⟩ **0.1** ***opsodemieteren*** ⇒*opdonderen, oprotten, oplazeren*.
'bugger 'up ⟨ov.ww.⟩⟨BE;sl.;vulg.⟩ **0.1** ***verkloten*** ⇒*verzieken, verknallen, verkankeren*.
bug·ger·y ['bʌgəri]⟨n.-telb.zn.⟩⟨vnl. BE; jur. of sl.; vulg.⟩ **0.1** ***sodomie*** ⇒*gesodemieter*.
Bug·gins's turn ['bʌgɪnzɪz tɜ:n‖-tɜrn]⟨n.-telb.zn.⟩⟨BE⟩ **0.1** ***bevordering naar anciënniteit*** ⇒*benoeming op beurt* ⟨niet naar verdiensten⟩.
bug·gy¹ ['bʌgi]⟨f1⟩⟨telb.zn.;→mv.2⟩ **0.1** ***buggy*** ⟨licht rijtuigje; open autootje⟩ **0.2** ⟨AE⟩ ***kinderwagen*** **0.3** ⟨BE⟩ ***wandelwagen*** **0.4** ⟨AE;sl.⟩ ***oude auto*** ⇒*oud brik, roestbak* ◆ **1.1** the horse-and-~ days *de tijd van voor de auto*.
buggy² ⟨bn.; -er; -ness;→compar.7⟩ **0.1** ***vol insekten*** ⇒*vol beestjes* **0.2** ⟨AE;sl.⟩ ***knots*** ⇒*gek, knetter, idioot* ◆ **6.2** ~ **about** *gek op*.
'buggy whip ⟨telb.zn.⟩⟨sl.⟩ **0.1** ***lange autoantenne***.
'bug·house¹ ⟨telb.zn.⟩⟨AE;sl.⟩ **0.1** ***gekkenhuis/gesticht***.
bughouse² ⟨bn.⟩⟨AE;sl.⟩ **0.1** ***gek*** ⇒*knots, knetter, maf, lijp*.
'bug-hunter ⟨telb.zn.⟩⟨inf.⟩ **0.1** ***insektenkenner*** ⇒*entomoloog, insektoloog* **0.2** ***naturalist***.
'bugjuice ⟨telb. en n.-telb.zn.⟩⟨AE;sl.⟩ **0.1** ***sterke drank*** ⇒*(slechte) whisky* **0.2** ***frisdrank***.
bu·gle¹ ['bju:gl]⟨f2⟩⟨telb.zn.⟩ **0.1** ***bugel*** ⟨voor militaire signalen⟩ ⇒*signaal/seinhoorn* **0.2** ***jachthoorn*** ⇒*signaal/seinhoorn* **0.3** →bugle bead **0.4** ⟨plantk.⟩ ***zenegroen*** ⟨genus Ajuga⟩.
bugle² ⟨ww.⟩
I ⟨onov.ww.⟩ **0.1** ***de bugel blazen;***
II ⟨ov.ww.⟩ **0.1** ***op de bugel blazen*** ⟨commando⟩ ⇒*blazen* ⟨signaal⟩.
'bugle bead ⟨telb.zn.⟩ **0.1** ***pijpkraal*** ⇒*sierstaafje, git(je)*.
'bugle horn ⟨telb.zn.⟩ **0.1** ***bugel*** ⟨voor militaire signalen⟩ ⇒*signaal/seinhoorn* **0.2** ***jachthoorn*** ⇒*signaal/seinhoorn*.
bu·gler ['bju:glə‖-ər]⟨telb.zn.⟩ **0.1** ***bugel(blazer)*** ⇒*hoornblazer, trompetter*.
bu·glet ['bju:glɪt]⟨telb.zn.⟩ **0.1** ***kleine hoorn*** ⇒*hoorntje*.
'bu·gle·weed ⟨telb.zn.⟩⟨plantk.⟩ **0.1** ***wolfspoot*** ⟨genus Lycopus⟩ **0.2** ***zenegroen*** ⟨genus Ajuga⟩.
bu·gloss ['bju:glɒs‖-glɑs,-glɔs]⟨telb.zn.⟩⟨plantk.⟩ **0.1** ***ossetong*** ⟨genus Anchusa⟩ **0.2** ***slangekruid*** ⟨genus Echium, i.h.b. E. vulgare⟩ **0.3** ***kromhals*** ⟨genus Lycopsis⟩ ⇒*wolfschijn*.
bug·ol·o·gist [bʌ'gɒlədʒɪst‖-'gɑ-]⟨telb.zn.⟩⟨AE;inf.⟩ **0.1** ***entomoloog*** **0.2** ⟨stud.⟩ ***bioloog***.
bug·ol·o·gy [bʌ'gɒlədʒi‖-'gɑ-]⟨n.-telb.zn.⟩⟨AE;inf.⟩ **0.1** ***entomologie*** **0.2** ***biologie***.
'bug·out ⟨telb.zn.⟩⟨AE;sl.⟩ **0.1** ⟨ben. voor⟩ ***iem. die zich vaak terugtrekt/zich drukt*** ⇒*onbetrouwbaar persoon, lijntrekker*.
'bug·rake ⟨telb.zn.⟩⟨BE;sl.;scherts.⟩ **0.1** ***kam***.
bugs¹ [bʌgz]⟨n.-telb.zn.⟩⟨verk.⟩ bugology ⟨stud.⟩ **0.1** ***natte his***.
bugs² ⟨bn., pred.⟩⟨AE;sl.⟩ **0.1** ***krankzinnig*** ⇒*waanzinnig; extravagant*.
'bug test ⟨telb.zn.⟩⟨AE;sl.⟩ **0.1** ***intelligentietest*** **0.2** ***psychologische test***.
buhl, boule, boulle [bu:l]⟨n.-telb.zn.⟩ **0.1** ***boul(l)ewerk*** ⇒*inlegwerk* ⟨v. metaal of schildpad⟩.
build¹ [bɪld]⟨f1⟩⟨n.-telb.zn.⟩ **0.1** ***(lichaams)bouw*** ⇒*gestalte, vorm* **0.2** ***bouwtrant*** ⇒*architectuur, constructie* ◆ **2.1** they are of the same ~ *ze zijn hetzelfde gebouwd*.
build² ⟨f4⟩⟨ww.; built [bɪlt]/⟨vero. ook⟩ builded ['bɪldɪd]; built/, ⟨vero. ook⟩ builded⟩⟨→sprw.598⟩
I ⟨onov.ww.⟩ **0.1** ***bouwen*** **0.2** ***aannemer zijn*** **0.3** ***(in kracht) toenemen*** ⇒*aanwakkeren, verhevigen, groeien, aanzwellen* ◆ **1.2** my brother-in-law used to ~ *mijn zwager was vroeger aannemer* **1.3** tension built within her *de spanning in haar nam toe* **5.3** →build **up** **6.¶** →build **on/upon;**
II ⟨ov.ww.⟩ **0.1** ***(op)bouwen*** ⇒*maken, construeren, in elkaar zetten* **0.2** ***vormen*** ⇒*ontwikkelen, ontplooien, verruimen* **0.3** ⟨vaak pass.⟩ ***samenstellen*** ⇒*vormen, opbouwen, aaneenvoegen* **0.4** ***baseren*** ⇒*grondvesten, onderbouwen* **0.5** ⟨vaak pass.⟩ ***inbouwen*** ⟨ook fig.⟩ ⇒*opnemen* **0.6** ⟨AE;sl.⟩ ***opleiden tot*** ⟨crimineel⟩ ⇒*aanzetten tot* ◆ **1.1** ~ a fire *een vuur maken/stoken;* ~ a railway *een spoorlijn aanleggen* **1.2** travelling ~s the mind *reizen verrijkt de geest* **5.¶** →build **in;** ~ **on** *aanbouwen, bijbouwen;* this part was built **on** in 1982 *dit gedeelte is in 1982 aangebouwd;* →build **out;**→build **over;** ~ **round** *inbouwen;*→build **up** **6.1** ~ a house **of/out of** brick *een huis uit baksteen optrekken* **6.3** loose parts built **into** a whole *tot een geheel samengevoegde losse onderdelen* **6.4** your argument is built **on** outdated evidence *je redenering stoelt/rust op achterhaalde gegevens;* ~ one's hopes **on** *zijn hoop vestigen op* **6.5** a clause that was not built **into** my contract *een clausule die niet in mijn contract was opgenomen*.
'build-down ⟨telb. en n.-telb.zn.⟩ **0.1** ***afbouw*** ⟨v. kernwapens⟩.
build·er ['bɪldə‖-ər]⟨f3⟩⟨telb.zn.⟩ **0.1** ***aannemer*** ⇒*bouwer* **0.2** ⟨vaak in samenst.⟩ ***ontwikkelaar*** ⇒*vormer, pionier, stichter* ◆ **1.2** empire ~s *degenen die een/het rijk groot hebben gemaakt*.
'build 'in ⟨f1⟩⟨ov.ww.⟩ **0.1** ***inbouwen*** ⇒*opnemen in, een integrerend bestanddeel maken van, onlosmakelijk verbinden met* ◆ **1.1** this cupboard is built in *deze kast is ingebouwd, dit is een vaste kast;* these problems are built in *deze problemen zijn inherent*.
build·ing ['bɪldɪŋ]⟨f3⟩⟨zn.⟩
I ⟨telb.zn.⟩ **0.1** ***gebouw*** ⇒*bouwwerk, bouwsel, pand, huis;*
II ⟨n.-telb.zn.⟩ **0.1** ***bouw*** ⇒*het bouwen, aanbouw, aanleg*.
'building and 'loan association ⟨telb.zn.⟩⟨AE⟩ **0.1** ***hypotheekbank*** ⇒*bouwfonds, bouwkas*.
'building berth ⟨telb.zn.⟩ **0.1** ***scheepshelling***.
'building block ⟨telb.zn.⟩ **0.1** ***bouwsteen*** ⟨ook fig.⟩.
'building code ⟨telb.zn.⟩ **0.1** ***bouwverordening***.
'building contractor ⟨telb.zn.⟩ **0.1** ***bouwondernemer***.
'building estate, ⟨AE⟩ **'building (p)lot** ⟨telb.zn.⟩ **0.1** ***bouwterrein***.
'building frame ⟨telb.zn.⟩ **0.1** ***constructiebok***.
'building lease ⟨telb.zn.⟩ **0.1** ***langlopende pacht*** ⟨waarbij de pachter zich verplicht een bepaalde verbetering op of aan het pachtgoed aan te brengen⟩.
'building line ⟨telb.zn.⟩ **0.1** ***rooilijn***.
'building site ⟨f1⟩⟨telb.zn.⟩ **0.1** ***bouwterrein/grond*** ⇒*bouwwerf*.
'building society ⟨f1⟩⟨telb.zn.⟩⟨BE⟩ **0.1** ***hypotheekbank*** ⇒*bouwfonds, bouwkas*.
'build on, 'build upon ⟨onov.ww.⟩ **0.1** ***vertrouwen op*** ⇒*bouwen op, zich verlaten op* ◆ **1.1** ~ vague promises *op vage toezeggingen afgaan*.
'build 'out ⟨ov.ww.⟩ **0.1** ***uitbouwen*** ◆ **6.1** built out **from** *uitgebouwd vanuit*.
'build 'over ⟨ov.ww.⟩ **0.1** ***bebouwen*** ⇒*volbouwen* ◆ **1.1** farmland that's been built over *bebouwde landbouwgrond*.
'build·up ⟨f2⟩⟨zn.⟩
I ⟨telb.zn.⟩ **0.1** ***opstopping*** ⇒*opeenhoping, opeenstapeling* **0.2**

⟨inf.⟩ ***reclamecampagne*** ⇒*ophemeling, affichering* ◆ **1.1** a ~ of traffic *een verkeersopstopping;*
II ⟨telb. en n.-telb.zn.; alleen enk.⟩ **0.1** ***ontwikkeling*** ⇒*opbouw, vorming, opvoering* **0.2** ***(troepen)concentratie.***
'build 'up ⟨f2⟩ ⟨ww.⟩
I ⟨onov.ww.⟩ **0.1** ***aangroeien*** ⇒*toenemen, zich opstapelen, aanzwellen, zich uitbreiden* **0.2** ***(geleidelijk) toewerken*** ⟨naar⟩ ◆ **1.1** traffic builds up along the roads to the border *de wegen naar de grens raken verstopt* **6.1** tension was building up **to** a climax *de situatie was gespannen en het dreigde tot een uitbarsting te komen;*
II ⟨ov.ww.⟩ **0.1** ***opbouwen*** ⇒*ontwikkelen, tot bloei brengen, vergroten, uitbouwen* **0.2** ⟨vaak pass.⟩ ***bebouwen*** ⇒*volbouwen* **0.3** ***ophemelen*** ⇒*loven, prijzen, roemen, afficheren* ◆ **1.1** ~ one's health *zijn gezondheid herwinnen;* ~ one's strength *zijn kracht ontwikkelen;* ~ a firm from scratch *een bedrijf van de grond af opbouwen* **6.3** the papers built this new player up **into** sth. of a miracle *de kranten hebben deze nieuwe speler de hemel in geschreven.*
built ⟨verl. t. en volt. deelw.⟩ →build.
-built [bɪlt] ⟨vormt bijv. naamw.⟩ **0.1** ***-gebouwd*** ⇒*-gevormd* ◆ **¶.1** well-built *goedgebouwd, goed geproportioneerd.*
'built-'in ⟨f1⟩ ⟨bn.⟩ **0.1** ***ingebouwd*** ⟨ook fig.⟩ ⇒*inherent, aangeboren* ◆ **1.1** ~ escape clauses *ingebouwde ontsnappingsclausules.*
'built-'up ⟨bn.⟩ **0.1** ***samengesteld*** ⇒*geconstrueerd, opgestapeld, in elkaar gezet* **0.2** ***bebouwd*** ⇒*volgebouwd* **0.3** ***opgehoogd*** ⇒*verhoogd* ◆ **2.2** ~ area *bebouwde kom* **5.1** ⟨hand.⟩ completely ~ *volledig gemonteerd.*
Bu·kha·ra rug [bʊ'xɑːrə rʌg‖buː'kɑrə-], **Bo·kha·ra rug** [bʊ-‖boʊ-] ⟨telb.zn.⟩ **0.1** ***Boechara-tapijt.***
bulb¹ [bʌlb] ⟨f3⟩ ⟨telb.zn.⟩ **0.1** ***bol(letje)*** ⇒*bloembol;* ⟨bij uitbr.⟩ *bolgewas* **0.2** ***(licht)peertje*** ⇒*(gloei)lamp* **0.3** ***verdikking*** **0.4** ⟨med.⟩ ***verlengde merg.***
bulb² ⟨onov.ww.⟩ →bulbed **0.1** ***opzwellen*** ⇒*uitzetten* **0.2** ***bollen vormen/krijgen*** ⟨v. planten⟩.
bulbed ['bʌlbd] ⟨bn.; volt. deelw. v. bulb⟩ **0.1** ***bolvormig*** **0.2** ***met bol (len)*** ⇒*bol(len) dragend.*
'bulb field ⟨telb.zn.⟩ **0.1** ***bloembollenveld.***
bul·bous ['bʌlbəs], ⟨in bet. 0.2 en 0.3 ook⟩ **bul·ba·ceous** [bʌl'beɪʃəs], ⟨in bet. 0.3 ook⟩ **bulb·if·er·ous** [bʌl'bɪfərəs] ⟨f1⟩ ⟨bn.; -ly⟩ **0.1** ***bolvormig*** ⇒*knolvormig, bol-, gebombeerd* **0.2** ⟨plantk.⟩ ***bollen voortbrengend*** **0.3** ⟨plantk.⟩ ***uit een bol voortspruitend*** ◆ **1.1** ~ legs *bol/balpoten;* ~ nose *klompneus, stompe neus.*
bul·bul ['bʊlbʊl] ⟨telb.zn.⟩ **0.1** ⟨dierk.⟩ ***buulbuul*** ⟨fam. Pycnonotidae⟩ **0.2** ***zangvogeltje*** ⟨in Perzische poëzie⟩ ⇒*Perzische nachtegaal* **0.3** ***zanger*** ⇒*bard* **0.4** ***dichter*** ⇒*poëet.*
Bul·gar·ian¹ [bʌl'geərɪən, bʊl-‖-'gerɪən], ⟨in bet. II ook⟩ **Bul·gar** ['bʌlgɑː, 'bʊl-‖-gɑr] ⟨f1⟩ ⟨zn.⟩
I ⟨eig.n.⟩ **0.1** ***Bulgaars*** ⇒*de Bulgaarse taal;*
II ⟨telb.zn.⟩ **0.1** ***Bulgaar.***
Bulgarian² ⟨f1⟩ ⟨bn.⟩ **0.1** ***Bulgaars.***
bulge¹ [bʌldʒ] ⟨f1⟩ ⟨telb.zn.⟩ **0.1** ***bobbel*** ⇒*(op)bolling, buil, uitstulping, bult* **0.2** ⟨scheep.⟩ ***buik*** ⟨onderzijde v. kiel⟩ **0.3** ⟨inf.⟩ ***golf*** ⇒*aanwas, aanzwelling, piek* **0.4** ⟨mil.⟩ ***uitsprong*** ⇒*uitspringende hoek, saillant* **0.5** ⟨(the); vaak enk.⟩ ⟨AE; sl.⟩ ***voordeel*** ⇒*voorsprong* **0.6** ⟨AE; sl.⟩ ***vetophoping*** ⟨op middel, borst, buik enz.⟩ ⇒*vetbobbel/laag* ◆ **1.4** Battle of the Bulge *Ardennenoffensief* ⟨16 nov. 1944-25 jan. 1945⟩ **3.5** get the ~ (on s.o.) *voorsprong (op iem.) krijgen;* have the ~ (on s.o.) *(op iem.) voor liggen, (ten opzichte v. iem.) in het voordeel zijn.*
bulge² ⟨f2⟩ ⟨ww.⟩
I ⟨onov.ww.⟩ **0.1** ***(op)zwellen*** ⇒*uitdijen* **0.2** ***bolstaan*** ⇒*opbollen, uitpuilen* ◆ **5.2** ~ **out** *uitpuilen;*
II ⟨ov.ww.⟩ **0.1** ***doen zwellen*** ⇒*doen opbollen, doen uitstulpen, volproppen* ◆ **6.1** ~ **with** *volstoppen met.*
bulg·er ['bʌldʒə‖-ər] ⟨telb.zn.⟩ **0.1** ***soort golfstok.***
bulg·y ['bʌldʒi] ⟨bn.; ook -er; -ly; -ness; →bijw. 3⟩ **0.1** ***(uit)puilend*** ⇒*(op)bollend, propvol, bol.*
bu·lim·i·a [bjuː'lɪmɪə], **bu·li·my** ['bjuːlɪmi] ⟨zn.⟩
I ⟨telb. en n.-telb.zn.⟩ ⟨med.⟩ **0.1** ***boulimie*** ⟨ziekelijke honger⟩ ⇒*geeuwhonger;*
II ⟨n.-telb.zn.⟩ **0.1** ***vraatzucht*** ⇒*gulzigheid, wolfshonger.*
bu·lim·ic [bjuːlɪmɪk] ⟨telb.zn.⟩ ⟨med.⟩ **0.1** ***iem. die lijdt aan bulimia nervosa*** ⟨ziekelijke vraatzucht⟩.
bulk¹ [bʌlk] ⟨f2⟩ ⟨zn.⟩
I ⟨telb.zn.⟩ **0.1** ***kolos*** ⇒*gevaarte, lijf, massa* **0.2** ***(scheeps)ruim*** ◆ **3.1** the elephant heaved its great ~ *de olifant hees zich overeind in al zijn kolossale omvang;*
II ⟨n.-telb.zn.⟩ **0.1** ***(grote) massa*** ⇒*omvang, volume, grootte* **0.2** ***(scheeps)lading*** ⇒*vracht* **0.3** ⟨the⟩ ***grootste deel*** ⇒*leeuwedeel, merendeel, gros* **0.4** →bulkage ◆ **1.3** the ~ of the property has already been sold *het bezit is al voor het grootste deel verkocht* **3.1** ~ buying *massa-aankopen doen, aankopen doen in het groot* **3.2** break ~ *last/de lading breken, beginnen te lossen* **6.1 in** ~ *onverpakt, los; in het groot.*
bulk² ⟨f1⟩ ⟨bn., attr.⟩ **0.1** ***stort-*** ◆ **1.1** ~ cargo *stortlading, lading stortgoed;* ~ transport *vervoer v. stortgoed.*
bulk³ ⟨f1⟩ ⟨ww.⟩
I ⟨onov.ww.⟩ **0.1** ***(groot/belangrijk) lijken*** ⇒*een belangrijke plaats innemen* **0.2** ***opzwellen*** ⟨ook fig.⟩ ⇒*toenemen in omvang/belang* ◆ **5.1** mining ~s large in this town *de mijnbouw is nadrukkelijk aanwezig/staat op de voorgrond/bepaalt het beeld in deze stad* **5.2** ~ **up** *opzwellen;*
II ⟨ov.ww.⟩ **0.1** ***bundelen*** ⇒*bijeenvoegen, combineren* **0.2** ***opstapelen*** **0.3** ⟨vaak met out, up⟩ ***dikker maken*** ⟨stof, boek, enz.⟩ ⇒*opdikken, opkloppen* ◆ **1.1** ~ed tea *theemélange.*
bulk·age ['bʌlkɪdʒ] ⟨n.-telb.zn.⟩ **0.1** ***ruwvezel*** ⇒*ruwe celstof, ballaststof(fen)* ⟨onverteerbaar bestanddeel v. voedsel⟩.
'bulk carrier, bulk·er ['bʌlkə‖-ər] ⟨telb.zn.⟩ **0.1** ***bulkcarrier*** ⟨vrachtschip voor gestorte lading, zoals kolen⟩.
'bulk·head ⟨telb.zn.⟩ **0.1** ***(waterdicht) schot*** ⇒*scheidingswand, afscheiding.*
bulk·y ['bʌlki] ⟨f2⟩ ⟨bn.; ook -er; -ly; -ness; →bijw. 3⟩ **0.1** ***lijvig*** ⇒*volumineus, log, dik, lomp, omvangrijk.*
bull¹ [bʊl] ⟨f3⟩ ⟨zn.⟩
I ⟨eig.n.; B-; the⟩ ⟨astr., ster.⟩ **0.1** ***(de) Stier;***
II ⟨telb.zn.⟩ **0.1** ***stier*** ⇒*bul, mannetje* ⟨v. grote zoogdieren als walvis, olifant⟩ **0.2** ***krachtpatser*** ⇒*beer, buffel, stier, draufgänger* **0.3** ⟨B-⟩ ⟨astr.⟩ ***stier*** ⟨iem. geboren onder I⟩ **0.4** ⟨vaak attr.⟩ ***stier*** ⟨optimistisch speculant⟩ ⇒*haussier, liefhebber* **0.5** ⟨vnl. AE; sl.⟩ ***smeris*** ⇒*agent, politieman, juut* **0.6** ***roos*** ⟨v. schietschijf⟩ **0.7** ***(pauselijke) bul*** **0.8** ⟨inf.⟩ ***flater*** ⇒*blunder, bok, afgang, misser* **0.9** ⟨sl.⟩ ***baas*** ⇒*voorman* **0.10** ⟨sl.⟩ ***tabak*** **0.11** ⟨sl., kaarten⟩ ***aas*** ◆ **1.1** like a ~ in a china shop *als een olifant in een porseleinkast* **1.3** ~ market *oplopende/rijzende/willige markt* **1.¶** ⟨dierk.⟩ ~ of the bog *roerdomp;* ⟨sl.⟩ the ~ in the woods *een hoge piet, belangrijke persoon* **3.1** take the ~ by the horns *de koe bij de horens vatten;*
III ⟨n.-telb.zn.⟩ **0.1** ⟨sl.; vulg.⟩ ***gelul*** ⇒*geouwehoer, geëmmer* **0.2** ⟨BE; sl.; sold.⟩ ***overdreven nadruk op corvee*** **0.3** ***spoeling*** ⇒*drank verkregen door het omspoelen v.e. drankvat* ◆ **3.¶** ⟨vnl. AE⟩ shoot the ~ *kletsen, ouwehoeren; liegen, overdrijven, opscheppen;* sling the ~ *teveel praten, uit zijn nek kletsen* **¶.1** ~! *gelul!.*
bull² ⟨bn.⟩ ⟨sl.⟩ **0.1** ***groot(st)*** ⇒*sterk, machtig(st).*
bull³, ⟨in bet. II 0.2 ook⟩ **bullock** ⟨ww.⟩
I ⟨onov.ww.⟩ **0.1** ***à la hausse speculeren*** **0.2** ⟨beurs⟩ ***oplopen*** ⇒*willigen, rijzen, in prijs stijgen* **0.3** ***stieren*** ⇒*als een stier voortdringen, doordouwen* **0.4** ⟨sl.⟩ ***lullen*** ⇒*ouwehoeren, zeiken* **0.5** ⟨sl.⟩ ***bluffen*** ⇒*overdrijven;*
II ⟨ov.ww.⟩ **0.1** ***(de prijs) opdrijven (v.)*** ⇒*doen oplopen/rijzen* **0.2** ***zich (een weg ergens doorheen) vechten/dringen/werken*** **0.3** ⟨sl.⟩ ***verpesten*** ⇒*verknoeien* ◆ **1.1** ~ the market *de markt op drijven* **1.3** the player ~ed his way through the defense *de speler ging als een stier door de verdediging.*
bull⁴ ⟨afk.⟩ bulletin.
bul·lace ['bʊlɪs] ⟨telb.zn.⟩ ⟨plantk.⟩ **0.1** ***kroos(je)*** ⟨soort pruim; Prunus insititia⟩.
Bul·la·ma·kan·ka ['bʊləməkæŋkə] ⟨eig.n., telb.zn.⟩ ⟨Austr. E⟩ **0.1** ***uithoek*** ⇒*gat, verafgelegen/godvergeten oord.*
'bull ant, 'bulldog ant ⟨telb.zn.⟩ ⟨Austr. E⟩ ⟨dierk.⟩ **0.1** ***grote mier*** ⟨genus Myrmecia⟩.
'bull-at-a-gate ⟨bn., attr.⟩ **0.1** ***woest*** ⇒*fel.*
bul·late ['bʊleɪt] ⟨bn.⟩ ⟨med., plantk.⟩ **0.1** ***met blaren*** ⇒*geblaard.*
'bull·bait·ing ⟨n.-telb.zn.⟩ ⟨gesch.⟩ **0.1** ***gevecht v. honden tegen stier.***
'bull bar ⟨telb.zn.⟩ **0.1** ***bull-bar*** ⇒*koeievanger* ⟨frame voor op auto⟩.
'bull·bat ⟨telb.zn.⟩ ⟨dierk.⟩ **0.1** ***Amerikaanse nachtzwaluw*** ⟨Chordeiles (minor)⟩.
'bull·calf ⟨telb.zn.⟩ **0.1** ***stierkalf.***
'bull·dag·ger, 'bull·dyke ⟨telb.zn.⟩ ⟨AE; sl.⟩ **0.1** ***dijk*** ⇒*vermannelijkte lesbienne.*
'bull·dog¹, ⟨in bet. 0.4⟩ **bul·ler** ['bʊlə‖-ər] ⟨f1⟩ ⟨telb.zn.⟩ **0.1** ***buldog*** ⟨vaak gezien als symbool v. Engeland⟩ ⇒*bulhond* **0.2** ***doordouwer*** ⇒*volhouder, vuurvreter, terriër* **0.3** →bulldog clip **0.4** ***assistent v.e. proctor*** ⟨Oxford, Cambridge⟩ ⇒*proctorsassistent.*
bulldog² ⟨onov.ww.; →ww. 7⟩ ⟨sl.⟩ **0.1** ***opscheppen*** ⇒*liegen* **0.2** ***een produkt pushen*** **0.3** ***een jong(e) os/kalf tegen de grond werken.***
'bulldog clip, 'bull·dog ⟨telb.zn.⟩ **0.1** ***veerklem*** ⇒*papierknijper/klem.*
'bulldog edition ⟨telb.zn.⟩ **0.1** ***vroegste ochtendeditie v.e. dagblad.***

bull·doze ['bʊldoʊz]⟨f1⟩⟨ov.ww.⟩ **0.1** ***wegschuiven/wegruimen met een bulldozer*** **0.2** ⟨inf.⟩ ***(plat)walsen*** ⇒*doordrukken, zijn zin doorzetten* **0.3** ⟨inf.⟩ ***intimideren*** ⇒*onder druk zetten, overdonderen, overrompelen* ◆ **6.2** ~ his plan **through** the committee *zijn plan door de commissie heen walsen* **6.3** don't let yourself be ~d **into** agreeing *laat je niet met het pistool op de borst dwingen tot instemming.*

bull·doz·er ['bʊldoʊzə‖-ər]⟨f1⟩⟨telb.zn.⟩ **0.1** ***bulldozer*** ⇒*grondschuiver, grondverzetmachine* **0.2** ⟨sl.⟩ ***bullebak*** ⇒*bullebijter.*

bul·ler ['bʊlə‖-ər]⟨telb.zn.⟩⟨sl.⟩ **0.1** ***assistent v.e. proctor*** ⟨Oxford, Cambridge⟩ ⇒*proctorsassistent.*

bul·let ['bʊlɪt]⟨f3⟩⟨telb.zn.⟩ **0.1** ***(geweer)kogel*** ⇒*patroon* **0.2** ⟨sport, i.h.b. tennis⟩ ***(kanons)kogel*** ⇒*keiharde bal, keiharde (service)slag* **0.3** ⟨sl.; kaartspel⟩ ***aas*** **0.4** ⟨sl.⟩ ***doughnut*** ⇒*koekje* **0.5** ⟨sl.⟩⟨mv.⟩ ***bonen*** ⇒*erwten* ◆ **3.¶** bite (on) the ~ *door de zure appel heen bijten, de tanden op elkaar zetten* **6.¶** the record came in 10 **with** a ~ *de plaat kwam binnen op 10, met stip.*

'bul·let·draw·er ⟨telb.zn.⟩⟨med.⟩ **0.1** ***kogeltang.***

'bul·let'head·ed ⟨bn.⟩ **0.1** ***met ronde kop.***

bul·le·tin¹ ['bʊlətɪn‖-tn]⟨f2⟩⟨telb.zn.⟩ **0.1** ***bulletin*** ⇒*communiqué, dienstmededeling; nieuwsbulletin; circulaire, (rond)schrijven* ◆ **6.1** the latest ~ **about** Tito's health *het meest recente bulletin over Tito's gezondheidstoestand.*

bulletin² ⟨ov.ww.⟩ **0.1** ***per bulletin bekendmaken*** ⇒*bulletineren.*

'bulletin board ⟨telb.zn.⟩⟨AE⟩ **0.1** ***mededelingenbord*** ⇒*prikbord.*

'bul·let·proof ⟨f1⟩⟨bn.⟩ **0.1** ***kogelvrij*** ⇒*kogelbestendig* ◆ **1.1** ~ jackets *kogelvrije vesten.*

'bullet train ⟨telb.zn.⟩ **0.1** ***ultrasnelle trein*** ⟨bv. in Japan, op de zgn. Tokaido-lijn⟩.

'bullet wound ⟨telb.zn.⟩ **0.1** ***schotwond.***

'bull fiddle ⟨telb.zn.⟩⟨AE; inf.; muz.⟩ **0.1** ***contrabas.***

'bull·fight ⟨f1⟩⟨telb.zn.⟩ **0.1** ***stieregevecht.***

'bull·fight·er ⟨f1⟩⟨telb.zn.⟩ **0.1** ***stierenvechter.***

'bull·fight·ing ⟨n.-telb.zn.⟩ **0.1** ***het stierenvechten.***

'bull·finch ⟨telb.zn.⟩ **0.1** ⟨dierk.⟩ ***goudvink*** ⟨Pyrrhula pyrrhula⟩ **0.2** ***(hoge) heg met sloot.***

'bull·frog ⟨telb.zn.⟩⟨dierk.⟩ **0.1** ***kikker*** ⟨genus Rana⟩ ⇒⟨i.h.b.⟩ *stierkikker, brulkikvors* ⟨Rana catesbeiana⟩.

'bull·head ⟨telb.zn.⟩ **0.1** ⟨dierk.⟩ ***rivierdonderpad*** ⟨genus Cottus, i.h.b. Cottus gobio⟩ **0.2** ⟨sl.⟩ ***stijfkop*** **0.3** ⟨sl.⟩ ***stommeling.***

'bull'head·ed ⟨bn.; -ly; -ness⟩ **0.1** ***stijfkoppig*** ⇒*star, doordouwerig.*

'bull·horn ⟨telb.zn.⟩ **0.1** ***megafoon*** ⇒*intercom.*

bul·lion ['bʊlɪən]⟨zn.⟩

I ⟨telb.zn.⟩ **0.1** ***passement*** ⇒*kantwerk van goud/zilverdraad, goud/zilverfranje;*

II ⟨n.-telb.zn.⟩ **0.1** ***onbewerkt goud/zilver*** ⇒*ongemunt goud/zilver, staaf goud/zilver.*

bull·ish ['bʊlɪʃ]⟨bn.; -ly; -ness⟩ **0.1** ***stierachtig*** ⇒*lomp, onbehouwen; stijfkoppig, halsstarrig* **0.2** ⟨beurs⟩ ***oplopend*** ⇒*willig, rijzend.*

'bull market ⟨telb.zn.⟩ **0.1** ***haussemarkt*** ⇒*stijgende markt* ⟨op effectenbeurs⟩.

'bull'necked ⟨bn.⟩ **0.1** ***met een stierenek.***

'bull·nose, 'bull·'nosed ⟨bn.⟩ **0.1** ***met ronde bovenkant/top.***

bul·lock¹ ['bʊlək]⟨f1⟩⟨telb.zn.⟩ **0.1** ***os*** ⇒*gecastreerde stier* **0.2** ***jonge stier*** ⇒*stiertje.*

bullock² →bull³ II 0.2.

'bullock cart ⟨telb.zn.⟩ **0.1** ***ossewagen/kar.***

bull·ock·y ['bʊləki]⟨telb.zn.; →mv. 2⟩⟨Austr. E; inf.⟩ **0.1** ***ossedrijver.***

'bull·pen ⟨telb.zn.⟩⟨AE⟩ **0.1** ***stierenwei/box*** **0.2** ⟨inf.⟩ ***(grote) cel*** ⟨voor tijdelijke opsluiting⟩ **0.3** ⟨honkbal⟩ ***inwerpveldje/ruimte.***

'bull·pine ⟨telb.zn.⟩⟨AE; plantk.⟩ **0.1** ⟨soort⟩ ***pijnboom*** ⟨Pinus ponderosa⟩.

'bull-point ⟨telb.zn.⟩⟨BE; inf.⟩ **0.1** ***winstpunt*** ⇒*pluspunt, voorsprong, punt in het voordeel.*

'bull·punch·er ⟨telb.zn.⟩⟨Austr. E⟩ **0.1** ***ossedrijver.***

'bull·pup ⟨telb.zn.⟩ **0.1** ***jonge bulhond.***

'bull·ring ⟨telb.zn.⟩ **0.1** ***arena*** ⇒*stierenperk* ⟨voor stieregevechten⟩.

'bull·roar·er ⟨telb.zn.⟩ **0.1** ***bromhout*** ⇒*snorhout, gonshout* ⟨in gebruik bij primitieve volkeren bij riten⟩.

'bull session ⟨telb.zn.⟩⟨AE; inf.⟩ **0.1** ***kletspartij*** ⇒*praatavond, groepsdiscussie, praatgroep, ouwehoersessie.*

'bull's-eye ⟨f1⟩⟨telb.zn.⟩ **0.1** ***roos*** ⟨doelwit⟩ **0.2** ***schot in de roos*** ⟨ook fig.⟩ ⇒*rake opmerking* **0.3** ⟨ben. voor⟩ ***glasknoop*** ⇒*glaskern, osseoog; ronde glazen lichtopening, rond patentglas, bulle/dek/maanglas, patrijspoort, lichtpan; halfbolvormige lens; dievenlantaarn* **0.4** ⟨soort⟩ ***toverbal*** ⇒*babbelaar, kokinje* ⟨snoepje v. pepermunt⟩.

'bull·shit¹ ⟨f2⟩⟨n.-telb.zn.⟩⟨sl.; vulg.⟩ **0.1** ***gelul*** ⇒*geouwehoer, gezeik, geëmmer.*

bullshit² ⟨sl.⟩ →bull³ I 0.4, 0.5.

'bull·shit·ter, 'bull·shoot·er, 'bullshit artist ⟨telb.zn.⟩⟨sl.⟩ **0.1** ***ouwehoer*** ⇒*kletsmajoor, zeikerd* **0.2** ***verwaande kwast.***

bullshot →bullshit.

bull·statter ['bʊlstætə‖-stæṭər]⟨telb.zn.⟩⟨sl.⟩ **0.1** ***sta-in-de-weg.***

'bull's wool ⟨n.-telb.zn.⟩⟨sl.⟩ **0.1** ***gestolen kleren.***

'bull 'terrier ⟨telb.zn.⟩ **0.1** ***bull-terriër.***

'bull trout ⟨telb.zn.⟩⟨BE; dierk.⟩ **0.1** ***zalmforel*** ⟨Salmo trutta⟩.

'bull·whack ⟨telb.zn.⟩⟨AE⟩ **0.1** ***koetsiers/voermanszweep.***

'bull·whack·er ⟨telb.zn.⟩⟨AE⟩ **0.1** ***voerman*** **0.2** →bullwhack.

'bull·whip¹ ⟨telb.zn.⟩ **0.1** ***lange, gevlochten zweep*** ⇒*rijzweep.*

bullwhip² ⟨ww.⟩

I ⟨onov.ww.⟩ **0.1** ***met een (rij)zweep afranselen;***

II ⟨ov.ww.⟩ **0.1** ***afranselen (met een (rij)zweep)*** ⇒*er van langs geven.*

bul·ly¹ ['bʊli]⟨f2⟩⟨zn.; →mv. 2⟩⟨→sprw. 63⟩

I ⟨telb.zn.⟩ **0.1** ***bullebak*** ⇒*bullebijter, dwingeland, beul* **0.2** ⟨veldhockey⟩ ***bully*** ⇒*afslag* **0.3** ⟨AE; voetbal⟩ ***scrimmage*** ⇒*spelerskluwen* **0.4** ⟨gew.⟩ ***maat*** ⇒*kameraad* **0.5** ⟨vero.⟩ ***pooier*** ⇒*souteneur* ◆ **1.1** the ~ of the neighbourhood *de schrik van de buurt* **3.1** come the ~ over s.o. *iem. koeioneren;*

II ⟨n.-telb.zn.⟩ **0.1** ***blikjesvlees*** ⇒*(soort) cornedbeef; pekelvlees.*

bully² ⟨bn., pred.⟩⟨sl.; scherts.⟩ **0.1** ***prima*** ⇒*schitterend* ◆ **6.1** ~ **for** him/you *uitstekend (v. hem/jou), bravo!.*

bully³ ⟨f2⟩⟨ww.⟩

I ⟨onov.ww.⟩ →bully off;

II ⟨ov.ww.⟩ **0.1** ***koeioneren*** ⇒*intimideren, overdonderen, afbekken,* ⟨iem.⟩ *op zijn huid zitten* ◆ **6.1** ~ s.o. **into** doing sth. *iem. met bedreigingen dwingen tot iets.*

'bul·ly·boy ⟨telb.zn.⟩⟨inf.⟩ **0.1** ***(gehuurde) zware jongen*** ⇒*vechtersbaas.*

'bully 'off, bully ⟨onov.ww.⟩⟨veldhockey⟩ **0.1** ***de bully verrichten*** ⟨de wedstrijd aanvangen door de sticks tegen elkaar te slaan⟩.

'bully-off ⟨BE⟩ →bully¹ I 0.2.

'bul·ly·rag, 'bal·ly·rag ⟨ov.ww.; →ww. 7⟩ **0.1** ***koeioneren*** ⇒*overdonderen, afblaffen, afbekken* **0.2** ***treiteren*** ⇒*sarren, pesten, zieken.*

'bully tree →balata.

bul·rush ['bʊlrʌʃ]⟨f1⟩⟨telb.zn.⟩⟨plantk.⟩ **0.1** ***bies*** ⟨genus Scirpus⟩ ⇒⟨i.h.b.⟩ *matten/stoelbies* ⟨Scirpus lacustris⟩ **0.2** ***lisdodde*** ⟨genus Typha⟩ ⇒*bulpezerik* **0.3** ⟨O.T.⟩ ***papyrus(plant).***

bul·wark¹ ['bʊlwək‖-wərk]⟨f1⟩⟨telb.zn.⟩ **0.1** ⟨vaak mv.⟩ ***(verdedigings)muur*** ⇒*wal, schans, verschansing* **0.2** ***bolwerk*** ⟨ook fig.⟩ ⇒*bastion, burcht* **0.3** ***golfbreker*** **0.4** ⟨vaak mv.⟩⟨scheep.⟩ ***verschansing*** ◆ **6.2** their country is a ~ **of** freedom *hun land is een bolwerk v.d. vrijheid.*

bulwark² ⟨ov.ww.⟩ **0.1** ***omwallen*** ⇒*ommuren, verschansen* **0.2** ***verdedigen*** ⇒*beschermen, beschutten.*

bum¹ [bʌm]⟨f2⟩⟨telb.zn.⟩ **0.1** ⟨vnl. BE; sl.⟩ ***kont*** ⇒*gat, reet, achterste* **0.2** ⟨AE en Austr. E; sl.; pej.⟩ ***zwerver*** ⇒*schooier, landloper, vagebond; klaploper, bedelaar, bietser* **0.3** ⟨sl.⟩ ***(kloot)zak*** ⇒*lul, hufter, armoedzaaier, mislukkeling, nietsnut* **0.4** →bumbailiff **0.5** ⟨sl.⟩ ***sportfanaat*** **0.6** ⟨sl.⟩ ***snol*** **0.7** ⟨sl.⟩ ***knol*** ⇒*waardeloos renpaard* **0.8** ⟨sl.⟩ ***kloteding*** **0.9** ⟨sl.⟩ ***drinkpartij*** ◆ **6.¶** ⟨sl.⟩ **on** the ~ *op de schobberdebonk, op de biets, (rond)zwervend; naar de maan/knoppen, stuk.*

bum² ⟨f1⟩⟨bn., attr.⟩⟨sl.⟩ **0.1** ***waardeloos*** ⇒*rottig, klote-, pokke-* **0.2** ***ziekelijk*** ⇒*zonder energie* **0.3** ***bedorven*** ⇒*overrijp* ⟨v. voedsel⟩ ◆ **1.1** some ~ driver *een of andere zondagsrijder;* I've got a ~ leg *ik sukkel met mijn ene poot;* ~ rap *valse beschuldiging; onterechte veroordeling/gevangenisstraf;* ~ steer *valse/misleidende informatie, valse tip.*

bum³ ⟨ww.; →ww. 7⟩⟨inf.⟩

I ⟨onov.ww.⟩ **0.1** ***(rond)zwerven*** ⇒*rondhangen* **0.2** ***(gaan) bedelen*** **0.3** ***liften*** ◆ **5.1** →bum **about/around;** →bum **along** **6.1** they were just bumming **along** the road *zij toerden gewoon wat rond;*

II ⟨ov.ww.⟩ **0.1** ***bietsen*** ⇒*bedelen, aftroggelen, lenen.*

'bum a'bout/a'round ⟨onov.ww.⟩⟨sl.⟩ **0.1** ***lanterfanten*** ⇒*lummelen, rondhangen; boemelen, pierewaaien.*

'bum a'long ⟨onov.ww.⟩⟨sl.⟩ **0.1** ***toeren*** ⇒*in een rustig gangetje rijden.*

'bum bag ⟨telb.zn.⟩⟨sl.; skiën⟩ **0.1** ***heuptasje.***

'bum'bail·iff ⟨telb.zn.⟩⟨BE; gesch.; pej.⟩ **0.1** ***rakker*** ⇒*schoutendienaar.*

bum·ble¹ ['bʌmbl]⟨telb.zn.⟩⟨BE⟩ **0.1** ***bureaucraat*** ⇒*pennelikker, ambtenaar.*

bumble² ⟨onov.ww.⟩ **0.1** ***gonzen*** ⇒*zoemen, snorren, brommen* **0.2** ***mompelen*** ⇒*brabbelen, bazelen, zeuren* **0.3** ***stuntelen*** ⇒*stumperen, dreutelen, aanrotzooien.*

'bum·ble·bee ⟨f1⟩⟨telb.zn.⟩⟨dierk.⟩ **0.1** ***hommel*** ⟨genus Bombus⟩.

bum·ble·dom ['bʌmbldəm]⟨n.-telb.zn.⟩⟨BE⟩ **0.1** ***ambtenarij*** ⇒*bureaucratie.*

'bum·ble·foot ⟨telb. en n.-telb.zn.⟩ ⟨BE, gew.⟩ **0.1** ***horrelvoet*** ⇒*klompvoet*.

'bum·ble·puppy ⟨telb. en n.-telb.zn.⟩ **0.1** ***broddelspel*** ⟨bij bridge, whist, enz.⟩ **0.2** ⟨sl.⟩ ***broddelaar*** **0.3** ***droogtennis*** ⟨waarbij de bal met een touw aan een paal zit⟩.

'bum·boat ⟨telb.zn.⟩ ⟨scheep.⟩ **0.1** ***parlevinker*** ⇒*ka(ai)draaier, scheepszoetelaar*.

bumf, bumph [bʌmf] ⟨n.-telb.zn.⟩ ⟨BE; sl.⟩ **0.1** ***plee/wc/closet/toiletpapier*** **0.2** ⟨pej.⟩ ***papierrommel/troep/winkel*** ⇒*paperassen*.

bum·ma·lo ['bʌməlou] ⟨telb.zn.; bummalo; →mv. 4⟩ ⟨dierk.⟩ **0.1** ***bombay-eend*** ⟨lantaarnvisachtige; Harpodon nehereus⟩.

bummed out ['bʌmd 'aʊt] ⟨bn.⟩ ⟨sl.⟩ **0.1** ***afgeknapt*** **0.2** ***geïrriteerd***.

bum·mer ['bʌmə‖-ər] ⟨telb.zn.⟩ ⟨vnl. AE; sl.⟩ **0.1** ***klaploper*** ⇒*uitvreter, zwerver, luilak* **0.2** ***afknapper*** ⇒*teleurstelling, flop, afgang, mislukking; slechte trip, nachtmerrie* ◆ **¶.¶** ⟨tieners⟩ (what a) ~! *(wat) jammer!*.

bump[1] [bʌmp] ⟨f2⟩ ⟨telb.zn.⟩ **0.1** ***bons*** ⇒*schok, stoot, ram, knal, slag* **0.2** ⟨ben. voor⟩ ***buil*** ⇒*zwelling, bult, bobbel; knobbel* ⟨op schedel⟩; *hobbel, oneffenheid* ⟨in weg, terrein⟩; *luchtstoot* ⟨opwaartse stoot tegen vliegtuig⟩; ⟨sl.⟩ *bekkenstoot* ⟨v. stripteasedanseres⟩ **0.3** ***het raken v.d. boot v.d. tegenstander*** ⟨bij een 'bumping race'⟩ ◆ **1.2** ~ of locality *richtinggevoel, oriënteringsvermogen*.

bump[2] ⟨f3⟩ ⟨ww.⟩

I ⟨onov.ww.⟩ **0.1** ***bonzen*** ⇒*stoten, schokken, botsen, slaan, tikken* **0.2** ***hobbelen*** ⇒*schokken* **0.3** ***het bekken vooruitstoten*** ⟨v. striptease-danseres⟩ **0.4** ⟨dierk.⟩ ***roepen*** ⇒*hoempen* ⟨roerdomp⟩ **0.5** ⟨inf.⟩ ***de inzet verhogen*** ⟨poker⟩ ◆ **5.1** the cars ~ed **together** *de auto's botsten tegen elkaar* **5.2** we ~ed **along** in our old car *we denderden voor in onze oude auto* **6.1** the old man ~ **against** me *de oude man botste tegen me op/aan;* people keep ~ing **into** me *er lopen de hele tijd mensen tegen me op;* →bump into;

II ⟨ov.ww.⟩ **0.1** ***stoten tegen*** ⇒*botsen tegen, rammen, bonzen tegen, (ergens tegenaan) kwakken* **0.2** ***af/weg/om/omverstoten*** ⇒*omverbotsen* **0.3** ⟨AE; inf.⟩ ***wegwerken*** ⟨uit een positie⟩ ⇒*verdringen, lozen, wegduwen* **0.4** ***raken*** ⟨bij 'bumping race'⟩ **0.5** ⟨sl.⟩ ***ontslaan*** **0.6** ⟨sl.⟩ ***verslaan*** **0.7** ⟨sl.⟩ ***zwanger maken*** **0.8** ⟨sl.⟩ ***salarisverhoging geven*** ⇒*promoveren* ◆ **1.1** the car ~ed the wall *de auto botste tegen de muur;* don't ~ your head *stoot je hoofd niet* **5.1** →bump up **5.2** →bump off **6.2** she ~ed the bottle **off** the bar *ze stootte de fles van de bar* **6.3** he was ~ed **from** his job by an older salesman *hij moest plaatsmaken voor een oudere vertegenwoordiger*.

bump[3] ⟨f1⟩ ⟨bw.⟩ **0.1** ***pats boem*** ⇒*pardoes* ◆ **6.1** he ran ~ **into** a parked car *hij knalde tegen een geparkeerde auto op*.

'bump ball ⟨telb.zn.⟩ ⟨cricket, honkbal⟩ **0.1** ***(hoge) stuit(er)bal*** ⟨bal die vlak na geslagen te zijn de grond raakt, en dus geen vangbal meer kan zijn⟩.

bump·er[1] ['bʌmpə‖-ər] ⟨f1⟩ ⟨telb.zn.⟩ **0.1** ***(auto)bumper*** ⇒*stootkussen/rand* ⟨aan veerpont, stofzuiger, enz.⟩; ⟨AE⟩ *buffer, stootb(l)ok* **0.2** ***tot de rand gevuld glas (wijn)*** ⇒⟨attr.⟩ *overvloed, record, top, toe/stortvloed, volle bak* **0.3** ⟨cricket⟩ ***bumper*** ⇒*hard geworpen bal die venijnig opspringt v.d. grond* **0.4** ⟨sl.⟩ ***stripteasedanseres*** **0.5** ⟨sl.; paardesport⟩ ***amateurruiter*** ⟨in vlakkebaanrennen⟩ ⇒*groentje* ◆ **1.2** ~ crop/harvest *overvloedige/beste oogst, recordoogst, topjaar/oogst* **6.1** the traffic was ~ **to** ~ all the way to the city *het hele eind naar de stad reed het verkeer bumper aan bumper*.

bumper[2] ⟨ov.ww.⟩ **0.1** ***tot de rand vullen*** **0.2** ***een toost uitbrengen op*** ⇒*drinken op de gezondheid van*.

'bumper car ⟨telb.zn.⟩ **0.1** ***botsautootje***.

'bumper sticker, 'bumper strip ⟨telb.zn.⟩ **0.1** ***bumpersticker*** ⟨op auto⟩.

bump·et·y-bump ['bʌmpəṭi'bʌmp] ⟨bw.⟩ **0.1** ***hobbeldebobbel***.

bumph →bumf.

'bump·ing race ⟨telb.zn.⟩ **0.1** ***bumping race*** ⇒*roeiwedstrijd waarbij de later gestarte deelnemer de eerder gestarte moet proberen in te halen en aan te stoten* ⟨op Eng. universiteiten⟩.

'bump 'into ⟨f1⟩ ⟨onov.ww.⟩ ⟨inf.⟩ **0.1** ***tegen het lijf lopen*** ⇒*toevallig tegenkomen/ontmoeten* ◆ **3.1** that after all these years I should ~ you in this place! *dat ik je nou na al die jaren hier tegen het lijf loop!*.

bump·kin ['bʌm(p)kɪn] ⟨telb.zn.⟩ **0.1** ⟨inf.; pej.⟩ ***ongelikte beer*** ⇒*lomperik, (boeren)kaffer/kinkel* **0.2** ⟨scheep.⟩ ***botteloef*** ⇒*uithouder*.

'bump·man ⟨telb.zn.; bumpmen; →mv. 3⟩ ⟨sl.⟩ **0.1** ***(professionele) huurmoordenaar***.

'bump 'off ⟨ww.⟩ ⟨sl.⟩

I ⟨onov.ww.⟩ **0.1** ***doodgaan;***

II ⟨ov.ww.⟩ **0.1** ***koud maken*** ⇒*een kopje kleiner maken*.

'bump-off ⟨telb.zn.⟩ ⟨sl.⟩ **0.1** ***moord***.

'bump 'supper ⟨telb.zn.⟩ ⟨BE⟩ **0.1** ⟨gewoonlijk uitbundige⟩ ***viering v.e. 'bumping race'***.

bump·ti·ous ['bʌm(p)ʃəs] ⟨bn.; -ly; -ness⟩ **0.1** ***opdringerig*** ⇒*bralle-rig, patserig* **0.2** ***opgeblazen*** ⇒*aanmatigend, ingebeeld, verwaand*.

'bump 'up ⟨ov.ww.⟩ ⟨inf.⟩ **0.1** ***opkrikken*** ⇒*opschroeven, opvijzelen, opvoeren* ◆ **1.1** you need more than one good result to ~ your average *één uitschieter is niet genoeg om je gemiddelde op te vijzelen* **3.1** he seems rather bumped up *hij maakt nogal een omhooggevallen indruk*.

bump·y ['bʌmpi] ⟨f1⟩ ⟨bn.; -er; -ly; -ness; →bijw. 3⟩ **0.1** ***hobbelig*** ⇒*bobbelig, bultig, knobbelig; roerig, onrustig* ◆ **1.1** ~ disco music *hortende discomuziek;* a ~ head *een knobbelig hoofd;* a ~ road *een hobbelige weg;* ⟨inf.; fig.⟩ he's had a rather ~ time of it since his divorce *sinds hij gescheiden is, is het hollen of stilstaan met hem/heeft hij goede en slechte tijden gekend/gaat het op en neer met hem/leidt hij een roerig bestaan*.

'bum-rush ⟨ov.ww.⟩ ⟨AE; sl.⟩ **0.1** ***met geweld verwijderen*** **0.2** ***negeren*** ⇒*wegkijken*.

'bum's 'rush ⟨telb.zn.⟩ ⟨vnl. AE; sl.⟩ **0.1** ***verwijdering met geweld*** ⇒*uitzetting bij kop en kont* **0.2** ***het negeren*** ⇒*het wegkijken* ◆ **3.1** get the ~ *eruit/uit de kroeg gesmeten worden;* give s.o. the ~ *iem. eruit trappen/de kroeg uit smijten*.

'bum·suck·er ⟨telb.zn.⟩ ⟨BE; sl.⟩ **0.1** ***gatlikker*** ⇒*kontlikker, slijmerd*.

'bum 'trip ⟨telb.zn.⟩ ⟨sl.⟩ **0.1** ***bad trip*** ⇒*slechte trip* ⟨bij druggebruikers⟩.

bun [bʌn] ⟨f2⟩ ⟨telb.zn.⟩ **0.1** ***(krenten)bolletje*** ⇒*(krenten/koffie) broodje* **0.2** ***(haar)knot(je)*** **0.3** ⟨sl.⟩ ***stuk in de kraag*** **0.4** ⟨ook mv.⟩ ⟨sl.⟩ ***kont*** ⇒*reet* ◆ **1.1** ⟨vnl. man.; scherts.⟩ have a ~ in the oven ⟨v. vrouwen⟩ *een kleintje op stapel hebben staan, in verwachting zijn* **3.2** she wears her hair in a ~ *ze heeft haar haar in een knot(je)* **3.3** have a ~ on *bezopen zijn, onder invloed zijn* ⟨v. verdovende middelen⟩ **3.¶** ⟨sl.⟩ take the ~ *met de eer gaan strijken*.

bu·na ['bu:nə] ⟨n.-telb.zn.; ook B-⟩ **0.1** ***buna*** ⟨synthetische rubber⟩.

bunch[1] [bʌntʃ] ⟨f3⟩ ⟨telb.zn.⟩ **0.1** ***bos(je)*** ⇒*bundel, tros, rist, tuiltje* **0.2** ⟨inf.⟩ ***troep(je)*** ⇒*groep(je), stel(letje), zootje* **0.3** ⟨sport⟩ ***peloton*** **0.4** ***zwelling*** ⇒*bult, klomp* **0.5** ⟨sl.⟩ ***poen*** ◆ **1.1** a ~ of flowers *een bos(je) bloemen;* a ~ of grapes *een tros(je) druiven;* a ~ of keys *een sleutelbos* **1.2** the best of the ~ *de beste v.h. stel;* a ~ of bums *een zootje lamstralen* **1.¶** ⟨BE; sl.⟩ ~ of fives *hand, poot, de vijf, jat*.

bunch[2] ⟨f2⟩ ⟨ww.⟩

I ⟨onov.ww.⟩ **0.1** ***samendringen/drommen/hopen/komen/klonteren/scholen/trekken*** **0.2** ***opzwellen*** ⇒*opbollen; uitpuilen* **0.3** ***kreuke(le)n*** **0.4** ⟨sl.⟩ ***vertrekken*** ⇒*ervandoor gaan* ◆ **5.1** the captain warned us not to ~ **up** *de aanvoerder waarschuwde ons niet op een kluitje te gaan spelen;*

II ⟨ov.ww.⟩ **0.1** ***samenballen/binden/brengen/bundelen/rukken/pakken/voegen*** **0.2** ***kreuke(le)n*** ⇒*verfrommelen; plisseren*.

'bunch grass ⟨telb.zn.⟩ ⟨plantk.⟩ **0.1** ***grassen die op een kluitje bij elkaar groeien***.

bunch·y ['bʌntʃi] ⟨bn.; -ly; -ness; →bijw. 3⟩ **0.1** ***groeiend in trossen/bossen*** **0.2** ***puilend*** ⇒*bol, opbollend, knobbelig, bobbelig, knoestig*.

bun·co[1], **bun·ko** ['bʌŋkou] ⟨telb.zn.⟩ ⟨sl.⟩ **0.1** ***vals (kaart)spel*** ⟨waarbij een aantal spelers samen een derde oplichten⟩ ⇒*kwartjesvinderij*.

bunco[2], **bunko** ⟨ov.ww.⟩ ⟨sl.⟩ **0.1** ***oplichten*** ⇒*ertussen nemen* ⟨waarbij een derde door (kaart)partners wordt bezwendeld⟩.

buncom(b)e →bunkum.

'bunco steerer, 'bunko steerer ⟨telb.zn.⟩ ⟨sl.⟩ **0.1** ***oplichter*** ⇒*kwartjesvinder,* ⟨i.h.b.⟩ *jenner, lokker, lokvogel*.

bund [bʌnd] ⟨telb.zn.⟩ **0.1** ***dijk(weg)*** ⇒*dam, kade* ⟨in India en het verre Oosten⟩.

bund·er ['bʌndə‖-ər] ⟨telb.zn.⟩ **0.1** ***aanlegplaats*** ⇒*kade, haven* ⟨in India en het verre Oosten⟩.

'bund·er·boat ⟨telb.zn.⟩ **0.1** ***havenboot*** ⇒*kustvaartuig, kuster(tje)* ⟨in India en het verre Oosten⟩.

bun·dle[1] ['bʌndl] ⟨f3⟩ ⟨telb.zn.⟩ **0.1** ***bundel*** ⇒*schoof, bos; pak(ket); zenuw/spier/vezelbundel* **0.2** ⟨sl.⟩ ***smak/schuif geld*** ⇒*bom duiten* **0.3** ⟨sl.⟩ ***stuk*** ⇒*stoot, lekkere meid* ◆ **3.¶** ⟨BE; sl.⟩ do/go a ~ on *gek/dol zijn op, weg/maf zijn van;* ⟨Austr. E; sl.⟩ drop one's ~ *de kluts kwijt raken, in paniek raken* **6.1** ~ **of** joy *wolk v.e. kind, hartedief, honnepon;* he's a ~ **of** nerves *hij is één bonk zenuwen*.

bundle[2] ⟨f2⟩ ⟨ww.⟩

I ⟨onov.ww.⟩ **0.1** ***ertussenuit knijpen*** ⇒*ervandoor gaan, 'm smeren, (hals over kop) vertrekken, opkrassen, zich weghaasten* **0.2** ⟨gesch.⟩ ***geheel gekleed in hetzelfde bed slapen*** ◆ **5.1** I don't think

we're welcome; we'd better bundle **away** *ik geloof niet dat we welkom zijn; we moesten maar gauw opkrassen* **6.1** we ~d **into** the train *we wisten niet hoe gauw we de trein in moesten komen;*
II ⟨onov. en ov.ww.⟩ →bundle up;
III ⟨ov.ww.⟩ **0.1** ***bundelen*** ⇒*samenbinden/pakken/vouwen* **0.2** ***proppen*** ⇒*(weg)stouwen/stoppen, induwen/proppen* ◆ **5.1** →bundle **off;** please, ~ **up** these newspapers *kun je misschien even een touwtje om die oude kranten doen?* **6.2** the terrorists ~d the banker **into** a car and drove away *de terroristen werkten de bankier hals over kop een auto in en reden weg;* she ~d some clothes **into** a bag and left the house *ze propte wat kleren in een tas en verliet het huis.*

'bundle 'off ⟨ov.ww.⟩ **0.1** ***wegbonjouren*** ⇒*wegsturen/jagen, lozen* ◆ **6.1** his parents were so ashamed of him that they bundled him off **to** Australia *zijn ouders schaamden zich zo over hem, dat ze hem hals over kop op de boot/het vliegtuig naar Australië hebben gezet.*

'bundle 'up ⟨ww.⟩
I ⟨onov.ww.⟩ **0.1** ***zich warm aankleden*** ⇒*zich inpakken, iets warms aantrekken/aandoen* ◆ **3.1** don't ~, it isn't cold *je hoeft je niet zo in te pakken, het is niet koud;*
II ⟨ov.ww.⟩ **0.1** ***warm aankleden*** ⇒*inpakken, iets warms aantrekken.*

'bun-fight ⟨telb.zn.⟩ ⟨BE; sl.; scherts.⟩ **0.1** ***theemiddagje.***

bung[1] [bʌŋ] ⟨telb.zn.⟩ **0.1** ***stop*** ⇒*kurk, afsluiter, bom, spon* **0.2** ***caféhouder*** ⇒*kastelein* **0.3** ***brouwer*** **0.4** ⟨sl.⟩ ***hol*** ⇒*aars, anus.*

bung[2] ⟨f1⟩ ⟨ov.ww.⟩ **0.1** ***(dicht/af)stoppen*** ⇒*dichten, (af)sluiten* ⟨met kurk/bom/spon⟩ **0.2** ⟨BE; inf.⟩ ***keilen*** ⇒*gooien, smijten, mieteren* **0.3** ***proppen*** ⇒*drukken, stampen, persen* **0.4** ⟨sl.⟩ ***in elkaar slaan/stampen/rammen*** ◆ **5.1** →bung **up** **6.2** he ~ed a large stone **through** the window *hij flikkerde een grote steen door de ruit* **6.3** he ~ed the parcel **through** the letter box *hij propte het pakje door de brievenbus.*

bung[3] ⟨bw.⟩ **0.1** ***pardoes*** ⇒*precies, middenin.*

bun·ga·loid ['bʌŋgəlɔɪd] ⟨bn.⟩ ⟨vnl. pej.⟩ **0.1** ***v. één verdieping*** **0.2** ***volgebouwd met optrekjes/bouwsels*** ◆ **2.1** ~ growth *woeker v. bouwsels.*

bun·ga·low ['bʌŋgəloʊ] ⟨f2⟩ ⟨telb.zn.⟩ **0.1** ***(kleine) bungalow*** ⇒*huis v. één verdieping, laag huisje; vakantiehuisje* **0.2** ⟨in India⟩ ***huis v. één verdieping met een brede veranda rondom.***

bun·gees ['bʌndʒi:z] ⟨mv.⟩ **0.1** ⟨AE; inf.⟩ ***spin*** ⟨snelbinders⟩ ⇒*elastieken* **0.2** ⟨sl.; parachutespringen⟩ ***openingsbanden*** ⇒*elastieken.*

'bungey launch ⟨telb.zn.⟩ ⟨zweefvliegen⟩ **0.1** ***rubberkabelstart.***

'bung·hole[1] ⟨telb.zn.⟩ **0.1** ⟨tech.⟩ ***bom/spongat*** **0.2** ⟨sl.⟩ ***hol*** ⇒*aars, anus.*

bunghole[2] ⟨onov.ww.⟩ ⟨sl.⟩ **0.1** ***anale gemeenschap hebben/prefereren/toestaan.***

bun·gle[1] ['bʌŋgl] ⟨telb.zn.⟩ **0.1** ***knoeierij*** ⇒*pruts/knoei/klungelwerk.*

bungle[2] ⟨f1⟩ ⟨ww.⟩ →bungling
I ⟨onov.ww.⟩ **0.1** ***klungelen*** ⇒*knoeien, prutsen, stuntelen, stumperen;*
II ⟨ov.ww.⟩ **0.1** ***verknallen*** ⇒*verprutsen, verpesten. verknoeien.*

bun·gler ['bʌŋglə‖-ər] ⟨telb.zn.⟩ **0.1** ***prutser*** ⇒*knoeier, klungel, kluns.*

bun·gling ['bʌŋglɪŋ] ⟨bn.; -ly; teg. deelw. v. bungle⟩ **0.1** ***onhandig*** ⇒*onbeholpen, prutserig, klungelig, stuntelig.*

'bung 'up ⟨ov.ww.⟩ **0.1** ⟨BE; inf.⟩ ***verstoppen*** ⇒*dichtstoppen, blokkeren* **0.2** ⟨sl.⟩ ***in elkaar slaan/stampen/rammen*** ◆ **1.1** my nose is bunged up *mijn neus zit/is verstopt;* he bunged up the sink again with tea leaves *de gootsteen zit weer verstopt doordat hij er theebladeren door heeft gespoeld* **3.1** I get bunged up if I don't get enough exercise *als ik niet voor genoeg lichaamsbeweging zorg, krijg ik moeite met de stoelgang.*

bun·ion ['bʌnɪən] ⟨f1⟩ ⟨telb.zn.⟩ ⟨med.⟩ **0.1** ***(eelt)knobbel*** ⟨vnl. aan de grote teen⟩.

'bun·ion-breed·er ⟨telb.zn.⟩ ⟨sl.⟩ **0.1** ***zandhaas*** ⇒*infanterist.*

bunk[1] [bʌŋk] ⟨f2⟩ ⟨zn.⟩
I ⟨telb.zn.⟩ **0.1** ***(stapel)bed*** ⇒*kooi, couchette, slaapbank/plaats* ◆ **3.¶** ⟨BE; sl.⟩ do a ~ *aan de haal/ervandoor/pleite gaan, ertussenuit knijpen, hem smeren, zijn snor drukken;*
II ⟨n.-telb.zn.⟩ **0.1** ⟨verk.⟩ ⟨bunkum⟩.

bunk[2] ⟨f1⟩ ⟨ww.⟩
I ⟨onov.ww.⟩ **0.1** ⟨vaak bunk down⟩ ⟨inf.⟩ ***slapen*** ⟨in een (stapel)bed⟩ ⇒*maffen, pitten* **0.2** ⟨inf.⟩ ***naar bed gaan*** ⇒*gaan slapen/pitten/maffen* **0.3** ⟨BE; sl.⟩ ***aan de haal/ervandoor/pleite gaan*** ⇒*hem smeren, ertussenuit knijpen, zijn snor drukken* ◆ **5.1** →bunk **up** **5.3** →bunk **off;**
II ⟨ov.ww.⟩ **0.1** ⟨sl.⟩ ***belazeren.***

'bunk·bed ⟨f1⟩ ⟨telb.zn.⟩ **0.1** ***stapelbed.***

bun·ker[1] ['bʌŋkə‖-ər] ⟨f1⟩ ⟨telb.zn.⟩ **0.1** ***bunker*** ⟨militaire verdedegingsstelling, kazemat; kolenruim, brandstofreservoir, vnl. in schip; zandbak in golfbaan, als obstakel⟩.

bunker[2] ⟨ww.⟩
I ⟨onov.ww.⟩ ⟨scheep.⟩ **0.1** ***bunkeren*** ⇒*de bunker(s) vullen;*
II ⟨ov.ww.⟩ **0.1** ⟨scheep.⟩ ***innemen*** ⟨brandstof⟩ **0.2** ***in een bunker slaan*** ⟨de golfbal⟩ ⇒⟨fig.; vnl. pass.⟩ *in moeilijkheden brengen* ◆ **1.2** my friend was really ~ed when he lost his passport *mijn vriend zat in een moeilijk parket/zat aardig in de nesten toen hij zijn pas verloor.*

'bunker coal ⟨telb. en n.-telb.zn.⟩ **0.1** ***bunker/scheepskool*** ⟨i.t.t. steenkool als lading⟩.

'bunk·house ⟨telb.zn.⟩ ⟨vnl. AE⟩ **0.1** ***slaapverblijf/gelegenheid/barak/zaal*** ⟨voor arbeiders of boerenknechten⟩.

'bunk·mate, bun·kie ['bʌŋki] ⟨telb.zn.⟩ **0.1** ***slapie*** ⟨degene naast wie men zijn bed heeft⟩.

bunko →bunco.

'bunk 'off ⟨onov.ww.⟩ ⟨BE; sl.⟩ **0.1** ***spijbelen*** ⇒*ervandoor/ertussenuit gaan, zijn snor drukken.*

bun·kum ['bʌŋkəm], **bunk** ⟨n.-telb.zn.⟩ **0.1** ***blabla*** ⇒*gezwam, gezwets, gewauwel, (mooie) praatjes, boerenbedrog, humbug.*

'bunk 'up ⟨onov.ww.⟩ ⟨sl.⟩ **0.1** ***slapen (met iem.)*** ⇒*(met iem.) naar bed gaan.*

'bunk-up ⟨telb.zn.; vnl. enk.⟩ **0.1** ***duwtje*** ⇒*zetje, voetje, handje, kontje* ◆ **3.1** give me a ~, I want to look over this wall *geef me eens een zetje, ik wil over die muur hier kijken.*

bun·ny ['bʌni] ⟨f2⟩ ⟨telb.zn.; →mv. 2⟩ **0.1** ⟨kind.⟩ ***(ko)nijntje*** **0.2** →bunny girl **0.3** ⟨sl.⟩ ⟨ong.⟩ ***kleintje*** **0.4** ⟨sl.⟩ ***prostituée voor lesbiennes*** **0.5** ⟨sl.⟩ ***prostitué voor homo's*** **0.6** ⟨sl.⟩ ***(aantrekkelijk) meisje.***

'bunny fuck ⟨onov.ww.⟩ ⟨sl.⟩ **0.1** ***een snel nummertje maken*** **0.2** ***treuzelen*** ⇒*achterblijven, tijd verspillen.*

'bunny girl ⟨telb.zn.⟩ **0.1** ***bunny*** ⇒*serveerster, animeermeisje* ⟨in nachtclub⟩; ⟨bij uitbr.⟩ *stuk.*

'bunny hop ⟨telb.zn.⟩ ⟨skateboarding⟩ **0.1** ***hupje*** ⇒*sprongetje.*

Bun·ra·ku [bʊn'rɑ:ku:] ⟨n.-telb.zn.⟩ **0.1** ***boenrakoe*** ⟨Japans marionettentheater⟩.

Bun·sen burner ['bʌnsn 'bɜ:nə‖-'bɜrnər] ⟨telb.zn.⟩ ⟨schei.⟩ **0.1** ***bunsenbrander.***

bunt[1] [bʌnt] ⟨zn.⟩
I ⟨telb.zn.⟩ **0.1** ***kopstoot*** ⇒*stoot met hoofd of horens* **0.2** ⟨AE, Can. E; honkbal⟩ ***stootslag*** ⇒*stopstoot, opofferingsslag* **0.3** ⟨scheep.⟩ ***buik*** ⟨in zeil, net⟩;
II ⟨n.-telb.zn.⟩ ⟨biol.⟩ **0.1** ***steen/stinkbrand*** ⟨tarweziekte⟩.

bunt[2] ⟨ww.⟩
I ⟨onov.ww.⟩ ⟨AE, Can. E; honkbal⟩ **0.1** ***een stootslag geven;***
II ⟨ov.ww.⟩ **0.1** ***rammen*** ⇒*met het hoofd of de horens (ergens tegenaan) stoten* **0.2** ⟨AE, Can. E; honkbal⟩ ***een stootslag geven.***

bunt·al ['bʌntl‖-tal] ⟨n.-telb.zn.⟩ **0.1** ***buntal*** ⟨bep. vezelstof⟩.

bunt·ing ['bʌntɪŋ] ⟨zn.⟩
I ⟨telb.zn.⟩ **0.1** ⟨dierk.⟩ ***gors*** ⟨genus Emberiza⟩ **0.2** ⟨dierk.⟩ ***vink*** ⟨fam. Fringillidae⟩ **0.3** ***babyslaapzak*** ⇒*(baby-)insteekzak* ◆ **2.1** little ~ *dwerggors* ⟨Emberiza pusilla⟩;
II ⟨n.-telb.zn.⟩ **0.1** ***dundoek*** ⇒*vlaggetjes, vaandels, wimpels.*

'bunt·line ⟨telb.zn.⟩ ⟨scheep.⟩ **0.1** ***buikgording.***

bun·ya ['bʌnjə], **'bun·ya-'bun·ya** ⟨telb.zn.⟩ ⟨plantk.⟩ **0.1** ***bunya*** ⟨Araucaria bidwilli⟩ ⇒*apenboom, apenpuzzle, slangenden.*

Bun·yan camp ['bʌnjən kæmp] ⟨telb.zn.⟩ ⟨AE; inf.⟩ **0.1** ***primitief kamp (v. houthakkers/werkers)*** ⟨waar op de grond geslapen wordt⟩.

buoy[1] [bɔɪ‖'bu:i ⟨in bet. 0.2⟩ bɔɪ] ⟨f1⟩ ⟨telb.zn.⟩ **0.1** ***(bebakenings/markerings)boei*** ⇒*ton(boei), (steek)baken, staak* **0.2** ***redding(s)boei.***

buoy[2] ⟨f1⟩ ⟨ov.ww.⟩ **0.1** ***betonnen*** ⇒*af/bebakenen, van tonnen voorzien* **0.2** ***drijvend/vlot houden*** **0.3** ***schragen*** ⇒*ondersteunen, dragen, hoog houden* ◆ **5.3** →buoy **up** **6.2** ~ed (up) **by** the sea *drijvend op de zee* **6.3** affluence ~ed **by** the export of gas *door de uitvoer van gas in stand gehouden welvaart.*

buoy·age ['bɔɪɪdʒ‖'bu:jɪdʒ, 'bɔɪ-] ⟨n.-telb.zn.⟩ **0.1** ***betonning*** ⇒*bebakening.*

buoy·an·cy ['bɔɪənsi‖'bu:jənsi, 'bɔɪ-], **buoy·ance** ['bɔɪəns‖'bu:jəns, 'bɔɪ-] ⟨f1⟩ ⟨n.-telb.zn.⟩ **0.1** ***drijfvermogen*** ⟨v. voorwerp in vloeistof⟩ **0.2** ***opwaartse druk*** ⇒*opwaartse kracht, draagvermogen* ⟨v. vloeistof⟩ **0.3** ***veer/spankracht*** ⇒*rek, elasticiteit* **0.4** ***opgewektheid*** ⇒*vrolijkheid* **0.5** ***vastheid*** ⟨v. beurs⟩ ⇒*prijshoudendheid.*

buoy·ant ['bɔɪənt‖'bu:jənt, 'bɔɪ-] ⟨f1⟩ ⟨bn.; -ly⟩ **0.1** ***drijvend*** **0.2** ***opwaartse druk/kracht uitoefenend*** ⇒*opwaarts duwend* **0.3** ***veerkrachtig*** ⇒*elastisch* **0.4** ***opgewekt*** ⇒*vrolijk, luchthartig* **0.5** ***vast*** ⇒*prijshoudend* ⟨v. beurs⟩ ◆ **1.3** a ~ nature *een opgeruimde natuur.*

'buoy 'up ⟨f1⟩ ⟨ov.ww.⟩ **0.1** ***opmonteren*** ⇒*opvrolijken, opbeuren, opkikkeren, bemoedigen* **0.2** ***drijvend/vlot houden*** ◆ **1.1** his spirits were buoyed up by new hopes *nieuwe hoop blies hem nieuw leven in*.

bup·pie ['bʌpi]⟨telb.zn.; afk.⟩ black urban professional **0.1** ***zwarte yuppie***.

bu·pres·tid [bju:'prestɨd]⟨telb.zn.⟩⟨dierk.⟩ **0.1** ***prachtkever*** ⟨fam. Buprestidae⟩.

bur[1]**, burr** [bɜ:‖bɜr]⟨f1⟩⟨telb.zn.⟩ **0.1** ***klis*** ⇒*klit* **0.2** ***(kastanje)bolster*** **0.3** ***katje*** **0.4** ***klever*** ⇒*plakker, opdringerig/klittend persoon, klit, lastpost* **0.5** ***braam*** **0.6** ***knoest*** ⟨aan boom⟩ **0.7** ***(tandarts)boor (tje)*** **0.8** ***gewas*** ⟨v. gewei⟩ ◆ **3.1** he sticks like a ~ *hij blijft aan je klitten*.

bur[2]**, burr** ⟨ov.ww.⟩ **0.1** ***een braamrand vormen op/aan*** **0.2** ***(af)bramen*** ⇒*de braam verwijderen van*.

bu·ran [bu:'rɑ:n], **bu·ra** [bu:'rɑ:]⟨telb.zn.; the⟩ **0.1** ***boeran*** ⟨krachtige zand- of sneeuwstorm v.d. Russische steppen⟩.

Bur·ber·ry ['bɜ:bri‖'bɜrbəri]⟨telb.zn.; →mv. 2⟩⟨handelsmerk⟩ **0.1** ***(burberry-)regenjas*** ⇒*trench coat*.

bur·ble[1] ['bɜ:bl‖'bɜrbl]⟨telb.zn.⟩ **0.1** ***borrelend/bubbelend/kabbelend/klotsend geluid*** **0.2** ***rateling*** ⇒*geratel, gesnater, geleuter, gekwek* **0.3** ⟨lucht.⟩ ***werveling(sgebied)***.

burble[2] ⟨ww.⟩

I ⟨onov.ww.⟩ **0.1** ***kabbelen*** ⇒*klotsen, bubbelen, borrelen* **0.2** ***snateren*** ⇒*ratelen, leuteren, kwekken, kwebbelen* **0.3** ⟨lucht.⟩ ***turbulent worden*** ◆ **5.2** she just ~s **away/on** *ze ratelt maar door;*

II ⟨ov.ww.⟩ **0.1** ***afratelen*** ⇒*snaterend/kwetterend/kwebbelend uiting geven aan*.

bur·bot ['bɜ:bət‖'bɜr-]⟨telb.zn.; ook burbot; →mv. 4⟩⟨dierk.⟩ **0.1** ***kwabaal*** ⟨Lota lota⟩.

bur·den[1] ['bɜ:dn‖'bɜrdn], ⟨vero.⟩ **bur·then** ['bɜ:ðn‖'bɜrðn]⟨f3⟩⟨zn.⟩⟨→sprw. 227⟩

I ⟨telb.zn.⟩ **0.1** ***last*** ⇒*vracht, druk, verplichting, taak, verantwoordelijkheid* **0.2** ⟨muz.⟩ ***baspartij*** ⇒*basso continuo, vaste bas* ⟨v. doedelzak⟩ **0.3** ⟨muz.⟩ ***refrein*** ⇒*thema* **0.4** ***leidmotief*** ⇒*grond/hoofdthema, kern, essentie* ◆ **1.1** beast of ~ *lastdier, pakdier/ezel/paard;* the white man's ~ *de last/taak des blanken* ⟨nl. de overige mensheid te leiden⟩; ~ of proof *bewijslast;* the ~ of taxation *de belastingdruk* **1.4** the ~ of the story *de kern v.h. verhaal* **3.¶** lay a (heavy) ~ (up)on s.o. *iem. een (zware) last opleggen* **6.1** be a ~ **to** s.o. *iem. tot last zijn;*

II ⟨n.-telb.zn.⟩ **0.1** ***tonnage*** ⇒*tonnenmaat, scheepslading* **0.2** ⟨boekhouden⟩ ***overheadkosten*** ⇒*vaste kosten* ◆ **1.1** a ship of 5,000 tons ~ *een schip met een tonnage van 5000 ton*.

burden[2], ⟨vero.⟩ **burthen** ⟨f1⟩⟨ov.ww.⟩ **0.1** ***belasten*** ⇒*be/overladen, lastigvallen, (zwaar) drukken op, bezwaren* ◆ **6.1** I won't ~ you **with** the full story *ik zal je niet met het hele verhaal lastigvallen;* ~ed **with** taxation *gebukt onder de belasting*.

bur·den·some ['bɜ:dnsəm‖'bɜr-]⟨f1⟩⟨bn.; -ly; -ness⟩ **0.1** ***(lood) zwaar*** ⇒*bezwarend, drukkend, moeizaam, vermoeiend, moeilijk, lastig*.

bur·dock ['bɜ:dɒk‖'bɜrdɑk]⟨telb.zn.⟩⟨plantk.⟩ **0.1** ***klis*** ⟨genus Arctium⟩.

bu·reau ['bjʊərou‖'bjʊrou]⟨f3⟩⟨telb.zn.; ook bureaux [-rouz]; →mv. 5⟩ **0.1** ⟨vnl. BE⟩ ***bureau(-ministre)*** ⇒*schrijftafel* **0.2** ⟨AE⟩ ***ladenkast*** ⇒*commode* ⟨meestal met spiegel⟩ **0.3** ***dienst*** ⇒*bureau,* ⟨B.⟩ *bureel, kantoor, agentschap; departement, ministerie*.

bu·reauc·ra·cy [bjʊ'rɒkrəsi‖-'rɑ-]⟨f2⟩⟨zn.; →mv. 2⟩⟨vaak pej.⟩

I ⟨telb. en n.-telb.zn.⟩ **0.1** ***bureacratie*** ⇒*heerschappij v. ambtenaren, ambtenarij, papierwinkel;*

II ⟨verz.n.⟩ **0.1** ***ambtenarenapparaat*** ⇒*bureaucratie*.

bu·reau·crat ['bjʊərəkræt‖'bjʊrə-]⟨f1⟩⟨telb.zn.⟩⟨vaak pej.⟩ **0.1** ***bureaucraat***.

bu·reau·cra·tese [bjʊ'rɒkræ'ti:z‖-'rɑ-]⟨n.-telb.zn.⟩⟨pej.⟩ **0.1** ***bureaucratentaal/jargon*** ⇒*ambtenarentaal(tje)*.

bu·reau·crat·ic ['bjʊərə'krætɪk‖'bjʊrə'kræţɪk]⟨f1⟩⟨bn.; -ally; →bijw. 3⟩⟨vaak pej.⟩ **0.1** ***bureaucratisch***.

bu·reau·crat·ism [bjʊə'rɒkrətɪzm‖'bjʊrəkræţɪzm]⟨n.-telb.zn.⟩⟨pej.⟩ **0.1** ***bureaucratisme*** ⇒*formalisme, ambtenarij*.

bu·rette, ⟨AE sp. ook⟩ **bu·ret** [bjʊə'ret‖bjʊ-]⟨telb.zn.⟩ **0.1** ***buret*** ⇒*maatbuis(je)*.

burg [bɜ:g‖bɜrg]⟨telb.zn.⟩ **0.1** ***versterkte stad*** ⇒*vesting, burcht* **0.2** ⟨AE; inf.⟩ ***plaats*** ⇒*dorp, stad*.

bur·gage ['bɜ:gɪdʒ‖'bɜr-]⟨n.-telb.zn.⟩⟨gesch.⟩ **0.1** ***pacht van stedelijk leen*** ⟨in Engeland⟩.

bur·gee ['bɜ:dʒi:‖'bɜr-]⟨telb.zn.⟩⟨scheep.⟩ **0.1** ***(club)wimpel*** **0.2** ***eigenaarswimpel*** ⇒*eigenaarsvlag* **0.3** ***bezoekers wimpel***.

burgeon →b(o)urgeon.

burg·er ['bɜ:gə‖'bɜrgər]⟨f1⟩⟨telb.zn.⟩⟨vnl. AE; inf.⟩ **0.1** ***hamburger***.

-burg·er ['bɜ:gə‖'bɜrgər]⟨cul.⟩ **0.1** ***-burger*** ◆ **¶.1** chickenburger *kipburger, broodje warme kip*.

bur·gess ['bɜ:dʒɪs‖'bɜr-]⟨f1⟩⟨telb.zn.⟩ **0.1** ⟨BE; schr.⟩ ***(kiesgerechtigd) burger*** ⇒*poorter* **0.2** ⟨BE; gesch.⟩ ***parlementslid*** ⇒*afgevaardigde* **0.3** ⟨AE; gesch.⟩ ***lagerhuislid*** ⟨in Virginia of Maryland⟩ ⇒*gedeputeerde*.

burgh ['bʌrə‖'bɜrg]⟨telb.zn.⟩⟨vero. of Sch. E voor borough⟩ **0.1** ***stad*** ⇒*(stedelijke) gemeente* **0.2** ***kiesdistrict***.

burgh·al ['bɜ:gl‖'bɜrgl]⟨bn.⟩⟨vero. of Sch. E⟩ **0.1** ***stedelijk***.

burgh·er ['bɜ:gə‖'bɜrgər]⟨telb.zn.⟩ **0.1** ⟨schr.⟩ ***(gezeten) burger*** ⟨vnl. v.e. Nederlandse of Duitse stad⟩ ⇒*stedeling, poorter* **0.2** ***koopman*** ⟨in middeleeuwse stad⟩ **0.3** ⟨gesch.⟩ ***burger/ingezetene v.e. Boerenrepubliek*** ⟨in Zuid-Afrika⟩ **0.4** ***afstammeling v. Nederlandse/Portugese kolonist*** ⟨op Sri Lanka⟩.

bur·glar ['bɜ:glə‖'bɜrglər]⟨f2⟩⟨telb.zn.⟩ **0.1** ***(nachtelijke) inbreker***.

'burglar alarm ⟨f1⟩⟨telb.zn.⟩ **0.1** ***alarminstallatie*** ⇒*inbraakalarm*.

'burglar bar ⟨telb.zn.⟩ **0.1** ***tralie*** ⟨als bescherming tegen inbraak⟩.

bur·glar·i·ous [bɜ:'gleərɪəs‖bɜr'glerɪəs]⟨bn.⟩ **0.1** ***inbraken/een inbraak betreffende*** ⇒*inbraak-, inbrekers-*.

'bur·glar·proof ⟨bn.⟩ **0.1** ***tegen inbraak beveiligd***.

bur·gla·ry ['bɜ:gləri‖'bɜr-]⟨f1⟩⟨telb. en n.-telb.zn.; →mv. 2⟩ **0.1** ***(nachtelijke) inbraak*** ⇒*diefstal met braak (bij nacht)*.

bur·gle ['bɜ:gl‖'bɜrgl], ⟨AE ook⟩ **bur·glar·ize** ['bɜ:gləraɪz‖'bɜr-]⟨f1⟩⟨ww.⟩

I ⟨onov.ww.⟩ **0.1** ***inbreken*** ⇒*inbraak plegen, stelen;*

II ⟨ov.ww.⟩ **0.1** ***inbreken in/bij*** ⇒*beroven* ◆ **1.1** ~ a house/s.o. *in een huis/bij iem. inbreken*.

bur·go·mas·ter ['bɜ:gəmɑ:stə‖'bɜrgəmæstər]⟨telb.zn.⟩ **0.1** ***burgemeester*** ⟨vnl. v.e. Nederlandse, Vlaamse, Duitse of Oostenrijkse stad⟩ **0.2** ⟨dierk.⟩ ***grote burgemeester*** ⟨soort meeuw; Larus hyperboreus⟩.

bur·go·net ['bɜ:gə'net‖'bɜr-]⟨telb.zn.⟩⟨gesch.⟩ **0.1** ***vizier/wapenhelm***.

bur·goo ['bɜ:'gu:‖'bɜr-]⟨zn.⟩

I ⟨telb.zn.⟩⟨AE⟩ **0.1** ***picknick*** ⇒*kampmaaltijd;*

II ⟨n.-telb.zn.⟩ **0.1** ⟨sl.⟩ ***havermoutpap*** ⟨oorspr. matrozenkost⟩ **0.2** ⟨AE⟩ ***maaltijdsoep*** ⇒*dikke groentensoep* **0.3** ⟨AE⟩ ***vleesragout***.

Bur·gun·di·an [bɜ:'gʌndɪən‖bɜr-]⟨bn.⟩ **0.1** ***Boergondisch***.

Bur·gun·dy ['bɜ:gəndi‖'bɜr-]⟨f1⟩⟨zn.; →mv. 2⟩

I ⟨eig.n.⟩ **0.1** ***Bourgondië*** ⟨landstreek in Frankrijk⟩;

II ⟨telb. en n.-telb.zn.⟩ **0.1** ***bourgogne(wijn)*** ⇒*bourgondische wijn* **0.2** ⟨ook b-; vaak attr.⟩ ***bordeauxrood***.

bur·i·al ['berɪəl]⟨f2⟩⟨zn.⟩

I ⟨telb.zn.⟩ **0.1** ***begrafenis*** ⇒*teraardebestelling* **0.2** ⟨gesch.⟩ ***graf;***

II ⟨n.-telb.zn.⟩ **0.1** ***het begraven***.

'burial chapel ⟨telb.zn.⟩ **0.1** ***grafkapel***.

'burial ground ⟨telb.zn.⟩ **0.1** ***begraafplaats*** ⇒*kerkhof*.

'Burial Service ⟨telb.zn.; ook b- s-⟩ **0.1** ***lijkdienst*** ⇒*uitvaart(plechtigheid);* ⟨R.-K.⟩ *dodenmis*.

bur·ied ['berid]⟨bn.; oorspr. volt. deelw. v. bury⟩⟨AE: sl.⟩ **0.1** ***gevangen*** ⟨i.h.b. in isoleercel of levenslang⟩.

bu·rin ['bjʊərɪn‖'bjʊrɪn]⟨telb.zn.⟩ **0.1** ***burijn*** ⇒*burin, graveerijzer/naald/stift*.

burk(e) →berk.

burke [bɜ:k‖bɜrk]⟨ov.ww.⟩ **0.1** ***smoren*** ⇒*laten stikken, wurgen* **0.2** ***in de doofpot stoppen*** ⇒*wegmoffelen, onder de tafel vegen, doodzwijgen; uit de weg gaan, ontwijken*.

Burke [bɜ:k‖bɜrk]⟨eig.n.⟩⟨verk.⟩ Burke's Peerage ⟨BE; inf.⟩ **0.1** ***Burke('s Peerage)*** ⟨adelboek⟩.

Bur·kitt's lym·pho·ma ['bɜ:kɪts lɪm'foumə‖'bɜr-]⟨telb. en n.-telb.zn.⟩⟨med.⟩ **0.1** ***tumor v. Burkitt*** ⇒*burkittlymfoom*.

burl[1] [bɜ:l‖bɜrl]⟨zn.⟩

I ⟨telb.zn.⟩ **0.1** ***nop*** ⇒*knoop* ⟨in weefsel⟩, *vlok(je)* **0.2** ***knoest*** ⟨aan boom⟩;

II ⟨n.-telb.zn.⟩ **0.1** ***knoesthout***.

burl[2] ⟨ov.ww.⟩ **0.1** ***noppen*** ⇒*van noppen zuiveren, uitpluizen*.

bur·lap ['bɜ:læp‖'bɜr-]⟨n.-telb.zn.⟩ **0.1** ***zakkengoed*** ⇒*jute, gonje* ◆ **3.¶** ⟨scherts.⟩ he's been given the burlap *hij heeft de zak gekregen*.

burl·er ['bɜ:lə‖'bɜrlər]⟨telb.zn.⟩ **0.1** ***(laken)nopper***.

bur·lesque[1] [bɜ:'lesk‖bɜr-]⟨zn.⟩

I ⟨telb.zn.⟩ **0.1** ***groteske*** ⇒*burleske, karikatuur, farce, parodie;*

II ⟨n.-telb.zn.⟩⟨AE⟩ **0.1** ***pikante variété*** ⇒*vaudeville, revue, tingeltangel, striptease show, naaktballet*.

burlesque[2] ⟨f1⟩⟨bn.⟩ **0.1** ***grotesk*** ⇒*burlesk, potsierlijk; wuft, pikant*.

burlesque[3] ⟨ww.⟩

I ⟨onov.ww.⟩ **0.1** ***een burleske ten beste geven;***

II ⟨ov.ww.⟩ **0.1** ***parodiëren*** ⇒*karikaturiseren, in een bespottelijk daglicht stellen*.

bur·ley·cue, bur·le·cue, bur·li·cue ['bɜ:likju:‖'bɜr-]⟨telb.zn.⟩⟨AE⟩ **0.1** ***burleske show*** ⇒*vaudeville*.

bur·ly ['bɜ:li‖'bɜr-]⟨f2⟩⟨bn.; ook -er; -ness; →bijw. 3⟩ **0.1** ***potig*** ⇒*zwaar/stevig gebouwd, fors, flink, stoer*.

Bur·mese[1] ['bɜ:'mi:z‖'bɜr-], **Bur·man** ['bɜ:mən‖'bɜr-]⟨f1⟩⟨zn.; Burmese;→mv. 4⟩
I ⟨eig.n.⟩ **0.1** ***Birmaans*** ⇒*de Birmaanse taal;*
II ⟨telb.zn.⟩ **0.1** ***Birmaan.***
Burmese[2], **Burman** ⟨f1⟩⟨bn.⟩ **0.1** ***Birmaans.***
burn[1] [bɜ:n‖bɜrn]⟨f2⟩⟨zn.⟩
I ⟨telb.zn.⟩ **0.1** ***brandplek/wond*** ⇒*brandgaatje* **0.2** ***brandperiode/tijd*** ⟨ter activering v. raketmotor⟩ **0.3** ***brand*** ⟨het bakken v. stenen enz.⟩ **0.4** ***ontbranding v. raketmotor*** ⟨i.h.b. voor koerscorrectie⟩ **0.5** ***door afbranding vrijgemaakt stuk bos*** **0.6** ⟨BE; sl.⟩ ***peuk*** ⇒*saffie, sigaret* **0.7** ⟨BE; sl.⟩ ***auto-race*** **0.8** ⟨Sch. E⟩ ***stroompje*** ⇒*beekje* ◆ **1.1** a third-degree ~ *een derdegraadsverbranding* **1.2** a one-minute ~ to correct course *een koerscorrectie v. één minuut;*
II ⟨n.-telb.zn.; the⟩ **0.1** ***branderigheid*** ⇒*het branden/bijten/schrijnen, brand* ◆ **1.¶** the ~ of iodine *het bijten v. jodium* **3.¶** go for the ~ *tot de pijngrens gaan, tot het uiterste gaan;*
III ⟨mv.; ~s⟩⟨AE; inf.⟩ **0.1** ***bakkebaarden*** ⇒*tochtlatten.*
burn[2] ⟨f3⟩⟨ww.; ook burnt; burnt [bɜ:nt‖bɜrnt]⟩ →burning, burnt ⟨→sprw. 463⟩
I ⟨onov.ww.⟩ **0.1** ***branden*** ⇒*hunkeren, gloeien, rood zien, tintelen* **0.2** ***racen*** ⇒*sjezen, zeer snel voorwaarts gaan* **0.3** ⟨AE; sl.⟩ ***geëlektrocuteerd worden*** ⇒*sterven op de elektrische stoel* **0.4** ⟨AE; sl.⟩ ***boos/woest/nijdig/driftig worden*** ◆ **3.1** you don't seem to be ~ing to accept my offer *zo te zien sta je niet te springen/brand je niet van verlangen om op mijn aanbod in te gaan* **5.1** ~ **away** *door/verderbranden;* ~ low *opbranden, minder fel/flauwer gaan branden, uitgaan/doven* **5.¶** →burn **down** **6.1** some idiot ~ing **for** his ideal *een of andere idioot, in vuur en vlam voor zijn ideaal;* ~ing **with** ambition *verteerd door ambitie;* ~ **with** anger *zieden/koken van woede;* ~ **with** fever *gloeien van de koorts;* her cheeks were ~ing **with** pride *haar wangen gloeiden van trots;*
II ⟨onov. en ov.ww.⟩ **0.1** ***branden*** ⇒*af/ver/ontbranden, in brand staan/steken, vlam vatten, ontsteken* ◆ **1.1** the acid ~t its way through the cloth *het zuur brandde zich een weg/vrat zich door de stof;* the candles/lights are ~ing *de kaarsen/lampen branden, de kaarsen/lampen zijn aan;* do you always ~ candles to get light? *branden/gebruiken jullie altijd kaarsen als verlichting?, verlichten jullie altijd met kaarsen?;* the soup ~t my mouth *ik heb mijn mond aan de soep verbrand;* glass won't ~ *glas brandt niet;* is that heater ~ing? *is die kachel aan?;* ~ a hole in the paper *een gat in het papier branden;* the rice has ~t (black) again *de rijst is weer aangebrand;* the roof is ~ing *het dak staat in brand;* many saints were ~t *tal van heiligen eindigden hun leven op de brandstapel/werden verbrand;* her skin ~s easily *ze verbrandt snel (in de zon), haar huid verdraagt geen zon;* this stuff ~s on your skin *dit goedje brandt op je huid* **5.1** ~ **away** *op/wegbranden;* ⟨fig.⟩ *verteren;* ~ **off** *weg/afbranden, schoon/leegbranden* **5.¶** →burn **down**; →burn **out**; →burn **up** **6.1** all these habits were ~t **into** me as a child *al die gewoontes zijn me in mijn jeugd ingebrand/ingeprent/zijn me met de paplepel ingegoten;* a mark had been ~t **into** his skin *zijn huid is gebrandmerkt;* the whole town will be ~t **to** ashes *de hele stad zal in de as worden gelegd;* ~ **to** death *door verbranding om het leven brengen;*
III ⟨ov.ww.⟩ **0.1** ***branden/lopen/werken op*** ⇒*gebruiken als brandstof* **0.2** ***brandmerken*** **0.3** ***verhitten*** ⇒*bakken* ⟨steen, enz.⟩ **0.4** ⟨AE; sl.⟩ ***afmaken*** ⇒*koud maken, mollen, vermoorden, executeren, elektrokuteren, op de elektrische stoel zetten* **0.5** ⟨AE; sl.⟩ ***oplichten*** ⇒*bedriegen, bestelen, uitbuiten* **0.6** ⟨AE; sl.⟩ ***op de kast jagen*** ⇒*kwaad/woedend maken* ◆ **1.1** this engine ~s coal *deze machine loopt op kolen.*
burn·a·ble ['bɜ:nəbl‖'bɜrnəbl]⟨bn.⟩ **0.1** ***brandbaar.***
'burn artist ⟨telb.zn.⟩⟨sl.⟩ **0.1** ***dealer v. slechte hash.***
'burn 'down ⟨f1⟩⟨ww.⟩
I ⟨onov.ww.⟩ **0.1** ***opbranden*** ⇒*minder fel gaan branden, uitgaan/doven;*
II ⟨ov.ww.⟩ **0.1** ***(tot de grond toe) afbranden*** ⇒*platbranden* **0.2** ⟨AE; sl.⟩ ***koudmaken*** ⇒*neerschieten/leggen/knallen* **0.3** ⟨AE; sl.⟩ ***op zijn plaats zetten*** ⇒*kleineren.*
burn·er ['bɜ:nə‖'bɛrnər]⟨f2⟩⟨telb.zn.⟩ **0.1** ***brander*** ⇒*pit* ⟨v. kooktoestel, enz.⟩ **0.2** ***elektrische stoel.***
bur·net ['bɜ:nɪt‖'bɜr'net]⟨telb.zn.⟩ **0.1** ⟨plantk.⟩ ***pimpernel*** ⟨genus Sanguisorba⟩ ⇒*grote pimpernel* ⟨S. officinalis⟩, *kleine pimpernel* ⟨Poterium sanguisorba⟩ **0.2** →burnet saxifrage **0.3** →burnet moth.
'burnet moth, burnet ⟨telb.zn.⟩⟨dierk.⟩ **0.1** ***bloeddropje*** ⟨fam. Zygaenidae⟩ ⇒⟨i.h.b.⟩ *sint-jansvlinder* ⟨Z. filipendulae⟩.
'burnet saxifrage ⟨telb.zn.⟩⟨plantk.⟩ **0.1** ***kleine bevernel*** ⟨Pimpinella saxifraga⟩.
Burn·ham scale ['bɜ:nəm skeɪl‖'bɜrnəm-]⟨telb.zn.⟩ **0.1** ***Burnhamschaal*** ⟨nationale salarisschaal voor leraren in Engeland⟩.
burn·ie ['bɜ:ni‖'bɜrni]⟨telb.zn.⟩⟨AE; sl.⟩ **0.1** ***fornt*** ⇒*(gedeeld) stickie.*
burn·ing ['bɜ:nɪŋ‖'bɜrnɪŋ]⟨f1⟩⟨bn.; -ly; teg. deelw. v. burn⟩ **0.1** ***brandend*** ⇒*gloeiend, intens, vurig, branderig, dringend* ◆ **1.1** ~ issue *brandend vraagstuk, nijpende kwestie;* ~ shame *grof schandaal;* ~ thirst *brandende dorst* **1.¶** ~ bush ⟨plantk.⟩ *vuurwerkplant* ⟨Dictamnus albus⟩; *studentenkruid* ⟨Kochia scoparia⟩; *zomercipres* ⟨Kochia childsi/trichophylla⟩; ⟨bijb.⟩ *brandende braambos* ⟨Exod. 3:2⟩.
'burning glass ⟨telb. en n.-telb.zn.⟩ **0.1** ***brandglas.***
bur·nish[1] ['bɜ:nɪʃ‖'bɜrnɪʃ]⟨telb.zn.⟩ **0.1** ***(polijst)glans*** ⇒*glinstering, gloed, schijnsel, politoer, luister.*
burnish[2] ⟨f1⟩⟨ww.⟩
I ⟨onov.ww.⟩ **0.1** ***gaan glanzen*** ⇒*opglanzen, opgloeien, opglimmen;*
II ⟨ov.ww.⟩ **0.1** ***polijsten*** ⇒*bruineren, (op)glanzen.*
bur·nish·er ['bɜ:nɪʃə‖'bɜrnɪʃər]⟨telb.zn.⟩ **0.1** ***polijster*** ⇒*glanzer, poetser* **0.2** ***polijstborstel/kolf/gereedschap*** ⇒*likbeen, strijkbeen.*
bur·nous(e), ⟨AE sp. ook⟩ **bur·noose** [bɜ:'nu:s‖bɜr-]⟨telb.zn.⟩ **0.1** ***boernoes*** ⟨Arabische lange mantel met kap⟩.
'burn·out ⟨telb.zn.⟩ **0.1** ***doorsmelting*** ⇒*het doorbranden/slaan* ⟨v. stop/zekering/smeltveiligheid⟩; ⟨inf.; fig.⟩ *overspannenheid, totale uitputting, inzinking* **0.2** ***uitval*** ⟨v. raket of straalmotor⟩ ⇒*het uitvallen, het opgebrand zijn* ⟨v. rakettrap⟩ **0.3** ***grote brand*** **0.4** ***platgebrand gebied/stuk grond.***
'burn 'out ⟨f2⟩⟨ww.⟩ →burnt-out
I ⟨onov.ww.⟩ **0.1** ***uitbranden*** ⇒*opbranden* **0.2** ***doorbranden*** ⇒*doorslaan* **0.3** ***opbranden*** ◆ **1.1** leave that candle to ~ *laat die kaars maar op/uitbranden* **1.2** electric appliances can ~ *elektrische apparaten kunnen doorbranden* **1.3** as a poet he's burnt out *als dichter is hij opgedroogd/opgebrand* **3.3** you look burned out *je ziet er doorgedraaid/afgepeigerd uit;*
II ⟨ov.ww.⟩ **0.1** ⟨vnl. pass.⟩ ***uitbranden*** **0.2** ⟨vnl. pass.⟩ ***door brand verdrijven uit*** **0.3** ⟨inf.⟩ ***overwerken*** ⇒*over de kop werken* **0.4** ***doen doorbranden/doorslaan*** ◆ **1.1** the tank was completely burnt out *de tank was volledig uitgebrand* **4.3** burn o.s. out *zich overwerken, zich over de kop werken* **6.2** I was burnt out **of** my house last week *verleden week ben ik door brand dakloos geworden.*
burn·sides ['bɜ:nsaɪdz‖'bɜrn-]⟨mv.⟩⟨AE⟩ **0.1** ***bakkebaarden plus snor*** ⇒*tochtlatten.*
burnt[1] [bɜ:nt‖bɜrnt]⟨f1⟩⟨bn.; volt. deelw. v. burn⟩⟨→sprw. 64, 758⟩ **0.1** ***gebrand*** ⇒*geschroeid, gezengd; gebakken* ◆ **1.1** ~ almond *gesuikerde amandel, suikeramandel;* ~ cork *ge/verbrande kurk* ⟨middel om zwart te maken⟩; ~ ochre *gebrande/geroostte oker;* ~ offering/sacrifice *brandoffer;* ⟨scherts.⟩ *aangebrand eten;* ~ sienna *gebrande/geroostte siënna* ⟨kleurstof⟩; ~ umber *gebrande/geroostte omber* ⟨kleurstof⟩.
burnt[2] ⟨verl. t. en volt. deelw.⟩ →burn.
'burnt-'out, 'burned-'out ⟨f1⟩⟨bn.; oorspr. volt. deelw. v. burn out⟩ **0.1** ***opgebrand*** ⇒*uitgeblust, versleten* **0.2** ***uitgebrand*** **0.3** ***dakloos*** ⟨door brand⟩ **0.4** ***overbelicht*** ⟨v. negatief⟩ **0.5** ⟨inf.⟩ ***doodmoe*** ⇒*uitgeput, afgepeigerd* **0.6** ⟨AE; sl.⟩ ***dodelijk verveeld.***
'burn 'up ⟨f2⟩⟨ww.⟩
I ⟨onov.ww.⟩ **0.1** ***oplaaien*** ⇒*feller gaan branden* **0.2** ***tot ontbranding komen*** **0.3** ⟨BE; sl.⟩ ***scheuren*** ⇒*jakkeren, hardrijden* **0.4** ⟨AE; sl.⟩ ***laaiend (v. woede) zijn*** **0.5** ⟨inf.⟩ ***snel, grondig en goed werken*** **0.6** ⟨sport⟩ ***er alles uithalen*** ⇒*alles uit de kast halen/trekken, voluit gaan* ◆ **1.1** if you put some more wood on it the fire will ~ *als je wat meer hout op het vuur gooit laait het weer op* **1.2** upon re-entering the atmosphere the rocket burned up *bij terugkeer in de atmosfeer verbrandde de raket;*
II ⟨ov.ww.⟩ **0.1** ***op/verstoken*** ⇒*op/verbranden* **0.2** ⟨BE; sl.⟩ ***verslinden*** ⟨v. weg⟩ ⇒*kilometers vreten* **0.3** ⟨AE; sl.⟩ ***op de kast jagen*** ⇒*woedend maken, in drift doen ontsteken* **0.4** ⟨AE; sl.⟩ ***elektrocuteren*** ⇒*op de elektrische stoel zetten* **0.5** ⟨AE; sl.⟩ ***bedriegen*** ⇒*oplichten, uitbuiten* ◆ **1.1** he burnt up all our wood *hij heeft al ons hout verstookt* **1.2** ~ the breeze/road *scheuren, jakkeren, met gas op de plank rijden* **1.3** don't burn that man up, he's dangerous *maak die man niet kwaad, hij is gevaarlijk;* such a thing really burns me up *van zoiets word ik nou witheet.*
burp[1] [bɜ:p‖bɜrp]⟨f1⟩⟨telb.zn.⟩⟨inf.⟩ **0.1** ***boer*** ⇒*oprisping.*
burp[2] ⟨f1⟩⟨ww.⟩
I ⟨onov.ww.⟩ **0.1** ⟨inf.⟩ ***boeren;***
II ⟨ov.ww.⟩ **0.1** ⟨inf.⟩ ***een boertje laten doen*** ⟨zuigeling⟩.
'burp gun ⟨telb.zn.⟩⟨AE⟩ **0.1** ***machinepistool.***
burr[1] [bɜ:‖bɜr]⟨f1⟩⟨zn.⟩
I ⟨telb.zn.⟩ **0.1** ***brouw-r*** ⇒*brouwend accent* **0.2** ***bromgeluid*** ⇒*gebrom, gesnor, gezoem* **0.3** ***wet/slijpsteen*** **0.4** ***molensteen*** **0.5** →bur;
II ⟨n.-telb.zn.⟩ **0.1** ***siliciumsteen*** ⟨voor molenstenen gebruikt⟩.

burr[2] ⟨f1⟩ ⟨ww.⟩
I ⟨onov.ww.⟩ **0.1** ***brouwen*** ⇒*spreken met een brouw-r* **0.2** ***brommen*** ⇒*gonzen, zoemen, mompelen, mopperen;*
II ⟨ov.ww.⟩ **0.1** ***uitspreken met brouw-r*** **0.2** →bur.
'burr drill ⟨telb.zn.⟩ **0.1** ***tandartsboor(tje)*** ⇒*freesje.*
'burr·head ⟨telb.zn.⟩ ⟨AE; sl.⟩ **0.1** ***nikker*** ⇒*zwarte.*
bur·ro ['bʊroʊ‖'bɜroʊ] ⟨telb.zn.⟩ ⟨vnl. AE⟩ **0.1** ***pakezel(tje)*** ⇒*grauwtje.*
bur·row[1] ['bʌroʊ‖'bɜroʊ] ⟨f1⟩ ⟨telb.zn.⟩ **0.1** ***leger*** ⟨v. konijn, enz.⟩ ⇒*hol(letje), tunnel(tje).*
burrow[2] ⟨f2⟩ ⟨ww.⟩
I ⟨onov.ww.⟩ **0.1** ***een leger graven*** ⇒ ⟨fig.⟩ *zich nestelen, beschutting zoeken* **0.2** ***schuilen/wonen in een leger/holletje*** **0.3** ***boren*** ⇒*wroeten, graven, zich (een weg) banen* ◆ **6.1** she ~ed **against** his chest *ze drukte/schurkte zich behaaglijk tegen zijn borst* **6.3** ~ **into** the sand *in het zand wroeten;* ⟨fig.⟩ ~ **into** somebody's secrets *in iemands geheimen wroeten;* ~ **under** a wall *een muur ondermijnen;*
II ⟨ov.ww.⟩ **0.1** ***(uit)graven*** ⇒*uithollen* **0.2** ***schuilhouden*** ⇒*ingraven* **0.3** ***nestelen*** ⇒*begraven, wegdrukken* ◆ **1.1** rabbits ~ shallow holes *konijnen graven legers/ondiepe holen* **6.3** the cat ~ed its head **into** her shoulder *de poes nestelde zich met zijn kop tegen haar schouder.*
bur·sa ['bɜ:sə‖'bɜrsə] ⟨telb.zn.; ook bursae [-si:]; →mv. 5⟩ ⟨med.⟩ **0.1** ***bursa*** ⇒*(slijm)beurs.*
bur·sal ['bɜ:sl‖'bɜrsl] ⟨bn., attr.⟩ **0.1** ⟨med.⟩ ***bursaal*** ⇒*een (slijm) beurs/de (slijm)beurzen betreffende, bursa-* **0.2** ***fiscaal*** ⇒*belasting-, fiscus-.*
bur·sar ['bɜ:sə‖'bɜrsər] ⟨f1⟩ ⟨telb.zn.⟩ **0.1** ***thesaurier*** ⟨i.h.b. v. instellingen voor hoger onderwijs⟩ ⇒*penningmeester, econoom, quaestor* **0.2** ***bursaal*** ⇒*beursstudent* ⟨i.h.b. aan een Schotse universiteit⟩.
bur·sar·i·al [bɜ:'seərɪəl‖bɜr'serɪəl] ⟨bn., attr.⟩ **0.1** ***mbt. een beurs*** **0.2** ***mbt. een beursstudent*** **0.3** ***mbt. een thesaurier.***
bur·sar·ship ['bɜ:səʃɪp‖'bɜrsər-] ⟨telb.zn.⟩ **0.1** ***(studie)beurs*** ⟨i.h.b. aan Schotse universiteit⟩ ⇒*studietoelage.*
bur·sa·ry ['bɜ:sri‖'bɜr-] ⟨f1⟩ ⟨telb.zn.; →mv. 2⟩ **0.1** ***thesaurie*** ⟨i.h.b. v. onderwijsinstelling of religieuze orde⟩ ⇒*kantoor v.d. penningmeester* **0.2** →bursarship.
burse [bɜ:s‖bɜrs] ⟨telb.zn.⟩ **0.1** ⟨R.-K.⟩ ***bursa*** ⟨liturgische houder v. altaardoekje (corporale)⟩.
bur·si·tis [bɜ:'saɪtɪs‖bɜr'saɪṭɪs] ⟨telb. en n.-telb.zn.; bursites [-saɪṭi:z]; →mv. 5⟩ ⟨med.⟩ **0.1** ***bursitis*** ⇒*slijmbeursontsteking.*
burst[1] ['bɜ:st‖bɜrst] ⟨f2⟩ ⟨telb.zn.⟩ **0.1** ***los/uitbarsting*** ⇒*ontploffing, explosie, vuurstoot, kort salvo, demarrage* **0.2** ***barst*** ⇒*breuk, scheur* ◆ **1.1** ~ of anger *woedeuitbarsting, driftbui, aanval van woede;* ~ of flame *steekvlam;* ~ of laughter *lachsalvo.*
burst[2] ⟨f3⟩ ⟨ww.; burst, burst⟩
I ⟨onov.ww.⟩ **0.1** ***(door/los/open/uit)barsten/bersten/breken*** ⇒*uiteenspatten, uit elkaar klappen/springen/vliegen* **0.2** ***op barsten/breken/knappen/ploffen/springen staan*** ⇒*barstensvol/boordevol zitten, opbollen, zwellen* ◆ **1.1** the abscess ~ *het gezwel/de zweer is doorgebroken/opengebarsten;* the bottle ~ *de fles spatte uiteen;* that boy 'll eat till he ~s *dat joch eet zich te barsten;* the storm ~ *de storm barstte/brak los* **3.2** be ~ing to come *staan te springen/popelen/branden van verlangen/om te komen* **5.1** ~ **away** *wegsnellen, zich losrukken;* ~ **forth/out** *uitroepen, uitschreeuwen, uitbarsten;* →burst **in;** ~ **out** crying/laughing *in tranen/lachen uitbarsten, in huilen uitbarsten/(keihard) in de lach schieten;* the sun ~ **out** *plotseling brak de zon door* **6.1** ~ **from** the shadows *plotseling uit de schaduw treden;* ~ **into** the bedroom *de slaapkamer komen binnen vallen;* ~ **into** blossom *in bloei schieten;* ~ **into** flames *in brand vliegen;* ~ **into** sight/view *opduiken, te voorschijn komen/stappen/springen, (plotseling) in zicht komen;* ~ (out) **into** song *in gezang los/uitbarsten;* ~ **into** tears *in tranen uitbarsten;* ~ **out of** *uitbreken* ⟨uit gevangenis⟩; *naar buiten dringen, zich naar buiten wringen;* ~ **out of** one's clothes *uit zijn kleren barsten/scheuren;* ~ **through** the line of defence *door de verdedigingslinie (heen) breken;* suddenly, the truth ~ **upon** him *plotseling drong de waarheid tot hem door, plotseling stond de ware toedracht hem helder voor ogen* **6.2** a warehouse ~ing **with** grain *een tot de nok toe met graan gevuld pakhuis;* ~ing **with** health *blakend van gezondheid;* ~ **with** joy *dolgelukkig zijn, overlopen van vreugde;* sacks ~ing **with** potatoes *tot berstens toe met aardappelen gevulde zakken;*
II ⟨ov.ww.⟩ **0.1** ***door/open/verbreken*** ⇒*forceren, inslaan, intrappen, opblazen* ◆ **1.1** the river will ~ its banks *de dijken v.d. rivier zullen doorbreken/de rivier zal buiten haar oevers treden;* ~ a blood-vessel *een aderbreuk hebben/krijgen;* ~ your chains! *verbreekt uw ketenen!;* I got so fat I almost ~ my clothes *ik werd zo dik/kwam zo aan dat ik bijna uit mijn kleren barstte/scheurde;* the police tried to ~ the door (open) *de politie probeerde de deur in te trappen;* we ~ a tyre *we hebben een lekke band;* ⟨fig.⟩ ~ one's sides with laughing *schudden/schuddebuiken/barsten v.h. lachen, zich te barsten lachen, zich bescheuren.*
'burst 'in ⟨f1⟩ ⟨onov.ww.⟩ **0.1** ***komen binnenvallen*** ⇒*binnenstormen, (ruw) onderbreken* ◆ **6.1** the neighbours will be bursting in **(up)on** us again tonight *vanavond komen de buren weer bij ons binnenvallen;* he ~ **(up)on** the discussion *hij mengde zich brutaal in de discussie.*
'burst·ing charge ⟨telb.zn.⟩ **0.1** ***springlading.***
'burst·proof ⟨bn.⟩ **0.1** ***slag/drukbestendig*** ⟨v. deurslot⟩.
burthen →burden.
bur·ton ['bɜ:tn‖'bɜrtn] ⟨telb.zn.⟩ ⟨scheep.⟩ **0.1** ***derdehand(je)*** ⇒*klaploper, talie, enkel jol, takel* **0.2** ⟨ook B-; verk.⟩ ⟨Burton ale⟩ ***Burton bier*** ◆ **3.¶** ⟨BE; inf.⟩ gone for a ~ *kapot; niets waard; vermist, onvindbaar; gesneuveld, gedood;* ⟨BE; inf.⟩ go for a ~ *omvallen, eraf vallen.*
bur·y ['beri] ⟨f3⟩ ⟨ov.ww.; →ww. 7⟩ →buried **0.1** ***begraven*** ⇒*ter aarde bestellen; in de grond stoppen, bedekken met aarde, bedelven* **0.2** ***verbergen*** ⇒*verstoppen, ingraven; wegduwen, verdringen, van zich afzetten* **0.3** ***verzinken*** ⇒*inbedden; onderdompelen* ⟨ook fig.⟩ **0.4** ⟨AE; sl.⟩ ***veroordelen tot levenslang/eenzame opsluiting*** ◆ **1.1** she has buried two husbands *ze heeft twee echtgenoten begraven/naar het graf gedragen/overleefd* **1.2** ~ one's hands in one's pockets *zijn handen (diep) in zijn zakken steken/stoppen;* ~ one's head in one's hands *zijn hoofd in zijn handen laten zakken/begraven;* a village buried in the mountains *een dorpje verscholen in de bergen* **1.3** buried antenna *verzonken antenne;* buried in thoughts/memories of the past *in gedachten/herinneringen aan het verleden verzonken* **2.1** be buried alive *levend begraven zijn* **4.2** ~ oneself in one's books/studies *zich in zijn boeken/studie begraven/verdiepen;* ~ oneself in the sticks *zich begraven in een provinciegat* **4.¶** ⟨AE; inf.⟩ ~ yourself! *val dood!.*
'bur·y·ing beetle ⟨telb.zn.⟩ ⟨dierk.⟩ **0.1** ***aaskever*** ⟨genus Silpha⟩ ⇒*doodgraver* ⟨Necrophorus Vespillo⟩.
'bur·y·ing ground, 'bur·y·ing place ⟨telb.zn.⟩ **0.1** ***begraafplaats*** ⇒*kerkhof.*
bus[1] [bʌs] ⟨f3⟩ ⟨telb.zn.; AE ook -ses; →mv. 2⟩ **0.1** ***(auto)bus*** **0.2** ⟨inf.⟩ ***bak*** ⇒*brik, kar, auto, wagen* **0.3** ⟨inf.⟩ ***kist*** ⇒*vliegtuig* **0.4** ***serveerboy/wagentje*** **0.5** ***raket/projectieltrap*** **0.6** →bus bar ◆ **3.1** catch/miss the ~ *de bus halen/missen;* ⟨fig.⟩ miss the ~ *de boot/bus missen, achter het net vissen* **6.1** let's go **by** ~ *laten we de bus nemen.*
bus[2] ⟨f1⟩ ⟨ww.; →ww. 7⟩ →bus(s)ing
I ⟨onov.ww.⟩ **0.1** ***met de bus gaan*** ⇒*de bus nemen, per bus reizen* **0.2** ⟨AE⟩ ***werken als hulpkelner*** ⇒*tafels afruimen;*
II ⟨ov.ww.⟩ **0.1** ***per bus vervoeren*** ⇒*op de bus zetten;* ⟨i.h.b.⟩ ⟨AE⟩ *per bus vervoeren naar geïntegreerde scholen* ⟨blanke en zwarte kinderen⟩.
'bus bar ⟨telb.zn.⟩ ⟨elek.⟩ **0.1** ***stroomrail*** ⇒*stroomreel, contactrail, verzamelrail.*
'bus boy ⟨telb.zn.⟩ ⟨AE⟩ **0.1** ***hulpkelner.***
bus·by ['bʌzbi] ⟨telb.zn.; →mv. 2⟩ **0.1** ***kolbak*** ⇒*beremuts, pelsmuts* ⟨v. Britse huzaren en leden v.d. wacht⟩.
'bus conductor ⟨telb.zn.⟩ **0.1** ***busconducteur*** **0.2** →bus bar.
'bus driver ⟨f1⟩ ⟨telb.zn.⟩ **0.1** ***buschauffeur/chauffeuse.***
bush[1] [bʊʃ], ⟨in bet. I 0.4 ook⟩ **bush·ing** ['bʊʃɪŋ] ⟨f3⟩ ⟨zn.⟩ ⟨→sprw. 57, 241, 527⟩
I ⟨telb.zn.⟩ **0.1** ***struik*** ⇒*bosje* **0.2** ***(haar)bos*** ⇒ ⟨i.h.b., sl.⟩ *baard, struikgewas;* ⟨sl.⟩ *schaamhaar, vacht* **0.3** ***vossestaart*** **0.4** ⟨tech.⟩ ***(lager)bus*** ⇒*huls, manchet, mof* **0.5** ⟨gesch.⟩ ***(klimop)krans*** ⇒*klimoptak* ⟨uithangteken aan herberg⟩ ◆ **3.¶** beat about/around the ~ *ergens omheen draaien, niet ter zake komen;* burning ~ ⟨plantk.⟩ *vuurwerkplant* ⟨Dictamnus albus⟩; *studentenkruid* ⟨Kochia scoparia⟩; *zomercipres* ⟨Kochia childsi/trichophylla⟩; ⟨bijb.⟩ *brandende braambos* ⟨Exod. 3:2⟩;
II ⟨n.-telb.zn.⟩ **0.1** ***struikgewas*** ⇒*struikhout, onderhout, kreupelhout; scrub* ⟨in Australië⟩ **0.2** ⟨the⟩ ***rimboe*** ⇒*woestenij, wildernis, kreupelbos, maquis* ⟨vnl. in Afrika en Australië⟩ ◆ **3.2** ⟨Austr. E; inf.⟩ go ~ *gaan zwerven, op de dool gaan;* take to the ~ *in de rimboe onderduiken* ⟨vnl. v. ontsnapte gevangene⟩.
bush[2], **'bush·league** ⟨bn.⟩ ⟨inf.⟩ **0.1** ***tweederangs*** ⇒*tweede plans, v.h. tweede garnituur, slap, stuntelig, amateuristisch, boers.*
bush[3] ⟨ww.⟩ →bushed
I ⟨onov.ww.⟩ **0.1** ***als een struik/heester groeien;***
II ⟨ov.ww.⟩ **0.1** ***met struiken/struikgewas beplanten/beschermen*** **0.2** ⟨amb., tech.⟩ ***een bus/mof/huls/manchet opzetten/aanbrengen op*** **0.3** ⟨sl.⟩ ***afmatten*** ⇒*afpeigeren.*
'bush baby ⟨telb.zn.⟩ ⟨dierk.⟩ **0.1** ***galago*** ⇒*bushbaby* ⟨aapje; fam. Galaginae⟩.

'bush basil ⟨n.-telb.zn.⟩⟨plantk.⟩ **0.1** ***fijn/klein basilicum*** *⇒basielkruid, koningskruid, vleeskruid* ⟨Ocimum minimum⟩.
'bush bean ⟨telb.zn.⟩⟨plantk.⟩ **0.1** ***slaboon*** *⇒snijboon, pronkboon, spekboon* ⟨Phaseolus vulgaris humilis⟩.
'bush·buck ⟨telb.zn.⟩⟨dierk.⟩ **0.1** ***bosbok*** ⟨Tragelaphus scriptus⟩.
'bush·craft, bush·man·ship ['bʊʃmənʃɪp]⟨n.-telb.zn.⟩ **0.1** ***woudlo-perskunst*** ⟨het vermogen te (over)leven in de wildernis⟩.
bushed [bʊʃt]⟨bn.; volt. deelw. v. bush⟩
I ⟨bn.⟩ **0.1** ***met struiken/struikgewas bedekt/begroeid*** **0.2** ⟨vnl. Austr. E⟩ ***verdwaald in de rimboe*** *⇒verloren* **0.3** ⟨vnl. Austr. E⟩ ***perplex*** *⇒stomverbaasd, in de war/bonen;*
II ⟨bn., pred.⟩⟨inf.⟩ **0.1** ***bekaf*** *⇒doodop, uitgeput, afgepeigerd.*
bush·el[1] ['bʊʃl]⟨f1⟩⟨telb.zn.⟩ **0.1** ***bushel*** ⟨voor vloeistof 36,369 l; voor droge waren 35,238 l;→t1⟩ **0.2** ⟨inf.⟩ ***hoop*** *⇒lading, bos, schuif* ◆ **1.2** I received ~s of letters *ik heb stapels brieven ontvangen.*
bushel[2] ⟨ww.⟩⟨AE⟩
I ⟨onov. en ov.ww.⟩ **0.1** ***verstellen*** *⇒vernaaien* ⟨kleren⟩;
II ⟨ov.ww.⟩ **0.1** ***verbergen*** *⇒achterhouden.*
'bush·fight·ing ⟨n.-telb.zn.⟩ **0.1** ***guerrilla*** *⇒maquis, rimboeoorlog.*
'bush harrow ⟨telb.zn.⟩ **0.1** ***takkenboseg(ge).***
'bush hook ⟨telb.zn.⟩ **0.1** ***kapbijl/mes*** *⇒snoeimes.*
bu·shi·do [bu:'ʃi:doʊ]⟨n.-telb.zn.; ook B-⟩ **0.1** ***boesjidô*** ⟨riddermoraal der samoerai⟩.
bushing →bush[1].
'bush jacket, 'bush shirt ⟨telb.zn.⟩ **0.1** ***safari-jasje*** *⇒rimboejack.*
'bush league ⟨telb.zn.⟩⟨AE; inf.⟩ **0.1** ***lagere honkbaldivisie.***
'bush-league ⟨bn.⟩⟨AE; inf.⟩ **0.1** ***mbt. een lagere honkbaldivisie*** *⇒mbt. een veteranenteam* **0.2** →bush[2].
Bush·man ['bʊʃmən]⟨zn.; Bushmen [-mən];→mv. 3⟩
I ⟨eig.n.⟩ **0.1** ***taal v.d. Bosjesmannen*** *⇒Khoi-Santaal;*
II ⟨telb.zn.⟩ **0.1** ***Bosjesman*** **0.2** ⟨b-⟩⟨Austr. E⟩ ***rimboebewoner*** *⇒woudloper.*
bushmanship →bushcraft.
'bush·mast·er ⟨telb.zn.⟩⟨dierk.⟩ **0.1** ***bosmeester*** ⟨Z.-Am. gifslang; Lachesis mutus⟩.
'bush pig ⟨telb.zn.⟩⟨dierk.⟩ **0.1** ***penseelzwijn*** ⟨Potamochoerus porcus⟩.
'bush·rang·er ⟨telb.zn.⟩⟨gesch.⟩ **0.1** ***bushranger*** ⟨ontsnapte gevangene in Australië⟩ *⇒struikrover.*
bush shirt →bush jacket.
'bush 'telegraph ⟨n.-telb.zn.⟩ **0.1** ***papegaaiencircuit*** *⇒het verzenden v. boodschappen via rooksignalen/tamtam.*
bush·wa(h), boosh·wa(h), boush·wa(h) ['bʊʃwɑ:]⟨n.-telb.zn.⟩⟨AE; inf.⟩ **0.1** ***humbug*** *⇒lariekoek, geklets, (slap) gelul.*
'bush·w(h)ack ⟨ww.⟩
I ⟨onov.ww.⟩ **0.1** ***zich (met het kapmes) een pad banen*** **0.2** ***vechten als guerrilla-strijder*** ⟨i.h.b. tijdens de Amerikaanse burgeroorlog⟩ **0.3** ⟨inf.⟩ ***in de rimboe/wildernis wonen;***
II ⟨ov.ww.⟩ **0.1** ***in een hinderlaag lokken*** *⇒aanvallen vanuit een hinderlaag.*
'bush·w(h)ack·er ⟨telb.zn.⟩ **0.1** ***ontginner*** **0.2** ***houtvester*** **0.3** ***guerrillero*** *⇒guerrilla* ⟨i.h.b. guerrilla-strijder v.d. confederatie tijdens de Amerikaanse burgeroorlog⟩.
bus·hy ['bʊʃi]⟨f1⟩⟨bn.; -er; -ly; -ness; →bijw. 3⟩ **0.1** ***bedekt/begroeid met struikgewas*** **0.2** ***borstelig*** *⇒ruig, bossig, dik.*
busi·ness ['bɪznɪs]⟨f4⟩⟨zn.⟩⟨→sprw. 149⟩
I ⟨telb.zn.⟩ **0.1** ***aangelegenheid*** *⇒affaire, zaak, kwestie, geval, geschiedenis, gedoe* **0.2** ⟨a⟩ ***moeilijke taak*** *⇒hele kluif/klus, zware opgaaf* **0.3** ***zaak*** *⇒winkel, bedrijf, nering, handel* ◆ **2.1** an odd ~ *een eigenaardige kwestie;* I'm sick and tired of this whole ~ *ik ben dit hele gedoe spuugzat* **6.1** do you understand this ~ **of** the new rules? *begrijp jij iets van die nieuwe regeling?;*
II ⟨telb. en n.-telb.zn.⟩ **0.1** ***(ver)plicht(ing)*** *⇒taak, verantwoordelijkheid, werk* **0.2** ***agenda*** *⇒programma* **0.3** ⟨euf.⟩ ***grote boodschap*** ◆ **1.1** ⟨inf.⟩ my affairs are no ~ of yours/none of your ~ *mijn zaken gaan jou niets aan;* it's a doctor's ~ to cure a thing like that *voor zo iets moet je naar een dokter* **1.2** the ~ of today's meeting is... *voor de vergadering v. vandaag staat op de agenda...* **3.1** go about one's ~ *met zijn gewone werk verdergaan, zijn normale bezigheden vervolgen;* go about your ~! *bemoei je met je eigen zaken;* have no ~ to do sth./doing sth. *niet het recht hebben iets te doen, ergens niet het recht toe hebben;* know one's ~ *zijn vak/zaken kennen;* I will make it my ~ to see that... *ik zal het op me nemen ervoor te zorgen dat...;* ⟨inf.⟩ mind your own ~ *bemoei je met je eigen (zaken), hou je erbuiten* **3.3** do one's ~ *een grote boodschap doen* **4.¶** ⟨inf.⟩ like nobody's ~ *als geen ander, weergaloos, buitengewoon;* that man plays the guitar like nobody's ~ *tegen die man legt iedereen het op de gitaar af* **6.1** send s.o. **about** his ~ *iem. zeggen zich met zijn eigen zaken te bemoeien* **7.2** ⟨op agenda v. vergadering⟩ any other ~ *rondvraag; wat verder ter tafel komt;*
III ⟨n.-telb.zn.⟩ **0.1** ***handel*** *⇒zaken, commercie* **0.2** ⟨the⟩⟨ben. voor⟩ ***iets afdoends*** *⇒*⟨i.h.b.⟩ *moord; ruwe behandeling; pak slaag, standje; beurt* **0.3** ⟨dram.⟩ ***beweging*** *⇒activiteit, mimiek, stil spel, gebarenspel* ◆ **1.1** ~ is ~ *zaken zijn zaken;* a fine stroke of ~ *een prima transactie* **3.1** get down to ~ *ter zake komen, spijkers met koppen slaan, serieus beginnen;* mean ~ *het serieus/ernstig menen, geen geintje(s) maken;* talk ~ *over zaken spreken;* ⟨fig.⟩ *spijkers met koppen slaan* **3.2** give sth. the ~ *zijn schouders onder iets zetten;* he really got the ~ *hij werd lelijk te grazen genomen* **5.1** how's ~ today? *hoe staan/gaan de zaken vandaag?, is er nog wat handel vandaag?, wil het een beetje vandaag?* **6.1** I'm in ~ **for** myself now *ik ben voor mezelf begonnen;* be **in** ~ *(bezig met) handel drijven, open zijn;* ⟨fig.⟩ *startklaar staan;* go **into** ~ *in zaken gaan, zakenman worden, in de handel gaan;* **on** ~ *voor zaken;* it's a pleasure to do ~ **with** you *het is met u prettig zakendoen.*
'business address ⟨telb.zn.⟩ **0.1** ***zakenadres.***
'business agent ⟨f1⟩⟨telb.zn.⟩ **0.1** ***handelsagent.***
'business card ⟨telb.zn.⟩ **0.1** ***(adres)kaartje*** *⇒visitekaartje.*
'business circle ⟨telb.zn.⟩ **0.1** ***zakenkring.***
'business cycle ⟨telb.zn.⟩⟨AE⟩ **0.1** ***conjunctuurcyclus/schommeling.***
'business economics ⟨mv.⟩ **0.1** ***bedrijfseconomie.***
'business end ⟨n.-telb.zn.; the⟩⟨inf.⟩ **0.1** ***het kardinale deel/punt*** *⇒het deel waar het op aankomt* ◆ **1.1** the ~ of a gun *de loop v.e. geweer;* the ~ of a truck *de motor v.e. vrachtwagen.*
'business executive ⟨f1⟩⟨telb.zn.⟩ **0.1** ***directeur.***
'business gift ⟨telb.zn.⟩ **0.1** ***relatiegeschenk.***
'business hours ⟨mv.⟩ **0.1** ***kantooruren/tijd*** *⇒openingstijden.*
'business inter'ruption insurance ⟨n.-telb.zn.⟩⟨AE⟩ **0.1** ***bedrijfsschadeverzekering.***
'business licence ⟨telb.zn.⟩ **0.1** ***bedrijfsvergunning.***
busi·ness·like ['bɪznɪslaɪk]⟨f2⟩⟨bn.; -ness⟩ **0.1** ***zakelijk*** *⇒efficiënt, doelmatig, praktisch, onpersoonlijk.*
'business machine ⟨telb.zn.⟩ **0.1** ***kantoormachine*** *⇒administratie/boekhoudmachine.*
busi·ness·man ['bɪznɪsmən]⟨f2⟩⟨telb.zn.; businessmen [-mən]; →mv. 3⟩ **0.1** ***zakenman.***
'businessman's 'bounce ⟨telb.zn.⟩⟨AE; jazz; pej.⟩ **0.1** ***afgeraffeld deuntje.***
'business school ⟨telb.zn.⟩⟨AE⟩ **0.1** ***economische hogeschool/faculteit*** *⇒*⟨B.⟩ *faculteit voor handelswetenschappen/toegepaste economische wetenschappen.*
'business studies ⟨mv.⟩ **0.1** ***zakenonderricht*** *⇒zakencursussen, economisch en administratief onderricht.*
'business suit ⟨telb.zn.⟩⟨AE⟩ **0.1** ***(daags) kostuum*** *⇒pak.*
'business tax ⟨telb.zn.⟩ **0.1** ***vennootschapsbelasting.***
'business trip ⟨telb.zn.⟩ **0.1** ***zakenreis.***
'busi·ness·wom·an ⟨f1⟩⟨telb.zn.⟩ **0.1** ***zakenvrouw.***
busk[1] [bʌsk]⟨telb.zn.⟩ **0.1** ***balein*** **0.2** ⟨gew.⟩ ***korset.***
busk[2] ⟨onov.ww.⟩⟨BE⟩ **0.1** ***optreden en bedelen als (straat)muzikant*** *⇒straatmuziek maken.*
busk·er ['bʌskə‖-ər]⟨telb.zn.⟩⟨BE⟩ **0.1** ***(bedelend) straatmuzikant.***
bus·kin ['bʌskɪn]⟨zn.⟩⟨dram.⟩
I ⟨telb.zn.⟩ **0.1** ***cothurn(e)*** *⇒toneellaars, broos* **0.2** ***halfhoge laars;***
II ⟨n.-telb.zn.; the⟩ **0.1** ***(de) tragedie*** *⇒de tragische (acteer)stijl;* ⟨bij uitbr.⟩ *het acteren.*
bus·kined ['bʌskɪnd]⟨bn.⟩ **0.1** ***tragisch*** *⇒mbt. de (klassieke) tragedie.*
'bus lane ⟨telb.zn.⟩⟨BE⟩ **0.1** ***vrije busbaan*** *⇒busstrook.*
'bus·load ⟨telb.zn.⟩ **0.1** ***buslading.***
bus·man ['bʌsmən]⟨telb.zn.; busmen [-mən]; →mv. 3⟩ **0.1** ***buschauffeur.***
'busman's 'holiday ⟨telb.zn.⟩⟨inf.⟩ **0.1** ***vakantie waarin je iets doet wat eigenlijk hetzelfde is als je gewone werk*** ⟨bv. timmerman die zijn eigen keuken opknapt⟩.
buss[1] [bʌs]⟨telb.zn.⟩ **0.1** ***haringbuis*** ⟨schip⟩ **0.2** ⟨vero. of gew.⟩ ***(klap)zoen.***
buss[2] ⟨f1⟩⟨onov. en ov.ww.⟩⟨gew. of vero.⟩ **0.1** ***een (klap)zoen geven*** *⇒zoenen.*
'bus shelter ⟨telb.zn.⟩ **0.1** ***wachthuisje*** *⇒abri, schuilhuisje.*
bus·(s)ing ['bʌsɪŋ]⟨n.-telb.zn.; gerund v. bus⟩ **0.1** ***busvervoer*** *⇒*⟨i.h.b.⟩ *busvervoer v. kinderen naar geïntegreerde scholen.*
'bus stop ⟨f1⟩⟨telb.zn.⟩ **0.1** ***bushalte.***
bust[1] [bʌst]⟨f2⟩⟨telb.zn.⟩⟨sl., beh. in bet. 0.1 en 0.2⟩ **0.1** ***buste*** *⇒borstbeeld, tors* **0.2** ***boezem*** *⇒buste, borsten* **0.3** ***flop*** *⇒mislukking, misser, afgang, fiasco;* ⟨i.h.b.⟩ *bankroet, faillissement* **0.4** ***crisis(periode)*** *⇒baisse, slappe tijd* **0.5** ***stoot*** *⇒ram, klap, slag, opdonder, stomp* **0.6** ***feest*** *⇒fuif, uitspatting, orgie* **0.7** ***arrestatie*** *⇒politie-inval/overval* **0.8** ⟨kaartspel⟩ ***rothand*** *⇒ballenkaart*

0.9 ***ontslagbrief*** ⇒*ontslagbewijs, degradatiebevel* **0.10** ***dronkelap*** ⇒*zwerver, dronkaard* ◆ **3.6** have a ~, go on the ~ *uit de band springen, ze bruin bakken, gaan stappen.*

bust[2] ⟨f1⟩ ⟨bn.⟩ ⟨inf.⟩ ⟨→sprw. 50⟩ **0.1** ***kapot*** ⇒*stuk, kaduuk, kapoeres, naar de knoppen* ◆ **3.1** go ~ *op de fles gaan, bankroet gaan, springen.*

bust[3] ⟨f1⟩ ⟨ww.⟩ ⟨sl.⟩
I ⟨onov.ww.⟩ **0.1** ***barsten*** ⇒*breken, kapotgaan, te barsten / naar z'n moer / de knoppen gaan* **0.2** ***op de fles gaan*** ⇒*bankroet gaan, blut / platzak / aan de grond / rut raken* ◆ **5.¶** →bust **out**; →bust **up;**
II ⟨ov.ww.⟩ **0.1** ***breken*** ⇒*mollen, kapot / stuk slaan, naar de knoppen helpen, verpesten, moeren* **0.2** ***laten springen*** ⇒*door / verbreken, bankroet laten gaan, blut / platzak / rut maken* **0.3** ***temmen*** ⟨paard⟩ **0.4** ***degraderen*** ⇒*in rang terugzetten, deklasseren* **0.5** ***slaan*** ⇒*een stoot / ram / opdonder / oplawaai geven* **0.6** ***arresteren*** ⇒*aanhouden, achter slot en grendel zetten, opbrengen, in de kraag vatten* **0.7** ***een inval doen in*** ⇒*huiszoeking doen bij* ⟨v.d. politie⟩ **0.8** ***verspreiden*** ⟨menigte⟩ ⇒*opbreken* ⟨bende⟩ **0.9** ⟨stud.⟩ ***laten stralen / zakken*** ◆ **5.¶** →bust **up.**

bus·tard ['bʌstəd‖-ərd] ⟨telb.zn.⟩ ⟨dierk.⟩ **0.1** ***trap*** ⟨fam. Otididae⟩ ◆ **2.1** ⟨dierk.⟩ great ~ *grote trap* ⟨Otis tarda⟩; ⟨dierk.⟩ little ~ *kleine trap* ⟨Otis tetrax⟩.

bust·er ['bʌstə‖-ər] ⟨f1⟩ ⟨telb.zn.⟩ **0.1** ***hevige storm*** ⇒⟨i.h.b.⟩ *zuiderstorm* ⟨in Australië⟩ **0.2** ⟨vnl. als tweede lid in samenstellingen⟩ ***verwoester*** ⇒*breker, oplosser, bestrijder* **0.3** ⟨ook B-; aanspreekvorm⟩ ⟨vnl. AE; sl.; vnl. pej.⟩ ***kerel*** ⇒*Nelis, makker, grote, jochie* **0.4** ⟨sl.⟩ ***kanjer*** ⇒*joekel* **0.5** ⟨sl.⟩ ***val*** ⇒*tuimeling, klap, smak* **0.6** ⟨sl.⟩ ***party*** ⇒*orgie* ◆ **1.2** crimebuster *misdaadbestrijder.*

'bust·head ⟨telb.zn.⟩ ⟨AE; sl.⟩ **0.1** ***slechte drank*** ⇒*hoofdpijnwijn, château migraine* **0.2** ***zuiplap*** ⇒*dronken zwerver, clochard.*

bust·ier [bʌst'jeɪ] ⟨telb.zn.⟩ **0.1** ***bustier*** ⟨als topje gedragen kledingstuk⟩.

bus·tle[1] ['bʌsl] ⟨f1⟩ ⟨zn.⟩
I ⟨telb.zn.⟩ **0.1** ⟨gesch., mode⟩ ***tournure*** ⇒*queue (de Paris)*;
II ⟨telb. en n.-telb.zn.; geen mv.⟩ **0.1** ***drukte*** ⇒*bedrijvigheid, gewoel, opschudding, roerigheid* ◆ **6.1** we were all **in** a ~ *we waren allemaal druk in de weer, het was een drukte van belang.*

bustle[2] ⟨f2⟩ ⟨ww.⟩ →bustling
I ⟨onov.ww.⟩ **0.1** ***druk in de weer zijn*** ⇒*drukte maken, jachten, zich haasten, gejaagd / jachtig in de weer zijn* ◆ **5.1** they were all bustling **about** *ze renden allemaal door elkaar* **6.1** ~ **with** *bruisen / gonzen / zinderen van, in rep en roer zijn door;*
II ⟨ov.ww.⟩ **0.1** ***opjagen*** ⇒*aansporen, de zweep erover leggen, achter de broek zitten* ◆ **5.1** each morning I have to ~ the children **off** to school *iedere morgen moet ik zien dat ik de kinderen op tijd de deur uit krijg naar school.*

bus·tler ['bʌslə‖-ər] ⟨telb.zn.⟩ **0.1** ***druktemaker.***

bust·ling ['bʌslɪŋ] ⟨bn.; teg. deelw. v. bustle⟩ **0.1** ***bedrijvig*** ⇒*druk, jachtig, bruisend.*

'bust 'out ⟨ww.⟩ ⟨AE⟩
I ⟨onov.ww.⟩ **0.1** ⟨inf.⟩ ***uitbotten*** ⇒*in bloei komen, openbreken, in groeien en bloeien losbarsten* **0.2** ⟨sl.⟩ ***uitbreken*** ⟨uit gevangenis⟩ **0.3** ⟨sl.; stud.⟩ ***stralen*** ⇒*zakken* **0.4** ⟨sl.⟩ ***alles verdobbelen*** ⇒*blutgespeeld worden;*
II ⟨ov.ww.⟩ ⟨sl.⟩ **0.1** ***blutspelen*** ⇒*uitkleden.*

'bust 'up ⟨ww.⟩ ⟨inf.⟩
I ⟨onov.ww.⟩ **0.1** ⟨BE⟩ ***bonje / hommeles / trammelant / stennis hebben*** **0.2** ***uit elkaar gaan*** ⇒*scheiden;*
II ⟨ov.ww.⟩ ⟨AE⟩ **0.1** ***in de war sturen*** ⇒*verknallen, bederven, verpesten, versjteren* **0.2** ***uit elkaar drijven.***

'bust-up ⟨telb.zn.⟩ ⟨inf.⟩ **0.1** ⟨BE⟩ ***stennis*** ⇒*herrie, hommeles, heisa, stampij* **0.2** ⟨AE⟩ ***mislukking*** ⟨v.e. huweljk⟩ ⇒*het stuklopen.*

bust·y ['bʌsti] ⟨f1⟩ ⟨bn.; -er; →compar. 7⟩ ⟨inf.⟩ **0.1** ***rondborstig*** ⇒*met een groot voorbalkon / een paar flinke jongens, met stevige boezem.*

'bus·way ⟨telb.zn.⟩ ⟨verkeer⟩ **0.1** ***busstrook.***

bus·y[1] ['bɪzi] ⟨telb.zn.; →mv. 2⟩ ⟨sl.⟩ **0.1** ***stille*** ⇒*rechercheur, detective.*

busy[2] ⟨f3⟩ ⟨bn.; -er; -ly; busyness; →bijw. 3⟩ ⟨→sprw. 65⟩ **0.1** ***bezig*** ⇒*druk(bezet), bedrijvig, naarstig, vlijtig, nijver* **0.2** ***bemoeizuchtig*** **0.3** ⟨vnl. AE⟩ ***bezet*** ⇒*in gesprek* ⟨v. telefoon⟩ ◆ **1.1** as ~ as a bee / bees *zo bezig als een bij, zo druk als een klein baasje;* it's been a ~ day *het is een drukke dag geweest;* it's a ~ place *het is een drukke / veel bezochte gelegenheid;* ~ wallpaper *druk behang;* she's a ~ woman *ze is een druk bezette vrouw* **1.3** the line is ~ *de lijn is bezet, het toestel is in gesprek* **1.¶** ⟨BE; plantk.⟩ ~ Lizzie *vlijtig liesje* ⟨Impatiens walleriana⟩ **3.1** I'm ~ cleaning *ik ben (druk) aan het schoonmaken / de schoonmaak;* come on, get ~ *kom op, laat de handjes eens wapperen / doe eens wat / schiet eens op* **6.1** she's ~ **at / over / with** her work *ze is druk aan het werk;* he's ~ **with** a book *hij is aan een boek bezig, hij werkt aan een boek.*

busy[3] ⟨f1⟩ ⟨ov.ww.; →ww. 7⟩ **0.1** ***bezig houden*** ⇒*zoethouden, in de weer zijn met* ◆ **6.1** ~ o.s. **with** collecting stamps *postzegels verzamelen om iets om handen te hebben.*

'bus·y·bod·y ⟨f1⟩ ⟨telb.zn.; →mv. 2⟩ **0.1** ***bemoeial*** **0.2** ***spionnetje*** ⟨spiegel⟩.

'busy signal ⟨telb.zn.⟩ ⟨vnl. AE⟩ **0.1** ***bezettoon*** ⇒*in-gesprektoon / signaal* ⟨v. telefoon⟩.

'bus·y-work ⟨n.-telb.zn.⟩ **0.1** ***tijdvulling*** ⇒*bezigheid, tijdpassering / verdrijf, fröbelwerk* **0.2** ***drukdoenerij.***

but[1] [bʌt] ⟨f1⟩ ⟨telb.zn.⟩ **0.1** ***maar*** ⇒*tegenwerping, bedenking, bezwaar, aanmerking* **0.2** ⟨Sch. E⟩ ***woonkeuken*** ⟨v.e. 'but-and-ben'⟩ ◆ **1.1** ⟨inf.⟩ ifs and ~s *maren, bedenkingen, tegenwerpingen, gemaar* **3.1** but me no ~s *geen gemaar, niks te maren* **6.1** ⟨inf.⟩ no ~s **about** it *zeker weten, reken maar, zonder twijfel; er is niets tegen.*

but[2] ⟨f1⟩ ⟨ww.; →ww. 7⟩
I ⟨onov.ww.⟩ **0.1** ***maren*** ⇒*tegenspreken / sputteren;*
II ⟨ov.ww.⟩ **0.1** ***bedenkingen opwerpen / opperen tegen.***

but[3] [bət ⟨sterk⟩ bʌt] ⟨f1⟩ ⟨betr.vnw.; steeds met negatief antecedent; →antecedent⟩ **0.1** ***die / dat niet*** ◆ **4.1** there's no man ~ loves London *er is niemand die niet van Londen houdt / of hij houdt van Londen.*

but[4] [bət ⟨sterk⟩ bʌt] ⟨f3⟩ ⟨bw.⟩ **0.1** ***slechts*** ⇒*enkel, alleen, maar, niet meer / anders dan, pas* **0.2** ⟨Sch. E⟩ ***naar voren*** ⇒*naar / in de buitenste kamer v.h. huis, buiten* **0.3** ***(en) toch*** ⇒*echter, anderzijds* ◆ **1.1** he's ~ a student *het is maar een student* **2.1** she's ~ young *ze is nog jong* **3.1** I could ~ feel sorry for her *ik kon enkel medelijden hebben met haar* **3.2** go ~ *naar voren / de voorkamer / buiten gaan* **5.1** ~ now *nog maar pas, zo juist; nu pas, nu eerst;* ~ yesterday *gisteren nog; gisteren pas* **¶.3** is that so? But, I can't believe it *is dat zo? En toch, ik kan het niet geloven.*

but[5] [bət ⟨sterk⟩ bʌt] ⟨f3⟩ ⟨vz.⟩ **0.1** ***behalve*** ⇒*buiten, uitgezonderd, met uitzondering van, anders dan* **0.2** ⟨Sch. E⟩ ***zonder*** **0.3** ⟨Sch. E⟩ ***buiten*** ⇒*naar / in de buitenste kamer v.* ◆ **1.1** no fruit ~ bananas *geen ander fruit dan bananen;* who ~ John? *wie anders dan John?;* he wanted nothing ~ peace *hij wilde slechts rust* **1.2** don't go out ~ a coat *ga niet buiten zonder jas* **4.1** they were all mistaken ~ me *ze zaten er allemaal naast, behalve ik;* all ~ a few *nagenoeg / vrijwel iedereen / allemaal;* the last ~ one *op één na de laatste;* the next summer ~ one *de zomer na de volgende.*

but[6] [bət ⟨sterk⟩ bʌt ⟨in bet. I 0.4 steeds, beh. in combinatie met that⟩ bʌt] ⟨f4⟩ ⟨vw.; leidt vaak elliptische zin in⟩
I ⟨ondersch.vw.⟩ **0.1** ⟨uitzondering⟩ ***behalve*** ⇒*buiten, uitgezonderd* **0.2** ⟨voor indirecte rede, na negatief / vragend hoofdwerkwoord⟩ ***dat*** **0.3** ⟨negatief gevolg⟩ ***dat niet*** **0.4** ⟨negatieve voorwaarde⟩ ***als niet*** **0.5** ⟨i.p.v. than⟩ ***dan*** ◆ **1.¶** a pity ~ (that) we went at the right time *spijtig dat we niet op het juiste ogenblik gegaan zijn* **3.1** I cannot (choose) ~ accept his proposal *ik kan niet anders dan zijn voorstel aannemen, ik heb geen keuze tenzij zijn voorstel aan te nemen* **3.3** she was not so ill ~ she could do the cooking *ze was niet zo ziek dat ze niet kon koken* **3.4** ~ she's been so hardened this would shock her *als ze niet zo gehard was, zou ze hierdoor geschokt zijn* **3.5** ⟨inf.⟩ no sooner had she spoken ~ it appeared again *ze was nog niet uitgesproken of het verscheen opnieuw* **4.1** ⟨schr.⟩ they were all mistaken ~ me *ze waren er allemaal naast, behalve ik* **4.2** I do not know ~ what she'll come *ik weet niet dat ze niet zal komen, ik vermoed dat ze wel zal komen; ik weet niet of ze zal komen* **4.3** not so bad ~ what it got a prize *niet zo slecht dat het geen prijs kreeg* **5.1** he was all ~ dead *hij was bijna dood;* he all ~ did it *hij had het bijna gedaan;* I never met Britten ~ once *ik heb Britten maar één keer ontmoet* **5.¶** not ~ she's as bright as her sister *niet dat ze zo slim is als haar zus* **6.4** ⟨met →voorwaarde v. type II en III⟩ ~ **for** her I would have been a monk *ik zou monnik geworden zijn ware het niet voor haar / als zij er niet geweest was* **8.2** he did not doubt ~ that he had failed *hij twijfelde er niet aan dat hij gefaald had* **8.4** she would have gone ~ that she had too much work *ze zou gegaan zijn als ze niet teveel werk had gehad* **8.5** it cannot be ~ that she is ill *het kan niet anders of ze is ziek / dan dat ze ziek is* **¶.¶** it's ten to one ~ Mary will come *tien tegen een dat Mary komt;*
II ⟨nevensch.vw.⟩ **0.1** ⟨tegenstelling⟩ ***maar*** ⇒*niettemin, maar toch, desondanks, nochtans* **0.2** ⟨versterkend en tegenstellend; in hogere mate dan verwacht; vnl. in uitroep⟩ ***en hoe*** ⇒*wat, maar, en* **0.3** ⟨→balansschikking; uitzondering⟩ ***zonder*** ◆ **1.1** not a man ~ an animal *geen mens maar een dier* **2.1** young ~ clever *jong maar sluw* **2.2** he was dim ~ dim *hij was dom, maar zo dom dat hij was;* the girls, ~ they were pretty *maar de meisjes, die waren mooi* **3.2** he ran ~ ran! *hij liep, en hoe!* **3.3** she could not suggest anything ~ somebody criticized it *ze kon niets suggereren of iem.*

had er wat op aan te merken; he never comes here ~ he quarrels *hij komt hier nooit zonder ruzie te maken;* I never meet a pretty girl ~ I want to kiss her *ik kom nooit een knap meisje tegen dat ik niet wil kussen* **5.1** not only was he handsome, ~ also he was rich *niet alleen was hij knap, (maar) hij was ook rijk;* ~ then (again) *(maar) anderzijds / ja;* it's not very fancy, ~ then what do you expect for fifty pounds? *'t is niet geweldig, maar ja, wat wil je voor vijftig pond?;* ~ yet *niettemin* **5.2** he ran ~ fast! *hij liep, en snel ook!;* ~ no! *nee maar!, nee toch!;* ~ yes! *maar ja toch!* **¶.¶** nothing would calm the baby ~ his mother must rock him *niets kon de baby doen zwijgen: zijn moeder moest hem wiegen;* all men are traitors ~ he is a man *alle mannen zijn verraders en hij is een man.*

bu·ta·di·ene ['bju:ṭə'daɪ·i:n]⟨n.-telb.zn.⟩⟨schei.⟩ **0.1** ***butadieen.***

but-and-ben ['bʌtn'ben]⟨telb.zn.⟩⟨Sch. E⟩ **0.1** ***tweekamerhuisje.***

bu·tane ['bju:teɪn]⟨f1⟩⟨n.-telb.zn.⟩⟨schei.⟩ **0.1** ***butaan*** ⇒*butagas.*

'butane gas ⟨n.-telb.zn.⟩⟨AE⟩ **0.1** ***butagas.***

butch[1] [bʊtʃ]⟨telb.zn.⟩⟨sl.⟩ **0.1** ***manwijf*** ⇒*pot, dijk, lesbienne* **0.2** ***ruwe klant*** ⇒*vechtersbaas, woesteling* **0.3** ⟨AE⟩ ***fout*** ⇒*flop* **0.4** ⟨verk.⟩ ⟨butch haircut⟩ **0.5** ⟨verk.⟩ ⟨butcher 0.3⟩.

butch[2] ⟨bn.⟩⟨inf.⟩ **0.1** ***vermannelijkt*** ⟨v.e. vrouw⟩ ⇒*potteus* **0.2** ***macho*** ⟨v.e. man⟩ ⇒*(overdreven) viriel, stoer* **0.3** ***robuust*** ⇒*krachtig, mannelijk.*

butch·er[1] ['bʊtʃə‖-ər]⟨f2⟩⟨telb.zn.⟩ **0.1** ***slager*** ⇒*slachter;* ⟨scherts; fig.⟩ *slecht chirurg; (onhandige) kapper* **0.2** ***(af)slachter*** ⇒*afmaker, moordenaar* **0.3** ⟨AE⟩ ***snoep / tijdschriftenverkoper*** ⟨in trein⟩ **0.4** ***knoeier*** ⇒*prutser, stoethaspel* ◆ **1.1** the ~, the baker, the candlestick-maker ⟨lett.⟩ *de slager, de bakker, de kandelaarmaker;* ⟨fig.⟩ *edelman, bedelman, dokter, pastoor, koning, keizer, schuttermajoor* **3.¶** ⟨BE; sl.⟩ take a ~'s upstairs *neem boven eens een kijkje* **7.1** the ~'s *de slager(ij).*

butcher[2] ⟨f1⟩⟨ov.ww.⟩ **0.1** ***slachten*** **0.2** ***afslachten*** ⇒*uitmoorden, afmaken* **0.3** ***verknoeien*** ⇒*verknallen;* ⟨fig.⟩ *verminken, verkrachten.*

'butch·er·bird ⟨telb.zn.⟩⟨dierk.⟩ **0.1** ***klauwier*** ⟨fam. Laniidae⟩.

butch·er·ly ['bʊtʃəli‖-ər-]⟨bw.⟩ **0.1** ***beestachtig (wreed).***

'butcher's bill ⟨telb.zn.⟩ **0.1** ⟨iron. pej.⟩ ***verlieslijst*** ⇒*'slagersrekening', lijst van gesneuvelden.*

'butch·er's-'broom ⟨telb.zn.⟩⟨plantk.⟩ **0.1** ***muis / muizedoorn*** ⟨Ruscus aculeatus⟩.

'butcher's hook ⟨telb.zn.⟩⟨BE; sl.⟩ **0.1** ***kijkje.***

'butch·er's-meat ⟨n.-telb.zn.⟩ **0.1** ***vlees v.d. slager*** ⟨in tegenstelling tot gevogelte, wild en vleeswaren⟩ ⇒*slachtvlees.*

butch·er·y ['bʊtʃri]⟨zn.; →mv. 2⟩

I ⟨telb.zn.⟩ **0.1** ***slachthuis*** ⇒*abattoir, slachterij;*

II ⟨n.-telb.zn.⟩ **0.1** ⟨vaak attr.⟩ ***het slachten*** ⇒*slachterij, slachters-, slagers-* **0.2** ***het afslachten / afmaken*** ⇒*slachting, bloedbad.*

'butch 'haircut ⟨telb.zn.⟩ **0.1** ***borstelkop*** ⇒*gemillimeterd haar.*

but·ler[1] ['bʌtlə‖-ər]⟨f2⟩⟨telb.zn.⟩ **0.1** ***butler*** ⇒*huisknecht, keldermeester.*

butler[2] ⟨ov.ww.⟩ **0.1** ***bedienen.***

'butler's 'pantry ⟨telb.zn.⟩ **0.1** ***butlerskeuken*** ⟨werkruimte v.e. butler⟩.

butlery →buttery.

butt[1] [bʌt], ⟨in bet. I 0.4 ook⟩ **'butt end** ⟨f2⟩⟨zn.⟩

I ⟨telb.zn.⟩ **0.1** ***mikpunt*** ⟨v. spot⟩ ⇒*risee, zondebok* **0.2** ***doelwit*** ⇒*roos* **0.3** ***kogelvanger*** ⇒*schuilhut* **0.4** ⟨ben. voor⟩ ***(dik) uiteinde*** ⇒*kolf, handvat; stomp, stronk; restant, eindje; peuk* ⟨v. sigaret⟩; ⟨sl.⟩ *achterste, krent, toges, reet;* ⟨AE⟩ *romp, tors* **0.5** ⟨AE; sl.⟩ ***sigaret*** ⇒*stinkstok, peuk* **0.6** ***(bier / wijn)vat*** ⇒*(regen)ton* **0.7** ***ram*** ⇒*kopstoot, stoot* ⟨met hoofd of horens⟩ **0.8** ***platvis*** **0.9** ⟨AE; sl.⟩ ***korte tijd*** ⇒*laatste periode* ⟨v. gevangenisstraf of militaire dienst⟩ **0.10** ⟨verk.⟩ ⟨butt hinge⟩ **0.11** ⟨verk.⟩ ⟨butt joint⟩;

II ⟨n.-telb.zn.⟩ **0.1** ***zoolleer;***

III ⟨mv.; ~s; the⟩ **0.1** ⟨boogschieten⟩ ***schietbaan*** ⇒⟨gesch., vero.⟩ *doelen* **0.2** ***schietbok.***

butt[2] ⟨f2⟩⟨ww.⟩

I ⟨onov.ww.⟩ **0.1** ***stoten*** ⟨met hoofd of horens⟩ **0.2** ***met de uiteinden / een stootvoeg verbonden zijn*** ⇒*aangrenzen / sluiten* **0.3** ***(voor) uitsteken / springen*** ◆ **5.¶** →butt **in;**

II ⟨ov.ww.⟩ **0.1** ***rammen*** ⇒*een kopstoot geven, tegenaan knallen, met zijn hoofd tegenaan lopen* **0.2** ***met de uiteinden / een stootvoeg aan elkaar verbinden*** ⇒*aanstoten.*

butte [bju:t]⟨telb.zn.⟩⟨AE⟩ **0.1** ***tafelberg*** ⇒*(eenzame) hoogte.*

butt end →butt[1] I 0.4.

'butt-end·ing ⟨n.-telb.zn.⟩⟨ijshockey⟩ **0.1** ***(het) slaan met bovenkant stick*** ⟨als overtreding⟩.

but·ter[1] ['bʌtə‖'bʌṭər]⟨f3⟩⟨n.-telb.zn.⟩ **0.1** ***boter*** **0.2** ⟨inf.⟩ ***stroop (smeerderij)*** ⇒*gevlei, vleierij, geslijm* ◆ **1.¶** (he looks as if) ~ wouldn't melt in his mouth *hij lijkt de onschuld zelve, hij lijkt zo onschuldig als een lam / pasgeboren kind* **3.1** melted ~ *gesmolten boter, gewelde boter, boterjus / saus* **3.2** lay on the ~ *het er (te) dik bovenopleggen, stroop om de mond smeren.*

butter[2] ⟨f1⟩⟨ov.ww.⟩⟨→sprw. 192⟩ **0.1** ***beboteren*** ⇒*besmeren (met boter), boter smeren op, in boter bereiden* ◆ **5.¶** →butter **up.**

'but·ter-and-'egg man ⟨telb.zn.⟩⟨AE; inf.⟩ **0.1** ***boertje van buiten*** ⟨rijke plattelander op stap in nachtclub⟩.

'but·ter-and-'eggs ⟨mv.; ww. ook enk.⟩⟨plantk.⟩ **0.1** ***vlasleeuwebek (je)*** ⟨Linaria vulgaris⟩.

'but·ter·ball ⟨telb.zn.⟩ **0.1** ***boterballetje / bolletje*** ⇒*kluit(je) boter* **0.2** ⟨inf.⟩ ***dikzak*** ⇒*prop(je), dikkertje* **0.3** ⟨AE; dierk.⟩ ***buffelkopeend*** ⟨Bucephela albeola⟩.

'butter bean ⟨telb.zn.⟩⟨plantk.⟩ **0.1** ***wasboon*** ⇒*gele (spercie)boon* **0.2** ***(gedroogde) limaboon*** ⟨Phaseolus limensis of lunatus⟩.

'but·ter·boat ⟨telb.zn.⟩ **0.1** ***sauskom(metje).***

'but·ter·bump ⟨telb.zn.⟩⟨BE, gew.; dierk.⟩ **0.1** ***roerdomp*** ⟨Botaurus stellaris⟩.

'but·ter·bur ['bʌtəbɜ:‖'bʌṭərbɜr]⟨telb. en n.-telb.zn.⟩⟨plantk.⟩ **0.1** ***groot hoefblad*** ⟨genus Petasites⟩.

'but·ter·cup ⟨f1⟩⟨telb.zn.⟩ **0.1** ⟨plantk.⟩ ***boterbloem*** ⟨genus Ranunculus⟩ **0.2** ⟨AE; inf.⟩ ***mooi (onschuldig) meisje*** ⇒*engeltje.*

'butter dish ⟨telb.zn.⟩ **0.1** ***botervloot(je).***

'but·ter·fat ⟨n.-telb.zn.⟩ **0.1** ***botervet.***

'but·ter·fin·gered ⟨bn.⟩⟨inf.⟩ **0.1** ***onhandig*** ⇒*stuntelig, breeks.*

'but·ter·fin·gers ⟨f1⟩⟨telb.zn.; butterfingers; →mv. 4⟩⟨inf.⟩ **0.1** ***breekal*** ⇒*stuntel, stoethaspel;* ⟨i.h.b. sport⟩ *slecht vanger.*

'but·ter·fish ⟨telb.zn.⟩⟨dierk.⟩ **0.1** ***botervis*** ⟨Pholis gunnellus⟩.

but·ter·fly[1] ['bʌtəflaɪ‖'bʌṭər-]⟨f2⟩⟨zn.; →mv. 2⟩

I ⟨telb.zn.⟩ **0.1** ***vlinder*** ⇒*kapel;* ⟨fig.⟩ *losbol, vrolijke Frans* **0.2** ⟨verk.⟩ ⟨butterfly stroke⟩ ◆ **1.¶** break a ~ on a / the wheel *met een kanon op een vlieg / mus schieten;*

II ⟨mv.; butterflies⟩⟨inf.⟩ **0.1** ***de kriebels*** ⇒*nerveuze spanningen* ◆ **1.1** have butterflies in one's stomach *vlinders in de buik hebben.*

butterfly[2] ⟨onov.ww.; →ww. 7⟩ **0.1** ***vlinderen*** ⇒*fladderen.*

'butterfly bow [-boʊ]⟨telb.zn.⟩ **0.1** ***vlinderdasje.***

'butterfly bush ⟨telb.zn.⟩⟨plantk.⟩ **0.1** ***buddleja*** ⇒*vlinderstruik* ⟨fam. Buddleiaceae, i.h.b. Buddleia davidii⟩.

'butterfly fish ⟨telb.zn.⟩⟨dierk.⟩ **0.1** ***klipvis*** ⇒*borsteltandige, vlindervis* ⟨fam. Chaetodontidae⟩.

'butterfly kiss ⟨telb.zn.⟩⟨AE; sl.⟩ **0.1** ***streling met ooghαren over iemands wang.***

'butterfly nut ⟨telb.zn.⟩ **0.1** ***vleugelmoer.***

'butterfly stroke ⟨f1⟩⟨telb.zn.⟩ **0.1** ***vlinderslag.***

'butterfly table ⟨telb.zn.⟩ **0.1** ***hangoor(tafel)*** ⇒*klap / valtafel.*

'butterfly tie ⟨telb.zn.⟩ **0.1** ***vlinderdasje.***

'butterfly valve ⟨telb.zn.⟩⟨tech.⟩ **0.1** ***vleugelklep*** ⟨bestaande uit twee halfcirkelvormige delen⟩ ⇒*vlinderklep* **0.2** ***smoorklep*** ⟨in cilinder⟩.

but·ter·is ['bʌṭərɪs]⟨telb.zn.⟩ **0.1** ***veegmes*** ⇒*hoef(smids)beitel.*

'butter knife ⟨telb.zn.⟩ **0.1** ***botermes(je).***

'but·ter·milk ⟨f1⟩⟨n.-telb.zn.⟩ **0.1** ***karnemelk*** ⇒⟨gew.⟩ *botermelk.*

'but·ter·nut ⟨zn.⟩

I ⟨telb.zn.⟩ **0.1** ⟨plantk.⟩ ***witte walnoot*** ⟨Juglans cinerea⟩ **0.2** ***butternut*** ⟨vrucht v. 0.1⟩ **0.3** ***souarienoot*** ⟨vrucht v. Caryocar nuciferum⟩ **0.4** ⟨ook B-⟩⟨AE; sl.; gesch.⟩ ***zuidelijk soldaat*** ⇒*aanhanger van de Confederatie* ⟨Am. burgeroorlog⟩;

II ⟨n.-telb.zn.⟩ **0.1** ***notenhout*** ⟨v. I 0.1⟩ **0.2** ***bruine verfstof*** ⟨uit bast van I 0.1⟩;

III ⟨mv.; ~s⟩ **0.1** ***bruine overall.***

'butter pat ⟨telb.zn.⟩ **0.1** ***kluit boter*** **0.2** ***boterschoteltje.***

'butter pear ⟨telb.zn.⟩⟨plantk.⟩ **0.1** ***avocado*** ⇒*advocaatpeer* ⟨Persea Americana⟩.

'butter print ⟨telb.zn.⟩ **0.1** ***boterstempel*** **0.2** ***botervorm.***

'butter scoop ⟨telb.zn.⟩ **0.1** ***boterspaan.***

'but·ter·scotch ['bʌtəskɒtʃ‖'bʌṭərskɑtʃ]⟨zn.⟩

I ⟨telb.zn.⟩ **0.1** ***stroopbal(letje)*** ⇒*boterbabbelaar;*

II ⟨n.-telb.zn.⟩ **0.1** ***butterscotch*** **0.2** ⟨vaak attr.⟩ ***geelbruin.***

'butter spreader ⟨telb.zn.⟩ **0.1** ***botermes(je).***

'butter trier ⟨telb.zn.⟩ **0.1** ***boterboor.***

'butter 'up ⟨onov. en ov.ww.⟩⟨inf.⟩ **0.1** ***vleien*** ⇒*stroop om de mond smeren, strooplikken, slijmen* ◆ **1.1** he tries to ~ the boss *hij probeert bij de baas een wit voetje te halen* **6.1** try to ~ **to** s.o. *bij iem. in het gevlij proberen te komen, met iem. aanpappen.*

but·ter·wort ['bʌtəwɜ:t‖'bʌṭərwɜrt]⟨telb. en n.-telb.zn.⟩⟨plantk.⟩ **0.1** ***vetblad*** ⟨genus Pinguicula, i.h.b. P. vulgaris⟩.

but·ter·y[1] ['bʌṭəri], **but·ler·y** ⟨telb.zn.; →mv. 2⟩ **0.1** ***provisiekamer*** ⟨i.h.b. voor drank⟩ ⇒*wijnkelder* **0.2** ⟨BE⟩ ***etensbalie*** ⇒*kantine, buffet* ⟨aan sommige universiteiten⟩.

buttery[2] ⟨bn.; -ness; →bijw. 3⟩ **0.1** ***boterachtig*** ⇒*beboterd, boterhoudend, boterbevattend* **0.2** ⟨inf.⟩ ***slijmerig*** ⇒*strooplikkerig, kruiperig.*

'buttery hatch ⟨telb.zn.⟩ **0.1** ***onderdeur v. pantry.***
'butt hinge, butt ⟨telb.zn.⟩ **0.1** ***deurhengsel/scharnier.***
'butt 'in ⟨f1⟩ ⟨onov.ww.⟩ ⟨inf.⟩ **0.1** ***tussenbeide komen*** *⇒interrumperen, onderbreken, zich bemoeien met* ◆ **3.1** stop butting in *hou je erbuiten* **6.1** it's impolite to ~ **on** other people's conversations *het is onbeleefd je ongevraagd te mengen in het gesprek v. anderen.*
butt·in·sky, butt·in·ski [bʌṭ'ɪnski] ⟨telb.zn.; →mv. 2⟩ ⟨AE; sl.⟩ **0.1** ***bemoeial*** *⇒iem. die voortdurend in de rede valt.*
'butt joint, butt ⟨telb.zn.⟩ **0.1** ***stootvoeg/las/naad*** *⇒stuiknaad, stompe las.*
butt·leg·ging ['bʌtlegɪŋ] ⟨n.-telb.zn.⟩ ⟨AE⟩ **0.1** ***illegale sigarettenhandel*** ⟨met taks-ontduiking⟩.
but·tock ['bʌṭək] ⟨f1⟩ ⟨zn.⟩
I ⟨telb.zn.⟩ **0.1** ***bil*** *⇒bilstuk* **0.2** ⟨worstelen⟩ ***heupzwaai;***
II ⟨mv.; ~s⟩ **0.1** ***achterste*** *⇒achterwerk, bibs.*
but·ton[1] ['bʌtn] ⟨f3⟩ ⟨telb.zn.⟩ **0.1** ***knoop(je)*** **0.2** ***(druk)knop*** *⇒knopje* **0.3** ***floretdopje*** **0.4** ***hoedje*** ⟨v. champignon⟩ *⇒knop, bottel* **0.5** ⟨vnl. AE⟩ ***button*** *⇒rond insigne* **0.6** ***staarteinde/punt*** ⟨v. ratelslang⟩ **0.7** ⟨roeisport⟩ ***kraag*** ⟨voorkomt schuiven v. riem door roeidol⟩ **0.8** ⟨sl.; bokssport⟩ ***kinpunt(je)*** **0.9** ⟨sl.⟩ ***clitoris*** *⇒kittelaar* ◆ **2.1** not worth a ~ *geen lor/spat/zier waard* **3.¶** ⟨inf.⟩ have all one's ~s *ze goed bij elkaar hebben;* ⟨inf.⟩ have a few ~s missing *ze niet allemaal op een rijtje hebben* **5.¶** ⟨inf.⟩ he's a ~ short *er zit een schroefje bij hem los* **6.¶** ⟨AE; inf.⟩ **on** the ~ *precies, exact, de spijker op z'n kop; midden in de roos* ⟨v. schot⟩.
button[2] ⟨f2⟩ ⟨ww.⟩
I ⟨onov.ww.⟩ **0.1** ***dichtknopen*** *⇒sluiten, dichtgaan* ◆ **1.1** my shirt won't ~ *ik krijg (de knoopjes v.) mijn overhemd niet dicht/vast* **5.¶** →button **up;**
II ⟨ov.ww.⟩ **0.1** ***dicht/vastknopen*** **0.2** ***een knoop/knopen zetten aan*** ◆ **1.1** ⟨AE; sl.⟩ ~ your lip *kop dicht, hou je bek/waffel* **4.1** ⟨AE; sl.⟩ ~ it *kop dicht, hou je bek* **5.¶** →button **down;** →button **up.**
'but·ton·ball, 'button tree, ⟨AE ook⟩ **'but·ton·wood** ⟨telb.zn.⟩ ⟨plantk.⟩ **0.1** ***westerse plataan*** ⟨Platanus occidentalis⟩.
'button day ⟨telb.zn.⟩ ⟨vnl. Austr. E⟩ **0.1** ***speldjesdag.***
'button 'down ⟨ov.ww.⟩ ⟨AE; sl.⟩ **0.1** ***vastpinnen*** *⇒herkennen, identificeren.*
'but·ton-down' ⟨bn., attr.⟩ **0.1** ***button-down*** ⟨v. boord en overhemd⟩ ⇒⟨bij uitbr.⟩ *stijf, conventioneel* **0.2** ⟨inf.⟩ ***ingedut*** *⇒duf, fantasieloos, suf, bezadigd* **0.3** ⟨inf.⟩ ***conservatief*** *⇒traditioneel.*
'but·ton·hole[1] ⟨f1⟩ ⟨telb.zn.⟩ **0.1** ***knoopsgat*** **0.2** ***corsage.***
buttonhole[2] ⟨f1⟩ ⟨ov.ww.⟩ **0.1** ***knoopsgaten maken in*** **0.2** ***in zijn kraag grijpen*** *⇒staande houden, tegenhouden.*
'buttonhole stitch ⟨telb.zn.⟩ **0.1** ***knoopsgaten/festonneersteek.***
'but·ton·hook ⟨telb.zn.⟩ **0.1** ***knopehaakje.***
'button man ⟨telb.zn.⟩ **0.1** ***iem. die het vuile werk opknapt*** ⟨in bendes⟩ *⇒knecht, waterdrager, klusjesman, duivelstoejager, loopjongen.*
but·tons ['bʌtnz] ⟨f1⟩ ⟨telb.zn.; buttons; →mv. 4⟩ ⟨inf.⟩ **0.1** ***man in uniform*** ⇒⟨i.h.b.⟩ *piccolo, hoteljongen chasseur; agent.*
'button stick ⟨telb.zn.⟩ **0.1** ***knopeschaar.***
'but·ton-'through ⟨telb.zn.⟩ **0.1** ***doorknoopjurk.***
button tree →buttonball.
'button 'up ⟨ww.⟩
I ⟨onov.ww.⟩ ⟨sl.⟩ **0.1** ***zijn kop/bek houden*** ◆ **3.1** tell them to ~ *zeg dat ze hun waffel houden;*
II ⟨ov.ww.⟩ **0.1** ***dichtknopen*** *⇒dichtdoen* **0.2** ⟨inf.⟩ ***afronden*** *⇒klaren, voltooien, afmaken, besluiten* ◆ **1.1** ⟨AE; sl.⟩ ~ your lip *hou je kop/bek/waffel* **1.2** that job's buttoned up *die zaak is rond, dat is voor elkaar/voor de bakker* **¶.1** ⟨fig.⟩ buttoned up *gesloten, zwijgzaam, stil; geremd, verkrampt, krampachtig, stijf.*
buttonwood →buttonball.
'butt plate ⟨telb.zn.⟩ **0.1** ***kolfplaat*** ⟨v. geweer⟩.
but·tress[1] ['bʌtrɪs] ⟨f1⟩ ⟨telb.zn.⟩ **0.1** ***steunbeer*** *⇒contrefort, steun, schoor;* ⟨fig.⟩ *steunpilaar, bastion* ◆ **3.1** flying ~ *luchtboog.*
buttress[2] ⟨f1⟩ ⟨ov.ww.⟩ **0.1** ***versterken met steun(beer)/contrefort/schoor*** ⇒⟨fig.⟩ *onderbouwen, ondersteunen, staven, schragen* ◆ **5.1** ~ **up** an argument with facts *een bewering met feiten hard maken/staven.*
'butt weld ⟨telb.zn.⟩ **0.1** ***stuiklas*** *⇒stompe las.*
'butt-weld ⟨ov.ww.⟩ **0.1** ***stomp/stuiklassen.***
but·ty ['bʌṭi] ⟨telb.zn.; →mv. 2⟩ **0.1** ***ploegbaas*** ⟨in mijn⟩ *⇒onderaannemer, koppelbaas* **0.2** ⟨BE; inf.⟩ ***maat(je)*** *⇒makker, kameraad* **0.3** ⟨BE; gew.⟩ ***boterham.***
'butty gang ⟨telb.zn.⟩ ⟨BE⟩ **0.1** ***groep arbeiders die als onderaannemer fungeert.***
butyl alcohol ['bju:taɪl 'ælkəhɒl‖'bju:ṭl 'ælkəhɔl] ⟨n.-telb.zn.⟩ ⟨schei.⟩ **0.1** ***butanol*** *⇒butylalcohol.*
bu·ty·lene ['bju:ṭɪli:n] ⟨n.-telb.zn.⟩ ⟨schei.⟩ **0.1** ***butyleen*** *⇒buteen.*
'butyl 'rubber ⟨n.-telb.zn.⟩ ⟨schei.⟩ **0.1** ***butylrubber*** ⟨synthetische rubber⟩.
bu·ty·rate ['bju:ṭɪreɪt] ⟨telb.zn.⟩ ⟨schei.⟩ **0.1** ***butyraat*** ⟨zout of ester v. boterzuur⟩.
bu·tyr·ic [bju:'tɪrɪk] ⟨bn.⟩ ⟨schei.⟩ **0.1** ***mbt. boterzuur*** ◆ **1.1** ~ acid *boterzuur, propaancarbonzuur.*
bux·om ['bʌksm] ⟨f1⟩ ⟨bn.; ook -er; -ly; -ness⟩ **0.1** ***weelderig*** ⟨v.e. vrouw⟩ *⇒mollig, gezond, glunder, vol, wulps, wellustig.*
buy[1] [baɪ] ⟨f1⟩ ⟨telb.zn.⟩ **0.1** ***aankoop*** *⇒aanschaf, koop* **0.2** ⟨inf.⟩ ***koopje*** *⇒voordeeltje.*
buy[2] ⟨f4⟩ ⟨ww.; bought, bought [bɔ:t]⟩
I ⟨onov. en ov.ww.⟩ **0.1** ***(aan/in/op)kopen*** *⇒aanschaffen, verschaffen, opleveren* ◆ **1.1** ~ in bulk *in het groot inkopen;* the dollar doesn't ~ what it used to *de dollar is ook niet meer (waard) wat ie was, de dollar heeft aan koopkracht ingeboet, je krijgt minder voor je dollars dan vroeger;* money doesn't ~ happiness *geld maakt niet gelukkig, geluk is niet te koop;* peace was dearly bought *de vrede werd duur betaald/eiste een hoge tol;* ~ time *tijd winnen* **3.1** don't ~ right now *je moet nu nog niet kopen/tot aankoop overgaan* **4.¶** ⟨sl.⟩ ~ it *het voor zijn kiezen krijgen, gedood worden, omgelegd worden* **5.1** ~ **back** *terugkopen;* ~ **off** *afkopen, zwijggeld betalen, omkopen, zich met geld vrijwaren;* ~ **out** *los/uit/vrijkopen; opkopen, verwerven, (in zijn geheel) overnemen;* ⟨BE⟩ ~ **over** *omkopen, corrumperen, stieken;* ~ing **round** *directe inkoop* ⟨bij producent, zonder tussenpersoon⟩; ~ **up** *opkopen, overnemen* **5.¶** →buy **in 6.1** ~ sth. **from/** ⟨sl.⟩ **off** s.o. *iets van iem. kopen;* ⟨ec.⟩ foreign companies ~ing themselves **into** our industry *buitenlandse bedrijven die zich in onze industrie inkopen;*
II ⟨ov.ww.⟩ **0.1** ⟨inf.⟩ ***omkopen*** *⇒stieken* **0.2** ⟨inf.⟩ ***geloven*** *⇒pikken, accepteren, (voor waar) aannemen* **0.3** ⟨AE; inf.⟩ ***inhuren*** *⇒in dienst nemen, engageren, opdracht geven aan* **0.4** ⟨AE; sl.⟩ ***uithalen*** *⇒uitrichten, uitspoken* ◆ **1.2** don't ~ that nonsense *laat je niks wijsmaken, trap niet in dat verhaaltje* **1.4** what's Hank trying to ~ with that threat? *wat denkt Hank met dat dreigement te bereiken?* **4.2** I'll ~ it/that *dat neem ik aan, dat kan ik accepteren.*
buy·a·ble ['baɪəbl] ⟨bn.⟩ **0.1** ***koopbaar*** *⇒te koop (aangeboden)* **0.2** ***omkoopbaar.***
buy·er ['baɪə‖-ər] ⟨f2⟩ ⟨telb.zn.⟩ ⟨→sprw. 389⟩ **0.1** ***koper*** *⇒klant* **0.2** ***inkoper*** ⟨v.e. warenhuis, enz.⟩.
'buyer's market, 'buyers' market ⟨telb.zn.⟩ **0.1** ⟨ec.⟩ ***kopersmarkt*** ⟨met groot aanbod en lage prijzen⟩.
'buy 'in ⟨ov.ww.⟩ **0.1** ***inkopen*** *⇒aanleggen, inslaan* ⟨v. voorraden⟩ **0.2** ***terugkopen*** *⇒inkopen, ophouden* ⟨goed op veiling aangeboden⟩.
'buy-in ⟨telb.zn.⟩ **0.1** ***(dekkings)aankoop.***
'buying agent ⟨telb.zn.⟩ **0.1** ***inkoopagent.***
'buy-out ⟨telb.zn.⟩ **0.1** ***opkoop*** *⇒opkoping* ⟨v. aandelen i.h.b. door werknemers v.h. betrokken bedrijf⟩, *bedrijfsovername.*
buzz[1] [bʌz] ⟨f3⟩ ⟨telb.zn.⟩ **0.1** ***brom/gons/zoemgeluid*** *⇒brom/zoemtoon, gebrom, gezoem; geroezemoes, gerucht, gemurmel* **0.2** ⟨inf.⟩ ***belletje*** *⇒telefoongesprek, telefoontje* **0.3** ⟨sl.⟩ ***(aangename) roes*** *⇒kick, opwinding, bevrediging* **0.4** ⟨AE; sl.⟩ ***vluchtig kusje*** *⇒zoentje* ◆ **3.2** give mother a ~ *bel moeder even.*
buzz[2] ⟨f2⟩ ⟨ww.⟩
I ⟨onov.ww.⟩ **0.1** ***zoemen*** *⇒brommen, gonzen, ronken, roezemoezen* **0.2** ***druk in de weer zijn*** *⇒redderen* **0.3** ***op een zoemer drukken*** *⇒aanbellen* ◆ **5.¶** ⟨AE; sl.⟩ ~ **along** *er vandoor gaan, opstappen* ⟨na visite⟩; ⟨vnl. BE; sl.⟩ ~ **off** *'m smeren, aftaaien, nokken, pleite gaan;* ~ **off!** *wegwezen!, donder op!* **6.1** ~ **along** the road *over de weg zoeven;* the crowd ~ed **with** expectation *een opgewonden/verwachtingsvol geroezemoes klonk op uit de menigte;*
II ⟨ov.ww.⟩ **0.1** ***laten brommen/gonzen/zoemen/snorren*** **0.2** ***(per zoemer) oproepen*** **0.3** ⟨inf.⟩ ***opbellen*** *⇒een telefoontje geven* **0.4** ⟨inf.⟩ ***smijten*** *⇒hard gooien* **0.5** ⟨inf.⟩ ***laag scheren/vliegen over*** ⟨v.e. vliegtuig⟩ **0.6** ⟨sl.⟩ ***fluisterend inlichten*** *⇒vertrouwelijke informatie doorspelen aan* ◆ **1.2** ~ your secretary *bel je secretaresse even, laat je secretaresse even komen* **1.5** ~ a crowd *laag over een menigte scheren* **1.6** I'll ~ John later *ik breng John straks wel stiekem op de hoogte.*
buz·zard ['bʌzəd‖-ərd] ⟨f1⟩ ⟨telb.zn.⟩ **0.1** ⟨BE; dierk.⟩ ***buizerd*** ⟨genus Buteo⟩ **0.2** ⟨AE; dierk.⟩ ***kalkoengier*** ⟨Cathartes aura⟩ **0.3** ⟨AE; sl.⟩ ***vieze, ouwe vent*** **0.4** ⟨AE; sl.; mil. of stud.⟩ ***gevogelte*** *⇒kip, kalkoen* ⟨als maaltijd⟩ **0.5** ⟨AE; sl.; mil.⟩ ***insigne*** ⟨v. Am. adelaar⟩.
'buzz bomb ⟨telb.zn.⟩ ⟨inf.⟩ **0.1** ***vliegende bom*** ⇒*V*[1].
buzz·er ['bʌzə‖-ər] ⟨f1⟩ ⟨telb.zn.⟩ **0.1** ***zoemer*** *⇒(fabrieks)fluit, sirene* **0.2** ***zoemtoon*** **0.3** ***gonzend insekt*** **0.4** ⟨AE; sl.⟩ ***politiepenning*** *⇒sheriffster.*
'buzz phrase, 'buzz word ⟨telb.zn.⟩ ⟨inf.⟩ **0.1** ***leus*** *⇒kreet, parool, devies, holle frase.*

'buzz saw ⟨telb.zn.⟩⟨AE⟩ **0.1** ***cirkelzaag***.

BVD's, BVDs ⟨mv.; ww. vnl. enk.⟩⟨afk.⟩ Bradley, Voorhees, Day ⟨een fabrikantentrio⟩ **0.1** ***(heren)ondergoed***.

BVM ⟨eig.n.⟩⟨afk.⟩ Blessed Virgin Mary **0.1** ***B.M.V.*** ⟨Beata Maria Virgo, de gezegende maagd Maria⟩.

BW ⟨afk.⟩ Black Watch.

B/W ⟨afk.⟩ black and white ⟨foto.⟩.

BWI ⟨afk.⟩ British West Indies ⟨Brits West-Indië⟩.

by[1] →bye[1].

by[2] ⟨f4⟩⟨bw.⟩ **0.1** ***nabij*** ⇒*dichtbij, in de buurt, opzij* ⟨ook fig.⟩ **0.2** ***langs*** ⇒*voorbij* **0.3** ⟨vero.⟩ ***daarenboven*** ◆ **3.1** be ~ *erbij/in de buurt zijn;* she sat ~ quietly *ze zat er stilletjes bij* **3.2** he came ~ *hij kwam langs;* he drove ~ *hij reed voorbij;* in years gone ~ *in vervlogen jaren* **5.¶** ~ and by *straks, weldra, na enige tijd;* ~ and large *over 't algemeen, in grote lijnen/trekken, globaal*.

by[3] [baɪ]⟨f3⟩⟨vz.⟩ **0.1** ⟨nabijheid, vnl. v. plaats⟩ ***bij*** ⇒*dichtbij, vlakbij, naast;* ⟨op kompasroos⟩ *ten* **0.2** ⟨weg, medium, enz.⟩ ***via*** ⇒*langs, door, voorbij (aan)* **0.3** ⟨tijd⟩ ***tegen*** ⇒*vóór, niet later dan;* ⟨bij uitbr.⟩ *op, om* ⟨bep. tijdstip⟩; *in* ⟨bep. jaar⟩ **0.4** ⟨agens, instrument, middel, enz.⟩ ***door*** ⇒*met, door middel v., per, door toedoen v., als gevolg v.;* ⟨wisk.⟩ *maal, vermenigvuldigd met, bij,* ⟨B.⟩ *op* **0.5** ⟨duidt een relatie van betrokkenheid, vergelijking aan⟩ ***ten opzichte van*** ⇒*met betrekking tot, ten aanzien van, wat ... betreft* **0.6** ⟨tijd of omstandigheid⟩ ***bij*** ⇒*tijdens* **0.7** ⟨opeenvolging⟩ ***na*** ⇒*per* **0.8** ⟨in eedformules⟩ ***bij*** ◆ **1.1** ⟨vero.⟩ went ~ her aunt for the holidays *ging bij haar tante logeren in de vakantie;* he hovered ~ the cupboard *hij hing in de buurt van de kast rond;* North ~ East *noord ten oosten;* he sat ~ the river *hij zat aan de kant van de rivier* **1.2** pass ~ the house *langs het huis komen;* left ~ the old road *vertrok langs de oude weg;* taught ~ radio *via de radio geleerd;* ~ sea and land *over zee en over land;* dropped ~ Sheila's *ging bij Sheila langs* **1.3** finished ~ Sunday *klaar tegen zondag* **1.4** ~ accident *per ongeluk;* two meters ~ fifty centimeters *twee meter bij vijftig centimeter;* ~ sheer chance *door zuiver toeval;* ~ default *bij verstek;* deceived ~ his friend *bedrogen door zijn vriend;* they came ~ the hundreds *ze kwamen met honderden;* missed ~ an inch *miste op een paar centimeter;* I can tell ~ your looks *ik kan het aan je (uiterlijk) zien;* known ~ the name of Jack *bekend onder de naam Jack;* was beaten ~ three points *werd verslagen met drie punten;* a foal ~ Rocket out of Spring *een veulen: vader Rocket, moeder Spring;* died ~ the sword *stierf door het zwaard;* count ~ tens *per tien tellen;* a daughter ~ his first wife *een dochter van zijn eerste vrouw* **1.5** cleared his debt ~ the agency *betaalde zijn schuld aan het agentschap;* ~ birth *van geboorte;* did his best ~ his children *deed zijn best voor zijn kinderen;* paid ~ the hour *per uur betaald;* ⟨vnl. Sch. E⟩ as a mouse ~ a lion *als muis (vergeleken) bij een leeuw;* sold ~ the pair *per paar verkocht;* ~ profession *van beroep;* play ~ the rules *volgens de regels spelen;* judged ~ high standards *naar/volgens hoge maatstaven geoordeeld;* it's eight o'clock ~ my watch *het is acht uur op mijn horloge* **1.6** dinner ~ candlelight *eten bij kaarslicht;* ~ night and ~ day *dag en nacht* **1.7** ~ the bucketful *met hele emmers tegelijk;* day ~ day *dag na dag;* he got worse ~ the hour *hij ging van uur tot uur achteruit* **1.8** swear ~ the Bible *op de Bijbel zweren;* ~ Heaven I will *bij God, dat zal ik wel* **3.4** began ~ tidying up *begon met op te ruimen* **4.1** I keep it ~ me all the time *ik heb het altijd bij me;* ~ oneself *alleen* **4.3** ~ 1980 it had become clear that ... *(al) in 1980/zo tegen 1980 was het duidelijk geworden dat ...;* he came ~ three o'clock *hij kwam tegen drie uur* **4.4** I did it all ~ myself *ik heb het helemaal alleen/op eigen houtje/uit eigen beweging gedaan;* multiply six ~ three *vermenigvuldig zes met drie;* divide four ~ two *deel vier door twee;* an accident ~ which he lost his job *een ongeluk waardoor hij zijn baan verloor* **4.5** ~ me *(voor) wat mij betreft/wat mij aangaat;* that's fine ~ me *ik vind het goed/best* **5.3** ~ now *nu (al)* **5.4** better ~ far *veel beter* **5.7** little ~ little *beetje bij beetje*.

by-, bye- [baɪ] **0.1** ***bij-*** ⇒*neven-* **0.2** ***zij-*** **0.3** ***bij-*** ◆ **¶.1** by-product *nevenprodukt* **¶.2** byroad *zijstraat* **¶.3** bystander *omstander*.

'by-and-'by ⟨n.-telb.zn.; the⟩ **0.1** ***toekomst*** ⇒*verschiet, lange duur* **0.2** ***hiernamaals***.

'by-bid·der ⟨telb.zn.⟩ **0.1** ***plokjager*** ⇒*plokpenningjager, strijkgeldjager, trekgeldjager, aanjager* ⟨op veiling⟩.

'by-blow ⟨telb.zn.⟩ **0.1** ***indirecte (stoot)*** ⇒*toevalstreffer, incident* **0.2** ***bastaard*** ⇒*onwettig/buitenechtelijk/natuurlijk kind, ongelukje*.

bye[1] [baɪ], **by** ⟨telb.zn.⟩ **0.1** ***bijzaak*** ⇒*nevenkwestie, ondergeschikt/secundair punt, iets v. later zorg, iets bijkomstigs* **0.2** ⟨sport, i.h.b. tennis⟩ ***vrijgelote ploeg/speler*** ⇒*ploeg/speler die vrij geloot is* **0.3** ⟨tennis⟩ ***bye*** ⇒*vrije ronde* ⟨competitieronde zonder speelbeurt⟩ **0.4** ⟨cricket⟩ ***bye*** ⇒*(extra) run* ⟨run gemaakt op een bal die door de batsman niet geraakt is⟩ **0.5** ⟨golf⟩ ***bye*** ⟨hole of holes die niet gehaald zijn aan het eind v.d. wedstrijd⟩ ◆ **6.1** **by** the ~ *apropos/à propos, tussen twee haakjes, wat ik zeggen wou, nu we het er toch over hebben, trouwens, zeg*.

bye[2], **'bye-'bye**, ⟨vnl. AE⟩ **bye now** ⟨f3⟩⟨tussenw.⟩⟨inf.⟩ **0.1** ***tot kijk/ziens*** ⇒*dag, dááág, doei, doeg*.

'bye-bye ⟨telb.zn.⟩⟨kind.⟩ **0.1** ***slaap/bed*** ◆ **3.1** go (to) ~(s) *bedje toe, slapies doen*.

'by(e)-e·lec·tion ⟨f2⟩⟨telb.zn.⟩ **0.1** ***tussentijdse verkiezing***.

'by-ef·fect ⟨telb.zn.⟩ **0.1** ***neven/zijeffect*** ⇒*bijverschijnsel, onvoorziene bijkomstigheid/omstandigheid*.

'by(e)·law ⟨f1⟩⟨telb.zn.⟩ **0.1** ⟨vnl. BE⟩ ***(plaatselijke) verordening*** ⇒*gemeenteverordening, speciale verordening* **0.2** ⟨vnl. AE⟩ ***(bedrijfs)voorschrift*** ⇒*(huis)regel;* ⟨in mv.⟩ *huishoudelijk reglement*.

'by-form ⟨telb.zn.⟩⟨taalk.⟩ **0.1** ***variant*** ⇒*neven/bijvorm*.

by·gone[1] ['baɪgɒn‖-gɑn]⟨zn.⟩⟨→sprw. 385⟩
I ⟨telb.zn.⟩ **0.1** ***antiek voorwerp*** ⇒*curiosum, rariteit, bric à brac;*
II ⟨mv.; ~s⟩ **0.1** ***vroegere gebeurtenissen*** ⇒*het verleden;* ⟨i.h.b.⟩ *oude grieven, oud zeer*.

bygone[2], **by·past** ['baɪpɑ:st‖-pæst]⟨bn., attr.⟩ **0.1** ***voorbij*** ⇒*vroeger, vervlogen, ouderwets, uit de tijd* ◆ **1.1** in ~ days *(in) vroeger (tijd)*.

'by-lane ⟨telb.zn.⟩ **0.1** ***zijweg*** ⇒*zijlaan, zijstraat, zijsteeg* **0.2** ***parallel/ventweg***.

'by-line ⟨telb.zn.⟩ **0.1** ***naamregel*** ⟨regel meestal in de kop v.e. artikel, met de naam v.d. schrijver⟩ **0.2** ⟨voetbal⟩ ***achterlijn***.

'by-name ⟨telb.zn.⟩ **0.1** ***achternaam*** **0.2** ***bijnaam***.

BYO ⟨telb.zn.; afk.⟩⟨Austr. E; inf.⟩ bring your own **0.1** ***restaurant waar je als klant je eigen drank mee naar toe kunt nemen***.

'by-pass[1] ⟨f1⟩⟨telb.zn.⟩ **0.1** ⟨verkeer⟩ ***rondweg*** ⇒*ringweg* **0.2** ⟨med.⟩ ***bypass*** **0.3** ⟨tech.⟩ ***omloopkanaal/leiding/verbinding*** **0.4** ⟨elek.⟩ ***shunt*** ⇒*parallelketen* **0.5** ⟨lucht.⟩ ***dubbelstroom straalmotor***.

by-pass[2] ⟨f1⟩⟨ov.ww.⟩ **0.1** ***om*** ⟨stad enz.⟩ ***heen gaan*** ⇒*mijden, links/rechts laten liggen* **0.2** ***een rondweg aanleggen om*** **0.3** ⟨med.⟩ ***met een bypass overbruggen*** ⇒*een bypass leggen om* **0.4** ***voorbijgaan aan*** ⇒*veronachtzamen, overslaan, terzijde schuiven* **0.5** ***geleiden via een omloopkanaal/leiding/verbinding*** ⟨vloeistof, gas⟩.

'bypass burner ⟨telb.zn.⟩ **0.1** ***dagbrander***.

'bypass flame ⟨telb.zn.⟩ **0.1** ***waakvlam*** ⇒*spaarvlam*.

'bypass operation ⟨telb.zn.⟩⟨med.⟩ **0.1** ***bypassoperatie***.

bypast →bygone.

'by-path ⟨telb.zn.; by-paths; →mv. 3⟩ **0.1** ***achterpad*** ⇒*bij/zijpad*.

'by-play ⟨n.-telb.zn.⟩⟨vnl. dram.⟩ **0.1** ***stil spel*** ⇒*secundaire handeling, gebarenspel, figuratie*.

'by-plot ⟨telb.zn.⟩ **0.1** ***nevenintrige***.

'by-prod·uct ⟨f2⟩⟨telb.zn.⟩ **0.1** ***bij/nevenprodukt*** ⇒*afvalprodukt* **0.2** ***bijverschijnsel*** ⇒*neveneffect*.

byre ['baɪə‖-ər]⟨f1⟩⟨telb.zn.⟩⟨BE⟩ **0.1** ***koe(ie)stal***.

'by·road, 'by·street ⟨telb.zn.⟩ **0.1** ***zijstraat*** **0.2** ***achterstraat*** ⇒*stil straatje, achterafstraat*.

By·ron·ic [baɪ'rɒnɪk‖-'rɑ-]⟨bn.; -ally; →bijw. 3⟩ **0.1** ***Byroniaans***.

By·ron·ism ['baɪərənɪzm]⟨n.-telb.zn.⟩ **0.1** ***Byronisme***.

bys·si·no·sis ['bɪsɪ'noʊsɪs]⟨telb. en n.-telb.zn.; byssinoses [-si:z]; →mv. 5⟩⟨med.⟩ **0.1** ***byssinosis*** ⇒*stoflong(ziekte)*.

bys·sus ['bɪsəs]⟨zn.; ook byssi [-saɪ]; →mv. 5⟩
I ⟨telb.zn.⟩⟨dierk.⟩ **0.1** ***byssus*** ⇒*baard* ⟨v. schelpdieren⟩;
II ⟨n.-telb.zn.⟩⟨gesch.⟩ **0.1** ***byssus*** ⟨fijn linnen, i.h.b. in het oude Egypte⟩.

by·stand·er ['baɪstændə‖-ər]⟨f1⟩⟨telb.zn.⟩ **0.1** ***omstander*** ⇒*toekijker/schouwer*.

'by·talk ⟨n.-telb.zn.⟩ **0.1** ***gebabbel*** ⇒*geklets, kout*.

byte [baɪt]⟨telb.zn.⟩⟨comp.⟩ **0.1** ***byte*** ⟨= 8 bits⟩.

'by·way ⟨f1⟩⟨telb.zn.⟩ **0.1** ***zijweg*** **0.2** ***achterweg*** ⇒*stil/afgelegen weggetje* ◆ **1.2** ⟨fig.⟩ the ~s of literature *de minder bekende paden v.d. letterkunde;* ⟨fig.⟩ ~s of science *onontgonnen gebieden der wetenschap*.

'by·word ⟨f1⟩⟨telb.zn.⟩ **0.1** ***spreekwoord*** ⇒*gezegde, zegswijze* **0.2** ***belichaming*** ⇒*synoniem, prototype* **0.3** ***bijnaam*** ⇒*spot/schimpnaam* **0.4** ***aanfluiting*** ⇒*voorwerp v. schande* ◆ **1.4** make s.o.'s name a ~ *iem. op straat brengen* **6.2** the canals are a ~ **for** Amsterdam *wie grachten zegt, zegt Amsterdam;* he is a ~ **for** laziness *hij is het prototype v.d. luiaard, hij is de vleesgeworden luiheid*.

'by·work ⟨n.-telb.zn.⟩ **0.1** ***vrijetijdswerk*** ⇒*bijwerk, klusje, schnabbel* ◆ **1.1** he won fame by a piece of ~ *hij werd beroemd door iets dat hij zomaar even in elkaar gedraaid had*.

byzant →bezant.

byz·an·tine [bɪ'zæntaɪn‖'bɪzn'ti:n]⟨f2⟩⟨bn.⟩ **0.1** ⟨B-⟩ ***Byzantijns*** ⇒*mbt. Byzantium/de Byzantijnse bouw- of schilderkunst/de Byzantijnse kerk* **0.2** ⟨schr.; vaak pej.⟩ ***ingewikkeld*** ⇒*gecompliceerd, duister, gezocht* **0.3** ⟨schr.; vaak pej.⟩ ***slinks*** ⇒*machiavel-*

listisch, arglistig, intrigerend **0.4** ⟨schr.; pej.⟩ ***sadistisch*** ⇒*ziekelijk wreed, gemeen*.

Byz·an·tine ⟨telb.zn.⟩ **0.1** ***Byzantijn***.

By·zan·tin·ism [bɪ'zæntənɪzm]⟨n.-telb.zn.⟩ **0.1** ***Byzantinisme*** ⟨het geheel der Byzantijnse cultuur en staatsinrichting⟩.

c¹, C [si:]⟨zn.; c's, C's, zelden cs, Cs⟩

I ⟨telb.zn.⟩ **0.1** ***(de letter) c, C*** **0.2** ***C, de derde*** ⇒*de derde rang/graad/klasse;* ⟨AE; school⟩ *C, ruim voldoende;* ⟨attr. ook⟩ *derderangs* **0.3** ***C*** ⟨Romeins cijfer 100⟩ **0.4** ⟨AE; sl.⟩ ***biljet v. 100 dollar*** ⇒⟨oneig.⟩ *rooie* **0.5** ⟨AE; sl.⟩ ***cocaïne*** ⇒*coke;*

II ⟨telb. en n.-telb.zn.⟩⟨muz.⟩ **0.1** ***c, C*** ⇒*C-snaar/toets/* ⟨enz.⟩; *do, ut* ◆ **3.1** barred ~ *doorgestreepte C* ⟨als maatteken⟩.

c², C ⟨afk.⟩⟨nat.⟩ candle; ⟨elek.⟩ capacitance; capacity, cape, carat; carton, case; ⟨honkbal⟩ catcher; Catholic; ⟨cricket⟩ caught; Celsius, Celtic, cent, centigrade, centime, century, chancellor, chapter, chief, church, circa, city, cloudy; ⟨sl.⟩ cocaïne; companion, Congress, Conservative, consul, copy, copyright, corps; ⟨elek.⟩ coulomb; court, cubic, cup.

C ⟨afk.⟩ cargo.

C3 ['si:'θri:]⟨telb.zn.⟩⟨BE; gesch.⟩ **0.1** ***laagste medische keuringsgraad in 1914-1918*** ⇒⟨fig.; vaak attr.⟩ *ongeschikt, onvolwaardig, derderangs; minderwaardig, waardeloos*.

ca¹ ⟨afk.⟩ circa **0.1** ***ca.*** ⇒*c.*.

ca², CA ⟨afk.⟩ Central America, chartered accountant, chronological age.

ca' [kɑ:‖kɔ:]⟨Sch. E⟩ →call² III 0.13.

CA ⟨afk.⟩ California.

Caaba →Kaaba.

cab [kæb]⟨f2⟩⟨telb.zn.⟩ **0.1** ⟨vnl. AE⟩ ***taxi*** **0.2** ⟨gesch.⟩ ***huurkoets (je)*** ⇒*huurrijtuig(je), cab* **0.3** ⟨inf.; verkeer⟩ ***cabine*** ⇒*bok, bestuurders/machinistenplaats, cockpit* ◆ **6.1** let's go by ~ *laten we een taxi nemen*.

CAB ⟨afk.⟩ Citizens Advice Bureau ⟨GB⟩.

ca·bal¹ [kə'bæl]⟨zn.⟩⟨schr.⟩

I ⟨telb.zn.⟩ **0.1** ***(hof)cabaal*** ⇒*intrige, komplot, kuiperij, samenspanning;*

II ⟨verz.n.⟩ **0.1** ⟨C-; the⟩⟨gesch.⟩ ***Cabal-ministerie*** ⟨vijf invloedrijke ministers aan het hof v. Charles II⟩ **0.2** ***(politieke) côterie*** ⇒*hofkliek, intrigantenkliek*.

cabal² ⟨onov.ww.; →ww. 7⟩⟨schr.⟩ **0.1** ***komplotteren*** ⇒*komplotten smeden, intrigeren, samenspannen*.

cab·a·la, cab·ba·la, kab·a·la, kab·ba·la [kə'bɑ:lə, 'kæbələ]⟨zn.⟩

I ⟨eig.n.; C-; the⟩ **0.1** ***kabbala*** ⟨joodse leer en mystiek⟩;

II ⟨telb.zn.⟩ **0.1** ***kabbalistische leer*** ⇒*esoterische/occulte leer*.

cab·a·lism ['kæbəlɪzm]⟨n.-telb.zn.⟩ **0.1** ***kabbalisme***.

cab·a·list ['kæbəlɪst]⟨telb.zn.⟩ **0.1** ***kabbalist*** ⇒*ingewijde in de kabbala/een esoterische leer*.

cab·a·lis·tic ['kæbə'lɪstɪk]⟨bn.; -ally; →bijw. 3⟩ **0.1** ***kabbalistisch*** ⇒⟨fig.⟩ *duister, esoterisch, mysterieus, occult*.

ca·bal·ler [kə'bælə‖-ər]⟨telb.zn.⟩⟨schr.⟩ **0.1** ***komplotteur*** ⇒*intrigant.*

cab·al·le·ro ['kæbə'ljeərou‖-'lerou]⟨telb.zn.⟩ **0.1** ***caballero*** ⇒*gentleman, (mijn)heer* **0.2** ⟨AE; gew.⟩ ***ruiter.***

ca·ban·a, ca·ba·ña [kə'bɑ:nə‖kə'bænə]⟨telb.zn.⟩⟨AE⟩ **0.1** ***strandtentje / huisje.***

cab·a·ret ['kæbəreɪ‖'kæbə'reɪ]⟨f1⟩⟨zn.⟩
I ⟨telb.zn.⟩ **0.1** ***variété-restaurant*** ⇒*cabaret / floor show-restaurant;*
II ⟨telb. en n.-telb.zn.⟩ **0.1** ***show*** ⟨in restaurant⟩ ⇒*variété, entertainment, voorstelling.*

cab·bage[1] ['kæbɪdʒ]⟨f2⟩⟨zn.⟩
I ⟨telb.zn.⟩ **0.1** ⟨BE; inf.⟩ ***slome duikelaar*** ⇒*sufkop, iem. met een planteleven, druiloor;*
II ⟨telb. en n.-telb.zn.⟩⟨plantk. en cul.⟩ **0.1** ***(sluit)kool*** ⟨Brassica oleracea (capitata)⟩ **0.2** ***palmkool*** ⇒*palmiet, hart v.d. koolpalm* ⟨Roystonea oleracea⟩;
III ⟨n.-telb.zn.⟩ **0.1** ⟨sl.⟩ ***poen*** ⇒*papiergeld* **0.2** ⟨BE⟩ ***(door kleermaker) achtergehouden stof*** ⇒*restantje* **0.3** ⟨AE; gew.⟩ ***tabak*** ⇒*shag.*

cabbage[2] ⟨ww.⟩
I ⟨onov.ww.⟩ **0.1** ***koolvormig uitgroeien*** ⇒*een krop vormen;*
II ⟨ov.ww.⟩ **0.1** ***door het oog v.d. schaar halen*** ⇒⟨in het alg., sl.⟩ *gappen, jatten.*

'cabbage butterfly, 'cabbage 'white ⟨telb.zn.⟩⟨dierk.⟩ **0.1** ***koolwitje*** ⟨genus Pieris, i.h.b. P. brassicae⟩.

'cab·bage·head ⟨telb.zn.⟩ **0.1** ***hart*** ⟨v. kool⟩ **0.2** ⟨inf.⟩ ***dom / stomkop*** ⇒*onbenul, stommeling.*

'cabbage lettuce ⟨telb.zn.⟩⟨plantk.⟩ **0.1** ***kropsla*** ⇒*latuw* ⟨Latuca sativa capitata⟩.

'cabbage palm, 'cabbage tree ⟨telb.zn.⟩⟨plantk.⟩ **0.1** ***koolpalm*** ⟨Roystonea oleracea⟩.

'cabbage rose ⟨telb.zn.⟩⟨plantk.⟩ **0.1** ***koolroos*** ⇒*honderdbladige roos, centifolie* ⟨Rosa centifolia⟩.

'cab·bage·worm ⟨telb.zn.⟩⟨dierk.⟩ **0.1** ***koolrups*** ⟨larve v.h. koolwitje⟩.

cabbala →cabala.

cab·by, cab·bie ['kæbi]⟨telb.zn.; →mv. 2⟩ **0.1** ⟨inf.⟩ ***taxichauffeur*** **0.2** ⟨gesch.⟩ ***huurkoetsier.***

'cab·driv·er, cab·man ['kæbmən]⟨f1⟩⟨telb.zn.; cabmen [-mən]; →mv. 3⟩ **0.1** ⟨vnl. AE⟩ ***taxichauffeur*** **0.2** ⟨gesch.⟩ ***(huur)koetsier.***

ca·ber ['keɪbə‖-ər]⟨telb.zn.⟩ **0.1** ***paal*** ⇒*juffer* ◆ **3.1** toss the ~ *paalwerpen* ⟨Schotse sport⟩.

cab·in[1] ['kæbɪn]⟨f3⟩⟨telb.zn.⟩ **0.1** ***(houten) optrek*** ⇒*huisje, hut; kleedhokje, badhokje;* ⟨spoorwegen⟩ *seinhuis* **0.2** ⟨ben. voor⟩ ***(kleine) verblijfplaats*** ⇒*(slaap)hut, cabine* ⟨in schip⟩; *cabine, laadruimte, bagageruim* ⟨in vliegtuig⟩; *cabine* ⟨in (vracht)auto⟩.

cabin[2] ⟨ww.⟩
I ⟨onov.ww.⟩ **0.1** ***in een beperkte ruimte wonen / verblijven;***
II ⟨ov.ww.⟩ **0.1** ***opsluiten in een beperkte ruimte*** ⇒*insluiten.*

'cabin boy ⟨telb.zn.⟩ **0.1** ***hut / kajuits / scheepsjongen*** ⇒*(baks) zeuntje, ketelbinkie.*

'cabin class ⟨n.-telb.zn.⟩ **0.1** ***kajuitsklasse*** ⟨tussen eerste klas en toeristenklasse⟩ ⇒*tweede klasse.*

'cabin cruiser ⟨telb.zn.⟩ **0.1** ***motorjacht*** ⇒*kruiser, motorboot.*

cab·i·net ['kæbnɪt]⟨f3⟩⟨zn.⟩
I ⟨telb.zn.⟩ **0.1** ⟨ben. voor⟩ ***kabinet*** ⇒*kast;* ⟨i.h.b.⟩ *pronkkast, porseleinkast, glazenkast; televisiemeubel; dossierkast* **0.2** ⟨vero.⟩ ***kabinet*** ⇒*bij / zij / opkamertje, privé-vertrek / kamer(tje);*
II ⟨telb. en n.-telb.zn.⟩⟨vnl. BE⟩ **0.1** ***kabinetsberaad / vergadering / zitting*** ◆ **6.1** that is a question to be decided **in** ~ *over die kwestie moet door het kabinet beslist worden;*
III ⟨verz.n.; vaak C-⟩ **0.1** ***kabinet*** ⇒*ministerraad.*

'Cabinet agency ⟨telb.zn.⟩ **0.1** ***Ministerie.***

'cabinet 'council ⟨telb.zn.⟩ **0.1** ***kabinetsraad / vergadering / zitting.***

'cabinet crisis ⟨telb.zn.⟩ **0.1** ***kabinetscrisis.***

'cabinet edition ⟨telb.zn.⟩ **0.1** ***luxe-editie.***

'cab·i·net·mak·er ⟨telb.zn.⟩ **0.1** ***kastenmaker*** ⇒*schrijnwerker, meubelmaker, kabinetmaker.*

'cabinet meeting ⟨telb.zn.⟩ **0.1** ***kabinetsberaad.***

'Cabinet Minister ⟨telb.zn.⟩⟨BE⟩ **0.1** ***kabinetslid*** ⇒*lid v.h. kabinet / v.d. ministerraad.*

'cabinet photograph ⟨telb.zn.⟩ **0.1** ***foto op kabinetformaat*** ⟨16×11 cm⟩.

'cabinet 'pudding ⟨telb. en n.-telb.zn.⟩ **0.1** ***kabinetpudding*** ⇒*tutti frutti-pudding.*

'cabinet size ⟨n.-telb.zn.⟩⟨foto.⟩ **0.1** ***kabinetformaat*** ⟨ong. 16 × 11 cm.⟩.

'cab·i·net·wood ⟨telb. en n.-telb.zn.⟩ **0.1** ***edelhout.***

'cab·i·net·work ⟨n.-telb.zn.⟩ **0.1** ***kabinetwerk*** ⇒*schrijnwerk.*

'cabin fever ⟨n.-telb.zn.⟩⟨vnl. Can. E⟩ **0.1** ***door isolatie veroorzaakte depressie*** ⟨in dunbevolkt gebied⟩.

'cabin girl ⟨telb.zn.⟩⟨vnl. AE⟩ **0.1** ***kamermeisje*** ⟨in motel, op schip⟩.

ca·ble[1] ['keɪbl]⟨f2⟩⟨zn.⟩
I ⟨telb.zn.⟩ **0.1** →cablegram **0.2** ⟨inf.⟩ →cable's length **0.3** ⟨vaak attr.⟩ ***kabel*** ⇒*kabelvormig ornament;* ⟨breien⟩ *kabelsteek;*
II ⟨telb. en n.-telb.zn.⟩ **0.1** ***(draag)kabel*** ⇒*anker / kabeltouw, ankerkabel; draadkabel; sleep / trekkabel* **0.2** ***(geleidings)kabel*** ⇒*elektriciteitskabel, land / zeekabel, telegraafkabel; televisiekabel* ◆ **6.2** be **on** the ~ *op kabeltelevisie aangesloten zijn;* send a message **by** ~ *een boodschap per telegram versturen.*

cable[2] ⟨f1⟩⟨ww.⟩
I ⟨onov. en ov.ww.⟩ **0.1** ***telegraferen*** ⟨per kabel⟩ ⇒*kabelen, overseinen* ◆ **1.1** our correspondent will ~ us as soon as possible *onze correspondent zal ons zo snel mogelijk een telegram sturen;* ~ me some money *maak telegrafisch wat geld aan me over;*
II ⟨ov.ww.⟩ **0.1** ***kabelen*** ⇒*met / aan (een) kabel(s) vastmaken, (een) kabel(s) bevestigen aan;* ⟨scheep.⟩ *vastleggen, afmeren, ankeren* **0.2** ***bekabelen*** ⟨mbt. kabeltelevisie⟩ ⇒*van kabel(s) voorzien; op de kabel / het kabelnet aansluiten.*

'cable car ⟨telb.zn.⟩ **0.1** ***kabelwagen*** ⇒*gondel, cabine v.e. kabelbaan.*

'ca·ble·cast ⟨telb.zn.⟩ **0.1** ***uitzending*** ⟨via de (t.v.-)kabel⟩.

'ca·ble·gram ⟨telb.zn.⟩ **0.1** ***(per kabel verzonden) telegram*** ⇒*kabelgram.*

'ca·ble-laid ['keɪbl-leɪd]⟨bn.⟩ **0.1** ***kabelgeslagen*** ⟨v. touwwerk⟩ ⇒*kabelvormig, kabel-* ◆ **1.1** ~ rope *kabelslag.*

'cable railway ⟨telb.zn.⟩ **0.1** ***kabelspoor(weg)*** ⇒*kabelbaan.*

'cable release ⟨telb.zn.⟩⟨foto.⟩ **0.1** ***draadontspanner.***

ca·blese [keɪ'bli:z]⟨n.-telb.zn.⟩ **0.1** ***telegramstijl.***

'cable's length, 'cable length ⟨telb.zn.; cables' lengths; →mv. 6⟩ **0.1** ***kabellengte*** ⟨185,31 m; →t1⟩.

'cable stitch ⟨telb.zn.⟩ **0.1** ***kabelsteek*** ⟨breisteek⟩.

ca·blet ['keɪblɪt]⟨telb. en n.-telb.zn.⟩ **0.1** ***lichte / dunne kabel*** ⟨maximale omtrek 25 cm⟩ ⇒*kabeltouw, lijn, paardelijn.*

'cable television, 'cable vision ⟨f1⟩⟨n.-telb.zn.⟩ **0.1** ***kabeltelevisie.***

'cable tier ⟨telb.zn.⟩⟨scheep.⟩ **0.1** ***kabelgat.***

'cable transfer ⟨telb. en n.-telb.zn.⟩ **0.1** ***telegrafische overmaking / boeking / remise.***

'ca·ble·way ⟨telb.zn.⟩ **0.1** ***kabel(band)transport(eur)*** ⇒*kabelbaan, kabelspoor.*

ca·bling ['keɪblɪŋ]⟨n.-telb.zn.⟩ **0.1** ***kabel(werk).***

cab·o·chon ['kæbəʃɒn‖-ʃɑn]⟨zn.⟩⟨amb.⟩
I ⟨telb.zn.⟩ **0.1** ***in cabochon geslepen edelsteen;***
II ⟨n.-telb.zn.⟩ **0.1** ***cabochon*** ⟨slijpwijze v. edelstenen⟩.

ca·boo·dle [kə'bu:dl]⟨telb.zn.⟩⟨sl.⟩ **0.1** ***troep*** ⇒*zwik, bubs, boel, (klere / rot)zooi* **0.2** ***groep*** ⇒*bende, troep, club, zootje* ◆ **2.1** the whole (kit and) ~ *de hele bubs / klerezooi / rotzooi / troep / boel / zwik.*

ca·boose [kə'bu:s]⟨telb.zn.⟩ **0.1** ***kombuis*** ⇒*scheepskeuken* **0.2** ***kampoven*** ⇒*kampfornuis, kampkeuken, veldkeuken* **0.3** ⟨AE⟩ ***personeelswagon*** ⟨laatste wagon v. goederentrein⟩ **0.4** ⟨AE; sl.⟩ ***nor*** ⇒*bajes, petoet.*

cab·o·tage ['kæbətɑ:ʒ]⟨n.-telb.zn.⟩⟨verkeer⟩ **0.1** ***cabotage*** ⟨vervoer binnen een staat⟩ ⇒⟨i.h.b.⟩ *kustvaart / handel* **0.2** ***recht v. cabotage*** ⟨voorbehouden aan eigen onderdanen / vervoersmaatschappijen⟩.

cab·o·tin ['kɑ:bə'tɛ̃]⟨telb.zn.⟩⟨pej.⟩ **0.1** ***(tweederangs) akteur*** ⇒*komediant, kermisakteur, cabotin.*

'cab rank, 'cab·stand ⟨telb.zn.⟩ **0.1** ***taxistandplaats.***

ca·bret·ta [kə'bret̬ə]⟨n.-telb.zn.⟩ **0.1** ***cabretle(d)er*** ⇒*geiteleer.*

cab·ri·ole ['kæbrioul]⟨telb.zn.⟩ **0.1** ***cabrioolpoot*** ⟨type meubelpoot⟩.

cab·ri·o·let ['kæbrɪəleɪ‖'kæbrɪə'leɪ]⟨telb.zn.⟩ **0.1** ***cabriolet*** ⟨auto met vouwkap⟩ **0.2** ⟨gesch.⟩ ***cabriolet*** ⟨rijtuig⟩.

ca'can·ny ['kɑ:kæni, 'kɔ:-]⟨telb.zn.; →mv. 2⟩ **0.1** ***langzaamaanactie*** ⇒*stiptheidsactie.*

ca·ca·o [kə'kɑ:ou‖kə'kau]⟨telb.zn.⟩⟨plantk.⟩ **0.1** ***cacaoboom*** ⟨Theobroma cacao⟩ **0.2** ***cacaoboon / zaad*** ⇒*cacao.*

cacao butter →cocoa butter.

cach·a·lot ['kæʃəlɒt‖-lɑt]⟨telb.zn.⟩⟨dierk.⟩ **0.1** ***cachelot*** ⇒*potvis* ⟨Physeter catadon / macrocephalus⟩.

cache[1] [kæʃ]⟨telb.zn.⟩ **0.1** ***(geheime) berg / bewaar / opslagplaats*** **0.2** ***(geheime / verborgen) voorraad.***

cache[2] ⟨ov.ww.⟩ **0.1** ***verbergen*** ⇒*in een geheime bergplaats opbergen.*

ca·chec·tic [kə'kektɪk]⟨bn.⟩ **0.1** ***cachectisch*** ⇒*uitgeteerd, in slechte lichamelijke toestand* **0.2** ***uitgeput*** ⇒*geesteszwak, debiel, dement.*

cache·pot ['kæʃpɒt, 'kæʃpou‖-pɑt, -pou]⟨telb.zn.⟩ **0.1** ***cache-pot*** ⟨omhulsel, siermanchet voor bloempot⟩.

ca·chet ['kæʃeɪ‖kæ'ʃeɪ]⟨zn.⟩

I ⟨telb.zn.⟩ **0.1** ***opdruk*** ⟨op postzegel⟩ **0.2** ***cachet*** ⇒*zegel, stempel; kwaliteits(ken/waar)merk* **0.3** ***cachet*** ⇒*ouwelcapsule;*
II ⟨telb. en n.-telb.zn.⟩ **0.1** ***distinctie*** ⇒*cachet, prestige, allure.*

ca·chex·i·a [kə'keksɪə], **ca·chex·y** [kə'keksi, 'kækeksi]⟨n.-telb.zn.⟩ **0.1** ***cachexie*** ⇒*het fysiek wegkwijnen, zeer slechte gezondheidstoestand* **0.2** ***geesteszwakte*** ⇒*debiliteit, dementie.*

cach·in·nate ['kækɪneɪt]⟨onov.ww.⟩⟨schr.⟩ **0.1** ***bulderend lachen*** ⇒*bulderlachen, bulderen/schateren v.h. lachen.*

cach·in·na·tion ['kækɪ'neɪʃn]⟨telb. en n.-telb.zn.⟩ **0.1** ***bulderlach*** ⇒*schaterlach.*

cach·o·long ['kæʃəlɒŋ‖-lɔŋ]⟨telb.zn.⟩ **0.1** ***cacholong*** ⇒*melkwitte opaal.*

ca·chou ['kæʃu:‖kə'ʃu:]⟨telb.zn.⟩ **0.1** ***cachou(pastille)*** ⇒*catechu, gambir* ⟨ademzuiverend middel⟩.

ca·chu·cha, ca·chu·ca [kə'tʃu:tʃə]⟨telb. en n.-telb.zn.⟩ **0.1** ***cachucha*** ⟨snelle Spaanse dans in $^3/_4$ maat⟩.

ca·cique [kə'si:k], **ca·zique** [kə'zi:k]⟨telb.zn.⟩ **0.1** ***cacique*** ⟨indianenopperhoofd in Latijns-Amerika⟩ ⇒*plaatselijk machthebber* ⟨in Spaanssprekende landen⟩.

ca·ciqu·ism [kə'si:kɪzm]⟨n.-telb.zn.⟩ **0.1** ***caciquisme*** ⟨regime v. cacique⟩.

'cack'hand·ed ⟨bn.⟩⟨BE; inf.⟩ **0.1** ***links(handig)*** ⇒*onhandig, met twee linkerhanden.*

cack·le[1] ['kækl]⟨f1⟩⟨zn.⟩
I ⟨telb.zn.⟩ **0.1** ***kakelgeluid*** **0.2** ***giegellachje*** ⇒*giechel, gilletje, (hoge/schelle) uithaal, gekraai, kakelend lachje* **0.3** ⟨sl.⟩ ***klikspaan*** ⇒*verklikker* **0.4** ⟨scherts.⟩ ***kip*** ◆ **1.2** ~s of excitement *opgewonden gilletjes;*
II ⟨n.-telb.zn.⟩ **0.1** ***gekakel*** ⇒⟨fig.⟩ *gekwebbel, geklets, geschetter, gesnater* ◆ **3.1** ⟨inf.⟩ cut the ~ *genoeg gepraat/gekletst.*

cackle[2] ⟨f1⟩⟨ww.⟩⟨→sprw. 278⟩
I ⟨onov.ww.⟩ **0.1** ***kakelen*** ⇒⟨fig.⟩ *kwebbelen, snateren* **0.2** ***giechelen*** ⇒*kraaien, krijsen* **0.3** ***snoeven*** ⇒*opscheppen, hoog v.d. toren blazen;*
II ⟨ov.ww.⟩ **0.1** ***kakelend/kwekkend/schetterend uiting geven aan.***

'cackle berry ⟨telb.zn.⟩⟨Austr. E; inf.⟩ **0.1** ***(tikken)ei.***

cack·ler ['kæklə‖-ər]⟨telb.zn.⟩ **0.1** ***kakelaar*** ⇒*gegiechel, kakel, ratel, kletskous* **0.2** ⟨sl.⟩ ***klikspaan*** ⇒*verklikker* **0.3** ⟨scherts.⟩ ***kip.***

cack·y ['kæki]⟨bn.⟩⟨Austr. E; inf.⟩ **0.1** ***vol kak*** ⇒*kak-.*

ca·co- ['kækoʊ] **0.1** ***kako-*** ⇒*wan-.*

ca·co·d(a)e·mon ['kækə'di:mən]⟨telb.zn.⟩ **0.1** ***boze geest*** ⇒⟨ook fig.⟩ *kwel/plaaggeest.*

cac·o·dyl ['kækədaɪl‖-dɪl]⟨telb. en n.-telb.zn.⟩⟨schei.⟩ **0.1** ***kakodyl (radicaal).***

cac·o·e·thes ['kækoʊ'i:θi:z]⟨telb.zn.⟩ **0.1** ***dwangneurose/verschijnsel*** ⇒*onweerstaanbare aandrang/neiging.*

cacoethes scri·ben·di ['kækoʊ'i:θi:z skrɪ'bendi]⟨telb.zn.⟩ **0.1** ***dwangmatige aandrang tot schrijven*** ⇒*schrijfkoorts.*

ca·cog·ra·phy [kə'kɒgrəfi‖-'kɑ-]⟨telb. en n.-telb.zn.⟩ **0.1** ***kakografie*** ⇒*slecht handschrift, hanepoten* **0.2** ***kakografie*** ⇒*miserabele spelling.*

ca·col·o·gy [kə'kɒlədʒi‖-'kɑ-]⟨n.-telb.zn.⟩ **0.1** ***slechte woordkeus*** ⇒*brabbeltaal* **0.2** ***slechte uitspraak.***

ca·coph·o·nous [kə'kɒfənəs‖-'kɑ-], **cac·o·phon·ic** ⟨bn.⟩ **0.1** ***kakofonisch*** ⇒*wanluidend, onwelluidend.*

ca·coph·o·ny [kə'kɒfəni‖-'kɑfəni]⟨zn.; →mv. 2⟩
I ⟨telb.zn.⟩ **0.1** ***kakofonie*** **0.2** ***wanklank;***
II ⟨n.-telb.zn.⟩ **0.1** ***onwelluidendheid*** ⇒*kakofonie.*

cac·ta·ceous [kæk'teɪʃəs], **cac·tal** ['kæktl], **cac·toid** ['kæktɔɪd]⟨bn.⟩⟨plantk.⟩ **0.1** ***cactusachtig*** ⇒*cactus-.*

cac·tus ['kæktəs]⟨f1⟩⟨telb.zn.; ook cacti [-taɪ]; →mv. 5⟩⟨plantk.⟩ **0.1** ***cactus*** ⟨Cactaceae⟩.

'cactus dahlia ⟨telb.zn.⟩⟨plantk.⟩ **0.1** ***cactusda(h)lia*** ⟨genus Cereus⟩.

cad [kæd]⟨f1⟩⟨telb.zn.⟩⟨pej.⟩ **0.1** ***schoft*** ⇒*ploert, proleet, boer, vuilak* **0.2** ⟨AE; sl.⟩ ***Cadillac.***

CAD ⟨afk.⟩ computer-aided design, compact audio disc.

ca·das·ter, ca·das·tre [kə'dæstə‖-ər]⟨telb.zn.⟩⟨vnl. AE⟩ **0.1** ***kadaster*** ⟨v. grond⟩ ⇒*grondregister.*

ca·das·tral [kə'dæstrəl]⟨bn.; -ly⟩ **0.1** ***kadastraal.***

ca·dav·er [kə'deɪvə, kə'dævə‖kə'dævər]⟨telb.zn.⟩⟨vnl. med.⟩ **0.1** ***(menselijk) lijk*** ⇒*kadaver.*

ca·dav·er·ic [kə'dævrɪk]⟨bn.⟩⟨med.⟩ **0.1** ***een lijk betreffende*** ⇒*lijk-.*

ca·dav·er·ine [kə'dævəri:n]⟨n.-telb.zn.⟩⟨schei.⟩ **0.1** ***cadaverine*** ⟨rottingsprodukt v. eiwitten⟩ ⇒*lijkegif.*

ca·dav·er·ous [kə'dævrəs]⟨f1⟩⟨bn.; -ly; -ness⟩ **0.1** ***lijkachtig*** ⇒*kadavereus, lijkkleurig, bleek, ingevallen.*

CADCAM ['kætkæm]⟨afk.⟩ computer-aided design and manufacture.

cad·die[1], **cad·dy, cad·ie** ['kædi]⟨f1⟩⟨telb.zn.; →mv. 2⟩ **0.1** ⟨golf⟩ ***caddie*** **0.2** ⟨verk.⟩ ⟨caddie car(t)⟩ **0.3** ⟨AE; merknaam⟩ ***boodschappenkarretje/wagentje*** **0.4** ⟨Sch. E⟩ ***boodschappenjongen*** ⇒*loopjongen.*

caddie[2], **caddy** ⟨f1⟩⟨onov.ww.; →ww. 7⟩⟨golf⟩ **0.1** ***als caddie optreden*** ◆ **6.1** ~ **for** s.o *iemands caddie zijn.*

'caddie car, 'caddie cart ⟨telb.zn.⟩⟨golf⟩ **0.1** ***wagentje voor golfclubs*** ⇒*caddie.*

cad·dis fly, cad·dice fly ['kædɪs flaɪ]⟨telb.zn.⟩⟨dierk.⟩ **0.1** ***kokerjuffer*** ⇒*schietmot* ⟨orde Trichoptera⟩.

cad·dish ['kædɪʃ]⟨bn.; -ly; -ness⟩ **0.1** ***schofterig*** ⇒*ploerterig, gemeen.*

'cad·dis worm, 'cad·dice worm ⟨telb.zn.⟩⟨dierk.⟩ **0.1** ***(larve v.) kokerjuffer.***

cad·dy ['kædi]⟨f1⟩⟨telb.zn.; →mv. 2⟩ **0.1** ***theeblikje/busje*** **0.2** →caddie.

cade [keɪd]⟨bn., attr.⟩ **0.1** ***door de moeder verstoten en door mensen grootgebracht*** ⟨v. dieren⟩ ◆ **1.1** ~ lamb *potlam(metje).*

ca·dence ['keɪdns]⟨f2⟩⟨zn.⟩
I ⟨telb.zn.⟩ **0.1** ***stembuiging*** ⇒*toonval, intonering, intonatie* **0.2** ⟨muz.⟩ ***cadens*** ⇒*cadenza, slotval;*
II ⟨telb. en n.-telb.zn.⟩ **0.1** ***cadans*** ⇒*vloeiend ritme.*

ca·denced ['keɪdənst], **ca·dent** ['keɪdnt]⟨bn.⟩ **0.1** ***gecadanceerd*** ⇒*geritmeerd, in cadans, ritmisch.*

ca·den·cy ['keɪdnsi]⟨zn.; →mv. 2⟩
I ⟨telb. en n.-telb.zn.⟩ **0.1** →cadence;
II ⟨n.-telb.zn.⟩ **0.1** ***(erfrechts)positie van niet-oudste zoon.***

ca·den·tial ['keɪ'denʃl]⟨bn.⟩ **0.1** ***een cadans betreffende*** **0.2** ***een cadens/cadenza betreffende.***

ca·den·za [kə'denzə]⟨telb.zn.⟩⟨muz.⟩ **0.1** ***cadenza*** ⇒*cadens.*

ca·det [kə'det]⟨f2⟩⟨telb.zn.⟩ **0.1** ***cadet*** **0.2** ⟨BE⟩ ***lid v.e. 'cadet corps'*** **0.3** ***stagiair(e)*** ⇒*stageloper* **0.4** ⟨vaak attr.⟩ ***jongere*** ⇒*jongste* **0.5** ⟨schr.⟩ ***jongere/jongste zoon/broer*** ◆ **1.4** he's from the ~ branch of the family *hij stamt uit de jongste tak v.d. familie.*

ca'det corps ⟨verz.n.⟩ **0.1** ***organisatie die oudere jongens eenvoudige militaire training geeft*** ⟨op sommige Engelse scholen⟩ **0.2** ***het corps jongens dat zo getraind wordt.***

cadge[1] [kædʒ]⟨n.-telb.zn.; the⟩⟨inf.; pej.⟩ ◆ **6.¶** **on** the ~ *op de biets;* he's **on** the ~ for booze *hij bietst/schooit om drank.*

cadge[2] ⟨f1⟩⟨ww.⟩⟨inf.; pej.⟩
I ⟨onov.ww.⟩ **0.1** ***klaplopen*** ⇒*op de biets lopen, schooien, bedelen;*
II ⟨ov.ww.⟩ **0.1** ***bietsen*** ⇒*aftroggelen, bedelen* ◆ **1.1** ~ one's meal *zijn maal bij elkaar bietsen.*

cadg·er ['kædʒə‖-ər]⟨telb.zn.⟩⟨inf.; pej.⟩ **0.1** ***bietser*** ⇒*klaploper, bedelaar, uitvreter.*

ca·di, ka·di ['kɑ:di]⟨telb.zn.⟩ **0.1** ***kadi*** ⟨mohammedaans magistraat⟩.

Cad·me·an [kæd'mi:ən]⟨bn.⟩⟨gesch.⟩ **0.1** ***mbt. Cadmus*** ⟨mythologisch stichter v. Thebe⟩ ⇒*Thebaans* ◆ **1.¶** ~ victory *Pyrrusoverwinning.*

cad·mic ['kædmɪk]⟨bn.⟩⟨schei.⟩ **0.1** ***cadmisch.***

cad·mi·um ['kædmɪəm]⟨n.-telb.zn.⟩⟨schei.⟩ **0.1** ***cadmium*** ⟨element 48⟩.

'cadmium cell ⟨telb.zn.⟩⟨schei.⟩ **0.1** ***cadmiumcel*** ⇒*cadmium-standaardelement, westonelement.*

'cadmium 'yellow ⟨n.-telb.zn.⟩ **0.1** ***cadmiumgeel.***

cad·re ['kɑ:də, -drə‖'kɑdri]⟨zn.⟩
I ⟨telb.zn.⟩ **0.1** ***kader*** ⇒*raamwerk* **0.2** ⟨vnl. pol. en mil.⟩ ***kader (lid);***
II ⟨verz.n.⟩⟨vnl. pol. en mil.⟩ **0.1** ***kader*** ⇒*harde kern.*

ca·du·ce·us [kə'dju:sɪəs‖-'du:-]⟨telb.zn.; caducei [-sɪaɪ]; →mv. 5⟩ **0.1** ***caduceus*** ⇒*herautstaf, staf van Hermes, Mercuriusstaf* **0.2** ***aesculaap(teken)*** ⇒*esculaap.*

ca·du·ci·ty [kə'dju:səti‖-'du:saṭi]⟨n.-telb.zn.⟩ **0.1** ***seniliteit*** ⇒*ouderdomszwakte* **0.2** ***vergankelijkheid*** ⇒*onbestendigheid.*

ca·du·cous [kə'dju:kəs‖-'du:-]⟨bn.⟩ **0.1** ***vergankelijk*** ⇒*onbestendig, voorbijgaand* **0.2** ⟨biol.⟩ ***afvallend*** ⟨bv. v. kieuwen v. amfibieën⟩.

cae·cal, ⟨AE sp. ook⟩ **ce·cal** ['si:kl]⟨bn.⟩⟨med.⟩ **0.1** ***mbt. tot de blindedarm*** ⇒*coecum-.*

cae·cil·ian [sɪ:'sɪlɪən]⟨telb.zn.⟩⟨dierk.⟩ **0.1** ***wormsalamander*** ⟨orde Gymnophiona⟩.

cae·cum, ⟨AE sp. ook⟩ **ce·cum** ['si:kəm]⟨telb.zn.; caeca [-kə]; →mv. 5⟩⟨med.⟩ **0.1** ***coecum*** ⇒*blindedarm* **0.2** ***blinde lichaamsbuis*** ⟨v. vissen⟩.

caenozoic →cainozoic.

Caer·phil·ly [keə'fɪli, kɑ:-‖kɑr-]⟨n.-telb.zn.⟩ **0.1** ***Caerphilly(-kaas)*** ⟨witte, romige Welse kaas⟩.

Cae·sar ['si:zə‖-ər]⟨f1⟩⟨telb.zn.⟩⟨→sprw. 591⟩ **0.1** ***caesar*** ⇒*(Romeins) keizer* **0.2** ***(alleen)heerser*** ⇒*autocraat, dictator* **0.3** ⟨sl.; med.⟩ ***keizersnede*** **0.4** ⟨AE; inf.⟩ ***Caesarkapsel*** ⇒*kort, voorovergekamd kapsel.*

Cae·sar·e·an[1], **Cae·sar·i·an, Ce·sar·e·an, Ce·sar·i·an** [sɪ'zeərɪən‖-'zer-]⟨telb.zn.⟩ **0.1** ⟨ook c-⟩⟨med.⟩ ***keizersnede* 0.2** →Caesarist ◆ **3.1** born by ~ *met de keizersnede gehaald/verlost*.

Caesarean[2], **Caesarian, Cesarean, Cesarian** ⟨bn.; soms c-⟩ **0.1** ***caesariaans*** ⇒*keizerlijk* ◆ **1.¶** ~ section/birth/operation *keizersnede*.

Cae·sar·ism ['si:zərɪzm]⟨n.-telb.zn.⟩ **0.1** ***cesarisme* 0.2** ***militaire dictatuur***.

Cae·sar·ist ['si:zərɪst]⟨telb.zn.⟩ **0.1** ***aanhanger v. Julius Caesar* 0.2** ***aanhanger v.h. cesarisme***.

'Caesar's 'wife ⟨telb.zn.⟩ **0.1** ***pers. die boven verdenking dient te staan***.

cae·si·um, ⟨AE sp. ook⟩ **ce·si·um** ['si:zɪəm]⟨n.-telb.zn.⟩⟨schei.⟩ **0.1** ***caesium*** ⟨element 55⟩.

caestus →cestus.

c(a)e·su·ra [sɪ'zjʊərə‖sɪ'ʒʊrə]⟨telb.zn.; ook caesurae [-ri:]; →mv. 5⟩ ⟨lit., muz.⟩ **0.1** ***cesuur*** ⇒⟨fig.⟩ *breuk*.

cae·su·ral [sɪ'zjʊərəl‖-'ʒʊrəl], **cae·su·ric** ⟨bn.⟩ **0.1** ***een cesuur/cesuren betreffende***.

CAF ⟨afk.⟩⟨AE⟩ cost and freight.

ca·fard ['kæfɑ:‖kɑ'fɑr]⟨n.-telb.zn.⟩ **0.1** ***melancholie*** ⇒*neerslachtigheid*.

ca·fé, ca·fe ['kæfeɪ‖'kæ'feɪ]⟨f2⟩⟨telb.zn.⟩ **0.1** ***eethuisje*** ⇒*café-restaurant, broodjeszaak, snackbar* **0.2** ⟨BE⟩ ***theesalon*** ⇒*tearoom* **0.3** ***koffiehuis*** ⇒*koffieshop, espressobar* **0.4** ⟨vnl. AE⟩ ***café*** ⇒*bar*.

café au lait ['kæfeɪ oʊ'leɪ]⟨telb. en n.-telb.zn.⟩ **0.1** ***koffie met melk*** ⇒*koffie verkeerd*.

café fil·tre ['kæfeɪ'fɪltr(ə)]⟨telb. en n.-telb.zn.⟩ **0.1** ***(kopje) filterkoffie***.

café noir ['kæfeɪ'nwɑ:‖-ɑr]⟨telb. en n.-telb.zn.⟩ **0.1** ***zwarte koffie***.

'café society, 'cafe society ⟨n.-telb.zn.; the⟩ **0.1** ***uitgaande wereld*** ⇒*nachtclubpubliek, beau-monde*.

caf·e·te·ri·a ['kæfɪ'tɪərɪə‖-'tɪrɪə]⟨f2⟩⟨telb.zn.⟩ **0.1** ***snelbuffet*** ⇒*(bedrijfs/school)kantine, zelfbedieningsrestaurant, cafeteria, cafetaria*.

caff [kæf]⟨BE; sl.; scherts.⟩ →café.

caf·fein(e) ['kæfi:n‖'kæ'fi:n]⟨f1⟩⟨n.-telb.zn.⟩ **0.1** ***coffeïne*** ⇒ *caf(f)eïne*.

Caffre →Kaffir.

caf·tan, kaf·tan ['kæftæn‖kæf'tæn]⟨telb.zn.⟩ **0.1** ***kaftan* 0.2** ***kaftanjapon*** ⇒*Indiase jurk*.

cage[1] [keɪdʒ]⟨f3⟩⟨telb.zn.⟩ **0.1** ***kooi*** ⇒*kooiconstructie* **0.2** ***liftkooi*** ⇒*liftbak;* ⟨in mijn⟩ *ophaal/schachtkooi* **0.3** ***kokerjurk* 0.4** ***gevangenis*** ⇒*cachot* **0.5** ***(krijgs)gevangenkamp* 0.6** ⟨ijshockey⟩ ***kooi*** ⇒*doel* **0.7** ⟨honkbal⟩ ***overdekte oefenruimte*** ⟨bij slecht weer⟩ **0.8** ⟨honkbal⟩ ***vangkooi*** ⟨om gemiste ballen op te vangen⟩.

cage[2] ⟨f2⟩⟨ov.ww.⟩ **0.1** ***kooien*** ⇒*in een kooi opsluiten/gevangen houden* ◆ **5.1** it's the feeling of being ~d **in** that's the worst *het gevoel gekooid te zijn, dat is het ergste*.

'cage bird, cage·ling ['keɪdʒlɪŋ]⟨telb.zn.⟩ **0.1** ***kooivogel(tje)***.

cag·er ['keɪdʒə‖-ər]⟨telb.zn.⟩⟨AE; sl.; basketbal⟩ **0.1** ***basketballer***.

cag·(e)y ['keɪdʒi]⟨f1⟩⟨bn.; -er; -ly; -ness; →bijw. 3⟩⟨inf.⟩ **0.1** ***gesloten*** ⇒*behoedzaam, onmededeelzaam, teruggetrokken* **0.2** ***argwanend*** ⇒*achterdochtig, verholen, steels, stiekum* ◆ **6.1** the firm is very ~ **about** its future plans *het bedrijf is erg terughoudend/laat weinig los over zijn toekomstplannen*.

ca·goule, ka·goul(e), ka·gool [kə'gu:l]⟨telb.zn.⟩ **0.1** ***lichte, lange anorak*** ⇒*(soort) parka*.

ca·hier [kɑ:'jeɪ]⟨telb.zn.⟩⟨AE⟩ **0.1** ***(aanteken)schrift*** ⇒*cahier, klapper, multo-map, bloknoot* **0.2** ***verslag*** ⇒*rapport, notulen*.

ca·hoots [kə'hu:ts]⟨mv.; vnl. in uitdr. onder 6.1⟩⟨vnl. AE; sl.⟩ **0.1** ***bondgenootschap*** ◆ **6.1** be in ~ with *onder één hoedje spelen met*.

CAI ⟨afk.⟩ Computer-Aided/Assisted Instruction **0.1** ***COO***.

Cai·a·phas ['kaɪəfæs]⟨eig.n., telb.zn.⟩ **0.1** ***Kajafas*** ⇒*hogepriester*.

Caijan →Cajun.

caiman →cayman.

Cain [keɪn]⟨zn.⟩

I ⟨eig.n.⟩⟨bijb.⟩ **0.1** ***Kaïn;***

II ⟨telb.zn.⟩ **0.1** ***moordenaar*** ◆ **3.¶** ⟨inf.⟩ raise ~ *de boel op stelten zetten, herrie schoppen, amok maken, tekeergaan*.

Cain·ite ['keɪnaɪt]⟨telb.zn.⟩ **0.1** ***Kaïniet*** ⟨lid v. bep. gnostische sekte⟩ **0.2** ***Kaïniet*** ⇒*bewoner v. Nod* ⟨Gen. 5:16-24⟩.

cain·o·zoic[1] ['kaɪnə'zoʊɪk], **caen·o·zoic,** ⟨AE sp.⟩ **cen·o·zoic** ['si:nə-]⟨n.-telb.zn.; the⟩⟨geol.⟩ **0.1** ***Kaenozoïcum*** ⇒*Neozoïcum*.

cainozoic[2], **caenozoic,** ⟨AE sp.⟩ **cenozoic** ⟨bn.⟩⟨geol.⟩ **0.1** ***kaenozoïsch*** ⇒*v./mbt. het Kaenozoïcum*.

ca·ique, ⟨AE sp.⟩ **ca·ïque** [kɑ:'i:k, kaɪk]⟨telb.zn.⟩⟨scheep.⟩ **0.1** ***kaïk***.

caird [keəd‖kerd]⟨telb.zn.⟩⟨Sch. E⟩ **0.1** ***(rondreizend) handwerksman*** ⇒*ketellapper, scharesliep, stoelematter* ⟨enz.⟩ **0.2** ***zwerver*** ⇒*landloper*.

Cai·rene ['kaɪəri:n]⟨telb.zn.⟩ **0.1** ***inwoner v. Caïro***.

cairn [keən‖kern], **karn** [kɑ:n‖kɑrn]⟨telb.zn.⟩ **0.1** ⟨gesch.⟩ ***cairn*** ⟨kegelvormige steenhoop, pre-Keltisch gedenkteken⟩ **0.2** →cairn terriër.

cairn·gorm ['keəngɔ:m‖'kerngɔrm]⟨zn.⟩

I ⟨telb.zn.⟩ **0.1** ***rooktopaas;***

II ⟨n.-telb.zn.⟩ **0.1** ***rookkwarts*** ⇒*rooktopaas*.

'cairn 'terrier ⟨telb.zn.; ook C-⟩ **0.1** ***cairn terriër***.

cais·son ['keɪsn, kə'su:n‖'keɪsɑn]⟨telb.zn.⟩ **0.1** ***caisson*** ⇒*(artillerie) munitiewagen* **0.2** ***caisson*** ⇒*waterdichte (overdruk)ruimte* ⟨voor werkzaamheden onder water⟩ **0.3** ⟨scheep.⟩ ***lichter*** ⇒*(scheeps) kameel* **0.4** ***afsluitponton*** ⟨in havenmond⟩.

'caisson disease ⟨n.-telb.zn.⟩ **0.1** ***caissonziekte*** ⇒*duikersziekte*.

cai·tiff[1] ['keɪtɪf]⟨telb.zn.⟩⟨vero.⟩ **0.1** ***schurk*** ⇒*ellendeling* **0.2** ***lafaard***.

caitiff[2] ⟨bn.⟩⟨vero.⟩ **0.1** ***laag(hartig)* 0.2** ***laf(hartig)***.

ca·jole [kə'dʒoʊl]⟨f1⟩⟨ov.ww.⟩ **0.1** ***(door vleierij) bepraten*** ⇒*ompraten, overhalen, aftroggelen, inpalmen* ◆ **6.1** ~ an autograph **from** s.o. *een handtekening van iem. loskrijgen;* ~ s.o. **into** giving money *iem. geld aftroggelen;* he ~d me **out of** going *hij haalde mij over om niet te gaan*.

ca·jol·er·y [kə'dʒoʊləri], **ca·jole·ment** [-mənt]⟨telb. en n.-telb.zn.; →mv. 2⟩ **0.1** ***vleierij*** ⇒*stroopsmeerderij*.

Ca·jun, Cai·jan, Ca·jan ['keɪdʒən]⟨zn.⟩

I ⟨eig.n.⟩ **0.1** ***Cajun*** ⟨taal/dialect v. II⟩;

II ⟨telb.zn.⟩ **0.1** ***iem. afkomstig uit Louisiana*** ⟨en nakomeling v.d. Franse kolonisten⟩;

III ⟨n.-telb.zn.⟩ **0.1** ***cajun(muziek)***.

cake[1] [keɪk]⟨f3⟩⟨zn.⟩⟨→sprw. 529⟩

I ⟨telb.zn.⟩ **0.1** ***cake*** ⇒*taart, (panne)koek* **0.2** ***blok*** ⟨v. compact materiaal⟩ ⇒*koek* **0.3** ***haverbrood*** ⟨in Schotland en Noord-Engeland⟩ **0.4** ⟨AE; sl.⟩ ***kut*** ⇒*stuk, stoot* ◆ **1.2** a ~ of dirt *aangekoekt vuil;* a ~ of soap *een stuk zeep;* a ~ of tobacco *een plakje tabak* **1.3** land of ~s ⟨bijnaam voor⟩ *Schotland* **1.¶** ~s and ale *het goede des levens;* their slice/share of the ~ *hun deel v. d. koek* **2.1** fancy ~s *gebakjes* **3.1** go/sell like hot ~s *verkopen als warme broodjes, lopen als een trein* **3.¶** ⟨inf.⟩ have one's ~ and eat it (too) *alles willen (hebben);* ⟨inf.⟩ take the ~ *met de eer gaan strijken; de kroon spannen;* ⟨inf.⟩ that takes the ~ *dat slaat alles/is het toppunt;*

II ⟨n.-telb.zn.⟩ **0.1** ***gebak*** ⇒*cake* ◆ **1.¶** ⟨inf.⟩ a piece of ~ *een fluitje v.e. cent, kinderspel, een peuleschil(letje)*.

cake[2] ⟨f1⟩⟨ww.⟩

I ⟨onov.ww.⟩ **0.1** ***koeken*** ⇒*harden, stollen, vast/tot koek worden* ◆ **1.1** coal ~s when heated *steenkool gaat koeken bij verhitting;*

II ⟨ov.ww.⟩ **0.1** ***(dik) bedekken*** ◆ **6.1** (be) ~d **with** dirt *ónder het vuil (zitten);* ~ **with** mud/~ mud **on** *met een modderkorst/dikke laag modder bedekken*.

'cake-cut·ter ⟨telb.zn.⟩⟨AE; sl.; dram.⟩ **0.1** ***lokettist/programmaverkoper die te weinig wisselgeld teruggeeft***.

'cake-hole ⟨telb.zn.⟩⟨BE; inf.⟩ **0.1** ***bek*** ⇒*bakkes, smoel* ◆ **3.1** shut your ~ *hou je kop*.

'cake mix ⟨n.-telb.zn.⟩ **0.1** ***cake mix***.

'cake·walk[1] ⟨telb.zn.⟩ **0.1** ***cake-walk*** ⟨Amerikaanse negerdans⟩.

cake·walk[2] ⟨onov.ww.⟩ **0.1** ***de cake-walk dansen***.

cak·(e)y ['keɪki]⟨bn.; -er; →compar. 7⟩ **0.1** ***klonterend*** ⇒*korstig* ◆ **1.1** ~ porridge *klonterige pap*.

cal ⟨afk.⟩ calendar, calibre, (small) calorie.

Cal ⟨afk.⟩ California, (large) calorie.

CAL [kæl]⟨afk.⟩ computer-aided/assisted learning.

Cal·a·bar bean ['kæləbɑ: bi:n‖-bɑr -]⟨telb.zn.⟩⟨plantk.⟩ **0.1** ***boon v.d. Afrikaanse Calabarstruik*** ⟨Physostigma venenosum⟩ ⇒*heksenboon, heksenproefboon*.

cal·a·bash ['kæləbæʃ]⟨telb.zn.⟩ **0.1** ⟨plantk.⟩ ***kal(e)basboom*** ⟨Crescentia cujete⟩ **0.2** ***kal(e)bas*** ⇒*kal(e)basfles, kal(e)baspijp*.

cal·a·boose ['kælə'bu:s‖'kæləbu:s]⟨telb.zn.⟩⟨AE⟩ **0.1** ***cachot*** ⇒*(plaatselijke) gevangenis*.

cal·a·man·co, cal·i·man·co ['kælə'mæŋkoʊ]⟨zn.; ook -es; →mv. 2⟩

I ⟨telb.zn.⟩ **0.1** ***kal(a)minken kledingstuk;***

II ⟨n.-telb.zn.⟩ **0.1** ***kal(a)mink*** ⟨aan één zijde glanzende wollen stof⟩.

cal·a·man·der ['kæləmændə‖-ər]⟨n.-telb.zn.⟩ **0.1** ***coromandel (hout)*** ⇒*ebbehout*.

cal·a·mar·y ['kæləməri‖-meri]⟨telb.zn.; →mv. 2⟩⟨dierk.⟩ **0.1** ***pijlinktvis*** ⇒*kalmaar* ⟨genus Loligo⟩.

cal·a·mine ['kæləmaɪn]⟨n.-telb.zn.⟩ **0.1** ***zinkgalmei*** ⇒*kalamijn, hemimorfiet* **0.2** ⟨vnl. BE⟩ ***edelgalmei*** ⇒*kalamijn, zinkspaat* **0.3** ***(zinkcarbonaat of -oxyde houdend) roze poeder*** ⟨in zalf of huidlotion⟩.

'calamine lotion ⟨n.-telb.zn.⟩ **0.1** ***zonnebrandlotion*** ⟨ter verzachting v.d. pijn ná verbranding⟩.
cal·a·mint ['kæləmɪnt]⟨telb. en n.-telb.zn.⟩⟨plantk.⟩ **0.1** ***steentijm*** ⟨Satureia calamintha⟩.
ca·lam·i·tous [kə'læmɪt̬əs]⟨bn.; -ly; -ness⟩ **0.1** ***rampzalig*** ⇒*rampspoedig*.
ca·lam·i·ty [kə'læmət̬i]⟨f1⟩⟨telb.zn.; →mv. 2⟩ **0.1** ***onheil*** ⇒*calamiteit, ramp(spoed), ellende*.
ca'lamity howler ⟨telb.zn.⟩⟨AE; inf.⟩ **0.1** ***onheilsprofeet***.
Calamity Jane [kə'læmət̬i 'dʒeɪn]⟨eig.n.⟩⟨AE; inf.⟩ **0.1** ***onheilsprofetes*** ⟨naar Martha Jane Canary⟩.
ca·lan·do [kə'lændoʊ‖kɑ'lɑndoʊ]⟨bw.; ook bn.⟩⟨muz.⟩ **0.1** ***calando*** ⇒*afnemend* ⟨in tempo en sterkte⟩.
Ca'lan·dra 'lark [kəl'ændrə]⟨telb.zn.⟩⟨dierk.⟩ **0.1** ***kalanderleeuwerik*** ⟨Melanocorypha calandra⟩.
ca·lash [kə'læʃ]⟨telb.zn.⟩ **0.1** ***calèche*** ⟨met neerklapbare kap⟩ ⇒*kales* **0.2** ***rijtuigkap*** **0.3** ***kales*** ⟨18e-eeuwse neerklapbare kap voor dames ter beschutting v. hun kapsel⟩ ⇒*calèche*.
calc- [kælk] **0.1** ⟨ong.⟩ ***kalk-*** ◆ **¶.1** calc-tuff *kalktuf*.
cal·ca·ne·um [kæl'keɪnɪəm], **cal·ca·ne·us** [kæl'keɪnɪəs]⟨telb.zn.; calcanea [-nɪə], calcanei [-niaɪ]; →mv. 5⟩⟨anat.⟩ **0.1** ***calcaneus*** ⇒*hielbeen*.
cal·car ['kælkɑ:‖-kɑr]⟨telb.zn.; calcaria [kæl'keərɪə]; →mv. 5⟩⟨dierk.⟩ **0.1** ***spoor*** ⇒⟨bij vleermuis⟩ *spoorbeen*.
cal·car·e·ous, cal·car·i·ous [kæl'keərɪəs‖-'ker-]⟨bn.⟩⟨geol.⟩ **0.1** ***kalkhoudend*** ⇒*kalk-, kalk(steen)achtig* ◆ **1.1** ~ clay *mergel;* ~ earth *kalkaarde*.
cal·ced·o·ny, chal·ced·o·ny [kæl'sedn.i]⟨n.-telb.zn.⟩ **0.1** ***c(h)alcedoon*** ⟨soort kwarts⟩.
cal·ce·o·lar·i·a ['kælsɪə'leərɪə‖-'lerɪə]⟨telb.zn.⟩⟨plantk.⟩ **0.1** ***pantoffeltje*** ⟨genus Calceolaria⟩.
cal·ce·o·late ['kælsɪəleɪt]⟨bn.⟩⟨plantk.⟩ **0.1** ***pantoffelvormig***.
calces ⟨mv.⟩ →calx.
cal·cic ['kælsɪk]⟨bn.⟩ **0.1** ***kalkhoudend*** ⇒*calciumhoudend, calciumrijk*.
cal·cif·er·ous ['kæl'sɪfərəs]⟨bn.⟩ **0.1** ***kalkhoudend*** ⇒*kalkvormend, calcium-, kalk-*.
cal·cif·ic ['kæl'sɪfɪk]⟨bn.⟩ **0.1** ***kalk(zout)vormend***.
cal·ci·fi·ca·tion ['kælsɪfɪ'keɪʃn]⟨telb. en n.-telb.zn.⟩ **0.1** ***verkalking*** ⇒*kalkafzetting, calcificatie, calcinatie*.
cal·ci·fy ['kælsɪfaɪ]⟨ww.; →ww. 7⟩
I ⟨onov.ww.⟩ **0.1** ***verkalken*** ⟨ook fig.⟩;
II ⟨ov.ww.⟩ **0.1** ***in kalk omzetten*** ⇒*doen verkalken/verstenen*.
cal·ci·mine[1], **kal·so·mine** ['kælsɪmaɪn]⟨n.-telb.zn.⟩ **0.1** ***witkalk***.
calcimine[2], **kalsomine** ⟨ov.ww.⟩ **0.1** ***witten met witkalk***.
cal·ci·na·tion ['kælsɪ'neɪʃn]⟨n.-telb.zn.⟩ **0.1** ***(uit)gloeiing*** ⇒*roosting, oxydatie door gloeiing,* ⟨schei.⟩ *verassing*.
cal·cine[1] ['kælsaɪn]⟨telb.zn.⟩ **0.1** ***door uitgloeiing verkregen stof*** ⇒*geroost/gegloeid erts*.
calcine[2] ['kælsaɪn‖-'saɪn], ⟨zelden⟩ **cal·ci·nate** ['kælsɪneɪt]⟨ww.⟩
I ⟨onov.ww.⟩ **0.1** ***calcineren*** ⇒*door gloeiing oxyderen;*
II ⟨ov.ww.⟩ **0.1** ***(uit)gloeien*** ⇒*roosten, branden,* ⟨schei.⟩ *verassen, calcineren* ◆ **1.1** calcining furnace *gloei/roostoven*.
cal·cite ['kælsaɪt]⟨n.-telb.zn.⟩⟨geol.⟩ **0.1** ⟨wet.⟩ ***calciet*** ⇒⟨niet wet.⟩ *kalkspaat, dubbelspaat, IJslands kristal*.
cal·ci·um ['kælsɪəm]⟨f1⟩⟨n.-telb.zn.⟩⟨schei.⟩ **0.1** ***calcium*** ⟨element 20⟩.
'calcium blocker ⟨telb.zn.⟩⟨med.⟩ **0.1** ***calciumkanaalblokkeerder***.
'calcium 'carbide ⟨n.-telb.zn.⟩⟨schei.⟩ **0.1** ***(calcium)carbid***.
'calcium hy'droxide ⟨n.-telb.zn.⟩⟨schei.⟩ **0.1** ***calciumhydroxide*** ⇒*gebluste kalk*.
calc-sin·ter ['kælksɪntə‖-sɪnt̬ər]⟨n.-telb.zn.⟩ **0.1** ***kalksinter*** ⇒*travertijn*.
calc·spar ['kælkspɑ:‖-spɑr]⟨n.-telb.zn.⟩ **0.1** ***kalkspaat*** ⇒*calciet, dubbelspaat, IJslands kristal*.
calc-tu·fa ['kælktu:fə‖-'tu:fə], **calc-tuff** [-tʌf]⟨n.-telb.zn.⟩ **0.1** ***kalktuf*** ⇒*travertijn*.
cal·cu·la·ble ['kælkjʊləbl‖-kjə-]⟨bn.; -ly; →bijw. 3⟩ **0.1** ***berekenbaar*** ⇒*meetbaar;* ⟨fig. ook⟩ *betrouwbaar*.
cal·cu·late ['kælkjʊleɪt‖-kjə-]⟨f3⟩⟨ww.⟩ →calculating
I ⟨onov.ww.⟩ **0.1** ***rekenen*** ⇒*een berekening maken* **0.2** ***schatten*** ⇒*een schatting maken* ◆ **6.¶** →calculate **(up)on;**
II ⟨ov.ww.⟩ **0.1** ***(wiskundig) berekenen*** ⇒*(vooraf) uitrekenen* **0.2** ***beramen*** ⇒*bewust plannen* **0.3** ***incalculeren*** **0.4** ⟨AE; gew.⟩ ***denken*** ⇒*geloven* ◆ **1.2** ~d insult *bewuste/opzettelijke belediging* **1.3** ~d risk *ingecalculeerd risico* **3.2** ~d to attract the attention *bedoeld om de aandacht te trekken;* ~d to carry two tons *berekend op een lading v. twee ton*.
'calculate (up)on ⟨onov.ww.⟩ **0.1** ***rekenen op*** ⇒*vertrouwen op* ◆ **3.1** you can't ~ getting a lift right away *je mag er niet van uitgaan dat je meteen een lift krijgt*.
cal·cu·lat·ing ['kælkjʊleɪtɪŋ‖-kjəleɪt̬ɪŋ]⟨f1⟩⟨bn.; teg. deelw. v. calculate⟩ **0.1** ***bereken(en)d*** ⇒*uitgerekend, egoïstisch*.
'calculating machine ⟨f1⟩⟨telb.zn.⟩ **0.1** ***rekenmachine***.
cal·cu·la·tion ['kælkjʊ'leɪʃn‖-kjə-]⟨f2⟩⟨zn.⟩
I ⟨telb.zn.⟩ **0.1** ***berekening*** **0.2** ***voorspelling*** ⇒*schatting, verwachting;*
II ⟨n.-telb.zn.⟩ **0.1** ***berekening*** ⟨ook fig.⟩ **0.2** ***bedachtzaamheid*** ⇒*weloverwogenheid* ◆ **6.1 after** much ~ *na ampele overweging;* there is ~ **behind** her actions *zij handelt uit berekening*.
cal·cu·la·tive ['kælkjʊlətɪv‖-kjəleɪt̬ɪv]⟨bn.⟩ **0.1** ***bereken(en)d*** ⇒*uitgerekend, egoïstisch* **0.2** ***bedachtzaam*** ⇒*weloverwogen*.
cal·cu·la·tor ['kælkjʊleɪtə‖-kjəleɪt̬ər]⟨f1⟩⟨telb.zn.⟩ **0.1** ***rekenaar*** ⇒*calculator* **0.2** ***rekenmachine*** **0.3** ***verzameling rekentafels/tabellen***.
cal·cu·lous ['kælkjʊləs‖-kjə-]⟨bn.⟩⟨med.⟩ **0.1** ***steen-*** ⇒*graveel-* **0.2** ***lijdend aan een steenziekte***.
cal·cu·lus ['kælkjʊləs‖-kjə-]⟨f1⟩⟨telb.zn.; ook calculi [-laɪ]; →mv. 5⟩ **0.1** ⟨med.⟩ ***steen*** ⇒*graveel* **0.2** ⟨wisk.⟩ ***calculus*** ⇒*analyse, rekening* **0.3** ⟨fil.⟩ ***calculus*** ⟨formeel logisch apparaat⟩ ◆ **1.2** ~ of probabilities *kansrekening;* ~ of variations *variatierekening*.
cal·de·ra [kæl'deərə‖-'derə]⟨telb.zn.⟩⟨geol.⟩ **0.1** ***calde(i)ra*** ⟨grote krater veroorzaakt door vulkanische processen⟩.
caldron →cauldron.
Cal·e·do·nia ['kælɪ'doʊnɪə]⟨eig.n.⟩⟨schr.⟩ **0.1** ***Schotland***.
Cal·e·do·ni·an[1] [kælɪ'doʊnɪən]⟨telb.zn.⟩⟨schr. of scherts.⟩ **0.1** ***Schot***.
Caledonian[2] ⟨bn.⟩⟨vaak schr. of scherts.⟩ **0.1** ***Schots***.
cal·e·fa·cient[1] ['kælɪ'feɪʃnt]⟨telb.zn.⟩⟨med.⟩ **0.1** ***verwarmend middel*** ⇒*warmteproducerende stof*.
calefacient[2] ⟨bn.⟩ **0.1** ***verwarmend*** ⇒*warmteproducerend*.
cal·e·fac·tion ['kælɪ'fækʃn]⟨n.-telb.zn.⟩ **0.1** ***verwarming***.
cal·e·fac·to·ry[1] ['kælɪ'fæktri]⟨telb.zn.; →mv. 2⟩ **0.1** ***verwarmde kamer in een klooster***.
calefactory[2] ⟨bn.⟩ **0.1** ***verwarmend*** ⇒*warmteproducerend*.
cal·en·dar[1] ['kælɪndə‖-ər]⟨f2⟩⟨telb.zn.⟩ **0.1** ***kalender*** ⇒*heiligenkalender, calendarium, almanak, tijdrekening* **0.2** ⟨jur.⟩ ***rol*** **0.3** ⟨AE⟩ ***agenda*** ⟨v. vergadering⟩ **0.4** ***chronologisch register*** ⟨v. documenten of manuscripten, vaak met samenvattingen⟩ ◆ **2.1** Julian/Gregorian ~ *Juliaanse/Gregoriaanse kalender/tijdrekening*.
calendar[2] ⟨ov.ww.⟩ **0.1** ***op de kalender/rol/agenda zetten*** **0.2** ***rangschikken, samenvatten en indexeren*** ⟨documenten⟩.
'calendar 'month ⟨telb.zn.⟩ **0.1** ***kalendermaand***.
'calendar 'year ⟨f1⟩⟨telb.zn.⟩ **0.1** ***kalenderjaar***.
cal·en·der[1] ['kælɪndə‖-ər]⟨telb.zn.⟩ **0.1** ***kalander(machine)*** ⇒*stofglanzer* **0.2** ***kalender*** ⇒*bedelderwisj*.
calender[2] ⟨ov.ww.⟩ **0.1** ***kalanderen*** ⇒*met een kalander glanzen, machinaal gladpersen*.
ca·len·dri·cal [kə'lendrɪkl]⟨bn.⟩ **0.1** ***mbt. een/de kalender***.
cal·en·dry ['kæləndri]⟨telb.zn.; →mv. 2⟩ **0.1** ***kalanderij*** ⇒*kalandermolen*.
cal·ends, kal·ends ['kælɪndz]⟨mv.; ww. soms enk.⟩⟨gesch.⟩ **0.1** ***calendae*** ⟨eerste dag v.d. Romeinse maand⟩.
ca·len·du·la [kə'lendjʊlə‖-dʒə-]⟨telb.zn.⟩⟨plantk.⟩ **0.1** ***goudsbloem*** ⟨genus Calendula, vnl. C. officinalis⟩.
cal·en·ture ['kæləntjʊə‖-tʃʊr]⟨telb. en n.-telb.zn.⟩ **0.1** ***hete koorts*** ⟨ijlende koorts v. zeelieden in de tropen⟩ ⇒*hittekoorts,* ⟨oneig.⟩ *zonnesteek;* ⟨fig.⟩ *vuur, passie*.
calf [kɑ:f‖kæf]⟨f2⟩⟨zn.; calves [kɑ:vz‖kævz]; →mv. 3⟩
I ⟨telb.zn.⟩ **0.1** ***kalf*** ⟨ook v. olifant, walvis, enz.⟩ ⇒⟨fig.⟩ *goedzak, sul, domoor* **0.2** ***kuit*** ⟨v. onderbeen⟩ **0.3** ***kalf*** ⇒*afgekalfde ijsschots* ◆ **3.¶** kill the fatted ~ for s.o. *iem. een feestelijk onthaal bereiden* ⟨naar Lucas 15:23⟩ **6.1** the cow is **in/with** ~ *de koe is met kalf, de koe is drachtig/moet kalveren;*
II ⟨n.-telb.zn.⟩ **0.1** ***kalfsle(d)er*** ◆ **3.1** treed ~ *leren boekband met boomachtige tekening*.
'calf'bound ⟨bn.⟩ **0.1** ***in kalfsle(de)ren band***.
'calf love ⟨n.-telb.zn.⟩ **0.1** ***kalverliefde***.
'calf lymph ⟨n.-telb.zn.⟩ **0.1** ***vaccine*** ⇒*pokstof, lymfe, inentsel*.
'calf's-foot 'jelly, 'calves' foot 'jelly ⟨telb. en n.-telb.zn.; →mv. 2⟩ ⟨cul.⟩ **0.1** ***kalfspotengelei***.
'calf·skin ⟨f1⟩⟨zn.⟩
I ⟨telb.zn.⟩ **0.1** ***kalfshuid*** ⇒*kalfsvel;*
II ⟨n.-telb.zn.⟩ **0.1** ***kalfsle(d)er***.
Cal·i·ban ['kælɪbæn]⟨eig.n., telb.zn.⟩ **0.1** ***Caliban*** ⟨figuur in Shakespeares The Tempest⟩ ⇒*verdierlijkt wezen*.
cal·i·brate ['kælɪbreɪt]⟨f1⟩⟨ov.ww.⟩ **0.1** ***het kaliber bepalen van*** **0.2** ***kalibreren*** ⇒*ijken, voorzien v.e. schaalverdeling* **0.3** ***afstemmen*** ⇒*aanpassen*.
cal·i·bra·tion ['kælɪ'breɪʃn]⟨zn.⟩
I ⟨telb.zn.⟩ **0.1** ***schaalverdeling;***

II ⟨n.-telb.zn.⟩ **0.1** ***kaliberbepaling*** ⇒*ijking, het aanbrengen v.e. schaalverdeling.*

cal·i·bra·tor ['kælɪbreɪtə‖-breɪţər]⟨telb.zn.⟩ **0.1** ***kalibermeter*** ⇒*kaliberpasser.*

cal·i·bre, ⟨AE sp.⟩ **cal·i·ber** ['kælɪbə‖-ər]⟨f2⟩⟨zn.⟩

I ⟨telb.zn.⟩ **0.1** ***kaliber*** ⇒*(binnenwerkse) diameter;*

II ⟨telb. en n.-telb.zn.⟩ **0.1** ***kaliber*** ⇒*gehalte, niveau, klasse* ◆ **2.1** authors of (a) very different ~ *schrijvers v. heel verschillend kaliber.*

calices ⟨mv.⟩ →calix.

ca·li·che [kə'li:tʃi]⟨zn.⟩

I ⟨telb.zn.⟩⟨geol.⟩ **0.1** ***caliche*** ⟨verkalkte, verkorste bodem vnl. in aride gebieden⟩;

II ⟨n.-telb.zn.⟩ **0.1** ***chilisalpeter*** ⇒*natriumnitraat, natronsalpeter.*

cal·i·co¹ ['kælɪkoʊ]⟨telb. en n.-telb.zn.; ook calicoes; →mv. 2⟩ **0.1** ***calico(t)*** ⟨soort katoenstof⟩ **0.2** ⟨AE⟩ ***bedrukte katoenstof*** ⇒*bont.*

calico² ⟨bn., attr.⟩ **0.1** ***van calico(t)*** **0.2** ⟨AE⟩ ***bont*** ⇒*veelkleurig* ◆ **1.2** a ~ cat *een lapjeskat.*

calif →caliph.

Calif ⟨afk.⟩ California.

'California 'blanket ⟨telb.zn.⟩⟨AE; sl.; zwervers⟩ **0.1** ***als dek gebruikte kranten.***

Cal·i·for·nian¹ ['kælɪ'fɔ:nɪən‖-'fɔr-]⟨f1⟩⟨telb.zn.⟩ **0.1** ***Californiër*** ⇒*inwoner v. Californië.*

Californian² ⟨f1⟩⟨bn.⟩ **0.1** ***Californisch*** ⇒*van/uit Californië.*

cal·i·for·ni·um ['kælɪ'fɔ:nɪəm‖-'fɔr-]⟨n.-telb.zn.⟩⟨schei.⟩ **0.1** ***californium*** ⟨element 98⟩.

calimanco →calamanco.

cal·i·pash ['kælɪpæʃ]⟨n.-telb.zn.⟩⟨cul.⟩ **0.1** ***geleiachtige groene substantie onder het rugschild v.e. schildpad.***

cal·i·pee ['kælɪpi:]⟨n.-telb.zn.⟩⟨cul.⟩ **0.1** ***geleiachtige gele substantie boven het borstschild v.e. schildpad.***

caliper →calliper.

ca·liph, ca·lif, kha·lif ['keɪlɪf, 'kæ-]⟨telb.zn.⟩ **0.1** ***kalief.***

ca·liph·ate, ca·lif·ate, kha·lif·ate ['keɪlɪfeɪt]⟨telb.zn.⟩ **0.1** ***kalifaat.***

cal·is·then·ic, cal·lis·then·ic ['kælɪs'θenɪk]⟨bn., attr.⟩ **0.1** ***gymnastisch.***

cal·is·then·ics, cal·lis·then·ics ['kælɪs'θenɪks]⟨f1⟩⟨n.-telb.zn.; ww. soms mv.⟩ **0.1** ***gymnastiek*** ⟨vnl. in groepsverband en zonder toestellen⟩ ⇒*grondgymnastiek, gymnastiekoefeningen.*

ca·lix ['keɪlɪks]⟨telb.zn.; calices ['keɪlɪsi:z]; →mv. 5⟩ **0.1** ⟨med.⟩ ***kelk*** ⇒*calyx, kelkvormig(e) holte/orgaan* **0.2** ***(mis)kelk.***

calk¹ [kɔ:k]⟨telb.zn.⟩ **0.1** ***ijsspoor*** ⇒*kalkoen, ijskrap* ⟨ruwe ijzeren plaat onder laars/paardehoef om uitglijden te voorkomen⟩.

calk² ⟨ov.ww.⟩ **0.1** ***scherp zetten*** ⇒*scherpen, scherp/met gescherpte hoefijzers beslaan* **0.2** →caulk ◆ **1.1** ~ a horse *een paard scherpen.*

call¹ [kɔ:l]⟨f3⟩⟨telb.zn.⟩ **0.1** ***kreet*** ⇒*(ge)roep, roep v. dier* ⟨i.h.b. v. vogel⟩ **0.2** ***lokfluitje*** ⟨voor nabootsing v. dieregeluiden, i.h.b. v. vogels⟩ **0.3** ⟨ben. voor⟩ ***signaal*** ⇒⟨mil.⟩ *verzamelsignaal* ⟨op bugel, e.d.⟩, *appel, reveille;* ⟨jacht⟩ *hoornsignaal* ⟨ter aanmoediging v.d. honden⟩; *(met lokfluitje) nagebootste dierenroep;* ⟨brandweer⟩ *alarm;* ⟨scheep.⟩ *fluitje* ⟨v. bootsman⟩ **0.4** ***(kort/ formeel/zakelijk) bezoek*** ⇒*visite* **0.5** ***beroep*** ⇒*aanspraak, claim, vraag* **0.6** ⟨ben. voor⟩ ***oproep(ing)*** ⇒*sommatie, roep(ing);* ⟨dram.⟩ *aanplakbiljet met repetitietijden; appel, voorlezing v. presentielijst* ⟨school, parlement, e.d.⟩; ⟨geldw.⟩ *oproep tot aflossing v.e. schuld, aanmaning; premie te leveren* ⟨mbt. betaling v. op prolongatie gekochte aandelen als de koers is gedaald⟩; ⟨mil.⟩ *aantal opgeroepen rekruten, lichting* **0.7** ***reden*** ⇒*aanleiding, noodzaak, behoefte* **0.8** ⟨dram.⟩ ***terugroeping*** ⇒*applaus* **0.9** ⟨kaartspel⟩ ***bod*** ⇒⟨bij uitbr.⟩ *contract* **0.10** ⟨sport, i.h.b. honkbal⟩ ***(scheidsrechterlijke) beslissing*** **0.11** ***telefoontje*** ⇒*(telefoon)gesprek, belletje* **0.12** ⟨geldw.⟩ ***aandelenoptie*** ⟨in premieaffaire⟩ **0.13** ***quadrilleïnstructie*** ⟨om een nieuwe figuur te beginnen⟩ ◆ **1.1** the ~ of the cuckoo *de roep v.d. koekoek* **1.¶** ⟨BE⟩ ~ to the bar *toelating als advocaat;* ⟨euf.⟩ ~ of nature *aandrang* ⟨om naar het toilet te gaan⟩; *natuurlijke behoefte* **2.5** have first ~ on *het leeuwedeel opeisen van, het grootste beroep doen op* **3.4** the milkman makes his ~ at nine in the morning *om negen uur 's ochtends komt de melkboer langs;* pay a ~ *een visite afleggen;* ⟨inf.; euf.⟩ *naar een zekere plaats/nummer 100 gaan;* pay a ~ on s.o./s.o. a ~ *iem. opzoeken/een kort bezoek brengen, bij iem. langsgaan* **3.6** he answered the ~ of his country *hij gaf gehoor aan de roep v. zijn land;* feel a ~ to become a priest *roeping hebben/voelen (voor het priesterschap);* the actors received a ~ for eight o'clock *de acteurs moesten om acht uur op* **3.8** take a ~ *het applaus in ontvangst nemen* **3.9** will she make her ~? *maakt zij haar contract?* **3.10** the players disagreed with the umpire's ~ *de spelers waren het niet eens met de beslissing v.d. scheidsrechter* **3.11** I'll give you a ~ as soon as I get home *zodra ik thuis ben, bel ik je even;* I'll take the ~ *ik neem hem wel* ⟨telefoon⟩ **6.1** we heard a ~ **for** help *we hoorden hulpgeroep;* **within** ~ *binnen gehoorsafstand, te beroepen* **6.5** there's not much ~ **for** figs *er is niet veel vraag naar vijgen* **6.6 at/on** ~ *(onmiddellijk) beschikbaar; (telefonisch) oproepbaar; (direct) opeisbaar; op afroep;* have **at/on** one's ~ *tot zijn (onmiddellijke) beschikking hebben;* ⟨geldw.⟩ money **on/lent at/payable at/on** ~, loan **on** ~ *call-geld, daggeldlening* **6.11** there's a ~ **for** you *er is telefoon voor u* **7.7** you have no ~ for more money *jij hebt geld genoeg zo, jij hebt niet meer geld nodig;* there's no ~ for you to worry *je hoeft je niet ongerust te maken* **7.9** it's your ~ now *het is uw beurt om te bieden.*

call² ⟨f4⟩⟨ww.⟩ →calling ⟨→sprw. 66, 290, 567⟩

I ⟨onov.ww.⟩ **0.1** ***(even) langsgaan/komen*** ⇒*(kort) op bezoek gaan, aanwippen; stoppen* ⟨op station⟩ ◆ **1.1** the baker ~s every other day *de bakker komt om de andere dag* **5.1** do ~ **round** again *kom vooral nog eens langs;* ⟨inf.⟩ ~ **by** *(even) aan/binnenwippen;* please ~ **in** this afternoon *kom vanmiddag even langs alsjeblieft* **6.1** ~ **about** a bill *langskomen in verband met een rekening;* I'll ~ (in) **at** the butcher's *ik ga wel even langs de slager;* the ship ~s **at** numerous ports *het schip doet talrijke havens aan;* ~ **at** every station *bij elk station stoppen;* let's ~ (in/round) **at** Joan's/(in) **on** Joan on the way home *laten we op weg naar huis even bij Joan langsgaan;* our man will ~ **on** you soon *onze man komt binnenkort bij u langs* **6.¶** →call **in;** →call **for;** →call **(up)on;**

II ⟨onov. en ov.ww.⟩ **0.1** ***(uit)roepen*** **0.2** ***(op)bellen*** ⇒⟨bij uitbr.⟩ *oproepen, radiotelefoneren* **0.3** ***roepen*** ⟨ook fig.⟩ ⇒*zijn roep uiten* ⟨v. vogel⟩; *lokken* ⟨door nabootsing v. dieregeluid⟩; ⟨i.h.b.⟩ *ritmisch roepen,* ⟨instructies⟩ *bij quadrille* **0.4** ⟨kaartspel⟩ ***bieden*** ⇒*annonceren;* ⟨i.h.b.⟩ *de troefkleur noemen* ◆ **1.1** can't you come when mummy ~s (you)? *kun je niet komen als mama (je) roept?* **1.2** London ~ing *hier (radio) Londen;* Edith will ~ (you) tonight *Edith belt (je) vanavond* **1.3** birds were ~ing (to) each other *vogels riepen (naar) elkaar;* duty ~s (me) *de/mijn plicht roept;* the trumpets are ~ing (us) *de trompetten roepen (ons)* **1.4** did Joan ~ (hearts) at all? *hééft Joan wel (harten) geboden?* **5.¶** →call **back;** →call **out** **6.1** ~ **for** help *om hulp roepen;* ~ (sth.) (out) **to** s.o. *(iets) naar iem. roepen, iem. (iets) toeroepen;*

III ⟨ov.ww.⟩ **0.1** ***afroepen*** ⇒*oplezen, opsommen* **0.2** ***(op)roepen*** ⇒*aanroepen; terugroepen* ⟨acteur⟩; ⟨i.h.b.⟩ *tot het priesterschap roepen* **0.3** ***afkondigen*** ⇒*bijeenroepen, uitroepen, verkondigen* **0.4** ***wakker maken*** ⇒*wekken, roepen* **0.5** ***noemen*** ⇒*benoemen, aanduiden/bestempelen als, beweren, uitmaken voor;* ⟨sport⟩ *annonceren, geven* **0.6** ***vinden*** ⇒*beschouwen als* **0.7** ***het houden op*** ⇒*zeggen, (een bedrag) afmaken op* **0.8** ⟨gew.; sl.⟩ ***afkammen*** ⇒*katten, zwart maken* **0.9** ⟨honkbal⟩ ***staken*** ⟨wegens duisternis of weersomstandigheden⟩ **0.10** ***(nauwkeurig) voorspellen*** ⇒*kruis of munt zeggen,* ⟨v. munt⟩ *(iem.) vragen (de loop v.) e. carambole te voorspellen* **0.11** ⟨kaartspel⟩ ***bieden*** **0.12** ⟨inf.⟩ ***bewijs eisen*** ⇒*waarmaking eisen;* ⟨i.h.b. poker⟩ *willen zien* **0.13** ⟨Sch. E⟩ ***drijven*** ⟨vee⟩ ⇒*(be)sturen* ⟨auto e.d.⟩, *starten* ⟨motor⟩ **0.14** ⟨geldw.⟩ ***(terug)betaling eisen v.*** ⇒*opeisen, opzeggen* **0.15** ***aan de orde stellen*** ⇒*onder de aandacht brengen, aanhangig maken* ◆ **1.1** ~ (off/out) numbers *nummers afroepen* **1.2** ~ a taxi *een taxi aanroepen;* ~ a witness *een getuige oproepen* **1.3** ~ an election *een verkiezing afkondigen;* ~ a meeting *een vergadering beleggen/bijeenroepen/uitschrijven/vaststellen;* ~ parliament (together) *het parlement bijeenroepen* **1.5** ⟨honkbal⟩ the ball/pitch/strike was ~ed out *de bal/worp/slag werd uit/wijd gegeven;* we'll ~ our daughter Mary *we noemen onze dochter Mary;* ~ o.s. an expert *zich uitgeven voor deskundige;* how can you ~ yourself my friend? *hoe kun je beweren dat je mijn vriend(in) bent?;* ~ s.o. a liar *iem. uitmaken voor leugenaar* **1.6** I ~ it nonsense *ik vind het onzin* **1.7** let's ~ it ten guilders *laten we zeggen een tientje, laten we het op een tientje houden* **1.14** ~ a loan *een lening terugvorderen* **1.15** ~ a case to court *een zaak voor de rechter brengen* **2.5** you ~ that hard? *noem/vind je dat moeilijk?* **3.2** ~ to witness *als getuige oproepen* **3.¶** ~ into being *in het leven roepen, scheppen* **4.4** what do you ~ that? *hoe noem je dat, hoe heet dat?;* ⟨inf.⟩ what d'you/what d'ye/whatchema ~ it? *hoe heet het ook weer?, dinges* **4.5** ~ (sth.) one's own *(iets) bezitten, (iets) zijn eigendom (kunnen) noemen* **5.1** ~ **over** *afroepen* **5.2** ~ **down/in/over** *(naar) beneden/(naar) binnen/bij zich roepen* **5.¶** ~ **away** *wegroepen; afleiden* ⟨aandacht⟩; →call **down;** ~ **forth** *oproepen, (naar) boven brengen;* ~ **forth** the best in people *het beste in mensen boven brengen;* ~ **forth** numerous protests *tot tal v. protesten aanleiding geven;* ~ **forth** all one's skill *al zijn vakmanschap inzetten;* ~ **forward** *naar voren roepen;* →call **in;** →call **off;** →call **up** **6.5** be ~ed **after** one's grandfather *vernoemd zijn/heten naar zijn grootvader.*

cal·la ['kælə], ⟨in bet. 0.1 ook⟩ **calla lily** ⟨telb.zn.⟩⟨plantk.⟩ **0.1**

witte aronskelk ⟨Zantedeschia aethiopica⟩ **0.2** ***slangewortel*** ⟨Calla palustris⟩.

call·a·ble ['kɔ:ləbl]⟨bn.⟩ **0.1** ***(op)roepbaar*** *⇒op te roepen, te beroepen* **0.2** ⟨geldw.⟩ ***opvraagbaar*** ⟨v. lening⟩.

'call 'back ⟨f1⟩⟨ww.⟩

I ⟨onov.ww.⟩ **0.1** ***terugkomen*** *⇒nog eens langsgaan / komen;*

II ⟨onov. en ov.ww.⟩ **0.1** ***terugbellen*** **0.2** ***nog eens bellen;***

III ⟨ov.ww.⟩ **0.1** ***terugroepen*** **0.2** ***zich (weer) voor de geest halen*** *⇒terugdenken aan, in (de) herinnering (terug)roepen* **0.3** ***herroepen*** *⇒terugkomen op* **0.4** ***loochenen*** *⇒ontkennen.*

'call-back ⟨telb.zn.⟩ **0.1** ***terugroeping*** ⟨i.v.m. produktiefouten⟩.

'call bell ⟨telb.zn.⟩ **0.1** ***schel*** ⟨om personeel te bellen⟩ **0.2** ***alarmbel.***

'call bird ⟨telb.zn.⟩ **0.1** ***lokvogel.***

'call·board ⟨telb.zn.⟩ **0.1** ***mededelingenbord*** ⟨i.h.b. in theater⟩ **0.2** ***(trein)dienstrooster / regeling.***

'call box ⟨f1⟩⟨telb.zn.⟩⟨BE⟩ **0.1** ***telefooncel.***

'call·boy ⟨telb.zn.⟩ **0.1** ⟨vero.; dram.⟩ ***toneeljongen*** *⇒toneelassistent* ⟨die de acteurs waarschuwt⟩ **0.2** ***piccolo.***

'call charges, call-'out charges ⟨mv.⟩ **0.1** ***voorrijkosten*** ⇒⟨B.⟩ *verplaatsingskosten.*

'call day ⟨telb.zn.⟩⟨BE⟩ **0.1** ***afstudeerdag v. jurist.***

'call dinner ⟨telb.zn.⟩⟨BE⟩ **0.1** ***afstudeerdiner v. jurist.***

'call 'down ⟨f1⟩⟨ov.ww.⟩ **0.1** ***afroepen*** ⇒⟨fig.⟩ *doen neerdalen* **0.2** ⟨mil.⟩ ***laten uitvoeren*** ⟨bombardement, luchtaanval, e.d.⟩ *⇒opdracht geven tot* ⟨aanval, e.d.⟩ **0.3** ⟨sl.⟩ ***afkraken*** *⇒afbreken* **0.4** ⟨AE; sl.⟩ ***uitkafferen*** *⇒een uitschijter geven* **0.5** ⟨vnl. AE; sl.⟩ ***mee naar buiten roepen*** *⇒uitdagen* ⟨tot gevecht⟩ ◆ **1.1** ~ the wrath of God on s.o.'s head *Gods toorn over iem. afroepen.*

'call-down ⟨telb.zn.⟩⟨AE; inf.⟩ **0.1** ***reprimande*** *⇒schrobbering, standje.*

call·er[1] ['kɔ:lə‖-ər]⟨f2⟩⟨telb.zn.⟩ **0.1** ***bezoeker*** **0.2** ***beller*** *⇒iem. die belt / telefoneert / aan de telefoon is* **0.3** ***afroeper*** ⟨i.h.b. v. nummers bij bingo⟩ **0.4** ***leider v. quadrille*** ⟨die de aanwijzingen roept⟩.

cal·ler[2] ['kælə‖'kɑlər]⟨bn.⟩⟨Sch. E⟩ **0.1** ***vers*** ⟨i.h.b. mbt. vis⟩ **0.2** ***verfrissend*** *⇒koel, fris* ⟨bv. v.d. wind⟩.

'call for ⟨f1⟩⟨onov.ww.⟩ **0.1** ***komen om*** *⇒(komen) af / ophalen* **0.2** ***wensen*** *⇒verlangen, vragen, eisen* **0.3** ***vereisen*** *⇒verlangen, nodig / wenselijk maken, vergen* ◆ **1.1** ~ orders *de / een bestelling komen opnemen;* the tickets will be called for by my brother *de kaartjes worden afgehaald door mijn broer;* I'll ~ you at eight *ik haal je om acht uur op / af* **1.2** ~ the bill *de rekening vragen;* ~ the waiter *de ober roepen* **1.3** this situation calls for immediate action *hier moet onmiddellijk gehandeld worden;* that calls for a drink! *daar moet op gedronken worden!;* this outrage calls for revenge *deze misdaad roept / schreeuwt om wraak* **5.3** not called for *onnodig; ongemotiveerd; ongewenst; misplaatst.*

'call girl ⟨f1⟩⟨telb.zn.⟩ **0.1** ***call-girl*** *⇒luxeprostituee, sex hostess.*

'call house ⟨telb.zn.⟩⟨inf.⟩ **0.1** ***bordeel.***

cal·lig·ra·pher [kə'lɪgrəfə‖-ər], **cal·lig·ra·phist** [-fɪst]⟨telb.zn.⟩ **0.1** ***kalligraaf*** *⇒schoonschrijver.*

cal·li·graph·ic ['kælɪ'græfɪk]⟨bn.⟩ **0.1** ***kalligrafisch*** ◆ **1.1** ~ document *gekalligrafeerde oorkonde;* ~ handwriting *kalligrafisch schoonschrift.*

cal·lig·ra·phy [kə'lɪgrəfi]⟨f1⟩⟨n.-telb.zn.⟩ **0.1** ***kalligrafie*** *⇒(schoon)schrijfkunst* **0.2** ***schoonschrift*** **0.3** ***handschrift.***

'call 'in ⟨f1⟩⟨ww.⟩

I ⟨onov.ww.⟩ **0.1** ***opbellen*** ◆ **5.1** ~ sick *opbellen om te zeggen dat men ziek is, zich ziek melden;*

II ⟨ov.ww.⟩ **0.1** ***laten komen*** *⇒erbij halen;* ⟨bij uitbr.⟩ *de hulp inroepen van, zich wenden tot, consulteren* **0.2** ***terugroepen / vorderen*** *⇒innemen, opvragen;* ⟨i.h.b.⟩ *uit de circulatie nemen* ◆ **1.1** call the doctor in at once *laat onmiddellijk de dokter komen;* ~ a specialist *er een specialist bij halen* **1.2** some cars had to be called in *een aantal auto's moest terug naar de fabriek;* ~ all gold coins *alle gouden munten uit de circulatie nemen;* ⟨fig.⟩ ~ a favour *om een wederdienst vragen, een beroep doen op mensen die je eerder eens een dienst hebt bewezen;* she had to ~ the loans she had made *ze moest het geld dat ze had uitgeleend terugvragen.*

'call-in ⟨telb.zn.; vaak attr.⟩ **0.1** ***opbelprogramma*** *⇒radio / tv-programma met deelname v. luisteraars / kijkers* ⟨via de telefoon⟩.

call·ing ['kɔ:lɪŋ]⟨f1⟩⟨telb.zn.; oorspr. gerund v. call⟩ **0.1** ***roeping*** **0.2** ***beroep*** *⇒vak* ◆ **3.1** have a ~ to become a priest *zich geroepen voelen tot het priesterschap.*

'calling card ⟨telb.zn.⟩⟨AE⟩ **0.1** ***visitekaartje*** *⇒naamkaartje.*

cal·li·o·pe [kə'laɪəpi]⟨zn.⟩

I ⟨eig.n.; C-⟩ **0.1** ***Calliope*** ⟨muze v.h. heldendicht⟩;

II ⟨telb.zn.⟩ **0.1** ***stoomorgel*** ⟨door stoom aangedreven kermisorgel⟩.

cal·li·per[1], **ca·li·per** ['kælɪpə‖-ər]⟨f1⟩⟨zn.⟩

I ⟨telb.zn.⟩ **0.1** →cal(l)iper splint;

II ⟨mv.; ~s⟩ **0.1** →cal(l)iper compasses.

calliper[2], **caliper** ⟨ov.ww.⟩ **0.1** ***meten met krompasser / voetjespasser / schuifmaat.***

'calliper compasses ⟨mv.⟩ **0.1** ***krompasser*** *⇒buitenpasser* **0.2** ***voetjespasser*** *⇒binnen / holpasser* **0.3** ***schuifmaat.***

'calliper splint ⟨telb.zn.⟩ **0.1** ***beugel*** ⟨gedragen bij beenverlamming⟩.

cal·li·py·gous ['kælɪ'paɪgəs,-'pɪdʒəs]⟨bn.⟩ **0.1** ***met welgevormde billen.***

callisthenic →calisthenic.

callisthenics →calisthenics.

'call joint ⟨telb.zn.⟩⟨sl.⟩ **0.1** ***bordeel.***

'call letters ⟨mv.⟩⟨AE; com.⟩ **0.1** ***roepletters.***

'call loan ⟨telb.zn.⟩⟨geldw.⟩ **0.1** ***call-lening*** *⇒dagelijks opzegbare lening.*

'call money ⟨n.-telb.zn.⟩⟨geldw.⟩ **0.1** ***call-geld*** *⇒daggeld.*

'call night ⟨telb.zn.⟩⟨BE⟩ **0.1** ***afstudeeravond v. jurist.***

'call note ⟨telb.zn.⟩ **0.1** ***lokroep.***

'call number ⟨telb.zn.⟩ **0.1** ⟨com.⟩ ***abonneenummer*** **0.2** ***magazijnnummer*** ⟨vnl. mbt. plaats v. boek in bibliotheek⟩.

'call 'off ⟨f1⟩⟨ov.ww.⟩ **0.1** ***afzeggen*** *⇒afgelasten, staken, beëindigen, uitstellen* **0.2** ***terug / wegroepen*** *⇒in bedwang / toom houden* ⟨i.h.b. hond⟩ **0.3** ***afroepen*** *⇒(hardop) voorlezen / opsommen* **0.4** ***afleiden*** ⟨gedachten, aandacht⟩ ◆ **1.1** ~ one's engagement *het af / uitmaken.*

'call option ⟨telb.zn.⟩⟨geldw.⟩ **0.1** ***aandelenoptie*** ⟨in premieaffaire⟩.

cal·los·i·ty [kə'lɒsəti‖kə'lɑsəṭi]⟨zn.⟩

I ⟨telb.zn.; →mv. 2⟩ **0.1** ***eeltplek*** *⇒eeltknobbel* **0.2** ***verharding*** *⇒ongevoelige plek;*

II ⟨n.-telb.zn.⟩ **0.1** ***eelt(igheid)*** *⇒callositeit, vereelting* **0.2** ***gevoelloosheid*** *⇒hardvochtigheid.*

cal·lous ['kæləs]⟨f1⟩⟨bn.; -ly; -ness⟩ **0.1** ***vereelt*** *⇒verhard* **0.2** ***ongevoelig*** *⇒gevoelloos, verhard, harteloos.*

cal·l(o)us ['kæləs]⟨telb.zn.⟩ **0.1** ***eeltplek*** *⇒eeltknobbel* **0.2** ⟨med.⟩ ***callus*** *⇒beeneelt, botvorming na beenbreuk* **0.3** ***littekenweefsel over breuk / wond*** **0.4** ***litteken*** **0.5** ⟨plantk.⟩ ***callus*** ⟨woekering op beschadigd plantendeel⟩.

'call 'out ⟨f1⟩⟨ww.⟩

I ⟨onov.ww.⟩ **0.1** ***uitroepen*** *⇒een kreet slaken, een gil geven* **0.2** ***roepen*** *⇒hardop praten* ⟨i.h.b. v. schoolkinderen in de klas⟩ ◆ **5.1** if you want anything, just ~ *als je iets wilt / nodig hebt, geef je maar een gil* **6.1** ~ **for** help *om hulp roepen;*

II ⟨ov.ww.⟩ **0.1** ***afroepen*** *⇒opnoemen, (hardop) voorlezen / opsommen* **0.2** ***te hulp roepen*** *⇒de hulp inroepen v., doen uitrukken* **0.3** ***tot staking oproepen*** **0.4** ***oproepen*** *⇒teweegbrengen* **0.5** ⟨BE; inf.⟩ ***mee naar buiten roepen*** *⇒uitdagen* ⟨tot gevecht⟩ ◆ **1.2** ~ the army / fire-brigade *het leger / de brandweer te hulp roepen* **1.3** the workers were called out (on strike) *de arbeiders werden tot staking opgeroepen.*

'call-over ⟨telb.zn.⟩ **0.1** ***afroeping v. presentielijst*** ⇒⟨mil.⟩ *appel.*

cal·low ['kæloʊ]⟨f1⟩⟨bn.; ook -er; -ly; -ness⟩ **0.1** ***kaal*** ⟨v. vogels⟩ *⇒vederloos, (nog) zonder veren* **0.2** ***groen*** *⇒jong, onervaren, onvolwassen* ◆ **1.2** a ~ youth *een groentje.*

'call sheet ⟨telb.zn.⟩ **0.1** ***memoblaadje v. telefoongesprek.***

'call sign, 'call signal ⟨telb.zn.⟩⟨com.⟩ **0.1** ***zendercode.***

'call 'up ⟨f1⟩⟨ov.ww.⟩ **0.1** ***opbellen*** **0.2** ***in het geheugen roepen*** *⇒zich (weer) voor de geest halen* **0.3** ⟨mil.⟩ ***oproepen*** *⇒onder de wapenen roepen, mobiliseren* **0.4** ⟨mil.⟩ ***te hulp roepen*** *⇒een beroep doen op, inschakelen, inzetten* ◆ **1.4** ~ reserves *reserves inzetten.*

'call-up ⟨f1⟩⟨telb.zn.; ook attr.⟩⟨mil.⟩ **0.1** ***oproep(ing)*** *⇒mobilisatie(bevel).*

'call (up)on ⟨f1⟩⟨onov.ww.⟩ **0.1** ***(even) langsgaan / komen bij*** *⇒(kort) bezoeken* **0.2** ***uitnodigen*** *⇒(dringend) vragen, verzoeken, zich wenden tot, een beroep doen op, sommeren* **0.3** ***een beroep doen op*** *⇒aanspreken* **0.4** ***het woord geven aan*** *⇒verzoeken het woord te nemen* ◆ **1.1** we'll ~ you tomorrow *we komen morgen bij u langs* **1.2** we ~ you to keep your promise *wij vragen u dringend uw belofte na te komen* **1.3** ~ all one's strength *al zijn krachten aanspreken* **3.3** I feel called (up)on to ... *ik voel me genoodzaakt om ..., ik acht het mijn plicht om ....*

calm[1] [kɑ:m]⟨f2⟩⟨n.-telb.zn.⟩⟨→sprw. 8, 711⟩ **0.1** ***(wind)stilte*** ⟨ook fig.⟩ *⇒kalmte, vredigheid, sereniteit* **0.2** ⟨meteo.⟩ ***windstilte*** ⟨windkracht 0⟩ ◆ **1.¶** the ~ before the storm *(de) stilte voor de storm.*

calm[2] ⟨f3⟩⟨bn.; -ly; -ness⟩⟨→sprw. 334⟩ **0.1** ***kalm*** *⇒(wind)stil, vredig, rustig, rimpelloos* **0.2** ***koelbloedig*** *⇒brutaal, onbeschaamd* ◆ **1.2** a ~ liar *een schaamteloze leugenaar* **1.¶** ⟨Sch. E⟩ keep a ~ sough *zijn kalmte bewaren* **3.1** keep ~ *zijn kalmte bewaren.*

calm[3], **'calm 'down** ⟨f3⟩⟨ww.⟩

I ⟨onov.ww.⟩ **0.1** ***bedaren*** *⇒tot bedaren komen, kalmeren* ◆ **1.1**

the gale calmed (down) *de storm nam af/ging liggen;*
II ⟨ov.ww.⟩ **0.1** ***kalmeren*** ⇒*doen bedaren, tot rust brengen* ◆ **1.1** please, try to calm these children (down) *probeer alsjeblieft die kinderen te kalmeren.*
calm·a·tive[1] ['kɑ:mətɪv]⟨telb.zn.⟩ **0.1** ***kalmerend middel*** ⇒*tranquillizer, pijnstiller, sedatief, sedativum.*
calmative[2] ⟨bn.⟩ **0.1** ***kalmerend*** ⇒*sedatief.*
cal·o·mel ['kæləmel‖-əl]⟨n.-telb.zn.⟩ **0.1** ***kalomel*** ⇒*kwik/mercurochloride.*
cal·or gas ['kæləgæs‖'kælər-]⟨n.-telb.zn.; ook C-⟩ **0.1** ***butagas*** ⇒*butaan* ◆ **6.1** cook **with** ~ *koken op butagas.*
ca·lor·ic[1] [kə'lɒrɪk‖kə'lɔrɪk]⟨n.-telb.zn.⟩⟨vero.⟩ **0.1** ***warmte*** ⇒*warmtestof* ⟨warmte opgevat als vloeistof⟩.
caloric[2] ⟨bn.⟩ **0.1** ***calorisch*** ⇒*warmte-, calorie-* ◆ **1.1** ~ engine *heteluchtmotor.*
cal·o·rie, cal·o·ry ['kæləri]⟨f2⟩⟨telb.zn.; →mv. 2⟩ **0.1** ***calorie*** ◆ **2.1** large/great ~ *grote calorie, kilocalorie;* small ~ *kleine calorie, gramcalorie.*
cal·o·rif·ic ['kælə'rɪfɪk]⟨bn.⟩ **0.1** ***warmtegevend*** ⇒*warmte-, calorisch* ◆ **1.1** ~ value *calorische waarde, warmtegevend vermogen.*
cal·o·rim·e·ter ['kælə'rɪmɪtə‖-mɪţər]⟨telb.zn.⟩ **0.1** ***calorimeter*** ⇒*warmtemeter.*
cal·o·ri·met·ric ['kælərɪ'metrɪk]⟨bn.⟩ **0.1** ***calorimetrisch.***
ca·lotte [kə'lɒt‖kə'lɑt]⟨telb.zn.⟩ **0.1** ***kalot*** ⟨priestermutsje⟩ **0.2** ***huismutsje*** ⇒*kalotje.*
calque [kælk]⟨telb.zn.⟩⟨taalk.⟩ **0.1** ***leenvertaling.***
cal·trop, cal·trap ['kæltrəp]⟨telb.zn.⟩ **0.1** ⟨gesch.⟩ ***voetangel*** ⟨om opmars v.d. cavalerie te vertragen⟩ **0.2** ⟨heraldiek⟩ ***(weergave v.) voetangel*** **0.3** ⟨plantk.⟩ ***kalketrip*** ⇒*sterredistel* **0.4** ⟨plantk.⟩ ***voetangel.***
cal·u·met ['kæljʊmet‖-ljə-]⟨telb.zn.⟩ **0.1** ***vredespijp*** ⇒*calumet.*
ca·lum·ni·ate [kə'lʌmnieɪt]⟨ov.ww.⟩ **0.1** ***belasteren*** ⇒*bekladden.*
ca·lum·ni·a·tion [kə'lʌmni'eɪʃn]⟨telb.zn.⟩ **0.1** ***laster*** ⇒*zwartmakerij, beklading, belastering.*
ca·lum·ni·a·tor [kə'lʌmnieɪtə‖-nieɪţər]⟨telb.zn.⟩ **0.1** ***lasteraar*** ⇒*roddelaar, kwaadspreker.*
ca·lum·ni·a·to·ry [kə'lʌmnɪətri‖-nɪətɔri], **ca·lum·ni·ous** [-nɪəs]⟨bn.; calumniously⟩ **0.1** ***lasterlijk.***
cal·um·ny ['kæləmni]⟨f1⟩⟨zn.; →mv. 2⟩
I ⟨telb.zn.⟩ **0.1** ***lasterpraatje*** ⇒*roddel, lastering;*
II ⟨n.-telb.zn.⟩ **0.1** ***laster(praat)*** ⇒*kwaadsprekerij, geroddel, zwartmakerij, achterklap; eerroof.*
cal·va·dos ['kælvədɒs‖'kælvə'dɔs]⟨n.-telb.zn.; ook C-⟩ **0.1** ***calvados.***
cal·va·ry ['kælvəri]⟨f1⟩⟨zn.; →mv. 2⟩
I ⟨eig.n.; C-⟩ **0.1** ***Calvarieberg*** ⇒*Golgotha;*
II ⟨telb.zn.⟩ **0.1** ***kruisbeeld*** ⟨geflankeerd door de twee andere gekruisigden⟩ **0.2** ***smartelijke ervaring*** ⇒*marteling.*
calve [kɑ:v‖kæv]⟨f1⟩⟨ww.⟩
I ⟨onov.ww.⟩ **0.1** ***afkalven*** **0.2** ***kalven*** ⇒*kalveren, een kalf krijgen;*
II ⟨ov.ww.⟩ **0.1** ***doen afkalven*** **0.2** ***baren*** ⟨een kalf⟩ ◆ **1.1** the glacier ~d a huge iceberg *er kalfde een enorme ijsberg van de gletsjer af.*
calves [kɑ:vz‖kævz]⟨mv.⟩ →calf.
Cal·vin·ism ['kælvɪnɪzm]⟨n.-telb.zn.⟩ **0.1** ***calvinisme.***
Cal·vin·ist ['kælvɪnɪst]⟨telb.zn.⟩ **0.1** ***calvinist.***
Cal·vin·is·tic ['kælvɪ'nɪstɪk], **Cal·vin·is·tic·al** [-ɪkl]⟨bn.; -(al)ly; →bijw. 3⟩ **0.1** ***calvinistisch.***
calx [kælks]⟨telb.zn.; calces [-si:z]; →mv. 5⟩ **0.1** ***metaaloxyde*** ⟨als residu na het roosten v. minerale gesteenten⟩.
ca·lyp·so [kə'lɪpsoʊ]⟨telb.zn.; ook -es; →mv. 2⟩ **0.1** ***calypso*** ⟨Westindisch satirisch liedje, meestal over een actueel onderwerp⟩.
ca·lyx ['kælɪks, keɪ-]⟨f1⟩⟨telb.zn.; ook calyces [-lɪsi:z]; →mv. 5⟩ **0.1** ⟨plantk.⟩ ***(bloem)kelk*** **0.2** ⟨biol.⟩ →calix.
cam [kæm]⟨telb.zn.⟩ **0.1** ***nok*** ⇒*kruk, kam* ⟨uitsteeksel op wiel/krukas⟩ **0.2** ***tand*** ⟨v. tandwiel⟩.
CAM [kæm]⟨afk.⟩ computer-aided manufacture/manufacturing.
ca·ma·ra·de·rie ['kæmə'rɑ:dəri‖-'ræ-]⟨n.-telb.zn.⟩ **0.1** ***camaraderie*** ⇒*kameraadschap.*
ca·ma·ril·la ['kæme'rɪlə]⟨telb.zn.⟩ **0.1** ***camarilla*** ⇒*hofkliek.*
Camb ⟨afk.⟩ Cambridge.
cam·ber[1] ['kæmbə‖-ər]⟨f1⟩⟨zn.⟩
I ⟨telb.zn.⟩ **0.1** ***tonrond oppervlak*** ⟨bv. weg/scheepsdek⟩ **0.2** ***schuin oplopende bocht*** ⟨in weg⟩;
II ⟨n.-telb.zn.⟩ **0.1** ***tonrondte*** ⟨lichte, symmetrische welving v.e. oppervlak⟩ ⇒*welving, zeeg* **0.2** ***schuinte v. wegoppervlak*** ⟨in bocht⟩ **0.3** ***(binnenwaartse) wielvlucht*** ⟨schuin naar binnen gerichte stand v.d. wielen v.e. motorvoertuig⟩.
camber[2] ⟨f1⟩⟨ww.⟩
I ⟨onov.ww.⟩ **0.1** ***tonrond zijn*** ⇒*een lichte welving vertonen* **0.2** ***schuin oplopen*** ⟨in een bocht v.e. weg⟩;
II ⟨ov.ww.⟩ **0.1** ***tonrond maken*** ⇒*licht gewelfd maken* **0.2** ***schuin doen oplopen*** ⟨in een bocht v.e. weg⟩.
Cam·ber·well beauty ['kæmbəwel 'bju:ţi‖-bər-]⟨telb.zn.⟩⟨dierk.⟩ **0.1** ***rouwmantel*** ⟨vlinder, Nymphalis antiopa⟩.
cam·bist ['kæmbɪst]⟨telb.zn.⟩ **0.1** ***kenner v.d. valutahandel*** **0.2** ***catalogus voor de wisselhandel*** ⟨met wisselkoersen en maten- en gewichtentabellen⟩ **0.3** ***wisselmakelaar*** ⇒*valutahandelaar.*
cam·bi·um ['kæmbɪəm]⟨n.-telb.zn.⟩⟨plantk.⟩ **0.1** ***cambium*** ⇒*teeltweefsel* ⟨aangroeiweefsel tussen bast en hout⟩.
Cam·bria ['kæmbrɪə]⟨eig.n.⟩⟨vero.⟩ **0.1** ***Wales.***
Cam·bri·an[1] ['kæmbrɪən]⟨zn.⟩
I ⟨eig.n.⟩⟨geol.⟩ **0.1** ***Cambrium*** ⟨oudste periode v.h. Paleozoïcum⟩;
II ⟨telb.zn.⟩ **0.1** ***Wels(man)*** ⇒*inwoner v. Wales.*
Cambrian[2] ⟨bn.⟩ **0.1** ⟨geol.⟩ ***uit het Cambrium*** **0.2** ***Wels.***
cam·bric ['kæmbrɪk]⟨f1⟩⟨n.-telb.zn.⟩ **0.1** ***batist.***
Cam·bridge blue ['keɪmbrɪdʒ 'blu:]⟨bn.⟩ **0.1** ***lichtblauw.***
Cambs ⟨afk.⟩ Cambridgeshire.
cam·cord·er ['kæmkɔ:də‖-kɔrdər], **cam·re·cord·er** ['kæmri'kɔ:də‖-'kɔrdər]⟨telb.zn.⟩ **0.1** ***(video)camerarecorder*** ⟨met geluidopname⟩ ⇒*camcorder.*
came[1] [keɪm]⟨telb.zn.⟩ **0.1** ***loden glaslijst*** ⟨gebruikt bij glas-in-lood⟩ ⇒*glaslood.*
came[2] ⟨verl. t.⟩ →come.
cam·el ['kæml]⟨f2⟩⟨zn.⟩⟨→sprw. 376, 454⟩
I ⟨telb.zn.⟩ **0.1** ***kameel*** ⇒*dromedaris* **0.2** ***scheepskameel*** ◆ **2.1** Arabian ~ *dromedaris;* Bactrian ~ *kameel* **3.¶** swallow a ~ *een enormiteit voetstoots aannemen, een zware belediging pikken* ⟨naar Matt. 23:24⟩; he'll swallow a ~ *hij slikt/gelooft alles;*
II ⟨n.-telb.zn.; vaak attr.⟩ **0.1** ***kameel(kleur)*** ⇒*camel.*
cam·el·eer ['kæmə'lɪə‖-'lɪr]⟨telb.zn.⟩ **0.1** ***kameeldrijver.***
ca·mel·lia [kə'mi:lɪə]⟨telb.zn.⟩ **0.1** ⟨plantk.⟩ ***camel(l)ia*** ⟨genus Camellia⟩.
ca·mel·o·pard ['kæmɪləpɑ:d‖kə'meləpɑrd]⟨telb.zn.⟩⟨vero.⟩ **0.1** ***kameelpardel*** ⇒*giraffe.*
'camel('s) hair[1] ⟨f1⟩⟨n.-telb.zn.⟩ **0.1** ***kameelhaar*** ⇒*mohair, kemelshaar.*
camel('s) hair[2] ⟨bn.⟩ **0.1** ***kameelharen*** ⇒*camel, mohair, kemelsharen.*
'camel's 'nose ⟨n.-telb.zn.; the⟩ **0.1** ***topje van de ijsberg.***
'camel spin ⟨telb.zn.⟩⟨schaatssport⟩ **0.1** ***waagpirouette.***
Cam·em·bert ['kæməmbeə‖-ber]⟨zn.⟩
I ⟨telb.zn.⟩ **0.1** ***camembert(je)*** ⇒*doosje camembert;*
II ⟨n.-telb.zn.⟩ **0.1** ***camembert.***
cam·e·o[1] ['kæmioʊ]⟨f1⟩⟨telb.zn.⟩ **0.1** ***camee*** **0.2** ***karakterschets*** ⟨in literatuur/drama⟩ ⇒*karakterschildering, typering* **0.3** →cameo role.
cameo[2] ⟨bn., attr.⟩ **0.1** ***miniatuur-.***
'cameo role ⟨telb.zn.⟩ **0.1** ***kort optreden*** ⟨v. prominent acteur/actrice in film of t.v.-show⟩ ⇒*alleen je gezicht laten zien, op en weer af.*
cam·er·a ['kæmrə]⟨f3⟩⟨telb.zn.⟩ **0.1** ***fototoestel*** ⇒*camera* **0.2** ***filmcamera*** **0.3** ***televisiecamera*** **0.4** ⟨jur.⟩ ***privé-werkkamer v. rechter*** ◆ **2.1** ~ obscura *camera obscura;* still ~ *fototoestel* **6.3** on ~ *rechtstreeks uitgezonden, in beeld, live op de t.v.* **6.4** in ~ *achter/met gesloten deuren, in besloten zitting.*
'camera crew ⟨verz.n.⟩ **0.1** ***cameraploeg.***
cam·er·a·man ['kæmrəmən]⟨f1⟩⟨telb.zn.⟩ **0.1** ***cameraman.***
'camera 'ready ⟨bn.⟩⟨graf.⟩ **0.1** ***camera ready*** ⇒*reprografeerbaar.*
'cam·er·a-'shy ⟨bn.⟩ **0.1** ***cameraschuw*** ⇒*niet graag op de foto willend.*
cam·er·lin·go ['kæmə'lɪŋgoʊ‖-mər-]⟨telb.zn.⟩⟨relig.⟩ **0.1** ***camerlengo*** ⟨kardinaal belast met de pauselijke geldmiddelen; dienstdoend kamerheer v.d. paus⟩ ⇒*kamerling.*
cam·i·knick·ers ['kæminɪkəz‖-ərz]⟨mv.⟩⟨BE⟩ **0.1** ***hemdbroek*** ⟨damesondergoed, lijfje en broekje aan elkaar⟩ ⇒*combination.*
cam·i·on ['kæmiɒn‖'kæmiɑn]⟨telb.zn.⟩ **0.1** ***(zware) vrachtwagen*** **0.2** ***sleperswagen*** **0.3** ***bus.***
cam·i·sole ['kæmɪsoʊl]⟨telb.zn.⟩ **0.1** ***kamizool(tje)*** ⇒*(mouwloos) hemdje, topje* **0.2** ***kort negligeetje*** ⇒*babydoll.*
cam·let ['kæmlɪt]⟨n.-telb.zn.⟩ **0.1** ***kamelot*** ⟨textiel⟩.
cam·o·mile, cham·o·mile ['kæməmaɪl]⟨telb. en n.-telb.zn.⟩ **0.1** ***kamille.***
'camomile 'tea ⟨n.-telb.zn.⟩ **0.1** ***kamillethee.***
cam·ou·flage[1] ['kæməflɑ:ʒ]⟨f2⟩⟨telb. en n.-telb.zn.⟩ **0.1** ***camouflage.***
camouflage[2] ⟨f1⟩⟨ov.ww.⟩ **0.1** ***camoufleren*** ⇒*van camouflage voorzien, wegmoffelen; verbloemen.*
camp[1] [kæmp]⟨f3⟩⟨zn.⟩
I ⟨telb.zn.⟩ **0.1** ***kamp*** ⇒*kampement, legerplaats; kampeerplaats;*

⟨fig.⟩ *aanhang v. partij/stelsel* **0.2** ***(resten v.) oude vesting*** **0.3** ⟨Austr. E⟩ ***verzamelplaats v. vee*** ⟨voor overnachting⟩ **0.4** ⟨Z. Afr. E⟩ ***kamp*** ⟨omheind/afgepaald weiland⟩ ◆ **2.1** be in the same ~ *aan dezelfde kant staan; het (met elkaar) eens zijn;* there were quarrels in the socialist ~ *er heerste onenigheid in het socialistische kamp* **3.1** break (up)/strike ~ *(zijn tenten) opbreken;* pitch ~ *zijn tenten opslaan;*
II ⟨n.-telb.zn.⟩ **0.1** ***militaire leven*** ⇒*dienst* **0.2** ***militairen in een kamp*** **0.3** ***verwijfd gedrag*** ⇒*aanstellerij* **0.4** ***kitsch*** ◆ **2.4** high ~ *superkitsch.*

camp[2], **camp·y** ['kæmpi]⟨f1⟩⟨bn.⟩ **0.1** ***verwijfd*** ⇒*nichterig, gemaakt, precieus, gekunsteld* **0.2** ***homoseksueel*** **0.3** ***overdreven*** ⇒*theatraal, bizar* **0.4** ***kitscherig*** ◆ **5.4** high ~ *superkitscherig, mooi v. lelijkheid;* low ~ *goedkoop, laag-bij-de-gronds.*

camp[3] ⟨f3⟩⟨ww.⟩
I ⟨onov.ww.⟩ **0.1** ***kamperen*** ⇒*zijn kamp/tenten opslaan* **0.2** ***zich nichterig/overdreven gedragen*** **0.3** ⟨Austr. E⟩ ***zich verzamelen*** ⟨v. vee⟩ ◆ **1.1** ~ing holiday *kampeervakantie* **3.1** they love ~ing *ze zijn dol op kamperen;* the girls went ~ing this summer *de meisjes zijn van de zomer uit kamperen geweest* **5.1** they ~ed **out** last night *ze hebben vannacht in de tent geslapen;* ⟨vnl. BE, sl.⟩ ~ **out** with *inwonen bij;*
II ⟨ov.ww.⟩ **0.1** ***overdrijven*** ◆ **5.1** →camp **up**.

cam·paign[1] ['kæm'peɪn]⟨f3⟩⟨telb.zn.⟩ **0.1** ***campagne*** ⇒*veldtocht; manoeuvre* ◆ **2.1** advertising ~ *reclamecampagne;* political ~ *politieke campagne, verkiezingscampagne;* the Spanish ~ *de Spaanse veldtocht* **6.1** the leader of the opposition is **on** ~ in the country *de oppositieleider voert campagne in de provincie;* the troops were **on** ~ *de soldaten waren op manoeuvre/hadden velddienst.*

cam·paign[2] ⟨f2⟩⟨onov.ww.⟩ **0.1** ***campagne voeren*** ⇒*op campagne gaan/zijn; te velde trekken.*

'campaign 'chairman, 'campaign 'chief, 'campaign 'manager ⟨telb.zn.⟩ **0.1** ***(verkiezings)campagneleider.***

'campaign 'chairwoman ⟨telb.zn.⟩ **0.1** ***(verkiezings)campagneleidster.***

cam·paign·er ['kæm'peɪnə‖-ər]⟨telb.zn.⟩ **0.1** ***campagnevoerder*** ⇒*militant voor/tegenstander, activist* ◆ **2.1** ⟨fig.⟩ old ~ *oude rot (in het vak); veteraan.*

'campaign 'strategy ⟨telb.zn.⟩ **0.1** ***(verkiezings)campagnestrategie.***

cam·pa·ni·le ['kæmpə'ni:li]⟨telb.zn.⟩ **0.1** ***campanile*** ⇒*(vrijstaande) klokketoren.*

cam·pa·nol·o·gist ['kæmpə'nɒlədʒɪst‖-'nɑlədʒɪst]⟨telb.zn.⟩ **0.1** ***campanoloog*** ⇒*klokkenspeldeskundige, klokkenkenner.*

cam·pa·nol·o·gy ['kæmpə'nɒlədʒi‖-'nɑlədʒi]⟨n.-telb.zn.⟩ **0.1** ***campanologie*** ⟨leer en kennis v.d. klokkenspelen⟩ ⇒*klokkenkunde.*

cam·pan·u·la [kæm'pænjʊlə‖-jələ]⟨telb.zn.⟩⟨plantk.⟩ **0.1** ***klokje*** ⟨genus Campanula⟩.

cam·pan·u·late [kəm'pænjʊlət‖-jə-]⟨bn.⟩ **0.1** ***klokvormig.***

'camp 'bed ⟨f1⟩⟨telb.zn.⟩ **0.1** ***veldbed*** ⇒*kampeerbed, stretcher.*

'camp chair ⟨f1⟩⟨telb.zn.⟩ **0.1** ***kampeerstoel*** ⇒*tuinstoeltje, vouwstoel.*

cam·pea·chy wood [kæm'pi:tʃi'wʊd]⟨n.-telb.zn.; ook C-⟩ **0.1** ***campêchehout*** ⇒*bloedhout, blauwhout.*

camp·er ['kæmpə‖-ər]⟨f2⟩⟨telb.zn.⟩ **0.1** ***kampeerder*** **0.2** ***kampeerauto*** ⇒*camper, woonbusje.*

cam·pe·si·no ['kæmpə'si:noʊ]⟨telb.zn.⟩ **0.1** ***campesino*** ⟨Latijns-Amerikaanse Indiaanse boer(enknecht)⟩.

'camp fever ⟨telb.zn.⟩ **0.1** ***vlektyfus.***

'camp·fire ⟨f2⟩⟨telb.zn.⟩ **0.1** ***kampvuur.***

'camp·fire girl ⟨telb.zn.⟩⟨AE⟩ **0.1** ***campfire girl*** ⇒⟨ong.⟩ *padvindster.*

'camp 'follower ⟨telb.zn.⟩ **0.1** ***marketent(st)er*** ⟨die met het leger meetrekt⟩ ⇒*zoetelaar(ster)* **0.2** ***soldatenhoer*** **0.3** ⟨fig.⟩ ***meeloper*** ⇒*aanhanger, opportunist.*

'camp·ground ⟨telb.zn.⟩ **0.1** ***kampeerterrein*** ⇒*camping* **0.2** ⟨vnl. AE⟩ ***terrein voor (godsdienstige) openluchtbijeenkomsten.***

cam·phor ['kæmfə‖-ər]⟨f1⟩⟨n.-telb.zn.⟩ **0.1** ***kamfer.***

cam·phor·ate ['kæmfəreɪt]⟨ov.ww.⟩ **0.1** ***kamferen*** ⇒*met kamfer doortrekken, in de kamfer/motteballen leggen* ◆ **1.1** ~d oil *kamferolie.*

'camphor ball ⟨telb.zn.⟩ **0.1** ***kamferballetje*** ⇒*mottebal.*

cam·phor·ic [kæm'fɒrɪk‖-'fɔ-]⟨bn.⟩ **0.1** ***kamferachtig.***

'camping tent ⟨telb.zn.⟩ **0.1** ***kampeertent.***

cam·pi·on ['kæmpɪən]⟨telb.zn.⟩⟨plantk.⟩ **0.1** ***koekoeksbloem*** ⇒*lychnis* ⟨genus Lychnis⟩ **0.2** ***silene*** ⇒*lijnkruid* ⟨genus Silene⟩.

'camp meeting ⟨telb.zn.⟩⟨AE⟩ **0.1** ***(verscheidene dagen durende) godsdienstige openluchtbijeenkomst.***

'camp·site ⟨f1⟩⟨telb.zn.⟩ **0.1** ***kampeerterrein*** ⇒*camping.*

'camp stool ⟨telb.zn.⟩ **0.1** ***vouwstoeltje.***

'camp 'up ⟨ov.ww.⟩ **0.1** ***chargeren*** ⇒*overacteren, overdreven spelen* ◆ **4.1** it won't help the play to camp it up *met overacteren is het stuk niet te redden.*

cam·pus[1] ['kæmpəs]⟨f2⟩⟨telb.zn.⟩ **0.1** ***campus*** ⟨universiteits/schoolterrein⟩ **0.2** ***universiteit*** **0.3** ⟨vnl. AE⟩ ***faculteit.***

campus[2] ⟨ov.ww.⟩⟨AE; inf.; stud.⟩ **0.1** ***bestraffen met huisarrest*** **0.2** ***een verbod opleggen*** ⟨aan iem., als disciplinaire maatregel⟩.

camrecorder →camcorder.

'cam·shaft ⟨telb.zn.⟩ **0.1** ***nokkenas*** ⇒*kamas.*

can[1] [kæn]⟨f2⟩⟨telb.zn.⟩ **0.1** ***houder*** ⟨gewoonlijk v. metaal, met handvat⟩ ⇒*kroes; kan; kruik; weckpot/fles* **0.2** ⟨vnl. AE⟩ ***blik*** ⇒*conservenblikje; filmblik* **0.3** ***mantel v. splijtstofstaaf in kernreactor*** **0.4** ⟨AE; sl.⟩ ***plee*** **0.5** ⟨sl.⟩ ***bak*** ⇒*bajes, nor, lik* **0.6** ⟨AE; sl.⟩ ***kont*** ⇒*reet* **0.7** ⟨mv.⟩⟨vnl. AE; sl.⟩ ***koptelefoon(s)*** **0.8** ⟨AE; sl.⟩ ***1 ons marihuana*** ◆ **1.2** ~ of beer *blikje bier;* ~ of peaches *blik perziken* **1.¶** ⟨AE; sl.⟩ ~ of worms *poel v. ellende, een netelige/moeilijke/ingewikkelde kwestie* **3.¶** ⟨inf.⟩ carry/take the ~ (back) *ergens voor opdraaien, de gebeten hond zijn, het gedaan hebben;* carry/take the ~ back for s.o. *de schuld op zich nemen voor iem.;* ⟨sl.⟩ get a ~ on *bezopen worden* **6.2** **in** the ~ *klaar voor vertoning* ⟨v. film⟩ **6.5** he spent half his life **in** the ~ *hij heeft zijn halve leven in de lik gezeten.*

can[2] [kæn]⟨f2⟩⟨ov.ww.; →ww. 7⟩ →canned, canning **0.1** ***inblikken*** ⇒*conserveren, inmaken, wecken* **0.2** ⟨AE; sl.⟩ ***eruitgooien*** ⇒*de laan uitsturen, ontslaan, op straat zetten* **0.3** ⟨AE; sl.⟩ ***ophouden*** **0.4** ⟨AE; sl.⟩ ***in de nor stoppen*** ◆ **6.2** ~ s.o. **from** a job *iem. eruitgooien/mieteren, iem. de zak geven.*

can[3] [kən⟨sterk⟩kæn]⟨f4⟩⟨hww.; →t2 voor onregelmatige vormen; do-operator, modaal hulpwerkwoord, ww. 3⟩ →could **0.1** ⟨→bekwaamheid⟩ ***kunnen*** ⇒*in staat zijn te* **0.2** ⟨→mogelijkheid⟩ ***kunnen*** ⇒*zou kunnen* **0.3** ⟨→toelating, verbod⟩ ***mogen*** ⇒*kunnen, bevoegd zijn te* ◆ **3.1** it ~ kill you *dat kan je het leven kosten;* she ~ play the violin *ze kan viool spelen;* I can't see *ik zie niets;* he ~ take the strain *hij kan de spanning verdragen* **3.2** ~ this be true? *zou dit waar kunnen zijn?;* you ~ hardly blame him for that *je kunt hem dat toch niet kwalijk nemen;* she ~ not have gone *ze kan toch niet vertrokken zijn;* ~ he have meant what he said? *zou hij echt gemeend hebben wat hij zei?* **3.3** only Parliament ~ decide *alleen het parlement is bevoegd om te beslissen;* you ~ go now *je mag nu gaan.*

Can ⟨afk.⟩ Canada, Canadian.

Ca·naan ['keɪnən]⟨eig.n.⟩ **0.1** ***Kanaän*** ⇒*beloofde land* ◆ **1.1** the patois of ~ *de tale Kanaäns.*

Ca·naan·ite[1] ['keɪnənaɪt]⟨zn.⟩
I ⟨eig.n.⟩ **0.1** ***Kanaäniet*** ⟨Semitische taal geacht te zijn gesproken door de Kanaänieten⟩;
II ⟨telb.zn.⟩ **0.1** ***Kanaäniet*** ⟨bewoner v. Kanaän voor de intocht der Hebreeërs⟩.

Canaanite[2] ⟨bn.⟩ **0.1** ***Kanaänitisch*** ⇒*van/uit/mbt. Kanaän.*

Ca·naan·it·ic[1] [keɪnə'nɪṭɪk]⟨eig.n.⟩ **0.1** ***Kanaänitisch*** ⟨subgroep der Kanaänitische talen⟩.

Canaanitic[2], **Ca·naan·it·ish** ['keɪnə'nɪṭɪʃ]⟨bn.⟩ **0.1** ***Kanaänitisch*** ⇒*van/uit/mbt. Kanaän/de Kanaänieten/het Kanaänitisch.*

'Can·a·da 'balsam ⟨n.-telb.zn.⟩ **0.1** ***canadabalsem*** ⟨terpentijn v.d. Abies balsamea⟩.

Canada goose ['kænədə 'gu:s]⟨telb.zn.⟩⟨dierk.⟩ **0.1** ***Canadese gans*** ⟨Branta canadensis⟩.

Ca·na·di·an[1] [kə'neɪdɪən]⟨f2⟩⟨telb.zn.⟩ **0.1** ***Canadees*** ⇒*inwoner v. Canada.*

Canadian[2] ⟨f2⟩⟨bn.⟩ **0.1** ***Canadees*** ⇒*van/uit Canada* ◆ **1.1** ⟨sport⟩ ~ football *Canadees voetbal* ⟨soort rugby⟩.

ca·naille [kə'naɪ, kə'neɪəl]⟨n.-telb.zn.⟩ **0.1** ***canaille*** ⇒*kanalje, gepeupel, janhagel, grauw, gespuis.*

ca·nal[1] [kə'næl]⟨f2⟩⟨telb.zn.⟩ **0.1** ***kanaal*** ⇒*straat, zeeëngte; gegraven waterweg, vaart; gracht; (water)leiding, goot, buis;* ⟨bouwk.⟩ *verticale groef* ◆ **1.1** the ~s of Amsterdam *de Amsterdamse grachten;* the Panama ~ joins two oceans *het Panamakanaal verbindt twee oceanen met elkaar* **2.1** the semicircular ~s help us to maintain our balance *de halfcirkelvormige kanalen helpen ons om ons evenwicht te bewaren* **3.1** ~s are being built for the purpose of irrigating desert land *kanalen worden aangelegd met het doel woestijngebieden te irrigeren.*

canal[2] →canalize.

ca'nal·boat ⟨telb.zn.⟩ **0.1** ***kanaalschip*** ⇒*lange, smalle boot; trekschuit* **0.2** ⟨BE; sl.⟩ ***totalisator*** ⟨bij paarden- en windhondenrennen⟩.

ca·nal·i·za·tion, -sa·tion ['kænəlaɪ'zeɪʃn‖-ə'zeɪʃn]⟨n.-telb.zn.⟩ **0.1** ***kanalisatie*** ⇒*kanaalaanleg.*

ca·nal·ize, -ise ['kænəlaɪz], **canal** ⟨f1⟩⟨ov.ww.⟩ **0.1** ***kanaliseren*** ⇒*v. kanalen voorzien; tot kanaal maken* ⟨rivier⟩; ⟨fig.⟩ *in bep. banen leiden.*

ca'nal rays ⟨mv.⟩ **0.1** ***kanaalstralen*** ⇒*ionenstralen* ⟨die in tegengestelde richting met de kathodestralen gaan⟩.

Ca'nal zone ⟨eig.n.⟩ **0.1** ***Kanaalzone*** ⟨Panamakanaal⟩.

ca·na·pé ['kænəpeɪ‖-pi, -'peɪ]⟨telb.zn.⟩ **0.1** ***canapé*** ⇒*opgemaakt sneetje (geroosterd) brood* **0.2** ***canapé*** ⇒*sofa, bank.*

ca·nard [kæ'nɑ:d‖kə'nɑrd]⟨telb.zn.⟩ **0.1** ***canard*** ⇒*loos (krante)bericht* **0.2** ⟨tech.⟩ ***eendvliegtuig.***

Canaries [kə'neəriz‖-'ner-], **Ca'nary 'Islands** ⟨eig.n.⟩ **0.1** ***Canarische Eilanden.***

ca·nar·y[1] [kə'neəri‖-'neri]⟨f1⟩⟨zn.;→mv. 2⟩

I ⟨telb.zn.⟩ **0.1** ***kanarie(piet)*** ⇒⟨dierk.⟩ *Europese kanarie* ⟨Serinus canaria⟩ **0.2** ***levendige zestiende-eeuwse Engelse en Franse hofdans*** **0.3** ⟨AE; sl.⟩ ***zangeres v. populaire liedjes*** **0.4** ⟨AE; sl.⟩ ***verklikker*** ⇒*politiespion/informant* **0.5** ⟨sl.⟩ ***meisje*** ⇒*vrouw* **0.6** ⟨sl.⟩ ***compliment*** ⇒*lof, toejuiching;*

II ⟨telb. en n.-telb.zn.⟩ **0.1** ***kanariesek*** ⟨zoete, op madeira lijkende witte wijn v.d. Canarische eilanden⟩ ⇒*kanariewijn;*

III ⟨n.-telb.zn.⟩ **0.1** ⟨vaak attr.⟩ ***kanariegeel;***

IV ⟨mv.; the Canaries⟩ **0.1** ***Canarische eilanden.***

canary[2] ⟨onov.ww.⟩⟨AE; sl.⟩ **0.1** ***kwelen*** ⇒*zingen* ⟨i.h.b. professioneel⟩.

ca'nary bird ⟨f1⟩⟨telb.zn.⟩ **0.1** ***kanarie(piet)*** ⇒⟨dierk.⟩ *Europese kanarie* ⟨Serinus canaria⟩.

ca'nary coloured, ca'nary 'yellow ⟨bn.⟩ **0.1** ***kanariegeel.***

ca'nary 'creeper, ca'narybird flower, ca'narybird vine ⟨telb.zn.⟩ ⟨plantk.⟩ **0.1** ***klimkers*** ⟨Tropaeolum peregrinum⟩.

ca'nary grass ⟨telb.zn.⟩⟨plantk.⟩ **0.1** ***kanariegras*** ⟨Phalaris canariensis⟩ ⇒*kanariezaad* **0.2** ***kruidkers*** ⟨Lepidium⟩.

ca'nary seed ⟨telb.zn.⟩⟨plantk.⟩ **0.1** ***kanariezaad*** ⟨zaad v. kanariegras⟩ **0.2** ***zaad v.d. grote weegbree*** ⟨Plantego major⟩.

ca'nary 'wine →canary II.

ca·nas·ta [kə'næstə]⟨n.-telb.zn.⟩ **0.1** ***canasta*** ⟨kaartspel⟩.

ca·nas·ter [kə'næstə‖-ər]⟨n.-telb.zn.⟩ **0.1** ***k(a)naster*** ⇒*varinas(tabak)* ⟨in bladen⟩.

'can buoy ⟨telb.zn.⟩ **0.1** ***stompe ton*** ⇒*ton(ne)boei, zeeton.*

can·can ['kænkæn]⟨telb.zn.⟩ **0.1** ***cancan*** ⟨Franse revuedans⟩.

can·cel[1] ['kænsl]⟨zn.⟩

I ⟨telb.zn.⟩ **0.1** ***annulering*** ⇒*af/opzegging, intrekking* ⟨v. order⟩, *herroeping; afgelasting* **0.2** ***afstempeling*** ⟨v. postzegel⟩ **0.3** ⟨druk.⟩ ***foutieve pagina('s)*** ⇒*verkeerd(e) vel(len)* **0.4** ⟨AE; muz.⟩ ***herstellingsteken*** **0.5** ⟨bibliotheekwezen⟩ ***gedeelte v.e. boek dat dient ter vervanging v.e. oorspronkelijk deel v. dat boek;***

II ⟨n.-telb.zn.⟩ **0.1** ***vervanging v. al gezette pagina('s);***

III ⟨mv.; ~s⟩ **0.1** ***(kaartjes)kniptang*** ◆ **1.1** two pairs of ~s *twee (kaartjes)kniptangen.*

cancel[2] ⟨f3⟩⟨ww.;→ww. 7⟩

I ⟨onov.ww.⟩ **0.1** ***tegen elkaar wegvallen*** ⇒*elkaar compenseren/neutraliseren, tegen elkaar opwegen* **0.2** ⟨wisk.⟩ ***deelbaar zijn door hetzelfde getal of dezelfde hoeveelheid*** ⇒*te vereenvoudigen zijn* ◆ **1.1** the arguments ~ (each other) *de argumenten wegen tegen elkaar op* **1.2** do you think $4a^2b = 2ab^2$ will ~ by anything? *denk je dat $4a^2b = 2ab^2$ te vereenvoudigen is?* **5.1** →cancel **out** **5.2** →cancel **out;**

II ⟨ov.ww.⟩ **0.1** ***doorstrepen*** ⇒*doorhalen, (door)schrappen; wegwissen; weglaten* **0.2** ***opheffen*** ⇒*ongedaan maken, vernietigen; buiten werking stellen* **0.3** ***annuleren*** ⇒*af/opzeggen, intrekken* ⟨order⟩, *herroepen; afgelasten* **0.4** ***neutraliseren*** ⇒*compenseren, opwegen tegen, opheffen* **0.5** ***ongeldig maken*** ⇒*afstempelen* ⟨postzegel⟩, *perforeren* ⟨cheque⟩ **0.6** ⟨wisk.⟩ ***(tegen elkaar) wegstrepen*** ⟨dezelfde factor in teller en noemer v.e. breuk of in de leden v.e. vergelijking/ongelijkheid⟩ ⇒*vereenvoudigen, delen door hetzelfde getal* **0.7** ⟨AE; muz.⟩ ***herstellen*** ⟨werking opheffen v.e. voorafgaand verplaatsingsteken⟩ ◆ **1.1** you can ~ the last line *je kunt de laatste regel doorstrepen* **1.2** she ~led the indicator *ze schakelde de richting(aan)wijzer uit* **1.3** ~ a credit *een krediet intrekken*; today's matches are all ~led *voor vandaag zijn alle wedstrijden afgelast;* she ~led her order for the chair *ze heeft de stoel afbesteld;* ~ a trip *een reis annuleren/afgelasten* **1.4** the inflation was ~led by wage increases *de inflatie werd gecompenseerd door loonsverhogingen* **1.6** you can ~ $4a^2b = 2ab^2$ by 2ab *je kunt bij $4a^2b = 2ab^2$ beide leden delen door 2ab* **5.4** →cancel **out.**

can·cel·late ['kænsəleɪt], **can·cel·lat·ed** [-leɪṭɪd]⟨bn.⟩⟨biol.⟩ **0.1** ***ruit/netvormig*** ⇒*gerasterd* **0.2** ***poreus*** ⟨v. bot⟩.

can·cel·la·tion ['kænsə'leɪʃn]⟨f1⟩⟨zn.⟩

I ⟨telb.zn.⟩ **0.1** ***(post)stempel*** ⇒*afstempeling;*

II ⟨telb. en n.-telb.zn.⟩ **0.1** ***annulering*** ⇒*af/opzegging, intrekking,* ⟨v. order⟩ *herroeping; afgelasting* ◆ **1.1** ~ of an order *afbestelling, intrekking v.e. order.*

can·cel·lous ['kænsələs‖'kæn'seləs]⟨bn.⟩⟨biol.⟩ **0.1** ***poreus*** ⟨v. bot⟩.

'cancel 'out ⟨f1⟩⟨ww.⟩

I ⟨onov.ww.⟩ **0.1** ***elkaar compenseren/neutraliseren*** ⇒*tegen elkaar opwegen;* ⟨wisk.⟩ *tegen elkaar wegvallen* ◆ **1.1** in the long run these tendencies ~ *op de lange duur neutraliseren die tendensen elkaar;*

II ⟨ov.ww.⟩ **0.1** ***compenseren*** ⇒*goedmaken, neutraliseren, tenietdoen* ◆ **1.1** profits have cancelled out last year's losses *de winsten hebben de verliezen van vorig jaar gecompenseerd;* the pros and cons cancel each other out *de voor- en nadelen heffen elkaar op.*

can·cer ['kænsə‖-ər]⟨f3⟩⟨zn.⟩

I ⟨eig.n.; C-⟩ **0.1** ***(de) Kreeft*** ⇒*Cancer* ◆ **1.1** tropic of Cancer *kreeftskeerkring, noorderkeerkring;*

II ⟨telb.zn.; C-⟩⟨astr.⟩ **0.1** ***kreeft*** ⟨iem. geboren onder I⟩;

III ⟨telb. en n.-telb.zn.⟩ **0.1** ***kanker*** ⇒*kwaadaardig(e) gezwel/tumor, carcinoom;* ⟨fig.⟩ *(verderfelijk/woekerend) kwaad* ◆ **1.1** some see violence as the ~ of our society *sommigen zien het geweld als de kanker v. onze samenleving;* ~ of the throat *keelkanker.*

can·cer·ous ['kænsrəs]⟨f1⟩⟨bn.; -ly⟩ **0.1** ***kanker(acht)ig*** ⇒*carcinomateus.*

'cancer stick ⟨telb.zn.⟩⟨sl.⟩ **0.1** ***kankerstok*** ⇒*sigaret.*

can·croid[1] ['kæŋkrɔɪd]⟨zn.⟩

I ⟨telb.zn.⟩⟨dierk.⟩ **0.1** ***kreeftachtige;***

II ⟨telb. en n.-telb.zn.⟩ **0.1** ***(milde vorm v.) huidkanker*** ⇒*celcarcinoom.*

cancroid[2] ⟨bn.⟩ **0.1** ***kreeftachtig*** **0.2** ***kanker(acht)ig.***

can·de·la [kæn'di:lə, -'deɪlə]⟨telb.zn.⟩⟨tech.⟩ **0.1** ***candela*** ⟨internationale eenheid v. lichtsterkte⟩.

can·de·la·brum ['kændɪ'lɑ:brəm], **can·de·la·bra** ⟨telb.zn.; 1[e] variant BE vnl. candelabra [-brə];→mv. 5⟩ **0.1** ***kandelaber*** ⇒*grote (arm)kandelaar, kroonkandelaar, armluchter.*

can·des·cence [kæn'desns]⟨n.-telb.zn.⟩ **0.1** ***witte gloed*** ⇒*verblindende witheid* ⟨vnl. als gevolg v. hitte⟩.

can·des·cent [kæn'desnt]⟨bn.; -ly⟩ **0.1** ***witgloeiend*** ⇒*verblindend wit* ⟨vnl. als gevolg v. hitte⟩, *witheet.*

Can·di·a ['kændɪə]⟨eig.n.⟩ **0.1** ***Kandia*** ⇒⟨het eiland⟩ *Kreta* **0.2** ***Candia*** ⇒⟨de stad⟩ *Iráklion* **0.3** ***Candia*** ⟨district op Kreta⟩.

Can·di·an[1] ['kændɪən]⟨telb.zn.⟩ **0.1** ***Kandioot*** ⇒*Kretenzer.*

Candian[2] ⟨bn.⟩ **0.1** ***Kretenzisch.***

can·did ['kændɪd]⟨f2⟩⟨bn.; -ly; -ness⟩ **0.1** ***open(hartig)*** ⇒*rechtuit, eerlijk, oprecht; rondborstig* **0.2** ***ongekunsteld*** ⇒*ongeposeerd, spontaan* **0.3** ⟨vero.⟩ ***onbevooroordeeld*** ⇒*onpartijdig* **0.4** ⟨vero.⟩ ***onbevlekt*** ⇒*onbezoedeld* ◆ **1.1** ~ camera *verborgen camera* **1.2** ~ picture *spontane foto* **6.1** I'll be quite ~ **with** you *ik zal het je ronduit zeggen.*

can·di·da·cy ['kændɪdəsi], ⟨BE vnl.⟩ **can·di·da·ture** [-dətʃə‖-dətʃər]⟨f1⟩⟨telb. en n.-telb.zn.;→mv. 2⟩ **0.1** ***kandidatuur*** ⇒*kandidaatschap.*

can·di·date ['kændɪdɪt‖-deɪt]⟨f3⟩⟨telb.zn.⟩ **0.1** ***kandidaat*** ⇒*gegadigde, proponent* **0.2** ***examinandus*** **0.3** ***sollicitant.***

can·died ['kændid]⟨f1⟩⟨bn.; volt. deelw. v. candy⟩ **0.1** ***geglaceerd*** ⇒*bedekt met glanzende suikerlaag* **0.2** ***gekonfijt*** ⇒*in suiker ingelegd* **0.3** ***zoetsappig*** ⇒*suiker/honingzoet, vleierig, quasi-beminnelijk* ◆ **1.2** ~ fruit(s) *gekonfijte vruchten;* ~ peel *sukade* **1.3** ~ praise *geveinsde lof.*

can·dle[1] ['kændl]⟨f3⟩⟨telb.zn.⟩⟨→sprw. 395⟩ **0.1** ***kaars*** **0.2** ⟨vero.⟩ ***(normaal)kaars*** ⟨vroeger eenheid v. lichtsterkte⟩ ◆ **1.¶** hold a ~ to the devil *de kaars houden, medeplichtig zijn, aanwezig zijn* ⟨bij iets kwaads⟩; burn the/one's ~ at both ends *smijten met zijn krachten, te veel hooi op je vork nemen, ondoordacht met zijn middelen omspringen;* hold a ~ to the sun *een open deur intrappen* **2.1** Roman ~ *Romeinse Kaars* ⟨type vuurwerk⟩ **3.¶** he can't hold a ~ to him *hij kan niet in zijn schaduw staan, hij is verreweg zijn mindere.*

candle[2] ⟨ov.ww.⟩ **0.1** ***schouwen*** ⟨v. eieren⟩.

'can·dle·berry, 'candleberry 'myrtle, 'candleberry tree ⟨telb.zn.; →mv. 2⟩⟨plantk.⟩ **0.1** ***(was)gagel*** ⇒⟨vnl.⟩ *wasboom* ⟨Myrica cerifera⟩.

'candle end ⟨telb.zn.⟩ **0.1** ***kaarsstompje.***

'can·dle·light ⟨f1⟩⟨n.-telb.zn.⟩ **0.1** ***kaarslicht*** **0.2** ***avondschemer(ing).***

Can·dle·mas ['kændlməs]⟨eig.n.⟩⟨R.-K.⟩ **0.1** ***Maria-Lichtmis*** ⟨2 febr.⟩.

'can·dle·power ⟨n.-telb.zn.⟩ **0.1** ***kaarssterkte*** ⇒*lichtsterkte* ⟨uitgedrukt in kaarsen⟩.

'candle snuffer ⟨telb.zn.⟩ **0.1** ***kaarsensnuiter.***

'can·dle·stick ⟨f1⟩⟨telb.zn.⟩ **0.1** ***kandelaar*** ⟨vnl. voor één kaars⟩ ⇒*kaarsdrager, kaarsestandaard* ◆ **2.1** flat ~ *blaker.*

'can·dle·wick ⟨f1⟩⟨telb.zn.⟩ **0.1** ***kaarsepit*** ⇒*(kaars)lemmet,* ⟨B.⟩ *(kaars)wiek* **0.2** ⟨vaak attr.⟩ ***chenille.***

can·dle·wick·ing ['kændlwɪkɪŋ]⟨telb. en n.-telb.zn.⟩ **0.1** ***(stuk) kaarsenkatoen*** **0.2** ***chenille.***

can·dock ['kændɑk‖-dɑk]⟨telb.zn.⟩⟨plantk.⟩ **0.1** ***gele plomp*** ⟨Nuphar luteum⟩ **0.2** ***waterlelie*** ⟨Nymphaea alba⟩ ⇒*witte plomp.*

can·dour, ⟨AE sp.⟩ **candor** ['kændə‖-ər]⟨f1⟩⟨n.-telb.zn.⟩ **0.1** ***open (hartig)heid*** ⇒*eerlijkheid, oprechtheid, rondborstigheid; onbevangenheid.*

can·dy[1] ['kændi]⟨f2⟩⟨zn.;→mv. 2⟩
I ⟨telb.zn.⟩ **0.1** ***stukje kandij;***
II ⟨telb. en n.-telb.zn.⟩⟨AE⟩ **0.1** ***snoep*** ⇒*snoepgoed, snoepje(s); zuurtje(s); chocola(atje); bonbon* **0.2** ⟨sl.⟩ ***verdovend middel;***
III ⟨n.-telb.zn.⟩ **0.1** ***kandij(suiker)*** ⇒*suikerwerk, suikergoed.*

candy[2] ⟨f1⟩⟨ww.;→ww. 7⟩ →candied
I ⟨onov.ww.⟩ **0.1** ***versuikeren*** ⇒*(tot suiker) (uit)kristalliseren, gekonfijt worden* **0.2** ***geglaceerd worden;***
II ⟨ov.ww.⟩ **0.1** ***konfijten*** ⇒*in suiker inleggen, inmaken* **0.2** ***glaceren*** ⇒*met een glanzende suikerlaag bedekken* **0.3** ***tot kandij koken*** ⟨suiker⟩ **0.4** ***veraangenamen*** ⇒*fraai voorstellen, versuikeren.*

'candy ass ⟨telb.zn.⟩⟨AE;sl.⟩ **0.1** ***stoethaspel*** ⇒*slappeling, lafaard.*

'can·dy·floss ⟨f1⟩⟨zn.⟩⟨BE⟩
I ⟨telb.zn.⟩ **0.1** ***suikerspin;***
II ⟨n.-telb.zn.⟩ **0.1** ***gesponnen suiker*** **0.2** ***mager beleid*** ◆ **7.2** the ~ of the Wilsonian Government *het magere beleid v.d. regering Wilson.*

'candy pull, 'candy pulling ⟨telb.zn.⟩ **0.1** ***feestje waar toffees / caramels worden gemaakt.***

'candy store ⟨f1⟩⟨telb.zn.⟩⟨AE⟩ **0.1** ***snoepwinkel.***

'candy stripe ⟨telb.zn.⟩ **0.1** ***zuurstokstreep*** ⇒*zuurstokdessin.*

can·dy·tuft ['kænditʌft]⟨telb.zn.⟩⟨plantk.⟩ **0.1** ***scheefbloem*** ⟨Iberis; I. amara⟩ ⇒*altijd groene scheefkelk* ⟨I. sempervirens⟩, *schermscheefbloem* ⟨I. umbellata⟩.

cane[1] [keɪn]⟨f3⟩⟨zn.⟩
I ⟨telb.zn.⟩ **0.1** ***dikke stengel*** ⟨v. (suiker)riet, bamboe, rotan⟩ ⇒*riet / bamboestengel, rotan(stok)* **0.2** ***rotting*** ⇒*wandelstok; Spaans rietje, rottinkje; plantesteun* **0.3** ⟨plantk.⟩ ***stam*** ⟨v. sommige vruchtendragende struiken, bv. braamstruik⟩ ⇒*stengel, scheut, spruit, loot;*
II ⟨n.-telb.zn.⟩ **0.1** ⟨vaak attr.⟩ ***riet*** ⇒*rotan* ⟨ook straf⟩; *rotting, bamboe, suikerriet* ◆ **3.1** get / give the ~ *met het rietje krijgen / geven.*

cane[2] ⟨ov.ww.⟩ →caning **0.1** ***met het rietje geven*** ⇒*afranselen* **0.2** ***matten*** ⟨v. meubels⟩.

'cane·brake ⟨telb.zn.⟩ **0.1** ***rietland*** ⇒*rietveld.*

'cane chair ⟨telb.zn.⟩ **0.1** ***rieten stoel*** ⇒*stoel met rieten zitting / leuning.*

'cane corn ⟨n.-telb.zn.⟩⟨AE;sl.⟩ **0.1** ***(zelfgemaakte / gesmokkelde) whisky.***

'cane mill ⟨telb.zn.⟩ **0.1** ***rietsuikermolen.***

can·er ['keɪnə‖-ər]⟨telb.zn.⟩ **0.1** ***stoelenmatter.***

'cane sugar ⟨f1⟩⟨telb.zn.⟩ **0.1** ***rietsuiker.***

'cane trash ⟨n.-telb.zn.⟩ **0.1** ***bagasse*** ⟨uitgeperste suikerriet⟩ ⇒*ampas.*

cangue, cang [kæŋ]⟨telb.zn.⟩ **0.1** ***Chinese schandplank*** ⟨als straf op de schouders gedragen zwaar houten bord⟩ ⇒*schandbord.*

'can·house ⟨telb.zn.⟩⟨AE;sl.⟩ **0.1** ***bordeel*** ⇒*hoerenkast.*

Ca·nic·u·la [kə'nɪkjʊlə‖-kjə-]⟨eig.n.⟩⟨ster.⟩ **0.1** ***Sirius*** ⇒*Hondsster.*

ca·nine[1] ['keɪnaɪn, 'kæ-]⟨telb.zn.⟩⟨dierk.⟩ **0.1** ***hondachtige*** ⟨v.d. fam. der Canidae⟩ **0.2** →canine tooth.

canine[2] ⟨f1⟩⟨bn.⟩ **0.1** ***hondachtig*** ⇒*honds-* **0.2** ***mbt. de hoektand(en)*** ◆ **1.1** ~ appetite *geeuwhonger;* ~ madness *hondsdolheid, rabies.*

'canine tooth ⟨telb.zn.⟩ **0.1** ***hoektand*** ⟨vnl. bij de mens⟩.

can·ing ['keɪnɪŋ]⟨telb.zn.; oorspr. gerund v. cane⟩ **0.1** ***afranseling*** ⟨met een rietje⟩ ◆ **2.1** a good ~ *een flink pak slaag.*

Canis Major ['keɪnɪs 'meɪdʒə‖-ər]⟨eig.n.⟩⟨ster.⟩ **0.1** ***Grote Hond*** ⇒*Canis Major.*

Canis Minor ['keɪnɪs 'maɪnə‖-ər]⟨eig.n.⟩⟨ster.⟩ **0.1** ***Kleine Hond*** ⇒*Canis Minor.*

can·is·ter ['kænɪstə‖-ər]⟨f1⟩⟨telb.zn.⟩ **0.1** ***bus*** ⇒*trommel, blik; vat* **0.2** ⟨mil.⟩ ***(granaat)kartets*** ⇒*granaat, s(c)hrapnel* **0.3** ⟨tech.⟩ ***filterbus*** ⟨v. gasmasker⟩ ◆ **1.2** a ~ of teargas *een traangasgranaat.*

can·ker[1] ['kæŋkə‖-ər]⟨f1⟩⟨zn.⟩
I ⟨telb.zn.⟩ **0.1** ***kanker*** ⇒*(woekerend) kwaad* **0.2** ***bladrups;***
II ⟨telb. en n.-telb.zn.⟩ **0.1** ***kanker*** ⟨bij planten en dieren⟩ ⇒*waterkanker; straalkanker, voetzeer;*
III ⟨n.-telb.zn.⟩ **0.1** ***gangreen*** ⇒*koudvuur.*

canker[2] ⟨ww.⟩
I ⟨onov.ww.⟩ **0.1** ***(ver)kankeren*** ⇒*kanker hebben, kankerig zijn; als kanker weg / invreten; zich woekerend verspreiden* ⟨v. kwaad⟩;
II ⟨ov.ww.⟩ **0.1** ***door kanker vernietigen.***

can·ker·ous ['kæŋkərəs]⟨f1⟩⟨bn.⟩ **0.1** ***kanker(acht)ig*** ⇒*door kanker aangevreten* **0.2** ***kankerverwekkend.***

'canker rose ⟨telb.zn.⟩⟨plantk.⟩ **0.1** ***hondsroos*** ⟨Rosa canina⟩ **0.2** ***klaproos*** ⟨Papaver rhoeas⟩.

'can·ker·worm ⟨telb.zn.⟩ **0.1** ***bladrups.***

can·na ['kænə]⟨telb.zn.⟩⟨plantk.⟩ **0.1** ***canna*** ⟨tropisch riet; genus Canna⟩ ⇒*bloemriet.*

can·na·bis ['kænəbɪs]⟨telb.zn.⟩ **0.1** ***(Indische) hennep*** ⇒*cannabis* **0.2** ***marihuana*** ⇒*wiet, hasj(iesj).*

canned [kænd]⟨f1⟩⟨bn.; volt. deelw. v. can⟩ **0.1** ⟨vnl. AE⟩ ***ingeblikt*** ⇒*in blik* **0.2** ⟨sl.⟩ ***bezopen*** ⇒*lam, lazerus* **0.3** ⟨AE;sl.⟩ ***op de keien gezet*** ⇒*ontslagen* ◆ **1.¶** ⟨AE;sl.⟩ ~ goods *maagd, seksueel oningewijde;* ~ heat *brandstof in tankje* ⟨bv. voor kampeerkookstel; ook als drank, door alcoholisten⟩; ~ music *ingeblikte muziek, muzak;* ~ phrases *standaardbabbel;* ~ show *op video / van tevoren opgenomen programma* **5.2** ⟨sl.⟩ ~ **up** *bezopen.*

can·nel ['kænl], **'cannel coal** ⟨telb. en n.-telb.zn.⟩ **0.1** ***cannelkool*** ⇒*gaskool, kandelkool, kannelkool, vlamkolen.*

can·nel·lo·ni [kænə'loʊni]⟨n.-telb.zn.⟩⟨cul.⟩ **0.1** ***cannelloni*** ⟨met gehakt of kaas gevulde pijpmacaroni⟩.

can·ner ['kænə‖-ər]⟨telb.zn.⟩ **0.1** ***inmaker*** ⇒*iem. die voedsel inblikt* **0.2** ***weckketel*** **0.3** →cannery.

can·ner·y ['kænəri]⟨f1⟩⟨telb.zn.;→mv. 2⟩ **0.1** ***conservenfabriek*** ⇒*inmakerij* **0.2** ⟨sl.⟩ ***nor*** ⇒*bajes, lik.*

can·ni·bal ['kænɪbl]⟨f1⟩⟨telb.zn.; vaak attr.⟩ **0.1** ***kannibaal*** ⇒*menseneter, antropofaag* **0.2** ***dier dat de eigen soort eet*** ⇒*idiogenofaag.*

can·ni·bal·ism ['kænɪbəlɪzm]⟨f1⟩⟨n.-telb.zn.⟩ **0.1** ***kannibalisme*** ⇒*menseneterij, antropofagie; eten v.d. eigen soort door dieren.*

can·ni·bal·is·tic ['kænɪbə'lɪstɪk]⟨bn.⟩ **0.1** ***kannibaals*** ⇒*mensenetend, antropofaag; de eigen soort etend.*

can·ni·bal·ize, -ise ['kænɪbəlaɪz]⟨ov.ww.⟩ **0.1** ***kannibaliseren*** ⟨machine / voertuig, als bron v. onderdelen⟩ **0.2** ***kannibaliseren*** ⟨materiaal / personeel aan een organisatie onttrekken tbv. een andere organisatie⟩.

can·ni·kin ['kænɪkɪn]⟨telb.zn.⟩ **0.1** ***mok*** ⇒*kroes(je), beker(tje), kannetje* **0.2** ⟨AE; gew.⟩ ***houten emmer.***

can·ning ['kænɪŋ]⟨f1⟩⟨n.-telb.zn.; gerund v. can⟩ **0.1** ***inmaak*** ⇒*het inblikken / wecken.*

'canning factory ⟨telb.zn.⟩ **0.1** ***conservenfabriek.***

can·non[1] ['kænən]⟨f2⟩⟨telb.zn.; ook cannon;→mv. 4⟩ **0.1** ***kanon*** ⇒*(stuk) geschut, vuurmond* **0.2** ***boordwapen*** ⇒*boordkanon* **0.3** ⟨tech.⟩ ***vrij over een as bewegende bus*** **0.4** ⟨BE⟩⟨biljart⟩ ***carambole*** **0.5** ⟨tech.⟩ ***klokoog*** ⟨oog waaraan een klok wordt opgehangen⟩ **0.6** ⟨sl.⟩ ***handvuurwapen*** ⇒*pistool, revolver* **0.7** ⟨sl.⟩ ***rover*** ⇒*dief* **0.8** ⟨sl.⟩ ***zakkenroller*** **0.9** →cannon bit **0.10** →cannon bone.

cannon[2] ⟨ww.⟩
I ⟨onov.ww.⟩ **0.1** ***vuren*** ⟨met een kanon⟩ ⇒*kanonneren, bombarderen* **0.2** ⟨vnl. BE⟩ ***(op)botsen*** ⇒*rammen* **0.3** ⟨BE⟩ ***caramboleren*** ⇒*een carambole maken* ◆ **6.2** she ~ed **into** me as she came running around the corner *ze vloog tegen me op toen ze de hoek om kwam rennen;*
II ⟨ov.ww.⟩ **0.1** ***kanonneren*** ⇒*bombarderen, (met kanonnen) beschieten* **0.2** ⟨BE⟩ ***laten caramboleren*** **0.3** ⟨sl.⟩ ***beroven*** ⇒*de zakken rollen van.*

can·non·ade[1] ['kænə'neɪd]⟨f1⟩⟨telb.zn.⟩ **0.1** ***kanonnade*** ⇒*bombardement, artilleriebeschieting.*

cannonade[2] ⟨onov. en ov.ww.⟩ **0.1** ***kanonneren*** ⇒*(zwaar) met kanonnen (be)schieten.*

'can·non·ball ⟨f1⟩⟨telb.zn.⟩ **0.1** ***kanonskogel.***

'cannon bit ⟨telb.zn.⟩ **0.1** ***gebogen paardebit.***

'cannon bone ⟨telb.zn.⟩⟨dierk.⟩ **0.1** ***kanonbeen.***

can·non·eer ['kænə'nɪə‖-'nɪr]⟨telb.zn.⟩ **0.1** ***kanonnier*** ⇒*artillerist* **0.2** ***boordschutter.***

'cannon fodder ⟨n.-telb.zn.⟩ **0.1** ***kanonnevoer*** ⇒*kanonnevlees.*

can·non·ry ['kænənri]⟨telb.zn.;→mv. 2⟩ **0.1** ***artillerie*** ⇒*geschut* **0.2** ***kanonvuur*** ⇒*geschutvuur.*

'cannon shot ⟨f1⟩⟨zn.⟩
I ⟨telb.zn.⟩ **0.1** ***kanonschot*** **0.2** ***kanonschotsafstand;***
II ⟨n.-telb.zn.⟩ **0.1** ***munitie*** ⟨v.e. kanon⟩ ⇒*kanonskogels, granaten* **0.2** ***kanonvuur*** ⇒*geschutvuur.*

'cannon stove ⟨telb.zn.⟩ **0.1** ***kanonkachel*** ⇒*kolomkachel.*

can·not ['kæ'nɒt‖-'nɑt]⟨hww.;→t2⟩⟨samentr. v. can not⟩.

can·nu·la ['kænjʊlə‖-jə-]⟨telb.zn.; ook cannulae [-i:];→mv. 5⟩ ⟨med.⟩ **0.1** ***canule*** ⟨pijpje om inspuitingen te doen of wonden open te houden⟩ ⇒*afvoerbuisje, fistel.*

can·nu·late ['kænjʊleɪt‖-jə-]⟨ov.ww.⟩ **0.1** ***voorzien v.e. canule.***

can·ny ['kæni]⟨bn.; -er; -ly; -ness;→bijw. 3⟩ **0.1** ***slim*** ⇒*uitgekookt, leep, pienter* **0.2** ***zuinig*** ⟨vnl. v. Schotten⟩ ⇒*spaarzaam* **0.3** ⟨Sch. E⟩ ***behoedzaam*** ⇒*voorzichtig, omzichtig* **0.4** ***verklaarbaar*** ⇒*begrijpelijk* **0.5** ⟨BE; gew.⟩ ***leuk*** ⇒*aardig, prettig* **0.6** ⟨Sch. E⟩ ***kalm*** ⇒*gestadig, niet gehaast* **0.7** ⟨Sch. E⟩ ***gezellig*** ◆ **1.5** she has a ~ little dog *ze heeft een leuk hondje* **6.4** phenomena not ~ **to** strangers *voor vreemdelingen onverklaarbare verschijnselen.*

ca·noe[1] [kə'nu:]⟨f2⟩⟨telb.zn.⟩ **0.1** ***kano*** ◆ **3.¶** ⟨inf.⟩ paddle one's own ~ *z'n eigen boontjes doppen, voor zichzelf zorgen.*
canoe[2] ⟨f1⟩⟨ww.;→ww. 7⟩
I ⟨onov.ww.⟩ **0.1** ***kanoën*** ⇒*kanovaren;*
II ⟨ov.ww.⟩ **0.1** ***per kano bevaren*** **0.2** ***per kano vervoeren*** ◆ **1.1** they ~d the lake in two hours *ze kanoden in twee uur het meer over.*
ca·noe·ing [kə'nu:ɪŋ]⟨n.-telb.zn.; gerund v. canoe+2⟩⟨sport⟩ **0.1** ***(het) kano- en kayakvaren*** ⇒*(het) kanovaren, (het) kayakvaren.*
ca·noe·ist [kə'nu:ɪst]⟨f1⟩⟨telb.zn.⟩ **0.1** ***kanoër*** ⇒*kanovaarder.*
ca'noe polo ⟨n.-telb.zn.⟩⟨sport⟩ **0.1** ***kayakpolo*** ⇒*kanopolo.*
ca'noe sailing ⟨n.-telb.zn.⟩⟨sport⟩ **0.1** ***(het) kanozeilen.***
ca'noe slalom ⟨telb. en n.-telb.zn.⟩⟨sport⟩ **0.1** ***kayakslalom*** ⇒*kanoslalom.*
can·on ['kænən]⟨f2⟩⟨telb.zn.⟩ **0.1** ***canon*** ⇒*kerkelijke leerstelling; (algemene) regel/maatstaf/norm, richtsnoer; lijst v. als authentiek erkende heilige boeken;* ⟨ook C-⟩ *deel v.d. mis v. Sanctus tot Pater Noster, hooggebed; lijst v. (door de R.-K. kerk erkende) heiligen* **0.2** ***lijst v. als authentiek beschouwde werken v.e. schrijver*** **0.3** ***kanunnik*** ⇒*kapittelheer, domheer* **0.4** ⟨druk.⟩ ***canon*** ⇒*dikste Duitse drukletter* ⟨44- of 48- punts⟩ **0.5** ⟨muz.⟩ ***canon*** ⇒*beurtzang* ◆ **1.1** the ~s of conduct *de normen der betamelijkheid;* her attitude offends against the ~s of good manners *haar houding druist in tegen de geldende goede manieren* **1.2** the Shakespeare ~ *(lijst v.) officieel aan Shakespeare toegeschreven werken.*
cañon →canyon.
ca·non·ess ['kænənɪs]⟨telb.zn.⟩ **0.1** ***kanon(ik)es*** ⇒*kanunnikes, stiftsjuffer.*
ca·non·ic[1] [kə'nɒnɪk‖-'nɑ-]⟨telb.zn.⟩ **0.1** ***stelsel v. filosofische/logische canons*** ⇒⟨i.h.b.⟩ *de epicurische logica* **0.2** ***kanunnik.***
canonic[2] ⟨bn.⟩ **0.1** →canonical **0.2** ⟨muz.⟩ ***canonisch*** ⇒*in canonvorm.*
ca·non·i·cal [kə'nɒnɪkl‖-'nɑ-]⟨bn.;-ly⟩ **0.1** ***canoniek*** ⇒*orthodox, ingevolge/in overeenstemming met de canon* ⟨het R.-K. kerkrecht⟩; *op de canon voorkomend; gezaghebbend, (officieel) aanvaard* **0.2** ***kanonikaal*** ⇒*mbt. kathedraal kapittel of lid daarvan* ◆ **1.1** ~ books *canonieke boeken;* ~ hours *canonieke uren, (getijden v.h.) brevier;* ⟨BE⟩ *de tijd tussen 08.00 en 15.00 uur* ⟨waarin wettelijk huwelijken mogen worden voltrokken in parochiekerken⟩ **1.¶** ~ dress *priesterkleed/gewaad* ⟨voorgeschreven voor leiden v.d. dienst⟩; *kanunniksgewaad.*
ca·non·i·cals [kə'nɒnɪklz‖-'nɑ-]⟨mv.⟩ **0.1** ***priesterkleed/gewaad*** ⟨voorgeschreven voor leiden v.d. dienst⟩ ⇒*kanunniksgewaad.*
ca·non·i·cate [kə'nɒnɪkət‖-'nɑ-]⟨telb.zn.⟩ **0.1** ***domheerschap*** ⇒*kanunnikschap.*
can·on·ic·i·ty ['kænə'nɪsəti]⟨telb.zn.;→mv. 2⟩ **0.1** ***canoniciteit*** ⇒*echtheid, authenticiteit.*
can·on·ist ['kænənɪst]⟨telb.zn.⟩ **0.1** ***canonist*** ⟨kenner v.h. kerkelijk recht⟩.
can·on·is·tic ['kænə'nɪstɪk], **can·on·is·ti·cal** [-ɪkl]⟨bn.⟩ **0.1** ***canonistisch*** ⇒*kenmerkend voor of mbt. een canonist* **0.2** ***kerkrechtelijk*** ⇒*canoniek.*
can·on·i·za·tion, -sa·tion ['kænənaɪ'zeɪʃn‖-nənə-]⟨telb.zn.⟩ **0.1** ***canonisatie*** ⇒*heiligverklaring, opneming in de lijst v. heiligen, verheerlijking.*
can·on·ize, -ise ['kænənaɪz]⟨ov.ww.⟩ **0.1** ***canoniseren*** ⇒*heilig verklaren, in de lijst v. heiligen opnemen, als heilige beschouwen, verheerlijken* **0.2** ***sanctioneren*** ⟨door de kerk⟩ ⇒*autoriseren.*
'canon 'law ⟨n.-telb.zn.⟩⟨R.-K.⟩ **0.1** ***canoniek recht*** ⇒*kerkrecht.*
can·on·ry ['kænənri]⟨telb.zn.;→mv. 2⟩ **0.1** ***kanunnikdij*** ⇒*kanonikale prebende, domheersplaats; domheer/kanunnikschap* **0.2** ***kapittel*** ⇒*kanonikaal college.*
ca·noo·dle [kə'nu:dl]⟨onov. en ov.ww.⟩⟨vero.; sl.⟩ **0.1** ***knuffelen.***
'can opener ⟨f1⟩⟨telb.zn.⟩ **0.1** ***blikopener.***
Ca·no·pic [kə'noʊpɪk]⟨bn.⟩ **0.1** ***Canopisch*** ⟨naar de stad Canopus⟩ ◆ **1.1** ~ jar/vase *canope, canopus, (oudegyptische) lijkvaas/asurn.*
can·o·py[1] ['kænəpi]⟨f2⟩⟨telb.zn.;→mv. 2⟩ **0.1** ⟨ben.voor⟩ ***overhuiving*** ⇒*baldakijn, (troon/altaar)hemel, verhemelte; hemel* ⟨v. hemelbed⟩; *zonnedak;* ⟨fig.⟩ *gewelf; kap; dak;* ⟨bouwk.⟩ *wimberg, afdak, luifel, overkapping; scherm* ⟨v. parachute⟩; *draagdoek;* ⟨vliegwezen⟩ *stuurhutkap.*
canopy[2] ⟨ov.ww.;→ww. 7⟩ **0.1** ***overhuiven*** ◆ **1.1** dew canopied the landscape *over het landschap lag een deken v. dauw.*
ca·no·rous [kə'nɔ:rəs]⟨bn.⟩ **0.1** ***melodieus*** ⇒*welluidend, zangerig; resonerend, weerklinkend, galmend.*
canst [kənst⟨sterk⟩kænst]⟨2e pers. enk.;→t2⟩⟨vero.⟩ →can.
cant[1] [kænt]⟨f1⟩⟨zn.⟩
I ⟨telb.zn.⟩ **0.1** ***schuinte*** ⇒*helling, hellend/gerend vlak; verkanting; scheefte;* ⟨bouwk.⟩ *waterslag, helling, verkanting, schuine kant* **0.2** ***kanteling*** ⇒*plotselinge overhelling* **0.3** ***buitenhoek*** ⟨v.e. gebouw⟩ **0.4** ⟨IE⟩ ***veiling*** ◆ **3.2** the bus gave a ~ *de bus helde plotseling over;*
II ⟨n.-telb.zn.⟩ **0.1** ***jargon*** ⟨ook attr.⟩ ⇒*vaktaal, groepstaal; bargoens, boeventaal, argot, cant* **0.2** ***quasi vrome taal*** ⇒*huicheltaal, schijnheilige praat, cant* **0.3** ***(bedelaars)gekerm*** **0.4** ***opgedreunde tekst*** ◆ **1.1** thieves' ~ *dieventaal.*
cant[2] ⟨f1⟩⟨ww.⟩
I ⟨onov.ww.⟩ **0.1** ***(over)hellen*** ⇒*schuin liggen/staan* **0.2** ***kantelen*** ⇒*omrollen;* ⟨scheep.⟩ *kenteren* **0.3** ***jargon bezigen*** **0.4** ***quasi vrome taal bezigen*** ⇒*huichelen, schijnheilig praten* **0.5** ***op smekende toon spreken*** ⇒*soebatten* **0.6** ***zedepreken*** ⇒*moraliserend spreken* **0.7** ⟨scheep.⟩ ***v. koers veranderen*** ◆ **5.1** ~ **over** *overhellen;*
II ⟨ov.ww.⟩ **0.1** ***afschuinen*** ⇒⟨tech.⟩ *afbiljoenen, (af)kanten* **0.2** ***schuin houden*** ⇒*doen (over)hellen* **0.3** ***kantelen*** ⇒*omduwen, kenteren* **0.4** ***(plotseling) v. richting doen veranderen*** **0.5** ⟨IE⟩ ***veilen.***
can't [kɑ:nt‖kænt]⟨hww.;→t2⟩⟨samentr. v. can not⟩.
Cant ⟨afk.⟩ Canticles, Cantonese.
Cantab ['kæntæb]⟨afk.⟩ Cantabrigian **0.1** ***mbt. de universiteit v. Cambridge*** ⟨Cambridge University⟩ ◆ **1.1** Mr Jones, M.A. Cantab. *de heer Jones, M.A., afgestudeerd aan de universiteit v. Cambridge.*
can·ta·bi·le [kæn'tɑ:bɪli‖kɑn'tɑbɪleɪ]⟨bw.⟩⟨muz.⟩ **0.1** ***cantabile*** ⇒*zangerig.*
Can·ta·brig·i·an[1] ['kæntə'brɪdʒɪən]⟨telb.zn.⟩ **0.1** ⟨BE⟩ ***student/afgestudeerde v.d. universiteit v. Cambridge*** **0.2** ⟨AE⟩ ***student/afgestudeerde v.d. Harvard-universiteit*** **0.3** ⟨BE⟩ ***iem. uit Cambridge*** **0.4** ⟨AE⟩ ***iem. uit Cambridge, Massachusetts.***
Cantabrigian[2] ⟨bn.⟩ **0.1** ⟨BE⟩ ***mbt. de universiteit v. Cambridge*** **0.2** ⟨AE⟩ ***mbt. de Harvard-universiteit*** **0.3** ⟨BE⟩ ***mbt. Cambridge*** **0.4** ⟨AE⟩ ***mbt. Cambridge, Massachusetts.***
can·ta·loup(e) ['kæntəlu:p‖'kæntəloʊp]⟨telb.zn.⟩ **0.1** ⟨plantk.⟩ ***kanteloep*** ⟨Cucumus melo cantalupa⟩ ⇒*knobbel/wratmeloen* **0.2** ⟨sl.⟩ ***honkbal.***
can·tan·ker·ous [kæn'tæŋkrəs]⟨f1⟩⟨telb.zn.; -ly; -ness⟩ **0.1** ***ruzieachtig.***
can·ta·ta [kən'tɑ:tə]⟨f1⟩⟨telb.zn.⟩ **0.1** ***cantate.***
'cant dog, 'cant hook ⟨telb.zn.⟩ **0.1** ***kanthaak*** ⟨om zware balken mee te kantelen⟩.
can·teen ['kæn'ti:n]⟨f2⟩⟨telb.zn.⟩ **0.1** ***kampwinkel*** **0.2** ***kantine*** ⇒*veldmenage* **0.3** ***veldfles*** **0.4** ***eetgerei*** ⟨v.e. soldaat⟩ **0.5** ⟨BE⟩ ***cassette*** ⟨met couverts⟩ ◆ **2.1** dry/wet ~ *kampwinkel waar geen/voornamelijk drank wordt verkocht.*
can·ter[1] ['kæntə‖'kæntər]⟨f1⟩⟨telb.zn.⟩ **0.1** ***handgalop*** ⇒*korte galop, canter* **0.2** ***rit(je) in handgalop*** **0.3** ***femelaar*** ◆ **3.1** win in a ~ *op zijn sloffen/met gemak winnen.*
canter[2] ⟨f2⟩⟨onov. en ov.ww.⟩ **0.1** ***in handgalop gaan/brengen.***
can·ter·bur·y ['kæntəbri‖'kæntərberi]⟨zn.⟩
I ⟨eig.n.; C-⟩ **0.1** ***Canterbury;***
II ⟨telb.zn.⟩ **0.1** ***(muziek/tijdschriften)rek/kastje.***
'Canterbury 'bell ⟨telb.zn.⟩⟨plantk.⟩ **0.1** ***klokje*** ⟨Campanula⟩ ⇒*mariëtteklokje* ⟨C. medium⟩, *ruigklokje* ⟨C. trachelium⟩, *kluwenklokje* ⟨C. glomerata⟩ **0.2** ***pinksterbloem*** ⟨Cardamine pratensis⟩.
can·thar·i·des [kæn'θærɪdi:z]⟨mv.; ww. ook enk.⟩⟨dierk.⟩ **0.1** ***Spaanse vlieg*** ⟨Lytta vesicatoria⟩.
can·thus ['kænθəs]⟨telb.zn.; canthi ['kænθaɪ];→mv. 5⟩ **0.1** ***ooghoek.***
can·ti·cle ['kæntɪkl]⟨telb.zn.⟩ **0.1** ***kantiek*** ⇒*canticum, lofzang* ◆ **1.1** ⟨bijb.⟩ Canticle of Canticles *Canticum Canticorum, het Hooglied* ⟨v. Salomo⟩; *Lied der Liederen.*
can·ti·le·ver ['kæntɪli:və‖'kæntɪli:vər]⟨telb.zn.⟩ **0.1** ***cantilever*** ⇒*kraagligger, console, vrijdragende balk/ligger, modillon.*
'cantilever 'bridge ⟨telb.zn.⟩ **0.1** ***cantileverbrug.***
can·til·late ['kæntɪleɪt]⟨onov. en ov.ww.⟩⟨relig.⟩ **0.1** ***psalmodiëren*** ⇒*intoneren, zingend spreken.*
can·til·la·tion ['kæntɪ'leɪʃn]⟨telb. en n.-telb.zn.⟩⟨relig.⟩ **0.1** ***recitatief*** ⇒*declamatorisch gezang.*
can·ti·na [kæn'ti:nə]⟨telb.zn.⟩⟨AE; gew.⟩ **0.1** ***dranklokaal*** ⇒*wijnlokaal, kroeg, drankhuis.*
can·tle ['kæntl]⟨telb.zn.⟩ **0.1** ***achterste zadelboog*** **0.2** ⟨vero.⟩ ***homp*** ⇒*brok, stuk, snee, hoek.*
cant·let ['kæntlɪt]⟨telb.zn.⟩ **0.1** ***stukje*** ⇒*brokje, hoekje.*
can·to ['kæntoʊ]⟨f1⟩⟨telb.zn.⟩ **0.1** ***canto*** ⟨hoofdstuk v.e. episch gedicht⟩ ⇒*zang, boek, liber.*
can·ton[1] ['kæntɒn, kæn'tɒn‖-tɑn]⟨telb.zn.⟩ **0.1** ***kanton*** ⟨administratieve eenheid in een staat, bv. Zwitserland⟩ **0.2** ***(gewoonlijk rechthoekig) deel in de bovenhoek v.e. vlag*** **0.3** ⟨heraldiek⟩ ***kanton*** ⇒*schildhoek* ⟨vnl. de rechterbovenhoek⟩.
canton[2] ⟨ov.ww.⟩ **0.1** ***in kantons verdelen*** **0.2** ***inkwartieren*** ⟨soldaten⟩.

can·ton·al ['kæntənl‖'kæntnəl]⟨bn.⟩ **0.1** ***kanton(n)aal.***

Can·ton·ese[1] ['kæntə'ni:z‖'kæntn'i:z]⟨zn.; Cantonese;→mv. 4⟩
I ⟨eig.n.⟩ **0.1** ***Kantonees*** ⟨het in Kanton gesproken Chinees dialect⟩;
II ⟨telb.zn.⟩ **0.1** ***Kantonees*** ⇒*inwoner v. Kanton.*

Cantonese[2] ⟨bn.⟩ **0.1** ***Kantonees.***

can·ton·ment [kæn'tu:nmənt‖-'toun-]⟨telb. en n.-telb.zn.⟩ **0.1** ***kantonnement*** ⇒*(in)kwartier(ing); kampement, legerplaats.*

can·tor ['kæntɔ:‖-tər]⟨telb.zn.⟩⟨relig.⟩ **0.1** ***voorzanger*** ⇒⟨R.-K.⟩ *cantor,* ⟨jud.⟩ *chazan.*

can·trip ['kæntrɪp‖'kɑn-]⟨telb.zn.⟩⟨Sch. E⟩ **0.1** ***heksentoer*** ⇒*toverkunst, betovering* **0.2** ⟨scherts.⟩ ***kwajongensstreek*** ⇒*kattekwaad.*

Ca·nuck [kə'nʌk]⟨telb.zn.; ook attr.⟩⟨AE; inf.; vaak pej.⟩ **0.1** ***(Frans-) Canadees.***

Ca·nute [kə'nju:t‖kə'nu:t]⟨eig.n.⟩ **0.1** ***Knut*** ⇒*Kanoet.*

can·vas[1], ⟨AE sp. ook⟩ **can·vass** ['kænvəs]⟨f2⟩⟨zn.⟩
I ⟨telb.zn.⟩ **0.1** ***doek*** ⇒*stuk schilderslinnen; (olieverf)schilderij, schilderstuk* **0.2** ***(circus)tent*** ⇒*tentenkamp* **0.3** ⟨scheep.⟩ ***presenning*** ⇒*dekzeil, dektent, taf* **0.4** ⟨the⟩⟨bokssport; worstelen⟩ ***het canvas*** ⇒⟨worstelen⟩ *mat* ◆ **3.3** win by a ~ *met een taflengte/tafje winnen, nipt winnen* **3.4** ⟨inf.⟩ kiss the ~ *knock-out/neer gaan, neergeslagen worden* **6.4** ⟨bokssport⟩ **on** the ~ *tegen het canvas;*
II ⟨n.-telb.zn.⟩ **0.1** ***canvas*** ⇒*zeildoek, tentdoek* **0.2** ***schilderslinnen*** **0.3** ***borduurgaas*** **0.4** ⟨scheep.⟩ ***zeilvoering*** ⟨de gezamenlijke zeilen⟩ ◆ **3.¶** carry too much ~ *te veel hooi op zijn vork nemen* **6.1** **under** ~ *in een tent, in tenten* **6.4** **under** ~ *onder vol zeil.*

canvas[2], ⟨AE sp. ook⟩ **canvass** ⟨ov.ww.;→ww. 7⟩ **0.1** ***bedekken met canvas.***

'can·vas·back, 'canvasback duck ⟨telb.zn.⟩⟨dierk.⟩ **0.1** ***grote tafeleend*** ⟨Aythya valisineria⟩.

can·vass[1], ⟨AE sp. ook⟩ **can·vas** ['kænvəs]⟨f1⟩⟨telb.zn.⟩ **0.1** ***diepgaande discussie*** ⇒*grondig onderzoek* **0.2** ***stemmenwerving*** **0.3** ***opiniepeiling*** **0.4** ***klantenwerving*** ⇒*colportage.*

canvass[2], ⟨AE sp. ook⟩ **canvas** ⟨f1⟩⟨ww.⟩
I ⟨onov.ww.⟩ **0.1** ***diepgaand discussiëren*** ⇒*grondig onderzoek doen* **0.2** ***stemmen werven*** **0.3** ***klanten werven*** ⇒*colporteren* **0.4** ***opinieonderzoek doen*** ⇒*opiniepeiling houden* ◆ **6.3** ~ **for** a magazine *colporteren voor/leuren met een weekblad;*
II ⟨ov.ww.⟩ **0.1** ***diepgaand bediscussiëren*** ⇒*grondig onderzoeken* **0.2** ***bezoeken om stemmen te werven*** **0.3** ***opiniepeiling houden over*** **0.4** ***colporteren*** **0.5** ⟨BE⟩ ***voorstellen*** ⇒*opperen* ⟨plannen e.d.⟩; *colporteren, rondstrooien* ⟨geruchten⟩ **0.6** ⟨AE⟩ ***op geldigheid controleren*** ⟨stemmen⟩ ◆ **1.1** all the items on the agenda have been ~ed *alle agendapunten zijn grondig behandeld* **1.2** the candidate is ~ing the slums today *de kandidaat 'doet'/bewerkt vandaag de achterbuurten.*

can·vass·er ['kænvəsə‖-ər]⟨telb.zn.⟩ **0.1** ***stemmenwerver*** ⇒*campagnevoerder* ⟨bij verkiezingen⟩ **0.2** ***colporteur*** **0.3** ⟨AE⟩ ***stemmenteller*** ⇒*stemopnemer.*

can·yon, ca·ñon ['kænjən]⟨f2⟩⟨telb.zn.⟩ **0.1** ***cañon*** ⇒*ravijn.*

can·zo·net·ta ['kænzə'neṭə], **can·zo·net** [-'net]⟨telb.zn.⟩⟨muz.⟩ **0.1** ***canzonetta.***

caou·tchouc ['kaʊtʃʊk‖kaʊ'tʃʊk]⟨n.-telb.zn.; ook attr.⟩ **0.1** ***caoutchouc*** ⟨ongevulcaniseerd rubber⟩ ⇒*gummi.*

cap[1] [kæp]⟨f2⟩⟨telb.zn.⟩⟨→sprw. 319⟩ **0.1** ⟨ben. voor⟩ ***hoofddeksel*** ⇒*kapje* ⟨v. verpleegster, dienstbode e.d.⟩; *muts, pet; baret* ⟨v. universiteitsleden, bij Hooglanderskostuum⟩; ⟨sport⟩ *selectie als international* **0.2** ***in pet/ruitercap opgehaald bedrag*** ⟨in Eng. vnl. bij vossejacht, bij niet-leden v.d. club⟩ **0.3** ⟨ben. voor⟩ ***kapvormig voorwerp*** ⇒*hoed* ⟨v.e. paddestoel⟩; *napje; kniekap; molenkap; neus* ⟨v.e. schoen⟩; *(flesse/vulpen/afsluit)dop; beschermkapje;* ⟨bouwk.⟩ *kapiteel, muurafdekking;* ⟨wisk.⟩ *intersectiesymbool* **0.4** ***pessarium*** ⇒*diafragma* **0.5** ***slaghoedje*** **0.6** ***klappertje*** **0.7** ***limiet*** ⇒*bovengrens* **0.8** ⟨sl.⟩ ***narcoticumcapsule*** ⟨bv. met heroïne⟩ **0.9** ***peperhuisje*** ⇒*papieren puntzakje* **0.10** ⟨AE; sl.⟩ ***kapitein*** ⇒*meneer* ⟨als vleiende aanspreektitel⟩ ◆ **1.1** ~ and bells *zotkap, narrenkap;* ~ and gown *baret en toga;* ~ of liberty *vrijheidsmuts, bonnet rouge* ⟨rode frygische muts v. bevrijde slaven; symbool v.d. Franse revolutie⟩ **1.¶** ~ in hand *onderdanig, nederig, met de pet in de hand;* ~ of maintenance *bontmuts v.d. burgemeester v. Londen* ⟨symbool bij kroning v. Britse vorsten⟩ **3.1** get one's ~ *geselecteerd worden;* take the ~ round *met de pet rondgaan* **3.¶** ~ fits! ⟨ong.⟩ *die zit!;* pull ~s *ruzie maken;* ⟨vero.⟩ she is setting her ~ at/for him *ze heeft haar zinnen op hem gezet/ze probeert hem te vangen.*

cap[2] ⟨f2⟩⟨ww.;→ww. 7⟩ →capping
I ⟨onov.ww.⟩ **0.1** ***zijn pet afnemen/aantikken*** ⟨uit beleefdheid⟩;
II ⟨ov.ww.⟩ **0.1** ***een cap/baret opzetten*** ⇒*iem. een promotiebaret opzetten; een universitaire graad verlenen;* ⟨in Schotland en Nieuw-Zeeland⟩⟨BE; sport; fig.⟩ *in de nationale ploeg opstellen* **0.2** ⟨ben. voor⟩ ***als een kap bedekken*** ⇒*beschermen, afschermen, afdekken* ⟨v.e. top⟩ **0.3** ***verbeteren*** ⇒*overtroeven, overtreffen* **0.4** ***completeren*** ⇒*bekronen* **0.5** ***voorzien v.e. dop*** ⇒*afdekken, beschermen* **0.6** ⟨tandheelkunde⟩ ***voorzien v.e. kroon*** ⇒*een kroon zetten op* **0.7** ***voorzien v.e. slaghoedje/capsule*** **0.8** ***beperken*** ⇒*limiteren, paal en perk stellen aan; maximeren, een bovengrens stellen aan* ◆ **1.2** snow ~ped the mountains *er lag sneeuw op de bergtoppen* **1.3** that ~s the climax *dat slaat alles/is het toppunt;* ~ a joke *een nog leukere mop vertellen;* ~ a quotation *een beter/treffender citaat geven* **1.4** ~ a meal with fruit *een maaltijd met fruit besluiten* **1.8** ⟨BE⟩ ~ rates *gemeentebelastingen maximeren* **4.3** to ~ it all *als klap op de vuurpijl; tot overmaat v. ramp.*

cap[3] ⟨afk.⟩ capacity, capital (city/letter), chapter.

CAP ⟨afk.⟩ Common Agricultural Policy, computer-aided production.

ca·pa·bil·i·ty ['keɪpə'bɪləṭi]⟨f2⟩⟨zn.;→mv. 2⟩
I ⟨telb. en n.-telb.zn.⟩ **0.1** ***vermogen*** ⇒*capaciteit, bekwaamheid, gave* **0.2** ***potentievermogen*** ⇒*vatbaarheid, ontvankelijkheid* ◆ **2.1** nuclear ~ *nucleaire potentie/slagkracht* **6.1** ~ **of** acting *vermogen tot handelen* **6.2** ~ **for** improvement *vatbaarheid voor verbetering;*
II ⟨mv.; capabilities⟩ **0.1** ***talenten*** ⇒*capaciteiten, potentiële kwaliteiten/vaardigheden.*

ca·pa·ble ['keɪpəbl]⟨f3⟩⟨bn.; -ly; -ness;→bijw. 3⟩
I ⟨bn.⟩ **0.1** ***capabel*** ⇒*bekwaam, kundig, competent, begaafd, geschikt;*
II ⟨bn., pred.⟩ **0.1** ⟨→bekwaamheid[1]⟩ ***in staat*** **0.2** ***vatbaar*** ⇒*ontvankelijk* ◆ **1.1** ~ of proof *bewijsbaar, verifieerbaar* **6.1** he's ~ **of** anything *hij is tot alles in staat;* that man is quite ~ **of** neglecting his duty *die man is iem. die met het grootste gemak zijn plicht verzaakt;* show us what you are ~ **of** *laat eens zien wat je kan* **6.2** the conditions are ~ **of** improvement *de omstandigheden zijn voor verbetering vatbaar.*

ca·pa·cious [kə'peɪʃəs]⟨bn.; -ly; -ness⟩⟨schr.⟩ **0.1** ***ruim*** ⇒*spatieus, omvangrijk, veelomvattend* ◆ **1.1** ~ memory *goed geheugen.*

ca·pac·i·tance [kə'pæsɪṭəns]⟨telb. en n.-telb.zn.⟩ **0.1** ***(elektrische) capaciteit.***

ca·pac·i·tate [kə'pæsɪteɪt]⟨ov.ww.⟩ **0.1** ***in staat stellen*** ⇒*geschikt maken* **0.2** ***kwalificeren*** ⇒*bevoegd/competent/bekwaam verklaren/maken; rechtigen tot* **0.3** ⟨med.⟩ ***activeren*** ⟨doen ondergaan v. activatie⟩ ◆ **6.1** ~ s.o. **for** doing sth. *iem. in staat stellen om iets te doen.*

ca·pac·i·ta·tion [kə'pæsɪ'teɪʃn]⟨telb.zn.⟩⟨med.⟩ **0.1** ***activatie*** ⟨verandering van eicel voor de eigenlijke bevruchting⟩.

ca·pac·i·tive [kə'pæsɪṭɪv]⟨bn.; -ly⟩⟨elek.⟩ **0.1** ***capacitief*** ⇒*mbt. de capaciteit.*

ca·pac·i·tor [kə'pæsɪtə‖-sɪṭər]⟨f1⟩⟨telb.zn.⟩⟨elek.⟩ **0.1** ***condensator.***

ca·pac·i·ty [kə'pæsəṭi]⟨f3⟩⟨zn.;→mv. 2⟩
I ⟨telb.zn.⟩ **0.1** ***hoedanigheid*** ⇒*kwaliteit, capaciteit, rol, positie* ◆ **6.1** I'm speaking **in** my ~ of chairman *ik spreek als/in mijn hoedanigheid v. voorzitter/als voorzitter;*
II ⟨telb. en n.-telb.zn.⟩ **0.1** ***vermogen*** ⇒*capaciteit, aanleg, talent, vaardigheid, geschiktheid* **0.2** ***capaciteit*** ⇒*inhoud, volume, bergruimte, vermogen, potentieel* ◆ **1.2** measure of ~ *inhoudsmaat* **2.2** productive ~ *produktiecapaciteit* **3.2** the seating ~ of the auditorium is 300 *de zaal telt 300 zitplaatsen* **6.1** this subject is **beyond** my ~ *dit onderwerp gaat me boven mijn pet;* he has a big ~ **for** annoying people *hij heeft er talent voor om mensen dwars te zitten* **6.2** the ~ **of** a bottle *de inhoud v.e. fles;* the theatre was filled **to** ~ *de schouwburg was tot de laatste plaats bezet;* work **to** ~ *op volle kracht werken;*
III ⟨n.-telb.zn.⟩⟨jur.⟩ **0.1** ***competentie*** ⇒*bevoegdheid* ◆ **3.1** ~ to make an arrest *arrestatiebevoegdheid.*

ca'pacity crowd ⟨telb.zn.⟩ **0.1** ***volle zaal/bak*** ⇒*vol stadion* ⟨enz.⟩, *uitverkocht huis.*

cap-a-pie, cap-à-pie ['kæpə'pi:]⟨bw.⟩ **0.1** ***v. top tot teen*** ◆ **3.1** armed ~ *tot de tanden gewapend.*

ca·par·i·son[1] [kə'pærɪsn]⟨telb.zn.; vaak mv.⟩ **0.1** ***sjabrak*** ⟨rijk versierd paardedekkleed⟩ ⇒*dekkleed* **0.2** ***versierd tuig*** **0.3** ***rijk versierd(e) kleding(stuk).***

caparison[2] ⟨ov.ww.⟩ **0.1** ***(op)tuigen met een sjabrak*** **0.2** ⟨schr.; ook fig.⟩ ***hullen in*** ⇒*verpakken, opsmukken* ◆ **1.2** she ~ed her ideas in poetry *ze verpakte haar ideeën in gedichten.*

cape [keɪp]⟨f3⟩⟨zn.⟩
I ⟨eig.n.; C-; the⟩ **0.1** ***de Kaap*** ⇒*Kaap de Goede Hoop; de Kaapkolonie* **0.2** ⟨AE⟩ ***Cape Cod*** ⟨N.-Am. schiereiland⟩;
II ⟨telb.zn.⟩ **0.1** ***cape*** ⇒*pelerine* **0.2** ***kaap*** ⇒*voorgebergte.*

'cape cart ⟨telb.zn.⟩ **0.1** ***vierpersoons koetsje op twee wielen*** ⟨in Afrika⟩ ⇒⟨ong.⟩ *sjees.*

'Cape Cod 'turkey ⟨telb.zn.; T-⟩⟨AE; inf.; scherts.⟩ **0.1** ***kabeljauw.***

'Cape 'Coloured ⟨telb.zn.; ook Cape Coloured; →mv. 4⟩ **0.1** ***kleurling in Zuid-Afrika***.

'Cape doctor ⟨telb.zn.; ook c-⟩ **0.1** ***sterke zuidoosten wind*** ⟨in Zuid-Afrika⟩.

'Cape 'Dutch ⟨eig.n.⟩⟨vero.⟩ **0.1** ***Kaaps-Hollands*** ⇒*Afrikaans*.

'Cape 'gooseberry ⟨telb.zn.⟩⟨plantk.⟩ **0.1** ***ananaskers*** ⟨Physalis peruviana⟩.

cap·e·lin, cap·lin ['kæplɪn]⟨telb.zn.⟩⟨dierk.⟩ **0.1** ***lodde*** ⟨soort kleine zalm; Mallotus villosus⟩.

ca·per[1] ['keɪpə‖-ər]⟨f1⟩⟨telb.zn.⟩ **0.1** ⟨plantk.⟩ ***kap(p)er*** ⟨struik; Capparis spinosa⟩ **0.2** ⟨vnl. mv.⟩ ***kapper(tje)*** ⟨gemarineerde bloesemknop v.d. kap(p)er⟩ **0.3** ⟨ook fig.⟩ ***bokkesprong*** ⇒*capriool* **0.4** ⟨inf.⟩ ***(ondeugende) streek*** ⇒*kwajongensstreek, poets* **0.5** ⟨sl.⟩ ***karwei*** ⇒*klus;* ⟨i.h.b.⟩ *kraak, (onwettige) praktijk* ◆ **3.3** cut a ~ / ~s *capriolen uithalen, zich idioot gedragen, (rond)dartelen* **3.5** this ~ of dodging taxes *die praktijken v. belastingontduiking*.

caper[2] ⟨f1⟩⟨onov.ww.⟩ **0.1** ***(rond)dartelen*** ⇒*huppelen, capriolen maken* ◆ **1.1** lambs are ~ing in the sun *lammetjes dartelen in de zon*.

cap·er·cail·lie ['kæpə'keɪli‖-pər-], **cap·er·cail·zie** [-'keɪlzi]⟨telb.zn.⟩⟨dierk.⟩ **0.1** ***auerhoen*** ⟨Tetrao urogallus⟩.

ca·per·er ['keɪprə‖-ər]⟨telb.zn.⟩ **0.1** ***capriolenmaker*** ⇒*potsenmaker*.

'cape·skin ⟨telb. en n.-telb.zn.⟩ **0.1** ***kaaphuid*** ⟨v. lamsvel gemaakt zacht leer⟩ ⇒*Kaapse huid, zeemleer*.

'Cape Town ⟨eig.n.⟩ **0.1** ***Kaapstad***.

cap·ful ['kæpfʊl]⟨telb.zn.⟩ **0.1** ***pet/mutsvol*** ⇒*handjevol* **0.2** ***vleugje*** ⇒*lichte vlaag* ◆ **1.2** ~ of wind *windvlaagje, vleugje wind*.

ca·pi·as ['keɪpiæs]⟨telb.zn.⟩⟨jur.⟩ **0.1** ***bevel tot aanhouding/in hechtenisneming*** ⇒*arrestatiebevel*.

cap·il·lar·i·ty ['kæpɪ'lærəṭi]⟨telb.zn.; →mv. 2⟩⟨nat.⟩ **0.1** ***capillariteit*** ⇒*capillaire werking, haarvatstuwing, grensvlakwerking*.

cap·il·lar·y[1] [kə'pɪləri‖'kæpəleri]⟨f1⟩⟨telb.zn.; →mv. 2⟩ **0.1** ***haarvat*** ⇒*capillair* **0.2** ***capillaire buis***.

capillary[2] ⟨f1⟩⟨bn.⟩ **0.1** ***capillair*** ◆ **1.1** ~ attraction *capillariteit* ⟨opwaartse stuwing⟩; ~ repulsion *capillariteit* ⟨neerwaartse zuiging⟩; ~ tube *capillaire buis; haarvat/buis*.

cap·i·tal[1] ['kæpɪṭl]⟨f3⟩⟨zn.⟩

I ⟨telb.zn.⟩ **0.1** ⟨bouwk.⟩ ***kapiteel*** **0.2** ***hoofdletter*** ⇒*kapitaal* **0.3** ***hoofdstad*** ◆ **6.2** ⟨drukkunst⟩ (printed) in ~s *bovenkast/kapitaal;*

II ⟨n.-telb.zn.⟩ **0.1** ***kapitaal*** ⇒*(rentegevend/dragend) geldbezit, hoofdsom, (bedrijfs)vermogen;* ⟨fig.⟩ *Het Kapitaal* ⟨de bezitters der produktiemiddelen⟩ ◆ **1.1** Capital and Labour *Kapitaal en Arbeid* ⟨de klassen⟩ **3.1** authorized ~ *maatschappelijk kapitaal;* circulation/floating ~ *vlottend kapitaal;* fixed ~ *vast kapitaal;* issued ~ *geplaatst kapitaal;* ⟨fig.⟩ make ~ (out) of *munt slaan uit, uitbuiten, profiteren van* **3.¶** ⟨ec.⟩ registered ~ *maatschappelijk/vennootschappelijk kapitaal*.

capital[2] ⟨f3⟩⟨bn., attr.; -ly⟩ **0.1** ***kapitaal*** ⇒*mbt. tot het hoofd, hoofd-;* ⟨fig.⟩ *vooraanstaand, gewichtig, aanzienlijk, aan het hoofd staande* **0.2** ***dood-*** ⇒*fataal, dodelijk, strafbaar met de doodstraf, kapitaal* **0.3** ⟨inf.⟩ ***kapitaal*** ⇒*voortreffelijk, kostelijk, eerste klas, prima* ◆ **1.1** art with a ~ A *kunst met een grote K;* ~ city/town *hoofdstad;* of ~ importance *van vitaal/levensbelang;* ~ letter *hoofdletter, kapitaal;* ~ sum *hoofdsom;* ⟨verz.⟩ *kapitaaluitkering, verzekerd bedrag* **1.2** ⟨fig.⟩ ~ error/blunder *kapitale fout/blunder;* ~ offence/crime *halsmisdaad;* ~ punishment *doodstraf;* ~ sin/vice *doodzonde, hoofdzonde* **1.3** a ~ fellow/joke *een onbetaalbare kerel/kostelijke grap* **1.¶** ~ ship *groot slagschip, vliegdekschip* **¶.3** ~! *kapitaal!, kostelijk!*.

'capital account ⟨telb.zn.⟩⟨ec.⟩ **0.1** ***kapitaalrekening*** ⟨mbt. betalingsbalans of boekhouding⟩.

'capital al'lowance ⟨telb.zn.⟩ **0.1** ***investeringsaftrek***.

'capital 'assets ⟨mv.⟩⟨ec.⟩ **0.1** ***vaste activa*** ⟨vast plus vlottend kapitaal⟩.

'capital ex'penditure ⟨n.-telb.zn.⟩⟨ec.⟩ **0.1** ***(kapitaal)investering*** ⇒*kapitaaluitgave*.

'capital 'gain ⟨telb.zn.⟩⟨ec.⟩ **0.1** ***vermogensaanwas*** ◆ **1.1** ~s tax *vermogens(aanwas)belasting*.

'capital goods ⟨mv.⟩⟨ec.⟩ **0.1** ***kapitaalgoederen*** ⟨produktiemiddelen als kapitaal⟩.

'cap·i·tal-in'ten·sive ⟨bn.⟩ **0.1** ***kapitaalintensief***.

cap·i·tal·ism ['kæpɪṭlɪzm]⟨f2⟩⟨n.-telb.zn.⟩ **0.1** ***kapitalisme***.

'capital issue ⟨telb.zn.⟩⟨ec.⟩ **0.1** ***aandelenemissie*** ⇒*uitgifte v. obligaties*.

cap·i·tal·ist[1] ['kæpɪṭlɪst]⟨f2⟩⟨telb.zn.⟩ **0.1** ***kapitalist*** ⇒⟨pej.⟩ *rijke stinkerd,* ⟨zelden⟩ *voorstander v.h. kapitalisme*.

capitalist[2], **cap·i·tal·is·tic** ['kæpɪṭl'ɪstɪk]⟨f1⟩⟨bn.; -ally; →bijw. 3⟩ **0.1** ***kapitalistisch***.

cap·i·tal·i·za·tion, -sa·tion ['kæpɪtl·aɪ'zeɪʃn‖'kæpɪṭlə-]⟨n.-telb.zn.⟩ **0.1** ***kapitalisatie*** **0.2** ***totaalvermogen v.e. onderneming*** **0.3** ***het totaal aan volgestorte aandelen*** **0.4** ⟨typografie⟩ ***gebruik v. hoofdletters***.

cap·i·tal·ize, -ise ['kæpɪṭlaɪz]⟨f2⟩⟨ww.⟩

I ⟨onov. en ov.ww.⟩ **0.1** ***kapitaliseren*** ⇒*in geld omzetten; tot kapitaal herleiden* **0.2** ***omzetten v. schuld in aandelen*** ◆ **6.1** ⟨fig.⟩ ~ **(up)on** *uitbuiten, munt slaan uit, profiteren van, ten eigen bate aanwenden;* ⟨fig.⟩ she ~d **on** her opponent's mistake and won the game *ze buitte de fout v. haar tegenstander uit en won de wedstrijd;*

II ⟨ov.ww.⟩ **0.1** ***financieren*** ⇒*kapitaal verschaffen* **0.2** ***met (een) hoofdletter(s) schrijven*** **0.3** ***uitbuiten*** ⇒*munt slaan uit, profiteren van*.

'capital 'levy, 'capital 'tax ⟨telb. en n.-telb.zn.⟩⟨ec.⟩ **0.1** ***vermogensheffing*** ⟨eenmalige belasting op basis v.h. zuiver vermogen⟩ ⇒*kapitaalheffing,* ⟨B.⟩ *kapitaalbelasting* **0.2** ***vermogensbelasting*** **0.3** ***onroerendgoedbelasting***.

'capital 'stock ⟨telb.zn.⟩⟨AE; ec.⟩ **0.1** ***aandelenkapitaal***.

'capital 'transfer tax ⟨telb. en n.-telb.zn.⟩ **0.1** ***overdrachttaks*** ⇒⟨ong.⟩ *schenkingsrecht*.

cap·i·tate ['kæpɪteɪt], ⟨in bet. 0.1 ook⟩ **cap·i·tat·ed** ⟨bn.⟩ **0.1** ⟨plantk.⟩ ***voorzien v.e. (bloem)hoofdje/korfje*** **0.2** ⟨dierk.⟩ ***hoofd/kopvormig*** ⇒*met verdikt hoofdeinde* **0.3** ⟨anat.⟩ ***met kogel/knopvormig uiteinde***.

cap·i·ta·tion ['kæpɪ'teɪʃn], **capi'tation tax** ⟨telb.zn.⟩ **0.1** ***hoofdelijke belasting/omslag***.

capi'tation allowance, capi'tation grant ⟨telb.zn.⟩ **0.1** ***uitkering/toelage v. vast bedrag per hoofd***.

cap·i·tol ['kæpɪṭl]⟨f2⟩⟨zn.⟩

I ⟨eig.n.; C-; the⟩ **0.1** ***capitool*** ⇒*capitolium* ⟨in Rome⟩ **0.2** ***capitool*** ⇒*zetel v.h. (Amerikaanse) Congres;*

II ⟨telb.zn.⟩ **0.1** ***parlementsgebouw*** ⇒*zetel v.d. volksvertegenwoordiging/wetgevende vergadering*.

'Capitol 'Hill ⟨eig.n.⟩ **0.1** ***Capitol Hill*** ⟨de heuvel in Washington waarop het capitool staat⟩ **0.2** ***het (Amerikaanse) congres***.

ca·pi·t·u·lar[1] [kə'pɪtʃʊlə‖-tʃələr]⟨telb.zn.⟩ **0.1** ***capitularium*** ⇒*burgerlijke/kerkelijke verordening* **0.2** ***kapittelverordening/besluit*** **0.3** ***kapittelheer*** ⇒*kanunnik, domheer*.

capitular[2] ⟨bn.; -ly⟩ **0.1** ***mbt. een kapittel*** **0.2** ⟨biol.⟩ ***mbt. een verdikt uiteinde v.e. bot***.

ca·pi·tu·lar·y[1] [kə'pɪtʃʊləri‖-tʃəleri]⟨zn.; →mv. 2⟩

I ⟨telb.zn.⟩ **0.1** ⟨R.-K.⟩ ***capitulare*** ⇒*kerkelijke verordeningen* **0.2** ***burgerlijke verordeningen*** ⟨i.h.b. der Karolingse vorsten⟩ **0.3** ***kapittelheer*** ⇒*kanunnik, domheer* **0.4** ⟨R.-K.⟩ ***index v. begin- en eindwoorden v. liturgische bijbelgedeelten;***

II ⟨mv.; capitularies⟩ **0.1** ***capitularia*** ⟨i.h.b. de verzameling wetten en verordeningen van Karel de Grote en opvolgers⟩.

capitulary[2] ⟨bn.⟩ **0.1** ***mbt. een kapittel***.

ca·pit·u·late [kə'pɪtʃʊleɪt‖-tʃə-]⟨f1⟩⟨onov.ww.⟩ **0.1** ***capituleren*** ⇒*zich overgeven, zich neerleggen bij, opgeven*.

ca·pit·u·la·tion [kə'pɪtʃʊ'leɪʃn‖-tʃə-]⟨f1⟩⟨zn.⟩

I ⟨telb.zn.⟩ **0.1** ***verdrag(sbepalingen)*** ⇒*traktaat* **0.2** ***opsomming*** ⟨v.d. hoofdpunten v.e. onderwerp⟩ ⇒*recapitulatie;*

II ⟨telb. en n.-telb.zn.⟩ **0.1** ***capitulatie*** ⇒*overgave, vergelijk;*

III ⟨mv.; ~s⟩ **0.1** ***capitulatie*** ⇒*(traktaat v.) exterritorialiteit*.

ca·pit·u·lum [kə'pɪtjʊləm‖-tʃə-]⟨telb.zn.; capitula [-lə]; →mv. 5⟩ **0.1** ⟨plantk.⟩ ***(bloem)hoofdje*** ⇒*capitulum* **0.2** ⟨anat.⟩ ***kop*** ⇒*kogel* ⟨verdikt uiteinde v.e. bot⟩.

cap·lin →capelin.

'cap money ⟨n.-telb.zn.⟩ **0.1** ***in een pet opgehaald geld*** ⇒*geïmproviseerde collecte*.

ca·po ['kæpoʊ]⟨telb.zn.⟩ **0.1** →capotasto **0.2** ⟨AE; sl.⟩ ***capo*** ⟨hoofd v.e. mafia-eenheid⟩.

ca·pon ['keɪpən‖-pɑn]⟨telb.zn.⟩ **0.1** ***kapoen*** ⟨gecastreerde haan⟩ **0.2** ⟨AE; sl.⟩ ***mietje*** ⇒*nicht, flikker*.

cap·o·nier ['kæpə'nɪə‖-'nɪr]⟨telb.zn.⟩⟨gesch.; mil.⟩ **0.1** ***caponnière*** ⟨overdekte passage over vestinggracht⟩.

ca·pon·ize, -ise ['keɪpənaɪz]⟨ov.ww.⟩ **0.1** ***kapoenen*** ⇒*lubben, snijden, castreren* ⟨haan⟩.

cap·o·ral ['kæpə'rɑ:l‖-'ræl]⟨n.-telb.zn.⟩ **0.1** ***zware shag/pijptabak***.

ca·pot[1] [kə'pɒt‖kə'pɑt]⟨telb.zn.⟩⟨kaartspel⟩ **0.1** ***kapot*** ⟨het behalen v. alle slagen (i.h.b. in het piketspel)⟩ ⇒⟨klaverjas⟩ *(door) mars*.

capot[2] ⟨ov.ww.; →ww. 7⟩⟨kaartspel⟩ **0.1** ***kapotspelen*** ⇒*een (door) mars halen tegen* ◆ **1.1** ~ your opponent *je tegenspeler kapotspelen* ⟨alle slagen tegen hem halen⟩.

ca·po·ta·sto ['kæpoʊ'tæstoʊ]⟨telb.zn.; ook capitasti ['kæpi'tæsti]; →mv. 5⟩⟨muz.⟩ **0.1** ***capotasto*** ⟨klem op snaarinstrument om alle snaren tegelijk v. stemming te doen veranderen⟩.

ca·pote [kə'poʊt]⟨telb.zn.⟩ **0.1** ***kapot(jas)*** ⟨vnl. met capuchon⟩ ⇒*overjas, lange soldatenjas* **0.2** ***rijtuigkap***.

cap·per ['kæpə‖-ər]⟨telb.zn.⟩ **0.1** ⟨ben. voor⟩ ***verkoper/maker/aanbrenger v. kapvormig voorwerp*** ⇒*(bediener v.) capsuleermachine.*
cap·ping ⟨telb.zn.; oorspr. gerund v. cap⟩ **0.1** ⟨ben. voor⟩ ***afdekking*** ⇒*sloof/dekbalk, (muur)vorst, latei;* ⟨metselwerk⟩ *ezelsrug; dekplaat.*
'cap pistol, 'cap gun ⟨telb.zn.⟩ **0.1** ***klappertjespistool.***
cap·puc·ci·no ['kæpʊ'tʃi:noʊ]⟨telb. en n.-telb.zn.⟩ ⟨cul.⟩ **0.1** ***cappuccino.***
cap·ric ['kæprɪk]⟨bn.⟩ ⟨schei.⟩ **0.1** ***caprine-*** ◆ **1.1** ~ acid *caprine (zuur), nonaancarbonzuur-I, decaanzuur.*
ca·pric·cio [kə'prɪtʃioʊ]⟨telb.zn.; ook capricci [-tʃi]; →mv. 5⟩ **0.1** ⟨muz.⟩ ***capriccio*** **0.2** ***bokkesprong*** ⇒*capriool, kuitenflikker* **0.3** →caprice I 0.1.
ca·pric·ci·o·so [kə'prɪtʃi'oʊzoʊ‖-soʊ]⟨bn.; bw.⟩ ⟨muz.⟩ **0.1** ***capriccioso.***
ca·price [kə'pri:s]⟨f1⟩ ⟨zn.⟩
I ⟨telb.zn.⟩ **0.1** ***bevlieging*** ⇒*gril, luim, kuur, caprice, nuk* **0.2** →capriccio 0.1;
II ⟨n.-telb.zn.⟩ **0.1** ***wispelturigheid*** ⇒*eigenzinnigheid, grilligheid.*
ca·pri·cious [kə'prɪʃəs]⟨f1⟩ ⟨bn.; -ly; -ness⟩ **0.1** ***wispelturig*** ⇒*grillig, eigenzinnig, veranderlijk, onvoorspelbaar.*
Cap·ri·corn ['kæprɪkɔ:n‖-kɔrn]⟨zn.⟩
I ⟨eig.n.⟩ ⟨ster., astr.⟩ **0.1** ***(de) Steenbok*** ⇒*Capricornus;*
II ⟨telb.zn.⟩ ⟨astr.⟩ **0.1** ***steenbok*** ⟨iem. geboren onder I⟩.
cap·rine ['kæpraɪn]⟨bn.⟩ **0.1** ***geit(e)-*** ⇒*geitachtig.*
cap·ri·ole[1] ['kæprioʊl]⟨telb.zn.⟩ **0.1** ***capriool*** ⟨ook bij hogeschoolrijden⟩ ⇒*bokkesprong, luchtsprong;* ⟨ballet⟩ *cabriole.*
capriole[2] ⟨onov.ww.⟩ **0.1** ***capriolen maken*** ⟨ook bij hogeschoolrijden⟩ ⇒*caprioleren, bokke/luchtsprongen maken;* ⟨ballet⟩ *cabriole maken.*
Ca·pri pants [kə'pri: pænts], **Ca·pris** [kə'pri:s]⟨mv.⟩ **0.1** ***strakke damespantalon.***
ca·pro·ic [kə'proʊɪk]⟨bn.⟩ ⟨schei.⟩ **0.1** ***capron-*** ◆ **1.1** ~ acid *capronzuur, pentaancarbonzuur-I, hexaanzuur.*
caps ⟨afk.⟩ capital letters, capsule.
Cap·si·an[1] ['kæpsɪən]⟨eig.n.⟩ **0.1** ***Capsien*** ⟨een paleolitische cultuur v. Noord-Afrika en Zuid-Europa⟩.
Capsian[2] ⟨bn.⟩ **0.1** ***mbt. het Capsien.***
cap·si·cum ['kæpsɪkəm]⟨n.-telb.zn.⟩ ⟨plantk.⟩ **0.1** ***Capsicum*** ⟨genus Capsicum⟩ ⇒*peper,* ⟨i.h.b.⟩ *Spaanse peper* ⟨C. annuum⟩, *cayennepeper* ⟨C. frutescens⟩, *paprika* ⟨C. longum⟩.
cap·sid ['kæpsɪd]⟨telb.zn.⟩ ⟨biol.⟩ **0.1** ***capsid*** ⟨proteïnelaag rond virus⟩.
cap·size[1] ['kæp'saɪz‖'kæpsaɪz], **cap·siz·al** [-zl]⟨telb.zn.⟩ **0.1** ***het kapseizen*** ⇒*het omslaan, kenteren* ⟨v.e. schip⟩.
capsize[2] ⟨f1⟩ ⟨ww.⟩ ⟨scheep.⟩
I ⟨onov.ww.⟩ **0.1** ***kapseizen*** ⇒*omslaan, kenteren;*
II ⟨ov.ww.⟩ **0.1** ***doen kapseizen*** ⇒*doen omslaan/kenteren.*
cap·stan ['kæpstən]⟨telb.zn.⟩ **0.1** ⟨scheep.⟩ ***kaapstander*** ⇒*windas, lier, (gang)spil, winch* **0.2** ***bandspanningsregelaar*** ⟨in bandrecorder⟩ ⇒*capstan.*
'capstan lathe ⟨telb.zn.⟩ ⟨tech.⟩ **0.1** ***revolver(draai)bank.***
'cap·stone ⟨telb.zn.⟩ **0.1** ***muurkap*** ⇒*muurvorst, deksteen* **0.2** ***bekroning*** ⇒*culminatie, toppunt.*
cap·su·lar ['kæpsjʊlə‖-sələr]⟨bn.⟩ **0.1** ***mbt. een kapsel/capsule.***
cap·sule[1] ['kæpsju:l‖-sl]⟨f2⟩ ⟨telb.zn.⟩ **0.1** ***capsule*** ⇒*(gelatine/ouwel)omhulsel* ⟨v. geneesmiddel⟩ **0.2** ***capsule*** ⇒*(flesse)dop, kap* **0.3** ***capsule*** ⇒*neuskegel* ⟨v. raket⟩; *cabine* ⟨v. ruimtevaartuig⟩ **0.4** ⟨biol.⟩ ***vlies*** ⇒*kapsel, zakvormig omhulsel* ⟨v. orgaan, gewricht, e.d.⟩; *beurs, ligament* **0.5** ⟨plantk.⟩ ***doosvrucht*** ⇒*zaaddoos, capsule, kapsel, peul, houw(tje), kokervrucht* **0.6** ***kort résumé*** ⇒*beknopt overzicht* ◆ **1.4** the ~ of a kidney *het nierkapsel.*
capsule[2] ⟨bn., attr.⟩ **0.1** ***beknopt*** ⇒*gecomprimeerd, compact* ◆ **1.1** ~ outline *beknopt overzicht.*
cap·sul·ize, -ise ['kæpsjʊlaɪz‖-sə-]⟨ov.ww.⟩ **0.1** ***beknopt weergeven*** ⇒*samenvatten, condenseren.*
Capt ⟨afk.⟩ Captain.
cap·tain[1] ['kæptn̩]⟨f3⟩ ⟨telb.zn.⟩ **0.1** ⟨alg.⟩ ***commandant*** ⇒*leider, bevelhebber, kapitein* **0.2** ***groot strateeg*** ⇒*ervaren veldheer* **0.3** ⟨scheep.⟩ ***kapitein*** ⇒*(scheeps)gezagvoerder, schipper;* ⟨mil.⟩ *kapitein ter zee* **0.4** ⟨lucht.⟩ ***gezagvoerder*** **0.5** ⟨mil.⟩ ***kapitein*** **0.6** ⟨AE⟩ ***(korps/districts)commandant*** ⟨bij politie⟩ **0.7** ⟨ben. voor⟩ ***voorman*** ⇒*ploegbaas, meesterknecht;* ⟨AE; hotelwezen⟩ *chef, (eerste) chef-restaurant, oberkelner, chefbagagist* **0.8** ⟨sport⟩ ***aanvoerder*** ⇒*captain* **0.9** ⟨BE; school.⟩ ***primus*** **0.10** ⟨dierk.⟩ ***grauwe poon*** ⟨Triglia gurnardus⟩ **0.11** ⟨AE; sl.⟩ ***vrijgevig persoon*** ◆ **1.1** ~ of a fire brigade *brandweercommandant;* ~ of industry *grootindustrieel, topman in het bedrijfsleven* **1.3** ⟨BE⟩ Captain of the Fleet *stafofficier belast met het onderhoud* **1.8** ~ of the school's soccer team *aanvoerder v.h. schoolvoetbalelftal* **3.¶** led ~ *meeloper, klaploper, tafelschuimer, parasiet.*
captain[2] ⟨ov.ww.⟩ **0.1** ***commanderen*** ⇒*leiden, de aanvoerder zijn van.*
cap·tain·cy ['kæptn̩si], **cap·tain·ship** ['kæptn̩ʃɪp]⟨zn.; →mv. 2⟩ ⟨vnl. mil.⟩
I ⟨telb.zn.⟩ **0.1** ***kapiteinschap*** ⇒*kapiteinsambt/rang/plaats; commando, bevel* **0.2** ***rayon;***
II ⟨n.-telb.zn.⟩ **0.1** ***meesterschap*** ⇒*(vakkundig) leiderschap, veldheerskunst.*
'captain's biscuit ⟨telb. en n.-telb.zn.⟩ **0.1** ***scheepsbeschuit.***
cap·ta·tion [kæp'teɪʃn]⟨n.-telb.zn.⟩ **0.1** ***winstbejag*** ⟨ook fig.⟩ ⇒*gunstbejag, gehengel.*
cap·tion[1] ['kæpʃn]⟨f1⟩ ⟨telb.zn.⟩ **0.1** ***titel*** ⟨v. artikel of hoofdstuk⟩ ⇒*kop, hoofd* **0.2** ***onderschrift*** ⇒*bijschrift, opschrift* ⟨v. illustratie⟩; ⟨film, t.v.⟩ *ondertitel(ing)* **0.3** ***chicane*** ⇒*haarkloverij* **0.4** ⟨jur.⟩ ***certificaat*** ⇒*certificatie.*
caption[2] ⟨ov.ww.⟩ **0.1** ***(be)titelen*** ⇒*voorzien v.e. bij/onder/opschrift;* ⟨film, t.v.⟩ *ondertitelen.*
cap·tious ['kæpʃəs]⟨bn.; -ly; -ness⟩ **0.1** ***vitziek*** ⇒*vitterig, muggezifterig, overkritisch* **0.2** ***lichtgeraakt*** ⇒*prikkelbaar, kregel(ig), kittelorig* **0.3** ***bedrieglijk*** ⇒*misleidend* ◆ **1.3** ~ question *strikvraag.*
cap·ti·vate ['kæptɪveɪt]⟨f1⟩ ⟨ov.ww.⟩ **0.1** ***boeien*** ⇒*bekoren, fascineren, voor zich innemen* ◆ **6.1** be ~d **with** his charm *door zijn charme ingenomen worden.*
cap·ti·va·tion ['kæptɪ'veɪʃn]⟨n.-telb.zn.⟩ **0.1** ***geboeidheid*** ⇒*fascinatie, betovering.*
cap·tive[1] ['kæptɪv]⟨f2⟩ ⟨telb.zn.⟩ **0.1** ***gevangene*** ⟨ook fig.⟩ ⇒⟨i.h.b.⟩ *krijgsgevangene; arrestant, gedetineerde.*
captive[2] ⟨f2⟩ ⟨bn.⟩ **0.1** ***(krijgs)gevangen (genomen)*** ⇒*achter slot en grendel gezet, vastgezet, ingesloten;* ⟨fig.⟩ *geketend, gekluisterd* **0.2** ***geboeid*** ⇒*gecharmeerd, in vervoering, verrukt* ◆ **1.1** ~ animals *dieren in gevangenschap;* a ~ audience *aan hun stoelen gekluisterde toeschouwers;* ~ balloon *kabelballon, ballon captif;* ~ bird *vogel in een kooitje;* ⟨schr.⟩ the ~ chains of my love *de kluisters mijner liefde;* ⟨ec.⟩ ~ market *monopolistische markt, aan monopolie onderworpen markt;* ~ state *gevangenschap* **3.1** hold s.o. ~ *iem. gevangen houden;* lead ~ *gevangennemen;* be taken ~ *gevangengenomen worden.*
cap·tiv·i·ty [kæp'tɪvət̬i]⟨f1⟩ ⟨telb. en n.-telb.zn.; →mv. 2⟩ **0.1** ***gevangenschap*** ⟨ook fig.⟩ ⇒⟨i.h.b.⟩ *krijgsgevangenschap* ◆ **6.1** some animals will not breed **in** ~ *sommige dieren planten zich in gevangenschap niet voort* **7.1** ⟨bijb.⟩ the Captivity *de Babylonische ballingschap.*
cap·tor ['kæptə‖-ər]⟨f1⟩ ⟨telb.zn.⟩ **0.1** ***overweldiger*** ⇒*overmeesteraar, kaper, veroveraar.*
cap·ture[1] ['kæptʃə‖-ər]⟨f2⟩ ⟨zn.⟩
I ⟨telb.zn.⟩ **0.1** ***gevangene*** ⇒*vangst, buit, prijs;*
II ⟨telb. en n.-telb.zn.⟩ **0.1** ***vangst*** ⇒*gevangenneming, inbezitneming* **0.2** ⟨nat.⟩ ***vangst*** ⟨absorptie v. atomair deeltje door atoomkern⟩ ◆ **1.1** the ~ of the thief took three days *het kostte drie dagen om de dief te vangen* **7.1** she finally accepted his proposal. What a ~! *ze heeft zijn aanzoek eindelijk geaccepteerd. Wat een verovering!.*
capture[2] ⟨f3⟩ ⟨ov.ww.⟩ **0.1** ***vangen*** ⇒*gevangennemen, gevangen houden;* ⟨fig.⟩ *boeien, fascineren* **0.2** ***vastleggen*** ⟨in woorden, op beeldmateriaal⟩ ⇒*schieten* **0.3** ***buitmaken*** ⇒*in de wacht slepen, bemachtigen, veroveren* **0.4** ⟨bordspelen⟩ ***slaan*** ⟨stuk, steen, e.d.⟩ **0.5** ⟨nat.⟩ ***invangen*** ⟨absorberen v. atomair deeltje⟩ ◆ **1.1** her beauty ~d him *hij raakte in de ban v. haar schoonheid;* the cat ~s mice by the score *de kat vangt muizen bij de vleet;* ~ the imagination *tot de verbeelding spreken* **1.2** she knows how to ~ nature's beauty on film/in verse *zij weet de schoonheid der natuur vast te leggen op film/te vangen in poëzie* **1.3** ~ a prize *een prijs in de wacht slepen.*
cap·u·chin ['kæpjʊtʃɪn], ⟨in bet. 0.2 ook⟩ **cap·u·chine** ['kæpjʊtʃi:n‖-pjəʃi:n]⟨telb.zn.⟩ **0.1** ⟨C-⟩ ***kapucijn(er monnik)*** **0.2** ⟨gesch.⟩ ***schoudermantel*** ⇒*schouwmantel, kapmantel, capuchon* **0.3** →capuchin monkey **0.4** →capuchin pigeon.
'capuchin monkey ⟨telb.zn.⟩ ⟨dierk.⟩ **0.1** ***kapucijnaap*** ⟨genus Cebus⟩ ⇒⟨i.h.b.⟩ *gewone/witschouderkapucijnaap* ⟨C. capucinus⟩.
'capuchin pigeon ⟨telb.zn.⟩ **0.1** ***kapucijn*** ⟨zwarte duif met brede halskraag⟩.
cap·y·ba·ra ['kæpɪ'bɑ:rə]⟨telb.zn.⟩ ⟨dierk.⟩ **0.1** ***capibara*** ⟨Zuid-amerikaans knaagdier; Hydrochoerus hydrochaeris⟩.
car[1] [kɑ:‖kɑr]⟨f4⟩ ⟨telb.zn.⟩ **0.1** ***auto(mobiel)*** ⇒*motorrijtuig, (luxe/personen)wagen* **0.2** ***rijtuig*** ⇒*wagen, kar;* ⟨AE i.h.b.⟩ *(spoorweg)wagon, tram(wagen)* **0.3** ***gondel*** ⟨v. luchtschip, ballon, kabelbaan⟩ **0.4** ⟨schr.⟩ ***triomf/strijdwagen*** ⇒*zegekar/wagen, wolkenwagen, karos* **0.5** ⟨AE⟩ ***liftkooi*** ◆ **1.4** the ~ of the sungod *de*

karos v.d. zonnegod **3.1** we rode in a ~ driven by a female chauffeur *we maakten de rit in een auto, bestuurd door een chauffeuse* **6.1** by ~ *met de auto*.

car² ⟨afk.⟩ carat.

CAR ⟨afk.⟩ Central African Republic.

car·a·bao ['kærəbaʊ]⟨telb.zn.; ook carabao; →mv. 4⟩⟨dierk.⟩ **0.1** ***karbouw*** ⟨Bubalus bubalis⟩.

car·a·bi·neer, car·a·bi·nier ['kærəbɪ'nɪə||-'nɪr]⟨zn.⟩
I ⟨eig.n., mv.; ~s; C-; the⟩ **0.1** ***Royal Scots Dragoon Guards;***
II ⟨telb.zn.⟩ **0.1** ***karabinier*** ⇒*infanterist*.

ca·ra·bi·nie·re ⟨telb.zn.; carabinieri ['kærəbɪ'njeəri||-jeri]; →mv. 5⟩ **0.1** ***Italiaanse gendarme*** ⇒*lid v.d. carabinieri*.

car·a·cal ['kærəkæl, -'kæl]⟨telb.zn.⟩⟨dierk.⟩ **0.1** ***karakal*** ⟨Caracal caracal⟩.

car·ac(k) →carrack.

car·a·cole ['kærəkoʊl]⟨telb.zn.⟩ **0.1** ***wenteltrap***.

car·a·cul, kar·a·kul ['kærəkl]⟨zn.⟩
I ⟨telb.zn.⟩ **0.1** ***Karakoelschaap;***
II ⟨n.-telb.zn.⟩ **0.1** ***karakoelbont*** ⟨bont v.h. persianer/karakoelschaap⟩ ⇒*Breitschwanz-bont* ⟨v.d. ongeboren lammeren⟩; *astrakan, persianerbont* ⟨v.d. pasgeboren lammeren⟩.

ca·rafe [kə'ræf, kə'rɑ:f]⟨telb.zn.⟩ **0.1** ***(water/wijn)karaf*** ⇒*tafelfles, decanteerfles*.

car·am·bo·la [kærəm'boʊlə]⟨telb. en n.-telb.zn.⟩⟨plantk.⟩ **0.1** ***carambola*** ⟨Averrhoa carambola⟩ **0.2** ***carambola*** ⇒*zoete blimbing* ⟨vrucht v. 0.1⟩.

car·a·mel ['kærəməl, -mel]⟨f1⟩⟨telb. en n.-telb.zn.⟩ **0.1** ***karamel*** ⇒*(ulevel v.) gebrande suiker, karameltoffee, karamelbrok*.

car·a·mel·ize, -ise ['kærəməlaɪz]⟨onov. en ov.ww.⟩ **0.1** ***karameliseren*** ⇒*in karamel veranderen, branden* ⟨v. suiker tot karamel⟩.

car·a·pace ['kærəpeɪs]⟨telb.zn.⟩ **0.1** ***(rug)schild*** ⟨v. schildpad⟩ ⇒⟨fig.⟩ *pantser* **0.2** ***schaal*** ⟨v. schaaldier⟩ **0.3** ***korst*** ⇒*schaal* ◆ **1.1** a ~ of indifference *een pantser v. onverschilligheid* **1.3** ~ of lava *lavakorst*.

car·at, ⟨in bet. 0.2. AE sp. ook⟩ **kar·at** ['kærət]⟨f1⟩⟨telb.zn.⟩ **0.1** ***(metriek) karaat*** ⟨massa-eenheid voor edelstenen, 205 mg; →t1⟩ **0.2** ***karaat*** ⟨gehalteëenheid v. goud⟩ ◆ **7.2** these earrings are made of 18-~ gold *deze oorbellen zijn van 18-karaats goud;* pure gold is 24 ~s *zuiver goud is 24 karaat*.

car·a·van¹ ['kærəvæn]⟨f2⟩⟨telb.zn.⟩ **0.1** ***karavaan*** **0.2** ***woonwagen*** ⇒*kermiswagen* **0.3** ⟨BE⟩ ***caravan*** ⇒*kampeerwagen*.

caravan² ⟨f1⟩⟨onov.ww.; →ww. 7⟩ **0.1** ***reizen/wonen met/in een woonwagen*** **0.2** ⟨BE⟩ ***kamperen in een caravan***.

car·a·van·ning ['kærəvænɪŋ]⟨f1⟩⟨n.-telb.zn.⟩⟨BE⟩ **0.1** ***het trekken met de caravan***.

'caravan park, 'caravan site ⟨telb.zn.⟩⟨BE⟩ **0.1** ***caravanterrein*** ⇒*caravanpark*.

car·a·van·sa·ry ['kærə'vænsəri], **car·a·van·se·rai** [-raɪ]⟨telb.zn.; ook caravanserai; →mv. 2,4⟩ **0.1** ***karavansera(i)*** ⟨overnachtingsplaats voor karavanen⟩ **0.2** ***grote herberg*** ⇒*hotel*.

car·a·vel, car·a·velle ['kærəvel], **car·vel** ['kɑ:vl||'kɑr-]⟨telb.zn.⟩ ⟨gesch., scheep.⟩ **0.1** ***karveel***.

car·a·way ['kærəweɪ]⟨zn.⟩
I ⟨telb.zn.⟩⟨plantk.⟩ **0.1** ***karwij*** ⇒*wilde/witte/hofkomijn, kummel* ⟨Carum carvi⟩;
II ⟨telb. en n.-telb.zn.⟩ **0.1** ***karwij(zaad)***.

'caraway seed ⟨telb. en n.-telb.zn.⟩ **0.1** ***karwijzaad***.

carb ⟨telb.zn.⟩⟨verk.⟩ carburator.

carb- [kɑ:b||kɑrb], **car·bo-** ['kɑ:boʊ||'kɑr-]⟨schei.⟩ **0.1** ***kool-*** ⇒*koolstof-, carbo-* ◆ ¶.1 carbolic *carbol-*.

'car barn ⟨telb.zn.⟩⟨AE⟩ **0.1** ***wagenloods*** ⟨voor openbare vervoermiddelen⟩ ⇒*(tram)remise, busgarage*.

car·bide ['kɑ:baɪd||'kɑr-]⟨zn.⟩
I ⟨telb.zn.⟩ **0.1** ⟨schei.⟩ ***carbide*** ⇒*koolstofmetaal/koolstofsiliciumverbinding* **0.2** ***hardmetaal;***
II ⟨n.-telb.zn.⟩⟨inf.⟩ **0.1** ***carbid*** ⇒*calciumcarbide,* ⟨B.⟩ *carbuur*.

car·bine ['kɑ:baɪn||'kɑr-]⟨f1⟩⟨telb.zn.⟩ **0.1** ***karabijn***.

car·bi·neer →carabineer.

car·bo·hy·drate ['kɑ:boʊ 'haɪdreɪt, -drət||'kɑr-]⟨telb.zn.⟩ **0.1** ⟨schei.⟩ ***koolhydraat*** **0.2** ⟨vaak mv.⟩⟨inf.⟩ ***dikmaker*** ⟨koolhydraatrijk voedsel⟩.

car·bol·ic [kɑ:'bɒlɪk||kɑr'bɑlɪk]⟨bn.⟩ **0.1** ***carbol-*** ◆ **1.1** ~ acid *carbol(zuur), fenol;* ~ soap *carbolzeep*.

car·bo·lize, -ise ['kɑ:bəlaɪz||'kɑr-]⟨ov.ww.⟩ **0.1** ***carboliseren*** ⇒*met fenol behandelen*.

'car bomb ⟨telb.zn.⟩ **0.1** ***bomauto*** ⇒*autobom*.

car·bon ['kɑ:bən||'kɑr-]⟨f3⟩⟨zn.⟩
I ⟨telb.zn.⟩ **0.1** →carbon copy **0.2** ***(velletje) carbon(papier)*** **0.3** ***koolspits*** ⟨in booglamp⟩;
II ⟨n.-telb.zn.⟩ **0.1** ⟨schei.⟩ ***koolstof*** ⟨element 6⟩ **0.2** ***carbon(papier)*** ◆ **1.1** ⟨astrofysica⟩ carbon-nitrogen cycle *koolstof-stikstofcyclus* **3.1** activated ~ *actieve kool, adsorptiekool*.

car·bo·na·ceous ['kɑ:bə'neɪʃəs||'kɑr-]⟨bn.⟩⟨schei.⟩ **0.1** ***kool(stof)-*** ⇒*koolstofachtig/houdend/rijk*.

car·bo·na·do ['kɑ:bə'neɪdoʊ||'kɑr-]⟨telb.zn.⟩ **0.1** ***carbon*** ⟨onsplijtbare zwarte industriediamant⟩ ⇒*carbonado*.

car·bon·ate¹ ['kɑ:bəneɪt||'kɑr-]⟨telb. en n.-telb.zn.⟩⟨schei.⟩ **0.1** ***carbonaat*** ⇒*koolzuur zout*.

carbonate² ⟨ov.ww.⟩ **0.1** ***carbonateren*** ⇒*met koolzuur behandelen/verzadigen, koolzuurhoudend maken, carboniseren* **0.2** ***omzetten in een carbonaat*** **0.3** ***tot kool verbranden*** ⇒*verkolen, carboniseren* ◆ **1.1** ⟨fig.⟩ ~d prose *sprankelend proza;* ~d water *soda/spuitwater*.

car·bon·a·tion ['kɑ:bə'neɪʃn||'kɑr-]⟨n.-telb.zn.⟩ **0.1** ***carbonatatie*** ⇒*het koolzuurhoudend maken*.

'carbon 'black ⟨n.-telb.zn.⟩ **0.1** ***zwartsel*** ⇒*roetzwart, carbonzwart*.

'carbon brush ⟨telb.zn.⟩⟨elek.⟩ **0.1** ***koolborstel***.

'carbon 'copy ⟨f1⟩⟨telb.zn.⟩ **0.1** ***carbonkopie*** ⇒*doorslag* **0.2** ***evenbeeld*** ⇒*duplicaat, getrouwe kopie*.

'carbon cycle ⟨telb.zn.⟩ **0.1** ⟨ster.⟩ ***koolstofkringloop*** **0.2** ⟨biol.⟩ ***koolstofcyclus***.

'carbon 'dating ⟨n.-telb.zn.⟩⟨archeologie⟩ **0.1** ***koolstofdatering*** ⇒*C 14-methode, radiocarboonmethode*.

'carbon di'oxide ⟨n.-telb.zn.⟩⟨schei.⟩ **0.1** ***kooldioxide*** ⇒*koolzuur (gas)*.

'car·bon-'fi·bre ⟨n.-telb.zn.⟩ **0.1** ***koolstofvezel*** ◆ **1.1** ~ rod *carbonhengel, koolstofvezelhengel*.

car·bon·ic [kɑ:'bɒnɪk||kɑr'bɑnɪk]⟨bn.⟩⟨schei.⟩ **0.1** ***mbt. koolstof/zuur*** ⇒*koolstof-, koolzuur-* ◆ **1.1** ~ acid *koolzuur;* ⟨vero.⟩ ~ acid gas *koolzuur(gas), kooldioxide*.

car·bon·if·er·ous ⟨bn.⟩ **0.1** ⟨schei.⟩ ***kool(stof)-*** ⇒*kool(stof)houdend/rijk, kool(stof) producerend, steenkoolhoudend* **0.2** ⟨C-⟩ ⟨geol.⟩ ***carbonisch*** ⇒*mbt. het Carboon*.

Car·bon·if·er·ous ['kɑ:bə'nɪfrəs||'kɑr-]⟨eig.n.; the⟩⟨geol.⟩ **0.1** ***Carboon*** ⟨5e periode v.h. Paleozoïcum⟩.

car·bon·i·za·tion, -sa·tion ['kɑ:bənaɪ'zeɪʃn||'kɑrbənə-]⟨n.-telb.zn.⟩ **0.1** ***carbonisatie*** ⇒*verkoling, droge destillatie*.

car·bon·ize, -ise ['kɑ:bənaɪz||'kɑr-]⟨ww.⟩
I ⟨onov. en ov.ww.⟩ **0.1** ***carboniseren*** ⇒*verkolen, branden, droog destilleren;*
II ⟨ov.ww.⟩ **0.1** ***met koolstof behandelen*** ⇒*tot carbon(papier) maken* ⟨papier⟩ **0.2** ***carboniseren*** ⟨wol⟩.

'carbon mo'noxide ⟨n.-telb.zn.⟩⟨schei.⟩ **0.1** ***koolmonoxide*** ⇒*kolendamp*.

'carbon paper ⟨f1⟩⟨telb. en n.-telb.zn.⟩ **0.1** ***(vel(letje)) carbon(papier)***.

'carbon 'steel ⟨n.-telb.zn.⟩ **0.1** ***koolstofstaal***.

'carbon tetra'chloride ⟨n.-telb.zn.⟩⟨schei.⟩ **0.1** ***tetrachloormethaan*** ⇒*tetrachloorkoolstof*.

'car boot sale →boot sale.

car·bo·run·dum ['kɑ:bə'rʌndəm||'kɑr-]⟨n.-telb.zn.⟩ **0.1** ***carborundum*** ⇒*siliciumcarbide* ⟨zeer harde slijpstof⟩.

car·box·yl [kɑ:'bɒksɪl||kɑr'bɑksl]⟨telb.zn.⟩⟨schei.⟩ **0.1** ***carboxyl (groep)*** ⟨eenwaardige rest (COOH) kenmerkend voor organische zuren⟩.

car·box·yl·ic ['kɑ:bɒk'sɪlɪk||'kɑrbɑk-]⟨bn.⟩⟨schei.⟩ **0.1** ***carboxyl-*** ⇒*mbt. een carboxyl(groep)*.

'car·boy ⟨telb.zn.⟩ **0.1** ***korffles*** ⇒*mand(e)fles, dame-jeanne, demijohn*.

car·bun·cle ['kɑ:bʌŋkl||'kɑr-]⟨f1⟩⟨telb.zn.⟩ **0.1** ***karbonkel*** ⇒*(hoogrode) granaat/robijn* **0.2** ***(steen)puist*** ⇒*karbonkel, carbunculus, negenoog*.

car·bun·cu·lar ['kɑ:bʌŋkjʊlə||-kjələr]⟨bn.⟩ **0.1** ***karbonkel(acht)ig*** ⇒*puistig, ontstoken*.

car·bu·ra·tion, ⟨AE sp.⟩ **car·bu·re·tion** ['kɑ:bjʊ'reɪʃn||'kɑrbə-]⟨telb. en n.-telb.zn.⟩ **0.1** ***carburatie*** ⟨in verbrandingsmotor⟩.

car·bu·ret ['kɑ:bjʊret, -bə-||'kɑrbjəret]⟨ov.ww.; →ww. 7⟩⟨schei.⟩ **0.1** ***met kool(water)stof verbinden/vermengen***.

car·bu·ret·tor, car·bu·ret·ter, ⟨AE sp.⟩ **car·bu·ret·or, car·bu·ret·er, car·bu·ra·tor** ['kɑ:bjʊretə, -bə-||'kɑrbəreɪtər]⟨f1⟩⟨telb.zn.⟩ **0.1** ***carburator*** ⇒*carburateur, vergasser*.

car·ca·jou ['kɑ:kədʒu:||'kɑr-]⟨telb.zn.⟩⟨dierk.⟩ **0.1** ***veelvraat*** ⟨marterachtig roofdier; Gulo luscus⟩.

car·ca·net ['kɑ:kənɪt, -net||'kɑr-]⟨telb.zn.⟩⟨vero.⟩ **0.1** ***karkant*** ⟨snoer v. edelstenen⟩.

car·cass, car·case ['kɑ:kəs||kɑr-]⟨f2⟩⟨telb.zn.⟩ **0.1** ***karkas*** ⇒*romp* ⟨v. geslacht dier⟩ **0.2** ***geraamte*** ⇒*skelet, frame, staketsel, rif; karkas* ⟨v. autoband⟩ **0.3** ⟨pej. voor mens⟩ ***lijk*** ⇒*kadaver, kreng* **0.4** ⟨pej., scherts⟩ ***lijf*** ⇒*donder, karkas, sodemieter, bast* **0.5** ⟨inf.; pej.⟩ ***wrak*** ⇒*(nutteloze) rest* **0.6** ⟨mil., gesch.⟩ ***brandkogel*** ⇒*karkas* ◆ **1.5** ~ of a car *autowrak* **3.4** move your ~! *schuif eens op!;* save one's ~ *het vege lijf redden*.

'carcass meat, 'carcase meat ⟨n.-telb.zn.⟩ **0.1** ***rauw/vers vlees*** ⟨tgo. gezouten of ingeblikt vlees⟩.

car·cin·o·gen [kɑ:'sɪnədʒən‖kɑr'sɪnə-]⟨telb.zn.⟩⟨med.⟩ **0.1** ***carcinogeen*** ⇒*kankerverwekkende stof*.
car·ci·no·gen·ic ['kɑ:sɪnə'dʒenɪk‖'kɑrsɪnə-]⟨bn.⟩⟨med.⟩ **0.1** ***carcinogeen*** ⇒*kankerverwekkend*.
car·ci·no·ma ['kɑ:sɪ'noʊmə‖'kɑr-]⟨telb.zn.; ook carcinomata [-mət ə]; →mv. 5⟩⟨med.⟩ **0.1** ***carcinoom*** ⇒*kankergezwel, (kwaadaardige) tumor*.
'car clamp →wheel clamp.
'car coat ⟨telb.zn.⟩ **0.1** ***jekker*** ⇒*autocoat*.
card[1] [kɑ:d‖kɑrd]⟨f3⟩⟨zn.⟩
I ⟨telb.zn.⟩ **0.1** ⟨ben. voor⟩ ***kaart*** ⇒*speelkaart; ansicht(kaart), prentbriefkaart, wenskaart; toegangs/lidmaatschaps/uitnodigingskaart; visitekaartje; systeemkaart, fiche; ponskaart; wijnkaart, menu; creditcard* **0.2** ⟨comp.⟩ ***kaart*** ⇒*printplaat* **0.3** ***(wol) kaard(e)*** ⇒*wolkam* **0.4** ***programma*** ⟨i.h.b.v. sportwedstrijd⟩ **0.5** ***scorestaat/kaart*** ⟨bv. v. cricket, golf⟩ **0.6** ***ingezonden mededeling*** ⟨in krant⟩ **0.7** ***(wind)roos*** ⇒*kompasroos* **0.8** ⟨inf.⟩ ***kwibus*** ⇒*vreemde snoeshaan, rare snijboon, knakker, (excentriek) type* **0.9** ⟨inf.⟩ ***grappenmaker*** ⇒*poetsenbakker, lolbroek, lolligste thuis* **0.10** ***koers*** ⇒*plan* **0.11** ⟨AE; sl.⟩ ***snuifje cocaïne*** ◆ **1.1** house of ~s *kaartenhuis* **1.¶** the ~s were in their hands *ze hadden alle troeven in handen;* have a ~ up one's sleeve *(nog) iets achter de hand/in petto hebben* **2.8** he's a cool ~ *hij is een ijskoude;* great ~ *hoge piet;* queer ~ *rare kwibus;* sure ~ *iem./iets waar men van op aan kan/op kan bouwen* **3.1** ~-carrying member *geregistreerd/stemgerechtigd lid* ⟨bv. v. politieke partij, vakbond, e.d.⟩; hold/keep/play one's ~s close to one's/the chest *zich niet in de kaart laten kijken, gesloten/terughoudend zijn;* leading ~ *troefkaart, sterkste argument;* leave one's ~ (on s.o.) *zijn kaartje (ergens) (achter) laten;* make a ~ *een kaart maken* ⟨een slag ermee winnen⟩; read (the) ~s *de kaart leggen* **3.8** knowing ~ *gisse jongen;* leading ~ *steracteur* **3.¶** count (up)on one's ~s *de toekomst met/vol vertrouwen tegemoet zien;* have all the ~s *alle troeven in handen hebben;* lay/place one's ~s on the table *zijn kaarten op tafel leggen/blootleggen;* play a (doubtful/safe/sure) ~ *een (twijfelachtige/veilige/zekere) koers varen;* he played his ~s right/well *hij heeft het slim gespeeld;* put (all) one's ~s on the table *open kaart spelen;* show one's ~s *zijn kaarten op tafel leggen;* speak by the ~ *zijn woorden op een goudschaaltje wegen* **6.¶** ⟨inf.⟩ it was **in** the ~s *het stond in de sterren;* ⟨inf.⟩ it's not ⟨BE⟩ **on**/⟨AE⟩ **in** the ~s for him *het zit er voor hem niet in* **7.¶** that's the ~ *dat is de manier, zo doe je dat;*
II ⟨mv.; ~s; ww. soms enk.⟩ **0.1** ***kaartspel*** ⇒*het kaarten, (spelletje) kaart* **0.2** ⟨BE; inf.⟩ ***werknemerspapieren*** ⟨beheerd door de werkgever⟩ ⇒*sociaal verzekeringsbewijs* ◆ **1.1** a game of ~s *een spelletje kaart* **3.1** play ~s *kaarten, kaartspelen* **3.2** ask for/be given one's ~s *zijn ontslag nemen/krijgen* **3.¶** have the ~s stacked against one *tot mislukken gedoemd zijn, alles tegen zich hebben* **6.1** win a fortune **at** ~s *met kaarten een vermogen verdienen*.
card[2] ⟨ww.⟩
I ⟨onov.ww.⟩ **0.1** ⟨zelden⟩ ***kaarten*** ⇒*kaartspelen;*
II ⟨ov.ww.⟩ **0.1** ***kaarden*** ⟨wol⟩ ⇒*r(o)uwen* ⟨laken⟩ **0.2** ***voorzien van/bevestigen aan een kaart*** **0.3** ***ficheren*** ⇒*catalogiseren* **0.4** ⟨AE; sl.⟩ ***om legitimatiebewijs vragen*** ⟨in bar, restaurant⟩.
Card ⟨afk.⟩ Cardinal.
car·da·mine ['kɑ:dəmaɪn‖kɑr'dæməni]⟨telb.zn.⟩⟨plantk.⟩ **0.1** ***veldkers*** ⟨genus Cardamine⟩ ⇒⟨i.h.b.⟩ *pinksterbloem* ⟨C. pratensis⟩.
car·da·mom, car·da·mum ['kɑ:dəməm‖'kɑr-], **car·da·mon** [-mən] ⟨zn.⟩
I ⟨telb.zn.⟩⟨plantk.⟩ **0.1** ***kardemomplant*** ⟨i.h.b. Elettaria cardamomum en Amomum cardamon⟩;
II ⟨n.-telb.zn.⟩ **0.1** ***kardemom*** ⇒*kardamom* ⟨specerij⟩.
car·dan[1] ['kɑ:dn‖'kɑrdæn], **'cardan joint** ⟨telb.zn.⟩⟨tech.⟩ **0.1** ***cardan(koppeling)*** ⇒*kruis(scharnier)koppeling, kogelgewricht(koppeling)*.
cardan[2] ⟨bn., attr.⟩⟨tech.⟩ **0.1** ***cardanisch***.
'cardan shaft ⟨telb.zn.⟩⟨tech.⟩ **0.1** ***cardanas*** ⇒*transmissie-as*.
'card·board[1] ⟨f2⟩⟨n.-telb.zn.⟩ **0.1** ***karton*** ⇒*bordpapier*.
cardboard[2] ⟨f2⟩⟨bn.⟩ **0.1** ***kartonnen*** ⇒*bordpapieren* **0.2** ***onecht*** ⇒*clichématig, gekunsteld, papieren, verzonnen, bedacht* ◆ **1.2** the book is full of ~ characters *het boek wemelt van de bedachte/stereotiepe figuren*.
'card-car·ry·ing ⟨bn., attr.⟩ **0.1** ***officiëel*** ⇒*volwaardig;* ⟨bij uitbr.⟩ *geëngageerd* ◆ **1.1** be a ~ Communist *lid v.d. CPN zijn,* ⟨B.⟩ *een partijkaart v.d. KP hebben*.
'card catalog(ue) ⟨telb.zn.⟩⟨boek.⟩ **0.1** ***(kaart)catalogus***.
card·er ['kɑ:də‖'kɑrdər]⟨telb.zn.⟩ **0.1** ***kaarder*** **0.2** ***kaardmachine***.
'card game ⟨f1⟩⟨telb.zn.⟩ **0.1** ***kaartspel***.
'card·hold·er ⟨telb.zn.⟩ **0.1** ***bezitter v. credit-card*** ⇒*kaarthouder*.
car·di- ['kɑ:di‖'kɑrdi], **car·di·o-** ['kɑ:dioʊ‖'kɑr-]⟨vnl. med.⟩ **0.1** ***cardi(o)-*** ⇒*mbt. het hart, hart-* ◆ **¶.1** cardialgia *cardialgie;* ⟨wisk.⟩ cardioid *cardioïde, hartkromme*.
car·di·ac[1] ['kɑ:diæk‖'kɑr-]⟨telb.zn.⟩⟨med.⟩ **0.1** ***hartpatiënt*** ⇒*cardiacus*.
cardiac[2] ⟨f1⟩⟨bn., attr.⟩⟨med.⟩ **0.1** ***cardiaal*** ⇒*cardiacus, hart-* **0.2** ***mbt. de cardia*** ⇒*maagmond-* ◆ **1.1** ~ arrest *hartstilstand;* ~ murmur *hartgeruis;* ~ trouble *hartkwaal;* ~ vein *hartader* **1.2** ~ orifice *maagmond, cardia*.
car·di·gan ['kɑ:dɪgən‖'kɑr-]⟨f1⟩⟨telb.zn.⟩ **0.1** ***cardigan*** ⇒*gebreid vestje/jasje*.
car·di·nal[1] ['kɑ:dnəl‖'kɑrd-]⟨f2⟩⟨zn.⟩
I ⟨telb.zn.⟩ **0.1** ***hoofdtelwoord*** ⇒*kardinaal getal* **0.2** ⟨R.-K.⟩ ***kardinaal*** **0.3** ⟨verk.⟩ ⟨cardinal bird⟩ **0.4** ⟨gesch.⟩ ***korte damesmantel met capuchon*** ⟨18[e] eeuw; oorspr. scharlaken⟩;
II ⟨n.-telb.zn.⟩ **0.1** ⟨vaak attr.⟩ ***kardinaalrood*** **0.2** ***bisschopswijn***.
cardinal[2] ⟨f2⟩⟨bn.; -ly⟩ **0.1** ***kardinaal*** ⇒*fundamenteel, vitaal, centraal, hoofd-* **0.2** ***kandinaalrood*** ◆ **1.1** ~ humour *temperament;* ~ idea *centrale gedachte;* ~ number *kardinaal getal, hoofdtelwoord;* ~ point *hoofd(wind)streek;* ⟨R.-K.⟩ ~ sin *doodzonde;* ⟨R.-K.⟩ ~ virtue *hoofddeugd, één der kardinale deugden*.
car·di·nal·ate ['kɑ:dnəleɪt‖'kɑrd-]⟨zn.⟩⟨R.-K.⟩
I ⟨telb. en n.-telb.zn.⟩ **0.1** ***kardinalaat*** ⇒*kardinaalschap, waardigheid v. kardinaal;*
II ⟨verz.n.⟩ **0.1** ***college v. kardinalen***.
'cardinal bird ⟨telb.zn.⟩⟨dierk.⟩ **0.1** ***kardinaal*** ⟨genus Richmondena of Cardinalis⟩ ⇒⟨i.h.b.⟩ *rode kardinaal* ⟨C. cardinalis⟩.
'cardinal flower ⟨telb.zn.⟩⟨plantk.⟩ **0.1** ***kardinaalsbloem*** ⟨Lobelia cardinalis⟩.
car·di·nal·ship ['kɑ:dnəlʃɪp‖'kɑrd-]⟨telb. en n.-telb.zn.⟩ **0.1** →cardinalate I.
'card index ⟨telb.zn.⟩ **0.1** ***kaartsysteem*** ⇒*cartotheek, kaartregister, kaartindex, kaartenbak*.
'card-in·dex ⟨ov.ww.⟩ **0.1** ***ficheren*** ⇒*catalogiseren*.
'carding wool ⟨n.-telb.zn.⟩ **0.1** ***kaardwol*** ⟨kortstapelige wol⟩.
car·di·o·gram ['kɑ:dɪəgræm‖kɑr-]⟨telb.zn.⟩⟨med.⟩ **0.1** ***cardiogram*** ⇒*hartcurve, E.C.G.*
car·di·o·graph ['kɑ:dɪəgrɑ:f‖'kɑrdɪəgræf]⟨telb.zn.⟩⟨med.⟩ **0.1** ***cardiograaf***.
car·di·og·ra·phy ['kɑ:di'ɒgrəfi‖'kɑrdi'ɑgrəfi]⟨telb. en n.-telb.zn.; →mv. 2⟩⟨med.⟩ **0.1** ***cardiografie*** ⇒*cardiografisch onderzoek*.
car·di·ol·o·gist ['kɑ:di'ɒlədʒɪst‖'kɑrdi'ɑlə-]⟨telb.zn.⟩ **0.1** ***cardioloog*** ⇒*hartspecialist*.
car·di·ol·o·gy ['kɑdi'ɑlədʒi‖'kɑrdi'ɑlədʒi]⟨n.-telb.zn.⟩⟨med.⟩ **0.1** ***cardiologie***.
car·di·o·meg·a·ly ['kɑ:dioʊ'megəli‖'kɑr-]⟨telb. en n.-telb.zn.; →mv. 2⟩⟨med.⟩ **0.1** ***cardiomegalie*** ⇒*hartvergroting*.
car·dio·pul·mo·nary [-'pʌlmənri‖-'pulməneri]⟨bn.⟩⟨med.⟩ **0.1** ***cardiopulmonaal***.
car·di·o·vas·cu·lar [-'væskjulə‖-'væskjələr]⟨bn.⟩⟨med.⟩ **0.1** ***cardiovasculair*** ⇒*hart- en vaat-, mbt. hart en bloedvaten*.
car·doon [kɑ:'du:n‖kɑr-]⟨telb.zn.⟩⟨plantk.⟩ **0.1** ***kardoen*** ⟨artisjokachtige distel; Cynara cardanculus⟩.
'card-par·ty ⟨telb.zn.⟩ **0.1** ***kaartavondje***.
'card punch, ⟨AE ook⟩ **'card key** ⟨f1⟩⟨telb.zn.⟩ **0.1** ***(kaart)ponsmachine***.
'card·room ⟨telb.zn.⟩ **0.1** ***kaartkamer*** **0.2** ***kaarderij*** ⇒*kaardzaal*.
'card·sharp, 'card·sharp·er, ⟨AE ook⟩ **'card·shark** ⟨telb.zn.⟩ **0.1** ***(oneerlijke) broodkaarter*** ⇒*klatsjer*.
'card table ⟨telb.zn.⟩ **0.1** ***speeltafel(tje)*** ⇒*kaarttafel(tje)*.
'card thistle ⟨telb.zn.⟩⟨plantk.⟩ **0.1** ***kaardebol*** ⟨genus Dipsacus⟩ ⇒⟨i.h.b.⟩ *kaardedistel, weverskaardebol* ⟨D. fullonum⟩; *wilde kaardebol* ⟨D. silvester⟩.
'card vote, 'card voting ⟨telb.zn.⟩ **0.1** ***stemming bij gedifferentieerde volmacht*** ⟨i.h.b. op vakbondscongressen⟩.
car·dy, car·die ['kɑ:di‖kɑr-]⟨telb.zn.; →mv. 2⟩⟨verk.⟩ cardigan **0.1** ***vestje***.
care[1] [keə‖ker]⟨f4⟩⟨zn.⟩⟨→sprw. 67, 641⟩
I ⟨telb.zn.⟩ **0.1** ***(voorwerp v.) zorg*** ⇒*muizenis, bekommering, beslommering* ◆ **2.1** she was free from ~s *ze kende geen zorgen* **3.1** ⟨inf.⟩ have a ~! *pas op, wees voorzichtig!* **6.1** she has a ~ **for** the common good *het algemeen welzijn gaat haar ter harte* **7.1** until recently the child was my ~ *tot voor kort had ik het kind onder mijn hoede;*
II ⟨n.-telb.zn.⟩ **0.1** ***zorg*** ⇒*ongerustheid, bezorgdheid, (be)kommer(nis)* **0.2** ***zorg(vuldigheid)*** ⇒*serieuze aandacht, moeite, voorzichtigheid, behoedzaamheid* **0.3** ***verantwoordelijkheid*** ⇒*zorg, toezicht, verpleging, behandeling* **0.4** ***kinderzorg*** ⇒*kleuterzorg* ◆ **2.1** free from ~ *zonder zorgen* **3.1** a ~-marked face *een door zorgen getekend gezicht* **3.2** take ~ *opletten, voorzichtig zijn, oppassen;* take ~ and see you next week *tot over een week en hou je*

taai; take ~ of the pence/pennies *op de kleintjes letten;* handle with ~ *(pas op,) breekbaar!* **3.3** have the ~ of *de zorg hebben voor, belast zijn met;* take ~ of *zorgen/zorg dragen voor; af/behandelen; voor zijn rekening/onder zijn hoede nemen;* ⟨sl.⟩ *uit de weg ruimen;* would you take ~ of the baby *wil jij op de baby passen?;* it will take ~ of itself *het komt vanzelf (weer op zijn pootjes) terecht;* take ~ to *ervoor zorgen dat* **6.2** you should take more ~ **over** your work/do your work **with** more ~ *je zou eens wat meer zorg/aandacht/moeite aan je werk moeten besteden;* we crossed the motorway **with** ~ *we staken voorzichtig de snelweg over;* a report prepared **with** great ~ *een met veel zorg opgesteld rapport* **6.3 in** the ~ of a nurse *onder de hoede v.e. verpleegster;* leave **in** the ~ of *toevertrouwen aan de hoede/zorg van;* ⟨AE⟩ **in** ~ of *per adres;* ~ **of** *per adres;* **under** doctor's ~ *onder doktersbehandeling;* the shop is **under** the ~ of Mrs Jones *de winkel wordt beheerd door mevrouw Jones* **6.4** take **into** ~ *opnemen in een kindertehuis.*

care[2] ⟨f3⟩ ⟨ww.⟩ →caring
I ⟨onov.ww.⟩ **0.1** ***erom geven*** ⇒*zich erom bekommeren, zich er iets aan gelegen laten liggen, zich er iets van aantrekken* **0.2** ***bezwaar hebben*** ◆ **4.1** well, who ~s? *nou, en?; wat zou het?* **6.1** do you ~ much **about** going? *moet jij er nou zo nodig heen?;* **for** all/⟨schr.⟩ aught I ~ *wat mij betreft;* →care **for;** I am **beyond/past** caring (for) *het kan me niets meer schelen, ik geef niets meer om* **8.2** I won't ~ if you take my bike *je mag best mijn fiets nemen;* I don't ~ if you do *mij best;*
II ⟨ov.ww.⟩ **0.1** ***(graag) willen*** ⇒*zin hebben (in), de moeite nemen, bereid zijn te* **0.2** ***zich bekommeren om*** ⇒*geven om, zich aantrekken van* ◆ **1.2** he doesn't ~ a damn *het interesseert hem geen barst/zier/moer, het kan hem niets verdommen* **3.1** she was more impressed than she ~d to admit *ze was sterker onder de indruk dan ze wilde toegeven;* if only they would ~ to listen *als ze maar eens de moeite namen om te luisteren;* he doesn't ~ to play football *hij geeft niets om voetballen;* we don't ~ to be seen in his company *we worden liever niet in zijn gezelschap gezien;* would you ~ to try one? *wilt u er een proberen?* **5.2** I couldn't ~ less *het zal me een zorg zijn;* he doesn't seem to ~ very much *zo te zien kan het hem weinig schelen* ¶**.2** I don't ~ what people say *laat de mensen maar praten.*

ca·reen[1] [kə'ri:n]⟨zn.⟩⟨scheep.⟩
I ⟨telb.zn.⟩ **0.1** ***kielkade*** ⇒*kieling;*
II ⟨n.-telb.zn.⟩ **0.1** ***kieling*** ⇒*het kielen, krenging.*

careen[2] ⟨ww.⟩
I ⟨onov.ww.⟩ **0.1** ⟨scheep.⟩ ***overhellen*** ⇒*kielen, krengen* **0.2** ⟨AE⟩ ***voortdenderen*** ⇒*voortrazen* ◆ **1.2** the carriage ~ed down the hill *de koets denderde de heuvel af;*
II ⟨ov.ww.⟩⟨scheep.⟩ **0.1** ***kielen*** ⇒*overzij halen, krengen, droogzetten, kroppen* **0.2** ***werken aan*** ⟨een gekield schip e.d.⟩ ⇒*schoonmaken, knippen en scheren.*

ca·reen·age, ⟨in bet. 0.2 ook⟩ **ca·re·nage** [kə'ri:nɪdʒ]⟨telb.zn.⟩⟨scheep.⟩ **0.1** ***kieltarief*** ⇒*kielkosten* **0.2** ***kielkade*** ⇒*kielplaats.*

ca·reer[1] [kə'rɪə‖-'rɪr]⟨f3⟩⟨zn.⟩
I ⟨telb.zn.⟩ **0.1** ***carrière*** ⇒*(succesvolle) loopbaan* **0.2** ***(levens) loop*** ⇒*geschiedenis, ontwikkeling, (levens)weg, levenspad* **0.3** ⟨ook attr.⟩ ***beroep*** ⇒*beroeps-* **0.4** ⟨paardesport⟩ ***carrière*** ⇒*volle ren* ◆ **1.2** the ~ of Holland as a seafaring nation *de ontwikkeling v. Holland als zeevarende natie* **2.4** in full ~ *in volle ren* **3.1** that girl has a ~ before her *dat meisje zal zeker carrière maken* **7.3** all ~s should be open to women *alle beroepen moeten voor vrouwen toegankelijk zijn;*
II ⟨telb. en n.-telb.zn.⟩ **0.1** ***(grote) vaart*** ⇒*(hoge) snelheid* **0.2** ***hoogtepunt*** ◆ **2.1** he was stopped in mid ~ *hij werd in volle vaart gestuit* **2.2** the kingdom was now at the full ~ of its power *het koninkrijk was nu op het toppunt v. zijn macht* **6.1** go down **at/in/with** full ~ *in volle vaart/met een sneltreinvaart naar beneden gaan, omlaagdenderen.*

career[2] ⟨f1⟩⟨onov.ww.⟩ **0.1** ***voortdenderen*** ⇒*voortdaveren, hals over kop voortrazen* ◆ **5.1** ~ **about** *ronddarren/razen* **6.1** ~ **along/past/through** sth. *ergens langs/voorbij/doorheendenderen.*

ca'reer 'diplomat ⟨telb.zn.⟩ **0.1** ***carri/ère/beroepsdiplomaat.***

ca'reer girl, ca'reer woman ⟨f1⟩⟨telb.zn.⟩ **0.1** ***werkende vrouw*** **0.2** ***vrouw die voor een carrière kiest ipv. voor een gezin*** **0.3** ⟨pej.⟩ ***carrièrejaagster*** ⇒*streber.*

ca·reer·ist [kə'rɪərɪst‖-'rɪrɪst]⟨telb.zn.⟩⟨pej.⟩ **0.1** ***carrièrejager*** ⇒*streber.*

ca'reers advice ⟨n.-telb.zn.⟩ **0.1** ***advies bij beroepskeuze.***

ca'reers adviser ⟨telb.zn.⟩ **0.1** ***beroepskeuzeadviseur.***

ca'reers 'master, ca'reers 'mistress ⟨telb.zn.⟩⟨BE; school.⟩ **0.1** ***schooldecaan.***

ca'reers officer ⟨telb.zn.⟩ **0.1** ***beroepskeuzeadviseur*** ⇒*beroepskeuzevoorlichter.*

'care for ⟨f3⟩⟨onov.ww.⟩ **0.1** ***verzorgen*** ⇒*letten/passen op, zorgen voor, onderhouden* **0.2** ***zin hebben in*** ⇒*(graag) willen* **0.3** ***houden van*** ⇒*belangstelling hebben voor* ◆ **1.1** who will ~ the children? *wie moet er voor de kinderen zorgen?* **1.2** would you ~ some coffee? *wilt u (misschien)/heeft u trek in een kopje koffie?* **1.3** I don't care too much for money *geld interesseert me niet zo* **4.2** I shouldn't ~ him to be my lawyer *ik zou hem niet graag als advocaat hebben* **5.1** well-cared-for gardens *goed onderhouden tuinen* **5.3** more than I ~ *meer dan me lief is;* I don't much ~ it *ik vind er niet veel aan.*

'care·free ⟨f2⟩⟨bn.; -ness⟩ **0.1** ***onbekommerd*** ⇒*zonder zorgen, onbezorgd* **0.2** ⟨pej.⟩ ***onverantwoordelijk*** ⇒*zorgeloos, achteloos, onzorgvuldig* ◆ **3.1** I feel quite ~ lately *ik voel me de laatste tijd tamelijk onbezorgd* **6.2** he is ~ **with** his money *hij strooit met zijn geld.*

care·ful ['keəfl‖'kerfl]⟨f4⟩⟨bn.; -ly; -ness⟩ **0.1** ***zorgzaam*** ⇒*met veel zorg* **0.2** ***angstvallig*** ⇒*scrupuleus, pijnlijk nauwgezet/precies* **0.3** ***voor/omzichtig*** ⇒*behoedzaam, oplettend, oppassend* **0.4** ***zorgvuldig*** ⇒*nauwkeurig* **0.5** ***nauwgezet*** ⇒*consciëntieus, stipt, punctueel* **0.6** ⟨inf.⟩ ***gierig*** ⇒*vrekkig, (overdreven) zuinig, krenterig* **0.7** ⟨vero.⟩ ***bekommerd*** ⇒*bezorgd* ◆ **1.4** ~ examination proved that nothing was wrong with him *na zorgvuldig onderzoek bleek hij niets te mankeren;* a ~ piece of work *een zorgvuldig stukje werk* **1.5** she's a ~ worker *ze doet haar werk nauwgezet/stipt* **3.2** he was ~ not to hurt her feelings *hij ontzag angstvallig haar gevoelens* **3.3** be ~ (about) what you say *let op je woorden;* be ~ not to break the mirror *pas op dat je de spiegel niet breekt;* hold this ~ly, it's very dear to me *hou dit goed vast, ik ben er erg aan gehecht* **3.7** thou art ~ and troubled about many things *gij bekommert en ontrust u over vele dingen* ⟨Luc. 10:41⟩ **6.1** they were ~ **for/of** the child's welfare *zij bekommerden zich om het welzijn v.h. kind* **6.5** be more ~ **about** your work *doe je werk eens wat nauwgezetter/stipter* **6.6** he's very ~ **with** his money *hij zit erg op z'n centen.*

'care label ⟨telb.zn.⟩ **0.1** ***wasvoorschrift*** ⟨als merkje in kleding⟩ ⇒*wasmerkje.*

care·less ['keələs‖'kɛr-]⟨f3⟩⟨bn.; -ly; -ness⟩ **0.1** ***achteloos*** ⇒*onverschillig, onvoorzichtig, zorgeloos, luchthartig* **0.2** ***onoplettend*** ⇒*onattent, onachtzaam, gedachteloos, nalatig* **0.3** ***moeiteloos*** **0.4** ***onzorgvuldig*** ⇒*slordig, nonchalant* ◆ **1.1** ~ talk costs lives *loslippigheid kost mensenlevens* **1.4** ~ drivers *roekeloze automobilisten;* ~ mistake *slordige vergissing/fout* **6.1** the troops were ~ **of** the hardships *de soldaten sloegen geen acht op de ontberingen* **6.2** he's utterly ~ **about** his family *zijn gezin laat hem Siberisch;* she's ~ **about** money matters *ze maakt zich niet druk over geldzaken.*

car·er ['keərə‖-ər]⟨telb.zn.⟩ **0.1** ***thuisverzorger*** ⟨meestal v. familielid⟩.

ca·ress[1] [kə'res]⟨f1⟩⟨telb.zn.⟩ **0.1** ***teder gebaar*** ⇒*liefkozing, streling.*

caress[2] ⟨f2⟩⟨ov.ww.⟩ →caressing **0.1** ***liefkozen*** ⇒*strelen, kussen, aaien, aanhalen* **0.2** ***liefdevol behandelen*** ⇒*warm/vriendelijk bejegenen* ◆ **1.1** he ~ed her hair lovingly *liefdevol streelde hij haar haren;* sounds that ~ the ear *oorstrelende geluiden.*

ca·ress·ing [kə'resɪŋ]⟨f1⟩⟨bn.; oorspr. teg. deelw. v. caress; -ly⟩ **0.1** ***liefdevol*** ⇒*teder, warm.*

car·et ['kærɪt]⟨telb.zn.⟩⟨druk.⟩ **0.1** ***caret*** ⇒*inlasteken.*

care·tak·er ['keəteɪkə‖'kerteɪkər]⟨f1⟩⟨telb.zn.⟩ **0.1** ⟨vnl. BE⟩ ***conciërge*** ⇒*huismeester* **0.2** ***huisbewaarder*** **0.3** ⟨attr.⟩ ***toezichthouder*** ⇒*zaakwaarnemer, plaatsvervanger; waarnemend* **0.4** →carer.

'caretaker government ⟨telb.zn.⟩ **0.1** ***interimregering*** ⇒*demissionair kabinet, regering die 'op de winkel past'.*

'care·worn, 'care-lad·en ⟨bn.⟩ **0.1** ***afgetobd*** ⇒*(door zorgen) getekend.*

Car·ey Street ['keərɪ stri:t]⟨n.-telb.zn.⟩⟨BE; inf.⟩ **0.1** ***bankroet*** ⇒*faillissement.*

'car·fare ⟨telb.zn.⟩⟨AE⟩ **0.1** ***bus/metro/tramgeld/tarief*** ⇒*ritprijs.*

'car ferry ⟨telb.zn.⟩ **0.1** ***autoveer(boot/dienst)*** ⇒*ferry(boat).*

car·go ['kɑ:goʊ‖'kɑr-]⟨f2⟩⟨telb. en n.-telb.zn.; ook -es; →mv. 2⟩ **0.1** ***lading*** ⇒*vracht, cargo, carga* ◆ **1.1** a ~ of coal *een lading kolen.*

'cargo boat ⟨telb.zn.⟩ **0.1** ***vrachtboot*** ⇒*vrachtschip, cargo.*

'cargo cult ⟨n.-telb.zn.; ook C-C-⟩ **0.1** ***Cargo Cult*** ⟨religieus-politieke beweging op sommige eilanden in de Stille Zuidzee⟩.

'cargo plane ⟨telb.zn.⟩ **0.1** ***vrachtvliegtuig.***

'car·hop ⟨telb.zn.⟩⟨AE; inf.⟩ **0.1** ***kelner/serveerster in een drive-in.***

Car·ib[1] ['kærɪb], **Car·i·ban** ['kærəbən, kə'ri:bən]⟨zn.; ook Carib, Cariban; →mv. 4⟩
I ⟨eig.n.⟩ **0.1** ***taal der Cariben;***
II ⟨telb.zn.⟩ **0.1** ***Caribe*** ⟨lid v. een der Cariben⟩ ⇒*Caraïbe;*
III ⟨verz.n.⟩ **0.1** ***Cariben*** ⇒*Caraïben* ⟨groep Indiaanse volkeren in Zuid-Amerika en op de Antillen⟩.

Carib[2] ⟨bn.⟩ **0.1** ***mbt./v.d. Cariben*** **0.2** ***mbt./v.d. taal der Cariben.***
Car·ib·be·an[1] ['kærɪ'bi:ən]⟨f1⟩⟨zn.⟩
I ⟨eig.n.; the⟩ **0.1** ***Caribische Zee*** **0.2** ***Caribisch gebied;***
II ⟨telb.zn.⟩ **0.1** ***Caribe.***
Caribbean[2] ⟨f1⟩⟨bn.⟩ **0.1** ***Caribisch*** ⇒*mbt./v.d. Caribische Zee* **0.2** ***mbt./v.h. Caribisch gebied*** **0.3** ***mbt./v.d. Cariben*** **0.4** ***mbt./v.d. taal der Cariben*** ◆ **1.1** the ~ Sea *de Caribische Zee.*
car·i·bou ['kærɪbu:]⟨f1⟩⟨telb.zn.; ook caribou; →mv. 4⟩⟨dierk.⟩ **0.1** ***kariboe*** ⟨Noordamerikaans rendier; genus Rangifer⟩.
car·i·ca·tur·al ['kærɪkə'tʃʊərəl‖-'tʃʊrəl]⟨bn.⟩ **0.1** ***karikaturaal.***
car·i·ca·ture[1] ['kærɪkətʃʊə‖-tʃʊr]⟨f1⟩⟨zn.⟩
I ⟨telb.zn.⟩ **0.1** ***karikatuur*** ⇒*spotprent, potsierlijke/slechte imitatie;*
II ⟨n.-telb.zn.⟩ **0.1** ***het karikaturiseren.***
caricature[2] ⟨f1⟩⟨ov.ww.⟩ **0.1** ***karikaturiseren*** ⇒*in karikatuur weergeven, in een bespottelijk daglicht stellen.*
car·i·ca·tur·ist ['kærɪkətʃʊərɪst‖-tʃʊr-]⟨telb.zn.⟩ **0.1** ***karikaturist*** ⇒*cartoonist, spotprenttekenaar.*
caride →carriole.
car·ies ['keəriz‖'keriz]⟨f1⟩⟨n.-telb.zn.⟩⟨med.⟩ **0.1** ***cariës*** ⇒*beeneter, tandbederf, wolf* ◆ **2.1** dental ~ *tandcariës, tandbederf, tandwolf.*
car·il·lon ['kærɪljən,kə'rɪ-‖'kærəljən,-rələn]⟨telb.zn.⟩ **0.1** ***carillon*** ⇒*beiaard, klokkenspel* **0.2** ***carillonregister*** ⇒*buisklokken, plantklokken, Glockenspiel* **0.3** ***carillonklanken*** ⇒*beiaardwijsje.*
ca·ri·na [kə'ri:nə]⟨zn.; ook carinae [kə'ri:ni:]; →mv. 5⟩
I ⟨eig.n.; C-⟩⟨ster.⟩ **0.1** ***Kiel*** ⟨Zuidelijk sterrenbeeld⟩ ⇒*Carina;*
II ⟨telb.zn.⟩ **0.1** ⟨dierk.⟩ ***kam*** ⟨op het borstbeen v. vogels⟩ **0.2** ⟨plantk.⟩ ***kiel*** ⟨scherpe, uitstekende kroonbladlijst⟩ ⇒*schuitje* ⟨bij vlinderbloemigen⟩.
car·i·nate ['kærɪneɪt], **car·i·nat·ed** [-neɪt̬ɪd]⟨bn.⟩ **0.1** ⟨dierk.⟩ ***gekamd*** ⟨met kam op het borstbeen⟩ **0.2** ⟨plantk.⟩ ***gekield.***
car·ing[1] ['keərɪŋ‖'kerɪŋ]⟨n.-telb.zn.; gerund v. care⟩ **0.1** ***zorg*** ⇒*verzorging* **0.2** ***hartelijkheid*** ⇒*warmte.*
caring[2] ⟨bn.; teg. deelw. v. care⟩ **0.1** ***zorgzaam*** ⇒*vol zorg, meelevend, attent* **0.2** ***verzorgend*** ◆ **1.1** a ~ society *een zorgzame maatschappij* **1.2** a ~ job *een verzorgend beroep.*
car·i·o·ca ['kæri'oʊkə], ⟨in bet. I 0.1 ook⟩ **Car·i·o·can** [-kən]⟨zn.⟩
I ⟨eig.n.; C-⟩ **0.1** ***carioca*** ⇒*inwoner v. Rio de Janeiro;*
II ⟨telb. en n.-telb.zn.⟩ **0.1** ***carioca*** ⟨(muziek voor) salon-samba⟩.
car·i·os·i·ty ['keəri'ɒsəti‖'keri'ɑsət̬i]⟨n.-telb.zn.⟩⟨med.⟩ **0.1** ***aantasting door cariës/tandwolf*** ⇒*rotting.*
car·i·ous ['keərɪəs‖'kerɪəs]⟨bn.; -ness⟩ **0.1** ⟨med.⟩ ***carieus*** ⇒*door cariës aangetast* **0.2** ***rot(tend)*** ⇒*verrot, aangevreten, (half) vergaan.*
cark·ing ['kɑ:kɪŋ‖'kɑr-]⟨bn.⟩⟨vero.⟩ **0.1** ***drukkend*** ⇒*kwellend, prangend* ◆ **1.1** ~ anxieties *zware/knagende zorgen.*
carl(e) [kɑ:l‖kɑrl]⟨telb.zn.⟩ **0.1** ⟨Sch. E⟩ ***vent*** ⇒*kerel* **0.2** ⟨vero.⟩ ***boer*** **0.3** ⟨gew.; pej.⟩ ***boerenkinkel*** ⇒*(boeren)pummel* **0.4** ⟨Sch. E⟩ ***krent*** ⇒*vrek, gierigaard.*
car·line, ⟨in bet. 0.1 ook⟩ **car·lin** ['kɑ:lɪn‖'kɑrlɪn]⟨telb.zn.⟩ **0.1** ⟨Sch. E; vaak pej.⟩ ***oude vrouw*** ⇒*oud wijf, heks* **0.2** →carline thistle.
'carline thistle ⟨telb.zn.⟩⟨plantk.⟩ **0.1** ***driedistel*** ⟨genus Carlina⟩ ⇒⟨i.h.b.⟩ *zilverdistel* ⟨Carlina acaulis⟩, *driedistel, everwortel* ⟨Carlina vulgaris⟩.
'car·load ⟨telb.zn.⟩ **0.1** ***wagonlading/wagenlading*** ⇒*karrevracht* **0.2** ⟨AE; ec.⟩ ***minimum hoeveelheid voor gereduceerd vervoerstarief.***
Carlovingian →Carolingian.
Car·lyl·e·an [kɑ:'laɪlɪən‖'kɑr-]⟨bn.⟩ **0.1** ***Carlyliaans*** ⇒*in de trant v. Thomas Carlyle.*
Car·lyl·ese [kɑ:laɪ'li:z‖'kɑr-]⟨n.-telb.zn.⟩ **0.1** ***Carlyliaans*** ⇒*(tekst in de) stijl v. Thomas Carlyle.*
Car·lyl·ism ['kɑ:laɪlɪzm‖'kɑr-]⟨n.-telb.zn.⟩ **0.1** ***Carlylisme*** ⇒*leer/stijl v. Thomas Carlyle.*
'car·mak·er ⟨f1⟩⟨telb.zn.⟩ **0.1** ***autofabrikant.***
car·man ['kɑ:mən‖'kɑr-]⟨telb.zn.; carmen [-mən]; →mv. 3⟩ **0.1** ***wegvervoerder*** ⇒*vrachtwagenchauffeur; bestelwagenchauffeur, besteller, bode* **0.2** ***kar(re)man*** ⇒*voerman, karrevoerder* **0.3** ⟨AE⟩ ***trambestuurder/conducteur*** ◆ **3.1** ⟨BE⟩ bonded ~ *wegvervoerder die niet-ingeklaarde goederen mag vervoeren.*
car·man·ship ['kɑ:mənʃɪp‖'kɑr-]⟨telb.zn.⟩ **0.1** ***stuurmanskunst.***
car·mel·ite ['kɑ:mɪlaɪt‖'kɑr-]⟨zn.⟩
I ⟨telb.zn.; C-⟩⟨R.-K.⟩ **0.1** ***karmeliet(es);***
II ⟨n.-telb.zn.⟩ **0.1** ***fijne wollen stof*** ⇒*vicuña(stof), vicuñawol.*
Car·mel·ite ['kɑ:mɪlaɪt‖'kɑr-]⟨bn.⟩⟨R.-K.⟩ **0.1** ***karmelieter*** ◆ **1.1** ~ friar *karmeliet, karmelieter monnik.*
car·min·a·tive[1] ['kɑ:mɪnətɪv‖'kɑrmɪneɪt̬ɪv]⟨telb.zn.⟩⟨med.⟩ **0.1** ***windverdrijvend middel*** ⇒*carminant, carminativum.*
carminative[2] ⟨bn.⟩⟨med.⟩ **0.1** ***windverdrijvend*** ⇒*carminatief.*
carmine ['kɑ:mɪn,-maɪn‖'kɑr-]⟨n.-telb.zn.⟩⟨vaak attr.⟩ **0.1** ***karm(oz)ijn(rood).***
car·nage ['kɑ:nɪdʒ‖'kɑr-]⟨f1⟩⟨n.-telb.zn.⟩ **0.1** ***slachting*** ⟨i.h.b. onder mensen⟩ ⇒*bloedbad, massacre, massamoord.*
car·nal ['kɑ:nl‖'kɑrnl]⟨f1⟩⟨bn., attr.; -ly⟩ **0.1** ⟨vaak pej.⟩ ***vleselijk*** ⇒*zinnelijk, lichamelijk, dierlijk* **0.2** ***werelds*** ⇒*aards, ongewijd, profaan* ◆ **1.1** ~ desires *vleselijke lusten;* ~-minded *zinnelijk;* ⟨jur.⟩ have ~ knowledge with *vleselijke gemeenschap hebben met.*
car·nal·i·ty [kɑ:'næləti‖kɑr'nælət̬i]⟨f1⟩⟨n.-telb.zn.⟩ **0.1** ***vleselijkheid*** ⇒*lichamelijkheid, zinnelijkheid, (vleselijke) lust.*
car·nal·ize, -ise ['kɑ:nəlaɪz‖'kɑr-]⟨ov.ww.⟩ **0.1** ***sensualiseren*** ⇒*zinnelijk maken.*
car·na·tion [kɑ:'neɪʃn‖kɑr-]⟨f1⟩⟨zn.⟩
I ⟨telb.zn.⟩ **0.1** ⟨plantk.⟩ ***(eenjarige) tuinanjer*** ⟨Dianthus caryophyllus⟩ **0.2** ***anjer*** ⇒*anjelier* ⟨bloem⟩;
II ⟨n.-telb.zn.; vaak attr.⟩ **0.1** ⟨vero.⟩ ***carnatie*** ⇒*vleeskleur.*
car·nau·ba [kɑ:'nɔ:bə‖kɑr-], ⟨in bet. II ook⟩ **carnauba wax** ⟨zn.⟩
I ⟨telb.zn.⟩⟨plantk.⟩ **0.1** ***carnaubapalm*** ⟨Braziliaanse waaierpalm; Copernicia cerifera⟩;
II ⟨n.-telb.zn.⟩ **0.1** ***carnaubawas.***
carnelian →cornelian.
car·net ['kɑ:neɪ‖'kɑr'neɪ]⟨telb.zn.⟩ **0.1** ***carnet*** ⇒*autopaspoort* **0.2** ***(kampeer)carnet*** **0.3** ***boekje*** ⟨met zegels, tickets enz.⟩.
car·n(e)y[1], **car·nie** ['kɑ:ni‖'kɑr-]⟨telb.zn.⟩⟨AE; sl.⟩ **0.1** ***carnaval*** ⇒*kermis, lunapark* **0.2** ***kermisartiest*** ⇒*variétéartiest* **0.3** ***kermisbargoens.***
carn(e)y[2] ⟨bn.⟩⟨BE; inf.⟩ **0.1** ***goochem*** ⇒*uitgekookt, link.*
carn(e)y[3] ⟨ov.ww.; →ww. 7⟩⟨BE; inf.⟩ **0.1** ***paaien*** ⇒*strooplikken, flemen, flikflooien, slijmen.*
car·ni·val ['kɑ:nɪvl‖'kɑr-]⟨f2⟩⟨telb. en n.-telb.zn.⟩ **0.1** ***carnaval*** ⇒*carnavalstijd/feest/viering* **0.2** ⟨AE⟩ ***circus*** **0.3** ⟨AE⟩ ***kermis*** **0.4** ***festival*** ⇒*beurs, jaarmarkt, braderie.*
car·niv·o·ra [kɑ:'nɪv(ə)rə‖kɑr-]⟨mv.⟩⟨dierk.⟩ **0.1** ***carnivora*** ⟨zoogdieren uit de orde der roofdieren⟩ ⇒*roofdieren.*
car·ni·vore ['kɑ:nɪvɔ:‖'kɑrnɪvɔr]⟨telb.zn.⟩⟨biol.⟩ **0.1** ***carnivoor*** ⇒*vleesetend dier, vleeseter, roofdier* **0.2** ***vleesetende/insektenetende plant.***
car·niv·o·rous ['kɑ:'nɪv(ə)rəs‖kɑr-]⟨f1⟩⟨bn.; -ly; -ness⟩⟨biol.⟩ **0.1** ***vleesetend*** ⇒*verscheurend* ◆ **1.1** deer are not ~ *herten zijn geen carnivoren/vleeseters;* ~ plants *vleesetende/insektenetende planten.*
carny →carney.
car·ob ['kærəb]⟨telb.zn.⟩ **0.1** ***johannesbrood*** ⇒*sint-jansbrood, carob(b)e* **0.2** →carob tree.
'carob tree ⟨telb.zn.⟩⟨plantk.⟩ **0.1** ***johannesbroodboom*** ⇒*sint-jansbroodboom, carob(b)eboom* ⟨Ceratonia siliqua⟩.
car·ol[1] ['kærəl]⟨f1⟩⟨telb.zn.⟩ **0.1** ***(gewijde) hymne*** ⇒*lofzang, kerstlied/hymne* **0.2** ***carola*** ⟨middeleeuwse rondedans⟩ ⇒*carole, carola* **0.3** ⟨schr.⟩ ***vreugdezang*** ⇒*jubel(zang)* ◆ **1.3** the ~ of birds *het kwelen/kwinkeleren v. vogels.*
carol[2] ⟨ww.; →ww. 7⟩
I ⟨onov.ww.⟩ **0.1** ***(kerst)hymnen zingen*** ⇒⟨i.h.b.⟩ *op Kerstavond langs de huizen gaan om (voor een kerstgave) te zingen;*
II ⟨onov. en ov.ww.⟩ **0.1** ***(jubelend)(be)zingen*** ⇒*de lof zingen (van).*
Car·o·le·an ['kærə'li:ən], **Car·o·line** ['kærəlaɪn]⟨bn.⟩ **0.1** ***mbt. het tijdperk v. koning Karel I/II*** ⟨Engeland, 1625 - 1685⟩.
Car·o·lin·gi·an[1] ['kærə'lɪndʒɪən], **Car·lo·vin·gi·an** ['kɑ:loʊ'vɪndʒɪən‖'kɑr-]⟨zn.⟩⟨gesch.⟩
I ⟨telb.zn.⟩ **0.1** ***Karolinger*** ⇒*Karolingische;*
II ⟨n.-telb.zn.⟩ **0.1** ***Karolingisch schrift*** ⇒*Karolingische minuskels, minuskelschrift.*
Carolingian[2], **Carlovingian** ⟨bn.⟩⟨gesch.⟩ **0.1** ***Karolingisch*** ⇒*mbt. de Karolingers, eigen aan het tijdperk v. Karel de Grote.*
Car·o·lin·i·an ['kærə'lɪnɪən]⟨bn.⟩ **0.1** ***mbt. (Noord-/Zuid-)Carolina*** **0.2** →Carolingian **0.3** →Carolean.
car·ol·ler, ⟨AE sp. ook⟩ **car·ol·er** ['kærələ‖-ər]⟨telb.zn.⟩ **0.1** ***iem. die (kerst)hymnen zingt*** ⇒⟨i.h.b.⟩ *iem. die op kerstavond langs de deuren zingt* **0.2** ***iem. die jubelt/kweelt/vrolijk zingt*** ⇒*zanger.*
car·o·lus ['kærələs]⟨telb.zn.; ook coroli; →mv. 5⟩⟨gesch.⟩ **0.1** ***Carolusgulden*** ⟨16e eeuws Ned. goudstuk⟩ **0.2** ***Carolus*** ⟨17e eeuws Engels goudstuk⟩ **0.3** ***Carolus-peso*** ⟨18e eeuws Spaans/Am. geldstuk⟩.
car·om[1], ⟨soms⟩ **car·rom** ['kærəm]⟨telb.zn.⟩⟨AE⟩ **0.1** ⟨biljart⟩ ***carambole*** **0.2** ***botsing met terugstoot*** ⇒*(weer)kaatsing.*
carom[2], ⟨soms⟩ **car·rom** ⟨ww.⟩⟨AE⟩
I ⟨onov.ww.⟩ **0.1** ***botsen*** ⇒*caramboleren* **0.2** ⟨biljart⟩ ***caramboleren*** ⇒*een carambole maken* **0.3** ***stuit(er)en*** ⇒*kaatsen (tegen);*
II ⟨ov.ww.⟩⟨biljart⟩ **0.1** ***doen caramboleren.***

carotene, carotin →carrotene.

ca·rot·e·noid [kə'rɒtənɔɪd‖kə'rɑtn·ɔɪd]⟨telb.zn.⟩ **0.1** ***carotenoïde*** ⟨geel- tot dieprood pigment⟩.

ca·rot·id[1] [kə'rɒtɪd‖kə'rɑṭɪd]⟨telb.zn.⟩⟨med.⟩ **0.1** ***halsslagader*** *⇒(arteria) carotis.*

carotid[2] ⟨bn., attr.⟩ **0.1** ***mbt. de halsslagader*** *⇒halsslagaderlijk, carotis-.*

ca·rouse[1] [kə'raʊz], **ca·rous·al** [-zl]⟨telb. en n.-telb.zn.⟩⟨schr.⟩ **0.1** ***drinkgelag*** *⇒zwelgpartij, bacchanaal* **0.2** ***uitbundig feestgedruis*** *⇒gelal.*

carouse[2] ⟨onov.ww.⟩⟨schr.⟩ **0.1** ***brassen*** *⇒zwelgen, slempen, zuipen.*

car·ou·sel, ⟨AE sp. ook⟩ **car·rou·sel** ['kærə'sel]⟨telb.zn.⟩ **0.1** ⟨AE⟩ ***carrousel*** *⇒draai/mallemolen* **0.2** ⟨lucht.⟩ ***bagagecarrousel*** *⇒(roterende) bagageband* **0.3** ⟨gesch.⟩ ***carrousel*** *⇒ruitertoernooi.*

ca·rous·er [kə'raʊzə‖-ər]⟨telb.zn.⟩⟨schr.⟩ **0.1** ***slemper*** *⇒brasser, zuiper.*

carp[1] [kɑ:p‖kɑrp]⟨f1⟩⟨telb.zn.; ook carp; →mv. 4⟩ **0.1** ***karperachtige*** ⟨fam. Cyprinidae⟩ ⇒⟨i.h.b.⟩ *karper* ⟨Cyprinus carpio⟩.

carp[2] ⟨f1⟩⟨onov.ww.⟩⟨vaak pej.⟩ →carping **0.1** ***zeuren*** *⇒zaniken, meieren, muggeziften, vitten, hakken op* ◆ **6.1** it's no use ~ing (on) **at** me about the lousy weather *je hoeft tegen mij niet te (blijven) zeuren over dit hondeweer;* she's always ~ing **at** my pronunciation *ze heeft altijd wat aan te merken op mijn uitspraak.*

car·pal[1] ['kɑ:pl‖'kɑr-]⟨telb.zn.⟩⟨biol.⟩ **0.1** ***handwortelbeentje.***

carpal[2] ⟨bn.⟩⟨biol.⟩ **0.1** ***mbt. de handwortel*** *⇒handwortel-, pols-, carpaal.*

'car park ⟨f1⟩⟨telb.zn.⟩⟨BE⟩ **0.1** ***parkeerterrein*** **0.2** ***parkeergarage.***

car·pel ['kɑ:pl‖'kɑr-]⟨telb.zn.⟩⟨plantk.⟩ **0.1** ***carpel*** *⇒vruchtblad.*

car·pel·lar·y ['kɑ:pəlri‖'kɑrpəleri]⟨bn.⟩⟨plantk.⟩ **0.1** ***mbt. de carpel /het vruchtblad.***

car·pen·ter[1] ['kɑ:pɪntə‖'kɑrpɪnṭər]⟨f2⟩⟨telb.zn.⟩ **0.1** ***timmerman.***

carpenter[2] ⟨ww.⟩
I ⟨onov.ww.⟩ **0.1** ***als timmerman werken*** *⇒timmeren;*
II ⟨ov.ww.⟩ **0.1** ***timmeren*** *⇒construeren, in elkaar zetten* ◆ **5.1** a well-carpentered novel *een hecht doortimmerde roman.*

'carpenter ant ⟨telb.zn.⟩⟨dierk.⟩ **0.1** ***houtmier*** ⇒⟨i.h.b.⟩ *reuzemier* ⟨Camponotus herculeanus⟩.

'carpenter bee ⟨telb.zn.⟩⟨dierk.⟩ **0.1** ***houtbij*** ⟨fam. Xylocopidae⟩ ⇒⟨i.h.b.⟩ *violette houtbij* ⟨Xylocopa violacea⟩.

car·pen·try ['kɑ:pɪntri‖'kɑr-]⟨f2⟩⟨n.-telb.zn.⟩ **0.1** ***timmerwerk*** *⇒timmermansambacht, timmerkunst.*

car·pet[1] ['kɑ:pɪt‖'kɑr-]⟨f2⟩⟨zn.⟩
I ⟨telb.zn.⟩ **0.1** ***(vloer)tapijt*** *⇒(vloer)kleed, karpet, (trap)loper* **0.2** ***(bom)tapijt*** ◆ **1.1** ~ of flowers *bloemenkleed, bloemtapijt* **2.1** the green ~ of the fields *het groene tapijt/laken der weiden* **3.1** fitted ~ *vast/kamerbreed tapijt* **3.¶** dance the ~ *op het matje komen;* pull the ~ (out) from under s.o. *iem. onderuit halen, een spaak in het wiel steken;* ⟨BE⟩ sweep under the ~ *in de doofpot stoppen, wegmoffelen, verzwijgen* **6.¶** be **on** the ~ *op het matje komen, een uitbrander krijgen; ter discussie staan, aan de orde zijn;* bring sth. **on** the ~ *iets op het tapijt/ter tafel/te berde brengen;* be called **on** the ~ *op het matje geroepen worden;*
II ⟨n.-telb.zn.⟩ **0.1** ***tapijt(goed/stof).***

carpet[2] ⟨f2⟩⟨ov.ww.⟩ →carpeting **0.1** ***tapijtleggen*** *⇒bekleden* **0.2** ⟨vnl. BE; inf.⟩ ***een uitbrander/standje geven*** ◆ **1.1** ~ the stairs *een loper op de trap leggen, de trap bekleden* **6.1** the pool was ~ed **with** leaves *het zwembad was bedekt met een laag bladeren* **6.2** she was ~ed **for** her laziness *ze kreeg ervan langs vanwege haar luiheid.*

'car·pet·bag, ⟨AE ook⟩ **'car·pet·sack** ⟨telb.zn.⟩ **0.1** ***reistas*** *⇒valies.*

'car·pet·bag·ger ⟨telb.zn.⟩ **0.1** ***politiek avonturier*** ⟨i.h.b. die zich uit opportunisme kandidaat stelt in een district waar hij zelf niet woont⟩ **0.2** ⟨AE; gesch.; pej.⟩ ***opportunist*** ⟨Noordeling die na de burgeroorlog belust op financieel of politiek gewin naar het Zuiden trok⟩.

'car·pet-beat·er ⟨telb.zn.⟩ **0.1** ***matteklopper.***

'carpet dance, carpet hop ⟨telb.zn.⟩ **0.1** ***huiskamerbal*** *⇒dansje met de stoelen aan de kant.*

car·pet·ing ['kɑ:pɪtɪŋ‖'kɑrpɪṭɪŋ]⟨n.-telb.zn.; gerund v. carpet⟩ **0.1** ***tapijt(goed/stof)*** *⇒tapijten.*

'carpet knight ⟨telb.zn.⟩⟨pej.⟩ **0.1** ⟨ben. voor⟩ ***quasi-held*** *⇒salonsoldaat* ⟨die nooit aan het front is geweest⟩; *zoetwatermatroos; held op sokken.*

'carpet rod ⟨telb.zn.⟩ **0.1** ***traproe(de).***

'carpet slipper ⟨telb.zn.⟩ **0.1** ***(huis)pantoffel*** *⇒slipper.*

'carpet snake ⟨telb.zn.⟩⟨dierk.⟩ **0.1** ***ruitpython*** ⟨Python variegatus; Python spilotes⟩.

'carpet sweeper ⟨telb.zn.⟩ **0.1** ***rolveger*** *⇒rolschuier.*

'carpet tile ⟨telb.zn.⟩ **0.1** ***tapijttegel.***

car·phol·o·gy [kɑ:'fɒlədʒi‖kɑr'fɑ-], **car·pho·lo·gia** [-fə'loʊdʒə]⟨n.-telb.zn.⟩⟨med.⟩ **0.1** ***crocidismus*** *⇒bedplukken, carphologia.*

'car phone ⟨telb.zn.⟩ **0.1** ***autotelefoon.***

carp·ing ['kɑ:pɪŋ‖'kɑr-]⟨bn.; teg. deelw. v. carp; -ly⟩ **0.1** ***muggezifterig*** *⇒vitterig, vitziek* **0.2** ***klagerig*** *⇒zeurderig* ◆ **1.1** ~ criticism *kleinzielige/kleingeestige/kinderachtige kritiek.*

car·po- ['kɑ:poʊ‖'kɑr-] **0.1** ***carpaal*** ⇒⟨biol.⟩ *mbt. de handwortel/carpus;* ⟨plantk.⟩ *mbt. vruchten en zaden, carpo-.*

car·pol·o·gy [kɑ:'pɒlədʒi‖kɑr'pɑlədʒi]⟨n.-telb.zn.⟩⟨plantk.⟩ **0.1** ***carpologie*** ⟨leer v.d. vruchten en zaden⟩ *⇒vruchtenkunde.*

'carpool[1] ⟨f1⟩⟨telb.zn.⟩ **0.1** ***autopool.***

carpool[2] ⟨onov.ww.⟩ **0.1** ***poolen.***

'car·port ⟨telb.zn.⟩ **0.1** ***carport*** *⇒open garage, afdak.*

car·pus ['kɑ:pəs‖'kɑr-]⟨telb.zn.; carpi [-paɪ]; →mv. 5⟩⟨biol.⟩ **0.1** ***carpus*** *⇒handwortel, pols; knie* ⟨bij viervoeters⟩.

carr [kɑ:‖kɑr]⟨telb.zn.⟩⟨BE⟩ **0.1** ***wilgenpas.***

car·(r)ack ['kærək], **car·ac** ⟨telb.zn.⟩⟨gesch.⟩ **0.1** ***k(a)raak*** ⟨groot, bewapend koopvaardijschip in Middellandse Zee⟩ *⇒galjoen, carraca.*

car·ra·g(h)een, car·a·geen ['kærəgi:n]⟨n.-telb.zn.⟩ **0.1** ⟨plantk.⟩ ***Iers mos*** *⇒carrageen, parelmos* ⟨eetbaar roodwier; Chondrus crispus⟩ **0.2** ***carrageen*** ⟨extract uit Iers mos⟩.

car·rel(l) ['kærəl]⟨telb.zn.⟩ **0.1** ***studiecel*** *⇒studeercel, studienis* ⟨in bibliotheek⟩ **0.2** ⟨gesch.⟩ ***kloostercel.***

car·riage ['kærɪdʒ]⟨f3⟩⟨zn.⟩
I ⟨telb.zn.⟩ **0.1** ***rijtuig*** *⇒(paard en) wagen, koets;* ⟨BE; spoorwegen⟩ *(personen)wagon/rijtuig* **0.2** ***slede*** *⇒onderstel* ⟨v. wagen⟩; *affuit, ro(l)paard* ⟨v. geschut⟩ **0.3** ***slede*** *⇒(schrijfmachine)wagen* **0.4** ⟨tech.⟩ ***slede*** ⟨bij zaagmolen, v. draaibank⟩ **0.5** ***kinderwagen*** ◆ **1.1** ~ and pair/four/six *(rijtuig met) twee/vier/zesspan;*
II ⟨telb. en n.-telb.zn.⟩ **0.1** ***(lichaams)houding*** *⇒gang;*
III ⟨n.-telb.zn.⟩ **0.1** ***vervoer*** *⇒transport, verzending* **0.2** ***vracht (prijs)*** *⇒vervoers/transport/verzendkosten* **0.3** ***aanneming*** ⟨v. motie⟩ **0.4** ⟨vero.⟩ ***gedrag*** *⇒manieren* ◆ **2.2** ~ free *franco, port/vrachtvrij* **3.2** ~ paid *franco, port/vrachtvrij* **5.2** ~ forward *vracht/kosten na te nemen, port te betalen onder rembours, niet franco.*

car·riage·a·ble ['kærɪdʒəbl]⟨bn.⟩ **0.1** ***berijdbaar*** *⇒begaanbaar/toegankelijk voor het verkeer* **0.2** ***draagbaar.***

'carriage clock ⟨telb.zn.⟩ **0.1** ***tafelklok.***

'carriage dog ⟨telb.zn.⟩ **0.1** ***Dalmatische hond*** *⇒Dalmatiner.*

'carriage drive ⟨telb.zn.⟩ **0.1** ***oprijlaan.***

'carriage horse ⟨telb.zn.⟩ **0.1** ***rijtuigpaard*** *⇒koetspaard.*

'carriage return ⟨n.-telb.zn.⟩ **0.1** ***wagenterugloop.***

'carriage road ⟨telb.zn.⟩ **0.1** ***rijweg.***

'carriage trade ⟨n.-telb.zn.⟩ **0.1** ***het betere publiek*** *⇒welgestelde cliënten.*

'car·riage·way ⟨f1⟩⟨telb.zn.⟩⟨BE⟩ **0.1** ***verkeersweg*** **0.2** ***rijweg/baan.***

'carriage work ⟨telb.zn.⟩ **0.1** ***carrosserie.***

car·rick bend ['kærɪkbend]⟨telb.zn.⟩⟨scheep.⟩ **0.1** ***karaaksteek*** *⇒dubbele hielingsteek.*

car·ri·er ['kærɪə‖-ər]⟨f3⟩⟨telb.zn.⟩ **0.1** ⟨ben. voor⟩ ***vervoerder v. goederen of reizigers*** *⇒expediteur, transporteur, vrachtrijder, bode; vrachtvaarder; haringjager; expeditie/transportbedrijf; bodedienst; autobusonderneming; luchtvaartmaatschappij; spoorwegmaatschappij; rederij* **0.2** ⟨med., nat., schei.⟩ ***drager*** *⇒bacillendrager, vector, carrier* **0.3** ***bagagedrager*** **0.4** ⟨elek.⟩ ***vrij elektron of gat in halfgeleider*** **0.5** ⟨mil.⟩ ***vervoermiddel voor mensen en materieel*** ⇒⟨i.h.b.⟩ *vliegdekschip* **0.6** ⟨verk.⟩ ⟨carrier bag⟩ ***boodschappentas*** **0.7** ***postduif*** **0.8** →carrier wave **0.9** ***inlegraam*** ⟨v. foto's⟩ **0.10** ***meenemer*** *⇒carrier* ⟨v. draaibank⟩.

'carrier bag ⟨f1⟩⟨telb.zn.⟩⟨BE⟩ **0.1** ***(papieren/plastic) boodschappentas(je)*** *⇒(draag)tasje.*

'carrier cycle ⟨telb.zn.⟩ **0.1** ***bakfiets.***

'carrier line ⟨telb.zn.⟩⟨AE⟩ **0.1** ***vervoerslijn.***

'carrier pigeon ⟨telb.zn.⟩ **0.1** ***postduif.***

'carrier wave ⟨telb.zn.⟩ **0.1** ⟨elek.⟩ ***draaggolf*** *⇒draagtrilling.*

car·(r)i·ole ['kærioʊl]⟨telb.zn.⟩ **0.1** ***kariool*** ⟨licht rijtuig⟩ *⇒karikel* **0.2** ***(Canadese) tobogan*** *⇒hondenslede.*

car·ri·on[1] ['kærɪən]⟨f1⟩⟨n.-telb.zn.⟩ **0.1** ***aas*** ⟨rottend vlees⟩ *⇒kreng, kadaver* **0.2** ***vuiligheid*** *⇒vunzigheid, troep, smeerboel.*

carrion[2] ⟨bn.⟩ **0.1** ***(ver)rot(tend)*** *⇒vunzig, goor, walgelijk* **0.2** ***aas-*** *⇒aasachtig, aasetend.*

'carrion beetle ⟨telb.zn.⟩⟨dierk.⟩ **0.1** ***aaskever*** *⇒doodgraver, aastor, krengtor* ⟨fam. Silphidae⟩.

'carrion crow ⟨telb.zn.⟩⟨dierk.⟩ **0.1** ***zwarte kraai*** ⟨Corvus corone⟩.

carrom →carom.

car·ro·nade ['kærə'neɪd]⟨telb.zn.⟩⟨gesch.⟩ **0.1** ***caronnade*** ⟨scheepskanon⟩ *⇒scheepsmortier.*

car·rot ['kærət]⟨f2⟩⟨zn.⟩
I ⟨telb.zn.⟩ **0.1** ⟨plantk.⟩ ***peen*** ⟨Daucus carota⟩ *⇒(gele/rode) wortel; zomer/winterwortel/peen* **0.2** ⟨fig.; inf.⟩ ***lokkertje*** *⇒lok-*

middel/aas, worst ◆ **1.¶** which shall it be: the ~ or the stick? ⟨ong.⟩ *zeg het maar: moet het goedschiks of kwaadschiks?* **3.2** hold out/offer a ~ to s.o. *iem. een worst voorhouden;*
II ⟨telb. en n.-telb.zn.⟩ **0.1** ⟨ben. voor⟩ ***de wortel v. Daucus carota als groente*** *⇒peen(tjes), wortelen, (zomer)worteltjes; bos/waspeen; grove peen, winterpeen/wortelen* ◆ **3.1** have some more ~ *neem nog wat worteltjes;*
III ⟨mv.; ~s; ww. enk.⟩ ⟨inf.⟩ **0.1** ***rood haar*** **0.2** ***rooie*** *⇒rode stier, vuurtoren.*

car·(r)o·tene ['kærəti:n], **car·(r)o·tin** ⟨n.-telb.zn.⟩ **0.1** ***caroteen*** *⇒carotine, provitamine A.*

'car·rot-'topped ⟨bn.⟩ ⟨inf.⟩ **0.1** ***ros*** *⇒roodharig.*

car·rot·y ['kærəṭi] ⟨bn.⟩ **0.1** ***rood(harig)*** **0.2** ***wortelkleurig*** *⇒oranjerood.*

carrousel →carousel.

car·ry[1] ['kæri] ⟨zn.; →mv. 2⟩
I ⟨telb.zn.⟩ **0.1** ***draagplaats*** ⟨vlakke waterscheiding tussen twee wateren⟩ ⇒⟨ong.⟩ *overhaal, overtoom* **0.2** ⟨mil.⟩ ***(positie v.) geschouderd geweer*** ⟨loodrecht tegen de rechterschouder⟩ **0.3** ⟨AE; sl.⟩ ***brancard-geval*** *⇒zieke, gewonde* ⟨waarvoor een ambulance moet komen⟩;
II ⟨telb. en n.-telb.zn.⟩ **0.1** ⟨golf⟩ ***vliegbaan*** ⟨afstand die bal aflegt⟩ **0.2** ***draagwijdte*** ⟨v.e. vuurwapen⟩ *⇒dracht, bereik, portee;*
III ⟨n.-telb.zn.⟩ **0.1** ⟨ben. voor⟩ ***vervoer*** *⇒het versjouwen/dragen/transporteren* ⟨i.h.b. v.e. boot over een draagplaats⟩.

carry[2] ⟨f4⟩ ⟨ww.; →ww. 7⟩ →carrying
I ⟨onov.ww.⟩ **0.1** ***dragen*** *⇒reiken;* ⟨golf⟩ *terechtkomen op, bereiken* ⟨v. slag⟩ **0.2** ***in verwachting zijn*** *⇒zwanger zijn* **0.3** ***vervoerbaar zijn*** *⇒dragen* **0.4** ***aangenomen worden*** *⇒erdoor komen, het halen* ◆ **1.1** this rifle carries far *dit geweer draagt ver;* his voice carries extremely far *zijn stem draagt/reikt buitengewoon ver* **1.2** our horse is ~ing again *ons paard is weer drachtig* **1.3** a large suitcase doesn't ~ easily *een grote koffer draagt niet gemakkelijk* **1.4** the new law carried by a wide margin *de nieuwe wet is met ruime meerderheid aangenomen* **5.¶** →carry **on;** →carry **over;** →carry **through;**
II ⟨ov.ww.⟩ **0.1** ⟨ben. voor⟩ ***vervoeren*** *⇒transporteren, (over) brengen; (mee)dragen, steunen; (met zich) (mee)voeren, bij zich hebben; afvoeren;* ⟨nat.⟩ *(ge)leiden; (binnen)halen* ⟨oogst e.d.⟩; *drijven; door/optrekken;* ⟨golf⟩ *overbruggen (v.e. afstand) in één slag* **0.2** ***verwachten*** *⇒zwanger/drachtig zijn, dragen* **0.3** ***veroveren*** *⇒in de wacht/uit het vuur slepen, mee naar huis nemen, voor zich winnen, (stormenderhand) (in)nemen* **0.4** ***met zich meebrengen*** *⇒impliceren* **0.5** ⟨hand.⟩ ***(als artikel) voeren*** *⇒in het assortiment hebben, verkopen* **0.6** ***(kunnen) bevatten*** *⇒aankunnen, kunnen hebben* **0.7** ⟨com.⟩ ***brengen*** *⇒uitzenden, publiceren* **0.8** ⟨jacht⟩ ***volgen*** ⟨v. geur⟩ ◆ **1.1** she carries her age very well *ze ziet er goed uit voor haar leeftijd;* this appliance carries a full-year guarantee *op dit apparaat zit een vol jaar garantie;* my brother carries the whole department *de hele afdeling draait op mijn broer;* buses carried us to the stadium *we werden met bussen naar het stadion vervoerd;* she carried her child on her arm *ze droeg haar kind op de arm;* such a crime carries a severe punishment *op zo'n misdaad staat een strenge straf;* some diseases are carried by insects *sommige ziekten worden door insekten overgebracht;* don't ~ your modesty to excess *drijf je bescheidenheid niet te ver door;* ~ a motion *een motie steunen;* the farmers are ~ing the hay *de boeren halen het hooi binnen;* ~ a fence round the garden *een hek rond de tuin plaatsen;* this field carries wheat *op deze akker staat tarwe;* she simply carries all those figures in her head *ze heeft al die cijfers gewoon in haar hoofd;* ⟨inf.⟩ the firm will ~ you until your illness is over *de zaak springt bij tot je weer beter bent;* be careful, he might ~ a gun *pas op, hij heeft misschien een pistool;* the loan carries an interest *de lening is rentedragend;* he carried the news to everyone in the family *hij ging de hele familie af/rond met het nieuwtje;* these pipes will ~ the oil *de olie zal via deze pijpleidingen getransporteerd worden;* those two pillars carry the whole roof *die twee pilaren dragen het hele dak;* ~ new pipes under a street *nieuwe buizen onder een straat leggen;* power carries responsibility *macht verplicht tot verantwoordelijkheid;* ships that ~ sail *zeil voerende schepen;* write 3 and ~ 2 *3 opschrijven, 2 onthouden;* copper wires ~ electric current *elektrische stroom loopt door koperen draden* **1.2** she's ~ing twins *ze verwacht/is in verwachting v.e. tweeling* **1.3** ~ conviction *overtuigen, overtuigend zijn;* the government carried the country *de regering had de steun v.h. land/volk;* ~ one's point *het winnen, zijn mening erdoor krijgen;* ~ one's motion/bill *zijn motie/wetsontwerp erdoor krijgen;* the soldiers carried the enemy's position *de soldaten namen de vijandelijke stelling stormenderhand in* **1.5** the shop carries a wide variety of articles *de winkel heeft een ruim assortiment v. artikelen* **1.6** this field can ~ up to 25 sheep *op dit land kunnen hoogstens 25 schapen grazen/weiden;* the report carried several suggestions for improvement *het rapport bevatte diverse suggesties voor verbetering;* he can't ~ a tune *hij kan geen wijs houden* **1.7** all the networks ~ the press conference *de persconferentie wordt door alle radio- en t.v.-stations uitgezonden* **4.1** Joan carries herself like a model *Joan gedraagt zich als/neemt de houding aan van een mannequin* **4.6** he can't ~ more than a few drinks *hij kan maar een paar borrels hebben* **4.¶** ~ all/everything before one *in ieder opzicht slagen, een totale overwinning behalen* **5.1** you don't have to ~ that umbrella **about** all the time *je hoeft niet voortdurend die paraplu mee te slepen;* the building will be carried **up** to 10 floors *het gebouw wordt opgetrokken tot 10 verdiepingen* **5.¶** ~ too far *overdrijven, te ver gaan met;* →carry **along;** →carry **away;** →carry **back;** →carry **down;** →carry **forward;** →carry **off;** →carry **on;** →carry **out;** →carry **over;** →carry **through** **6.1** ~ **into** effect *ten uitvoer brengen, uitvoeren;* I'll always ~ her memory **with** me *de herinnering aan haar zal me altijd bijblijven* **6.3** he carried his audience **with** him *hij vond gehoor bij het publiek, hij nam het publiek (sterk) voor zich in;* she seems to be ~ing the whole crowd **with** her *het lijkt wel of het hele publiek op haar hand is.*

car·ry·all ['kæriɔ:l] ⟨telb.zn.⟩ **0.1** →ca(r)riole **0.2** ⟨AE⟩ ***auto met twee banken tegenover elkaar in de lengterichting*** *⇒minibusje* **0.3** ***weekendtas*** *⇒reistas.*

'carry a'long ⟨ov.ww.⟩ **0.1** ***stimuleren*** *⇒aansporen, meeslepen/voeren, (voort)drijven* ◆ **7.1** the conviction that she was writing a masterpiece carried her along *de overtuiging dat ze bezig was een meesterwerk te schrijven gaf haar de kracht om door te gaan.*

'carry a'way ⟨f1⟩ ⟨ov.ww.⟩ ⟨meestal pass.⟩ **0.1** ***meesleuren*** *⇒meeslepen, opzwepen, overweldigen* **0.2** ***wegdragen*** **0.3** ⟨scheep.⟩ ***verliezen*** ◆ **1.1** several houses were carried away when the village was flooded *verscheidene huizen werden meegesleurd toen het dorp overstroomd werd* **1.3** the ship's mast was carried away during the hurricane *tijdens de orkaan verspeelde het schip zijn mast* **6.1** carried away **by** rage *in blinde razernij.*

'carry 'back ⟨f1⟩ ⟨ov.ww.⟩ **0.1** ***doen (terug)denken aan*** *⇒terugvoeren* ◆ **1.1** further than my memory will carry me back *verder dan mijn geheugen reikt/strekt;* the sound carries me back to my childhood *het geluid doet me terugdenken aan mijn kindertijd.*

'car·ry·cot ⟨f1⟩ ⟨telb.zn.⟩ ⟨vnl. BE⟩ **0.1** ***reiswieg.***

'carry 'down ⟨ov.ww.⟩ ⟨boekhouden⟩ **0.1** ***overbrengen*** ⟨naar rekening op zelfde pagina⟩.

'carry 'forward ⟨ov.ww.⟩ **0.1** ⟨boekhouden⟩ ***transporteren*** **0.2** ***vorderen met*** *⇒voortzetten* **0.3** ⟨ec.⟩ ***in mindering brengen*** ⟨verlies of ongebruikt krediet op het belastbaar inkomen over een volgende periode⟩ *⇒overbrengen naar volgend boekjaar* **0.4** ***doortrekken*** ⟨spoor e.d.⟩ ◆ **1.2** ~ the work *vorderen met het werk.*

car·ry·ing ['kæriɪŋ] ⟨bn.; teg. deelw. v. carry⟩ **0.1** ***vérdragend*** ⟨v. stem⟩.

'carrying agent ⟨telb.zn.⟩ **0.1** ***expediteur.***

'carrying business ⟨telb.zn.⟩ **0.1** ***expeditiebedrijf.***

'carrying capacity ⟨telb. en n.-telb.zn.⟩ **0.1** ***laadvermogen*** **0.2** ***draagvermogen.***

car·ry·ings-on ['kæriɪŋz 'ɒn‖-'ɑn] ⟨mv.⟩ ⟨inf.⟩ **0.1** ***(bedenkelijke/dolle) streken*** *⇒strapatsen, fratsen* **0.2** ***geflirt*** ◆ **2.1** such queer ~ next door! *wat er nou gebeurt hiernaast!* **5.1** as soon as the lights went out there were ~ *zodra het licht uitging begon het gedonder in de glazen.*

'carrying trade ⟨n.-telb.zn.⟩ **0.1** ***vrachtvaart*** *⇒goederenvervoer.*

'carrying traffic ⟨n.-telb.zn.⟩ **0.1** ***goederenvervoer.***

'carry 'off ⟨f1⟩ ⟨ov.ww.⟩ **0.1** ***winnen*** *⇒veroveren, in de wacht slepen, behalen* **0.2** ***v.h. leven beroven*** *⇒doen overlijden, de dood ten gevolge hebben* **0.3** ***wegvoeren*** *⇒ontvoeren, vangen, er vandoor gaan met, roven* **0.4** ***trotseren*** *⇒braveren, tarten* ◆ **1.1** they're bound to ~ the first prize *zij zullen zeker beslag leggen op de eerste prijs* **1.3** people used to think that gypsies carried their children off *men dacht vroeger dat zigeuners de kinderen meenamen* **4.¶** I managed to carry it off *ik heb me eruit weten te redden, ik heb me er doorheen geslagen* **6.2** he was carried off **by** malaria *hij overleed aan malaria.*

'carry 'on ⟨f2⟩ ⟨ww.⟩
I ⟨onov.ww.⟩ **0.1** ***doorgaan*** *⇒zijn gang gaan, doorzetten* **0.2** ⟨inf.⟩ ***tekeergaan*** *⇒heisa/stennis/ophef maken, zich aanstellen* **0.3** ⟨inf.; vaak pej.⟩ ***scharrelen*** *⇒het houden/het aanleggen met (elkaar)* ◆ **5.1** just ~ as usual *gaat u maar gewoon door* **5.2** how she did ~! *wat ging ze tekeer!* **6.1** you'd better ~ **with** your work *ik zou maar weer aan het werk gaan;* (here is sth.) to ~ **with/to** be carrying on **with** *(hier is iets) om mee te beginnen, (hier is) voorlopig/alvast (iets)* **6.3** he carries on **with** the woman next door *hij houdt het met de buurvrouw;*
II ⟨ov.ww.⟩ **0.1** ***continueren*** *⇒voortzetten, volhouden* **0.2** ***(uit)***

voeren ⇒*drijven, gaande houden, uitoefenen* **0.3** ***voeren*** ⟨oorlog, proces e.d.⟩ ◆ **1.1** ~ the good work! *hou vol!, houden zo!* **1.2** a great many shady deals are carried on in broad daylight here *er worden hier open en bloot heel wat louche zaakjes gedaan;* these days it's hard to ~ the business *het valt vandaag de dag niet mee om de zaak draaiende te houden* **3.1** ~ talking *doorpraten.*

'car·ry-on[1] ⟨f1⟩ ⟨telb.zn.; ook carry-on; →mv. 4⟩ **0.1** ***hand(bagage) tasje*** ⇒*vliegtuigkoffertje, attachécase, diplomatenkoffertje* **0.2** ***aanstellerij*** ⇒*opgewonden gedoe* **0.3** ***vreemde manier v. doen.***

carry-on[2] ⟨f1⟩ ⟨bn.⟩ **0.1** ***(gemakkelijk) draagbaar*** ⇒*hand-* ◆ **1.1** ~ luggage *handbagage.*

'carry 'out ⟨ov.ww.⟩ **0.1** ***uitvoeren*** ⇒*vervullen, ten uitvoer brengen, volbrengen* ◆ **1.1** ~ tests *proeven doen/nemen/uitvoeren* **6.1** ~ **to** the letter *naar de letter uitvoeren.*

'carry-out ⟨bn.⟩ ⟨AE; Sch. E⟩ **0.1** ***om mee te nemen*** ◆ **1.1** ~ restaurant *afhaalrestaurant, uitzendrestaurant.*

'carry 'over ⟨f1⟩ ⟨ww.⟩

I ⟨onov.ww.⟩ **0.1** ***bijblijven*** ⇒*meekrijgen* ◆ **1.1** many habits ~ from childhood *veel gewoonten krijgt men uit zijn jeugd mee;*

II ⟨ov.ww.⟩ **0.1** →carry forward **0.2** ***uitstellen*** ⇒*verschuiven (naar een later tijdstip), overhevelen* **0.3** ⟨beurs⟩ ***reporteren.***

'carry-over ⟨f1⟩ ⟨zn.⟩

I ⟨telb.zn.⟩ **0.1** ⟨hand.⟩ ***rescontre*** ⇒*verzekering, afrekening* **0.2** ⟨vaak enk.⟩ ⟨boekhouden⟩ ***transport*** **0.3** ***beïnvloeding*** ⇒*doorwerking, invloed, uitstraling;*

II ⟨telb. en n.-telb.zn.⟩ **0.1** ***(tot heden/tot later) uitgestelde aangelegenheid/materie*** **0.2** ***overgehouden artikel/voorraad*** ⇒*restant.*

'carry 'through ⟨f1⟩ ⟨ww.⟩

I ⟨onov.ww.⟩ **0.1** ***voortbestaan*** ⇒*voortduren* ◆ **1.1** sentiments that ~ to the present *gevoelens/gedachten die tot op de dag v. vandaag voortleven;*

II ⟨ov.ww.⟩ **0.1** ***erdoor helpen/slepen*** ⇒*bijstaan, helpen te doorstaan* **0.2** ***uitvoeren*** ⇒*realiseren, nakomen, voltooien* ◆ **1.2** you should carry your promises through *je moet je aan je beloften houden* **7.1** his faith carried him through *zijn geloof hield hem op de been.*

'car·sick ⟨f1⟩ ⟨bn.; -ness⟩ **0.1** ***wagenziek.***

cart[1] [kɑ:t‖kɑrt] ⟨f3⟩ ⟨telb.zn.⟩ **0.1** ***kar*** ⇒*boerenkar, (paard en) wagen, tilbury, hand/hondekar* ◆ **1.¶** put/set the ~ before the horse *het paard achter de wagen spannen* **3.¶** ⟨vnl. BE; sl.⟩ put in the ~ *belazeren, een oor aannaaien; voor joker zetten, in de maling nemen; in de steek laten* **6.¶** ⟨vnl. BE; sl.⟩ be **in** the ~ *de sigaar zijn, de klos zijn.*

cart[2] ⟨f2⟩ ⟨ov.ww.⟩ **0.1** ***vervoeren in een kar*** ⇒*karren, binnenhalen* ⟨bv. oogst⟩ **0.2** ⟨inf.⟩ ***(rond)zeulen*** ⇒*(rond)sjouwen (met)* ◆ **1.1** ~ manure *mest karren* **5.1** ~ **away** the rubbish *de rommel afvoeren;* ~ **off** a prisoner *een gevangene (hardhandig) afvoeren* **5.2** do you really have to ~ that bag **around** all day? *moet je nu echt de hele dag met die tas rondsjouwen?.*

cart·age ['kɑ:tɪdʒ‖'kɑrṭɪdʒ] ⟨zn.⟩

I ⟨telb. en n.-telb.zn.⟩ **0.1** ***vracht(prijs)*** ⇒*sleeploon;*

II ⟨n.-telb.zn.⟩ **0.1** ***vervoer*** ⟨vnl. over korte afstand, oorspr. per kar⟩.

'cart·cov·er ⟨telb.zn.⟩ **0.1** ***huif.***

carte [kɑ:t‖kɑrt] ⟨telb.zn.⟩ ⟨cul.⟩ ◆ **6.¶** **à** la ~ *à la carte.*

carte blanche ['kɑ:t 'blɑ:nʃ‖'kɑrt-] ⟨f1⟩ ⟨telb. en n.-telb.zn.; cartes blanches ['kɑ:ts-‖'kɑrts-]; →mv. 5⟩ **0.1** ***carte blanche*** ⇒*blanco/onbeperkte volmacht, vrije hand* **0.2** ⟨kaartspel⟩ ***hand zonder poppen*** ⇒*poploze hand.*

carte de visite ['kɑ:t də vi:'zi:t‖'kɑrt-] ⟨telb.zn.; cartes de visite ['kɑ:ts-‖'kɑrts-]; →mv. 5⟩ **0.1** ⟨AE⟩ ***visitekaartje.***

car·tel, kar·tell [kɑ:'tel‖kɑr-] ⟨f1⟩ ⟨telb.zn.⟩ **0.1** ⟨hand.⟩ ***kartel*** **0.2** ***blok*** ⟨v. politieke partijen⟩ ⇒*coalitie,* ⟨B.⟩ *kartel* **0.3** ***cartel*** ⟨verdrag mbt. krijgsgevangenen⟩ ⇒*uitwisselingsovereenkomst/verdrag* **0.4** ***cartel*** ⇒*uitdaging(sbriefje) voor een duel.*

car·tel·ize, -ise [kɑ:'telaɪz‖kɑr-] ⟨onov. en ov.ww.⟩ **0.1** ***kartelleren*** ⇒*een kartel vormen, zich aaneensluiten tot een kartel.*

cart·er ['kɑ:tə‖'kɑrṭər] ⟨telb.zn.⟩ **0.1** ***voerman*** ⇒*sleper, karrevoerder, karreman* **0.2** ⟨AE⟩ ***transportarbeider*** ⇒*(vrachtwagen) chauffeur.*

Car·te·sian[1] [kɑ:'ti:ʒn‖kɑr-] ⟨telb.zn.⟩ **0.1** ***Cartesiaan*** ⇒*aanhanger /volgeling v. Descartes.*

Cartesian[2] ⟨bn.⟩ **0.1** ***Cartesiaans*** ⇒*Cartesisch, van/zoals bij Descartes* ◆ **1.1** ⟨wisk.⟩ ~ coordinate system *Cartesisch assenstelsel;* ~ diver *Cartesiaans duikertje/duiveltje* ⟨toestelletje ter demonstratie v.d. wet v. Archimedes⟩.

Car·te·sian·ism [kɑ:'ti:ʒənɪzm‖kɑr-] ⟨n.-telb.zn.⟩ ⟨fil.⟩ **0.1** ***cartesianisme*** ⇒*stelsel v. Descartes.*

cart·ful ['kɑ:tfʊl‖'kɑrt-] ⟨telb.zn.⟩ **0.1** ***karrelast*** ⇒*karrevracht, kar (vol).*

Car·tha·gin·i·an[1] ['kɑ:θə'dʒɪnɪən‖kɑr-] ⟨zn.⟩

I ⟨eig.n.⟩ **0.1** ***Carthaags*** ⇒*(door de Carthagers gesproken) Fenicisch;*

II ⟨telb.zn.⟩ **0.1** ***Carthager*** ⇒*inwoner v. Carthago.*

Carthaginian[2] ⟨bn.⟩ **0.1** ***Carthaags*** ⇒*mbt. (de cultuur/taal v.) Carthago* ◆ **1.1** ~ peace *Carthaagse vrede* ⟨met uitzonderlijk strenge voorwaarden⟩; ~ Wars *Punische oorlogen.*

'cart horse ⟨f1⟩ ⟨telb.zn.⟩ **0.1** ***karrepaard*** ⇒*boerenpaard, trekpaard, brouwerspaard.*

Car·thu·sian[1] [kɑ:'θju:zɪən‖kɑr'θu:ʒn] ⟨telb.zn.⟩ **0.1** ⟨relig.⟩ ***kartuizer*** ⇒*kartuizermonnik; kartuizerin, kartuizernon* **0.2** ⟨BE⟩ ***(oud-)leerling v.d. Charterhouse School*** ⟨te Godalming, Surrey⟩.

Carthusian[2] ⟨bn.⟩ **0.1** ⟨relig.⟩ ***kartuizer*** ⇒*mbt. de (orde der) kartuizers* **0.2** ⟨BE⟩ ***mbt. de Charterhouse School.***

car·ti·lage ['kɑ:tlɪdʒ‖'kɑrṭḷɪdʒ] ⟨f1⟩ ⟨telb. en n.-telb.zn.⟩ **0.1** ***kraakbeen*** ⇒*cartilago* ◆ **1.1** the ~s of the larynx *de kraakbeenderen v.h. strottehoofd* **2.1** temporary ~ *tijdelijk kraakbeen* **3.1** joints are protected by ~ *gewrichten worden beschermd door kraakbeen.*

car·ti·lag·i·nous ['kɑ:tɪ'lædʒənəs‖'kɑrṭḷ-] ⟨bn.⟩ **0.1** ***kraakbeenachtig*** ⇒*cartilagineus.*

'cart·load ⟨telb.zn.⟩ **0.1** ***karrevracht*** **0.2** ***1/3 kubieke yard*** ◆ **6.1** money came in **by** the ~ *het geld kwam met karrevrachten binnen.*

'car toad ⟨telb.zn.⟩ ⟨AE; inf.⟩ **0.1** ***treinmonteur.***

car·to·gram ['kɑ:təgræm‖'kɑrṭə-] ⟨telb.zn.⟩ ⟨aardr.⟩ **0.1** ***cartogram*** ⇒*statistische kaart.*

car·tog·ra·pher [kɑ:'tɒgrəfə‖kɑr'tɑgrəfər] ⟨telb.zn.⟩ ⟨aardr.⟩ **0.1** ***cartograaf*** ⇒*(land)kaarttekenaar, kaartenmaker.*

car·to·graph·ic ['kɑ:tə'græfɪk‖'kɑrṭə-], **car·to·graph·i·cal** [-ɪkl] ⟨bn.⟩ ⟨aardr.⟩ **0.1** ***cartografisch*** ⇒*mbt. de cartografie.*

car·tog·ra·phy [kɑ:'tɒgrəfi‖kɑr'tɑ-] ⟨n.-telb.zn.⟩ ⟨aardr.⟩ **0.1** ***cartografie*** ⇒*het kaarttekenen.*

car·to·man·cy ['kɑ:toʊmænsi‖'kɑrṭə-] ⟨n.-telb.zn.⟩ **0.1** ***kaartlegging*** ⇒*kaartlezing, cartomantie.*

car·ton[1] ['kɑ:tn‖'kɑrtn] ⟨f2⟩ ⟨telb.zn.⟩ **0.1** ***kartonnen doos*** ⇒*karton* **0.2** ***wit*** ⟨middelpunt v. schietschijf⟩ **0.3** ***schot in het wit*** ⟨v. schietschijf⟩ ◆ **1.1** a ~ of cigarettes *een slof sigaretten;* milk in ~s *melk in kartons;* a ~ of milk *een kartonnetje melk.*

carton[2] ⟨ov.ww.⟩ **0.1** ***in karton verpakken.***

car·toon[1] ['kɑ:'tu:n‖kɑr-] ⟨f2⟩ ⟨telb.zn.⟩ **0.1** ⟨beeld. k.⟩ ***karton*** ⇒*schets; contour/modeltekening* **0.2** ***(politieke) spotprent*** ⇒*karikatuur(tekening), satirische prent, cartoon, getekende mop* **0.3** ***strip(verhaal)*** ⇒*beeldverhaal, striptekening* **0.4** ***tekenfilm*** ⇒*animatiefilm* ◆ **3.3** animated ~ *tekenfilm, animatiefilm.*

cartoon[2] ⟨ww.⟩

I ⟨onov.ww.⟩ **0.1** ⟨beeld. k.⟩ ***kartontekenen*** ⇒*schetsen* **0.2** ***karikatuur/cartoon/striptekenen;***

II ⟨ov.ww.⟩ **0.1** ***schetsen*** ⇒⟨i.h.b.⟩ ⟨beeld. k.⟩ *in karton tekenen* **0.2** ***in karikatuur/cartoon/strip(vorm) uitbeelden*** ⇒*karikaturiseren.*

car·toon·ist ['kɑ:'tu:nɪst‖'kɑr-] ⟨f1⟩ ⟨telb.zn.⟩ **0.1** ***cartoonist*** ⇒*karikaturist, karikatuur/cartoon/striptekenaar.*

car·touch(e) [kɑ:'tu:ʃ‖kɑr-] ⟨telb.zn.⟩ **0.1** ***kardoes*** ⇒*patroon(huls), (vuurwerk)cartouche* **0.2** ⟨bouwk.⟩ ***cartouche*** ⟨ovaal schild met lijst v. lofwerk⟩ ⇒*lofwerk, sierlijst, krulversiering, volute* ⟨v. Ionisch kapiteel⟩ **0.3** ⟨wapenkunde⟩ ***cartouche*** ⟨omkruld wapenschild⟩ **0.4** ⟨hiërogliefen⟩ ***cartouche*** ⟨ovale omlijsting rond koningsnaam⟩.

'car·tow ⟨telb.zn.⟩ ⟨zweefvliegen⟩ **0.1** ***autosleepstart.***

car·tridge ['kɑ:trɪdʒ‖'kɑr-] ⟨f2⟩ ⟨telb.zn.⟩ **0.1** ***patroon(huls)*** ⇒*hagel/jachtpatroon* **0.2** ***verwisselbaar pick-up element*** **0.3** ⟨ben. voor⟩ ***(kant en klare) vulling*** ⇒*cassette* ⟨film of klank⟩; *inktpatroon; gasvulling* ⟨voor kampeerkookstel, gasaansteker e.d.⟩.

'cartridge bag ⟨telb.zn.⟩ **0.1** ***kardoes*** ⟨buskruitzakje voor kanonlading⟩.

'cartridge belt ⟨telb.zn.⟩ **0.1** ***patroongordel/riem.***

'cartridge case ⟨telb.zn.⟩ **0.1** ***patroonhuls.***

'cartridge clip ⟨telb.zn.⟩ **0.1** ***patroonhouder*** ⟨voor automatisch wapen⟩.

'cartridge paper ⟨n.-telb.zn.⟩ **0.1** ***patroonpapier*** ⟨voor de vervaardiging v. (jacht)patronen⟩ ⇒*kardoespapier* **0.2** ***(dik, wit) tekenpapier.***

'cart road, 'cart rut, 'cart track ⟨telb.zn.⟩ **0.1** ***karrespoor*** ⇒*wagenspoor, (onverharde) landweg.*

cartulary →chartulary.

'cart·wheel[1] ⟨f1⟩ ⟨telb.zn.⟩ **0.1** ***karrewiel*** ⟨ook fig.⟩ ⇒*karrad, wagenwiel* **0.2** ⟨gymnastiek⟩ ***radslag*** **0.3** ⟨AE; sl.⟩ ***zilveren dollar*** ⇒⟨ong.⟩ *achterwiel* ◆ **3.2** do/turn ~s *radslagen maken, radslaan.*

cartwheel[2] ⟨onov.ww.⟩ **0.1** ***een radslag maken*** ⇒*radslaan.*

'cart·wright ⟨telb.zn.⟩ **0.1** ***wagenmaker*** ⇒*rijtuigmaker.*

car·un·cle ['kærəŋkl,kə'rʌŋkl]⟨telb.zn.⟩ **0.1** ⟨biol.⟩ ***vlezige uitwas*** ⇒*halskwab,* ⟨i.h.b.⟩ *kam, lel* ⟨v. hoenderachtige vogels⟩ **0.2** ⟨plantk.⟩ ***uitstulping op/nabij de zaadnavel.***

carve [kɑ:v‖kɑrv]⟨f3⟩⟨ww.; vero. volt. deelw. ook carven⟩ →carving
I ⟨onov.ww.⟩ **0.1** ***beeldhouwen*** **0.2** ***graveren*** ◆ **1.1** my sister ~s *mijn zusje is beeldhouwster;*
II ⟨onov. en ov.ww.⟩ **0.1** ***voorsnijden*** ⟨vlees, gevogelte e.d.⟩ ⇒*trancheren, in plakken/stukken snijden* ◆ **1.1** father usually ~s the meat *vader snijdt het vlees meestal voor* **5.¶** →carve **up;**
III ⟨ov.ww.⟩ **0.1** ⟨ben. voor⟩ ***maken/vormen/bewerken met behulp v.e. scherp voorwerp*** ⇒*kerven, (beeld)snijden; houwen, hakken, beitelen; krassen, griffen, graveren/beeldhouwen in; splijten, verdelen* **0.2** ⟨AE; sl.⟩ ***een 'kick' geven*** ⇒*grote indruk maken op, door de ziel snijden* ◆ **1.1** ~ one's name in a bench *je naam in een bank kerven;* ~d traits *gebeeldhouwde trekken;* ~ one's way *zich een weg banen;* wrinkles ~d his face *rimpels doorgroefden zijn gelaat* **5.1** →carve **out 6.1** ~ **from** marble *uit marmer houwen;* ~ wood **into** a figure, ~ a figure **out of** wood *uit hout een figuur snijden.*

carvel →caravel.

'car·vel-built ⟨bn.⟩⟨scheep.⟩ **0.1** ***gladwerks*** ⇒*in karveelbouw* ⟨scheepsbouw met huidplanken zijdelings tegen elkaar⟩.

'carve 'out ⟨f1⟩⟨ov.ww.⟩ **0.1** ***uitsnijden*** ⇒*afsnijden, (uit)houwen* **0.2** ***bevechten*** ⇒*zich veroveren, met veel inspanning verwerven* ◆ **1.1** ~ a path *een pad hakken* **1.2** a carved-out career/position *een zwaar bevochten carrière/positie;* everyone must ~ his own fortune *elk is de bewerker van zijn eigen geluk;* he carved out a name for himself *hij heeft zich met veel moeite een naam opgebouwd.*

carv·er ['kɑ:və‖'kɑrvər]⟨f1⟩⟨zn.⟩
I ⟨telb.zn.⟩ **0.1** ⟨ben. voor⟩ ***iem. die materiaal bewerkt met behulp v.e. scherp voorwerp*** ⇒*beeldhouwer; houtsnijder; graveur* **0.2** ***voorsnijder/voorsnijdster*** **0.3** ***voorsnijmes*** ⇒*trancheermes* **0.4** ⟨BE⟩ ***eetkamerstoel met leuningen;***
II ⟨mv.; ~s⟩ **0.1** ***voorsnijcouvert.***

'carve 'up ⟨f1⟩⟨ov.ww.⟩ **0.1** ⟨inf.⟩ ***opdelen*** ⇒*verdelen, aan stukken snijden* **0.2** ⟨sl.⟩ ***een jaap bezorgen*** ⇒*steken, aan het mes rijgen* **0.3** ⟨sl.⟩ ***link laten zitten*** ⇒*op (de) link nemen* ⟨een medeplichtige zijn deel v.d. buit onthouden⟩ ◆ **1.1** the victors carved up the defeated country *de overwinnaars namen elk een stuk v.h. overwonnen land.*

'carve-up ⟨telb.zn.⟩⟨sl.⟩ **0.1** ⟨BE⟩ ***zwendeltje v.e. aantal personen*** **0.2** ***verdeling v.d. buit*** **0.3** ***erfenisje.***

carv·ing ['kɑ:vɪŋ‖'kɑr-]⟨f1⟩⟨zn.; (oorspr.) gerund v. carve⟩
I ⟨telb.zn.⟩ **0.1** ⟨ben. voor⟩ ***met behulp v.e. scherp instrument gemaakt/bewerkt voorwerp*** ⇒*houtsnede; gravure; beeld(houwwerk), sculptuur; reliëf;*
II ⟨n.-telb.zn.⟩ **0.1** ⟨ben. voor⟩ ***het maken/vormen/bewerken met behulp v.e. scherp voorwerp*** ⇒*het houtsnijden, houtsnijwerk; graveerwerk; beeldhouwwerk.*

'carving fork ⟨f1⟩⟨telb.zn.⟩ **0.1** ***voorsnijvork*** ⇒*vleesvork.*

'carving knife ⟨f1⟩⟨telb.zn.⟩ **0.1** ***voorsnijmes*** ⇒*vleesmes.*

'car-wash ⟨telb.zn.⟩⟨vnl. AE⟩ **0.1** ***autowasserette*** ⇒*autowasplaats/wasstraat,* ⟨B. vnl.⟩ *carwash.*

car·y·at·id ['kæri'ætɪd]⟨telb.zn.; ook caryatides [-'ætɪdi:z]; →mv. 5⟩⟨bouwk.⟩ **0.1** ***kariatide*** ⟨vrouwenbeeld als schoorzuil of pilaster⟩.

car·y·o- →karyo-.

car·y·op·sis ['kæri'ɒpsɪs‖-'ɑpsɪs]⟨telb.zn.; caryopses [-si:z], caryopsides [sɪdi:z]; →mv. 5⟩⟨plantk.⟩ **0.1** ***caryopsis*** ⇒*graanvrucht, grasvrucht.*

Cas·a·no·va ['kæsə'noʊvə]⟨eig.n., telb.zn.⟩ **0.1** ***Casanova*** ⇒*vrouwenveroveraar, versierder, Don Juan.*

cas·bah, kas·ba(h) ['kæzbɑ:]⟨telb.zn.; ook C-, K-⟩ **0.1** ***kasba(h)*** ⟨Arabische citadel en handelswijk⟩.

cas·cade[1] [kæ'skeɪd]⟨f1⟩⟨telb.zn.⟩ **0.1** ***cascade*** ⇒*kleine waterval* ⟨i.h.b. als deel v. grotere waterval⟩ **0.2** ⟨tech.⟩ ***cascadeproces*** ⇒*cascadeschakeling;* ⟨schei.⟩ *cascademethode;* ⟨nat.⟩ *cascadebui* ◆ **1.1** her hair fell down in a ~ of curls *haar haren vielen neer in een waterval v. krullen;* ~ of flowers/lace *draperieën v. bloemen/kant.*

cascade[2] ⟨f1⟩⟨ww.⟩
I ⟨onov.ww.⟩ **0.1** ***vallen (als) in een waterval;***
II ⟨ov.ww.⟩ **0.1** ***doen vallen (als) in een waterval*** ⇒*draperen.*

cas·car·a [kæ'skɑ:rə‖kæ'skærə]⟨zn.⟩
I ⟨telb.zn.⟩ →cascara buckthorn;
II ⟨n.-telb.zn.⟩ →cascara sagrada.

cas'cara 'buck·thorn ⟨telb.zn.⟩⟨plantk.⟩ **0.1** ***Amerikaanse wegedoorn*** ⟨Rhamnus Purshiana⟩.

cascara sa·gra·da [kæ'skɑ:rə sə'grɑ:də‖kæ'skærə-]⟨n.-telb.zn.⟩ ⟨med.⟩ **0.1** ***cascara*** ⇒*Spaanse bast* ⟨vroeger gebruikt als laxeermiddel⟩.

case[1] [keɪs]⟨f4⟩⟨zn.⟩
I ⟨telb.zn.⟩ **0.1** ***geval*** ⇒*kwestie, zaak; stand v. zaken; voorbeeld, specimen;* ⟨med.⟩ *patiënt, ziektegeval;* ⟨inf.⟩ *(excentriek) type;* ⟨AE; inf.⟩ *vroegwijs/voorlijk kind* **0.2** ***(verzameling vóór iets pleitende) argumenten*** ⇒*bewijs(materiaal), pleidooi* ⟨ook jur.⟩ **0.3** ⟨jur.⟩ ***(rechts)zaak*** ⇒*geding, proces* **0.4** ⟨ben. voor⟩ ***omhulsel*** ⟨vnl. met inhoud⟩ ⇒*doos, kist, koffer; zak, tas(je); schede, foedraal, koker; (patroon)huls, mantel; sloop, overtrek; cassette, etui; omslag; band; uitstalkast, vitrine; kast* ⟨v. horloge, piano; voor boeken; enz.⟩; ⟨tech.⟩ *huis; trommel, bus; (worst)vel;* ⟨plantk.⟩ *zaadhuisje/hulsel* **0.5** ***kozijn*** ⇒*raamwerk, deurlijst* **0.6** ⟨druk.⟩ ***(letter)kast*** **0.7** ⟨AE; inf.⟩ ***(grote)liefde*** ⇒*vlam* **0.8** ⟨AE; sl.⟩ ***onderzoek*** ⇒*inspectie* ⟨v. gebouw, voorafgaande aan inbraak⟩ ◆ **1.1** ~ of conscience *gewetenskwestie;* ~ of honour *erezaak;* ~ in point *voorbeeld ter adstructie, goed voorbeeld, typisch geval* **2.1** it's a clear ~ of theft *het is een duidelijk geval v. diefstal;* he's a real ~ *hij is echt geschift* **2.2** have a strong ~ *er goed/sterk voor staan* **2.3** criminal ~ *strafzaak* **2.6** lower ~ *onderkast* ⟨kleine letter⟩; upper ~ *bovenkast, kapitaal* ⟨hoofdletters⟩ **3.2** make (out) one's ~ *zijn gelijk bewijzen/staven, aantonen dat men gelijk heeft;* make out a/one's ~ for *pleiten/zich sterk maken voor;* put the ~ (that) *opperen/voorstellen (om te)* **3.3** leading ~ *precedent;* prepare a ~ *een zaak voorbereiden;* present a ~ *een zaak uiteenzetten* **3.7** have a ~ on s.o. *verliefd zijn op iem.* **3.¶** give the ~ against/for s.o. *ten nadele/voordele v. iem. beslissen;* that won't meet this ~ *dat lost dit probleem niet op, dat voldoet niet in dit geval* **6.1 in** ~ *voor het geval dat;* ⟨vnl. AE⟩ *als, indien, ingeval;* (just) **in** ~ *voor het geval dat, voor alle/de zekerheid;* **in** ~ **of** *in geval van, voor het geval dat;* **in** the ~ **of** *aangaande, met betrekking tot;* ⟨vnl. AE; logica⟩ **just in** ~ *dan en slechts dan* **6.2** there is a ~ **for** leaving right now *er valt iets voor te zeggen nu meteen te vertrekken;* the ~ **for** the defendant *het pleidooi ten gunste v.d. beklaagde* **6.¶** ⟨AE; sl.⟩ get **off** my ~ *laat me met rust;* ⟨AE; sl.⟩ get **on** s.o.'s ~ *zich met iem. bemoeien, iem. bekritiseren* **7.1** in any ~ *in elk geval, hoe dan ook;* in no ~ *in geen geval;* it's (not) the ~ *het is (niet) zo, het is (niet) waar/het geval;* such being the ~ *in het licht daarvan, in dat geval;* in this/that ~ *in dit/dat geval;* three ~s of measles *drie gevallen v. mazelen;* in your ~, things are different *in jouw geval liggen de zaken anders* **7.2** have no ~ *geen been hebben om op te staan* **7.3** my ~ is to be heard today *mijn zaak dient vandaag/komt vandaag voor* **8.1** as the ~ may be *afhankelijk v./(al) naar gelang v.d. situatie/omstandigheden;*
II ⟨telb. en n.-telb.zn.⟩⟨taalk.⟩ **0.1** ***naamval*** ⇒*casus* **0.2** ***casus*** ⟨semantische rol/functie⟩.

case[2] ⟨f1⟩⟨ww.⟩ →cased, casing
I ⟨onov.ww.⟩ →case out;
II ⟨ov.ww.⟩ **0.1** ***voorzien v.e. omhulsel*** ⟨enz., zie case[1] I 0.4⟩ ⇒*insluiten, vatten* **0.2** ⟨sl.⟩ ***afleggen*** ⇒*verkennen, onderzoeken* ⟨gebouw, persoon vóór beroving⟩ ◆ **1.2** before robbing the joint the thief had first ~d it *voor hij de tent beroofde had de dief de boel eerst afgelegd/verkend.*

'case ace ⟨telb.zn.⟩⟨AE; inf.⟩ **0.1** ***vierde aas*** ⟨vnl. bij poker⟩ ⇒*carré azen.*

ca·se·a·tion [keɪsɪ'eɪʃn]⟨n.-telb.zn.⟩ **0.1** ***verkazing.***

'case·book ⟨f1⟩⟨telb.zn.⟩ **0.1** ⟨ben. voor⟩ ***register v. behandelde gevallen*** ⟨door arts, jurist, maatschappelijk werker, politie e.d.⟩ ⇒*patiënten/cliëntenboek, casuslijst/register* **0.2** ⟨school.⟩ ***reader*** ⇒*anthologie* ⟨met artikelen, commentaar als bron voor opstellen, scripties⟩.

'casebook example ⟨telb.zn.⟩ **0.1** ***schoolvoorbeeld*** ⇒*model, typisch voorbeeld, perfecte uitvoering.*

'case bottle ⟨telb.zn.⟩ **0.1** ***fles*** ⟨die in een rek of doos past⟩.

'case-bound ⟨bn.⟩ **0.1** ***gebonden*** ⟨v. boek⟩ ⇒*met harde kaft.*

cased [keɪst]⟨bn.; oorspr. volt. deelw. v. case+2⟩ **0.1** ***met harde kaft*** ⟨v. boek⟩.

'case dough ⟨n.-telb.zn.⟩⟨AE; sl.⟩ **0.1** ***spaarpotje*** ⇒*appeltje voor de dorst, (geld in) oude kous.*

'case ending ⟨telb.zn.⟩⟨taalk.⟩ **0.1** ***naamvalsuitgang.***

'case frame ⟨telb.zn.⟩⟨taalk.⟩ **0.1** ***casusraam.***

'case goods ⟨mv.⟩ **0.1** ***stukgoed*** ⟨per kist/doos/krat geleverde waar⟩ **0.2** ***(berg)meubelen.***

'case grammar ⟨telb. en n.-telb.zn.⟩⟨taalk.⟩ **0.1** ***casusgrammatica.***

'case·hard·en ⟨ov.ww.⟩ →casehardened **0.1** ⟨tech.⟩ ***carboneren*** ⇒*nitreren,* ⟨oppervlaktebehandeling ter verhoging v. hardheid⟩ *pakharden, inzetten* **0.2** ***ongevoelig maken*** ⇒*(doen ver)harden.*

'case·hard·ened ⟨bn.; volt. deelw. v. caseharden⟩ **0.1** ***gehard*** ⟨door ervaring⟩ ⇒*ongevoelig* **0.2** ***vastgeroest*** ⇒*verstokt, verhard.*

'case 'history ⟨f1⟩⟨telb.zn.⟩ **0.1** ***voorgeschiedenis*** ⇒*doopceel;* ⟨med.⟩ *anamnese, ziektegeschiedenis* **0.2** ⟨ind., techn.⟩ ***toepassingsvoorbeeld*** ⟨v. produkt/systeem⟩.

ca·se·in ['keɪsi:n,'keɪsiɪn]⟨n.-telb.zn.⟩ **0.1** ***caseïne*** ⇒*kaasstof* ⟨eiwitachtig bestanddeel v. melk en kaas⟩.

'case knife ⟨telb.zn.⟩ **0.1** ***mes met bijbehorende schede*** ⇒*jagersmes, kampmes* **0.2** ***tafelmes*** ⟨i.h.b. een met een houten handvat⟩.

'case law ⟨n.-telb.zn.⟩⟨jur.⟩ **0.1** ***jurisprudentie(recht)*** ⇒*precedentenrecht*.

'case load ⟨f1⟩⟨telb.zn.⟩ **0.1** ***cliënten/patiëntenlast*** ⟨door arts, rechter enz. behandelde gevallen in een bepaalde periode⟩.

case-man ['keɪsmən]⟨telb.zn.; case-men; →mv. 3⟩⟨druk.⟩ **0.1** ***letterzetter***.

case·mate ['keɪsmeɪt]⟨telb.zn.⟩⟨mil.⟩ **0.1** ***kazemat*** **0.2** ***geschuttoren*** ⇒*gepantserde geschutstelling op oorlogsschip*.

case·mat·ed ['keɪsmeɪṭɪd]⟨bn.⟩ **0.1** ***(versterkt) met kazematten*** ⇒*gepantserd*.

case·ment ['keɪsmənt], ⟨in bet. 0.1 ook⟩ **'casement 'window** ⟨telb.zn.⟩ **0.1** ***openslaand raam*** **0.2** ⟨schr.⟩ ***venster***.

'casement cloth ⟨n.-telb.zn.⟩ **0.1** ***(eenvoudige) gordijnstof*** ⇒*landhuisstof, cretonne, dobby*.

'case note ⟨telb.zn.⟩⟨AE; inf.⟩ **0.1** ***briefje van één dollar*** ⇒*dollar;* ⟨ong.⟩ *piek*.

ca·se·ous ['keɪsɪəs]⟨bn.⟩ **0.1** ***kazig*** ⟨ook als aanduiding voor verkaasd weefsel⟩ ⇒*kaasachtig*.

'case 'out ⟨onov.ww.⟩⟨AE; sl.⟩ **0.1** ***meedoen*** ⇒*samen gokken/wedden/verdienen*.

'case-room ⟨telb.zn.⟩⟨druk.⟩ **0.1** ***(letter)zetterij***.

'case shot ⟨zn.⟩⟨mil.⟩
I ⟨telb.zn.⟩ **0.1** ***(granaat)kartets*** ⇒*granaat, s(c)hrapnel* **0.2** ***granaatscherf;***
II ⟨verz.n.⟩ **0.1** ***kartetskogels***.

'case study ⟨f1⟩⟨telb.zn.⟩⟨soc.⟩ **0.1** ***case-study*** ⇒*gevalsanalyse* ⟨diepgaande analyse v.e. groeps- of individueel geval⟩.

casette →cassette.

'case·work ⟨n.-telb.zn.⟩⟨soc.⟩ **0.1** ***case-work*** ⇒*(individueel) maatschappelijk werk* ⟨gericht op psychologische benadering v.h. individu⟩.

'case·work·er ⟨telb.zn.⟩⟨soc.⟩ **0.1** ***case-worker*** ⇒*(psychologisch-) maatschappelijk werker*.

'case·worm ⟨telb.zn.⟩⟨dierk.⟩ **0.1** ***in koker levende insektelarve*** ⇒⟨i.h.b.⟩ *kokerjuffer* ⟨larve v.d. schietmot; orde Trichoptera⟩.

cash[1] [kæʃ]⟨f3⟩⟨zn.; cash; →mv. 4⟩
I ⟨telb.zn.⟩⟨gesch.⟩ **0.1** ***kleine (Oostindische/Chinese) munt;***
II ⟨n.-telb.zn.⟩ **0.1** ***contant geld*** ⇒*contanten, cash, kasgeld, gereed geld, kas;* ⟨inf.⟩ *geld* ⟨in enigerlei vorm⟩, *centen* ◆ **1.1** ⟨vnl. AE⟩ ~ on the barrelhead *boter bij de vis, handje contantje;* ~ on delivery *(onder) rembours; betaling bij levering;* ~ in hand *geld in kas* **2.1** hard ~ *munten* ⟨tgo. papiergeld⟩; ⟨inf.⟩ *contantgeld;* ready ~ *baar/gereed geld;* (be) short of ~ *krap (bij kas) (zitten)* **3.1** pay in ~ *per kas/contant betalen;* be rolling in ~ *in het geld zwemmen;* we sell goods for ~ only *wij verkopen uitsluitend à contant/tegen contante betaling* **5.1** ~ **down** *(à) contant, (tegen) contante betaling* **6.1** (be) **out of** ~ *zonder centen (zitten)*.

cash[2] ⟨f1⟩⟨ww.⟩
I ⟨onov.ww.⟩ →cash in, cash up;
II ⟨ov.ww.⟩ **0.1** ***omwisselen in contanten*** ⟨cheques e.d.⟩ ⇒*verzilveren, innen, incasseren, inwisselen, rembourseren* **0.2** ⟨kaartspel⟩ ***incasseren*** ⟨(vrije) slagen⟩ ◆ **5.¶** →cash **in**.

cash·a·ble ['kæʃəbl]⟨bn.⟩ **0.1** ***verzilverbaar*** ⇒*inbaar, in/omwisselbaar*.

'cash account ⟨telb.zn.⟩⟨geldw.⟩ **0.1** ***kasgeldrekening***.

'cash-and-'car·ry, 'cash-and-'carry store ⟨f1⟩⟨telb.zn.⟩ **0.1** ***cash and carry(bedrijf)*** ⇒*cash en carryzaak, zelfbedieningsgroothandel*.

'cash balance ⟨telb.zn.⟩ **0.1** ***kassaldo*** ⇒*kastegoed*.

'cash·book ⟨telb.zn.⟩ **0.1** ***kasboek***.

'cash cow ⟨telb.zn.⟩⟨inf.⟩ **0.1** ***melkkoe*** ⟨fig.⟩ ⇒*geldkoe*.

'cash crop ⟨telb.zn.⟩⟨landb.⟩ **0.1** ***marktgewas*** ⟨niet voor eigen gebruik⟩.

'cash desk ⟨f1⟩⟨telb.zn.⟩ **0.1** ***kassa*** ⇒*betalingsloket*.

'cash 'discount ⟨f1⟩⟨telb.zn.⟩⟨hand.⟩ **0.1** ***korting*** ⟨bij betaling contant of binnen een vastgestelde periode⟩.

'cash dispenser ⟨telb.zn.⟩⟨geldw.⟩ **0.1** ***geldautomaat*** ⟨bij banken e.d. om geld op te nemen met een pasje⟩ ⇒*bankbiljettenautomaat*.

cash·ew ['kæʃu:‖kə'ʃu:], ⟨in bet. 0.1 ook⟩ **'cashew tree,** ⟨in bet. 0.2 ook⟩ **cashew nut** ⟨telb.zn.⟩⟨plantk.⟩ **0.1** ***olifantsluisboom*** ⇒*acajouboom, kasgoeboom* ⟨Anacardium occidentale⟩ **0.2** ***cashewnoot*** ⇒*cachounoot, bombaynoot(je), olifantsluis, sesamnoot*.

'cash flow ⟨telb. en n.-telb.zn.⟩⟨ec.⟩ **0.1** ***cash flow*** ⟨nettowinst + afschrijvingen v.e. onderneming⟩ ⇒*kasstroom, kasgeldenstroom*.

cash·ier[1] [kæ'ʃɪə‖-'ʃɪr]⟨f1⟩⟨telb.zn.⟩ **0.1** ***kassier(ster)*** ⇒*kashouder/ster* **0.2** ***caissière*** ⇒*kassajuffrouw, cassière*.

cashier[2] ⟨ov.ww.⟩ **0.1** ⟨mil.⟩ ***oneervol ontslaan*** ⇒*casseren, afzetten* **0.2** ⟨vero.⟩ ***afdanken*** ⇒*zich ontdoen van*.

'cash 'in ⟨f1⟩⟨ww.⟩
I ⟨onov.ww.⟩⟨inf.⟩ **0.1** ***het loodje leggen*** ⇒*de pijp uitgaan* **0.2** ***zijn slag slaan*** ⇒*profiteren, binnenlopen* ◆ **6.2** ~ **on** *munt/een slaatje slaan uit, profiteren van, uitbuiten, misbruik maken van;*
II ⟨ov.ww.⟩ **0.1** ***omwisselen in contanten*** ⇒*verzilveren, innen, incasseren, inwisselen*.

cash·less ['kæʃləs]⟨bn.⟩ ◆ **1.¶** ~ payment *betaling met creditcard/betaalkaart/per cheque of overschrijving;* ⟨euf.⟩ ~ shopping *proletarisch winkelen;* ~ society *plastic-geld-maatschappij*.

cash·mere, kash·mir ['kæʃmɪə‖-mɪr]⟨f1⟩⟨zn.⟩
I ⟨telb.zn.⟩ **0.1** ***kasjmieren sjaal;***
II ⟨n.-telb.zn.⟩ **0.1** ***kasjmier*** ⇒*cachemir* ⟨wol v.d. kasjmiergeit; ook imitatie daarvan⟩.

'cash nexus ⟨telb.zn.⟩ **0.1** ***financiële band*** ⟨geheel v. financiële factoren dat ten grondslag zou liggen aan de menselijke verhoudingen⟩.

'cash payment ⟨telb.zn.⟩ **0.1** ***contante betaling*** ⇒*betaling per kas*.

'cash·point, cash·o·mat ['kæʃəmæt]⟨telb.zn.⟩⟨geldw.⟩ **0.1** ***geldautomaat***.

'cashpoint card ⟨telb.zn.⟩ **0.1** ***geldautomaatpasje*** ⇒⟨giro⟩ *giromaatpas*.

'cash price ⟨f1⟩⟨telb.zn.⟩ **0.1** ***prijs bij contante betaling***.

'cash register ⟨f1⟩⟨telb.zn.⟩ **0.1** ***kasregister*** ⇒*kassa*.

'cash 'up ⟨onov.ww.⟩⟨BE⟩ **0.1** ***de kas opmaken***.

cas·ing ['keɪsɪŋ]⟨f1⟩⟨telb.zn.; oorspr. gerund v. case+2⟩ **0.1** ⟨ben. voor⟩ ***omhulsel*** ⟨zie ook case[1] I 0.4⟩ ⇒⟨i.h.b.⟩ *vulcanisatielaag* ⟨v. autoband⟩; ⟨vnl. mv.⟩ *worstvel, darm;* ⟨tech.⟩ *boor/bekledingsbuis;* ⟨tech.⟩ *bekisting, karkas, huis, behuizing, kast, omhulsel* **0.2** ***kozijn*** ⇒*raamwerk, deurlijst*.

ca·si·no [kə'si:noʊ]⟨f1⟩⟨telb.zn.⟩ **0.1** ***casino*** ⇒*speelbank, gokpaleis*.

cask[1] [kɑ:sk‖kæsk]⟨f2⟩⟨telb.zn.⟩ **0.1** ***vat*** ⟨i.h.b. voor (alcoholhoudende) drank⟩ ⇒*fust*.

cask[2] ⟨ov.ww.⟩ **0.1** ***in/op vaten doen*** ⇒*fusten*.

'cask-con·di·tion·ed ⟨bn.⟩ **0.1** ***in vaten gerijpt*** ⟨v. bier⟩.

cas·ket[1] ['kɑ:skɪt‖'kæs-]⟨f1⟩⟨telb.zn.⟩ **0.1** ***(juwelen)kistje*** ⇒*cassette, doosje* **0.2** ⟨AE⟩ ***dood(s)kist*** ⇒*lijkkist*.

casket[2] ⟨ov.ww.⟩ **0.1** ***in een kistje/doosje doen***.

Cas·lon ['kæzlən]⟨telb. en n.-telb.zn.⟩⟨druk.⟩ **0.1** ***Caslon*** ⟨door William Caslon ontworpen lettertype⟩.

Cas·pi·an ['kæspɪən]⟨bn.⟩⟨dierk.⟩ ◆ **1.¶** ~ tern *reuzenstern* ⟨Hydroprogne caspia⟩.

casque [kæsk]⟨telb.zn.⟩⟨gesch.⟩ **0.1** ***stormhoed*** ⇒*helm*.

Cas·san·dra [kə'sændrə]⟨eig.n., telb.zn.⟩ **0.1** ***Cassandra*** ⇒*onheilsprofe(e)t(es)* ⟨i.h.b. één die niet geloofd wordt⟩ ◆ **3.1** I don't want to be a ~ about it, but ... *ik wil hier niet de onheilsprofeet spelen, maar* ....

cas·sa·tion [kæ'seɪʃn]⟨telb. en n.-telb.zn.⟩⟨jur.⟩ **0.1** ***cassatie*** ⇒*vernietiging (v.e. vonnis in hoogste instantie)* ◆ **1.1** Court of ~ *hof v. cassatie*.

ca(s)·sa·va [kə'sɑ:və]⟨zn.⟩
I ⟨telb.zn.⟩⟨plantk.⟩ **0.1** ***maniok*** ⇒*manihot, cassave* ⟨tropische struik; genus Manihot; i.h.b. M. utilissima⟩;
II ⟨n.-telb.zn.⟩ **0.1** ***tapioca*** ⇒*cassave(meel), maniokmeel* **0.2** ***cassavebrood*** ⇒*maniokbrood*.

cas·se·role ['kæsəroʊl], ⟨in bet. II ook⟩ **'casserole dish** ⟨f1⟩⟨zn.⟩
I ⟨telb.zn.⟩ **0.1** ⟨cul.⟩ ***braadschotel*** ⇒*stoofpan, ovenschotel,* ⟨B.⟩ *kasserol* **0.2** ⟨schei.⟩ ***uitdampschaal;***
II ⟨telb. en n.-telb.zn.⟩⟨cul.⟩ **0.1** ***stoofschotel*** ⇒*eenpansgerecht*.

cas·(s)ette [kə'set]⟨f1⟩⟨telb.zn.⟩ **0.1** ***cassette*** ⟨voor foto/film/video/geluidsapparatuur⟩.

cas'sette deck ⟨telb.zn.⟩ **0.1** ***cassettedeck***.

cas'sette recorder ⟨f1⟩⟨telb.zn.⟩ **0.1** ***cassetterecorder***.

cas·sia ['kæsɪə]⟨zn.⟩
I ⟨telb.zn.⟩⟨plantk.⟩ **0.1** ***kassie(boom)*** ⇒*kassia(boom), cassia, Indische goudenregen, pijpkassia, trommelstokboom* ⟨genus Cassia, i.h.b. C. fistula⟩ **0.2** ***houtkassiaboom*** ⟨Cinnamomum cassia⟩;
II ⟨n.-telb.zn.⟩ **0.1** ***(kaneel)kassia/kassie*** ⇒*Chinese kaneel* ⟨mindere soort kaneel, bereid uit de bast v. Cinnamomum cassia⟩.

cas·sis ['kæsɪs]⟨zn.⟩
I ⟨telb.zn.⟩⟨plantk.⟩ **0.1** ***zwarte aalbes*** ⟨Ribes nigrum⟩;
II ⟨telb. en n.-telb.zn.⟩ **0.1** ***cassis(siroop)*** ⇒*cassislimonade*.

cas·sit·e·rite [kə'sɪṭəraɪt]⟨n.-telb.zn.⟩ **0.1** ***kassiteriet*** ⇒*tinsteen, tindioxyde* ⟨soort tinerts⟩.

cas·sock ['kæsək]⟨f1⟩⟨telb.zn.⟩ **0.1** ***soutane*** ⇒*toga, toog*.

cas·so·lette ['kæsə'let]⟨telb.zn.⟩ **0.1** ***cassolette*** ⇒*reukvat/doosje* **0.2** ***braadpannetje*** ⟨voor eenpersoonsmaaltijd⟩ ⇒*kastrolletje*.

cas·so·war·y ['kæsəweərɪ‖-werɪ]⟨telb.zn.; →mv. 2⟩⟨dierk.⟩ **0.1** ***kasuaris*** ⟨loopvogel; genus Casuarius⟩.

cast[1] [kɑ:st‖kæst]⟨f3⟩⟨zn.⟩
I ⟨telb.zn.⟩ **0.1** ⟨ben. voor⟩ ***worp*** ⇒*gooi, het uitwerpen* ⟨i.h.b. net, lijn, dieplood, dobbelstenen⟩ **0.2** ⟨ben. voor⟩ ***iets wat geworpen wordt*** ⇒*(beaasde) (vliege)lijn; braakbal; afgeworpen huid;* ⟨jacht⟩ *aantal haviken dat valkenier tegelijk lost* **0.3** ***gietvorm*** ⇒*model* **0.4** ⟨ben. voor⟩ ***gegoten/gemodelleerde vorm*** ⇒*afgietsel, afdruk; gipsverband* **0.5** ***neiging*** ⇒*geneigdheid, zweem(pje), tint (je), vleug(je)* **0.6** ***hoedanigheid*** ⇒*gesteldheid, aard, type, soort; uitdrukking, uiterlijk* ⟨v. gezicht⟩ **0.7** ***berekening*** ⇒*optelling, gevolgtrekking;* ⟨fig. ook⟩ *voorspelling, gooi* **0.8** ***verdraaiing*** ⇒*vervorming* **0.9** ⟨inf.⟩ ***stek*** ⇒*hengelplaats* **0.10** ⟨jacht⟩ ***poging het spoor te vinden*** ⟨door honden te laten rondcirkelen⟩ ⇒*het spoorzoeken* **0.11** ⟨enk.⟩ ⟨vero.⟩ ***lichte scheelheid*** ⇒*loensheid* ◆ **1.5** green with a ~ of yellow *groen met een vleugje geel;* there was a ~ of bitterness in her words *in haar woorden klonk een zweem v. verbittering (door)* **1.6** ~ of mind *geestesgesteldheid* **1.11** have a ~ in the eye *(licht) loensen* **2.6** a mind of scientific ~ *een wetenschappelijk ingestelde geest* **2.7** a long ~ ahead *een voorspelling op lange termijn;*
II ⟨n.-telb.zn.⟩ **0.1** ***het gieten*** ⇒*het modelleren;*
III ⟨verz.n.⟩ **0.1** ***bezetting*** ⟨v. film, toneelstuk, e.d.⟩ ⇒*cast, rolverdeling* ◆ **2.1** all-star ~ *sterbezetting.*

cast[2] ⟨f3⟩⟨ww.; cast, cast [kɑ:st‖kæst]⟩ →casting ⟨→sprw. 68, 109⟩
I ⟨onov.ww.⟩ **0.1** ***zijn hengel uitwerpen*** **0.2** ***de doorslag geven*** ⇒*beslissend zijn* **0.3** ⟨tech.⟩ ***vorm krijgen in een mal*** **0.4** ⟨tech.⟩ ***gieten*** ⇒*gietbaar zijn, zich laten gieten* **0.5** ⟨scheep.⟩ ***afvallen*** ⟨lijwaarts v. koers veranderen⟩ ⇒*van de wind draaien, een ruimere koers gaan varen* **0.6** ⟨jacht⟩ ***het spoor zoeken*** ⟨v. rondcirkelende honden⟩ ◆ **1.2** ~ing vote *beslissende stem* ⟨vnl. v. voorzitter, bij staking v. stemmen⟩ **1.4** iron ~s better than copper *ijzer laat zich beter gieten dan koper* **5.¶** →cast **about/(a)round;**
II ⟨onov. en ov.ww.⟩ **0.1** ***(be/uit)rekenen*** ⇒*(be)cijferen, calculeren; trekken* ⟨horoscoop⟩; *optellen* **0.2** ⟨scheep.⟩ ***wenden*** ⇒*overstag/door de wind (doen) gaan* ◆ **1.1** ~ (up) accounts *rekeningen optellen* **5.¶** →cast **off;** →cast **on;** →cast **up;**
III ⟨ov.ww.⟩ **0.1** ⟨ben. voor⟩ ***(met kracht) uit/weg/(van zich) afwerpen*** ⇒*(uit/weg)gooien; laten vallen; afwerpen* ⟨huid v. dier⟩; *verliezen,* ⟨hoefijzer⟩ *neerkwakken; (ontijdig) bevallen van, een miskraam krijgen, voortijdig werpen* **0.2** ***kiezen*** ⟨acteurs⟩ ⇒*(de) rol(len) toedelen aan, casten, aanwijzen* **0.3** ***gieten*** ⟨metalen; ook fig.⟩ ⇒*een afgietsel maken van* **0.4** ***vervormen*** ⇒*verdraaien* **0.5** ⟨jacht⟩ ***doen spoorzoeken*** ⟨honden, door ze te laten rondcirkelen⟩ ◆ **1.1** the fishermen ~ their nets into the sea *de vissers wierpen hun netten uit in zee;* every year the snake ~s (off) its skin *elk jaar werpt de slang zijn huid af* **1.2** ~ an actor for a part *een acteur kiezen/aanwijzen voor een rol;* ~ a part to an actor *een rol toewijzen aan een acteur;* ~ the parts of a play *de rollen v.e. toneelstuk verdelen* **1.3** ~ bronze *brons gieten;* ~ a figure in bronze *een figuur in brons gieten;* a man ~ in the right mold *iem. uit het goede hout gesneden* **5.1** ⟨scheep.⟩ ~ **adrift** *losgooien;* ~ **ashore** *op de kust/het strand werpen, doen stranden/aanspoelen;* ~ loose *losgooien* **5.¶** →cast **aside;** →cast **away;** →cast **down;** →cast **off;** →cast **out;** →cast **up.**

'cast a'bout, 'cast (a)'round ⟨f1⟩⟨onov.ww.⟩ **0.1** ***(naarstig/koortsachtig) zoeken*** **0.2** ⟨scheep.⟩ ***de steven wenden*** ◆ **3.1** the prisoner ~ to escape *de gevangene zon op ontsnapping* **6.1** ~ **for** an excuse *koortsachtig naar een excuus zoeken.*

cas·ta·net ['kæstə'net]⟨telb.zn.; vnl. mv.⟩ **0.1** ***castagnet*** ⇒*(dans) klepper, duimklepper.*

'cast a'side ⟨f1⟩⟨ov.ww.⟩ **0.1** ***afdanken*** ⇒*aan de kant schuiven/zetten* ◆ **1.1** ~ old friends *oude vrienden laten vallen.*

cast·a·way[1] ['kɑ:stəweɪ‖'kæst-]⟨f1⟩⟨telb.zn.; oorspr. volt. deelw. v. cast away⟩ **0.1** ***schipbreukeling*** **0.2** ⟨vnl. mv.⟩ ***afdankertje*** ⇒*afgedankt kledingstuk* **0.3** ***aan land gezette schepeling*** **0.4** ⟨vero.⟩ ***verworpeling*** ⇒*verstoteling, verworpene, verstotene.*

castaway[2] ⟨bn.; volt.deelw. v. cast away⟩ **0.1** ***aangespoeld*** ⟨na schipbreuk⟩ **0.2** ***losgeslagen*** ⇒*op drift* **0.3** ***weggegooid*** ⇒*afgedankt* **0.4** ⟨vero.⟩ ***verworpen*** ⇒*verstoten.*

cast a'way ⟨f1⟩⟨ov.ww.⟩ →castaway[2] **0.1** ***aan land zetten*** ⟨schepeling, als straf op verlaten kust achterlaten⟩ **0.2** ***verwerpen*** ⇒*afwijzen/keuren* **0.3** ***weggooien*** ⇒*lozen, zich ontdoen van* ◆ **1.3** ~ one's life *zijn leven vergooien* **¶.1** be ~ *(moederziel) alleen achterblijven;* ⟨i.h.b. na een schipbreuk⟩ *aanspoelen* ⟨op een onbewoond eiland⟩.

'cast 'down ⟨ov.ww.⟩ **0.1** ***terneerslaan*** ⇒*deprimeren, droevig stemmen* **0.2** ***neerslaan*** ⟨v.d. ogen⟩ **0.3** ***buigen*** ⟨v.h. hoofd⟩ ◆ **¶.1** ⟨volt. deelw.⟩ ~ *terneergeslagen, bedrukt, down.*

caste [kɑ:st‖kæst]⟨f1⟩⟨zn.⟩⟨ook attr.⟩
I ⟨telb.zn.⟩ **0.1** ***kaste*** ⇒*afgesloten sociale klasse* ⟨ook v. insekten⟩;
II ⟨n.-telb.zn.⟩ **0.1** ***kastestelsel*** **0.2** ***prestige*** ⇒*sociale status* ◆ **3.2** lose ~ (with/among) *in aanzien dalen/zijn gezicht verliezen (bij/tegenover); een trede teruggaan op de maatschappelijke ladder.*

cas·tel·lan ['kæstɪlən]⟨telb.zn.⟩⟨gesch.⟩ **0.1** ***slotvoogd*** ⇒*kastelein.*

cas·tel·lat·ed ['kæstɪleɪtɪd]⟨bn.⟩ **0.1** ***kasteelachtig*** ⇒*op een kasteel lijkend* **0.2** ***gekanteeld*** ⇒*met kantelen* ◆ **1.¶** ⟨tech.⟩ ~ nut *kroonmoer.*

'caste mark ⟨telb.zn.⟩ **0.1** ***kasteteken*** ⟨teken op voorhoofd⟩.

cast·er ['kɑ:stə‖'kæstər]⟨telb.zn.⟩ **0.1** ***werper*** **0.2** ***(metaal)gieter*** **0.3** ⟨boek.⟩ ***(letter)gietmachine*** **0.4** ⟨boek.⟩ ***(letter)gietplaat*** **0.5** →castor II 0.1, 0.2.

caster sugar →castor sugar.

cas·ti·gate ['kæstɪgeɪt]⟨ov.ww.⟩⟨schr.⟩ **0.1** ***kastijden*** ⇒*tuchtigen* **0.2** ***hekelen*** ⇒*laken, gispen, geselen* **0.3** ***corrigeren*** ⇒*herzien* ⟨tekst⟩.

cas·ti·ga·tion ['kæstɪ'geɪʃn]⟨telb. en n.-telb.zn.⟩⟨schr.⟩ **0.1** ***kastijding*** ⇒*tuchtiging* **0.2** ***hekeling*** ⇒*laking, gisping, geseling* **0.3** ***correctie*** ⇒*herziening* ⟨v. tekst⟩.

cas·ti·ga·tor ['kæstɪgeɪtə‖-geɪtər]⟨telb.zn.⟩⟨schr.⟩ **0.1** ***kastijder*** **0.2** ***hekelaar*** ⇒*laker, gisper, geselaar* **0.3** ***corrector*** ⇒*redacteur* ⟨v. tekst⟩.

Cas·tile [kæ'sti:l], **Ca'stile soap** ⟨n.-telb.zn.; ook c-⟩ **0.1** ***harde (witte) zeep*** ⟨gemaakt v. olijfolie en soda⟩.

Cas·til·ian[1] [kæ'stɪlɪən]⟨zn.⟩
I ⟨eig.n.⟩ **0.1** ***Castilliaans*** ⇒*standaard-Spaans;*
II ⟨telb.zn.⟩ **0.1** ***Castiliaan*** ⇒*bewoner v. Castilië.*

Castilian[2] ⟨bn.⟩ **0.1** ***Castiliaans*** ⇒*mbt. (de bevolking/taal/cultuur v.) Castilië.*

cast·ing ['kɑ:stɪŋ‖'kæstɪŋ]⟨f1⟩⟨zn.; (oorspr.) gerund v. cast⟩
I ⟨telb.zn.⟩ **0.1** ***gietstuk*** ⇒*gegoten voorwerp* **0.2** ***afgeworpen huid*** ⟨v. dier⟩ **0.3** ⟨dierk.⟩ ***wormhoopje*** ⇒*door worm uitgestoten aarde* **0.4** ***braakbal;***
II ⟨n.-telb.zn.⟩ **0.1** ***het maken v. gietmallen*** **0.2** ***het kiezen v. acteurs voor een rol*** ⇒*casting* **0.3** ⟨hengelsport⟩ ***casting*** ⇒*het uitwerpen v.e. vislijn.*

'casting net ⟨telb.zn.⟩⟨hengelsport⟩ **0.1** ***werpnet.***

'cast 'iron ⟨f1⟩⟨n.-telb.zn.⟩ **0.1** ***gietijzer.***

'cast-'iron ⟨f1⟩⟨bn.⟩ **0.1** ***gietijzeren*** **0.2** ***ijzersterk*** ⇒*ijzeren* **0.3** ***vast*** ⇒*onbuigzaam, onomstotelijk, hard(vochtig), meedogenloos* ◆ **1.2** a ~ stomach *een maag van (gewapend) beton;* a ~ will/constitution *een ijzeren wil/gestel* **1.3** ~ rule *vaste regel.*

cas·tle[1] ['kɑ:sl‖'kæsl]⟨f3⟩⟨telb.zn.⟩⟨→sprw. 142⟩ **0.1** ***kasteel*** ⇒*slot, burcht, vesting* ⟨ook fig.⟩ **0.2** ⟨schaken⟩ ***toren*** ⇒*kasteel* **0.3** ⟨gesch., scheep.⟩ ***voor/achterkasteel*** **0.4** ⟨AE; scherts.⟩ ***woning*** ⇒*huis, flat* ◆ **1.¶** build ~s in the air/Spain *luchtkastelen bouwen, dagdromen* **7.¶** ⟨gesch.⟩ the Castle *bewind en zetel v.d. Engelse onderkoning in Ierland* ⟨gevestigd in Dublin Castle⟩.

castle[2] ⟨ww.⟩
I ⟨onov. en ov.ww.⟩ ⟨schaken⟩ **0.1** ***rokeren*** ⇒*de rokade toepassen* ◆ **1.1** ~ the king *rokeren;*
II ⟨ov.ww.⟩ **0.1** ***in een kasteel/kastelen onderbrengen*** **0.2** ***v.e. kasteel/kastelen voorzien*** ⇒*versterken.*

'cas·tle-build·er ⟨telb.zn.⟩ **0.1** ***dagdromer*** ⇒*luchtkastelenbouwer.*

'cas·tle-nut ⟨telb.zn.⟩⟨tech.⟩ **0.1** ***kroonmoer*** ⟨met inkepingen voor splitpen⟩.

'cast list ⟨telb.zn.⟩⟨film⟩ **0.1** ***lijst/opsomming/vermelding v. acteurs en medewerkers*** ⟨aan begin/einde v. film⟩ ⇒*in/aftiteling.*

'cast net ⟨telb.zn.⟩⟨hengelsport⟩ **0.1** ***werpnet.***

'cast·off ⟨f1⟩⟨telb.zn.⟩ **0.1** ⟨vnl. mv.⟩ ***afdankertje*** ⇒*afgedankt kledingstuk* **0.2** ⟨boek.⟩ ***omvangberekening.***

'cast 'off ⟨f1⟩⟨ww.⟩
I ⟨onov. en ov.ww.⟩ **0.1** ⟨scheep.⟩ ***(de trossen) losgooien*** **0.2** ⟨breien⟩ ***minderen*** ⇒*afhechten* ◆ **1.2** ~ two stitches at the end of each row *minder aan het eind v. elke pen twee steken;*
II ⟨ov.ww.⟩ **0.1** ***van zich werpen*** ⇒*weggooien/werpen, uitgooien, afdanken* ⟨kleren; ook fig.⟩ **0.2** ⟨boek.⟩ ***omvang berekenen van*** ⟨manuscript⟩ ⇒*kopij uitrekenen* **0.3** →cast aside ◆ **1.1** he casts off his lovers like old shoes *hij dankt zijn vriendinnen af als oude schoenen.*

'cast-'off ⟨f1⟩⟨bn.⟩ **0.1** ***afgedankt*** ⇒*weggegooid* ◆ **1.1** ~ clothes *afdankertjes, oude kleren.*

'cast 'on ⟨onov. en ov.ww.⟩ **0.1** ***opzetten*** ⇒*breiwerk/steken opzetten.*

cas·tor, ⟨in bet. II 0.1, 0.2 ook⟩ **cast·er** ['kɑ:stə‖'kæstər]⟨f1⟩⟨zn.⟩
I ⟨eig.n.; C-⟩⟨ster.⟩ **0.1** ***Castor*** ⟨helderste (dubbel)ster uit de Tweelingen⟩;
II ⟨telb.zn.⟩ **0.1** ⟨vnl. BE⟩ ***strooier*** ⇒*strooibus/fles* **0.2** ***zwenkwieltje*** ⇒*rolletje* ⟨v. meubilair⟩ **0.3** ⟨vero.; sl.⟩ ***kastoor(hoed)*** ⇒*beverhoed* ◆ **1.1** a set of ~s *peper- en zoutstelletje, olie- en azijnstelletje;*
III ⟨n.-telb.zn.⟩ **0.1** ***bevergeil*** ⇒*castoreum* **0.2** ***kastoor*** ⇒*bevervilt.*

'castor action, 'caster action ⟨n.-telb.zn.⟩⟨tech.⟩ 0.1 *caster* ⇒*voorspoor* ⟨zwenking v.d. wielen v.e. voertuig ter bevordering v.d. stabiliteit⟩.

'castor bean ⟨telb.zn.⟩⟨plantk.⟩ 0.1 *wonderboom* ⇒*ricinus(boom)* ⟨Ricinus communis⟩ 0.2 *castorzaad* ⇒*ricinuszaad* ⟨waaruit ricinusolie wordt geperst⟩.

cas·to·re·um [kæ'stɔ:rɪəm]⟨n.-telb.zn.⟩ 0.1 *castoreum* ⇒*bevergeil*.

'castor 'oil ⟨f1⟩⟨n.-telb.zn.⟩ 0.1 *wonderolie* ⇒*ricinusolie, castorolie* ⟨olie uit de zaden v.d. wonderboom; purgeermiddel⟩.

'cas·tor-'oil plant ⟨telb.zn.⟩⟨plantk.⟩ 0.1 *wonderboom* ⇒*ricinus (boom)* ⟨Ricinus communis⟩.

'castor sugar, 'caster sugar ⟨f1⟩⟨n.-telb.zn.⟩ 0.1 *poedersuiker* ⇒*strooisuiker, fijne suiker*.

'cast 'out ⟨f1⟩⟨ov.ww.; meestal pass.⟩ 0.1 *verstoten* ⇒*ver/wegjagen, verbannen, uitwijzen* ◆ 1.1 old or sick animals are often ~ from the herd *oude of zieke dieren worden vaak uit de kudde gestoten*.

cas·trate [kæ'streɪt‖'kæstreɪt]⟨f1⟩⟨ov.ww.⟩ 0.1 *castreren* ⇒*snijden, ontmannen, steriliseren, ontvrouwen* 0.2 *ontzielen* ⇒*verwekelijken, beroven v. energie/veerkracht* 0.3 *castigeren* ⇒*kuisen, zuiveren, castreren*.

cas·tra·tion [kæ'streɪʃn]⟨f1⟩⟨telb. en n.-telb.zn.⟩ 0.1 *castratie* ⇒*lubbing, ontmanning, sterilisatie, onvruchtbaarmaking, ontvrouwing* 0.2 *ontzieling* ⇒*verwekelijking* 0.3 *castigatie* ⇒*kuising, zuivering*.

ca'stration complex ⟨telb.zn.⟩⟨psych.⟩ 0.1 *castratiecomplex*.

cas·tra·to [kæ'strɑ:ţoʊ]⟨telb.zn.; castrati [-ţi:]; →mv. 5⟩⟨gesch.⟩ 0.1 *castraat(zanger)* ⟨mannelijke sopraan/altzanger⟩.

cast round →cast about.

'cast 'up ⟨ov.ww.⟩ 0.1 *doen aanspoelen* ⇒*aan land werpen* 0.2 *optellen* ⇒*berekenen* 0.3 ⟨gew.⟩ *voor de voeten werpen* ⇒*aanwrijven, verwijten* ◆ 6.1 dead fish are ~ on our shores *aan onze kusten spoelt dode vis aan* 6.3 ~ to s.o. that he's lazy *iem. voor de voeten gooien dat hij lui is*.

cas·u·al[1] ['kæʒʊəl]⟨telb.zn.⟩ 0.1 ⟨vnl. mv.⟩ *gemakkelijk (zittend) kledingstuk* ⇒*vrijetijdskleding, (dure) sportieve (merk)kleding* 0.2 *tijdelijke (arbeids)kracht* ⇒*los werkman* 0.3 *slipper* ⇒*sandaal* 0.4 ⟨mil.⟩ *tijdelijk gedetacheerd soldaat* 0.5 ⟨BE⟩ *zwerver* 0.6 ⟨sl.⟩ *jonge voetbalvandaal in dure merkkleding*.

casual[2] ⟨f3⟩⟨bn.; -ly; -ness⟩ 0.1 *toevallig* ⇒*casueel* 0.2 *ongeregeld* ⇒*onregelmatig, te hooi en te gras* 0.3 *terloops* ⇒*vluchtig, onwillekeurig, onopzettelijk, zonder vooropgezette bedoeling* 0.4 *onsystematisch* 0.5 *nonchalant* ⇒*ongeïnteresseerd, onattent, onachtzaam, achteloos* 0.6 *informeel* 0.7 *oppervlakkig* ◆ 1.1 a ~ meeting *een toevallige ontmoeting* 1.2 ~ labour *tijdelijk werk;* ~ labourer *los werkman;* ⟨golf⟩ ~ water *tijdelijke waterhindernis* ⟨door regenval⟩ 1.3 ~ contacts *losse (seksuele) contacten;* a ~ glance *een terloopse/vluchtige blik* 1.5 a ~ host *een onattent gastheer* 1.6 ~ clothes/wear *vrijetijdskleding, gemakkelijke kleren;* ~ shoe *slipper, sandaal* 1.7 a ~ acquaintance *een oppervlakkige kennis;* a ~ newspaper reader *een oppervlakkig krantelezer*.

cas·u·al·ty ['kæʒʊəlti]⟨f2⟩⟨zn.; →mv. 2⟩

I ⟨telb.zn.⟩ 0.1 *(dodelijk) ongeval* ⇒*ongeluk, ramp(spoed)* 0.2 ⟨vnl. mv.⟩ *slachtoffer* ⇒*oorlogsslachtoffer, gesneuvelde, dode, gewonde, vermiste* ◆ 1.2 the factory was a ~ of the depression *de fabriek is aan de crisis te gronde gegaan* 2.2 there were three serious casualties in the car crash *bij het auto-ongeluk zijn drie personen ernstig gewond (geraakt)* 3.2 the enemy suffered heavy casualties *de vijand heeft zware verliezen geleden;*

II ⟨telb. en n.-telb.zn.⟩ 0.1 *eerste hulp (afdeling)*.

'casualty list ⟨telb.zn.⟩ 0.1 *verlieslijst*.

'casualty ward, 'casualty department ⟨f1⟩⟨telb.zn.⟩ 0.1 *(afdeling) eerste hulp* ⟨v.e. ziekenhuis⟩.

'casual ward ⟨telb.zn.⟩⟨BE⟩ 0.1 *(tijdelijk) onderkomen voor onbehuisden* ⇒*hulpopvang voor onbehuisden*.

cas·u·a·ri·na ['kæʃʊ'ri:nə‖'kæʒə-]⟨telb.zn.⟩⟨plantk.⟩ 0.1 *kasuarboom* ⟨genus Casuarina⟩ ⇒⟨i.h.b.⟩ *Australische ijzerhoutboom* ⟨C. equisetifolia⟩.

cas·u·ist ['kæʒʊɪst]⟨telb.zn.⟩ 0.1 *casuïst* ⇒*sofist;* ⟨pej.⟩ *haarklover*.

cas·u·is·tic ['kæʒʊ'ɪstɪk], **cas·u·is·ti·cal** [-ɪkl]⟨bn.; -(al)ly; →bijw. 3⟩ 0.1 *casuïstisch* ⇒*sofistisch, spitsvondig,* ⟨pej.⟩ *vergezocht*.

cas·u·ist·ry ['kæʒʊɪstri]⟨zn.; →mv. 2⟩⟨vaak pej.⟩

I ⟨telb.zn.⟩ 0.1 *drogreden* ⇒*sofisme, spitsvondig argument;*

II ⟨n.-telb.zn.⟩ 0.1 *casuïstiek* ⇒*spitsvondige moraaltheologie*.

ca·sus bel·li ['kɑ:səs 'beli:,'keɪsəs 'belaɪ]⟨telb.zn.; casus belli; →mv. 5⟩ 0.1 *casus belli* ⟨onmiddellijke aanleiding tot oorlog⟩.

cat[1] [kæt]⟨f3⟩⟨zn.⟩ (→sprw. 12, 67, 70, 71, 94, 648, 741)

I ⟨telb.zn.⟩ 0.1 *kat* ⇒*poes, kater;* ⟨dierk.⟩ *katachtige* ⟨fam. Felidae⟩ 0.2 ⟨inf.⟩ *kat(je)* ⇒*kattekop, snibbig(e) vrouw/meisje* 0.3 ⟨sl.⟩ *kerel* ⇒*vent, gast, knakker, (ouwe) jongen* 0.4 ⟨sl.⟩ *(hippe) vogel* ⇒*nonconformist, avant garde musicus/schrijver/kunstenaar* 0.5 ⟨sl.⟩ *jazzmusicus/freak* ⇒*swinger* 0.6 *tip* ⇒*timp, pinkelhoutje, toep(el)* ⟨puntig houtje in het pinkelspel⟩ 0.7 *dubbele treeft* ⟨ijzeren drievoet⟩ 0.8 ⟨scheep.⟩ *kat(takel)* 0.9 ⟨verk.⟩ ⟨caterpillar tractor⟩ 0.10 ⟨verk.⟩ ⟨cathead⟩ 0.11 ⟨verk.⟩ ⟨cat-boat⟩ 0.12 ⟨verk.⟩ ⟨cat-o'-nine-tails⟩ 0.13 ⟨verk.⟩ ⟨catfish⟩ 0.14 ⟨verk.⟩ ⟨cat burglar⟩ 0.15 ⟨verk.⟩ ⟨catholic⟩ 0.16 ⟨verk.⟩ ⟨catamovian 0.1⟩ ◆ 1.¶ let the ~ out of the bag *uit de school klappen, (een geheim) verklappen* ⟨vnl. onbedoeld⟩; rain ~s and dogs *bakstenen/pijpestelen/(handspaken en) oude wijven regenen, gieten, met bakken uit de lucht vallen;* not a ~ in hell's chance *geen schijn v. kans;* fight like Kilkenny ~s *elkaar afmaken /vernietigen;* play ~ and mouse (with s.o.) *kat en muis (met iem.) spelen;* turn ~ in pan *overlopen* ⟨naar vijand/tegenstander⟩; *als een blad aan een boom omdraaien;* (put/set) a ~ among the pigeons *een knuppel in het hoenderhok (werpen);* ⟨inf.⟩ has the ~ got your tongue? *heb je je tong verloren?* 2.1 sick as a ~ *kotsmisselijk* 3.¶ bell the ~ *de kat de bel aanbinden, de kastanjes uit het vuur halen;* like sth. the ~ brought in *verfomfaaid, als een verzopen kat;* see which way the ~ jumps, wait for the ~ to jump *de kat uit de boom kijken;* ⟨inf.⟩ enough to make a ~ laugh *om je rot te lachen, om te gillen, onbetaalbaar;* like a scalded ~ *met een noodgang/bloedgang/bloedvaart, als een pijl uit de boog, als de weerlicht, bliksemsnel;* ⟨BE; sl.⟩ shoot the ~ *over je nek gaan, je maag omkeren, kotsen;* John is a singed ~ *John is nog zo dom niet als hij eruit ziet;*

II ⟨n.-telb.zn.⟩ 0.1 *kat(tebont)*.

cat[2] ⟨ww.; →ww. 7⟩

I ⟨onov.ww.⟩⟨sl.⟩ 0.1 ⟨BE⟩ *over je nek gaan* ⇒*je maag omkeren, kotsen, braken* 0.2 ⟨AE⟩ *roddelen* ⇒*rotopmerkingen maken, katten;*

II ⟨ov.ww.⟩ 0.1 ⟨scheep.⟩ *katten* 0.2 *(af)ranselen met een kat (met negen staarten)* ◆ 1.1 ~ the anchor *het anker katten*.

cat[3] ⟨afk.⟩ catalogue, catalyst, cataplasm, catechism.

cat- [kæt], **cat·a-** ['kæţə] 0.1 *cat(a)-* ◆ ¶.1 catachresis *catachrese*.

CAT ⟨afk.⟩ 0.1 ⟨clear air turbulence, College of Advanced Technology⟩ 0.2 ⟨computerized/computed axial tomography, computer-assisted tomography⟩ *c.a.t.* ⇒*CAT* ⟨onderzoek d.m.v. smalle bundel röntgenstralen⟩.

cat·a·bol·ic ['kætə'bɒlɪk‖'kæţə'bɑlɪk]⟨bn.; -ally; →bijw. 3⟩ 0.1 *katabool* ⇒*katabolisch*.

ca·tab·o·lism, ka·tab·o·lism [kə'tæbəlɪzm]⟨n.-telb.zn.⟩ 0.1 *katabolisme* ⇒*katabolie* ⟨ontledende deel v.d. stofwisseling⟩.

cat·a·chre·sis ['kæţə'kri:sɪs]⟨telb. en n.-telb.zn.; catachreses [-si:z]; →mv. 5⟩ 0.1 *onjuist gebruik v.e. woord/beeld* 0.2 *catachrese* ⟨sterk paradoxale beeldspraak⟩.

cat·a·chres·tic [kæţə'krestɪk], **cat·a·chres·ti·cal** [-ɪkl]⟨bn.; -ally⟩ 0.1 *verkeerd gebruikt* ⇒*misplaatst* ⟨v. woord/beeld⟩ 0.2 *sterk paradoxaal* ⟨v. beeldspraak⟩.

cat·a·clysm ['kæţəklɪzm]⟨telb.zn.⟩ 0.1 *cataclysme* ⇒*ramp, onheil, catastrofe* ⟨bv. overstroming, aardbeving⟩ 0.2 *grote ommekeer* ⇒*(sociale/politieke) omwenteling, wereldbrand*.

cat·a·clys·mic ['kæţə'klɪzmɪk], **cat·a·clys·mal** [-'klɪzml]⟨bn.⟩ 0.1 *cataclysmisch* ⇒*v.d. aard v.e. cataclysme*.

cat·a·comb ['kætəku:m‖'kæţəkoʊm]⟨f1⟩⟨telb.zn.; vnl. mv.⟩ 0.1 *catacombe* ⇒*onderaardse begraafplaats, (graf)kelder, onderaards netwerk (v. gangen en ruimtes)*.

ca·tad·ro·mous [kə'tædrəməs]⟨bn.⟩ 0.1 *katadroom* ⟨mbt. waterdieren die voor de voortplanting de rivier afzakken⟩.

cat·a·falque ['kæţəfælk], **cat·a·fal·co** [-'fælkoʊ]⟨telb.zn.; catafalcoes; →mv. 2⟩ 0.1 *katafalk* ⇒*rouwpodium*.

Cat·a·lan[1] ['kæţəlæn,-lən]⟨zn.⟩

I ⟨eig.n.⟩ 0.1 *Catalaans* ⇒*taal der Catalanen;*

II ⟨telb.zn.⟩ 0.1 *Catalaan* ⇒*bewoner v. Catalonië*.

Catalan[2] ⟨bn.⟩ 0.1 *Catalaans* ⇒*mbt. Catalonië/het Catalaans/de Catalanen*.

cat·a·lase ['kætəleɪz‖'kæţleɪs]⟨n.-telb.zn.⟩⟨schei.⟩ 0.1 *katalase*.

cat·a·lec·tic ['kæţl'ektɪk]⟨bn.⟩⟨lit.⟩ 0.1 *catalectisch* ⇒*onvolledig, fragmentarisch* ◆ 1.1 ~ verses *catalectische verzen* ⟨waarvan de laatste voet onvolledig is⟩.

cat·a·lep·sy ['kæţlepsi]⟨n.-telb.zn.⟩⟨med.⟩ 0.1 *catalepsie* ⇒*starzucht* ⟨spierverstijving gepaard met gevoelloosheid⟩.

cat·a·lep·tic ['kæţl'eptɪk]⟨bn.⟩⟨med.⟩ 0.1 *cataleptisch* ⇒*stijf, verstard*.

cat·a·lo, cat·ta·lo ['kæţəloʊ]⟨telb.zn.; ook -es; →mv. 2⟩⟨AE⟩ 0.1 *(vruchtbare) kruising tussen koe en buffelstier*.

cat·a·logue[1], ⟨AE sp. ook⟩ **cat·a·log** ['kætəlɒg‖'kæţlɔg,-lɑg]⟨f2⟩⟨telb.zn.⟩ 0.1 *catalogus* ⇒⟨B.⟩ *cataloog* 0.2 *(was)lijst* ⇒*rits, opsomming* 0.3 ⟨AE⟩⟨ong.⟩ *studiegids* ⇒*lijst v. universitaire colleges* 0.4 →card catalog.

catalogue[2], ⟨AE sp. ook⟩ **catalog** ⟨f2⟩⟨ww.⟩

I ⟨onov. en ov.ww.⟩ 0.1 *catalogiseren* ⇒*een catalogus maken*

(van), opnemen in een catalogus, rangschikken;
II ⟨ov.ww.⟩ **0.1** ***een (was)lijst geven van*** ⇒*opsommen*.
'catalogue house ⟨telb.zn.⟩ **0.1** ***postorderbedrijf*** ⇒*verzendhuis*.
ca·tal·pa [kəˈtælpə]⟨telb.zn.⟩⟨plantk.⟩ **0.1** ***trompetboom*** ⟨genus Catalpa⟩.
cat·a·lyse, ⟨AE sp.⟩ **cat·a·lyze** [ˈkætəlaɪz]⟨ov.ww.⟩⟨schei.⟩ **0.1** ***katalyseren*** ⇒*als katalysator werken op*.
ca·tal·y·sis [kəˈtæləsɪs]⟨n.-telb.zn.⟩⟨schei.⟩ **0.1** ***katalyse*** ⇒*werking v.e. katalysator*.
cat·a·lyst [ˈkætəlɪst]⟨telb.zn.⟩⟨scheik.⟩ **0.1** ***katalysator*** ⟨ook fig.⟩.
cat·a·lyt·ic [ˈkætlˈɪtɪk]⟨bn.; -ally; →bijw. 3⟩⟨schei.⟩ **0.1** ***katalytisch*** ◆ **1.1** ~ converter *katalysator;* ⟨olie-industrie⟩ ~ cracker *katalytische kraker / kraakinstallatie*.
cat·a·ma·ran [ˈkætəməˈræn]⟨telb.zn.⟩⟨scheep.⟩ **0.1** ***catamaran*** ⇒*dubbelrompsschip, cat, vaartuig met twee drijvers, multirompsboot, vlot v. / op twee verbonden boomstammen* **0.2** ⟨inf.⟩ ***kat*** ⇒*bonjemaakster, ruziezoekster*.
cat·a·mite [ˈkætəmaɪt]⟨telb.zn.⟩ **0.1** ***schandknaap*** ⇒*schandjongen*.
cat·a·moun·tain [ˈkætəˈmaʊntɪn‖-tn], ⟨AE ook⟩ **cat·a·mount** [ˈkætəmaʊnt]⟨telb.zn.⟩ **0.1** ***wilde kat(achtige)*** ⇒*bergleeuw, poema, cougar, lynx* **0.2** ***stennisschopper*** ⇒*heibelmaker, ruziezoeker*.
'cat-and-'dog life ⟨telb.zn.; g. mv.⟩ **0.1** ***leven als kat en hond*** ⇒*ruziënd bestaan* ◆ **3.1** lead a ~ *leven als kat en hond*.
cat-and-mous·ing [ˈkætnˈmaʊsɪŋ]⟨n.-telb.zn.⟩ **0.1** ***kat-en-muisspelletje***.
cat·a·phor·a [kəˈtæfərə]⟨n.-telb.zn.⟩⟨taalk.⟩ **0.1** ***cataforisch woordgebruik***.
cat·a·phor·ic [kætəˈfɒrɪk‖-ˈfɔr-, -ˈfɑr-]⟨bn.; -ally; →bijw. 3⟩⟨taalk.⟩ **0.1** ***cataforisch*** ⟨tgo. anaforisch⟩ ⇒*vooruitwijzend, bepalingaankondigend*.
cat·a·plasm [ˈkætəplæzm]⟨n.-telb.zn.⟩⟨med.⟩ **0.1** ***cataplasma*** ⇒*brijomslag, pap, betmiddel*.
cat·a·pult[1] [ˈkætəpʌlt]⟨f1⟩⟨telb.zn.⟩ **0.1** ***katapult*** ⇒⟨gesch.⟩ *blijde, ballista* ⟨werpgeschut⟩; ⟨BE⟩ *kattepul* ⟨speelgoed⟩; ⟨mil.⟩ *(vliegtuig)lanceerinrichting* ⟨i.h.b. op vliegdekschip⟩.
catapult[2] ⟨f1⟩⟨ww.⟩
I ⟨onov.ww.⟩ **0.1** ***afgeschoten worden*** ⇒*(los)schieten / vliegen, zich slingeren* ◆ **6.1** the plane ~ed **from** the carrier *het vliegtuig schoot los van het vliegdekschip;*
II ⟨ov.ww.⟩ **0.1** ***met een katapult af / beschieten*** ⇒*slingeren;* ⟨mil.⟩ *lanceren met een katapult(inrichting)* ⟨vliegtuig⟩ ◆ **1.1** ~ a window *met een katapult op een raam schieten* **6.1** ~ a stone **through** a window *met een katapult een steen door een ruit schieten*.
cat·a·ract [ˈkætərækt]⟨f1⟩⟨zn.⟩
I ⟨telb.zn.⟩ **0.1** ***cataract*** ⇒*(grote, steile) waterval* **0.2** ⟨vnl. mv.⟩ ***sterke stroomversnelling*** ⟨in grote rivier⟩ **0.3** ***stortbui*** ⇒*wolkbreuk;* ⟨fig.⟩ *stortvloed;*
II ⟨telb. en n.-telb.zn.⟩⟨med.⟩ **0.1** ***grauwe staar*** ⇒*cataract*.
ca·tarrh [kəˈtɑː‖-ˈtɑr]⟨f1⟩⟨telb. en n.-telb.zn.⟩ **0.1** ***slijmvliesontsteking*** ⇒*catarre, (zware) (neus)verkoudheid, maag / darmcatarre*.
ca·tarrh·al [kəˈtɑːrəl]⟨bn.⟩ **0.1** ***cattaraal*** ⇒*mbt. / het gevolg v.e. catarre*.
cat·arrh·ine[1] [ˈkætəraɪn]⟨telb.zn.⟩⟨dierk.⟩ **0.1** ***smalneus(aap)*** ⟨lid v.e. vroegere superfam. v. apen, de Catarrhina⟩.
catarrhine[2] ⟨bn.⟩⟨dierk.⟩ **0.1** ***van / mbt. de Catarrhina / smalneusapen*** **0.2** ***met de neusgaten naar beneden***.
ca·tas·tro·phe [kəˈtæstrəfi]⟨f2⟩⟨telb.zn.⟩ **0.1** ***catastrofe*** ⇒*ramp, onheil, calamiteit, cataclysme;* ⟨lit.⟩ *(noodlottige) ontknoping*.
cat·a·stroph·ic [ˈkætəˈstrɒfɪk‖ˈkætəˈstrɑfɪk]⟨f1⟩⟨bn.; -ally; →bijw. 3⟩ **0.1** ***catastrofaal*** ⇒*noodlottig, rampzalig, rampspoedig, fataal*.
ca·tas·tro·phism [kəˈtæstrəˈfɪzm]⟨n.-telb.zn.; ook C-⟩⟨geol.⟩ **0.1** ***catastrofenleer*** ⟨theorie dat de aarde vnl. door catastrofale gebeurtenissen is gevormd⟩.
cat·a·to·ni·a [ˈkætəˈtoʊnɪə]⟨n.-telb.zn.⟩⟨med.⟩ **0.1** ***katatonie*** ⇒*katatonische schizofrenie, spanningswaanzin*.
cat·a·ton·ic[1] [ˈkætəˈtɒnɪk‖ˈkætəˈtɑnɪk]⟨telb.zn.⟩⟨med.⟩ **0.1** ***katatoniepatiënt*** ⇒*katatoon*.
catatonic[2] ⟨bn.⟩⟨med.⟩ **0.1** ***katatonisch*** ◆ **1.1** ~ schizophrenia *katatonische schizofrenie, katatonie*.
Ca·taw·ba [kəˈtɔːbə]⟨zn.; ook Catawba, beh. in bet. II 0.2; →mv. 4⟩
I ⟨eig.n.⟩ **0.1** ***Catawba*** ⟨Sioux-taal⟩;
II ⟨telb.zn.⟩ **0.1** ***Catawba(-indiaan)*** ⇒*lid v.d. Catawba-stam* **0.2** ⟨ook c-⟩⟨plantk.⟩ ***labruscadruif*** ⇒*claretdruif* ⟨Vitis labrusca⟩;
III ⟨telb. en n.-telb.zn.⟩ **0.1** ⟨ook c-⟩ ***wijn v.d. labruscadruif;***
IV ⟨verz.n.⟩ **0.1** ***(stam der) Catawba(-indianen)***.
'cat·bird ⟨telb.zn.⟩⟨dierk.⟩ **0.1** ***katvogel*** ⟨Dumetella carolinensis⟩ **0.2** ⟨Austr. E⟩ ***apostelvogel*** ⟨Struthidea cinera⟩.
'catbird seat ⟨telb.zn.⟩⟨inf.⟩ ◆ **3.¶** sitting in the ~ *gebeiteld / op rozen zitten*.
'cat·boat ⟨telb.zn.⟩⟨scheep.⟩ **0.1** ***katschip*** ⇒*boot met kattuig / emmerzeil*.
'cat box ⟨telb.zn.⟩ **0.1** ***kattebak*** **0.2** ⟨sl.; golf⟩ ***bunker*** ⇒*zandhindernis*.
'cat burglar ⟨f1⟩⟨telb.zn.⟩⟨BE⟩ **0.1** ***geveltoerist*** ⟨inbreker⟩.
'cat·call[1] ⟨telb.zn.⟩ **0.1** ***fluitconcert*** ⇒*(schel) gefluit, (afkeurend) gejoel*.
catcall[2] ⟨ww.⟩
I ⟨onov.ww.⟩ **0.1** ***een fluitconcert aanheffen;***
II ⟨ov.ww.⟩ **0.1** ***uitfluiten*** ⇒*uitjoelen, weghonen*.
catch[1] [kætʃ]⟨f2⟩⟨zn.⟩
I ⟨telb.zn.⟩ **0.1** ***vang*** ⇒*het vangen, het klemvast hebben* **0.2** ***vangst*** ⇒*buit, aanwinst,* ⟨i.h.b.⟩ *visvangst* **0.3** ⟨sport⟩ ***vangbal*** **0.4** ***houvast*** ⇒*greep* **0.5** ***hapering*** ⟨o.m. v. stem, adem, machine⟩ ⇒*het stokken* **0.6** ⟨inf.⟩ ***addertje onder het gras*** ⇒*luchtje, voetangel, valkuil, valstrik, strikvraag, misleiding, lokmiddel* **0.7** ⟨ben. voor⟩ ***vergrendeling*** ⇒*pal, klink, wervel, schuif, greep, grendel, haak(je), drukker* **0.8** ***flard*** ⇒*fragment* **0.9** ⟨muz.⟩ ***canon*** ◆ **2.2** ⟨inf., i.h.b. mbt. het huwelijk⟩ a good ~ *een goede partij* **7.2** no ~ *geen aanwinst, een miskoop, niet veel soeps / zaaks;*
II ⟨n.-telb.zn.⟩ **0.1** ***overgooien*** ⟨balspel⟩.
catch[2] ⟨f4⟩⟨ww.; caught, caught [-kɔːt]⟩ →catching ⟨→sprw. 69, 131, 195, 198, 326, 527, 608⟩
I ⟨onov.ww.⟩ **0.1** ***vlam vatten*** ⇒*ontbranden* **0.2** ***pakken*** ⇒*aanslaan* **0.3** ***besmettelijk zijn*** ⇒*zich verspreiden* ⟨v. ziekte⟩ **0.4** ⟨honkbal⟩ ***achtervangen*** ⇒*achtervanger / catcher zijn* **0.5** ***klem / vast komen te zitten*** ⇒*blijven haken / zitten* ◆ **1.2** the engine failed to ~ *de motor sloeg niet aan;* the nut doesn't ~ *de moer pakt niet* **1.5** the bolt has caught *de grendel zit vast* **5.¶** →catch **on;** →catch **up** **6.5** his shirt caught **on** a nail *hij bleef met zijn overhemd achter / aan een spijker hangen* **6.¶** ~ **at** any opportunity *iedere gelegenheid aangrijpen / te baat nemen;*
II ⟨ov.ww.⟩ **0.1** ***(op)vangen*** ⇒*pakken, grijpen, verstrikken, onderscheppen, klem / vast zetten* **0.2** ***(plotseling) stuiten op*** ⇒*tegen het lijf lopen* **0.3** ***betrappen*** ⇒*verrassen, ontdekken* **0.4** ***inhalen*** **0.5** ***halen*** ⇒⟨i.h.b. vervoer⟩ *(nog) op tijd zijn voor, pakken* **0.6** ***oplopen*** ⇒*krijgen, opdoen* ⟨ziekte⟩ **0.7** ***slaan*** ⇒*een klap geven* **0.8** ***trekken*** ⟨aandacht e.d.⟩ ⇒*wekken, vangen* **0.9** ***opvangen*** ⇒*(kunnen) ontvangen, horen, zien* ⟨radio / tv-uitzending, film e.d.⟩ **0.10** ***stuiten*** ⇒*(plotseling) inhouden / tegenhouden* **0.11** ***bevangen*** ⇒*overmeesteren, overweldigen* **0.12** ***verstaan*** ⇒*(kunnen) volgen, snappen* **0.13** ***(weten te) vangen*** ⇒*accuraat (weten) weer (te) geven, (goed) vastleggen* **0.14** ⟨sport⟩ ***uitvangen*** **0.15** ⟨pass.⟩ ⟨inf.⟩ ***zwanger raken*** ◆ **1.1** a nail caught his shirt *hij bleef met zijn overhemd aan een spijker haken / hangen* **1.2** I caught her just in time *ik kreeg haar nog net op tijd te pakken* **1.3** caught in the act *op heterdaad betrapt;* be caught by a thunderstorm *overvallen worden door een onweer* **1.5** make sure you ~ the last train *zorg dat je de laatste trein haalt* **1.6** ~ (a) cold *kou vatten* **1.8** ~ s.o.'s attention / interest *iemands aandacht trekken / belangstelling wekken* **1.9** ~ a glimpse of *een glimp opvangen van, even zien;* ~ sight of *in het oog krijgen* **1.10** ~ one's breath *zijn adem inhouden;* he caught his breath from fear *van angst stokte zijn adem* **1.11** caught by sympathy *overmand door medeleven* **1.12** I didn't quite ~ what you said *ik verstond je niet goed* **1.13** the photographer caught the essence of her mood *de fotograaf heeft het wezen van haar stemming weten vast te leggen* **1.14** ~ a batsman (out) *een slagman uitvangen* **3.3** be caught doing sth. *ergens bij betrapt worden;* ~ s.o. bending / napping *iem. overrompelen; iem. (op een fout / verzuim) betrappen* **4.3** ⟨iron.⟩ ~ me! *ik kijk wel uit, mij pak je niet (meer)!* **4.10** ~ o.s. *zich plotseling inhouden, opeens stoppen* **4.11** ⟨inf.⟩ ~ it *de wind van voren krijgen, er van langs krijgen* **5.¶** ~ (a dress) **in** (at the waist) *(een jurk) insnoeren (rond de taille)* ⟨d.m.v. een ceintuur⟩; →catch **out;** →catch **up** **6.1** I caught my thumb **in** the car door *ik ben met mijn duim tussen het portier gekomen;* ~ one's foot **on** sth. *met zijn voet ergens achter blijven haken, over iets struikelen* **6.3** be caught **at** sth. *op iets betrapt worden* **6.7** ⟨sl.⟩ she caught him a blow **on** the bean *ze gaf hem een klap voor zijn kanus*.
'catch-22 ⟨telb.zn.; ook attr.⟩ **0.1** ***kansloze affaire*** ⇒*kruis ik win, munt jij verliest, paradox, paradoxale situatie* ⟨naar een roman v. J. Heller⟩.
catch·a·ble [ˈkætʃəbl]⟨bn.⟩ **0.1** ***vangbaar*** ⇒*te vangen*.
'catch·all ⟨telb.zn.⟩ **0.1** ***vergaarbak*** ⇒*verzamelplaats, verzamelnaam* **0.2** ⟨AE⟩ ***(draag)tas***.
'catchall term ⟨telb.zn.⟩ **0.1** ***verzamelnaam***.
'catch-as-'catch-'can[1] ⟨n.-telb.zn.⟩⟨sport⟩ **0.1** ***catch(-as-catch-can)*** ⇒*vrij worstelen*.
catch-as-catch-can[2] ⟨bn., attr.⟩ **0.1** ***lukraak*** ⇒*rücksichtslos, in het wilde weg, chaotisch* **0.2** ***pak wat je krijgen kunt*** ⇒*ieder voor zich*.

'catch crop ⟨telb.zn.⟩ ⟨landb.⟩ **0.1** ***tussenbouwgewas*** ⇒*tussencultuur, nagewas, stoppelgewas.*

'catch·drain ⟨telb.zn.⟩ **0.1** ***afvoersloot*** ⇒*afwateringssloot/greppel, tochtsloot.*

catch·er ['kætʃə||-ər]⟨f2⟩ ⟨telb.zn.⟩ **0.1** ***vanger*** ⇒⟨i.h.b. honkbal⟩ *achtervanger, catcher* **0.2** ***blikvanger.***

'catch fence ⟨telb.zn.⟩ ⟨autosport⟩ **0.1** ***vanghek.***

'catch·fly ⟨telb.zn.⟩ ⟨plantk.⟩ **0.1** ***silene*** ⟨genus Silene⟩.

catch·ing ['kætʃɪŋ]⟨f2⟩ ⟨bn.; teg. deelw. v. catch⟩ **0.1** ***besmettelijk*** **0.2** ***boeiend*** ⇒*attractief, pakkend.*

'catch line ⟨telb.zn.⟩ **0.1** ***slagzin*** ⇒*kernachtige regel, lokkertje.*

catch·ment ['kætʃmənt]⟨zn.⟩
I ⟨telb.zn.⟩ **0.1** ***afwateringsreservoir*** ⇒*draineerbassin* **0.2** ⟨aardr.⟩ ⟨catchment basin⟩ **0.3** ⟨verk.⟩ ⟨catchment area⟩;
II ⟨n.-telb.zn.⟩ **0.1** ***afwatering*** ⇒*drainage* **0.2** ***draineerwater.***

'catchment area ⟨telb.zn.⟩ **0.1** ***rayon*** ⟨(werk)terrein v. school, ziekenhuis, e.d.⟩ ⇒*regio, verzorgingsgebied* **0.2** ⟨aardr.⟩ ***stroomgebied*** ⇒*neerslag/afwaterings/drainagegebied.*

'catchment basin ⟨telb.zn.⟩ ⟨aardr.⟩ **0.1** ***stroomgebied*** ⇒*neerslag/afwaterings/drainagegebied.*

'catch 'on ⟨onov.ww.⟩ ⟨inf.⟩ **0.1** ***aanslaan*** ⇒*het doen, ingang vinden* **0.2** ***verstaan*** ⇒*kunnen volgen, begrijpen, horen, snappen* ◆ **1.1** the new single is catching on *de nieuwe single slaat aan/doet het goed* **4.2** I didn't ~ *ik verstond je niet* **6.1** it never caught on **with** my colleagues *mijn collega's hebben er nooit aan gewild/veel in gezien.*

'catch 'out ⟨f1⟩ ⟨ov.ww.⟩ **0.1** ***betrappen*** **0.2** ***vangen*** ⇒*klem zetten, erin laten lopen, laten struikelen, te grazen nemen* **0.3** ⟨sport⟩ ***uitvangen.***

'catch·pen·ny ⟨telb.zn.⟩ **0.1** ***prul*** ⇒*snuisterij, kermisartikel.*

'catch·phrase ⟨telb.zn.⟩ **0.1** ***cliché(uitdrukking)*** ⇒*populaire uitspraak/wijsheid, kreet, (holle) frase.*

'catch·pole, 'catch·poll ⟨telb.zn.⟩ ⟨gesch.⟩ **0.1** ***schoutendiender*** ⇒*rakker* **0.2** ***deurwaarder.***

'catch question ⟨telb.zn.⟩ **0.1** ***strikvraag.***

'catch title ⟨telb.zn.⟩ **0.1** ***titelafkorting*** ⇒*verkorte titel.*

catchup →ketchup.

'catch 'up ⟨f1⟩ ⟨ww.⟩
I ⟨onov.ww.⟩ **0.1** ⟨inf.⟩ ***een achterstand wegwerken/inlopen*** ⇒*bijspijkeren* **0.2** ***(weer) bij raken*** ⇒*(weer) op de hoogte raken* ◆ **6.1** ~ **on** neglected subjects *verwaarloosde vakken weer ophalen* **6.¶** ~ **on** *klein krijgen, eronder krijgen;* marriage has caught up **on** him *in het huwelijk is hij zijn wilde haren wel kwijt geraakt;*
II ⟨onov. en ov.ww.⟩ **0.1** ***blijven haken (met)*** ⇒*vast komen te zitten* **0.2** ⟨inf.⟩ ***inhalen*** ⇒*bijkomen, gelijk komen* ◆ **6.1** her skirt caught up **in** the chain *ze kwam met haar rok tussen de ketting;* he caught his scarf up **in** the door *zijn sjaal kwam tussen de deur* **6.2** do you think he can ~ **to/with** us? *denk je dat hij ons kan inhalen?* **6.¶** be caught up **in** *verwikkeld zijn in, betrokken raken bij; opgaan/verdiept zijn in;*
III ⟨ov.ww.⟩ **0.1** ***oppakken*** ⇒*opnemen* **0.2** ***ophouden*** ⇒*opsteken, omhoog houden.*

'catch-waist camel ⟨telb.zn.⟩ ⟨schaatssport⟩ **0.1** ***middelvattende waagpirouette.***

'catch·weight[1] ⟨telb. en n.-telb.zn.⟩ ⟨sport⟩ **0.1** ***open gewichtsklasse.***

catchweight[2] ⟨bn., attr.⟩ ⟨sport⟩ **0.1** ***zonder gewichtsklasse*** ⇒*voor alle categorieën.*

'catch·word ⟨f1⟩ ⟨telb.zn.⟩ **0.1** ***frase*** ⇒*kreet, stopwoord, slogan, cliché,* ⟨i.h.b.⟩ *partijleus* **0.2** ⟨druk.⟩ ***bladwachter*** ⇒*custode, custos* **0.3** ***trefwoord*** ⇒*steekwoord* **0.4** ***(sprekende) hoofdregel*** **0.5** ⟨dram.⟩ ***signaal(woord)*** ⇒*wacht(woord), claus.*

catch·y ['kætʃi]⟨f1⟩ ⟨bn.; -er; -ly; →bijw. 3⟩ **0.1** ***pakkend*** ⇒*boeiend, interessant* **0.2** ***gemakkelijk te onthouden*** ⇒*goed in het gehoor liggend* ⟨v. muziek e.d.⟩ **0.3** ***bedrieglijk*** ⇒*verraderlijk, misleidend* **0.4** ***grillig*** ⇒*onbestendig, bij vlagen.*

'cat cracker ⟨telb.zn.⟩ ⟨verk.⟩ catalytic cracker ⟨inf.⟩ **0.1** ***katalytische kraker/kraakinstallatie.***

'cat door ⟨telb.zn.⟩ **0.1** ***kattedeurtje*** ⇒*poezeluikje* ⟨in deur⟩.

cat·e·che·sis ['kæṭɪ'ki:sɪs]⟨telb.zn.; catecheses [-si:z]; →mv. 5⟩ **0.1** ***catechese.***

cat·e·chet·ic ['kæṭɪ'keṭɪk], **cat·e·chet·i·cal** [-ɪkl]⟨bn.; -(al)ly; →bijw. 3⟩ **0.1** ***mondeling*** ⟨mbt. onderwijs⟩ **0.2** ***catechetisch*** ⇒*in de vorm v. vraag en antwoord.*

cat·e·chism ['kæṭɪkɪzm]⟨f2⟩ ⟨zn.⟩
I ⟨telb.zn.⟩ **0.1** ***catechismus*** ⇒*catechismusles, lering* **0.2** ***ondervraging*** ⇒*verhoor; serie vragen* ◆ **2.1** ⟨C-⟩ Longer/Shorter Catechism *lange/korte versie v.d. (presbyteriaanse) catechismus* **3.2** put s.o. through his ~ *iem. een kruisverhoor afnemen;*
II ⟨n.-telb.zn.⟩ **0.1** ***(godsdienst)onderwijs*** ⟨in de vorm v. vraag en antwoord⟩ ⇒*catechese, lering; catechesatie.*

cat·e·chist ['kæṭɪkɪst], **cat·e·chi·zer, -ser** [-kaɪzə||-ər]⟨telb.zn.⟩ **0.1** ***catecheet*** ⇒*godsdienstonderwijzer, catechiseermeester.*

cat·e·chize, -chise ['kæṭɪkaɪz]⟨ov.ww.⟩ **0.1** ***godsdienstonderwijs geven (aan)*** ⇒*catechiseren* **0.2** ***ondervragen*** ⇒*een (kruis)verhoor afnemen.*

cat·e·chu ['kæṭɪtʃu:]⟨n.-telb.zn.⟩ **0.1** ***catechu*** ⇒*cachou, gambir.*

cat·e·chu·men ['kæṭɪ'kju:mɪn]⟨telb.zn.⟩ **0.1** ***catechumeen*** ⇒*doopleerling, dopeling; neofiet;* ⟨fig.⟩ *iem. die elementair onderricht krijgt.*

cat·e·go·ri·al →categorical.

cat·e·gor·i·cal ['kæṭɪ'gɒrɪkl||'kæṭə'gɔrɪkl], ⟨in bet. 0.3 ook⟩ **cat·e·go·ri·al** [-'gɔ:rɪəl]⟨f2⟩ ⟨bn.; -ly; -ness⟩ **0.1** ***categorisch*** ⇒*onvoorwaardelijk, absoluut, stellig, onbetwijfelbaar; afdoend* **0.2** ***expliciet*** ⇒*direct, op de man af, uitgesproken, zonder omwegen* **0.3** ***categor(i)aal*** ⇒*groeps-, mbt. een categorie* ◆ **1.1** ⟨fil.⟩ ~ imperative *categorische imperatief, onvoorwaardelijk gebod* ⟨in de zedenleer v. Kant⟩.

cat·e·go·rize, -rise ['kæṭɪgəraɪz]⟨f1⟩ ⟨ov.ww.⟩ **0.1** ***categoriseren*** ⇒*in categorieën onderbrengen; naar categorie ordenen.*

cat·e·go·ry ['kæṭɪgri||'kæṭəgɔri]⟨f3⟩ ⟨telb.zn.; →mv. 2⟩ **0.1** ***categorie*** ⇒*klasse, afdeling, groep.*

ca·te·na [kə'ti:nə]⟨telb.zn.; ook catenae [-ni:]; →mv. 5⟩ **0.1** ***(nauw samenhangende) reeks*** ⇒⟨i.h.b.⟩ *catene* ⟨samenhangende reeks bijbelverklaringen⟩.

cat·e·nar·i·an [kæṭɪ'neərɪən]⟨bn.⟩ **0.1** ***ketting-*** ⇒*kettingvormig, catenair.*

cat·e·nar·y[1] [kə'ti:nəri||'kæṭəneri]⟨telb.zn.; →mv. 2⟩ **0.1** ⟨wisk.⟩ ***kettinglijn*** **0.2** ***voorwerp met de vorm v.e. kettinglijn*** **0.3** ***bovenleiding.***

catenary[2] ⟨bn., attr.⟩ **0.1** ***ketting-*** ⇒*catenair, in de vorm v.e. kettinglijn* ◆ **1.1** ~ bridge *kettingbrug;* ~ curve *kettinglijn;* ~ suspension *catenaire ophanging, kettingophanging.*

cat·e·nate ['kæṭɪneɪt]⟨ov.ww.⟩ **0.1** ***aaneenschakelen*** ⇒*tot een keten verenigen, als een keten aan elkaar voegen.*

cat·e·na·tion ['kæṭɪ'neɪʃn]⟨telb.zn.⟩ **0.1** ***aaneenschakeling*** ⇒*opeenvolging, reeks.*

cat·e·noid ['kætənɔɪd]⟨telb.zn.⟩ ⟨wisk.⟩ **0.1** ***catenoïde.***

ca·ter[1] ['keɪtə||'keɪṭər]⟨telb.zn.⟩ ⟨kaartspel, dobbelspel⟩ **0.1** ***vier.***

cater[2] ⟨f2⟩ ⟨ww.⟩ →catering
I ⟨onov.ww.⟩ **0.1** ***maaltijden verzorgen/leveren*** ⇒*eten verschaffen, voor proviand(ering) zorgen, diners uitzenden, cateren* **0.2** ⟨AE⟩ ***amusement leveren*** ⇒*entertainment verzorgen* ◆ **6.¶** → cater for; →cater to;
II ⟨ov.ww.⟩ ⟨AE; inf.⟩ **0.1** ***de maaltijden verzorgen bij*** ⇒*provianderen, cateren* ◆ **1.1** ~ a movie *een film cateren* ⟨tijdens de opnamen de maaltijden leveren⟩.

'cat·er-'cor·ner, 'cat·er-'cor·nered, 'cat·ty-'cor·nered, 'kit·ty-'cor·nered ⟨bn.; bw.⟩ ⟨AE; inf.⟩ **0.1** ***diagonaal (geplaatst/gesitueerd)*** ⇒*schuin(s).*

'cater-cousin ⟨telb.zn.⟩ ⟨vero.⟩ **0.1** ***boezemvriend*** ⇒*intieme vriend.*

ca·ter·er ['keɪtərə||'keɪṭərər]⟨f1⟩ ⟨telb.zn.⟩ **0.1** ***catering-bedrijf*** ⇒*dineruitzender* ⟨leverancier v. maaltijden⟩ **0.2** ***restaurateur*** ⇒*hotel/restauranteigenaar* **0.3** ⟨AE⟩ ***leverancier v. amusement.***

'cater for ⟨f1⟩ ⟨onov.ww.⟩ ⟨BE⟩ **0.1** ***maaltijden verzorgen/leveren*** ⇒*diners uitzenden, cateren, voedsel verschaffen* **0.2** ***in aanmerking nemen*** ⇒*overwegen, rekening houden met, incalculeren* **0.3** ***zich richten op*** ⇒*bedienen, inspelen/inhaken op, tegemoet komen aan* ◆ **1.1** weddings and parties catered for *uitzending naar bruiloften en partijen* ⟨v. diners e.d.⟩ **1.3** a play centre catering for children of all ages *een speeltuin die vertier biedt aan kinderen v. alle leeftijden;* ~ a need *in een behoefte voorzien;* we ~ all tastes *wij bieden voor elk wat wils.*

ca·ter·ing ['keɪtrɪŋ||'keɪṭərɪŋ]⟨f1⟩ ⟨n.-telb.zn.; gerund v. cater⟩ **0.1** ***catering*** ⇒*receptie/dinerverzorging, proviandering, maaltijdverstrekking.*

'ca·ter·ing staff ⟨verz.n.⟩ **0.1** ***cateringpersoneel.***

cat·er·pil·lar ['kætəpɪlə||'kæṭərpɪlər]⟨f2⟩ ⟨telb.zn.⟩ **0.1** ***rups*** ⇒*insektelarve, masker, vlinderlarve* **0.2** ⟨verk.⟩ ⟨caterpillar track/tread⟩ **0.3** ⟨ook C-; merknaam⟩ ⟨verk.⟩ ⟨caterpillar tractor⟩ **0.4** ***rupsbaan*** ⟨kermisattractie⟩.

'caterpillar track, 'caterpillar tread ⟨telb.zn.⟩ **0.1** ***rups(band)*** ⇒*rupsketting.*

'caterpillar tractor ⟨telb.zn.⟩ **0.1** ***rupsbandtrekker/tractor.***

'cater to ⟨f1⟩ ⟨onov.ww.⟩ ⟨AE; BE vaak pej.⟩ **0.1** ***zich richten op*** ⇒*bedienen, inspelen/inhaken op; tegemoetkomen aan* ◆ **1.1** ⟨vnl. BE⟩ politicians often ~ the whims of the voters *politici volgen vaak de grillen v.d. kiezers;* ⟨AE⟩ TV should also ~ minorities *de televisie moet ook minderheden aan bod laten komen.*

cat·er·waul[1] ['kætəwɔ:l||'kæṭərwɔl]⟨telb. en n.-telb.zn.⟩ **0.1** ***kattegejank*** ⇒*krols geschreeuw.*

caterwaul[2] ⟨onov.ww.⟩ **0.1** ***krollen*** ⇒*janken (als een krolse kat)* **0.2** ⟨inf.⟩ ***bekvechten*** ⇒*luidruchtig ruziën, kijven.*

'cat·fish ⟨telb.zn.⟩⟨dierk.⟩ **0.1** ***meerval*** ⟨Siberus glanis⟩ ⇒*meervalachtige* ⟨fam. Siluridae⟩.
'cat·fit ⟨telb.zn.⟩⟨AE; inf.⟩ **0.1** ***driftbui*** ⇒*woedeuitbarsting, stuip.*
'cat flu ⟨n.-telb.zn.⟩ **0.1** ***kattenieziekte.***
'cat·gut ⟨telb. en n.-telb.zn.⟩ **0.1** ***catgut*** ⇒*kattedarm* ⟨als snaar of medisch hechtdraad⟩, *darmsnaar* **0.2** ***stramien*** ⇒*borduurgaas* **0.3** ⟨inf.⟩ ***snaarinstrument*** ⇒*fiedel.*
cath, Cath ⟨afk.⟩ Cathedral, Catholic.
ca·thar·sis [kə'θɑ:sɪs‖-'θɑr-]⟨f1⟩⟨telb. en n.-telb.zn.; catharses [-si:z]; →mv. 5⟩ **0.1** ***catharsis*** ⇒⟨med.⟩ *purgatie;* ⟨psych.⟩ *psychocatharsis, afreagering, loutering.*
ca·thar·tic[1] [kə'θɑ:tɪk‖kə'θɑrṭɪk]⟨telb.zn.⟩⟨med.⟩ **0.1** ***(sterk) laxatief/purgatief*** ⇒*(sterk) purgeermiddel, catharticum.*
cathartic[2] ⟨bn.⟩ **0.1** ***mbt./leidend tot een catharsis*** **0.2** ⟨med.⟩ ***(sterk) laxatief/purgerend*** ⇒*cathartisch.*
'cathaul ⟨ov.ww.⟩⟨AE; inf.⟩ **0.1** ***een derdegraads verhoor afnemen*** ⇒*onder sterke druk zetten.*
Ca·thay [kæ'θeɪ]⟨eig.n.⟩⟨vero.⟩ **0.1** ***Cathay*** ⇒*China.*
'cat·head ⟨telb.zn.⟩⟨scheep.⟩ **0.1** ***kraanbalk*** ⟨voor anker⟩.
ca·the·dra [kə'θi:drə]⟨telb.zn.; cathedrae [-dri:]; →mv. 5⟩ **0.1** ***katheder*** ⇒*bisschopstroon;* ⟨i.h.b. v.e. hoogleraar⟩ *spreekgestoelte; hoogleraarambt* **0.2** ***bisschopsstoel*** ⇒*bisschopsambt/zetel/waardigheid.*
ca·the·dral[1] [kə'θi:drəl]⟨f3⟩⟨telb.zn.⟩ **0.1** ***kathedraal*** ⇒*domkerk, hoofdkerk v.e. bisdom; grote kerk.*
cathedral[2] ⟨bn.⟩ **0.1** ***mbt. een katheder/bisschopstroon*** **0.2** ***kathedraal*** ⇒*bisschoppelijk, dom-* **0.3** ***gezaghebbend*** ⇒*bindend* ◆ **1.2** ~ church *kathedrale kerk, kathedraal, domkerk.*
ca'thedral city ⟨telb.zn.⟩ **0.1** ***domstad.***
Cath·e·rine, Kath·e·rine ['kæθrɪn]⟨eig.n.⟩ **0.1** ***Catharina*** ⇒*Katrien.*
catherine wheel ['kæθrɪn wi:l‖-hwi:l]⟨telb.zn.; ook C-⟩ **0.1** ***roosvenster*** ⇒*radvenster* **0.2** ⟨vuurwerk⟩ ***vuurrad.***
cath·e·ter ['kæθɪtə‖-θɪṭər]⟨telb.zn.⟩⟨med.⟩ **0.1** ***catheter*** ⇒*sonde.*
cath·e·ter·ize, -ise ['kæθɪṭəraɪz]⟨ov.ww.⟩⟨med.⟩ **0.1** ***catheteriseren*** ⇒*een catheter/sonde inbrengen (bij/in).*
ca·thex·is [kə'θeksɪs]⟨telb.zn.; cathexes [-si:z]; →mv. 5⟩⟨psych.⟩ **0.1** ***(object-)cathexis*** ⟨concentratie v. mentale energie⟩.
cath·ode, kath·ode ['kæθoʊd]⟨f2⟩⟨telb.zn.⟩⟨nat., ook elek.⟩ **0.1** ***kathode*** ⇒*negatieve elektrode/pool.*
'cathode 'ray ⟨telb.zn.⟩⟨nat., ook elek.⟩ **0.1** ***kathodestraal*** ⇒*(elektron in een) elektronenstraal.*
'cathode-'ray tube ⟨telb.zn.⟩⟨elek.⟩ **0.1** ***elektronenstraalbuis*** ⇒*kathodestraalbuis;* ⟨televisie⟩ *beeldbuis.*
ca·thod·ic [kə'θɒdɪk‖-'θɑ-]⟨bn.; -ally; →bijw. 3⟩⟨nat., ook elek.⟩ **0.1** ***kathodisch*** ⇒*mbt./v.e. kathode.*
cath·o·lic[1] ['kæθlɪk]⟨f3⟩⟨telb.zn.⟩ **0.1** ⟨C-⟩ ***katholiek.***
catholic[2] ⟨f3⟩⟨bn.; -ally; →bijw. 3⟩ **0.1** ⟨C-⟩ ***katholiek*** **0.2** ***universeel*** ⇒*algemeen, de gehele mensheid aangaand, (al)omvattend, wijdverbreid, katholiek* **0.3** ***ruimdenkend*** ⇒*tolerant, verdraagzaam, liberaal* ◆ **1.1** ~ Epistles *katholieke brieven* ⟨de alg. zendbrieven i.h. N.T.⟩; ~ Church *(de) katholieke Kerk* **1.3** ⟨gesch.⟩ Catholic King, his (most) Catholic Majesty *Katholieke Koning* ⟨eretitel v. Spaanse koning⟩ **2.2** a man of ~ tastes *een man met vele interesses/een brede belangstelling* **2.3** Catholic (and) Apostolic Church *katholiek-apostolische Kerk* ⟨v.d. volgelingen v. John Irving⟩.
ca·thol·i·cism [kə'θɒlɪsɪzm‖-'θɑ-]⟨f1⟩⟨n.-telb.zn.; meestal C-⟩ **0.1** ***katholicisme.***
cath·o·lic·i·ty ['kæθə'lɪsəṭi]⟨n.-telb.zn.⟩ **0.1** ***ruimdenkendheid*** ⇒*tolerantie; brede belangstelling* **0.2** ***universaliteit*** ⇒*algemene geldigheid* **0.3** ⟨C-⟩ ***katholiciteit*** ⇒*het katholiek zijn* **0.4** ⟨C-⟩ ***katholicisme.***
ca·thol·i·cize, -ise [kə'θɒlɪsaɪz‖-'θɑ-]⟨ww.⟩
I ⟨onov.ww.⟩ **0.1** ***katholiek worden*** ⇒*katholiseren, zich bekeren/bekeerd worden tot het katholicisme;*
II ⟨ov.ww.⟩ **0.1** ***katholiek maken*** ⇒*bekeren tot het katholicisme.*
ca·thol·i·con [kə'θɒlɪkɒn‖-'θɑlɪkɑn]⟨telb.zn.⟩ **0.1** ***panacee*** ⇒*algemeen geneesmiddel, wondermiddel, (genees)middel tegen alle kwalen.*
'cat·house ⟨zn.⟩⟨AE; sl.⟩
I ⟨telb.zn.⟩ **0.1** ***(goedkoop) bordeel*** ⇒*hoerenkast,* ⟨B.⟩ *hoerenkot;*
II ⟨n.-telb.zn.⟩ **0.1** ***New Orleans-jazz*** ⇒*Dixieland-jazz.*
'cat ice ⟨n.-telb.zn.⟩ **0.1** ***bomijs.***
cat·ion ['kæṭaɪən]⟨telb.zn.⟩⟨nat., schei.⟩ **0.1** ***kation*** ⇒*positief geladen ion.*
cat·ion·ic ['kætaɪ'ɒnɪk‖'kæṭaɪ'ɑnɪk]⟨bn.⟩⟨nat., schei.⟩ **0.1** ***v. (een) kation(en)*** **0.2** ***met een actief kation.***
cat·kin ['kætkɪn]⟨f1⟩⟨telb.zn.⟩⟨plantk.⟩ **0.1** ***katje*** ◆ **1.1** ~s of the willow *wilgekatjes.*
'cat·lap ⟨telb. en n.-telb.zn.⟩⟨inf.⟩ **0.1** ***laf/slap drankje*** ⟨thee e.d.⟩ ⇒*gootwater.*
cat·lick ['kætlɪk]⟨telb.zn.⟩⟨inf.⟩ **0.1** ***kattewasje*** **0.2** ⟨verbastering v. catholic⟩⟨scherts. of bel.⟩ ***katholiek.***
cat·like ['kætlaɪk]⟨f1⟩⟨bn.⟩ **0.1** ***katachtig*** ⇒*als v.e. kat, gelijkend op een kat* **0.2** ***stil*** ⇒*geruisloos, steels, als een kat, heimelijk.*
cat·ling ['kætlɪŋ], ⟨in bet. I o.2 ook⟩ **cat·lin** ['kætlɪn]⟨zn.⟩
I ⟨telb.zn.⟩ **0.1** ***katje*** ⇒*jong poesje* **0.2** ***(lang) amputatiemes*** ⟨met tweesnijdend lemmet⟩;
II ⟨telb. en n.-telb.zn.⟩ **0.1** ***kattedarm*** **0.2** ***snaar v. kattedarm*** ⇒*darmsnaar* ⟨voor muziekinstrument⟩.
'cat·mint, ⟨AE⟩ **'cat·nip** ⟨telb. en n.-telb.zn.⟩⟨plantk.⟩ **0.1** ***kattekruid*** ⇒⟨i.h.b.⟩ *neppe* ⟨Nepeta cataria⟩.
'cat·nap ⟨f1⟩⟨telb.zn.⟩⟨inf.⟩ **0.1** ***hazeslaapje*** ⇒*dutje, tukje.*
Ca·to·ni·an[1] ['keɪ'toʊnɪən]⟨telb.zn.⟩ **0.1** ***volgeling/leerling v. Cato.***
Catonian[2] ⟨bn.⟩ **0.1** ***streng.***
cat-o'-nine-tails ['kæṭə'naɪnteɪlz]⟨telb.zn.; ook cat-o'-nine-tails; →mv. 4, 6⟩ **0.1** ***kat met negen staarten*** ⇒*gesel.*
ca·top·tric [kə'tɒptrɪk‖-'tɑp-], **ca·top·tri·cal** [-ɪkl]⟨bn.⟩ **0.1** ***spiegel*** ⇒*v./als een spiegel, terugkaatsings-.*
ca·top·trics [kə'tɒptrɪks‖-'tɑp-]⟨n.-telb.zn.⟩ **0.1** ***terugkaatsingsleer*** **0.2** ***optische eigenschappen v.e. spiegel.***
'cat·plant ⟨telb.zn.; afk. v. Catalysis Plant⟩⟨sl.⟩ **0.1** ***olie- of gasraffinaderij.***
C(A)T scanner ⟨telb.zn.⟩⟨med.⟩ **0.1** ***(C(A)T-)scanner*** ⇒*computertomograaf.*
'cat's 'cradle ⟨n.-telb.zn.⟩ **0.1** ***afneemspel(letje)*** ⟨waarbij met behulp v.e. lus om de handen figuren worden gevormd⟩ ⇒*kop-en-schotel-schemerlamp* ⟨naar de te maken figuren⟩.
'cat's-eye ⟨f1⟩⟨telb.zn.⟩ **0.1** ***kat(te)oog*** ⟨rijstrookmarkering, reflector⟩ **0.2** ***kat(te)oog*** ⟨halfedelsteen⟩.
'cat's foot ⟨telb.zn.⟩⟨plantk.⟩ **0.1** ***hondsdraf*** ⇒*onderhave, aardsveil* ⟨Nepeta glechoma⟩ **0.2** ***droogbloem*** ⟨genus Antennaria⟩ ⇒⟨i.h.b.⟩ *rozenkransje* ⟨A. (neo)dioica⟩.
'cat sleep ⟨telb.zn.⟩ **0.1** ***hazeslaapje*** ⇒*dutje, tukje.*
'cat's meat ⟨n.-telb.zn.⟩⟨BE⟩ **0.1** ***kattevlees*** ⟨voedsel voor katten⟩ ⇒*kattevoer.*
'cat's-paw, 'cats-paw ⟨telb.zn.⟩ **0.1** ***werktuig*** ⟨iem. die ge/misbruikt wordt voor een bepaald doel⟩ ⇒*dupe* **0.2** ***kattepootje*** ⟨lichte rimpeling v.d. waterspiegel⟩ **0.3** ⟨scheep.⟩ ***katlijntje*** ⟨op haak v.h. katblok⟩ ◆ **3.1** be made a ~ of *het vuile werk moeten opknappen, de kastanjes uit het vuur moeten halen.*
'cat's py'jamas ⟨mv.⟩⟨inf.⟩ **0.1** ***het neusje v.d. zalm*** ⇒*het einde, je v. het.*
cat's tail, 'cat tail ⟨telb.zn.⟩⟨plantk., beh. 0.1⟩ **0.1** ***kattestaart*** ⟨lett.⟩ **0.2** ***(grote) lisdodde*** ⇒*fakkel* ⟨Typha latifolia⟩ **0.3** ***paardestaart*** ⟨genus Equisitum⟩ ⇒⟨i.h.b.⟩ *heermoes* ⟨E. arvense⟩ **0.4** ***doddegras*** ⟨genus Phleum⟩ ⇒⟨i.h.b.⟩ *timotheegras* ⟨P. pratense⟩ **0.5** ***wilgekatje.***
'cat suit ⟨f1⟩⟨telb.zn.⟩ **0.1** ***jumpsuit*** ⇒*bodystocking.*
cat·sup ['kætsəp]⟨n.-telb.zn.; verbastering v. ketchup⟩ **0.1** ***ketchup.***
'cat's 'whisker, ⟨in bet. I ook⟩ **'cat whisker** ⟨f1⟩⟨zn.⟩
I ⟨telb.zn.⟩⟨elek.⟩ **0.1** ***detectieveertje;***
II ⟨mv.; ~s⟩⟨inf.⟩ **0.1** ***het neusje v.d. zalm*** ⇒*het einde, je v. het.*
cattalo →catalo.
cat·tish ['kæṭɪʃ]⟨bn.; -ly; -ness⟩ **0.1** ***kat(ach)tig*** ⇒*vals, kwaaddenkend/sprekend.*
cat·tle ['kæṭl]⟨f3⟩⟨verz.n.⟩ **0.1** ***(rund)vee*** ◆ **1.1** six head of ~ *zes stuks vee* **3.1** ⟨BE⟩ attested ~ *goedgekeurd/t.v.c.-vrij vee;* the ~ are grazing *het vee graast.*
'cat·tle-breed·er, 'cat·tle-rais·er ⟨telb.zn.⟩ **0.1** ***veefokker*** ⇒*veeboer.*
'cattle cake ⟨n.-telb.zn.⟩ **0.1** ***veevoeder*** ⇒*veekoek.*
'cat·tle-deal·er ⟨telb.zn.⟩ **0.1** ***veehandelaar.***
'cattle 'egret ⟨telb.zn.⟩⟨dierk.⟩ **0.1** ***koereiger*** ⟨Bubulcus ibis⟩.
'cattle farming ⟨n.-telb.zn.⟩ **0.1** ***veeteelt.***
'cattle grid, ⟨AE⟩ **'cattle guard** ⟨telb.zn.⟩ **0.1** ***wildrooster.***
'cattle leader ⟨telb.zn.⟩ **0.1** ***neusring.***
'cat·tle-lift·er ⟨telb.zn.⟩ **0.1** ***veedief.***
cat·tle·man ['kæṭlmən]⟨f1⟩⟨telb.zn.; cattlemen [-mən]; →mv. 3⟩ **0.1** ***veehoeder*** ⇒*veedrijver* **0.2** ***veefokker*** ⇒*veeboer, veehouder.*
'cattle plague ⟨n.-telb.zn.⟩ **0.1** ***veepest.***
'cat·tle-rus·tler ⟨telb.zn.⟩⟨AE⟩ **0.1** ***veedief.***
'cattle stop ⟨telb.zn.⟩⟨Nieuwzeelands E⟩ **0.1** ***wildrooster.***
'cat·tle-truck ⟨telb.zn.⟩ **0.1** ***veewagen.***
cat·ty ['kæṭi]⟨f1⟩⟨bn.; -er; -ly; -ness; →bijw. 3⟩ **0.1** ***kattig*** ⇒*vals, kwaaddenkend/sprekend, roddelziek* **0.2** ***steels*** ⇒*katachtig, stil, als een kat.*
catty-cornered →catercorner.
CATV ⟨n.-telb.zn.⟩⟨afk.⟩ **0.1** ⟨cable TV⟩ ***kabel(t.v.)*** **0.2** ⟨Community Antenna Television⟩ ***C.A.S.*** ⇒*centraal antennesysteem* ⟨i.h.b. op platteland⟩.

'cat·walk ⟨telb.zn.⟩ **0.1** ***richel*** ⇒*smal looppad* ⟨langs brug, over tanker, in vliegtuig, enz.⟩; ⟨scheep.⟩ *loopbrug* **0.2** ***lang, smal platform/podium*** ⟨voor modeshows, enz.⟩ ⇒*lichtbrug* ⟨in theater⟩.

Cau·ca·sian[1] [kɔː'keɪʒn]⟨zn.⟩
I ⟨eig.n.⟩ **0.1** ***Kaukasisch*** ⇒*de Kaukasische talen;*
II ⟨telb.zn.⟩ **0.1** ***Kaukasiër*** ⇒*Kaukasische* **0.2** ***blanke*** ⇒*lid v.h. Indo-Europese ras.*

Caucasian[2], **Cau·ca·sic** [kɔː'keɪzɪk‖-'kæsɪk]⟨bn.; ook c-⟩ **0.1** ***Kaukasisch*** ⇒*v./uit de Kaukasus* **0.2** ***blank*** ⇒*v.h. Indo-Europese ras.*

cau·cus[1] ['kɔːkəs]⟨f1⟩⟨telb., verz.n.⟩⟨pol.; soms pej.⟩ **0.1** ⟨vnl. AE⟩ ***(besloten) verkiezingsbijeenkomst v. partijleden*** ⟨beslist over politiek en kandidaten⟩ **0.2** ⟨vnl. AE⟩ ***(besloten) vergadering v. partijleiders/afgevaardigden*** ⇒*fractie(vergadering)* **0.3** ⟨vnl. BE⟩ ***(plaatselijke) partijorganisatie*** ◆ **7.1** the ~ *het caucussysteem.*

caucus[2] ⟨onov.ww.⟩⟨AE; pol.⟩ **0.1** ***een verkiezingsbijeenkomst houden.***

cau·dad ['kɔːdæd]⟨bw.⟩⟨anat.⟩ **0.1** ***bij de staart of het zitvlak.***

cau·dal ['kɔːdl]⟨bn.; -ly⟩⟨dierk.⟩ **0.1** ***staart-*** ⇒*van/bij/als een staart* **0.2** ***v.h. achterwerk*** ◆ **1.1** ~ fin *staartvin.*

cau·date ['kɔːdeɪt], **cau·dat·ed** [-deɪṭɪd]⟨bn.⟩ **0.1** ***gestaart*** ⇒*met een staart.*

cau·di·llo [kɔː'diːljoʊ]⟨telb.zn.⟩ **0.1** ***caudillo*** ⇒*militaire/politieke dictator/leider* ⟨in Spaanssprekende landen⟩.

cau·dle ['kɔːdl]⟨n.-telb.zn.⟩ **0.1** ***kandeel.***

caught ⟨verl. t. en volt. deelw.⟩ →catch.

'caught 'up in ⟨f1⟩⟨bn., pred.; caught volt. deelw. v. catch⟩ **0.1** ***opgenomen in*** ⇒*(tegen zijn zin) betrokken bij* **0.2** ***verdiept in*** ⇒*verzonken in, geheel in beslag genomen door* ◆ **1.1** ~ an intrigue/a war *betrokken bij een intrige/een oorlog* **2.1** ~ reverie/a daydream *in gedachten verzonken, geheel in beslag genomen door een dagdroom.*

caul [kɔːl]⟨telb.zn.⟩ **0.1** ⟨gesch.⟩ ***kapje*** ⟨deel v.d. muts dat vroeger binnenshuis werd gedragen⟩ **0.2** ***darmvlies*** **0.3** ***helm*** ⟨gedeelte v.h. membraan dat bij de geboorte nog om het hoofd v.d. baby zit⟩ ◆ **3.3** ⟨fig.⟩ born with a ~ *met de helm geboren.*

caul·dron, cal·dron ['kɔːldrən]⟨f1⟩⟨telb.zn.⟩ **0.1** ***ketel*** ⇒*grote pot, kookpot;* ⟨fig.⟩ *heksenketel.*

cau·les·cent [kɔː'lesnt]⟨bn.⟩⟨plantk.⟩ **0.1** ***gestengeld.***

cau·li·flow·er ['kɒlɪflaʊə‖'kɔlɪflaʊər, 'kɑ-]⟨f1⟩⟨telb. en n.-telb.zn.⟩ **0.1** ***bloemkool.***

'cauliflower 'cheese ⟨n.-telb.zn.⟩ **0.1** ***met kaas gegratineerde bloemkool.***

'cauliflower 'ear ⟨telb.zn.⟩ **0.1** ***bloemkooloor*** ⇒*misvormd oor.*

cau·line ['kɔːlaɪn]⟨bn.⟩⟨plantk.⟩ **0.1** ***stengel-*** ⇒*van/met/groeiend op een stengel.*

caulk, calk [kɔːk]⟨ov.ww.⟩ **0.1** ***dichten*** ⇒*waterdicht maken* **0.2** ***breeuwen*** ⇒*kalefat(er)en* ◆ **1.2** ~ a ship *een schip breeuwen* **5.¶** ⟨sl.; Am. marine⟩ ~ **off** *gaan pitten, gaan slapen.*

'caulk·ing chisel ⟨telb.zn.⟩ **0.1** ***breeuwijzer.***

caus·al ['kɔːzl]⟨f1⟩⟨bn.; -ly⟩ **0.1** ***oorzakelijk*** ⇒*causaal* **0.2** ⟨taalk.⟩ ***causaal*** ⇒*redegevend, oorzakelijk* ◆ **1.1** ~ connection *causaal verband* **1.2** ~ adverb *causaal bijwoord;* ~ clause *causale bijzin, (bijw.) bijzin v. reden/oorzaak.*

cau·sal·i·ty [kɔː'zæləṭi]⟨f1⟩⟨n.-telb.zn.⟩ **0.1** ***causaliteit*** ⇒*oorzakelijkheid, betrekking tussen oorzaak en gevolg* **0.2** ⟨fil.⟩ ***causaliteit.***

cau·sa·tion [kɔː'zeɪʃn]⟨n.-telb.zn.⟩ **0.1** ***het veroorzaken*** **0.2** ***betrekking tussen oorzaak en gevolg.***

caus·a·tive[1] ['kɔːzəṭɪv]⟨telb.zn.⟩⟨taalk.⟩ **0.1** ***causatief*** ⇒*causatiefvorm* ◆ **1.1** fell is the ~ of fall *vellen is het causatief van vallen.*

causative[2] ⟨f1⟩⟨bn.; -ly⟩ **0.1** ***veroorzakend*** **0.2** ⟨taalk.⟩ ***causatief*** ◆ **1.1** ~ factor/force *oorzaak* **1.2** ~verbs *causatieve werkwoorden.*

cause[1] [kɔːz]⟨f4⟩⟨zn.⟩⟨→sprw. 449⟩
I ⟨telb.zn.⟩ **0.1** ***oorzaak*** **0.2** ***reden*** ⇒*beweegreden, motief, grond* **0.3** ***zaak*** ⇒*doel* **0.4** ⟨jur.⟩ ***grond*** ⇒*reden voor een proces* **0.5** ⟨jur.⟩ ***proces*** ⇒*geding, rechtszaak* ◆ **2.3** make common ~ with s.o. *gemene zaak maken met iem., iem. steunen* ⟨in politiek, enz.⟩; work for a good ~ *voor een goed doel werken* **3.3** plead one's ~ *zijn zaak bepleiten;* a lost ~ *een verloren/hopeloze zaak* **7.¶** First Cause *de Schepper;*
II ⟨n.-telb.zn.⟩ **0.1** ***reden*** ◆ **3.1** give ~ for *reden geven tot/om;* ⟨jur.⟩ show ~ why *wettelijk aantonen waarom* **7.1** there is no ~ for alarm *er is geen reden voor ongerustheid.*

cause[2] ⟨f4⟩⟨ov.ww.⟩ **0.1** ***veroorzaken*** ⇒*ertoe brengen, ertoe zetten* ◆ **3.1** ~ a tunnel to be built *een tunnel laten aanleggen, zorgen dat er een tunnel wordt aangelegd;* it ~d him to stop *het deed hem ophouden.*

'cause [kəz]⟨ondersch.vw.⟩⟨verk.⟩ because ⟨inf.⟩.

cause cé·lè·bre [kɔːz sə'leb(rə)]⟨telb.zn.; causes célèbres; →mv. 5⟩ **0.1** ***cause célèbre*** ⇒*beroemde/beruchte rechtszaak, geruchtmakende zaak.*

cause·less ['kɔːzləs]⟨bn.; -ly⟩ **0.1** ***zonder oorzaak*** **0.2** ***ongemotiveerd*** ⇒*zonder motief* ◆ **1.2** a ~ murder *een moord zonder motief.*

'cause list ⟨telb.zn.⟩⟨jur.⟩ **0.1** ***rol*** ◆ **3.1** put a criminal case on the ~ *een strafzaak op de rol plaatsen.*

cau·se·rie ['koʊzə'riː]⟨telb.zn.⟩ **0.1** ***causerie*** ⟨informele, voorgedragen of geschreven verhandeling⟩.

cause·way ['kɔːzweɪ], ⟨vero.⟩ **cau·sey** ['kɔːzi]⟨f1⟩⟨telb.zn.⟩ **0.1** ***verhoogde weg*** ⟨meestal door drassig terrein⟩ ⇒*opgehoogd voetpad* **0.2** ***geplaveide weg*** ◆ **2.2** a Roman ~ *een Romeinse heirbaan.*

caus·tic[1] ['kɔːstɪk]⟨telb. en n.-telb.zn.⟩ **0.1** ***caustisch middel*** ⇒*bijtende/brandende (chemische) substantie.*

caustic[2] ⟨f1⟩⟨bn.; -ally; →bijw. 3⟩ **0.1** ***caustisch*** ⇒*brandend* **0.2** ***bijtend*** ⟨ook fig.⟩ ⇒*sarcastisch* ◆ **1.1** ~ potash/soda *caustische potas/soda* **1.2** ~ humour/remarks *bijtende humor/opmerkingen.*

caus·tic·i·ty [kɔː'stɪsəṭi]⟨n.-telb.zn.⟩ **0.1** ***brandend/bijtend vermogen*** **0.2** ***sarcasme.***

cau·ter·i·za·tion, -sa·tion ['kɔːtəraɪ'zeɪʃn‖'kɔṭərə'zeɪʃn]⟨n.-telb.zn.⟩⟨med.⟩ **0.1** ***cauterisatie*** ⇒*het doodbranden/wegbranden/dichtschroeien/uitbranden.*

cau·ter·ize, -ise ['kɔːṭəraɪz]⟨f1⟩⟨ov.ww.⟩⟨med.⟩ **0.1** ***cauteriseren*** ⇒*uitbranden, doodbranden, dichtschroeien, wegbranden;* ⟨fig.⟩ *verharden, hard/gevoelloos maken* ◆ **1.1** his ~d conscience *zijn verhard geweten;* ~ a wound *een wond uitbranden.*

cau·ter·y ['kɔːṭəri], **cau·ter** ['kɔːtə‖'kɔṭər]⟨zn.; →mv. 2⟩⟨med.⟩
I ⟨telb.zn.⟩ **0.1** ***brandijzer*** ⇒*cautère;*
II ⟨telb. en n.-telb.zn.⟩ **0.1** ***brandmiddel*** ⇒*bijtend/caustisch middel;*
III ⟨n.-telb.zn.⟩ **0.1** ***cauterisatie*** ⇒*het dichtschroeien/branden.*

cau·tion[1] ['kɔːʃn]⟨f2⟩⟨zn.⟩
I ⟨telb.zn.⟩ **0.1** ***waarschuwing*** ⇒⟨voetbal⟩ *officiële waarschuwing* ⟨d.m.v. gele kaart⟩ **0.2** ***waarschuwingscommando*** **0.3** ***berisping*** ⇒*reprimande, vermaning* **0.4** ⟨AE, Sch. E⟩ ***borg(tocht)*** **0.5** ⟨sl.⟩ ***verrassend iets/iem.*** ⇒*bijzonder iem.* ◆ **7.5** you're a ~! *jij bent me er eentje!;* that's a ~! *dat is kras!* **¶.2** 'Forward!' coming before 'March!' is a ~ *'Voorwaarts!' (vóór 'Mars!') is een waarschuwingsbevel;*
II ⟨n.-telb.zn.⟩ **0.1** ***voorzichtigheid*** ⇒*behoedzaamheid, omzichtigheid* ◆ **3.¶** fling/throw ~ to the winds *alle voorzichtigheid overboord gooien* **¶.¶** ~! *voorzichtig!;* ⟨verkeer⟩ *let op!.*

caution[2] ⟨f1⟩⟨ov.ww.⟩ **0.1** ***waarschuwen*** ⇒*tot voorzichtigheid manen* **0.2** ***berispen*** ⇒*vermanen* ◆ **6.1** ~ **about/for** *waarschuwen voor, opmerkzaam maken op het gevaar van;* ~ **against** *waarschuwen tegen.*

cau·tion·ar·y ['kɔːʃənri‖-neri]⟨bn.⟩⟨schr.⟩ **0.1** ***waarschuwend*** ⇒*waarschuwings-, bedoeld als waarschuwing* ◆ **1.1** a ~ notice *een waarschuwingsbord.*

'caution light ⟨telb.zn.⟩⟨verkeer⟩ **0.1** ***waarschuwingslicht.***

'caution money ⟨n.-telb.zn.⟩ **0.1** ***borgtocht*** ⇒*cautie, zakelijke waarborg.*

cau·tious ['kɔːʃəs]⟨f3⟩⟨bn.; -ly; -ness⟩ **0.1** ***voorzichtig*** ⇒*behoedzaam, omzichtig, attent, op zijn hoede* ◆ **3.1** he was ~ not to betray the secret *hij paste ervoor op dat hij het geheim niet zou verraden* **6.1** she is always ~ **of** giving offence *ze is er steeds op bedacht geen aanstoot te geven.*

cav ⟨afk.⟩ cavalier, cavalry, caveat, cavity.

cav·al·cade ['kævl'keɪd]⟨f1⟩⟨telb.zn.⟩ **0.1** ***optocht*** ⟨v. ruiters/koetsen⟩ ⇒*cavalcade, ruiterstoet* **0.2** ***(bonte) stoet*** ⇒*processie, carnavalsoptocht* **0.3** ***overzicht*** ⟨vnl. historisch⟩ ⇒*serie taferelen* ◆ **1.1** a ~ of carriages passed along the boulevard *er trok een stoet rijtuigen over de boulevard.*

cav·a·lier[1] ['kævə'lɪə‖-'lɪr]⟨f2⟩⟨telb.zn.⟩ **0.1** ***galante heer*** ⇒*cavalier* **0.2** ***begeleider*** ⟨v. dame⟩ ⇒*galant, minnaar, (dans)partner, escorte, cavalier* **0.3** ⟨meestal C-⟩⟨gesch.⟩ ***Cavalier*** ⟨aanhanger v. Karel I⟩ **0.4** ⟨vero.⟩ ***ruiter*** ◆ **1.1** he sought a ~'s satisfaction in a duel *als een man van eer wenste hij genoegdoening in een duel* **1.3** Cavalier poets *groep dichters verbonden aan het hof van Karel I* **3.2** John appeared to be her ~ for the occasion *kennelijk had ze John bij deze gelegenheid als begeleider.*

cavalier[2] ⟨f1⟩⟨bn.; -ly; -ness⟩ **0.1** ***hooghartig*** ⇒*arrogant, trots* **0.2** ***nonchalant*** ⇒*achteloos, onnadenkend, zorgeloos, luchthartig* **0.3** ***onhoffelijk*** ⇒*zelfzuchtig, bot, kortaf* ◆ **1.1** ~ tone *een arrogante toon* **1.3** ~ methods *grove methodes* **3.2** her objections were ~ly dismissed *haar bezwaren werden luchtig weggewuifd.*

cavalier[3] ⟨ww.⟩
I ⟨onov.ww.⟩ **0.1** ***zich hooghartig/achteloos/onhoffelijk gedragen*** ◆ **6.1** he was always ~ing **over** his friends *hij speelde altijd de baas over zijn vrienden;*
II ⟨ov.ww.⟩ **0.1** ***escorteren*** ⇒*begeleiden* ⟨een dame⟩, *als partner fungeren van/voor* ◆ **4.1** there were always enough gentlemen to ~ her *ze kon altijd voldoende begeleiders krijgen.*

cav·al·la [kə'vælə], **cav·al·ly** [-li]⟨telb.zn.; ook cavalla, cavally; →mv. 4⟩ **0.1** ⟨dierk.⟩ ***horsmakreel*** ⟨genus Caranx⟩.

cav·al·ry ['kævlri]⟨f2⟩⟨zn.;→mv. 2⟩
I ⟨n.-telb.zn.⟩ **0.1** ***chromaatgeel;***
II ⟨verz.n.⟩ **0.1** ***cavalerie*** ⇒⟨oorspr.⟩ *ruiterij* **0.2** ⟨vnl. AE⟩ ***bereden/gemotoriseerde strijdkrachten*** ⇒*lichte pantsers.*
'cavalry bone ⟨telb.zn.⟩ **0.1** ***ruiterbeentje*** ⟨ossificatie in de spieren aan de binnenkant v.d. dij bij ruiters⟩.
'cav·al·ry·man ⟨fɪ⟩⟨telb.zn.⟩ **0.1** ***cavalerist*** ⇒*bereden soldaat.*
'cavalry sword ⟨telb.zn.⟩ **0.1** ***(cavalerie)sabel.***
'cavalry twill ⟨telb. en n.-telb.zn.⟩ **0.1** ***sterke dubbelgekeperde wollen stof.***
ca·va·ti·na ['kævə'ti:nə]⟨telb.zn.⟩ **0.1** ***cavatine*** ⇒*korte aria, arietta, kort en lyrisch instrumentaal stuk.*
cave[1] [keɪv]⟨f3⟩⟨telb.zn.⟩ **0.1** ***hol*** ⇒*grot, spelonk, holte;* ⟨AE, sl.⟩ *kamer* **0.2** ⟨the C-⟩ ***groep afgescheidenen v.d. Britse Liberal Party in 1866*** ⇒⟨ook c-⟩ *afgescheidenen, dissidenten* **0.3** ⟨BE; sl.; school.⟩ ***iem. die op de uitkijk staat*** ◆ **1.1** a ~ of thieves *een dievenhol* **2.2** ⟨BE⟩ the anti-slavery ~ in the Conservative Party *de anti-slavernijgroep binnen de Conservatieve partij* **3.3** keep ~ *op de uitkijk staan* **¶.3** ⟨BE; sl.; school.⟩ ~! *pas op!.*
cave[2] ⟨fɪ⟩⟨ww.⟩ →caving
I ⟨onov.ww.⟩ **0.1** ***een holte vormen*** ⇒*instorten, inzakken, afkalven, invallen, bezwijken* **0.2** ***grotten exploreren*** ◆ **5.¶** →cave **in;**
II ⟨ov.ww.⟩ **0.1** ***uithollen*** ⇒*uithakken, indeuken, ondermijnen, hol maken* ◆ **5.¶** →cave **in.**
ca·ve·at ['keɪviæt, 'kæ-]⟨telb.zn.⟩⟨→sprw. 72⟩ **0.1** ⟨jur.⟩⟨ben. voor⟩ ***caveat*** ⇒*protest, verzoek om opschorting v. rechtszaak door een der partijen tot men gehoord is* **0.2** ***waarschuwing*** ⇒*voorbehoud* ◆ **3.1** enter/put in a ~ to stop the proving of a will *gerechtelijke stappen ondernemen om de verificatie v.e. testament te voorkomen* **6.2** put in a ~ **against** certain practices *een waarschuwing tegen bepaalde praktijken laten horen.*
'cave bear ⟨telb.zn.⟩⟨dierk.⟩ **0.1** ***holebeer*** ⟨Ursus spelaeus⟩.
'cave-dwell·er ⟨telb.zn.⟩ **0.1** ***holbewoner*** ⇒*holemens.*
'cave·fish ⟨telb.zn.⟩⟨dierk.⟩ **0.1** ***blindvis*** ⟨in ondergrondse wateren levende zoetwatervis; genus Amblyopsidae⟩.
'cave 'in ⟨fɪ⟩⟨ww.⟩
I ⟨onov.ww.⟩ **0.1** ***instorten*** ⇒*invallen, inzakken, bezwijken* **0.2** ⟨inf.⟩ ***zwichten*** ⇒*(onder druk) toegeven, het verzet staken, in elkaar klappen;*
II ⟨ov.ww.⟩ **0.1** ***doen instorten*** ⇒*inslaan, indeuken* ◆ **1.1** caved-in fenders *gedeukte bumpers.*
'cave-in ⟨fɪ⟩⟨telb.zn.⟩ **0.1** ***instorting*** ⇒*verzakking* **0.2** ⟨inf.⟩ ***capitulatie*** ⇒*overgave, zwichting, opgave* ◆ **2.2** their demands were met with a complete ~ on the part of the opposition *de tegenpartij ging volledig voor hun eisen door de knieën.*
'cave·man ⟨fɪ⟩⟨telb.zn.; cavemen; →mv. 3⟩ **0.1** ***holbewoner*** ⇒*holemens* **0.2** ⟨inf.; bel.⟩ ***bruut*** ⇒*primitieveling, onbehouwen kerel;* ⟨AE; sl.⟩ *viriel/seksueel aantrekkelijke man* **0.3** →caver.
cav·en·dish ['kævndɪʃ]⟨n.-telb.zn.⟩ **0.1** ***gezoete, in plakjes geperste tabak.***
'cave painting ⟨telb.zn.⟩ **0.1** ***grotschildering.***
cav·er ['keɪvə‖-ər]⟨telb.zn.⟩ **0.1** ***grotonderzoeker*** ⇒*speleoloog.*
cav·ern[1] ['kævən‖-ərn]⟨fɪ⟩⟨telb.zn.⟩ **0.1** ***spelonk*** ⇒*diepe grot, hol* **0.2** ***donkere holte*** ⇒*nis, gat* **0.3** ***holte (in orgaan)*** ⟨t.g.v. ziekte⟩ ◆ **1.1** ⟨fig.⟩ the ~s of his mind *de duistere uithoeken van zijn geest* **2.2** his eye sockets seemed dark ~s *zijn oogkassen leken donkere holten.*
cavern[2] ⟨ov.ww.⟩ **0.1** ***insluiten (als) in een hol*** **0.2** ***uithollen*** ⇒*uithakken, uitslijpen* ◆ **5.2** the dungeons had been ~ed **out** by the convicts themselves *de kerkers waren door de gevangenen zelf uitgehouwen.*
cav·ern·ous ['kævənəs‖-vər-]⟨bn.; -ly⟩ **0.1** ***vol grotten*** **0.2** ***vol gaten*** ⇒*poreus* **0.3** ***spelonkachtig*** ⇒*hol en donker* ◆ **1.1** ~ hills *heuvels rijk aan grotten* **1.2** ~ stone *poreuze steen* **1.3** ~ darkness *aardedonker;* ~ sounds/eyes *holle klanken/ogen.*
cav·es·son ['kævəsn]⟨telb.zn.⟩ **0.1** ***(hoofdstel met) neusband*** ⟨v. paard⟩ ⇒*neusknijper, pranger.*
ca·via ['keɪvɪə]⟨telb.zn.⟩⟨dierk.⟩ **0.1** ***cavia*** ⟨genus Caviidae⟩ ⇒*Guinees biggetje.*
cav·i·ar(e) ['kævia:‖-ar]⟨fɪ⟩⟨zn.⟩
I ⟨telb.zn.⟩ **0.1** ***zwarte vlek*** ⟨door censuur onleesbaar gemaakte passage⟩;
II ⟨n.-telb.zn.⟩ **0.1** ***kaviaar*** ◆ **1.¶** ~ to the general *parels voor de zwijnen.*
cav·i·corn ['kævɪkɔ:n‖-kɔrn]⟨bn.⟩⟨dierk.⟩ **0.1** ***holhoornig.***
ca·vil[1] ['kævl]⟨telb.zn.⟩ **0.1** ***onbenullige tegenwerping*** ⇒*haarkloverij, vergezochte kritiek, muggezifterij* ◆ **6.1** technical ~s **on** the wording of the Act *scherpslijperij aangaande de formulering v.d. wet.*
cavil[2] ⟨ww.; →ww. 7⟩
I ⟨onov.ww.⟩ **0.1** ***vitten*** ⇒*onnodige tegenwerpingen maken, haarkloven, spijkers op laag water zoeken, scherpslijpen* ◆ **6.1** ~ **at/about** school rules *vitten op het schoolreglement;*
II ⟨ov.ww.⟩ **0.1** ***onnodig bekritiseren.***
cav·ing ['keɪvɪŋ]⟨zn.; (oorspr.) gerund v. cave⟩
I ⟨telb.zn.⟩ **0.1** ***verzakking*** ⇒*instorting* **0.2** ***uitholling;***
II ⟨n.-telb.zn.⟩ **0.1** ***grotonderzoek*** ⇒*speleologie.*
cav·i·ta·tion ['kævɪ'teɪʃn]⟨telb.zn.⟩⟨nat.⟩ **0.1** ***cavitatie*** ⟨ontstaan v. holten in vloeistoffen⟩.
cav·i·ty ['kævəṭi]⟨f2⟩⟨telb.zn.; →mv. 2⟩ **0.1** ***holte*** ⇒*gat, uitholling, verdieping* **0.2** ⟨tandheelkunde⟩ ***gaatje*** ⇒*caviteit* **0.3** ***holte in lichaamsdeel*** ◆ **2.2** dental ~ *gaatje in tand/kies* **2.3** oral ~ *mondholte.*
'cavity wall ⟨telb.zn.⟩ **0.1** ***spouwmuur.***
ca·vort [kə'vɔ:t‖-'vɔrt]⟨fɪ⟩⟨onov.ww.⟩⟨inf.⟩ **0.1** ***steigeren*** ⇒*(rond)springen, bokkesprongen/capriolen maken* **0.2** ***dartelen*** ⇒*uitgelaten zijn, vrolijk zijn, pret hebben.*
ca·vy ['keɪvi]⟨telb.zn.; →mv. 2⟩⟨dierk.⟩ **0.1** ***cavia*** ⟨genus Caviidae⟩ ⇒⟨i.h.b.⟩ *Guinees biggetje.*
caw[1] [kɔ:]⟨fɪ⟩⟨n.-telb.zn.⟩ **0.1** ***gekras*** ⟨(als) v.e. raaf⟩.
caw[2] ⟨fɪ⟩⟨onov.ww.⟩ **0.1** ***krassen*** ⟨als een raaf⟩ ⇒*een krassend geluid maken.*
cawl [kɔ:l]⟨telb.zn.⟩⟨BE⟩ **0.1** ***houten vismand*** ⟨i.h.b. gebruikt in Cornwall⟩.
'caw 'out ⟨ov.ww.⟩ **0.1** ***uitkraaien*** ⇒*krassend zeggen* ◆ **1.1** the old man cawed out his contemptuous remarks *de oude man gaf op krassende toon van zijn minachting blijk.*
Cax·ton ['kækstən]⟨zn.⟩
I ⟨eig.n.⟩ **0.1** ***Caxton*** ⟨William, overl. 1491, Engels boekdrukker⟩;
II ⟨telb.zn.⟩ **0.1** ***boek door Caxton gedrukt;***
III ⟨n.-telb.zn.⟩ **0.1** ***door Caxton gebruikt lettertype*** ⟨lijkend op het gotische⟩.
cay [keɪ, ki:], **key** [ki:]⟨telb.zn.⟩ **0.1** ***ondiepte*** **0.2** ***zandbank*** **0.3** ***(koraal)rif*** **0.4** ***eilandje.***
cay·enne ['keɪ'en]⟨fɪ⟩⟨zn.⟩
I ⟨telb.zn.⟩⟨plantk.⟩ **0.1** ***rode peper*** ⟨vrucht v. plant v. genus Capsicum frutescens longum⟩ ⇒*Spaanse peper;*
II ⟨n.-telb.zn.⟩ **0.1** ***cayennepeper*** ⟨specerij⟩ ⇒*rode peper.*
cay·man, cai·man ['keɪmən]⟨telb.zn.⟩⟨dierk.⟩ **0.1** ***kaaiman*** ⟨Z. Am. krokodil; genus Caiman⟩.
Cb ⟨afk.⟩ columbium ⟨AE⟩.
CB ⟨afk.⟩ Cavalry Brigade, chemical and biological, citizen band; Companion (of the Order) of the Bath ⟨BE⟩; confined/confinement to barracks.
CBD ⟨afk.⟩ cash before delivery ⟨AE⟩; Central Business District.
CBE ⟨afk.⟩ Commander (of the Order) of the British Empire ⟨BE⟩.
CBEL ⟨afk.⟩ Cambridge Bibliography of English Literature ⟨BE⟩.
CB-er ['si:'bi:ə‖-ər]⟨telb.zn.⟩ **0.1** ***zend-amateur*** ⇒*CB-er.*
CBI ⟨afk.⟩ Confederation of British Industry ⟨BE⟩.
CBS ⟨afk.⟩ Columbia Broadcasting System ⟨AE⟩.
cbu ⟨afk.⟩ completely built-up ⟨hand.⟩.
CBW ⟨afk.⟩ chemical and biological warfare.
cc ⟨afk.⟩ **0.1** ⟨carbon copy⟩ **0.2** ⟨centuries⟩ **0.3** ⟨chapters⟩ **0.4** ⟨cubic capacity⟩ **0.5** ⟨cubic centimetre(s)⟩ *cc* ⇒*kubieke centimeter.*
CC ⟨afk.⟩ Caius College, carbon copy, confined to camp, County Councillor, Cricket Club.
CCA ⟨afk.⟩ Circuit Court of Appeals ⟨AE⟩.
CCC ⟨afk.⟩ Central Criminal Court; Civilian Conservation Corps ⟨AE⟩; Commodity Credit Corporation, Corpus Christi College.
CCF ⟨afk.⟩ Cooperative Commonwealth Federation of Canada.
CCS ⟨afk.⟩ casualty clearing station, Combined Chiefs of Staff ⟨AE⟩; Computer Controlled Suspension.
CCTV ⟨afk.⟩ closed circuit television.
CCW ⟨afk.⟩ Citizen Crime Watch.
cd ⟨afk.⟩ **0.1** ⟨candela⟩ *cd* **0.2** ⟨cash discount⟩ **0.3** ⟨cum dividend⟩.
CD ⟨afk.⟩ **0.1** ⟨Civil Defence⟩ **0.2** ⟨compact disc⟩ *CD* **0.3** ⟨contagious disease⟩ **0.4** ⟨Corps Diplomatique⟩ *CD.*
Cdn ⟨afk.⟩ Canadian.
CD player ⟨telb.zn.⟩ **0.1** ***CD-speler.***
Cdr ⟨afk.⟩ Commander.
CD-ROM [si:di:'rɒm‖-rɑm]⟨telb.zn.; afk.⟩⟨comp.⟩ compact disc read-only memory **0.1** ***CD-ROM.***
CDT ⟨afk.⟩ Central Daylight Time ⟨AE⟩.
CE ⟨afk.⟩ caveat emptor, Church of England, civil engineer, Common Entrance, Common Era.
cease[1] [si:s]⟨fɪ⟩⟨n.-telb.zn.; alleen in verbindingen⟩⟨schr.⟩ **0.1** ***ophouden*** ◆ **6.1** **without** ~ *onophoudelijk, onafgebroken, constant, voortdurend, continu.*

cease[2] ⟨f3⟩⟨ww.⟩⟨schr.⟩⟨→sprw. 757⟩
I ⟨onov.ww.⟩ **0.1** ***ophouden*** ⇒*tot een eind komen, stoppen* ◆ **1.1** all hostilities ceased *er kwam een eind aan alle vijandelijkheden;*
II ⟨ov.ww.⟩ **0.1** ***beëindigen*** ⇒*staken, ophouden met, uitscheiden met* ◆ **1.1** ~ fire! *staakt het vuren!* **3.1** ~ to exist *ophouden te bestaan;* the factory has ~d making sewing-machines *de fabriek maakt geen naaimachines meer* **6.1** ~ **from** working *stoppen met werken.*
'cease-'fire ⟨f1⟩⟨telb.zn.⟩ **0.1** ***order om het vuren te staken*** **0.2** ***wapenstilstand.***
cease·less ['si:sləs]⟨f2⟩⟨bn., attr.; -ly; -ness⟩⟨schr.⟩ **0.1** ***onafgebroken*** ⇒*aanhoudend, doorlopend, voortdurend, eindeloos, continu* ◆ **1.1** ~ attention *voortdurende aandacht;* ~ din *aanhoudend tumult.*
cecum →caecum.
ce·dar ['si:də‖-ər]⟨f1⟩⟨zn.⟩
I ⟨telb.zn.⟩⟨plantk.⟩ **0.1** ***ceder*** ⟨genus Cedrus; bij uitbr. ook genera Thuja, Juniperus, Chamaecyparis⟩;
II ⟨n.-telb.zn.⟩ **0.1** ***cederhout.***
cede [si:d]⟨ww.⟩
I ⟨onov.ww.⟩ **0.1** ***wijken*** ⇒*voorrang geven* ◆ **6.1** the old Queen had to ~ **to** her daughter *de oude koningin moest plaats maken voor haar dochter;*
II ⟨ov.ww.⟩ **0.1** ***afstaan*** ⇒*overdragen, overgeven, afstand doen van, cederen* **0.2** ***toegeven*** ◆ **1.2** he ~d the point *hij gaf zijn ongelijk op dit punt toe.*
ce·dil·la [sɪ'dɪlə]⟨telb.zn.⟩ **0.1** ***cedille*** ⟨teken onder de letter c⟩.
Cee·fax ['si:fæks]⟨n.-telb.zn.⟩ **0.1** ***teletekst*** ⟨op BBC⟩.
cee-spring ['si:sprɪŋ]⟨telb.zn.⟩ **0.1** ***C-vormige veer.***
CEGB ⟨afk.⟩ Central Electricity Generating Board ⟨BE⟩.
ceil [si:l]⟨ov.ww.⟩ →ceiling **0.1** ***plafonneren*** ⇒*van een plafond voorzien* **0.2** ⟨scheep.⟩ ***wegeren*** ⟨romp v.e. schip van binnen met planken bekleden⟩.
cei·lidh ['keɪli]⟨telb.zn.⟩ **0.1** ***(Schotse/Ierse) informele samenkomst met dans en muziek.***
ceil·ing ['si:lɪŋ]⟨f3⟩⟨telb.zn.; oorspr. gerund v. ceil⟩ **0.1** ***plafond*** ⇒*zoldering* **0.2** ***bovengrens*** ⟨v. lonen, prijzen, e.d.⟩ ⇒*top, maximum, plafond* **0.3** ⟨scheep.⟩ ***wegering*** ⟨binnenbekleding v.d. romp v.e. schip⟩ **0.4** ⟨lucht.⟩ ***plafond*** ⇒*hoogtegrens* ⟨v. vliegtuig⟩ **0.5** ⟨meteo.⟩ ***wolkenbasis*** ⟨benedengrens v.h. wolkendek⟩ ◆ **1.2** the government raised the debt ~ *de regering verhoogde de maximaal toegestane schuld* **3.1** ⟨inf.; fig.⟩ hit the ~ *zich het apelazerus schrikken* **3.2** ⟨inf.⟩ go through/hit the ~ *ontploffen, woedend worden; het plafond bereiken* ⟨v. prijzen⟩ **6.2** a high ~ **of** tolerance *een hoge tolerantiegrens.*
'ceiling fan ⟨telb.zn.⟩ **0.1** ***plafondventilator.***
'ceiling price ⟨telb.zn.⟩ **0.1** ***maximumprijs*** ⇒*plafondprijs.*
cel·a·don ['selədɒn‖-dɑn]⟨n.-telb.zn.⟩ **0.1** ⟨ook attr.⟩ ***grijsgroen*** ⇒*lichtgroen* **0.2** ⟨ook attr.⟩ ***lichtblauw*** **0.3** ***grijsgroen glazuur*** **0.4** ***celadon*** ⟨ceramiek⟩ ◆ **2.1** ~ green *grijsgroen* **2.2** ~ blue *lichtblauw.*
cel·an·dine ['seləndaɪn]⟨telb. en n.-telb.zn.⟩⟨plantk.⟩ **0.1** ***stinkende gouwe*** ⟨Chelidonium majus⟩ **0.2** ***speenkruid*** ⟨Ranunculus ficaria⟩ ◆ **2.1** greater ~ *stinkende gouwe* **2.2** lesser ~ *speenkruid.*
-cele, ⟨in bet. 0.2 ook⟩ **-coel(e)** [si:l] **0.1** ⟨med.⟩⟨ong.⟩ ***-gezwel*** ⇒*tumor* **0.2** ⟨biol.⟩⟨ong.⟩ ***-holte*** ◆ **¶.1** hydrocele *waterophoping* **¶.2** blastocele *klievingsholte.*
ce·leb [sɪ'leb]⟨telb.zn.⟩⟨verk.⟩ celebrity ⟨AE; sl.⟩ **0.1** ***beroemdheid*** ⇒*ster.*
cel·e·brant ['selɪbrənt]⟨telb.zn.⟩ **0.1** ***celebrant*** ⇒*voorganger, priester die de mis opdraagt* **0.2** ***deelnemer aan een kerkdienst*** ⇒*kerkganger* **0.3** ***feestvierder*** ◆ **1.1** our vicar was the ~ *onze dominee ging voor.*
cel·e·brate ['selɪbreɪt]⟨f3⟩⟨ww.⟩ →celebrated
I ⟨onov.ww.⟩ **0.1** ***de mis opdragen*** **0.2** ***vieren;***
II ⟨ov.ww.⟩ **0.1** ***vieren*** **0.2** ***prijzen*** ⇒*loven, roemen, huldigen* **0.3** ***opdragen*** ◆ **1.1** ~ a victory *een overwinning vieren* **1.2** ~ an artist *een kunstenaar huldigen* **1.3** ~ mass *de mis celebreren.*
cel·e·brat·ed ['selɪbreɪt̬ɪd]⟨f2⟩⟨bn.; volt. deelw. v. celebrate⟩ **0.1** ***beroemd*** ⇒*bekend, befaamd* ◆ **6.1** ~ **for** its sands *beroemd om zijn zandstrand.*
cel·e·bra·tion ['selɪ'breɪʃn]⟨f2⟩⟨zn.⟩
I ⟨telb.zn.⟩ **0.1** ***viering*** ⇒*het vieren, festiviteit, feest* **0.2** ***communie /avondmaal;***
II ⟨n.-telb.zn.⟩ **0.1** ***het vieren.***
cel·e·bra·tor ['selɪbreɪtə‖-breɪt̬ər]⟨telb.zn.⟩ **0.1** ***vierder*** ⇒*feestvierder, feestganger.*
cel·e·bra·to·ry ['selɪbreɪtəri, -brətri‖-brətɔri]⟨bn.⟩ **0.1** ***feest-*** ⇒*van/voor een viering/feest.*
ce·leb·ri·ty [sɪ'lebrət̬i]⟨f1⟩⟨zn.; →mv. 2⟩
I ⟨telb.zn.⟩ **0.1** ***beroemdheid*** ⇒*beroemd/bekend persoon;*
II ⟨n.-telb.zn.⟩ **0.1** ***roem*** ⇒*faam, het beroemd/bekend/geprezen zijn* ◆ **2.1** his ~ is world-wide *hij is wereldberoemd.*
ce·leb·ri·ty·hood [sɪ'lebrət̬ihʊd]⟨n.-telb.zn.⟩ **0.1** ***beroemdheid.***
ce·le·ri·ac [sɪ'leriæk]⟨telb. en n.-telb.zn.⟩⟨cul., plantk.⟩ **0.1** ***knolselderij*** ⟨Apium graveolens rapaceum⟩.
ce·ler·i·ty [sɪ'lerət̬i]⟨n.-telb.zn.⟩⟨schr.⟩ **0.1** ***snelheid*** ⇒*spoed, vlugheid.*
cel·er·y ['seləri]⟨f2⟩⟨n.-telb.zn.⟩⟨cul., plantk.⟩ **0.1** ***selderij*** ⇒*selderie,* ⟨i.h.b.⟩ *bleekselderie* ⟨Apium graveolens (dulce)⟩.
ce·les·ta [sɪ'lestə]⟨telb.zn.⟩⟨muz.⟩ **0.1** ***celesta*** ⇒*celesta Mustel* ⟨instrument dat klokkentonen voortbrengt⟩.
ce·leste [sɪ'lest]⟨telb.zn.⟩⟨muz.⟩ **0.1** ***register v. orgel of harmonium met zacht-trillende toon*** **0.2** ***celesta*** ⇒*celesta Mustel.*
ce·les·tial[1] [sɪ'lestɪəl‖-tʃl]⟨telb.zn.⟩ **0.1** ⟨vaak scherts.⟩ ***Chinees*** **0.2** ⟨scherts.⟩ ***schouwburgbezoeker in de engelenbak.***
celestial[2] ⟨f2⟩⟨bn.⟩
I ⟨bn.; -ly⟩ **0.1** ***goddelijk*** ⇒*hemels mooi, hemels goed, als v.e. god;*
II ⟨bn., attr.⟩ **0.1** ***hemels*** ⇒*v.d. hemel* ◆ **1.1** ~ body *hemellichaam;* ~ equator *hemelequator;* ~ globe *hemelglobe;* ~ horizon *astronomische/ware horizon;* ~ mechanics *wetenschap v.d. beweging v.d. hemellichamen/sterren;* ~ pole *hemelpool;* ~ sphere *hemelgewelf* **1.¶** Celestial Empire *China, Het Hemelse Rijk.*
celiac →coeliac.
cel·i·ba·cy ['selɪbəsi]⟨f1⟩⟨n.-telb.zn.⟩ **0.1** ***seksuele onthouding*** **0.2** ⟨vnl. relig.⟩ ***celibaat*** ⇒*het ongehuwd zijn.*
cel·i·ba·tar·i·an[1] ['selɪbə'teərɪən‖-'ter-]⟨telb.zn.⟩⟨relig.⟩ **0.1** ***voorstander v.h. celibaat*** ⟨voor priesters enz.⟩ **0.2** ***celibatair.***
celibatarian[2] ⟨bn.⟩⟨relig.⟩ **0.1** ***het celibaat voorstaand.***
cel·i·bate[1] ['selɪbət]⟨f1⟩⟨telb.zn.⟩⟨vooral relig.⟩ **0.1** ***ongehuwd persoon*** ⇒*ongehuwde, celibatair.*
celibate[2] ⟨f1⟩⟨bn.⟩⟨vooral relig.⟩ **0.1** ***ongehuwd*** ◆ **3.1** he vowed to remain ~ *hij beloofde plechtig zich aan het celibaat te zullen houden.*
cell[1] [sel]⟨f3⟩⟨telb.zn.⟩ **0.1** ***cel*** ⇒*gevangeniscel, kluis, monnikscel, bijencel* **0.2** ⟨elek.⟩ ***galvanische cel*** **0.3** ⟨biol.⟩ ***cel*** **0.4** ⟨pol.⟩ ***kern*** ⇒*cel, groep(je)* **0.5** ⟨comp.⟩ ***geheugencel*** **0.6** ⟨relig.⟩ ***afhankelijk klooster*** ⇒*dochterklooster* ◆ **2.2** solar ~ *zonnecel* **2.4** communist ~s in the trade union *communistische cellen in de vakbond* **3.1** put in a ~ *opsluiten (in een cel)* **3.6** this ~ is dependent on St. John's Abbey *dit is een dochterklooster van St. John's Abbey.*
cell[2] ⟨ww.⟩
I ⟨onov.ww.⟩ **0.1** ***in een cel wonen/zitten*** ◆ **1.1** the thief ~ed alone *de dief zat in eenzame opsluiting/solitair;*
II ⟨ov.ww.⟩ **0.1** ***in een raat opslaan*** ⟨v. bijen⟩ ◆ **1.1** bees ~ honey for the winter *bijen slaan honing op voor de winter.*
cel·lar[1] ['selə‖-ər]⟨f3⟩⟨telb.zn.⟩ **0.1** ***kelder*** ⇒*ondergrondse bergplaats/kamer* **0.2** ***wijnkelder*** ⟨ook fig.⟩ ⇒*wijnbezit* **0.3** ***het laagst(e)*** ⇒*het slechtst(e), het minst(e);* ⟨sport⟩ *laagste plaats* ⟨in rangschikking⟩ ◆ **1.3** ⟨honkbal⟩ our team was ~ *onze ploeg stond onderaan/was hekkensluiter/droeg de rode lantaarn* **6.3** our team finished **in** the ~ *ons team eindigde onderaan.*
cellar[2] ⟨ov.ww.⟩ **0.1** ***in een kelder opslaan*** ⇒*bergen* **0.2** ***in een kelder bewaren.***
cel·lar·age ['selərɪdʒ]⟨n.-telb.zn.⟩ **0.1** ***kelderruimte*** ⇒*kelder(s)* **0.2** ***kelderopslag*** **0.3** ***kelderhuur.***
cel·lar·er ['selərə‖-ər]⟨telb.zn.⟩⟨relig.⟩ **0.1** ***keldermeester*** ⇒*opzichter v.d. wijnkelder.*
cel·lar·et(te) ['selə'ret]⟨telb.zn.⟩ **0.1** ***wijnkastje*** ⇒*wijnbuffet, likeurkeldertje, kastje om drank en glazen in te bewaren (in de huiskamer).*
'cell di'vision ⟨telb. en n.-telb.zn.⟩⟨biol.⟩ **0.1** ***celdeling.***
-celled [seld] **0.1** ***-cellig*** ⇒*met ... cellen* ◆ **¶.1** single-celled organism *eencellige.*
cel·list ['tʃelɪst]⟨f1⟩⟨telb.zn.⟩⟨verk.⟩ violoncellist **0.1** ***cellist*** ⇒*violoncellist, cellospeler.*
cel·lo ['tʃeloʊ]⟨telb.zn.; ook celli [-li]; →mv. 5⟩⟨verk.⟩ violoncello **0.1** ***cello*** ⇒*violoncello* **0.2** ⟨meestal mv.⟩ ***cellist*** ⇒*cello, violoncellist, cellospeler.*
cel·lo·phane ['seləfeɪn]⟨f1⟩⟨n.-telb.zn.⟩ **0.1** ***cellofaan.***
'cell therapy ⟨n.-telb.zn.⟩⟨med.⟩ **0.1** ***celtherapie.***
cel·lu·lar ['seljʊlə‖-jələr]⟨f1⟩⟨bn.⟩ **0.1** ***cellulair*** ⇒*cellig, met cellen* **0.2** ***celvormig*** ⇒*celachtig* **0.3** ***poreus*** **0.4** ⟨textiel⟩ ***luchtig*** ⇒*losgeweven, netvormig* ◆ **1.1** ~ plant *loofplant en/of mosplant;* ~ tissue *celweefsel* **1.2** a ~ opening *een celvormige opening* **1.3** ~ basalt *(soort) puimsteen;* ~ rock *poreus gesteente* **1.4** ~ blanket *losgeweven deken;* ~ shirt *nethemd* **1.¶** ~ telephone *mobilofoon.*
cel·lu·late ['seljʊleɪt‖-jə-]⟨ov.ww.⟩ **0.1** ***van cellen voorzien.***
cel·lule ['selju:l]⟨telb.zn.⟩ **0.1** ***celletje*** ⇒*kleine cel, gaatje, kleine holte.*
cel·lu·li·tis ['seljʊ'laɪtɪs‖-jə'laɪt̬ɪs]⟨n.-telb.zn.⟩ **0.1** ***cellulitis*** ⟨ontsteking v.h. onderhuidse bindweefsel⟩.

cel·lu·loid ['seljʊlɔɪd‖-jə-]⟨f1⟩⟨n.-telb.zn.; ook attr.⟩ **0.1** ***celluloid*** **0.2** ***film*** ◆ **1.2** ~ heroes *filmhelden* **6.2 on** ~ *op film*.

cel·lu·lose ['seljʊloʊs‖-jə-]⟨f1⟩⟨n.-telb.zn.⟩ **0.1** ***cellulose*** *⇒celweefsel, celstof*.

cel·lu·los·ic [selju'loʊsɪk‖-jə-]⟨bn., attr.⟩ **0.1** ***cellulose*** *⇒uit/van celstof, celstof bevattend*.

'cell 'wall ⟨telb.zn.⟩⟨biol.⟩ **0.1** ***celwand***.

celom →coelom.

Cel·si·us ['selsɪəs]⟨bn., attr., bn., post.⟩⟨nat.⟩ **0.1** ***Celsius***.

celt [selt]⟨telb.zn.⟩⟨gesch.⟩ **0.1** ***celt*** ⟨soort voorhistorische beitel/bijl⟩.

Celt, Kelt [kelt]⟨f1⟩⟨telb.zn.⟩ **0.1** ***Kelt*** ⟨inwoner v. Ierland, Wales, Cornwall, Schotland, Bretagne; ook gesch.⟩.

Celt·ic[1], ⟨in bet. 0.1 ook⟩ **Kelt·ic** ['keltɪk⟨in bet. 0.2⟩'seltɪk]⟨f1⟩⟨eig.n.⟩ **0.1** ***Keltisch*** *⇒de Keltische taal* **0.2** ***Celtic (Glasgow)*** ⟨voetbalploeg⟩.

Celtic[2], **Keltic** ⟨f1⟩⟨bn.⟩ **0.1** ***Keltisch*** *⇒v.d. (taal v.d.) Kelten* ◆ **1.1** ~ cross *Keltisch kruis;* ~ fringe *bewoners v.d. Schotse Hooglanden, Ierland, Wales, Cornwall* ⟨rond Engeland⟩; ~ twilight *sprookjessfeer* ⟨romantische sfeer zoals in Ierse folklore⟩.

Celt·i·cism ['keltɪsɪzm]⟨telb.zn.⟩ **0.1** ***kelticisme*** *⇒Keltische uitdrukking/gewoonte, Keltisch woord*.

Celt·i·cist ['keltɪsɪst], **Celt·ist** ['keltɪst]⟨telb.zn.⟩ **0.1** ***keltoloog*** *⇒keltist*.

celt·i·cize, -cise ['keltɪsaɪz]⟨ov.ww.⟩ **0.1** ***Keltisch(er) maken*** *⇒verkeltiseren*.

cem·ba·list ['tʃembəlɪst]⟨telb.zn.⟩ **0.1** ***cembalist*** *⇒klavecimbelspeler, bespeler v.e. cembalo*.

cem·ba·lo ['tʃembəloʊ]⟨telb.zn.; ook cembali [-li:]; →mv. 5⟩ ⟨verk.⟩ clavicembalo **0.1** ***klavecimbel*** *⇒cembalo*.

ce·ment[1] [sɪ'ment]⟨f2⟩⟨telb. en n.-telb.zn.⟩ **0.1** ***cement*** *⇒mortel, specie, kit, bindmiddel* ⟨ook fig.⟩, *band, binding* **0.2** ⟨tandheelkunde⟩ ***plombeersel*** **0.3** →cementum **0.4** ⟨geol.⟩ ***cement*** ⟨bindmiddel v. sediment⟩ ◆ **1.1** asphalt, glue and plaster are ~s *asfalt, lijm en gips zijn bindmiddelen;* with the ~ of their brotherly feeling *met de bindende kracht v. hun broederliefde* **2.1** hydraulic ~ *hydraulisch cement*.

cement[2] ⟨f1⟩⟨ww.⟩

I ⟨onov.ww.⟩ **0.1** ***cementeren*** *⇒hard/vast/stevig/één worden, verharden* ◆ **1.1** the ice ~ed *het ijs werd hard;*

II ⟨ov.ww.⟩ **0.1** ***cement(er)en*** *⇒met cement bestrijken* **0.2** ***cementeren*** *⇒met cement verbinden, met een bindmiddel verbinden* **0.3** ***cementeren*** *⇒bereiden uit smeedijzer* ⟨staal, door gloeien met koolstof⟩ **0.4** ***hard(er) maken*** *⇒cementeren, vast verbinden, versterken* ◆ **1.4** ~ a union *een verbond versterken* **5.1** part of the park has been cemented **over** *in een deel v.h. park is de grond met cement verhard* **5.2** ~ surfaces **together** *oppervlakken (op elkaar) hechten*.

ce·men·ta·tion ['si:men'teɪʃn]⟨n.-telb.zn.⟩ **0.1** ***het cementeren*** *⇒*⟨vnl.⟩ *het harden v. metaal door te cementeren*.

ce'ment mixer ⟨f1⟩⟨telb.zn.⟩ **0.1** ***betonmolen*** **0.2** ***iem. die cement maakt/bewerkt*** **0.3** ⟨AE; sl.⟩ ***erotische beweging v. onderlijf*** ⟨vooral in striptease⟩ **0.4** ⟨AE; sl.⟩ ***(vracht)auto met rammelende motor***.

ce·ment·um [sɪ'mentəm], **ce·ment** ⟨n.-telb.zn.⟩ **0.1** ***tandcement*** ⟨beenlaag die de tandwortel omhult⟩.

cem·e·ter·y ['semɪtri‖-teri]⟨f2⟩⟨telb.zn.; →mv. 2⟩ **0.1** ***begraafplaats*** *⇒kerkhof* ⟨meestal niet rond een kerk⟩.

ce·na·cle ['senəkl]⟨telb.zn.⟩ **0.1** ⟨relig.⟩ ***cenakel*** ⟨ruimte waarin Jezus het laatste avondmaal gebruikte⟩ **0.2** ***literaire kring*** *⇒cenakel*.

-cene [si:n] **0.1** ***-ceen*** ◆ **¶.1** Pleistocene *Pleistoceen*.

C Eng ⟨afk.⟩⟨BE⟩ chartered engineer.

cenobite →coenobite.

cenobitic →coenobitic.

cen·o·taph ['senəta:f‖-tæf]⟨telb.zn.⟩ **0.1** ***cenotaaf*** ◆ **7.1** the Cenotaph *gedenkteken (in Londen) ter ere v.d. gevallenen uit de twee wereldoorlogen*.

cenozoic →cainozoic.

cense [sens]⟨ov.ww.⟩ **0.1** ***bewieroken*** *⇒wierook toezwaaien* ⟨ook fig.⟩.

cen·ser ['sensə‖-ər]⟨f1⟩⟨telb.zn.⟩ **0.1** ***wierookvat***.

cen·sor[1] ['sensə‖-ər]⟨f1⟩⟨telb.zn.⟩ **0.1** ***censor*** *⇒censuurambtenaar* **0.2** ***zedenmeester*** **0.3** ⟨gesch.⟩ ***censor*** ⟨Romeins magistraat belast met het toezicht op de openbare zeden⟩ **0.4** ⟨psych.⟩ ***censor*** *⇒verdringende instantie/factor* **0.5** ***censor*** ⟨functionaris aan sommige Eng. universiteiten⟩.

censor[2] ⟨f1⟩⟨ov.ww.⟩ **0.1** ***censureren*** *⇒aan censuur onderwerpen, controleren* **0.2** ***schrappen***.

cen·so·ri·al [sen'sɔ:rɪəl]⟨bn.⟩ **0.1** ***(als) v.e. censor***.

cen·so·ri·ous [sen'sɔ:rɪəs]⟨bn.; -ly; -ness⟩ **0.1** ***al te kritisch*** *⇒vol kritiek, vitterig, vitziek*.

cen·sor·ship ['sensəʃɪp‖-sər-]⟨f1⟩⟨n.-telb.zn.⟩ **0.1** ***ambt v. censor*** *⇒taak v.e. censor* **0.2** ***censuur*** **0.3** ⟨psych.⟩ ***verdringing***.

cen·sure[1] ['senʃə‖-ər]⟨f1⟩⟨telb. en n.-telb.zn.⟩ **0.1** ***afkeuring*** *⇒berisping, terechtwijzing, blaam, vermaning* ◆ **1.1** a vote of ~ *een motie v. wantrouwen*.

censure[2] ⟨f1⟩⟨ov.ww.⟩ **0.1** ***afkeuren*** *⇒berispen, laken, bekritiseren* ◆ **6.1** ~ s.o. **for** being late *iem. berispen omdat hij te laat komt*.

cen·sus ['sensəs]⟨f2⟩⟨telb.zn.⟩ **0.1** ***volkstelling*** **0.2** ***(officiële) telling***.

cent[1] [sent]⟨f4⟩⟨telb.zn.⟩ **0.1** ***cent*** *⇒honderdste deel v. dollar, gulden, enz.* **0.2** ***kleine munt*** ◆ **3.2** ⟨fig.⟩ he didn't care a ~ *het kon hem niets/geen cent schelen* **6.¶** per ~ *percent;* ~ per ~ *100%, zonder uitzondering*.

cent[2] ⟨afk.⟩ century, central, centime, centigrade.

cent- [sen·t], **cen·ti-** [senṭi] **0.1** ***honderd-*** **0.2** ***honderdste*** ⟨vnl. in het metrieke stelsel⟩ ◆ **¶.1** centennial *honderdjarig* **¶.2** centisecond *honderdste v.e. seconde*.

cen·tal ['senṭl]⟨telb.zn.⟩⟨BE⟩ **0.1** ***gewicht v. 100 Engelse ponden***.

cen·taur ['sentɔ:‖-tɔr]⟨zn.⟩

I ⟨eig.n.; C-⟩ **0.1** →centaury I;

II ⟨telb.zn.⟩ **0.1** ***centaur*** *⇒paardmens, menspaard*.

cen·tau·ry ['sentɔ:ri]⟨zn.; →mv. 2⟩

I ⟨eig.n.; C-⟩⟨ster.⟩ **0.1** ***Centaur*** *⇒sterrenbeeld Centaurus;*

II ⟨telb.zn.⟩⟨plantk.⟩ **0.1** ***(echt) duizend guldenkruid*** ⟨Centaurium (umbellatum)⟩ **0.2** ***centaurie*** ⟨genus Centaurea⟩ ⇒⟨vnl.⟩ *zwart knoopkruid* ⟨C. nigra⟩, *korenbloem* ⟨C. cyanus⟩.

cen·ta·vo [sen'ta:voʊ]⟨telb.zn.⟩ **0.1** ***centavo*** ⟨munt(stuk)⟩.

cen·te·nar·i·an[1] ['sentɪ'neərɪən‖-'nerɪən]⟨f1⟩⟨telb.zn.⟩ **0.1** ***honderdjarige*** *⇒iem. die (meer dan) honderd jaar oud is*.

centenarian[2] ⟨f1⟩⟨bn., attr.⟩ **0.1** ***honderdjarig*** *⇒(meer dan) honderd jaar oud*.

cen·ten·a·ry[1] [sen'ti:nəri‖-'te-, 'sentn.eri]⟨f1⟩⟨telb.zn.; →mv. 2⟩ **0.1** ***eeuwfeest*** **0.2** ***periode v. honderd jaar***.

centenary[2] ⟨bn.⟩ **0.1** ***honderdjarig*** **0.2** ***v./mbt. een periode v. honderd jaar*** **0.3** ***eenmaal in de honderd jaar voorkomend***.

cen·ten·nial[1] [sen'tenɪəl]⟨telb.zn.⟩⟨vnl. AE⟩ **0.1** ***eeuwfeest***.

centennial[2] ⟨f1⟩⟨bn., attr.; -ly⟩ **0.1** ***honderdste*** *⇒honderdjarig* **0.2** ***honderd jaar durend*** **0.3** ***iedere honderd jaar voorkomend*** **0.4** ***v./mbt. een eeuwfeest*** ◆ **1.1** ~ anniversary *eeuwfeest* **1.¶** ⟨AE⟩ Centennial State *de staat Colorado* ⟨bijnaam⟩.

center →centre.

cen·tes·i·mal [sen'tesɪml]⟨bn.; -ly⟩ **0.1** ***honderdste*** **0.2** ***centesimaal*** *⇒gerekend in honderdsten, honderdtallig, honderddelig*.

centi- →cent-.

cen·ti·grade[1] ['senṭɪgreɪd]⟨n.-telb.zn.⟩ **0.1** ***Celsius schaal***.

centigrade[2] ⟨f1⟩⟨bn., attr., bn., post.⟩ **0.1** ***Celsius*** *⇒op/v.d. Celsius-schaal* **0.2** ***honderddelig*** *⇒verdeeld in 100 graden* ◆ **1.1** 20° ~ *20° Celsius*.

cen·ti·gram(me) ['senṭɪgræm]⟨telb.zn.⟩ **0.1** ***centigram***.

cen·ti·li·tre ['sentɪli:tə‖'senṭɪli:ṭər]⟨telb.zn.⟩ **0.1** ***centiliter***.

cen·time ['sa:nti:m]⟨telb.zn.⟩ **0.1** ***centime*** ($^1/_{100}$ franc) ◆ **3.1** ⟨fig.⟩ he didn't care a ~ *het kon hem totaal niets schelen*.

cen·ti·metre ['sentɪmi:tə‖'senṭɪmi:ṭər]⟨f2⟩⟨telb.zn.⟩ **0.1** ***centimeter***.

'cen·ti·me·tre-gram-'sec·ond system ⟨n.-telb.zn.; the⟩⟨tech.⟩ **0.1** ***c.g.s.-stelsel***.

cen·ti·pede ['senṭɪpi:d]⟨telb.zn.⟩⟨dierk.⟩ **0.1** ***duizendpoot*** ⟨klasse der Chilopoda⟩.

cent·ner ['sentnə‖-ər]⟨telb.zn.⟩ **0.1** ***centenaar*** *⇒kwintaal* **0.2** ***(gewicht v.) 60 grein***.

cen·to ['senṭoʊ]⟨telb.zn.⟩⟨lit.⟩ **0.1** ***cento*** ⟨werk samengesteld uit werk v. andere auteurs⟩.

CENTO ['senṭoʊ]⟨eig.n.⟩⟨afk.⟩ Central Treaty Organization **0.1** ***CENVO*** *⇒Centrale Verdragsorganisatie*.

cen·tral ['sentrəl]⟨f3⟩⟨bn.; soms -er; -ly; -ness⟩ **0.1** ***centraal*** *⇒midden-, middel-* **0.2** ***belangrijkst*** *⇒voornaamst, hoofd-* **0.3** ⟨biol.⟩ ***centraal*** *⇒v./mbt./door het centrale zenuwstelsel* ◆ **1.1** ~ heating *centrale verwarming;* ⟨geldw.⟩ ~ rate *spilkoers, middenkoers;* ⟨BE; verkeer⟩ ~ reservation *middenberm/strook;* ⟨taalk.⟩ ~ vowel *mediale/centrale klinker, middenklinker* **1.2** ~ bank *centrale bank;* ~ government *centrale/nationale regering;* the ~ issue *de hoofdzaak;* ~ offices *hoofdkantoor, moederbedrijf* **1.3** ~ control *controle door het centrale zenuwstelsel* **1.¶** Central Intelligence Agency *CIA* ⟨geheime dienst v.d. U.S.A.⟩; Central Powers *Centrale Mogendheden* ⟨Duitsland en Oostenrijk-Hongarije vóór 1914⟩; Central (Standard) Time *Central (Standard) Time* ⟨Greenwich Mean Time min zes uur⟩ **6.2** be ~ **to** *van hoofdbelang zijn voor, centraal staan in*.

cen·tral·ism ['sentrəlɪzm]⟨telb. en n.-telb.zn.⟩ **0.1** ***centralisatie (politiek)***.

cen·tral·ist[1] ['sentrəlɪst]⟨telb.zn.⟩ **0.1** ***voorstander v. centralisatie (politiek)***.

centralist², **cen·tral·ist·ic** ['sentrə'lɪstɪk]⟨bn.⟩ **0.1** ***centraliserend***.
cen·tral·i·ty [sen'træləṭi]⟨n.-telb.zn.⟩ **0.1** ***centraliteit*** ⇒*het centraal zijn, centrale ligging* **0.2** ***neiging in of bij het centrum/midden te blijven***.
cen·tral·i·za·tion, -sa·tion ['sentrəlaɪ'zeɪʃn‖-lə'zeɪʃn]⟨f1⟩⟨n.-telb.zn.⟩ **0.1** ***centralisatie***.
cen·tral·ize, -ise ['sentrəlaɪz]⟨f2⟩⟨ww.⟩
I ⟨onov.ww.⟩ **0.1** ***zich concentreren*** ⇒*samenkomen;*
II ⟨ov.ww.⟩ **0.1** ***centraliseren*** ⇒*in één punt samenbrengen* ◆ **6.1** they are trying to ~ all power **in** their own hands *zij willen alle macht aan zich trekken*.
cen·tre¹, ⟨AE sp.⟩ **cen·ter** ['sentə‖'sent̬ər]⟨f4⟩⟨telb.zn.⟩ **0.1** ⟨ben. voor⟩ ***midden*** ⇒*centrum, middelpunt* ⟨ook fig.⟩; *spil, as;* ⟨pol.⟩ *centrumpartij; (zenuw)centrum; haard* ⟨v. storm, rebellie, aardbeving⟩; ⟨tech.⟩ *center* ⟨v. draaibank⟩ **0.2** ***centrum*** ⇒*instelling, instituut, bureau* **0.3** ⟨sport⟩ ***middenspeler*** **0.4** ⟨voetbal⟩ ***voorzet*** **0.5** ⟨bouwk.⟩ ***formeel*** ⟨tijdelijke steun v. boog of koepel in aanbouw⟩ ◆ **1.1** ~ of attraction *zwaartepunt;* ⟨fig.⟩ *middelpunt v.d. belangstelling;* the ~ of a chocolate *de vulling v.e. bonbon;* ~ of gravity *zwaartepunt;* ~ of pressure *drukmiddelpunt*.
centre², ⟨AE sp.⟩ **center** ⟨bn., attr.⟩ **0.1** ***middel-*** ⇒*midden-, centrum-, centraal* ◆ **1.1** ~ field *middenveld;* ~ line *middellijn*.
centre³, ⟨AE sp.⟩ **center** ⟨f3⟩⟨ww.⟩
I ⟨onov.ww.⟩ **0.1** ***zich concentreren*** ⇒*zich richten* ◆ **6.1** ~ **at/in/ (up)on** *zich concentreren op;* ~ **(a)round** *als middelpunt hebben, geconcentreerd zijn op;*
II ⟨ov.ww.⟩ **0.1** ***in het midden plaatsen*** **0.2** ***concentreren*** ⇒*(in het midden) samenbrengen* **0.3** ⟨tech.⟩ ***centreren*** **0.4** ⟨sport, i.h.b. voetbal⟩ ***voorzetten*** ⇒*naar het midden spelen* ◆ **1.4** ~ the ball *de bal naar/door het midden spelen*.
'cen·tre 'back ⟨telb.zn.⟩⟨voetbal⟩ **0.1** ***centrumverdediger*** ⇒*centrale verdediger*.
'cen·tre·bit ⟨telb.zn.⟩⟨tech.⟩ **0.1** ***centerboor***.
'cen·tre·board ⟨telb.zn.⟩ **0.1** ***kielzwaard***.
'centre circle ⟨telb.zn.⟩⟨sport, i.h.b. voetbal⟩ **0.1** ***middencirkel***.
'centre drill ⟨telb.zn.⟩⟨tech.⟩ **0.1** ***centreerboor***.
'centre 'fielder ⟨telb.zn.⟩⟨honkbal⟩ **0.1** ***middenvelder***.
'cen·tre·fold ⟨telb.zn.⟩ **0.1** ***uitklapplaat*** ⟨in een tijdschrift⟩.
'centre 'forward ⟨f1⟩⟨telb.zn.⟩⟨sport⟩ **0.1** ***centrumspits*** ⇒*(speler in) die positie, spits(speler)*.
centre half ⟨f1⟩⟨telb.zn.⟩⟨sport⟩ **0.1** ***centrumverdediger***.
'cen·tre-'left ⟨bn.⟩⟨pol.⟩ **0.1** ***centrum-links***.
'centre line ⟨telb.zn.⟩ **0.1** ⟨sport, i.h.b. voetbal⟩ ***middenlijn*** **0.2** ⟨bouwk., tech.⟩ ***hartlijn***.
'cen·tre·piece ⟨f1⟩⟨telb.zn.⟩ **0.1** ***pièce de milieu*** ⇒*middenstuk* ⟨als tafelversiering⟩ **0.2** ***belangrijkste ding*** ⇒*meest opvallende voorwerp*.
'cen·tre·point ⟨telb.zn.⟩ **0.1** ***middelpunt***.
'cen·tre-'right ⟨bn.⟩⟨pol.⟩ **0.1** ***centrum-rechts***.
'cen·tre-sec·ond ⟨telb.zn.⟩ **0.1** ***klok of horloge met secondewijzer vanuit het midden***.
'centre spot ⟨telb.zn.⟩⟨sport, i.h.b. voetbal⟩ **0.1** ***middenstip***.
'centre spread ⟨telb.zn.⟩ **0.1** ***hartpagina's*** ⇒*middenblad* ⟨de twee tegenover elkaar liggende bladzijden in het hart v.e. krant of tijdschrift⟩.
'centre third ⟨telb.zn.⟩⟨netbal⟩ **0.1** ***middenderde*** ⇒*middenvak*.
'centre three-'quar·ter ⟨telb.zn.⟩ **0.1** ⟨rugby⟩ ***centredriekwart(speler)*** ⟨linkse/rechtse speler op de driekwartlijn⟩.
cen·tric ['sentrɪk], **cen·tri·cal** [-ɪkl]⟨bn.; (al)ly⟩ **0.1** ***centraal*** ⇒*in het midden* **0.2** ⟨meetkunde⟩ ***centrisch*** **0.3** ⟨biol.⟩ ***van/beginnend in een zenuwknoop***.
-cen·tric [-'sentrɪk] **0.1** ***-centrisch*** ◆ ¶.**1** anthropocentric *antropocentrisch*.
cen·tric·i·ty [sen'trɪsəṭi]⟨n.-telb.zn.⟩ **0.1** ***centrale ligging*** ⇒*centraal belang*.
cen·trif·u·gal ['sentri'fju:gl, sen'trɪfjʊgl‖sen'trɪfjəgl]⟨f1⟩⟨bn.⟩ **0.1** ***centrifugaal*** ⇒*middelpuntvliedend* ◆ **1.1** ~ force *middelpuntvliedende kracht;* ~ machine *centrifuge*.
cen·trif·u·ga·tion ['sentrɪfjʊ'geɪʃn‖-fjə-]⟨telb. en n.-telb.zn.⟩ **0.1** ***centrifugering***.
cen·tri·fuge¹ ['sentrɪfju:dʒ]⟨f1⟩⟨telb.zn.⟩ **0.1** ***centrifuge***.
centrifuge² ⟨f1⟩⟨onov.ww.⟩ **0.1** ***centrifugeren***.
cen·tring, cen·tre·ing ['sentrɪŋ], ⟨AE sp.⟩ **cen·ter·ing** ['sent̬ərɪŋ] ⟨telb.zn.⟩⟨bouwk.⟩ **0.1** ***formeel*** ⟨tijdelijke steun van boog of koepel in aanbouw⟩.
cen·trip·e·tal [sen'trɪpɪṭl]⟨f1⟩⟨bn.; -ly⟩ **0.1** ***centripetaal*** ⇒*middelpuntzoekend, centrumzoekend* ◆ **1.1** ~ force *middelpuntzoekende/centrumzoekende kracht*.
cen·trism ['sentrɪzm]⟨n.-telb.zn.⟩⟨pol.⟩ **0.1** ***gematigde lijn*** ⇒*politiek v.h. midden, centrumpolitiek*.
cen·trist¹ ['sentrɪst]⟨f1⟩⟨telb.zn.⟩⟨pol.⟩ **0.1** ***gematigde*** ⇒*aanhanger /voorstander van een gematigde lijn, centrumpoliticus, aanhanger /lid v. middenpartij, centralist*.
centrist² ⟨f1⟩⟨bn.⟩⟨pol.⟩ **0.1** ***gematigd*** ⇒*van een gematigde, centralistisch, midden-, centrum-*.
'centrist party ⟨telb.zn.⟩ **0.1** ***partij v.h. centrum*** ⇒*centrumpartij*.
'cents-off ⟨bn., attr.⟩⟨AE⟩ **0.1** ***reductie-*** ⇒*kortings-* ◆ **1.1** ~ coupon *reductiebon, kortingsbon*.
cen·tu·ple¹ ['sentjʊpl‖-tʊpl], **cen·tu·pli·cate** [sen'tju:plɪkeɪt] ⟨telb.zn.⟩ **0.1** ***honderdvoud***.
centuple², **centuplicate** ⟨bn.⟩ **0.1** ***honderdvoudig***.
centuple³ ⟨onov. en ov.ww.⟩ **0.1** ***verhonderdvoudigen*** ⇒*honderdmaal zo groot/talrijk maken/worden*.
cen·tu·ri·on [sen'tʃʊrɪən‖-'tʊ-]⟨telb.zn.⟩⟨gesch.⟩ **0.1** ***centurio*** ⇒*honderdman, hoofdman over honderd* ⟨in het Romeinse leger⟩.
cen·tu·ry ['sentʃ(ə)ri]⟨f3⟩⟨telb.zn.; →mv. 2⟩ **0.1** ***eeuw*** **0.2** ***honderdtal*** **0.3** ⟨cricket⟩ ***century*** ⇒*honderd runs* **0.4** ⟨gesch.⟩ ***centurie*** ⇒*honderd man* ⟨in het Romeinse leger⟩ **0.5** ⟨AE; sl.⟩ ***honderd dollar*** ⇒*briefje van honderd (dollar);* ⟨ong.⟩ *meier*.
'cen·tu·ry-old ⟨bn.⟩ **0.1** ***een eeuw oud***.
'century plant ⟨telb.zn.⟩⟨plantk.⟩ **0.1** ***agave*** ⇒*honderdjarige aloë* ⟨genus Agave; i.h.b. A. americana⟩.
CEO ⟨afk.⟩ Chief Executive Officer.
ce·phal·ic [sɪ'fælɪk]⟨bn.⟩⟨anat.⟩ **0.1** ***hoofd-*** ⇒*schedel-, van/in het hoofd/de schedel* ◆ **1.1** ~ index *schedelindex* ⟨verhouding van lengte en breedte van de schedelkap⟩.
-ce·phal·ic [sɪ'fælɪk]⟨anat.⟩ **0.1** ***-cefaal*** ◆ ¶.**1** brachycephalic *brachycefaal, kortschedelig*.
ceph·a·lo·pod¹ ['sefələpɒd‖-pɑd]⟨telb.zn.⟩⟨dierk.⟩ **0.1** ***koppotige*** ⟨b.v. inktvis, nautilus; Mollusca Cephalopoda⟩.
cephalopod², **ceph·a·lop·o·dous** ['sefə'lɒpədəs‖-'lɑ-]⟨bn.⟩⟨dierk.⟩ **0.1** ***koppotig***.
ceph·a·lo·tho·rax ['sefələ'θɔ:ræks]⟨telb.zn.⟩⟨dierk.⟩ **0.1** ***cefalothorax*** ⟨voorste deel v.h. lichaam v. spinachtigen en schaaldieren⟩.
-ce·phal·ous ['sefələs]⟨anat.⟩ **0.1** ***-cefaal*** ◆ ¶.**1** dolichocephalous *dolichocefaal, langschedelig*.
ce·phe·id ['si:fiɪd]⟨telb.zn.⟩⟨ster.⟩ **0.1** ***cepheïde*** ⇒*veranderlijke ster*.
ce·ram·ic¹ [sɪ'ræmɪk]⟨f1⟩⟨zn.⟩
I ⟨telb.zn.⟩ **0.1** ***keramisch voorwerp/produkt*** ◆ ¶.**1** ~s *keramiek, keramische produkten;*
II ⟨n.-telb.zn.⟩ **0.1** ***scherf*** ⟨keramisch materiaal⟩.
ceramic² ⟨f1⟩⟨bn.⟩ **0.1** ***keramisch*** ⇒*pottenbakkers-*.
ce·ram·ics [sɪ'ræmɪks]⟨f1⟩⟨n.-telb.zn.⟩ **0.1** ***keramiek*** ⇒*pottenbakkerskunst*.
ce·ram·ist [sɪ'ræmɪst‖'serə-], **ce·ram·i·cist** [-ɪsɪst]⟨telb.zn.⟩ **0.1** ***pottenbakker*** ⇒*keramist*.
ce·ras·tes [sɪ'ræsti:z]⟨telb.zn.; cerastes [-i:z]; →mv. 4⟩⟨dierk.⟩ **0.1** ***gehoornde adder*** ⟨Cerastes cornutus⟩.
ce·rate ['sɪəreɪt‖'sɪr-]⟨n.-telb.zn.⟩ **0.1** ***waszalf***.
cere¹ [sɪə‖sɪr]⟨telb.zn.⟩⟨dierk.⟩ **0.1** ***washuid*** ⟨vlies op de snavel⟩.
cere² ⟨ov.ww.⟩ **0.1** ***in een waskleed wikkelen***.
ce·re·al¹ ['sɪərɪəl‖'sɪr-]⟨zn.; vnl. mv.⟩
I ⟨telb.zn.⟩ **0.1** ***graan(gewas)*** ⟨eetbaar⟩;
II ⟨telb. en n.-telb.zn.⟩⟨cul.⟩ **0.1** ***graanprodukt*** ⟨vnl. bij ontbijt⟩ ⇒*cornflakes* ⟨enz.⟩.
cereal² ⟨f1⟩⟨bn., attr.⟩ **0.1** ***graan-***.
cer·e·bel·lar ['serɪ'belə‖-ər]⟨bn.⟩ **0.1** ***van/mbt. de kleine hersenen***.
cer·e·bel·lum ['serɪ'beləm]⟨telb.zn.; ook cerebella [-lə]; →mv. 5⟩ **0.1** ***cerebellum*** ⇒*kleine hersenen*.
ce·re·bral ['serɪbrəl‖sə'ri:-]⟨f2⟩⟨bn.⟩ **0.1** ⟨anat., med.⟩ ***hersen-*** ⇒*cerebraal* **0.2** ***cerebraal*** ⇒*verstands-, te zeer verstandelijk* **0.3** ⟨taalk.⟩ ***cacuminaal*** ⟨uitgesproken met de tongpunt tegen het hoogste punt v.h. gehemelte⟩ ◆ **1.1** ~ cortex *hersenschors, hersenmantel, pallium;* ~ death *hersendood, cerebrale dood;* ~ haemorrhage *hersenbloeding, apoplexie;* ~ hemisphere *hersenhelft;* ~ palsy *spastische verlamming* **1.2** ~ person *verstandsmens, cerebraal iem.*.
cer·e·brate ['serɪbreɪt]⟨onov.ww.⟩ **0.1** ***denken*** ⇒*nadenken, de hersens laten werken*.
cer·e·bra·tion ['serɪ'breɪʃn]⟨n.-telb.zn.⟩ **0.1** ***hersenwerking*** ⇒*het denken* **0.2** ⟨scherts.⟩ ***het diep nadenken***.
ce·re·bro·spi·nal ['serɪbroʊ'spaɪnl]⟨bn.⟩⟨anat., med.⟩ **0.1** ***cerebrospinaal*** ⇒*van de hersenen en het ruggemerg* ◆ **1.1** ~ fever/meningitis *hersenvliesontsteking, nekkramp*.
ce·re·brum [sə'ri:brəm]⟨telb.zn.; ook cerebra [-brə]; →mv. 5⟩ **0.1** ***grote hersenen***.
cere·cloth ['sɪəklɒθ‖'sɪrklɔθ]⟨telb. en n.-telb.zn.⟩ **0.1** ***wasdoek*** ⇒*grafdoek, lijkwade* ⟨uit wasdoek gemaakt⟩.
cere·ment ['sɪəmənt‖'sɪr-]⟨telb.zn.⟩⟨vero.⟩ **0.1** ***grafdoek*** ⇒*lijkwade*.

cer·e·mo·nial[1] [ˈserɪˈmoʊnɪəl]⟨f2⟩⟨zn.⟩
I ⟨telb.zn.⟩ **0.1** ***plechtigheid*** **0.2** ***ritueel*** ⟨vnl. relig.⟩ ⇒*ritus* **0.3** ⟨R.-K.⟩ ***rituaal*** ⟨boek met geheel der voorschriften voor de liturgie⟩ ◆ **2.1** a tribal ~ *een stamfeest;*
II ⟨n.-telb.zn.⟩ **0.1** ***ceremonieel*** ⇒*het geheel der ceremoniën.*
ceremonial[2] ⟨f2⟩⟨bn.; -ly⟩ **0.1** ***ceremonieel*** ⇒*plechtig, officieel, vormelijk* ◆ **1.1** ~ dress/garb *officiële dracht, officieel tenue, gala, grootgala;* ~ occasions *officiële gelegenheden.*
cer·e·mo·nial·ism [ˈserɪˈmoʊnɪəlɪzm]⟨n.-telb.zn.⟩ **0.1** ***ceremonialisme*** ⟨het in acht nemen v. ceremoniën⟩ ⇒⟨relig.⟩ *ritualisme.*
cer·e·mo·nial·ist [ˈserɪˈmoʊnɪəlɪst]⟨telb.zn.⟩ **0.1** ***ceremonialist*** ⇒⟨relig.⟩ *ritualist.*
cer·e·mo·nious [ˈserɪˈmoʊnɪəs]⟨f1⟩⟨bn.; -ly; -ness⟩ **0.1** ***ceremonieus*** ⇒*vol plichtplegingen, vormelijk (beleefd), ceremonieel.*
cer·e·mo·ny [ˈserɪməni‖-moʊni]⟨f3⟩⟨zn.; →mv. 2⟩
I ⟨telb.zn.⟩ **0.1** ***ceremonie*** ⇒⟨relig.⟩ *rite* ◆ **1.1** master of ceremonies *ceremoniemeester;*
II ⟨n.-telb.zn.⟩ **0.1** ***vormelijkheid*** ⇒*formaliteit, vorm* ◆ **3.1** stand (up)on ~ *hechten aan de vormen* **6.1 without** ~ *informeel.*
ceriph →serif.
ce·rise [səˈriːz]⟨n.-telb.zn.; vaak attr.⟩ **0.1** ***cerise*** ⇒*kersrood, kerskleurig.*
ce·ri·um [ˈsɪərɪəm‖ˈsɪr-]⟨n.-telb.zn.⟩⟨schei.⟩ **0.1** ***cerium*** ⟨element 58⟩.
cer·met [ˈsɜːmet‖ˈsɜr-]⟨n.-telb.zn.⟩⟨tech.⟩ **0.1** ***cermet*** ⇒*gesinterd materiaal.*
CERN [sɜːn‖sɜrn]⟨eig.n.⟩⟨afk.⟩ Conseil Européen pour la Recherche Nucléaire **0.1** ***CERN*** ⇒*Europese Raad voor Kernonderzoek.*
ceroon →seroon.
ce·ro·plas·tic [ˈsɪərəˈplæstɪk‖ˈsɪrə-]⟨bn.⟩ **0.1** ***in was gemodelleerd*** ⇒*ceroplastisch* **0.2** ***van/mbt. de wasboetseerkunst/ceroplastiek*** ⇒*ceroplastisch.*
ce·ro·plas·tics [ˈsɪərəˈplæstɪks‖ˈsɪrə-]⟨mv.⟩ **0.1** ⟨ww. vnl. enk.⟩ ***wasboetseerkunst*** ⇒*ceroplastiek* **0.2** ***wassen beelden.***
cert[1] [sɜːt‖sɜrt]⟨telb.zn.⟩⟨BE; inf.⟩ **0.1** ⟨verk.⟩ ⟨certainty⟩ ***vaste prik*** ⇒*iets dat zeker zal gebeuren* **0.2** ⟨verk.⟩ ⟨certainty⟩ ***paard dat zeker zal winnen*** ⇒*geheide/gedoodverfde kampioen* **0.3** ⟨verk.⟩ ⟨certificate⟩ ***certificaat*** ⇒*diploma, getuigschrift* ◆ **1.2** that horse is a ~ *dat paard wint geheid* **2.1** it's a dead ~ that he'll come *hij komt vast en zeker.*
cert[2] ⟨afk.⟩ certificate, certification, certified.
cer·tain[1] [ˈsɜːtn‖ˈsɜrtn]⟨f4⟩⟨bn.⟩⟨→sprw. 514, 516⟩
I ⟨bn.⟩ **0.1** ***zeker*** ⇒*vast, onfeilbaar, beproefd, betrouwbaar* ◆ **1.1** ~ death *een zekere dood;* ⟨jur.⟩ a sum ~ *een vaste/welbepaalde som* **6.1 for** ~ *zeker, met zekerheid, ongetwijfeld, vast en zeker;*
II ⟨bn., attr.⟩ **0.1** ***zeker*** ⇒*bepaald, een of ander* **0.2** ***enig*** ⇒*zeker* ◆ **1.1** a ~ Mr Jones *ene meneer Jones* **1.2** a ~ hope *enige hoop;* a ~ profit *een bescheiden winst;*
III ⟨bn., pred.⟩ **0.1** ***zeker*** ⇒*verzekerd, overtuigd* **0.2** ***zeker*** ⇒*vaststaand, onbetwistbaar* ◆ **3.1** be ~ to take this with you *vergeet niet dit mee te nemen/neem dit vooral mee;* are you ~? *weet je het zeker?;* make ~ (that) *zich ervan vergewissen (dat), ervoor zorgen (dat men verzekerd is van ...)* **3.2** he is ~ to come *hij komt zeker/beslist* **6.1** is she ~ **about/of** that? *weet zij dat zeker?;* she is ~ **of** success *zij is van succes verzekerd* **8.1** ~ that *ervan overtuigd dat.*
certain[2] [ˈsɜːtn‖ˈsɜrtn]⟨f4⟩⟨onb.vnw.⟩ **0.1** ***sommige(n)*** ⇒*bepaalde/zekere mensen/dingen* ◆ **6.1** ~ **of** his friends came to see him *enkele van zijn vrienden kwamen hem bezoeken;* ~ **of** us *sommigen van ons.*
cer·tain·ly [ˈsɜːtnli‖ˈsɜr-]⟨f4⟩⟨bw.⟩ **0.1** ***zeker*** ⇒*ongetwijfeld, met zekerheid, beslist, stellig* ◆ ¶.¶ ~! *ja!, vast en zeker!, jazeker!, zeker wel!;* ~ not! *nee!, onder geen beding!, absoluut niet!.*
cer·tain·ty [ˈsɜːtnti‖ˈsɜr-]⟨f2⟩⟨zn.⟩
I ⟨telb.zn.; →mv. 2⟩ **0.1** ***zekerheid*** ⇒*(vaststaand) feit* ◆ **3.1** bet on a ~ *wedden op een tip/een zekerheidje* **6.1 for** a ~ *zonder enige twijfel* **8.1** it is a ~ that it will work *het staat vast/is zeker dat het werkt;*
II ⟨n.-telb.zn.⟩ **0.1** ***zekerheid*** ⇒*(vaste) overtuiging* ◆ **2.1** legal ~ *rechtszekerheid* **6.1** I can't say **with** any ~ if it will work *ik weet (absoluut) niet zeker of het werkt;* the ~ **of** *het zeker zijn van* **8.1** the ~ that *het ervan overtuigd zijn dat.*
certes [ˈsɜːtiːz‖ˈsɜrṭiːz]⟨bw.⟩⟨vero.⟩ **0.1** ***waarlijk*** ⇒*stellig, zeker, waarachtig* ◆ ¶.¶ ~! *ik verzeker het u!/jazeker! Welzeker!.*
cer·ti·fi·a·ble [ˈsɜːtɪfaɪəbl‖ˈsɜrṭɪ-]⟨bn.; -ly; →bijw. 3⟩
I ⟨bn.⟩ **0.1** ***certificeerbaar*** ⇒*dat/die kan worden verklaard/gecertificeerd;*
II ⟨bn., attr.⟩⟨BE; inf.⟩ **0.1** ***rijp voor het gekkenhuis*** ⇒*maf, gek.*
cer·tif·i·cate[1] [səˈtɪfɪkət‖sər-]⟨f2⟩⟨telb.zn.⟩ **0.1** ⟨ben. voor⟩ ***certificaat*** ⟨vnl. jur.⟩ ⇒*getuigschrift, (schriftelijke) verklaring, bewijs, attest, akte, papieren, legitimatiebewijs, (school)diploma* ◆ **1.1** ~ of birth *geboorteakte;* ~ of (moral) conduct *verklaring/getuigschrift v. goed zedelijk gedrag;* ⟨hand.⟩ ~ of damage *schadecertificaat;* ⟨geldw.⟩ ~ of deposit *depositobewijs;* Certificate of Secondary Education, ⟨vaak als⟩ CSE *middelbare-schooldiploma;* ⟨ong.⟩ *mavo-diploma;* General Certificate of Education, ⟨vaak als⟩ GCE *middelbare-schooldiploma;* ⟨ong.⟩ *havo/vwo-diploma;* ~ of (good) health *gezondheidsattest/verklaring, medische verklaring;* ⟨sinds 1987⟩ General Certificate of Secondary Education, ⟨vaak als⟩ GCSE *middelbare-schooldiploma* ⟨ong. samenvoeging v. havo- en mavo-diploma⟩; ~ of incorporation *verklaring v. geen bezwaar* ⟨bij oprichting v.e. N.V.⟩; ~ of marriage *(afschrift v.) huwelijksakte;* ⟨ong.⟩ *trouwboekje;* ⟨hand.⟩ ~ of origin *certificaat v. oorsprong;* ⟨hand.⟩ ~ of registry *zeebrief;* ~ of respectability *verklaring/getuigschrift v. goed (zedelijk) gedrag.*
certificate[2] ⟨ov.ww.⟩ →certificated **0.1** ***een certificaat geven*** **0.2** ***machtigen d.m.v. een certificaat.***
cer·tif·i·ca·ted [səˈtɪfɪkeɪtɪd‖sərˈtɪfɪkeɪṭɪd]⟨bn.; volt.deelw. v. certificate⟩⟨vnl. BE⟩ **0.1** ***gediplomeerd*** ⇒*bevoegd.*
cer·ti·fi·ca·tion [ˈsɜːtɪfɪˈkeɪʃn‖ˈsɜrṭɪ-]⟨telb. en n.-telb.zn.⟩ **0.1** ***verklaring*** ⇒*het verklaren* **0.2** ***bevoegdheid*** ⇒*het bevoegd zijn* **0.3** ***diplomering*** ⇒*diploma.*
cer·ti·fied [ˈsɜːtɪfaɪd‖ˈsɜrṭɪ-]⟨f1⟩⟨bn.; volt.deelw. v. certify⟩ **0.1** ***schriftelijk gegarandeerd*** ⇒*gewaarmerkt, officieel (verklaard)* **0.2** ***gediplomeerd*** ⇒*bevoegd* **0.3** ⟨BE; inf.⟩ ***krankzinnig verklaard*** ◆ **1.1** ~ accountant ⟨AE⟩ ~ public accountant *accountant;* ~ cheque *gewaarmerkte cheque;* ~ copy *eensluidend afschrift, voor eensluidend gewaarmerkt afschrift;* ~ document *authentieke akte;* ⟨AE⟩ ~ mail *aangetekende post met bewijs v. ontvangst;* ⟨AE⟩ ~ milk *gegarandeerd kiemvrije melk* ⟨door officiële medische controle⟩; ~ school *erkende school.*
cer·ti·fy [ˈsɜːtɪfaɪ‖ˈsɜrṭɪ-]⟨f2⟩⟨ww.; →ww. 7⟩ →certified
I ⟨onov.ww.⟩ **0.1** ***getuigen*** **0.2** ⟨AE⟩ ***een diploma uitreiken*** ◆ **6.1** ~ **to** *getuigen over/betreffende;*
II ⟨ov.ww.⟩ **0.1** ***(officieel) verklaren*** ⇒*attesteren, bevestigen, certificeren, certifiëren, waarmerken* **0.2** ⟨AE⟩ ***een certificaat verlenen aan*** ⇒*diplomeren* **0.3** ⟨BE; inf.⟩ ***officieel krankzinnig verklaren*** ◆ **1.1** the bank certified the accounts (as) correct *de bank heeft de rekening gefiatteerd;* ~ a copy *een afschrift voor eensluidend waarmerken/verklaren;* ~ s.o.'s death *iemands dood (officieel) vaststellen;* a document ~ing same *een daartoe strekkende verklaring* **1.3** John should be certified *Jan is rijp voor een inrichting/het gesticht* **8.1** this is to ~ that ... *met dezen verklaar ik/verklaart ondergetekende dat ....*
cer·tio·ra·ri [ˈsɜːtɪoːˈreəraɪ‖ˈsɜrʃəˈreri]⟨telb.zn.⟩⟨jur.⟩ **0.1** ***certiorari*** ⟨bevelschrift tot revisie v.e. vonnis⟩.
cer·ti·tude [ˈsɜːtɪtjuːd‖ˈsɜrṭɪtuːd]⟨f1⟩⟨telb. en n.-telb.zn.⟩ **0.1** ***zekerheid*** ⇒*(vaste) overtuiging.*
ce·ru·lean [sɪˈruːlɪən]⟨bn.⟩ **0.1** ***hemelsblauw*** ⇒*azuur.*
ce·ru·men [sɪˈruːmən]⟨n.-telb.zn.⟩ **0.1** ***oorsmeer*** ⇒*cerumen.*
ce·ruse [sɪˈruːs]⟨n.-telb.zn.⟩ **0.1** ***loodwit.***
cer·ve·lat [ˈsɜːvəlæt‖ˈsɜr-]⟨telb. en n.-telb.zn.⟩ **0.1** ***cervelaatworst.***
cer·vi·cal [ˈsɜːvɪkl‖ˈsɜr-]⟨bn., attr.⟩⟨anat.⟩ **0.1** ***cervicaal*** ⇒*hals-, nek-* **0.2** ***cervicaal*** ⇒*baarmoederhals-* ◆ **1.2** ~ cancer *baarmoederhalskanker;* ~ smear *uitstrijkje.*
cer·vine [ˈsɜːvaɪn‖ˈsɜr-]⟨bn., attr.⟩ **0.1** ***herte-*** ⇒*van/als een hert.*
cer·vix [ˈsɜːvɪks‖ˈsɜr-]⟨telb.zn.; ook cervices [-vɪsiːz]; →mv. 5⟩ ⟨anat.⟩ **0.1** ***hals*** ⇒*nek* **0.2** ***baarmoederhals*** ⇒*cervix* **0.3** ***nauwe opening*** ⇒*hals* ⟨v.e. orgaan⟩.
Cesarean, Cesarian →Caesarean.
Ce·sar·e·witch[1] [sɪˈzærəwɪtʃ], **Cesarewitch handicap** ⟨eig.n.⟩ ⟨sport⟩ **0.1** ***Cesarewitch*** ⟨jaarlijkse paardenrace in Newmarket⟩.
Cesarewitch[2] [sɪˈzærəwɪtʃ], **Ce·sar·e·vitch** [sɪˈzɑːrəvɪtʃ]⟨telb.zn.⟩ ⟨gesch.⟩ **0.1** ***cesarewitsj*** ⇒*csarewitsj, tsarewitsj* ⟨troonopvolger v. tsaar⟩.
cesium →caesium.
cess[1] [ses]⟨telb. en n.-telb.zn.⟩⟨Sch. E, IE, Ind. E⟩ **0.1** ***belasting*** ⇒*heffing, cijns* ◆ **2.1** ⟨IE; fig.⟩ bad ~ to thee! *onheil over u!.*
cess[2] ⟨ov.ww.⟩⟨BE⟩ **0.1** ***belasten*** ⇒*aanslaan.*
ces·sa·tion [seˈseɪʃn]⟨f1⟩⟨telb. en n.-telb.zn.⟩ **0.1** ***beëindiging*** ⇒*het staken, het ophouden* ◆ **1.1** a ~ of fighting *een gevechtspauze.*
ces·ser [ˈsesə‖-ər]⟨n.-telb.zn.⟩⟨jur.⟩ **0.1** ***beëindiging*** ⇒*het eindigen, het ten einde komen* ◆ **1.1** the ~ of a liability/term *het ten einde komen van een aansprakelijkheid/termijn.*
ces·sion [ˈseʃn]⟨zn.⟩⟨jur.⟩
I ⟨telb.zn.⟩ **0.1** ***iets dat overgedragen wordt*** ⇒*het gecedeerde;* ⟨i.h.b.⟩ *overgedragen gebied;*
II ⟨telb. en n.-telb.zn.⟩ **0.1** ***cessie*** ⇒*concessie, overdracht, afstand, verzaking* ◆ **1.1** the ~ of property *de overdracht van eigendom;* the ~ of rights *het overdragen van rechten;* the ~ of territory *het afstaan van een gebied* ⟨aan een ander land⟩.

ces·sion·ary ['seʃənri‖-neri]⟨telb.zn.;→mv. 2⟩⟨jur.⟩ **0.1** ***(con)cessionaris***.

'cess·pit, 'cess·pool ⟨f1⟩⟨telb.zn.⟩ **0.1** ***beerput*** ⇒*zinkput, zakput* **0.2** ***poel*** ⟨ook fig.⟩ ⇒*smerige plek* ◆ **1.2** a ~ of vice *een poel van zonde*.

ces·to·de ['sestoʊd], **ces·toid** [-tɔɪd]⟨telb.zn.⟩⟨dierk.⟩ **0.1** ***platworm*** ⟨klasse Cestoda⟩.

ces·tus[1] ['sestəs]⟨telb.zn.; cesti [-taɪ]; →mv. 5⟩ **0.1** ***gordel*** ⇒*riem* **0.2** ⟨dierk.⟩ ***Venusgordel*** ⟨Cestus veneris⟩.

cestus[2], **caes·tus** ⟨telb.zn.; ook cestus ['sestəs]; →mv. 5⟩⟨gesch.⟩ **0.1** ***c(a)estus*** ⟨leren riem om de hand van een bokser in het oude Rome⟩.

cesura →caesura.

CET ⟨afk.⟩ Central European Time **0.1** ***M.E.T.*** ⇒*Middeleuropese tijd*.

CETA ⟨afk.⟩ Comprehensive Employment and Training Act.

ce·ta·cean[1] [sɪ'teɪʃn]⟨telb.zn.⟩⟨biol.⟩ **0.1** ***walvisachtig (zoog)dier*** ⇒*walvis, een der cetaceeën* ⟨orde Cetacea⟩.

cetacean[2] ⟨bn.⟩⟨biol.⟩ **0.1** ***van de cetaceeën*** ⇒*walvisachtig*.

ce·tane ['si:teɪn]⟨n.-telb.zn.⟩⟨schei.⟩ **0.1** ***cetaan***.

'cetane number ⟨telb.zn.⟩ **0.1** ***cetaangetal*** ⟨getal dat de ontstekingssnelheid van dieselbrandstof aangeeft⟩.

ce·te·ris pa·ri·bus ['keṭərɪs 'pærɪbəs]⟨bw.⟩⟨schr.⟩ **0.1** ***ceteris paribus*** ⇒*onder overigens gelijke omstandigheden*.

'Cet·ti's 'warbler ['seti]⟨telb.zn.⟩⟨dierk.⟩ **0.1** ***Cettis zanger*** ⟨Cettia cetti⟩.

Cey·lon·ese[1] [selə'ni:z]⟨f1⟩⟨telb.zn.; Ceylonese; →mv. 4⟩ **0.1** ***Ceylonees*** ⇒*bewoner van Ceylon*.

Ceylonese[2] ⟨f1⟩⟨bn.⟩ **0.1** ***Ceylons*** ⇒*van Ceylon*.

Cey·lon moss [sɪ'lɒn mɒs‖sɪ'lɑn mɔs]⟨n.-telb.zn.⟩⟨plantk.⟩ **0.1** ***(tropisch) rood zeewier*** ⟨bron voor agar-agar-produktie; Gracilaria lichenoides⟩.

cf[1] ⟨afk.⟩ confer **0.1** ***cf.*** ⇒*confer, (men) vergelijk(e)*.

cf[2], **CF** ⟨afk.⟩ carried forward, Chaplain to the Forces.

CFC ⟨afk.⟩ chlorofluorocarbon ⟨schei.⟩ **0.1** ***CFK***.

CG ⟨afk.⟩ Consul General.

CGM ⟨afk.⟩ Conspicious Gallantry Medal.

CGS ⟨afk.⟩ centimetre-gram-second, Chief of General Staff.

CGT ⟨afk.⟩ capital gains tax.

ch[1] ⟨afk.⟩ chapter, church, champion.

ch[2], **CH** ⟨afk.⟩ central heating, Companion of Honour.

Cha·blis ['ʃæbli]⟨n.-telb.zn.⟩ **0.1** ***Chablis*** ⟨droge, witte bourgognewijn⟩.

cha-cha-cha[1] ['tʃɑ:tʃɑ:'tʃɑ:], **'cha-cha** ⟨telb.zn.⟩ **0.1** ***cha-cha-cha***.

cha-cha-cha[2], **cha-cha** ⟨onov.ww.⟩ **0.1** ***de cha-cha-cha dansen***.

cha·conne [ʃæ'kɒn‖-'kɔn, -'kɑn]⟨telb.zn.⟩ **0.1** ***chaconne*** ⟨Spaanse dans uit de 18e eeuw; muzikale vorm met kort basthema⟩.

chad [tʃæd]⟨n.-telb.zn.⟩⟨comp.⟩ **0.1** ***ponsafval*** ⇒*confetti*.

chae·tog·nath ['ki:tɒgnæθ‖-tɑg-]⟨telb.zn.⟩⟨dierk.⟩ **0.1** ***pijlworm*** ⟨Chaetognatha⟩.

chafe[1] [tʃeɪf]⟨f1⟩⟨telb.zn.⟩ **0.1** ***pijnlijke/ruwe plek*** ⇒*rauwe plek, schaafwond* ⟨veroorzaakt door schuren⟩ **0.2** ***ergernis*** ◆ **6.2** **in** a ~ *geërgerd, geïrriteerd*.

chafe[2] ⟨f1⟩⟨ww.⟩

I ⟨onov.ww.⟩ **0.1** ***schuren*** **0.2** ***pijn doen*** ⇒*pijnlijk zijn (door schuren)* **0.3** ***zich ergeren*** ⇒*boos/geërgerd/ongeduldig zijn/worden, inwendig koken* **0.4** ***tekeergaan*** ◆ **5.2** her skin ~s easily *haar huid is snel kapot/geïrriteerd* **6.1** the boat ~d **against** the quay *de boot schuurde/lag te rijen tegen de kade* **6.3** ~ **at/under** *zich opwinden over, geërgerd zijn om/door, ongeduldig zijn door/vanwege;*

II ⟨ov.ww.⟩ **0.1** ***warm wrijven*** **0.2** ***schuren*** ⇒*(open)schaven* **0.3** ***ergeren*** ⇒*sarren, irriteren* ◆ **1.1** he ~d his hands *hij wreef zijn handen warm* **1.2** his collar ~d his neck *zijn boord schuurde om/rond zijn nek* **1.3** the noise ~d her *het lawaai irriteerde haar*.

cha·fer ['tʃeɪfə‖-ər]⟨f1⟩⟨telb.zn.⟩⟨dierk.⟩ **0.1** ***kever*** ⇒⟨i.h.b.⟩ *meikever, mulder, molenaar* ⟨Melolontha vulgaris⟩.

chaff[1] [tʃɑ:f‖tʃæf]⟨f1⟩⟨n.-telb.zn.⟩⟨→sprw. 671⟩ **0.1** ***kaf*** ⟨ook fig.⟩ **0.2** ***haksel*** **0.3** ***namaak*** ⇒*nep, prullaria* **0.4** ***anti-radarsneeuw*** ⟨stanniol-stroken⟩ **0.5** ***(goedmoedige) plagerij*** ◆ **3.3** caught with ~ *makkelijk voor de gek te houden/te bedriegen*.

chaff[2] ⟨f1⟩⟨ww.⟩

I ⟨onov.ww.⟩ **0.1** ***schertsen*** ⇒*gekscheren, gekheid maken;*

II ⟨ov.ww.⟩ **0.1** ***fijnhakken*** **0.2** ***plagen*** ◆ **1.1** ~ hay/straw *hooi/stro fijnhakken* **6.2** ~ s.o. **about** sth. *iem. met iets plagen;* they ~ed me **for** leaving so late *zij plaagden mij omdat ik zo laat wegging*.

'chaff cutter ⟨telb.zn.⟩ **0.1** ***strosnijder***.

chaf·fer[1] ['tʃæfə‖-ər]⟨n.-telb.zn.⟩ **0.1** ***het (af)dingen*** ⇒*het loven en bieden, het marchanderen, gemarchandeer*.

chaffer[2] ⟨onov.ww.⟩ **0.1** ***(af)dingen*** ⇒*loven en bieden, marchanderen* ◆ **6.1** ~ **about** the price *over de prijs marchanderen*.

chaf·finch ['tʃæfɪntʃ]⟨telb.zn.⟩⟨dierk.⟩ **0.1** ***vink*** ⟨Fringilla coelebs⟩.

chaff·y ['tʃɑ:fi‖'tʃæfi]⟨bn.⟩ **0.1** ***met/van kaf*** ⇒*vol kaf* **0.2** ***waardeloos*** ⇒*prullerig, onbeduidend* ◆ **1.2** a ~ book *een flutboek*.

chaf·ing dish ['tʃeɪfɪŋ dɪʃ]⟨telb.zn.⟩ **0.1** ***komfoor met pannetje/réchaud erop*** ⟨b.v. om iets warm te houden aan tafel⟩ **0.2** ***schotelverwarmer***.

cha·grin[1] ['ʃægrɪn‖ʃə'grɪn]⟨f1⟩⟨n.-telb.zn.⟩ **0.1** ***verdriet*** ⇒*boosheid, ergernis, irritatie, teleurstelling* ◆ **6.1** much **to** her ~, she failed the exam *zij was erg teleurgesteld/had er de pest in dat zij voor het examen was gezakt*.

chagrin[2] ⟨ov.ww.; →ww. 7⟩ **0.1** ***bedroeven*** ⇒*bedroefd maken, boos maken, verdrieten, teleurstellen, ergeren, irriteren* ◆ **6.1** be/feel ~ed **at/by** *boos zijn om, teleurgesteld zijn in/door/vanwege*.

chain[1] [tʃeɪn]⟨f3⟩⟨zn.⟩⟨→sprw. 634⟩

I ⟨telb.zn.⟩ **0.1** ***ketting*** ⇒*keten* **0.2** ***reeks*** ⇒*serie* **0.3** ***groep*** ⇒*maatschappij, keten, syndicaat* **0.4** ***bergketen*** **0.5** ***kordon*** **0.6** ⟨schei.⟩ ***keten*** **0.7** ***schering*** ⇒*kettingdraad* ⟨bij het weven⟩ **0.8** ⟨scheep.⟩ ***rust*** **0.9** ***landmetersketting*** ⟨20,12 m; →t1⟩ **0.10** ***chain*** ⟨bep. figuur in de quadrille⟩ **0.11** ⟨verk.⟩ ⟨chainshot⟩ ◆ **1.1** a ~ of office *een ambtsketen* **1.2** a ~ of coincidences *een reeks van toevalligheden* **1.3** a ~ of shops/newspapers *een winkelketen/krantengroep* **1.4** a ~ of mountains *een bergketen* **1.5** a ~ of military posts *een kordon van militaire posten* **1.¶** ~ of command *hiërarchische structuur, hiërarchie;*

II ⟨n.-telb.zn.⟩ **0.1** ***materiaal van metalen ringetjes/schakels;***

III ⟨mv.; ~s⟩ **0.1** ***boeien*** ⇒*ketenen* ◆ **3.¶** hug one's ~s *de roede kussen* **6.1** **in** ~s *geboeid, geketend* ⟨ook fig.⟩.

chain[2] ⟨f2⟩⟨ov.ww.⟩ **0.1** ***ketenen*** ⇒*met een ketting sluiten/vastleggen, in de boeien slaan, aan de ketting leggen* ◆ **5.1** ~ **up** a dog *een hond aan de ketting leggen;* ~ **up** a prisoner *een gevangene in de boeien slaan*.

'chain argument ⟨telb.zn.⟩⟨fil.⟩ **0.1** ***kettingsluitrede***.

'chain armour, 'chain mail ⟨n.-telb.zn.⟩⟨gesch.⟩ **0.1** ***maliën*** ◆ **6.1** clothed **in** ~ *in een maliënkolder*.

'chain belt ⟨f1⟩⟨telb.zn.⟩ **0.1** ⟨tech.⟩ ***bandketting*** **0.2** ***kettingceintuur*** ⇒*kettingriem*.

'chain bolt ⟨f1⟩⟨telb.zn.⟩ **0.1** ***grendel aan deurketting*** **0.2** ⟨scheep.⟩ ***puttingbout***.

'chain bridge ⟨telb.zn.⟩ **0.1** ***kettingbrug***.

'chain cable ⟨telb.zn.⟩⟨scheep.⟩ **0.1** ***ankerketting***.

'chain collision ⟨telb.zn.⟩⟨Austr. E⟩ **0.1** ***kettingbotsing***.

'chain crew →chaingang 0.2.

'chain drive, 'chain gear ⟨telb.zn.⟩⟨tech.⟩ **0.1** ***kettingoverbrenging***.

'chain gang ⟨telb.zn.⟩ **0.1** ***ploeg dwangarbeiders (in ketenen)*** ⇒*ploeg kettinggangers* **0.2** ⟨Am. voetbal⟩ ***chain gang*** ⇒*kettingploeg* ⟨zijlijnofficials die met een 10 yard lange ketting de terreinwinst nameten⟩.

'chain guard ⟨telb.zn.⟩ **0.1** ***kettingbeschermer*** ⇒*kettingkast*.

chain·less ['tʃeɪnləs]⟨bn.⟩ **0.1** ***kettingloos*** ⇒*zonder ketting*.

'chain letter ⟨telb.zn.⟩ **0.1** ***kettingbrief*** ⇒*sneeuwbal*.

'chain lightning ⟨zn.⟩

I ⟨telb. en n.-telb.zn.⟩ **0.1** ***bliksem(straal) met een zigzaglijn*** **0.2** ***gevorkte bliksem(straal);***

II ⟨n.-telb.zn.⟩⟨AE; sl.⟩ **0.1** ***bocht*** ⟨slechte sterke drank⟩.

'chain-link fencing ⟨n.-telb.zn.⟩ **0.1** ***harmonika/vierkantgaas***.

'chain locker ⟨telb.zn.⟩⟨scheep.⟩ **0.1** ***kettingbak*** **0.2** ⟨AE; sl.⟩ ***havenkroeg*** ⇒*knijp*.

chain mail →chain armour.

chain·man ['tʃeɪnmən]⟨telb.zn.; chainmen [-mən]; →mv. 3⟩⟨landmeetk.⟩ **0.1** ***kettingdrager***.

'chain pin ⟨telb.zn.⟩ **0.1** ***kettingbout***.

'chain plate ⟨telb.zn.⟩⟨scheep.⟩ **0.1** ***rustijzer***.

'chain printer ⟨telb.zn.⟩⟨comp.⟩ **0.1** ***kettingdrukker***.

'chain-react·ing 'pile ⟨telb.zn.⟩ **0.1** ***kernreactor***.

'chain re'action ⟨f1⟩⟨telb.zn.⟩ **0.1** ***kettingreactie***.

'chain rule ⟨telb.zn.⟩⟨wisk.⟩ **0.1** ***kettingregel***.

'chain saw ⟨f1⟩⟨telb.zn.⟩ **0.1** ***kettingzaag***.

'chain shot ⟨telb.zn.⟩⟨scheep., gesch.⟩ **0.1** ***kettingkogel***.

'chain-smoke ⟨f1⟩⟨onov.ww.⟩ **0.1** ***kettingroken***.

'chain smoker ⟨f1⟩⟨telb.zn.⟩ **0.1** ***kettingroker***.

'chain stitch ⟨telb. en n.-telb.zn.⟩ **0.1** ***kettingsteek***.

'chain store ⟨f1⟩⟨telb.zn.⟩ **0.1** ***filiaal (v.e. grootwinkelbedrijf)***.

'chain wale ['tʃeɪn weɪl⟨scheep.⟩'tʃænl]⟨telb.zn.⟩⟨scheep.⟩ **0.1** ***rust*** ⇒*uithouder*.

'chain well ⟨telb.zn.⟩⟨scheep.⟩ **0.1** ***kettingbak***.

'chain-wheel ⟨telb.zn.⟩⟨tech.⟩ **0.1** ***kettingwiel*** ⇒*(ketting)tandwiel, kettingschijf, nestenschijf, kabelaring, kabellarga*.

chair[1] [tʃeə‖tʃer]⟨f3⟩⟨telb.zn.⟩ **0.1** ***stoel*** ⇒*zetel, zitplaats;* ⟨fig.⟩ *positie, functie* **0.2** ⟨the⟩ ***voorzittersstoel*** ⇒*voorzitterschap, voorzitter* **0.3** ⟨the⟩⟨BE⟩ ***burgemeesterschap*** **0.4** ***leerstoel*** ⇒*katheder*

0.5 *draagstoel* 0.6 ⟨tech.⟩ *railstoel* 0.7 ⟨the⟩ ⟨inf.⟩ *elektrische stoel* ◆ 1.1 a bishop's ~ *een bisschoppelijke zetel;* a judge's ~ *een rechterstoel* 2.1 sleepy hollow ~ *makkelijke diepe stoel, stoel waar je lekker in wegzakt* 3.1 take a ~ *ga zitten, neem plaats* 3.2 address/appeal to the ~ *zich tot de voorzitter richten;* be in/take the ~ *voorzitten, voorzitter zijn;* call to the ~ *tot voorzitter kiezen;* leave the ~ *de vergadering sluiten;* he has passed the ~ *hij is (al) voorzitter/burgemeester geweest* 6.3 an alderman **above/past** the ~ *een wethouder die burgemeester is geweest;* an alderman **below** the ~ *een wethouder die (nog) geen burgemeester is geweest* 6.4 a ~ **of** philosophy *een leerstoel voor filosofie* ¶.¶ ⟨BE⟩ ~! *orde!*.

chair[2] ⟨f2⟩ ⟨ov.ww.⟩ 0.1 *in een stoel zetten* 0.2 *in een positie installeren* ⇒*voorzitter maken* 0.3 *voorzitten* ⇒*voorzitter zijn van* 0.4 ⟨BE⟩ *ronddragen in triomf* ⟨op de schouders of op een stoel⟩ ◆ 1.3 ~ a meeting *een vergadering voorzitten*.

'chair-bed ⟨telb.zn.⟩ 0.1 *zit-slaap element* 0.2 *bedbank*.

'chair-borne ⟨bn.⟩ ⟨inf.; scherts.⟩ 0.1 *in administratieve dienst*.

'chair-bot·tom·er ⟨telb.zn.⟩ 0.1 *stoelenmatter*.

'chair car ⟨telb.zn.⟩ ⟨AE⟩ 0.1 *salonrijtuig* ⟨in trein⟩.

'chair·la·dy ⟨telb.zn.⟩ 0.1 *voorzitster*.

'chair lift ⟨telb.zn.⟩ 0.1 *stoeltjeslift*.

chair·man[1] ['tʃeəmən‖'tʃer-] ⟨f2⟩ ⟨telb.zn.; chairmen [-mən]; →mv. 3⟩ 0.1 *voorzitter* ⇒*voorzitster* 0.2 *hoofd* 0.3 *presentator* ⟨bij amusement⟩ 0.4 *duwer v.e. rolstoel* 0.5 *stoelenman* ⟨in park⟩ 0.6 ⟨gesch.⟩ *drager van een draagstoel*.

chairman[2] ⟨ov.ww.⟩ 0.1 *voorzitten* ⇒*presideren*.

chair·man·ship ['tʃeəmənʃɪp‖'tʃer-] ⟨telb. en n.-telb.zn.⟩ 0.1 *voorzitterschap* ⇒*presidium* ◆ 3.1 it's not easy to learn ~ *het is niet gemakkelijk te leren hoe men een goed voorzitter moet zijn*.

chair·one ['tʃeəwʌn‖'tʃer-], **'chair·per·son** ⟨f1⟩ ⟨telb.zn.⟩ ⟨AE⟩ 0.1 *voorzit(s)ter*.

'chair·warm·er ⟨telb.zn.⟩ ⟨inf.; scherts.⟩ 0.1 *luiaard* ⇒*iem. met zitvlees, nietsnut, lanterfanter*.

'chair·wom·an ⟨f1⟩ ⟨telb.zn.⟩ 0.1 *voorzitster*.

chaise [ʃeɪz] ⟨telb.zn.⟩ ⟨gesch.⟩ 0.1 *sjees*.

chaise longue ['ʃeɪz 'lɒŋ‖-'lɔŋ] ⟨telb.zn.; ook chaises longues [-'lɒŋ(z)‖-'lɔŋz]; →mv. 5⟩ 0.1 *chaise-longue* ⇒*ligstoel, dekstoel, strandstoel*.

cha·la·za [kə'leɪzə] ⟨telb.zn.; ook chalazae [-zi:]; →mv. 5⟩ 0.1 ⟨dierk.⟩ *hagelsnoer* ⟨band tussen dooier en binnenste vlies van ei⟩ 0.2 ⟨plantk.⟩ *chalaza* ⇒*vaatmerk* ⟨op zaadje⟩.

chal·ced·o·ny [kæl'sedəni] ⟨n.-telb.zn.⟩ ⟨geol.⟩ 0.1 *chalcedoon* ⟨soort kwarts⟩.

chal·cog·ra·pher [kæl'kɒgrəfə‖-'kɑgrəfər], **chal·cog·ra·phist** [-grəfɪst] ⟨telb.zn.⟩ 0.1 *kopergraveur* ⇒*chalcograaf*.

chal·cog·ra·phy [kæl'kɒgrəfi‖-'kɑ-] ⟨n.-telb.zn.⟩ 0.1 *kopergraveerkunst* ⇒*chalcografie*.

chal·co·py·rite ['kælkə'paɪraɪt] ⟨n.-telb.zn.⟩ 0.1 *chalcopyriet* ⇒*koperkies*.

Chal·de·an[1], **Chal·dae·an** [kæl'di:ən], **Chal·dee** [kæl'di:] ⟨zn.⟩
I ⟨eig.n.⟩ 0.1 *Chaldeeuws* ⟨taal⟩;
II ⟨telb.zn.⟩ 0.1 *Chaldeeër* 0.2 *astroloog* ⇒*sterrenkundige*.

Chaldean[2], **Chal·da·ic** [kæl'deɪɪk] ⟨bn.⟩ 0.1 *Chaldeeuws* 0.2 *astrologisch*.

chal·dron ['tʃɔ:ldrən] ⟨telb.zn.⟩ 0.1 *chaldron* ⟨Eng. kolenmaat, ong. 13 hl⟩.

cha·let ['ʃæleɪ‖ʃæ'leɪ] ⟨f1⟩ ⟨telb.zn.⟩ 0.1 *chalet* 0.2 *berghut* 0.3 *vakantiehuisje* ⇒*zomerhuisje*.

chal·ice ['tʃælɪs] ⟨f1⟩ ⟨telb.zn.⟩ 0.1 *kelk* ⇒⟨i.h.b.⟩ ⟨R.-K.⟩ *miskelk*, ⟨Prot.⟩ *Avondmaalsbeker, Avondmaalskelk* 0.2 ⟨schr.⟩ *bloemkelk*.

chal·iced [tʃælɪst] ⟨bn.⟩ ⟨plantk.⟩ 0.1 *kelkvormig*.

chalk[1] [tʃɔ:k] ⟨f2⟩ ⟨zn.⟩
I ⟨telb.zn.⟩ 0.1 *krijtje* ⇒*kleurkrijtje, crayon* 0.2 *krijtstreep* ⇒*met krijt getrokken streep* 0.3 *krijttekening* ⇒*crayon* 0.4 ⟨sl.⟩ *favoriet* ⟨paard⟩ ◆ 3.1 coloured ~s *kleurkrijtjes* 3.2 walk the ~ *langs een krijtstreep lopen* ⟨om aan te tonen dat men nuchter is⟩;
II ⟨n.-telb.zn.⟩ 0.1 ⟨geol.⟩ *krijt* 0.2 *kleurkrijt* 0.3 ⟨gymnastiek⟩ *magnesiumpoeder* ⟨om handen stroef te maken⟩ ◆ 1.1 a piece of ~, a stick of ~ *een krijtje*.

chalk[2] ⟨f1⟩ ⟨ov.ww.⟩ 0.1 *krijten* ⇒*insmeren/merken/bekrassen/tekenen/schrijven met krijt* ◆ 1.1 ~ a cue *een biljartkeu krijten* 5.1 →chalk **out**; →chalk **up**.

'chalk-bed ⟨telb.zn.⟩ 0.1 *kalklaag*.

'chalk·board ⟨telb.zn.⟩ 0.1 *schoolbord* ⇒*(schrijf)bord*.

'chalk cliff ⟨telb.zn.⟩ 0.1 *krijtrots*.

'chalk-eat·er ⟨telb.zn.⟩ ⟨sl.⟩ 0.1 *iem. die alleen maar op de favoriet wedt*.

'chalk·face ⟨n.-telb.zn.⟩ ⟨BE; inf.⟩ ◆ 6.¶ **at** the ~ *in het onderwijs*.

'chalk 'out ⟨f1⟩ ⟨ov.ww.⟩ 0.1 *uittekenen* 0.2 *beschrijven* ⇒*in grote lijnen uitleggen, ruw schetsen* ◆ 1.1 ~ goalposts on a wall *met krijt een doel op een muur tekenen*.

'chalk-pit ⟨telb.zn.⟩ 0.1 *kalksteengroeve*.

'chalk-stone ⟨telb.zn.⟩ 0.1 *jichtknobbel*.

'chalk-stripe ⟨telb.zn.⟩ 0.1 *kalkstreep(je)*.

'chalk-striped ⟨bn.⟩ 0.1 *met een kalkstreep(je)*.

'chalk talk ⟨telb.zn.⟩ ⟨AE⟩ 0.1 *lezing* ⇒*praatje* ⟨met aantekeningen op een schoolbord⟩; ⟨sport⟩ *taktiekbespreking, spelanalyse* ◆ 3.1 before the attack all pilots were given ~s *voor de aanval kregen alle piloten instructies*.

'chalk 'up ⟨f1⟩ ⟨ov.ww.⟩ 0.1 *opschrijven* ⟨op een bord/lei⟩ 0.2 *optellen (bij de score)* ⇒*noteren, boeken* 0.3 *op iemands rekening schrijven* ◆ 1.2 ~ success/many points *een overwinning/veel punten boeken* 4.3 chalk it up please! *wilt u het op mijn rekening/op de lat/in het boek zetten?, wilt u het even voor mij opschrijven?*.

chalk·y ['tʃɔ:ki] ⟨bn.; -ness; →bijw. 3⟩ 0.1 *krijtachtig* ⇒*van/als krijt, krijt bevattend*.

chal·lenge[1] ['tʃælɪndʒ] ⟨f3⟩ ⟨zn.⟩
I ⟨telb.zn.⟩ 0.1 *vraag naar identiteit* ⟨door een soldaat op wacht⟩ 0.2 *vraag om uitleg* ⇒*uiting van twijfel* 0.3 ⟨jur.⟩ *wraking* 0.4 *uitdaging* ⇒*moeilijke taak, test, horde* 0.5 ⟨med.⟩ *immuniteitsonderzoek* ◆ 1.3 a ~ of the jury *wraking v.d. jury* 3.2 the results were met by a ~ *er was enige twijfel omtrent de geldigheid v.d. uitslag* 3.4 rise to the ~ *de uitdaging aandurven* ¶.1 'who's there?' is a ~ *'wie daar?' vraagt een soldaat op wacht;*
II ⟨telb. en n.-telb.zn.⟩ 0.1 *uitdaging* ⇒*het tarten* ◆ 6.1 a job **with** a lot of ~ *een klus die een echte uitdaging is;* **without** ~ *zonder tegenspraak*.

challenge[2] ⟨f3⟩ ⟨ov.ww.⟩ →challenging 0.1 *uitdagen* ⇒*tarten, op de proef stellen* 0.2 *uitlokken* ⇒*opwekken, prikkelen* 0.3 *aanvechten* ⇒*betwisten, in twijfel trekken, vraagtekens zetten bij* 0.4 *betwisten* ⇒*betwijfelen* 0.5 *opeisen* ⇒*vragen* 0.6 ⟨jur.⟩ *wraken* 0.7 ⟨med.⟩ *onderzoeken op immuniteit* ◆ 1.2 ~ the imagination *de verbeelding prikkelen;* ~ thought *tot nadenken stemmen* 1.3 ~ a stranger *een vreemde staande houden* 1.4 ~ a measure in proceedings before the Court *(tegen een handeling) beroep bij het Hof instellen* 1.5 ~ attention *de aandacht opeisen* 6.1 ~ s.o. **to** a duel *iem. uitdagen tot een duel*.

chal·lenge·a·ble ['tʃælɪndʒəbl] ⟨bn.⟩ 0.1 *betwistbaar* ⇒*te bestrijden*.

'challenge cup ⟨f1⟩ ⟨telb.zn.⟩ 0.1 *wisselbeker* 0.2 ⟨the⟩ *bekerwedstrijd*.

chal·leng·er ['tʃælɪndʒə‖-ər] ⟨f1⟩ ⟨telb.zn.⟩ 0.1 *uitdager* ⇒⟨vnl. bokssport ook⟩ *challenger* 0.2 *betwister* ⇒*bestrijder* 0.3 *eiser* ⇒*vrager* 0.4 *mededinger* ⟨bv. voor ambt⟩ 0.5 ⟨jur.⟩ *wraker*.

'challenge test →challenge[1] I 0.5.

chal·leng·ing ['tʃælɪndʒɪŋ] ⟨f2⟩ ⟨bn.; teg. deelw. v. challenge⟩ 0.1 *een uitdaging vormend* ⇒*interessante problemen biedend*.

cha·lyb·e·ate[1] [kə'lɪbiət] ⟨telb.zn.⟩ 0.1 *ijzerhoudend water* 0.2 *ijzerhoudende drank* 0.3 *medicijn dat ijzer bevat*.

chalybeate[2] ⟨bn.⟩ 0.1 *ijzerhoudend*.

cham [kæm] ⟨telb.zn.⟩ ⟨vero.⟩ 0.1 *kan* ⇒*Tartaarse vorst* ◆ 2.1 Great ~ *despoot;* ⟨fig.⟩ *dominerend criticus* ⟨i.h.b. Samuel Johnson⟩.

cham·ber[1] ['tʃeɪmbə‖-ər] ⟨f3⟩ ⟨zn.⟩
I ⟨telb.zn.⟩ 0.1 ⟨vero. of lit.⟩ *kamer* ⇒*vertrek;* ⟨i.h.b.⟩ *slaapkamer/vertrek* 0.2 *raad* ⇒*college, groep* 0.3 ⟨jur.⟩ *afdeling v.e. rechtbank* ⇒*kamer* 0.4 ⟨pol.⟩ *kamer* ⇒*(vergaderzaal v.) wetgevend lichaam* 0.5 ⟨tech.⟩ *patroonkamer* ⟨in geweer/revolvermagazijn⟩ ⇒*projectielkamer* ⟨in geschut⟩ 0.6 ⟨nat.⟩ *kamer* ⇒*vat* 0.7 ⟨dierk.⟩ *holte* ⇒*kamer* 0.8 ⟨plantk.⟩ *hok* ⟨v. zaaddoos⟩ 0.9 *schatkist* 0.10 *(sluis)kolk* 0.11 ⟨verk.⟩ ⟨chamber pot⟩ ◆ 1.1 ~ of horrors *gruwelkamer* 1.2 ~ of commerce *kamer v. koophandel;* ⟨sl.; fig.⟩ *nummero honderd, toilet* 1.4 Chamber of Deputies *Huis v. Afgevaardigden, Tweede Kamer;*
II ⟨mv.; ~s⟩ 0.1 ⟨jur.⟩ *raadkamer* 0.2 ⟨BE⟩ *ambtsvertrekken* ⇒*kantoor, bureau, kabinet* ◆ 1.2 the ~s in the Inns of Court *de advocatenkantoren in de Inns of Court* 6.1 the case must be heard **in** ~s *de zaak moet in raadkamer worden behandeld*.

chamber[2] ⟨ov.ww.⟩ 0.1 *v.e. kamer/v. kamers voorzien*.

'chamber concert ⟨telb.zn.⟩ 0.1 *kamer(muziek)concert*.

'chamber counsel ⟨zn.⟩ ⟨jur.⟩
I ⟨telb.zn.⟩ 0.1 *adviserend advocaat* ⟨die niet pleit⟩;
II ⟨n.-telb.zn.⟩ 0.1 *(privé) advies* ⟨v.e. adviserend advocaat⟩.

cham·ber·lain ['tʃeɪmbəlɪn‖-bər-] ⟨telb.zn.⟩ 0.1 *kamerheer* 0.2 *penningmeester*.

'cham·ber·maid ⟨f1⟩ ⟨telb.zn.⟩ 0.1 *kamermeisje* ⟨in hotel⟩.

'chamber music ⟨f1⟩ ⟨n.-telb.zn.⟩ 0.1 *kamermuziek*.

'chamber orchestra ⟨f1⟩ ⟨telb.zn.⟩ 0.1 *kamerorkest* ⇒*kamermuziekensemble*.

'chamber pot ⟨telb.zn.⟩ 0.1 *kamerpot* ⇒*nachtpot, nachtspiegel, po, pi(e)spot*.

cham·bray ['ʃæmbreɪ]⟨n.-telb.zn.⟩ **0.1** ***(soort) gingang*** ⟨weefsel met witte inslag en gekleurde ketting⟩.

cha·me·leon [kə'mi:lɪən]⟨f1⟩⟨telb.zn.⟩ **0.1** ***kameleon*** ⟨ook fig.⟩.

cham·fer[1] ['tʃæmfə‖-ər]⟨telb.zn.⟩⟨tech.⟩ **0.1** ***afschuining*** ⇒*afkanting, facet* ⟨onder een hoek van 45°⟩ **0.2** ***groef*** ⇒*voor, cannelure.*

chamfer[2] ⟨ov.ww.⟩⟨tech.⟩ **0.1** ***afschuinen*** ⇒*(symmetrisch) afkanten, soevereinen* **0.2** ***groeven*** ⇒*canneleren.*

cham·my, sham·my, sha·moy ['ʃæmi]⟨zn.;→mv. 2⟩

I ⟨telb.zn.⟩ **0.1** ***zeemlap*** ⇒*lap zeemleer;*

II ⟨n.-telb.zn.⟩ **0.1** ***gemzeleer*** **0.2** ***zeemleer.***

cham·ois ⟨zn.; chamois ['ʃæmwɑ:‖'ʃæmi]; →mv. 5⟩

I ⟨telb.zn.⟩ **0.1** ⟨dierk.⟩ ***gems*** ⟨Rupicapra rupicapra⟩ **0.2** ***zeemlap*** ⇒*lap zeemleer;*

II ⟨n.-telb.zn.⟩ **0.1** ⟨verk.⟩ ⟨chamois leather⟩.

chamois leather, chammy leather, shammy leather ['ʃæmi‚leðə‖-ər] ⟨n.-telb.zn.⟩ **0.1** ***gemzeleer*** **0.2** ***zeemleer.***

chamomile →camomile.

champ[1] [tʃæmp]⟨f1⟩⟨telb.zn.⟩ **0.1** ⟨verk.⟩ ⟨champion⟩ ⟨inf.⟩ ***kampioen*** **0.2** ⟨iron.⟩ ***zwerver*** ⇒*mislukkeling* **0.3** ***kauwgeluid*** ⇒*het hoorbaar kauwen / smakken.*

champ[2] ⟨f1⟩⟨ww.⟩

I ⟨onov.ww.⟩ **0.1** ***smakken*** ⇒*(hoorbaar) kauwen, hoorbaar op het bit bijten;* ⟨fig.⟩ *ongeduld tonen, ongeduldig zijn, popelen* ◆ **3.1** they were ~ing to get back *zij popelden om terug te gaan;*

II ⟨ov.ww.⟩ **0.1** ***hoorbaar kauwen (op)*** ⇒*hoorbaar bijten op.*

cham·pagne ['ʃæm'peɪn]⟨f2⟩⟨n.-telb.zn.⟩ **0.1** ***champagne.***

cham·paign ['ʃæm'peɪn]⟨telb.zn.⟩⟨schr.⟩ **0.1** ***stuk open terrein*** ⇒*open vlakte, veld.*

cham·pers ['ʃæmpəz‖-ərz]⟨n.-telb.zn.⟩⟨BE; sl.⟩ **0.1** ***champie*** ⇒*champagne.*

cham·per·ty ['tʃæmpəti‖-pərṭi]⟨telb. en n.-telb.zn.;→mv. 2⟩⟨jur.⟩ **0.1** ***het (illegaal) bijstaan v.e. procederende met het doel te delen in het voordeel*** ⟨in een zaak waarin men niet betrokken is⟩.

cham·pi·on[1] ['tʃæmpɪən]⟨f3⟩⟨telb.zn.⟩ **0.1** ***kampioen*** ⇒*winnaar* **0.2** ***voorvechter*** ⇒*voorstander, verdediger.*

champion[2] ⟨f2⟩⟨bn., pred.; bw.⟩⟨inf.⟩ **0.1** ***geweldig*** ⇒*prima* ◆ **1.1** the party was ~ *de fuif was geweldig, het was een knalfuif* **3.1** it's doing ~ *het loopt als een lier.*

champion[3] ⟨f1⟩⟨ov.ww.⟩ **0.1** ***verdedigen*** ⇒*opkomen / pleiten / vechten voor, steunen, voorstaan, voorstander zijn van.*

cham·pi·on·ship ['tʃæmpɪənʃɪp]⟨f2⟩⟨zn.⟩

I ⟨telb.zn.⟩ **0.1** ***kampioenschap*** **0.2** ***kampioenschapswedstrijd;***

II ⟨n.-telb.zn.⟩ **0.1** ***kampioenschap*** ⇒*het kampioen zijn* **0.2** ***het voorvechter zijn*** ◆ **6.2** her ~ **of** that policy *haar strijd voor die politiek.*

chance[1] [tʃɑ:ns‖tʃæns]⟨f4⟩⟨zn.⟩

I ⟨telb.zn.⟩ **0.1** ***kans*** ⇒*mogelijkheid, waarschijnlijkheid, uitzicht* **0.2** ***toevallige gebeurtenis*** **0.3** ***kans*** ⇒*gelegenheid* **0.4** ***risico*** **0.5** ***lot*** ⇒*kaartje in loterij of verloting* **0.6** ⟨cricket⟩ ***kans om de batsman uit te maken*** ◆ **1.3** a / one ~ in a million ⟨fig.⟩ *een kans van één op duizend* **3.1** ⟨inf.⟩ fancy / not fancy one's / s.o.'s ~s *het wel zien zitten / somber inzien voor iem.;* he has had many ~s *hij heeft een heleboel kansen gehad;* stand a (good / fair) ~ *een (goede / redelijke) kans maken* **3.3** leap at a ~ *een kans (met beide handen) aangrijpen;* I never miss a ~ *ik laat geen gelegenheid voorbijgaan* **3.4** take ~s, take a ~ *risico's nemen, het gevaar niet schuwen* **3.¶** there's just a fighting ~ *als we alles op alles zetten lukt het misschien;* it runs a ~ of being *het zou kunnen zijn, misschien* **5.1** not a ~ *geen schijn v. kans, geen denken aan, dank je feestelijk* **6.1** if, **by** any ~ / some ~ or other *mocht het zo zijn dat;* a ~ **of** success *een kans op succes;* ~ **of** promotion *uitzicht op promotie* **8.1** (the) ~s are that *het is waarschijnlijk dat;*

II ⟨n.-telb.zn.⟩ **0.1** ***het lot*** ⇒*de fortuin, het toeval* **0.2** ***waarschijnlijkheid*** ⇒*kans* ◆ **1.1** a game of ~ *een kansspel* **3.1** leave to ~ *aan het toeval overlaten;* let ~ decide *het lot laten beslissen* **6.1** **by** (any) ~ *toevallig, bijgeval.*

chance[2] ⟨f1⟩⟨bn., attr.⟩ **0.1** ***toevallig*** ◆ **1.1** a ~ meeting *een toevallige ontmoeting.*

chance[3] ⟨f1⟩⟨ww.⟩

I ⟨onov.ww.⟩ **0.1** ***(toevallig) gebeuren*** ◆ **3.1** I ~d to be on the same boat *ik zat toevallig op dezelfde boot;* if it should ~ to snow *als het (toevallig) gaat sneeuwen, mocht het gaan sneeuwen* **6.¶** ~ **(up)on** *(toevallig) vinden / aantreffen, stuiten op;*

II ⟨ov.ww.⟩ **0.1** ***wagen*** ⇒*riskeren* ◆ **1.1** I'll ~ one go *ik zal het één keer wagen;* they ~d defeat *zij liepen de kans verslagen te worden* **4.1** ⟨inf.⟩ ~ it *het erop wagen.*

chan·cel [tʃɑ:nsl‖tʃænsl]⟨f1⟩⟨telb.zn.⟩⟨bouwk.⟩ **0.1** ***koor*** ⟨v.e. kerk⟩.

chan·cel·lery ['tʃɑ:nsləri‖'tʃæns-]⟨telb.zn.;→mv. 2⟩ **0.1** ***kanselarij*** **0.2** ***kanseliersambt.***

chan·cel·lor ['tʃɑ:nslə‖'tʃæns(ə)lər]⟨f2⟩⟨telb.zn.; vaak C-⟩ **0.1** ***kanselier*** ⇒*hoofd v.e. kanselarij; hoofd v.e. universiteit* ⟨in Eng. enkel in naam, als eretitel⟩; ⟨R.-K.⟩ *secretaris v.e. bisdom* **0.2** ⟨AE; jur.⟩ ***president*** ⇒*voorzitter* ⟨van sommige rechtbanken⟩ **0.3** ⟨BE⟩ ***minister van financiën*** ◆ **1.¶** ⟨BE⟩ Chancellor of the Duchy of Lancaster ⟨titel v.e.⟩ *minister zonder portefeuille;* ⟨BE⟩ Chancellor of the Exchequer *minister v. financiën.*

chan·cel·lor·ship ['tʃɑ:nsləʃɪp‖'tʃæns(ə)lər-]⟨telb. en n.-telb.zn.⟩ **0.1** ***kanselierschap.***

'chance-'med·ley ⟨telb.zn.⟩⟨jur.⟩ **0.1** ***doodslag*** ⇒⟨B.⟩ *onvrijwillige manslag* **0.2** ***vechtpartij*** **0.3** ***onopzettelijke daad.***

chan·cer ['tʃɑ:nsə‖'tʃænsər]⟨telb.zn.⟩⟨sl.⟩ **0.1** ***opportunist.***

chan·ce·ry ['tʃɑ:nsəri‖'tʃæn-]⟨f1⟩⟨telb.zn.; vaak C-;→mv. 2⟩ **0.1** ***kanselarij*** **0.2** ⟨BE; jur.⟩ ***civiele afdeling v.h. hooggerechtshof*** **0.3** ⟨AE; jur.⟩ ***rechtbank voor 'equity'-zaken*** ◆ **6.2** **in** ~ *onder toezicht v. hooggerechtshof* **6.¶** ⟨inf.⟩ **in** ~ *in een benarde positie.*

chan(c)k [ʃæŋk], **shank** ⟨telb.zn.⟩⟨AE; sl.⟩ **0.1** ***venerische zweer*** ⇒*sjanker* **0.2** ***geval van geslachtsziekte*** ⟨vooral syfilis⟩.

chan·cre [ʃæŋkə‖-ər]⟨telb.zn.⟩⟨med.⟩ **0.1** ***(harde) sjanker*** ⇒*venerische zweer.*

chan·croid ['ʃæŋkrɔɪd]⟨telb.zn.⟩ **0.1** ***venerische zweer.***

chanc·y, ⟨in simplex soms⟩ **chanc·ey** ['tʃɑ:nsi‖'tʃænsi]⟨f1⟩⟨bn.; -er; -ly; -ness;→bijw. 3⟩⟨inf.⟩ **0.1** ***gewaagd*** ⇒*riskant, onzeker.*

chan·de·lier ['ʃændə'lɪə‖-'lɪr]⟨f2⟩⟨telb.zn.⟩ **0.1** ***kroonluchter*** ⇒*kandelaber, kroon.*

chan·dler ['tʃɑ:ndlə‖'tʃændlər]⟨f1⟩⟨telb.zn.⟩⟨vero.; BE⟩ **0.1** ***kaarsenverkoper*** **0.2** ***kaarsenmaker*** **0.3** ***verkoper van olie, zeep, verf, levensmiddelen*** ⟨enz.⟩ ⇒⟨ong.⟩ *kruidenier.*

chan·dler·y ['tʃɑ:ndləri‖'tʃænd-]⟨zn.;→mv. 2⟩

I ⟨telb.zn.⟩ **0.1** ***kaarsenhandel*** **0.2** ***kaarsenopslagplaats;***

II ⟨telb. en n.-telb.zn.⟩ **0.1** ***kaarsenvoorraad*** **0.2** ***voorraad olie / zeep / verf / levensmiddelen*** ⟨enz.⟩ ⇒⟨ong.⟩ *kruidenierswaren.*

change[1] ['tʃeɪndʒ]⟨f4⟩⟨zn.⟩ ⟨→sprw. 73, 668⟩

I ⟨eig.n.; C- of 'C-⟩ **0.1** ***de Beurs*** ◆ **6.1** **on** Change *ter beurze;*

II ⟨telb.zn.⟩ **0.1** ***verschoning*** ⇒*(stel) schone kleren* **0.2** ***verversing*** **0.3** ⟨muz.⟩ ***volgorde bij klokkenspel*** **0.4** ⟨muz.⟩ ***verandering v. toonsoort*** ⇒*modulatie* **0.5** ⟨verkeer⟩ ***het overstappen*** **0.6** ***gedaanteverandering*** ⟨v. maan⟩ ◆ **1.1** a ~ of shirt *een schoon hemd* **1.2** a ~ of oil *nieuwe olie, olieverversing* **3.3** ring the ~s *de klokken luiden in iedere mogelijke volgorde* **3.5** I had a ~ between L. and M. *tussen L. en M. moest ik overstappen* **3.¶** ring the ~s on sth. *iets op alle mogelijke manieren aanpakken; niet uitgepraat raken over iets;* ⟨BE; inf.⟩ ring the ~s *veranderen, het anders aanpakken;* ⟨sl.⟩ *de wisseltruc toepassen;*

III ⟨telb. en n.-telb.zn.⟩ **0.1** ***verandering*** ⇒*ver / afwisseling, overgang, variatie* ◆ **1.1** a ~ for the better / worse *een verandering ten goede / kwade;* ⟨tennis⟩ ~ of ends *wisseling v. speelhelft;* ~ of heart *bekering, verandering v. ideeën;* the ~ of seasons *de wisseling der seizoenen* **1.¶** ~ of life *overgang(sjaren), menopauze* **6.1** **for** a ~ *voor de verandering / afwisseling* **7.¶** the ~ *overgang(sjaren), menopauze;*

IV ⟨n.-telb.zn.⟩ **0.1** ***wisselgeld*** ⇒*geld dat men terugkrijgt* **0.2** ***kleingeld*** **0.3** ⟨AE; sl.⟩ ***poen*** ⇒*geld* ◆ **3.1** keep the ~! *laat maar zitten!* **3.2** give / ⟨AE ook⟩ make ~ for a banknote *een briefje wisselen* **3.¶** ⟨inf.⟩ get no ~ out of s.o. *geen cent wijzer worden v. iem., bij iem. aan het verkeerde kantoor zijn, bij iem. geen poot aan de grond krijgen;* ⟨inf.⟩ give s.o. ~ *iem. lik op stuk geven, iem. van antwoord dienen;* ⟨inf.⟩ take one's ~ out of s.o. *het iem. betaald zetten.*

change[2] ⟨f4⟩⟨ww.⟩ ⟨→sprw. 117, 384, 689⟩

I ⟨onov.ww.⟩ **0.1** ***veranderen*** ⇒*anders worden, wisselen* **0.2** ***zich verkleden*** ⇒*andere / schone kleren aantrekken, zich verschonen* **0.3** ***overstappen*** **0.4** ⟨tech.⟩ ***schakelen*** ⇒*v. versnelling veranderen* **0.5** ***van gedaante veranderen*** ⟨v. maan⟩ ◆ **1.1** his voice is changing *zijn stem is aan het wisselen / breken* **5.1** the frog ~d **back** into a prince *de kikvors werd / veranderde weer in een prins* **5.4** ~ **down** *terugschakelen;* ~ **up** *(in een hogere versnelling) schakelen* **5.¶** →change **over** **6.1** ~ **from** a child **into** a man *van een kind een man worden;* the sky ~d **from** pink **to** purple *de lucht verkleurde van roze naar paars* **6.2** ~ **into** sth. comfortable *iets gemakkelijks aandoen;* ~ **out of** those dirty clothes! *trek die vuile kleren uit!* **6.3** ~ **to** a boat *overstappen op een boot* **6.4** ~ **into** second gear *naar tweede schakelen;*

II ⟨ov.ww.⟩ **0.1** ***veranderen*** ⇒*anders maken, transformeren* **0.2** ***(om / ver)ruilen*** ⇒*(om / ver)wisselen, verwisselen van* **0.3** ⟨geldw.⟩ ***(om)wisselen*** **0.4** ***verschonen*** ◆ **1.2** ~ one's clothes *zich omkleden;* ~ oil *olie verversen* **1.4** ~ a baby *een baby een schone luier aandoen;* ~ one's linen *zich verschonen* **5.1** ~ a frog **back** into a prince *een kikker weer omtoveren tot prins / weer tot een prins maken* **6.1** it ~d him **from** a child into a man *hij veranderde daardoor van een kind in een man* **6.2** ~ sth. **for** sth. else *iets (om)ruilen (voor iets anders)* **6.3** ~ pounds **into** francs *ponden (om)wisselen in franken.*

change·a·bil·i·ty [tʃeɪndʒəˈbɪləṭi]⟨n.-telb.zn.⟩ **0.1** ***veranderlijkheid*** ⇒*wisselvalligheid*.

change·a·ble [ˈtʃeɪndʒəbl]⟨f1⟩⟨bn.; -ly; -ness; →bijw. 3⟩ **0.1** ***veranderlijk*** ⇒*wisselvallig, (vaak) veranderend* **0.2** ⟨tech.⟩ ***changeant*** ◆ **1.1** a ~ temper *een licht ontvlambare aard* **1.2** ~ silk *changeantzijde*.

'change-foot spin ⟨telb.zn.⟩⟨schaatssport⟩ **0.1** ***omsprongpirouette***.

change·ful [ˈtʃeɪndʒfəl]⟨bn.; -ly; -ness; →bijw. 3⟩ **0.1** ***veranderlijk*** ⇒*wisselvallig*.

'change gear ⟨telb.zn.⟩ **0.1** ***wisselwiel*** ⇒*reservewiel*.

change·less [ˈtʃeɪndʒləs]⟨bn.; -ly; -ness; →bijw. 3⟩ **0.1** ***onveranderlijk*** ⇒*constant*.

change·ling [ˈtʃeɪndʒlɪŋ]⟨telb.zn.⟩ **0.1** ***wisselkind*** ⇒*ondergeschoven kind* ⟨i.h.b. lelijk of dom kind, door elfen ondergeschoven⟩ **0.2** ⟨vero.⟩ ***onnozele*** **0.3** ⟨vero.⟩ ***iemand met een grillig karakter***.

'change·o·ver ⟨f1⟩⟨telb.zn.⟩ **0.1** ***omschakeling*** ⇒*overschakeling, overgang* **0.2** ⟨sport, i.h.b. atletiek⟩ ***het wisselen*** ⇒⟨tennis⟩ *baanwisseling, wisseling v. speelhelft*.

'change 'over ⟨f1⟩⟨onov.ww.⟩ **0.1** ***veranderen*** ⇒*overgaan, omschakelen, overschakelen* **0.2** ***ruilen (van plaats)*** **0.3** ***omzwaaien*** ◆ **1.2** he stopped the car and they changed over *hij zette de auto aan de kant en zij ruilden van plaats* **6.3** he changed over **to** history *hij is omgezwaaid naar geschiedenis*.

'change-over zone ⟨telb.zn.⟩⟨atletiek⟩ **0.1** ***wisselvak*** ⟨bij estafette⟩.

'change ringing ⟨n.-telb.zn.⟩⟨muz.⟩ **0.1** ***het wisselluiden*** ⟨klokluiden met bep. wisselingen in de volgorde der klokken⟩.

'change·room ⟨f1⟩⟨telb.zn.⟩⟨AE⟩ **0.1** ***kleedkamer***.

change 'speed lever ⟨telb.zn.⟩ **0.1** ***versnellingshandel***.

'change-up ⟨telb.zn.⟩ **0.1** ***schakeling*** ⇒*het schakelen (in een hogere versnelling)* **0.2** ⟨AE; sl.⟩ ***(ingrijpende) verandering***.

'changing cubicle ⟨telb.zn.⟩⟨sport⟩ **0.1** ***kleedhokje***.

'changing room ⟨f1⟩⟨telb.zn.⟩⟨BE⟩ **0.1** ***kleedkamer***.

chan·nel[1] [ˈtʃænl]⟨f3⟩⟨zn.⟩

I ⟨eig.n.; C-; the⟩ **0.1** ***het Kanaal;***

II ⟨telb.zn.⟩ **0.1** ***kanaal*** ⇒*zeeëngte* **0.2** ***(vaar)geul*** ⇒*bedding* **0.3** ***kanaal*** ⇒*buis, pijp, goot* **0.4** ***kanaal*** ⇒*weg, middel, richting* **0.5** ⟨radio, t.v.⟩ ***kanaal*** ⇒⟨fig.⟩ *het programma* **0.6** ***spoor*** ⟨op magneetband⟩ **0.7** ⟨bouwk.⟩ ***verticale groef*** **0.8** ⟨AE; sl.⟩ ***ader*** ⟨waar men verdovende middelen in spuit⟩ **0.9** →chain wale **0.10** →channel iron ◆ **1.4** ~ of thought *denkwijze* **3.¶** ⟨AE; sl.⟩ change the ~ *op een ander onderwerp overgaan* **6.4** the news was spread **by** this ~ *langs dit kanaal werd het nieuws verspreid;* I have it **from** a good ~ *ik heb het uit goede bron;* **through** the usual ~s *via de gebruikelijke kanalen* **7.5** BBC, ~ 1 *BBC, eerste net*.

channel[2] ⟨f1⟩⟨ov.ww.; →ww. 7⟩ →channelling **0.1** ***kanaliseren*** ⇒*voorzien van kanalen/geulen/groeven/goten* **0.2** ***leiden*** ⇒*sturen, door bepaalde kanalen leiden, in bepaalde banen leiden*.

'channel bass ⟨telb. en n.-telb.zn.⟩⟨AE; dierk.⟩ **0.1** ***trommelvis*** ⟨Sciaenops oscellatus⟩.

'channel iron ⟨telb.zn.⟩ **0.1** ***kanaalijzer*** ⇒*gootijzer, U-ijzer, profielijzer met U-vormige doorsnede, U-staal, U-balk*.

'Channel Islands, 'Channel Isles ⟨eig.n.; the⟩ **0.1** ***Kanaaleilanden***.

chan·nel·ize, -ise [ˈtʃænl-aɪz]⟨ov.ww.⟩ **0.1** ***kanaliseren*** ⇒*(als) door een kanaal vervoeren, leiden, sturen*.

chan·nel·ling, ⟨AE sp.⟩ **chan·nel·ing** [ˈtʃænl-ɪŋ]⟨telb.zn.; gerund v. channel⟩ **0.1** ***kanaal*** ⇒*kanaalstelsel, groeven* **0.2** ⟨bouwk.⟩ ***(voorwerp met) groeven***.

'channel pliers ⟨mv.⟩ **0.1** ***waterpomptang***.

chan·son de geste [ˈʃɑːnsn dəˈʒest‖ʃɑ̃sɔ̃-]⟨telb.zn.; chansons de geste; →mv. 5⟩ **0.1** ***Oudfrans heldengedicht*** ⇒*chanson de geste*.

chant[1] [tʃɑːnt‖tʃænt]⟨f1⟩⟨zn.⟩

I ⟨telb.zn.⟩ **0.1** ***lied*** ⇒*(eenvoudige) melodie, liedje, psalm, hymne* **0.2** ***zangerige intonatie*** **0.3** ***(gescandeerde) kreet*** ⇒*dreun, spreekkoor* ◆ **2.2** that typically Scottish ~ of his *zijn typisch zangerig Schotse intonatie;*

II ⟨telb. en n.-telb.zn.⟩ **0.1** ***psalmodie*** ⇒*monotoon gezang*.

chant[2], ⟨vero. sp. ook⟩ **chaunt** ⟨f2⟩⟨onov. en ov.ww.⟩ **0.1** ***zingen*** ⇒*op één toon zingen, psalmodiëren* **0.2** ***roepen*** ⇒*herhalen, scanderen* **0.3** ⟨sl.⟩ ***versjacheren*** ⟨door overdreven te prijzen⟩ ◆ **1.1** ~ a psalm *psalmodiëren;* the students ~ed 'Down with the pigs' *de studenten riepen voortdurend 'Weg met de smerissen'* **1.2** ~ somebody's praises *iem. voortdurend prijzen*.

chant·er [ˈtʃɑːntə‖ˈtʃænṭər]⟨telb.zn.⟩ **0.1** ***zanger*** **0.2** ***voorzanger*** **0.3** ***melodiepijp*** ⟨van doedelzak⟩ **0.4** ⟨sl.⟩ ***sjacheraar in paarden***.

chan·te·relle [ʃɑːntəˈrel, ˈʃɒn-‖ˈʃænṭəˈrel]⟨telb. en n.-telb.zn.⟩ **0.1** ⟨plantk.⟩ ***cantharel*** ⇒*hanekam, dooierzwam* ⟨Cantharellus cibarius⟩ **0.2** ⟨muz.⟩ ***hoogst gestemde snaar*** ⟨v. snaarinstrument⟩.

chan·teuse [ʃɑːnˈtɜːz]⟨telb.zn.⟩ **0.1** ***(nachtclub)zangeres*** ⇒*zangeres van populaire liedjes*.

chan·t(e)y, shan·t(e)y [ˈʃænṭi]⟨telb.zn.; ook; →mv. 2⟩ **0.1** ***(zeemans) liedje*** ⟨bv. bij het hijsen v.d. kaapstander⟩.

chan·ti·cleer [ˈtʃæntɪˈklɪə‖ˈtʃænṭɪˈklɪr]⟨eig.n., telb.zn.; soms C-⟩ **0.1** ***kantekleer*** ⇒*haan*.

Chan·til·ly [ʃænˈtɪli]⟨n.-telb.zn.⟩ **0.1** ***chantilly-kant*** **0.2** ⟨cul.⟩ ***chantilly(-crème)*** ⟨gezoete, met eiwit opgeklopte slagroom⟩.

chan·try [ˈtʃɑːntri‖ˈtʃæn-]⟨telb.zn.; →mv. 2⟩⟨kerk.⟩ **0.1** ***fundatie*** ⇒*stichting* ⟨gift voor het opdragen v. missen⟩ **0.2** ⟨ben. voor⟩ ***iets/iem. met fundatie*** ⇒*priester; altaar, kapel, kerk* ⟨mbt. bet. 0.1⟩.

Chanukah →Hanukkah.

cha·os [ˈkeɪɒs‖-ɑs]⟨f2⟩⟨telb. en n.-telb.zn.; geen mv.⟩ **0.1** ***chaos*** ⇒*verwarring, warboel, wanorde* **0.2** ⟨vnl. C-⟩⟨schr.⟩ ***baaierd*** ⇒*chaos*.

cha·ot·ic [keɪˈɒtɪk‖-ˈɑṭɪk]⟨f1⟩⟨bn.; -ally; →bijw. 3⟩ **0.1** ***chaotisch*** ⇒*verward, ongeordend*.

chap[1] [tʃæp]⟨f3⟩⟨zn.⟩

I ⟨telb.zn.⟩ **0.1** ⟨vnl. BE; inf.⟩ ***vent*** ⇒*kerel, knul, jongen* **0.2** ⟨vnl. mv.⟩ ***kinnebak*** ⇒*kaak, wang, muil, snuit* **0.3** ***kloof(je)*** ⇒*barst(je)* ⟨in lip of huid⟩; *scheur, spleet, reet* ⟨in grond⟩ ◆ **3.2** ⟨inf.⟩ lick one's ~s *zijn lippen likken* ⟨lett. en fig.⟩;

II ⟨mv.; ~s⟩ **0.1** ⟨verk.⟩ ⟨chaparejos⟩.

chap[2] ⟨onov. en ov.ww.; →ww. 7⟩ **0.1** ***splijten*** ⇒*(doen) barsten, scheuren, kloven*.

chap[3] ⟨afk.⟩ chapter.

chaparal →chaparral.

chap·a·re·jos, chap·a·ra·jos [ˈʃæpəˈreɪoʊs]⟨mv.⟩⟨AE⟩ **0.1** ***(leren) beenstukken/kappen*** ⟨v. cowboy⟩.

chap·ar·ral, chap·ar·al [ˈʃæpəˈræl]⟨n.-telb.zn.⟩⟨AE⟩ **0.1** ***dicht struikgewas*** ⟨in het zuidwesten v.d. U.S.A.⟩.

'chapar'ral 'cock ⟨telb.zn.⟩⟨dierk.⟩ **0.1** ***renkoekoek*** ⟨Geococcys californianus⟩.

chapat(t)i →chupatty.

'chap·book ⟨telb.zn.⟩ **0.1** ***volksboek***.

chape [tʃeɪp]⟨telb.zn.⟩ **0.1** ***schoen*** ⟨van sabelschede⟩ **0.2** ***metalen tong*** ⟨van gesp⟩ **0.3** ***lus*** ⟨van riem⟩.

chap·el [ˈtʃæpl]⟨f3⟩⟨zn.⟩⟨kerk., beh. I 0.3 en IV⟩

I ⟨telb.zn.⟩ **0.1** ***kapel*** ⇒*huis/slotkapel, kapelletje* **0.2** ***(zij)kapel*** ⟨in kerk⟩ **0.3** ⟨vero.⟩ ***drukkerij*** ◆ **1.1** ~ of ease *hulpkerk* **2.1** funeral ~ *chapelle ardente;* ~ royal *hofkapel;*

II ⟨telb. en n.-telb.zn.⟩ **0.1** ⟨BE⟩ ***dissidente kerk*** ⟨vnl. in Eng. en Wales⟩ **0.2** ⟨Sch. E⟩ ***R.-K. kerk*** ◆ **1.1** are you church or ~? *hoort u bij de anglicaanse kerk of bij een protestantse kerk?* **2.1** the Presbyterian ~ *de presbyteriaanse kerk;*

III ⟨n.-telb.zn.⟩ **0.1** ***dienst*** ⟨in een chapel I 0.1 of II⟩ ◆ **6.1** go **to** ~ *de dienst bijwonen;*

IV ⟨verz.n.⟩ **0.1** ***afdeling v.d. drukkersbond*** **0.2** ***(muziek)kapel***.

'chapel folk, 'chapel people ⟨verz.n.⟩ **0.1** ***niet-anglicaanse protestanten***.

'chap·el·go·er ⟨telb.zn.⟩ **0.1** ***lid van een niet anglicaanse protestante kerk*** ⟨vooral in Engeland en Wales⟩.

chap·el·ry [ˈtʃæplri]⟨telb.zn.; →mv. 2⟩ **0.1** ***wijk (die hoort bij een kapel)***.

chap·er·on·age [ˈʃæprənɪdʒ‖ˈʃæpəroʊnɪdʒ]⟨n.-telb.zn.⟩ **0.1** ***het chaperonneren*** ⇒*geleide*.

chap·er·on(e)[1] [ˈʃæpəroʊn]⟨telb.zn.⟩ **0.1** ***chaperonne*** ⇒*chaperon, geleid(st)er* ⟨v.e. jongedame⟩.

chaperon(e)[2] ⟨onov. en ov.ww.⟩ **0.1** ***chaperonneren*** ⇒*begeleiden*.

'chap-fall·en, 'chop-fall·en ⟨bn.⟩ **0.1** ***ontmoedigd*** ⇒*gedeprimeerd*.

chap·i·ter [ˈtʃæpɪtə‖ˈtʃæpəṭər]⟨telb.zn.⟩⟨bouwk.⟩ **0.1** ***kapiteel***.

chap·lain [ˈtʃæplɪn]⟨f2⟩⟨telb.zn.⟩ **0.1** ***kapelaan*** ⇒*huisgeestelijke, gestichtsgeestelijke, geestelijke verbonden aan een kapel* **0.2** ***hulppriester*** ⇒*kapelaan,* ⟨B.⟩ *onderpastoor* **0.3** ***veldprediker*** ⇒*vlootpredikant, legerpredikant, aalmoezenier*.

chap·lain·cy [ˈtʃæplɪnsi]⟨telb.zn.; →mv. 2⟩ **0.1** ***bureau v.e. kapelaan*** ⇒*gebouw waar een kapelaan werkt* **0.2** ***periode dat men kapelaan is*** ⇒*kapelaanschap* **0.3** ***kapelaanschap*** ⇒*ambt v. kapelaan*.

chap·let [ˈtʃæplɪt]⟨telb.zn.⟩ **0.1** ***(lauwer)krans*** ⇒*bloemenkrans, krans v. goud/edelstenen/blaadjes* ⟨voor op het hoofd⟩ **0.2** ***kralensnoer*** ⇒*(kralen)ketting, halssnoer* **0.3** ⟨R.-K.⟩ ***rozenhoedje*** **0.4** ⟨bouwk.⟩ ***stuk paternosterwerk***.

chap·man [ˈtʃæpmən]⟨telb.zn.; chapmen; →mv. 3⟩⟨vero.; BE⟩ **0.1** ***marskramer***.

chap·pie [ˈtʃæpi]⟨f1⟩⟨telb.zn.⟩⟨inf.⟩ **0.1** ***vent(je)*** ⇒*kerel(tje)*.

chap·py [ˈtʃæpi]⟨bn.⟩ **0.1** ***gebarsten*** ⇒*vol kloven*.

'chap·stick ⟨telb.zn.⟩⟨vooral AE⟩ **0.1** ***stift met lippenpommade***.

chap·ter[1] [ˈtʃæptə‖-ər]⟨f3⟩⟨zn.⟩

I ⟨telb.zn.⟩ **0.1** ***hoofdstuk*** ⇒*chapiter, kaput, kapittel* **0.2** ***episode*** ⇒*periode* **0.3** ⟨BE⟩ ***wet*** ⟨genummerd als deel v. handelingen v. parlement⟩ **0.4** ⟨kerk.⟩ ***kapittel(vergadering)*** **0.5** ⟨vnl. AE⟩ ***bijeenkomst v.e. club/vereniging*** ⟨i.h.b. v. studenten⟩ **0.6** ⟨relig.⟩ ***bijbellezing*** ⟨na de psalmen, in bep. kerken⟩ ◆ **1.1** give ~ and

verse *de precieze bronvermelding geven;* ⟨inf.; fig.⟩ *alle details/regels/taboes geven, tekst en uitleg geven;* ⟨inf.; fig.⟩ he knows it ~ and verse *hij kent het tot in de puntjes* **1.2** ⟨BE⟩ ~ of accidents *reeks tegenslagen* **2.2** a glorious ~ in our history *een roemrijke periode in onze geschiedenis;*
II ⟨verz.n.⟩ **0.1** ⟨kerk.⟩ ***kapittel*** ⟨v. kanunniken v. domkerk of v. orde⟩ **0.2** ⟨vnl. AE⟩ ***afdeling v. club/vereniging*** ⟨i.h.b. v. studenten⟩.

chapter[2] ⟨ov.ww.⟩ **0.1** ***in hoofdstukken verdelen.***

'chapter house ⟨telb.zn.⟩ **0.1** ***kapittelzaal*** ⇒*kapittelkamer, kapittelhuis* **0.2** ⟨vnl. AE⟩ ***clubhuis*** ⟨i.h.b. v. studentenvereniging⟩.

char[1] [tʃɑː‖tʃɑr], ⟨vero. BE in bet. I ook⟩ **chare** ⟨f1⟩ ⟨zn.⟩
I ⟨telb.zn.⟩ **0.1** ⟨BE⟩ ⟨verk.⟩ ⟨char-lady, char-woman⟩ **0.2** ***klus (je)*** ⇒*taak(je), (huishoudelijk) karwei(tje);*
II ⟨telb. en n.-telb.zn.⟩ **0.1** →charr;
III ⟨n.-telb.zn.⟩ **0.1** ⟨BE; inf.⟩ ***thee.***

char[2] ⟨f1⟩ ⟨ww.; →ww. 7⟩
I ⟨onov.ww.⟩ **0.1** ***als schoonmaakster werken;***
II ⟨onov. en ov.ww.⟩ **0.1** ***verbranden*** ⇒*verkolen, schroeien.*

char·a·banc, char-à-banc, char·a·bank ['ʃærəbæŋ] ⟨telb.zn.⟩ ⟨vero.; BE⟩ **0.1** ***char-à-bancs*** ⇒*janplezier, wagen/toeristenauto (met dwarsbanken).*

char·ac·ter[1] ['kærɪktə‖-ər] ⟨f3⟩ ⟨zn.⟩
I ⟨telb.zn.⟩ **0.1** ***(ken/merk)teken*** ⇒*kenmerk, (karakter)trek* **0.2** ***teken*** ⇒*symbool, letter, cijfer* **0.3** ***persoon*** ⇒*figuur, type, individu* ⟨ook pej.⟩ **0.4** ***personage*** ⇒*rol, figuur* **0.5** ⟨inf.⟩ ***excentriek figuur*** ⇒*zonderling, rare snoeshaan/snuiter* **0.6** ⟨vnl. BE⟩ ***referentie*** ⇒*getuigschrift* **0.7** ***hoedanigheid*** ⇒*positie* ◆ **1.4** a ~ in a play *een rol in een toneelstuk* **2.2** Chinese ~s *Chinese karakters* **5.3** he is quite a ~ *hij is me d'r eentje* **6.6** the firm asked for a ~ **of** me *de firma wilde een referentie* **6.7 in** his ~ **of** mayor *als burgemeester;*
II ⟨telb. en n.-telb.zn.⟩ **0.1** ***karakter*** ⇒*aard, natuur, geest, inborst* **0.2** ***schrift*** ⇒*handschrift, (druk)letters* **0.3** ***(goede) reputatie*** ⇒*(goede) naam* **0.4** ⟨(rol)schaatsen⟩ ***manier v. schaatsen*** ⟨bij bochten- of kantrijden⟩ ◆ **3.3** he's earned ~ *hij heeft een goede reputatie verworven* **6.1 in** ~ *natuurlijk, typisch;* that's **in** ~ **with** his style *dat past bij zijn stijl;* **out of** ~ *onnatuurlijk, helemaal niet typisch; ongepast* **6.2 in** Roman ~ *romein* **6.3** he has the ~ **of** a genius *hij heeft de reputatie een genie te zijn;*
III ⟨n.-telb.zn.⟩ **0.1** ***moed*** ◆ **6.1** a man **of** ~ *een moedig/dapper man.*

character[2] ⟨ov.ww.⟩ **0.1** ***schrijven*** ⇒*graveren, drukken* **0.2** ⟨vero.⟩ ***beschrijven*** ⇒*afschilderen.*

'character actor ⟨telb.zn.⟩ **0.1** ***karakterspeler.***

character actress ⟨telb.zn.⟩ **0.1** ***karakterspeelster.***

'character assassi'nation ⟨telb. en n.-telb.zn.⟩ **0.1** ***aanslag op iemands goede naam.***

'character formation ⟨n.-telb.zn.⟩ **0.1** ***karaktervorming.***

char·ac·ter·ful ['kærɪktəfʊl‖-tər-] ⟨bn.⟩ **0.1** ***karaktervol.***

char·ac·ter·is·tic[1] ['kærɪktə'rɪstɪk] ⟨f3⟩ ⟨telb.zn.⟩ **0.1** ***kenmerk*** ⇒*(kenmerkende) eigenschap, karakteristiek, (karakter)trek* **0.2** ⟨wisk.⟩ ***wijzer*** ⇒*aanwijzer, index* ⟨getal vóór komma v. logaritme⟩.

characteristic[2] ⟨f2⟩ ⟨bn.; -ally; →bijw. 3⟩ **0.1** ***karakteristiek*** ⇒*kenmerkend, tekenend, kenschetsend, typisch* ◆ **1.1** ⟨elek., wisk.⟩ ~ curve *karakteristiek* **6.1** that is ~ **of** him *dat is echt iets voor hem.*

char·ac·ter·i·za·tion, -i·sa·tion ['kærɪktəraɪ'zeɪʃn‖-ə'zeɪʃn] ⟨f2⟩ ⟨telb. en n.-telb.zn.⟩ **0.1** ***karakterisering*** ⇒*kenschetsing.*

char·ac·ter·ize, -ise ['kærɪktəraɪz] ⟨f2⟩ ⟨ov.ww.⟩ **0.1** ***karakteriseren*** ⇒*kenmerken, kenschetsen, typeren.*

char·ac·ter·less ['kærɪktələs‖-tər-] ⟨f1⟩ ⟨bn., attr.⟩ **0.1** ***karakterloos*** ⇒*gewoon(tjes).*

'char·ac·ter-part ⟨telb.zn.⟩ **0.1** ***karakterrol.***

'character printer ⟨telb.zn.⟩ ⟨comp.⟩ **0.1** ***tekendrukker.***

'character reader ⟨telb.zn.⟩ **0.1** ***karakterlezer*** **0.2** ⟨comp.⟩ ***tekenlezer*** ⇒*schriftlezer.*

'character recognition ⟨n.-telb.zn.⟩ ⟨comp.⟩ **0.1** ***tekenherkenning*** ⇒*schriftherkenning.*

'character set ⟨telb.zn.⟩ ⟨comp.⟩ **0.1** ***tekenset.***

cha·rade [ʃə'rɑːd‖-'reɪd] ⟨f2⟩ ⟨zn.⟩
I ⟨telb.zn.⟩ **0.1** ***charade*** ⇒*lettergreepraadsel* **0.2** ***schertsvertoning*** ⇒*poppenkast;*
II ⟨mv.; ~s; ww. vnl. enk.⟩ **0.1** ***charade*** ⟨gezelschapsspel waarbij de deelnemers lettergrepen of een woord uitbeelden⟩ ⇒*woorden raden.*

cha·ras ['tʃɑːrəs] ⟨n.-telb.zn.⟩ **0.1** ***hasjiesj.***

char·broil ['tʃɑːbrɔɪl‖'tʃɑr-] ⟨onov. en ov.ww.⟩ **0.1** ***roosteren/bereiden op houtskool/een barbecue.***

char·coal[1] ['tʃɑːkoʊl‖'tʃɑr-] ⟨f2⟩ ⟨zn.⟩
I ⟨telb.zn.⟩ **0.1** ***staafje houtskool*** ⟨als tekenmateriaal⟩ **0.2** ***houtskooltekening*** ⇒*houtskoolschets;*
II ⟨n.-telb.zn.⟩ **0.1** ***houtskool*** ⇒*verkoold hout* **0.2** ⟨vaak attr.⟩ ***donkergrijs*** ⇒*donkergrijze kleur, antraciet(kleur), zwartgrijs* ◆ **1.1** a stick of ~ *een staafje houtskool.*

charcoal[2] ⟨ov.ww.⟩ **0.1** ***tekenen (met houtskool)*** ⇒*schetsen/schrijven/zwart maken met houtskool* **0.2** ***met houtskooldamp doen stikken.***

'charcoal biscuit ⟨telb.zn.⟩ **0.1** ***koekje met houtskool*** ⟨ter bevordering v.d. spijsvertering⟩.

'charcoal burner ⟨telb.zn.⟩ **0.1** ***houtskoolbrander*** ⇒*maker van houtskool.*

chard [tʃɑːd‖tʃɑrd] ⟨telb. en n.-telb.zn.⟩ ⟨plantk.⟩ **0.1** ***snijbiet*** ⟨Beta vulgaris cicla⟩.

chare →char.

charge[1] [tʃɑːdʒ‖tʃɑrdʒ] ⟨f3⟩ ⟨zn.⟩
I ⟨telb.zn.⟩ **0.1** ***lading*** ⟨ook elektrische⟩ ⇒*last, belasting, vulling* **0.2** ***lading springstof*** ⇒*bom* **0.3** ***prijs*** ⇒*kost(en), schuld* **0.4** ⟨ben. voor⟩ ***iets/iem, waarvoor men verantwoordelijk is*** ⇒*opdracht, taak, plicht; pupil; (kerkelijke) gemeente, parochie* **0.5** ⟨ben. voor⟩ ***instructie*** ⇒*opdracht, aanwijzing, bevel, order; vermaning; mandement;* ⟨jur.⟩ *instructie* ⟨i.h.b. v. rechter aan jury⟩; ⟨mil.⟩ *bevel tot de aanval;* ⟨kerk.⟩ *toespraak tot nieuwe predikant* **0.6** ***aanval*** ⇒*charge, uitval;* ⟨sport ook⟩ *charge met het lichaam* ⟨vaak onreglementair⟩ **0.7** ⟨jur.⟩ ***telastlegging*** ⇒*beschuldiging, aanklacht, ten laste gelegd feit* **0.8** ⟨inf.⟩ ***kick*** ⇒*prikkel;* ⟨sl.⟩ *seksuele opwinding, erectie* **0.9** ⟨heraldiek⟩ ***wapenbeeld*** ⇒*devies* ◆ **1.3** scale of ~ of the registry *tarief v.d. griffie* **2.6** ⟨voetbal⟩ fair ~ *correcte schouderduw* **3.3** reverse the ~(s) *ontvanger v.e. telefoongesprek de gesprekkosten laten betalen;* a reversed ~ *op kosten v.d. ontvanger* ⟨telefoon⟩ **3.6** return to the ~ *opnieuw tot de aanval overgaan;* ⟨fig.⟩ *weer van voren af aan beginnen* ⟨vnl. in ruzie⟩ **3.7** bring a ~ against s.o., lay sth. to s.o.'s ~ *iem. van iets beschuldigen;* bring a ~ home to s.o. *iemands schuld bewijzen;* face a ~ of theft *terechtstaan wegens diefstal* **3.8** get a ~ out of sth. *ergens een kick van krijgen* **5.3** ~s **forward** *onder rembours* **6.3 at** her own ~ *op (haar) eigen kosten;* make no ~s **for** a service *niets berekenen voor een dienst* **6.4** a ~ **on** the public *iem. die ten laste v.d. gemeenschap komt* **6.5** the judge's ~ **to** the jury *de instructies v.d. rechter aan de jury* **6.7** arrest s.o. **on** a ~ **of** murder *iem. arresteren op beschuldiging v. moord;*
II ⟨n.-telb.zn.⟩ **0.1** ***zorg*** ⇒*hoede, verantwoordelijkheid, leiding* ◆ **1.1** officer in ~ *dienstdoend officier* **3.1** give s.o. in ~ of *iem. toevertrouwen aan;* I've got ~ of this class *ik heb de leiding in deze klas;* take ~ of *de leiding/controle nemen over, zich belasten met, verantwoordelijk zijn voor;* ⟨inf.⟩ take ~ *de touwtjes in handen nemen; niet meer onder controle zijn* ⟨v. toestanden⟩ **3.¶** ⟨BE⟩ give s.o. in ~ *iem. aan de politie uitleveren;* ⟨BE⟩ take ~ of s.o. *iem. arresteren* **6.1 in** ~ **of** *verantwoordelijk voor;* priest/curate/⟨enz.⟩ **in** ~ *hulppriester/kapelaan* ⟨enz.⟩ ⟨verantwoordelijk voor kerk waaraan geen vaste priester/predikant verbonden is⟩; **in/under** the ~ of *onder de hoede van.*

charge[2] ⟨f3⟩ ⟨ww.⟩ →charged
I ⟨onov. en ov.ww.⟩ **0.1** ***aanvallen*** ⇒*chargeren, losstormen op* **0.2** ***opladen*** ⇒*laden, vullen, verzadigen* ◆ **1.2** this battery ~s/is ~d easily *deze batterij laadt makkelijk op;* ⟨schr.⟩ ~ your glasses *vul uw glazen!;* ~ a pipe *een pijp stoppen* **6.1** ~ **at** an opponent *een tegenstander aanvallen;* ~ **down** the stairs *de trap afhollen;* ~ **into** s.o. *tegen iem. opbotsen* **6.2** ~ air **with** vapour *lucht verzadigen met damp;*
II ⟨ov.ww.⟩ **0.1** ***(aan)rekenen*** ⇒*in rekening brengen, factureren, vragen* **0.2** ***beschuldigen*** ⇒*in staat v. beschuldiging stellen, aanklagen, als beschuldiging inbrengen* **0.3** ***bevelen*** ⇒*opdragen, instrueren, een mandement richten tot* **0.4** ⟨AE⟩ ***inschrijven*** ⟨op naam v. ontlener⟩ ◆ **1.1** ⟨jur.⟩ ~ the expenses to the parties *de kosten ten laste v.d. partijen brengen;* ~ a tax to s.o. *iem. belasten* **4.3** ~ o.s. with sth. *iets op zich nemen* **6.1** ~ sth. (up) **to/against** one's account *iets op zijn rekening laten schrijven, zich laten debiteren voor iets* **6.2** ~ s.o. **with** theft *iem. van diefstal beschuldigen, iem. diefstal ten laste leggen* **6.3** ~ s.o. **with** sth. *iem. met iets belasten, iem. iets als taak geven, iets toevertrouwen aan (de zorg v.) iem.* **8.2** he ~d that the minister had been negligent *hij beweerde/verklaarde (beschuldigend) dat de minister onzorgvuldig was geweest.*

char·gé ['ʃɑːʒeɪ‖'ʃɑr-], **char·gé d'af·faires** [-dæ'feə‖-dɑ'fer] ⟨telb.zn.; chargés (d'affaires) [-ʒeɪ(z)-]; →mv. 5⟩ **0.1** ***zaakgelastigde*** ⇒*chargé d'affaires.*

charge·a·ble ['tʃɑːdʒəbl‖'tʃɑr-] ⟨f1⟩ ⟨bn.⟩
I ⟨bn.⟩ **0.1** ***schuldig*** ⇒*te beschuldigen* ◆ **6.1** you are ~ **of** murder *je kunt aangeklaagd worden wegens moord;*
II ⟨bn., pred.⟩ **0.1** ***in rekening te brengen*** ◆ **6.1** the damage is ~ **on** the owner *de eigenaar moet voor de schade opdraaien;* the costs are ~ **to** me *de kosten komen voor mijn rekening.*

'charge account ⟨telb.zn.⟩⟨AE⟩ **0.1** ***(lopende) rekening*** **0.2** ⟨sl.⟩ ***toegang tot geld om borg te betalen.***

charged [tʃɑ:dʒd‖tʃɑrdʒd]⟨f1⟩⟨bn.; volt. deelw. v. charge⟩ **0.1** ***emotioneel*** ⇒*sterk voelend* **0.2** ***geladen*** ⇒*omstreden, controversieel* ◆ **1.2** a ~ political question *een geladen kwestie.*

'charge-hand ⟨telb.zn.⟩⟨BE⟩ **0.1** ***ploegbaas*** ⟨ondergeschikt aan voorman⟩.

'charge-nurse ⟨telb.zn.⟩⟨BE⟩ **0.1** ***hoofdzuster*** ⇒*hoofd van een ziekenzaal, hoofdverple(e)g(st)er.*

charg·er ['tʃɑ:dʒə‖'tʃɑrdʒər]⟨telb.zn.⟩ **0.1** ⟨tech.⟩ ***laadapparaat*** ⇒*acculader* **0.2** ⟨vero.⟩ ***(grote platte) schotel*** **0.3** ⟨mil.⟩ ***strijdros*** ⇒⟨schr.⟩ *paard.*

'charge-sheet ⟨telb.zn.⟩ **0.1** ***register van arrestaties en klachten*** ⟨op politiebureau⟩.

char·i·ot[1] ['tʃærɪət]⟨f1⟩⟨telb.zn.⟩ **0.1** ***triomfwagen*** ⇒*(strijd)wagen* **0.2** ⟨sl.⟩ ***voertuig.***

chariot[2] ⟨ww.⟩⟨schr.⟩
I ⟨onov.ww.⟩ **0.1** ***rijden in een triomfwagen/(strijd)wagen;***
II ⟨ov.ww.⟩ **0.1** ***vervoeren in een triomfwagen/(strijd)wagen.***

char·i·o·teer ['tʃærɪə'tɪə‖-'tɪr]⟨zn.⟩
I ⟨eig.n.; C-; the⟩⟨ster.⟩ **0.1** ***de Voerman;***
II ⟨telb.zn.⟩ **0.1** ***wagenmenner, Auriga.***

cha·ris·ma [kə'rɪzmə]⟨zn.; ook charismata [-mət̬ə]; →mv. 5⟩
I ⟨telb.zn.⟩⟨relig.⟩ **0.1** ***charisma*** ⇒*bovennatuurlijke/bijzondere gave, gave v.d. Heilige Geest;*
II ⟨n.-telb.zn.⟩ **0.1** ***charisma*** ⇒*persoonlijke charme/uitstraling, aantrekkingskracht.*

char·is·mat·ic ['kærɪz'mæt̬ɪk]⟨bn.; -ally; →bijw. 3⟩ **0.1** ***charismatisch*** ⟨ook relig.⟩ ⇒*bezielend, enthousiasmerend, inspirerend* ◆ **1.1** the ~ movement *de charismatische beweging.*

char·i·ta·ble ['tʃærɪt̬əbl]⟨f2⟩⟨bn.; -ly; -ness; →bijw. 3⟩ **0.1** ***menslievend*** ⇒*goed, vriendelijk, welwillend, barmhartig* **0.2** ***liefdadig*** ⇒*vrijgevig* **0.3** ***charitatief*** ⇒*van/voor een liefdadig doel* **0.4** ***mild in zijn/haar oordeel*** ⇒*vergevingsgezind* ◆ **1.3** ~ institutions *liefdadige instellingen;* ⟨BE; jur.⟩ ~ trust *(erkende) liefdadigheidsinstelling* **6.1** ~ **to** all *jegens iedereen welwillend.*

char·i·ty ['tʃærət̬i]⟨f3⟩⟨zn.; →mv. 2⟩⟨→sprw. 74, 75⟩
I ⟨telb.zn.⟩ **0.1** ***liefdadige organisatie*** ⇒*charitatieve instelling/vereniging, liefdadigheidsinstelling, liefdadig fonds;*
II ⟨n.-telb.zn.⟩ **0.1** ***liefdadigheid*** ⇒*milddadigheid, vrijgevigheid, gaven, hulp* **0.2** ***(naasten)liefde*** ⇒*welwillendheid, menslievendheid* **0.3** ***mildheid in zijn/haar oordeel*** ⇒*barmhartigheid* ◆ **1.2** ⟨relig.⟩ Sister of Charity *liefdezuster* **3.1** ask/beg for ~ *om een aalmoes smeken* **6.1** he is very generous **in** his ~ *hij geeft zeer mild;* **in/out of** ~ *uit barmhartigheid* **6.3** judge people **with** ~ *mensen mild beoordelen;*
III ⟨mv.; charities⟩ **0.1** ***aalmoezen*** ⇒*gaven.*

'Charity Commission ⟨verz.n.⟩⟨BE⟩ **0.1** ***bestuur v.e. liefdadige instelling.***

'charity school ⟨telb.zn.⟩ **0.1** ***armenschool.***

'charity walk ⟨telb.zn.⟩ **0.1** ***sponsorloop*** ⟨voor het goede doel⟩.

cha·ri·va·ri ['ʃɑ:rɪ'vɑ:ri], ⟨AE⟩ **chiv·a·ri, chiv·a·ree, shiv·a·ree** ['ʃɪvə'ri:]⟨telb. en n.-telb.zn.⟩ **0.1** ***charivari*** ⇒*rumoer, herrie, ketelmuziek.*

char·la·dy ['tʃɑ:leɪdi‖'tʃɑr-]⟨telb.zn.⟩⟨BE⟩ **0.1** ***schoonmaakster*** ⇒*werkster.*

char·la·tan ['ʃɑ:lətən‖'ʃɑr-]⟨f1⟩⟨telb.zn.⟩ **0.1** ***charlatan*** ⇒*kwakzalver* **0.2** ***windbuil*** ⇒*praalhans.*

char·la·tan·ism ['ʃɑ:lətənɪzm‖'ʃɑr-], **char·la·tan·ry** ['ʃɑ:lətənri‖'ʃɑr-]⟨n.-telb.zn.⟩ **0.1** ***charlatanerie*** ⇒*kwakzalverij* **0.2** ***pocherij*** ⇒*snoeverij, bluf, charlatanerie.*

Char·le·magne ['ʃɑ:lə'meɪn‖'ʃɑr-]⟨eig.n.⟩ **0.1** ***Karel de Grote.***

Charles's Wain ['tʃɑ:lzɪz'weɪn‖'tʃɑr-]⟨eig.n.⟩⟨ster.⟩ **0.1** ***de Grote Beer*** ⇒*de Wagen.*

Charles·ton[1] ['tʃɑ:lstən‖'tʃɑrl-]⟨f1⟩⟨telb.zn.⟩⟨dansk.⟩ **0.1** ***charleston.***

Charleston[2] ⟨onov.ww.⟩ **0.1** ***de charleston dansen.***

char·ley ['tʃɑ:li‖'tʃɑrli], **'charley horse** ⟨n.-telb.zn.⟩⟨AE; sl.⟩ **0.1** ***kramp*** ⇒*stijfheid* ⟨vnl. in arm of been⟩.

'charley horse ⟨telb. en n.-telb.zn.⟩⟨sl.; atletiek⟩ **0.1** ***achterdijbeenspierverrekking*** ⇒*hamstringblessure.*

char·lie ['tʃɑ:li‖'tʃɑrli]⟨zn.⟩⟨sl.⟩
I ⟨eig.n., telb.zn.; C-⟩⟨AE⟩ **0.1** ***(lid v.d.) Vietcong;***
II ⟨telb.zn.⟩ **0.1** ***idioot*** ⇒*dwaas* **0.2** ***nachtwaker*** **0.3** ⟨Austr. E⟩ ***meisje.***

char·lock ['tʃɑ:lɒk‖'tʃɑrlɑk]⟨n.-telb.zn.⟩⟨plantk.⟩ **0.1** ***herik*** ⇒*hederik, wilde mosterd, krodde* ⟨Sinapis arvensis⟩.

char·lotte ['ʃɑ:lət‖'ʃɑr-]⟨telb. en n.-telb.zn.⟩⟨cul.⟩ **0.1** ***charlotte*** ⟨taart of pudding met gestoofde vruchten en broodkruim⟩.

'charlotte 'russe [- 'ru:s]⟨telb. en n.-telb.zn.⟩⟨cul.⟩ **0.1** ***charlotterusse*** ⟨roompudding met een rand v. biscuits⟩.

charm[1] [tʃɑ:m‖tʃɑrm]⟨f2⟩⟨zn.⟩
I ⟨telb.zn.⟩ **0.1** ***tovermiddel*** ⇒*toverspreuk, toverformule* **0.2** ***amulet*** **0.3** ***bedeltje*** ⟨aan armband⟩ **0.4** ⟨vero.⟩ ***(vogel)gekwetter*** ◆ **3.1** ⟨inf.⟩ it works like a ~ *het werkt/loopt perfect, het loopt als een lier, het is een fluitje v.e. cent;*
II ⟨telb. en n.-telb.zn.⟩ **0.1** ***charme*** ⇒*aantrekkelijkheid, bekoring, betovering* **0.2** ⟨nat.⟩ ***charm.***

charm[2] ⟨f2⟩⟨ov.ww.⟩ →charming **0.1** ***betoveren*** ⇒*charmeren, bekoren, verrukken* **0.2** ***bezweren*** **0.3** ***beschermen met magische krachten*** ◆ **1.2** ~ snakes *slangen bezweren* **1.3** bear/have/lead a ~ed life *onkwetsbaar lijken* **3.1** I'm ~ed to meet you *heel prettig kennis met u te maken* **6.1** ~ consent **out of** someone *iemands toestemming weten te verkrijgen op een (haast) magische wijze;* be ~d **with** *verrukt zijn over.*

charm·er ['tʃɑ:mə‖'tʃɑrmər]⟨f1⟩⟨telb.zn.⟩ **0.1** ***charmeur*** ⇒*aantrekkelijk/charmant iemand* **0.2** ***tovenaar.***

charm·ing ['tʃɑ:mɪŋ‖'tʃɑr-]⟨f3⟩⟨bn.; volt. deelw. v. charm; -ly⟩ **0.1** ***charmant*** ⇒*bekoorlijk, aantrekkelijk, verukkelijk, alleraardigst,* ⟨ook iron.⟩ *prachtig, mooi.*

charm·less ['tʃɑ:mləs‖'tʃɑrm-]⟨bn.⟩ **0.1** ***onaantrekkelijk*** ⇒*zonder (enige) charme.*

char·nel ['tʃɑ:nl‖'tʃɑrnl], **'charnel house** ⟨telb.zn.⟩ **0.1** ***knekelhuis.***

char(r) [tʃɑ:‖tʃɑr]⟨telb. en n.-telb.zn.; ook char(r); →mv. 4⟩⟨dierk.⟩ **0.1** ***zalmforel*** ⟨genus Salvelinus⟩ ⇒⟨i.h.b.⟩ *Arctische zalmforel* ⟨S. alpinus⟩.

chart[1] [tʃɑ:t‖tʃɑrt]⟨f3⟩⟨zn.⟩
I ⟨telb.zn.⟩ **0.1** ***kaart*** ⇒*zeekaart, weerkaart, sterrenkaart* **0.2** ***grafiek*** ⇒*curve, kromme, tabel;*
II ⟨mv.; ~s; the⟩ **0.1** ***hitparade*** ⇒*hitlijsten.*

chart[2] ⟨f2⟩⟨ov.ww.⟩ **0.1** ***in kaart brengen*** ⇒*een kaart maken van, aangeven op een kaart* **0.2** ⟨inf.⟩ ***plannen*** ◆ **1.1** ~ a course *een koers uitzetten.*

char·ter[1] ['tʃɑ:tə‖'tʃɑrt̬ər]⟨f2⟩⟨zn.⟩
I ⟨telb.zn.⟩ **0.1** ***oorkonde*** ⇒*privilege, (voor)recht, charter;* ⟨fig.⟩ *vrijbrief voor slecht gedrag* **0.2** ***handvest*** **0.3** ⟨verk.⟩ ⟨charter party⟩ **0.4** ***patent*** ⇒*octrooi* **0.5** ***(firma)contract*** ⇒*statuten, akte van oprichting* **0.6** ⟨jur.⟩ ***concessie*** **0.7** ⟨hand.⟩ ***charter/bevrachtingscontract*** ◆ **1.2** the ~ of the United Nations *het Handvest van de Verenigde Naties* **2.1** the Great ~ *de Magna Charta* **6.1** their rights are governed **by** ~ *hun rechten zijn geregeld in decreten;*
II ⟨telb. en n.-telb.zn.⟩ **0.1** ***het charteren*** ⇒*chartering, huur.*

charter[2] ⟨f1⟩⟨ov.ww.⟩ **0.1** ***een recht/octrooi verlenen aan*** **0.2** ***charteren*** ⇒*(af)huren, bevrachten* ◆ **1.1** ~ed accountant/engineer *(beëdigd) accountant/ingenieur* ⟨lid v.d. officieel erkende beroepsorganisatie⟩; ⟨BE; ec.⟩ ~ed corporation *door koninklijk charter erkend genootschap;* ⟨fig.⟩ ~ed libertine *gepatenteerd libertijn* **6.1** their rights are governed **by** ~ *hun rechten zijn geregeld in decreten.*

char·ter·er ['tʃɑ:tərə‖'tʃɑrt̬ərər]⟨telb.zn.⟩ **0.1** ***(scheeps)bevrachter.***

'charter flight ⟨f1⟩⟨telb.zn.⟩ **0.1** ***chartervlucht.***

'Char·ter·house ⟨eig.n.⟩ **0.1** ***kartuizer klooster*** **0.2** ***public school*** ⟨in Surrey⟩.

'charter 'member ⟨telb.zn.⟩⟨vnl. AE⟩ **0.1** ***een v.d. oorspronkelijke leden v.e. vereniging/maatschappij*** ⇒⟨ong.⟩ *medestichter/ster, mede-oprichter/ster.*

'charter party ⟨telb.zn.⟩ **0.1** ***chertepartij*** ⇒*charterpartij, bevrachtingscontract, bevrachtingsovereenkomst.*

'chart house, 'chart room ⟨telb.zn.⟩⟨scheep.⟩ **0.1** ***kaartenkamer.***

Char·tism ['tʃɑ:tɪzm‖'tʃɑrt̬ɪzm]⟨eig.n.⟩ **0.1** ***chartisme*** ⟨arbeidsbeweging in Engeland, 1830-1850⟩.

Char·tist ['tʃɑ:tɪst‖'tʃɑrt̬ɪst]⟨telb.zn.⟩ **0.1** ***chartist*** ⟨aanhanger v.h. chartisme⟩.

chartographer →cartographer.

char·treuse[1] [ʃɑ:'trɜ:z‖ʃɑr'tru:z]⟨n.-telb.zn.⟩ **0.1** ***chartreuse*** ⟨likeur⟩.

char·treuse[2] ⟨bn.⟩ **0.1** ***groengeel*** ⇒*geelgroen.*

'chart room ⟨telb.zn.⟩ **0.1** →chart house.

c(h)ar·tu·lar·y ['kɑ:tjʊləri‖'kɑrtʃəleri]⟨telb.zn.; →mv. 2⟩ **0.1** ***oorkondenboek*** ⇒*handvestenboek/verzameling* **0.2** ***cartularium*** ⇒*klooster-archief.*

'char·wom·an ⟨f1⟩⟨telb.zn.⟩ **0.1** ***schoonmaakster*** ⇒*werkster.*

char·y ['tʃeəri‖'tʃeri]⟨bn., pred.; -er -ly; -ness; →bijw. 3⟩ **0.1** ***voorzichtig*** ⇒*behoedzaam, op zijn hoede* **0.2** ***verlegen*** **0.3** ***zuinig*** ⇒*karig, spaarzaam* **0.4** ***kieskeurig*** ◆ **6.1** be ~ **of** casting the first stone *oppassen dat men niet de eerste steen werpt* **6.3** ~ **of** giving praise *zuinig met zijn lof* **6.4** ~ **of** one's food *kieskeurig wat zijn eten betreft.*

Chas ⟨afk.⟩ Charles.

chase[1] [tʃeɪs]⟨f3⟩⟨telb.zn.⟩ **0.1** ***achtervolging*** ⇒*jacht* ⟨ook sport⟩ **0.2** ⟨BE⟩ ***park*** ⇒*jachtveld* **0.3** ⟨BE⟩ ***jachtrecht*** **0.4** ***(nagejaagde) prooi*** ⇒*dier/schip/mens dat/die achternagezeten wordt* **0.5** ***stee-***

plechase ⇒*hindernisren, wedren met hindernissen* **0.6** *loop* ⟨v. vuurwapen⟩ ⇒*mondstuk* ⟨v. kanon⟩ **0.7** *sleuf* ⇒*groef* **0.8** ⟨boek.⟩ *(vorm)raam* **0.9** ⟨sl.⟩ *heksenketel* ⇒*gekkenhuis* ◆ **3.1** give ~ (to) *achternazitten* **6.1 in** ~ **of** s.o./sth. *achter iemand/iets aan rennend;* ride **in** the ~ *meerijden in de jacht(stoet).*

chase² ⟨f3⟩ ⟨ww.⟩ →chasing

I ⟨onov.ww.⟩ **0.1** *jagen* ⇒*jachten, rennen, zich haasten* ◆ **5.1** ~ **about** *rondrennen;* ~ **off** *ervandoor rennen* **6.1** ~ **after** sth. *achter iets aan rennen;* ~ **(a)round after** girls *achter de meisjes aan lopen /zitten;*

II ⟨ov.ww.⟩ **0.1** *achtervolgen* ⇒*achternazitten, achterna rennen,* ⟨fig.⟩ *najagen, proberen te bereiken* **0.2** *verjagen* ⇒*verdrijven, wegjagen* **0.3** *drijven* ⇒*ciseleren, door kloppen bewerken* ◆ **1.1** ~ girls *meisjes proberen te versieren* **1.3** ~ silver *zilver drijven* **4.¶** ⟨inf.⟩ (go) ~ yourself! *maak dat je weg komt! hoepel op!* **5.1** ~ **down/up** *opsporen* **5.2** ~ **away/out/off** *wegjagen* **6.2** ~ **from/out of** *verdrijven uit, wegjagen uit.*

'chase-gun ⟨telb.zn.⟩ ⟨gesch.; scheep.⟩ **0.1** *jaagstuk* ⇒*kanon.*

'chase plane ⟨telb.zn.⟩ **0.1** *jachtvliegtuig.*

chas·er ['tʃeɪsə‖-ər] ⟨telb.zn.⟩ **0.1** *achtervolger* ⇒*jager* **0.2** ⟨mil.⟩ *jager* ⇒ ⟨i.h.b.⟩ *onderzeebootjager* **0.3** *jachtvliegtuig* **0.4** *paard voor steeplechase* **0.5** *drijver* ⇒*ciseleur* **0.6** ⟨inf.⟩ *(bestelling v.) drankje* ⟨bier, water⟩ *na sterk alcoholische drank* ⇒*pousse-café, poesje* ⟨glas cognac na koffie⟩ **0.7** ⟨AE⟩ *vrouwenjager* ⇒*rokkenjager* **0.8** ⟨sl.; enkel fig.⟩ *slavendrijver* **0.9** ⟨gesch., scheep.⟩ *jaagstuk* ⇒*kanon* ◆ **3.6** drink beer after whisky as a ~ *bier na whisky drinken.*

chas·ing ['tʃeɪsɪŋ] ⟨telb. en n.-telb.zn.; gerund v. chase⟩ **0.1** *drijfkunst* ⇒*drijfwerk.*

chasm ['kæzm] ⟨f1⟩ ⟨telb.zn.⟩ **0.1** *kloof* ⇒*spleet, afgrond,* ⟨fig. ook⟩ *verschil, tegenstelling* ◆ **1.1** a ~ of ideas *grote verschillen in opvattingen.*

chasmed ['kæzmd] ⟨bn.⟩ **0.1** *gespleten* ⇒*vol/met spleten, kloven.*

chasm·y ['kæzmi] ⟨bn.⟩ **0.1** *vol spleten/kloven* **0.2** ⟨ook fig.⟩ *onpeilbaar.*

chasse [ʃæs] ⟨telb.zn.⟩ **0.1** *pousse-café* ⇒*poesje* ⟨glas cognac na koffie⟩.

chas·sé¹ ['ʃæseɪ‖'ʃæ'seɪ] ⟨telb.zn.⟩ **0.1** *chassé* ⟨klassiek ballet⟩ ⇒*glijdende danspas* **0.2** ⟨(rol)schaatsen⟩ *chassé* ⟨pas waarbij vrije voet langs de schaatsvoet wordt gebracht en opgetild⟩.

chassé² ⟨onov.ww.⟩ **0.1** *(een) glijdende danspas(sen) maken* **0.2** ⟨(rol)schaatsen⟩ *een chassé maken.*

Chas·sid, Ha(s)·sid ['hæsɪd] ⟨telb.zn.; Chassidim, Ha(s)sidim ['hæsɪdi:m, -ɪm]; →mv. 5⟩ **0.1** *chassidische jood.*

chas·sis ['ʃæsi] ⟨f1⟩ ⟨telb.zn.; chassis [-siz]; →mv. 5⟩ **0.1** *chassis* ⇒*onderstel, frame, draagraam* **0.2** *landingsgestel* **0.3** ⟨sl.⟩ *figuur* ⟨v.e. vrouw⟩ ◆ **7.3** what a ~! *wat een fraai figuur!.*

chaste [tʃeɪst] ⟨f1⟩ ⟨bn.; -er; -ly; -ness⟩ **0.1** *kuis* ⇒*ingetogen, rein, zuiver, maagdelijk* **0.2** *eenvoudig* ⟨v. stijl⟩.

chas·ten ['tʃeɪsn] ⟨ov.ww.⟩ **0.1** ⟨vero. in lett. bet.⟩ *kastijden* ⇒*kuisen, zuiveren, louteren* **0.2** *matigen.*

'chaste-tree ⟨telb.zn.⟩ ⟨plantk.⟩ **0.1** *kuisboom* ⟨Zuideuropese heester; Vitex agnus castus⟩.

chas·tise [tʃæ'staɪz‖'tʃæ-] ⟨ov.ww.⟩ **0.1** *kastijden* ⇒*tuchtigen, (streng) straffen.*

chas·tise·ment ['tʃæstɪzmənt‖tʃæ'staɪz-] ⟨telb. en n.-telb.zn.⟩ **0.1** *kastijding* ⇒*tuchtiging, straf.*

chas·ti·ty ['tʃæstəṭi] ⟨f2⟩ ⟨n.-telb.zn.⟩ **0.1** *kuisheid* ⇒*maagdelijkheid, ingetogenheid, reinheid, zuiverheid* **0.2** *eenvoud* ⟨v. stijl of smaak⟩.

'chastity belt ⟨telb.zn.⟩ **0.1** *kuisheidsgordel.*

chas·u·ble ['tʃæzjʊbl‖-jə-] ⟨telb.zn.⟩ **0.1** *kazuifel.*

chat¹ [tʃæt] ⟨f2⟩ ⟨zn.⟩

I ⟨telb.zn.⟩ **0.1** *babbeltje* ⇒*praatje* **0.2** ⟨dierk.⟩ *tapuit* ⟨genus Saxicola⟩ ⇒ ⟨i.h.b.⟩ *roodborsttapuit* ⟨S. torquata⟩, *paapje* ⟨S. rubetra⟩ **0.3** ⟨dierk.⟩ *troepiaal* ⟨N.-Am. vogel; genus Icteria⟩;

II ⟨n.-telb.zn.⟩ **0.1** *geklets* ⇒*gebabbel, gekwebbel, gekeuvel.*

chat² ⟨f2⟩ ⟨ww.; →ww. 7⟩

I ⟨onov.ww.⟩ **0.1** *babbelen* ⇒*kletsen, kwebbelen, keuvelen, praten* ◆ **5.1** ~ **away** *erop los kletsen* **6.1** ~ **about** *babbelen over;*

II ⟨ov.ww.⟩ →chat up.

châ·teau ['ʃætoʊ‖'ʃæ'toʊ] ⟨f1⟩ ⟨telb.zn.; ook châteaux [-z]; →mv. 5⟩ **0.1** *kasteel* ⇒*landhuis* ⟨i.h.b. in Frankrijk⟩.

cha·teau·bri·and ['ʃætoʊ'bri:á‖-bri'á] ⟨telb.zn.; ook C-⟩ ⟨cul.⟩ **0.1** *chateaubriand.*

cha·te·laine ['ʃæṭəleɪn] ⟨telb.zn.⟩ **0.1** *chatelaine* ⇒*kasteelvrouw* **0.2** *gastvrouw* **0.3** *kettinkje voor sleutels, horloge, enz.* ⇒*chatelaine.*

'chat-show ⟨telb.zn.⟩ ⟨BE⟩ **0.1** *praatprogramma* ⟨op t.v.⟩.

chat·tel ['tʃæṭl] ⟨f1⟩ ⟨telb.zn.⟩ ⟨jur.⟩ **0.1** *bezitting* ⇒*roerend goed* **0.2** ⟨gesch.⟩ *slaaf/slavin* ◆ **1.1** goods and ~s *have en goed.*

'chattel mortgage ⟨telb. en n.-telb.zn.⟩ ⟨AE⟩ **0.1** *hypotheek op roerend goed* ⇒*pandgeving.*

chat·ter¹ ['tʃætə‖'tʃæṭər] ⟨f2⟩ ⟨n.-telb.zn.⟩ **0.1** *geklets* ⇒*gekwebbel, gepraat, gebabbel* **0.2** *geklapper* ⟨v. tanden⟩ ⇒*geratel* ⟨v. machines⟩; *gekwetter* ⟨v. vogels⟩.

chatter² ⟨f1⟩ ⟨onov.ww.⟩ **0.1** *kwebbelen* ⇒*(druk) praten, kletsen, babbelen* **0.2** *klapperen* ⟨v. tanden⟩ ⇒*ratelen* ⟨v. machines⟩, *kwetteren* ⟨v. vogels⟩ ◆ **3.2** his teeth ~ed *hij klappertandde* **5.1** ~ **away** *(erop los) praten, kletsen.*

'chat·ter·box ⟨f1⟩ ⟨telb.zn.⟩ **0.1** ⟨inf.⟩ *kletskous* ⇒*babbelkous, babbelaar(ster)* ⟨i.h.b. een kind⟩ **0.2** ⟨sl.; mil.⟩ *(luchtdoel)mitrailleur* **0.3** ⟨sl.⟩ *intercom.*

chat·ty ['tʃæṭi] ⟨bn.; -er; -ly; -ness; →bijw. 3⟩ **0.1** *praatziek* ⇒*babbelziek* **0.2** *gezellig* ⇒*informeel (van stijl), familiaar.*

'chat 'up ⟨ov.ww.⟩ ⟨inf.⟩ **0.1** *met praatjes proberen te versieren* ⇒*flirten met.*

Chau·ce·ri·an¹ [tʃɔ:'sɪərɪən‖-'sɪr-] ⟨telb.zn.⟩ **0.1** *Chaucer-kenner* ⇒*deskundige op het gebied van Chaucer* **0.2** *navolger van Chaucer.*

Chaucerian² ⟨bn., pred.⟩ **0.1** *van/als/mbt. Chaucer.*

chaud·froid ['ʃoʊ'frwɑ:] ⟨telb.zn.⟩ ⟨cul.⟩ **0.1** *chaud-froid* ⟨warm bereid maar koud opgediend gerecht v. vlees, enz., met een saus⟩.

chauf·feur¹ ['ʃoʊfə‖'ʃoʊ'fɜr] ⟨f2⟩ ⟨telb.zn.⟩ **0.1** *(particuliere) chauffeur* ⇒*bestuurder.*

chauffeur² ⟨ww.⟩

I ⟨onov.ww.⟩ **0.1** *als chauffeur werken;*

II ⟨ov.ww.⟩ **0.1** *(rond) rijden* ⇒*vervoeren.*

chauf·feuse ['ʃoʊ'fɜ:z] ⟨telb.zn.⟩ **0.1** *vrouwelijke autobestuurder* ⇒*chauffeuse.*

chaul·moo·gra ['tʃɔ:l'mu:grə] ⟨telb.zn.⟩ **0.1** *chaulmoogra* ⟨boom in India, enz., waarvan het vet uit de zaden gebruikt werd tegen lepra, enz.; genus Hydnocarpus, of Taraktogenos kurzii⟩.

Chau·tau·qua [ʃə'tɔ:kwə] ⟨zn.⟩

I ⟨eig.n.⟩ **0.1** *Chautauqua* ⟨stad in U.S.A.⟩;

II ⟨telb.zn.; vaak c-⟩ ⟨AE⟩ **0.1** *zomercursus* ⇒*vakantiecursus* ⟨oorspr. te ~ gehouden⟩.

chau·vin·ism ['ʃoʊvɪnɪzm] ⟨f1⟩ ⟨n.-telb.zn.⟩ **0.1** *chauvinisme* ⇒*overdreven vaderlandsliefde* **0.2** *vooringenomenheid* ⇒*vooroorde(e)l(en)* ◆ **2.2** male ~ *mannelijk superioriteitsgevoel.*

chau·vin·ist¹ ['ʃoʊvɪnɪst] ⟨f1⟩ ⟨telb.zn.⟩ **0.1** *chauvinist* ⇒*persoon met overdreven vaderlandsliefde* **0.2** *bevooroordeeld persoon* ◆ **2.2** a male ~ *een man die zich superieur waant aan vrouwen.*

chauvinist² ⟨f1⟩ ⟨bn., attr.⟩ **0.1** *chauvinistisch* ⇒*overdreven vaderlandslievend* **0.2** *bevooroordeeld* ◆ **1.2** ⟨inf.⟩ male ~ pig *seksist, verwaande macho, ponteneurderige klootzak.*

chau·vin·is·tic ['ʃoʊvɪ'nɪstɪk] ⟨f1⟩ ⟨bn.; -ally; →bijw. 3⟩ **0.1** *chauvinistisch* ⇒*overdreven vaderlandslievend* **0.2** *bevooroordeeld.*

chaw¹ [tʃɔ:] ⟨telb.zn.⟩ ⟨vero., gew. of vulg.⟩ **0.1** *(tabaks)pruim.*

chaw² ⟨onov. en ov.ww.⟩ ⟨vero., gew. of vulg.⟩ **0.1** *kauwen.*

CHE ⟨afk.⟩ Community Home with Education on the Premises, Campaign for Homosexual Equality.

cheap¹ [tʃi:p] ⟨f3⟩ ⟨bn.; -er; -ly; -ness⟩ ⟨→sprw. 44⟩ **0.1** *goedkoop* ⇒*voordelig, laaggeprijsd, van weinig waarde* **0.2** *gemakkelijk* **0.3** *vulgair* ⇒*ordinair, grof* **0.4** ⟨vooral AE⟩ *zuinig* ⇒*gierig* **0.5** *oneprecht* ⇒*oppervlakkig, op effect berustend of speculerend* ◆ **1.1** ~ as dirt *spotgoedkoop* **1.2** ~ victory *gemakkelijke overwinning* **1.3** a ~ kind of humour *flauwe grappen;* ~ shot *rotopmerking/streek* **1.5** ~ emotions *goedkope emoties;* ~ flattery *vleierij die niets kost* **2.1** ~ and nasty *armoedig, goedkoop, van slechte kwaliteit* **3.1** ⟨inf.⟩ feel ~ *zich schamen, zich beroerd voelen;* hold ~ *weinig geven om, minachten, geringschatten;* look ~ *een mal figuur slaan;* make oneself ~ *zijn goede naam/reputatie te grabbel gooien, zichzelf weggooien* **6.1 on** the ~ *voor een prikje.*

cheap² ⟨f1⟩ ⟨bw.⟩ **0.1** *goedkoop* ⇒*voordelig, op goedkope wijze* **0.2** *vulgair* ⇒*ordinair* ◆ **3.1** get something ~ *ergens voordelig aankomen;* go ~ *goedkoop de deur uitgaan* **3.2** act ~ *zich vulgair gedragen.*

cheap·en ['tʃi:pən] ⟨ww.⟩

I ⟨onov.ww.⟩ **0.1** *goedko(o)p(er) worden* ⇒*in prijs dalen;*

II ⟨ov.ww.⟩ **0.1** *goedko(o)p(er) maken* ⇒*in prijs/waarde doen dalen, in waarde verminderen, verlagen,* ⟨fig.⟩ *afbreuk doen aan* **0.2** *afdingen op* **0.3** *geringschatten* ◆ **4.1** ~ o.s. *zichzelf een slechte reputatie bezorgen.*

cheap·ie ['tʃi:pi] ⟨telb.zn.⟩ ⟨sl.⟩ **0.1** *koopje.*

cheap·ish ['tʃi:pɪʃ] ⟨bn.⟩ **0.1** *vrij goedkoop.*

'cheap-jack¹, 'cheap-john ⟨telb.zn.; ook C-J-⟩ **0.1** *venter* ⇒*marktkramer, marktkoopman* **0.2** ⟨sl.⟩ *armoedig logement* ⇒*armoedig bordeel, armoedige bar.*

cheap-jack², cheap-john ⟨bn., attr.; ook C- J-⟩ **0.1** *goedkoop* ⇒*armoedig, prullerig, onbelangrijk, van slechte kwaliteit.*

'cheap·skate ⟨telb.zn.⟩ ⟨vnl. AE; sl.; pej.⟩ **0.1** *gierigaard* ⇒*vrek, krent.*

cheat¹ [tʃi:t] ⟨f1⟩ ⟨zn.⟩

I ⟨telb.zn.⟩ 0.1 ***bedrog*** ⇒*oplichterij, afzetterij, fraude, zwendelarij* 0.2 ***bedrieger*** ⇒*oplichter, valsspeler, afzetter, fraudeur, zwendelaar;*
II ⟨n.-telb.zn.⟩ 0.1 ***kaartspel*** ⟨waarbij vals spelen mag⟩ ⇒⟨ong.⟩ *liegen* 0.2 ⟨zelden⟩ ***het bedriegen*** ⇒*het oplichten.*

cheat[2] ⟨f3⟩ ⟨ww.⟩
I ⟨onov.ww.⟩ 0.1 ***bedrog plegen*** ⇒*frauderen, oneerlijk zijn, vals / gemeen spelen* 0.2 ⟨inf.⟩ ***ontrouw zijn*** ◆ 6.2 ⟨inf.⟩ ~ **on** one's wife *zijn vrouw bedriegen (met een ander);*
II ⟨ov.ww.⟩ 0.1 ***bedriegen*** ⇒*oplichten, foppen, bedotten, te slim af zijn* 0.2 ***ontglippen (aan)*** ⇒*ontsnappen aan* ◆ 1.1 ~ your husband *ontrouw zijn aan je man* 1.2 ~ death *aan de dood ontglippen* 6.1 ~ **at** exams *spieken;* ~ **at** games *vals spelen (bij spelletjes);* ~ s.o. **out of** sth. *iem. iets afhandig maken.*

cheat·er ['tʃi:tə‖'tʃi:ţər] ⟨f1⟩ ⟨zn.⟩
I ⟨telb.zn.⟩ 0.1 ***bedrieger*** ⇒*oplichter, valse speler, ontrouwe partner, afzetter, fraudeur, zwendelaar;*
II ⟨mv.; ~s⟩ ⟨AE; sl.⟩ 0.1 ***bril*** 0.2 ***gemerkte kaarten*** 0.3 ***opgevulde beha.***

'cheat sheet ⟨telb.zn.⟩ ⟨sl.⟩ 0.1 ***spiekbriefje*** 0.2 ⟨sl.; golf⟩ ***golfbaankaart*** ⟨met daarop de afstanden tot de holes⟩.

'cheat stick ⟨telb.zn.; sl.⟩ 0.1 ***rekenlineaal*** 0.2 ***loonschaal.***

check[1] [tʃek] ⟨f3⟩ ⟨zn.⟩
I ⟨telb.zn.⟩ 0.1 ⟨ben. voor⟩ ***belemmering*** ⇒*oponthoud, beteugeling, rem, stop, stilstand, tegenslag, echec;* ⟨jacht⟩ *verlies v. spoor;* ⟨ijshockey⟩ *(body)check* 0.2 ***proef*** ⇒*test, toets, examen, onderzoek, controle* 0.3 ⟨AE⟩ ***teken(tje)*** ⟨dat iets gecontroleerd is⟩ 0.4 ⟨AE⟩ ***rekening*** ⟨in restaurant⟩ 0.5 ⟨AE⟩ ***fiche*** ⟨bij kaarten⟩ 0.6 ***kaartje*** ⇒*bewijs, recu, bonnetje; sortie* ⟨kaartje om even weg te gaan uit theater en weer binnen te mogen⟩ 0.7 ***barstje*** ⟨in hout⟩ 0.8 ⟨AE; sl.⟩ ***klein pakje*** ⇒*kleine hoeveelheid* ⟨vnl. smokkelwaar of drugs⟩ 0.9 ⟨AE sp.⟩ →cheque ◆ 1.1 ⟨pol.⟩ ~s and balances *checks and balances* ⟨middelen om het evenwicht der drie machten te bewaren⟩ 3.1 keep a ~ on s.o., ⟨AE⟩ have one's ~s upon s.o. *iem. in de gaten / het oog houden;* put a ~ on s.o. *iem. intomen* 3.¶ ⟨inf.⟩ cash in / hand in / pass in one's ~s *het hoekje omgaan, de pijp uitgaan, het loodje leggen;*
II ⟨telb. en n.-telb.zn.⟩ 0.1 ***ruit(je)*** ⇒*ruitfiguur, ruitpatroon, geruite stof;*
III ⟨n.-telb.zn.⟩ 0.1 ***controle*** ⇒*bedwang* 0.2 ***schaak*** ◆ 3.1 keep in ~ *onder controle / in bedwang houden* 3.2 discover ~ *aftrekschaak geven / bieden;* discovered ~ *aftrekschaak;* give ~ *schaak geven / bieden* 6.1 **without** ~ *ongehinderd* 6.2 be **in** ~ *schaak staan* ¶.2 ~! *schaak (aan de koning)!.*

check[2] ⟨f3⟩ ⟨ww.⟩
I ⟨onov.ww.⟩ 0.1 ***kloppen*** ⇒*punt voor punt overeenstemmen* 0.2 ⟨jacht⟩ ***stilhouden bij verlies v. spoor*** ⇒⟨zelden⟩ *ophouden* ⟨alg.⟩ ◆ 5.¶ →check **in**; →check **out** 6.1 the description ~s (out) **with** the photograph *de beschrijving klopt met de foto* 6.¶ ⟨AE⟩ ~ **into** a hotel *zich inschrijven in een hotel;*
II ⟨onov. en ov.ww.⟩ 0.1 ***controleren*** ⇒*(na)kijken, testen, toetsen, onderzoeken, verifiëren* ◆ 5.1 ~ the list **over / through** *de lijst door / nakijken* 6.1 ~ (up) **on** sth. *iets controleren;* ~ **over / through** the proofs *de drukproeven na / doorkijken;* **up on** s.o. *iem's antecedenten natrekken;*
III ⟨ov.ww.⟩ 0.1 ⟨ben. voor⟩ ***(doen) stoppen*** ⇒*tegenhouden, ophouden, stuiten, intomen, een halt toeroepen;* ⟨sport⟩ *hinderen;* ⟨ijshockey⟩ *een bodycheck geven* 0.2 ***schaak zetten*** ⇒*schaak geven aan, bedreigen* 0.3 ⟨AE⟩ ***afgeven*** ⟨ter bewaring⟩ 0.4 ***een tekentje zetten bij*** ⇒*op de lijst afstrepen* 0.5 ***barsten maken in*** ◆ 1.1 ~ the blood flow *het bloed stelpen;* ~ one's hunger *zijn honger stillen* 1.3 ~ your coat in the cloakroom *geef je jas af in de garderobe* 5.4 ~ **off** *aanstrepen, aankruisen, afvinken* ⟨op lijst⟩ 5.¶ →check **in**; ⟨BE⟩ ~ **off** *als vakbondsbijdrage op het loon inhouden;* →check **out**.

check[3] ⟨tussenw.⟩ ⟨inf.⟩ 0.1 ***in orde*** ⇒*OK, begrepen.*

'check bouncer ⟨telb.zn.⟩ ⟨sl.⟩ 0.1 ***iem. die vervalste / ongedekte cheques uitschrijft.***

'check crew ⟨verz.n.⟩ ⟨AE; sl.⟩ 0.1 ***gemengde groep*** ⟨negers en blanken⟩.

checked [tʃekt] ⟨f1⟩ ⟨bn., attr.⟩ 0.1 ***geruit*** ⇒*geblokt, met ruiten* ◆ 1.1 a ~ curtain *een geruit gordijn;* a ~ pattern *een ruit.*

check·er ['tʃekə‖-ər] ⟨f1⟩ ⟨telb.zn.⟩ 0.1 ***controleur*** 0.2 ⟨AE⟩ ***damschijf*** 0.3 →chequer.

check·er·ber·ry ['tʃekəbri‖'tʃekərberi] ⟨telb.zn.; →mv. 2⟩ 0.1 ***wintergroen*** ⟨Gaultheria procumbens⟩ 0.2 ***rode bes*** ⟨van de struik Gaultheria procumbens⟩.

check·er·board ['tʃekəbɔ:d‖'tʃekərbɔrd] ⟨telb.zn.⟩ ⟨AE⟩ 0.1 ***dambord*** 0.2 ***voorwerp met ruitpatroon*** 0.3 ⟨sl.⟩ ***woonplaats / wijk*** ⟨enz.⟩ ***voor negers en blanken.***

check·er·man ['tʃekəmən‖-kər-] ⟨telb.zn.; checkermen [-mən]; →mv. 3⟩ ⟨AE⟩ 0.1 ***damschijf.***

check·er·oo ['tʃekə'ru:] ⟨telb.zn.; sl.⟩ 0.1 ***geruit kledingstuk.***

check·ers ['tʃekəz‖-ərz] ⟨n.-telb.zn.⟩ ⟨AE⟩ 0.1 ***damspel*** ⇒*dammen.*

'check 'in ⟨f1⟩ ⟨ww.⟩
I ⟨onov.ww.⟩ 0.1 ***zich melden*** ⇒*zich inschrijven, aankomen, arriveren* ◆ 6.1 ~ **at** a hotel *zich inschrijven in gastenboek, aankomen in een hotel;* ~ **to** s.o. *zich bij iemand melden;*
II ⟨ov.ww.⟩ ⟨vnl. AE⟩ 0.1 ***registreren*** ⇒*inschrijven* 0.2 ***terugbrengen*** ◆ 6.2 ~ books **at** a library *boeken terugbrengen naar de bibliotheek.*

'check-in ⟨f1⟩ ⟨telb.zn.; ook attr.⟩ 0.1 ***controle(post).***

'check-'in desk ⟨telb.zn.⟩ 0.1 ***afhandelingsbalie.***

'checking account ⟨f1⟩ ⟨telb.zn.⟩ ⟨AE; ec.⟩ 0.1 ***lopende rekening.***

'checklist ⟨f1⟩ ⟨telb.zn.⟩ 0.1 ***checklist*** ⇒*controlelijst.*

'check mark ⟨telb.zn.⟩ ⟨atletiek⟩ 0.1 ***markeringsteken*** ⟨begin v. aanloop bij springnummers⟩.

'check·mate[1] ⟨f1⟩ ⟨telb. en n.-telb.zn.⟩ 0.1 ***schaakmat*** ⇒*nederlaag.*

checkmate[2] ⟨f1⟩ ⟨ov.ww.⟩ 0.1 ***schaakmat zetten*** ⇒*verslaan.*

'check-nut ⟨telb.zn.⟩ ⟨tech.⟩ 0.1 ***contramoer.***

'check-off ⟨telb.zn.⟩ ⟨BE⟩ 0.1 ***op het loon ingehouden vakbondsbijdrage.***

'check-out ⟨f1⟩ ⟨telb.zn.⟩ 0.1 ***vertrek*** 0.2 ***controle*** 0.3 ***kassa*** 0.4 ***tijdstip waarop men een hotelkamer, enz., ontruimd moet hebben*** ◆ 1.1 ~ time *het tijdstip waarop men een hotelkamer, enz., ontruimd moet hebben.*

'check 'out ⟨f1⟩ ⟨ww.⟩
I ⟨onov.ww.⟩ 0.1 ***vertrekken*** ⇒*zich uitschrijven, de (hotel)rekening betalen* ◆ 6.1 ~ **of** a hotel *vertrekken uit een hotel;*
II ⟨ov.ww.⟩ ⟨vnl. AE⟩ 0.1 ***uitschrijven*** 0.2 ***lenen*** ⇒*meenemen* ◆ 6.2 check a book out **of** the library *een boek lenen van de bibliotheek.*

check-'out girl, check-'out operator ⟨telb.zn.⟩ 0.1 ***caissière*** ⟨in supermarkt⟩.

'check-out register ⟨telb.zn.⟩ 0.1 ***kasregister*** ⇒*kassa.*

'check·point ⟨f1⟩ ⟨telb.zn.⟩ 0.1 ***controlepost.***

'check·rail ⟨telb.zn.⟩ ⟨tech.⟩ 0.1 ***contrarail*** ⇒*veiligheidsrail.*

'check-reg·is·ter ⟨telb.zn.⟩ 0.1 ***kasregister.***

'check·rein ⟨telb.zn.⟩ 0.1 ***opzetteugel.***

'check·roll ⟨telb.zn.⟩ ⟨mil.⟩ 0.1 ***contra-appel.***

'check·room ⟨telb.zn.⟩ ⟨AE⟩ 0.1 ***bagagedepot*** 0.2 ***garderobe*** ⇒*vestiaire* ⟨in hotel, schouwburg, enz.⟩.

'check side ⟨telb.zn.⟩ ⟨biljart⟩ 0.1 ***contra-effect.***

'check·sum ⟨telb.zn.⟩ ⟨comp.⟩ 0.1 ***controlesom.***

'check·taker ⟨telb.zn.⟩ 0.1 ***controleur.***

'check·up ⟨f1⟩ ⟨telb.zn.⟩ 0.1 ***(algemeen medisch) onderzoek.***

check·weigh·er ['tʃekweɪə‖-ər], **check·weigh·man** [-weɪmən] ⟨telb.zn.; checkweighmen [-mən]; →mv. 6⟩ 0.1 ***controleur (van gewichten)*** ⟨bij mijnen, enz.⟩.

ched·dar ['tʃedə‖-ər] ⟨f1⟩ ⟨n.-telb.zn.; vaak C-⟩ ⟨cul.⟩ 0.1 ***cheddar*** ⟨kaassoort, oorspr. uit de plaats Cheddar⟩.

cheek[1] [tʃi:k] ⟨f3⟩ ⟨zn.⟩
I ⟨telb.zn.⟩ 0.1 ***wang*** ⇒*kaak, koon* 0.2 ⟨inf.⟩ ***bil*** ⇒*achterdeel, ham* 0.3 ***deurpost*** 0.4 ⟨vnl. mv.⟩ ***zijstuk*** ⟨v. machine⟩ ⇒*bek* ⟨v. hand- of bankschroef⟩, *wang* 0.5 ⟨scheep.⟩ ***zijkant*** ⟨v. mast⟩ ◆ 1.¶ ~ by jowl (with) *dicht bijeen, als haringen in een ton, broederlijk naast elkaar; intiem met, (als) twee handen op een buik* 3.1 turn the other ~ *de andere wang toekeren;*
II ⟨n.-telb.zn.⟩ 0.1 ***brutaliteit*** ⇒*lef, impertinentie, onbeschoftheid, onbeschaamdheid* ◆ 3.1 don't give me any of your ~! *doe niet zo brutaal jij!;* have the ~ to *het lef hebben om (te).*

cheek[2] ⟨f1⟩ ⟨ov.ww.⟩ 0.1 ***brutaal zijn tegen*** ⇒*onbeleefd / onbeschoft / impertinent zijn tegen.*

'cheek·bone ⟨f1⟩ ⟨telb.zn.⟩ 0.1 ***jukbeen.***

-cheeked [tʃi:kt] ⟨vormt bijv. nmw. met ander bijv. nmw.⟩ 0.1 ***met .. . wangen*** ◆ 2.1 rosy-cheeked *met blozende wangen.*

'cheek strap ⟨telb.zn.⟩ 0.1 ***stormband*** ⇒*kinriem, kinband.*

'cheek tooth ⟨telb.zn.⟩ 0.1 ***kies*** ⇒*maaltand, molair.*

cheek·y ['tʃi:ki] ⟨f2⟩ ⟨bn.; -er; -ly; -ness; →bijw. 3⟩ 0.1 ***brutaal*** ⇒*onbeleefd, onbeschoft, impertinent, vermetel, onbeschaamd, insolent.*

cheep[1] [tʃi:p] ⟨telb.zn.⟩ 0.1 ***gepiep*** ⇒*gefluit, getjilp, gesjilp* ⟨v. vogels⟩ ◆ 7.1 ⟨inf.⟩ not a ~ *geen kik.*

cheep[2] ⟨onov. en ov.ww.⟩ 0.1 ***fluiten*** ⇒*tjilpen, sjilpen, piepen* ⟨v. vogels⟩.

cheep·er ['tʃi:pə‖-ər] ⟨telb.zn.⟩ 0.1 ***pieper(tje)*** ⇒*jong vogeltje,* ⟨i.h.b.⟩ *jonge patrijs / kwartel, jong korhoen.*

cheer[1] [tʃɪə‖tʃɪr] ⟨f3⟩ ⟨zn.⟩ ⟨→sprw. 723⟩
I ⟨telb.zn.⟩ 0.1 ***(juich)kreet*** ⇒*schreeuw,* ⟨in mv.⟩ *hoerageroep, gejuich* ◆ 7.1 three ~s for *drie hoeraatjes (voor), driewerf hoera (voor);* ⟨iron.⟩ two ~s *matig enthousiasme;*
II ⟨telb. en n.-telb.zn.⟩ 0.1 ***bemoediging*** ⇒*aanmoediging* ◆ 1.1 words of ~ *hoopgevende / bemoedigende woorden;*

III ⟨n.-telb.zn.⟩ **0.1** ***stemming*** ⇒*humeur* **0.2** ***vrolijkheid*** **0.3** ***onthaal*** ⇒*spijs (en drank), eten (en drinken), voedsel* ◆ **2.1** of/with good ~ *welgemoed, vrolijk;* be of good ~ *houd moed* ⟨Matth. 9:2⟩ **2.3** good ~ *feest(maal)* **3.3** make good ~ *smullen* **7.1** what ~? *hoe voel je je?*.

cheer[2] ⟨f3⟩ ⟨ww.⟩

I ⟨onov.ww.⟩ **0.1** ***juichen*** ⇒*schreeuwen, roepen* ◆ **5.¶** ~ **up** *moed scheppen, vrolijker worden;* ~ **up!** *kop op!;*

II ⟨ov.ww.⟩ **0.1** ***toejuichen*** ⇒*aanmoedigen, opvrolijken* **0.2** ***bemoedigen*** ⇒*opmonteren, geruststellen, troosten* ◆ **5.1** ~ **on** *aanmoedigen* **5.2** ~ **up** *geruststellen, opmonteren, opvrolijken*.

cheer·ful ['tʃɪəfl‖'tʃɪr-]⟨f3⟩⟨bn.; -ly; -ness⟩ **0.1** ***vrolijk*** ⇒*blij, opgewekt, opgeruimd*.

cheer·io ['tʃɪəri'oʊ‖'tʃɪr-]⟨f1⟩⟨tussenw.⟩⟨BE; inf.⟩ **0.1** ***dag!*** ⇒*tot ziens!* **0.2** ***proost!*** ⇒*op je gezondheid!* **0.3** ***hallo***.

'cheer·lead·er ⟨f1⟩⟨telb.zn.⟩⟨vnl. AE⟩ **0.1** ***cheerleader*** ⟨aanvoerder /vnl. aanvoerster v. toejuichers bij sportwedstrijd⟩.

cheer·less ['tʃɪələs‖'tʃɪr-]⟨bn.; -ly; -ness⟩ **0.1** ***troosteloos*** ⇒*somber, droevig, vreugdeloos, triest* ◆ **1.1** a ~ room *een ongezellige kamer*.

cheer·ly[1] ['tʃɪəli‖'tʃɪrli]⟨bn., attr.⟩⟨vero.⟩ **0.1** ***blij*** ⇒*vrolijk, opgewekt*.

cheerly[2] ⟨bw.⟩⟨scheep.⟩ **0.1** ***flink*** ◆ **¶.¶** ~! *pak aan!*.

cheers [tʃɪəz‖tʃɪrz]⟨f2⟩⟨tussenw.⟩ **0.1** ***proost!*** ⇒*op je gezondheid!* **0.2** ⟨inf.⟩ ***dag!*** ⇒*tot ziens!* **0.3** ***prima!*** ⟨ook iron.⟩.

cheer·y ['tʃɪəri‖'tʃɪri]⟨f1⟩⟨bn.; -er; -ly; -ness; →bijw. 3⟩ **0.1** ***vrolijk*** ⇒*opgewekt, levendig, blij*.

cheese[1] [tʃi:z]⟨f3⟩⟨zn.⟩

I ⟨telb.zn.; vnl. mv.⟩⟨plantk.⟩ **0.1** ***malve*** ⇒*maluwe, kaasjeskruid;* ⟨i.h.b.⟩ *rond(bladig) kaasjeskruid* ⟨Malva rotundifolia/ pusilla⟩ **0.2** ***vruchtje v. malve;***

II ⟨telb. en n.-telb.zn.⟩ **0.1** ***kaas*** **0.2** ⟨sl.⟩ ***belangrijk persoon*** ⇒⟨iron.⟩ *nietsnut* **0.3** ⟨sl.⟩ ***het ideale*** ⇒*het neusje v.d. zalm, je van het* ◆ **1.3** this car is the ~ *dit karretje is het einde* **2.2** the big (piece of) ~, the real ~ *een hele pief, een hoge ome* **3.¶** say ~ *kijk/ lach eens naar het vogeltje* ⟨bij het maken v.e. foto⟩;

III ⟨n.-telb.zn.⟩⟨sl.⟩ **0.1** ***nonsens*** ⇒*overdrijving, leugen* **0.2** ***poen*** ⇒*geld*.

cheese[2] ⟨ov.ww.⟩⟨sl.⟩ **0.1** ***de keel uithangen*** ⇒*vervelen, ergeren* ◆ **4.¶** ~ it! *hou op!; wegwezen!* **5.1** be ~d **off** with sth. *schoon genoeg hebben van iets, van iets (de) balen (hebben)*.

'cheese·board ⟨telb.zn.⟩ **0.1** ***kaasplank*** ⇒*de kaas* ⟨na 't eten⟩.

'cheese·burg·er ⟨f1⟩⟨telb.zn.⟩ **0.1** ***hamburger met kaas***.

'cheese·cake[1] ⟨f1⟩⟨zn.⟩

I ⟨telb.zn.⟩⟨sl.⟩ **0.1** ***pin-up foto*** **0.2** ***pin-up meisje;***

II ⟨telb. en n.-telb.zn.⟩ **0.1** ***kwarktaart;***

III ⟨n.-telb.zn.⟩⟨sl.⟩ **0.1** ***pin-up fotografie*** ⇒*pin-up foto's* **0.2** ***sexy kledij/poses*** ⟨voor pin-up fotografie⟩.

cheesecake[2] ⟨bn.; sl.⟩ **0.1** ***sensueel*** **0.2** ***provocerend***.

'cheese·cloth ⟨n.-telb.zn.⟩ **0.1** ***kaasdoek***.

'cheese·cut·ter ⟨telb.zn.⟩ **0.1** ***kaasmes*** ⇒*kaasschaaf*.

'cheese enter ⟨telb.zn.⟩⟨sl.⟩ **0.1** ***verrader*** ⇒*informant*.

'cheese-head ⟨telb.zn.⟩ **0.1** ⟨tech.⟩ ***cilindervormige kop*** ⟨v.e. schroef⟩ **0.2** ⟨AE; sl.⟩ ***stommeling***.

'cheese·mite ⟨telb.zn.⟩ **0.1** ***kaasmijt***.

'cheese·par·er ['tʃi:zpeərə‖-perər]⟨telb.zn.⟩⟨inf.⟩ **0.1** ***vrek*** ⇒*schraper, schrielhannes*.

'cheese-par·ing[1] ⟨zn.⟩

I ⟨telb.zn.⟩ **0.1** ***kaaskorst*** ⇒⟨fig.⟩ *iets van zeer geringe waarde;*

II ⟨n.-telb.zn.⟩ **0.1** ***krenterigheid*** ⇒*gierigheid*.

cheese-paring[2] ⟨bn., attr.⟩ **0.1** ***krenterig*** ⇒*vrekkig, gierig*.

'cheese press ⟨telb.zn.⟩ **0.1** ***kaaspers***.

'cheese·ren·net ⟨n.-telb.zn.⟩⟨plantk.⟩ **0.1** ***(echt) walstro*** ⟨galium verum⟩.

'cheese·scoop, 'cheese·tast·er ⟨telb.zn.⟩ **0.1** ***kaasboor***.

'cheese slicer ⟨telb.zn.⟩ **0.1** ***kaasschaaf***.

'cheese 'straw ⟨telb.zn.⟩ **0.1** ***kaasstengel*** ⇒*kaaszoutje*.

chees·y ['tʃi:zi]⟨bn.; -er; -ness; →compar. 7⟩ **0.1** ***kaasachtig*** **0.2** ⟨AE; sl.⟩ ***goedkoop*** ⇒*waardeloos, prullig*.

chee·ta(h), che·tah ['tʃi:tə]⟨telb.zn.⟩⟨dierk.⟩ **0.1** ***jachtluipaard*** ⟨Acinonyx jubatus⟩.

chef [ʃef]⟨f1⟩⟨telb.zn.⟩ **0.1** ***chef-kok*** ⇒*hoofdkok, eerste kok*.

chef-d'oeu·vre ['ʃeɪ'dɜ:vr(ə)‖-'dɜr-]⟨telb.zn.; chefs-d'oeuvre; →mv. 5⟩ **0.1** ***chef d'oeuvre*** ⇒*meesterstuk, meesterwerk*.

cheiro- →chiro-.

CHEL ⟨afk.⟩ Cambridge History of English Literature.

che·la[1] ['tʃeɪlə]⟨telb.zn.⟩ **0.1** ***leerling (v.e. goeroe)*** ⇒*boeddhistische novice*.

che·la[2] ['ki:lə]⟨telb.zn.; chelae ['ki:li:]; →mv. 5⟩⟨dierk.⟩ **0.1** ***schaar*** ⟨v. schaaldier⟩.

che·late ['ki:leɪt]⟨bn., attr.⟩ **0.1** ⟨dierk.⟩ ***met scharen*** ⇒*schaar-* **0.2** ⟨schei.⟩ ***chelaat-*** ◆ **1.2** ~ compound *klauwverbinding, chelaat*.

che'lation therapy [ki:'leɪʃn]⟨telb. en n.-telb.zn.⟩⟨med.⟩ **0.1** ***chelatietherapie***.

cheloid →keloid.

Chel·sea ['tʃelsi]⟨zn.⟩

I ⟨eig.n.⟩ **0.1** ***Chelsea*** ⟨wijk v. Londen⟩;

II ⟨n.-telb.zn.⟩ **0.1** ***Chelsea-porselein***.

'Chelsea 'bun ⟨telb.zn.⟩ **0.1** ***(soort) krentenbol***.

'Chelsea 'pensioner ⟨telb.zn.⟩ **0.1** ***bewoner van Chelsea Royal Hospital voor oude en invalide militairen***.

'Chelsea ware ⟨n.-telb.zn.⟩ **0.1** ***Chelsea porselein***.

chem ⟨afk.⟩ chemical, chemist, chemistry.

chem·i·cal[1] ['kemɪkl]⟨f2⟩⟨telb.zn.⟩ **0.1** ***chemisch produkt*** ⇒*chemische/scheikundige stof* ◆ **¶.1** ~s *chemicaliën, chemische produkten*.

chemical[2] ⟨f3⟩⟨bn.; -ly⟩ **0.1** ***chemisch*** ⇒*scheikundig* ◆ **1.1** a ~ engineer *een scheikundig ingenieur;* ~ engineering *scheikundige/ chemische technologie, scheikundige/chemische industrie;* a ~ lavatory *een chemisch toilet;* Chemical Mace *traangas;* ~ warfare *chemische oorlogvoering, gasoorlog*.

chem·i·co- ['kemikoʊ] **0.1** ***chemisch*** ⇒*scheikundig* ◆ **1.1** chemico-physical *chemisch-fysisch*.

chem·i·lu·mi·nes·cence ['kemilu:mɪ'nesns]⟨n.-telb.zn.⟩⟨schei.⟩ **0.1** ***chemiluminescentie***.

chemin de fer [ʃə'mændə'feə‖-'fer]⟨n.-telb.zn.⟩ **0.1** ***chemin de fer*** ⟨gokspel, variant op baccarat⟩.

che·mise [ʃə'mi:z]⟨telb.zn.⟩ **0.1** ***hemd*** ⟨v.e. vrouw⟩ **0.2** ***onderjurk*** **0.3** ***hemdjurk***.

chem·ist ['kemɪst]⟨f3⟩⟨telb.zn.⟩ **0.1** ***chemicus*** ⇒*scheikundige* **0.2** ⟨BE⟩ ***apotheker*** **0.3** ⟨BE⟩ ***drogist***.

chem·is·try ['kemɪstri]⟨f3⟩⟨n.-telb.zn.⟩ **0.1** ***chemie*** ⇒*scheikunde* **0.2** ***chemische eigenschappen*** ⇒⟨fig.⟩ *geheimzinnige werking* ◆ **1.2** the ~ of love *de mysterieuze werking v.d. liefde*.

chem·my ['ʃemi]⟨n.-telb.zn.⟩⟨verk.⟩ chemin de fer.

chem·o- ['kemoʊ] **0.1** ***chemo-*** ⇒*chemisch, scheikundig* ◆ **1.1** ⟨biol.⟩ chemotaxis *chemotaxis* ⟨beweging v.e. organisme onder invloed v.e. chemische prikkel⟩; chemotropism *chemotropie* ⟨reactie v. plantdelen op chemische stoffen⟩.

chem·o·syn·the·sis [-'sɪnθəsɪs]⟨n.-telb.zn.⟩⟨biol.⟩ **0.1** ***chemosynthese***.

chem·o·ther·a·py ['ki:moʊ'θerəpi, 'ke-]⟨n.-telb.zn.⟩⟨med.⟩ **0.1** ***chemotherapie***.

chem·ur·gy ['kemɜ:dʒi‖-mɜr-]⟨n.-telb.zn.⟩⟨AE⟩ **0.1** ***chemische industrie die landbouwprodukten verwerkt***.

che·nille [ʃə'ni:l]⟨n.-telb.zn.⟩ **0.1** ***fluweelkoord*** ⇒*chenillegaren* **0.2** ***chenille*** ⟨weefsel⟩.

cheque, ⟨AE sp.⟩ **check** [tʃek]⟨f3⟩⟨telb.zn.⟩ **0.1** ***cheque*** ◆ **1.1** ~ to bearer *cheque aan toonder* **3.1** cross a ~ *een cheque kruisen/* ⟨B.⟩ *barreren* **6.1** pay **by** ~ *met een cheque/met cheques betalen;* a ~ **for** 60 pounds *een cheque ter waarde van 60 pond*.

'cheque·book ⟨f1⟩⟨telb.zn.⟩ **0.1** ***chequeboek(je)***.

'chequebook 'journalism ⟨n.-telb.zn.⟩⟨vnl. pej.⟩ **0.1** ***chequeboekjournalistiek*** ⟨waarbij veel betaald wordt voor verhaal⟩.

'cheque card, 'cheque guaran'tee card ⟨telb.zn.⟩ **0.1** ***betaalpas(je)*** ⇒⟨B.⟩ *bank/chequekaart*.

cheq·uer[1] ['tʃekə‖-ər], ⟨AE sp.⟩ **check·er** ⟨f1⟩⟨telb.zn.; vaak mv.⟩ **0.1** ***ruit*** **0.2** ***ruitpatroon***.

chequer[2], ⟨AE sp.⟩ **checker** ⟨f1⟩⟨ov.ww.⟩ **0.1** ***ruiten*** ⇒*in ruiten verdelen, een ruitpatroon zetten op* **0.2** ***schakeren*** ⇒*afwisseling brengen in,* ⟨fig.⟩ *kermerken door wisselend succes* ◆ **1.1** a ~ed life *een leven met voor- en tegenspoed, een veelbewogen leven*.

'cheq·uer·board ⟨telb.zn.⟩ **0.1** ***schaakbord*** **0.2** ***ruitpatroon***.

cher·ish ['tʃerɪʃ]⟨f2⟩⟨ov.ww.⟩ **0.1** ***koesteren*** ⇒*liefhebben, verzorgen, hoogschatten* ◆ **1.1** ~ hopes/a memory *hoop/een herinnering koesteren;* a ~ed possession *een dierbaar bezit*.

cher·no·zem ['tʃɜ:noʊzem‖'tʃɜrnə'ʒɔm]⟨n.-telb.zn.⟩ **0.1** ***zwarte, humusrijke aarde*** ⟨in Rusland enz.⟩.

Cher·o·kee ['tʃerə'ki:]⟨telb.zn.; ook Cherokee; →mv. 4⟩ **0.1** ***Cherokee*** ⇒*Indiaan van de stam der Cherokezen*.

'Cherokee 'rose ⟨telb.zn.⟩⟨plantk.⟩ **0.1** ***(soort) klimroos*** ⟨in het zuiden v.d. U.S.A.; Rosa laevigata⟩.

che·root [ʃə'ru:t]⟨telb.zn.⟩ **0.1** ***(soort) sigaar*** ⟨open aan beide einden⟩.

cher·ry[1] ['tʃeri]⟨f2⟩⟨zn.; →mv. 2⟩

I ⟨telb.zn.⟩ **0.1** ***kers*** **0.2** ***kerseboom*** ⇒⟨B.⟩ *kerselaar* **0.3** ⟨AE; sl.⟩ ***niet-ingewijde*** ⇒*groentje, maagd* **0.4** ⟨AE⟩ ***maagdelijkheid*** ⇒*onschuld, onervarenheid, onzekerheid* ◆ **3.2** flowering ~ *Japanse sierkers* ⟨Prunus serrulata⟩ **3.4** ⟨sl.⟩ lose her ~ *haar maagdelijkheid verliezen;*

II ⟨n.-telb.zn.⟩ **0.1** ***kersehout*** **0.2** ***kersrood*** ⇒*kerskleur, cerise*.

cherry[2] ⟨f1⟩⟨bn.⟩ **0.1** ***kerskleurig*** ⇒*kersrood, cerise* **0.2** ⟨AE; sl.⟩ ***maagdelijk*** ⇒*onervaren, nieuw, zo goed als nieuw*.

'cherry bob ⟨telb.zn.⟩ **0.1** ***tweeling*** ⇒*twee kersen waarvan de stelen aan elkaar groeien.*

'cherry 'brandy ⟨f1⟩ ⟨telb. en n.-telb.zn.⟩ **0.1** ***cherry brandy*** ⇒*kersenbrandewijn.*

'cherry 'laurel ⟨telb.zn.⟩ ⟨plantk.⟩ **0.1** ***laurierkers*** ⇒*kerslaurier* ⟨Prunus laurocerasus; in U.S.A. ook Prunus caroliniana⟩.

'cherry picker ⟨telb.zn.⟩ **0.1** ⟨tech.⟩ ***kraan (voor personen)*** ⇒*hoogwerker* **0.2** ⟨sl.⟩ ***man die voorkeur heeft voor jonge meisjes.***

'cherry 'pie ⟨f1⟩ ⟨zn.⟩
 I ⟨telb.zn.⟩ ⟨BE; plantk.⟩ **0.1** ***tuinheliotroop*** ⟨Heliotropum peruvianum⟩;
 II ⟨telb. en n.-telb.zn.⟩ **0.1** ***kersentaart*** ⇒*kersenvlaai;*
 III ⟨n.-telb.zn.⟩ ⟨AE; sl.⟩ **0.1** ***makkie*** ⇒*fluitje v.e. cent* **0.2** ***opsteker(tje)*** ⇒*financiële meevaller.*

'cherry stone ⟨f1⟩ ⟨telb.zn.⟩ **0.1** ***kersepit*** ⇒*kersesteen* **0.2** ⟨dierk.⟩ ***(Am. soort) mossel*** ⟨Mercenaria mercenaria⟩.

'cherry tomato ⟨telb.zn.⟩ **0.1** ***cherrytomaat*** ⇒*kerstomaat.*

cher·so·nese ['kɜ:səni:s, -ni:z‖'kɜr-] ⟨telb.zn.⟩ ⟨vnl. schr.⟩ **0.1** ***schiereiland.***

chert [tʃɜ:t‖tʃɜrt] ⟨telb.zn.⟩ ⟨geol.⟩ **0.1** ***hoornkiezel*** ⇒*silex, hoornsteen* ⟨gelaagd⟩, *vuursteen, flint* ⟨knollig⟩.

cher·ub ['tʃerəb] ⟨telb.zn.; in bet. 0.1 ook cherubim ['tʃerəbɪm]; →mv. 5⟩ **0.1** ⟨bijb., lit.⟩ ⟨ook C-⟩ ***cherub(ijn)*** ⟨tweede der negen engelenkoren⟩ **0.2** ***lief kind(je)*** ⇒*engeltje* **0.3** ⟨beeld. k.⟩ ***engel (enkopje)(met twee of meer vleugels).***

che·ru·bic [tʃə'ru:bɪk], **che·rub·i·cal** [-ɪkl] ⟨bn.; -(al)ly; →bijw. 3⟩ **0.1** ***engelachtig.***

cher·vil ['tʃɜ:vɪl‖'tʃɜr-] ⟨n.-telb.zn.⟩ **0.1** ⟨plantk.⟩ ***kervel*** ⟨Anthriscus cerefolium⟩.

Ches ⟨afk.⟩ Cheshire.

Chesh·ire ['tʃeʃə‖-ʃɪr, -ʃər] ⟨zn.⟩
 I ⟨eig.n.⟩ **0.1** ***Cheshire*** ⟨graafschap in Eng.⟩;
 II ⟨n.-telb.zn.⟩ **0.1** ⟨verk.⟩ ⟨Cheshire cheese⟩.

'Cheshire 'cat ⟨telb.zn.⟩ **0.1** ***Cheshire kat*** ◆ **3.¶** grin like a ~ *breed grijnzen.*

'Cheshire 'cheese ⟨n.-telb.zn.⟩ **0.1** ***cheshire(kaas)*** ⇒*chester(kaas).*

chess [tʃes] ⟨f2⟩ ⟨n.-telb.zn.⟩ **0.1** ***schaak*** ⇒*schaakspel, het schaken* ◆ **3.1** play (a game of) ~ *(een partij) schaak spelen.*

'chess·board ⟨f1⟩ ⟨telb.zn.⟩ **0.1** ***schaakbord.***

ches·sel ['tʃesl] ⟨telb.zn.⟩ **0.1** ***kaasvorm*** ⇒*kaaskop.*

chess·man ['tʃesmən] ⟨f1⟩ ⟨telb.zn.; chessmen [-mən]; →mv. 3⟩ **0.1** ***schaakstuk.***

chest[1] [tʃest] ⟨f3⟩ ⟨telb.zn.⟩ **0.1** ***borst(kas)*** **0.2** ***kist*** ⇒*kast* ⟨ook tech.⟩, *bak, doos, koffer, geldkistje;* ⟨fig.⟩ *geld* ⟨in een geldkistje⟩ **0.3** ⟨AE⟩ ***kas*** ⟨v.e. instelling⟩ ◆ **1.2** ~ of drawers *ladenkast;* ⟨muz.⟩ a ~ of viols *(een kist met) een stel vedels* **3.1** get sth. off one's ~ *over iets zijn hart uitstorten / luchten;* stick out one's ~ *een hoge borst opzetten* **3.¶** play (one's cards) close to one's ~ *gesloten / terughoudend zijn* **6.1** I know what you have **on** your ~ / what there is **on** your ~ *ik weet wat je op je hart hebt.*

chest[2] ⟨ov.ww.⟩ ⟨BE⟩ **0.1** ***kisten*** ⇒*in een kist doen* **0.2** ***met de borst aanlopen tegen*** ⟨v. paard⟩ ◆ **5.2** →chest **down.**

'chest 'down ⟨ov.ww.⟩ ⟨sport⟩ **0.1** ***met de borst stoppen en neerleggen*** ⟨bal⟩.

-chest·ed ['tʃestɪd] **0.1** ***met een ... borst*** ◆ **2.1** she was flat-chested *zij had niet veel boezem.*

ches·ter·field ['tʃestəfi:ld‖-ər-] ⟨f1⟩ ⟨telb.zn.⟩ **0.1** ***chesterfield*** ⟨soort bank⟩ **0.2** ***chesterfield*** ⟨soort (over)jas, meestal met fluwelen kraag⟩.

'chest-foun·dered ⟨bn.⟩ **0.1** ***dampig*** ⟨v. paard⟩.

chest·nut[1] ['tʃesnʌt] ⟨f2⟩ ⟨zn.⟩
 I ⟨telb.zn.⟩ **0.1** ***kastanje*** **0.2** ⟨verk.⟩ ⟨chestnut tree⟩ **0.3** ***kastanje*** ⟨eeltknobbel aan poten v. paard / ezel⟩ **0.4** ***vos(paard)*** **0.5** ⟨inf.⟩ ***ouwe bak / mop*** ⇒*bekend verhaal* ◆ **1.¶** pull the ~s out of the fire *de kastanjes uit het vuur halen;*
 II ⟨n.-telb.zn.⟩ **0.1** ***kastanjekleur*** ⇒*kastanjebruin* **0.2** ⟨verk.⟩ ⟨chestnut wood⟩.

chestnut[2] ⟨f1⟩ ⟨bn.⟩ **0.1** ***kastanje(bruin)*** ⇒*kastanjekleurig.*

'chestnut tree ⟨f1⟩ ⟨telb.zn.⟩ **0.1** ***kastanje(boom).***

'chestnut wood ⟨n.-telb.zn.⟩ **0.1** ***kastanje(hout).***

'chest pass ⟨telb.zn.⟩ ⟨basketbal⟩ **0.1** ***(tweehandige) borstpass.***

'chest protector ⟨telb.zn.⟩ **0.1** ***borstrok.***

'chest trap ⟨telb. en n.-telb.zn.⟩ ⟨voetbal⟩ **0.1** ***het doodleggen v.d. bal met de borst.***

'chest voice ⟨telb.zn.⟩ ⟨muz.⟩ **0.1** ***borststem.***

chest·y ['tʃesti] ⟨bn.; -er; -ly; →bijw. 3⟩ ⟨inf.⟩ **0.1** ***met een flinke boezem*** ⟨vrouwen⟩ **0.2** ***met zwakke longen*** ⇒*het op de borst hebbend, last v.d. borst hebbend* **0.3** ⟨AE⟩ ***arrogant*** ⇒*verwaand, trots* **0.4** ⟨muz.⟩ ***met borsttoon*** ⇒*in borststem;* ⟨fig.⟩ *rijk, vol, warm* ◆ **1.2** a ~ cough *een hoest die aantoont dat men het op de longen heeft.*

chet·nik ['tʃet'ni:k, 'tʃetnɪk] ⟨telb.zn.⟩ **0.1** ***partizaan*** ⟨op de Balkan in de 2e wereldoorlog⟩.

che·val-de-frise [ʃə'vældə'fri:z], ⟨soms⟩ **chevaux-de-frise** ⟨telb.zn.; vaak C-; chevaux-de-frise [ʃə'voʊ-]; →mv. 5⟩ **0.1** ***Spaanse ruiter*** ⇒*Friese ruiter* **0.2** ***stalen / houten lijst met punten*** ⟨op muur⟩ ⇒*rij scherpe punten* ⟨op muur⟩.

che·val glass [ʃə'væl glɑ:s‖-glæs] ⟨telb.zn.⟩ **0.1** ***psyché*** ⇒*grote spiegel* ⟨draaibaar om een horizontale as⟩.

chev·a·lier ['ʃevə'lɪə‖-'lɪr] ⟨telb.zn.⟩ **0.1** ***ridder*** ⇒*ridderlijke / galante man / heer.*

chev·i·ot ['tʃi:vɪət, 'tʃe-‖'ʃevɪət] ⟨zn.; soms C-⟩
 I ⟨telb.zn.⟩ **0.1** ***cheviotschaap;***
 II ⟨n.-telb.zn.⟩ **0.1** ***cheviot*** ⟨wol(len stof)⟩.

chev·ron ['ʃevrən] ⟨telb.zn.⟩ **0.1** ⟨bouwk., heraldiek⟩ ***chevron*** ⇒*balk, visgraat* ⟨in de vorm v.e. omgekeerde V⟩, *keper* **0.2** ⟨mil.⟩ ***onderscheidingsteken*** ⇒*streep, chevron* ⟨op mouw v. uniform⟩.

chev·ro·tain, chev·ro·tin ['ʃevrəteɪn, -tɪn‖-tɑn] ⟨telb.zn.⟩ ⟨dierk.⟩ **0.1** ***dwerghert*** ⟨genus Tragulus⟩.

chevvy →chivy.

chevy →chivy.

Chev·y ['ʃevi] ⟨eig.n.⟩ ⟨afk.⟩ Chevrolet.

chev·y·chase ['tʃevi'tʃeɪs] ⟨telb.zn.⟩ ⟨vnl. BE; sl.⟩ **0.1** ***facie*** ⇒*gezicht.*

chew[1] [tʃu:] ⟨telb.zn.⟩ **0.1** ***het kauwen*** ⇒*masticatie, het kauwproces, het pruimen* **0.2** ⟨ben. voor⟩ ***iets dat gekauwd wordt*** ⇒*(tabaks) pruim, snoepje* ◆ **3.1** have a ~ *(zitten) kauwen.*

chew[2] ⟨f3⟩ ⟨onov. en ov.ww.⟩ →chewed **0.1** ***kauwen*** ⇒*knauwen, pruimen;* ⟨fig.⟩ *verwerken* **0.2** ⟨inf.⟩ ***(over)denken*** ⇒*herkauwen* **0.3** ⟨inf.⟩ ***herkauwen*** ⟨alleen fig.⟩ ⇒*bespreken, bepraten, bomen, kletsen (over)* ◆ **5.2** ~ sth. **over** *ergens over nadenken* **5.¶** ⟨AE; inf.⟩ ~ s.o.('s ass) **out** *iem. uitkafferen / berispen;* ⟨AE; inf.⟩ don't get ~ed **up** about it *zit daar nu niet over in, maak je daar nu niet druk over* **6.2** ~ **over / (up)on** sth. *nadenken over iets* **6.3** ~ **over** sth. *iets bespreken.*

chewed [tʃu:d] ⟨bn.⟩ ⟨AE; inf.⟩ **0.1** ***uitgeteld*** ⇒*verslagen, moe* **0.2** ***nijdig.***

'chewing gum ⟨f1⟩ ⟨n.-telb.zn.⟩ **0.1** ***kauwgom.***

chew·ings ['tʃu:ɪŋz] ⟨mv.⟩ ⟨AE; sl.⟩ **0.1** ***eten*** ⇒*voer.*

chew·y ['tʃu:i] ⟨bn.; -er; →compar. 7⟩ **0.1** ***stevig*** ⇒*om op te kauwen.*

chez [ʃeɪ] ⟨vz.⟩ **0.1** ***bij*** ⇒*ten huize van* ◆ **1.1** had his meal ~ Suzanne *ging eten chez Suzanne.*

chi [kaɪ] ⟨telb.zn.⟩ **0.1** ***chi*** ⟨22e letter v.h. Griekse alfabet⟩.

Chi·an·ti [ki'ænti‖ki'ɑnti] ⟨telb. en n.-telb.zn.⟩ **0.1** ***chianti*** ⟨wijn⟩.

chia·ro·scu·ro [ki'ɑ:rə'skʊəroʊ‖ki'ɑrə'skʊroʊ] ⟨zn.⟩
 I ⟨telb.zn.⟩ **0.1** ***schilderij in clair-obscur;***
 II ⟨n.-telb.zn.⟩ **0.1** ***clair-obscur*** ⇒*licht- en schaduweffecten, gebruik van contrasten in literatuur enz..*

chi·as·mus [kaɪ'æzməs] ⟨telb.zn.; chiasmi [-maɪ]; →mv. 5⟩ ⟨lit.⟩ **0.1** ***chiasme.***

chib [tʃɪb] ⟨telb.zn.⟩ ⟨sl.⟩ **0.1** ***groot mes.***

chi·bouk, chi·bouque [tʃɪ'bu:k] ⟨telb.zn.⟩ **0.1** ***(lange Turkse) pijp.***

chic[1] [ʃi:k] ⟨f1⟩ ⟨n.-telb.zn.⟩ **0.1** ***chic*** ⇒*verfijning, stijl, elegance* **0.2** ***vaardigheid*** ⟨vnl. in schilderkunst⟩.

chic[2] ⟨f1⟩ ⟨bn.; -er; -ly⟩ **0.1** ***chic*** ⇒*stijlvol, elegant, modieus, deftig.*

Chi·ca·go [ʃɪ'kɑ:goʊ‖-'kɔ-, -'kɑ-] ⟨bn., attr.⟩ ⟨sl.⟩ **0.1** ***gangsterachtig*** ◆ **1.1** the ~ look *de gangstermethode.*

chi·cane[1] [ʃɪ'keɪn] ⟨zn.⟩
 I ⟨telb.zn.⟩ **0.1** →chicanery **0.2** ⟨bridge⟩ ***sans(atout)*** **0.3** ⟨autosport⟩ ***chicane*** ⟨vaak een S-bocht, om snelheid te verminderen⟩;
 II ⟨n.-telb.zn.⟩ **0.1** →chicanery.

chicane[2] ⟨ww.⟩
 I ⟨onov.ww.⟩ **0.1** ***chicaneren*** ⇒*vitten;*
 II ⟨ov.ww.⟩ **0.1** ***bedriegen*** ◆ **6.1** ~ s.o. **into** doing sth. *iem. zover krijgen dat hij iets doet;* ~ s.o. **out of** sth. *iem. iets afhandig maken.*

chi·can·er·y [ʃɪ'keɪnri] ⟨zn.; →mv. 2⟩
 I ⟨telb.zn.⟩ **0.1** ***chicane*** ⇒⟨jur.⟩ *afkeurenswaardig / spitsvondig verweermiddel; vals argument, drogreden, sofisme;*
 II ⟨n.-telb.zn.⟩ **0.1** ***bedrog*** ⇒*sofisterij, vitterij, haarkloverij, chicanes,* ⟨jur.⟩ *afkeurenswaardige / spitsvondige verweermiddelen* ⟨in een proces⟩.

Chi·ca·no [tʃɪ'kɑ:noʊ] ⟨telb.zn.; soms c-⟩ **0.1** ***Chicano*** ⟨Amerikaan van Mexicaanse afkomst⟩.

chi·chi[1] ['ʃi:ʃi:] ⟨n.-telb.zn.⟩ ⟨inf.⟩ **0.1** ***poeha*** ⇒*(koude) drukte.*

chichi[2] ⟨bn.⟩ ⟨inf.⟩ **0.1** ***opzichtig*** ⇒*overdreven, aanstellerig* **0.2** ***chic*** ⇒*elegant.*

chick [tʃɪk] ⟨f2⟩ ⟨telb.zn.⟩ **0.1** ***kuiken(tje)*** ⇒*(jong) vogeltje* **0.2** ⟨inf.⟩ ***meisje*** ⇒*grietje, stuk* **0.3** ***kind.***

chick·a·bid·dy ['tʃɪkəbɪdi] ⟨telb.zn.; →mv. 2⟩ **0.1** ⟨kind.⟩ ***kuiken*** **0.2** ***schat(je)*** ⟨troetelnaam voor kind⟩.

chick·a·dee ['tʃɪkə'di:]⟨telb.zn.⟩⟨AE; dierk.⟩ **0.1** ***mees*** ⟨genus Parus of Penthestes⟩ ⇒⟨i.h.b.⟩ *Amerikaanse matkop* ⟨Parus atricapillus⟩; ⟨fig.⟩ *liefje* ⟨troetelnaam voor vrouw⟩.

chick·en[1] ['tʃɪkɪn]⟨f3⟩⟨zn.; ook chicken; →mv. 4⟩⟨→sprw. 95⟩
I ⟨telb.zn.⟩ **0.1** ***kuiken(tje)*** ⇒*(jong) vogeltje* **0.2** ***kip*** **0.3** ***kind*** **0.4** ⟨inf.; bel.⟩ ***lafaard*** ⇒*bangerik* **0.5** ⟨inf.⟩ ***lekker stuk*** ⇒*grietje* **0.6** ⟨sl.⟩ ***pineut*** **0.7** ⟨sl.⟩ ***schandknaap*** ◆ **3.¶** ⟨inf.; pej.⟩ his ~s came home to roost *hij kreeg zijn trekken thuis;* count one's ~s before they are hatched *de huid verkopen voor dat men de beer geschoten heeft / men de beer gevangen heeft* **7.3** Mary is no ~ *Maria is geen kind meer, Maria is niet meer zo piep;*
II ⟨n.-telb.zn.⟩ **0.1** ⟨cul.⟩ ***kip(pevlees)*** **0.2** ⟨sl.⟩ ***overdreven gezagsvertoon*** **0.3** ⟨sl.⟩ ***onzin*** ⇒*larie* **0.4** ⟨sl.⟩ ***(zinloze) klusjes*** ◆ **3.¶** ⟨inf.⟩ play (a game of) ~ *(een spelletje spelen om te) zien wie 't eerst bang is.*

chicken[2] ⟨bn., pred.⟩⟨inf.⟩ **0.1** ***laf*** ⇒*bang.*

chicken[3] ⟨onov.ww.⟩⟨inf.⟩ **0.1** ***zich laf / bang gedragen*** ◆ **5.1** ~ **out** *ertussenuit knijpen* **6.1** ~ **out of** sth. *ergens tussenuit knijpen;* ~ **out of** doing sth. *ervoor terugschrikken iets te doen.*

'chicken breast ⟨telb.zn.⟩ **0.1** ***kippeborst.***

'chick·en-'breast·ed ⟨bn.⟩ **0.1** ***met een kippeborst.***

'chick·en-'broth ⟨telb. en n.-telb.zn.⟩ **0.1** ***kippebouillon*** ⇒*kippesoep.*

'chicken cholera ⟨n.-telb.zn.⟩ **0.1** ***hoendercholera.***

'chicken feed ⟨f1⟩⟨n.-telb.zn.⟩ **0.1** ***kippevoer*** **0.2** ⟨inf.⟩ ***kleingeld*** ⇒*iets (vrijwel) waardeloos* ◆ **7.2** that's no ~ *dat is geen kattedrek.*

'chicken hawk ⟨telb.zn.⟩ **0.1** ⟨dierk.⟩ ***Coopers havik*** ⟨Accipiter cooperi⟩ **0.2** ⟨dierk.⟩ ***gestreepte sperwer*** ⟨Accipiter striatus⟩ **0.3** ⟨sl.⟩ ***homoseksueel die op jonge tieners valt.***

'chick·en-head ⟨telb.zn.⟩⟨sl.⟩ **0.1** ***stommeling.***

'chick·en-'heart·ed, 'chick·en-'liv·ered ⟨bn.; -ly; -ness⟩ **0.1** ***bang*** ⇒*laf.*

'chicken pox ⟨f1⟩⟨n.-telb.zn.⟩ **0.1** ***waterpokken.***

'chicken shit ⟨n.-telb.zn.⟩⟨sl.⟩ **0.1** ***klotetroep*** **0.2** ***kloteklus*** **0.3** ***klerediing*** **0.4** →chicken[1] II 0.2 **0.5** →chicken[1] II 0.3 **0.6** ***leugen*** ⇒*poging tot bedrog,* ⟨B.⟩ *kloterij.*

'chicken tracks ⟨mv.⟩⟨sl.⟩ **0.1** ***hanepoten.***

'chicken wire ⟨f1⟩⟨n.-telb.zn.⟩ **0.1** ***kippegaas.***

chick·ling ['tʃɪklɪŋ], **'chickling vetch** ⟨n.-telb.zn.⟩⟨plantk.⟩ **0.1** ***lathyrus*** ⟨Lathyrus sativus⟩.

'chick·pea ⟨telb.zn.⟩⟨plantk.⟩ **0.1** ***keker*** ⟨Cicer arietenum⟩ **0.2** ***kikkererwt*** ⟨vrucht v. 0.1⟩ ⇒*keker.*

'chick·weed ⟨n.-telb.zn.⟩⟨plantk.⟩ **0.1** ***muur*** ⟨genus Cerastium of Stellaria⟩.

chi·cle ['tʃɪkl]⟨n.-telb.zn.⟩ **0.1** ***gom*** ⟨i.h.b. v.d. sapotilleboom⟩.

'chi·co fruit ['tʃi:koʊ] →sapodilla 0.2.

chic·o·ry ['tʃɪkəri]⟨f1⟩⟨telb. en n.-telb.zn.; →mv. 2⟩⟨plantk.⟩ **0.1** ***cichorei*** ⟨Cichorium intybus; ook als sla, koffie-ersatz⟩ ⇒*Brussels lof, witlof* **0.2** ⟨vnl. AE⟩ ***andijvie*** ⟨Cichorium endivia⟩ ⇒*krulandijvie* ⟨C.e. crispa⟩, *scarolandijvie* ⟨C.e. latifolia⟩.

chide [tʃaɪd]⟨f1⟩⟨ww.; ook chid [tʃɪd], chidden ['tʃɪdn]⟩⟨schr.⟩
I ⟨onov.ww.⟩ **0.1** ***zijn afkeuring uitspreken*** ⇒*zijn beklag maken* **0.2** ***wild tekeergaan*** ⇒*razen, tieren, schelden;*
II ⟨ov.ww.⟩ **0.1** ***berispen*** ⇒*gispen, laken, afkeuren* ◆ **6.1** ~ s.o. **with / for** sth. *iem. gispen wegens iets.*

chief[1] [tʃi:f]⟨f3⟩⟨telb.zn.⟩ **0.1** ***leider*** ⇒*aanvoerder, baas, chef, opperhoofd, hoofd(man), bevelhebber, commandant, meester* ◆ **1.1** ⟨mil.⟩ Chief of Staff *stafchef* **6.¶** **in** ~ *vooral, voornamelijk, het meest; hoofd-;* ⟨mil.⟩ *opperste* **¶.1** ⟨als aanspreking⟩ ~! *chef(fie);* ⟨sl.⟩ *meester!.*

chief[2] ⟨f3⟩⟨bn., attr.⟩ **0.1** ***belangrijkst*** ⇒*voornaamst, leidend, opperst, eerst, hoofd-, hoogst, opper-* ◆ **1.1** ~ accountant *hoofdaccountant;* ~ clerk *eerste bediende, bureauchef;* ⟨BE⟩ ~ constable *hoofd v. politie in Brits graafschap;* ⟨scheep.⟩ ~ engineer *eerste machinist, hoofdmachinist;* ⟨AE⟩ ~ executive *president; gouverneur* ⟨v.e. staat⟩; ⟨BE⟩ *hoofddirecteur;* Chief Guide *hoofd v.d. padvindsters* ⟨in Engeland⟩; ~ inspector *(politie-)inspecteur* ⟨vooral in Groot-Brittannië⟩; ⟨sl.⟩ ~ itch and rub *klein baasje;* the Chief Justice *de president v.e. rechtbank, de opperrechter;* ⟨scheep.⟩ ~ mate *eerste stuurman;* ⟨scheep.⟩ ~ petty officer *hoogste onderofficier;* ~ partner *principaal;* Chief Scout *hoofdverkenner* ⟨v. padvinders, in Engeland⟩; ~ superintendent (of police) *hoofdcommissaris v. politie;* ~ treasurer *thesaurier-generaal.*

chief·ess ['tʃi:fɪs]⟨telb.zn.⟩ **0.1** ***vrouwelijk opperhoofd.***

chief·ly[1] ['tʃi:fli]⟨bn.⟩ **0.1** ***v. / als een leider / hoofd / baas.***

chiefly[2] ⟨f2⟩⟨bw.⟩ **0.1** ***voornamelijk*** ⇒*hoofdzakelijk, vooral, bovenal.*

chief·tain ['tʃi:ftɪn]⟨f1⟩⟨telb.zn.⟩ **0.1** ***hoofdman*** ⟨v. stam enz.⟩ **0.2** ***bendeleider*** ⟨v. dieven⟩.

chief·tain·ess ['tʃi:ftə'nes‖'tʃi:ftənɪs]⟨telb.zn.⟩ **0.1** ***vrouwelijk stamhoofd*** ⇒*leidster.*

chief·tain·ship ['tʃi:ftɪnʃɪp], **chief·tain·cy** [-si], **chief·tain·ry** [-ri] ⟨telb. en n.-telb.zn.; →mv. 2⟩ **0.1** ***hoofdmanschap*** ⇒*leiding.*

chiel [tʃi:l], **chield** [tʃi:l(d)]⟨telb.zn.⟩⟨Sch. E⟩ **0.1** ***jongen*** ⇒*jongeman.*

chiff·chaff ['tʃɪf tʃæf]⟨telb.zn.⟩⟨dierk.⟩ **0.1** ***tjiftjaf*** ⟨Phylloscopus collybita⟩.

chif·fon ['ʃɪfɒn, ʃɪ'fɒn‖ʃɪ'fɑn]⟨zn.⟩
I ⟨n.-telb.zn.⟩ **0.1** ***chiffon*** ⟨fijn zijden gaas⟩;
II ⟨mv.; ~s⟩ **0.1** ***strikjes en kwikjes.***

chif·fo(n)·nier ['ʃɪfə'nɪə‖-'nɪr]⟨telb.zn.⟩ **0.1** ***chiffonière*** ⇒*chiffonier, ladenkast.*

chi·gnon ['ʃi:njɒn‖-jɑn]⟨telb.zn.⟩ **0.1** ***chignon*** ⇒*haarwrong.*

chi·goe ['tʃɪgoʊ, 'ʃi:goʊ], **chig·ger** ['tʃɪgə‖-ər]⟨telb.zn.⟩⟨dierk.⟩ **0.1** ***tropische zandvlo*** ⟨Tunga penetrans⟩ **0.2** ***(soort) mijt*** ⟨fam. der Trombidiidae⟩.

chi·hua·hua [tʃɪ'wɑ:wə]⟨telb.zn.⟩ **0.1** ***chihuahua*** ⟨kleine dameshond⟩.

chil·blain ['tʃɪlbleɪn]⟨f1⟩⟨telb.zn.⟩ **0.1** ***winter*** ⇒*winterhanden, wintervoeten.*

'chil·blained ⟨bn.⟩ **0.1** ***met winterhanden / wintervoeten.***

child [tʃaɪld]⟨f4⟩⟨telb.zn.; children ['tʃɪldrən]; →mv. 3⟩⟨→sprw. 64, 77, 78, 273, 440, 620⟩ **0.1** ***kind*** ⟨ook fig.⟩ **0.2** ***nakomeling*** ⇒*afstammeling* **0.3** ***volgeling*** ⇒*aanhanger* **0.4** ***(geestes)kind*** ⇒*produkt, resultaat* ◆ **1.2** the children of Israel *de kinderen Israels* **1.4** ~ of nature *natuurkind* **1.¶** children of wrath *kinderen des toorns* **6.1** **from** a ~ *van kindsbeen af;* **with** ~ *zwanger, in verwachting;* get s.o. **with** ~ *iem. zwanger maken;* great / heavy **with** ~ *op alle dagen lopend, hoogzwanger* **7.1** ⟨inf.⟩ this ~ *dit / mijn persoon(tje), ik, mij(zelf).*

'child abuse ⟨n.-telb.zn.⟩ **0.1** ***kindermishandeling*** ⟨ook psychisch⟩.

'child al'lowance ⟨telb.zn.⟩ **0.1** ***kinderaftrek.***

'child-bat·ter·ing ⟨n.-telb.zn.⟩ **0.1** ***kindermishandeling*** ⟨alleen fysiek geweld⟩.

'child·bear·ing ⟨n.-telb.zn.⟩ **0.1** ***het baren*** ⇒*kraambed.*

child·bed →childbirth.

'child 'benefit ⟨f1⟩⟨telb. en n.-telb.zn.⟩⟨BE⟩ **0.1** ***kinderbijslag.***

'child·birth, ⟨vero.⟩ **'child·bed** ⟨f2⟩⟨telb. en n.-telb.zn.⟩ **0.1** ***het baren*** ⇒*bevalling, kraambed.*

'child care ⟨n.-telb.zn.⟩ **0.1** ***kinderverzorging / opvang*** ⇒*het zorgen voor (de) kinderen* **0.2** ⟨BE⟩⟨ong.⟩ ***kinderbescherming.***

'child-care centre ⟨telb.zn.⟩ **0.1** ***kinderdagverblijf.***

Chil·der·mas ['tʃɪldəmæs‖-dər-]⟨eig.n.⟩⟨vero.⟩ **0.1** ***Onnozele-kinderendag*** ⟨28 december⟩.

'child guidance 'clinic ⟨telb.zn.⟩ **0.1** ⟨ong.⟩ ***medisch opvoedkundig bureau.***

child·hood ['tʃaɪldhʊd]⟨f3⟩⟨telb. en n.-telb.zn.⟩ **0.1** ***jeugd*** ⇒*kindsheid, kinderjaren* ◆ **7.¶** second ~ *kindsheid.*

child·ish ['tʃaɪldɪʃ]⟨f3⟩⟨bn.; -ly; -ness⟩ **0.1** ***kinderachtig*** ⇒*kinderlijk, kinder-, kinds.*

'child language ⟨n.-telb.zn.⟩⟨taalk.⟩ **0.1** ***kindertaal.***

child·less ['tʃaɪldləs]⟨f1⟩⟨bn.⟩ **0.1** ***kinderloos*** ⇒*zonder kinderen.*

child·like ['tʃaɪldlaɪk]⟨f1⟩⟨bn.⟩ **0.1** ***kinderlijk*** ⇒*eenvoudig, onschuldig.*

'Child·Line ⟨n.-telb.zn.⟩⟨BE⟩ **0.1** ***kindertelefoon.***

'child·mind·er ⟨telb.zn.⟩⟨vnl. BE⟩ **0.1** ***kinderoppas*** ⇒*babysit,* ⟨B.⟩ *onthaalmoeder.*

'child·mind·ing ⟨n.-telb.zn.⟩ **0.1** ***kinderoppas / opvang.***

'child 'prodigy ⟨telb.zn.⟩ **0.1** ***wonderkind.***

'child·proof ⟨bn.⟩ **0.1** ***kinderveilig*** ⟨bv. een sluiting⟩ ◆ **1.1** ~ lock *kinderslot.*

children ⟨mv.⟩ →child.

'children's home ⟨telb.zn.⟩ **0.1** ***kindertehuis.***

'child·snatch·ing ⟨telb. en n.-telb.zn.⟩ **0.1** ***ontvoering v. kind*** ⟨door één der ouders⟩.

'child spacing ⟨telb. en n.-telb.zn.⟩ **0.1** ***geboortenspreiding.***

'child's play ⟨f1⟩⟨n.-telb.zn.⟩ **0.1** ***kinderspel.***

chile →chilli.

Chile ['tʃɪli]⟨eig.n.⟩ **0.1** ***Chili.***

Chil·e·an[1] ['tʃɪliən]⟨telb.zn.⟩ **0.1** ***Chileen(se).***

Chilean[2] ⟨bn.⟩ **0.1** ***Chileens.***

'chile 'nitre, 'chile salt'petre ⟨n.-telb.zn.⟩⟨schei.⟩ **0.1** ***chilisalpeter*** ⇒*natriumnitraat, sodaniter, caliche* ⟨als delfstof⟩.

chili →chilli.

chil·i·ad ['kɪliæd]⟨telb.zn.⟩ **0.1** ***duizendtal*** ⇒*duizend* **0.2** ***(periode v.) duizend jaar.***

chil·i·asm ['kɪliæzm]⟨n.-telb.zn.⟩⟨rel.⟩ **0.1** ***chiliasme*** ⟨geloof in de leer v.h. duizendjarig rijk; Openb. 20: 2 - 7⟩.

chil·i·ast ['kɪliæst]⟨telb.zn.⟩⟨relig.⟩ **0.1** ***chiliast.***

chil·i·as·tic ['kɪli'æstɪk]⟨bn.⟩⟨relig.⟩ **0.1** ***van / betreffende het chiliasme / de chiliasten.***

'chil·i bowl ⟨telb.zn.⟩ ⟨AE; sl.⟩ **0.1** ***bloempotkapsel.***
chill[1] [tʃɪl] ⟨f2⟩ ⟨telb.zn.⟩ **0.1** ***verkoudheid*** ⇒*koutje, koude rilling* **0.2** ⟨vnl. enk.⟩ ***kilte*** ⇒*kilheid, koelte, koelheid;* ⟨fig.⟩ *onhartelijkheid, onaandoenlijkheid; domper* ◆ **3.1** catch a ~ *kouvatten* **3.2** cast a ~ over sth. *een domper zetten op iets;* take the ~ off the milk *even de kou van de melk afhalen;* put a ~ into / on s.o. *iem. ontmoedigen.*
chill[2] →chilly.
chill[3] ⟨f2⟩ ⟨ww.⟩
I ⟨onov.ww.⟩ **0.1** ***afkoelen*** ⇒*koud worden* **0.2** ⟨metallurgie⟩ ***hard worden*** ⇒*harden;*
II ⟨ov.ww.⟩ **0.1** ***doen afkoelen*** ⇒*koud maken, koelen, koel bewaren;* ⟨fig.⟩ *beklemmen, ontmoedigen; temperen* **0.2** ⟨metallurgie⟩ ***afschrikken*** ⇒*harden* **0.3** ⟨AE; sl.⟩ ***definitief regelen*** ⇒*afdoende oplossen* **0.4** ⟨AE; sl.⟩ ***bewusteloos / buiten westen / knock-out slaan*** ⇒*tegen de touwen slaan, bewusteloos slaan* **0.5** ⟨AE; sl.⟩ ***koud maken*** ⇒*afmaken, de pijp uithelpen, asjewijne / kassiewijne / kassie-zes maken* **0.6** ***de stuipen op het lijf jagen*** ⇒*bang maken, schrik aanjagen.*
chill·er ['tʃɪlə‖-ər] ⟨telb.zn.⟩ **0.1** ⟨metallurgie⟩ ***harder*** **0.2** ⟨metallurgie⟩ ***hardvorm*** **0.3** ⟨inf.⟩ ***thriller*** ⇒*griezelboek, griezelverhaal, griezelfilm* **0.4** ***melodrama.***
chiller dill·er ['tʃɪlədɪlə‖'tʃɪlərdɪlər] ⟨telb.zn.⟩ ⟨AE; sl.⟩ **0.1** ***superthriller.***
chill factor →windchill (factor).
chil·li, ⟨AE sp. vnl.⟩ **chil·i, chil·e** ['tʃɪli] ⟨f1⟩ ⟨telb.zn.; eerste twee vormen -es; →mv. 2⟩ **0.1** ***Spaanse peper*** ⇒*chilipeper, cayennepeper, chili(poeder)* ◆ **1.1** ⟨cul.⟩ ~ con carne *chili con carne.*
chill·y ['tʃɪli], **chill** ⟨f2⟩ ⟨bn.; -er; -ness; →compar. 7⟩ **0.1** ***koel*** ⇒*kil, koud* **0.2** ***huiverig*** ⇒*kouwelijk, kleumerig, kleums* **0.3** ***onvriendelijk*** ⇒*ongevoelig, ontmoedigend* **0.4** ⟨AE; sl.⟩ ***uitstekend*** ⇒*perfect, zonder fout.*
Chil·tern Hundreds ['tʃɪltən 'hʌndrɪdz] ⟨mv.⟩ ⟨BE⟩ **0.1** ***Chiltern Hundreds*** ⟨Engels kroondomein⟩ ◆ **3.¶** apply for the ~ *het kamerlidmaatschap neerleggen, zijn parlementszetel opgeven.*
chi·m(a)e·ra [kaɪ'mɪərə‖-'mɪrə] ⟨telb.zn.⟩ **0.1** ⟨vaak C-⟩ ***chimaera*** ⇒*monster(dier)* ⟨uit Griekse mythologie⟩ **0.2** ***hersenschim*** ⇒*droombeeld, schrikbeeld, chimère, chimaera* **0.3** ⟨biol.⟩ ***entbastaard*** ⇒*chimaere, monstrum.*
chime[1] [tʃaɪm] ⟨f2⟩ ⟨telb.zn.⟩ **0.1** ⟨vnl. mv.⟩ ***klok*** ⇒*klokkenspel, carillon* **0.2** ***klokkeklank*** ⇒*klokgelui, klokgebeier, geklingel* **0.3** ***harmonie*** ⇒*overeenstemming* **0.4** ***kim*** ⇒*rand* ⟨v.e. vat⟩ ◆ **1.1** a ~ of bells *een klokkenspel* **1.2** the ~ of the clock *het slaan v.d. klok* **3.1** listen to the ~s *naar het klokkenspel luisteren;* ring the ~s *de klokken luiden.*
chime[2] ⟨f1⟩ ⟨ww.⟩
I ⟨onov.ww.⟩ **0.1** ***luiden*** ⇒*(harmonisch) klinken, klingelen, spelen, slaan* **0.2** ***in harmonie zijn*** ⇒*harmoniëren, overeenstemmen* ◆ **5.1** →chime **in;** ~ well together *goed bij elkaar passen / op elkaar afgestemd zijn* **6.1** ~ **with** *in overeenstemming zijn met;*
II ⟨ov.ww.⟩ **0.1** ***(harmonisch) luiden*** ⇒*doen klinken, bespelen, spelen op, slaan* ◆ **1.1** the clock ~d one (o'clock) *de klok sloeg één uur.*
'chime 'in ⟨onov.ww.⟩ **0.1** ***overeenstemmen*** ⇒*instemmen* **0.2** ***opmerken*** ⇒*invallen* ⟨met opmerking⟩, *bijvallen;* ⟨AE; sl.⟩ *zich ergens ongevraagd mee bemoeien* ◆ **6.1** ~ **with** *overeenstemmen met; afgestemd zijn op* **6.2** ~ **with** *invallen / tussenbeide komen met* ⟨opmerking⟩.
chi·mere [tʃɪ'mɪə‖-'mɪr] ⟨telb.zn.⟩ **0.1** ***opperkleed*** ⟨v.e. bisschop⟩.
chi·mer·ic [kaɪ'merɪk, kɪ-], **chi·mer·i·cal** [-ɪkl] ⟨bn.; -(al)ly; →bijw. 3⟩ **0.1** ***hersenschimmig*** ⇒*chimeriek.*
chim·ney ['tʃɪmni] ⟨f3⟩ ⟨telb.zn.⟩ **0.1** ***schoorsteen*** ⇒*rookkanaal, rookgat, pijp* **0.2** ***lampeglas*** **0.3** ⟨bergsport⟩ ***schoorsteen*** ⇒*(de) Kamin* ⟨nauwe rotsspleet⟩ **0.4** ***kraterpijp*** ⇒*diatrema* ⟨in vulkaan⟩ **0.5** ⟨AE; sl.⟩ ***kop*** ⇒*bovenkamer, hoofd.*
'chim·ney-breast ⟨telb.zn.⟩ **0.1** ***schoorsteenmantel.***
'chim·ney-cap, 'chim·ney-jack ⟨telb.zn.⟩ **0.1** ***schoorsteenkap*** ⇒*gek, windkap.*
'chim·ney-cor·ner ⟨telb.zn.⟩ **0.1** ***nis / bankje onder de schouw.***
'chim·ney-piece ⟨telb.zn.⟩ **0.1** ***schoorsteenmantel.***
'chimney pot ⟨telb.zn.⟩ **0.1** ***schoorsteen(pot).***
'chimney pot 'hat ⟨telb.zn.⟩ **0.1** ***kachelpijp*** ⇒*hoge hoed, hoge zije.*
'chim·ney-shaft ⟨telb.zn.⟩ **0.1** ***schoorsteen(pot).***
'chim·ney-stack, 'chim·ney-stalk ⟨telb.zn.⟩ **0.1** ***(meervoudige) schoorsteen.***
'chim·ney-swal·low ⟨telb.zn.⟩ ⟨dierk.⟩ **0.1** →chimney swift **0.2** ***(Europese) boerenzwaluw*** ⟨Hirundo rustica⟩.
'chimney sweep(er) ⟨telb.zn.⟩ **0.1** ***schoorsteenveger.***
'chimney swift ⟨telb.zn.⟩ ⟨dierk.⟩ **0.1** ***schoorsteengierzwaluw*** ⟨Chaetura pelagica⟩.
'chim·ney-top ⟨telb.zn.⟩ **0.1** ***schoorsteen(pot)*** ⇒*schoorsteenkap.*
chimp [tʃɪmp] ⟨f1⟩ ⟨telb.zn.⟩ ⟨verk.⟩ chimpanzee ⟨inf.⟩ **0.1** ***chimpansee.***
chim·pan·zee ['tʃɪmpæn'zi:, -pən-] ⟨f1⟩ ⟨telb.zn.⟩ **0.1** ***chimpansee.***
chin[1] [tʃɪn] ⟨f3⟩ ⟨telb.zn.⟩ **0.1** ***kin*** **0.2** ⟨sl.⟩ ***praatje*** ⇒*geklets, gekeuvel* **0.3** ⟨sl.⟩ ***onbeschoftheid*** ◆ **3.¶** ⟨inf.⟩ stick one's ~ out *erom vragen, problemen zoeken;* take sth. on the ~ *een harde klap krijgen, iets moedig verdragen* **5.¶** ⟨inf.⟩ (keep your) ~ **up!** *kop op!, volhouden!.*
chin[2] ⟨ww.; →ww. 7⟩
I ⟨onov.ww.⟩ **0.1** ⟨inf.⟩ ***kletsen*** ⇒*keuvelen, een boom opzetten* **0.2** ⟨sport⟩ ***zich (vanuit voorlinkse hang) optrekken tot kinhoogte;***
II ⟨ov.ww.⟩ **0.1** ***optrekken tot kinhoogte*** ⟨aan horizontale balk⟩ **0.2** ***onder de kin plaatsen*** ⟨bv. viool⟩.
chi·na ['tʃaɪnə] ⟨f3⟩ ⟨zn.⟩
I ⟨eig.n.; C-⟩ **0.1** ***China;***
II ⟨telb.zn.⟩ ⟨verk.⟩ china plate;
III ⟨n.-telb.zn.⟩ **0.1** ***porselein*** **0.2** ⟨verk.⟩ ⟨china ware⟩.
'China 'aster ⟨telb.zn.⟩ ⟨plantk.⟩ **0.1** ***Chinese aster*** ⟨Callistephus chinensis⟩.
'china 'clay ⟨n.-telb.zn.⟩ **0.1** ***porseleinaarde*** ⇒*kaolien.*
'china closet ⟨telb.zn.⟩ **0.1** ***porseleinkast.***
'Chi·na·man ['tʃaɪnəmən] ⟨n.-telb.zn.; Chinamen [-mən]; →mv. 3⟩ **0.1** ⟨cricket⟩ ***chinaman*** ⟨off-break v. linkshandige bowler naar rechtshandige batsman⟩ **0.2** ⟨vero.; bel.⟩ ***Chinees*** **0.3** ⟨sl.⟩ ***in scheepswasserij werkende matroos.***
'Chinaman's chance ⟨telb.zn.; steeds in negatieve context⟩ ⟨inf.⟩ ◆ **5.¶** not a ~ *een heel kleine kans, bijna geen kans.*
'china 'plate ⟨telb.zn.⟩ ⟨sl.⟩ **0.1** ***maat*** ⇒*kameraad.*
'China 'syndrome ⟨telb.zn.; the⟩ **0.1** ***het smelten v.d. reactorkern.***
'China 'tea ⟨n.-telb.zn.⟩ **0.1** ***(gerookte) Chinese thee.***
'Chi·na·town ⟨telb.zn.⟩ **0.1** ***Chinatown*** ⇒*Chinese wijk.*
'chi·na·ware ⟨n.-telb.zn.⟩ **0.1** ***porselein(en voorwerpen).***
'China watcher ⟨telb.zn.⟩ **0.1** ***Chinakenner*** ⇒*Chinawaarnemer.*
chincapin →chinquapin.
chinch [tʃɪntʃ], **'chinch bug** ⟨telb.zn.⟩ ⟨AE; dierk.⟩ **0.1** ***bedwants*** ⟨Cimex lectularius⟩ **0.2** ***(soort) kleine aardwants*** ⟨schadelijk voor graan; Blissus leucopterus⟩.
chin·che·rin·chee ['tʃɪntʃə'rɪntʃi], **chin·che·rich·ee** [-'rɪtʃi], **chin·ke·rich·ee** ['tʃɪŋkə-] ⟨telb.zn.; ook chincherinchee; →mv. 4⟩ ⟨plantk.⟩ **0.1** ***Zuidafrikaanse vogelmelk*** ⟨Ornithogalum thyrsoides⟩.
chin·chil·la [tʃɪn'tʃɪlə] ⟨zn.⟩
I ⟨telb.zn.⟩ **0.1** ⟨dierk.⟩ ***chinchilla*** ⟨Chinchilla laniger⟩ **0.2** ***chinchillakonijn*** **0.3** ***chinchillakat;***
II ⟨n.-telb.zn.⟩ **0.1** ***chinchilla(pels)*** **0.2** ⟨AE⟩ ***mantelgoed*** ⟨zware wollen mantelstof⟩.
chin-chin ['tʃɪn'tʃɪn] ⟨BE; inf.⟩ **0.1** ***prosit*** ⇒*proost* **0.2** ***dag*** ⇒*tot ziens.*
'chinch·pad ⟨telb.zn.⟩ ⟨sl.⟩ **0.1** ***goedkoop hotel / pension.***
Chin·dit ['tʃɪndɪt] ⟨telb.zn.⟩ **0.1** ***Chindit*** ⟨geallieerde die achter de Japanse linies vocht in Birma (1943-'45)⟩.
chine[1] [tʃaɪn] ⟨f1⟩ ⟨telb.zn.⟩ **0.1** ***ruggegraat*** **0.2** ***rugstuk*** ⇒*rugvlees* **0.3** ***heuvelrug*** ⇒*bergrug* **0.4** ⟨scheep.⟩ ***knik*** ⟨in kiel v. boot⟩ **0.5** ⟨BE; gew.⟩ ***ravijn*** ⟨in Dorset, Isle of Wight⟩ **0.6** →chime.
chine[2] ⟨ov.ww.⟩ **0.1** ⟨slacht⟩ ***door ruggegraat kappen van*** ◆ **1.1** ~ a carcass *een karkas doorkappen.*
Chi·nee [ʃaɪ'ni:] ⟨telb.zn.⟩ ⟨sl.⟩ **0.1** ***Chinees*** **0.2** ***vrijkaartje.***
Chi·nese[1] ['tʃaɪ'ni:z] ⟨f3⟩ ⟨zn.; Chinese; →mv. 4⟩
I ⟨eig.n.⟩ **0.1** ***Chinees*** ⇒*Chinese taal;*
II ⟨telb.zn.⟩ **0.1** ***Chinees.***
Chinese[2] ⟨f3⟩ ⟨bn.⟩ **0.1** ***Chinees*** ⇒*van / uit China, van het Chinees* ◆ **1.¶** ~ boxes *nest dozen;* ⟨plantk.⟩ ~ cabbage *Chinese kool* ⟨Brassica pekinensis⟩; ~ copy *slaafse kopie, slechte reproductie, slaafse imitatie;* ~ fire drill *verwarring, chaotische toestand;* ⟨AE; sl.⟩ *spelletje* ⟨zodra je in het verkeer moet stoppen met de auto, wisselen van bestuurder⟩; ⟨dierk.⟩ ~ goose *Chinese gans* ⟨Anser cygnoides / cygnopis cygnoides⟩; ⟨Austr. E⟩ ~ gooseberry *kiwi (vrucht / plant);* ~ ink *Oostindische inkt;* ~ lantern ⟨plantk. ook⟩ ~ lantern plant *lampion, papieren lantaarn;* ⟨plantk.⟩ *jodenkers, jodenkriek, krieken over zee, jodenbrood, jodenkersen, blaaskersen, winterkersen, lampionplant* ⟨Physalis alkekengi⟩; ~ puzzle *moeilijke puzzel* ⟨kubus / bol uit hout⟩; *moeilijk probleem, puzzel;* ⟨plantk.⟩ ~ sacred lily *(soort) Tazetnarcis* ⟨Narcissus tazetta orientalis⟩; ⟨sl.⟩ ~ tobacco *opium;* ~ wall *Chinese muur;* ⟨fig.⟩ *onoverkomelijke hinderpaal;* ~ white *zinkwit, zinkoxyde.*
chink[1] [tʃɪŋk] ⟨f1⟩ ⟨telb.zn.⟩ **0.1** ***spleet*** ⇒*opening, gat* **0.2** ***halfopen ruimte*** **0.3** ***lichtstraal*** ⟨als door een spleet⟩ ⇒*straaltje licht* **0.4** ***kling*** ⇒*het klingelen, het rinkelen, metaalgeluid, glasgeluid* **0.5** ⟨C-⟩ ⟨sl.; bel.⟩ ***spleetoog*** ⇒*Chinees* ◆ **1.1** ⟨fig.⟩ that's the ~ in his armour *dat is zijn zwakke plek / Achilleshiel* **1.4** the ~ of glass *rinkelend glas, glasgerinkel.*

chink[2] ⟨f1⟩⟨ww.⟩
I ⟨onov.ww.⟩ **0.1** ***klingelen*** ⇒*rinkelen* ⟨(als) v. metaal, glas⟩;
II ⟨ov.ww.⟩ **0.1** ***doen klingelen*** ⇒*doen rinkelen* ⟨(als) metaal, glas⟩ **0.2** ***spleten maken in*** **0.3** ***dichten*** ⇒*(op)vullen, invullen* ◆ **1.2** (the) boards had been ~ed by the effect of the weather *de planken hadden spleten ten gevolge van het weer*.
chinkapin →chinquapin.
chinkerinchee →chincherinchee.
chin·less [ˈtʃɪnləs]⟨bn.⟩ **0.1** ***kinloos*** ⇒*met een zwakke/kleine kin* **0.2** ⟨BE; inf.⟩ ***slap*** ⇒*karakterloos, niet resoluut* ⟨v. persoon⟩ ◆ **1.¶** ⟨BE; sl.⟩ ~ wonder *kinloos wonder;* ⟨ben. voor⟩ *(aristocratische) nietsnut*.
ˈchin music ⟨n.-telb.zn.⟩⟨AE⟩ **0.1** ***geklets*** ⇒*praatjes, gekeuvel*.
chi·no [ˈtʃaɪnoʊ]⟨zn.⟩
I ⟨n.-telb.zn.⟩ **0.1** ***kaki*** ⇒*zware katoen* ⟨meestal kakikleurig⟩;
II ⟨mv.; ~s⟩ **0.1** ***broek v. zware katoen***.
Chi·no- [ˈtʃaɪnoʊ] **0.1** ***Sino-*** ⇒*Chinees*.
chi·noi·se·rie [ʃiːnˈwɑːzəˈriː]⟨zn.⟩
I ⟨telb.zn.⟩ **0.1** ***chinoiserie;***
II ⟨n.-telb.zn.⟩ **0.1** ***(imitatie) Chinese stijl***.
chi·nook [tʃɪˈnʊk, -ˈnuːk]⟨zn.⟩
I ⟨eig.n.; C-⟩ **0.1** ***Chinook*** ⟨Noordamerikaanse Indianenstam⟩;
II ⟨n.-telb.zn.⟩ **0.1** ***warme vochtige zeewind*** ⟨ten oosten v.d. Rocky Mountains⟩ **0.2** ***warme droge zuiderwind*** ⟨ten westen v.d. Rocky Mountains⟩.
chiˈnook ˈsalmon ⟨telb.zn.⟩⟨dierk.⟩ **0.1** ***(soort) grote zalm*** ⟨uit de Stille Oceaan; Oncorhynchus tshawytscha⟩.
chin·qua·pin, chin·ca·pin, chin·ka·pin [ˈtʃɪŋkɪpɪn]⟨telb.zn.⟩⟨plantk.⟩ **0.1** ***(soort) kleine Am. boom/struik*** ⟨Castanea pumila⟩ **0.2** ***(soort) Am. naaldboom*** ⟨Castanopsis chrysophelle⟩ **0.3** ***noot*** ⟨v. 0.1/0.2⟩.
ˈchin strap ⟨telb.zn.⟩ **0.1** ***kinriem*** ⇒*stormband, stormriem*.
ˈchin turret ⟨telb.zn.⟩ **0.1** ***geschutkoepel vlak onder neus v. bommenwerper/helikopter***.
chintz [tʃɪnts]⟨f1⟩⟨n.-telb.zn.⟩ **0.1** ***chintz*** ⇒*sits*.
chintz·y [ˈtʃɪntsi]⟨bn.; -er; →compar. 7⟩ **0.1** ***sitsen*** ⇒*(als) van chintz/sitz* **0.2** ***goedkoop*** ⇒*vulgair, gemeen, opzichtig, prull(er)ig, onmodieus*.
ˈchin-up ⟨telb.zn.⟩ **0.1** ***optrekoefening*** ⟨tot kin op gelijke hoogte is met stang waaraan men hangt⟩.
ˈchin-wag[1] ⟨n.-telb.zn.⟩⟨sl.⟩ **0.1** ***geklets*** ⇒*gekeuvel, praatje* **0.2** ***geroddel*** ◆ **3.1** have a good ~ *even gezellig kletsen, een boom opzetten*.
chin-wag[2] ⟨onov.ww.⟩⟨sl.⟩ **0.1** ***kletsen*** ⇒*praten, keuvelen* **0.2** ***roddelen***.
chi·o·no·dox·a [ˈkaɪənoʊˈdɒksə‖-ˈdɑk-]⟨telb.zn.⟩ **0.1** ***chionodoxa*** ⟨blauwbloemige vroegbloeier⟩.
chip[1] [tʃɪp]⟨f3⟩⟨telb.zn.; in bet. 0.4 en 0.5 vaak mv.⟩⟨→sprw. 281⟩ **0.1** ***schilfertje*** ⇒*splinter(tje), spaander, bik, brokje* **0.2** ***kerfje*** ⇒*stukje uit hout/steen/porcelein/aardewerk, schaarde, scherf* **0.3** ***fiche*** ⇒*betaalpenning* **0.4** ⟨vnl. mv.⟩⟨vooral BE⟩ ***friet*** ⇒*patat* **0.5** ⟨vnl. mv.⟩⟨AE, Austr. E⟩ ***chips*** **0.6** ***schijfje*** ⇒*reepje* ⟨v.e. vrucht⟩ **0.7** ⟨tech.; comp.⟩ ***chip*** **0.8** ***strook*** ⟨om te weven; v. hout, bladeren, palm, stro, enz.⟩ **0.9** ***mand uit geweven stroken*** **0.10** ⟨voetbal⟩ ***boogbal(letje)*** ⇒*lob* **0.11** ⟨golf⟩ ***korte, hoge slag*** **0.12** ***koeiemest*** ⇒*koemest, schapemest* ⟨voor gebruik als brandstof⟩ **0.13** ***waardeloos iets*** ◆ **1.6** a ~ of apple *een schijfje appel* **1.¶** have a ~ on one's shoulder *prikkelbaar zijn, ruzie zoeken, lichtgeraakt zijn, slecht geluimd zijn* **3.3** ⟨inf.; euf.⟩ hand/pass/cash in one's ~s *het tijdelijke met het eeuwige verwisselen* **3.4** eat ~s *patates frites eten* **5.3** ⟨inf.⟩ when the ~s are down *als het erop aankomt, als het menens wordt* **6.¶** ⟨sl.⟩ **in** the ~ *rijk, welvarend*.
chip[2] ⟨f3⟩⟨ww.; →ww. 7⟩ →chipping
I ⟨onov.ww.⟩ **0.1** ***afsplinteren*** ⇒*afbrokkelen, schilferen, pellen* **0.2** ⟨sport, i.h.b. voetbal, golf⟩ ***een (kort) boogballetje geven/slaan/trappen*** ⇒⟨voetbal ook⟩ *lepelen* **0.3** ***(zijn steentje) bijdragen*** **0.4** ⟨inf.⟩ ***onderbreken*** ◆ **5.3** we all ~ped **in** *we legden botje bij botje* **5.4** 'Don't!', he ~ped **in** *'Niet doen!', onderbrak hij* **6.1** ~ **away at** a piece of wood *stukjes kappen uit een stuk hout, hout vorm geven;*
II ⟨ov.ww.⟩ **0.1** ***(af)kappen*** ⇒*afsnijden, afbreken, afbrokkelen, afbikken; onderbreken, in de rede vallen* **0.2** ***beitelen*** ⇒*beeldhouwen, kerven* **0.3** ⟨inf.⟩ ***plagen*** ⇒*pesten, vervelen, voor de gek houden* **0.4** ⟨vnl. BE⟩ ***in reepjes snijden*** ⟨aardappel⟩ ⇒*friet/patat maken v.* **0.5** ⟨sport, i.h.b. voetbal, golf⟩ ***(een boogbal(letje)) slaan/trappen*** ⇒⟨voetbal ook⟩ *lepelen* ◆ **5.1** the bird ~ped **away** the twig *het vogeltje hakte het takje (beetje bij beetje) weg;* ~ **off** *afbikken, afbreken*.
ˈchip·ax(e) ⟨telb.zn.⟩ **0.1** ***kleine bijl***.
ˈchip basket ⟨telb.zn.⟩⟨vnl. BE⟩ **0.1** ***mand uit geweven stroken***.
ˈchip·board ⟨n.-telb.zn.⟩ **0.1** ***spaan(der)plaat***.
ˈchip carving ⟨zn.⟩
I ⟨telb.zn.⟩ **0.1** ***kerfsnede;***
II ⟨n.-telb.zn.⟩ **0.1** ***het houtsnijden***.
chip·munk, chip·monk [ˈtʃɪpmʌŋk], **chip·muck** [-mʌk]⟨telb.zn.⟩⟨dierk.⟩ **0.1** ***aardeekhoorn*** ⇒*wangzakeekhoorn* ⟨genus Tamius of Eutamias⟩.
chip·o·la·ta [ˈtʃɪpəˈlɑːt̬ə]⟨telb.zn.⟩⟨BE⟩ **0.1** ***pittig worstje***.
ˈchipped ˈbeef ⟨n.-telb.zn.⟩⟨AE⟩ **0.1** ***gedroogd (verbrokkeld) rundvlees***.
Chip·pen·dale [ˈtʃɪpəndeɪl]⟨n.-telb.zn.⟩ **0.1** ***Chippendale stijl*** **0.2** ***Chippendale meubels***.
chip·per[1] [ˈtʃɪpə‖-ər]⟨bn.⟩⟨AE; inf.⟩ **0.1** ***vrolijk*** ⇒*levendig, kwiek*.
chipper[2] ⟨onov.ww.⟩ **0.1** ***tsjirpen*** **0.2** ***kletsen***.
chip·ping [ˈtʃɪpɪŋ]⟨telb.zn.; oorspr. gerund v. chip⟩⟨vnl. BE⟩ **0.1** ⟨vnl. mv.⟩ ***scherfje*** ⇒*stukje* **0.2** ***bik*** ⇒*losse stukjes steen* ◆ **2.2** there were new ~s on the road *er lag nieuw grind op de weg*.
ˈchipping sparrow ⟨telb.zn.⟩⟨AE; dierk.⟩ **0.1** ***Noordamerikaanse mus*** ⟨Spizella passerina⟩.
chip·py[1] [ˈtʃɪpi]⟨telb.zn.⟩ **0.1** ⟨inf.⟩ ***hoer*** ⇒*prostituée* **0.2** ⟨BE; inf.⟩ ***vis en frites-tent*** **0.3** ⟨inf.⟩ ***timmerman*** **0.4** ⟨AE; dierk.⟩ ***Noordamerikaanse mus*** ⟨Spizella passerina⟩.
chippy[2] ⟨bn.; -ness; →bijw. 3⟩⟨inf.⟩ **0.1** ***onwel*** **0.2** ***prikkelbaar*** **0.3** ⟨AE, Can. E; vnl. sport⟩ ***(onnodig) ruw/hard/agressief***.
Chips [tʃɪps]⟨telb.zn.⟩⟨sl.; scheep.⟩ **0.1** ***timmerman (aan boord)***.
ˈchip shot ⟨telb.zn.⟩ **0.1** ⟨golf⟩ ***kort boogballetje*** ⟨geslagen naar de green⟩ **0.2** ⟨voetbal⟩ ***boogbal(letje)*** ⇒*lob*.
chi·ro-, chei·ro- [ˈkaɪroʊ-] **0.1** ***chiro-*** ⇒*hand-* ◆ **¶.1** chiropodist *chiropodist*.
chi·ro·gra·phy [kaɪˈrɒgrəfi‖-ˈrɑ-]⟨n.-telb.zn.⟩ **0.1** ***handschrift***.
chi·ro·man·cer [ˈkaɪrəmænsə‖-ər]⟨telb.zn.⟩ **0.1** ***persoon die aan handlezen/chiromantie/handlijnkunde doet***.
chi·ro·man·cy [ˈkaɪrəmænsi]⟨n.-telb.zn.⟩⟨schr.⟩ **0.1** ***chiromantie*** ⇒*het handlezen, handlijnkunde*.
chi·ro·po·dist [kɪˈrɒpədɪst‖-ˈrɑ-]⟨telb.zn.⟩⟨med.⟩ **0.1** ***chiropodist***.
chi·ro·po·dy [kɪˈrɒpədi‖-ˈrɑ-]⟨n.-telb.zn.⟩⟨med.⟩ **0.1** ***chiropodie***.
chi·ro·prac·tic [ˈkaɪrəˈpræktɪk]⟨n.-telb.zn.⟩⟨med.⟩ **0.1** ***chiropraktijk***.
chi·ro·prac·tor [ˈkaɪrəˈpræktə‖-ər]⟨telb.zn.⟩⟨med.⟩ **0.1** ***chiropractícus*** ⇒*chiropractor*.
chi·ro·pter·an [kaɪˈrɒptərən‖-ˈrɑp-]⟨telb.zn.⟩⟨dierk.⟩ **0.1** ***vliegend zoogdier v.d. orde der Chiroptera*** ⟨waaronder vleermuizen⟩.
chirp[1] [tʃɜːp‖tʃɜrp]⟨f1⟩⟨telb.zn.⟩ **0.1** ***(ge)tjirp*** ⇒*(ge)sjilp, (ge)piep, (ge)tjiep, gekweel* ◆ **1.1** the ~s of the birds *het getjirp v.d. vogels*.
chirp[2] ⟨f1⟩⟨ww.⟩
I ⟨onov.ww.⟩ **0.1** ***tjirpen*** ⇒*tjilpen, piepen* **0.2** ***snappen*** ⇒*kwetteren, kwelen, vrolijk/met een hoge stem praten* **0.3** ⟨sl.⟩ ***doorslaan*** ⇒*alles verlinken;*
II ⟨ov.ww.⟩ **0.1** ***zingen*** ⇒*op een hoge/vrolijke toon zeggen* ◆ **1.1** a lark was ~ing a song *een leeuwerik zong* **5.1** the boy ~ed **out** his joy *de jongen jubelde van vreugde*.
chirp·er [ˈtʃɜːpə‖ˈtʃɜrpər]⟨telb.zn.⟩⟨sl.⟩ **0.1** ***zangeres*** **0.2** ***verrader*** ⇒*informant*.
chirp·y [ˈtʃɜːpi‖ˈtʃɜr-]⟨bn.; -er; -ly; -ness; →bijw. 3⟩ **0.1** ***vrolijk*** ⇒*levendig,* ⟨inf.⟩ *spraakzaam*.
chirr[1] [tʃɜː‖tʃɜr]⟨telb.zn.⟩ **0.1** ***sjirp*** ⇒*(ge)sjirp, (ge)tjirp* ◆ **1.1** the ~ of the grasshopper/cricket *het sjirpen van de sprinkhaan/krekel*.
chirr[2] ⟨onov.ww.⟩ **0.1** ***sjirpen*** ⇒*tjirpen* ⟨als een sprinkhaan/krekel⟩.
chir·rup[1] [ˈtʃɪrəp‖ˈtʃɜrəp]⟨f1⟩⟨telb.zn.⟩ **0.1** ***piep*** ⇒*getjilp, getjirp, gepiep, gesjilp* **0.2** ***geklik*** ⟨o.a. om paard aan te moedigen⟩.
chirrup[2] ⟨f1⟩⟨ww.⟩
I ⟨onov.ww.⟩ **0.1** ***tjirpen*** ⇒*tjilpen, piepen, sjilpen, kwetteren* **0.2** ***klikken*** ⟨om paard aan te moedigen⟩ ◆ **6.1** ~ **to** a pony *een pony aanmoedigen met geklik;*
II ⟨ov.ww.⟩ **0.1** ***tjirpen*** ⇒*tjilpen, kwetteren* **0.2** ***klikkend aanmoedigen*** ⟨paard⟩ ◆ **1.2** ~ a horse *een paard door geklik aanmoedigen*.
chis·el[1] [ˈtʃɪzl]⟨f2⟩⟨telb.zn.⟩ **0.1** ***beitel*** **0.2** ⟨sl.⟩ ***zwendel*** ⇒*bedrog* ◆ **2.1** cold ~ *koudbeitel*.
chisel[2] ⟨f2⟩⟨onov. en ov.ww.; →ww. 7⟩ **0.1** ***beitelen*** ⇒*beeldhouwen, vormen* **0.2** ***graveren*** ⇒*(af/uit)steken* **0.3** ⟨sl.⟩ ***bedriegen*** ⇒*(be)zwendelen, oplichten* **0.4** ***beroven*** ⇒*op oneerlijke wijze ontnemen, bietsen* ◆ **1.1** ⟨fig.⟩ ~led features *scherpe/duidelijke gelaatstrekken* **6.1** ~ a figure **out of** a piece of wood *een figuur beitelen in een stuk hout;* ~ stone **into** a statue *steen tot een beeld uitbeitelen* **6.4** ~ an old man **out of** his property *een oude man van zijn bezit beroven*.
chis·el·ler [ˈtʃɪzlə‖-ər]⟨telb.zn.⟩⟨sl.⟩ **0.1** ***zwendelaar*** ⇒*bedrieger, oplichter*.
chi-square [ˈkaɪskweə‖-skwer]⟨telb. en n.-telb.zn.⟩⟨stat.⟩ **0.1** ***chi-kwadraat***.

chit [tʃɪt]⟨f1⟩⟨telb.zn.⟩ **0.1** ***jong kind*** ⇒*hummel, prul* **0.2** ⟨vaak pej./bel.; voor vrouw⟩ ***prul*** ⇒*pruts, jong ding* **0.3** ⟨vnl. BE⟩ ***briefje*** ⇒*memo, pas(je), document, getuigschrift* **0.4** ***rekening*** ⇒*bon(netje), cheque, schuldenbriefje* **0.5** ⟨sl.⟩ ***verkoopvergunning*** **0.6** ⟨sl.⟩ ***consumptie/maaltijdbon*** ◆ **1.2** a ~ of a girl *een prul van een meid.*

chi·tal ['tʃi:tl]⟨telb.zn.; chital; →mv. 4⟩⟨dierk.⟩ **0.1** ***Axishert*** ⟨bruin met witte vlekken; Axis axis⟩.

chit·chat¹ ['tʃɪttʃæt]⟨n.-telb.zn.⟩⟨inf.⟩ **0.1** ***gekeuvel*** ⇒*geklets, praatje, gebabbel* **0.2** ***geroddel.***

chitchat² ⟨onov.ww.⟩ **0.1** ***keuvelen*** ⇒*kletsen, babbelen* **0.2** ***roddelen.***

chi·ter·lings ['tʃɪtəlɪŋz||tʃɪtər-], **chit·lings** ['tʃɪtlɪŋz], **chit·lins** [-lɪnz] ⟨mv.⟩ **0.1** ***kleine ingewanden v. varken*** ⟨als eten⟩.

chi·tin ['kaɪtɪn]⟨n.-telb.zn.⟩⟨biol.⟩ **0.1** ***chitine*** ⟨deel v.d. uitwendige harde delen v. insekten en schaaldieren⟩.

'chit·lin circuit ⟨n.-telb.zn.⟩⟨sl.; bel.⟩ **0.1** ***theater en nachtclubs met zwarte artiesten.***

chi·ton ['kaɪtn||-tɑn]⟨n.-telb.zn.⟩ **0.1** ⟨gesch.⟩ ***chiton*** ⇒*kleed* **0.2** ⟨dierk.⟩ ***chiton*** ⟨schelpdier; genus Amphineura⟩.

chit·ter ['tʃɪtə||'tʃɪtər]⟨onov.ww.⟩ **0.1** ***kwetteren*** ⟨als vogel⟩ ⇒*tjirpen.*

chiv [tʃɪv], **shiv** [ʃɪv]⟨telb.zn.⟩⟨sl.⟩ **0.1** ***mes.***

chiv·al·ric ['ʃɪvlrɪk] →chivalrous.

chiv·al·rous ['ʃɪvlrəs]⟨f1⟩⟨bn.; -ly; -ness⟩ **0.1** ***ridderlijk*** ⇒*als een ridder, ridder-, galant, eervol* **0.2** ***donquichotachtig.***

chiv·al·ry ['ʃɪvlri]⟨f2⟩⟨n.-telb.zn.⟩ **0.1** ***ridderschap*** **0.2** ***ridderlijkheid*** **0.3** ⟨vero.⟩ ***ridderlijke kunsten*** ⟨artes⟩.

chive [tʃaɪv]⟨f1⟩⟨zn.⟩
I ⟨telb.zn.⟩⟨plantk.⟩ **0.1** ***bieslook*** ⟨Allium schoenoprasum⟩;
II ⟨mv.; ~s⟩⟨cul.⟩ **0.1** ***bieslook.***

chiv·y¹, **chiv·vy** ['tʃɪvi], **chev·y**, **chev·vy** ['tʃevi]⟨telb.zn.; →mv. 2⟩ **0.1** ⟨BE⟩ ***jacht*** ⇒*achtervolging* **0.2** ***jachtkreet.***

chivy², **chivvy** ⟨f2⟩⟨ww.⟩
I ⟨onov.ww.⟩ **0.1** ***wegrennen*** ⇒*rennen, (weg)ijlen, jachten;*
II ⟨ov.ww.⟩ **0.1** ***(op)jagen*** ⇒*achtervolgen* **0.2** ⟨inf.⟩ ***pesten*** ⇒*vervelen* **0.3** ⟨inf.⟩ ***aanmorren*** ◆ **5.2** they are always ~ing Peter **up/about** *ze pesten Peter steeds* **5.3** we were always being chiv(v)ied **along** by the master about our work *de baas zat altijd achter ons aan over het werk.*

chiz(z)¹ [tʃɪz]⟨telb.zn.⟩⟨verk.⟩ chisel ⟨BE; sl.⟩ **0.1** ***zwendel*** ⇒*bedrog, oplichting.*

chiz(z)² ⟨ov.ww.; →ww. 7⟩⟨verk.⟩ chisel ⟨BE; sl.⟩ **0.1** ***bedriegen*** ⇒*bezwendelen, oplichten.*

chl ⟨afk.⟩ chloroform.

chlor- →chloro-.

chlo·ral ['klɔ:rəl]⟨telb.zn.⟩ **0.1** ⟨schei.⟩ ***chloraal*** ⇒*trichloorethanal* **0.2** ⟨med.⟩⟨verk.⟩ ⟨chloral hydrate⟩ ***chloraal(hydraat).***

'chloral 'hydrate ⟨telb.zn.⟩⟨med.⟩ **0.1** ***chloraal(hydraat).***

chlor·am·phen·i·col ['klɔ:ræm'fenɪkɒl||'klɔr-kɔl]⟨telb.zn.⟩⟨schei., med.⟩ **0.1** ***chlooramphenicol*** ⟨antibioticum⟩.

chlo·rate ['klɔ:reɪt]⟨telb.zn.⟩⟨schei.⟩ **0.1** ***chloraat*** ◆ **1.1** ~ of potash *chloorkali, kaliumchloraat.*

chlo·rel·la [klə'relə]⟨telb.zn.⟩⟨biol.⟩ **0.1** ***chlorella*** ⟨eencellig groenwier⟩.

chlo·ric ['klɔ:rik]⟨bn., attr.⟩⟨schei.⟩ **0.1** ***chloor-*** ◆ **1.1** ~ acid *chloorzuur.*

chlo·ride ['klɔ:raɪd]⟨f2⟩⟨zn.⟩
I ⟨telb. en n.-telb.zn.⟩ **0.1** ***chloride*** **0.2** ***chloruur*** ◆ **1.1** ~ of lime *chloorkalk;* ~ of potash *chloorkalium;* ~ of soda *chloornatrium;*
II ⟨n.-telb.zn.⟩ **0.1** ***bleekmiddel*** **0.2** ***ontsmettingsmiddel.***

chlo·rin·ate ['klɔ:rɪneɪt]⟨ov.ww.⟩ **0.1** ***chlor(er)en*** ⇒*ontsmetten, antiseptisch maken* ◆ **1.1** ~d lime *chloorkalk;* ~d water *chloorwater.*

chlo·rin·a·tion ['klɔ:rɪ'neɪʃn]⟨n.-telb.zn.⟩ **0.1** ⟨schei.⟩ ***chlorering*** **0.2** ***chloring*** ⇒*behandeling met chloor* ⟨v. water⟩.

chlo·rine ['klɔ:ri:n]⟨f1⟩⟨n.-telb.zn.⟩⟨schei.⟩ **0.1** ***chloor*** ⟨element 17⟩.

chlo·ro- ['klɔ:roʊ], **chlor-** ['klɔ:r] **0.1** ⟨plantk., mineralogie⟩ ***groen*** **0.2** ⟨schei.⟩⟨in formules van verbindingen⟩ ***chloor-*** ◆ **¶.1** ⟨plantk.⟩ chloroplast *chloroplast, bladgroenkorrel* **¶.2** chloracne *chlooracne;* chlorofluorocarbon *chloorfluorkoolstof.*

chlo·ro·form¹ ['klɒrəfɔ:m||'klɔrəfɔrm]⟨f1⟩⟨n.-telb.zn.⟩ **0.1** ***chloroform*** ⇒*trichloormethaan.*

chloroform² ⟨ov.ww.⟩ **0.1** ***chloroform(is)eren*** ⇒*door chloroform verdoven, gevoelloos maken* **0.2** ***vergiftigen met chloroform.***

chlo·ro·phyl(l) ['klɒrəfɪl||'klɔr-]⟨n.-telb.zn.⟩⟨plantk.⟩ **0.1** ***chlorofyl*** ⇒*bladgroen.*

chlo·ro·sis [klə'roʊsɪs]⟨telb.zn.; chloroses [-si:z]; →mv. 5⟩ **0.1** ⟨plantk., med.⟩ ***chlorose*** ⇒*bleekziekte, bleekzucht.*

chlo·rot·ic [klə'rɒtɪk||-'rɑtɪk]⟨bn.⟩⟨plantk., med.⟩ **0.1** ***chlorotisch*** ⇒*bleekzuchtig.*

chlo·rous ['klɔ:rəs]⟨bn.⟩ **0.1** ***chloorhoudend*** **0.2** ***chloorachtig.***

chlor·prom·a·zine ['klɔ:r'prɒməzi:n||'klɔr'prɑ-]⟨n.-telb.zn.⟩⟨schei., med.⟩ **0.1** ***chloorpromazine.***

chm ⟨afk.⟩ chairman, checkmate.

Ch M ⟨afk.⟩ Master of Surgery ⟨Chirurgiae Magister⟩.

choc [tʃɒk||tʃɑk]⟨telb.zn.⟩⟨BE; inf.⟩ **0.1** ***chocolaatje.***

'choc-ice, ⟨ook⟩ **'choc-bar** ⟨telb.zn.⟩⟨BE; inf.⟩ **0.1** ***chocoladeijsje*** ⟨ijsje bedekt met chocolade⟩.

chock¹ [tʃɒk||tʃɑk]⟨telb.zn.⟩ **0.1** ***blok*** ⇒*klos, wig,* ⟨vnl. onder wielen⟩ *klamp* **0.2** ⟨scheep.⟩ ***verhaalklamp*** ⇒*verhaalkam.*

chock² ⟨ov.ww.⟩ **0.1** ***vastzetten*** ⇒*blokkeren, vastleggen, vaststoppen* **0.2** ⟨scheep.⟩ ***op kielblokken plaatsen*** ⟨boot⟩ **0.3** ⟨inf.⟩ ***(op) vullen*** ◆ **5.1** ~ that wheel **up** *blokkeer dat wiel* **6.3** a place ~ed up **with** rubbish *een ruimte overvol rommel.*

chock³ ⟨bw.⟩ **0.1** ***volledig*** ⇒*helemaal* **0.2** ***vlak*** ⇒*dicht* ◆ **6.2** ~ **up against** *vlak tegen.*

chock·a·block ['tʃɒkə'blɒk||'tʃɑkə'blɑk]⟨bn., pred.; bw.⟩⟨inf.⟩ **0.1** ***propvol*** ⇒*tjokvol, boordevol* ◆ **6.1** the class-room was ~ **with** chairs and desks *de klas was volgestouwd met stoelen en tafels.*

chock·er ['tʃɒkə||'tʃɑkər]⟨bn., pred.⟩⟨BE; sl.⟩ **0.1** ***beu*** ⇒*zat.*

chock-full, **chuck-full**, **choke-full** ['tʃɒk'fʊl||'tʃɑk-]⟨bn.⟩ **0.1** ***propvol*** ⇒*tjokvol, boordevol* ◆ **6.1** ~ **of** people *boordevol mensen.*

'chock·taw ⟨telb.zn.⟩⟨schaatssport⟩ **0.1** ***chocktaw*** ⟨draai v.d. ene voet op de andere met kantwisseling⟩.

choc·o·late¹ ['tʃɒklət||'tʃɑ-]⟨f3⟩⟨zn.⟩
I ⟨telb.zn.⟩ **0.1** ***chocolaatje*** ⇒*bonbon, praline* **0.2** ***chocola(demelk);***
II ⟨n.-telb.zn.⟩ **0.1** ***chocolade*** **0.2** ***chocoladepoeder*** **0.3** ***chocolade (kleur)*** **0.4** ***chocola(demelk)*** ◆ **1.1** a bar of ~ *een reep chocolade.*

chocolate² ⟨f2⟩⟨bn.⟩ **0.1** ***chocoladekleurig*** **0.2** ***chocolade*** ⇒*naar chocolade smakend* **0.3** ⟨sl.⟩ ***neger-.***

'chocolate 'biscuit ⟨telb.zn.⟩ **0.1** ***chocoladekoekje.***

'choc·o·late-box ⟨telb.zn.⟩ **0.1** ***bonbondoos*** **0.2** ***romantische stijl*** ⟨v. schilderijen⟩.

'chocolate 'chips ⟨mv.⟩⟨AE⟩ **0.1** ***chocoladeschilfers.***

'chocolate 'cream ⟨telb.zn.⟩ **0.1** ***gevulde bonbon.***

'chocolate drop ⟨telb.zn.⟩ **0.1** ***flikje*** **0.2** ⟨sl.⟩ ***nikker*** ⇒*roetmop.*

'chocolate 'soldier ⟨telb.zn.⟩ **0.1** ***soldaat die niet wil vechten.***

'chocolate tree ⟨telb.zn.⟩ **0.1** ***cacaoboom.***

choice¹ [tʃɔɪs]⟨f3⟩⟨zn.⟩⟨→sprw. 554⟩
I ⟨telb.zn.⟩ **0.1** ***keus*** ⇒*keuze, het kiezen* **0.2** ***keur*** ⇒*(het/de) beste, de bloem* **0.3** ***keuzemogelijkheid*** ⇒*keur, optie* **0.4** ***het/de gekozene*** ⇒*keus, keuze, voorkeur* ◆ **1.3** a ~ of goods *een ruim assortiment* **3.1** make/take one's ~ *(uit)kiezen* **6.1** **by/for** ~ *bij voorkeur;* the doll **of** her ~ *de pop van haar keuze;*
II ⟨n.-telb.zn.⟩ **0.1** ***keuze(mogelijkheid)*** ⇒*keus, beslissingsrecht, alternatief* ◆ **1.1** I've got Hobson's ~ *ik heb helemaal geen keus* **3.1** the prisoner had little ~ in the matter *er bleef de gevangene weinig keus;* John has no ~ but to come *John moet wel komen* **6.1** **for** ~ he would have taken this *als hij had mogen kiezen, had hij dit genomen;* **from** ~ *graag, gewillig.*

choice² ⟨f1⟩⟨bn., attr.; -er; -ly; -ness; →compar. 7⟩ **0.1** ***uitgelezen*** ⇒*kwaliteits-, prima, beste, goed gekozen* **0.2** ⟨iron.⟩ ***beledigend*** ⇒*sterk, goed gekozen* ◆ **1.1** they sell ~ meat ⟨ong.⟩ *het is een keurslager* **1.2** he abused her, so she replied with ~r words *omdat hij haar uitschold koos zij voor haar reactie scherpere woorden.*

choir, ⟨vero. sp. ook⟩ **quire** ['kwaɪə||-ər]⟨f2⟩⟨zn.⟩
I ⟨telb.zn.⟩ **0.1** ⟨bouwk.⟩ ***koor;***
II ⟨verz.n.⟩ **0.1** ***koor*** ◆ **1.1** a ~ of singers *een zangkoor;* a ~ of birds *een vogelkoor.*

'choir·boy ⟨f1⟩⟨telb.zn.⟩ **0.1** ***koorknaap*** ⇒*koorzanger(tje).*

'choir·master ⟨f1⟩⟨telb.zn.⟩ **0.1** ***koordirigent*** ⇒*koorleider.*

'choir organ ⟨telb.zn.⟩ **0.1** ***rugpositief*** ⟨van een driedelig orgel⟩.

'choir school ⟨telb.zn.⟩ **0.1** ***koorschool*** ⟨voor koorknapen v.e. kerk⟩.

'choir screen ⟨telb.zn.⟩ **0.1** ***koor(af)sluiting*** ⇒*koorhek.*

'choir stall ⟨telb.zn.⟩ **0.1** ***koorbank*** ⇒*koorzetel, koorstal;* ⟨mv.⟩ *koorgestoelte.*

choke¹ [tʃoʊk]⟨f1⟩⟨telb.zn.⟩ **0.1** ***verstikking*** ⇒*verstikkingsgeluid, snik, wurging* **0.2** ***vernauwing*** ⇒*keel, hals* **0.3** ⟨tech.⟩ ***choke*** ⇒*gasklep, smoorklep* **0.4** ⟨elek.⟩ ***smoorspoel*** **0.5** ***baard v. artisjok*** **0.6** →chok(e)y ◆ **1.2** ~ of a gun *choke van een jachtgeweer.*

choke² ⟨f3⟩⟨ww.⟩ →choked ⟨→sprw. 648⟩
I ⟨onov.ww.⟩ **0.1** ***(ver)stikken*** ⇒*naar adem snakken, zich verslikken* **0.2** ***verstommen*** ⇒*stokken* **0.3** ***verstopt zijn*** **0.4** ⟨AE⟩ ***stuntelen*** ⇒*niet effectief handelen* ◆ **5.¶** ⟨AE⟩ ~ **in/up!** *hou je kop!, zwijg! afgelopen!, uit!;* ⟨sport, i.h.b. honkbal⟩ ~ **up** on the bat *het bat hoger vastpakken;*
II ⟨ov.ww.⟩ **0.1** ***verstikken*** ⇒*doen stikken, smoren, doen verslikken, naar adem doen snakken* **0.2** ***verstoppen*** ⇒*versperren, (op)*

vullen, afsluiten, volproppen **0.3** ***beroeren*** ⇒*overstuur maken, van z'n stuk brengen, in de war brengen, van streek maken, doen zwijgen* **0.4** ***onderdrukken*** ⇒*inslikken, bedwingen* **0.5** ⟨tech.⟩ ***choken*** ⇒*de choke gebruiken voor* **0.6** ⟨sport⟩ ***hoger vastpakken*** ⟨v. racket, knuppel e.d.⟩ ◆ **1.1** the smoke almost ~s you *de rook doet je bijna stikken;* ~ a fire *een vuur doven* **1.2** ~ a tube with stones/sand *een buis (geheel of gedeeltelijk) opstoppen met steentjes/zand* **5.1** ~ **down** food *eten met moeite naar binnen slikken* ⟨door pijn enz.⟩; *eten vlug naar binnen werken* ⟨uit haast⟩ **5.2** a road ~d **up** with traffic *een overdrukke weg;* the grid is ~d **up** with hair and dirt *het rooster zit dicht met haar en vuil* **5.3** he got all ~d **up** about that silly remark *hij was helemaal overstuur/opgewonden van die stomme opmerking* **5.4** ~ **back/down** feelings *gevoelens onderdrukken/inslikken;* ~ **down/back** tears *tranen terugdringen/bedwingen* **5.¶** Verity got a good choking **off** from her Dad *Verity kreeg een uitbrander van haar vader;* ⟨sl.; vooral BE⟩ Geoff ~d her **off** *Geoff zorgde dat ze wegging, hield haar tegen, onderbrak haar;* we managed to ~ Martha **off** *het lukte ons Martha af te schepen* **6.1** ~ the life **out of** somebody *iemand wurgen;* ⟨fig.; hand.⟩ supermarkets have ~d the life **out of** the small shop *de supermarkt heeft de kleine winkels weggeconcurreerd.*

'choke·ber·ry ⟨telb.zn.⟩ ⟨plantk.⟩ **0.1** ***appelbes*** ⟨Noord-Am. heester; genus Aronia⟩ **0.2** ***vrucht v.d. appelbes.***

'choke·bore ⟨telb.zn.⟩ **0.1** ***choke*** ⇒*tapse boring* **0.2** ***jachtgeweer met taps kaliber.***

'choke·cherry ⟨telb.zn.⟩ ⟨plantk.⟩ **0.1** ***Virginische kers*** ⟨Prunus virginiana⟩ **0.2** ***vrucht van Virginische kers.***

'choke coil →choke[1] 0.4.

choked ['tʃoʊkt] ⟨bn., pred.; oorspr. volt. deelw. v. choke⟩ ⟨inf.⟩ **0.1** ***tjokvol*** **0.2** ***afkerig*** **0.3** ***ontgoocheld*** **0.4** ⟨sl.; BE⟩ ***kwaad*** ◆ **3.2** be ~ *'t land hebben/de pest in hebben, ontgoocheld/kwaad zijn* **6.1** be ~ **with** *barstensvol zitten van.*

'choke·damp ⟨n.-telb.zn.⟩ **0.1** ***mijngas.***

chok·er ['tʃoʊkə‖-ər] ⟨telb.zn.⟩ **0.1** ***iets dat verstikt*** **0.2** ***hoge herenhalsboord*** ⇒*vadermoorder* **0.3** ***choker*** ⇒*nauwsluitende halsketting* **0.4** ***(strop)das*** ⇒*choker, lefdoekje, sjaaltje* **0.5** ***opstaande bontkraag.***

cho·k(e)y ['tʃoʊki] ⟨telb.zn.⟩ ⟨vero.; BE; sl.⟩ **0.1** ***bajes*** ⇒*nor, doos, bak.*

cho·ky ['tʃoʊki] ⟨bn.⟩ **0.1** ***verstikkend.***

chol- [kɒl‖kal], **chole-** ['kɒli‖'kali], **cho·lo-** ['kɒloʊ‖'kaloʊ] ⟨med.⟩ **0.1** ***gal-*** ◆ **¶.1** cholecystography *röntgenonderzoek v.d. galblaas.*

chol·er ['kɒlə‖'kalər] ⟨n.-telb.zn.⟩ **0.1** ⟨gesch.⟩ ***gal*** ⟨een v.d. vier lichaamsvochten⟩ **0.2** ⟨schr.⟩ ***zwartgalligheid*** ⇒*toorn, prikkelbaarheid.*

chol·era ['kɒlərə‖'ka-] ⟨f1⟩ ⟨n.-telb.zn.⟩ **0.1** ***cholera.***

'cholera belt ⟨telb.zn.⟩ **0.1** ***lendegordel*** ⟨om buikziektes te voorkomen⟩.

chol·er·a·ic ['kɒlə'reɪɪk‖'ka-] ⟨bn.⟩ **0.1** ***als/v. cholera.***

chol·er·ic ['kɒlərɪk‖'ka-] ⟨bn.; -ally⟩ **0.1** ***cholerisch*** ⇒*van gal vervuld, zwartgallig, opvliegend, prikkelbaar* **0.2** ***kwaad*** ⇒*razend* **0.3** ⟨vero.⟩ ***dat de gal van streek brengt.***

cho·les·ter·ol [kə'lestərɒl‖-roʊl] ⟨f1⟩ ⟨n.-telb.zn.⟩ **0.1** ***cholesterol.***

cho·lic ['koʊlɪk] ⟨bn.⟩ ⟨med.⟩ **0.1** ***mbt./v. de gal*** ⇒*gal-* ◆ **1.1** ~ acid *galzuur.*

cho·line ['koʊli:n] ⟨n.-telb.zn.⟩ ⟨schei.⟩ **0.1** ***choline*** ⟨basische amine⟩.

chomp →champ[2].

Chom·skian, Chom·skyan ['tʃɒmskɪən‖'tʃam-] ⟨bn.⟩ ⟨taalk.⟩ **0.1** ***Chomskyaans.***

chon·dr- [kɒndr‖kandr], **chon·dri-** ['kɒndri‖'kandri], **chon·dro** ['kɒndroʊ‖'kandroʊ] ⟨med.⟩ **0.1** ***kraakbeen-*** ◆ **¶.1** chondrify *tot kraakbeen worden/maken.*

chon·drite ['kɒndraɪt‖'kan-] ⟨telb.zn.⟩ **0.1** ***chondriet*** ⟨soort meteoriet⟩.

choo·choo ['tʃu:tʃu:] ⟨telb.zn.⟩ ⟨AE; kind.⟩ **0.1** ***tjoek-tjoek*** ⇒*trein, locomotief.*

chook [tʃʊk] ⟨telb.zn.⟩ ⟨vnl. Austr. E; inf.⟩ **0.1** ***kip*** **0.2** ***griet*** ⇒*vrouw, meid.*

choose [tʃu:z] ⟨f4⟩ ⟨ww.; chose [tʃoʊz], chosen ['tʃoʊzn]⟩

I ⟨onov.ww.⟩ **0.1** ***kiezen*** ⇒*selecteren, beslissen* ◆ **3.1** ⟨vero.⟩ he cannot ~ but ... *hij heeft geen keuze, hij kan niet anders dan/moet wel ...;* they can go if they ~ *ze kunnen wel gaan als ze willen;* would you ~, please? *wilt u beslissen, a.u.b.?* **6.1** ~ **between/from** *kiezen uit;*

II ⟨ov.ww.⟩ **0.1** ***(uit)kiezen*** ⇒*selecteren* **0.2** ***beslissen*** ⇒*besluiten* **0.3** ***(ver)kiezen*** ⇒*willen, wensen* **0.4** ***(uitver)kiezen*** ⇒*uitselecteren* ◆ **1.1** ~ the best piece of meat *het beste stuk vlees nemen* **1.4** who did you ~ (as/to be) leader? *wie hebben jullie als leider genomen?;* the chosen people/race *het uitverkoren volk, de joden* **3.2** George chose not to come *George besloot niet te komen, kwam liever niet;* the queen chose to abdicate *de koningin wenste/besloot/verkoos af te treden* **6.1** he didn't know how to ~ **between** the two *hij wist niet hoe hij tussen beide(n) moest kiezen;* there is nothing/little/not much to ~ **between** them *er valt weinig aan te kiezen, ze zijn bijna gelijk;* a lot to ~ **from** *veel om uit te kiezen* **6.3** ~ coffee **over** tea *koffie verkiezen boven thee, liever koffie dan thee hebben* **8.2** we chose that we might as well stay *we besloten dat we net zo goed konden blijven.*

choos·er ['tʃu:zə‖-ər] ⟨telb.zn.⟩ ⟨→sprw. 42⟩ **0.1** ***persoon die kiest*** ⇒*kiezer.*

choos·(e)y ['tʃu:zi] ⟨f1⟩ ⟨bn.; choosier; →compar. 7⟩ **0.1** ***kieskeurig.***

chop[1] [tʃɒp‖tʃap] ⟨f2⟩ ⟨zn.⟩

I ⟨telb.zn.⟩ **0.1** ***kap*** ⇒*hak, slag, houw* **0.2** ***karbonade*** ⇒*kotelet* **0.3** ⟨bokssport⟩ ***korte, felle stoot*** **0.4** ⟨tennis, cricket enz.⟩ ***kapbal*** ⇒*gekapte slag* **0.5** ***tjap*** ⟨officieel zegel in China en India⟩ ⇒*handelsmerk* ⟨in China⟩ **0.6** ⟨Austr. E.⟩ ***houthakkerswedstrijd*** **0.7** ⟨vaak mv.⟩ ⟨Austr. E⟩ ***houthakkerswedstrijd*** ◆ **3.¶** ⟨sl.⟩ get the ~ *ontslagen worden; gedood worden;* ⟨AE; sl.⟩ give sth. the ~ *iets de das om doen;*

II ⟨n.-telb.zn.⟩ **0.1** ***korte golfslag*** ⇒*korte zeegang, knobbeltje* ⟨door wind tegen stroom⟩ **0.2** ⟨inf.⟩ ***kwaliteit*** ◆ **7.2** first ~ *eerste kwaliteit, prima;* second ~ *tweede kwaliteit, tweederangs;* ⟨Austr. E⟩ not much/no ~ *niet veel zaaks/soeps, slecht;*

III ⟨mv.; ~s⟩ **0.1** ***kaken*** ⇒⟨AE⟩ *lippen, mond* ◆ **1.¶** the ~s of the Channel *de ingang v.h. Kanaal* ⟨vanuit de Atlantische Oceaan⟩ **3.1** lick one's ~s *zijn lippen likken.*

chop[2] ⟨f3⟩ ⟨ww.; →ww. 7⟩

I ⟨onov.ww.⟩ **0.1** ***hakken*** ⇒*kappen, houwen* **0.2** ***voortdurend en onberekenbaar v. richting veranderen*** ◆ **3.2** ~ and change *erg veranderlijk zijn, veel veranderen* **5.2** the wind ~ped **about/around** *de wind schiftte voortdurend;* why do you ~ **about** so much? *waarom ben je toch zo veranderlijk?* **6.1** ~ **at** sth./s.o. but miss *naar iem./iets uithalen, maar missen;*

II ⟨ov.ww.⟩ **0.1** ***hakken*** ⇒*kappen, houwen* **0.2** ***fijnhakken*** ⇒*fijnsnijden* **0.3** ⟨bokssport⟩ ***een korte, felle stoot plaatsen*** **0.4** ⟨tennis, cricket enz.⟩ ***met gekapte slag slaan*** **0.5** ⟨vaak pass.⟩ ⟨inf.⟩ ***doen stoppen*** **0.6** ⟨atletiek⟩ ***verkorten*** ⟨pas, bij hordenloop⟩ ◆ **1.4** ~ a ball *een kapbal slaan* **1.5** New Pool Plans Chopped *Plannen Nieuw Zwembad van de Baan* **1.¶** ~ one's teeth *bazelen, wauwelen* **5.1** ~ **away** some branches *een paar takken weghakken;* ~ **down** trees *bomen omhakken;* she ~ped **off** their heads *ze hakte hun koppen af* **5.2** ~ **up** parsley *peterselie fijnhakken.*

'chop-'chop ⟨bw.⟩ ⟨sl.; pidgin⟩ **0.1** ***gauw-gauw.***

chop-fallen →chap-fallen.

'chop·house ⟨telb.zn.⟩ **0.1** ***(eenvoudig) eethuisje*** ⇒*bistro* **0.2** ***douanekantoor*** ⟨China⟩.

chop·per[1] ['tʃɒpə‖'tʃapər] ⟨zn.⟩

I ⟨telb.zn.⟩ **0.1** ***persoon die hakt/houwt/kapt*** **0.2** ***hakmes*** ⇒*kapmes, hakselmes, slagersmes* **0.3** ***bijl*** **0.4** ⟨inf.⟩ ***helikopter*** **0.5** ⟨elek.⟩ ***stroomonderbreker*** **0.6** ⟨sl.⟩ ***motor*** **0.7** ⟨AE⟩ ***machinegeweer;***

II ⟨mv.; ~s⟩ ⟨sl.⟩ **0.1** ***tanden*** ⇒*kaken.*

chopper[2] ⟨ww.⟩ ⟨inf.⟩

I ⟨onov.ww.⟩ **0.1** ***met een helikopter vliegen;***

II ⟨ov.ww.⟩ **0.1** ***per helikopter vervoeren.***

chop·py ['tʃɒpi‖'tʃapi] ⟨f1⟩ ⟨bn.; -er; -ness; →compar. 7⟩ **0.1** ***knobbelig*** ⇒*met korte golfslag* **0.2** ***veranderlijk*** **0.3** ⟨inf.⟩ ***onsamenhangend*** ◆ **1.1** ~ sea *ruwe zee* **1.2** ~ wind *veranderlijke wind* **1.3** his style is too ~ *zijn stijl is te onsamenhangend.*

'chop·stick ⟨f1⟩ ⟨telb.zn.; meestal mv.⟩ **0.1** ***(eet)stokje.***

chop su·ey ['tʃɒp 'su:i‖'tʃap-] ⟨f1⟩ ⟨n.-telb.zn.⟩ **0.1** ***tjap-tjoy*** ⟨Chinees gerecht⟩ **0.2** ⟨AE⟩ ***Chinees restaurant.***

choral ['kɔ:rəl] ⟨f2⟩ ⟨bn., attr.; -ly⟩ **0.1** ***koor-*** ⇒*v.e. koor, voor een koor, met een koor* **0.2** ***vocaal*** ⇒*gezongen, gesproken* **0.3** ***koraal-*** ⇒*als/van/met een koraal* ◆ **1.1** a ~ dance *een koordans, een reidans;* ~ music *koormuziek;* a ~ symphony *een koorsymfonie* **1.2** ~ service *gezongen mis* **1.3** a ~ cantata *een koraalcantate.*

cho·rale, cho·ral [kɒ'ra:l‖kə'ræl, -'ral] ⟨telb.zn.⟩ **0.1** ⟨relig.⟩ ***koraal*** ⇒*psalm, (koraal)gezang* **0.2** ⟨muz.⟩ ***koraal*** **0.3** ***koor*** ⇒*koorknapen, koralen* ◆ **1.2** a Bach ~ *een koraal v. Bach.*

'choral society ⟨telb.zn.⟩ **0.1** ***zangvereniging*** ⇒*koor,* ⟨B.⟩ *koormaatschappij.*

chord [kɔ:d‖kɔrd] ⟨f3⟩ ⟨telb.zn.⟩ **0.1** ***snaar*** ⟨ook fig.⟩ **0.2** ⟨meetkunde⟩ ***koorde*** **0.3** ⟨muz.⟩ ***akkoord*** **0.4** ⟨lucht.⟩ ***koorde*** ⇒*vleugelbreedte* **0.5** →cord ◆ **1.2** the ~ of a circle/arc *de koorde v.e. cirkel/boog* **3.1** ⟨fig.⟩ that strikes a ~ *dat herinnert me aan iets;* touch the right ~ *de juiste snaar aanraken* ⟨iem. op de juiste manier aanpakken⟩; what he said struck a sympathetic ~ *wat hij zei vond weerklank.*

chord·al ['kɔ:dl‖'kɔrdl] ⟨bn., attr.⟩ **0.1** ***v.e. snaar*** **0.2** ***v.e. stemband*** **0.3** ***v.e. koorde*** **0.4** ***v.e. akkoord.***

chor·date ['kɔ:deɪt, -dət]⟨telb.zn.⟩⟨dierk.⟩ **0.1** ***dier v.d. hoofdafdeling der chordata.***
chore [tʃɔ:‖tʃɔr]⟨f2⟩⟨telb.zn.⟩ **0.1** ⟨vaak mv.⟩ ***karweitje*** ⇒*werk, huiselijk werk* **0.2** ***karwei*** ⇒*vervelend werk, korvee* ◆ **3.1** do the ~s *het huishouden doen, het werk op de boerderij doen.*
cho·re·a [kɒ'rɪə‖kə'rɪə]⟨n.-telb.zn.⟩⟨med.⟩ **0.1** ***chorea*** ⇒*sint-vitusdans, sint-veitsdans, fieteldans, dansziekte.*
cho·re·o·graph ['kɒrɪəgrɑ:f‖'kɔrɪəgræf]⟨ww.⟩
 I ⟨onov.ww.⟩ **0.1** ***(als) choreograaf (werkzaam) zijn*** ⇒*als choreograaf werken;*
 II ⟨ov.ww.⟩ **0.1** ***choreograferen*** ⇒*de choreografie verzorgen van* ◆ **1.1** ~ a ballet *een ballet choreografisch verzorgen.*
cho·re·og·ra·pher ['kɒri'ɒgrəfə‖'kɔri'ɑgrəfər]⟨f1⟩⟨telb.zn.⟩ **0.1** ***choreograaf.***
cho·re·o·graph·ic ['kɒrɪə'græfɪk‖'kɔrɪə-]⟨bn., attr.⟩ **0.1** ***choreografisch.***
cho·re·og·ra·phy ['kɒri'ɒgrəfi‖'kɔri'ɑ-]⟨f1⟩⟨n.-telb.zn.⟩ **0.1** ***choreografie.***
cho·ric ['kɒrɪk‖'kɔrɪk]⟨bn., attr.⟩⟨gesch.⟩ **0.1** ***(als) v.e. koor*** ⟨in Grieks toneelstuk⟩.
cho·ri·on ['kɔ:rɪən‖'kɔriɑn]⟨telb.zn.⟩⟨med.⟩ **0.1** ***chorion*** ⇒*buitenste vruchtvlies.*
cho·ris·ter ['kɒrɪstə‖'kɔrɪstər, 'kɑr-]⟨f1⟩⟨telb.zn.⟩ **0.1** ***korist*** ⇒*koorzanger,* ⟨vaak⟩ *koorknaap* **0.2** ⟨AE⟩ ***koordirigent*** ⇒*koorleider.*
cho·ro·gra·pher [kə'rɒgrəfə‖kə'rɑgrəfər]⟨telb.zn.⟩⟨aardr.⟩ **0.1** ***chorograaf.***
cho·ro·graph·ic ['kɒrə'græfɪk‖'kɔrə-]⟨bn., attr.; -ally; →bijw. 3⟩ ⟨aardr.⟩ **0.1** ***chorografisch.***
cho·rog·ra·phy [kə'rɒgrəfi‖-'rɑ-]⟨n.-telb.zn.⟩⟨aardr.⟩ **0.1** ***chorografie.***
chor·tle[1] ['tʃɔ:tl‖'tʃɔrtl]⟨f1⟩⟨telb.zn.⟩ **0.1** ***luidruchtig gegnuif*** ⇒*het zich luidruchtig verkneukelen, luidruchtig gegrinnik/gegniffel.*
chortle[2] ⟨f1⟩⟨onov.ww.⟩ **0.1** ***luidruchtig gnuiven*** ⇒*zich luidruchtig verkneukelen, luidruchtig grinniken/gniffelen.*
cho·rus[1] ['kɔ:rəs]⟨f3⟩⟨telb.zn.⟩ **0.1** ***koor*** **0.2** ***refrein*** **0.3** ***koor*** ⇒*rei* **0.4** ⟨ben. voor⟩ ***personage dat proloog en epiloog spreekt*** ⟨vooral in Renaissance toneel⟩ ◆ **1.1** a ~ of shouts *veel geschreeuw;* a ~ of disapproval *veel afkeuring* **6.1** in ~ *samen/in koor antwoorden.*
chorus[2] ⟨ww.; →ww. 7⟩
 I ⟨onov.ww.⟩ **0.1** ***in koor zingen/praten;***
 II ⟨ov.ww.⟩ **0.1** ***in koor zingen/zeggen*** **0.2** ***van een refrein voorzien.***
'**chorus girl** ⟨telb.zn.⟩ **0.1** ***danseresje*** ⟨in revue, musical⟩.
'**chorus master** ⟨telb.zn.⟩ **0.1** ***koorleider*** ⇒*koordirigent.*
chose ⟨verl. t.⟩ →choose.
cho·sen ⟨volt. deelw.⟩ →choose.
chott [tʃɒt‖tʃɑt]⟨telb.zn.⟩ **0.1** ***chott*** ⇒*zoutmoeras* ⟨in Noord-Afrika⟩.
chou [ʃu:]⟨telb.zn.; choux [ʃu:]; →mv. 5⟩⟨cul.⟩ **0.1** ***soes(je).***
chough [tʃʌf]⟨telb.zn.⟩⟨dierk.⟩ **0.1** ***alpenkraai*** ⟨Pyrrhocorax pyrrhocorax⟩.
'**choux** '**pastry** ⟨n.-telb.zn.⟩⟨cul.⟩ **0.1** ***soesjesdeeg.***
chow[1] [tʃaʊ]⟨f1⟩⟨zn.⟩
 I ⟨telb.zn.⟩ **0.1** ***chow-chow*** ⟨hond⟩;
 II ⟨n.-telb.zn.⟩ **0.1** ⟨sl.⟩ ***eten*** ⇒*bik, voer, vreten.*
chow[2] ⟨onov.ww.⟩⟨sl.⟩ **0.1** ***eten*** ⇒*bikken, schransen.*
'**chow-chow** ⟨zn.⟩
 I ⟨telb.zn.⟩ **0.1** ***chow-chow*** ⟨hond⟩;
 II ⟨n.-telb.zn.⟩ **0.1** ***(Chinees/Indisch) ingemaakt groentenmengsel.***
chow·der ['tʃaʊdə‖-ər]⟨f1⟩⟨n.-telb.zn.⟩⟨vnl. AE⟩ **0.1** ***soort soep/hutspot*** ⟨v. verse vis, mosselen, uien, groente, vlees, melk enz.⟩.
'**chow·der·head** ⟨telb.zn.⟩⟨sl.⟩ **0.1** ***stommeling.***
'**chow·der'head·ed** ⟨bn.⟩⟨sl.⟩ **0.1** ***stompzinnig.***
chow mein ['tʃaʊ 'meɪn]⟨n.-telb.zn.⟩ **0.1** ⟨ong.⟩ ***Chinese bami goreng.***
CHP ⟨afk.⟩ combined heat and power.
Chr ⟨afk.⟩ Christ, Christian.
chres·tom·a·thy [kre'stɒməθi‖-'stɑ-]⟨telb.zn.; →mv. 2⟩ **0.1** ***bloemlezing.***
chrism ['krɪzm], ⟨in bet. 0.2 ook⟩ **chris·om** ⟨n.-telb.zn.⟩ **0.1** ***chrisma*** ⇒*wijolie, zalfolie* **0.2** ***sacramentele zalving*** ⟨in orthodoxe kerk⟩.
chris·om ['krɪzm]⟨zn.⟩
 I ⟨telb.zn.⟩ **0.1** ⟨gesch.⟩ ***doopjurk*** ⇒*doopkleed* **0.2** ⟨vero.⟩ ***kind in doopjurk*** ⇒*baby;*
 II ⟨n.-telb.zn.⟩ **0.1** →chrism 0.2.
'**chrisom child** ⟨telb.zn.⟩ **0.1** ***dopeling*** ⟨minder dan een maand oude baby⟩ ⇒⟨ong.⟩⟨B.⟩ *kerstekind(je).*
'**chrisomcloth** ⟨telb.zn.⟩⟨gesch.⟩ **0.1** ***doopjurk*** ⇒*doopkleed.*
Chris·sie ['krɪsi]⟨eig.n.⟩⟨Austr. E; inf.⟩ **0.1** ***Kerst(mis).***
Christ [kraɪst]⟨f3⟩⟨zn.⟩
 I ⟨eig.n.⟩ **0.1** ***Christus*** ◆ **1.¶** for ~'s sake! *christen(e) zielen!* **¶.¶** ~! *Jezus!, jeetje!;*
 II ⟨n.-telb.zn.⟩ **0.1** ***messias*** ⇒*gezalfde* ◆ **7.1** the ~ *de gezalfde.*
'**Christ-child** ⟨n.-telb.zn.⟩ **0.1** ***kind Jezus*** ⇒*Kerstkind.*
chris·ten ['krɪsn]⟨f1⟩⟨ov.ww.⟩ →christening **0.1** ***dopen*** ⇒*kerstenen* **0.2** ***als (doop)naam geven*** ⇒*noemen, dopen* **0.3** ⟨inf.⟩ ***inwijden*** ⇒*voor het eerst gebruiken* ◆ **1.2** their daughter was ~ed Brit *ze lieten hun dochter Brit dopen, ze hebben hun dochter Brit genoemd.*
Chris·ten·dom ['krɪsndəm]⟨f1⟩⟨n.-telb.zn.⟩ **0.1** ***christenheid.***
chris·ten·ing ['krɪsnɪŋ]⟨f1⟩⟨zn.; (oorspr.) gerund v. christen⟩
 I ⟨telb.zn.⟩ **0.1** ***doop;***
 II ⟨n.-telb.zn.⟩ **0.1** ***het dopen.***
Christ·er ['kraɪstə‖-ər]⟨telb.zn.⟩⟨sl.⟩ **0.1** ***droogkloot*** ⇒*sfeerverpester.*
Christ·hood ['kraɪsthʊd]⟨n.-telb.zn.⟩ **0.1** ***het (de) Christus zijn.***
Chris·tian[1] ['krɪstʃən]⟨f3⟩⟨zn.⟩
 I ⟨eig.n.⟩ **0.1** ***Christiaan;***
 II ⟨telb.zn.⟩ **0.1** ***christen*** **0.2** ***christelijk persoon*** **0.3** ⟨sl.⟩ ***fatsoenlijk mens*** ⇒*christenmens.*
Christian[2] ⟨f3⟩⟨bn.⟩ **0.1** ***christelijk*** **0.2** ***als/van Christus*** **0.3** ***als/van de christelijke godsdienst(en)*** **0.4** ***als/van de Christen(en)*** **0.5** ⟨sl.⟩ ***menselijk*** ⇒*mensen-, goed, fatsoenlijk* ◆ **1.5** he did it in a ~ way *hij deed het als een christen/fatsoenlijk* **1.¶** ⟨R.-K.⟩ ~ Brothers *Broeders v.d. christelijke scholen* ⟨broedercongregatie⟩; ~ burial *kerkelijke begrafenis;* ~ era *tijdsperiode v. Christus tot nu;* ~ Science *christian science* ⟨leer v. universele harmonie en genezing door het geloof⟩; ~ Scientist *(christian) scientist;* ~ year *kerkelijk jaar;* ~ Socialism *Socialisme op christelijke basis.*
chris·ti·a·ni·a ['krɪsti'ɑ:nɪə‖-'ænɪə], ⟨verk.⟩ **chris·tie, chris·ty** ['krɪsti]⟨telb.zn.; vaak C-⟩⟨skiën⟩ **0.1** ***schwung*** ⇒⟨vero.⟩ *christie* ◆ **2.1** parallel christie *parallel-schwung.*
Chris·ti·an·i·ty ['krɪsti'ænəti]⟨f2⟩⟨n.-telb.zn.⟩ **0.1** ***christendom*** **0.2** ***christelijkheid.***
Chris·tian·i·za·tion, -sa·tion ['krɪstʃənaɪ'zeɪʃn‖-ə'zeɪʃn]⟨telb.zn.⟩ **0.1** ***kerstening.***
chris·tian·ize ['krɪstʃənaɪz]⟨ww.⟩
 I ⟨onov.ww.⟩ **0.1** ***christen worden;***
 II ⟨ov.ww.⟩ **0.1** ***kerstenen*** **0.2** ***met christelijke ideeën beïnvloeden.***
'**Christian name** ⟨f1⟩⟨telb.zn.; ook c-⟩ **0.1** ***doopnaam*** ⇒*voornaam.*
Christ·like ['kraɪs(t)laɪk], **Christ·ly** ['kraɪs(t)li]⟨bn.⟩ **0.1** ***als/van Christus*** **0.2** ***christelijk.***
Christ·mas ['krɪsməs]⟨f3⟩⟨n.-telb.zn.⟩ **0.1** ***Kerstmis*** ⇒*kerst* **0.2** ***kersttijd*** **0.3** ⟨sl.⟩ ***(gepraal met) opzichtige kleding/sieraden.***
'**Christmas box** ⟨telb.zn.⟩⟨BE⟩ **0.1** ***kerstgeschenk*** ⟨ong. nieuwjaarsfooi⟩.
'**Christmas** '**cactus** ⟨telb.zn.⟩⟨plantk.⟩ **0.1** ***kerstcactus*** ⟨Zygocactus truncatus⟩.
'**Christmas cake** ⟨telb.zn.⟩ **0.1** ***kerstcake.***
'**Christmas card** ⟨telb.zn.⟩ **0.1** ***kerstkaart(je).***
'**Christmas** '**carol** ⟨f1⟩⟨telb.zn.; vaak mv.⟩ **0.1** ***kerstlied.***
'**Christmas club** ⟨telb.zn.⟩ **0.1** ***kerstkas/fonds*** ⟨om te sparen voor kerstinkopen⟩.
'**Christmas** '**cracker** ⟨f1⟩⟨telb.zn.⟩ **0.1** ***kerstpistache*** ⇒*knalbonbon.*
'**Christmas** '**Eve** ⟨f1⟩⟨telb.zn.⟩ **0.1** ***kerstavond*** ⇒*avond voor Kerstmis* **0.2** ***dag voor Kerstmis.***
'**Christmas flower** ⟨telb.zn.⟩⟨plantk.⟩ **0.1** ***winterakoniet*** ⟨Eranthis hiemalis⟩ **0.2** ***kerstroos*** ⟨Helleborus niger⟩.
'**Christmas greens** ⟨mv.⟩⟨AE⟩ **0.1** ***takjes groen*** ⟨als kerstversiering⟩ ⇒*hulst, sparretakjes, kerststukjes.*
'**Christmas present** ⟨telb.zn.⟩ **0.1** ***kerstcadeau(tje).***
'**Christmas** '**pudding** ⟨telb.zn.⟩ **0.1** ***kerstpudding.***
'**Christmas** '**rose** ⟨telb.zn.⟩⟨plantk.⟩ **0.1** ***kerstroos*** ⟨Helleborus niger; soort nieskruid⟩.
'**Christmas** '**stocking** ⟨telb.zn.⟩ **0.1** ***(kerst)kous*** ⟨voor cadeautjes⟩.
Christ·mas·(s)y ['krɪsməsi]⟨bn., attr.⟩ **0.1** ***kerstachtig*** ⇒*kerst-, als/van Kerst(mis).*
'**Christ·mas·time,** '**Christ·mas·tide** ⟨f1⟩⟨n.-telb.zn.⟩ **0.1** ***kerst(tijd).***
'**Christmas tree** ⟨f1⟩⟨telb.zn.⟩ **0.1** ***kerstboom*** **0.2** ⟨sl.⟩ ***afsluiter*** ⟨v. olie- of gasbron⟩ **0.3** ⟨c-⟩⟨sl.; autosport⟩ ***elektronisch startapparaat*** ⟨met rode, gele en groene lichten gebruikt bij drag-racing⟩.
Chris·to- ['krɪstoʊ] **0.1** ***Christus-*** ⇒*christo-* ◆ **¶.1** christology *christologie.*
Christ's thorn ['kraɪs(t)sθɔ:n‖-θɔrn]⟨telb.zn.⟩⟨plantk.⟩ **0.1** ***christusdoorn*** ⟨Paliurus spina-christi⟩ **0.2** ***jujube*** ⟨Zizyphus jujuba⟩.
Chris·ty ['krɪsti] →christiania.
chro·ma ['kroʊmə]⟨n.-telb.zn.⟩ **0.1** ***chroma*** ⟨v. kleur⟩.
chro·mat- ['kroʊmæt], **chro·ma·to-** ['kroʊmətoʊ] **0.1** ***chromato-*** ⇒*kleur-.*

chro·mate ['kroumeɪt]⟨n.-telb.zn.⟩ **0.1** ***chromaat*** ⟨zout v. chroomzuur⟩.
chro·mat·ic [krə'mæţɪk]⟨f1⟩⟨bn.;-ally⟩ **0.1** ***chromatisch*** ⟨van kleur en tonen⟩ **0.2** ***gekleurd*** ◆ **1.1** ~ aberration *chromatische aberratie;* ~ scale *chromatische toonschaal;* ~ semitone *chromatische halve toon(safstand).*
chro·ma·tic·i·ty ['kroumə'tɪsəţi]⟨n.-telb.zn.⟩ **0.1** ***kleurkwaliteit.***
chro·ma·tics [krə'mæţɪks]⟨n.-telb.zn.⟩ **0.1** ***kleurenleer.***
chro·ma·tid ['kroumətɪd]⟨telb.zn.⟩⟨biol.⟩ **0.1** ***chromatide.***
chro·ma·tog·ra·phy ['kroumə'tɒgrəfi‖-'tɑ-]⟨n.-telb.zn.⟩ **0.1** ***chromatografie.***
chrome[1] [kroum]⟨f1⟩⟨zn.⟩
I ⟨telb.zn.⟩ **0.1** ***verchroomd voorwerp;***
II ⟨n.-telb.zn.⟩ **0.1** ⟨inf.; schei.⟩ ***chroom*** ⇒*chromium* ⟨element 24⟩ **0.2** ***chroomverbinding*** **0.3** ***chroomgeel*** ⇒*chromaatgeel.*
chrome[2] ⟨ov.ww.⟩ **0.1** ***chromeren*** ⇒*verchromen.*
'chrome 'alum ⟨n.-telb.zn.⟩ **0.1** ***chroomaluin*** ⇒*kaliumchroomsulfaat.*
'chrome 'green ⟨n.-telb.zn.⟩ **0.1** ***chroomgroen.***
'chrome 'leather ⟨n.-telb.zn.⟩ **0.1** ***chroomle(d)er.***
'chrome 'nickel ⟨n.-telb.zn.⟩ **0.1** ***chroomnikkel.***
chrome red ⟨n.-telb.zn.⟩ **0.1** ***chroomrood*** ⇒*basisch loodchromaat.*
'chrome 'steel ⟨n.-telb.zn.⟩ **0.1** ***chroomstaal.***
'chrome 'yellow ⟨n.-telb.zn.⟩ **0.1** ***chroomgeel*** ⇒*chromaatgeel.*
chro·mic ['kroumɪk]⟨bn., attr.⟩ **0.1** ***chroom-*** ⇒*als / van chroom* ◆ **1.1** ~ acid *chroomzuur;* ~ oxide *chroomtrioxide.*
chro·mi·nance ['kroumɪnəns]⟨n.-telb.zn.⟩ **0.1** ***chrominantie*** ⇒*kleurtint, kleurtoon.*
chro·mite ['kroumaɪt]⟨n.-telb.zn.⟩ **0.1** ***chroomijzersteen*** ⇒*chromiet.*
chro·mi·um ['kroumɪəm]⟨f1⟩⟨n.-telb.zn.⟩⟨schei.⟩ **0.1** ***chromium*** ⇒*chroom* ⟨element 24⟩.
'chro·mi·um-'plate[1] ⟨n.-telb.zn.⟩ **0.1** ***verchroming.***
chromium-plate[2] ⟨ov.ww.⟩ **0.1** ***verchromen*** ⇒*chromeren.*
'chro·mi·um-'plat·ed ⟨bn.⟩ **0.1** ***verchroomd*** **0.2** ***opzichtig.***
chro·mo- ['kroumou], **chrom-** ['kroum] **0.1** ***chroom-*** ⇒*chromium-* **0.2** ***chromo-*** ⇒*kleuren-.*
chro·mo·gen ['kroumədʒən]⟨zn.⟩
I ⟨telb.zn.⟩ **0.1** ⟨biol.⟩ ***chromogeen orgaan;***
II ⟨n.-telb.zn.⟩ **0.1** ⟨schei.⟩ ***chromogene stof*** ⇒*kleurvormende stof.*
chro·mo·gen·ic ['kroumə'dʒenɪk]⟨bn.⟩ **0.1** ***chromogeen.***
chro·mo·lith·o·graph[1] ['kroumou'lɪθəgrɑ:f‖-græf]⟨telb.zn.⟩ **0.1** ***chromolit(h)ografie*** ⟨afbeelding⟩ ⇒*chromo.*
chromolithograph[2] ⟨ov.ww.⟩ **0.1** ***chromolit(h)ograferen*** ⇒*lit(h)ograferen in kleuren.*
chro·mo·lith·o·graph·ic [-lɪθə'græfɪk]⟨bn., attr.⟩ **0.1** ***chromolit(h)ografisch*** ⇒*als / van kleursteendruk.*
chro·mo·li·thog·ra·phy [-lɪ'θɒgrəfi‖-'θɑ-]⟨n.-telb.zn.⟩ **0.1** ***chromolit(h)ografie*** ⇒*kleursteendruk, chromo* ⟨procédé⟩.
chro·mo·so·mal ['kroumə'souml]⟨bn.;-ly⟩ **0.1** ***als / van een chromosoom.***
chro·mo·some ['krouməsoum]⟨f2⟩⟨telb.zn.⟩ **0.1** ***chromosoom.***
chro·mo·sphere ['krouməsfɪə‖-sfɪr]⟨telb.zn.⟩ **0.1** ***chromosfeer.***
chro·mo·spher·ic [-'sferɪk]⟨bn.⟩ **0.1** ***als / van een chromosfeer.***
chro·mous ['krouməs]⟨bn.⟩ **0.1** ***als / van chroom*** ⇒*chroom-.*
chron ⟨afk.⟩ chronological, chronology.
Chron ⟨afk.⟩ Chronicles.
chron·ic ['krɒnɪk‖'krɑ-]⟨f2⟩⟨bn.;-ally;→bijw. 3⟩
I ⟨bn.⟩ **0.1** ***chronisch*** ⇒*slepend, langdurend* **0.2** ⟨BE; sl.⟩ ***erg*** ⇒*slecht, vreselijk* ◆ **1.1** ~ bronchitis *chronische bronchitis* **3.2** her talk was ~ *haar toespraak was niets waard;*
II ⟨bn., attr.⟩ **0.1** ***langdurig*** ⇒*ongeneeslijk, blijvend, eeuwig* ◆ **1.1** a ~ invalid *een blijvend invalide;* ~ misgivings *eeuwige twijfels.*
chron·ick·er ['krɒnɪkə‖'krɑnɪkər]⟨telb.zn.⟩⟨sl.⟩ **0.1** ***bedelaar*** ⟨aan achterdeur⟩ **0.2** ***horloge*** ⇒*klok* **0.3** ***krant.***
chron·i·cle[1] ['krɒnɪkl‖'krɑ-]⟨f1⟩⟨zn.⟩
I ⟨telb.zn.⟩ **0.1** ***kroniek*** ⇒*chroniquer;*
II ⟨mv.; ~s; C-⟩⟨bijb.⟩ **0.1** ***Kronieken.***
chronicle[2] ⟨ov.ww.⟩ **0.1** ***in een kroniek schrijven*** ⇒*te boek stellen.*
chron·i·cler ['krɒnɪklə‖'krɑnɪklər]⟨telb.zn.⟩ **0.1** ***kroniekschrijver.***
chron(o)- ['krɒnou‖'krɑnou] **0.1** ***chron(o)-*** ⇒*tijds-.*
chron·o·gram ['krɒnəgræm‖'krɑnə-]⟨telb.zn.⟩ **0.1** ***chronogram*** ⇒*jaartalvers* **0.2** ***chronografische tijdmeting.***
chron·o·gram·mat·ic [-grə'mæţɪk]⟨bn., attr.;-ally;→bijw. 3⟩ **0.1** ***als / van een chronogram.***
chron·o·graph [-grɑ:f‖-græf]⟨telb.zn.⟩ **0.1** ***chronograaf*** ⇒*tijdschrijver* **0.2** ***stopwatch.***
chron·o·graph·ic [-græfɪk]⟨bn., attr.;-ally;→bijw. 3⟩ **0.1** ***chronografisch.***
chronol ⟨afk.⟩ chronological, chronology.
chron·o·log·i·cal ['krɒnə'lɒdʒɪkl‖'krɑnə'lɑ-]⟨f2⟩⟨bn.;-ly⟩ **0.1** ***chronologisch*** ⇒*tijdrekenkundig, tijds-* ◆ **1.1** ~ age *chronologische leeftijd.*
chro·nol·o·gy [krə'nɒlədʒi‖-'nɑ-]⟨f1⟩⟨zn.⟩
I ⟨telb.zn.⟩ **0.1** ***chronologie*** ⇒*opeenvolging v. tijdsmomenten* ◆ **1.1** a ~ of events *een chronologie v. gebeurtenissen;*
II ⟨n.-telb.zn.⟩ **0.1** ***chronologie*** ⇒*tijdrekenkunde.*
chro·nom·e·ter [krə'nɒmɪtə‖-'nɑmɪţər]⟨f1⟩⟨telb.zn.⟩ **0.1** ***chronometer.***
chron·o·met·ric ['krɒnə'metrɪk‖'krɑ-]⟨bn.;-ally;→bijw. 3⟩ **0.1** ***chronometrisch*** ⇒*v.e. chronometer.*
chro·nom·e·try [krə'nɒmɪtri‖-'nɑ-]⟨n.-telb.zn.⟩ **0.1** ***chronometrie.***
chron·o·scope ['krɒnəskoup‖'krɑ-]⟨telb.zn.⟩ **0.1** ***chronoscoop*** ⟨instrument voor het meten v. zeer kleine tijdintervallen⟩.
-chro·ous [krouəs] **0.1** ***-gekleurd*** ◆ **¶.1** isochroous *met dezelfde kleur.*
chrysalid →chrysalis.
chrys·a·lis ['krɪsəlɪs], **chrys·a·lid** ['krɪsəlɪd]⟨f1⟩⟨telb.zn.; tweede variant chrysalides [krɪ'sælɪdi:z]; →mv. 5⟩⟨biol.⟩ **0.1** ***pop*** ⟨ook het omhulsel⟩ **0.2** ***onvolgroeid stadium*** ⇒*tussenstadium.*
chry·san·the·mum [krɪ'sænθɪməm], ⟨inf.⟩ **chry·santh** [-'sænθ]⟨f1⟩⟨telb.zn.⟩ **0.1** ***chrysant*** ⇒*chrysanthemum.*
chrys·el·ephan·tine ['krɪselɪ'fæntaɪn‖-ti:n]⟨bn.⟩ **0.1** ***bedekt met / vervaardigd uit goud en ivoor.***
chrys·o- ['kraɪsou], **chrys-** [krɪs] **0.1** ***chrys(o)-*** ⇒*krys(o)-, goud-, goudkleurig* ◆ **¶.1** chrysolite *chrysoliet, goudsteen;* chrysoprase *chrysopraas, groene agaat.*
chthon·ic ['θɒnɪk‖'θɑ-]⟨bn., attr.⟩ **0.1** ***chtonisch*** ⇒*van de (Griekse) onderwereld.*
chub [tʃʌb]⟨telb.zn.; ook chub; →mv. 4⟩ **0.1** ⟨dierk.⟩ ***kopvoorn*** ⟨Leuciscus cephalus⟩ **0.2** ⟨AE; dierk.⟩ ***karperachtige*** ⟨fam. Cyprinidae⟩ **0.3** ⟨AE; inf.⟩ ***Texaan.***
chub·by ['tʃʌbi]⟨f1⟩⟨bn.;-er;-ly;-ness;→bijw. 3⟩⟨inf.⟩ **0.1** ***mollig*** ⇒*gevuld* ⟨v. gezicht⟩ ◆ **1.1** a ~ face *een rond / vol gezicht.*
chu·car [tʃʌ'kɑ:‖-'kɑr]⟨telb.zn.⟩⟨dierk.⟩ **0.1** ***Aziatische steenpatrijs*** ⟨Alectoris chukar⟩.
chuck[1] [tʃʌk]⟨f1⟩⟨zn.⟩
I ⟨telb.zn.⟩ **0.1** ***aaitje*** ⟨vnl. onder de kin⟩ ⇒*tikje, klopje* **0.2** ***worp*** ⇒*gooi* **0.3** ***(ge)klik*** ⇒*geklok* **0.4** ***klem*** ⇒*klauwplaat, boorklauw* ⟨aan een draaibank⟩ **0.5** ***voorvoet*** ⟨vnl. v. rund⟩ **0.6** ⟨dierk.⟩ ***bosmarmot*** ⟨Marmota monax⟩;
II ⟨n.-telb.zn.⟩ **0.1** ⟨the⟩⟨sl.⟩ ***de bons*** ⇒*de zak, ontslag* **0.2** ⟨AE; gew.; inf.⟩ ***bikkessement*** ⇒*eterij, blik, hap-hap* **0.3** ⟨AE; inf.⟩ ***poen*** ◆ **3.1** give / get the ~ *de bons geven / krijgen.*
chuck[2] ⟨f2⟩⟨ww.⟩
I ⟨onov.ww.⟩ **0.1** ***klikken*** ⇒*klokken, een klikkend geluid maken* **0.2** ⟨honkbal⟩ ***een bal werpen*** **0.3** ⟨AE; sl.⟩ ***kotsen;***
II ⟨ov.ww.⟩ **0.1** ***een tikje geven*** ⇒*aaien* **0.2** ⟨inf.⟩ ***gooien*** ⇒*smijten, kwakken* **0.3** ⟨inf.⟩ ***de bons geven*** ⇒*laten zitten / staan* **0.4** ⟨sl.⟩ ***ophouden met*** ⇒*laten, opgeven* **0.5** ***(vast)klemmen*** ◆ **1.2** ~ s.o. a ball *iem. een bal toegooien* **1.3** Tom has ~ed Sarah (up) *Tom heeft Sarah laten zitten / de bons gegeven* **1.4** ~ a job *een baan eraan geven;* ~ work *ophouden met werken, zijn werk laten liggen* **4.4** ~ it! *schei uit!, hou (ermee) op!* **5.2** ~ **away** junk / money *rommel / geld weggooien;* ~ **away** opportunities *kansen vergooien;* ~ s.o. **out** *iem. eruit donderen* **5.4** ~ **up / over** a job / everything *een baan / alles opgeven;* ~ it **in** *er de brui aan geven, ermee ophouden* **6.1** ~ s.o. **under** the chin *iem. onder de kin strijken* **6.2** ~ s.o. **out of** an association *iem. uit een vereniging zetten.*
chuck·er ['tʃʌkə‖-ər]⟨telb.zn.⟩ **0.1** ⟨AE; inf.; honkbal⟩ ***werper*** **0.2** ⟨AE; inf.; honkbal⟩ ***inning*** **0.3** ⟨sl.; cricket⟩ ***bowler die 'gooit'*** ⟨opzettelijk fout⟩.
'chuck·er-'out ⟨telb.zn.; chuckers-out ['-- '-]⟩⟨BE⟩ **0.1** ***uitsmijter*** ⇒*barportier.*
'chuck-farth·ing ⟨n.-telb.zn.⟩⟨spel⟩ **0.1** ***muntje werpen.***
'chuck-full ⟨bn., pred.⟩⟨inf.⟩ **0.1** ***tjokvol*** ⇒*stampvol, bomvol.*
'chuck·hole ⟨telb.zn.⟩⟨AE, gew.⟩ **0.1** ***gat*** ⟨in wegdek⟩.
chuck·le[1] [tʃʌkl]⟨f1⟩⟨telb.zn.⟩ **0.1** ***lachje*** ⇒*gegniffel, gegrinnik, binnenpretje* **0.2** ***het klokken*** ⟨(als) v.e. hen⟩.
chuckle[2] ⟨f3⟩⟨onov.ww.⟩ **0.1** ***grinniken*** ⇒*gniffelen, een binnenpretje hebben* **0.2** ***leedvermaak hebben*** ◆ **6.1** ~ (to o.s.) **at** one's own thoughts *gniffelen om je eigen gedachten* **6.2** ~ **over** s.o. else's misfortune *leedvermaak hebben over iem. anders ongeluk.*
'chuck·le·head ⟨telb.zn.⟩⟨inf.⟩ **0.1** ***domkop*** ⇒*stommeling, uil(skuiken), domoor.*
'chuck·le·head·ed ⟨bn.⟩⟨inf.⟩ **0.1** ***dom*** ⇒*stom, uilig.*
'chuck wagon ⟨telb.zn.⟩⟨AE⟩ **0.1** ***proviandwagen*** ⇒*kantinewagen* **0.2** ⟨AE; sl.⟩ ***cafetaria*** ⇒⟨ong.⟩ *frietkraam.*
chuck·y ['tʃʌki]⟨telb.zn.; →mv. 2⟩⟨BE; sl.⟩ **0.1** ***schatje.***
chuff [tʃʌf]⟨ww.⟩ →chuffed

I ⟨onov.ww.⟩ **0.1** ***puffen*** ⟨v.e. motor/trein⟩;
II ⟨ov.ww.⟩ ⟨BE; sl.⟩ **0.1** ***opmonteren*** ⇒*opvrolijken*.
chuffed [tʃʌft] ⟨bn., pred.; oorspr. volt. deelw. v. chuff⟩ ⟨BE; sl.⟩ **0.1** ***in zijn nopjes*** ⇒*in zijn schik, tevreden, blij*.
chug[1] [tʃʌg] ⟨telb.zn.⟩ **0.1** ***puf*** ⇒*het ronken, het tjoeken* ⟨v.e. motor/trein⟩ ◆ **1.1** the ~ of the engine *het puffen v.d. motor*.
chug[2] ⟨f2⟩ ⟨onov.ww.; →ww. 7⟩ **0.1** ***(voort)puffen*** ⇒*(voort)tjoeken, ronken* ⟨v.e. motor/trein⟩.
chug·a·lug ['tʃʌgə'lʌg] ⟨onov. en ov.ww.; →ww. 7⟩ ⟨AE; inf.; stud.⟩ **0.1** ***ad fundum drinken*** ⇒*in één teug opdrinken/leegdrinken*.
chuk·ka ['tʃʌkə], **'chukka boot, 'chukker boot** ⟨telb.zn.⟩ **0.1** ***pololaarsje*** ⇒*laars voor polospel* **0.2** ***enkellaarsje***.
chuk·ker ['tʃʌkə‖-ər], **chuk·ka** [-kə], **chuk·kar** ['tʃʌkə‖-ər] ⟨telb.zn.⟩ ⟨polo⟩ **0.1** ***chukka*** ⇒*spelperiode* ⟨v. 7 of $7^1/_2$ minuut⟩.
chum[1] [tʃʌm] ⟨f2⟩ ⟨zn.⟩
I ⟨telb.zn.⟩ **0.1** ***maat/makker*** ⇒*vriendje* ⟨vnl. onder jongens⟩ **0.2** ⟨AE⟩ ***kamergenoot;***
II ⟨n.-telb.zn.⟩ **0.1** ***soort visaas*** ⟨uit vettige vis⟩.
chum[2] ⟨onov.ww.; →ww. 7⟩ **0.1** ⟨inf.⟩ ***een kamer delen*** **0.2** ⟨inf.⟩ ***goede maatjes zijn/worden*** ⇒*vriendschap sluiten* **0.3** ***met een vettig visaas vissen*** ◆ **5.2** ⟨inf.⟩ the newcomer easily ~med **up** with our gang, the newcomer and our gang easily ~med **up** *de nieuweling werd snel goede maatjes met ons groepje* **6.1** ~ **with** s.o. *met iem. op één kamer (samen)wonen*.
'chum-bud·dy ⟨telb.zn.⟩ ⟨AE; sl.⟩ **0.1** ***boezemvriend*** ⇒*echte kameraad*.
chum·my ['tʃʌmi] ⟨f1⟩ ⟨bn.; -er; -ly; -ness; →bijw. 3⟩ ⟨inf.⟩ **0.1** ***vriendelijk*** ⇒*aanhalig, die snel vrienden maakt* **0.2** ***intiem*** ⇒*gezellig*.
chump[1] [tʃʌmp] ⟨telb.zn.⟩ **0.1** ***houtblok*** **0.2** ⟨BE⟩ →chump chop **0.3** ⟨sl.⟩ ***uilskuiken*** ⇒*sukkel* **0.4** ⟨vero.; sl.⟩ ***kop*** **0.5** ⟨AE; sl.⟩ ***betalend bezoeker*** ⟨v. circus/show⟩ ◆ **6.4** ⟨sl.⟩ go **off** one's ~ *zijn hoofd/kop kwijtraken; stapelgek worden*.
chump[2] ⟨ww.⟩
I ⟨onov.ww.⟩ **0.1** ***knabbelen*** ⇒*kauwen, malen;*
II ⟨ov.ww.⟩ **0.1** ***(op)knabbelen*** ⇒*kauwen op*.
'chump chop ⟨telb.zn.⟩ **0.1** ***lendestuk*** ⇒*lendebiefstuk*.
chun·der[1] ['tʃʌndə‖-ər] ⟨n.-telb.zn.⟩ ⟨Austr. E; inf.⟩ **0.1** ***kots*** ⇒*overgeefsel*.
chunder[2] ⟨onov. en ov.ww.⟩ ⟨Austr. E⟩ **0.1** ***kotsen*** ⇒*overgeven*.
chunk [tʃʌŋk] ⟨f2⟩ ⟨telb.zn.⟩ **0.1** ***brok*** ⇒*stuk, homp, blok* ⟨ook fig.⟩ **0.2** ⟨AE⟩ ***kort, gedrongen persoon/paard*** ◆ **1.1** a ~ of cheese/meat/bread/wood *een brok/stuk kaas, een stukje vlees, een homp brood, een blok hout* **6.1** information gathered **in** small ~s *informatie beetje bij beetje verzameld*.
chunk·y ['tʃʌŋki] ⟨f1⟩ ⟨bn.⟩ **0.1** ***in brokken*** **0.2** ***kort/dik en gedrongen*** ⟨v. dieren, mensen⟩ **0.3** ***ruw*** ⇒*met oneffenheden* ◆ **1.1** ~ dog food *hondevoer in/met brokjes* **1.3** ~ tweed *ruige tweed*.
Chun·nel ['tʃʌnl] ⟨telb.zn.⟩ ⟨BE; inf.⟩ **0.1** ***geplande tunnel onder het Kanaal*** ⟨uit Channel tunnel⟩.
chun·ter ['tʃʌntə‖'tʃʌn̩tər] ⟨onov.ww.⟩ ⟨BE⟩ **0.1** ***mompelen*** ⇒*prevelen, pruttelen* **0.2** ***mopperen*** ⇒*klagen, foeteren, brommen*.
chu·pat·ty, chu·pat·ti, cha·pat·(t)i [tʃə'pæt̬i] ⟨telb.zn.; ook chupatti, chapat(t)i; →mv. 2, 4⟩ ⟨Ind. E⟩ **0.1** ***chapati*** ⟨plat, rond, ongezuurd broodje⟩.
church[1] [tʃɜ:tʃ‖tʃɜrtʃ] ⟨f4⟩ ⟨zn.⟩ ⟨→sprw. 10, 480⟩
I ⟨telb.zn.⟩ **0.1** ***kerk(gebouw)*** **0.2** ⟨vaak C-⟩ ***kerk(genootschap)*** ◆ **1.2** the ~ of England *de anglicaanse Kerk;* the ~ of Jesus Christ of the Latter-day Saints *de Kerk v. Jezus Christus v.d. Heiligen der Laatste Dagen* ⟨de Mormonen⟩; the ~ of Scotland *de Schotse Kerk* ⟨presbyteriaans⟩; separation of ~ and state *scheiding v. kerk en staat* **3.1** established ~ *staatskerk* **6.2** go **into** the ~ *in het ambt gaan, geestelijke/predikant worden;*
II ⟨n.-telb.zn.⟩ **0.1** ***kerk(dienst)*** ◆ **2.1** ~ was interminable *de dienst duurde uren* **6.1** John's **in/at** ~ *John is naar de kerk;* go **to** ~ *naar de kerk gaan*.
church[2] ⟨bn., pred.⟩ ⟨vero.; BE; inf.⟩ **0.1** ***tot de officiële staatskerk behorend*** ◆ **1.1** are you ~ or chapel? *bent u anglicaan of nonconformist?*.
church[3] ⟨ov.ww.; vrijwel steeds pass.⟩ **0.1** ***de riten v.d. kerkgang houden voor*** ⇒⟨pass.⟩ *de kerkgang houden/doen* ⟨i.h.b. na bevalling of ziekte⟩ ◆ **¶.1** ~ing *kerkgang*.
'Church 'Army ⟨telb.zn.⟩ **0.1** ***inwendige zending*** ⟨v. anglicaanse Kerk onder de armen⟩.
'Church As'sembly ⟨telb.zn.⟩ **0.1** ***Generale Synode*** ⟨v.d. anglicaanse Kerk⟩.
'Church 'Catechism ⟨n.-telb.zn.⟩ **0.1** ***anglicaanse catechismus***.
'Church Com'missioner ⟨telb.zn.; meestal mv.⟩ **0.1** ***kerkvoogd*** ⟨in de anglicaanse Kerk⟩ ⇒⟨in mv.⟩ *college v. kerkvoogden*.
'church 'council ⟨telb.zn.⟩ **0.1** ***kerkeraad***.
'church·go·er ⟨f1⟩ ⟨telb.zn.⟩ **0.1** ***kerkganger/ster***.
'church·go·ing ⟨f1⟩ ⟨bn.⟩ **0.1** ***(regelmatig) kerkgaand*** ⇒*kerks*.
'church key ⟨telb.zn.⟩ ⟨AE⟩ **0.1** ***blikopener*** ⇒*blikjesprikker* ⟨met driehoekige punt⟩.
church·ly ['tʃɜ:tʃli‖'tʃɜrtʃli] ⟨bn.; -er; -ness; →compar. 7⟩ **0.1** ***kerkelijk***.
church·man ['tʃɜ:tʃmən‖'tʃɜrtʃ-] ⟨f1⟩ ⟨telb.zn.; churchmen [-mən]; →mv. 3⟩ **0.1** ***geestelijke*** ⇒*predikant, pastoor, priester* **0.2** ***lid v.d. (staats)kerk***.
church·man·ly ['tʃɜ:tʃmənli‖'tʃɜrtʃ-] ⟨bn.⟩ **0.1** ***kerkelijk*** **0.2** ***als (van) een geestelijke/kerklid***.
'church mouse ⟨telb.zn.⟩ **0.1** ***kerkmuis***.
'church parade ⟨telb.zn.⟩ ⟨mil.⟩ **0.1** ***kerkparade***.
'church rate ⟨telb.zn.⟩ **0.1** ***kerkbelasting***.
'church 'register ⟨telb.zn.⟩ **0.1** ***kerkregister*** ⇒*kerkboek*.
'church 'service ⟨telb.zn.⟩ **0.1** ***kerkdienst***.
'Church Sla'vonic ⟨eig.n.⟩ **0.1** ***Kerkslavisch***.
'church text ⟨n.-telb.zn.⟩ ⟨boek.⟩ **0.1** ***gotische letter*** ⇒*gotiek, fractuur*.
'church 'warden ⟨f1⟩ ⟨telb.zn.⟩ **0.1** ***kerkvoogd*** ⇒*kerkmeester* **0.2** ⟨BE; inf.⟩ ***Goudse pijp*** ⇒*gouwenaar*.
'church wedding ⟨telb.zn.⟩ **0.1** ***kerkelijk huwelijk***.
'church woman ⟨telb.zn.⟩ **0.1** ***vrouwelijk lid v.d. (officiële staats) kerk***.
church·y ['tʃɜ:tʃi‖'tʃɜrtʃi] ⟨bn.; -er; -ly; -ness; →bijw. 3⟩ **0.1** ***kerks*** ⇒*(overdreven) kerkelijk* **0.2** ***kerkachtig***.
'church·yard ⟨f2⟩ ⟨telb.zn.⟩ ⟨→sprw. 246⟩ **0.1** ***kerkhof*** ⇒*begraafplaats*.
'churchyard cough ⟨telb.zn.⟩ **0.1** ***zeer gemene hoest***.
churl [tʃɜ:l‖tʃɜrl] ⟨telb.zn.⟩ **0.1** ***lummel*** ⇒*boerenkinkel, lomperd, vlegel* **0.2** ⟨gesch.⟩ ***vrije boer*** ⟨in Angelsaksisch Engeland⟩ ⇒⟨alg., vero.⟩ *boer, landarbeider* **0.3** ⟨vero.⟩ ***gierigaard*** ⇒*vrek*.
churl·ish ['tʃɜ:lɪʃ‖'tʃɜr-] ⟨bn.; -ly; -ness⟩ **0.1** ***boers*** ⇒*lomp, ongemanierd, onbehouwen, onbeleefd* **0.2** ***inhalig*** ⇒*vrekkig, schriel, gierig* **0.3** ***onhandelbaar*** ⇒*niet te bewerken* ◆ **1.3** ~ stone *onverwerkbare steen*.
churn[1] [tʃɜ:n‖tʃɜrn] ⟨telb.zn.⟩ **0.1** ***karn(ton)*** **0.2** ⟨BE⟩ ***melkbus***.
churn[2] ⟨f2⟩ ⟨ww.⟩
I ⟨onov.ww.⟩ **0.1** ***(boter)karnen*** **0.2** ***heftig bewegen*** ⟨vnl. v. vloeistof⟩ ⇒*kolken, schuimen, zieden* ◆ **1.2** the bouncing of the car made my stomach ~ *door het gehobbel v.d. auto kwam mijn maag in opstand;*
II ⟨ov.ww.⟩ **0.1** ***roeren*** ⟨melk of room⟩ **0.2** ***karnen*** **0.3** ***omroeren*** ⇒*laten schuimen, omschudden, omwoelen* **0.4** ***opwekken*** ⇒*doen oplaaien* ◆ **5.¶** ⟨inf.⟩ ~ **out** *(in grote hoeveelheden tegelijk) produceren, afdraaien* ⟨tekst⟩ **6.3** ~ milk **to** foam *melk opkloppen tot ze schuimt*.
Chur·ri·gue·resque ['tʃʊərigə'resk‖'tʃʊri-] ⟨bn.; -ness⟩ ⟨bouwk.⟩ **0.1** ***Churriguéresk*** ⟨overdadige Spaans-barokke bouwstijl⟩.
chute [ʃu:t] ⟨f1⟩ ⟨telb.zn.⟩ **0.1** ⟨ben. voor⟩ ***helling*** ⇒*glijbaan, rodelbaan; goot; stortkoker; vultrechter, vulklep* **0.2** ***waterval*** ⇒*stroomversnelling* **0.3** ⟨verk.⟩ ***parachute*** ⟨inf.⟩ **0.4** ***brandzeil*** **0.5** ***veekraal*** ◆ **¶.1** ~-the-~ *glijbaan in zwembad; achtbaan*.
chut·ney ['tʃʌtni] ⟨f1⟩ ⟨telb. en n.-telb.zn.⟩ ⟨cul.⟩ **0.1** ***chutney*** ⟨scherpe zoetzure Indiase kruidensaus⟩.
chutz·pah ['xʊtspə] ⟨n.-telb.zn.⟩ ⟨sl.; Jud.⟩ **0.1** ***gotspe*** ⇒*schaamteloze brutaliteit*.
chyle [kaɪl] ⟨n.-telb.zn.⟩ **0.1** ***chijl*** ⇒*melksap* ⟨in darm⟩, *darmlymfe*.
chyme [kaɪm] ⟨n.-telb.zn.⟩ **0.1** ***chijm*** ⇒*spijsbrij, spijsmassa* ⟨in de maag⟩.
CI ⟨afk.⟩ Channel Islands, Order of the Crown of India ⟨BE⟩.
CIA ⟨afk.⟩ Central Intelligence Agency ⟨AE⟩.
ci·bo·ri·um [sɪ'bɔ:rɪəm] ⟨telb.zn.; ciboria [-rɪə]; →mv. 5⟩ **0.1** ***ciborium*** ⇒*baldakijn* ⟨op vier pilaren boven altaar in kerk⟩ **0.2** ***hostiekelk*** ⇒*ciborie*.
ci·ca·da [sɪ'kɑ:də‖-'keɪdə], **ci·ca·la** [sɪ'kɑ:lə], **ci·ga·la** [-'gɑ:-] ⟨telb.zn.; ook cicadae [-'kɑ:di:‖-'keɪ-]; →mv. 5⟩ ⟨dierk.⟩ **0.1** ***cicade*** ⟨genus Cicadidae⟩.
cic·a·trice ['sɪkətrɪs], **cic·a·trix** [-trɪks] ⟨telb.zn.; cicatrices [-'traɪsi:z]; →mv. 5⟩ **0.1** ***litteken*** **0.2** ⟨plantk.⟩ ⟨ong.⟩ ***wond*** ⟨waar tak of blad verwijderd is⟩.
cic·a·tri·cial ['sɪkə'trɪʃl] ⟨bn., attr.⟩ **0.1** ***litteken*** ◆ **1.1** ~ tissue *littekenweefsel*.
ci·cat·ri·cose [sɪ'kætrɪkoʊs] ⟨bn.⟩ **0.1** ***vol littekens***.
cic·a·tri·za·tion, -sa·tion ['sɪkətraɪ'zeɪʃn‖-ə'zeɪʃn] ⟨n.-telb.zn.⟩ **0.1** ***littekenvorming*** ⇒*het helen, genezing*.
cic·a·trize, -trise ['sɪkətraɪz] ⟨onov.ww.⟩ **0.1** ***helen*** ⇒*een litteken vormen, genezen*.
cic·e·ly ['sɪsəli], **'sweet 'cicely** ⟨n.-telb.zn.⟩ ⟨plantk.⟩ **0.1** ***roomse kervel*** ⟨Myrrhis odorata⟩.
cic·e·rone ['sɪsə'roʊni, 'tʃɪtʃə-] ⟨telb.zn.; ciceroni [-'roʊni:]; →mv. 5⟩ **0.1** ***gids*** ⇒*cicerone, geleider*.

cich·lid ['sɪklɪ̣d]⟨telb.zn.⟩⟨dierk.⟩ **0.1** ***cichlide*** ⟨tropische zoetwatervis, genus Cichlidae⟩.

CID ⟨afk.⟩ Criminal Investigation Department ⟨BE⟩.

-ci·dal [saɪdl]⟨-ly⟩ **0.1** ***-dodend*** **0.2** ***-moord*** ◆ ¶**.1** suicidal tendencies *zelfmoordneigingen*.

-cide [saɪd] **0.1** ***-doder*** ⇒*-verdelger* **0.2** ***-moord*** ⇒*-slag* ◆ ¶**.1** insecticide *insektenverdelgingsmiddel* ¶**.2** homicide *manslag, doodslag*.

ci·der, ⟨BE sp. ook⟩ **cy·der** ['saɪdə‖-ər]⟨f2⟩⟨telb. en n.-telb.zn.⟩ **0.1** ***cider*** ⇒*appelwijn* **0.2** ⟨AE⟩ ***appelsap*** ◆ **2.1** ⟨AE⟩ hard ~ *cider, appelwijn* **2.2** ⟨AE⟩ soft/sweet ~ *appelsap*.

'cider barrel ⟨telb.zn.⟩⟨sl.⟩ **0.1** ***oceaansleepboot***.

'cider press ⟨telb.zn.⟩ **0.1** ***ciderpers***.

CIE ⟨afk.⟩ Companion (of the Order) of the Indian Empire ⟨BE⟩.

cif ⟨eig.n.⟩⟨afk.⟩ cost, insurance, freight ⟨hand.⟩ **0.1** ***c.i.f.***.

cig [sɪg], **cig·gy** ['sɪgi]⟨f1⟩⟨telb.zn.; →mv. 2⟩⟨verk.⟩ cigarette, cigar ⟨inf.⟩ **0.1** ***sigaret*** **0.2** ***sigaar***.

cigala →cicada.

ci·gar [sɪ'gɑ:‖-'gɑr]⟨f3⟩⟨telb.zn.⟩ **0.1** ***sigaar*** **0.2** ⟨sl.⟩ ***compliment***.

ci'gar box ⟨f1⟩⟨telb.zn.⟩ **0.1** ***sigarenkistje***.

ci'gar case ⟨telb.zn.⟩ **0.1** ***sigarenkoker***.

ci'gar cutter ⟨telb.zn.⟩ **0.1** ***sigareknipper*** ⇒*sigareschaartje*.

cig·a·rette, ⟨AE sp. ook⟩ **cig·a·ret** ['sɪgə'ret‖'sɪgəret]⟨f3⟩⟨telb.zn.⟩ **0.1** ***sigaret***.

cigarette card ['--]⟨telb.zn.⟩ **0.1** ***sigaretteplaatje***.

cigarette case ['--]⟨f1⟩⟨telb.zn.⟩ **0.1** ***sigarettenkoker*** ⇒*sigarettenétui*.

cigarette end ['--]⟨f1⟩⟨telb.zn.⟩ **0.1** ***(sigarette)peuk***.

cigarette holder ['--]⟨telb.zn.⟩ **0.1** ***sigarettepijpje***.

cigarette lighter ['--]⟨telb.zn.⟩ **0.1** ***(sigarette)aansteker***.

cigarette paper ['--]⟨f1⟩⟨n.-telb.zn.⟩ **0.1** ***sigarettenpapier*** ⇒*(sigaretten)vloei*.

ci'gar holder ⟨telb.zn.⟩ **0.1** ***sigarepijpje***.

cig·a·ril·lo ['sɪgə'rɪloʊ]⟨telb.zn.⟩ **0.1** ***cigarillo*** ⇒*sigaartje*.

ci'gar lighter ⟨telb.zn.⟩ **0.1** ***sigareaansteker***.

ci'gar piercer ⟨telb.zn.⟩ **0.1** ***sigareboortje***.

ci'gar-shaped ⟨bn.⟩ **0.1** ***sigaarvormig***.

ci'gar-store 'Indian, 'wooden 'Indian ⟨telb.zn.⟩⟨AE⟩ **0.1** ***houten Indianenbeeld*** ⟨bij deur v. sigarenwinkel⟩.

cig·gie, cig·gy ['sɪgi]⟨telb.zn.; →mv. 2⟩⟨inf.⟩ **0.1** ***sigaretje*** ⇒*sjaffie*.

CIGS ⟨afk.⟩ Chief of the Imperial General Staff ⟨BE⟩.

cil·i·ary ['sɪlɪəri‖-lieri]⟨bn., attr.⟩ **0.1** ***van het oog/de trilharen*** **0.2** ***haarachtig*** ◆ **1.2** ⟨dierk.⟩ ~ body *ciliair lichaam, corpus ciliare* ⟨v.h. oog⟩.

cil·i·ate[1] ['sɪlieɪt]⟨telb.zn.⟩⟨dierk.⟩ **0.1** ***afgietseldiertje*** ⇒*infusorie, trilhaardiertje, wimperdiertje, ciliaat*.

ciliate[2], **cil·i·at·ed** ['sɪlieɪṭɪd]⟨bn., attr.; ciliately⟩⟨dierk.⟩ **0.1** ***bedekt/bezet met haartjes***.

cil·i·a·tion ['sɪli'eɪʃn]⟨n.-telb.zn.⟩⟨dierk.⟩ **0.1** ***het met haartjes bedekt zijn***.

cil·ice ['sɪlɪs]⟨zn.⟩
 I ⟨telb.zn.⟩ **0.1** ***haren kleed*** ⇒*boetekleed;*
 II ⟨telb. en n.-telb.zn.⟩ **0.1** ***haren weefsel*** **0.2** ***grove stof***.

cil·i·um ['sɪlɪəm]⟨telb.zn.; cilia [-lɪə]; →mv. 5⟩⟨vnl. mv.⟩ **0.1** ***ooghaar*** ⇒*wimper* **0.2** ⟨biol.⟩ ***trilhaar***.

cill →sill.

Cim·me·ri·an [sɪ'mɪərɪən‖-'mɪrɪən]⟨bn.; soms c-⟩ **0.1** ***Cimmerisch*** **0.2** ***dicht*** ⟨v. duisternis⟩ **0.3** ***duister*** ⇒*donker, somber* ◆ **1.2** ~ darkness *Egyptische duisternis*.

C-in-C ⟨afk.⟩ Commander-in-chief.

cinch[1] [sɪntʃ]⟨f1⟩⟨zn.⟩⟨AE⟩
 I ⟨telb.zn.⟩ **0.1** ***zadelriem*** ⇒*buikriem, singel* ⟨v. paard⟩ **0.2** ⟨g. mv.⟩ ***vaste greep*** ⇒*houvast* **0.3** ⟨sl.⟩ ***zekerheid*** ⇒*iets zekers/vasts* **0.4** ⟨g. mv.⟩⟨sl.⟩ ***makkie*** ⇒*gemakkelijke taak/opdracht* ◆ **6.2** the teacher had a ~ **on** the class *de leraar had de klas goed in de hand/zijn macht;*
 II ⟨n.-telb.zn.⟩ **0.1** ***kaartspel*** ⟨waarbij de vijf v.d. troefkleur de hoogste waarde heeft⟩.

cinch[2] ⟨f1⟩⟨ww.⟩⟨AE⟩
 I ⟨onov.ww.⟩ **0.1** ***de zadelriem nauwer aanhalen;***
 II ⟨ov.ww.⟩ **0.1** ***singelen*** ⇒*de zadelriem vastmaken bij* **0.2** ⟨inf.⟩ ***te pakken krijgen*** ⇒*greep krijgen op, in het nauw brengen* **0.3** ⟨sl.⟩ ***zeker stellen*** ⇒*veilig stellen* ◆ **5.1** ~ **up** *stevig vastmaken*.

cin·cho·na [sɪŋ'koʊnə]⟨zn.⟩
 I ⟨telb.zn.⟩⟨plantk.⟩ **0.1** ***kinaboom*** ⟨genus Cinchona⟩;
 II ⟨n.-telb.zn.⟩ **0.1** ***kinabast***.

'cinch plug ⟨telb.zn.⟩ **0.1** ***cinch-stekker***.

cinc·ture[1] ['sɪŋktʃə‖-ər]⟨telb.zn.⟩ **0.1** ***gordel*** ⇒*riem, band* **0.2** ***rand*** ⇒*zoom, omheining* **0.3** ⟨R.-K.⟩ ***singel*** ⟨gedragen rond albe⟩ **0.4** ⟨bouwk.⟩ ***band*** ⟨v. zuil⟩.

cincture[2] ⟨ov.ww.⟩ **0.1** ***omgorden*** ⇒*omgespen* **0.2** ***omgeven*** ⇒*omringen* ◆ **6.2** a castle ~d **with** a moat *een kasteel omgeven door een gracht*.

cin·der[1] ['sɪndə‖-ər]⟨f1⟩⟨zn.⟩
 I ⟨telb.zn.⟩ **0.1** ***slak*** ⇒⟨geol.⟩ *stuk lava* **0.2** ***sintel*** ⇒⟨mv.⟩ *as;*
 II ⟨n.-telb.zn.⟩⟨metallurgie⟩ **0.1** ***slakken***.

cinder[2] ⟨ov.ww.⟩ **0.1** ***in de as leggen*** ⇒*(geheel) verbranden*.

'cinder block ⟨AE⟩ →breeze block.

'cinder dick ⟨telb.zn.⟩⟨sl.⟩ **0.1** ***spoorwegagent*** ⇒⟨mv.⟩ *spoorwegpolitie*.

Cin·der·el·la ['sɪndə'relə]⟨f1⟩⟨zn.⟩
 I ⟨eig.n.⟩ **0.1** ***Assepoester;***
 II ⟨telb.zn.⟩ **0.1** ***assepoester*** ⇒*stiefkind* ◆ **6.1** German is the ~ **of** the languages *het Duits wordt stiefmoederlijk behandeld*.

Cinde'rella dance ⟨telb.zn.⟩ **0.1** ***bal dat om twaalf uur eindigt***.

'cinder path ⟨telb.zn.⟩ **0.1** ***sintelpad*** **0.2** ***sintelbaan***.

'cinder track ⟨telb.zn.⟩ **0.1** ***sintelbaan***.

cin·der·y ['sɪndri]⟨bn.⟩ **0.1** ***sintelachtig*** **0.2** ***sintel-***.

cin·e ['sɪni], **ciné** ['sɪni, 'sɪneɪ]⟨n.-telb.zn.⟩⟨verk.⟩ cinema, cinematography ⟨BE; inf.⟩ **0.1** ***film(kunst)*** **0.2** ***het filmmaken***.

cin·e- ['sɪni] **0.1** ***film-*** ◆ ¶**.1** cinephile *filmliefhebber, cinefiel*.

cin·e·ast(e) ['sɪniæst]⟨telb.zn.⟩ **0.1** ***filmliefhebber*** ⇒*bioscoopfan*.

'cin·e·cam·er·a ⟨telb.zn.⟩ **0.1** ***filmcamera***.

'cin·e·film ⟨telb.zn.⟩ **0.1** ***film*** ⟨voor filmcamera⟩.

'cin·e·loop ⟨telb.zn.⟩ **0.1** ***film zonder einde*** ⇒*continue (instructie) film*.

cin·e·ma ['sɪnɪ̣mə]⟨f2⟩⟨zn.⟩
 I ⟨telb.zn.⟩⟨BE⟩ **0.1** ***bioscoop*** ⇒*cinema* **0.2** ***film*** ⇒*rolprent;*
 II ⟨n.-telb.zn.; vaak the⟩ **0.1** ***films*** ⇒*filmindustrie* **0.2** ***film (kunst)***.

'cin·e·ma·go·er ⟨telb.zn.⟩ **0.1** ***bioscoopbezoeker*** ⇒*bioscoopganger*.

'cin·e·ma·or·gan ⟨telb.zn.⟩ **0.1** ***bioscooporgel*** ⟨met speciale effecten⟩.

cin·e·ma·scope ['sɪnəməskoʊp]⟨n.-telb.zn.⟩ **0.1** ***cinemascoop***.

cin·e·mat·ic ['sɪnɪ̣'mæṭɪk]⟨f1⟩⟨bn.; -ally; →bijw. 3⟩ **0.1** ***film-*** ⇒*van/in/op/(de) film* **0.2** ***filmisch*** ⇒*filmtechnisch* ◆ **1.1** his first ~ appearance *zijn eerste filmoptreden*.

cin·e·mat·o·graph ['sɪnɪ̣'mætəgrɑ:f‖-'mæṭəgræf]⟨telb.zn.⟩⟨vero.; BE⟩ **0.1** ***(film)projector*** ⇒*cinematograaf*.

cin·e·ma·tog·ra·pher ['sɪnɪ̣mə'tɒgrəfə‖-'tɑgrəfər], ⟨BE⟩ **cin·e·ma·tog·ra·phist** [-grəfɪst]⟨telb.zn.⟩ **0.1** ***cameraman*** ⇒*filmmaker, filmopnemer, cineast*.

cin·e·mat·o·graph·ic ['sɪnɪ̣mæṭə'græfɪk], **cin·e·mat·o·graph·i·cal** [-ɪkl]⟨bn.; -(al)ly; →bijw. 3⟩ **0.1** ***cinematografisch*** **0.2** ***geprojecteerd*** ⟨op filmdoek⟩ **0.3** ***filmachtig***.

cin·e·ma·tog·ra·phy ['sɪnɪ̣mə'tɒgrəfi‖-'tɑ-]⟨n.-telb.zn.⟩ **0.1** ***filmkunst*** ⇒*het filmmaken, het filmen, cinematografie*.

cin·e·phile ['sɪnɪ̣faɪl]⟨telb.zn.⟩ **0.1** ***cinefiel*** ⇒*filmfan*.

'cin·e·pro·jec·tor ⟨telb.zn.⟩ **0.1** ***(film)projector***.

cin·e·rar·ia ['sɪnə'reərɪə‖-'rerɪə]⟨telb.zn.⟩⟨plantk.⟩ **0.1** ***cineraria*** ⟨Senecio cruentus⟩.

cin·e·rar·i·um ['sɪnə'reərɪəm‖-'rer-]⟨telb.zn.; cineraria [-rɪə]; →mv. 5⟩ **0.1** ***bewaarplaats voor urnen***.

cin·er·ary ['sɪnərəri‖-reri]⟨bn.⟩ **0.1** ***as-*** ◆ **1.1** ~ urn *urn met as van gecremeerde*.

ci·ne·re·ous ['sɪnə'rɪəs]⟨bn.⟩ **0.1** ***asachtig*** ⇒*(als) van as* **0.2** ***asgrauw*** ◆ **1.**¶ ⟨dierk.⟩ ~ bunting *smyrnagors* ⟨Emberiza cineracea⟩.

ci·né·vé·ri·té ['sɪneɪ'verɪ̣teɪ]⟨n.-telb.zn.⟩⟨verk.⟩ cinéma-verité **0.1** ***cinéma-verité*** ⟨Franse school v. realistische, documentaire-achtige films⟩.

cin·gu·lum ['sɪŋgjʊləm‖-gjə-]⟨telb.zn.; cingula [-lə]; →mv. 5⟩⟨biol.⟩ **0.1** ***gordel*** ⇒*rand, band, ring;* ⟨i.h.b.⟩ *tandhals*.

cin·na·bar ['sɪnəbɑ:‖-bɑr]⟨zn.⟩
 I ⟨telb.zn.⟩⟨dierk.⟩ **0.1** ***St.-Jakobsvlinder*** ⟨Tyria jacobeae⟩;
 II ⟨n.-telb.zn.⟩⟨schei.⟩ **0.1** ⟨vaak attr.⟩ ***vermiljoen*** ⇒*mercurisulfide, zwavelkwik;* ⟨geol.⟩ *cinnaber*.

'cinnabar moth ⟨telb.zn.⟩⟨dierk.⟩ **0.1** ***St.-Jakobsvlinder*** ⟨Tyria jacobeae⟩.

cin·na·mon ['sɪnəmən]⟨f1⟩⟨zn.⟩
 I ⟨telb.zn.⟩⟨plantk.⟩ **0.1** ***kaneelboom*** ⟨Cinnamomum zeylanicum, C. loureirii⟩;
 II ⟨n.-telb.zn.⟩ **0.1** ***kaneel*** **0.2** ⟨vaak attr.⟩ ***kaneelkleur*** ⇒*geelbruin*.

'cinnamon bear ⟨telb.zn.⟩ **0.1** ***rood-bruine beer*** ⟨kleurstadium v. N. Am. zwarte beer⟩.

'cinnamon colour ⟨n.-telb.zn.; vaak attr.⟩ **0.1** ***geelbruin*** ⇒*voskleur*.

cin·na·mon-col·oured ⟨bn.⟩ **0.1** ***geelbruin*** ⇒*voskleurig*.

'cinnamon stick ⟨telb.zn.⟩ **0.1** ***pijpje kaneel*** ⇒*kaneelstokje, stuk pijpkaneel*.

'cinnamon stone ⟨n.-telb.zn.⟩⟨geol.⟩ **0.1** ***hessoniet*** ⇒*kaneelsteen*.

'cinnamon 'toast ⟨n.-telb.zn.⟩ **0.1** ***kaneelbeschuit***.

cinque, cinq [sɪŋk]⟨telb.zn.⟩ **0.1** ***vijf*** ⟨op kaart, dobbelsteen enz.⟩.

cin·que·cen·to ['tʃɪŋkwɪ̣'tʃenṭoʊ]⟨telb.zn.⟩⟨beeld. k.⟩ **0.1** ***cinquecento*** ⟨16e eeuw als kunst- en cultuurtijdperk in Italië⟩.

cinque-foil ['sɪŋkfɔɪl]⟨zn.⟩
I ⟨telb.zn.⟩⟨bouwk.⟩ **0.1** ***vijfpas;***
II ⟨n.-telb.zn.⟩⟨plantk.⟩ **0.1** ***vijfvingerkruid*** ⇒*vijfblad, tormentil, wateraardbei* ⟨Potentilla/Comarum pallustre⟩.
'Cinque Ports ⟨mv.; the⟩⟨BE; gesch.⟩ **0.1** ***Cinque Ports*** ⟨5 Engelse Kanaalhavens⟩.
CIO ⟨afk.⟩ Congress of Industrial Organizations ⟨AE⟩.
cion →scion.
ci·pher[1], **cy·pher** ['saɪfə‖-ər]⟨f1⟩⟨zn.⟩
I ⟨telb.zn.⟩ **0.1** ***nul*** ⇒⟨fig.⟩ *non-valeur* **0.2** ***cijfer*** **0.3** ***boodschap in geheimschrift*** **0.4** ***sleutel*** ⟨v. code⟩ **0.5** ***monogram*** ⇒*naamcijfer* ◆ **2.1** father is a mere ~ *vader is een (grote) nul;*
II ⟨telb. en n.-telb.zn.⟩ **0.1** ***code*** ⇒*geheimschrift, cijferschrift* ◆ **2.1** what's today's ~? *welke code hebben we vandaag?* **6.1** the message was **in** ~ *de boodschap was in geheimschrift;*
III ⟨n.-telb.zn.⟩ **0.1** ***het doorklinken*** ⟨v. orgelpijp⟩ ⇒*het naklinken.*
cipher[2], **cypher** ⟨f1⟩⟨ww.⟩
I ⟨onov.ww.⟩ **0.1** ***cijferen*** ⇒*rekenen* **0.2** ***doorklinken*** ⟨v. orgel⟩;
II ⟨ov.ww.⟩ **0.1** ***berekenen*** ⇒*uitrekenen* **0.2** ***coderen*** ⇒*in geheimschrift overzetten* ◆ **5.1** ~ **out** *berekenen, uitrekenen, becijferen.*
cir, circ ⟨afk.⟩ circa, circle, circuit, circular, circulation, circumference.
cir·ca ['sɜ:kə‖'sɜrkə]⟨f1⟩⟨vz.⟩ **0.1** ***circa*** ⇒*omstreeks.*
cir·ca·di·an [sɜ:'keɪdɪən‖sɜr-]⟨bn.⟩⟨biol.⟩ **0.1** ***dagelijks terug/voorkomend.***
cir·ce·an ['sɜ:sɪən‖'sɜr-]⟨bn.; ook C-⟩ **0.1** ***betoverend*** ⇒*verleidelijk, gevaarlijk.*
cir·ci·nate ['sɜ:sɪneɪt‖'sɜr-]⟨bn.; -ly⟩⟨biol.⟩ **0.1** ***(tot een spiraal) opgerold*** ⟨v. vlindertong/varenblad⟩.
circingle →surcingle.
cir·ci·ter ['sɜ:sɪtə‖'sɜrsɪtər]⟨vz.⟩ **0.1** ⟨vnl. voor data⟩ ***omstreeks.***
cir·cle[1] ['sɜ:kl‖'sɜrkl]⟨f3⟩⟨telb.zn.⟩ **0.1** ***cirkel*** ⇒*cirkelvlak* **0.2** ⟨ben. voor⟩ ***kring*** ⇒*ring;* ⟨archeologie⟩ *kring stenen; rotonde, ringlijn, rondweg, ceintuurbaan; balcon* ⟨in theater⟩; *arena; diadeem;* ⟨hockey⟩ *slagcirkel* **0.3** ***cirkelredenering*** ⇒*vicieuze cirkel* **0.4** ***cyclus*** ⇒*cirkelgang, tijdkring, ronde* **0.5** ***groep*** ⇒*clubje, kring, coterie, kliek* ◆ **1.4** ⟨muz.⟩ ~ of fifths *kwintencirkel* **2.1** great ~ *grote cirkel;* small ~ *kleine cirkel* **2.3** vicious ~ *vicieuze cirkel* **2.4** come full ~ *weer bij het begin terugkomen, een hele omwenteling maken* **2.5** move in the best ~s *in de hoogste kringen verkeren* **3.1** ⟨wisk.⟩ square the ~ *de kwadratuur v.e. cirkel uitvoeren;* ⟨fig.⟩ *iets (bijna) onmogelijks ondernemen;* squared ~ *boksring* **3.¶** swing (a)round the ~ *alle punten behandelen, alle stadia doorlopen, een kiesdistrict afreizen* **6.2** ⟨fig.⟩ go round **in** ~s *in kringetjes ronddraaien;* ⟨inf.⟩ run round **in** ~s *nodeloos druk in de weer zijn* **7.2** the Circle *ringlijn v.d. ondergrondse in Londen.*
circle[2] ⟨f3⟩⟨ww.⟩
I ⟨onov.ww.⟩ **0.1** ***rondcirkelen*** ⇒*ronddraaien, rondgaan, zwenken* ◆ **5.1** ~ **(a)round** over *rondcirkelen boven;* ~ **back** *met een boog terugkeren;*
II ⟨ov.ww.⟩ **0.1** ***omcirkelen*** ◆ **1.1** ~ a landingfield *boven een landingsplaats rondcirkelen;* ~ a mountain *om een berg heenlopen;* all mistakes had been ~d in red *alle fouten waren rood omcirkeld.*
cir·clet ['sɜ:klɪt‖'sɜr-]⟨telb.zn.⟩ **0.1** ***cirkeltje*** ⇒*kringetje* **0.2** ***smalle band*** ⇒*diadeem, armband, ring.*
cir·co·therm oven ['sɜ:koʊθɜ:m 'ʌvn‖'sɜrkoʊθɜrm -]⟨telb.zn.⟩ **0.1** ***turbo-oven.***
circs [sɜ:ks‖sɜrks]⟨mv.⟩⟨verk.⟩ circumstances ⟨inf.⟩.
cir·cuit[1] ['sɜ:kɪt‖'sɜr-]⟨f3⟩⟨telb.zn.⟩ **0.1** ***kring*** ⇒*omtrek, omsloten ruimte, gebied* **0.2** ***omloop*** ⇒*omweg, kringloop, ronde, tour* **0.3** ***baan*** ⇒*racebaan, circuit, proefbaan* **0.4** ***keten*** ⟨v. bioscopen, theaters, enz.⟩ ⇒*combinatie* **0.5** ⟨jur.⟩ ***rondgang*** ⟨v. rechters of advocaten⟩ ⇒*tournee, rondgaande rechtbank* **0.6** ⟨jur., kerk⟩ ***district*** ⇒*rayon, kring* **0.7** ⟨elek.⟩ ***stroomkring*** ⇒*stroomketen, schakeling* **0.8** ⟨tech.⟩ ***circuit*** ⇒*kring* ⟨v. onderdelen of elementen binnen een installatie⟩ **0.9** ⟨sport⟩ ***circuit*** ◆ **3.¶** closed ~ *gesloten circuit* **6.1** a lake 10 miles **in** ~ *een meer met een omtrek v. 10 mijl;* the ~ **of** the royal grounds *de oppervlakte v.d. koninklijke domeinen* **6.2** make a ~ **of** the country *een rondreis door het land maken;* do the ~ **of** the course *de hele baan rond lopen* **6.5 on** ~ *op tournee.*
circuit[2] ⟨ww.⟩
I ⟨onov.ww.⟩ **0.1** ***rondgaan;***
II ⟨ov.ww.⟩ **0.1** ***in een kring gaan rond/om.***
'circuit board ⟨telb.zn.⟩⟨comp.⟩ **0.1** ***printplaat*** ⇒*kaart.*
'circuit breaker ⟨telb.zn.⟩⟨elek.⟩ **0.1** ***(stroom)onderbreker*** ⇒*afsluiter, (contact)verbreker.*
'circuit diagram ⟨telb.zn.⟩⟨elek.⟩ **0.1** ***(schakel)schema*** ⇒*bedradingsschema.*
cir·cu·i·tous [sə'kjuətəs‖sər'kjuətəs]⟨f1⟩⟨bn.; -ly; -ness⟩ **0.1** ***omslachtig*** ⇒*met een omweg, indirect* ◆ **1.1** the ~ course of the brook *de kronkelige loop v.d. beek.*
'circuit rider ⟨telb.zn.⟩⟨AE; gesch.⟩ **0.1** ***rondreizend predikant*** ⟨i.h.b. methodistisch⟩.
cir·cuit·ry ['sɜ:kɪtri‖'sɜr-]⟨telb.zn.⟩⟨tech.⟩ **0.1** ***schakelschema*** **0.2** ***schakelsysteem.***
'circuit slugger ⟨telb.zn.⟩⟨AE; inf.; honkbal⟩ **0.1** ***homerun specialist*** ⇒*tophitter.*
'circuit training ⟨n.-telb.zn.⟩⟨sport⟩ **0.1** ***circuittraining.***
cir·cu·i·ty [sə'kjuəti‖sər'kjuəti]⟨n.-telb.zn.⟩⟨elek.⟩ **0.1** ***omslachtigheid.***
cir·cu·lar[1] ['sɜ:kjələ‖'sɜrkjələr]⟨f2⟩⟨telb.zn.⟩ **0.1** ***rondschrijven*** ⇒*circulaire, rondzendbrief.*
circular[2] ⟨f3⟩⟨bn.; -ly; -ness⟩ **0.1** ***rond*** ⇒*cirkelvormig* **0.2** ***rondlopend*** ⇒*rondgaand, (k)ring-, cirkel-* **0.3** ***ontwijkend*** ⇒*indirect;* ⟨fil.⟩ *circulair* **0.4** ***bedoeld voor/gericht op groter publiek*** ⇒*voor de circulatie, rondzend-* ◆ **1.1** ~ stairs *wenteltrap;* ~ saw *cirkelzaag* **1.2** ~ railway *ceintuurbaan, ringlijn;* North Circular (Road) *noordelijke ringweg om Londen;* ⟨scheep.⟩ ~ sailing *grootcirkelvaren;* ⟨BE⟩ ~ tour *rondreis* **1.3** ~ argument *cirkelredenering* **1.4** ~ letter *circulaire, rondschrijven;* ~ note *reiskredietbrief* **1.¶** ⟨geldw.⟩ ~ letter of credit *circulair(e) kredietbrief/accreditief, reiskredietbrief/accreditief.*
'circular file ⟨telb.zn.⟩⟨AE; scherts.⟩ **0.1** ***prullemand.***
cir·cu·lar·i·ty ['sɜ:kjə'lærəti‖'sɜrkjə'lærəti]⟨f1⟩⟨n.-telb.zn.⟩ **0.1** ***cirkelvormigheid*** **0.2** ***indirectheid*** ⇒*het vicieus-zijn.*
cir·cu·lar·ize, -ise ['sɜ:kjələraɪz‖'sɜr-]⟨ov.ww.⟩ **0.1** ***circulaires zenden aan*** **0.2** ⟨AE⟩ ***publiceren*** ⇒*verspreiden, bekendheid geven aan* ◆ **1.1** all retailers had been ~d *alle detaillisten hadden een rondschrijven gekregen* **1.2** the Chairman's opinion was ~d *het standpunt v.d. voorzitter werd verspreid.*
cir·cu·late ['sɜ:kjəleɪt‖'sɜr-]⟨f2⟩⟨ww.⟩ →circulating
I ⟨onov.ww.⟩ **0.1** ***circuleren*** ⇒*rondgaan, rondstromen* **0.2** ⟨wisk.⟩ ***repeteren*** ⟨v. breuk⟩ ⇒*circuleren* ⟨v. integraal⟩;
II ⟨ov.ww.⟩ **0.1** ***verspreiden*** ⇒*laten circuleren.*
cir·cu·lat·ing ['sɜ:kjəleɪtɪŋ‖'sɜrkjəleɪtɪŋ]⟨f1⟩⟨bn., attr.; teg. deelw. v. circulate⟩ **0.1** ***rondgaand*** **0.2** ⟨wisk.⟩ ***repeterend*** ◆ **1.1** ~ capital *vlottende middelen;* ~ medium *ruilmiddel, betaalmiddel* **1.2** ~ decimal *repeterende breuk.*
'circulating library ⟨telb.zn.; →mv. 2⟩⟨vnl. AE⟩ **0.1** ***uitleenbibliotheek*** ⇒*bibliobus.*
cir·cu·la·tion [sɜ:kjə'leɪʃn‖'sɜr-]⟨f2⟩⟨zn.⟩
I ⟨telb.zn.⟩ **0.1** ***oplage*** ⇒*oplaag;*
II ⟨n.-telb.zn.⟩ **0.1** ***bloedsomloop*** ⇒*bloedcirculatie* **0.2** ***omloop*** ⇒*roulatie, circulatie, distributie, verspreiding* **0.3** ⟨vero.⟩ ***betaalmiddelen*** ⇒*ruilmiddel* ◆ **6.2 in/out of** ~ *in/uit de circulatie.*
cir·cu·la·tive ['sɜ:kjələtɪv‖'sɜrkjuleɪtɪv]⟨bn., attr.⟩ **0.1** ***circulerend.***
cir·cu·la·tor ['sɜ:kjəleɪtə‖'sɜrkjəleɪtər]⟨telb.zn.⟩ **0.1** ***verspreider*** **0.2** ⟨wisk.⟩ ***repetent.***
cir·cu·la·tor·y ['sɜ:kjələtri‖'sɜrkjələtɔri]⟨bn., attr.⟩ **0.1** ***circulerend*** ⇒*(bloed)circulatie* **0.2** ***mbt./v. de bloedsomloop.***
'circulatory system ⟨telb.zn.⟩ **0.1** ***(bloed/lymf)vaatstelsel.***
cir·cum- ['sɜ:kəm-‖'sɜr-] **0.1** ***om-*** ⇒*rond-* ◆ **¶.1** circumocular *rond het oog.*
cir·cum·am·bi·ency [-'æmbɪənsi], **cir·cum·am·bi·ence** [-bɪəns]⟨n.-telb.zn.⟩ **0.1** ***het omringen.***
cir·cum·am·bi·ent [-'æmbɪənt]⟨bn.⟩ **0.1** ***omringend*** ⇒*omgevend, alles/allen omvattend* ◆ **1.1** the ~ air *de ons omringende lucht;* the ~ God *God, die het Al omvat.*
cir·cum·am·bu·late [-'æmbjuleɪt‖-bjə-]⟨ww.⟩
I ⟨onov.ww.⟩ **0.1** ***rondlopen*** **0.2** ***er omheen draaien;***
II ⟨ov.ww.⟩ **0.1** ***lopen rond*** ⇒⟨i.h.b.⟩ *in processie lopen rond.*
cir·cum·am·bu·la·tion [-æmbju'leɪʃn‖-bjə-]⟨zn.⟩
I ⟨telb.zn.⟩ **0.1** ***(processiegewijze) om(me)gang;***
II ⟨n.-telb.zn.⟩ **0.1** ***het rondlopen*** **0.2** ***gedraai*** ⇒*het ontwijken.*
cir·cum·cise [-saɪz]⟨f1⟩⟨ov.ww.⟩ **0.1** ***besnijden*** **0.2** ⟨bijb.⟩ ***reinigen*** ⇒*louteren* ◆ **1.2** ~ your hearts *maakt uw harten rein.*
cir·cum·ci·sion [-'sɪʒn]⟨f1⟩⟨telb.zn., n.-telb.zn.⟩ **0.1** ***besnijdenis*** ⇒*circumcisie* **0.2** ⟨bijb.⟩ ***reiniging*** ⇒*loutering, purificatie* **0.3** ⟨the; C~⟩⟨kerk.⟩ ***Besnijdenisfeest*** ⟨1 januari⟩.
cir·cum·fer·ence [sə'kʌmfrəns‖sər-]⟨f2⟩⟨telb.zn.⟩ **0.1** ***cirkelomtrek*** ⇒*circumferentie, perimeter.*
cir·cum·fer·en·tial [sə'kʌmfə'renʃl‖sər-]⟨bn.⟩ **0.1** ***van/aan de omtrek*** ⇒*rondom, perifeer* ⟨ook fig.⟩ ◆ **1.1** a ~ road *een ringweg/ceintuurbaan.*
cir·cum·flex[1] ['sɜ:kəmfleks‖'sɜr-], **circumflex accent** ⟨telb.zn.⟩ **0.1** ***accent circonflexe*** ⇒*dakje, kapje.*
circumflex[2] ⟨bn.⟩ **0.1** ***voorzien v.e. accent circonflexe*** **0.2** ⟨anat.⟩ ***gebogen*** ⟨v. bloedvat of zenuw⟩.
circumflex[3] ⟨ov.ww.⟩ **0.1** ***een accent circonflexe zetten op*** ⇒*van een accent circonflexe voorzien.*

cir·cum·flu·ent [sɜ:ˈkʌmfluənt‖sɜr-]⟨bn.⟩ **0.1** ***omringend*** *⇒omspoelend, omstromend.*
cir·cum·flu·ous [sɜ:ˈkʌmfluəs‖sɜr-]⟨bn.⟩ **0.1** ***omringend*** *⇒omspoelend, stromend rond* **0.2** ***omspoeld*** *⇒omstroomd.*
cir·cum·fuse [ˈsɜ:kəmfju:z‖ˈsɜr-]⟨ov.ww.⟩ **0.1** ***(rondom)gieten*** *⇒verspreiden* **0.2** ***omgeven*** *⇒overspoelen, omspoelen, doordrenken* ◆ **6.2** hair ~d **with** sunlight *zonovergoten haar.*
cir·cum·gy·ra·tion [-dʒaɪˈreɪʃn]⟨telb.zn.⟩ **0.1** ***omwenteling*** *⇒draaiing.*
cir·cum·ja·cent [-ˈdʒeɪsnt]⟨bn.⟩ **0.1** ***omliggend*** *⇒omgelegen, omringend, naburig.*
cir·cum·lo·cu·tion [-ləˈkju:ʃn]⟨zn.⟩
I ⟨telb.zn.⟩ **0.1** ***omschrijving*** *⇒indirecte/vage uitdrukking;*
II ⟨n.-telb.zn.⟩ **0.1** ***omhaal (van woorden)*** *⇒omslachtigheid, breedsprakigheid, wijdlopigheid* **0.2** ***vaagheid*** *⇒ontwijkend gepraat.*
cir·cum·loc·u·to·ry [-ˈlɒkjətri‖-ˈlɑkjətɔri]⟨bn.⟩ **0.1** ***omslachtig*** *⇒wijdlopig, omschrijvend, met veel omhaal van woorden* **0.2** ***ontwijkend.***
cir·cum·lu·nar [-ˈlu:nə‖-ər]⟨bn.⟩⟨ster.⟩ **0.1** ***rond de maan bewegend*** **0.2** ***om de maan gelegen.***
cir·cum·nav·i·ga·ble [-ˈnævɪgəbl]⟨bn.⟩ **0.1** ***omvaarbaar*** *⇒rond te varen.*
cir·cum·nav·i·gate [ˈnævɪgeɪt]⟨ov.ww.⟩ **0.1** ***varen rond*** *⇒varen om* ⟨i.h.b. de wereld⟩.
cir·cum·nav·i·ga·tion [-nævɪˈgeɪʃn]⟨telb. en n.-telb.zn.⟩ **0.1** ***omvaart*** *⇒het varen om,* ⟨i.h.b.⟩ *het varen rond de wereld.*
cir·cum·po·lar [-ˈpoʊlə‖-ər]⟨bn.⟩ **0.1** ⟨ster.⟩ ***circumpolair*** *⇒niet ondergaand* **0.2** ⟨aardr.⟩ ***circumpolair*** *⇒rondom/bij een pool gelegen.*
cir·cum·scribe [-ˈskraɪb]⟨ov.ww.⟩ **0.1** ***omcirkelen*** *⇒een lijn trekken om* **0.2** ⟨meetk.⟩ ***omschrijven*** *⇒beschrijven om* **0.3** ***begrenzen*** *⇒definiëren, de grens aangeven van* **0.4** ***beperken*** *⇒begrenzen, inperken* ◆ **1.2** ~ a square *de omgeschreven cirkel trekken v.e. vierkant* **1.3** power ~d by law *bij de wet omschreven macht.*
cir·cum·scrip·tion [-ˈskrɪpʃn]⟨zn.⟩
I ⟨telb.zn.⟩ **0.1** ***omtrek*** *⇒begrenzing, omschrijving, afbakening, circumscriptie* ⟨ook fig.⟩ **0.2** ***beperking*** **0.3** ***randschrift*** *⇒omschrift* ⟨op munt⟩;
II ⟨n.-telb.zn.⟩ **0.1** ***het omschrijven*** *⇒het omtrekken, het omcirkelen.*
cir·cum·so·lar [-ˈsoʊlə‖-ər]⟨bn.⟩⟨ster.⟩ **0.1** ***om de zon bewegend*** **0.2** ***om/nabij de zon gelegen.***
cir·cum·spect [-ˈspekt]⟨f1⟩⟨bn.;-ly;-ness⟩ **0.1** ***omzichtig*** *⇒op zijn hoede, behoedzaam, voorzichtig, terughoudend.*
cir·cum·spec·tion [-ˈspekʃn]⟨n.-telb.zn.⟩ **0.1** ***behoedzaamheid*** *⇒voorzichtigheid, omzichtigheid.*
cir·cum·stance [ˈsɜ:kəmstæns, -stəns‖ˈsɜr-]⟨f3⟩⟨zn.⟩
I ⟨telb.zn.⟩ **0.1** ⟨vaak mv.⟩ ***omstandigheid*** **0.2** ***bijzonderheid*** *⇒detail* **0.3** ***feit*** *⇒geval, gebeurtenis* ◆ **6.1 in/under** no ~s *onder geen voorwaarde, nooit, in geen geval;* **in/under** the ~s *onder de gegeven omstandigheden* **6.¶** ⟨sl.⟩ be not a ~ **to** *het niet halen bij, niet te vergelijken zijn met* **8.3** the ~ that *het feit dat;*
II ⟨n.-telb.zn.⟩ **0.1** ***praal*** *⇒drukte, omhaal* ◆ **1.1** pomp and ~ *pracht en praal* **6.1 without** ~ *zonder plichtplegingen/ceremonieel;*
III ⟨mv.;~s⟩ **0.1** ***(materiële) positie*** *⇒situatie, omstandigheden* ◆ **2.1** easy ~s *comfortabele positie, welstand* **3.1** straitened/reduced ~s *armoede, benarde/behoeftige omstandigheden.*
cir·cum·stanced [-stænst, -stənst]⟨bn., pred.⟩ **0.1** ***in bepaalde omstandigheden verkerend*** ◆ **5.1** a man thus ~ *iemand in zijn omstandigheden;* well ~ *in goeden doen, goedgesitueerd.*
cir·cum·stan·tial [-ˈstænʃl]⟨f1⟩⟨bn.;-ly⟩ **0.1** ***(afhankelijk) van de omstandigheden*** **0.2** ***bijkomstig*** *⇒bijkomend, niet essentieel* **0.3** ***uitvoerig*** *⇒omstandig, breedvoerig, wijdlopig* ◆ **1.1** ⟨jur.⟩ ~ evidence *middellijk/indirect bewijs, stille getuigen, bewijs uit aanwijzingen.*
cir·cum·stan·ti·al·i·ty [-stænʃiˈæləṭi]⟨zn.;→mv. 2⟩
I ⟨telb.zn.⟩ **0.1** ***bijzonderheid*** *⇒detail;*
II ⟨n.-telb.zn.⟩ **0.1** ***breedvoerigheid*** *⇒wijdlopigheid, uitvoerigheid.*
cir·cum·stan·ti·ate [-ˈstænʃieɪt]⟨ov.ww.⟩ **0.1** ***(met bewijzen/bijzonderheden) staven*** *⇒onderbouwen* **0.2** ***uitvoerig vertellen*** *⇒omstandig meedelen.*
cir·cum·val·late [-ˈvæleɪt]⟨ov.ww.⟩ **0.1** ***omwallen*** *⇒rondom van een wal/muur/bolwerk voorzien, ommuren.*
cir·cum·val·la·tion [-vəˈleɪʃn]⟨telb. en n.-telb.zn.⟩ **0.1** ***omwalling*** *⇒ommuring, bolwerk.*
cir·cum·vent [-ˈvent]⟨f1⟩⟨ov.ww.⟩ **0.1** ***omringen*** *⇒omsingelen* **0.2** ***misleiden*** *⇒te slim af zijn, om de tuin leiden* **0.3** ***ontduiken*** *⇒ontwijken, omzeilen* **0.4** ***omheen gaan*** ◆ **1.3** ~ the law *de wet ontduiken.*
cir·cum·ven·tion [-ˈvenʃn]⟨telb. en n.-telb.zn.⟩ **0.1** ***omsingeling*** **0.2** ***misleiding*** **0.3** ***ontwijking*** *⇒ontwijkend antwoord.*
cir·cum·vo·lu·tion [-vəˈlu:ʃn]⟨telb.zn.⟩ **0.1** ***draaiing*** *⇒kronkeling* **0.2** ***winding*** *⇒omwikkeling* **0.3** ***omwenteling*** ◆ **6.2** the ~s **of** a shell *de windingen v.e. schelp.*
cir·cus [ˈsɜ:kəs‖ˈsɜr-]⟨f2⟩⟨telb.zn.⟩ **0.1** ***circus*** **0.2** ⟨BE⟩ ***rond plein*** *⇒circuit* **0.3** ⟨inf.⟩ ***pandemonium*** *⇒lawaaiige toestand, beestenboel, opwinding* **0.4** ⟨AE;sl.⟩ ***naaktshow*** ◆ **1.2** Piccadilly Circus *Picadilly Circus* ⟨plein in Londen⟩ **3.3** what a ~ you're making of it *wat maken jullie er een circus van.*
'circus catch ⟨telb.zn.⟩⟨AE;sport⟩ **0.1** ***spectaculaire vangbal.***
'circus master ⟨f1⟩⟨telb.zn.⟩ **0.1** ***circusdirecteur.***
'circus rider ⟨telb.zn.⟩ **0.1** ***kunstrijder/ster.***
'cirl 'bunting [ˈsɜ:l‖ˈsɜrl]⟨telb.zn.⟩⟨dierk.⟩ **0.1** ***cirlgors*** ⟨Emberiza cirlus⟩.
cirque [sɜ:k‖sɜrk]⟨telb.zn.⟩ **0.1** ⟨aardr.⟩ ***keteldal*** *⇒kaar* **0.2** ⟨schr.⟩ ***ring*** *⇒arena, amfitheater.*
cir·rho·sis [sɪˈroʊsɪs]⟨telb. en n.-telb.zn.; cirrhoses [-si:z];→mv. 5⟩ ⟨med.⟩ **0.1** ***levercirrose.***
cir·ri·ped [ˈsɪrəped], **cir·ri·pede** [ˈsɪrəpi:d]⟨telb.zn.⟩⟨dierk.⟩ **0.1** ***rankpotige*** ⟨orde Cirripedia⟩.
cir·ro·cu·mu·lus [ˈsɪrəˈkju:mjʊləs‖-jələs]⟨telb. en n.-telb.zn.; cirrocumuli [-laɪ];→mv. 5⟩⟨meteo.⟩ **0.1** ***cirrocumulus*** *⇒schapewolkjes.*
cir·rose [ˈsɪroʊs], **cir·rous** [ˈsɪrəs]⟨bn.⟩ **0.1** ⟨biol.⟩ ***voorzien van tentakels/ranken*** **0.2** ⟨biol.⟩ ***(als een rank) gekruld*** **0.3** ⟨meteo.⟩ ***(als) van een cirrus.***
cir·ro·stra·tus [ˈsɪrəˈstrɑ:təs‖-ˈstreɪṭəs]⟨telb. en n.-telb.zn.; cirrostrati [-taɪ];→mv. 5⟩⟨meteo.⟩ **0.1** ***cirrostratus*** *⇒wolkenveren.*
cir·rus [ˈsɪrəs]⟨zn.; cirri [-raɪ];→mv. 5⟩
I ⟨telb.zn.⟩ **0.1** ⟨plantk.⟩ ***(hecht)rank*** **0.2** ⟨dierk.⟩ ***rankpoot*** ⟨als v. eendemossel⟩ *⇒tentakel, tastdraad;*
II ⟨n.-telb.zn.⟩⟨meteo.⟩ **0.1** ***cirrus*** *⇒vederwolken.*
cis- [sɪs] **0.1** ***aan deze kant van*** *⇒cis-* ◆ **¶.1** cismontane *aan deze kant/* ⟨vnl.⟩ *de noordkant v.d. bergen* ⟨i.h.b. de Alpen⟩.
cis·al·pine [ˈsɪsˈælpaɪn]⟨bn.; ook C-⟩ **0.1** ***cisalpijns*** *⇒aan de zuidkant,* ⟨zelden⟩ *aan de noordkant v.d. Alpen* ◆ **1.1** ⟨gesch.⟩ Cisalpine Gaul *Gallië ten zuiden v.d. Italiaanse Alpen.*
cis·at·lan·tic [ˈsɪsətˈlænṭɪk]⟨bn.⟩ **0.1** ***aan deze kant v.d. Atlantische Oceaan.***
cis·co [ˈsɪskoʊ]⟨telb.zn.; ook -es;→mv. 2⟩⟨dierk.⟩ **0.1** ***Am. haringachtige zoetwatervis*** ⟨genus Leucichthys of Coregonus⟩.
cis-E·liz·a·be·than [ˈsɪsɪlɪzəˈbi:θn]⟨bn.⟩⟨gesch.⟩ **0.1** ***na de Elizabethaanse periode.***
cis·pa·dane [ˈsɪspəˈdeɪn]⟨bn.⟩ **0.1** ***ten zuiden v.d. Po.***
cis·pon·tine [sɪˈspɒntaɪn‖-ˈspɑn-]⟨bn.⟩ **0.1** ***ten noorden v.d. Theems*** ⟨in Londen; lett. ten noorden v.d. bruggen⟩.
cissy →sissy.
cist [sɪst], ⟨in bet. 0.1 ook⟩ **kist** [kɪst]⟨telb.zn.⟩⟨gesch.⟩ **0.1** ***(stenen) graf*** ⟨neolithisch⟩ **0.2** ***cista*** ⟨tenen doos met heilige voorwerpen⟩.
Cis·ter·cian[1] [sɪˈstɜ:ʃn‖-ˈstɜr-]⟨telb.zn.⟩ **0.1** ***cisterciënzer (monnik).***
Cistercian[2] ⟨bn.⟩ **0.1** ***cisterciënzer.***
cis·tern [ˈsɪstən‖-ərn]⟨f2⟩⟨telb.zn.⟩ **0.1** ***waterreservoir*** *⇒stortbak, vergaarbak, (regen)bak, cisterne.*
'cistern ba'rometer ⟨telb.zn.⟩ **0.1** ***bakbarometer.***
cis·tus [ˈsɪstəs]⟨telb.zn.⟩⟨plantk.⟩ **0.1** ***cistusroos*** ⇒⟨vnl.⟩ *zonneroosje* ⟨genus Cistus⟩.
cit[1] [sɪt]⟨telb.zn.⟩⟨AE;inf.⟩ **0.1** ⟨verk.⟩ ⟨citizen⟩.
cit[2] ⟨afk.⟩ citation, cited, citizen.
cit·a·del [ˈsɪṭədl, -del]⟨f1⟩⟨telb.zn.⟩ **0.1** ***fort*** *⇒citadel, vestingwerk, bolwerk, toevluchtsoord* ⟨ook fig.⟩ **0.2** ***citadel*** ⟨v.h. Leger des Heils⟩.
ci·ta·tion [saɪˈteɪʃn]⟨f1⟩⟨zn.⟩
I ⟨telb.zn.⟩ **0.1** ***aanhaling*** *⇒citaat* **0.2** ⟨jur.⟩ ***dagvaarding*** *⇒daging* **0.3** ⟨i.h.b. mil.⟩ ***eervolle vermelding;***
II ⟨n.-telb.zn.⟩ **0.1** ***het aanhalen*** *⇒het citeren.*
ci'tation index ⟨telb.zn.⟩ **0.1** ***citatie-index*** ⟨lijst v. auteurs in wetenschappelijke publikaties vermeld⟩.
cite [saɪt]⟨f2⟩⟨ov.ww.⟩⟨→sprw. 105⟩ **0.1** ***aanhalen*** *⇒citeren, aanvoeren, noemen* **0.2** ⟨jur.⟩ ***dagvaarden*** *⇒dagen* **0.3** ⟨i.h.b. mil.⟩ ***eervol vermelden*** ◆ **6.3** ~ a soldier **for** bravery *een soldaat een eervolle vermelding geven wegens betoonde moed.*
cith·a·ra [ˈsɪθərə]⟨telb.zn.⟩⟨muz.⟩ **0.1** ***chitarra battente*** ⟨vijfsnarige luit⟩.
cith·er [ˈsɪðə‖-ər], **cith·ern** [ˈsɪðn‖ˈsɪðərn], **cit·tern** [ˈsɪtɜ:n‖ˈsɪṭərn] ⟨telb.zn.⟩⟨muz.⟩ **0.1** ***citer.***
cit·i·fi·ca·tion [ˈsɪṭɪfɪˈkeɪʃn]⟨n.-telb.zn.⟩ **0.1** ***verstedelijking*** *⇒urbanisatie.*
cit·i·fy [ˈsɪṭɪfaɪ]⟨ov.ww.;→ww. 7⟩ **0.1** ***verstedelijken*** *⇒urbaniseren.*
cit·i·zen [ˈsɪṭɪzn]⟨f3⟩⟨telb.zn.⟩ **0.1** ***burger*** *⇒stedeling, inwoner* **0.2**

staatsburger ⇒*onderdaan* **0.3** ⟨AE⟩ ***niet-militair*** ⇒*burger, civiel* ◆ **2.2** Joey is a British ~ *Joey is Brits onderdaan* **6.1** a ~ **of** Bristol *een inwoner van Bristol;* ~ **of** the world *kosmopoliet, wereldburger.*

cit·i·zen·hood ['sɪtɪznhʊd]⟨zn.⟩
I ⟨n.-telb.zn.⟩ **0.1** ***(staats)burgerschap;***
II ⟨verz.n.⟩ **0.1** ***burgerij.***

cit·i·zen·ry ['sɪtɪz(ə)nri]⟨verz.n.;→mv. 2⟩ **0.1** ***burgerij*** ⇒*inwoners, bevolking.*

'citizens' band ⟨f1⟩⟨telb.zn.⟩⟨AE⟩ **0.1** ***27 MC band*** ⇒*cb.*

cit·i·zen·ship ['sɪtɪznʃɪp]⟨f1⟩⟨n.-telb.zn.⟩ **0.1** ***(staats)burgerschap*** ⇒*staat v. (staats)burger* **0.2** ***gedrag als (staats)burger.***

cit·rate ['sɪtreɪt]⟨n.-telb.zn.⟩⟨schei.⟩ **0.1** ***citraat*** ⇒*citroenzuurzout, ester v. citroenzuur.*

cit·ric ['sɪtrɪk]⟨bn.⟩⟨schei.⟩ **0.1** ***citroen-*** ◆ **1.1** ~ acid *citroenzuur.*

'cit·ril 'finch ['sɪtrɪl]⟨telb.zn.⟩⟨dierk.⟩ **0.1** ***citroensijs*** ⟨Serinus citrinella⟩.

cit·rine ['sɪtri:n]⟨zn.⟩
I ⟨telb. en n.-telb.zn.⟩⟨geol.⟩ **0.1** ***citrien*** ⟨gele kwarts⟩;
II ⟨n.-telb.zn.⟩ **0.1** ⟨vaak attr.⟩ ***citroengeel.***

cit·ron ['sɪtrən]⟨zn.⟩
I ⟨telb.zn.⟩ **0.1** ***muskuscitroen*** ⇒*cedraat, sukade* **0.2** ⟨plantk.⟩ ***sukadeboom*** ⟨Citrus medica bajoura⟩;
II ⟨n.-telb.zn.⟩ **0.1** ***sukade*** **0.2** ⟨vaak attr.⟩ ***citroenkleur.***

cit·ron·el·la ['sɪtrə'nelə]⟨n.-telb.zn.⟩ **0.1** ⟨plantk.⟩ ***citronellagras*** ⟨Cymbopogon nardus⟩ **0.2** ***citronella-olie*** ⇒*muggenolie.*

cit·rus[1] ['sɪtrəs]⟨f1⟩⟨telb.zn.; ook citrus;→mv. 4⟩⟨plantk.⟩ **0.1** ***citrus(boom)*** ⟨genus Citrus⟩.

citrus[2], ⟨BE ook⟩ **cit·rous** ['sɪtrəs]⟨f1⟩⟨bn., attr.⟩ **0.1** ***citrus-*** ◆ **1.1** ~ fruit *citrusvruchten.*

cits [sɪts]⟨mv.⟩⟨inf.⟩ **0.1** ***burgerkloffie*** ⇒*burgerpak.*

cittern →cither.

cit·y ['sɪti]⟨f3⟩⟨zn.;→mv. 2⟩⟨→sprw. 243, 312⟩
I ⟨eig.n.; C-; the⟩ **0.1** ***de City*** ⟨oude binnenstad v. Londen⟩ ⇒⟨fig.⟩ *financieel centrum* ◆ **6.1** go into the City *zakenman worden, in het zakenleven / in zaken gaan;*
II ⟨telb.zn.⟩ **0.1** ***(grote) stad*** **0.2** ⟨BE⟩ ***bisschopsstad*** ◆ **1.1** City of God *de Stad / Staat Gods, het nieuwe Jerusalem, het hemelrijk;* ~ of refuge *vrijplaats, vrijstad;* City of the Seven Hills *de stad der zeven heuvelen* ⟨Rome⟩ **6.1** Mrs Brown **of** this ~ *Mrs Brown alhier.*

'City article ⟨telb.zn.⟩⟨BE; journalistiek⟩ **0.1** ***financieel artikel.***

'City 'Company ⟨telb.zn.⟩⟨BE⟩ **0.1** ***Londens gilde.***

'city 'council ⟨f1⟩⟨verz.n.⟩ **0.1** ***gemeenteraad.***

'city cow ⟨n.-telb.zn.⟩⟨AE; sl.⟩ **0.1** ***melk uit blik.***

'city desk ⟨telb.zn.⟩⟨AE; journalistiek⟩ **0.1** ***stadsredactie.***

'City editor ⟨telb.zn.⟩⟨journalistiek⟩ **0.1** ⟨BE⟩ ***financieel-economisch redacteur*** **0.2** ⟨c-⟩⟨AE⟩ ***stadsredakteur.***

'city 'father ⟨telb.zn.; vnl. mv.⟩ **0.1** ***stadsbestuurder*** ◆ **7.1** the ~s *de vroede vaderen / vroedschap.*

'city fog ⟨n.-telb.zn.⟩⟨meteo.⟩ **0.1** ***stadsmist.***

'city 'hall ⟨f1⟩⟨zn.⟩⟨AE⟩
I ⟨telb.zn.⟩ **0.1** ***gemeentehuis*** ⇒*stadhuis;*
II ⟨n.-telb.zn.⟩ **0.1** ***stadsbestuur.***

'city 'lights ⟨mv.⟩ **0.1** ***stadslichten*** ⇒*stadsverlichting.*

'City man ⟨telb.zn.⟩ **0.1** ***zakenman*** ⇒*handelsman, financier.*

'city manager ⟨telb.zn.⟩ **0.1** ***gemeentesecretaris.***

'City page ⟨telb.zn.⟩⟨BE; journalistiek⟩ **0.1** ***financiële pagina.***

'City Re·mem·bran·cer ⟨telb.zn.⟩ **0.1** ***behartiger v.d. City v. Londen t.o. commissies v. het parlement.***

'cit·y·scape ⟨telb.zn.⟩ **0.1** ***stadsgezicht*** ⇒*stadspanorama.*

'city 'slicker ⟨telb.zn.⟩⟨inf.; vnl. pej.⟩ **0.1** ***gladjanus*** ⇒*gehaaide kerel, zwendelaar* **0.2** ***man van de wereld*** ⇒*mondain stadsmens.*

'cit·y-'state ⟨telb.zn.⟩ **0.1** ***stadstaat.***

cit·y·ward(s) ['sɪtiwədz‖'sɪtiwərdz]⟨bn.; bw.⟩ **0.1** ***stadwaarts*** ⇒*naar / in de richting van de stad* ◆ **3.1** journey ~ *naar de stad reizen.*

'cit·y·wide ⟨bn.⟩ **0.1** ***over de hele stad (verspreid).***

civ ⟨afk.⟩ civil, civilian.

civ·et ['sɪvɪt]⟨zn.⟩
I ⟨telb.zn.⟩ →civet cat;
II ⟨n.-telb.zn.⟩ **0.1** ***civet*** ⟨parfumbasis⟩.

'civet cat ⟨telb.zn.⟩⟨dierk.⟩ **0.1** ***civetkat*** ⟨fam. Viverridae, vnl. Civettictis civetta⟩.

civ·ic ['sɪvɪk]⟨f1⟩⟨bn.; -ally;→bijw. 3⟩ **0.1** ***burger-*** ⇒*burgerlijk* **0.2** ***stedelijk*** ⇒*stads-, gemeente-, municipaal* **0.3** ***officieel*** ◆ **1.1** ~ crown *burgerkrans* ⟨Romeinse gesch.; corona civica⟩; ~ duties *burgerplichten;* ~ rights *burgerrechten* **1.2** ~ centre *bestuurs-, openbaar centrum.*

civ·ics ['sɪvɪks]⟨n.-telb.zn.⟩ **0.1** ***leer van burgerrechten en -plichten*** ⇒⟨school., ong.⟩ *maatschappijleer.*

'civic 'watchdog group ⟨telb.zn.⟩ **0.1** ***burgerwacht.***

civies →civvies.

civ·il ['sɪvl]⟨f3⟩⟨bn.; -ly⟩ **0.1** ***burger-*** ⇒*burgerlijk, civiel* **0.2** ***beschaafd*** ⇒*beleefd, gecivilisеerd, fatsoenlijk* **0.3** ***civiel*** ⇒*niet-militair, burger-* **0.4** ***wereldlijk*** ⇒*niet-kerkelijk* ◆ **1.1** ~ affairs *burgerlijke zaken* ⟨bij bestuur door bezettingsleger⟩; ~ commotion *ongeregeldheden, relletjes, rellen;* ~ death *burgerlijke dood, verlies van burgerrechten;* ~ disobedience *burgerlijke ongehoorzaamheid;* ~ law ⟨ook C~ Law⟩ *burgerlijk recht, Romeins recht;* ~ liberty *burgerlijke vrijheid;* ~ rights *burgerrechten;* ~ state *burgerlijke staat;* ~ war *burgeroorlog* **1.2** a ~ question deserves a ~ answer *een beleefde vraag is een beleefd antwoord waard;* keep a ~ tongue in your head *hou je brutale opmerkingen voor je* **1.3** ~ aviation *burgerluchtvaart;* ⟨BE⟩ Civil Aviation Authority / ⟨AE⟩ Civil Aeronautics Board *Bureau voor de Burgerluchtvaart, Rijksluchtvaartdienst;* ~ defence *burgerbescherming;* ⟨vnl.⟩ *luchtbescherming;* ⟨BE⟩ ~ lords *burgerlijke leden v.d. Admiralty;* ~ servant *staats / rijksambtenaar, civiel / burgerambtenaar;* ~ service *civiele dienst, ambtenarij* **1.4** ~ marriage *burgerlijk huwelijk* **1.¶** ~ day *etmaal;* ~ engineer *civiel ingenieur;* ⟨B.⟩ *burgerlijk ingenieur;* ~ engineering *weg- en waterbouwkunde;* ~ works *civieltechnisch / bouwkundig werk;* ~ year *kalenderjaar, burgerlijk jaar.*

ci·vil·ian[1] [sɪ'vɪlɪən]⟨f2⟩⟨telb.zn.⟩ **0.1** ***burger*** ⇒*niet-militair* **0.2** ⟨AE⟩ ***civilist*** ⟨kenner v. burgerlijk recht⟩.

civilian[2] ⟨f2⟩⟨bn.⟩ **0.1** ***burger-*** ⇒*civiel, burgerlijk.*

ci·vil·i·ty [sɪ'vɪləti]⟨zn.;→mv. 2⟩⟨→sprw. 669⟩
I ⟨telb.zn.⟩ **0.1** ***beleefde opmerking*** ⇒*plichtpleging, beleefdheid* ◆ **3.1** exchange civilities *beleefdheden uitwisselen;*
II ⟨n.-telb.zn.⟩ **0.1** ***beleefdheid*** ⇒*wellevendheid, hoffelijkheid, fatsoen, civiliteit.*

civ·i·li·za·tion, -sa·tion ['sɪvəlaɪ'zeɪʃn‖-ə'zeɪʃn]⟨f3⟩⟨zn.⟩
I ⟨telb. en n.-telb.zn.⟩ **0.1** ***beschaving*** ⇒*cultuur, ontwikkeling, civilisatie;*
II ⟨telb.zn.⟩ **0.1** ***de beschaafde wereld.***

civ·i·lize, -lise ['sɪvəlaɪz]⟨f3⟩⟨ww.⟩
I ⟨onov.ww.⟩ **0.1** ***(zich) ontwikkelen*** ⇒*geciviliseerd raken / worden;*
II ⟨ov.ww.⟩ **0.1** ***beschaven*** ⇒*ontwikkelen, civiliseren* **0.2** ***opvoeden*** ⇒*manieren leren, fatsoeneren, bijschaven, temmen* ◆ **1.2** married life has ~d Billy *Billy is in zijn huwelijk zijn wilde haren kwijtgeraakt.*

'civil list ⟨telb.zn.; the⟩ **0.1** ***civiele lijst*** ⟨begrotingspost voor huishoudelijke kosten v.h. staatshoofd en familieleden⟩.

'civ·il-'spo·ken ⟨bn.⟩ **0.1** ***welgemanierd*** ⇒*beleefd.*

civ·vies, civ·ies ['sɪviz]⟨mv.⟩⟨verk.⟩ civilian clothes ⟨sl.⟩ **0.1** ***burgerkloffie*** ⇒*burgerpak* **0.2** ***zondagse pak*** ⇒*nette pak.*

'civ·vy street ⟨n.-telb.zn.; vaak C- S-⟩⟨BE; sl.⟩ **0.1** ***(burger)maatschappij*** ◆ **3.1** go back to ~ *afzwaaien.*

CJ ⟨afk.⟩ Chief Justice.

ckd ⟨afk.⟩ completely knocked-down ⟨hand.⟩.

cl ⟨afk.⟩ **0.1** ⟨class⟩.

clab·ber[1] ['klæbə‖-ər]⟨n.-telb.zn.⟩⟨verk.⟩ bonnyclabber ⟨AE⟩ **0.1** ***gestremde zure melk.***

clabber[2] ⟨bn.⟩⟨AE⟩
I ⟨onov.ww.⟩ **0.1** ***schiften*** ⇒*klonteren* ⟨v. melk⟩;
II ⟨ov.ww.⟩ **0.1** ***stremmen*** ⇒*doen schiften* ⟨melk⟩.

clack[1] [klæk]⟨zn.⟩
I ⟨telb.zn.⟩ **0.1** ***klik*** ⇒*klap, slag, tik, geklepper* **0.2** →clack valve **0.3** ***tong*** ⇒*ratel, klep* ◆ **1.1** ~s of cups and saucers *gerinkel van kopjes en schoteltjes;*
II ⟨n.-telb.zn.⟩ **0.1** ***geklets*** ⇒*geklep, geratel, praatjes.*

clack[2] ⟨ww.⟩
I ⟨onov.ww.⟩ **0.1** ***klepperen*** ⇒*klikken, tikken* **0.2** ***kletsen*** ⇒*ratelen, roddelen, kleppen* ◆ **1.1** ~ing needles *tikkende (brei)naalden* **1.2** ~ing tongues *roddeltongen, lastertongen;*
II ⟨ov.ww.⟩ **0.1** ***klakken met*** ⇒*laten tikken* ◆ **1.1** ~ one's tongue *met de tong klakken.*

'clack valve ⟨telb.zn.⟩⟨tech.⟩ **0.1** ***valklep*** ⇒*scharnierklep.*

clad[1] [klæd]⟨f1⟩⟨bn., pred.; alternatief volt. deelw. v. clothe⟩ ⟨schr.⟩ **0.1** ***gekleed*** ⇒*bedekt, omsluierd, begroeid* ◆ **1.1** nickel- ~ coins *vernikkelde munten* **6.1** slopes ~ **in** woods *beboste hellingen.*

clad[2] ⟨ov.ww.; clad, clad⟩ →cladding **0.1** ***bekleden*** ⟨v. metaal met metaal⟩ ⇒*coaten.*

clad·ding ['klædɪŋ]⟨telb.zn.; oorspr. teg. deelw. v. clad⟩ **0.1** ***bekleding*** ⇒*coating* ⟨v. metaal op metaal⟩.

cla·dis·tic [klə'dɪstɪk]⟨bn.⟩⟨biol.⟩ **0.1** ***volgens erfelijke eigenschappen*** ⟨v. klassering⟩.

claim[1] [kleɪm]⟨f3⟩⟨telb.zn.⟩ **0.1** ***aanspraak*** ⇒*recht, claim, eis* **0.2** ***vordering*** ⇒*claim* **0.3** ⟨jur.⟩ ***(octrooi)conclusie*** **0.4** ***bewering*** ⇒*stelling* **0.5** ⟨mijnw.⟩ ***(mijn)concessie*** ⇒*mijnrecht, recht v. ont-*

ginning ◆ **1.1** no ~s bonus *no claim korting* **3.1** have a ~ on/to *verdienen, recht hebben op;* lay ~/make a ~/set up a ~ to *aanspraak maken op* **3.2** make/put in a ~ for *schadevergoeding eisen voor* **3.5** jump a ~ *reeds door een ander geclaimd land in bezit nemen* ⟨door goudzoeker bv.⟩; stake (out) a ~ to *aanspraak maken op* ⟨stuk land⟩ **6.2** a ~ **on** the insurance *schadeclaim.*

claim[2] ⟨f3⟩ ⟨ww.⟩
I ⟨onov.ww.⟩ **0.1** ***een vordering indienen*** ⇒*een eis instellen, genoegdoening/schadevergoeding eisen* ◆ **6.1** ~ **on** *een schadeclaim indienen bij;*
II ⟨ov.ww.⟩ **0.1** ***opeisen*** ⇒*aanspraak maken op, rechten doen gelden op, claimen* **0.2** ***beweren*** ⇒*verkondigen, stellen* **0.3** ***recht hebben op*** ⇒*verdienen, nodig hebben* ◆ **1.1** ~ damages *schadevergoeding eisen;* the accident ~ed six lives *het ongeluk eiste zes levens* **1.3** ~ attention *aandacht opeisen/vragen/verdienen* **5.1** ~ **back** excess postage *teveel betaalde portokosten terugvorderen.*

claim·a·ble ['kleɪməbl]⟨bn.⟩ **0.1** ***opeisbaar*** ⇒*opvorderbaar.*

'claim agent ⟨telb.zn.⟩⟨AE; inf.⟩ **0.1** ***iem. die beweert op het winnende paard gezet te hebben.***

claim·ant ['kleɪmənt]⟨f1⟩⟨telb.zn.⟩ **0.1** ***eiser*** **0.2** ***pretendent.***

'claiming race ⟨telb.zn.⟩⟨Can. E, AE; paardesport⟩ **0.1** ***verkoopwedren*** ⟨waarna ieder paard tegen een vóór de wedren vastgestelde prijs geclaimd kan worden⟩.

'claim jumper ⟨telb.zn.⟩⟨AE⟩ **0.1** ***iem. die reeds door een ander geclaimd land in bezit neemt*** ⟨vnl. goudzoeker⟩.

clair·au·di·ence ['kleər'ɔ:dɪəns‖'kler-]⟨n.-telb.zn.⟩ **0.1** ***helderhorendheid*** ⇒*beschikkend over het 'tweede gehoor'.*

clair·voy·ance [kleə'vɔɪəns‖'kler-]⟨n.-telb.zn.⟩ **0.1** ***helderziendheid*** ⇒*clairvoyance* **0.2** ***doorzicht*** ⇒*scherpzinnigheid, perspicaciteit.*

clair·voy·ant[1] [kleə'vɔɪənt‖'kler-]⟨f1⟩⟨telb.zn.⟩ **0.1** ***helderziende*** ⇒*clairvoyant.*

clairvoyant[2] ⟨f1⟩⟨bn.⟩ **0.1** ***helderziend*** ⇒*clairvoyant, het tweede gezicht hebbend.*

clam[1] [klæm]⟨f2⟩⟨zn.⟩
I ⟨telb.zn.⟩ **0.1** ⟨AE⟩⟨ben. voor⟩ ***tweekleppig schelpdier*** ⟨genera Mya, Venus, e.a.⟩ ⇒*gortschelp, grote strandgaper* ⟨Mya arenaria⟩; *Sint-Jacobsschelp; mossel; slijkgaper; venusschelp* **0.2** ⟨AE; inf.⟩ ***oester*** ⟨gesloten natuur⟩ **0.3** ***klem*** ⇒*klamp, kram* **0.4** ⟨AE; sl.⟩ ***dollar*** **0.5** ⟨AE; sl.⟩ ***fout*** ⇒*blunder* ◆ **3.¶** shut up like a ~ *dichtslaan/klappen; geen mond open doen;*
II ⟨n.-telb.zn.⟩ **0.1** ***klamheid*** ⇒*vochtigheid.*

clam[2] ⟨f1⟩⟨onov.ww.; →ww. 7⟩ **0.1** ***strandgapers zoeken*** ◆ **5.¶** ~ **up** *dichtslaan, dichtklappen, weigeren iets te zeggen, zijn mond houden.*

cla·mant ['kleɪmənt]⟨bn., attr.; -ly⟩ **0.1** ***luid*** ⇒*luidruchtig, schreeuwend, schetterend* **0.2** ***dringend*** ⇒*urgent* ◆ **1.2** a ~ need *een schreeuwende/dringende behoefte.*

clam·bake ['klæmbeɪk]⟨telb.zn.⟩⟨AE⟩ **0.1** ***strandpicknick*** ⟨met geroosterde zeedieren⟩ **0.2** ⟨inf.⟩ ***luidruchtig feest*** **0.3** ⟨sl.; muz.⟩ ***jam session*** **0.4** ⟨inf.⟩ ***massameeting*** ⇒*Poolse landdag* **0.5** ⟨inf.⟩ ***slecht (radio/t.v.-)programma*** ⇒*slechte show* **0.6** ⟨sl.⟩ ***(vergadering van) lobby.***

clam·ber[1] ['klæmbə‖-ər]⟨telb.zn.⟩ **0.1** ***zware beklimming*** ⇒*beklautering, klauterpartij.*

clamber[2] ⟨f2⟩⟨ww.⟩
I ⟨onov.ww.⟩ **0.1** ***klauteren*** ⇒*moeizaam klimmen;*
II ⟨ov.ww.⟩ **0.1** ***beklauteren*** ⇒*opklimmen tegen, beklimmen.*

'clam chowder ⟨n.-telb.zn.⟩⟨AE; cul.⟩ **0.1** ⟨ong.⟩ ***soep v. bep. schelpdieren.***

'clam diggers ⟨mv.⟩⟨AE⟩ **0.1** ***kuitbroek.***

clam·my ['klæmi]⟨f1⟩⟨bn.; -er; -ly; -ness; →bijw. 3⟩ **0.1** ***klam*** ⇒*vochtig* **0.2** ***klef*** ⇒*slijmerig, kleverig.*

clam·or·ous, ⟨BE sp. ook⟩ **clam·our·ous** ['klæmrəs]⟨bn., attr.; -ly; -ness⟩ **0.1** ***lawaaierig*** ⇒*schreeuwerig, luidruchtig* **0.2** ***met klem aandringend*** ◆ **1.2** ~ demands *dwingende eisen.*

clam·our[1], ⟨AE sp.⟩ **clam·or** ['klæmə‖-ər]⟨f1⟩⟨telb.zn.; vnl. enk.⟩ **0.1** ***geschreeuw*** ⇒*misbaar, getier* **0.2** ***herrie*** ⇒*geraas, lawaai, leven* **0.3** ***protest*** ⇒*(aan)klacht* **0.4** ***luide aandrang*** ⇒*roep* ◆ **1.2** ~ of bells *luid klokgebeier* **6.3** ~ **against** *protesten tegen* **6.4** ~ **for** justice *roep om gerechtigheid.*

clamour[2], ⟨AE sp.⟩ **clamor** ⟨f1⟩⟨ww.⟩
I ⟨onov.ww.⟩ **0.1** ***schreeuwen*** ⇒*razen, tieren, lawaai maken* **0.2** ***protesteren*** ⇒*zijn stem verheffen, klagen, aandringen* ◆ **6.2** ~ **against** *protesteren tegen;* ~ **for** *aandringen op;*
II ⟨ov.ww.⟩ **0.1** ***uitschreeuwen*** ⇒*luid laten horen* **0.2** ***weghonen*** ◆ **5.1** ~ s.o. **down** *iem. overschreeuwen* **6.2** the mob ~ed the consul **out of** his office *de consul werd door het gepeupel uit zijn kantoor weggehoond.*

clamp[1] [klæmp]⟨telb.zn.⟩ **0.1** ⟨ben. voor⟩ ***klem*** ⇒*klamp; (klem) beugel; knevel, tourniquet* **0.2** ***kram*** ⇒*(muur)anker* **0.3** ⟨scheep.⟩ ***(onder)balkweger*** ⇒*binnenboord, draam* **0.4** ***klamp*** ⇒*stapel,* ⟨BE⟩ *hoop* ⟨ingekuilde aardappelen, turf, compost, enz.⟩ **0.5** ***zware voetstap*** ◆ **3.¶** ⟨AE; sl.⟩ put the ~s on *jatten, stelen.*

clamp[2] ⟨f3⟩⟨ww.⟩
I ⟨onov.ww.⟩ **0.1** ***met zware stappen lopen*** ⇒*stampen* ◆ **5.¶** ⟨AE⟩ ~ **down** *schoonmaken* ⟨schip⟩ **6.¶** ⟨inf.⟩ ~ **down on** *een eind maken aan, de kop indrukken;*
II ⟨ov.ww.⟩ **0.1** ***klampen*** ⇒*vastklemmen, samenklemmen, krammen* **0.2** ***stevig aan/vastpakken*** **0.3** ***krachtig neerzetten*** **0.4** ⟨tech.⟩ ***klampen*** ⇒*ophopen,* ⟨BE⟩ *inkuilen* ◆ **6.3** government control was ~ed **on** car sales *de autoverkoop werd onder strenge regeringscontrole geplaatst.*

'clamp-down ⟨telb.zn.⟩ **0.1** ***beperkende maatregel.***

'clamp nail ⟨telb.zn.⟩⟨tech.⟩ **0.1** ***klampnagel*** ⇒*klampspijker, platkop.*

'clam·shell ⟨telb.zn.⟩ **0.1** ***mossel/oesterschelp*** ⇒*schelp v. strandgaper* **0.2** ⟨AE⟩ ***grijper*** ⟨bv. v. hijskraan⟩ **0.3** ⟨vaak mv.⟩⟨AE; sl.⟩ ***kaak*** **0.4** ⟨AE; sl.⟩ ***bek*** ⇒*mond.*

'clam shovel ⟨telb.zn.⟩⟨AE; inf.⟩ **0.1** ***schop*** ⇒*spade, pannetje.*

clan [klæn]⟨f1⟩⟨telb.zn.⟩ **0.1** ***geslacht*** ⟨in Schotse Hooglanden⟩ ⇒*clan* **0.2** ***stam*** **0.3** ***familie*** **0.4** ***kring*** ⇒*groep, kliek, coterie, clan.*

clan·des·tine [klæn'destɪn]⟨f1⟩⟨bn.; -ly; -ness⟩ **0.1** ***heimelijk*** ⇒*stiekem, geheim, (ter)sluiks, clandestien* ◆ **1.1** ~ marriage *geheim huwelijk.*

clang[1] [klæŋ]⟨f2⟩⟨telb.zn.⟩ **0.1** ⟨ben. voor⟩ ***metalige klank*** ⇒*galm, luiden* ⟨klok, bel⟩, *gekletter; gerinkel; geschetter* ⟨trompet⟩ **0.2** ***gekrijs*** ⟨v. vogel⟩.

clang[2] ⟨ww.⟩
I ⟨onov.ww.⟩ **0.1** ***(metalig) klinken*** ⇒*galmen, luiden, rinkelen, kletteren, bellen* ◆ **5.1** the bells ~ed **together** *de klokken sloegen galmend tegen elkaar in;*
II ⟨ov.ww.⟩ **0.1** ***(laten) klinken*** ⇒*luiden, rinkelen/kletteren met, laten galmen.*

clang·er ['klæŋə‖-ər]⟨telb.zn.⟩⟨BE; sl.⟩ **0.1** ***miskleun*** ⇒*blunder, flater* ◆ **3.1** drop a ~ *een bok schieten, een flater slaan.*

clan·gor·ous ['klæŋərəs]⟨bn., attr.; -ly⟩ **0.1** ***vol gekletter*** ⇒*rinkelend, ratelend.*

clan·gour, ⟨AE sp.⟩ **clan·gor** ['klæŋə‖-ər]⟨telb.zn.⟩ **0.1** ***(voortdurend) gekletter*** ⇒*gerinkel, geratel* ⟨v. metaal op metaal⟩.

clank[1] [klæŋk]⟨f1⟩⟨zn.⟩
I ⟨telb.zn.⟩ **0.1** ***metaalgerinkel*** ⇒*gekletter, geratel, gerammel;*
II ⟨mv.; ~s; the⟩⟨AE; sl.⟩ **0.1** ***het lirium*** ⟨delirium tremens⟩.

clank[2] ⟨f1⟩⟨ww.⟩
I ⟨onov.ww.⟩ **0.1** ***rinkelen*** ⇒*rammelen, ratelen* ◆ **1.1** ~ing chains *rinkelende kettingen;*
II ⟨ov.ww.⟩ **0.1** ***rammelen met*** ⇒*laten rinkelen.*

clan·nish ['klænɪʃ]⟨bn.; -ly; -ness⟩ **0.1** ***clan*** ⇒*tot een clan behorend, eigen aan een clan* **0.2** ***(overdreven) solidair*** ⇒*een hechte gemeenschap vormend,* ⟨pej.⟩ *kliekerig* ◆ **1.2** ~ behaviour *kliekjesgeest.*

clan·ship ['klænʃɪp]⟨n.-telb.zn.⟩ **0.1** ***clanstelsel*** **0.2** ***saamhorigheid*** ⇒*solidariteit* **0.3** ***kliekjesgeest.***

clans·man ['klænzmən]⟨f1⟩⟨telb.zn.; clansmen [-mən]; →mv. 3⟩ **0.1** ***lid v.e. clan.***

'clans·wom·an ⟨telb.zn.⟩ **0.1** ***vrouwelijk lid v.e. clan.***

clap[1] [klæp]⟨f2⟩⟨zn.⟩
I ⟨telb.zn.⟩ **0.1** ***klap*** ⇒*slag, tik, applaus* ◆ **1.1** ~ of thunder *donderslag* **2.1** the artist got a good ~ *de artiest kreeg een warm applaus* **6.1** ~ **on** the back *klap op de schouder;* ⟨fig.⟩ *schouderklopje;*
II ⟨n.-telb.zn.; the⟩⟨sl.⟩ **0.1** ***druiper*** ⇒*gonorroea* **0.2** ***sief*** ⇒*syfilis.*

clap[2] ⟨f2⟩⟨ww.; →ww. 7⟩
I ⟨onov.ww.⟩ **0.1** ***klappen*** ⇒*slaan, tikken, kloppen* **0.2** ***applaudisseren;***
II ⟨ov.ww.⟩ **0.1** ***(stevig) plaatsen*** ⇒*zetten, planten, poten* **0.2** ***slaan*** **0.3** ***klappen in/met*** ⇒*slaan in* **0.4** ***klappen voor*** ⇒*toejuichen, applaudisseren voor* ◆ **1.2** ~ s.o. on the back *iem. op de rug slaan* **1.3** ~ one's hands *in de handen klappen;* the bird ~ped its wings *de vogel klapwiekte* **5.1** ~ **on** *(haastig) opzetten* **5.¶** ~ sails **on** *zeilen bijzetten;* ~ **together/up** *in elkaar draaien/flansen* **6.1** ~ **in/into** jail *achter de tralies zetten;* ~ **on** s.o. *(haastig) zetten /plaatsen op iem.* **6.3** ~ handcuffs **on** s.o. *iem. in boeien slaan* **6.¶** the government has ~ped seven percent **on/onto** the car prices *de regering heeft zeven procent op de autoprijzen gelegd.*

clap·board ['klæpbɔ:d‖'klæbərd, 'klæpbɔrd]⟨f1⟩⟨telb.zn.⟩⟨AE⟩ **0.1** ⟨bouwk.⟩ ***dakspaan*** ⇒*potdeksel(plank)* **0.2** ⟨tech.⟩ ***duig*** ⟨v. vat⟩.

'clapboard 'house ⟨telb.zn.⟩ **0.1** ***huis met buitenmuren v. overnaadse planken.***

'clap-net ⟨telb.zn.⟩ **0.1** ***slagnet*** ⇒*kuipnet, vogelnet.*

clap·om·e·ter [klæ'pɒmətə‖-'pɑmətər]⟨telb.zn.⟩ **0.1** ***applausmeter.***

'clap·ped-'out ⟨bn.⟩⟨BE; inf.⟩ **0.1** ***uitgeteld*** ⇒*afgedraaid* **0.2** ***gammel*** ⇒*wrakkig* ◆ **1.2** a ~ car *een aftandse auto.*

clap·per ['klæpə||-ər]⟨telb.zn.⟩ **0.1** ***klepel*** **0.2** ***ratel*** **0.3** ⟨sl.⟩ ***tong*** ⇒*klep, ratel* **0.4** ***iem./iets die/dat klapt*** ⇒*claqueur* **0.5** →clapper-bridge **0.6** →clapperboard ◆ **7.¶** ⟨BE; inf.⟩ like the ~s *als de bliksem, hals over kop*.

'clap·per·board, clapper ⟨telb.zn.⟩⟨film⟩ **0.1** ***klap*** ⟨scenenummer-bord⟩.

'clap·per-bridge, clapper ⟨telb.zn.⟩⟨wwb.⟩ **0.1** ***megalithische brug***.

clap·per·claw ['klæpəklɔ:||-ər-]⟨ov.ww.⟩⟨vero.⟩ **0.1** ***krabben*** ⇒*klauwen, openkrabben, toetakelen* **0.2** ***uitschelden*** ⇒*beschimpen, uitjouwen, bespotten*.

'clap·trap[1] ⟨f1⟩⟨n.-telb.zn.⟩ **0.1** ***bombast*** ⇒*holle frasen, goedkope trucs* **0.2** ***onzin*** ⇒*nonsens, geouwehoer, geklets, leugenpraat*.

claptrap[2] ⟨bn.⟩ **0.1** ***leeg*** ⇒*hol, gespeeld, op effect uit* ◆ **1.1** a ~ story *een opgeklopt verhaal*.

claque [klæk]⟨telb.zn.⟩ **0.1** ***claque*** ⟨gehuurde applausmakers⟩.

cla·ra·bel·la ['klærə'belə]⟨telb.zn.⟩⟨muz.⟩ **0.1** ***clara-bella*** ⟨hoog 8-voet orgelregister⟩.

Clare [kleə||kler]⟨telb.zn.⟩ **0.1** ***claris(se)*** ⟨non⟩.

clar·ence ['klærəns]⟨telb.zn.⟩⟨gesch.⟩ **0.1** ***vierpersoons coupé*** ⟨vierwielig rijtuig⟩.

clar·en·don ['klærəndən]⟨n.-telb.zn.⟩ **0.1** ***clarendon*** ⟨vet letterty-pe⟩ ⇒⟨oneig.⟩ *romeins vet*.

clar·et ['klærət]⟨f1⟩⟨n.-telb.zn.⟩ **0.1** ***rode (tafel)wijn*** ⟨i.h.b. Bordeaux⟩ **0.2** ⟨vaak attr.⟩ ***wijnkleur*** ⇒*paarsrood, bruinrood* **0.3** ⟨sl.⟩ ***bloed*** ◆ **3.¶** tap s.o.'s ~ *iem. een bloedneus slaan*.

'claret cup ⟨n.-telb.zn.⟩ **0.1** ***(soort) vruchtenbowl***.

clar·i·fi·ca·tion [klærɪfɪ'keɪʃn]⟨f1⟩⟨telb. en n.-telb.zn.⟩ **0.1** ***zuivering*** ⇒*klaring* ⟨v. boter⟩, *filtrering* ⟨v. vloeistof, lucht⟩ **0.2** ***ophelderin*g** ⇒*verklaring, uitleg, verheldering*.

clar·i·fi·er ['klærɪfaɪə||-ər]⟨telb.zn.⟩ **0.1** ***iem./iets die/dat zuivert*** ⇒*klaarsel* **0.2** ⟨tech.⟩ ***bezinkbak*** ⇒*klaarpan* ◆ **1.2** ~ tank *zuiveringsinstallatie/inrichting*.

clar·i·fy ['klærɪfaɪ]⟨f3⟩⟨ww.; →ww. 7⟩

I ⟨onov.ww.⟩ **0.1** ***helder worden*** ⇒*klaren, bezinken* ⟨vloeistof, vet, lucht⟩; ⟨fig.⟩ *duidelijk worden, doorzichtig worden, opklaren;*

II ⟨ov.ww.⟩ **0.1** ***zuiveren*** ⇒*clarifi(c)eren, klaren, doen bezinken* **0.2** ***ophelderen*** ⇒*duidelijk maken, verklaren, toelichten* ◆ **1.2** sleep clarifies the mind *slaap geeft een heldere geest*.

clar·i·net ['klærɪ'net], ⟨zelden⟩ **clar·i·o·net** ['klærɪə'net]⟨f1⟩⟨telb.zn.⟩ **0.1** ***klarinet***.

clar·i·net·tist, ⟨AE sp. ook⟩ **clar·i·net·ist** ['klærɪ'netɪst]⟨f1⟩⟨telb.zn.⟩ **0.1** ***klarinettist(e)*** ⇒*klarinetspeler/speelster*.

clar·i·on[1] ['klærɪən]⟨f1⟩⟨telb.zn.⟩ **0.1** ***klaroen*** ⇒*clairon, signaalhoorn, krijgstrompet* **0.2** ***(klaroen)geschal*** ⇒*trompetgeschal* **0.3** ***clairon*** ⟨4-voets orgelregister⟩.

clarion[2] ⟨bn., attr.⟩ **0.1** ***luid en helder*** ⇒*klaroen-* ◆ **1.1** ~ call *klaroengeschal*.

clarionette →clarinet.

clar·i·ty ['klærəṭi]⟨f2⟩⟨telb. en n.-telb.zn.; →mv. 2⟩ **0.1** ***helderheid*** ⇒*duidelijkheid, zuiverheid, klaarheid*.

clark·i·a ['klɑ:kɪə||'klɑr-]⟨telb.zn.⟩⟨plantk.⟩ **0.1** ***clarkia*** ⟨genus Clarkia⟩.

clart [klɑ:t||klɑrt]⟨ov.ww.⟩⟨Sch. E⟩ **0.1** ***besmeuren*** ⇒*bemodderen*.

clarts [klɑ:ts||klɑrts]⟨n.-telb.zn.⟩⟨BE; Sch. E⟩ **0.1** ***modder*** ⇒*vuil*.

clar·ty ['klɑ:ti||'klɑrṭi]⟨bn.; -er; →compar. 7⟩⟨BE; Sch. E⟩ **0.1** ***modderig*** ⇒*vuil*.

clar·y ['kleəri||'klæri]⟨telb.zn.; →mv. 2⟩⟨plantk.⟩ **0.1** ***salie*** ⟨genus Salvia⟩ ⇒⟨i.h.b.⟩ *scharlei* ⟨S. sclarea⟩.

clash[1] [klæʃ]⟨f2⟩⟨zn.⟩

I ⟨telb.zn.⟩ **0.1** ***gevecht*** ⇒*botsing, schermutseling, conflict* **0.2** ***conflict*** ⇒*(tegen)strijdigheid, botsing* ◆ **1.1** border ~es *grensconflicten/gevechten* **6.2** a ~ **of** opinions *verschil van mening, botsing der meningen;*

II ⟨n.-telb.zn.⟩ **0.1** ***gekletter*** ⇒*geraas, gerinkel* ◆ **6.1** the ~ **of** armour *het gekletter van wapenrustingen*.

clash[2] ⟨f2⟩⟨ww.⟩

I ⟨onov.ww.⟩ **0.1** ***slaags raken*** ⇒*botsen* **0.2** ***tegenstrijdig zijn*** ⇒*niet (bij elkaar) passen, botsen, in conflict zijn/raken* ◆ **1.2** ~ing colours *vloekende kleuren;* ~ing tempers *botsende karakters* **6.2** the party ~es **with** my exam *het feest valt samen met mijn examen*.

clasp[1] [klɑ:sp||klæsp]⟨telb.zn.⟩ **0.1** ⟨ben. voor⟩ ***sluithaak*** ⇒*gesp; (boek)slot; haak, knip; kram* **0.2** ***zilveren streep op militair onderscheidingslint*** ⟨gegraveerd met naam v. veldslag, e.d.⟩ **0.3** ***beugel*** ⟨om gebit⟩ **0.4** ***greep*** **0.5** ***handdruk*** **0.6** ***omhelzing*** ⇒*omvatting*.

clasp[2] ⟨f2⟩⟨ww.⟩

I ⟨onov.ww.⟩ **0.1** ***vastgemaakt worden*** ◆ **1.1** this belt won't ~ *(de gesp v.) deze riem wil niet dicht;*

II ⟨ov.ww.⟩ **0.1** ***voorzien v.e. gesp/slot/haak*** **0.2** ***vastmaken*** ⇒*dichthaken, vastgespen, sluiten* **0.3** ***vastgrijpen*** ⇒*vasthouden, vastklemmen* **0.4** ***omvatten*** ⇒*omhelzen, tegen zich aan klemmen* ◆ **1.1** a ~ed Bible *een bijbel met sloten* **1.3** ~ hands *elkaars hand grijpen;* ~ one's hands *de handen ineenvouwen* **5.2** ~ **together** *dichtgespen* **6.3** ~ s.o. **by** the arm *iem. bij de arm grijpen;* ~ sth. **in** the hand *iets in de hand klemmen* **6.4** ~ a baby **to** one's breast *een baby tegen de borst (gedrukt) houden*.

clas·per ['klɑ:spə||'klæspər]⟨telb.zn.⟩ **0.1** ***iem./iets die/dat vastmaakt/vastgrijpt*** ⇒*rank* **0.2** ⟨vaak mv.⟩ ***grijporgaan*** ⟨bij sommige mannetjesvissen⟩.

'clasp knife ⟨f1⟩⟨telb.zn.⟩ **0.1** ***zakmes*** ⇒*knipmes, vouwmes*.

class[1] [klɑ:s||klæs]⟨f4⟩⟨zn.⟩

I ⟨telb.zn.⟩ **0.1** ***stand*** **0.2** ***rang*** ⇒*klas(se), soort, kwaliteit,* ⟨BE⟩ *rang in examenresultaten* **0.3** ***klas*** ⇒*klasgenoten,* ⟨AE; ong.⟩ *(leer)jaar* **0.4** ⟨mil.⟩ ***lichting*** ⇒*jaarklasse* **0.5** ***categorie*** ⇒*soort afdeling, groep, verzameling* ⟨ook wisk.⟩, ⟨biol.⟩ *klasse,* ⟨stat.⟩ *klasse(-interval)* ◆ **3.2** take a ~ *een 'honours degree'*/⟨ong.⟩ *cum laude halen* **4.5** in a ~ of its/his/⟨enz.⟩ own *een klasse apart, op eenzame hoogte, weergaloos* **6.3** ~ **of** 1970 *alle studenten die in 1970 afstuderen/afgestudeerd zijn, de eindexamenklas van 1970* **6.5** not **in** the same ~/not **in** ~ **with** *niet te vergelijken met* **7.1** first ~ *eerste klas* ⟨in Eng. en U.S.A. ook v. post⟩; ⟨school.⟩ *(een plaats bij) de besten* ⟨v.e. examen⟩; *hoogste graad;*

II ⟨telb. en n.-telb.zn.⟩ **0.1** ***les*** ⇒*lesuur, werkgroep, college, lessen, cursus* ◆ **3.1** ~es start at 8.00 a.m. *de lessen beginnen om 8 uur 's ochtends;*

III ⟨n.-telb.zn.; vaak attr.⟩⟨inf.⟩ **0.1** ***stijl*** ⇒*distinctie, cachet* ◆ **5.¶** ⟨inf.⟩ no ~ *beneden peil, bar slecht, waardeloos* **6.1** there's no ~ **about** that girl *dat meisje heeft geen gevoel voor stijl;*

IV ⟨verz.n.; vaak mv. met enk. bet.⟩ **0.1** ***stand*** ⇒*(maatschappelijke) klasse*.

class[2] ⟨f1⟩⟨bn., attr.⟩ **0.1** ***eerste klas*** ⇒*prima, van klasse*.

class[3] ⟨f3⟩⟨ov.ww.⟩ **0.1** ***plaatsen*** ⇒*indelen, klasseren, klassificeren* ◆ **6.1** ~ **as** *beschouwen als;* ~ **with** *over één kam scheren met*.

'class action ⟨telb.zn.⟩ **0.1** ⟨ong.⟩ ***(principieel) proces*** ⟨tegen of uit naam v. groep⟩.

'class-'con·scious ⟨f1⟩⟨bn.; -ness⟩ **0.1** ***klassebewust***.

'class-day ⟨telb.zn.⟩⟨AE⟩ **0.1** ***slotfeest*** ⟨van afgestudeerden⟩.

'class division ⟨telb. en n.-telb.zn.⟩ **0.1** ***klassenscheiding*** **0.2** ***klassentegenstelling*** ⇒*klasseverschil*.

'class feeling ⟨n.-telb.zn.⟩ **0.1** ***klassenhaat*** **0.2** ***klassegeest/bewustzijn/solidariteit***.

'class-fel·low ⟨telb.zn.⟩ **0.1** ***klasgenoot***.

clas·sic[1] ['klæsɪk]⟨f3⟩⟨zn.⟩

I ⟨telb.zn.⟩ **0.1** ***een der klassieken*** **0.2** ***schrijver uit de klassieke oudheid*** **0.3** ***classicistisch kunstenaar*** **0.4** ⟨BE; paardesport⟩ ***klassieker*** ⇒*klassieke paardenrace* ⟨One/Two Thousand Guineas, Derby, Oaks, St. Leger⟩ ◆ **1.1** that film has become a ~ *die film is nu klassiek* **1.3** Byron was a ~ among the Romantics *Byron was de meest classicistische v.d. Britse romantici;*

II ⟨mv.; ~s; the⟩ **0.1** ***klassieke talen*** ⇒*oude talen* **0.2** ***antieke literatuur*** ⇒*de klassieken* **0.3** ⟨zonder lidw.⟩ ***(studierichting) oude talen*** ◆ **3.3** read ~s *oude talen studeren*.

classic[2] ⟨f3⟩⟨bn.⟩ **0.1** ***klassiek*** ⇒*tijdloos, traditioneel, van blijvende waarde* **0.2** ***kenmerkend*** ⇒*typisch, klassiek, bij uitstek, model-* **0.3** →classical 0.2 **0.4** ***classicistisch*** ◆ **1.1** a ~ pageant *een traditionele optocht;* ⟨BE; paardesport⟩ ~ race *klassieker, klassieke paardenrace* **1.2** a ~ example *een schoolvoorbeeld*.

clas·si·cal ['klæsɪkl]⟨f3⟩⟨bn.; -ly; -ness⟩ **0.1** ***klassiek*** ⇒*standaard, conventioneel, traditioneel* **0.2** ***antiek*** ⇒*mbt. /v. de klassieke oudheid, klassiek* **0.3** ***classicistisch*** **0.4** ⟨kerk.⟩ ***classicaal*** ⇒*v./mbt. een classis* ◆ **1.1** ~ mechanics *klassieke/19e-eeuwse mechanica;* ~ music *klassieke/serieuze muziek* **1.2** ~ education *klassieke/gymnasiale opleiding;* ~ Latin *klassiek latijn;* ~ scholar *classicus;* ~ side ⟨ong.⟩ *alfa-richting*.

clas·si·cal·i·ty ['klæsɪ'kæləṭi]⟨n.-telb.zn.⟩ **0.1** ***het klassiek zijn*** **0.2** ***het klassieke***.

clas·si·cism ['klæsɪsɪzm], **clas·si·cal·ism** ['klæsɪkəlɪzm]⟨zn.⟩

I ⟨telb.zn.⟩ **0.1** ***Grieks of Latijns idioom;***

II ⟨n.-telb.zn.⟩ **0.1** ⟨ook C-⟩ ***classicisme*** **0.2** ***studie der Oudheid*** **0.3** ***het voorstander zijn v.e. klassieke opleiding***.

clas·si·cist ['klæsɪsɪst]⟨telb.zn.⟩ **0.1** ***classicus/ca*** **0.2** ***voorstander/ster v.e. klassieke opleiding*** **0.3** ***classicistisch kunstenaar***.

clas·si·cize, -cise ['klæsɪsaɪz]⟨ww.⟩

I ⟨onov.ww.⟩ **0.1** ***de klassieke stijl imiteren;***

II ⟨ov.ww.⟩ **0.1** ***klassiek maken***.

clas·si·fi·a·ble ['klæsɪfaɪəbl]⟨bn.⟩ **0.1** ***classificeerbaar*** ⇒*in te delen, rubriceerbaar*.

clas·si·fi·ca·tion ['klæsɪfɪ'keɪʃn]⟨f2⟩⟨zn.⟩

I ⟨telb.zn.⟩ **0.1** ***categorie*** ⇒*classificatie, klasse, soort* **0.2** ***rangschikking*** ⇒*(systeem v.) catalogisering* ⟨in bibliotheek⟩ **0.3**

⟨wielrennen⟩ *klassement;*
II ⟨n.-telb.zn.⟩ **0.1** ***het classificeren*** ⇒*indeling, classificatie* **0.2** ⟨AE; pol., i.h.b. mil.⟩ ***het als geheim aanmerken*** ⟨v. informatie⟩.

classifi'cation society ⟨telb.zn.⟩ ⟨scheep.⟩ **0.1** ***classificatiebureau/maatschappij.***

clas·si·fi·ca·to·ry ['klæsɪfɪ'keɪtri‖'klæsɪfɪkətɔri] ⟨bn., attr.⟩ **0.1** ***classificeer-*** ⇒*van/mbt. het classificeren.*

clas·si·fied ['klæsɪfaɪd] ⟨f2⟩ ⟨bn.; volt. deelw. v. classify⟩ **0.1** ***gerubriceerd*** ⇒*gerangschikt, geclassificeerd, ingedeeld, geordend,* ⟨BE⟩ *genummerd* ⟨wegennet⟩ **0.2** ⟨AE; pol., i.h.b. mil.⟩ ***geheim*** **0.3** ⟨BE⟩ ***sportuitslagen bevattend*** ⇒⟨i.h.b.⟩ *met voetbaluitslagen* ⟨v. kranten⟩ ◆ **1.1** ~ advertisements, ⟨inf.⟩ ~ ads *rubriekadvertenties, kleine annonces;* ~ directory *beroepengids* **1.2** ~ documents *geheime documenten.*

clas·si·fy ['klæsɪfaɪ] ⟨f2⟩ ⟨ov.ww.; →ww. 7⟩ →classified **0.1** ***indelen*** ⇒*rubriceren, classificeren, rangschikken, ordenen* **0.2** ⟨AE; pol., i.h.b. mil.⟩ ***geheim verklaren*** ⇒*als geheim aanmerken.*

'class interval ⟨telb.zn.⟩ ⟨stat.⟩ **0.1** ***klassebreedte.***

class·less ['klɑ:sləs‖'klæs-] ⟨bn.; -ness⟩ **0.1** ***klassenloos.***

'class list ⟨telb.zn.⟩ ⟨BE⟩ **0.1** ***lijst van geslaagde tentamen-/examenkandidaten*** ⟨ingedeeld naar resultaat⟩.

'class man ⟨telb.zn.⟩ ⟨BE⟩ **0.1** ***iem. die een 'honours degree' heeft behaald*** ⟨in Oxford⟩.

'class mark ⟨telb.zn.⟩ **0.1** ⟨stat.⟩ ***klassewaarde*** **0.2** →class number.

class·mate ['klɑ:smeɪt‖'klæs-] ⟨f2⟩ ⟨telb.zn.⟩ **0.1** ***klasgenoot/genote*** **0.2** ***jaargenoot/genote.***

'class noun ⟨telb.zn.⟩ ⟨taalk.⟩ **0.1** ***soortnaam.***

'class number ⟨n.-telb.zn.⟩ ⟨bibliotheekwetenschap⟩ **0.1** ***boeknummer*** ⇒*catalogusnummer.*

class·room ['klɑ:srum, -ru:m‖'klæs-] ⟨f2⟩ ⟨telb.zn.⟩ **0.1** ***klaslokaal*** ⇒*leslokaal.*

'class rule ⟨n.-telb.zn.⟩ **0.1** ***klassedictatuur.***

'class 'struggle, 'class 'war, 'class 'warfare ⟨f1⟩ ⟨n.-telb.zn.; vaak the⟩ **0.1** ***klassenstrijd.***

class·y ['klɑ:si‖'klæsi] ⟨bn.; -er; →compar. 7⟩ ⟨inf.⟩ **0.1** ***sjiek*** ⇒*deftig, elegant* **0.2** ***superieur*** ⇒*eersteklas* ◆ **1.1** ⟨AE; sl.⟩ ~ chassis *goed/lekker figuur, prachtlijf/lichaam.*

clas·tic ['klæstɪk] ⟨bn.⟩ **0.1** ***demonteerbaar*** ⇒*uitneembaar* ⟨model⟩ ◆ **2.¶** ⟨geol.⟩ ~ rocks *klastische gesteenten.*

clath·rate ['klæθreɪt] ⟨bn.⟩ **0.1** ⟨plantk.⟩ ***netvormig*** ⇒*rastervormig* **0.2** ⟨schei.⟩ ***mbt./v. clathraat*** ⇒*mbt./v. clathraatverbinding/insluitverbinding.*

clat·ter[1] ['klætə‖'klæṭər] ⟨f2⟩ ⟨telb. en n.-telb.zn.⟩ **0.1** ***gekletter*** ⇒*gerammel, geklepper* **0.2** ***gebabbel*** ⇒*getater, geratel* **0.3** ***lawaai*** ⇒*drukte, geroezemoes.*

clatter[2] ⟨f2⟩ ⟨ww.⟩
I ⟨onov.ww.⟩ **0.1** ***kletteren*** ⇒*klepperen* **0.2** ***babbelen*** ⇒*kleppen, kletsen* ◆ **6.1** hooves ~ed **on** the cobblestones *hoeven klepperden over de keien;*
II ⟨ov.ww.⟩ **0.1** ***laten kletteren*** ⇒*rammelen met.*

clau·di·ca·tion ['klɔ:dɪ'keɪʃn] ⟨telb. en n.-telb.zn.⟩ ⟨med.⟩ **0.1** ***mankheid*** ⇒*kreupelheid.*

clause [klɔ:z] ⟨f3⟩ ⟨telb.zn.⟩ **0.1** ⟨taalk.⟩ ***zin*** **0.2** ***clausule*** ⇒*bepaling, beding* ◆ **2.1** main ~ *hoofdzin;* subordinate ~ *bijzin* **3.1** ⟨jur.⟩ saving ~ *voorbehoud, clausule, uitzonderingsbepaling.*

claus·tral ['klɔ:strəl], **clois·tral** ['klɔɪstrəl] ⟨bn.⟩ **0.1** ***kloosterachtig*** ⇒*klooster-* **0.2** ***afgezonderd*** ⇒*kluizenaarsachtig, wereldvreemd* **0.3** ***kleingeestig*** ⇒*geborneerd, bekrompen, kleinzielig.*

claus·tra·tion [klɔ:'streɪʃn] ⟨n.-telb.zn.⟩ **0.1** ***insluiting*** ⇒*opsluiting.*

claus·tro·pho·bi·a ['klɔ:strə'foubɪə] ⟨f1⟩ ⟨n.-telb.zn.⟩ **0.1** ***claustrofobie*** ⇒*engtevrees.*

claus·tro·pho·bic[1] ['klɔ:strə'foubɪk] ⟨f1⟩ ⟨telb.zn.⟩ **0.1** ***claustrofoob*** ⇒*lijdend aan claustrofobie/engtevrees* **0.2** ***claustrofobie veroorzakend.***

claustrophobic[2] ⟨f1⟩ ⟨bn.⟩ **0.1** ***lijdend aan claustrofobie/engtevrees.***

cla·vate ['kleɪveɪt] ⟨bn.⟩ ⟨biol.⟩ **0.1** ***knotsvormig.***

clave[1] [kleɪv] ⟨zn.⟩
I ⟨telb.zn.⟩ ⟨tech.⟩ **0.1** ***boorblok;***
II ⟨mv.; ~s⟩ **0.1** ***claves*** ⟨Zuidam. muziekinstrument⟩.

clave[2] ⟨verl. t.⟩ ⟨vero.⟩ →cleave.

clav·i·chord ['klævɪkɔ:d‖-kɔrd] ⟨telb.zn.⟩ ⟨muz.⟩ **0.1** ***clavichord.***

clav·i·cle ['klævɪkl] ⟨telb.zn.⟩ **0.1** ***sleutelbeen.***

cla·vic·u·lar [klə'vɪkjulə‖-kjələr] ⟨bn., attr.⟩ **0.1** ***sleutelbeen-*** ⇒*mbt./v. het sleutelbeen, claviculair.*

cla·vier ['klævɪə, klə'vɪə‖klə'vɪr] ⟨telb.zn.⟩ ⟨muz.⟩ **0.1** ***klavier*** ⇒*klaviatuur, toetsen* **0.2** ***klavierinstrument*** ⇒*toetsinstrument.*

clav·i·form ['klævɪfɔ:m‖-fɔrm] ⟨bn.⟩ **0.1** ***knotsvormig.***

claw[1] [klɔ:] ⟨f2⟩ ⟨telb.zn.⟩ **0.1** ***klauw*** **0.2** ***poot*** **0.3** ***schaar*** ⟨v. krab, e.d.⟩ **0.4** ⟨ben. voor⟩ ***grijper*** ⇒*klemhaak; nageltrekker* **0.5** ⟨plantk.⟩ ***nagel*** ⟨onderste smalle deel v.e. bloemblad⟩ **0.6** ⟨AE; sl.⟩ ***smeris*** ⇒*klabak* ◆ **3.¶** ⟨AE; sl.⟩ put the ~ on s.o. *iem in de kraag grijpen, iem. arresteren; geld van iem. bietsen.*

claw[2] ⟨f2⟩ ⟨ww.⟩ ⟨→sprw. 79⟩
I ⟨onov.ww.⟩ **0.1** ***klauwen*** ⇒*grissen, graaien* **0.2** ⟨scheep.⟩ ***knijpen*** ◆ **6.2** ~ **off** a lee shore *oploeven om niet aan lagerwal te raken;*
II ⟨ov.ww.⟩ **0.1** ***krabben*** ⇒*scheuren* **0.2** ⟨Sch. E⟩ ***zachtjes krabben*** **0.3** ***grijpen*** ⇒*weggrissen, graaien, arresteren, in de kraag grijpen/vatten* ◆ **1.1** ~ a hole *een gat krabben* **4.¶** ~ me and I'll ~ you *de ene dienst is de andere waard* **5.3** ~ **back** *(gedeeltelijk) terugvorderen* ⟨overdrachtsuitgaven, via belasting⟩.

'claw-and-'ball foot ⟨telb.zn.⟩ **0.1** ***klauwpoot*** ⟨v. meubel⟩.

'claw·back ⟨telb.zn.⟩ **0.1** ***terugvordering*** ⟨v. overdrachtsuitgaven, via belasting⟩.

'claw hammer ⟨telb.zn.⟩ **0.1** ***klauwhamer.***

clay[1] [kleɪ] ⟨f3⟩ ⟨zn.⟩
I ⟨telb.zn.⟩ **0.1** ***stenen pijp;***
II ⟨n.-telb.zn.⟩ **0.1** ***klei*** ⇒*leem, aarde, modder* **0.2** ⟨schr.⟩ ***stoffelijk omhulsel*** ⇒*vlees, lichaam* ⟨tgo. de geest⟩ **0.3** ***karakter*** ⇒*aanleg, soort, materiaal* ◆ **2.3** of different ~ *uit ander hout gesneden.*

clay[2] ⟨ov.ww.⟩ **0.1** ***met klei bedekken/bepleisteren*** **0.2** ***met klei vermengen.***

clay-bank ['kleɪ bæŋk] ⟨n.-telb.zn.; vaak attr.⟩ **0.1** ***isabelle*** ⇒*geelbruin, leemkleur* ⟨haarkleur v. paarden⟩.

'clay court ⟨telb.zn.⟩ ⟨tennis⟩ **0.1** ***gravelbaan.***

'clay eater ⟨telb.zn.⟩ ⟨AE; inf.⟩ **0.1** ***keuterboer*** ⟨uit het zuiden v. Amerika⟩ ⇒*boerenkinkel, boerenpummel.*

clay·ey ['kleɪi], **clay·ish** [-ɪʃ] ⟨bn.⟩ **0.1** ***kleiig*** ⇒*klei-achtig, klei-, kleihoudend.*

clay·more ['kleɪmɔ:‖-mɔr], ⟨in bet. 0.2 ook⟩ **'claymore mine** ⟨telb.zn.⟩ **0.1** ⟨gesch.⟩ ***slagzwaard*** ⟨v. Schotse Hooglanders⟩ **0.2** ⟨AE; mil.⟩ ***landmijn.***

'clay-pan ⟨telb.zn.⟩ ⟨Austr. E⟩ **0.1** ***kleiholte.***

'clay 'pigeon ⟨telb.zn.⟩ **0.1** ⟨schietsport⟩ ***kleiduif*** **0.2** ⟨AE; sl.⟩ ***mikpunt*** ⇒*kwetsbaar iets/iem.* **0.3** ⟨AE; sl.⟩ ***makkie*** ⇒*werkje v. niks* **0.4** ⟨AE; sl.; mil.⟩ ***met katapult v. vliegdekschip startend vliegtuig.***

'clay 'pigeon shooting ⟨n.-telb.zn.⟩ ⟨sport⟩ **0.1** ***(het) kleiduivenschieten.***

'clay pipe ⟨telb.zn.⟩ **0.1** ***stenen pijp*** ⇒*gouwenaar.*

-cle →-cule.

clead·ing ['kli:dɪŋ] ⟨n.-telb.zn.⟩ ⟨tech.⟩ **0.1** ***bekleding*** ⟨v.e. dam⟩ ⇒*isolatie(laag).*

clean[1] [kli:n] ⟨f1⟩ ⟨zn.⟩
I ⟨telb.zn.⟩ **0.1** ***schoonmaakbeurt*** ⇒*reiniging* ◆ **3.1** give the room a ~ *de kamer doen;*
II ⟨n.-telb.zn.⟩ **0.1** ⟨gewichtheffen⟩ ***(het) omzetten*** ⇒*(het) voorslaan* ⟨halter in vloeiende beweging tot schouderhoogte omhoogbrengen⟩.

clean[2] ⟨f3⟩ ⟨bn.; -er; -ly; -ness⟩ ⟨→sprw. 312, 493⟩ **0.1** ⟨ben. voor⟩ ***schoon*** ⇒*proper; helder; zuiver, rein, onvervuild, puur* ⟨lucht⟩; *hygiënisch; ongebruikt, nieuw* ⟨vel papier⟩; *zonder fouten, gecorrigeerd* ⟨kopie, drukproef⟩ **0.2** ⟨relig.⟩ ***rein*** ⇒*kosher* ⟨voedsel⟩ **0.3** ***zindelijk*** ⟨kleuters, dieren⟩ **0.4** ⟨ben. voor⟩ ***welgevormd*** ⇒*sierlijk; glad, gestroomlijnd* ⟨vliegtuig⟩; *regelmatig; duidelijk, helder* ⟨stijl⟩ **0.5** ***kundig*** ⇒*handig, competent, goed, knap* **0.6** ***compleet*** ⇒*finaal, radicaal, helemaal, volkomen, volslagen* **0.7** ***oprecht*** ⇒*eerlijk, sportief* **0.8** ***onschuldig*** ⇒*netjes, behoorlijk, fatsoenlijk, zedig, kuis* **0.9** ⟨sl.⟩ ***schoon*** ⇒*clean, eraf,* ⟨i.h.b.⟩ *geen drank/drugs gebruikend, droog; geen verboden wapens/drugs hebbend* **0.10** ⟨AE; sl.⟩ ***blut*** ◆ **1.1** give s.o. a ~ bill of health *iem. kerngezond verklaren, iem. in orde verklaren* ⟨ook fig.⟩; *verklaren dat iem. er financieel goed voorstaat;* ~ room *steriele kamer* **1.4** ~ timber *timmerhout* **1.5** ⟨sport⟩ a ~ throw *een zuivere worp* **1.6** a ~ break *een radicale breuk;* ⟨inf.⟩ make a ~ job of sth. *iets grondig doen;* that was a ~ miss *die ging er volkomen naast;* make a ~ sweep *schoon schip maken* **1.8** ⟨inf.⟩ a ~ joke *een mopje voor onder de kerstboom;* lead a ~ life *een fatsoenlijk leven leiden;* a ~ record *een blanco strafblad* **1.¶** ⟨geldw.⟩ ~ bill/credit *niet-gedocumenteerd(e) wissel/krediet, wissel/krediet zonder documenten;* ⟨hand.⟩ ~ bill of lading *schoon connossement;* make a ~ breast of sth. *iets bekennen, ergens schoon schip mee maken, ergens mee voor de draad komen;* have ~ fingers *niet corrupt zijn;* with ~ hands *met schone handen, onschuldig;* have ~ hands *onschuldig zijn, geen vuile handen hebben;* keep one's nose ~ *zich nergens mee bemoeien;* as ~ as a whistle *brandschoon, zo schoon als wat;* show a ~ pair of heels *z'n hielen lichten, de plaat poetsen, de benen nemen;* a ~ sheet/slate *een blanco strafregister, een schone lei, onbesproken gedrag;* ~ as a new pin *brandschoon, zo schoon als wat;* wipe the slate ~ *het verleden begraven, met een schone lei beginnen* **2.1** squeaky ~ *kraakhelder/net* **3.5** hit the ball ~ly *de bal vol raken;* catch a ball ~ly *een bal in een keer vangen* **3.7** come ~ *voor de draad komen, eerlijk bekennen* **3.8** keep it ~ *hou 't netjes.*

clean[3] ⟨f3⟩⟨ww.⟩ →cleaning
I ⟨onov.ww.⟩ **0.1** ***schoon(gemaakt) worden*** ⇒*zich laten reinigen* **0.2** ***schoonmaken*** ⇒*reinigende eigenschappen/kracht bezitten* ◆ **5.¶** →clean **up;**
II ⟨ov.ww.⟩ **0.1** ***schoonmaken*** ⇒*reinigen, zuiveren* **0.2** ⟨gewichtheffen⟩ ***omzetten*** ⇒*voorslaan* ⟨halter⟩ ◆ **1.1** ~ one's plate *zijn bord leegeten;* have a coat ~ed *een jas laten stomen;* ~ a turkey *een kalkoen schoonmaken/uithalen* **5.1** ~ **down** *schoonborstelen, schoonwassen* **5.¶** →clean **out;** →clean **up.**

clean[4] ⟨f2⟩⟨bw.⟩ **0.1** ***volkomen*** ⇒*helemaal, compleet, totaal, volslagen, volstrekt, finaal* **0.2** ***eerlijk*** ⇒*sportief, fair* ◆ **3.1** ⟨cricket⟩ ~ bowled *'uitgegooid';* ⟨inf.⟩ ~ forgotten *straal/glad vergeten* **3.2** play it ~ *hou het sportief* **5.1** cut ~ **through** *helemaal/finaal doorgesneden.*

'clean-and-'jerk ⟨n.-telb.zn.⟩ ⟨gewichtheffen⟩ **0.1** ***(het) stoten*** ⇒⟨B.⟩ *(het) werpen.*

'clean-'cut ⟨f1⟩⟨bn.; cleaner-cut; →compar. 7⟩ **0.1** ***duidelijk*** ⇒*helder, scherp omlijnd, uitgesproken* ⟨gelaatstrekken⟩ **0.2** ***glad*** ⇒*regelmatig, welgevormd* **0.3** ***netjes*** ⇒*proper, verzorgd* ◆ **1.1** a ~ decision *een ondubbelzinnige beslissing;* a ~ summary *een heldere samenvatting* **1.2** a ~ hairstyle *een gladde coupe, een korte kop.*

'clean-down ⟨telb.zn.⟩ **0.1** ***schoonmaakbeurt*** ⇒*wasbeurt.*

'cleaned 'out ⟨bn.; volt. deelw. v. clean out⟩⟨inf.⟩ **0.1** ***platzak*** ⇒*blut, pleite, aan de grond.*

clean·er ['kli:nə‖-ər]⟨f2⟩⟨telb.zn.⟩ **0.1** ***schoonmaker/maakster*** ⇒*werkster* **0.2** ***schoonmaakmiddel*** ⇒*reinigingsmiddel* **0.3** ***zuiveringsinstallatie*** **0.4** ⟨vaak cleaner's⟩ ***stomerij*** ◆ **3.¶** ⟨inf.⟩ take s.o. to the ~'s *iem. uitkleden/uitschudden; de vloer met iem. aanvegen.*

'clean-'fin·gered ⟨bn.; cleaner-fingered; →compar. 7⟩ **0.1** ***integer*** ⇒*te goeder trouw, eerlijk, bona fide.*

'clean-'hand·ed ⟨bn.; cleaner-handed; →compar. 7⟩ **0.1** ***onschuldig*** ⇒*vrij van verdenking, met schone handen.*

clean·ing ['kli:nɪŋ]⟨zn.; oorspr. gerund v. clean⟩
I ⟨telb.zn.⟩ **0.1** ***schoonmaakbeurt*** ⇒*schoonmaak, het reinigen;*
II ⟨mv.; ~s⟩ **0.1** ***veegsel*** ⇒*opgeveegd vuil.*

'cleaning lady, 'cleaning woman ⟨telb.zn.⟩ **0.1** ***werkster*** ⇒*schoonmaakster.*

'cleaning operative ⟨telb.zn.⟩⟨AE⟩ **0.1** ***reinigingsambtenaar*** ⇒*vuilnisman, straatveger.*

'clean-'limbed ⟨bn.; cleaner-limbed; →compar. 7⟩ **0.1** ***recht van lijf en leden*** ⇒*welgeschapen, om rauw in te bijten.*

'clean-'liv·ing ⟨bn.⟩ **0.1** ***rechtschapen*** ⇒*eerbaar, kuis.*

clean·ly ['klenli]⟨f1⟩⟨bn.; -er; -ly; -ness; →bijw. 3⟩(→sprw. 80) **0.1** ***proper*** ⇒*zindelijk, netjes, schoon, rein; hygiënisch.*

'clean 'out ⟨f1⟩⟨ov.ww.⟩ →cleaned out **0.1** ***schoonvegen*** ⇒*uitvegen, schoonmaken, opruimen, leeghalen* **0.2** ⟨inf.⟩ ***kaal plukken*** ⇒*uitschudden; opkopen* ⟨voorraad⟩, *afhandig maken* ⟨geld⟩ ◆ **6.2** the shop was cleaned out **of** sugar *de hele winkelvoorraad suiker was weggekocht.*

'clean-out ⟨telb.zn.⟩ **0.1** ***schoonmaakbeurt.***

cleanse [klenz]⟨f2⟩⟨ov.ww.⟩ **0.1** ***reinigen*** ⇒*zuiveren, desinfecteren* ⟨wond⟩ **0.2** ⟨relig.⟩ ***louteren*** ⇒*purifiëren, genezen; uitwissen* ⟨zonden⟩ ◆ **1.1** ~ a cut *een snee ontsmetten* **1.2** ~ lepers *melaatsen reinigen* **5.2** ~ **away** *uitwissen* ⟨schande, zonde⟩ **6.2** ~ **from/of** sin *van zonden reinigen.*

cleans·er ['klenzə‖-ər]⟨f1⟩⟨telb. en n.-telb.zn.⟩ **0.1** ***reinigingsmiddel*** ⇒*reiniger, schoonmaakmiddel.*

'clean-'shav·en ⟨bn.⟩ **0.1** ***gladgeschoren*** **0.2** ***pasgeschoren*** ⇒*frisgeschoren.*

'cleans·ing cream ['klenzɪŋ kri:m]⟨telb. en n.-telb.zn.⟩ **0.1** ***reinigingscrème.***

'cleans·ing department ⟨telb.zn.⟩ **0.1** ***gemeentereinigingsdienst*** ⇒*vuilophaaldienst.*

'cleans·ing tissue ⟨telb.zn.⟩ **0.1** ***papieren (zak)doekje*** ⇒*tissue.*

'clean·skin ⟨telb.zn.⟩⟨Austr. E⟩ **0.1** ***ongebrandmerkt dier*** **0.2** ⟨sl.⟩ ***iem. zonder strafblad.***

'clean·up ⟨telb.zn.⟩ **0.1** ***schoonmaakbeurt*** ⟨ook fig.⟩ ⇒*sanering* **0.2** ⟨inf.⟩ ***meevallertje*** ⇒*(snelle) winst, groot voordeel.*

'clean 'up ⟨f1⟩⟨ww.⟩
I ⟨onov.ww.⟩ **0.1** ***de boel opruimen/aan kant maken*** ⇒*schoonmaken* **0.2** ***zich opknappen*** **0.3** ⟨inf.⟩ ***snel winst maken*** ⇒*veel geld verdienen* ◆ **6.1** ~ **after** a party *opruimen na een feestje;*
II ⟨ov.ww.⟩ **0.1** ***opruimen*** **0.2** ***(goed) schoonmaken*** ⇒*opknappen* **0.3** ⟨inf.⟩ ***opstrijken*** ⇒*toucheren* ⟨fortuin, vette winst⟩ **0.4** ***zuiveren*** ⇒⟨fig.⟩ *uitmesten, saneren* ◆ **1.2** clean the kitchen up *de keuken in orde brengen/doen* **1.4** the police cleaned up Dam square *de politie veegde de Dam schoon;* ~ the town *de stad (van misdaad) zuiveren* **4.2** clean o.s. up *zich opknappen.*

clear[1] [klɪə‖klɪr]⟨zn.⟩
I ⟨telb. en n.-telb.zn.⟩ **0.1** ***open ruimte*** **0.2** ⟨badminton⟩ ***clear*** ⇒*lob;*
II ⟨n.-telb.zn.⟩ **0.1** ***ongecodeerde taal*** ◆ **6.1 in** (the) ~ *niet in code* ⟨v. boodschap⟩ **6.¶** be **in** the ~ *buiten gevaar zijn, vrijuit gaan; uit de rode cijfers zijn, geen schulden hebben;* ⟨sport⟩ *vrij staan;* **in** the ~ *in de dag, binnenwerks.*

clear[2] ⟨f4⟩⟨bn.; -er; -ness⟩ **0.1** ***helder*** ⇒*schoon, doorzichtig, klaar* **0.2** ***duidelijk*** ⇒*zeker, ondubbelzinnig, uitgesproken, overtuigd* **0.3** ***netto*** ⇒*schoon* ⟨loon, winst e.d.⟩ **0.4** ***compleet*** ⇒*volkomen, absoluut* **0.5** ***vrij*** ⇒*los, open, op een afstand, veilig, onversperd, onbelemmerd, zonder schulden, onbelast, onbezwaard* ◆ **1.1** ~ memory *onfeilbaar geheugen;* ~ skin *gave/frisse huid;* ~ soup *consommé, heldere soep;* ~ timber *gaaf hout* **1.2** a ~ message *een ongecodeerd bericht* **1.3** a ~ £ 1,000 a month *duizend pond schoon per maand* **1.4** five ~ days *vijf hele dagen;* a ~ majority *een duidelijke meerderheid* **1.5** the coast is ~ *de kust is veilig;* next month is still ~ *de volgende maand is nog vrij;* ~ signal *veilig sein, sein op, 'veilig'* **1.¶** (as) ~ as a bell *glashelder* ⟨mbt. stem, geluid; ook fig.⟩; ~ conscience *zuiver geweten;* (as) ~ as crystal *glashelder* ⟨mbt. instructies e.d.⟩; as ~ as mud *zo helder als koffiedik;* ⟨paardesport⟩ a ~ round *een foutloos parcours* ⟨bij concours hippique⟩; ⟨AE; sl.⟩ ~ sailing *een makkie, in een handomdraai te bereiken;* out of a ~ (blue) sky *totaal onverwacht, als een donderslag uit heldere hemel;* see one's way ~ to *zich (wel) in staat achten tot, wel kans zien om, (iets) wel zien zitten;* I cannot see my way ~ to getting the money *ik zie niet goed hoe ik aan het geld moet komen;* as ~ as a whistle *kristalhelder* **3.2** get that ~ *begrijp dat goed;* make o.s. ~ *duidelijk maken wat men bedoelt* **3.5** keep ~ *vrijhouden, niet versperren* **4.5** all ~ *alles is veilig* **6.2** be ~ **about/as to/on** sth. *iets zeker weten, iets vast in zijn hoofd/voor ogen hebben* **6.5** ~ **of** guilt *vrij van schuld;* ~ **of** snow *sneeuwvrij;* the plane was just ~ **of** the trees *het vliegtuig scheerde rakelings over de bomen* **8.2** are you ~ that *weet je zeker dat.*

clear[3] ⟨f3⟩⟨ww.⟩ →clearing
I ⟨onov.ww.⟩ **0.1** ***helder worden*** ⇒*opklaren* ⟨v. lucht⟩ **0.2** ***weggaan*** ⇒*wegtrekken, optrekken* ⟨v. mist⟩ **0.3** ***overgeboekt worden*** ⟨v. cheque⟩ **0.4** ⟨AE; verkeer⟩ ***uitklaren*** ◆ **1.3** it takes ages for a cheque to ~ *het duurt eeuwen voordat een cheque overgeschreven wordt* **1.4** the ship ~ed and will shortly leave *het schip is uitgeklaard en vaart weldra af* **5.2** ~ **away** *optrekken* **5.¶** →clear **off;** →clear **out;** →clear **up;**
II ⟨ov.ww.⟩ **0.1** ***helder maken*** ⇒*schoonmaken, ophelderen, verhelderen* **0.2** ***vrijmaken*** ⇒*ontruimen* ⟨gebouw, straat⟩, *lossen* ⟨schip⟩, *schoonvegen* ⟨doelgebied⟩, *opruimen* ⟨bal⟩ **0.3** ***verwijderen*** ⇒*opruimen* **0.4** ***zuiveren*** ⇒*onschuldig verklaren, betrouwbaar verklaren, toestemming/vergunning verlenen* **0.5** ***(ruim) passeren*** ⇒*springen over* ⟨hek⟩, *erlangs kunnen* **0.6** ***(laten) passeren*** ⟨de douane⟩ ⇒*in/uitklaren* **0.7** ***overhouden*** ⟨winst⟩ ⇒*schoon verdienen* **0.8** ***verrekenen*** ⇒*vereffenen* ⟨schuld⟩, *clearen, door het verrekenkantoor/de clearing laten gaan* ⟨cheque⟩ **0.9** ***op veilig zetten*** ⟨sein⟩ **0.10** ***schulden betalen voor*** ◆ **1.1** ~ one's mind about sth. *zich opheldering verschaffen over iets* **1.2** ~ a room *een zaal ontruimen;* ⟨sport⟩ ~ a ball *een bal opruimen;* ~ the table *de tafel afruimen* **1.5** ~ the ground *boven de grond hangen* **1.6** ~ customs *door de douane gaan;* ⟨scheep.⟩ ~ the harbour *de haven verlaten, afvaren* **1.7** ~ expenses *de kosten eruit halen/kunnen dekken;* ⟨inf.⟩ he ~s £ 50 a week *hij maakt 50 pond schoon per week* **5.3** ~ **away** *wegruimen, weghalen* **5.¶** →clear **off;** →clear **out;** →clear **up** **6.2** ~ the road **of** debris *de weg puinvrij maken* **6.3** ~ leaves **from** the street *bladeren van de straat vegen;* ~ sth. **out of** the way *iets uit de weg ruimen/wegruimen* **6.4** ~ s.o. **of** suspicion *iem. van verdenking zuiveren;* ~ a report **with** the authorities *een rapport door de autoriteiten laten goedkeuren* **6.6** ~ goods **through** customs *goederen in/uitklaren.*

clear[4] ⟨f2⟩⟨bw.⟩ **0.1** ***duidelijk*** ⇒*helder, klaar* **0.2** ***volkomen*** ⇒*helemaal, totaal* **0.3** ***het hele eind*** ⇒*helemaal* **0.4** ***op voldoende afstand*** ⇒*een eindje, vrij* ◆ **3.1** his voice came through loud and ~ *zijn stem kwam luid en helder door* **3.4** keep/stay/steer ~ of *uit de weg gaan, (proberen te) vermijden* **6.2** they danced ~ **through** the night *ze dansten de hele nacht door* **6.4** keep/stand/stay ~ **of** the railing *blijf bij de reling vandaan.*

'clear-'air 'turbulence ⟨n.-telb.zn.⟩⟨lucht.⟩ **0.1** ***hoogteturbulentie*** ⇒*stratosfeerremous.*

clear·ance ['klɪərəns‖'klɪrəns]⟨f2⟩⟨zn.⟩
I ⟨telb.zn.⟩ **0.1** ***open(gekapte) plek*** ⟨in bos⟩;
II ⟨telb. en n.-telb.zn.⟩ **0.1** ***op/verheldering*** ⇒*verduidelijking* **0.2** ***ontruiming*** ⇒*opruiming, uitverkoop;* ⟨sport⟩ *het zuiveren/vrijmaken v.h. doelgebied, het opruimen v.d. bal* **0.3** ⟨ben. voor⟩ ***vergunning*** ⇒*toestemming, fiat, (akte v.) in/uitklaring* ⟨i.h.b. schepen⟩; ⟨lucht.⟩ *verkeersklaring, toestemming tot landen/opstijgen, clearing;* ⟨pol.⟩⟨ong.⟩ *betrouwbaarheidsverklaring* **0.4**

boeking ⇒*afschrijving* ⟨cheque⟩, *verrekening, vereffening, clearing* **0.5** ***speling*** ⇒*vrije ruimte, tussenruimte* **0.6** ***het geslaagd nemen v.e. hindernis*** ⟨bij concours hippique⟩ **0.7** ⟨sport⟩ ***het wegwerken*** ⟨v.d. bal⟩ ⇒*het uitverdedigen* **0.8** ⟨tech.⟩ ***schadelijke ruimte*** ⇒*vrije slag, speling, vrijloophoek.*

'clearance order ⟨telb.zn.⟩ **0.1** ***sloopverordening.***

'clearance sale ⟨f1⟩⟨telb.zn.⟩⟨BE⟩ **0.1** ***uitverkoop*** ⇒*opruiming.*

'clear-'cut ⟨f2⟩⟨bn.⟩ **0.1** ***scherp omlijnd*** ⟨ook fig.⟩ ⇒*duidelijk, uitgesproken* ◆ **1.1** ~ plans *vastomlijnde plannen.*

'clear-'eyed ⟨bn.⟩ **0.1** ***met heldere blik*** **0.2** ***scherpzinnig*** ⇒*intelligent.*

clear-fell ['klɪəfel‖'klɪər-]⟨ov.ww.⟩ **0.1** ***kaalslaan*** ⟨bebossing⟩.

'clear-'head·ed ⟨bn.; -ly; -ness⟩ **0.1** ***helder denkend*** ⇒*schrander, scherpzinnig, verstandig.*

clear·ing ['klɪərɪŋ‖'klɪrɪŋ]⟨f1⟩⟨zn.; teg. deelw. v. clear⟩

I ⟨telb.zn.⟩ **0.1** ***open(gekapte) plek*** ⟨in bos⟩;

II ⟨n.-telb.zn.⟩ **0.1** ***verrekening*** ⇒*vereffening, clearing.*

'clearing agent ⟨telb.zn.⟩⟨hand.⟩ **0.1** ***douane-/grensexpediteur.***

'clearing bank ⟨telb.zn.⟩⟨BE⟩ **0.1** ***clearing bank*** ⟨aangesloten bij het centrale clearinginstituut in Londen⟩.

'clearing hospital, 'clearing station ⟨telb.zn.⟩ **0.1** ***veldhospitaal*** ⇒*lazaret.*

'clear·ing-house ⟨f1⟩⟨telb.zn.⟩ **0.1** ***verrekenkantoor*** ⟨voor banken en spoorwegmaatschappijen onderling⟩ ⇒*clearinginstituut/kantoor, verrekenkamer* **0.2** ***uitwisselingsplaats*** ⟨van informatie, materialen⟩ ⇒*distributiecentrum, coördinatiecentrum.*

clear·ly ['klɪəli‖'klɪrli]⟨f4⟩⟨bw.⟩ **0.1** ***duidelijk*** **0.2** ***ongetwijfeld*** ⇒*zeer zeker, onmiskenbaar, klaarblijkelijk* ◆ **3.1** understand sth. ~ *iets goed begrijpen* **¶.2** ~, I was wrong *ik had beslist ongelijk.*

'clear 'off ⟨f1⟩⟨ww.⟩

I ⟨onov.ww.⟩⟨inf.⟩ **0.1** ***de benen nemen*** ⇒*'m smeren, afdruipen* ◆ **¶.1** ~! *opgehoepeld!;*

II ⟨ov.ww.⟩ **0.1** ***afmaken*** ⇒*een eind maken aan, uit de weg ruimen* ⟨achterstallig werk⟩ **0.2** ***aflossen*** ⇒*afbetalen, afdoen* ⟨schulden, hypotheek⟩ **0.3** ***afruimen*** ⟨tafel⟩.

'clear·out ⟨f1⟩⟨telb.zn.⟩⟨BE; inf.⟩ **0.1** ***opruiming*** ⇒*schoonmaak (beurt), sanering.*

'clear 'out ⟨ww.⟩

I ⟨onov.ww.⟩⟨inf.⟩ **0.1** ***zijn biezen pakken*** ⇒*de benen nemen, ophoepelen* ◆ **6.1** the squatters had cleared out **of** the house *de krakers waren 'm uit het huis gesmeerd;*

II ⟨ov.ww.⟩ **0.1** ***uitruimen*** ⇒*leeghalen, uithalen, uitmesten* ⟨kast, afvoer⟩, *opruimen* ⟨kamer⟩ **0.2** ***wegdoen*** ⇒*opruimen* ⟨oude kleren⟩ **0.3** ⟨inf.⟩ ***uitputten*** ⇒*leeghalen* ⟨voorraden⟩ **0.4** ⟨sl.⟩ ***uitschudden*** ⇒*kaal plukken, uitkleden.*

'clear-'sight·ed ⟨bn.; -ly; -ness⟩ **0.1** ***met scherpe blik*** ⟨vaak fig.⟩ ⇒*scherpziend, scherpzinnig* **0.2** ***vooruitziend.***

'clear'starch ⟨ov.ww.⟩ **0.1** ***(op)stijven.***

clearstory →clerestory.

'clear 'up ⟨f1⟩⟨ww.⟩

I ⟨onov.ww.⟩ **0.1** ***opklaren*** ⟨het weer⟩ **0.2** ***ophouden*** ⇒*bijtrekken* ⟨moeilijkheden⟩ **0.3** ***(rommel) opruimen;***

II ⟨ov.ww.⟩ **0.1** ***opruimen*** ⇒*uit de weg ruimen* ⟨rommel⟩, *afmaken* ⟨werk⟩ **0.2** ***verklaren*** ⇒*uitleggen, ophelderen, oplossen.*

'clear·way ⟨telb.zn.⟩⟨BE⟩ **0.1** ⟨ong.⟩ ***autoweg*** ⟨met stopverbod⟩.

cleat[1] [kli:t]⟨telb.zn.⟩ **0.1** ***wig*** **0.2** ***nop*** ⟨onder voetbalschoen⟩ **0.3** ***klamp*** **0.4** ⟨scheep.⟩ ***kikker*** ⇒*klamp, korvijnagel, wegwijzer.*

cleat[2] ⟨ov.ww.⟩ **0.1** ***van een wig/klamp/nop voorzien*** **0.2** ⟨scheep.⟩ ***op een klamp beleggen*** ⇒*op een kikker vastzetten* ⟨touw e.d.⟩.

cleav·a·ble ['kli:vəbl]⟨bn.; -ness⟩ **0.1** ***splijtbaar*** ⇒*kloofbaar, (gemakkelijk) te klieven.*

cleav·age ['kli:vɪdʒ]⟨f1⟩⟨zn.⟩

I ⟨telb.zn.⟩ **0.1** ***scheiding*** ⇒*kloof, scheuring, breuk* ⟨ook fig.⟩ **0.2** ⟨inf.⟩ ***gleuf*** ⇒*gootje* ⟨tussen borsten⟩, *decolleté, inkijk* ◆ **6.1** a sharp ~ **between** generations *een diepe generatiekloof;*

II ⟨n.-telb.zn.⟩ **0.1** ***het splijten*** ⇒*scheuring, splitsing* **0.2** ⟨geol.⟩ ***splijting.***

cleave [kli:v]⟨f1⟩⟨ww.;,/zn.verl.t. ook/bn. cleft [kleft], clove [kloʊv],/zn.vero./bn. clave [kleɪv],/zn.volt. deelw. ook/bn. cleft [kleft], cloven ['kloʊvn]⟩ →cleft

I ⟨onov.ww.⟩ **0.1** ***splijten*** ⇒*scheuren, klieven* ⟨ook geol.⟩ **0.2** ***(zich) een weg banen*** ◆ **6.1** ~ **through** the jungle *zich een weg door het oerwoud banen* **6.¶** →cleave **to;**

II ⟨ov.ww.⟩ **0.1** ***kloven*** ⇒*splijten, hakken, (door)klieven* ⟨golven, lucht⟩ ◆ **1.1** ~ a path through the jungle *zich een weg banen door het oerwoud.*

cleav·er ['kli:və‖-ər]⟨f1⟩⟨zn.⟩

I ⟨telb.zn.⟩ **0.1** ***hakmes*** ⇒*kapmes;*

II ⟨mv.; ~s; ww. vaak enk.⟩⟨plantk.⟩ **0.1** ***kleefkruid*** ⟨Galium aparine⟩.

'cleave to ⟨onov.ww.; vero. verl. t. ook clave [kleɪv], clove [kloʊv]⟩ ⟨schr.⟩ **0.1** ***hangen aan*** ⇒*aanhangen, gehecht zijn/blijven aan, kleven/klitten aan* ◆ **6.1** ~ old customs *oude gewoonten trouw blijven.*

cleek [kli:k]⟨telb.zn.⟩ **0.1** ⟨Sch. E⟩ ***grote haak*** **0.2** ⟨AE; inf.⟩ ***melancholicus*** ⇒*droef persoon.*

clef[1] [klef]⟨f1⟩⟨telb.zn.⟩⟨muz.⟩ **0.1** ***sleutel.***

clef[2] ⟨ov.ww.; →ww. 7⟩⟨AE; inf.⟩ **0.1** ***componeren*** ⇒*schrijven* ⟨lied⟩.

clef·fer ['klefə‖-ər]⟨telb.zn.⟩⟨AE; inf.⟩ **0.1** ***liedjesschrijver*** ⇒*componist.*

cleft[1] [kleft]⟨f1⟩⟨telb.zn.⟩ **0.1** ***spleet*** ⇒*barst, reet, scheur; kloof* ⟨ook fig.⟩ **0.2** ***gleuf*** ⇒*kuiltje* ⟨in kin⟩ ◆ **2.2** anal ~ *bilnaad* **6.1** the ~ **between** generations *de generatiekloof.*

cleft[2] ⟨f1⟩⟨bn.; volt. deelw. v. cleave⟩ **0.1** ***gespleten*** ⇒*gescheurd, gekloofd* ⟨v. hoef⟩ ◆ **1.1** ~ leaf *gespleten blad;* ~ palate *hazelip, gespleten gehemelte* **1.¶** be (caught) in a ~ stick *in de knel zitten, in het nauw zitten.*

cleg(g) [kleg]⟨telb.zn.⟩⟨BE⟩ **0.1** ***daas*** ⇒*brems, paardevlieg, runderdaas.*

cleis·to·gam·ic ['klaɪstə'gæmɪk], **cleis·tog·a·mous** [klaɪ'stɒgəməs‖-'stɑ-]⟨bn.; cleistogamously⟩⟨plantk.⟩ **0.1** ***cleistogaam.***

clem[1] [klem]⟨telb.zn.⟩⟨AE; inf.⟩ **0.1** ***provinciaal*** ⇒*heikneuter, boer* **0.2** ***vechtpartij*** ⟨vnl. tussen circusmensen en provincialen⟩.

clem[2] ⟨ov.ww.; →ww. 7⟩⟨AE; inf.⟩ **0.1** ***opstandige bezoekers verspreiden*** ⟨in circus, op kermis⟩ **0.2** ⟨vnl. pass.⟩⟨gew.⟩ ***uithongeren.***

clem·a·tis ['klemət̬ɪs, klɪ'meɪt̬ɪs]⟨f1⟩⟨telb. en n.-telb.zn.; ook clematis; →mv. 4⟩⟨plantk.⟩ **0.1** ***clematis*** ⟨genus Clematis⟩ ⇒*bosrank, bosdruif.*

clem·en·cy ['klemənsi]⟨n.-telb.zn.⟩ **0.1** ***mildheid*** ⇒*zachtheid* **0.2** ***barmhartigheid*** ⇒*genade, goedertierendheid, clementie.*

clem·ent ['klemənt]⟨f1⟩⟨bn.; -ly⟩ **0.1** ***mild*** ⇒*weldadig, zacht* **0.2** ***meedogend*** ⇒*barmhartig, welwillend, genadig, goedertieren.*

cle·mo ['klemoʊ]⟨telb.zn.⟩⟨AE; inf.⟩ **0.1** ***genade voor recht*** ⇒*vermindering/omzetting v. straf* **0.2** ***ontsnapping uit gevangenis.***

clench[1] [klentʃ]⟨zn.⟩

I ⟨telb.zn.⟩ **0.1** ***klamp;***

II ⟨telb. en n.-telb.zn.⟩ **0.1** ***omklemming*** ⇒*(vaste) greep.*

clench[2] ⟨f1⟩⟨ov.ww.⟩ **0.1** ***dichtklemmen*** ⇒*op elkaar klemmen* ⟨kaken, tanden⟩, *dichtknijpen* **0.2** ***vastklemmen*** ⇒*vastgrijpen* **0.3** ⟨tech.⟩ ***platslaan*** ⇒*omslaan, krom slaan* ⟨v. spijkerpunt⟩ **0.4** ⟨tech.⟩ ***stuiken*** ◆ **1.1** ~ one's fingers *de handen dichtknijpen, de vuisten ballen;* with ~ed fist *met gebalde vuist* **6.2** ~ **in/with** one's hands *in de handen klemmen.*

clep·sy·dra ['klepsɪ̣drə]⟨telb.zn.; ook clepsydrae [-dri:]; →mv. 5⟩⟨gesch.⟩ **0.1** ***wateruurwerk*** ⇒*clepsydra.*

clere·sto·ry, clear·sto·ry ['klɪəstɔ:ri‖'klɪrstɔri]⟨telb.zn.; →mv. 2⟩⟨bouwk.⟩ **0.1** ***lichtbeuk*** ⇒*daklicht* ⟨v. kerk⟩ **0.2** ***lichtkap.***

cler·gy ['klɜ:dʒi‖'klɜr-]⟨f3⟩⟨verz.n.; BE ww. altijd mv.; →mv. 2, 4⟩ **0.1** ***geestelijkheid*** ⇒*geestelijken, clerus* ◆ **7.1** twenty (of the) ~ *twintig geestelijken.*

cler·gy·man ['klɜ:dʒɪmən‖'klɜr-]⟨f2⟩⟨telb.zn.; clergymen [-mən]; →mv. 3⟩ **0.1** ***geestelijke*** ⇒*predikant, priester* ⟨BE i.h.b. van Anglicaanse Kerk⟩ ◆ **1.1** ~s (sore) throat *sprekershoestje.*

cler·ic[1] ['klerɪk]⟨f1⟩⟨telb.zn.⟩ **0.1** ***geestelijke.***

cleric[2] ⟨bn., attr.⟩ **0.1** ***geestelijk.***

cler·i·cal[1] ['klerɪkl]⟨zn.⟩

I ⟨telb.zn.⟩ **0.1** ***geestelijke*** ⇒*predikant(e), dominee* **0.2** ***klerikaal;***

II ⟨mv.; ~s⟩ **0.1** ***soutane*** ⇒*priesterkleed.*

clerical[2] ⟨f2⟩⟨bn.; -ly⟩ **0.1** ***geestelijk*** ⇒*klerikaal, priester-, dominees-, kerkelijk* **0.2** ***administratief*** ⇒*schrijf-* ◆ **1.1** ~ collar *priesterboord;* ~ dress *priesterkleed* **1.2** ~ error *schrijf/tikfout;* a ~ job *een administratieve baan, een kantoorbaan;* ~ staff *administratief personeel.*

cler·i·cal·ism ['klerɪkəlɪzm]⟨n.-telb.zn.⟩ **0.1** ***klerikalisme.***

cler·i·cal·ist ['klerɪkəlɪst]⟨telb.zn.⟩ **0.1** ***klerikaal.***

cler·i·cal·ize ['klerɪkəlaɪz]⟨ov.ww.⟩ **0.1** ***tot het klerikalisme overhalen*** ⇒*klerikaal maken.*

cler·i·hew ['klerɪhju:]⟨telb.zn.⟩ **0.1** ***clerihew*** ⇒*spottend kwatrijn, nonsenskwatrijn* ⟨naar E. Clerihew Bentley, 1875-1956⟩.

cler·i·sy ['klerɪ̣si]⟨verz.n.; →mv. 2⟩ **0.1** ***intelligentsia*** ⇒*intellectuelen, geletterden.*

clerk[1] [klɑ:k‖klɜrk]⟨f3⟩⟨telb.zn.⟩ **0.1** ***(kantoor)beambte*** ⇒*schrijver, klerk* **0.2** ***secretaris*** ⇒*griffier, administrateur* **0.3** ⟨AE⟩ ***(winkel)bediende*** **0.4** ⟨AE⟩ ***receptionist*** **0.5** ***koster*** **0.6** ⟨vero., jur.⟩ ***geestelijke*** **0.7** ⟨vero.⟩ ***geletterde*** ⇒*geleerde* ◆ **1.2** ~ of the course ⟨ong.⟩ *baancommissaris* ⟨bij paarden- en motorraces⟩; ~ of the House *griffier v.h. Lagerhuis;* ~ of the weather ⟨ong.⟩ *de weergoden;* ~ of (the) works *(bouw)opzichter* **1.6** ⟨BE⟩ Clerk of the Closet *hofkapelaan* **6.2** ~ **to** the Council *griffier.*

clerk[2] ⟨onov.ww.⟩⟨vnl. AE; inf.⟩ **0.1** ***als klerk/secretaris*** ⟨enz.⟩ ***werken/optreden.***

clerk·dom ['klɑ:kdəm||'klɜrk-]⟨n.-telb.zn.⟩ **0.1** ***klerkenstand*** **0.2** ***klerkenmentaliteit*** **0.3** ⟨vero.⟩ ***geestelijkheid*** **0.4** ⟨vero.⟩ ***geleerden***.

clerk·ly ['klɑ:kli||'klɜrkli]⟨bn.;-er;-ness;→compar. 7⟩ **0.1** ***klerkachtig*** ⇒*klerken-, van een klerk* ⟨enz., zie clerk[1]⟩ **0.2** ⟨vero.⟩ ***geestelijk*** **0.3** ⟨vero.⟩ ***geletterd*** ⇒*geleerd* ◆ **1.1** written in a ~ hand *in schoonschrift geschreven, met geschoolde hand geschreven*.

clerk·ship ['klɑ:kʃɪp||'klɜrk-]⟨telb.zn.⟩ **0.1** ***betrekking als klerk/schrijver/griffier*** ⟨enz., zie clerk[1]⟩.

clev·er [klevə||-ər]⟨f3⟩⟨bn.;-er;-ness⟩
I ⟨bn.⟩ **0.1** ***knap*** ⇒*slim, intelligent, schrander, scherpzinnig, ingenieus* **0.2** ***handig*** ⇒*vlug, behendig, bekwaam, vaardig* ⟨ambachtsman⟩ **0.3** ⟨pej.⟩ ***sluw*** ⇒*pienter, geslepen, handig* **0.4** ⟨AE; gew.⟩ ***(goed)aardig*** ⇒*beminnelijk, aangenaam, prettig, gezellig* **0.5** ⟨AE; gew.⟩ ***geschikt*** ⇒*handig, handzaam* ◆ **1.3** ⟨inf.⟩ ~ Dick / sticks *betweter, knappe jongen, wijsneus* **3.1** box ~ *het handig inpikken* **5.3** ⟨inf.⟩ too ~ by half *slimmer dan goed voor iem. is* **6.1** ~ **at** sth. *goed in iets;*
II ⟨bn., pred.; met ontkenning⟩⟨BE; gew.⟩ **0.1** ***gezond*** ⇒*fit* ◆ **3.1** Charlie isn't looking too ~ *Charlie ziet er niet al te best uit*.

'clev·er-'clev·er ⟨bn.⟩⟨vnl. BE; inf.; pej.⟩ **0.1** ***wijsneuzig*** ⇒*betweterig*.

'clever dick ⟨telb.zn.⟩⟨inf.⟩ **0.1** ***betweter*** ⇒*wijsneus*.

clev·er·ly ['klevəli||-vər-]⟨f1⟩⟨bw.⟩ **0.1** →clever **0.2** ⟨AE; gew.⟩ ***totaal*** ⇒*goed en wel, helemaal, compleet* ◆ **3.2** vanished ~ out of sight *finaal uit het gezicht verdwenen*.

clev·is ['klevɪs]⟨telb.zn.⟩⟨tech.⟩ **0.1** ***trekijzer*** ⇒*trekhout, trekhaak*.

clew[1] [klu:]⟨zn.⟩
I ⟨telb.zn.⟩ **0.1** ***kluwen*** ⇒*bal (touw);* ⟨fig.⟩ *draad (v. Ariadne)* **0.2** ⟨scheep.⟩ ***schoothoek*** ⇒*schoothoorn* **0.3** →clue;
II ⟨mv.; ~s⟩ **0.1** ***touwen v. hangmat***.

clew[2] ⟨ov.ww.⟩ **0.1** ***tot een kluwen rollen*** ◆ **5.1** ⟨scheep.⟩ ~ **up** *geien, dichtgeien, gorden, katten* ⟨zeilen⟩.

'clew line ⟨telb.zn.⟩⟨scheep.⟩ **0.1** ***gei*** ⇒*geerde, gaarde, geitouw* ⟨om zeil op te halen⟩.

cli·ché ['kli:ʃeɪ||-'ʃeɪ]⟨f2⟩⟨telb.zn.⟩ **0.1** ⟨druk.⟩ ***cliché*** **0.2** ***gemeenplaats*** ⇒*banaliteit, cliché*.

cli·ché'd, cli·chéd ['kli:ʃeɪd||-'ʃeɪd]⟨bn.⟩ **0.1** ***banaal*** ⇒*cliché(matig), afgezaagd* **0.2** ***vol cliché's***.

cli·ché-rid·den ['--||'--]⟨bn.⟩ **0.1** ***(stamp)vol clichés***.

click[1] [klɪk]⟨f2⟩⟨zn.⟩
I ⟨telb.zn.⟩ **0.1** ***klik*** ⇒*tik, klak;* ⟨taalk.⟩ *klik* **0.2** ⟨tech.⟩ ***pal*** ⇒*klink; aanslag; palling* **0.3** ⟨AE; inf.⟩ ***(doorslaand) succes*** ⇒*kassamagneet, besproken-uitverkocht* **0.4** ⟨AE; inf.⟩ ***clique*** ⇒*kliek, coterie;*
II ⟨telb. en n.-telb.zn.⟩⟨paardesport⟩ **0.1** ***het klappen-in-de-ijzers*** ⇒*het klappen* ⟨raken van voor- en achtervoet⟩.

click[2] ⟨f2⟩⟨ww.⟩
I ⟨onov.ww.⟩ **0.1** ***klikken*** ⇒*tikken, ratelen, klakken, klotsen, knippen* **0.2** ⟨inf.⟩ ***het (samen) kunnen vinden*** ⇒*op één lijn zitten, overeenstemmen, bij elkaar passen, verliefd worden* **0.3** ⟨inf.⟩ ***aanslaan*** ⇒*het maken, succes hebben, een succes zijn* **0.4** ⟨inf.⟩ ***op z'n plaats vallen*** ⇒*plotseling duidelijk worden* ⟨grapje, opmerking⟩ **0.5** ⟨paardesport⟩ ***klappen*** ⇒*klappen-in-de-ijzers* ◆ **6.2** they ~ed **with** each other immediately *het klikte meteen, het zat meteen goed tussen hen* **6.4** her face suddenly ~ed **with** me *opeens wist ik weer waar ik haar gezien had;*
II ⟨ov.ww.⟩ **0.1** ***klikken met*** ⇒*laten klikken/klakken* ⟨hakken, tong⟩.

'click beetle ⟨telb.zn.⟩⟨dierk.⟩ **0.1** ***kniptor*** ⟨fam. Elateridae⟩.

click·er ['klɪkə||-ər]⟨telb.zn.⟩ **0.1** ⟨druk.⟩ ***voorman-zetter*** ⇒*eerste zetter* **0.2** ***(vorm)opmaker*** **0.3** ***meester-leersnijder*** **0.4** ***klappend paard*** ⇒*paard dat klapt in de ijzers*.

click·e·ty-click ['klɪkəṭi 'klɪk], **clink·e·ty-clank** ['klɪŋkəṭi'klæŋk] ⟨telb.zn.⟩ **0.1** ***geklikklak*** ⇒*geratel, gedender*.

'click 'off, 'click 'out ⟨onov.ww.⟩ **0.1** ***klikken*** ⇒*een klikkend geluid maken*.

cli·ent ['klaɪənt]⟨f3⟩⟨telb.zn.⟩ **0.1** ***cliënt*** **0.2** ***klant*** ⇒*afnemer; opdrachtgever* **0.3** ***onderhorige*** ⇒*afhankelijke* **0.4** ***steuntrekker*** ⇒*stempelaar* **0.5** →client state **0.6** ⟨gesch.⟩ ***beschermeling*** ⟨v. aanzienlijk Romein⟩.

cli·en·tele ['kli:ən'tel||'klaɪən'tel], ⟨AE⟩ **cli·en·tage** ['klaɪəntɪdʒ]⟨f1⟩ ⟨n.-telb.zn.⟩ **0.1** ***klantenkring*** ⇒*clientèle* **0.2** ***praktijk*** ⟨v. advocaat⟩ **0.3** ***vaste bezoekers*** ⇒*habitué's* ⟨v. theater, restaurant, enz.⟩.

cli·ent·ship ['klaɪəntʃɪp]⟨n.-telb.zn.⟩ **0.1** ***klandizie*** ⇒*klantenkring, clientèle*.

'client 'state ⟨telb.zn.⟩ **0.1** ***afhankelijke staat*** ⇒*satellietstaat, afhankelijke regering* ⟨op militair en/of economisch gebied⟩.

cliff [klɪf]⟨f2⟩⟨telb.zn.⟩ **0.1** ***steile rots*** ⇒*klip, klif* ⟨i.h.b. aan de kust⟩.

'cliff-hang·er ⟨f1⟩⟨telb.zn.⟩⟨inf.⟩ **0.1** ***nek-aan-nek race*** ⇒*adembenemende (wed)strijd, spannende/dreigende situatie* **0.2** ***aflevering met spannend einde*** ⟨v. vervolgverhaal, serie, enz.⟩ **0.3** ***sensatieverhaal*** ⇒*melodrama*.

'cliff-hang·ing ⟨bn., attr.⟩ **0.1** ***adembenemend*** ⇒*sensatie-* ⟨verhaal, enz.⟩.

clif·fy ['klɪfi]⟨bn.;-er;→compar. 7⟩ **0.1** ***rotsachtig*** ⟨kust⟩ ⇒*vol kliffen, steil*.

cli·mac·ter·ic[1] [klaɪ'mæktərɪk, 'klaɪmæk'terɪk]⟨telb.zn.⟩ **0.1** ⟨med.⟩ ***overgang(sleeftijd)*** ⇒*climacterium;* ⟨i.h.b.⟩ *menopauze* **0.2** ***kritieke periode*** ⇒*kritiek(e) leeftijd/jaar*.

climacteric[2], cli·mac·ter·i·cal ['klaɪmæk'terɪkl]⟨bn.; -(al)ly; →bijw. 3⟩ **0.1** ***kritiek*** ⇒⟨med.⟩ *climacterisch*.

cli·mac·tic [klaɪ'mæktɪk], **cli·mac·ti·cal** [-ɪkl]⟨f2⟩⟨bn.; -(al)ly; →bijw. 3⟩ **0.1** ***leidend tot een climax*** ⇒*climactisch*.

cli·mate ['klaɪmət], ⟨schr.⟩ **clime** [klaɪm]⟨f2⟩⟨telb.zn.⟩ **0.1** ***klimaat*** ⇒*luchtgesteldheid* **0.2** ***(lucht)streek*** ⇒*klimaatgordel* **0.3** ***sfeer*** ⇒*stemming, klimaat* ◆ **1.3** ~ of opinion *algemene/openbare mening/opinie*.

cli·mat·ic [klaɪ'mæṭɪk], **cli·mat·i·cal** [-ɪkl], **cli·ma·tal** ['klaɪməṭl]⟨f1⟩ ⟨bn.; climatically; →bijw. 3⟩ **0.1** ***klimaat-*** ⇒*climatisch*.

cli·ma·to·log·ic ['klaɪmətə'lɒdʒɪk||-məṭə'lɑdʒɪk], **cli·ma·to·log·i·cal** [-ɪkl]⟨bn.; -(al)ly; →bijw. 3⟩ **0.1** ***klimatologisch***.

cli·ma·tol·o·gist ['klaɪmə'tɒlədʒɪst||-'tɑ-]⟨telb.zn.⟩ **0.1** ***klimatoloog*** ⇒*klimaatkundige*.

cli·ma·tol·o·gy ['klaɪmə'tɒlədʒi||-'tɑ-]⟨n.-telb.zn.⟩ **0.1** ***klimatologie***.

cli·max[1] ['klaɪmæks]⟨f3⟩⟨telb.zn.⟩ **0.1** ***hoogtepunt*** ⇒*climax* ⟨ook retorisch⟩, *toppunt, apogeum* **0.2** ***orgasme*** ⇒*climax, hoogtepunt* **0.3** ⟨plantk.⟩ ***climax-associatie*** ⇒*climax, climax-vegetatie*.

climax[2] ⟨f1⟩⟨ww.⟩
I ⟨onov.ww.⟩ **0.1** ***een hoogtepunt bereiken*** ⇒*culmineren;*
II ⟨ov.ww.⟩ **0.1** ***naar een hoogtepunt voeren***.

'climax community ⟨telb.zn.⟩⟨plantk.⟩ **0.1** ***climax-associatie*** ⇒*climax, climax-vegetatie*.

climb[1] [klaɪm]⟨f1⟩⟨telb.zn.⟩ **0.1** ***klim*** ⇒*beklimming* **0.2** ***helling*** ⇒*klim, weg omhoog* **0.3** ⟨lucht.⟩ ***stijging*** ⇒*stijgkracht* ◆ **2.1** good ~ *hele klim* **2.2** a steep ~ *een steile helling* **6.2** the ~ **to** fame *de weg naar de roem*.

climb[2] ⟨f3⟩⟨ww.⟩⟨→sprw. 293⟩
I ⟨onov.ww.⟩ **0.1** ***omhoog gaan*** ⇒*klimmen, klauteren, stijgen* ⟨v. zon, vliegtuig⟩, *toenemen* ⟨v. temperatuur⟩ **0.2** ***oplopen*** ⇒*omhooggaan* ⟨v. weg⟩ **0.3** ***zich opwerken*** ⇒*opklimmen* ⟨in rang, stand⟩ **0.4** ***bergbeklimmen*** ◆ **5.1** →climb **down** **6.1** ~ **down** a ladder *een ladder afklimmen/komen;* ~ **into** one's clothes *zijn kleren aanschieten;* ~ **up** a wall *tegen een muur opklimmen;*
II ⟨ov.ww.⟩ **0.1** ***klimmen in/op*** ⇒*beklimmen, bestijgen* **0.2** ⟨AE; inf.⟩ ***een uitbrander geven*** ⇒*streng berispen*.

climb·a·ble ['klaɪməbl]⟨bn.⟩ **0.1** ***beklimbaar***.

'climb 'down ⟨f1⟩⟨onov.ww.⟩ **0.1** ***naar beneden klimmen*** **0.2** ⟨inf.⟩ ***een toontje lager zingen*** ⇒*inbinden, ongelijk bekennen*.

'climb-down ⟨telb.zn.⟩⟨BE; inf.⟩ **0.1** ***het ongelijk bekennen*** ⇒*het inbinden* ◆ **3.1** a ~ now will save you disgrace later *als je nu een toontje lager zingt verlies je straks je gezicht niet*.

climb·er ['klaɪmə||-ər]⟨f1⟩⟨telb.zn.⟩ **0.1** ***klimmer*** ⇒*klauteraar, bergbeklimmer* **0.2** ***klimplant*** ⇒*klimmer* **0.3** ***streber*** ⇒*eerzuchtig persoon*.

'climb·ing-frame ⟨telb.zn.⟩ **0.1** ***klimrek***.

'climb·ing-iron ⟨telb.zn.; meestal mv.⟩ **0.1** ***klimijzer*** ⇒*klimspoor*.

'climb rate ⟨telb.zn.⟩⟨lucht., zweefvliegen⟩ **0.1** ***stijgsnelheid***.

clime →climate.

clinch[1] [klɪntʃ]⟨f1⟩⟨telb.zn.⟩ **0.1** ***vaste greep*** ⇒*omklemming* **0.2** ⟨bokssport⟩ ***clinch*** **0.3** ⟨inf.⟩ ***omarming*** ⇒*omhelzing* **0.4** ⟨tech.⟩ ***klinknagel*** **0.5** ⟨tech.⟩ ***omgeklonken eind*** ⟨v. spijker⟩ **0.6** ⟨scheep.⟩ ***hielingsteek*** ⇒*hielins* **0.7** ⟨AE⟩ ***handgemeen*** ⇒*schermutseling* ◆ **6.1** hold sth. **in** a ~ *iets stijf vasthouden* ⟨ook fig.⟩ **6.2** the boxers stood **in** a ~ *de boksers stonden lijf aan lijf*.

clinch[2] ⟨f1⟩⟨ww.⟩
I ⟨onov.ww.⟩ **0.1** ⟨bokssport⟩ ***(met elkaar) in de clinch gaan*** ⇒*lijf aan lijf staan* **0.2** ⟨tech.⟩ ***vastgeklonken zitten*** **0.3** ⟨inf.⟩ ***elkaar omhelzen;***
II ⟨ov.ww.⟩ **0.1** ⟨tech.⟩ ***klinken*** ⟨klinknagel⟩ **0.2** ⟨tech.⟩ ***vastklinken*** ⇒*aaneenklinken* ⟨stukken hout⟩ **0.3** ⟨scheep.⟩ ***(met hielingsteek) vastmaken*** ⟨van kabel op kabel⟩ **0.4** ***beklinken*** ⇒*sluiten, afmaken* ⟨overeenkomst, transactie⟩ **0.5** ⟨AE; inf.⟩ ***beslissen*** ⇒*besluiten, voltooien, afmaken* ◆ **1.4** that ~ed the matter *dat gaf de doorslag, dat deed de deur dicht*.

clinch·er ['klɪntʃə||-ər]⟨telb.zn.⟩ **0.1** ⟨tech.⟩ ***klinknagel*** **0.2** ⟨tech.⟩ ***houvast*** ⇒*klamp* **0.3** ⟨ben. voor⟩ ***beslissende omstandigheid*** ⇒*doorslaggevend argument, afdoende opmerking* **0.4** ⟨wielrennen⟩ ***draadband***.

clincher-built →clinker-built.

'clinch-nail ⟨telb.zn.⟩ **0.1** ***klinknagel*** ⇒*klinkspijker.*

cline [klaɪn]⟨telb.zn.⟩⟨biol.⟩ **0.1** ***continuum*** ⇒*schaal, scala, reeks, cline.*

cling [klɪŋ]⟨f3⟩⟨onov.ww.; clung, clung [klʌŋ]⟩ →clinging **0.1** ***kleven*** ⇒*zich vasthouden, zich vastklemmen, vast blijven zitten, blijven hangen* **0.2** ***dicht blijven bij*** ⇒*hangen, hechten* **0.3** ***zich vastklampen*** ⇒*vasthouden* ⟨aan hoop, idee⟩, *trouw blijven, aanhangen* ◆ **1.1** the smell of garlic ~s *knoflook blijf je ruiken* **5.2** ~ **together** *bij elkaar blijven, steeds voor elkaar opkomen* **6.2** Betty really ~s **to** her elder brother *Betty hangt erg aan haar grote broer.*

cling·ing ['klɪŋɪŋ]⟨f1⟩⟨bn.; teg. deelw. v. cling⟩ **0.1** ***aanhankelijk*** ⇒*kleverig* **0.2** ***nauwsluitend*** ⟨kleding, enz.⟩ ◆ **1.¶** ~ vine *klit* ⟨vrouwspersoon⟩.

'cling·stone, 'clingstone peach ⟨telb.zn.⟩ **0.1** ***perzik met vastzittende pit.***

cling·y ['klɪŋi]⟨bn.⟩⟨inf.⟩ **0.1** ***aanhankelijk*** ⇒*kleverig* **0.2** ***nauwsluitend.***

clin·ic ['klɪnɪk]⟨f3⟩⟨zn.⟩
I ⟨telb.zn.⟩ **0.1** ***kliniek*** ⇒⟨BE⟩ *privékliniek* **0.2** ⟨AE⟩ ***cursus*** ⇒*lezing, colloquium* **0.3** ***adviesbureau*** ⇒*consultatiebureau;*
II ⟨telb. en n.-telb.zn.⟩ **0.1** ***klinisch onderricht*** ⇒*kliniek.*

clin·i·cal ['klɪnɪkl]⟨f2⟩⟨bn.; -ly; -ness⟩ **0.1** ***klinisch*** ⇒*ziekte-* **0.2** ***koel*** ⇒*onbewogen, zakelijk, strikt objektief, klinisch* ⟨houding⟩ ◆ **1.1** ~ baptism *doop op ziek/sterfbed;* ~ death *klinische dood;* ~ picture *ziektebeeld;* ~ sacrament *sacrament der zieken;* ~ thermometer *koortsthermometer;* ~ training *co-schap.*

cli·ni·cian [klɪ'nɪʃn]⟨telb.zn.⟩ **0.1** ***klinisch medicus*** ⇒*klinisch psycholoog, clinicus, clinist.*

clink[1] [klɪŋk]⟨f1⟩⟨zn.⟩
I ⟨n.-telb.zn.⟩ **0.1** ***getinkel*** ⇒*gerinkel, geklink* **0.2** ⟨the⟩⟨sl.⟩ ***nor*** ⇒*bak, petoet, doos, gevangenis* ◆ **6.1** **in** the ~ *in de lik;*
II ⟨mv.; ~s⟩⟨AE; inf.⟩ **0.1** ***kleingeld*** ⇒*kopergeld* **0.2** ***ijsblokjes.***

clink[2] ⟨f1⟩⟨ww.⟩ →clinking
I ⟨onov.ww.⟩ **0.1** ***klinken*** ⇒*tinkelen, rinkelen, rammelen* **0.2** ⟨vero.⟩ ***rijmen;***
II ⟨ov.ww.⟩ **0.1** ***laten tinkelen*** ⇒*klinken met* ⟨bv. glazen⟩ **0.2** ⟨vero.⟩ ***laten rijmen*** ◆ **1.1** let's ~ glasses *laten we klinken.*

clink·er ['klɪŋkə||-ər]⟨zn.⟩
I ⟨telb.zn.⟩ **0.1** ***klinker(steen)*** **0.2** ⟨inf.⟩ ***fraai exemplaar*** **0.3** ⟨inf.⟩ ***blunder*** ⇒*mislukking, flater, afgang* **0.4** ⟨AE; inf.⟩ ***biscuit*** ⇒*cracker* **0.5** ⟨AE; sl.⟩ ***nor*** ⇒*bak, petoet* **0.6** ⟨AE; inf.⟩ ***gans*** ⟨overslaande noot op klarinet of saxofoon⟩ ⇒*pieper, misser* **0.7** ⟨AE; inf.⟩ ***flop*** ⇒*afgang* ⟨toneelstuk of film⟩ **0.8** ⟨geol.⟩ ***stuk lava*** ⇒*slak;*
II ⟨n.-telb.zn.⟩⟨geol.⟩ **0.1** ***lava*** ⇒*slakken.*

'clink·er-'built, 'clinch·er-'built ⟨bn.⟩⟨scheep.⟩ **0.1** ***overnaads (gebouwd)*** ⇒*klinkergebouwd, dakpansgewijs.*

clinkety-clank →clickety-click.

clink·ing ['klɪŋkɪŋ]⟨bn.; bw.; oorspr. teg. deelw. v. clink⟩⟨sl.⟩ **0.1** ***verdomd*** ⇒*verrekt, hartstikke, erg* ◆ **2.1** ~ fine weather *verdomd lekker weer.*

'clink·stone ⟨telb. en n.-telb.zn.⟩⟨geol.⟩ **0.1** ***veldspaat.***

cli·nom·e·ter [klaɪ'nɒmɪtə||-'nɑmɪṭər]⟨telb.zn.⟩⟨tech.⟩ **0.1** ***hellingmeter*** ⇒*klinometer.*

clint [klɪnt]⟨telb.zn.⟩⟨geol.⟩ **0.1** ***clint*** ⟨blok kalksteen, omgeven door spleten, welke door oplossing v. kalk zijn ontstaan⟩.

clip[1] [klɪp]⟨f2⟩⟨zn.⟩
I ⟨telb.zn.⟩ **0.1** ***knippende/scherende beweging*** **0.2** ⟨ben. voor⟩ ***klem*** ⇒*knijper; beugel; clip; oorclip; paperclip; klemhoutje; broekveer; lip* ⟨v. hoefijzer⟩ **0.3** ***knipsel*** ⇒*haarpluk, wolvlok* **0.4** ***fragment*** ⇒*stuk, gedeelte* ⟨i.h.b. uit film⟩; *(video)clip* **0.5** ***klap*** ⇒*oorvijg, oplawaai; zweepslag* **0.6** ***patroonhouder*** ⇒*magazijn* **0.7** ***wolopbrengst*** ⟨v.e. kudde⟩ **0.8** ⟨AE; sl.⟩ ***jatmoos*** ⇒*dief, rover, bandiet* **0.9** ⟨AE; sl.⟩ ***smous*** ⇒*jood, jid, jehude* ◆ **6.5** **at** a ~ *in één klap;* a ~ **on** the jaw *een kaakslag;*
II ⟨n.-telb.zn.⟩ **0.1** ***het scheren*** ⇒*het knippen, scheerderij* **0.2** ⟨inf.⟩ ***vaart*** ⇒*snelheid* ◆ **6.2** **at** a rapid ~ *met een behoorlijke gang;*
III ⟨mv.; ~s⟩ **0.1** ***grote schaar*** ◆ **1.1** two pairs of ~s *twee scharen.*

clip[2] ⟨f2⟩⟨ww.; →ww. 7⟩ →clipping
I ⟨onov.ww.⟩ **0.1** ***knippen*** ⇒*snoeien* **0.2** ⟨inf.⟩ ***sjezen*** ⇒*snellen, er de sokken in hebben, met een vaart gaan* ◆ **5.2** ~ **along** *voortsnellen;*
II ⟨ov.ww.⟩ **0.1** ***(vast)klemmen*** ⇒*omklemmen, vastmaken, vastgrijpen* **0.2** ⟨ben. voor⟩ ***(bij)knippen*** ⇒*afknippen, kort knippen, trimmen; besnijden; besnoeien* ⟨ook munten⟩; *scheren* ⟨schapen⟩; *uitknippen* ⟨uit krant, film⟩; *knippen* ⟨kaartje⟩ **0.3** ⟨inf.⟩ ***een oplawaai geven*** **0.4** ***afbijten*** ⟨woorden⟩ ⇒*inslikken, weglaten, niet uitspreken* ⟨letter(greep)⟩ **0.5** ⟨sl.⟩ ***tillen*** ⇒*afzetten, beroven, bezwendelen* **0.6** ⟨AE; sl.⟩ ***overhoopschieten*** ⇒*een blauwe boon geven, koud maken* **0.7** ⟨AE; sl.⟩ ***jatten*** ⇒*achterover drukken, gappen, pikken* **0.8** ⟨inf.⟩ ***arresteren*** ⇒*in de kraag grijpen, pakken* ◆ **1.2** ⟨AE; sl.⟩ ~ped dick *smous, jid, jood* ⟨i.v.m. besnijdenis⟩ **1.3** ~ s.o.'s ears *iem. een oorveeg geven* **1.4** ~ped form *verkorte vorm* ⟨v.e. woord⟩ **5.1** ~ **together** *samenklemmen, met een klem aan elkaar zetten* **5.2** ~ **off** *afknippen* **6.1** ~ **on(to)** *klemmen aan/op;* the ticket was ~ped **to** the programme *het kaartje zat met een paperclip aan het programma.*

'clip-art·ist ⟨telb.zn.⟩⟨AE; sl.⟩ **0.1** ***beroepszwendelaar*** ⇒*beroepsoplichter.*

'clip·board ⟨telb.zn.⟩ **0.1** ***klembord.***

clip-clop ['klɪpklɒp||-klɑp]⟨telb.zn.⟩ **0.1** ***geklepper*** ⇒*klik-klak* ⟨v. paardehoeven⟩.

'clip joint ⟨telb.zn.⟩⟨sl.⟩ **0.1** ***ballentent*** ⇒*nepzaak.*

'clip-on ⟨bn., attr.⟩ **0.1** ***klem-*** ⇒*met een klem, knijp-* ◆ **1.1** a ~ tie *een nepdasje.*

'clip 'out ⟨ov.ww.⟩ **0.1** ***uitknippen.***

clip·per ['klɪpə||-ər]⟨f1⟩⟨zn.⟩
I ⟨telb.zn.⟩ **0.1** ***knipper*** ⇒*scheerder, (be)snoeier* **0.2** ⟨scheep.⟩ ***klipper(schip)*** **0.3** ***snel paard*** **0.4** ⟨elek.⟩ ***amplitudebegrenzer*** ⇒*piekbegrenzer* **0.5** ⟨AE; inf.⟩ ***lekker stuk*** ⇒*stoot, spetter, mooie meid* **0.6** ⟨AE; sl.⟩ ***zakkenroller;***
II ⟨mv.; ~s⟩ **0.1** ***kniptang*** ⟨v. conducteur⟩ **0.2** ***nagelkniptang*** **0.3** ***tondeuse*** ◆ **1.1** two pairs of ~s *twee kniptangen.*

clip·pie ['klɪpi]⟨telb.zn.⟩⟨BE; inf.⟩ **0.1** ***(bus)conductrice.***

clip·ping[1] ['klɪpɪŋ]⟨f2⟩⟨zn.; gerund. v. clip⟩
I ⟨telb.zn.⟩ **0.1** ⟨ben. voor⟩ ***het afgeknipte*** ⇒*snoeisel; afgeknipte nagel; haarlok, pluk haar* **0.2** ⟨AE⟩ ***kranteknipsel*** **0.3** ⟨Am. voetbal, ijshockey⟩ ***clipping*** ⟨het van achter raken/ten val brengen v.e. speler die niet in het bezit v.d. bal/puck is⟩;
II ⟨telb. en n.-telb.zn.⟩⟨taalk.⟩ **0.1** ***verkorting.***

clipping[2] ⟨bn., attr.; teg. deelw. v. clip⟩⟨inf.⟩ **0.1** ***snel(gaand)*** ◆ **1.1** at a ~ speed *met een flinke gang.*

clique [kli:k]⟨f1⟩⟨telb.zn.⟩ **0.1** ***kliek*** ⇒*groep, club(je), coterie, set.*

cli·quish ['kli:kɪʃ], ⟨inf.⟩ **cli·quey, cli·quy** [-ki]⟨bn.; cliquishly; cliquishness⟩ **0.1** ***kliekjesachtig*** ⇒*kliek-, gesloten, exclusief.*

cli·quism ['kli:kɪzm]⟨n.-telb.zn.⟩ **0.1** ***kliekjesgeest.***

clit [klɪt]⟨telb.zn.⟩⟨inf.⟩ **0.1** ***kittelaar*** ⇒*knopje, clitoris.*

clit·ic ['klɪtɪk]⟨telb.zn.⟩⟨taalk.⟩ **0.1** ***cliticum.***

clit·o·ral ['klɪṭərəl], **clit·o·ri·al** [-'tɔ:rɪəl]⟨bn.⟩⟨anat.⟩ **0.1** ***van de clitoris.***

clit·o·ris ['klɪṭərɪs]⟨telb.zn.⟩⟨anat.⟩ **0.1** ***kittelaar*** ⇒*clitoris.*

cliv·ers ['klɪvəz||-ərz]⟨mv.; ww. vaak enk.⟩⟨plantk.⟩ **0.1** ***kleefkruid*** ⟨Galium aparine⟩.

clo·a·ca [kloʊ'eɪkə]⟨telb.zn.; cloacae [-ki:]; →mv. 5⟩ **0.1** ***riool*** ⇒*goot, cloaca* ⟨ook fig.⟩ **0.2** ***latrine*** ⇒*privaat* **0.3** ⟨dierk.⟩ ***cloaca*** ⇒*anus, aars.*

clo·a·cal [kloʊ'eɪkl]⟨bn.⟩ **0.1** ***riool-*** ⇒*goot-* **0.2** ⟨dierk.⟩ ***een cloaca betreffend*** ⇒*cloaca-, met een cloaca* ◆ **1.1** ⟨fig.⟩ ~ obsession *obsessie voor obsceniteiten.*

cloak[1] [kloʊk]⟨f2⟩⟨telb.zn.⟩ **0.1** ***cape*** ⇒*mantel* **0.2** ***omhulling*** ⇒*bedekking, laag* **0.3** ***dekmantel*** ⇒*verhulling* ◆ **1.2** a ~ of snow *een deken van sneeuw* **6.3** **under** the ~ of darkness *onder de mantel van de duisternis.*

cloak[2] ⟨f1⟩⟨ov.ww.⟩ **0.1** ***een cape omslaan*** ⇒*een mantel aantrekken* **0.2** ***verhullen*** ⇒*omhullen, verbergen, vermommen* ◆ **6.2** ~ed **by** *beschermd door, verhuld door;* ~ed **in/with** kindness *verpakt in vriendelijkheid.*

'cloak-and-'dag·ger ⟨bn., attr.⟩ **0.1** ***vol intriges*** ⇒*spionage-* **0.2** ***melodramatisch*** ⇒*sensatie-* ◆ **1.1** ~ story *avonturenverhaal.*

'cloak·room ⟨f1⟩⟨telb.zn.⟩ **0.1** ***garderobe*** ⇒*vestiaire* **0.2** ***bagagedepot*** **0.3** ⟨BE; euf.⟩ ***toilet*** **0.4** ⟨AE⟩ ***antichambre*** ⇒*wachtkamer.*

clob·ber[1] ['klɒbə||'klɑbər]⟨n.-telb.zn.⟩⟨sl.⟩ **0.1** ***boeltje*** ⇒*bullen, spullen* **0.2** ***plunje*** ⇒*spullen, kloffie.*

clobber[2] ⟨ov.ww.⟩⟨sl.⟩ →clobbered **0.1** ***aftuigen*** ⇒*een pak rammel geven, in elkaar slaan* **0.2** ***in de pan hakken*** ⇒*de vloer aanvegen met, volkomen verslaan* **0.3** ***hakken op*** ⇒*hard aanpakken, hekelen* ◆ **1.2** our football team was ~ed *ons voetbalteam werd volkomen ingemaakt.*

clob·bered ['klɒbəd||'klɑbərd]⟨bn.; oorspr. volt. deelw. v. dobber⟩⟨AE; inf.⟩ **0.1** ***dronken*** ⇒*aangeschoten, zat.*

cloche [klɒʃ||kloʊʃ], **'cloche hat** ⟨telb.zn.⟩ **0.1** ⟨mode⟩ ***cloche*** ⇒*clochehoed* **0.2** ⟨landb.⟩ ***glazen of plastic kap*** ⟨over jonge plantjes⟩ ⇒*klok, stolp.*

clock[1] [klɒk||klɑk]⟨f3⟩⟨telb.zn.⟩ **0.1** ***klok*** ⇒*uurwerk* **0.2** ⟨inf. ben. voor⟩ ***meter*** ⇒*taximeter; prikklok; snelheidsmeter; kilometerteller; stopwatch* **0.3** ***kaarsje*** ⟨pluisbol v. paardebloem⟩ **0.4** ⟨sl.⟩ ***facie*** ⇒*postzegel, gezicht* **0.5** ⟨sl.⟩ ***horloge*** ⇒*klokje* **0.6** ***motiefje*** ⟨op enkel v. sok/kous⟩ **0.7** ***kever*** **0.8** ⟨comp.⟩ ***klok*** ◆ **3.1** read the ~ *klokkijken;* set the ~ by the radio *de klok met de radio ge-*

lijkzetten; watch the ~ *de tijd in de gaten houden* **3.¶** beat the ~ *voortijdig klaar zijn;* clean one's ~ *iem. verslaan/de baas zijn;* ⟨AE⟩ kill the ~ *tijd rekken;* ⟨AE⟩ run out the ~ *tijd rekken;* ⟨inf.⟩ enough to stop a ~ *erg lelijk* ⟨v.e. gezicht⟩; when my ~ strikes *als mijn uur slaat* **6.1** a race **against** the ~ *een race tegen de klok/het uurwerk;* sleep **(a)round** the ~ / the ~ **round** *het klokje rond slapen.*

clock² ⟨f1⟩ ⟨ww.⟩ →clocked
I ⟨onov.ww.⟩ **0.1** ***klokken*** ⟨met prikklok⟩ **0.2** ⟨BE; gew.⟩ ***klokken*** ⟨v.e. hen⟩ ◆ **5.1** ~ **in/on** *inklokken;* ~ **off/out** *uitklokken;*
II ⟨ov.ww.⟩ **0.1** ***de tijd opnemen van*** ⇒*timen, klokken* **0.2** ⟨sl.⟩ ***een oplawaai geven*** ⇒*een dreun verkopen* **0.3** ***luiden*** ⇒*laten klinken* ⟨klok⟩ **0.4** ***laten noteren*** ⟨tijd voor race, enz.⟩ **0.5** ***versieren*** ⟨kous⟩ **0.6** ⟨BE; sl.⟩ ***in de peiling hebben*** ⇒*in de smiezen hebben* ◆ **4.2** ~ s.o. one *iemand een optater geven* **5.1** →clock **up**.

'clock case ⟨telb.zn.⟩ **0.1** ***klokkekast.***

'clock dial ⟨telb.zn.⟩ **0.1** ***wijzerplaat.***

clocked ['klɒkt‖'klɑkt] ⟨bn.; volt.deelw. v. clock⟩ **0.1** ***met een patroontje op de enkel*** ⟨v. sok of kous⟩.

'clock·face ⟨telb.zn.⟩ **0.1** ***wijzerplaat.***

'clockface method ⟨telb.zn.; the⟩ **0.1** ***koersaanduiding volgens de wijzerplaat*** ⟨bv. 7 uur = Z.Z.W.⟩.

'clock 'golf ⟨n.-telb.zn.⟩ **0.1** ***klokgolf*** ⟨spel waarbij bal v.d. rand v.e. cirkel in een hole geslagen moet worden⟩.

'clock hand ⟨telb.zn.⟩ **0.1** ***wijzer.***

'clock radio ⟨f1⟩ ⟨telb.zn.⟩ **0.1** ***klokradio*** ⇒*wekkerradio.*

'clock tower ⟨telb.zn.⟩ **0.1** ***klokketoren.***

'clock 'up ⟨f1⟩ ⟨ov.ww.⟩ ⟨inf.⟩ **0.1** ***laten noteren*** ⇒*op de meter brengen, laten vastleggen* ⟨tijd, afstand⟩ **0.2** ***halen*** ⇒*bereiken* ⟨snelheid⟩ **0.3** ***zich op de hals halen*** ⟨schulden⟩.

'clock watch ⟨telb.zn.⟩ **0.1** ***slaand horloge*** ⇒*horloge met slagwerk.*

'clock·watch·er ⟨telb.zn.⟩ ⟨inf.; pej.⟩ **0.1** ***op-de-klok-kijker.***

'clock-watch·ing ⟨n.-telb.zn.⟩ ⟨inf.; pej.⟩ **0.1** ***op-de-klok-gekijk.***

clock·wise¹ ['klɒkwaɪz‖'klɑk-] ⟨f1⟩ ⟨bn.⟩ **0.1** ***met de (wijzers v.d.) klok mee bewegend.***

'clockwise² ⟨f1⟩ ⟨bw.⟩ **0.1** ***met de (wijzers v.d.) klok mee.***

'clock·work ⟨f1⟩ ⟨n.-telb.zn.⟩ **0.1** ***uurwerk*** ⇒*opwindmechaniek* ◆ **3.1** go by ~ *gesmeerd werken* **6.1 like** ~ *met grote regelmaat, op rolletjes.*

'clockwork orange ⟨telb.zn.⟩ **0.1** ***gerobotiseerd mens*** ⇒*robot.*

'clockwork pre'cision ⟨n.-telb.zn.⟩ **0.1** ***uiterste nauwkeurigheid.***

'clockwork 'toys ⟨mv.⟩ **0.1** ***opwindspeelgoed*** ⇒*mechanisch speelgoed.*

clod¹ [klɒd‖klɑd] ⟨f1⟩ ⟨telb.zn.⟩ **0.1** ***kluit(aarde)*** ⇒*klomp(klei), klont* **0.2** ⟨inf.⟩ ***boerenkinkel*** ⇒*pummel, heikneuter* **0.3** ⟨cul.⟩ ***schoudermuis*** ⇒*bloemstuk, baklap, sukadelap* **0.4** ***mensenkind*** ⇒*aards mens.*

clod² ⟨ww.; →ww. 7⟩
I ⟨onov.ww.⟩ **0.1** ***klonteren;***
II ⟨ov.ww.⟩ **0.1** ***kluiten gooien naar*** ⇒*met kluiten bekogelen.*

clod·dish ['klɒdɪʃ‖'klɑdɪʃ] ⟨bn.; -ly; -ness⟩ **0.1** ***pummelig*** ⇒*lomp, onbehouwen, dom.*

'clod·hop·per ⟨telb.zn.⟩ ⟨inf.⟩ **0.1** ***lummel*** ⇒*boerenkinkel, pummel* **0.2** ⟨vaak mv.⟩ ***turftrapper*** ⇒*kistje* ⟨schoen⟩ **0.3** ⟨AE⟩ ***rammelkast*** ⟨oud voer- of vliegtuig voor lokaal vervoer⟩ ⇒*boemeltje.*

'clod·hop·ping ⟨bn., attr.⟩ ⟨inf.⟩ **0.1** ***lummelig*** ⇒*lomp.*

'clod·pate, 'clod·pole, 'clod·poll ⟨telb.zn.⟩ ⟨inf.⟩ **0.1** ***lummel*** ⇒*boerenkinkel, pummel.*

clog¹ [klɒg‖klɑg] ⟨f1⟩ ⟨telb.zn.⟩ **0.1** ***klomp*** **0.2** ***trip*** ⇒*zweedse muil, holsblok, klomp* ⟨met houten zool⟩ **0.3** ***blok*** ⇒*kluister* ⟨aan poot v. dier⟩ **0.4** ***belemmering*** ⇒*rem, struikelblok* ◆ **6.4** a ~ **on** s.o.'s movements *een beperking v. iemands bewegingsvrijheid, een blok aan iemands been.*

clog² ⟨f2⟩ ⟨ww.; →ww. 7⟩
I ⟨onov.ww.⟩ **0.1** ***verstopt raken*** ⇒*dicht gaan zitten, verstoppen, dichtslibben* **0.2** ***stollen*** ⇒*samenklonteren* ◆ **5.1** ~ **up** *verstopt raken* ⟨afvoerpijp⟩; *vastlopen, vastzitten* ⟨machinerie⟩;
II ⟨ov.ww.⟩ **0.1** ***(doen) verstoppen*** **0.2** ***belemmeren*** ⇒*hinderen* ⟨ook sl.; sport⟩ **0.3** ***kluisteren*** ⇒*een blok aanbinden* ⟨dieren⟩ ◆ **1.1** ~ one's memory *zijn geheugen overbelasten* **5.1** ~ **up** *doen verstoppen, vast laten draaien/lopen* ⟨machines⟩ **6.1** ~ged **with** dirt *totaal vervuild* ⟨mechaniek⟩; *verstopt (met vuil)* ⟨pijp⟩.

'clog-al·ma·nac ⟨telb.zn.⟩ ⟨gesch.⟩ **0.1** ***blokalmanak*** ⟨als blokboek⟩.

'clog dance ⟨f1⟩ ⟨telb.zn.⟩ **0.1** ***klompendans.***

clog·gy ['klɒgi‖'klɑgi] ⟨bn.; -er; -ness; →bijw. 3⟩ **0.1** ***klonterig*** **0.2** ***kleverig.***

cloi·son·né ['klwɑ:'zɒneɪ‖'klɔɪzn'eɪ], **'cloisonné enamel** ⟨n.-telb.zn.⟩ ⟨beeld. k.⟩ **0.1** ***cloisonné(werk)*** ⇒*goudemail.*

clois·ter¹ ['klɔɪstə‖-ər] ⟨zn.⟩
I ⟨telb.zn.; vaak mv.⟩ **0.1** ***kruisgang*** ⇒*kloostergang* **0.2** ***klooster;***
II ⟨n.-telb.zn.; vaak the⟩ **0.1** ***kloosterleven*** ⇒*afzondering.*

cloister² ⟨ov.ww.⟩ **0.1** ***opsluiten*** ⇒*afzonderen, insluiten* ⟨als in klooster⟩ **0.2** ***van een kruisgang voorzien*** ⇒*met een kruisgang omgeven* ◆ **1.1** a ~ed life *een kluizenaarsbestaan.*

cloistral →claustral.

clon·al ['kloʊnl] ⟨bn., attr.; -ly⟩ **0.1** ***van/mbt. kloon/klonen.***

clone¹ [kloʊn], **clon** [klɒn‖klɑn] ⟨f1⟩ ⟨telb.zn.⟩ **0.1** ⟨biol.⟩ ***kloon*** **0.2** ⟨comp.⟩ ***kloon*** **0.3** ***robot(mens)*** ⇒*automaat* **0.4** ⟨inf.⟩ ***kloon*** ⇒*kopie.*

clone² ⟨f1⟩ ⟨onov. en ov.ww.⟩ **0.1** ***klonen*** ⇒*klonen produceren, ongeslachtelijk voortplanten.*

clo·nic ['klɒnɪk‖'klɑ-] ⟨bn., attr.⟩ ⟨med.⟩ **0.1** ***klonisch.***

clo·nus ['kloʊnəs] ⟨telb.zn.⟩ ⟨med.⟩ **0.1** ***klonische kramp*** ⇒*clonus.*

clop¹ [klɒp‖klɑp] ⟨telb.zn.⟩ **0.1** ***geklepper*** ⇒*geklop, geklos* ⟨v. paardehoeven⟩.

clop² ⟨onov.ww.; →ww. 7⟩ **0.1** ***klepperen*** ⇒*klossen.*

close¹ [kloʊs] ⟨f2⟩ ⟨telb.zn.⟩ **0.1** ***binnenplaats*** ⇒*hof(je)* **0.2** ***doodlopende straat*** **0.3** ⟨BE⟩ ***terrein*** ⟨rond kathedraal, school, enz.⟩ **0.4** ⟨BE⟩ ***speelveld*** ⇒*speelplein, speelplaats* ⟨v. school⟩ **0.5** ⟨Sch. E⟩ ⟨ong.⟩ ***doorgang*** ⇒*poort, steeg* ⟨bv. naar binnenplaats⟩; *gemeenschappelijke entrée* ⟨tot woonhuis⟩.

close² [kloʊz] ⟨f2⟩ ⟨telb.zn.⟩ **0.1** ***einde*** ⇒*slot, besluit, sluiting* **0.2** ⟨muz.⟩ ***cadens*** ◆ **1.1** the ~ of the Stock Exchange *de sluiting v.d. Beurs* **3.1** bring to a ~ *tot een eind brengen, afsluiten;* come/draw to a ~ *ten einde lopen* **6.1 at** the ~ of the century *aan het eind v.d. eeuw.*

close³ [kloʊs] ⟨f3⟩ ⟨bn.; -er; -ly; -ness; →bijw. 3⟩ **0.1** ***dicht*** ⇒*gesloten* ⟨ook v. klinker⟩; *nauw, benauwd* ⟨ruimte⟩; *drukkend, benauwd* ⟨weer, lucht⟩ **0.2** ***bedekt*** ⇒*verborgen, geheim; geheimhoudend, zwijgzaam* **0.3** ***gierig*** **0.4** ***beperkt*** ⇒*select, besloten* ⟨vennootschap⟩, *verboden* **0.5** ***nabij*** ⇒*naast* ⟨fam.⟩; *intiem, dik* ⟨vriend(schap)⟩; *onmiddellijk, direct* ⟨nabijheid⟩; *getrouw, letterlijk* ⟨kopie, vertaling⟩; *gelijk opgaand* ⟨(wed)strijd⟩; *nauwsluitend* ⟨muts⟩; *kort* ⟨haar, gras⟩ **0.6** ***grondig*** ⇒*diepgaand, strikt, geconcentreerd* ⟨aandacht⟩, *absoluut, volkomen* ⟨afzondering⟩ **0.7** ***bondig*** ⇒*compact, beknopt, sluitend* ⟨betoog⟩; *dicht* ⟨weefsel, struikgewas, bebouwing⟩; *fijn, kompres* ⟨druk.⟩ ◆ **1.5** in ~ combat *in hevig gevecht (gewikkeld), handgemeen;* too ~ for comfort *een beetje (al) te dichtbij/dicht in de buurt;* ~ at hand *(vlak) bij de hand, dicht in de buurt;* at ~ range *van dichtbij* **1.6** in ~ confinement *in strikte afzondering, geïsoleerd;* keep a ~ watch on s.o. *iem. scherp in de gaten/onder streng toezicht houden* **1.¶** under ~ arrest *onder streng arrest;* ⟨gesch.⟩ ~ borough *oligarchisch bestuurde stad in Engeland;* ⟨inf.⟩ that was a ~ call *dat was op het nippertje;* ⟨muz.⟩ ~ harmony *close harmony;* in ~ order *in streng gelid, in dicht aaneengesloten rijen;* at ~ quarters *zeer dichtbij, dicht op elkaar/opeengepakt;* be at ~ quarters *handgemeen zijn;* ~ scholarship *studiebeurs uit beperkt, particulier fonds;* ~ score *samengestelde partituur* ⟨met meerdere stemmen op één balk⟩; ⟨jacht⟩ ~ season/time *gesloten seizoen/tijd;* ⟨inf.⟩ it was a ~ shave/thing *het was op het nippertje, het scheelde maar een haartje* **3.2** keep/lie ~ *zich geborgen/gedeisd houden* **3.5** a ~ly knit family *een hechte familieband* **6.5** ~ **to** sth. *dicht bij iets.*

close⁴ [kloʊz] ⟨f4⟩ ⟨ww.⟩ →closed
I ⟨onov.ww.⟩ **0.1** ***dichtgaan*** ⇒*sluiten; zich sluiten* **0.2** ***aflopen*** ⇒*eindigen; ten einde lopen; besluiten* **0.3** ***naderen*** **0.4** ***slaags raken*** ◆ **5.1** ~ **about** *omsluiten* **5.¶** →close **down;** →close **in;** →close **out;** →close **up** **6.1** ~ **around** *zich sluiten om;* ~ **on** *zich sluiten om/over* **6.4** →close **with** **6.¶** →close **with;**
II ⟨ov.ww.⟩ **0.1** ***dichtmaken*** ⇒*sluiten, afsluiten, dichtdoen; hechten* ⟨wond⟩; ⟨tech.⟩ *sluiten* ⟨circuit⟩; *dichten* ⟨gat⟩ **0.2** ***besluiten*** ⇒*beëindigen, (af)sluiten* ⟨betoog, verhaal, vergadering⟩ **0.3** ***dichter bijelkaar brengen*** ⇒*aaneensluiten* **0.4** ⟨vero.⟩ ***insluiten*** ⇒*omringen, omsingelen* **0.5** ⟨scheep.⟩ ***naderen*** ⇒*dicht passeren* **0.6** ***afmaken*** ⇒*rond maken, sluiten* ⟨overeenkomst, zaak⟩ ◆ **1.2** ~ a deal *een overeenkomst afsluiten* **5.1** →close **down;** →close **up.**

close⁵ [kloʊs] ⟨f4⟩ ⟨bw.⟩ **0.1** ***dicht*** ⇒*stevig* **0.2** ***dicht(bij)*** ⇒*vlak, tegen* ◆ **1.2** ⟨inf.⟩ ~ to home *dicht bij de waarheid, een gevoelige snaar rakend;* sail ~ to the wind *hoog/scherp aan de wind zeilen* **2.2** ~ at hand *(vlak) bij de hand, dicht in de buurt* **3.1** shut ~ *stevig dicht, hermetisch gesloten* **3.2** go/run ~ *op de hielen zitten; winnen* ⟨i.h.b. bij paardenrennen⟩; stick ~ to sth. *zich ergens bij houden* **6.2** ~ **by/to** *vlak bij;* ⟨inf.⟩ ~ **(up)on** *vlak bij, bijna;* ~ **on** sixty years *bijna zestig jaar.*

close-car·pet ['kloʊs'kɑ:pɪt‖-'kɑr-] ⟨ov.ww.⟩ **0.1** ***met vast tapijt beleggen.***

close-cropped [-'krɒpt‖-'krɑpt], **close-cut** [-'kʌt] ⟨bn.; ook closer-cropped, closer-cut; →compar. 7⟩ **0.1** ***(met) kortgeknipt (haar)*** ⇒*gemillimeterd.*

closed [kloʊzd] ⟨f3⟩ ⟨bn.; oorspr. volt. deelw. v. close⟩ **0.1** ***dicht***

⇒*gesloten, toe* **0.2** ***besloten*** ⇒*select, exclusief, beperkt* **0.3** ***verboden*** **0.4** ⟨taalk.⟩ ***gesloten*** ⟨lettergreep, vocaal, klasse⟩ ◆ **1.1** ⟨tech.⟩ ~ circuit *gesloten stroomkring/circuit;* behind/with ~ doors *besloten, achter/met gesloten deuren* **1.2** ~ corporation *besloten vennootschap* **1.3** ⟨AE⟩ ~ season *gesloten seizoen/tijd* **1.¶** ~ primary *voorverkiezing waarin alleen kiezers v.e. bep. partij stemrecht hebben;* ~ shop *closed shop* ⟨onderneming waarin lidmaatschap v. vakbond verplicht is voor alle werknemers; dit principe⟩ **6.1** ~ **to** *gesloten voor.*

'closed-cir·cuit ⟨f1⟩⟨bn., attr.⟩⟨tech.⟩ **0.1** ***via een gesloten circuit*** ◆ **1.1** ~ current *ruststroom;* ~ television *televisiebewaking, bewaking d.m.v. camera's.*

'closed-door ⟨bn., attr.⟩⟨inf.⟩ **0.1** ***besloten*** ⟨vergadering⟩ ◆ **1.1** ~ meeting *vergadering met gesloten deuren.*

'closed-'end ⟨bn., attr.⟩⟨AE; geldw.⟩ **0.1** ***met vast kapitaal*** ◆ **1.1** ~ investment company *beleggingsmaatschappij* ⟨met vast kapitaal⟩.

closedown ['klouzdaun]⟨f1⟩⟨telb.zn.⟩ **0.1** ***sluiting*** ⇒*stopzetting, opheffing* **0.2** ⟨BE⟩ ***sluiting*** ⟨v. radio- of t.v.-uitzendingen⟩.

close 'down ['klouz 'daun]⟨f1⟩⟨onov. en ov.ww.⟩ **0.1** ***sluiten*** ⇒*opheffen, opgeheven worden, dicht gaan/doen* ⟨(v.) zaak⟩; ⟨AE⟩ *verbieden, afgrendelen* ⟨v. bordeel, goktent e.d.⟩ **0.2** ⟨BE⟩ ***sluiten*** ⟨(v.) radio- en t.v.-programma's⟩ ◆ **6.¶** ~ **on** *stevig aanpakken, afrekenen met.*

close·fist·ed ['klous'fɪstɪd]⟨bn.; ook closer-fisted; -ness; →compar. 7⟩ **0.1** ***gierig*** ⇒*vrekkig.*

close-fit·ting [-'fɪtɪŋ]⟨f1⟩⟨bn.; ook closer-fitting; →compar. 7⟩ **0.1** ***nauwsluitend*** ⇒*strak(zittend).*

close-grained [-'greɪnd]⟨bn.; ook closer-grained; →compar. 7⟩ **0.1** ***fijngestructureerd*** ⇒*hard* ⟨v. hout⟩.

close-hauled [-'hɔ:ld]⟨bn.⟩⟨scheep.⟩ **0.1** ***hoog/scherp aan de wind zeilend.***

close in ['klouz 'ɪn]⟨f1⟩⟨onov.ww.⟩ **0.1** ***korter worden*** ⇒*korten* ⟨v. dagen⟩ **0.2** ***naderen*** ⇒*dichterbij komen* **0.3** ***(in)vallen*** ⟨v. duisternis⟩ ◆ **6.2** ~ **(up)on** *omsingelen, omringen, insluiten.*

close-knit ['klous'nɪt], **close·ly-knit** ['klousli-]⟨bn.; ook closer-knit; →compar. 7⟩ **0.1** ***hecht.***

close-lipped ['klous'lɪpt], **close-mouthed** [-'mauðd]⟨bn.⟩ **0.1** ***zwijgzaam*** ⇒*gesloten, stil.*

close out ['klouz 'aut]⟨f1⟩⟨ww.⟩⟨AE⟩
I ⟨onov.ww.⟩ **0.1** ***uitverkoop houden*** **0.2** ***liquideren;***
II ⟨ov.ww.⟩ **0.1** ***opheffen*** ⇒*liquideren, beëindigen* ⟨zaken, rekening⟩ **0.2** ***opruimen*** ⇒*uitverkopen* **0.3** ***verkopen.***

close-out ['klouzaut], **'close-out 'sale** ⟨f1⟩⟨telb.zn.⟩⟨AE⟩ **0.1** ***opheffingsuitverkoop*** ⇒*totale uitverkoop.*

close-set ['klous'set]⟨bn.⟩ **0.1** ***dicht bij elkaar (staand)*** ⇒*dicht opeengedrongen.*

close-stool ['klousstu:l, 'klouz-]⟨telb.zn.⟩ **0.1** ***stilletje*** ⇒*kamerstoel, kakstoel.*

clos·et[1] ['klɒzɪt‖'klɑ-]⟨f3⟩⟨telb.zn.⟩ **0.1** ⟨AE⟩ ***kast*** ⇒*bergkast, ingebouwde kast, linnenkast, kleerkast, bergruimte* **0.2** ⟨vero.⟩ ***kabinet*** ⇒*privé-kamer, studeerkamer* **0.3** ⟨vero.⟩⟨verk.⟩ ⟨water closet⟩ ***water closet*** ⇒*W.C., toilet* ◆ **3.¶** ⟨inf.⟩ come out of the ~ *in de openbaarheid treden* ⟨met iets wat men vroeger verborgen hield⟩.

closet[2] ⟨bn., attr.⟩ **0.1** ***kamer-*** ⇒*onpraktisch, theoretisch, speculatief* **0.2** ⟨AE; inf.⟩ ***geheim*** ⇒*verborgen* ◆ **1.1** ~ drama/play *leesstuk;* ~ plans *onuitvoerbare plannen* **1.2** a ~ queen *een stiekeme nicht.*

closet[3] ⟨ov.ww.; vaak met wederk. vnw. als lijdend vw.; vnl. pass.⟩ **0.1** ***in een privé-vertrek opsluiten*** ⇒⟨pass.⟩ *in een privé-gesprek zijn, een geheim/persoonlijk/intiem/privé-onderhoud hebben* ◆ **4.1** the ministers ~ed themselves together for hours *de ministers waren urenlang in geheim(e) beraad(slaging)/overleg* **6.1** he was ~ed **with** the headmaster *hij had een privé-onderhoud met het schoolhoofd.*

close-tongued ['klous'tʌŋd]⟨bn.⟩ **0.1** ***zwijgzaam*** ⇒*gesloten, stil.*

close up ['klouz 'ʌp]⟨f1⟩⟨ww.⟩
I ⟨onov.ww.⟩ **0.1** ***dichtgaan*** ⟨v. bloemen⟩ **0.2** ***aansluiten*** ⇒*dichterbij komen* ◆ **6.2** he closed **up** to her *hij kwam dichter bij haar;*
II ⟨ov.ww.⟩ **0.1** ***afsluiten*** ⇒*blokkeren, sluiten* **0.2** ⟨vnl. mil.⟩ ***sluiten*** ◆ **1.2** ~ the ranks! *sluit de rijen/gelederen!.*

close-up ['klousʌp]⟨f2⟩⟨telb.zn.⟩ **0.1** ***close-up*** ⇒*detailopname;* ⟨fig.⟩ *nauwkeurige/indringende beschrijving, nauwkeurig beeld.*

'close with ⟨onov.ww.⟩⟨BE⟩ **0.1** ***het eens worden met*** ⇒*akkoord gaan met* **0.2** ***aanvaarden*** ⇒*aannemen* **0.3** ***handgemeen worden met*** ⇒*een gevecht beginnen met* ◆ **4.1** they closed with each other *ze werden het eens.*

'closing price ⟨telb. en n.-telb.zn.⟩ **0.1** ***slotkoers*** ⇒*slotnotering* ⟨op beurs⟩.

'closing time ⟨f1⟩⟨telb. en n.-telb.zn.⟩ **0.1** ***sluitingstijd*** ⟨v. winkel, café⟩.

clo·sure[1] ['klouʒə‖-ər], ⟨AE in bet. 0.3 vnl.⟩ **clo·ture** ['kloutʃə‖-ər] ⟨f2⟩⟨telb. en n.-telb.zn.⟩ **0.1** ***het sluiten*** ⇒*sluiting* **0.2** ***slot*** ⇒*einde, besluit* **0.3** ⟨pol.⟩ ***sluiting*** ⟨v.e. debat⟩ ◆ **3.3** move the ~ *voorstellen over te gaan tot stemming* ⟨zonder verdere discussie⟩ **6.3** apply ~ **to** a debate *overgaan tot stemming, het debat afsluiten.*

closure[2], ⟨AE vnl.⟩ **cloture** ⟨ov.ww.⟩⟨pol.⟩ **0.1** ***afsluiten*** ⇒*stopzetten, een einde maken aan, het debat sluiten over* ◆ **1.1** ~ a motion *een motie zonder verdere discussie in stemming brengen;* ~ a speaker *een spreker het woord ontnemen.*

clot[1] [klɒt‖klɑt]⟨f1⟩⟨telb.zn.⟩ **0.1** ***klonter*** ⇒*klont, kluit* **0.2** ⟨BE; sl.⟩ ***stommeling*** ⇒*idioot, ezel* ◆ **2.2** you clumsy ~ *jij stomme ezel.*

clot[2] ⟨f1⟩⟨ww.; →ww. 7⟩
I ⟨onov.ww.⟩ **0.1** ***klonteren*** ⇒*stollen;*
II ⟨ov.ww.⟩ **0.1** ***doen klonteren*** ⇒*doen stollen* ◆ **1.1** ⟨cul.⟩ ~ted cream *dikke room* ⟨door het afromen v. bijna kokende melk⟩.

cloth [klɒθ‖klɔθ]⟨f3⟩⟨zn.⟩⟨→sprw. 96⟩
I ⟨telb.zn.⟩ **0.1** ***stuk stof*** ⇒*doek, dweil, lap* **0.2** ⟨verk.⟩ ⟨tablecloth⟩ ***tafellaken*** **0.3** ***toneelgordijn;***
II ⟨n.-telb.zn.⟩ **0.1** ***stof*** ⇒*materiaal, geweven stof, vilt;* ⟨i.h.b.⟩ *laken, zeildoek* **0.2** ***beroepskledij*** ⟨i.h.b. van geestelijken⟩ ⇒⟨the⟩⟨fig.⟩ *de clerus, de geestelijkheid* ◆ **1.1** ~ of gold *goudlaken;* ~ of silver *zilverlaken* **6.1** **in** ~ *in linnen band.*

'cloth-'bind·ing ⟨telb.zn.⟩ **0.1** ***linnen band*** ⟨v.e. boek⟩.

'cloth'bound ⟨bn.⟩ **0.1** ***in linnen band*** ⟨v.e. boek⟩.

'cloth cap ⟨telb.zn.⟩ **0.1** ***arbeiderspet*** ⇒*werkmanspet.*

'cloth-cap ⟨bn., attr.⟩ **0.1** ***proletarisch*** ⇒*(als) van de arbeidersklasse, van Jan met de pet.*

clothe [klouð]⟨f3⟩⟨ov.ww.; vero. of schr. ook clad, clad [klæd]⟩ →clothing **0.1** ***kleden*** ⇒*aankleden, van kleren voorzien;* ⟨fig.⟩ *(om)hullen, inkleden* ◆ **6.1** the castle was clad **in** mist *de burcht was in mist gehuld;* ⟨fig.⟩ ~ an opinion **in** a certain language *een mening op een bepaalde manier uitdrukken;* he was ~d **with** many qualities *er werden hem veel kwaliteiten toegeschreven.*

'cloth-'eared ⟨bn.⟩⟨inf.⟩ **0.1** ***'n tikkie doof*** ⇒*hardhorig.*

clothes [klou(ð)z]⟨f3⟩⟨mv.⟩⟨→sprw. 81⟩ **0.1** ***kleding*** ⇒*kleren, (was)goed* **0.2** ⟨verk.⟩ ⟨bed-clothes⟩ ***beddegoed.***

'clothes-bag ⟨telb.zn.⟩ **0.1** ***waszak.***

'clothes basket ⟨telb.zn.⟩ **0.1** ***wasmand.***

'clothes brush ⟨f1⟩⟨telb.zn.⟩ **0.1** ***kleerborstel.***

'clothes hanger ⟨telb.zn.⟩ **0.1** ***kleerhanger*** ⇒*knaapje.*

'clothes·horse ⟨telb.zn.⟩ **0.1** ***droogrek*** **0.2** ⟨inf.⟩ ***fat*** ⇒*dandy, 'aangekleed-gaat-uit'.*

'clothes·line ⟨f1⟩⟨telb.zn.⟩ **0.1** ***drooglijn*** ⇒*waslijn,* ⟨B.⟩ *wasdraad.*

'clothesline tackle ⟨telb.zn.⟩⟨Am. voetbal⟩ **0.1** ***tackle door uitgestrekte arm*** ⟨waardoor de in balbezit zijnde speler op de adamsappel wordt getroffen⟩.

'clothes moth ⟨telb.zn.⟩⟨dierk.⟩ **0.1** ***(kleer)mot*** ⟨fam. Tineidae, i.h.b. Tinea pellionella, Tineola biselliella⟩.

'clothes-peg, ⟨AE vnl.⟩ **'clothes pin** ⟨f1⟩⟨telb.zn.⟩ **0.1** ***(was)knijper*** ⇒⟨B.⟩ *wasspeld.*

'clothes-post, 'clothes-prop ⟨telb.zn.⟩ **0.1** ***stut voor drooglijn/waslijn.***

'clothes·press ⟨telb.zn.⟩ **0.1** ***kleerkast.***

'clothes tree ⟨telb.zn.⟩ **0.1** ***(staande) kapstok.***

cloth·ier ['klouðɪə‖-ər]⟨telb.zn.⟩ **0.1** ***kleermaker*** ⟨voor heren⟩ ⇒*tailleur* **0.2** ***handelaar in stoffen*** **0.3** ***kledinghandelaar*** ⇒*(heren) modewinkel/zaak.*

cloth·ing ['klouðɪŋ]⟨f3⟩⟨n.-telb.zn.; gerund v. clothe⟩ **0.1** ***kleding*** ⇒*kledij.*

'cloth measure ⟨telb.zn.⟩ **0.1** ***maatvoering op basis van oude Engelse el*** ⇒*ellestok.*

'cloth-yard ⟨telb.zn.⟩ **0.1** ***Engelse el*** ⟨37 inches⟩ ⇒*ellestok.*

'cloth-yard shaft ⟨telb.zn.⟩⟨gesch.⟩ **0.1** ***pijl van een el lang.***

cloture →closure.

'cloture vote ⟨telb.zn.⟩ **0.1** ***stemming ter beëindiging v.h. debat.***

cloud[1] [klaud]⟨f3⟩⟨zn.⟩⟨→sprw. 151⟩
I ⟨telb.zn.⟩ **0.1** ***wolk*** **0.2** ***massa*** ⇒*menigte, zwerm* **0.3** ***schaduw*** ⇒*probleem* ◆ **1.1** ⟨fig.⟩ with/have one's head in the ~s *met z'n hoofd in de wolken (lopen)* **1.2** a ~ of locusts *een zwerm sprinkhanen* **3.1** ⟨fig.⟩ fall/drop from the ~s *uit de zevende hemel vallen* **6.1** ⟨fig.⟩ **in** the ~s *irreëel/onpraktisch; verzonnen;* ⟨van personen⟩ *onoplettend, verstrooid, in hoger sferen;* he is somewhat up **in** the ~s *hij is een beetje een fantast;* ⟨inf.⟩ be **on** a ~ *in de wolken zijn;* ⟨AE; sl.⟩ *high zijn;* ⟨inf.⟩ **on** ~ nine/seven *in de zevende hemel* **6.3** there was a ~ **on** his brow *hij was gedeprimeerd/somber;* **under** a ~ *verdacht, niet te vertrouwen, uit de gratie, in diskrediet, gecompromitteerd;*
II ⟨telb. en n.-telb.zn.⟩ **0.1** ***troebelheid*** ⇒*vertroebeling* ◆ **6.1** there's a/some ~ in the brandy *de cognac is wat troebel;*
III ⟨n.-telb.zn.⟩ **0.1** ***bewolking.***

cloud[2] ⟨f2⟩⟨ww.⟩
I ⟨onov.ww.⟩ **0.1** ***bewolken*** ⇒*verduisteren, betrekken* ⟨ook fig.⟩ ◆ **5.1** the sky ~ed **over/up** *het werd bewolkt;* his face ~ed **over/up** *zijn gezicht betrok;*
II ⟨ov.ww.⟩ **0.1** ***(zoals) met wolken bedekken*** ⇒*verduisteren, vertroebelen, benevelen, verhullen* ⟨ook fig.⟩ **0.2** ⟨tech.⟩ ***vlammen*** ⟨hout⟩ ⇒*moireren* ⟨zijde⟩ ◆ **1.1** ~ the issue *de zaak vertroebelen/onduidelijk maken;* the problems have ~ed her mind *de problemen hebben haar geest vertroebeld;* dust had ~ed the windows *stof had de ruiten verduisterd.*
'cloud-bank ⟨telb.zn.⟩ **0.1** ***wolkenbank*** ⇒*laaghangende bewolking.*
'cloud·ber·ry ⟨telb.zn.⟩ ⟨plantk.⟩ **0.1** ***bergbraambes*** ⟨Rubus chamaemorus⟩.
'cloud·burst ⟨telb.zn.⟩ **0.1** ***wolkbreuk.***
'cloud-'capped ⟨bn.⟩ **0.1** ***in wolken gehuld*** ⇒*met wolken omgeven.*
'cloud-cas·tle ⟨telb.zn.⟩ **0.1** ***luchtkasteel.***
'cloud chamber ⟨telb.zn.⟩ ⟨nat.⟩ **0.1** ***nevelkamer*** ⇒*nevelvat.*
'cloud-('cuck·oo-)land ⟨n.-telb.zn.; soms C- C- L-⟩ ⟨vnl. pej.⟩ **0.1** ***rijk der fabelen*** ⇒*droomwereld* ◆ **¶.1** he lives in ~ *hij leeft buiten de werkelijkheid.*
'cloud drift, 'cloud rack ⟨telb.zn.⟩ **0.1** ***wolkenflarden*** ⇒*wolkenslierten.*
cloud·less ['klaʊdləs] ⟨f1⟩ ⟨bn.⟩ **0.1** ***onbewolkt*** ⇒*zonder wolken.*
cloud·let ['klaʊdlɪt] ⟨telb.zn.⟩ **0.1** ***wolkje.***
cloud·scape ['klaʊdskeɪp] ⟨telb.zn.⟩ ⟨vnl. beeld. k.⟩ **0.1** ***wolkenpartij*** ⇒*wolkenformatie, wolkenhemel, wolkenmassa.*
cloud·y ['klaʊdi] ⟨f2⟩ ⟨bn.; -er; -ness; →compar. 7⟩ **0.1** ***bewolkt*** ⇒*verduisterd, somber, duister, troebel, vaag, betrokken* **0.2** ***gewolkt*** ⇒*gemarmerd, moiré* **0.3** ***verward*** ⇒*droefgeestig, nors, stuurs, druilerig, dof.*
clough ['klʌf] ⟨telb.zn.⟩ **0.1** ***ravijn.***
clout[1] [klaʊt] ⟨f1⟩ ⟨zn.⟩ ⟨→sprw. 68⟩
I ⟨telb.zn.⟩ **0.1** ⟨inf.⟩ ***mep*** ⇒*klap, opstopper* **0.2** ⟨honkbal⟩ ***hit tot in 't verre veld*** **0.3** ***lap*** ⟨stof of leer, als reparatie⟩ **0.4** ⟨gew.⟩ ***doek*** ⇒*lap, dweil, vod* **0.5** ⟨vero. of gew.⟩ ***kledingstuk*** **0.6** ***metalen plaatje*** ⟨onder schoen, onder as v. kar, enz.⟩ **0.7** ⟨verk.⟩ ⟨clout nail⟩ **0.8** ⟨gesch.⟩ ***doelwit*** ⟨v. schutters⟩;
II ⟨n.-telb.zn.⟩ ⟨inf.⟩ **0.1** ***(politieke) invloed*** ⇒*(politieke) macht, prestige* ◆ **6.1** he has a lot of ~ **with** the senator *hij kan via de senator heel wat bereiken.*
clout[2] ⟨f1⟩ ⟨ov.ww.⟩ **0.1** ⟨inf.⟩ ***een mep geven*** ⇒*een klap/opstopper geven* **0.2** ***oplappen*** **0.3** ***met een ijzeren plaat(je) beschermen*** ⇒*pantseren* ◆ **1.1** ~ a fellow on the head *een vent een draai om de oren geven.*
'clout nail ⟨telb.zn.⟩ **0.1** ***spijker met platte kop*** ⇒*schoenspijker, bandnagel, kopspijker, kopnagel.*
clove[1] [kloʊv] ⟨f1⟩ ⟨telb.zn.⟩ **0.1** ***teen(tje)*** ⇒*bijbol* **0.2** ⟨plantk.⟩ ***kruidnagelboom*** ⟨Eugenia caryophyllata of Syzygium aromaticum⟩ **0.3** ***kruidnagel*** **0.4** ⟨verk.⟩ ⟨clove pink⟩ ◆ **1.1** a ~ of garlic *een teentje knoflook* **1.3** oil of ~s *kruidnagelolie.*
clove[2] ⟨verl. t. en vero. volt. deelw.⟩ →cleave.
'clove 'gillyflower →clove pink.
'clove hitch ⟨telb.zn.⟩ ⟨scheep.⟩ **0.1** ***mastworp.***
cloven ⟨volt. deelw.⟩ →cleave.
'clov·en-'foot·ed, 'clov·en-'hoof·ed ⟨bn.⟩ **0.1** ***met gespleten hoef*** **0.2** ***duivels*** ⇒*satanisch.*
'clove 'pink ⟨telb.zn.⟩ ⟨plantk.⟩ **0.1** ***tuinanjelier*** ⟨Dianthus caryophyllus⟩.
clo·ver ['kloʊvə‖-ər] ⟨f1⟩ ⟨telb. en n.-telb.zn.⟩ ⟨plantk.⟩ **0.1** ***klaver*** ⟨genus Trifolium⟩ ◆ **6.¶** be/live **in** ~ *leven als God in Frankrijk / een prinsheerlijk leventje leiden, rijk en/of succesvol zijn.*
'clo·ver·leaf ⟨f1⟩ ⟨telb.zn.; bet. 0.1 fig. vnl. -leafs⟩ **0.1** ***klaverblad*** ⇒⟨ook fig.⟩ *verkeersknooppunt* **0.2** ***antieke/open vierpersoons coupé*** ⟨auto⟩ **0.3** ⟨lucht.⟩ ***klaverblad*** ⟨testvluchtpatroon⟩.
clown[1] [klaʊn] ⟨f2⟩ ⟨telb.zn.⟩ **0.1** ***clown*** ⇒*grappenmaker, potsenmaker, hansworst* **0.2** ***moppentapper*** ⇒*lolbroek* **0.3** ⟨bel.⟩ ***(boeren)kinkel*** ⇒*lomperd, vlegel, vlerk.*
clown[2] ⟨f1⟩ ⟨onov.ww.⟩ **0.1** ***de clown spelen*** ⇒*grappen maken, potsen maken* ◆ **5.1** stop ~ing **about** *hou op met die lol.*
clown·er·y ['klaʊnəri] ⟨n.-telb.zn.⟩ **0.1** ***het voor clown spelen*** ⇒*grappenmakerij, potsenmakerij.*
clown·ish ['klaʊnɪʃ] ⟨bn.; -ly; -ness⟩ **0.1** ***clownachtig*** ⇒*potsierlijk, komisch* **0.2** ⟨vero.⟩ ***lomp*** ⇒*boers* ◆ **1.1** in ~ clothes *potsierlijk uitgedost.*
'clown wagon ⟨telb.zn.⟩ ⟨AE; sl.⟩ **0.1** ***remwagen v. goederentrein.***
cloy [klɔɪ] ⟨ww.⟩
I ⟨onov.ww.⟩ **0.1** ***tegenstaan*** ⇒*doen walgen;*
II ⟨ov.ww.⟩ **0.1** ***oververzadigen*** ⇒*overladen* **0.2** ***doen walgen*** ⇒*weeïg maken, tegenstaan* ◆ **1.1** ~ the appetite by eating chocolate *de eetlust bederven door chocolade te eten.*
CLU ⟨afk.⟩ Chartered Life Underwriter.
club[1] [klʌb] ⟨f3⟩ ⟨zn.⟩ ⟨→sprw. 82⟩
I ⟨telb.zn.⟩ **0.1** ***knuppel*** ⇒*knots* **0.2** ***golfstok*** **0.3** ***hockeystick*** **0.4** ⟨biol.⟩ ***knotsvormig orgaan*** **0.5** ***klaveren*** ⟨één kaart⟩ **0.6** ***clubgebouw*** ⇒*clubhuis* ◆ **7.5** he had only one ~ *hij had maar één klaveren;*
II ⟨verz.n.⟩ **0.1** ***club*** ⇒*sociëteit, vereniging* ◆ **3.1** ⟨vnl. BE; inf.⟩ 'I've lost my money.' 'Join the ~!' *'Ik heb mijn geld verloren.' 'Jij ook al!', 'Ik ook!'* **6.¶** ⟨sl.⟩ **in** the ~ *in verwachting* ⟨vnl. v. ongehuwde vrouwen⟩;
III ⟨mv.; ~s⟩ ⟨kaartspel⟩ **0.1** ***klaveren*** ◆ **1.1** ~s are trumps *klaveren (zijn) troef.*
club[2] ⟨f1⟩ ⟨ww.; →ww. 7⟩
I ⟨onov.ww.⟩ **0.1** ***zich verenigen*** ⇒*een club vormen* **0.2** ***een bijdrage leveren*** ◆ **6.¶** his friends ~bed **together** to buy a present *zijn vrienden hebben een potje gemaakt om een cadeautje te kopen;* Mary ~bed **with** Pat and Adrian to pay for a present *Mary, Pat en Adrian legden botje bij botje om een cadeautje te betalen;*
II ⟨ov.ww.⟩ **0.1** ***knuppelen*** **0.2** ***met een kolf van een geweer slaan.***
club·(b)a·ble ['klʌbəbl] ⟨bn.⟩ **0.1** ***geschikt voor lidmaatschap van een club*** **0.2** ***gezellig*** ⇒*vriendelijk, sociabel.*
clubbed ['klʌbd] ⟨bn.⟩ **0.1** ***knuppelvormig*** ⇒*knotsvormig, plomp.*
club·by ['klʌbi] ⟨bn.; -er; →compar. 7⟩ **0.1** ***(zoals) van een club(lid)*** **0.2** ***gezellig*** ⇒*vriendelijk, sociabel* **0.3** ***exclusief*** ⇒*besloten.*
'club·foot ⟨telb. en n.-telb.zn.⟩ **0.1** ***horrelvoet*** ⇒*klompvoet.*
'club'foot·ed ⟨bn.⟩ **0.1** ***met een horrelvoet/klompvoet.***
'club·haul ⟨onov.ww.⟩ ⟨scheep.⟩ **0.1** ***wenden met (verlies van) anker*** ⟨overstag gaan in noodsituatie⟩.
'club·house ⟨f1⟩ ⟨telb.zn.⟩ **0.1** ***clubhuis*** ⟨vooral v. sportverenigingen⟩.
'club·land ⟨n.-telb.zn.⟩ ⟨BE⟩ **0.1** ***St James's*** ⟨het Londense stadsgedeelte waar de meeste clubs zijn⟩.
club·man ['klʌbmən] ⟨telb.zn.; clubmen [-mən]; →mv. 3⟩ **0.1** ***(actief) clublid*** ⇒*geregeld clubbezoeker.*
'club moss ⟨telb.zn.⟩ ⟨plantk.⟩ **0.1** ***wolfsklauw*** ⟨genus Lycopodium⟩.
'club 'sandwich ⟨telb.zn.⟩ ⟨AE⟩ **0.1** ***club sandwich*** ⟨drie sneetjes brood met vleeswaren, ei en salade⟩.
'club-shaped ⟨bn.⟩ **0.1** ***knuppelvorming.***
'club 'soda ⟨n.-telb.zn.⟩ **0.1** ***sodawater*** ⇒*spuitwater.*
'club 'steak ⟨telb.zn.⟩ ⟨AE⟩ **0.1** ***klein lende-biefstukje.***
'club winder ⟨telb.zn.⟩ ⟨AE, sl.; spoorwegen⟩ **0.1** ***remmer.***
cluck[1] [klʌk] ⟨f1⟩ ⟨telb.zn.⟩ **0.1** ***klok*** ⇒*geklok* ⟨als v.e. hen⟩ **0.2** ⟨sl.⟩ ***stommeling*** ◆ **2.2** dumb ~ *stommeling.*
cluck[2] ⟨f1⟩ ⟨onov.ww.⟩ **0.1** ***klokken*** ⇒*klokkend geluid maken* ⟨als v.e. hen⟩.
clucky ['klʌki] ⟨bn., attr.⟩ **0.1** ***broedend*** ⇒*kloek-, klok-, met eieren, met kuikens* ◆ **1.1** a ~ hen *een kloek(hen).*
clue[1], ⟨sp. zelden⟩ **clew** [klu:] ⟨f3⟩ ⟨telb.zn.⟩ **0.1** ***aanwijzing*** ⇒*spoor, leidraad, hint, tip* **0.2** →clew ◆ **3.1** follow the ~s *het spoor volgen;* ⟨inf.⟩ I haven't a ~ *ik heb geen idee; ik begrijp er geen snars/lor van.*
clue[2], ⟨sp. zelden⟩ **clew** ⟨f1⟩ ⟨ov.ww.⟩ ⟨inf.⟩ **0.1** ***een tip geven*** ⇒*een hint/aanwijzing geven* ◆ **5.1** please ~ me **in** *geef me toch een hint;* be (all) ~d **up** about/on something *goed geïnformeerd zijn over iets.*
clue·less ['klu:ləs] ⟨bn.⟩ ⟨inf.⟩ **0.1** ***stom*** ⇒*dom, idioot.*
clum·ber ['klʌmbə‖-ər], **'clumber 'spaniel** ⟨telb.zn.⟩ **0.1** ***clumber spaniël.***
clump[1] [klʌmp] ⟨f1⟩ ⟨telb.zn.⟩ **0.1** ***groep*** ⟨vnl. v. bomen of planten⟩ **0.2** ***klont*** ⇒*brok* **0.3** ***spiegelzool*** ⇒*tripzool* **0.4** ⟨dierk.⟩ ***bacteriemassa*** ⟨in rust⟩ **0.5** ***(doffe) bons*** ⇒*zware tred, gestommel* **0.6** ⟨inf.⟩ ***dreun*** ⇒*opdoffer, mep* ◆ **1.2** a ~ of mud *een modderkluit.*
clump[2] ⟨f1⟩ ⟨ww.⟩
I ⟨onov.ww.⟩ **0.1** ***stommelen*** ⇒*zwaar lopen, klossen* **0.2** ⟨biol.⟩ ***klonteren*** ◆ **5.2** the cells ~ed **together** *de cellen klonterden (samen);*
II ⟨ov.ww.⟩ **0.1** ***bij elkaar planten*** ⇒*bijeen planten* **0.2** ***samendoen*** ⇒*bij elkaar gooien, samengooien* **0.3** ⟨biol.⟩ ***doen klonteren*** **0.4** ***v.e. extra zool voorzien*** **0.5** ⟨inf.⟩ ***slaan*** ⇒*een mep geven.*
clum·sy ['klʌmzi] ⟨f3⟩ ⟨bn.; -er; -ly; -ness; →bijw. 3⟩ **0.1** ***onhandig*** ⇒*(p)lomp, log, onelegant, onbeholpen, stuntelig* **0.2** ***tactloos*** ⇒*lomp.*
clung ['klʌstə‖-ər] ⟨verl. t. en volt. deelw.⟩ →cling.
clunk[1] [klʌŋk] ⟨telb.zn.⟩ ⟨AE; sl.⟩ **0.1** ***stommeling*** ⇒*idioot* **0.2** ***rammelkast*** ⟨oude auto/machine⟩ **0.3** ***klap*** ⇒*stoot, oplawaai, poeier, baffer.*
clunk[2] ⟨ww.⟩
I ⟨onov.ww.⟩ **0.1** ***ploffen*** ⇒*bonzen;*
II ⟨ov.ww.⟩ ⟨AE; sl.⟩ **0.1** ***een klap (op z'n kop) geven*** ◆ **5.¶** ~ **down** *neertellen.*
clunker ['klʌŋkə‖-ər] ⟨telb.zn.⟩ ⟨AE; sl.⟩ **0.1** ***prul*** ⇒*waardeloos iets*

0.2 ***rammelkast*** ⟨oude auto/machine⟩ **0.3** ⟨inf.⟩ ***knoeier*** ⇒*prutser, kruk, kluns.*

'clunk·head ⟨telb.zn.⟩⟨AE; sl.⟩ **0.1** ***mafkees.***

clus·ter[1] ['klʌstə||-ər]⟨f2⟩⟨telb.zn.⟩ **0.1** ***bos(je)*** ⇒*groep(je)* **0.2** ***groep*** ⇒*tros, zwerm, massa* **0.3** ⟨taalk.⟩ ***cluster*** ⇒*groepering van (mede)klinkers* **0.4** ⟨muz.⟩ ***(tone-)cluster*** ⟨samenklank v. naast elkaar liggende tonen⟩ **0.5** ⟨bouwk.⟩⟨ong.⟩ ***woonerf*** ⇒*wooncomplex* **0.6** ⟨ster.⟩ ***sterrenhoop.***

cluster[2] ⟨f2⟩⟨ww.⟩
I ⟨onov.ww.⟩ **0.1** ***zich groeperen*** ⇒*zich scharen* **0.2** ***in bosjes groeien*** ⇒*in een groep groeien/zijn/staan* ◆ **6.2** houses ~ed **(a) round** a square *huizen (rond)om een plein;*
II ⟨ov.ww.⟩ **0.1** ***bundelen*** ⇒*groeperen, in groepjes doen groeien* ◆ **1.1** ~ed column *zuilenbundel;* ~ed pillar *bundelpijler;* ~ed shaft *pijlenbundel.*

'cluster analysis ⟨telb. en n.-telb.zn.⟩⟨stat.⟩ **0.1** ***clusteranalyse.***

'cluster bomb ⟨telb.zn.⟩ **0.1** ***clusterbom*** ⇒*splinterbom.*

clutch[1] [klʌtʃ]⟨f2⟩⟨telb.zn.⟩ **0.1** ⟨lett. vnl. enk., fig. vnl. mv.⟩ ***greep*** ⇒*klauw;* ⟨fig. ook⟩ *macht, controle, bezit* **0.2** ***legsel*** ⇒*nest (eieren /kuikens)* **0.3** ***groep*** ⇒*stel, serie, reeks* **0.4** ⟨tech.⟩ ***koppeling*** **0.5** ⟨tech.⟩ ***koppelingspedaal*** **0.6** ⟨AE; sl.⟩ ***omhelzing*** **0.7** ⟨AE; sl.⟩ ***noodtoestand*** ⇒*knoei;* ⟨sport⟩ *beslissend(e) wedstrijd/goal/moment* ◆ **1.3** the next ~ of work *de volgende reeks werkzaamheden* **3.5** let the ~ in, engage the ~ *koppelen, de koppeling laten opkomen;* let the ~ out, disengage the ~ *ontkoppelen, debrayeren, de koppeling intrappen* **6.1** make a ~ **at** *grijpen naar;* be **in/get into/get out of** the ~es of a blackmailer *in/uit de greep, klauwen van een chanteur zijn/(ge)raken* **6.7** **in** the ~ *in een moeilijke situatie, in gevaar.*

clutch[2] ⟨f3⟩⟨ww.⟩⟨→sprw. 126⟩
I ⟨onov.ww.⟩ **0.1** ***grijpen;***
II ⟨ov.ww.⟩ **0.1** ***beetgrijpen*** ⇒*vastgrijpen, vatten* **0.2** ***stevig/krampachtig vasthouden*** ◆ **1.1** ~ victory *de overwinning pakken.*

clut·ter[1] ['klʌtə||'klʌṭər]⟨f1⟩⟨telb. en n.-telb.zn.⟩ **0.1** ***rommel*** ⇒*warboel* **0.2** ⟨vero. of gew.⟩ ***trammelant*** ⇒*herrie, lawaai* ◆ **6.1** the kitchen was **in** a ~ *de keuken was in wanorde/het was een rommel in de keuken.*

clutter[2] ⟨f2⟩⟨ww.⟩
I ⟨onov.ww.⟩ **0.1** ***door elkaar lopen*** ⇒*stommelen* **0.2** ***kletteren*** ⇒*lawaai maken, klepperen;*
II ⟨ov.ww.⟩ **0.1** ***rommelig maken*** ⇒*onoverzichtelijk/te vol maken, in wanorde brengen* **0.2** ***(op)vullen*** ⇒*volproppen, volstoppen* ◆ **5.2** a dresser ~ed **up** with dishes *een aanrecht bedolven onder de borden* **6.2** ~ed **with** chairs *volgestouwd met stoelen.*

Clydes·dale ['klaɪdzdeɪl]⟨telb.zn.⟩ **0.1** ***Clydesdale*** ⇒*(Schots) trekpaard, werkpaard* **0.2** ***Clydesdale terriër.***

clyp·e·us ['klɪpɪəs]⟨telb.zn.; clypei [-iaɪ]; →mv. 5⟩⟨dierk.⟩ **0.1** ***clypeus*** ⟨schildvormig deel van insektenkop⟩.

clys·ter ['klɪstə||-ər]⟨telb.zn.⟩⟨vero.⟩⟨med.⟩ **0.1** ***klisteer*** ⇒*klysma, lavement, darmspoeling.*

cm, CM ⟨afk.⟩ court-martial.

CM ⟨eig.n.⟩⟨afk.⟩ Common Market **0.1** ***E.G.***.

Cmd ⟨afk.⟩ Command Paper ⟨vierde serie, 1918-1956⟩⟨BE⟩.

Cmdr ⟨afk.⟩ Commander.

Cmdre ⟨afk.⟩ Commodore.

CMG ⟨afk.⟩ Companion (of the order) of St. Michael and St. George ⟨BE⟩.

cml ⟨afk.⟩ commercial.

Cmnd ⟨afk.⟩⟨BE⟩ Command Paper ⟨vijfde serie, 1956-⟩.

CMS ⟨afk.⟩⟨BE⟩ Church Missionary Society.

CN, c/n, cn ⟨afk.⟩ credit note.

CNAA ⟨afk.⟩⟨BE⟩ Council for National Academic Awards.

CNC ⟨afk.⟩ Computerized Numerical Control.

CND ⟨afk.⟩⟨BE⟩ Campaign for Nuclear Disarmament.

'C-note ⟨telb.zn.⟩⟨AE; sl.⟩ **0.1** ***lappie van 100*** ⟨100-dollar biljet⟩ ⇒⟨oneig.⟩ *meier.*

cnr ⟨afk.⟩ corner.

CNS ⟨afk.⟩ central nervous system.

c/o ⟨afk.⟩ care of **0.1** ***p/a.***

co ⟨afk.⟩ care of, carried over, cash order.

co- [koʊ] **0.1** ***co-*** ⇒*samen-, mee-, mede-, bij-, gemengd* ⟨prefix bij ww., bijv. nw., bijw., nw.⟩ **0.2** ⟨wisk.⟩ ***co-*** ⇒*van het complement, het complement van* ◆ **¶.1** co-operate *samenwerken* **¶.2** cosine *cosinus.*

Co ⟨afk.⟩ company, county.

CO ⟨afk.⟩ Colorado, commanding officer, conscientious objector.

co·ac·er·vate [koʊ'æsəveɪt||-'æsər-]⟨telb.zn.⟩ **0.1** ***opeenhoping*** ⇒*massa, hoop* **0.2** ⟨schei.⟩ ***gel*** ⇒*hydrogel, alcogel, gelei, gelatine.*

co·ac·er·va·tion ['koʊæsə'veɪʃn||-æsər-]⟨telb. en n.-telb.zn.⟩ ⟨schei.⟩ **0.1** ***gelering.***

coach[1] [koʊtʃ]⟨f3⟩⟨zn.⟩
I ⟨telb.zn.⟩ **0.1** ***koets*** ⇒*staatsiekoets* **0.2** ***diligence*** **0.3** ***coach*** ⟨tweepersoons, tweedeurs personenauto⟩ **0.4** ***spoorrijtuig*** ⇒*spoorwagon* ⟨voor passagiers of post⟩ **0.5** ⟨AE⟩ ***personenrijtuig*** ⇒*passagierswagon* ⟨vooral voor overdag⟩ **0.6** ***bus*** ⇒*autobus, touringcar, coach* **0.7** ***repetitor*** ⇒*privé-leraar, privé-lesgever* **0.8** ***trainer*** ⇒*coach* **0.9** ⟨mil., scheep.⟩ ***kapiteinshut*** **0.10** ⟨Austr. E⟩ ***lokkoe*** ⟨om wild vee aan te trekken⟩ ◆ **3.¶** drive (a) ~ and horses through a regulation/legislation *een verordening/wet negeren/ongeldig maken/te niet doen* **6.6** go/travel **by** ~ *met de bus reizen;*
II ⟨n.-telb.zn.⟩ **0.1** ⟨AE⟩ ***tweede klas(se)*** ⟨in vliegtuig of trein⟩ ◆ **3.1** travel ~ *tweede klas(se) reizen.*

coach[2] ⟨f2⟩⟨ww.⟩
I ⟨onov.ww.⟩ **0.1** ***met de koets reizen*** ⇒*met de diligence reizen/rijden* **0.2** ***trainer zijn*** ⇒*coach zijn* **0.3** ***repetitor zijn*** ⇒*repeteren;*
II ⟨ov.ww.⟩ **0.1** ***in een koets vervoeren*** ⇒*in een diligence vervoeren* **0.2** ***privé-les geven*** ⇒*repetitie geven, repeteren* **0.3** ***trainen*** ⇒*coachen* **0.4** ***tips geven*** ⇒*informeren, informatie geven* ◆ **6.2** ~ students **for** an examination *studenten op het examen voorbereiden.*

'coach-and-'four, 'coach-and-'six ⟨telb.zn.⟩ **0.1** ***vierspan/zesspan*** ◆ **¶.1** drive (a) ~ through a legislation/regulation *een verordening/wet negeren/ongeldig maken/te niet doen.*

'coach-box ⟨telb.zn.⟩ **0.1** ***bok.***

'coach-build·er ⟨telb.zn.⟩ **0.1** ***koetsenmaker*** **0.2** ***koetswerkbouwer*** ⇒*carrosseriebouwer* ⟨v. spoorrijtuigen, auto's enz.⟩.

'coach class ⟨n.-telb.zn.⟩⟨AE⟩ **0.1** ***tweede klas(se)*** ⟨in trein of vliegtuig⟩.

'coach dog ⟨telb.zn.⟩ **0.1** ***dalmatiër*** ⇒*dalmatiner.*

'coach house ⟨telb.zn.⟩ **0.1** ***koetshuis.***

'coach·ing-days ⟨mv.⟩ **0.1** ***tijd van de diligence/trekschuit*** ⇒*pruikentijd.*

coach·man ['koʊtʃmən]⟨f2⟩⟨telb.zn.; coachmen [-mən]; →mv. 3⟩ **0.1** ***koetsier*** **0.2** ⟨hengelsport⟩ ***(soort) kunstvlieg.***

'coach trip ⟨telb.zn.⟩ **0.1** ***bustocht.***

'coach·work ⟨n.-telb.zn.⟩ **0.1** ***koetswerk*** ⇒*carrosserie.*

coad ⟨afk.⟩ coadjutor.

co·ad·ju·tor [koʊ'ædʒʊtə||koʊə'dʒu:ṭər]⟨telb.zn.⟩ **0.1** ***assistent*** ⇒*hulp, helper* **0.2** ⟨relig.⟩ ***coadjutor*** ⟨v. e. bisschop⟩.

co·ad·ju·tress [koʊ'ædʒʊtrɪs||koʊə'dʒu:trɪs], **co·ad·ju·trix** [-trɪks] ⟨telb.zn.; coadjutrices [-trɪsi:z]; →mv. 5⟩ **0.1** ***assistente*** ⇒*helpster, hulp.*

co·a·gency ['koʊ'eɪdʒənsi]⟨telb. en n.-telb.zn.; →mv. 2⟩ **0.1** ***medewerking*** ⇒*het samenwerken.*

co·a·gent ['koʊ'eɪdʒnt]⟨telb.zn.⟩ **0.1** ***medewerker*** ⇒*medewerkende kracht.*

co·ag·u·la·ble [koʊ'ægjʊləbl||-'ægjə-]⟨bn.⟩ **0.1** ***strembaar*** ⇒*stolbaar.*

co·ag·u·lant [koʊ'ægjʊlənt||-'ægjə-]⟨telb.zn.⟩ **0.1** ***stremmingsmiddel*** ⇒*stollings/coaguleringsmiddel.*

co·ag·u·late [koʊ'ægjʊleɪt||-'ægjə-]⟨f1⟩⟨ww.⟩
I ⟨onov.ww.⟩ **0.1** ***stremmen*** ⇒*stollen, coaguleren;*
II ⟨ov.ww.⟩ **0.1** ***doen stremmen*** ⇒*doen stollen/coaguleren.*

co·ag·u·la·tion [koʊ'ægjʊ'leɪʃn||-'ægjə-]⟨telb. en n.-telb.zn.⟩ **0.1** ***stolling*** ⇒*het stremmen/stollen/coaguleren, coagulatie, stremming.*

co·ag·u·lum [koʊ'ægjʊləm||-gjə-]⟨telb.zn.; coagula [-lə]; →mv. 5⟩ **0.1** ***stolsel.***

coal[1] [koʊl]⟨f3⟩⟨zn.⟩
I ⟨telb.zn.⟩ **0.1** ***(steen)kool*** ⇒*gloeiend stuk kool/hout, kooltje* ◆ **1.¶** heap ~s of fire on s.o.'s head *vurige kolen stapelen op iemands hoofd* ⟨iem. beschaamd maken door kwaad met goed te vergelden⟩; carry/take ~s to Newcastle *water naar de zee dragen, uilen naar Athene dragen* **3.¶** call/drag/haul/rake/take s.o. over the ~s *iem. de les lezen;*
II ⟨n.-telb.zn.⟩ **0.1** ***steenkool*** **0.2** ***houtskool*** ◆ **3.1** screened ~ *gezifte kool* **3.¶** ⟨AE; sl.⟩ deal in ~ *omgaan met negers;* pour on the ~ *gas geven, plankgas rijden.*

coal[2] ⟨ww.⟩
I ⟨onov.ww.⟩ **0.1** ***steenkool innemen*** ⇒*bunkeren;*
II ⟨ov.ww.⟩ **0.1** ***verkolen*** **0.2** ***van steenkool voorzien.***

'Coal and 'Steel Community ⟨eig.n.⟩ **0.1** ***Kolen- en Staalgemeenschap.***

'coal-bed ⟨telb.zn.⟩ **0.1** ***steenkoollaag*** ⇒*steenkolenbedding.*

'coal-'black ⟨bn.⟩ **0.1** ***pikzwart*** ⇒*gitzwart, koolzwart.*

'coal board ⟨verz.n.; ook C- B-⟩ **0.1** ***steenkolenraad.***

'coal-box ⟨telb.zn.⟩ **0.1** ***kolenbak*** ⇒*kolenemmer, kolenkit.*

'coal-bun·ker ⟨telb.zn.⟩ **0.1** ⟨scheep.⟩ ***kolenbunker*** ⇒*kolenruim* **0.2** ***kolenopslagplaats*** ⇒*kolenhok.*

'coal-dust ⟨n.-telb.zn.⟩ **0.1** ***kolenstof*** ⇒*kolengruis, steenkoolpoeder.*

coal·er ['koʊlə||-ər]⟨telb.zn.⟩ **0.1** ***kolenschip*** **0.2** ***kolentrein*** **0.3** ***kolenhandelaar*** ⇒*kolenboer.*
co·a·lesce ['koʊə'les]⟨f1⟩⟨onov.ww.⟩ **0.1** ***zich verenigen*** ⇒*samengroeien, samenvallen, samensmelten, zich samenvoegen.*
co·a·les·cence ['koʊə'lesns]⟨n.-telb.zn.⟩ **0.1** ***samengroeiing*** ⇒*samensmelting, samenvoeging.*
co·a·les·cent ['koʊə'lesnt]⟨bn.⟩ **0.1** ***samengroeiend*** ⇒*samenvallend, samensmeltend, samenvoegend.*
'coal-face ⟨telb.zn.⟩ **0.1** ***kolenfront*** ◆ **3.1** the hardest job is working the ~ *het zwaarste werk is het uithakken van de steenkool.*
'coal field ⟨telb.zn.⟩ **0.1** ***kolengebied*** ⇒*mijnstreek.*
'coal-fish ⟨telb. en n.-telb.zn.⟩ **0.1** ***koolvis*** ⇒⟨vnl.⟩ *pollak* ⟨Pollachius virens⟩.
'coal-flap ⟨telb.zn.⟩ **0.1** ***buitenluik v. kolenkelder.***
'coal gas ⟨n.-telb.zn.⟩ **0.1** ***steenkolengas*** ⇒*lichtgas, stadsgas.*
'coal-heav·er ⟨telb.zn.⟩ **0.1** ***kolensjouwer.***
'coal-hod ⟨telb.zn.⟩⟨AE, gew.⟩ **0.1** ***kolenemmer*** ⇒*kolenkit.*
'coal-hole ⟨telb.zn.⟩ **0.1** ⟨BE⟩ ***kolenkelder*** ⇒*kolenhok* **0.2** ***luik v. kolenkelder.***
'coal-house ⟨telb.zn.⟩ **0.1** ***kolenopslagplaats*** ⇒*kolenschuur, kolenhok.*
coal·i·fi·ca·tion ['koʊlɪfɪ'keɪʃn]⟨n.-telb.zn.⟩ **0.1** ***steenkoolvorming.***
'coal·ing-sta·tion ⟨telb.zn.⟩ **0.1** ***kolenstation*** ⇒*bunkerhaven.*
co·a·li·tion ['koʊə'lɪʃn]⟨f2⟩⟨zn.⟩
I ⟨telb.zn.⟩⟨vnl. pol.⟩ **0.1** ***coalitie*** ⇒*alliantie, unie, verbond;*
II ⟨n.-telb.zn.⟩ **0.1** ***eenwording*** ⇒*samengroeiing, samensmelting, het verenigd worden.*
coalition 'government ⟨telb.zn.⟩ **0.1** ***coalitieregering.***
co·a·li·tion·ist ['koʊə'lɪʃənɪst]⟨telb.zn.⟩ **0.1** ***deelnemer aan coalitie*** **0.2** ***voorstander v. coalitie.***
'coal-mas·ter ⟨telb.zn.⟩⟨gesch.⟩ **0.1** ***mijneigenaar*** **0.2** ***mijnpachter.***
'coal measures ⟨mv.; vaak C- M-⟩⟨geol.⟩ **0.1** ***steenkoollagen.***
'coal-mer·chant ⟨telb.zn.⟩ **0.1** ***kolenhandelaar*** ⇒*kolenboer.*
'coal-mine ⟨f1⟩⟨telb.zn.⟩ **0.1** ***kolenmijn.***
'coal miner ⟨f1⟩⟨telb.zn.⟩ **0.1** ***mijnwerker.***
'coal-min·ing ⟨n.-telb.zn.⟩ **0.1** ***mijnbouw*** ⇒*kolenwinning.*
'coal-oil ⟨n.-telb.zn.⟩⟨AE⟩ **0.1** ***petroleum*** ⇒*kerosine.*
'coal-own·er ⟨telb.zn.⟩⟨gesch.⟩ **0.1** ***mijneigenaar.***
'coal-pit ⟨f1⟩⟨telb.zn.⟩ **0.1** ***kolenmijn.***
'coal-pot ⟨telb.zn.⟩ **0.1** ***kolenfornuis.***
'coal-sack ⟨telb.zn.⟩ **0.1** ***kolenzak*** **0.2** ⟨ster.⟩ ***kolenzak*** ⇒*zwarte plek in de Melkweg* ⟨bij het Noorder- en Zuiderkruis⟩.
'coal-scut·tle ⟨telb.zn.⟩ **0.1** ***kolenemmer*** ⇒*kolenkit, kolenbak.*
'coal-seam ⟨telb.zn.⟩ **0.1** ***steenkoollaag*** ⇒*steenkolenbedding.*
'coal-shov·el ⟨telb.zn.⟩ **0.1** ***kolenschop.***
'coal 'tar ⟨n.-telb.zn.⟩ **0.1** ***koolteer.***
'coaltit, 'cole-tit ⟨telb.zn.⟩⟨dierk.⟩ **0.1** ***zwarte mees*** ⟨Parus ater⟩.
coal·y[1] ['koʊli]⟨telb.zn.; →mv. 2⟩ **0.1** ***kolensjouwer.***
coaly[2] ⟨bn.; -er; →compar. 7⟩ **0.1** ***koolachtig.***
coam·ing ['koʊmɪŋ]⟨telb.zn.⟩⟨scheep.⟩ **0.1** ***luikhoofd.***
coarse [kɔ:s||kɔrs]⟨f3⟩⟨bn.; -er; -ly; -ness; →compar. 7⟩ **0.1** ***inferieur*** ⇒*minderwaardig, slecht van kwaliteit* **0.2** ***grof*** ⇒*ruw* **0.3** ***grof*** ⇒*ruw, lomp, platvloers, laag-bij-de-gronds, ordinair, plat* ◆ **1.2** a ~ habit *een grofgeweven habijt* **1.3** ~ jokes *schuine moppen, grove grappen.*
'coarse fish ⟨telb. en n.-telb.zn.⟩⟨BE⟩ **0.1** ***gewone zoetwatervis*** ⟨beh. zalm en forel⟩.
'coarse fishing ⟨n.-telb.zn.⟩⟨hengelsport⟩ **0.1** ***(het) zoetwatervissen*** ⟨vanaf de oever⟩.
'coarse-'grained, ⟨in bet. 0.1 en 0.2 ook⟩ **'coarse-'fi·bred** ⟨bn.⟩ **0.1** ***grofkorrelig*** **0.2** ***grofvezelig*** **0.3** ***grof*** ⇒*plat, onbeschaafd, grofbesnaard.*
coars·en ['kɔ:sn||'kɔrsn]⟨ww.⟩
I ⟨onov.ww.⟩ **0.1** ***ruw worden;***
II ⟨ov.ww.⟩ **0.1** ***ruw maken.***
coast[1] [koʊst]⟨f3⟩⟨zn.⟩
I ⟨eig.n.; C-; the⟩⟨AE⟩ **0.1** ***de Westkust*** ⟨aan Stille Oceaan⟩;
II ⟨telb.zn.⟩ **0.1** ***kust*** **0.2** ⟨AE⟩ ***glijheuvel*** ⇒*bobsleebaan, glijbaan* **0.3** ⟨AE⟩ ***rit naar beneden*** ⟨in bobslee, enz.⟩ **0.4** ⟨AE; sl.⟩ ***extase*** ⟨door druggebruik of jazzmuziek⟩.
coast[2] ⟨f2⟩⟨ww.⟩
I ⟨onov.ww.⟩ **0.1** ***langs de kust varen*** **0.2** ***freewheelen*** ⇒*met de motor in de vrijloop rijden* **0.3** ⟨AE⟩ ***met een slee naar beneden glijden*** ⇒*bobsleeën* **0.4** ⟨vnl. fig.⟩ ***zonder inspanning vooruitkomen*** ⇒*zich (doelloos) laten voortdrijven, dobberen* **0.5** ⟨AE; sl.⟩ ***high zijn*** ◆ **5.2** the children ~ed **along** on their bikes with the wind behind *met de wind in de rug fietsten de kinderen zonder te trappen* **5.4** the lazy student just ~ed **along** in his studies *de luie student versloftte zijn studies* **6.4** ~ **to** victory *op zijn sloffen winnen;*
II ⟨ov.ww.⟩ **0.1** ***varen langs (de kust v.).***
coast·al ['koʊstl]⟨f2⟩⟨bn., attr.⟩ **0.1** ***kust-.***
coast·er ['koʊstə||-ər]⟨f1⟩⟨telb.zn.⟩ **0.1** ***kustbewoner*** **0.2** ***kustvaarder*** ⇒*coaster, kuster* **0.3** ***schenkblad*** ⟨vaak op wieltjes⟩ ⇒*dientafeltje;* ⟨BE⟩ *kaasplank* **0.4** ***onderzetter*** ⇒*bierviltje* **0.5** ⟨AE⟩ ***bobslee*** **0.6** ⟨AE⟩ ***toboggan*** ⇒*roetsjbaan.*
'coaster brake ⟨telb.zn.⟩ **0.1** ***terugtraprem*** ⇒*torpedonaaf.*
'coast guard ⟨zn.⟩
I ⟨telb.zn.⟩ **0.1** ***lid v.d. kustwacht*** ⇒*kustwachter;*
II ⟨verz.n.⟩ **0.1** ***kustwacht.***
coast·guard(s)·man ['koʊstgɑ:d(z)mən||-gɑrd-]⟨telb.zn.; coastguard(s)men [-mən]; →mv. 3⟩⟨AE⟩ **0.1** ***kustwachter.***
'coast·ing-trade ⟨n.-telb.zn.⟩ **0.1** ***kusthandel.***
'coasting vessel ⟨telb.zn.⟩ **0.1** ***kustvaarder.***
'coast·line ⟨f1⟩⟨telb.zn.⟩ **0.1** ***kustlijn.***
coast·wise[1] ['koʊstwaɪz]⟨bn., attr.⟩ **0.1** ***langs de kust*** ⇒*kust-.*
coastwise[2] ⟨bw.⟩ **0.1** ***langs de kust.***
coat[1] [koʊt]⟨f3⟩⟨telb.zn.⟩⟨→sprw. 96⟩ **0.1** ***jas*** ⇒*mantel, jasje, overjas* **0.2** ***vacht*** ⇒*beharing, verenkleed* **0.3** ***schil*** ⇒*dop, rok* **0.4** ***laag*** ⇒*deklaag* **0.5** ***(heraldisch) wapen*** ⇒*blazoen* **0.6** ⟨vero.⟩ ***overkleed*** ⟨ter aanduiding van maatschappelijke positie⟩ ⇒*bovenkleed, rok* **0.7** ⟨med.⟩ ***vlies*** ◆ **1.1** ~ and skirt *mantelpak* **1.¶** ~ of arms *wapenschild, familiewapen;* ~ of mail *maliënkolder* **3.1** fitted ~ *jas naar maat* **3.¶** cut one's ~ according to one's cloth *de tering naar de nering zetten;* turn one's ~ *van partij/beginselen veranderen, overlopen;* trail one's ~ *ruziezoeken, provoceren.*
coat[2] ⟨f2⟩⟨ov.ww.⟩ →coating **0.1** ***een laag geven*** ⇒*met een laag bedekken* ◆ **1.1** ~ed pills *dragees;* ~ed tongue *beslagen tong* **6.1** the chairs were ~ed **with/in** dust *op de stoelen lag een laag stof;* pills are sometimes ~ed **with** sugar *om pillen zit soms een laagje suiker.*
'coat 'armour ⟨n.-telb.zn.⟩ **0.1** ***(heraldisch) wapen*** ⇒*blazoen.*
'coat dress ⟨telb.zn.⟩ **0.1** ***doorknoopjurk.***
coat·ee ['koʊ'ti:]⟨telb.zn.⟩ **0.1** ***kort jasje/manteltje*** ⟨voor vrouw of kind⟩.
'coat-hang·er ⟨f1⟩⟨telb.zn.⟩ **0.1** ***kleerhanger*** ⇒*knaapje.*
co·a·ti [koʊ'ɑ:ṭi], **co·a·ti·mun·di** [koʊ'ɑ:ṭi'mʌndi]⟨telb.zn.⟩ ⟨dierk.⟩ **0.1** ***coati*** ⟨soort neusbeer, genus Nasua⟩.
coat·ing ['koʊṭɪŋ]⟨f2⟩⟨zn.; oorspr. gerund v. coat⟩
I ⟨telb.zn.⟩ **0.1** ***laag*** ⇒*deklaag;*
II ⟨n.-telb.zn.⟩ **0.1** ***jasstof.***
'coat-tail ⟨zn.⟩
I ⟨telb.zn.⟩ **0.1** ***jaspand*** ⇒*slip;*
II ⟨mv.; ~s⟩ **0.1** ***slippen*** ⟨v. rok of jacquet⟩ ◆ **3.¶** trail one's ~s *ruziezoeken* **6.¶** ⟨vnl. AE⟩ he got his job as ambassador **on** the president's ~ *hij kreeg zijn ambassadeurspost op de slippen v.d. presidentsjas.*
co-au·thor[1] ['koʊ'ɔ:θə||-ər]⟨f1⟩⟨telb.zn.⟩ **0.1** ***medeauteur.***
co-author[2] ⟨ov.ww.⟩ **0.1** ***mede-auteur zijn v.*** ⇒*mede-schepper zijn v..*
coax [koʊks]⟨f2⟩⟨onov. en ov.ww.⟩ **0.1** ***vleien*** ⇒*overreden, overhalen, zover krijgen, verleiden, flikflooien* ◆ **1.1** ~ a fire to burn *een vuur voorzichtig aanwakkeren* **6.1** the police ~ed the public **away from** the place of the accident *de politie verwijderde het publiek met zachte hand van de plaats van het ongeluk;* the proud father ~ed a smile **from** the baby *de trotse vader wist de baby een glimlach te ontlokken;* I ~ed my friend **into** taking me to the cinema *ik kreeg mijn vriend zover dat hij me meenam naar de bioscoop;* ~ a key **into** the lock *een sleutel heel voorzichtig in het slot steken;* he ~ed my last cigarette **out of** me *hij wist me mijn laatste sigaret af te bietsen.*
coax·er ['koʊksə||-ər]⟨telb.zn.⟩ **0.1** ***vlei(st)er*** ⇒*flikflooi(st)er.*
co·ax·i·al ['koʊ'æksɪəl]⟨bn.; -ly⟩⟨wisk.⟩ **0.1** ***coaxiaal*** ⇒*met gemeenschappelijke as* ◆ **1.1** ⟨tech.⟩ ~ cable/line *coaxiale kabel/lijn, coaxkabel.*
coax·ing·ly ['koʊksɪŋli]⟨bw.⟩ **0.1** ***overredenderwijze*** ⇒*vleiend, flikflooiend.*
cob [kɒb||kɑb]⟨f1⟩⟨zn.⟩
I ⟨telb.zn.⟩ **0.1** ***mannetjeszwaan*** **0.2** ***dubbele lint*** ⇒*Cob* **0.3** ***grote hazelnoot*** **0.4** ***rond stuk*** ⟨steenkool enz.⟩ **0.5** ***rond brood*** **0.6** ***maïskolf*** ⟨zonder maïskorrels⟩ **0.7** ⟨vero. of gew.; dierk.⟩ ***meeuw*** ⇒⟨i.h.b.⟩ *mantelmeeuw* ⟨Larus Morinus⟩; ⟨pej.; fig.⟩ *heikneuter, boer* ◆ **6.¶** that band plays definitely **off** the ~ *die band swingt voor geen cent;*
II ⟨n.-telb.zn.⟩⟨BE⟩ **0.1** ***mengsel v. leem, grint en stro*** ⟨voor het bouwen v. muren⟩.
co·balt ['koʊbɔ:lt]⟨f2⟩⟨n.-telb.zn.⟩ **0.1** ⟨schei.⟩ ***kobalt*** ⟨element 27⟩ **0.2** ⟨ook attr.⟩ ***kobaltblauw*** ⇒*ultramarijn.*
'cobalt bomb ⟨telb.zn.⟩ **0.1** ***kobaltbom.***
co·bal·tic [koʊ'bɔ:ltɪk]⟨bn.⟩ **0.1** ***kobaltachtig*** ⇒*kobalt, kobalten.*
cob·ber ['kɒbə||'kɑbər]⟨telb.zn.⟩⟨Austr. E⟩⟨inf.⟩ **0.1** ***makker*** ⇒*kameraad, vriend, maat(je), gabber.*

cob·ble[1] ['kɒbl‖'kɑbl]⟨zn.⟩
I ⟨telb.zn.⟩ **0.1** ***kei*** ⇒*straatkei, keisteen, kinderkopje, kassei* **0.2** →coble;
II ⟨mv.; ~s⟩⟨BE⟩ **0.1** ***haardkolen***.
cobble[2] ⟨ov.ww.⟩ **0.1** ***bestraten (met keien)*** ⇒*plaveien* **0.2** ***lappen*** ⟨schoenen⟩ **0.3** ***oplappen*** ⇒*samenflansen* ◆ **5.3** ~ **up** old cars *oude auto's oplappen*.
cob·bler ['kɒblə‖'kɑblər]⟨zn.⟩⟨→sprw. 390⟩
I ⟨telb.zn.⟩ **0.1** ***schoenmaker*** ⇒*schoenlapper* **0.2** ***knoeier*** ⇒*beunhaas* **0.3** ***cobbler*** ⇒*cocktail* ⟨v. drank, suiker en vruchten⟩ **0.4** ***vruchtengebak;***
II ⟨mv.; ~s⟩⟨sl.⟩ **0.1** ***leuterkoek*** ⇒*kletskoek, gewauwel, lulkoek, onzin, larie* ◆ **2.1** a load of old ~ *kletspraat*.
cobbler's awl ['kɒbləz'ɔ:l‖'kɑblərz-]⟨telb.zn.⟩ **0.1** ***schoenmakersels*** **0.2** ⟨dierk.⟩ ***kluut*** ⟨Recurvirostra avosetta⟩.
'cobbler's wax ⟨n.-telb.zn.⟩ **0.1** ***schoenmakerspek***.
'cobble-stone ⟨f1⟩⟨telb.zn.⟩ **0.1** ***kei*** ⇒*straatkei, keisteen, kinderkopje, kassei*.
cob·by ['kɒbi‖'kɑbi]⟨bn.⟩ **0.1** ***zwaargebouwd*** ⇒*gedrongen, stevig*.
'cob coal ⟨zn.⟩
I ⟨telb.zn.⟩ **0.1** ***rond stuk steenkool;***
II ⟨n.-telb.zn.⟩ **0.1** ***haardkolen***.
Cob·den·ism ['kɒbdənɪzm‖'kɑb-]⟨n.-telb.zn.⟩⟨gesch.⟩ **0.1** ***Cobdenisme*** ⇒*vrijhandel* ⟨gericht op vrede en internationale samenwerking⟩.
co-bel·lig·er·ent ['koʊbḷ'lɪdʒərənt]⟨telb.zn.⟩ **0.1** ***mede oorlogvoerende partij*** ⇒*bondgenoot*.
co·ble ['koʊbl]⟨telb.zn.⟩⟨scheep.⟩ **0.1** ***platboomd vissersscheepje met emmerzeil*** ⟨in N.O.-Engeland⟩ **0.2** ***platboomde roeiboot*** ⇒*plat* ⟨in Schotland⟩.
cob-loaf ['kɒbloʊf‖'kɑb-]⟨telb.zn.; cob-loaves; →mv. 3⟩ **0.1** ***rond brood***.
cob-nut ['kɒbnʌt‖'kɑb-]⟨telb.zn.⟩ **0.1** ***grote hazelaar*** **0.2** ***grote hazelnoot***.
COBOL, Cobol ['koʊbɒl‖-bɑl]⟨eig.n.; afk.⟩ COmmon Business Oriented Language **0.1** ***COBOL*** ⟨computertaal⟩.
cob-pipe ['kɒbpaɪp‖'kɑb-]⟨telb.zn.⟩ **0.1** ***maïskolf***.
co·bra ['kɒbrə, 'koʊ-‖'koʊ-]⟨f1⟩⟨telb.zn.⟩ **0.1** ***cobra*** ⇒*brilslang*.
'cob roller ⟨telb.zn.⟩⟨AE; inf.⟩ **0.1** ***stuk jong kleinvee*** ⇒⟨i.h.b.⟩ *biggetje*.
cob·web ['kɒbweb‖'kɑb-]⟨f1⟩⟨zn.⟩
I ⟨telb.zn.⟩ **0.1** ***spinneweb*** ⇒*web* ⟨ook fig.⟩ **0.2** ***spinnedraad*** ⇒*spinrag* **0.3** ***ragfijn weefsel*** ⇒*weefsel* ⟨ook fig.⟩;
II ⟨mv.; ~s⟩ **0.1** ***mufheid*** ⇒*beschimmelde boel, wanorde, verwarring* ◆ **1.1** the ~s of the law *beschimmelde wetsteksten;* have ~s in the brain *dof/verward van geest zijn* **3.1** blow the ~s away *dufheid verdrijven*.
cob·webbed ['kɒbwebd‖'kɑb-]⟨bn.⟩ **0.1** ***vol spinnewebben*** ⇒*vol spinrag*.
cob·web·by ['kɒbwebi‖'kɑb-]⟨bn.; -er; →compar. 7⟩ **0.1** ***vol spinnewebben*** ⇒*vol spinrag* **0.2** ***spinnewebachtig*** **0.3** ***muf*** ⇒*duf, wanordelijk, verward*.
co·ca ['koʊkə]⟨zn.⟩
I ⟨telb.zn.⟩⟨plantk.⟩ **0.1** ***cocaboom*** ⇒*coca* ⟨Erythroxylon coca⟩;
II ⟨n.-telb.zn.⟩ **0.1** ***cocabladeren*** ⇒*coca*.
Co·ca-Co·la ['koʊkə'koʊlə]⟨f1⟩⟨telb. en n.-telb.zn.; ook c.⟩ **0.1** ***coca-cola***.
co·cain(e) [koʊ'keɪn‖'koʊkeɪn, -'keɪn]⟨f1⟩⟨n.-telb.zn.⟩ **0.1** ***cocaïne***.
co'cain(e) branch ⟨telb.zn.⟩ **0.1** ***drugbrigade***.
co·cain·ism [koʊ'keɪnɪzm]⟨n.-telb.zn.⟩ **0.1** ***cocaïnisme*** ⇒*cocaïneverslaving, cocaïnevergiftiging*.
co·cain·ize, -ise [koʊ'keɪnaɪz]⟨ov.ww.⟩ **0.1** ***cocaïniseren*** ⇒*met cocaïne verdoven*.
coc·cid·i·o·sis [kɒk'sɪdi'oʊsɪs‖kɑk-]⟨n.-telb.zn.; coccidioses [-si:z]; →mv. 5⟩ **0.1** ***coccidiose*** ⟨infectie bij dieren⟩.
coc·cus ['kɒkəs‖'kɑ-]⟨telb.zn.; cocci ['kɒkaɪ‖'kɑ-]; →mv. 5⟩ **0.1** ***coccus*** ⟨soort bacterie⟩.
coc·cy·geal [kɒk'sɪdʒɪəl‖kɑk-]⟨bn.⟩ **0.1** ***v.h. stuitbeen/staartbeen*** ⇒*stuitbeen-, staartbeen-*.
coc·cyx ['kɒksɪks‖'kɑk-]⟨telb.zn.; ook coccyges [kɒk'saɪdʒi:z‖'kɑksḷ-]; →mv. 5⟩ **0.1** ***stuitbeen*** ⇒*staartbeen*.
co-chair ['koʊ'tʃeə‖-'tʃer]⟨ov.ww.⟩ **0.1** ***mede-voorzitter zijn van*** ⇒*samen/met zijn tweeën voorzitten*.
Co·chin ['koʊtʃɪn, 'kɒtʃɪn‖'koʊ-, 'kɑ-], **'Co·chin 'Chi·na** ⟨zn.⟩
I ⟨eig.n.⟩ **0.1** ***Cochin-China*** ⟨streek in Z.-Vietnam⟩;
II ⟨telb.zn.; ook c-⟩ **0.1** ***cochin-chinakip*** ⇒*cochin-chinahoen, cochin*.
co·chi·neal ['kɒtʃḷ'ni:l‖'kɑ-]⟨zn.⟩
I ⟨telb.zn.⟩⟨dierk.⟩ **0.1** ***cochenille (luis)*** ⟨Dactylopius coccus⟩;
II ⟨n.-telb.zn.⟩ **0.1** ***cochenille*** ⇒*rode verfstof*.
co·chle·a ['kɒklḭə‖'kɑ-]⟨telb.zn.; ook cochleae ['kɒklii:‖'kɑ-]; →mv. 5⟩⟨med.⟩ **0.1** ***slakkehuis*** ⟨deel v. binnenoor⟩.
cock[1] [kɒk‖kɑk]⟨f2⟩⟨zn.⟩⟨→sprw. 152⟩
I ⟨telb.zn.⟩ **0.1** ***haan*** ⇒⟨fig.⟩ *kemphaan* **0.2** ⟨ook attr.⟩ ***mannetje*** ⟨v. vogels, ook v. kreeft, krab of zalm⟩ ⇒*mannetjes-* **0.3** ⟨BE; inf.⟩ ***makker*** ⇒*maat, ouwe jongen* **0.4** ***weerhaan*** **0.5** ***kraan*** ⇒*tap* **0.6** ⟨vulg.⟩ ***lul*** ⇒*pik, tamp, penis* **0.7** ***haan*** ⟨v. vuurwapens⟩ ⇒*gespannen haan* **0.8** ***opper*** ⟨v. hooi of gras⟩ **0.9** ⟨ook attr.⟩ ***aanvoerder*** ⇒*leider, primus* **0.10** ***scheve stand*** **0.11** ***opwaartse beweging*** **0.12** ⟨AE⟩ ***opschepper*** ⇒*zwetser, opsnijder* ◆ **1.1** ~ and hen *voor beide geslachten, unisex* **1.9** a ~ wrestler *een top worstelaar;* ~ of the walk *dominant persoon* **1.¶** ~-and-bull story *sterk verhaal;* ⟨BE; dierk.⟩ ~ of the north *keep* ⟨Fringilla montifringilla⟩; ⟨dierk.⟩ ~ of the rock *rotshaan* ⟨Rupicola rupicola⟩; ⟨dierk.⟩ ~ of the wood *auerhoen* ⟨Tetrao urogallus⟩; *Noordam. specht met rode kam* ⟨Dryocopus pileatus⟩ **2.7** at half ~ *met half overgehaalde haan;* ⟨fig.⟩ *nog niet helemaal klaar;* at full ~ *met de haan gespannen;* ⟨fig.⟩ *helemaal klaar;* go off at half ~ *voortijdig beginnen* **3.¶** ⟨BE⟩ live like fighting ~s *een leven als een vorst leiden;* that ~ won't fight *dat plannetje gaat niet op;*
II ⟨n.-telb.zn.⟩ **0.1** ⟨sl.⟩ ***kletspraat*** ⇒*gelul, gezwam, onzin* **0.2** ⟨vnl. BE; sl.⟩ ***brutaal/vrijpostig optreden*** ◆ **1.1** a load of old ~ *een hoop gelul*.
cock[2] ⟨f2⟩⟨ww.⟩ →cocked
I ⟨onov.ww.⟩ **0.1** ***overeind staan*** **0.2** ***de haan spannen*** ⟨v. vuurwapens⟩;
II ⟨ov.ww.⟩ **0.1** ***overeind steken*** **0.2** ***buigen*** ⟨knie, pols, enz.⟩ **0.3** ***spannen*** ⟨haan v. vuurwapen⟩ **0.4** ***in oppers zetten*** **0.5** ***scheef (op) zetten*** ◆ **1.1** ~ the ears *de oren spitsen* **1.5** ~ one's hat *zijn hoed scheef opzetten, de rand v.e. hoed omslaan naar boven* **5.1** →cock **up**.
cock·ade [kɒ'keɪd‖kɑ-]⟨telb.zn.⟩ **0.1** ***kokarde***.
cock·ad·ed [kɒ'keɪdḭd‖kɑ-]⟨bn.⟩ **0.1** ***met kokarde(s)***.
cock-a-doo·dle-doo ['kɒkədu:dl'du:‖'kɑ-]⟨f1⟩⟨telb.zn.⟩ **0.1** ***kukeleku*** ⇒*hanegekraai* **0.2** ⟨kind.⟩ ***haan*** ⇒*kukelhaan*.
cock-a-hoop ['kɒkə'hu:p‖'kɑ-]⟨bn.; bw.⟩ **0.1** ***uitgelaten*** ⇒*uitbundig* **0.2** ***scheef*** **0.3** ***in de war*** ⇒*overhoop*.
Cock·aigne [kɒ'keɪn‖kɑ-]⟨eig.n.⟩ **0.1** ***luilekkerland***.
cock-a-leek·ie ['kɒkə'li:ki‖'kɑ-], **cock·y-leek·ie** [-ki-]⟨n.-telb.zn.⟩⟨cul.⟩ **0.1** ***kippesoep met prei***.
cock·a·lo·rum ['kɒkə'lɔ:rəm‖'kɑkə'lɔrəm]⟨zn.⟩
I ⟨telb.zn.⟩ **0.1** ***opschepper*** ⇒*snoever, klein opdondertje;*
II ⟨n.-telb.zn.⟩ **0.1** ***gesnoef*** ⇒*opschepperij* **0.2** ***haasje-over*** ⇒*het bokspringen, bok-stavast* ◆ **3.2** play at (hey/high) ~ *bokspringen*.
'cock-and-'bull story ⟨telb.zn.⟩ **0.1** ***sterk verhaal*** ⇒*kletsverhaal*.
'cock-and-'hen ⟨bn., attr.⟩ **0.1** ***voor beide geslachten*** ◆ **1.1** a cock-and-hen party *een feestje voor mannen en vrouwen, een gemengd feestje*.
cock·a·tiel, cock·a·teel ['kɒkə'ti:l‖'kɑ-]⟨telb.zn.⟩⟨dierk.⟩ **0.1** ***Australische kaketoe*** ⟨Nymphicus hollandicus⟩.
cock·a·too ['kɒkə'tu:‖'kɑkətu:]⟨telb.zn.⟩ **0.1** ***kaketoe***.
cock·a·trice ['kɒkətraɪs‖'kɑ-]⟨telb.zn.⟩ **0.1** ***basilisk*** ⇒*basiliscus* ⟨fabeldier⟩.
cock·boat ['kɒkboʊt‖'kɑk-]⟨telb.zn.⟩ **0.1** ***kleine sloep***.
cock·cha·fer ['kɒktʃeɪfə‖'kɑktʃeɪfər]⟨telb.zn.⟩ **0.1** ***meikever***.
cock·crow ['kɒkkroʊ‖'kɑk-]⟨telb.zn.⟩ **0.1** ***zonsopgang*** ⇒*dageraad, ochtendgloren* ◆ **3.1** get up at ~ *opstaan bij het krieken v.d. dag*.
cocked [kɒkt‖kɑkt]⟨f1⟩⟨bn.; volt. deelw. v. cock⟩ **0.1** ***opgeslagen*** ◆ **1.1** a ~ hat *hoed met opgeslagen randen, steek* **1.¶** knock/beat into a ~ hat *gehakt maken v., helemaal inmaken; in duigen doen vallen*.
cock·er ⟨ov.ww.⟩ **0.1** ***verwennen*** ⇒*vertroetelen* ◆ **5.1** John was cockered **up** during his illness *John werd tijdens zijn ziekte vertroeteld*.
Cock·er ['kɒkə‖'kɑkər]⟨zn.⟩
I ⟨eig.n.⟩ **0.1** ⟨ong.⟩ ***Bartjens*** ◆ **6.1** according **to** ~ *volgens Bartjens;*
II ⟨telb.zn.; c-⟩ **0.1** ***cocker-spaniël***.
cock·er·el ['kɒkrəl‖'kɑ-]⟨f1⟩⟨telb.zn.⟩ **0.1** ***jonge haan***.
'cocker 'spaniel ⟨telb.zn.⟩ **0.1** ***cocker-spaniël***.
'cock·eye ⟨telb.zn.⟩ **0.1** ***scheel oog***.
'cock'eyed[1] ⟨bn.⟩ **0.1** ***scheel*** **0.2** ⟨sl.⟩ ***scheef*** ⇒*schuin* **0.3** ⟨sl.⟩ ***onzinnig*** ⇒*belachelijk, dwaas, ongerijmd* **0.4** ⟨sl.⟩ ***zat*** ⇒*dronken* **0.5** ⟨sl.⟩ ***bewusteloos*** ⇒*buiten westen* **0.6** ⟨sl.⟩ ***mis*** ⇒*verkeerd*.
cockeyed[2] ⟨bw.⟩⟨sl.⟩ **0.1** ***zeer*** ⇒*erg, heel*.
'cock·fight ⟨telb.zn.⟩ **0.1** ***hanengevecht***.
'cock·fight·ing ⟨n.-telb.zn.⟩ **0.1** ***het houden van hanengevechten***.
cock·horse[1] ['-'-‖'--]⟨telb.zn.⟩ **0.1** ***hobbelpaard*** **0.2** ***stokpaard***.
cockhorse[2] ⟨bw.⟩ **0.1** ***schrijlings***.
cock·le[1] ['kɒkl‖'kɑ-]⟨zn.⟩

I ⟨telb.zn.⟩ 0.1 ⟨plantk.⟩ ***bolderik*** ⟨Agrostemma githago⟩ 0.2 ⟨plantk.⟩ ***hondsdravik*** ⟨Lolium temulentum⟩ 0.3 ⟨dierk.⟩ ***kokkel*** ⟨Cardium edule⟩ 0.4 ***kokkelschelp*** 0.5 ***kleine boot*** ⇒*notedop* 0.6 ***rimpel*** ⇒*plooi, vouw, kreuk* ◆ 3.¶ warm the ~s of one's heart *iemands hart goed doen;*
II ⟨n.-telb.zn.⟩ ⟨plantk.⟩ 0.1 ***zwarte roest*** ⟨Puccinia graminis; ziekte v. graan⟩.

cock·le² ⟨ww.⟩
I ⟨onov.ww.⟩ 0.1 ***rimpelen*** ⇒*plooien, vouwen, kreuken;*
II ⟨ov.ww.⟩ 0.1 ***doen rimpelen*** ⇒*doen plooien, vouwen, kreuken.*

'cock·le·boat ⟨telb.zn.⟩ 0.1 ***kleine sloep.***

'cock·le·bur ['kɒklbɜː‖'kɑklbɜr]⟨telb.zn.⟩ 0.1 ⟨plantk.⟩ ***stekelnoot*** ⟨Xanthium⟩ 0.2 ***klis*** ⇒*klit* ⟨v.d. stekelnoot⟩.

cock·ler ['kɒklə‖'kɑklər]⟨telb.zn.⟩ 0.1 ***mosselvisser*** 0.2 ***mosselman*** 0.3 ***mosselschuit.***

'cock·le·shell ⟨telb.zn.⟩ 0.1 ***hartschelp*** 0.2 ***kleine boot*** ⇒*notedop.*

'cock·loft ⟨telb.zn.⟩ 0.1 ***kleine vliering.***

cock·ney¹ ['kɒkni‖'kɑk-]⟨f1⟩⟨zn.; vaak C-⟩
I ⟨eig.n.⟩ 0.1 ***cockneydialect;***
II ⟨telb.zn.⟩ 0.1 ***cockney*** ⟨inwoner v. Londen, i.h.b. East End⟩.

cockney² ⟨f1⟩⟨bn., attr.⟩ 0.1 ***(als van een) cockney.***

cock·ney·fy, cock·ni·fy ['kɒknɪfaɪ‖'kɑk-]⟨ov.ww.; →ww. 7⟩ 0.1 ***tot cockney maken*** ⇒*ordinair maken.*

cock·ney·ism ['kɒkniɪzm‖'kɑk-]⟨telb.zn.⟩ 0.1 ***houding als v.e. cockney*** 0.2 ***cockneyuitdrukking.***

'cock-of-the-'rock ⟨telb.zn.; cocks-of-the-rock; →mv. 6⟩ ⟨dierk.⟩ 0.1 ***rotshaan*** ⟨Rupicola rupicola⟩ 0.2 ***Peruaanse/rode rotshaan*** ⟨Rupicola peruviana⟩.

'cock-'pi·geon ⟨telb.zn.⟩ 0.1 ***doffer.***

'cock·pit ⟨f2⟩⟨telb.zn.⟩ 0.1 ***hanemat*** ⟨vechtplaats voor hanen⟩ 0.2 ***slagveld*** 0.3 ***cockpit*** ⇒*stuurhut* 0.4 ⟨scheep.⟩ ***kuip*** 0.5 ⟨gesch.; scheep.⟩ ***ziekenboeg*** ◆ 1.2 the ~ of Europe *België.*

cock·roach ['kɒkroʊtʃ‖'kɑk-]⟨f2⟩⟨telb.zn.⟩ 0.1 ⟨dierk.⟩ ***kakkerlak*** ⟨fam. Blattidae⟩.

'cocks·comb, ⟨in bet. 0.3, 0.4 ook⟩ **'cox·comb** ⟨telb.zn.⟩ 0.1 ***hanekam*** 0.2 ⟨plantk.⟩ ***hanekam*** ⟨Celosia cristata⟩ 0.3 ***zotskap*** 0.4 ***fat*** ⇒*ijdeltuit.*

'cocks·foot ⟨n.-telb.zn.⟩ ⟨BE; plantk.⟩ 0.1 ***kropaar*** ⟨Dactylis glomerata⟩.

'cock·shy ⟨telb.zn.; →mv. 2⟩ 0.1 ***werptent*** ⟨op kermis⟩ ⇒*ballentent* 0.2 ***doelwit*** ⟨in werptent⟩ 0.3 ***worp*** ⇒*gooi, poging* 0.4 ⟨fig.⟩ ***mikpunt.***

'cock 'sparrow ⟨telb.zn.⟩ 0.1 ***mannetjesmus*** 0.2 ⟨fig.⟩ ***kemphaan.***

'cock·spur ⟨telb.zn.⟩ 0.1 ***hanespoor.***

cock·sure ['kɒk'ʃʊə‖'kɑk'ʃʊr]⟨f1⟩⟨bn.; -ly; -ness⟩⟨inf.⟩ 0.1 ***bloedzeker*** ⇒*(volkomen/heel) zeker* 0.2 ***zelfverzekerd*** ⇒*zelfbewust, overtuigd, vol zelfvertrouwen* 0.3 ***aanmatigend*** ⇒*arrogant, laatdunkend.*

cockswain →coxswain.

cocksy →cocky.

cock·tail ['kɒkteɪl‖'kɑk-]⟨f2⟩⟨zn.⟩
I ⟨telb.zn.⟩ 0.1 ***paard met gekorte staart*** 0.2 ***halfbloed (ren)paard*** 0.3 ***parvenu*** ⇒*poen* 0.4 ***cocktail*** ⟨gemengde drank⟩;
II ⟨telb. en n.-telb.zn.⟩ 0.1 ***cocktail*** ⇒*schaaldieren/vruchtencocktail.*

'cocktail dress ⟨f1⟩⟨telb.zn.⟩ 0.1 ***cocktailjurk.***

'cock-tailed ⟨bn.⟩ 0.1 ***geangliseerd*** ⇒*gekortstaart* 0.2 ***met de staart/het achterste omhoog.***

'cocktail lounge ⟨telb.zn.⟩ 0.1 ***cocktailbar.***

'cocktail party ⟨f1⟩⟨telb.zn.⟩ 0.1 ***cocktail-party*** ⇒*cocktail.*

'cocktail stick ⟨telb.zn.⟩ 0.1 ***(cocktail)prikker.***

'cocktail table ⟨telb.zn.⟩ 0.1 ***canapétafel.***

'cock·teas·er ⟨telb.zn.⟩⟨vulg.⟩ 0.1 ***opgeilster*** ⇒*opnaaister, iem. die man flink opgeilt* ⟨maar niet klaar laat komen⟩.

'cock·up ⟨telb.zn.⟩ 0.1 ⟨BE; sl.⟩ ***mislukking*** ⇒*puinhoop, klerezooi, teringzooi* 0.2 ⟨druk.⟩ ***superieur gezet(te) letter/cijfer*** ◆ 3.1 all sorts of ~s occurred *alles liep voortdurend in het honderd.*

'cock 'up ⟨f1⟩⟨ov.ww.⟩ 0.1 ***oprichten*** ⇒*spitsen* 0.2 ***optillen*** ⇒*opheffen* 0.3 ⟨BE; sl.⟩ ***in de war sturen*** ⇒*in het honderd laten lopen, doen mislukken, versjteren* ◆ 1.1 ~ one's ears *de oren spitsen.*

cock·y¹ ['kɒki‖'kɑki]⟨telb.zn.; →mv. 2⟩⟨Austr. E; inf.⟩ 0.1 ***kleine boer.***

cocky², cock·sy ['kɒksi‖'kɑk-]⟨f1⟩⟨bn.; -ly; -ness; →bijw. 3⟩ 0.1 ***verwaand*** ⇒*eigenwijs, aanmatigend, brutaal, vrijpostig.*

cocky-leeky →cock-a-leekie.

co·co ['koʊkoʊ]⟨telb.zn.⟩ 0.1 ⟨plantk.⟩ ***kokospalm*** ⟨Cocos nucifera⟩ ⇒*kokosboom* 0.2 ⟨sl.⟩ ***kop*** 0.3 ⟨sl.⟩ ***dollar.***

co·coa ['koʊkoʊ]⟨f2⟩⟨zn.⟩
I ⟨telb.zn.⟩⟨plantk.⟩ 0.1 ***kokospalm*** ⟨Cocos nucifera⟩ ⇒*kokosboom;*
II ⟨telb. en n.-telb.zn.⟩ 0.1 ***warme chocola;***
III ⟨n.-telb.zn.⟩ 0.1 ***cacao(poeder)*** ◆ 3.¶ ⟨sl.⟩ I should ~! *nee! zeker niet!.*

'cocoa bean ⟨telb.zn.⟩ 0.1 ***cacaoboon.***

'cocoa butter, ca'cao butter ⟨n.-telb.zn.⟩ 0.1 ***cacaoboter.***

'cocoa nib ⟨telb.zn.; vaak mv.⟩ 0.1 ***zaadlob v.d. cacaoboon*** ⇒*stukje cacaoboon.*

co·co·nut, co·coa·nut ['koʊkənʌt]⟨f2⟩⟨zn.⟩
I ⟨telb.zn.⟩ 0.1 ***coco*** 0.2 ***kokosnoot*** 0.3 ⟨sl.⟩ ***kop;***
II ⟨n.-telb.zn.⟩ 0.1 ***kokosvlees.***

'coconut 'butter ⟨n.-telb.zn.⟩ 0.1 ***kokosboter*** ⇒*kokosvet.*

'coconut 'ice ⟨telb. en n.-telb.zn.⟩ 0.1 ***snoep(goed) v. suiker en gemalen kokos*** ⇒*kokossnoepje.*

'coconut 'matting ⟨n.-telb.zn.⟩ 0.1 ***kokosmatwerk*** ⇒*kokosmat.*

'coconut milk ⟨f1⟩⟨n.-telb.zn.⟩ 0.1 ***kokosmelk.***

'coconut palm ⟨f1⟩⟨telb.zn.⟩⟨plantk.⟩ 0.1 ***kokospalm*** ⟨Cocos nucifera⟩ ⇒*kokosboom.*

'coconut shy ⟨telb.zn.⟩ 0.1 ***werpspel naar kokosnoten op kermis.***

co·coon¹ [kə'kuːn]⟨f2⟩⟨telb.zn.⟩ 0.1 ***cocon*** ⇒*pop* 0.2 ***overtrek*** ⇒*beschermend omhulsel.*

cocoon² ⟨ww.⟩
I ⟨onov.ww.⟩ 0.1 ***een cocon vormen*** ⇒*(zich) verpoppen;*
II ⟨ov.ww.⟩ 0.1 ***in een cocon wikkelen*** 0.2 ***omhullen*** ⇒*overtrekken met een conserverend vlies, coconneren* 0.3 ***met een beschermende laag bespuiten.***

co·coon·ery [kə'kuːnri]⟨telb.zn.; →mv. 2⟩ 0.1 ***zijdewormenkweekplaats.***

'co·co-palm ⟨telb.zn.⟩ 0.1 ***kokospalm*** ⟨Cocos nucifera⟩ ⇒*kokosboom.*

co·cotte [kɒ'kɒt‖koʊ'kɑt]⟨telb.zn.⟩ 0.1 ***cocotte*** ⇒*vuurvast schoteltje* 0.2 ⟨vero.⟩ ***cocotte*** ⇒*prostituée.*

cod¹ [kɒd‖kɑd]⟨f1⟩⟨zn.; in bet. II ook cod; →mv. 4⟩
I ⟨telb.zn.⟩ 0.1 ⟨gew.⟩ ***dop*** ⇒*schil, peul* 0.2 ⟨sl.; vaak attr.⟩ ***grap*** ⇒*mop, parodie, nep* 0.3 ⟨vero.⟩ ***zak*** 0.4 ⟨vero.⟩ ***scrotum*** ⇒*balzak;*
II ⟨telb. en n.-telb.zn.⟩⟨dierk.⟩ 0.1 ***kabeljauw*** ⟨fam. Gadidae⟩ ◆ 1.¶ ⟨sl.⟩ ~'s eye and bath water *tapiocapudding;*
III ⟨n.-telb.zn.; vaak attr.⟩⟨BE; sl.⟩ 0.1 ***onzin*** ⇒*larie, boerenbedrog.*

cod² ⟨onov. en ov.ww.; →ww. 7⟩⟨BE; sl.⟩ 0.1 ***foppen*** ⇒*gekscheren, schertsen, bedotten.*

Cod ⟨afk.⟩ codex.

COD ⟨afk.⟩ cash on delivery, collect on delivery ⟨AE⟩.

co·da ['koʊdə]⟨telb.zn.⟩ 0.1 ⟨lit., muz.; fig.⟩ ***coda*** ⇒*slotfrase* 0.2 ***slotscène*** ⟨ballet⟩.

'cod·bank ⟨telb.zn.⟩ 0.1 ***kabeljauwbank.***

cod·dle¹ ['kɒdl‖'kɑdl]⟨f1⟩⟨telb.zn.⟩ 0.1 ***troetelkind(je)*** ⇒*wekeling, moederskindje.*

coddle² ⟨f1⟩⟨ov.ww.⟩ 0.1 ***zacht koken*** 0.2 ***vertroetelen*** ⇒*verwennen, koesteren.*

code¹ [koʊd]⟨f3⟩⟨telb. en n.-telb.zn.⟩ 0.1 ***wetboek*** 0.2 ***gedragslijn*** ⇒*reglement, (ongeschreven) wet, voorschriften, regels, code* 0.3 ***code*** ⇒*stelsel, seinboek* 0.4 ⟨biol.⟩ ***genetische code*** 0.5 ***kengetal*** ⟨telefoon⟩ ◆ 1.2 ~ of behaviour/conduct *gedragscode;* ~ of honour *erecode* 2.2 moral ~ *zedenwet* 3.3 break a ~ *een code ontcijferen.*

code² ⟨f1⟩⟨ww.⟩
I ⟨onov.ww.⟩ →code for;
II ⟨ov.ww.⟩ 0.1 ***coderen*** ⇒*in een code brengen, in codeschrift overbrengen.*

'code-book ⟨telb.zn.⟩ 0.1 ***signaalboek.***

'code dating ⟨n.-telb.zn.⟩ 0.1 ***datumcodering*** ⟨op levensmiddelen⟩.

co·de·fen·dant ['koʊdɪ'fendənt]⟨telb.zn.⟩ 0.1 ***medegedaagde.***

'code for ⟨onov.ww.⟩⟨biol.⟩ 0.1 ***de genetische code bepalen.***

co·deine ['koʊdiːn]⟨telb.zn.⟩⟨med.⟩ 0.1 ***codeïne.***

'code-name ⟨telb.zn.⟩ 0.1 ***codenaam.***

'code-num·ber ⟨telb.zn.⟩ 0.1 ***codenummer.***

cod·er ['koʊdə‖-ər]⟨telb.zn.⟩ 0.1 ***codeerder*** ⇒*codeur, codist.*

co·de·ter·mi·na·tion ['koʊdɪtɜːmɪ'neɪʃn‖-tɜr-]⟨n.-telb.zn.⟩ 0.1 ***medebeschikkingsrecht.***

'code·word ⟨telb.zn.⟩ 0.1 ***codewoord/naam*** 0.2 ***ander woord*** ⇒*eufemisme.*

co·dex ['koʊdeks]⟨telb.zn.; codices ['koʊdɪsiːz]; →mv. 5⟩ 0.1 ***codex*** ⇒*manuscript, handschrift* 0.2 ***farmacopee*** ⇒*receptenboek* 0.3 ⟨vero.⟩ ***wetboek.***

'cod·fish ⟨f1⟩⟨telb. en n.-telb.zn.⟩⟨dierk.⟩ 0.1 ***kabeljauw*** ⟨fam. Gadidae⟩.

codg·er ['kɒdʒə‖'kɑdʒər]⟨telb.zn.⟩⟨inf.⟩ 0.1 ***vreemde (oude) vent.***

cod·i·cil ['kɒdɪsɪl‖'kɑ-]⟨telb.zn.⟩ 0.1 ***codicil*** ⇒*bijvoegsel, aanhangsel, appendix.*

cod·i·cil·lary ['kɒdɪ'sɪləri‖'kɑ-]⟨bn.⟩ 0.1 ***v.e. codicil*** ⇒*mbt. een codicil.*

cod·i·col·o·gy ['koʊdɪ'kɒlədʒi||'kɑdɪ'kɑ-]⟨n.-telb.zn.⟩ **0.1** ***codicologie*** *⇒handschriftkunde*.
cod·i·fi·ca·tion ['koʊdɪfɪ'keɪʃn||'kɑ-]⟨telb. en n.-telb.zn.⟩ **0.1** ***codificatie***.
cod·i·fi·er ['koʊdɪfaɪə||'kɑdɪfaɪər]⟨telb.zn.⟩ **0.1** ***wetgever***.
cod·i·fy ['koʊdɪfaɪ||'kɑ-]⟨ov.ww.;→ww. 7⟩ **0.1** ***codificeren*** **0.2** ***systematiseren*** *⇒ordenen, classificeren*.
cod·ling[1] ['kɒdlɪŋ||'kɑd-], **cod·lin** [-lɪn]⟨telb.zn.⟩ **0.1** ***stoofappel***.
codling[2] ⟨telb.zn.; ook codling; →mv. 4⟩ **0.1** ***jonge kabeljauw*** *⇒gul, gulk*.
'codling moth, 'codlin moth ⟨telb.zn.⟩⟨dierk.⟩ **0.1** ***appelbladroller*** ⟨Carpocapsa pomonella⟩.
'cod·lings-and-'cream ⟨telb.zn.⟩⟨BE; plantk.⟩ **0.1** ***harig wilgeroosje*** ⟨Epilobium hirsutum⟩.
'cod-liv·er 'oil ⟨n.-telb.zn.⟩ **0.1** ***levertraan***.
cod·on ['koʊdɒn||-dɑn]⟨telb.zn.⟩⟨genetica⟩ **0.1** ***codon***.
'cod·piece ⟨telb.zn.⟩ **0.1** ***broekklep*** ⟨15e, 16e eeuw⟩.
co-driv·er ['koʊdraɪvə||-ər]⟨telb.zn.⟩ **0.1** ***bijrijder***.
cods [kɒdz||kɑdz], **cods·wal·lop** [-wɒləp||-wɑləp]⟨n.-telb.zn.⟩⟨BE; sl.⟩ **0.1** ***nonsens*** *⇒onzin*.
co·ed[1] ['koʊ'ed||'koʊed]⟨f1⟩⟨telb.zn.⟩⟨AE; inf.⟩ **0.1** ***meisjesstudent***.
coed[2] ⟨bn.⟩⟨afk.⟩ coeducational.
co·ed·u·ca·tion ['koʊedʒʊ'keɪʃn||-dʒə-]⟨f1⟩⟨n.-telb.zn.⟩ **0.1** ***coëducatie***.
co·ed·u·ca·tion·al ['koʊedʒʊ'keɪʃnəl||-dʒə-]⟨bn.; -ly⟩ **0.1** ***coëducatie-***.
co·ef·fi·cient ['koʊɪ'fɪʃnt]⟨f2⟩⟨telb.zn.⟩ **0.1** ***coëfficiënt*** ◆ **1.1** ~ of expansion *uitzettingscoëfficiënt*.
coe·la·canth ['si:ləkænθ]⟨telb.zn.⟩⟨dierk.⟩ **0.1** ***coelacant*** ⟨fam. Coelacanthidae⟩.
coe·li·ac, ⟨AE sp.⟩ **ce·li·ac** ['si:liæk]⟨bn.⟩⟨med.⟩ **0.1** ***abdominaal*** ◆ **2.1** ~ disease *coeliakie*.
coe·lom, ⟨AE sp.⟩ **ce·lom** ['si:ləm]⟨telb.zn.; ook c(o)elomata [si:'loʊmət̬ə]; →mv. 5⟩⟨biol.⟩ **0.1** ***coeloom*** *⇒lichaamsholte*.
coen·o-, ⟨AE sp.⟩ **cen·o-** ['si:noʊ] **0.1** ***gemeenschappelijk*** *⇒algemeen*.
coen·o·bite, ⟨AE sp.⟩ **cen·o·bite** ['si:nəbaɪt]⟨telb.zn.⟩ **0.1** ***cenobiet*** *⇒kloosterling, kloostermonnik*.
coen·o·bit·ic, cen·o·bit·ic ['si:nə'bɪt̬ɪk], **coen·o·bit·i·cal, cen·o·bit·i·cal** [-ɪkl]⟨bn.; -(al)ly; →bijw. 3⟩ **0.1** ***kloosterlijk*** *⇒klooster-*.
coen·o·bit·ism, ⟨AE sp.⟩ **cen·o·bit·ism** ['si:noʊbaɪtɪzm||'senəbaɪt̬ɪzm]⟨n.-telb.zn.⟩ **0.1** ***kloosterwezen*** *⇒kloosterleven*.
co·e·qual[1] ['koʊ'i:kwəl]⟨telb.zn.⟩⟨schr.⟩ **0.1** ***gelijke*** *⇒standgenoot*.
coequal[2] ⟨bn.; -ly⟩⟨schr.⟩ **0.1** ***gelijk*** *⇒gelijkwaardig, v. gelijke stand*.
co·e·qual·i·ty ['koʊi:'kwɒləti||-'kwɑlət̬i]⟨n.-telb.zn.⟩⟨schr.⟩ **0.1** ***gelijkheid*** *⇒gelijkwaardigheid*.
co·erce [koʊ'з:s||-'зrs]⟨f1⟩⟨ov.ww.⟩ **0.1** ***dwingen*** **0.2** ⟨vaak pass.⟩ ***afdwingen*** **0.3** ⟨vaak pass.⟩ ***onderdrukken*** ◆ **6.1** ~ s.o. **into** doing sth. *iem. dwingen iets te doen*.
co·er·ci·ble [koʊ'з:səbl||-'зrsəbl]⟨bn.⟩ **0.1** ***bedwingbaar*** **0.2** ⟨nat.⟩ ***coërcibel*** *⇒condenseerbaar; samendrukbaar* ⟨v. gassen⟩.
co·er·cion [koʊ'з:ʃn||-'зrʒn]⟨f1⟩⟨n.-telb.zn.⟩ **0.1** ***dwang*** **0.2** ***onderdrukkingsregime*** ◆ **6.1** obey **under** ~ *onder dwang gehoorzamen*.
co·er·cive [koʊ'з:sɪv||-'зrsɪv]⟨bn.; -ly; -ness⟩ **0.1** ***dwang-*** *⇒dwingend* ◆ **1.1** ⟨nat.⟩ ~ field/force *coërcitieveld/kracht*.
co·es·sen·tial ['koʊɪ'senʃl]⟨bn.; -ly; -ness⟩ **0.1** ***v. dezelfde aard***.
co·e·ta·ne·ous ['koʊɪ'teɪnɪəs]⟨bn.; -ly; -ness⟩⟨vero.⟩ **0.1** ***even oud*** **0.2** ***gelijktijdig*** *⇒v. dezelfde tijd*.
co·e·ter·nal ['koʊɪ'tз:nl||-'tзrnl]⟨bn.; -ly⟩⟨bijb.⟩ **0.1** ***voor eeuwig tesamen bestaand***.
co·e·val[1] ['koʊ'i:vl]⟨telb.zn.⟩⟨schr.⟩ **0.1** ***tijdgenoot***.
coeval[2] ⟨bn.; -ly⟩⟨schr.⟩ **0.1** ***even oud*** **0.2** ***gelijktijdig*** *⇒v. dezelfde tijd* **0.3** ***v. gelijke duur***.
co·e·val·i·ty ['koʊɪ'væləti||-i:'vælət̬i]⟨n.-telb.zn.⟩⟨schr.⟩ **0.1** ***gelijktijdigheid***.
co·ex·ec·u·tor ['koʊɪg'zekjʊtə||-kjət̬ər], **co·ex·ec·u·trix** [-trɪks]⟨telb.zn.⟩ **0.1** ***collegiaalexecuteur(-trice)- testamentair***.
co·ex·ist ['koʊɪg'zɪst]⟨f1⟩⟨onov.ww.⟩ **0.1** ***coëxisteren*** *⇒(vreedzaam) naast elkaar bestaan/samenleven*.
co·ex·is·tence ['koʊɪg'zɪstəns]⟨f1⟩⟨n.-telb.zn.⟩ **0.1** ***coëxistentie*** *⇒het (vreedzaam) naast elkaar bestaan*.
co·ex·is·tent ['koʊɪg'zɪstənt]⟨bn.⟩ **0.1** ***coëxistent*** *⇒naast elkaar (gelijktijdig) bestaand*.
co·ex·ten·sive ['koʊɪk'stensɪv]⟨bn.; -ly⟩ **0.1** ***v. dezelfde grootte/omvang/duur***.
C of C ['si: əv 'si:]⟨afk.⟩ Chamber of Commerce.
C of E ['si: əv 'i:]⟨afk.⟩ Church of England.
cof·fee ['kɒfi||'kɔfi, 'kɑfi]⟨f3⟩⟨telb. en n.-telb.zn.⟩ **0.1** ***koffie*** ◆ **1.¶** ⟨AE; inf.⟩ for ~ and cake(s) *tegen een hongerloon* **7.1** two ~s! *twee koffie!*.
'cof·fee-and-'cake-job ⟨telb.zn.⟩⟨AE; inf.⟩ **0.1** ***miserabel baantje***.
'cof·fee-and-'cake-place/joint ⟨telb.zn.⟩⟨AE; inf.⟩ **0.1** ***armoedig bedrijfje***.
'coffee bar ⟨f1⟩⟨telb.zn.⟩⟨BE⟩ **0.1** ***koffiebar*** *⇒espressobar*.
'coffee bean ⟨f1⟩⟨telb.zn.⟩ **0.1** ***koffieboon***.
'coffee break ⟨f1⟩⟨telb.zn.⟩⟨vnl. AE⟩ **0.1** ***koffiepauze***.
'coffee cake ⟨telb.zn.⟩⟨AE⟩ **0.1** ⟨ong.⟩ ***koffiebroodje***.
'coffee cooler ⟨telb.zn.⟩⟨AE; sl.⟩ **0.1** ***iem. die zich 'drukt'*** *⇒lijntrekker, kantjesloper*.
'coffee cup ⟨telb.zn.⟩ **0.1** ***koffiekop(je)***.
'coffee essence ⟨telb. en n.-telb.zn.⟩ **0.1** ***koffie-extract***.
'coffee grinder ⟨telb.zn.⟩ **0.1** ***koffiemolen*** **0.2** ⟨AE; sl.⟩ ***buikdanseres*** *⇒stripteaseuse* **0.3** ⟨AE; sl.⟩ ***hoer*** *⇒temeie, snol* **0.4** ⟨AE; sl.⟩ ***(film)cameraman*** **0.5** ⟨AE; sl.⟩ ***vliegtuigmotor***.
'coffee grounds ⟨mv.⟩ **0.1** ***koffiedik***.
'coffee hour ⟨telb.zn.⟩ **0.1** ***koffiekransje*** **0.2** ***koffiepauze***.
'coffee house ⟨telb.zn.⟩ **0.1** ***koffiehuis***.
coffee klat(s)ch, kaf·fee klatsch [-klætʃ, klɑ:tʃ]⟨telb.zn.⟩⟨vnl. AE⟩ **0.1** ***koffiekransje***.
'coffee light·en·er, 'coffee whit·en·er ⟨telb.zn.⟩ **0.1** ***(plantaardig) koffiemelkpoeder*** *⇒creamer*.
'coffee machine ⟨f1⟩⟨telb.zn.⟩ **0.1** ***koffie(zet)machine*** *⇒koffieautomaat*.
'coffee-mak·er ⟨telb.zn.⟩⟨AE⟩ **0.1** ***koffiezetapparaat***.
'coffee mill ⟨f1⟩⟨telb.zn.⟩ **0.1** ***koffiemolen***.
'coffee morning ⟨telb.zn.⟩ **0.1** ***koffiekransje***.
'coffee nib ⟨telb.zn.⟩ **0.1** ***koffieboon***.
'cof·fee·pot ⟨f1⟩⟨telb.zn.⟩ **0.1** ***koffiepot*** *⇒koffiekan* **0.2** ⟨AE; sl.⟩ ***koffiehuis*** *⇒broodjeszaak, snackbar*.
'coffee roll ⟨telb.zn.⟩ **0.1** ***koffiebroodje***.
'coffee room ⟨telb.zn.⟩ **0.1** ***ontbijtzaal*** ⟨in hotel⟩.
'coffee shop ⟨telb.zn.⟩ **0.1** ***koffiewinkel*** **0.2** ⟨AE⟩ ***koffieshop*** *⇒koffiehuis*.
'coffee stall ⟨telb.zn.⟩ **0.1** ***koffiestalletje*** *⇒koffietent*.
'coffee table ⟨f1⟩⟨telb.zn.⟩ **0.1** ***salontafel(tje)*** *⇒canapétafel(je)*.
'cof·fee-table book ⟨telb.zn.⟩⟨vaak pej. of scherts.⟩ **0.1** ***duur en rijk geïllustreerd boek*** *⇒prachtband, showboek, salontafelboek*.
'coffee tree ⟨telb.zn.⟩ **0.1** ⟨plantk.⟩ ***koffieboom*** *⇒koffiestruik* ⟨genus Coffea, i.h.b. C. arabica⟩.
coffee whitener →coffee lightener.
cof·fer[1] ['kɒfə||'kɔfər, 'kɑ-]⟨f1⟩⟨zn.⟩
I ⟨telb.zn.⟩ **0.1** ***koffer*** *⇒(geld)kist, brandkast, safeloket* **0.2** ⟨bouwk.⟩ ***cassette*** *⇒verzonken (plafond)paneel* **0.3** ***sluis*** **0.4** →cofferdam;
II ⟨mv.; ~s⟩ **0.1** ***schatkamer*** *⇒schatkist* **0.2** ⟨inf.⟩ ***fondsen***.
coffer[2] ⟨f1⟩⟨ov.ww.⟩ **0.1** ***in een koffer sluiten*** *⇒opbergen, vergaren* **0.2** ⟨bouwk.⟩ ***van cassettes voorzien***.
'cof·fer·dam ⟨telb.zn.⟩ **0.1** ***kistdam*** *⇒vangdam, caisson* **0.2** ⟨scheep.⟩ ***cofferdam*** ⟨ruimte tussen twee waterdichte schotten⟩.
'cof·fer·fish ⟨telb.zn.⟩⟨dierk.⟩ **0.1** ***koffervis*** ⟨fam. der Ostraciontidae⟩.
cof·fin[1] ['kɒfɪn||'kɔ-]⟨f2⟩⟨telb.zn.⟩ **0.1** ***doodkist*** **0.2** ***hoornschoen*** ⟨v. paardehoef⟩ **0.3** ***kar*** ⟨v. drukpers⟩ **0.4** ⟨AE; sl.⟩ ***doodkist*** *⇒(onveilige) auto, vliegmachine etc.* **0.5** ⟨AE; sl. mil.⟩ ***tank*** *⇒pantserwagen*.
coffin[2] ⟨ov.ww.⟩ **0.1** ***kisten*** *⇒opsluiten*.
'coffin bone ⟨telb.zn.⟩ **0.1** ***hoefbeen*** ⟨v. paard⟩.
'coffin corner ⟨telb.zn.⟩⟨inf.⟩ **0.1** ⟨Am. voetbal⟩ ***één v.d. vier hoeken v.h. veld*** **0.2** ⟨honkbal⟩ ***derde honk***.
'coffin joint ⟨telb.zn.⟩ **0.1** ***hoefgewricht*** ⟨v. paard⟩.
'coffin nail, 'coffin tack ⟨telb.zn.⟩⟨sl.⟩ **0.1** ***kankerstik*** *⇒teerlolly* ⟨sigaret⟩ **0.2** ***kettingroker*** **0.3** ***alles wat als ongezond beschouwd kan worden***.
'coffin ship ⟨telb.zn.⟩ **0.1** ***drijvende doodkist***.
'coffin varnish ⟨n.-telb.zn.⟩⟨AE; sl.⟩ **0.1** ***slechte whiskey***.
cof·fle[1] ['kɒfl||'kɔfl]⟨telb.zn.⟩ **0.1** ***kettinggang*** ⟨v. slaven e.d.⟩.
coffle[2] ⟨ov.ww.⟩ **0.1** ***aan elkaar ketenen***.
C of S ['si: əv 'es]⟨afk.⟩ Chief of Staff.
cog[1] [kɒg||kɑg]⟨f1⟩⟨telb.zn.⟩ **0.1** ***tand*** ⟨v. rad⟩ *⇒kam, nok;* ⟨fig.⟩ *onbelangrijk iets/iem. in grote onderneming* **0.2** ***tap*** ⟨aan uiteinde v. balk⟩ **0.3** ***tandrad*** *⇒kamrad* ◆ **1.1** ⟨inf.⟩ a ~ in the machine/wheel *een miniem radertje in een grote onderneming*.
cog[2] ⟨ww.; →ww. 7⟩ →cogged
I ⟨onov.ww.⟩ **0.1** ***bedriegen*** *⇒vals spelen* ⟨bij dobbelspel⟩;
II ⟨ov.ww.⟩ **0.1** ***met tappen verbinden*** ⟨balken⟩ **0.2** ***verzwaren*** ⟨dobbelstenen⟩ *⇒vervalsen* ◆ **1.2** ~ the dice *met vervalste stenen dobbelen*.
cog[3] ⟨afk.⟩ cognate.

co·gen·cy ['koudʒənsi]⟨n.-telb.zn.⟩ **0.1** ***overtuigingskracht*** ⇒*bewijskracht.*
co·gent ['koudʒənt]⟨f1⟩⟨bn.; -ly⟩ **0.1** ***overtuigend*** ⇒*afdoend, gegrond, krachtig, steekhoudend.*
cogged ['kɒgd‖'kagd]⟨bn.; volt. deelw. v. cog+2⟩ **0.1** ***getand.***
cog·i·ta·ble ['kɒdʒɪtəbl‖'kadʒɪṭəbl]⟨bn.⟩⟨schr.⟩ **0.1** ***denkbaar.***
cog·i·tate ['kɒdʒɪteɪt‖'ka-]⟨ww.⟩⟨schr.⟩
I ⟨onov.ww.⟩ **0.1** ***denken*** ⇒*peinzen, mediteren* ◆ **6.1** ~ **about/on/upon** *nadenken over;*
II ⟨ov.ww.⟩ **0.1** ***overwegen*** ⇒*overpeinzen, overdenken* **0.2** ***beramen.***
cog·i·ta·tion ['kɒdʒɪ'teɪʃn‖'ka-]⟨zn.⟩⟨schr.⟩
I ⟨telb.zn.; vaak mv.⟩ **0.1** ***gedachte*** ⇒*overweging, overdenking, bespiegeling;*
II ⟨n.-telb.zn.⟩ **0.1** ***het nadenken*** ⇒*het overwegen, gepeins* ◆ **6.1** ⟨vnl. scherts.⟩ **after** much ~ *na ampele overweging.*
cog·i·ta·tive ['kɒdʒɪtətɪv‖'kadʒəteɪṭɪv]⟨bn.; -ly; -ness⟩⟨schr.⟩ **0.1** ***overdenkend*** ⇒*overwegend, mediterend, overpeinzend.*
co·gnac ['kɒnjæk‖'kou-, 'ka-]⟨f2⟩⟨telb. en n.-telb.zn.⟩ **0.1** ***cognac.***
cog·nate[1] ['kɒgneɪt‖'kag-]⟨telb.zn.⟩ **0.1** ***cognaat*** ⇒*bloedverwant (v. moeders zijde)* **0.2** ⟨taalk.⟩ ***(etymologisch) verwant woord*** ◆ **2.2** deceptive ~ *dwaalduider, valse vriend.*
cognate[2] ⟨bn.; -ly; -ness⟩ **0.1** ***verwant*** ◆ **1.1** ⟨taalk.⟩ ~ object *inwendig voorwerp;* ⟨ong.⟩ *accusatief v. inhoud.*
cog·na·tion [kɒg'neɪʃn‖kag-]⟨n.-telb.zn.⟩ **0.1** ***(bloed)verwantschap (v. moeders zijde).***
cog·ni·tion [kɒg'nɪʃn‖kag-]⟨n.-telb.zn.⟩⟨vnl. fil.⟩ **0.1** ***kenvermogen*** ⇒*cognitie, het kennen, kennis* **0.2** ***waarneming*** ⇒*perceptie, begrip, intuïtie.*
cog·ni·tion·al [kɒg'nɪʃnəl‖kag-], **cog·ni·tive** ['kɒgnətɪv‖'kagnəṭɪv-]⟨bn.⟩ **0.1** ***cognitief*** ⇒*de kennis betreffend.*
cog·ni·tive ['kɒgnətɪv‖'kagnəṭɪv]⟨bn.; -ly⟩⟨psych.⟩ **0.1** ***cognitief*** ◆ **1.1** ~ dissonance *cognitieve dissonantie;* ~ psychology *cognitieve psychologie.*
cog·ni·za·ble, -sa·ble ['kɒgnɪzəbl‖'kag-]⟨bn.; -ly; →bijw. 3⟩ **0.1** ***kenbaar*** ⇒*waarneembaar* **0.2** ⟨jur.⟩ ***cognitief*** ⇒*gerechtelijk vervolgbaar; tot de jurisdictie v.e. rechtbank behorende.*
cog·ni·zance, -sance ['kɒgnɪzəns‖'kag-]⟨n.-telb.zn.⟩⟨schr. of jur.⟩ **0.1** ***kennis*** ⇒*kennisneming* **0.2** ⟨wapenkunde⟩ ***kenteken*** ⇒*embleem, insigne, onderscheidingsteken* **0.3** ⟨jur.⟩ ***cognitie*** ⇒*gerechtelijk onderzoek* **0.4** ⟨jur.⟩ ***rechtsbevoegdheid*** ⇒*competentie* **0.5** ⟨jur.⟩ ***bekentenis*** ◆ **3.1** have ~ of *kennis hebben van;* take ~ of *kennis/nota nemen van* **6.4** go **beyond** the ~ of *buiten de bevoegdheid vallen van;* fall **within/under** the ~ of *binnen de jurisdictie vallen van.*
cog·ni·zant, -sant ['kɒgnɪzənt‖'kag-]⟨f1⟩⟨bn., pred.⟩ **0.1** ⟨schr. of jur.⟩ ***bekend*** ⇒*bewust, op de hoogte* **0.2** ⟨jur.⟩ ***competent*** ⇒*bevoegd* ◆ **6.1** be ~ **of** *ingelicht zijn over, op de hoogte zijn van.*
cog·nize, -nise ['kɒgnaɪz‖kag'naɪz]⟨ov.ww.⟩⟨vnl. fil.⟩ **0.1** ***kennen*** ⇒*waarnemen, opmerken.*
cog·no·men [kɒg'noumən‖kag-, 'kagnə-]⟨telb.zn.; ook cognomina [-'nɒmɪnə‖-'namɪnə]; →mv. 5⟩ **0.1** ***familienaam*** ⇒*cognomen* ⟨klassieke oudheid⟩ **0.2** ***bijnaam*** ⇒*naam.*
co·gno·scen·te ['kɒnjou'ʃenti‖'kagnə-]⟨telb.zn.; cognoscenti [-'ʃenti:]; →mv. 5⟩ **0.1** ***kenner*** ⇒*connaisseur.*
cog·nos·ci·ble [kɒg'nɒsəbl‖kag'nasəbl]⟨bn.⟩⟨schr.⟩ **0.1** ***kenbaar*** ⇒*waarneembaar.*
cog·no·vit [kɒg'nouvɪt‖kag-]⟨n.-telb.zn.⟩⟨jur.⟩ **0.1** ***bekentenis van schuld/aansprakelijkheid*** ⇒*schuldbekentenis.*
'cog railway ⟨telb.zn.⟩ **0.1** ***tandradbaan.***
'cog·wheel ⟨telb.zn.⟩ **0.1** ***tandrad*** ⇒*kamrad.*
co·hab·it [kou'hæbɪt]⟨onov.ww.⟩ **0.1** ***samenwonen*** ⟨buiten echt⟩ ⇒*samenleven/hokken;* ⟨fig.⟩ *samengaan.*
co·hab·i·tant [kou'hæbɪṭənt]⟨telb.zn.⟩ **0.1** ***samenwoner*** ⟨buiten echt⟩.
co·hab·i·ta·tion ['kouhæbɪ'teɪʃn]⟨n.-telb.zn.⟩ **0.1** ***samenwoning*** ⟨buiten echt⟩ ⇒*het samenwonen/hokken,* ⟨B.⟩ *cohabitatie.*
co·heir ['kou'eə‖'kou'er]⟨telb.zn.⟩ **0.1** ***medeërfgenaam.***
co·heir·ess ['kou'eərɪs‖'kou'erɪs]⟨telb.zn.⟩ **0.1** ***medeërfgename.***
co·here [kou'hɪə‖kou'hɪr]⟨onov.ww.⟩ **0.1** ***samenkleven*** **0.2** ***(logisch) samenhangen*** ⇒*coherent zijn.*
co·her·ence [kou'hɪərəns‖-'hɪrəns], **co·her·en·cy** [-rənsi]⟨f1⟩⟨n.-telb.zn.⟩ **0.1** ***coherentie*** ⟨ook nat.⟩ ⇒*samenhang, cohesie.*
co·her·ent [kou'hɪərənt‖-'hɪrənt]⟨f2⟩⟨bn.; -ly⟩ **0.1** ***coherent*** ⟨ook nat.⟩ ⇒*samenhangend, begrijpelijk, duidelijk.*
co·her·er [kou'hɪərə‖kou'hɪrər]⟨telb.zn.⟩ **0.1** ***coherer*** ⟨oudste radiodetector⟩.
co·he·sion [kou'hi:ʒn]⟨f1⟩⟨n.-telb.zn.⟩ **0.1** ***cohesie*** ⟨ook nat.⟩ ⇒*(onderlinge) samenhang.*
co·he·sive [kou'hi:sɪv]⟨bn.; -ly; -ness⟩ **0.1** ***samenhangend*** ⇒*coherent* **0.2** ***bindend*** ⇒*de samenhang bevorderend.*
co·ho(e) ['kouhou], **'coho(e) salmon** ⟨telb.zn.; ook coho, coho salmon; →mv. 4⟩⟨dierk.⟩ **0.1** ***Cohozalm*** ⟨Oncorhyncus kisutch⟩.
co·hort ['kou'hɔ:t‖-hɔrt]⟨telb.zn.⟩ **0.1** ***cohort*** **0.2** ***(krijgs)bende*** ⇒*schare, menigte* **0.3** ⟨AE; inf.⟩ ***trawant*** ⇒*kameraad, makker, helper.*
COHSE ['kouzi]⟨afk.⟩ Confederation of Health Service Employees ⟨GB⟩.
COI ⟨afk.⟩ Central Office of Information ⟨BE⟩.
coif[1] [kɔɪf]⟨telb.zn.⟩ **0.1** ***kap(je)*** ⇒*mutsje* **0.2** ⟨gesch.⟩ ***witte kap v. serjeant-at-law*** ⇒⟨fig.⟩ *(rang v.) serjeant-at-law.*
coif[2] [kwa:f]⟨telb.zn.⟩ **0.1** ***kapsel.***
coif[3] [kɔɪf]⟨ov.ww.; verl. t. en volt. deelw. ook coiffed; teg. deelw. ook coiffing; →ww. 7⟩ **0.1** ***met een kap bedekken.***
coif[4] [kwa:f]⟨ov.ww.; verl. t. en volt. deelw. ook coiffed; teg. deelw. ook coiffing⟩ **0.1** ***coifferen*** ⇒*opmaken* ⟨haar⟩.
coif·feur [kwɒ'fɜ:‖kwa'fɜr]⟨telb.zn.⟩ **0.1** ***kapper.***
coif·feuse [kwɒ'fɜ:z‖kwa-]⟨telb.zn.⟩ **0.1** ***kapster.***
coif·fure[1] [kwɒ'fjuə‖kwa'fjur]⟨telb. en n.-telb.zn.⟩ **0.1** ***kapsel.***
coiffure[2] ⟨ov.ww.⟩ **0.1** ***opmaken*** ⟨haar⟩.
coign [kɔɪn]⟨telb.zn.⟩ **0.1** ***(uitstekende) hoek*** ◆ **1.¶** ~ of vantage *geschikte/gunstige stelling, gunstige hoek.*
coil[1] [kɔɪl]⟨f2⟩⟨telb.zn.⟩ **0.1** ***tros*** ⟨v. touw/kabel⟩ **0.2** ***winding*** ⇒*wikkeling, spiraal, kronkel(ing), slag, rol* **0.3** ***vlecht*** ⇒*tres* **0.4** ***rolletje postzegels*** **0.5** ⟨elek.⟩ ***spoel*** ⇒*inductiespoel* **0.6** ⟨med.⟩ ***spiraaltje*** **0.7** ⟨vero.⟩ ***verwarring*** ⇒*tumult, drukte, beslommering* ◆ **2.7** this mortal ~ *dit aardse ongerief* ⟨Hamlet III.i⟩.
coil[2] ⟨f1⟩⟨onov. en ov.ww.⟩ **0.1** ***kronkelen*** ⇒*kronkelend bewegen, (op)rollen, in bochten leggen* ◆ **5.1** ~ **up** a rope *een touw opschieten;* he ~ed himself **up** in the sofa *hij nestelde zich op de sofa;* one snake ~ed **up** under the tree, the other ~ed itself (a) round a branch *de ene slang rolde zich op onder de boom, de andere kronkelde zich rond een tak.*
coin[1] [kɔɪn]⟨f3⟩⟨zn.⟩
I ⟨telb.zn.⟩ **0.1** ***munt(stuk)*** ⇒*geldstuk* **0.2** ⟨vero.; bouwk.⟩ ***hoek (steen)*** ◆ **3.1** toss/flip a ~ *kruis of munt gooien, tossen;*
II ⟨n.-telb.zn.⟩ **0.1** ***specie*** ⇒*gemunt geld* **0.2** ⟨sl.⟩ ***geld*** ⇒*centen* ◆ **2.2** false/base ~ *vals geld;* ⟨fig.⟩ *iets onechts* **3.¶** pay s.o. back in his own/the same ~ *iem. met gelijke munt betalen* **6.1** **in** ~ *in specie.*
coin[2] ⟨f2⟩⟨ov.ww.⟩ **0.1** ***aanmunten*** ⇒*munten, slaan* ⟨geld⟩ **0.2** ***verzinnen*** ⇒*uitvinden, maken, smeden* ◆ **4.¶** ~ it (in) *geld als water verdienen.*
coin·age ['kɔɪnɪdʒ]⟨f1⟩⟨zn.⟩
I ⟨telb.zn.⟩ **0.1** ***nieuwvorm*** ⇒*neologisme;*
II ⟨telb. en n.-telb.zn.⟩ **0.1** ***aanmunting*** ⇒*het munten, het geldslaan* **0.2** ***munt(stelsel)*** **0.3** ***munten*** **0.4** ***vinding*** ⇒*verzinsel, het verzinnen* ◆ **1.4** ~ of the brain *hersenschim.*
'coin-box ⟨telb.zn.⟩ **0.1** ***muntautomaat*** ⇒⟨i.h.b.⟩ *telefoonautomaat.*
co·in·cide ['kouɪn'saɪd]⟨f2⟩⟨onov.ww.⟩ **0.1** ***samenvallen*** ⇒*coïncideren* **0.2** ***terzelfder tijd gebeuren*** ⇒*gelijktijdig plaatshebben* **0.3** ***overeenstemmen*** ⇒*identiek zijn* **0.4** ***het eens zijn*** ◆ **6.1** ~ **with** *samenvallen met, geheel overeenkomen met.*
co·in·ci·dence [kou'ɪnsɪdəns]⟨f2⟩⟨telb. en n.-telb.zn.⟩ **0.1** ***het samenvallen*** ⟨in ruimte of tijd⟩ ⇒*coïncidentie, gelijktijdigheid, samenloop (v. omstandigheden), toeval* **0.2** ***overeenstemming*** ◆ **2.1** a mere ~ *louter/puur toeval.*
co·in·ci·dent [kou'ɪnsɪdənt]⟨bn.; -ly⟩ **0.1** ***samenvallend*** ⟨in ruimte of tijd⟩ ⇒*gelijktijdig* **0.2** ⟨vaak na het nw.⟩ ***overeenstemmend*** ⇒*harmoniërend.*
co·in·ci·den·tal ['kouɪnsɪ'denṭl]⟨f1⟩⟨bn.; -ly⟩ **0.1** ***samenvallend*** ⟨in ruimte of tijd⟩ ⇒*gelijktijdig* **0.2** ***overeenstemmend*** **0.3** ***toevallig.***
coin·er ['kɔɪnə‖-ər]⟨telb.zn.⟩ **0.1** ***munter*** **0.2** ***taalsmid*** **0.3** ⟨vnl. BE⟩ ***valsemunter.***
coin-op ['kɔɪnɒp‖-ap]⟨telb.zn.⟩ **0.1** ***wasserette*** ⇒*wassalon* **0.2** ***speelhal/*** ⟨B.⟩ ***lunapark met (video)speelautomaten.***
'coin wash ⟨telb.zn.⟩ **0.1** ***wasserette*** ⇒*wasautomatiek, muntwasserij.*
coir ['kɔɪə‖-ər]⟨n.-telb.zn.⟩ **0.1** ***coir*** ⇒*kokosvezels.*
co·i·tal ['kɔɪtl‖'kouɪṭl]⟨bn.⟩ **0.1** ***coïtaal*** ⇒*coïtus-.*
co·i·tus ['kɔɪtəs‖'kouɪṭəs], **co·i·tion** [kou'ɪʃn]⟨n.-telb.zn.⟩ **0.1** ***coïtus*** ⇒*bijslaap, paring(sdaad), geslachtsdaad.*
co·jo·nes [kou'hounes‖kə'houneɪs]⟨mv.⟩ **0.1** ⟨inf.⟩ ***teelballen*** ⇒*kloten;* ⟨fig.⟩ *moed, durf.*
coke[1] [kouk]⟨f2⟩⟨zn.⟩
I ⟨telb. en n.-telb.zn.; soms C-⟩⟨inf.⟩ **0.1** ***coca-cola;***
II ⟨n.-telb.zn.⟩ **0.1** ***cokes*** **0.2** ⟨sl.⟩ ***cocaïne*** **0.3** ⟨AE; inf.⟩ ***cement*** ◆ **3.¶** ⟨sl.⟩ go and eat ~! *loop naar de maan!.*
coke[2] ⟨ww.⟩
I ⟨onov.ww.⟩ **0.1** ***cokes worden;***
II ⟨ov.ww.⟩ **0.1** ***verkooksen*** ⇒*tot cokes verwerken* **0.2** ***cocaïne toedienen*** ⇒*met cocaïne bedwelmen* ◆ **5.2** ~d **up** *bedwelmd, stoned.*

'coke head ⟨telb.zn.⟩⟨AE;sl.⟩ **0.1** ***cocaïne-verslaafde* 0.2** ***mafkees.***
co·ker ['koukə‖-ər]⟨telb.zn.⟩⟨BE⟩ **0.1** ***kokospalm.***
co·ker·nut ['koukənʌt]⟨telb.zn.⟩⟨BE⟩ **0.1** ***kokosnoot.***
cok·ie[1], **cok·ey** ['kouki]⟨telb.zn.⟩⟨AE;sl.⟩ **0.1** ***junkie*** ⇒*verslaafde* ⟨i.h.b. aan cocaïne⟩.
cokie[2], **cokey** ⟨bn.⟩⟨AE;sl.⟩ **0.1** ***slaperig*** ⇒*suf, onoplettend.*
col[1] [kɒl‖kɑl]⟨telb.zn.⟩ **0.1** ***col*** ⇒*bergpas, bergengte* **0.2** ⟨meteo.⟩ ***zadelgebied.***
col[2] ⟨afk.⟩ collect(ed), collector, college, collegiate, Colombia, colonel, colonial, colony, Colorado, Colossians, colour(ed), column.
col- [kɒl‖kɑl] **0.1** ***col-*** ⇒⟨ong.⟩ *samen, me(d)e* ◆ **¶.1** collaborate *samenwerken;* colleague *collega.*
co·la[1], ⟨in bet. I en III ook⟩ **ko·la** ['koulə]⟨f1⟩⟨zn.⟩
I ⟨telb.zn.⟩⟨plantk.⟩ **0.1** ***kolaboom*** ⟨Cola nitida of C. acuminata⟩ **0.2** ***kolanoot;***
II ⟨telb. en n.-telb.zn.⟩ **0.1** ***kolahoudende frisdrank;***
III ⟨n.-telb.zn.⟩ **0.1** ***kolaëxtract.***
co·la[2] ⟨mv.⟩ →colon.
col·an·der[1] ['kʌləndə, 'kɒ-‖'kʌləndər, 'kɑ-], **cul·len·der** ['kʌlɪndə‖-ər]⟨f1⟩⟨telb.zn.⟩ **0.1** ***vergiet*** ⇒*vergiettest.*
colander[2], **cullender** ⟨ov.ww.⟩ **0.1** ***(in een vergiet) laten uitdruipen.***
'cola nut, 'cola seed, 'kola nut, 'kola seed ⟨telb.zn.⟩ **0.1** ***kolanoot.***
col·can·non [kəl'kænən]⟨n.-telb.zn.⟩⟨BE⟩ **0.1** ***(Ierse/Schotse) koolstamppot.***
col·chi·cum ['kɒltʃɪkəm‖'kɑl-]⟨zn.; ook colchica [-kə];→mv. 5⟩
I ⟨telb. en n.-telb.zn.⟩⟨plantk.⟩ **0.1** ***colchicum*** ⇒⟨i.h.b.⟩ *herfsttijloos* ⟨Colchium autumnalis⟩;
II ⟨n.-telb.zn.⟩⟨med.⟩ **0.1** ***gedroogde zaden/knollen v.d. Colchicum.***
col·co·thar ['kɒlkəθɑ:‖'kɑlkəθər]⟨n.-telb.zn.⟩ **0.1** ***colcothar*** ⇒*dodekop* ⟨rode verfstof⟩.
cold[1] [kould]⟨f3⟩⟨zn.⟩
I ⟨telb.zn.⟩ **0.1** ***verkoudheid*** ◆ **1.1** a ~ in the head *een hoofdverkoudheid* **2.1** common ~ *verkoudheid* **3.1** catch (a) ~ *kou vatten, verkouden worden;* have a ~ *verkouden zijn* **3.¶** catch a ~ *op moeilijkheden stuiten;* feed a ~ and starve a fever *eet veel bij een verkoudheid en weinig bij koorts;*
II ⟨n.-telb.zn.; vaak the⟩ **0.1** ***koude*** ◆ **1.¶** six degrees of ~ *zes graden onder nul* **3.1** shiver with ~ *rillen van de kou* **3.¶** come in from/out of the ~ *uit de kou/brand zijn;* she was left out in the ~ *ze was aan zijn/haar lot overgelaten/stond in de kou.*
cold[2] ⟨f4⟩⟨bn.; -er; -ly; -ness⟩⟨→sprw. 83⟩
I ⟨bn.⟩ **0.1** ***koud*** ⇒*koel, kouwelijk;* ⟨fig.⟩ *onvriendelijk, onhartelijk, ongeïnteresseerd, ongeïnspireerd* **0.2** ⟨inf.; psych.⟩ ***frigide* 0.3** ***de warmte slecht absorberend* 0.4** ⟨AE; inf.⟩ ***geweldig*** ⇒*fantastisch, uniek* ◆ **1.1** ⟨nat., ook elek.⟩ ~ cathode *koude kathode;* ~ as charity *ijskoud, ijzig;* ~ colours *koele kleuren;* ~ douche *kouwe douche* ⟨vnl. fig.⟩; the ~ facts *de naakte/blote feiten;* a ~ fish *een kouwe kikker;* ~ as a frog *steenkoud, zo koud als een kikker;* ~ as ice/marble *ijskoud;* ~ logic *de nuchtere logica;* ~ meat ⟨cul.⟩ *gemengd koud vlees, assiette anglaise;* ⟨sl.⟩ *lijk(en);* ~ news *ontmoedigend/oninteressant/oud nieuws;* ~ as a stone *ijskoud, steenkoud;* ⟨inf.⟩ ~ sweat *het angstzweet;* a ~ welcome *een koele ontvangst* **1.¶** in ~ blood *in koelen bloede;* ⟨handel⟩ (a) ~ call *een niet van tevoren afgesproken verkoopbezoek* ⟨door vertegenwoordiger⟩; ~ comfort *schrale troost;* ⟨AE; sl.⟩ ~ deck *spel gemerkte kaarten;* ⟨cul.⟩ Cold Duck *bowl v. wijn en champagne;* ⟨inf.⟩ ~ feet *koudwatervrees, angst, lafhartigheid;* get/have ~ feet *bang worden/zijn;* ⟨AE; sl.⟩ ~ in hand *blut, aan de grond;* in the ~ light of day/dawn/reason *in het nuchtere daglicht, nuchter bezien;* ⟨jacht⟩ ~ scent *moeilijk (te volgen) spoor;* ⟨inf.⟩ get the ~ shoulder *met de nek aangezien worden, genegeerd worden;* ⟨inf.⟩ give s.o. the ~ shoulder *iem. koeltjes behandelen;* ⟨sl.⟩ ~ steel *blanke wapenen;* ⟨fig.⟩ put sth. in(to) ~ storage *iets voorlopig aan de kant/in de ijskast zetten, iets opschorten;* ~ turkey *onverbloemde waarheid;* ⟨inf.⟩ *onbarmhartige ontwenningskuur/ontwenningsverschijnselen v. verslaafde* ⟨door hem/haar opeens alle drugs te onthouden⟩; ~ war *koude oorlog;* ~ warrior *koudeoorlogspoliticus;* pour/throw ~ water on/over s.o.'s enthusiasm *iemands enthousiasme bekoelen, iem. een koude douche bezorgen, een domper zetten op iemands enthousiasme* **3.1** be/feel ~ *het koud hebben;* ⟨BE; inf.⟩ it's ~ enough to freeze the balls off a brass monkey *het vriest stenen uit de grond, het is zo koud dat je ballen eraf vallen/vriezen;* ⟨inf.⟩ go ~ all over *er helemaal koud van worden;* it leaves me ~ *het laat me koud* **3.¶** make s.o.'s blood run ~ *iem. het bloed in de aderen doen stollen;*
II ⟨bn., pred.⟩⟨inf.⟩ **0.1** ***koud*** ⟨bij zoekspelletjes⟩ **0.2** ***bewusteloos*** ⇒*buiten westen* **0.3** ***dood*** ⇒*koud* ◆ **3.2** knock s.o. (out) ~ *iem. knock-out/bewusteloos slaan* **3.¶** I had him ~ *ik had hem in mijn macht.*

cold[3] ⟨f1⟩⟨bw.⟩ **0.1** ***in koude toestand* 0.2** ⟨inf.⟩ ***volledig*** ⇒*compleet, straal, door en door, helemaal* **0.3** ⟨AE⟩ ***onvoorbereid*** ⇒*spontaan, onopgesmukt, kaal, zonder kwikjes en strikjes* ◆ **2.2** ~ sober *broodnuchter* **3.3** go on/perform ~ *onvoorbereid optreden;* quit one's job ~ *op staande voet ontslag nemen;* be turned down ~ *zonder meer afgewezen worden.*
'cold-'blood·ed ⟨f2⟩⟨bn.; -ly; -ness⟩ **0.1** ***koudbloedig* 0.2** ***hardvochtig*** ⇒*wreed, harteloos, meedogenloos* **0.3** ***koelbloedig*** ⇒*ongevoelig* **0.4** ***lui*** ⇒*loom, traag* **0.5** ⟨inf.⟩ ***kouwelijk.***
'cold 'chisel ⟨telb.zn.⟩ **0.1** ***koudbeitel*** ⇒*hakbeitel, bankbeitel.*
'cold 'cock ⟨ov.ww.⟩⟨AE; sl.⟩ **0.1** ***bewusteloos slaan.***
'cold cream ⟨n.-telb.zn.⟩ **0.1** ***cold-cream*** ⟨reinigende huidcrème⟩.
'cold cuts ⟨mv.⟩⟨vnl. AE⟩ **0.1** ***koude vleesschotel*** ⇒*gemengd koud vlees, assiette anglaise* **0.2** ***(fijne) vleeswaren.***
'cold-deck ⟨ov.ww.⟩⟨AE; sl.⟩ **0.1** ***beetnemen*** ⇒*in de val laten lopen, samenspannen tegen.*
'cold-drawn ⟨bn.⟩⟨tech.⟩ **0.1** ***koudgetrokken*** ⟨v. draad⟩.
'cold frame ⟨telb.zn.⟩⟨tuinbouw⟩ **0.1** ***koude bak.***
'cold front ⟨f1⟩⟨telb.zn.⟩⟨meteo.⟩ **0.1** ***kou(de)front.***
'cold haul ⟨ww.⟩⟨AE; sl.⟩
I ⟨onov.ww.⟩ **0.1** ***het minst mogelijke doen*** ⇒*op zijn dooie akkertje werken* **0.2** ***er snel vandoor gaan*** ⇒*met de noorderzon vertrekken;*
II ⟨ov.ww.⟩ **0.1** ***beetnemen* 0.2** ***zonder inspanning bereiken/volbrengen* 0.3** ***slordig/ongeïnteresseerd afwerken*** ⇒*afraffelen, flansen.*
'cold-'heart·ed ⟨bn.; -ly; -ness⟩ **0.1** ***koud*** ⇒*koel, ongevoelig, onverschillig.*
cold·ish ['kouldɪʃ]⟨bn.⟩ **0.1** ***tamelijk koud.***
'cold-'liv·ered ⟨bn.⟩ **0.1** ***ongevoelig*** ⇒*koel, ijskoud.*
cold-'meat box ⟨telb.zn.⟩⟨AE; sl.⟩ **0.1** ***doodkist.***
cold-'meat cart ⟨telb.zn.⟩⟨AE; sl.⟩ **0.1** ***lijkwagen.***
cold-'meat party ⟨telb.zn.⟩⟨AE; sl.⟩ **0.1** ***begrafenis*** ⇒*dodenwacht/wake.*
'cold 'moon·er ⟨telb.zn.⟩ **0.1** ***geleerde die niet gelooft dat er op de maan ooit thermische of vulkanische activiteiten zijn geweest.***
'cold pack ⟨telb.zn.⟩ **0.1** ⟨med.⟩ ***koud compres* 0.2** ⟨AE; sl.⟩ ***knockout.***
'cold saw ⟨telb.zn.⟩⟨tech.⟩ **0.1** ***koudzaag.***
'cold-short ⟨bn.⟩⟨tech.⟩ **0.1** ***koudbros*** ⇒*koudbreukig.*
'cold'shoul·der ⟨ov.ww.⟩⟨inf.⟩ **0.1** ***de rug toekeren*** ⇒*negeren, niet zien staan.*
cold slaw →coleslaw.
'cold snap ⟨f1⟩⟨telb.zn.⟩ **0.1** ***korte koudegolf.***
'cold sore ⟨n.-telb.zn.⟩⟨med.⟩ **0.1** ***koortsuitslag op/rond de lippen.***
'cold store ⟨telb.zn.⟩ **0.1** ***koelhuis.***
'cold wave ⟨f1⟩⟨n.-telb.zn.⟩ **0.1** ⟨meteo.⟩ ***koudegolf*** ⇒*kou-inval* **0.2** ***koude watergolf*** ⇒*cold wave* ⟨kapsel⟩.
'cold-'weld ⟨ov.ww.⟩⟨tech.⟩ **0.1** ***koudlassen.***
'cold-work ⟨ov.ww.⟩⟨tech.⟩ **0.1** ***koudtrekken*** ⇒*koud bewerken.*
cole [koul]⟨telb.zn.; vnl. in samenstellingen⟩⟨plantk.⟩ **0.1** ***kool*** ⟨fam. der Brassica⟩.
colemouse →coalmouse.
co·le·op·ter·on[1] ['kɒli'ɒptərɒn‖'kɑli'ɑptərɑn], **co·le·op·ter·an** [-trən] ⟨telb.zn.; ook coleoptera [-trə];→mv. 5⟩⟨dierk.⟩ **0.1** ***schildvleugelige*** ⟨fam. Coleoptera⟩.
coleopteron[2], **coleopteran, co·le·op·ter·ous** ['kɒli'ɒptrəs‖'kɑli'ɑp-] ⟨bn.⟩⟨dierk.⟩ **0.1** ***schildvleugelig.***
co·le·op·tile ['kɒli'ɒptaɪl‖'kɑli'ɑptl]⟨telb.zn.⟩⟨plantk.⟩ **0.1** ***coleoptiel*** ⇒*kiemzakje.*
'cole-seed ['koulsi:d]⟨n.-telb.zn.⟩⟨plantk.⟩ **0.1** ***koolzaad*** ⇒*raapzaad* ⟨Brassica napus⟩.
cole·slaw ['koulslɔ:], ⟨AE ook⟩ **'cold slaw** ⟨f1⟩⟨n.-telb.zn.⟩ **0.1** ***koolsla.***
cole-tit →coaltit.
co·le·us ['kouliəs]⟨telb.zn.⟩⟨plantk.⟩ **0.1** ***siernetel*** ⟨genus Coleus⟩.
cole·wort ['koulwɜ:t‖-wɜrt]⟨telb.zn.⟩ **0.1** ***(jonge) kool*** ⟨vnl. zonder hart⟩.
co·ley ['kouli]⟨telb.zn.⟩⟨dierk.⟩ **0.1** ***pollak*** ⟨Gadus pollachius⟩ **0.2** ***koolvis*** ⟨Gadus carbonarius⟩.
col·ic ['kɒlɪk‖'kɑ-]⟨n.-telb.zn.; the⟩ **0.1** ***koliek.***
col·ick·y ['kɒlɪki‖'kɑ-]⟨bn.⟩ **0.1** ***koliekachtig* 0.2** ***vatbaar voor koliek.***
col·i·se·um ['kɒlɪ'sɪəm‖'kɑ-], **col·os·se·um** ['kɒlə-‖'kɑlə-]⟨zn.⟩
I ⟨eig.n.; C-; the⟩ **0.1** ***Colosseum*** ⇒*Coliseum;*
II ⟨telb.zn.⟩⟨AE⟩ **0.1** ***groot (als amfitheater gebouwd) stadion.***
co·li·tis [kə'laɪtɪs]⟨telb. en n.-telb.zn.⟩⟨med.⟩ **0.1** ***dikkedarmontsteking.***
coll ⟨afk.⟩ collateral, collect, collection, collector, college, colleague, colloquial(ism).
col·lab·o·rate [kə'læbəreɪt]⟨f2⟩⟨onov.ww.⟩ **0.1** ***samenwerken***

⇒*medewerken* **0.2** ***collaboreren*** ⟨met de vijand⟩ ◆ **6.1** ~ **on** sth. **with** s.o. *met iem. aan iets werken.*
col·lab·o·ra·tion [kə'læbə'reɪʃn]⟨f2⟩⟨telb. en n.-telb.zn.⟩ **0.1** ***samenwerking*** ⇒*medewerking* **0.2** ***collaboratie*** ⟨met de bezetter⟩ ◆ **6.1 in** ~ **with** *samen met.*
col·lab·o·ra·tion·ist [kə'læbə'reɪʃənɪst]⟨telb.zn.; ook attr.⟩ **0.1** ***collaborateur.***
col·lab·o·ra·tor [kə'læbəreɪtə‖-reɪtər]⟨f1⟩⟨telb.zn.⟩ **0.1** ***medewerker/werkster*** **0.2** ***collaborateur*** ⟨met de bezetter⟩.
col·lage[1] ['kɒlɑ:ʒ‖kə'lɑ:ʒ]⟨f1⟩⟨telb. en n.-telb.zn.⟩ **0.1** ***collage.***
collage[2] ⟨ov.ww.⟩ **0.1** ***een collage maken uit.***
col·la·gen ['kɒlədʒɪn‖'kɑ-]⟨n.-telb.zn.⟩⟨biol.⟩ **0.1** ***collageen.***
col·lap·sar [kə'læpsɑ:‖-sɑr]⟨telb.zn.⟩⟨ster.⟩ **0.1** ***zwart gat.***
col·lapse[1] [kə'læps]⟨f2⟩⟨telb. en n.-telb.zn.⟩ **0.1** ***in(een)storting*** ⇒*in(een)zakking* **0.2** ***val*** ⇒*ondergang* **0.3** ***inzinking*** ⇒*collaps, verval v. krachten* **0.4** ***mislukking*** ⇒*fiasco, misslag.*
collapse[2] ⟨f3⟩⟨ww.⟩
I ⟨onov.ww.⟩ **0.1** ***in(een)storten*** ⇒*in(een)vallen, in(een)zakken, in elkaar zakken* **0.2** ***opvouwbaar zijn*** **0.3** ***bezwijken*** ⇒*neerzijgen* **0.4** ***mislukken*** **0.5** ⟨med.⟩ ***collaberen;***
II ⟨ov.ww.⟩ **0.1** ***in(een) doen storten*** ⇒*in(een) doen vallen/zakken* **0.2** ***opvouwen*** ⇒*samenvouwen* **0.3** ⟨med.⟩ ***doen collaberen.***
col·laps·i·ble, col·laps·a·ble [kə'læpsəbl]⟨f1⟩⟨bn.⟩ **0.1** ***opvouwbaar*** ⇒*samenvouwbaar, inschuifbaar.*
col·lar[1] ['kɒlə‖'kɑlər]⟨f3⟩⟨telb.zn.⟩ **0.1** ***kraag*** ⇒*halskraag* ⟨ook tech.⟩ **0.2** ***boord(je)*** ⇒*halsboord* **0.3** ***halsband*** ⇒*halsring* **0.4** ***halsketting*** ⇒*halssnoer* **0.5** ***gareel*** ⇒*haam* ⟨v. paard⟩ **0.6** ***ring*** ⟨v. wandelstok⟩ **0.7** ⟨BE⟩ ***ambtsketen*** ⇒*ordeketen* **0.8** ***sluitstuk*** ⟨v. halter⟩ ⇒*sluitmoer* **0.9** ⟨dierk.⟩ ***halskraagje*** **0.10** ⟨vero.⟩ ***halsring*** ⇒*halsboei* ⟨v.e. slaaf⟩ **0.11** ⟨bouwk.⟩ ***astragaal*** ⇒*zuilband, kolomlijst* **0.12** ⟨BE⟩ ***rollade*** **0.13** ⟨AE; sl.⟩ ***smeris*** ⇒*kip, klabak* **0.14** ⟨AE; sl.⟩ ***arrestatie*** ◆ **1.7** ~ of SS/esses *ordeketen van in elkaar gehaakte gouden letters S* **3.¶** feel s.o.'s ~ *iem. in de kraag grijpen;* have one's ~ felt *zich in de kraag laten grijpen;* slip the ~ *zich vrijmaken;* work against the ~ *zwaar werk verrichten.*
collar[2] ⟨f1⟩⟨ov.ww.⟩ →collared **0.1** ***een halsband aandoen*** ⇒*v.e. kraag voorzien* **0.2** ***tot rollade maken*** **0.3** ⟨inf.⟩ ***in de kraag grijpen*** ⇒*inrekenen* **0.4** ⟨sport⟩ ***(af)stoppen*** **0.5** ⟨inf.⟩ ***gappen*** ⇒*(in)pikken* **0.6** ⟨AE; sl.⟩ ***doorhebben*** ⇒*helemaal begrijpen.*
'collar beam ⟨telb.zn.⟩ **0.1** ***dwarsbalk*** ⇒*hanebalk.*
'col·lar·bone ⟨telb.zn.⟩ **0.1** ***sleutelbeen.***
'col·lar-but·ton ⟨telb.zn.⟩⟨AE⟩ **0.1** ***boordeknoopje.***
col·lared ['kɒləd‖'kɑlərd]⟨bn.; volt. deelw. v. collar⟩ **0.1** ***gekraagd*** ⇒*met een kraag/boord* ◆ **1.¶** ~ herring *rolmops;* ⟨dierk.⟩ ~ flycatcher *withalsvliegenvanger* ⟨Ficedula albicollis⟩; ⟨dierk.⟩ ~ turtle dove *Turkse tortel* ⟨Streptopelia decaoto⟩.
col·lar·et, col·lar·ette ['kɒlə'ret‖'kɑ-]⟨telb.zn.⟩ **0.1** ***(dames)kraagje.***
'collar harness ⟨telb.zn.⟩ **0.1** ***haamtuig*** ⇒*gareel* ⟨v. paard⟩.
col·lar·less ['kɒlələs‖'kɑlər-]⟨bn.⟩ **0.1** ***ongekraagd*** ⇒*zonder kraag/boord, kraagloos.*
'col·lar-stud ⟨telb.zn.⟩⟨BE⟩ **0.1** ***boordeknoopje.***
'collar work ⟨n.-telb.zn.⟩ **0.1** ***zwaar werk*** ⇒⟨B.⟩ *labeur.*
collat ⟨afk.⟩ collateral.
col·late [kə'leɪt]⟨f1⟩⟨ov.ww.⟩ **0.1** ***collationeren*** ⇒*nauwkeurig vergelijken, verifiëren* **0.2** ***in een geestelijk ambt benoemen*** **0.3** ⟨comp.⟩ ***invoegen*** ⇒*rangschikken, ordenen* **0.4** ⟨boek.⟩ ***verzamelen.***
col·lat·er·al[1] [kə'lætrəl‖kə'lætərəl]⟨zn.⟩
I ⟨telb.zn.⟩ **0.1** ***bloedverwant in de zijlijn*** ⇒*tweedegraads bloedverwant;*
II ⟨telb. en n.-telb.zn.⟩ **0.1** ***zakelijk onderpand.***
collateral[2] ⟨bn.; -ly⟩ **0.1** ***collateraal*** ⇒*zijdelings, zij aan zij, zij-, parallel, evenwijdig* **0.2** ***bijkomstig*** ⇒*ondergeschikt, secundair, indirect, hulp-* **0.3** ***concomitant*** ⇒*samengaand, begeleidend, medewerkend* **0.4** ***verwant in de zijlijn*** ⇒*tweedegraads* **0.5** ⟨ec.⟩ ***als onderpand dienend*** ⇒*door een onderpand gedekt* ◆ **1.5** ~ security *zakelijk onderpand.*
col·la·tion [kə'leɪʃn]⟨zn.⟩
I ⟨telb.zn.⟩ **0.1** ⟨R.-K.⟩ ***collatie*** ⟨licht avondmaal op vastendagen⟩ **0.2** ⟨schr.⟩ ***collatie*** ⇒*lichte maaltijd* ◆ **2.2** a cold ~ *een koude collatie;*
II ⟨n.-telb.zn.⟩ **0.1** ***collatie*** ⇒*tekstvergelijking, collationering* **0.2** ***begeving v. geestelijk ambt*** **0.3** ***begevingsrecht*** **0.4** ⟨boek.⟩ ***verzameling.***
col·la·tor [kə'leɪtə‖kə'leɪtər]⟨telb.zn.⟩ **0.1** ***collationeerder*** **0.2** ***collator*** ⇒*begever v.e. geestelijk ambt, plaatsbegever* **0.3** ⟨comp.⟩ ***collator*** ⇒*tussensorteermachine; invoegprogramma.*
col·league ['kɒli:g‖'kɑ-]⟨f3⟩⟨telb.zn.⟩ **0.1** ***collega*** ⇒*ambtgenoot, vakgenoot, confrère.*
col·lect[1] ['kɒlɪkt, -lekt‖'kɑ-]⟨telb.zn.⟩⟨relig.⟩ **0.1** ***collecta*** ⟨kerkgebed⟩.
collect[2] [kə'lekt]⟨f2⟩⟨bn.; bw.⟩⟨AE⟩ **0.1** ***te betalen door opgeroepene*** ⟨telefoon⟩/***geadresseerde*** ⟨telegram⟩ ⇒*niet franco* ⟨pakket⟩ ◆ **1.1** a ~ call *een telefoongesprek voor rekening v.d. opgeroepene* **3.1** call me ~ *bel me maar op mijn kosten.*
collect[3] ⟨f3⟩⟨ww.⟩ →collected
I ⟨onov.ww.⟩ **0.1** ***zich verzamelen*** ⇒*zich ophopen, samenkomen* **0.2** ⟨inf.⟩ ***geld ontvangen;***
II ⟨ov.ww.⟩ **0.1** ***verzamelen*** **0.2** ***innen*** ⇒*incasseren, collecteren* **0.3** ***(weer) onder controle krijgen*** **0.4** ***in de wacht slepen*** ⇒*op de kop tikken* **0.5** ***verzamelen*** ⟨v. paard, de achterbenen⟩ **0.6** ⟨inf.⟩ ***afhalen*** ⇒*ophalen* ◆ **1.2** ⟨AE⟩ ~ on delivery *onder rembours, betaling bij levering;* ~ taxes *belasting innen* **1.3** ~ one's thoughts /ideas *zijn gedachten bijeenrapen* **4.3** ~ o.s. *zich weer onder controle krijgen, zijn zelfbeheersing terugkrijgen; zich concentreren.*
col·lect·a·ble[1], **col·lect·i·ble** [kə'lektəbl]⟨telb.zn.⟩ **0.1** ***verzameloject.***
collectable[2] ⟨bn.⟩ **0.1** ***inbaar.***
col·lec·ta·ne·a ['kɒlek'teɪnɪə‖'kɑlek-]⟨mv.⟩ **0.1** ***verzameling v. uittreksels*** ⇒*bloemlezing, mengelwerk, anthologie.*
col·lect·ed [kə'lektɪd]⟨f2⟩⟨bn.; volt. deelw. v. collect; -ly; -ness⟩ **0.1** ***kalm*** ⇒*bedaard, beheerst, zichzelf meester* **0.2** ***verzameld*** ⟨ook paardesport⟩ ◆ **1.2** ~ poems *verzamelde gedichten* **2.1** cool, calm and ~ *rustig en beheerst.*
col'lect·ing agency ⟨telb.zn.⟩ **0.1** ***incassobureau*** ⇒*incassobedrijf.*
col'lecting agent ⟨telb.zn.⟩ **0.1** ***incassoagent.***
col'lecting box ⟨telb.zn.⟩ **0.1** ***collectebus*** **0.2** ***botaniseertrommel.***
col'lecting clerk ⟨telb.zn.⟩ **0.1** ***kantoorloper*** ⇒*bankloper, kwitantieloper.*
col'lecting ground ⟨telb.zn.⟩ **0.1** ***waterwinplaats*** ⇒*watervang, prise d'eau.*
col'lecting pipe ⟨telb.zn.⟩⟨tech.⟩ **0.1** ***verzamelpijp.***
col'lecting van ⟨telb.zn.⟩ **0.1** ***afhaalwagen*** ⇒*ophaalwagen, vuilnisauto.*
col·lec·tion [kə'lekʃn]⟨f3⟩⟨zn.⟩
I ⟨telb.zn.⟩ **0.1** ***verzameling*** ⇒*collectie* **0.2** ***collecte*** ⇒*inzameling* **0.3** ***buslichting*** **0.4** ***ophoping*** ⇒*afzetting* ◆ **1.4** a ~ of dust *een hoop stof* **3.2** make/take up a ~ *een collecte/inzameling houden;*
II ⟨n.-telb.zn.⟩ **0.1** ***het verzamelen*** ⇒*het inzamelen, de incassering* **0.2** ***incasso*** ⇒*inning, invordering;*
III ⟨mv.; ~s⟩⟨BE⟩ **0.1** ***trimestrieel examen in Oxford.***
col'lection bag ⟨telb.zn.⟩ **0.1** ***collectezakje.***
col'lection box ⟨telb.zn.⟩ **0.1** ***collectebus*** ⇒*offerbus.*
col'lection plate ⟨telb.zn.⟩ **0.1** ***collecteschaal*** ⇒*offerschaal.*
col·lec·tive[1] [kə'lektɪv]⟨f1⟩⟨telb.zn.⟩ **0.1** ***groep*** ⇒*gemeenschap, collectief* **0.2** ***gemeenschappelijke/gezamenlijke onderneming*** ⇒*collectief landbouwbedrijf, kolchoz, kibboets, produktiegemeenschap* **0.3** ⟨taalk.⟩ ***verzamelnaam.***
collective[2] ⟨f2⟩⟨bn.; -ly; -ness⟩ **0.1** ***gezamenlijk*** ⇒*verenigd, gemeenschappelijk, collectief* ◆ **1.1** ~ agreement *collectieve arbeidsovereenkomst, CAO;* ~ farm *collectief landbouwbedrijf, kolchoz;* ~ fruit *klompvrucht;* ~ leadership *collectief leiderschap;* ⟨taalk.⟩ ~ noun *verzamelnaam;* ~ ownership *collectief bezit;* ~ security *collectieve veiligheid;* ~ unconscious *collectief onderbewuste* **2.1** ~ and several responsibility *de verantwoordelijkheid v.d. groep en v.h. individu* **3.1** ~ bargaining *collectieve arbeidsonderhandelingen.*
col·lec·tiv·ism [kə'lektɪvɪzm]⟨n.-telb.zn.⟩ **0.1** ***collectivisme.***
col·lec·tiv·ist[1] [kə'lektɪvɪst]⟨telb.zn.⟩ **0.1** ***collectivist.***
collectivist[2] ⟨bn.⟩ **0.1** ***collectivistisch.***
col·lec·tiv·i·ty ['kɒlek'tɪvəti‖'kɑlek'tɪvəti]⟨telb. en n.-telb.zn.; →mv. 2⟩ **0.1** ***collectiviteit*** ⇒*gemeenschap, gemeenschappelijkheid* **0.2** ***het volk als geheel.***
col·lec·ti·vi·za·tion, -sa·tion [kə'lektɪvaɪ'zeɪʃn‖-və'zeɪʃn]⟨n.-telb.zn.⟩ **0.1** ***collectivisering*** ⇒*collectivisatie, vergemeenschappelijking.*
col·lec·tiv·ize, -ise [kə'lektɪvaɪz]⟨ov.ww.⟩ **0.1** ***collectiviseren*** ⇒*tot collectief bezit maken.*
col·lec·tor [kə'lektə‖-ər]⟨f2⟩⟨telb.zn.⟩ **0.1** ***verzamelaar*** ⇒*collectioneur* **0.2** ***collecteur*** ⟨v. staatsgelden⟩ ⇒*ontvanger (der belasting), inzamelaar* **0.3** ***collectant*** **0.4** ⟨tech.⟩ ***collector*** ⇒*verzamelaar, opvanginrichting;* ⟨i.h.b.⟩ *(zonne)collector/paneel* **0.5** ⟨elek.⟩ ***collector.***
col·lec·tor·ship [kə'lektəʃɪp‖-tər-]⟨telb.zn.⟩ **0.1** ***ontvangersambt.***
col'lector's item, ⟨BE ook⟩ **col'lector's piece** ⟨telb.zn.⟩ **0.1** ***gezocht (verzamel)objekt*** ⇒*pronkstuk, juweel.*
col·leen ['kɒ'li:n‖'kɑ-]⟨telb.zn.⟩⟨IE⟩ **0.1** ***meisje.***
col·lege ['kɒlɪdʒ‖'kɑ-]⟨f4⟩⟨zn.⟩
I ⟨telb.zn.⟩ **0.1** ⟨vnl. BE⟩ ***onafhankelijke afdeling v.e. universiteit*** **0.2** ***universiteitsgebouw(en)*** ⇒*schoolgebouw(en);*
II ⟨telb. en n.-telb.zn.⟩ **0.1** ⟨AE⟩ ***(kleine) universiteit*** ⟨die (enkel) Bachelor's degree geeft⟩ **0.2** ***hogere beroepsschool*** ⇒*acade-*

mie, instituut, seminarie ⟨soms met universiteit verbonden⟩ **0.3** ⟨BE⟩ ***grote kostschool* 0.4** ⟨BE; sl.⟩ ***universiteit*** ⇒*gevangenis, nor* ◆ **1.2** ⟨BE⟩ college of education ⟨instelling voor hoger onderwijs; in België ong.⟩ *instelling voor NUHO* **2.2** Military College *militaire academie* **3.1** be in/at ~, go to ~ *naar de universiteit gaan, studeren;*
III ⟨verz.n.⟩ **0.1** ⟨BE⟩ ***college*** ⟨onafhankelijke afdeling v.e. universiteit met internaat en eigen bestuur⟩ **0.2 *college*** ⇒*raad* ◆ **1.1** Herald's College, College of Arms ⟨ong.⟩ *Hoge Raad v. Adel;* ⟨R.-K.⟩ College of the Propaganda *Propagandacollege, Congregatie voor de Evangelisatie v.d. Volken* **2.1** Sacred College (of Cardinals) *College v. Kardinalen.*

'college ice ⟨telb. en n.-telb.zn.⟩ ⟨AE⟩ **0.1 *vruchtensorbet.***

'college 'living ⟨telb.zn.⟩ **0.1 *toelage/beurs voor een student aan een ,,college''.***

'college 'pudding ⟨telb. en n.-telb.zn.⟩ ⟨BE⟩ **0.1 *kleine plumpudding*** ⇒*vruchtencake.*

col·leg·er ['kɒlɪdʒə‖'kɑlɪdʒər] ⟨telb.zn.⟩ ⟨BE⟩ **0.1 *stipendiaat*** ⇒*beursstudent* ⟨aan Eton College⟩.

'college student ⟨telb.zn.⟩ **0.1 *student.***

'college town ⟨telb.zn.⟩ **0.1 *universiteitsstad.***

col·le·gi·al [kə'li:dʒɪəl] ⟨bn.⟩ **0.1 *v.e. college.***

col·le·gi·al·i·ty [kə'li:dʒi'ælət̬i] ⟨n.-telb.zn.⟩ **0.1 *collegialiteit*** ⇒*collegiale gezindheid, broederschap.*

col·le·gian [kə'li:dʒɪən] ⟨telb.zn.⟩ **0.1 *(ex-)lid v.e. ,,college''*** ⟨bet. I 0.1⟩.

col·le·giate [kə'li:dʒɪət] ⟨f1⟩ ⟨bn.; -ly; -ness⟩ **0.1 *ingericht als/behorend tot een college/universiteit/corporatie* 0.2 *studenten-*** ⇒*studentikoos, studentachtig* **0.3 *v.e. collegiale kerk* 0.4 *bestaande uit verschillende autonome afdelingen*** ⟨v. universiteit⟩ ◆ **1.1** ~ church *collegiale kerk.*

col·lem·bo·lan [kə'lembələn] ⟨telb.zn.⟩ ⟨dierk.⟩ **0.1 *springstaart*** ⟨orde der Collembola⟩.

col·len·chy·ma [kə'leŋkɪmə] ⟨telb. en n.-telb.zn.; collenchymata ['kɒlən'kɪmətə‖'kɑlɪn'kɪmət̬ə]; →mv. 5⟩ ⟨plantk.⟩ **0.1 *collenchym*** ⇒*steunweefsel.*

col·let ['kɒlɪt‖'kɑlɪt] ⟨telb.zn.⟩ **0.1 *metalen ring/band* 0.2** ⟨edelsmeedkunst⟩ ***ringkas* 0.3** ⟨tech.⟩ ***ashals*** ⇒*borst, kraag, spantang.*

col·lide [kə'laɪd] ⟨f1⟩ ⟨onov.ww.⟩ **0.1 *botsen*** ⇒*aanrijden, aanvaren;* ⟨fig.⟩ *in botsing/conflict komen* ◆ **6.1** ~ **with** *in botsing komen met.*

col·lie ['kɒli‖'kɑli] ⟨f1⟩ ⟨telb.zn.⟩ **0.1 *collie*** ⟨Schotse herdershond⟩.

col·lier ['kɒlɪə‖'kɑlɪər] ⟨f1⟩ ⟨telb.zn.⟩ ⟨BE⟩ **0.1 *mijnwerker*** ⇒ *ko(e)mpel* **0.2 *kolenschip* 0.3 *matroos op kolenschip.***

col·lier·y ['kɒlɪəri‖'kɑl-] ⟨f1⟩ ⟨telb.zn.; →mv. 2⟩ ⟨BE⟩ **0.1 *kolenmijn.***

col·li·gate ['kɒləgeɪt‖'kɑ-] ⟨ov.ww.⟩ ⟨vnl. fil.⟩ **0.1 *verbinden*** ⇒*verenigen.*

col·li·ga·tion ['kɒlə'geɪʃn‖'kɑ-] ⟨n.-telb.zn.⟩ ⟨vnl. fil.⟩ **0.1 *verbinding.***

col·li·mate ['kɒlɪmeɪt‖'kɑ-] ⟨ov.ww.⟩ ⟨nat., ster.⟩ **0.1 *collimeren*** ⟨waarnemingsrichting met de as v. instrument⟩ ⇒*laten samenvallen, parallel maken* ⟨bv. stralen⟩, *richten, instellen* ⟨bv. telescoop⟩.

col·lin·e·ar [kɒ'lɪnɪə‖-ər] ⟨bn.⟩ ⟨wisk.⟩ **0.1 *collineair*** ⇒*op één rechte lijn gelegen* **0.2 *coaxiaal*** ⇒*een gemeenschappelijke as hebbend.*

col·lins ['kɒlɪnz‖'kɑ-] ⟨telb.zn.; vaak C-⟩ ⟨BE; inf.⟩ **0.1 *schriftelijke dankbetuiging van gast na bezoek* 0.2 *collins*** ⟨cocktail⟩.

col·li·sion [kə'lɪʒn] ⟨f2⟩ ⟨telb. en n.-telb.zn.⟩ **0.1 *botsing*** ⇒*stoot, schok, aanrijding, aanvaring;* ⟨fig. ook⟩ *conflict* ◆ **6.1** be **in/come into ~ with** *in botsing/aanvaring komen met.*

col'lision course ⟨telb.zn.⟩ **0.1 *ramkoers*** ⟨v. raket⟩ ⇒⟨fig.⟩ *een botsing uitlokkend(e) houding/optreden.*

col'lision mat ⟨telb.zn.⟩ ⟨scheep.⟩ **0.1 *mat om lek te dichten.***

col·lo-, coll- [kɒl(oʊ)‖kɑl(oʊ)] **0.1 *lijm(achtig)*** ◆ **¶.1** collenchyma *collenchym;* collodion *collodium.*

col·lo·cate ['kɒləkeɪt‖'kɑ-] ⟨ww.⟩
I ⟨onov.ww.⟩ **0.1 *samengaan*** ⟨v. woorden⟩ ⇒*bijeenbehoren, bij elkaar horen, bijeenpassen;*
II ⟨ov.ww.⟩ **0.1 *bijeen plaatsen*** ⇒*(rang)schikken, ordenen, opstellen.*

col·lo·ca·tion ['kɒlə'keɪʃn‖'kɑ-] ⟨f1⟩ ⟨zn.⟩
I ⟨telb.zn.⟩ ⟨taalk.⟩ **0.1 *collocatie*** ⇒*verbinding;*
II ⟨telb. en n.-telb.zn.⟩ **0.1 *bijeenplaatsing*** ⇒*(rang)schikking, ordening, groepering, opstelling.*

col·loc·u·tor ['kɒləkju:tə‖kə'lɑkjət̬ər] ⟨telb.zn.⟩ ⟨schr.⟩ **0.1 *gesprekspartner.***

col·lo·di·on [kə'loʊdɪən], **col·lo·di·um** [-dɪəm] ⟨n.-telb.zn.⟩ ⟨schei.⟩ **0.1 *collodion*** ⇒*collodium.*

col·logue [kɒ'loʊg‖kə-] ⟨onov.ww.⟩ **0.1 *vertrouwelijk praten*** ⇒*samenspannen, komplotteren* ◆ **6.1** ~ **with** s.o. *iem. in vertrouwen nemen.*

col·loid ['kɒlɔɪd‖'kɑ-] ⟨telb. en n.-telb.zn.⟩ ⟨schei.⟩ **0.1 *colloïde.***

col·loi·dal [kə'lɔɪdl] ⟨bn.⟩ ⟨schei.⟩ **0.1 *colloïdaal*** ⇒*lijmachtig, kleverig, gelatineachtig.*

col·lop ['kɒləp‖'kɑ-] ⟨telb.zn.⟩ **0.1 *lapje vlees*** ⇒*runderlap, schnitzel* **0.2 *dikke huidplooi.***

col·lo·qui·al [kə'loʊkwɪəl] ⟨f1⟩ ⟨bn.; -ly; -ness⟩ **0.1 *tot de spreektaal behorend*** ⇒*omgangs-, gemeenzaam, alledaags, informeel, familiair.*

col·lo·qui·al·ism [kə'loʊkwɪəlɪzm] ⟨f1⟩ ⟨zn.⟩
I ⟨telb.zn.⟩ **0.1 *alledaagse uitdrukking*** ⇒*gemeenzaamheid;*
II ⟨n.-telb.zn.⟩ **0.1 *informele stijl*** ⇒*alledaagsheid.*

col·lo·qui·al·ist [kə'loʊkwɪəlɪst] ⟨telb.zn.⟩ **0.1 *gezellige prater*** ⇒*causeur* **0.2 *iem. die gemeenzame taal gebruikt.***

col·lo·qui·um [kə'loʊkwɪəm] ⟨telb.zn.; ook colloquia [-kwɪə]; →mv. 5⟩ **0.1 *colloquium*** ⇒*academische conferentie/seminarie.*

col·lo·quize ['kɒləkwaɪz‖'kɑlə-] ⟨onov.ww.⟩ ⟨schr.⟩ **0.1 *converseren.***

col·lo·quy ['kɒləkwi‖'kɑ-] ⟨telb. en n.-telb.zn.; →mv. 2⟩ **0.1** ⟨schr.⟩ ***colloquium*** ⇒*vormelijk gesprek, samenspraak, onderhoud, conversatie* **0.2 *presbyteriaanse rechtbank.***

col·lo·type ['kɒlətaɪp‖'kɑ-] ⟨telb. en n.-telb.zn.⟩ **0.1 *lichtdruk*** ⇒*fototypie.*

col·lude [kə'lu:d] ⟨onov.ww.⟩ ⟨schr. of jur.⟩ **0.1 *samenzweren*** ⇒*samenspannen, komplotteren* ◆ **6.1** ~ **with** *in geheime verstandhouding staan met/tot.*

col·lu·sion [kə'lu:ʒn] ⟨f1⟩ ⟨n.-telb.zn.⟩ ⟨schr. of jur.⟩ **0.1 *collusie*** ⇒*heimelijke verstandhouding, samenzwering, komplot.*

col·lu·sive [kə'lu:sɪv] ⟨bn.; -ly; -ness⟩ ⟨schr. of jur.⟩ **0.1 *bedrieglijk*** ⇒*onder(s)hands, heimelijk, frauduleus* ◆ **1.1** ~ tendering *het onderhands inschrijven* ⟨op aanbesteding⟩.

col·lu·vi·al [kə'lu:vɪəl] ⟨bn.⟩ ⟨geol.⟩ **0.1 *colluviaal*** ⇒*neergestort.*

col·lu·vi·um [kə'lu:vɪəm] ⟨telb. en n.-telb.zn.; ook colluvia [-vɪə]; →mv. 5⟩ ⟨geol.⟩ **0.1 *colluvium*** ⇒*neergestort puin.*

col·lyr·i·um [kə'lɪrɪəm] ⟨telb. en n.-telb.zn.; ook collyria [-rɪə]; →mv. 5⟩ **0.1 *oogwater.***

col·ly·wob·bles ['kɒliwɒblz‖'kɑliwɑblz] ⟨f1⟩ ⟨mv.; the⟩ ⟨inf.⟩ **0.1 *buikrommeling*** ⇒*buikpijn, buikkramp* **0.2 *(zenuwachtige) angst*** ⇒*vrees, schrik* ◆ **3.2** get the ~ *het op de zenuwen krijgen, buikpijn krijgen van de zenuwen;* give s.o. the ~ *iem. op de zenuwen werken.*

co·lo-, col- [kɒl(oʊ)‖kɑl(oʊ)] **0.1 *col(o)-*** ⟨duidt de dikke darm aan⟩ ◆ **¶.1** colitis *dikke-darmontsteking.*

Colo ⟨afk.⟩ Colorado.

col·o·cynth ['kɒləsɪnθ‖'kɑ-], **col·o·quin·ti·da** [-'kwɪnt̬ɪdə] ⟨zn.⟩
I ⟨telb.zn.⟩ ⟨plantk.⟩ **0.1 *kolokwint*** ⇒*kwintappel* ⟨Citrullus Colocynthus⟩;
II ⟨n.-telb.zn.⟩ **0.1 *kwintappel*** ⟨purgeermiddel⟩.

co·logne [kə'loʊn], **Co'logne water** ⟨n.-telb.zn.⟩ **0.1 *eau de cologne*** ⇒*reukwater.*

Cologne ⟨eig.n.⟩ **0.1 *Keulen.***

Co·lom·bi·an[1] [kə'lɒmbɪən‖-'lɑm-] ⟨telb.zn.⟩ **0.1 *Colombiaan*** ⇒*inwoner v. Colombia.*

Colombian[2] ⟨bn.⟩ **0.1 *Colombiaans.***

co·lon[1] ['koʊlən] ⟨f1⟩ ⟨telb.zn.⟩ **0.1 *dubbele punt.***

colon[2] ⟨telb.zn.; ook cola ['koʊlə]; →mv. 5⟩ **0.1** ⟨med.⟩ ***colon*** ⇒*karteldarm* **0.2 *ritmische verseenheid in klassieke poëzie.***

colon[3] [koʊ'loʊn] ⟨telb.zn.; ook colones [koʊ'loʊneɪs]; →mv. 5⟩ **0.1 *munt(eenheid) in Costa Rica en El Salvador.***

colo·nel[1] ['kɜ:nl‖'kɜrnl] ⟨f3⟩ ⟨telb.zn.⟩ **0.1 *kolonel* 0.2 *eretitel in sommige staten v.d. U.S.A.*** ◆ **1.¶** ⟨pej.⟩ ~ Blimp *kortzichtige conservatief* ⟨naar personage v.d. cartonist David Low.⟩.

colonel[2] ⟨ww.⟩
I ⟨onov.ww.⟩ **0.1 *de kolonel spelen;***
II ⟨ov.ww.⟩ **0.1 *tot kolonel bevorderen.***

colo·nel·cy ['kɜ:nlsi‖'kɜrnlsi], **colo·nel·ship** ['kɜ:nlʃɪp‖'kɜrnlʃɪp] ⟨n.-telb.zn.⟩ **0.1 *kolonelsrang*** ⇒*rang v. kolonel.*

co·lo·ni·al[1] [kə'loʊnɪəl] ⟨f1⟩ ⟨telb.zn.⟩ **0.1 *koloniaal.***

colonial[2] ⟨f2⟩ ⟨bn.; -ly⟩ **0.1 *koloniaal*** ⇒*v.d. koloniën* **0.2** ⟨vaak C-⟩ ***koloniaal*** ⟨uit de Britse koloniale tijd in de U.S.A.⟩ **0.3** ⟨biol.⟩ ***in groepsverband/kolonies levend*** ⇒*kolonie-* ◆ **1.1** ⟨BE⟩ Colonial Office *Ministerie van Koloniën* **1.2** ~ furniture *koloniale meubelen* ⟨in rustieke stijl⟩ **1.¶** ⟨Austr. E en Nieuw-Zeeland⟩ ~ goose *gevulde schapebout.*

co·lo·ni·al·ism [kə'loʊnɪəlɪzm] ⟨f1⟩ ⟨zn.⟩
I ⟨telb.zn.⟩ ⟨taalk.⟩ **0.1 *koloniale uitdrukking;***
II ⟨n.-telb.zn.⟩ **0.1 *kolonialisme*** ⇒*koloniaal stelsel.*

co·lo·ni·al·ist[1] [kə'loʊnɪəlɪst] ⟨telb.zn.⟩ **0.1 *kolonialist.***

colonialist[2] ⟨bn.⟩ **0.1 *kolonialistisch.***

co·lon·ic [kə'lɒnɪk‖-'lɑ-] ⟨bn.⟩ **0.1 *v.d. dikke darm.***

col·o·nist ['kɒlənɪst‖'kɑ-]⟨f2⟩⟨telb.zn.⟩ **0.1** ***kolonist.***

co·lon·i·tis ['kɒlə'naɪṭɪs]⟨n.-telb.zn.⟩⟨med.⟩ **0.1** ***dikke-darmontsteking.***

col·o·ni·za·tion, -sa·tion ['kɒlənaɪ'zeɪʃn‖'kɑlənə-]⟨f1⟩⟨n.-telb.zn.⟩ **0.1** ***kolonisatie.***

col·o·nize, -nise ['kɒlənaɪz‖'kɑ-]⟨f1⟩⟨ww.⟩
I ⟨onov.ww.⟩ **0.1** ***zich vestigen*** **0.2** ***een kolonie vormen/stichten;***
II ⟨ov.ww.⟩ **0.1** ***koloniseren*** **0.2** ⟨AE; pol.⟩ ***infiltreren*** ⇒*met partijgenoten volstoppen.*

col·o·niz·er, -nis·er ['kɒlənaɪzə‖'kɑlənaɪzər]⟨telb.zn.⟩ **0.1** ***kolonisator.***

col·on·nade ['kɒlə'neɪd‖'kɑ-]⟨f1⟩⟨telb.zn.⟩ **0.1** ***colonnade*** ⇒*zuilenrij/gang/galerij* **0.2** ***bomenrij.***

col·on·nad·ed ['kɒlə'neɪdɪd‖'kɑ-]⟨bn.⟩ **0.1** ***met een zuilenrij.***

col·o·ny ['kɒləni‖'kɑ-]⟨f3⟩⟨telb.zn.; →mv. 2⟩ **0.1** ***kolonie*** ⟨ook biol.⟩.

col·o·phon ['koʊləfɒn‖'kɑləfɑn]⟨telb.zn.⟩⟨boek.⟩ **0.1** ***colofon.***

col·o·pho·ny [kɒ'lɒfəni‖kə'lɑ-], **col·o·pho·ni·um** ['kɒlə'foʊnɪəm‖'kɑ-]⟨telb. en n.-telb.zn.; →mv. 2⟩ **0.1** ***colofonium*** ⇒*vioolhars, terpentijnhars.*

coloquintida →colocynth.

color →colour.

Col·o·ra·do beetle ['kɒlərɑ:doʊ 'bi:tl‖'kɑlərædoʊ 'bi:ṭl]⟨telb.zn.⟩⟨dierk.⟩ **0.1** ***coloradokever*** ⟨Leptinotarsa decemlineata⟩.

col·or·a·tu·ra ['kɒlərə'tjʊərə‖'kʌlərə'tʊrə]⟨zn.⟩
I ⟨telb.zn.⟩ **0.1** ***coloratuurzangeres;***
II ⟨n.-telb.zn.⟩ **0.1** ***coloratuur(muziek).***

col·or·if·ic ['kʌlə'rɪfɪk]⟨bn.⟩ **0.1** ***kleurgevend*** ⇒*kleurend* **0.2** ***sterk gekleurd.***

col·or·im·e·ter ['kʌlə'rɪmɪṭə‖-mɪṭər]⟨telb.zn.⟩ **0.1** ***colorimeter.***

col·or·i·met·ric ['kʌlərɪ'metrɪk]⟨bn.; -ally; →bijw. 3⟩ **0.1** ***colorimetrisch.***

col·or·im·e·try ['kʌlə'rɪmɪtri]⟨n.-telb.zn.⟩ **0.1** ***colorimetrie.***

co·los·sal [kə'lɒsl‖-'lɑ-]⟨f1⟩⟨bn.; -ly⟩ **0.1** ***kolossaal*** ⇒*reusachtig, enorm* **0.2** ⟨inf.⟩ ***geweldig*** ⇒*prachtig, groots, verrukkelijk, merkwaardig* **0.3** ⟨bouwk.⟩ ***hoger dan één verdieping*** ◆ **1.3** ~ order *kolossale orde.*

colosseum →coliseum.

Co·los·si·ans [kə'lɒʃnz]⟨eig.n.⟩⟨bijb.⟩ **0.1** ***(brief aan de) Colossenzen.***

co·los·sus [kə'lɒsəs‖-'lɑ-]⟨f1⟩⟨telb.zn.; ook colossi [-saɪ]; →mv. 5⟩ **0.1** ***kolos*** ⟨ook fig.⟩ ⇒*kolossus, colossus, reusachtig lichaam/beeld/voorwerp;* ⟨fig.⟩ *geniaal/indrukwekkend persoon;* ⟨fig.⟩ *uitgestrekt/machtig land.*

co·los·to·my [kə'lɒstəmi‖-'lɑ-]⟨telb.zn.; →mv. 2⟩⟨med.⟩ **0.1** ***stomaoperatie*** ⇒*stoma, A.P. (Anus Pre).*

co·los·trum [kə'lɒstrəm‖-'lɑ-]⟨n.-telb.zn.⟩ **0.1** ***colostrum*** ⇒*voormelk, biest.*

co·lot·o·my [kə'lɒtəmi‖-'lɑṭəmi]⟨telb. en n.-telb.zn.; →mv. 2⟩⟨med.⟩ **0.1** ***insnijding in de dikke darm.***

col·our[1], ⟨AE sp.⟩ **col·or** ['kʌlə‖-ər]⟨f4⟩⟨zn.⟩
I ⟨telb.zn.⟩ **0.1** ***vaandel*** **0.2** ⟨BE⟩ ***sportman aan wie de clubkleuren werden toegekend*** **0.3** ⟨AE⟩ ***goudkorrel*** **0.4** ⟨verk.⟩ ⟨colour sergeant⟩;
II ⟨telb. en n.-telb.zn.⟩ **0.1** ***kleur*** **0.2** ***verf*** ⇒*verfstof, kleurstof, kleursel, pigment* **0.3** ***kleurtje*** ⇒*gelaatskleur, tint* ◆ **1.1** demand to see the ~ of s.o.'s money *eerst geld willen zien;* (in) all the ~s of the rainbow *(in) alle kleuren v.d. regenboog* **1.¶** he won't see the ~ of my money *hij krijgt geen rooie (rot)cent van me;* don't give it to him until you see the ~ of his money *geef het hem niet voordat je zeker weet dat hij geld heeft/voordat je zijn geld gezien hebt* **2.3** have a high ~ *een rood hoofd hebben* **3.1** ⟨fig.⟩ paint in glowing ~s *zeer gloedvol/enthousiast beschrijven* **3.3** change ~ *v. kleur verschieten;* gain ~ *kleur krijgen;* lose ~ *bleek worden* **3.¶** trooping the ~(s) *vaandelceremonie bij het wisselen v.d. wacht* **7.3** have little ~ *er bleekjes uitzien;*
III ⟨n.-telb.zn.⟩ **0.1** ***donkere huidkleur*** **0.2** ⟨ben. voor⟩ ***koloriet*** ⇒*kleur; schilderachtigheid; levendigheid, bloemrijke stijl;* ⟨muz.⟩ *timbre, klankkleur, toonkleur* **0.3** ***schijn (v. werkelijkheid)*** ⇒*uiterlijk, dekmantel, voorwendsel;* ⟨jur.⟩ *kennelijk/ogenschijnlijk recht* **0.4** ***soort*** ⇒*aard, slag, karakter* **0.5** ⟨graf.⟩ ***(hoeveelheid) drukinkt*** ◆ **1.1** man of ~ *kleurling, neger* **3.3** give/lend ~ to *geloofwaardiger maken* **3.5** this page lacks ~ *deze pagina is te grijs* **6.3** **under** ~ of *onder het voorwendsel v.* **6.¶** ⟨inf.⟩ **off** ~ *onwel, niet lekker; een tikje aangebrand* ⟨v. grap⟩; be/feel/look **off** ~ *niet goed zijn, zich niet lekker/teneergeslagen voelen, er niet goed uitzien* **7.1** have little ~ *er bleekjes uitzien;*
IV ⟨mv.; ~s⟩ **0.1** ⟨the⟩ ***nationale vlag*** ⇒*nationale kleuren, vaandel, standaard* **0.2** ***clubkleuren*** ⇒*kenteken, insigne, badge, wimpel, lint* **0.3** ***gevoelens*** ⇒*natuur, neiging, positie, opvatting* **0.4** ⟨the⟩⟨AE⟩ ***dagelijks saluut aan de vlag*** ◆ **3.1** salute the ~s *het vaandel groeten* **3.2** get/win one's ~s *opgesteld worden, meespelen in de ploeg;* give s.o. his ~s *iem. opstellen* **3.3** ⟨inf.⟩ show one's (true) ~s *zijn ware gedaante tonen;* stick to one's ~s *voet bij stuk houden* **3.¶** ⟨inf.⟩ with flying ~s *met vlag en wimpel, glansrijk;* ⟨inf.⟩ lower/haul down one's ~s *de vlag strijken, het opgeven, zich overgeven;* nail one's ~s to the mast *openlijk positie kiezen en voet bij stuk houden;* trooping the ~(s) *vaandelceremonie bij het wisselen v.d. wacht.*

colour[2], ⟨AE sp.⟩ **color** ⟨f3⟩⟨ww.⟩ →coloured, colouring
I ⟨onov.ww.⟩ **0.1** ***kleur krijgen*** ⇒*kleuren* **0.2** ***blozen*** ⇒*rood worden* **0.3** ***van kleur veranderen*** ◆ **5.2** ~ **up** *blozen, rood aanlopen;*
II ⟨ov.ww.⟩ **0.1** ***kleuren*** ⇒*verven* **0.2** ***verbloemen*** ⇒*bewimpelen, vermommen* **0.3** ***verkeerd voorstellen*** ⇒*in een verkeerd daglicht stellen, verdraaien* **0.4** ***wijzigen*** ⇒*beïnvloeden.*

col·our·a·ble, ⟨AE sp.⟩ **col·or·a·ble** ['kʌlərəbl]⟨bn.; -ly; →bijw. 3⟩ **0.1** ***schoonschijnend*** **0.2** ***aannemelijk*** ⇒*plausibel, geloofwaardig* **0.3** ***geveinsd*** ⇒*vals, onecht, nagemaakt.*

col·o(u)·rant ['kʌlərənt]⟨telb.zn.⟩ **0.1** ***kleurstof*** ⇒*kleurmiddel.*

col·o(u)r·a·tion ['kʌlə'reɪʃn]⟨telb. en n.-telb.zn.⟩ **0.1** ***kleuring*** ⇒*kleur; (kleur)tekening* ⟨in vacht v. dieren, v. insekten⟩ **0.2** ***overtuiging*** ⇒*opvatting, (politieke) mening.*

'colour bar ⟨f1⟩⟨n.-telb.zn.⟩ **0.1** ***rassenbarrière*** ⇒*rassendiscriminatie.*

'col·our-bear·er ⟨telb.zn.⟩ **0.1** ***vaandeldrager.***

'col·our-blind ⟨f1⟩⟨bn.; -ness⟩ **0.1** ***kleurenblind*** **0.2** ⟨AE⟩ ***zonder rassenvooroordelen*** **0.3** ⟨AE; sl.⟩ ***mijn en dijn niet kunnende onderscheiden*** ◆ **1.3** John is ~ *Jan is een jatteneur.*

'col·our-box ⟨telb.zn.⟩ **0.1** ***verfdoos*** ⇒*kleurdoos.*

'col·our·breed ⟨ov.ww.⟩ **0.1** ⟨biol.⟩ ***kruisen om nieuwe kleuren te verkrijgen.***

col·our·cast[1] ['kʌləkɑ:st‖'kʌlərkæst]⟨telb.zn.⟩⟨AE⟩ **0.1** ***televisieuitzending in kleur.***

colourcast[2] ⟨onov. en ov.ww.⟩⟨AE⟩ **0.1** ***in kleur uitzenden.***

'col·our·cast·er ⟨telb.zn.⟩⟨AE⟩ **0.1** ***sensatiejournalist.***

'col·our-code ⟨telb.zn.⟩ **0.1** ***kleurencode.***

col·oured, ⟨AE sp.⟩ **colored** ['kʌləd‖-lərd]⟨bn.; volt. deelw. v. colour⟩ **0.1** ***gekleurd*** **0.2** ⟨vero.⟩ ***niet-blank*** **0.3** ***voorgewend*** ⇒*geveinsd* **0.4** ***bevooroordeeld*** ⇒*verdraaid, overdreven, tendentieus* ◆ **1.2** ~ people *kleurlingen;* a ~ person *een kleurling.*

'col·our·fast ⟨bn.; -ness⟩ **0.1** ***kleurecht*** ⇒*kleurvast, kleurhoudend.*

col·our·ful, ⟨AE sp.⟩ **col·or·ful** ['kʌləfl‖-lər-]⟨f2⟩⟨bn.; -ly; -ness⟩ **0.1** ***kleurrijk*** **0.2** ***schitterend*** ⇒*levendig, fleurig, bont, interessant.*

colour 'graphics card ⟨telb.zn.⟩⟨comp.⟩ **0.1** ***grafische kleurenkaart.***

'col·our guard ⟨telb.zn.⟩ **0.1** ***vaandelwacht.***

col·our·ing, ⟨AE sp.⟩ **col·or·ing** ['kʌlərɪŋ]⟨zn.⟩
I ⟨telb. en n.-telb.zn.⟩ **0.1** ***verf(stof)*** ⇒*kleur(stof), kleursel;*
II ⟨n.-telb.zn.⟩ **0.1** ***kleuring*** ⇒*het kleuren* **0.2** ***koloriet*** **0.3** ***valse schijn*** ⇒*voorkomen* **0.4** ***gelaatskleur*** **0.5** ***toon*** ⇒*tint, zweem.*

col·our·ist, ⟨AE sp.⟩ **col·or·ist** ['kʌlərɪst]⟨telb.zn.⟩ **0.1** ***kolorist.***

col·our·i·za·tion ['kʌləraɪ'zeɪʃn]⟨telb.zn.⟩ **0.1** ***inkleurprocédé*** ⟨v. zwart-witfilms⟩.

'col·our·ize, ⟨AE sp.⟩ **col·or·ize** ['kʌləraɪz]⟨ov.ww.⟩ **0.1** ***inkleuren*** ⟨zwart-witfilms⟩.

'col·our-key ⟨telb.zn.⟩ **0.1** ***kleurencode.***

col·our·less, ⟨AE sp.⟩ **col·or·less** ['kʌləlәs‖-lər-]⟨f2⟩⟨bn.; -ly; -ness⟩ **0.1** ***kleurloos*** ⇒*ongekleurd, zonder kleur, mat, dof* **0.2** ***bleek*** **0.3** ***neutraal*** ⇒*objectief, onpartijdig* **0.4** ***saai*** ⇒*vervelend, weinig interessant.*

'colour line ⟨telb.zn.⟩ **0.1** ***rassenbarrière*** ⇒*rassendiscriminatie.*

'col·our-man ⟨telb.zn.; colour-men; →mv. 3⟩ **0.1** ***handelaar in verfwaren.***

'colour party ⟨telb.zn.⟩⟨BE⟩ **0.1** ***vaandelwacht.***

'colour print ⟨telb.zn.⟩ **0.1** ***kleurenafdruk.***

'colour printing ⟨n.-telb.zn.⟩ **0.1** ***kleurendruk.***

'colour rinse ⟨telb.zn.⟩ **0.1** ***kleurspoeling.***

'colour scheme ⟨telb.zn.⟩ **0.1** ***kleurenschema.***

'col·our-ser·geant ⟨telb.zn.⟩ **0.1** ***sergeant-majoor.***

'colour service ⟨n.-telb.zn.⟩ **0.1** ***militaire dienst.***

'colour television ⟨f1⟩⟨telb. en n.-telb.zn.⟩ **0.1** ***kleurentelevisie.***

'col·our-wash[1] ⟨n.-telb.zn.⟩ **0.1** ***tempera*** ⇒*saus, waterverf.*

col·our-wash[2] ⟨ov.ww.⟩ **0.1** ***met tempera schilderen/verven.***

'col·our·way ⟨telb.zn.⟩⟨BE⟩ **0.1** ***kleurenschema.***

col·our·y, ⟨AE sp.⟩ **col·or·y** ['kʌləri]⟨bn.⟩ **0.1** ***kleurrijk*** **0.2** ***van goede kleur/kwaliteit*** ◆ **1.2** ~ coffee *kwaliteitskoffie.*

col·po- ['kɒlpoʊ‖'kɑl-]⟨med.⟩ **0.1** ***vagina-*** ◆ **¶.1** colposcope ⟨microscoop ter waarneming v. baarmoedermond⟩.

col·por·tage ['kɒlpɔ:tɑ:ʒ‖'kɑlpɔrṭɪdʒ]⟨n.-telb.zn.⟩ **0.1** ***colportage*** ⟨i.h.b. v. bijbels en tractaten⟩.

col·por·teur ['kɒlpɔ:tə‖'kɑlpɔrṭər]⟨telb.zn.⟩ **0.1** ***colporteur*** ⟨i.h.b. v. bijbels en tractaten⟩.

colt[1] [koʊlt]⟨f2⟩⟨telb.zn.⟩ 0.1 *veulen* ⇒*hengstveulen, jonge hengst* 0.2 ⟨vnl. C-⟩ *colt* ⟨soort revolver; handelsmerk⟩ 0.3 ⟨bijb.⟩ *jonge kameel* 0.4 ⟨scheep., gesch.⟩ *handdag* ⟨zweeptouw⟩ 0.5 ⟨inf.; vaak pej.; i.h.b. cricket⟩ *groentje* ⇒*beginneling, debutant, melkmuil*.
colt[2] ⟨ov.ww.⟩⟨scheep., gesch.⟩ 0.1 *britsen* ⟨slaan met zweeptouw⟩.
colter →coulter.
colt·ish ['koʊltɪʃ]⟨bn.; -ly; -ness⟩ 0.1 *veulenachtig* 0.2 ⟨vaak pej.⟩ *dartel* ⇒*speels, uitgelaten, levendig*.
colts·foot ['koʊltsfʊt]⟨telb.zn.; mv. regelmatig coltsfoots⟩⟨plantk.⟩ 0.1 *klein hoefblad* ⟨Tussilago farfara⟩.
'colt's tail ⟨telb.zn.⟩ 0.1 *vederwolk* ⇒*cirrus* 0.2 ⟨plantk.⟩ *Canadese fijnstraal* ⟨Erigeron canadensis⟩.
col·u·ber ['kɒljʊbə‖'kɑləbər]⟨telb.zn.⟩ 0.1 *niet-giftige slang* ⟨genus Coluber⟩.
col·u·brine ['kɒljʊbraɪn‖'kɑlə-]⟨bn.⟩ 0.1 *slangachtig* ⇒⟨vnl.⟩ *mbt. de Colubrinae* ⟨subfam. v.d. Colubridae⟩.
col·um·bar·i·um ['kɒləm'beərɪəm‖'kɑləm'berɪəm]⟨telb.zn.; columbaria [-rɪə]; →mv. 5⟩ 0.1 *columbarium* ⇒*urnenbewaarplaats* 0.2 *nis in een columbarium* 0.3 ⟨vero.⟩ *duiventil*.
col·um·bar·y [kə'lʌmbri‖'kɑləmberi]⟨telb.zn.; →mv. 2⟩ 0.1 *duiventil* 0.2 *duivenslag*.
col·um·bine[1] ['kɒləmbaɪn‖'kɑ-]⟨zn.⟩
I ⟨eig.n.; C-⟩ 0.1 *Columbine* ⟨personage in Commedia dell'Arte⟩;
II ⟨telb.zn.⟩⟨plantk.⟩ 0.1 *akelei* ⇒*akolei* ⟨genus Aquilegia⟩;
III ⟨n.-telb.zn.; vaak attr.⟩ 0.1 *colombienrood*.
columbine[2] ⟨bn.⟩ 0.1 *duifachtig* ⇒*duiven-* 0.2 *(duif)grijs* ⇒*(duif) grauw*.
co·lum·bite [kə'lʌmbaɪt]⟨n.-telb.zn.⟩⟨geol., mijnw.⟩ 0.1 *columbiet* ⇒*niobiet*.
co·lum·bi·um [kə'lʌmbɪəm]⟨n.-telb.zn.⟩⟨AE; schei.⟩ 0.1 *niobium*.
col·umn ['kɒləm‖'kɑ-]⟨f3⟩⟨telb.zn.⟩ 0.1 *kolom* ⇒*zuil, pilaar, pijler* 0.2 *kolom* ⇒*artikel, rubriek, kroniek, column* 0.3 ⟨mil.⟩ *colonne* 0.4 ⟨AE; pol.⟩ *partij* ⇒*fractie* 0.5 ⟨plantk.⟩ *opgaande structuur* ◆ 1.1 ~ of smoke *rookzuil* 1.¶ ⟨mil.⟩ ~ of route *marskolonne* 3.2 the advertising ~s *de advertentiekolommen* 7.2 in our ~s *in ons dagblad/onze krant* 7.¶ fifth ~ *vijfde colonne*.
co·lum·nal [kə'lʌmnəl], **co·lum·nar** [-nə‖-nər]⟨bn.⟩ 0.1 *zuilvormig* ⇒*zuil(en)-* 0.2 *in kolommen gedrukt*.
col·um·nat·ed ['kɒləmneɪtɪd‖'kɑləmneɪt̬ɪd]⟨bn.⟩ 0.1 *met kolommen*.
col·umned ['kɒlʌmd‖'kɑ-]⟨bn.⟩ 0.1 *met zuilen* 0.2 *zuilvormig* ⇒*zuil (en)-*.
co·lum·ni·form [kə'lʌmnɪfɔ:m‖-fɔrm]⟨bn.⟩ 0.1 *zuilvormig*.
'col·umn-inch ⟨telb.zn.⟩ 0.1 *1 inch kolomhoogte* ⟨mbt. advertentietarieven⟩.
col·um·nist ['kɒləmnɪst‖'kɑ-]⟨f1⟩⟨telb.zn.⟩ 0.1 *columnist* ⇒*rubriekschrijver, kroniekschrijver, croniqueur* ◆ 7.¶ fifth ~ *lid v.d. vijfde colonne*.
co·lure [kə'ljʊə‖-'lʊr]⟨telb.zn.⟩⟨ster.⟩ 0.1 *jaargetijsnede* ⇒⟨in mv. ook⟩ *colures*.
col·za ['kɒlzə‖'kɑlzə]⟨zn.⟩⟨plantk.⟩
I ⟨telb.zn.⟩ 0.1 *koolzaad/raap* ⟨Brassica napus⟩;
II ⟨n.-telb.zn.⟩ 0.1 *koolzaad* ⟨zaad v. Brassica napus⟩ 0.2 ⟨verk.⟩ ⟨colza-oil⟩.
'col·za-oil ⟨n.-telb.zn.⟩ 0.1 *raapolie*.
com ⟨afk.⟩ comedy, comic, comma, commentary, commerce, commercial, committee, common, communication, community.
com- [kɒm‖kɑm] 0.1 *com-* ⇒⟨ong.⟩ *samen, me(d)e* ◆ ¶.1 compose *componeren, samenstellen*.
Com ⟨afk.⟩ commander, commission(er), committee, commodore, Commonwealth, Communist.
COM [kɒm‖kɑm]⟨telb.zn.; afk.⟩⟨comp.⟩ Computer Output on Microfilm 0.1 *COM*.
co·ma[1] ['koʊmə]⟨f1⟩⟨telb.zn.; comae [-mi:]; →mv. 5⟩ 0.1 ⟨plantk.⟩ *zaadpluis* ⇒*zaadkuif, zaadpluimpje* 0.2 ⟨ster.⟩ *coma* ⟨v.e. komeet⟩ 0.3 ⟨optica⟩ *coma* ⇒*afbeeldingsfout, beeldvervorming*.
coma[2] ⟨telb. en n.-telb.zn.⟩ 0.1 *coma* ⇒*diepe bewusteloosheid* ◆ 3.1 go into a ~ *volledig bewusteloos worden* 6.1 **in** a ~ *volledig bewusteloos*.
co·mate[1] ['koʊmeɪt]⟨telb.zn.⟩ 0.1 *maat* ⇒*kameraad, metgezel, makker*.
comate[2] ⟨bn.⟩⟨plantk.⟩ 0.1 *met zaadpluis/zaadpluim/zaadkuif*.
co·ma·tose ['koʊmətoʊs]⟨bn.; -ly⟩ 0.1 *comateus* ⇒*diep bewusteloos* 0.2 *slaperig* ⇒*sloom, loom, lethargisch, slaapzuchtig*.
comb[1] [koʊm]⟨f2⟩⟨telb.zn.⟩ 0.1 *kam* ⟨ook v. haan e.d.⟩ 0.2 *honingraat* 0.3 *roskam* ◆ 2.1 his hair needs a good ~ *er moet eens een stevige kam door z'n haar* 3.¶ cut s.o.'s ~ *iem. een toontje lager doen zingen*.
comb[2] ⟨f2⟩⟨ww.⟩
I ⟨onov.ww.⟩ 0.1 *omkrullen* ⟨v. golven⟩;
II ⟨ov.ww.⟩ 0.1 *kammen* 0.2 *roskammen* ⇒*hekelen* ⟨ook fig.⟩ 0.3 *kaarden* 0.4 ⟨inf.⟩ *doorzoeken* ⇒*afzoeken, uitkammen* ◆ 5.1 →comb out.
comb[3] ⟨afk.⟩ combination, combining.
com·bat[1] ['kɒmbæt‖'kɑm-]⟨f2⟩⟨n.-telb.zn.⟩ 0.1 *strijd* ⇒*gevecht*.
combat[2] ['kɒmbæt‖kəm'bæt]⟨f1⟩⟨ww.; →ww. 7⟩
I ⟨onov.ww.⟩ 0.1 *vechten* ⇒*strijden;*
II ⟨ov.ww.⟩ 0.1 *vechten tegen* ⇒*bestrijden*.
com·bat·ant[1] ['kɒmbətənt‖kəm'bætnt]⟨f1⟩⟨telb.zn.⟩ 0.1 *strijder* ⇒*combattant, strijdende partij*.
combatant[2] ⟨bn.⟩ 0.1 *strijdend*.
'combat fatigue ⟨n.-telb.zn.⟩ 0.1 *oorlogsneurose* ⇒*oorlogsmoeheid, oorlogspsychose*.
com·bat·ive ['kɒmbətɪv‖kəm'bæt̬ɪv]⟨bn.; -ly; -ness⟩ 0.1 *strijdlustig*.
com·ba·tiv·i·ty ['kɒmbə'tɪvəti‖'kɑmbə'tɪvət̬i]⟨n.-telb.zn.⟩ 0.1 *strijdlust*.
'combat unit ⟨telb.zn.⟩ 0.1 *gevechtseenheid*.
'combat zone ⟨telb.zn.⟩ 0.1 *gevechtsterrein*.
combe →coomb.
comb·er ['koʊmə‖-ər]⟨telb.zn.⟩ 0.1 *(wol)kammer* 0.2 *kammachine* 0.3 *lange, omkrullende golf*.
comb form ⟨afk.⟩ combining form.
'comb honey ⟨n.-telb.zn.⟩ 0.1 *raathoning*.
com·bin·a·ble [kəm'baɪnəbl]⟨bn.⟩ 0.1 *verenigbaar*.
com·bi·na·tion ['kɒmbɪ'neɪʃn‖'kɑm-]⟨f3⟩⟨zn.⟩
I ⟨telb.zn.⟩ 0.1 *combinatie* ⇒*vereniging, verbinding* 0.2 *(geheime letter)combinatie* 0.3 *aggregaat* ⇒*samenstelling* 0.4 *klein dansorkest* ⇒*(jazz) band, combo* 0.5 ⟨schei.⟩ *verbinding* 0.6 ⟨BE⟩ *motorfiets met zijspan* 0.7 →combination room 0.8 →combination lock;
II ⟨n.-telb.zn.⟩ 0.1 *combinatie* ⇒*het combineren, het verbinden, het verenigen, samenspel* ◆ 6.1 **in** ~ **with** *samen met;*
III ⟨mv.; ~s⟩ 0.1 *combinaison* ⇒*combination, hemdbroek, teddy*.
'combi'nation garment ⟨telb.zn.⟩ 0.1 *hemdbroek* ⇒*combinaison, combination*.
'combi'nation lock ⟨telb.zn.⟩ 0.1 *combinatieslot* ⇒*letterslot, cijferslot, ringslot*.
'combi'nation room ⟨telb.zn.⟩⟨BE⟩ 0.1 *gemeenschappelijke kamer voor de Fellows* ⟨in Cambridge⟩.
com·bi·na·tive ['kɒmbɪnətɪv‖'kɑmbɪneɪt̬ɪv]⟨bn.⟩ 0.1 *verbindend* ⇒*verbindings-*.
com·bi·na·to·ri·al [kəm'baɪnə'tɔ:rɪəl]⟨bn.⟩ 0.1 *combinatorisch*.
com·bine[1] ['kɒmbaɪn‖'kɑm-]⟨f2⟩⟨telb.zn.⟩ 0.1 *politieke/economische belangengemeenschap* ⇒*syndicaat, kongsi, combine* 0.2 *maaidorser* ⇒*combine* 0.3 *kunstwerk bestaande uit een combinatie v. schilderwerk, collage en constructies*.
combine[2] ['kɒmbaɪn‖'kɑm-]⟨f3⟩⟨onov. en ov.ww.⟩ 0.1 *maaidorsen*.
combine[3] [kəm'baɪn]⟨ww.⟩
I ⟨onov.ww.⟩ 0.1 *zich verenigen* ⇒*zich verbinden, paren* 0.2 *coöpereren* ⇒*samenwerken, medewerken, samenspannen* 0.3 ⟨schei.⟩ *zich verbinden;*
II ⟨ov.ww.⟩ 0.1 *combineren* ⇒*verenigen, verbinden, vermengen, samenvoegen* 0.2 *in zich verenigen* ◆ 1.1 ⟨atletiek⟩ ~d event *meerkamp;* ~d operations/exercises *legeroefeningen waarbij land-, lucht- en zeemacht samenwerken* 6.1 ~ business **with** pleasure *het nuttige met het aangename verenigen*.
com'bined 'heat and 'power ⟨n.-telb.zn.⟩ 0.1 ⟨ong.⟩ *systeem v. stadsverwarming* ⟨met behulp v. afvalwarmte v. elektriciteitscentrales⟩.
'combine 'harvester ⟨f1⟩⟨telb.zn.⟩ 0.1 *maaidorser* ⇒*combine*.
comb·ings ['koʊmɪŋz]⟨mv.⟩ 0.1 *kamharen* ⇒*losse/uitgevallen haren*.
'comb·ing wool ⟨n.-telb.zn.⟩ 0.1 *kamwol* ⇒*kamgaren*.
'com·bin·ing form ⟨telb.zn.⟩⟨taalk.⟩ 0.1 *combinatievorm*.
com·bo ['kɒmboʊ‖'kɑm-]⟨f1⟩⟨telb.zn.⟩ 0.1 ⟨muz.⟩ *combo* ⇒*bandje, orkestje* 0.2 ⟨inf.⟩ *cocktail* ⇒*mengsel* 0.3 ⟨AE; sl.⟩ *(cijfer)combinatie* ⟨v. slot⟩.
'comb 'out ⟨f1⟩⟨ov.ww.⟩⟨inf.⟩ 0.1 *uitkammen* ⇒*doorzoeken, onderzoeken* 0.2 *(uit)zuiveren* ⇒*schiften* 0.3 *verwijderen* ⇒*afvoeren* ⟨overbodig personeel⟩.
'comb-out ⟨f1⟩⟨telb.zn.⟩⟨inf.⟩ 0.1 *uitkamming* 0.2 *uitkamming* ⇒*zorgvuldig onderzoek* 0.3 *uitzuivering* ⇒*schifting* ◆ 3.1 he needs a ~ *er moet nodig een kam door zijn haar*.
combs [kɒmz‖kɑmz]⟨mv.⟩⟨verk.⟩ combinations ⟨BE; inf.⟩ 0.1 *hemdbroek*.
com·bust[1] [kəm'bʌst]⟨bn.⟩⟨ster.⟩ 0.1 *(door de zon) overstraald*.
combust[2] ⟨onov. en ov.ww.⟩ 0.1 *verbranden*.

com·bus·ti·bil·i·ty [kəm'bʌstə'bɪləṭi]⟨n.-telb.zn.⟩ **0.1** ***(ver)brandbaarheid***.

com·bus·ti·ble[1] [kəm'bʌstəbl]⟨f1⟩⟨telb. en n.-telb.zn.; vaak mv.⟩ **0.1** ***brandstof*** ⇒*brandbare stof, brandbaar materiaal*.

combustible[2] ⟨f1⟩⟨bn.; -ly; →bijw. 3⟩ **0.1** ***(ver)brandbaar*** ⇒*ontvlambaar* **0.2** ***prikkelbaar*** ⇒*lichtgeraakt, opvliegend, ontvlambaar, vurig, driftig*.

com·bus·tion [kəm'bʌstʃən]⟨f2⟩⟨n.-telb.zn.⟩ **0.1** ***verbranding*** **0.2** ***opschudding*** ⇒*opwinding, agitatie, tumult, oproer* ◆ **2.1** spontaneous ~ *zelfontbranding*.

com'bustion chamber ⟨telb.zn.⟩ **0.1** ***verbrandingskamer*** ⇒*verbrandingsruimte, vlamkast*.

com'bustion engine ⟨telb.zn.⟩ **0.1** ***verbrandingsmotor***.

com·bus·tor [kəm'bʌstə‖-ər]⟨telb.zn.⟩ **0.1** ***verbrander***.

come[1] [kʌm]⟨n.-telb.zn.⟩⟨vulg.⟩ **0.1** ***sperma*** ⇒*geil, fut* **0.2** ⟨AE; sl.⟩ ***derrie*** ⇒*kwak, spul, saus, mayonaise*.

come[2] ⟨f4⟩⟨onov.ww.; came [keɪm], come [kʌm]⟩ →coming ⟨→sprw. 8, 13, 15, 16, 65, 84, 95, 118, 170, 196, 315, 320, 396, 459, 486, 648, 692, 737, 743, 745⟩ **0.1** ***komen*** ⇒*naderen, nader(bij) komen* **0.2** ***aankomen*** ⇒*arriveren* **0.3** ***beschikbaar zijn*** ⇒*verkrijgbaar zijn, aangeboden/geproduceerd worden* **0.4** ***verschijnen*** **0.5** ***meegaan*** **0.6** ***gebeuren*** **0.7** ***staan*** ⇒*komen, gaan* **0.8** ***zijn*** **0.9** ***beginnen*** ⇒*gaan, worden* **0.10** ***(een bepaalde) vorm aannemen*** **0.11** ***afleggen*** ⟨weg⟩ **0.12** ⟨vulg.⟩ ***klaarkomen*** ⟨orgasme⟩ ◆ **1.1** the coming man and the going man *de komende en de gaande man;* in the time to ~ *in de toekomst;* coming week *de komende week;* the time will ~ when ... *er komt een tijd dat ...;* in the years to ~ *in de komende jaren* **1.2** the goods have ~ *de goederen zijn aangekomen;* the train is coming *de trein komt eraan* **1.3** this costume ~s in two sizes *dit mantelpak is verkrijgbaar in twee maten* **1.4** that news came as a surprise *dat nieuws kwam als een verrassing* **1.9** ⟨inf.⟩ try coming the boss over s.o. *over iem. de baas proberen te spelen;* the buttons came unfastened *de knopen schoten los;* and then the door came open *en toen ging de deur open;* the motorway ~s within 20 miles *over 20 mijl begint de autoweg* **1.10** the butter will not ~ *de boter pakt niet* **1.11** we've ~ a long way *wij komen van ver* **1.¶** ⟨inf.⟩ three years ~ Christmas *over drie jaar met Kerstmis;* ⟨inf.⟩ Sunday ~ fortnight *zondag over 14 dagen;* the life to ~ *het leven in het hiernamaals;* the coming man *veelbelovend iemand;* ⟨inf.⟩ ~ Saturday *aanstaande zaterdag;* ⟨inf.⟩ he'll be eighteen ~ September *hij wordt achttien in september* **2.8** it ~s cheaper by the dozen *het is goedkoper per dozijn;* it ~s rather easy *het is nogal gemakkelijk;* that ~s too expensive to me *dat is me te duur* **2.9** ~ loose *loskomen, losgaan* **3.1** she came running *ze kwam aangelopen;* ~ and go *heen en weer lopen;* ⟨fig.⟩ *komen en gaan;* ~ and see s.o. *iem. bezoeken/opzoeken* **3.6** ~ what may *wat er ook moge gebeuren;* (now that I) ~ to think of it *nu ik eraan denk* **3.9** it has ~ to be used wrongly *men is het verkeerd gaan gebruiken;* I have ~ to believe *ik ben tot de overtuiging gekomen;* ~ to know s.o. better *iem. beter leren kennen;* in time she came to like him *na een tijdje begon ze hem aardig te vinden* **3.¶** she doesn't know whether she is coming or going *ze is de kluts kwijt;* ⟨vero.⟩ ~ to pass *gebeuren;* ~ home to roost *zich keren tegen (de aanstichter), zich wreken* **4.2** I'm coming! *ik kom eraan!* **4.5** are you coming? *kom je mee?* **4.9** John is coming 10 *John is bijna tien/wordt binnenkort tien* **4.¶** have it coming *iets te wachten staan;* ⟨inf.⟩ ~ it over/with s.o. *iem. overbluffen/imponeren/bedriegen/te slim af zijn;* ⟨sl.⟩ don't you ~ it with me *probeer me maar niet te overbluffen/te bedriegen/te slim af te zijn* **5.1** ~ **aboard** *aan boord komen;* ~ here! *kom hier!* **5.6 how** did it ~? *hoe is het gebeurd?, hoe kwam het?;* ⟨inf.⟩ **how** ~? *hoe komt dat?, waarom?;* **how** ~s it (that)/**how** ~ you are so late? *hoe komt het dat je zo laat bent?;* **how** did he ~/⟨vero.⟩ **how** came he to break his leg? *hoe heeft hij zijn been gebroken?* **5.¶** →come **about;** →come **across;** →come **again;** →come **along;** →come **apart;** →come **around;** →come **asunder;** →come **away;** →come **back;** ~ **by** *voorbijkomen, passeren, voorbijgaan;* ⟨AE⟩ *langskomen, binnenwippen* ⟨op bezoek⟩; →come **down;** →come **forth;** →come **forward;** ~ **home** to s.o. *to iem. doordringen;* →come **in;** ~ **near** to tears *bijna in tranen uitbarsten;* →come **off;** →come **on;** →come **out;** →come **over;** →come **round;** →come **through;** ~ **to** *bijkomen weer bij zijn positieven komen;* ~ **together** *het eens worden, een geschil bijleggen;* →come **up** **6.1** ~ **near** to doing something *iets bijna doen* **6.4** ~ **within** sight *zichtbaar worden, in zicht komen* **6.7** my job ~s **before** everything else *mijn baan gaat vóór alles;* the translation ~s **next to** the word *de vertaling staat naast het woord;* it ~s **on** page 15 *het staat op pagina 15* **6.¶** ~ **across** *aantreffen, vinden, stoten op, tegen het lijf lopen; invallen, opkomen, te binnen schieten;* I came **across** an old friend *ik liep een oude vriend tegen het lijf;* it came **across** my mind *het schoot me te binnen;* →come **after;** →come **at;** →come **before;** →come **between;** →come **by;** →come **for;** →come **from;** →come **into;** →come **of;** ~ **off** *afkomen van, loslaten, verlaten; afvallen van; beëindigen* ⟨opdracht⟩; *afgaan* ⟨van de prijs⟩; ⟨fig.⟩ ~ **off** the booze *van de drank afraken;* has this button ~ **off** coat? *komt deze knoop van jouw jas af?;* he came **off** his horse *hij viel van zijn paard af;* ⟨inf.⟩ oh, ~ **off** it! *schei uit!;* the inspector had just ~ **off** a murder case *de inspecteur had net een moordzaak achter de rug;* that'll ~ **off** your paycheck *dat zal van je salaris worden afgetrokken;* Britain came **off** the gold standard in 1931 *Engeland verliet de gouden standaard in 1931;* ~ **on** *aantreffen, vinden, stoten op; treffen, overvallen* ⟨v. iets ongewoons⟩; the disease came **on** her suddenly *de ziekte trof haar plotseling;* ~ **over** *overkomen, bekruipen;* a strange feeling came **over** her *een vreemd gevoel bekroop haar;* what has ~ **over** you? *wat bezielt je?;* ~ **round**/⟨AE⟩ **around** s.o. *iem. misleiden, iem. voor de gek houden;* ~ **through** *overleven, te boven komen, doorstaan* ⟨ziekte e.d.⟩; my father came **through** two world wars *mijn vader heeft twee wereldoorlogen overleefd;* →come **to;** →come **under;** →come **upon**.

come[3] ⟨f1⟩⟨tussenw.⟩ **0.1** ***nu dan*** ⇒*vooruit, probeer het nog eens* **0.2** ***denk nog eens na*** **0.3** ***kalmpjes aan*** ◆ **5.¶** ~ now! *kom, kom!, zachtjes aan!*.

'come a'bout ⟨f1⟩⟨onov.ww.⟩ **0.1** ***gebeuren*** ⇒*geschieden, zich toedragen, tot stand komen* **0.2** ***v. richting veranderen*** ⇒*(rond)draaien* **0.3** ⟨scheep.⟩ ***overstag gaan*** ⇒*wenden* ◆ **1.2** the wind has ~ (in)to the west *de wind is naar het westen gedraaid*.

'come a'cross ⟨f1⟩⟨onov.ww.⟩ **0.1** ***overkomen*** ⟨v. bedoeling, grap e.d.⟩ ⇒*aanspreken, aanslaan, effect hebben* **0.2** ⟨inf.⟩ ***lijken te zijn*** ⇒*overkomen (als)* **0.3** ⟨AE; vulg.⟩ ***zich aanbieden*** ⟨in seksuele zin⟩ ⇒*zich laten grijpen/pakken/naaien* ⟨v. vrouw⟩ ◆ **1.1** his speech didn't ~ very well *zijn toespraak sloeg niet erg aan* **6.2** he comes across to me as quite a nice fellow *hij lijkt me een aardige kerel te zijn, hij komt als een fijne vent op me over* **6.¶** ⟨inf.⟩ ~ **with** *over de brug komen met, dokken* ⟨geld⟩; *voor de dag komen met, geven* ⟨informatie⟩.

'come 'after ⟨onov.ww.⟩ **0.1** ***volgen*** ⇒*komen na, later komen* **0.2** ⟨inf.⟩ ***(achter iem.) aanzitten***.

'come a'gain ⟨onov.ww.⟩ **0.1** ***terugkomen*** ⇒*teruggaan, terugkeren* **0.2** ⟨sl.⟩ ***herhalen*** ⇒*nog eens zeggen* ◆ **¶.2** ⟨inf.⟩ ~? *zeg 't nog eens?*.

'come a'long ⟨f1⟩⟨onov.ww.⟩ **0.1** ***meekomen*** ⇒*meegaan* **0.2** ***opschieten*** ⇒*vorderen, vooruitkomen* **0.3** ***zich voordoen*** ⇒*gebeuren, opdagen* **0.4** ***volgen*** ⇒*nakomen* **0.5** ***beter worden*** ⇒*herstellen, goed vooruitgaan, opknappen, genezen* ⟨v. zieke⟩ **0.6** ***gedijen*** ⟨v. planten⟩ ⇒*groeien* **0.7** ⟨vaak geb. w.⟩ ***zijn best doen*** ⇒*een inspanning doen, het nog eens proberen* ◆ **5.5** the patient is coming along nicely *de patient gaat goed vooruit* **¶.1** ~ any time *je bent altijd welkom* **¶.2** ~! *vooruit! schiet op!* **¶.7** ~! *komaan!*.

'come-and-'go ⟨n.-telb.zn.⟩ **0.1** ***heen-en-weergeloop***.

'come a'part, 'come a'sunder ⟨onov.ww.⟩ **0.1** ***uit elkaar vallen*** ⇒*losgaan, uit/van elkaar gaan*.

'come a'round →come round.

'come at ⟨onov.ww.⟩ **0.1** ***komen bij*** ⇒*er bij kunnen, te pakken krijgen* **0.2** ***bereiken*** ⇒*toegang krijgen tot* **0.3** ***erachter komen*** ⇒*achterhalen* **0.4** ***er op losgaan*** ⇒*aanvallen*.

come-at-a·ble [kʌm'æṭəbl]⟨bn.⟩⟨inf.⟩ **0.1** ***toegankelijk*** ⇒*bereikbaar, binnen bereik*.

'come a'way ⟨f1⟩⟨onov.ww.⟩ **0.1** ***losraken*** ⇒*losgaan, loslaten, (af)breken* **0.2** ***heengaan*** ⇒*weggaan, ervandaan komen* **0.3** ⟨Sch. E; vaak geb. w.⟩ ***binnenkomen*** ◆ **6.1** the handle has ~ **from** the door *de deurknop is afgebroken* **6.2** we came away **with** the impression we hadn't been welcome *we gingen weg met de indruk dat we niet welkom waren geweest*.

'come·back ⟨f1⟩⟨telb.zn.; ook attr.⟩ **0.1** ***come-back*** ⇒*terugkomst, hernieuwd optreden, terugkeer* **0.2** ***schadeloosstelling*** ⇒*vergoeding, verhaal, regres, herstel, redres* **0.3** ***gevat antwoord*** ⇒*repliek, tegenzet* **0.4** ⟨Austr. E⟩ ***schaap dat gefokt wordt voor wol én vlees*** **0.5** ⟨AE⟩ ***herstel*** ⟨na ziekte⟩ ◆ **3.1** stage/make/try/attempt a ~ *een come-back (proberen te) maken*.

'come 'back ⟨f1⟩⟨onov.ww.⟩ **0.1** ***terugkomen*** ⇒*terugkeren, een come-back maken* **0.2** ***weer in de mode komen*** ⇒*weer populair/ingevoerd worden* **0.3** ***weer te binnen schieten*** **0.4** ***weer bijkomen*** **0.5** ***gevat antwoorden*** ⇒*repliceren, wat terugzeggen* ◆ **6.5** John came back **at** her **with** an unfriendly remark *John zette het haar betaald met een vervelende opmerking*.

'come before ⟨onov.ww.⟩ **0.1** ***komen voor*** ⇒*voorafgaan, de voorrang hebben op, belangrijker zijn dan* **0.2** ***vóórkomen*** ⇒*behandeld worden*.

'come between ⟨onov.ww.⟩ **0.1** ***tussenbeide komen*** ⇒*zich bemoeien met, zich mengen in* ◆ **1.1** ~ a man and his wife *stoken in een huwelijk* **4.¶** ~ s.o. and sth. *iem. beletten iets te doen/v. iets te genie-*

ten; such a small matter is not going to ~ me and my sleep *van zo'n kleinigheid lig ik niet wakker.*

'come by ⟨f1⟩⟨onov.ww.⟩ **0.1** ***krijgen*** *⇒verkrijgen, komen aan* **0.2** ***aantreffen*** *⇒vinden, tegen het lijf lopen* **0.3** ***oplopen*** ⟨ziekte, wond e.d.⟩ ◆ **1.1** jobs are hard to ~ nowadays *werk is moeilijk te vinden vandaag de dag* **1.3** her father came by his death tragically *haar vader kwam tragisch om het leven.*

Comecon ['kɒmɪkɒn‖'kɑmɪkɑn]⟨eig.n.; afk.⟩ Council for Mutual Economic Assistance/Aid **0.1** ***Comecon*** ⟨Economische Raad v. vnl. Oostbloklanden⟩.

co·me·di·an [kə'mi:dɪən]⟨f2⟩⟨telb.zn.⟩ **0.1** ***akteur*** *⇒blijspelakteur, komediant* ⟨ook fig.⟩ **0.2** ***blijspelauteur*** *⇒komedieschrijver, toneelschrijver* **0.3** ***komiek*** *⇒grappenmaker, clown.*

co·me·dic [kə'mi:dɪk]⟨bn.⟩ **0.1** ***v.e. komedie.***

co·me·di·enne [kə'mi:di'en]⟨telb.zn.⟩ **0.1** ***comedienne*** *⇒blijspelspeelster, komediespeelster.*

co·me·di·et·ta [kə'mi:di'eṭə]⟨telb.zn.⟩ **0.1** ***kort, licht blijspel*** *⇒klucht.*

co·me·dist ['kɒmədɪst‖'kɑ-]⟨telb.zn.⟩ **0.1** ***blijspelauteur*** *⇒komedieschrijver, toneelschrijver.*

com·e·do ['kɒmɪdoʊ‖'kɑ-]⟨telb.zn.; ook comedones ['kɒmɪ'doʊni:z‖'kɑ-]; →mv. 5⟩⟨med.⟩ **0.1** ***comedo*** *⇒meeëter, vetpuistje, jeugdpuistje.*

'come·down ⟨telb.zn.⟩⟨inf.⟩ **0.1** ***val*** *⇒vernedering, achteruitgang, degradatie* **0.2** ***ontgoocheling*** *⇒tegenvaller.*

'come 'down ⟨f2⟩⟨onov.ww.⟩ **0.1** ***neerkomen*** *⇒naar beneden komen, (neer)vallen, invallen, instorten* **0.2** ***terechtkomen (in)*** **0.3** ***een beslissing nemen*** **0.4** ***over de brug komen*** *⇒dokken, betalen* **0.5** ***vernederd worden*** *⇒afzakken, aan lager wal geraken, aan sociale status inboeten, een toontje lager zingen* **0.6** ***overgeleverd worden*** ⟨v. traditie e.d.⟩ **0.7** ***dalen*** *⇒zakken, lager worden* ⟨v. prijs⟩ **0.8** ***dalen*** *⇒landen* ⟨v. vliegtuig⟩ **0.9** ***óverkomen*** ⟨bv. uit grote stad, Londen of het Noorden⟩ **0.10** ⟨BE⟩ ***de universiteit verlaten*** **0.11** ⟨sl.: druggebruik⟩ ***v.e. trip terugkomen*** ⟨de uitwerking v.e. dosis niet meer voelen⟩ **0.12** ⟨AE⟩ ***ziek worden*** ◆ **1.5** Mary has ~ in my opinion *Mary is in mijn achting gedaald* **5.4** ~ generously/handsome(ly) *royaal over de brug komen* **6.3** ~ **in** favour **of/on** the side **of** *zich uitspreken voor/ten gunste van* **6.5** ~ **in** the world *aan lager wal geraken* **6.9** our new neighbours ~ **from** London *onze nieuwe buren komen uit Londen* **6.10** she came down **from** Cambridge in 1961 *in 1961 studeerde ze af in Cambridge* **6.¶** →come down **on;** →come down **to;** →come down **with.**

'come 'down on ⟨f1⟩⟨onov.ww.⟩ **0.1** ***neerkomen op*** *⇒toespringen (op), overvallen, aanvallen, op het lijf vallen* **0.2** ***straffen*** **0.3** ⟨inf.⟩ ***krachtig/dringend eisen*** *⇒herstel/vergoeding eisen* **0.4** ⟨inf.⟩ ***berispen*** *⇒uitschelden, de mantel uitvegen, uitvaren tegen, op de vingers tikken* ◆ **1.4** ⟨inf.⟩ he came down on me like a ton of bricks *hij verpletterde me onder zijn kritiek* **5.2** come down heavily on criminals *delinquenten zwaar aanpakken* **6.3** he came down on us **for** prompt payment *hij eiste prompte betaling van ons.*

'come 'down to ⟨f1⟩⟨onov.ww.⟩ **0.1** ***gedwongen worden te*** **0.2** ***reiken tot*** **0.3** ***overgeleverd worden aan*** ⟨v. traditie. e.d.⟩ **0.4** ⟨inf.; fig.⟩ ***neerkomen op*** ◆ **1.4** when it comes down to generosity *wanneer het op vrijgevigheid aankomt* **3.¶** you will ~ begging in the streets *je zult nog eens op straat moeten bedelen.*

'come 'down with ⟨f1⟩⟨onov.ww.⟩⟨inf.⟩ **0.1** ***over de brug komen met*** *⇒dokken, betalen* **0.2** ***krijgen*** ⟨ziekte⟩.

com·e·dy ['kɒmədi‖'kɑ-]⟨f3⟩⟨zn.; →mv. 2⟩

I ⟨telb.zn.⟩ **0.1** ***blijspel*** *⇒komedie* **0.2** ***komisch voorval*** *⇒komische situatie* ◆ **1.1** ~ of manners *zedenkomedie, satire* **2.1** musical ~ *muzikale komedie, musical;*

II ⟨n.-telb.zn.⟩ **0.1** ***humor*** **0.2** ***het komische genre*** ◆ **3.2** this author prefers ~ *deze auteur schrijft bij voorkeur in het komische genre.*

'com·e·dy-dra·ma ⟨telb.zn.⟩ **0.1** ***tragikomedie.***

'comedy series ⟨telb.zn.⟩⟨vnl. AE⟩ **0.1** ***komische t.v.-reeks.***

'com·e·dy·wright ⟨telb.zn.⟩ **0.1** ***blijspeldichter*** *⇒blijspelschrijver/auteur.*

'come for ⟨onov.ww.⟩ **0.1** ***komen om*** *⇒komen (af)halen* **0.2** ***(dreigend) afkomen op.***

'come 'forth ⟨onov.ww.⟩ **0.1** ⟨schr.; ook scherts.⟩ ***te voorschijn komen*** *⇒voor de dag komen.*

'come 'forward ⟨f1⟩⟨onov.ww.⟩ **0.1** ***zich (vrijwillig) aanbieden*** *⇒zich aanmelden* **0.2** ***op de agenda komen*** *⇒behandeld worden, aan de beurt komen* **0.3** ⟨ec.⟩ ***te koop aangeboden worden*** *⇒verkrijgbaar zijn* ◆ **1.1** ~ as a candidate *zich kandidaat stellen* **6.2** this matter will ~ **at** our next meeting *deze zaak staat op de agenda voor onze volgende vergadering* **6.¶** ~ **with** a good suggestion *met een goede suggestie/goed idee komen.*

'come from ⟨onov.ww.⟩ **0.1** ***komen uit/van*** *⇒afstammen v.* **0.2** ***het resultaat zijn v.*** ◆ **1.1** he comes from a very rich family *hij komt/stamt uit een zeer rijke familie* **3.2** that's what comes from trying to help people *dat komt ervan als je mensen wilt helpen* **5.¶** ~ (out of) nowhere *uit het niets tevoorschijn komen.*

'come-'hith·er[1] ⟨n.-telb.zn.⟩ **0.1** ***verlokking*** *⇒verleiding, bekoring* ◆ **3.1** ⟨sl.⟩ put the ~ on s.o. *iem. bekoren, verlokken, verleiden.*

come-hith·er[2] ⟨bn., attr.⟩⟨inf.⟩ **0.1** ***koketterend*** *⇒(seksueel) behaagziek, uitnodigend, lonkend, verleidelijk* ◆ **1.1** a ~ smile *een verleidelijke glimlach.*

'come 'in ⟨f2⟩⟨onov.ww.⟩ →comings-in **0.1** ***binnenkomen*** *⇒binnentreden, thuiskomen* **0.2** ***aankomen*** **0.3** ***verkozen/benoemd worden*** *⇒aan de macht/het bewind komen* **0.4** ***in de mode komen*** *⇒de mode worden, in zwang/erin komen, gebruikt worden* **0.5** ***zijn*** *⇒*⟨fig.⟩ *zitten* **0.6** ***deelnemen*** *⇒een plaats vinden* **0.7** ***voordeel hebben*** **0.8** ***beginnen*** *⇒aan de beurt komen* ⟨o.a. cricket, radioverkeer⟩ **0.9** ***rijpen*** ⟨v. oogst⟩ **0.10** ***opkomen*** *⇒rijzen* ⟨v. getij⟩ **0.11** ***binnenkomen*** *⇒in ontvangst genomen worden, verkregen worden* ⟨v. geld⟩ **0.12** ***dienen*** *⇒nut hebben* ◆ **1.2** the train hasn't ~ yet *de trein is nog niet binnengekomen* **1.3** at the next election the Democrats will certainly ~ *bij de volgende verkiezingen gaan de Democraten het zeker halen* **1.5** where does the joke ~? *wat is daar zo grappig aan?;* that's where the mistake comes in *daar zit nu juist de fout* **1.8** ~, London! *hallo, Londen, hoort u mij?* **1.9** strawberries are coming in next month *volgende maand begint het aardbeienseizoen/zijn er weer aardbeien* **1.10** the tide is coming in *het getij komt op* **2.12** ~ handy/useful *goed te/van pas komen* **4.2** he came in second *hij kwam als tweede binnen* **5.6** this is where you ~ *hier kom jij aan de beurt, hier begint jouw rol;* where do I ~? *en ik dan?, waar blijf ik dan?, wat moet ik doen?* **5.7** where do I ~? *wat levert het voor mij op?, welk belang heb ik erbij?* **5.8** this is where we ~ *hier begint voor ons het verhaal* **5.¶** ~ nowhere *nergens zijn, met grote achterstand binnenkomen* **6.¶** →come in **for;** →come in **on;** →come in **with.**

'come 'in for ⟨f1⟩⟨onov.ww.⟩ **0.1** ***krijgen*** *⇒ontvangen* **0.2** ***aantrekken*** *⇒het voorwerp zijn v., uitlokken, zich op de hals halen* **0.3** ***in aanmerking komen voor*** *⇒geschikt zijn voor* ◆ **1.1** he came in for a lot of trouble *hij kreeg heel wat moeilijkheden* **1.2** ~ a great deal of criticism *heel wat kritiek uitlokken/te slikken krijgen.*

'come 'in on ⟨onov.ww.⟩⟨inf.⟩ **0.1** ***deelnemen aan*** *⇒zich voegen bij, meewerken aan.*

'come into ⟨onov.ww.⟩ **0.1** ***(ver)krijgen*** *⇒verwerven, komen aan, in het bezit komen v., erven* **0.2** ***komen in*** **0.3** ⟨vaak emf.⟩ ***binnenkomen*** *⇒binnentreden* ◆ **1.1** ~ a fortune/money *een fortuin/geld erven;* ~ s.o.'s possession *in iemands bezit komen* **1.2** ~ action *in actie komen;* ~ blossom/flower *beginnen te bloeien;* ~ bud/leaf *uitbotten, in bloei/'t blad komen;* ~ collision with sth. *in botsing komen met iets;* ~ contact with s.o./sth. *met iem./iets in contact komen;* ~ fashion *in de mode komen;* ~ service/use *in gebruik komen;* ~ sight/view *in zicht komen;* ~ the world *ter wereld komen* **4.¶** ~ one's own *zichzelf worden, erkend worden, erkenning afdwingen.*

'come 'in with ⟨onov.ww.⟩⟨inf.⟩ **0.1** ***zich associëren met*** *⇒meedoen met* ⟨een onderneming, e.d.⟩.

come·ly ['kʌmli]⟨f1⟩⟨bn.; -er; -ness; →compar. 7⟩ **0.1** ***aantrekkelijk*** *⇒knap, bevallig, aardig* **0.2** ***gepast*** *⇒passend, betamelijk.*

'come of ⟨onov.ww.⟩ **0.1** ***komen uit/van*** *⇒afstammen van* **0.2** ***het resultaat zijn van*** ◆ **1.1** he comes of noble ancestors *hij stamt uit een nobel geslacht* **3.2** that's what comes of being late *dat komt ervan als je te laat bent* **4.2** nothing came of it *er kwam niets van terecht, het is nooit iets geworden.*

'come 'off ⟨f1⟩⟨onov.ww.⟩ **0.1** ***loslaten*** *⇒loskomen, losgaan* **0.2** ***er afkomen*** *⇒(het) er afbrengen, zich kwijten v., uitkomen, te voorschijn komen* **0.3** ***lukken*** *⇒goed aflopen* **0.4** ***plaatshebben*** *⇒plaatsgrijpen* **0.5** ***uit produktie/roulatie genomen worden*** ⟨v. film, toneelstuk⟩ **0.6** ***afgeven*** *⇒afgaan* ⟨v. verf⟩ **0.7** ⟨cricket⟩ ***ophouden met bowlen*** **0.8** ⟨vulg.⟩ ***klaarkomen*** ⟨orgasme⟩ ◆ **1.1** when I opened the door the catch came off *toen ik de deur opendeed, liet de klink los* **1.4** their marriage didn't ~ *hun huwelijk ging niet door* **1.6** this paint comes off *deze verf laat los/bladdert af* **4.3** it didn't ~ *het lukte niet* **5.2** ~ badly *het er slecht van afbrengen* **7.2** ⟨inf.⟩ ~ second best *verliezen, nummer twee worden, op de tweede plaats eindigen.*

'come 'on ⟨f2⟩⟨onov.ww.⟩ **0.1** ***naderbij komen*** *⇒naderkomen, oprukken, aanrukken, (blijven) komen* **0.2** ***opschieten*** *⇒vorderen, vooruitkomen, vorderingen maken* **0.3** ⟨ben. voor⟩ ***beginnen*** *⇒opkomen* ⟨v. onweer⟩, *vallen* ⟨v. nacht⟩, *aangaan* ⟨v. licht⟩, *beginnen (te ontstaan)* ⟨v. zieke, verkoudheid e.d.⟩ **0.4** ***aan de orde zijn*** *⇒ter sprake komen, ter tafel komen* **0.5** ***op de t.v. komen*** **0.6** ***opkomen*** ⟨v. toneelspeler⟩ **0.7** ***opgevoerd/vertoond worden***

⟨v. toneelstuk, film⟩ **0.8** ***beter worden*** ⇒*goed vooruitgaan, aankomen, herstellen, opknappen, genezen* ⟨v. ziekte⟩ **0.9** ***gedijen*** ⇒*groeien* ⟨v. planten⟩ **0.10** ⟨jur.⟩ ***vóórkomen*** **0.11** ⟨cricket⟩ ***beginnen te bowlen*** **0.12** ⟨AE⟩ ***een grote indruk maken*** ⇒*óverkomen* ⟨op t.v., radio, via de telefoon⟩ ◆ **1.2** that horse has ~ a ton *dat paard is er enorm op vooruitgegaan* **1.3** darkness came on *het werd donker;* the rain came on *het begon te regenen* **3.3** ⟨BE⟩ it came on to rain *het begon te regenen* **5.1** I'll ~ later *ik kom je wel achterna* **5.¶** ~ **down!** *kom maar beneden!;* ~ **in!** *kom toch binnen!;* ~ **out!** *kom toch naar buiten!;* ~ **round!** *kom eens langs!;* ~ **up!** *kom toch boven!* **¶.¶** ~! *kom op!, schiet op!* ⟨om iem. aan te sporen⟩; *kop op!, komaan!, kom op!* ⟨om iem. aan te moedigen iets te doen/zeggen⟩; oh ~ (not again)! *oh alsjeblieft (niet nog eens)!.*

'come-on ⟨telb.zn.⟩ ⟨sl.⟩ **0.1** ***lokmiddel*** ⇒*lokaas, verlokking* **0.2** ***oplichter*** ⇒*zwendelaar* **0.3** ***dupe*** ⇒*sukkel, piepeltje* ⟨die zich vlug laat beetnemen⟩ **0.4** ⟨AE; sl.⟩ ***uitnodiging*** ⇒*invitatie;* ⟨AE⟩ *sexappeal* ◆ **3.¶** ⟨sl.⟩ she gave me the ~ as soon as her husband had left *zodra haar man de kamer uit was begon ze avances te maken.*

'come 'out ⟨f2⟩ ⟨onov.ww.⟩ →coming-out **0.1** ***uitkomen*** ⇒*eruit komen, naar buiten komen* **0.2** ***staken*** ⇒*in staking gaan* **0.3** ⟨ben. voor⟩ ***verschijnen*** ⇒*tevoorschijn/voor de dag komen, gepubliceerd worden* ⟨v. boek⟩, *uitlopen, bloeien* ⟨v. planten, bomen⟩, *doorkomen* ⟨v. zon⟩, *uit de mond komen* ⟨v. woorden⟩, *uitbreken* ⟨v. ziekte⟩ **0.4** ***ontdekt/bekend worden*** **0.5** ***vrijkomen*** ⇒*ontslagen worden* **0.6** ***duidelijk worden/zijn*** ⇒*goed uitkomen, er goed op staan* ⟨foto⟩ **0.7** ***verdwijnen*** ⇒*verschieten, verbleken* ⟨v. kleur⟩, *uitvallen* ⟨v. haar, tanden⟩ **0.8** ***zich voor/tegen iets verklaren*** **0.9** ***haar/zijn debuut maken*** ⟨op het toneel; in de wereld, vnl. m.b.t. meisje uit hogere stand⟩ ⇒*voor de eerste keer optreden, (aan het hof) voorgesteld worden* **0.10** ***verwijderd worden*** ⇒*er uitgaan* ⟨v. vlek⟩ **0.11** ***uitkomen*** ⇒*kloppen, juist zijn, sluiten* ⟨v. rekening⟩ **0.12** ***openlijk uitkomen voor*** ⟨seksuele geaardheid⟩ ◆ **1.1** Lucy came out in the top three *Lucy eindigde bij de eerste drie;* my son came out first *mijn zoon eindigde als eerste* **1.2** the workers came out (on strike) *de arbeiders gingen in staking* **1.3** when does your novel ~? *wanneer komt je roman uit?* **5.¶** ~ of nowhere *uit het niets opkomen;* ~ **right/wrong** *goed/slecht aflopen;* ~ **badly/well** *het er slecht/goed afbrengen* **6.3** he's coming out in spots/a rash *hij zit vol uitslag;* ~ **with** a new novel *een nieuwe roman uitbrengen;* ⟨inf.⟩ ~ **with** the truth *met de waarheid voor de dag komen* **6.8** the Government came out strong (ly) **against** the Russian invasion *de regering protesteerde krachtig tegen de Russische invasie* **6.10** those stains won't ~ **of** your dress *die vlekken gaan nooit meer uit je jurk* **6.11** the total comes out **at/to** 367 *het totaal beloopt 367* **6.¶** ~ **for** s.o./sth. *iem./iets zijn steun toezeggen;* ⟨inf.⟩ ~ **of** sth. well/badly *het ergens goed/slecht van afbrengen;* would you ~ **to** dinner with me? *zullen we samen dineren?;* ~ **with** a telling remark *met een rake opmerking uit de hoek komen.*

'come 'over ⟨f1⟩ ⟨onov.ww.⟩ **0.1** ***óverkomen*** ⇒*komen over, oversteken* **0.2** ***overgaan*** ⇒*(naar een andere partij) overlopen* **0.3** ***langs komen*** ⇒*bezoeken* **0.4** ***inslaan*** ⇒*óverkomen, aanspreken, aanslaan, effect hebben* **0.5** ⟨BE⟩ ***worden*** ⇒*zich voelen* ◆ **1.1** his ancestors came over with William the Conqueror *zijn voorouders kwamen met Willem de Veroveraar naar Engeland* **2.5** ~ faint/dizzy/queer/funny *zich flauw/duizelig/ziek/raar voelen* **6.2** she will never ~ **to** our side *ze zal nooit aan onze kant gaan staan.*

com·er ['kʌmə||-ər] ⟨f1⟩ ⟨telb.zn.⟩ **0.1** ***aangekomene*** ⇒*aangekomen gast, bezoeker* **0.2** ⟨AE; inf.⟩ ***coming man*** ⇒*veelbelovend iemand* ◆ **1.1** ~s and goers *de komende en de gaande man* ⟨i.h.b. gasten, reizigers⟩ **2.1** late-~ *laatkomer* **7.¶** all ~s *iedereen;* the first ~ *diegene die het eerst komt;* ⟨fig.⟩ *de eerste de beste.*

'come 'round, ⟨vnl. AE⟩ **'come a'round** ⟨f1⟩ ⟨onov.ww.⟩ **0.1** ***aanlopen*** ⇒*langs komen, aanwippen, bezoeken* **0.2** ***bijkomen*** ⇒*weer bij zijn positieven komen* **0.3** ***overgaan*** ⇒*(naar een andere partij) overlopen, bijdraaien* **0.4** ***terugkomen*** ⇒*(regelmatig) terugkeren, er weer zijn, (aan)komen* **0.5** ***een geschil/ruzie bijleggen*** **0.6** ***een omweg maken*** **0.7** ***bijtrekken*** ⟨na boze bui⟩ **0.8** ***draaien*** ⟨v. wind⟩ ⇒*overstag gaan, wenden* ⟨v. schip⟩ ◆ **1.3** Jim has ~ *Jim heeft het geaccepteerd/is bijgedraaid* **1.4** Christmas is coming round next month *'t is weer Kerstmis volgende maand* **5.7** she'll soon ~ *ze zal wel gauw in een beter humeur komen* **6.3** she'll never ~ **to** our side *ze zal nooit aan onze kant gaan staan* **6.¶** she finally came round **to** writing the letter *eindelijk kwam ze ertoe de brief te schrijven.*

co·mes·ti·ble[1] [kə'mestəbl] ⟨telb.zn.; vnl. mv.⟩ **0.1** ***eetwaren.***

comestible[2] ⟨bn.⟩ **0.1** ***eetbaar.***

com·et ['kɒmɪt||'kɑ-] ⟨f2⟩ ⟨telb.zn.⟩ **0.1** ***komeet.***

com·et·ary ['kɒmɪtri||'kɑmɪteri], **co·met·ic** [kɒ'metɪk||kə'meṭɪk] ⟨bn.⟩ **0.1** ***komeet-*** ⇒*komeetachtig.*

'come 'through ⟨f1⟩ ⟨onov.ww.⟩ **0.1** ***doorkomen*** ⇒*erdoor komen, overkomen, komen door* **0.2** ***overleven*** ⇒*doorstaan* ⟨mbt. ziekte e.d.⟩ **0.3** ⟨AE⟩ ***slagen*** ⇒*de bestemming bereiken, lukken, aan de verwachting voldoen* **0.4** ⟨inf.⟩ ***doen als verwacht*** ⇒*over de brug komen* **0.5** ⟨AE; inf.⟩ ***doorslaan*** ⇒*opbiechten, bekennen* ◆ **1.1** the message isn't coming through clearly *het bericht komt niet goed door* **6.2** ~ **without** a scratch *er zonder kleerscheuren afkomen.*

'come 'to ⟨onov.ww.⟩ **0.1** ***betreffen*** ⇒*aankomen op* **0.2** ***komen tot (aan)*** ⇒*komen bij* **0.3** ***belopen*** ⇒*bedragen, (neer)komen op* **0.4** ***te binnen schieten*** ⇒*komen op* **0.5** ***toekomen*** ⇒*ten deel/te beurt vallen, gegeven worden* **0.6** ***overkómen*** **0.7** ⟨scheep.⟩ ***bijdraaien*** ⇒*bijleggen, opsteken, stoppen, voor anker gaan* **0.8** ***benaderen*** ⇒*aanpakken, onder handen nemen* ⟨probleem, taak e.d.⟩ ◆ **1.2** ~ an agreement *het eens worden, tot overeenstemming komen;* ~ s.o.'s aid/assistance/help *iem. te hulp komen;* ~ a climax *een climax bereiken;* ~ a decision *tot een besluit komen;* ~ s.o.'s ears *iem. ter ore komen;* prosperity came to an end *er kwam een einde aan/het liep af met de welvaart;* John came to a bad/no good/a sticky end *het liep slecht af met John;* ~ fruition *in vervulling gaan;* ~ the ground *neervallen;* ~ a halt/standstill *tot stilstand komen;* the water came to her knees *ze stond tot aan haar knieën in het water;* ~ life *tot leven komen, weer bijkomen;* ~ light *aan het licht komen;* ~ s.o.'s notice/attention *onder de aandacht komen van iem.;* ~ rest *tot rust/stilstand komen;* ~ one's senses/oneself *tot bezinning komen, weer bijkomen;* ~ an understanding *tot een schikking komen, het eens worden, zich met elkaar verstaan* **1.3** ~ the same thing *op hetzelfde neerkomen* **1.5** a lot of money is coming to her *ze zal heel wat geld erven* **1.6** I hope no harm will ~ you *ik hoop dat je geen kwaad geschiedt* **4.¶** he'll never ~ anything *er zal nooit iets van hem worden;* what is he coming to? *wat gaat er met hem gebeuren?;* ⟨sl.⟩ he had it coming to him *hij kreeg zijn verdiende loon;* ~ little *weinig uithalen;* what's it all coming to? *waar moet dat allemaal heen? waar gaat het allemaal naartoe?;* we all have to ~ it! *dat staat ons allemaal te wachten!;* not ~ much *niet veel te betekenen hebben, niet veel uithalen;* ~ naught/nothing *op niets uitdraaien/lopen;* ~ oneself *tot zichzelf komen;* it's/we've ~ something when you won't even listen! *we zijn wel een eind van huis als jullie niet eens willen luisteren!;* if it comes to that *in dat geval;* ⟨inf.⟩ ~ that *wat dat betreft, nu je erover spreekt, eigenlijk;* we never thought things would ~ this! *we hadden nooit gedacht dat het zo ver zou komen!* **5.5** it comes naturally/⟨inf.⟩ natural *het gaat hem makkelijk af, het komt hem zo maar aanwaaien.*

'come under ⟨onov.ww.⟩ **0.1** ***komen onder*** ⇒*ressorteren onder, vallen onder* ◆ **1.1** ~ heavy enemy gunfire *door de vijand zwaar onder vuur genomen worden.*

'come 'up ⟨f1⟩ ⟨onov.ww.⟩ **0.1** ***opkomen*** ⇒*(naar) boven komen, opdoemen; aangaan* ⟨v. licht⟩ **0.2** ***uitkomen*** ⇒*opschieten, kiemen* **0.3** ***aan de orde komen*** ⇒*ter sprake komen* **0.4** ***gebeuren*** ⇒*vóórkomen, zich voordoen* **0.5** ***vooruitkomen*** **0.6** ***eruit komen*** ⇒*uitgebraakt worden* ⟨v. voedsel⟩ **0.7** ***naderbij komen*** ⟨om iets te zeggen⟩ **0.8** ***in de mode komen*** ⇒*mode worden, opkomen* **0.9** ***passen*** ⇒*goed staan* ⟨v. kleren⟩ **0.10** ***vóórkomen*** ⟨v. rechtszaak⟩ **0.11** ⟨mil.⟩ ***aangebracht/aangevoerd worden*** **0.12** ⟨inf.⟩ ***uitkomen*** ⇒*getrokken/gekozen worden* **0.13** ⟨inf.⟩ ***uitgebracht worden*** **0.14** ⟨BE⟩ ***aan de universiteit komen*** ⇒*gaan studeren, student worden, eerstejaars zijn* ⟨vnl. Oxford, Cambridge⟩ **0.15** ⟨BE⟩ ***overkomen*** ⟨bv. naar grote stad, Londen⟩ ◆ **1.1** he's coming up for the third time *hij komt voor de derde keer boven (water);* ⟨fig.⟩ *zijn einde is nabij* **1.5** ~ the hard way *het door schade en schande bereiken, het in de harde praktijk leren, het op eigen kracht redden;* ~ in the world *vooruitkomen in de wereld* **1.¶** dinner is coming up *het eten is klaar, we gaan aan tafel* **3.¶** ⟨inf.⟩ he always comes up smiling *hij overwint het altijd met een lach* **6.1** ~ **for** election *uitkomen als verkiezingskandidaat, kandidaat staan, verkiesbaar zijn;* the water came up **to/as far as** his knees *het water kwam tot z'n knieën* **6.¶** ~ **against** *in conflict komen met;* ~ **for** auction/sale *geveild/in verkoop gebracht worden;* our holiday didn't ~ **to** our expectations *onze vakantie beantwoordde niet aan onze verwachtingen;* ~ **to** s.o.'s chin *tot (aan) iemands kin reiken;* John does not ~ **to** Peter's shoulder *John komt nog niet tot Peters schouders;* ⟨fig.⟩ *is verre Peters mindere/evenaart Peter bij lange na niet;* ~ **with** s.o. *op gelijke hoogte komen met iem./iem. inhalen;* ⟨inf.⟩ you'll have to ~ **with** a better answer *je zult met een beter antwoord op de proppen moeten komen.*

'come upon ⟨f1⟩ ⟨onov.ww.⟩ **0.1** ***overvallen*** ⇒*overrompelen, overstelpen, komen over* **0.2** ***eisen stellen aan*** ⇒*zich wenden tot, aanspreken om, zich opdringen aan* **0.3** ***ten laste komen v.*** **0.4** ***aantreffen*** ⇒*stoten op, tegen het lijf lopen, ontmoeten* ◆ **1.1** fear came upon them *ze werden door angst bevangen* **1.2** she came upon him for money *ze vroeg hem dringend om geld.*

come·up·pance [kʌm'ʌpəns]⟨telb.zn.⟩⟨inf.⟩ **0.1** ***verdiende loon*** ◆ **3.1** get one's ~ *zijn verdiende loon krijgen.*

com·fit ['kʌmfɪt]⟨telb.zn.⟩⟨vero.⟩ **0.1** ***snoepje*** ⇒*suikerboon, bonbon.*

com·fort[1] ['kʌmfət‖-fərt]⟨f3⟩⟨zn.⟩

I ⟨telb.zn.⟩ **0.1** ***troost*** ⇒*trooster, steun* **0.2** ⟨AE⟩ ***dons*** ⇒*dekbed, gewatteerde deken* **0.3** ⟨vaak mv.⟩ ***comfort*** ⇒*gemak* ◆ **2.3** house with all modern ~s *huis met alle modern comfort;*

II ⟨n.-telb.zn.⟩ **0.1** ***troost*** ⇒*vertroosting, soelaas, bemoediging, opbeuring* **0.2** ***hulp*** ⇒*steun* **0.3** ***voldoening*** ⇒*genoegen* **0.4** ***comfort*** ⇒*gemak, geriefelijkheid* **0.5** ***welstand*** ⇒*welgesteldheid* ◆ **2.1** be of good ~ *houd moed* **3.1** derive/take ~ from sth. *troost putten uit iets* **3.5** live in ~ *welgesteld zijn, een comfortabel leven leiden* **7.1** find little ~ in sth. *weinig troost vinden bij/in iets.*

comfort[2] ⟨f3⟩⟨ov.ww.⟩ **0.1** ***troosten*** ⇒*vertroosten, opbeuren, bemoedigen* **0.2** ***verkwikken*** ⇒*verlichten, verzachten, opkikkeren, lenigen* **0.3** ⟨vero.; jur.⟩ ***helpen*** ⇒*steunen* ◆ **1.1** a ~ing thought *een geruststellende gedachte.*

com·fort·a·ble[1] ['kʌm(p)f(ə)təbl‖-fərṭəbl]⟨telb.zn.⟩⟨AE⟩ **0.1** ***gewatteerde deken*** ⇒*dons, dekbed.*

comfortable[2] ⟨f3⟩⟨bn.; -ly; -ness; →bijw. 3⟩ **0.1** ***aangenaam*** ⇒*gemakkelijk, behaaglijk, knus, gezellig* **0.2** ***comfortabel*** ⇒*geriefelijk* **0.3** ***royaal*** ⇒*vorstelijk, comfortabel* **0.4** ***bemoedigend*** ⇒*troostend, opbeurend* **0.5** ***eenvoudig*** ⇒*gemakkelijk, niet veeleisend, gelukkig* **0.6** ***rustig*** ⇒*zonder pijn, op zijn gemak* **0.7** ***welgesteld*** ⇒*bemiddeld, in goeden doen* ◆ **1.1** a ~ armchair *een gemakkelijke (leun)stoel* **1.6** have a ~ night *een rustige nacht hebben* **1.7** live in ~ circumstances *in goeden doen zijn* **3.1** feel ~ *zich goed voelen;* make yourself ~ *maak het je gemakkelijk* **5.7** he's comfortably off *hij is in goeden doen.*

com·fort·er ['kʌmfətə‖-fərṭər]⟨f1⟩⟨telb.zn.⟩ **0.1** ***trooster*** ⇒*steun* **0.2** ⟨BE⟩ ***fopspeen*** **0.3** ⟨BE⟩ ***bouffante*** ⇒*shawl* **0.4** ⟨AE⟩ ***dons*** ⇒*dekbed, gewatteerde deken* ◆ **7.¶** the Comforter *de Trooster, de Heilige Geest, de Parakleet* ⟨Joh. 14:16 en 26⟩.

com·fort·less ['kʌmfətləs‖-fərt-]⟨bn.; -ly; -ness⟩ **0.1** ***troosteloos*** ⇒*somber* **0.2** ***ongeriefelijk.***

'comfort station, 'comfort room ⟨telb.zn.⟩⟨AE⟩ **0.1** ***openbaar toilet*** ⇒*retirade.*

com·frey ['kʌmfri]⟨telb.zn.⟩⟨plantk.⟩ **0.1** ***(gewone) smeerwortel*** ⟨Symphytum officinale⟩.

com·fy ['kʌmfi]⟨bn.; ook -er; →compar. 7⟩⟨inf.⟩ **0.1** ***aangenaam*** ⇒*gemakkelijk, behaaglijk, knus, gezellig.*

com·ic[1] ['kɒmɪk‖'kɑ-]⟨f2⟩⟨zn.⟩

I ⟨telb.zn.⟩ **0.1** ⟨inf.⟩ ***komiek*** ⇒*grappenmaker;* ⟨pej.⟩ *grapjas, joker* **0.2** ⟨vnl. mv.⟩⟨vnl. AE; inf.⟩ ***beeld/stripverhaal*** ⇒*strip, tekenfilm* **0.3** ⟨vnl. mv.⟩⟨AE; inf.⟩ ***stripboek*** **0.4** ⟨vnl. mv.⟩⟨AE; inf.⟩ ***strippagina*** ◆ **7.2** the ~s *de strips; de tekenfilm;*

II ⟨n.-telb.zn.; the⟩ **0.1** ***komische (element).***

comic[2] ⟨f2⟩⟨bn.⟩ **0.1** ***grappig*** ⇒*komisch, koddig, kluchtig, humoristisch* **0.2** ***blijspel-*** ⇒*v.h. blijspel/de klucht* ◆ **1.1** ~ relief *vrolijke noot, komisch intermezzo* **1.2** ~ opera *opera buffa, opera comique.*

com·i·cal ['kɒmɪkl‖'kɑ-]⟨f2⟩⟨bn.; -ly; -ness⟩⟨inf.⟩ **0.1** ***grappig*** ⇒*koddig, komisch, kluchtig* **0.2** ***blijspel-*** ⇒*v.h. blijspel/de klucht.*

com·i·cal·i·ty ['kɒmɪ'kæləti‖'kɑmɪ'kæləṭi]⟨zn.; →mv. 2⟩

I ⟨telb.zn.⟩ **0.1** ***grap*** ⇒*iets grappigs;*

II ⟨n.-telb.zn.⟩ **0.1** ***komische (element)*** ⇒*het grappige.*

'comic book ⟨f1⟩⟨telb.zn.⟩⟨AE⟩ **0.1** ***tijdschrift met stripverhalen*** ⇒*stripboek(je).*

'comic strip ⟨telb.zn.⟩⟨AE⟩ **0.1** ***strip(verhaal).***

Com·in·form ['kɒmɪnfɔ:m‖'kɑmɪnfɔrm]⟨n.-telb.zn.; the⟩ **0.1** ***Kominform*** ⟨Communistisch Informatiebureau⟩.

com·ing[1] ['kʌmɪŋ]⟨f1⟩⟨telb.zn.; oorspr. gerund v. come⟩ **0.1** ***komst*** ◆ **1.1** the ~s and goings *het komen en gaan* **7.1** the second ~ of Christ *de wederkomst v.d. Heer.*

coming[2] ⟨f2⟩⟨bn.; teg. deelw. v. come⟩ **0.1** ***toekomstig*** ⇒*komend, aanstaand* **0.2** ⟨inf.⟩ ***veelbelovend*** ⇒*in opkomst* ◆ **1.1** the ~ week *volgende week* **1.2** a ~ man *een veelbelovend iemand.*

'com·ing-'out ⟨n.-telb.zn.; (the); gerund v. come out⟩ **0.1** ***officiële introductie v.e. meisje in de grote wereld*** ⇒*debuut, eerste optreden.*

'com·ings-'in ⟨mv.; oorspr. gerund v. come in⟩ **0.1** ***inkomsten.***

Com·in·tern ['kɒmɪntɜ:n‖'kɑmɪntɜrn]⟨n.-telb.zn.; the⟩ **0.1** ***Komintern*** ⟨Communistische of Derde Internationale 1919-1943⟩.

co·mi·tad·ji, ko·mi·tad·ji ['kɒmɪ'tædʒi‖'kɑ-]⟨telb.zn.⟩ **0.1** ***komitadzji*** ⟨lid v. Bulgaars geheim genootschap⟩.

co·mi·ti·a [kə'mɪʃɪə]⟨telb.zn.; comitia; →mv. 4⟩⟨gesch.⟩ **0.1** ***comitia*** ⟨Romeinse volksvergadering⟩.

com·i·ty ['kɒməti‖'kɑməṭi]⟨zn.; →mv. 2⟩

I ⟨telb.zn.⟩ **0.1** ***samenleving op basis v. wederzijds respect*** ◆ **1.1** ~ of nations *landengemeenschap op basis v. wederzijds respect/v. comitas gentium;*

II ⟨n.-telb.zn.⟩ **0.1** ***beleefdheid*** ⇒*hoffelijkheid, vriendelijkheid, respect* ◆ **1.1** ~ of nations *internationaal wederzijds respect, comitas gentium, courtoisie internationale.*

comm ⟨afk.⟩ commerce, commission(er), commonwealth, communication.

com·ma ['kɒmə‖'kɑmə]⟨f2⟩⟨telb.zn.; ook commata [-məṭə]; →mv. 5⟩ **0.1** ***komma*** ⟨ook muz.⟩ **0.2** ***cesuur*** **0.3** →comma butterfly ◆ **3.¶** inverted/turned ~s *aanhalingstekens;* place in inverted ~s *tussen aanhalingstekens plaatsen.*

'comma bacillus ⟨telb.zn.⟩⟨med.⟩ **0.1** ***kommabacil*** ⟨Vibrio comma⟩.

'comma butterfly ⟨telb.zn.⟩⟨dierk.⟩ **0.1** ***gehakkelde aurelia*** ⟨Polygonia C-album⟩.

'comma counter ⟨telb.zn.⟩⟨AE; sl.⟩ **0.1** ***kommaneuker*** ⇒*muggezifter, miereneuker.*

com·mand[1] [kə'mɑ:nd‖kə'mænd]⟨f3⟩⟨zn.⟩

I ⟨telb.zn.⟩ **0.1** ***bevel*** ⇒*order, gebod, last, opdracht* **0.2** ***legeronderdeel*** ⇒*commando, legerdistrict, onderdeel v.d. R.A.F./U.S. Air Force* **0.3** ⟨BE⟩ ***koninklijke uitnodiging*** **0.4** ⟨comp.⟩ ***commando*** ⇒*opdracht(impuls/signaal)* ◆ **1.1** at the word of ~ *op het commando* **2.2** Coastal Command *het kustcommando* ⟨v.d. R.A.F.⟩ **6.1 at/by** his ~ *op zijn bevel;* be **in** ~ **of** (the situation) *(de toestand) onder controle hebben;*

II ⟨telb. en n.-telb.zn.⟩ **0.1** ***beheersing*** ⇒*controle, meesterschap* **0.2** ***uitzicht*** ⇒*gezichtsveld* ◆ **1.1** have (a) great ~ of a language *een taal perfect beheersen* **2.2** provide a wide ~ of a region *een weids uitzicht over een gebied bieden;*

III ⟨n.-telb.zn.⟩ **0.1** ***commando*** ⇒*leiding, militair gezag* **0.2** ***beschikking*** **0.3** ***het bestrijken*** ◆ **1.3** the fort has ~ of the region *het fort bestrijkt het gebied* **3.1** have/take ~ of *het bevel hebben/nemen over* **6.1** be **in** ~ **of** *het bevel voeren over;* **under** ~ of *onder het bevel van;* **under** s.o.'s ~ *onder iemands bevel* **6.2** he is **at** my ~ *hij staat te mijner beschikking.*

command[2] ⟨f3⟩⟨ww.⟩ →commanding ⟨→sprw. 267⟩

I ⟨onov.ww.⟩ **0.1** ***bevelen geven*** **0.2** ***het bevel/gezag voeren/hebben*** ⇒*bevelen, gebieden, beheersen* **0.3** ***reiken*** ⇒*een uitzicht hebben* ◆ **1.3** as far as the eye ~s *zover het oog reikt;*

II ⟨ov.ww.⟩ **0.1** ***bevelen*** ⇒*gebieden, commanderen* **0.2** ***het bevel/commando voeren over*** **0.3** ***beheersen*** **0.4** ***bestrijken*** ⇒*overzien, domineren, neerkijken op* **0.5** ***afdwingen*** **0.6** ⟨schr.⟩ ***beschikken over*** ◆ **1.3** he ~s five languages *hij beheerst vijf talen* **1.4** this hill ~s a fine view *vanaf deze heuvel heeft men een prachtig uitzicht* **1.5** ~ attention/respect/sympathy *aandacht/eerbied/sympathie afdwingen* **4.3** ~ o.s. *zich beheersen.*

com·man·dant ['kɒmən'dænt‖'kɑməndænt]⟨telb.zn.⟩⟨mil.⟩ **0.1** ***commandant*** ⇒*bevelvoerend officier.*

com'mand economy ⟨telb.zn.⟩ **0.1** ***(door overheid) geleide economie.***

com·man·deer ['kɒmən'dɪə‖'kɑmən'dɪr]⟨f1⟩⟨ov.ww.⟩ **0.1** ***tot militaire dienst dwingen*** ⇒*inlijven* **0.2** ***rekwireren*** ⇒*(op)vorderen, in beslag nemen.*

com·man·der [kə'mɑ:ndə‖kə'mændər]⟨f3⟩⟨telb.zn.⟩ **0.1** ***bevelhebber*** ⇒*commandant, leider;* ⟨scheep.⟩ *gezagvoerder* **0.2** ⟨scheep.⟩ ***kapitein-luitenant-ter-zee*** **0.3** ***commandeur*** ⟨v. ridderorde⟩ ◆ **1.1** ⟨vaak C- in C-⟩ ~ in chief *opperbevelhebber* **2.¶** Commander of the Faithful ⟨lett.⟩ *bevelvoerder der gelovigen* ⟨sultan van Turkije⟩.

com·mand·ing [kə'mɑ:ndɪŋ‖kə'mæn-]⟨f2⟩⟨bn.; (oorspr.) teg. deelw. v. command⟩

I ⟨bn.⟩ **0.1** ***indrukwekkend*** ⇒*imponerend, waardig, statig* ◆ **1.1** a ~ presence *een indrukwekkende verschijning;*

II ⟨bn., attr.⟩ **0.1** ***bevelvoerend*** ⇒*bevelend* **0.2** ***dwingend*** ⇒*autoritair* **0.3** ***weids*** ⇒*(de omtrek) bestrijkend* ◆ **1.1** ~ officer *eerstaanwezend/bevelvoerend officier* **1.2** a ~ view *een weids uitzicht.*

com·mand·ment [kə'mɑ:n(d)mənt‖kə'mæn(d)-]⟨f2⟩⟨telb.zn.⟩ **0.1** ***bevel*** ⇒*order, gebod* **0.2** ***edict*** ⇒*bevelschrift* **0.3** ⟨bijb.; vaak C-⟩ ***gebod*** ◆ **7.3** the Ten Commandments *de Tien Geboden.*

com'mand module ⟨f1⟩⟨telb.zn.⟩⟨ruim.⟩ **0.1** ***bemanningscompartiment.***

com'mand night, com'mand per'formance ⟨telb.zn.⟩ **0.1** ***(toneel) opvoering op koninklijk bevel.***

com·man·do [kə'mɑ:ndoʊ‖kə'mæn-]⟨f1⟩⟨telb.zn.; ook -es; →mv. 2⟩ **0.1** ⟨mil.⟩ ***commando*** ⇒*stoottroep, stoottroeper* **0.2** ⟨AE; sl.⟩ ***rouwdouwer*** ⇒*rampetamper.*

com'mando raid ⟨telb.zn.⟩⟨mil.⟩ **0.1** ***commandoraid/expeditie.***

Com'mand Paper ⟨telb.zn.⟩⟨BE⟩ **0.1** ***document door de Kroon aan het parlement voorgelegd.***

com'mand post ⟨telb.zn.⟩⟨mil.⟩ **0.1** ***commandopost.***

com·meas·ur·a·ble [kə'meʒrəbl]⟨bn.⟩ **0.1** ***gelijk*** ⇒*evenredig, even groot als, van gelijk volume* **0.2** ***in overeenstemming*** ⇒*passend* **0.3** ***commensurabel*** ⇒*vergelijkbaar.*

com·meas·ure [kə'meʒə‖-ər]⟨ov.ww.⟩ **0.1** ***samenvallen met*** ⇒*overeenstemmen met, gelijk zijn met, van gelijke omvang/duur zijn als.*

comme il faut ['kɒm i:l 'foʊ‖'kɑm-]⟨bn., pred.⟩ **0.1** ***zoals het hoort*** ⇒*netjes, in orde, fatsoenlijk.*

com·mem·o·rate [kə'memәreɪt]⟨f1⟩⟨ov.ww.⟩ **0.1** ***herdenken*** ⇒*gedenken, vieren.*

com·mem·o·ra·tion [kə'memə'reɪʃn]⟨zn.⟩
I ⟨telb.zn.⟩ **0.1** ***gedenkteken*** ⇒*monument, aandenken* **0.2** ⟨R.-K⟩ ***commemoratie*** ⇒*gedachtenisviering* **0.3** ⟨BE⟩ ***herdenkingsfeest v.d. stichting*** ⟨aan de universiteit v. Oxford⟩;
II ⟨n.-telb.zn.⟩ **0.1** ***herdenking*** ⇒*herinnering, viering* ◆ **6.1 in ~ of** *ter herinnering aan, ter nagedachtenis van, in memoriam.*

commemo'ration ball ⟨telb.zn.⟩⟨BE⟩ **0.1** ***bal v.h. stichtingsfeest v.d. universiteit*** ⟨aan de universiteit v. Oxford⟩.

com·mem·o·ra·tive[1] [kə'memrət̬ɪv]⟨telb.zn.⟩ **0.1** ***aandenken.***

commemorative[2], **com·mem·o·ra·to·ry** [kə'memrətri‖-tɔri]⟨bn.⟩ **0.1** ***herdenkings-*** ⇒*gedenk-.*

com·mem·o·ra·tor [kə'memәreɪtә‖-reɪt̬ər]⟨telb.zn.⟩ **0.1** ***iem. die gedenkt/herdenkt*** ⇒*spreker* ⟨v. herdenkingsspeech⟩, *schrijver* ⟨v. in memoriam⟩.

com·mence [kə'mens]⟨f2⟩⟨ww.⟩⟨schr.⟩
I ⟨onov.ww.⟩ **0.1** ***beginnen*** ⇒*ontstaan* **0.2** ⟨vero.⟩ ***beginnen als*** **0.3** ⟨BE⟩ ***aan een universiteit promoveren tot/in*** ◆ **1.2** ~ actor *als acteur debuteren* **1.3** ~ doctor *tot doctor promoveren;*
II ⟨ov.ww.⟩ **0.1** ***beginnen.***

com·mence·ment [kə'mensmənt]⟨f1⟩⟨zn.⟩
I ⟨telb. en n.-telb.zn.⟩⟨schr.⟩ **0.1** ***begin*** ⇒*start, aanvang,* ⟨i.h.b.⟩ *aanhef* ⟨v. brief⟩;
II ⟨n.-telb.zn.⟩ **0.1** ⟨aan Am. universiteiten, in Cambridge, in Dublin⟩ ***promotie- en afstudeerfeest/dag.***

com·mend [kə'mend]⟨f2⟩⟨ov.ww.⟩⟨schr.⟩ **0.1** ***toevertrouwen*** ⇒*opdragen* **0.2** ***prijzen*** ⇒*loven* **0.3** ***aanbevelen*** **0.4** ⟨vero.⟩ ***de groeten doen*** ◆ **1.3** Father, into thy hands I ~ my spirit *Vader, in uw handen beveel Ik mijn geest* ⟨Luc. 23:46⟩ **4.3** this novel ~s itself to the reader *deze roman valt bij de lezer in de smaak* **5.2** highly ~ed *met eervolle vermelding* **6.1** ~ sth. **to** s.o.'s care *iets aan iemands zorg/hoede toevertrouwen;* ~ one's soul **to** God *zijn ziel aan God toevertrouwen* **6.4** ⟨vero.⟩ ~ me **to** your parents *breng mijn groeten aan uw ouders over* **6.¶** ⟨vaak iron.⟩ ~ me **to** Paris *geef mij maar Parijs.*

com·mend·a·ble [kə'mendəbl]⟨f1⟩⟨bn.; -ly; -ness; →bijw. 3⟩ **0.1** ***prijzenswaardig*** ⇒*lofwaardig, loffelijk, aanbevelenswaardig.*

com·men·dam [kə'mendæm]⟨telb. en n.-telb.zn.⟩⟨gesch.⟩ **0.1** ***commende.***

com·men·da·tion ['kɒmən'deɪʃn‖'kɑ-]⟨zn.⟩
I ⟨telb.zn.⟩ **0.1** ***prijs*** ⇒*eerbewijs* **0.2** ***eervolle vermelding;***
II ⟨n.-telb.zn.⟩⟨schr.⟩ **0.1** ***lof*** ⇒*bijval* **0.2** ***aanbeveling.***

com·mend·a·to·ry [kə'mendətri‖-tɔri]⟨bn.⟩⟨schr.⟩ **0.1** ***prijzend*** **0.2** ***aanbevelend*** ⇒*aanbevelings-* ◆ **1.2** a ~ letter *een aanbevelingsbrief;* ⟨Anglicaanse Kerk⟩ ~ prayer *gebed voor stervenden.*

com·men·sal[1] [kə'mensl]⟨telb.zn.⟩ **0.1** ***tafelgenoot*** ⇒*disgenoot* **0.2** ⟨biol.⟩ ***commensaal.***

commensal[2] ⟨bn.; -ly⟩ **0.1** ***aan dezelfde tafel etend*** ⇒*tafel-* **0.2** ⟨biol.⟩ ***mbt. commensalisme*** ⇒*samenlevend.*

com·men·sal·ism [kə'mensəlɪzm]⟨n.-telb.zn.⟩⟨biol.⟩ **0.1** ***commensalisme.***

com·men·sal·i·ty ['kɒmen'sæləti‖'kɑmen'sælət̬i]⟨n.-telb.zn.⟩ **0.1** ***tafelgemeenschap.***

com·men·su·ra·bil·i·ty [kə'menʃ(ə)rə'bɪlət̬i, -s(ə)rə-]⟨telb. en n.-telb.zn.; →mv. 2⟩ **0.1** ***vergelijkbaarheid*** ⇒*meetbaarheid, commensurabiliteit* **0.2** ***evenredigheid*** **0.3** ***gelijkheid*** ⇒*het samenvallen.*

com·men·su·ra·ble [kə'menʃ(ə)rəbl, -s(ə)rəbl]⟨bn.; -ly; -ness; →bijw. 3⟩ **0.1** ***vergelijkbaar*** ⇒*commensurabel, meetbaar met dezelfde maatstaf* **0.2** ***evenredig*** ⇒*passend, geschikt, gepast* **0.3** ***samenvallend*** ⇒*gelijk* ◆ **6.1** ~ **to/with** *vergelijkbaar met* **6.2** ~ **to/with** *evenredig met.*

com·men·su·rate [kə'menʃ(ə)rət, -s(ə)rət]⟨f1⟩⟨bn.; -ly; -ness⟩ **0.1** ***samenvallend*** ⇒*gelijk* **0.2** ***evenredig*** ⇒*passend, geschikt, gepast* **0.3** ***vergelijkbaar*** ⇒*commensurabel, meetbaar met dezelfde maatstaf* ◆ **6.1** ~ **with** *gelijk aan* **6.2** ~ **to/with** *evenredig met.*

com·men·su·ra·tion [kə'menʃə'reɪʃn‖-sə'reɪʃn]⟨telb. en n.-telb.zn.⟩ **0.1** ***vergelijkbaarheid*** ⇒*gelijkenis, (punt v.) overeenstemming* **0.2** ***evenredigheid.***

com·ment[1] ['kɒment‖'kɑ-]⟨f3⟩⟨telb. en n.-telb.zn.⟩ **0.1** ***(verklarende/kritische) aantekening*** ⇒*commentaar, toelichting, kanttekening* **0.2** ***bemerking*** ⇒*opmerking* **0.3** ***kritiek*** ⇒*kritische opmerking* **0.4** ***illustratie*** ⇒*verduidelijking* **0.5** ***gepraat*** ⇒*gebabbel, geklets* ◆ **3.1** give/make (a) ~ on *(be)commentariëren, commentaar leveren bij* **7.1** ⟨inf.⟩ no ~ *geen commentaar.*

comment[2] ⟨f3⟩⟨ww.⟩
I ⟨onov.ww.⟩ **0.1** ***aantekeningen maken*** ⇒*commentaar leveren* **0.2** ***opmerkingen/aanmerkingen maken*** ⇒*kritiek leveren, kritische opmerkingen maken* ◆ **6.1** ~ **on/upon** *commentaar leveren op;*
II ⟨ov.ww.⟩ **0.1** ***(be)commentariëren*** ⇒*(be)commenteren, van commentaar voorzien, annoteren.*

'comment adverb →sentence adverb.

com·men·tar·y ['kɒməntri‖'kɑmənteri]⟨f2⟩⟨telb. en n.-telb.zn.; →mv. 2⟩ **0.1** ***commentaar*** ⇒*opmerking* **0.2** ***uitleg*** ⇒*verklaring* **0.3** ***reportage*** **0.4** ⟨vaak mv.⟩ ***verklarende verhandeling*** ⇒*exegese* **0.5** ⟨vaak mv.⟩ ***memoires*** ◆ **3.3** a running ~ *een doorlopende reportage.*

com·men·tate ['kɒmənteɪt‖'kɑ-]⟨ww.⟩
I ⟨onov.ww.⟩ **0.1** ***verslag geven*** ⇒*commentaar leveren* ◆ **6.1** ~ **on** *verslag geven van;*
II ⟨ov.ww.⟩ **0.1** ***verslaan*** ⇒*een reportage geven van.*

com·men·ta·tor ['kɒmənteɪtə‖'kɑmənteɪt̬ər]⟨f2⟩⟨telb.zn.⟩ **0.1** ***commentator*** ⇒*verklaarder, uitlegger* **0.2** ***verslaggever*** ⇒*radio-/t.v.-reporter.*

com·merce ['kɒmɜ:s‖'kɑmɜrs]⟨f2⟩⟨n.-telb.zn.⟩ **0.1** ***handel*** ⇒*(handels)verkeer* **0.2** ***(intellectuele/sociale) omgang/verkeer*** **0.3** ⟨vero.⟩ ***geslachtelijke omgang*** ◆ **3.2** art has no ~ with capitalism *kunst heeft niets te maken met het kapitalisme.*

com·mer·cial[1] [kə'mɜ:ʃl‖kə'mɜrʃl]⟨f2⟩⟨telb.zn.⟩ **0.1** ***reclameboodschap*** ⇒*commercial, reclameprogramma/spot/tekst* **0.2** ⟨AE; inf.⟩ ***loftuiting*** ⇒*goede referentie* **0.3** ⟨AE; inf.; jazz⟩ ***verzoeknummer.***

commercial[2] ⟨f3⟩⟨bn.; -ly⟩ **0.1** ***commercieel*** ⟨ook pej.⟩ ⇒*handels-, koopmans-, bedrijfs-, op verkoop gericht* **0.2** ***ruw*** ⇒*ongezuiverd* ⟨v. chemicaliën⟩ **0.3** ***v. middelmatige kwaliteit*** ⟨U.S.A., mbt. officiële vleeskwalificatie⟩ ◆ **1.1** ~ agency *inlichtingenbureau* ⟨mbt. kredietwaardigheid⟩; ~ agent *verkoopagent;* ~ art *toegepaste grafische kunst;* ~ artist *reclame-ontwerper;* ~ bank *handelsbank;* ~ broadcasting *commerciële radio en t.v.;* ~ college *handelshogeschool;* ~ law *handelsrecht;* ⟨geldw.⟩ ~ letter of credit *handelskredietbrief/accreditief, commerciële kredietbrief, commercieel accreditief;* ~ paper *handelspapier, toonderpapier;* ~ radio/TV *commerciële radio/t.v.;* ~ records *commerciële plaatjes, alleen op de verkoop gerichte platen;* ⟨BE⟩ ~ traveller *vertegenwoordiger, handelsreiziger;* ~ vehicle *bedrijfsauto, vrachtvoertuig, vrachtauto* **1.¶** ~ hotel *vertegenwoordigers/handelsreizigershotel;* ⟨BE⟩ ~ room *uitpakkamer* ⟨in hotel voor vertgenwoordiger⟩.

com·mer·cial·ese [kə'mɜ:ʃə'li:z‖kə'mɜr-]⟨n.-telb.zn.⟩ **0.1** ***handelsjargon*** ⇒*handelstaaltje.*

com·mer·cial·ism [kə'mɜ:ʃəlɪzm‖kə'mɜr-]⟨n.-telb.zn.⟩⟨vaak pej.⟩ **0.1** ***handelsgeest*** ⇒*handelsbeginsels/praktijken.*

com·mer·cial·ist [kə'mɜ:ʃəlɪst‖kə'mɜr-]⟨telb.zn.⟩ **0.1** ***handelsman*** ⇒*iem. die commercieel denkt.*

com·mer·cial·i·za·tion, -sa·tion [kə'mɜ:ʃəlaɪ'zeɪʃn‖kə'mɜrʃələ'zeɪʃn]⟨n.-telb.zn.⟩ **0.1** ***vercommercialisering.***

com·mer·cial·ize, -ise [kə'mɜ:ʃəlaɪz‖kə'mɜr-]⟨f1⟩⟨ov.ww.⟩ **0.1** ***vercommercialiseren*** ⇒*commercialiseren, op de verkoop richten, tot een tak v. handel of industrie maken, winst slaan uit.*

com·mère ['kɒmeə‖'kɑmer]⟨telb.zn.⟩⟨BE⟩ **0.1** ***commère*** ⇒*leidster* ⟨v. revue⟩.

com·mie ['kɒmi‖'kɑ-]⟨f1⟩⟨telb.zn.; vaak C-⟩⟨sl.; pej.⟩ **0.1** ***communist*** ⇒*rooie.*

com·mi·na·tion ['kɒmɪ'neɪʃn‖'kɑ-]⟨telb. en n.-telb.zn.⟩ **0.1** ***bedreiging met Gods toorn*** **0.2** ⟨relig.⟩ ***voorlezing v.d. goddelijke bedreigingen op Aswoensdag in de anglicaanse Kerk*** ⇒*boeteviering, boeteliturgie.*

com·min·a·to·ry ['kɒmɪnətri‖'kɑmɪnətɔri]⟨bn.⟩ **0.1** ***dreigend*** ⇒*bedreigend.*

com·min·gle [kɒ'mɪŋgl‖kə'mɪŋgl]⟨ww.⟩
I ⟨onov.ww.⟩ **0.1** ***zich vermengen;***
II ⟨ov.ww.⟩ **0.1** ***vermengen.***

com·mi·nute ['kɒmɪnju:t‖'kɑmɪnu:t]⟨ov.ww.⟩ **0.1** ***verbrijzelen*** ⇒*vermorzelen, vergruizen, verpoederen, verpulveren, vermalen, fijnmalen* **0.2** ***(in kleine stukken) opdelen*** ⟨eigendom⟩.

com·mi·nu·tion ['kɒmɪ'nju:ʃn‖'kɑmɪ'nu:ʃn]⟨telb. en n.-telb.zn.⟩ **0.1** ***verbrijzeling*** ⇒*vermorzeling, vergruizing, verpoedering, verpulvering, vermaling* **0.2** ***opdeling (in kleine stukken)*** ⟨v. eigendom⟩.

com·mis ['kɒmɪs, 'kɒmi‖'kɑ-], **'commis 'waiter** ⟨telb.zn.; commis ['kɒmi]; →mv. 5⟩ **0.1** ***commis de rang.***

com·mis·er·ate [kə'mɪzəreɪt]⟨ww.⟩

I ⟨onov.ww.⟩ **0.1** ***medelijden hebben/voelen*** ⇒*meeleven, medeleven betuigen* ◆ **6.1** ~ **with** s.o. *medelijden hebben met iem.*;
II ⟨ov.ww.⟩ **0.1** ***medelijden hebben/voelen met*** ⇒*beklagen*.
com·mis·er·a·tion [kə'mɪzə'reɪʃn]⟨telb. en n.-telb.zn.⟩ **0.1** ***medelijden*** ⇒*deelneming, mededogen, barmhartigheid*.
com·mis·er·a·tive [kə'mɪzərətɪv‖kə'mɪzəreɪt̬ɪv]⟨bn.;-ly⟩ **0.1** ***meevoelend*** ⇒*medelijdend, mededogend, barmhartig*.
com·mis·sar ['kɒmɪ'sɑː‖'kɑmɪ'sɑr]⟨telb.zn.⟩ **0.1** ***volkscommissaris*** ⟨in de U.S.S.R.⟩.
com·mis·sar·i·al ['kɒmɪ'seərɪəl‖'kɑmɪ'serɪəl]⟨bn.⟩ **0.1** ***commissaris-***.
com·mis·sar·i·at ['kɒmɪ'seərɪət‖'kɑmɪ'serɪət]⟨zn.⟩
I ⟨n.-telb.zn.⟩ **0.1** ***voedselvoorziening*** ⟨vnl. v.h. leger⟩;
II ⟨verz.n.⟩ **0.1** ***volkscommissariaat*** ⟨in de U.S.S.R.⟩ **0.2** ***militaire intendance*** ⇒*verplegingsdienst*.
com·mis·sar·y ['kɒmɪsri‖'kɑmɪseri]⟨telb.zn.;→mv. 2⟩ **0.1** ***commissaris*** ⇒*afgevaardigde, ge(vol)machtigde* **0.2** ⟨mil.⟩ ***intendent*** ⇒*intendance-officier* **0.3** ⟨BE⟩ ***assessor*** ⟨aan de universiteit v. Cambridge⟩ **0.4** ⟨relig.⟩ ***bisschoppelijk commissaris*** **0.5** ⟨AE⟩ ***kantine*** ⇒⟨bij uitbr.⟩ *voedsel/kledingmagazijn, depot* ◆ **2.2** ~ general *hoofdintendant, intendance-officier*.
com·mis·sar·y·ship ['kɒmɪsrɪʃɪp‖'kɑmɪseri-]⟨n.-telb.zn.⟩ **0.1** ***commissarisschap***.
com·mis·sion[1] [kə'mɪʃn]⟨f3⟩⟨zn.⟩
I ⟨telb.zn.⟩ **0.1** ***opdracht*** **0.2** ***benoeming*** ⇒*aanstelling* ⟨i.h.b. v. officier⟩ **0.3** ***benoemingsbrief*** ◆ **3.2** hold the (King's) ~ *officier zijn;* lose/resign one's ~ *ontslagen worden/zijn ontslag nemen* ⟨als officier⟩;
II ⟨telb. en n.-telb.zn.⟩ **0.1** ***commissie*** ⇒*verlening,* ⟨v. macht, ambt, opdracht, enz.⟩ *machtiging, instructie* **0.2** ***provisie*** ⇒*commissieloon* ◆ **1.¶** ⟨BE⟩ Commission of the Peace *ambt v. politie/vrederechter* **6.1** **in** ~ *met een opdracht belast* **6.2** (sell) **on** ~ *in commissie (verkopen)* **6.¶** ⟨scheep.⟩ **in** ~ *vaarklaar, zeewaardig;* ⟨scheep.⟩ be **out of** ~ *onzeewaardig zijn;* ⟨fig.⟩ *niet functioneren, onklaar zijn;*
III ⟨n.-telb.zn.⟩ **0.1** ***het begaan*** ⇒*het bedrijven* ⟨v. misdaad/zonde⟩;
IV ⟨verz.n.; vaak C-⟩ **0.1** ***commissie*** ⇒*comité* ◆ **1.¶** ⟨BE⟩ Commission of the peace *(gezamenlijke) politie/vrederechters* **6.1** **in** ~ *door een commissie beheerd;* put **into** ~ *door een commissie laten beheren*.
commission[2] ⟨f2⟩⟨ov.ww.⟩ **0.1** ***machtigen*** ⇒*volmacht geven* **0.2** ***opdragen*** ⇒*opdracht geven aan, belasten* **0.3** ***bestellen*** ⇒*een bestelling doen* **0.4** ***vaarklaar maken*** ⟨schip⟩ **0.5** ***in werking brengen/zetten*** ⟨machine⟩ **0.6** ⟨scheep.⟩ ***aanstellen*** ⇒*benoemen* ⟨officier, commandant⟩.
co'm·mis·sion-a·gent ⟨telb.zn.⟩⟨ec.⟩ **0.1** ***commissionair*** ⇒⟨vnl.⟩ *bookmaker*.
com·mis·sion·aire [kə'mɪʃə'neə‖-'ner]⟨f1⟩⟨telb.zn.⟩⟨vnl. BE⟩ **0.1** ***portier*** **0.2** ***boodschappenjongen*** ⇒*commissionaire, pakjesdrager, kruier*.
com'mission day ⟨telb.zn.⟩⟨BE⟩ **0.1** ***openingsdag v.h. assisenhof/gerechtshof***.
com·mis·sion·er [kə'mɪʃənə‖-ər]⟨f2⟩⟨telb.zn.; vaak C-⟩ **0.1** ***commissaris*** ⇒*gelastigde, gevolmachtigde* **0.2** ***(hoofd)commissaris*** ⟨v. politie⟩ **0.3** ***(hoofd)ambtenaar*** **0.4** ***hoofd v. dienst*** ⟨bij overheid⟩ ⇒*diensthoofd, chef de bureau* **0.5** ***(vaste) regeringsvertegenwoordiger*** **0.6** ***(assistent-) resident*** **0.7** ***(hoofd)bestuurslid v.e. sportorganisatie*** **0.8** ***commissielid*** ◆ **1.1** Commissioner for Oaths *jurist gemachtigd tot het opnemen v. beëdigde verklaringen, notaris, advokaat* **1.3** Commissioners of Inland Revenue *ontvanger der (direkte) belastingen*.
com'mission merchant ⟨telb.zn.⟩⟨AE⟩ **0.1** ***commissionair*** ⇒*handelsagent*.
com·mis·su·ral [kə'mɪsjʊrəl‖'kɑməʃʊrəl]⟨bn.⟩ **0.1** ***mbt./v. de zenuwweefselbanden/commissuren***.
com·mis·sure ['kɒmɪsjʊə‖'kɑməʃʊr]⟨telb.zn.⟩ **0.1** ***naad*** ⇒*voeg* **0.2** ⟨med.⟩ ***commissuur*** ⇒*naad, zenuwweefselbandje*.
com·mit [kə'mɪt]⟨f3⟩⟨ov.ww.;→ww. 7⟩ →committed ⟨→sprw. 268⟩ **0.1** ***toevertrouwen*** ⇒*toewijzen, prijsgeven* **0.2** ***verwijzen*** **0.3** ***in (voorlopige) hechtenis nemen*** ⇒*opsluiten* **0.4** ***plegen*** ⇒*begaan, bedrijven* **0.5** ***beschikbaar stellen*** ⇒*toewijzen* ◆ **4.¶** ~ o.s. *zich verplichten, zich vastleggen, op zich nemen; zich uitspreken, zijn mening te kennen geven* **6.1** ~ **to** the earth *aan de aarde toevertrouwen, ter aarde bestellen, begraven;* ~ **to** the flames *aan de vlammen prijsgeven, verbranden, cremeren;* ~ **to** memory *uit het hoofd/van buiten leren, memoriseren;* ⟨schr.⟩ ~ **to** print *aan de drukpers toevertrouwen;* ~ **to** writing *op schrift stellen, opschrijven* **6.3** ~ **to** a mental hospital *in een inrichting (doen) opnemen;* ~ **to** prison *in hechtenis nemen* **6.5** the government ~s money **to** improving roadbuilding programmes *de regering trekt geld uit voor het verbeteren v.d. wegenbouw* **6.¶** ~ o.s. **to** a cause *zich inzetten voor een (goed) doel;* ~ o.s. **on** an issue *zijn mening over iets geven*.
com·mit·ment [kə'mɪtmənt]⟨f3⟩⟨telb. en n.-telb.zn.⟩ **0.1** ***verplichting*** ⇒*verbintenis, belofte, toezegging* **0.2** ***overtuiging*** **0.3** ***engagement*** ⇒*geëngageerdheid, betrokkenheid* **0.4** ***(bevel tot) inhechtenisneming*** ⇒*aanhouding* **0.5** ***het doen opnemen in ziekenhuis/inrichting*** **0.6** ***verwijzing*** ⟨naar commissie⟩ ◆ **6.2** have a ~ **to** Socialism *het socialisme aanhangen*.
com·mit·ta·ble [kə'mɪt̬əbl]⟨bn.⟩ **0.1** ***verwijsbaar*** **0.2** ***te plegen*** ⇒*te begaan, te bedrijven* **0.3** ***in hechtenis te nemen*** ⇒*opsluitbaar* **0.4** ***beschikbaar***.
com·mit·tal [kə'mɪt̬l]⟨f1⟩⟨telb.zn.⟩ **0.1** ***inhechtenisneming*** ⇒*opsluiting, opname* **0.2** ***teraardebestelling*** **0.3** ***toezegging*** ⇒*belofte* **0.4** ***verwijzing*** ⇒*toewijzing*.
com·mit·ted [kə'mɪt̬ɪd]⟨f2⟩⟨bn.; volt. deelw. v. commit⟩ **0.1** ***toegewijd*** ⇒*overtuigd* **0.2** ***geëngageerd***.
com·mit·tee [kə'mɪt̬i]⟨f3⟩⟨zn.⟩
I ⟨telb.zn.⟩⟨jur.⟩ **0.1** ***curator;***
II ⟨verz.n.⟩ **0.1** ***commissie*** ⇒*bestuur, comité* ◆ **1.1** ⟨BE⟩ Committee of Supply *Comité-Generaal ter behandeling v. belastingvoorstellen;* ⟨BE⟩ Committee of Ways and Means *Comité-Generaal voor de Middelen;* ⟨AE⟩ ~ of the whole *Comité-Generaal* ⟨alle leden v. wetgevend lichaam als commissie ad hoc⟩ **3.1** standing ~ *vaste commissie*.
com'mittee boat ⟨telb.zn.⟩⟨zeilsport⟩ **0.1** ***opnamevaartuig*** ⇒*juryboot, startschip*.
com·mit·tee·man ⟨telb.zn.; committeemen [-mən]⟩ **0.1** ***commissielid*** ⇒*lid v.h./v.e. comité* **0.2** ***leider v.e. kiescomité***.
com'mittee stage ⟨telb. en n.-telb.zn.⟩⟨jur.⟩ **0.1** ***(stadium in de) behandeling v. wetsvoorstel*** ⟨door kamercommissies in Engeland⟩.
com·mit·ter [kə'mɪtə‖-'mɪt̬ər]⟨telb.zn.⟩ **0.1** ***dader*** ⇒*bedrijver*.
com·mix [kɒ'mɪks‖kə'mɪks]⟨onov. en ov.ww.⟩ **0.1** ***mengen*** ⇒*dooreenmengen, vermengen*.
com·mix·ture [kɒ'mɪkstʃə‖kə'mɪkstʃər]⟨telb. en n.-telb.zn.⟩ **0.1** ***mengsel*** ⇒*mengeling*.
com·mo ['kɒmoʊ‖'kɑ-]⟨telb.zn.⟩⟨AE; sl.⟩ **0.1** ***versnapering*** ⟨in gevangenis⟩ **0.2** ⟨verk.⟩ ⟨commotion, communications⟩.
com·mode [kə'moʊd]⟨telb.zn.⟩ **0.1** ***ladenkast*** ⇒*chiffonnière, latafel, commode* **0.2** ***stilletje*** ⇒*w.c., toilet*.
com·mo·di·ous [kə'moʊdɪəs]⟨bn.; -ly; -ness⟩ **0.1** ***ruim*** **0.2** ⟨vero.⟩ ***gerieflijk***.
com·mod·i·ty [kə'mɒdəti‖kə'mɑdət̬i]⟨f2⟩⟨telb.zn.;→mv. 2⟩ **0.1** ***(handels)artikel*** ⇒*produkt, nuttig voorwerp* **0.2** ⟨ec., hand.⟩ ***basisprodukt*** ⇒⟨ong.⟩ *grondstof* ⟨v. landbouw of mijnwezen, bv. graan, bauxiet⟩ ◆ **1.1** commodities for export *exportgoederen/artikelen*.
com'modity market ⟨n.-telb.zn.; the⟩ **0.1** ***goederenmarkt*** ⟨v. basisprodukten v. landbouw of mijnwezen⟩.
com·mo·dore ['kɒmədɔː‖'kɑmədɔr]⟨f1⟩⟨telb.zn.⟩⟨scheep.⟩ **0.1** ***commandeur*** **0.2** ***commodore*** ⇒*bevelhebber v.e. smaldeel/eskader* ⟨in Eng. of U.S.A.⟩, *oudste kapitein (v.e. rederij), gezagvoerder v.e. konvooi* **0.3** ***voorzitter v.e. zeilclub***.
com·mon[1] ['kɒmən‖kɑ-]⟨f3⟩⟨zn.⟩
I ⟨telb.zn.⟩ **0.1** ***meent*** ⇒*gemeenschapsgrond;* ⟨fig.⟩ *gemeenschappelijk bezit/eigendom;*
II ⟨telb. en n.-telb.zn.⟩ **0.1** ***gebruiksrecht op andermans grond*** ⇒*recht van overpad* ◆ **1.1** ~ of pasture *weiderecht* ⟨voor gemeenschappelijke grond⟩; ⟨ong.⟩ *erfgooierschap;* ~ of piscary *visrecht* ⟨voor gemeenschappelijk water⟩;
III ⟨n.-telb.zn.⟩ **0.1** ***het gewone*** **0.2** ⟨inf.⟩ ***gezond verstand*** ◆ **6.1** **above** the ~ *boven de middelmaat;* **out of** the ~ *ongewoon, ongebruikelijk, raar* **6.¶** **in** ~ *gemeenschappelijk, gezamenlijk;* **in** ~ **with** *evenals, op dezelfde manier als;*
IV ⟨mv.; ~s⟩ **0.1** ⟨the⟩ ***burgerstand*** ⇒*burgerij, derde stand* **0.2** ⟨C-; the⟩ ***(leden v.h.) Lagerhuis*** **0.3** ***gemeenschappelijke maaltijd*** ⇒*voedsel, eten, pot*.
common[2] ⟨f4⟩⟨bn.; ook -er; -ness;→compar. 3⟩ **0.1** ***gemeenschappelijk*** ⇒*gemeen, gemeenzaam, gemeentelijk* **0.2** ***openbaar*** ⇒*publiek* **0.3** ***gewoon*** ⇒*algemeen, gebruikelijk, veel voorkomend, gangbaar* **0.4** ***ordinair*** **0.5** ⟨taalk.⟩ ***onbepaald*** ⇒*variabel, gemeenslachtig* **0.6** ⟨wisk.⟩ ***gemeen*** ⇒*gemeenschappelijk* ◆ **1.1** by ~ consent *met algemene instemming;* ~ council *gemeenteraad;* ~ councilman *gemeenteraadslid;* ~ crier *stadsomroeper;* ~ hall *raadhuis, raadsvergadering;* Common Market *gemeenschappelijke markt, Euromarkt, Europese (Economische) Gemeenschap, EEG;* Common Agricultural Policy *(Europese) Gemeenschappelijke Landbouwpolitiek;* ~ property *gemeenschapsgrond, meent, gemeenschappelijk eigendom, gemeengoed* **1.2** his past was ~ knowledge *iedereen wist van zijn verleden;* ~ school *openbare lagere school* **1.3** ~ cold *verkoudheid;* the ~ herd *de meute/*

massa; ~ jury *(gewone) jury* ⟨v. 12 leden⟩; ⟨wisk.⟩ ~ logarithm *gewoon logaritme;* ~ man *gewone man, Jan met de pet;* ~ people *gewone mensen / volk;* ~ soldier *gewoon soldaat;* ~ stock *gewone aandelen;* lose the ~ touch *de gewone / volkse manieren afleren, niet meer met gewone mensen kunnen omgaan* **1.4** as ~ as muck / dirt *vreselijk ordinair* **1.5** ~ gender *gemeenslachtigheid;* ~ noun *soortnaam* **1.6** ~ denominator *gemeenschappelijke noemer;* ~ divisor, ~ factor *gemene deler* **1.¶** ~ carrier *transporteur, vervoerder, expediteur, busonderneming;* make ~ cause with *gemene zaak maken met;* ~ chord *harmonische drieklank;* (of) ~ clay *een gewone sterveling;* ~ currency *gemeengoed;* Common Era *christelijk tijdperk;* before the Common Era *vóór Christus;* ~ ground *overeenstemming, punt v. overeenkomst, basis voor akkoord;* ~ informer *aanbrenger, verklikker;* ~ law *gewoonterecht, ongeschreven recht;* Common Marketeer *voorstander v.d. (Europese) gemeenschappelijke markt;* ~ measure *(doorgeslagen) vierkwartsmaat;* ~ metre *gewone hymne strofe / couplet / stanza;* ~ money *chartaal geld;* ⟨plantk.⟩ ~ myrtle *mirte* ⟨Myrtus communis⟩; ~ nuisance *(onwettige) aantasting v. gemeenschapsbelang;* ⟨gesch.⟩ (Court of) Common Pleas *(gerechtshof voor) civiele zaken;* (The Book of) Common Prayer *Anglicaanse liturgie;* ~ prostitute *straatprostituée;* ~ salt *keukenzout;* ~ seal ⟨hand.⟩ *vennootschapszegel / stempel;* ~ sense *gezond verstand;* ⟨BE; jur.⟩ Common Serjeant ⟨ong.⟩ *advocaat-generaal* ⟨bij Londens gerechtshof⟩; ~ time *(doorgeslagen) vierkwartsmaat;* ⟨plantk.⟩ ~ valerian *echte valeriaan* ⟨Valeriana officinalis⟩.

com·mon·able [ˈkɒmənəbl‖ˈkɑ-]⟨bn.⟩ **0.1** ***ontvankelijk voor het weiderecht*** ⟨v. vee⟩ **0.2** ***als gemeenschapsgrond te gebruiken*** ◆ **1.1** that farmer has ~ cattle *die boer mag zijn vee op de meent laten weiden.*

com·mon·age [ˈkɒmənɪdʒ‖ˈkɑ-]⟨n.-telb.zn.⟩ **0.1** ***weiderecht*** ⟨voor gemeenschappelijke grond⟩ **0.2** ***meent*** ⇒*gemeenschapsgrond* **0.3** ***burgerij*** ⇒*het gewone volk, de gewone mensen.*

com·mon·al·i·ty [ˈkɒməˈnæləti‖ˈkɑməˈnæləṭi]⟨telb. en n.-telb.zn.; →mv. 2⟩ **0.1** ***gemeenschappelijkheid*** ⇒*gemeenschappelijk kenmerk* **0.2** ***veel voorkomend verschijnsel*** ⇒*veelvuldigheid.*

com·mon·al·ty [ˈkɒmənəlti‖ˈkɑ-]⟨verz.n.; the⟩ **0.1** ***burgerij*** ⇒*het gewone volk, de gewone mensen.*

com·mon·er [ˈkɒmənə‖ˈkɑmənər]⟨f1⟩⟨telb.zn.⟩ **0.1** ***burger*** ⇒*gewone man* **0.2** ***student zonder beurs*** **0.3** ***iem. die weiderecht bezit*** ⟨voor gemeenschappelijke grond⟩ ⇒⟨ong.⟩ *erfgooier.*

com·mon·ish [ˈkɒmənɪʃ‖ˈkɑ-]⟨bn.⟩ **0.1** ***nogal gewoon*** ⇒*alledaags, gewoontjes.*

ˈcommon land ⟨n.-telb.zn.⟩ **0.1** ***meent*** ⇒*gemeenschapsgrond.*

ˈcom·mon-law ⟨bn., attr.⟩ **0.1** ***volgens het gewoonterecht*** ⇒*gewoonterecht* ◆ **1.1** they are ~ husband and wife *ze zijn over de puthaak / zonder boterbriefje getrouwd.*

com·mon·ly [ˈkɒmənli‖ˈkɑ-]⟨f3⟩⟨bw.⟩ **0.1** →common **0.2** ***gewoonlijk*** ⇒*gebruikelijk, veelal, vaak* **0.3** ***ordinair.***

ˈcommon markeˈteer ⟨telb.zn.⟩ **0.1** ***voorstander v. EEG-lidmaatschap.***

ˈcom·mon-or-ˈgar·den ⟨bn.⟩⟨inf.⟩ **0.1** ***huis-, tuin- of keuken*** ⇒*alledaags, doodgewoon.*

com·mon·place[1] [ˈkɒmənpleɪs‖ˈkɑ-]⟨f1⟩⟨telb.zn.⟩ **0.1** ***treffende passage*** ⇒*motto, citaat, maxime* **0.2** ***gemeenplaats*** ⇒*platitude, cliché* **0.3** ***alledaags iets.***

commonplace[2] ⟨f2⟩⟨bn.; -ness⟩ **0.1** ***afgezaagd*** ⇒*clichématig* **0.2** ***alledaags*** ⇒*gewoon.*

ˈcom·mon·place-book ⟨telb.zn.⟩ **0.1** ***citatenboek*** ⇒*adversaria.*

ˈcom·mon-room ⟨f1⟩⟨telb.zn.⟩⟨BE⟩ **0.1** ***docentenkamer*** **0.2** ***studentenvertrek*** ⇒*leerlingenkamer,* ⟨alg.⟩ *zitkamer.*

com·mon·sen·si·ble [ˈkɒmənˈsensəbl‖ˈkɑ-], **com·mon·sen·si·cal** [-ˈsensɪkl]⟨bn.⟩ **0.1** ***v. gezond verstand getuigend*** **0.2** ***gezond verstand bezittend.***

ˈcom·mon·weal ⟨zn.⟩
I ⟨telb.zn.⟩⟨vero.⟩ **0.1** ***staat;***
II ⟨n.-telb.zn., the⟩ **0.1** ***algemeen welzijn.***

Com·mon·wealth [ˈkɒmənwelθ‖ˈkɑ-]⟨f2⟩⟨zn.⟩
I ⟨eig.n.⟩ **0.1** ***Britse Gemenebest*** **0.2** ***de (Britse) Republiek*** ⟨onder Cromwell, 1649-1660⟩ ◆ **1.1** ~ of Nations *Britse Gemenebest* **1.2** ~ of England *de (Britse) Republiek;*
II ⟨telb.zn.⟩ **0.1** ⟨vaak c-⟩ ***gemenebest*** **0.2** ***staat*** ⟨v.d. U.S.A., nl. Kentucky, Virginia, Massachusetts en Pennsylvania, of v. Australië⟩ **0.3** ***gebied met zelfbestuur*** ⟨i.h.b. Puerto Rico⟩ **0.4** ***toneelgezelschap met verdeling der opbrengst onder elkaar*** ◆ **1.1** the commonwealth of learning *het rijk der kennis;* the ~ of letters *het rijk der letteren.*

ˈCommonwealth Day ⟨eig.n.⟩ **0.1** ***dag v.h. Gemenebest*** ⇒⟨ong.⟩ *(Engelse) koninginnedag.*

ˈCommonwealth Games ⟨mv.⟩⟨sport⟩ **0.1** ***de Britse Gemenebestspelen.***

ˈCommonwealth ˈpreference ⟨telb.zn.⟩ **0.1** ***(Brits) protectionisme*** ⟨door belastingvrijdom⟩.

com·mo·tion [kəˈmoʊʃn]⟨f2⟩⟨zn.⟩
I ⟨telb.zn.⟩ **0.1** ***beroering*** ⇒*beweging, onrust, opschudding, oproer, twist, drukte, tumult* ◆ **3.1** make / raise a great ~ about a little thing *veel drukte om niets (maken);*
II ⟨n.-telb.zn.⟩ **0.1** ***rumoer*** ⇒*lawaai, herrie, tumult.*

com·move [kɒˈmuːv‖kəˈmuːv]⟨ov.ww.⟩ **0.1** ***ontroeren*** ⇒*opwinden, verontrusten, agiteren.*

com·mu·nal [ˈkɒmjʊnl‖kəˈmjuː-]⟨f2⟩⟨bn.; -ly⟩ **0.1** ***gemeenschappelijk*** ⇒*gemeenschaps-, gemeentelijk* **0.2** ***v.e. commune*** ⇒*commune-* **0.3** ***v.e. gemeenschap*** ⇒*gemeenschaps-* ◆ **1.1** ~ spirit *esprit de corps* **1.3** ~ difficulties in Belgium *communautaire moeilijkheden in België.*

com·mu·nal·ism [ˈkɒmjʊnəlɪzm‖kəˈmjuː-]⟨n.-telb.zn.⟩ **0.1** ***het verdedigen v. groepsbelangen*** ⇒*syndicalism.*

com·mu·nal·ist[1] [ˈkɒmjʊnəlɪst‖kəˈmjuː-]⟨telb.zn.⟩ **0.1** ***verdediger / aanhanger v. groepsbelangen*** ⇒*lid v. pressiegroep, syndicalist.*

communalist[2] [ˈkɒmjʊnəlɪst‖kəˈmjuː-], **com·mu·nal·is·tic** [-ˈlɪstɪk]⟨bn.⟩ **0.1** ***groepsbelangen verdedigend.***

com·mu·nal·i·ty [ˈkɒmjʊˈnæləti‖ˈkɑmjəˈnæləṭi]⟨n.-telb.zn.⟩ **0.1** ***gemeenschappelijkheid*** **0.2** ***samenhorigheidsgevoel.***

com·mu·nal·i·za·tion [ˈkɒmjʊnəlaɪˈzeɪʃn‖kəˈmjuːnələˈzeɪʃn]⟨telb. en n.-telb.zn.⟩ **0.1** ***naasting*** ⇒*nationalisatie, overgang in handen v.d. gemeenschap / gemeente.*

com·mu·nal·ize [ˈkɒmjʊnəlaɪz‖kəˈmjuːnəlaɪz]⟨ov.ww.⟩ **0.1** ***naasten*** ⇒*in handen v.d. gemeenschap / gemeente doen overgaan, nationaliseren.*

com·mu·nard [ˈkɒmjʊnɑːd‖ˈkɑmjənɑrd]⟨telb.zn.⟩ **0.1** ***lid v.e. commune*** ⇒*communelid* **0.2** ⟨ook C-⟩ ***communard (v.d. Parijse commune).***

com·mune[1] [ˈkɒmjuːn‖ˈkɑ-]⟨f2⟩⟨zn.⟩
I ⟨eig.n.; the; C-⟩ **0.1** ***de Parijse Commune;***
II ⟨telb.zn.⟩ **0.1** ***commune*** ⇒*leefgemeenschap, woongemeenschap* **0.2** ***gemeente*** **0.3** ***organisatie ter behartiging v. plaatselijke belangen.***

commune[2] [kəˈmjuːn]⟨onov.ww.⟩ **0.1** ***in nauw contact staan*** ⇒*intiem spreken, gevoelens / gedachten uitwisselen, zich één voelen* **0.2** ⟨AE; R.-K.⟩ ***de communie ontvangen*** **0.3** ⟨AE; Prot.⟩ ***het Avondmaal vieren*** ◆ **5.1** ~ together *vertrouwelijk met elkaar praten* **6.1** ~ **with** nature *zich één voelen met de natuur.*

com·mu·ni·ca·bil·i·ty [kəˈmjuːnɪkəˈbɪləṭi]⟨n.-telb.zn.⟩ **0.1** ***besmettelijkheid*** **0.2** ***overdraagbaarheid*** ⇒*communiceerbaarheid.*

com·mu·ni·ca·ble [kəˈmjuːnɪkəbl]⟨bn.; -ly; -ness; →bijw. 3⟩ **0.1** ***besmettelijk*** **0.2** ***overdraagbaar*** ⇒*communiceerbaar, mededeelbaar* **0.3** ***mededeelzaam.***

com·mu·ni·cant [kəˈmjuːnɪkənt]⟨telb.zn.⟩ **0.1** ***communicant*** ⇒*Avondmaalsganger,* ⟨bij uitbr.⟩ *kerkganger* **0.2** ***informant*** ⇒*zegsman, bron.*

com·mu·ni·cate [kəˈmjuːnɪkeɪt]⟨f3⟩⟨ww.⟩
I ⟨onov.ww.⟩ **0.1** ⟨R.-K.⟩ ***communiceren*** ⇒*de communie ontvangen* **0.2** ⟨Prot.⟩ ***het Avondmaal vieren*** **0.3** ***communiceren*** ⇒*contact hebben* **0.4** ***in verbinding staan*** ◆ **6.3** the two ministers ~d **with** each other *de beide ministers pleegden overleg / wisselden van gedachten* **6.4** our living-room ~s **with** the kitchen *onze woonkamer staat in verbinding met de keuken;*
II ⟨ov.ww.⟩ **0.1** ***overbrengen*** ⇒*bekendmaken, kenbaar maken, doorgeven, mededelen* **0.2** ⟨R.-K.⟩ ***de communie uitreiken*** **0.3** ⟨Prot.⟩ ***tot het Avondmaal toelaten*** ◆ **1.1** the Chairman didn't ~ his opinions clearly *de voorzitter drukte zich niet duidelijk uit* **6.1** the radiator ~d heat **to** the room *de radiator bracht warmte in de kamer.*

com·mu·ni·ca·tion [kəˈmjuːnɪˈkeɪʃn]⟨f3⟩⟨zn.⟩
I ⟨telb.zn.⟩ **0.1** ***mededeling*** ⇒*boodschap, bericht* **0.2** ***voordracht*** ⇒*lezing* **0.3** ***verbinding;***
II ⟨n.-telb.zn.⟩ **0.1** ***communicatie*** **0.2** ***verbinding*** ⇒*contact* **0.3** ***het overbrengen;***
III ⟨mv.; ~s⟩ **0.1** ***verbindingen*** ⇒*verbindingsmiddelen, communicatiemiddelen* **0.2** ⟨ww. vaak enk.⟩ ***communicatietechniek*** ⇒*communicatieleer.*

communiˈcation cord ⟨f1⟩⟨telb.zn.⟩ **0.1** ***noodrem*** ⟨in trein⟩.

communiˈcation gap ⟨telb.zn.⟩ **0.1** ***communicatiekloof.***

communiˈcation skills ⟨mv.⟩ **0.1** ***goede contactuele eigenschappen.***

communiˈcations satellite ⟨telb.zn.⟩ **0.1** ***communicatiesatelliet.***

communiˈcation theory ⟨telb. en n.-telb.zn.⟩ **0.1** ***communicatietheorie.***

com·mu·ni·ca·tive [kəˈmjuːnɪkətɪv‖-keɪtɪv]⟨f1⟩⟨bn.; -ly; -ness⟩ **0.1** ***mededeelzaam*** ⇒*praatgraag, openhartig, extrovert* **0.2** ***communicatief*** ⇒*v. / mbt. (de) communicatie.*

com·mu·ni·ca·tor [kəˈmjuːnɪkeɪtə‖-keɪṭər]⟨telb.zn.⟩ **0.1** ***mededeler*** ⇒*(over)brenger* **0.2** ***verbinding*** **0.3** ⟨telegraaf⟩ ***sleutel.***

com·mun·ion [kə'mju:nıən]⟨f2⟩⟨zn.⟩
I ⟨telb.zn.⟩ **0.1** ***kerkgenootschap*** *⇒gemeente* **0.2** ⟨C-⟩⟨R.-K.⟩ ***communie*** **0.3** ⟨C-⟩⟨Prot.⟩ ***Avondmaal*** ◆ **1.1** ⟨theol.⟩ the Communion of Saints *de gemeenschap der heiligen* **3.2** take/receive Communion *te(r) communie gaan;*
II ⟨n.-telb.zn.⟩ **0.1** ***deelneming*** *⇒gemeenschappelijkheid, gemeenzaamheid* **0.2** ***omgang*** *⇒gemeenschap, intiem gesprek, nauw contact* **0.3** ***het zich één voelen*** ◆ **3.2** hold ~ with o.s. *zich bezinnen, bij zichzelf te rade gaan.*

com'mun·ion-cloth ⟨telb.zn.⟩⟨R.-K.⟩ **0.1** ***corporale*** *⇒altaardoek, corporaal.*

com'mun·ion-cup ⟨telb.zn.⟩ **0.1** ⟨R.-K.⟩ ***miskelk*** **0.2** ⟨Prot.⟩ ***Avondmaalsbeker.***

com·mu·nion·ist [kə'mju:nıənıst]⟨telb.zn.⟩ **0.1** ***lid v.e. kerkgenootschap*** *⇒kerkganger.*

com'mun·ion-rail ⟨telb.zn.⟩⟨R.-K.⟩ **0.1** ***communiebank.***

com'mun·ion-table ⟨telb.zn.⟩⟨Prot.⟩ **0.1** ***Avondmaalstafel.***

com·mu·ni·qué [kə'mju:nıkeı‖-'keı]⟨f1⟩⟨telb.zn.⟩ **0.1** ***communiqué*** *⇒bekendmaking, persbericht.*

com·mu·nism ['kɒmjʊnızm‖'kɑmjə-]⟨f2⟩⟨n.-telb.zn.; vaak C-⟩ **0.1** ***communisme.***

com·mu·nist[1] ['kɒmjʊnıst‖'kɑmjə-]⟨f3⟩⟨telb.zn.; vaak C-⟩ **0.1** ***communist.***

communist[2], **com·mu·nis·tic** ['kɒmjʊ'nıstık‖'kɑmjə-]⟨f3⟩⟨bn.; communistically; →bijw. 3; vaak C-⟩ **0.1** ***communistisch.***

com·mu·ni·tar·i·an[1] [kə'mju:nı'teərıən‖-'terıən]⟨telb.zn.⟩ **0.1** ***voorstander v.e. communistische gemeenschap.***

communitarian[2] ⟨bn.⟩ **0.1** ***betrekking hebbend op een communistische gemeenschap.***

com·mu·ni·ty [kə'mju:nəti]⟨f3⟩⟨zn.; →mv. 2⟩
I ⟨telb.zn.⟩ **0.1** ***overeenkomst*** *⇒gemeenschappelijkheid* **0.2** ⟨biol.⟩ ***woongebied*** *⇒broedplaats* ◆ **1.1** a ~ of interests *gemeenschappelijke belangen;*
II ⟨n.-telb.zn.⟩ **0.1** ***gemeenschappelijkheid*** *⇒overeenkomstigheid* ◆ **1.1** ~ of faith *geloofsgemeenschap;* ~ of property *gemeenschappelijk bezit;*
III ⟨verz.n.⟩ **0.1** ***gemeenschap*** *⇒bevolkingsgroep* **0.2** ⟨the⟩ ***publiek*** *⇒bevolking, gemeenschap* **0.3** ⟨biol.⟩ ***levensgemeenschap*** *⇒omgeving, woongebied* **0.4** ⟨biol.⟩ ***kolonie.***

com'munity antenna 'television ⟨n.-telb.zn.⟩ **0.1** ***kabeltelevisie.***

com'munity centre ⟨f1⟩⟨telb.zn.⟩ **0.1** ***wijkcentrum*** *⇒wijkgebouw, buurthuis, gemeenschapscentrum.*

com'munity charge ⟨telb.zn.⟩ **0.1** ***personele belasting.***

com'munity chest ⟨telb.zn.⟩⟨AE⟩ **0.1** ***sociaal voorzieningsfonds.***

com'munity home ⟨telb.zn.⟩⟨BE⟩ **0.1** ***observatiehuis/inrichting*** *⇒opvoedingsgesticht, tuchtschool.*

com'munity singing ⟨f1⟩⟨n.-telb.zn.⟩ **0.1** ***samenzang.***

com'munity spirit ⟨telb. en n.-telb.zn.⟩ **0.1** ***gemeenschapsgevoel*** *⇒gemeenschapszin, esprit de corps.*

com'munity tax ⟨n.-telb.zn.⟩ **0.1** ***personele belasting.***

com·mu·ni·za·tion, -sa·tion ['kɒmjʊnaı'zeıʃn‖'kɑmjənə'zeıʃn]⟨telb. en n.-telb.zn.⟩ **0.1** ***naasting*** *⇒het naasten* **0.2** ***onderwerping aan het communisme.***

com·mu·nize, -nise ['kɒmjʊnaız‖'kɑmjə-]⟨ov.ww.⟩ **0.1** ***tot gemeenschappelijk eigendom maken*** *⇒nationaliseren, naasten* **0.2** ***communistisch maken.***

com·mut·a·bil·i·ty [kə'mju:tə'bıləti]⟨telb. en n.-telb.zn.; →mv. 2⟩ **0.1** ***vervangbaarheid*** *⇒verwisselbaarheid, uitwisselbaarheid, inwisselbaarheid.*

com·mut·a·ble [kə'mju:təbl]⟨bn.; -ness⟩ **0.1** ***vervangbaar*** *⇒verwisselbaar, uitwisselbaar, inwisselbaar, afkoopbaar, converteerbaar.*

com·mu·tate ['kɒmjʊteıt‖'kɑmjə-]⟨ov.ww.⟩⟨elek.⟩ **0.1** ***commuteren*** *⇒ompolen.*

com·mu·ta·tion ['kɒmjʊ'teıʃn‖'kɑmjə-]⟨zn.⟩
I ⟨telb.zn.⟩ **0.1** ***strafomzetting*** *⇒strafverlichting, strafvermindering* **0.2** ***afkoopsom*** *⇒afkoopbedrag* **0.3** ⟨tech.⟩ ***commutatie*** *⇒stroomwisseling;*
II ⟨n.-telb.zn.⟩ **0.1** ***het pendelen*** **0.2** ***het afkopen.***

commu'tation ticket ⟨f1⟩⟨telb.zn.⟩⟨AE⟩ **0.1** ***(trein/bus)abonnement*** *⇒jaarkaart, maandkaart, weekabonnement.*

com·mu·ta·tive [kə'mju:tətıv‖'kɑmjəteıtıv]⟨bn.⟩ **0.1** ***vervangbaar*** *⇒verwisselbaar, verwisselend, (plaats)vervangend* **0.2** ⟨wisk.⟩ ***commutatief*** ◆ **1.1** ~ fine *subsidiaire/vervangende boete* **1.2** ~ group *Abelse groep.*

com·mu·ta·tor ['kɒmjʊteıtə‖'kɑmjəteıtər]⟨telb.zn.⟩⟨tech.⟩ **0.1** ***commutator*** *⇒stroomwisselaar* **0.2** ***collector*** ⟨dynamo-onderdeel⟩.

com·mute [kə'mju:t]⟨f2⟩⟨ww.⟩
I ⟨onov.ww.⟩ **0.1** ***pendelen*** *⇒forenzen* ◆ **6.1** ~ **between** home and office *pendelen tussen kantoor en huis;*
II ⟨ov.ww.⟩ **0.1** ***verlichten*** *⇒verminderen, verzachten, omzetten* **0.2** ***veranderen*** *⇒omzetten, afkopen, omwisselen, converteren* ◆ **6.1** ~ a sentence **from** death **to** life imprisonment *een vonnis van doodstraf in levenslang omzetten* **6.2** ~ an insurance policy **into/for** a lump sum *een verzekeringspolis afkopen voor een uitkering ineens.*

com·mut·er [kə'mju:tə‖-'mju:tər]⟨f1⟩⟨telb.zn.⟩ **0.1** ***forens*** *⇒pendelaar.*

co·mose ['koʊmoʊs]⟨bn.⟩ **0.1** ***harig*** *⇒donzig* ⟨v. zaden enz.⟩.

comp[1] [kɒmp‖kɑmp]⟨telb. en n.-telb.zn.⟩⟨verk.⟩ compensation ⟨AE; inf.⟩.

comp[2] ⟨afk.⟩ companion, comparative, compilation, compiler, complete, compose, composer, composite, composition, compositor, compound(ed), comprising.

com·pact[1] ['kɒmpækt‖'kɑm-]⟨f1⟩⟨telb.zn.⟩ **0.1** ***overeenkomst*** *⇒verbond, pact, verdrag, contract* **0.2** ***poederdoos*** **0.3** ⟨AE⟩ ***middelgrote/kleine auto*** *⇒compact-car* ◆ **2.1** social ~ *sociaal contract.*

compact[2] [kəm'pækt]⟨f2⟩⟨bn.; -ly; -ness⟩ **0.1** ***compact*** *⇒samengeperst, dicht(opeen), stevig, vast* **0.2** ***compact*** *⇒bondig, beknopt* ◆ **3.1** ~ly built *robuust/vierkant gebouwd, met een stevig/gedrongen postuur.*

compact[3] [kəm'pækt ⟨in bet. I 0.1⟩ 'kɒmpækt‖'kɑm-]⟨ww.⟩
I ⟨onov.ww.⟩ **0.1** ***een overeenkomst aangaan*** ◆ **6.1** England ~ed **with** Portugal *Engeland sloot een verbond met Portugal;*
II ⟨ov.ww.⟩ **0.1** ***samenpakken*** *⇒samenpersen, samenbinden, opeenhopen, condenseren* **0.2** ***verenigen*** *⇒één maken* **0.3** ***samenstellen*** ◆ **6.3** a gang ~ed **of** criminals *een bende (bestaande uit) misdadigers.*

'compact 'car ⟨telb.zn.⟩⟨AE⟩ **0.1** ***middelgrote/kleine auto*** *⇒compact-car.*

'compact disc ⟨telb.zn.⟩ **0.1** ***compact disc.***

'compact disc player ⟨telb.zn.⟩ **0.1** ***compact-discspeler*** *⇒CD-speler.*

'compact ski ⟨telb.zn.⟩ **0.1** ***compactski.***

'Companies Registry ⟨eig.n.⟩ **0.1** ***nationaal handelsregister v. Groot-Brittannië.***

com·pan·ion[1] [kəm'pænıən]⟨f2⟩⟨telb.zn.⟩ **0.1** ***metgezel*** *⇒lotgenoot, deelgenoot, kameraad, makker, gezel(schap)* **0.2** ***vennoot*** *⇒partner* **0.3** ***gezelschapsdame*** **0.4** ⟨C-⟩ ***lid v.d. laagste rang v. bepaalde ridderorden*** *⇒broeder* **0.5** ⟨vaak C-⟩ ***handboek*** *⇒gids, wegwijzer* **0.6** ⟨ook attr.⟩ ***pendant*** *⇒tegenstuk, één v. twee bij elkaar behorende exemplaren* **0.7** ⟨ster.⟩ ***begeleider*** ⟨bij dubbelsterren⟩ **0.8** ⟨scheep.⟩ ***koekoek*** *⇒schijnlicht* **0.9** ⟨bouwk.⟩ ***bovenlicht*** **0.10** →companionway ◆ **1.1** ~ in arms *wapenbroeder, strijdmakker* **1.4** Companion of Honour *lid v.d. Companions of Honour* ⟨ingesteld in 1917⟩.

companion[2] ⟨ww.⟩
I ⟨onov.ww.⟩ **0.1** ***omgaan*** ◆ **6.1** ~ **with** *omgaan met;*
II ⟨ov.ww.⟩ **0.1** ***vergezellen*** *⇒gezelschap houden.*

com·pan·ion·a·ble [kəm'pænıənəbl]⟨bn.; -ly; -ness; →bijw. 3⟩ **0.1** ***gezellig*** *⇒aangenaam, plezierig, vriendelijk* ◆ **1.1** John's very ~ *John verkeert graag in gezelschap, John is een gezelligheidsmens.*

com·pan·ion·ate [kəm'pænıənət]⟨bn.⟩ **0.1** ***samengaand*** *⇒bijeen passend, gezelschap houdend* ◆ **1.1** ~ marriage *huwelijk zonder boterbriefje, samenwoning, proefhuwelijk.*

com'panion hatch ⟨telb.zn.⟩⟨scheep.⟩ **0.1** ***overkapping v.d. kajuits/kampanjetrap.***

com'panion hatchway ⟨telb.zn.⟩⟨scheep.⟩ **0.1** ***(dek)luik*** *⇒luikgat.*

com'panion ladder ⟨telb.zn.⟩⟨scheep.⟩ **0.1** ***kajuitstrap*** *⇒kampanjetrap.*

com'pan·i·on·set ⟨telb.zn.⟩ **0.1** ***haardstel.***

com·pan·ion·ship [kəm'pænıənʃıp]⟨f2⟩⟨zn.⟩
I ⟨telb.zn.⟩⟨druk.⟩ **0.1** ***groep letterzetters/grafici;***
II ⟨n.-telb.zn.⟩ **0.1** ***kameraadschap*** *⇒gezelschap, omgang.*

com'panion star ⟨telb.zn.⟩⟨ster.⟩ **0.1** ***begeleider*** ⟨bij dubbelsterren⟩.

com'panion volume ⟨f1⟩⟨telb.zn.⟩ **0.1** ***bijbehorend boekdeel*** ◆ **1.1** two ~s *twee bij elkaar behorende boekdelen.*

com'pan·ion·way ⟨telb.zn.⟩ **0.1** ⟨scheep.⟩ ***kajuitstrap*** *⇒kampanjetrap* **0.2** ***(loop)gang*** *⇒kruipgang* ⟨in vliegtuig⟩.

com·pa·ny[1] ['kʌmp(ə)ni]⟨f4⟩⟨zn.; →mv. 2⟩⟨→sprw. 85, 101, 232, 450, 704⟩
I ⟨n.-telb.zn.⟩ **0.1** ***gezelschap*** **0.2** ***compagnonschap*** *⇒compagnon(s)* ◆ **2.1** I am in good ~ *ik bevind me in goed gezelschap, betere mensen hebben hetzelfde gedaan;* John's good/bad ~ *John is een gezellige/ongezellige kerel* **3.1** bear/keep s.o. ~ *iemand vergezellen/gezelschap houden* **6.1** keep ~ **with** *omgaan met, verkering hebben met;* part ~ **from/with** *scheiden van, verlaten, afscheid nemen van;* request the ~ **of** *inviteren;* I'll walk you home **for** ~ *ik loop (voor de gezelligheid) even met je op naar huis;* **in** ~ *in gezelschap;* **in** ~ **with** *samen met;*
II ⟨verz.n.⟩ **0.1** ***gezelschap*** *⇒groep, gemeenschap, toneelgezel-*

schap, kring **0.2** ***onderneming*** ⇒*firma, bedrijf, maatschappij, vennootschap* **0.3** ***bezoek(ers)*** ⇒*gasten* **0.4** ***gilde*** ⇒*genootschap* **0.5** ***padvindstersgroep/gilde*** **0.6** ⟨mil.⟩ ***compagnie*** **0.7** ⟨scheep.⟩ ***(gehele) bemanning*** ◆ **3.1** don't tell that joke in mixed ~ *vertel die mop maar niet waar dames bij zijn* **3.2** ⟨BE; ec.⟩ limited ~ *naamloze vennootschap* **3.3** have ~ *visite/bezoek hebben;* ⟨euf.; fig.⟩ *luis hebben* **8.1** and ~ *cum suis, c.s., en consorten.*

company[2] ⟨ww.; →ww. 7⟩
I ⟨onov.ww.⟩ **0.1** ***omgaan*** ◆ **6.1** ~ **with** *omgaan met;*
II ⟨ov.ww.⟩ **0.1** ***vergezellen.***

'company car ⟨telb.zn.⟩ **0.1** ***dienstauto*** ⇒*auto v.d. zaak.*

'company doctor ⟨telb.zn.⟩ **0.1** ***bedrijfsarts/dokter.***

'company 'law ⟨n.-telb.zn.⟩ **0.1** ***vennootschapsrecht.***

'company manners ⟨mv.⟩ **0.1** ***(overdreven/afgemeten) beleefdheid.***

'company 'officer ⟨telb.zn.⟩ ⟨mil.⟩ **0.1** ***subaltern officier.***

'company promotor ⟨telb.zn.⟩ ⟨ec.⟩ **0.1** ***promotor.***

'company sergeant-'major ⟨telb.zn.⟩ ⟨mil.⟩ **0.1** ***compagnie-sergeant-majoor.***

compar ⟨afk.⟩ comparative.

com·pa·ra·bil·i·ty ['kɒmprəˈbɪləti‖'kɑmprəˈbɪləṭi] ⟨telb. en n.-telb.zn.; →mv. 2⟩ **0.1** ***vergelijkbaarheid.***

com·pa·ra·ble ['kɒmprəbl‖'kɑm-] ⟨f2⟩ ⟨bn.; -ly; -ness; →bijw. 3⟩ **0.1** ***vergelijkbaar*** ◆ **6.1** my car is not ~ **with** yours *mijn auto is niet met die van jou te vergelijken;* Chamberlain's achievements are not ~ **to** Churchill's *de prestaties van Chamberlain laten zich niet vergelijken met die van Churchill.*

com·par·a·tist [kəm'pærəṭɪst] ⟨telb.zn.⟩ ⟨lit., taalk.⟩ **0.1** ***comparatist*** ⇒*beoefenaar v.d. vergelijkende taal/literatuurwetenschap.*

com·par·a·tive[1] [kəm'pærəṭɪv] ⟨telb.zn.⟩ ⟨taalk.⟩ **0.1** ***vergelijkende/vergrotende trap*** ⇒*comparatief.*

comparative[2] ⟨f3⟩ ⟨bn.; -ly⟩ **0.1** ***vergelijkend*** ⇒*betrekkelijk, relatief, comparatief, comparatistisch* ◆ **1.1** ⟨taalk.⟩ ~ adjective/adverb *bijvoeglijk naamwoord/bijwoord in de vergrotende trap;* they live in ~ comfort now *het gaat ze nu verhoudingsgewijs beter;* ⟨taalk.⟩ ~ degree *vergelijkende/vergrotende trap;* ⟨taalk.⟩ ~ linguistics *vergelijkende taalwetenschap;* the ~ merits of the two projects *de relatieve verdiensten v. beide plannen;* ~ religion *vergelijkende theologie;* ~ study *vergelijkende studie.*

com·pa·ra·tor [kəm'pærətə‖-rəṭər] ⟨telb.zn.⟩ ⟨tech.⟩ **0.1** ***comparator*** ⇒*vergelijkingsinrichting/orgaan/schakeling.*

com·pare[1] [kəm'peə‖-'per] ⟨n.-telb.zn.; vnl. in uitdr. na vz.⟩ ⟨schr.⟩ **0.1** ***vergelijking*** ◆ **6.1** bad **beyond** ~ *door en door slecht;* **beyond/past/without** ~ *onvergelijkelijk, onvergelijkbaar, weergaloos.*

compare[2] ⟨f3⟩ ⟨ww.⟩
I ⟨onov.ww.⟩ **0.1** ***vergelijkbaar zijn*** ⇒*de vergelijking kunnen doorstaan, op gelijke voet staan, opwegen, zich meten* ◆ **6.1** he can't ~ **with** his brother *hij kan niet bij zijn broer in de schaduw staan;* our results ~ very poorly **with** theirs *onze resultaten steken erg mager/pover bij de hunne af;*
II ⟨ov.ww.⟩ **0.1** ***vergelijken*** ⇒*de gelijkenis vaststellen/nagaan tussen* **0.2** ***de trappen v. vergelijking vormen v.*** ◆ **6.1** I'm tall, ~d **to** him *bij hem vergeleken ben ik (nog) lang;* ~ a translation **with** the original *een vertaling naast het origineel leggen/met het origineel vergelijken.*

com·par·i·son [kəm'pærɪsn] ⟨f3⟩ ⟨telb. en n.-telb.zn.⟩ ⟨→sprw. 86⟩ **0.1** ***vergelijking*** **0.2** ⟨taalk.⟩ ***comparatie*** ⇒*trappen v. vergelijking* ◆ **3.1** bear/stand ~ with *de vergelijking kunnen doorstaan met* **6.1** there's no ~ **between** us *we zijn niet te vergelijken, elke vergelijking tussen ons is zinloos;* **beyond** ~ *onvergelijkelijk, onvergelijkbaar;* **by/in** ~ *in vergelijking;* **by/in** ~ **with** *in vergelijking/vergeleken met, naast.*

com·part·ment[1] [kəm'pɑ:tmənt‖-'pɑrt-] ⟨f2⟩ ⟨telb.zn.⟩ **0.1** ***compartiment*** ⇒*vakje, afdeling, sectie (gescheiden) ruimte* **0.2** ***compartiment*** ⇒*coupé* ⟨v. trein⟩ **0.3** ⟨scheep.⟩ ***ruim*** ⇒*waterdichte afdeling* **0.4** ***handschoenenvakje/kastje*** ⟨in auto⟩.

compartment[2] →compartmentalize.

com·part·men·tal ['kɒmpɑ:t'mentəl‖kəmpɑrt'menṇṭəl] ⟨telb.zn.; -ly⟩ **0.1** ***onderverdeeld*** ⇒*opgedeeld, in hokjes/vakjes verdeeld.*

com·part·men·tal·ize, -ise ['kɒmpɑ:t'mentəlaɪz‖kəmpɑrt'menṭəlaɪz], **com·part** [kəm'pɑ:t‖-'pɑrt], **compartment** [-mənt] ⟨ov.ww.⟩ **0.1** ***compartimenteren*** ⇒*in compartimenten/hokjes/vakken/aparte ruimtes verdelen; onderverdelen, afdelen, opdelen, categoriseren.*

com·pass[1] ['kʌmpəs] ⟨f2⟩ ⟨zn.⟩
I ⟨telb.zn.⟩ **0.1** ***kompas*** ⇒*radiopeilinrichting, radiopeiler, radiokompas gyrokompas* **0.2** ⟨vnl. enk.⟩ ⟨schr.⟩ ***bereik*** ⇒*sfeer, omtrek, begrenzing, omsloten ruimte/gebied, veld, omvang* **0.3** ⟨muz.⟩ ***stembereik*** ⇒*toonbereik, (stem)omvang, register* **0.4** ⟨vero.⟩ ***omweg*** ◆ **1.1** the points of the ~ *de streken v.h. kompas, de kompasrichtingen/streken, de windrichtingen* **3.1** box the ~ *de kompasstreken repeteren (in de juiste volgorde);* ⟨fig.⟩ *een volledige ommezwaai maken (en weer bij het beginpunt aanlanden)* **3.4** go/fetch a ~ *een omweg maken* **6.2** that's **beyond** the ~ of my imagination *dat gaat mijn voorstellingsvermogen/fantasie te boven;* that's not **within** the ~ of my responsibility *dat valt niet onder mijn verantwoordelijkheid;*
II ⟨mv.; ~es⟩ **0.1** ***passer*** ◆ **1.1** two pairs of ~es *twee passers.*

compass[2] ⟨ov.ww.⟩ ⟨schr.⟩ **0.1** ***omheen gaan*** ⇒*omcirkelen, omgeven, insluiten, omsingelen, omramen* **0.2** ***(be)vatten*** ⇒*begrijpen, snappen* **0.3** ***bewerkstelligen*** ⇒*teweegbrengen, veroorzaken, bereiken, aanrichten, tot stand brengen* **0.4** ***beramen*** ⇒*via intriges/gekuip/een list bereiken.*

'compass bearing ⟨telb.zn.⟩ **0.1** ***kompaspeiling.***

'compass card, 'compass rose ⟨telb.zn.⟩ **0.1** ***kompasroos*** ⇒*windroos.*

com·pas·sion [kəm'pæʃn] ⟨f2⟩ ⟨n.-telb.zn.⟩ **0.1** ***medeleven/dogen/lijden*** ⇒*begaanheid, deernis, erbarmen, barmhartigheid, deelneming, compassie* ◆ **6.1** ~ **for/on** the poor *medeleven met de behoeftigen;* have ~ **on** *medelijden hebben met.*

com·pas·sion·ate[1] [kəm'pæʃ(ə)nət] ⟨f1⟩ ⟨bn.; -ly; -ness⟩ **0.1** ***medelevend/dogend/lijdend*** ⇒*deelnemend, erbarmend, barmhartig* ◆ **1.1** ⟨BE⟩ ~ allowance *liefdadigheidsuitkering;* ⟨BE⟩ ~ leave *verlof wegens familieomstandigheden, buitengewoon verlof, uitzonderingsverlof.*

compassionate[2] [kəm'pæʃ(ə)neɪt] ⟨ov.ww.⟩ ⟨vero.⟩ **0.1** ***begaan zijn met*** ⇒*medelijden hebben met, beklagen, deernis gevoelen met.*

'compass point ⟨telb.zn.⟩ **0.1** ***kompasrichting/streek*** ⇒*windrichting, streek v.h. kompas.*

'compass saw ⟨telb.zn.⟩ **0.1** ***schrobzaag*** ⇒*stootzaag, decoupeerzaag.*

'compass 'window ⟨telb.zn.⟩ **0.1** ***gebogen raam*** ⇒*ronde erker.*

com·pat·i·bil·i·ty [kəm'pæṭə'bɪləṭi] ⟨f1⟩ ⟨n.-telb.zn.⟩ **0.1** ***verenigbaarheid*** ⇒*compatibiliteit, combineerbaarheid, verbindbaarheid.*

com·pat·i·ble [kəm'pæṭəbl] ⟨f2⟩ ⟨bn.; ook -er; -ly; -ness; →bijw. 3⟩ **0.1** ***verenigbaar*** ⇒*compatibel* ⟨ook mbt. computers enz.⟩, *combineerbaar, verbindbaar, aanpasbaar; aansluitbaar* ⟨v. technische apparaten⟩ ◆ **6.1** ~ **with** *aangepast aan;* drinking is not ~ **with** driving *drinken en autorijden verdragen elkaar niet.*

com·pa·tri·ot [kəm'pætrɪət‖-'peɪ-] ⟨f1⟩ ⟨telb.zn.⟩ **0.1** ***landgeno(o)t(e)*** ⇒*landsman, compatriot, volksgenoot* **0.2** ⟨inf.⟩ ***collega*** ⇒*compagnon, vakgenoot.*

com·peer ['kɒm,pɪə‖'kɑmpɪr] ⟨telb.zn.⟩ ⟨schr.⟩ **0.1** ***gelijke*** ⇒*soortgenoot, standgenoot, evenknie* **0.2** ***gezel*** ⇒*kameraad, kompaan, vennoot, medegenoot.*

com·pel [kəm'pel] ⟨f3⟩ ⟨ov.ww.; →ww. 7⟩ →compelling **0.1** ***(af)dwingen*** ⇒*verplichten, noodzaken, nopen, opeisen* **0.2** ***onderwerpen*** **0.3** ⟨vero.⟩ ***bijeen/voortdrijven*** ⇒*opjagen* ◆ **1.2** ⟨fig.⟩ his eloquence ~led the audience *met zijn welbespraaktheid hield hij het publiek geboeid* **6.1** ~ obedience **from** s.o. *iem. dwingen te gehoorzamen.*

com·pel·la·ble [kəm'peləbl] ⟨bn.; -ly⟩ **0.1** ***(af)dwingbaar*** ⇒*sanctioneerbaar, opeisbaar.*

com·pel·ling [kəm'pelɪŋ] ⟨f2⟩ ⟨bn.; teg. deelw. v. compel; -ly⟩ **0.1** ***fascinerend*** ⇒*boeiend, onweerstaanbaar, meeslepend, dwingend, innemend.*

com·pen·di·ous [kəm'pendɪəs] ⟨bn.; -ly; -ness⟩ ⟨schr.⟩ **0.1** ***(kort) samengevat*** ⇒*bondig, gecomprimeerd, beknopt, compendieus.*

com·pen·di·um [kəm'pendɪəm], **com·pend** ['kɒmpend‖'kɑm-] ⟨telb.zn.; ook compendia [kəm'pendɪə]; →mv. 5⟩ **0.1** ***compendium*** ⇒*kort begrip, samenvatting, repertorium.*

com·pen·sa·ble [kəm'pensəbl] ⟨bn.⟩ **0.1** ***compensatie-gerechtigd*** ⇒*recht hebbend op compensatie* **0.2** ***compensabel*** ⇒*voor compensatie/vergoeding vatbaar, compenseerbaar, in aanmerking komend voor compensatie.*

com·pen·sate ['kɒmpənseɪt‖'kɑm-] ⟨f2⟩ ⟨ww.⟩
I ⟨onov.ww.⟩ **0.1** ***dienen als tegenwicht*** ⇒*opwegen* **0.2** ⟨psych.⟩ ***compenseren*** ◆ **6.1** nothing can ~ **for** losing a child *niets kan het verlies v.e. kind compenseren* **6.2** he's a small guy, so he ~s **by** bullying his family *hij is maar een iel ventje, dus hangt hij ter compensatie thuis de tiran uit;*
II ⟨onov. en ov.ww.⟩ **0.1** ***een vergoeding geven*** ⇒*vergoeden, vereffenen, goedmaken* ◆ **6.1** I want the landlord to ~ me **for** all this trouble *ik wil dat de huisbaas me schadeloosstelt voor al deze overlast.*

com·pen·sa·tion ['kɒmpən'seɪʃn‖'kɑm-] ⟨f2⟩ ⟨telb. en n.-telb.zn.⟩ **0.1** ***compensatie*** ⇒*(onkosten/(oorlogs)schade)vergoeding, vereffening, schadeloosstelling, verrekening, herstelbetaling.*

compen'sation pendulum ⟨telb.zn.⟩ ⟨tech.⟩ **0.1** ***compensatieslinger.***

com·pen·sa·tor ['kɒmpənseɪtə‖'kɑmpənseɪṭər] ⟨telb.zn.⟩ **0.1** ***compensator*** ⇒*compensatie, tegenwicht.*

com·pen·sa·to·ry ['kɒmpən'seɪtəri‖kəm'pensətɔri], **com·pen·sa·tive** [-seɪtɪv‖'kɑmpenseɪṭɪv], **com·pen·sa·tion·al** ['kɒmpən'seɪʃnəl‖

'kam-]⟨bn.⟩ **0.1** ***compensatoir*** *⇒compenserend, vergoedings-, herstel-.*

com·père¹, com·pere ['kɒmpeə‖'kamper]⟨telb.zn.⟩⟨BE⟩ **0.1** ***conférencier*** *⇒ceremoniemeester, gastheer, opperspreekstalmeester, presentator, compère* ⟨v. revue⟩.

compère², compere ⟨ww.⟩⟨BE⟩
I ⟨onov.ww.⟩ **0.1** ***als presentator/conférencier optreden;***
II ⟨ov.ww.⟩ **0.1** ***presenteren*** *⇒als presentator/conférencier optreden in.*

com·pete [kəm'pi:t]⟨f3⟩⟨onov.ww.⟩ **0.1** ***wedijveren*** *⇒meedingen, rivaliseren, strijden, concurreren* ◆ **1.1** how many teams will be competing? *hoeveel ploegen doen er mee?* **6.1** ~ **against/with** other concerns *met andere bedrijven concurreren;* ~ (with others) **for** a prize/the first place *(met anderen) strijden om een prijs/de eerste plaats.*

com·pe·tence ['kɒmpətəns‖'kampət̬əns], **com·pe·ten·cy** [-nsi]⟨f2⟩⟨zn.;→mv.2⟩
I ⟨telb.zn.; vnl. enk.⟩⟨schr.⟩ **0.1** ***inkomen*** *⇒vermogen(tje), fortuintje* ◆ **3.1** I enjoy a small ~ *ik ben in redelijk goede doen;*
II ⟨n.-telb.zn.⟩ **0.1** ***(vak)bekwaamheid*** *⇒competentie, vaardigheid, kunde, (des)kundigheid, bedrevenheid* **0.2** ⟨jur.⟩ ***bevoegdheid*** *⇒competentie, jurisdictie* **0.3** ⟨taalk.⟩ ***taalvermogen*** *⇒competentie, competence* ⟨tgo. 'performance'⟩ **0.4** ⟨schr.⟩ ***welgesteldheid*** *⇒gegoedheid, bemiddeldheid* ◆ **3.4** live in ~ *bemiddeld zijn* **6.1** he lacks ~ **for** that task *hij is niet voor die taak berekend* **6.2** that's **beyond** this court's ~/the ~ of this court *dat behoort niet tot de competentie v. dit hof.*

com·pe·tent ['kɒmpət(ə)nt‖'kampət̬ənt]⟨f3⟩⟨bn.; -ly⟩ **0.1** ***competent*** *⇒(vak)bekwaam, (des)kundig, vaardig, bedreven* **0.2** ***voldoende*** *⇒toereikend, adequaat, geëigend, geschikt* **0.3** ***competent*** ⟨vnl. jur.⟩ *⇒bevoegd, gerechtigd* ◆ **1.1** he's a ~ teacher/~ as a teacher *hij is een vakkundig onderwijzer, hij heeft het lesgeven in zijn vingers* **1.2** the carpenter did a ~ job *de timmerman heeft een goed stuk werk afgeleverd;* a ~ knowledge of Spanish *voldoende kennis v.h. Spaans* **1.3** this court is not ~ to settle this matter *dit hof is in deze kwestie niet competent* **6.¶** it is not ~ **to me** to ... *het is niet aan mij/ligt niet op mijn weg om....*

com·pe·ti·tion ['kɒmpə'tɪʃn‖'kam-]⟨f3⟩⟨zn.⟩
I ⟨telb.zn.⟩ **0.1** ***wedstrijd*** *⇒toernooi, concours, match, prijsvraag;*
II ⟨n.-telb.zn.⟩ **0.1** ***competitie*** *⇒wedijver, rivaliteit, strijd, concurrentie, mededinging, wedloop* ◆ **1.1** what sort of ~ are we up against tonight? *wat voor tegenstander hebben we vanavond?, tegen wie moeten we vanavond?* **2.1** the ~ is very strong *er heerst een zeer grote rivaliteit, de concurrentie is erg scherp, er zijn veel gegadigden* **6.1** we're **in** ~ **with** the best teams of Europe *we moeten opboksen tegen/wedijveren met de beste ploegen v. Europa.*

com·pe·ti·tion-wal·la(h) [-wɒlə‖-walə]⟨telb.zn.⟩ **0.1** ***Indiaas ambtenaar.***

com·pet·i·tive [kəm'pet̬ət̬ɪv], **com·pet·i·to·ry** [kəm'petətri‖-'pet̬ətəri]⟨f3⟩⟨bn.; competitively; competitiveness⟩ **0.1** ***concurrerend*** ◆ **1.1** ~ examination *vergelijkend examen;* the ~ nature of modern society *het prestatiegerichte karakter v.d. moderne samenleving;* he's a very ~ person *hij meet zich graag met anderen;* ~ prices *concurrerende/scherpe prijzen.*

com·pet·i·tor [kəm'petɪtə‖-'pet̬ɪt̬ər]⟨f2⟩⟨telb.zn.⟩ **0.1** ***concurrent*** *⇒mededinger, (wedstrijd)deelnemer, rivaal, tegenstrever.*

com·pi·la·tion ['kɒmpɪ'leɪʃn‖'kam-]⟨f1⟩⟨telb. en n.-telb.zn.⟩ **0.1** ***compilatie*** *⇒samenstelling, aaneenschakeling, bundel(ing), verzameling.*

com·pile [kəm'paɪl]⟨f2⟩⟨ov.ww.⟩ **0.1** ***compileren*** ⟨ook computer⟩ *⇒samenstellen, bijeenbrengen/garen, bijeen/verzamelen* **0.2** ⟨cricket⟩ ***maken*** ⟨een (hoge) score⟩ *⇒verzamelen* ◆ **1.1** ~ dictionaries/guide books/indices *woordenboeken/gidsen/registers samenstellen.*

com·pil·er [kəm'paɪlə‖-ər]⟨f1⟩⟨telb.zn.⟩ **0.1** ***compilator*** *⇒samensteller* **0.2** ⟨comp.⟩ ***compiler*** *⇒vertaalprogramma.*

com'piler language ⟨telb. en n.-telb.zn.⟩⟨comp.⟩ **0.1** ***compiler/compilatiecode.***

com·pla·cen·cy [kəm'pleɪsnsi], **com·pla·cence** [-'pleɪsns]⟨f2⟩⟨telb. en n.-telb.zn.;→mv.2⟩ **0.1** ⟨vaak pej.⟩ ***zelfgenoegzaamheid*** *⇒voldoening, genoeglijkheid, (zelf)voldaanheid, zelfingenomenheid* **0.2** ⟨zelden⟩ →complaisance.

com·pla·cent [kəm'pleɪsnt]⟨f1⟩⟨bn.; -ly⟩ **0.1** ⟨vaak pej.⟩ ***zelfgenoegzaam*** *⇒zelfvoldaan, zelfingenomen* **0.2** ⟨zelden⟩ →complaisant.

com·plain [kəm'pleɪn]⟨f3⟩⟨onov.ww.⟩ →complaining **0.1** ***klagen*** *⇒zich beklagen, weeklagen, lamenteren, jammeren;* ⟨jur.⟩ *een klacht indienen, reclameren, zijn beklag doen, aanklagen* ◆ **6.1** ~ **about/of** sth. **to** s.o. *bij/tegen iem. ergens over klagen;* he came to me ~ing **of** stomach pains *hij kwam bij me met maagklachten.*

com·plain·ant [kəm'pleɪnənt]⟨telb.zn.⟩⟨schr.; jur.⟩ **0.1** ***eiser*** *⇒aanklager, reclamant.*

com·plain·er [kəm'pleɪnə‖-ər]⟨telb.zn.⟩ **0.1** ***klager*** *⇒zeur.*

com·plain·ing [kəm'pleɪnɪŋ]⟨f1⟩⟨bn.; teg. deelw. v. complain; -ly⟩ **0.1** ***klagend*** *⇒klagerig, zeurderig.*

com·plaint [kəm'pleɪnt]⟨f3⟩⟨zn.⟩
I ⟨telb.zn.⟩ **0.1** ***klacht*** *⇒grief, ontevredenheidsbetuiging, verzuchting, wee/jammerklacht;* ⟨oneig.⟩ *kwaal* **0.2** ⟨jur.⟩ ***(aan)klacht*** *⇒formele beschuldiging, reclame* **0.3** ⟨AE; jur.⟩ ***conclusie v. eis*** ◆ **2.1** childish ~s *kinderkwaaltjes/ziektes* **3.2** lodge a ~ against s.o. (with the police) *een aanklacht tegen iem. indienen (bij de politie);*
II ⟨n.-telb.zn.⟩ **0.1** ***beklag*** *⇒het klagen* ◆ **6.1** no cause/ground **for** ~ *geen reden tot beklag/klagen.*

com·plai·sance [kəm'pleɪzns‖-'pleɪsns]⟨n.-telb.zn.⟩⟨schr.⟩ **0.1** ***gedienstigheid*** *⇒hulpvaardigheid, behulpzaamheid, bereidwilligheid, dienstwilligheid* **0.2** ***beleefdheid*** *⇒voorkomendheid, minzaamheid, inschikkelijkheid* **0.3** ***eerbied*** *⇒ontzag.*

com·plai·sant [kəm'pleɪznt‖-'pleɪsnt]⟨bn.; -ly⟩⟨schr.⟩ **0.1** ***gedienstig*** *⇒hulpvaardig, behulpzaam, bereidwillig, dienstwillig* **0.2** ***beleefd*** *⇒voorkomend, minzaam, inschikkelijk* **0.3** ***eerbiedig*** *⇒onderdanig.*

compleat →complete.

com·plect [kəm'plekt]⟨ov.ww.⟩ **0.1** ***verstrengelen*** *⇒verweven, door elkaar vlechten, vervlechten.*

complected →complexioned.

com·ple·ment¹ ['kɒmplɪmənt‖'kam-]⟨f2⟩⟨zn.⟩
I ⟨telb.zn.⟩ **0.1** ***complement*** *⇒aanvulling, afronding, bekroning, sluitstuk* **0.2** ⟨taalk.⟩ ***complement*** *⇒bepaling,* ⟨i.h.b.⟩ *bepaling v. gesteldheid, predicatieve toevoeging/subjectsbepaling/objectsbepaling* **0.3** ***vereiste hoeveelheid/getalssterkte*** *⇒volledige/voltallige bemanning/bezetting* **0.4** ⟨wisk.⟩ ***complement;***
II ⟨telb. en n.-telb.zn.⟩⟨biol.⟩ **0.1** ***complement*** *⇒alexine.*

complement² ['kɒmplɪment‖'kam-]⟨f1⟩⟨ov.ww.⟩ **0.1** ***completeren*** *⇒aanvullen, vervolledigen, afronden, bekronen.*

com·ple·men·ta·ry ['kɒmplɪ'mentri‖'kamplɪ'men t̬əri], **com·ple·men·tal** ['kɒmplɪ'mentl‖'kamplɪ'ment̬l]⟨f2⟩⟨bn.; complementally; complementariness; →bijw. 3⟩ **0.1** ***complementair*** *⇒aanvullend* ◆ **1.1** ~ angles *complementaire hoeken* ⟨die samen 90° vormen⟩; ~ colours *complementaire kleuren* ⟨die samen wit vormen⟩ **1.¶** ~ medicine *alternatieve geneeskunde;* ~ therapy *alternatieve therapie.*

com·ple·men·ta·tion [kɒmplɪmen'teɪʃn‖kam-]⟨n.-telb.zn.⟩⟨taalk.⟩ **0.1** ***complementering.***

'complement fixation ⟨telb. en n.-telb.zn.⟩⟨schei.⟩ **0.1** ***complementbinding.***

com·ple·men·ti·zer [kɒmplɪməntaɪzə‖kamplɪməntaɪzər]⟨telb.zn.⟩⟨taalk.⟩ **0.1** ***complementeerder.***

com·plete¹, ⟨in bet. 0.3 ook⟩ **com·pleat** [kəm'pli:t]⟨f4⟩⟨bn.; -ly; -ness⟩ **0.1** ***compleet*** *⇒volledig, geheel, volkomen, totaal* **0.2** ***klaar*** *⇒afgerond, voltooid, af, gereed* **0.3** ⟨vero. of scherts.⟩ ***volleerd*** *⇒vaardig, bedreven, ervaren* ◆ **1.1** a ~ edition of Goethe's works *een volledige uitgave v. Goethe, het verzamelde werk v. Goethe;* a ~ surprise *een complete/totale/volledige/volslagen verrassing* **2.1** not ~ly successful *niet geheel en al succesvol, niet volledig geslaagd* **6.1** a room ~ **with** furniture *een kamer, meubelen inclusis, een gemeubileerde kamer.*

complete² ⟨f3⟩⟨ov.ww.⟩ **0.1** ***completeren*** *⇒vervolledigen, afmaken, voltooien, afsluiten, uitvoeren* **0.2** ***invullen*** ◆ **1.1** our navy ~d a successful attack *onze marine deed een geslaagde aanval;* ~ a collection *een verzameling completeren/volledig maken;* that ~d his happiness *daarmee was zijn geluk compleet;* the work is not ~d yet *het werk is nog niet af* **1.2** ~ a form/questionaire *een formulier/vragenlijst invullen.*

com·ple·tion [kəm'pli:ʃn]⟨f2⟩⟨telb. en n.-telb.zn.⟩ **0.1** ***voltooiing*** *⇒afwerking, completering, realisering, totstandbrenging* **0.2** ⟨Am. voetbal⟩ ***voltooide voorwaartse pass*** ⟨reglementair gevangen⟩ ◆ **6.1** be **near** ~ *(de/zijn) voltooiing naderen;* **on** ~ **of** *bij (de) voltooiing v..*

com·ple·tist [kəm'pli:t̬ɪst]⟨telb.zn.⟩ **0.1** ***volledigheidsmaniak*** *⇒perfectionist, allesverzamelaar.*

com·ple·tive [kəm'pli:t̬ɪv]⟨bn.⟩ **0.1** ***aanvullend*** *⇒afrondend.*

com·plex¹ ['kɒmpleks‖'kam-]⟨f3⟩⟨telb.zn.⟩ **0.1** ***complex*** *⇒samengesteld geheel* **0.2** ⟨psych.⟩ ***complex*** *⇒* ⟨inf.; oneig.⟩ *obsessie* **0.3** ⟨schei.⟩ ***complex*** *⇒complexe verbinding* ◆ **6.2** ⟨inf.⟩ she has a ~ **about** her pimples *ze heeft een complex over haar puistjes.*

complex² ['kɒmpleks‖'kam'pleks]⟨f3⟩⟨bn.; -ly; -ness⟩ **0.1** ***complex*** *⇒samengesteld, ingewikkeld, gecompliceerd, onoverzichtelijk* ◆ **1.1** ⟨wisk.⟩ ~ fraction *samengestelde breuk;* a ~ network of roads *een ingewikkeld/dicht vertakt wegennet;* ⟨wisk.⟩ ~ number *complex getal;* ⟨taalk.⟩ ~ sentence *samengestelde zin;* ⟨wisk.⟩ ~ variable *complexe variabele;* ⟨taalk.⟩ ~ word *geleed worden.*

com·plex·ion [kəm'plekʃn]⟨f2⟩⟨telb.zn.⟩ 0.1 ***huidkleur*** ⇒*uiterlijk;* ⟨i.h.b.⟩ *gelaatskleur, teint* 0.2 ***aanzien*** ⇒*voorkomen, aard* 0.3 ***geaardheid*** ⇒*(gemoeds)gesteldheid* ◆ 1.2 governments of different ~s *regeringen v. verschillende kleur/strekking;* that changed the ~ of the matter *dat gaf de kwestie een heel ander aanzien* 2.1 dark/fair ~ *donkere/bleke teint.*

com·plex·ioned [kəm'plekʃnd], **com·plect·ed** [-'plektɪd]⟨bn.; vnl. als 2e lid in samenstellingen⟩ 0.1 ***v. uiterlijk*** ⇒*met een ... uiterlijk* ◆ ¶.1 a dark-~ woman *een donkere vrouw, een vrouw met een donkere teint/gelaatskleur, een vrouw met een donker uiterlijk.*

com·plex·ion·less [kəm'plekʃnləs]⟨bn.⟩ 0.1 ***bleek*** ⇒*kleurloos, flets.*

com·plex·i·ty [kəm'pleksəṭi], **com·pli·ca·cy** ['kɒmplɪkəsi‖'kɑm-]⟨f2⟩⟨zn.; →mv. 2⟩
I ⟨telb.zn.⟩ 0.1 ***complicatie*** ⇒*moeilijkheid, probleem;*
II ⟨n.-telb.zn.⟩ 0.1 ***ingewikkeldheid*** ⇒*gecompliceerdheid, complexiteit.*

com·pli·ance [kəm'plaɪəns], **com·pli·an·cy** [-nsi]⟨f1⟩⟨n.-telb.zn.⟩ 0.1 ***volgzaamheid*** ⇒*inschikkelijkheid, meegaandheid, toegeeflijkheid, gehoorzaamheid* 0.2 ***onderdanigheid*** ⇒*onderworpenheid, kruiperigheid* 0.3 ***buigzaamheid*** ⇒*flexibiliteit, compliantie* ◆ 6.1 **in** ~ **with** your wish *overeenkomstig uw wens;* ~ **with** the law *naleving v.d. wet.*

com·pli·ant [kəm'plaɪənt], **com·pli·a·ble** [-'plaɪəbl]⟨bn.; -ly; -ness; →bijw. 3⟩ 0.1 ***volgzaam*** ⇒*inschikkelijk, meegaand, toegeeflijk, gehoorzaam, gezeglijk* 0.2 ***onderdanig*** ⇒*onderworpen, kruiperig* 0.3 ***buigzaam*** ⇒*flexibel.*

complicacy →complexity.

com·pli·cate[1] ['kɒmplɪkət‖'kɑm-]⟨bn.⟩ 0.1 →complicated 0.2 ⟨biol.⟩ ***gevouwen*** ⟨v. blad/insektenvleugel⟩.

complicate[2] ['kɒmplɪkeɪt‖'kɑm-]⟨f3⟩⟨ww.⟩ →complicated
I ⟨onov.ww.⟩ 0.1 ***ingewikkeld/gecompliceerd worden*** 0.2 ***verweven raken*** ⇒*verstrengeld/vervlochten worden;*
II ⟨ov.ww.⟩ 0.1 ***compliceren*** ⇒*verwikkelen, ingewikkeld(er) maken* 0.2 ***verweven*** ⇒*verstrengelen, vervlechten, vermengen, verergeren.*

com·pli·cat·ed ['kɒmplɪkeɪtɪd‖'kɑmplɪkeɪṭɪd]⟨f3⟩⟨bn.; volt. deelw. v. complicate; -ly; -ness⟩ 0.1 ***gecompliceerd*** ⇒*complex, ingewikkeld, moeilijk ontwarbaar, verstrengeld, veelomvattend.*

com·pli·ca·tion ['kɒmplɪ'keɪʃn‖'kɑm-]⟨f2⟩⟨zn.⟩
I ⟨telb.zn.⟩ 0.1 ***complicatie*** ⟨ook med.⟩ ⇒*(extra/onvoorziene) moeilijkheid, probleem, (ingewikkelde) interne samenhang, verwikkeling;*
II ⟨n.-telb.zn.⟩ 0.1 ***complicering*** ⇒*verwikkeling* ◆ 2.1 if there's any further ~ *als de zaak nog ingewikkelder/onoverzichtelijker wordt.*

com·plice ['kʌmplɪs‖'kɑm-]⟨telb.zn.⟩⟨vero.⟩ 0.1 ***broeder in het kwaad*** ⇒*handlanger, medeplichtige, complice, trawant.*

com·plic·i·ty [kəm'plɪsəṭi]⟨f1⟩⟨zn.; →mv. 2⟩
I ⟨telb. en n.-telb.zn.⟩ 0.1 →complexity;
II ⟨n.-telb.zn.⟩ 0.1 ***medeplichtigheid*** ⇒*compliciteit* ◆ 6.1 ~ **in** *medeplichtigheid aan.*

com·pli·ment[1] ['kɒmplɪmənt‖'kɑm-]⟨f2⟩⟨telb.zn.⟩ 0.1 ***compliment*** ⇒*lofbetuiging, beleefdheid, vleiende opmerking/handeling, plichtpleging* ◆ 1.1 the ~s of the season *het compliment v.d. dag* ⟨vnl. met Kerstmis en nieuwjaar⟩; *kerst/nieuwjaarswens;* ⟨als wens⟩ *prettige feestdagen* 3.1 ⟨vnl. pej.⟩ fish/angle for ~s *naar (een) complimentje(s) vissen/hengelen;* pay s.o. a ~, pay a ~ to s.o. (on sth.) *iem. een complimentje (over iets) geven/maken, iem. complimenteren (met iets);* return a/the ~ *een complimentje teruggeven, iem. op zijn beurt/van zijn kant complimenteren* 6.1 my ~s **to** your wife *mijn groeten/complimenten aan uw vrouw;* **with** the ~s of *met de complimenten/hartelijke groeten v., aangeboden door.*

compliment[2] ['kɒmplɪment‖'kɑm-]⟨f1⟩⟨ov.ww.⟩ 0.1 ***complimenteren*** ⇒*een vleiende opmerking maken over/tegen, gelukwensen* 0.2 ***een blijk v. erkentelijkheid/achting/genegenheid geven*** ⇒*vereren* ◆ 6.1 ~ s.o. **on** *iem. complimenteren met/over.*

com·pli·men·ta·ry ['kɒmplɪ'mentri‖'kɑmplɪ'menṭəri]⟨f1⟩⟨bn.; -ly; →bijw. 3⟩ 0.1 ***complimenteus*** ⇒*vleiend* 0.2 ***gratis*** ⇒*bij wijze v. geste gegeven* ◆ 1.2 ~copy *presentexemplaar;* ~tickets *vrijkaartjes.*

com·plin(e) ['kɒmplɪn‖'kɑm-]⟨n.-telb.zn.; ook C-⟩⟨relig.⟩ 0.1 ***completen*** ⇒*(liturgisch) avondgebed* ⟨laatste der getijden v.d. dag⟩.

com·ply [kəm'plaɪ]⟨f2⟩⟨onov.ww.; →ww. 7⟩ →complying 0.1 ***zich schikken/voegen*** ⇒*gehoorzamen* ◆ 3.1 refuse to ~ *weigeren mee te werken, gehoorzaamheid weigeren* 6.1 ~ **with** *zich neerleggen bij, voldoen aan, gehoor geven aan, opvolgen, nakomen, naleven.*

com·ply·ing [kəm'plaɪɪŋ]⟨bn.; teg. deelw. v. comply⟩ 0.1 ***inschikkelijk.***

com·po ['kɒmpoʊ‖'kɑm-]⟨telb. en n.-telb.zn.; verk.⟩ composition ⟨bouwk.⟩ 0.1 ***mengsel*** ⇒⟨i.h.b.⟩ *pleister, stuc, (cement/beton/metsel)specie.*

com·po·nent[1] [kəm'poʊnənt]⟨f2⟩⟨telb.zn.⟩ 0.1 ***component*** ⇒*bestanddeel, onderdeel, element, samenstellend deel* 0.2 ⟨wisk.⟩ ***component.***

component[2] ⟨f1⟩⟨bn., attr.⟩ 0.1 ***samenstellend*** ◆ 1.1 ~ parts *samenstellende delen, onderdelen.*

com·port [kəm'pɔ:t‖-'pɔrt]⟨ww.⟩⟨schr.⟩
I ⟨onov.ww.⟩ 0.1 ***stroken*** ⇒*in overeenstemming zijn, overeenstemmen, passen, aansluiten* ◆ 6.1 ~ **with** *stroken met;*
II ⟨onov. en ov.ww.; wederk. ww.⟩ 0.1 ***zich gedragen*** ⇒*handelen, optreden* ◆ 4.1 he ~ed himself with dignity *hij gedroeg zich waardig.*

com·port·ment [kəm'pɔ:tmənt‖-'pɔrt-]⟨telb. en n.-telb.zn.⟩⟨schr.⟩ 0.1 ***gedrag*** ⇒*houding, optreden, handel en wandel.*

com·pose [kəm'poʊz]⟨f3⟩⟨ww.⟩ →composed, composing
I ⟨onov. en ov.ww.⟩ 0.1 ***schrijven*** ⟨literair of muzikaal werk⟩ ⇒*componeren, toonzetten, op muziek zetten* 0.2 ⟨boek.⟩ ***zetten*** ◆ 1.1 ~a speech *een redevoering opstellen;*
II ⟨ov.ww.⟩ 0.1 ***samenstellen*** ⇒*vormen, opbouwen, in elkaar zetten, bijeen/samenvoegen, ordenen, creëren* 0.2 ***tot bedaren/rust brengen*** ⇒*bedaren, kalmeren, geruststellen* 0.3 ***bijleggen*** ⇒*sussen, regelen, beslechten* ⟨geschil⟩ ◆ 1.1 the parts that ~ a whole *de delen waaruit een geheel bestaat* 1.2 ~ your features *trek je gezicht in de plooi, trek een rustig gezicht, kijk niet zo paniekerig* 4.2 ~ yourself *kalmeer een beetje, kalm/rustig nou maar;* ~ o.s. to write *zich opmaken/voorbereiden om te gaan schrijven* 6.1 ~d **of** *bestaande/opgebouwd uit.*

com·posed [kəm'poʊzd]⟨bn.; volt. deelw. v. compose; -ly [-ɪdli]; -ness [-ɪdnəs]⟩ 0.1 ***kalm*** ⇒*rustig, bedaard, zelfverzekerd, beheerst.*

com·pos·er [kəm'poʊzə‖-ər]⟨f2⟩⟨telb.zn.⟩ 0.1 ***componist*** ⇒*muziekauteur, toonzetter* 0.2 ***auteur*** ⇒*schrijver, samensteller* 0.3 →composing machine.

com·pos·ing [kəm'poʊzɪŋ]⟨n.-telb.zn.; gerund v. compose⟩⟨druk.⟩ 0.1 ***het zetten.***

com'posing frame ⟨telb.zn.⟩⟨druk.⟩ 0.1 ***zetbok.***

com'posing machine ⟨telb.zn.⟩⟨druk.⟩ 0.1 ***(letter)zetmachine.***

com'posing room ⟨telb.zn.⟩⟨druk.⟩ 0.1 ***zetterij*** ⇒*zetlokaal/ruimte.*

com'posing stick ⟨telb.zn.⟩⟨druk.⟩ 0.1 ***zet(ters)haak*** ⇒*letterhaak, composteur.*

com·pos·ite[1] ['kɒmpəzɪt‖kɑm'pɑzɪt]⟨f1⟩⟨zn.⟩
I ⟨telb.zn.⟩ 0.1 ***samengesteld geheel*** ⇒*samenstel(ling), mengsel* 0.2 ***samengesteld materiaal*** ⇒*composietmateriaal* 0.3 ⟨plantk.⟩ ***composiet*** ⇒*samengesteldbloemige plant, lid v.d. familie Compositae;*
II ⟨n.-telb.zn.; the; ook C-⟩⟨bouwk.⟩ 0.1 ***composietorde*** ⟨5e klassieke bouworde⟩.

composite[2] ⟨f2⟩⟨bn.; -ly; -ness⟩ 0.1 ***samengesteld*** 0.2 ⟨wisk.⟩ ***ontbindbaar*** ⟨in factoren⟩ ⇒*samengesteld* ⟨functie⟩, *factoriseerbaar* 0.3 ⟨plantk.⟩ ***samengesteldbloemig*** ⇒*composiet* 0.4 ⟨ook C-⟩ ⟨bouwk.⟩ ***mbt. de composiete orde*** ⟨5e klassieke bouworde⟩ ◆ 1.1 ~ photograph *montage/compositiefoto,* ⟨B.⟩ *robotfoto* 1.2 ~ number *deelbaar getal* 1.4 ~ order *composietkapiteel.*

com·po·si·tion ['kɒmpə'zɪʃn‖'kɑm-]⟨f3⟩⟨zn.⟩
I ⟨telb.zn.⟩ 0.1 ***samengesteld geheel*** ⇒*samenstel, compositie, configuratie, constellatie, constructie, formatie* 0.2 ***kunstwerk*** ⇒⟨i.h.b.⟩ *muziekstuk, compositie; dichtwerk, tekst* 0.3 ***steloefening*** ⇒*opstel, verhandeling* 0.4 ***mengsel*** ⇒*samengesteld materiaal;* ⟨i.h.b.⟩ *kunststof* 0.5 ⟨geen mv.⟩ ***constitutie*** ⇒*gestel, geaardheid, wezen, aard* 0.6 ⟨druk.⟩ ***composeerzetsel*** 0.7 ***schikking*** ⇒*regeling, vergelijk, compromis, overeenkomst tussen partijen,* ⟨B.⟩ *concordaat;* ⟨i.h.b. jur.⟩ *akkoord* ⟨faillissementsregeling tot kwijting v. schuld na gedeeltelijke aflossing⟩ 0.8 ***afkoopsom*** ⇒*afkoping* ⟨zie 0.7⟩ ◆ 7.5 he has a touch of madness in his ~ *er loopt bij hem een streepje door, er is bij hem een steekje los;*
II ⟨telb. en n.-telb.zn.⟩ 0.1 ***samenstelling*** ⇒*samenvoeging, opbouw, constructie, vorming, schikking, inrichting* ◆ 1.1 the ~ of forces *het samenstellen v. krachten;* ~ of the soil *samenstelling v.d. grond;*
III ⟨n.-telb.zn.⟩ 0.1 ***het componeren*** ⇒*compositie* 0.2 ***het stellen*** ⇒*de schrijfkunst* 0.3 ⟨taalk.⟩ ***het vormen v. samenstellingen*** 0.4 ⟨druk.⟩ ***het letterzetten*** ⇒*zetting* 0.5 ⟨tech.⟩ ***sas*** ⇒*brandbaar mengsel* ◆ 1.1 a piece of his own ~ *een stuk v. eigen hand.*

com·po·si·tion·al ['kɒmpə'zɪʃnəl‖'kɑm-]⟨bn.⟩ 0.1 ***v./mbt. (een) compositie*** ⇒*compositie-, componeer-.*

compo'sition photo ⟨telb.zn.⟩ 0.1 ***compositiefoto*** ⇒*montagefoto,* ⟨B.⟩ *robotfoto.*

com·pos·i·tive [kəm'pɒzətɪv‖-'pɑzəṭɪv]⟨bn.⟩ 0.1 ***samengesteld*** ⇒*synthetisch.*

com·pos·i·tor [kəm'pɒzɪtə‖-'pɑzɪṭər]⟨f1⟩⟨telb.zn.⟩⟨druk.⟩ 0.1 ***(letter)zetter.***

com·pos men·tis ['kɒmpəs 'mentɪs‖'kɑm-]⟨bn., pred.⟩ **0.1** ***compos mentis*** *⇒bij zijn volle verstand, in het volle bezit v. zijn geestvermogens* ◆ **3.1** ⟨inf.⟩ I'm not feeling quite ~ today *ik ben er (met mijn hoofd) niet helemaal bij vandaag.*

com·pos·si·ble [kɒm'pɒsəbl‖'kɑm'pɑsəbl]⟨bn.⟩⟨schr.⟩ **0.1** ***coëxisteerbaar*** *⇒(naast elkaar) bestaanbaar.*

com·post[1] ['kɒmpɒst‖'kɑmpoʊst]⟨f1⟩⟨zn.⟩
I ⟨telb.zn.⟩ **0.1** ***mengsel*** *⇒dooreenmenging, vermenging, mengeling;*
II ⟨n.-telb.zn.⟩ **0.1** ***compost.***

compost[2] ⟨ov.ww.⟩ **0.1** ***met compost bedekken*** *⇒compost uitspreiden over, bemesten* **0.2** ***composteren*** *⇒verwerken tot compost.*

'compost bin ⟨telb.zn.⟩ **0.1** ***compostbak.***

'compost heap, 'compost pile ⟨f1⟩⟨telb.zn.⟩ **0.1** ***composthoop.***

com·po·sure [kəm'poʊʒə‖-ər]⟨f1⟩⟨telb. en n.-telb.zn.⟩ **0.1** ***(zelf)beheersing*** *⇒kalmte, bedaardheid, rust, evenwicht(igheid).*

com·po·ta·tion ['kɒmpoʊ'teɪʃn‖'kɑm-]⟨telb.zn.⟩ **0.1** ***drinkgelag.***

com·pote ['kɒmpɒt‖'kɑmpoʊt]⟨zn.⟩⟨cul.⟩
I ⟨telb.zn.⟩ **0.1** ***compotekom/schaal*** *⇒fruitschaal(tje), bowl;*
II ⟨telb. en n.-telb.zn.⟩ **0.1** ***compote*** *⇒vruchtenmoes.*

com·pound[1] ['kɒmpaʊnd‖'kɑm-]⟨f2⟩⟨telb.zn.⟩ **0.1** ⟨ben. voor⟩ ***samenstel*** *⇒groep, mengsel;* ⟨taalk.⟩ *samenstelling, samengesteld woord;* ⟨schei.⟩ *(chemische) verbinding* **0.2** ⟨ben. voor⟩ ***omheinde groep gebouwen/huizen*** *⇒kampong, op zichzelf staande groep woningen (en bedrijven)* ⟨in het verre Oosten⟩; *kraal, arbeidersbarak/dorp* ⟨voor mijnwerkers, in Z. Afrika⟩; *(krijgs)gevangenkamp; omheind gebied, schutstal* ⟨voor vee⟩.

compound[2] ⟨f2⟩⟨bn.⟩ **0.1** ***samengesteld*** *⇒ge/vermengd, meng-, gecombineerd, gemeenschappelijk, compound-* ◆ **1.1** ~ addition *optelling v. ongelijknamige waarden;* ⟨anat.⟩ ~ eye *facetoog, samengesteld oog;* ⟨plantk.⟩ ~ flower *samengestelde bloem, composiet;* ⟨wisk.⟩ ~ fraction *samengestelde breuk;* ⟨med.⟩ ~ fracture *gecompliceerde breuk/fractuur;* ~ interest *samengestelde interest, interest op interest, rente op rente;* ⟨muz.⟩ ~ interval *overmatige interval* ⟨groter dan een octaaf⟩; ⟨plantk.⟩ ~ leaf *samengesteld/geveerd/dubbelgeveerd blad;* ~ microscope *samengestelde microscoop* ⟨met objectief, cilinder en oculair⟩; ~ number *getal bestaande uit verschillende meeteenheden* ⟨bv. 6 voet 2 duim⟩; ⟨taalk.⟩ ~ sentence *samengestelde zin;* ⟨muz.⟩ ~ time *samengestelde maat.*

compound[3] [kəm'paʊnd]⟨f2⟩⟨ww.⟩
I ⟨onov.ww.⟩ **0.1** ***tot overeenstemming/een vergelijk komen*** *⇒accorderen, een vergelijk treffen* ⟨met een crediteur⟩, *bijleggen* ◆ **6.1** ~ **for** sth. *over iets tot overeenstemming komen;* ~ **with** s.o. *het met iem. op een akkoordje gooien;*
II ⟨ov.ww.⟩ **0.1** ***(dooreen/ver)mengen*** *⇒samenstellen, combineren, opbouwen, in elkaar zetten* **0.2** ***berekenen*** *⇒vaststellen* ⟨samengestelde interest⟩ **0.3** ⟨vnl. passief⟩ ***vergroten*** *⇒verergeren, verward(er) maken* **0.4** ***afkopen*** *⇒per akkoord regelen* ⟨schuld⟩ **0.5** ⟨jur.⟩ ***(minnelijk) schikken*** *⇒afzien v. vervolging* ◆ **1.1** ~ a recipe *een recept bereiden/klaarmaken* **1.4** ~ a life insurance policy into an annuity *een levensverzekering in een lijfrente omzetten.*

com·pound·a·ble [kəm'paʊndəbl]⟨bn.⟩ **0.1** ***samen te stellen*** *⇒vermengbaar, combineerbaar* **0.2** ***afkoopbaar*** *⇒te schikken, te regelen.*

com·pound·er [kəm'paʊndə‖-ər]⟨telb.zn.⟩ **0.1** ***samensteller*** **0.2** ***menger*** **0.3** ***iem. die een schikking/regeling/akkoord treft*** **0.4** ***afgekocht schuldeiser.***

com·pra·dor(e) ['kɒmprə'dɔ:‖'kɑmprə'dɔr]⟨telb.zn.⟩⟨gesch.⟩ **0.1** ***comprador*** ⟨inheems agent v. buitenlands handelshuis in China⟩ *⇒*⟨bij uitbr.⟩ *agent v.e. buitenlandse mogendheid.*

com·pre·hend ['kɒmprɪ'hend‖'kɑm-]⟨f2⟩⟨ov.ww.⟩ **0.1** ***(be)vatten*** *⇒begrijpen, doorzien, doorgronden* **0.2** ***omvatten*** *⇒beslaan, behelzen, inhouden.*

com·pre·hen·si·bil·i·ty ['kɒmprɪhensə'bɪləti‖'kɑm-əṭi]⟨n.-telb.zn.⟩ **0.1** ***begrijpelijkheid*** *⇒bevattelijkheid, doorzichtelijkheid* **0.2** ⟨vero.⟩ ***omvatbaarheid.***

com·pre·hen·si·ble ['kɒmprɪ'hensəbl‖'kɑm-], **com·pre·hend·i·ble** [-'hendəbl]⟨f1⟩⟨bn.; -ly; -ness; →bijw. 3⟩ **0.1** ***begrijpelijk*** *⇒bevattelijk, doorzichtig, duidelijk* **0.2** ⟨vero.⟩ ***te omvatten*** *⇒omvatbaar.*

com·pre·hen·sion ['kɒmprɪ'henʃn‖'kɑm-]⟨f2⟩⟨zn.⟩
I ⟨telb. en n.-telb.zn.⟩ **0.1** ⟨school.⟩ ***begripstest*** *⇒lees/luistertoets* **0.2** ***begrip*** *⇒bevattingsvermogen, comprehensie;*
II ⟨n.-telb.zn.⟩ **0.1** ***(toepassings)bereik*** *⇒(veel)omvattendheid, (ruime) toepasbaarheid, omvang* **0.2** ***het insluiten*** *⇒het opnemen* **0.3** ⟨gesch., relig.⟩ ***het streven om non-conformisten binnen de anglicaanse staatskerk te halen*** ◆ **2.1** a law of wide ~ *een wet die een breed terrein bestrijkt.*

com·pre·hen·sive[1] ['kɒmprɪ'hensɪv‖'kɑm-]⟨telb.zn.⟩ **0.1** ⟨BE⟩ ***middenschool*** *⇒*⟨in praktijk vaak⟩ *VSO-school; scholengemeenschap* **0.2** ⟨vaak mv.⟩ ***overzichtsexamen*** ⟨examen/tentamen over het hele studievak⟩ **0.3** ⟨reclame⟩ ***ontwerpschets*** *⇒paste up.*

comprehensive[2] ⟨f2⟩⟨bn.; -ly; -ness⟩
I ⟨bn.⟩ **0.1** ***alles/veelomvattend*** *⇒ruim, breed, uitvoerig, uitgebreid* **0.2** ***bondig*** ◆ **1.1** ~ insurance *all-risk polis/verzekering,* ⟨B.⟩ *omniumverzekering;* ⟨BE⟩ ~ school *middenschool; VSO-school;* ⟨in praktijk vaak⟩ *scholengemeenschap* **6.1** ⟨schr.⟩ ~ **of** all virtues *alle deugden omvattend;*
II ⟨bn., attr.⟩ **0.1** ***het begrijpen betreffende*** *⇒verstandelijk, begrips-, bevattings-* ◆ **1.1** ~ faculty *begripsvermogen, bevattingsvermogen.*

com·pre·hen·siv·ist [kɒmprɪ'hensɪvɪst‖kɑm-]⟨telb.zn.⟩ **0.1** ***generalist*** *⇒voorstander v. generalisme* ⟨tgo. specialisme(n)⟩ **0.2** ⟨BE⟩ ***voorstander v. middenschoolvorming*** ⟨tgo. categoriale scholen⟩.

com·press[1] ['kɒmpres‖'kɑm-]⟨f1⟩⟨telb.zn.⟩ **0.1** ***kompres*** *⇒drukverband* **0.2** ***katoenbaalmachine*** *⇒pakkenmachine.*

compress[2] [kəm'pres]⟨f2⟩⟨ov.ww.⟩ →compressed **0.1** ***opeen/samendrukken/persen*** *⇒comprimeren, verdichten* **0.2** ***balen*** *⇒tot balen persen, pakken* ◆ **1.1** ~ed air *perslucht, samengeperste lucht* **6.1** ~ a complex idea **into** a few words *een ingewikkeld idee in een paar woorden samenvatten* **6.2** ~ hay **into** bales *hooi balen, hooi tot pakken persen.*

com·pressed [kəm'prest]⟨bn.; volt. deelw. v. compress⟩⟨biol.⟩ **0.1** ***plat*** ⟨v. vissen, zaden⟩.

com·press·i·bil·i·ty [kəm'presə'bɪləṭi]⟨n.-telb.zn.⟩ **0.1** ***samendrukbaarheid/persbaarheid*** *⇒compressibiliteit.*

com·press·i·ble [kəm'presəbl]⟨bn.; -ness⟩ **0.1** ***samendrukbaar/persbaar*** *⇒compressibel.*

com·pres·sion [kəm'preʃn]⟨f2⟩⟨n.-telb.zn.⟩ **0.1** ***samendrukking/persing*** *⇒comprimering, verdichting, druk, compressie* **0.2** ***samengedruktheid/geperstheid*** *⇒dichtheid, bondigheid, compactheid.*

com'pression ignition ⟨telb.zn.⟩ **0.1** ***compressie-ontsteking.***

com·pres·sive [kəm'presɪv]⟨bn.; -ly⟩ **0.1** ***samendrukkend/persend.***

com·pres·sor [kəm'presə‖-ər]⟨f1⟩⟨telb.zn.⟩ **0.1** ***compressor*** *⇒perspomp, luchtverdichter* **0.2** ***samendrukkende spier*** **0.3** ⟨med.⟩ ***drukverband*** *⇒tourniquet.*

com·prise [kəm'praɪz]⟨f2⟩⟨ov.ww.⟩ **0.1** ***bestaan/opgebouwd zijn uit*** *⇒be/omvatten, vormen* ◆ **1.1** the house ~s five rooms *het huis telt vijf kamers.*

com·pro·mise[1] ['kɒmprəmaɪz‖'kɑm-]⟨f2⟩⟨zn.⟩
I ⟨telb. en n.-telb.zn.⟩ **0.1** ***compromis*** *⇒politiek v. overleg, vergelijk, schikking, (compromis)overeenkomst, tussenoplossing, midden/tussenweg;* ⟨pej.⟩ *geschipper* ◆ **6.1** settle differences **by** ~ *geschillen minnelijk schikken/oplossen door middel v. een compromis;*
II ⟨n.-telb.zn.⟩ **0.1** ***compromittering*** *⇒bezoedeling, blamage, het in gevaar brengen.*

compromise[2] ⟨f2⟩⟨ww.⟩
I ⟨onov.ww.⟩ **0.1** ***een compromis sluiten*** *⇒tot een schikking/vergelijk komen, een tussenoplossing vinden, geven en nemen, de gulden middenweg kiezen* ◆ **6.1** ~ **with** *een compromis sluiten met;*
II ⟨ov.ww.⟩ **0.1** ***door een compromis oplossen/bijleggen/regelen*** *⇒(minnelijk) schikken* **0.2** ***compromitteren*** *⇒in opspraak brengen, de goede naam aantasten v., blameren* **0.3** ***in gevaar brengen*** *⇒roekeloos omspringen met.*

comp·tom·e·ter [kɒm(p)'tɒmɪtə‖kɑm(p)'tɑmɪṭər]⟨telb.zn.; ook C-⟩ **0.1** ***rekenmachine*** *⇒telmachine.*

Compton effect ['kɒm(p)tən ɪˌfekt‖'kɑm-]⟨n.-telb.zn.; the⟩ **0.1** ***Comptoneffect/verstrooiing*** ⟨v. röntgen- of gammastralen⟩.

comp·trol·ler [kən'troʊlə, kəmp-‖-ər]⟨telb.zn.⟩⟨schr.; vnl. in titels⟩ **0.1** ***controleur*** *⇒*⟨ong.⟩ *thesaurier* ◆ **1.1** Comptroller and Auditor General *thesaurier-generaal.*

com·pu·hol·ic [kɒmpjʊ'hɒlɪk‖kɑmpjʊ'hɔlɪk, -'hɑ-]⟨telb.zn.⟩ **0.1** ***computerfanaat/verslaafde.***

com·pul·sion [kəm'pʌlʃn]⟨f1⟩⟨zn.⟩
I ⟨telb.zn.⟩⟨psych.⟩ **0.1** ***dwangimpuls/neurose/gedachte*** **0.2** ***dwanghandeling;***
II ⟨n.-telb.zn.⟩ **0.1** ***dwang*** *⇒verplichting, compulsie, bedwang, gedwongenheid* ◆ **6.1** **under** ~ *onder dwang.*

com·pul·sive [kəm'pʌlsɪv]⟨f2⟩⟨bn.; -ly; -ness⟩ **0.1** ***dwingend*** *⇒gedwongen, verplicht, compulsief, obsederend* **0.2** ⟨psych.⟩ ***dwangmatig*** *⇒uit een dwangneurose voortkomend, dwang-, obsessief;* ⟨fig.⟩ *onweerstaanbaar* ◆ **1.1** ~ reading *uiterst boeiende lectuur;* a ~ smoker *een verslaafd roker;* a ~ talker *iem. die nooit z'n mond houdt/altijd maar doorpraat.*

com·pul·so·ry [kəm'pʌlsri]⟨f2⟩⟨bn.; -ly; -ness; →bijw. 3⟩ **0.1** ***(af)gedwongen*** *⇒opgelegd, verplicht* **0.2** ***dwingend*** *⇒onontkoombaar, noodzakelijk, dwang gebruikend, dwang-* ◆ **1.1** ~ education *leer-*

plicht; ⟨sport⟩ ~ figures *verplichte figuren / oefeningen;* ~ military service *dienstplicht;* ⟨school.⟩ ~ subject *verplicht vak* **1.2** ~ legislation *dwingend recht;* ~ purchase *dwingende koop, onteigening.*
com·punc·tion [kəm'pʌŋ(k)ʃn]⟨zn.⟩
I ⟨telb.zn.⟩ **0.1** ***scrupule*** ⇒*(gewetens)bezwaar, ongemakkelijk gevoel;*
II ⟨n.-telb.zn.⟩ **0.1** ***wroeging*** ⇒*berouw, zelfverwijt, gewetensangst / knaging / kwelling / pijn, spijt* ◆ **6.1** I still have some ~ **about** it *het zit me nog steeds niet helemaal lekker;* she lies to me **without** the slightest ~ *ze ziet er geen been in tegen me te liegen, ze liegt me met het grootste gemak voor.*
com·punc·tious [kəm'pʌŋ(k)ʃəs]⟨bn.; -ly⟩ **0.1** ***berouwvol*** ⇒*gewetensvol* **0.2** ***scrupuleus.***
com·pur·ga·tion ['kɒmpɜː'geɪʃn‖'kɑmpər-]⟨telb. en n.-telb.zn.⟩ ⟨gesch., jur.⟩ **0.1** ***vrijspraak v.e. verdachte na verklaring v. diens eedhelpers.***
com·pur·ga·tor ['kɒmpɜːgeɪtə‖'kɑmpərgeɪt̬ər]⟨telb.zn.⟩⟨gesch., jur.⟩ **0.1** ***eedhelper.***
com·put·a·ble [kəm'pjuːt̬əbl]⟨bn.⟩ **0.1** ***berekenbaar*** ⇒*calculeerbaar, begrootbaar.*
com·pu·ta·tion ['kɒmpjʊ'teɪʃn‖'kɑmpjə-]⟨f1⟩⟨telb. en n.-telb.zn.; vaak mv. met enk. bet.⟩ **0.1** ***berekening*** ⇒*raming, begroting, calculatie, bepaling, rekenwijze* **0.2** ***computergebruik / verwerking.***
com·pu·ta·tion·al ['kɒmpjʊ'teɪʃnəl‖'kɑmpjə-]⟨f1⟩⟨bn., attr.⟩ **0.1** ***reken-*** ⇒*calculatie-* **0.2** ***computer-*** ⇒*met behulp v. computer* ◆ **1.1** ~ error *rekenfout* **1.2** ~ linguistics *computerlinguïstiek / taalkunde.*
com·pute[1] [kəm'pjuːt]⟨n.-telb.zn.⟩ **0.1** ***berekening*** ⇒*raming, schatting* ◆ **6.1 beyond** ~ *niet te berekenen / schatten, onschatbaar.*
compute[2] ⟨f2⟩⟨onov. en ov.ww.⟩ →computing **0.1** ***(be / uit)rekenen*** ⇒*ramen, begroten, calculeren, bepalen, schatten* ◆ **1.1** computing machine *rekenmachine, telmachine* **6.1** ~ one's loss **at** several million pounds *zijn verlies begroten op enkele miljoenen ponden.*
com·pu·ter [kəm'pjuːtə‖-'pjuːt̬ər]⟨f3⟩⟨telb.zn.⟩ **0.1** ***computer*** ⇒*(elektronische) rekenmachine, elektronisch brein* **0.2** ***rekenaar*** ⇒*calculator, cijferaar.*
com'puter age ⟨telb.zn.⟩ **0.1** ***computertijdperk.***
com'put·er-'aid·ed ⟨bn.⟩ **0.1** ***met de computer geleid / bestuurd*** ◆ **1.1** ~ instruction *computergestuurd / ondersteund onderwijs.*
com'puter centre ⟨telb.zn.⟩ **0.1** ***computercentrum*** ⇒*rekencentrum.*
com'puter conferencing ⟨n.-telb.zn.⟩⟨comp.⟩ **0.1** ***computervergadering.***
com'puter con'trolled ⟨bn.⟩ **0.1** ***computergestuurd.***
com'puter crime ⟨telb. en n.-telb.zn.⟩ **0.1** ***computerfraude.***
com'puter dating ⟨n.-telb.zn.⟩ **0.1** ***huwelijksbemiddeling / partnerkoppeling per computer*** ⇒*matching.*
com·put·er·ese [kəm'pjuːt̬ə'riːz]⟨n.-telb.zn.⟩⟨inf.; vnl. pej.⟩ **0.1** ***computerlatijn / jargon*** ⇒*computeriaans.*
com'puter game ⟨telb.zn.⟩ **0.1** ***computerspel(letje).***
com'puter graphics ⟨mv.; ww. vnl. enk.⟩ **0.1** ***(computer)graphics*** ⇒*grafische mogelijkheden.*
com·put·er·ist [kəm'pjuːt̬ərɪst]⟨telb.zn.⟩ **0.1** ***computerdeskundige*** ⇒*computergek, computerfanaat.*
com·put·er·iz·a·ble [kəm'pjuːt̬ə'raɪzəbl]⟨bn.⟩ **0.1** ***automatiseerbaar*** ⇒*voor automatisering vatbaar* **0.2** ***per computer verwerkbaar*** ⇒*geschikt voor computerverwerking, programmeerbaar* ◆ **1.2** these data are not ~ *deze gegevens zijn niet te programmeren.*
com·put·er·i·za·tion [kəm'pjuːtəraɪ'zeɪʃn‖-'pjuːt̬ərə-]⟨zn.⟩
I ⟨telb. en n.-telb.zn.⟩ **0.1** ***automatisering*** ⇒*overschakeling op computers, computerisering;*
II ⟨n.-telb.zn.⟩ **0.1** ***computerverwerking / gebruik.***
com·put·er·ize [kəm'pjuːt̬əraɪz]⟨f1⟩⟨ww.⟩ →computerized
I ⟨onov. en ov.ww.⟩ **0.1** ***computeriseren*** ⇒*op (de) computer(s) overgaan, voorzien v.e. computersysteem* ◆ **1.1** ~ the wages department *de loonadministratie automatiseren / op de computer zetten;*
II ⟨ov.ww.⟩ **0.1** ***verwerken met een computer*** ⟨informatie⟩ ⇒*opslaan / invoeren in een computer.*
com·put·er·ized [kəm'pjuːt̬əraɪzd]⟨f1⟩⟨bn.⟩ **0.1** ***geautomatiseerd*** ⇒*computergestuurd.*
com'puter language ⟨telb.zn.⟩ **0.1** ***computer / programmeertaal.***
com·put·er·like [kəm'pjuːtəlaɪk‖-'pjuːt̬ər-]⟨bn.⟩ **0.1** ***computerachtig*** ⇒*mechanisch, onpersoonlijk.*
com'puter literacy ⟨n.-telb.zn.⟩ **0.1** ***computerdeskundigheid*** ⇒*vaardigheid in het gebruik v.d. computer.*
com'put·er-lit·er·ate ⟨bn.⟩ **0.1** ***vaardig in het gebruik v.d. computer*** ⇒*goede kennis v. computers bezittend, bekend met / op de hoogte v. computers.*
com'puter magazine ⟨telb.zn.⟩ **0.1** ***computerblad.***
com'puter manufacturer ⟨telb.zn.⟩ **0.1** ***computerfabrikant.***
com'puter nerd ⟨telb.zn.⟩ **0.1** ***computermaniak / fanaat.***
com'puter network ⟨telb.zn.⟩ **0.1** ***computernetwerk.***
com·put·er·nik [kəm'pjuːtənɪk‖-'pjuːt̬ər-], **com·put·er·ite** [-raɪt] ⟨telb.zn.⟩ **0.1** ⟨inf.⟩ ***computermaniak / fanaat*** ⇒*terminalfreak* **0.2** ***computerdeskundige.***
com'puter programme ⟨telb.zn.⟩ **0.1** ***computerprogramma.***
com'put·er-'read·a·ble ⟨bn.⟩ **0.1** ***door / voor de computer leesbaar.***
com'puter science ⟨n.-telb.zn.⟩ **0.1** ***computerkunde / wetenschap*** ⇒*informatica.*
com'puter scientist ⟨telb.zn.⟩ **0.1** ***computerdeskundige.***
com'puter shop, ⟨AE⟩ **com'puter store** ⟨telb.zn.⟩ **0.1** ***computerzaak.***
com'puter terminal ⟨telb.zn.⟩ **0.1** ***(computer)terminal.***
com'puter typesetting ⟨n.-telb.zn.⟩⟨comp.⟩ **0.1** ***(het) computergestuurd zetten.***
com'puter virus ⟨telb.zn.⟩ **0.1** ***computervirus.***
com'puter widow ⟨telb.zn.⟩ **0.1** ***computerweduwe*** ⇒*groene weduwe.*
com·put·er·y [kəm'pjuːt̬əri]⟨n.-telb.zn.⟩ **0.1** ***automatiseringsapparatuur*** ⇒*computersysteem* **0.2** ***computertechniek / technologie*** ⇒*computergebruik / vervaardiging / verwerking.*
com·put·ing [kəm'pjuːtɪŋ]⟨n.-telb.zn.; gerund v. compute+2⟩ **0.1** ***(het) computerizeren*** ⇒*computerizering, (het) werken met / gebruiken v. computers, computerwerk* ◆ **3.1** I've never done any ~ *ik heb nooit met een computer gewerkt* **6.1** she's **in** ~ *zij werkt in de computerbranche.*
com'puting centre →computer centre.
com·rade ['kɒmrɪd, -reɪd‖'kɑmræd]⟨f3⟩⟨telb.zn.⟩ **0.1** ***kameraad*** ⇒*vriend, makker, maat(je), collega, vakbroeder* **0.2** ⟨vaak C-; ook als aanspreektitel⟩⟨pol.⟩ ***kameraad*** ⇒*medecommunist* ◆ **1.1** ~s in arms *wapenbroeders* **7.2** the ~s *de kameraden / communisten.*
com·rade·ly [-li]⟨bn.⟩ **0.1** ***kameraadschappelijk.***
com·rade·ship [-ʃɪp]⟨telb. en n.-telb.zn.⟩ **0.1** ***kameraadschap / vriendschap(pelijkheid).***
coms [kɒmz‖kɑmz]⟨mv.⟩⟨verk.⟩ combinations ⟨inf.⟩ **0.1** ***combinaison*** ⇒*combination, teddy* ⟨ondergoed van hemd en broekje aaneen⟩.
com·sat ['kɒmsæt‖'kɑm-]⟨telb.zn.⟩⟨verk.⟩ communications satellite **0.1** ***communicatiesatelliet.***
Com·stock·er·y ['kɒmstɒkəri‖'kɑmstɑ-]⟨n.-telb.zn.⟩⟨AE⟩ **0.1** ***(overdreven) zedelijkheidscensuur*** ⟨mbt. boeken enz.⟩ ⇒*puritanisme in de kunst, frustratiecensuur* ⟨naar A. Comstock, Am. zedenmeester (1844-1915)⟩.
Com·tism ['kɔ̃tɪzm]⟨n.-telb.zn.⟩⟨fil.⟩ **0.1** ***Comtisme*** ⇒*positivisme.*
Com·tist ['kɔ̃tɪst]⟨telb.zn.⟩⟨fil.⟩ **0.1** ***Comtist*** ⇒*aanhanger v.h. Comtisme, positivist.*
con[1], ⟨in bet. 0.6, 0.7 AE sp. ook⟩ **conn** [kɒn‖kɑn]⟨f2⟩⟨telb.zn.⟩ **0.1** ⟨vnl. mv.; verk. v. contra⟩ ***contra*** ⇒*contra / tegenargument, tegen, nadeel, bezwaar, tegenstem(mer)* **0.2** ⟨verk. v. confidence (trick)⟩⟨sl.⟩ ***oplichterij*** ⇒*zwendelarij, flessentrekkerij* **0.3** ⟨verk. v. convict⟩⟨sl.⟩ ***veroordeelde*** ⇒*(oud)gevangene, crimineel* **0.4** ⟨verk. v. consumption⟩⟨AE; inf.⟩ ***tering*** ⇒*t.b.(c.)* **0.5** ⟨vero. in AE⟩ ***tik op het hoofd*** ⟨met de knokkels⟩ **0.6** ⟨scheep.⟩ ***commandobrug / toren*** **0.7** ⟨scheep.⟩ ***(roer)commando*** ⇒*bevelvoering.*
con[2], ⟨in bet. 0.4 AE sp. ook⟩ **conn** ⟨f2⟩⟨ov.ww.; →ww. 7⟩ **0.1** ⟨vero.⟩ ***(nauwkeurig) bestuderen*** ⇒*doorvorsen,* ⟨i.h.b.⟩ *uit het hoofd / van buiten leren* **0.2** ⟨sl.⟩ ***oplichten*** ⇒*afzetten, bezwendelen, tillen, ertussen nemen, belazeren* **0.3** ⟨sl.⟩ ***be / ompraten*** ⇒*bewerken, overhalen; duperen* **0.4** ***het (roer)commando hebben / voeren over*** ◆ **6.2** ~ s.o. **out of** his money *iem. zijn geld afhandig maken* **6.3** I've been ~ned **into** signing *met mooie praatjes hebben ze me zover gekregen dat ik tekende.*
con[3] →contra.
con[4] →contra.
con[5], **Con** ⟨afk.⟩ consul.
con- [kən-, kɒn-‖kən-, kɑn-] **0.1** ***con-*** ⇒⟨ong.⟩ *samen, me(d)e* ◆ ¶**.1** condition *conditie;* concomitant *samengaand / vallend;* conference *conferentie.*
con a·mo·re ['kɒn ə'mɔːri‖'kɑn-]⟨bw.⟩ **0.1** ***con amore*** ⟨ook muz.⟩.
co·na·tion [koʊ'neɪʃn]⟨telb. en n.-telb.zn.⟩⟨psych.⟩ **0.1** ***conatie*** ⇒*streving.*
con bri·o ['kɒn 'briːoʊ‖'kɑn-]⟨bw.⟩⟨muz.⟩ **0.1** ***con brio.***
con·cat·e·nate[1] [kɒn'kætɪnət‖kɑn'kæt̬ɪ-]⟨bn.⟩⟨schr. of tech.; ook plantk.⟩ **0.1** ***aaneengeschakeld*** ⇒*aaneengekoppeld / gevoegd.*
concatenate[2] [kɒn'kætɪneɪt‖kɑn'kæt̬ɪ-]⟨ov.ww.⟩⟨schr. of tech.; ook plantk.⟩ **0.1** ***aaneenschakelen*** ⇒*aaneenkoppelen / voegen / ketenen.*
con·cat·e·na·tion [kɒn'kætɪ'neɪʃn‖kɑn'kæt̬ɪ-]⟨telb. en n.-telb.zn.⟩ ⟨schr. of tech.; ook plantk.⟩ **0.1** ***aaneenschakeling*** ⇒*opeenvolging, aaneenrijging, reeks, serie.*

concave[1] →concavity.

con·cave[2] ['kɒn'keɪv‖'kɑn'keɪv]⟨f1⟩⟨bn.; -ly; -ness⟩ **0.1** ***concaaf*** *⇒hol(rond).*

concave[3] ⟨ov.ww.⟩ **0.1** ***concaaf maken/slijpen.***

con·cav·i·ty [kən'kævəti‖kɑn'kævəṭi], ⟨in bet. I ook⟩ **con·cave** ['kɒŋkeɪv‖'kɑŋ-]⟨zn.; →mv. 2⟩
I ⟨telb.zn.⟩ **0.1** ***concaaf/hol(rond) oppervlak/structuur*** *⇒concave lijn, holte, uitholling, gewelf, koepel;*
II ⟨n.-telb.zn.⟩ **0.1** ***concaafheid*** *⇒hol(rond)heid.*

con·ca·vo-con·cave [kən'keɪvoʊ 'kɒŋkeɪv‖kɑn'keɪvoʊ 'kɑŋkeɪv] ⟨bn.⟩ **0.1** ***biconcaaf*** *⇒dubbelhol, aan weerszijden hol* ⟨v. lenzen⟩.

con·ca·vo-con·vex [-'kɒnveks‖-'kɑnveks]⟨bn.⟩ **0.1** ***convexconcaaf*** *⇒holbol* ⟨v. lenzen⟩; *bolhol* ⟨sterker concaaf dan convex⟩.

con·ceal [kən'si:l]⟨f3⟩⟨ov.ww.⟩⟨→sprw. 735⟩ **0.1** ***verbergen*** *⇒wegstoppen/houden, verstoppen, achter/schuil/geheimhouden, verhelen* ◆ **1.1** ~ed turning *let op, bocht* ⟨als verkeersteken⟩; the window was ~ed by a tree *het raam werd door een boom aan het oog onttrokken* **6.1** ~ the facts **from** s.o. *de feiten voor iem. verbergen/achterhouden.*

con·ceal·a·ble [kən'si:ləbl]⟨bn.⟩ **0.1** ***verbergbaar*** *⇒verzwijgbaar.*

con·ceal·er [kən'si:lə‖-ər]⟨telb.zn.⟩ **0.1** ***verberger*** *⇒verstopper, geheimhouder, onttrekker, verzwijger, verheimelijker, verheler.*

con·ceal·ment [kən'si:lmənt]⟨n.-telb.zn.⟩ **0.1** ***verschuiling*** *⇒schuil/geheimhouding, verheling, verzwijging, onttrekking* ◆ **6.1** stay **in** ~ *zich schuil/verborgen houden.*

con·cede [kən'si:d]⟨f3⟩⟨ww.⟩
I ⟨onov.ww.⟩ **0.1** ***zich gewonnen geven*** *⇒opgeven, capituleren, de strijd staken, de handdoek in de ring werpen* ⟨vnl. pol., sport⟩;
II ⟨ov.ww.⟩ **0.1** ***toegeven*** **0.2** ***toestaan*** *⇒afstaan, op/prijsgeven, inwilligen, gunnen* ◆ **1.1** ~ defeat *zijn nederlaag erkennen;* that's a point you'll have to ~ *op dat punt zul je toch je ongelijk moeten bekennen* **6.2** he ~d 50 yards **to** me at the start *hij gaf me 50 yards voorsprong bij de start.*

con·ceit [kən'si:t]⟨f1⟩⟨zn.⟩
I ⟨telb.zn.⟩ **0.1** ***bizarre/dwaze/grappige gedachte*** *⇒bizarre/grappige uitdrukking, dwaze inval, grillig idee, kwinkslag, bon-mot* **0.2** ⟨lit.⟩ ***vergezochte/(te) ver doorgevoerde vergelijking*** *⇒gekunstelde beeldspraak/metafoor,* ⟨mv.⟩ *concetti* **0.3** ⟨vero.⟩ ***opvatting*** *⇒mening, idee, gedachte* ◆ **2.3** in one's own ~ *in zijn eigen ogen, naar eigen opvatting;*
II ⟨n.-telb.zn.⟩ **0.1** ***verwaandheid*** *⇒ijdelheid, eigenwaan, hoogmoed, laatdunkendheid* ◆ **2.1** she's full of ~ *ze is erg verwaand/loopt naast haar schoenen (van verwaandheid)/heeft te veel verbeelding* **6.¶ out of ~ with** *niet langer gesteld op.*

con·ceit·ed [kən'si:ṭɪd]⟨f1⟩⟨bn.; -ly; -ness⟩ **0.1** ***verwaand*** *⇒ijdel, hoogmoedig, laatdunkend, zelfingenomen.*

con·ceiv·a·bil·i·ty [kən'si:və'bɪləṭi]⟨n.-telb.zn.⟩ **0.1** ***voorstelbaarheid*** *⇒denkbaarheid, mogelijkheid.*

con·ceiv·a·ble [kən'si:vəbl]⟨f2⟩⟨bn.; -ly; -ness; →bijw. 3⟩ **0.1** ***voorstelbaar*** *⇒denkbaar, mogelijk.*

con·ceive [kən'si:v]⟨f3⟩⟨ww.⟩
I ⟨onov.ww.⟩ →conceive of;
II ⟨onov. en ov.ww.⟩⟨bijb.⟩ **0.1** ***ontvangen*** ⟨kind⟩ *⇒zwanger worden (van), in verwachting raken (van), concipiëren* ◆ **1.1** the child was ~d in spring *het kind is in de lente verwekt;*
III ⟨ov.ww.⟩ **0.1** ***bedenken*** *⇒verzinnen, ontwerpen, opvatten, concipiëren* **0.2** ⟨vnl. pass.⟩ ***onder woorden brengen*** *⇒uitdrukken, formuleren* ◆ **1.1** she ~d a dislike for me *ze kreeg een hekel aan/afkeer van mij;* who first ~d that idea? *wie is er oorspronkelijk op dat idee gekomen?* **6.2** ~d **in** plain terms *helder verwoord* **8.1** did you ever ~ that this could happen to us? *had je ooit gedacht dat ons dit zou kunnen overkomen?.*

con'ceive of ⟨onov.ww.⟩ **0.1** ***zich voorstellen*** *⇒zich een denkbeeld vormen v., bedenken, zich indenken.*

con·cel·e·brant [kən'selɪbrənt]⟨telb.zn.⟩⟨R.-K.⟩ **0.1** ***concelebrant*** *⇒priester bij een concelebratie.*

con·cel·e·brate [kən'selɪbreɪt]⟨onov.ww.⟩⟨R.-K.⟩ **0.1** ***concelebreren.***

con·cel·e·bra·tion [kən'selɪ'breɪʃn]⟨telb. en n.-telb.zn.⟩⟨R.-K.⟩ **0.1** ***concelebratie.***

con·cen·trate[1] ['kɒnsntreɪt‖'kɑn-]⟨telb. en n.-telb.zn.⟩ **0.1** ***concentraat*** ⟨ook schei.⟩ *⇒ingedikte/ingedampte/ingedroogde/ingekookte substantie, extract, essence;* ⟨i.h.b.⟩ *dierenvoedsel in droge brokken, krachtvoer.*

concentrate[2] ⟨bn.⟩ **0.1** ***geconcentreerd*** ⟨ook schei.⟩ *⇒ingedikt, ingedampt, ingedroogd, ingekookt.*

concentrate[3] ⟨f3⟩⟨ww.⟩ →concentrated
I ⟨onov.ww.⟩ **0.1** ***zich concentreren*** *⇒zich toeleggen* **0.2** ***bijeen/samenkomen in/op één punt*** *⇒convergeren, zich concentreren, op/in één punt samentrekken* ◆ **3.2** we were ordered to ~ twenty miles from the border *we kregen opdracht ons op twintig mijl van de grens samen te trekken* **6.1** I can't ~ **(up)on** my work *ik kan mijn gedachten/aandacht niet bij mijn werk houden, ik kan me niet op mijn werk concentreren;*
II ⟨ov.ww.⟩ **0.1** ***concentreren*** *⇒richten, fixeren* **0.2** ***concentreren*** *⇒samentrekken, samenbrengen* **0.3** ⟨schei.⟩ ***concentreren*** *⇒indikken, indampen, indrogen, inkoken* ◆ **1.2** ~ all aliens in one part of a town *alle buitenlanders in één stadsdeel/wijk samenbrengen.*

con·cen·tra·ted ['kɒnsntreɪṭɪd‖'kɑnsntreɪṭɪd]⟨f3⟩⟨bn.; volt. deelw. v. concentrate⟩
I ⟨bn.⟩⟨schei.⟩ **0.1** ***geconcentreerd*** *⇒v. sterk gehalte, onverdund;*
II ⟨bn., attr.⟩ **0.1** ***intens*** *⇒intensief* ◆ **1.1** ⟨mil.⟩ ~ fire *bundelvuur, concentrisch vuur;* ~ hate *intense haat.*

con·cen·tra·tion ['kɒnsn'treɪʃn‖'kɑn-]⟨f3⟩⟨telb. en n.-telb.zn.⟩ **0.1** ***concentratie*** *⇒oplettendheid, opmerkzaamheid, aandacht* **0.2** ***concentratie*** *⇒samentrekking, bijeenkomst* ◆ **1.1** power of ~ *concentratievermogen* **1.2** the ~ of salt *de zoutconcentratie, het zoutgehalte.*

concen'tration camp ⟨f1⟩⟨telb.zn.⟩ **0.1** ***concentratiekamp*** *⇒interneringskamp;* ⟨oneig.⟩ *(krijgs)gevangenenkamp.*

con·cen·tra·tive ['kɒnsntreɪtɪv‖'kɑnsntreɪṭɪv]⟨bn.; -ly⟩ **0.1** ***concentrerend*** *⇒bijeentrekkend, convergerend, concentratie-.*

con·cen·tre, ⟨AE sp.⟩ **con·cen·ter** [kɒn'sentə‖kɑn'sen̬ṭər]⟨ww.⟩
I ⟨onov.ww.⟩ **0.1** ***bijeen/samenkomen in/op één punt;***
II ⟨ov.ww.⟩ **0.1** ***bijeen/samenbrengen in/op één punt*** *⇒verenigen (op één punt).*

con·cen·tric [kən'sentrɪk], **con·cen·tri·cal** [-ɪkl]⟨f1⟩⟨bn.; -(al)ly; →bijw. 3⟩ **0.1** ***concentrisch.***

con·cen·tric·i·ty ['kɒnsen'trɪsəti‖'kɑnsen'trɪsəṭi]⟨n.-telb.zn.⟩ **0.1** ***concentriciteit.***

con·cept ['kɒnsept‖'kɑn-]⟨f3⟩⟨telb.zn.⟩ **0.1** ***concept(ie)*** *⇒begrip, notie, denkbeeld, idee* ◆ **1.1** the ~ of progress *de vooruitgangsgedachte/idee* **6.1** this is not just a new car, it's a new ~ **in** driving *dit is niet zo maar een nieuwe wagen, het is een nieuwe visie op autorijden.*

con·cep·tion [kən'sepʃn]⟨f3⟩⟨telb. en n.-telb.zn.⟩ **0.1** ***conceptie*** *⇒ontwerp, vinding; ontstaan* ⟨v. idee e.d.⟩ **0.2** ***voorstelling*** *⇒opvatting, begrip* **0.3** ***bevruchting*** ⟨ook fig.⟩ *⇒conceptie, ontvangenis;* ⟨bij uitbr.⟩ *vrucht, embryo* ◆ **1.1** the moment of ~ *het moment v. wording* **6.2** I have no ~ **of** what he meant *ik heb er geen idee van wat hij bedoelde.*

con·cep·tion·al [kən'sepʃnəl]⟨bn.⟩ **0.1** ***conceptioneel.***

con'ception control ⟨n.-telb.zn.⟩ **0.1** ***anti-conceptie*** *⇒geboortenregeling.*

con·cep·tive [kən'septɪv]⟨bn.⟩ **0.1** ***mbt. het bevattingsvermogen*** *⇒bevattings-, cognitief* **0.2** ***ontvankelijk.***

con·cep·tu·al [kən'septʃʊəl]⟨f2⟩⟨bn.; -ly⟩ **0.1** ***conceptueel*** ◆ **1.1** ⟨beeld.k.⟩ ~ art *conceptuele kunst, ideeënkunst, conceptual art;* ⟨beeld.k.⟩ ~ artist *beoefenaar v.d. conceptuele kunst.*

con·cep·tu·al·ism [kən'septʃʊəlɪzm]⟨n.-telb.zn.⟩⟨fil.⟩ **0.1** ***conceptualisme*** ⟨variant v.h. nominalisme⟩.

con·cep·tu·al·ist [kən'septʃʊəlɪst]⟨telb.zn.⟩ **0.1** ⟨fil.⟩ ***conceptualist*** *⇒aanhanger v.h. conceptualisme* **0.2** ⟨beeld. k.⟩ ***beoefenaar v.d. conceptuele kunst.***

con·cep·tu·al·ize, -ise [kən'septʃʊəlaɪz]⟨ww.⟩
I ⟨onov.ww.⟩ **0.1** ***ideeën maken*** *⇒concepten/theorieën/ideeën vormen;*
II ⟨ov.ww.⟩ **0.1** ***zich een beeld/concept/voorstelling vormen van.***

con·cep·tus [kən'septəs]⟨telb.zn.⟩⟨med.⟩ **0.1** ***conceptus*** *⇒bevrucht ei* ⟨in preëmbryonaal stadium⟩.

con·cern[1] [kən'sɜ:n‖-'sɜrn]⟨f3⟩⟨zn.⟩
I ⟨telb.zn.⟩ **0.1** ***aangelegenheid*** *⇒zaak, belang, interesse* **0.2** ***bedrijf*** *⇒onderneming, firma, zaak, handel(shuis), concern* **0.3** ***(aan)deel*** *⇒belang* **0.4** ⟨inf.⟩ ***geval*** *⇒toestand, handel, ding* ◆ **1.1** your drinking habits aren't my ~/are no ~ of mine *uw drinkgewoonten gaan mij niet aan/zijn mijn zorg niet* **2.4** he dropped the whole ~ *hij liet de hele zaak uit zijn handen vallen* **3.1** mind your own ~s *bemoei je met je eigen zaken* **3.2** going ~ *bloeiende onderneming, goedlopende zaak;* paying ~ *winstgevend/rendabel/renderend bedrijf* **6.3** have a ~ **in** a business *aandelen/een belang hebben in een zaak;*
II ⟨n.-telb.zn.⟩ **0.1** ***(be)zorg(dheid)*** *⇒zorgzaamheid, (be)kommernis, ongerustheid, zorgelijkheid, deelneming* **0.2** ***geëngageerdheid*** *⇒engagement, begaanheid, (gevoel v.) betrokkenheid, interesse* ◆ **6.1** cause **for** ~ *reden tot bezorgdheid/ongerustheid;* a mother's ~ **for** her sick child *de zorg v.e. moeder voor haar zieke kind;* look at s.o. **in** ~ *iem. bezorgd/bekommerd/zorgelijk aankijken* **6.2** have no ~ **with** *niets te maken hebben met.*

concern[2] ⟨f3⟩⟨ov.ww.⟩ →concerned, concerning **0.1** ***aangaan*** *⇒raken, van belang zijn voor, (aan) belangen* **0.2** ⟨g. pass.⟩ ***be-***

treffen ⇒*gaan/handelen over, betrekking hebben op* **0.3** ***met zorg vervullen*** ⇒*dwars zitten, verontrusten, hinderen* **0.4** ⟨wederk. of pass.⟩ ***zich aantrekken*** ⇒*zich inzetten, zich bemoeien, zich interesseren, zich bekommeren* ◆ **1.1** their marriage doesn't ~ me *ik heb met hun huwelijk niets te maken, hun huwelijk kan me niets schelen/is mijn zaak niet;* where money is ~ed *als het om geld gaat, in geldzaken* **1.3** don't let our opinion ~ you *je hoeft je van onze mening niets aan te trekken* **3.1** to whom it may ~ *aan wie dit leest, Lectori Salutem, L.S., de lezer heil* ⟨aanhef v.e. open brief⟩ **6.1** be ~ed **in** a crime *bij een misdaad betrokken zijn* **6.4** be ~ed/~ o.s. **about/in/over/with** sth. *zich ergens mee bezighouden/druk om maken/voor inzetten/zorgen om maken* **8.1** so /as far as your role is ~ed, as ~s your role *betreffende/mbt. uw rol, wat uw rol aangaat.*

con·cerned [kən'sɜ:nd‖-'sɜrnd]⟨f3⟩⟨bn.; volt. deelw. v. concern; -ly [-nɪ̣dli]⟩ **0.1** ***bezorgd*** ⇒*ongerust, bekommerd* **0.2** ⟨na het nw. indien attr.⟩ ***geïnteresseerd*** ⇒*betrokken, belanghebbend, belangstellend* **0.3** ***geëngageerd*** ⇒*maatschappelijk bewust* ◆ **1.2** all the people ~ *alle (erbij) betrokkenen, alle deelnemers, alle geïnteresseerden* **1.3** ~ students *geëngageerde/maatschappij-betrokken studenten* **3.2** ~ to prove his guilt *belanghebbend bij het bewijzen v. zijn schuld* **6.2** ~ **in** *betrokken bij, verwikkeld in* **6.¶** be ~ **with** *betreffen, gaan/handelen over, betrekking hebben op* **8.2** as/so far as I 'm ~ *wat mij aangaat/betreft, voor mijn part.*

con·cern·ing [kən'sɜ:nɪŋ‖-'sɜr-]⟨f3⟩⟨vz.; oorspr. teg. deelw. v. concern⟩ **0.1** ***omtrent*** ⇒*betreffende, in verband met, over.*

con·cern·ment [kən'sɜ:nmənt‖-'sɜrn-]⟨zn.⟩
I ⟨telb.zn.⟩ **0.1** ***aangelegenheid*** ⇒*zaak, bemoeienis;*
II ⟨n.-telb.zn.⟩ **0.1** ***belang*** ⇒*gewicht* **0.2** ***bezorgdheid*** ⇒*ongerustheid* **0.3** ***geëngageerdheid*** ⇒*engagement, betrokkenheid, belangstelling.*

con·cert[1] ['kɒnsət‖'kɑnsərt]⟨f3⟩⟨zn.⟩
I ⟨telb.zn.⟩ **0.1** ***concert*** ⇒*muziekuitvoering;*
II ⟨telb. en n.-telb.zn.⟩ **0.1** ***harmonie*** ⇒*eendracht, eenstemmigheid, overeenstemming* ◆ **1.¶** ⟨gesch.⟩ the Concert of Europe *het Europees concert* ⟨(de grootmachten v.) Europa en (hun) zijn politiek⟩ **6.1** **in** ~ *in onderlinge samenwerking, in harmonie; gezamenlijk, allen tezamen;* voices raised **in** ~ *samenzang, eenstemmig aangeheven zang;* The Beatles **in** ~ *een optreden v.d. Beatles;* work **in** ~ **with** one's colleagues *harmonieus samenwerken met zijn collega's.*

concert[2] [kən'sɜ:t‖-sɜrt]⟨f1⟩⟨ww.⟩ →concerted
I ⟨onov.ww.⟩ **0.1** ***samenwerken*** ⇒*samenspannen;*
II ⟨ov.ww.⟩ **0.1** ***organiseren*** ⇒*op touw zetten, (in onderlinge samenwerking) beramen.*

con·cert·ed [kən'sɜ:tɪ̣d‖-'sɜrtɪ̣d]⟨f1⟩⟨bn.; volt. deelw. v. concert; -ly⟩ **0.1** ***gecombineerd*** ⇒*gezamenlijk* **0.2** ⟨muz.⟩ ***georkestreerd*** ◆ **1.1** despite ~ effort *ondanks eensgezinde pogingen;* ⟨inf.; oneig.⟩ *ondanks verwoede pogingen* ⟨v. één persoon⟩.

con·cert·go·er ['kɒnsətgoʊə‖'kɑnsərtgoʊər]⟨f1⟩⟨telb.zn.⟩ **0.1** ***concertganger/bezoeker.***

'concert 'grand ⟨telb.zn.⟩ **0.1** ***concertvleugel.***

'con·cert-hall ⟨f1⟩⟨telb.zn.⟩ **0.1** ***concertzaal*** ⇒*concertgebouw.*

con·cer·ti·na[1] ['kɒnsə'ti:nə‖'kɑnsər-]⟨telb.zn.⟩⟨muz.⟩ **0.1** ***concertina.***

concertina[2] ⟨onov.ww.⟩⟨BE; inf.⟩ **0.1** ***als een harmonika in elkaar schuiven/stuiken*** ⇒*in elkaar deuken/vouwen* ⟨vnl. v.e. voertuig⟩.

con·cer·ti·no ['kɒntʃə'ti:noʊ‖'kɑntʃər-]⟨zn.; ook concertini [-'ti:ni]; →mv. 5⟩⟨muz.⟩
I ⟨telb.zn.⟩ **0.1** ***concertino*** ⇒*klein concert, concertstuk;*
II ⟨verz.n.⟩ **0.1** ***concertino*** ⇒*sologroep, solistenensemble.*

con·cer·tize, -tise ['kɒnsətaɪz‖'kɑnsər-]⟨onov.ww.⟩ **0.1** ***concerteren*** ⇒*een concert geven* **0.2** ***optreden in/op/bij een concert.***

'con·cert·mas·ter ⟨telb.zn.⟩⟨vnl. AE⟩ **0.1** ***concertmeester*** ⇒*eerste violist.*

con·cer·to [kən'tʃɜ:toʊ‖-'tʃertoʊ]⟨f2⟩⟨telb.zn.; ook concerti [kən'tʃɜ:ti‖-'tʃerti]; →mv. 5⟩⟨muz.⟩ **0.1** ***concerto*** ⇒*concert.*

concerto gros·so [kən'tʃɜ:toʊ 'grɒsoʊ‖kən'tʃertoʊ 'groʊsoʊ]⟨telb.zn.; concerti grossi [kən'tʃɜ:ti 'grɒsi‖kən'tʃerti 'groʊsi]; →mv. 5⟩⟨muz.⟩ **0.1** ***concerto grosso*** ⇒*barokconcert.*

'concert 'overture ⟨telb.zn.⟩⟨muz.⟩ **0.1** ***concert-ouverture*** ⇒*concertstuk.*

'concert pitch ⟨telb.zn.⟩⟨muz.⟩ **0.1** ***concerttoon*** ⇒*orkesttoon* ⟨standaard A=440 Hz⟩ ◆ **6.1** ⟨inf.; fig.⟩ **at** ~ *tot het uiterste gespannen, in staat v. verhoogde paraatheid/waakzaamheid, in fase rood.*

con·ces·sion [kən'seʃn]⟨f2⟩⟨zn.⟩
I ⟨telb.zn.⟩ **0.1** ***concessie*** ⇒⟨i.h.b.⟩ *concessieterrein/veld;*
II ⟨telb. en n.-telb.zn.⟩ **0.1** ***concessie(verlening)*** ⇒*vergunning, bewilliging, inwilliging, tegemoetkoming, toeschietelijkheid* ◆ **6.1** as a ~ **to** the strikers *bij wijze v. concessie/tegemoetkoming aan de stakers.*

con·ces·sion·ar·y [kən'seʃənri‖-ʃəneri], **con·ces·sion·al** [kən'seʃənəl]⟨bn.⟩ **0.1** ***concessionair*** ⇒*geconcessioneerd.*

con·ces·sion·(n)aire [kən'seʃə'neə‖-'ner], **con·ces·sion·er** [-ʃənə‖-ər], **con·ces·sion·ar·y** ⟨telb.zn.; 3e variant; →mv. 2⟩ **0.1** ***concessionaris*** ⇒*concessiehoud(st)er, licentiehoud(st)er.*

con·ces·sive [kən'sesɪv]⟨bn.; -ly⟩ **0.1** ***toegevend*** ⇒*toegeeflijk, concessief* **0.2** ⟨taalk.⟩ ***concessief*** ◆ **1.2** ~ clause *(bijwoordelijke) bijzin v. toegeving, concessieve bijzin.*

conch [kɒntʃ, kɒŋk‖kɑntʃ, kɑŋk]⟨f1⟩⟨telb.zn.; conches ['kɒntʃɪz‖'kɑn-], of conchs [kɒŋks‖kɑŋks]; →mv. 3⟩ **0.1** ⟨dierk.⟩ ***schelpdier*** ⇒⟨i.h.b.⟩ *kroonslak* ⟨genus Strombus⟩ **0.2** ***schelp*** ⟨als trompet gebruikt⟩ ⇒*tritonshoren, trompethoren/schelp* **0.3** ⟨AE; bel.⟩ ***schelpenvreter*** ⟨spotnaam voor bewoners v. Z.-O. USA en Bahamas⟩ **0.4** →concha.

con·cha ['kɒŋkə‖kɑŋ-]⟨telb.zn.; conchae [-ki:]; →mv. 5⟩ **0.1** ⟨med.⟩ ***(oor)schelp*** ⇒*schelpachtige structuur* **0.2** ⟨bouwk.⟩ ***gewelfkap*** ⇒*schelp, trompetgewelf.*

con·chie, con·chy ['kɒntʃi‖'kɑn-]⟨telb.zn.; 2e variant; →mv. 2⟩ ⟨verk.⟩ conscientious objector ⟨sl.; pej.⟩ **0.1** ***gewetensbezwaarde*** ⇒*dienstweigeraar.*

con·choi·dal [kɒŋ'kɔɪdl‖'kɑŋ-]⟨bn.⟩⟨geol.⟩ **0.1** ***conchoïdaal*** ⟨v. stenen die bij splijting schelpachtige oppervlakken vertonen⟩.

con·cho·log·i·cal ['kɒŋkə'lɒdʒɪkl‖'kɑŋkə'lɑ-]⟨bn.⟩ **0.1** ***conchyliologisch.***

con·chol·o·gist [kɒŋ'kɒlədʒɪst‖kɑŋ'kɑ-]⟨telb.zn.⟩ **0.1** ***conchylioloog*** ⇒*schelpenkenner.*

con·chol·o·gy [kɒŋ'kɒlədʒi‖kɑŋ'kɑ-]⟨n.-telb.zn.⟩ **0.1** ***conchyliologie*** ⇒*schelpenkunde, leer der schelpen.*

con·ci·erge ['kɒnsi'eəʒ‖'kɑnsi'erʒ]⟨telb.zn.⟩ **0.1** ***conciërge*** ⇒*portier, huisbewaarder, beheerder.*

con·cil·i·a·ble [kən'sɪlɪəbl]⟨bn.⟩ **0.1** ***verzoenbaar*** ⇒*verzoenlijk.*

con·cil·i·ar [kən'sɪlɪə‖-ər]⟨bn.⟩ **0.1** ***conciliair*** ⇒*mbt./v. een concilie.*

con·cil·i·ate [kən'sɪlieɪt]⟨f1⟩⟨ov.ww.⟩ **0.1** ***tot bedaren/rust brengen*** ⇒*kalmeren, sussen* **0.2** ***verzoenen*** ⇒*conciliëren, in overeenstemming brengen* **0.3** ***gunstig stemmen*** ⇒*voor zich winnen/innemen, op zijn hand brengen, verwerven* ◆ **6.3** ~ s.o. **to** sth. *iem. tot iets overhalen.*

con·cil·i·a·tion [kən'sɪli'eɪʃn]⟨telb. en n.-telb.zn.⟩ **0.1** ***verzoening*** ⇒*vreedzame beslechting v.e. geschil, conciliatie.*

con'cili'ation board ⟨verz.n.⟩ **0.1** ***commissie v. goede diensten*** ⇒*geschillencommissie, verzoeningscommissie.*

con·cil·i·a·tor [kən'sɪlieɪtə‖-lieɪtər]⟨telb.zn.⟩ **0.1** ***bemiddelaar.***

con·cil·i·a·to·ry [kən'sɪlɪətri‖-tɔri], **con·cil·i·a·tive** [kən'sɪlɪətɪv‖-lieɪtɪv]⟨f1⟩⟨bn.⟩ **0.1** ***verzoeningsgezind*** ⇒*verzoenend, conciliant.*

con·cin·ni·ty [kən'sɪnəti]⟨telb. en n.-telb.zn.; →mv. 2⟩ **0.1** ***sierlijkheid*** ⇒*elegantie, evenwichtigheid, harmonie* ⟨i.h.b. v. literaire stijl⟩.

con·cise [kən'saɪs]⟨f1⟩⟨bn.; -ly; -ness⟩ **0.1** ***bondig*** ⇒*beknopt, concies, geserreerd, kort maar krachtig* ◆ **1.1** a ~ speaker *een kernachtig spreker.*

con·ci·sion [kən'sɪʒn]⟨zn.⟩
I ⟨telb. en n.-telb.zn.⟩⟨vero.⟩ **0.1** ***mutilatie*** ⇒⟨i.h.b.⟩ *schisma, scheuring, afscheiding;*
II ⟨n.-telb.zn.⟩ **0.1** ***bondigheid*** ⇒*beknoptheid, concisie, geserreerdheid, kernachtigheid.*

con·clave ['kɒŋkleɪv‖'kɑn-]⟨f1⟩⟨telb., verz.n.⟩ **0.1** ⟨R.-K.⟩ ***conclaaf*** ⇒⟨fig.⟩ *geheime/vertrouwelijke vergadering/bijeenkomst/zitting* ◆ **6.1** sit **in** ~ *in conclaaf/geheime zitting bijeenzijn.*

con·clude [kən'klu:d]⟨f3⟩⟨ww.⟩
I ⟨onov.ww.⟩ **0.1** ***eindigen*** ⇒*ten einde komen, aflopen, ophouden* **0.2** ***tot een conclusie/slotsom/besluit/akkoord komen*** ◆ **6.1** the evening ~d **with** the national anthem *de avond werd besloten met het volkslied, het volkslied besloot de avond;*
II ⟨ov.ww.⟩ **0.1** ***beëindigen*** ⇒*(be)sluiten, afronden* **0.2** ***(af)sluiten*** ⇒*tot stand brengen* **0.3** ***concluderen*** ⇒*afleiden, vaststellen, opmaken* **0.4** ***beslissen*** ⇒*besluiten, concluderen, tot de slotsom komen* **0.5** ⟨vnl. pass.⟩⟨jur.⟩ ***verbinden*** ⇒*verplichten* ◆ **1.2** ~ an agreement with others *een overeenkomst sluiten met anderen* **3.1** to be ~d *slot volgt* **6.3** nothing could be ~d **from** these facts *uit deze feiten viel niets op te maken* **8.4** the jury ~d that the woman was not guilty *de jury kwam tot de slotsom dat de vrouw onschuldig was.*

con·clu·sion [kən'klu:ʒn]⟨f3⟩⟨telb.zn.⟩ **0.1** ***besluit*** ⇒*beëindiging, afloop, afronding, slot, (eind)resultaat* **0.2** ***sluiting*** ⇒*totstandkoming, regeling* **0.3** ⟨jur., logica⟩ ***conclusie*** ⇒*slotsom, gevolgtrekking, bevinding* ◆ **1.1** the ~ of a book *het slot/de ontknoping v.e. boek* **1.2** the ~ of peace *het vrede sluiten* **3.3** come to/draw/reach ~s *gevolgtrekkingen maken, conclusies trekken, tot conclu-*

sies komen; a foregone ~ *een bij voorbaat genomen besluit, een uitgemaakte zaak, een voldongen feit;* jump to ~s/to a ~ *overhaaste gevolgtrekkingen maken, zich een overhaast oordeel vormen, (te) hard v. stapel lopen, overhaast te werk gaan* **3.¶** try ~ with *zijn krachten/zich meten met* **6.1 in** ~ *samenvattend, concluderend, tot besluit, ter afronding.*

con·clu·sive [kənˈklu:sɪv]⟨f2⟩⟨bn.; -ly; -ness⟩ **0.1** ***afdoend*** *⇒overtuigend, beslissend.*

con·coct [kənˈkɒkt‖-ˈkɑkt]⟨f1⟩⟨ov.ww.⟩ **0.1** ***samenstellen*** *⇒bereiden, klaarmaken, brouwen* **0.2** ⟨vnl. pej.⟩ ***in elkaar flansen/draaien*** *⇒verzinnen, bedenken, beramen, bekokstoven, smeden* ◆ **1.1** ~ a meal *een maaltijd geïmproviseerd samenstellen* **1.2** ~ an excuse *een smoes bij elkaar verzinnen.*

con·coct·er, con·coct·or [kənˈkɒktə‖-ˈkɑktər]⟨telb.zn.⟩ **0.1** ***samensteller*** *⇒bereider, brouwer* **0.2** ***bedenker*** *⇒fabriceerder.*

con·coc·tion [kənˈkɒkʃn‖-ˈkɑkʃn]⟨telb. en n.-telb.zn.⟩ **0.1** ***samenstelling*** *⇒bereiding, dooreenmenging, ratjetoe, mengelmoes, brouwsel* **0.2** ***verzinsel*** *⇒bedenksel.*

con·com·i·tance [kənˈkɒmɪtəns‖-ˈkɑmɪtəns], **con·com·i·tan·cy** [-si] ⟨zn.; concomitant[1]; →mv. 2⟩

I ⟨telb.zn.⟩ **0.1** →concomitant[1];

II ⟨n.-telb.zn.⟩ **0.1** ***het samengaan/vallen*** *⇒coëxistentie, het tegelijkertijd optreden* **0.2** ⟨R.-K.⟩ ***concomitantie*** ⟨aanwezigheid v. gehele Christus in elk v. beide eucharistische gedaanten⟩.

con·com·i·tant[1] [kənˈkɒmɪtənt‖-ˈkɑmɪtənt]⟨telb.zn.; vnl. mv.⟩ **0.1** ***bijverschijnsel*** *⇒nevenomstandigheid.*

concomitant[2] ⟨bn.; -ly⟩ **0.1** ***begeleidend*** *⇒bijkomend, samengaand/vallend, concomitant* ◆ **1.1** ~ circumstances *bijkomende omstandigheden;* old age with all its ~ infirmities *de ouderdom en alle gebreken die daarmee gepaard gaan/van dien.*

con·cord[1] [ˈkɒŋkɔ:d‖ˈkɑŋkɔrd]⟨f2⟩⟨zn.⟩

I ⟨telb.zn.⟩ **0.1** ***verdrag*** *⇒overeenkomst, akkoord, traktaat, concordaat* **0.2** ⟨muz.⟩ ***consonant;***

II ⟨n.-telb.zn.⟩ **0.1** ***harmonie*** *⇒eendracht, eensgezindheid, overeenstemming, goede verstandhouding* **0.2** ⟨taalk.⟩ ***congruentie*** *⇒overeenkomst* ◆ **6.1** live **in** ~ (with each other) *eendrachtig samenleven.*

concord[2] [kənˈkɔ:d‖-ˈkɔrd]⟨onov.ww.⟩ **0.1** ***overeenstemmen*** *⇒harmoniëren, concorderen.*

con·cor·dance [kənˈkɔ:dns‖-ˈkɔr-]⟨zn.⟩

I ⟨telb.zn.⟩ **0.1** ***concordantie*** ⟨register⟩ *⇒register* ⟨v. alle woorden v. e. bep. auteur, i.h.b. zulk een register op de bijbel⟩;

II ⟨n.-telb.zn.⟩ **0.1** ***harmonieusheid*** *⇒harmonie, eendracht(igheid), eensgezindheid, overeenstemming, concordantie.*

con·cor·dant [kənˈkɔ:dnt‖-ˈkɔr-]⟨bn.; -ly⟩ **0.1** ***harmonieus*** *⇒eendrachtig, eensgezind, overeenstemmend/komend, concordant.*

con·cor·dat [kɒnˈkɔ:dæt‖kɑnˈkɔr-]⟨telb.zn.⟩ **0.1** ***concordaat*** ⟨i.h.b. tussen Vaticaan en een regering⟩ *⇒(pauselijk) verdrag, traktaat.*

con·course [ˈkɒŋkɔ:s‖ˈkɑŋkɔrs]⟨f1⟩⟨telb.zn.⟩ **0.1** ***menigte*** *⇒toeloop, massa, drom* **0.2** ***samenkomst/loop*** *⇒bijeenkomst, toevloed* **0.3** ⟨ben. voor⟩ ***weidse ruimte*** *⇒plein, promenade; (stations)hal* ◆ **1.1** a (mighty) ~ of people *een enorme menigte* **1.2** a fortunate ~ of circumstances *een gelukkige samenloop v. omstandigheden.*

con·cres·cence [kənˈkresns]⟨telb. en n.-telb.zn.⟩⟨biol.⟩ **0.1** ***samengroeiing*** *⇒vergroeiing, concrescentie.*

con·crete[1] [ˈkɒŋkri:t‖ˈkɑŋ-]⟨f3⟩⟨n.-telb.zn.⟩ **0.1** ***beton.***

concrete[2] [ˈkɒŋkri:t‖kɑnˈkri:t]⟨f3⟩⟨bn.; -ly; -ness⟩ **0.1** ***concreet*** *⇒stoffelijk, echt, tastbaar, specifiek, duidelijk* **0.2** ***vergroeid*** *⇒massief, vast, hard, verenigd tot een massa* **0.3** ***betonnen*** *⇒beton-* ◆ **1.1** he doesn't have a ~ idea of what he wants *hij heeft geen vastomlijnd idee van wat hij wil;* ~ music *musique concrète, concrete muziek;* ⟨taalk.⟩ ~ noun *concreet zelfstandig naamwoord/substantief;* ~ poetry *concrete poëzie* ⟨met sterk visueel aspect⟩ **6.1 in** the ~ *in concreto* **7.1** the ~ *het concrete.*

concrete[3] [kənˈkri:t⟨in bet. I 0.2 en II 0.1⟩ˈkɒŋkri:t‖ˈkɑŋ-]⟨f1⟩ ⟨ww.⟩

I ⟨onov.ww.⟩ **0.1** ***harden*** *⇒compact/hard/massief worden, samenpakken* **0.2** ***beton storten*** *⇒in beton werken;*

II ⟨ov.ww.⟩ **0.1** ***betonneren*** *⇒met beton bedekken, in beton storten* **0.2** ***verharden*** *⇒compact/hard/massief maken, doen stollen* **0.3** ***concreet maken*** *⇒belichamen, verwerkelijken, concretiseren.*

ˈconcrete mixer ⟨f1⟩⟨telb.zn.⟩ **0.1** ***betonmolen.***

con·cre·tion [kənˈkri:ʃn]⟨zn.⟩

I ⟨telb.zn.⟩ **0.1** ***samengegroeide/gepakte massa*** *⇒samengroeisel, klomp, klont;* ⟨geol.⟩ *concretie;* ⟨med.⟩ *concrement, steen;*

II ⟨telb. en n.-telb.zn.⟩ **0.1** ***concretisering*** *⇒belichaming, verwerkelijking;*

III ⟨n.-telb.zn.⟩ **0.1** ***samengroeiing*** *⇒vergroeiing, vereniging tot een massa, verstening.*

con·cre·tion·ar·y [kənˈkri:ʃənri‖-neri]⟨bn.⟩ **0.1** ***door samengroeiing/verharding/verstening ontstaan.***

con·cre·tize, -tise [ˈkɒŋkri:taɪz‖ˈkɑnˈkri:-]⟨f1⟩⟨ov.ww.⟩ **0.1** ***concretiseren*** *⇒verwerkelijken, hard maken.*

con·cu·bi·nage [kɒnˈkju:bɪnɪdʒ‖kɑn-]⟨n.-telb.zn.⟩ **0.1** ***concubinaat.***

con·cu·bine [ˈkɒŋkjʊbaɪn‖ˈkɑŋkjə-]⟨telb.zn.⟩ **0.1** ***concubine*** *⇒bijzit,* ⟨in polygame gemeenschappen⟩ *bijvrouw, bijwijf.*

con·cu·pis·cence [kənˈkju:pɪsns‖kɑn-]⟨n.-telb.zn.⟩ **0.1** ***(seksuele) begeerte*** *⇒(wel)lust, verlangen, genotzucht, concupiscentie.*

con·cu·pis·cent [kənˈkju:pɪsnt‖kɑn-]⟨bn.⟩ **0.1** ***wellustig*** *⇒zinnelijk, begerig, genotzuchtig.*

con·cur [kənˈkɜ:‖-ˈkɜr]⟨f1⟩⟨onov.ww.; →ww. 7⟩ **0.1** ***samenvallen*** *⇒parallel lopen, overeenstemmen* **0.2** ⟨wisk.⟩ ***elkaar snijden*** ⟨v. lijnen⟩ **0.3** ***instemmen*** *⇒zich aansluiten, bijvallen, het eens zijn, de handen ineenslaan* ◆ **3.1** everything ~red to produce a successful experiment *alles droeg bij tot/werkte mee aan het welslagen v.h. experiment* **6.3** ~ **with** s.o/**in** sth. *het eens zijn met iem./iets.*

con·cur·rence [kənˈkʌrəns‖-ˈkɜr-], **con·cur·ren·cy** [-si]⟨f1⟩⟨zn.; 2e variant; →mv. 2⟩

I ⟨telb.zn.⟩ **0.1** ***overeenstemming*** *⇒consensus, eenstemmigheid, eensgezindheid, instemming* **0.2** ***samenkomst*** *⇒samenloop, het samenvallen, het gelijktijdig optreden* **0.3** ⟨wisk.⟩ ***snijpunt*** ⟨v. lijnen⟩ *⇒concurrentie;*

II ⟨n.-telb.zn.⟩ **0.1** ***gelijkgestemdheid*** *⇒overeenkomst(igheid)* **0.2** ***samenwerking*** ◆ **6.2 in** ~ *gezamenlijk, gemeenschappelijk, met vereende krachten.*

con·cur·rent[1] [kənˈkʌrənt‖-ˈkɜr-]⟨telb.zn.⟩ **0.1** ***medeoorzaak*** *⇒bijdragende factor.*

concurrent[2] ⟨f1⟩⟨bn.; -ly⟩ **0.1** ***samenvallend*** *⇒gelijktijdig (optredend/voorkomend), simultaan* **0.2** ***samenwerkend*** *⇒gezamenlijk, coöperatief* **0.3** ***evenwijdig*** **0.4** ⟨wisk.⟩ ***concurrent*** *⇒samenkomend, elkaar snijdend* **0.5** ***overeenkomstig*** *⇒eenstemmig, eensluidend;* ⟨verz.⟩ *gelijkluidend.*

con·cuss [kənˈkʌs]⟨ov.ww.⟩ **0.1** ⟨vnl. pass.⟩ ***(de hersenen) beschadigen door schok/stoot, enz.*** **0.2** ***hevig aangrijpen/beroeren*** ◆ **1.1** the player was ~ed *de speler liep een hersenschudding op.*

con·cus·sion [kənˈkʌʃn]⟨f1⟩⟨telb. en n.-telb.zn.⟩ **0.1** ***schudding*** *⇒schok, stoot, klap, bons, dreun, botsing* **0.2** ***hersenschudding*** ◆ **3.2** suffer from ~ *een hersenschudding hebben.*

con·demn [kənˈdem]⟨f3⟩⟨ov.ww.⟩ **0.1** ***veroordelen*** *⇒schuldig verklaren, afkeuren, verwerpen, verketteren, laken, (ver)doemen* **0.2** ⟨AE⟩ ***verbeurdverklaren*** *⇒confisqueren, in beslag nemen* ◆ **1.1** the doctors ~ed him, but he recovered *de artsen hadden hem al opgegeven, maar hij kwam er weer bovenop;* ~ an old house *een oud huis onbewoonbaar verklaren;* that evil look in his eyes ~s him *die kwade blik in zijn ogen verraadt hem, uit die onbetrouwbare oogopslag blijkt al dat hij schuldig is;* ~ meat as unfit for human consumption *vlees afkeuren voor menselijke consumptie;* ~ violence as evil *geweld veroordelen/afwijzen (als een kwaad)* **3.1** ~ed to spend one's life in poverty *gedoemd zijn leven lang armoe te lijden;* ~ s.o. to spend his life in prison *iem. tot levenslang veroordelen* **6.1** the loss of both her legs ~ed her **to** a wheelchair *het verlies v. beide benen veroordeelde haar tot een rolstoel.*

con·dem·na·ble [kənˈdemnəbl]⟨bn.⟩ **0.1** ***afkeurenswaardig*** *⇒laakbaar, verwerpelijk, berispelijk.*

con·dem·na·tion [ˈkɒndemˈneɪʃn‖ˈkɑn-]⟨f1⟩⟨zn.⟩

I ⟨telb.zn.; vnl. enk.⟩ **0.1** ***veroordelingsgrond*** *⇒reden v. veroordeling;*

II ⟨telb. en n.-telb.zn.⟩ **0.1** ***veroordeling*** *⇒veroordelend vonnis, afkeuring, verwerping, verkettering.*

con·dem·na·to·ry [kənˈdemnətri‖-təri]⟨bn.⟩ **0.1** ***veroordelend*** *⇒afkeurend, verdoemend.*

conˈdemned cell ⟨telb.zn.⟩ **0.1** ***dodencel.***

con·den·sa·bil·i·ty [kənˈdensəˈbɪləti]⟨n.-telb.zn.⟩ **0.1** ***condenseerbaarheid*** *⇒verdichtbaarheid.*

con·den·sa·ble, con·den·si·ble [kənˈdensəbl]⟨bn.⟩ **0.1** ***condenseerbaar*** *⇒verdichtbaar.*

con·den·sate [kənˈdenseɪt]⟨telb. en n.-telb.zn.⟩⟨nat., schei., tech.⟩ **0.1** ***condensaat.***

con·den·sa·tion [ˈkɒndenˈseɪʃn‖ˈkɑn-]⟨f2⟩⟨zn.⟩

I ⟨telb.zn.⟩ **0.1** ***ingekorte versie;***

II ⟨n.-telb.zn.⟩⟨nat., schei.⟩ **0.1** ***condensatie*** *⇒*⟨ook psych.⟩ *verdichting;* ⟨fig.⟩ *be/in/verkorting* **0.2** ***condens*** *⇒condens(atie)water, condensaat.*

condenˈsation trail ⟨telb.zn.⟩ **0.1** ***condens(atie)streep*** ⟨lucht.⟩.

con·dense [kənˈdens]⟨f2⟩⟨onov. en ov.ww.⟩ **0.1** ***condenseren*** ⟨ook fig.⟩ *⇒verdichten, indampen, be/in/verkorten, comprimeren* ◆ **1.1** ~d milk *condens(melk), gecondenseerde melk.*

con·dens·er [kənˈdensə‖-ər]⟨telb.zn.⟩ **0.1** ⟨foto.⟩ ***condensor*** **0.2** ⟨nat.⟩ ***condensor*** *⇒condensatieapparaat* **0.3** ⟨elek.⟩ ***condensator.***

con·de·scend ['kɒndɪ'send‖'kɑn-]⟨f2⟩⟨onov.ww.⟩ →condescending **0.1** ***zich verwaardigen*** ⇒*niet beneden zich achten* **0.2** ***zich verlagen*** ⇒*zich lenen, niet vies zijn van* **0.3** ***neerbuigend/uit de hoogte/hooghartig/laatdunkend doen*** ⇒*neerkijken* ◆ **3.1** the prime minister ~ed to open the new playing field *de premier was zo goed/vriendelijk het nieuwe sportveld te openen* **6.3** he always ~s **to** his wife *hij doet altijd zo neerbuigend tegen zijn vrouw*.

con·de·scend·ing ['kɒndɪ'sendɪŋ‖'kɑn-]⟨f1⟩⟨bn.; teg. deelw. v. condescend; -ly⟩ **0.1** ***neerbuigend*** ⇒*laatdunkend, minachtend, aanmatigend, hooghartig, meewarig, minzaam*.

con·de·scen·sion ['kɒndɪ'senʃn‖'kɑn-]⟨n.-telb.zn.⟩ **0.1** ***neerbuigendheid*** ⇒*laatdunkendheid, minachting, aanmatiging, hooghartigheid, meewarigheid, minzaamheid*.

con·dign [kən'daɪn]⟨bn.; -ly⟩⟨schr.⟩ **0.1** ***welverdiend*** ⇒*gerecht* ⟨vnl. v. straf⟩.

con·di·ment ['kɒndɪmənt‖'kɑn-]⟨telb. en n.-telb.zn.; vaak mv.⟩ **0.1** ***kruiderij*** ⇒*specerij, condiment, toekruid*.

con·di·tion[1] [kən'dɪʃn]⟨f3⟩⟨zn.⟩
I ⟨telb.zn.⟩ **0.1** ⟨ook jur. en logica⟩ ***voorwaarde*** ⇒*conditie, beding, voorbehoud, restrictie* **0.2** ⟨vnl. mv.⟩ ***omstandigheid*** **0.3** ***(maatschappelijke) rang*** ⇒*stand, status, positie* **0.4** ⟨med.⟩ ***afwijking*** ⇒*aandoening, kwaal, ziekte* **0.5** ⟨taalk.⟩ ***voorwaardelijke bijzin*** **0.6** ⟨AE; school.⟩ ***cijfer op grond waarvan men voorwaardelijk overgaat*** ⟨met later herexamen of bijkomend werk⟩ ⇒*E*, ⟨ong.⟩ *net niet voldoende, een magere vijf* **0.7** ⟨AE; school.⟩ ***vak waarvoor men zo'n cijfer krijgt*** ◆ **1.1** ~s of payment *betalingsvoorwaarden* **1.3** people of every ~ *mensen v. alle rangen en standen* **6.1** the ~s **of** success *de voorwaarden voor succes;* **on** no ~ *op geen enkele voorwaarde, in geen geval;* **on** ~ that *op voorwaarde dat, mits, vooropgesteld dat* **8.1** they made it a ~ that I shouldn't leave the country *ze stelden als voorwaarde dat ik het land niet zou verlaten;*
II ⟨telb. en n.-telb.zn.⟩ **0.1** ***staat*** ⇒*gesteldheid, toestand, conditie* ◆ **3.1** improve one's ~ *zijn conditie/lichamelijke gezondheid verbeteren, werken aan z'n conditie* **6.1** **in** ~ *in conditie/vorm, gezond;* **in** a ~ **of** weightlessness *in een toestand v. gewichtloosheid;* she's **in** no ~ to work *ze is niet in staat tot/om te werken;* **out of** ~ *niet in conditie/vorm, niet fit*.

condition[2] ⟨f3⟩⟨ov.ww.⟩ →conditioning **0.1** ***bepalen*** ⇒*vaststellen, afhankelijk stellen/zijn van, voorwaardelijk stellen, afhangen van* **0.2** ***in conditie brengen*** ⇒*in een gewenste toestand brengen, verzorgen, trainen, dresseren, africhten* **0.3** ⟨psych.⟩ ***conditioneren*** **0.4** ⟨tech.⟩ ***conditioneren*** ⇒*controleren* ⟨vnl. v. vezelstoffen⟩ **0.5** ⟨AE; school.⟩ ***herexamen/bijkomend werk geven aan*** **0.6** ⟨AE; school.⟩ ***herexamen afleggen/bijkomend werk doen voor*** ⟨vak⟩ ◆ **1.1** a nation's expenditure is ~ed by its income *de bestedingsmogelijkheden v.e. land worden bepaald door het nationale inkomen* **1.2** the government tries to ~ the unions to an acceptance of a wage freeze *de regering probeert de bonden zover te krijgen dat ze een loonstop accepteren* **4.2** ~ oneself *z'n conditie op peil brengen* **5.2** the animal looks well ~ed *het dier ziet er goedverzorgd uit* **6.2** ~ s.o. **to** a political career *iem. voorbereiden op/vormen voor een politieke carrière*.

con·di·tion·al[1] [kən'dɪʃnəl]⟨telb.zn.⟩⟨taalk.⟩ **0.1** ***conditionalis*** ⇒*voorwaardelijke wijs/(bij)zin*.

conditional[2] ⟨f2⟩⟨bn.; -ly⟩⟨ook taalk.⟩ **0.1** ***voorwaardelijk*** ⇒*conditioneel* ◆ **1.1** ~ clause *voorwaardelijke bijzin;* ~ mood *conditionalis, voorwaardelijke wijs* **6.1** his promise to you was ~ **(up)on** my consent *zijn belofte aan u was afhankelijk v. mijn toestemming, hij heeft die toezegging aan u gedaan op voorwaarde dat ik ermee instemde*.

con·di·tion·al·i·ty [kən'dɪʃə'næləṭi]⟨n.-telb.zn.⟩ **0.1** ***voorwaardelijkheid***.

con·di·tion·er [kən'dɪʃnə‖-ər]⟨f2⟩⟨telb.zn.⟩ **0.1** ***conditioneerder*** ⟨vnl. v. vezelstoffen, tijdens de vervaardiging⟩ **0.2** ***conditie/looptrainer*** **0.3** ***verbeteringsmiddel*** ⇒*veredelingsmiddel* **0.4** ***crèmespoeling***.

con·di·tion·ing [kən'dɪʃnɪŋ]⟨n.-telb.zn.; gerund v. condition⟩ ⟨psych.⟩ **0.1** ***conditionering***.

con·do ['kɒndoʊ‖'kɑn-]⟨telb.zn.⟩⟨verk.⟩ condominium ⟨vnl. AE; inf.⟩ **0.1** ***flatgebouw*** ⟨met individuele koopflats⟩ **0.2** ***koopflat***.

con·do·la·to·ry [kən'doʊlətri‖-tori]⟨bn., attr.⟩ **0.1** ***medelevend*** ⇒*deelnemend, condoleantie-*.

con·do·lence [kən'doʊləns], ⟨in bet. I 0.1 ook⟩ **con·dole·ment** [-mənt]⟨f1⟩⟨zn.⟩
I ⟨n.-telb.zn.⟩ **0.1** ***deelneming*** ⇒*sympathie, medeleven;*
II ⟨mv.; ~s⟩ **0.1** ***betuiging v. deelneming*** ⇒*condoleance(s), rouwbeklag* ◆ **6.1** please accept my ~s **on** your sister's death *mag ik mijn deelneming betuigen met de dood v. uw zuster*.

con'dole with ⟨f1⟩⟨onov.ww.⟩ **0.1** ***zijn deelneming/medeleven betuigen*** ⇒*condoleren, zijn condoleances aanbieden* ◆ **6.1** I'll write to ~ Kitty **on** the death of her brother *ik zal Kitty schrijven om haar te condoleren met het overlijden v. haar broer*.

con·dom ['kɒndəm‖'kɑn-, 'kʌn-]⟨telb.zn.⟩ **0.1** ***condoom*** ⇒*preservatief, voorbehoedmiddel, kapotje*.

con·do·min·i·um ['kɒndə'mɪnɪəm‖'kɑn-]⟨zn.⟩
I ⟨telb.zn.⟩ **0.1** ***condominium*** ⟨gemeenschappelijk bestuurd gebied⟩ **0.2** ⟨AE⟩ ***flatgebouw met koopflats*** **0.3** ⟨AE⟩ ***koopflat*** ⇒*appartement;*
II ⟨n.-telb.zn.⟩ **0.1** ***condominium*** ⟨gemeenschappelijk bestuur/beheer⟩.

con·do·na·tion ['kɒndoʊ'neɪʃn‖'kɑn-]⟨n.-telb.zn.⟩ **0.1** ***oogluiking*** ⇒*vergiffenis* ⟨i.h.b. jur., v. overspel⟩.

con·done [kən'doʊn]⟨f1⟩⟨ov.ww.⟩ **0.1** ⟨ook jur.⟩ ***vergeven*** ⟨i.h.b. overspel⟩ ⇒*niet aanrekenen, vergoelijken, verschonen, door de vingers zien, over zijn kant laten gaan* **0.2** ***goedmaken*** ◆ **1.2** one compliment doesn't ~ his rude behaviour *met één complimentje wist hij zijn onbeschofte gedrag nog niet uit*.

con·dor ['kɒndɔː‖'kɑndər, -dɔr]⟨telb.zn.⟩ **0.1** ⟨dierk.⟩ ***condor*** ⇒⟨i.h.b.⟩ *Andescondor* ⟨Vultur gryphus⟩, *Californische condor* ⟨Gymnogyps californianus⟩ **0.2** ***condor*** ⟨munt in enkele Zuid-amerikaanse landen⟩.

con·dot·tie·re ['kɒndɒ'tjeəri‖'kɑndə'tjereɪ]⟨telb.zn.; condottieri [-'tjeəri‖-'tjeri]; →mv. 5⟩⟨gesch.⟩ **0.1** ***condottiere*** ⇒*Italiaans bendeleider*.

con·duce to(wards) [kən'djuːs‖-'duːs]⟨onov.ww.⟩⟨schr.⟩ **0.1** ***bijdragen tot*** ⇒*leiden tot, een bijdrage leveren aan, strekken tot, bevorderen*.

con·du·cive [kən'djuːsɪv‖-'duː-]⟨f2⟩⟨bn., pred.; -ness⟩⟨schr.⟩ **0.1** ***bevorderlijk*** ⇒*dienstig, gunstig, heilzaam* ◆ **6.1** be ~ **to** *bevorderlijk zijn voor, bijdragen tot*.

con·duct[1] ['kɒndʌkt‖'kɑn-]⟨f3⟩⟨n.-telb.zn.⟩ **0.1** ***gedrag*** ⇒*houding, optreden, gedraging, handelwijze* **0.2** ***(bedrijfs)leiding*** ⇒*bewindvoering, bestuur, exploitatie, beheer, beleid* **0.3** ***wijze van behandeling/uitvoering*** ⇒*behandelingswijze, opzet en uitwerking* ⟨v. kunstwerk⟩.

conduct[2] [kən'dʌkt]⟨f3⟩⟨ww.⟩
I ⟨onov. en ov.ww.⟩ **0.1** ***leiden*** ⇒*voeren, rondleiden, begeleiden, gidsen* **0.2** ⟨muz.⟩ ***dirigeren*** ⇒*dirigent zijn (v.), leiden* **0.3** ⟨als niet-wederk. ww. vero.⟩ ***zich gedragen*** **0.4** ⟨elek., nat.⟩ ***geleiden*** ◆ **1.1** ~ed tour *excursie, verzorgde reis, rondleiding* **4.3** ~ o.s. *zich gedragen* **5.1** the police ~ed the troublemakers **away** *de politie voerde de herrieschoppers af;*
II ⟨ov.ww.⟩ **0.1** ***besturen*** ⇒*voorzitten, leiden, (aan)voeren, beheren* **0.2** ***behandelen*** ⇒*(uit)voeren* ◆ **1.1** ~ elections *verkiezingen organiseren;* ⟨relig.⟩ ~ a service *voorgaan in een dienst* **1.2** who ~s your correspondence? *wie voert uw correspondentie?*.

con·duc·tance [kən'dʌktəns], **con·duc·tiv·i·ty** ['kɒndʌk'tɪvəti‖'kɑndək'tɪvəṭi]⟨n.-telb.zn.⟩⟨nat.⟩ **0.1** ***soortelijke geleiding*** ⇒*specifiek geleidingsvermogen, conductiviteit*.

con·duct·i·bil·i·ty [kən'dʌktɪ'bɪləṭi], **con·duc·tiv·i·ty** ⟨f1⟩⟨n.-telb.zn.⟩⟨nat.⟩ **0.1** ***geleidingsvermogen***.

con·duc·tion [kən'dʌkʃn]⟨f1⟩⟨n.-telb.zn.⟩⟨nat.⟩ **0.1** ***geleiding*** ⇒*conductie*.

con·duc·tive [kən'dʌktɪv], **con·duct·i·ble** [-təbl]⟨f1⟩⟨bn.⟩⟨nat.⟩ **0.1** ***geleidend*** ⇒*conductief*.

'conduct money ⟨n.-telb.zn.⟩ **0.1** ***getuigengeld*** ⇒*reiskostenvergoeding*.

con·duc·tor [kən'dʌktə‖-ər]⟨f3⟩⟨telb.zn.⟩ **0.1** ***leider*** ⇒*aanvoerder* **0.2** ***gids*** ⇒*escorte* **0.3** ***(bus/tram)conducteur*** **0.4** ⟨muz.⟩ ***dirigent*** ⇒*orkestleider* **0.5** ⟨AE⟩ ***treinconducteur*** **0.6** ⟨nat.⟩ ***geleider*** ⇒*conductor* **0.7** ***bliksemafleider*** **0.8** ⟨mijnw.⟩ ***leibuis*** ◆ **1.6** steel is a good ~ of heat *staal is een goede warmtegeleider*.

con'ductor rail ⟨telb.zn.⟩ **0.1** ***contact/stroomrail*** ⇒*middenrail* ⟨voor treinlocomotief⟩.

con·duc·tress [kən'dʌktrɪs]⟨telb.zn.⟩ **0.1** ***(bus/tram)conductrice*** **0.2** ⟨AE⟩ ***treinconductrice***.

'conduct sheet ⟨telb.zn.⟩ **0.1** ***strafblad*** ⇒*conduitestaat*.

con·duit ['kɒndɪt, 'kɒndjuɪt‖'kɑnduːɪt]⟨f1⟩⟨telb.zn.⟩ **0.1** ***(waterleiding)buis*** ⇒*(pijp)leiding, waterleiding;* ⟨fig.⟩ *kanaal* **0.2** ***(elektriciteits)pijp***.

con·du·pli·cate [kən'djuːplɪkət‖-'duː-]⟨bn.⟩⟨plantk.⟩ **0.1** ***(overlangs) dubbelgevouwen***.

con·dyle ['kɒndɪl‖'kɑndaɪl, -dl]⟨telb.zn.⟩⟨med.⟩ **0.1** ***condylus*** ⇒*beenmassief* ⟨o.a. als onderdeel v. kniegewricht⟩.

con·dy·lo·ma [kɒndɪ'loʊmə‖kɑn-]⟨telb.zn.; ook -mata [mətə]; →mv. 5⟩⟨med.⟩ **0.1** ***condyloma*** ⇒*vijgwrat* ⟨genitale wrat⟩.

cone[1] [koʊn]⟨f2⟩⟨telb.zn.⟩ **0.1** ***kegel*** ⇒*conus, kegelberg, stormkegel* **0.2** ***(ijs)hoorntje*** **0.3** ***denneappel*** ⇒*(denne/sparre)kegel* **0.4** ⟨med.⟩ ***kegeltje*** ⟨in het netvlies v.h. oog⟩ **0.5** ⟨dierk.⟩ ***kegelhoren/slak*** ⟨tropische kieuwslak; geslacht Conus⟩.

cone[2] ⟨ww.⟩

I ⟨onov.ww.⟩ **0.1** ***denneappels dragen;***
II ⟨ov.ww.⟩ **0.1** ***kegelvormig maken*** ⇒*de vorm v.e. kegel geven* ◆ **5.¶** ~ **off** a section of a motorway *een baan v.e. snelweg voor het verkeer afsluiten.*

Con·e·sto·ga wag·on [kɒnɪ'stoʊgə 'wægn]⟨telb.zn.⟩⟨gesch.⟩ **0.1** ***(soort) zware huifkar.***

coney →cony.

Co·ney Island ['koʊni 'aɪlənd]⟨zn.⟩
I ⟨eig.n.⟩ **0.1** ***Coney Island*** ⟨amusementspark in Brooklyn⟩;
II ⟨telb.zn.⟩⟨AE;sl.⟩ **0.1** ***(rijdende)snackbar*** ⇒*frietkraam* **0.2** ***(aangeklede) hotdog*** **0.3** ***bier met (te) veel schuim.***

con·fab[1] ['kɒnfæb‖'kɑn-]⟨telb. en n.-telb.zn.⟩⟨verk.⟩ confabulation ⟨inf.⟩.

confab[2] ⟨onov.ww.;→ww.7⟩⟨verk.⟩ confabulate ⟨inf.⟩.

con·fab·u·late [kən'fæbjʊleɪt‖-bjə-]⟨onov.ww.⟩ **0.1** ***babbelen*** ⇒*kletsen, keuvelen, kouten* **0.2** ⟨psych.⟩ ***het verleden vervormd weergeven*** ⇒*confabuleren, verhalen verzinnen, iets opdissen.*

con·fab·u·la·tion [kən'fæbjʊ'leɪʃn‖-bjə-]⟨zn.⟩
I ⟨telb.zn.⟩ **0.1** ***babbeltje*** ⇒*kletspartij, gekeuvel, kout* **0.2** ⟨AE; inf.⟩ ***vergadering;***
II ⟨telb. en n.-telb.zn.⟩⟨psych.⟩ **0.1** ***confabulatie*** ⟨(het vertellen v.) verzinsels ter compensatie v. geheugenverlies⟩.

con·fab·u·la·to·ry [kən'fæbjʊlətri‖-bjələtɔri]⟨bn.⟩⟨psych.⟩ **0.1** ***confabulerend.***

con·fect[1] ['kɒnfekt‖'kɑn-]⟨telb.zn.⟩ **0.1** ***snoepje*** ⇒*kandij(klontje), snoepgoed, lekkers, gebakje.*

confect[2] ⟨ov.ww.⟩ **0.1** ***bereiden*** ⇒*dooreenmengen, vervaardigen* **0.2** ***inmaken*** ⇒*konfijten.*

con·fect·ion [kən'fekʃn]⟨f1⟩⟨zn.⟩
I ⟨telb.zn.⟩ **0.1** ***zoete lekkernij*** ⇒*zoetigheid, lekkers, suikergoed, gebak, bonbon, confiture* **0.2** ***confectio*** ⟨gesuikerd geneesmiddel⟩ **0.3** ***stijlvol/modieus kledingstuk*** ⟨vnl. voor dames⟩;
II ⟨n.-telb.zn.⟩ **0.1** ***bereiding*** ⇒*vermenging, vervaardiging.*

con·fec·tion·ar·y [kən'sekʃənri‖-neri]⟨f1⟩⟨bn.⟩ **0.1** ***gekonfijt*** ⇒*ingemaakt, suiker-, inmaak-.*

con·fec·tion·er [kən'fekʃənə‖-ər]⟨f1⟩⟨telb.zn.⟩ **0.1** ***banketbakker*** ⇒*confiseur, confiturier.*

con'fectioners' sugar ⟨n.-telb.zn.⟩ **0.1** ***glaceersuiker*** ⇒*glaceersel.*

con·fec·tion·er·y [kən'fekʃənri‖-neri]⟨f1⟩⟨zn.;→mv.2⟩
I ⟨telb.zn.⟩ **0.1** ***banketbakkerij*** ⇒*banketbakkerswinkel;*
II ⟨n.-telb.zn.⟩ **0.1** ***gebak*** ⇒*zoetigheid, suikergoed, lekkers, confiture(n)* **0.2** ***banketbakkersvak.***

con·fed·er·a·cy [kən'fedrəsi]⟨f1⟩⟨telb.zn.;→mv.2⟩ **0.1** ***(con)federatie*** ⇒*(ver)bond, statenbond* **0.2** ***komplot*** ⇒*samenzwering, samenspanning* ◆ **7.1** the (Southern) Confederacy *de Confederatie* ⟨v. zuidelijke staten tijdens de Am. burgeroorlog, 1861-1865⟩.

con·fed·er·al [kən'fedrəl]⟨bn.⟩ **0.1** ***federatief*** ⇒*bonds-.*

con·fed·er·ate[1] [kən'fedrət]⟨f1⟩⟨telb.zn.⟩ **0.1** ***federatielid*** ⇒*lidstaat, bondgenoot* **0.2** ***samenzweerder*** ⇒*(mede)komplotteur, medeplichtige, samenspanner, saamgezworene;* ⟨in mv.⟩ *consorten* **0.3** ⟨vnl. C-⟩⟨gesch.⟩ ***aanhanger der geconfedereerden*** ⟨in de Am. burgeroorlog⟩.

confederate[2] ⟨f2⟩⟨bn.⟩ **0.1** ***in een federatie verenigd*** ⇒*tot een federatie behorend, aangesloten (bij een federatie), verbonden, bonds-* **0.2** ⟨vnl. C-⟩⟨gesch.⟩ ***geconfedereerd*** ◆ **1.2** the Confederate States (of America) *de Geconfedereerde Staten (v. Amerika).*

confederate[3] [kən'fedəreɪt]⟨f1⟩⟨ww.⟩
I ⟨onov.ww.⟩ **0.1** ***een federatie vormen*** ⇒*zich aaneensluiten, zich aansluiten (bij een federatie), zich alliëren, een verbond aangaan, zich verenigen/verbinden* **0.2** ***samenspannen;***
II ⟨ov.ww.⟩ **0.1** ***federaliseren*** ⇒*tot een federatie aaneensluiten, alliëren.*

con·fed·er·a·tion [kən'fedə'reɪʃn]⟨f1⟩⟨zn.⟩
I ⟨telb.zn.⟩ **0.1** ***(con)federatie*** ⇒*(ver)bond, federatieve staat, statenbond;*
II ⟨n.-telb.zn.⟩ **0.1** ***federalisering*** ⇒*federatievorming, federatieverband.*

con·fer [kən'fɜ:‖-fɜr]⟨f2⟩⟨ww.;→ww.7⟩
I ⟨onov.ww.⟩ **0.1** ***te rade gaan*** ⇒*ruggespraak houden* **0.2** ***confereren*** ⇒*beraadslagen, gedachten uitwisselen, een onderhoud hebben* ◆ **6.1** I'll have to ~ **with** my lawyer *ik moet het er met mijn advocaat over hebben, ik wil eerst het advies v. mijn advocaat inwinnen* **6.2** we'll need to ~ **on** this matter *we zullen over deze zaak moeten overleggen;*
II ⟨ov.ww.⟩ **0.1** ***verlenen*** ⇒*uitreiken, schenken* ◆ **6.1** ~ a knighthood **on** s.o. *iem. ridderen, iem. een ridderorde verlenen.*

con·fer·ence ['kɒnfrəns‖'kɑn-]⟨f3⟩⟨telb. en n.-telb.zn.⟩ **0.1** ***conferentie*** ⇒*congres, beraadslaging, overleg, (jaar)vergadering; synode* ⟨in methodistische kerk⟩ **0.2** →conferment ◆ **6.1 in** ~ *in conferentie/vergadering/bespreking.*

'conference call ⟨telb.zn.⟩ **0.1** ***telefonische vergadering*** ⇒*verzamelgesprek.*

'conference centre ⟨telb.zn.⟩ **0.1** ***congrescentrum*** ⇒*congresgebouw.*

con·fe·ren·tial ['kɒnfə'renʃl‖'kɑn-]⟨bn.⟩ **0.1** ***conferentie-*** ⇒*conferend.*

con·fer·ment [kən'fɜ:mənt‖-'fɜr-], **con·fer·ral** [kən'fɜ:rəl], **con·fe·rence** [kən'fɜ:rəns]⟨telb. en n.-telb.zn.⟩ **0.1** ***verlening*** ⟨vnl. v.e. titel⟩.

con·fer·rable [kən'fɜ:rəbl]⟨bn.⟩ **0.1** ***verleenbaar.***

con·fer·(r)ee ['kɒnfə'ri:‖'kɑn-]⟨telb.zn.⟩ **0.1** ***conferentiedeelnemer/lid*** ⇒*congresganger/lid* **0.2** ***ontvanger*** ⇒*iem. aan wie iets is verleend;* ⟨i.h.b.⟩ *gedecoreerde, geridderde.*

con·fess [kən'fes]⟨f3⟩⟨onov. en ov.ww.⟩ →confessed ⟨→sprw. 185, 283⟩ **0.1** ***bekennen*** ⇒*erkennen, toegeven, belijden* **0.2** ⟨relig.⟩ ***(op)biechten*** ⇒*belijden* **0.3** ⟨relig.⟩ ***de biecht afnemen*** ⇒*biecht horen* ◆ **1.3** ~ a sinner *een zondaar de biecht afnemen* **3.1** I must /have to ~ I like it *ik moet zeggen dat ik het wel prettig vind* **4.1** ~ o.s. (to be) guilty *schuld bekennen, een schuldbekentenis afleggen* **4.2** ~ o.s. *biechten* **6.1** she ~ed to a dread of cats *ze gaf lucht aan/onthulde haar angst voor katten;* I ~ **to** having done it *ik erken dat ik het gedaan heb, ik geef toe dat ik de dader ben.*

con·fes·sant [kən'fesnt]⟨telb.zn.⟩⟨relig.⟩ **0.1** ***biechteling*** ⇒*penitent, boeteling.*

con·fessed [kən'fest]⟨f1⟩⟨bn.; oorspr. volt. deelw. v. confess; -ly [-sɪdli]⟩ **0.1** ***openlijk*** ⇒*verklaard, overtuigd, onomwonden, onverholen, erkend* ◆ **1.1** he is a (self) ~ alcoholic *hij komt er openlijk voor uit alcoholist te zijn.*

con·fes·sion [kən'feʃn]⟨f3⟩⟨zn.⟩⟨→sprw. 546⟩
I ⟨telb.zn.⟩⟨relig.⟩ **0.1** ***(geloofs)belijdenis*** **0.2** ***kerkgenootschap*** ⇒*gezindte, confessie* ◆ **1.1** ~ of faith *geloofsbelijdenis;*
II ⟨telb. en n.-telb.zn.⟩ **0.1** ***erkenning*** ⇒*bekentenis, toegeving* **0.2** ⟨relig.⟩ ***biecht*** ⇒*belijdenis der zonden* ◆ **2.1** a full ~ *een volledige bekentenis* **3.2** go to ~ *gaan biechten, te biecht gaan;* hear ~(s) *de biecht afnemen, biecht horen;* make one's ~ *biechten* **6.1** **on** his own ~ *naar hij zelf toegeeft/erkent.*

con·fes·sion·al[1] [kən'feʃnəl]⟨f1⟩⟨telb.zn.⟩⟨relig.⟩ **0.1** ***biechtstoel*** ⇒*confessionale* ◆ **1.1** the secrets of the ~ *het biechtgeheim.*

confessional[2], **con·fes·sion·ar·y** [kən'feʃnəri‖-ʃəneri]⟨bn., attr.⟩⟨relig.⟩ **0.1** ***belijdend*** ⇒*belijdenis-, biecht-* **0.2** ***confessioneel*** ◆ **1.1** confessional box/chair/stall *biechtstoel.*

con·fes·sor, con·fes·ser [kən'fesə‖-ər]⟨f1⟩⟨telb.zn.⟩⟨relig.⟩ **0.1** ***biechtvader*** ⇒*zielverzorger* **0.2** ***biechteling*** **0.3** ***belijder*** ◆ **1.3** Edward the Confessor *Eduard de Belijder.*

con·fet·ti [kən'feti]⟨f1⟩⟨n.-telb.zn.⟩ **0.1** ***confetti.***

con·fi·dant ['kɒnfɪ'dænt‖'kɑnfɪdænt], **con·fi·dent** ['kɒnfɪd(ə)nt‖'kɑn-]⟨telb.zn.⟩ **0.1** ***vertrouweling*** ⇒*vertrouwensman, confident* ◆ **6.1** ~ **of** all her secrets *deelgenoot van al haar geheimen.*

con·fi·dante ['kɒnfɪ'dænt‖'kɑnfɪdænt]⟨telb.zn.⟩ **0.1** ***vertrouwelinge*** ⇒*hartsvriendin, confidente* ◆ **6.1** ~ **of** all his secrets *deelgenote van al zijn geheimen.*

con·fide [kən'faɪd]⟨f2⟩⟨ww.⟩ →confiding
I ⟨onov.ww.⟩ →confide in;
II ⟨ov.ww.⟩ **0.1** ***toevertrouwen*** ⇒*in vertrouwen mededelen* ◆ **6.1** ~ a child/a secret **to** s.o. *(aan) iem. een kind/een geheim toevertrouwen.*

con'fide in ⟨f2⟩⟨onov.ww.⟩ **0.1** ***zich verlaten op*** ⇒*vertrouwen, in vertrouwen nemen* ◆ **1.1** my wife is the only one I can ~ *mijn vrouw is de enige die ik in vertrouwen kan nemen/bij wie ik mijn hart kan uitstorten.*

con·fi·dence ['kɒnfɪd(ə)ns‖'kɑn-]⟨f3⟩⟨zn.⟩
I ⟨telb.zn.⟩ **0.1** ***confidentie*** ⇒*vertrouwelijke mededeling, vertrouwelijkheid, geheim(pje)* **0.2** ⟨verk.⟩ ⟨confidence trick⟩;
II ⟨n.-telb.zn.⟩ **0.1** ***(zelf)vertrouwen*** ⇒*geloof, gerustheid, vrijmoedigheid, onbevangenheid, confidentie* ◆ **3.1** place ~ in/on *vertrouwen stellen in;* take s.o. into one's ~ *iem. in vertrouwen nemen* **6.1** **in** ~ *in vertrouwen;* **in** strict ~ *strikt vertrouwelijk.*

'confidence interval ⟨telb.zn.⟩⟨stat.⟩ **0.1** ***betrouwbaarheidsinterval.***

'confidence level ⟨telb.zn.⟩⟨stat.⟩ **0.1** ***betrouwbaarheidsniveau.***

'confidence limits ⟨mv.⟩⟨stat.⟩ **0.1** ***betrouwbaarheidsgrenzen.***

'confidence man ⟨telb.zn.⟩ **0.1** ***oplichter*** ⇒*zwendelaar, flessentrekker, kwartjesvinder.*

'confidence motion ⟨telb.zn.⟩ **0.1** ***motie v. vertrouwen.***

'confidence trick, ⟨AE⟩ **'confidence game** ⟨telb.zn.⟩ **0.1** ***oplichterij*** ⇒*zwendelarij, flessentrekkerij, misbruik v. (goed) vertrouwen.*

confident[1] →confidant.

'confident[2] ['kɒnfɪd(ə)nt‖'kɑn-]⟨f3⟩⟨bn.;-ly⟩ **0.1** ***(tref)zeker*** ⇒*zelfverzekerd, vol vertrouwen, overtuigd* **0.2** ***aanmatigend*** ⇒*brutaal, driest, vrijmoedig* ◆ **6.1** he was ~ **of** success *hij rekende vast op succes, hij was ervan overtuigd te zullen slagen.*

con·fi·den·tial ['kɒnfɪ'denʃl‖'kɑn-]⟨f2⟩⟨bn.;-ly;-ness⟩ **0.1** ***vertrou-***

welijk ⇒*confidentieel* **0.2** ***vertrouwens-*** ⇒*privé-, vertrouwd* ◆ **1.1** ⟨jur.⟩ ~ communication *vertrouwelijke mededeling* ⟨waarop het verschoningsrecht van toepassing is⟩ **1.2** ⟨ec.⟩ ~ clerk *procuratiehouder;* ~ employee *werknemer die toegang heeft tot vertrouwelijke gegevens;* a ~ post *een post v. vertrouwen;* ~ secretary *privé-secretaris/esse.*

con·fi·den·ti·al·i·ty ['kɒnfɪdenʃi'æləti‖'kɑn-əṭi]⟨n.-telb.zn.⟩ **0.1** ***vertrouwelijkheid.***

con·fid·ing [kən'faɪdɪŋ]⟨f1⟩⟨bn.; teg. deelw. v. confide; -ly⟩ **0.1** ***vertrouwend*** ⇒*vol vertrouwen, zonder argwaan, onbevangen* ◆ **1.1** the child is of a ~ nature *het kind is goed v. vertrouwen.*

con·fig·u·ra·tion [kən'fɪgjə'reɪʃn]⟨f1⟩⟨telb.zn.⟩ **0.1** ***configuratie*** ⟨ook computer, ster.⟩ ⇒*samenstel(ling), groepering, opstelling, formatie* **0.2** ***(uiterlijke) gedaante*** ⇒*omtrek, vorm, gestalte* ⟨ook psych.⟩.

con·fi·gure [kən'fɪgə‖-'fɪgjər]⟨ov.ww.⟩ **0.1** ***vormen*** ⇒*vorm geven aan.*

con·fine[1] ['kɒnfaɪn‖'kɑn-]⟨f1⟩⟨telb.zn.; vnl. mv.⟩ **0.1** ***grens(gebied)*** ⇒*overgangs(gebied), randgebied* ⟨ook fig.⟩.

confine[2] [kən'faɪn]⟨f3⟩⟨ov.ww.⟩ →confined **0.1** ***beperken*** ⇒*bepalen, begrenzen* **0.2** ***opsluiten*** ⇒*insluiten* **0.3** ⟨pass.⟩ ***bevallen*** ◆ **3.3** my wife expects to be ~d any moment now *mijn vrouw kan elk moment bevallen/loopt op alle dagen* **6.2** the soldier was ~d **to** barracks for a whole week *de soldaat had een volle week kwartierarrest/was een week lang in de kazerne geconsigneerd;* be ~d **to** bed with the flu *door griep het bed moeten houden* **6.3** be ~d **of** a girl *bevallen van een meisje.*

con·fined [kən'faɪnd]⟨f1⟩⟨bn.; volt. deelw. v. confine⟩ **0.1** ***krap*** ⇒*bekrompen, eng, nauw* ◆ **1.1** a ~ space *een besloten ruimte.*

con·fine·ment [kən'faɪnmənt]⟨f1⟩⟨zn.⟩
I ⟨telb. en n.-telb.zn.⟩ **0.1** ***bevalling;***
II ⟨n.-telb.zn.⟩ **0.1** ***beperking*** **0.2** ***opsluiting*** **0.3** ***het thuisblijven*** ⟨wegens ziekte⟩ ⇒*bedlegerigheid* ◆ **6.1** ~ **to** a spare diet *beperking tot een mager dieet* **6.2** ~ **to** barracks *kwartierarrest.*

con·firm [kən'fɜ:m‖-'fɜrm]⟨f3⟩⟨ov.ww.⟩ →confirmed **0.1** ***bevestigen*** ⇒*verstevigen, (ver)sterken, bekrachtigen, bij besluit vastleggen, arresteren* **0.2** ***bevestigen*** ⇒*staven, ratificeren, fiatteren, goedkeuren, confirmeren* **0.3** ⟨Prot.⟩ ***confirmeren*** ⇒*(als lidmaat) bevestigen/aannemen* **0.4** ⟨R.-K.⟩ ***vormen*** ⇒*het vormsel toedienen* ◆ **1.1** ~ minutes *notulen arresteren;* ~ by letter/in writing *schriftelijk bevestigen* **1.2** ~ a treaty *een verdrag bevestigen/ratificeren* **6.1** ~ s.o. **in** a bad habit *iem. stijven in een slechte gewoonte* **6.2** he hasn't been ~ed **in** office yet *zijn benoeming is nog niet officieel/definitief, zijn benoeming moet nog bevestigd worden, hij heeft nog geen vaste aanstelling.*

con·firm·and ['kɒnfə'mænd‖'kɑnfər-]⟨telb.zn.⟩⟨kerk.⟩ **0.1** ***vormeling*** ⇒*aannemeling, confirmandus.*

con·fir·ma·tion ['kɒnfə'meɪʃn‖'kɑnfər-]⟨f2⟩⟨telb. en n.-telb.zn.⟩ **0.1** ***bevestiging*** ⇒*versteviging, versterking, bekrachtiging, bewijs* **0.2** ***bevestiging*** ⇒*staving, ratificatie, fiattering, goedkeuring* **0.3** ⟨Prot.⟩ ***confirmatie*** ⇒*bevestiging als lidmaat* **0.4** ⟨R.-K.⟩ ***(Heilig) vormsel*** ◆ **6.1** don't you feel we need more ~ **for** our suspicions? *vindt u ook niet dat onze vermoedens nog onvoldoende bevestigd worden?* **6.2** evidence **in** ~ **of** your statement *bewijzen die uw bewering staven.*

confir'mation class ⟨zn.⟩⟨relig.⟩
I ⟨telb.zn.; vnl. mv.⟩ **0.1** ***(belijdenis)catechisatie*** ⇒*(vormsel)catechisatie;*
II ⟨verz.n.⟩ **0.1** ***(belijdenis)catechisanten*** ⇒*(vormsel)catechisanten.*

con·firm·a·tive [kən'fɜ:mətɪv‖-'fɜrməṭɪv], **con·firm·a·to·ry** [kən'fɜ:mətri‖-'fɜrmətori]⟨bn.⟩ **0.1** ***bevestigend*** ⇒*versterkend, bekrachtigend, confirmatief.*

con·firmed [kən'fɜ:md‖-'fɜrmd]⟨f2⟩⟨bn., attr.; volt. deelw. v. confirm⟩ **0.1** ***overtuigd*** ⇒*gezworen, verstokt, chronisch* ◆ **1.1** a ~ bachelor *een verstokte/overtuigde vrijgezel;* a ~ drunkard *een verstokte drinker;* a ~ invalid *een chronisch zieke* **1.¶** ⟨geldw.⟩ ~ letter of credit *geconfirmeerd(e) kredietbrief/accreditief.*

con·fis·ca·ble [kən'fɪskəbl]⟨bn.⟩ **0.1** ***confiscabel*** ⇒*confisqueerbaar, verbeurbaar.*

con·fis·cate ['kɒnfɪskeɪt‖'kɑn-]⟨f1⟩⟨ov.ww.⟩ **0.1** ***confisqueren*** ⇒*in beslag nemen, beslag leggen op, verbeurd verklaren, afpakken* ◆ **1.1** ~ smuggled goods *smokkelwaar in beslag nemen, sluikgoederen aanhalen.*

con·fis·ca·tion ['kɒnfɪ'skeɪʃn‖'kɑn-]⟨telb. en n.-telb.zn.⟩ **0.1** ***confiscatie*** ⇒*inbeslagneming, verbeurdverklaring, beslaglegging.*

con·fis·ca·tor ['kɒnfɪskeɪtə‖'kɑnfɪskeɪṭər]⟨telb.zn.⟩ **0.1** ***beslaglegger.***

con·fis·ca·to·ry ['kɒnfɪskətri‖-tori]⟨bn.⟩ **0.1** ⟨jur.⟩ ***confiscatoir*** **0.2** ***ruïneus*** ⟨vnl. v. belastingen⟩ ⇒*vernietigend.*

Con·fit·e·or [kən'fɪtiɔ:‖-'fɪṭiɔr]⟨telb.zn.⟩⟨R.-K⟩ **0.1** ***confiteor*** ⇒*schuldbelijdenis.*

con·fla·grant [kən'fleɪgrənt]⟨bn.⟩ **0.1** ***hoog oplaaiend*** ⟨v. brand, vuur⟩ ⇒*laaiend, hoog opschietend.*

con·fla·gra·tion ['kɒnflə'greɪʃn‖'kɑn-]⟨f1⟩⟨telb.zn.⟩ **0.1** ***grote brand*** ⇒*vuurzee.*

con·flate [kən'fleɪt]⟨ov.ww.⟩ **0.1** ***samenvoegen/smelten*** ⇒*dooreenmengen,* ⟨i.h.b.⟩ *ineenschuiven* ⟨varianten tot één tekst⟩.

con·fla·tion [kən'fleɪʃn]⟨telb. en n.-telb.zn.⟩ **0.1** ***samenvoeging/smelting*** ⇒*dooreenmenging;* ⟨i.h.b.⟩ *ineenschuiving* ⟨v. varianten tot één tekst⟩, *tekstkritische uitgave.*

con·flict[1] ['kɒnflɪkt‖'kɑn-]⟨f3⟩⟨telb.zn., n.-telb.zn.⟩ **0.1** ***strijd*** ⇒*conflict(situatie)* ⟨ook psych.⟩; *gevecht, treffen, botsing, onenigheid, geschil* ◆ **6.1** a ~ **between** employers and workers *een arbeidsconflict; een conflict van werkgevers en werknemers;* there's no ~ **between** us *er bestaat tussen ons geen verschil v. mening.*

conflict[2] [kən'flɪkt]⟨f2⟩⟨onov.ww.⟩ **0.1** ***onverenigbaar/strijdig/in tegenspraak zijn*** ⇒*confligeren, botsen* **0.2** ***strijden*** ⇒*botsen, in botsing/conflict komen/zijn* ◆ **1.1** ~ing interests *(tegen)strijdige belangen* **6.1** this law ~s **with** the constitution *deze wet is in strijd met de grondwet.*

con·flu·ence ['kɒnfluəns‖'kɑn-], **con·flux** [-flʌks]⟨zn.⟩
I ⟨telb.zn.⟩ **0.1** ***toeloop*** ⇒*toevloed, massa, menigte* ⟨v. mensen⟩;
II ⟨telb. en n.-telb.zn.⟩ **0.1** ***samenvloeiing*** ⇒*samenvloeiingspunt, samenkomst/loop, vereniging, confluentie* ◆ **1.1** at the ~ of the Meuse and the Waal *waar Maas en Waal tesamenvloeien;* ⟨fig.⟩ ~ of sentiments *versmelting v. gevoelens.*

con·flu·ent[1] ['kɒnfluənt‖'kɑn-]⟨telb.zn.⟩ **0.1** ***zijrivier*** ⇒*bijrivier.*

confluent[2] ⟨bn.⟩ **0.1** ***samenvloeiend/komend/lopend.***

conform[1] →conformable.

con·form[2] [kən'fɔ:m‖-'fɔrm]⟨f2⟩⟨ww.⟩
I ⟨onov.ww.⟩ **0.1** ***zich conformeren*** ⇒*zich aanpassen, zich voegen, zich schikken;* ⟨vnl. BE; kerk.⟩ *conformist zijn* ⟨zich onderwerpen aan de anglicaanse staatskerk⟩ ◆ **6.1** ~ **to** a state's official religion *zich conformeren aan een officiële staatsgodsdienst;* ~ **to** the rules of society *de regels v.d. samenleving naleven;*
II ⟨ov.ww.⟩ **0.1** ***conformeren*** ⇒*gelijkvormig/soortig maken* **0.2** ***in overeenstemming brengen*** ⇒*inrichten naar, conformeren* ◆ **4.2** ~o.s. *zich conformeren, zich voegen, zich schikken* **6.1** they ~ their ideology **to** their interests *ze stemmen hun ideologie af op hun belangen.*

con·form·a·ble [kən'fɔ:məbl‖-'fɔr-], **conform** ⟨bn., pred.; -ly; -ness⟩ **0.1** ***gehoorzaam*** ⇒*meegaand, handelbaar, gewillig, onderdanig* **0.2** ***conform*** ⇒*overeenkomstig, in overeenstemming, overeenkomend* ◆ **6.1** ~ **to** certain wishes *gevolg/gehoor gevend aan/zich voegend naar bepaalde wensen* **6.2** ~ **to** custom *conform het gebruik, zoals (te doen) gebruikelijk.*

con·for·mal [kən'fɔ:ml‖-'fɔr-]⟨bn.⟩ **0.1** ⟨cartografie, wisk.⟩ ***conform*** ⇒*met onveranderde hoekmaat* ◆ **1.1** Mercator's is a ~ projection *de Mercatorprojectie is conform.*

con·for·ma·tion ['kɒnfɔ:'meɪʃn‖'kɑnfɔr-]⟨zn.⟩
I ⟨telb.zn.⟩ **0.1** ***conformatie*** ⇒*(op)bouw, structuur, aard, vorming, samenstel(ling), gesteldheid;*
II ⟨n.-telb.zn.⟩ **0.1** ***conformering*** ⇒*aanpassing.*

con·form·ist [kən'fɔ:mɪst‖-'fɔr-]⟨telb.zn.⟩⟨vnl. BE; kerk.; soms pej.⟩ **0.1** ***conformist.***

con·form·i·ty [kən'fɔ:məti‖-'fɔrməṭi], **con·form·ance** [-'fɔ:məns‖-'fɔrməns]⟨f2⟩⟨n.-telb.zn.⟩ **0.1** ***gelijkvormigheid*** ⇒*gelijkenis, overeenkomst, overeenstemming* **0.2** ***conformiteit*** ⇒*aanpassing, inschikkelijkheid, naleving, nakoming* **0.3** ⟨vnl. BE; kerk.⟩ ***onderwerping aan de anglicaanse kerk*** ◆ **6.1 in** ~ **with** *in conformiteit/overeenstemming met, overeenkomstig* **6.2** ~ **to** the latest fashion *navolging v.d. nieuwste mode.*

con·found [kən'faʊnd]⟨f1⟩⟨ov.ww.⟩ →confounded **0.1** ***verbazen*** ⇒*in verwarring brengen, verrassen, verbijsteren, versteld doen staan, in de war maken* **0.2** ***verwarren*** ⇒*door elkaar halen, in de war sturen, dooreengooien* **0.3** ⟨vero.⟩ ***beschamen*** **0.4** ⟨vero.⟩ ***verslaan*** ⟨vijand⟩ ⇒*vernietigen, verijdelen* ⟨plan⟩, *de bodem in slaan, de grond in boren* ⟨hoop⟩, *tenietdoen* ⟨verwachting⟩ ◆ **4.¶** ⟨euf.⟩ ~ it! *verdraaid nog aan toe!* **6.2** he ~ed me **with** my brother *hij verwarde me met mijn broer, hij zag me voor mijn broer aan.*

con·found·ed [kən'faʊndɪd]⟨f1⟩⟨bn.; volt. deelw. v. confound⟩
I ⟨bn.⟩ **0.1** ***verward*** ⇒*verbaasd, onthutst, ontsteld, versteld, verbijsterd;*
II ⟨bn., attr.⟩⟨inf.; euf.⟩ **0.1** ***verdraaid*** ⇒*verduiveld* ◆ **1.1** those ~ boys! *die bliksemse/donderse/drommelse jongens!.*

con·found·ed·ly [kən'faʊndɪdli]⟨bw.⟩⟨inf.; euf.⟩ **0.1** ***verdraaid*** ⇒*verduiveld, heel (erg)* ◆ **2.1** ~ pretty *oogverblindend mooi.*

con·fra·ter·ni·ty ['kɒnfrə'tɜ:nəti‖'kɑnfrə'tɜrnəṭi]⟨verz.n.; →mv. 2⟩ **0.1** ***broederschap*** ⇒*fraterniteit.*

con·frère ['kɒnfreə], ⟨AE sp.⟩ **con·frere** ['kɑnfrer]⟨telb.zn.⟩ **0.1** ***collega*** ⇒*confrater, vakbroeder, ambt/vakgenoot, confrère.*

con·front [kən'frʌnt]⟨f3⟩⟨ov.ww.⟩ **0.1** ***confronteren*** ⇒*tegenoverstellen, plaatsen/komen/staan tegenover, tegenover elkaar plaatsen;* ⟨fig.⟩ *het hoofd bieden aan* ◆ **1.1** they'll have to ~ danger *ze zullen gevaar onder ogen moeten zien;* huge problems ~ our nation *ons land ziet zich gesteld voor enorme problemen;* when we left the house we were ~ed by two policemen *toen we het huis uitgingen stonden we oog in oog met twee agenten;* my garden ~ed their house *mijn tuin lag tegenover hun huis* **6.1** we want to ~ you **with** new evidence *we willen u nieuw bewijsmateriaal voorleggen.*

con·fron·ta·tion ['kɒnfrən'teɪʃn‖'kɑn-]⟨f2⟩⟨telb. en n.-telb.zn.⟩ **0.1** ***confrontatie*** **0.2** ***het tegenover (elkaar) stellen.***

con·fron·ta·tion·al [kɒnfrən'teɪʃnəl‖kɑn-]⟨bn., attr.⟩ **0.1** ***confrontatie-*** ◆ **1.1** ~ politics *confrontatiepolitiek.*

Con·fu·cian[1] [kən'fju:ʃn]⟨telb.zn.⟩⟨fil.⟩ **0.1** ***confucianist.***

Confucian[2] ⟨bn.⟩⟨fil.⟩ **0.1** ***confucianistisch.***

Con·fu·cian·ism [kən'fju:ʃənɪzm]⟨n.-telb.zn.⟩⟨fil.⟩ **0.1** ***confucianisme.***

con·fuse [kən'fju:z]⟨f3⟩⟨ov.ww.⟩ →confused, confusing **0.1** ***in de war brengen*** ⇒*verwarren, in verwarring brengen* **0.2** ***door elkaar halen*** ⇒*verwarren* ◆ **3.1** I got ~d *ik raakte in de war* **6.1** you're confusing poetic licence **with** poetic impotence *jullie verwarren dichterlijke vrijheid met dichterlijke onmacht.*

con·fused [kən'fju:zd]⟨f2⟩⟨bn.; volt. deelw. v. confuse; -ly [-zɪdli]; -ness [-zɪdnəs]⟩ **0.1** ***verward*** ⇒*beduusd, confuus, verbijsterd, perplex* **0.2** ***wanordelijk*** ⇒*verward, rommelig.*

con·fus·ing [kən'fju:zɪŋ]⟨f1⟩⟨bn.; -ly⟩ **0.1** ***verwarrend.***

con·fu·sion [kən'fju:ʒn]⟨f3⟩⟨telb. en n.-telb.zn.⟩ **0.1** ***verwarring*** ⇒*ontsteltenis, verwardheid, wanorde* ◆ **1.1** ~ of names/tongues *naams/spraakverwarring* **2.1** his desk is a complete ~ *zijn bureau is een complete chaos* **3.1** ~ worse confounded *de verwarring ten top, totale wanorde* **6.1** everything is **in** ~ *alles is in de war.*

con·fu·ta·tion ['kɒnfju:'teɪʃn‖'kɑn-]⟨telb. en n.-telb.zn.⟩ **0.1** ***weerlegging*** ⇒⟨jur.⟩ *refutatie.*

con·fute [kən'fju:t]⟨ov.ww.⟩ **0.1** ***weerleggen*** ⇒*het zwijgen opleggen;* ⟨jur.⟩ *refuteren* **0.2** ⟨vero.⟩ ***verijdelen.***

con·ga[1] ['kɒŋgə‖'kɑŋgə]⟨telb.zn.⟩⟨dansk.⟩ **0.1** ***conga.***

conga[2] ⟨onov.ww.⟩⟨dansk.⟩ **0.1** ***de conga dansen.***

'conga drum ⟨telb.zn.⟩ **0.1** ***conga.***

'con game ⟨telb.zn.⟩⟨verk.⟩ confidence game ⟨AE; sl.⟩ **0.1** ***oplichterij*** ⇒*zwendelarij, flessentrekkerij, misbruik v. (goed) vertrouwen* **0.2** ***makkie.***

con·gé ['kɒnʒeɪ‖'kɑnʒeɪ], **con·gee** ['kɒndʒi:‖'kɑn-]⟨telb.zn.; vnl. enk.⟩ **0.1** ⟨schr.⟩ ***congé*** ⇒*afscheid* **0.2** ⟨pej.⟩ ***congé*** ⇒*ontslag* ◆ **3.1** take one's ~ *zijn congé nemen, afscheid nemen* **3.2** give s.o. his ~ *iem. zijn congé geven, iem. wegbonjouren.*

con·geal [kən'dʒi:l]⟨f1⟩⟨onov. en ov.ww.⟩ **0.1** ***stremmen*** ⇒*(doen) stollen, in/verdikken, bevriezen, coaguleren.*

con·geal·a·ble [kən'dʒi:ləbl]⟨bn.⟩ **0.1** ***stol/strembaar.***

con·ge·la·tion ['kɒndʒə'leɪʃn‖'kɑn-], ⟨in bet. II ook⟩ **con·geal·ment** [kən'dʒi:lmənt]⟨zn.⟩

I ⟨telb.zn.⟩ **0.1** ***stolsel*** ⇒*stremsel, klont, geklonterde/gestolde massa;*

II ⟨n.-telb.zn.⟩ **0.1** ***stolling*** ⇒*stremming, klontering, bevriezing, congelatie.*

con·ge·ner ['kɒndʒɪnə‖'kɑndʒɪnər]⟨telb.zn.⟩ **0.1** ***geslacht/ras/soortgenoot*** ⇒*verwant.*

con·ge·ner·ic ['kɒndʒɪ'nerɪk‖'kɑn-], **con·gen·er·ous** [-'dʒenərəs]⟨bn.⟩ **0.1** ***(aan/stam)verwant*** ⇒*gelijksoortig/slachtig, soortgelijk.*

con·ge·nial [kən'dʒi:nɪəl]⟨f1⟩⟨bn.; -ly⟩ **0.1** ***(geest/ziels)verwant*** ⇒*gelijkgestemd/gezind, sympathiek, congeniaal* **0.2** ***passend*** ⇒*geschikt, aangenaam, goed afgestemd* ◆ **6.1** ~ **to/with** s.o. *met dezelfde ideeën als iem.* **6.2** that job was ~ **to** him *die klus lag hem /was een kolfje naar zijn hand.*

con·ge·ni·al·i·ty [kən'dʒi:ni'æləṭi]⟨n.-telb.zn.⟩ **0.1** ***(geest/ziels)verwantschap*** ⇒*gelijkgestemdheid/gezindheid, congenialiteit, overeenstemming, sympathie* **0.2** ***gepastheid*** ⇒*geschiktheid.*

con·gen·i·tal [kən'dʒenɪṭl]⟨bn.; -ly⟩ **0.1** ***aangeboren*** ⇒*congenitaal, geboren* ◆ **1.1** a ~ idiot *een idioot geborene;* a ~ thief *een aartsdief.*

con·ger ['kɒŋgə‖'kɑŋgər], **'conger eel** ⟨telb. en n.-telb.zn.⟩⟨dierk.⟩ **0.1** ***kongeraal*** ⟨fam. Congridae⟩.

con·ge·ries [kən'dʒɪəri:z‖kən'dʒɪ-]⟨mv.; ww. vnl. enk.⟩ **0.1** ***hoop*** ⇒*bende, troep, (rot)zooi, bubs, zwik.*

con·gest [kən'dʒest]⟨f2⟩⟨ww.⟩

I ⟨onov.ww.⟩⟨med.⟩ **0.1** ***verstopt raken*** ⇒*congestie vertonen;*

II ⟨ov.ww.⟩ **0.1** ***verstoppen*** ⇒*congestie veroorzaken in* ⟨ook med.⟩ ◆ **6.1** a town ~ed **with** traffic *een door verkeersopstoppingen geplaagde stad.*

con·ges·tion [kən'dʒestʃn]⟨f1⟩⟨telb. en n.-telb.zn.⟩ **0.1** ***op(een)hoping*** ⇒*op/verstopping, stagnatie, congestie* ⟨ook med.⟩.

con·ges·tive [kən'dʒestɪv]⟨bn.⟩ **0.1** ***verstoppend*** ⇒*congestie-* ⟨ook med.⟩.

con·glo·bate[1] ['kɒŋgloʊbeɪt‖'kɑŋ-]⟨bn.⟩ **0.1** ***bal/bolvormig*** ⇒*rond.*

conglobate[2], ⟨in bet. II ook⟩ **con·glo·bu·late** [kən'glɒbjʊleɪt‖-'glɑbjə-]⟨ww.⟩

I ⟨onov.ww.⟩ **0.1** ***tot een bol/bolvormig worden*** ⇒*zich tot een bol vormen;*

II ⟨ov.ww.⟩ **0.1** ***tot een bol/bolvormig maken*** ⇒*tot een bol vormen.*

con·glom·er·ate[1] [kən'glɒmərət‖-'glɑ-]⟨f1⟩⟨telb.zn.⟩ **0.1** ***(samen) klontering*** ⇒*conglomeraat* ⟨ook geol.⟩ **0.2** ⟨ec.⟩ ***conglomeraat*** ⇒*concern.*

conglomerate[2] ⟨bn.⟩ **0.1** ***samengeklonterd*** ⇒*geconglomereerd, samengepakt* ⟨ook geol.⟩; *opeengehoopt, samengekit.*

conglomerate[3] [kən'glɒməreɪt‖-'glɑ-]⟨onov. en ov.ww.⟩ **0.1** ***samenklonteren*** ⇒*conglomereren, samenballen, (zich) tot een massa verenigen.*

con·glom·er·a·tion [kən'glɒmə'reɪʃn‖-'glɑ-]⟨f1⟩⟨zn.⟩

I ⟨telb.zn.⟩ **0.1** ***conglomeraat*** ⇒*bundeling, samenraapsel, verzameling;*

II ⟨n.-telb.zn.⟩ **0.1** ***het samenklonteren*** ⇒*het tot een massa worden.*

con·glu·ti·nate[1] [kən'glu:tɪnət, -'glu:tn-]⟨bn.⟩ **0.1** ***geconglutineerd*** ⇒*samengelijmd/geplakt.*

conglutinate[2] [kən'glu:tɪneɪt, -'glu:tn-]⟨ww.⟩

I ⟨onov.ww.⟩ **0.1** ***blijven plakken*** ⇒*vast blijven zitten, samenkleven* **0.2** ⟨med.⟩ ***aan elkaar groeien*** ⇒*hechten;*

II ⟨ov.ww.⟩ **0.1** ***conglutineren*** ⟨ook med.⟩ ⇒*(doen) samenkleven, samenlijmen.*

con·glu·ti·na·tion [kən'glu:tɪ'neɪʃn, -'glu:tn'eɪʃn]⟨zn.⟩

I ⟨telb.zn.⟩ **0.1** ***conglutinaat;***

II ⟨n.-telb.zn.⟩ **0.1** ***samenkleving*** ⇒⟨med.⟩ *conglutinatie.*

Con·go·lese[1] ['kɒŋgə'li:z‖'kɑŋ-]⟨f1⟩⟨telb.zn.; Congolese; →mv. 4⟩ **0.1** ***Kongolees*** ⇒*Kongolese.*

Congolese[2] ⟨f1⟩⟨bn.⟩ **0.1** ***Kongolees.***

con·gou ['kɒŋgu:‖'kɑŋ-]⟨n.-telb.zn.⟩ **0.1** ***zwarte Chinese thee.***

con·grats [kən'græts], **con·grat·ters** [-'grætəz‖-'græṭərz]⟨tussenw.⟩ ⟨verk.⟩ congratulations ⟨inf.⟩ **0.1** ***gefeliciteerd.***

con·grat·u·late [kən'grætʃʊleɪt‖-tʃə-]⟨f2⟩⟨ov.ww.⟩ **0.1** ***gelukwensen*** ⇒*feliciteren* ◆ **4.1** ~ oneself on *zichzelf gelukkig prijzen met, zichzelf gelukwensen met* **6.1** they ~d me **on** my victory *ze feliciteerden me met mijn overwinning.*

con·grat·u·la·tion [kən'grætʃʊ'leɪʃn‖-tʃə-]⟨f2⟩⟨zn.⟩

I ⟨telb.zn.⟩ **0.1** ***gelukwens*** ⇒*felicitatie, heilwens* ◆ **¶.1** ~s! *gefeliciteerd!;*

II ⟨n.-telb.zn.⟩ **0.1** ***gelukwensing*** ⇒*het feliciteren.*

con·grat·u·la·tor [kən'grætʃʊleɪtə‖-tʃəleɪṭər], **con·grat·u·lant** [-lənt]⟨telb.zn.⟩ **0.1** ***feliciteerder*** ⇒*gelukwenser.*

con·grat·u·la·to·ry [kən'grætʃʊ'leɪtri‖-'grætʃələtɔri], **congratulant** ⟨f1⟩⟨bn.⟩ **0.1** ***feliciterend*** ⇒*gelukwensend, felicitatie-* ◆ **1.1** ~ letters *felicitatiebrieven;* ~ telegram *gelukstelegram.*

con·gre·gate[1] ['kɒŋgrɪgət‖'kɑŋ-]⟨bn.⟩ **0.1** ***verzameld*** ⇒*bijeen, samengekomen/gebracht.*

congregate[2] ['kɒŋgrɪgeɪt‖'kɑŋ-]⟨ww.⟩

I ⟨onov.ww.⟩ **0.1** ***samenkomen/stromen*** ⇒*zich verzamelen, bijeenkomen/lopen, vergaderen;*

II ⟨ov.ww.⟩ **0.1** ***samen/bijeenbrengen*** ⇒*verzamelen, bijeendrijven/zamelen.*

con·gre·ga·tion ['kɒŋgrɪ'geɪʃn‖'kɑŋ-]⟨f2⟩⟨zn.⟩

I ⟨telb. en n.-telb.zn.⟩ **0.1** ***bijeenkomst*** ⇒*verzameling;*

II ⟨verz.n.⟩ **0.1** ***verzamelde groep mensen*** ⇒*menigte, groep, schare, troep* **0.2** ⟨kerk.⟩ ***congregatie*** ⇒*broederschap* **0.3** ⟨kerk.⟩ ***gemeente*** ⇒*parochie* **0.4** ⟨ong.⟩ ***senaatsvergadering*** ⟨op Britse universiteiten⟩ ◆ **1.2** ⟨R.-K.⟩ Congregation of the Propaganda *Congregatie voor de Evangelisatie v.d. volken, Propagandacollege.*

con·gre·ga·tion·al ['kɒŋgrɪ'geɪʃnəl‖'kɑŋ-]⟨f1⟩⟨bn.⟩⟨kerk.⟩ **0.1** ***v.d. congregatie*** ⇒*gemeente-* **0.2** ⟨C-⟩ ***congregationalistisch.***

Con·gre·ga·tion·al·ism ['kɒŋgrɪ'geɪʃnəlɪzm‖'kɑŋ-]⟨n.-telb.zn.⟩ ⟨kerk.⟩ **0.1** ***congregationalisme*** ⇒*congregationalistisch stelsel* ⟨met grote vrijheid v.d. afzonderlijke gemeenten⟩.

Con·gre·ga·tion·al·ist ['kɒŋgrɪ'geɪʃnəlɪst‖'kɑŋ-]⟨telb.zn.⟩⟨kerk.⟩ **0.1** ***congregationalist.***

con·gress ['kɒŋgres‖'kɑŋgrəs]⟨f3⟩⟨zn.⟩

I ⟨eig.n.; C-; (the)⟩ **0.1** ***Het Congres*** ⟨senaat en huis v. afgevaardigden in U.S.A.⟩ **0.2** ⟨verk.⟩ ⟨Congress Party⟩;

II ⟨n.-telb.zn.⟩⟨schr.⟩ **0.1** ***samenkomst*** ⇒*vereniging,* ⟨i.h.b.⟩ *bijslaap, coïtus, congressus;*

III ⟨verz.n.⟩ **0.1** ***congres*** ⇒*vergadering, bijeenkomst* **0.2** ***vereniging*** ⇒*organisatie.*

con·gres·sion·al [kən'greʃnəl]⟨f2⟩⟨bn.; vaak C-⟩ **0.1** ***een congres/***

het (Amerikaanse) Congres betreffende ◆ **1.1** Congressional Record *Handelingen v.h. Congres*.
con·gres·sio·nal·ist [kən'greʃnəlɪst], **con·gres·sio·nist** [kən'greʃənɪst], ⟨zelden⟩ **con·gress·ist** ['kɒŋgrəsɪst‖'kɑŋ-] ⟨telb.zn.⟩ **0.1** ***lid v.e. vereniging*** **0.2** ***congressist*** ⇒*congresganger/lid*.
Con·gress·ite ['kɒŋgresaɪt‖'kɑŋgrə-]⟨telb.zn.; ook c-⟩ **0.1** ***aanhanger/lid der Congrespartij*** ⟨in India⟩.
con·gress·man ['kɒŋgresmən‖'kɑŋgrə-]⟨f1⟩⟨telb.zn.; congressmen [-mən]; →mv. 3; ook C/[h9]⟩ **0.1** ***congreslid*** ⇒⟨i.h.b.⟩ *lid v.h. huis v. afgevaardigden*.
'Congress Party ⟨eig.n.⟩ **0.1** ***Congrespartij*** ⇒*Indisch Nationaal Congres*.
'con·gress·woman ⟨f1⟩⟨telb.zn.; ook C-⟩ **0.1** ***(vrouwelijk) congreslid*** ⇒⟨i.h.b.⟩ *(vrouwelijk) lid v.h. huis v. afgevaardigden*.
con·gru·ence ['kɒŋgrʊəns‖'kɑŋ-], **con·gru·en·cy** [-si]⟨f1⟩⟨n.-telb.zn.⟩ **0.1** ***overeenstemming*** ⇒*consistentie, harmonie, gelijkvormigheid;* ⟨wisk.⟩ *congruentie*.
con·gru·ent ['kɒŋgrʊənt‖'kɑŋ-]⟨f1⟩⟨bn.; -ly⟩ **0.1** ⟨wisk.⟩ ***congruent*** **0.2** →congruous.
con·gru·i·ty [kən'gru:əṭi]⟨zn.; →mv. 2⟩
I ⟨telb.zn.; vnl. mv.⟩ **0.1** ***punt v. overeenstemming;***
II ⟨n.-telb.zn.⟩ **0.1** ***gepastheid*** ⇒*overeenstemming, harmonie, overeenkomst*.
con·gru·ous ['kɒŋgrʊəs‖'kɑŋ-]⟨bn.; -ly⟩⟨schr.⟩ **0.1** ***passend*** ⇒*overeenstemmend, verenigbaar, overeenkomend, congruent* ◆ **6.1** this is not ~ **with** the system *dit is onverenigbaar/strookt niet met het systeem*.
con·ic[1] ['kɒnɪk‖'kɑ-]⟨zn.⟩⟨wisk.⟩
I ⟨telb.zn.⟩ **0.1** ***kegelsnede;***
II ⟨mv.; ~s; ww. vnl. enk.⟩ **0.1** ***leer/studie der kegelsneden***.
conic[2], **con·i·cal** ['kɒnɪkl‖'kɑ-]⟨bn.; -(al)ly; →bijw. 3⟩ **0.1** ***mbt. een kegel*** ⇒*kegel-* **0.2** ***kegelvormig*** ⇒*conisch, taps* ◆ **1.1** ⟨cartografie, wisk.⟩ conic/conical projection *kegelprojectie, conische projectie;* ⟨wisk.⟩ conic section *kegelsnede* **1.2** ⟨scheep.⟩ conical buoy *spitse ton, stuurboordston* ⟨in vloedrichting⟩.
co·nid·i·um [kə'nɪdɪəm]⟨telb.zn.; conidia [-'nɪdɪə]; →mv. 5⟩⟨biol.⟩ **0.1** ***conidium*** ⇒*schimmelspore*.
con·i·fer ['kɒnɪ̣fə‖'kɑnɪ̣fər]⟨f1⟩⟨telb.zn.⟩ **0.1** ***naaldboom*** ⇒*conifeer*.
co·nif·er·ous [kə'nɪfrəs‖koʊ-, kə-]⟨bn.⟩ **0.1** ***naald-*** ⇒*kegeldragend, conifeerachtig*.
con·i·form ['koʊnɪfɔ:m‖-fɔrm]⟨bn.⟩ **0.1** ***kegelvormig*** ⇒*conisch, taps*.
co·ni·ine ['koʊniaɪn], **co·nin** [-nɪn], **co·nine** [-ni:n]⟨n.-telb.zn.⟩ ⟨biol., schei.⟩ **0.1** ***coniine*** ⇒*dollekervelgif*.
conj ⟨afk.⟩ conjunction.
con·jec·tur·a·ble [kən'dʒektʃrəbl]⟨bn.⟩ **0.1** ***te gissen***.
con·jec·tur·al [kən'dʒektʃrəl]⟨bn.; -ly⟩ **0.1** ***gegist*** ⇒*geschat, verondersteld, globaal, conjecturaal*.
con·jec·ture[1] [kən'dʒektʃə‖-ər]⟨f1⟩⟨zn.⟩
I ⟨telb.zn.⟩ **0.1** ***gis(sing)*** ⇒*(vage) schatting, vermoeden, (voorzichtige) raming* **0.2** ⟨lit.⟩ ***conjectuur*** ⇒*waarschijnlijke lezing* ◆ **3.1** his suspicion is based on a ~ *zijn verdenking is een slag in de lucht;*
II ⟨n.-telb.zn.⟩ **0.1** ***giswerk*** ⇒*speculatie, gokwerk* ◆ **6.1** that's **beyond** all ~ *daar valt zelfs niet naar te gissen, daar valt geen peil op te trekken*.
conjecture[2] ⟨onov. en ov.ww.⟩ **0.1** ***gissen*** ⇒*speculeren, een (vage) schatting doen, veronderstellen, vermoeden, (als conjectuur) opperen*.
con·join [kən'dʒɔɪn]⟨ww.⟩
I ⟨onov.ww.⟩ **0.1** ***zich verenigen*** ⇒*zich aaneensluiten;*
II ⟨ov.ww.⟩ **0.1** ***verbinden*** ⇒*(aaneen)koppelen, samenvoegen*.
con·joint [kən'dʒɔɪnt]⟨bn.; -ly⟩ **0.1** ***verenigd*** ⇒*verbonden, (aaneen) gekoppeld, samengevoegd, gezamenlijk*.
con·ju·gal ['kɒndʒʊgl‖'kɑndʒəgl]⟨bn., attr.; -ly⟩⟨schr.⟩ **0.1** ***echtelijk*** ⇒*huwelijks, conjugaal* ◆ **1.1** ~ affection *huwelijkse genegenheid, genegenheid tussen echtgenoten;* ⟨vero.⟩ ~ rites *echtelijke gemeenschap, huwelijksgemeenschap;* ~ rights *huwelijksplicht, huwelijkse/echtelijke plichten/rechten*.
con·ju·gal·i·ty ['kɒndʒʊ'gæləti‖'kɑndʒə'gæləṭi]⟨n.-telb.zn.⟩ **0.1** ***huwelijkse staat***.
con·ju·gate[1] ['kɒndʒʊgət‖'kɑndʒə-]⟨telb.zn.⟩ **0.1** ⟨taalk.⟩ ***stamverwant woord*** **0.2** ⟨wisk.⟩ ***toegevoegde*** ⇒*geconjugeerde grootheid*.
conjugate[2] ⟨bn.⟩ **0.1** ***gepaard*** ⇒*(paarsgewijs) gekoppeld, verenigd* **0.2** ⟨taalk.⟩ ***stamverwant*** ⇒*afgeleid v. dezelfde stam* **0.3** ⟨wisk.⟩ ***geconjugeerd*** ⇒*toegevoegd*.
conjugate[3] ['kɒndʒʊgeɪt‖'kɑndʒə-]⟨f1⟩⟨ww.⟩
I ⟨onov.ww.⟩ **0.1** ⟨biol.⟩ ***conjugatie ondergaan*** ⇒*zich verbinden* **0.2** ⟨taalk.⟩ ***vervoegd worden*** ⟨v.e. ww.⟩ **0.3** ***zich seksueel verenigen*** ⇒*cohabiteren, coïteren* ◆ **1.2** this verb ~s irregularly *dit werkwoord heeft een onregelmatige vervoeging/is onregelmatig;*
II ⟨ov.ww.⟩ **0.1** ⟨taalk.⟩ ***vervoegen*** **0.2** ⟨zelden⟩ ***verbinden*** ⇒*verenigen* ◆ **1.2** ⟨schei.⟩ ~d protein *samengesteld/geconjugeerd eiwit*.
con·ju·ga·tion ['kɒndʒʊ'geɪʃn‖'kɑndʒə-]⟨zn.⟩
I ⟨telb. en n.-telb.zn.⟩ **0.1** ⟨taalk.⟩ ***vervoeging*** **0.2** ⟨biol.⟩ ***conjugatie;***
II ⟨n.-telb.zn.⟩ **0.1** ***vereniging*** ⇒*verbinding, koppeling*.
con·ju·ga·tion·al ['kɒndʒʊ'geɪʃnəl‖'kɑndʒə-]⟨bn.; -ly⟩ **0.1** ***mbt. vervoeging/conjugatie*** ⇒*vervoegings-*.
con·junct[1] ['kɒndʒʌŋkt‖'kɑn-]⟨telb.zn.⟩ **0.1** ***metgezel*** ⇒*compagnon* **0.2** ***aanhangsel*** ⇒*bijvoegsel*.
conjunct[2] [kən'dʒʌŋkt]⟨bn.; -ly⟩ **0.1** ***samengevoegd*** ⇒*conjunct, verenigd, onderling verbonden, gezamenlijk*.
con·junc·tion [kən'dʒʌŋ(k)ʃn]⟨f3⟩⟨zn.⟩
I ⟨telb.zn.⟩ **0.1** ⟨taalk.⟩ ***voegwoord*** ⇒*conjunctie* **0.2** →conjuncture;
II ⟨telb. en n.-telb.zn.⟩ **0.1** ***verbinding*** ⇒*combinatie, vereniging, samengaan* **0.2** ⟨astr., ster.⟩ ***conjunctie*** ⇒*samenstand* ◆ **6.1 in** ~ **with** *in combinatie/samenwerking met, samen met*.
con·junc·ti·va ['kɒndʒʌŋ(k)'taɪvə‖'kɑn-]⟨telb.zn.; ook conjunctivae [-taɪvi:]; →mv. 5⟩⟨anat.⟩ **0.1** ***bindvlies*** ⇒*conjunctiva*.
con·junc·ti·val ['kɒndʒʌŋ(k)'taɪvl‖'kɑn-]⟨bn.⟩⟨anat., med.⟩ **0.1** ***mbt. het bindvlies*** ⇒*bindvlies-*.
con·junc·tive[1] [kən'dʒʌŋ(k)tɪv]⟨telb.zn.⟩⟨taalk.⟩ **0.1** ***verbindingswoord*** ⇒⟨i.h.b.⟩ *voegwoord* **0.2** ***conjunctief*** ⇒*aanvoegende wijs* **0.3** ***conjunctieve (werkwoords)vorm*** ⇒*werkwoord in de conjunctief*.
conjunctive[2] ⟨bn.; -ly⟩ **0.1** ***verbindend*** ⇒*koppelend, aaneensluitend* **0.2** ***verbonden*** ⇒*gecombineerd, aaneengekoppeld/gevoegd/gesloten* **0.3** ⟨taalk.⟩ ***voegwoordelijk*** **0.4** ⟨taalk.⟩ ***conjunctief*** ⇒*aanvoegend* ◆ **1.4** ~ mood *aanvoegende wijs*.
con·junc·ti·vi·tis [kən'dʒʌŋ(k)tɪ'vaɪṭɪs]⟨telb. en n.-telb.zn.; conjunctivites; →mv. 5⟩⟨med.⟩ **0.1** ***bindvliesontsteking*** ⇒*conjunctivitis*.
con·junc·ture [kən'dʒʌŋktʃə‖-ər]⟨telb.zn.⟩ **0.1** ***(kritieke) toestand*** ⇒*samenloop v. omstandigheden, stand v. zaken, (crisis)situatie*.
con·ju·ra·tion ['kɒndʒʊ'reɪʃn‖'kɑndʒə-]⟨zn.⟩
I ⟨telb.zn.⟩ **0.1** ***bezwering(sformule)*** ⇒*betovering, incantatie;*
II ⟨telb. en n.-telb.zn.⟩ **0.1** ***aan/inroeping*** ⇒*afsmeking, invocatie, (plechtig) beroep, smeekbede;*
III ⟨n.-telb.zn.⟩ **0.1** ***tove(na)rij*** ⇒*magie, goochelarij*.
con·jure[1] [kən'dʒʊə‖-'dʒʊr]⟨ov.ww.⟩⟨schr.⟩ **0.1** ***(af)smeken*** ⇒*bezweren, aan/inroepen*.
conjure[2] ['kʌndʒə‖'kɑndʒər]⟨f2⟩⟨ww.⟩
I ⟨onov.ww.⟩ **0.1** ***toveren*** ⇒*goochelen, manipuleren, manipulatietrucs uitvoeren, wonderen verrichten;*
II ⟨ov.ww.⟩ **0.1** ***(te voorschijn) toveren*** ⇒*oproepen, voor de geest roepen, wakker maken* ◆ **1.1** ~ a rabbit out of a hat *een konijn uit een hoed te voorschijn toveren* **5.1** ~ **up** a devil *een duivel oproepen/bezweren;* ~ **up** a meal *een maaltijd te voorschijn toveren;* ~ **up** a vision of everlasting peace *een visioen v. eeuwigdurende vrede oproepen*.
con·jur·er, con·jur·or ['kʌndʒrə‖'kɑndʒrər]⟨f1⟩⟨telb.zn.⟩ **0.1** ***goochelaar*** ⇒*illusionist, prestidigitateur* **0.2** ***(geesten)bezweerder*** ⇒*tovenaar, magiër*.
con·jur·ing trick ['kʌndʒrɪŋ trɪk‖'kɑn-]⟨f1⟩⟨telb.zn.⟩ **0.1** ***goocheltruc*** ⇒*goocheltoer*.
conk[1] [kɒŋk‖kɑŋk]⟨telb.zn.⟩⟨sl.⟩ **0.1** ⟨vnl. BE⟩ ***gok*** ⇒*snufferd, kokkerd, neus* **0.2** ***knar*** ⇒*harses, kanes, kop* **0.3** ***smoel*** ⇒*postzegel, treiter, gezicht* **0.4** ***opdonder*** ⇒*hengst, hijs, stoot, dreun* ⟨op het hoofd⟩ ◆ **3.¶** bust one's ~ *blokken, hard werken, aanpoten*.
conk[2] ⟨ww.⟩⟨AE; sl.⟩
I ⟨onov.ww.⟩ →conk off, conk out;
II ⟨ov.ww.⟩ **0.1** ***een oplawaai geven*** ⇒*een dreun/hengst/hijs/opdonder/stoot geven/verkopen* ⟨op het hoofd⟩; ⟨sport; fig.⟩ *kloppen, inmaken* ◆ **4.1** I'll ~ you one if you try that again! *als je dat nog eens probeert krijg je een knal voor je kop!*.
con·ker ['kɒŋkə‖'kɑŋkər]⟨zn.⟩⟨vnl. BE⟩
I ⟨telb.zn.⟩⟨inf.⟩ **0.1** ***wilde kastanje*** ⇒*paardekastanje;*
II ⟨mv.; ~s⟩ **0.1** ***kinderspel met kastanjes aan touwtjes***.
'conk 'off ⟨onov.ww.⟩⟨AE; sl.⟩ **0.1** ***lijntrekken*** ⇒*dutten op het werk* **0.2** ***(gaan) maffen*** ⇒*pitten, snurken*.
'conk·out ⟨telb.zn.⟩⟨AE; sl.⟩ **0.1** ***storing*** ⇒*hapering, defect, mankement, panne* **0.2** ***dutje***.
'conk 'out ⟨onov.ww.⟩⟨sl.⟩ **0.1** ***het begeven*** ⇒*kapot gaan, mankementen vertonen* **0.2** ***in elkaar storten/zakken*** ⇒*onderuitgaan, flauwvallen, van z'n stokje gaan* **0.3** ***de pijp uitgaan*** ⇒*het hoekje omgaan, asjeweine gaan, sterven* ◆ **1.1** a conked out old car *een gammele ouwe brik*.

'con man ⟨telb.zn.⟩ ⟨verk.⟩ confidence man ⟨inf.⟩ **0.1** ***zwendelaar*** *⇒oplichter.*

con mo·to ['kɒn 'moʊtoʊ||'kɑn 'moʊt̬oʊ]⟨bw.⟩ ⟨muz.⟩ **0.1** ***con moto*** *⇒levendig, met beweging.*

conn →con.

Conn ⟨afk.⟩ Connecticut.

con·nate ['kɒneɪt||'kɑ'neɪt]⟨bn.; -ly⟩ **0.1** ***aangeboren*** *⇒connataal* **0.2** ***tegelijkertijd gevormd/ontstaan*** *⇒(nauw) verwant* **0.3** ⟨biol.⟩ ***congenitaal verenigd.***

con·nat·u·ral [kɒ'nætʃrəl||'kɑ-]⟨bn.; -ly⟩ **0.1** ***aangeboren*** **0.2** ***(nauw) verwant*** *⇒verwant naar de aard.*

con·nect [kə'nekt]⟨f3⟩ ⟨ww.⟩ →connected
I ⟨onov.ww.⟩ **0.1** ***in verbinding komen/staan*** *⇒in verband staan* **0.2** ***aansluiten*** *⇒aansluiting hebben* **0.3** ⟨inf.; sport⟩ ⟨ben. voor⟩ ***doel treffen*** *⇒(de bal (voluit)) raken* ⟨balsport⟩; *een home-run slaan* ⟨honkbal⟩; *zijn tegenstander raken* ⟨boksen⟩ ◆ **5.1** ~ **up** *in verbinding komen/staan* **6.2** this train doesn't ~ **with** a bus *deze trein sluit niet aan op een bus, met deze trein heb je geen busaansluiting;*
II ⟨ov.ww.⟩ **0.1** ***verbinden*** *⇒aaneenvoegen/sluiten/schakelen, (samen)koppelen, aansluiten, doorverbinden* ⟨telefoon⟩ **0.2** ***in verband brengen*** *⇒een verbinding leggen tussen, relateren* ◆ **1.1** I do have a telephone but it's not ~ed (up) yet *ik heb wel een telefoon maar hij is nog niet aangesloten* **5.1** ~ **up** *verbinden* **6.2** she's never before been ~ed **with** a crime *ze is nog nooit eerder met een misdaad in verband gebracht.*

con·nect·ed [kə'nektɪd]⟨f2⟩ ⟨bn.; volt. deelw. v. connect; -ly⟩ **0.1** ***onderling verbonden*** *⇒samenhangend, coherent, connex* **0.2** ***gerelateerd*** *⇒gelieerd, verwant, connex* **0.3** ***relaties hebbend*** ⟨v.e. bepaalde soort⟩ ◆ **3.1** think ~ly *ordelijk/coherent denken* **5.3** he's **well** ~ *hij heeft goede connecties* **6.2** are you ~ **with** the Royal family? *bent u familie v.h./geparenteerd aan het koninklijk huis?* **6.3** are you ~ **with** the circus? *hoort u bij het circus?.*

con·nec·ter, con·nec·tor [kə'nektə||-ər]⟨telb.zn.⟩ ⟨tech.⟩ **0.1** ***verbindings/aansluit/koppelstuk*** *⇒aansluit/verbindingsklem.*

con'nect·ing rod ⟨telb.zn.⟩ ⟨tech.⟩ **0.1** ***koppelstang*** *⇒drijf/krukstang; zuigerstang* ⟨v. auto⟩.

con·nec·tion, ⟨BE sp. ook⟩ **con·nex·ion** [kə'nekʃn]⟨f3⟩ ⟨zn.⟩
I ⟨telb.zn.⟩ **0.1** ⟨vnl. mv.⟩ ***connectie*** *⇒betrekking, relatie* **0.2** ⟨vnl. mv.⟩ ***verwant*** *⇒(aangetrouwd/ver) familielid* **0.3** ⟨sl.⟩ ***dealer*** *⇒dopehandelaar; smokkelroute* ⟨vnl. voor narcotica⟩ **0.4** ⟨kerk.⟩ ***(methodistische) geloofsgemeenschap*** **0.5** ***verbindingsstuk*** **0.6** ⟨elek.⟩ ***lichtpunt*** *⇒stopcontact, (wand)contactdoos* ◆ **2.2** she has German ~s *ze heeft familie in Duitsland;*
II ⟨telb. en n.-telb.zn.⟩ **0.1** ***verbinding*** *⇒verband, koppeling, aansluiting, schakeling* **0.2** ***samenhang*** *⇒coherentie* **0.3** ⟨vero.⟩ ***(geslachts)gemeenschap*** ◆ **1.1** the ~ of our new telephone took quite a while *het heeft een heel tijdje geduurd voor onze nieuwe telefoon aangesloten was* **3.1** cut the ~ *de verbinding/band verbreken;* miss one's ~ *zijn (bus/trein)aansluiting missen, geen aansluiting hebben* **6.1** **in** this ~ *in dit verband, in verband hiermee;* **in** ~ **with** *in verband met;*
III ⟨verz.n.⟩ **0.1** ***clientèle*** *⇒klantenkring, klandizie* ◆ **2.1** this doctor has a good ~ *deze dokter heeft een goede praktijk.*

con·nec·tion·al, ⟨BE sp. ook⟩ **con·nex·ion·al** [kə'nekʃnəl]⟨bn.⟩ **0.1** ***mbt. een verbinding*** *⇒verbindings-* **0.2** ⟨kerk.⟩ ***methodistisch.***

con·nec·tive[1] [kə'nektɪv]⟨f1⟩ ⟨telb.zn.⟩ **0.1** ***verbinding(sstuk)*** *⇒koppeling(sstuk)* **0.2** ⟨taalk.⟩ ***verbindingswoord*** *⇒voegwoord.*

connective[2] ⟨f1⟩ ⟨bn.⟩ **0.1** ***verbindend*** *⇒koppelend* ◆ **1.1** ~ tissue *bindweefsel.*

'con·ning orders ⟨mv.⟩ ⟨scheep.⟩ **0.1** ***roercommando's.***

'con·ning tower ⟨telb.zn.⟩ ⟨marine⟩ **0.1** ***commandotoren*** *⇒bovenbouw* ⟨v. onderzeeboot⟩.

con·nip·tion [kə'nɪpʃn], **con'niption fit** ⟨telb.zn.⟩ ⟨AE; inf.⟩ **0.1** ***woedeaanval*** *⇒uitbarsting v. razernij, vlaag v. woede, stuip.*

con·niv·ance, con·niv·ence [kə'naɪvns]⟨telb. en n.-telb.zn.⟩ **0.1** ***samenspanning*** *⇒conniventie* **0.2** ***oogluiking*** *⇒conniventie, stilzwijgende medewerking/toestemming, medeweten, handlichting, toegevendheid* ◆ **4.2** how much do I get for my ~? *wat krijg ik als ik de andere kant op kijk?* **6.2** ~ **at/in** *het stilzwijgend toestemmen in.*

con·nive [kə'naɪv]⟨f1⟩ ⟨onov.ww.⟩ **0.1** ***oogluikend toezien*** *⇒(even) de andere kant opkijken* **0.2** ***samenspannen*** *⇒samenzweren, complotteren* ◆ **6.1** ~ **at** *oogluikend toelaten, door de vingers zien, stilzwijgend laten passeren, de hand lichten met;* just ~ **at** our escape *kijk alleen even de andere kant op als we ervandoor gaan* **6.2** the criminals ~d **with** the manager to rob the shop *de misdadigers speelden onder één hoedje met de bedrijfsleider om de winkel te beroven.*

con·nois·seur ['kɒnə'sɜː||'kɑnə'sɜr]⟨f1⟩ ⟨telb.zn.⟩ **0.1** ***kenner*** *⇒connaisseur, fijnproever, kunstkenner* ◆ **6.1** a ~ **in/of** wine *een wijnkenner.*

con·no·ta·tion ['kɒnə'teɪʃn||'kɑ-]⟨f2⟩ ⟨telb.zn.⟩ **0.1** ⟨taalk.⟩ ***connotatie*** *⇒bijbetekenis, gevoelswaarde, betekenis, bijklank, associatie* **0.2** ⟨logica⟩ ***connotatie*** *⇒intentie, inhoud, comprehensie* ◆ **1.1** the word 'bungalow' has better ~s in Dutch than in English *het woord 'bungalow' heeft in het Nederlands een betere gevoelswaarde dan in het Engels.*

con·no·ta·tive ['kɒnəteɪtɪv||'kɑnəteɪt̬ɪv]⟨bn.; -ly⟩ **0.1** ⟨taalk.⟩ ***connotatief*** **0.2** ⟨logica⟩ ***connotatief*** *⇒intentioneel* ◆ **¶.1** ~ly these words are different *de gevoelswaarde v. deze woorden verschilt.*

con·note [kə'noʊt]⟨ov.ww.⟩ **0.1** ***een bijklank hebben van*** *⇒suggereren, associaties oproepen aan* **0.2** ***inhouden*** *⇒betekenen, insluiten, impliceren, vooronderstellen.*

con·nu·bi·al [kə'njuːbɪəl||-'nuː-]⟨bn., attr.; -ly⟩ ⟨schr.⟩ **0.1** ***echtelijk*** *⇒huwelijks, conjugaal.*

con·nu·bi·al·i·ty [kə'njuːbi'æləti||-'nuːbi'ælət̬i]⟨n.-telb.zn.⟩ ⟨schr.⟩ **0.1** ***echtelijke/huwelijkse staat.***

co·noid[1] ['koʊnɔɪd]⟨telb.zn.⟩ ⟨wisk.⟩ **0.1** ***conoïde.***

conoid[2] ⟨bn.⟩ **0.1** ***kegelvormig*** *⇒taps.*

con·quer ['kɒŋkə||'kɑŋkər]⟨f3⟩ ⟨ww.⟩
I ⟨onov.ww.⟩ **0.1** ***zegevieren*** *⇒overwinnen, de (over)winnaar zijn* ◆ **4.1** I came, I saw, I ~ed *ik kwam, zag en overwon;*
II ⟨ov.ww.⟩ **0.1** ***veroveren*** *⇒innemen, stormenderhand nemen, bemachtigen, inlijven* ⟨ook fig.⟩ **0.2** ***verslaan*** *⇒overwinnen, onderwerpen, bedwingen, overmeesteren* ◆ **1.2** ~ mountains *bergen bedwingen.*

con·quer·a·ble ['kɒŋkrəbl||'kɑŋ-]⟨bn.⟩ **0.1** ***overwinnelijk*** *⇒bedwingbaar, overkomelijk.*

con·quer·or ['kɒŋkərə||'kɑŋkərər]⟨f2⟩ ⟨telb.zn.⟩ **0.1** ***veroveraar*** *⇒overwinnaar, bedwinger* **0.2** ⟨BE⟩ ***wilde kastanje*** *⇒paardekastanje* ◆ **7.1** ⟨gesch.⟩ William the Conqueror *Willem de Veroveraar.*

con·quest ['kɒŋkwest||'kɑŋ-]⟨f2⟩ ⟨telb. en n.-telb.zn.⟩ **0.1** ***verovering*** *⇒onderwerping, overwinning, buit, het bedwingen* ⟨v.e. berg⟩ ◆ **3.1** make a ~ of *veroveren, voor zich winnen, inpalmen* **7.1** ⟨gesch.⟩ the Norman Conquest *de Normandische verovering* ⟨v. Engeland in 1066⟩.

con·quis·ta·dor [kɒn'kwɪstədɔː||kɑn'kwɪstədɔr]⟨telb.zn.; ook conquistadores [-'dɔriːz]; →mv. 5⟩ ⟨gesch.⟩ **0.1** ***conquistador*** *⇒veroveraar.*

Con·rail ['kɒnreɪl||kɑn-]⟨eig.n.⟩ ⟨verk.⟩ Consolidated Rail (Corporation) **0.1** ***Conrail*** ⟨noordoostelijke Am. spoorwegmij.⟩.

'con rod ⟨telb.zn.⟩ ⟨verk.⟩ connecting rod.

Cons ⟨afk.⟩ Conservative, Consul.

con·san·guin·e·ous ['kɒnsæŋ'gwɪnɪəs||'kɑn-], **con·san·guine** [-'sæŋgwɪn]⟨bn.; consanguineously⟩ ⟨schr.⟩ **0.1** ***verwant (in den bloede)*** *⇒consanguïen.*

con·san·guin·i·ty ['kɒnsæŋ'gwɪnəti||'kɑnsæŋ'gwɪnət̬i]⟨telb. en n.-telb.zn.; →mv. 2⟩ ⟨schr.⟩ **0.1** ***bloedverwantschap*** *⇒consanguïniteit.*

con·science ['kɒnʃns||'kɑn-]⟨f3⟩ ⟨telb. en n.-telb.zn.⟩ **0.1** ***geweten*** *⇒zedelijk bewustzijn, consciëntie* ◆ **1.1** for ~(') sake *uit gewetensnood/wroeging* **6.1** **in** all ~, **upon** my ~ *in gemoede, met een gerust geweten, waarlijk, waarachtig, werkelijk;* have sth. **on** one's ~ *iets op zijn geweten hebben.*

'conscience clause ⟨telb.zn.⟩ ⟨jur.⟩ **0.1** ***gewetensclausule*** ⟨wetsclausule waarop gewetensbezwaarden zich kunnen beroepen.⟩.

con·science·less ['kɒnʃnsləs||'kɑn-]⟨bn.⟩ **0.1** ***gewetenloos.***

'conscience money ⟨n.-telb.zn.⟩ **0.1** ***gewetensgeld.***

'con·science-smit·ten, 'con·science-strick·en, 'con·science-struck ⟨bn.⟩ **0.1** ***door gewetensnood/zijn geweten gekweld*** *⇒vol wroeging, berouwvol, verteerd door (gewetens)wroeging.*

con·sci·en·tious ['kɒnʃi'enʃəs||'kɑn-]⟨f2⟩ ⟨bn.; -ly; -ness⟩ **0.1** ***consciëntieus*** *⇒gewetensvol, plichtsgetrouw, zorgvuldig, scrupuleus, nauwgezet* ◆ **1.1** ~ objector *gewetensbezwaarde, principiële dienstweigeraar.*

con·scious[1] ['kɒnʃəs||'kɑn-]⟨n.-telb.zn.; the⟩ ⟨psych.⟩ **0.1** ***bewuste*** *⇒bewustzijn.*

conscious[2] ⟨f3⟩ ⟨bn.; -ly⟩
I ⟨bn.⟩ **0.1** ***bewust*** *⇒denkend* ◆ **1.1** that ~ animal, man *dat denkend dier, de mens;*
II ⟨bn., attr.⟩ **0.1** ***welbewust*** *⇒opzettelijk, weloverwogen;*
III ⟨bn., pred.⟩ **0.1** ***bewust*** **0.2** ***bewust*** *⇒bij bewustzijn/kennis/z'n positieven* ◆ **6.1** become ~ **of** sth. *zich iets bewust worden, iets gewaarworden* **8.1** he was ~ that he was guilty *hij was zich zijn schuld bewust.*

con·scious·ness ['kɒnʃəsnəs||'kɑn-]⟨f2⟩ ⟨zn.⟩
I ⟨telb.zn.; geen mv.⟩ **0.1** ***gevoel*** *⇒besef* ◆ **6.1** a ~ **of** guilt *een gevoel v. schuld;*
II ⟨n.-telb.zn.⟩ **0.1** ***bewustzijn*** *⇒*⟨ook psych.⟩ *bewustheid, geest* ◆ **1.1** victories of ~ *overwinningen v. d. geest* **3.1** lose ~ *het bewustzijn verliezen;* recover/regain ~ *weer bij bewustzijn komen, bijkomen.*

'con·scious·ness-ex·pand·ing ⟨f1⟩ ⟨bn.⟩ **0.1** ***bewustzijns/geestverruimend.***

'con·scious·ness-rais·ing ⟨f1⟩ ⟨n.-telb.zn.⟩ **0.1** ***bewustmaking*** ⇒*bewustzijnsvorming.*

con·script¹ ['kɒnskrɪpt‖'kɑn-]⟨f1⟩ ⟨telb.zn.⟩ **0.1** ***dienstplichtige*** ⇒*dienstplichtig militair, milicien, loteling.*

conscript² [kən'skrɪpt]⟨f1⟩ ⟨ov.ww.⟩ **0.1** ***oproepen*** ⟨voor militaire dienst⟩ ⇒*inlijven, onder de wapenen brengen, lichten, voor de dienst aanwijzen* ◆ **6.1** ~ed **into** the army *opgeroepen voor militaire dienst, ingelijfd bij het leger, opgeroepen voor z'n nummer.*

'conscript 'fathers ⟨mv.; the⟩ ⟨gesch.⟩ **0.1** ***beschreven vaderen*** ⇒*patres conscripti, (Romeinse) senatoren.*

con·scrip·tion [kən'skrɪpʃn]⟨f1⟩ ⟨zn.⟩
I ⟨telb.zn.⟩ **0.1** ***oorlogsheffing*** ⇒*oorlogsbelasting;*
II ⟨n.-telb.zn.⟩ **0.1** ***dienstplicht*** ⇒*verplichte (militaire) dienst, conscriptie, loting.*

con·scrip·tion·ist [kən'skrɪpʃənɪst]⟨telb.zn.⟩ **0.1** ***voorstander v. militaire dienstplicht.***

con·se·crate ['kɒnsɪkreɪt‖'kɑn-]⟨f1⟩ ⟨ov.ww.⟩ **0.1** ***wijden*** ⇒*inwijden, inzegenen, consacreren, heiligen, in dienst stellen, toewijden* ◆ **1.1** rules ~d by time *door de tijd geheiligde regels* **6.1** ~ one's life **to** the relief of suffering *zijn leven wijden aan/in dienst stellen van de verlichting v.h. leed.*

con·se·cra·tion ['kɒnsɪ'kreɪʃn‖'kɑn-]⟨f1⟩ ⟨telb. en n.-telb.zn.⟩ ⟨kerk.⟩ **0.1** ***(toe)wijding*** ⇒*inwijding, inzegening, consecratie, heiliging,* ⟨i.h.b.⟩ *bisschopswijding.*

con·se·cra·tor ['kɒnsɪkreɪtə‖'kɑnsɪkreɪtər]⟨telb.zn.⟩ ⟨kerk.⟩ **0.1** ***consecrator.***

con·se·cra·to·ry ['kɒnsɪ'kreɪtəri‖'kɑnsəkrətəri]⟨bn.⟩ ⟨kerk.⟩ **0.1** ***inwijdings/zegenings-*** ⇒*mbt. consecratie* ◆ **1.1** ~ prayers *consecratiegebeden.*

con·sec·ta·ry [kən'sektəri]⟨telb.zn.; →mv.2⟩ **0.1** ***gevolgtrekking*** ⇒*conclusie.*

con·se·cu·tion ['kɒnsɪ'kju:ʃn‖'kɑn-]⟨telb.zn.⟩ **0.1** ⟨logica⟩ ***gevolgtrekking*** ⇒*afleiding* **0.2** ***opeenvolging*** ⇒*reeks.*

con·sec·u·tive [kən'sekjʊtɪv‖-kjət̬ɪv]⟨f2⟩ ⟨bn.; -ly; -ness⟩ **0.1** ***achtereenvolgens*** ⇒*opeenvolgend* **0.2** ***logisch volgend/voortvloeiend*** ⇒*consecutief, samenhangend, geregeld* **0.3** ⟨taalk.⟩ ***gevolgaanduidend*** ⇒*consecutief* ◆ **1.3** ~ clause *gevolgzin.*

con·sen·su·al [kən'senʃʊəl]⟨bn.⟩ **0.1** ⟨jur.⟩ ***consensueel*** ⇒*met onderling/wederzijds goedvinden, met wilsovereenstemming* **0.2** ⟨med.⟩ ***consensueel*** ⇒*reflex-* ◆ **1.2** ~ reaction *consensuele reactie* ⟨v. oogpupillen op elkaar⟩.

con·sen·sus [kən'sensəs]⟨f1⟩ ⟨telb.zn.; vnl. enk.⟩ **0.1** ***consensus*** ⇒*eensternmigheid, eensgezindheid, overeenstemming, heersende opvatting* ◆ **6.1** ~ **of** opinion *overeenstemming.*

con·sent¹ [kən'sent]⟨f2⟩ ⟨n.-telb.zn.⟩ ⟨→sprw. 612⟩ **0.1** ***toestemming*** ⇒*instemming, goedkeuring, inwilliging* **0.2** ***overeenstemming*** ⇒*eensgezindheid* ◆ **2.2** by common/general ~ *met algemene stemmen, met algemene instemming* **6.2** ⟨vero.⟩ **with** one ~ *eenstemmig, unaniem, als één man, bij acclamatie.*

consent² ⟨f2⟩ ⟨onov.ww.⟩ **0.1** ***toestemmen*** ⇒*zijn goedkeuring/toestemming geven, toestaan, zich bereid verklaren* **0.2** ***overeenstemmen*** ⇒*dezelfde mening zijn toegedaan* ◆ **6.1** ~ **to** sth. *iets toestaan.*

con·sen·ta·ne·i·ty [kən'sent̬ə'ni:ət̬i]⟨n.-telb.zn.⟩ **0.1** ***verenigbaarheid.***

con·sen·ta·ne·ous ['kɒnsen'teɪnɪəs‖'kɑn-]⟨bn.; -ly; -ness⟩ **0.1** ***verenigbaar*** ⇒*consistent, overeenkomend* **0.2** ***unaniem*** ⇒*eenstemmig.*

con·sen·tient [kən'senʃnt]⟨bn.⟩ **0.1** ***eenstemmig*** **0.2** ***samenwerkend*** **0.3** ***tot instemming bereid*** ⇒*welgezind, toestemmend.*

con·se·quence ['kɒnsɪkwəns‖'kɑnsɪkwens]⟨f3⟩ ⟨zn.⟩
I ⟨telb.zn.⟩ **0.1** ***consequentie*** ⇒*gevolg(trekking), resultaat, uitvloeisel, uitwerking* ◆ **3.1** take the ~s *de consequenties aanvaarden, de gevolgen accepteren* **6.1** **in** ~, **as** a ~ *dientengevolge, bijgevolg;* **in** ~ **of, as** a ~ **of** *ten gevolge van, als gevolg van;*
II ⟨n.-telb.zn.⟩ ⟨schr.⟩ **0.1** ***gewicht*** ⇒*belang(rijkheid), importantie* ◆ **6.1** **of** no ~ *van geen belang;* a person **of** ~ *een man v. gewicht, een aanzienlijk man;*
III ⟨mv.; ~s; ww. vnl. enk.⟩ **0.1** ***protocollen*** ⟨gezelschapsspel⟩.

con·se·quent¹ ['kɒnsɪkwənt‖'kɑn-]⟨telb.zn.⟩ **0.1** ***(opeen)volgende gebeurtenis*** ⇒*gevolg* **0.2** ⟨logica⟩ ***consequentie*** ⇒*consequens, nazin.*

consequent², con·se·quen·tial ['kɒnsɪ'kwenʃl‖'kɑn-]⟨f2⟩ ⟨bn.⟩ ⟨schr.⟩ **0.1** ***voortvloeiend*** ⇒*volgend, resulterend* **0.2** ***consequent*** ⇒*logisch volgend* ◆ **6.1** ~ **to/upon** *voortvloeiend uit.*

con·se·quen·tial ['kɒnsɪ'kwenʃl‖'kɑn-]⟨bn.; -ly⟩ **0.1** ***gewichtig*** ⇒*zwaarwegend, met verstrekkend(e) gevolg(en)* **0.2** ***pompeus*** ⇒*gewichtig, pretentieus, aanmatigend* **0.3** ***voortvloeiend*** ⇒*volgend, resulterend;* ⟨i.h.b.⟩ *indirect volgend, bijkomend* ◆ **1.3** ~ loss insurance *bedrijfsschadeverzekering* **6.3** ~ **to/upon** *voortvloeiend uit.*

con·se·quen·ti·al·i·ty ['kɒnsɪkwenʃi'æləti‖'kɑn-lət̬i]⟨n.-telb.zn.⟩ **0.1** ***gewichtigdoenerij*** ⇒*aanmatiging, pretentie, dikdoenerij.*

con·se·quent·ly ['kɒnsɪkwəntli‖'kɑnsɪkwentli]⟨f3⟩ ⟨bw.⟩ **0.1** ***derhalve*** ⇒*dus, dientengevolge, bijgevolg.*

con·ser·van·cy [kən'sɜ:vnsi‖-'sɜr-]⟨zn.; →mv.2⟩
I ⟨n.-telb.zn.⟩ **0.1** ***milieu/natuurbeheer*** ⇒*-behoud; (monumenten)zorg;*
II ⟨verz.n.; vaak C-⟩ ⟨BE⟩ **0.1** ***natuur/milieubeschermingsraad*** ⇒*commissie v. toezicht, waterschap, havendienst; monumentenraad.*

con·ser·va·tion ['kɒnsə'veɪʃn‖'kɑnsər-]⟨f1⟩ ⟨n.-telb.zn.⟩ **0.1** ***conservatie*** ⇒*verduurzaming, instandhouding, conservering* **0.2** ***milieubeheer/behoud/bescherming*** ⇒*natuurbehoud/bescherming;* ⟨soms⟩ *monumentenzorg* ◆ **1.1** ~ of energy *behoud v. arbeidsvermogen/energie;* ~ of mass/matter *behoud v. massa;* ~ of momentum *behoud v. (impuls)moment.*

con·ser·va·tion·ist ['kɒnsə'veɪʃənɪst‖'kɑnsər-]⟨f1⟩ ⟨telb.zn.⟩ **0.1** ***milieubeschermer*** ⇒*natuurbeschermer.*

con·ser·va·tism [kən'sɜ:vətɪzm‖-'sɜrvət̬ɪzm]⟨f1⟩ ⟨n.-telb.zn.⟩ **0.1** ***conservatisme*** ⇒*behoudzucht* **0.2** ⟨vaak C-⟩ ⟨pol.⟩ ***conservatisme*** ⇒*ideologie der Conservatieven.*

con·ser·va·tive¹ [kən'sɜ:vətɪv‖-'sɜrvət̬ɪv]⟨f2⟩ ⟨telb.zn.⟩ **0.1** ***conservatief*** ⇒*behoudend persoon, behoudingsgezinde* **0.2** ⟨C-⟩ ⟨pol.⟩ ***Conservatief*** ⇒*lid v.d. Conservatieve Partij* **0.3** ***conserveringsmiddel*** ⇒*conserverende stof.*

conservative² ⟨f3⟩ ⟨bn.; -ly; -ness⟩ **0.1** ***conservatief*** ⇒*behoudend, traditioneel (ingesteld)* **0.2** ⟨C-⟩ ⟨pol.⟩ ***Conservatief*** ⇒*de Conservatieve Partij aanhangend/betreffend* **0.3** ***voorzichtig*** ⇒*(ge)matig(d), behoedzaam, bescheiden* **0.4** ***conserverend*** ◆ **1.1** Conservative Judaism *Beweging v.h. conservatieve jodendom, Conservative Judaism* ⟨in U.S.A.⟩; a ~ suit *een klassiek/traditioneel kostuum;* ⟨med.⟩ ~ treatment *conservatieve behandeling* ⟨met medicijnen i.p.v. operatie⟩; ⟨med.⟩ ~ surgery *conservatieve chirurgie* ⟨tgo. amputatie bv.⟩ **1.2** the Conservative (and Unionist) Party *de Conservatieve Partij* ⟨in Groot-Brittannië⟩ **1.3** a ~ estimate *een voorzichtige schatting/raming.*

con·ser·va·toire [kən'sɜ:vətwɑ:‖-'sɜrvə'twɑr]⟨telb.zn.⟩ **0.1** ***conservatorium*** ⇒*muziekacademie, toneelschool, balletacademie* ⟨vnl. op het vasteland v. Europa⟩.

con·ser·va·tor ['kɒnsəveɪtə⟨in bet 0.2 en 0.3⟩kən'sɜ:vətə‖'kɑnsərveɪt̬ər⟨in bet. 0.2 en 0.3⟩-'sɜrvət̬əR]⟨telb.zn.⟩ **0.1** ***bewaarder*** ⇒⟨i.h.b.⟩ *(museum)conservator, custos* **0.2** ⟨AE; jur.⟩ ***curator*** ⇒*bewindvoerder* **0.3** ***(milieu)beheerder*** ⇒*opziener.*

con·ser·va·to·ry¹ [kən'sɜ:vətri‖-'sɜrvətɔri]⟨f1⟩ ⟨telb.zn.; →mv.2⟩ **0.1** ***serre*** ⇒*(broei/planten)kas, oranjerie* **0.2** ***conservatorium*** ⇒*muziekacademie, balletacademie, toneelschool.*

conservatory² ⟨bn.⟩ **0.1** ***bewarend*** ⇒*conserverend, verduurzamend.*

con·serve¹ [kən'sɜ:v‖'kɑnsɜrv]⟨f1⟩ ⟨telb. en n.-telb.zn.; vnl. mv.⟩ **0.1** ***jam*** ⇒*confiture, ingemaakte vruchten, vruchtengelei.*

conserve² [kən'sɜ:v‖-'sɜrv]⟨f1⟩ ⟨ov.ww.⟩ **0.1** ***behouden*** ⇒*bewaren, instandhouden, goed houden, conserveren;* ⟨fig.⟩ *sparen, ontzien, zuinig omspringen met* **0.2** ***inmaken*** ⇒*konfijten* ◆ **1.1** ~ one's health *op zijn gezondheid letten.*

con·sid·er [kən'sɪdə‖-ər]⟨f4⟩ ⟨ww.⟩ →considered, considering
I ⟨onov.ww.⟩ **0.1** ***nadenken*** ◆ **5.1** he said he'd ~ again *hij zei dat hij er nog eens over na zou denken* ¶**.1** ⟨inf.⟩ he did rather well, ~ing *hij heeft het al met al/welbeschouwd niet eens gek gedaan;*
II ⟨ov.ww.⟩ **0.1** ***overwegen*** ⇒*nadenken over, afwegen, in overweging nemen, considereren, bedenken, van mening zijn* **0.2** ***beschouwen*** ⇒*achten, zien* **0.3** ***in aanmerking nemen*** ⇒*rekening houden met, consideratie hebben met, letten op, ontzien* ◆ **1.2** we ~ him (to be/as) a man of genius *we beschouwen hem als een genie, we zien een genie in hem* **1.3** ~ s.o.'s feelings *rekening houden met iemands gevoelens, iem. niet in zijn gevoelens krenken* **4.2** ~ yourself under arrest *u staat onder arrest.*

con·sid·er·a·ble [kən'sɪdrəbl]⟨f3⟩ ⟨bn.; -ly; →bijw. 3⟩ **0.1** ***aanzienlijk*** ⇒*behoorlijk, aanmerkelijk, considerabel; vooraanstaand, prominent* ⟨v. pers.⟩ **0.2** ***het overwegen waard*** ⇒*gewichtig, beduidend, belangrijk, zwaarwegend* ◆ **1.1** a ~ businessman *een belangrijk zakenman;* a ~ time *geruime tijd;* in ~ trouble *in niet geringe moeilijkheden* **1.2** a ~ problem *een zwaarwegend probleem* **2.1** it's considerably warmer in here *het is hier binnen aanzienlijk/een stuk warmer.*

con·sid·er·ate [kən'sɪdrət]⟨f2⟩ ⟨bn.; -ly; -ness⟩ **0.1** ***attent*** ⇒*voorkomend, vriendelijk, welgemanierd, hoffelijk, kies, zorgzaam, bezorgd* **0.2** ***weloverwogen*** ⇒*om/voorzichtig, behoedzaam, bedachtzaam* ◆ **6.1** she's ~ **of** her neighbours *ze houdt rekening met haar buren.*

con·sid·er·a·tion [kən'sɪdə'reɪʃn] ⟨f3⟩ ⟨zn.⟩
I ⟨telb.zn.⟩ **0.1** ***(punt v.) overweging*** ⇒*(beweeg)reden, considerans* **0.2** ***weloverwogen mening*** ⇒*overtuiging* **0.3** ⟨vnl. enk.⟩ ***beloning*** ⇒*betaling, compensatie, vergoeding* **0.4** ⟨jur.⟩ ***consideration*** ⇒⟨ong.⟩ *tegenprestatie* ◆ **1.1** time is no ~ *tijd speelt geen rol / is geen punt van overweging* **6.1 on** no ~ *in geen geval, onder geen (enkele) voorwaarde / beding* **6.3 for** a ~ *tegen betaling;* in ~ **of** *als tegenprestatie voor, ter beloning / vergoeding v.;*
II ⟨n.-telb.zn.⟩ **0.1** ***consideratie*** ⇒*aandacht, beschouwing, overdenking, overweging* **0.2** ***voorkomendheid*** ⇒*attentheid, (hoog) achting, égards, toegeeflijkheid, inschikkelijkheid* **0.3** ⟨vero.⟩ ***belang*** ⇒*gewicht* ◆ **3.1** leave sth. out of ~ *iets buiten beschouwing laten; iets over het hoofd zien;* taking everything into ~ *alles welbeschouwd, al met al;* take sth. into ~ *iets in zijn overwegingen betrekken, iets in aanmerking nemen, ergens rekening mee houden* **6.1 in** ~ **of** *met het oog op, gezien, vanwege, omwille v.;* give ~ **to** *aandacht schenken aan;* your request is still **under** ~ *uw verzoek is nog in beraad / wordt nog in beraad gehouden* **6.2** you ought to show some ~ **for** your father *je moet een beetje meer rekening houden met je vader* **6.3 of** no ~ *v. geen belang, onbeduidend.*

con·sid·ered [kən'sɪdəd‖-ərd] ⟨f2⟩ ⟨bn.; volt. deelw. v. consider⟩ **0.1** ***geacht*** **0.2** ***welbedacht / doordacht / overwogen*** ◆ **1.2** one's ~ opinion *zijn vaste overtuiging, zijn / weldoordachte / weloverwogen / onderbouwde mening;* all things ~ *alles welbeschouwd / in aanmerking genomen, al met al.*

con·sid·er·ing[1] [kən'sɪdrɪŋ] ⟨f1⟩ ⟨bw.; oorspr. teg. deelw. v. consider⟩ ⟨inf.⟩ **0.1** ***alles wel beschouwd*** ⇒*alles bij elkaar (genomen)* ◆ **1.1** all things ~ *alles wel beschouwd* **¶.1** she's been very successful, ~ *alles bij elkaar genomen heeft ze het ver gebracht.*

considering[2] ⟨f2⟩ ⟨vz.; oorspr. teg. deelw. v. consider⟩ **0.1** ***gezien*** ⇒*rekening houdend met* ◆ **1.1** she could do better, ~ her opportunities *ze moet beter kunnen, gelet op haar mogelijkheden.*

considering[3] ⟨f2⟩ ⟨ondersch. vw.; oorspr. teg. deelw. v. consider⟩ **0.1** ***gezien (het feit dat)*** ⇒*in beschouwing / aanmerking nemend (het feit) dat* ◆ **¶.1** she did badly, ~ it was her third chance *ze heeft het slecht gedaan als men in aanmerking neemt dat het haar derde kans was.*

con·sign [kən'saɪn] ⟨f1⟩ ⟨ov.ww.⟩ **0.1** ⟨hand.⟩ ***verzenden*** ⇒*versturen, leveren, consigneren, in commissie / consignatie zenden* **0.2** ***overdragen*** ⇒*toevertrouwen, in handen stellen, prijsgeven, verwijzen* **0.3** ***storten*** ⇒*deponeren* ◆ **1.1** ~ goods by railway *goederen per trein verzenden.*

con·sig·na·tion ['kɒnsaɪ'neɪʃn‖'kɑnsɪg-] ⟨telb. en n.-telb.zn.⟩ ⟨hand.⟩ **0.1** ***consignatie*** ⇒*depot.*

con·sign·ee ['kɒnsaɪ'ni:‖'kɑn-] ⟨telb.zn.⟩ ⟨hand.⟩ **0.1** ***consignataris*** ⇒*ontvanger, geconsigneerde, geadresseerde, depotnemer.*

con·sign·ment [kən'saɪnmənt] ⟨f1⟩ ⟨zn.⟩ ⟨hand.⟩
I ⟨telb.zn.⟩ **0.1** ***consignatiezending*** ⇒*(ver)zending, consignatiegoederen, depotgoederen;*
II ⟨telb. en n.-telb.zn.⟩ **0.1** ***consignatie*** ⇒*consignering* ◆ **3.1** give in ~ *in consignatie / depot geven;* send on ~ *in consignatie zenden.*

con'signment note ⟨telb.zn.⟩ ⟨hand.⟩ **0.1** ***consignatie / vrachtbrief*** ⇒*vervoerdocument, vervoeradres, cognossement.*

con·sig·nor, con·sig·ner [kən'saɪnə‖-ər] ⟨telb.zn.⟩ ⟨hand.⟩ **0.1** ***consignant*** ⇒*verzender, lastgever, consignatiegever, consigneerder, depotgever.*

con·sis·ten·cy [kən'sɪstənsi], **con·sis·tence** [-'sɪstəns] ⟨f2⟩ ⟨zn.; →mv. 2⟩
I ⟨telb. en n.-telb.zn.⟩ **0.1** ***dikte*** ⇒*stroperigheid, dikvloeibaarheid, gebondenheid, dicht / lijvig / vastheid, consistentie* ⟨vnl. v. vloeistoffen⟩;
II ⟨n.-telb.zn.⟩ **0.1** ***consistentie*** ⇒*consequentie, samenhang, consistent / consequentheid, beginselvast / rechtlijnigheid.*

con·sis·tent [kən'sɪstənt] ⟨f3⟩ ⟨bn.; -ly⟩ **0.1** ***consequent*** ⇒*consistent, samenhangend, beginselvast, rechtlijnig, constant* **0.2** ***strokend*** ⇒*kloppend, verenigbaar, overeenkomend* ◆ **6.2** be ~ **with** *kloppen met.*

con·sist in [kən'sɪst ɪn] ⟨f3⟩ ⟨onov.ww.⟩ **0.1** ***bestaan in*** ⇒*gevormd / uitgemaakt worden door, gebaseerd zijn op, afhangen van.*

con'sist of ⟨f3⟩ ⟨onov.ww.⟩ **0.1** ***bestaan uit*** ⇒*opgebouwd zijn uit* ◆ **1.1** our group consists of four members *onze groep telt vier leden.*

con·sis·to·ri·al ['kɒnsɪ'stɔ:rɪəl‖'kɑnsɪ'stɔrɪəl] ⟨bn.⟩ ⟨kerk.⟩ **0.1** ***consistoriaal*** ⇒⟨Prot.⟩ *kerkeraads-.*

con·sis·to·ry [kən'sɪstri] ⟨telb.zn.; →mv. 2⟩ ⟨kerk.⟩ **0.1** ***consistorie*** ⇒⟨Prot.⟩ *kerkeraad* **0.2** ***consistorie(kamer / ruimte / zaal)*** ⇒*kerkeraadskamer.*

con'sist with ⟨f2⟩ ⟨onov.ww.⟩ **0.1** ***verenigbaar zijn met*** ⇒*consistent zijn / overeenstemmen / stroken / bestaanbaar zijn / overeenkomen met.*

con·so·ci·ate[1] [kən'soʊʃɪət] ⟨telb.zn.⟩ **0.1** ***compagnon*** ⇒*collega, partner, vennoot, deelgenoot.*

consociate[2] [kən'soʊʃieɪt] ⟨ww.⟩
I ⟨onov.ww.⟩ **0.1** ***zich aaneensluiten / associëren / verenigen*** ⇒*(nauwe) relaties / vriendschapsbanden aanknopen, omgaan;*
II ⟨ov.ww.⟩ **0.1** ***in (nauw) contact brengen*** ⇒*tot elkaar brengen, verbroederen.*

con·so·ci·a·tion [kən'soʊʃi'eɪʃn] ⟨telb. en n.-telb.zn.⟩ **0.1** ***verbroedering*** ⇒*(vriendelijke) omgang* **0.2** ⟨biol.⟩ ***consociatie.***

con·sol·a·ble [kən'soʊləbl] ⟨bn.⟩ **0.1** ***troostbaar.***

con·so·la·tion ['kɒnsə'leɪʃn‖'kɑn-] ⟨f2⟩ ⟨telb. en n.-telb.zn.⟩ **0.1** ***(ver)troost(ing)*** ⇒*troostgrond / woord, troostrijke gedachte, getroostheid, opbeuring, soelaas, verlichting* ◆ **1.1** letter of ~ *troostbrief.*

conso'lation final ⟨telb.zn.⟩ ⟨sport, i.h.b. zwemsport⟩ **0.1** ***B-finale*** ⟨voor plaats 9 t/m 16⟩.

conso'lation goal ⟨telb.zn.⟩ ⟨sport, i.h.b. voetbal⟩ **0.1** ***eerreddend doelpunt*** ⟨voor verliezers⟩.

conso'lation prize ⟨f1⟩ ⟨telb.zn.⟩ **0.1** ***troostprijs*** ⇒*consolatieprijs, poedelprijs.*

con·sol·a·to·ry [kən'sɒlətri‖-'soʊlətɔri] ⟨bn.⟩ **0.1** ***troostrijk / vol*** ⇒*troostgevend, (ver)troostend, troost-.*

con·sole[1] ['kɒnsoʊl‖'kɑn-] ⟨f1⟩ ⟨telb.zn.⟩ **0.1** ⟨bouwk.⟩ ***console*** ⇒*corbeau, karbeel(steen), kraagsteen* **0.2** ***speeltafel*** ⇒*klaviatuur* ⟨v.e. orgel⟩ **0.3** ***radio / televisie / grammofoonmeubel*** **0.4** ***(bedienings)paneel*** ⇒*controle / schakelbord; console* **0.5** ⟨verk.⟩ ⟨console table⟩.

console[2] [kən'soʊl] ⟨f2⟩ ⟨ov.ww.⟩ **0.1** ***(ver)troosten*** ⇒*bemoedigen(d toespreken), opbeuren, een hart onder de riem steken* ◆ **6.1** ~ oneself **with** *zich troosten met.*

con·sol·er [kən'soʊlə‖-ər] ⟨telb.zn.⟩ **0.1** ***(ver)trooster(es)*** ◆ **7.1** ⟨relig.⟩ the Consoler *de Trooster* ⟨H. Geest⟩.

'console table ⟨telb.zn.⟩ **0.1** ***wandtafel*** ⇒*penanttafeltje* **0.2** ***consoletafel.***

con·sol·i·date [kən'sɒlɪdeɪt‖-'sɑ-] ⟨f2⟩ ⟨ww.⟩
I ⟨onov.ww.⟩ **0.1** ***hechter / sterker / steviger / stabieler worden*** **0.2** ***zich aaneensluiten*** ⇒*samengaan, fuseren, fusioneren;*
II ⟨ov.ww.⟩ **0.1** ***consolideren*** ⇒*verstevigen, versterken, stabiliseren* **0.2** ***(tot een geheel) verenigen*** ⇒*consolideren* ⟨schulden⟩, *samenvoegen, combineren* ◆ **6.2** ~ six villages **into** two new ones *zes dorpen samenvoegen tot twee nieuwe.*

con·sol·i·da·tion [kən'sɒlɪ'deɪʃn‖-'sɑ-] ⟨f1⟩ ⟨telb. en n.-telb.zn.⟩ **0.1** ***consolidatie*** ⟨v. schuld⟩ **0.2** ***fusie*** ⇒*samenvoeging, combinatie* **0.3** ***versteviging*** ⇒*versterking, consolidatie, consolidering, stabilisatie.*

con·sols [kən'sɒlz‖'kɑnsɑlz] ⟨mv.⟩ ⟨verk.⟩ consolidated annuities / stocks ⟨geldw.⟩ **0.1** ***consols*** ⟨schuldbewijzen v. geconsolideerde leningen⟩.

con·som·mé [kən'sɒmeɪ‖'kɑnsə'meɪ] ⟨telb. en n.-telb.zn.⟩ ⟨cul.⟩ **0.1** ***consommé*** ⇒*heldere bouillon / soep.*

con·so·nance ['kɒnsənəns‖'kɑn-] ⟨zn.⟩
I ⟨telb.zn.⟩ ⟨muz.⟩ **0.1** ***consonant*** ⟨tgo. dissonant⟩;
II ⟨telb. en n.-telb.zn.⟩ ⟨lit.⟩ **0.1** ***(eind)medeklinkerrijm;***
III ⟨n.-telb.zn.⟩ **0.1** ***gelijkluidendheid*** ⇒⟨fig.⟩ *overeenstemming, harmonie* **0.2** ⟨muz.⟩ ***consonantie*** ⇒*consonans, het (welluidend) samenklinken* ◆ **6.1 in** ~ **with** *in overeenstemming met, volgens.*

con·so·nant[1] ['kɒnsənənt‖'kɑn-] ⟨f2⟩ ⟨telb.zn.⟩ ⟨taalk.⟩ **0.1** ***medeklinker*** ⇒*consonant.*

consonant[2] ⟨f1⟩ ⟨bn.; -ly⟩ **0.1** ***overeenkomend*** ⇒*overeenkomstig, strokend, passend, aansluitend, afgestemd* **0.2** ***consonant*** ⇒*eens / gelijk / welluidend, harmonieus* ◆ **6.1** ~ **to / with** *overeenkomend met.*

con·so·nan·tal ['kɒnsə'næntl‖'kɑnsə'næntl] ⟨bn.; -ly⟩ ⟨taalk.⟩ **0.1** ***consonantisch*** ⇒*medeklinker-.*

con sor·di·no ['kɒn sɔ:'di:noʊ‖'kɑn sɔr-] ⟨bw.⟩ ⟨muz.⟩ **0.1** ***con sordino*** ⇒*gedempt, met demper.*

con·sort[1] ['kɒnsɔ:t‖'kɑnsɔrt] ⟨f1⟩ ⟨zn.⟩
I ⟨telb.zn.⟩ **0.1** ***gade*** ⇒*gemaal, gemalin, wederhelft, eega* **0.2** ***metgezel*** ⇒*partner* **0.3** ⟨scheep.⟩ ***konvooischip*** ⇒*meeligger* ◆ **6.¶** ⟨schr.⟩ **in** ~ **with** *samen met;*
II ⟨verz.n.⟩ ⟨muz.⟩ **0.1** ***consort*** ⇒*instrumentaal ensemble* ◆ **3.1** broken ~ *ensemble met instrumenten v. verschillende families.*

consort[2] [kən'sɔ:t‖-'sɔrt] ⟨f1⟩ ⟨ww.⟩
I ⟨onov.ww.⟩ **0.1** ***omgaan*** ⇒*optrekken, in gezelschap verkeren* **0.2** ***stroken*** ⇒*verenigbaar zijn, kloppen, in overeenstemming zijn;*
II ⟨ov.ww.⟩ **0.1** ***verbinden*** ⇒*in contact / tot elkaar brengen, verenigen.*

con·sor·ti·um [kən'sɔ:tɪəm‖-'sɔrʃɪəm] ⟨f1⟩ ⟨zn.; ook consortia [-tɪə‖-ʃɪə]; →mv. 5⟩
I ⟨telb.zn.⟩ **0.1** ***consortium*** ⇒*syndicaat;*

II ⟨n.-telb.zn.⟩ ⟨jur.⟩ **0.1** ***het recht v. huwelijkspartners op elkaars getrouwheid, hulp en bijstand.***
con·spe·cif·ic ['kɒnspə'sɪfɪk‖'kɑn-]⟨bn.⟩ **0.1** ***van dezelfde soort*** *⇒gelijksoortig, conspecifiek.*
con·spec·tus [kən'spektəs]⟨telb.zn.⟩ **0.1** ***(schematisch) overzicht*** *⇒synopsis.*
con·spic·u·i·ty ['kɒnspɪ'kju:əti‖'kɑn-əţi]⟨n.-telb.zn.⟩ **0.1** ***opmerkelijkheid.***
con·spic·u·ous [kən'spɪkjuəs]⟨f2⟩⟨bn.;-ly;-ness⟩ **0.1** ***opvallend*** *⇒in het oog lopend, opmerkelijk* ◆ **1.1** ~ consumption *geldsmijterij, duurdoenerij* **3.1** make oneself ~ *aandacht trekken, indruk proberen te maken, zich opvallend gedragen* **6.1** be ~ **by** one's absence *schitteren door afwezigheid;* be ~ **for** one's bravery *zich onderscheiden door zijn moed.*
con·spir·a·cy [kən'spɪrəsi]⟨f2⟩⟨telb. en n.-telb.zn.;→mv. 2⟩ **0.1** ***samenzwering*** *⇒komplot, conspiratie;* ⟨jur.⟩ *samenspanning* ◆ **1.1** ~ of silence *doodzwijgcampagne, verheimelijking, samenzwering om iets dood te zwijgen.*
con·spir·a·tor [kən'spɪrətə‖-rəţər]⟨f1⟩⟨telb.zn.⟩ **0.1** ***samenzweerder.***
con·spir·a·to·ri·al [kən'spɪrə'tɔ:rɪəl]⟨bn.;-ly⟩ **0.1** ***samenzweerderig*** *⇒samenzwerings/zweerders-;* ⟨jur.⟩ *samenspannings-* ◆ **1.1** with a ~ look *met een blik v. verstandhouding.*
con·spir·a·tor·i·al·ist [kən'spɪrə'tɔ:rɪəlɪst]⟨telb.zn.⟩ **0.1** ***samenzweerder.***
con·spire [kən'spaɪə‖-ər]⟨f1⟩⟨ww.⟩
I ⟨onov.ww.⟩ **0.1** ***samenzweren*** *⇒komplotteren, conspireren, onder één hoedje spelen, samenwerken;* ⟨jur.⟩ *samenspannen;*
II ⟨ov.ww.⟩ **0.1** ***beramen*** *⇒smeden, op touw zetten.*
con·sta·ble ['kʌnstəbl‖'kɑn-]⟨f2⟩⟨telb.zn.⟩ **0.1** ⟨BE⟩ ***agent*** *⇒politieman* **0.2** ⟨AE⟩ ***(ongeüniformeerde) politiefunctionaris onder sheriff*** *⇒*⟨ong.⟩ *vrederechter* **0.3** ***slotvoogd*** **0.4** ⟨Eng. gesch.⟩ ***constable*** *⇒*⟨ong.⟩ *hofmeester, kwartiermeester, plaatsvervangend opperbevelhebber* ◆ **3.¶** outrun the ~ *schulden maken, op te grote voet leven.*
con·stab·u·lar·y[1] [kən'stæbjʊl(ə)ri‖-bjəleri]⟨verz.n.;→mv. 2⟩ **0.1** ***politie(korps/macht).***
constabulary[2], **con·stab·u·lar** [kən'stæbjʊlə‖-bjələr]⟨bn.⟩ **0.1** ***politie-.***
Con·stance ['kɒnstəns‖'kɑn-]⟨eig.n.⟩ **0.1** ***Konstanz*** ⟨in West-Duitsland⟩ ◆ **1.1** Lake of ~ *Boden Meer.*
con·stan·cy ['kɒnstənsi‖'kɑn-]⟨f1⟩⟨n.-telb.zn.⟩ **0.1** ***constantie*** *⇒constantheid, bestendig/onveranderlijk/standvastigheid, vastberadenheid* **0.2** ***(ge)trouw(heid)*** *⇒loyaliteit* ◆ **1.1** ~ of purpose *doelbewustheid, doelgerichtheid, vastberadenheid.*
con·stant[1] ['kɒnstənt‖'kɑn-]⟨f2⟩⟨telb.zn.⟩ **0.1** ***constante*** *⇒onveranderlijke grootheid* ⟨vnl. nat., wisk.⟩ ◆ **1.1** ~ of gravitation *zwaartekracht/gravitatieconstante.*
constant[2] ⟨f3⟩⟨bn.;-ly⟩⟨→sprw. 87, 88⟩ **0.1** ***constant*** *⇒voortdurend, onophoudelijk, aanhoudend, onveranderlijk* **0.2** ***(ge)trouw*** *⇒loyaal, standvastig* ◆ **6.2** remain ~ **to** s.o. *iem. trouw blijven.*
con·stant·an ['kɒnstəntæn‖'kɑn-]⟨n.-telb.zn.⟩⟨elek., tech.⟩ **0.1** ***constantaan.***
'con·stant-'lev·el balloon ⟨telb.zn.⟩⟨meteo.⟩ **0.1** ***constante-hoogteballon.***
con·stat·a·tion ['kɒnstə'teɪʃn‖'kɑn-]⟨telb. en n.-telb.zn.⟩ **0.1** ***constatering*** *⇒vaststelling, bevinding.*
con·stel·late ['kɒnstəleɪt‖'kɑn-]⟨ww.⟩
I ⟨onov.ww.⟩ **0.1** ***zich groeperen (tot een constellatie);***
II ⟨ov.ww.⟩ **0.1** ***(tot een constellatie) groeperen*** **0.2** ***met sterren tooien/versieren*** *⇒bezaaien* ◆ **3.¶** she was ~d to become famous *het stond in de sterren geschreven dat ze beroemd zou worden* **6.¶** ~d **to** *voorbestemd tot.*
con·stel·la·tion ['kɒnstɪ'leɪʃn‖'kɑn-]⟨f1⟩⟨telb.zn.⟩ **0.1** ⟨astr., ster.⟩ ***sterrenbeeld*** *⇒gesternte, constellatie* ⟨ook fig.⟩ **0.2** ***schitterende/fonkelende verzameling*** *⇒uitgelezen groep, keur.*
con·ster·nate ['kɒnstəneɪt‖'kɑnstər-]⟨ov.ww.; vnl. pass.⟩ **0.1** ***verbijsteren*** *⇒onthutsen, ontzetten, perplex doen staan, ontstellen.*
con·ster·na·tion ['kɒnstə'neɪʃn‖'kɑnstər-]⟨f1⟩⟨telb. en n.-telb.zn.⟩ **0.1** ***opschudding*** *⇒ontsteltenis, ontzetting, consternatie.*
con·sti·pate ['kɒnstɪpeɪt‖'kɑn-]⟨f1⟩⟨ww.⟩
I ⟨onov.ww.⟩⟨inf.⟩ **0.1** ***verstopt raken*** *⇒last v. verstopping hebben, niet naar de w.c. kunnen;*
II ⟨ov.ww.⟩ **0.1** ***constiperen*** *⇒verstoppen;* ⟨fig.⟩ *verstikken, blokkeren* ◆ **¶.1** be ~d *last hebben van constipatie.*
con·sti·pa·tion ['kɒnstɪ'peɪʃn‖'kɑn-]⟨f1⟩⟨n.-telb.zn.⟩ **0.1** ***constipatie*** *⇒obstipatie, hardlijvigheid, verstopping;* ⟨fig.⟩ *verstikking, blokkering.*
con·stit·u·en·cy [kən'stɪtʃʊənsi]⟨f2⟩⟨zn.;→mv. 2⟩
I ⟨telb.zn.⟩ **0.1** ***kiesdistrict;***
II ⟨verz.n.⟩ **0.1** ***achterban*** *⇒kiezers, electoraat, kiesdistrict* **0.2** ***clientèle.***
con·stit·u·ent[1] [kən'stɪtʃʊənt]⟨f2⟩⟨telb.zn.⟩ **0.1** ***kiezer*** *⇒ingezetene/lid v.e. kiesdistrict* **0.2** ***constituerend/samenstellend deel*** *⇒bestand/onderdeel, component* **0.3** ***last/volmachtgever*** *⇒principaal* **0.4** ⟨taalk.⟩ ***constituent*** *⇒zinsdeel.*
constituent[2] ⟨f1⟩⟨bn.;-ly⟩ **0.1** ***kiezend*** *⇒kiezers-, electoraal, kiesbevoegd, afvaardigend* **0.2** ***constituerend*** **0.3** ***samenstellend*** *⇒constituerend* ◆ **1.1** ~ body *kiescollege* **1.2** ~ assembly *constituerende vergadering, constituante.*
con'stituent analysis ⟨telb. en n.-telb.zn.⟩⟨taalk.⟩ **0.1** ***constituentenanalyse.***
con'stituent structure ⟨telb.zn.⟩⟨taalk.⟩ **0.1** ***constituentenstructuur.***
con·sti·tute ['kɒnstɪtju:t‖'kɑnstɪtu:t]⟨f2⟩⟨ov.ww.⟩ **0.1** ***vormen*** *⇒(samen) uitmaken, vertegenwoordigen* **0.2** ***constitueren*** *⇒instellen, vestigen, stichten, grondvesten* **0.3** ***aanstellen*** *⇒aanwijzen, benoemen* **0.4** ***samenstellen*** *⇒in elkaar zetten, construeren* ◆ **1.1** ten years ~ a decade *tien jaar vormen/maken samen een decennium;* this decision ~s a precedent *dit besluit schept een precedent* **1.2** ~ a law *een wet uitvaardigen/in werking doen treden* **1.3** the ~d authorities *de (over ons) gestelde machten/overheden* **4.3** ~ o.s. leader *zich opwerpen tot aanvoerder.*
con·sti·tu·tion ['kɒnstɪ'tju:ʃn‖'kɑnstɪ'tu:ʃn]⟨f2⟩⟨zn.⟩
I ⟨telb.zn.⟩ **0.1** ***grondwet*** *⇒constitutie, staatsinstelling/regeling; statu(u)t(en)* ⟨v.e. organisatie⟩; *beginselverklaring* **0.2** ***constitutie*** *⇒gestel, conditie, (gezondheids)toestand, (lichamelijke/geestelijke) gesteldheid, aanleg, aard* **0.3** ***constructie*** *⇒opbouw, inrichting, samenstelling, structuur* **0.4** ⟨gesch.⟩ ***decreet*** *⇒verordening, ordonnantie;*
II ⟨n.-telb.zn.⟩ **0.1** ***constitutie*** *⇒het constitueren, in/aanstelling, vestiging.*
con·sti·tu·tion·al[1] ['kɒnstɪ'tju:ʃnəl‖'kɑnstɪ'tu:-]⟨telb.zn.⟩ **0.1** ***gezondheidswandeling*** *⇒wandelingetje voor de gezondheid/spijsvertering.*
constitutional[2] ⟨f2⟩⟨bn.;-ly⟩ **0.1** ***constitutioneel*** *⇒grondwettig/wettelijk* **0.2** ***constitutioneel*** *⇒mbt. de constitutie/het gestel;* ⟨oneig.⟩ *aangeboren, natuurlijk, wezenlijk, essentieel* ◆ **1.1** ~ government/monarchy/sovereign *constitutionele regering(svorm)/monarchie/vorst(in);* ~ law *staatsrecht* **¶.1** ~ly, there are no objections *(uit) constitutioneel (oogpunt) bestaan er geen bezwaren.*
con·sti·tu·tion·al·ism [-ɪzm]⟨n.-telb.zn.⟩ **0.1** ***constitutionalisme*** *⇒constitutionele regeringsvorm.*
con·sti·tu·tion·al·ist [-ɪst]⟨telb.zn.⟩ **0.1** ***constitutionalist*** *⇒aanhanger v.h. constitutionalisme.*
con·sti·tu·tion·al·i·ty ['kɒnstɪtju:ʃə'næləti‖'kɑnstɪtu:ʃə'næləţi]⟨n.-telb.zn.⟩ **0.1** ***grondwettigheid.***
con·sti·tu·tion·al·ize [-'tju:ʃnəlaɪz‖-'tu:ʃnəlaɪz]⟨ww.⟩
I ⟨onov.ww.⟩ **0.1** ***een gezondheidswandeling maken;***
II ⟨ov.ww.⟩ **0.1** ***constitutionaliseren*** *⇒constitutioneel/grondwettig/grondwettelijk maken, van een constitutie/grondwet voorzien.*
con·sti·tu·tive [-tju:tɪv‖-tu:ţɪv]⟨bn.;-ly⟩ **0.1** ***constitutief*** *⇒constituerend, vormend, samenstellend* **0.2** ***essentieel*** **0.3** ***wetgevend.***
con·strain [kən'streɪn]⟨f1⟩⟨ov.ww.⟩ →constrained **0.1** ***(af)dwingen*** *⇒verplichten, nopen, noodzaken, opleggen* **0.2** ***inperken*** *⇒in/opsluiten, binden, gevangen houden, beperken, beheersen.*
con·strained [kən'streɪnd]⟨f1⟩⟨bn.; volt. deelw. v. constrain; -ly [-nɪdli]⟩ **0.1** ***geforceerd*** *⇒onnatuurlijk, gewild, verkrampt, geremd, onbeholpen, houterig* **0.2** ***(af)gedwongen*** *⇒opgelegd, verplicht.*
con·straint [kən'streɪnt]⟨f2⟩⟨zn.⟩
I ⟨telb.zn.⟩ **0.1** ***beperking*** *⇒restrictie, selectievoorwaarde/restrictie* ◆ **6.1** ~s **on** the applicability *beperkingen op de toepasbaarheid;*
II ⟨n.-telb.zn.⟩ **0.1** ***dwang*** *⇒verplichting* **0.2** ***gedwongenheid*** *⇒verkrampt gedrag/geforceerde stemming, geforceerdheid, gewildheid, geremdheid, verlegenheid* **0.3** ***gevangenschap*** ◆ **3.2** I always feel ~ in her presence *ik voel me in haar aanwezigheid altijd geremd* **6.1 under** ~ *onder dwang.*
con·strict [kən'strɪkt]⟨f2⟩⟨ov.ww.⟩ **0.1** ***vernauwen*** *⇒enger/kleiner/krapper/nauwer maken, samentrekken, verengen, versmallen, in/toesnoeren, beklemmen, beperken* ◆ **1.1** ⟨fig.⟩ a very ~ed point of view *een erg beperkt standpunt.*
con·stric·tion [kən'strɪkʃn]⟨f1⟩⟨zn.⟩
I ⟨telb.zn.⟩ **0.1** ***beklemming*** ◆ **1.1** a ~ in the chest *een beklemd/benauwd gevoel op de borst;*
II ⟨n.-telb.zn.⟩ **0.1** ***vernauwing*** *⇒verenging, versmalling* **0.2** ***benauwdheid*** *⇒beklemdheid, benauwing, benauwenis* ◆ **3.2** suffer from ~ of the chest *benauwd op de borst zijn, het benauwd hebben, aan borstbeklemming lijden, een bezette borst hebben, aamborstig zijn.*
con·stric·tive [kən'strɪktɪv]⟨bn.;-ly⟩ **0.1** ***vernauwend*** *⇒verengend, versmallend, samentrekkend.*

con·stric·tor [kən'strɪktə‖-ər]⟨telb.zn.⟩ **0.1** ***sluit/trekspier*** **0.2** ⟨dierk.⟩ ***wurgslang*** ⇒⟨i.h.b.⟩ *boa (constrictor)* ⟨fam. Boidae⟩.
con·stringe [kən'strɪndʒ]⟨ov.ww.⟩ **0.1** ***samentrekken*** ⇒*vernauwen, kleiner maken, verengen, versmallen, in/toesnoeren, beklemmen, beperken.*
con·strin·gent [kən'strɪndʒənt]⟨bn.⟩ **0.1** ***constringent*** ⇒*samentrekkend, (af)knellend.*
con·struct[1] ['kɒnstrʌkt‖'kɑn-]⟨telb.zn.⟩ **0.1** ***conceptie*** ⟨vnl. psych.⟩ ⇒*constructie, concept, denkbeeld.*
construct[2] [kən'strʌkt]⟨f3⟩⟨ov.ww.⟩ **0.1** ***construeren*** ⇒*samenstellen/voegen, in elkaar zetten, bouwen, vormen, vervaardigen* ◆ **1.¶** ⟨AE; sl.⟩ yeah man, ain't that gal ~ed! *jongens is die meid effe 'n stuk!.*
con·struc·tion [kən'strʌkʃn]⟨f3⟩⟨zn.⟩
I ⟨telb.zn.⟩ **0.1** ***interpretatie*** ⇒*lezing, voorstelling v. zaken, uitleg, betekenis* ◆ **3.1** this poem does not bear such a ~ *dit gedicht kun je zo niet interpreteren, dat kun je niet uit dit gedicht halen;* put the right ~ on sth. *iets niet verkeerd uitleggen, de juiste lezing van iets geven;*
II ⟨telb. en n.-telb.zn.⟩ **0.1** ***constructie*** ⇒*aanbouw/leg, (huizen) bouw, bouwwerk, gebouw, maaksel, samenstelling, inrichting* ◆ **2.1** houses of very solid ~ *heel stevig gebouwde huizen* **6.1** this verb isn't used **in** such a ~ *dit werkwoord gebruik je niet in een dergelijke constructie;* **under** ~ *in aanbouw.*
con·struc·tion·al [kən'strʌkʃnəl]⟨bn.; -ly⟩ **0.1** ***mbt. (een) constructie (s)*** ⇒*constructief, structureel, constructie-, structuur-, bouw-* **0.2** ***interpretatief*** ⇒*afgeleid, indirect* ◆ **1.1** ~ engineer *bouwkundig ingenieur; machineconstructeur.*
con·struc·tion·ist [kən'strʌkʃənɪst]⟨telb.zn.; steeds met bijv. nw.⟩ ⟨jur.⟩ **0.1** ***wetsuitlegger*** ⇒*wetsinterpretator* ◆ **2.1** be neither a strict nor a loose/broad ~ *de wet noch te strak noch te soepel interpreteren.*
con'struction site ⟨telb.zn.⟩ **0.1** ***bouwterrein.***
con'struction worker ⟨telb.zn.⟩ **0.1** ***bouwvakker*** ⇒*bouwvakarbeider.*
con·struc·tive [kən'strʌktɪv]⟨f3⟩⟨bn.; -ly; -ness⟩ **0.1** ***constructief*** ⇒*opbouwend, positief* **0.2** ***interpretatief*** ⇒*afgeleid, indirect, aangenomen, verondersteld, geconstrueerd, feitelijk* **0.3** →constructional 0.1 ◆ **1.1** ~ metabolism *constructief metabolisme, anabolisme* **1.2** ⟨verz.⟩ ~ total loss *constructive total loss, aangenomen total loss/totaal verlies.*
con·struc·tiv·ism [kən'strʌktɪvɪzm], **con·struc·tion·ism** [-ʃənɪzm] ⟨n.-telb.zn.; ook C-⟩⟨beeld. k., bouwk.⟩ **0.1** ***constructivisme.***
con·struc·tiv·ist [kən'strʌktɪvɪst]⟨telb.zn.⟩⟨beeld. k., bouwk.⟩ **0.1** ***constructivist*** ⇒*aanhanger/beoefenaar v.h. constructivisme.*
con·struc·tor [kən'strʌktə‖-ər]⟨telb.zn.⟩ **0.1** ***aannemer*** ⇒*bouwer, maker;* ⟨scheep.⟩ *bouwmeester* ◆ **1.1** a firm of ~s *een aannemersbedrijf.*
con·strue[1] ['kɒnstru:‖'kɑn-]⟨telb.zn.⟩ **0.1** ***analytische vertaling*** ⇒*woord-voor-woord vertaling* ⟨die de grammaticale structuur v.h. origineel weergeeft⟩ **0.2** ***ontleding.***
construe[2] [kən'stru:]⟨f1⟩⟨ww.⟩
I ⟨onov.ww.⟩⟨taalk.⟩ **0.1** ***zich laten ontleden*** ⇒*geconstrueerd worden* ◆ **5.1** this sentence ~s easily *deze zin is eenvoudig te ontleden;*
II ⟨ov.ww.⟩ **0.1** ⟨vnl. pass.⟩⟨taalk.⟩ ***construeren*** ⇒*(grammaticaal) combineren/gebruiken* **0.2** ⟨taalk.⟩ ***ontleden*** ⇒*analyseren, ontledend/woord voor woord vertalen* **0.3** ***interpreteren*** ⇒*opvatten, verklaren, uitleggen* ◆ **1.1** 'construct' can be ~d as a noun and a verb *'construct' kan worden gebruikt als zelfstandig naamwoord en als werkwoord* **1.2** ~ a passage from Virgil *een passage uit Vergilius (analyseren en) vertalen* **6.1** 'consist' is ~d **with** 'in' or 'of' *'consist' wordt gebruikt met/gaat met 'in' of 'of'* **6.3** ~ **from** *afleiden uit.*
con·sub·stan·tial [-stænʃl]⟨bn.⟩⟨relig.⟩ **0.1** ***wezenseen*** ⇒*consubstantieel* ⟨i.h.b. v.d. Drieëenheid⟩.
con·sub·stan·ti·al·i·ty [-stænʃi'æləṭi]⟨n.-telb.zn.⟩⟨relig.⟩ **0.1** ***wezenseenheid.***
con·sub·stan·ti·ate [-'stænʃieɪt]⟨ww.⟩
I ⟨onov.ww.⟩ **0.1** ***zich tot één geheel verenigen*** ⇒*tot een wezenseenheid worden;*
II ⟨ov.ww.⟩ **0.1** ***tot één geheel verenigen*** ⇒*tot een wezenseenheid maken.*
con·sub·stan·ti·a·tion ['kɒnsəbstænʃi'eɪʃn‖'kɑn-]⟨n.-telb.zn.⟩⟨relig.⟩ **0.1** ***consubstantiatie (leer).***
con·sue·tude ['kɒnswɪtju:d‖'kɑnswɪtu:d]⟨telb.zn.⟩ **0.1** ***gewoonte*** ⇒*gebruik* ⟨waaraan rechtskracht wordt toegekend⟩, *consuetudo.*
con·sue·tu·di·nar·y [-'tju:dnri‖-'tu:d(ə)neri]⟨bn.⟩ **0.1** ***volgens de gewoonte*** ⇒*volgens het gewoonterecht, gebruikelijk, geijkt, gewoonte-.*

con·sul ['kɒnsl‖'kɑnsl]⟨f1⟩⟨telb.zn.⟩ **0.1** ***consul*** ⟨ook Romeinse en Franse gesch.⟩ ◆ **7.1** First Consul *eerste consul* ⟨Napoleon⟩.
con·sul·age ['kɒnsjʊlɪdʒ‖'kɑnsl-]⟨n.-telb.zn.⟩ **0.1** ***consulaatskosten*** ⇒*kosten v. consulaire bijstand.*
con·su·lar ['kɒnsjʊlə‖'kɑnslər]⟨bn.⟩ **0.1** ***consulair*** ◆ **1.1** ~ invoice *consulaire factuur.*
con·su·late ['kɒnsjʊlət‖'kɑnslət]⟨f1⟩⟨telb.zn.⟩ **0.1** ***consulaat.***
'consul 'general ⟨telb.zn.; consuls general; →mv. 6⟩ **0.1** ***consul-generaal*** ⇒*hoofdconsul.*
con·sul·ship ['kɒnslʃɪp‖'kɑn-]⟨telb. en n.-telb.zn.⟩ **0.1** ***consulaat*** ⇒*ambtsperiode v.e. consul.*
con·sult [kən'sʌlt]⟨f3⟩⟨ww.⟩
I ⟨onov.ww.⟩ **0.1** ***overleggen*** ⇒*overleg plegen, beraadslagen, van gedachten wisselen, te rade gaan* **0.2** ***(als) consulent (werkzaam) zijn*** ◆ **1.1** ⟨fig.⟩ ~ with one's pillow *er nog eens een nachtje over slapen;* ⟨fig.⟩ ~ with one's purse *even in zijn portemonnee kijken* **3.2** ~ ing engineer *consulent-ingenieur, raadgevend ingenieur;* ~ ing physician *geneesheer-consulent* **6.1** ~ **about/upon** *beraadslagen over;* ~ **with** one's doctor *zijn dokter raadplegen/consulteren, het advies v. zijn dokter inwinnen* **6.2** he ~s **for** a big London firm *hij werkt als consulent bij een groot bedrijf in Londen;*
II ⟨ov.ww.⟩ **0.1** ***raadplegen*** ⇒*consulteren, te rade gaan bij, het advies inwinnen van* **0.2** ⟨schr.⟩ ***rekening houden met*** ⇒*consideratie hebben met* ◆ **1.1** ~ one's watch *op zijn horloge kijken.*
con·sul·tan·cy [kən'sʌlt(ə)nsi]⟨zn.; →mv. 2⟩
I ⟨telb.zn.⟩ **0.1** ***baan als consulterend geneesheer;***
II ⟨n.-telb.zn.⟩ **0.1** ***advies*** ⇒*het adviseren/raadgeven.*
con·sult·ant [kən'sʌlt(ə)nt]⟨f2⟩⟨telb.zn.⟩ **0.1** ***(medisch) specialist*** **0.2** ⟨vnl. BE⟩ ***consulterend geneesheer*** **0.3** ***consulent*** ⇒*(bedrijfs) adviseur, raadsman, deskundige, expert* **0.4** ***consultant*** ⇒*raadpleger, inwinner v. advies, cliënt.*
con·sul·tant·ship [kən'sʌlt(ə)ntʃɪp]⟨telb.zn.⟩ **0.1** ***functie v. adviseur.***
con·sul·ta·tion ['kɒnsl'teɪʃn‖'kɑn-]⟨f2⟩⟨zn.⟩
I ⟨telb.zn.⟩ **0.1** ***beraadslaging*** ⇒*vergadering, bespreking, gedachtenwisseling, conferentie* ◆ **2.1** after several ~s *nadat we er verscheidene malen over van gedachten gewisseld hadden* **6.1** have ~s **with** the president *een onderhoud met de president hebben;*
II ⟨n.-telb.zn.⟩ **0.1** ***overleg*** ⇒*raadpleging, consult* ◆ **6.1** **in** ~ **with** *in overleg met.*
con·sult·a·tive [kən'sʌltəṭɪv], **con·sul·ta·to·ry** [kən'sʌltətri‖-tɔri] ⟨bn.⟩ **0.1** ***consultatief*** ⇒*adviserend, raadgevend* ◆ **1.1** ~ committee *adviescommissie, commissie v. overleg;* publish a ~ document *een advies publiceren.*
con'sult·ing room ⟨f1⟩⟨telb.zn.⟩ **0.1** ***spreekkamer.***
con·sum·a·ble[1] [kən'sju:məbl‖-'su:-]⟨telb.zn.; vnl. mv.⟩ **0.1** ***consumptie/verbruiksgoed*** ⇒*consumptieartikel.*
consumable[2] ⟨bn.⟩ **0.1** ***verbruikbaar*** ⇒*eet/drinkbaar, consumabel, voor consumptie geschikt.*
con·sume [kən'sju:m‖-'su:m]⟨f3⟩⟨ww.⟩
I ⟨onov.ww.⟩ **0.1** ***wegkwijnen/teren*** ⇒*vergaan, verteren, (langzamerhand) verdwijnen, uitteren;*
II ⟨ov.ww.⟩ **0.1** ***consumeren*** ⇒*nuttigen, verorberen, opmaken, opeten/drinken* **0.2** ***verbruiken*** ⇒*opgebruiken* **0.3** ***verteren*** ⇒*wegvreten, verwoesten, verbranden, wegbranden* **0.4** ⟨pej.⟩ ***verspillen*** ⇒*opmaken, verkwisten* ◆ **1.2** this job shouldn't ~ more than a couple of hours *deze klus mag niet meer dan een paar uur in beslag nemen/kosten* **1.3** the fire ~d all wooden buildings *de brand legde alle houten gebouwen in de as;* consuming passion *verterende hartstocht* **1.4** he ~d a considerable fortune *hij heeft er een aanzienlijk fortuin doorgejaagd* **6.3** ~d **by/with** hate *verteerd door haat.*
con·sum·ed·ly [kən'sju:mɪdli‖-'su:-]⟨bw.⟩⟨vero.⟩ **0.1** ***buitengemeen*** ⇒*ongemeen, buitengewoon, ongewoon, uitermate.*
con·sum·er [kən'sju:mə‖-'su:mər]⟨f3⟩⟨telb.zn.⟩ **0.1** ***consument*** ⇒*verbruiker, verteerder, afnemer, koper.*
con'sumer adviser ⟨telb.zn.⟩ **0.1** ***consumentenadviseur.***
con'sumer credit ⟨n.-telb.zn.⟩⟨geldw.⟩ **0.1** ***consumptief krediet*** ⇒*consumentenkrediet.*
consumer durables ⟨mv.⟩ **0.1** ***duurzame gebruiksgoederen.***
con'sumer goods ⟨f1⟩⟨mv.⟩ **0.1** ***consumptie/verbruiksgoederen*** ⇒*consumptieartikelen.*
con·sum·er·ism [kən'sju:mərɪzm‖-'su:-]⟨n.-telb.zn.⟩⟨AE⟩ **0.1** ***consumentisme*** ⇒*consumentenbescherming.*
con·sum·er·ist [kən'sju:mərɪst‖-'su:-]⟨telb.zn.⟩⟨AE⟩ **0.1** ***aanhanger v.h. consumentisme.***
Con'sumer 'Price Index ⟨telb.zn.⟩⟨ec.⟩ **0.1** ***prijsindex v. verbruiksgoederen*** ⟨in U.S.A.⟩.
con'sumer research ⟨n.-telb.zn.⟩ **0.1** ***consumentenonderzoek.***
con'sumer resistance ⟨telb. en n.-telb.zn.⟩ **0.1** ***onwil om te kopen*** ⇒*gebrek aan kooplust.*

con'sumer society ⟨telb. en n.-telb.zn.⟩ **0.1** ***consumptiemaatschappij.***
con·sum·mate[1] [kən'sʌmət]⟨bn.; -ly⟩ **0.1** ***compleet*** ⇒*volledig, volkomen, afgerond, totaal* **0.2** ***volleerd*** ⇒*voortreffelijk, uitmuntend, perfect, volmaakt* **0.3** ⟨pej.⟩ ***doortrapt.***
consummate[2] ['kɒnsəmeɪt‖'kɑn-]⟨ov.ww.⟩ **0.1** ***vervolmaken*** ⇒*voltooien, completeren, in vervulling doen gaan* **0.2** ***voltrekken*** ⟨een huwelijk door de 1e coïtus⟩ ◆ **1.1** her happiness was ~d *haar geluk was compleet, ze kon haar geluk niet op.*
con·sum·ma·tion ['kɒnsə'meɪʃn‖'kɑn-]⟨zn.⟩
I ⟨telb.zn.⟩ **0.1** ***einddoel*** ⇒*wensdroom, ideaal, hoogtepunt, toppunt;*
II ⟨telb. en n.-telb.zn.⟩ **0.1** ***voltooiing*** ⇒*voleinding, bekroning, afsluiting, vervulling, uitvoering* **0.2** ***voltrekking*** ⟨v.e. huwelijk door de 1e coïtus⟩ ⇒*(huwelijks)gemeenschap.*
con·sum·ma·tive ['kɒnsəmeɪtɪv‖'kɑnsəmeɪṭɪv], **con·sum·ma·to·ry** [kən'sʌmətri‖-tɔri]⟨bn.⟩ **0.1** ***afrondend*** ⇒*completerend, afsluitend.*
con·sump·tion [kən'sʌmpʃn]⟨f2⟩⟨telb. en n.-telb.zn.⟩ **0.1** ***consumptie*** ⇒*verbruik, (ver)tering* **0.2** ***verwoesting*** ⇒*aantasting* **0.3** ⟨vero.⟩ ***tering*** ⇒*(long)tuberculose, t.b.c.* ◆ **3.3** galloping ~ *vliegende tering.*
con·sump·tive[1] [kən'sʌmptɪv]⟨telb.zn.⟩⟨vero.⟩ **0.1** ***teringlijder*** ⇒*t.b. (c.)-patiënt, longpatiënt, longlijder / ster, tuberculeuze.*
consumptive[2] ⟨bn.⟩ **0.1** ***consumptief*** ⇒*consumptie-, verbruiks-* **0.2** ***consumerend*** ⇒*consumptiegericht, consumptief ingesteld* **0.3** ⟨vero.⟩ ***tuberculeus*** ⇒*teringachtig, t.b. (c.)-.*
cont ⟨afk.⟩ containing, contents, continent, continued.
con·tact[1] ['kɒntækt‖'kɑn-]⟨f3⟩⟨zn.⟩
I ⟨telb.zn.⟩ **0.1** ***contact(persoon)*** ⇒*verbindingsman, connectie;* ⟨med.⟩ *potentiële smetstof / ziektekiemdrager;*
II ⟨telb. en n.-telb.zn.⟩ **0.1** ***contact*** ⟨ook elek.⟩ ⇒*aanraking, voeling, betrekking* ◆ **3.1** break ~ *het contact (elektrisch) verbreken;* come in(to) ~ with *in aanraking / contact komen met;* make ~ *contact maken, een contact / verbinding tot stand brengen;* make ~s *contacten leggen / opdoen;*
III ⟨mv.; ~s⟩⟨inf.⟩ **0.1** ***(contact)lenzen.***
contact[2] ⟨f3⟩⟨ww.⟩
I ⟨onov.ww.⟩ **0.1** ***in contact / verbinding staan / komen;***
II ⟨ov.ww.⟩ **0.1** ***in contact / verbinding brengen*** ⇒*een contact leggen / totstandbrengen tussen* **0.2** ***contact opnemen met*** ⇒*in contact treden met, zich in verbinding stellen met.*
'contact breaker ⟨telb.zn.⟩⟨elek., tech.⟩ **0.1** ***onderbreker*** ⇒*interruptor.*
'contact flight, 'contact flying ⟨n.-telb.zn.⟩ **0.1** ***grondnavigatie*** ⟨vliegtuignavigatie alleen met behulp v. grondzicht⟩.
'contact lens ⟨f1⟩⟨telb.zn.⟩ **0.1** ***contactlens.***
'contact man ⟨f1⟩⟨telb.zn.⟩ **0.1** ***contact(persoon)*** ⇒*verbindingsman, connectie.*
con·tac·tor ['kɒntæktə‖'kɑntæktər]⟨telb.zn.⟩⟨elek.⟩ **0.1** ***schakelaar.***
'contact poison ⟨telb. en n.-telb.zn.⟩ **0.1** ***contact(ver)gif(t).***
'contact print ⟨telb.zn.⟩⟨foto.⟩ **0.1** ***contactafdruk.***
'contact sport ⟨telb.zn.⟩⟨sport⟩ **0.1** ***contactsport.***
con·tac·tu·al [kən'tæktʃʊəl]⟨bn.; -ly⟩ **0.1** ***contactueel.***
'contact wire ⟨telb.zn.⟩⟨elek.⟩ **0.1** ***(elektriciteits)draad*** ⇒*contactdraad; rijdraad, bovenleiding* ⟨elektrische tractie⟩.
'contact zone ⟨telb.zn.⟩⟨geol.⟩ **0.1** ***contactzone.***
con·ta·gion [kən'teɪdʒn]⟨zn.⟩
I ⟨telb.zn.⟩ **0.1** ***besmettelijke ziekte*** ⇒*contagieuze ziekte;* ⟨fig.⟩ *besmettelijk invloed, virus* **0.2** →contagium ◆ **1.1** a ~ of fear spread through the country *de angst greep in het (gehele) land als een besmetting om zich heen, een angstvirus waarde rond door het land;*
II ⟨n.-telb.zn.⟩ **0.1** ***besmetting*** ⇒*contagie, besmet(telijk)heid;* ⟨fig.⟩ *verderf;* ⟨fig.⟩ *aanstekelijkheid.*
con·ta·gious [kən'teɪdʒəs]⟨f2⟩⟨bn.; -ly; -ness⟩ **0.1** ***besmet(telijk)*** ⇒⟨fig.⟩ *aanstekelijk* **0.2** ***infectueus*** ⇒*infectie-* ◆ **1.1** ~ abortion *besmettelijk verwerpen, brucellose, ziekte v. Bang, Bangse ziekte* ⟨Brucella abortus⟩.
con·ta·gi·um [kən'teɪdʒɪəm]⟨telb.zn.; contagia [-dʒɪə]; →mv. 5⟩ **0.1** ***smetstof*** ⇒*virus, besmetting.*
con·tain [kən'teɪn]⟨f3⟩⟨ov.ww.⟩ →contained **0.1** ***be / omvatten*** ⇒*tellen, kunnen bevatten, omsluiten, inhouden, behelzen, insluiten* **0.2** ***beheersen*** ⇒*in toom / in bedwang / onder controle / binnen de perken houden, bedwingen, indammen* **0.3** ⟨wisk.⟩ ***vormen*** ⟨een hoek⟩ **0.4** ***(restloos) deelbaar zijn door*** **0.5** ***een machtsbeperkende politiek voeren tegen*** ⇒*insluiten* ◆ **1.1** he can't ~ his beer *hij heeft te veel bier op / is dronken* **4.2** ~ yourself! *beheers je!, hou je in!;* I couldn't ~ myself for joy *ik kon mijn geluk niet op, ik was door het dolle (heen) van geluk.*
con·tain·a·ble [kən'teɪnəbl]⟨bn.⟩ **0.1** ***be / omvatbaar*** **0.2** ***bedwingbaar.***
con·tained [kən'teɪnd]⟨f1⟩⟨bn.; volt. deelw. v. contain; -ly [-nɪ̣dli]⟩ **0.1** ***beheerst*** ⇒*ingehouden, kalm, evenwichtig, rustig.*
con·tain·er [kən'teɪnə‖-ər]⟨f2⟩⟨telb.zn.⟩ **0.1** ***houder*** ⇒*verpakking, vat, bak, doosje, koker, bus* **0.2** ***container*** ⇒*laadkist.*
con·tain·er·i·za·tion, -sa·tion [kən'teɪnəraɪ'zeɪʃn‖-rə-]⟨n.-telb.zn.⟩ **0.1** ***containervervoer*** ⇒*verpakking in (een) container(s), containerverscheping.*
con·tain·er·ize, -ise [kən'teɪnəraɪz]⟨ov.ww.⟩ **0.1** ***vervoeren per container*** ⇒*verpakken in (een) container(s)* **0.2** ***voor containervervoer geschikt maken*** ⟨schip⟩.
con'tainer port ⟨telb.zn.⟩ **0.1** ***containerhaven*** ⇒*overslagplaats.*
con'tainer ship ⟨telb.zn.⟩ **0.1** ***containerschip*** ⇒*laadkistenschip.*
con·tain·ment [kən'teɪnmənt]⟨n.-telb.zn.⟩ **0.1** ⟨pol.⟩ ***expansiebeperking*** ⇒*insluiting, machtindamming, expansie bestrijding* **0.2** ***be / omvatting*** ⇒*omsluiting* **0.3** ***bedwinging*** ⇒*beheersing.*
con'tainment vessel ⟨telb.zn.⟩ **0.1** ***insluitingsvat*** ⟨v. atoomreactor⟩.
con·tam·i·nant [kən'tæmɪ̣nənt]⟨telb.zn.⟩ **0.1** ***vervuilende / verontreinigende stof*** ⇒*verontreiniger, besmetter.*
con·tam·i·nate [kən'tæmɪ̣neɪt]⟨f1⟩⟨ov.ww.⟩ **0.1** ***be / vervuilen*** ⇒*verontreinigen, (doen) bederven, aantasten, besmetten, bevlekken;* ⟨fig.⟩ *bezoedelen, besmeuren, aansteken, aanvreten.*
con·tam·i·na·tion [kən'tæmɪ̣'neɪʃn]⟨f2⟩⟨zn.⟩
I ⟨telb.zn.⟩ **0.1** ***vervuilende / verontreinigende stof*** ⇒*onreinheid, onzuiverheid;*
II ⟨telb. en n.-telb.zn.⟩⟨taalk.⟩ **0.1** ***contaminatie;***
III ⟨n.-telb.zn.⟩ **0.1** ***vervuiling*** ⇒*verontreiniging, besmetting, aantasting* **0.2** ***vervuildheid*** ⇒*verontreiniging, besmetheid, aangetastheid.*
con·tam·i·na·tive [kən'tæmɪ̣nətɪv‖-neɪṭɪv]⟨bn.⟩ **0.1** ***vervuilend*** ⇒*verontreinigend, besmettend.*
con·tam·i·na·tor [kən'tæmɪ̣neɪtə‖-neɪṭər]⟨telb.zn.⟩ **0.1** ***vervuiler*** ⇒*verontreiniger, besmetter.*
con·tan·go [kən'tæŋgoʊ]⟨telb.zn.⟩⟨BE; hand.⟩ **0.1** ***report*** ⇒*contango, prolongatie(premie / rente).*
con'tango day, continu'ation day ⟨telb.zn.⟩⟨BE; hand.⟩ **0.1** ***(eerste) rescontredag.***
contd ⟨afk.⟩ continued.
conte [kɔ̃t]⟨telb.zn.⟩⟨lit.⟩ **0.1** ***(middeleeuwse) vertelling*** ⇒*(avonturen)verhaal, kort verhaal, novelle.*
con·temn [kən'tem]⟨ov.ww.⟩⟨schr.⟩ **0.1** ***min / verachten*** ⇒*neerzien op, geringschatten, (ver)smaden.*
con·tem·plate ['kɒntəmpleɪt‖'kɑnṭəm-]⟨f2⟩⟨ww.⟩
I ⟨onov.ww.⟩ **0.1** ***nadenken*** ⇒*peinzen, in gedachten verzonken zijn, mijmeren, contempleren;*
II ⟨ov.ww.⟩ **0.1** ***aan / beschouwen*** ⇒*contempleren, bezien* **0.2** ***nadenken over*** ⇒*overdenken, zich verdiepen in, zijn gedachten laten gaan over, overpeinzen* **0.3** ***overwegen*** ⇒*zich bezinnen op, rondlopen met de gedachte aan, van plan zijn, beogen, denken over* **0.4** ***rekening houden met*** ⇒*verwachten, bedacht zijn op* ◆ **1.4** we didn't ~ this sort of trouble *op dit soort moeilijkheden waren we niet voorbereid.*
con·tem·pla·tion ['kɒntəm'pleɪʃn‖'kɑnṭəm-]⟨f1⟩⟨zn.⟩
I ⟨telb. en n.-telb.zn.⟩ **0.1** ***overpeinzing*** ⇒*bespiegeling, bezinning, overdenking, contemplatie* ◆ **6.1** lost **in** ~ *in gepeins verzonken;* the ~ **of** the supernatural *de beschouwing v.h. bovennatuurlijke;*
II ⟨n.-telb.zn.⟩ **0.1** ***beoging*** ⇒*verwachting, bedoeling* ◆ **6.1** projects **in** ~ *beoogde / geplande projecten.*
con·tem·pla·tive[1] ['kɒntəmpleɪtɪv‖'kɑnṭəmpleɪṭɪv⟨in bet. 0.2⟩kən'templəṭɪv], ⟨in bet. 0.1 ook⟩ **con·tem·pla·tor** ['kɒntəmpleɪtə‖'kɑnṭəmpleɪṭər]⟨telb.zn.⟩ **0.1** ***contemplatief*** ⇒*beschouwer, denker, peinzer* **0.2** ⟨relig.⟩ ***contemplatief*** ⇒*lid v.e. contemplatieve orde.*
contemplative[2] ⟨f1⟩⟨bn.; -ly; -ness⟩ **0.1** ***contemplatief (ingesteld)*** ⇒*bedachtzaam, beschouwend, bespiegelend, nadenkend* ◆ **1.1** ⟨relig.⟩ ~ life *het contemplatieve leven* ⟨tgo. het actieve leven⟩.
con·tem·po·ra·ne·i·ty [kən'temprə'ni:əṭi]⟨n.-telb.zn.⟩ **0.1** ***gelijktijdigheid*** ⇒*simultaneïteit.*
con·tem·po·ra·ne·ous [kən'tempə'reɪnɪəs]⟨bn.; -ly; -ness⟩ **0.1** ***gelijktijdig*** ⇒*in de tijd samenvallend, contemporair* **0.2** ***even oud*** ◆ **6.2** ~ **with** *even oud als.*
con·tem·po·rar·y[1] [kən'temp(r)əri‖-pəreri]⟨f2⟩⟨telb.zn.; →mv. 2⟩ **0.1** ***tijdgenoot*** ⇒*contemporain* **0.2** ***leeftijdgenoot*** ⇒*jaargenoot.*
contemporary[2] ⟨f3⟩⟨bn.⟩ **0.1** ***contemporain*** ⇒*gelijktijdig, v. / uit dezelfde tijd* **0.2** ***even oud*** **0.3** ***eigentijds*** ⇒*hedendaags, modern, contemporain.*
con·tem·po·rize, -rise [kən'tempəraɪz]⟨ww.⟩
I ⟨onov.ww.⟩ **0.1** ***contemporain zijn*** ⇒*(in de tijd) samenvallen;*
II ⟨ov.ww.⟩ **0.1** ***contemporain maken*** ⇒*(in de tijd) doen samenvallen, in dezelfde tijd plaatsen.*

con·tempt [kən'tem(p)t]⟨f3⟩⟨n.-telb.zn.⟩⟨→sprw. 183⟩ **0.1** ***min/verachting*** ⇒*geringschatting* **0.2** ***verachtelijkheid*** ⇒*schandelijkheid, verworpenheid* ◆ **1.1** ⟨jur.⟩ ~ of court ⟨lett.⟩ *minachting voor de rechtbank, contempt of court* ⟨in Angelsaksisch recht, strafbare weigering de instructies v.d. rechtbank op te volgen⟩ **3.1** such transactions will bring you into ~ *met zulke zaakjes maak je jezelf te schande / breng je jezelf in diskrediet;* fall into ~ *een voorwerp v. verachting worden, zijn goede naam verspelen;* have / hold sth. in ~ *neerzien op iets, iets min / verachten;* ⟨jur.⟩ hold s.o. in ~ (of court) *iem. schuldig verklaren aan minachting voor de rechtbank* **6.1 below / beneath** ~ *beneden alles;* **in** ~ **of** *met voorbijgaan v., zonder respect voor.*

con·tempt·i·ble [kən'tem(p)təbl]⟨f1⟩⟨bn.; -ly; -ness; →bijw. 3⟩ **0.1** ***verachtelijk*** ⇒*laag, min.*

con·temp·tu·ous [kən'tem(p)tʃʊəs]⟨f2⟩⟨bn.; -ly; -ness⟩ **0.1** ***min/verachtend*** ⇒*geringschattend, neerbuigend, verachtelijk* ◆ **6.1** a government ~ **of** parliament *een regering die het parlement minacht.*

con·temt·i·bil·i·ty [kən'tem(p)tə'bɪləṭi]⟨n.-telb.zn.⟩ **0.1** ***verachtelijkheid.***

con·tend [kən'tend]⟨f2⟩⟨ww.⟩

I ⟨onov.ww.⟩ **0.1** ***wedijveren*** ⇒*strijden, slag leveren, twisten, vechten, worstelen, kampen* ◆ **6.1** ~ **against** *kampen met;* ~ **for** *strijden om;* ~ **for** sth. **with** s.o. *iem. iets betwisten;* ~ **with** difficulties *met problemen (te) kampen (hebben);* leave me alone, I have enough to ~ **with** *laat me met rust, ik heb al genoeg problemen aan mijn hoofd;*

II ⟨ov.ww.⟩ **0.1** ***betogen*** ⇒*(met klem) beweren, stellen, aanvoeren, volhouden, staande houden.*

con·tend·er [kən'tendə‖-ər]⟨f1⟩⟨telb.zn.⟩ **0.1** ⟨sport⟩ ***uitdager*** ⇒*titelpretendent* **0.2** ***mededinger*** ⇒*rivaal, tegenstander.*

con·tent[1] ['kɒntent‖'kɑn-⟨in bet. II 0.1⟩kən'tent]⟨f3⟩⟨zn.⟩

I ⟨telb. en n.-telb.zn.⟩ **0.1** ***capaciteit*** ⇒*volume, omvang, inhoud (smaat)* **0.2** ***inhoud*** ⇒*onderwerp, thema* **0.3** ***gehalte*** **0.4** ⟨BE⟩ ***vóórstemmer*** ⇒*stem vóór* ⟨in Hogerhuis⟩ **0.5** ⟨zelden⟩ ***inhoud (sopgave)*** ⟨v. boek⟩ ◆ **2.3** nutritional ~ *voedingswaarde;*

II ⟨n.-telb.zn.⟩ **0.1** ***tevredenheid*** ⇒*voldoening, bevredigdheid, genoegen;*

III ⟨mv.; ~s⟩ **0.1** ***inhoud(sopgave)*** ⟨v. boek⟩ **0.2** ⟨zelden⟩ ***inhoud*** ⇒*onderwerp, thema* ◆ **1.1** table of ~s *inhoudsopgave.*

content[2] [kən'tent]⟨f3⟩⟨bn., pred.⟩⟨→sprw. 503⟩ **0.1** ***tevreden*** ⇒*blij, kontent, vergenoegd, voldaan* ◆ **3.1** well ~ to do sth. *gaarne bereid iets te doen;* don't bother, I'm quite ~ to sleep here *doe geen moeite, ik vind het best om hier te slapen.*

content[3] [kən'tent]⟨f1⟩⟨ov.ww.⟩ →contented **0.1** ***tevredenstellen*** ◆ **4.1** ~ o.s. with *zich tevredenstellen met, genoegen nemen met, het (moeten) doen met, zich beperken tot.*

con·tent·ed [kən'tenṭɪd]⟨f2⟩⟨bn.; volt. deelw. v. content; -ly; -ness⟩ **0.1** ***tevreden*** ⇒*blij, kontent, vergenoegd, voldaan.*

con·ten·tion [kən'tenʃn]⟨f2⟩⟨zn.⟩

I ⟨telb.zn.⟩ **0.1** ***standpunt*** ⇒*stellingname, opvatting, mening, bewering* **0.2** ***(woorden)twist*** ⇒*(woorden)strijd, dispuut, geschil, conflict;*

II ⟨n.-telb.zn.⟩ **0.1** ***wedijver*** ⇒*rivaliteit.*

con·ten·tious [kən'tenʃəs]⟨f1⟩⟨bn.; -ly; -ness⟩ **0.1** ***ruzieachtig*** ⇒*twistziek, polemisch, kritisch, tegendraads* **0.2** ***controversieel*** ⇒*aanvechtbaar, betwist(baar), omstreden, netelig* ◆ **1.1** ~ issue *twistpunt;* he has a very ~ nature *hij is altijd in de contramine.*

con·tent·ment [kən'tentmənt]⟨f1⟩⟨n.-telb.zn.⟩ **0.1** ***tevredenheid*** ⇒*voldoening, bevredigdheid, genoegen.*

con·ter·mi·nous [kən'tɜːmɪnəs‖-'tɜr-], **co·ter·mi·nous** ['koʊ'tɜːmɪnəs‖-'tɜr-], **con·ter·mi·nal** [kən'tɜːmɪnl‖-'tɜr-]⟨bn.; conterminously, coterminously, conterminousness⟩⟨schr.⟩ **0.1** ***aangrenzend / liggend*** ⇒*belendend, aanpalend, naburig, contigu* **0.2** ***samenvallend*** ⇒*elkaar dekkend, gelijk in omvang / tijd, gelijktijdig* ◆ **6.1** be ~ **to / with** *grenzen aan.*

con·test[1] ['kɒntest‖'kɑn-]⟨f3⟩⟨telb.zn.⟩ **0.1** ***krachtmeting*** ⇒*strijd, (kracht)proef, test, treffen* **0.2** ***(wed)strijd*** ⇒*prijsvraag, concours* **0.3** ***twist(gesprek)*** ⇒*geschil, gevecht, debat.*

contest[2] [kən'test]⟨f2⟩⟨ww.⟩

I ⟨onov.ww.⟩ **0.1** ***twisten*** ⇒*strijden, wedijveren, rivaliseren, debatteren* ◆ **6.1** ~ **against / with** *strijden / wedijveren met;*

II ⟨ov.ww.⟩ **0.1** ***dingen naar*** ⇒*in de slag zijn om, strijden om, wedijveren om* **0.2** ***betwisten*** ⇒*aanvechten, in twijfel trekken, contesteren* ◆ **1.1** ⟨BE⟩ a ~ed election *een verkiezing met meer dan één kandidaat;* ~ a seat in Parliament *kandidaat zijn voor een zetel in het parlement* **1.2** ⟨AE⟩ a ~ed election *een aangevochten verkiezing(suitslag).*

con·test·a·ble [kən'testəbl]⟨bn.⟩ **0.1** ***aanvechtbaar*** ⇒*betwistbaar.*

con·test·ant [kən'testənt]⟨f1⟩⟨telb.zn.⟩ **0.1** ***mededinger*** ⇒*deelnemer (aan wedstrijd), strijdende partij* **0.2** ***betwister*** ⇒*aanvechter.*

con·tes·ta·tion ['kɒnte'steɪʃn‖'kɑnṭə-]⟨zn.⟩

I ⟨telb.zn.⟩ **0.1** ***(omstreden) standpunt*** ⇒*(omstreden) mening / bewering;*

II ⟨telb. en n.-telb.zn.⟩ **0.1** ***betwisting*** ⇒*geschil, twist, (wed) strijd, dispuut* ◆ **6.1 in** ~ *omstreden, strijd-.*

con·text ['kɒntekst‖'kɑn-]⟨f3⟩⟨telb.zn.⟩ **0.1** ***context*** ⟨ook fig.⟩ ⇒*(rede)verband, samenhang* ◆ **6.1 in** this ~ *in dit verband, in deze context;* my words were quoted **out of** ~ *mijn woorden zijn uit hun verband gerukt.*

con·text'free ⟨bn.⟩⟨taalk.⟩ **0.1** ***contextvrij*** ⟨v. taal, regel, grammatica⟩.

con·text'sen·si·tive ⟨bn.⟩⟨taalk.⟩ **0.1** ***contextgevoelig*** ⟨v. taal, regel, grammatica⟩.

con·tex·tu·al [kən'tekstʃʊəl]⟨bn.; -ly⟩ **0.1** ***contextueel*** ⇒*contextgebonden.*

con·tex·tu·al·ize [kən'tekstʃʊəlaɪz]⟨ov.ww.⟩ **0.1** ***contextualiseren*** ⇒*in de / een / zijn context plaatsen.*

con·tex·ture [kən'tekstʃə‖-ər]⟨zn.⟩

I ⟨telb.zn.⟩ **0.1** ***structuur*** ⇒*samenstelling, bouw* **0.2** ***weefsel*** **0.3** ***contextuur*** ⇒*verband;*

II ⟨telb. en n.-telb.zn.⟩ **0.1** ***vervlechting.***

contg ⟨afk.⟩ containing.

con·ti·gu·i·ty ['kɒntɪ'gjuːəti‖'kɑnṭɪ'gjuːəṭi]⟨zn.; →mv. 2⟩

I ⟨telb.zn.⟩ **0.1** ***continuüm*** ⇒*continue / samenhangende massa / reeks;*

II ⟨n.-telb.zn.⟩ **0.1** ***contiguïteit*** ⇒*belending, aangrenzing, nabuurigheid* **0.2** ***opeenvolging*** ⇒*aan(een)sluiting.*

con·tig·u·ous [kən'tɪgjʊəs]⟨f1⟩⟨bn.; -ly; -ness⟩ **0.1** ***aangrenzend / liggend*** ⇒*belendend, aanpalend, naburig, contigu* **0.2** ***opeenvolgend*** ⟨in tijd of volgorde⟩ ⇒*aansluitend, consecutief, achtereenvolgens* ◆ **6.1** ~ **to / with** the sea *aan zee grenzend.*

con·ti·nence ['kɒntɪnəns‖'kɑntn·əns], **con·ti·nen·cy** [-ənsi]⟨n.-telb.zn.⟩ **0.1** ***zelfbeheersing*** ⇒*matigheid, ingetogenheid, continentie* **0.2** ***(seksuele) onthouding*** ⇒*abstinentie, kuisheid, continentie* **0.3** ***continentie*** ⇒*zindelijkheid.*

con·ti·nent[1] ['kɒntɪnənt‖'kɑntn·ənt]⟨f3⟩⟨zn.⟩

I ⟨eig.n.; C-; the⟩ **0.1** ***vasteland (v. Europa)*** ⟨tgo. Groot-Brittannië⟩;

II ⟨telb.zn.⟩ **0.1** ***werelddeel*** ⇒*continent, vasteland.*

continent[2] ⟨bn.; -ly⟩ **0.1** ***beheerst*** ⇒*(ge)matig(d), ingetogen* **0.2** ***zich onthoudend*** ⟨v. seksuele activiteit⟩ ⇒*kuis* **0.3** ***continent*** ⇒*zindelijk.*

con·ti·nen·tal[1] ['kɒntɪ'nentl‖'kɑntn'enṭl]⟨f1⟩⟨telb.zn.⟩ **0.1** ⟨ook C-⟩ ***vastelander*** ⇒*bewoner v.h. Europese vasteland;* ⟨AE ook⟩ *Europeaan* **0.2** ⟨AE⟩ ***Europees herenkapsel*** ⟨half lang, achterovergekamd⟩ **0.3** ⟨gesch.⟩ ***(snel depreciërend) bankbiljet uitgegeven door Continental Congress*** ⟨1776-1783⟩ ◆ **2.3** ⟨vnl. AE; inf.⟩ not worth a ~ *geen cent / moer / barst / lor waard* **3.3** ⟨vnl. AE; inf.⟩ I don't care / give a ~ *het kan me geen moer / barst schelen.*

continental[2] ⟨f2⟩⟨bn.; -ly⟩ **0.1** ***continentaal*** **0.2** ⟨ook C-⟩ ***het vasteland v. Europa betreffende*** ⇒*vastelands* **0.3** ⟨gesch.⟩ ***de Amerikaanse koloniën betreffende*** ⟨ten tijde v.d. Am. Vrijheidsoorlog⟩ ◆ **1.1** ~ climate *landklimaat, continentaal klimaat;* ⟨soms C- D-⟩ ~ divide *continentale waterscheiding* ⟨i.h.b. in het N.-Am. Rotsgebergte⟩; ⟨geol.⟩ ~ drift *continentverschuiving, continentale drift;* ~ shelf *continentaal plat(eau), vastelandsplat* **1.2** ~ breakfast *ontbijt met koffie, croissants enz.* ⟨zonder ham en eieren⟩; ~ Sunday *de zondag als ontspanningsdag* ⟨ipv. dag v. rust en godsverering⟩; ⟨gesch.⟩ Continental System *continentaal stelsel* **1.¶** ~ quilt *dekbed.*

con·ti·nen·tal·ism ['kɒntɪ'nentəlɪzm‖'kɑntn'enṭlɪzm]⟨telb.zn.⟩ **0.1** ***continentalisme*** ⇒*kenmerkend(e) gewoonte / taalgebruik v.h. vasteland v. Europa.*

con·tin·gen·cy [kən'tɪndʒənsi], **con·tin·gence** [kən'tɪndʒəns]⟨f1⟩⟨zn.; →mv. 2⟩

I ⟨telb.zn.⟩ **0.1** ***eventualiteit*** ⇒*gebeurlijkheid, onvoorziene gebeurtenis / uitgave, mogelijkheid, onzekere factor / voorval, samenloop v. omstandigheden;*

II ⟨telb. en n.-telb.zn.⟩ **0.1** ***contingentie*** ⟨ook fil.⟩ ⇒*bepaaldheid (door het lot), onzekerheid, toevalligheid.*

con'tingency fund ⟨telb.zn.⟩ **0.1** ***fonds voor onvoorziene uitgaven*** ⇒*rampenfonds.*

con'tingency plan ⟨telb.zn.⟩ **0.1** ***rampen(bestrijdings)plan*** ⇒*plan voor onvoorziene gebeurtenissen.*

con'tingency table ⟨telb.zn.⟩⟨stat.⟩ **0.1** ***contingentietabel.***

con·tin·gent[1] [kən'tɪndʒənt]⟨f2⟩⟨zn.⟩

I ⟨telb.zn.⟩ **0.1** ***contingent*** ⇒*aandeel, bijdrage* **0.2** ***eventualiteit*** ⇒*onzekere factor;*

II ⟨verz.n.⟩ **0.1** ***afvaardiging*** ⇒*vertegenwoordiging, delegatie* **0.2** ⟨mil.⟩ ***(troepen)contingent.***

contingent[2] ⟨f1⟩⟨bn.; -ly⟩

I ⟨bn.⟩ **0.1** ***toevallig*** ⇒*onvoorzien* **0.2** ***gebeurlijk*** ⇒*mogelijk, eventueel* **0.3** ***bijkomend*** ⇒*incidenteel, verbonden* **0.4** ⟨fil.⟩ ***contingent*** **0.5** ⟨jur.⟩ ***voorwaardelijk*** ◆ **6.3** inflation ~ **to** war *inflatie verbonden aan de oorlog;*
II ⟨bn., pred.⟩ **0.1** ***contingent*** ⇒*voorwaardelijk, afhankelijk* ◆ **6.1** it is not ~ **(up)on** his cooperation *het hangt niet v. zijn medewerking af.*

con·tin·u·a ⟨mv.⟩ →continuum.

con·tin·u·a·ble [kən'tɪnjʊəbl]⟨bn.⟩ **0.1** ***continueerbaar*** ⇒*houdbaar, verlengbaar.*

con·tin·u·al [kən'tɪnjʊəl]⟨f3⟩⟨bn.; -ly⟩⟨vnl. pej.⟩ **0.1** ***aanhoudend*** ⇒*voortdurend, gedurig, onophoudelijk, constant, herhaald (elijk).*

con·tin·u·ance [kən'tɪnjʊəns]⟨f2⟩⟨n.-telb.zn.⟩ **0.1** ***voortduring*** ⇒*voortzetting, het aanhouden, continuatie, prolongatie, verblijf* **0.2** ⟨the⟩ ***duur*** ⇒*continuïteit* **0.3** ***handhaving*** ⇒*bestendiging* **0.4** ⟨AE; jur.⟩ ***continuatie*** ⇒*aanhouding* ◆ **1.1** a government's ~ in office *de continuering v.e. regeerperiode, kabinetstermijn* **1.2** for the ~ of the war *voor de duur v.d. oorlog, gedurende de (gehele verdere) oorlog.*

con·tin·u·ant [kən'tɪnjʊənt]⟨telb.zn.⟩⟨taalk.⟩ **0.1** ***continuant(e medeklinker)*** ⇒*fricatief.*

con·tin·u·a·tion [kən'tɪnjʊ'eɪʃn]⟨f2⟩⟨zn.⟩
I ⟨telb. en n.-telb.zn.⟩ **0.1** ***voortzetting*** ⇒*vervolg, voortgang, continuering, hervatting* **0.2** ⟨BE; geldw.⟩ ***prolongatie*** ⇒*report* ◆ **1.1** this street is a ~ of Fleet Street *deze straat is een voortzetting / ligt in het verlengde v. Fleet Street.*

continu'ation day →contango day.

continu'ation school ⟨telb.zn.⟩ **0.1** ***instelling voor bij / nascholing*** ⇒*applicatieschool.*

con·tin·u·a·tive [kən'tɪnjʊət̬ɪv]⟨bn.; -ly⟩ **0.1** ***continuerend*** ⇒*voortzettend* **0.2** ⟨taalk.⟩ ***uitbreidend*** ◆ **1.2** ~ clause *bijzin.*

con·tin·u·a·tor [kən'tɪnjʊeɪtə‖-eɪt̬ər]⟨telb.zn.⟩ **0.1** ***voortzetter*** ⟨i.h.b. v.e. geschrift v. iem. anders⟩.

con·tin·ue [kən'tɪnju:]⟨f4⟩⟨ww.⟩
I ⟨onov.ww.⟩ **0.1** ***door / voort / verdergaan*** ⇒*volhouden, zich voortzetten / uitstrekken* **0.2** ***(in stand) blijven*** ⇒*voortduren, continueren, verkeren* ⟨in een bep. toestand⟩ **0.3** ***vervolgen*** ⇒*verdergaan* ◆ **1.1** a continuing period *een ononderbroken / aaneengesloten periode* **5.2** the weather ~s fine *het mooie weer houdt aan* **6.2** we can't ~ **in** this house much longer *we kunnen ons verblijf in dit huis niet veel langer rekken;*
II ⟨ov.ww.⟩ **0.1** ***voortzetten*** ⇒*(weer) door / voort / verdergaan met, volhouden, hervatten, vervolgen* **0.2** ***handhaven*** ⇒*aanhouden, continueren, laten blijven, bestendigen* **0.3** ***verlengen*** ⇒*doortrekken* **0.4** ⟨AE, Sch. E.; jur.⟩ ***continueren*** ⇒*aanhouden, uitstellen, verdagen* ◆ **3.1** to be ~d *wordt vervolgd.*

con·ti·nu·i·ty ['kɒntɪ'nju:əti‖'kɑntn'u:ət̬i]⟨f2⟩⟨zn.; →mv. 2⟩
I ⟨telb.zn.⟩ **0.1** ⟨film⟩ ***draaiboek*** ⇒*continuity-script* **0.2** ⟨radio, t.v.⟩ ***tekstboek*** ⇒*draaiboek, bindteksten;*
II ⟨telb. en n.-telb.zn.⟩ **0.1** ***continuïteit*** ⇒*(ononderbroken) opeenvolging, chronologisch / logisch verloop / verband, samenhang.*

conti'nuity girl ⟨telb.zn.⟩⟨film en t.v.⟩ **0.1** ***continuity girl*** ⇒*scriptgirl.*

con·tin·u·o [kən'tɪnjʊoʊ]⟨telb.zn.⟩⟨muz.⟩ **0.1** ***basso continuo*** ⇒*doorlopende / becijferde bas.*

con·tin·u·ous[1] [kən'tɪnjʊəs]⟨telb.zn.⟩⟨taalk.⟩ **0.1** ***duratieve vorm*** ⇒*progressieve vorm.*

continuous[2] ⟨f3⟩⟨bn.; -ly; -ness⟩ **0.1** ***ononderbroken*** ⇒*continu, onophoudelijk, onafgebroken, doorlopend* **0.2** ⟨wisk.⟩ ***continu*** **0.3** ⟨→duratieve vorm⟩⟨taalk.⟩ ***duratief*** ⇒*progressief* ◆ **1.1** ~ creation *continue schepping, continu scheppingsproces;* ~ current *gelijkstroom;* ~ industry *continubedrijf;* ~ performance *doorlopende voorstelling;* ⟨nat.⟩ ~ spectrum *continu spectrum, continuum;* ~ stationery *kettingpapier;* ⟨nat.⟩ ~ wave *ongedempte golf, continue golf.*

con·tin·u·um [kən'tɪnjʊəm]⟨f1⟩⟨telb.zn.; ook continua [kən'tɪnjʊə]; →mv. 5⟩⟨ook wisk.⟩ **0.1** ***continuum.***

con·tort [kən'tɔ:t‖-'tɔrt]⟨f1⟩⟨ww.⟩ →contorted
I ⟨onov.ww.⟩ **0.1** ***verwrongen / ontwricht / ontzet raken*** ◆ **6.1** his face ~ed **with** rage *zijn gezicht vertrok v. woede;*
II ⟨ov.ww.⟩ **0.1** ***verwringen*** ⇒*verdraaien, vertrekken, ontwrichten, verrekken* ◆ **6.1** a face ~ed **with** anger / pain *een v. woede vertrokken / v. pijn verkrampt gezicht.*

con·tort·ed [kən'tɔ:tɪd‖-'tɔrtɪd]⟨bn.; volt. deelw. v. contort; -ly; -ness⟩ **0.1** ***bochtig*** ⇒*kronkelig, verwrongen* **0.2** ⟨plantk.⟩ ***schroefvormig.***

con·tor·tion [kən'tɔ:ʃn‖-'tɔrʃn]⟨zn.⟩
I ⟨telb.zn.⟩ **0.1** ***kronkeling*** ⇒*bocht, draaiing, trekking;*
II ⟨telb. en n.-telb.zn.⟩ **0.1** ***verwringing*** ⇒*verdraaiing, ontwrichting, verrekking, verkramping, ver / gewrongenheid.*

con·tor·tion·ist [kən'tɔ:ʃənɪst‖-'tɔr-]⟨telb.zn.⟩ **0.1** ***slangemens*** ⇒*contortionist* **0.2** ***(woord / betekenis)verdraaier*** ⇒*vervalser.*

con·tour[1] ['kɒntʊə‖'kɑntʊr]⟨f1⟩⟨telb.zn.⟩ **0.1** ⟨vaak mv.⟩ ***contour*** ⟨ook fig.⟩ ⇒*omtrek(lijn), vorm* **0.2** →contour line.

contour[2] ⟨ov.ww.⟩ **0.1** ***contouren schetsen / trekken van*** ⇒*in contourvorm weergeven, de contouren aangeven van, contourlijnen aanbrengen op* **0.2** ***aanleggen langs de hoogtelijnen v.e. landschap*** ⇒*volgens de hoogtelijnen aanleggen* ⟨bv. weg⟩.

'contour feather ⟨telb.zn.; vnl. mv.⟩⟨dierk.⟩ **0.1** ***contourveer.***

'contour line ⟨telb.zn.⟩ **0.1** ***contourlijn*** ⇒*isohypse, hoogtelijn, dieptelijn.*

'contour map ⟨telb.zn.⟩ **0.1** ***hoogtelijnenkaart*** ⇒*reliëfkaart, profielkaart.*

'contour ploughing, 'contour farming ⟨n.-telb.zn.⟩⟨landb.⟩ **0.1** ***contourbouw*** ⟨door ploegvoren rond een heuvel steeds op dezelfde hoogte voort te zetten, om erosie tegen te gaan⟩.

contr ⟨afk.⟩ contraction.

con·tra[1] ['kɒntrə‖'kɑn-]⟨telb.zn.⟩ **0.1** ***tegen(overgestelde)*** ⇒*tegendeel, nadeel* **0.2** ***tegenwicht*** **0.3** ⟨ec.⟩ ***creditzijde*** **0.4** ***contra*** ⇒*verzetsstrijder* ⟨in Latijnsamerikaanse landen⟩ ◆ **6.3 per** ~ *als tegenprestatie, als tegenwaarde, in tegenvordering.*

contra[2], ⟨verk.⟩ **con** ⟨bw.⟩ **0.1** ***ertegen*** ⇒*daartegenover, tegengesteld* ◆ **3.1** he's very con *hij is er erg tegen;* he would always argue ~ *hij sprak je altijd tegen.*

contra[3], ⟨verk.⟩ **con** ⟨vz.⟩ **0.1** ***tegen*** ⇒*contra, in strijd met, tegen ... in* ◆ **1.1** he argued contra the principle that ... *hij voerde argumenten aan tegen het principe dat ....*

con·tra- ['kɒntrə‖'kɑn-] **0.1** ***contra-*** ⇒*tegen-* **0.2** ⟨muz.⟩ ***contra-*** ⇒*laag(st), één octaaf lager dan* ◆ **¶.1** contradiction *contradictie, tegenspraak* **¶.2** contralto *(diepe) alt, contralto.*

con·tra·band ['kɒntrəbænd‖'kɑn-]⟨f1⟩⟨zn.⟩
I ⟨telb.zn.⟩⟨gesch.⟩ **0.1** ***naar de Noordelijke troepen gevluchte / gebrachte negerslaaf*** ⟨tijdens Am. burgeroorlog⟩;
II ⟨n.-telb.zn.; vaak attr.⟩ **0.1** ***contrabande*** ⇒*smokkelwaar / goed, sluikgoederen* **0.2** ***smokkel(handel)*** ⇒*sluikhandel, smokkelarij* ◆ **1.1** ~ of war *oorlogscontrabande.*

con·tra·band·ist ['kɒntrəbændɪst‖'kɑn-]⟨telb.zn.⟩ **0.1** ***contrabandier*** ⇒*smokkelaar, sluikhandelaar.*

con·tra·bass ['kɒntrə'beɪs‖'kɑn-]⟨f1⟩⟨telb.zn.⟩⟨muz.⟩ **0.1** ***contrabas.***

con·tra·bass·ist ['kɒntrə'beɪsɪst‖'kɑn-]⟨telb.zn.⟩⟨muz.⟩ **0.1** ***contrabas(sist)*** ⇒*bassist.*

con·tra·bas·soon ['kɒntrəbə'su:n‖'kɑn-]⟨telb.zn.⟩⟨muz.⟩ **0.1** ***contrafagot.***

contra·cep·tion ['kɒntrə'sepʃn‖'kɑn-]⟨f2⟩⟨n.-telb.zn.⟩ **0.1** ***anticonceptie*** ⇒*contraceptie, het gebruik v. voorbehoed(s)middelen.*

con·tra·cep·tive[1] ['kɒntrə'septɪv‖'kɑn-]⟨f2⟩⟨telb.zn.⟩ **0.1** ***voorbehoed(s)middel*** ⇒*contraceptief (middel).*

contraceptive[2] ⟨f1⟩⟨bn.⟩ **0.1** ***anticonceptioneel*** ⇒*contraceptief, voorbehoed(s)-, voorbehoedend.*

contraclockwise →counterclockwise.

con·tract[1] ['kɒntrækt‖'kɑn-]⟨f3⟩⟨zn.⟩
I ⟨telb.zn.⟩ **0.1** ⟨ook attr.⟩⟨ben. voor⟩ ***contract*** ⟨ook bridge⟩ ⇒*(bindende) overeenkomst, verdrag, verbintenis, overdracht;* ⟨i.h.b. ook⟩ *formele huwelijksovereenkomst, verloving;* ⟨attr.⟩ *contractueel vastgelegd* **0.2** ⟨AE; sl.⟩ ***opdracht tot huurmoord*** **0.3** ⟨AE; sl.⟩ ***begunstiging*** ⟨illegaal of onethisch⟩ ◆ **1.1** breach of ~ *contractbreuk;* ~ transport *gehuurde transportmiddelen* **3.1** enter into / make a ~ *een contract sluiten, een verbintenis aangaan* **3.2** take out a ~ on s.o. *iem. laten koud maken / vermoorden, iem. uit de weg laten ruimen door een huurmoordenaar* **6.1** be **under** ~ **to** s.o. *zich contractueel verbonden hebben tgo. iem.;*
II ⟨n.-telb.zn.⟩ **0.1** ⟨jur.⟩ ***verbintenissenrecht*** ⇒*contractenrecht* **0.2** ⟨verk.⟩ ⟨contract bridge⟩.

contract[2] [kən'trækt]⟨f2⟩⟨ww.⟩
I ⟨onov.ww.⟩ **0.1** ***een contract / overeenkomst / verdrag sluiten*** ⇒*een verbintenis aangaan, contracteren* ◆ **1.1** ~ing parties *contracterende partijen* **3.1** ~ to build a factory *een contract sluiten voor de bouw v.e. fabriek;* ~ to do sth. *zich contractueel verplichten om iets te doen* **5.1** ⟨vnl. BE⟩ ~ **out** *zich terugtrekken, niet meer meedoen, weigeren deel te nemen* **5.¶** ⟨BE; pol.⟩ ~ **in** *zich verplichten de partijbijdrage voor Labour te betalen;* ⟨BE; pol.⟩ ~ **out** *ontslaan worden v.d. verplichting de partijbijdrage voor Labour te betalen* **6.1** ~ **for** sth. *zich contractueel tot iets verplichten;* ~ **out of** *zich terugtrekken uit, zich distantiëren van, zich onttrekken aan;* we ~ed **with** the publisher **for** 500 copies *we hebben een contract met de uitgever gesloten voor (de afname / levering v.) 500 exemplaren, we hebben met de uitgever 500 exemplaren gecontracteerd;*
II ⟨onov. en ov.ww.⟩ **0.1** ***samentrekken*** ⟨ook taalk.⟩ ⇒*inkrimpen, slinken, zich vernauwen, in / verkorten, contraheren, smaller*

worden;
III ⟨ov.ww.⟩ **0.1** ***per/bij contract afsluiten/regelen/vaststellen*** ⇒*contracteren, een contract afsluiten voor, aangaan, zich verbinden om te* **0.2** ⟨vnl. pej.⟩ ***oplopen*** ⇒*opdoen, zich op de hals halen, aannemen* ◆ **1.1** ~ an alliance *een bondgenootschap sluiten;* ~ debts *schulden aangaan/op zich nemen;* ⟨schr.⟩ ~a friendship *vriendschappelijke banden aanknopen, vriendschap sluiten;* ~ (a) marriage *een huwelijk aangaan/sluiten;* ~ a salary *een salaris overeenkomen* **1.2** ~ certain habits *zich zekere gewoontes eigen maken* **5.1** ~ **out** *uitbesteden* **6.1** ⟨vnl. BE⟩ ~ o.s. **out of** a job *zich uit een karwei terugtrekken.*

con·tract·a·ble [kən'træktəbl]⟨bn.⟩⟨med.⟩ **0.1** ***besmettelijk.***

'contract 'bridge ⟨n.-telb.zn.⟩ **0.1** ***contractbridge.***

con·trac·tile [kən'træktaɪl], **con·tract·i·ble** [-təbl]⟨bn.; contractibleness⟩ **0.1** ***samentrekkend*** ⇒*contractiel* **0.2** ***samentrekbaar*** ⇒*intrekbaar, inklapbaar.*

con·trac·til·i·ty ['kɒntræk'tɪləti‖'kɑntræk'tɪləṭi], **con·tract·i·bil·i·ty** [kən'træktə'bɪləṭi]⟨n.-telb.zn.⟩ **0.1** ***samentrekbaarheid*** **0.2** ***samentrekkend vermogen.***

con·trac·tion [kən'trækʃn]⟨f3⟩⟨zn.⟩
I ⟨telb. en n.-telb.zn.⟩ **0.1** ***samentrekking*** ⇒*inkrimping, slinking, in/verkorting, contractie(vorm), (ver)kramp(ing); (barens)wee;*
II ⟨n.-telb.zn.⟩ **0.1** ***het oplopen/opdoen*** **0.2** ***het aangaan/op zich nemen*** ⟨schulden⟩.

con·trac·tive [kən'træktɪv]⟨bn.; -ly⟩ **0.1** ***samentrekkend.***

'contract marriage ⟨telb.zn.⟩ **0.1** ***contracthuwelijk*** ⟨aangegaan voor een gespecificeerde periode⟩.

'contract note ⟨telb.zn.⟩ **0.1** ***koopbriefje.***

con·trac·tor [kən'træktə‖-ər]⟨f1⟩⟨telb.zn.⟩ **0.1** ***aannemer(sbedrijf)*** ⇒*handelaar in bouwmaterialen* **0.2** ***contractant*** **0.3** ***samentrekkende spier*** ⇒*samentrekker, sluitspier.*

'contract research ⟨n.-telb.zn.⟩ **0.1** ***contractresearch/onderzoek*** ⇒*onderzoek op contractbasis.*

'contract time ⟨n.-telb.zn.⟩⟨ec.⟩ **0.1** ***aangenomen tijd.***

con·trac·tu·al [kən'træktʃʊəl]⟨f1⟩⟨bn.; -ly⟩ **0.1** ***contractueel.***

con·trac·ture [kən'træktʃə‖-ər]⟨telb. en n.-telb.zn.⟩⟨med.⟩ **0.1** ***contractuur.***

'contract work ⟨n.-telb.zn.⟩⟨ec.⟩ **0.1** ***aangenomen werk.***

contradance, contradanse →contredanse.

con·tra·dict ['kɒntrə'dɪkt‖'kɑn-]⟨f2⟩⟨ww.⟩
I ⟨onov.ww.⟩ **0.1** ***een tegenstrijdige uitspraak doen;***
II ⟨onov. en ov.ww.⟩ **0.1** ***tegen/weerspreken*** ⇒*in tegenspraak zijn met, ontkennen, contradiceren, loochenen, weerleggen* ◆ **1.1** their statements ~ each other *hun verklaringen spreken elkaar tegen/zijn strijdig (met elkaar)/zijn niet te verenigen.*

con·tra·dic·tion [-'dɪkʃn]⟨f2⟩⟨telb. en n.-telb.zn.⟩ **0.1** ***tegenspraak*** ⇒*contradictie, tegenstrijdigheid, ontkenning* **0.2** ***weerlegging*** ◆ **1.1** ~ in terms *contradictio in terminis, innerlijke tegenspraak.*

con·tra·dic·tious [-'dɪkʃəs]⟨bn.⟩ **0.1** ***tegendraads*** ⇒*polemisch, dwarsliggend, ruzieachtig, twistziek, (altijd) in de contramine.*

contradictory [-'dɪktri]⟨f1⟩⟨bn.; -ly; -ness; →bijw. 3⟩ **0.1** ***tegenstrijdig*** ⇒*contradictoir, in tegenspraak, inconsistent;* ⟨fil.⟩ *contradictorisch* **0.2** ***ontkennend*** **0.3** →contradictious ◆ **6.1** ~ **to** *strijdig met.*

con·tra·dis·tinc·tion ['kɒntrədɪ'stɪŋkʃn‖'kɑn-]⟨telb.zn.⟩⟨schr.⟩ **0.1** ***tegenstelling*** ⇒*contrast* ◆ **6.1 in** ~ **to** *in tegenstelling tot.*

con·tra·dis·tinc·tive [-dɪ'stɪŋktɪv]⟨bn.; -ly⟩⟨schr.⟩ **0.1** ***contrasterend*** ⇒*tegenstellend.*

con·tra·dis·tin·guish [-dɪ'stɪŋgwɪʃ]⟨ov.ww.⟩⟨schr.⟩ **0.1** ***tegenover elkaar stellen*** ⇒*onderscheiden.*

'con·tra·flow ('traffic) [-floʊ]⟨n.-telb.zn.⟩⟨BE; verkeer⟩ **0.1** ***verkeer over één weghelft*** ⟨bij werkzaamheden, ongeluk⟩ ⇒⟨ong.⟩ *tegenliggers.*

con·trail ['kɒntreɪl‖'kɑn-]⟨telb.zn.⟩⟨verk.⟩ condensation trail ⟨lucht.⟩ **0.1** ***condens(atie)streep.***

con·tra·in·di·cate ['kɒntrə'ɪndɪkeɪt‖'kɑn-]⟨ov.ww.⟩⟨med.⟩ **0.1** ***een contra-indicatie vormen tegen/voor.***

con·tra·in·di·ca·tion ['kɒntrəɪndɪ'keɪʃn‖'kɑn-]⟨telb.zn.⟩⟨med.⟩ **0.1** ***contra-indicatie.***

con·tral·to [kən'træltoʊ]⟨telb.zn.; ook contralti [-ti:]; →mv. 5⟩ **0.1** ***alt.***

con·tra·po·si·tion ['kɒntrəpə'zɪʃn‖'kɑn-]⟨telb. en n.-telb.zn.⟩ **0.1** ***tegenoverstelling*** ⇒*tegenovergestelde positie, antithese* **0.2** ⟨logica⟩ ***contrapositie.***

con·trap·tion [kən'træpʃn]⟨f1⟩⟨telb.zn.⟩⟨inf.⟩ **0.1** ***geval*** ⇒*toestand, ding, apparaat.*

con·tra·pun·tal ['kɒntrə'pʌntl‖'kɑntrə'pʌnṭl]⟨f1⟩⟨bn.; -ly⟩⟨muz.⟩ **0.1** ***contrapuntisch.***

con·tra·pun·tist [-'pʌnṭɪst]⟨telb.zn.⟩⟨muz.⟩ **0.1** ***contrapuntist.***

con·trar·i·ant [kən'treərɪənt‖-trerɪənt]⟨bn.; -ly⟩ **0.1** ***tegengesteld*** ⇒*antagonistisch, botsend.*

con·tra·ri·e·ty ['kɒntrə'raɪəti‖'kɑntrə'raɪəṭi]⟨telb. en n.-telb.zn.; →mv. 2⟩ **0.1** ***tegenstrijdigheid*** ⇒*onverenigbaarheid, tegengesteldheid/stelling, strijdigheid, discrepantie, inconsistentie* **0.2** ***tegenslag.***

con·trar·i·ous [kən'treərɪəs‖-'trerɪəs]⟨bn.; -ly; -ness⟩⟨vero.⟩ **0.1** ***dwars*** ⇒*tegendraads, tegengesteld, niet-bevorderlijk, tegenwerkend.*

con·trar·i·wise [kən'treəriwaɪz‖'kɑntreri-]⟨bw.⟩ **0.1** ***aan de andere kant*** ⇒*daarentegen, omgekeerd, integendeel* **0.2** ***in tegen(over)gestelde richting*** ⇒*dwars, weerbarstig/spannig, tegendraads, in de contramine.*

con·tra·ro·tat·ing ['kɒntrəroʊteɪtɪŋ‖'kɑntrəroʊteɪṭɪŋ]⟨bn.⟩ **0.1** ***contra-*** ⇒*tegendraaiend* ◆ **1.1** ⟨scheep.⟩ ~ propeller *contraschroef, tegendraaiende schroef, omkeerschroef.*

con·tra·ry[1] ['kɒntrəri‖'kɑntreri]⟨f3⟩⟨telb.zn.; →mv. 2⟩ **0.1** ⟨in enk. altijd met the⟩ ***tegendeel*** ⇒*tegen(over)gestelde* ◆ **6.1** everything goes **by** contraries today *alles zit vandaag tegen/pakt vandaag verkeerd uit;* **on** the ~ *integendeel, juist niet;* ... **to** the ~ ... *ten spijt, niettegenstaande ...;* he's a coward, all his big talk **to** the ~ *hij is een lafaard, ondanks al zijn praatjes;* if I don't hear anything **to** the ~ ... *zonder tegenbericht ...;* evidence **to** the ~ *bewijs v.h. tegendeel.*

contrary[2] ['kɒntrəri⟨in bet. 0.3⟩kən'treəri‖'kɑntreri⟨in bet. 0.3⟩-'treri]⟨f2⟩⟨bn.; -ly; -ness; →bijw. 3⟩ **0.1** ***tegen(over)gesteld*** ⇒*conflicterend, botsend, lijnrecht tegenover elkaar staand, in strijd, strijdig;* ⟨fil.⟩ *contrair* **0.2** ***ongunstig*** ⇒*tegenwerkend, niet-bevorderlijk, averechts, onvoordelig* **0.3** ***tegendraads*** ⇒*weerbarstig/spannig, onhandelbaar, eigenwijs, eigengereid, balorig* ◆ **1.2** ~ winds *tegenwind* **6.1** be ~ **to** *botsen/strijdig zijn met;* ~ **to** *tegen... in, ... ten spijt, ondanks, niettegenstaande, in weerwil v..*

con·trast[1] ['kɒntrɑ:st‖'kɑntræst]⟨f3⟩⟨telb. en n.-telb.zn.⟩ **0.1** ***contrast*** ⟨ook foto.⟩ ⇒*contrastwerking, helderheidsverhouding;* ⟨fig. ook⟩ *tegenbeeld, verschil, onderscheid, tegen(over)stelling* ◆ **6.1** a striking ~ **between** their two daughters *een opvallend contrast tussen hun beide dochters;* **by** ~ **with** *(vooral) naast, (wanneer) vergeleken met, vergeleken bij;* **in** ~ **to/with** *in tegenstelling tot.*

contrast[2] [kən'trɑ:st‖-'træst]⟨f2⟩⟨ww.⟩
I ⟨onov.ww.⟩ **0.1** ***contrasteren*** ⇒*(tegen elkaar) afsteken, (een) verschil(len) vertonen, een contrast vormen* ◆ **6.1** ~ **with** *in contrast staan met, afsteken bij/tegen;*
II ⟨ov.ww.⟩ **0.1** ***tegenover elkaar stellen*** ⇒*vergelijken, aan een vergelijking onderwerpen, naast elkaar leggen* ◆ **6.1** ~ one thing **with/and** the other *het ene tegenover het andere stellen.*

con·tras·tive [kən'trɑ:stɪv‖-'træstɪv]⟨f1⟩⟨bn.; -ly⟩ **0.1** ***contrasterend.***

con·trast·y ['kɒntrɑ:sti‖'kɑntræsti]⟨bn.; vnl. -er; →compar. 7⟩⟨vnl. foto.⟩ **0.1** ***contrastrijk.***

con·trate ['kɒntreɪt‖'kɑn-]⟨bn.⟩ **0.1** ***met tanden loodrecht op het wiel*** ⟨v. tandrad⟩ ◆ **1.1** ~ wheel *kroonrad, kroonwiel.*

con·tra·vene ['kɒntrə'vi:n‖'kɑn-]⟨f1⟩⟨ov.ww.⟩⟨schr.⟩ **0.1** ***strijdig/in strijd zijn met*** ⇒*conflicteren met* **0.2** ***betwisten*** ⇒*in twijfel trekken, aanvechten* **0.3** ⟨vnl. jur.⟩ ***overtreden*** ⇒*contraveniëren, inbreuk maken op, indruisen tegen, schenden.*

con·tra·ven·er [-'vi:nə‖-'vi:nər]⟨telb.zn.⟩⟨schr.⟩ **0.1** ***overtreder.***

con·tra·ven·tion [-'venʃn]⟨f1⟩⟨telb. en n.-telb.zn.⟩⟨schr.⟩ **0.1** ***overtreding*** ⇒*contraventie, inbreuk, schending* ◆ **6.1 in** ~ **of** *in strijd/strijdig met.*

con·tre·danse, con·tre·dance ['kɒntrədɑ:ns‖'kɑntrədæns]⟨telb.zn.⟩ **0.1** ***contradans*** ⟨(muziek voor) dans⟩.

con·tre·temps ['kɒntrətɑ̃‖'kɑn-]⟨telb.zn.; contretemps; →mv. 5⟩ **0.1** ***tegenslag*** ⇒*contrecoup, tegenspoed, ramp, tegenvaller, pech.*

con·trib·ute [kən'trɪbju:t]⟨f3⟩⟨onov. en ov.ww.⟩ **0.1** ***bijdragen*** ⇒*een bijdrage leveren, bevorderen, in de hand werken, contribueren* ◆ **6.1** ~ **to** *bijdragen aan/tot, medewerken aan;* ~ short stories **to** a magazine *korte verhalen schrijven in/voor een blad;* he didn't ~ (anything) **to** our present *hij heeft aan ons cadeau niet(s) bijgedragen;* her divorce ~d **to** her ruin *haar scheiding betekende een bijdrage tot haar ondergang.*

con·tri·bu·tion ['kɒntrɪ'bju:ʃn‖'kɑn-]⟨f3⟩⟨zn.⟩
I ⟨telb.zn.⟩ **0.1** ***bijdrage*** ⇒*inbreng, contributie, premie,* ⟨boek. ook⟩ *artikel;*
II ⟨telb. en n.-telb.zn.⟩ **0.1** ***heffing*** ⇒*belasting,* ⟨i.h.b.⟩ *brandschatting, schatplicht* ◆ **3.1** lay (a country) under ~ *(een land/volk) schattingen/schatplicht opleggen/brandschatten;*
III ⟨n.-telb.zn.⟩ **0.1** ***deelneming*** ⇒*bijdrage.*

con·trib·u·tive [kən'trɪbjʊtɪv‖-bjəṭɪv]⟨bn.; -ly; -ness⟩ **0.1** ***bijdragend*** ⇒*medewerkend.*

con·trib·u·tor [kən'trɪbjʊtə‖-bjəṭər]⟨f1⟩⟨telb.zn.⟩ **0.1** ***bijdrager*** ⇒*contribuant, medewerker/werkster.*

con·trib·u·to·ry[1] [kən'trɪbjʊtri‖-bjətɔri]⟨telb.zn.; →mv. 2⟩ **0.1** ⟨BE; jur.⟩ ***(mede-)aansprakelijk vennoot*** ⇒*commanditaire vennoot, stille vennoot, (mede)firmant* **0.2** →contributor.

contributory[2] ⟨bn.⟩ **0.1** ***medebepalend*** ⇒*bijdragend, bevorderend, medeverantwoordelijk, secundair* **0.2** ⟨v.e. pensioenregeling of verzekering⟩ ***door werkgever en -nemer samen betaald*** ⇒*niet-premievrij* **0.3** ***contribuabel*** ⇒*belastingplichtig, schatplichtig* ◆ **1.1** ⟨jur.⟩ ~ negligence *medeoorzakelijke nalatigheid*.

con·trite [kən'traɪt||'kɑntraɪt]⟨f1⟩⟨bn.; -ly; -ness⟩ **0.1** ***berouwvol*** ⇒*rouwmoedig, schuldbewust, door wroeging gekweld, boetvaardig*.

con·tri·tion [kən'trɪʃn]⟨f1⟩⟨n.-telb.zn.⟩ **0.1** ***(diep) berouw*** ⇒*wroeging, schuldbewustheid, boetvaardigheid* ◆ **1.1** ⟨relig.⟩ act of ~ *akte v. berouw*.

con·tri·vance [kən'traɪvns]⟨f1⟩⟨zn.⟩
I ⟨telb.zn.⟩ **0.1** ***apparaat*** ⇒*toestel, (handig) ding, vinding, mechaniek* **0.2** ⟨vnl. mv.⟩ ***list*** ⇒*truc, slimmigheid(je), handigheid, machinatie;*
II ⟨telb. en n.-telb.zn.⟩ **0.1** ***vernuft(igheid)*** ⇒*vindingrijkheid*.

con·trive [kən'traɪv]⟨f2⟩⟨ww.⟩ →contrived
I ⟨onov.ww.⟩ **0.1** ***de eindjes aan elkaar knopen*** ⇒*rondkomen, handig huishouden, slim beheren* **0.2** ***intrigeren*** ⇒*kuipen, komplotteren, machineren, konkelen, plannetjes smeden/uitbroeden;*
II ⟨ov.ww.⟩ **0.1** ***voor elkaar boksen/krijgen*** ⇒*kans zien om te, klaarspelen, bekokstoven, bedisselen, slagen in* **0.2** ***bedenken*** ⇒*uitvinden, ontwerpen, uitdenken, verzinnen* **0.3** ***beramen*** ⇒*smeden* **0.4** ***in elkaar zetten/knutselen/frutselen*** ◆ **3.1** he had ~d to meet her *hij had het zo uitgekiend dat hij haar zou ontmoeten*.

con·trived [kən'traɪvd]⟨f1⟩⟨bn.; volt. deelw. v. contrive; -ly⟩ **0.1** ***geforceerd*** ⇒*onnatuurlijk, gemaakt, bestudeerd, gewild, gekunsteld*.

con·triv·er [kən'traɪvə||-ər]⟨telb.zn.⟩⟨schr.⟩ **0.1** ***ontwerper*** ⇒*uitvinder, be/uitdenker* **0.2** ***iem. die van weinig kan rondkomen*** ⇒*economisch (ingesteld) iem.* **0.3** ***intrigant***.

con·trol[1] [kən'troul]⟨f3⟩⟨zn.⟩
I ⟨telb.zn.⟩ **0.1** ⟨vnl. mv.⟩ ***bedienings/controlepaneel*** ⇒*regeleenheid, besturingstoestel* **0.2** ⟨vnl. mv.⟩ ***controlemiddel/maatregel*** ⇒*beheersings/regelingsmechanisme* **0.3** ⟨vnl. mv.⟩⟨vnl. biol., psych.⟩ ***controle(groep)*** **0.4** ***controlepunt/post*** **0.5** ⟨spiritisme⟩ ***overgegane*** ⟨die optreedt via een medium⟩;
II ⟨n.-telb.zn.⟩ **0.1** ***beheersing*** ⇒*controle, zeggenschap, gezag, bedwang, beteugeling* **0.2** ***bestuur*** ⇒*op/toezicht, leiding* ◆ **1.1** ~ of a river *de (militaire) beheersing v.e. rivier;* ~ of traffic *verkeersleiding, beheersing v.d. verkeersstroom* **3.1** lose ~ (of o.s.) *zijn zelfbeheersing verliezen, z. vergeten;* keep under ~ *bedwingen, in toom/bedwang houden;* take ~ of/over *de macht/leiding in handen nemen over* **6.1** **beyond** ~ *onhandelbaar, niet te temmen;* **in** ~ **of** *meester v.;* **in** ~ **of** the situation *de situatie meester/de baas;* be **in** the ~ **of** *in de macht zijn v., in de greep zitten v.;* get/go **out of** ~ *uit de hand lopen, onbeheersbaar/onbestuurbaar/stuurloos worden;* have no ~ **over/of** a class *geen orde kunnen houden in een klas;* **under** ~ *onder controle* **6.2** be **in** ~ *de leiding hebben, de macht in handen hebben, het voor het zeggen hebben;* ~ **on/over** an organization *leiding over een organisatie;* **under** parental ~ *onder ouderlijk toezicht*.

control[2] ⟨f3⟩⟨ov.ww.; →ww. 7⟩ **0.1** ***controleren*** ⇒*leiden, toezicht uitoefenen op, regelen, reguleren; beheren, gaan over* ⟨uitgaven⟩ **0.2** ***besturen*** ⇒*aan het roer zitten* **0.3** ***in toom/bedwang houden*** ⇒*beheersen, onder controle houden* **0.4** ***nakijken*** ⇒*controleren, verifiëren, nalopen/zien/trekken* **0.5** ***bestrijken*** ⟨gebied⟩ ◆ **1.1** ⟨ec.⟩ ~ling interest *meerderheidsbelang/participatie* **1.4** ⟨biol., psych.⟩ ~led study *vergelijkende studie*.

con'trol character ⟨telb.zn.⟩⟨comp.⟩ **0.1** ***besturingsteken***.

con'trol chart ⟨telb.zn.⟩ **0.1** ***kwaliteitsbewakingsgrafiek*** ⇒*controlegrafiek*.

con'trol column ⟨telb.zn.⟩ **0.1** ***stuurkolom***.

con'trol experiment ⟨telb.zn.⟩⟨vnl. biol., psych.⟩ **0.1** ***vergelijkende proef***.

con'trol group ⟨telb.zn.⟩ **0.1** ***controlegroep*** ⟨bij experiment⟩.

con·trol·la·bil·i·ty [kən'troulə'bɪləṭi]⟨n.-telb.zn.⟩ **0.1** ***beheers/bestuur/controleer/handelbaarheid***.

con·trol·la·ble [kən'troulәbl]⟨bn.⟩ **0.1** ***beheers/bestuur/controleer/handelbaar***.

con·trol·ler [kən'troulə||-ər], ⟨in bet. 0.2 ook⟩ **comp·trol·ler** ⟨f2⟩ ⟨telb.zn.⟩ **0.1** ***controleur*** ⇒*controlemechanisme, regulateur* **0.2** ***penningmeester*** ⇒*thesaurier, controller* **0.3** ***afdelingschef/hoofd***.

con'trol lever ⟨telb.zn.⟩ **0.1** ***bedieningshefboom/hendel***.

con'trol panel ⟨f1⟩⟨telb.zn.⟩ **0.1** ***bedienings/besturings/controlepaneel*** ⇒*schakelbord, regelpaneel/tafel;* ⟨comp.⟩ *besturingstafel;* ⟨radio⟩ *regietafel, mengtafel, mengpaneel*.

con'trol rocket ⟨telb.zn.⟩⟨ruim.⟩ **0.1** ***stuurraket***.

con'trol rod ⟨telb.zn.⟩⟨nat.⟩ **0.1** ***regelstaaf*** ⟨in kernreactor⟩.

con'trol room ⟨f1⟩⟨telb.zn.⟩ **0.1** ***controlekamer*** ⇒⟨lucht.⟩ *vluchtleidingscentrum;* ⟨spoorwegen⟩ *schakelkamer;* ⟨radio⟩ *regelkamer*.

con'trol stick ⟨telb.zn.⟩⟨lucht.⟩ **0.1** ***stuurknuppel***.

con'trol surface ⟨telb.zn.⟩⟨lucht.⟩ **0.1** ***roer/stuurvlak***.

con'trol system ⟨telb.zn.⟩ **0.1** ***controlesysteem***.

con'trol tower ⟨f1⟩⟨telb.zn.⟩⟨lucht.⟩ **0.1** ***verkeerstoren***.

con'trol unit ⟨telb.zn.⟩⟨comp.⟩ **0.1** ***besturingseenheid/orgaan***.

con·tro·ver·sial ['kɒntrə'vɜːʃl||'kɑntrə'vɜrʃl]⟨f2⟩⟨bn.; -ly⟩ **0.1** ***controversieel*** ⇒*aanvechtbaar, omstreden, geruchtmakend, aangevochten, betwistbaar* **0.2** ***polemisch*** ⇒*tegendraads, ruzieachtig, polariserend*.

con·tro·ver·sial·ist ['kɒntrə'vɜːʃəlɪst||'kɑntrə'vɜr-]⟨telb.zn.⟩ **0.1** ***polemist***.

con·tro·ver·sy ['kɒntrəvɜːsi, kən'trɒvəsi||'kɑntrəvɜrsi]⟨f2⟩⟨zn.; →mv. 2⟩
I ⟨telb.zn.⟩ **0.1** ***controverse*** ⇒*strijdpunt, polemiek, pennestrijd, discussie, dispuut* ◆ **6.1** **in** a ~ **against/with** s.o. **about/on** sth. *in een geschil met iem. over iets;*
II ⟨n.-telb.zn.⟩ **0.1** ***onenigheid*** ⇒*wrijving, verdeeldheid, gekrakeel, beroering* ◆ **3.1** cause a great deal of ~ *veel stof doen opwaaien* **6.1** **beyond** ~ *buiten kijf, boven (elke) discussie verheven*.

con·tro·vert ['kɒntrə'vɜːt||'kɑntrə'vɜrt]⟨ov.ww.⟩ **0.1** ***zich kanten tegen*** ⇒*bestrijden, aanvechten, betwisten* **0.2** ***loochenen*** ⇒*ontkennen, verwerpen* **0.3** ***debatteren/discussiëren/redetwisten over***.

con·tro·vert·i·ble ['kɒntrə'vɜːtəbl||'kɑntrə'vɜrṭəbl]⟨bn.⟩ **0.1** ***betwistbaar*** ⇒*aanvechtbaar, bediscussieerbaar*.

con·tu·ma·cious ['kɒntjʊ'meɪʃəs||'kɑnṭə-]⟨bn.; -ly; -ness⟩⟨schr.⟩ **0.1** ***weerspannig*** ⟨i.h.b. t.a.v. rechtbank⟩ ⇒*weerbarstig, ongezeglijk, recalcitrant, opstandig*.

con·tu·ma·cy ['kɒntjʊməsi||'kɑnṭʊ-]⟨telb. en n.-telb.zn.; →mv. 2⟩ ⟨schr.⟩ **0.1** ***weerspannigheid*** ⇒*weerbarstigheid, ongezeglijkheid, recalcitrantie, opstandigheid;* ⟨i.h.b. jur.⟩ *contumacie, verstek, insubordinatie*.

con·tu·me·li·ous ['kɒntjʊ'miːlɪəs||'kɑnṭə-]⟨bn.; -ly⟩ **0.1** ***onbeschaamd*** ⇒*schaamteloos, smalend, krenkend, minachtend, vernederend*.

con·tu·me·ly ['kɒntjuːmli, kən'tjuːməli||'kɑntuːməli]⟨telb. en n.-telb.zn.; →mv. 2⟩ **0.1** ***vernedering*** ⇒*krenking, minachting, belediging, onbeschaamdheid, schaamteloosheid*.

con·tuse [kən'tjuːz||-'tuːz]⟨ov.ww.⟩⟨med.⟩ **0.1** ***kneuzen*** ⇒*bezeren*.

con·tu·sion [kən'tjuːʒn||-'tuːʒn]⟨telb. en n.-telb.zn.⟩⟨med.⟩ **0.1** ***kneuzing*** ⇒*contusie*.

co·nun·drum [kə'nʌndrəm]⟨f1⟩⟨telb.zn.⟩ **0.1** ***raadsel(vraag)*** ⇒*strikvraag, raadselachtige kwestie*.

con·ur·ba·tion ['kɒnɜː'beɪʃn||'kɑnɜr-]⟨f1⟩⟨telb.zn.⟩ **0.1** ***agglomeratie*** ⇒*verstedelijkt gebied, stedengroep, stadsgewest*.

con·va·lesce ['kɒnvə'les||'kɑn-]⟨f1⟩⟨onov.ww.⟩ **0.1** ***herstellen(de zijn)*** ⟨v.e. ziekte⟩ ⇒*genezen, weer gezond worden, aansterken*.

con·va·les·cence ['kɒnvə'lesns||'kɑn-]⟨f1⟩⟨telb. en n.-telb.zn.⟩ **0.1** ***herstel(periode)*** ⇒*genezing(speriode), (re)convalescentie*.

con·va·les·cent[1] ['kɒnvə'lesnt||'kɑn-]⟨f1⟩⟨telb.zn.⟩ **0.1** ***herstellende patiënt/zieke*** ⇒*(re)convalescent*.

convalescent[2] ⟨f1⟩⟨bn.; -ly⟩ **0.1** ***herstellend*** ⇒*genezend, herstellings-, (re)convalescent* ◆ **1.1** ~ hospital/(nursing) home *herstellingsoord*.

con·vec·tion [kən'vekʃn]⟨n.-telb.zn.⟩⟨meteo., nat.⟩ **0.1** ***convectie***.

con·vec·tor [kən'vektə||-ər]⟨telb.zn.⟩ **0.1** ***convector*** ⇒*convectiekachel, warmtewisselaar*.

con·vene [kən'viːn]⟨f1⟩⟨ww.⟩
I ⟨onov.ww.⟩ **0.1** ***bijeen/samenkomen*** ⇒*(zich) vergaderen;*
II ⟨ov.ww.⟩ **0.1** ***bijeen/samenroepen*** ⇒*convoceren* **0.2** ***dagen*** ⇒*(voor het gerecht) ontbieden, dagvaarden, oproepen*.

con·ven·er, con·ven·or [kən'viːnə||-ər]⟨telb.zn.⟩⟨vnl. BE⟩ **0.1** ***lid v.e vereniging belast met de convocaties*** ⇒*secretaris, voorzitter*.

con·ven·ience[1] [kən'viːnɪəns], ⟨zelden⟩ **con·ven·ien·cy** [-nɪənsi]⟨f3⟩ ⟨zn.; →mv. 2⟩
I ⟨telb.zn.⟩⟨BE; schr. of scherts.⟩ **0.1** ***(openbaar) toilet*** ⇒*W.C., urinoir* ◆ **2.1** public ~s *openba(a)r(e) toilet(ten);*
II ⟨telb. en n.-telb.zn.⟩ **0.1** ***gemak*** ⇒*conveniëntie, geschiktheid, comfort, gerief(lijkheid), voordeel* ◆ **2.1** all the modern ~s *alle moderne gemakken;* your own ~ *jouw eigen belang/voordeel* **3.1** make a ~ of s.o. *iem. als voetveeg gebruiken, misbruik maken van iem.* **6.1** **at** your ~ *naar/wanneer het u schikt/gelegen komt;* **at** your earliest ~ *zodra het u schikt/gelegen komt, bij uw eerste gelegenheid;* **for** ~ (sake) *gemakshalve*.

convenience[2] ⟨ov.ww.⟩ **0.1** ***gerieven*** ⇒*dienen voor het gemak van, schikken, (goed) uitkomen, conveniëren*.

con'venience food ⟨telb. en n.-telb.zn.⟩ **0.1** ***vlug-klaar-gerecht(en)*** ⇒*kant-en-klaar-maaltijd(en)*.

con'venience goods ⟨mv.⟩⟨ec.⟩ **0.1** ***kant-en-klare consumptiegoederen*** ⇒*meeneemartikelen* ⟨bv. diepvriesmaaltijden, snoep, tijdschriften⟩.

con·ven·ient [kən'vi:nɪənt]⟨f3⟩⟨bn.; -ly⟩ **0.1** ***geschikt*** ⇒*passend, geriefelijk, gelegen (komend), gunstig, handig, gemakkelijk, conveniënt* **0.2** ⟨inf.⟩ ***gunstig gelegen*** ⇒*gemakkelijk bereikbaar* ◆ **3.1** they were ~ly forgotten *zij werden gemakshalve vergeten* **6.1** will two o'clock be ~ **to/for** you? *is twee uur een geschikte tijd voor je?, schikt twee uur jou?* **6.2** a house that's ~**for** the shops *een huis met veel winkels in de buurt/dat gunstig ligt ten opzichte v.d. winkels.*

con·vent ['kɒnvent‖'kɑnvənt]⟨f2⟩⟨telb.zn.⟩ **0.1** ***(nonnen)klooster*** ⇒*convent, kloostergebouw/gemeenschap* ◆ **3.1** enter a ~ *in het klooster treden, non worden.*

con·ven·ti·cle [kən'ventɪkl]⟨telb.zn.⟩ **0.1** ***conventikel*** ⇒⟨i.h.b. Engelse gesch.⟩ *(gebouw voor) geheime samenkomst v. dissenters/nonconformisten, schuilkerk, geheime godsdienstoefening.*

con·ven·tion [kən'venʃn]⟨f3⟩⟨zn.⟩
I ⟨telb.zn.⟩ **0.1** ***conventie*** ⇒*overeenkomst, verdrag, verbond, internationale regel/afspraak* **0.2** ***conventie*** ⇒*bijeenkomst, (partij) congres, conferentie;*
II ⟨telb. en n.-telb.zn.⟩ **0.1** ***conventie*** ⇒*gewoonte, gebruik, regel, afspraak, standaardtechniek/procedure* **0.2** ⟨bridge⟩ ***conventie.***

con·ven·tion·al [kən'venʃnəl]⟨f3⟩⟨bn.; -ly⟩ **0.1** ***conventioneel*** ⇒*op conventie(s) berustend, gebruikelijk, traditioneel, vormelijk* **0.2** ⟨pej.⟩ ***conformistisch*** ⇒*fantasieloos, behoudzuchtig, geborneerd* **0.3** ***conventioneel*** ⇒*niet-nucleair* ⟨bewapening e.d.⟩ **0.4** ***gestileerd*** ◆ **1.1** ~ wisdom *volkswijsheid.*

con·ven·tion·al·ism [kən'venʃnəlɪzm]⟨n.-telb.zn.⟩ **0.1** ***conventionalisme*** ⇒*traditionalisme, vormelijkheid.*

con·ven·tion·al·ist [-ɪst]⟨telb.zn.⟩ **0.1** ***conformist*** ⇒*conservatief, traditionalist, vormelijk iem..*

con·ven·tion·al·i·ty [kən'venʃə'næləṭi]⟨zn.; →mv. 2⟩
I ⟨telb. en n.-telb.zn.⟩ **0.1** ***conventie*** ⇒*gewoonte, standaardpraktijk;*
II ⟨n.-telb.zn.⟩ **0.1** ***conventionaliteit*** ⇒*vormelijkheid, het conventionele/traditionele;*
III ⟨mv.; conventionalities; the⟩ **0.1** ***vaste gebruiken en gewoonten*** ⇒*etiquette, vormen.*

con·ven·tion·al·ize, -ise [kən'venʃnəlaɪz]⟨ov.ww.⟩ **0.1** ***conventionaliseren*** ⇒*(aan de heersende vormen) aanpassen* **0.2** ***stileren*** ◆ **1.1** ~d behaviour *aangepast gedrag.*

con·ven·tion·eer [kən'venʃə'nɪə‖-'nɪr]⟨telb.zn.⟩⟨AE⟩ **0.1** ***congresganger*** ⇒*afgevaardigde, conferentiebezoeker.*

'convent school ⟨telb.zn.⟩ **0.1** ***klooster/nonnen/zusterschool.***

con·ven·tu·al¹ [kən'ventʃuəl]⟨telb.zn.⟩ **0.1** ***kloosterling(e)*** ⇒*non, broeder, monnik, pater* **0.2** ⟨ook C-⟩ ***conventueel*** ⇒*zwarte franciscaan.*

conventual² ⟨bn.⟩ **0.1** ***kloosterlijk*** ⇒*klooster-, nonnen-* **0.2** ⟨ook C-⟩ ***v./mbt. de conventuelen.***

con·verge [kən'vɜ:dʒ‖-'vɜrdʒ]⟨f2⟩⟨ww.⟩
I ⟨onov.ww.⟩ **0.1** ***samenkomen/lopen/vallen*** ⇒*convergeren* ⟨ook wisk.⟩ ◆ **6.1** armies converging **on** an enemy town *van verschillende kanten tegen een vijandelijke stad optrekkende legers, zich rond een vijandelijke stad samentrekkende legers;*
II ⟨ov.ww.⟩ **0.1** ***naar één punt leiden*** ⇒*doen convergeren/samenkomen.*

con·ver·gence [kən'vɜ:dʒəns‖-'vɜr-], **con·ver·gen·cy** [-dʒənsi]⟨zn.; →mv. 2⟩
I ⟨telb.zn.⟩ **0.1** ***mate/punt v. convergentie*** ⇒*convergentiepunt;*
II ⟨n.-telb.zn.⟩ **0.1** ***convergentie*** ⟨ook biol., meteo., wisk.⟩ **0.2** ***het samenkomen/vallen*** ⇒*het convergeren.*

con·ver·gent [kən'vɜ:dʒənt‖-'vɜr-]⟨bn.⟩ **0.1** ***convergerend*** ⟨ook biol., meteo., wisk.⟩ ⇒*convergent, in één punt samenkomend, samenvallend.*

con·ver·sance [kən'vɜ:sns‖-'vɜr-], **con·ver·san·cy** [-sənsi]⟨n.-telb.zn.⟩ **0.1** ***vertrouwdheid*** ⇒*bedrevenheid.*

con·ver·sant [kən'vɜ:snt‖-'vɜr-]⟨f1⟩⟨bn., pred.; -ly⟩ **0.1** ***vertrouwd*** ⇒*bedreven, geoefend, (goed) op de hoogte* ◆ **6.1** ~ **in** many studies *zich bezighoudend met vele studies;* ~ **with** international politics *vertrouwd met de internationale politiek.*

con·ver·sa·tion ['kɒnvə'seɪʃn‖'kɑnvər-]⟨f3⟩⟨telb. en n.-telb.zn.⟩ **0.1** ***gesprek*** ⇒*conversatie, praatje.*

con·ver·sa·tion·al ['kɒnvə'seɪʃnəl‖'kɑnvər-]⟨f1⟩⟨bn.; -ly⟩ **0.1** ***gespreks-*** ⇒*conversatie-, gemeenzaam, gemoedelijk, omgangs-* **0.2** ***spraakzaam*** ⇒*onderhoudend, gezellig.*

con·ver·sa·tion·al·ist ['kɒnvə'seɪʃnəlɪst‖'kɑnvər-], **con·ver·sa·tion·ist** [-'seɪʃənɪst]⟨telb.zn.⟩ **0.1** ***causeur*** ⇒*onderhoudende/gezellige prater.*

conver'sation piece ⟨telb.zn.⟩ **0.1** ⟨schilderkunst⟩ ***conversation piece*** ⇒*genrestuk(je)* **0.2** ***gesprek v.d. dag*** ⇒*gespreksstof, geliefd onderwerp.*

conver'sation pit ⟨f1⟩⟨telb.zn.⟩ **0.1** ***zitkuil.***

con·ver'sa·tion-stop·per ⟨telb.zn.⟩ **0.1** ***iets/opmerking waardoor de conversatie stokt.***

con·ver·sa·zi·o·ne ['kɒnvəsætsi'ouni‖'kɑnvərsɑ-]⟨telb.zn.; ook conversazioni [-'ouni:]; →mv. 5⟩⟨Italiaans⟩ **0.1** ***gespreksavond*** ⇒*culturele avond, soiree, salon.*

con·verse¹ ['kɒnvɜ:s‖'kɑnvɜrs]⟨f1⟩⟨telb. en n.-telb.zn.⟩ **0.1** ⟨the⟩ ***tegendeel*** ⇒*omgekeerde, omkering, tegenovergestelde;* ⟨logica⟩ *conversie* **0.2** ⟨vero.⟩ ***conversatie*** ⇒*gesprek* **0.3** ⟨vero.⟩ ***omgang.***

converse² ['kɒnvɜ:s‖kən'vɜrs]⟨f1⟩⟨bn.; -ly⟩ **0.1** ***tegenovergesteld*** ⇒*omgekeerd.*

converse³ [kən'vɜ:s‖-'vɜrs]⟨f2⟩⟨onov.ww.⟩ **0.1** ***spreken*** ⇒*converseren, een gesprek voeren* **0.2** ⟨vero.⟩ ***omgaan*** ◆ **6.1** ~ **with** s.o. **(up)on** *zich met iem. over iets onderhouden* **6.2** ~ **with** *omgaan met.*

con·ver·sion [kən'vɜ:ʃn‖-'vɜrʒn]⟨f2⟩⟨zn.⟩
I ⟨telb.zn.⟩⟨BE⟩ **0.1** ***gesplitst pand*** ⇒*huis met appartementen;*
II ⟨telb. en n.-telb.zn.⟩ **0.1** ***omzetting*** ⇒*om/overschakeling, overgang, conversie, omrekening, herbestemming, herinrichting, verbouwing* **0.2** ⟨kerk.⟩ ***bekering*** **0.3** ⟨Am. voetbal⟩ ***conversie*** ◆ **1.2** ~ of pagans to Christianity *kerstening v. heidenen;*
III ⟨n.-telb.zn.⟩ **0.1** ***conversie*** ⟨ook ec., logica, psych.⟩ **0.2** ⟨jur.⟩ ***wederrechtelijke toeëigening*** ⇒*verduistering.*

con·vert¹ ['kɒnvɜ:t‖'kɑnvɜrt]⟨f2⟩⟨telb.zn.⟩ **0.1** ***bekeerling*** ⇒*convertiet.*

convert² [kən'vɜ:t‖-'vɜrt]⟨f3⟩⟨ww.⟩
I ⟨onov.ww.⟩ **0.1** ***(een) verandering(en) ondergaan*** ⇒*veranderen, omzetbaar zijn, overgaan, overschakelen* **0.2** ⟨AE⟩ ***zich bekeren*** ⇒*v. godsdienst veranderen* **0.3** ⟨hand.⟩ ***converteerbaar/convertibel/inwisselbaar zijn*** **0.4** ⟨rugby⟩ ***een conversie uitvoeren*** ⇒*een try afmaken, scoren* ◆ **6.1** this seat ~s **into** a single bed *deze stoel is uitklapbaar tot een éénpersoonsbed;* Britain ~ed **to** decimal currency in 1971 *Engeland is in 1971 op het decimale muntstelsel overgegaan* **6.3** at what rate does the dollar ~ **into** guilders? *wat is de wisselkoers v./hoe staat de dollar ten opzichte v.d. gulden?;*
II ⟨ov.ww.⟩ **0.1** ⟨vnl. pass.⟩ ***bekeren*** ⟨ook fig.⟩ ⇒*overhalen* **0.2** ***om/overschakelen/zetten*** ⇒*veranderen, om/verbouwen, om/inwisselen* ⟨ook hand., geldw.⟩, *converteren, omrekenen* **0.3** ***zich (wederrechtelijk) toeëigenen*** ⇒*verduisteren* **0.4** ⟨sport, i.h.b. rugby en voetbal⟩ ***verzilveren*** ⇒*in een doelpunt omzetten, scoren uit* ⟨penalty, doelschop, vrije trap enz.⟩ **0.5** ⟨logica⟩ ***veranderen/omdraaien door conversie*** ◆ **1.2** ~ a loan *een lening converteren;* a ~ed mansion *een verbouwd/in appartementen gesplitst herenhuis* **6.2** ~ dollars **into** guilders *dollars omwisselen in/tegen/voor guldens;* ~ coal **to** gas *steenkool vergassen* **6.3** ~ public funds **to** one's own use *gemeenschapsgelden ten eigen bate aanwenden.*

con·vert·er, con·ver·tor [kən'vɜ:tə‖-'vɜrṭər]⟨telb.zn.⟩⟨tech.⟩ **0.1** ***convertor*** **0.2** ⟨elek., comp.⟩ ***(signaal) omzetter/omvormer*** ⇒*convertor.*

con·vert·i·bil·i·ty [kən'vɜ:tə'bɪləti‖kən'vɜrṭə'bɪləṭi]⟨telb. en n.-telb.zn.; →mv. 2⟩⟨geldw.⟩ **0.1** ***convertibiliteit*** ⇒*converteerbaarheid, in/omwisselbaarheid.*

con·vert·i·ble¹ [kən'vɜ:təbl‖-'vɜrṭəbl]⟨f1⟩⟨telb.zn.⟩ **0.1** ⟨geldw.⟩ ***converteerbare eenheid*** ⇒*obligatie, aandeel, wissel, schuldbekentenis* **0.2** ***convertible*** ⇒*cabriolet* ⟨auto⟩.

convertible² ⟨f1⟩⟨bn.; -ly; -ness; →bijw. 3⟩ **0.1** ⟨geldw.⟩ ***convertibel*** ⇒*converteerbaar, in/omwisselbaar* **0.2** ***met vouwdak*** ⇒*met open dak, voorzien v.e. terugklapbaar/afneembaar dak* **0.3** ***variabel*** ⟨vnl. v. meubels⟩ ⇒*opvouwbaar, in/uitklapbaar, vouw-.*

con·vert·i·plane, con·vert·a·plane [kən'vɜ:tɪpleɪn‖-'vɜrṭɪ-]⟨telb.zn.⟩⟨lucht.⟩ **0.1** ***VTOL-vliegtuig*** ⟨dat horizontaal en verticaal kan opstijgen/landen⟩.

con·vex ['kɒn'veks‖'kɑn'veks]⟨f1⟩⟨bn.; -ly⟩ **0.1** ***convex*** ⇒*bol (rond).*

con·vex·i·ty [kən'veksəṭi]⟨zn.; →mv. 2⟩
I ⟨telb.zn.⟩ **0.1** ***convex/bol(rond) oppervlak*** ⇒*convexe figuur/lijn, welving;*
II ⟨n.-telb.zn.⟩ **0.1** ***convexiteit*** ⇒*bol(rond)heid, gewelfdheid.*

con·vex·o-con·cave [kən'veksou'kɒŋkeɪv‖-'kɑŋ-]⟨bn.⟩ **0.1** ***convex-concaaf*** ⇒*holbol.*

con'vex·o-'con·vex ⟨bn.⟩ **0.1** ***biconvex*** ⇒*dubbelbol.*

con·vey [kən'veɪ]⟨f3⟩⟨ov.ww.⟩ **0.1** ***(ver)voeren*** ⇒*transporteren, (ge)leiden, (over)brengen* **0.2** ***meedelen*** ⇒*overbrengen, bekend/kenbaar/duidelijk maken, uitdrukken, inhouden* **0.3** ⟨jur.⟩ ***overdragen*** ⇒*transporteren* ⟨v. bezit⟩ ◆ **1.2** his tone ~ed his real intention *uit zijn toon bleek zijn werkelijke bedoeling.*

con·vey·a·ble [kən'veɪəbl]⟨bn.⟩ **0.1** ***vervoerbaar*** **0.2** ***mededeelbaar*** ⇒*uitdrukbaar* **0.3** ⟨jur.⟩ ***overdraagbaar*** ⇒*transporteerbaar.*

con·vey·ance [kən'veɪəns]⟨zn.⟩
I ⟨telb.zn.⟩ **0.1** ⟨jur.⟩ ***overdrachts/transportakte*** **0.2** ***vervoermiddel;***
II ⟨n.-telb.zn.⟩ **0.1** ⟨jur.⟩ ***(bezits/eigendoms)overdracht/transport*** **0.2** ***vervoer*** ⇒*transport* **0.3** ***overdracht/brenging*** ⇒*uitdrukking.*

con·vey·anc·er [kən'veɪənsə||-ər]⟨telb.zn.⟩⟨jur.⟩ 0.1 jurist die overdrachtsakten opstelt ⇒notaris.

con·vey·anc·ing [kən'veɪənsɪŋ]⟨n.-telb.zn.⟩⟨jur.⟩ 0.1 overdrachtsrecht/wetgeving.

con·vey·er, con·vey·or [kən'veɪə||-ər]⟨f1⟩⟨telb.zn.⟩ 0.1 vervoerder ⇒transporteur 0.2 ⟨verk.⟩ ⟨conveyer belt⟩.

con'veyer belt ⟨f1⟩⟨telb.zn.⟩ 0.1 transportband ⇒sorteerband, lopende band.

con·vict[1] ['kɒnvɪkt||'kɑn-]⟨f2⟩⟨telb.zn.⟩ 0.1 veroordeelde 0.2 gedetineerde ⇒gevangene 0.3 ⟨AE; circus⟩ zebra.

convict[2] [kən'vɪkt]⟨f2⟩⟨ov.ww.⟩ 0.1 veroordelen ⇒schuldig bevinden/verklaren 0.2 doen inzien/bekennen ⇒overtuigen ◆ 6.1 ~ed of murder veroordeeld wegens moord 6.2 ~ed of guilt overtuigd v. schuld, schuldbewust.

'convict colony ⟨telb.zn.⟩ 0.1 strafkolonie ⇒dwangarbeiderskamp.

con·vic·tion [kən'vɪkʃn]⟨f3⟩⟨telb. en n.-telb.zn.⟩ 0.1 veroordeling ⇒schuldigbevinding/verklaring 0.2 (innerlijke) overtuiging ⇒overtuigdheid, (vaste) mening, convictie ◆ 2.2 be open to ~ voor overtuiging/overreding vatbaar zijn 3.2 carry ~ overtuigend zijn; speak from/without ~ uit/zonder overtuiging spreken.

con·vic·tive [kən'vɪktɪv]⟨bn.; -ly⟩ 0.1 veroordelend ⇒schuld aantonend/bewijzend 0.2 overtuigend.

'convict labour ⟨n.-telb.zn.⟩ 0.1 dwangarbeid.

con·vince [kən'vɪns]⟨f3⟩⟨ov.ww.⟩ →convincing 0.1 overtuigen ⇒overreden, overhalen ◆ 6.1 ~ s.o. of sth. iem. van iets overtuigen 8.1 ~ s.o. that he should go iem. overreden te gaan.

con·vince·ment [kən'vɪnsmənt]⟨telb. en n.-telb.zn.⟩ 0.1 bekering 0.2 (godsdienstige) overtuiging.

con·vin·ci·ble [kən'vɪnsəbl]⟨bn.⟩ 0.1 overreedbaar ⇒vermurwbaar.

con·vinc·ing [kən'vɪnsɪŋ]⟨f2⟩⟨bn.; teg. deelw. v. convince; -ly; -ness⟩ 0.1 overtuigend ⇒aannemelijk, geloofwaardig, plausibel.

con·viv·i·al [kən'vɪvɪəl]⟨f1⟩⟨bn.; -ly⟩ 0.1 (levens)lustig ⇒joviaal, uitgelaten, rondborstig, gezellig, bourgondisch 0.2 vrolijk ⇒jolig, feestelijk, uitbundig, gastronomisch.

con·viv·i·al·ist [kən'vɪvɪəlɪst]⟨telb.zn.⟩ 0.1 feestnummer ⇒pretmaker, gezelligheidsmens, gastronoom.

con·viv·i·al·i·ty [kənvɪvi'æləṭi]⟨n.-telb.zn.⟩ 0.1 (levens)lustigheid ⇒jovialiteit, uitgelatenheid, rondborstigheid, gezelligheid 0.2 feestelijkheid ⇒joligheid, vrolijkheid, uitbundigheid.

con·vo·ca·tion ['kɒnvə'keɪʃn||'kɑn-]⟨f1⟩⟨zn.⟩
I ⟨telb.zn.⟩ 0.1 vergadering ⇒bijeenkomst;
II ⟨n.-telb.zn.⟩ 0.1 bijeen/samenroeping ⇒convocatie, oproep;
III ⟨verz.n.; vaak C-⟩ 0.1 ⟨kerk.⟩ synode 0.2 ⟨BE; school.⟩ universiteitsraad bestaande uit afgestudeerden.

con·voke [kən'voʊk]⟨ov.ww.⟩ 0.1 bijeen/op/samenroepen ⇒convoceren.

con·vo·lute[1] ['kɒnvəlu:t||'kɑn-]⟨bn.; -ly⟩ 0.1 gedraaid[1] ⇒gekronkeld, opgerold.

convolute[2] ⟨ww.⟩ →convoluted
I ⟨onov.ww.⟩ 0.1 kronkelen ⇒in elkaar draaien;
II ⟨ov.ww.⟩ 0.1 (om)winden ⇒omheen draaien.

con·vo·lut·ed ['kɒnvəlu:tɪd||'kɑnvəlu:ṭɪd]⟨bn.; volt. deelw. v. convolute; -ly⟩ 0.1 (in elkaar) gedraaid ⇒gekronkeld, opgerold 0.2 ingewikkeld ⇒gecompliceerd, ondoorzichtig.

con·vo·lu·tion ['kɒnvə'lu:ʃn||'kɑn-]⟨telb.zn.⟩ 0.1 ⟨vnl. mv.⟩ kronkeling ⇒draaiing, winding, kronkel(structuur), verwikkeling 0.2 ⟨med.⟩ (hersen)plooiing/winding ⇒gyrus.

con·volve [kən'vɒlv||-'vɑlv]⟨onov. en ov.ww.; vnl. als volt. deelw.⟩ 0.1 op/ineenrollen ⇒ineendraaien, winden, kronkelen.

con·vol·vu·lus [kən'vɒlvjʊləs||-'vɑlvjə-]⟨telb.zn.; ook convolvuli [-laɪ]; →mv. 5⟩⟨plantk.⟩ 0.1 winde ⇒convolvulus ⟨genus Convolvulus⟩.

con·voy[1] ['kɒnvɔɪ||'kɑn-]⟨f2⟩⟨zn.⟩
I ⟨n.-telb.zn.⟩ 0.1 konvooiering ⇒escortering 0.2 het reizen/varen onder konvooi ◆ 6.1 sail under ~ onder konvooi varen;
II ⟨verz.n.⟩ 0.1 konvooi ⇒(krijgs)geleide, escorte, onder geleide reizende/varende transportmiddelen/troepen.

convoy[2] ['kɒnvɔɪ||kən'vɔɪ]⟨ov.ww.⟩ 0.1 konvooieren ⇒escorteren, (be)geleiden.

con·vulse [kən'vʌls]⟨f1⟩⟨ww.⟩
I ⟨onov.ww.⟩ 0.1 stuiptrekken ⇒stuipen/convulsies krijgen;
II ⟨ov.ww.⟩ 0.1 schokken ⇒in (hevige) beroering brengen, aangrijpen, op zijn kop zetten, in rep en roer brengen 0.2 ⟨vnl. pass⟩ uitbundig doen lachen ⇒doen schuddebuiken 0.3 ⟨vnl. pass.⟩ doen stuiptrekken ⇒krampachtig doen samentrekken, verkrampen ◆ 1.1 we were ~d by the news of his death het nieuws van zijn dood sloeg bij ons in als een bom 6.2 be ~d with laughter zich een stuip/bult lachen, krom liggen/schudden van het lachen.

con·vul·sion [kən'vʌlʃn]⟨f1⟩⟨zn.⟩
I ⟨telb.zn.⟩ 0.1 ⟨vnl. mv.⟩ stuip(trekking) ⇒convulsie 0.2 uitbarsting ⇒verstoring, opschudding, beroering, tumult ◆ 1.2 a ~ of nature een natuurramp 2.2 civil ~s heftig oproer onder de burgerbevolking;
II ⟨mv.; ~s⟩ 0.1 lachsalvo ⇒onbedaarlijk gelach ◆ 6.1 they were all in ~s iedereen zat te bulderen van het lachen.

con·vul·sion·ar·y[1] [kən'vʌlʃənri||-ʃəneri]⟨telb.zn.; →mv. 2⟩ 0.1 stuiplijder ⟨i.h.b. door religieus fanatisme⟩.

convulsionary[2] ⟨bn.⟩ 0.1 stuipachtig ⇒convulsief, spastisch.

con·vul·sive [kən'vʌlsɪv]⟨f1⟩⟨bn.; -ly; -ness⟩ 0.1 stuipachtig ⇒convulsief, spastisch, verkrampt, krampachtig 0.2 schokkend ⇒grote opschudding veroorzakend, bewogen, tumultueus 0.3 stuiptrekkend ⇒aan stuipen lijdend.

co·ny, co·ney ['koʊni]⟨zn.; →mv. 2⟩
I ⟨telb.zn.⟩⟨dierk.⟩ 0.1 konijn ⇒⟨i.h.b.⟩ Europees konijn ⟨Oryctolagus cuniculus⟩ 0.2 fluithaas ⟨genus Ochotona⟩ 0.3 ⟨O.T.⟩ konijntje ⟨eigenlijk de klipdas, genus Procavia⟩;
II ⟨n.-telb.zn.⟩ 0.1 konijn(ebont) ⟨i.h.b. als imitatie⟩.

coo[1] [ku:]⟨f1⟩⟨telb.zn.⟩ 0.1 roekoe(geluid) ⇒gekoer ◆ ¶.¶ ~! hè?!, Jeetje!.

coo[2] ⟨f1⟩⟨ww.⟩
I ⟨onov.ww.⟩ 0.1 roekoeën ⇒koeren, kirren ⟨ook fig.⟩;
II ⟨ov.ww.⟩ 0.1 kirrend/koerend zeggen ⇒lispelen.

coo·ee[1], **coo·ey** ['ku:i]⟨telb.zn.⟩⟨vnl. Austr. E⟩ 0.1 (nabootsing van) geluid om iem. (van verre) aan te roepen ◆ 6.1 ⟨inf.⟩ within (a) ~ vlakbij, binnen roepafstand.

cooee[2], **cooey** ⟨onov.ww.⟩⟨vnl. Austr. E⟩ 0.1 een schrille kreet/cooee slaken/nabootsen.

cook[1] [kʊk]⟨f3⟩⟨telb.zn.⟩⟨→sprw. 695⟩ 0.1 kok(kin) 0.2 ⟨AE; inf.⟩ leider ⇒baas, initiatiefnemer.

cook[2] ⟨f3⟩⟨ww.⟩ →cooked, cooking
I ⟨onov.ww.⟩ 0.1 op het vuur staan ⇒(af)koken, sudderen 0.2 ⟨sl.⟩ geroosterd worden ⟨sterven op de elektrische stoel⟩;
II ⟨onov. en ov.ww.⟩ 0.1 koken ⇒(eten) bereiden/klaarmaken ◆ 4.¶ ⟨inf.⟩ what's ~ing? wat is er aan de hand/loos?, wat is de bedoeling?;
III ⟨ov.ww.⟩ 0.1 ⟨inf.⟩ knoeien met ⇒vervalsen, fraude plegen met 0.2 ⟨sl.⟩ vers(j)teren ⇒verpesten, bederven ◆ 5.¶ ⟨inf.⟩ ~ up verzinnen, (haastig) in elkaar draaien, bij elkaar liegen; bekonkelen.

cooked [kʊkt]⟨bn.; oorspr. volt. deelw. v. cook⟩⟨sl.⟩ 0.1 afgepeigerd ⇒afgedraaid, bekaf, moe, gaar 0.2 vervalst ⇒geflatteerd 0.3 ⟨AE⟩ mislukt ⇒verslagen 0.4 ⟨AE⟩ bezopen ⇒teut, lam, dronken ◆ 1.2 ~ accounts geknoei in de boekhouding.

cook·er ['kʊkə||-ər]⟨f2⟩⟨telb.zn.⟩ 0.1 kooktoestel ⇒fornuis, kookplaat/stel 0.2 (kook)pan 0.3 ⟨tech.⟩ koker 0.4 ⟨vnl. mv.⟩ stoofappel/peer ⟨tgo. handappel/peer⟩.

cook·er·y ['kʊkəri]⟨f1⟩⟨zn.; →mv. 2⟩
I ⟨telb.zn.⟩⟨AE⟩ 0.1 kookplaats/ruimte ⇒keuken;
II ⟨n.-telb.zn.⟩ 0.1 het koken ⇒kookkunst, kokerij, het kokkerellen.

'cookery book, ⟨AE⟩ **'cook·book** ⟨f1⟩⟨telb.zn.⟩ 0.1 kookboek ⇒receptenboek ⟨ook fig.⟩.

'cook-'gen·er·al ⟨telb.zn.; cooks-general; →mv. 6⟩⟨BE⟩ 0.1 dienstmeisje alleen.

'cook·house ⟨telb.zn.⟩ 0.1 veldkeuken ⇒kampkeuken 0.2 kookhuis ⇒kookhok, kombof 0.3 kombuis.

cook·ing ['kʊkɪŋ]⟨f1⟩⟨n.-telb.zn.; gerund v. cook; ook attr.⟩ 0.1 het koken ⇒kookkunst 0.2 keuken ⇒eten.

'cooking apple ⟨f1⟩⟨telb.zn.⟩ 0.1 moesappel 0.2 stoofappel.

'cooking oil ⟨n.-telb.zn.⟩ 0.1 spijsolie ⇒slaolie.

'cooking pear ⟨f1⟩⟨telb.zn.⟩ 0.1 stoofpeer.

'cooking range ⟨telb.zn.⟩ 0.1 (kook/keuken) fornuis.

'cooking salt ⟨n.-telb.zn.⟩ 0.1 keukenzout.

'cooking sherry ⟨n.-telb.zn.⟩ 0.1 sherry voor keukengebruik ⇒kooksherry.

'cooking top ⟨telb.zn.⟩ 0.1 gas/kookstel.

'cook-off ⟨telb.zn.⟩⟨AE⟩ 0.1 kookwedstrijd.

'cook·out ⟨telb.zn.⟩⟨vnl. AE; inf.⟩ 0.1 (uitje met) buitenshuis bereide maaltijd ⇒openluchtmaaltijd, barbecue.

'cook·shop ⟨telb.zn.⟩ 0.1 eethuis.

'cook·stove ⟨telb.zn.⟩⟨AE⟩ 0.1 keuken/kookfornuis.

cook·y, cook·ie, cook·ey ['kʊki]⟨f2⟩⟨telb.zn.; →mv. 2⟩ 0.1 ⟨vnl. AE⟩ koekje ⇒biskwietje, kaakje 0.2 ⟨Sch. E⟩ broodje ⇒bolletje, kadetje 0.3 ⟨AE; sl.⟩ figuur ⇒type, persoon, vent 0.4 ⟨AE; inf.⟩ kok ⇒⟨bij uitbr. ook⟩ keukenhulp, koksmaatje 0.5 ⟨AE; sl.⟩ schuiver ⇒opiumverslaafde 0.6 ⟨AE; sl.⟩ lekkere meid 0.7 ⟨AE; sl.⟩ kut ◆ 3.¶ ⟨sl.⟩ drop one's cookies een flater begaan.

cool[1] [ku:l]⟨f1⟩⟨n.-telb.zn.⟩ 0.1 ⟨the⟩ koelte ⇒koelheid 0.2 kalmte ⇒zelfbeheersing, rust(igheid), onverstoorbaarheid 0.3 ⟨inf.⟩ zelfverzekerdheid/vertrouwen ◆ 3.2 blow/lose one's ~ ontploffen, zijn zelfbeheersing verliezen, op tilt slaan, over de rooie gaan; keep your ~ hou je in/rustig, hou het hoofd koel.

cool² ⟨f3⟩ ⟨bn.; -er; -ly; -ness⟩
I ⟨bn.⟩ **0.1** ***koel*** ⇒*fris* **0.2** ***koel*** ⇒*luchtig, licht* ⟨v. kleren⟩ **0.3** ***kalm*** ⇒*bedaard, rustig, beheerst, onaangedaan, ijzig* **0.4** ***kil*** ⇒*koel, gereserveerd, afstandelijk, vormelijk* **0.5** ⟨inf.; pej.⟩ ***brutaal*** ⇒*ongegeneerd, onbeschaamd* **0.6** ⟨inf.⟩ ***cool*** ⇒*ongeëmotioneerd, onverschillig, onverstoorbaar, onderkoeld, koelbloedig* **0.7** ⟨sl.⟩ ***bevredigend*** ⇒*smaakvol, uitstekend, perfect* **0.8** ⟨AE; inf.⟩ ***cool*** ⇒*mbt. cool jazz* **0.9** ⟨AE; inf.⟩ ***swingend*** ⇒*hot, geweldig* **0.10** ⟨AE; sl.⟩ ***intellectueel*** ⇒*spiritueel* ◆ **1.3** (as) ~ as a cucumber *ijskoud, doodbedaard* **1.4** a ~ welcome *een kille ontvangst* **1.6** a ~ card/customer/hand *een gehaaide figuur, koude/sluwe vos, slimmerd* **3.3** this leaves me ~ *dit laat me koud;* keep ~ *rustig maar, kalm aan* **3.5** that's what I call ~ *dat noem ik nog eens een gotspe* **3.6** expressing desires isn't ~ *het is niet 'cool' om je verlangens te uiten;*
II ⟨bn., attr.⟩ ⟨inf.⟩ **0.1** ***slordig*** ⇒*zegge en schrijve, niet (meer of) minder dan.*

cool³ ⟨f3⟩ ⟨onov. en ov.ww.⟩ ⟨→sprw. 368, 600⟩ **0.1** ***(af)koelen*** ⟨ook fig.⟩ ⇒*be/verkoelen, verkillen, op/verfrissen* ◆ **4.¶** ⟨sl.⟩ ~ it *rustig maar, kalm aan, hou je gedeisd, koest* **5.1** their friendship soon ~ed **down** *hun vriendschap bekoelde al snel;* he's the type that ~s **down/off** as fast as he boils up *hij is net een blikken keteltje: zo heet, zo koud;* try to ~ your wife **down/off** a bit *probeer je vrouw een beetje tot bedaren te brengen/te sussen.*

cool⁴ ⟨f3⟩ ⟨bw.⟩ **0.1** ***koel*** ◆ **3.1** play it ~ *rustig te werk gaan, er(gens) de tijd voor nemen, iets rustig/bekeken aanpakken, het bekijken.*

cool·ant ['ku:lənt] ⟨f1⟩ ⟨telb. en n.-telb.zn.⟩ **0.1** ***koelmiddel/vloeistof/water.***

cool-'down ⟨telb.zn.⟩ ⟨sport⟩ **0.1** ***cool-down*** ⟨ontspanningsoefening na wedstrijd om geleidelijk af te koelen⟩.

cool·er ['ku:lə||-ər] ⟨f1⟩ ⟨telb.zn.⟩ **0.1** ***koeler*** ⇒*koelinrichting/cel/ruimte/vat/emmer/tas;* ⟨AE⟩ *ijskast* **0.2** ***iets verkoelends/verfrissends*** ⇒⟨i.h.b.⟩ *verkoelende drank, frisdrank, verfrissing;* ⟨AE⟩ *drankje 'on the rocks', borrel op ijs* **0.3** ⟨sl.⟩ ***bajes*** ⇒*bak, cel, isoleercel* **0.4** ⟨sl.⟩ ***domper*** ⇒*koude douche* **0.5** ***zekerheidje*** ⇒*duidelijke aanwijzing.*

'cool-'head·ed ⟨bn.; ook cooler-headed; →compar. 7⟩ **0.1** ***koelbloedig*** ⇒*beheerst, kalm, onverstoorbaar.*

coo·lie, coo·ly ['ku:li] ⟨telb.zn.; →mv. 2⟩ **0.1** ***koelie.***

'cool·ing-'off period ⟨telb.zn.⟩ **0.1** ***afkoelingsperiode.***

'cool·ing tower ⟨telb.zn.⟩ **0.1** ***koeltoren.***

'cool·ing water ⟨n.-telb.zn.⟩ **0.1** ***koelwater.***

cool·ish ['ku:lɪʃ] ⟨bn.⟩ **0.1** ***tamelijk koel*** ⇒*fris, kil(lig).*

coolth [ku:lθ] ⟨n.-telb.zn.⟩ ⟨inf.⟩ **0.1** ***koelte*** ⇒*koelheid.*

coomb, combe [ku:m] ⟨telb. en n.-telb.zn.⟩ ⟨BE⟩ **0.1** ***kustvallei*** ⇒*kloof, ravijn* **0.2** ***heuvelkom*** ⇒*laagte in een helling v.e. heuvel* **0.3** ***coomb*** ⇒⟨ong.⟩ *4 schepels* ⟨inhoudsmaat; 145 liter⟩.

coon [ku:n] ⟨f1⟩ ⟨telb.zn.⟩ ⟨vnl. AE⟩ **0.1** ⟨inf.⟩ ⟨verk.⟩ ⟨racoon⟩ ***wasbeer(tje)*** **0.2** ⟨sl.; bel.⟩ ***roetmop*** ⇒*dropstaaf/sliert, nikker* **0.3** ⟨sl.⟩ ***slimme rakker/vos*** **0.4** ⟨sl.⟩ ***sufferd*** ⇒*stomkop.*

'coon dog, 'coon·hound ⟨telb.zn.⟩ **0.1** ***hond afgericht voor de jacht op wasberen.***

'coon's age ⟨telb.zn.⟩ ⟨AE; sl.⟩ **0.1** ***verdomd lange tijd*** ⇒*eeuwigheid.*

'coon·skin ⟨zn.⟩
I ⟨telb.zn.⟩ **0.1** ***bontmuts/jas v. wasbeer;***
II ⟨n.-telb.zn.⟩ **0.1** ***wasberebont*** ⇒*wasbeer.*

'coon song ⟨telb.zn.⟩ **0.1** ***coon-song*** ⇒*negerlied.*

coop¹ [ku:p] ⟨f1⟩ ⟨telb.zn.⟩ **0.1** ***kippenren*** ⇒*kippenhok, kippenloop* **0.2** ⟨sl.⟩ ***klein hokje*** ⇒*kooi, cel, gevangenis* **0.3** ⟨BE⟩ ***viskorf*** ⇒*viskistje, tenen fuik* ◆ **3.¶** ⟨sl.⟩ fly the ~ *ertussenuit knijpen, 'm smeren.*

coop² ⟨f1⟩ ⟨ov.ww.⟩ **0.1** ***opsluiten in een (kippe)hok*** ⇒*kooien* ◆ **5.1** ⟨inf.⟩ ~**in/up** *opsluiten, kooien;* did you spend the day ~ed **up** in here? *heb je de hele dag hier in dit benauwde hokje/kamertje gezeten?.*

co-op ['kouɒp||-ɑp] ⟨f2⟩ ⟨telb.zn.⟩ ⟨verk.⟩ co-operative ⟨inf.⟩ **0.1** ***coöperatieve onderneming/winkel*** ⟨enz.⟩ **0.2** ⟨vnl. C-⟩ ⟨BE⟩ ***Co-op (winkel).***

coop·er¹ ['ku:pə||-ər] ⟨zn.⟩
I ⟨telb.zn.⟩ **0.1** ***kuiper*** ⇒*vaten/tonnenmaker;*
II ⟨n.-telb.zn.⟩ **0.1** ***cooper*** ⟨mengsel v. stout en porter⟩ ⇒*donker bier.*

cooper² ⟨onov. en ov.ww.⟩ **0.1** ***kuipen*** ⇒*herstellen* ⟨vaten⟩ ◆ **5.¶** ~ **up** *oplappen, herstellen.*

coop·er·age ['ku:pərɪdʒ], **coop·er·y** [-pəri] ⟨zn.; →mv. 2⟩
I ⟨telb. en n.-telb.zn.⟩ **0.1** ***kuiperij*** ⇒*kuipersambacht/werkplaats* **0.2** ***kuiploon;***
II ⟨n.-telb.zn.⟩ **0.1** ***kuiperswerk.***

co·op·er·ant, co-op·er·ant, ⟨AE sp. ook⟩ **co·öp·er·ant** ['kou'ɒpərənt||-'ɑpərənt] ⟨bn.⟩ **0.1** ***samen/medewerkend*** ⇒*in (nauwe) samenwerking.*

co·op·er·ate, co-op·er·ate, ⟨AE sp. ook⟩ **co·öp·er·ate** [-'ɒpəreɪt||-'ɑpə-] ⟨f3⟩ ⟨onov.ww.⟩ **0.1** ***samenwerken*** ⇒*meewerken, de handen ineenslaan* ◆ **6.1** ~ **with** s.o. **to/towards** an end *met iem. samenwerken om iets te bereiken.*

co·op·er·a·tion, co-op·er·a·tion, ⟨AE sp. ook⟩ **co·öp·er·a·tion** [-'ɒpə'reɪʃn||-'ɑpə-] ⟨f3⟩ ⟨zn.⟩
I ⟨telb.zn.⟩ **0.1** ***coöperatie*** ⇒*samenwerkingsverband;*
II ⟨n.-telb.zn.⟩ **0.1** ***medewerking*** ⇒*samenwerking, hulp, steun.*

co·op·er·a·tive¹, co-op·er·a·tive, ⟨AE sp. ook⟩ **co·öp·er·a·tive** [-'ɒprətɪv||-'ɑprəṭɪv] ⟨f2⟩ ⟨telb.zn.⟩ **0.1** ***coöperatie*** ⇒*collectief, coöperatief bedrijf, coöperatieve boerderij/winkel* ⟨enz.⟩ **0.2** ⟨vnl. C-⟩ ⟨BE⟩ ***Co-op (winkel)*** ◆ **2.1** agricultural ~ *landbouwcoöperatie.*

cooperative², co-operative, ⟨AE sp. ook⟩ **coöperative** ⟨f2⟩ ⟨bn.; -ly; -ness⟩ **0.1** ***behulpzaam*** ⇒*medewerkend, bereidwillig* **0.2** ***coöperatief*** ⇒*op coöperatieve grondslag* ◆ **1.2** ~ farm *coöperatieve boerderij; kolchos;* ~ shop/store *coöperatieve winkel, coöperatie;* ~society *coöperatie.*

co·op·er·a·tor, co-op·er·a·tor, ⟨AE sp. ook⟩ **co·öp·er·a·tor** [-'ɒpəreɪtə||-'ɑpəreɪṭər] ⟨telb.zn.⟩ **0.1** ***coöperator*** ⇒*deelnemer in een coöperatie* **0.2** ***mede/samenwerker/werkster.***

co-opt, ⟨AE sp. ook⟩ **co·öpt** [-'ɒpt||-'ɑpt] ⟨ov.ww.⟩ **0.1** ***coöpteren*** ⇒*erbij kiezen, assumeren* **0.2** ***annexeren*** ⇒*inlijven, overnemen.*

co-op·ta·tion, ⟨AE sp. ook⟩ **co·op·ta·tion** [-ɒp'teɪʃn||-ɑp-], **co-op·tion,** ⟨AE sp. ook⟩ **co·op·tion** [-'ɒpʃn||-'ɑpʃn] ⟨telb. en n.-telb.zn.⟩ **0.1** ***coöptatie*** ⇒*zelfaanvulling, drang naar volledigheid.*

co·or·di·nate¹, co·or·di·nate, ⟨AE sp. ook⟩ **co·ör·di·nate** [-'ɔ:dɪ̣nət||-'ɔr-] ⟨f1⟩ ⟨zn.⟩
I ⟨telb.zn.⟩ **0.1** ***stand/klasse/soortgenoot*** ⇒*gelijke* **0.2** ⟨wisk.⟩ ***coördinaat*** ⇒*waarde, grootheid;*
II ⟨mv.; ~s⟩ **0.1** ***ensemble*** ⇒*kledingset, combinatie, pak.*

co-ordinate², coordinate, ⟨AE sp. ook⟩ **coördinate** ⟨f1⟩ ⟨bn.; -ly; -ness⟩ **0.1** ***gelijkwaardig*** ⇒*gelijk in rang* **0.2** ***coördinatief*** ⇒⟨taalk.⟩ *nevengeschikt/schikkend* **0.3** ***coördinatief*** ⇒*coördinaat-, mbt. de coördinaten* ◆ **1.2** ~ conjunction *nevenschikkend voegwoord.*

co-ordinate³, coordinate, ⟨AE sp. ook⟩ **coördinate** [-'ɔ:dɪ̣neɪt||-'ɔr-] ⟨f3⟩ ⟨ww.⟩
I ⟨onov.ww.⟩ **0.1** ***(harmonieus) samenwerken;***
II ⟨ov.ww.⟩ **0.1** ***coördineren*** ⇒*rangschikken (in onderling verband), ordenen, in harmonie brengen, bundelen* ◆ **1.1** ⟨taalk.⟩ coordinating conjunction *nevenschikkend voegwoord* **¶.1** ⟨mode⟩ ~d *bijpassend.*

co·or·di·na·tion, co·or·di·na·tion, ⟨AE sp. ook⟩ **co·ör·di·na·tion** [-'ɔ:dɪ'neɪʃn||-'ɔr-] ⟨f2⟩ ⟨n.-telb.zn.⟩ **0.1** ***coördinatie*** ⇒*ordening, samenwerking, rangschikking* ◆ **3.1** he's big and strong, but lacks ~ *hij is groot en sterk maar heeft geen coördinatievermogen.*

co·or·di·na·tive, co·or·di·na·tive, ⟨AE sp. ook⟩ **co·ör·di·na·tive** [-'ɔ:dɪ̣nətɪv||-'ɔrdɪ̣neɪṭɪv] ⟨bn.⟩ **0.1** ***coördinatief*** ⇒⟨taalk.⟩ *nevenschikkend.*

co·or·di·na·tor, co·or·di·na·tor, ⟨AE sp. ook⟩ **co·ör·di·na·tor** [-'ɔ:dɪ̣neɪtə||-'ɔrdɪ̣neɪṭər] ⟨f1⟩ ⟨telb.zn.⟩ **0.1** ***coördinator.***

coot [ku:t] ⟨telb.zn.⟩ **0.1** ⟨dierk.⟩ ***koet*** ⟨genus Fulica⟩ ⇒⟨i.h.b.⟩ *meerkoet* ⟨F. atra⟩, *Amerikaanse meerkoet* ⟨F. americana⟩ **0.2** ⟨inf.⟩ ***slome duikelaar*** ⇒*druiloor, sukkel, mafkees;* ⟨AE⟩ *ouwe lul.*

coot·ie ['ku:ṭi] ⟨telb.zn.⟩ ⟨AE; sl.⟩ **0.1** ***(lichaams)luis*** ⇒*pietje.*

cooz(e) [ku:z] ⟨telb.zn.⟩ ⟨AE; sl.⟩ **0.1** ***vrouw*** ⇒*meisje, wijf; lekker stuk* **0.2** ***kut.***

cop¹ [kɒp||kɑp] ⟨f2⟩ ⟨telb.zn.⟩ **0.1** ⟨inf.⟩ ***smeris*** ⇒*juut, tuut, kip* **0.2** ⟨vnl. BE; sl.⟩ ***arrestatie*** ⇒*vangst* **0.3** ***garenklos*** ⇒*kluwen garen, garenhaspel* ◆ **1.¶** play ~s and robbers *diefje/*⟨B.⟩ *politie en dief spelen* **7.¶** ⟨vnl. BE; sl.⟩ not much/no ~ *niet veel bijzonders/soeps.*

cop² ⟨f2⟩ ⟨ww.; →ww. 7⟩ ⟨sl.⟩
I ⟨onov.ww.⟩ →cop out;
II ⟨ov.ww.⟩ **0.1** ***betrappen*** ⇒*grijpen, vangen* **0.2** ***jatten*** ⇒*gappen, pikken, achteroverdrukken* **0.3** ⟨vnl. BE; gew.⟩ ***raken*** ⇒*treffen* **0.4** ⟨AE⟩ ***winnen*** ⇒*in de wacht slepen* ⟨prijs⟩ **0.5** ⟨AE⟩ ***snappen*** ⇒*door hebben* **0.6** ⟨AE⟩ ***uiten*** ⇒*naar voren brengen* ◆ **4.¶** ⟨vnl. BE⟩ ~ it *last krijgen, eraan moeten geloven, de lul zijn, het afleggen.*

co·pa·ce·tic, co·pa·se·tic ['koupə'seṭɪk] ⟨bn.⟩ ⟨AE; sl.⟩ **0.1** ***prima*** ⇒*uitstekend, grandioos, kits, eersterangs/klas.*

co·pai·ba [kou'paɪbə] ⟨n.-telb.zn.⟩ **0.1** ***copaïvabalsem/olie.***

co·pal ['koupl] ⟨n.-telb.zn.⟩ **0.1** ***kopal*** ⟨soort hars⟩.

coparcenary →parcenary.

coparcener →parcener.

co·part·ner, co-part·ner ['kou'pɑ:tnə||-'pɑrtnər] ⟨telb.zn.⟩ ⟨ec.⟩ **0.1** ***compagnon*** ⇒*deelhebber, medevennoot, commanditair.*

co·part·ner·ship, co·part·ner·ship [-'pɑ:tnəʃɪp‖-'pɑrtnər-]⟨n.-telb.zn.⟩⟨ec.⟩ **0.1** ***(commanditaire) vennootschap (onder firma)*** ⇒*deelgenootschap, medezeggenschap, bedrijfsmedebezit, copartnership.*

cope[1] [koʊp]⟨f1⟩⟨telb.zn.⟩ **0.1** ⟨kerk.⟩ ***koorkap/mantel*** **0.2** ⟨schr.⟩ ***zwerk*** ⇒*uitspansel, hemelgewelf.*

cope[2] ⟨f3⟩⟨ww.⟩

I ⟨onov.ww.⟩ **0.1** ***het aankunnen*** ⇒*zich weten te redden, er tegen op kunnen* ◆ **6.1** ~ **with** *het hoofd bieden (aan), opgewassen zijn tegen, berekend zijn op, de baas kunnen; bestrijden, tegengaan;*

II ⟨ov.ww.⟩ **0.1** ⟨kerk.⟩ ***een (koor)kap/mantel omhangen*** **0.2** ⟨bouwk.⟩ ***af/bedekken*** ⇒*voorzien v.e. muurkap/dakvorst.*

co·peck, ko·peck ['koʊpek]⟨telb.zn.⟩ **0.1** ***kopek(e)*** ⟨Russische munt⟩.

co·pe·pod ['koʊpɪpɒd‖-pɑd]⟨telb.zn.⟩⟨dierk.⟩ **0.1** ***roeipootkreeft*** ⟨onderklasse Copepoda⟩.

co·per ['koʊpə‖-ər]⟨telb.zn.⟩⟨BE⟩ **0.1** ***paardenhandelaar/koper.***

Co·per·ni·can [koʊ'pɜ:nɪkən‖-'pɜr-]⟨bn.⟩ **0.1** ***Copernicaans*** ⇒*van/mbt. Copernicus* ◆ **1.1** the ~ system/theory *het stelsel v. Copernicus, de Copernicaanse wereldbeschouwing, het Copernicaanse wereldbeeld.*

cop·i·er ['kɒpiə‖'kɑpiər]⟨f1⟩⟨telb.zn.⟩ **0.1** ***kopieerapparaat/machine*** ⇒*kopieerder* **0.2** ***kopiist*** ⇒*afschrijver* **0.3** ***nabootser*** ⇒*imitator, kopiist.*

co-pi·lot, co·pi·lot ['koʊpaɪlət]⟨f1⟩⟨telb.zn.⟩ **0.1** ***tweede piloot*** **0.2** ⟨AE; sl.⟩ ***peppil.***

cop·ing ['koʊpɪŋ]⟨telb.zn.⟩⟨bouwk.⟩ **0.1** ***muurkap*** ⇒*muurafdekking, dekplaat* **0.2** ***(dak)vorst.***

'coping saw ⟨telb.zn.⟩ **0.1** ***figuurzaag*** ⇒*beugelzaag, fineerzaag.*

'coping stone, ⟨in bet. 0.1 ook⟩ **'cope·stone** ⟨f1⟩⟨telb.zn.⟩ **0.1** ***bekroning*** ⇒*sluitsteen, afronding, laatste hand, sluitstuk, toppunt* **0.2** ⟨bouwk.⟩ ***deksteen.***

co·pi·ous ['koʊpɪəs]⟨f1⟩⟨bn.; -ly; -ness⟩ **0.1** ***overvloedig*** ⇒*onbekrompen, ruim(schoots), welvoorzien, copieus, rijk* **0.2** ***produktief*** ⇒*vruchtbaar* ⟨auteur e.d.⟩ ◆ **1.1** a ~ speech *een breedvoerige/wijdlopige redevoering.*

co·pla·nar ['koʊ'pleɪnə‖-ər]⟨bn.⟩⟨wisk.⟩ **0.1** ***coplanair*** ⇒*in één vlak liggend.*

co·pol·y·mer [-'pɒlɪmə‖-'pɑlɪmər]⟨telb.zn.⟩⟨schei.⟩ **0.1** ***copolymeer.***

'cop 'out ⟨onov.ww.⟩⟨sl.⟩ **0.1** ⟨vaak pej.⟩ ***terugkrabbelen*** ⇒*zich terugtrekken, zich drukken, afhaken, het af laten weten* **0.2** ***bekennen*** ⇒*schuldig pleiten,* ⟨i.h.b.⟩ *een gering vergrijp toegeven om veroordeling wegens een groter te voorkomen* **0.3** ⟨AE⟩ ***op heterdaad betrapt worden*** ◆ **6.1** try to ~ **of** sth. *ergens onderuit proberen te komen.*

'cop-out ⟨telb.zn.⟩⟨sl.⟩ **0.1** ⟨vaak pej.⟩ ***terugtrekking*** ⇒*woordbreuk, het afhaken, afzegging, terugdeinzing/schrikking* **0.2** ***smoes*** ⇒*uitvlucht.*

cop·per[1] ['kɒpə‖'kɑpər]⟨f3⟩⟨zn.⟩

I ⟨telb.zn.⟩ **0.1** ***koperen muntje*** ⇒*koper(geld)* **0.2** ⟨vnl. BE⟩ ***wasketel/teil*** **0.3** ⟨dierk.⟩ ***vuurvlinder*** ⟨fam. Lycaenidae⟩ **0.4** ⟨sl.⟩ ***smeris*** ⇒*juut, kip;*

II ⟨n.-telb.zn.⟩ **0.1** ⟨ook schei.⟩ ***(rood) koper*** ⟨element 29⟩ **0.2** ⟨vaak attr.⟩ ***koperkleur*** ⇒*roodachtig-bruin, bruinrood.*

copper[2] ⟨f1⟩⟨ov.ww.⟩ **0.1** ***(ver)koperen.***

cop·per·as ['kɒpərəs‖'kɑ-]⟨n.-telb.zn.⟩⟨schei.⟩ **0.1** ***groen vitriool*** ⇒*ijzervitriool, koperrood* ⟨ijzersulfaat⟩.

'copper 'beech ⟨telb.zn.⟩⟨plantk.⟩ **0.1** ***bruine beuk*** ⟨Fagus sylvatica atropunicea⟩.

'cop·per-'bot·tomed ⟨bn.⟩ **0.1** ***met verkoperde bodem*** ⇒*verkoperd* **0.2** ⟨inf.⟩ ***solide*** ⇒*spijkerhard, betrouwbaar, geheid.*

'cop·per·head ⟨telb.zn.⟩ **0.1** ⟨dierk.⟩ ***koperkop*** ⟨Amerikaanse gifslang, Agkistrodon contortrix⟩ **0.2** ⟨C-⟩ ⟨AE; gesch.⟩ ***copperhead*** ⟨Noorderling die met het Zuiden heulde⟩.

'copper Indian ⟨telb.zn.⟩ **0.1** ***Yellowknife*** ⟨bep. Algonkian-indiaan⟩.

'cop·per·mine ⟨telb.zn.⟩ **0.1** ***kopermijn.***

'cop·per·nose ⟨telb.zn.⟩ **0.1** ***karbonkelneus*** ⇒*rode neus, jenever/drankneus.*

'cop·per·plate ⟨zn.⟩

I ⟨telb.zn.⟩⟨beeld.k.⟩ **0.1** ***kopergravure*** ⇒*koperdruk;*

II ⟨telb. en n.-telb.zn.⟩⟨beeld.k.⟩ **0.1** ***koperdrukplaat*** ⇒*koperen plaat, gravureplaat;*

III ⟨n.-telb.zn.; vnl. attr.⟩ **0.1** ***duidelijk/lopend schrift*** ⇒⟨i.h.b.⟩ *rondschrift, schrift als gedrukt.*

'copper 'pyrites ⟨n.-telb.zn.⟩⟨schei.⟩ **0.1** ***chalcopyriet*** ⇒*koperkies.*

'cop·per·smith ⟨telb.zn.⟩ **0.1** ***koperslager/smid*** **0.2** ⟨dierk.⟩ ***roodborstbaardvogel*** ⟨Megalaima haemacephala⟩.

'copper 'sulphate, 'copper 'vitriol ⟨n.-telb.zn.⟩⟨schei.⟩ **0.1** ***kopersulfaat/vitriool.***

cop·per·y ['kɒpəri‖'kɑ-]⟨bn.⟩ **0.1** ***koperachtig*** ⇒*koperig* **0.2** ***koperkleurig.***

cop·pice[1] ['kɒpɪs‖'kɑ-], **copse** [kɒps‖kɑps]⟨f1⟩⟨telb.zn.⟩ **0.1** ***hakhoutbosje*** ⇒*akkermaalsbos, kreupelbosje/hout.*

coppice[2], **copse** ⟨ww.⟩

I ⟨onov.ww.⟩ **0.1** ***uitlopen (na het knotten)*** ⇒*groeien als hakhout, uitstoelen;*

II ⟨ov.ww.⟩ **0.1** ***kappen tot op de stronk.***

'coppice wood, 'copse wood ⟨n.-telb.zn.⟩ **0.1** ***hakhout*** ⇒*kreupelhout, akkermaalshout, slaghout.*

cop·ra ['kɒprə‖'kɑprə]⟨n.-telb.zn.⟩ **0.1** ***kopra.***

co·pre·cip·i·ta·tion ['koʊprɪsɪpɪ'teɪʃn]⟨n.-telb.zn.⟩⟨schei.⟩ **0.1** ***coprecipitatie.***

cop·ro- ['kɒproʊ‖'kɑ-] **0.1** ***kopro-*** ⇒*drek-.*

cop·ro·lite ['kɒprəlaɪt‖'kɑ-]⟨telb. en n.-telb.zn.⟩ **0.1** ***koproliet*** ⇒*ueksteen.*

cop·rol·o·gy [kə'prɒlədʒi‖-'prɑ-]⟨n.-telb.zn.⟩ **0.1** ***scatologie.***

cop·roph·a·gous [kə'prɒfəgəs‖-'prɑ-]⟨bn.⟩ **0.1** ***koprofaag*** ⇒*drekentend.*

cop·roph·a·gy [kə'prɒfədʒi‖-'prɑ-]⟨n.-telb.zn.⟩ **0.1** ***koprofagie.***

cop·ro·phil·i·a ['kɒprə'fɪlɪə‖'kɑ-]⟨n.-telb.zn.⟩ **0.1** ***koprofilie.***

'cop-shop ⟨telb.zn.⟩⟨sl.⟩ **0.1** ***politiebureau*** ⇒*kippehok.*

cops·y ['kɒpsi‖'kɑpsi]⟨bn.⟩ **0.1** ***met hakhout begroeid.***

Copt [kɒpt‖kɑpt]⟨telb.zn.⟩ **0.1** ***Kopt.***

cop·ter ['kɒptə‖'kɑptər]⟨telb.zn.⟩⟨verk.⟩ helicopter ⟨inf.⟩ **0.1** ***heli (kopter).***

Cop·tic[1] ['kɒptɪk‖'kɑp-]⟨eig.n.⟩ **0.1** ***Koptisch*** ⇒*de Koptische taal.*

Coptic[2] ⟨bn.⟩ **0.1** ***Koptisch*** ◆ **1.1** the ~ Church *de Koptische Kerk.*

cop·u·la ['kɒpjʊlə‖'kɑpjələ]⟨telb.zn.; ook copulae [-li:]; →mv. 5⟩ **0.1** ⟨logica, taalk.⟩ ***koppel(werk)woord*** ⇒*copula* **0.2** ⟨muz.⟩ ***manuaalkoppeling*** ⇒*pedaalkoppeling* ⟨v. orgel e.d.⟩.

cop·u·late ['kɒpjʊleɪt‖'kɑpjə-]⟨f1⟩⟨onov.ww.⟩ **0.1** ***copuleren*** ⇒*geslachtsgemeenschap hebben, paren.*

cop·u·la·tion [kɒpjʊ'leɪʃn‖'kɑpjə-]⟨telb. en n.-telb.zn.⟩ **0.1** ***copulatie*** ⇒*geslachtsgemeenschap, paring* **0.2** ⟨logica, taalk.⟩ ***copulatie.***

cop·u·la·tive[1] ['kɒpjʊlətɪv‖'kɑpjəleɪtɪv]⟨telb.zn.⟩⟨taalk.⟩ **0.1** ***koppel(werk)woord*** ⇒*verbindingswoord.*

copulative[2] ⟨bn.; -ly⟩ **0.1** ***verbindend*** ⇒*verbindings-, koppelend, koppel-* ⟨ook taalk.⟩ **0.2** ***copulatief*** ⇒*de paring betreffende* ◆ **1.1** ~ conjunction *nevenschikkend voegwoord.*

cop·y[1] ['kɒpi‖'kɑpi]⟨f3⟩⟨zn.; →mv. 2⟩

I ⟨telb.zn.⟩ **0.1** ***kopie*** ⇒*reproduktie, imitatie, duplicaat, afdruk, afschrift, doorslag, fotokopie* **0.2** ***exemplaar*** ⇒*nummer* ◆ **2.1** this is just a rough ~ *dit is maar een ruwe schets/een opzetje* **7.2** in two copies *in duplo;*

II ⟨n.-telb.zn.⟩ **0.1** ***kopij*** ⇒*copy, (reclame)tekst* ◆ **2.1** this will make good ~ *hier zit kopij in* **3.1** knock up ~ *kopij zetklaar maken.*

copy[2] ⟨f3⟩⟨ww.; →ww. 7⟩

I ⟨onov.ww.⟩ **0.1** ***een kopie/kopieën maken*** ⇒*overschrijven* ◆ **6.1** ~ **from/off** s.o. *v. iem. overschrijven/kopiëren, bij iem. spieken/afkijken;*

II ⟨ov.ww.⟩ **0.1** ***kopiëren*** ⇒*een afdruk/kopie maken van, overschrijven* **0.2** ***navolgen*** ⇒*naäpen, nabootsen, imiteren, overnemen* ◆ **5.1** ~ **down** a statement *een verklaring opschrijven/(op papier) vastleggen;* ~ **out** a letter *een brief overtikken/(in het net) overschrijven* **6.1** ~ one's work **from/off** s.o. else *zijn werk van iem. anders afkijken.*

'cop·y·book[1] ⟨f1⟩⟨telb.zn.⟩ **0.1** ***voorbeeldenboek*** ⇒*schrijfboek* **0.2** ***kopie/afschriftenboek*** ◆ **3.¶** ⟨vnl. BE; inf.⟩ blot one's ~ *zijn reputatie verspelen, een slechte beurt maken.*

copybook[2] ⟨f1⟩⟨bn., attr.⟩ **0.1** ***afgezaagd*** ⇒*alledaags, clichématig* ◆ **1.1** ~ phrases *holle frasen.*

'copy boy ⟨telb.zn.⟩ **0.1** ***jongste bediende*** ⇒*loopjongen* ⟨bij een krant⟩.

'cop·y·cat ⟨telb.zn.⟩⟨inf.⟩ **0.1** ***naäper*** ⇒*navolger, nabootser* **0.2** ***afkijker*** ⇒*spieker.*

'copy desk ⟨telb.zn.⟩⟨AE⟩ **0.1** ***redactie/redigeertafel.***

'cop·y-ed·it ⟨ov.ww.⟩ **0.1** ***persklaar maken.***

'copy editor ⟨telb.zn.⟩ **0.1** ***pers. die kopij persklaar maakt*** ⇒*bureauredacteur.*

'cop·y·hold ⟨telb. en n.-telb.zn.⟩⟨BE; gesch.⟩ **0.1** ***gebonden pacht*** ⇒*pacht, in de vorm v. copyhold gepachte grond.*

'cop·y·hold·er ⟨telb.zn.⟩ **0.1** ***kopijlezer*** **0.2** ***kopijhouder*** ⟨v.d. zetter⟩ **0.3** ⟨BE; gesch.⟩ ***gebonden pachter*** ⇒*pachter v.e. copyhold.*

'cop·y·ing ink ⟨n.-telb.zn.⟩ **0.1** ***kopieerinkt.***

'cop·y·ing press ⟨telb.zn.⟩ **0.1** ***kopieerpers*** ⇒*brievenpers.*

cop·y·ist ['kɒpiɪst‖'kɑ-]⟨telb.zn.⟩ **0.1** ***kopiist*** ⇒*afschrijver, overschrijver.*

'cop·y·read·er ⟨telb.zn.⟩ **0.1** ***kopijvoorbereider*** ⇒*(krante)koppenredacteur.*

'cop·y·right[1] ⟨f1⟩ ⟨telb. en n.-telb.zn.⟩ **0.1** ***auteursrecht*** ⇒*copyright*.
'copyright[2], **cop·y·right·ed** ['kɒpiraɪtɪd‖'kɑpiraɪtɪd] ⟨bn.; 2e variant volt.deelw. v. copyright⟩ **0.1** ***auteursrechtelijk beschermd*** ⇒*vallend onder het auteursrecht/copyright* ◆ **1.1** ~ publications *door het auteursrecht beschermde publikaties*.
copyright[3] ⟨ov.ww.⟩ →copyright[2] **0.1** ***het auteursrecht deponeren van***.
'copyright library ⟨telb.zn.⟩ ⟨BE⟩ **0.1** ***wettig depot*** ⟨v. publikaties⟩.
'copy taster ⟨telb.zn.⟩ **0.1** ***kopijschifter***.
'cop·y·writ·er ⟨f1⟩ ⟨telb.zn.⟩ **0.1** ***(reclame)tekstschrijver*** ⇒*copywriter*.
co·quet·ry ['kɒkətri‖'koʊ-] ⟨telb. en n.-telb.zn.; →mv. 2⟩ **0.1** ***koketterie*** ⇒*geflirt*.
co·quette[1] [koʊ'ket] ⟨telb.zn.⟩ **0.1** ***coquette*** ⇒*kokette/behaagzieke vrouw*.
coquette[2], **co·quet** [koʊ'ket] ⟨onov.ww.; →ww. 7⟩ **0.1** ***koketteren*** ⇒*flirten*.
co·quet·tish [koʊ'keṭɪʃ] ⟨bn.; -ly; -ness⟩ **0.1** ***koket(terig)*** ⇒*flirterig*.
co·qui·na [koʊ'ki:nə] ⟨n.-telb.zn.⟩ ⟨AE⟩ **0.1** ***schelpkalk*** ⇒*schelp(en)kalksteen, coquina*.
co·qui·to [koʊ'ki:ṭoʊ] ⟨telb.zn.⟩ ⟨plantk.⟩ **0.1** ***coquito*** ⟨Jubaea spectabilis⟩ ⇒*Chileense palm*.
cor[1] [kɔ:‖kɔr] ⟨tussenw.⟩ ⟨BE; sl.⟩ **0.1** ***goh*** ⇒*gossie(mijne), god allemachtig* ⟨uitroep v. verbazing⟩.
cor[2], **Cor** ⟨afk.⟩ **0.1** ⟨Corinthians⟩ ***Kor.*** ⟨Korinthiërs⟩ **0.2** ⟨corner⟩ **0.3** ⟨coroner⟩.
cor·a·cle ['kɒrəkl‖'kɔ-, 'kɑ-] ⟨telb.zn.⟩ **0.1** ***coracle*** ⟨bootje v. met waterdicht materiaal overtrokken latten- of vlechtwerk⟩.
cor·a·coid ['kɒrəkɔɪd‖'kɔ-, 'kɑ-] ⟨telb.zn.⟩ ⟨anat.⟩ **0.1** ***ravebeksbeen*** ⇒*coracoid*.
cor·al ['kɒrəl‖'kɔ-, 'kɑ-] ⟨f2⟩ ⟨zn.⟩
I ⟨telb.zn.⟩ ⟨inf.⟩ **0.1** ***koraal(dier)*** ⇒*koraalpoliep*;
II ⟨telb. en n.-telb.zn.⟩ **0.1** ***koraal*** ⇒*kraal(tje)* **0.2** ⟨vaak attr.⟩ ***koraal(kleur/rood)***;
III ⟨n.-telb.zn.⟩ **0.1** ***coraille*** ⟨niet afgezette kuit v.d. kreeft⟩.
cor·al-bells [-belz] ⟨mv.; ww. ook enk.⟩ ⟨plantk.⟩ **0.1** ***purperklokje*** ⟨Heuchera sanguinea⟩.
'coral 'island ⟨f1⟩ ⟨telb.zn.⟩ **0.1** ***koraaleiland***.
cor·al·line[1] ['kɒrəlaɪn‖'kɔ-, 'kɑ-] ⟨telb. en n.-telb.zn.⟩ ⟨plantk.⟩ **0.1** ***koraalmos*** ⟨genus Corallina⟩.
coralline[2] ⟨bn.⟩ **0.1** ***koralijn(en)*** ⇒*koraalachtig/rood, koralen*.
cor·al·lite [-laɪt] ⟨telb. en n.-telb.zn.⟩ **0.1** ***koraliet*** ⇒*koraalverstening, koraalfossiel*.
cor·al·loid [-lɔɪd] ⟨bn.⟩ **0.1** ***koraalachtig***.
'coral rag ⟨n.-telb.zn.⟩ **0.1** ***koraalkalk***.
'coral 'reef ⟨f1⟩ ⟨telb.zn.⟩ **0.1** ***koraalrif***.
'cor·al·root ⟨telb.zn.⟩ ⟨plantk.⟩ **0.1** ***koraalwortel*** ⟨genus Corallorhiza⟩.
'coral snake ⟨telb.zn.⟩ ⟨dierk.⟩ **0.1** ***koraalslang*** ⟨genus Micrurus⟩.
'coral tree ⟨telb.zn.⟩ ⟨plantk.⟩ **0.1** ***koraalboom*** ⟨genus Erythrina⟩.
cor an·glais ['kɔ:r 'ɑŋgleɪ‖'kɔr ɔŋ'gleɪ] ⟨telb.zn.; cors anglais ['kɔ:r-]; →mv. 5⟩ ⟨vnl. BE; muz.⟩ **0.1** ***althobo*** ⇒*Engelse hoorn*.
cor·ban ['kɔ:bæn‖'kɔr-] ⟨telb.zn.⟩ ⟨bijb.⟩ **0.1** ***korban*** ⇒*offergave*.
cor·bel[1] ['kɔ:bl‖'kɔrbl] ⟨telb.zn.⟩ ⟨bouwk.⟩ **0.1** ***kraag/draagsteen*** ⇒*corbeau, console, modillon, balkdrager, karbeel*.
corbel[2] ⟨ov.ww.; →ww. 7⟩ **0.1** ***ondersteunen met/voorzien van een kraag/draagsteen***.
'corbel table ⟨telb.zn.⟩ ⟨bouwk.⟩ **0.1** ***boogfries***.
cor·bie ['kɔ:bi‖'kɔrbi] ⟨telb.zn.⟩ ⟨Sch. E⟩ **0.1** ***raaf*** **0.2** ***zwarte kraai***.
'cor·bie-step, 'cor·bel-step ⟨telb.zn.; vnl. mv.⟩ ⟨bouwk.⟩ **0.1** ***tree v. trapgevel***.
'corbie step gable, corbie gable ⟨telb.zn.⟩ ⟨bouwk.⟩ **0.1** ***trapgevel***.
corbina →corvina.
cor blimey ['kɔ:'blaɪmi‖'kɔr-] ⟨tussenw.⟩ ⟨BE; sl.⟩ **0.1** ***godsamme (krake)*** ⇒*wat krijgen we nou, god nog an toe, heremetijd*.
cord[1] [kɔ:d‖kɔrd] ⟨f2⟩ ⟨zn.⟩
I ⟨telb.zn.⟩ **0.1** ⟨anat.⟩ ***streng*** ⇒*band* **0.2** ⟨conf.⟩ ***ribbel*** ⇒*(lengte)rib* ⟨op ribbetjesgoed⟩ **0.3** ***vadem*** ⇒*vaam* ⟨inhoudsmaat v. hout; 128 kubieke voet⟩ **0.4** ***band*** ⇒*binding, kluister, keten, boei*;
II ⟨telb. en n.-telb.zn.⟩ **0.1** ***koord*** ⇒*streng, touw, snaar* **0.2** ***(elektrisch) snoer*** ⇒*kabel(tje), draad* **0.3** ***beulskoord*** ⇒*worgkoord* ◆ **1.1** the ~ of a bow *de pees v.e. boog*;
III ⟨n.-telb.zn.⟩ ⟨conf.⟩ **0.1** ***rips*** ⇒*ribfluweel, (rib)cord, corduroy, manchester*;
IV ⟨mv.; ~s⟩ ⟨inf.⟩ **0.1** ***corduroy broek*** ⇒*broek v. rips/ribfluweel/corduroy, manchester broek*.
cord[2] ⟨ov.ww.⟩ →corded **0.1** ***vastbinden*** ⇒*vastsnoeren/sjorren* **0.2** ***vademen*** ⇒*opstapelen* ⟨v. brandhout⟩.
cord·age ['kɔ:dɪdʒ‖'kɔr-] ⟨n.-telb.zn.⟩ **0.1** ***touwwerk*** ⟨vnl. scheep.⟩ ⇒*takelage, lopend want*.
cor·date ['kɔ:deɪt‖'kɔr-] ⟨bn.; -ly⟩ **0.1** ***hartvormig*** ⟨vnl. plantk.⟩.
cord·ed ['kɔ:dɪd‖'kɔrdɪd] ⟨bn.; volt. deelw. v. cord⟩ **0.1** ***vastgebonden*** ⇒*vastgesnoerd/gesjord* **0.2** ⟨conf.⟩ ***gerib(bel)d*** ⇒*gekeperd* **0.3** ***gevademd*** ⇒*opgestapeld in vadems* ◆ **1.¶** ~ muscles *spieren als koorden/kabeltouwen*.
cor·de·lier ['kɔ:dɪ'lɪə‖'kɔrdə'lɪr] ⟨telb.zn.⟩ **0.1** ***kordelier*** ⇒*minderbroeder, franciscaan*.
'cord·grass ⟨n.-telb.zn.⟩ ⟨plantk.⟩ **0.1** ***slijkgras*** ⟨genus Spartina⟩.
cor·dial[1] ['kɔ:dɪəl‖'kɔrdʒl] ⟨f1⟩ ⟨zn.⟩
I ⟨telb.zn.⟩ **0.1** ***hart(ver)sterking*** ⇒*opfrissertje, opkikkertje*;
II ⟨telb. en n.-telb.zn.⟩ **0.1** ***likeur(tje)*** ⇒*brandewijn, kruidenbitter*;
III ⟨n.-telb.zn.⟩ **0.1** ***(ingedikt) vruchtensap*** ⟨waaraan water wordt toegevoegd⟩ ⇒*fruitdrank, vruchtenextract*.
cordial[2] ⟨f2⟩ ⟨bn.; -ly; -ness⟩ **0.1** ***hartelijk*** ⇒*oprecht, welgemeend, vriendelijk, sympathiek, gul* **0.2** ***opwekkend*** ⇒*versterkend, stimulerend, hartversterkend* ◆ **3.1** they dislike each other ~ly *ze hebben een hartgrondige hekel aan elkaar*.
cor·dial·i·ty ['kɔ:di'æləti‖'kɔrdʒi'æləṭi] ⟨f1⟩ ⟨telb. en n.-telb.zn.; →mv. 2⟩ **0.1** ***hartelijkheid*** ⇒*vriendelijkheid*.
cor·di·er·ite ['kɔ:dɪəraɪt‖'kɔr-] ⟨n.-telb.zn.⟩ ⟨geol.⟩ **0.1** ***cordieriet*** ⟨mineraal⟩.
cor·di·form ['kɔ:dɪfɔ:m‖'kɔrdɪfɔrm] ⟨bn.⟩ **0.1** ***hartvormig***.
cor·dil·le·ra ['kɔ:dɪ'ljeərə‖'kɔr-] ⟨telb.zn.⟩ **0.1** ***cordillera*** ⟨bergketen⟩.
cord·ite ['kɔ:daɪt‖'kɔr-] ⟨n.-telb.zn.⟩ **0.1** ***cordiet*** ⟨explosief⟩.
cord·less ['kɔ:dləs‖'kɔr-] ⟨bn.⟩ **0.1** ***draadloos*** ⇒*snoerloos*.
cor·don[1] ['kɔ:dn‖'kɔrdn] ⟨f1⟩ ⟨telb.zn.⟩ **0.1** ***kordon*** ⇒*ring* **0.2** ***snoer (boom)*** ⟨soort leiboom⟩ **0.3** ***ordelint(je)*** ⇒*sjerp, nestel* **0.4** ⟨bouwk.⟩ ***kordon*** ⇒*kordonband/lijst* **0.5** ⟨verk.⟩ ⟨cordon sanitaire⟩.
cordon[2], **'cordon 'off** ⟨ov.ww.⟩ **0.1** ***afzetten*** ⇒*afsluiten, afgrendelen (d.m.v. een kordon), een kordon leggen/trekken om* ◆ **1.1** ~ a crowd *een menigte op afstand houden*.
cor·don bleu ['kɔ:dɔ̃ 'blɜ:‖kɔr'dɔ̃-] ⟨telb.zn.; ook cordon(s) bleus [-'blɜ:(z)]; →mv. 5, 6⟩ ⟨cul.⟩ **0.1** ***cordon bleu*** ⇒*excellente (bekroonde) keukenmeester, prima kok(kin)* **0.2** ⟨vaak attr.⟩ ***zeer hoge kwaliteit***.
cor·don sa·ni·taire ['kɔ:dɔ̃ sænɪ'teə‖kɔr'dɔ̃ sænɪ'ter] ⟨telb.zn.; cordons sanitaires [-'teə‖-'ter]; →mv. 5⟩ **0.1** ***quarantainelijn*** ⇒*bufferzone, kring v. bufferstaten, isolatiekordon*.
cor·do·van[1] ['kɔ:dəvən‖'kɔr-] ⟨zn.⟩
I ⟨telb.zn.; C-⟩ **0.1** ***Corduaan*** ⇒*inwoner v. Cordoba*;
II ⟨n.-telb.zn.⟩ **0.1** ***Corduaans leer*** ⇒*corduaan*.
cordovan[2] ⟨bn.; ook C-⟩ **0.1** ***Corduaans***.
cor·du·roy ['kɔ:d(ə)rɔi‖'kɔr-] ⟨f1⟩ ⟨zn.⟩ ⟨conf.⟩
I ⟨n.-telb.zn.; vaak attr.⟩ **0.1** ***corduroy*** ⇒*koordmanchester, fijn ribfluweel*;
II ⟨mv.; ~s⟩ **0.1** ***corduroy broek*** ⇒*ribfluwelen/manchester broek*.
'corduroy 'road ⟨telb.zn.⟩ **0.1** ***knuppeldam/weg*** ⟨v. boomstammen⟩.
cord·wain·er ['kɔ:dweɪnə‖'kɔrdweɪnər] ⟨telb.zn.⟩ ⟨vero. beh. als gildenaam⟩ **0.1** ***schoenlapper*** ⇒*schoenmaker*.
'cord·wood ⟨n.-telb.zn.⟩ **0.1** ***vademhout***.
core[1] [kɔ:‖kɔr] ⟨f3⟩ ⟨telb.zn.⟩ **0.1** ⟨ben. voor⟩ ***binnenste*** ⇒*kern*, ⟨ook geol.⟩ *klokhuis*; ⟨geol., mijnw.⟩ *boorkern, boor/bodemmonster; hart, ziel* ⟨v.e. kabel⟩; ⟨elek.⟩ *(weekijzeren) kern; kabelkern/ader/hart*; ⟨gieterij⟩ *gietkern, leest*; ⟨archeologie⟩ *(bewerkte) vuursteenknol; bodemmonster*; ⟨kernenergie⟩ *reactorkern*; ⟨comp.⟩ *magneetkern; kerngeheugen*; ⟨amb.⟩ *grondhout* ⟨waaroverheen fineer wordt gelijmd⟩; ⟨fig.⟩ *wezen, essentie, middelpunt, hart, ziel, centrum* ◆ **3.1** ⟨mijnw.⟩ take a ~ *een bodemmonster nemen d.m.v. boren* **6.1** to the ~ *tot (in) de kern; geheel, totaal*; British to the ~ *door en door Brits, Brits in hart en nieren*.
core[2] ⟨ov.ww.⟩ **0.1** ***uitboren*** ⇒*van het klokhuis ontdoen*.
CORE [kɔ:‖kɔr] ⟨eig.n.⟩ ⟨afk.⟩ Congress of Racial Equality ⟨AE⟩ **0.1** ***CORE*** ⇒*C.O.R.E.*.
'core area ⟨telb.zn.⟩ ⟨archeologie, sociologie⟩ **0.1** ***concentratiegebied***.
'core 'city ⟨telb.zn.⟩ ⟨AE⟩ **0.1** ***stadskern/centrum***.
corelate, co-relate →correlate.
corelation →correlation.
co-re·lig·ion·ist, co·re·lig·ion·ist ['koʊrɪ'lɪdʒənɪst] ⟨telb.zn.⟩ **0.1** ***geloofsgenoot/genote***.
co·re·op·sis ['kɒri'ɒpsɪs‖'kɔri'ɑp-] ⟨telb.zn.; coreopsis; →mv. 4⟩ ⟨plantk.⟩ **0.1** ***meisjesogen*** ⇒*luizenbloem, calliopsis* ⟨genus Coreopsis⟩.
cor·er ['kɔ:rə‖'kɔrər] ⟨telb.zn.⟩ **0.1** ***appelboor***.
co·re·spon·dent, co·re·spon·dent ['koʊrɪ'spɒndənt‖-'spɑn-] ⟨f1⟩ ⟨telb.zn.⟩ ⟨jur.⟩ **0.1** ***man/vrouw gedagvaard wegens overspel met echtgenoot/genote v.d. eisende partij*** ⟨bij echtscheidingen⟩.

'co·re·spon·dent 'shoes ⟨mv.⟩ ⟨BE; scherts.⟩ **0.1** ***tweekleurige herenschoenen.***

'core time ⟨n.-telb.zn.⟩ **0.1** ***bloktijd*** ⟨tijd dat men allemaal aanwezig is bij variabele werktijden⟩.

'core tube ⟨telb.zn.⟩ **0.1** ***kernboor*** ⟨voor het nemen v. bodemmonsters⟩.

corf [kɔ:f‖kɔrf] ⟨telb.zn.; corves [kɔ:vz‖kɔrvz]; →mv. 3⟩ ⟨BE⟩ **0.1** ***draagkorf*** ⟨in mijn⟩ **0.2** ***leefnet*** ⇒*kaar, beun, bun.*

Cor·fu [kɔ:'fu:‖'kɔr'fu:] ⟨eig.n.⟩ **0.1** ***Korfoe.***

cor·gi ['kɔ:gi‖'kɔrgi] ⟨telb.zn.⟩ **0.1** ***corgi*** ⟨kleine herdershond⟩.

co·ri·a·ceous ['kɒri'eɪʃəs‖'kɔ-] ⟨bn.⟩ **0.1** ***leerachtig*** ⇒*taai* **0.2** ***leren*** ⇒*van leer, lederen.*

co·ri·an·der ['kɒri'ændə‖'kɔri'ændər] ⟨zn.⟩ ⟨plantk.⟩
I ⟨telb. en n.-telb.zn.⟩ **0.1** ***koriander*** ⟨ook als specerij; Coriandrum sativum⟩;
II ⟨n.-telb.zn.⟩ **0.1** ***korianderzaad.***

cori'ander seed ⟨n.-telb.zn.⟩ **0.1** ***korianderzaad.***

Cor·inth ['kɒrɪnθ‖'kɔ-, 'kɑ-] ⟨eig.n.⟩ **0.1** ***Korinthe.***

Co·rin·thi·an[1] [kə'rɪnθɪən] ⟨zn.⟩
I ⟨telb.zn.⟩ **0.1** ***Korint(h)iër*** **0.2** ***bonvivant*** ⇒*dandy* **0.3** ***(rijke) sportamateur*** ⇒⟨i.h.b.⟩ *zeiler;*
II ⟨mv.; ~s⟩ ⟨bijb.⟩ **0.1** ***(brief aan de) Korint(h)iërs.***

Corinthian[2] ⟨bn.⟩ **0.1** ***Korinthisch*** ⟨vnl. bouwk.⟩ **0.2** ***uitbundig*** ⇒*extravagant, te bloemrijk* ⟨v. stijl⟩; ⟨pej.⟩ *liederlijk* ◆ **1.1** ⟨bouwk.⟩ ~ order *Korinthische bouworde.*

co·ri·um ['kɔ:rɪəm] ⟨telb. en n.-telb.zn.; coria [-rɪə]; →mv. 5⟩ ⟨anat.⟩ **0.1** ***lederhuid*** ⇒*corium.*

corival →corrival.

cork[1] [kɔ:k‖kɔrk] ⟨f2⟩ ⟨telb. en n.-telb.zn.⟩ **0.1** ***kurk*** ⇒*drijver* ⟨aan visnet/lijn⟩, *flessekurk, (rubber) stop.*

cork[2] ⟨f1⟩ ⟨ov.ww.⟩ →corked, corking **0.1** ***(toe)kurken*** ⇒*dichtstoppen* **0.2** ***zwarten met gebrande kurk*** ◆ **5.1** ~ **up** a bottle *een fles kurken* **5.¶** ⟨inf.⟩ don't ~ **up** your feelings *je moet je gevoelens niet opkroppen.*

cork·age ['kɔ:kɪdʒ‖'kɔr-] ⟨n.-telb.zn.⟩ **0.1** ***kurkengeld*** **0.2** ***het kurken*** **0.3** ***het ontkurken.***

'cork·board ⟨n.-telb.zn.⟩ **0.1** ***kurkplaat.***

'cork cambium ⟨n.-telb.zn.⟩ ⟨plantk.⟩ **0.1** ***kurkcambium*** ⇒*fellogeen* ⟨teeltweefsel v. kurkschors⟩.

corked [kɔ:kt‖kɔrkt] ⟨f1⟩ ⟨bn.; volt. deelw. v. cork⟩ **0.1** ***gekurkt*** ⇒*met een kurk afgesloten* **0.2** ***door kurksmaak aangetast*** ⇒*naar (de) kurk smakend* **0.3** ***met gebrande kurk gezwart*** **0.4** ⟨sl.⟩ ***bezopen*** ⇒*lam, lazerus, zat, sjikker.*

cork·er ['kɔ:kə‖'kɔrkər] ⟨telb.zn.⟩ ⟨sl.⟩ **0.1** ***verbazingwekkend/bewonderenswaardig iets/iem.*** ⇒*prachtexemplaar, kanjer, nummer, stuk* **0.2** ***doorslaand/afdoend argument*** ⇒*iets waarop geen reactie mogelijk is* **0.3** ***grove leugen*** ⇒*gotspe* **0.4** ⟨AE⟩ ***moordgrap*** ⇒*prachtmop.*

cork·ing ['kɔ:kɪŋ‖'kɔr-] ⟨bn.; teg. deelw. v. cork⟩ ⟨AE; sl.⟩ **0.1** ***schitterend*** ⇒*geweldig, eindeloos, tof.*

'cork-jacket ⟨telb.zn.⟩ **0.1** ***(met kurk gevuld) zwemvest*** ⇒*kurken vest.*

'cork oak ⟨telb.zn.⟩ ⟨plantk.⟩ **0.1** ***kurkeik*** ⟨Quercus suber⟩.

'cork·screw[1] ⟨f1⟩ ⟨telb.zn.⟩ **0.1** ***kurketrekker*** **0.2** ***spiraal*** **0.3** ⟨AE; inf.⟩ ***(n)avegaar*** ⇒*agger, effer* ⟨handboor⟩.

corkscrew[2] ⟨ww.⟩
I ⟨onov.ww.⟩ **0.1** ***zich als een kurketrekker/spiraalsgewijs (voort) bewegen*** ⇒*draaien;*
II ⟨ov.ww.⟩ **0.1** ***in/uitdraaien*** ⇒*boren, spiraalsgewijs bewegen* ◆ **1.1** ⟨fig.⟩ every word had to be ~ed out of her *elk woord moest uit haar getrokken worden.*

'cork-'tipped ⟨bn.⟩ **0.1** ***met kurkfilter/kurken mondstuk*** ⟨v. sigaret⟩.

'cork tree ⟨telb.zn.⟩ ⟨plantk.⟩ **0.1** ***kurkboom*** ⇒⟨i.h.b.⟩ *kurkeik* ⟨Quercus suber⟩.

'cork·wood ⟨n.-telb.zn.⟩ **0.1** ***kurkhout*** ⟨licht, poreus hout⟩.

cork·y ['kɔ:ki‖'kɔrki] ⟨bn.; -er; -ness; →bijw. 3⟩ **0.1** ***kurkachtig*** **0.2** ***kurken*** ⇒*van kurk* **0.3** ⟨inf.⟩ ***levendig*** ⇒*kwiek, veerkrachtig* **0.4** ***naar (de) kurk smakend*** ⟨v. wijn⟩.

corm [kɔ:m‖kɔrm] ⟨telb.zn.⟩ ⟨plantk.⟩ **0.1** ***(stengel)knol.***

cor·mel ['kɔ:ml‖'kɔrml] ⟨telb.zn.⟩ ⟨plantk.⟩ **0.1** ***knolknop.***

cor·mo·phyte ['kɔ:moʊfaɪt‖'kɔrmə-] ⟨telb.zn.; vnl. mv.⟩ ⟨plantk.⟩ **0.1** ***tot de Cormophyta behorende plant*** ⟨hoofdafdeling v.h. plantenrijk⟩.

cor·mo·rant ['kɔ:mrənt‖'kɔr-] ⟨telb.zn.⟩ **0.1** ⟨dierk.⟩ ***aalscholver*** ⟨Phalacrocoracidae; i.h.b. Phalocrocorax carbo⟩ **0.2** ***inhalig persoon*** ⇒*haai, gier, veelvraat.*

corn[1] [kɔ:n‖kɔrn] ⟨f2⟩ ⟨zn.⟩
I ⟨telb.zn.⟩ **0.1** ***likdoorn*** ⇒*eksteroog* **0.2** ***korrel*** ⇒*graan/maïs/tarwekorrel* ⟨enz.⟩, *zaadje, graantje* ◆ **3.¶** step/tread on s.o.'s ~s *iem. op de tenen trappen, op iemands tenen gaan staan;*
II ⟨n.-telb.zn.⟩ **0.1** ⟨BE⟩ ***graan*** ⇒*koren;* ⟨i.h.b.⟩ *tarwe* **0.2** ⟨AE⟩ ***maïs*** ⇒*Turkse tarwe, Turks koren* **0.3** ⟨IE, Sch. E⟩ ***haver*** **0.4** ⟨AE; inf.⟩ ***geld*** ⇒*poen* **0.5** ⟨AE; inf.⟩ ***maïswhisky*** ⇒*whisky op maïsbasis, bourbon, Amerikaanse whisky* **0.6** ⟨AE; inf.⟩ ***dronkenschap*** **0.7** ⟨sl.⟩ ***sentimenteel gedoe*** ⇒*melodrama, banaliteit, flauwe/melige/oubollige boel* ◆ **1.2** ~ on the cob *maïskolf, maïs op/aan de kolf* ⟨als gekookt voedsel⟩; ⟨sl.⟩ *mondharmonica, mondorgel* **3.¶** ⟨inf.⟩ earn one's ~ *je brood verdienen.*

corn[2] ⟨ov.ww.⟩ →corned **0.1** ***(in)zouten*** ⇒*pekelen* **0.2** ***verkorrelen*** ⇒*verkruimelen* **0.3** ***voederen met graan/maïs*** **0.4** ***met graan/*** ⟨vnl. BE⟩ ***met tarwe/*** ⟨AE⟩ ***met maïs/*** ⟨IE, Sch. E⟩ ***met haver bebouwen.***

Corn ⟨afk.⟩ Cornwall.

'corn·ball ⟨telb.zn.⟩ ⟨AE; sl.⟩ **0.1** ***sentimentele zak*** ⇒*slijmbal, (zacht gekookt) ei.*

'corn beef ⟨n.-telb.zn.⟩ **0.1** ***cornedbeef*** ⇒*rundvleesconserve, rundvlees in blik.*

'corn belt ⟨telb.zn.⟩ **0.1** ***koren/maïsgebied*** ⇒*koren/maïsstreek* ⟨i.h.b. het Midden-Westen v.d. U.S.A.⟩.

'corn borer ⟨telb.zn.⟩ ⟨dierk.⟩ **0.1** ***maïsboorder*** ⟨Pyrausta nubilalis⟩.

'corn bread ⟨n.-telb.zn.⟩ ⟨vnl. AE⟩ **0.1** ***maïsbrood.***

'corn bunting ⟨telb.zn.⟩ ⟨dierk.⟩ **0.1** ***grauwe gors*** ⟨Emberiza calandra⟩.

'corn·cake ⟨telb. en n.-telb.zn.⟩ **0.1** ***maïsbrood/koek.***

'corn chandler ⟨telb.zn.⟩ ⟨BE⟩ **0.1** ***graan/korenhandelaar*** ⇒*grutter.*

'corn·cob ⟨f1⟩ ⟨telb.zn.⟩ **0.1** ***maïskolf*** ⟨zonder korrels⟩ ⇒*maïsspil* **0.2** ***v. maïskolf gemaakte pijp.***

'corncob pipe ⟨telb.zn.⟩ ⟨AE⟩ **0.1** ***v. maïskolf gemaakte pijp.***

'corn cockle ⟨telb.zn.⟩ ⟨plantk.⟩ **0.1** ***bolderik*** ⟨Agrostemma githago⟩.

'corn·crake ⟨telb.zn.⟩ ⟨dierk.⟩ **0.1** ***kwartelkoning*** ⟨Crex crex⟩.

'corn·crib ⟨telb.zn.⟩ **0.1** ***maïs(droog/opslag)bak.***

'corn cutter ⟨telb.zn.⟩ **0.1** ***maïsplukker*** ⇒*maïsoogstmachine* **0.2** ***maïsstengelbreker*** ⟨voor produktie v. veevoer⟩ **0.3** ***likdoornsnijder.***

corn·dodg·er ['kɔ:nˌdɒdʒə‖'kɔrnˌdɑdʒər] ⟨telb.zn.⟩ ⟨vnl. AE⟩ **0.1** ***maïskoek/broodje/cake.***

cor·ne·a ['kɔ:nɪə‖'kɔr-] ⟨telb.zn.⟩ ⟨anat.⟩ **0.1** ***hoornvlies*** ⇒*cornea.*

cor·ne·al ['kɔ:nɪəl‖'kɔr-] ⟨bn.⟩ **0.1** ***mbt./v.h. hoornvlies*** ⇒*corneaal* ◆ **1.1** ~ grafting *hoornvliestransplantatie.*

corn earworm ⟨telb.zn.⟩ ⟨dierk.⟩ **0.1** ***grote, schadelijke larve*** ⟨Heliothis armigera⟩.

corned ⟨bn.; (oorspr.) volt. deelw. v. corn⟩ **0.1** ***gezouten*** ⇒*gepekeld, ingemaakt* **0.2** ⟨AE; inf.⟩ ***teut*** ⇒*zat, dronken* ◆ **1.1** ~ beef *corned beef.*

cor·nel ['kɔ:nl‖'kɔrnl] ⟨telb.zn.⟩ ⟨plantk.⟩ **0.1** ***kornoelje*** ⇒*kornel* ⟨genus Cornus⟩.

cor·nel·ian [kɔ:'ni:lɪən‖kɔr-], **car·nel·ian** [kɑ:-‖kɑr-] ⟨telb.zn., n.-telb.zn.⟩ **0.1** ***kornalijn*** ⇒*carneool, corneool.*

'cornelian 'cherry ⟨telb.zn.⟩ ⟨plantk.⟩ **0.1** ***gele kornoelje*** ⟨Cornus mas⟩.

cor·ne·ous ['kɔ:nətəs‖'kɔrnət̬əs] ⟨bn.⟩ **0.1** ***hoornachtig*** **0.2** ***hoornen*** ⇒*van hoorn.*

cor·ner[1] ['kɔ:nə‖'kɔrnər] ⟨f4⟩ ⟨telb.zn.⟩ **0.1** ***hoek*** ⇒*bocht, straathoek; hoekje* **0.2** ⟨sport, i.h.b. voetbal⟩ ***hoekschop*** ⇒*corner, hoekslag, hoekworp* **0.3** ⟨ec.⟩ ***corner*** ⇒*monopolie;* ⟨beurs⟩ *hoek* **0.4** ***hoekbeslag*** ⇒*hoekversterking, hoekbeschermer* ◆ **1.1** glance out of the ~ of one's eye *vanuit zijn ooghoek kijken;* ⟨bijb.⟩ the head of the ~ *de hoeksteen* **2.1** in a remote ~ of the country *in een uithoek v.h. land* **3.1** cut ~s *bochten afsnijden;* ⟨vnl. BE⟩ cut off a/the ~ *binnendoor gaan, de bocht afsnijden, geen omweg maken;* drive/force/put s.o. into a ~ *iem. in een hoek drijven;* ⟨fig.⟩ *iem. in het nauw brengen;* this car takes ~s well *deze auto ligt goed in de bocht;* turn the ~ *de hoek omslaan* **3.3** make a ~ in corn *een corner/monopolie in graan verwerven* **3.¶** cut ~s *bezuinigen, op de uitgaven besnoeien; formaliteiten omzeilen, korte metten maken;* ⟨vnl. BE⟩ cut off a/the ~ *de hand lichten met werk, werk afraffelen;* turn the ~ *het ergste te boven zijn, het dieptepunt te boven komen* **6.1** (just) **(a)round** the ~ *(vlak) om de hoek (v.d. deur), vlakbij;* **from** all the ~s of the world *uit alle windstreken, uit alle delen v.d. wereld* **6.¶** ⟨AE⟩ go **around** the ~ *het hoekje omgaan, de pijp uitgaan;* do sth. **in** a ~ *iets stiekem doen;* **within** the four ~s of *binnen het bestek/raamwerk van.*

corner[2] ⟨f2⟩ ⟨ww.⟩
I ⟨onov.ww.⟩ **0.1** ***een/de bocht nemen*** ⇒*door de bocht gaan, de hoek omgaan, afslaan* **0.2** ⟨AE⟩ ***in/op een hoek samenkomen*** ⇒*op een hoek aan elkaar grenzen* ◆ **6.2** ~ **on** *grenzen aan;*
II ⟨ov.ww.⟩ **0.1** ***in het nauw drijven*** ⇒*insluiten, klem zetten* **0.2** ⟨hand.⟩ ***een corner/monopolie verwerven in*** ⟨een produkt⟩ **0.3** ***in een hoek plaatsen/zetten*** **0.4** ***van hoeken voorzien*** ⇒*hoeken aanbrengen in.*

'cor·ner back ⟨telb.zn.⟩ ⟨sport⟩ **0.1** ***cornerback*** ⇒*links/rechtsachter (speler)* ⟨in Am. rugby⟩.

'corner boy ⟨telb.zn.⟩⟨vnl. IE⟩ 0.1 ***straatslijper*** ⇒*baliekluiver*.

'corner cupboard ⟨telb.zn.⟩ 0.1 ***hoekkast***.

'corner hit ⟨n.-telb.zn.⟩⟨sport, i.h.b. hockey⟩ 0.1 ***(lange) hoekslag***.

'corner kick ⟨fɪ⟩⟨telb.zn.⟩⟨sport, i.h.b. voetbal⟩ 0.1 ***hoekschop*** ⇒*corner*.

'cornerkick arc ⟨telb.zn.⟩⟨voetbal⟩ 0.1 ***kwartcirkel*** ⇒*hoekvlagcirkel*.

'cornerkick spot ⟨telb.zn.⟩⟨zaalvoetbal⟩ 0.1 ***hoekschopstip***.

'corner mark ⟨telb.zn.⟩⟨zaalvoetbal⟩ 0.1 ***cornerstip***.

'corner shop ⟨telb.zn.⟩ 0.1 ***hoekwinkel*** ⇒⟨i.h.b.⟩ *kruidenier op de hoek, buurtwinkel* ⟨i.t.t. de supermarkt⟩.

'cor·ner·stone ⟨fɪ⟩⟨telb.zn.⟩ 0.1 ***hoeksteen*** ⇒*steunpilaar* ⟨ook fig.⟩.

'corner throw ⟨telb.zn.⟩⟨sport, i.h.b. waterpolo⟩ 0.1 ***hoekworp***.

cor·net ['kɔ:nɪt‖kɔr'net]⟨fɪ⟩⟨telb.zn.⟩ 0.1 ⟨muz.⟩ ***kornet*** ⇒*cornet-à-pistons, piston* 0.2 ***puntzakje*** ⇒*peperhuisje* 0.3 ⟨BE⟩ ***(ijsco) hoorn/horen*** ⇒*cornet* 0.4 ***kornet(muts)*** 0.5 ***witte nonnenkap*** 0.6 ⟨BE; gesch., mil.⟩ ***kornet*** ⇒*vaandrig*.

cor·net-à-pis·tons ['kɔ:nɪtə'pɪstənz‖kɔr'neṭə-]⟨telb.zn.; cornets-à-pistons [-nɪts-‖-'nets-]; →mv. 5⟩⟨muz.⟩ 0.1 ***cornet-à-pistons*** ⇒*piston, kornet*.

cor·net·cy ['kɔ:nɪtsi‖'kɔr-]⟨telb. en n.-telb.zn.; →mv. 2⟩⟨BE; gesch., mil.⟩ 0.1 ***rang v. kornet/vaandrig***.

cor·net·(t)ist ['kɔ:nɪtɪst‖kɔr'neṭɪst]⟨telb.zn.⟩⟨muz.⟩ 0.1 ***kornetblazer*** ⇒*pistonist*.

'corn exchange ⟨telb.zn.⟩ 0.1 ***graan/korenbeurs***.

'corn-fac·tor ⟨telb.zn.⟩⟨BE⟩ 0.1 ***graan/korenfactor***.

'corn-fed ⟨bn.⟩ 0.1 ***met maïs/graan gevoederd*** ⇒*vetgemest* 0.2 ⟨AE; inf.⟩ ***stevig*** ⇒*kloek, struis* 0.3 ⟨AE; inf.⟩ ***boers*** ⇒*uit de klei getrokken*.

'corn·field ⟨fɪ⟩⟨telb.zn.⟩ 0.1 ***graan/koren/maïsveld***.

'corn flag ⟨telb.zn.⟩⟨plantk.⟩ 0.1 ***gladiool*** ⇒*zwaardlelie* ⟨genus Gladiolus⟩ 0.2 ***gele lis*** ⟨Iris pseudacorus⟩.

'corn flakes ⟨fɪ⟩⟨mv.⟩ 0.1 ***cornflakes*** ⇒*maïsvlokken*.

'corn flour ⟨fɪ⟩⟨n.-telb.zn.⟩⟨BE⟩ 0.1 ***maïzena*** ⇒*maïsmeel* 0.2 ***bloem***.

'corn·flow·er ⟨fɪ⟩⟨telb.zn.⟩⟨plantk.⟩ 0.1 ***korenbloem*** ⇒*roggebloem* ⟨Centaurea cyanus⟩.

'corn·husk, 'corn·shuck ⟨telb.zn.⟩ 0.1 ***maïslies*** ⟨blad om maïskolf⟩.

corn·husk·ing ['kɔ:nˌhʌskɪŋ‖'kɔrn-], **corn·shuck·ing** [-ˌʃʌkɪŋ]⟨zn.⟩
I ⟨telb.zn.⟩ 0.1 ***burenbijeenkomst voor het ontvliezen v.d. maïskolven***;
II ⟨n.-telb.zn.⟩ 0.1 ***het ontvliezen v. maïskolven***.

cor·nice[1] ['kɔ:nɪs‖'kɔr-]⟨fɪ⟩⟨telb.zn.⟩ 0.1 ⟨bouwk.⟩ ***kroon/deklijst*** ⇒*lijst(krans), kornis* 0.2 ***corniche*** ⇒*stuifsneeuwrand, overhangende sneeuw/rotsmassa*.

cornice[2] ⟨ov.ww.; vnl. als volt. deelw.⟩⟨bouwk.⟩ 0.1 ***afwerken met een kroon/deklijst***.

cor·niche ['kɔ:nɪʃ‖'kɔr-], **'corniche road** ⟨telb.zn.⟩ 0.1 ***weg langs een afgrond/over een steilte*** 0.2 ***kustweg*** ⟨aan rotskust⟩.

cor·nic·u·late [kɔ:'nɪkjʊleɪt‖kɔr-]⟨bn.⟩ 0.1 ***gehoornd*** ⇒*met horens/horenachtige uitsteeksels*.

Cor·nish[1] ['kɔ:nɪʃ‖'kɔr-]⟨eig.n.⟩ 0.1 ***Cornish*** ⇒*Cornisch* ⟨Keltische taal die in Cornwall werd gesproken⟩.

Cornish[2] ⟨fɪ⟩⟨bn.⟩ 0.1 ***mbt./v. Cornwall*** 0.2 ***mbt./v.h. Cornish*** ◆ 1.1 ~ boiler *cornwallketel* ⟨cilinderketel met één stookbuis⟩; ⟨cul.⟩ ~ pasty *vleespastei, Cornish pasty* ⟨met groenten en vlees⟩; the ~ Riviera *de zuidkust v. Cornwall, de Engelse Rivièra*.

'corn juice ⟨n.-telb.zn.⟩⟨AE; inf.⟩ 0.1 ***(zelf gestookte) whisky***.

'corn law ⟨telb.zn.; vnl. C-L-⟩⟨vnl. BE⟩ 0.1 ***graan/korenwet*** ◆ 7.1 ⟨gesch.⟩ the Corn Laws *de Corn Laws, de Graanwetten*.

'corn·loft ⟨telb.zn.⟩ 0.1 ***graanzolder*** ⇒*graanschuur*.

'corn 'marigold ⟨telb.zn.⟩⟨plantk.⟩ 0.1 ***gele ganzebloem*** ⇒*(wilde) goudsbloem* ⟨Chrysanthemum segetum⟩.

'corn·meal ⟨n.-telb.zn.⟩ 0.1 ***maïsmeel*** 0.2 ⟨Sch. E⟩ ***havermeel/mout***.

'corn mint ⟨telb.zn., n.-telb.zn.⟩⟨plantk.⟩ 0.1 ***akkermunt*** ⇒*veldmunt* ⟨Mentha arvensis⟩.

'corn·ner·wise ['kɔ:nəwaɪz‖'kɔrnər-], **'cor·ner·ways** [-weɪz]⟨bw.⟩ 0.1 ***hoeks(ge)wijs*** ⇒*hoeks* 0.2 ***met een hoek aan de voorzijde*** 0.3 ***overhoeks*** ⇒*v. hoek tot hoek, diagonaal*.

cor·no·pe·an [kə'noʊpɪən‖'kɔrnə'pɪən]⟨telb.zn.⟩⟨BE; muz.⟩ 0.1 ***kornet*** ⇒*cornet-à-pistons, piston*.

'corn pone ⟨n.-telb.zn.⟩⟨AE⟩ 0.1 ***maïsbrood***.

'corn poppy ⟨telb.zn.⟩⟨plantk.⟩ 0.1 ***klaproos*** ⟨Papaver rhoeas⟩.

'corn rose ⟨telb.zn.⟩⟨vnl. BE; plantk.⟩ 0.1 ***klaproos*** ⟨Papaver rhoeas⟩ 0.2 ***bolderik*** ⟨Agrostemma githago⟩.

corn·row ['kɔ:nroʊ‖'kɔrn-]⟨ww.⟩⟨AE⟩
I ⟨onov.ww.⟩ 0.1 ***haar vlechten*** ⇒*vlechten/staartjes maken in het haar*;
II ⟨ov.ww.⟩ 0.1 ***vlechten*** ⇒*vlechten/staartjes maken in* ⟨haar⟩.

'corn salad ⟨telb. en n.-telb.zn.⟩⟨plantk.⟩ 0.1 ***(gewone) veldsla*** ⟨Valerianella locusta/olitoria⟩.

'corn silk ⟨n.-telb.zn.⟩⟨AE⟩ 0.1 ***maïspluim/vezels*** ⟨aan de kolf⟩.

'corn snow ⟨n.-telb.zn.⟩ 0.1 ***korrelsneeuw***.

'corn spurr(e)y ⟨telb.zn.⟩⟨plantk.⟩ 0.1 ***(gewone) spurrie*** ⟨Spergula arvensis⟩.

'corn·stalk ⟨telb.zn.⟩ 0.1 ***maïsstengel*** 0.2 ***bonestaak*** ⟨fig.⟩ 0.3 ***Australiër*** ⟨vnl. uit Nieuw-Zuid-Wales⟩.

'corn·starch ⟨fɪ⟩⟨n.-telb.zn.⟩⟨AE⟩ 0.1 ***maïszetmeel*** 0.2 ***maïzena*** ⇒*maïsmeel*.

'corn sugar ⟨n.-telb.zn.⟩ 0.1 ***druivesuiker*** ⇒*dextrose*.

'corn syrup ⟨n.-telb.zn.⟩ 0.1 ***glucosestroop***.

cor·nu ['kɔ:nju:‖'kɔrnu:]⟨telb.zn.; cornua [-njʊə‖-nu:ə]; →mv. 5⟩ 0.1 ***cornu*** ⇒*hoorn* ⟨uitsteeksel aan bot⟩.

cor·nu·co·pi·a ['kɔ:njʊ'koʊpɪə‖'kɔrnə-]⟨telb.zn.⟩ 0.1 ***hoorn des overvloeds*** ⟨ook beeld. k.⟩ ⇒⟨fig.⟩ *rijk voorziene winkel, overvloed, rijkdom*.

cor·nu·co·pi·an ['kɔ:njʊ'koʊpɪən‖'kɔrnə-]⟨bn.⟩ 0.1 ***overvloedig (voorhanden)*** ⇒*rijk voorzien*.

cor·nute [kɔ:'nju:t‖kɔr'nu:t], **cor·nut·ed** [-'nju:tɪd‖-'nu:ṭɪd]⟨bn.⟩ 0.1 ***hoornvormig*** 0.2 ***gehoornd***.

'corn weevil ⟨telb.zn.⟩⟨dierk.⟩ 0.1 ***graanklander*** ⟨Sitophilus granarius⟩.

'corn 'whiskey ⟨n.-telb.zn.⟩⟨AE⟩ 0.1 ***maïswhisky*** ⇒*bourbon, Amerikaanse whisky*.

corn·y ['kɔ:ni‖'kɔrni]⟨fɪ⟩⟨bn.; -er; →compar. 7⟩ 0.1 ⟨inf.⟩ ***afgezaagd*** ⇒*clichématig, melig, oubollig, flauw, banaal* 0.2 ***mbt. koren/maïs*** ⇒*koren-, maïs-, rijk aan koren/maïs* 0.3 ***mbt. likdoorns/eksterogen*** ⇒*likdoorn-*.

co·rol·la [kə'rɒlə‖-'rɑ-]⟨telb.zn.⟩⟨plantk.⟩ 0.1 ***(bloem)kroon*** ⇒*corolla*.

cor·ol·lar·y[1] [kə'rɒləri‖'kɔrəleri, 'kɑ-]⟨fɪ⟩⟨telb.zn.; →mv. 2⟩ 0.1 ***uitvloeisel*** ⇒*(logisch) gevolg, resultaat, consequentie, corollarium*.

corollary[2] ⟨bn.; -ly⟩ 0.1 ***voortvloeiend*** ⇒*volgend, resulterend*.

co·ro·na [kə'roʊnə]⟨telb.zn.; ook coronae [-ni:]; →mv. 5⟩ 0.1 ⟨elek., nat.⟩ ***corona*** 0.2 ⟨ster.⟩ ***(zonne)corona*** 0.3 ⟨anat.⟩ ***corona*** ⇒*kroon, krans* 0.4 ⟨plantk.⟩ ***corona*** ⇒*bijkroon, paracorolla* 0.5 ⟨bouwk.⟩ ***corona*** ⇒*kapellenkrans, (druip)lijst* 0.6 ***corona*** ⟨rechte sigaar⟩ 0.7 ***(kroon)luchter*** ⇒*(kerk)kroon*.

cor·o·nach ['kɒrənək‖'kɔ-, 'kɑ-]⟨telb.zn.⟩⟨IE, Sch. E⟩ 0.1 ***lijkzang***.

co'rona discharge ⟨telb. en n.-telb.zn.⟩⟨elek., nat.⟩ 0.1 ***kringontlading***.

co·ro·na·graph [kə'roʊnəgrɑ:f‖-græf]⟨telb.zn.⟩⟨ster.⟩ 0.1 ***coronagraaf***.

co·ro·nal[1] ['kɒrənl‖'kɔ-, 'kɑ-]⟨telb.zn.⟩ 0.1 ***kroontje*** ⇒*diadeem* 0.2 ***krans*** ⇒*lauwerkrans, hoofdkrans* 0.3 ***kroonnaad*** ⟨in schedel⟩.

coronal[2] ⟨bn.⟩ 0.1 ***mbt. een corona*** ⇒*kroon-, krans-* 0.2 ⟨anat.⟩ ***mbt./in de richting v.d. kroonnaad*** 0.3 ⟨taalk.⟩ ***coronaal*** ◆ 1.2 ~ bone *voorhoofdsbeen*; ~ suture *kroonnaad* ⟨in schedel⟩.

cor·o·nar·y[1] ['kɒrənri‖'kɔrəneri, 'kɑ-]⟨fɪ⟩⟨telb.zn.; →mv. 2⟩ 0.1 ⟨inf.; med.⟩ ***hartinfarct/aanval/verlamming*** 0.2 ⟨anat.⟩ ***krans (slag)ader***.

coronary[2] ⟨fɪ⟩⟨bn.⟩ 0.1 ***mbt. de krans(slag)ader*** ⇒*coronair, kransvormig* 0.2 ***mbt. het hart*** ⇒*hart-* 0.3 ***kroonvormig*** ◆ 1.1 ~ arteries *coronairvaten, krans(slag)aderen*; ~ thrombosis *coronair-trombose, hartinfarct* 1.2 ~ care *hartbewaking*.

cor·o·nat·ed ['kɒrəneɪtɪd‖'kɔrəneɪṭɪd, 'kɑ-], **cor·o·nate** [-neɪt]⟨bn.⟩ 0.1 ***gekroond*** ⇒*gekranst, kroon/kransdragend*.

cor·o·na·tion ['kɒrə'neɪʃn‖'kɔ-, 'kɑ-]⟨fɪ⟩⟨telb. en n.-telb.zn.⟩ 0.1 ***kroning***.

cor·o·ner ['kɒrənə‖'kɔrənər, 'kɑ-]⟨fɪ⟩⟨telb.zn.⟩⟨jur.⟩ 0.1 ***coroner*** ⟨ook gesch.⟩ ⇒*lijkschouwer, patholoog-anatoom* 0.2 ***rechter v. instructie***.

cor·o·ner·ship ['kɒrənəʃɪp‖'kɔrənər-, 'kɑ-]⟨telb. en n.-telb.zn.⟩⟨jur.⟩ 0.1 ***ambt v. coroner***.

'coroner's 'inquest ⟨telb.zn.⟩⟨jur.⟩ 0.1 ***onderzoek v.e. coroner*** ⇒⟨i.h.b.⟩ *lijkschouwing*; ⟨ong.⟩ *gerechtelijk vooronderzoek (na een doodslag)*.

'coroner's 'jury ⟨verz.n.⟩⟨jur.⟩ 0.1 ***jury v.d. coroner***.

cor·o·net ['kɒrənɪt‖'kɔrə'net, 'kɑ-]⟨telb.zn.⟩⟨→sprw. 369⟩ 0.1 ***(adellijk) kroontje*** ⇒*fleuron, prinsen/prinsessenkroon*; ⟨heraldiek⟩ *(negen/zeven/vijfparelige) kroon, rangkroon* 0.2 ***diadeem*** ⇒*(haar)kransje, kroontje* 0.3 ⟨dierk.⟩ ***kroon(rand)*** ⟨aan hoef⟩ 0.4 ***roos*** ⇒*rozenkrans* ⟨v. gewei⟩ 0.5 ***bloemenkransje***.

cor·o·net·ed ['kɒrənɪtɪd‖'kɔrəneṭɪd, 'kɑ-]⟨bn.⟩ 0.1 ***gekroond*** ⇒*adellijk*.

co·ro·zo [kə'roʊzoʊ‖-soʊ]⟨telb.zn.⟩⟨plantk.⟩ 0.1 ***ivoorpalm*** ⟨genus Phytelas⟩.

'co'rozo nut ⟨telb. en n.-telb.zn.⟩ 0.1 ***steen/ivoornoot***.

Corp ⟨fɪ⟩⟨afk.⟩ Corporal, Corporation.

cor·po·ra ⟨mv.⟩ →corpus.

cor·po·ral[1] ['kɔ:prl‖'kɔr-], ⟨in bet. 0.2 ook⟩ **cor·po·ra·le** [-pə'rɑ:li] ⟨f2⟩ ⟨telb.zn.⟩ **0.1** ⟨mil.⟩ ***korporaal*** **0.2** ⟨kerk.⟩ ***corporale*** ⇒*corporaal, altaardoek.*

corporal[2] ⟨f1⟩ ⟨bn.; -ly⟩ **0.1** ***lichamelijk*** ⇒*lijfelijk, lichaams-, lijfs-, corporeel* ◆ **1.1** ~ punishment *lijfstraf.*

cor·po·ral·i·ty ['kɔ:pə'ræləti‖'kɔrpə'ræləṭi] ⟨zn.; →mv. 2⟩
I ⟨n.-telb.zn.⟩ **0.1** ***lichamelijkheid*** ⇒*stoffelijkheid, stoffelijk bestaan;*
II ⟨mv.; corporalities⟩ **0.1** ***stoffelijke zaken*** ⇒*lichamelijke behoeften.*

'corporal's guard ⟨verz.n.⟩ **0.1** ⟨mil.⟩ ***korporaalschap*** ⟨afdeling onder korporaal⟩ **0.2** ***(te) kleine groep mensen*** ⇒*handjevol.*

cor·po·rate ['kɔ:prət‖'kɔr-] ⟨f2⟩ ⟨bn.; -ly⟩ **0.1** ***gezamenlijk*** ⇒*collectief, verenigd, gemeenschappelijk, corporatief* **0.2** ***rechtspersoonlijkheid bezittend*** **0.3** ⟨BE⟩ ***mbt. een gemeente(bestuur/raad)*** ⇒*gemeente-, gemeentelijk* **0.4** ⟨AE⟩ ***mbt. een naamloze vennootschap*** ⇒*bedrijfs-, maatschappij-, ondernemings-, corporatie-* ◆ **1.1** ~ power *institutionele macht;* ~ responsibility *collectieve verantwoordelijkheid;* the ~ state *de corporatieve staat* **1.2** ~ body, body ~ *lichaam, rechtspersoon;* ~ county, county ~ *stad met de status v.e. graafschap;* ~ town *stedelijke gemeente, stadsgemeente* **1.4** ⟨reclame⟩ ~ identity *bedrijfsidentiteit, huisstijl;* ~ seal *vennootschapszegel;* ~ tax *vennootschapsbelasting.*

cor·po·ra·tion ['kɔ:pə'reɪʃn‖'kɔr-] ⟨f3⟩ ⟨zn.⟩
I ⟨telb.zn.⟩ ⟨sl.⟩ **0.1** ***(vette) pens*** ⇒*hangbuik, dikke buik;*
II ⟨verz.n.⟩ **0.1** ***gemeenteraad/bestuur*** **0.2** ⟨ben. voor⟩ ***rechtspersoon*** ⇒*corporatie, lichaam;* ⟨vnl. AE⟩ *naamloze vennootschap, maatschappij, bedrijf, onderneming, beroeps/bedrijfsorganisatie, vereniging, stichting, genootschap* ◆ **2.2** public ~ *openbaar/publiek lichaam.*

corpo'ration lawyer ⟨telb.zn.⟩ **0.1** ***bedrijfsjurist.***

corpo'ration tax ⟨telb. en n.-telb.zn.⟩ **0.1** ***vennootschapsbelasting.***

cor·po·ra·tism ['kɔ:prətɪzm‖'kɔrprə-], **cor·po·ra·tiv·ism** [-tɪvɪzm] ⟨n.-telb.zn.⟩ **0.1** ***corporatisme.***

cor·po·ra·tive ['kɔ:prətɪv‖'kɔrpəreɪṭɪv] ⟨bn.⟩ **0.1** ***corporatief*** ⇒*mbt./als/van een corporatie* ◆ **1.1** the ~ state *de corporatieve staat.*

cor·po·re·al [kɔ:'pɔ:rɪəl‖kɔr'pɔr-] ⟨bn.; -ly; -ness⟩ **0.1** ***lichamelijk*** ⇒*lijfelijk, fysiek, corporeel* **0.2** ***tastbaar*** ⇒*concreet, materieel, stoffelijk, fysiek* ◆ **1.2** ~ hereditament *erfgoed, onroerend (erf) goed.*

cor·po·re·al·ize [kɔ:'pɔ:rɪəlaɪz‖kɔr'pɔr-] ⟨ov.ww.⟩ **0.1** ***materialiseren*** ⇒*stoffelijk/tastbaar maken.*

cor·po·re·i·ty ['kɔ:pə'ri:əti‖'kɔrpə'ri:əṭi], **cor·po·re·al·i·ty** [-ri'æləṭi] ⟨n.-telb.zn.⟩ **0.1** ***lichamelijkheid*** **0.2** ***tastbaarheid.***

cor·po·sant ['kɔ:pəzənt‖'kɔr-] ⟨n.-telb.zn.⟩ **0.1** ***(sint-)elm(u)svuur.***

corps ['kɔ:‖kɔr] ⟨f2⟩ ⟨verz.n.; corps [kɔ:z‖kɔrz]; →mv. 5; vaak C→ **0.1** ⟨mil.⟩ ***(leger)korps*** ⇒*wapen, staf* **0.2** ***korps*** ⇒*corps, staf* ◆ **1.2** ~ de ballet *(corps de) ballet;* ~ d'élite *elitegroep/korps, keurkorps* **2.2** diplomatic ~ *corps diplomatique.*

corps dip·lo·mat·ique [- dɪploumæ'ti:k] ⟨verz.n.⟩ **0.1** ***corps diplomatique.***

corpse[1] [kɔ:ps‖kɔrps] ⟨f2⟩ ⟨telb.zn.⟩ **0.1** ***(mensen)lijk*** ◆ **3.1** follow a ~ (to the grave) *een lijk volgen.*

corpse[2] ⟨ww.⟩
I ⟨onov.ww.⟩ **0.1** ***het stuk/spel versjteren*** ⇒*schmieren;*
II ⟨ov.ww.⟩ ⟨inf.; dram.⟩ **0.1** ***versjteren*** ⇒*verschmieren* ⟨door wacht(woord) niet aan te geven⟩.

'corpse candle ⟨telb.zn.⟩ **0.1** ***dwaallicht*** ⇒*dood/stalkaars* **0.2** ***kaars naast opgebaard lijk*** ⇒*lijkkaars.*

corps·man ['kɔ:mən‖'kɔrmən] ⟨telb.zn.; corpsmen [-mən]; →mv. 3⟩ **0.1** ***hospitaalsoldaat*** ⟨in de Am. marine⟩ ⇒*hospik.*

cor·pu·lence ['kɔ:pjʊləns‖'kɔrpjə-], **cor·pu·len·cy** [-lənsi] ⟨n.-telb.zn.⟩ **0.1** ***corpulentie*** ⇒*zwaarlijvigheid.*

cor·pu·lent ['kɔ:pjʊlənt‖'kɔrpjə-] ⟨f1⟩ ⟨bn.; -ly⟩ **0.1** ***corpulent*** ⇒*dik, zwaar(lijvig), gezet.*

cor·pus ['kɔ:pəs‖'kɔr-] ⟨f2⟩ ⟨telb.zn.; ook corpora [-prə]; →mv. 5⟩ **0.1** ***corpus*** ⇒*materiaalverzameling, inventaris, woordarchief, geheel v. geschriften* **0.2** ***corpus*** ⇒*lichaam, lijk* **0.3** ⟨anat.⟩ ***corpus.***

Corpus Chris·ti ['kɔ:pəs 'krɪsti‖'kɔr-] ⟨eig.n.⟩ ⟨R.-K.⟩ **0.1** ***Sacramentsdag*** ⇒*Corpus Christi.*

cor·pus·cle ['kɔ:pʌsl‖'kɔr-], **cor·pus·cule** [kɔ:'pʌskju:l‖kɔr-] ⟨f1⟩ ⟨telb.zn.⟩ **0.1** ⟨biol.⟩ ***lichaampje*** ⇒*corpusculum,* ⟨i.h.b.⟩ *bloedlichaampje* **0.2** ***deeltje*** ⇒*partikel.*

cor·pus·cu·lar [kɔ:'pʌskjʊlə‖kɔr'pʌskjələr] ⟨bn.⟩ ⟨biol.⟩ **0.1** ***corpusculair.***

corpus de·lic·ti ['kɔ:pəs dɪ'lɪktaɪ‖'kɔrpəs -] ⟨telb.zn.; corpora delicti ['kɔ:prə-‖'kɔrprə-]; →mv. 5⟩ ⟨jur.⟩ **0.1** ***corpus delicti*** ⇒*voorwerp v.d. misdaad, overtuigend bewijsstuk,* ⟨i.h.b.⟩ *lijk.*

corpus lu·te·um [-'lu:ṭɪəm] ⟨telb.zn.; corpora lutea ['kɔ:prə 'lu:tɪə‖'kɔrprə lu:ṭɪə]; →mv. 5⟩ ⟨anat.⟩ **0.1** ***corpus luteum*** ⇒*geel lichaam* ⟨in de eierstok⟩.

corpus vi·le [-'vaɪli] ⟨telb.zn.; corpora vilia ['kɔ:prə vɪlɪə‖'kɔrprə-]; →mv. 5⟩ ⟨med.⟩ **0.1** ***corpus vile*** ⟨object voor proeven⟩.

cor·ral[1] [kɒ'rɑ:l‖kə'ræl] ⟨f1⟩ ⟨telb.zn.⟩ **0.1** ⟨vnl. AE⟩ ***(vee)kraal*** ⇒⟨i.h.b.⟩ *omheining voor paarden, paardenkamp* **0.2** ***wagenburg*** ⇒*wagenkamp* ⟨in een cirkel geplaatste wagens⟩.

corral[2] ⟨ov.ww.; →ww. 7⟩ **0.1** ⟨vnl. AE⟩ ***opsluiten in een (vee)kraal/paardenkamp*** ⇒*bijeendrijven* ⟨ook fig.⟩; *op de been brengen* **0.2** ***opstellen in een cirkel/wagenburg/wagenkamp*** **0.3** ⟨AE; inf.⟩ ***grijpen*** ⇒*vangen, vatten, bemachtigen, vinden* ◆ **1.3** ~ votes *stemmen winnen/in de wacht slepen.*

cor·ra·sion [kə'reɪʒn] ⟨n.-telb.zn.⟩ ⟨geol.⟩ **0.1** ***corrasie*** ⇒*mechanische erosie, afslijping.*

cor·rect[1] [kə'rekt] ⟨f3⟩ ⟨bn.; -ly; -ness⟩ **0.1** ***correct*** ⇒*juist, foutloos, goed* **0.2** ***correct*** ⇒*onberispelijk, beleefd, gepast.*

correct[2] ⟨f3⟩ ⟨ov.ww.⟩ **0.1** ***verbeteren*** ⇒*corrigeren, nakijken* **0.2** ***terechtwijzen*** ⇒*bestraffen, vermanen, op zijn fouten wijzen, corrigeren* **0.3** ***rechtzetten*** ⇒*rectificeren, bijstellen* **0.4** ***verhelpen*** ⇒*repareren, tegengaan* ◆ **1.3** ~ one's watch *zijn horloge gelijkzetten.*

cor·rec·tion [kə'rekʃn] ⟨f2⟩ ⟨telb. en n.-telb.zn.⟩ **0.1** ***correctie*** ⇒*verbetering, rechtzetting, rectificatie* ◆ **1.1** house of ~ *tuchtschool, opvoedingsgesticht* **3.1** I speak under ~ *ik wil in alle bescheidenheid opmerken, ik spreek onder voorbehoud.*

cor·rec·tion·al [kə'rekʃnəl] ⟨bn.; -ly⟩ **0.1** ***correctioneel*** ⟨vnl. jur.⟩ ⇒*verbeterend, ter verbetering, opvoedings-* ◆ **1.1** ⟨AE; inf.⟩ ~ facility *gevangenis;* ⟨AE; euf.⟩ ~ officer *cipier, (gevangen)bewaarder.*

cor'rection facility ⟨telb.zn.⟩ ⟨AE; euf.⟩ **0.1** ***gevangenis.***

cor'rection officer ⟨telb.zn.⟩ ⟨AE; euf.⟩ **0.1** ***(gevangen)bewaarder.***

cor·rec·ti·tude [kə'rektɪtju:d‖-tu:d] ⟨n.-telb.zn.⟩ **0.1** ***correctheid*** ⇒*vormelijkheid, gepastheid.*

cor·rec·tive[1] [kə'rektɪv] ⟨telb.zn.⟩ **0.1** ***correctief*** ⇒*middel tot verbetering/correctie.*

corrective[2] ⟨bn.; -ly⟩ **0.1** ***corrigerend*** ⇒*verbeterend, herstellend, correctief, correctioneel, verbeterings-, opvoedings-* ◆ **1.1** ~ surgery *correctieve/esthetische/plastische chirurgie.*

cor·rec·tor [kə'rektə‖-ər] ⟨telb.zn.⟩ **0.1** ***corrector/trice*** ⇒*revisor* **0.2** ***correctief*** ⇒*middel tot verbetering/correctie* ◆ **1.1** ⟨BE⟩ ~ of the press *(proef)corrector, proeflezer.*

cor·re·late[1], **co·re·late** ['kɒrɪleɪt‖'kɔ-, 'kɑ-] ⟨telb.zn.⟩ **0.1** ***correlaat*** ⇒*wisselbegrip* ⟨een v. twee gerelateerde verschijnselen⟩.

correlate[2], **corelate** ⟨bn.⟩ **0.1** ***gecorreleerd*** ⇒*in wisselwerking staande, elkaar wederzijds beïnvloedend.*

correlate[3], **corelate, co·re·late** ⟨f2⟩ ⟨onov. en ov.ww.⟩ **0.1** ***correleren*** ⇒*in (onderling) verband staan/brengen, op één lijn liggen, samengaan, bij elkaar aansluiten, naast elkaar leggen* ◆ **6.1** ~ **with** *op één lijn brengen/liggen met, aanpassen aan;* religious beliefs sometimes do not ~ **with/to** natural science *godsdienstige opvattingen zijn soms in tegenspraak met de natuurwetenschappen.*

cor·re·la·tion, co·re·la·tion ['kɒrɪleɪʃn‖'kɔ-, 'kɑ-] ⟨f2⟩ ⟨telb. en n.-telb.zn.⟩ **0.1** ***correlatie*** ⟨ook stat.⟩ ⇒*wisselbetrekking/werking, onderling(e) relatie/samenhang/verband, wederzijdse betrekking/afhankelijkheid* ◆ **1.1** ⟨stat.⟩ coefficient of ~ *correlatiecoëfficiënt* **3.1** it's difficult to establish ~s between social phenomena *het is moeilijk verbanden aan te tonen tussen maatschappelijke verschijnselen.*

corre'lation coefficient ⟨telb.zn.⟩ ⟨stat.⟩ **0.1** ***correlatiecoëfficiënt.***

cor·rel·a·tive[1] [kə'relətɪv] ⟨f1⟩ ⟨telb.zn.⟩ **0.1** ***correlaat*** ⇒*correlatieve entiteit* **0.2** ⟨taalk.⟩ ***correlativum.***

correlative[2] ⟨f1⟩ ⟨bn.⟩ **0.1** ***correlatief*** ⇒*(onderling) gerelateerd/afhankelijk* ◆ **1.1** ⟨taalk.⟩ ~ conjunctions *correlativa.*

cor·re·spond ['kɒrɪ'spɒnd‖'kɔrɪ'spɑnd, 'kɑ-] ⟨f3⟩ ⟨onov.ww.⟩ →corresponding **0.1** ***overeenkomen/stemmen*** ⇒*kloppen, corresponderen, aansluiten* **0.2** ***corresponderen*** ⇒*een briefwisseling voeren, schrijven* ◆ **6.1** ~ **to** *beantwoorden aan, in overeenstemming zijn met, kloppen met;* the description doesn't ~ **to/with** what really happened *de beschrijving dekt de werkelijkheid niet.*

cor·re·spon·dence ['kɒrɪ'spɒndənt‖'kɔrɪ'spɑn-, 'kɑ-], **cor·re·spon·den·cy** [-dənsi] ⟨f2⟩ ⟨telb. en n.-telb.zn.; →mv. 2⟩ **0.1** ***overeenkomst/stemming*** ⇒*gelijkenis, analogie, correspondentie* **0.2** ***correspondentie*** ⇒*briefwisseling.*

corre'spondence college, corre'spondence school ⟨telb.zn.⟩ **0.1** ***instelling voor schriftelijk onderwijs*** ⇒*schriftelijk-onderwijsinstituut.*

corre'spondence column ⟨telb.zn.⟩ **0.1** ***correspondentie(rubriek)*** ⇒*ingezonden stukken/brieven-rubriek, lezersrubriek.*

corre'spondence course ⟨f1⟩ ⟨telb.zn.⟩ **0.1** ***schriftelijke cursus.***

corre'spondence principle ⟨telb.zn.⟩ ⟨nat.⟩ **0.1** ***correspondentiebeginsel.***

corre'spondence theory ⟨telb.zn.⟩ ⟨fil.⟩ **0.1** ***correspondentietheorie.***

cor·re·spon·dent[1] ['kɒrɪ'spɒndənt‖'kɔrɪ'spɑn-, 'kɑ-] ⟨f2⟩ ⟨telb.zn.⟩ **0.1** ***correspondent*** ⇒*verslaggever, journalist ter plaatse* **0.2** ***(handels)relatie.***

correspondent[2] ⟨bn.; -ly⟩ ⟨schr.⟩ **0.1** ***overeenkomend/stemmend*** **0.2** ***overeenkomstig*** ⇒*evenredig* ◆ **6.1** ~ **with** *in overeenkomst/stemming met.*

cor·re·spond·ing ['kɒrɪ'spɒndɪŋ‖'kɔrɪ'spɑn-, 'kɑ-]⟨f2⟩⟨bn.; teg. deelw. v. correspond; -ly⟩ **0.1** ***overeenkomstig*** ⇒*evenredig, analoog* **0.2** ***corresponderend*** ⇒*in briefwisseling* **0.3** ⟨wisk.⟩ ***overeenkomstig*** ⇒*corresponderend* ◆ **2.1** a big country has ~ly big problems *een groot land heeft navenant grote problemen.*

cor·ri·da [kɒ'ri:də‖kɔ-]⟨telb.zn.⟩ **0.1** ***corrida*** ⇒*stieregevecht.*

cor·ri·dor ['kɒrɪdɔ:‖'kɔrɪdər, 'kɑ-]⟨f3⟩⟨telb.zn.⟩ **0.1** ***corridor*** ⟨ook pol.⟩ ⇒*gang, galerij* **0.2** ⟨lucht.⟩ ***luchtweg*** ⇒*corridor, luchtvaart/vliegtuigroute* **0.3** ⟨vnl. mv.⟩ ***wandelgang*** ⟨fig.⟩ ◆ **1.3** the ~s of power *de wandelgangen* ⟨locatie voor het politiek lobbyen⟩.

'corridor chat ⟨telb.zn.⟩ **0.1** ***praatje in de wandelgangen.***

'corridor train ⟨f1⟩⟨telb.zn.⟩ **0.1** ***harmonikatrein*** ⇒*trein met doorgangsrijtuigen.*

cor·rie ['kɒri‖'kɔri, 'kɑri]⟨telb.zn.⟩⟨Sch. E; geol.⟩ **0.1** ***kaar*** ⇒*keteldal.*

cor·ri·gen·dum ['kɒrɪ'dʒendəm‖'kɔ-, 'kɑ-]⟨telb.zn.; corrigenda [-'dʒendə]; →mv. 5⟩ **0.1** ***drukfout*** ⇒⟨mv.⟩ *corrigenda, errata.*

cor·ri·gi·ble ['kɒrɪdʒəbl‖'kɔ-, 'kɑ-]⟨bn.; -ly; →bijw. 3⟩ **0.1** ***corrigeerbaar*** ⇒*verbeterbaar, voor verbetering vatbaar* **0.2** ***overreedbaar*** ⇒*vermurwbaar, voor rede vatbaar, meegaand, gedwee.*

cor·ri·val [kə'raɪvl], **co·ri·val** ['koʊ'raɪvl]⟨telb.zn.⟩ **0.1** ***mededinger*** ⇒*rivaal, concurrent.*

cor·rob·o·rant[1] [kə'rɒbrənt‖kə'rɑ-]⟨zn.⟩⟨vero.⟩
I ⟨telb.zn.⟩ **0.1** ***bevestigend feit;***
II ⟨telb. en n.-telb.zn.⟩ **0.1** ***tonicum*** ⇒*tonisch/versterkend middel.*

corroborant[2] ⟨bn.⟩⟨vero.⟩ **0.1** ***tonisch*** ⇒*versterkend* **0.2** ***bevestigend*** ⇒*stavend.*

cor·rob·o·rate [kə'rɒbəreɪt‖kə'rɑ-]⟨f1⟩⟨ov.ww.⟩ **0.1** ***bevestigen*** ⇒*ondersteunen, bekrachtigen, staven, confirmeren.*

cor·rob·o·ra·tion [kə'rɒbə'reɪʃn‖kə'rɑ-]⟨telb. en n.-telb.zn.⟩ **0.1** ***bevestiging*** ⇒*ondersteuning, bekrachtiging, confirmatie, corroboratie* ◆ **6.1 in ~ of** *ter staving van.*

cor·rob·o·ra·tive [kə'rɒbrətɪv‖kə'rɑbəreɪṭɪv]⟨bn.; -ly⟩ **0.1** ***bevestigend*** ⇒*ondersteunend, bekrachtigend, confirmerend, corroboratief.*

cor·rob·o·ra·tor [kə'rɒbəreɪtə‖kə'rɑbəreɪṭər]⟨telb.zn.⟩ **0.1** ***bevestiger*** ⇒*bekrachtiger.*

cor·rob·o·ree [kə'rɒbə'ri:‖kə'rɑ-]⟨telb.zn.⟩⟨Austr. E⟩ **0.1** ***corroboree*** ⟨nachtelijke dans der aborigenes⟩ **0.2** ⟨inf.⟩ ***luidruchtig feest*** ⇒*knalfuif, daverend (dans)festijn.*

cor·rode [kə'roʊd]⟨f1⟩⟨ww.⟩
I ⟨onov.ww.⟩ **0.1** ***vergaan*** ⇒*ver/wegteren, (ver/weg)roesten, verweren, corroderen;*
II ⟨ov.ww.⟩ **0.1** ***aantasten*** ⇒*aan/wegvreten, inbijten in, corroderen.*

cor·ro·sion [kə'roʊʒn]⟨f1⟩⟨n.-telb.zn.⟩ **0.1** ***corrosie*** ⇒*verroesting, aantasting, verwering* **0.2** ***roest.***

cor·ro·sive[1] [kə'roʊsɪv]⟨telb.zn.⟩ **0.1** ***corrosivum*** ⇒*corroderende/corrosie vormende stof* **0.2** ***aantasting*** ⇒⟨fig.⟩ *ondermijning.*

corrosive[2] ⟨f1⟩⟨bn.; -ly; -ness⟩ **0.1** ***corrosief*** ⇒*aantastend, bijtend, scherp, agressief* **0.2** ***ondermijnend*** ⇒*uithollend, verlammend, slopend, slijtend* **0.3** ***venijnig*** ⇒*giftig, bijtend, messcherp* ⟨v. taal, houding e.d.⟩ ◆ **1.1** ⟨schei.⟩ ~ sublimate *kwik/mercurichloride, sublimaat.*

cor·ru·gate ['kɒrəgeɪt‖'kɔ-, 'kɑ-]⟨f2⟩⟨onov. en ov.ww.⟩ **0.1** ***plooien*** ⇒*rimpelen, golven* ◆ **1.1** ~d (card)board *golfkarton;* ~ one's forehead *het voorhoofd fronsen;* sheets of ~d iron *golfplaten;* ~d paper *geribd papier.*

cor·ru·ga·tion ['kɒrə'geɪʃn‖'kɔ-, 'kɑ-]⟨telb. en n.-telb.zn.⟩ **0.1** ***plooiing*** ⇒*plooi, golf, golving, rimpel(ing).*

cor·rupt[1] [kə'rʌpt]⟨f2⟩⟨bn.; -ly; -ness⟩ **0.1** ***verdorven*** ⇒*immoreel, ontaard, verworden, vunzig* **0.2** ***corrupt*** ⇒*omkoopbaar* **0.3** ***bedorven*** ⇒*verbasterd, onbetrouwbaar* **0.4** ***onzuiver*** ⇒*besmet, (ver)rot* ◆ **1.2** ~ practices *corruptiepraktijken;* ⟨i.h.b.⟩ *verkiezingsfraude* **1.3** ~ parts in a mediaeval manuscript *corrupte/onbetrouwbare gedeelten in een middeleeuws manuscript.*

corrupt[2] ⟨f2⟩⟨ww.⟩
I ⟨onov.ww.⟩ **0.1** ***slecht worden*** ⇒*ontaarden, verworden, rotten; (zeden)bederf veroorzaken, gevaarlijk/funest zijn;*
II ⟨ov.ww.⟩ **0.1** ***corrumperen*** ⇒*aantasten, besmetten* **0.2** ***omkopen*** ⇒*corrupt maken, corrumperen* **0.3** ***verbasteren*** ⇒*bederven, vervalsen, verknoeien* **0.4** ***verontreinigen*** ⇒*onzuiver maken, bezoedelen* ◆ **1.3** don't ~ texts *breng geen verbasteringen aan in teksten.*

cor·rup·ter, cor·rup·tor [kə'rʌptə‖-ər]⟨telb.zn.⟩ **0.1** ***(zeden)bederver*** **0.2** ***omkoper*** **0.3** ***tekst/taalbederver.***

cor·rupt·i·bil·i·ty [kə'rʌptə'bɪləṭi]⟨n.-telb.zn.⟩ **0.1** ***corrumpeerbaarheid*** **0.2** ***bederfelijkheid*** **0.3** ***omkoopbaarheid.***

cor·rupt·i·ble [kə'rʌptəbl]⟨bn.; -ly; -ness; →bijw. 3⟩ **0.1** ***corrumpeerbaar*** ⇒*voor ontaarding/verwording ontvankelijk* **0.2** ***bederfelijk*** ⇒*aan bederf onderhevig* **0.3** ***omkoopbaar.***

cor·rup·tion [kə'rʌpʃn]⟨f2⟩⟨zn.⟩
I ⟨telb. en n.-telb.zn.⟩ **0.1** ***corruptie*** ⇒*corruptheid, omkoperij, omkoping* **0.2** ***verbastering*** ⇒*ontaarding, verwording* **0.3** ***bederf*** ⇒*verderf, knoeierij* ◆ **1.2** ⟨gesch., jur.⟩ ~ of blood *eerverlies;* ⟨ong.⟩ *burgerlijke dood;* several ~s of Marxism exist *er bestaan verscheidene verwaterde versies v.h. marxisme;*
II ⟨n.-telb.zn.⟩ **0.1** ***verval*** ⇒*verloedering, ontbinding, teloorgang.*

cor·rup·tion·ist [kə'rʌpʃənɪst]⟨telb.zn.⟩ **0.1** ***bedrijver/verdediger v. corruptie/omkoping*** ⇒*corrupt iem., omkoper.*

cor·rup·tive [kə'rʌptɪv]⟨bn.; -ly⟩ **0.1** ***corrumperend*** ⇒*corruptie/bederf in de hand werkend.*

cor·sac, cor·sak ['kɔ:sæk‖'kɔr-]⟨telb.zn.⟩⟨dierk.⟩ **0.1** ***steppevos*** ⟨Alopex corsac⟩.

cor·sage [kɔ:'sɑ:ʒ‖kɔr'sɑ:ʒ]⟨telb.zn.⟩ **0.1** ⟨vnl. AE⟩ ***corsage*** **0.2** ***lijf (je)*** ⟨v.e. jurk⟩ ⇒*corsage.*

cor·sair ['kɔ:seə‖'kɔrser]⟨telb.zn.⟩⟨gesch.⟩ **0.1** ***(Barbarijse) zeerover*** ⇒*boekanier, kaper, kaapvaarder* **0.2** ***kaperschip*** ⇒*kaapschip, kaapvaarder.*

corse [kɔ:s‖kɔrs]⟨telb.zn.⟩⟨vero.⟩ **0.1** ***lijk.***

corse·let[1] ['kɔ:slet‖kɔrsə'let], **corse·lette** ['kɔ:sə'let‖'kɔr-]⟨telb.zn.⟩ **0.1** ***corselet*** ⟨korset en beha⟩.

corselet[2], **cors·let** ['kɔ:slet‖'kɔr-]⟨telb.zn.⟩ **0.1** ***(borst)harnas*** ⇒*kuras, corselet* **0.2** ***(nauw)jak*** **0.3** ***(harde gedeelte v.h.) borststuk*** ⟨v. insekt⟩.

cor·set[1] ['kɔ:sɪt‖'kɔr-]⟨f1⟩⟨telb.zn.⟩ **0.1** ***korset*** ⇒*keurs/rijglijfje* **0.2** ⟨inf.⟩ ***beperking*** ⟨op leningen⟩.

corset[2] ⟨ov.ww.⟩ **0.1** ***in een korset sluiten/rijgen*** ⇒⟨fig.⟩ *in een keurslijf persen.*

cor·se·tière ['kɔ:sə'tɪə‖'kɔrsə'tɪr]⟨telb.zn.⟩ **0.1** ***corsetière*** ⇒*korsettenmaakster.*

Cor·si·can[1] ['kɔ:sɪkən‖'kɔr-]⟨zn.⟩
I ⟨eig.n.⟩ **0.1** ***Corsikaans*** ⇒*het Corsikaans dialect;*
II ⟨telb.zn.⟩ **0.1** ***Corsikaan*** ◆ **7.1** the ~ *de Corsikaan* ⟨Napoleon⟩.

Corsican[2] ⟨bn.⟩ **0.1** ***Corsikaans*** ◆ **1.¶** ⟨dierk.⟩ ~ nuthatch *Corsikaanse boomklever* ⟨Sitta whiteheadi⟩.

cor·tege, cor·tège [kɔ:'teɪʒ‖kɔr'teʒ]⟨f1⟩⟨verz.n.⟩ **0.1** ***rouwstoet*** ⇒*lijkstoet* **0.2** ***gevolg*** ⇒*processie, entourage, cortège.*

cor·tex ['kɔ:teks‖'kɔr-]⟨f1⟩⟨telb.zn.; ook cortices ['kɔ:tɪsi:z‖'kɔrṭɪ-]; →mv. 5⟩ **0.1** ⟨plantk.⟩ ***schors*** ⇒*cortex* **0.2** ⟨anat.⟩ ***cortex*** ⇒*bijnierschors, hersenschors.*

cor·ti·cal ['kɔ:tɪkl‖'kɔrṭɪkl]⟨bn.; -ly⟩⟨anat., plantk.⟩ **0.1** ***mbt. (de) schors*** ⇒*corticaal.*

cor·ti·cate ['kɔ:tɪkət‖'kɔrṭɪ-], **cor·ti·cat·ed** [-keɪṭɪ̈d]⟨bn.⟩ **0.1** ***voorzien v./omhuld door schors*** **0.2** ***schorsachtig.***

cor·ti·co·tro·pin ['kɔ:tɪkoʊ'troʊpɪn‖'kɔrṭɪkoʊ-], **cor·ti·co·tro·phin** [-fɪn]⟨telb. en n.-telb.zn.⟩ **0.1** ***corticotrofine*** ⇒*adrenocorticotroop hormoon, ACTH.*

cor·ti·sone ['kɔ:tɪzoʊn‖'kɔrṭɪsoʊn]⟨n.-telb.zn.⟩⟨med.⟩ **0.1** ***cortison(e).***

co·run·dum [kə'rʌndəm]⟨n.-telb.zn.⟩ **0.1** ***korund*** ⟨mineraal⟩.

co·rus·cant [kə'rʌskənt]⟨bn.⟩ **0.1** ***schitterend*** ⇒*fonkelend, flonkerend, glinsterend, sprankelend.*

cor·us·cate ['kɒrəskeɪt‖'kɔ-, 'kɑ-]⟨onov.ww.⟩ **0.1** ***schitteren*** ⇒*fonkelen, flonkeren, glinsteren, sprankelen.*

cor·us·ca·tion ['kɒrə'skeɪʃn‖'kɔ-, 'kɑ-]⟨telb. en n.-telb.zn.⟩ **0.1** ***schittering*** ⇒*fonkeling, flonkering, glinstering, sprankeling.*

cor·vée ['kɔ:veɪ‖kɔr'veɪ]⟨telb. en n.-telb.zn.⟩ **0.1** ***corvee*** ⇒⟨gesch.⟩ *herendienst, hand-en-spandienst;* ⟨fig.⟩ *lastig/vervelend werk/karwei, nare klus.*

corves ⟨mv.⟩ →corf.

cor·vette, cor·vet [kɔ:'vet‖kɔr-]⟨telb.zn.⟩⟨scheep.⟩ **0.1** ***korvet.***

cor·vi·na [kɔ:'vi:nə‖kɔr-], **cor·bi·na** [-'bi:nə]⟨telb.zn.⟩⟨dierk.⟩ **0.1** ***ombervis*** ⟨fam. Sciaenidae⟩.

cor·vine ['kɔ:vaɪn‖'kɔr-]⟨bn.⟩⟨dierk.⟩ **0.1** ***kraaiachtig*** ⇒⟨soms⟩ *raafachtig.*

cor·y·ban·tic ['kɒrɪ'bæntɪk‖'kɔrɪ'bænṭɪk, 'kɑ-]⟨bn.; soms C-⟩ **0.1** ***corybantisch*** ⇒*uitgelaten, uitzinnig, extatisch, in vervoering.*

Cor·y·don ['kɒrɪdən‖'kɔridɑn, 'kɑ-]⟨eig.n., telb.zn.⟩⟨schr.⟩ **0.1** ***Corydon*** ⟨traditionele herdersnaam⟩ ⇒*herder, boer.*

cor·ymb ['kɒrɪm‖'kɔrɪmb, 'kɑ-]⟨telb.zn.⟩⟨plantk.⟩ **0.1** ***tuil*** ⇒*corymbus.*

cor·y·phae·us ['kɒrɪ'fi:əs‖'kɔ-, 'kɑ-]⟨telb.zn.; coryphaei [-'fi:aɪ]; →mv. 5⟩ **0.1** ***coryfee*** ⇒*koorleider* ⟨in de Griekse tragedie⟩; ⟨fig.⟩ *leider, hoofd, woordvoerder/ster.*

cor·y·phée ['kɒrɪfeɪ‖'kɔrɪ'feɪ, 'kɑ-]⟨telb.zn.⟩⟨dansk.⟩ **0.1** ***coryphée*** ⟨rang hoger dan corps de ballet⟩.

'Cory's 'shearwater ⟨telb.zn.⟩⟨dierk.⟩ **0.1** ***Kuhls pijlstormvogel*** ⟨Procellaria diomedea⟩.

co·ry·za [kə'raɪzə]⟨telb. en n.-telb.zn.⟩ **0.1** ***neusverkoudheid*** ⇒*coryza, neuscatarre*.

cos[1] [kɒs‖kɑs]⟨zn.⟩
I ⟨telb.zn.⟩⟨afk.⟩ cosine ⟨wisk.⟩ **0.1** ***cos;***
II ⟨telb. en n.-telb.zn.⟩ →cos lettuce.

cos[2], **'cos** [kəz]⟨f2⟩⟨ondersch.vw.⟩⟨verk.⟩ because ⟨inf.⟩ **0.1** ***omdat.***

Co·sa Nos·tra ['kɒsə'nɒstrə‖'koʊsə'nɑ-]⟨eig.n.⟩ **0.1** ***Cosa Nostra*** ⇒*Onze Zaak* ⟨dekmantelorganisatie v. Amerikaanse Mafia⟩.

co·sec ['koʊsek]⟨telb.zn.⟩⟨afk.⟩ cosecant ⟨wisk.⟩ **0.1** ***cosec.***

co·se·cant [koʊ'si:kənt]⟨telb.zn.⟩⟨wisk.⟩ **0.1** ***cosecans.***

co·seis·mal[1] ['koʊ'saɪzml]⟨telb.zn.⟩⟨geol.⟩ **0.1** ***isoseïste*** ⟨curve tussen twee aardschokpunten⟩.

coseismal[2], **co·seis·mic** ['koʊ'saɪzmɪk]⟨bn.⟩⟨geol.⟩ **0.1** ***isoseïstisch*** ⟨lijn die punten verbindt waar aardschok tegelijkertijd geregistreerd wordt⟩.

cosh[1] [kɒʃ‖kɑʃ]⟨telb.zn.⟩ **0.1** ⟨BE; sl.⟩ ***(gummi)knuppel*** ⇒*ploertendoder, loden pijp* **0.2** ⟨afk. v. hyperbolic cosine⟩⟨wisk.⟩ ***cosh.***

cosh[2] ⟨ov.ww.⟩⟨BE; sl.⟩ **0.1** ***slaan met een (gummi)knuppel/ploertendoder/loden pijp*** ⇒*afrossen, aftuigen, neerknuppelen.*

'cosh-boy ⟨telb.zn.⟩⟨BE; sl.⟩ **0.1** ***straatrover*** ⇒*straatvechter, met (gummi)knuppel/ploertendoder/loden pijp gewapende overvaller.*

cosher[1] →kosher.

cosh·er[2] ['kɒʃə‖'kɑʃər]⟨ww.⟩
I ⟨onov.ww.⟩⟨IE⟩ **0.1** ***klaplopen*** ⇒*leven op kosten v. ondergeschikten/pachters* **0.2** ***een praatje (gaan) maken*** ⇒*even bij iem. langs gaan/komen;*
II ⟨ov.ww.⟩ **0.1** ***vertroetelen*** ⇒*in de watten leggen, verwennen.*

co-sign ['koʊ'saɪn]⟨f1⟩⟨ov.ww.⟩ **0.1** ***medeondertekenen*** ⇒*co-signeren.*

co-sig·na·to·ry[1] ['koʊ'sɪgnətri‖-tɔri]⟨telb.zn.; →mv. 2⟩ **0.1** ***medeondertekenaar.***

co-signatory[2] ⟨bn.⟩ **0.1** ***medeondertekenend.***

co·sine ['koʊsaɪn]⟨telb.zn.⟩⟨wisk.⟩ **0.1** ***cosinus.***

'cos lettuce ⟨telb. en n.-telb.zn.⟩⟨plantk.⟩ **0.1** ***snijsla*** ⇒*bindsalade* ⟨Lactuca sativa longifolia⟩.

cos·mea ['kɒzmɪə‖'kɑ-]⟨telb. en n.-telb.zn.⟩⟨plantk.⟩ **0.1** ***cosmos*** ⟨genus Cosmos⟩ ⇒⟨i.h.b.⟩ *cosmea* ⟨Cosmos bipinnatus⟩.

cos·met·ic[1] [kɒz'metɪk‖kɑz'meṭɪk]⟨f2⟩⟨telb.zn.; vnl. mv.⟩ **0.1** ***kosmetisch middel*** ⇒*schoonheidsmiddel/preparaat, kosmetiek;* ⟨mv.⟩ *cosmetica.*

cosmetic[2], ⟨in bet. 0.1 ook⟩ **cos·met·i·cal** [kɒz'metɪkl‖kɑz'meṭɪkl] ⟨f1⟩⟨bn.; -(al)ly; →bijw. 3⟩ **0.1** ***kosmetisch*** ⇒*schoonheids-* **0.2** ⟨pej.⟩ ***verfraaiend*** ⇒*voor de schone schijn, schoonschijnend, oppervlakkig, uiterlijk* ◆ **1.1** ~ surgery *kosmetische/esthetische chirurgie.*

cos·me·ti·cian ['kɒzmə'tɪʃn‖'kɑz-]⟨telb.zn.⟩ **0.1** ***schoonheidsspecialist(e)*** ⇒*kosmetist.*

cos·met·i·cize [kɒz'metɪsaɪz‖kɑz'meṭɪ-], **cos·me·tize** [-mətaɪz] ⟨ov.ww.⟩ **0.1** ***oppoetsen*** ⇒*oplappen, met oppervlakkige middelen mooier doen lijken, met een vernislaagje bedekken.*

cos·me·tol·o·gist ['kɒzmɪ'tɒlədʒɪst‖'kɑzmɪ'tɑ-]⟨telb.zn.⟩ **0.1** ***schoonheidsspecialist(e).***

cos·me·tol·o·gy ['kɒzmə'tɒlədʒi‖'kɑzmə'tɑ-]⟨n.-telb.zn.⟩ **0.1** ***kosmetiek.***

cos·mic ['kɒzmɪk‖'kɑz-], **cos·mi·cal** [-ɪkl]⟨f2⟩⟨bn.; -(al)ly; →bijw. 3⟩ **0.1** ***kosmisch*** ⇒*van/mbt. het heelal* ◆ **1.1** ~ dust *kosmisch stof;* ~ radiation *kosmische straling, hoogtestraling;* ~ rocket *ruimteraket.*

cos·mo- ['kɒzmoʊ‖'kɑz-] **0.1** ***kosmo-*** ◆ **¶.1** cosmonaut *kosmonaut.*

cos·mo·drome ['kɒzmədroʊm‖'kɑz-]⟨telb.zn.⟩ **0.1** ***(Russisch) ruimtevaartcentrum*** ⇒⟨i.h.b.⟩ *lanceerbasis.*

cos·mo·gen·ic ['kɒzmə'dʒenɪk‖'kɑz-]⟨bn.⟩ **0.1** ***kosmogeen*** ⟨ontstaan door kosmische straling⟩.

cos·mo·gon·ic ['kɒzmə'gɒnɪk‖'kɑzmə'gɑ-], **cos·mo·gon·i·cal** [-ɪkl] ⟨bn.⟩ **0.1** ***kosmogonisch.***

cos·mog·o·ny [kɒz'mɒgəni‖kɑz'mɑ-]⟨telb. en n.-telb.zn.; →mv. 2⟩ **0.1** ***kosmogonie*** ⟨leer v. ontstaan v. kosmos⟩.

cos·mog·ra·pher [kɒz'mɒgrəfə‖kɑz'mɑgrəfər]⟨telb.zn.⟩ **0.1** ***kosmograaf.***

cos·mo·graph·ic ['kɒzmə'græfɪk‖'kɑz-], **cos·mo·graph·i·cal** [-ɪkl] ⟨bn.⟩ **0.1** ***kosmografisch.***

cos·mog·ra·phy [kɒz'mɒgrəfi‖kɑz'mɑ-]⟨telb. en n.-telb.zn.; →mv. 2⟩ **0.1** ***kosmografie.***

cos·mo·log·ic ['kɒzmə'lɒdʒɪk‖'kɑzmə'lɑ-], **cos·mo·log·i·cal** [-ɪkl] ⟨bn.; -(al)ly; →bijw. 3⟩ **0.1** ***kosmologisch.***

cos·mol·o·gy [kɒz'mɒlədʒi‖kɑz'mɑ-]⟨telb. en n.-telb.zn.; →mv. 2⟩ **0.1** ⟨fil.⟩ ***kosmologie*** ⇒*natuurfilosofie* **0.2** ⟨ster.⟩ ***kosmologie.***

cos·mo·naut ['kɒzmənɔ:t‖'kɑz-]⟨telb.zn.⟩ **0.1** ***kosmonaut*** ⇒*(Russische) ruimtevaarder/astronaut.*

cos·mo·nau·tics ['kɒzmə'nɔ:tɪks‖'kɑzmə'nɔṭɪks]⟨mv.; ww. vnl. enk.⟩ **0.1** ***ruimtevaarttechnologie.***

cos·mop·o·lis [kɒz'mɒpəlɪs‖kɑz'mɑ-]⟨telb.zn.⟩ **0.1** ***kosmopolis*** ⇒*wereldstad.*

cos·mo·pol·i·tan[1] ['kɒzmə'pɒlɪtən‖'kɑzmə'pɑlɪtn]⟨telb.zn.⟩ **0.1** ***wereldburger*** ⇒*kosmopoliet* ⟨ook biol.⟩.

cosmopolitan[2] ⟨f1⟩⟨bn.⟩ **0.1** ***kosmopolitisch*** ⟨ook biol.⟩.

cos·mo·pol·i·tan·ism ['kɒzmə'pɒlɪtənɪzm‖'kɑzmə'pɑlɪṭənɪzm], **cos·mop·o·lit·ism** [kɒz'mɒpəlaɪtɪzm‖kɑz'mɑpəlaɪṭɪzm]⟨n.-telb.zn.⟩ **0.1** ***kosmopolitisme.***

cos·mo·pol·i·tan·ize ['kɒzmə'pɒlɪtənaɪz‖'kɑzmə'pɑ-]⟨ov.ww.⟩ **0.1** ***kosmopolitiseren*** ⇒*tot kosmopoliet/wereldburger maken.*

cos·mop·o·lite[1] [kɒz'mɒpəlaɪt‖kɑz'mɑ-]⟨telb.zn.⟩ **0.1** ***wereldburger*** ⇒*kosmopoliet* ⟨ook biol.⟩ **0.2** ⟨dierk.⟩ ***distelvlinder*** ⟨Vanessa cardui⟩.

cosmopolite[2] ⟨bn.⟩ **0.1** ***kosmopolitisch*** ⟨ook biol.⟩.

cos·mos[1] ['kɒzmɒs‖'kɑzməs]⟨f1⟩⟨telb.zn.⟩ **0.1** ***kosmos*** ⇒*heelal, wereld.*

cosmos[2] ⟨telb. en n.-telb.zn.; ook cosmos; →mv. 4⟩⟨plantk.⟩ **0.1** ***cosmos*** ⟨genus Cosmos⟩ ⇒⟨i.h.b.⟩ *cosmea* ⟨Cosmos bipinnatus⟩.

co-spon·sor[1] ['koʊ'spɒnsə‖-'spɑnsər]⟨telb.zn.⟩ **0.1** ***medesponsor.***

co-sponsor[2] ⟨ov.ww.⟩ **0.1** ***medesponsoren.***

Cos·sack ['kɒsæk‖'kɑsæk]⟨telb.zn.⟩ **0.1** ***kozak.***

'Cossack hat ⟨telb.zn.⟩ **0.1** ***kozakkenmuts.***

cos·set[1] ['kɒsɪt‖'kɑ-]⟨telb.zn.⟩ **0.1** ***huisdier*** ⇒*troeteldier,* ⟨i.h.b.⟩ *(pot/lep)lammetje.*

cosset[2] ⟨ov.ww.; →ww. 7⟩ **0.1** ***vertroetelen*** ⇒*verwennen, in de watten leggen.*

cos·sie ['kɒzi‖'kɑzi]⟨telb.zn.⟩⟨Austr. E; inf.⟩ **0.1** ***zwem/badpak.***

cost[1] [kɒst‖kɔst]⟨f3⟩⟨zn.⟩
I ⟨telb. en n.-telb.zn.; vaak mv. met enk. bet.⟩ **0.1** ***kost(en)*** ⇒*prijs, uitgave, verlies, schade* ◆ **1.1** ~ of capital *kapitaalkosten;* ~ and freight *kostprijs en vracht;* the ~ of living *de kosten v. (h.) levensonderhoud* **3.¶** 'count the ~ *de bezwaren/nadelen/risico's overwegen* ⟨alvorens te handelen⟩; *zich bezinnen (op)* **6.1** **at** ~ *tegen kostprijs;* **at** all ~s, **at** any ~ *koste wat het kost, ten koste v. alles, tot elke prijs, coûte que coûte;* **at** the ~ of *ten koste van, op straffe van* **6.¶** I know **to** my ~ that it can hurt *ik heb tot mijn schade ondervonden dat het pijn kan doen* **7.1** ⟨BE⟩ first ~ *inkoopprijs, kostprijs;*
II ⟨mv.; ~s⟩⟨jur.⟩ **0.1** ***(proces)kosten.***

cost[2] ⟨f3⟩⟨ov.ww.⟩ →costing **0.1** ***begroten*** ⇒*ramen, de prijs/kosten vaststellen van, calculeren* ◆ **6.1** the whole project was ~ed **at** 12 million *de kosten v.h. gehele project werden begroot op 12 miljoen.*

cost[3] ⟨f3⟩⟨ww.; cost, cost [kɒst‖kɔst]⟩⟨→sprw. 89, 669, 727⟩
I ⟨onov.ww.⟩ **0.1** ***kostbaar zijn*** ⇒*geld/heel wat kosten, in de papieren lopen, duur zijn;*
II ⟨ov.ww.; geen pass.⟩ **0.1** ***kosten*** ⇒*komen (te staan) op, doen, vergen, (ver)eisen* ◆ **1.1** it ~ me 10 dollars/a great deal of trouble *het heeft me 10 dollar/heel wat moeite gekost* **5.1** this'll ~ you dear(ly) *dit zal je duur komen te staan/opbreken.*

cos·ta ['kɒstə‖'kɑ-]⟨telb.zn.; costae; →mv. 5⟩⟨anat.⟩ **0.1** ***rib*** ⇒*costa.*

'cost accountant, 'cost clerk ⟨telb.zn.⟩ **0.1** ***(bedrijfs)calculator*** ⇒*kostendeskundige.*

'cost accounting ⟨n.-telb.zn.⟩ **0.1** ***het calculeren*** ⇒*calculatie, kostenberekening.*

cos·tal ['kɒstl‖'kɑ-]⟨bn.⟩⟨anat.⟩ **0.1** ***costaal*** ⇒*ribben-, rib-.*

'cost allocation ⟨telb. en n.-telb.zn.⟩⟨ec.⟩ **0.1** ***kostenverbijzondering*** ⇒*specificatie v. kosten.*

co-star[1] ['koʊstɑ:‖-stɑr]⟨telb.zn.⟩ **0.1** ***medester*** ⇒*co-star, (gevierd) medespeler, tegenspeler/speelster.*

co-star[2] ⟨f1⟩⟨ww.; →ww. 7⟩
I ⟨onov.ww.⟩ **0.1** ***als medester/co-star optreden*** ◆ **6.1** Barbara Streisand ~s **with** Richard Burton in this picture *Barbara Streisand heeft Richard Burton als tegenspeler in deze film;*
II ⟨ov.ww.⟩ **0.1** ***als medester/naast elkaar als ster vertonen/presenteren*** ◆ **1.1** ~ring Jack Nicholson and Paul Newman *met in de hoofdrollen Jack Nicholson en Paul Newman.*

cos·tard ['kʌstəd‖'kɑstərd]⟨telb.zn.⟩ **0.1** ***ribbeling*** ⇒*costard* ⟨groot soort appel⟩.

'cost-'ben·e·fit analysis ⟨telb. en n.-telb.zn.⟩ **0.1** ***kosten-batenanalyse.***

'cost centre ⟨telb.zn.⟩⟨ec.⟩ **0.1** ***kostenplaats.***

'cost-'con·scious ⟨bn.⟩ **0.1** ***prijsbewust*** **0.2** ***kostenbewust*** ◆ **1.2** a ~ manager *een kostenbewuste manager.*

'cost 'consciousness ⟨telb. en n.-telb.zn.⟩ **0.1** ***kostenbesef.***

'cost-cut ⟨ov.ww.⟩ **0.1** ***korten*** *⇒bezuinigen op, besnoeien op.*
'cost-cut·ting ⟨bn., attr.⟩ **0.1** ***kostenbesparend*** *⇒kostenverlagend* ◆ **1.1** ~ measures *bezuinigingsmaatregelen.*
'cost-ef'fec·tive, 'cost-ef·'fi·cient ⟨f1⟩ ⟨bn.; cost-effectiveness⟩ **0.1** ***(voldoende) rendement opleverend*** *⇒rendabel.*
cos·ter·mon·ger ['kɒstəmʌŋgə||'kɑstərmɑŋgər], **cos·ter** ['kɒstə||'kɑstər]⟨f1⟩ ⟨telb.zn.⟩ ⟨BE⟩ **0.1** ***fruit/groente/visventer*** *⇒straatventer.*
cost·ing ['kɒstɪŋ||'kɔ-]⟨n.-telb.zn.; gerund v. cost+2⟩ **0.1** ***(kost) prijsberekening*** *⇒begroting, kostenbepaling, raming, (na)calculatie.*
cos·tive ['kɒstɪv||'kɑstɪv]⟨bn.; -ly; -ness⟩ **0.1** ***geconstipeerd*** *⇒hardlijvig* **0.2** ***constiperend*** *⇒(ver)stoppend, constipatie veroorzakend* **0.3** ***krenterig*** *⇒zuinig, vrekkig, niet erg scheutig* **0.4** ***traag*** *⇒langzaam.*
cost·ly[1] ['kɒs(t)li||'kɔs-]⟨telb.zn.; →mv. 2⟩ **0.1** ***duur (mode/vrouwen)blad*** ⟨gedrukt op glanspapier⟩ *⇒luxe blad.*
costly[2] ⟨f2⟩ ⟨bn.; ook -er; -ness; →bijw. 3⟩ **0.1** ***kostbaar*** *⇒duur.*
cost·mar·y ['kɒs(t)meəri||'kɔs(t)meri]⟨telb. en n.-telb.zn.; →mv. 2⟩ ⟨plantk.⟩ **0.1** ***balsemwormkruid*** ⟨Chrysanthemum balsamita⟩ *⇒boerenwormkruid* ⟨C. vulgare⟩.
'cost-of-'liv·ing ⟨bn., attr.⟩ **0.1** ***mbt./v.d. kosten v. levensonderhoud*** ◆ **1.1** ~ bonus/supplement *duurtetoeslag/bijslag;* ~ index *prijsindex.*
'cost-'plus ⟨telb. en n.-telb.zn.; vaak attr.⟩ **0.1** ***met vast bedrag/percentage verhoogde kostprijs*** ⟨als basis voor overheidscontracten⟩.
'cost 'price ⟨f1⟩ ⟨telb. en n.-telb.zn.⟩ **0.1** ***kostprijs*** *⇒kostende prijs.*
'cost-push inflation ⟨telb. en n.-telb.zn.⟩ ⟨ec.⟩ **0.1** ***kosteninflatie.***
cos·tume[1] ['kɒstjʊm||'kɑstu:m]⟨f3⟩ ⟨telb. en n.-telb.zn.⟩ **0.1** ***kostuum*** *⇒(kleder)dracht, kledij; pak; deux-pièces, mantelpak* ◆ **2.1** dancers wearing historical ~ *dansers in klederdracht.*
costume[2] ⟨f1⟩ ⟨ov.ww.⟩ **0.1** ***kostumeren*** *⇒een kostuum aantrekken, kleden, in het pak steken.*
'costume ball ⟨telb.zn.⟩ **0.1** ***gekostumeerd bal.***
'costume drama ⟨telb.zn.⟩ **0.1** ***kostuumstuk.***
'costume jewellery ⟨n.-telb.zn.⟩ **0.1** ***namaakbijouterie*** *⇒namaakjuwelen/sieraden.*
'costume piece, 'costume play ⟨telb.zn.⟩ **0.1** ***kostuumstuk*** *⇒toneelstuk met historische aankleding.*
cos·tum·i·er [kɒ'stju:mɪə||kɑ'stu:mɪər], **cos·tum·er** ['kɒstju:mə||'kɑstu:mər]⟨telb.zn.⟩ **0.1** ***costumier*** ⟨vnl. voor theater⟩.
co·sure·ty ['koʊ'ʃʊərəti||-'ʃʊrəṭi]⟨telb.zn.; →mv. 2⟩ **0.1** ***medeborg.***
co·sy[1], ⟨AE sp. vnl.⟩ **co·zy** ['koʊzi]⟨f1⟩ ⟨telb.zn.; →mv. 2⟩ **0.1** ***theemuts*** **0.2** ***eierwarmer*** **0.3** ***cosy-corner*** *⇒causeuse, tweezitsbank.*
cosy[2], ⟨AE sp. ook⟩ **cozy** ⟨f2⟩ ⟨bn.; -er; -ly; -ness; →bijw. 3⟩ **0.1** ***knus*** *⇒behaaglijk, gezellig, warm, genoeglijk* **0.2** ⟨pej.⟩ ***kneuterig*** *⇒tuttig, zelfgenoegzaam.*
'cosy 'up, ⟨AE sp. ook⟩ **'cozy 'up** ⟨onov.ww.; →ww. 7⟩ ⟨vnl. AE⟩ **0.1** ***dicht(er) aankruipen*** ⟨tegen iem.⟩ ⇒ ⟨fig.⟩ *in de gunst proberen te komen* ⟨bij iem.⟩.
cot[1] [kɒt||kɑt]⟨f1⟩ ⟨telb.zn.⟩ **0.1** ⟨BE⟩ ***ledikantje*** *⇒kinderbed(je), wieg* **0.2** ⟨AE⟩ ***veldbed*** *⇒stretcher, kampeerbed* **0.3** ***ziekenhuisbed*** *⇒brancard, raderbaar* **0.4** ⟨scheep.⟩ ***hangmat*** *⇒kooi* **0.5** ⟨schr.⟩ ***stulp*** *⇒huisje, eenvoudig onderkomen, cottage* **0.6** ***(schaaps)kooi*** *⇒hok* **0.7** ⟨wisk.⟩ ⟨verk.⟩ ⟨cotangent⟩ ***cot*** *⇒cotangens* **0.8** ⟨BE; inf.; bowls⟩ ***jack*** ⟨wit doelballetje⟩.
cot[2] ⟨ov.ww.; →ww. 7⟩ **0.1** ***kooien*** *⇒in een kooi opsluiten* ⟨schapen⟩.
co·tan·gent [koʊ'tændʒənt]⟨telb.zn.⟩ ⟨wisk.⟩ **0.1** ***cotangens.***
co·tan·gen·tial ['koʊtæn'dʒenʃl]⟨bn.⟩ ⟨wisk.⟩ **0.1** ***cotangentieel.***
'cot case ⟨telb.zn.⟩ ⟨BE⟩ **0.1** ***bedpatiënt*** *⇒patiënt die het bed houdt.*
'cot death ⟨telb. en n.-telb.zn.⟩ ⟨vnl. BE; med.⟩ **0.1** ***wiegedood.***
cote [koʊt]⟨telb.zn.⟩ **0.1** ⟨ben. voor⟩ ***(dieren)hok/kooi*** *⇒schaapskooi, vogelkooi, duivenhok, hoenderhok.*
co·ten·ant ['koʊ'tenənt]⟨telb.zn.⟩ **0.1** ***medehuurder.***
co·te·rie ['koʊṭəri]⟨telb.zn.⟩ **0.1** ***coterie*** ⇒ ⟨pej.⟩ *kliek.*
coterminous →conterminous.
coth ⟨telb.zn.⟩ ⟨verk.⟩ hyperbolic cotangent ⟨wisk.⟩ **0.1** ***coth.***
co·thur·nus [kə'θɜ:nəs||-'θɜr-], **co·thurn** ['koʊθɜ:n||-θɜrn]⟨telb.zn.; cothurni [-naɪ]; →mv. 5⟩ **0.1** ***coturn*** *⇒cothurne, broos, toneellaars.*
co·ti·dal ['koʊ'taɪdl]⟨bn.⟩ **0.1** ***van/mbt. (lijnen v.) gelijk hoogwater*** ◆ **1.1** ~ lines *getijlijnen, u-lijnen.*
co·til·lion, co·til·lon [kə'tɪlɪən]⟨zn.⟩
I ⟨telb.zn.⟩ **0.1** ***introductiebal*** ⟨ter introducering in de society⟩;
II ⟨telb. en n.-telb.zn.⟩ **0.1** ⟨dansk., muz.⟩ ***cotillon*** *⇒slotdans* **0.2** ⟨dansk.⟩ ***quadrille.***
co·to·ne·as·ter [kə'toʊni'æstə||-ər]⟨telb.zn.⟩ ⟨plantk.⟩ **0.1** ***dwergmispel*** *⇒cotoneaster* ⟨genus Cotoneaster⟩.
Cots·wold ['kɒtswoʊld||'kɑts-], **'Cotswold sheep** ⟨telb.zn.⟩ **0.1** ***Cotswold(-schaap).***
cot·ta ['kɒtə||'kɑṭə]⟨telb.zn.; ook cottae ['kɒti:||'kɑṭi:]; →mv. 5⟩ ⟨R.-K.⟩ **0.1** ***korte superpli(e).***
cot·tage ['kɒtɪdʒ||'kɑṭɪdʒ]⟨f3⟩ ⟨telb.zn.⟩ **0.1** ***(arbeiders/plattelands) huisje*** *⇒arbeiderswoning, optrekje, hut* **0.2** ***vakantie/zomerhuisje*** *⇒cottage, bungalowtje.*
cottage cheese ['-'-||'--]⟨f1⟩ ⟨n.-telb.zn.⟩ **0.1** ***cottage cheese*** *⇒Hüttenkäse;* ⟨ong.⟩ *kwark;* ⟨B.⟩ *plattekaas.*
'cottage 'hospital ⟨telb.zn.⟩ **0.1** ⟨BE⟩ ***plattelandsziekenhuis*** ⟨waar geen specialisten werken⟩ **0.2** ***paviljoenziekenhuis*** *⇒sanatorium.*
'cottage 'industry ⟨telb. en n.-telb.zn.⟩ **0.1** ***huisindustrie/arbeid/nijverheid*** *⇒thuiswerk.*
'cottage 'loaf ⟨telb.zn.⟩ ⟨BE⟩ **0.1** ***rond boerenbrood*** ⟨van twee bollen⟩.
'cottage 'piano ⟨telb.zn.⟩ ⟨muz.⟩ **0.1** ***baby-piano.***
'cottage 'pie ⟨n.-telb.zn.⟩ ⟨vnl. BE; cul.⟩ **0.1** ***gehakt met een korst v. aardappelpuree*** ⇒ ⟨ong.⟩ *filosoof.*
cot·tag·er ['kɒtɪdʒə||'kɑṭɪdʒər]⟨telb.zn.⟩ **0.1** ⟨BE⟩ ***landarbeider*** *⇒landman, dorpeling* **0.2** ⟨AE⟩ ***eigenaar/huurder v.e. vakantiehuis(je)/bungalow.***
'cottage tulip ⟨telb.zn.⟩ **0.1** ***cottage-tulp*** ⟨late gele tulp⟩.
cot·ter, ⟨vnl. in bet. 0.1 ook⟩ **cot·tar** ['kɒtə||'kɑṭər]⟨telb.zn.⟩ **0.1** ⟨Sch. E⟩ ***boerenknecht*** ⟨die in een arbeiderswoning woont⟩ **0.2** ⟨gesch.⟩ ***(Ierse) pachtboer*** **0.3** ⟨tech.⟩ ***spie*** **0.4** →cotter pin.
'cotter pin ⟨telb.zn.⟩ ⟨tech.⟩ **0.1** ***splitpen/pin.***
cot·ti·er ['kɒtɪə||'kɑṭɪər]⟨telb.zn.⟩ **0.1** ***landarbeider*** *⇒landman, dorpeling* **0.2** ⟨gesch.⟩ ***(Ierse) pachtboer.***
cot·ton ['kɒtn||'kɑtn]⟨f3⟩ ⟨zn.⟩
I ⟨telb.zn.⟩ **0.1** ***katoentje*** *⇒katoenweefsel, katoenen stof;*
II ⟨telb. en n.-telb.zn.⟩ ⟨plantk.⟩ **0.1** ***katoenplant*** ⟨genus Gossypium⟩ *⇒katoen(gewas);*
III ⟨n.-telb.zn.⟩ **0.1** ***katoen(draad/garen/stof/vezel)*** **0.2** ***pluis.***
'cotton belt ⟨telb.zn.⟩ **0.1** ***katoengebied/streek*** *⇒streek waar overwegend katoen verbouwd wordt* ⟨i.h.b. in het zuidoosten v.d. U.S.A.⟩.
'cotton bud, 'cotton stick ⟨telb.zn.⟩ **0.1** ***wattenstaafje.***
'cotton 'candy ⟨zn.⟩
I ⟨telb.zn.⟩ **0.1** ***suikerspin;***
II ⟨n.-telb.zn.⟩ **0.1** ***gesponnen suiker.***
'cotton flanel ⟨n.-telb.zn.⟩ **0.1** ***katoenflanel.***
'cotton gin ⟨telb.zn.⟩ **0.1** ***egreneer/ontkorrel/ontpittingsmachine*** *⇒katoenzuiveringsmachine.*
'cotton grass ⟨telb. en n.-telb.zn.⟩ ⟨plantk.⟩ **0.1** ***wol(le)gras*** *⇒veenpluis* ⟨genus Eriophorum⟩.
'cot·ton·mouth ⟨telb.zn.⟩ ⟨dierk.⟩ **0.1** ***watermocassinslang*** ⟨Agkistrodon piscivorus⟩.
'cotton 'on ⟨onov.ww.⟩ ⟨inf.⟩ **0.1** ***tot besef/inzicht komen*** *⇒doorkrijgen, erachter komen* ◆ **6.1** I cottoned on **to** what he meant *ik had door/in de gaten/kwam erachter wat hij bedoelde* **6.¶** ~ **to** *ingenomen zijn/op hebben met.*
'cotton picker ⟨telb.zn.⟩ **0.1** ***katoenplukmachine*** **0.2** ***katoenplukker.***
'cot·ton-pick·ing ⟨bn., attr.⟩ ⟨AE; sl.⟩ **0.1** ***verduiveld*** *⇒driedubbelovergehaald, verdomd, waardeloos.*
'cotton plant ⟨telb.zn.⟩ ⟨plantk.⟩ **0.1** ***katoenplant*** ⟨genus Gossupium⟩.
'cot·ton·seed ⟨telb. en n.-telb.zn.⟩ **0.1** ***katoenzaad.***
'cottonseed cake, 'cotton cake ⟨telb. en n.-telb.zn.⟩ **0.1** ***katoenzaadkoek.***
'cottonseed meal ⟨n.-telb.zn.⟩ **0.1** ***katoenzaadmeel.***
'cottonseed 'oil ⟨n.-telb.zn.⟩ **0.1** ***katoen(zaad)olie.***
'cotton spinner ⟨telb.zn.⟩ **0.1** ***katoenspinner*** *⇒katoenfabrikant.*
'cotton stick →cotton bud.
'cot·ton·tail ⟨telb.zn.⟩ ⟨dierk.⟩ **0.1** ***katoenstaartkonijn*** ⟨Am. konijn, genus Sylvilagus⟩.
'cotton 'to, 'cotton 'up to ⟨onov.ww.⟩ ⟨vnl. AE; inf.⟩ **0.1** ***contact leggen met*** *⇒vriendschap aanknopen met, toenadering zoeken tot, aangetrokken worden tot.*
'cotton tree ⟨telb.zn.⟩ ⟨plantk.⟩ **0.1** ***wilde kapokboom*** ⟨Bombax malabaricum⟩.
'cotton 'waste ⟨n.-telb.zn.⟩ **0.1** ***afval/poetskatoen.***
'cot·ton·wood ⟨telb.zn.⟩ ⟨plantk.⟩ **0.1** ***populier*** ⟨genus Populus⟩ ⇒ ⟨i.h.b.⟩ *Amerikaanse populier* ⟨P. deltoides⟩.
'cotton 'wool ⟨f1⟩ ⟨n.-telb.zn.⟩ **0.1** ⟨BE⟩ ***watten*** **0.2** ⟨vnl. AE⟩ ***ruwe katoen*** *⇒katoenpluis* ◆ **3.1** wrap/keep in ~ *in de watten leggen* **3.¶** ⟨inf.⟩ children wrapped up in ~ *v.d. buitenwereld afgeschermde kinderen, kasplantjes.*
cot·ton·y ['kɒtn·i||'kɑ-]⟨bn.⟩ **0.1** ***katoenachtig*** *⇒donzig, wollig.*
cot·y·le·don ['kɒṭɪ'li:dn||'kɑṭɪ-]⟨telb.zn.⟩ ⟨plantk.⟩ **0.1** ***zaadlob*** *⇒cotyl(edon).*
cot·y·le·do·nous ['kɒṭɪ'li:dənəs||'kɑṭɪ-], **cot·y·le·don·al** [-dənəl], **cot·y·le·don·ary** [-dənri||-dənəri]⟨bn.⟩ ⟨plantk.⟩ **0.1** ***(een/twee) zaadlobbig*** *⇒met zaadlobben.*

cot·y·loid ['kɒtɪlɔɪd‖'kɑtɪ-], **cot·y·loi·dal** [-lɔɪdl]⟨bn.⟩ **0.1** ***bekervormig***.

cou [ku:]⟨telb.zn.⟩⟨AE; sl.⟩ **0.1** ***vrouw*** *⇒meisje, wijf; lekker stuk* **0.2** ***kut***.

cou·cal ['ku:kl]⟨telb.zn.⟩⟨dierk.⟩ **0.1** ***spoorkoekoek*** ⟨genus Centropus⟩.

couch[1] [kaʊtʃ], ⟨in bet. II ook⟩ **cutch** [kʌtʃ]⟨f3⟩⟨zn.⟩
I ⟨telb.zn.⟩ **0.1** ***(rust)bank*** *⇒sofa, divan, canapé, chaise longue* **0.2** ⟨schr.⟩ ***sponde*** *⇒legerstede, koets, bed* **0.3** ***(hazen)leger*** *⇒hol, nest* **0.4** ***moutvloer*** **0.5** ***kiemende laag graan/gerst*** **0.6** ***couche*** *⇒verflaag;*
II ⟨telb. en n.-telb.zn.⟩ **0.1** →couch grass.

couch[2] [kaʊtʃ]⟨f3⟩⟨ww.⟩
I ⟨onov.ww.⟩ **0.1** ***gaan liggen*** ⟨vnl. v. dieren⟩ *⇒zich plat tegen de grond drukken, ineen/wegduiken, in een hinderlaag/op de loer liggen;*
II ⟨ov.ww.⟩ **0.1** ⟨vaak pass.⟩ ***inkleden*** *⇒formuleren, verwoorden, stellen* **0.2** ***vellen*** ⟨speer/lans⟩ **0.3** ⟨med.⟩ ***lichten*** ⟨staar⟩ **0.4** ⟨pass.⟩⟨vero.⟩ ***neerleggen/vlijen*** *⇒coucheren.*

couch[3] [ku:tʃ]⟨ov.ww.⟩⟨papiermakerij⟩ **0.1** ***koetsen*** *⇒afleggen.*

couch·ant ['kaʊtʃnt]⟨bn., post.⟩⟨heraldiek⟩ **0.1** ***liggend*** ◆ **1.1** lion ~ *liggende leeuw.*

'couch doctor ⟨telb.zn.⟩⟨AE; inf.⟩ **0.1** ***hersenkraker*** *⇒psychiater.*

couch·er ['ku:tʃə‖-ər]⟨telb.zn.⟩⟨papiermakerij⟩ **0.1** ***koetser*** *⇒aflegger.*

cou·chette [ku:'ʃet]⟨f1⟩⟨telb.zn.⟩⟨BE⟩ **0.1** ***slaapcoupé*** **0.2** ***couchette.***

'couch grass ⟨telb. en n.-telb.zn.⟩⟨plantk.⟩ **0.1** ***kweek(gras)*** ⟨Agropyron repens⟩.

'couch potato ⟨telb.zn.⟩⟨inf.⟩ **0.1** ***t.v.-verslaafde/junkie*** *⇒kassiekijker.*

couch roll ['ku:tʃ roʊl]⟨telb.zn.⟩⟨papiermakerij⟩ **0.1** ***koets/viltwals.***

cou·dé [ku:'deɪ]⟨telb.zn.⟩ **0.1** ***spiegeltelescoop*** ⟨in coudé-opstelling⟩.

cou·gar ['ku:gə‖-ər]⟨telb.zn.; ook cougar; →mv. 4⟩⟨dierk.⟩ **0.1** ***poema*** ⟨Puma/Felis concolor⟩.

cough[1] [kɒf‖kɔf]⟨f2⟩⟨telb.zn.⟩ **0.1** ⟨geen mv.⟩ ***hoest*** **0.2** ***kuch(je)*** *⇒hoestbui/aanval, hoest(je)* **0.3** ⟨BE; sl.⟩ ***bekentenis*** *⇒het doorslaan, het kotsen, kotsement* ◆ **2.1** have a bad ~ *ernstig/erg/lelijk hoesten.*

cough[2] ⟨f3⟩⟨ww.⟩
I ⟨onov.ww.⟩ **0.1** ***hoesten*** *⇒kuchen, zijn keel schrapen, blaffen, opgeven* **0.2** ***sputteren*** *⇒blaffen* ⟨v. vuurwapen⟩ **0.3** ⟨sl.⟩ ***doorslaan*** *⇒kotsen, een bekentenis afleggen* ◆ **1.2** the engine ~s and misfires *de motor sputtert en hapert* **5.3** ~ **up** *(ermee) voor de draad komen, praten* **5.¶** ⟨sl.⟩ ~ **up** *(op)dokken, betalen;*
II ⟨ov.ww.⟩ **0.1** ***ophoesten*** *⇒uithoesten, opgeven* ◆ **1.1** ~ (out/up) blood *bloed ophoesten/opgeven* **5.1** ~ a speaker **down** *een spreker met gehoest overstemmen* **5.¶** ⟨sl.⟩ ~ **up** *opbiechten, bekennen, toegeven; schokken, afkomen met, (op)dokken, op tafel leggen* ⟨geld⟩; ⟨sl.⟩ ~**up** all you know *voor de dag met alles wat je weet.*

'cough drop, ⟨in bet. 0.1 ook⟩ **'cough lozenge** ⟨telb.zn.⟩ **0.1** ***hoestballetje*** *⇒keelpastille, hoestbonbon* **0.2** ⟨sl.⟩ ***eigenaardig/onaangenaam iets/iem..***

'cough mixture ⟨telb. en n.-telb.zn.⟩ **0.1** ***hoestdrankje*** *⇒hoestmiddel.*

'cough syrup ⟨telb. en n.-telb.zn.⟩ **0.1** ***hoestsiroop*** **0.2** ⟨AE; sl.⟩ ***smeergeld*** *⇒omkoopsom.*

could [kəd⟨sterk⟩kʊd]⟨f4⟩⟨hww.; verl. t. v. can; →voor onregelmatige vormen zie t2; → do-operator, modaal hulpwerkwoord, ww. 3⟩ →can **0.1** ⟨→bekwaamheid⟩ ***kon(den)*** *⇒in zou(den) kunnen, was/waren in staat te* **0.2** ⟨→mogelijkheid⟩ ***kon(den)*** *⇒zou(den) kunnen* **0.3** ⟨→toelating⟩ ***mocht(en)*** *⇒zou(den) mogen, zou(den) kunnen* ◆ **3.1** surely you ~ do better *jij zou het toch zeker beter moeten kunnen;* I ~ go if you like *ik zou kunnen gaan als je wilt;* ~ you help me please? *zou u mij kunnen helpen alstublieft?* **3.2** he said she ~ come if she was ready *hij zei dat ze kon komen als ze klaar was;* you ~ have warned us *je had ons toch kunnen verwittigen;* I ~ weep with exhaustion *ik zou kunnen huilen van vermoeidheid* **3.3** ~ we go and play outside, mummy? *mogen we buiten gaan spelen, mama?.*

could(e)st ['kʊd(ɪ)st]⟨2e pers. enk. verl. t., vero. of relig., v. can; →t2⟩ →could.

cou·lée ['ku:li:], ⟨AE sp. ook⟩ **cou·lee** ⟨telb.zn.⟩ **0.1** ***lavastroom*** **0.2** ⟨AE⟩ ***ravijn*** *⇒sneeuwgeul, regengeul.*

cou·lisse [ku:'li:s]⟨telb.zn.⟩ **0.1** ⟨vaak mv.⟩ ***coulisse*** ⟨in theater⟩ **0.2** ***couloir*** *⇒wandelgang* **0.3** ***coulisse*** *⇒niet-officiële effectenbeurs.*

cou·loir ['ku:lwɑ:‖-wɑr]⟨telb.zn.⟩ **0.1** ***couloir*** *⇒ravijn, (diepe) berggeul.*

cou·lomb ['ku:lɒm‖-lɑm]⟨telb.zn.⟩ **0.1** ***coulomb*** *⇒ampèreseconde.*

cou·lom·e·try [ku:'lɒmətri‖-'lɑ-]⟨n.-telb.zn.⟩ **0.1** ***coulometrie.***

coul·ter, ⟨AE sp. ook⟩ **col·ter** ['koʊltə‖-ər]⟨telb.zn.⟩ **0.1** ***kouter*** *⇒ploegijzer/mes/schaar.*

cou·ma·rin ['ku:mərɪn]⟨n.-telb.zn.⟩⟨schei.⟩ **0.1** ***cumarine.***

coun·cil ['kaʊnsl]⟨f3⟩⟨zn.⟩
I ⟨n.-telb.zn.⟩ **0.1** ***vergadering*** *⇒bespreking* ◆ **6.1** Mr Jones is **in** ~ *Mr Jones heeft een bespreking/zit in een vergadering;*
II ⟨verz.n.⟩ **0.1** ***raad*** *⇒gemeenteraad, ministerraad, (advies)college, bestuur* **0.2** ⟨kerk.⟩ ***kerkvergadering*** *⇒synode, concilie* **0.3** ⟨bijb.⟩ ***sanhedrin*** *⇒Hoge Raad der Israëlieten* ◆ **1.1** ~ of war *krijgsraad, spoedvergadering v.h. militair opperbevel* **2.1** municipal ~ *gemeenteraad.*

'council board ⟨zn.⟩
I ⟨telb.zn.⟩ **0.1** ***raadstafel*** *⇒groene tafel;*
II ⟨verz.n.⟩ **0.1** ***raad.***

'council chamber ⟨telb.zn.⟩ **0.1** ***raadszaal.***

'council estate ⟨telb.zn.⟩⟨BE⟩ **0.1** ***wijk met gemeentewoningen.***

'council house ⟨telb.zn.⟩⟨BE⟩ **0.1** ***gemeentewoning*** *⇒*⟨ong.⟩ *woningwetwoning* **0.2** ***stadhuis*** *⇒raadhuis.*

coun·cil·lor, ⟨AE sp. ook⟩ **coun·cil·or** ['kaʊnslə‖-ər]⟨f2⟩⟨telb.zn.⟩ **0.1** ***raadslid.***

coun·cil·lor·ship, ⟨AE sp. ook⟩ **coun·cil·or·ship** ['kaʊnsləʃɪp‖-slər-]⟨telb. en n.-telb.zn.⟩ **0.1** ***raadslidmaatschap*** *⇒ambt/positie v. raadslid.*

coun·cil·man ['kaʊnslmən]⟨telb.zn.; councilmen [-mən]; →mv. 3⟩⟨vnl. AE⟩ **0.1** ***raadslid*** *⇒gemeenteraadslid.*

'council school ⟨telb.zn.⟩⟨BE⟩ **0.1** ***gemeenteschool*** *⇒openbare school.*

'coun·er·trade ⟨n.-telb.zn.⟩ **0.1** ***compensatiehandel.***

coun·sel[1] ['kaʊnsl]⟨f2⟩⟨zn.⟩⟨→sprw. 233⟩
I ⟨n.-telb.zn.⟩ **0.1** ***raad*** *⇒(deskundig) advies, begeleiding, richtlijn, leidraad* **0.2** ***overleg*** *⇒beraad(slaging), consult, gedachtenwisseling* ◆ **1.1** ~ of perfection *volmaakt maar onuitvoerbaar advies, advies tot zedelijke volmaaktheid* **1.¶** take ~ of one's pillow *er een nachtje over slapen* **3.2** hold/take ~ with *te rade gaan bij;* take ~ together *beraadslagen, overleggen* **3.¶** keep one's own ~ *zijn motieven/plannen/meningen voor zich houden, (stilletjes) zijn gang gaan, zich niet blootgeven;*
II ⟨verz.n.⟩⟨jur.⟩ **0.1** ***raadsman/lieden*** *⇒advocaat, advocaten, voorspraak, verdediging, hij/zij die verweer voert/voeren* ◆ **1.1** ~ for the defence claim that ... *de verdediging voert aan dat ....*

counsel[2] ⟨f1⟩⟨ww.; →ww. 7⟩ →counselling
I ⟨onov.ww.⟩ **0.1** ***advies/raad geven*** *⇒adviseren* **0.2** ***advies inwinnen*** *⇒raad aannemen* ◆ **6.1** I ~ **against** such a decision *ik raad een dergelijke beslissing af;*
II ⟨ov.ww.⟩ **0.1** ***adviseren*** *⇒aanraden, aanbevelen, voorlichten* **0.2** ***counselen*** *⇒begeleiden, helpen* ◆ **1.1** ~ patience *op geduld aandringen.*

coun·sel·ling, ⟨AE sp.⟩ **coun·sel·ing** ['kaʊnsəlɪŋ]⟨n.-telb.zn.⟩⟨psych.⟩ **0.1** ***counsel(l)ing*** ⟨professionele hulpverlening d.m.v. bep. gesprekstechniek⟩.

coun·sel·lor, ⟨AE sp. ook⟩ **coun·sel·or** ['kaʊnslə‖-ər]⟨f2⟩⟨telb.zn.⟩ **0.1** ***adviseur*** *⇒consulent(e), voorlichter;* ⟨i.h.b.; AE⟩ *(studenten) decaan, beroepskeuzeadviseur* **0.2** ***juridisch adviseur*** ⟨i.h.b. in diplomatieke dienst⟩ **0.3** ⟨vnl. AE⟩ ***raadsman/vrouw*** *⇒advocaat, pleiter* **0.4** ⟨AE⟩ ***leider v.e. zomerkamp*** ◆ **1.¶** ⟨BE⟩ Counsellor of State *regent* ⟨waarnemer voor de soeverein⟩.

'coun·sel·lor-at-'law ⟨telb.zn.; counsellors-at-law; →mv. 6⟩⟨AE; IE⟩ **0.1** ***raadsman/raadsvrouw*** *⇒advocaat, pleiter.*

count[1] [kaʊnt]⟨f3⟩⟨zn.⟩
I ⟨telb.zn.⟩ **0.1** ***onderdeel/punt v.e. aanklacht*** *⇒beschuldiging, onderdeel v.e. tenlastelegging* **0.2** ***het uittellen*** ⟨v.e. bokser⟩ **0.3** ***(niet-Engelse) graaf*** **0.4** ***garennummer*** ◆ **3.2** take the ~ *uitgeteld/verslagen worden* ⟨ook fig.⟩; *het onderspit delven* **6.2** be **out for** the ~ *uitgeteld zijn* ⟨ook fig.⟩ **7.1** guilty on all ~s *schuldig (bevonden) op alle onderdelen v.d. aanklacht;*
II ⟨telb. en n.-telb.zn.⟩ **0.1** ***telling*** *⇒tel, getal* ◆ **3.1** keep ~ *de tel (ling) bijhouden, (mee)tellen;* lose ~ *de tel kwijt raken/zijn* **6.1** **out of** ~ *ontelbaar, niet te schatten* **7.1** after three ~s *na drie tellingen/drie keer tellen;*
III ⟨n.-telb.zn.⟩⟨inf.⟩ **0.1** ***aandacht*** *⇒acht* ◆ **3.1** I take no ~ of his opinion *ik trek me niets aan van/sla geen acht op zijn mening.*

count[2] ⟨f3⟩⟨ww.⟩
I ⟨onov.ww.⟩ **0.1** ***tellen*** *⇒meetellen, belangrijk zijn, gelden* ◆ **4.1** that doesn't ~ *dat telt niet* **6.1** ~ **for** little/nothing *weinig/niets waard zijn, weinig/niets voorstellen* **6.¶** ~ **against** *pleiten tegen;* your reputation will ~ **against** you if you apply for this job *als je naar die baan solliciteert, werkt je reputatie tegen je;* she doesn't ~ **among** my friends any longer *ik reken haar niet meer tot mijn*

vrienden; →count **(up)on;**
II ⟨onov. en ov.ww.⟩ **0.1** ***tellen*** ⇒*optellen, tellen tot* ◆ **4.1** I'll ~ five, then I'll turn around *ik tel tot vijf en dan draai ik me om* **5.1** ~ **down** *aftellen, achteruit tellen;* →count **off;** →count **out;** ~ **up** *(bij elkaar) optellen* **6.1** ~ (up) **to** ten *tot tien tellen;* ~ **from** one **up to** a hundred *van één tot honderd tellen;*
III ⟨ov.ww.⟩ **0.1** ***meetellen*** ⇒*meerekenen* **0.2** ***rekenen tot*** ⇒*beschouwen (als), achten* **0.3** ***aftellen*** ⇒*d.m.v. een aftelrijmpje aanwijzen* ⟨in kinderspelletjes⟩ ◆ **1.1** there were 80 victims, not ~ing (in) the crew *er waren 80 slachtoffers, de bemanning niet meegerekend* **4.2** ~ o.s. lucky *zich gelukkig prijzen* **5.1** you can ~ me **in** *ik ben van de partij / ik doe mee / je kunt op me rekenen;* →count **out 6.2** he ~s prominent politicians **among** his friends *hij telt vooraanstaande politici onder zijn vrienden* **6.¶** they'll ~ it **against** you *ze zullen het je kwalijk nemen / aanrekenen.*

count·a·bil·i·ty ['kaʊnṭə'bɪləṭi]⟨n.-telb.zn.⟩ **0.1** ***telbaarheid*** ⟨ook taalk.⟩ **0.2** ⟨wisk.⟩ ***(af)telbaarheid.***

count·a·ble ['kaʊnṭəbl]⟨bn.; -ly; →bijw. 3⟩ **0.1** ***telbaar*** ⟨ook taalk.⟩ **0.2** ⟨wisk.⟩ ***(af)telbaar*** ◆ **1.1** ~ noun *telbaar naamwoord* **2.2** countably infinite *aftelbaar oneindig.*

'count·down ⟨fɪ⟩ ⟨telb.zn.⟩ **0.1** ***het aftellen*** ⟨i.h.b. voor de lancering v.e. projectiel⟩ ⇒*aftelprocedure.*

coun·te·nance[1] ['kaʊntṇəns‖'kaʊntnəns]⟨fɪ⟩⟨zn.⟩
I ⟨telb.zn.⟩ **0.1** ***gelaat*** ⇒*trekken, gezicht, gelaatstrekken, uitdrukking, expressie* **0.2** ***aanzicht*** ⇒*aanzien* **0.3** ***welwillende / bemoedigende blik*** ◆ **3.1** she changed ~ *haar gelaatsuitdrukking veranderde, haar gezicht betrok / verstrakte / klaarde op* ⟨enz.⟩; her ~ fell *haar gezicht betrok;*
II ⟨n.-telb.zn.⟩ **0.1** ***kalmte*** ⇒*gemoedsrust, bedaardheid, zelfbeheersing, onverstoorbaarheid* **0.2** ***(morele) steun*** ⇒*instemming, goedkeuring, ingenomenheid* ◆ **3.1** keep one's ~ *zijn zelfbeheersing bewaren;* ⟨i.h.b.⟩ *zich goed houden, zijn lachen kunnen houden;* lose ~ *uit zijn evenwicht / van zijn stuk / van zijn apropos raken, in verlegenheid gebracht worden;* put s.o. out of ~ *iem. van zijn stuk brengen* **3.2** keep (s.o.) in ~ *(iem.) bijspringen / bijvallen, bemoedigend aankijken, aanmoedigen;* we won't give / lend ~ to such plans *we zullen dergelijke plannen niet steunen* **6.1** **out of** ~ *uit zijn doen, van zijn stuk gebracht, verstoord, gegeneerd.*

countenance[2] ⟨fɪ⟩ ⟨ov.ww.⟩ **0.1** ***goedkeuren*** ⇒*(stilzwijgend / oogluikend) toestaan, dulden, gedogen, ondersteunen, aanmoedigen.*

coun·te·nanc·er ['kaʊntṇənsə‖'kaʊntn-ənsər]⟨telb.zn.⟩ **0.1** ***gedoger*** ⇒*ondersteuner, aanmoediger.*

count·er[1] ['kaʊntə‖'kaʊnṭər]⟨f3⟩ ⟨telb.zn.⟩ **0.1** ***toonbank*** ⇒*balie, bar; loket, kassa* **0.2** ***teller*** ⇒*telwerk, rekenaar, rekenmachine* **0.3** ⟨ben. voor⟩ ***rond voorwerpje*** ⇒*fiche, speelpenning / merkje; (dam)schijf; (surrogaat)muntje; ruilmiddel* **0.4** ***tegenzet*** ⇒*tegenmaatregel, tegenwicht* **0.5** ***tegendeel*** ⇒*tegenovergestelde* **0.6** ***komfoort*** ⇒*contrefort* ⟨in schoen⟩ **0.7** ***verweerstoot*** ⇒⟨boksport⟩ *counter, tegenstoot,* ⟨schermen⟩ *tegenstoot,* ⟨voetbal⟩ *counter* **0.8** ⟨scheep.⟩ ***wulf*** ⇒*verwulf, gewelf* **0.9** ***boeg*** ⟨v. paard, rund⟩ ⇒*borst, schouder* **0.10** ⟨druk.⟩ ***pons*** ⟨de ruimte in een letter die niet wordt afgedrukt⟩ **0.11** ***gemeenplaats*** ⇒*cliché* **0.12** ***vals spoor*** **0.13** ⟨schaatssport⟩ ***tegenkering*** ◆ **3.¶** nail to the ~ *aan de kaak stellen* **6.¶** **over** the ~ *zonder recept (verkrijgbaar)* ⟨v. medicijnen⟩; **under** the ~ *onder de toonbank, clandestien.*

counter[2] ⟨fɪ⟩ ⟨bn.⟩
I ⟨bn.⟩ **0.1** ***tegen(over)gesteld*** ⇒*tegenwerkend, contra-* ◆ **1.1** ⟨gesch.⟩ the Counter Reformation *de Contrareformatie;*
II ⟨bn., attr.⟩ **0.1** ***duplicaat-*** ⇒*dubbel* ◆ **1.1** ~ list *duplicaat, controlelijst.*

counter[3] ⟨f2⟩ ⟨ww.⟩
I ⟨onov.ww.⟩ **0.1** ***een tegenzet doen*** ⇒*zich verweren, in de tegenaanval gaan, terugvechten / slaan / stoten;* ⟨i.h.b. boksport⟩ *counteren, met een tegenstoot beantwoorden / pareren* ◆ **6.1** he ~ed **with** a left jab *hij kwam terug met een linkse directe;*
II ⟨ov.ww.⟩ **0.1** ***zich verzetten tegen*** ⇒*tegengaan, tegenwerken, (ver)hinderen* **0.2** ***beantwoorden*** ⇒*reageren op, vergelden,* ⟨boksport⟩ *met een tegenstoot beantwoorden / pareren / counteren* ⟨aanval, stoot⟩ **0.3** ***tenietdoen*** ⇒*weerleggen, logenstraffen.*

counter[4] ⟨fɪ⟩ ⟨bw.⟩ **0.1** ***in tegenovergestelde richting*** **0.2** ***op tegengestelde wijze*** ◆ **3.1** go / hunt / run ~ *het spoor in de verkeerde richting volgen* **3.2** act / go ~ to *niet opvolgen, ingaan tegen.*

coun·ter- ['kaʊntə-‖'kaʊnṭər-] **0.1** ***tegen-*** ⇒*in tegengestelde richting, tegenwerkend, contra-, weer-* **0.2** ***tegen-*** ⇒*overeenkomend* ◆ **¶.1** counterclockwise *tegen de wijzers v.d. klok in;* counterattack *tegenaanval* **¶.2** counterpart *tegenhanger.*

'coun·ter'act ⟨fɪ⟩ ⟨ov.ww.⟩ **0.1** ***tegengaan*** ⇒*neutraliseren, tenietdoen, het effect opheffen van, onschadelijk / ongedaan maken, bestrijden.*

'coun·ter'ac·tion ⟨telb. en n.-telb.zn.⟩ **0.1** ***tegenwerking*** ⇒*tegengang, tegenmaatregel, tegenactie, weerwerk, neutralisatie.*

'coun·ter'ac·tive ⟨bn.; -ly⟩ **0.1** ***tegengaand*** ⇒*tegenwerkend.*

'coun·ter·ad ⟨telb.zn.⟩ ⟨AE; inf.⟩ **0.1** ***tegenadvertentie.***

'coun·ter·a·gent ⟨telb.zn.⟩ **0.1** ***neutralisator*** ⇒*tegenwerkend middel.*

'coun·ter·at·tack[1] ⟨fɪ⟩ ⟨telb.zn.⟩ **0.1** ***tegenaanval*** ◆ **3.1** make a ~ (up)on *een tegenaanval uitvoeren op.*

'counterat'tack[2] ⟨fɪ⟩ ⟨ww.⟩
I ⟨onov.ww.⟩ **0.1** ***in de tegenaanval gaan*** ⇒*een aanval beantwoorden, terugslaan;*
II ⟨ov.ww.⟩ **0.1** ***een tegenaanval uitvoeren op*** ⇒*van repliek dienen.*

'coun·ter·at·tack·er ⟨telb.zn.⟩ **0.1** ***tegenaanvaller.***

'coun·ter·at·trac·tion ⟨telb.zn.⟩ **0.1** ***concurrerende / rivaliserende attractie*** ⇒*tegenverlokking, medeverlokking.*

'coun·ter·bal·ance[1] ⟨fɪ⟩ ⟨telb.zn.⟩ **0.1** ***tegenwicht.***

'counter'balance[2] ⟨fɪ⟩ ⟨ov.ww.⟩ **0.1** ***een tegenwicht vormen tegen*** ⇒*neutraliseren, opwegen tegen, compenseren.*

coun·ter·bar·rage [-bærɑ:ʒ‖-bərɑ:ʒ]⟨telb.zn.⟩ ⟨mil.⟩ **0.1** ***versperringsvuur als reactie.***

'coun·ter·blast ⟨telb.zn.⟩ **0.1** ***(agressieve / onbesuisde) reactie*** ⇒*weerwerk, weerwoord, tegenverklaring, tegenstoot / vuur / geschut.*

'coun·ter·blow ⟨telb.zn.⟩ **0.1** ***tegenstoot*** ⇒*terugslag, represaille, vergeldingsaanval, weerwraak, wraakactie.*

'coun·ter·budg·et ⟨telb.zn.⟩ **0.1** ***tegenbegroting*** ⇒*alternatieve begroting.*

'coun·ter·build·up ⟨telb.zn.⟩ ⟨mil.⟩ **0.1** ***troepenconcentratie als reactie.***

'coun·ter-can·ter ⟨telb.zn.⟩ ⟨paardesport⟩ **0.1** ***contragalop.***

'coun·ter·change ⟨ww.⟩
I ⟨onov.ww.⟩ **0.1** ***v. plaats / rol verwisselen;***
II ⟨ov.ww.⟩ **0.1** ***verwisselen*** ⇒*schakeren, variëren.*

'coun·ter·charge[1] ⟨telb.zn.⟩ **0.1** ***tegenbeschuldiging.***

'counter'charge[2] ⟨ww.⟩
I ⟨onov.ww.⟩ **0.1** ***een tegenbeschuldiging / tegenaanklacht uiten;***
II ⟨ov.ww.⟩ **0.1** ***een tegenbeschuldiging uiten tegen*** ⇒*op zijn / haar beurt beschuldigen.*

'coun·ter·check[1] ⟨telb.zn.⟩ **0.1** ***tegencontrole*** ⇒*tegenwicht* **0.2** ***contra-expertise.***

'counter'check[2] ⟨ov.ww.⟩ **0.1** ***tegenhouden*** ⇒*in evenwicht houden, controleren* **0.2** ***(een) contra-expertise uitvoeren / verrichten op.***

'coun·ter·claim[1] ⟨telb.zn.⟩ **0.1** ***tegeneis*** ⟨vnl. jur.⟩ ⇒*tegenklacht, tegenvordering, wedereis, reconventie.*

'counter'claim[2] ⟨ww.⟩ ⟨vnl. jur.⟩
I ⟨onov.ww.⟩ **0.1** ***een tegeneis inbrengen;***
II ⟨ov.ww.⟩ **0.1** ***een tegeneis inbrengen tegen.***

coun·ter·clock·wise ['kaʊntə'klɒkwaɪz‖'kaʊnṭər'klɑk-], **con·tra·clock·wise** ['kɒntrə'klɒkwaɪz‖'kɑntrə'klɑk-]⟨bn.; bw.⟩ ⟨vnl. AE⟩ **0.1** ***linksdraaiend*** ⇒*tegen de wijzers v.d. klok in (draaiend).*

'coun·ter'cul·tur·al ⟨bn.⟩ **0.1** ***alternatief*** ⇒*v. / mbt. de tegencultuur.*

'coun·ter·cul·ture ⟨telb.zn.⟩ **0.1** ***tegencultuur*** ⇒*alternatieve cultuur.*

'coun·ter'cul·tur·ist ⟨telb.zn.⟩ **0.1** ***alternatieveling*** ⇒*lid v.d. tegencultuur.*

'coun·ter·cur·rent ⟨telb.zn.⟩ **0.1** ***tegenstroom.***

'coun·ter'dem·on·strate ⟨onov.ww.⟩ **0.1** ***een tegenbetoging houden.***

'coun·ter'dem·on·stra·tor ⟨telb.zn.⟩ **0.1** ***tegendemonstrant*** ⇒*tegenbetoger.*

'coun·ter·drug ⟨telb.zn.⟩ **0.1** ***patentgeneesmiddel*** **0.2** ***tegenmiddel*** ⟨om van verslaving af te komen⟩.

'coun·ter'es·pi·o·nage ⟨n.-telb.zn.⟩ **0.1** ***contraspionage.***

'coun·ter·ex·am·ple ⟨telb.zn.⟩ **0.1** ***tegenvoorbeeld.***

coun·ter·feit[1] ['kaʊntəfɪt‖'kaʊnṭər-]⟨telb.zn.⟩ **0.1** ***vervalsing*** ⇒*namaak, falsificatie, neppertje.*

counterfeit[2] ⟨fɪ⟩ ⟨bn.⟩ **0.1** ***vals*** ⇒*vervalst, onecht, imitatie-, nagemaakt* **0.2** ***voorgewend*** ⇒*geveinsd, gespeeld, onoprecht, gewild, gemaakt.*

counterfeit[3] ⟨fɪ⟩ ⟨ww.⟩
I ⟨onov.ww.⟩ **0.1** ***huichelen*** ⇒*doen alsof, simuleren, veinzen* **0.2** ***vervalsingen vervaardigen*** ⇒*knoeien;*
II ⟨ov.ww.⟩ **0.1** ***vervalsen*** ⇒*namaken, kopiëren* **0.2** ***imiteren*** ⇒*nadoen, naäpen, nabootsen* **0.3** ***voorgeven*** ⇒*voorwenden, pretenderen.*

coun·ter·feit·er ['kaʊntəfɪtə‖'kaʊnṭərfɪṭər]⟨telb.zn.⟩ **0.1** ***vervalser*** ⇒*valsemunter.*

'coun·ter·foil ⟨fɪ⟩ ⟨telb.zn.⟩ **0.1** ***controlestrookje*** ⇒*kwitantiestrook, souche, stok, talon.*

'coun·ter·force ⟨telb. en n.-telb.zn.⟩ **0.1** ***tegenkracht.***

'coun·ter·glow ⟨n.-telb.zn.⟩ **0.1** ***oppositielicht*** ⇒*oppositieschijnsel, Gegenschein.*

'coun·ter'in·sur·gen·cy ⟨telb. en n.-telb.zn.⟩ **0.1** ***onderdrukking v.e. opstand*** ⇒*verzetsbestrijding(sactie);* ⟨attr.⟩ *anti-oproer-.*

'coun·ter·in'tel·li·gence ⟨f1⟩⟨n.-telb.zn.⟩ **0.1** ***contraspionage*** ⇒*(binnenlandse) veiligheidsdienst, contra-inlichtingendienst.*
'coun·ter·in'tu·i·tive ⟨bn.⟩ **0.1** ***tegenintuïtief*** ⇒*tegen de intuïtie indruisend, intuïtief onaannemelijk.*
'coun·ter'ir·ri·tant ⟨telb. en n.-telb.zn.⟩⟨med.⟩ **0.1** ***afleiding*** ⇒*afleidingsmiddel, derivans, revulsivum, contrairritans.*
'coun·ter·jump·er ⟨telb.zn.⟩⟨pej.⟩ **0.1** ***winkelpik*** ⇒*winkelbediende.*
'coun·ter·man ⟨telb.zn.; countermen; →mv. 3⟩⟨AE⟩ **0.1** ***buffetbediende*** ⟨in broodjeszaak/snackbar⟩.
coun·ter·mand[1] ['kaʊntə'mɑ:nd‖'kaʊnṭərmænd]⟨f1⟩⟨telb.zn.⟩ **0.1** ***tegenbevel*** ⇒*tegenorder, tegeninstructie* **0.2** ***herroeping*** ⇒*afbestelling.*
countermand[2] ⟨ov.ww.⟩ **0.1** ***(d.m.v. een tegenbevel) herroepen*** ⇒*terugnemen, intrekken* ⟨bevel⟩ **0.2** ***(d.m.v. een nieuwe order/bestelling) ongedaan maken*** ⇒*annuleren, afgelasten, afbestellen* **0.3** ***terugroepen*** ⇒*rappeleren, terughalen, terugtrekken* ◆ **1.1** ~ a cheque *een cheque blokkeren/tegenhouden.*
'coun·ter·ma·noeuvre ⟨telb.zn.⟩ **0.1** ***tegenmanoeuvre*** ⇒*tegenzet.*
'coun·ter·march[1] ⟨telb.zn.⟩ **0.1** ***contramars*** ⇒*contramarche, tegenmars* **0.2** ***volledige ommezwaai*** ⇒*het 180° omgaan.*
'countermarch[2] ⟨ww.⟩
I ⟨onov.ww.⟩ **0.1** ***terugmarcheren*** ⇒*in tegengestelde richting (gaan) marcheren; de terugtocht aanvaarden, in contramars gaan;*
II ⟨ov.ww.⟩ **0.1** ***in tegengestelde richting laten marcheren.***
'coun·ter·mark[1] ⟨telb.zn.⟩ **0.1** ***contramerk*** ⇒*tegenmerk, controlemerk.*
countermark[2] ⟨ov.ww.⟩ **0.1** ***voorzien van een contramerk/tegenmerk.***
'coun·ter·mea·sure ⟨f1⟩⟨telb.zn.⟩ **0.1** ***tegenmaatregel.***
'coun·ter·mine[1] ⟨telb.zn.⟩ **0.1** ***tegenmijn*** **0.2** ***tegenlist.***
'counter'mine[2] ⟨ww.⟩
I ⟨onov.ww.⟩ **0.1** ***tegenmijnen*** ⇒*tegenmijnen maken/graven/leggen* **0.2** ***een tegenlist bedenken/uitvoeren;***
II ⟨ov.ww.⟩ **0.1** ***met tegenmijnen bestrijden*** ⇒⟨fig.⟩ *ondermijnen, aantasten, ondergraven* **0.2** ***met tegenlisten bestrijden.***
'coun·ter·move ⟨f1⟩⟨telb.zn.⟩ **0.1** ***tegenzet*** ⇒*tegenactie, tegenbeweging.*
'coun·ter·of'fen·sive ⟨f1⟩⟨telb.zn.⟩ **0.1** ***tegenoffensief.***
'coun·ter·of·fer ⟨telb.zn.⟩ **0.1** ***tegenbod*** ⇒*tegenofferte.*
'coun·ter·or·der ⟨telb.zn.⟩ **0.1** ***tegenorder*** ⇒*tegenbevel.*
coun·ter·pane ['kaʊntəpeɪn‖'kaʊnṭər-]⟨telb.zn.⟩ **0.1** ***(bedde)sprei.***
'coun·ter·part ⟨f2⟩⟨telb.zn.⟩ **0.1** ***tegenhanger*** ⇒*pendant, tegenstuk, equivalent* **0.2** ***duplicaat*** ⇒*afschrift, kopie* **0.3** ***aanvulling*** ⇒*complement.*
'coun·ter·plea ⟨telb.zn.⟩ **0.1** ***repliek*** ⇒*tegenpleidooi.*
'coun·ter·plot[1] ⟨telb.zn.⟩ **0.1** ***tegenlist.***
counterplot[2] ⟨ww.⟩
I ⟨onov.ww.⟩ **0.1** ***een tegenlist bedenken/uitvoeren;***
II ⟨ov.ww.⟩ **0.1** ***met een tegenlist bestrijden*** ⇒*verijdelen.*
'coun·ter·point[1] ⟨f2⟩⟨zn.⟩⟨muz.⟩
I ⟨telb.zn.⟩ **0.1** ***contrapuntische melodie/begeleiding*** ⇒*contrastelement;*
II ⟨n.-telb.zn.⟩ **0.1** ***contrapunt*** ⟨ook fig.⟩ ⇒*contrapuntische muziek.*
'counter'point[2] ⟨ov.ww.⟩⟨muz.⟩ **0.1** ***contrapunt toevoegen aan*** ⟨ook fig.⟩ ⇒*contrasteren, tegenover elkaar stellen.*
'coun·ter·poise[1] ⟨zn.⟩
I ⟨telb.zn.⟩ **0.1** ***tegenwicht*** ⇒*tegendruk;*
II ⟨n.-telb.zn.⟩ **0.1** ***evenwicht*** ⇒*evenwichtigheid.*
counterpoise[2] ⟨ov.ww.⟩ **0.1** ***in evenwicht brengen/houden*** ⇒*neutraliseren, opwegen tegen, compenseren, een tegenwicht vormen tegen.*
'coun·ter·pro'duc·tive ⟨bn.⟩ **0.1** ***averechts*** ⇒*met averechtse uitwerking, averechts effect sorterend.*
'coun·ter·pro·gram·ming ⟨n.-telb.zn.⟩ **0.1** ***tegenprogrammering*** ⇒*het concurrentieel programmeren* ⟨mbt. radio/t.v.-programma's⟩.
'coun·ter·pro·pos·al [-prəpoʊzl]⟨telb.zn.⟩ **0.1** ***tegenvoorstel.***
'coun·ter·ref·or·ma·tion ⟨telb.zn.⟩ **0.1** ***tegenhervorming*** ⇒*contrareformatie.*
'coun·ter·rev·o'lu·tion ⟨f1⟩⟨telb. en n.-telb.zn.⟩ **0.1** ***contrarevolutie*** ⇒*tegenrevolutie.*
'coun·ter·rev·o'lu·tion·ar·y[1], **'coun·ter·rev·o·'lu·tion·ist** ⟨f1⟩ ⟨telb.zn.⟩ **0.1** ***contrarevolutionair.***
counterrevolutionary[2] ⟨f1⟩⟨bn.⟩ **0.1** ***contrarevolutionair.***
coun·ter·scarp ['kaʊntəskɑ:p‖'kaʊnṭərskɑrp]⟨telb.zn.⟩ **0.1** ***contrescarp*** ⟨v. vesting⟩.
'coun·ter·shaft ⟨telb.zn.⟩ **0.1** ***tussenas*** ⇒*overbrengas, transmissieas.*
'coun·ter·sign[1], ⟨in bet. 0.2 ook⟩ **'coun·ter·sig·na·ture** ⟨f1⟩ ⟨telb.zn.⟩ **0.1** ***wachtwoord*** ⇒*consigne, parool, geheim teken* **0.2** ***medeondertekening*** ⇒*contrasignatuur, contraseign* **0.3** ***herkenningsteken*** ⇒*identificatiemerk.*
countersign[2] ⟨f1⟩⟨ov.ww.⟩ **0.1** ***medeondertekenen*** ⇒*contrasigneren* **0.2** ***ratificeren*** ⇒*met zijn handtekening bekrachtigen.*
'coun·ter·sink[1] ⟨telb.zn.⟩ **0.1** ***verzinkboor*** ⇒*soevereinboor* **0.2** ***soeverein*** ⟨verzonken gat⟩.
'counter'sink[2] ⟨ov.ww.⟩ **0.1** ***soevereinen*** ⇒*opboren* ⟨gat⟩ **0.2** ***verzinken*** ⟨spijkers, schroeven⟩ ◆ **1.¶** countersunk screw *platkopschroef.*
'coun·ter·spy[1] ⟨telb.zn.⟩ **0.1** ***contraspion.***
counterspy[2] ⟨onov.ww.⟩ **0.1** ***contraspionage bedrijven*** ⇒*werken als contraspion.*
'coun·ter·strat·e·gy ⟨telb.zn.⟩ **0.1** ***concurrerende strategie.***
'coun·ter·stroke ⟨telb.zn.⟩ **0.1** ***tegenstoot*** ⇒*tegenzet.*
'coun·ter·ten·or ⟨telb.zn.⟩⟨muz.⟩ **0.1** ***contratenor*** ⇒*alt(us), mannelijke alt(stem), hoge tenor* **0.2** ***(zang)partij voor een mannelijke alt.***
'coun·ter'ter·ror·ist ⟨telb.zn.⟩ **0.1** ***anti-terrorist.***
coun·ter·vail ['kaʊntə'veɪl‖'kaʊnṭər-]⟨ww.⟩
I ⟨onov.ww.⟩ **0.1** ***een tegenwicht vormen*** ⇒*equivalent/gelijkwaardig zijn* ◆ **6.1** ~ **against** *opwegen tegen, staan tegenover;*
II ⟨ov.ww.⟩ **0.1** ***opwegen/opgewassen zijn tegen*** ⇒*compenseren, vereffenen, een tegenwicht vormen tegen, goedmaken.*
'coun·ter·value ⟨telb.zn.⟩ **0.1** ***tegenwaarde.***
'coun·ter'weigh ⟨ww.⟩
I ⟨onov.ww.⟩ **0.1** ***als tegenwicht dienen*** ⇒*een tegenwicht vormen;*
II ⟨ov.ww.⟩ **0.1** ***opwegen tegen*** ⇒*compenseren.*
'coun·ter·weight ⟨telb.zn.⟩ **0.1** ***tegen(ge)wicht.***
'counter word ⟨telb.zn.⟩ **0.1** ***cliché*** ⇒*afgezaagde term, geijkte uitdrukking, afgesleten/nietszeggend woord.*
'coun·ter·work[1] ⟨zn.⟩
I ⟨n.-telb.zn.⟩ **0.1** ***tegenwerking;***
II ⟨mv.; ~s⟩⟨mil.⟩ **0.1** ***tegenversterking*** ⇒*tegenwerk.*
counterwork[2] ⟨ov.ww.⟩ **0.1** ***tegenwerken.***
count·ess ['kaʊnṭɪs]⟨f2⟩⟨telb.zn.⟩ **0.1** ***gravin*** **0.2** ***gravin*** ⇒*echtgenote/weduwe v.e. graaf, douairière.*
'count·ing frame ⟨telb.zn.⟩ **0.1** ***telraam*** ⇒*abacus.*
'count·ing house ⟨telb.zn.⟩ **0.1** ***boekhoudafdeling*** ⇒*kantoor, rekenkamer.*
count·less ['kaʊntləs]⟨f2⟩⟨bn.⟩ **0.1** ***talloos*** ⇒*ontelbaar, oneindig.*
'count noun ⟨telb.zn.⟩⟨taalk.⟩ **0.1** ***telbaar naamwoord.***
'count 'off ⟨ov.ww.⟩ **0.1** ***aftellen*** ⇒*(al tellende) verdelen/afscheiden, afdelen* ◆ **1.1** he counted off ten men *hij wees tien man aan.*
'count 'out ⟨f1⟩⟨ov.ww.⟩⟨inf.⟩ **0.1** ***niet meetellen*** ⇒*afschrijven, terzijde schuiven* **0.2** ⟨bokssport⟩ ***uittellen*** **0.3** ***neertellen*** ◆ **1.2** ~ a fighter *een bokser uittellen* **1.3** ~ ten guilders *tien gulden uit/neertellen* **4.1** if it rains tonight you can count me out *als het vanavond regent moet je niet op me rekenen.*
coun·tri·fied, coun·try·fied ['kʌntrifaɪd]⟨bn.⟩ **0.1** ***boers*** ⟨vnl. pej.⟩ ⇒*plattelands, provinciaal, landelijk, dorps.*
coun·try ['kʌntri]⟨f4⟩⟨zn.; →mv. 2⟩⟨→sprw. 225, 252, 336, 580, 595, 616⟩
I ⟨telb.zn.⟩ **0.1** ***land*** ⇒*geboorteland, vaderland* **0.2** ***land*** ⇒*grondgebied, territorium, natie, rijk, staat* **0.3** ***landstreek*** ⇒*streek, regio* ◆ **3.1** return to the ~ *terugkeren in het land;*
II ⟨n.-telb.zn.⟩ **0.1** ***land*** ⇒*grond, terrein* **0.2** ***bouwland*** ⇒*weiland* **0.3** ⟨the; vaak attr.⟩ ***platteland*** ⇒*provincie, regio* **0.4** ⟨the⟩ ***land*** ⇒*bevolking, volk, volksgemeenschap* **0.5** ⟨vaak attr.⟩⟨muz.⟩ ***country-(and-western-)muziek*** ◆ **1.5** ~ and western *country and western* **3.¶** ⟨vnl. BE⟩ appeal/go to the ~ *(het parlement ontbinden en) verkiezingen uitschrijven;* ⟨AE; sl.⟩ go out in the ~ *iem. koud maken, iem. om zeep helpen* **6.3** **across** ~ *via de binnenwegen, over/door het platteland, binnendoor;* go for a day **in** the ~ *een dagje naar buiten/de stad uit gaan;* **up** ~ *landinwaarts, het binnenland in, op het platteland* **6.¶** **in** the ~ ⟨cricket⟩ *ver buiten het veld;* ⟨sport⟩ *ver buiten de lijnen, (hoog) de tribune in;*
III ⟨verz.n.⟩ **0.1** ***jury*** ◆ **6.1** put o.s. **(up)on** the ~ *jury rechtspraak eisen.*
'country 'bumpkin ⟨telb.zn.⟩ **0.1** ***boerenkinkel/pummel.***
'country club ⟨telb.zn.⟩ **0.1** ***buitensociëteit*** ⇒*sport-en-gezelligheidsclub (buiten de stad), golfclub, vrijetijdsclub, recreatiesociëteit.*
'country 'cousin ⟨telb.zn.⟩⟨pej.⟩ **0.1** ***provinciaal(tje)*** ⇒*boertje (van buiten), boerenkinkel, boerentrien.*
coun·try-dance ['-'-‖'--]⟨telb.zn.⟩ **0.1** ***contradans*** ⇒*volksdans* ⟨in paren⟩, *anglaise, écossaise.*
'coun·try·folk ⟨mv.⟩ **0.1** ***plattelanders*** ⇒*plattelandsmensen, buitenlui* **0.2** ***landgenoten.***
'country 'gentleman ⟨telb.zn.⟩ **0.1** ***landheer*** ⇒*grondeigenaar, landgoedbezitter, lid. v.d. landadel, landedelman, landjonker.*
'coun·try'house ⟨f1⟩⟨telb.zn.⟩ **0.1** ***landhuis*** ⇒*buitenplaats, buitenverblijf.*

coun·try·man ['kʌntrimən]⟨f2⟩⟨telb.zn.; countrymen; →mv. 3⟩ **0.1** ***landgenoot*** ⇒*landsman* **0.2** ***plattelander***.

'country music ⟨f1⟩⟨n.-telb.zn.⟩ **0.1** ***country(muziek)***.

'country party ⟨telb.zn.⟩⟨pol.⟩ **0.1** ***plattelandspartij*** ⇒*boerenpartij*, ⟨ong.⟩ *gemeentebelangen*.

'coun·try'seat ⟨telb.zn.⟩ **0.1** ***landhuis*** ⇒*buitenplaats, buitenverblijf*.

'coun·try·side ⟨f2⟩⟨n.-telb.zn.; the⟩ **0.1** ***platteland*** ⇒*landelijk gebied, provincie, regio* **0.2** ***plattelandsbevoking*** ◆ **6.1 in** the ~ *op het platteland, buiten*.

'coun·try·wide ⟨f1⟩⟨bn.⟩ **0.1** ***landelijk*** ⇒*nationaal, (verspreid) over / door het gehele land*.

'coun·try·wom·an ⟨telb.zn.⟩ **0.1** ***landgenote*** **0.2** ***plattelandse*** ⇒*plattelandsvrouw*.

'count (up)on ⟨onov.ww.⟩ **0.1** ***rekenen / vertrouwen op*** ◆ **1.1** can we ~ the neighbours to help? *kunnen we op de hulp v.d. buren rekenen?* **6.1** can I ~ you **for** a few pounds? *mag ik jou voor een paar pond intellen?*.

coun·ty ['kaʊnṭi]⟨f3⟩⟨telb.zn.; →mv. 2⟩ **0.1** ⟨BE⟩ ***graafschap*** ⇒*provincie, (bestuurlijk) district, gewest, county* **0.2** ⟨AE⟩ ***provincie*** ⇒*bestuurlijke onderverdeling v.e. staat, gewest, district, departement* **0.3** ***provinciale bevolking*** ⇒*districtsbevolking* ◆ **7.1** the Six Counties *de zes graafschappen v. Noord-Ierland*.

'county 'borough ⟨telb.zn.⟩⟨BE; gesch.⟩ **0.1** ***stad (met de status v. graafschap)***.

'county 'council ⟨f1⟩⟨verz.n.⟩⟨BE⟩ **0.1** ***graafschapsbestuur*** ⇒*provinciaal bestuur, districtsraad;* ⟨ong.⟩ *Provinciale Staten*.

'county 'court ⟨telb.zn.⟩⟨BE⟩ **0.1** ***districtsrechtbank*** ⇒⟨ong.⟩ *kantongerecht*.

'county 'cricket ⟨n.-telb.zn.⟩⟨BE⟩ **0.1** ***interprovinciaal cricket***.

'county 'family ⟨verz.n.⟩⟨BE⟩ **0.1** ***(voorname) plattelandsfamilie*** ⇒*plattelandsgeslacht*.

'county 'hall ⟨telb.zn.; vnl. C- H-⟩ **0.1** ***provinciehuis***.

'county 'school ⟨telb.zn.⟩⟨BE⟩ **0.1** ***openbare school*** ⟨gesubsidieerd door het graafschapsbestuur⟩.

'county 'seat ⟨telb.zn.⟩⟨AE⟩ **0.1** ***provinciehoofdstad*** ⇒*(districts) hoofdplaats*.

'county 'town ⟨telb.zn.⟩⟨BE⟩ **0.1** ***graafschapshoofdstad*** ⇒*(provincie)hoofdplaats*.

coup [ku:]⟨f1⟩⟨telb.zn.⟩⟨Fr.⟩ **0.1** ***slimme / goede zet*** ⇒*prestatie, succes, meesterzet* **0.2** ***staatsgreep*** ⇒*coup, putsch* ◆ **3.1** make / pull off a ~ *zijn slag slaan, (op een slimme manier) zijn doel bereiken, slagen*.

coup de fou·dre ['ku:də'fu:dr(ə)]⟨telb.zn.; coups de foudre ['ku:-]; →mv. 6⟩ **0.1** ***donderslag*** ⇒*coup de foudre;* ⟨fig.⟩ *toverslag, verbijsterende gebeurtenis,* ⟨i.h.b.⟩ *liefde op het eerste gezicht*.

coup de grâce ['ku:də'grɑ:s]⟨telb.zn.; coups de grâce [-'grɑ:s]; →mv. 6⟩ **0.1** ***genadeslag*** ⇒*genadeklap / schot, coup de grâce*.

coup de main ['ku:də'mɛ̃]⟨telb.zn.; coups de main ['ku:-]; →mv. 6⟩ **0.1** ***overrompelingsaanval*** ⇒*coup de main*.

coup de maî·tre ['ku:də'meɪtr(ə)]⟨telb.zn.; coups de maître ['ku:-]; →mv. 6⟩ **0.1** ***meesterzet*** ⇒*meesterstuk, coup de maître*.

coup d'état ['ku:deɪ'tɑ:]⟨f1⟩⟨telb.zn.; ook coups d'état [-'tɑ:]; →mv. 6⟩ **0.1** ***staatsgreep*** ⇒*coup (d'état), putsch*.

coup de thé·â·tre ['ku:də'teɪ'ɑ:tr(ə)]⟨telb.zn.; coups de théâtre ['ku:-]; →mv. 6⟩ **0.1** ***verrassende ommezwaai / wending*** ⇒*coup de théâtre*.

coup d'oeil ['ku:'dʌi]⟨telb.zn.; coups d'oeil ['ku:-]; →mv. 6⟩ **0.1** ***(vluchtige) blik*** ⇒*oogopslag, coup d'oeil*.

coupe [ku:p]⟨telb.zn.⟩ **0.1** ***sorbet*** ⇒*coupe ijs* **0.2** ***sorbetglas*** ⇒*(ijs) coupe* **0.3** ***coupé*** ⇒*tweedeurs(auto)*.

cou·pé ['ku:peɪ]⟨f1⟩⟨telb.zn.⟩ **0.1** ***coupé*** ⇒*tweedeurs(auto)* **0.2** ⟨gesch.⟩ ***coupé*** ⟨tweepersoons rijtuig⟩.

cou·pla ['kʌplə]⟨telb.zn.; geen mv.⟩⟨samentr. v. couple of⟩⟨BE; inf.⟩ **0.1** ***paar*** ⇒*stuk of twee*.

cou·ple[1] ['kʌpl]⟨f4⟩⟨zn.⟩

I ⟨telb.zn.⟩ **0.1** ***koppel*** ⇒*paar, duo, stel, span, tweetal* **0.2** ***(echt) paar*** ⇒*stel(letje)* **0.3** ⟨nat.⟩ ***koppel*** ⟨mbt. vectoren⟩ **0.4** ***koppeling*** ⇒*verbinding* **0.5** ***stel daksparren*** ◆ **6.1 in** ~s *twee aan twee, met zijn tweeën, in paren;* a ~ **of** *twee;* ⟨inf.⟩ *een paar, een stuk of twee / wat;*

II ⟨mv.; ~s⟩ **0.1** ***koppelband*** ⟨voor twee honden⟩.

couple[2] ⟨f2⟩⟨ww.⟩ →coupling

I ⟨onov.ww.⟩ **0.1** ***paren vormen*** ⇒*zich tot paren verenigen, paren* **0.2** ***paren*** ⇒*copuleren;*

II ⟨ov.ww.⟩ **0.1** ***(aaneen)koppelen*** ⇒*verenigen, verbinden, aanhaken* **0.2** ***twee aan twee opstellen*** ⇒*tot paren vormen, paren* **0.3** ***trouwen*** ⇒*in de echt verenigen* **0.4** ***(met elkaar) in verband brengen*** ⇒*associëren, gepaard laten gaan* ◆ **5.1** two more carriages were ~d **on** *er werden nog twee rijtuigen aangehaakt / aangekoppeld;* ~ **up** *aan elkaar koppelen* **6.4** for most people bullfighting is ~d **with** Spain *de meeste mensen associëren stierenvechten met Spanje / denken bij stierenvechten aan Spanje*.

cou·pler ['kʌplə‖-ər]⟨telb.zn.⟩ **0.1** ***koppelmechanisme*** ⇒⟨i.h.b.⟩ *(wagon)koppeling;* ⟨muz.⟩ *koppel(ing)* ⟨aan orgel⟩.

cou·plet ['kʌplɪt]⟨f1⟩⟨telb.zn.⟩ **0.1** ***(tweeregelige) strofe*** ⇒*(tweeregelig) couplet* ◆ **3.1** in rhyming ~ *in gepaard rijm*.

cou·pling ['kʌplɪŋ]⟨f1⟩⟨telb. en n.-telb.zn.; (oorspr.) gerund v. couple⟩ **0.1** ***koppeling*** ⇒*verbinding, koppelstuk* **0.2** ***paring*** ⇒*copulatie* **0.3** ⟨dierk.⟩ ***middenhand*** ⟨v. viervoeter, vooral paard⟩.

cou·pon ['ku:pɒn‖-pɑn, 'kju:-]⟨f2⟩⟨telb.zn.⟩ **0.1** ***bon*** ⇒*zegel, waardepunt, waardebon, distributiebon* **0.2** ***coupon*** **0.3** ***(toto-)formulier*** ◆ **6.2** ⟨geldw.⟩ ex ~ *ex coupon, zonder coupon / dividendbewijs*.

cour·age ['kʌrɪdʒ]⟨f3⟩⟨n.-telb.zn.⟩⟨→sprw. 103, 442⟩ **0.1** ***moed*** ⇒*dapperheid, durf, koelbloedigheid, onverschrokkenheid* ◆ **1.1** have the ~ of one's convictions *de moed hebben te handelen naar zijn overtuigingen;* take one's ~ in both hands *al zijn moed bij elkaar schrapen* **3.1** muster up / pluck up / take / summon up ~ *moed scheppen / vatten / verzamelen*.

cou·ra·geous [kə'reɪdʒəs]⟨f2⟩⟨bn.; -ly; -ness⟩ **0.1** ***moedig*** ⇒*dapper, koelbloedig, onverschrokken, onvervaard*.

cou·rante [kʊ'rɑ:nt]⟨telb.zn.⟩⟨dansk., muz.⟩ **0.1** ***courante***.

cour·gette [kʊə'ʒet‖kʊr-]⟨telb.zn.; cul. ook n.-telb.zn.⟩⟨vnl. BE⟩ ⟨cul., plantk.⟩ **0.1** ***courgette*** ⟨jonge pompoen, fam. Cucurbitaceae⟩.

cou·ri·er ['kʊrɪə‖-ər]⟨f1⟩⟨telb.zn.⟩ **0.1** ***koerier*** ⇒*bode, ijlbode, renbode, boodschapper* **0.2** ***reisgids*** ⇒*reisleider*.

cour·lan ['kʊələn‖'kʊr-]⟨telb.zn.⟩⟨dierk.⟩ **0.1** ***koerlan*** ⟨vogel; Aramus guarauna⟩.

course[1] [kɔ:s‖kɔrs]⟨f4⟩⟨telb.zn.⟩ **0.1** ***loop*** ⇒*(voort)gang, duur* **0.2** ***koers*** ⇒*richting, route, baan* **0.3** ***manier*** ⇒*weg, (gedrags)lijn* **0.4** ***cursus*** ⇒*curriculum* **0.5** ***cyclus*** ⇒*opeenvolging, reeks, serie* **0.6** ⟨sport⟩ ***baan*** **0.7** ⟨cul.⟩ ***gang*** **0.8** ⟨med.⟩ ***kuur*** **0.9** ⟨bouwk.⟩ ***(metsel)laag*** **0.10** ⟨scheep.⟩ ***onderzeil*** ⇒*onderkruiszeil, grootondermarszeil, voorondermarszeil, bagijnezeil* **0.11** ***lange jacht*** ⇒*windhondenjacht* ◆ **1.1** a bridge in ~ of construction *een brug in aanbouw;* the ~ of events *de loop der gebeurtenissen;* in the ~ of nature, in the ordinary ~ of events *normaliter, normaal gesproken, gewoonlijk;* the river has changed its ~ *de rivier heeft zijn loop / bedding verlegd* **1.3** there was no other ~ of action open to us *er stond ons geen andere weg open* **1.5** ~ of lectures *lezingencyclus* **1.8** ~ of drugs *geneesmiddelenkuur* **1.¶** ~ of exchange *wisselkoers* **2.3** evil ~s *slecht gedrag, wangedrag* **2.4** an English ~ *een cursus Engels* **3.1** run / take its ~ *zijn beloop hebben, (natuurlijk) verlopen;* your illness must run its ~ *je ziekte moet zijn normale verloop hebben, je zal het moeten uitzieken;* the law must take its ~ *het recht moet zijn loop hebben* **3.2** shape one's ~ for home *op huis aan gaan;* stay the ~ *stug doorzetten, tot het eind toe volhouden* **6.1 in** the ~ **of** *in de loop van, gedurende;* **in** (the) ~ **of** time *op den duur, in de loop der jaren, mettertijd, te zijnertijd* **6.2 off** ~ *uit de koers;* **on** ~ *op koers* **6.¶ of** ~ *natuurlijk, uiteraard, vanzelfsprekend, allicht* **¶.¶** ⟨verk. v. of course⟩ ⟨inf.⟩ ~! *tuurlijk!, vanzelf!*.

course[2] ⟨ww.⟩ →coursing

I ⟨onov.ww.⟩ **0.1** ***stromen*** ⇒*sijpelen, biggelen, vloeien* **0.2** ***koersen*** ⇒*koers zetten* **0.3** ***snellen*** ⇒*rennen, ijlen* **0.4** ***op jacht gaan / jagen met honden;***

II ⟨ov.ww.⟩ **0.1** ***met honden jagen op*** ⟨i.h.b. hazen⟩ **0.2** ***jagen met*** ⟨honden⟩ ⇒*laten jagen op* ⟨i.h.b. honden, op hazen⟩ **0.3** ***jagen / snellen / ijlen over***.

'course judge ⟨telb.zn.⟩⟨sport, i.h.b. paardesport⟩ **0.1** ***baanrechter*** ⇒*baancommissaris*.

cours·er ['kɔ:sə‖'kɔrsər]⟨telb.zn.⟩ **0.1** ***jachthond*** ⟨die zijn gezichtsvermogen gebruikt i.p.v. de reukzin⟩ ⇒*lange hond, (haze)windhond* **0.2** ⟨schr.⟩ ***snel paard*** ⇒*ros* **0.3** ⟨dierk.⟩ ***renvogel*** ⟨Cursorius cursorius⟩.

'course·ware ⟨n.-telb.zn.⟩⟨comp.⟩ **0.1** ***educatieve / didactische software*** ⇒*courseware*.

cours·ing ['kɔ:sɪŋ‖'kɔr-]⟨n.-telb.zn.; gerund v. course⟩ **0.1** ***hazen / konijnenjacht met windhonden*** ⇒*lange jacht, coursing*.

court[1] [kɔ:t‖kɔrt]⟨f4⟩⟨telb. en n.-telb.zn.⟩ **0.1** ***rechtbank*** ⇒*gerechtsgebouw / zaal, (gerechts)hof, gerecht, tribunaal, rechtscollege* **0.2** ***rechtszitting*** **0.3** ***hof*** ⇒*koninklijk paleis, hofhouding, gevolg, (vergadering v.h.) Kabinet des Konings, kabinetsraad* **0.4** ⟨sport⟩ ***(tennis)baan*** ⇒*veld, terrein, helft / vak v. (tennis)baan* **0.5** ⟨ben. voor⟩ ***(gedeeltelijk / geheel) omsloten ruimte*** ⇒*(licht)hal; cour, koer; binnenhof / plaats; slop, doodlopend steegje, cul-de-sac, keerweer* **0.6** ***directieraad*** ⇒*college (v. bestuur), loge* ◆ **1.1** Court of Appeal(s) *appèlrechter, hof v. appèl / beroep, raad v. beroep;* Court of Arches *geestelijk hof van appèl (v.d. aartsbisschop van Canterbury);* Court of Cassation *hof v. cassatie;* ~ of chancery / conscience / equity *hof dat geschillen behandelt waarin de geschreven wet niet voorziet;* Court of Claims *federaal hof dat*

,,*AROB*" *klachten behandelt, bestuursrechtelijk hof* ⟨in de U.S.A.⟩; ⟨BE; gesch.⟩ Court of Exchequer *fiscale rechtbank;* ~ of honour *ereraad;* ~ of inquiry *gerechtelijke commissie v. onderzoek, rechter(s) v. onderzoek;* ~ of first instance *rechtbank v. eerste aanleg;* ~ of justice *gerechtshof;* ⟨BE; gesch.⟩ Court of King's/Queen's Bench *Engels hooggerechtshof;* ~ of law *rechtbank;* Court of Probate *hof voor de verificatie v. testamenten;* Court of Protection *hof belast met bescherming v. geestelijk gestoorden;* ~ of record *rechtscheppend hof* ⟨waarvan de handelingen bewaard blijven⟩; Court of Review *hof v. cassatie;* Court of Session *(Schots) civiel hooggerechtshof* **1.3** Court of St. James's *het kabinet v. St.-James, de Engelse regering, het Britse hof* **2.2** in open ~ *in openbare rechtszitting* **3.1** go to ~ *naar de rechter stappen, gerechtelijke actie/stappen ondernemen;* settle out of ~ *in der minne/buiten de rechter om schikken* ⟨geschil⟩; take s.o. to ~ *iem. voor de rechter/rechtbank dagen/slepen, een proces/zaak tegen iem. aanspannen/aanhangig maken* **3.3** hold ~ *hof houden, 'jour' houden;* be presented at ~ *aan het hof/ten hove gepresenteerd worden* **3.¶** laugh s.o./sth. out of ~ *iem./iets weghonen;* pay ~ to s.o. *iem. het hof maken, iem. vleien, iem. naar de ogen zien;* rule/put out of ~ *uitsluiten* ⟨getuige, bewijsmateriaal; ook fig.⟩; ⟨fig.⟩ *iets/iem. totaal geen kans geven;* rule sth. out of ~ *iets verwerpen, iets als irrelevant terzijde schuiven* **6.4 out of** ~ *buiten het veld/de baan.*

court[2] ⟨f2⟩ ⟨ww.⟩

I ⟨onov.ww.⟩ **0.1** ***verkering hebben*** ⇒*vrijen, met elkaar lopen/gaan* ◆ **1.1** ~ing couples in a park *vrijende paartjes in een park;*
II ⟨ov.ww.⟩ **0.1** ***vleien*** ⇒*in de gunst trachten te komen bij, naar de ogen zien, pluimstrijken* **0.2** ***het hof maken*** ⇒*dingen naar de hand van, vrijen met* **0.3** ***(trachten te) winnen*** ⇒*zoeken, streven naar, (proberen te) verwerven, hengelen naar* **0.4** ***flirten met*** ⇒*solliciteren naar, zich inlaten met, vragen om, uitlokken* ◆ **1.3** an entertainer ~ing applause *een artiest die hengelt naar/uit is op applaus.*

court bouillon ['kʊə bu:'jɔ:n‖'kʊr 'bu:jɑn] ⟨telb. en n.-telb.zn.⟩ ⟨cul.⟩ **0.1** ***court bouillon*** ⇒*viskooknat* ⟨met wijn en kruiden⟩.

'court card ⟨telb.zn.⟩ ⟨kaartspel⟩ **0.1** ***honneur*** ⇒*plaatje, pop* ⟨minus aas⟩.

'court circular ⟨telb.zn.⟩ **0.1** ***(dagelijkse) hofkroniek (in een krant)*** ⇒*hofberichten/nieuws* ⟨in Engeland⟩.

'court cupboard ⟨telb.zn.⟩ **0.1** ***court cupboard*** ⟨dressoirachtig credens⟩.

'court day ⟨telb.zn.⟩ **0.1** ***zittingsdag*** ⟨v. rechtbank⟩.

'court 'dress ⟨telb. en n.-telb.zn.⟩ **0.1** ***gala*** ⇒*galagewaad/kleding/kostuum/rok.*

cour·te·ous ['kɜ:tɪəs‖'kɜrt̬ɪəs] ⟨f2⟩ ⟨bn.; -ly; -ness⟩ **0.1** ***hoffelijk*** ⇒*beleefd, wellevend, voorkomend, welgemanierd.*

cour·te·san, cour·te·zan ['kɔ:tɪ'zæn‖'kɔrt̬ɪzən] ⟨telb.zn.⟩ **0.1** ***courtisane.***

cour·te·sy ['kɜ:tɪsi‖'kɜrt̬ɪsi] ⟨f2⟩ ⟨zn.; →mv. 2⟩ ⟨→sprw. 89, 214⟩
I ⟨telb.zn.⟩ **0.1** ***beleefdheid*** ⇒*beleefdheidsbetuiging, compliment, gunst, beleefde opmerking* **0.2** ⟨vero.⟩ ***reverence*** ⇒*nijging, buiging;*
II ⟨n.-telb.zn.⟩ **0.1** ***hoffelijkheid*** ⇒*beleefdheid, wellevendheid, voorkomendheid, welgemanierdheid* ◆ **6.1 by** ~ *hoffelijkheidshalve, als gunst* ⟨niet rechtens⟩; **by** ~ **of** *welwillend ter beschikking gesteld door, met toestemming van.*

'courtesy call ⟨f1⟩ ⟨telb.zn.⟩ **0.1** ***beleefdheidsbezoek.***

'courtesy light ⟨telb.zn.⟩ **0.1** ***portierlampje/licht*** ⇒*binnenverlichting* ⟨in auto⟩.

'courtesy title ⟨telb.zn.⟩ **0.1** ***beleefdheidstitel*** ⇒*eretitel* ⟨in Engeland⟩.

'courtesy van ⟨telb.zn.⟩ **0.1** ***hotelbusje*** ⇒*dienstbusje* ⟨voor gratis vervoer v. gasten⟩.

'court game ⟨telb.zn.⟩ ⟨sport⟩ **0.1** ***zaalsport*** ⇒*indoorsport, binnensport.*

'court guide ⟨telb.zn.⟩ **0.1** ***lijst v. ten hove gepresenteerde personen*** ⇒*lijst v. 'society' mensen* ⟨in Engeland⟩.

'court hand ⟨n.-telb.zn.⟩ ⟨gesch.⟩ **0.1** ***court hand*** ⟨schrift in documenten⟩ ⇒⟨ong.⟩ *kanselarijschrift.*

'court handball ⟨n.-telb.zn.⟩ ⟨sport⟩ **0.1** ***baanhandbal*** ⟨indoorkaatsbalspel in Amerika⟩.

'court·house ⟨f1⟩ ⟨telb.zn.⟩ **0.1** ***gerechtsgebouw*** ⇒*(gebouw v.e.) rechtbank* **0.2** ⟨AE⟩ ***provinciehuis.***

court·i·er ['kɔ:tɪə‖'kɔrt̬ɪər] ⟨f1⟩ ⟨telb.zn.⟩ **0.1** ***hoveling(e)*** ⟨ook pej.⟩.

court-leet ['kɔ:tli:t‖'kɔrt-] ⟨telb.zn.⟩ ⟨gesch., jur.⟩ **0.1** ***ambachtsheerlijke rechtbank*** ⟨in Engeland⟩.

court·ly ['kɔ:tli‖'kɔrtli] ⟨f1⟩ ⟨bn.; -er; -ness; →bijw. 3⟩ **0.1** ***hoofs*** ⇒*verfijnd, elegant* **0.2** ***welgemanierd*** ⇒*beleefd, hoffelijk* **0.3** ***vleierig*** ⇒*onderdanig, nederig, kruiperig* ◆ **1.1** ~ love *hoofse liefde.*

court-mar·tial[1] ['kɔ:t'mɑ:ʃl‖'kɔrt'mɑrʃl] ⟨f1⟩ ⟨telb.zn.; ook courts-martial; →mv. 6⟩ **0.1** ***krijgsraad*** ⇒*(hoog) militair gerechtshof* **0.2** ***zitting v.e. krijgsraad/militair gerechtshof.***

court-martial[2] ⟨f1⟩ ⟨ov.ww.⟩ **0.1** ***voor een krijgsraad berechten/brengen.***

'court plaster ⟨telb.zn.⟩ **0.1** ***(wond)pleister.***

Cour·trai ['kʊətreɪ‖kʊr'treɪ] ⟨eig.n.⟩ **0.1** ***Kortrijk.***

'court roll ⟨telb.zn.⟩ **0.1** ***pachtregister.***

'court·room ⟨f1⟩ ⟨telb.zn.⟩ **0.1** ***rechtszaal.***

court·ship ['kɔ:tʃɪp‖'kɔrt-] ⟨f1⟩ ⟨zn.⟩
I ⟨telb.zn.⟩ **0.1** ***verkering*** ⇒*verkeringstijd, engagement, verloving;*
II ⟨n.-telb.zn.⟩ **0.1** ***het hofmaken*** ⇒*vrijage* **0.2** ***gunstbejag*** ⇒*pluimstrijkerij, geflirt* **0.3** ⟨dierk.⟩ ***balts*** ⇒*balderen, bronst.*

'court shoe ⟨telb.zn.⟩ ⟨BE⟩ **0.1** ***pump*** ⟨hooggehakte damesschoen⟩.

'court 'tennis ⟨n.-telb.zn.⟩ ⟨AE; sport, gesch.⟩ **0.1** ***real tennis*** ⟨tennisspel op (ommuurde) baan⟩.

'court·yard ⟨f2⟩ ⟨telb.zn.⟩ **0.1** ***binnenhof*** ⇒*binnenplaats, plein.*

cous·cous ['ku:sku:s] ⟨telb. en n.-telb.zn.⟩ ⟨cul.⟩ **0.1** ***koeskoes.***

cous·in ['kʌzn] ⟨f3⟩ ⟨telb.zn.⟩ **0.1** ***neef/nicht*** ⇒*dochter/zoon v. tante/oom* **0.2** ***verwant*** ⇒*verwante taalgroep/bevolkingsgroep* ⟨enz.⟩ **0.3** ⟨gesch.⟩ ***cousin*** ⟨aanspreekvorm onder vorsten of van edellieden door hun vorst⟩ **0.4** ⟨AE; honkbal⟩ ***eitje*** ⇒*makkie* ⟨makkelijke tegenstander⟩ **0.5** ⟨AE; inf.⟩ ***dupe*** ⇒*slachtoffer* **0.6** ***boezemvriend*** ⇒*kameraad* ◆ **3.¶** ⟨sl.⟩ kissing ~ *maat(je), boezemvriend(in); (geheime) geliefde; evenbeeld* **7.1** first ~ *volle neef/nicht* ⟨fig.⟩ *nauwe verwante;* first ~ once removed *achterneef/nicht, neefs/nichtsdochter/zoon, neef/nicht in de tweede graad* ⟨kind v.e. volle neef/nicht⟩; first ~ twice removed *achterachterneef/nicht, neef/nicht in de derde graad* ⟨kleinkind v. volle neef/nicht⟩; second ~ *achterneef/nicht, verre neef/nicht* ⟨kinderen v. volle neven/nichten t.o.v. elkaar⟩; second ~ once removed *achterachterneef/nicht, verre neef/nicht, neef/nicht in de derde graad* ⟨kind v. 'second cousin'⟩; third ~ *achterachterneef/nicht.*

cous·in-ger·man ['kʌzn'dʒɜ:mən‖-'dʒɜr-] ⟨bn.; cousins-german; →mv. 6⟩ **0.1** ***volle neef/nicht.***

cous·in·hood ['kʌznhʊd], **cous·in·ship** [-ʃɪp] ⟨n.-telb.zn.⟩ **0.1** ***neef/nichtschap*** ⇒*neven/nichten-relatie* **0.2** ***gezamenlijke verwanten.***

cous·in·ly ['kʌznli] ⟨bn.⟩ **0.1** ***(als) v.e. neef/nicht*** ⇒*neef-, neven-, nicht-, nichten-, zoals in een neven/nichtenrelatie.*

couth [ku:θ] ⟨bn.⟩ **0.1** ***welgemanierd*** ⇒*beschaafd, verfijnd;* ⟨soms scherts. tgo. 'uncouth'⟩ *gelikt, beschoft.*

cou·thie, cou·thy [ku:θi] ⟨bn.⟩ ⟨Sch. E⟩ **0.1** ***vriendelijk*** ⇒*aardig* **0.2** ***knus*** ⇒*gezellig.*

cou·ture [ku:'tjʊə‖-'tʊr] ⟨n.-telb.zn.⟩ **0.1** ***couture*** ⇒*haute-couture, het kostuumnaaien, het modeontwerpen, de modewereld.*

cou·tu·rier [ku:'tjʊərieɪ‖-'tʊrɪər] ⟨telb.zn.⟩ **0.1** ***couturier*** ⇒*modeontwerper, modehuis.*

cou·vade [kʊ'vɑ:d‖-'veɪd] ⟨n.-telb.zn.⟩ **0.1** ***couvade*** ⇒*mannenkraambed* ⟨primitief, ter afzwering v. boze geesten⟩.

cou·vert ['ku:veə‖ku:'ver] ⟨telb.zn.⟩ **0.1** ***couvert*** ⟨eetgerei⟩.

cou·ver·ture ['ku:vətjʊə‖-vərtjʊr] ⟨n.-telb.zn.⟩ ⟨cul.⟩ **0.1** ***couverture(chocolade)*** ⇒*banketbakkerschocolade.*

couz·ie, couz·y ['ku:zi] ⟨telb.zn.; →mv. 2⟩ ⟨AE; inf.⟩ **0.1** ***meisje*** ⇒*grietje.*

co·va·lence ['koʊ'veɪləns], **co·va·len·cy** [-lənsi] ⟨n.-telb.zn.⟩ ⟨schei.⟩ **0.1** ***covalentie*** ⇒*bindingswaardigheid.*

co·va·lent ['koʊ'vælənt] ⟨bn.; -ly⟩ ⟨schei.⟩ **0.1** ***covalent*** ◆ **1.1** ~ bond *atoombinding, covalente binding.*

co·var·i·ance ['koʊ'veərɪəns‖-'ver-] ⟨n.-telb.zn.⟩ ⟨stat.⟩ **0.1** ***covariantie.***

co·var·i·ant ['koʊ'veərɪənt‖-'ver-] ⟨bn.⟩ ⟨nat.⟩ **0.1** ***covariant.***

cove[1] [koʊv] ⟨f1⟩ ⟨telb.zn.⟩ **0.1** ***inham*** ⇒*kleine baai, kreek* **0.2** ***beschutte plek*** ⇒*(beschutte) inham/nis/grot/holte* **0.3** ⟨bouwk.⟩ ***holle kroonlijst*** ⇒*verwulfd uitsteek* **0.4** ⟨vero.; BE; sl.⟩ ***vent*** ⇒*figuur, kwibus, kwast.*

cove[2] ⟨ov.ww.⟩ →coving **0.1** ***doen verwelven/verwulven*** ⇒*een holle kroonlijst aanbrengen op* ⟨de verbinding v. wand en plafond⟩ **0.2** ***schuin naar binnen laten lopen*** ⟨de zijden v.e. haard⟩.

co·vel·lite [koʊ'velaɪt] ⟨n.-telb.zn.⟩ ⟨schei.⟩ **0.1** ***covellien*** ⇒*covelliet.*

cov·en [kʌvn] ⟨telb.zn.⟩ **0.1** ***heksensamenkomst.***

cov·e·nant[1] ['kʌvnənt] ⟨f2⟩ ⟨telb.zn.⟩ **0.1** ***overeenkomst*** ⇒*verdrag, verbond, (plechtige) afspraak, convenant, beding, (clausule in een) bindend contract* **0.2** ***schenkingsbelofte*** ⟨mbt. regelmatige donaties aan kerk, e.d.⟩ **0.3** ⟨bijb.⟩ ***verbond*** ◆ **2.1** ⟨gesch.⟩ National Covenant *Nationale Covenant* ⟨v. 1638; beweging in Schotland ter verdediging v.h. presbyterianisme⟩.

covenant[2] ⟨f1⟩ ⟨ww.⟩ →covenanted
I ⟨onov.ww.⟩ **0.1** ***een overeenkomst aangaan*** ⇒*een verdrag/ver-*

bond/convenant sluiten;
II ⟨ov.ww.⟩ **0.1** ***schriftelijk beloven*** ⇒*overeenkomen, zich verbinden tot.*

cov·e·nant·ed [ˈkʌvnəntɪd‖ˈkʌvənænt̬ɪd]⟨bn.; volt. deelw. v. covenant⟩ **0.1** ***contractgebonden*** ⇒*gehouden aan een overeenkomst/verbond/convenant.*

cov·e·nant·ee [ˈkʌvənænˈtiː]⟨telb.zn.⟩ **0.1** ***begunstigde*** ⟨degene aan wie iets per overeenkomst/convenant wordt beloofd⟩.

cov·e·nant·er [ˈkʌvnəntə‖ˈkʌvənænt̬ər]⟨telb.zn.⟩ **0.1** ***verbondene*** ⇒*sluiter v.e. overeenkomst/contract/verbond/convenant* **0.2** ⟨C-⟩⟨gesch.⟩ ***Covenanter*** ⟨aanhanger v.h. National Covenant of de Solemn League and Covenant⟩.

cov·e·nant·or [ˈkʌvnəntə‖ˈkʌvənænt̬ər]⟨telb.zn.⟩ **0.1** ***verbondene*** ⟨degene die per overeenkomst/convenant iets op zich neemt⟩.

Cov·en·try [ˈkɒvntri, ˈkʌv-‖ˈkʌ-, ˈkɑ-]⟨eig.n.⟩ **0.1** ***Coventry*** ◆ **3.¶** send s.o. to ~ *iem. links laten liggen/boycotten/uitstoten/mijden.*

cov·er[1] [ˈkʌvə‖-ər]⟨f3⟩⟨zn.⟩
I ⟨telb.zn.⟩ **0.1** ***bedekking*** ⇒*dek(kleed), hoes, overtrek, foedraal, deken, buitenbekleding* **0.2** ***deksel*** ⇒*klep, lid, afsluiting, stolp* **0.3** ***omslag*** ⇒*stofomslag, cover, boekband, boekbord, boekplat, dekblad* **0.4** ***enveloppe*** ⇒*briefomslag, couvert;* ⟨filatelie⟩ *eerste dag-envelop/uitgave* **0.5** ***couvert*** ⇒*mes en vork* **0.6** ***(loopvlak v.) buitenband*** **0.7** ***invaller*** ⇒*vervanger* **0.8** →cover charge **0.9** →cover point **0.10** →cover version ◆ **6.3** read a book **from** ~ **to** ~ *een boek v. begin tot eind lezen/helemaal uitlezen* **6.4** **under** ~ *in een envelop/omslag; in/bijgesloten, bijgaand, in bijlage;*
II ⟨telb. en n.-telb.zn.⟩ **0.1** ***dekmantel*** ⇒*voorwendsel, mom* ◆ **6.1** **under** ~ of friendship *onder het mom v. vriendschap;*
III ⟨n.-telb.zn.⟩ **0.1** ***dekking*** ⟨ook sport⟩ ⇒*beschutting, schuilplaats, struikgewas, begroeiing,* ⟨voetbal⟩ *rugdekking* **0.2** ***dekking*** ⟨vnl. verz.⟩ ⇒*verzekering, garantie, dekkingsfonds, (waar) borg* **0.3** ⟨the⟩ ***plantendek*** ⇒*vegetatie(dek), flora* ◆ **3.1** break ~ *uit zijn dekking te voorschijn komen, uit zijn schuilplaats komen;* the plain provided no ~ for the troops *in de vlakte konden de soldaten geen dekking vinden;* take ~ *dekking zoeken, (gaan) schuilen* **6.1** **under** ~ *bedekt, heimelijk, in het geheim; gedekt, verborgen, beschut, schuil* **6.2** this policy provides ~ **against** burglary *deze polis biedt dekking tegen inbraak;*
IV ⟨mv.; ~s⟩ **0.1** ***dekens*** ⇒*dekbed* **0.2** ⟨cricket⟩ ***cover(s)*** ⟨veldsector die een rechthoek vormt op de pitch aan de off-side en loopt tot halverwege de boundary⟩.

cover[2] ⟨f4⟩⟨ww.⟩ →covering ⟨→sprw. 75⟩
I ⟨onov.ww.⟩⟨inf.⟩ **0.1** ***invallen*** ⇒*vervangen* ◆ **5.¶** →cover **up** **6.1** when I am ill, he usually ~s **for** me *als ik ziek ben valt hij doorgaans voor me in;*
II ⟨ov.ww.⟩ **0.1** ***bedekken*** ⇒*overtrekken, overdekken, uitspreiden over, verbergen* **0.2** ***beslaan*** ⇒*omvatten, innemen, bestrijken, zich uitstrekken over* **0.3** ***afleggen*** ⟨afstand⟩ **0.4** ***bewaken*** **0.5** ***verslaan*** ⇒*rapporteren, verslag uitbrengen over/van* **0.6** ***dekken*** ⇒*verzekeren* **0.7** ***dekken*** ⇒*bescherming/ruggesteun/een alibi geven, ondersteunen, begeleiden* **0.8** ***onder schot houden*** ⇒*in bedwang houden* **0.9** ***beheersen*** ⇒*controleren, bestrijken* **0.10** ⟨sport⟩ ***dekken*** ⇒*bewaken,* ⟨voetbal ook⟩ *rugdekking geven* ⟨teamgenoot⟩ **0.11** ⟨muz.⟩ ***coveren*** ⇒*een coverversie maken van* **0.12** ***dekken*** ⇒*paren met, bespringen* **0.13** ***uitbroeden*** ◆ **1.1** dust ~ed the furniture *er lag stof op het meubilair;* a ~ed wagon *een huifkar* **1.2** the law can't ~ all crimes *de wet kan niet voorzien in alle misdaden;* his speech ~ed the genesis of our planet *zijn rede behandelde het ontstaan van onze planeet* **1.6** we won't be able to ~ our expenses this year *we zullen dit jaar onze onkosten niet kunnen dekken* **1.7** a ~ing letter/note *een begeleidend schrijven* **1.9** from this point an enemy can ~ the whole valley *vanaf dit punt kan een vijand de hele vallei bestrijken* **3.8** keep them ~ed! *hou ze onder schot!* **4.6** ~ o.s *zich indekken/beschermen* **5.1** ~ **in** *van een dak voorzien, overdekken;* ~ **in** a grave *een graf dichten* **5.¶** →cover **up** **6.1** ~ **over** *bedekken;* he was ~ed **in/with** blood *hij zat ónder het bloed;* ~ed **in/with** shame he turned away *overweldigd door schaamte wendde hij zich af;* ~ed **with** fame he returned to his country *met roem beladen keerde hij terug naar zijn land* **6.6** we aren't ~ed **against** fire *we zijn niet tegen brand verzekerd* **6.7** ~ed **from** behind *met rugdekking, in de rug gedekt.*

cov·er·age [ˈkʌvrɪdʒ]⟨f2⟩⟨telb. en n.-telb.zn.⟩ **0.1** ***dekking*** ⟨ook verz.⟩ ⇒*verzekerd bedrag/risico, dekkingsbedrag* **0.2** ***berichtgeving*** ⇒*verslag(geving), publiciteit* **0.3** ***bereik*** ⇒*bestrijkings/verbreidingsgebied.*

cov·er·all [ˈkʌvərɔːl]⟨zn.⟩
I ⟨telb.zn.⟩ **0.1** ***overtrek*** ⇒*hoes;*
II ⟨mv.; ~s⟩ **0.1** ***overal(l).***

ˈcover charge ⟨f1⟩⟨telb. en n.-telb.zn.⟩ **0.1** ***couvert(kosten)*** ⟨eerste aanslag in restaurant, nachtclub, e.d.⟩.

ˈcover crop ⟨telb. en n.-telb.zn.⟩ **0.1** ***groenbemestingsgewas.***

ˈcover drive ⟨telb.zn.⟩⟨cricket⟩ **0.1** ***cover drive*** ⇒⟨ong.⟩ *aanvallende slag in de off.*

cov·ered-in [ˈkʌvəd ˈɪn‖-vərd-]⟨bn.⟩ **0.1** ***overdekt*** ⟨terras⟩.

cov·er·er [ˈkʌvrə‖-ər]⟨telb.zn.⟩ **0.1** ***inpakker/ster.***

ˈcover girl ⟨f1⟩⟨telb.zn.⟩ **0.1** ***covergirl*** ⇒*omslagmeisje, hoezepoes.*

ˈcover glass, ˈcover slip ⟨telb.zn.⟩ **0.1** ***dekglaasje*** ⟨v. microscoop⟩.

cov·er·ing [ˈkʌvrɪŋ]⟨f1⟩⟨telb. en n.-telb.zn.; gerund v. cover⟩ **0.1** ***bedekking*** ⇒*dek, dekkleed, dekzeil, foedraal, hoes.*

cov·er·let [ˈkʌvəlɪt‖-vər-], **cov·er·lid** [-lɪd]⟨f1⟩⟨telb.zn.⟩ **0.1** ***(bedde) sprei.***

ˈcover note ⟨telb.zn.⟩ **0.1** ***sluitnota*** ⇒*voorlopige polis* ⟨bij verzekering⟩.

ˈcover point ⟨telb. en n.-telb.zn.⟩⟨cricket⟩ **0.1** ***cover point*** ⇒⟨ong.⟩ *korte-stoppositie in de off, korte stop.*

ˈcover price ⟨telb.zn.⟩ **0.1** ***prijs op omslag*** ⇒*officiële prijs, prijs v. los(se) nummer(s).*

ˈcover story ⟨f1⟩⟨telb.zn.⟩ **0.1** ***coverstory*** ⇒*coverartikel, omslagartikel, omslagverhaal, voorpagina-artikel, hoofdartikel.*

cov·ert[1] [ˈkʌvə(t)‖-vərt]⟨f1⟩⟨zn.⟩
I ⟨telb.zn.⟩ **0.1** ***dek*** ⇒*bedekking* **0.2** ***beschutte plaats*** ⇒*schuilplaats* **0.3** ***kreupelbos*** ⇒*kreupelhout, akkermaalshout, ondergroei, onderhout, ruigte* **0.4** ⟨dierk.⟩ ***(vleugel)dekveer*** ⇒*tectrix* ◆ **3.3** draw a ~ *het kreupelhout uitkammen (op wild), het wild uit het hout drijven;*
II ⟨n.-telb.zn.⟩ **0.1** →covert cloth.

covert[2] [ˈkʌvət‖ˈkouvərt]⟨f1⟩⟨bn.; -ly; -ness⟩ **0.1** ***verscholen*** ⇒*beschut, verstopt, verborgen* **0.2** ***bedekt*** ⇒*heimelijk, geheim, steels; illegaal, clandestien* ◆ **1.2** ~ action/operation *geheime/clandestiene actie/operatie* **1.¶** ⟨jur.⟩ femme ~ *gehuwde vrouw.*

ˈcovert ˈcloth ⟨n.-telb.zn.⟩⟨conf.⟩ **0.1** ***covercoat.***

ˈcovert ˈcoat ⟨telb.zn.⟩ **0.1** ***jagers/ruiterjasje.***

ˈcover term ⟨telb.zn.⟩ **0.1** ***algemene term.***

cov·er·ture [ˈkʌvətʃʊə‖ˈkʌvərtʃʊr]⟨zn.⟩
I ⟨telb.zn.⟩ **0.1** ***bedekking*** ⇒*dek, beschutting, overtrek, afdekking, overkapping, overdekking;*
II ⟨n.-telb.zn.⟩⟨jur.⟩ **0.1** ***het gehuwd zijn*** ⟨v.e. vrouw⟩ ⇒*huwelijkse staat.*

ˈcover ˈup ⟨f1⟩⟨ww.⟩
I ⟨onov.ww.⟩ **0.1** ***een alibi verstrekken*** ⇒*dekking geven* ◆ **6.1** these doctors are covering up **for** each other *die artsen dekken elkaar;*
II ⟨ov.ww.⟩ **0.1** ***verdoezelen*** ⇒*wegmoffelen, verhullen, verheimelijken, toedekken* **0.2** ***toedekken*** ⇒*inwikkelen* ◆ **1.1** ~ one's tracks *zijn sporen uitwissen.*

ˈcov·er-up ⟨f1⟩⟨telb.zn.⟩ **0.1** ***doofpotaffaire*** **0.2** ***dekmantel*** ⇒*alibi, verheimelijking.*

ˈcover version ⟨telb.zn.⟩⟨muz.⟩ **0.1** ***nieuwe versie/uitvoering*** ⟨v. bestaand nummer⟩ ⇒*cover (versie), bewerking.*

cov·et [ˈkʌvɪt]⟨f2⟩⟨ov.ww.⟩ **0.1** ***begeren*** ⇒*hunkeren/smachten/snakken naar, zijn zinnen zetten op.*

cov·et·a·ble [ˈkʌvɪt̬əbl]⟨bn.⟩ **0.1** ***begeerlijk*** ⇒*begerenswaardig, verlokkend.*

cov·et·ous [ˈkʌvɪt̬əs]⟨bn.; -ly; -ness⟩ **0.1** ***begerig*** ⇒*inhalig, hebzuchtig* ◆ **6.1** ~ **of** learning *leergierig.*

cov·ey [ˈkʌvi]⟨telb.zn.⟩ **0.1** ***koppel (patrijzen)*** ⇒*vlucht* **0.2** ⟨inf.⟩ ***groepje*** ⇒*clubje, stelletje, koppeltje.*

cov·ing [ˈkouvɪŋ]⟨telb.zn.; gerund v. cove⟩⟨bouwk.⟩ **0.1** ***holle kroonlijst*** ⇒*verwulfd uitstek* ⟨i.h.b. bij de verbinding v. muur en plafond⟩.

cow[1] [kaʊ]⟨f3⟩⟨telb.zn.; vero. mv. ook kine [kaɪn]; →mv. 3⟩ ⟨→sprw. 770⟩ **0.1** ***koe*** ⇒*koebeest; wijfje* ⟨v. grote zoogdieren⟩ **0.2** ⟨sl.; bel.⟩ ***wijf*** ⇒*vervelend mens* **0.3** ⟨sl.; bel.⟩ ***dikzak*** ⇒*kamerolifant, schommel, vetzak, dikke meid* **0.4** ⟨AE; inf.⟩ ***melk*** ⇒*room, boter* **0.5** ⟨AE; inf.; ben. voor⟩ ***rundvlees*** ⇒*biefstuk, rosbief, hamburger, gehakt* **0.6** ⟨Austr. E; sl.⟩ ***vervelend(e) iets/iem./situatie*** ⇒*klootzak; klote ding; klerezooi* ◆ **2.1** ⟨fig.⟩ sacred ~ *heilige koe* **3.¶** till the ~s come home *tot je een ons weegt, tot sint-juttemis, eindeloos;* sheeted ~ *Lakenvelder.*

cow[2] ⟨f1⟩⟨ov.ww.⟩ **0.1** ***koeioneren*** ⇒*intimideren, bang maken, ontmoedigen, met geweld/dreigementen onderdrukken, overdonderen.*

cow·age, cow·hage [ˈkaʊɪdʒ], **cow·itch** [-ɪtʃ]⟨telb.zn.⟩⟨plantk.⟩ **0.1** ***jeukende (slinger)boon*** ⟨Mucuna pruriens⟩.

cow·ard[1] [ˈkaʊəd‖-ərd]⟨f2⟩⟨telb.zn.⟩⟨→sprw. 46, 63, 90, 103, 442⟩ **0.1** ***lafaard*** ⇒*bloodaard, angsthaas.*

coward[2] ⟨bn., post.⟩⟨heraldiek⟩ **0.1** ***met de staart tussen de poten*** ⟨v. leeuw⟩.

cow·ard·ice [ˈkaʊədɪs‖-ər-]⟨f1⟩⟨n.-telb.zn.⟩ **0.1** ***lafheid.***

cow·ard·ly [ˈkaʊədli‖-ər-]⟨f1⟩⟨bn.; bw.; -ness; →bijw. 3⟩ **0.1** ***laf (hartig)*** ⇒*bangelijk, blohartig, schijterig.*

cow·bane [ˈkaʊbeɪn]⟨telb.zn.⟩⟨plantk.⟩ **0.1** ***waterscheerling*** ⟨Cicuta virosa⟩.

'cow·bell ⟨f1⟩⟨telb.zn.⟩ **0.1** ***koebel.***
cow·ber·ry ['kaʊbri‖-beri]⟨telb.zn.⟩⟨plantk.⟩ **0.1** ***vossebes*** ⇒*rode bosbes* ⟨Vaccinium vitis-idaea⟩.
'cow·bird ⟨telb.zn.⟩⟨dierk.⟩ **0.1** ***koevogel*** ⟨genus Molothrus⟩.
'cow·boy[1] ⟨f3⟩⟨telb.zn.⟩ **0.1** ⟨AE⟩ ***cowboy*** ⇒*veedrijver* **0.2** ⟨BE⟩ ***koeienhoeder*** ⇒*koewachter* **0.3** ⟨inf.⟩ ***dolle Dries*** ⇒*dolleman, rouwdouw, vrijbuiter;* ⟨in samenst. ook⟩ *-piraat* **0.4** ⟨AE; sl.⟩ ***wegpiraat*** **0.5** ⟨ook attr.⟩⟨AE; inf.⟩ ***gewetenloos zakenman*** ⇒*iem. zonder scrupules* **0.6** ⟨AE; sl.⟩ ***heer*** ⇒*koning* ⟨kaartspel⟩ ◆ **1.5** ~ employers *gewetenloze/onbetrouwbare werkgevers.*
cowboy[2] ⟨ov.ww.⟩⟨AE; sl.⟩ **0.1** ***afmaken*** ⇒*afslachten, (in koelen bloede) vermoorden, neerknallen.*
'cowboy hat ⟨f1⟩⟨telb.zn.⟩ **0.1** ***cowboyhoed.***
'cowboy suit ⟨f1⟩⟨telb.zn.⟩ **0.1** ***cowboypak.***
'cow·catch·er ⟨telb.zn.⟩ **0.1** ***baanschuiver*** ⇒*koevanger* ⟨op locomotief⟩.
cow·er ['kaʊə‖-ər]⟨f1⟩⟨onov.ww.⟩ **0.1** ***in elkaar duiken*** ⇒*zich klein maken, zich plat tegen de grond drukken, terugdeinzen.*
'cow·fish ⟨telb.zn.⟩⟨dierk.⟩ **0.1** ***zeekoe*** ⟨orde Sirenia⟩ **0.2** ***spitssnuitdolfijn*** ⟨genus Mesopledon⟩ **0.3** ***vierhoornige koffervis*** ⟨Ostracion quadricornis⟩.
'cow·girl ⟨telb.zn.⟩ **0.1** ***cowgirl*** ⇒*vrouwelijke cowboy, koeienhoedster, koemeid.*
'cow·grass ⟨telb. en n.-telb.zn.⟩⟨plantk.⟩ **0.1** ***rode klaver*** ⟨Trifolium pratense⟩.
cowhage →cowage.
'cow·hand ⟨f1⟩⟨telb.zn.⟩ **0.1** ***cowboy*** **0.2** ***koeien/veehoeder.***
'cow·heel ⟨telb. en n.-telb.zn.⟩⟨BE; cul.⟩ **0.1** ***schenkel(vlees)*** ⇒*haks.*
'cow·herb ⟨telb. en n.-telb.zn.⟩⟨plantk.⟩ **0.1** ***koekruid*** ⟨Saponaria vaccaria⟩.
'cow·herd ⟨telb.zn.⟩ **0.1** ***koeien/veehoeder.***
'cow·hide[1] ⟨zn.⟩
I ⟨telb.zn.⟩ **0.1** ***(leren) zweep*** **0.2** ⟨AE; inf.⟩ ***kleine harde bal*** ⟨als gebruikt bij honkbal⟩;
II ⟨telb. en n.-telb.zn.⟩ **0.1** ***koeiehuid;***
III ⟨n.-telb.zn.⟩ **0.1** ***rundleer.***
cowhide[2] ⟨ov.ww.⟩ **0.1** ***afranselen*** ⇒*geselen* ⟨met een (leren) zweep⟩.
cowitch →cowage.
'cow keeper ⟨telb.zn.⟩ **0.1** ***veehouder*** ⇒*vee-eigenaar.*
'cow killer ⟨telb.zn.⟩⟨dierk.⟩ **0.1** ***mierwesp*** ⟨fam. Mutillidae⟩.
cowl [kaʊl]⟨f1⟩⟨telb.zn.⟩ **0.1** ***monnikskap*** ⇒*kapoets, kap* **0.2** ***monnikspij*** **0.3** ***monnikskap*** ⇒*gek, schoorsteenkap* **0.4** →cowling.
cowled [kaʊld]⟨bn.⟩ **0.1** ***gekleed in monnikskap/monnikspij.***
'cow·lick ⟨telb.zn.⟩⟨AE⟩ **0.1** ***(vet)kuif*** ⇒*weerborstel; spuuglok.*
cowl·ing ['kaʊlɪŋ]⟨telb.zn.⟩ **0.1** ***motorkap*** ⟨v. vliegtuigmotor⟩.
cow·man ['kaʊmən]⟨f1⟩⟨telb.zn.; cowmen [-mən]; →mv. 3⟩ **0.1** ⟨BE⟩ ***koeien/veehoeder*** ⇒*melker* **0.2** ⟨AE⟩ ***vee-eigenaar*** ⇒*veeboer.*
co-work·er ['koʊ'wɜ:kə‖-'wɜrkər]⟨f1⟩⟨telb.zn.⟩ **0.1** ***medewerker*** ⇒*collega.*
'cow parsley ⟨telb. en n.-telb.zn.⟩⟨plantk.⟩ **0.1** ***fluitekruid*** ⟨Anthriscus sylvestris⟩.
'cow parsnip ⟨telb.zn.⟩⟨plantk.⟩ **0.1** ***bereklauw*** ⟨genus Heracleum⟩.
'cow pat ⟨telb.zn.⟩ **0.1** ***koeievla.***
'cow·pea ⟨telb.zn.⟩⟨plantk.⟩ **0.1** ***kouseband*** ⇒*katjang pandjang* ⟨Vigna sinensis⟩ **0.2** ***kouseband*** ⟨vrucht v. 0.1⟩.
Cow·per's glands ['ku:pəz 'glændz‖'ku:pərz-]⟨mv.⟩⟨anat.⟩ **0.1** ***klieren v. Cowper.***
'cow·poke ⟨telb.zn.⟩⟨AE; inf.⟩ **0.1** ***cowboy.***
'cow·pox ⟨telb. en n.-telb.zn.⟩ **0.1** ***koepokken*** **0.2** ***koepokstof*** ⟨vaccin⟩.
'cow·punch·er ⟨telb.zn.⟩⟨AE; inf.⟩ **0.1** ***cowboy.***
cow·rie, cow·ry ['kaʊri]⟨telb.zn.; →mv. 2⟩ **0.1** ***porseleinslak*** ⟨fam. Cypraeidae⟩ ⇒⟨i.h.b.⟩ *kauri* ⟨Cypraea moneta⟩.
co-write ['koʊ'raɪt]⟨ov.ww.⟩ **0.1** ***mede-auteur zijn van.***
'cow·shed, 'cow·house ⟨f1⟩⟨telb.zn.⟩ **0.1** ***koestal*** ⇒*koeiestal.*
'cow·sim·ple ⟨bn.⟩⟨AE; sl.⟩ **0.1** ***meidengek*** ⇒*stapelverliefd.*
'cow·skin ⟨zn.⟩
I ⟨telb. en n.-telb.zn.⟩ **0.1** ***koeiehuid;***
II ⟨n.-telb.zn.⟩ **0.1** ***rundleer.***
'cow·slip ⟨telb.zn.⟩⟨plantk.⟩ **0.1** ***gewone/echte sleutelbloem*** ⟨Primula veris⟩ **0.2** ⟨AE⟩ ***dotterbloem*** ⟨genus Caltha⟩.
'cow town ⟨telb.zn.⟩⟨AE⟩ **0.1** ***plattelandsstadje*** ⇒*veestadje, provincieplaats.*
cox[1] [kɒks‖kɑks]⟨f1⟩⟨telb.zn.⟩ **0.1** ***stuurman*** ⇒*stuur* ⟨vnl. v. roeiboot⟩.
cox[2] ⟨ww.⟩ →coxed
I ⟨onov.ww.⟩ **0.1** ***stuurman zijn*** ⇒*sturen;*
II ⟨ov.ww.⟩ **0.1** ***als stuurman optreden in/voor*** ⇒*besturen.*
cox·a ['kɒksə‖'kɑ-]⟨telb.zn.; coxae [-si:]; →mv. 5⟩⟨anat.⟩ **0.1** ***coxa*** ⇒*heup, heupgewricht; heupsegment* ⟨aan insektepoot⟩.
cox·comb ['kɒkskoʊm‖'kɑ-]⟨telb.zn.⟩ **0.1** ***ijdeltuit*** ⇒*fat, modegek, verwaande kwast* **0.2** →cockscomb.
cox·comb·ry ['kɒkskoʊmri‖'kɑ-]⟨telb. en n.-telb.zn.; →mv. 2⟩ **0.1** ***verwaandheid*** ⇒*aanmatiging, fatterigheid, aanstellerij.*
cox·ed [kɒkst‖kɑkst]⟨bn., attr.; (oorspr.) volt. deelw. v. cox⟩⟨roeisport⟩ **0.1** ***met stuurman*** ◆ **1.1** ~ fours *vier met (stuurman);* ~ pairs *twee met (stuurman).*
cox·less ['kɒksləs‖'kɑks-]⟨bn., attr.⟩⟨roeisport⟩ **0.1** ***zonder stuurman*** ◆ **1.1** ~ fours *vier zonder (stuurman);* ~ pairs *twee zonder (stuurman).*
cox·swain[1], **cock·swain** ['kɒksweɪn‖'kɑk-]⟨telb.zn.⟩⟨schr.⟩ **0.1** ***stuurman*** ⇒*stuur* ⟨vnl. v. roeiboot⟩.
coxswain[2] ⟨ww.⟩⟨schr.⟩
I ⟨onov.ww.⟩ **0.1** ***stuurman zijn*** ⇒*sturen;*
II ⟨ov.ww.⟩ **0.1** ***als stuurman optreden in/voor*** ⇒*besturen.*
cox·y ['kɒksi‖'kɑksi]⟨bn.; -er; →compar. 7⟩⟨BE⟩ **0.1** ***verwaand*** ⇒*arrogant, met veel verbeelding.*
coy [kɔɪ]⟨f2⟩⟨bn.; -er; -ly; -ness⟩ **0.1** ***ingetogen*** ⇒*bedeesd, terughoudend, gereserveerd, bescheiden, verlegen, zedig* **0.2** ***koket*** ⇒*quasi-verlegen, quasi-preuts, gemaakt schuchter* ◆ **6.1** a politician ~ **about** his plans *een politicus die zijn plannen voor zich houdt;* ~ **of** *zuinig met.*
Coy ⟨afk.⟩ Company.
coy·o·te ['kɔɪoʊt, kɔɪ'oʊti‖'kaɪoʊt, kaɪ'oʊṭi]⟨telb.zn.⟩⟨dierk.⟩ **0.1** ***coyote*** ⇒*prairiewolf* ⟨Canis latrans⟩.
coy·pu ['kɔɪpu:]⟨telb.zn.⟩ **0.1** ***beverrat*** ⇒*nutria* ⟨Myocastor coypus⟩.
coz [kʌz]⟨telb.zn.⟩⟨verk.⟩ cousin ⟨vero. in BE, inf. in AE⟩ **0.1** ***neef*** ⇒*gabber, maat.*
coz·en ['kʌzn]⟨ww.⟩⟨schr.⟩
I ⟨onov.ww.⟩ **0.1** ***kuipen*** ⇒*konkelen, oneerlijk te werk gaan;*
II ⟨ov.ww.⟩ **0.1** ***bedriegen*** ⇒*beetnemen, oplichten, verschalken* ◆ **6.1** he tried to ~ us **into** signing the contract *arglistig probeerde hij ons ertoe te brengen het contract te tekenen;* his wife can ~ anything **out of** him *zijn vrouw krijgt alles van hem gedaan.*
coz·en·age ['kʌznɪdʒ]⟨zn.⟩⟨schr.⟩
I ⟨telb.zn.⟩ **0.1** ***list*** ⇒*truc, streek;*
II ⟨n.-telb.zn.⟩ **0.1** ***bedrog*** ⇒*misleiding, oplichting, zwendel.*
cozy →cosy.
'cozy 'up to, 'cosy 'up to ⟨onov.ww.⟩⟨AE; inf.⟩ **0.1** ***aanpappen met*** ⇒*het aanleggen met, aansluiting zoeken bij, zich inlikken bij.*
cp[1] ⟨afk.⟩ compare **0.1** ***cf.*** ⇒*verg., vergelijk.*
cp[2], **CP** ⟨afk.⟩ **0.1** ⟨candle power⟩ ***k.*** ⇒*kaars* ⟨vroegere eenheid v. lichtsterkte⟩ **0.2** ⟨Communist Party⟩ ***CP*** **0.3** ⟨Community Programme⟩ **0.4** ⟨Court of Probate⟩.
CPA ⟨afk.⟩ Certified Public Accountant, Critical Path Analysis.
CP'er ['si:'pi:ə‖-ər]⟨telb.zn.⟩ **0.1** ***CP'er*** ⇒*communist.*
CPI ⟨afk.⟩ Consumer Price Index.
Cpl ⟨afk.⟩ Corporal.
CPM ⟨afk.⟩ Critical Path Method.
CPO ⟨afk.⟩ Chief Petty Officer.
CPR ⟨afk.⟩ Canadian Pacific Railway, Cardiopulmonary Resuscitation.
CPRE ⟨afk.⟩ Council for the Protection of Rural England.
cps ⟨afk.⟩ characters/cycles per second ⟨comp.⟩.
CPSA ⟨afk.⟩ Civil and Public Services Association.
CPU ⟨telb.zn.⟩⟨afk.⟩ Central Processing Unit ⟨comp.⟩ **0.1** ***CVE.***
Cr, cr ⟨afk.⟩ credit, creditor, crown.
crab[1] [kræb]⟨f2⟩⟨zn.⟩
I ⟨eig.n.; C-; the⟩⟨astr., ster.⟩ **0.1** ***(de) Kreeft*** ⇒*Cancer;*
II ⟨telb.zn.⟩ **0.1** ⟨dierk.⟩ ***krab*** ⟨onderorde Brachyura⟩ ⇒⟨i.h.b.⟩ *degenkrab* ⟨genus Limulus⟩ **0.2** ⟨C-⟩⟨astr.⟩ ***kreeft*** ⟨iem. geboren onder I⟩ **0.3** ***kraan*** ⇒*lier, loopkat, bok* **0.4** ⟨inf.⟩ ***chagrijn*** ⇒*mopperaar, brompot, zuurpruim* **0.5** ⟨vnl. mv.⟩⟨inf.⟩ ***platje*** ⇒*schaamluis* **0.6** →crab apple ◆ **3.3** travelling ~ *loopkat* **3.¶** catch a ~ *een snoek vangen/slaan* ⟨een misslag maken bij het roeien⟩;
III ⟨n.-telb.zn.⟩ **0.1** ⟨cul.⟩ ***krab;***
IV ⟨mv.; ~s⟩ **0.1** ***laagste worp*** ⟨twee of drie bij het dobbelspel⟩ **0.2** ⟨AE; inf.⟩ ***trappers*** ⇒*kistjes, schoenen.*
crab[2] ⟨ww.; →ww. 7⟩ →crabbed
I ⟨onov.ww.⟩ **0.1** ***zijwaarts bewegen*** **0.2** ***krabben vangen*** **0.3** ⟨inf.⟩ ***kankeren*** ⇒*mopperen* **0.4** ⟨scheep.⟩ ***verlijeren*** ⇒*weggezet worden, krabben* **0.5** ⟨AE; inf.⟩ ***bietsen*** ⇒*altijd lenen;*
II ⟨ov.ww.⟩ **0.1** ⟨inf.⟩ ***afkammen*** ⇒*katten tegen* **0.2** ⟨inf.⟩ ***verziekken*** ⇒*verpesten, bederven* **0.3** ⟨schr.⟩ ***ergeren*** ⇒*irriteren, verbitteren.*
'crab apple ⟨f1⟩⟨telb.zn.⟩ **0.1** ***wilde appel.***
crab·bed ['kræbɪd]⟨f1⟩⟨bn.; volt. deelw. v. crab; -ly; -ness⟩ **0.1** ***cha-***

grijnig ⇒zuur, nijdig, prikkelbaar, wrevelig **0.2** kriebelig ⇒gekrabbeld, onduidelijk ⟨v. handschrift⟩ **0.3** ingewikkeld ⇒gewrongen, duister, obscuur, ontoegankelijk ⟨v. stijl, tekst, enz.⟩.

crab·ber ['kræbə‖-ər]⟨telb.zn.⟩ **0.1** krabbenvisser ⇒krabbenjager **0.2** krabbenvissersboot.

crab·by ['kræbi]⟨f1⟩⟨bn.; -er; →compar. 7⟩ **0.1** chagrijnig ⇒zuur, nijdig, prikkelbaar, wrevelig.

'crab·grass ⟨telb.zn.⟩⟨AE; plantk.⟩ **0.1** bloedgierst ⇒harig vingergras ⟨Digitaria sanguinalis⟩.

crab·like ['kræblaɪk]⟨bn.⟩ **0.1** krabachtig.

'crab louse ⟨telb.zn.⟩⟨dierk.⟩ **0.1** platluis ⟨Phthirus pubis⟩.

'crab pot ⟨telb.zn.⟩ **0.1** tenen krabbenfuik.

'crab tree ⟨f1⟩⟨telb.zn.⟩⟨plantk.⟩ **0.1** wilde appel(boom) ⇒wildeling ⟨Pirus mabus⟩.

crab·wise ['kræbwaɪz], **crab·ways** [-weɪz]⟨bw.⟩ **0.1** krabsgewijs ⇒als een krab, zijwaarts, schuin.

crack[1] [kræk]⟨f3⟩⟨zn.⟩

I ⟨telb.zn.⟩ **0.1** barst(je) ⇒breuk, scheur(tje) **0.2** kier ⇒spleet, reet **0.3** knal(geluid) ⇒knak, kraak **0.4** klap ⇒slag, pets, oorvijg, mep **0.5** ⟨inf.⟩ gooi ⇒poging **0.6** grap(je) ⇒geintje, lolletje, kwinkslag; ⟨soms⟩ boutade, hatelijkheid **0.7** ⟨vnl. BE; inf.⟩ kraan ⇒kei, uitblinker, crack **0.8** foutje ⇒gebrek, defect, mankement **0.9** stemwisseling ⇒stembreuk **0.10** ⟨AE; sl.⟩ kut ⇒scheur, flamoes **0.11** ⟨IE; inf.⟩ pret ⇒plezier **0.12** ⟨AE; sl.⟩ reet ⇒kont ◆ **1.3** a ~ of thunder een donderslag; the ~ of the guns het gebulder v.d. kanonnen **1.¶** ⟨inf.⟩ at the ~ of dawn bij het krieken v.d. dag; ⟨vnl. scherts.⟩ the ~ of doom de dag des oordeels, de jongste dag, het laatste oordeel **2.2** the door was open a ~ de deur stond op een kier/stond aan **3.1** ⟨fig.⟩ paper/paste/cover over the ~s de foutjes wegmoffelen/verbloemen/verdoezelen/onder het tapijt vegen **6.5** ⟨inf.⟩ have a ~ **at** een gooi doen naar, proberen **¶.3** ~! krak!;

II ⟨n.-telb.zn.⟩⟨inf.⟩ **0.1** crack ⟨zuivere vorm v. cocaïne die gerookt kan worden⟩.

crack[2] ⟨f1⟩⟨bn., attr.⟩⟨inf.⟩ **0.1** prima ⇒kranig, keur-, uitgelezen ◆ **1.1** a ~ shot/marksman een eersteklas schutter.

crack[3] ⟨f3⟩⟨ww.⟩ →cracked, cracking ⟨→sprw. 277⟩

I ⟨onov.ww.⟩ **0.1** in(een)storten ⇒het begeven, knakken **0.2** knallen ⇒kraken **0.3** barsten ⇒splijten, scheuren **0.4** breken ⇒schor worden, overslaan ⟨v.d. stem⟩ ◆ **5.1** →crack up **6.4** her voice ~ed **with** rage haar stem sloeg over van woede **6.¶** →crack down on;

II ⟨onov. en ov.ww.⟩ **0.1** (open/stuk)breken ⇒knappen, knakken, kraken **0.2** in/uitbreken **0.3** ⟨schei.⟩ kraken ◆ **1.1** ~ a safe een kluis openbreken/opblazen **1.3** ~ed petrol kraakbenzine;

III ⟨ov.ww.⟩ **0.1** laten knallen ⇒laten kraken **0.2** doen barsten ⇒splijten, scheuren, een barst/barsten maken in **0.3** doen breken ⇒schor maken, doen overslaan ⟨de stem⟩ **0.4** meppen ⇒slaan, een klap/oorveeg geven, petsen **0.5** afkraken ⇒breken, afbreuk doen aan, afkammen **0.6** de oplossing vinden van ⇒een uitleg vinden voor **0.7** ⟨sl.⟩ beginnen aan ⇒aanvatten **0.8** ⟨inf.⟩ vertellen ⇒onthullen, verklikken **0.9** ⟨AE; inf.⟩ zich een weg banen door ⇒carrière maken in, aansluiting vinden bij **0.10** wisselen ⇒klein maken ◆ **1.1** ~ a whip een zweep laten knallen, klappen met een zweep **1.6** ~ a code een code breken/kraken/ontcijferen **1.7** ~ a book beginnen in een (studie)boek **1.8** ~ a joke een grapje maken, een mop/bak vertellen **5.¶** →crack up **6.1** I ~ed my head **against** the door ik knalde met mijn hoofd tegen de deur.

'crack·brain ⟨telb.zn.⟩ **0.1** malloot ⇒gek, idioot, halve gare.

'crack·brained ⟨bn.⟩ **0.1** onzinnig ⇒getikt, dwaas.

'crack·down ⟨telb.zn.⟩ **0.1** (straf)campagne ⇒(politie-)optreden, actie, tirade, strafexpeditie.

'crack 'down on ⟨onov.ww.⟩ **0.1** met harde hand optreden tegen ⇒(steviger) aanpakken, (meer) werk maken van.

cracked [krækt]⟨bn.; oorspr. volt. deelw. v. crack⟩⟨inf.⟩ **0.1** lijp ⇒maf, knetter, gek, getikt.

crack·er ['krækə‖-ər]⟨f2⟩⟨zn.⟩

I ⟨telb.zn.⟩ **0.1** cracker(tje) ⇒knäckebröd **0.2** voetzoeker ⇒rotje **0.3** knalbonbon ⇒pistache **0.4** ⟨BE; inf.⟩ stuk ⇒mokkel, lekker wijf **0.5** ⟨AE; inf.; pej.⟩ armoedige blanke ⇒armoedzaaier **0.6** ⟨inf.⟩ leugen **0.7** →cracking plant;

II ⟨mv.; ~s⟩ **0.1** notekraker.

'crack·er-bar·rel[1] ⟨telb.zn.⟩⟨AE; inf.⟩ **0.1** (dorps)café ⇒praathuis.

cracker-barrel[2] ⟨bn., attr.⟩⟨AE⟩ **0.1** dorps ⇒achter de koeien vandaan, uit de klei getrokken; ⟨ook positief⟩ gemoedelijk, genoeglijk ◆ **1.1** a ~ philosopher een filosoof v.d. koude grond.

'crack·er·jack, crack·a·jack ['krækədʒæk]⟨telb.zn.⟩⟨inf.⟩ **0.1** kraan ⇒crack, kei, uitblinker.

crack·ers ['krækəz‖-kərz]⟨f1⟩⟨bn., pred.⟩⟨vnl. BE; inf.⟩ **0.1** gek ⇒maf, lijp, knetter, niet goed bij zijn hoofd ◆ **6.¶** go ~ **about** sth. laaiend enthousiast over iets worden.

crack·ing ['krækɪŋ]⟨bn.; oorspr. teg. deelw. v. crack⟩⟨sl.⟩ **0.1** schitterend ⇒uitstekend, geweldig, prima **0.2** snel ◆ **1.2** ~ pace stevige vaart **3.¶** get ~ aan de slag gaan, de handjes laten wapperen, aanpakken.

'cracking plant ⟨telb.zn.⟩⟨schei.⟩ **0.1** (olie)kraker ⇒kraakinstallatie.

'crack·jaw ⟨bn., attr.⟩⟨inf.⟩ **0.1** tongbrekend ◆ **1.1** a Polish guy with some ~ name een Pool met een naam waar je je tong op breekt.

crack·le[1] ['krækl]⟨f1⟩⟨n.-telb.zn.⟩ **0.1** ⟨the⟩ geknetter ⇒geknap (per), geknisper **0.2** craquelé ⇒craquelure ⟨netwerk van scheurtjes in porseleinglazuur⟩ **0.3** craquelé(porselein).

crackle[2] ⟨f2⟩⟨ww.⟩ →crackling

I ⟨onov.ww.⟩ **0.1** knapp(er)en ⇒knetteren, knisperen;

II ⟨ov.ww.⟩ **0.1** onder gekraak verfrommelen **0.2** craquelé veroorzaken in.

'crack·le·ware ⟨n.-telb.zn.⟩ **0.1** craquelé(porselein).

crack·ling ['kræklɪŋ]⟨f1⟩⟨zn.; oorspr. gerund v. crackle⟩

I ⟨n.-telb.zn.⟩ **0.1** geknetter ⇒geknap(per), geknisper **0.2** braadkorst v. varkensvlees ◆ **1.¶** ⟨inf.⟩ a bit of ~ lekker stuk/wijf;

II ⟨mv.; ~s⟩ **0.1** kaantjes.

crack·ly ['krækli]⟨bn.; -er; →compar. 7⟩ **0.1** knapperig.

crack·nel ['kræknəl]⟨zn.⟩

I ⟨telb.zn.⟩ **0.1** krakeling;

II ⟨mv.; ~s⟩ **0.1** kaantjes.

'crack·pot ⟨f1⟩⟨telb.zn.⟩⟨inf.⟩ **0.1** zonderling ⇒vreemdeling, bizarre figuur, excentriekeling.

cracks·man ['kræksmən]⟨telb.zn.; cracksmen [-mən]; →mv. 3⟩ **0.1** inbreker ⇒(kluizen)kraker.

'crack·up ⟨telb.zn.⟩⟨inf.⟩ **0.1** in(een)storting ⇒inzinking **0.2** total loss ⇒puinhoop, wrak.

'crack 'up ⟨f1⟩⟨ww.⟩⟨inf.⟩

I ⟨onov.ww.⟩ **0.1** bezwijken ⇒instorten, het begeven, uit elkaar vallen **0.2** ⟨AE⟩ in de lach schieten ⇒omvallen v.h. lachen;

II ⟨ov.ww.⟩ **0.1** ophemelen ⇒roemen, prijzen **0.2** total loss rijden ⟨auto⟩ ⇒neer laten storten ⟨vliegtuig⟩, aan de grond brengen ⟨boot⟩ **0.3** ⟨AE⟩ in de lach doen schieten ⇒doen omvallen v.h. lachen ◆ **¶.1** their new player isn't everything he's cracked up to be hun nieuwe speler is niet zo goed als zijn reputatie deed verwachten.

crack·y ['kræki]⟨bn.; -er; →compar. 7⟩ **0.1** gebarsten ⇒vol barstjes **0.2** broos ◆ **¶.¶** ⟨vero.⟩ by ~ hé!, gò!, tjee!.

Crac·ow ['krækoʊ, -kaʊ]⟨eig.n.⟩ **0.1** Krakau.

-cra·cy [-krəsi] **0.1** -cratie ◆ **¶.1** democracy democratie; theocracy theocratie.

cra·dle[1] ['kreɪdl]⟨f2⟩⟨zn.⟩⟨→sprw. 251⟩

I ⟨telb.zn.⟩ **0.1** wieg ⟨ook fig.⟩ ⇒bakermat **0.2** ⟨ben. voor⟩ draagtoestel ⇒stellage; ⟨scheep.⟩ helling, slede, wagen, (constructie)bok; haak ⟨v. telefoon⟩; hangstelling; goudwastrog; zeisboog, zeishark; rolmatje **0.3** ⟨AE; inf.; spoorwegen⟩ lichter ⇒opengoederenwagon ◆ **1.1** from the ~ to the grave van de wieg tot het graf **3.¶** ⟨inf.⟩ rob the ~ met z'n dochter/d'r zoon getrouwd zijn, een veel jongere vriend(in)/man/vrouw hebben;

II ⟨n.-telb.zn.⟩ **0.1** afneemspel ⟨met touwlus om vingers⟩.

cradle[2] ⟨f2⟩⟨ov.ww.⟩ →cradling **0.1** in een wieg leggen/stoppen **0.2** wiegen **0.3** op de haak leggen ⟨telefoon⟩ **0.4** bakeren **0.5** de wieg/bakermat zijn van ◆ **1.3** ~ the receiver ophangen, opleggen.

'cradle robber, 'cradle snatcher ⟨telb.zn.⟩⟨inf.⟩ **0.1** man/vrouw met een veel jongere partner.

'cra·dle-song ⟨telb.zn.⟩ **0.1** slaapliedje ⇒wiegelied.

'cra·dle-to-'grave ⟨bn., attr.⟩ **0.1** van de wieg tot het graf ⇒volledig.

cra·dling ['kreɪdlɪŋ]⟨telb.zn.; oorspr. gerund v. cradle⟩ **0.1** plafondconstructie ⇒geraamte.

craft[1] [krɑ:ft‖kræft]⟨f2⟩⟨zn.⟩⟨→sprw. 214⟩

I ⟨telb.zn.⟩ **0.1** vak ⇒ambacht, handwerk, stiel;

II ⟨n.-telb.zn.⟩ **0.1** geslepenheid ⇒doortraptheid, raffinement, sluwheid **0.2** (kunst)vaardigheid ⇒kunstnijverheid;

III ⟨verz.n.⟩ **0.1** bedrijfstak ⇒branche, (ambachts)gilde, de verzamelde vakgenoten ◆ **7.¶** the Craft de vrijmetselarij.

craft[2] ⟨f2⟩⟨telb.zn.; craft; →mv. 4⟩ **0.1** boot ⇒vaartuig, bootje, jacht **0.2** vliegtuig ⇒toestel **0.3** ruimtevaartuig.

craft[3] ⟨ov.ww.⟩⟨vnl. AE⟩ **0.1** (met de hand) vervaardigen/maken.

-craft [krɑ:ft‖kræft]⟨vormt nw.⟩ **0.1** -kunst ⇒-vaardigheid **0.2** -stand ⇒-dom ⟨soms pej.⟩ **0.3** -(vaar)tuig ◆ **¶.1** handicraft handenarbeid, handvaardigheid **¶.2** the priestcraft de priesterstand, het priesterdom **¶.3** aircraft vliegtuig.

'craft-broth·er ⟨telb.zn.⟩ **0.1** gilde/vakbroeder ⇒vakgenoot.

'craft-guild ⟨telb.zn.⟩ **0.1** ambachtsgilde ⇒handwerkgilde.

craft·less ['krɑ:f(t)ləs‖'kræf(t)-]⟨bn.⟩ **0.1** ongeschoold ⇒zonder vak/ambacht **0.2** ongekunsteld ⇒zuiver.

crafts·man ['krɑ:f(t)smən‖'kræf(t)s-]⟨f2⟩⟨telb.zn.; craftsmen; →mv. 3⟩ **0.1** handwerksman ⇒vakman ⟨ook fig.⟩.

crafts·man·ly ['krɑ:f(t)smənli‖'kræf(t)s-]⟨bn.⟩ **0.1** ***vakbekwaam*** *⇒vakkundig.*
crafts·man·ship ['krɑ:f(t)smənʃɪp‖'kræf(t)s-]⟨f2⟩⟨n.-telb.zn.⟩ **0.1** ***vakmanschap*** *⇒(vak)bekwaamheid, handvaardigheid, vakkennis.*
'crafts shop ⟨telb.zn.⟩ **0.1** ***kunstwinkeltje.***
'craft union ⟨telb.zn.⟩ **0.1** ***categorale bond*** *⇒beroepsvereniging.*
craft·y ['krɑ:fti‖'kræfti]⟨f1⟩⟨bn.; -er; -ly; -ness; →bijw. 3⟩ **0.1** ***geslepen*** *⇒doortrapt, geraffineerd, slinks, sluw.*
crag [kræg]⟨f1⟩⟨zn.⟩
I ⟨telb.zn.⟩ **0.1** ***steile rots(massa)*** **0.2** ⟨geol.⟩ ***craglaag*** *⇒schelpgrindlaag, laag kleihoudend zand* ⟨Plioceen⟩;
II ⟨n.-telb.zn.⟩⟨geol.⟩ **0.1** ***crag*** *⇒schelpgrind, kleihoudend zand.*
crag·ged ['krægɪd]⟨bn.⟩⟨schr.⟩ **0.1** ***rotsig*** *⇒onherbergzaam, woest, ontoegankelijk* **0.2** ***verweerd*** ⟨vnl. v. mannelijk gezicht⟩ *⇒bonkig, stoer, onverzettelijk.*
crag·gy ['krægi]⟨bn.; -er; -ly; -ness; →bijw. 3⟩ **0.1** ***rotsig*** *⇒onherbergzaam, woest, steil, ontoegankelijk* **0.2** ***verweerd*** ⟨vnl. v. mannelijk gezicht⟩ *⇒bonkig, stoer, onverzettelijk.*
'crag 'martin ⟨telb.zn.⟩⟨dierk.⟩ **0.1** ***rotszwaluw*** ⟨Hirundo rupestris⟩.
crags·man ['krægzmən]⟨telb.zn.; cragsmen; →mv. 3⟩ **0.1** ***beklimmer v. steile bergwanden.***
crake[1] [kreɪk]⟨telb.zn.⟩⟨dierk.⟩ **0.1** ***ral-achtige*** ⟨fam. Rallidae⟩ ⇒⟨i.h.b.⟩ *kwartelkoning* ⟨Crex crex⟩, *waterhoen* ⟨genus Porzana⟩ ◆ **2.1** little ~ *klein waterhoen* ⟨Porzana parva⟩ **3.¶** spotted ~ *porseleinhoen* ⟨Porzana porzana⟩.
crake[2] ⟨onov.ww.⟩ **0.1** ***krassen*** ⟨bv. v. kraai⟩.
cram[1] [kræm]⟨zn.⟩
I ⟨telb.zn.⟩ **0.1** ***gedrang*** **0.2** ⟨inf.⟩ ***blokker*** ⟨voor examen⟩ *⇒boekenwurm;*
II ⟨n.-telb.zn.⟩ **0.1** ***geblok*** *⇒stampwerk.*
cram[2] ⟨f2⟩⟨ww.; →ww. 7⟩
I ⟨onov.ww.⟩ **0.1** ***zich volproppen*** *⇒schrokken, zich volvreten* **0.2** ***blokken*** *⇒stampen;*
II ⟨ov.ww.⟩ **0.1** ***(vol)proppen*** *⇒aanstampen, (vol)stouwen* **0.2** ***klaarstomen*** ⟨leerling⟩ *⇒drillen, africhten* **0.3** ***erin stampen*** ⟨leerstof⟩ **0.4** ***vetmesten*** ◆ **5.3** ~ **up** a few pages *een paar bladzijden erin stampen/uit het hoofd leren* **6.1** ~ clothes **into** a bag *kleren in een tas proppen;* don't ~ your face **with** food *zit niet zo te schrokken.*
cram·bo ['kræmboʊ]⟨telb. en n.-telb.zn.⟩ **0.1** ***rijmspel*** **0.2** ***rijmelarij*** *⇒broddelvers* ◆ **2.1** dumb ~ *woordraadspelletje waarbij het te raden woord d.m.v. gebaren wordt uitgebeeld.*
'cram course ⟨telb.zn.⟩ **0.1** ***stoomcursus.***
'cram'full ⟨bn.⟩⟨BE; inf.⟩ **0.1** ***stampvol*** *⇒propvol, tjokvol, afgeladen.*
cram·mer ['kræmə‖-ər]⟨telb.zn.⟩ **0.1** ***blokker*** *⇒boekenwurm* **0.2** ⟨inf.⟩ ***repetitor*** *⇒persoon/school die iem. klaarstoomt voor een examen; examengids.*
cramp[1] [kræmp]⟨f2⟩⟨zn.⟩
I ⟨telb.zn.⟩ **0.1** ***(muur)anker*** *⇒kram, klamp* **0.2** ***klem(haak)*** *⇒spanijzer, lijmtang* **0.3** ***belemmering*** *⇒beletsel;*
II ⟨telb. en n.-telb.zn.⟩ **0.1** ***kramp(scheut);***
III ⟨mv.; ~s⟩ **0.1** ***maagkramp*** *⇒buikkramp.*
cramp[2] ⟨f2⟩⟨ov.ww.⟩ →cramped **0.1** ***kramp veroorzaken bij/in*** *⇒verkrampen* **0.2** ***krammen*** *⇒vastzetten met een (muur)anker/klem(haak)/klamp/lijmtang* **0.3** ***onderdrukken*** *⇒tegengaan, belemmeren, in het nauw drijven, smoren.*
cramped [kræmpt]⟨f1⟩⟨bn.; volt. deelw. v. cramp⟩ **0.1** ***benauwd*** *⇒nauw, eng, krap, kleinbehuisd* **0.2** ***kriebelig*** *⇒krabbelig* ⟨v. handschrift⟩ **0.3** ***gewrongen.***
'cramp·fish ⟨telb.zn.⟩⟨dierk.⟩ **0.1** ***sidderrog*** ⟨fam. Torpedinidae⟩.
'cramp iron ⟨telb.zn.⟩ **0.1** ***(muur)anker*** *⇒kram, klamp.*
cram·pon ['kræmpən], ⟨AE sp. ook⟩ **cram·poon** [kræm'pu:n]⟨zn.⟩
I ⟨telb.zn.⟩ **0.1** ***heftang;***
II ⟨mv.; ~s⟩ **0.1** ***ijskrap*** *⇒ijsspoor, klimijzer.*
cran [kræn]⟨telb.zn.⟩⟨Sch. E⟩ **0.1** ***cran*** ⇒⟨ong.⟩ *kantje* ⟨maat voor verse haring; ong. 170 liter⟩.
cran·age ['kreɪnɪdʒ]⟨zn.⟩
I ⟨telb. en n.-telb.zn.⟩ **0.1** ***kraangeld;***
II ⟨n.-telb.zn.⟩ **0.1** ***kraangebruik.***
cran·ber·ry ['krænbri‖-beri]⟨f1⟩⟨telb. en n.-telb.zn.; →mv. 2⟩ ⟨plantk.⟩ **0.1** ***Am. veenbes*** *⇒Preiselbeere, kroos, zure bosbes, cranberry* ⟨Vaccinium oxycoccus⟩.
crane[1] [kreɪn]⟨f2⟩⟨telb.zn.⟩ **0.1** ⟨dierk.⟩ ***kraanvogel*** ⟨fam. Gruidae⟩ **0.2** ***kraan*** *⇒hijskraan* **0.3** ***ketelhaak*** **0.4** ***voedingswaterslang*** ⟨voor stoomlocomotief⟩ ◆ **3.2** travelling ~ *loopkraan.*
crane[2] ⟨f1⟩⟨ww.⟩
I ⟨onov.ww.⟩ **0.1** ***de hals uitstrekken*** *⇒reikhalzen* **0.2** ***talmen*** *⇒aarzelen* **0.3** ⟨film, t.v.⟩ ***de camera omhoog brengen*** ◆ **5.1** ~ **forward** *de hals uitstrekken, reikhalzen;*
II ⟨ov.ww.⟩ **0.1** ***(reikhalzend) uitstrekken*** *⇒vooruitsteken* **0.2** ***ophijsen (met een kraan)*** *⇒omhoogtakelen.*
'crane driver ⟨telb.zn.⟩ **0.1** ***kraanmachinist/bestuurder.***
'crane fly ⟨telb.zn.⟩⟨dierk.⟩ **0.1** ***langpoot(mug)*** ⟨fam. Tipulidae⟩.
'crane's bill, ⟨AE sp.⟩ **cranes·bill** ['kreɪnzbɪl]⟨telb.zn.⟩⟨plantk.⟩ **0.1** ***ooievaarsbek*** ⟨genus Geranium⟩.
cra·ni- ['kreɪni], **cra·ni·o-** ['kreɪnioʊ] **0.1** ***schedel-*** *⇒cranio-* ◆ **¶.1** craniologist *schedelkundige, cranioloog;* cranitomy *schedeloperatie, craniotomie.*
cra·ni·al ['kreɪnɪəl]⟨bn.; -ly⟩ **0.1** ***craniaal*** *⇒schedel-* ◆ **1.1** ~ index *schedelindex, index cranicus.*
cra·ni·ate[1] ['kreɪnieɪt]⟨telb.zn.⟩ **0.1** ***geschedeld dier*** *⇒dier met een schedel* **0.2** ***gewerveld dier*** *⇒vertebraat.*
craniate[2] ⟨bn.⟩ **0.1** ***geschedeld*** *⇒met een schedel* **0.2** ***gewerveld.***
cra·ni·ol·o·gy ['kreɪni'ɒlədʒi‖-'ɑlədʒi]⟨n.-telb.zn.⟩ **0.1** ***schedelkunde*** *⇒schedelleer, craniologie.*
cra·ni·om·e·try [-'ɒmətri‖-'ɑmətri]⟨n.-telb.zn.⟩ **0.1** ***schedelmeting*** *⇒craniometrie.*
cra·ni·um ['kreɪnɪəm]⟨telb.zn.; ook crania [-nɪə]; →mv. 5⟩ **0.1** ***schedel*** *⇒cranium;* ⟨i.h.b.⟩ *hersenschedel, neurocranium.*
crank[1] [kræŋk]⟨f1⟩⟨telb.zn.⟩ **0.1** ***krukas*** *⇒autoslinger; crank* ⟨v. fiets⟩ **0.2** ⟨inf.⟩ ***zonderling*** *⇒snoeshaan, excentriekeling, fanaat* **0.3** ⟨vnl. AE; inf.⟩ ***chagrijn*** *⇒mopperkont, bromtol* **0.4** ***humoristische wending*** *⇒geestige opmerking, kwinkslag, bon-mot, inval* **0.5** ***tuimelaar*** ⟨v. bel⟩.
crank[2] ⟨bn.⟩ **0.1** ⟨scheep.⟩ ***rank*** *⇒onstabiel* **0.2** ⟨inf.⟩ ***zonderling*** *⇒fanatiek, monomaan, excentriek* **0.3** ⟨gew.⟩ ***levendig*** *⇒uitgelaten, dartel.*
crank[3] ⟨f1⟩⟨ww.⟩
I ⟨onov.ww.⟩ **0.1** ***een slinger ronddraaien*** *⇒slingeren, zwengelen;*
II ⟨ov.ww.⟩ **0.1** ***aanzwengelen*** *⇒aanslingeren* **0.2** ***verbuigen (tot een rechte hoek)*** *⇒knikken* **0.3** ***een slinger/zwengel bevestigen aan*** ◆ **5.1** ~ **up** a car *een auto aanslingeren/met de slinger starten* **5.¶** ~ **out** *aan de lopende band produceren, ophoesten.*
'crank axle ⟨telb.zn.⟩ **0.1** ***krukas*** *⇒trapas.*
'crank·case ⟨telb.zn.⟩ **0.1** ***carter*** *⇒krukkast.*
cran·kle ['kræŋkl]⟨telb.zn.⟩ **0.1** ***kronkel(ing).***
'crank·pin ⟨telb.zn.⟩ **0.1** ***krukpen*** *⇒kruktap.*
'crank·shaft ⟨f1⟩⟨telb.zn.⟩ **0.1** ***krukas*** *⇒trapas.*
crank·y ['kræŋki]⟨f1⟩⟨bn.; -er; -ly; -ness; →bijw. 3⟩ **0.1** ⟨inf.⟩ ***zonderling*** *⇒bizar, excentriek* **0.2** ⟨inf.⟩ ***gammel*** *⇒wankel, wrakkig* **0.3** ⟨vnl. AE; inf.⟩ ***chagrijnig*** *⇒nors, zuur* **0.4** ⟨scheep.⟩ ***rank*** *⇒onstabiel* **0.5** ***kronkelend*** *⇒vol bochten.*
cran·nied ['krænid]⟨bn.⟩ **0.1** ***vol spleten/scheuren*** *⇒gebarsten.*
cran·nog ['krænʌg]⟨telb.zn.⟩ **0.1** ***crannog*** ⟨paalwoning⟩.
cran·ny ['kræni]⟨f1⟩⟨telb.zn.; →mv. 2⟩ **0.1** ***spleet*** *⇒scheur, reet, gleuf.*
crap[1] [kræp]⟨f2⟩⟨zn.⟩
I ⟨telb.zn.⟩ **0.1** ***verliezende worp*** ⟨2, 3 of 12 bij 'craps'⟩ **0.2** ⟨sl.⟩ ***potje schijten*** ◆ **3.2** have a ~ *schijten, bouten, poepen, een drol leggen;*
II ⟨n.-telb.zn.⟩ **0.1** ***craps*** ⟨dobbelspel⟩ **0.2** ⟨sl.⟩ ***stront*** *⇒kak, schijt, poep, drol* **0.3** ⟨sl.⟩ ***gelul*** *⇒geouwehoer, geëmmer* **0.4** ⟨sl.⟩ ***troep*** *⇒rotzooi, klerehandel* ◆ **1.3** a load of ~ *een hoop gezever* **3.3** cut the ~ *geen gelul* **3.¶** ⟨sl.⟩ shoot the ~ *kletsen, lullen, ouwehoeren; liegen, overdrijven, opscheppen* **¶.3** ~! *gelul!;*
III ⟨mv.; ~s; ww. vaak enk.⟩ **0.1** ***craps*** ⟨dobbelspel⟩ ◆ **3.1** shoot ~s *craps spelen, dobbelen.*
crap[2] ⟨f1⟩⟨ww.; →ww. 7⟩⟨sl.⟩
I ⟨onov.ww.⟩ **0.1** ***schijten*** *⇒bouten, kakken, poepen, een drol leggen* **0.2** ***liegen*** *⇒onzin uitkramen, de boel belazeren* ◆ **5.¶** →crap **out;**
II ⟨ov.ww.⟩ →crap up.
crape →crepe.
crape·hang·er ['kreɪphæŋə‖-ər]⟨telb.zn.⟩ **0.1** ***zwartkijker*** *⇒chagrijn, tobber* **0.2** ***doodgraver*** *⇒doodbidder, begrafenisondernemer.*
'crap game ⟨telb. en n.-telb.zn.⟩ **0.1** ***(een spelletje) craps.***
'crap 'out ⟨onov.ww.⟩⟨AE⟩ **0.1** ⟨sl.⟩ ***afhaken*** *⇒ergens onderuit (proberen te) komen, het voor gezien houden, de pijp aan Maarten geven, er de brui aan geven* **0.2** ⟨inf.⟩ ***uitgeput raken*** *⇒erbij neervallen, flauwvallen, in slaap vallen* **0.3** ⟨inf.⟩ ***verliezen*** ⟨i.h.b. bij craps⟩.
crap·per ['kræpə‖-ər]⟨telb.zn.⟩⟨AE; inf.⟩ **0.1** ***poepdoos*** *⇒plee* **0.2** ***ophakker*** *⇒opsnijer, opschepper.*
crap·per-stall ['kræpəstɔ:l‖-pər-]⟨telb.zn.⟩⟨AE; sl.⟩ **0.1** ***plee.***
crap·py ['kræpi]⟨bn.; -er; →compar. 7⟩⟨sl.⟩ **0.1** ***waardeloos*** *⇒klote, klere, prullerig.*

'crap·shoot·er ⟨telb.zn.⟩ **0.1** ***craps-speler*** ⇒*dobbelaar*.
crap·u·lence ['kræpjʊləns‖-pjə-]⟨n.-telb.zn.⟩ **0.1** ***onmatigheid*** ⇒*gulzigheid*.
crap·u·lent ['kræpjʊlənt‖-pjə-], **cra·pu·lous** ['kræpjʊləs‖-pjə-]⟨bn.⟩ **0.1** ***onmatig*** ⇒*gulzig, mateloos*.
'crap 'up ⟨ov.ww.⟩ ⟨sl.⟩ **0.1** ***verpesten*** ⇒*verzieken, verkankeren*.
cra·que·lure [kræ'kluə‖-'klʊr]⟨telb. en n.-telb.zn.⟩ **0.1** ***craquelé*** ⇒*craquelure*.
crash[1] [kræʃ]⟨f3⟩⟨zn.⟩
I ⟨telb.zn.⟩ **0.1** ***klap*** ⇒*slag, dreun, geraas, kabaal* **0.2** ***botsing*** ⇒*neerstorting, ongeluk, ramp* **0.3** ***krach*** ⇒*ineenstorting, debâcle, fiasco, catastrofe* **0.4** ⟨AE;inf.⟩ ***smoorverliefdheid;***
II ⟨n.-telb.zn.⟩ **0.1** ***gordijnlinnen/stof*** ⇒*kaasdoek, handdoeklinnen* **0.2** ***boekbinderslinnen*** ⇒*calico*.
crash[2] ⟨f1⟩⟨bn., attr.⟩ **0.1** ***spoed-*** ◆ **1.1** ~course *stoom/spoedcursus;* a ~programme/project *een rampenplan/noodplan*.
crash[3] ⟨f3⟩⟨ww.⟩ →crashing
I ⟨onov.ww.⟩ **0.1** ***te pletter slaan/vallen*** ⇒*verongelukken, botsen, knallen, ploffen, storten, donderen* **0.2** ***stormen*** ⇒*denderen, daveren, sjezen* **0.3** ***dreunen*** ⇒*knallen, kraken* **0.4** ***ineenstorten*** ⇒*failliet/op de fles gaan, springen* **0.5** ⟨inf.⟩ ***binnenvallen*** ⇒*onuitgenodigd op een feest komen* **0.6** ⟨vaak met 'out'⟩⟨sl.⟩ ***(blijven) pitten*** ⇒*de nacht doorbrengen, een slaapplaats gebruiken* **0.7** ⟨vaak met out⟩⟨sl.⟩ ***van zijn stokje gaan*** ⇒*flauwvallen* **0.8** ⟨comp.⟩ ***crashen*** ⇒*gestoord raken, down/plat gaan* ◆ **1.3** the thunder ~ed *de donder dreunde/ratelde* **5.¶** ~ing **about,** the soldiers searched the house *met veel kabaal doorzochten de soldaten het huis* **6.1** after her refusal to marry him his whole world came ~ing **about** his ears *toen zij zijn huwelijksaanzoek afwees stortte zijn hele wereld in;* the plates ~ed **to** the floor *de borden kletterden op de grond* **6.2** I see a horse ~ing **through** the front garden *ik zie een paard door de voortuin rauzen;*
II ⟨ov.ww.⟩ **0.1** ***te pletter laten slaan/vallen*** ⇒*botsen op/tegen, oprijden tegen, klappen op* **0.2** ***neersmijten/kwakken*** ⇒*stuksmijten/gooien, verpletteren, verbrijzelen, (doen) kraken* **0.3** ⟨inf.⟩ ***ongevraagd/onuitgenodigd bezoeken*** ⟨feest⟩ **0.4** ⟨AE;sl.⟩ ***inbreken in*** ⇒*beroven, leeghalen* ◆ **6.1** he ~ed his car **into** a tree *hij is met zijn auto tegen een boom geknald*.
crash[4] ⟨bw.⟩ **0.1** ***met een knal/klap*** ⇒*dreunend, pats, beng*.
'crash·bar·ri·er ⟨telb.zn.⟩ **0.1** ***vangrail*** **0.2** ***dranghek*** **0.3** ***vangkabel/net*** ⟨voor vliegtuig⟩.
'crash dive[1] ⟨telb.zn.⟩ **0.1** ***snelle duik*** ⟨v. onderzeeboot⟩ ⇒*plotselinge duik* ⟨v. vliegtuig⟩.
crash dive[2] ⟨ww.⟩
I ⟨onov.ww.⟩ **0.1** ***snel/plotseling duiken*** ⟨v. vliegtuig/onderzeeër⟩;
II ⟨ov.ww.⟩ **0.1** ***snel/plotseling doen duiken***.
crash·er [kræʃə‖-ər]⟨telb.zn.⟩ **0.1** ***computervandaal*** ⟨mbt. computervirussen⟩.
'crash halt ⟨telb.zn.⟩ **0.1** ***noodstop***.
'crash hat ⟨telb.zn.⟩⟨wielrennen⟩ **0.1** ***(wielrenners)helm*** ⇒*valhelm*.
'crash helmet ⟨f1⟩⟨telb.zn.⟩ **0.1** ***valhelm***.
crash·ing ['kræʃɪŋ]⟨f1⟩⟨bn., attr.; teg. deelw. v. crash⟩⟨inf.⟩ **0.1** ***verpletterend*** ⇒*ontiegelijk, ongelooflijk*.
'crash-land ⟨f1⟩⟨ww.⟩
I ⟨onov.ww.⟩ **0.1** ***een buik/noodlanding maken*** ⟨v. vliegtuig⟩;
II ⟨ov.ww.⟩ **0.1** ***een buik/noodlanding laten maken/uitvoeren met***.
'crash 'landing ⟨f1⟩⟨telb. en n.-telb.zn.⟩ **0.1** ***buik/noodlanding***.
'crash pad ⟨telb.zn.⟩ **0.1** ***stootkussen*** ⟨in casco of tank⟩ **0.2** ⟨sl.⟩ ***(nood)slaapplaats***.
'crash tackle ⟨telb.zn.⟩⟨sport⟩ **0.1** ***harde tackle***.
'crash·wor·thy ⟨bn.; -ness; →bijw. 3⟩ **0.1** ***botsingbestendig*** ⇒*bestand tegen een botsing, schokveilig*.
cra·sis ['kreɪsɪs]⟨telb. en n.-telb.zn.; crases [-si:z]; →mv. 5⟩⟨taalk.⟩ **0.1** ***crasis*** ⟨vermenging v. klinkers⟩.
crass [kræs]⟨f1⟩⟨bn.; -er; -ly; -ness⟩ **0.1** ***bot*** ⇒*onbehouwen, lomp, grof, onbeschoft* **0.2** ***gigantisch*** ⇒⟨vero.⟩ *dik* ◆ **1.2** ~stupidity *flagrante/absolute/peilloze domheid*.
cras·si·tude ['kræsɪtju:d‖-tu:d]⟨zn.⟩
I ⟨telb. en n.-telb.zn.⟩ **0.1** ***botheid*** ⇒*lompheid, grofheid, onbeschoftheid;*
II ⟨n.-telb.zn.⟩⟨vero.⟩ **0.1** ***dikte*** ⇒*omvang(rijkheid), kolossaalheid*.
-crat [kræt] **0.1** ***-craat*** ◆ **¶.1** aristocrat *aristocraat*.
cratch [krætʃ]⟨telb.zn.⟩ **0.1** ***voederbak*** ⇒*krib, ruif, trog*.
crate[1] [kreɪt]⟨f2⟩⟨telb.zn.⟩ **0.1** ***krat*** ⇒*kist, (tenen) mand/korf* **0.2** ***krat (vol)*** **0.3** ⟨inf.⟩ ***brik*** ⇒*bak, kneusje, oude auto* **0.4** ⟨inf.⟩ ***kist*** ⇒*wrakkig vliegtuig, vliegend lijk* **0.5** ⟨AE;inf.⟩ ***(lijk)kist*** ⇒*doodkist, eiken jas* **0.6** ⟨AE;inf.⟩ ***bak*** ⇒*doos, nor, lik, gevangenis, bajes*.
crate[2] ⟨f1⟩⟨ov.ww.⟩ **0.1** ***verpakken in kratten/kisten*** ⇒*in een krat/kist doen*.
crate·ful ['kreɪtfʊl]⟨telb.zn.⟩ **0.1** ***krat (vol)*** ◆ **6.1** six ~s **of** beer *zes kratten bier*.
cra·ter[1] ['kreɪtə‖'kreɪtər]⟨f1⟩⟨telb.zn.⟩ **0.1** ***krater*** ⇒*vulkaanmond/opening* **0.2** ***(bom)krater*** ⇒*granaattrechter, meteoorkrater* **0.3** ***(maan)krater***.
crater[2] ⟨ww.⟩
I ⟨onov.ww.⟩ **0.1** ⟨AE;sl.⟩ ***kapotgaan*** ⇒*sterven;*
II ⟨ov.ww.⟩ **0.1** ***kraters vormen in***.
cra·ter·i·form ['kreɪtərɪfɔ:m‖'kreɪtərɪfɔrm]⟨bn.⟩ **0.1** ***kratervormig*** ⇒*komvormig*.
-crat·ic ['krætɪk] **0.1** ***-cratisch*** ◆ **¶.1** democratic *democratisch*.
cra·vat [krə'væt]⟨telb.zn.⟩ **0.1** ***halsdoek*** ⇒*(strop)das, sjaaltje, cravate, choker, halsveter*.
crave [kreɪv]⟨f2⟩⟨ww.⟩ →craving
I ⟨onov.ww.⟩ **0.1** ***hunkeren*** ⇒*smachten* ◆ **6.1** ⟨schr.⟩ ~**after** *smachten naar;* the farmers are craving **for** rain *de boeren zitten met smart op regen te wachten;*
II ⟨ov.ww.⟩ **0.1** ***hunkeren naar*** ⇒*smachten naar, begeren* **0.2** ⟨schr.⟩ ***verzoeken (om)*** ⇒*bidden/smeken om* **0.3** ***dringend verlegen zitten om*** ⇒*hard nodig hebben*.
cra·ven[1] ['kreɪvn]⟨f1⟩⟨telb.zn.⟩⟨pej.⟩ **0.1** ***lafaard*** ⇒*bloodaard, lafbek, angsthaas*.
craven[2] ⟨f1⟩⟨bn.; -ly; -ness⟩⟨pej.⟩ **0.1** ***laf*** ⇒*abject* ◆ **3.¶** cry ~ *zich overgeven*.
crav·ing ['kreɪvɪŋ]⟨f1⟩⟨telb. en n.-telb.zn.; gerund v. crave⟩ **0.1** ***hunkering*** ⇒*verlangen, begeerte, zucht, hang*.
craw [krɔ:]⟨telb.zn.⟩ **0.1** ***krop*** ⟨v. vogel/insekt⟩ **0.2** ***dieremaag*** ◆ **3.¶** stick in the/one's ~ *in het verkeerde keelgat schieten, tegen de borst stuiten, dwars zitten*.
'craw·fish[1] →crayfish.
crawfish[2] ⟨onov.ww.⟩⟨AE⟩ **0.1** ***terugkrabbelen*** ⇒*zich terugtrekken* ◆ **6.1** ~ **out of** *iets vinden op, ontsnappen aan, omzeilen*.
crawl[1] [krɔ:l]⟨f1⟩⟨zn.⟩
I ⟨telb.zn.⟩ **0.1** ***visvijver*** ⇒*(vis)weer* **0.2** ***schildpadvijver*** **0.3** ***slakkegang*** ⇒*kruipsnelheid, het kruipen* **0.4** ⟨AE;inf.⟩ ***aftitelrol*** ⇒*aftiteling;*
II ⟨n.-telb.zn.; the⟩ **0.1** ***crawl(slag)***.
crawl[2] ⟨f3⟩⟨ww.⟩
I ⟨onov.ww.⟩ **0.1** ***kruipen*** ⇒*sluipen, moeizaam vooruitkomen* **0.2** ***krioelen*** ⇒*krielen, wemelen* **0.3** ***kippevel hebben*** ⇒*rillen, huiveren* **0.4** ***kruipen*** ⇒*kruiperig doen/zijn, slijmen, strooplikken* **0.5** ***crawlen*** ⇒*crawlzwemmen* ◆ **1.3** it makes my skin ~ *ik krijg er kippevel van* **6.2** the place was ~ing **with** vermin *het krioelde er van ongedierte* **6.4** ~ **to** one's boss *de hielen likken van zijn baas;*
II ⟨ov.ww.⟩⟨AE;sl.⟩ **0.1** ***uitkafferen*** ⇒*uitfoeteren, een uitbrander geven* **0.2** ***naaien*** ⇒*neuken, pakken*.
crawl·er ['krɔ:lə‖-ər]⟨f1⟩⟨zn.⟩
I ⟨telb.zn.⟩ **0.1** ***kruiper*** ⇒⟨i.h.b.⟩ *slijmer, strooplikker* **0.2** ***crawlzwemmer/ster*** **0.3** ⟨inf.⟩ ***beestje*** ⇒*kruipend insekt* **0.4** ***rupstrekker*** **0.5** ⟨vnl. BE⟩ ***langzaam rijdende taxi;***
II ⟨mv.; ~s⟩ **0.1** ***kruippakje***.
'crawl(·er) lane ⟨telb.zn.⟩⟨BE⟩ **0.1** ***kruipspoor*** ⇒*kruipstrook* ⟨v. autoweg⟩.
'crawl·er·way, 'crawler lane ⟨telb.zn.⟩ **0.1** ***kruipspoor*** ⇒*kruipstrook, kruipweg* ⟨voor raketvervoer⟩.
'crawl·way ⟨telb.zn.⟩ **0.1** ***kruipgang(etje)***.
crawl·y ['krɔ:li]⟨bn.; -er; →compar. 7⟩⟨inf.⟩ **0.1** ***griezelig*** ⇒*eng, huiveringwekkend*.
cray·fish ['kreɪfɪʃ], ⟨AE⟩ **craw·fish** ['krɔ:fɪʃ]⟨telb. en n.-telb.zn.; ook crayfish, crawfish; →mv. 4⟩⟨dierk.⟩ **0.1** ***rivierkreeft*** ⟨genus Astacus⟩ **0.2** ***langoest*** ⟨fam. Palinuridae⟩.
cray·on[1] ['kreɪən, -ɒn‖-ɑn, -ən]⟨f1⟩⟨telb.zn.⟩ **0.1** ***kleurkrijt*** ⇒*schrijf/tekenkrijt, crayon, houtskool* **0.2** ***kleurpotlood*** **0.3** ***crayon*** ⇒*krijttekening, houtskoolschets/tekening*.
crayon[2] ⟨ov.ww.⟩ **0.1** ***crayoneren*** ⇒*met krijt tekenen;* ⟨fig.⟩ *schetsen, schilderen*.
craze[1] [kreɪz]⟨f2⟩⟨telb.zn.⟩ **0.1** ***rage*** ⇒*manie, bevlieging, modeverschijnsel, gril* **0.2** ***craquelé(patroon)***.
craze[2] ⟨f1⟩⟨ww.⟩
I ⟨onov.ww.⟩ **0.1** ***een craquelépatroon hebben/krijgen*** ⇒*gecraqueleerd zijn, craqueleren;*
II ⟨ov.ww.⟩ **0.1** ⟨vnl. als volt. deelw.⟩ ***van zijn zinnen beroven*** ⇒*verdwazen, verwarren* **0.2** ***craquelé aanbrengen op*** ⇒*craqueleren*.
cra·zy[1] ['kreɪzi]⟨telb.zn.; →mv. 2; vnl. in samenstellingen⟩⟨sl.⟩ **0.1** ***fanaat*** ⇒*maniak, gek, idioot*.
crazy[2] ⟨f3⟩⟨bn.; -er; -ly; -ness; →bijw. 3⟩ **0.1** ***gek*** ⇒*mal, dwaas, idioot, krankzinnig, dol, waanzinnig* **0.2** ⟨inf.⟩ ***te gek*** ⇒*fantas-*

tisch, geweldig, opwindend **0.3** ⟨vero.⟩ ***ziekelijk*** ◆ **1.¶** ~ like a fox *stapelgek, hondsdol;* ~ paving *fantasiebestrating;* ~ quilt *lappendeken* **3.1** go ~ *gek worden* **6.1** ⟨inf.⟩ ~ **about** fishing *gek van vissen;* ~ **about** a girl *stapel op een meisje* **6.¶** ⟨sl.⟩ **like** ~ *als een gek, verwoed, uit alle macht.*

'crazy bone ⟨telb.zn.⟩ ⟨AE⟩ **0.1** ***weduwnaarsbotje*** ⇒*muzikantenbotje, telefoonbotje.*

'cra·zy-cat ⟨telb.zn.⟩ ⟨AE; inf.⟩ **0.1** ***gek*** ⇒*idioot, malloot.*

'cra·zy-house ⟨telb.zn.⟩ ⟨AE; inf.⟩ **0.1** ***gekkenhuis*** ⇒*meerenberg.*

creak[1] [kri:k] ⟨f1⟩ ⟨telb.zn.⟩ **0.1** ***geknars*** ⇒*gekners, knarsgeluid, gekraak, geknerp.*

creak[2] ⟨f2⟩ ⟨onov.ww.⟩ ⟨→sprw. 91⟩ **0.1** ***knarsen*** ⇒*knersen, kraken, knerpen.*

creak·er ['kri:kə‖-ər] ⟨telb.zn.⟩ ⟨AE; inf.⟩ **0.1** ***ouwe knar*** ⇒*ouwe sok.*

creak·y ['kri:ki] ⟨f1⟩ ⟨bn.; -er; -ly; -ness; →bijw. 3⟩ **0.1** ***knarsend*** ⇒*knersend, krakerig, knerpend.*

cream[1] [kri:m] ⟨f3⟩ ⟨zn.⟩ ⟨→sprw. 648⟩

I ⟨telb.zn.⟩ **0.1** ***roomkleurig dier*** ⟨i.h.b. paard⟩;

II ⟨telb. en n.-telb.zn.⟩ **0.1** ***crème*** ⇒*emulsie, (koel)zalf, coldcream, olie* **0.2** ***roomsaus*** ⇒*roomschotel/soep/gerecht* **0.3** ⟨vaak attr.⟩ ***crème*** ⇒*roomgele kleur* ◆ **1.2** ~ of chicken (soup) *kippecrèmesoep* **3.3** ~ laid paper *crème vergé (papier);* ~ wove paper *crème velijn(papier);*

III ⟨n.-telb.zn.⟩ **0.1** ***(slag)room*** **0.2** ⟨the⟩ ***crème*** ⟨ook fig.⟩ ⇒*room, puikje, fine fleur* ◆ **1.2** the ~ of the story *de kern/clou v.h. verhaal* **1.¶** ⟨med., schei.⟩ ~ of tartar *cremor tartari, krimmetart* **7.2** the ~ of the ~ *de crème de la crème.*

cream[2] ⟨f2⟩ ⟨ww.⟩

I ⟨onov.ww.⟩ **0.1** ***schuimen*** ⇒*schuim vormen, room vormen;*

II ⟨onov. en ov.ww.⟩ **0.1** ***romen*** ⇒*opromen, ontromen, afromen* ⟨ook fig.⟩ ◆ **5.1** ~ off *afromen;*

III ⟨ov.ww.⟩ **0.1** ***kloppen*** ⇒*(krachtig) dooreenroeren* **0.2** ***room/eieren/boter toevoegen aan*** ⇒*in/met room e.d. bereiden* **0.3** ***inwrijven/smeren*** ⟨huid⟩ **0.4** ⟨sl.⟩ ***afdrogen*** ⇒*de vloer aanvegen met, kloppen, van tafel vegen* ◆ **1.2** ~ed potatoes *aardappelpuree.*

'cream 'bun ⟨telb.zn.⟩ **0.1** ⟨ong.⟩ ***room/puddingbroodje.***

'cream cake ⟨telb.zn.⟩ **0.1** ***slagroomgebakje*** ⇒*slagroompunt.*

cream cheese ['-'-‖'--] ⟨f1⟩ ⟨n.-telb.zn.⟩ **0.1** ***roomkaas.***

'cream-'col·oured ⟨bn.⟩ **0.1** ***roomkleurig*** ⇒*crème* ◆ **1.¶** ⟨dierk.⟩ ~ courser *renvogel* ⟨Cursorius cursor⟩.

'cream cracker ⟨telb.zn.⟩ **0.1** ***(cream)cracker.***

cream·er ['kri:mə‖-ər] ⟨telb.zn.⟩ **0.1** ***roomkan(netje)*** **0.2** ***roomschotel*** ⇒*roomafscheider, roomschaal.*

cream·er·y ['kri:mri] ⟨telb.zn.; →mv. 2⟩ **0.1** ***zuivelhandel/winkel*** ⇒*melkboer* **0.2** ***zuivelfabriek.***

'cream 'horn ⟨telb.zn.⟩ **0.1** ***roomhoorn(tje).***

'cream ice ⟨telb.zn.⟩ ⟨BE⟩ **0.1** ***(room)ijsje*** ⇒*ijsco.*

'cream 'puff ⟨telb.zn.⟩ **0.1** ***roomsoesje*** **0.2** ⟨inf.⟩ ***slapjanus*** ⇒*halve zachte, boterletter* **0.3** ⟨inf.⟩ ***niemendalletje*** ⇒*ding van niks, flutding* **0.4** ⟨AE; inf.⟩ ***zo-goed-als-nieuwe auto*** ⇒*binnenslaper.*

'cream 'sauce ⟨telb. en n.-telb.zn.⟩ **0.1** ***roomsaus.***

'cream separator ⟨telb.zn.⟩ **0.1** ***roomafscheider.***

'cream 'soda ⟨telb. en n.-telb.zn.⟩ **0.1** ***cream soda*** ⇒*vanille priklimonade.*

'cream 'tea ⟨telb. en n.-telb.zn.⟩ ⟨BE⟩ **0.1** ***theemaaltijd met 'scones' met dikke room (en jam).***

cream·ware ['kri:mweə‖-wer] ⟨n.-telb.zn.⟩ **0.1** ***crèmekleurig aardewerk*** ⟨18e eeuw⟩.

cream·y ['kri:mi] ⟨f2⟩ ⟨bn.; -er; -ly; -ness; →bijw. 3⟩ **0.1** ***romig*** ⇒*(room)zacht.*

crease[1] [kri:s] ⟨f1⟩ ⟨telb.zn.⟩ **0.1** ***vouw*** ⇒*plooi, kreukel* **0.2** ⟨sport, i.h.b. cricket⟩ ***lijn*** ⇒*streep, doellijn, doelcirkel* **0.3** ***kris*** ◆ **2.1** ~ resistant *kreukvrij.*

crease[2] ⟨f2⟩ ⟨ww.⟩

I ⟨onov. en ov.ww.⟩ **0.1** ***kreuke(le)n*** ⇒*vouwen, plooien* **0.2** ⟨vaak met 'up'⟩ ⟨BE; inf.⟩ ***in een deuk liggen*** ⇒*dubbel liggen;*

II ⟨ov.ww.⟩ **0.1** ***persen*** ⇒*een vouw maken in* **0.2** ⟨vaak met 'up'⟩ ⟨BE; inf.⟩ ***(in lachen) doen uitbarsten*** ⇒*in een deuk doen liggen* **0.3** ⟨sl.⟩ ***afmatten*** ⇒*verdoven, bedwelmen, uitschakelen* **0.4** ***met een schampschot treffen.***

creas·y ['kri:si] ⟨bn.; -er; →compar. 7⟩ **0.1** ***geplooid*** ⇒*gevouwen, gekreukt.*

create [kri'eɪt] ⟨f3⟩ ⟨ww.⟩

I ⟨onov.ww.⟩ ⟨inf.⟩ **0.1** ***tekeergaan*** ⇒*leven maken;*

II ⟨ov.ww.⟩ **0.1** ***scheppen*** ⇒*creëren, ontwerpen, in het leven roepen, voortbrengen, maken, tot stand brengen* **0.2** ***veroorzaken*** ⇒*teweegbrengen* **0.3** ***benoemen*** ⇒*(in de adelstand) verheffen, aanstellen* **0.4** ⟨dram.⟩ ***creëren*** ⟨een rol⟩ ⇒*neerzetten.*

cre·a·tine ['kri:ət̬ɪn] ⟨n.-telb.zn.⟩ ⟨biol., schei.⟩ **0.1** ***creatine.***

cre·a·tion [kri'eɪʃn] ⟨f3⟩ ⟨zn.⟩

I ⟨telb.zn.⟩ **0.1** ***creatie*** ⇒*(mode)ontwerp, schepping;*

II ⟨telb. en n.-telb.zn.⟩ **0.1** ***schepping*** ⇒*instelling, oprichting, stichting* ◆ **3.¶** ⟨inf.⟩ this licks ~ *dit slaat alles* **7.1** the Creation *de schepping, het scheppingsverhaal;*

III ⟨n.-telb.zn.⟩ **0.1** ***aanstelling*** ⇒*benoeming, verheffing (in de adelstand).*

cre·a·tion·ism [kri'eɪʃnɪzm] ⟨n.-telb.zn.⟩ ⟨theol.⟩ **0.1** ***creationisme*** ⇒*scheppingstheorie/leer* ⟨tgo. evolutieleer⟩ **0.2** ***creatianisme*** ⟨leer dat elke ziel een afzonderlijke schepping v. God is⟩.

cre·a·tion·ist [kri'eɪʃənɪst] ⟨telb.zn.⟩ ⟨theol.⟩ **0.1** ***creationist*** ⇒*aanhanger v.h. creationisme* **0.2** ***creatianist*** ⇒*aanhanger v.h. creatianisme.*

cre·a·tive [kri'eɪt̬ɪv] ⟨f3⟩ ⟨bn.; -ly; -ness⟩ **0.1** ***creatief*** ⇒*scheppend, vindingrijk, oorspronkelijk, origineel* ◆ **6.1** speeches ~ **of** unrest *onrust veroorzakende redevoeringen, opruiende toespraken.*

cre·a·tiv·i·ty ['kri:ə'tɪvət̬i] ⟨f1⟩ ⟨n.-telb.zn.⟩ **0.1** ***creativiteit*** ⇒*scheppingsdrang/vermogen, scheppende kracht.*

cre·a·tor [kri'eɪtə‖-'eɪt̬ər] ⟨f2⟩ ⟨telb.zn.⟩ **0.1** ***schepper*** ◆ **7.1** the Creator *de Schepper, God.*

crea·ture ['kri:tʃə‖-ər] ⟨f3⟩ ⟨telb.zn.⟩ **0.1** ***schepsel*** ⇒*schepping, voortbrengsel* **0.2** ***dier*** ⇒*beest* **0.3** ***(levend) wezen*** **0.4** ***stakker*** ⇒*mens(je), creatuur* **0.5** ***werktuig*** ⇒*stroman, beschermeling, protégé, creatuur* **0.6** ⟨the⟩ ⟨gew.⟩ ***sterke drank*** ⇒⟨i.h.b.⟩ *whisky* ◆ **1.1** all God's ~s (great and small) *alle schepselen Gods;* ~ of habit *gewoontedier/mens.*

'creature 'comforts ⟨mv.⟩ **0.1** ***geneugten des levens*** ⇒*geneugten dezer wereld, materiële genietingen, natje en droogje.*

crèche [kreɪʃ‖kreʃ] ⟨f1⟩ ⟨telb.zn.⟩ **0.1** ⟨vnl. BE⟩ ***crèche*** ⇒*kinderbewaarplaats, kinderdagverblijf* **0.2** ⟨AE⟩ ***kerststal*** ⇒*kribbe* **0.3** ***vondelingenhuis.***

cred ⟨n.-telb.zn.⟩ ⟨verk.⟩ credibility ⟨inf.⟩.

cre·dence ['kri:dns] ⟨f1⟩ ⟨zn.⟩

I ⟨telb.zn.⟩ ⟨R.-K.⟩ **0.1** ***credens(tafel);***

II ⟨n.-telb.zn.⟩ **0.1** ***geloof*** ◆ **3.1** attach/give no ~ to *geen geloof hechten aan.*

'credence table ⟨telb.zn.⟩ ⟨R.-K.⟩ **0.1** ***credens(tafel).***

cre·den·dum [krɪ'dendəm] ⟨telb.zn.; credenda [-'dendə]; →mv. 5⟩ ⟨relig.⟩ **0.1** ***geloofsartikel.***

cre·den·tial [krɪ'denʃl] ⟨f1⟩ ⟨zn.⟩

I ⟨telb.zn.⟩ **0.1** ***diploma*** ⇒*certificaat;*

II ⟨mv.; ~s⟩ **0.1** ***introductie/geloofsbrieven*** ⇒*referenties, credentialen, kwalificatie* **0.2** ***legitimatiebewijs.***

cre·den·tial·ism [krɪ'denʃəlɪzm] ⟨n.-telb.zn.⟩ **0.1** ***diplomaterreur.***

cre·den·za [krɪ'denzə] ⟨telb.zn.⟩ **0.1** ***(laag) dressoir.***

cred·i·bil·i·ty ['kredɪ'bɪlət̬i] ⟨n.-telb.zn.⟩ **0.1** ***geloofwaardigheid*** ⇒*aannemelijkheid.*

credi'bility gap ⟨telb.zn.⟩ ⟨vnl. pol.⟩ **0.1** ***vertrouwenscrisis*** ⇒*ongeloofwaardigheid.*

cred·i·ble ['kredəbl] ⟨f1⟩ ⟨bn.; -ly; -ness; →bijw. 3⟩ **0.1** ***geloofwaardig*** ⇒*vertrouwenswaardig, betrouwbaar* **0.2** ***overtuigend*** ⇒*plausibel, doorslaand, serieus te nemen.*

cre·dit[1] ['kredɪt] ⟨f3⟩ ⟨zn.⟩ ⟨→sprw. 219⟩

I ⟨telb.zn.⟩ **0.1** ⟨AE; school⟩ ***studiepunt*** ⇒*examen/tentamenbriefje, studiecertificaat* **0.2** ⟨vnl. enk.⟩ ***sieraad*** ◆ **6.2** she's a ~ **to** our family *ze is een sieraad voor onze familie;*

II ⟨telb. en n.-telb.zn.⟩ **0.1** ***krediet*** **0.2** ***credit*** ⇒*creditzijde, creditpost* **0.3** ***tegoed*** ⇒*spaarbanktegoed, positief saldo* ◆ **2.1** unlimited ~ *onbeperkt/blanco krediet* **3.1** give ~ *krediet geven/verlenen/verstrekken* **6.1** buy **on** ~ *op krediet/afbetaling kopen* **6.2** I've two thousand pounds standing **to** my ~ *ik heb een (bank)tegoed van tweeduizend pond;*

III ⟨n.-telb.zn.⟩ **0.1** ***geloof*** ⇒*vertrouwen* **0.2** ***eer*** ⇒*lof, verdienste, erkenning* **0.3** ***krediet(waardigheid)*** ⇒*solventie, goede naam* **0.4** ***krediet(termijn)*** ◆ **1.3** the man's ~ is good *de man is kredietwaardig* **3.1** gain ~ *geloofwaardiger worden;* do you give ~ to that story? *hecht jij enig geloof aan dat verhaal?;* lend ~ to *bevestigen, de aannemelijkheid/geloofwaardigheid versterken van* **3.2** it does you ~, it is to your ~, it reflects ~ on you *het siert je, het strekt je tot eer;* he took the ~ for it *hij ging met de eer strijken* **6.2** the group has more than 30 albums **to** its ~ *de groep heeft meer dan 30 elpees op haar naam;*

IV ⟨mv.; ~s⟩ **0.1** ***titelrol*** ⇒*aftiteling, (eind)generiek, credits.*

credit[2] ⟨f2⟩ ⟨ov.ww.⟩ **0.1** ***geloven*** ⇒*geloof hechten aan* **0.2** ***crediteren*** ⇒*op iemands tegoed bijschrijven, bijschrijven op de rekening van* **0.3** ***toedenken*** ⇒*toeschrijven* **0.4** ⟨AE; school.⟩ ***studiepunten toekennen aan*** ◆ **6.2** ~ an amount **to** s.o./**to** s.o.'s account, ~ s.o. **with** an amount *iem. voor een bedrag crediteren* **6.3** he's ~ed **with** the invention *de uitvinding staat op zijn naam;* I would never have ~ed him **with** such cruelty *zoveel wreedheid had ik nooit achter hem gezocht;* this amulet is ~ed **with** extraordinary powers *aan deze amulet worden buitengewone krachten toegeschreven.*

cred·it·a·ble ['kredɪṭəbl]⟨f1⟩⟨bn.; -ly; -ness; →bijw. 3⟩ **0.1** ***loffelijk*** ⇒*eervol, lof/prijzenswaardig, bewonderenswaardig* **0.2** ***toe te schrijven*** **0.3** ***kredietwaardig.***

'credit account ⟨f1⟩⟨telb.zn.⟩⟨BE⟩ **0.1** ***rekening*** ⟨bij een winkel⟩.

'credit card ⟨f1⟩⟨telb.zn.⟩ **0.1** ***credit card*** ⇒⟨ong.⟩ *betaalkaart.*

'credit 'bill ⟨telb.zn.⟩ **0.1** ***maandafrekening*** ⇒*maandoverzicht* ⟨v. via creditcard betaalde rekeningen⟩.

'credit control ⟨telb. en n.-telb.zn.⟩ **0.1** ***kredietcontrole.***

'credit institution ⟨telb.zn.⟩ **0.1** ***kredietinstelling.***

'credit insurance ⟨telb.zn.⟩ **0.1** ***kredietverzekering.***

'credit line ⟨telb.zn.⟩ **0.1** ***(regel met) bronvermelding*** **0.2** ***kredietlimiet*** ⇒*kredietgrens, plafond.*

'credit note ⟨f1⟩⟨telb.zn.⟩ **0.1** ***creditnota*** **0.2** ***tegoedbon.***

cred·i·tor ['kredɪtə‖-dɪṭər]⟨f1⟩⟨telb.zn.⟩ **0.1** ***crediteur*** ⇒*schuldeiser* **0.2** ***creditzijde*** ⇒*creditkant.*

'credit rating ⟨telb.zn.⟩ **0.1** ***kredietrapport*** ⇒*taxatie v. iemands kredietwaardigheid.*

'credit sale ⟨telb.zn.⟩ **0.1** ***krediet/termijnverkoop.***

'credit side ⟨telb.zn.⟩ **0.1** ***creditzijde*** ⇒*creditkant.*

'credit squeeze ⟨telb.zn.⟩ **0.1** ***kredietbeperking/restrictie.***

'credit titles ⟨mv.⟩ **0.1** ***titelrol*** ⇒*aftiteling, (eind) generiek, credits.*

'credit union ⟨telb.zn.⟩ **0.1** ***kredietvereniging.***

'cred·it·wor·thy ⟨bn.; -ness; →bijw. 3⟩ **0.1** ***kredietwaardig.***

cre·do ['kri:doʊ‖'kreɪ-]⟨telb.zn.⟩ **0.1** ***credo*** ⟨ook fig.⟩ ⇒*geloofsbelijdenis* ◆ **7.1** ⟨R.-K.⟩ the Credo *het Credo.*

cre·du·li·ty [krɪ'dju:ləti‖-'du:ləṭi]⟨f1⟩⟨n.-telb.zn.⟩ **0.1** ***lichtgelovigheid*** ⇒*goedgelovigheid.*

cred·u·lous ['kredʒələs]⟨f1⟩⟨bn.; -ly; -ness⟩ **0.1** ***lichtgelovig*** ⇒*goedgelovig.*

creed [kri:d]⟨f2⟩⟨telb.zn.⟩ **0.1** ***geloofsbelijdenis*** ⇒*credo* **0.2** ***(geloofs)overtuiging*** ⇒*gezindte* ◆ **7.1** ⟨R.-K.⟩ the Creed *het Credo.*

creek [kri:k]⟨f2⟩⟨telb.zn.⟩ **0.1** ⟨BE⟩ ***kreek*** ⇒*inham, bocht, (korte) rivierarm* **0.2** ⟨AE, Austr. E⟩ ***kreek*** ⇒*beek, kleine rivier* ◆ **6.¶** ⟨sl.⟩ **up** the ~ *in een lastig parket, in de penarie; van God los, onwijs, idioot.*

creel [kri:l]⟨telb.zn.⟩ **0.1** ***visben/mand*** ⇒*kriel* **0.2** ***tenen fuik*** **0.3** ⟨textielind.⟩ ***spoelregister*** ⇒*klossenrek* ◆ **6.¶** ⟨Sch. E⟩ **in** a ~ *(even) de kluts kwijt, in verwarring.*

creep[1] [kri:p]⟨f1⟩⟨zn.⟩

I ⟨telb.zn.⟩ **0.1** ⟨sl.⟩ ***gluiper(d)*** ⇒*griezel, engerd;* ⟨i.h.b.⟩ *slijmer(d), (kont)kruiper, bruinwerker* **0.2** ***kruip/sluipgang*** ⇒*kruipgat* **0.3** ***kruiptempo*** ⇒*slakkegangetje;*

II ⟨n.-telb.zn.⟩ **0.1** ***het kruipen*** ⇒*kruipende vooruitgang;* ⟨ook tech.⟩ *kruip* **0.2** ⟨geol.⟩ ***(langzame)(af)glijding/schuiving*** ⇒*creep;*

III ⟨mv.; ~s; the⟩⟨inf.⟩ **0.1** ***kriebels*** ⇒*kippevel, huivering, koude rillingen* **0.2** ⟨AE⟩ ***delirium tremens*** ⇒*lirium* ◆ **3.1** that book gives me the ~s *ik word helemaal eng van dat boek, ik krijg wat van dat boek.*

creep[2] ⟨f3⟩⟨onov.ww.; crept, crept [krept]⟩ →creeping ⟨→sprw. 743⟩ **0.1** ***kruipen*** ⟨ook plantk., tech.⟩ ⇒*sluipen* **0.2** ⟨pej.⟩ ***kruipen*** ⇒*strooplikken, slijmen* **0.3** ***rillen*** ⟨v.d. huid⟩ ⇒*kippevel vertonen, huiveren* ◆ **5.1** ~ **in** *binnensluipen* **6.1** ~ **up on** *bekruipen, besluipen.*

creep·er ['kri:pə‖-ər]⟨f1⟩⟨zn.⟩

I ⟨telb.zn.⟩ **0.1** ***kruiper*** **0.2** ⟨plantk.⟩ ***kruiper*** ⇒*kruipend gewas, klimplant* **0.3** ***kruipend dier/insekt*** **0.4** ***dreg*** ⇒*dreghaak/instrument* **0.5** ⟨AE; inf.⟩ ***laagste versnelling*** ⇒*één, eerste versnelling* **0.6** ⟨AE; inf.⟩ ***gauwdief*** ⇒*ladelichter;*

II ⟨mv.; ~s⟩ **0.1** ⟨AE⟩ ***kruippak*** **0.2** ***bordeelsluipers*** ⇒*schoenen met crêpe zolen* **0.3** ***ijskrap/spoor*** ⇒*klimijzer/spoor.*

'creep·hole ⟨telb.zn.⟩ **0.1** ***sluip/vluchtgang*** ⟨vnl. voor dier⟩ **0.2** ***uitvlucht*** ⇒*smoes.*

creep·ing ['kri:pɪŋ]⟨bn.; teg. deelw. v. creep⟩ **0.1** ***kruipend*** ◆ **1.1** ⟨med.⟩ ~ eruption *kruipende huiduitslag, voortkruipende huidziekte* ⟨door larven veroorzaakt⟩; ~ inflation *kruipende inflatie* **1.¶** ~ barrage *gordijn/frontvuur;* ⟨plantk.⟩ ~ Charlie/Jennie/Jenny *kruip/klimplant;* ⟨i.h.b.⟩ *penningkruid* ⟨Lysimachia nummularia⟩; ⟨sl.⟩ ~ Jesus *verachtelijke/schijnheilige figuur, gatlikker, hypocriet;* ⟨inf.⟩ ~ meatballism *voortsluipende vertrossing* ⟨v.d. Amerikaanse samenleving⟩; ⟨med.⟩ ~ paralysis *geleidelijke verlamming.*

creep·y ['kri:pi]⟨f1⟩⟨bn.; -er; -ly; -ness; →bijw. 3⟩ **0.1** ***griezelig*** ⇒*eng, huiveringwekkend* **0.2** ***huiverend*** ⇒*angstig, bang, akelig* **0.3** ***kruipend*** ⇒*traag voortkruipend* **0.4** ***goedkoop*** ⇒*rottig, derderangs.*

'creep·y'crawl·y[1] ⟨telb.zn.; →mv. 2⟩⟨inf.⟩ **0.1** ***beestje*** ⇒*(kruipend) insekt/ongedierte.*

creepycrawly[2] ⟨bn.⟩ **0.1** ***kruipend*** **0.2** ***eng*** ⇒*griezelig.*

creese →kris.

cre·mains [krɪ'meɪnz]⟨mv.⟩ **0.1** ***as*** ⟨v. verbrand lijk⟩ ⇒*stoffelijke/verbrande resten.*

cre·mate [krɪ'meɪt‖'kri:meɪt]⟨f1⟩⟨ov.ww.⟩ **0.1** ***cremeren*** ⇒*verassen.*

cre·ma·tion [krɪ'meɪʃn]⟨f1⟩⟨telb. en n.-telb.zn.⟩ **0.1** ***crematie*** ⇒*lijkverbranding, verassing.*

cre·ma·tion·ist [krɪ'meɪʃənɪst‖kri:-]⟨telb.zn.⟩ **0.1** ***voorstander v. crematie.***

cre·ma·tor [krɪ'meɪtə‖'kri:meɪṭər]⟨telb.zn.⟩ **0.1** ***lijkverbrander*** ⇒*cremator.*

cre·ma·to·ri·um ['kremə'tɔ:rɪəm‖'kri:mə'tɔ-]⟨f1⟩⟨telb.zn.; ook crematoria; →mv. 5⟩ **0.1** ***crematorium(gebouw).***

cre·ma·to·ry[1] [kremətri‖'kri:mətɔri]⟨telb.zn.; →mv. 2⟩ **0.1** ***crematorium(gebouw).***

crematory[2] ⟨bn.⟩ **0.1** ***crematoir*** ⇒*crematie-.*

crème de cacao ['krem də 'koʊkoʊ]⟨telb. en n.-telb.zn.⟩ **0.1** ***(glaasje) crème de cacao*** ⇒*cacaolikeur.*

crème de la crème ['krem dlɑ: 'krem]⟨n.-telb.zn.; the⟩ **0.1** ***crème de la crème*** ⇒*neusje v.d. zalm.*

crème de menthe ['krem də'mɒnθ‖-'mɑnθ]⟨telb. en n.-telb.zn.⟩ **0.1** ***(glaasje) crème de menthe*** ⇒*pepermuntlikeur.*

Cre·mo·na [krɪ'moʊnə]⟨telb.zn.⟩⟨muz.⟩ **0.1** ***cremona(-viool).***

cre·nate ['kri:neɪt], **cre·nat·ed** [-neɪṭɪd]⟨bn.⟩⟨biol.⟩ **0.1** ***gekarteld*** ⟨vnl. v. blad⟩.

cre·na·tion [krɪ'neɪʃn], **cren·a·ture** ['kri:nətʃə‖'krenətʃər]⟨zn.⟩⟨biol.⟩

I ⟨telb.zn.⟩ **0.1** ***schulp*** ⇒*kartel, kerf;*

II ⟨n.-telb.zn.⟩ **0.1** ***geschulptheid*** ⇒*gekarteldheid, karteling.*

cren·el ['krenl], **cre·nelle** [krə'nel]⟨telb.zn.⟩ **0.1** ***schietgat*** ⇒*insnijding.*

cren·el·lat·ed, ⟨AE sp. ook⟩ **cren·e·lat·ed** ['krenəleɪṭɪd]⟨bn.⟩ **0.1** ***gecreneleerd*** ⇒*gekanteeld, voorzien v. kantelen, ommuurd, versterkt.*

cren·el·la·tion, ⟨AE sp. ook⟩ **cren·e·la·tion** ['krenə'leɪʃn]⟨zn.⟩

I ⟨telb.zn.⟩ **0.1** ***kanteel;***

II ⟨n.-telb.zn.⟩ **0.1** ***kantéling.***

Cre·ole[1] ['kri:oʊl]⟨zn.; ook c-⟩

I ⟨eig.n.⟩ **0.1** ***Creools*** ⇒*de Creoolse taal;*

II ⟨telb.zn.⟩ **0.1** ***creool(se)*** **0.2** ***mengtaal.***

Creole[2] ⟨bn.; ook c-⟩ **0.1** ***creools*** **0.2** ⟨cul.⟩ ***creools*** ⇒*scherp gekruid.*

cre·o·lize, -lise ['krɪəlaɪz]⟨ov.ww.⟩⟨taalk.⟩ **0.1** ***creoliseren*** ⇒*verbasteren.*

cre·o·sol ['krɪəsɒl‖-soʊl]⟨n.-telb.zn.⟩⟨schei.⟩ **0.1** ***creosol.***

cre·o·sote[1] ['krɪəsoʊt], **'creosote oil** ⟨n.-telb.zn.⟩ **0.1** ***creosoot(olie).***

creosote[2] ⟨ov.ww.⟩ **0.1** ***creosoteren*** ⇒*met creosoot behandelen.*

crepe[1], **crêpe, crape** [kreɪp]⟨f1⟩⟨zn.⟩

I ⟨telb.zn.⟩ **0.1** ***rouwband*** **0.2** ***flensje*** ⇒*dun pannekoekje;*

II ⟨n.-telb.zn.⟩ **0.1** ***crêpe*** ⇒*krip;* ⟨i.h.b.⟩ *floers* **0.2** ***crêpepapier*** **0.3** ***crêpe(rubber)*** ◆ **1.1** ~ de Chine *crêpe de Chine.*

crepe[2], **crêpe, crape** ⟨ov.ww.⟩ **0.1** ***befloersen*** ⇒*omfloersen, met crêpe bedekken/overtrekken.*

'crepe hair ⟨n.-telb.zn.⟩⟨vero.; dram.⟩ **0.1** ***kunsthaar.***

crepe paper ['-'-‖'--]⟨n.-telb.zn.⟩ **0.1** ***crêpepapier.***

'crepe 'rubber ⟨n.-telb.zn.⟩ **0.1** ***crêpe(rubber).***

crep·i·tate ['krepɪteɪt]⟨onov.ww.⟩ **0.1** ***knetteren*** ⇒*knisperen, knapperen.*

crep·i·ta·tion ['krepɪ'teɪʃn]⟨telb. en n.-telb.zn.⟩ **0.1** ***knettergeluid*** ⇒*knettering, geknetter* **0.2** ⟨med.⟩ ***crepitus*** ⇒*crepitatie.*

crep·i·tus ['krepɪṭəs]⟨telb. en n.-telb.zn.; crepitus; →mv. 4⟩ ⟨med.⟩ **0.1** ***crepitus.***

cré·pon ['krepɒn‖'kreɪpɑn]⟨n.-telb.zn.⟩ **0.1** ***crepon*** ⟨crêpeweefsel⟩.

crept [krept]⟨verl. t. en volt. deelw.⟩ →creep.

cre·pus·cu·lar [krɪ'pʌskjʊlə‖-kjələr]⟨bn.⟩ **0.1** ***schemerig*** ⇒*schemerend, schemer-, vaag* **0.2** ⟨biol.⟩ ***crepusculair.***

Cres ⟨afk.⟩ Crescent.

cres·cen·do[1] [krɪ'ʃendoʊ]⟨f1⟩⟨telb.zn.; ook crescendi [-'ʃendi:]; →mv. 5⟩⟨muz.⟩ **0.1** ***crescendo*** ⟨ook fig.⟩ ⇒*climax.*

crescendo[2] ⟨f1⟩⟨bn.; bw.⟩⟨muz.⟩ **0.1** ***geleidelijk toenemend in geluidssterkte*** ⇒*crescendo (oplopend), naar een climax voerend* ⟨ook fig.⟩.

cres·cent[1] ['kresnt]⟨f1⟩⟨zn.⟩

I ⟨telb.zn.⟩ **0.1** ***maansikkel*** ⇒*halvemaan, afnemende/wassende maan* **0.2** ⟨ben. voor⟩ ***halvemaanvormig iets*** ⇒*halvemaantje* ⟨broodje⟩, *croissant;* ⟨BE⟩ *halvemaanvormige rij huizen;*

II ⟨n.-telb.zn.; C-; the⟩ **0.1** ***halvemaan*** ⇒*islam* **0.2** ⟨heraldiek⟩ ***halvemaan*** ⇒*wassenaar.*

crescent[2] ⟨bn., attr.⟩ **0.1** ***halvemaanvormig*** **0.2** ***toenemend*** ⇒*aanwassend.*

cre·sol ['kri:soul]⟨telb. en n.-telb.zn.⟩⟨schei.⟩ **0.1** ***cresol.***
cress [kres]⟨f1⟩⟨telb. en n.-telb.zn.⟩⟨cul., plantk.⟩ **0.1** ***kers*** ⇒*kres (se)* ⟨fam. Cruciferae⟩; ⟨i.h.b.⟩ *gewone kers, tuin/sterrekers* ⟨Crepidium sativum⟩, *gele waterkers* ⟨Nasturtium amphibium⟩, *witte waterkers, cresson* ⟨Nasturtium officinale⟩, *veldkruidkers* ⟨Crepidium campestre⟩.
cres·set ['kresɪt]⟨telb.zn.⟩⟨gesch.⟩ **0.1** ***(pek)toorts*** ⇒*lichtopstand, flambouw.*
crest[1] [krest]⟨f2⟩⟨telb.zn.⟩ **0.1** ***kam*** ⇒*pluim, kuif* **0.2** ***helmbos/pluim*** ⇒*vederbos;* ⟨fig.⟩ *helm* **0.3** ***top*** ⇒*berg/heuveltop* **0.4** ***golfkam*** ⇒*schuimkop, kruin* **0.5** ***wapen*** ⇒*helmteken* **0.6** ***nok*** ⇒*(dak) vorst* **0.7** ***neklijn*** ⇒⟨fig.⟩ *manen* **0.8** ⟨med.⟩ ***rand*** ⇒*kam, crista* ◆ **1.4** on the ~ of the wave *op de top v.d. golf;* ⟨fig.⟩ *op het hoogtepunt* **2.8** frontal ~ *voorhoofdskam;* occipital ~ *crista occipitalis* **3.4** ⟨fig.⟩ he's riding the ~ (of the waves) *hij scheert de hoogste toppen, hij is op het hoogtepunt van zijn macht/carrière/succes* ⟨enz.⟩.
crest[2] ⟨ww.⟩ →cresting
I ⟨onov.ww.⟩ **0.1** ***koppen vormen*** ⇒*omkrullen, schuimkoppen vormen;*
II ⟨ov.ww.⟩ **0.1** ***de top bereiken van*** ⇒*bedwingen* **0.2** ***voorzien v.e. pluim*** ⇒*een pluim aanbrengen op* **0.3** ***voorzien v.e. wapen/helmteken.***
crest·ed ['krestɪd]⟨bn.⟩ **0.1** ***met een kam/pluim/kuif*** ⟨enz.; zie crest[1]⟩ ⇒*gekuifd, kuif-* ◆ **1.¶** ⟨dierk.⟩ ~ coot *knobbelmeerkoet* ⟨Fulica cristata⟩; ⟨dierk.⟩ great ~ grebe *fuut* ⟨Podiceps cristatus⟩; ⟨dierk.⟩ ~ lark *kuifleeuwerik* ⟨Galerida cristata⟩; ⟨dierk.⟩ ~ tit *kuifmees* ⟨Parus cristatus⟩.
'crest·fall·en ⟨f1⟩⟨bn.; -ly⟩ **0.1** ***terneergeslagen*** ⇒*teleurgesteld, beteuterd, ontmoedigd.*
'crest·ing ⟨telb.zn.; oorspr. gerund v. crest⟩ **0.1** ***kroonlijst.***
cretaceous [krɪ'teɪʃəs]⟨bn.⟩ **0.1** ***krijtachtig*** ⇒*krijtig, krijthoudend, krijt-* **0.2** ⟨vaak C-⟩⟨geol.⟩ ***het Krijt betreffende*** ⇒*Krijt-.*
Cre·ta·ceous ⟨n.-telb.zn.; the⟩⟨geol.⟩ **0.1** ***Krijt*** ⇒*Krijtperiode/tijd.*
Cre·tan[1] ['kri:tn]⟨telb.zn.⟩ **0.1** ***Kretenzer.***
Cretan[2] ⟨bn.⟩ **0.1** ***Kretenzisch*** ⇒*Kretenzer.*
Crete [kri:t]⟨eig.n.⟩ **0.1** ***Kreta.***
cre·tic ['kri:ṭɪk]⟨telb.zn.⟩ **0.1** ***creticus*** ⟨versvoet⟩.
cre·tin ['kretɪn‖'kri:tn]⟨telb.zn.⟩ **0.1** ⟨med.⟩ ***cretin*** ⇒*lijder aan cretinisme, kropmens* **0.2** ⟨inf.⟩ ***idioot*** ⇒*gek, stomkop, cretin.*
cre·tin·ism ['kretɪnɪzm‖'kri:-]⟨n.-telb.zn.⟩⟨med.⟩ **0.1** ***cretinisme*** ⇒*kropziekte.*
cre·tin·ous ['kretɪnəs‖'kri:-]⟨bn.⟩⟨med.⟩ **0.1** ***cretinisch*** ⇒*lijdend aan cretinisme.*
cre·tonne [kre'tɒn‖'kri:tɑn]⟨n.-telb.zn.⟩ **0.1** ***cretonne*** ⇒*Zwitsers bont.*
'Cretzsch·mar's 'bunting ['kretʃmɑ:‖-mɑr]⟨telb.zn.⟩⟨dierk.⟩ **0.1** ***bruinkeelortolaan*** ⟨Emberiza caesia⟩.
cre·vasse [krɪ'væs]⟨telb.zn.⟩ **0.1** ***crevasse*** ⇒*gletsjer/bergspleet* **0.2** ⟨AE⟩ ***crevasse*** ⇒*doorbraak in (rivier)dijk, dijkdoorbraak.*
crev·ice ['krevɪs]⟨f1⟩⟨telb.zn.⟩ **0.1** ***spleet*** ⇒*scheur, reet, kloof, gleuf.*
crev·iced ['krevɪst]⟨bn.⟩ **0.1** ***gespleten*** ⇒*gebarsten, vol spleten/barsten.*
crew[1] [kru:]⟨f3⟩⟨verz.n.⟩ **0.1** ***bemanning*** ⇒*equipage, crew* **0.2** ***personeel*** **0.3** ***ploeg*** ⇒⟨ook⟩ *roeibootbemanning, roeiploeg* **0.4** ⟨inf.⟩ ***gezelschap*** ⇒*club(je), groep(je), ploeg(je)* ◆ **4.1** several ~ are ill *verscheidene bemanningsleden zijn ziek.*
crew[2] ⟨f1⟩⟨ww.⟩
I ⟨onov.ww.⟩ **0.1** ***bemanning(slid)/roeier zijn;***
II ⟨ov.ww.⟩ **0.1** ***bemannen*** ⇒*van een bemanning voorzien* **0.2** ***bemannen*** ⇒*bemanning/bemanningslid/roeier zijn op/in.*
crew[3] ⟨verl. t.⟩ →crow.
'crew cut ⟨telb.zn.⟩ **0.1** ***stekeltjes(haar)*** ⇒*borstelkop, schuierkop, crew cut.*
crew·el ['kruəl]⟨n.-telb.zn.⟩ **0.1** ***crewel(garen)*** ⇒*borduurwol.*
'crewel work ⟨n.-telb.zn.⟩ **0.1** ***crewel-borduurwerk.***
crew·man ['kru:mən]⟨f1⟩⟨telb.zn.; crewmen [-mən]; →mv. 3⟩ **0.1** ***bemanningslid*** ⇒*teamlid.*
crew·mem·ber ⟨f1⟩⟨telb.zn.⟩ **0.1** ***bemanningslid.***
'crew neck ⟨telb.zn.⟩ **0.1** ***ronde (nauwsluitende) hals*** ⇒*kraagloze hals.*
crib[1] [krɪb]⟨f2⟩⟨zn.⟩
I ⟨telb.zn.⟩ **0.1** ⟨vnl. AE⟩ ***ledikantje*** ⇒*bedje, wieg* **0.2** ***krib(be)*** ⇒*voederbak, ruif* **0.3** ⟨vnl. BE⟩ ***kerststal*** **0.4** ⟨AE⟩ ***maïsschuur/kist*** ⇒*voorraadschuurtje* **0.5** ⟨vnl. BE; inf.⟩ ***afgekeken antwoord/oplossing/tekst*** ⇒*spiekwerk, plagiaat* **0.6** ⟨inf.⟩ ***spiekvertaling*** ⇒*vertaling om uit af te kijken* **0.7** ***gang/schachtbekleding*** ⟨v. mijn⟩ ⇒*stut(werk), krib* **0.8** ***kraagstuk*** ⇒*zinkstuk* **0.9** ***veestal*** **0.10** ***hut*** ⇒*optrekje, huisje* **0.11** ***(tenen) mand*** **0.12** ***crib*** ⟨bij het kaartspel cribbage⟩ ⇒*stok* **0.13** ⟨inf.⟩ ***(goedkoop) bordeel*** ⇒*hoerenkot/kamertje, peeskamertje* **0.14** ⟨AE; sl.⟩ ***kroeg*** ⇒*ballententent, zuipcafé* **0.15** ⟨AE; sl.⟩ ***kluis*** ⇒*safe, brandkast* ◆ **3.¶** crack a ~ *een kraak zetten, inbreken;*
II ⟨n.-telb.zn.⟩⟨inf.⟩ **0.1** ***cribbage*** ⟨kaartspel⟩.
crib[2] ⟨f1⟩⟨ww.; →ww. 7⟩ →cribbing
I ⟨onov.ww.⟩⟨inf.⟩ **0.1** ***spieken*** ⇒*een spiekvertaling gebruiken, plagiaat plegen, frauderen;*
II ⟨ov.ww.⟩ **0.1** ***opsluiten*** ⇒*insluiten, inperken* **0.2** ⟨inf.⟩ ***afkijken*** ⇒*overschrijven* **0.3** ⟨inf.⟩ ***jatten*** ⇒*pikken.*
crib·bage ['krɪbɪdʒ]⟨n.-telb.zn.⟩ **0.1** ***cribbage*** ⟨kaartspel⟩.
'cribbage board ⟨telb.zn.⟩ **0.1** ***scorebord*** ⟨bij cribbage⟩.
crib·bing ['krɪbɪŋ]⟨n.-telb.zn.; gerund v. crib⟩ **0.1** ***stutwerk*** ⇒*gang/schachtbekleding* ⟨v. mijn⟩, *mijnhout* **0.2** →crib-biting.
'crib-bite ⟨onov.ww.⟩ →crib-biting **0.1** ***kribbebijten.***
'crib-bit·er ⟨telb.zn.⟩ **0.1** ***kribbebijter.***
'crib-bit·ing ⟨n.-telb.zn.; gerund v. crib-bite⟩ **0.1** ***kribbebijterij*** ⇒*het kribbebijten.*
'crib death ⟨telb. en n.-telb.zn.⟩⟨vnl. AE; med.⟩ **0.1** ***wiegedood.***
crib·ri·form ['krɪbrɪfɔ:m‖-fɔrm]⟨bn.⟩⟨biol.⟩ **0.1** ***zeefvormig.***
'crib·work ⟨telb.zn.⟩ **0.1** ***kribwerk.***
crick[1] [krɪk]⟨telb.zn.⟩ **0.1** ***krampscheut*** ⇒*stijfheid, spit* ◆ **1.1** a ~ in the neck *een stijve nek.*
crick[2] ⟨ov.ww.⟩ **0.1** ***verrekken*** ⇒*verdraaien, verwringen, ontwrichten, verzwikken* ◆ **1.1** I ~ed my neck *ik heb een stijve nek.*
crick·et[1] ['krɪkɪt]⟨f3⟩⟨zn.⟩
I ⟨telb.zn.⟩ **0.1** ⟨dierk.⟩ ***krekel*** ⟨genus Gryllus⟩ **0.2** ⟨dierk.⟩ ***veenmol*** ⟨Gryllstalpa vulgaris⟩ **0.3** ⟨AE⟩ ***voetenbankje*** ◆ **2.1** ⟨inf.⟩ as chirpy/lively as a ~ *zo fris/fit als een hoentje, kiplekker;*
II ⟨n.-telb.zn.⟩⟨sport⟩ **0.1** ***cricket*** ◆ **5.¶** ⟨BE; inf.⟩ that's not ~ *dat is onsportief/unfair, zoiets doe je niet.*
cricket[2] ⟨onov.ww.⟩ **0.1** ***cricket spelen*** ⇒*cricketen.*
'cricket bag ⟨telb.zn.⟩ **0.1** ***crickettas.***
crick·et·er ['krɪkɪtə‖-kɪṭər]⟨f1⟩⟨telb.zn.⟩ **0.1** ***cricketer*** ⇒*cricketspeler.*
'crick·et·ground ⟨telb.zn.⟩ **0.1** ***cricketveld.***
cri·coid[1] ['kraɪkɔɪd]⟨telb.zn.⟩⟨biol.⟩ **0.1** ***cricoïde*** ⇒*ringvormig kraakbeen (v.h. strottehoofd).*
cricoid[2] ⟨bn.⟩⟨biol.⟩ **0.1** ***ringvormig*** ⟨zie cricoid[1]⟩.
cri de coeur ['kri: də 'kɜ:‖'kɜr]⟨telb.zn.; cris de coeur; →mv. 6⟩ **0.1** ***cri de coeur*** ⇒*hartekreet.*
cri·er, cry·er ['kraɪə‖-ər]⟨telb.zn.⟩ **0.1** ***schreeuwer*** **0.2** ***(gerechts) deurwaarder*** ⇒*gerechtsbode* **0.3** ***(stads/dorps)omroeper*** **0.4** ***huilebalk*** ⇒*kind dat veel huilt.*
cri·key ['kraɪki]⟨tussenw.⟩⟨BE; inf.⟩ **0.1** ***(t)jee(tje)*** ⇒*(t)jemig, (t)jeminee.*
crim con ⟨afk.⟩ criminal conversation ⟨jur.⟩.
crime[1] [kraɪm]⟨f3⟩⟨zn.⟩⟨→sprw. 92⟩
I ⟨telb.zn.⟩ **0.1** ***misdaad*** ⇒*misdrijf, zwaar vergrijp* **0.2** ***zonde*** **0.3** ⟨g. mv.⟩⟨inf.⟩ ***schandaal*** ⇒*schande, crime* **0.4** ⟨mil.⟩ ***(krijgstuchtelijk) vergrijp*** ◆ **1.1** ~s of violence *geweldsmisdrijven* **3.1** commit a ~ *een misdaad begaan* **4.3** it's a ~ the way he treats us *het is schandalig zoals hij ons behandelt;*
II ⟨n.-telb.zn.⟩ **0.1** ***criminaliteit*** ⇒*misdadig gedrag, (de) misdaad.*
crime[2] ⟨ov.ww.⟩⟨vnl. mil.⟩ **0.1** ***krijgstuchtelijk vervolgen*** ⇒*aanklagen* **0.2** ***veroordelen*** ⇒*straffen.*
Cri·me·a [kraɪ'mɪə]⟨eig.n.; the⟩ **0.1** ***Krim.***
Crimean War [kraɪ'mɪən 'wɔ:‖-'wɔr]⟨eig.n.; the⟩ **0.1** ***Krimoorlog.***
'crime fiction ⟨n.-telb.zn.⟩ **0.1** ***misdaadlectuur*** ⇒*misdaadroman(s)/verha(a)l(en).*
'crime-sheet ⟨telb.zn.⟩⟨BE; mil.⟩ **0.1** ***straflijst*** ⇒*strafblad, strafregister* ⟨v. soldaat⟩.
'crime wave ⟨telb.zn.⟩ **0.1** ***misdaadgolf*** ⇒*golf v. misdadigheid.*
'crime-writ·er ⟨telb.zn.⟩ **0.1** ***schrijver v. misdaadlectuur.***
cri·mi·nal[1] ['krɪmɪnl]⟨f3⟩⟨telb.zn.⟩ **0.1** ***misdadiger*** ⇒*crimineel, delinquent.*
criminal[2] ⟨f3⟩⟨bn.; -ly⟩
I ⟨bn.⟩ **0.1** ***misdadig*** ⇒*crimineel* **0.2** ***schuldig*** **0.3** ⟨inf.⟩ ***schandalig*** ◆ **1.1** ~ act *misdrijf, strafbare handeling;*
II ⟨bn., attr.⟩⟨jur.⟩ **0.1** ***strafrechtelijk*** ⇒*straf-, crimineel* ◆ **1.1** Court of Criminal Appeal *Hof v. Beroep;* ~ assault *verkrachting, aanranding;* ~ code *wetboek v. strafrecht;* ~ conversation *overspel;* ~ court *strafrechter, rechtbank voor strafzaken;* ~ law *strafrecht;* ~ lawyer *strafpleiter, strafrechtspecialist;* ~ libel *smaad.*
crim·i·nal·ist ['krɪmɪnəlɪst]⟨telb.zn.⟩ **0.1** ***criminalist*** ⟨kenner v.h. strafrecht⟩.
crim·i·nal·is·tic ['krɪmɪnə'lɪstɪk]⟨bn.⟩ **0.1** ***criminalistisch*** ⇒*de criminaliteit betreffende.*
crim·i·nal·is·tics ['krɪmɪnə'lɪstɪks]⟨n.-telb.zn.⟩ **0.1** ***criminalistiek*** ⇒*politiewetenschap.*
cri·mi·nal·i·ty ['krɪmɪ'nælət̬i]⟨f1⟩⟨zn.; →mv. 2⟩

I ⟨telb.zn.⟩ 0.1 ***misdadige handeling / praktijk;***
II ⟨n.-telb.zn.⟩ 0.1 ***misdadigheid*** ⇒*criminaliteit*.
crim·i·nate ['krɪmɪneɪt]⟨ov.ww.⟩ 0.1 ***aanklagen*** ⇒*beschuldigen, in staat v. beschuldiging stellen* 0.2 ***schuldig bevinden a.e. misdaad*** ⇒*veroordelen; incrimineren* 0.3 ***bij een misdaad betrekken*** ⇒*medeplichtig maken* 0.4 ***laken*** ⇒*gispen, scherp bekritiseren, veroordelen*.
crim·i·na·tion ['krɪmɪ'neɪʃn]⟨zn.⟩
I ⟨telb. en n.-telb.zn.⟩ 0.1 ***aanklacht*** ⇒*beschuldiging, incriminatie* 0.2 ***veroordeling*** 0.3 ***laking*** ⇒*scherpe afkeuring, veroordeling;*
II ⟨n.-telb.zn.⟩ 0.1 ***het betrekken bij een misdaad*** ⇒*het medeplichtig maken*.
crim·i·na·tive ['krɪmɪneɪtɪv], **crim·i·na·to·ry** ['krɪmɪnətri‖-tɔri] ⟨bn.⟩ 0.1 ***beschuldigend*** 0.2 ***belastend*** ⇒*incriminerend* 0.3 ***medeplichtig makend*** ⇒*bij een misdaad betrekkend* 0.4 ***lakend*** ⇒*afkeurend, gispend*.
crim·i·no·log·i·cal ['krɪmɪnə'lɒdʒɪkl‖-'lɑ-]⟨bn.; -ly⟩ 0.1 ***criminologisch***.
crim·i·nol·o·gist ['krɪmɪ'nɒlədʒɪst‖-'nɑ-]⟨telb.zn.⟩ 0.1 ***criminoloog***.
crim·i·nol·o·gy ['krɪmɪ'nɒlədʒi‖-'nɑ-]⟨n.-telb.zn.⟩ 0.1 ***criminologie*** ⇒*criminele sociologie, criminaliteitsleer*.
crimp[1] [krɪmp]⟨zn.⟩
I ⟨telb.zn.⟩ 0.1 ***plooi*** ⟨in materiaal⟩ ⇒*golf, ribbel, rimpel;* ⟨tech.⟩ *hoek* ⟨in plaatmetaal, als versteviging⟩ 0.2 ***geplooid / gegolfd voorwerp / materiaal*** 0.3 ⟨vnl. mv.⟩ ***krulhaar*** ⇒*kroeshaar; gefriseerd haar* 0.4 ***wolkrul*** 0.5 ⟨AE; inf.⟩ ***hinderpaal*** ⇒*obstakel* 0.6 ***ronselaar*** ◆ 3.5 put a ~ in *in de wielen rijden, een hinderpaal vormen voor;*
II ⟨n.-telb.zn.⟩ 0.1 ***het plooien / rimpelen / ribbe(le)n / plisseren***.
crimp[2] ⟨f1⟩⟨ov.ww.⟩ 0.1 ***plooien*** ⟨v. materiaal in regelmatige golfjes⟩ ⇒*rimpelen, ribbe(le)n, plisseren* 0.2 ***krullen*** ⟨v. haar; i.h.b. met een krultang⟩ ⇒*friseren, in de krul zetten* 0.3 ***krimp snijden*** ⇒*levend snijden* ⟨vis⟩ 0.4 ***ronselen*** 0.5 ***modelleren*** ⇒*in de gewenste vorm buigen* ⟨leer⟩ 0.6 ⟨AE; inf.⟩ ***in de wielen rijden*** ⇒*dwars zitten, verknoeien, verpesten* 0.7 ⟨AE; inf.⟩ ***degraderen*** ⇒*verlagen, verminderen*.
crimp·ing iron ['krɪmpɪŋ aɪən]⟨telb.zn.⟩ 0.1 ***friseerijzer / tang*** ⇒*haarkruller, (haar)krultang*.
crimp·y ['krɪmpi]⟨bn.; -er; →compar. 7⟩ 0.1 ***geplooid*** ⇒*rimpelig, ribbelig, gerib(bel)d, gegolfd* 0.2 ***krullend*** ⇒*kroezend, kroes-, krul-* 0.3 ⟨AE; inf.⟩ ***ijzig koud*** ⇒*berekoud*.
crim·son[1] ['krɪmzn]⟨f2⟩⟨n.-telb.zn.⟩ 0.1 ***karmozijn(rood)*** ⇒*karmijn(rood)*.
crimson[2] ⟨f2⟩⟨bn.; -ly; -ness⟩ 0.1 ***karmozijnrood*** ⇒*karmozijnen* ◆ 1.1 ~ rambler *soort klimroos* ⟨Rosa barbierana⟩ 3.1 turn ~ *(vuur)rood aanlopen, (diep) kleuren / blozen*.
crimson[3] ⟨f1⟩⟨ww.⟩
I ⟨onov.ww.⟩ 0.1 ***karmozijn(rood) worden*** 0.2 ***(diep) kleuren / blozen*** ⇒*(vuur)rood aanlopen;*
II ⟨ov.ww.⟩ 0.1 ***karmozijn(rood) kleuren / verven*** 0.2 ***doen kleuren / blozen***.
Crim·us ['kraɪməs]⟨tussenw.⟩⟨AE; inf.⟩ 0.1 ***Kerristus*** ⇒*Jezusmina*.
cringe[1] [krɪndʒ]⟨zn.⟩
I ⟨telb.zn.⟩ 0.1 ***kruiperige daad*** ⇒⟨i.h.b.⟩ *overdreven / onderdanige buiging;*
II ⟨n.-telb.zn.⟩ 0.1 ***serviliteit*** ⇒*pluimstrijkerij, (overdreven) onderdanigheid, kruiperij*.
cringe[2] ⟨f2⟩⟨onov.ww.⟩ 0.1 ***ineenkrimpen*** ⇒*terugdeinzen, terugschrikken* 0.2 ***kruipen*** ⇒*door het stof gaan, zich vernederen* 0.3 ⟨inf.⟩ ***de kriebel(s) krijgen*** ⇒*tureluurs / horendol worden* ◆ 5.1 the dogs ~d **away** from the man with the whip *de honden deinsden terug voor de man met de zweep;* the poor child ~d **back** in fear *het arme kind kromp ineen van angst* 6.2 no man should ~ **before** a uniform *niemand hoort door het stof te gaan voor een uniform;* ~ **to** *kruipen voor*.
crin·gle ['krɪŋgl]⟨telb.zn.⟩⟨scheep.⟩ 0.1 ***leuver*** ⟨oog in het touw langs een zeil⟩ ⇒*mot*.
cri·nite ['kraɪnaɪt]⟨bn.⟩⟨biol.⟩ 0.1 ***harig*** ⇒*behaard, crin-*.
crink [krɪŋk]⟨telb.zn.⟩⟨BE; gew.⟩ 0.1 ***kink*** ⇒*slag, draai*.
crin·kle[1] ['krɪŋkl]⟨telb.zn.⟩ 0.1 ***kreuk*** ⇒*(valse / ongewenste) vouw, rimpel, plooi*.
crinkle[2] ⟨f1⟩⟨ww.⟩
I ⟨onov.ww.⟩ 0.1 ***kreuke(le)n*** ⇒*rimpelen* 0.2 ***ritselen;***
II ⟨ov.ww.⟩ 0.1 ***(doen) kreuke(le)n*** ⇒*(doen) rimpelen, verfrommelen, verkreuken* 0.2 ***doen ritselen*** ◆ 1.1 ~d paper *geplooid / gerimpeld papier* ⟨bv. crêpepapier⟩.
crin·kly ['krɪŋkli]⟨bn.; ook -er; -ness; →compar. 7⟩ 0.1 ***ge / verkreukt*** ⇒*gekreukeld, verfrommeld, gerimpeld* 0.2 ***gekruld*** ⇒*krul-, met krullen*.
crin·kum-cran·kum ['krɪŋkəm'kræŋkəm]⟨telb.zn.⟩⟨vero.⟩ 0.1 ***ingewikkeld geval*** ⇒*warwinkel; toestand met veel haken en ogen*.
crin·o·line ['krɪnəlɪn]⟨zn.⟩
I ⟨telb.zn.⟩ 0.1 ⟨gesch.⟩ ***hoepelrok*** ⇒*crinoline, pettycoat* 0.2 ⟨mil.⟩ ***torpedonet;***
II ⟨n.-telb.zn.⟩ 0.1 ***crinoline(stof)*** ⟨weefsel v. garen en paardehaar⟩.
crip [krɪp]⟨telb.zn.⟩⟨AE; inf.⟩ 0.1 ***mankpoot*** ⇒*trekkebeen, kreupele* 0.2 ⟨ben. voor⟩ ***makkelijk iets*** ⇒*makkie, fluitje v.e. cent; makkelijke tegenstander; makkelijk vak* ⟨op school⟩; *makkelijke bal*.
cripes [kraɪps]⟨tussenw.⟩⟨vulg.⟩ 0.1 ***t(s)jezus!*** ⇒*christenezielen!*.
crip·ple[1] ['krɪpl]⟨f1⟩⟨zn.⟩
I ⟨telb.zn.⟩ 0.1 ***invalide*** ⇒*gehandicapte, (gedeeltelijk) verlamde, kreupele, manke* 0.2 ***stelling*** ⟨o.m. zoals gebruikt door schilder of glazenwasser⟩;
II ⟨n.-telb.zn.⟩⟨gew.⟩ 0.1 ***(dicht) struikgewas*** ⇒*kreupelhout*.
cripple[2] ⟨f3⟩⟨ov.ww.⟩ 0.1 ***verlammen*** ⇒*invalide / kreupel maken, verminken;* ⟨fig.⟩ *(ernstig) beschadigen / verzwakken, fnuiken* ◆ 6.1 activities ~d **by** lack of money *door geldgebrek lamgelegde activiteiten;* ~d **with** gout *krom v.d. jicht*.
cris →kris.
cri·sis ['kraɪsɪs]⟨f3⟩⟨telb.zn.; crises [-si:z]; →mv. 5⟩ 0.1 ***crisis*** ⟨ook med.⟩ ⇒*kritiek stadium, keerpunt, wending* ◆ 1.1 affairs are coming / drawing to a ~ *de dingen / zaken komen in een beslissend stadium* 2.1 governmental ~ *regeringscrisis*.
'crisis centre ⟨telb.zn.⟩ 0.1 ***crisiscentrum*** ⇒*opvangcentrum*.
crisp[1] [krɪsp]⟨f1⟩⟨telb.zn.⟩ 0.1 ⟨vnl. mv.⟩⟨BE⟩ ***(potato) chip*** 0.2 ***te hard gebakken iets*** ⟨vlees, brood e.d.⟩ ◆ 3.2 burn to a ~ *helemaal verbranden / zwart laten worden*.
crisp[2] ⟨f2⟩⟨bn.; -er; -ly; -ness⟩ 0.1 ***bros*** ⇒*knappend, knapperig, croquant, knerpend, knisperend* 0.2 ***stevig*** ⇒*vers* ⟨groente e.d.⟩ 0.3 ***fris*** ⇒*helder, opwekkend, verfrissend, doordringend, vriezend, tintelend* 0.4 ***helder*** ⇒*spits, ter zake, to the point, bondig, kernachtig, (zelfver)zeker(d), beslist, kordaat* 0.5 ***kroezend*** ⇒*kroes-, krul-* 0.6 ***gerimpeld*** ⇒*met kleine golfjes* ◆ 1.1 a ~ pound note *een kraaknieuw biljet v.e. pond;* the snow was ~ underfoot *de sneeuw knerpte onder je voeten* 1.2 a ~ apple *een knapperige appel;* ~ vegetables *stevige groente(n)* 1.3 the ~ autumn wind *de frisse herfstwind;* a ~ winter day *een tintelende winterdag* 1.4 a quick, ~ answer *een kort en bondig antwoord;* a ~ manner of speaking *een kordate spreektrant*.
crisp[3] ⟨f1⟩⟨ww.⟩
I ⟨onov.ww.⟩ 0.1 ***bros / croquant worden*** ⟨vooral door bakken⟩ 0.2 ***sterk krullen*** ⇒*omkrullen, rimpelen, kroezen;*
II ⟨ov.ww.⟩ 0.1 ***bros / croquant maken*** 0.2 ***sterk doen krullen*** ⇒*(doen) rimpelen, (doen) omkrullen, (doen) kroezen, friseren* ◆ 5.1 ~ **up** *opbakken, weer knapperig maken* ⟨door verhitting⟩.
cris·pate ['krɪspeɪt], **cris·pat·ed** ['krɪspeɪtɪd]⟨bn.⟩ 0.1 ***(om)gekruld*** ⇒*gerimpeld, golvend* ⟨ook biol.⟩.
cris·pa·tion [krɪ'speɪʃn]⟨telb. en n.-telb.zn.⟩ 0.1 ***(om)krulling*** ⇒*het krullen / golven / friseren, golving, gegolfdheid, krul* 0.2 ***(lichte, onwillekeurige) samentrekking*** ⇒*kippevel, huivering* 0.3 ***rimpeling*** ⟨v. vloeistofoppervlak⟩.
'crisp·bread ⟨telb. en n.-telb.zn.⟩ 0.1 ***knäckebröd***.
crisp·er ['krɪspə‖-pər]⟨telb.zn.⟩ 0.1 ***bewaarplaats waarin voedsel stevig / croquant blijft*** ⇒⟨i.h.b.⟩ *groentelade / vak* ⟨in koelkast⟩.
crisp·y ['krɪspi]⟨f1⟩⟨bn.; -er; -ness; →compar. 7⟩ 0.1 ***bros*** ⇒*knappend, knapperig, croquant, knerpend, knisperend* 0.2 ***stevig*** ⇒*vers* ⟨groente, e.d.⟩ 0.3 ***fris*** ⇒*opwekkend* 0.4 ***krullend*** ⇒*kroes-*.
criss·cross[1] ['krɪskrɒs‖-krɔs]⟨zn.⟩
I ⟨telb.zn.⟩ 0.1 ***netwerk*** ⇒*web, wirwar, warnet, warwinkel;*
II ⟨n.-telb.zn.⟩⟨vero.⟩ 0.1 ***tik-tak-tor*** ⇒*boter-kaas-en-eieren*.
crisscross[2] ⟨f1⟩⟨bn.⟩ 0.1 ***kruiselings*** ⇒*kruis-, elkaar kruisend / snijdend* ◆ 1.1 sail a ~ course *(op)kruisen, laveren;* ⟨fig.⟩ *geen vaste koers varen, de grote lijn niet in 't oog houden;* ~ pattern *netwerk, patroon v. elkaar kruisende lijnen*.
crisscross[3] ⟨f1⟩⟨ww.⟩
I ⟨onov.ww.⟩ 0.1 ***zich kriskras verplaatsen*** ⇒*kruisen, laveren* 0.2 ***een netwerk / wirwar vormen*** ◆ 1.2 animal tracks ~ in the snowy fields *diersporen lopen kriskras over de besneeuwde velden;*
II ⟨ov.ww.⟩ 0.1 ***(kriskras)(door)kruisen*** 0.2 ***doorsnijden*** 0.3 ***krassen maken op*** ⇒*bekrassen*.
crisscross[4] ⟨f1⟩⟨bw.⟩ 0.1 ***kriskras*** ⇒*door elkaar, verward, kruiselings* ◆ 3.1 everything went ~ *alles liep door elkaar (heen)*.
cris·tate ['krɪsteɪt], **cris·tat·ed** ['krɪsteɪtɪd]⟨bn.⟩⟨biol.⟩ 0.1 ***gekamd*** ⇒*gekuifd*.
crit ⟨afk.⟩ critic, critical, criticism, critique, critical mass.
cri·te·ri·on [kraɪ'tɪərɪən‖-'tɪrɪən]⟨f3⟩⟨telb.zn.; ook criteria [-rɪə]; →mv. 5⟩ 0.1 ***criterium*** ⇒*toets(steen), maatstaf, standaard, doorslaggevend / bepalend / beslissend kenmerk / argument*.
crit·ic ['krɪtɪk]⟨f3⟩⟨telb.zn.⟩ 0.1 ***criticus*** ⇒*recensent, beoordelaar, criticaster, muggezifter, vitter, haarklover* ◆ 2.1 dramatic / literary / musical ~ *toneel / literatuur / muziekcriticus*.

crit·i·cal ['krɪṭɪkl]⟨f3⟩⟨bn.; -ly⟩
I ⟨bn.⟩ 0.1 ***kritisch*** ⇒*streng, berispend, vitterig, spits, scherp* **0.2** ***kritiek*** ⇒*beslissend, cruciaal, essentieel, doorslaggevend, ernstig, hachelijk, gevaarlijk* **0.3** ⟨nat.⟩ ***kritisch*** **0.4** ⟨wisk.⟩ ***mbt. een uiterste waarde / extreem / buigpunt*** ◆ **1.1** ~ thinker *kritisch / onafhankelijk denker* **1.2** of ~ importance *v. cruciaal belang;* the patient's condition is ~ *de toestand v.d. patiënt is kritiek* **1.3** ~ angle *grenshoek;* ⟨vliegwezen⟩ *kritische hoek;* ~ mass *kritieke / kritische massa;* ~ path *kritisch traject* ⟨opeenvolging v. fasen waardoor de minimaal benodigde tijd voor een operatie wordt bepaald⟩; ~ point *kritisch(e) punt / toestand;* ~ pressure / temperature *kritische druk / temperatuur* **1.4** ~ point *uiterste waarde, extreem, buigpunt* **6.1** he's always so ~ **of** me *hij heeft altijd zoveel op me aan te merken;* be ~ **of** sth. *ergens kritisch tegenover staan;*
II ⟨bn., attr.⟩ **0.1** ***kritisch*** ⇒*mbt. het werk v.e. criticus / recensent* ◆ **1.1** ~ apparatus *kritisch apparaat* ⟨bij tekst, uitgave⟩; ~ writings *kritische geschriften / artikelen, kritieken.*

crit·ic·al·i·ty ['krɪṭɪ'kæləṭi]⟨n.-telb.zn.⟩⟨nat.⟩ **0.1** ***kritikaliteit*** ⟨kritische toestand v.e. kernreactor⟩.

'critical 'path analysis, 'critical 'path method ⟨n.-telb.zn.⟩ **0.1** ***netwerkanalyse / planning.***

crit·ic·as·ter ['krɪtɪkæstə‖'krɪṭɪkæstər]⟨telb.zn.⟩ **0.1** ***criticaster*** ⇒*kleingeestig criticus, muggezifter, haarklover.*

crit·i·cism ['krɪṭɪsɪzm]⟨f3⟩⟨telb. en n.-telb.zn.⟩ **0.1** ***kritiek*** ⇒*recensie, bespreking, kritisch artikel* **0.2** ***kritiek*** ⇒*afkeuring, afwijzing, aanmerking, kritische opmerking* ◆ **2.1** unfavourable ~ *negatieve kritiek.*

crit·i·ciz·a·ble, -cis·a·ble ['krɪtɪsaɪzəbl]⟨bn.⟩ **0.1** ***bekritiseerbaar*** ⇒*open voor kritiek.*

crit·i·cize, -cise ['krɪṭɪsaɪz], ⟨in bet. II 0.1 ook⟩ **critique** ⟨f3⟩⟨ww.⟩
I ⟨onov.ww.⟩ **0.1** ***kritiek hebben / uitoefenen*** ⇒*de rol v. criticus spelen, aanmerkingen maken, oordelen;*
II ⟨ov.ww.⟩ **0.1** ***(be)kritiseren*** ⇒*beoordelen, recenseren, (kritisch) bespreken* **0.2** ***hekelen*** ⇒*afkeuren, (be)kritiseren, aanmerkingen maken / kritiek hebben op.*

cri·tique[1] [krɪ'ti:k]⟨f1⟩⟨zn.⟩
I ⟨telb.zn.⟩ **0.1** ***kritiek*** ⇒*kritisch(e) analyse / artikel / bespreking, recensie,* ⟨i.h.b.⟩ *kunstkritiek;*
II ⟨n.-telb.zn.⟩ **0.1** ***(de kunst v.) het kritiseren / recenseren.***

critique[2] →criticize.

crit·ter ['krɪtə‖'krɪṭər]⟨f1⟩⟨telb.zn.⟩⟨AE; gew.⟩ **0.1** ***beest*** ⟨i.h.b. paard of jonge os⟩ **0.2** ⟨pej.⟩ ***schepsel*** ⇒*creatuur, wezen, mens.*

croak[1] [kroʊk]⟨f1⟩⟨telb.zn.⟩ **0.1** ⟨ben. voor⟩ ***(stem)geluid (als) v. sommige dieren*** ⇒⟨i.h.b.⟩ *gekwaak* ⟨v. kikvors⟩, *gekras* ⟨o.m. v. raaf en kraai⟩ **0.2** ⟨g. mv.⟩ ***heesheid*** ⇒*schorheid* ◆ **2.1** s.o.'s last ~ *iemands laatste adem* **6.2** speak **with** a ~ *hees zijn, spreken met schorre stem.*

croak[2] ⟨f1⟩⟨ww.⟩
I ⟨onov.ww.⟩ **0.1** ⟨ben. voor⟩ ***produceren v. geluid (als) door sommige dieren*** ⇒⟨i.h.b.⟩ *kwaken* ⟨door kikvorsen⟩, *krassen* ⟨o.m. door raven en kraaien⟩; *hees / schor zijn; (ontevreden) grommen, brommen* **0.2** ***onheil voorspellen*** **0.3** ⟨sl.⟩ ***het loodje leggen*** ⇒*kasjewijle gaan, het afpikken* **0.4** ⟨AE; inf.⟩ ***stralen*** ⇒*bakken* ⟨voor examen⟩;
II ⟨ov.ww.⟩ **0.1** ***op hese toon / met schorre stem zeggen / voorspellen*** **0.2** ⟨sl.⟩ ***mollen*** ⇒*omleggen, om zeep helpen, uit de weg ruimen.*

croak·er ['kroʊkə‖-ər]⟨telb.zn.⟩ **0.1** ***dier dat kwaakt / krast*** ⇒*kwaker, krasser* **0.2** ***brombeer*** ⇒*sikkeneurig iem., onheilsprofeet, doemdenker* **0.3** ⟨dierk.⟩ ***ombervis*** ⟨fam. Sciaenidae; i.h.b. S. Cirrhosa⟩ **0.4** ⟨sl.⟩ ***arts*** ⇒*pil, slager.*

croak·y ['kroʊki]⟨bn.; -er; -ly; →bijw. 3⟩ **0.1** ***schor*** ⇒*hees, krassend, kwakend, knarsend.*

Croat ['kroʊæt], **Cro·a·tian**[1] [kroʊ'eɪʃn]⟨zn.⟩
I ⟨eig.n.⟩ **0.1** ***(Servo-)Kroatisch*** ⇒*de Kroatische taal;*
II ⟨telb.zn.⟩ **0.1** ***Kroaat.***

Croatian ⟨bn.⟩ **0.1** ***(Servo-)Kroatisch*** ⇒*mbt. Kroatië / het Kroatisch / de Kroaten.*

cro·ce·ate ['kroʊsieɪt]⟨bn.⟩ **0.1** ***saffraan(kleurig)*** ⇒*saffranen, saffranig.*

cro·chet[1] ['kroʊʃeɪ‖'kroʊ'ʃeɪ]⟨f1⟩⟨n.-telb.zn.⟩ **0.1** ***haakwerk.***

crochet[2] ⟨f1⟩⟨onov. en ov.ww.⟩ **0.1** ***haken.***

crochet hook, crochet needle ['- -]⟨telb.zn.⟩ **0.1** ***haaknaald / pen.***

cro·cid·o·lite [kroʊ'sɪdəlaɪt]⟨n.-telb.zn.⟩ **0.1** ***crocidoliet*** ⇒*blauwe asbest.*

crock[1] [krɒk‖krɑk]⟨f1⟩⟨zn.⟩
I ⟨telb.zn.⟩ **0.1** ***aardewerk(en) pot / kan / kruik*** **0.2** ***potscherf*** **0.3** ⟨vnl. BE; inf.⟩ ⟨ben. voor⟩ ***iets ouds of ondeugdelijks*** ⇒*kneus(je), kreukel, deuk, kruk; ouwe knol / brik / schuit, oud lijk;* ⟨gew.⟩ *oude / onvruchtbare ooi* **0.4** ***simulant*** ⇒*quasi-zieke* **0.5** ⟨AE; inf.⟩ ***(ouwe) zeikert*** ⇒*Jan lul, pietlut* **0.6** ⟨AE; inf.⟩ ***taart*** ⇒*oud wijf* **0.7** ⟨AE; inf.⟩ ***fles drank*** **0.8** ⟨AE; inf.⟩ ***dronkelap*** ⇒*zuiper* ◆ **1.¶** ⟨AE; vulg.⟩ a ~ of shit *leugens, flauwe kul, dikdoenerij; leugenaar, opschepper;*
II ⟨n.-telb.zn.⟩ **0.1** ⟨gew.⟩ ***roet*** **0.2** ⟨gew.⟩ ***kleursel (v.e. slecht geverfde stof die afgeeft)*** **0.3** ⟨sl.⟩ ***onzin.***

crock[2] ⟨f1⟩⟨ww.⟩ →crocked
I ⟨onov.ww.⟩⟨vnl. BE⟩ **0.1** ⟨inf.⟩ ***in elkaar klappen*** ⇒*instorten, de vernieling in gaan* **0.2** ⟨gew.⟩ ***roeten*** ⇒*roet afgeven* **0.3** ⟨gew.⟩ ***afgeven*** ⇒*vlekken* ⟨v. stoffen⟩ ◆ **5.1** a lot of people ~ **up** suddenly *een heleboel mensen klappen / storten plotseling in elkaar;*
II ⟨ov.ww.⟩ **0.1** ⟨vnl. BE; inf.⟩ ***nekken*** ⇒*de das omdoen, in elkaar doen klappen, onderuit halen* **0.2** ⟨BE; gew.⟩ ***beroeten*** **0.3** ⟨BE; gew.⟩ ***bevlekken*** ⇒*besmeuren met kleursel* **0.4** ⟨AE; sl.⟩ ***een rotklap geven*** ⇒*in elkaar slaan* ◆ **5.1** that attack of malaria has ~ed me **up** *die malaria aanval heeft me de das omgedaan.*

crocked ['krɒkt‖'krɑkt]⟨bn.; volt. deelw. v. crock+2⟩⟨AE; sl.⟩ **0.1** ***lazerus*** ⇒*lam, bezopen, in de lorum.*

crock·er·y ['krɒkri‖'krɑ-]⟨f1⟩⟨n.-telb.zn.⟩ **0.1** ***aardewerk*** ⇒*vaatwerk, serviesgoed* **0.2** ⟨AE; inf.⟩ ***tanden*** ⇒*gebit.*

crock·et ['krɒkɪt‖'krɑ-]⟨telb.zn.⟩⟨bouwk.⟩ **0.1** ***versiering in de vorm v.e. knop of gekruld blad.***

croc·o·dile ['krɒkədaɪl‖'krɑ-]⟨f2⟩⟨zn.⟩
I ⟨telb.zn.; voor 0.1 ook crocodile; →mv. 4⟩ **0.1** ⟨dierk.⟩ ***krokodil*** ⟨fam. Crocodylidae⟩ **0.2** ⟨BE; inf.⟩ ***sliert (school)kinderen die twee aan twee lopen;***
II ⟨n.-telb.zn.⟩ **0.1** ***krokodil(leleer).***

'crocodile tears ⟨f1⟩⟨mv.⟩ **0.1** ***krokodilletranen*** ⇒*gehuichelde smart.*

croc·o·dil·i·an[1] ['krɒkə'dɪlɪən‖'krɑ-]⟨telb.zn.⟩⟨dierk.⟩ **0.1** ***krokodil (achtige)*** ⇒*echte krokodil, alligator, kaaiman, gaviaal* ⟨orde Crocodylia⟩.

crocodilian[2] ⟨bn.⟩ **0.1** ***mbt. een krokodil*** ⇒*krokodil(le)-* **0.2** ⟨dierk.⟩ ***krokodilachtig*** ⇒*mbt. de orde der Crocodylia.*

cro·cus ['kroʊkəs]⟨f1⟩⟨telb.zn.⟩ **0.1** ***krokus.***

Croe·sus ['kri:səs]⟨eig.n., telb.zn.⟩ **0.1** ***Cr(o)esus*** ⇒*rijkaard.*

croft[1] [krɒft‖krɔft]⟨telb.zn.⟩⟨BE⟩ **0.1** ***omheind stukje (bouw)land*** ⇒*akkertje* **0.2** ***(pacht)boerderijtje*** ⟨vooral in Schotland⟩.

croft[2] ⟨onov.ww.⟩⟨BE⟩ **0.1** ***keuteren*** ⇒*een klein boerderijtje / lapje grond pachten / bezitten.*

croft·er ['krɒftə‖'krɔftər]⟨telb.zn.⟩⟨BE⟩ **0.1** ***keuterboertje*** ⇒*onderpachter v.e. verdeelde boerderij* ⟨i.h.b. in Schotland⟩.

crois·sant ['kwɑ:'sɑ̃]⟨telb.zn.⟩ **0.1** ***croissant*** ⇒*maantje.*

Cro-Mag·non ['kroʊ'mænjən‖-'mægnən]⟨telb.zn.⟩ **0.1** ***Cro-Magnon-mens.***

crom·lech ['krɒmlek‖'krɑm-]⟨telb.zn.⟩ **0.1** ***cromlech*** ⇒*dolmen, steenkrans.*

Crom·wel·li·an ['krɒm'welɪən‖'krɑm-]⟨bn.⟩ **0.1** ***Cromwelliaans*** ⇒*mbt. Cromwell en / of zijn tijd* ⟨1599 - 1658⟩.

crone [kroʊn]⟨f1⟩⟨telb.zn.⟩ **0.1** ***besje*** ⇒*(verschrompeld) oud vrouwtje, oudje, karonje, oud wijf* **0.2** ***oude ooi.***

cro·ny ['kroʊni]⟨f1⟩⟨telb.zn.; →mv. 2⟩ **0.1** ***makker*** ⇒*maat(je), gabber, dikke vriend(in).*

cro·ny·ism ['kroʊniɪzm]⟨n.-telb.zn.⟩ **0.1** ***vriendjespolitiek.***

crook[1] [krʊk]⟨f2⟩⟨telb.zn.⟩ **0.1** ***herdersstaf*** ⇒*herdersstok* **0.2** ***bisschopsstaf*** ⇒*kromstaf, krootse* **0.3** ***bocht*** ⇒*kronkel, buiging, kromming, kromte, knik* **0.4** ***haak*** ⇒*hoek, luik, winkel* **0.5** ⟨inf.⟩ ***oplichter*** ⇒*zwendelaar, flessentrekker, misdadiger, dief, gannef, boef* ◆ **1.3** the ~ of one's arm *de elleboogsholte* **6.¶** **on** the ~ *oneerlijk, op oneerlijke wijze.*

crook[2] ⟨f1⟩⟨bn.⟩ **0.1** →crooked **0.2** ⟨Austr. E; inf.⟩⟨ben. voor⟩ ***afkeurenswaardig*** ⇒*vervelend, rot(-), beroerd, naar, belabberd, oneerlijk, chagrijnig, boos, ziek(elijk), gewond* ◆ **1.1** the food was ~ *het eten was waardeloos;* the weather was ~ *het was rotweer / kloteweer* **3.2** go ~ (at / on) *de pest / schurft in krijgen (om), chagrijnig / kwaad worden (om / vanwege); opvliegen (tegen).*

crook[3] ⟨f1⟩⟨onov. en ov.ww.⟩ →crooked **0.1** ***buigen*** ⇒*knikken, (zich) krommen, kronkelen* **0.2** ⟨AE; inf.⟩ ***stelen*** ⇒*jatten.*

'crook·back ⟨telb.zn.⟩ **0.1** ***bochel*** ⇒*hoge rug, bult* **0.2** ***gebochelde*** ⇒*bochelaar, bultenaar.*

'crook·backed ⟨bn.⟩ **0.1** ***gebocheld*** ⇒*met een bochel / bult.*

crook·ed[1] ['krʊkɪd]⟨f2⟩⟨bn.; oorspr. volt. deelw. v. crook; -er, -ly; -ness⟩ **0.1** ***bochtig*** ⇒*slingerend, kronkelig, scheef* **0.2** ***misvormd*** ⇒*krom(gegroeid)* ⟨ook v. ouderdom⟩, *gebocheld, verbogen* **0.3** ***oneerlijk*** ⇒*onbetrouwbaar, achterbaks, stiekem, gewetenloos, frauduleus* ◆ **1.1** a ~ street *een kronkelstraat(je), een bochtig straatje, een slingerweggetje.*

crooked[2] [krʊkt]⟨bn.; oorspr. volt. deelw. v. crook⟩ **0.1** ***met een dwars handvat*** ⟨v.e. stok⟩ **0.2** →crook[2] 0.2.

Crookes glass ['krʊks glɑ:s‖-glæs]⟨n.-telb.zn.⟩⟨nat.⟩ **0.1** *Crookesglas* ⟨beschermt de ogen tegen zonlicht⟩.

Crookes tube [- tju:b‖-tu:b]⟨telb.zn.⟩⟨nat.⟩ **0.1** ***Crookesbuis*** ⟨ter bestudering v. elektrische ladingen⟩.

'crook·neck ⟨telb.zn.⟩⟨AE⟩⟨plantk.⟩ **0.1** ***fleskalebas*** ⟨Lagenaria siceraria⟩.
croon[1] [kru:n]⟨telb.zn.⟩ **0.1** ***(zacht) liedje*** **0.2** ***zacht stemgeluid*** ⇒*zacht geneurie/gezang/gebrom/gemompel.*
croon[2] ⟨f1⟩⟨onov. en ov.ww.⟩ **0.1** ***croonen*** ⇒*half neuriënd zingen, zacht zingen* ◆ **1.1** she ~ed her child to sleep *zij zong haar kind zachtjes in slaap.*
croon·er ['kru:nə‖-ər]⟨f1⟩⟨telb.zn.⟩ **0.1** ***crooner*** ⟨liedjeszanger bij orkest⟩ ⇒*sentimenteel zanger (v. smartlappen).*
'Croon song ⟨telb.zn.⟩ **0.1** ***sentimenteel liedje*** ⇒*smartlap.*
crop[1] [krɒp‖krɑp]⟨f3⟩⟨zn.⟩
I ⟨telb.zn.⟩ **0.1** ***krop*** ⟨v. vogel⟩ **0.2** ***rijzweep(je)*** ⇒*karwats* **0.3** ***zweepstok*** ⇒*stok v.e. zweep* **0.4** ⟨vaak mv.⟩ ***gewas*** ⇒⟨i.h.b.⟩ *landbouwprodukt(en)* **0.5** ***oogst*** ⟨ook fig.⟩ ⇒⟨i.h.b.⟩ *graanoogst; vangst; lading, lichting, verzameling, groep* **0.6** ***gehele gelooide (diere)huid*** **0.7** ***stekelkop*** ⇒*borstelkop* ⟨haardracht⟩ **0.8** ***snede*** ⇒*moot, brok* **0.9** ***oormerk*** ⟨bij dier⟩ ◆ **3.5** get the ~s in *de oogst binnenhalen* **6.4** the land is **in/under** ~ *het land is bebouwd, er staat gewas op het land;* the land is **out of** ~ *het land ligt braak/is onbebouwd;*
II ⟨verz.n.⟩ **0.1** ***lichting*** ⇒*verzameling, groep* ◆ **1.1** the new ~ of students *de nieuwe lichting studenten.*
crop[2] ⟨f2⟩⟨ww.;→ww. 7⟩
I ⟨onov.ww.⟩ **0.1** ***oogst opleveren*** ⇒*vrucht dragen* ◆ **1.1** the potatoes ~ well this year *de aardappels doen het uitstekend dit jaar* **5.¶** →crop **out;**→crop **up;**
II ⟨ov.ww.⟩ **0.1** ***afsnijden/knippen*** ⇒*couperen* ⟨staart, oren⟩; *trimmen, kort scheren* ⟨haar⟩; *maaien* ⟨gras⟩ **0.2** ***(af)grazen*** **0.3** ***oogsten*** ⇒*binnenhalen* ⟨oogst⟩, *plukken* **0.4** ***bebouwen*** ⟨akker⟩ ⇒*beplanten, (be/in)zaaien, (be)poten* ◆ **1.1** have one's hair ~ped *zijn haar laten millimeteren* **1.2** the cows ~ped the grass short *de koeien hebben het gras kortgegraasd* **6.4** the farmer decided to ~ two fields **with** barley *de boer besloot twee akkers voor gerst te bestemmen.*
'crop dusting, 'crop spray·ing ⟨n.-telb.zn.⟩ **0.1** ***gewasbespuiting*** ⇒*gewasbesproeiing* ⟨met insekticiden, i.h.b. vanuit vliegtuig⟩.
'crop-'eared ⟨bn.⟩ **0.1** ***met gecoupeerde oren*** ⇒*gecoupeerd* **0.2** ***kortgeknipt*** ⇒*opgeschoren* ⟨zodat de oren zichtbaar zijn⟩.
'crop failure ⟨telb.zn.⟩ **0.1** ***misoogst*** ⇒*wanoogst, slechte oogst.*
'crop·land ⟨n.-telb.zn.⟩ **0.1** ***akkerland.***
'crop 'out ⟨onov.ww.⟩⟨geol.⟩ **0.1** ***blootliggen*** ⇒*aan de oppervlakte komen, ontsloten zijn.*
crop·per ['krɒpə‖'krɑpər]⟨telb.zn.⟩ **0.1** ***coupeerder*** ⇒*scheerder, knipper* **0.2** ***(vruchtdragende) plant*** ⇒*produktief gewas* **0.3** ⟨inf.⟩ ***smak*** ⇒*tuimeling, zware val, dreun;* ⟨fig. ook⟩ *fiasco* **0.4** ⟨landb.⟩ ***akkerbouwer*** **0.5** ***(Hollandse) kropper*** ⇒*kropduif* ⟨fam. Columbidae⟩ ◆ **2.2** these beans are good/heavy/light ~s *deze bonen geven een goede/rijke/schamele opbrengst* **3.3** come a ~ *een (dood)smak maken;* ⟨fig.⟩ *op z'n bek vallen, (volledig) onderuit gaan; afgaan, stralen.*
crop·py ['krɒpi‖'krɑpi]⟨telb.zn.⟩⟨AE;sl.⟩ **0.1** ***lijk*** ⇒*dode.*
'crop 'up ⟨f1⟩⟨onov.ww.⟩ **0.1** ⟨inf.⟩ ***opduiken*** ⇒*de kop opsteken, zich plotseling voordoen, er tussen komen, plotseling/onverhoopt ter sprake komen* **0.2** →crop out ◆ **1.1** give me a call if anything crops up at the office *bel me even als er wat loos is op de zaak.*
cro·quet[1] ['kroukeɪ‖-'keɪ]⟨f1⟩⟨zn.⟩⟨sport⟩
I ⟨telb.zn.⟩ **0.1** ***croquetslag*** ⟨waarbij een aanliggende bal wordt weggeslagen door een slag tegen de eigen bal⟩;
II ⟨n.-telb.zn.⟩ **0.1** ***croquet(spel).***
croquet[2] ⟨onov. en ov.ww.⟩⟨sport⟩ **0.1** ***croquetteren*** ⇒*wegslaan met een croquetslag.*
cro·quette [krou'ket]⟨f1⟩⟨telb.zn.⟩ **0.1** ***croquet(je).***
crore [krɔ:‖krɔr]⟨telb.zn.; ook crore;→mv. 4⟩⟨Ind. E⟩ **0.1** ***(aantal/bedrag v.) tien miljoen.***
cro·sier, cro·zier ['krouʒə‖-ər], **'cross-staff** ⟨f3⟩⟨telb.zn.⟩ **0.1** ***bisschopsstaf*** ⇒*herdersstaf, kromstaf;* ⟨gesch.⟩ *krootse.*
cross[1] [krɒs‖krɔs]⟨f3⟩⟨zn.⟩
I ⟨eig.n.; C-; the⟩ **0.1** ***(Heilige) Kruis*** ⇒*kruisiging, kruisdood* ⟨v. Christus⟩; *christendom* **0.2** ⟨ster.⟩ ***Zuiderkruis*** ⇒*Crux;*
II ⟨telb.zn.⟩ **0.1** ⟨ben. voor⟩ ***kruis*** ⟨o.a. als (hals)sieraad, onderscheiding, correctieteken, handtekening v. analfabeet; in heraldiek⟩ ⇒*kruisje; kruishout;* ⟨met Christusfiguur⟩ *crucifix; kruisteken* **0.2** ***kruis*** ⇒*beproeving, crux, lijden, ongeluk, tegenslag, tegenspoed, struikelblok* **0.3** ***kruising*** ⇒*bastaard, hybride, combinatie v. twee versch. dingen, tussending, mengsel, compromis* **0.4** ***oversteek(plaats)*** ⇒*zebra* **0.5** ***dwarsbalk v.e. letter*** ⇒*(dwars)streep (je)* **0.6** ⟨tech.⟩ ***kruis*** ⇒*rechthoekig viermondig spruitstuk* **0.7** ⟨sl.⟩ ***doorgestoken kaart*** ⇒*zwendel(tje), dubbelspel* **0.8** ⟨voetbal⟩ ***kruispass*** ⇒*voorzet* ◆ **3.1** make the sign of the ~ *een kruis(je) slaan/maken* **3.2** bear one's ~ *zijn (eigen) kruis dragen;* take up one's ~ *geduldig lijden, gelaten zijn kruis dragen* **3.¶** take the ~ *ter kruistocht gaan;* come home by Weeping Cross *bitter teleurgesteld worden, v.e. koude kermis thuiskomen, vreselijke spijt hebben* **6.3** a ~ **between** beer and lemonade *een kruising v. bier en limonade;* a mule is a ~ **between** a male ass and a mare *een muildier is een kruising van een ezelshengst met een paardemerrie* **6.¶** **on** the ~ *diagonaal, schuin(s);* ⟨fig.⟩ *oneerlijk.*
cross[2] ⟨f2⟩⟨bn.; -ly; -ness⟩ **0.1** ***(over)dwars*** ⇒*kruiselings (passerend)* **0.2** ***(elkaar) snijdend/kruisend*** ⇒*gekruist, diagonaal* **0.3** ***tegengesteld*** ⇒*contra(-), tegen(-)* **0.4** ***wederzijds*** ⇒*wederkerig* **0.5** ⟨inf.⟩ ***chagrijnig*** ⇒*humeurig, uit zijn/haar hum(eur), opvliegend, boos, dwars* **0.6** ⟨cricket⟩ ***schuin (gehouden)*** ⟨v. bat⟩ **0.7** ⟨sl.⟩ ***oneerlijk*** ⇒*vals, gemeen* **0.8** →crossbred ◆ **1.1** ⟨geldw.⟩ ~ rate/⟨AE⟩ exchange *kruiselingse wisselkoers* **1.3** strong ~ winds *harde tegenwind* **1.5** he's as ~ as two sticks *hij heeft een humeur om op te schieten/als een oorwurm* **6.5** be ~ **with** s.o. *kwaad op iem. zijn.*
cross[3] ⟨f3⟩⟨ww.⟩ →crossing ⟨→sprw. 93, 118, 490⟩
I ⟨onov.ww.⟩ **0.1** ***(elkaar) kruisen/snijden*** ◆ **1.1** I'll meet you where the roads ~ *ik tref je bij/op het kruispunt/de viersprong;*
II ⟨onov. en ov.ww.⟩ **0.1** ***oversteken*** ⇒*over/doortrekken* **0.2** ***kruisen*** ⇒*(elkaar) passeren* ◆ **1.1** the expedition took four days to ~ (the desert) *de oversteek/het doorkruisen (v.d. woestijn) kostte de expeditie vier dagen;*
III ⟨ov.ww.⟩ **0.1** ***kruisen*** ⇒*over elkaar slaan* **0.2** ***een kruisteken maken op/boven*** **0.3** ***(door)strepen*** ⇒*een streep trekken over/door, wegstrepen/kruisen* **0.4** ***dwarsbomen*** ⇒*tegenwerken, dwarszitten, de voet dwarszetten, hinderen, doorkruisen* ⟨v. plan⟩ **0.5** ⟨sl.⟩ ***belazeren*** ⇒*neppen, besodemieteren, tillen, scheppen* **0.6** ⟨biol.⟩ ***kruisen*** **0.7** ⟨voetbal⟩ ***voorzetten*** ⟨bal⟩ ⇒*met een kruispass spelen* ◆ **1.1** ~ one's arms/legs *zijn armen/benen over elkaar slaan;* sit with ~ed legs *met over elkaar geslagen benen zitten, met zijn benen over elkaar zitten;* ⟨op de grond⟩ *in kleermakerszit zitten* **1.3** remember to ~ your t's *vergeet de dwarsstreepjes v.d. t's niet* **1.5** he's been ~ed in love *hij is afgewezen/heeft een blauwtje gelopen* **4.2** ~ oneself *een kruis(je) slaan/maken, zich bekruisigen* **5.3** ~ **out/off** *doorstrepen/halen, schrappen, annuleren* ⟨ook fig.⟩ **5.5** ~ s.o. **up** *dubbelspel spelen met iem.; iem. in de war/v. z'n stuk/v. z'n apropos brengen; iem. bedriegen/belazeren.*
cross[4] ⟨bw.⟩ **0.1** ***kruiselings*** ⇒*kriskras, diagonaal, (over)dwars, haaks.*
cross- [krɒs‖krɔs] **0.1** ***zij-*** ⇒*dwars-, tegen-, kruis-, haaks staand op* **0.2** ***tegen-*** ⇒*anti-* **0.3** ***dwars-*** ◆ **¶.1** cross-traffic *v. links en rechts komend/kruisend verkeer* **¶.2** ⟨jur.⟩ cross-action *tegeneis* **¶.3** cross-beam *dwarsbalk/ligger.*
'cross·bar ⟨telb.zn.⟩ **0.1** ⟨ben. voor⟩ ***horizontale balk/lijn/streep*** ⇒*dwarsbalk/staaf/stang; (doel)lat; stang* ⟨v. herenfiets⟩.
'cross·beam ⟨telb.zn.⟩ **0.1** ***dwars/kruis/steunbalk*** ⇒*(dwars)ligger.*
'cross·bear·er ⟨telb.zn.⟩ **0.1** ***kruisdrager.***
'cross·belt ⟨telb.zn.⟩ **0.1** ***bandelier.***
'cross·bench·er ⟨telb.zn.⟩⟨BE⟩ **0.1** ***onafhankelijk*** ⟨aan regering noch oppositie gebonden⟩ ***parlementariër.***
'cross·bench·es ⟨mv.⟩⟨BE⟩ **0.1** ***banken in het Britse parlement waar de onafhankelijke parlementariërs zitten.***
'cross bench 'mind ⟨telb.zn.⟩ **0.1** ***onafhankelijke geest.***
'cross·bill ⟨telb.zn.⟩⟨dierk.⟩ **0.1** ***kruisbek*** ⟨soort vink; genus Loxia, i.h.b. L. curvirostra⟩.
'cross·bones ⟨mv.⟩ **0.1** ***gekruiste knekels*** ⟨onder doodshoofd⟩.
'cross·border 'visit ⟨telb.zn.⟩ **0.1** ***bezoek over de grens.***
'cross·bow ⟨f1⟩⟨telb.zn.⟩ **0.1** ***kruisboog.***
'crossbow archery ⟨n.-telb.zn.⟩⟨sport⟩ **0.1** ***(het) kruisboogschieten.***
'cross·bred[1] ⟨telb.zn.; oorspr. volt. deelw. v. crossbreed⟩ **0.1** ***kruising*** ⇒*bastaard, hybride.*
crossbred[2] ⟨bn.; volt. deelw. v. crossbreed⟩⟨biol.⟩ **0.1** ***gekruist*** ⇒*hybridisch, bastaard-.*
'cross·breed[1] ⟨telb.zn.⟩⟨biol.⟩ **0.1** ***kruising*** ⇒*bastaard, hybride* **0.2** ***gekruist ras*** ⇒*bastaardras.*
crossbreed[2] ⟨ww.⟩⟨biol.⟩ →crossbred
I ⟨onov.ww.⟩ **0.1** ***zich kruisen;***
II ⟨ov.ww.⟩ **0.1** ***kruisen*** ⇒*bastaarderen.*
'cross-'but·tock ⟨telb.zn.⟩⟨worstelen⟩ **0.1** ***hoofd-bovenarm-heupzwaai.***
'cross·check[1] ⟨f1⟩⟨telb.zn.⟩ **0.1** ***controleproef*** **0.2** ⟨ec.⟩ ***kruiscontrole*** ⇒*contracheck* **0.3** ⟨ijshockey⟩ ***cross-check*** ⇒*blokkade met de stick.*
'cross'check[2] ⟨f1⟩⟨ww.⟩
I ⟨onov. en ov.ww.⟩ **0.1** ***op andere manieren/via andere kanalen controleren*** ⇒*contra-checken, kruiselings controleren;*
II ⟨ov.ww.⟩⟨ijshockey⟩ **0.1** ***crosschecken*** ⇒*blokkeren met de stick.*

'cross-'coun·try[1] ⟨f1⟩ ⟨telb. en n.-telb.zn.⟩ **0.1** ***cross(-country)*** *⇒terreinwedstrijd;* ⟨atletiek⟩ *veldloop;* ⟨wielrennen⟩ *veldrit;* ⟨paardesport⟩ *cross-country, terreinrit;* ⟨skiën⟩ *langlauf.*

cross-country[2] ⟨f1⟩ ⟨bn.⟩ **0.1** ***terrein-*** *⇒veld-, niet via (gebaande) wegen* **0.2** ***over het hele land*** *⇒v. kust tot kust* **0.3** ⟨wintersport⟩ ***langlauf-*** ◆ **1.1** ~ race / ride *terrein / veldloop / rit* **1.2** ~ concert tour *landelijke concerttournee* **1.3** ~ equipment *langlaufuitrusting;* ~ gear *langlaufkleding / pak.*

cross-country[3] ⟨bw.⟩ **0.1** ***door het veld*** *⇒niet over de weg* **0.2** ***over het hele land*** *⇒v. kust tot kust* ◆ **3.2** the programme was broadcasted ~ *het programma werd landelijk uitgezonden.*

cross-'country runner ⟨telb.zn.⟩ ⟨atletiek⟩ **0.1** ***veldloper*** *⇒crosser.*

cross-'country ski ⟨telb.zn.⟩ ⟨wintersport⟩ **0.1** ***langlaufski.***

'cross-'cul·tur·al ⟨bn.⟩ **0.1** ***intercultureel.***

'cross·cur·rent ⟨telb.zn.⟩ **0.1** ***dwarsstroom*** ⟨t.o.v. de (hoofd) stroomrichting⟩ **0.2** ⟨vnl. mv.⟩ ***tegenstroom*** *⇒tegenkracht.*

'cross·cut[1] ⟨telb.zn.; oorspr. volt. deelw. v. crosscut⟩ **0.1** ***diagonaal afgestoken route*** *⇒af / doorsteek, kortste weg* **0.2** ***dwarsdoorsnede*** *⇒dwarse doorsnede* **0.3** ⟨mijnw.⟩ ***dwarssteengang.***

crosscut[2] ⟨bn.; volt. deelw. v. crosscut⟩ **0.1** ***overdwars gesneden*** **0.2** ⟨tech.⟩ ***dwarsdraads*** *⇒dwars op de draad (gezaagd), kops, afgekort* ◆ **1.1** ~ incision *kruissnede* **1.2** ~ wood *kops hout, eindelingshout, dwarsdraads hout.*

crosscut[3] ⟨onov. en ov.ww.⟩ →crosscut[1], crosscut[2] **0.1** ***(dwars) doorsnijden*** ⟨ook fig.⟩ *⇒afkorten, dwarsdraads zagen.*

'crosscut saw ⟨telb.zn.⟩ **0.1** ***afkortzaag*** *⇒kortzaag, kortzaagmachine, trekzaag.*

'cross-dress·er ⟨telb.zn.⟩ **0.1** ***tra(ns)vestiet.***

'cross-'dress·ing ⟨n.-telb.zn.⟩ **0.1** ***transvestitisme*** *⇒transvestie* **0.2** ***(het) dragen v. kleren v.h. andere geslacht*** ⟨als modeverschijnsel⟩.

crosse [krɒs‖krɔs] ⟨telb.zn.⟩ **0.1** ***lacrosse-stick*** ⟨stok met netje voor het balspel lacrosse⟩.

'cross-ex·am·i'na·tion ⟨f1⟩ ⟨telb. en n.-telb.zn.⟩ ⟨jur.⟩ **0.1** ***kruisverhoor*** ⟨ook fig.⟩ *⇒strenge ondervraging* **0.2** ***zorgvuldige beschouwing*** *⇒zorgvuldig onderzoek.*

'cross-ex'am·ine, 'cross-'ques·tion ⟨f1⟩ ⟨ww.⟩ ⟨jur.⟩
I ⟨onov.ww.⟩ **0.1** ***het kruisverhoor afnemen;***
II ⟨ov.ww.⟩ **0.1** ***aan een kruisverhoor onderwerpen*** ⟨ook fig.⟩ *⇒scherp / streng ondervragen, aan de tand voelen.*

'cross-ex'am·in·er, 'cross-'ques·tion·er ⟨telb.zn.⟩ ⟨jur.⟩ **0.1** ***advokaat die het kruisverhoor afneemt*** ⇒ ⟨fig.⟩ *streng ondervrager.*

'cross-eyed ⟨bn.⟩ **0.1** ***scheel(ogig)*** *⇒loens.*

'cross-fade ⟨ov.ww.⟩ ⟨radio, film, t.v.⟩ **0.1** ***doen overvloeien*** *⇒crossfade.*

'cross-fer·ti·li'za·tion ⟨n.-telb.zn.⟩ **0.1** ⟨dierk.⟩ ***kruisbevruchting*** *⇒kruising* **0.2** ⟨plantk.⟩ ***kruisbevruchting / bestuiving*** *⇒allogamie, xenogamie* **0.3** ***(bevruchtende) wisselwerking.***

'cross-'fer·ti·lize, -lise ⟨ww.⟩ ⟨biol.⟩
I ⟨onov.ww.⟩ **0.1** ***bevrucht worden d.m.v. (kruis)bestuiving / bevruchting;***
II ⟨ov.ww.⟩ **0.1** ***bevruchten d.m.v. kruisbevruchting / bestuiving*** ⇒ ⟨fig.⟩ *bevruchten, een bevruchtende wisselwerking uitoefenen op.*

'cross-'file ⟨onov.ww.⟩ ⟨AE; pol.⟩ **0.1** ***als kandidaat voor meer dan één partij deelnemen aan voorverkiezingen.***

'cross-'fil·er ⟨telb.zn.⟩ ⟨AE⟩ **0.1** ***iem. die zich bij voorverkiezingen voor meer dan één partij kandidaat stelt.***

'cross·fire ⟨n.-telb.zn.⟩ **0.1** ⟨mil.⟩ ***kruisvuur*** **0.2** ***kruisverhoor*** *⇒kruis / spervuur v. vragen.*

'cross-fron·tier ⟨bn., attr.⟩ **0.1** ***over de grenzen heen*** ⟨ook fig.⟩ *⇒buitenlands.*

'cross-grain ⟨telb.zn.⟩ **0.1** ***dwarse draad*** ⟨in hout⟩.

'cross-'grained ⟨bn.⟩ **0.1** ***met een dwarse of onregelmatige draad*** ⟨v. hout⟩ ⇒ ⟨fig.⟩ *lastig, dwars, koppig, tegendraads.*

'cross hairs, 'cross wires ⟨mv.⟩ ⟨tech.⟩ **0.1** ***dradenkruis*** ⟨in optisch instrument⟩.

'cross·hatch ⟨ov.ww.⟩ **0.1** ***dubbel arceren*** *⇒voorzien v. kruisarcering.*

'cross·hatch·ing ⟨n.-telb.zn.⟩ **0.1** ***kruisarcering*** *⇒dubbele arcering.*

'cross·head ⟨telb.zn.⟩ **0.1** ⟨tech.⟩ ***kruiskop*** *⇒kruishoofd* **0.2** →cross-heading.

'cross-head·ing ⟨telb.zn.⟩ ⟨druk.⟩ **0.1** ***tussenkop(je).***

'cross-'in·dex[1] ⟨telb.zn.⟩ ⟨boek.⟩ **0.1** ***(kruis)verwijzing*** **0.2** ***register*** *⇒index, bladwijzer, (alfabetische) inhoudsopgave.*

cross-index[2] ⟨ww.⟩ ⟨boek.⟩
I ⟨onov.ww.⟩ **0.1** ***verwijzen;***
II ⟨ov.ww.⟩ **0.1** ***v.e. register / verwijzingsapparaat / verwijzing(en) voorzien.***

cross·ing ['krɒsɪŋ‖'krɔ-] ⟨f2⟩ ⟨telb.zn.; oorspr. gerund v. cross⟩ **0.1** ***oversteek*** *⇒overtocht / vaart* **0.2** ***kruising*** *⇒snijpunt, kruispunt* **0.3** ***oversteekplaats*** *⇒zebra, overweg, spoorwegovergang; wed* **0.4** ***oeververbinding*** **0.5** ***viering*** *⇒kruising* ⟨v. hoofd- en dwarsbeuk v.e. kerk⟩.

'crossing guard, crossing monitor ⟨telb.zn.⟩ **0.1** ***klaarover.***

'cross·keys ⟨mv.⟩ **0.1** ***gekruiste sleutels*** ⟨als in het wapen v.d. Paus⟩.

'cross-'leg·ged ['krɒs'legd, -gɪd‖'krɔs-] ⟨f1⟩ ⟨bn.⟩ **0.1** ***met gekruiste benen*** *⇒in kleermakerszit* **0.2** ***met over elkaar geslagen benen*** *⇒met de benen over elkaar.*

cross·let ['krɒslɪt‖'krɔs-] ⟨telb.zn.⟩ **0.1** ***kruisje.***

'cross·light ⟨telb.zn.⟩ **0.1** ***kruiselings licht*** *⇒kruiselings vallende lichtbaan;* ⟨fig.⟩ *nieuw licht* ⟨op een zaak⟩.

'cross·o·ver[1], ⟨in bet. I 0.3 en II ook⟩ **'crossing 'over** ⟨f1⟩ ⟨zn.⟩
I ⟨telb.zn.⟩ **0.1** ***oversteekplaats*** *⇒viaduct, voetgangersbrug* **0.2** ⟨spoorwegen⟩ ***dwarslijn*** ⟨verbindingsrails tussen parallelle sporen⟩ **0.3** ⟨biol.⟩ ***uitgewisseld gen*** **0.4** ⟨vaak mv.⟩ ⟨schaatssport⟩ ***overstap*** *⇒pootje over* **0.5** ⟨tennis⟩ ***baanwisseling*** *⇒wisseling v. speelhelft;*
II ⟨telb. en n.-telb.zn.⟩ ⟨biol.⟩ **0.1** ***crossing over*** *⇒uitwisseling v. genen.*

crossover[2] ⟨bn.⟩ ⟨muz.⟩ **0.1** ***cross-over*** *⇒populair buiten oorspronkelijk genre* ⟨v. zangers e.d.⟩ **0.2** ***twee genres combinerend.***

'cross·patch ⟨telb.zn.⟩ ⟨inf.⟩ **0.1** ***kruidje-roer-mij-niet*** *⇒dwarskop, chagrijn, brombeer.*

'cross·piece ⟨telb.zn.⟩ **0.1** ***dwarsstuk*** *⇒dwarsbalk / verbinding.*

'cross·ply ⟨bn., attr.⟩ **0.1** ***met karkas van scheringkoorden*** ⟨v. autoband⟩.

'cross-'pol·li·nate ⟨ov.ww.⟩ ⟨plantk.⟩ **0.1** ***bevruchten d.m.v. kruisbestuiving*** *⇒kruisbestuiven.*

'cross-pol·li'na·tion ⟨telb. en n.-telb.zn.⟩ ⟨plantk.⟩ **0.1** ***kruisbestuiving*** *⇒kruisbevruchting, allogamie, xenogamie.*

'cross-'pur·pose ⟨f1⟩ ⟨zn.⟩
I ⟨telb.zn.⟩ ⟨vnl. mv.⟩ **0.1** ***(tegen)strijdig / conflicterend oogmerk / belang*** ◆ **6.1** be **at** ~s *elkaar misverstaan; elkaar (onbedoeld) in de wielen rijden;* talk **at** ~ *langs elkaar heen praten;*
II ⟨n.-telb.zn.; ~s⟩ ⟨spel⟩ **0.1** ***protocol(len).***

'cross-'ques·tion[1] ⟨telb.zn.⟩ ⟨jur.⟩ **0.1** ***vraag bij kruisverhoor*** *⇒strikvraag.*

cross-question[2] →cross-examine.

cross-questioner →cross-examiner.

'cross-re'fer ⟨onov. en ov.ww.⟩ ⟨boek.⟩ **0.1** ***verwijzen*** *⇒refereren.*

'cross-'ref·er·ence ⟨f1⟩ ⟨bn.⟩ **0.1** ***verwijzing*** *⇒referentie.*

'cross·road, ⟨in bet. I ook⟩ **'cross·way** ⟨f2⟩ ⟨zn.⟩
I ⟨telb.zn.⟩ **0.1** ***kruisende weg*** *⇒zij / dwarsweg;*
II ⟨mv.; ~s; ww. vnl. enk.⟩ **0.1** ***wegkruising*** *⇒twee / drie / viersprong, schei / kruisweg, kruispunt;* ⟨fig.⟩ *tweesprong, beslissend / cruciaal moment, keerpunt; trefpunt / kruispunt v. culturen* ◆ **6.1** our country is **at** the ~s *ons land staat nu op de tweesprong.*

'cross'ruff[1] ⟨telb.zn.; vnl. enk.⟩ ⟨kaartspel⟩ **0.1** ***cross-ruff*** *⇒kruistroefspel.*

crossruff[2] ⟨ww.⟩ ⟨kaartspel⟩
I ⟨onov.ww.⟩ **0.1** ***heen en weer troeven*** *⇒over en weer (in)troeven;*
II ⟨ov.ww.⟩ **0.1** ***over en weer aftroeven.***

'cross section ⟨f2⟩ ⟨telb.zn.⟩ **0.1** ***dwarsdoorsnede*** ⟨ook fig.⟩ *⇒dwarsprofiel* ⟨loodrecht op de lengte-as⟩, *kenmerkende / representatieve steekproef* **0.2** ⟨nat.⟩ ***werkzame doorsnede*** ⟨ontmoetingskans v. deeltjes⟩.

'cross spider ⟨telb.zn.⟩ **0.1** ***kruisspin.***

cross-staff →crosier.

'cross-stitch ⟨telb. en n.-telb.zn.⟩ ⟨handwerken⟩ **0.1** ***kruissteek*** *⇒het borduren met kruissteekjes.*

'cross·talk ⟨n.-telb.zn.⟩ **0.1** ⟨BE⟩ ***crosstalk*** ⟨snelle, gevatte dialoog⟩ **0.2** ⟨telecommunicatie⟩ ***overspraak*** ⟨storing door interferentie of inductie⟩.

'cross·tie ⟨telb.zn.⟩ ⟨AE⟩ **0.1** ***dwarsverbinding*** *⇒dwarsbalk / staaf,* ⟨i.h.b.⟩ *dwarsligger, biel(s), travers(e).*

'cross-town ⟨bn., attr.; bw.⟩ ⟨AE⟩ **0.1** ***de hele stad bestrijkend*** *⇒door de hele stad* ◆ **1.1** a ~ bus *een bus die de hele stad aandoet.*

'cross·tree ⟨telb.zn.; vaak mv.⟩ ⟨scheep.⟩ **0.1** ***zaling.***

'cross-vot·ing ⟨n.-telb.zn.⟩ **0.1** ***het meestemmen met de tegenpartij*** **0.2** ***het stemmen op meer dan één partij.***

'cross·walk ⟨telb.zn.⟩ ⟨AE⟩ **0.1** ***(voetgangers)oversteekplaats*** *⇒zebra.*

crossway →crossroad.

'cross·wind ⟨telb.zn.⟩ **0.1** ***zijwind.***

cross wires →cross hairs.

cross·wise[1] ['krɒswaɪz‖'krɔs-] ⟨bn.⟩ **0.1** ***kruisend*** *⇒dwars-* **0.2** ***kruiselings*** *⇒diagonaal* ◆ **1.1** ~ street *dwarsstraat.*

crosswise[2], cross·ways ['krɒsweɪz‖'krɔs-] ⟨bw.⟩ **0.1** ***kruiselings*** *⇒overkruis, kruisgewijs, diagonaal, (over)dwars.*

'cross·word, 'crossword puzzle ⟨f2⟩⟨telb.zn.⟩ **0.1** ***kruiswoordraadsel /puzzel.***

'cross·wort ⟨telb.zn.⟩⟨plantk.⟩ **0.1** ***kruiswalstro*** ⟨Galium cruciata⟩.

crotch [krɒtʃ‖krɑtʃ], ⟨in bet. 0.2 ook⟩ **crutch** [krʌtʃ]⟨f1⟩⟨telb.zn.⟩ **0.1** ***vertakking*** ⇒*bifurcatie, vork, gaffel* **0.2** ***kruis*** ⟨v. mens of kledingstuk⟩.

crotch·et ['krɒtʃɪt‖'krɑ-]⟨f1⟩⟨telb.zn.⟩ **0.1** ⟨BE; muz.⟩ ***kwart(noot)*** **0.2** ***waandenkbeeld*** ⇒*waanidee, hersenschim, gril, stokpaardje* **0.3** ***haakje.***

crotch·e·teer ['krɒtʃɪ'tɪə‖'krɑtʃɪ'tɪr]⟨telb.zn.⟩ **0.1** ***fantast*** ⇒*berijder v.e. stokpaardje.*

crotch·et·y ['krɒtʃəti‖'krɑtʃəṭi]⟨f1⟩⟨bn.; -ness; →bijw. 3⟩ **0.1** ***wispelturig*** ⇒*onberekenbaar, grillig, eigengereid, eigenwijs* **0.2** ***chagrijnig*** ⇒*knorrig, nurks, gemelijk.*

cro·ton ['kroʊtn]⟨telb.zn.⟩⟨plantk.⟩ **0.1** ***croton*** ⟨genus Croton, i.h.b. C. triglium⟩ **0.2** ***croton*** ⟨genus Codiaeum, i.h.b. C. variegatum⟩.

'croton oil ⟨n.-telb.zn.⟩ **0.1** ***crotonolie*** ⇒*oleum crotonis* ⟨hevig laxeermiddel, geperst uit zaad v. Croton tiglium⟩.

crouch[1] [kraʊtʃ]⟨f1⟩⟨zn.⟩
I ⟨telb.zn.⟩ **0.1** ***gehurkte / knielende houding / beweging*** ⇒*hurkzit* ◆ **6.1** sit **in** a ~ *op zijn hurken / in elkaar gedoken / geknield zitten;*
II ⟨n.-telb.zn.⟩ **0.1** ***het hurken / knielen.***

crouch[2] ⟨f3⟩⟨ww.⟩
I ⟨onov.ww.⟩ **0.1** ***hurken*** ⇒*knielen, ineenduiken, buigen* ◆ **5.1** ~ **down** *ineengehurkt zitten* **6.1** ⟨fig.⟩ ~ **before** s.o. *voor iem. kruipen;*
II ⟨ov.ww.⟩ **0.1** ***(doen) buigen*** ⟨i.h.b. uit nederigheid of vrees⟩ ◆ **1.1** ~ one's head *het hoofd buigen.*

'crouch start ⟨telb.zn.⟩⟨atletiek⟩ **0.1** ***geknielde start.***

croup [kru:p]⟨zn.⟩
I ⟨telb.zn.⟩ **0.1** ***kroep*** ⇒*kruis, croupe* ⟨i.h.b. van paard⟩;
II ⟨n.-telb.zn.; the⟩⟨med.⟩ **0.1** ***valse kroep*** ⇒*croupe.*

crou·pi·er ['kru:pɪə‖-ər]⟨f1⟩⟨telb.zn.⟩⟨spel⟩ **0.1** ***croupier.***

croup·y ['kru:pi], **croup·ous** [-pəs]⟨bn.⟩⟨med.⟩ **0.1** ***kroeperig*** ⟨benauwd in de keel⟩ ⇒*met kroephoest.*

crou·ton ['kru:tɒn‖-tɑn]⟨telb.zn.⟩⟨cul.⟩ **0.1** ***croûton*** ⇒*soldaatje.*

crow[1] [kroʊ]⟨f2⟩⟨telb.zn.⟩ **0.1** ⟨(the); geen mv.⟩ ***gekraai*** ⟨v. haan⟩ **0.2** ⟨geen mv.⟩ ***kreetje*** ⇒*geluidje, gekraai* ⟨v. baby⟩ **0.3** ⟨dierk.⟩ ***kraai*** ⟨genus Corvus⟩ ⇒⟨i.h.b.⟩ *Amerikaanse kraai* ⟨C. brachyrhynchos⟩, *zwarte kraai* ⟨C. corone⟩, *roek* ⟨C. frugilegus⟩ **0.4** ⟨AE; bel.⟩ ***nikker*** ⇒*neger* **0.5** ⟨inf.⟩ ***zwartrok*** **0.6** ⟨AE; mil.; sl.⟩ ***adelaar*** ⟨symbool v. Am. op insignes⟩ ⇒⟨fig.⟩ *hoge piet / ome* ⟨die zo'n insigne draagt⟩ **0.7** ⟨AE; sl.⟩ ***lelijke vrouw*** ⇒*mens, rotmeid, rotwijf, remedie tegen de liefde* **0.8** →crowbar ◆ **3.¶** ⟨AE; inf.⟩ eat ~ *door het stof moeten, nederig ongelijk (moeten) bekennen;* as the ~ flies *hemelsbreed, in rechte lijn (gemeten);* have a ~ to pick / ⟨vero.⟩ pluck / pull with s.o. *een appeltje met iem. te schillen hebben;* there is no ~ to pick / pluck / pull with her *er is niets op haar aan te merken;* ⟨BE; inf.; vero.⟩ stone the ~s! *verrek!, asjemenou!, wat krijgen we nou!.*

crow[2] ⟨f1⟩⟨onov.ww.; BE verl. t. in bet. 0.1 ook crew [kru:]⟩ ⟨→sprw. 152⟩ **0.1** ***kraaien*** ⟨v. haan⟩ **0.2** ***kraaien*** ⟨v. kind⟩ **0.3** ⟨inf.⟩ ***opscheppen*** ⇒*snoeven, pochen* ◆ **1.3** ~ one's head off *praats voor tien hebben* **6.2** the baby ~ed **with** pleasure *het kindje kraaide v. plezier* **6.¶** ~ **over** *(triomfantelijk) juichen, jubelen over;* ⟨i.h.b.⟩ *uitbundig leedvermaak hebben over, honen.*

'crow·bait ⟨telb.zn.⟩⟨AE; sl.⟩ **0.1** ***ouwe knol*** ⇒*oud kreng.*

'crow·bar ⟨f1⟩⟨telb.zn.⟩ **0.1** ***koevoet*** ⇒*handspaak* **0.2** ***breekijzer.***

'crow·ber·ry ['kroʊbri‖-beri]⟨telb.zn.; →mv. 2⟩⟨plantk.⟩ **0.1** ***(vrucht v.) kraaiheide*** ⇒*(zwarte) besheide* ⟨Empetrum nigrum⟩ **0.2** ***(vrucht v.) beredruif*** ⟨Arctostaphylos uva-ursi⟩ **0.3** ***(vrucht v.) lepeltjesheide*** ⇒*Amerikaanse / grote veenbes, cranberry* ⟨Vaccinium macrocarpon⟩.

'crow·bill ⟨telb.zn.⟩ **0.1** ***kogeltang*** ⟨tang om kogels te verwijderen⟩.

crowd[1] [kraʊd]⟨f3⟩⟨zn.⟩
I ⟨telb.zn.⟩ **0.1** ⟨inf.⟩ ***volkje*** ⇒*kliek(je), club, lui* **0.2** ***(wanordelijke) bende*** ⇒*pan, troep* ◆ **1.2** a ~ of books and papers on the table *stápels boeken en kranten op tafel* **2.1** I don't like the artistic ~ *ik hou niet van dat artiestenvolkje / die artiestenkliek;*
II ⟨verz.n.⟩ **0.1** ***(mensen)menigte*** ⇒*massa, drom, publiek, gehoor* ◆ **3.¶** follow / move with / go with the ~ *in de pas lopen, zich conformeren aan de massa / meerderheid;* the madding ~ *de drukke menigte, de jachtige mensen;* pass in a ~ *ermee door kunnen;* raise o.s. / rise above the ~ *zich boven de massa verheffen, boven de massa uitstijgen.*

crowd[2] ⟨f3⟩⟨ww.⟩ →crowded
I ⟨onov.ww.⟩ **0.1** ***samendrommen*** ⇒*elkaar / zich verdringen, toestromen* **0.2** ***(zich naar) binnendringen*** ◆ **5.1** people ~ed **in / round** *mensen dromden samen / verdrongen elkaar;* ~ (all) **together** *(allemaal) op een kluitje gaan staan* **6.1** people ~ed **round** the scene of the crime *rond de plaats v.d. misdaad dromden mensen samen* **6.2** the people ~ed **into** the hall **through** the backdoor *de mensen drongen de zaal binnen door de achterdeur;*
II ⟨ov.ww.⟩ **0.1** ***(over)bevolken*** ⇒*(meer dan) volledig vullen* **0.2** ***proppen*** ⇒*persen, (dicht) op / tegen elkaar drukken* **0.3** ⟨BE; inf.⟩ ***onder druk zetten*** ⇒*pressen, op de huid zitten* **0.4** ⟨inf.⟩ ***dicht naderen*** ◆ **1.1** shoppers ~ed the stores *de winkels waren (over)vol (van / met) winkelende mensen* **1.3** ~ a motor *een motor op z'n staart trappen* **1.4** she ~ed the car before her *ze zat vlak / met haar neus op de auto voor haar;* ~ing thirty *(dicht) tegen de dertig lopen* **5.2** they were ~ed **in** *ze werden naar binnen geperst* **5.¶** memories of her past ~ed **in** (up)on her *ze werd overstelpt door herinneringen aan haar verleden;* ~ **out** *buitensluiten, verdringen;* your contribution was ~ed **out** *jouw bijdrage is wegens plaatsgebrek niet opgenomen;* limited space ~s **out** spectators from many theatres *bij veel theaters moeten er toeschouwers buiten blijven wegens gebrek aan ruimte.*

crowd·ed ['kraʊdɪd]⟨f3⟩⟨bn.; oorspr. volt. deelw. v. crowd; -ness⟩ **0.1** ***vol*** ⇒*druk* **0.2** ***samengepakt*** ⇒*op elkaar / opeengeperst* ◆ **1.2** passengers ~ (together) on a bus *op elkaar geperste passagiers in een bus.*

'crow·foot[1] ⟨telb.zn.; crowfoots⟩⟨plantk.⟩ **0.1** ⟨ben. voor⟩ ***plant waarvan blad of ander deel op vogelpoot lijkt*** ⇒⟨i.h.b.⟩ *(land)ranonkel, boterbloem, hanevoet, hanepoot, kraaiepoot* ⟨genus Ranunculus⟩.

crow·foot[2] ⟨telb.zn.; crowfeet; →mv. 3⟩ **0.1** ⟨scheep.⟩ ***hanepoot*** ⇒*gaffelspruitstuk, spinnekop* **0.2** ***voetangel*** ⇒*kraaiepoot, kalketrip* **0.3** →crow's-foot.

crown[1] [kraʊn]⟨f3⟩⟨zn.⟩⟨→sprw. 497, 707⟩
I ⟨telb.zn.⟩ **0.1** ***krans*** ⟨i.h.b. als zegeteken⟩ ⇒*aureool, kroon, blader / bloemenkrans* **0.2** ⟨vaak C-⟩ ***(konings)kroon*** ⇒⟨fig., steeds met the⟩ *vorstelijke macht / heerschappij; regering;* ⟨BE; jur.⟩ *openbare aanklager* **0.3** ***kroon*** ⇒*sieraad, luisterrijk bezit, bekroning, hoogtepunt* **0.4** ⟨ben. voor⟩ ***hoogste punt / bovenste gedeelte*** ⇒*(hoofd)kruin; hoofd; boomkroon / kruin; hoedebol; (heuvel)kam / kruin / top; corona, kroon* ⟨v. tand / kies, ook als prothese⟩, *jacket(kroon); (vogel)kam; kroon* ⟨v. edelsteen⟩ **0.5** ⟨kunst, heraldiek⟩ ***kroon(tje)*** **0.6** ⟨sport⟩ ***kampioen(schap)stitel*** **0.7** ⟨geldw.⟩ ***kroon*** ⟨munt⟩ **0.8** ⟨plantk.⟩ ***(bloem)kroon*** **0.9** ⟨scheep.⟩ ***ankerkruis*** **0.10** ⟨plantk.⟩ ***wortelrozet*** **0.11** ⟨dammen⟩ ***dam*** ◆ **1.2** minister of the Crown *zittend minister* ⟨in Engeland⟩ **1.3** the ~ of one's labours *de kroon op zijn werk* **1.4** ~ of the road *kruin v.d. weg, rijbaan* **1.¶** ~ and anchor *bordspel met figuurdobbelstenen;* ~ of thorns ⟨plantk.⟩ *Christusdoorn* ⟨Euphorbia splendens⟩; ⟨dierk.⟩ *doornenkroon* ⟨giftige zeester; Acanthaster planci⟩; the ~ of the year *het najaar, het oogstseizoen* **3.2** succeed to the ~ *op de troon komen;* wear the ~ *op de troon zitten, de kroon dragen, heersen* ⟨als vorst⟩; *martelaar zijn* **3.6** win the ~ *de titel veroveren* **4.7** half a ~ *halve kroon* ⟨twaalf en een half new pence⟩;
II ⟨n.-telb.zn.⟩ **0.1** ***(Eng.) papierformaat*** ⟨508 × 381 mm⟩ ⇒*groot mediaanpost.*

crown[2] ⟨f2⟩⟨ov.ww.⟩ →crowning **0.1** ***kronen*** **0.2** ***kronen*** ⇒*bekransen* **0.3** ***bekronen*** ⇒*belonen, eren, verheerlijken* **0.4** ***kronen*** ⇒*de top vormen / bedekken van, sieren* **0.5** ***voltooien*** ⇒*(met succes) bekronen, de kroon op het werk vormen / zetten* **0.6** ***tot de rand vullen*** **0.7** ⟨inf.⟩ ***een draai om de oren geven*** ⇒*een klap voor de kop geven* **0.8** ⟨tandheelkunde⟩ ***voorzien v.e. kroon*** **0.9** ⟨dammen⟩ ***tot dam verheffen*** ◆ **1.1** ~ed heads *gekroonde hoofden, regerende vorsten;* she was ~ed queen *zij werd tot koningin gekroond* **1.4** a church ~ed the hill *een kerk troonde op de heuvel (top)* **1.5** ~ing folly *toppunt v. dwaasheid;* ~ing touch *klap op de vuurpijl, neusje v.d. zalm* **1.8** ~ed teeth *kiezen / tanden met (jacket)kronen* **1.9** ~ a man *een dam halen* **4.5** to ~ (it) all *als klap op de vuurpijl;* ⟨iron.⟩ *tot overmaat v. ramp.*

'crown 'cap ⟨f1⟩⟨telb.zn.⟩ **0.1** ***kroonkurk.***

'crown 'colony ⟨telb.zn.; vaak C- C-⟩⟨BE⟩ **0.1** ***kroonkolonie.***

'crown 'court ⟨telb. en n.-telb.zn.; vaak C- C-⟩⟨jur.⟩ **0.1** ***rechtbank voor strafzaken*** ⟨in Engeland⟩ ⇒*strafrechter.*

crown·er ['kraʊnə‖-ər]⟨telb.zn.⟩⟨vero. of gew.; scherts.⟩ **0.1** ***lijkschouwer.***

'crown 'forces ⟨mv.; the⟩⟨gesch.⟩ **0.1** ***(Eng.) koninklijke strijdkrachten*** ⟨in Ierland⟩.

'crown glass ⟨n.-telb.zn.⟩ **0.1** ***kroonglas*** ⇒*loodvrij glas.*

'crown green ⟨telb.zn.⟩⟨bowls⟩ **0.1** ***crown green*** ⟨bowling green met licht verhoogd, glooiend middenstuk⟩.

'crown green bowls ⟨n.-telb.zn.⟩⟨sport⟩ **0.1** ***crown green bowls*** ⟨spel met eenzijdig verzwaarde bal op een green met verhoogd midden⟩.

'crown·head ⟨telb.zn.⟩⟨dammen⟩ **0.1** ***damrij/lijn.***
'crown im'perial ⟨telb.zn.⟩⟨plantk.⟩ **0.1** ***keizerskroon*** ⟨Fritillaria imperialis⟩.
crown·ing ['kraʊnɪŋ]⟨bn., attr.; teg. deelw. v. crown⟩ **0.1** ***het hoogtepunt vormend*** ⇒*opperst(e), finaal, weergaloos* ◆ **1.1** the ~ touch of the show *het klapstuk v.d. voorstelling.*
'crown 'jewels ⟨mv.⟩ **0.1** ***kroonjuwelen.***
'crown 'land ⟨telb. en n.-telb.zn.⟩ **0.1** ***kroondomein.***
'crown 'prince ⟨f1⟩⟨telb.zn.; ook C-⟩ **0.1** ***kroonprins*** ⟨ook fig.⟩.
crown princess ['-'-]⟨f1⟩⟨telb.zn.; ook C-⟩ **0.1** ***kroonprinses*** ⟨ook fig.⟩.
'crown 'roast ⟨telb. en n.-telb.zn.⟩⟨cul.⟩ **0.1** ***getrancheerd ribstuk*** ⟨van lam of varken, in waaiervorm geschikt⟩.
'crown saw ⟨telb.zn.⟩ **0.1** ***kroonzaag*** ⇒*grote gatenzaag, weergaturzaag.*
'crown wheel ⟨telb.zn.⟩ **0.1** ***kroonrad/wiel.***
'crown 'witness ⟨telb.zn.⟩⟨jur.⟩ **0.1** ***getuige à charge.***
'crow's-foot ⟨f1⟩⟨telb.zn.; crow's-feet; →mv. 3; vnl. mv.⟩ **0.1** ***kraaiepootje*** ⟨rimpel in de ooghoek⟩ **0.2** ***kraaiepoot*** ⟨tegen autobanden/paardehoeven⟩.
'crow's-nest ⟨telb.zn.⟩⟨scheep.⟩ **0.1** ***kraaienest*** ⇒*uitkijk.*
'crow·step ⟨telb.zn.⟩⟨bouwk.⟩ **0.1** ***trap*** ⟨v. trapgevel⟩.
'crow-stepped ⟨bn.⟩⟨bouwk.⟩ **0.1** ***getrapt*** ⇒*met trappen* ◆ **1.1** ~ gable *trapgevel.*
crozier →crosier.
CRT ⟨afk.⟩ cathode-ray tube **0.1** ***(beeld)scherm*** ⇒*monitor.*
cru·ces ⟨mv.⟩ →crux.
cru·cial ['kru:ʃl]⟨f3⟩⟨bn.; -ly⟩ **0.1** ***cruciaal*** ⇒*(alles)beslissend, (v.) doorslaggevend(e betekenis);* ⟨inf.⟩ *gewichtig, zeer belangrijk* **0.2** ***cruciaal*** ⇒*lastig, moeilijk, benard, kritiek* **0.3** ***kruisvormig*** ⇒*kruis-* ◆ **1.1** ~ point *keerpunt;* ~ test *beslissende proef;* ⟨fig.⟩ *vuurproef* **1.3** ~ incision *kruissnede.*
cru·ci·ate ['kru:ʃiert]⟨bn.⟩ **0.1** ***kruisvormig*** **0.2** ⟨biol.⟩ ***overlappend/gekruist gevouwen*** ⟨bv. v. insektevleugels⟩.
cru·ci·ble ['kru:səbl]⟨f1⟩⟨telb.zn.⟩ **0.1** ***smeltkroes*** **0.2** ***kroes*** ⟨metaalreservoir v. hoogoven⟩ **0.3** ***vuurproef*** ⇒*zware beproeving.*
'crucible steel ⟨n.-telb.zn.⟩⟨tech.⟩ **0.1** ***kroezenstaal.***
cru·ci·fer ['kru:sɪfə‖-ər]⟨telb.zn.⟩ **0.1** ***kruisdrager*** ⟨in processie⟩ **0.2** ⟨plantk.⟩ ***kruisbloem(ige)*** ⟨fam. Cruciferae⟩.
cru·cif·er·ous [kru:'sɪfrəs]⟨bn.⟩ **0.1** ***een kruis dragend*** ⟨in een processie⟩ **0.2** ⟨plantk.⟩ ***kruisbloemig.***
cru·ci·fix ['kru:sɪfɪks]⟨f1⟩⟨telb.zn.⟩ **0.1** ***crucifix*** ⇒*kruisbeeld* **0.2** ⟨gymnastiek⟩ ***breedtestand*** ⟨aan ringen⟩.
cru·ci·fix·ion ['kru:sɪ'fɪkʃn]⟨f1⟩⟨zn.⟩
I ⟨telb.zn.⟩ **0.1** ***(uitbeelding/voorstelling v.) kruisiging*** ⟨v. Christus⟩;
II ⟨telb. en n.-telb.zn.⟩ **0.1** ***kruisiging*** ⇒*het kruisigen/gekruisigd worden* ◆ **1.1** the Crucifixion *de kruisiging (v. Christus).*
cru·ci·form ['kru:sɪfɔ:m‖-fɔrm]⟨bn.⟩ **0.1** ***kruisvormig*** ⟨i.h.b. v.e. kerk⟩.
cru·ci·fy ['kru:sɪfaɪ]⟨f1⟩⟨ov.ww.; →ww. 7⟩ **0.1** ***kruisigen*** **0.2** ***tuchtigen*** ⇒*kastijden, mortificeren* **0.3** ***folteren*** ⇒*martelen* ⟨ook geestelijk⟩ **0.4** ***(publiekelijk) aan het kruis nagelen*** ⇒*de grond in boren, onderuit halen, een hetze voeren tegen* ◆ **1.2** ~ the flesh *het vlees doden.*
crud [krʌd]⟨zn.⟩⟨sl.⟩
I ⟨telb.zn.⟩ **0.1** ***rotzak*** ⇒*smiecht, schoft, hufter* **0.2** ***viespeuk*** ⇒*smeerpoets, slons, viezerik;*
II ⟨telb. en n.-telb.zn.⟩ **0.1** ⟨ben. voor⟩ ***vieze troep*** ⇒*smeerlapperij* ⟨ook fig.⟩; *vuilkoek, vuilkorst, vetrand; zaadvlek, opgedroogd semen;*
III ⟨n.-telb.zn.; vaak the⟩⟨vnl. mil.⟩ **0.1** ⟨ben. voor⟩ ***afstotelijke ziekte*** ⇒⟨i.h.b.⟩ *geheimzinnige ziekte; ingebeelde ziekte; geslachtsziekte, sief, sjanker, druiper* **0.2** ***nonsens*** ⇒*flauwekul, gelul.*
crud·dy ['krʌdi]⟨bn.; -er; →compar. 7⟩⟨sl.⟩ **0.1** ***zakkig*** ⇒*lullig, waardeloos, walgelijk* **0.2** ***goor*** ⇒*smerig, afstotelijk,* ⟨i.h.b.⟩ *aangekoekt* ⟨v. zaad⟩ **0.3** ***ziek*** ⇒⟨i.h.b.⟩ *lijdend aan een huidziekte/ingebeelde ziekte, geslachtsziek* **0.4** ***onzinnig*** ⇒*belachelijk, idioot, waardeloos.*
crude[1] [kru:d]⟨f1⟩⟨n.-telb.zn.⟩ **0.1** ***ruwe olie*** ⇒*aardolie.*
crude[2] ⟨f3⟩⟨bn.; -er; -ly; -ness; →bijw. 3⟩
I ⟨bn.⟩ **0.1** ***ruw*** ⇒*onbewerkt, onbereid, ongezuiverd, ongeraffineerd* **0.2** ***r(a)uw*** ⇒*bot, cru, grof, lomp, onbehouwen* **0.3** ***ruw*** ⇒*onnauwkeurig, globaal, grof;* ⟨stat.⟩ *ongecorrigeerd, ongeclassificeerd* **0.4** ***r(a)uw*** ⇒*primitief, elementair, onaf/uitgewerkt, onopgesmukt* **0.5** ***onrijp*** ⇒*onvolwassen, onvolgroeid* ◆ **1.1** ~ oil *ruwe olie, aardolie;* ~ sugar *ruwe/ongeraffineerde suiker* **1.4** the ~ facts *de naakte feiten;*
II ⟨bn., attr.⟩⟨vero.; taalk.⟩ **0.1** ***onverbogen*** ⇒*zonder uitgang* ◆ **1.1** the ~ form of a verb *de stam v.e. werkwoord.*
'crude carrier ⟨telb.zn.⟩ **0.1** ***olietanker.***
cru·di·ty ['kru:dəti]⟨f1⟩⟨zn.; →mv. 2⟩
I ⟨telb.zn.⟩ **0.1** ***grofheid*** ⇒*botte/lompe opmerking, cruditeit;*
II ⟨n.-telb.zn.⟩ **0.1** ***ruwheid*** ⇒*onbewerkte staat, onverfijndheid, lompheid, primitiviteit.*
cru·el ['kru:əl]⟨f3⟩⟨bn.; -er; -ly; -ness; →bijw. 3, compar. 3⟩ **0.1** ***wreed*** ⇒*hard(vochtig), gemeen, onbarmhartig, sadistisch, navrant;* ⟨fig.⟩ *guur, bar* ◆ **1.1** a ~ wind *een gure/gemene wind.*
cru·el·ty ['kru:əlti]⟨f3⟩⟨telb. en n.-telb.zn.; →mv. 2⟩ **0.1** ***wreedheid*** ⇒*onbarmhartigheid, hardvochtigheid, onmenselijkheid, sadisme* ◆ **1.1** ~ to animals *dierenmishandeling.*
cru·et ['kru:ɪt]⟨f1⟩⟨telb.zn.⟩ **0.1** →cruet stand **0.2** ***(olie/azijn)flesje*** **0.3** ⟨R.-K.⟩ ***ampul(la)*** ⟨voor water en miswijn⟩.
'cruet stand ⟨telb.zn.⟩ **0.1** ***olie- en azijnstel(letje).***
cruise[1] [kru:z]⟨f2⟩⟨telb.zn.⟩ **0.1** ***cruise*** ⇒*een plezierreis per (zee) schip, kruistocht* ◆ **2.1** a round-the-world ~ *een cruise rond de wereld* **6.1** go **for/on** a ~ *een cruise (gaan) maken.*
cruise[2] ⟨f2⟩⟨ww.⟩
I ⟨onov.ww.⟩ **0.1** ***een cruise maken*** ⇒*cruisen, plezierreis maken* **0.2** ***kruisen*** ⟨v. vliegtuig, auto, e.d.⟩ ⇒*zich met kruissnelheid voortbewegen* **0.3** ⟨scheep.⟩ ***kruisen*** ⟨ter bescherming v.e. vloot⟩ ⇒⟨alg.⟩ *patrouilleren, surveilleren* ⟨ook v.e. politieauto⟩; *(langzaam) rondrijden, snorren* ⟨v.e. taxi⟩ **0.4** ⟨sl.⟩ ***op vrouwenjacht zijn*** ⇒*op de (versier)toer zijn;*
II ⟨ov.ww.⟩ **0.1** ***bevaren*** ⇒*doorkruisen, oversteken.*
'cruise missile ⟨f1⟩⟨telb.zn.⟩ **0.1** ***kruisraket.***
cruis·er ['kru:zə‖-ər]⟨f1⟩⟨telb.zn.⟩ **0.1** ***motorjacht*** ⇒*kruiser(tje)* **0.2** ⟨mil.⟩ ***(slag)kruiser*** **0.3** ⟨AE; politie⟩ ***surveillancewagen*** **0.4** →cruiserweight.
'cruis·er·weight ⟨telb. en n.-telb.zn.⟩⟨vnl. BE; bokssport⟩ **0.1** ***licht zwaargewicht*** ⇒*halfzwaargewicht.*
'cruise·way ⟨telb.zn.⟩⟨BE⟩ **0.1** ***pleziervaartkanaal*** ⇒*pleziervaartroute.*
'cruis·ing speed ⟨f1⟩⟨n.-telb.zn.⟩ **0.1** ***kruissnelheid.***
'cruising yacht ⟨telb.zn.⟩⟨zeilsport⟩ **0.1** ***scherenkruiser.***
crul·ler, krul·ler ['krʌlə‖-ər]⟨telb.zn.⟩⟨AE⟩ **0.1** ***krul*** ⟨in olie gebakken koekje⟩ ⇒*doughnut* **0.2** ⟨AE; sl.; dram.⟩ ***flop*** ⇒*sterts, afgang.*
crumb[1] [krʌm]⟨f2⟩⟨zn.⟩
I ⟨telb.zn.⟩ **0.1** ***(brood/koek)kruimel*** ⇒*kruim(pje)* **0.2** ***klein beetje*** ⇒*fractie, zweem(pje), deeltje* **0.3** ⟨sl.⟩ ***flapdrol*** ⇒*miesgasser, boerelul* **0.4** ⟨AE; sl.⟩ ***luis*** ⇒*wondluis, platje* **0.5** ⟨AE; sl.⟩ ***smeerpoets*** ⇒*slons, vuilak* **0.6** ⟨AE; sl.⟩ ***gluiperd*** ⇒*griezel, engerd;*
II ⟨n.-telb.zn.⟩ **0.1** ***kruim*** ⟨binnenste v. brood⟩;
III ⟨mv.; ~s⟩⟨AE; sl.⟩ **0.1** ***(een) schijntje*** ⇒*habbekrats, een appel en een ei.*
crumb[2] ⟨ww.⟩
I ⟨onov. en ov.ww.⟩ **0.1** ***(ver)kruimelen*** ⇒*tot kruim(els) worden/maken, (af/ver)brokkelen;*
II ⟨ov.ww.⟩ **0.1** ***de kruimels wegvegen van*** **0.2** ⟨cul.⟩ ***paneren*** **0.3** ⟨cul.⟩ ***paneermeel mengen door.***
'crumb-brush ⟨telb.zn.⟩ **0.1** ***tafelschuier.***
'crumb bum ⟨telb.zn.⟩⟨AE; sl.⟩ **0.1** ***gluiperd*** ⇒*griezel, engerd.*
'crumb·cloth ⟨telb.zn.⟩ **0.1** ***morskleed.***
'crumb house, 'crumb joint ⟨telb.zn.⟩⟨AE; sl.⟩ **0.1** ***luizig logement*** ⇒*lijmkit.*
crum·ble[1] ['krʌmbl]⟨zn.⟩
I ⟨telb. en n.-telb.zn.⟩⟨BE; cul.⟩ **0.1** ***(warme) kruimeltaart*** ⟨v. bereide vruchten, met kruimelige bovenlaag⟩;
II ⟨n.-telb.zn.⟩ **0.1** ***kruim*** ⇒*kruimelige substantie* **0.2** ⟨cul.⟩ ***(kruimel)deeg v. vruchtentaart.***
crumble[2] ⟨f2⟩⟨ww.⟩
I ⟨onov.ww.⟩ **0.1** ***ten onder gaan*** ⇒*vergaan, vervallen, vervliegen, afbrokkelen* ◆ **1.1** ~ to dust *tot stof vergaan;* crumbling walls *bouwvallige muren* **5.¶** ~ **away** *afbrokkelen; ver/wegschrompelen;*
II ⟨onov. en ov.ww.⟩ **0.1** ***(ver)kruimelen*** ⇒*tot kruim(els) worden/maken, (af/ver)brokkelen, uit elkaar (doen) vallen.*
crum·bly ['krʌmbli]⟨bn.; ook -er; -ness; →bijw. 3⟩ **0.1** ***kruimelig*** ⇒*snel kruim(el)lend, bros.*
crumbs [krʌmz]⟨tussenw.⟩⟨BE⟩ **0.1** ***jeetje!*** ⇒*jemie!, jeminee!.*
crumb·y ['krʌmi]⟨bn.⟩ **0.1** ***vol kruimels*** **0.2** ***kruimig*** ⟨v. brood⟩ **0.3** →crummy.
crum·my ['krʌmi], ⟨soms⟩ **crumb·y** ⟨f1⟩⟨bn.; -er; →compar. 7⟩ ⟨sl.⟩ **0.1** ***luizig*** ⇒*sjofel, akelig, armoedig, smerig, walgelijk* **0.2** ***waardeloos*** ⇒*goedkoop, ondermaats, puin-, naatje* **0.3** ***belabberd*** ⇒*beroerd, belazerd* **0.4** ***dik*** ⇒*vet, mollig, uitgezakt* **0.5** ⟨BE; gew.⟩ ***rijk.***
crump[1] [krʌmp]⟨telb.zn.⟩ **0.1** ***knarsend/knerpend geluid*** ⇒*geknars, geknerp* **0.2** ***doffe dreun*** ⇒*(bom/granaat)explosie* **0.3** ***zware bom/granaat*** **0.4** ⟨vnl. BE; sl.⟩ ***oplazer*** ⇒*ram.*

crump^2 ⟨ww.⟩
I ⟨onov.ww.⟩ 0.1 ***knarsen*** *⇒knerpen* **0.2** ⟨inf.⟩ ***dreunen*** *⇒doffe klap geven* **0.3** ⟨sl.⟩ ***van z'n stokkie gaan*** *⇒plat gaan* ⟨door drank en vermoeidheid⟩ ◆ **5.3** ~ed **out** *stomdronken, lazarus; vast in slaap;*
II ⟨ov.ww.⟩ **0.1** ***(met de tanden) vermalen*** *⇒kauwen* **0.2** ***een dreun/ram/oplazer geven*** **0.3** ⟨inf.; mil.⟩ ***bombarderen*** *⇒onder granaatvuur leggen, treffen* ◆ **¶.3** we ~ed them! *dat was een voltreffer!.*
crum·pet ['krʌmpɪt]⟨fɪ⟩⟨zn.⟩
I ⟨telb.zn.⟩ **0.1** ⟨vnl. BE⟩⟨ong.⟩ ***beschuitbol*** *⇒drie-in-de-pan* **0.2** ⟨sl.⟩ ***knar*** *⇒kanis, harses, raap* **0.3** ⟨inf.; vaak scherts.⟩ ***(lekker) stuk*** *⇒mokkel(tje), moot;*
II ⟨n.-telb.zn.⟩⟨inf.; vaak scherts.⟩ **0.1** ***de andere sekse*** *⇒het zwakke geslacht, de wijven, de meiden* ◆ **1.1** a nice piece/bit of ~ *een lekkere meid* **6.1** he's always **after** ~ *hij zit altijd achter de wijven aan.*
crum·ple ['krʌmpl]⟨fɪ⟩⟨ww.⟩ →crumpled
I ⟨onov.ww.⟩ **0.1** ***ver/wegschrompelen*** *⇒ineenstorten/klappen* ◆ **1.1** resistance ~d (up) *het verzet schrompelde ineen;*
II ⟨onov. en ov.ww.⟩ **0.1** ***kreuk(el)en*** *⇒rimpelen, verfrommelen* ◆ **5.1** the train just ~d **up** in the collision *bij de botsing schoof de trein als een harmonika in elkaar* **6.1** a paper bag ~d (up) **into** a ball *een tot een prop verfrommelde papieren zak.*
crum·pled ['krʌmpld]⟨bn.; volt. deelw. v. crumple⟩ **0.1** ***verfrommeld*** *⇒gekreukt, gerimpeld, verschrompeld* **0.2** ***(spiraalvormig) gekruld*** *⇒schroefvormig gedraaid, getordeerd* ◆ **1.1** the ~ tail of a pig *de krulstaart v.e. varken* **1.¶** ⟨fig.⟩ ~ rose-leaf *schaduw, smet, oneffenheid.*
crum·ply ['krʌmpli]⟨bn.⟩ **0.1** ***rimpelig*** *⇒vol kreukels, verfrommeld* **0.2** ***kreukbaar.***
crunch^1 [krʌntʃ]⟨fɪ⟩⟨telb.zn.⟩ **0.1** ***knerpend/knarsend geluid*** *⇒geknerp, geknars* **0.2** ⟨the⟩ ***beslissend/cruciaal moment*** *⇒beslissende confrontatie* **0.3** ***gedrang*** *⇒moeilijk parket;* ⟨vnl. the⟩ *gespannen (economische) toestand,* ⟨i.h.b.⟩ *krappe markt, (economische) crisis* ◆ **3.2** if/when it comes to the ~, when the ~ comes *als puntje bij paaltje komt, als het erop aankomt* **6.3** (be caught) **in** the ~ *(economisch) in de knel (zitten).*
crunch^2 ⟨f2⟩⟨ww.⟩
I ⟨onov.ww.⟩ **0.1** ***knerpen*** *⇒knarsen* **0.2** ***knauwen (op)*** *⇒(luidruchtig) kluiven, knagen* ◆ **6.2** the dog was ~ing **on** a bone *de hond lag op/aan een bot te knauwen;*
II ⟨ov.ww.⟩ **0.1** ***doen knerpen/knarsen*** **0.2** ***knauwen op*** *⇒vermalen, knagen aan* ◆ **1.1** our feet ~ed the gravel *onze voeten knerpten op/over het grind.*
crunch·y ['krʌntʃi]⟨bn.; -er; -ness; →bijw. 3⟩ **0.1** ***knapperig*** *⇒knerpend, knisterend, knisperend.*
crup·per ['krʌpə‖-ər]⟨telb.zn.⟩ **0.1** ***staartriem*** *⇒culeron* ⟨v. paardetuig⟩ **0.2** ***achterhand*** *⇒croupe, kroep, kruis* ⟨v. paard⟩ **0.3** ⟨AE; sl.⟩ ***klimriem.***
cru·ral ['kruərəl‖'krʊrəl]⟨bn.⟩⟨med.⟩ **0.1** ***cruraal*** *⇒v./mbt. het been.*
cru·sade^1 [kru:'seɪd]⟨f2⟩⟨telb.zn.⟩ **0.1** ⟨ook C-⟩⟨gesch.⟩ ***kruistocht*** *⇒heilige oorlog, kruisvaart* **0.2** ***kruistocht*** *⇒felle campagne/actie* ◆ **6.2** a ~ **for** a cause/**against** an abuse *een kruistocht voor een zaak/tegen een misstand.*
crusade^2 ⟨fɪ⟩⟨onov.ww.⟩ **0.1** ***een kruistocht voeren*** *⇒fel campagne/actie voeren;* ⟨gesch.⟩ *ter kruistocht/vaart gaan* ◆ **6.1** ~ **against/for/in favour of** *een kruistocht voeren tegen/voor/ten gunste van.*
cru·sad·er [kru:'seɪdə‖-ər]⟨f2⟩⟨telb.zn.⟩ **0.1** ⟨gesch.⟩ ***kruisvaarder*** **0.2** ***gedreven actievoerder.***
cruse [kru:z, kru:s]⟨telb.zn.⟩⟨vero., beh. bijb.⟩ **0.1** ***(aarden) kruik.***
crush^1 [krʌʃ]⟨fɪ⟩⟨zn.⟩
I ⟨telb.zn.⟩ **0.1** ***drom*** *⇒(samengepakte) mensenmenigte* **0.2** ***samengeperste/geplette/verbrijzelde toestand*** *⇒moes, poeder* **0.3** ⟨steeds enk.⟩ ***gedrang*** **0.4** ⟨vnl. enk.⟩⟨inf.⟩ ***overmatig drukke bijeenkomst*** **0.5** ⟨vnl. BE; sl.⟩ ***bende*** *⇒troep, kliek* **0.6** ⟨inf.⟩ ***(hevige) verliefdheid*** **0.7** ⟨inf.⟩ ***vlam*** *⇒beminde, geliefde, liefje* **0.8** ⟨i.h.b. in Australië⟩ ***(vee)kraal met nauwe uitgang*** ⟨om vee één voor één op te vangen⟩ ◆ **6.6** have/get a ~ **on** *smoorverliefd zijn op* **¶.3** there was such a ~ on the bus! *de bus was me toch afgeladen!;*
II ⟨n.-telb.zn.⟩ **0.1** ***samenpersing*** *⇒verbrijzeling, kneuzing, kreukeling* **0.2** ⟨vnl. BE⟩ ***(uit)geperst vruchtesap*** *⇒jus, -sap.*
crush^2 ⟨f3⟩⟨ww.⟩ →crushing
I ⟨onov. en ov.ww.⟩ **0.1** ***dringen*** *⇒(zich) persen/drukken* **0.2** ***kreuk(el)en*** *⇒rimpelen, verfrommelen, pletten* ◆ **5.1** ~ **in** *(naar) binnen dringen;* ⟨AE; sl.⟩ ~ **out** *uitbreken, ontsnappen* **6.1** ~ **into** a place *ergens (naar) binnen dringen;* ~ (one's way) **through** the crowd *zich een weg banen door de menigte;*
II ⟨ov.ww.⟩ **0.1** ***in elkaar drukken*** *⇒indeuken* **0.2** ***(ver)malen*** *⇒vergruiz(el)en, verpulveren, fijnstampen, pletten* **0.3** ***vernietigen*** *⇒de kop indrukken, vermorzelen, verpletteren, in de pan hakken* **0.4** ***(uit)persen*** ◆ **1.1** be ~ed to death in a crowd *doodgedrukt worden in een mensenmenigte;* ~ into submission *tot overgave dwingen* **5.2** ~ **up** *verkruimelen, fijnmalen* **5.4** the lemon is ~ed **out** *de citroen is uitgeperst* **6.4** ~ the juice **out of** a lemon *een citroen uitpersen.*
'crush barrier ⟨telb.zn.⟩ **0.1** ***dranghek.***
crush·er ['krʌʃə‖-ər]⟨telb.zn.⟩ **0.1** ***maalmachine*** *⇒plet/persmachine* **0.2** ⟨AE; inf.⟩ ***vrouwenversierder*** *⇒mooie jongen.*
'crush hat ⟨telb.zn.⟩ **0.1** ***klak(hoed)*** *⇒gibus, hoge zije.*
crush·ing ['krʌʃɪŋ]⟨fɪ⟩⟨bn.; teg. deelw. v. crush; -ly⟩ **0.1** ***vernietigend*** *⇒verpletterend.*
'crush-room ⟨telb.zn.⟩⟨vnl. BE⟩ **0.1** ***foyer*** *⇒koffiekamer.*
crust^1 [krʌst]⟨f2⟩⟨zn.⟩
I ⟨telb.zn.⟩ **0.1** ***korst (brood)*** *⇒kapje, broodkorst;*
II ⟨telb. en n.-telb.zn.⟩ **0.1** ***korst*** *⇒broodkorst;* ⟨cul.⟩ *korst/bladerdeeg; afzetting, wijnmoer; vaste buitenlaag v. hemellichaam, aardkorst* **0.2** ***schaal*** ⟨v. schaaldier⟩ **0.3** ⟨med.⟩ ***(wond)korst*** **0.4** ***korst*** ⟨v. korstmos⟩ ◆ **1.1** ⟨geol.⟩ ~ of the earth, earth's ~ *aardkorst;* ~ of frozen snow *korst v. bevroren sneeuw;* ⟨fig.⟩ a ~ of indifference *een laag v. onverschilligheid* **3.1** kissing ~ *zachte korst* ⟨waar het brood in de oven een ander brood raakte⟩ **3.¶** ⟨BE, Austr. E; inf.⟩ earn one's ~ *zijn brood verdienen;*
III ⟨n.-telb.zn.⟩⟨sl.⟩ **0.1** ***lef*** *⇒brutaliteit, gotspe, onbeschaamdheid* ◆ **6.¶** ⟨sl.⟩ **off** one's ~ *getikt, malende.*
crust^2 ⟨fɪ⟩⟨ww.⟩ →crusted
I ⟨onov.ww.⟩ **0.1** ***(ver)korsten*** *⇒met een korst bedekt/tot korst worden* ◆ **5.1** the snow ~ed **over** *er kwam een korst op de sneeuw;*
II ⟨ov.ww.⟩ **0.1** ***met een korst bedekken*** **0.2** ***tot een korst vormen*** ⟨v. deeg⟩.
crus·ta·cean^1 [krʌ'steɪʃn]⟨fɪ⟩⟨telb.zn.⟩⟨dierk.⟩ **0.1** ***schaaldier*** ⟨lid v.d. klasse der Crustacea⟩.
crustacean^2 ⟨bn.⟩ **0.1** ***v./mbt./behorend tot de schaaldieren/kreeftachtigen*** *⇒schaaldier-.*
crus·ta·ceous [krʌ'steɪʃəs]⟨bn.⟩ **0.1** ***schaal-*** *⇒schaalachtig, een uitwendig skelet bezittend* **0.2** ***korstachtig*** **0.3** →crustacean^2.
crus·tal ['krʌstl]⟨bn.⟩ **0.1** ***v./mbt. een korst*** ⟨i.h.b. de aard/maankorst⟩.
crus·ta·tion [krʌ'steɪʃn]⟨telb. en n.-telb.zn.⟩ **0.1** ***korstvorming*** **0.2** ***(korst)afzetting*** *⇒neerslag.*
crust·ed ['krʌstɪd]⟨bn.; oorspr. volt. deelw. v. crust⟩ **0.1** ***met depôt*** *⇒met wijnmoer/droesem* **0.2** ***verouderd*** *⇒ouderwets, overjarig, vast/ingeroest verstokt* **0.3** ***eerbiedwaardig*** *⇒respectabel* ◆ **1.1** old ~ port *goede oude port, belegen port* **1.¶** ~ prejudice *in/vastgeroest vooroordeel.*
crust·y ['krʌsti]⟨fɪ⟩⟨bn.; -er; -ly; -ness; →bijw. 3⟩ **0.1** ***korst(acht)ig*** *⇒bros, knapperig, doorgebakken* **0.2** ***aangezet*** *⇒met depôt* ⟨v. wijn⟩ **0.3** ***kortaf*** *⇒kortaangebonden, chagrijnig, humeurig, lichtgeraakt, ongemanierd, grof, lomp, bot* **0.4** ⟨AE; inf.⟩ ***vuil*** *⇒smerig, gemeen, waardeloos, versleten.*
crutch^1 ['krʌtʃ], ⟨in bet. 0.3 ook⟩ **crotch** [krɒtʃ‖krɑtʃ]⟨f2⟩⟨telb.zn.⟩⟨→sprw. 530⟩ **0.1** ***kruk*** ⟨v. invalide⟩ **0.2** ***steun(pilaar)*** *⇒toeverlaat* **0.3** ***kruis*** ⟨v. mens/kledingstuk⟩ **0.4** ⟨scheep.⟩ ***schaar*** **0.5** ***kruk (v. amazonezadel)*** *⇒voetsteun* ◆ **1.1** a pair of ~es *(een stel) krukken* **6.1** go about **on** ~es *met/op krukken lopen/gaan.*
crutch^2 ⟨ov.ww.⟩ →crutched **0.1** ***(onder)steunen*** *⇒stutten.*
crutch·ed [krʌtʃt]⟨bn.; oorspr. volt. deelw. v. crutch⟩ **0.1** ***(steunend) op krukken*** **0.2** ***met een (dwars)handvat*** ◆ **1.2** a ~ cane *een (wandel)stok met een (dwars)handvat.*
crux [krʌks, krʊks]⟨fɪ⟩⟨telb.zn.; ook cruces ['kru:si:z]; →mv. 5⟩ **0.1** ***crux*** *⇒struikelblok, (grote) vraag* **0.2** ***essentie*** *⇒kern(punt), crux, kneep, kwintessens.*
Crux ['krʌks]⟨eig.n.⟩⟨ster.⟩ **0.1** ***Crux*** *⇒(het) Zuiderkruis.*
crux an·sa·ta ['krʌks æn'seɪṭə]⟨telb.zn.; cruces ansatae ['kru:si:z æn'seɪṭi]; →mv. 5⟩ **0.1** ***hengselkruis*** ⟨♀⟩.
cru·zei·ro [kru:'zeərou‖-'zeɪrou]⟨telb. en n.-telb.zn.⟩ **0.1** ***cruzeiro*** ⟨Braziliaanse munt(eenheid)⟩.
cry^1 [kraɪ]⟨f3⟩⟨telb.zn.⟩⟨→sprw. 475⟩ **0.1** ***kreet*** *⇒(uit)roep, (ge)schreeuw, strijdkreet, vent(ers)roep* **0.2** ***huilpartij*** *⇒gehuil, geschrei, potje huilen* **0.3** ⟨ben. voor⟩ ***diergeluid*** *⇒schreeuw, (vogel)roep, hals* ⟨geblaf v. jachthonden⟩ **0.4** ***roep*** *⇒smeekbede, appèl* **0.5** ***(strijd)leus*** *⇒devies, motto, slogan* **0.6** ***algemeen gevoelde overtuiging*** *⇒geloof, publieke opinie* **0.7** ***gerucht*** **0.8** ***meute*** *⇒troep (jacht)honden* **0.9** ***geluid v.h. schreeuwen/kraken*** ⟨v. tin bv.⟩ ◆ **2.3** in full ~ *luid hals gevend* ⟨v.e. troep jachthonden⟩; ⟨fig.⟩ *fel van leer trekkend* **3.2** have a (good) ~, have one's ~ out *eens (goed) uithuilen* **3.3** give ~ *aanslaan, hals geven* ⟨v. jacht-

honden⟩ **6.1 within** ~ (of) *binnen gehoorsafstand, te beroepen* **6.4** a general ~ **for** higher wages *een algemene roep om loonsverhoging.*

cry[2] ⟨f3⟩ ⟨ww.; →ww. 7⟩ →crying ⟨→sprw. 119, 327⟩

I ⟨onov.ww.⟩ **0.1** ***schreeuwen*** ⇒*jammeren, lamenteren* **0.2** ⟨ben. voor⟩ ***natuurlijk geluid geven*** ⟨v. dieren⟩ ⇒*roepen* ⟨v. uil, koekoek⟩, *blaffen* ⟨v. hond⟩, *krijsen* ⟨v. meeuw⟩, *schreeuwen* ⟨v. pauw⟩, *janken* ⟨v. wolf⟩ ◆ **6.1** ~ (out) **with** pain *het uitschreeuwen v.d. pijn;*

II ⟨onov. en ov.ww.⟩ **0.1** ***huilen*** ⇒*schreien, janken* **0.2** ***roepen*** ⇒*schreeuwen* **0.3** ***omroepen*** ⇒*verkondigen* ◆ **1.1** ~ bitter tears *bittere tranen huilen* **4.1** ⟨inf.⟩ I'll give you sth. to ~ about/for! *ik zal je leren huilen!;* ~ o.s. to sleep *zichzelf in slaap huilen* **4.¶** ~ 'enough' *zich overgeven* **5.¶** ~ sth. **down** *iets kleineren, iets afbreken;* ⟨inf.⟩ for ~ing out loud *allemachtig, in vredesnaam;* ~ **off** *terugkrabbelen, er(gens) van afzien, het laten afweten;* ~ sth. **up** *iets ophemelen/opsteken* **6.1** ~ **for** sth. *om iets jengelen/jammeren/dreinen/drenzen, om iets huilen/janken;* ~ **for** joy *huilen v. blijdschap;* ~ **for** nothing *janken om niets;* ~ **over** sth. *iets bewenen, lamenteren/jeremiëren over iets;* ~ **with** grief *huilen v. verdriet* **6.2** ~ (out) **for** help/mercy *om hulp/genade roepen;* ~ out **against** *wraken, afkeuren;* the fields are ~ing out **for** rain *het land schreeuwt om regen;* ~ (out) **to** s.o. *tegen iem. schreeuwen;*

III ⟨ov.ww.⟩ **0.1** ***(uit)venten*** ⇒*bij uitroep verkopen, adverteren* **0.2** ***smeken*** ◆ **1.1** ~ one's wares *zijn waren uitventen/aanprijzen* **1.2** ~ forgiveness *om genade smeken.*

'cry·ba·by ⟨telb.zn.⟩ **0.1** ***huilebalk*** ⇒*griener;* ⟨fig.⟩ *iem. die geen kritiek verdraagt, kwetsbaar persoon.*

cryer →crier.

cry·ing ['kraɪɪŋ] ⟨f2⟩ ⟨bn., attr.; oorspr. teg. deelw. v. cry⟩ **0.1** ***hemeltergend*** ⇒*schreeuwend, flagrant* ◆ **1.1** a ~ shame *een grof schandaal.*

'crying jag ⟨telb.zn.⟩ ⟨AE; inf.⟩ **0.1** ***huilbui.***

cry·o- ['kraɪoʊ] **0.1** ***cryo-*** ⇒*ijs-, koude-* ◆ **¶.1** ⟨nat., schei.⟩ cryoscopy *cryoscopie* ⟨vriespuntbepaling⟩; ⟨tech.⟩ cryopump *cryogene pomp.*

cry·o·bi·ol·o·gy ['kraɪoʊbaɪ'ɒlədʒi‖-baɪ'ɑ-] ⟨n.-telb.zn.⟩ ⟨biol.⟩ **0.1** ***cryobiologie.***

cry·o·gen ['kraɪədʒn] ⟨telb. en n.-telb.zn.⟩ ⟨nat.⟩ **0.1** ***cryogene stof*** ⇒*koelstof,* ⟨i.h.b.⟩ *vloeibare stikstof.*

cry·o·gen·ic [-'dʒenɪk] ⟨bn.⟩ ⟨nat.⟩ **0.1** ***cryogeen*** ⇒*mbt. zeer lage temperaturen* ⟨van −150 tot −273 °C⟩.

cry·o·gen·ics [-'dʒenɪks] ⟨n.-telb.zn.⟩ ⟨nat.⟩ **0.1** ***cryogene wetenschap*** ⇒*leer v.d. zeer lage temperaturen.*

cry·o·lite [-laɪt] ⟨n.-telb.zn.⟩ ⟨geol.⟩ **0.1** ***kryoliet*** ⇒*(Groenlands) ijssteen.*

cry·o·nics [kraɪ'ɒnɪks] ⟨n.-telb.zn.⟩ **0.1** ***(het) invriezen v.e. lijk.***

cry·o·stat [-stæt] ⟨telb.zn.⟩ ⟨tech.⟩ **0.1** ***cryostaat*** ⟨thermostaat voor zeer lage temperaturen⟩.

cry·o·sur·ger·y ['kraɪoʊ'sɜ:dʒəri‖-'sɜr-] ⟨n.-telb.zn.⟩ ⟨med.⟩ **0.1** ***cryochirurgie.***

crypt [krɪpt] ⟨f1⟩ ⟨telb.zn.⟩ **0.1** ***crypt(e)*** ⇒*grafkelder, ondergrondse kapel, krocht* **0.2** ⟨biol.⟩ ***holte*** ⇒*inzinking, crypt(e).*

cryp·ta·nal·y·sis ['krɪptə'næləsɪs] ⟨telb.zn.; cryptanalyses [-si:z]; →mv. 5⟩ **0.1** ***cryptoanalyse*** ⇒*decodering/ontcijfering v. geheimschrift.*

cryp·tan·a·lyst [krɪp'tænəlɪst] ⟨telb.zn.⟩ **0.1** ***cryptoanalist*** ⇒*decodeur.*

cryp·tan·a·ly·tic ['krɪptænə'lɪtɪk], **cryp·tan·a·lyt·i·cal** [-ɪkl] ⟨bn.⟩ **0.1** ***cryptoanalytisch*** ⇒*v./mbt. de cryptoanalyse.*

cryp·tic ['krɪptɪk], **cryp·ti·cal** [-ɪkl] ⟨f1⟩ ⟨bn.; -(al)ly; →bijw. 3⟩

I ⟨bn.⟩ **0.1** ***cryptisch*** ⇒*verborgen, versluierd, geheimzinnig, raadselachtig, duister* **0.2** ***geheim*** ⇒*mystiek, esoterisch, occult* ◆ **1.1** ~ crossword *cryptogram;*

II ⟨bn., attr.⟩ ⟨dierk.⟩ **0.1** ***schut-*** ⇒*beschermend* ◆ **1.1** ~ colouring *schutkleur.*

cryp·to ['krɪptoʊ] ⟨telb.zn.⟩ ⟨inf.⟩ **0.1** ***heimelijk sympathisant*** ⇒⟨i.h.b.⟩ *cryptocommunist.*

cryp·to- ['krɪptoʊ], **crypt-** [krɪpt] **0.1** ***crypt(o)-*** ⇒*verborgen, heimelijk* ◆ **¶.1** crypto-Communist *cryptocommunist.*

cryp·to·crys·tal·line [-'krɪstəlaɪn] ⟨bn.⟩ **0.1** ***cryptokristallijn.***

cryp·to·gam [-gæm] ⟨telb.zn.⟩ ⟨plantk.⟩ **0.1** ***cryptogaam*** ⇒*bedektbloeiende plant, sporeplant.*

cryp·to·gam·ic [-'gæmɪk], **cryp·tog·a·mous** [krɪp'tɒgəməs‖-'tɑ-] ⟨bn.⟩ ⟨plantk.⟩ **0.1** ***cryptogaam*** ⇒*bedektbloeiend, sporedragend.*

cryp·to·gram ['krɪptəgræm] ⟨telb.zn.⟩ **0.1** ***bericht in code/geheimschrift*** ⇒*cryptogram* **0.2** ***occult getal/symbool.***

cryp·to·graph ['krɪptəgrɑ:f‖-græf] ⟨telb.zn.⟩ **0.1** →cryptogram **0.2** ***geheimschrift*** ⇒*code* **0.3** ***(codeer)sleutel.***

cryp·tog·ra·pher [krɪp'tɒgrəfə‖-'tɑgrəfər] ⟨telb.zn.⟩ **0.1** ***codeur*** ⇒*geheimschrijver.*

cryp·to·graph·ic ['krɪptə'græfɪk] ⟨bn.; -ally; →bijw. 3⟩ **0.1** ***cryptografisch*** ⇒*mbt. geheimschrift.*

cryp·tog·ra·phy [krɪp'tɒgrəfi‖-'tɑ-] ⟨zn.; →mv. 2⟩

I ⟨telb. en n.-telb.zn.⟩ **0.1** ***geheimschrift;***

II ⟨n.-telb.zn.⟩ **0.1** ***cryptografie*** ⇒*cryptologie, cryptoanalyse.*

cryp·tol·o·gy [krɪp'tɒlədʒi‖-'tɑ-] ⟨n.-telb.zn.⟩ **0.1** ***cryptologie.***

cryp·to·me·ri·a ['krɪptə'mɪəriə‖-'mɪriə] ⟨telb.zn.⟩ ⟨plantk.⟩ **0.1** ***Japanse ceder/cipres*** ⟨Cryptomeria japonica⟩.

crys·tal[1] ['krɪstl] ⟨f2⟩ ⟨zn.⟩

I ⟨telb.zn.⟩ **0.1** ⟨nat.⟩ ***kristal*** **0.2** ***kristallen sieraad*** ⇒*kristal, kristallijn* **0.3** ⟨nat.⟩ ***(piëzo-elektrisch) kristal*** **0.4** ⟨AE⟩ ***horlogeglas*** ⇒*klokkeglas;*

II ⟨n.-telb.zn.⟩ **0.1** ***kristal(glas).***

crystal[2] ⟨f2⟩ ⟨bn.⟩ **0.1** ***kristal(len)*** ⇒*kristallijn(en)* **0.2** ***(kristal)helder*** ⇒*transparant, doorzichtig* ◆ **1.1** ~ ball *kristallen/glazen bol* ⟨v. waarzegster⟩ **1.¶** ~ wedding *15-jarig bruiloftsfeest.*

'crystal clear ⟨bn.⟩ **0.1** ***glashelder*** ⟨ook fig.⟩.

'crystal detector ⟨telb.zn.⟩ ⟨radio⟩ **0.1** ***kristaldetector.***

'crys·tal-gaz·er ⟨f1⟩ ⟨telb.zn.⟩ **0.1** ***kristalkijker*** ⇒*koffiedikkijker.*

'crystal gaz·ing ⟨f1⟩ ⟨n.-telb.zn.⟩ **0.1** ***kristalkijken*** ⇒*koffiedik kijken.*

'crystal 'glass ⟨n.-telb.zn.⟩ **0.1** ***kristalglas.***

'crystal lattice ⟨telb.zn.⟩ ⟨nat.⟩ **0.1** ***kristalrooster.***

crys·tal·line ['krɪstəlaɪn‖-lɪn] ⟨f1⟩ ⟨bn.⟩ **0.1** ***kristallijn(en)*** ⇒*kristallen, kristalhelder* ◆ **1.1** ~ lens *kristallens* ⟨in het oog⟩.

crys·tal·lin·i·ty ['krɪstə'lɪnəti] ⟨n.-telb.zn.⟩ **0.1** ***kristalliniteit*** ⇒*kristallijne toestand.*

crys·tal·lite ['krɪstəlaɪt] ⟨telb.zn.⟩ ⟨vnl. geol.⟩ **0.1** ***kristalliet*** ⇒*kristalkorrel.*

crys·tal·(l)iz·a·ble ['krɪstəlaɪzəbl] ⟨bn.⟩ **0.1** ***kristalliseerbaar.***

crys·tal·(l)i·za·tion, -sa·tion ['krɪstəlaɪ'zeɪʃn‖-ə'zeɪʃn] ⟨telb. en n.-telb.zn.⟩ **0.1** ***(uit)kristallisatie*** ⇒*(uit)kristallisering* ◆ **1.1** ⟨schei.⟩ water of ~ *kristalwater.*

crys·tal·(l)ize, -ise ['krɪstəlaɪz] ⟨f2⟩ ⟨ww.⟩

I ⟨onov.ww.⟩ **0.1** ***(uit)kristalliseren*** ⟨ook fig.⟩ ⇒*in kristal(vorm) overgaan, vaste vorm aannemen* ◆ **6.1** my ideas must first ~ (out) **into** a new plan *mijn ideeën moeten eerst tot een nieuw plan uitkristalliseren;*

II ⟨ov.ww.⟩ **0.1** ***laten (uit)kristalliseren*** ⟨ook fig.⟩ ⇒*tot kristal laten schieten, vaste vorm geven, concretiseren* **0.2** ***konfijten.***

crys·tal·log·ra·pher ['krɪstə'lɒgrəfə‖-'lɑgrəfər] ⟨telb.zn.⟩ **0.1** ***kristallograaf.***

crys·tal·lo·graph·ic ['krɪstələ'græfɪk], **crys·tal·lo·graph·i·cal** [-ɪkl] ⟨bn.; -(al)ly; →bijw. 3⟩ **0.1** ***kristallografisch.***

crys·tal·log·ra·phy ['krɪstə'lɒgrəfi‖-'lɑ-] ⟨n.-telb.zn.⟩ **0.1** ***kristallografie.***

crys·tal·loid ['krɪstəlɔɪd] ⟨bn.⟩ **0.1** ***kristalachtig*** ⇒*kristalvormig, met kristalstructuur, kristalloïde.*

'crystal 'pickup ⟨telb.zn.⟩ ⟨tech.⟩ **0.1** ***(toonarm met) kristalelement.***

'crystal set ⟨telb.zn.⟩ ⟨radio⟩ **0.1** ***kristalontvanger.***

c/s ⟨afk.⟩ cycles per second ⟨hertz⟩.

CS[1], **C'S gas** ⟨telb. en n.-telb.zn.⟩ **0.1** ***traangas.***

CS[2] ⟨afk.⟩ Chief of Staff, Christian Science/Scientist, Civil Service, Court of Session; Chartered Surveyor ⟨BE⟩.

CSA ⟨afk.⟩ Confederate States of America.

csardas →czardas.

CSC ⟨afk.⟩ Civil Service Commission; Conspicuous Service Cross ⟨BE⟩.

CSE ⟨afk.⟩ Certificate of Secondary Education ⟨BE⟩.

CSIRO ⟨afk.⟩ Commonwealth Scientific and Industrial Research Organisation.

CSM ⟨afk.⟩ Company Sergeant-Major ⟨BE⟩.

C-spring ⟨telb.zn.⟩ **0.1** ***C-vormige (buigings)veer.***

CST ⟨afk.⟩ Central Standard Time ⟨AE⟩.

ct ⟨afk.⟩ carat, cent, certificate, court.

CT ⟨afk.⟩ cell therapy, Central Time, Certificated/Certified Teacher, Connecticut.

CTC ⟨afk.⟩ Cyclists' Touring Club ⟨BE⟩.

cten·oid ['tenɔɪd, 'ti:-] ⟨bn.⟩ ⟨dierk.⟩ **0.1** ***kamvormig*** ⇒*getand.*

cten·o·phore ['tenəfɔ:‖-fɔr] ⟨telb.zn.⟩ ⟨dierk.⟩ **0.1** ***ribkwalachtige*** ⟨Fylum ctenophora⟩.

CTL ⟨afk.⟩ Constructive Total Loss.

CT scanner →CAT scanner.

CTT ⟨afk.⟩ Capital Transfer Tax.

cu ⟨afk.⟩ cubic.

cub[1] [kʌb] ⟨f2⟩ ⟨zn.⟩

I ⟨telb.zn.⟩ **0.1** ***welp*** ⇒*jong;* ⟨i.h.b.⟩ *vossejong* **0.2** ***vlerk*** ⇒*ongelikte beer, hork, lomperik* **0.3** ⟨vnl. C-; verk.⟩ ⟨Cub Scout⟩ **0.4** ⟨AE⟩ ***groentje*** ⇒*nieuweling, leerling, beginneling, krullenjongen* **0.5** ⟨verk.⟩ ⟨cub reporter⟩.

cub[2] ⟨ww.; →ww. 7⟩

I ⟨onov.ww.⟩ **0.1** ***op vossejongen jagen*** **0.2** ***(jongen) werpen;***
II ⟨ov.ww.⟩ **0.1** ***werpen.***
Cu·ba li·bre ['kju:bə 'li:brə]⟨telb. en n.-telb.zn.; cuba libres [-əz]; →mv. 5; ook c- l-⟩ **0.1** ***rum-cola.***
Cu·ban[1] ['kju:bən]⟨f1⟩⟨telb.zn.⟩ **0.1** ***Cubaan.***
Cuban[2] ⟨f2⟩⟨bn.⟩ **0.1** ***Cubaans*** ◆ **1.¶** ~ heel *halfhoge hak.*
cu·ba·ture ['kju:bətʃə‖-tʃʊr], ⟨in bet. 0.2 ook⟩ **Cub·age** ['kju:bɪdʒ]⟨n.-telb.zn.⟩ **0.1** ***kubatuur*** ⇒*inhoudsmeting/bepaling* **0.2** ***kubieke inhoud*** ⇒*volume, verplaatsing.*
cub·bing ['kʌbɪŋ], **'cub-hunt·ing** ⟨n.-telb.zn.⟩⟨BE⟩ **0.1** ***jacht op vossejongen.***
cub·bish ['kʌbɪʃ]⟨bn.⟩ **0.1** ***lomp*** ⇒*onhandig, ongelikt, vlerkerig.*
'cub·by·hole, ⟨in bet. 0.1, 0.3 ook⟩ **cub·by** ['kʌbi]⟨telb.zn.; →mv. 2⟩ **0.1** ***holletje*** ⇒*knus plekje, gezellig hoekje/huisje/kamertje* **0.2** ***hokje*** ⇒*vakje* **0.3** ***kastje*** ⇒*dressoirtje.*
cube[1] [kju:b]⟨f2⟩⟨telb.zn.⟩ **0.1** ***kubus*** ⇒*klontje, blokje* **0.2** ***dobbelsteen*** ⇒⟨mv.⟩⟨AE; inf.⟩ *dobbelstenen, pokerstenen, stenen* **0.3** ⟨wisk.⟩ ***derdemacht*** ⇒*kubiek(getal)* ◆ **1.1** a ~ of bacon *een dobbelsteentje spek;* ⟨AE⟩ ~ of sugar *klontje suiker, suikerklontje.*
cube[2] ⟨f1⟩⟨ov.ww.⟩ **0.1** ⟨wisk.⟩ ***tot de derdemacht verheffen*** ⇒*kuberen* **0.2** ***in blokjes/dobbelsteentjes snijden*** **0.3** ***de (ruimte-)inhoud berekenen van*** ⇒*kuberen* **0.4** ***tegendraads (in)snijden*** ⟨v. vlees⟩ ◆ **4.1** two cubed is eight *twee tot de derde is acht.*
cu·beb ['kju:beb]⟨telb.zn.⟩ **0.1** ⟨plantk.⟩ ***staartpeper(struik)*** ⟨Piper cubeba⟩ **0.2** ***cubebe*** ⇒*staartpeper(korrel).*
'cube 'root ⟨telb.zn.⟩⟨wisk.⟩ **0.1** ***derdemachtswortel*** ⇒*kubiekwortel.*
cub·hood ['kʌbhʊd]⟨n.-telb.zn.⟩ **0.1** ***onvolgroeide/onrijpe/onervaren toestand.***
cu·bic[1] ['kju:bɪk]⟨telb.zn.⟩⟨wisk.⟩ **0.1** ***kubische uitdrukking*** ⇒*derdemachtsvergelijking.*
cubic[2] ⟨f2⟩⟨bn.⟩ **0.1** ***kubiek*** ⇒*driedimensionaal* ⟨→t1⟩ **0.2** ***kubusvormig*** ⇒*kubiek, rechthoekig* **0.3** ⟨wisk.⟩ ***kubisch*** ⇒*kubiek, derdemachts-* **0.4** ⟨geol., kristallografie⟩ ***isometrisch*** ⇒*kubisch* ◆ **1.1** ~ metre *kubieke meter* **1.3** ~ equation *derdemachtsvergelijking, vergelijking v.d. derde graad.*
cu·bi·cal ['kju:bɪkl]⟨bn.; -ly; -ness⟩ **0.1** →cubic[2] **0.2** ***inhouds-*** ⇒*volume-, kubiek* ◆ **1.2** ⟨nat.⟩ ~ expansion *kubieke uitzetting.*
cu·bi·cle ['kju:bɪkl]⟨f1⟩⟨telb.zn.⟩ **0.1** ***slaapkamertje*** ⇒*slaapho(e)kje, chambrette* **0.2** ***kleedhokje*** **0.3** ***cel*** ⇒*studeercel, kloostercel.*
'cubic 'measure ⟨telb.zn.⟩ **0.1** ***inhoudsmaat.***
cu·bi·form ['kju:bɪfɔ:m‖-fɔrm]⟨bn.⟩ **0.1** ***kubusvormig*** ⇒*kubiek.*
cub·ism ['kju:bɪzm]⟨f1⟩⟨n.-telb.zn.; vaak C-⟩⟨beeld.k.⟩ **0.1** ***kubisme.***
cub·ist ['kju:bɪst]⟨f1⟩⟨telb.zn.⟩ **0.1** ⟨beeld. k.⟩ ***kubist*** ⇒*aanhanger v.h. kubisme* **0.2** ***Rubikfanaat*** ⇒*iem. die met de kubus v. Rubik speelt.*
cu·bit ['kju:bɪt]⟨telb.zn.⟩⟨gesch., bijb.⟩ **0.1** ***(oude) el*** ⟨met lengte v. onderarm, 45-56 cm⟩.
cu·bi·tal ['kju:bɪtl]⟨bn.⟩ **0.1** ⟨biol.⟩ ***mbt. de onderarm/voorarm*** **0.2** ⟨gesch.⟩ ***mbt. het meten in ellen.***
cu·boid[1] ['kju:bɔɪd]⟨telb.zn.⟩ **0.1** ⟨biol.⟩ ***os cuboideum*** ⇒*cuboïde* **0.2** ⟨wisk.⟩ ***blok*** ⇒*rechthoekig parallellepipedum.*
cuboid[2], **cu·boi·dal** ['kju:'bɔɪdl]⟨bn.⟩ **0.1** ***kubusvormig*** ⇒*kubiek, rechthoekig* **0.2** ⟨biol.⟩ ***mbt. het os cuboideum*** ◆ **1.2** ~ bone *os cuboideum.*
'cub reporter ⟨telb.zn.⟩⟨inf.⟩ **0.1** ***aankomend journalist*** ⇒*leerling-journalist.*
'Cub Scout ⟨telb.zn.⟩⟨padvinderij⟩ **0.1** ***welp.***
cuck·ing stool, cuck·stool ['kʌk(ɪŋ)-]⟨telb.zn.⟩⟨gesch.⟩ **0.1** ***schandstoel*** ⟨waarop heksen e.d. als straf vastgebonden werden en te pronk gesteld of te water gegooid⟩ ⇒⟨ong.⟩ *schandpaal.*
cuck·old[1] ['kʌkld, 'kʌkoʊld‖'kʌkld]⟨f1⟩⟨telb.zn.⟩ **0.1** ***hoorndrager*** ⇒*bedrogen echtgenoot, koekoek, cocu.*
cuckold[2] ⟨f1⟩⟨ov.ww.⟩ **0.1** ***horens opzetten*** ⇒*bedriegen, ontrouw zijn.*
cuck·old·ry ['kʌkldri]⟨n.-telb.zn.⟩ **0.1** ***hoorndragerschap*** **0.2** ***overspel.***
cuck·oo[1] ['kʊku:‖'ku:ku:]⟨f2⟩⟨telb.zn.⟩ **0.1** ⟨dierk.⟩ ***koekoek*** ⟨fam. Cuculidae⟩ ⇒⟨i.h.b.⟩ *(gewone) koekoek* ⟨Cuculus canorus⟩ **0.2** ***koekoek*** ⇒*koekoeksroep* **0.3** ***uilskuiken*** ⇒*sul, sukkel* ◆ **1.¶** ~ in the nest *ongewenste indringer, spelbreker* **3.¶** ⟨dierk.⟩ great spotted ~ *kuifkoekoek* ⟨Clamator glandarius⟩.
cuckoo[2] ⟨bn.⟩⟨inf.⟩ **0.1** ***achterlijk*** ⇒*idioot, maf, niet (goed) wijs.*
cuckoo[3] ⟨ww.⟩ →cuckooed
I ⟨onov.ww.⟩ **0.1** ***koekoek roepen;***
II ⟨ov.ww.⟩ **0.1** ***herkauwen*** ⇒*uitentreuren herhalen.*
'cuckoo clock ⟨f1⟩⟨telb.zn.⟩ **0.1** ***koekoekklok.***
cuck·ooed ['kʊku:d‖'ku:ku:d]⟨bn.; oorspr. volt. deelw. v. cuckoo⟩⟨AE; sl.⟩ **0.1** ***dronken*** ⇒*lam, teut, toeter.*
'cuck·oo·flow·er ⟨telb.zn.⟩⟨plantk.⟩ **0.1** ***pinksterbloem*** ⇒*(gewone) veldkers* ⟨Cardamine pratensis⟩ **0.2** ***echte koekoeksbloem*** ⇒*kraaiebloem, wilde lychnis* ⟨Coronaria floscuculi⟩.
cuck·oo·pint ['kʊku:pɪnt]⟨telb.zn.⟩⟨plantk.⟩ **0.1** ***gevlekte aronskelk*** ⇒*aronsbaard* ⟨Arum maculatum⟩.
'cuckoo spit(tle) ⟨n.-telb.zn.; ook C-⟩ **0.1** ***koekoeksspog*** ⇒*koekoeksspeeksel, kikkerspog, lenteschuim, lentespog.*
cu·cum·ber ['kju:kʌmbə‖-ər]⟨f1⟩⟨zn.⟩
I ⟨telb.zn.⟩⟨plantk.⟩ **0.1** ***komkommer(plant)*** ⟨Cucumis sativus⟩;
II ⟨telb. en n.-telb.zn.⟩ **0.1** ***komkommer.***
'cucumber tree ⟨telb.zn.⟩⟨plantk.⟩ **0.1** ⟨AE⟩ ***komkommerboom*** ⇒*spitsbladige magnolia* ⟨Magnolia acuminata⟩ **0.2** ***blimbing*** ⇒*bilambi, birambi* ⟨Averrhoa bilimbi⟩.
cu·cur·bit [kju:'kɜ:bɪt‖-'kɜr-]⟨telb.zn.⟩ **0.1** ***vrucht v. kalebasachtigen*** ⇒*kal(e)bas, pompoen, fleskalebas, meloen* **0.2** ***(distilleer)kolf*** ⇒*kalebasfles.*
cud [kʌd]⟨f1⟩⟨n.-telb.zn.⟩ **0.1** ***herkauwmassa*** ⟨uit de pens teruggegeven voedsel⟩ **0.2** ***iets om op te kauwen*** ⇒⟨i.h.b.⟩ *(tabaks) pruim, kauw* ◆ **3.1** chew the ~ *herkauwen;* ⟨fig.⟩ *prakkezeren, tobben;* mammals that chew their ~ *herkauwende zoogdieren, herkauwers.*
cud·bear ['kʌdbeə‖-ber]⟨n.-telb.zn.⟩ **0.1** ***orseille*** ⟨purperrode kleurstof⟩.
cud·dle[1] ['kʌdl]⟨zn.⟩
I ⟨telb.zn.⟩ **0.1** ***knuffel*** ⇒*pakkerd;*
II ⟨n.-telb.zn.⟩ **0.1** ***geknuffel.***
cuddle[2] ⟨f1⟩⟨ww.⟩
I ⟨onov.ww.⟩ **0.1** ***kroelen*** ⇒*dicht tegen elkaar aan (genesteld) liggen* ◆ **5.1** ~ **up** *dicht tegen elkaar aankruipen* **6.1** ~ up **to** *zich bij iem. nestelen;*
II ⟨ov.ww.⟩ **0.1** ***knuffelen*** ⇒*liefkozen, vrijen met.*
cud·dle·some ['kʌdlsəm], **cud·dly** [-li]⟨f1⟩⟨bn.; -er; →compar. 7⟩ **0.1** ***snoezig*** ⇒*schattig* **0.2** ***aanhalig.***
cud·dy ['kʌdi]⟨telb.zn.; →mv. 2⟩ **0.1** ⟨scheep.⟩ ***kajuit*** **0.2** ⟨scheep.⟩ ***kombuis*** **0.3** ***kamertje*** ⇒*hokje* **0.4** ***kast*** ⇒*kabinet* **0.5** ⟨Sch. E⟩ ***ezel*** ⟨ook fig.⟩ ⇒*domoor, lummel.*
cudg·el[1] ['kʌdʒl]⟨f1⟩⟨telb.zn.⟩ **0.1** ***knuppel*** ◆ **3.¶** take up the ~s (for) *in het krijt treden (voor), in/op de bres springen/staan (voor).*
cudgel[2] ⟨f1⟩⟨ov.ww.; →ww. 7⟩ **0.1** ***(neer)knuppelen*** ⇒*slaan met een knuppel, afrossen.*
'cudgel-play ⟨n.-telb.zn.⟩ **0.1** ***stokschermen*** ⇒*stokschermkunst.*
cud·weed ['kʌdwi:d]⟨telb.zn.⟩⟨plantk.⟩ **0.1** ***droogbloem*** ⇒*zevenjaarsbloem* ⟨genus Gnaphalium⟩ **0.2** ***viltkruid*** ⟨genus Filago⟩ ⇒⟨i.h.b.⟩ *Duits viltkruid* ⟨Filago germanica⟩.
cue[1] [kju:]⟨f2⟩⟨telb.zn.⟩ **0.1** ⟨dram.⟩ ***signaal(woord)*** ⇒*wacht (woord), claus* **0.2** ***aansporing*** ⇒*wenk, hint, vingerwijzing, waarschuwing, seintje* **0.3** ***richtsnoer*** ⇒*voorbeeld, leidraad* **0.4** ⟨psych.⟩ ***secundaire prikkel*** **0.5** ***(biljart)keu*** **0.6** ⟨gesch.⟩ ***staart (vlecht)*** ⇒*queue, pruikstaart* **0.7** ***(de letter) q*** ◆ **3.3** take one's ~ from *zich richten naar, een voorbeeld nemen aan, naar de pijpen dansen v.* **6.¶** right **on** ~ *precies op het juiste moment.*
cue[2] ⟨ww.⟩
I ⟨onov. en ov.ww.⟩ **0.1** ⟨biljart⟩ ***stoten;***
II ⟨ov.ww.⟩ **0.1** ***etiketteren*** ⟨ter voorkoming v. misverstanden⟩ **0.2** ⟨dram.⟩ ***het wachtwoord geven*** **0.3** ***vlechten*** ⟨haar, e.d.⟩ ◆ **5.¶** ~ **in** *een seintje/teken geven, inlichten, (een wachtwoord) inlassen.*
'cue ball ⟨telb.zn.⟩ **0.1** ⟨biljart⟩ ***speelbal*** **0.2** ⟨AE; inf.⟩ ***korte kop*** ⇒*kale kop, biljartbal* ⟨kapsel⟩ **0.3** ⟨AE; sl.⟩ ***rare pief*** ⇒*malloot, rare knakker.*
'cue bid ⟨telb.zn.⟩⟨bridge⟩ **0.1** ***controlebod*** ⇒*cue-bid/bod.*
'cue card ⟨telb.zn.⟩⟨t.v.⟩ **0.1** ***spiekbriefje*** ⟨voor presentator⟩.
'cue mark →check mark.
'cue rack ⟨telb.zn.⟩⟨biljarten⟩ **0.1** ***keurek.***
cues·ta ['kwestə]⟨telb.zn.⟩⟨geol.⟩ **0.1** ***cuesta*** ⟨bep. bergrug⟩.
'cue tip ⟨telb.zn.⟩⟨biljarten⟩ **0.1** ***pomerans.***
cuff[1] [kʌf]⟨f2⟩⟨telb.zn.⟩ **0.1** ***manchet*** ⇒*mouwopslag, handboord* ⟨ook los⟩ **0.2** ⟨AE⟩ ***(broek)omslag*** **0.3** ***pets*** ⇒*tik* ⟨met de vlakke hand⟩, *draai om de oren* **0.4** ***manchet*** ⟨v. kaphandschoen⟩ ⇒*kap* **0.5** ⟨vnl. mv.⟩⟨inf.⟩ ***handboei*** ◆ **3.¶** shoot one's ~s *zijn manchetten laten zien* ⟨door schudden of trekken⟩ **6.¶** ⟨inf.⟩ **off** the ~ *uit de losse pols, voor de vuist (weg);* ⟨AE⟩ *op persoonlijke titel, à titre personnel;* ⟨AE; inf.⟩ **on** the ~ *op de pof/lat; voor nop, v.h. huis, declareerbaar, op rekening; vertrouwelijk, in vertrouwen.*
cuff[2] ⟨ov.ww.⟩ **0.1** ***een pets/tik/draai om de oren geven*** **0.2** ***(geld) lenen*** ⇒*poffen.*
'cuff link ⟨f1⟩⟨telb.zn.; vnl. mv.⟩ **0.1** ***manchetknoop.***
Cu·fic[1], **Ku·fic** [kju:fɪk]⟨n.-telb.zn.⟩ **0.1** ***Koefisch*** ⟨schrift⟩.
Cufic[2], **Kufic** ⟨bn.⟩ **0.1** ***Koefisch.***
cui·rass[1] [kwɪ'ræs]⟨telb.zn.⟩ **0.1** ⟨gesch.⟩ ***kuras*** ⇒*borst(- en rug) harnas* **0.2** ⟨dierk.⟩ ***pantser*** **0.3** ***ijzeren long*** ⇒*ademhalingstoestel.*

cuirass[2] ⟨ov.ww.⟩ **0.1** ⟨gesch.⟩ ***pantseren*** *⇒uitrusten met een kuras.*

cui·ras·sier ['kwɪrə'sɪə‖-'sɪr]⟨telb.zn.⟩⟨gesch.; mil.⟩ **0.1** ***kurassier***.

cui·sine [kwɪ'zi:n]⟨f1⟩⟨telb. en n.-telb.zn.⟩ **0.1** ***keuken*** *⇒kookstijl, cuisine* ◆ **2.1** the French ~ *de Franse keuken.*

cuisse [kwɪs], **cuish** [kwɪʃ]⟨telb.zn.; vnl. mv.⟩⟨gesch.⟩ **0.1** ***dijplaat*** *⇒dijstuk, dijharnas.*

cuke [kju:k]⟨telb.zn.⟩⟨AE; inf.⟩ **0.1** ***(klaargemaakte) komkommer*** *⇒komkommersla.*

cul-de-sac ['kʌl də sæk‖-'sæk]⟨f1⟩⟨telb.zn.; ook culs-de-sac; →mv. 5⟩ **0.1** ***doodlopende straat/steeg*** *⇒cul-de-sac, slop, blinde steeg, keerweer* **0.2** ***dood punt*** *⇒impasse* **0.3** ⟨biol.⟩ ***cul-de-sac.***

-cule [kju:l], **-cle** [kl]⟨vormt zelfst. nw., vaak verkleinwoorden⟩ **0.1** ⟨ong.⟩ ***-cule, -kel*** ◆ **¶.1** molecule *molecule;* particle *partikel, deeltje.*

cu·li·nar·y ['kʌlɪnri‖'kʌləneri,'kju:-]⟨f1⟩⟨bn.; -ly; →bijw. 3⟩ **0.1** ***culinair*** *⇒keuken-, kook-.*

cull[1] [kʌl]⟨f1⟩⟨telb.zn.⟩ **0.1** ***selectie*** *⇒*⟨vaak mv.⟩ *uitschifting* ⟨v. zwakke/improduktieve dieren⟩ **0.2** ***(wegens zwakte/improduktiviteit) afgemaakt dier*** *⇒*⟨mv.⟩ *uitschot* **0.3** ⟨BE; gew.⟩ ***sukkel*** *⇒sul* ◆ **1.1** rabbit ~s will be necessary *er zullen konijnen moeten worden afgeschoten.*

cull[2] ⟨f1⟩⟨ov.ww.⟩ →culling **0.1** ***plukken*** ⟨bloemen e.d.⟩ **0.2** ***verzamelen*** *⇒vergaren* **0.3** ***uitschiften*** *⇒selecteren* ⟨i.h.b. zwakke dieren⟩, *uitkammen, uitziften, afschieten* ◆ **6.3** ~ **from** *selecteren uit; bloemlezen uit.*

cullender →colander.

cul·let ['kʌlɪt]⟨n.-telb.zn.⟩ **0.1** ***kringloopglas.***

cull·ing ⟨telb.zn.; gerund v. cull⟩ **0.1** ***keuze*** *⇒selectie, keur.*

cul·lis ['kʌlɪs]⟨zn.⟩
I ⟨telb.zn.⟩ **0.1** ***dakgoot;***
II ⟨telb. en n.-telb.zn.⟩ **0.1** ***(krachtige, heldere) bouillon.***

cul·ly ['kʌli]⟨telb.zn.; →mv. 2⟩ **0.1** ⟨sl.⟩ ***makker*** *⇒maat, gabber.*

culm [kʌlm]⟨zn.⟩
I ⟨telb.zn.⟩ **0.1** ***(planten)stengel*** *⇒*⟨i.h.b.⟩ *(gras)halm;*
II ⟨n.-telb.zn.⟩ **0.1** ***kolenstof/gruis*** *⇒*⟨i.h.b.⟩ *antracietstof/gruis, inferieure antraciet* **0.2** ⟨geol.⟩ ***kulm*** *⇒culm.*

cul·mi·nant ['kʌlmɪnənt]⟨bn.⟩ **0.1** ***culminerend*** *⇒hoogst, opperst, uiterst* **0.2** ⟨ster.⟩ ***culminerend*** *⇒door de meridiaan.*

cul·mi·nate ['kʌlmɪneɪt]⟨f2⟩⟨onov.ww.⟩ **0.1** ***culmineren*** *⇒zijn hoogtepunt bereiken* **0.2** ⟨ster.⟩ ***culmineren*** *⇒door de meridiaan gaan.*

cul·mi·na·tion ['kʌlmɪ'neɪʃn]⟨f1⟩⟨telb.zn.⟩ **0.1** ***culminatiepunt*** *⇒hoogste punt, toppunt, hoogtepunt* **0.2** ⟨ster.⟩ ***culminatie*** *⇒doorgang door de meridiaan, hoogste punt.*

cu·lotte [kju:'lɒt‖-'lɑt]⟨telb.zn.; culottes [-'lɒt‖-'lɑt]; →mv. 5; vnl. in mv. met enk. bet.⟩ **0.1** ***broekrok*** ◆ **1.1** two pairs of ~s *twee broekrokken.*

cul·pa·bil·i·ty ['kʌlpə'bɪləṱi]⟨n.-telb.zn.⟩ **0.1** ***laakbaarheid*** *⇒berispelijkheid, verwerpelijkheid* **0.2** ***verwijtbaarheid*** **0.3** ***aansprakelijkheid*** *⇒schuld, culpabiliteit.*

cul·pa·ble ['kʌlpəbl]⟨bn.; -ly; -ness; →bijw. 3⟩ **0.1** ***laakbaar*** *⇒afkeurenswaardig, berispelijk, verwerpelijk* **0.2** ***verwijtbaar*** *⇒aanwrijfbaar, culpoos* **0.3** ***aansprakelijk*** *⇒schuldig, culpabel* ◆ **1.2** ⟨jur.⟩ ~ homicide *dood door schuld;* ~ negligence *verwijtbare nalatigheid* ⟨ook jur.⟩ **3.3** hold ~ (for) *aanrekenen, aansprakelijk stellen (voor).*

cul·prit ['kʌlprɪt]⟨f2⟩⟨telb.zn.⟩ **0.1** ***beklaagde*** *⇒verdachte, beschuldigde* **0.2** ***schuldige*** *⇒dader, boosdoener.*

cult [kʌlt]⟨f2⟩⟨telb.zn.⟩⟨ook attr.⟩ **0.1** ***cultus*** *⇒godsverering, eredienst;* ⟨pej.⟩ *ziekelijke verering, rage* **0.2** ***sekte*** *⇒in-crowd, kliek* ◆ **1.1** ~ figure *cultfiguur, cultheld* **1.2** ~ book *cultboek, exclusief boek;* ~ word *(modieus) in-crowd woord.*

cul·tic ['kʌltɪk]⟨bn.⟩ **0.1** ***mbt. een cultus/sekte.***

cult·ism ['kʌltɪzm]⟨n.-telb.zn.⟩ **0.1** ***(fanatieke) verering*** *⇒*⟨i.h.b.⟩ *toewijding aan een cultus.*

cult·ist ['kʌltɪst]⟨telb.zn.⟩ **0.1** ***aanhanger v.e. cultus/sekte.***

cul·ti·va·ble ['kʌltɪvəbl], **cul·ti·vat·a·ble** [-veɪṱəbl]⟨bn.⟩ **0.1** ***bebouwbaar*** *⇒cultiveerbaar.*

cul·ti·var ['kʌltɪvɑ:‖-vɑr]⟨telb.zn.⟩⟨verk.⟩ cultivated variety **0.1** ***cultivar*** *⇒cultuurvariëteit, gekweekte variëteit, gecultiveerd ras.*

cul·ti·vate ['kʌltɪveɪt]⟨f3⟩⟨ov.ww.⟩ →cultivated **0.1** ⟨landb.⟩ ***cultiveren*** *⇒aan/bebouwen, ontginnen, in cultuur brengen, bewerken* **0.2** ***kweken*** ⟨bv. bacteriën⟩ **0.3** ⟨landb.⟩ ***bewerken met een cultivator*** **0.4** ***cultiveren*** *⇒aankweken, veredelen, bevorderen, koesteren* **0.5** ⟨vnl. volt. deelw.⟩ ***cultiveren*** *⇒beschaven, vormen, ontwikkelen* **0.6** ***voor zich proberen in te nemen/te winnen*** *⇒in de smaak willen vallen bij, vleien.*

cul·ti·vat·ed ['kʌltɪveɪṱɪd]⟨f3⟩⟨bn.; volt. deelw. v. cultivate⟩ **0.1** ***beschaafd*** *⇒verfijnd, ontwikkeld, welopgevoed* **0.2** ⟨landb.⟩ ***ontgonnen*** *⇒bouw-.*

cul·ti·va·tion ['kʌltɪ'veɪʃn]⟨f2⟩⟨n.-telb.zn.⟩ **0.1** ⟨landb.⟩ ***cultuur*** *⇒ontginning, verbouw* **0.2** ***beschaafdheid*** *⇒welgemanierdheid, beschaving, wellevendheid* ◆ **6.1** **under** ~ *in cultuur, bebouwd.*

cul·ti·va·tor ['kʌltɪveɪtə‖-veɪṱər]⟨telb.zn.⟩⟨landb.⟩ **0.1** ***landbouwer*** *⇒agrariër, boer, ontginner* **0.2** ***teler*** *⇒verbouwer, kweker* **0.3** ***cultivator.***

cul·tur·al ['kʌltʃrəl]⟨f3⟩⟨bn.; -ly⟩ **0.1** ***cultureel*** *⇒cultuur-.*

cul·ture[1] ['kʌltʃə‖-ər]⟨f3⟩⟨zn.⟩
I ⟨telb. en n.-telb.zn.⟩ **0.1** ***cultuur*** *⇒beschaving(stoestand), ontwikkeling(sniveau)* **0.2** ***(bacterie)cultuur/kweek*** ◆ **7.¶** the two ~s *literatuur en wetenschap;*
II ⟨n.-telb.zn.⟩ **0.1** ***algemene ontwikkeling*** **0.2** ***kweek*** *⇒verbouw, fokkerij, cultuur, teelt* **0.3** ⟨landb.⟩ ***bebouwing*** *⇒bewerking* ⟨v. bodem⟩.

culture[2] ⟨ov.ww.⟩ →cultured **0.1** →cultivate.

cul·tured ['kʌltʃəd‖-ərd]⟨f2⟩⟨bn.; volt. deelw. v. culture⟩ **0.1** ***(door de mens) gekweekt*** *⇒geteeld* **0.2** ***beschaafd*** *⇒verfijnd, ontwikkeld, welopgevoed* ◆ **1.1** ~ pearl *gekweekte parel, cultuurparel.*

'culture dish ⟨telb.zn.⟩ **0.1** ***petrischaal.***

'culture medium ⟨telb.zn.⟩ **0.1** ***voedingsbodem*** ⟨voor bacteriën e.d.⟩.

'culture pearl ⟨telb.zn.⟩ **0.1** ***gekweekte parel*** *⇒cultuurparel.*

'culture shock ⟨telb.zn.⟩ **0.1** ***cultuurschok.***

'culture vulture ⟨telb.zn.⟩⟨scherts.⟩ **0.1** ***culturele veelvraat*** *⇒culturele alleseter, cultuurhapper.*

cul·tus ['kʌltəs]⟨telb.zn.; ook culti [-taɪ]; →mv. 5⟩ **0.1** ***cultus*** *⇒godsverering.*

cul·ver ['kʌlvə‖-ər]⟨telb.zn.⟩⟨schr.⟩ **0.1** ***duif*** *⇒*⟨i.h.b.⟩⟨BE⟩ *houtduif.*

cul·ver·in ['kʌlvərɪn], **cul·ver·ing** [-rɪŋ]⟨telb.zn.⟩⟨gesch.⟩ **0.1** ***musket*** **0.2** ***veldslang*** ⟨soort kanon⟩.

cul·ver·key ['kʌlvəki:‖-vər-]⟨telb.zn.⟩⟨BE; gew.; plantk.⟩ **0.1** ***wilde hyacint*** ⟨Scilla festalis⟩ **0.2** ***echte sleutelbloem*** ⟨Primula veris⟩.

cul·vert ['kʌlvət‖-vərt]⟨telb.zn.⟩ **0.1** ⟨weg- en waterb.⟩ ***duiker*** *⇒doorlaat, overwelfd riool* **0.2** ⟨elek.⟩ ***kabelkanaal.***

cum[1] [kʊm,kʌm]⟨vz.; vaak -cum-⟩ **0.1** ***met*** *⇒plus, inclusief* **0.2** ***annex*** *⇒zowel als, tevens* **0.3** ⟨BE⟩ ***cum*** ⟨verbindt namen v. plaatsen die één gemeente(wijk) vormen⟩ ◆ **1.1** price ~ dividend *prijs inclusief dividend;* ~ grano salis *cum grano salis, met een korreltje zout;* ~ laude *cum laude, met lof/* ⟨B.⟩ *onderscheiding* **1.2** apartment-cum-studio *atelierwoning;* bed-cum-sitting room *zitslaapkamer* **1.3** Chorlton-cum-Hardy *Chorlton-cum-Hardy, Chorlton-Hardy* **2.2** political-cum-philosophical *politiek-/politico-filosofisch.*

cum[2] ⟨afk.⟩ cumulative.

Cumb ⟨afk.⟩ Cumberland ⟨vroeger Eng. graafschap⟩.

cum·ber[1] ['kʌmbə‖-ər]⟨telb.zn.⟩ **0.1** ***beletsel*** *⇒hindernis/paal, sta-in-de-weg, klip* **0.2** ⟨vero.⟩ ***last*** *⇒zware taak, zorg.*

cumber[2] ⟨ov.ww.⟩ **0.1** ***hinderen*** *⇒belemmeren* **0.2** ***(zwaar) belasten*** *⇒overladen.*

cum·ber·some ['kʌmbəsəm‖-bər-], ⟨zelden⟩ **cum·brous** [-brəs]⟨f1⟩⟨bn.; -ly; -ness⟩ **0.1** ***onhandelbaar*** *⇒log, (p)lomp, omslachtig* **0.2** ***hinderlijk*** *⇒lastig, zwaar, drukkend.*

Cum·bri·an[1] ['kʌmbrɪən]⟨telb.zn.⟩ **0.1** ***inwoner v. Cumberland*** **0.2** ***inwoner v. Cumbria.***

Cumbrian[2] ⟨bn.⟩ **0.1** ***mbt. Cumberland*** **0.2** ***mbt. Cumbria.***

cum·mer·bund ['kʌməbʌnd‖-mər-]⟨telb.zn.⟩ **0.1** ***cummerbund*** *⇒maagband, sjerp* ⟨als onderdeel v. smoking⟩.

cum·(m)in ['kʌmɪn]⟨telb. en n.-telb.zn.⟩ **0.1** ⟨plantk.⟩ ***komijn*** ⟨Cuminum cyminum⟩ **0.2** ***komijn(zaad)*** *⇒komijntje(s).*

cum·quat, kum·quat ['kʌmkwɒt‖-kwɑt]⟨telb.zn.⟩⟨plantk.⟩ **0.1** ***kumquat*** ⟨kleine citrusvrucht; genus Fortunella⟩.

cum·shaw ['kʌmʃɔ:]⟨telb.zn.⟩ **0.1** ***fooi*** *⇒extraatje* **0.2** ***gift*** *⇒geschenk, cadeau(tje).*

cu·mu·late[1] ['kju:mjʊleɪt‖-mjə-]⟨bn.⟩ **0.1** ***op(een)gehoopt*** *⇒gegroepeerd, verzameld.*

cumulate[2] ⟨onov. en ov.ww.⟩ **0.1** ***(ac)cumuleren*** *⇒zich op(een)hopen/stapelen, samenvoegen, combineren.*

cu·mu·la·tion ['kju:mjʊ'leɪʃn‖-mjə]⟨telb. en n.-telb.zn.⟩ **0.1** ***(ac) cumulatie*** *⇒op(een)hoping/stapeling, samenvoeging, combinatie.*

cu·mu·la·tive ['kju:mjʊlətɪv‖-mjəleɪṱɪv]⟨bn.; -ly; -ness⟩ **0.1** ***(ac)cumulatief*** *⇒op(een)hopend, samenvoegend, stapsgewijs toenemend, aangroeiend* **0.2** ⟨jur.⟩ ***aanvullend*** *⇒bijkomend* ◆ **1.1** ⟨hand.⟩ ~ preference shares/stock *cumulatief preferente aandelen* **3.1** ~ voting *cumulatieve stemprocedure* ⟨waarbij elke kiezer evenveel stemmen mag uitbrengen als er kandidaten zijn⟩.

cu·mu·lo·nim·bus ['kju:mjʊloʊ'nɪmbəs‖-mjə-]⟨telb. en n.-telb.zn.; ook cumulonimbi [-baɪ]; →mv. 5⟩⟨meteo.⟩ **0.1** ***cumulo-nimbus*** *⇒buienwolk.*

cu·mu·lous ['kju:mjʊləs‖-mjə-]⟨bn.⟩ **0.1** ***cumulusvormig*** *⇒stapel-* **0.2** ***cumulatief.***

cu·mu·lus ['kju:mjʊləs‖-mjə-]⟨f1⟩⟨zn.; cumuli [-laɪ]; →mv. 5⟩
I ⟨telb.zn.⟩ **0.1** ***hoop*** ⇒*stapel, berg, tas;*
II ⟨telb. en n.-telb.zn.⟩ **0.1** ⟨meteo.⟩ ***cumulus(wolk)*** ⇒*stapelwolk.*

cu·ne·ate ['kju:nɪət‖'kju:nieɪt], **cu·ne·at·ed** [-ni'eɪṭɪd]⟨bn.; -ly⟩ **0.1** ***wigvormig*** ⟨vnl. plantk.⟩.

cu·ne·i·form[1] ['kju:nifɔ:m‖kju:'nɪəfɔrm]⟨zn.⟩
I ⟨telb.zn.⟩⟨biol.⟩ **0.1** ***wiggebeentje*** ⟨in voet⟩;
II ⟨n.-telb.zn.⟩ **0.1** ***spijkerschrift.***

cuneiform[2] ⟨bn.⟩ **0.1** ***wigvormig*** ⟨ook biol.⟩ **0.2** ***in/mbt. spijkerschrift*** ◆ **1.2** ~ characters *spijkerschrift.*

cun·ni·lin·gus ['kʌnɪ'lɪŋgəs], **cun·ni·linc·tus** [-'lɪŋktəs]⟨n.-telb.zn.⟩ **0.1** ***cunnilingus*** ⇒*oraal-genitaal contact.*

cun·ning[1] ['kʌnɪŋ]⟨f2⟩⟨n.-telb.zn.⟩ **0.1** ***sluwheid*** ⇒*listigheid, geslepenheid, doortraptheid* **0.2** ⟨vero.⟩ ***vaardigheid*** ⇒*bedrevenheid, vernuft, vak/deskundigheid* ◆ **3.2** show ~ at *zich bedreven tonen in.*

cunning[2] ⟨f2⟩⟨bn.; vaak -er; -ly; -ness⟩ **0.1** ***sluw*** ⇒*listig, geslepen, uitgekookt, doortrapt* **0.2** ⟨vero.⟩ ***vaardig*** ⇒*bedreven, bekwaam, vak/deskundig, vernuftig* **0.3** ⟨AE; gew.⟩ ***snoezig*** ⇒*schattig, lief* ◆ **1.1** as ~ as a fox *(zo) sluw als een vos* **1.3** a ~ little child *een dot van een kind.*

cunt [kʌnt]⟨f2⟩⟨telb.zn.⟩⟨vulg.⟩ **0.1** ***kut*** **0.2** ⟨sl.⟩ ***mokkel*** ⇒*(lekker) wijf* **0.3** ⟨sl.; bel.⟩ ***klootzak*** ⇒*lul, zak,* ⟨i.h.b. mbt. vrouw⟩ *trut, teef, kuttekop* ◆ **3.1** eat ~ *beffen, kutlikken.*

cup[1] [kʌp]⟨f3⟩⟨zn.⟩⟨→sprw. 374, 657⟩
I ⟨telb.zn.⟩ **0.1** ***kop(je)*** ⇒*kroes, mok, beker, kom* **0.2** ⟨cul.⟩ ***kop (je)*** ⟨niet-officiële inhoudsmaat; UK 284 ml; USA 236 ml⟩ **0.3** ⟨vaak the⟩⟨sport⟩ ***(wissel)beker*** ⇒*cup, bokaal* **0.4** ***schaal*** ⇒*nap, bak, bowl* **0.5** ***cup*** ⟨v. beha⟩ **0.6** ⟨relig.⟩ ***(mis)kelk*** ⇒*(avondmaals)beker* ⟨ook de inhoud⟩ **0.7** ***(lijdens)kelk*** ⇒*lot, wedervaren* **0.8** ⟨ben. voor⟩ ***komvormige structuur*** ⇒*dop* ⟨v. noot, ei, e.d.⟩, *bolster, schil, schaal;* ⟨biol.⟩ *kom, holte;* ⟨plantk.⟩ *cupula, (bloem)kelk;* ⟨golf⟩ *(metalen koker in de) hole;* ⟨gesch.; med.⟩ *(ader)laatkop* ◆ **1.1** ~ and saucer *kop en schotel* **1.¶** ~ and ball *balvangertje* ⟨vangspel met behulp van beker aan stok⟩; between ~ and lip *op de valreep, op het (aller)laatste moment;* dash the ~ from s.o.'s lips *iemands plezier bederven/plannen doorkruisen;* my ~ of tea *(echt) iets voor mij;* not my ~ of tea *(helemaal) niets voor mij;* quite a different ~ of tea *heel wat anders* **3.¶** the ~s that cheer but not inebriate *de drank die ons opwekt maar niet bedwelmt* ⟨thee⟩; the ~ that cheers *(een kop) thee,* ⟨ong.⟩ *een bakkie troost;* let this ~ pass from me *laat deze beker mij voorbijgaan* ⟨Matth. 26:39⟩;
II ⟨telb. en n.-telb.zn.⟩ **0.1** ***(vruchten)bowl/punch;***
III ⟨mv.; ~s⟩ **0.1** ***drinkgelag*** ⇒*het drinken, dronkenschap* ◆ **6.1** **in** one's ~s *in de olie, aangeschoten.*

cup[2] ⟨f2⟩⟨ov.ww.; →ww. 7⟩ →cupping **0.1** ***in een kom plaatsen/gieten*** **0.2** ***tot een kom vormen*** **0.3** ⟨gesch., med.⟩ ***koppen*** ⇒*(laat) koppen zetten, aderlaten (d.m.v. laatkoppen)* ◆ **6.1** with one's chin cupped **in** one's hand *met de hand onder de kin;* ~ one's hands **round** sth. *zijn handen ergens (beschermend/als een kom) omheen leggen.*

CUP ⟨afk.⟩ Cambridge University Press.

'cup-and-'ball joint ⟨telb.zn.⟩ **0.1** ***kogelgewricht.***

'cup·bear·er ⟨telb.zn.⟩⟨gesch.⟩ **0.1** ***(wijn)schenker*** ⇒*hofschenker, hofmeester.*

cup·board ['kʌbəd‖-ərd]⟨f3⟩⟨telb.zn.⟩⟨→sprw. 155⟩ **0.1** ***kast.***

'cupboard love ⟨n.-telb.zn.⟩ **0.1** ***baatzuchtige liefde*** ⇒*(voorgewende) genegenheid uit profijtbejag, liefde om het gewin.*

'cup·cake ⟨f1⟩⟨telb.zn.⟩ **0.1** ***cakeje*** ⇒*rond gebakje.*

cu·pel[1] ['kju:pl, kju:'pel]⟨telb.zn.⟩⟨schei.⟩ **0.1** ***cupel*** ⇒*kapel, cupelleerkroes, essaaikroes, koepel* **0.2** ***smeltkroes*** ⟨v. zilveroven⟩.

cupel[2] ⟨ov.ww.; →ww. 7⟩⟨schei.⟩ **0.1** ***cupelleren*** ⇒*afdrijven, raffineren* ⟨edelmetaal e.d.⟩ **0.2** ***essayeren*** ⟨in een cupel⟩.

cu·pel·la·tion ['kju:pḷ'leɪʃn]⟨n.-telb.zn.⟩⟨schei.⟩ **0.1** ***cupellering*** ⇒*afdrijving, raffinage* ⟨v. edelmetaal⟩ **0.2** ***essaai*** ⇒*gehaltebepaling.*

'cup 'final ⟨f1⟩⟨telb.zn.; ook C- F-⟩⟨sport, i.h.b. voetbal⟩ **0.1** ***bekerfinale*** ⟨i.h.b. om de Eng. beker⟩.

cup·ful ['kʌpfl]⟨telb.zn.; ook cupsful; →mv. 6⟩ **0.1** ***kop(je)*** ⟨inhoudsmaat⟩.

cup-hold·er ⟨telb.zn.⟩⟨sport⟩ **0.1** ***bekerhouder.***

cu·pid ['kju:pɪd]⟨zn.⟩
I ⟨eig.n.; C-⟩ **0.1** ***Cupido*** ⟨Romeinse god der liefde⟩;
II ⟨telb.zn.⟩ **0.1** ***cupido*** ⇒*cupidootje.*

cu·pid·i·ty [kju:'pɪdəṭi]⟨n.-telb.zn.⟩ **0.1** ***begerigheid*** ⇒*cupiditeit, inhaligheid, hebzucht, gelddorst.*

'Cupid's 'bow ⟨telb.zn.⟩ **0.1** ***(klassieke) handboog*** **0.2** ***fraaie welving v.d. bovenlip.***

'cup moss ⟨telb. en n.-telb.zn.⟩⟨plantk.⟩ **0.1** ***beker(korst)mos*** ⟨genus Cladonia⟩ ⇒⟨i.h.b.⟩ *gewoon bekermos* ⟨Cladonia pyxidata⟩.

cu·po·la ['kju:pələ]⟨f1⟩⟨telb.zn.⟩ **0.1** ⟨bouwk.⟩ ***koepel(tje)*** ⇒*koepeldak, koepelgewelf, helmdak* **0.2** ⟨mil.⟩ ***geschuttoren*** ⇒*(geschut)koepel* **0.3** ⟨verk.⟩ ⟨cupola furnace⟩ **0.4** ⟨AE; inf.⟩ ***hersens*** ⇒*harses.*

'cupola furnace ⟨telb.zn.⟩⟨tech.⟩ **0.1** ***koepeloven*** ⇒*schachtoven.*

cup·pa ['kʌpə], **cup·per** ['kʌpə‖-ər]⟨telb.zn.; vnl. enk.⟩⟨verk.⟩ cup of ⟨BE; inf.⟩ **0.1** ***kop thee.***

cup·ping ['kʌpɪŋ]⟨n.-telb.zn.; gerund v. cup⟩⟨gesch., med.⟩ **0.1** ***het koppen*** ⇒*het aderlaten met een laatkop.*

'cupping glas ⟨telb.zn.⟩⟨gesch., med.⟩ **0.1** ***(ader)laatkop.***

cu·pre·ous ['kju:prɪəs]⟨bn.⟩ **0.1** ***koper-*** ⇒*koper(acht)ig, koperhoudend.*

cu·pric ['kju:prɪk]⟨bn.⟩⟨schei.⟩ **0.1** ***cupri-*** ⇒*koper-, mbt. tweewaardig koper.*

cu·prif·er·ous [kju:'prɪfrəs]⟨bn.⟩ **0.1** ***koperhoudend.***

cu·pro·nick·el ['kju:proʊ'nɪkl]⟨n.-telb.zn.⟩⟨tech.⟩ **0.1** ***koper-nikkellegering*** ⟨voor munten⟩.

cu·prous ['kju:prəs]⟨bn.⟩⟨schei.⟩ **0.1** ***cupro-*** ⇒*koper-, mbt. éénwaardig koper.*

cup-shap·ed ⟨bn.⟩ **0.1** ***bekervormig.***

'cup-tie ⟨telb.zn.⟩⟨sport⟩ **0.1** ***bekerwedstrijd.***

cu·pule ['kju:pju:l]⟨telb.zn.⟩⟨biol.⟩ **0.1** ***komvormige structuur*** ⇒*dop;* ⟨i.h.b.⟩ *nap(je), eikelnapje, putje.*

cur [kɜ:‖kɜr]⟨f1⟩⟨telb.zn.⟩ **0.1** ***straathond*** ⇒*vuilnisbakkeras;* ⟨i.h.b.⟩ *valse hond* **0.2** ***hondsvot*** ⇒*lafbek* **0.3** ***(stuk) chagrijn*** ⇒*zuurpruim.*

cur·a·bil·i·ty ['kjʊərə'bɪləti‖'kjʊrə'bɪləṭi]⟨n.-telb.zn.⟩ **0.1** ***geneesbaarheid*** ⇒*geneeslijkheid, heelbaarheid.*

cur·a·ble ['kjʊərəbl‖'kjʊr-]⟨bn.; -ly; -ness; →bijw. 3⟩ **0.1** ***geneesbaar*** ⇒*curabel, geneeslijk, heelbaar.*

cu·ra·çao ['kjʊərə'soʊ,-‖'kʊrə'saʊ], ⟨in bet. II ook⟩ **cu·ra·çoa** [-'soʊ‖-'soʊə]⟨zn.⟩
I ⟨eig.n.; C-⟩ **0.1** ***Curaçao;***
II ⟨telb. en n.-telb.zn.⟩ **0.1** ***curaçao*** ⇒*curaçao(bitter), glaasje curaçao.*

cu·ra·cy ['kjʊərəsi‖'kjʊr-]⟨telb.zn.; →mv. 2⟩⟨relig.⟩ **0.1** ***hulppriesterschap*** ⟨R.-K.⟩ ⇒*kapelaanschap* **0.2** ⟨gesch.⟩ ***(parochie)leiderschap*** ⇒⟨R.-K.⟩ *pastoorschap* **0.3** ⟨gesch.⟩ ***beneficie v. parochiehoofd*** ⇒*pastoorsbeneficie.*

cu·ra·re, cu·ra·ri [kjʊ'rɑ:ri]⟨zn.⟩
I ⟨telb.zn.⟩⟨plantk.⟩ **0.1** ***wilde druif*** ⟨genus Chondodendron⟩ **0.2** ***strychnos*** ⟨genus Strychnos⟩;
II ⟨n.-telb.zn.⟩ **0.1** ***curare*** ⟨pijlgif uit Strychnos toxifera⟩.

cu·ra·rine [kjʊ'rɑ:rɪ̣n, -ri:n]⟨telb. en n.-telb.zn.⟩⟨med., schei.⟩ **0.1** ***curarine.***

cu·ra·rize [kjʊ'rɑ:raɪz]⟨ov.ww.⟩ **0.1** ***vergiftigen met curare*** **0.2** ⟨med.⟩ ***curariseren*** ⟨verlammen v.d. motorische zenuwen d.m.v. curare⟩.

cu·ras·sow ['kjʊərəsoʊ‖'kjʊr-]⟨telb.zn.⟩⟨dierk.⟩ **0.1** ***hokko*** ⟨Am. hoen; fam. Cracidae⟩.

cu·rate ['kjʊərət‖'kjʊr-]⟨f1⟩⟨telb.zn.⟩⟨relig.⟩ **0.1** ***hulppriester*** ⇒⟨R.-K.⟩ *kapelaan* **0.2** ⟨gesch.⟩ ***parochiehoofd*** ⇒⟨R.-K.⟩ *pastoor.*

'cu·rate-in-'charge ⟨telb.zn.⟩⟨relig.⟩ **0.1** ***waarnemend parochiehoofd/pastoor.***

'curate's 'egg ['kjʊərəts 'eg‖'kjʊr-]⟨telb.zn.⟩⟨BE⟩ **0.1** ***twijfelgeval*** ⇒*dilemma.*

cur·a·tive[1] ['kjʊərətɪv‖'kjʊrəṭɪv]⟨telb.zn.⟩ **0.1** ***remedie*** ⇒*geneesmiddel.*

curative[2] ⟨bn.; -ly; -ness⟩ **0.1** ***genezend*** ⇒*curatief* **0.2** ***heilzaam*** ⇒*geneeskrachtig.*

cu·ra·tor [kjʊ'reɪtə‖-'reɪṭər]⟨f1⟩⟨telb.zn.⟩ **0.1** ***beheerder*** ⇒*bedrijfsleider, curator;* ⟨i.h.b.⟩ *museum/bibliotheekbeheerder, conservator, custos* **0.2** ⟨BE⟩ ***curator*** ⟨v. universiteit⟩ **0.3** ⟨Austr. E⟩ ***terreinknecht*** **0.4** ⟨Sch. E; jur.⟩ ***voogd.***

cu·ra·to·ri·al ['kjʊərə'tɔ:rɪəl‖'kjʊr-]⟨bn.⟩ **0.1** ***mbt./van een beheerder/curator.***

cu·ra·tor·ship [kjʊ'reɪtəʃɪp‖-reɪṭər-]⟨telb. en n.-telb.zn.⟩ **0.1** ***curatorschap*** ⇒*beheerdersfunctie.*

curb[1], ⟨in bet. 0.1, 0.5 en 0.6 BE sp. vnl. ook⟩ **kerb** [kɜ:b‖kɜrb]⟨f2⟩⟨telb.zn.⟩ **0.1** ***stoeprand*** ⇒*trottoirband; verhoogde band* ⟨naast snelweg⟩ **0.2** ***rem*** ⇒*beteugeling, betoming* **0.3** ***(men)trens*** ⟨v. paard⟩ ⇒*(gebits)stang, bit;* ⟨bij uitbr.⟩ *kinketting, bitketting* **0.4** ***(bol)spat*** ⇒*bloei* ⟨beenwoekering bij paard⟩ **0.5** ***(water)putrand*** **0.6** ***hoepel*** ⟨houten/ijzeren band⟩ **0.7** ⟨BE⟩ ***haardscherm*** ⇒*haardhek/ijzer* **0.8** ⟨verk.⟩ ⟨curb exchange⟩ ◆ **3.2** put/keep a (sharp) ~ on sth. *iets (stevig) in bedwang/toom houden.*

curb[2] ⟨f1⟩⟨ov.ww.⟩ **0.1** ***intomen*** ⟨ook fig.⟩ ⇒*breidelen, beteugelen, bedwingen, in bedwang houden* **0.2** ***een kinketting/stoeprand/***

hoepel/haardscherm ⟨enz.⟩ ***aanbrengen*** ◆ **3.¶** ⟨AE; opschrift⟩ ~ your dog! *(hond) in de goot!*.

'curb bit ⟨telb.zn.⟩ **0.1** ***(men)trens*** ⟨v. paard⟩ ⇒*(gebits)stang, bit*.

'curb chain ⟨telb.zn.⟩ **0.1** ***kinketting*** ⇒*bitketting* ⟨v. paard⟩ **0.2** ***gourmetteketting*** ⇒*platte gourmette* ⟨armband met vlakke schakels⟩.

curb crawler →kerb crawler.

'curb exchange, 'curb market ⟨telb.zn.⟩ **0.1** ***curbbeurs*** ⟨voor aandelen zonder officiële notering en buiten beurstijd⟩ ⇒*curbmarkt, coulisse*.

'curb roof ⟨telb.zn.⟩ **0.1** ***mansardedak*** ⇒*gebroken dak*.

'curb·stone ⟨f1⟩ ⟨telb.zn.⟩ **0.1** ***troittoirband*** ⇒*stoeprand* **0.2** ***randsteen*** ⇒*putrand* **0.3** ⟨autosport⟩ ***curbstone*** **0.4** ⟨AE; sl.⟩ ***sigaret gedraaid van bukshag*** ⇒*bukshaggie*.

cur·cu·ma ['kɜ:kjʊmə‖'kɜrkjəmə] ⟨zn.⟩

I ⟨telb.zn.⟩ ⟨plantk.⟩ **0.1** ***kurkuma(plant)*** ⟨genus Curcuma; i.h.b. Curcuma longa⟩;

II ⟨n.-telb.zn.⟩ **0.1** ***geelwortel*** ⇒*kurkuma(poeder)*.

curd[1] [kɜ:d‖kɜrd] ⟨f2⟩ ⟨zn.⟩

I ⟨telb.zn.⟩ **0.1** ⟨vaak mv. met enk. bet.⟩ ***wrongel*** ⇒*gestremde melk, kwark* **0.2** ***bloemkoolroosje(s)*** ◆ **1.1** ~s and whey *wrongel en wei, kwark;*

II ⟨n.-telb.zn.⟩ **0.1** ⟨vnl. in samenstellingen⟩ ***stremsel*** ⇒*stolsel, gelei, vettige substantie*.

curd[2] ⟨onov. en ov.ww.⟩ **0.1** ***stremmen*** ⇒*dik (doen) worden*.

'curd cheese ⟨n.-telb.zn.⟩ ⟨BE⟩ **0.1** ⟨ong.⟩ ***kwark*** ⇒⟨B.⟩ *platte kaas*.

cur·dle ['kɜ:dl‖'kɜrdl] ⟨f1⟩ ⟨onov. en ov.ww.⟩ **0.1** ***stremmen*** ⇒*(doen) stollen/klonteren/coaguleren, dik (doen) worden* **0.2** ⟨AE; inf.⟩ ***(doen) falen*** ⇒*de mist ingaan* **0.3** ***(ver)pesten*** ⇒*hinderen, verzieken, beledigen* ◆ **1.1** her blood ~d at it *het deed haar bloed stollen;* the milk has ~d *de melk is gestremd, de melk is zuur*.

curd·y ['kɜ:di‖'kɜrdi] ⟨bn.; -er; →compar. 7⟩ **0.1** ***stremselachtig*** ⇒*wrongelachtig, dik, klonterig*.

cure[1] [kjʊə‖kjʊr] ⟨f3⟩ ⟨zn.⟩ ⟨→sprw. 575⟩

I ⟨telb.zn.⟩ **0.1** ***(medische) behandeling*** ⇒*kuur* **0.2** ***(genees) middel*** ⇒*medicament, remedie* ⟨ook fig.⟩ **0.3** ***genezing*** ⇒*herstel* **0.4** ⟨relig.⟩ ***(geestelijke) verzorging*** ⇒*zielzorg* **0.5** ⟨relig.⟩ ***priesterambt*** ⇒*priesterschap, domineesambt, predikantsplaats* ◆ **1.5** ~ of souls *zielzorg, geestelijke bijstand* **3.1** ⟨AE⟩ take the ~ *afkicken, een ontwenningskuur doen* **4.1** no ~, no pay *no cure, no pay, niet goed, geld terug;*

II ⟨telb. en n.-telb.zn.⟩ **0.1** ⟨ben. voor⟩ ***verduurzaming*** ⇒*conservering; vulcanisering* ⟨v. rubber⟩, *uitharding* ⟨v. plastic⟩, *het roken* ⟨v. vis/vlees⟩, *het drogen* ⟨v. tabak⟩.

cure[2] ⟨f3⟩ ⟨ww.⟩ ⟨→sprw. 726⟩

I ⟨onov.ww.⟩ **0.1** ***kuren*** ⇒*een kuur ondergaan/doen* **0.2** ***een heilzaame werking hebben*** **0.3** ***verduurzaamd worden*** ⇒*roken, uitharden, drogen;*

II ⟨onov. en ov.ww.⟩ **0.1** ***genezen*** ⇒*cureren, afhelpen van, beter maken, (doen) herstellen, (met succes) bestrijden* ◆ **1.1** your problems can easily be cured *voor jouw problemen bestaat een eenvoudige remedie* **6.1** ~ s.o. **of** drinking *iem. v.d. drank afhelpen;* ~ o.s. **of** bad habits *zijn slechte gewoonten afleren;*

III ⟨ov.ww.⟩ **0.1** ***verduurzamen*** ⇒*conserveren;* ⟨i.h.b.⟩ *vulcaniseren* ⟨rubber⟩, *uitharden* ⟨plastic, beton⟩, *zouten/roken* ⟨vis/vlees⟩, *drogen* ⟨tabak⟩.

cu·ré ['kjʊreɪ‖kjʊ'reɪ] ⟨telb.zn.⟩ **0.1** ***curé*** ⟨(Franse) pastoor⟩.

'cure-all ⟨f1⟩ ⟨telb.zn.⟩ **0.1** ***wondermiddel*** ⇒*panacee*.

cure·less ['kjʊələs‖'kjʊr-] ⟨bn.⟩ **0.1** ***ongeneeslijk*** ⇒*ongeneesbaar, onherstelbaar, irremediabel*.

cur·er ['kjʊərə‖'kjʊrər] ⟨telb.zn.⟩ **0.1** ***genezer*** ⇒⟨i.h.b.⟩ *gebedsgenezer, sjamaan*.

cu·ret·tage [kjʊə'retɪdʒ‖'kjʊrə'tɑ:ʒ] ⟨n.-telb.zn.⟩ ⟨med.⟩ **0.1** ***curettage***.

cu·rette[1]**, cu·ret** [kjʊə'ret‖kjə-] ⟨telb.zn.⟩ ⟨med.⟩ **0.1** ***curette*** ⇒*schraaplepel/mes*.

curette[2]**, curet** ⟨ov.ww.; →ww. 7⟩ ⟨med.⟩ **0.1** ***curetteren***.

cu·ret(te)·ment [kjʊə'retmənt‖kjə-] ⟨n.-telb.zn.⟩ ⟨med.⟩ **0.1** ***curettage***.

cur·few ['kɜ:fju:‖'kɜr-] ⟨f1⟩ ⟨telb.zn.⟩ **0.1** ***avondklok*** ⇒*uitgaansverbod, curfew, couvre-feu* **0.2** ***spertijd*** ⟨waarin avondklok geldt⟩ **0.3** ⟨gesch.⟩ ***avondklok*** ⟨laatste klokgelui⟩ ◆ **3.1** impose a ~ (on a country) *(in een land) een avondklok instellen;* lift/end the ~ *de avondklok opheffen*.

cur·fewed ['kɜ:fju:d‖'kɜr-] ⟨bn.⟩ **0.1** ***aan avondklok onderworpen***.

cu·ri·a ['kjʊərɪə‖'kjʊrɪə] ⟨telb., verz.n.; curiae [-rɪi:]; →mv. 5⟩ **0.1** ⟨vaak C-⟩ ⟨R.-K.⟩ ***(pauselijke/romeinse) curie*** **0.2** ⟨gesch.⟩ ***curia***.

cu·ri·al ['kjʊərɪəl‖'kjʊr-] ⟨bn.⟩ ⟨R.-K.⟩ **0.1** ***curiaal*** ⇒*mbt./v.d. curie*.

cu·rie ['kjʊəri‖'kjʊri] ⟨telb.zn.⟩ ⟨nat.⟩ **0.1** ***curie***.

cu·ri·o ['kjʊəriou‖'kjʊr-] ⟨f1⟩ ⟨telb.zn.⟩ **0.1** ***curiosum*** ⇒*curiositeit, rariteit, kleinood*.

cu·ri·o·sa ['kjʊəri'ousə‖'kjʊr-] ⟨mv.⟩ **0.1** ***curiosa*** ⇒*rariteiten, curiositeiten* **0.2** ***buitenissige geschriften*** ⇒⟨i.h.b.; euf.⟩ *erotica, erotische/pikante lectuur, prikkellectuur*.

cu·ri·os·i·ty ['kjʊəri'ɒsəti‖'kjʊri'ɑsəṱi] ⟨f3⟩ ⟨zn.; →mv. 2⟩ ⟨→sprw. 94⟩

I ⟨telb.zn.⟩ **0.1** ***curiosum*** ⇒*curiositeit, rariteit* **0.2** ***merkwaardig geval*** ⇒*vreemde toestand/zaak* **0.3** ***curiositeit*** ⇒*buitenissigheid, afwijking;*

II ⟨telb. en n.-telb.zn.⟩ **0.1** ***nieuwsgierigheid*** ⇒*benieuwdheid* **0.2** ***weetgierigheid*** ⇒*weetlust, leergierigheid* **0.3** ⟨vero.⟩ ***(overdreven) precisie*** ⇒*pijnlijke nauwgezetheid, pietluttigheid* ◆ **3.1** die of/burn with (a) ~ *branden v. nieuwsgierigheid* **6.2** ~ (to learn) **about** sth. *verlangen naar kennis over iets*.

cu·ri·ous ['kjʊərɪəs‖'kjʊr-] ⟨f3⟩ ⟨bn.; -ly; -ness⟩

I ⟨bn.⟩ **0.1** ***nieuwsgierig*** ⇒*benieuwd* **0.2** ***curieus*** ⇒*merkwaardig, vreemd, eigenaardig, zonderling, bijzonder, opvallend, zeldzaam, buitenissig* **0.3** ⟨euf.⟩ ***pikant*** ⇒*erotisch, prikkelend, opwindend* **0.4** ⟨vero.⟩ ***(pijnlijk) nauwgezet*** **0.5** ⟨vero.⟩ ***vernuftig*** ⇒*ingenieus* ◆ **¶.2** ~ly (enough) *merkwaardigerwijs, vreemd genoeg;*

II ⟨bn., pred.⟩ **0.1** ***weet/leergierig*** ⇒*benieuwd* ◆ **3.1** be ~ to learn *leergierig zijn*.

cu·ri·um ['kjʊərɪəm‖'kjʊr-] ⟨n.-telb.zn.⟩ ⟨schei.⟩ **0.1** ***curium*** ⟨element 96⟩.

curl[1] [kɜ:l‖kɜrl] ⟨f2⟩ ⟨zn.⟩

I ⟨telb.zn.⟩ **0.1** ***krul*** ⇒*spiraal* **0.2** ⟨wisk.⟩ ***rotatie*** ◆ **1.1** ~ of the lips *(smalend) krullende lippen;* ~ of smoke *rookspiraal;* ~ of a wave *(schuim)krul v.e. golf;*

II ⟨telb. en n.-telb.zn.⟩ **0.1** ***(haar)krul*** ⇒*pijpekrul* ◆ **6.1** keep one's hair **in** ~ *zijn haar in de krul houden;*

III ⟨n.-telb.zn.⟩ **0.1** ***(het) krul(len)*** ⇒*krulling* **0.2** ⟨plantk.⟩ ***krulziekte*** ◆ **6.¶ out of** ~ *futloos, lusteloos*.

curl[2] ⟨f3⟩ ⟨ww.⟩ →curling

I ⟨onov.ww.⟩ **0.1** ***spiralen*** ⇒*kringelen, zich kronkelen, zich winden* ⟨v. plant⟩ **0.2** ***(om/op)krullen*** **0.3** ***curling spelen*** ⇒*curlen* ◆ **1.1** smoke ~ed from the chimney *uit de schoorsteen kringelde rook* **1.2** leaves that ~ (up) *(om)krullende bladeren;*

II ⟨onov. en ov.ww.⟩ **0.1** ***krullen*** ⟨v. haar⟩ ⇒*in de krul zetten, kroezen* ◆ **5.¶** →curl **up;**

III ⟨ov.ww.⟩ **0.1** ***met krullen versieren*** **0.2** ***doen (om/op)krullen*** **0.3** ***kronkelen om*** ⇒*winden om*.

curl·er ['kɜ:lə‖'kɜrlər] ⟨f1⟩ ⟨telb.zn.⟩ **0.1** ***krulspeld*** ⇒*roller, papillot* **0.2** ***curlingspeler*** ⇒*curler*.

cur·lew ['kɜ:lju:‖'kɜrlu:] ⟨telb.zn.⟩ ⟨dierk.⟩ **0.1** ***wulp*** ⟨genus Numenius⟩.

'curlew 'sandpiper ⟨telb.zn.⟩ ⟨dierk.⟩ **0.1** ***krombekstrandloper*** ⟨Calidris ferruginea⟩.

curl·i·cue, curl·y·cue ['kɜ:lɪkju:‖'kɜr-] ⟨telb.zn.⟩ **0.1** ***(sier)krul*** ⇒*tierelantijn(tje)*.

curl·ing ['kɜ:lɪŋ‖'kɜr-] ⟨n.-telb.zn.; gerund v. curl⟩ **0.1** ***curling*** ⟨Schotse ijssport⟩.

'curling iron ⟨telb.zn.; vnl. mv.⟩ **0.1** ***krulijzer*** ⇒*friseerijzer*.

'curling pin ⟨telb.zn.; vnl. mv.⟩ **0.1** ***krulspeld/pen***.

'curling stone ⟨telb.zn.⟩ **0.1** ***curlingsteen/schijf***.

'curling tongs ⟨mv.⟩ **0.1** ***krultang*** ⇒*friseertang*.

'curl paper ⟨telb.zn.; vnl. mv.⟩ **0.1** ***papillot***.

'curl 'up ⟨f1⟩ ⟨ww.⟩

I ⟨onov.ww.⟩ **0.1** ⟨inf.⟩ ***ineenkrimpen*** ⟨v. afschuw, schaamte, pret e.d.⟩ ⇒*misselijk worden* **0.2** ***omkrullen*** **0.3** ⟨inf.⟩ ***neergaan*** ⇒*in elkaar klappen, tegen de vlakte gaan* ◆ **1.3** Mike curled up at the blow *door de klap ging Mike tegen de grond* **3.1** wish to ~ and die of embarassment *wel door de grond willen zinken (v. gêne);*

II ⟨onov.ww. of ov.ww. als wederk. ww.⟩ **0.1** ***zich (behaaglijk) oprollen/nestelen*** ⇒*in elkaar kruipen, zich schurken, kroelen* ◆ **1.1** the cat curled (itself) up near the fire *de kat nestelde zich/rolde zich op bij het vuur;*

III ⟨ov.ww.⟩ ⟨inf.⟩ **0.1** ***doen ineenkrimpen*** ⇒*misselijk maken* **0.2** ***neerhalen*** ⇒*in elkaar doen klappen, tegen de vlakte doen gaan* ◆ **1.1** my ideas curl John up *John wordt misselijk v. mijn ideeën* **1.2** the blow curled Mike up *de klap velde Mike, door de klap ging Mike tegen de grond*.

curl·y ['kɜ:li‖'kɜrli] ⟨f2⟩ ⟨bn.; -er; -ly; -ness; →bijw. 3⟩ **0.1** ***krul-*** ⇒*krullend, kroezend, gekruld, golvend* **0.2** ***met golvende draad*** ⟨v. hout⟩ ◆ **1.1** ~ hair *krulhaar* **1.¶** ⟨plantk.⟩ ~ kale *boerenkool* ⟨Brassica oleracea, variant acephala⟩ **2.1** a ~-headed person *iem. met krullen, een krullebol*.

'curl·y-pate ⟨telb.zn.⟩ **0.1** ***krullebol***.

cur·mudg·eon [kɜ:'mʌdʒən‖kɜr-] ⟨telb.zn.⟩ ⟨inf.⟩ **0.1** ***(oude) cha-***

grijn ⇒*zuurpruim* **0.2** ⟨vero.⟩ ***krent*** ⇒*duitendief, vrek,* ⟨B.⟩ *duitenkliever.*

cur·mudg·eon·ly [kɜːˈmʌdʒənli‖kɜr-]⟨bn.⟩⟨inf.⟩ **0.1** ***chagrijnig*** ⇒*sikkeneurig, narrig* **0.2** ⟨vero.⟩ ***krenterig*** ⇒*gierig, vrekkig.*

cur·rach, cur·ragh, cur·agh [ˈkʌrə]⟨telb.zn.⟩⟨IE, Sch. E⟩ **0.1** ***currach*** ⟨boot v. met huiden bespannen vlechtwerk⟩.

cur·rant [ˈkʌrənt‖ˈkɜr-]⟨f1⟩⟨telb.zn.⟩ **0.1** ***krent*** **0.2** ⟨plantk.⟩ ***aalbes (struik)*** ⟨genus Ribes⟩ **0.3** ***(aal)bes*** **0.4** ⟨verk.⟩ ⟨currant tomato⟩ ◆ **2.3** black/red/white ~ *zwarte/rode/witte bes* **3.2** flowering ~ *rode ribes* ⟨Ribes sanguineum⟩.

ˈcurrant tomato ⟨telb.zn.⟩⟨plantk.⟩ **0.1** ***Peruaanse tomaat*** ⇒*bestomaat* ⟨Lycopersicon pimpinellifolium⟩.

cur·ren·cy [ˈkʌrənsi‖ˈkɜr-]⟨f2⟩⟨zn.; →mv. 2⟩

I ⟨telb. en n.-telb.zn.⟩ **0.1** ***valuta*** ⇒*munt;* ⟨i.h.b.⟩ *(papier)geld* **0.2** ***munt/geldstelsel*** **0.3** ***ruilmiddel*** ⇒⟨i.h.b.⟩ *betaalmiddel* ◆ **2.1** foreign/hard/soft currencies *vreemde/harde/zachte valuta's;* the French ~ *de Franse valuta;*

II ⟨n.-telb.zn.⟩ **0.1** ***(geld)circulatie*** ⇒*(geld)omloop* **0.2** ***gangbaarheid*** ⇒*geldendheid, courantheid* ◆ **2.2** have short ~ *kort (stondig) in zwang zijn, snel in onbruik raken, een korte omlooptijd hebben* **3.2** gain ~ *ingang vinden; zich verspreiden;* give ~ to *ruchtbaarheid geven aan; verspreiden.*

ˈcurrency note ⟨telb.zn.⟩⟨BE; gesch.⟩ **0.1** ***bankbiljet*** ⇒*muntbiljet* ⟨1914-1928⟩.

ˈcurrency rate ⟨telb.zn.⟩⟨BE⟩ **0.1** ***wisselkoers*** ⟨voor £ 1⟩.

cur·rent¹ [ˈkʌrənt‖ˈkɜr-]⟨f3⟩⟨zn.⟩

I ⟨telb.zn.⟩ **0.1** ***stroom*** ⇒*stroming* ⟨in gas/vloeistof⟩ **0.2** ⟨elek.⟩ ***stroomsterkte*** **0.3** ***loop*** ⇒*gang, richting, ontwikkeling, tendens* ◆ **1.1** a cold ~ of air *een koude luchtstroom* **1.3** the ~ of public thought *de openbare meningsvorming, de publieke opinie* **3.3** ⟨inf.⟩ swim/go with/against the ~ *ergens in mee/tegenin gaan, met de stroom mee/tegen de stroom in gaan;*

II ⟨telb. en n.-telb.zn.⟩ **0.1** ***(elektrische) stroom*** ◆ **2.1** alternate ~ *wisselstroom;* direct ~ *gelijkstroom.*

current² ⟨f3⟩⟨bn.; -ly; -ness⟩ **0.1** ***huidig*** ⇒*actueel, lopend, onderhavig* **0.2** ***gangbaar*** ⇒*geldend, vigerend, heersend, courant* **0.3** ⟨geldw.⟩ ***in omloop*** ⇒*circulerend* **0.4** ⟨vero.⟩ ***lopend*** ⇒*vloeiend* ⟨bv. handschrift⟩ ◆ **1.1** the ~ issue of Time *het laatste/nieuwste nummer v. Time;* the ~ week *deze week* **1.2** customs that are no longer ~ *gebruiken die niet meer in zwang zijn, in onbruik geraakte gewoonten;* ~ money *gangbare munt* **1.¶** ⟨ec.⟩ ~ assets *vlottende middelen;* ⟨ec.⟩ ~ cost *nieuwwaarde, vervangingswaarde;* ⟨boekhouden⟩ ~ debt *kortlopende schuld;* ⟨boekhouden⟩ ~ liabilities *opvorderbare passiva* **3.2** pass ~ *algemeen aanvaard worden, gelden* **¶.1** ~ly *momenteel, vandaag de dag, thans, heden, tegenwoordig.*

ˈcurrent acˈcount ⟨f1⟩⟨telb.zn.⟩⟨geldw.⟩ **0.1** ***rekening-courant*** ⇒*(bank)girorekening, lopende rekening, privérekening, salarisrekening.*

cur·ri·cle [ˈkʌrɪkl]⟨telb.zn.⟩ **0.1** ***karikel*** ⟨tweewielig rijtuig⟩ ⇒⟨ong.⟩ *sjees.*

cur·ric·u·lum [kəˈrɪkjʊləm‖-kjə-]⟨f2⟩⟨telb.zn.; ook curricula [-lə]; →mv. 5⟩ **0.1** ***studierichting*** ⇒*studie* **0.2** ***studiepakket*** ⇒*keuzepakket* **0.3** ***vakkenaanbod*** ⇒*onderwijsprogramma, leerplan* **0.4** →curriculum vitae.

curriculum vi·tae [-ˈvaɪtiː,-ˈviːtaɪ‖-ˈviːṭiː,-ˈviːṭeɪ]⟨telb.zn.; curricula vitae; →mv. 5⟩ **0.1** ***curriculum vitae*** ⇒*korte levens/carrièrebeschrijving, biografie.*

cur·ri·er [ˈkʌrɪə‖ˈkɜrɪər]⟨telb.zn.⟩ **0.1** ***(leer)touwer*** ⇒*leerbereider.*

cur·rish [ˈkɜːrɪʃ]⟨bn.; -ly; -ness⟩ **0.1** ***laf(hartig)*** ⇒*laag, gemeen* **0.2** ***chagrijnig*** ⇒*bits, snauwerig, honds.*

cur·ry¹, cur·rie [ˈkʌri‖ˈkɜri]⟨f2⟩⟨zn.; →mv. 2⟩

I ⟨telb. en n.-telb.zn.⟩ **0.1** ⟨cul.⟩ ***kerrieschotel;***

II ⟨n.-telb.zn.⟩ **0.1** ***kerrie(poeder).***

curry² ⟨f1⟩⟨ov.ww.; →ww. 7⟩ **0.1** ⟨cul.⟩ ***met kerrie bereiden/kruiden*** **0.2** ***roskammen*** **0.3** ***touwen*** ⇒*bereiden* ⟨v. leer e.d.⟩ **0.4** ***afranselen*** ⇒*afrossen.*

ˈcur·ry·comb¹ ⟨telb.zn.⟩ **0.1** ***roskam.***

currycomb² ⟨ov.ww.⟩ **0.1** ***roskammen.***

ˈcurry powder ⟨n.-telb.zn.⟩ **0.1** ***kerrie(poeder).***

curse¹ [kɜːs‖kɜrs]⟨f2⟩⟨zn.⟩⟨→sprw. 95⟩

I ⟨telb.zn.⟩ **0.1** ***vloek*** ⇒*vervloeking, verdoeming, verwensing* **0.2** ***vloek*** ⇒*doem* **0.3** ***vloek(woord)*** ⇒*verwensing,* ⟨i.h.b.⟩ *godslastering* **0.4** ***bezoeking*** ⇒*ramp, plaag, gesel, pest* **0.5** ⟨relig.⟩ ***banvloek*** ⇒*banvonnis, anathema* **0.6** ***vloek*** ⇒*voorwerp v. vervloeking,* ⟨relig.⟩ *anathema* ◆ **1.¶** ~ of Scotland *ruiten negen* **3.1** call down ~s (from heaven) upon s.o. *een vloek uitspreken over iem., iem. vervloeken* **3.2** lay s.o. under a ~ *een vloek op iem. leggen* **3.¶** ⟨BE; inf.⟩ not give/care a (tinker's) ~ about *maling hebben aan/ergens lak aan hebben;* I don't give/care a (tinker's) ~ *het kan me geen moer schelen* **6.2** the project is **under** a ~ *er rust een vloek/geen zegen op de onderneming* **¶.¶** ~s *verdikkeme, verdulleme, verdorie, nondeju;*

II ⟨n.-telb.zn.; the⟩⟨euf.⟩ **0.1** ***opoe (op bezoek)*** ⇒*de (rode) vlag* ⟨menstruatie⟩.

curse² ⟨f2⟩⟨ww.; ook curst, curst [kɜːst‖kɜrst]⟩ →cursed ⟨→sprw. 717⟩

I ⟨onov. en ov.ww.⟩ **0.1** ***(uit)vloeken*** ⇒*godslasteren, blasfemeren, vloeken (op/tegen), (uit)schelden* ◆ **6.1** ~ **at** s.o./sth. *vloeken tegen iem./iets;*

II ⟨ov.ww.⟩ **0.1** ***vervloeken*** ⇒*verwensen, een vloek uitspreken over* **0.2** ⟨vnl. pass.⟩ ***straffen*** ⇒*bezoeken, kwellen, teisteren* **0.3** ⟨relig.⟩ ***in de ban doen*** ⇒*excommuniceren* ◆ **4.1** ~ it/you! *vervloekt, verdorie!* **6.2** be cursed **with** *behept/gestraft zijn met, gebukt gaan onder.*

curs·ed [ˈkɜːsɪd‖ˈkɜr-], **curst** [kɜːst‖kɜrst]⟨f2⟩⟨bn.; volt. deelw. v. curse; -ly; -ness⟩ **0.1** ***vervloekt*** ⇒*donders* **0.2** ***akelig*** ⇒*afschuwelijk, verfoeilijk, weerzinwekkend;* ⟨inf.⟩ *rot-, zenuwe-* **0.3** ⟨gew.⟩ ***chagrijnig*** ⇒*sikkeneurig* ◆ **1.2** a ~ nuisance *iets stom/oerververvelends.*

cur·sive¹ [ˈkɜːsɪv‖ˈkɜr-]⟨zn.⟩

I ⟨telb.zn.⟩ **0.1** ***cursief(letter)*** ⇒*cursiefje* **0.2** ***manuscript in schuinschrift;***

II ⟨n.-telb.zn.⟩⟨druk.⟩ **0.1** ***cursief*** ⇒*lopend schrift, schuinschrift, italiek.*

cursive² ⟨f1⟩⟨bn.⟩ **0.1** ***cursief*** ⇒*lopend, verbonden, schuin(-)* ⟨v. schrift⟩.

cur·sor [ˈkɜːsə‖ˈkɜrsər]⟨telb.zn.⟩⟨comp.⟩ **0.1** ***cursor*** ⟨indicator v. werkplek op computerscherm⟩.

cur·so·ri·al [kɜːˈsɔːrɪəl‖kɜr-]⟨bn.⟩⟨dierk.⟩ **0.1** ***loop-*** ⇒*met op lopen gebouwde poten* ◆ **1.1** ~ birds *loopvogels.*

cur·so·ry [ˈkɜːsri‖ˈkɜr-]⟨f1⟩⟨bn.; -ly; -ness; →bijw. 3⟩ **0.1** ***vluchtig*** ⇒*oppervlakkig, terloops, haastig* ◆ **3.1** at ~ reading *bij oppervlakkige lezing.*

curt [kɜːt‖kɜrt]⟨f2⟩⟨bn.; -er; -ly; -ness⟩ **0.1** ***kortaf*** ⇒*kortaangebonden, bruusk, nors, bot* **0.2** ***bondig*** ⇒*beknopt, concies, kernachtig, summier* ◆ **1.2** a ~ answer *een bondig antwoord.*

cur·tail [kɜːˈteɪl‖ˈkɜrt-]⟨f1⟩⟨ov.ww.⟩ **0.1** ***inkorten*** ⇒*bekorten, verkorten* **0.2** ***verkleinen*** ⇒*verminderen, besnoeien, inperken, inkrimpen* **0.3** ***beperken*** ⇒*beknotten, kortwieken* ◆ **1.2** ~ one's spending *zijn uitgaven besnoeien, bezuinigen* **1.3** ~ s.o.'s influence *iemands invloed beknotten* **6.¶** ~ **of** *beroven van.*

cur·tail·ment [kɜːˈteɪlmənt‖kɜr-]⟨telb. en n.-telb.zn.⟩ **0.1** ***inkorting*** ⇒*bekorting, verkorting* **0.2** ***verkleining*** ⇒*vermindering, besnoeiing, inperking, inkrimping* **0.3** ***beperking*** ⇒*beknotting.*

cur·tain¹ [ˈkɜːtn‖ˈkɜrtn]⟨f3⟩⟨zn.⟩

I ⟨telb.zn.⟩ **0.1** ***gordijn*** ⇒*voorhang(sel), scherm;* ⟨fig.⟩ *barrière* **0.2** ⟨dram.⟩ ***doek*** ⇒*(toneel)gordijn, scherm* **0.3** ⟨dram.⟩ ***slotregel/scène*** ⟨v. bedrijf⟩ **0.4** ⟨vestingbouw⟩ ***gordijn*** ⇒*courtine* **0.5** ⟨bouwk.⟩ ***gordijngevel*** **0.6** ⟨verk.⟩ ⟨curtain call⟩ ◆ **1.1** ~ of smoke *rookgordijn* **2.1** the Iron/Bamboo Curtain *het ijzeren/bamboe gordijn* **3.1** draw the ~s *de gordijnen open/dichtdoen* **3.2** when the ~ fell *toen het doek viel;* ring up/down the ~ (on sth.) *het signaal geven om het doek op te halen/neer te laten (en het stuk te beginnen/beëindigen);* ⟨fig.⟩ *het begin/einde v. iets aangeven/inluiden, het doek neerlaten over, een aanvang nemen (met)/een eind maken aan;* as the ~ rises *als het doek opgaat* **3.¶** cast/draw/throw a ~ over (sth.) *(iets) laten rusten, (een onderwerp) afsluiten* **¶.2** ~ is at 8.00 p.m. *aanvang der voorstelling: 20 u.* **¶.¶** ~! *tableau!;*

II ⟨mv.; ~s⟩⟨sl.⟩ **0.1** ***verdoemenis*** ⇒*het einde,* ⟨i.h.b.⟩ *de dood* ◆ **6.1** it'll soon be ~s **for** him *binnenkort is hij er geweest, straks is het met hem gebeurd, dadelijk hangt-ie.*

curtain² ⟨f1⟩⟨ov.ww.⟩ **0.1** ***voorzien van/afsluiten met gordijnen*** ◆ **1.1** ~ed windows *ramen met gordijnen (ervoor)* **5.1** ~ **off** *afschermen, afschutten* ⟨d.m.v. een gordijn⟩.

ˈcurtain call ⟨telb.zn.⟩⟨dram.⟩ **0.1** ***terugroeping*** ⟨v. acteurs⟩ ⇒*applaus* ⟨na het stuk⟩.

ˈcurtain fire ⟨n.-telb.zn.⟩⟨mil.⟩ **0.1** ***gordijnvuur*** ⇒*spervuur, barrage.*

ˈcurtain lecture ⟨telb.zn.⟩ **0.1** ***bedsermoen*** ⇒*gordijnpreek.*

ˈcurtain line ⟨telb.zn.⟩⟨dram.⟩ **0.1** ***slotzin*** ⇒*wegwezer.*

ˈcurtain material ⟨n.-telb.zn.⟩ **0.1** ***gordijnstof.***

ˈcurtain raiser ⟨telb.zn.⟩ **0.1** ⟨dram.⟩ ***voorstukje*** ⇒*lever de rideau* **0.2** ***voorprogramma*** **0.3** ***eerste artiest*** ⟨in variétévoorstelling⟩.

ˈcurtain wall ⟨telb.zn.⟩ **0.1** ⟨vestingbouw⟩ ***gordijn*** ⇒*courtine* **0.2** ⟨bouwk.⟩ ***gordijngevel*** ⇒*vliesgevel.*

cur·ta·na [kɜːˈtɑːnə‖kɜr-]⟨telb.zn.⟩ **0.1** ***zwaard zonder punt*** ⟨symbool bij kroning⟩.

cur·ti·lage [ˈkɜːtɪlɪdʒ‖ˈkɜrṭlɪdʒ]⟨telb.zn.⟩⟨jur.⟩ **0.1** ***erf*** ⇒*woonerf.*

curt·s(e)y¹ [ˈkɜːtsi‖ˈkɜr-]⟨f1⟩⟨telb.zn.; →mv. 2⟩ **0.1** ***revérence*** ⇒*knicks(je)* ◆ **3.1** bob/drop/make a ~ *een revérence maken.*

curts(e)y[2] ⟨f1⟩ ⟨onov.ww.; →ww. 7⟩ **0.1** ***een revérence maken*** ◆ **6.1** ~ **to** s.o. *een revérence voor iem. maken*.
cu·rule ['kjʊəru:l‖'kjʊru:l] ⟨bn.⟩ ⟨gesch.⟩ **0.1** ***curulisch*** ⟨recht hebbend op de sella curulis⟩ ⇒*hoog geplaatst, van hoge rang* ◆ **1.1** ~ chair/seat *sella curulis* ⟨zetel v.d. hoogste Romeinse magistraten⟩; ~ magistrate *curulische magistraat*.
cur·va·ceous, cur·va·cious [kɜ:'veɪʃəs‖kɜr-] ⟨bn.; -ly; -ness⟩ ⟨inf.⟩ **0.1** ***gewelfd*** ⇒*welgevormd, vol, weelderig, ampel* ⟨vnl. vrouwen⟩.
cur·va·tion [kɜ:'veɪʃn‖kɜr-] ⟨telb. en n.-telb.zn.⟩ **0.1** ***(ver)buiging*** ⇒*(ver)kromming, welving*.
cur·va·ture ['kɜ:vətʃə‖'kɜrvətʃər] ⟨f1⟩ ⟨telb. en n.-telb.zn.⟩ **0.1** ***(ver)buiging*** ⇒*kromming, kromte, welving, bocht* **0.2** ⟨wisk.⟩ ***kromming*** **0.3** ⟨med.⟩ ***verkromming*** ◆ **1.2** the ~ of a concave mirror *de kromming v.e. holle spiegel* **1.3** ~ of the spine *ruggegraatsverkromming* **3.1** have more ~ *gekromder/sterker gekromd zijn*.
curve[1] [kɜ:v‖kɜrv] ⟨f3⟩ ⟨telb.zn.⟩ **0.1** ***gebogen/kromme lijn*** ⇒⟨i.h.b. wisk.⟩ *kromme, curve, boog* **0.2** ***bocht*** ⟨vnl. in weg⟩ **0.3** ***gewelfd oppervlak*** **0.4** ⟨vaak mv.⟩ ***ronding*** ⇒*welving, ampele vorm* ⟨vnl. v. vrouw⟩ **0.5** ***grafische voorstelling*** ⇒*grafiek* ⟨ook wisk.⟩ **0.6** ***(uit grafiek afgeleide) tendens*** ⇒*lijn* **0.7** ***tekenmal*** **0.8** ⟨wisk.⟩ ***snijkromme*** ⟨snijlijn v. twee vlakken⟩ **0.9** ⟨honkbal⟩ ***curve*** ◆ **3.9** ⟨AE; inf.; fig.⟩ throw s.o. a ~ *iem. op het verkeerde been zetten/in verlegenheid brengen*.
curve[2] ⟨f2⟩ ⟨ww.⟩
I ⟨onov.ww.⟩ **0.1** ***buigen*** ⇒*een bocht maken, zich krommen;*
II ⟨ov.ww.⟩ **0.1** ***buigen*** ⇒*een bocht doen maken, krommen* ◆ **1.1** he ~d the ball round the keeper *hij draaide de bal om de keeper*.
'curve ball ⟨telb.zn.⟩ ⟨honkbal⟩ **0.1** ***curve*** ⇒*effectbal* ◆ **3.1** ⟨AE; inf.; fig.⟩ throw s.o. a ~ *iem. op het verkeerde been zetten/in verlegenheid brengen*.
cur·vet[1] [kɜ:'vet‖kɜr-] ⟨telb.zn.⟩ **0.1** ***courbette*** ⇒*korte boogsprong, hogeschoolsprong* ⟨v. paard⟩.
curvet[2] ⟨onov.ww.; →ww. 7⟩ **0.1** ***een courbette maken*** ⟨v. paard⟩ **0.2** ***dartelen*** ⇒*huppelen, capriolen maken*.
cur·vi- ['kɜ:vi‖'kɜrvi] **0.1** ⟨ong.⟩ ***boog-*** ◆ ¶.**1** curviform *boogvormig;* curvirostral *met kromme snavel*.
cur·vi·lin·e·ar ['kɜ:vɪ'lɪnɪə‖'kɜrvɪ'lɪnɪər], **cur·vi·lin·e·al** [-nɪəl] ⟨bn.; curvilinearly⟩ **0.1** ***kromlijnig***.
cus·cus, khus·khus ['kʌskəs] ⟨telb.zn.⟩ **0.1** ⟨plantk.⟩ ***heilgras*** ⟨genus Andropogon⟩ ⇒⟨i.h.b.⟩ *reukwortel* ⟨wortel v. heilgras⟩ **0.2** ⟨dierk.⟩ ***koeskoes*** ⟨buideldier; genus Phalanger⟩.
cu·sec ['kju:sek] ⟨telb.zn.; samentr. en verk. v.⟩ cubic foot per second **0.1** ***cusec*** ⟨0,028 m^3/sec⟩.
cush [kʊʃ] ⟨zn.⟩ ⟨AE; sl.⟩
I ⟨telb.zn.⟩ **0.1** ***platvink*** ⇒*portefeuille, portemonnee;*
II ⟨n.-telb.zn.⟩ **0.1** ***poen***.
cush·at ['kʌʃət] ⟨telb.zn.⟩ ⟨Sch. E⟩ ⟨dierk.⟩ **0.1** ***houtduif*** ⟨Columba palumbus⟩.
cush·ion[1] ['kʊʃn] ⟨f2⟩ ⟨telb.zn.⟩ **0.1** ***kussen*** ⇒⟨i.h.b.⟩ *kantkussen* **0.2** ***stootkussen*** ⇒*buffer, schokdemper* **0.3** ⟨biljart⟩ ***band*** **0.4** ***(lucht)kussen*** **0.5** ⟨tech.⟩ ***(stoom)buffer*** ⟨in cilinder⟩ **0.6** ***achterbout*** ⟨v. dier⟩ ⇒*bil, dij;* ⟨i.h.b.⟩ *ham* **0.7** ***(hoorn)straal*** ⟨in paardehoef⟩ **0.8** ⟨AE; honkbal⟩ ***honkkussen*** **0.9** ⟨AE; inf.⟩ ***(spaar)potje*** ⇒*appeltje voor de dorst* ◆ **3.**¶ thump a/the ~ *op de preekstoel hameren, een donderpreek houden*.
cushion[2] ⟨f1⟩ ⟨ov.ww.⟩ **0.1** ***voorzien van kussen(s)*** **0.2** ***op (een) kussen(s) zetten/leggen*** **0.3** ***dempen*** ⇒*verzachten, opvangen* ⟨klap, schok, uitwerking⟩ **0.4** ***in de watten leggen*** ⇒*beschermen* **0.5** ***(kalm) onderdrukken*** ⇒*smoren* **0.6** ***doodzwijgen*** ⇒*negeren, in de doofpot stoppen* **0.7** ⟨biljart⟩ ***tegen de band stoten*** ⇒*over de band spelen* ◆ **1.1** ~ed seats *stoelen/banken met kussens, beklede stoelen/banken*.
'cush·ion·craft ⟨telb.zn.⟩ **0.1** ***luchtkussenvoertuig/vaartuig*** ⇒*hovercraft*.
'cushion plant ⟨telb.zn.⟩ ⟨plantk.⟩ **0.1** ***kussenplant***.
'cushion tyre ⟨telb.zn.⟩ ⟨tech.⟩ **0.1** ***rubberband met luchtcellen***.
cush·ion·y ['kʊʃəni] ⟨bn.⟩ **0.1** ***zacht*** ⇒*gerieflijk, comfortabel*.
Cush·it·ic[1], **Kush·it·ic** [kʊ'ʃɪtɪk] ⟨eig.n.⟩ **0.1** ***Koesjitisch(e taal)***.
Cushitic[2], **Kushitic** ⟨bn.⟩ **0.1** ***Koesjitisch***.
cush·y ['kʊʃi] ⟨bn.; -er; -ly; -ness; →bijw. 3⟩ ⟨inf.⟩ **0.1** ***makkelijk*** ⇒*simpel, lekker, gerieflijk, comfortabel* **0.2** ⟨AE⟩ ***sjiek*** ⇒*modieus, fijn* ◆ **1.1** ~ job *luizebaantje, makkie*.
cusk [kʌsk] ⟨telb.zn.; ook cusk; →mv. 4⟩ ⟨dierk.⟩ **0.1** ***lom*** ⟨vis; Brosme brosme⟩.
cusp [kʌsp] ⟨telb.zn.⟩ **0.1** ***punt*** ⇒*top(punt), piek, spits* **0.2** ⟨biol.⟩ ***spits(e) punt/uiteinde*** ⟨v. blad, tand⟩ **0.3** ***hoorn*** ⟨schijngestalte v. maan⟩ **0.4** ⟨anat.⟩ ***cuspis*** ⇒*(lans)punt, uitsteeksel, slip* ⟨v. hartklep⟩ **0.5** ⟨wisk.⟩ ***keerpunt*** ⇒*cusp* **0.6** ⟨bouwk.⟩ ***(uitstekend) raakpunt v. gewelfbogen*** **0.7** ⟨astr.⟩ ***cusp*** ⇒*hoorn*.
cus·pate ['kʌspət], **cus·pat·ed** ['kʌspeɪtɪd], **cusped** [kʌspt], **cus·pi·dal** ['kʌspɪdl], **cus·pi·date** ['kʌspɪdeɪt], **cus·pi·dat·ed** [-deɪtɪd] ⟨bn.⟩ **0.1** ***spits*** ⇒*gepunt, puntig* ⟨ook biol.⟩.
cus·pi·dor, cus·pi·dore ['kʌspɪdɔ:‖-dɔr] ⟨telb.zn.⟩ ⟨AE⟩ **0.1** ***kwispedoor*** ⇒*spuwpot(je)/bak(je)*.
cuss[1] [kʌs] ⟨telb.zn.⟩ ⟨sl.⟩ **0.1** ***vloek*** ⇒*krachtterm* **0.2** ⟨vaak pej.⟩ ***snuiter*** ⇒*vent, snijboon* ◆ **2.2** a queer ~ *een rare snijboon/vogel/klant* **3.**¶ not give/care a ~ *ergens lak/schijt aan hebben*.
cuss[2] ⟨ww.⟩ ⟨inf.⟩ →cussed
I ⟨onov.ww.⟩ **0.1** ***vloeken;***
II ⟨ov.ww.⟩ **0.1** ***uitvloeken*** ⇒*vloeken tegen, uitschelden*.
cuss·ed ['kʌsɪd] ⟨bn.; oorspr. volt. deelw. v. cuss; -ly; -ness⟩ ⟨inf.⟩ **0.1** ***vervloekt*** ⇒*verdomd* **0.2** ***eigenwijs*** ⇒*koppig, dwars, obstinaat*.
'cuss·word ⟨telb.zn.⟩ ⟨AE; inf.⟩ **0.1** ***vloek*** ⇒*krachtterm, scheldwoord, verwensing*.
cus·tard ['kʌstəd‖-ərd] ⟨f1⟩ ⟨telb. en n.-telb.zn.⟩ **0.1** ***custardpudding/vla*** **0.2** ***vla***.
'custard apple ⟨telb.zn.⟩ ⟨plantk.⟩ **0.1** ***boeah nona*** ⇒*custard apple, Bullock's heart, sweetsop* ⟨Annona reticulata⟩ **0.2** ***boeah-nona-vrucht*** **0.3** ***pawpaw*** ⟨Asimina triloba⟩ **0.4** ***pawpawvrucht***.
'custard cup ⟨telb.zn.⟩ **0.1** ***(hittebestendig) vlavormpje***.
'cus·tard-pie ⟨bn., attr.⟩ **0.1** ***taartsmijt-*** ⇒*slapstick-, gooi-en-smijt-* ◆ **1.1** ~ movie *taartsmijtfilm*.
'custard powder ⟨n.-telb.zn.⟩ **0.1** ***custard(poeder)*** ⇒*puddingpoeder*.
cus·to·di·al [kʌ'stoudɪəl] ⟨bn.⟩ **0.1** ***hoedend*** ⇒*bewarend, beschermend, bevoogdend;* ⟨AE⟩ *conciërge-*.
cus·to·di·an [kʌ'stoudɪən] ⟨f1⟩ ⟨telb.zn.⟩ **0.1** ***custos*** ⇒*beheerder, conservator, bewaarder* **0.2** ***voogd(es)*** **0.3** ⟨AE⟩ ***conciërge*** ⇒*beheerder*.
cus·to·di·an·ship [kʌ'stoudɪənʃɪp] ⟨n.-telb.zn.⟩ **0.1** ***beheer(derschap)*** ⇒*hoede* **0.2** ***voogdij*** **0.3** ***inbewaringneming***.
cus·to·dy ['kʌstədi] ⟨f2⟩ ⟨n.-telb.zn.⟩ **0.1** ***voogdij*** ⇒*zorg* **0.2** ***beheer*** ⇒*hoede, bewaring* **0.3** ***hechtenis*** ⇒*voorarrest, detentie, verzekerde bewaring* ◆ **3.2** give sth. in ~ (at the bank) *iets (bij de bank) in bewaring geven* **3.3** give s.o. into ~ *iem. overdragen aan de politie;* take s.o. into ~ *iem. aanhouden* **6.1** be given ~ **of** *de voogdij krijgen over* **6.3** be **in** ~ *in hechtenis/voorarrest zitten*.
cus·tom ['kʌstəm] ⟨f3⟩ ⟨zn.⟩ ⟨→sprw. 616⟩
I ⟨telb.zn.⟩ ⟨jur.⟩ **0.1** ***gewoonte*** ⟨met kracht v. recht⟩;
II ⟨telb. en n.-telb.zn.⟩ **0.1** ***gewoonte*** ⇒*gebruik* ◆ **6.1** be a slave **to** ~ *een slaaf v. zijn gewoonten zijn;*
III ⟨n.-telb.zn.⟩ **0.1** ***klandizie*** ⇒*nering* ◆ **7.1** we would certainly appreciate your ~ *we zouden uw klandizie zeker op prijs stellen;*
IV ⟨mv.; ~s⟩ **0.1** ***douaneheffing*** ⇒*invoerrechten;* ⟨zelden⟩ *uitvoerrechten* **0.2** ⟨ww. vnl. enk.; vaak C-⟩ ***douane(dienst)*** ◆ **3.2** pass through Customs *door de douane gaan*.
cus·tom- ['kʌstəm] **0.1** ***maat-*** ⇒*op maat/bestelling gebouwd/gemaakt* ◆ ¶.**1** custom-made *op maat gemaakt, maat-*.
cus·tom·a·ble ['kʌstəməbl] ⟨bn.⟩ **0.1** ***belastbaar (met douanerechten)*** ⇒*onderhevig aan (een) heffing(en)*.
cus·tom·ar·y[1] ['kʌstəmri‖-meri] ⟨telb.zn.; →mv. 2⟩ **0.1** ***gebruikenwegwijzer*** ⟨boek(je) over de gewoonten en regels v.e. bepaald gebied⟩.
customary[2] ⟨f2⟩ ⟨bn.; -ly; -ness; →bijw. 3⟩ **0.1** ***gebruikelijk*** ⇒*gewoonlijk, normaal, in de regel* **0.2** ***gewoonte-*** ⇒*gebruik(s)-* ◆ **1.2** ~ law *gewoonterecht, gebruiksrecht* **6.1** it is ~ **for** dogs to bark *het is de gewoonte dat honden blaffen, in de regel blaffen honden*.
'cus·tom-'built ⟨bn.⟩ **0.1** ***op bestelling gebouwd*** ⇒*gebouwd/gemaakt volgens de wensen v.d. koper*.
'custom car ⟨telb.zn.⟩ **0.1** ***custom (auto)*** ⟨speciale, opgeschilderde auto⟩.
'custom 'clothes ⟨mv.⟩ **0.1** ***maatkleding***.
'cus·tom-de'sign ⟨ov.ww.⟩ **0.1** ***op bestelling ontwerpen***.
cus·tom·er ['kʌstəmə‖-ər] ⟨f3⟩ ⟨telb.zn.⟩ **0.1** ***klant*** ⇒*(regelmatige) afnemer* **0.2** ⟨inf.⟩ ***klant*** ⇒*snijboon, knakker, snuiter, gast* **0.3** ***(bank)rekeninghouder*** ◆ **2.2** awkward ~ *rare snijboon, vreemde vogel;* he's a tough ~ *het is een taaie, hij is niet kapot te krijgen*.
'cus·tom·er-'friend·ly ⟨telb.zn.⟩ **0.1** ***klantvriendelijk***.
'cus·tom·house, ⟨BE, sp. vnl.⟩ **'cus·toms·house** ⟨f1⟩ ⟨telb.zn.⟩ **0.1** ***douanekantoor*** ⇒⟨i.h.b.⟩ *inklaringskantoor* ⟨in haven⟩.
cus·tom·ize, -ise ['kʌstəmaɪz] ⟨ov.ww.⟩ **0.1** ***aanpassen*** ⟨aan de wensen v.d. koper; i.h.b. standaarduitvoering⟩ **0.2** ***op maat/bestelling maken***.
'cus·tom-'made ⟨f1⟩ ⟨bn.⟩ **0.1** ***op maat gemaakt/gebouwd*** **0.2** ***op bestelling gemaakt/gebouwd*** ⟨naar de wensen v.d. klant⟩ ◆ **1.1** a ~ suit *een maatkostuum*.
'customs agent ⟨telb.zn.⟩ ⟨hand.⟩ **0.1** ***douane-/grensexpediteur***.
'customs duty ⟨telb. en n.-telb.zn.; vaak mv.⟩ **0.1** ***douaneheffing*** ⇒*invoerrechten*.

'custom 'shoemaker ⟨telb.zn.⟩ **0.1** ***maatschoenmaker***.
'customs union ⟨telb.zn.⟩ **0.1** ***tolunie/verbond***.
'custom 'tailor ⟨telb.zn.⟩ **0.1** ***maatkleermaker***.
'cus·tom-tai·lor ⟨ov.ww.⟩ **0.1** ***aan individuele wensen aanpassen***.
cus·tos ['kʌstɒs‖-tɑs]⟨telb.zn.; custodes [kʌ'stoʊdi:z]; →mv. 5⟩ **0.1** ***custos*** ⇒*beheerder, conservator, bewaarder, hoeder* **0.2** ⟨kerk.⟩ ***custos*** ⇒*plaatsvervangend provinciaal*.
cut[1] [kʌt]⟨f3⟩⟨zn.⟩⟨→sprw. 232⟩
I ⟨telb.zn.⟩ **0.1** ⟨ben. voor⟩ ***slag/snede met scherp voorwerp*** ⇒*(mes)sne(d)e, kerf, keep, insnijding, knip, snijwond; hak, kap, houw; striem, (zweep)slag* **0.2** ⟨ben. voor⟩ ***afgesneden/gehakte/geknipte hoeveelheid*** ⇒*stuk; lap, bout* ⟨vlees⟩; *lootje, strootje; wolopbrengst;* ⟨vnl. AE; tech.⟩ *kap, hak, houtopbrengst* **0.3** ***(haar)knipbeurt*** **0.4** ***vermindering*** ⇒*verlaging, reductie, korting, besnoeiing, bezuiniging* **0.5** ***coupure*** ⇒*weglating, in/verkorting* **0.6** ***snit*** ⇒*coupe, snede, model* ⟨kleding⟩ **0.7** ***hatelijkheid*** ⇒*veeg (uit de pan), hak, (scherpe) uitval, belediging;* ⟨zelden⟩ *negering, veronachtzaming* **0.8** ⟨ben. voor⟩ ***in/doorsnijding*** ⇒*geul, kloof, kanaal, doorgraving; holle weg; (spoorweg)doorsteek; kortere weg* **0.9** ***gravure*** ⇒*(hout)snede* **0.10** ***liedje*** ⟨op grammofoonplaat⟩ ⇒*opname, plaat* **0.11** ⟨inf.⟩ ***(aan)deel*** ⇒*portie, provisie, commissie* **0.12** ⟨vnl. AE; inf.⟩ ***(ongeoorloofd) verzuim*** ⇒*het spijbelen* **0.13** ⟨film⟩ ***scherpe overgang*** **0.14** ⟨sport⟩ ***effect*** ⇒*kromme bal, draaibal* **0.15** ⟨Am. voetbal⟩ ***(plotselinge) zijstap*** **0.16** ⟨inf.⟩ ***beurt*** ⇒*kans, gelegenheid* **0.17** ⟨AE; sport⟩ ***selectie*** ◆ **1.1** ~ and thrust *houw en tegenhouw; schermutseling, duel;* ⟨fig.⟩ *woord en wederwoord, woordenwisseling, twist, (vinnig) debat* **1.¶** I don't like the ~ of his jib *zijn smoel/tronie staat me niet aan* **2.8** take a short ~ *een kortere weg nemen, (een stuk) afsnijden* **3.1** make a ~ at *een uitval doen naar* **3.2** draw ~s *strootje trekken* **3.14** give a ~ to a ball *een bal effect (mee)geven* **3.17** make the ~ *de selectie halen* ⟨voor het eerste team⟩ **6.¶** ⟨inf.⟩ be a ~ **above** *met kop en schouders uitsteken boven, beter zijn dan;* ⟨inf.⟩ that's a ~ **above** me *dat gaat me boven mijn pet, dat is te hoog gegrepen voor mij;*
II ⟨telb. en n.-telb.zn.⟩ **0.1** ⟨kaartspel⟩ ***afneming*** ⇒*het couperen, het afnemen* **0.2** ⟨waterskiën⟩ ***inkorting*** ⟨v. skilijn⟩ **0.3** ⟨waterskiën⟩ ***slingerkoers*** ⇒*slingertechniek* ⟨ter verhoging v. snelheid voor het 'aansnijden' v.d. schans⟩.
cut[2] ⟨f4⟩⟨ww.; cut, cut [kʌt]; →ww. 7⟩ →cutting ⟨→sprw. 96, 694, 760⟩
I ⟨onov.ww.⟩ **0.1** ⟨ben. voor⟩ ***scheid/bewerkbaar zijn met scherp voorwerp*** ⇒*(zich laten) snijden/knippen/maaien/bewerken, te snijden/knippen/hakken/maaien/bewerken zijn* **0.2** ⟨ben. voor⟩ ***een inkeping/scheiding maken*** ⇒*snijden; knippen; hakken, kappen, kerven; maaien* **0.3** ***plotseling v. richting veranderen*** ⟨v. man; v. bal⟩ ⇒*effect hebben, een kapbeweging maken* **0.4** ***rennen*** **0.5** ***(er mee) stoppen*** ⇒*(er mee) kappen;* ⟨film.⟩ *de opname stoppen* **0.6** ***doorkomen*** ⟨v. tanden⟩ **0.7** ⟨inf.⟩ ***vertrekken*** ⇒*ervandoor gaan* **0.8** ⟨inf.⟩ ***een plaat maken/opnemen*** ◆ **1.2** this knife will not ~ *dit mes snijdt niet, dit mes is bot* **3.5** ⟨inf.⟩ ~ and run *de benen nemen, 'm smeren, weg wezen* **5.4** ~ **upstairs** *de trap oprennen* **5.¶** ~ both ways *tweesnijdend zijn; voor- en nadelen hebben; zowel voor als tegen zijn, nietszeggend zijn* ⟨v. argument⟩; →cut **down;** →cut **in;** →cut **out;** →cut **up** **6.3** ⟨film.⟩ ~ **to** *de camera richten op, in beeld nemen, overpennen naar* **6.¶** →cut **across;** →cut **at;** →cut **down on;** →cut **for;** →cut **into;** →cut **through** **¶.5** ~! *stop (de camera)!;*
II ⟨onov. en ov.ww.⟩ **0.1** ***snijden*** ⇒*kruisen* **0.2** ⟨kaartspel⟩ ***couperen*** ⇒*afnemen* **0.3** ⟨inf.⟩ ***verzuimen*** ⇒*spijbelen, wegblijven van, overslaan, laten vallen* ◆ **1.1** three lines that ~ *drie lijnen die elkaar snijden* **5.¶** →cut **back;**
III ⟨ov.ww.⟩ **0.1** ⟨ben. voor⟩ ***een inkeping maken in*** ⇒*snijden; verwonden; stuksnijden; insnijden* **0.2** ⟨ben. voor⟩ ***scheiden d.m.v. scherp voorwerp*** ⇒*(af/door/los/op/open/uit/ver/weg) snijden/knippen/hakken; (om)hakken/kappen/zagen; snijden, lubben, castreren* **0.3** ⟨ben. voor⟩ ***maken met scherp voorwerp*** ⇒*kerven; slijpen; (bij)snijden/knippen/hakken; boren; graveren; snijden* ⟨grammofoonplaat⟩; ⟨bij uitbr.⟩ *opnemen, maken* ⟨grammofoonplaat⟩ **0.4** ***maaien*** ⇒*oogsten, binnenhalen* ⟨gewas⟩ **0.5** ⟨ben. voor⟩ ***inkorten*** ⇒*snijden (in), couperen, weglaten* ⟨artikel, boek, film, toneelstuk⟩; *afsnijden* ⟨route, hoek⟩; *besnoeien (op), verminderen (tot), verlagen, inkrimpen, reduceren, het mes zetten in* **0.6** ⟨ben. voor⟩ ***stopzetten*** ⇒*afbreken, ophouden met; afsluiten, afsnijden* ⟨water, energie⟩; *uitschakelen, afzetten* **0.7** ***krijgen*** ⟨tand⟩ **0.8** ***krenken*** ⇒*(diep) raken, pijn doen* ⟨v. opmerking e.d.⟩ **0.9** ***negeren*** ⇒*veronachtzamen, links laten liggen; ontkennen, verloochenen* **0.10** ⟨inf.⟩ ***bederven*** ⟨plezier⟩ ⇒*de grond in boren* **0.11** ⟨inf.⟩ ***vervelen*** ⇒*ergeren, lastig vallen* **0.12** ***effect geven*** ⇒*kappen, snijden* ⟨bal⟩ **0.13** ⟨AE⟩ ***versnijden*** ⇒*aanlengen* ⟨alcohol, drugs⟩ **0.14** ⟨film⟩ ***monteren*** **0.15** ⟨kaartspel⟩ ***trekken*** ◆ **1.1** ~ one's finger *zich in zijn vinger snijden* **1.2** ~ s.o. a piece of cake *een stuk taart voor iem. snijden;* ~ the tape *het lint doorknippen* **1.3** ~ a disc/record *een plaat maken/opnemen;* ~ one's initials into sth. *zijn initialen ergens in kerven;* ~ a tunnel *een tunnel boren* **1.5** ~ the travelling time by a third *de reistijd met een derde verminderen/tot twee derde terugbrengen;* my wage was ~ *mijn loon is verlaagd* **1.7** I'm ~ting my wisdom tooth *mijn verstandskies komt door* **1.15** ~ a card *een kaart trekken;* ~ the cards/pack *trekken, boeren; couperen, afnemen* **2.2** ~ free *lossnijden/kappen/hakken; bevrijden;* ~ s.o. loose *iem. lossnijden/losmaken;* ~ open *openhalen/rijten* **5.2** ~ **away** *wegsnijden/hakken/knippen; snoeien* **5.9** ~ s.o. dead/cold *iem. niet zien staan, iem. straal negeren* **5.¶** →cut **back;** →cut **down;** →cut **in;** →cut **off;** →cut **out;** →cut **up** **6.2** ~ **in** half/two/three *doormidden/in tweeën/in drieën snijden/knippen/hakken;* ~ **into** halves/thirds/quarters/pieces *doormidden/in drieën/in vieren/in stukken snijden/knippen/hakken;* ~ a way **through** the jungle *zich een weg banen door de jungle*.
'cut a'cross ⟨onov.ww.⟩ **0.1** ***afsnijden*** ⇒*afsteken, doorsteken, een kortere weg nemen* **0.2** ***strijdig/in strijd zijn met*** ⇒*ingaan tegen, (dwars) (heen)lopen door* **0.3** ***doorbreken*** ⇒*overstijgen, uitstijgen boven, te boven gaan* ◆ **1.1** can't we ~ the wood? *kunnen we niet doorsteken via het bos?* **1.3** ~ traditional party loyalties *de geijkte partijbindingen doorbreken* **5.2** cut clean across *rechtstreeks ingaan tegen, lijnrecht staan tegenover*.
'cut-and-come-a·gain ⟨telb.zn.⟩ **0.1** ***overvloed*** **0.2** ⟨plantk.⟩ ***zomerviolier*** ⟨Matthiola incana annua⟩.
'cut-and-'dried, 'cut-and-'dry ⟨bn.⟩ **0.1** ***pasklaar*** ⇒*kant en klaar* **0.2** ***bij voorbaat vaststaand*** ⇒*onwrikbaar, vastgeroest* **0.3** ***geijkt*** ⇒*stereotiep, afgezaagd, droog en banaal*.
cu·ta·ne·ous [kju:'teɪnɪəs]⟨bn.; -ly⟩ **0.1** ***huid-*** ⇒*mbt. de huid*.
'cut at ⟨onov.ww.⟩ **0.1** ***uithalen naar*** ⇒*steken naar* **0.2** ***inhakken op*** ◆ **1.1** ~ s.o. with a knife *naar iem. uithalen met een mes*.
'cut·a·way[1], ⟨in bet. 0.1⟩ **'cutaway 'coat** ⟨telb.zn.⟩ **0.1** ***rok(kostuum)*** **0.2** ***opengewerkt(e) model/tekening***.
cutaway[2] ⟨bn., attr.⟩ ⟨tech.⟩ **0.1** ***opengewerkt*** ⟨bv. v. bouwtekening⟩ ⇒*afgevlakt*.
'cut·back ⟨telb.zn.⟩ **0.1** ***beperking*** ⇒*inkrimping, verlaging, vermindering, bezuiniging* ⟨i.h.b. planmatig⟩ **0.2** ⟨film.⟩ ***flash-back*** ⇒*terugblik* **0.3** ***scherpe draai*** ⇒⟨i.h.b. Am. voetbal⟩ *kapbeweging* ◆ **6.1** ~ **in** investment *verlaging v.d. investeringen*.
'cut 'back ⟨ww.⟩
I ⟨onov. en ov.ww.⟩ **0.1** ***inkrimpen*** ⇒*bezuinigen, besnoeien, verlagen, verminderen* ◆ **1.1** ~ (on) production *de produktie inkrimpen;*
II ⟨ov.ww.⟩ **0.1** ***snoeien*** ⟨gewassen⟩ **0.2** ⟨film.⟩ ***(gedeeltelijk) herhalen*** ⇒*in flash-back tonen*.
cutch [kʌtʃ]⟨zn.⟩
I ⟨telb. en n.-telb.zn.⟩ **0.1** →couch (grass);
II ⟨n.-telb.zn.⟩ **0.1** ***catechu*** ⇒*cachou, gambir*.
'cut 'down ⟨f1⟩⟨ww.⟩
I ⟨onov.ww.⟩ **0.1** ***minderen*** ⇒*miniseren* ◆ **6.1** →cut down **on;**
II ⟨ov.ww.⟩ **0.1** ***kappen*** ⇒*omhakken/houwen, vellen* **0.2** ⟨vnl. pass.⟩ ***vellen*** ⇒*doen sneuvelen/sneven, wegrukken* **0.3** ***inperken*** ⇒*beperken, verminderen, verlagen, terugbrengen* **0.4** ***inkorten*** ⇒*korter maken, verkorten* **0.5** ***afdingen bij*** ⇒*afpingelen bij, een vraagprijs naar beneden weten te krijgen bij* **0.6** ***lossnijden*** ◆ **1.2** be ~ in battle *sneuvelen op het slagveld;* ~ by disease *door ziekte geveld;* ~ one's enemy *zijn vijand vellen/neersabelen* **1.3** ~ one's expenses, cut one's expenses down *zijn bestedingen/uitgaven beperken, bezuinigen;* ~ smoking and drinking *minder gaan roken en drinken* **1.4** ~ an article *een artikel inkorten* **1.6** ~ a hanged man *een gevangene lossnijden* **6.5** I cut her down **by** 10 guilders *ik heb er 10 gulden bij haar af weten te krijgen;* I cut her down **to** 10 guilders *ik heb bij haar afgedongen tot 10 gulden*.
'cut 'down on ⟨f1⟩⟨onov.ww.⟩ **0.1** ***minderen met*** ⇒*de consumptie/het verbruik beperken van, minder (gaan) uitgeven aan, minder (gaan) kopen* ◆ **3.1** ~ smoking *minder gaan roken, minderen met roken*.
cute [kju:t]⟨f2⟩⟨bn.; -er; -ly; -ness; →compar. 7⟩ **0.1** ***schattig*** ⇒*snoezig, geinig, grappig, leuk, koddig* **0.2** ⟨vnl. BE; AE vero.⟩ ***pienter*** ⇒*schrander;* ⟨inf.⟩ *bijdehand, link, uitgekookt, gewiekst, leep* **0.3** ⟨AE⟩ ***geraffineerd*** ⇒*gekunsteld*.
cute·sy, cute·sie ['kju:tsi]⟨bn.; -er; -ness; →bijw. 3⟩ **0.1** ***aanstellerig*** ⇒*gemaakt*.
'cut 'flowers ⟨mv.⟩ **0.1** ***snijbloemen***.
'cut for ⟨onov.ww.⟩ **0.1** ⟨kaartspel⟩ ***trekken*** ⇒*boeren* **0.2** ***een kaart trekken*** ⇒*loten* ◆ **1.1** ~ partners *trekken wie met wie speelt;* ~ trumps *troef bepalen, de troefkleur vaststellen* **¶.2** ~ who pays *een kaart trekken om te zien wie er betaalt*.
'cut 'glass[1] ⟨n.-telb.zn.⟩ **0.1** ***geslepen glas***.
cut glass[2] ⟨bn., attr.⟩ **0.1** ***van geslepen glas*** **0.2** ***deftig*** ⟨accent⟩.

'cut·grass ⟨telb. en n.-telb.zn.⟩⟨plantk.⟩ **0.1** ***rijstgras*** ⟨Leersia oryzoides⟩.

cu·ti·cle ['kju:ṭıkl]⟨f1⟩⟨telb. en n.-telb.zn.⟩ **0.1** ***opperhuid*** *⇒epidermis* **0.2** ***nagelriem*** **0.3** ⟨dierk., plantk.⟩ ***cuticula***.

cu·tic·u·lar [kju:'tıkjʊlə‖-kjələr]⟨bn.⟩ **0.1** ***opperhuid(s)-*** **0.2** ⟨dierk., plantk.⟩ ***cuticulair***.

cu·tie, cu·tey [kju:ṭi]⟨telb.zn.⟩⟨sl.⟩ **0.1** ***leuk/knap/schattig iem.*** *⇒dot(je), mooie meid/jongen, lieverd(je)* **0.2** ***uitgekookte gozer*** *⇒iem. die niet van gisteren is, slimme vogel, linkmichel* **0.3** ***patser*** *⇒dikdoener*.

'cut 'in ⟨ww.⟩
I ⟨onov.ww.⟩ **0.1** ***er(gens) tussen komen*** *⇒in de rede vallen, onderbreken* **0.2** ***gevaarlijk/scherp invoegen*** ⟨met voertuig⟩ *⇒couperen, snijden* **0.3** ⟨kaartspel⟩ ***iemands plaats innemen*** **0.4** ***afklappen*** *⇒aftikken* ⟨bij het dansen⟩ ◆ **6.2** ~ **on** s.o. *iem. snijden;*
II ⟨ov.ww.⟩ **0.1** ⟨inf.⟩ ***er(gens) bij halen/betrekken*** *⇒laten meedelen/meedoen* **0.2** ⟨elek.⟩ ***inschakelen*** *⇒aansluiten*.

'cut into ⟨onov.ww.⟩ **0.1** ***aansnijden*** **0.2** ***onderbreken*** *⇒tussenbeide komen, zich mengen in, in de rede vallen, verstoren* **0.3** ***storend/nadelig werken op*** *⇒een aanslag doen op, erin hakken* ◆ **1.1** ~ a cake *een taart aansnijden* **1.2** ~ the silence *de stilte verbreken/verstoren* **1.3** this new job cuts into my evenings off *deze nieuwe baan betekent een aanslag op/kost me (een groot deel v.) mijn vrije avonden*.

cu·tis ['kju:ṭıs]⟨telb. en n.-telb.zn.⟩⟨anat.⟩ **0.1** ***lederhuid*** *⇒corium, cutis*.

cut·lass ['kʌtləs]⟨telb.zn.⟩ **0.1** ⟨gesch.⟩ ***kortelas*** ⟨door zeelieden gebruikte korte sabel⟩ **0.2** ***machete*** ⟨kapmes⟩.

cut·ler ['kʌtlə‖-ər]⟨telb.zn.⟩ **0.1** ***messenmaker***.

cut·ler·y ['kʌtləri]⟨f1⟩⟨n.-telb.zn.⟩ **0.1** ***messenmakersvak*** *⇒messenmakerij* **0.2** ***bestek*** *⇒eetgerei, couvert* **0.3** ***meswerk*** *⇒snijgerei*.

cut·let ['kʌtlıt]⟨f1⟩⟨telb.zn.⟩⟨cul.⟩ **0.1** ***lapje (lams/schape)vlees*** *⇒*⟨i.h.b.⟩ *halsstukje, (lams)koteletje* **0.2** ***kalfslapje*** *⇒kalfskoteletje* **0.3** ⟨ben. voor⟩ ***schijf vlees/vis*** *⇒hamburger, visburger*.

'cut·line ⟨telb.zn.⟩ **0.1** ***bij/op/onderschrift*** ⟨i.h.b. bij illustratie⟩ **0.2** ⟨squash⟩ ***serveerlijn*** *⇒servicelijn* ⟨op muur⟩.

'cut·off ⟨f1⟩⟨telb.zn.⟩ **0.1** ⟨ook attr.⟩ ***scheiding*** *⇒overgang, grens, scheidslijn, afsluiting* **0.2** ***afslag*** *⇒afrit* **0.3** ⟨tech.⟩ ***afsluiter*** *⇒(afsluit)klep* **0.4** ***magazijnsper*** ⟨v. geweer⟩ **0.5** ***afsnijding*** *⇒kortere weg;* ⟨aardr.⟩ *bochtafsnijding* **0.6** ⟨aardr.⟩ ***hoefijzermeer*** **0.7** ***afklopping*** *⇒het aftikken* ⟨v. dirigent⟩ ◆ **1.1** ~ date *sluitingsdatum;* ~ point *vastgestelde grens(waarde)*.

'cut 'off ⟨f1⟩⟨ov.ww.⟩⟨→sprw. 441⟩ **0.1** ***afsnijden/hakken/knippen*** **0.2** ***afsluiten*** *⇒stopzetten, afsnijden, blokkeren* **0.3** ***(van de buitenwereld) afsnijden/afsluiten*** *⇒isoleren, omsingelen, onderscheppen* **0.4** ***onderbreken*** *⇒verbreken* ⟨telefoonverbinding⟩ **0.5** ⟨vnl. pass.⟩ ***vellen*** *⇒doden, wegrukken, invalide maken* **0.6** ***onterven*** *⇒geen cent nalaten* ◆ **1.2** ~ s.o.'s allowance *iemands toelage stopzetten* **1.3** ~ an army *een leger de pas afsnijden;* three tourists ~ by the tide *drie toeristen door de vloed afgesneden (v.d. kust);* villages ~ by floods *door overstromingen geïsoleerde dorpen* **1.5** be ~ in the prime of life *geveld worden in de bloei v. zijn leven* **3.1** have a finger ~ by a machine *een vinger kwijtraken/verspelen in een machine* **4.3** cut o.s. off (from the outside world) *zich (van de buitenwereld) afsluiten/afzonderen* **4.¶** ⟨sl.⟩ cut it off *pitten, maffen, slapen* **5.4** we were suddenly ~ *plotseling werd de verbinding verbroken* **6.3** be ~ **from** society *v.d. maatschappij afgesloten zijn*.

'cut·out ⟨f1⟩⟨telb.zn.⟩ **0.1** ***uitgeknipte/gesneden/gehakte figuur*** *⇒knipplaat, knipsel, coupure, uitsnijding* **0.2** ⟨ook attr.⟩⟨elek.⟩ ***zekering*** *⇒(stroom)veiligheid, stop* **0.3** ⟨tech.⟩ ***afslag*** *⇒(stroom) onderbreker, veiligheid* **0.4** ⟨tech.⟩ ***vrije uitlaat*** ◆ **2.3** automatic ~ *automatische afslag;* ⟨i.h.b.⟩ *thermostaat*.

'cut 'out ⟨f1⟩⟨ww.⟩
I ⟨onov.ww.⟩ **0.1** ***uitvallen*** *⇒defect raken, het be/opgeven* **0.2** ***afslaan*** **0.3** ***(plotseling) uitwijken*** ⟨voertuig⟩ **0.4** ⟨sl.⟩ ***pleite gaan*** *⇒'m pleiten/smeren* **0.5** ⟨kaartspel⟩ ***uitvallen*** *⇒zijn plaats afstaan* ◆ **1.1** the engine ~ *de motor sloeg af* ⟨auto⟩ */viel uit* ⟨vliegtuig⟩;
II ⟨ov.ww.⟩ **0.1** ***uitsnijden/knippen/hakken*** *⇒modelleren, vormen* **0.2** ***knippen*** ⟨jurk, patroon⟩ **0.3** ⟨inf.⟩ ***ophouden/stoppen/uitscheiden met*** *⇒laten (staan), achterwege laten* **0.4** ⟨inf.⟩ ***weglaten*** *⇒verwijderen, schrappen, laten vallen* **0.5** ***uitschakelen*** *⇒elimineren;* ⟨inf.⟩ *het nakijken geven, beentje lichten, de loef afsteken, de das omdoen* **0.6** ***isoleren*** *⇒afzonderen* ⟨dier uit kudde⟩ **0.7** ***uitschakelen*** *⇒afzetten* ◆ **1.2** ~ a dress *een jurk knippen* **1.5** ~ an opponent *een tegenstander uitschakelen* **3.3** ~ drinking *de drank laten staan, v.d. drank afblijven;* ~ smoking *stoppen met roken* **4.3** cut it/that out! *hou (er/daarmee/over) op!, kap ermee, schei uit!, laat dat!* **6.¶** ⟨inf.⟩ be ~ **for** *geknipt zijn voor;* not be ~ **for** *niet in de wieg gelegd zijn voor*.

'cutout box ⟨telb.zn.⟩⟨AE⟩ **0.1** ***stoppenkast***.

'cut·o·ver ⟨bn.⟩ **0.1** ***ontbost***.

'cut-plug ⟨telb.zn.⟩⟨sl.⟩ **0.1** ***knol*** *⇒inferieur paard*.

'cut-price, 'cut-rate ⟨f1⟩⟨bn., attr.⟩ **0.1** ***met korting*** *⇒tegen gereduceerde/verlaagde prijs, goedko(o)p(er), beneden de vaste prijs* **0.2** ***korting-*** *⇒discount-* ◆ **1.1** ~ petrol *goedkope/witte benzine* **1.2** ~ shop *discountzaak, kortingwinkel*.

'cut·purse ⟨telb.zn.⟩⟨vero.⟩ **0.1** ***beurzensnijder*** *⇒zakkenroller*.

cut·ter ['kʌtə‖'kʌṭər]⟨f2⟩⟨telb.zn.⟩ **0.1** ⟨ben. voor⟩ ***gebruiker/bediener v. scherp voorwerp*** *⇒*⟨i.h.b.⟩ *coupeur, knipper; snijder; hakker; houwer; beeldsnijder; slijper* **0.2** ⟨ben. voor⟩ ***snijwerktuig*** *⇒snijmachine; schaar, tang; mes;* ⟨slagerij⟩ *cutter* **0.3** ***sloep (v. oorlogsschip)*** **0.4** ***(motor)barkas*** ⟨voor vervoer tussen schip en kust⟩ **0.5** ***kotter*** **0.6** ***kustwachter*** *⇒kustbewakingsschip* **0.7** ⟨AE⟩ ***lichte paardeslee*** **0.8** ⟨film.⟩ ***cutter*** *⇒filmmonteerder* **0.9** ***zachte baksteen*** ⟨gemakkelijk in bep. vorm te hakken⟩.

'cut·throat[1] ⟨f1⟩⟨telb.zn.⟩ **0.1** ***moordenaar*** *⇒geweldpleger* **0.2** ***scheermes***.

cutthroat[2] ⟨f1⟩⟨bn., attr.⟩ **0.1** ***moorddadig*** *⇒moordlustig, gewelddadig* **0.2** ***genadeloos*** *⇒niets ontziend, moordend* **0.3** ⟨kaartspel⟩ ***driemans-***.

'cutthroat 'razor ⟨telb.zn.⟩ **0.1** ***scheermes***.

'cut through ⟨onov.ww.⟩ **0.1** ***zich worstelen door*** *⇒doorbreken, zich heen werken door*.

cut·ting[1] ['kʌṭıŋ]⟨f1⟩⟨zn.; oorspr. gerund v. cut⟩
I ⟨telb.zn.⟩ **0.1** ***(afgesneden/afgeknipt/uitgeknipt) stuk*** **0.2** ***stek*** ⟨v. plant⟩ **0.3** ⟨BE⟩ ***(krante)knipsel*** **0.4** ***lap*** *⇒coupon* ⟨stof⟩ **0.5** ***uitgraving*** ⟨voor (spoor)weg⟩ *⇒doorsteek, holle weg* ◆ **3.2** take a ~ *stekken;*
II ⟨n.-telb.zn.⟩ **0.1** ⟨ben. voor⟩ ***behandeling met scherp voorwerp*** *⇒het snijden/hakken/knippen/houwen/slijpen* **0.2** ⟨film.⟩ ***montage*** *⇒het monteren*.

cutting[2] ⟨f1⟩⟨bn.; teg. deelw. v. cut; -ly⟩ **0.1** ***(vlijm)scherp*** *⇒bitter, grievend, bijtend* **0.2** ***bijtend*** *⇒snijdend, guur* ⟨i.h.b. v. wind⟩ ◆ **1.1** ~ remark *grievende/sarcastische opmerking;* ~ sorrow *schrijnend verdriet*.

'cutting edge ⟨telb.zn.⟩ **0.1** ***snijkant*** *⇒scherpe kant* ⟨v. mes⟩.

'cutting knife ⟨telb.zn.⟩ **0.1** ***snijmes***.

'cutting room ⟨telb.zn.⟩⟨film.⟩ **0.1** ***montagekamer/ruimte***.

'cuttings library ⟨telb.zn.⟩ **0.1** ***knipselarchief***.

'cutting torch ⟨telb.zn.⟩ **0.1** ***snijbrander***.

'cut·tle·bone ⟨telb. en n.-telb.zn.⟩ **0.1** ***zeeschuim*** *⇒inktvisschelp*.

cut·tle·fish ['kʌṭlfıʃ], ⟨zelden⟩ **cut·tle** ['kʌṭl]⟨f1⟩⟨telb.zn.; ook cuttlefish; →mv. 4⟩⟨dierk.⟩ **0.1** ***inktvis*** ⟨genus Sepia⟩.

'cut to'bacco ⟨n.-telb.zn.⟩ **0.1** ***kerftabak***.

cut·ty[1] ['kʌṭi], **'cutty pipe** ⟨telb.zn.; →mv. 2⟩⟨Sch. E; gew.⟩ **0.1** ***neuswarmer(tje)*** ⟨kort pijpje⟩.

cutty[2] ⟨bn.⟩⟨Sch. E; gew.⟩ **0.1** ***(heel) kort*** *⇒gemillimeterd* ◆ **1.1** ~ sark *kort hemd*.

'cutty stool ⟨telb.zn.⟩⟨Sch. E; gesch.⟩ **0.1** ***zondaarsbankje***.

'cut·up ⟨telb.zn.⟩⟨inf.⟩ **0.1** ***grappenmaker*** *⇒ondeugd, dondersteen* **0.2** ***geestig, onderhoudend iem***.

'cut 'up ⟨f1⟩⟨ww.⟩
I ⟨onov.ww.⟩ **0.1** ***zich (in stukken) laten snijden/knippen/hakken*** **0.2** ⟨inf.⟩ ***waard zijn*** *⇒nalaten* **0.3** ⟨vnl. AE; inf.⟩ ***ondeugend/stout zijn*** **0.4** ⟨sl.⟩ ***grappen maken*** ◆ **1.1** this wood cuts up easily *dit hout is gemakkelijk te (ver)zagen/bewerken* **5.2** ~ well *er (bij zijn dood) warmpjes bij zitten, heel wat nalaten;* this chicken ~ well *deze kip gaf flink wat vlees* **5.¶** ⟨BE; inf.⟩ ~ rough *tekeergaan, op (zijn poot) spelen, v. leer trekken* **6.1** this piece of cloth will ~ **into** two shirts *deze lap is genoeg voor twee overhemden, uit deze lap gaan twee overhemden/zijn twee overhemden te knippen* **6.2** ~ **for** a fortune *goed zijn voor een fortuin, een fortuin nalaten;*
II ⟨ov.ww.⟩ **0.1** ***(in stukken) snijden/knippen/hakken*** **0.2** ***in de pan hakken*** *⇒vernietigend verslaan, met de grond gelijk maken* **0.3** ***(ernstig) verwonden*** *⇒toetakelen* **0.4** ⟨inf.⟩ ***niets heel laten van*** *⇒afkraken/breken, gehakt maken van* **0.5** ⟨vnl. pass.⟩⟨inf.⟩ ***(ernstig) aangrijpen*** *⇒in de vernieling helpen* **0.6** ⟨sl.⟩ ***bespreken*** *⇒een praatje maken/babbelen over* ◆ **3.5** be ~ *van de kaart/kapot/ondersteboven zijn; het niet meer hebben* **6.1** ~ **into** small pieces *in kleine stukjes/mootjes snijden/hakken/knippen* **6.5** be ~ **about** sth. *zich iets vreselijk aantrekken, ergens ondersteboven van zijn*.

'cut·wa·ter ⟨telb.zn.⟩ **0.1** ⟨scheep.⟩ ***scheg*** *⇒sneb, neus* **0.2** ***ijsbok/breker*** ⟨v. brug, pier, e.d.⟩.

'cut·work ⟨n.-telb.zn.⟩⟨handwerken⟩ **0.1** ***ajour***.

'cut·worm ⟨telb.zn.⟩⟨dierk.⟩ **0.1** ***aardrups*** ⟨fam. Noctuidae⟩.

CV ⟨afk.⟩ curriculum vitae.

CVO ⟨afk.⟩ Commander of the Royal Victorian Order ⟨BE⟩.

C & W, C-and-W ⟨afk.⟩ country-and-western.

cwm [ku:m]⟨telb.zn.⟩⟨Wels; aardr.⟩ **0.1** ***(korte) vallei*** ⇒*dalkom* **0.2** ***ketel(dal)***.
cwo ⟨afk.⟩ cash with order, chief warrant officer.
CWS ⟨afk.⟩ Chemical Warfare Service, Co-operative Wholesale Society.
cwt ⟨afk.⟩ hundredweight. **0.1** ***cwt.***.
-cy [si]⟨vormt abstr. nw. v. nw. en bijv. nw.⟩ **0.1** ⟨ong.⟩ ***-schap*** ⇒*-heid, -(t)ie* ◆ **¶.1** accuracy *accuratesse;* bankruptcy *bankroet;* baronetcy *baronetschap;* democracy *democratie.*
cy·an ['saɪæn, 'saɪən]⟨n.-telb.zn.⟩⟨ook attr.⟩ **0.1** ***cyaan(blauw)*** ⇒*groenblauw(e kleur).*
cy·an·am·id(e) [saɪ'ænəmaɪd, -mɪ̣d]⟨telb. en n.-telb.zn.⟩⟨schei.⟩ **0.1** ***cyaanamide*** **0.2** ***calciumcyaanamide*** ⇒*kalkstikstof* ⟨kunstmest⟩.
cy·an·ic [saɪ'ænɪk]⟨bn.⟩ **0.1** ⟨schei.⟩ ***cyaan-*** ⇒*cyaanhoudend* **0.2** ***cyaan(blauw)*** ◆ **1.1** ~ acid *cyaanzuur.*
cy·a·nide[1] ['saɪənaɪd], **cy·an·id** ['saɪənɪ̣d]⟨telb. en n.-telb.zn.⟩⟨schei.⟩ **0.1** ***cyanide*** **0.2** ***cyaankali.***
cyanide[2], **cyanid** ⟨ov.ww.⟩⟨tech.⟩ **0.1** ***met cyanide behandelen*** ⇒*harden* ⟨staal, erts⟩.
cy·a·no·co·bal·a·min ['saɪənoʊkoʊ'bæləmɪ̣n‖-'bɔl-]⟨telb. en n.-telb.zn.⟩⟨schei.⟩ **0.1** ***cyanocobalamine*** ⇒*vitamine B_{12}.*
cy·an·o·gen [saɪ'ænədʒɪ̣n]⟨telb. en n.-telb.zn.⟩⟨schei.⟩ **0.1** ***cyaan*** ⇒*cyanogeen* **0.2** ***dicyaan.***
cy·a·no·sis ['saɪə'noʊsɪs]⟨telb. en n.-telb.zn.; cyanoses [-si:z]; →mv. 5⟩⟨med.⟩ **0.1** ***blauwzucht*** ⇒*cyanose, blauwziekte.*
cy·a·not·ic ['saɪə'nɒtɪk‖-'nɑṭɪk]⟨bn.⟩⟨med.⟩ **0.1** ***cyanotisch*** ⇒*lijdend aan blauwzucht, blauwzuchtig.*
cy·ber·nat·ed ['saɪbəneɪtɪ̣d‖-bərneɪṭɪ̣d]⟨bn.⟩ **0.1** ***computergestuurd.***
cy·ber·na·tion ['saɪbə'neɪʃn‖-bər-]⟨telb. en n.-telb.zn.⟩ **0.1** ***computersturing*** ⇒*automatische besturing.*
cy·ber·net·ic ['saɪbe'netɪk‖-bər'neṭɪk]⟨bn.; -ally; →bijw. 3⟩ **0.1** ***cybernetisch.***
cy·ber·net·ics ['saɪbə'netɪks‖-bər'netɪks]⟨f1⟩⟨mv.; ww. ook enk.⟩ **0.1** ***cybernetica*** ⇒*stuurkunde, informatica, communicatieleer.*
cy·ber·pho·bi·a [saɪbə'foʊbɪə‖-bər-]⟨n.-telb.zn.⟩ **0.1** ***computervrees.***
cy·borg ['saɪbɔ:g‖-bɔrg]⟨telb.zn.⟩⟨verk.⟩ cybernetic organism **0.1** ***cyborg*** ⇒*bionische mens.*
cy·cad ['saɪkæd]⟨telb.zn.⟩⟨plantk.⟩ **0.1** ***palmvaren*** ⟨fam. Cycadaceae⟩ ⇒⟨i.h.b.⟩ *cycas(palm), sagopalm* ⟨genus Cycas⟩.
cyc·la·mate ['saɪkləmeɪt, 'sɪklə-]⟨telb. en n.-telb.zn.⟩ **0.1** ***cyclamaat*** ⇒*zoetstof;* ⟨schei.⟩ *natriumcyclohexylsulfamaat.*
cyc·la·men ['sɪkləmən‖'saɪ-]⟨telb.zn.; ook cyclamen; →mv. 4⟩ ⟨plantk.⟩ **0.1** ***cyclaam*** ⟨genus Cyclamen⟩ ⇒*cyclamen;* ⟨i.h.b.⟩ *alpenviooltje* ⟨C. persicum⟩; *varkensbrood* ⟨C. europaeum⟩.
cy·cle[1] ['saɪkl]⟨f3⟩⟨telb.zn.⟩ **0.1** ***cyclus*** ⟨ook lit., muz.⟩ ⇒*(tijd) kring, keten, periode, omlooptijd* **0.2** ***kringloop*** ⇒*cirkelgang;* ⟨fig. ook⟩ *spiraal* **0.3** ⟨ster.⟩ ***omloop(tijd)*** ⇒*tijdkring, periode, baan* **0.4** ***eeuw(igheid)*** **0.5** ⟨elek.⟩ ***periode*** ⇒*cyclus* **0.6** ⟨elek.⟩ ***trilling*** ⇒⟨i.h.b.⟩ *trilling per seconde, hertz* **0.7** ⟨plantk.⟩ ***krans*** **0.8** ⟨verk.⟩ ⟨bicycle⟩ ***fiets*** ⇒*rijwiel* **0.9** ⟨verk.⟩ ⟨motorcycle⟩ ***motor (fiets)*** **0.10** ⟨verk.⟩ ⟨tricycle⟩ ***driewieler*** ◆ **2.3** Metonic ~ *maancirkel, maancyclus* ⟨periode v. 19 jaar⟩ **6.8** go **by** ~ *met de fiets gaan* **6.9** go **by** ~ *met de motorfiets gaan.*
cycle[2] ⟨f2⟩⟨onov.ww.⟩ **0.1** ***cyclisch verlopen*** **0.2** ***cirkelen*** ⇒*ronddraaien, kringen beschrijven* **0.3** ***fietsen*** **0.4** ***motorrijden.***
'cy·cle·car ⟨telb.zn.⟩ **0.1** ***autoscooter*** ⟨drie- of vierwielig voertuigje⟩.
'cycle race ⟨telb.zn.⟩⟨sport⟩ **0.1** ***wielerwedstrijd.***
'cycle racing ⟨n.-telb.zn.⟩⟨sport⟩ **0.1** ***(het) wielrennen.***
'cycle track, 'cycle way ⟨telb.zn.⟩ **0.1** ***rijwielpad*** ⇒*fietspad, rijwielstrook.*
cy·clic ['saɪklɪk, 'sɪk-], ⟨in bet. 0.4 vnl.⟩ **cy·cli·cal** [-ɪkl]⟨bn.; -(al)ly; →bijw. 3⟩ **0.1** ***cyclisch*** ⇒*tot een cyclus behorend, rondgaand, (een) kring(en) beschrijvend* **0.2** ⟨lit., plantk., schei.⟩ ***cyclisch*** **0.3** ⟨wisk.⟩ ***mbt. een cirkel*** ⇒*cyclisch, cirkel-* **0.4** ⟨hand.⟩ ***conjunctureel*** ⇒*conjunctuurgevoelig* ◆ **1.2** ⟨schei.⟩ cyclic AMP *cyclisch AMP, CAMP* **1.4** cyclical unemployment *conjuncturele werkloosheid.*
cy·clist ['saɪklɪst], **cycler** ['saɪklə‖-ər]⟨f1⟩⟨telb.zn.⟩ **0.1** ***fietser*** ⇒*wielrijder/renner* **0.2** ***motorrijder.***
cy·cl(o)- ['saɪkloʊ] **0.1** ***cycl(o)-*** ⇒*cirkel-* **0.2** ⟨schei.⟩ ***cycl(o)-*** ◆ **¶.1** cyclometry *cyclometrie, cirkelmeting* **¶.2** cyclohexane *cyclohexaan.*
'cy·clo-cross ⟨f1⟩⟨zn.⟩
I ⟨telb.zn.⟩ **0.1** ***veldrit*** ⇒*wielercross;*
II ⟨n.-telb.zn.⟩ **0.1** ***veldrijden.***
cy·cloid[1] ['saɪklɔɪd]⟨telb.zn.⟩⟨wisk.⟩ **0.1** ***cycloïde*** ⇒*radlijn, roltrek.*
cycloid[2] ⟨bn.⟩ **0.1** ***cirkelvormig*** **0.2** ⟨dierk.⟩ ***rondschubbig*** **0.3** ⟨psych.⟩ ***cyclothymisch.***
cy·cloi·dal [saɪ'klɔɪdl]⟨bn.⟩ **0.1** ***mbt. een cycloïde*** **0.2** ⟨dierk.⟩ ***rondschubbig.***
cy·clom·e·ter [saɪ'klɒmɪ̣tə‖-'klɑmɪ̣ṭər]⟨telb.zn.⟩ **0.1** ***cyclometer*** ⇒*slagenteller, kilometerteller.*
cy·clone ['saɪkloʊn]⟨f1⟩⟨telb.zn.⟩ **0.1** ⟨meteo.⟩ ***cycloon*** ⇒*wervelstorm, tyfoon* **0.2** ***orkaan*** ⇒*tornado* **0.3** ⟨tech.⟩ ***cycloon.***
cy·clon·ic [saɪ'klɒnɪk‖-'klɑ-], **cy·clon·i·cal** [-ɪkl]⟨bn.⟩ **0.1** ***cyclonaal.***
cy·clo·pae·di·a, ⟨AE sp. ook⟩ **cy·clo·pe·di·a** ['saɪklə'pi:dɪə]⟨telb.zn.⟩ **0.1** ***encyclopedie.***
cy·clo·pae·dic, ⟨AE sp. ook⟩ **cy·clo·pe·dic** ['saɪklə'pi:dɪk]⟨bn.⟩ **0.1** ***encyclopedisch.***
cy·clo·par·af·fin ['saɪkloʊ'pærəfɪn]⟨telb. en n.-telb.zn.⟩⟨schei.⟩ **0.1** ***cycloparaffine.***
Cy·clo·pe·an, Cy·clo·pi·an [saɪ'kloʊpɪən‖'saɪklə'pɪən]⟨bn.; ook c-⟩ **0.1** ***cyclopisch*** ⇒*reusachtig, gigantisch, immens* **0.2** ⟨bouwk.⟩ ***cyclopisch.***
Cy·clops ['saɪklɒps‖-klɑps]⟨telb.zn.; ook c-; ook Cyclops, ook Cyclopes [saɪ'kloʊpi:z]; →mv. 4, 5⟩ **0.1** ***cycloop*** ⇒*eenogige reus.*
cy·clo·ram·a ['saɪklə'rɑ:mə]⟨telb.zn.⟩ **0.1** ***cyclorama*** ⇒*cirkelvormig panorama* **0.2** ⟨dram.⟩ ***rondhorizon.***
cy·clo·ram·ic ['saɪklə'ræmɪk]⟨bn.⟩ **0.1** ***cycloramisch*** ⇒*panoramisch.*
cy·clo·stome ['saɪkləstoʊm]⟨telb.zn.⟩⟨dierk.⟩ **0.1** ***rondbek*** ⟨orde Cyclostomata⟩.
cy·clo·style[1] ['saɪkləstaɪl]⟨telb.zn.⟩⟨tech.⟩ **0.1** ***cyclostyle(toestel).***
cyclostyle[2] ⟨onov. en ov.ww.⟩ **0.1** ***cyclostyleren*** ⇒*kopiëren met een cyclostyle.*
cy·clo·thy·mi·a ['saɪkloʊ'θaɪmɪə]⟨telb. en n.-telb.zn.⟩⟨psych.⟩ **0.1** ***cyclothymie*** ⟨hevige gemoedswisselingen⟩.
cy·clo·thy·mic[1] ['saɪkloʊ'θaɪmɪk]⟨telb.zn.⟩⟨psych.⟩ **0.1** ***lijder aan cyclothymie*** ⟨hevige gemoedswisselingen⟩.
cyclothymic[2] ⟨bn.⟩⟨psych.⟩ **0.1** ***cyclothymisch.***
cy·clo·tron ['saɪklətrɒn‖-trɑn]⟨telb.zn.⟩⟨nat.⟩ **0.1** ***cyclotron*** ⇒*deeltjesversneller.*
cyder →cider.
cyg·net ['sɪgnɪ̣t]⟨telb.zn.⟩ **0.1** ***jonge zwaan*** ⇒*zwanejong.*
Cyg·nus ['sɪgnəs]⟨eig.n.⟩⟨ster.⟩ **0.1** ***de Zwaan*** ⇒*Cygnus* ⟨sterrenbeeld⟩.
cyl·in·der ['sɪlɪ̣ndə‖-ər]⟨f2⟩⟨telb.zn.⟩ **0.1** ***cilinder*** **0.2** ⟨ben. voor⟩ ***cilindrisch voorwerp*** ⇒*magazijn/cilinder* ⟨v. revolver⟩; *rol, wals, trommel; buis, pijp; (gas)fles* **0.3** ⟨archeologie⟩ ***cilindrische steen*** ⇒*zuilsegment* ◆ **6.¶** ⟨inf.⟩ **on** all ~s *uit alle macht, met man en macht, met inzet van alle krachten* **7.1** a four- ~ engine *een viercilinder motor.*
'cylinder head ⟨telb.zn.⟩⟨tech.⟩ **0.1** ***cilinderkop.***
'cylinder saw ⟨telb.zn.⟩ **0.1** ***trommelzaag*** ⇒*kroonzaag.*
cy·lin·dri·cal [sɪ'lɪndrɪkl], **cy·lin·dric** [-drɪk]⟨f1⟩⟨bn.; -(al)ly; -(al)ness; →bijw. 3⟩ **0.1** ***cilindrisch*** ⇒*cilindervormig* ◆ **1.¶** ⟨aardr., wisk.⟩ cylindrical projection *centrale projectie.*
cylix →kylix.
cy·ma ['saɪmə]⟨telb.zn.; ook cymae ['saɪmi:]; →mv. 5⟩ **0.1** ⟨bouwk.⟩ ***cyma*** ⇒*cymatium* **0.2** ⟨bouwk.⟩ ***talon*** ⇒*ojieflijst* **0.3** ⟨plantk.⟩ ***cyma*** ⇒*gevorkt bijscherm.*
cy·ma rec·ta ['saɪmə'rektə]⟨telb.zn.⟩⟨bouwk.⟩ **0.1** ***cyma recta*** ⇒*klokojief, recht ojief, dorisch ojief.*
cy·ma re·ver·sa ['saɪmərɪ'vɜ:sə‖-rɪ'vɜrsə]⟨telb.zn.⟩⟨bouwk.⟩ **0.1** ***cyma reversa*** ⇒*hielojief, omgekeerd ojief.*
cym·bal ['sɪmbl]⟨f1⟩⟨telb.zn.⟩⟨muz.⟩ **0.1** ***(klank)bekken*** ⇒*cimbaal.*
cym·bal·ist ['sɪmbəlɪst]⟨telb.zn.⟩⟨muz.⟩ **0.1** ***bekkenist*** ⇒*cimbalist, bekkenslager.*
cym·ba·lo ['sɪmbəloʊ]⟨telb.zn.⟩⟨muz.⟩ **0.1** ***hakkebord*** ⇒*dulcimer, cymbalum.*
cym·bid·i·um [sɪm'bɪdɪəm]⟨telb. en n.-telb.zn.⟩ **0.1** ***cymbidium*** ⟨fam. orchidaceae; Cymbidium⟩.
cym·bi·form ['sɪmbɪ̣fɔ:m‖-fɔrm]⟨bn.⟩⟨biol.⟩ **0.1** ***bootvormig.***
cyme [saɪm]⟨telb.zn.⟩⟨plantk.⟩ **0.1** ***cymosa*** ⇒*middelpuntvliedende bloeiwijze, bloei met gevorkte bijschermen.*
cy·mose ['saɪmoʊs], **cy·mous** ['saɪməs]⟨bn.⟩⟨plantk.⟩ **0.1** ***cymeus*** ⇒*middelpuntvliedend, bijschermdragend* ⟨bloeiwijze⟩.
Cym·ric, Kym·ric ['kɪmrɪk]⟨bn.⟩ **0.1** ***Wels*** ⇒*Kymrisch, van/uit Wales.*
cyn·ic[1] ['sɪnɪk]⟨f1⟩⟨telb.zn.⟩ **0.1** ***cynicus*** ⇒*cynisch persoon* **0.2** ⟨C-⟩⟨fil.⟩ ***cynicus*** ⇒*aanhanger v.h. cynisme.*
cynic[2], **cyn·i·cal** ['sɪnɪkl]⟨f2⟩⟨bn.; -(al)ly; -(al)ness; →bijw. 3⟩ **0.1** ***cynisch*** ⇒*wrang* **0.2** ⟨C-⟩⟨fil.⟩ ***cynisch*** ⇒*mbt./v.h. cynisme* **0.3** ⟨sport, i.h.b. voetbal⟩ ***professioneel*** ⇒*(kei)hard, meedogenloos* ◆ **1.3** ~ tackle *professionele tackle.*
cyn·i·cism ['sɪnɪ̣sɪzm]⟨f1⟩⟨zn.⟩
I ⟨telb.zn.⟩ **0.1** ***cynische uitlating*** ⇒*cynisme;*
II ⟨n.-telb.zn.⟩ **0.1** ***cynisme*** ⇒*cynische houding/natuur* **0.2** ⟨C-⟩ ⟨fil.⟩ ***cynisme*** ⇒*leer der cynici.*

cy·no·ceph·a·lus ['saɪnə'sefələs]⟨telb.zn.; cynocephali [-laɪ]; →mv. 5⟩ **0.1** ***hondskopmens*** **0.2** ⟨dierk.⟩ ***hondskopaap*** ⟨genus Papio⟩.
cyn·o·glos·sum ['sɪnoʊ'glɒsəm‖-'glɑ-]⟨telb. en n.-telb.zn.⟩ ⟨plantk.⟩ **0.1** ***hondstong*** ⟨Cynoglossum officinale⟩.
cy·no·sure ['sɪnəzjʊə‖'saɪnəʃʊr]⟨telb.zn.⟩ **0.1** ***blikvanger*** **0.2** ***brandpunt*** ⟨v. aandacht/bewondering⟩ **0.3** ***leidstar*** ⇒*leidster*.
cypher →cipher.
cy·press ['saɪprɪs]⟨f1⟩⟨zn.⟩
I ⟨telb.zn.⟩⟨plantk.⟩ **0.1** ***cipres*** ⇒*cipresseboom* ⟨genus Cupressus⟩;
II ⟨n.-telb.zn.⟩ **0.1** ***cipressehout*** **0.2** ***grafgroen*** ⇒*rouwtakken*.
Cyp·ri·an[1] ['sɪprɪən]⟨telb.zn.⟩⟨vero.⟩ **0.1** ***Cyprioot*** ⇒*bewoner v. Cyprus* **0.2** ***wulpse/wellustige vrouw*** ⇒*veile/geile vrouw*.
Cyprian[2] ⟨bn.⟩⟨vero.⟩ **0.1** ***Cyprisch*** ⇒*mbt./van Cyprus* **0.2** ***losbandig*** ⇒*ontuchtig, wellustig, wulps, veil*.
cyp·ri·noid[1] ['sɪprɪnɔɪd], **cyp·ri·nid** [sɪprɪnɪd]⟨telb.zn.⟩⟨dierk.⟩ **0.1** ***karperachtige*** ⟨genus Cyprinidae⟩.
cyprinoid[2], **cyp·ri·nid** [sɪprɪnɪd]⟨bn.⟩⟨dierk.⟩ **0.1** ***karperachtig***.
Cyp·ri·ot[1], ⟨vero. ook⟩ **Cyp·ri·ote** ['sɪprɪət]⟨zn.⟩
I ⟨eig.n.⟩ **0.1** ***Cyprisch*** ⟨Oudgrieks dialect⟩;
II ⟨telb.zn.⟩ **0.1** ***Cyprioot*** ⇒*bewoner v. Cyprus*.
Cypriot[2], **Cypriote** ⟨bn.⟩ **0.1** ***Cyprisch*** ⇒*mbt./van Cyprus/het Cyprisch*.
cyp·ri·pe·di·um ['sɪprɪ'pi:dɪəm]⟨telb.zn.⟩⟨plantk.⟩ **0.1** ***venusschoentje*** ⟨genus Cypripedium⟩ ⇒⟨i.h.b.⟩ *vrouweschoentje* ⟨Cypripedium calceolus⟩.
Cyr·e·na·ic[1] ['saɪrə'neɪɪk‖'sɪrə'neɪɪk]⟨telb.zn.⟩⟨fil.⟩ **0.1** ***cyrenaïcus*** ⇒*hedonist* ⟨aanhanger v. Aristippus v. Cyrene⟩ **0.2** ***Cyrener*** ⇒*bewoner v. Cyrene*.
Cyrenaic[2] ⟨bn.⟩ **0.1** ⟨fil.⟩ ***cyrenaïsch*** ⇒*hedonistisch* **0.2** ***Cyrenisch*** ⇒*mbt./van Cyrene*.
Cy·ril·lic[1] [sɪ'rɪlɪk]⟨n.-telb.zn.⟩ **0.1** ***cyrillisch*** ⇒*cyrillisch schrift/alfabet*.
Cyrillic[2] ⟨bn.⟩ **0.1** ***cyrillisch***.
cyst [sɪst]⟨f2⟩⟨telb.zn.⟩ **0.1** ⟨med.⟩ ***cyste*** ⇒*blaas, (beurs)gezwel, wen, (galblaas)kapsel* **0.2** ⟨biol.⟩ ***cyste*** ⇒*kiemkapsel, kapsel, hulsel* **0.3** ⟨plantk.⟩ ***embryocel***.
cys·tic ['sɪstɪk]⟨bn.⟩⟨med.⟩ **0.1** ***blaas-*** ⇒*mbt./v.d. (gal/urine)blaas* **0.2** ***cyste-achtig*** ⟨ook biol.⟩.
cys·ti·tis [sɪ'staɪtɪs]⟨telb. en n.-telb.zn.; cystitides [sɪ'stɪtədi:z]; →mv. 5⟩⟨med.⟩ **0.1** ***blaasontsteking*** ⇒*cystitis*.
cy·sto- ['sɪstoʊ], **cyst-** [sɪst] **0.1** ***cyst(o)-*** ⇒*blaas-* ◆ ¶.**1** cystoscope *cystoscoop, blaasspiegel;* cystotomy *cystotomie, urineblaasoperatie*.
-cyte [saɪt]⟨biol.⟩ **0.1** ***-cyt*** ◆ ¶.**1** leucocyte *leukocyt, wit bloedlichaampje*.
cy·to- ['saɪtoʊ]⟨biol.⟩ **0.1** ***cyto-*** ⇒*cel-* ◆ ¶.**1** cytochemistry *celchemie*.
cy·to·ki·nin ['saɪtoʊ'kaɪnɪn]⟨telb. en n.-telb.zn.⟩⟨schei.⟩ **0.1** ***cytokinine***.
cy·tol·o·gist [saɪ'tɒlədʒɪst‖-'tɑ-]⟨telb.zn.⟩ **0.1** ***cytoloog*** ⇒*celkundige*.
cy·tol·o·gy [saɪ'tɒlədʒi‖-'tɑ-]⟨n.-telb.zn.⟩ **0.1** ***cytologie*** ⇒*celleer*.
cy·to·plasm ['saɪtəplæzm]⟨n.-telb.zn.⟩⟨biol.⟩ **0.1** ***cytoplasma*** ⇒*celplasma*.
cy·to·sine ['saɪtəsi:n]⟨n.-telb.zn.⟩⟨biol.⟩ **0.1** ***cytosine*** ⟨bouwsteen v.h. DNA-molecuul⟩.
cy·to·stat·ic [saɪtə'stætɪk]⟨telb.zn.⟩⟨med.⟩ **0.1** ***cytostaticum*** ⟨kankerremmende stof⟩.
CZ ⟨afk.⟩ Canal Zone.
czar →tsar.
czar·das, csar·das ['tʃɑ:dæʃ‖'tʃɑr-]⟨telb.zn.⟩⟨dansk., muz.⟩ **0.1** ***csardas*** ⟨Hongaarse dans⟩.
czardom →tsardom.
czarevi(t)ch →tsarevi(t)ch.
czarevna →tsarevna.
czarina →tsarina.
czarism →tsarism.
czarist →tsarist.
Czech[1] [tʃek]⟨f1⟩⟨zn.⟩
I ⟨eig.n.⟩ **0.1** ***Tsjechisch*** ⇒*de Tsjechische taal;*
II ⟨telb.zn.⟩ **0.1** ***Tsjech***.
Czech[2] ⟨f1⟩⟨bn.⟩ **0.1** ***Tsjechisch***.
Czech·o·slo·vak[1] ['tʃekoʊ'sloʊvæk], **Czech·o·slo·va·ki·an** [-sloʊ'vækɪən]⟨telb.zn.⟩ **0.1** ***Tsjechoslowaak***.
Czechoslovak[2], **Czechoslovakian** ⟨bn.⟩ **0.1** ***Tsjechoslowaaks***.

d[1], **D** [di:]⟨zn.; d's, D's, zelden ds, Ds⟩
I ⟨telb.zn.⟩ **0.1** ***(de letter) d, D*** **0.2** ***D, de vierde*** ⇒⟨AE; school.⟩ *D, voldoende* **0.3** ***D*** ⟨Romeins cijfer 500⟩ ⇒*500;*
II ⟨telb. en n.-telb.zn.⟩⟨muz.⟩ **0.1** ***d, D*** ⇒*D-snaar/toets/*⟨enz.⟩; *ré*.
d[2], **D** ⟨afk.⟩ dam, damn, date, daughter, day, December, deci-, delete, democrat(ic); ⟨BE⟩ denarius ⟨penny⟩; department, departs, deputy, Deus, deuterium, deuteron, dextro-, died, dimension, diopter; doctor ⟨als titel⟩; Dominus; Don ⟨als titel⟩; dose, drachma, duchess, duke, Dutch.
-d, -'d [d, t] **0.1** ⟨vormt verl. t. en volt. deelw., vnl. na klinkers⟩ ◆ ¶.**1** heard *hoorde, gehoord;* hoped *hoopte, gehoopt;* toga'd *in toga*.
'd ⟨samentr.; →t2⟩ →had, would.
da ⟨afk.⟩ deca-.
D A ⟨afk.⟩ days after acceptance, deposit account; District Attorney ⟨AE⟩; documents against/for acceptance, documents attached, duck-arse.
dab[1] [dæb]⟨f1⟩⟨zn.; mv. in bet. I 0.4 ook dab; →mv. 4⟩
I ⟨telb.zn.⟩ **0.1** ***tik(je)*** ⇒*klopje* **0.2** ***lik(je)*** ⇒*kwast(je), klodder (tje), hoopje, beetje* **0.3** ***betting*** ⇒*bettende aanraking, veegje* **0.4** ⟨dierk.⟩ ***schar*** ⟨Pleuronectus limanda⟩ **0.5** ⟨BE; inf.⟩ ***kei*** ⇒*kraan, bolleboos, baas* ◆ **1.2** a ~ of paint/butter *een likje verf/boter* **1.3** a ~ with a sponge *(even) een sponsje eroverheen* **6.5** he's a ~ **at/in** soccer *hij voetbalt de sterren van de hemel;*
II ⟨mv.; ~s⟩⟨BE; sl.⟩ **0.1** ***vingerafdrukken***.
dab[2] ⟨bn.⟩⟨BE; inf.⟩ **0.1** ***(zeer) bedreven*** ⇒*vaardig, kranig* ◆ **1.1** a ~ hand at/in *een kei/kraan/hele goeie in* **6.1** be ~ **at** sth. *ergens een kei in zijn*.
dab[3] ⟨f2⟩⟨ww.; →ww. 7⟩
I ⟨onov. en ov.ww.⟩ **0.1** ***(aan)tikken*** ⇒*(be)kloppen* **0.2** ***betten*** ⇒*deppen* ◆ **1.1** ~ powder on one's cheeks, ~ (at) one's cheeks with a powder-puff *zich de wangen poederen* **5.2** ~ **up** *opnemen;* ~ **off** *afnemen; verwijderen* **6.1** ~ **at** s.o. *iem. even aantikken;*
II ⟨ov.ww.⟩ **0.1** ***opbrengen*** ⇒*tamponneren* ⟨i.h.b. verf⟩ ◆ **5.1** ~ **on** *(zachtjes) aan/opbrengen*.
dab·ber ['dæbə‖-ər]⟨telb.zn.⟩ **0.1** ***better*** ⇒*depper* **0.2** ⟨druk.⟩ ***tampon*** ⇒*drukbal, pop*.
dab·ble ['dæbl]⟨f2⟩⟨ww.⟩
I ⟨onov.ww.⟩ **0.1** ***poedelen*** ⇒*plassen, ploeteren* **0.2** ***liefhebberen*** **0.3** ***(in water) rondscharrelen/plassen*** ⟨over de bodem⟩ ◆ **6.2** ~ **at/in** arts *(wat) liefhebberen in de kunst;*
II ⟨ov.ww.⟩ **0.1** ***besprenkelen*** ⇒*bevochtigen, bespatten* **0.2** ***bemorsen*** ⇒*besmeuren*.

dab·bler ['dæblə||-ər]⟨telb.zn.⟩ **0.1** ***liefhebber*** ⇒*dilettant, amateur, hobbyist;* ⟨pej.⟩ *beunhaas, knoeier.*
'dab·chick ⟨telb.zn.⟩⟨dierk.⟩ **0.1** ***fuut*** ⟨genus Podiceps⟩ ⇒⟨i.h.b.⟩ *dodaars* ⟨P. ruficollis⟩.
'dab 'hand ⟨telb.zn.⟩⟨BE; inf.⟩ **0.1** ***kei*** ⇒*kraan, bolleboos, baas.*
dab·ster ['dæbstə||-ər]⟨telb.zn.⟩ **0.1** ⟨BE; inf.⟩ ***kei*** ⇒*bolleboos, expert* **0.2** ***kladderaar*** ⇒*kladschilder* **0.3** ***beunhaas*** ⇒*knoeier.*
da ca·po ['dɑ: 'kɑ:poʊ]⟨bn.; bw.⟩⟨muz.⟩ **0.1** ***da capo*** ⇒*in herhaling.*
dace [deɪs]⟨telb.zn.; ook dace; →mv. 4⟩⟨dierk.⟩ **0.1** ***serpeling*** ⟨Leuciscus leuciscus⟩.
da·cha ['dɑ:tʃə]⟨telb.zn.⟩ **0.1** ***dacha*** ⟨Russisch zomerhuisje⟩.
dachs·hund ['dækshʊnd, -sənd]⟨f1⟩⟨telb.zn.⟩ **0.1** ***tekkel*** ⇒*taks, dashond.*
Da·cian[1] ['deɪsɪən||'deɪʃn]⟨telb.zn.⟩ **0.1** ***Daciër.***
Dacian[2] ⟨bn.⟩ **0.1** ***Dacisch.***
da·coit, da·koit [də'kɔɪt]⟨telb.zn.⟩⟨gesch.⟩ **0.1** ***(rovers)bendelid*** ⟨in India en Birma⟩.
da·coi·ty [də'kɔɪṭi]⟨telb. en n.-telb.zn.; →mv. 2⟩⟨gesch.⟩ **0.1** ***roverij*** ⟨door bendes in India en Birma⟩.
Da·cron ['deɪkrən||'dækrɒn]⟨n.-telb.zn.⟩ **0.1** ***Dacron.***
dac·tyl ['dæktɪl||'dæktl]⟨telb.zn.⟩ **0.1** ⟨lit.⟩ ***dactylus*** **0.2** ⟨dierk.⟩ ***vinger/teen.***
dac·tyl·ic[1] ['dæk'tɪlɪk]⟨telb.zn.; vaak mv.⟩⟨lit.⟩ **0.1** ***dactylisch vers*** ⇒*dactylische versregel.*
dactylic[2] ⟨bn.⟩⟨lit.⟩ **0.1** ***dactylisch.***
dac·ty·log·ra·phy ['dæktɪ'lɒgrəfi||-'lɑ-]⟨n.-telb.zn.⟩ **0.1** ***dactyloscopie*** ⇒*leer der vingerafdrukken.*
dac·ty·lol·o·gy ['dæktɪ'lɒlədʒi||-'lɑ-]⟨n.-telb.zn.⟩ **0.1** ***dactylologie*** ⇒*vingerspraak/taal.*
dac·ty·lus ['dæktɪləs]⟨telb.zn.; dactyli [-laɪ]; →mv. 5⟩⟨dierk.⟩ **0.1** ***vinger/teen.***
dad [dæd]⟨f3⟩⟨telb.zn.⟩⟨inf.⟩ **0.1** ***pa*** ⇒*paps.*
Da·da ['dɑ:dɑ:], **Da·da·ism** ['dɑ:dɑ:ɪzm]⟨n.-telb.zn.; ook d-⟩ **0.1** ***dadaïsme*** ⇒*dada.*
Da·da·ist ['dɑ:dɑ:ɪst]⟨telb.zn.⟩ **0.1** ***dadaïst.***
dad·dy ['dædi]⟨f3⟩⟨telb.zn.; →mv. 2⟩⟨inf.⟩ **0.1** ***papa*** ⇒*pappie* **0.2** ⟨AE; sl.⟩ ***(oudere) minnaar*** ⇒*papaatje, oudere man met maîtresse* **0.3** ⟨AE; sl.⟩ ***grote voorbeeld*** ⇒*eerste, beste* ◆ **6.¶** the/a ~ **of** (all), the ~ **of** them all *de vader, de stichter.*
daddy long·legs ['dædi 'lɒŋlegz||-'lɔŋ-]⟨telb.zn.; daddy longlegs; →mv. 4⟩⟨inf.; dierk.⟩ **0.1** ⟨vnl. BE⟩ ***langpoot(mug)*** ⟨orde Tipulidae⟩ **0.2** ⟨AE⟩ ***hooiwagen(achtige)*** ⟨orde Phalangida⟩ ⇒*langbeen.*
Daddy Warbucks ['dædi 'wɔ:bʌks||'wɔrbʌks]⟨telb.zn.⟩⟨inf.⟩ **0.1** ***ezeltje-schijtgeld*** ⇒*paardje-schijtgeld.*
da·do ['deɪdoʊ]⟨telb.zn.; AE -es; →mv. 2⟩ **0.1** ***lambrizering*** ⇒*lambrizeringsbeschot, sokkel* **0.2** ⟨bouwk.⟩ ***sokkel*** ⇒*zuilvoet, plint.*
daed·al ['di:dl]⟨bn.⟩⟨schr.⟩ **0.1** ***vaardig*** ⇒*inventief, kunstig* **0.2** ***complex*** ⇒*ingewikkeld, geheimzinnig* **0.3** ***wonderbaarlijk*** **0.4** ***rijkversierd*** ⇒*geornamenteerd, barok.*
Dae·da·li·an, Dae·da·le·an [di:'deɪlɪən]⟨bn.⟩ **0.1** ***Daedalisch*** **0.2** ***daedalisch*** ⇒*doolhofachtig, ingewikkeld, verward.*
daemon →demon.
daemonic →demonic.
daf·fo·dil ['dæfədɪl], ⟨in bet. 0.1 ook⟩ **daf·fa·dil·ly, daf·fo·dil·ly** [-'dɪli], **daf·fo·down·dil·ly, daf·fy·down·dil·ly** [-daʊn'dɪli]⟨f1⟩⟨zn.; →mv. 2⟩
I ⟨telb.zn.⟩ **0.1** ⟨plantk.⟩ ***(gele) narcis*** ⟨genus Narcissus; ook als symbool v. Wales⟩ ⇒*trompetnarcis* **0.2** ⟨AE; inf.⟩ ***spreekwoord*** ⇒*gezegde, volkswijsheid;*
II ⟨n.-telb.zn.; vaak attr.⟩ **0.1** ***lichtgeel*** ⇒*botergeel.*
daf·fy[1] ['dæfi]⟨telb.zn.; →mv. 2⟩ **0.1** ⟨plantk.⟩ ***(gele) narcis*** ⟨genus Narcissus⟩ ⇒*trompetnarcis.*
daffy[2] ⟨bn.; -er; →compar. 7⟩⟨inf.⟩ **0.1** ***halfgaar*** ⇒*niet goed snik, (van lotje) getikt* **0.2** ***idioot*** ⇒*belachelijk, stupide* ◆ **6.1** she's ~ **about** Frank Sinatra *ze is gek op/valt in katzwijm voor Frank Sinatra.*
daft [dɑ:ft||dæft]⟨f1⟩⟨bn.; -er; -ly; -ness⟩ **0.1** ***gek*** ⇒*krankzinnig, knetter* **0.2** ***dwaas*** ⇒*roekeloos, onbezonnen, (oer)stom* **0.3** ⟨Sch. E⟩ ***dartel*** ⇒*speels.*
dagged [dægd]⟨bn.⟩⟨AE; sl.⟩ **0.1** ***teut*** ⇒*lam, bezopen.*
dag·ger[1] ['dægə||-ər]⟨f2⟩⟨telb.zn.⟩ **0.1** ***dolk*** ⇒*ponjaard* **0.2** ⟨druk.⟩ ***(overlijdens)kruisje*** ◆ **3.¶** at ~s drawing/drawn with s.o. *op voet v. oorlog met iem., als kemphanen tegenover elkaar;* look ~s (at s.o.) *(iem.) vernietigend/agressief (aan)kijken;* speak ~s *fulmineren.*
dagger[2] ⟨ov.ww.⟩ **0.1** ***een dolkstoot toebrengen*** ⇒*(met een dolk) door/neersteken, aan het mes rijgen* **0.2** ⟨druk.⟩ ***markeren met een (overlijdens)kruisje.***
dag·gy ['dægi]⟨bn.; →compar. 7⟩⟨Austr. E; inf.⟩ **0.1** ***slordig*** ⇒*slonzig.*
da·go ['deɪgoʊ]⟨telb.zn.; ook -es; →mv. 2; ook D-⟩⟨sl.; bel.⟩ **0.1** ***spaghettivreter*** **0.2** ***olijfkakker*** ⟨scheldnaam voor Zuideuropeanen in het alg.⟩ **0.3** ⟨BE⟩ ***buitenlander.***
'dago 'red ⟨n.-telb.zn.⟩⟨AE; sl.; pej.⟩ **0.1** ***(slechte) rode tafelwijn*** ⇒*i.h.b. Italiaanse wijn* **0.2** ***(slechte) landwijn*** ⇒*maagzuur, salpeterzuur.*
da·guerre·o·type [də'gerətaɪp]⟨zn.⟩
I ⟨telb.zn.⟩ **0.1** ***daguerrotype*** ⇒*lichtbeeld in daguerrotypie;*
II ⟨n.-telb.zn.⟩ **0.1** ***daguerrotypie*** ⇒*zilverplaatfotografie.*
dahl·ia ['deɪlɪə||'dælɪə]⟨f1⟩⟨telb.zn.⟩ **0.1** ***dahlia.***
Dáil, Dail Ei·reann, Dáil Éi·reann ['dɔɪl 'eərən||-'erən]⟨eig.n.; the⟩ **0.1** ***Dail (Eireann)*** ⇒*Iers lagerhuis.*
dai·ly[1] ['deɪli]⟨f1⟩⟨telb.zn.; →mv. 2⟩ **0.1** ***dagblad*** ⇒*krant* **0.2** ⟨BE; inf.⟩ ***werkster*** ⇒*schoonmaakster.*
daily[2] ⟨f3⟩⟨bn.⟩ **0.1** ***dagelijks*** **0.2** ***geregeld*** ⇒*vaak, constant* ◆ **1.1** ⟨BE⟩ ~ help/woman *werkster, schoonmaakster;* get a ~ wage *in daggeld werken* **1.¶** earn one's ~ bread *het dagelijks brood/de kost verdienen;* do one's ~ dozen *zijn ochtendgymnastiek doen;* ~ grind *dagelijkse sleur/routine;* the ~ round *de dagelijkse bezigheden/routine.*
daily[3] ⟨f3⟩⟨bw.⟩ **0.1** ***dagelijks*** ⇒*('s) daags, per dag* ◆ **3.1** get paid ~ *in daggeld werken, per dag betaald worden.*
dai·mio, dai·myo ['daɪmɪoʊ]⟨telb.zn.; ook daimio, daimyo; →mv. 4⟩⟨gesch.⟩ **0.1** ***daimio*** ⟨Japans edelman⟩.
daimon →demon.
daimonic →demonic.
dain·ty[1] ['deɪnṭi]⟨telb.zn.; →mv. 2⟩⟨vnl. mv.⟩ **0.1** ***lekkernij*** ⇒*delicatesse* **0.2** ⟨inf.⟩ ***lekkertje*** ⇒*snoepje (van de week), dotje* ⟨van meisje⟩.
dainty[2] ⟨f2⟩⟨bn.; -er; -ly; -ness; →bijw. 3⟩ **0.1** ***bevallig*** ⇒*sierlijk, verfijnd, smaakvol, tenger; precieus* **0.2** ***delicaat*** ⇒*teer, gevoelig, zwak, breekbaar* **0.3** ***kostelijk*** ⇒*uitgelezen, verrukkelijk, delicieus* **0.4** ***kieskeurig*** ⇒*veeleisend* ◆ **1.1** ~ gesture *gracieus gebaar* **1.3** ~ food *uitgelezen voedsel.*
dai·qui·ri ['daɪkɪri, 'dæk-]⟨telb. en n.-telb.zn.⟩ **0.1** ***daiquiri*** ⟨rumcitroencocktail⟩.
dair·y ['deəri||'deri]⟨f2⟩⟨zn.; →mv. 2⟩
I ⟨telb.zn.⟩ **0.1** ***zuivelbedrijf*** ⇒*zuivelproducent, melkveehouderij, melkerij, melkinrichting,* ⟨attr. ook⟩ *melk-* **0.2** ***melkschuur*** **0.3** ***melkwinkel*** ⇒*melkboer, zuivelhandel;* ⟨Austr. E⟩ *buurtwinkel* **0.4** ***melkveestapel*** ⇒*melkvee;*
II ⟨n.-telb.zn.⟩ **0.1** ***zuivel*** ⇒*zuivelprodukten* **0.2** ***zuivel(wezen)*** ⇒*het zuivelbedrijf.*
'dairy cattle ⟨f1⟩⟨verz.n.⟩ **0.1** ***melkvee.***
'dairy farm ⟨telb.zn.⟩ **0.1** ***melkveebedrijf*** ⇒*melkveehouderij.*
'dairy farmer ⟨telb.zn.⟩ **0.1** ***melkveehouder.***
dair·y·ing ['deərɪɪŋ||'derɪɪŋ], **'dair·y farm·ing** ⟨n.-telb.zn.⟩ **0.1** ***zuivelproduktie*** ⇒*zuivelbereiding.*
'dair·y·maid ⟨telb.zn.⟩ **0.1** ***melkmeid*** ⇒*melkster.*
dair·y·man ['deərimən||'deri-]⟨telb.zn.; dairymen; →mv. 6⟩ **0.1** ***melkveehouder*** ⇒*zuivelboer* **0.2** ***melkknecht*** **0.3** ***melkboer*** ⇒*zuivelhandelaar.*
'dairy products ⟨f1⟩⟨mv.⟩ **0.1** ***zuivelprodukten*** ⇒*melkprodukten.*
da·is ['deɪɪs, deɪs]⟨f2⟩⟨telb.zn.⟩ **0.1** ***podium*** ⇒*verhoging, estrade.*
dai·sy ['deɪzi]⟨f2⟩⟨telb.zn.; →mv. 2⟩ **0.1** ⟨plantk.⟩ ***madelief(je)*** ⇒*maagdelief, meizoentje* ⟨Bellis perennis⟩ **0.2** ⟨plantk.⟩ ***margriet*** ⇒*grote madelief, witte ganzebloem* ⟨Chrysanthemum leucanthemum⟩ **0.3** ⟨sl.⟩ ***juweel(tje)*** ⇒*prima figuur/voorwerp* ◆ **3.¶** ⟨inf.⟩ be pushing up the daisies *onder de groene zoden liggen, een tuin op je buik hebben.*
'dai·sy-chain ⟨telb.zn.⟩ **0.1** ***ketting/krans v. madeliefjes*** **0.2** ***serie*** ⇒*reeks, keten* **0.3** ⟨inf.⟩ ***groepsseks.***
'dai·sy-cut·ter ⟨telb.zn.⟩ **0.1** ***paard met sloffende gang*** **0.2** ⟨honkbal, tennis⟩ ***doorschieter*** ⇒*lage bal, doorschietbal* **0.3** ⟨sl.; mil.⟩ ***fragmentatiebom.***
'dai·sy·wheel ⟨telb.zn.⟩ **0.1** ***letterschijf*** ⇒*daisywiel, margrietschijf, letterwiel* ⟨op schrijfmachine, printer⟩.
'daisywheel printer ⟨telb.zn.⟩⟨comp.⟩ **0.1** ***daisywielprinter*** ⇒*margrietprinter.*
dak →dawk.
Dak ⟨afk.⟩ Dakota.
Da·lai La·ma ['dælaɪ 'lɑ:mɑ:||'dɑ:laɪ-]⟨telb.zn.⟩ **0.1** ***dalai lama.***
dale [deɪl]⟨f1⟩⟨telb.zn.⟩⟨gew.; schr.⟩ **0.1** ***dal*** ⇒*vallei.*
'da·lek ['dɑ:lek]⟨telb.zn.; ook D-⟩ **0.1** ***(koele/meedogenloze/met blikken stem sprekende) robot*** ⟨naar SF-figuur⟩.
dales·man ['deɪlzmən]⟨telb.zn.; dalesmen [-mən]; →mv. 3⟩⟨gew.; schr.⟩ **0.1** ***dalbewoner*** ⇒*iem. die in een dal/vallei woont* ⟨i.h.b. in Noord-Engeland⟩.
dal·li·ance ['dælɪəns]⟨f1⟩⟨telb. en n.-telb.zn.⟩ **0.1** ***tijdverbeuzeling/verspilling*** ⇒*gelanterfant, geklungel, geklooi* **0.2** ***treuzelarij*** ⇒*getreuzel, getalm* **0.3** ***(ge)flirt*** ⟨ook fig.⟩ ⇒*gevrij* ◆ **1.3** ~ with revolutionary theories *het stoeien met revolutionaire theorieën.*

dal·ly ['dæli]⟨f1⟩⟨ww.;→ww. 7⟩
I ⟨onov.ww.⟩ **0.1** ***lanterfanten*** ⇒*(rond)lummelen, klungelen, klooien, knoeien* **0.2** ***treuzelen*** ⇒*talmen* **0.3** ***flirten*** ⟨ook fig.⟩ ⇒*vrijen* ◆ **5.1** ~ **about** *rondlummelen* **6.2** don't ~ **over** your food *treuzel niet zo met je eten, zit niet zo te kieskauwen* **6.3** ~ **with** *flirten met;* ⟨ook fig.⟩ *spelen/stoeien met* ⟨een idee⟩; ~ **with** s.o.'s affections *zich iemands genegenheid laten aanleunen, met iem. flirten;*
II ⟨ov.ww.⟩ →dally away.

'dally a'way ⟨ov.ww.⟩ **0.1** ***verlummelen*** ⇒*verbeuzelen, verdoen* **0.2** ***verprutsen*** ◆ **1.1** ~ one's time *zijn tijd verdoen.*

Dal·ma·tian[1] [dæl'meɪʃn]⟨telb.zn.; zelden d-⟩ **0.1** ***Dalmatiër*** ⇒*Dalmatiner, Dalmatische hond* **0.2** ***Dalmatiër*** ⇒*bewoner v. Dalmatië.*

Dalmatian[2] ⟨bn.⟩ **0.1** ***Dalmatisch*** ⇒*Dalmatijns* ◆ **1.¶** ⟨dierk.⟩ ~ pelican *kroeskoppelikaan* ⟨Pelecanus crispus⟩.

dal·mat·ic [dæl'mætɪk]⟨telb.zn.⟩ **0.1** ***dalmatiek*** ⇒*dalmatica, staatsiekleed* ⟨v. vorst, i.h.b. bij kroning⟩, *liturgisch opperkleed* ⟨v. bisschop, diaken⟩.

dal se·gno [dæl'senjou‖dɑl'seɪnjou]⟨bw.⟩⟨muz.⟩ **0.1** ***dal segno.***

dal·ton·ism ['dɔ:ltənɪzm]⟨n.-telb.zn.⟩ **0.1** ***daltonisme*** ⇒*(roodgroen)kleurenblindheid.*

Dal·ton·ize ['dɔ:ltənaɪz]⟨ov.ww.⟩ **0.1** ***daltoniseren*** ⇒*het daltonsysteem toepassen op.*

Dal·ton plan ['dɔ:ltən plæn]⟨n.-telb.zn.⟩ **0.1** ***daltonstelsel/systeem*** ⇒*daltonmethode, daltononderwijs.*

dam[1] ['dæm]⟨f2⟩⟨telb.zn.⟩ **0.1** ***(stuw)dam*** **0.2** ***beverdam*** **0.3** ***stuwmeer*** ⇒*stuwbekken* **0.4** ***barrière*** ⇒*belemmering, dam, hinderpaal* **0.5** ***moederdier*** ⟨i.h.b. viervoeter⟩ ⇒*moer* **0.6** ⟨verk.⟩ ⟨decameter⟩ ***decameter*** **0.7** ⟨AE; tandheelkunde⟩ ***cofferdam*** ⇒*rubberdam.*

dam[2] →damn.

dam[3] ⟨f1⟩⟨ov.ww.;→ww. 7⟩ **0.1** ***van een dam voorzien*** ⇒*afdammen, keren* **0.2** ***indammen*** ⇒*beteugelen, bedwingen* ◆ **1.1** ~ (up) a river *een rivier afdammen, een dam aanleggen in een rivier* **5.2** ~ **in** *inperken;* ~ **up** *opkroppen; onderdrukken.*

dam·age[1] ['dæmɪdʒ]⟨f3⟩⟨zn.⟩
I ⟨n.-telb.zn.⟩ **0.1** ***schade*** ⇒*beschadiging, averij, nadeel* **0.2** ⟨the⟩ ⟨inf.⟩ ***schade*** ⇒*kosten* ◆ **6.1** the flood did great ~ **to** the village *de overstroming richtte grote schade aan in het dorp* **7.2** what's the ~ *wat is de schade?, hoeveel is het?;*
II ⟨mv.; ~s⟩⟨jur.⟩ **0.1** ***schadevergoeding*** ⇒*schadeloosstelling* ◆ **3.1** claim £1,000 ~s *1000 pond schadevergoeding eisen.*

damage[2] ⟨f3⟩⟨ww.⟩ →damaging
I ⟨onov.ww.⟩ **0.1** ***schade lijden*** ⇒*beschadigd worden* **0.2** ***kwetsbaar zijn*** ⇒*beschadigen* ◆ **1.2** this cloth ~s easily *deze stof beschadigt snel/is erg kwetsbaar;*
II ⟨ov.ww.⟩ **0.1** ***beschadigen*** ⇒*schade berokkenen/toebrengen, aantasten, toetakelen* **0.2** ***schaden*** ⇒*aantasten, in diskrediet brengen, benadelen* ◆ **1.2** it might ~ your reputation *het kan nadelig zijn voor je goede naam, het kan slecht zijn voor je reputatie.*

dam·age·a·ble ['dæmɪdʒəbl]⟨bn.⟩ **0.1** ***kwetsbaar*** ⇒*beschadigbaar.*

dam·ag·ing ['dæmɪdʒɪŋ]⟨f1⟩⟨bn.; teg. deelw. v. damage; -ly⟩ **0.1** ***schadelijk*** ⇒*nadelig, ongunstig* **0.2** ***bezwarend*** ◆ **1.2** ⟨jur.⟩ ~ admission *bezwarende bekentenis.*

da·mar, dam·mar, dam·mer ['dæmə‖-ər]⟨zn.⟩
I ⟨telb.zn.⟩⟨plantk.⟩ **0.1** ***damarboom*** ⇒*dammarboom* ⟨genus Agathis, Balanocarpus, Hopea of Shorea⟩;
II ⟨telb. en n.-telb.zn.⟩ **0.1** ***damar(hars)*** ⇒*dammar, dammer.*

dam·as·cene[1] ['dæmə'si:n]⟨zn.⟩
I ⟨telb.zn.⟩ **0.1** ⟨D-⟩ ***Damascener*** ⇒*inwoner/inwoonster v. Damascus* **0.2** ⟨plantk.⟩ ***kroosje*** ⇒*kriekpruim, damastpruim* ⟨Prunus insititia⟩;
II ⟨telb. en n.-telb.zn.⟩ **0.1** ***damascering*** **0.2** ***gedamasceerd materiaal/voorwerp.***

damascene[2] ⟨bn.⟩ **0.1** ⟨D-⟩ ***Damascener*** ⇒*v./mbt. Damascus* **0.2** ***damasten*** **0.3** ***gedamasceerd*** ⇒*gebloemd, gevlamd* ⟨v. metaal⟩.

damascene[3], **dam·as·keen** ['dæmə'ski:n]⟨ov.ww.⟩ **0.1** ***damasceren*** ⇒*bloemen, vlammen* ⟨metaal⟩.

dam·ask[1] ['dæmәsk]⟨f1⟩⟨n.-telb.zn.⟩ **0.1** ***damast*** ⟨weefsel⟩ **0.2** ⟨gesch.⟩ ***Damascenerstaal*** ⇒*damaststaal* **0.3** ***damascering*** ⟨golfpatroon⟩ **0.4** ⟨vaak attr.⟩⟨schr.⟩ ***damascusroos(kleur).***

damask[2] ⟨bn.⟩ **0.1** ***damasten*** **0.2** ***Damascener*** ⇒*mbt. Damascus* **0.3** ***gedamasceerd*** ⇒*gebloemd, gevlamd* ⟨metaal⟩.

damask[3] ⟨ov.ww.⟩ **0.1** ***damasceren*** ⇒*bloemen, vlammen* ⟨metaal⟩ **0.2** ***versieren/weven met damastpatronen.***

'damask 'rose ⟨zn.⟩
I ⟨telb.zn.⟩⟨plantk.⟩ **0.1** ***damascusroos*** ⇒*Perzische roos* ⟨Rosa damascena⟩;
II ⟨n.-telb.zn.; vaak attr.⟩ **0.1** ***damascusroos(kleur).***

dame [deɪm]⟨f2⟩⟨telb.zn.⟩ **0.1** ⟨vero., scherts.⟩ ***vrouw*** ⇒⟨i.h.b.⟩ *gehuwde vrouw, vrouw des huizes* **0.2** ⟨D-⟩⟨BE⟩ ***dame*** ⟨adellijke titel, vrouwelijk pendant v. sir⟩ **0.3** ⟨D-⟩⟨vero.; BE⟩ ***dame*** ⇒⟨ong.⟩ *douairière* **0.4** ⟨D-⟩ ***vrouwe*** ⟨als personificatie⟩ **0.5** ⟨AE; sl.⟩ ***wijf*** ⇒*mokkel* **0.6** ***dame*** ⟨door man gespeelde vrouwenfiguur in pantomime⟩ **0.7** ⟨BE⟩ ***hoofd v. kosthuis te Eton*** ◆ **1.4** Dame Fortune *vrouwe Fortuna.*

'dame school ⟨telb.zn.⟩⟨gesch.⟩ **0.1** ⟨ong.⟩ ***matressesschool*** ⟨door oudere dame geleide lagere school⟩.

'dame's 'violet, 'dame's 'rocket, 'dame·wort ⟨telb.zn.⟩⟨plantk.⟩ **0.1** ***damastbloem*** ⟨Hesperis matronalis⟩.

dam·fool[1] ['dæm'fu:l]⟨telb.zn.⟩⟨inf.⟩ **0.1** ***idioot*** ⇒*dwaas.*

damfool[2], **dam·fool·ish** ['dæm'fu:lɪʃ]⟨bn.⟩⟨inf.⟩ **0.1** ***idioot*** ⇒*stupide.*

dam·fool·ish·ness ['dæm'fu:lɪʃnəs]⟨n.-telb.zn.⟩⟨inf.⟩ **0.1** ***idioterie*** ⇒*dwaasheid.*

dam·mit ['dæmɪt]⟨f2⟩⟨tussenw.; samentr. v. damn it⟩⟨inf.⟩ **0.1** ***verdomme*** ⇒*jezus, verdorie* ◆ **5.1** I'm ready as near as ~ *ik ben zo goed als klaar.*

damn[1] [dæm], **dang** [dæŋ]⟨f2⟩⟨telb.zn.⟩ **0.1** ***vloek*** ⇒*gvd, godver* **0.2** ⟨inf.⟩ ***zak*** ⇒*reet, (malle)moer, donder* ◆ **2.1** full of ~s *doorspekt met vloeken* **2.2** not be worth a (tuppenny) ~ *geen ene moer waard zijn* **3.2** she doesn't care/give a (tinker's) ~ *het kan haar geen barst schelen* **¶.¶** ~! *verdomme!, jezus!, godver!.*

damn[2], ⟨soms⟩ **dam** [dæm]⟨f3⟩⟨bn., attr.; bw.⟩⟨sl.⟩ **0.1** ***allejezus*** ⇒*godvergeten, verdomd(e), donders, bliksems* ◆ **2.1** ~ fast *verdomd snel* **4.¶** ⟨sl.⟩ ~ all *geen flikker;* he knew ~ all about it *hij wist er geen reet van* **5.1** ~ well *donders/verdomd goed;* you're ~ well going to *jij doet dat om de sodemieter/dooie dood wel.*

damn[3], **dang** ⟨f3⟩⟨ww.⟩ →damned, damning
I ⟨onov.ww.⟩ **0.1** ***vloeken;***
II ⟨ov.ww.⟩ **0.1** ***verdoemen*** ⇒*(voor eeuwig) veroordelen, vervloeken, verwensen, naar de hel verwijzen* **0.2** ***te gronde richten*** ⇒*ruïneren* **0.3** ***(af)kraken*** ⇒*afbreken* **0.4** ***vloeken tegen*** ⇒*uitvloeken* ◆ **1.1** ~ that fool! *laat-ie doodvallen!* **4.1** ⟨inf.⟩ I'll be/I'm ~ed if I go *ik verdom het (mooi) om te gaan;* ⟨inf.⟩ (well,) I'll be ~ed *wel allejezus/verdomme, krijg nou wat;* ⟨sl.⟩ ~ it! *verdomme!, godver!;* ~ you! *(kloot)zak!, val dood!* **4.2** ~ o.s. *zich onmogelijk maken.*

damn·a·ble ['dæmnəbl]⟨f1⟩⟨bn.; -ly; -ness;→bijw. 3⟩ **0.1** ***vermaledijd*** ⇒*vloekwaardig, verdoemlijk, weerzinwekkend, verfoeilijk* **0.2** ⟨inf.⟩ ***godsgruwelijk*** ⇒*godgeklaagd, verdomd, afgrijselijk* ◆ **1.2** ~ weather *pokkeweer.*

dam·na·tion [dæm'neɪʃn]⟨f1⟩⟨telb. en n.-telb.zn.⟩ **0.1** ***verdoeming*** ⇒*verdoemenis, vervloeking* **0.2** ***flop*** ⇒*echec, fiasco* ⟨als gevolg v. afbrekende kritiek⟩ ◆ **2.1** suffer eternal ~ *voor eeuwig verdoemd zijn* **3.¶** (may) ~ take it/you! *sodemieter(s)!, verdomme!* **6.¶** **in** ~ *in jezusnaam, voor de donder* **¶.¶** ~! *allejezus!, sodemieters!, godsamme!, vervloekt!, verdomme!.*

dam·na·to·ry ['dæmnətri‖'dæmnətɔri]⟨bn.⟩ **0.1** ***verdoemend*** ⇒*vervloekend* **0.2** ***afbrekend*** ⇒*(af)krakend, veroordelend* ⟨v. kritiek⟩.

damned[1] [dæmd]⟨f3⟩⟨bn.; oorspr. volt. deelw. v. damn; ook -er; -est, damndest⟩⟨→sprw. 647⟩ **0.1** ***verdoemd*** ⇒*vervloekt, gedoemd, (tot de hel) veroordeeld* **0.2** ⟨inf.⟩ ***godsgruwelijk*** ⇒*godgeklaagd, verdomd, afgrijselijk* ◆ **1.2** isn't that the ~est thing you've ever heard/seen? *heb je het ooit zo zout gegeten?, dat is toch wel het toppunt!* **3.¶** ⟨inf.⟩ do one's ~est *alles uit de kast halen, door roeien en ruiten gaan;* I'll see you ~ first *over mijn lijk, geen haar op mijn hoofd die eraan denkt, ik peins er niet over* **7.1** the ~ *de verdoemden.*

damned[2] ⟨f1⟩⟨bw.⟩⟨inf.⟩ **0.1** ***donders*** ⇒*godvergeten, verdomd, bliksems* ◆ **2.1** ~ funny *om je te bescheuren;* ~ hot *bloedheet* **5.1** you can ~ well do it on your own *je kan het om de dooie dood wel alleen af;* you know ~ well... *je weet donders goed....*

dam·ni·fi·ca·tion ['dæmnɪfɪ'keɪʃn]⟨telb. en n.-telb.zn.⟩⟨jur.⟩ **0.1** ***laesie*** ⇒*benadeling, belediging.*

dam·ni·fy ['dæmnɪfaɪ]⟨ov.ww.;→ww. 7⟩⟨jur.⟩ **0.1** ***laederen*** ⇒*benadelen, schaden, beledigen, beschadigen.*

damn·ing ['dæmɪŋ]⟨bn.; teg. deelw. v. damn⟩ **0.1** ***belastend*** ⇒*(ernstig) bezwarend, vernietigend.*

Dam·o·cles ['dæməkli:z]⟨eig.n.⟩ **0.1** ***Damocles.***

damosel, damoiselle, damozel →damsel.

damp[1] [dæmp]⟨f2⟩⟨telb. en n.-telb.zn.⟩ **0.1** ***vocht(igheid)*** ⇒*humiditeit, nattigheid* **0.2** ***nevel*** ⇒*damp, vochtige lucht* **0.3** ***neerslachtigheid*** ⇒*gedeprimeerdheid, ontmoediging, mistroostigheid, beklemming* **0.4** ⟨mijnw.⟩ ***mijngas*** ⇒*stikgas* ◆ **3.¶** cast/strike a ~ over/into *een domper zetten op, een schaduw werpen over.*

damp[2] ⟨f3⟩⟨bn.; -er; -ly; -ness⟩ **0.1** ***vochtig*** ⇒*nattig, klam* **0.2** ⟨vero.⟩ ***neerslachtig*** ⇒*gedeprimeerd, ontmoedigd, mistroostig, beklemd* ◆ **1.¶** ~ squib *sof, fiasco, iets wat de mist in gaat.*

damp[3] ⟨f1⟩⟨ww.⟩

I ⟨onov.ww.⟩ →damp off;
II ⟨ov.ww.⟩ **0.1** ***bevochtigen*** *⇒invochten* ⟨strijkgoed⟩ **0.2** ***smoren*** *⇒doven, temperen* ⟨door afsluiting v. luchttoevoer⟩ **0.3** ***temperen*** *⇒doen bekoelen, ontmoedigen, neerdrukken, matigen* **0.4** ⟨muz., nat.⟩ ***dempen*** ⟨trilling⟩ ◆ **1.3** it ~ed her spirits *het ontmoedigde haar* **5.2** ~ **down** *inrekenen* ⟨vuur⟩; *inrakelen, afdekken* **5.3** ~ **down** s.o.'s enthusiasm *iemands enthousiasme temperen* **5.¶** ~ **down** *nablussen*.
'damp course, 'damp-proof 'course ⟨telb.zn.⟩ ⟨bouwk.⟩ **0.1** ***vochtwerende laag***.
damp·en ['dæmpən] ⟨f1⟩ ⟨ww.⟩
I ⟨onov.ww.⟩ **0.1** ***vochtig worden;***
II ⟨ov.ww.⟩ **0.1** ***bevochtigen*** *⇒vochtig maken* **0.2** ***temperen*** *⇒doen bekoelen, ontmoedigen, neerdrukken*.
damp·er ['dæmpə‖-ər] ⟨f1⟩ ⟨telb.zn.⟩ **0.1** ***sleutel*** ⟨v. kachel⟩ *⇒regelschuif/klep, demper* **0.2** ⟨muz.⟩ ***(toon)demper*** *⇒sourdine* **0.3** ***schokdemper*** *⇒schokbreker* **0.4** ***bevochtiger*** **0.5** ***(trillings)demper*** **0.6** ***domper*** *⇒schaduw, teleurstelling, ontmoediging* **0.7** ***spelbreker/bederver*** **0.8** ⟨Austr. E⟩ ***ongezuurd brood*** **0.9** ⟨inf.⟩ ***bank*** **0.10** ⟨inf.⟩ ***kassa*** *⇒geldla* **0.11** ⟨inf.⟩ ***schat*** *⇒bom geld/duiten* ◆ **3.6** put a ~ on sth. *ergens een domper op zetten/schaduw op werpen*.
damp·ish ['dæmpɪʃ] ⟨bn.⟩ **0.1** ***klammig*** *⇒vochtigjes*.
'damp 'off ⟨onov.ww.⟩ **0.1** ***wegrotten*** ⟨v. planten⟩ *⇒beschimmelen, verrotten*.
'damp-proof ⟨bn.⟩ **0.1** ***vochtbestendig*** *⇒vochtwerend*.
dam·sel ['dæmzl], **dam·o·sel, dam·o·zel, dam·oi·selle** ['dæmə'zel] ⟨telb.zn.⟩ ⟨vero.⟩ **0.1** ⟨vero.⟩ ***juffer*** *⇒maagd, jonkvrouw, (ongehuwde) jongedame, joffer* **0.2** ⟨scherts.⟩ ***jongedame*** *⇒meisje, meiske* ◆ **1.¶** ⟨vero. of scherts.⟩ ~ in distress *belaagde jonkvrouwe*.
dam·sel·fish ['dæmzlfɪʃ] ⟨telb.zn.⟩ ⟨dierk.⟩ **0.1** ***rifbaars*** ⟨fam. Pomacentridae⟩.
dam·sel·fly ['dæmzlflaɪ] ⟨telb.zn.⟩ ⟨dierk.⟩ **0.1** ***waterjuffer*** ⟨orde Odonata⟩.
dam·son ['dæmzn], ⟨in bet. I ook⟩ **'damson plum** ⟨zn.⟩
I ⟨telb.zn.⟩ ⟨plantk.⟩ **0.1** ***kroosje*** *⇒kriekpruim, damastpruim* ⟨Prunus insititia⟩;
II ⟨n.-telb.zn.; ook attr.⟩ **0.1** ***damastpruim(kleur)***.
dan [dæn] ⟨zn.⟩
I ⟨eig.n.; D-⟩ ⟨bijb.⟩ **0.1** ***Dan*** ◆ **1.¶** from Dan to Beersheba *van Dan tot Berseba, het gehele land door;*
II ⟨telb.zn.⟩ **0.1** ***joon*** *⇒(stok)baken, (kleine) boei* **0.2** ⟨D-⟩ ⟨gesch.⟩ ***Heer*** ◆ **1.2** Dan Chaucer *Heer Chaucer;*
III ⟨telb. en n.-telb.zn.⟩ ⟨budo⟩ **0.1** ***dan*** ⟨sterktegraad⟩.
Dan ⟨afk.⟩ Daniel, Danish.
'dan buoy ⟨telb.zn.⟩ **0.1** ***joon*** *⇒(stok)baken, (kleine) boei*.
dance[1] [dɑ:ns‖dæns] ⟨f3⟩ ⟨zn.⟩
I ⟨telb.zn.⟩ **0.1** ***dans*** *⇒dansnummer* **0.2** ***dansfeest*** *⇒bal, dansavond* **0.3** ***dans*** ⟨muziekstuk waarop kan worden gedanst⟩ **0.4** ⟨AE; sl.⟩ ***straatgevecht*** ⟨vnl. tussen jeugdbendes⟩ ◆ **1.¶** ⟨ook D-⟩ ~ of Death *dodendans, danse macabre* **3.1** join the ~ *mee gaan dansen;* ⟨fig.⟩ *met de (grote) hoop meedoen* **3.2** give/have a ~ *een dansfeest/bal geven* **3.¶** lead s.o. a (jolly/merry/pretty) ~ *iem. het leven zuur maken, het iem. lastig maken; iem. voor de gek houden;*
II ⟨n.-telb.zn.; the; soms D-⟩ **0.1** ***danskunst*** *⇒dans*.
dance[2] ⟨f3⟩ ⟨ww.⟩ →dancing
I ⟨onov.ww.⟩ **0.1** ***dansen*** *⇒springen, (staan te) trappelen, wild op en neer bewegen* **0.2** ⟨inf.⟩ ***in de macht zijn van iem.*** *⇒onder de plak zitten, afgeperst worden* ◆ **1.1** the leaves were dancing in the wind *de blaren dwarrelden in de wind* **4.¶** ~ (up)on nothing *opgeknoopt worden/zijn, door een hennepen venster kijken* **5.¶** ⟨inf.⟩ ~ **off** *de pijp uitgaan, de kraaiemars blazen, sterven* **6.1** her eyes ~d **for/with** joy *haar ogen tintelden van vreugde;* ~ **to** music *op muziek dansen;* ~ **with** rage/pain *trappelen van woede/van de pijn;*
II ⟨ov.ww.⟩ **0.1** ***dansen*** **0.2** ***doen/laten dansen*** **0.3** ***al dansend brengen (tot)/uitdrukken*** ◆ **1.1** ~ the polka *de polka dansen;* ~ Swanlake *het Zwanenmeer dansen;* ~ the title role in a ballet *de titelrol vertolken in een ballet* **1.2** ~ a baby on one's knee *een kindje op zijn knie laten rijden* **1.3** ~ s.o. to exhaustion *iem. laten dansen tot hij erbij neervalt;* she ~d her thanks *zij danste haar dankbaarheid uit;* ~ one's way into the hearts of the public *al dansend het hart v.h. publiek veroveren*.
'dance-band, 'dance-or·ches·tra ⟨telb.zn.⟩ **0.1** ***dansorkest***.
'dance-dra·ma ⟨telb.zn.⟩ **0.1** ***dansdrama*** *⇒(verhalende) choreografie*.
'dance·floor ⟨f1⟩ ⟨telb.zn.⟩ **0.1** ***dansvloer***.
'dance-hall ⟨f1⟩ ⟨telb.zn.⟩ **0.1** ***dancing*** *⇒dansgelegenheid*.
'dance-host·ess ⟨telb.zn.⟩ **0.1** ***beroepsdanseres*** ⟨als partner in dancing⟩.
'dance music ⟨f1⟩ ⟨n.-telb.zn.⟩ **0.1** ***dansmuziek***.
danc·er ['dɑ:nsə‖'dænsər] ⟨f3⟩ ⟨telb.zn.⟩ **0.1** ***danser(es)*** *⇒ballerina*.
danc·ing ['dɑ:nsɪŋ‖'dænsɪŋ] ⟨f1⟩ ⟨n.-telb.zn.; gerund v. dance⟩ **0.1** ***het dansen*** *⇒danskunst, gedans*.
'danc·ing-girl ⟨f1⟩ ⟨telb.zn.⟩ **0.1** ***danseres*** ⟨i.h.b. als lid v.e. groep⟩ *⇒danseuse;* ⟨i.h.b.⟩ *Aziatische danseres*.
'danc·ing-hall ⟨f1⟩ ⟨telb.zn.⟩ **0.1** ***danszaal*** *⇒balzaal*.
'danc·ing-master ⟨telb.zn.⟩ **0.1** ***dansleraar/lerares***.
'danc·ing-part·ner ⟨telb.zn.⟩ **0.1** ***danspartner***.
'danc·ing-room ⟨f1⟩ ⟨telb.zn.⟩ **0.1** ***danszaal*** *⇒balzaal*.
'danc·ing-sa·lon ⟨telb.zn.⟩ ⟨AE⟩ **0.1** ***dancing*** *⇒dansgelegenheid, danstent*.
'danc·ing-shoe ⟨telb.zn.⟩ **0.1** ***dansschoen*** ◆ **3.1** put on your ~s! *maak je mooi!*.
d and c ⟨afk.⟩ dilatation and curettage.
d and d ⟨afk.⟩ deaf and dumb, drunk and disorderly.
dan·de·li·on ['dændɪlaɪən] ⟨f1⟩ ⟨zn.⟩
I ⟨telb.zn.⟩ ⟨plantk.⟩ **0.1** ***paardebloem*** ⟨Taraxacum officinale⟩;
II ⟨n.-telb.zn.; ook attr.⟩ **0.1** ***helgeel***.
'dandelion 'coffee ⟨n.-telb.zn.⟩ **0.1** ***(drank v.) gedroogde paardebloemwortels***.
dan·der[1] ['dændə‖-ər] ⟨zn.⟩
I ⟨telb.zn.⟩ ⟨inf.⟩ **0.1** ***(slecht) humeur*** *⇒nijd(igheid), woede, verontwaardiging* **0.2** ⟨Sch. E⟩ ***wandelingetje*** *⇒ommetje* ◆ **3.¶** get one's ~ up *pissig/woest worden;* get s.o.'s ~ up *iem. nijdig maken;*
II ⟨n.-telb.zn.⟩ **0.1** ***huidschilfers***.
dander[2] ⟨onov.ww.⟩ ⟨Sch. E⟩ **0.1** ***slenteren*** *⇒kuieren, een ommetje maken*.
Dan·die Din·mont ['dændi 'dɪnmɒnt‖-mɑnt] ⟨telb.zn.⟩ **0.1** ***Dandie-Dinmont*** ⟨Schotse terriër⟩.
dan·di·fy ['dændɪfaɪ] ⟨ov.ww.; →ww. 7⟩ **0.1** ***opdirken*** *⇒opsmukken* ◆ **1.1** ⟨vnl. pej.⟩ a dandified person *een fatterig/opgedirkt persoon*.
dan·dle ['dændl] ⟨ov.ww.⟩ **0.1** ***wiege(le)n*** ⟨kind⟩ *⇒laten dansen* **0.2** ***vertroetelen*** *⇒liefkozen* ◆ **1.1** ~ a baby on one's knee *een kindje op zijn knie laten rijden*.
dan·druff ['dændrəf,-drʌf] ⟨f1⟩ ⟨n.-telb.zn.⟩ **0.1** ***(hoofd)roos***.
dan·dy[1] ['dændi] ⟨f1⟩ ⟨zn.; →mv. 2⟩
I ⟨telb.zn.⟩ **0.1** ***fat*** *⇒dandy, modegek/pop* **0.2** ⟨inf.⟩ ***juweel(tje)*** *⇒prachtstuk/figuur, klassevoorwerp/figuur* **0.3** ⟨scheep.⟩ ***kotterjacht;***
II ⟨telb. en n.-telb.zn.⟩ ⟨med.⟩ **0.1** ***knokkelkoorts*** *⇒dengue*.
dandy[2] ⟨f1⟩ ⟨bn.; -er; →compar. 7⟩ **0.1** ***fatterig*** *⇒dandyachtig* **0.2** ⟨vnl. AE; inf.⟩ ***tiptop*** *⇒eerste-klas, puik, patent, klasse, prima*.
'dan·dy-brush ⟨telb.zn.⟩ **0.1** ***paardeborstel*** *⇒rosborstel*.
dan·dy·ish ['dændiɪʃ] ⟨bn.⟩ **0.1** ***fatterig*** *⇒dandyachtig*.
dan·dy·ism ['dændiɪzm] ⟨n.-telb.zn.⟩ **0.1** ***dandyisme***.
'dandy roll, 'dandy roller ⟨telb.zn.⟩ ⟨druk.⟩ **0.1** ***egoutteur*** *⇒gaaswals* ⟨voor persen v. watermerk⟩.
Dane [deɪn] ⟨f2⟩ ⟨telb.zn.⟩ **0.1** ***Deen*** *⇒inwoner v. Denemarken;* ⟨AE⟩ *iem. v. Deense afkomst* **0.2** ⟨gesch.⟩ ***Noorman*** **0.3** ***Deense dog*** ◆ **2.3** Great ~ *Deense dog*.
Dane·geld ['deɪngeld], **Dane·gelt** [-gelt] ⟨n.-telb.zn.⟩ **0.1** ⟨gesch.⟩ ***defensiebelasting*** ⟨in Engeland, t.b.v. verdediging tegen Noormannen⟩ **0.2** ***belasting*** **0.3** ***afkoping*** *⇒omkoperij*.
Dane·law, Dane·lagh ['deɪnlɔ:] ⟨n.-telb.zn.⟩ ⟨gesch.⟩ **0.1** ***Noormannenrecht*** ⟨in Noord-Engeland⟩ **0.2** ***Danelaw*** ⟨Noordengels gebied waar het Noormannenrecht gold⟩.
Dane's-blood ['deɪnzblʌd] ⟨telb. en n.-telb.zn.⟩ ⟨BE; gew.; plantk.⟩ **0.1** ***kruidvlier*** ⟨Sambucus ebulus⟩ **0.2** ***wildemanskruid*** ⟨Anemone pulsatilla⟩.
'Dane·wort ⟨telb. en n.-telb.zn.⟩ ⟨BE; gew.; plantk.⟩ **0.1** ***kruidvlier*** ⟨Sambucus ebulus⟩.
dang →damn.
dan·ger ['deɪndʒə‖-ər] ⟨f3⟩ ⟨telb. en n.-telb.zn.⟩ ⟨→sprw. 551⟩ **0.1** ***gevaar*** *⇒risico, onraad* ◆ **1.1** that girl is a ~ to my peace of mind *dat meisje bedreigt/is een gevaar voor mijn gemoedsrust* **6.1** the signal was **at** ~ *het sein stond op onveilig;* her life was **in** ~, she was **in** ~ **of** losing her life *haar leven liep gevaar/stond op het spel, ze verkeerde in levensgevaar;* be **in** ~ **of** *het gevaar lopen te;* **out of** ~ *buiten (levens)gevaar;* **without** ~ *veilig, zonder risico* **¶.1** Danger! Falling rocks *Pas op! Neerstortend gesteente*.
'danger list ⟨telb.zn.⟩ **0.1** ***lijst v. ernstig zieke patiënten*** ⟨in ziekenhuis⟩ ◆ **6.1** he's **off** the ~ *hij is buiten levensgevaar*.
'danger man ⟨telb.zn.⟩ ⟨sport⟩ **0.1** ***gevaarlijke man***.
'danger money ⟨n.-telb.zn.⟩ **0.1** ***gevarengeld***.
dan·ger·ous ['deɪndʒrəs] ⟨f3⟩ ⟨bn.; -ly; -ness⟩ ⟨→sprw. 407, 677⟩ **0.1** ***gevaarlijk*** *⇒riskant, onveilig* ◆ **1.1** ~ drug *gevaarlijk* ⟨i.h.b. verslavend⟩ *medicijn, (verslavend) verdovend middel*.
'danger sign ⟨telb.zn.⟩ **0.1** ***waarschuwingsteken***.

'danger signal ⟨telb.zn.⟩ **0.1** ***onveilig sein.***
dan·gle ['dæŋgl]⟨f2⟩⟨ww.⟩
I ⟨onov.ww.⟩ **0.1** ***bengelen*** ⇒*bungelen, slingeren, schommelen* **0.2** ***(om iem. heen) draaien*** ⇒*(achter)nalopen* **0.3** ⟨AE; taalk.⟩ ***zweven*** ⇒*onverbonden zijn, hangen* ◆ **1.3** dangling adjunct *hangende bepaling* **3.1** ⟨fig.⟩ keep s.o. dangling *iem. in het ongewisse laten/aan het lijntje houden* **6.2** ~ **about/after/round** s.o. *om iem. heen draaien* ⟨als een vlieg om de stroop⟩;
II ⟨ov.ww.⟩ **0.1** ***laten bengelen/bungelen/slingeren/schommelen*** ◆ **6.1** ⟨fig.⟩ ~ sth. **before/in front of** s.o. *iem. iets voorspiegelen/voor de neus houden, iem. met iets trachten te paaien/verleiden.*
dan·gler ['dæŋglə‖-ər]⟨telb.zn.⟩⟨inf.⟩ **0.1** ***naloper*** ⟨v. vrouwen⟩ ⇒*rokkenjager* **0.2** ***trapezewerker.***
Dan·iel ['dænɪəl]⟨zn.⟩
I ⟨eig.n.⟩⟨ook bijb.⟩ **0.1** ***Daniël;***
II ⟨telb.zn.⟩ **0.1** ***onkreukbaar rechter*** ⇒*integer iem., wijs mens.*
Dan·ish[1] ['deɪnɪʃ]⟨f2⟩⟨zn.⟩
I ⟨eig.n.⟩ **0.1** ***Deens*** ⇒*de Deense taal;*
II ⟨telb. en n.-telb.zn.⟩⟨inf.⟩ **0.1** ***Deens gebak.***
Danish[2] ⟨f2⟩⟨bn.⟩ **0.1** ***Deens*** ◆ **1.¶** ~ blue *Danish blue* ⟨blauwschimmelkaas⟩; ~ pastry *Deens gebak(je).*
'Danish 'modern ⟨n.-telb.zn.⟩ **0.1** ***modern Deens*** ⇒*blankhouten meubelen.*
dank [dæŋk]⟨f1⟩⟨bn.; -er; -ness⟩ **0.1** ***dompig*** ⇒*klam(vochtig), bedompt.*
danse ma·ca·bre ['dɑːns mə'kɑːb(rə)]⟨telb.zn.; danses macabres ['dɑːns mə'kɑːb(rə)]; →mv. 5⟩ **0.1** ***danse macabre*** ⇒*dodendans.*
dan·seur [dɑːn'sɜː‖dɑn'sɜr]⟨telb.zn.; danseurs [-'sɜː(z)lglg-'sɜr(z)]; →mv. 5⟩ **0.1** ***balletdanser.***
dan·seuse [dɑːn'sɜːz‖dɑn'suːz]⟨telb.zn.; danseuses [-'sɜːz(ɪ)zlglg-'suːz(ɪ)z]; →mv. 5⟩ **0.1** ***ballerina*** ⇒*(ballet)danseres.*
Dan·te·an[1] ['dæntɪən]⟨telb.zn.⟩ **0.1** ***Dante-kenner/specialist.***
Dantean[2], ⟨in bet. 0.2 ook⟩ **Dan·tesque** ⟨bn.⟩ **0.1** ***v./mbt. Dante*** **0.2** ***dantesk*** ⇒*in de stijl v. Dante.*
Dan·ube ['dænjuːb]⟨eig.n.⟩ **0.1** ***Donau.***
Dan·u·bi·an ['dæ'njuːbɪən‖-'nuː-]⟨bn.⟩ **0.1** ***Donau-*** ⇒*mbt. de Donau.*
dap[1] [dæp]⟨telb.zn.⟩ **0.1** ***stuit*** ⟨v. bal e.d.⟩.
dap[2] ⟨ww.; →ww. 7⟩
I ⟨onov.ww.⟩ **0.1** ⟨hengelsport⟩ ***vliegvissen*** **0.2** ***even (snel) onderduiken*** **0.3** ***stuiten*** ⟨v. bal e.d.⟩ ⇒⟨i.h.b.⟩ *keilen, scheren, kiskassen* ⟨v. steentje over water⟩;
II ⟨ov.ww.⟩ **0.1** ***even (snel) onderdompelen*** **0.2** ***laten stuiten*** ⇒⟨i.h.b.⟩ *keilen, scheren* ⟨steentje over water⟩.
daph·ne ['dæfni]⟨zn.⟩
I ⟨eig.n.; D-⟩ **0.1** ***Daphne;***
II ⟨telb.zn.⟩⟨plantk.⟩ **0.1** ***peperboompje*** ⟨genus Daphne⟩.
dap·per ['dæpə‖-ər]⟨f1⟩⟨bn.; -ly; -ness⟩ **0.1** ***keurig*** ⇒*netjes, goed verzorgd, knap uitziend, modieus* **0.2** ***parmant(ig)*** ⇒*zwierig, kwiek, levendig, dartel.*
dap·ple[1] ['dæpl]⟨telb.zn.⟩ **0.1** ***vlektekening*** ⟨bv. v. paard⟩ ⇒*spikkeling, bontheid* **0.2** ***spikkel*** ⇒*vlek* **0.3** ***gevlekt/gespikkeld dier*** ⇒⟨i.h.b.⟩ *appelschimmel.*
dapple[2], **dap·pled** ['dæpld]⟨bn.; 2e variant volt. deelw. v. dapple⟩ **0.1** ***gevlekt*** ⇒*gespikkeld, bont;* ⟨i.h.b.⟩ *appelgrauw/grijs* ⟨v. paard⟩.
dapple[3] ⟨f1⟩⟨ww.⟩
I ⟨onov.ww.⟩ **0.1** ***spikkels/vlekken krijgen;***
II ⟨ov.ww.⟩ **0.1** ***(be)spikkelen*** ⇒*met vlekken bedekken.*
'dap·ple-'grey[1] ⟨telb.zn.⟩ **0.1** ***appelschimmel*** ⟨paard⟩.
dapple-grey[2] ⟨bn.⟩ **0.1** ***appelgrauw/grijs.***
'dapsone ['dæpsoun]⟨n.-telb.zn.⟩⟨med.⟩ **0.1** ***dapsone*** ⟨geneesmiddel tegen melaatsheid/dermatitis⟩.
dar·bies ['dɑːbiz‖'dɑrbiz]⟨mv.⟩⟨BE; sl.⟩ **0.1** ***armbandjes*** ⇒*handboeien, paternosters.*
dar·by ['dɑːbi‖'dɑrbi]⟨n.-telb.zn.⟩⟨AE; inf.⟩ **0.1** ***poen*** ⇒*pegels, duiten.*
Dar·by and Joan ['dɑːbi ən 'dʒoun‖'dɑrbi-]⟨f1⟩⟨mv.⟩⟨vnl. BE⟩ **0.1** ***verknocht bejaard echtpaar*** ⇒*onafscheidelijke oudjes* **0.2** ⟨verk.⟩ ⟨Darby and Joan club⟩.
'Darby and 'Joan club ⟨telb.zn.⟩ **0.1** ***bejaardensociëteit.***
dare[1] [deə‖der]⟨telb.zn.⟩ **0.1** ***uitdaging*** ⇒*provocatie* **0.2** ***gedurfde handeling*** ⇒*moedige daad* ◆ **6.1** do sth. **for** a ~ *zich niet laten kennen, iets doen omdat men wordt uitgedaagd.*
dare[2] ⟨f3⟩⟨ww.⟩ →daring
I ⟨ov.ww.⟩ **0.1** ***aandurven*** ⇒*trotseren* **0.2** ***uitdagen*** ⇒*tarten* ◆ **1.1** she ~d the task of climbing the spire *ze durfde het aan de spits te beklimmen;* she ~d his wrath *ze trotseerde zijn woede* **1.2** she ~d Bill to hit her *ze daagde Bill uit haar te slaan* **¶.1** who ~s wins *wie waagt die wint;*
II ⟨hww.; →t2 voor onregelmatige vormen, do-operator 3.3, ww. 3⟩ **0.1** ***(aan)durven*** ⇒*het wagen, het lef hebben te* ◆ **3.1** he does not ~ to/~ not answer back *hij durft niet tegen te spreken* **3.¶** I ~ say *ik veronderstel/neem aan;* ⟨als tussenwerpsel ook⟩ *natuurlijk, waarschijnlijk;* ⟨BE⟩ *misschien* **5.1** how ~ you (say such a thing)? *hoe durf je/waag je het zoiets te zeggen?.*
'dare·dev·il ⟨f1⟩⟨telb.zn.⟩⟨ook attr.⟩ **0.1** ***waaghals*** ⇒*durfal, roekeloos iem.* ◆ **7.1** he's such a ~ (fellow) *het is zo'n waaghals/doldrieste figuur.*
'dare·dev·il·ry ⟨n.-telb.zn.⟩ **0.1** ***waaghalzerij*** ⇒*doldriestheid, lef.*
dare·say ['deə'seɪ‖'der-]⟨f1⟩⟨onov. en ov.ww.; alleen 1e pers. enk., teg. t.⟩ **0.1** ***geloven*** ⇒*denken, veronderstellen, niet ontkennen* ◆ **4.1** you're right, I ~ *waarschijnlijk heb je gelijk, je hebt ongetwijfeld gelijk.*
dar·ing[1] ['deərɪŋ‖'derɪŋ]⟨f1⟩⟨n.-telb.zn.; oorspr. gerund v. dare⟩ **0.1** ***moed*** ⇒*dapperheid, durf, lef, brutaliteit* **0.2** ***gewaagdheid*** ⇒*gedurfdheid, progressiviteit, vergaandheid.*
daring[2] ⟨f1⟩⟨bn.; -ly; -ness; teg. deelw. v. dare⟩ **0.1** ***brutaal*** ⇒*moedig, gedurfd, uitdagend, vermetel, koen* **0.2** ***gewaagd*** ⇒*gedurfd, vergaand, shockerend, op het kantje af.*
dar·i·ole ['dærioul]⟨telb.zn.⟩⟨cul.⟩ **0.1** ***timbaaltje*** ⟨puddingvorm⟩.
dark[1] [dɑːk‖dɑrk]⟨f3⟩⟨zn.⟩⟨→sprw. 12⟩
I ⟨telb. en n.-telb.zn.⟩ **0.1** ***donkere kleur/tint*** **0.2** ***donkere plaats*** ◆ **1.1** the ~ of her eyes *het donker/zwart v. haar ogen;* the lights and ~s of a painting *de lichte en donkere kleuren/het clair-obscure v.e. schilderij;*
II ⟨n.-telb.zn.⟩ **0.1** ***duister*** ⇒*duister(nis), donkerte* **0.2** ***vallen v.d. avond*** ◆ **3.¶** keep s.o. in the ~ about sth. *iem. ergens onkundig van laten;* whistle in the ~ *doen alsof men niet bang is* **6.1** **in** the ~ *in het donker;* ⟨fig.⟩ *in het geniep/geheim* **6.2** **after/before** ~ *na/voor het donker;* **at** ~ *bij het vallen v.d. avond, in de schemering* **6.¶** be **in** the ~ (about sth.) *in het duister tasten (omtrent iets).*
dark[2] ⟨f4⟩⟨bn.; -er; -ly⟩⟨→sprw. 97⟩ **0.1** ***donker*** ⇒*duister, onverlicht* **0.2** ***slecht*** ⇒*duister, verdorven, kwaad, snood* **0.3** ***somber*** ⇒*donker, zwart, triest, fronsend, dreigend* **0.4** ***verborgen*** ⇒*geheimzinnig, duister, mysterieus* **0.5** ***obscuur*** ⇒*onbegrijpelijk, duister* **0.6** ***onverlicht*** ⟨in morele/intellectuele zin⟩ ⇒*donker, duister* **0.7** ***donker*** ⇒*laag en vol* ⟨v. stem⟩ **0.8** ⟨AE; inf.⟩ ***gesloten*** ⇒*dicht* ⟨v. theater, stadion⟩ ◆ **1.1** ~ brown *donkerbruin;* ~ glasses *donkere bril, bril met getinte glazen;* ~ lantern *dievenlantaarn* **1.2** ~ powers *duistere machten* **1.3** the ~ side of things *de schaduwzijde der dingen* **1.4** in ~est Africa *in donker Afrika;* the Dark Continent *het zwarte werelddeel, Afrika;* a ~ secret *een diep geheim* **1.6** the Dark Age(s) *de Donkere Eeuw(en)* ⟨Griekse geschiedenis⟩; ~ era in history *donkere periode in de geschiedenis* **1.¶** ~ blue *sportman/vrouw v.d. universiteit v. Oxford;* ⟨elek.⟩ ~ current *donkerstroom;* ~ horse *outsider* ⟨in race⟩; *onbekende mededinger, onverwachte kandidaat* ⟨bij verkiezingen⟩; *onbekende factor* **3.¶** keep ~ *zich schuil houden;* keep sth. ~ *iets geheim houden.*
'dark-a'dapt·ed ⟨bn.⟩ **0.1** ***aan het donker geadapteerd/aangepast*** ⟨v. oog⟩.
'Dark 'Ages ⟨mv.; the⟩ **0.1** ***donkere/duistere middeleeuwen.***
dark·en ['dɑːkən‖'dɑr-]⟨f3⟩⟨ww.⟩
I ⟨onov.ww.⟩ **0.1** ***donker(der) worden*** ⇒*verduisteren, verdonkeren* **0.2** ***vertroebelen*** ⇒*vervagen, onduidelijk worden* **0.3** ***betrekken*** ⇒*bewolkt worden* **0.4** ***versomberen*** ⇒*treurig worden, uit zijn humeur raken* **0.5** ***blind worden;***
II ⟨ov.ww.⟩ **0.1** ***donker(der) maken*** ⇒*verduisteren, verdonkeren* **0.2** ***(doen) vertroebelen*** ⇒*onduidelijk maken, doen vervagen* **0.3** ***triest/somber stemmen*** ⇒*uit zijn humeur brengen* **0.4** ***blind maken*** ⇒*verblinden.*
'dark-'haired ⟨f1⟩⟨bn.⟩ **0.1** ***met donker haar*** ⇒*donkerharig.*
dark·ish ['dɑːkɪʃ‖'dɑr-]⟨bn.⟩ **0.1** ***vrij donker/duister*** ⇒*schemerig.*
dar·kle ['dɑːkl‖'dɑrkl]⟨onov.ww.⟩ →darkling **0.1** ***zich donker/vaag aftekenen*** ⇒*donker/vaag opdoemen, (half) verborgen liggen* **0.2** ***donker worden*** ⇒*verdonkeren.*
dark·ling[1] ['dɑːklɪŋ‖'dɑrk-]⟨bn.; oorspr. teg. deelw. v. darkle⟩ ⟨schr.⟩ **0.1** ***nachtelijk*** ⇒*in het donker/duister* **0.2** ***vaag*** ⇒*duister, obscuur.*
darkling[2] ⟨bw.; oorspr. teg. deelw. v. darkle⟩⟨schr.⟩ **0.1** ***duister*** ⇒*in het donker/duister.*
dark·ness ['dɑːknəs‖'dɑrk-]⟨f3⟩⟨n.-telb.zn.⟩ **0.1** ***duisternis*** ⇒⟨i.h.b.⟩ *verdorvenheid* ◆ **1.1** powers of ~ *kwade machten.*
'dark·room ⟨f1⟩⟨telb.zn.⟩⟨foto.⟩ **0.1** ***donkere kamer*** ⇒*doka.*
dark·some ['dɑːksəm‖'dɑrk-]⟨bn.⟩⟨vero.⟩ **0.1** ***duister*** ⇒*donker, somber, triest.*
dar·ky, dar·key, dar·kie ['dɑːki‖'dɑrki]⟨telb.zn.; →mv. 2; vaak D-⟩ ⟨inf.; bel.⟩ **0.1** ***zwartje*** ⇒*nikker, roetmop, dropstaaf.*
dar·ling[1] ['dɑːlɪŋ‖'dɑr-]⟨f3⟩⟨telb.zn.⟩⟨→sprw. 49⟩ **0.1** ***schat(je)*** ⇒*lieveling, lieverd, snoes(je), dot.*
darling[2] ⟨f1⟩⟨bn., attr.; ook -er; -ly; -ness⟩ **0.1** ***geliefd*** ⇒*(aller)lief*

(st) **0.2** ⟨inf.⟩ ***schattig*** *⇒snoezig* ◆ **1.1** my ~ wife *mijn geliefde echtgenote*.

darn[1] [dɑ:n‖dɑrn]⟨f1⟩⟨telb.zn.⟩ **0.1** ***stop*** *⇒gestopt gat, stopsel* **0.2** ⟨euf. voor damn⟩ ***vloek*** ◆ **3.2** I don't give a ~ *het kan me geen zier schelen*.

darn[2] ⟨f1⟩⟨bn., attr.; bw.⟩⟨euf. voor damn⟩ **0.1** ***verdraaid*** *⇒vervloekt, vermaledijd, bliksems, donders*.

darn[3] ⟨f2⟩⟨onov. en ov.ww.⟩ →darned, darning **0.1** ***stoppen*** *⇒mazen* **0.2** ⟨euf. voor damn⟩ ***(ver)vloeken*** *⇒verwensen* ◆ **1.1** ~ (a hole in) a sock *(een gat in) een sok stoppen* ¶.**2** ~ (it)! *verdraaid!, verduveld!, bliksems!, verdorie!, sodeju!, sakkerloot!*.

darned ['dɑ:nd‖'dɑrnd]⟨f2⟩⟨bn.; bw.; volt. deelw. v. darn⟩⟨euf. voor damned⟩ **0.1** ***verdraaid*** *⇒vervloekt, vermaledijd, bliksems, donders*.

dar·nel ['dɑ:nl‖'dɑr-]⟨telb. en n.-telb.zn.⟩⟨plantk.⟩ **0.1** ***raaigras*** ⟨genus Lolium⟩ ⇒⟨i.h.b.⟩ *dolik, bedwelmend raaigras, hondsdravik* ⟨L. temulentum⟩, *Engels raaigras* ⟨L. perenne⟩.

darn·er ['dɑ:nə‖'dɑrnər]⟨telb.zn.⟩ **0.1** ***stopper/ster*** **0.2** ***stopmachine*** ⟨voor weefsels⟩ **0.3** ***stopnaald*** **0.4** ***maasbal***.

darn·ing ['dɑ:nɪŋ‖'dɑr-]⟨telb. en n.-telb.zn.; oorspr. gerund v. darn⟩ **0.1** ***stop/maaswerk*** *⇒het stoppen/mazen, stoppage, te stoppen textiel*.

'darning egg ⟨telb.zn.⟩ **0.1** ***maasbal***.

'darning needle ⟨telb.zn.⟩ **0.1** ***stopnaald*** **0.2** ⟨AE; inf.⟩ ***waterjuffer*** *⇒libelle* ⟨orde Odonata⟩.

'darning stitch ⟨telb. en n.-telb.zn.⟩ **0.1** ***stopsteek***.

darst ⟨2e pers. enk. teg. t., vero. of relig.; →t2⟩ →dare.

dart[1] [dɑ:t‖dɑrt]⟨f1⟩⟨telb.zn.⟩ **0.1** ***pijl(tje)*** *⇒werpschicht/spies/pijltje, dart* **0.2** ***pluimpje*** ⟨voor windbuks⟩ **0.3** ***angel*** ⟨v. insekt⟩ **0.4** ***(plotselinge/scherpe) uitval*** ⟨ook fig.⟩ *⇒steek, sprong* **0.5** ***figuurnaad(je)*** ◆ **1.4** ~s of sarcasm *sarcastische uitvallen* **3.4** make a ~ for the door *met een sprong bij de deur trachten te komen, een uitval doen naar de deur*.

dart[2] ⟨f2⟩⟨ww.⟩

I ⟨onov.ww.⟩ **0.1** ***(toe/weg)snellen/schieten/stuiven/stormen*** **0.2** ***een projectiel werpen*** *⇒een speer gooien, een pijl afschieten* ◆ **5.1** ~ **across** *snel oversteken, overhollen;* ~ **along/away/out** *langs/weg/naar buiten snellen/schieten/stuiven/stormen;*

II ⟨ov.ww.⟩ **0.1** ***(toe)werpen*** *⇒schieten, plotseling richten op* **0.2** ***plotseling uitsteken*** *⇒priemen* ◆ **1.1** ~ a glance/look at *een (plotselinge/scherpe) blik toewerpen* **5.2** ~ **out** one's tongue *(vliegensvlug) zijn tong uitsteken* ⟨v. slang⟩.

'dart·board ⟨f1⟩⟨telb.zn.⟩ **0.1** ***dartboard*** ⇒⟨B.⟩ *vogelpikschijf*.

dart·er ['dɑ:tə‖'dɑrt̬ər]⟨telb.zn.⟩ **0.1** ***(speer)werper*** **0.2** ***schicht*** *⇒iem. die zich snel beweegt* **0.3** ⟨dierk.⟩ ***slangehalsvogel*** ⟨genus Anhinga⟩ **0.4** ⟨dierk.⟩ ***echte baars*** ⟨fam. Percidae⟩.

'Dart·ford 'warbler ['dɑ:tfəd‖dɑrtfərd]⟨telb.zn.⟩⟨dierk.⟩ **0.1** ***provençaalse grasmus*** ⟨Sylvia undata⟩.

dar·tle ['dɑ:tl‖'dɑrt̬l]⟨ww.⟩

I ⟨onov.ww.⟩ **0.1** ***heen en weer schieten*** *⇒flitsen;*

II ⟨ov.ww.⟩ **0.1** ***uitstoten*** *⇒schieten* ⟨vonken e.d.⟩.

Dart·moor ['dɑ:tmɔ:,-mʊə‖'dɑrtmʊr,-mɔr]⟨eig.n.⟩ **0.1** ***Dartmoor*** ⟨heidegebied in Devonshire⟩ **0.2** ***Dartmoor*** *⇒de Dartmoor-gevangenis*.

'Dartmoor 'pony ⟨telb.zn.⟩ **0.1** ***Dartmoor-pony***.

'Dartmoor 'sheep ⟨telb.zn.⟩ **0.1** ***Dartmoor-schaap***.

dar·tre ['dɑ:tə‖'dɑrt̬ər]⟨telb. en n.-telb.zn.⟩⟨med.⟩ **0.1** ***huiduitslag*** *⇒dartre,* ⟨i.h.b.⟩ *herpes*.

darts [dɑ:ts‖dɑrts]⟨n.-telb.zn.⟩ **0.1** ***darts*** *⇒pijltjeswerpen,* ⟨B.⟩ *vogelpik*.

'darts 'cricket ⟨n.-telb.zn.⟩⟨spel⟩ **0.1** ***dartscricket*** ⟨pijltjeswerpen door teams met puntenscoring enz. zoals bij cricket⟩.

'darts 'football ⟨n.-telb.zn.⟩⟨spel⟩ **0.1** ***dartsvoetbal*** ⟨pijltjeswerpen door twee spelers die per keer drie pijltjes werpen met puntenscoring zoals bij voetbal⟩.

Dar·win·ism ['dɑ:wɪnɪzm‖'dɑr-]⟨n.-telb.zn.⟩ **0.1** ***darwinisme*** *⇒(evolutie)leer v. Darwin*.

Dar·win·ist[1] ['dɑ:wɪnɪst‖'dɑr-]⟨telb.zn.⟩ **0.1** ***darwinist*** *⇒aanhanger v.h. darwinisme*.

Darwinist[2], **Dar·win·i·an** [dɑ:'wɪnɪən‖dɑr-], **Dar·win·is·tic** [dɑ:wɪ'nɪstɪk‖dɑr-]⟨bn.⟩ **0.1** ***darwinistisch***.

dash[1] [dæʃ]⟨f2⟩⟨zn.⟩

I ⟨telb.zn.⟩ **0.1** ⟨ben. voor⟩ ***kleine hoeveelheid (in/door groter geheel)*** *⇒ietsje, tik(kelt)je; scheutje, tik; zweempje; tintje; snu(i)fje* **0.2** ***(snelle, krachtige) slag*** *⇒mep, lel, dreun* **0.3** ***spurt*** *⇒sprint, uitval, uitbreekpoging, stormloop* **0.4** ⟨g. mv.⟩ ***geklets*** *⇒gekabbel, geklater, gekletter, (ge)plas, plens* **0.5** ***penne/penseelstreek*** **0.6** ***streep*** ⟨in morsealfabet⟩ **0.7** ⟨druk.⟩ ***kastlijn*** *⇒gedachtenstreep (je)* **0.8** ⟨muz.⟩ ***extra-staccatoteken*** **0.9** ⟨BE; sl.⟩ ***steekpenningen*** *⇒smeergeld, omkoping* **0.10** ⟨verk.⟩⟨inf.⟩ ⟨dashboard⟩ ***dashboard*** ◆ **1.1** ~ of red *zweempje rood* **1.3** the 100 metres ~ *de honderd meter sprint* **1.4** a ~ of cold water *een plens koud water;* the ~ of waves *golfgeklots* **1.6** dots and ~es *punten en strepen* **3.3** the prisoners made a ~ for freedom *de gevangenen deden een snelle uitbreekpoging* **3.**¶ cut a ~ *de show stelen, een wervelende indruk maken* **6.**¶ **at** a ~ *met veel verve;*

II ⟨n.-telb.zn.⟩ **0.1** ***elan*** *⇒zwier, durf, daadkracht, energie*.

dash[2] ⟨f3⟩⟨ww.⟩ →dashed, dashing

I ⟨onov.ww.⟩ **0.1** ***(vooruit)stormen*** *⇒(zich) storten, denderen* **0.2** ***(rond)banjeren*** *⇒(met veel vertoon) rondspringen, rondspankeren* ◆ **3.1** I'm afraid I must ~ now *en nu moet ik er als de bliksem vandoor* **5.1** ~ **along/past** *voorbijstuiven;* ~ **away** *wegstormen, zich uit de voeten maken;* ~ **off** *er (als de gesmeerde bliksem) vandoor gaan;* ~ **up** *komen aansnellen, snel komen aanrijden* **5.2** ~ **about** *rondbanjeren* **6.1** heavy seas ~ed **over** the bows *zware zeeën sloegen over de boeg;*

II ⟨onov. en ov.ww.⟩ **0.1** ***(met grote kracht) slaan*** *⇒smijten, kwakken, beuken, uiteen (doen) spatten, te pletter slaan* ◆ **1.1** the fish bowl ~ed to pieces *de viskom spatte aan stukken* **4.1** ~ o.s. against the enemy *zich op de vijand storten* **5.1** ~ **down** *neersmijten* **6.1** the waves ~ed **against** the rocks *de golven beukten tegen de rotsen;*

III ⟨ov.ww.⟩ **0.1** ***vermorzelen*** *⇒vernietigen, verbrijzelen, verpletteren;* ⟨fig.⟩ *de bodem inslaan, verijdelen* **0.2** ***(be)spatten*** *⇒besmeuren, (be)sprenkelen* **0.3** ***snel/gehaast doen*** **0.4** ⟨inf.; euf. voor damn⟩ ***vervloeken*** *⇒verwensen* **0.5** ⟨sl.⟩ ***stieken*** *⇒omkopen* **0.6** ***doorspekken*** *⇒larderen, vermengen met, versnijden, verlevendigen* **0.7** ***verwarren*** *⇒in verlegenheid brengen, paf/met de mond vol tanden doen staan* **0.8** ***terneerslaan*** *⇒ontmoedigen, uit het veld slaan* ◆ **1.1** all my expectations were ~ed *al mijn verwachtingen werden de bodem ingeslagen* **4.4** ~ it (all)! *verdraaid!, sakkerloot!, nondeju!* **5.1** ~ one's/s.o.'s brains **out** *zijn hersenpan kraken/verbrijzelen/iem. de hersens inslaan* **5.3** ~ **away** a tear/one's tears *een traan wegpinken/zijn tranen (haastig) wegvegen;* ~ sth. **down/off** *iets nog even gauw doen/eruit stampen/afraffelen* **6.2** ~ mud **over** sth., ~ sth. **with** mud *iets met modder bespatten/besmeuren*.

'dash·board ⟨f1⟩⟨telb.zn.⟩ **0.1** ***dash-board*** ⟨v. auto, vliegtuig, e.d.⟩ **0.2** ***spatscherm*** ⟨v. rijtuig⟩.

dashed [dæʃt]⟨bn.; volt. deelw. v. dash⟩

I ⟨bn.⟩ **0.1** ***teleurgesteld*** *⇒beteuterd, ontmoedigd;*

II ⟨bn., attr.⟩⟨BE; euf. voor damned⟩ **0.1** ***verdraaid*** *⇒verduiveld, bliksems, deksels*.

da·sheen [dæ'ʃi:n]⟨telb.zn.⟩⟨cul., plantk.⟩ **0.1** ***taro*** ⟨Colocasia esculenta⟩.

dash·er ['dæʃə‖-ər]⟨telb.zn.⟩ **0.1** ⟨inf.⟩ ***opgewonden standje*** *⇒branie(schopper), lefgozer* **0.2** ⟨tech.⟩ ***karnstok*** *⇒(karn)tril, roerstok*.

da·shi·ki [dɑ:'ʃi:ki]⟨telb.zn.⟩ **0.1** ***dashiki*** *⇒kleurige tuniek* ⟨vnl. v. mannen⟩.

dash·ing ['dæʃɪŋ]⟨f2⟩⟨bn.; teg. deelw. v. dash; -ly⟩ **0.1** ***onstuimig*** *⇒driest, brutaal, vol bravoure* **0.2** ***levendig*** *⇒bedrijvig, beweeglijk* **0.3** ***energiek*** *⇒wilskrachtig* **0.4** ***opzichtig*** *⇒schitterend, opvallend, zwierig, (over)elegant, chic*.

'dash·pot ⟨telb.zn.⟩ **0.1** ***buffer*** *⇒(slag/schok)demper*.

das·sie ['dæsi,'dɑ:si]⟨telb.zn.⟩⟨Z. Afr. E; dierk.⟩ **0.1** ***klipdas*** ⟨genus Procavia⟩ ⇒⟨i.h.b.⟩ *Kaapse klipdas* ⟨P. capensis⟩ **0.2** ***zwartstaart*** ⟨vis; Diplodus sargus⟩.

das·tard ['dæstəd‖-tərd]⟨telb.zn.⟩ **0.1** ***flapdrol*** *⇒schijtlijster, held op sokken, labbekak, stuk geniep*.

das·tard·ly ['dæstədli‖-tərdli]⟨bn.; -ness; →bijw. 3⟩ **0.1** ***laf/laaghartig*** *⇒geniepig, achterbaks, min*.

das·y·ure ['dæsiʊə‖-ʊr]⟨telb.zn.⟩⟨dierk.⟩ **0.1** ***gevlekte buidelmarter*** ⟨genus Dasyurus⟩.

DAT [dæt]⟨telb. en n.-telb.zn.⟩⟨afk.⟩ Digital Audio Tape **0.1** ***DAT*** ⟨digitale geluidsband/tape⟩.

data ⟨thans vaak n.-telb.zn.⟩ →datum II.

'data bank ⟨f1⟩⟨telb.zn.⟩⟨comp.⟩ **0.1** ***databank*** *⇒gegevensbank*.

'data base ⟨telb.zn.⟩⟨comp.⟩ **0.1** ***database***.

'database management ⟨n.-telb.zn.⟩⟨comp.⟩ **0.1** ***databasebeheer***.

'data link ⟨telb.zn.⟩⟨comp.⟩ **0.1** ***gegevensverbinding***.

'data 'proc·ess·ing ⟨f1⟩⟨n.-telb.zn.⟩⟨comp.⟩ **0.1** ***gegevensverwerking***.

'data processor ⟨telb.zn.⟩⟨vnl. comp.⟩ **0.1** ***gegevensverwerkende machine***.

'data set ⟨telb.zn.⟩⟨comp.⟩ **0.1** ***bestand***.

'data sheet ⟨telb.zn.⟩ **0.1** ***informatieblad*** *⇒gegevensblad*.

'data structure ⟨telb.zn.⟩⟨comp.⟩ **0.1** ***gegevensstructuur*** *⇒datastructuur*.

'data trans'mission ⟨n.-telb.zn.⟩⟨comp.⟩ **0.1** ***datatransmissie*** *⇒overdracht v. gegevens*.

date[1] [deɪt]⟨f4⟩⟨zn.⟩⟨→sprw. 233⟩

I ⟨telb.zn.⟩ **0.1** ***dadel*** **0.2** ⟨verk.⟩ ⟨date palm⟩ **0.3** ***datum*** *⇒dagtekening, datering, jaartal, dag v. d. maand* **0.4** ***afspraak*** ⇒⟨inf.⟩ *afspraakje* **0.5** ⟨vnl. AE; inf.⟩ ***vriend(innet)je*** *⇒partner, 'afspraakje', scharreltje* **0.6** ***optreden*** ◆ **3.4** we made a ~ to meet tomorrow *we hebben afgesproken morgen bij elkaar te komen* **3.6** Maze are playing seven ~s in Britain *Maze treedt zevenmaal op/heeft zeven optredens in Groot-Brittannië* **4.4** it's a ~ *afgesproken;*
II ⟨telb. en n.-telb.zn.⟩ **0.1** ***tijd(perk)*** *⇒periode* **0.2** ***(levens)duur*** ◆ **2.1** of (an) early/(a) late ~ *uit een vroege/late periode* **3.¶** go out of ~ *verouderen; ouderwets worden; in onbruik raken* **6.¶** **out of** ~ *verouderd; uit de tijd, ouderwets; in onbruik; niet bij de tijd;* **to** ~ *tot op heden;* **up to** ~ *bij (de tijd), modern, geavanceerd, up to date; volledig bijgewerkt;* bring **up to** ~ *bijwerken, moderniseren;*
III ⟨mv.; ~s⟩ **0.1** ***geboorte- en sterfjaar.***
date[2] ⟨f3⟩ ⟨ww.⟩ →dated
I ⟨onov.ww.⟩ **0.1** ***verouderen*** *⇒uit de tijd raken/zijn, ouderwets aandoen, gedateerd zijn, het stempel dragen* **0.2** ***dateren*** **0.3** ***(chronologisch) rekenen*** **0.4** ⟨vnl. AE; inf.⟩ ***afspraakjes hebben*** *⇒uitgaan, omgaan, vrijen* ◆ **6.2** ~ **back to** *stammen/dagtekenen uit, dateren uit/van, bestaan sinds;* ~ **from** *stammen/dagtekenen uit, dateren uit/van, bestaan sinds; zijn oorsprong vinden in, te danken zijn aan* **6.3** historians ~ **by** years *historici rekenen in jaren;*
II ⟨ov.ww.⟩ **0.1** ***dateren*** *⇒dagtekenen, van datum voorzien* **0.2** ***dateren*** *⇒de datum/ouderdom vaststellen van* **0.3** ***de ouderdom verraden van*** *⇒een ouderwets cachet verlenen aan* **0.4** ***omgaan/uitgaan met*** *⇒afspraakjes hebben met, vrijen met* ◆ **1.2** ~ a painting *een schilderij dateren* **4.3** that ~s me, doesn't it! *nu weet je meteen hoe oud ik ben!* **4.4** ~ each other *met elkaar omgaan, bevriend zijn* **5.4** all the girls were ~d **up** *alle meisjes hadden (al) een afspraakje* **6.2** ~ sth. **to** a certain period *iets aan een bepaald tijdvak/tijdperk toeschrijven* **6.3** the model of the car ~s it **at** about 1900 *gezien het model dateert de auto van rond 1900.*
dat(e)·able ['deɪṭəbl] ⟨bn.⟩ **0.1** ***dateerbaar.***
dat·ed ['deɪṭɪd] ⟨f2⟩ ⟨bn.; volt. deelw. v. date⟩ **0.1** ***ouderwets*** *⇒gedateerd, verouderd.*
date·less ['deɪtləs] ⟨bn.; -ness⟩ **0.1** ***ongedateerd*** *⇒datumloos, zonder datum* **0.2** ***tijd(e)loos*** *⇒niet verouderend, onvergankelijk* **0.3** ***onheuglijk (oud)*** *⇒oeroud, eeuwenoud.*
'date·line ⟨telb.zn.⟩ **0.1** ***dagtekening (v. kranteartikel).***
date line ⟨telb.zn.⟩ **0.1** ***datumgrens/lijn.***
'date palm ⟨telb.zn.⟩ ⟨plantk.⟩ **0.1** ***dadel(palm)*** *⇒dadelboom* ⟨Phoenix dactylifera⟩.
'date plum ⟨telb.zn.⟩ ⟨plantk.⟩ **0.1** ***dadelpruim*** ⟨genus Diospyros⟩ ⇒⟨i.h.b.⟩ *lotusboom, Indiaanse bastaardlotus* ⟨D. lotus⟩.
'date-stamp ⟨telb.zn.⟩ **0.1** ***datumstempel*** *⇒dagtekeningstempel.*
'dat·ing bar ⟨telb.zn.⟩ ⟨inf.⟩ **0.1** ***vrijgezellenkroeg*** *⇒kenningsmakingscafé.*
da·tive[1] ['deɪṭɪv] ⟨telb.zn.⟩ ⟨taalk.⟩ **0.1** ***datief*** *⇒derde naamval, datiefvorm/constructie.*
dative[2], ⟨in bet. 0.1 ook⟩ **da·ti·val** ['deɪtaɪvl] ⟨bn.; -ly⟩ **0.1** ⟨taalk.⟩ ***datief-*** *⇒v./mbt./in de/een datief* **0.2** ⟨Sch. E; jur.⟩ ***datief*** *⇒door de rechter benoemd* ◆ **1.1** ~ case *datief, derde naamval.*
da·tum ['deɪtəm, 'dɑ:təm‖'deɪṭəm, 'dæṭəm] ⟨f2⟩ ⟨zn.; data ['deɪtə, 'dɑ:tə‖'deɪṭə, 'dæṭə], in bet. I 0.2 en 0.3 vnl. ~s; →mv. 5⟩
I ⟨telb.zn.⟩ **0.1** ***feit*** *⇒gegeven* **0.2** ***nulpunt*** ⟨v. schaal e.d.⟩ ⇒⟨i.h.b.⟩ *(gemiddeld laag-)waterpeil* **0.3** ⟨tech.⟩ ***reductievlak*** *⇒kaartniveau* ◆ **1.1** a ~ of experience *een ervaringsfeit;*
II ⟨mv.; data; ww. vnl. enk.⟩ **0.1** ***gegevens*** *⇒data, informatie* ⟨ook computer⟩ ◆ **3.1** the data is being prepared for processing *de informatie wordt gereedgemaakt voor verwerking.*
'datum line ⟨telb.zn.⟩ **0.1** ***nullijn*** *⇒uitgangspunt.*
da·tu·ra [də'tjʊərə‖də'tʊrə] ⟨telb.zn.⟩ ⟨plantk.⟩ **0.1** ***doornappel*** ⟨genus Datura⟩.
daub[1] [dɔ:b] ⟨f1⟩ ⟨zn.⟩
I ⟨telb.zn.⟩ **0.1** ***lik*** *⇒klodder, smeer* **0.2** ***kladschilderij*** *⇒kladderwerk* ◆ **1.1** ~ of butter/paint *lik boter/verf;*
II ⟨telb. en n.-telb.zn.⟩ **0.1** ⟨ben. voor⟩ ***kleverige substantie*** ⇒⟨i.h.b.⟩ *(muur)pleister, pleisterkalk/leem; modder; olie; vet.*
daub[2] ⟨f1⟩ ⟨ww.⟩
I ⟨onov.ww.⟩ **0.1** ***kliederen*** *⇒kladden* **0.2** ***kladschilderen*** *⇒klodderen;*
II ⟨ov.ww.⟩ **0.1** ***besmeren*** *⇒bekladden, besmeuren, volkliederen, kwakken, bespatten* ◆ **6.1** mud was ~ed **onto** his boots/his boots were ~ed **with** mud *zijn laarzen zaten onder de modder(spatten);* ~ paint **on(to)** a wall/~ a wall **with** paint *verf op een muur kwakken.*
daube ['doʊb] ⟨telb. en n.-telb.zn.⟩ ⟨cul.⟩ **0.1** ***daube*** ⟨gemarineerde rundvleesstoofschotel⟩.
daub·er ['dɔ:bə‖-ər] ⟨telb.zn.⟩ **0.1** ***kladschilder*** *⇒kliederaar* **0.2** ***stukadoor.***
daub·e·ry ['dɔ:bri] ⟨n.-telb.zn.⟩ **0.1** ***klieder/knoeiwerk.***
daub·ster ['dɔ:bstə‖-ər] ⟨telb.zn.⟩ **0.1** ***kladschilder*** *⇒kliederaar.*
daub·y ['dɔ:bi] ⟨bn.; -er; →compar. 7⟩ **0.1** ***kliederig*** *⇒smerig, slordig* **0.2** ***kleverig*** *⇒plakkerig.*
daugh·ter ['dɔ:tə‖'dɔṭər] ⟨f3⟩ ⟨telb.zn.⟩ ⟨→sprw. 279⟩ **0.1** ***dochter*** ⟨ook fig. en nat.⟩ **0.2** ⟨biol.⟩ ***dochtercel*** ◆ **1.1** Spanish is a ~ (language) of Latin *het Spaans is een dochtertaal v.h. Latijn;* Daughters of the American Revolution *Dochters van de Amerikaanse Revolutie* ⟨patriottisch vrouwengenootschap in de U.S.A.⟩ **1.¶** a ~ of Eve *een dochter Eva's* ⟨voor nieuwsgierige/ijdele vrouw⟩.
'daugh·ter-in-law ⟨f1⟩ ⟨telb.zn.; daughters-in-law; →mv. 6⟩ **0.1** ***schoondochter.***
daugh·ter·ly ['dɔ:təli‖'dɔṭərli] ⟨bn.⟩ **0.1** ***dochterlijk*** *⇒zoals het een dochter betaamt.*
daunt [dɔ:nt] ⟨f1⟩ ⟨ov.ww.⟩ **0.1** ***ontmoedigen*** *⇒intimideren, afschrikken, vrees aanjagen* **0.2** ***in het vat persen*** ⟨haringen e.d.⟩ ◆ **5.1** nothing ~ed *onverdroten, onverschrokken, onvervaard.*
daunt·less ['dɔ:ntləs] ⟨f1⟩ ⟨bn.; -ly; -ness⟩ **0.1** ***onverschrokken*** *⇒onbevreesd, onvervaard, onversaagd* **0.2** ***volhardend*** *⇒vasthoudend, niet aflatend, onverdroten.*
dau·phin ['dɔ:fɪn] ⟨telb.zn.; ook D-⟩ ⟨gesch.⟩ **0.1** ***dauphin*** ⟨Fr. kroonprins⟩.
dau·phin·ess ['dɔ:fɪnɪs], **dau·phine** ['dɔ:fi:n] ⟨telb.zn.⟩ ⟨gesch.⟩ **0.1** ***dauphine*** ⟨gemalin v. Fr. kroonprins⟩.
dauw ['daʊ] ⟨telb.zn.⟩ ⟨dierk.⟩ **0.1** ***dauw*** *⇒Burchell-zebra* ⟨Equus quagga burchelli⟩.
dav·en·port ['dævnpɔ:t‖-pɔrt] ⟨telb.zn.⟩ **0.1** ⟨BE⟩ ⟨ong.⟩ ***secretaire*** *⇒schrijfmeubel* **0.2** ⟨AE⟩ ***(zitslaap)bank.***
Da·vid·ic [deɪ'vɪdɪk] ⟨bn.⟩ **0.1** ***Davidisch.***
Da·vis apparatus ['deɪvɪs æpə,reɪtəs‖-,ræṭəs] ⟨telb.zn.⟩ ⟨scheep.⟩ **0.1** ***davisapparaat/toestel*** ⟨voor ontsnapping uit gezonken duikboot⟩.
da·vit ['dævɪt, 'deɪvɪt] ⟨telb.zn.⟩ ⟨scheep.⟩ **0.1** ***davit*** **0.2** ***kraanbalk*** *⇒laadboom, giek.*
da·vy ['deɪvi] ⟨telb.zn.; verbastering v. affidavit; →mv. 2⟩ ⟨sl.⟩ **0.1** ***eed*** ◆ **3.1** take one's ~ *een eed doen, zweren.*
Da·vy ['deɪvi], **'Davy lamp** ⟨telb.zn.; →mv. 2⟩ ⟨mijnw.⟩ **0.1** ***davylamp*** *⇒daviaan, mijnwerkerslamp.*
Davy Jones ['deɪvi 'dʒoʊnz] ⟨eig.n.⟩ ⟨inf.; scheep.⟩ **0.1** ***Davy Jones*** ⟨boze zeegeest⟩.
'Davy Jones's 'locker ⟨telb.zn.⟩ ⟨inf.; scheep.⟩ **0.1** ***dieperik*** *⇒(eerlijk) zeemansgraf* ◆ **3.1** go to ~ *naar de kelder gaan.*
daw [dɔ:] ⟨telb.zn.⟩ ⟨verk.⟩ jackdaw ⟨dierk.⟩ **0.1** ***kauw*** *⇒torenkraai* ⟨Corvus monedula⟩.
daw·dle[1] ['dɔ:dl] ⟨zn.⟩
I ⟨telb.zn.⟩ →dawdler;
II ⟨telb. en n.-telb.zn.⟩ **0.1** ***beuzelarij*** *⇒gelummel, gelanterfant* **0.2** ***treuzelarij*** *⇒geteut.*
dawdle[2] ⟨f1⟩ ⟨ww.⟩
I ⟨onov.ww.⟩ **0.1** ***lanterfanten*** *⇒(rond)lummelen/hangen, beuzelen* **0.2** ***treuzelen*** *⇒teuten* ◆ **6.2** ~ **over** one's food *kieskauwen, met lange tanden eten;*
II ⟨ov.ww.⟩ **0.1** ***verbeuzelen*** ◆ **5.1** ~ **away** *verlummelen, verprutsen, verspillen.*
daw·dler ['dɔ:dlə‖-ər] ⟨telb.zn.⟩ **0.1** ***lanterfanter*** *⇒leegloper, beuzelaar* **0.2** ***teut*** *⇒treuzel(aar).*
dawk, dak [dɔ:k] ⟨telb. en n.-telb.zn.⟩ ⟨Ind. E; gesch.⟩ **0.1** ***(post)vervoer*** ⟨van pleisterplaats tot pleisterplaats⟩.
'dawk bungalow ⟨telb.zn.⟩ **0.1** ***pleisterplaats*** ⟨voor reizende ambtenaren in India⟩.
dawn[1] [dɔ:n] ⟨f3⟩ ⟨telb. en n.-telb.zn.⟩ ⟨→sprw. 97⟩ **0.1** ***dageraad*** ⟨ook fig.⟩ *⇒ochtendgloren, morgenrood, zonsopgang, eerste begin, geboorte* ◆ **1.1** the ~ of civilization *de ochtendstond der beschaving* **3.1** ~ is breaking *de dag breekt aan* **6.1** **at** ~ *bij het krieken v.d. dag;* **from** ~ **till** dark *van de ochtend tot de avond, van vroeg tot laat.*
dawn[2] ⟨f2⟩ ⟨onov.ww.⟩ →dawning **0.1** ***dagen*** ⟨ook fig.⟩ *⇒licht worden, aanbreken, beginnen door te dringen, duidelijk worden, aan het licht komen* ◆ **1.1** the day is ~ing *de dag breekt aan, het wordt licht* **6.1** it ~ed **on** me *het begon me te dagen, ik begon te beseffen;* reality began to ~ **upon** her *de werkelijkheid begon tot haar door de dringen.*
'dawn 'chorus ⟨telb.zn.⟩ **0.1** ***morgenkoor v. vogels.***
dawn·ing ['dɔ:nɪŋ] ⟨telb. en n.-telb.zn.; (oorspr.) gerund v. dawn⟩ **0.1** ***dageraad*** ⟨ook fig.⟩ *⇒ochtendgloren, zonsopgang, eerste begin.*
day [deɪ] ⟨f4⟩ ⟨zn.⟩ ⟨→sprw. 24, 54, 84, 153, 269, 285, 414, 540, 598, 637, 756⟩
I ⟨telb.zn.⟩ **0.1** ***dag*** *⇒etmaal* **0.2** ***werkdag*** **0.3** ⟨in samenst.⟩ ***(hoogtij)dag*** **0.4** ***tijdstip*** *⇒gelegenheid, dag* **0.5** ***jour*** *⇒ontvangdag* ◆ **1.1** ⟨Z. Afr. E⟩ Day of the Covenant *dag v.h. verbond* ⟨16 de-

cember⟩; ⟨BE⟩ this ~ fortnight *vandaag over veertien dagen; vandaag veertien dagen geleden;* ~ of judgement *dag des oordeels;* ⟨BE⟩ this ~ month *vandaag over een maand; vandaag een maand geleden;* ~ and night / night and ~ *dag en nacht;* ~ of reckoning *dag der afrekening;* ~ of rest *sabbat;* the ~ after tomorrow *overmorgen;* ⟨BE⟩ this ~ week *vandaag over een week; vandaag een week geleden;* the ~ before yesterday *eergisteren* **1.¶** come after the ~ of the fair *als mosterd na de maaltijd komen; achter het net vissen;* come the ~ before the fair *(ergens) te vroeg (mee) komen;* ⟨hand.⟩ ~s of grace *respijtdagen;* all in a / the ~'s work *de normale gang v. zaken, wat er zo bijhoort;* a good ~'s work *een produktief dagje* **3.1** work ~s *overdag werken, dagdienst hebben* **3.¶** call it a ~ *het bijltje erbij neergooien, het voor gezien houden, het welletjes vinden;* let's call it a ~ *laten we er een punt achter zetten;* end one's ~s *zijn laatste dagen slijten; sterven;* make a ~ of it *een dagje doorhalen;* make s.o.'s ~ *iemands dag goedmaken, iem. de dag v. zijn leven bezorgen;* name the ~ *de huwelijksdag vaststellen;* your ~s are numbered *je dagen zijn geteld;* wear through the ~ *de dag doorkomen* **4.1** ⟨inf.⟩ from ~ one *meteen, vanaf de eerste dag* **4.¶** one of these (fine) ~s *vandaag of morgen, een dezer dagen;* one of those ~s *zo'n dag waarop alles tegenzit* **5.1** ~ **in,** ~ **out** *dag in, dag uit; dag aan dag;* ~ **out** *dagje uit* **5.2** ~ **off** *vrije dag, dag vrij* **5.¶** not (have) one's ~ *zijn dag niet (hebben)* **6.1** ~ **after** ~ *dag in, dag uit, dag aan dag;* ~ **by** ~, from ~ **to** ~ *dagelijks, v. dag tot dag, continu* **6.¶ from** one ~ **to** the next *van vandaag op morgen;* **on** one's ~ *op het toppunt v. zijn kunnen* **7.4** any ~ *te allen tijde;* one ~ *op een / zekere dag, eens;* some ~ *eens, eenmaal, op een keer; bij gelegenheid* **7.¶** ⟨inf.⟩ every other ~ *om de haverklap* **8.¶** she's thirty if she's a ~ *ze is op zijn minst dertig;*

II ⟨telb. en n.-telb.zn.⟩ **0.1** ***dag*** ⇒*daglicht, periode dat het licht is* **0.2** ***tijd*** ⇒*periode, dag(en)* ◆ **1.2** (in) ~s of old / yore *(in) vroeger tijden* **2.2** (in) olden ~s *(in) vroeger tijden* **3.2** he's had his ~ *hij heeft zijn tijd gehad;* have one's ~ *populair zijn;* I have seen the ~ when *ik heb het nog meegemaakt dat, in mijn tijd* **4.2** those were the ~s *dat waren pas / nog eens tijden;* ⟨iron.⟩ *toen was het ook niet alles* **4.¶** that will be the ~ *dat wil ik zien;* ⟨iron.⟩ *vergeet het maar* **5.¶** late in the ~ *te elfder ure; op het nippertje; als mosterd na de maaltijd* **6.1 before** ~ *voor zonsopgang;* ⟨vnl. schr.⟩ **by** ~ *overdag* **6.2 at** the present ~ *op de dag v. vandaag, heden ten dage;* **in** one's ~ *in iemands tijd / leven;* **in** the ~s **of** *ten tijde van* **6.¶ to** the / a ~ *op de dag af;* **to** this ~ *tot op de dag v. vandaag, tot op heden* **7.2** the men of other ~s *de mensen uit vroeger tijden;* questions of the ~ *hedendaagse / actuele vraagstukken;* (in) these ~s *tegenwoordig, vandaag de dag;* (in) this ~ and age *vandaag de dag;* in those ~s *in die dagen, destijds* **7.¶** the other ~ *onlangs, pas geleden;*

III ⟨n.-telb.zn.; the⟩ **0.1** ***slag*** ⇒*strijd* **0.2** ***overwinning*** ⇒*zege* ◆ **3.1** carry / save / win the ~ *de slag winnen;* lose the ~ *de slag verliezen* **4.2** the ~ is ours *we hebben gezegevierd;*

IV ⟨mv.; ~s⟩ **0.1** ***levensdagen*** ⇒*leven* ◆ **3.1** spend one's ~s in solitude *zijn leven in eenzaamheid slijten.*

Dayak →Dyak.

'day bed ⟨telb.zn.⟩ **0.1** ***(zit / slaap)bank.***

'day-board·er ⟨telb.zn.⟩ ⟨school.⟩ **0.1** ***overblijver / blijfster*** ⇒*halvekostleerling(e).*

'day·book ⟨telb.zn.⟩ **0.1** ⟨boekhouden⟩ ***dagboek*** ⇒*kladboek, ligger, memoriaal, journaal* **0.2** ⟨AE⟩ ***dagboek.***

'day-boy, 'day-girl ⟨telb.zn.⟩ ⟨BE⟩ **0.1** ***externe leerling*** ⇒*dagscholier.*

'day·break ⟨f1⟩ ⟨n.-telb.zn.⟩ **0.1** ***dageraad*** ⇒*het aanbreken v.d. dag, zonsopgang.*

'day-care ⟨f1⟩ ⟨n.-telb.zn.; vaak attr.⟩ **0.1** ***opvang*** ⇒*kinderopvang* ◆ **1.1** ~ centre *crèche, kinderdagverblijf,* ⟨B.⟩ *kinderkribbe.*

'day·centre ⟨telb.zn.⟩ **0.1** ***dagverblijf.***

'day·dream[1] ⟨f1⟩ ⟨telb.zn.⟩ **0.1** ***dagdroom*** ⇒*mijmering, luchtkasteel.*

daydream[2] ⟨f2⟩ ⟨onov.ww.⟩ **0.1** ***dagdromen*** ⇒*mijmeren.*

'day·dream·er ⟨telb.zn.⟩ **0.1** ***dagdromer.***

'day·fly ⟨telb.zn.⟩ ⟨dierk.⟩ **0.1** ***eendagsvlieg*** ⟨orde Ephemeroptera⟩.

'day labourer ⟨telb.zn.⟩ **0.1** ***dagloner*** ⇒*daggelder, los arbeider.*

'day letter ⟨telb.zn.⟩ ⟨AE⟩ **0.1** ***brieftelegram.***

'day·light ⟨f2⟩ ⟨zn.⟩

I ⟨n.-telb.zn.⟩ **0.1** ***daglicht*** ⇒⟨fig.⟩ *openbaarheid, publiciteit* **0.2** ***dageraad*** ⇒*ochtendgloren, zonsopgang* **0.3** ***dag*** ⇒*periode tussen zonsopgang en zonsondergang* **0.4** ***dag*** ⟨zichtbare tussenruimte tussen twee voorwerpen⟩ ⇒*licht* ⟨tussen boten, tussen ruiter en zadel, enz.⟩; *niet gevuld deel v. (drink)glas* ◆ **2.1** in broad ~ *bij / op klaarlichte dag* **3.¶** burn ~ *overdag het licht aan hebben;* ⟨inf.⟩ let ~ into *nieuw licht werpen op; zich (her)bezinnen;* see ~ *iets door / in de gaten krijgen; een lichtpuntje zien;*

II ⟨mv.; ~s⟩ ⟨sl.⟩ **0.1** ***levenslicht*** ⇒*bewustzijn, gevoel* ◆ **3.1** ⟨fig.⟩ beat / knock the (living) ~s out of s.o. *iem. overhoop / buiten westen slaan;* ⟨fig.⟩ scare the (living) ~s out of s.o. *iem. de stuipen op het lijf jagen.*

'daylight 'robbery ⟨n.-telb.zn.⟩ **0.1** ***beroving op klaarlichte dag*** **0.2** ***schaamteloze oplichting.***

'daylight 'saving time, 'daylight saving ⟨n.-telb.zn.⟩ **0.1** ***zomertijd (regeling).***

'day lily ⟨telb.zn.⟩ ⟨plantk.⟩ **0.1** ***daglelie*** ⟨genus Hemerocallis⟩ **0.2** ***(Japanse) funkia*** ⟨genus Hosta⟩.

'day'long ⟨bn.; bw.⟩ **0.1** ***de hele dag durend*** ⇒*een dag lang (durend).*

'day nursery ⟨telb.zn.⟩ **0.1** ***crèche*** ⇒*kinderbewaarplaats / dagverblijf* **0.2** ***kinderkamer*** ⇒*speelkamer.*

'day·owl ⟨telb.zn.⟩ **0.1** ***daguil.***

'day re'lease ⟨zn.⟩ ⟨BE⟩

I ⟨telb.zn.⟩ **0.1** ***werknemer met studieverlof*** ⇒⟨ong.⟩ *vormingsklasleerling;*

II ⟨n.-telb.zn.⟩ **0.1** ***educatief verlof*** ⇒⟨ong.⟩ *participatieonderwijs.*

'day re'lease course ⟨telb.zn.⟩ ⟨BE⟩ **0.1** ***cursus in (doorbetaalde) werktijd*** ⇒⟨ong.⟩ *vormingscursus.*

'day 're'turn, 'day ticket ⟨f1⟩ ⟨telb.zn.⟩ ⟨BE⟩ **0.1** ***retourtje.***

'day·room ⟨telb.zn.⟩ **0.1** ***dagverblijf.***

days [deɪz] ⟨bw.⟩ ⟨vnl. AE⟩ **0.1** ***overdag.***

'day-sail·er ⟨telb.zn.⟩ ⟨vnl. BE⟩ **0.1** ***dagzeiler.***

'day school ⟨telb.zn.⟩ **0.1** ***dagschool.***

'day shift ⟨zn.⟩

I ⟨telb.zn.⟩ **0.1** ***dagdienst;***

II ⟨verz.n.⟩ **0.1** ***dagploeg.***

'day·spring ⟨n.-telb.zn.⟩ ⟨vero.⟩ **0.1** ***ochtendkrieken.***

'day·star ⟨telb.zn.⟩ **0.1** ***morgenster*** **0.2** ⟨schr.⟩ ***zon.***

'day student, 'day scholar ⟨telb.zn.⟩ **0.1** ***externe leerling*** ⇒*dagscholier.*

day's work ['deɪ 'wɜːk‖-'wɜrk] ⟨telb.zn.⟩ **0.1** ***dagtaak*** **0.2** ⟨scheep.⟩ ***bestek.***

'day·time[1] ⟨f2⟩ ⟨n.-telb.zn.; the⟩ **0.1** ***dag*** ⇒*periode tussen zonsopgang en zonsondergang* ◆ **6.1** in the ~ *overdag, op de dag.*

daytime[2] ⟨f1⟩ ⟨bn., attr.⟩ **0.1** ***dag-*** ◆ **1.1** ~ flights *dagvluchten.*

'day-to-day ⟨f1⟩ ⟨bn., attr.⟩ **0.1** ***dagelijks*** ⇒*van alledag* **0.2** ***van dag tot dag*** ⇒*bij de dag, nauwgezet.*

'day·trip ⟨telb.zn.⟩ **0.1** ***dagtocht(je)*** ⇒*daguitstap(je).*

'day-trip ⟨onov.ww.⟩ **0.1** ***(een) dagtochtje(s) maken*** ⇒*(een) daguitstapje(s) maken.*

'day tripper ⟨telb.zn.⟩ ⟨inf.⟩ **0.1** ***dagjesmens*** ⇒*dagtoerist.*

'day·work ⟨n.-telb.zn.⟩ **0.1** ***per dag betaald werk*** **0.2** ***werk in dagdienst*** ⇒*dagwerk.*

daze[1] [deɪz] ⟨telb.zn.⟩ **0.1** ***verdoving*** ⇒*bedwelming, duizeligheid, versuftheid* **0.2** ***verbijstering*** ⇒*verbluftheid, verbouwereerdheid, ontsteltenis* ◆ **6.1 in** a ~ *verdoofd, versuft* **6.2 in** a ~ *verbluft, ontsteld.*

daze[2] ⟨f2⟩ ⟨ov.ww.⟩ **0.1** ***verdoven*** ⇒*bedwelmen, doen duizelen* **0.2** ***verbijsteren*** ⇒*verbluffen* **0.3** ***verblinden*** ◆ **4.1** he was ~d *het duizelde hem* **6.1** ~d **with** drugs *versuft v. medicijnen / drugs.*

daz·ed·ly ['deɪzɪdli] ⟨bw.⟩ **0.1** ***verdoofd*** ⇒*bedwelmd, duizelig, versuft* **0.2** ***verbijsterd*** ⇒*verbluft, verbouwereerd, ontsteld* **0.3** ***verblind.***

daz·zle[1] ['dæzl] ⟨telb. en n.-telb.zn.⟩ **0.1** ***schittering*** ⇒*straling, stralendheid, pracht* **0.2** ***verbijstering*** ⇒*verbluftheid, (opperste) verwarring* ◆ **6.¶ in** a ~ *verblind.*

dazzle[2] ⟨f2⟩ ⟨ww.⟩

I ⟨onov.ww.⟩ **0.1** ⟨vero.⟩ ***verblind worden;***

II ⟨onov. en ov.ww.⟩ **0.1** ***imponeren*** ⇒*indruk maken (op);*

III ⟨ov.ww.⟩ **0.1** ***verblinden*** **0.2** ***verbijsteren*** ⇒*verbluffen* **0.3** ***begoochelen.***

daz·zle·ment ['dæzlmənt] ⟨telb. en n.-telb.zn.⟩ **0.1** ***schittering*** ⇒*straling, verblinding, stralendheid, pracht* **0.2** ***verbijstering*** ⇒*verbluftheid, (opperste) verwarring.*

'dazzle paint ⟨n.-telb.zn.⟩ **0.1** ***camouflageverf.***

daz·zling·ly ['dæzlɪŋli] ⟨bw.⟩ **0.1** ***(oog)verblindend*** ⇒*schitterend* **0.2** ***verbijsterend*** ⇒*verbluffend.*

dB ⟨telb.zn.⟩ ⟨afk.⟩ decibel **0.1** ***dB.***

DB ⟨afk.⟩ Data Base.

DBE ⟨afk.⟩ Dame (Commander of the Order) of the British Empire ⟨BE⟩.

DBS ⟨afk.⟩ Direct Broadcasting (by) Satellite.

dc, DC ⟨afk.⟩ direct current.

DC ⟨afk.⟩ **0.1** ⟨da capo⟩ ***D.C.*** **0.2** ⟨Deputy Consul⟩ **0.3** ⟨District of Columbia⟩ **0.4** ⟨District Commissioner⟩ **0.5** ⟨District Court⟩.

DCF ⟨afk.⟩ Discounted Cash Flow.

DCL ⟨afk.⟩ Doctor of Civil Law.

DCM ⟨afk.⟩ Distinguished Conduct Medal.

d-d ⟨bn.⟩⟨verk.⟩ damned ⟨euf.⟩ **0.1** ***verd...d.***

DD ⟨afk.⟩ demand draft, dishonourable discharge, Doctor of Divinity.

D-day ['di:deɪ]⟨f1⟩⟨eig.n., telb.zn.⟩ **0.1** ⟨verk.⟩ ⟨Decision day⟩ ⟨mil.⟩ ***D-day*** ⇒*Dag D, kritische begindag* ⟨i.h.b. v.d. Geallieerde invasie in Normandië, 6 juni 1944⟩ **0.2** ⟨verk.⟩ ⟨Decimal day⟩ ***D-day*** ⟨dag v.d. invoering v.h. decimale muntstelsel in Engeland, 15 februari 1971⟩.

DDS ⟨afk.⟩ Doctor of Dental Science / Surgery ⟨AE⟩.

DDT ⟨f1⟩⟨n.-telb.zn.⟩⟨verk.⟩ dichlorodiphenyltrichloroethane **0.1** ***DDT.***

de- [di:] **0.1** ***de-*** ⇒*ont-, uit-* **0.2** ***af-*** ⇒*neer-* **0.3** ⟨taalk.⟩ ***de-*** ⇒*-(e)lijk* ⟨afgeleid van⟩ ◆ ¶**.1** decapitate *onthoofden;* de-escalate *deëscaleren* ¶**.2** depend *afhangen* ¶**.3** deverbal noun *werkwoordelijk naamwoord.*

DEA ⟨afk.⟩ Drug Enforcement Administration.

de·ac·ces·sion ['di:ək'seʃn, 'di:æk-]⟨ov.ww.⟩ **0.1** ***afstoten*** ⇒*van de hand doen* ⟨deel v. collectie⟩.

dea·con[1] ['di:kən]⟨f2⟩⟨telb.zn.⟩⟨kerk.⟩ **0.1** ***diaken*** **0.2** ⟨non-conformistische kerk in Eng.⟩ ***lekeassistent*** **0.3** ⟨gesch.⟩ ***arm(en)verzorger*** ⇒*diaken.*

deacon[2] ⟨ov.ww.⟩⟨AE; inf.⟩ **0.1** ⟨kerk.⟩ ***voorlezen*** ⟨te zingen tekst⟩ ⇒*voorzingen* **0.2** ***misleidend etaleren*** ⟨minder goede artikelen⟩ **0.3** ***versnijden*** ⇒*aanlengen, vervalsen.*

dea·con·ess ['di:kənɪs]⟨telb.zn.⟩⟨kerk.⟩ **0.1** ⟨Anglicaans, Grieks-orthodox, R.-K.⟩ ***diacones*** **0.2** ⟨non-conformistische kerk in Eng.⟩ ***lekeassistente*** **0.3** ⟨gesch.⟩ ***arm(en)verzorgster*** ⇒*diacones.*

dea·con·ry ['di:kənri]⟨zn.; →mv. 2⟩⟨kerk.⟩
I ⟨telb. en n.-telb.zn.⟩ **0.1** ***diaconaat*** ⇒*diakenambt / post / schap;*
II ⟨verz.n.⟩ **0.1** ***de diakens.***

dea·con·ship ['di:kənʃɪp]⟨telb. en n.-telb.zn.⟩⟨kerk.⟩ **0.1** ***diakenambt*** ⇒*diakenpost / schap.*

de·ac·qui·si·tion ['di:ækwə'zɪʃn]⟨zn.⟩
I ⟨telb.zn.⟩ **0.1** ***afgestoten / te verkopen kunstvoorwerp;***
II ⟨telb. en n.-telb.zn.⟩ **0.1** ***afstoting*** ⇒*verkoop* ⟨v. deel v. collectie⟩.

de·ac·ti·vate ['di:'æktɪveɪt]⟨ov.ww.⟩ **0.1** ***inactiveren*** ⇒*onklaar / onwerkzaam / onschadelijk maken, buiten gevecht / werking stellen, neutraliseren* **0.2** ***onschadelijk maken*** ⇒*demonteren* ⟨bv. bom⟩ **0.3** ⟨mil.⟩ ***op non-actief / activiteit stellen.***

de·ac·ti·va·tion ['di:æktɪ'veɪʃn]⟨n.-telb.zn.⟩ **0.1** ***inactivering*** ⇒*neutralisering* **0.2** ⟨mil.⟩ ***op non-actief / activiteitstelling*** ⇒*aflossing.*

dead[1] ['ded]⟨n.-telb.zn.⟩ **0.1** ***hoogte / dieptepunt*** ◆ **6.1 in** the ~ of night *in het holst v.d. nacht* **7.1** the ~ of winter *hartje winter.*

dead[2] ⟨f4⟩⟨bn.; -ness⟩⟨→sprw. 46, 66, 98, 573, 623⟩
I ⟨bn.⟩ **0.1** ***dood*** ⇒*overleden, gestorven* **0.2** ***verouderd*** ⇒*dood, niet v. deze tijd* **0.3** ***onwerkzaam*** ⇒*dood, leeg, uit, op, krachteloos, immobiel* **0.4** ***doods*** ⇒*onbezield, uitgestorven, uitgeblust, saai* **0.5** ***gevoelloos*** ⇒*ongevoelig, dood* **0.6** ⟨sport⟩ ***uit (het spel)*** ⟨v. bal⟩ **0.7** ***niet stuitend*** ⟨o.m. v. bal⟩ **0.8** ⟨sport⟩ ***traag*** ⇒*langzaam, stroef* ⟨v. veld⟩ **0.9** ***dof*** ⟨v. geluid / kleur⟩ ⇒*kleur / toonloos, glansloos, dood,* ⟨B.⟩ *doof* **0.10** ⟨sl.⟩ ***kansloos*** ◆ **1.1** over my ~ body *over mijn lijk, nooit v. mijn leven* **1.2** ~ as a / the dodo *uit het jaar nul* **1.3** ~ battery *lege accu;* ~ beer *dood bier;* ⟨hand.⟩ ~ capital *dood kapitaal;* ~ coal *dove /* ⟨B.⟩ *dode kolen;* ~ flame *uitgedoofde vlam;* ~ match *afgebrande lucifer;* the radio is ~ *de radio is uitgevallen / doet het niet (meer);* ~ volcano *dode vulkaan;* ~ wood *dood hout;* ⟨fig.⟩ *(overbodige) ballast;* cut out (the) ~ wood *ontdoen / verwijderen v. overbodige franje;* ~ air *stilte, pauze* ⟨tijdens radio / televisie-uitzending⟩ **1.4** the place is ~ *het is er een dooie boel, het is een doods oord;* ~ season *slappe tijd, komkommertijd* **1.5** ~ fingers *dode vingers* **1.6** ⟨voetbal⟩ ~ ball *uitbal* **1.7** ~ ball *stilliggende bal;* ⟨cricket⟩ ~ bat *losjes vastgehouden bat* ⟨waardoor rake bal direct op de grond valt⟩ **1.¶** ⟨mil.⟩ ~ angle *dode hoek;* ~ as a doornail / as mutton / as a stone *morsdood, zo dood als een pier;* ⟨sl.⟩ ~ duck *fiasco, miskleun; doodgeboren kind(je); mislukkeling, verliezer, ten dode gedoemde;* ~ end *doodlopende straat; impasse, patstelling, dood punt;* come to a ~ end *op niets uitlopen;* ~ ground ⟨elek.⟩ *zware aardsluiting;* ⟨mil.⟩ *dode hoek;* ~ hand *posthume invloed;* ⟨jur.⟩ *dode hand, onvererfbare eigendom;* ⟨sport⟩ ~ heat *gedeelde eerste / tweede* ⟨enz.⟩ *plaats;* beat / flog a ~ horse *oude koeien uit de sloot halen;* ~ letter *dode letter* ⟨v. wet⟩; *onbestelbare brief, rebuut;* ~ lift *uiterste krachtsinspanning;* be at a ~ lift *met de handen in het haar zitten;* in ~ lumber *in moeilijkheden;* step into a ~ man's shoes *iem. opvolgen;* wait for a ~ man's shoes *op iemands bezit / erfenis / baantje azen;* ⟨inf.⟩ ~ men *lege flessen, lijken;* ~ as mutton *zo dood als een pier, morsdood;* ⟨inf.⟩ ~ from the neck up *hersenloos, stompzinnig;* ⟨plantk.⟩ ~ nettle *dovenetel* ⟨genus Lamium⟩; ~ office *lijkdienst;* ~ pigeon *(iem. die de) dupe / klos (is),* *kind v.d. rekening, ten dode opgeschrevene;* ⟨tech.⟩ ~ point *dode punt;* ⟨sl.⟩ ~ president *bankbiljet;* Queen Anne is ~ *(dat is) oud nieuws;* ⟨scheep.⟩ ~ reckoning *gegist bestek;* ⟨jacht⟩ ~ set *het staan;* make a ~ set at *te lijf gaan, attaqueren* ⟨vnl. fig.⟩; *(vastberaden) avances maken, aan de haak trachten te slaan* ⟨i.h.b. v. vrouw⟩; ⟨inf.⟩ ~ soldiers *lege flessen, lijken;* ⟨landb.⟩ ~ stock *dode have;* ~ time *dode tijd;* ⟨sl.⟩ ~ wagon *lijkwagen;* ~ water *dood / stilstaand water; doodtij; kielzog, kielwater;* ~ weight *dood gewicht, dode last;* ⟨tech.⟩ *deadweight, draagvermogen, eigen gewicht;* ⟨fig.⟩ *ongedekte schuld;* ~ to the wide *bewusteloos;* ~ wool *sterfwol;* ~ to the world *in diepe slaap; bewusteloos; uitgeteld* **3.1** leave for ~ *voor dood achterlaten, als dood opgeven* **3.3** my cigar has gone ~ *mijn sigaar is uitgegaan;* ~ and gone *dood (en begraven);* ⟨fig.⟩ *voorgoed voorbij* **3.¶** (that's) ~ and buried *zand erover, (dat is) een afgedane zaak;* go ~ *vastlopen, niet verder kunnen;* ⟨fig.⟩ *opgeven;* ⟨com.⟩ *uitvallen, verbroken worden* ⟨v. verbinding⟩; ⟨inf.⟩ I wouldn't be seen ~ in that dress / in there *voor geen geld / goud / prijs zou ik me in die jurk / daar vertonen;* I'll see you ~ first *over mijn lijk, geen haar op mijn hoofd, ik pieker er niet over;* ⟨sl.⟩ strike me ~! *ik zweer het je!, ik mag doodvallen (als het niet zo is)!* **6.5** ~ **to** *ongevoelig voor; gehard tegen* **7.1** the ~ *de dode(n);* raise from the ~ *uit de dood wekken;* rise from the ~ *uit den dode / de dood opstaan / verrijzen;*
II ⟨bn., attr.⟩ **0.1** ***dood*** ⇒*levenloos* **0.2** ***volkomen*** ⇒*absoluut, compleet, strikt* **0.3** ***abrupt*** ⇒*plotseling* **0.4** ***exact*** ⇒*precies* **0.5** ⟨golf⟩ ***niet te missen*** ◆ **1.1** the ~ hours (of the night) *de stille uurtjes;* ~ matter *dode materie* **1.2** ~ calm *geen zuchtje wind;* ~ certainty *absolute zekerheid;* in ~ earnest *doodernstig;* be in / go into a ~ faint *volkomen bewusteloos zijn / raken;* ~ loss *puur verlies; tijdverspilling;* ⟨inf.⟩ *miskleun, fiasco;* ~ silence *doodse stilte;* ⟨inf.⟩ be in ~ trouble *de klos zijn, hangen* **1.3** come to a ~ stop *(plotseling) stokstijf stil (blijven) staan, abrupt halt houden* **1.4** ~ centre *precieze midden;* ⟨tech.⟩ *dode punt;* ⟨parachutespringen⟩ *roos* ⟨v. doelkruis⟩; on a ~ level *precies naast elkaar;* ⟨sl.⟩ ~ ringer *duplicaat; dubbelganger, evenbeeld;* ~ shot ⟨voetbal⟩ *dodelijk / zuiver schot; scherpschutter* **1.5** ~ ball *makkelijk balletje* ⟨vlak bij de hole⟩ **1.¶** ⟨AE; sl.⟩ ~ to rights *zeker; op heterdaad betrapt; terecht beschuldigd;* the ~ spit of (his father) *het evenbeeld v. (zijn vader), precies (zijn vader);*
III ⟨bn., pred.⟩⟨inf.⟩ **0.1** ***doodop*** ⇒*bekaf.*

dead[3] ⟨f2⟩⟨bw.⟩ **0.1** ***volkomen*** ⇒*totaal, absoluut, uiterst, door en door* **0.2** ***pal*** ⇒*vlak, onmiddellijk* ◆ **1.1** ~ on the target *(midden) in de roos, vol geraakt* **2.1** ⟨sl.⟩ ~ broke *platzak;* ~ certain / sure *honderd procent zeker, beslist;* ~ drunk *stomdronken, laveloos;* ~ easy *doodsimpel;* be ~ right *groot gelijk hebben;* ~ slow *met een slakkegang, stapvoets;* ~ straight *kaarsrecht* **3.1** stop ~ *stokstijf blijven staan;* ~ tired / exhausted *doodop, bekaf, uitgeteld* **5.2** ~ **ahead** of you *pal / vlak voor je (uit)* **6.2** ~ **against** *pal tegen* ⟨v. wind⟩; *fel tegen* ⟨plan e.d.⟩.

dead-'air space ⟨telb.zn.⟩ **0.1** ***ongeventileerde ruimte.***

'dead-and-a'live, 'dead-a·'live ⟨bn.⟩⟨BE⟩ **0.1** ***levend dood*** ⇒*zonder leven, saai* ⟨persoon⟩ **0.2** ***eentonig*** ⇒*(oer)saai* ⟨werk⟩.

'dead·beat[1] ⟨telb.zn.⟩⟨inf.⟩ **0.1** ***klaploper*** ⇒*uitvreter, wanbetaler* **0.2** ***luilak*** ⇒*leegloper, nietsnut* **0.3** ⟨pej.⟩ ***beatnik.***

deadbeat[2], ⟨in bet. 0.1 ook⟩ **'dead 'beat** ⟨bn.⟩ **0.1** ⟨inf.⟩ ***doodop*** ⇒*bekaf, uitgeteld* **0.2** ⟨inf.⟩ ***blut*** ⇒*los, platzak* **0.3** ⟨tech.⟩ ***inelastisch*** ⇒*niet verend, gedempt* **0.4** ⟨tech.⟩ ***aperiodisch*** **0.5** ⟨tech.⟩ ***zonder terugwerking.***

deadbeat[3] ⟨onov.ww.⟩⟨sl.⟩ **0.1** ***klaplopen.***

'dead·boy ⟨telb.zn.⟩⟨bergsport⟩ **0.1** ***(klein) sneeuwanker(tje).***

'dead-col·our[1] ⟨n.-telb.zn.⟩ **0.1** ***grondverf*** ⇒*doodverf.*

dead-colour[2] ⟨ov.ww.⟩ **0.1** ***grondverven*** ⇒*in de doodverf zetten.*

dead·en ['dedn]⟨f1⟩⟨ww.⟩
I ⟨onov.ww.⟩ **0.1** ***de kracht / helderheid / glans verliezen*** ⇒*verflauwen, verzwakken, verschalen, afsterven;*
II ⟨ov.ww.⟩ **0.1** ***de kracht / helderheid / glans ontnemen*** ⇒*verzwakken, dempen* ⟨geluid⟩, *verzachten, dof maken* ⟨kleur⟩ **0.2** ***ongevoelig maken*** ⇒*verdoven* ◆ **1.2** drugs to ~ the pain *medicijnen om de pijn te stillen* **6.2** ~ **to** pain *ongevoelig maken voor pijn.*

'dead-'end ⟨f1⟩⟨bn.⟩ **0.1** ***doodlopend*** **0.2** ***uitzichtloos*** ⇒*heilloos, doodlopend* ◆ **1.¶** ⟨vnl. AE⟩ ~ kid *straatjongen.*

'dead·eye ⟨telb.zn.⟩ **0.1** ⟨scheep.⟩ ***juffer(blok)*** **0.2** ⟨sl.⟩ ***scherpschutter.***

'dead·fall ⟨zn.⟩⟨AE⟩
I ⟨telb.zn.⟩ **0.1** ***val*** ⟨met zwaar gewicht; om dieren te vangen⟩ **0.2** ⟨fig.⟩ ***valbijl*** **0.3** ⟨sl.⟩ ***nachtclub / restaurant*** ⇒*neptent;*
II ⟨n.-telb.zn.⟩ **0.1** ***massa dood hout en takken.***

'dead fire ⟨n.-telb.zn.⟩ **0.1** ***sint-elmsvuur*** ⇒*elmusvuur.*

'dead·head[1] ⟨telb.zn.⟩ **0.1** ***verwelkte bloem*** **0.2** ***iem. met vrijkaartje*** ⇒*niet-betalende bezoeker* **0.3** ***zwartrijder*** **0.4** ***ongeladen wagon / vliegtuig*** **0.5** ***lamlendig figuur*** ⇒*nietsnut.*

deadhead[2] ⟨bn.⟩⟨sl.⟩ **0.1** ***leeg*** ⇒*onbezet*.

deadhead[3] ⟨ov.ww.⟩⟨vnl. BE⟩ **0.1** ***de verwelkte/uitgebloeide bloemen verwijderen van*** ⟨plant⟩.

dead 'letter box, dead 'letter drop ⟨telb.zn.⟩ **0.1** ***geheime plaats*** ⟨voor het achterlaten v. brief, bericht e.d.⟩.

dead-'letter office ⟨telb.zn.⟩ **0.1** ***kantoor v. rebuten***.

'dead 'lift ⟨telb.zn.⟩⟨krachtsport⟩ **0.1** ***armbuigen*** ⇒*deadlift*.

'dead·light ⟨telb.zn.⟩ **0.1** ⟨scheep.⟩ ***stormblind(e)*** ⇒*poortdeksel* **0.2** ⟨scheep.⟩ ***dekglas*** ⇒*lantaarn* **0.3** ***daklicht*** **0.4** ⟨Sch. E⟩ ***dwaallicht*** ⇒*vreeswekkend licht* ⟨op kerkhof⟩.

'dead·line ⟨f1⟩⟨telb.zn.⟩ **0.1** ***(tijds)limiet*** ⇒*deadline, uiterste leveringsdatum/termijn* **0.2** ***doodsstreep*** ⟨waarvoorbij in gevangenis mag worden geschoten⟩ ◆ **3.¶** meet a ~ *tijdig af hebben/inleveren/opleveren*.

'dead·lock[1] ⟨f1⟩⟨telb. en n.-telb.zn.⟩ **0.1** ***impasse*** ⇒*patstelling, dood punt* ◆ **3.1** be at/come to/reach a (total) ~ *(muur)vast (komen te) zitten*.

deadlock[2] ⟨f1⟩⟨ww.⟩

I ⟨onov.ww.⟩ **0.1** ***in een impasse raken*** ⇒*vastlopen;*

II ⟨ov.ww.⟩ **0.1** ***in een impasse brengen*** ⇒*doen vastlopen*.

dead·ly[1] ['dedli]⟨f3⟩⟨bn.; ook -er; -ness; →bijw. 3⟩

I ⟨bn.⟩ **0.1** ***dodelijk*** ⟨ook fig.⟩ ⇒*fataal, noodlottig, moordend* **0.2** ⟨pej.⟩ ***doods*** ⇒*dodelijk (saai)* ◆ **1.1** ~ remark *dodelijke/moordende opmerking* **1.¶** ⟨plantk.⟩ ~ nightshade *wolfskers, dolkruid, doodkruid, lijkbes* ⟨Atropa belladonna⟩; *zwarte nachtschade* ⟨Solanum nigrum⟩;

II ⟨bn., attr.⟩ **0.1** ***doods-*** ⇒*aarts-* **0.2** ***dodelijk*** ⇒*onwrikbaar* **0.3** ⟨inf.⟩ ***enorm*** ⇒*buitengewoon, uiterst, aarts-, oer-* ◆ **1.1** ~ enemy *doodsvijand* **1.2** ~ seriousness *dodelijke ernst* **1.3** ~ accuracy *dodelijke precisie* **1.¶** ~ sin *doodzonde;* the seven ~ sins *de zeven hoofdzonden*.

deadly[2] ⟨f2⟩⟨bw.⟩ **0.1** ***doods-*** ⇒*lijk-, dodelijk* **0.2** ***oer-*** ⇒*aarts-, uiterst* ◆ **2.1** ~ pale *lijkbleek* **2.2** ~ dull *oersaai;* ~ serious *oerserieus*.

'dead·man ⟨telb.zn.⟩⟨bergsport⟩ **0.1** ***sneeuwanker*** ⟨metalen verankeringsplaat⟩.

'dead man's 'fingers ⟨mv.; ww. ook enk.⟩ **0.1** ⟨plantk.⟩ ***standelkruid*** ⟨genus Orchis⟩ ⇒⟨i.h.b.⟩ *handekenskruid, breedbladige orchis* ⟨O. latifolia⟩, *harlekijn* ⟨O. morio⟩ **0.2** ⟨dierk.⟩ ***doomansduim*** ⟨koraal; Alcyonium digitatum⟩.

'dead man's 'hand ⟨telb.zn.⟩⟨sl.⟩ **0.1** ⟨kaartspel⟩ ***dodemanshand*** ⟨twee azen en twee achten⟩ **0.2** ***pech*** ⇒*ongeluk*.

'dead man's 'handle, 'dead man's 'pedal ⟨telb.zn.⟩⟨tech.⟩ **0.1** ***dodemanshendel/kruk/pedaal*** ⇒*dodeman*.

'dead march ⟨f1⟩⟨telb.zn.⟩ **0.1** ***treurmars*** ⇒*dodenmars/marche, marche funèbre*.

'dead·neck ⟨telb.zn.⟩⟨sl.⟩ **0.1** ***stommeling*** ⇒*nietsnut*.

'dead-'on ⟨bn.⟩ **0.1** ***precies goed*** ⇒*op de kop af*.

'dead'pan[1] ⟨f1⟩⟨telb.zn.⟩⟨inf.⟩ **0.1** ***stalen gezicht*** ⇒*pokergezicht*.

'dead·pan[2] ⟨f1⟩⟨bn.; bw.⟩⟨inf.⟩ **0.1** ***met een uitgestreken/stalen gezicht*** ⇒*effen, zonder een spier te vertrekken, ijskoud*.

dead·pan[3] ⟨f1⟩⟨onov.ww.⟩⟨inf.⟩ **0.1** ***met een uitgestreken gezicht ironische opmerkingen maken***.

'Dead Sea 'apple, 'Dead Sea 'fruit ⟨telb.zn.⟩ **0.1** ***sodomsappel***.

'Dead Sea 'Scrolls ⟨mv.⟩ **0.1** ***Dode-Zeerollen***.

'dead's part ⟨telb.zn.⟩⟨Sch. E; jur.⟩ **0.1** ***beschikbaar gedeelte*** ⟨i.t.t. legitieme portie⟩.

'dead·stock ⟨verz.n.⟩⟨landb.⟩ **0.1** ***dode have***.

'dead wagon ⟨telb.zn.⟩⟨inf.⟩ **0.1** ***lijkwagen***.

'dead·weight ⟨bn., attr.⟩ ◆ **1.¶** ⟨scheep.⟩ ~ capacity *draagvermogen;* ⟨BE⟩ ~ debt *oorlogsschuld;* ⟨scheep.⟩ ~ tonnage *bruto tonnage*.

'dead·wood ⟨n.-telb.zn.⟩ **0.1** ***(overbodige) ballast*** **0.2** ***dood hout*** **0.3** ⟨scheep.⟩ ***doodhout*** **0.4** ⟨sl.⟩ ***nul*** ⇒*nutteloos persoon* **0.5** ⟨sl.⟩ ***onverkochte plaatsbewijzen***.

deaf [def]⟨f2⟩⟨bn.; -er; -ly; -ness⟩⟨→sprw. 662⟩ **0.1** ***doof*** ⟨ook fig.⟩ ⇒*hardhorend, gehoorgestoord* **0.2** ***amuzikaal*** ⇒*toondoof* **0.3** ***pitloos*** ⇒*leeg, doof* ◆ **1.1** dialogue of the ~ *dovemansgesprek* **1.3** ~ nut *lege noot* **1.¶** as ~ as an adder/a beetle/a white cat/a (door) post *zo doof als een kwartel, stokdoof;* fall on ~ ears *een dovemansoor/geen gehoor vinden;* turn a ~ ear to *doof zijn voor* **6.1** ~ **in** one ear *doof aan een oor;* be ~ **to** s.o.'s prayers *doof zijn voor iemands smeekbeden* **7.1** the ~ *(de) doven*.

'deaf-aid ⟨f1⟩⟨telb.zn.⟩⟨BE⟩ **0.1** ***(ge)hoorapparaat***.

'deaf-and-'dumb ⟨bn.⟩ **0.1** ***doofstom*** **0.2** ***doofstommen-*** ⇒*voor doofstommen* ◆ **1.2** ~ alphabet/language *doofstommentaal/alfabet, gebarentaal*.

deaf·en ['defn]⟨f1⟩⟨ov.ww.⟩ →deafening **0.1** ***doof maken*** ⇒*verdoven* **0.2** ***overstemmen*** ⇒*verdoven* **0.3** ***geluiddicht maken*** ⇒*isoleren*.

deaf·en·ing ['defnɪŋ]⟨f1⟩⟨bn.; oorspr. teg. deelw. v. deafen; -ly⟩ **0.1** ***oorverdovend*** ◆ **1.1** ~ silence *grote/verpletterende stilte* ⟨doordat men niets zegt/geen commentaar geeft⟩.

'deaf-'mute[1] ⟨f1⟩⟨telb.zn.⟩ **0.1** ***doofstomme***.

deaf-mute[2] ⟨f1⟩⟨bn.⟩ **0.1** ***doofstom***.

'deaf-'mut·ism ⟨n.-telb.zn.⟩ **0.1** ***doofstomheid***.

deal[1] [di:l]⟨f3⟩⟨zn.⟩⟨→sprw. 406⟩

I ⟨telb.zn.⟩ **0.1** ***toe(be)deling*** ⇒*distributie, uit/verdeling* **0.2** ⟨vnl. inf.⟩ ***transactie*** ⇒*overeenkomst, handel, (ver)koop* **0.3** ⟨geen mv.⟩ ***hoeveelheid*** ⇒*mate* **0.4** ⟨inf.; pej.⟩ ***(koe)handeltje*** ⇒*deal* **0.5** ⟨inf.⟩ ***behandeling*** ⇒*bejegening* **0.6** ⟨kaartspel⟩ ***spel*** ⇒*hand* **0.7** ***grene/vurehouten plank*** **0.8** ⟨vaak D-⟩ ***(politiek) programma*** ◆ **2.4** he gave us a dirty ~ *hij heeft ons smerig behandeld* **2.6** next ~! *volgende spel!* **3.4** let's cut/⟨AE⟩ make/⟨BE⟩ do a ~ *laten we een deal maken, laten we elkaar tegemoet komen* **6.3** ⟨inf.⟩ a ~ **of** money *heel wat geld* **7.3** ⟨inf.⟩ a ~ *aardig wat, behoorlijk wat, heel wat* **¶.¶** it's a ~! *afgesproken!, akkoord!;*

II ⟨telb. en n.-telb.zn.⟩ **0.1** ⟨kaartspel⟩ ***gift*** ⇒*het geven, beurt om te geven* ◆ **7.1** it's your ~ *jij moet geven;*

III ⟨n.-telb.zn.⟩ **0.1** ⟨vaak attr.⟩ ***(stapel) grene/vurehout(en planken)***.

deal[2] ⟨f4⟩⟨ww.; dealt, dealt [delt]⟩ →dealing

I ⟨onov.ww.⟩ **0.1** ***zaken doen*** ⇒*handelen* **0.2** ⟨sl.⟩ ***dealen*** ⇒*stuff verkopen* ◆ **6.1** I've ~t **at** this firm for years *ik doe al jaren zaken met/ben al jaren klant bij deze firma;* ~ **in** *doen/handelen in, verkopen* **6.¶** ~ cruelly/well **by** s.o. *iem. wreed/goed behandelen;* →deal **with;**

II ⟨onov. en ov.ww.⟩⟨kaartspel⟩ **0.1** ***geven*** ⇒*delen* ◆ **1.1** she ~t me (out) bad cards *ze gaf me slechte kaarten;* I was ~t (out) a good hand *ik kreeg een mooi spel* **4.1** who ~s next? *wie geeft/moet delen?;*

III ⟨ov.ww.⟩ **0.1** ***(uit)delen*** ⇒*geven, verdelen* **0.2** ***toe(be)delen*** ⇒*toemeten* **0.3** ***toedienen*** ⇒*toebrengen* ◆ **5.1** ~ (out) fairly *eerlijk verdelen;* ~ **out** justice *rechtspreken* **5.¶** ~ (s.o.) **in** *(iem.) laten meespelen/doen*.

deal·er ['di:lə‖-ər]⟨f3⟩⟨telb.zn.⟩ **0.1** ***handelaar*** ⇒*koopman* **0.2** ***effectenhandelaar/makelaar*** ⇒*hoekman* **0.3** ⟨kaartspel⟩ ***gever*** **0.4** ⟨sl.⟩ ***dealer*** ⇒*stuffverkoper/handelaar*.

deal·ing ['di:lɪŋ]⟨f2⟩⟨zn.; oorspr. gerund v. deal⟩

I ⟨n.-telb.zn.⟩ **0.1** ***bejegening*** ⇒*behandeling, aanpak* **0.2** ***manier v. zaken doen*** **0.3** ***toe(be)deling*** ⇒*verdeling, distributie;*

II ⟨mv.; ~s⟩ **0.1** ***transacties*** ⇒*affaires, relaties* ⟨i.h.b. zakelijke⟩ **0.2** ***betrekkingen*** ⇒*omgang* ◆ **6.1** have ~s **with** *zaken doen met* **6.2** have ~s **with** s.o. *zich met iem. inlaten; met iem. in zee gaan*.

'deal with ⟨f3⟩⟨onov.ww.⟩ **0.1** ***zaken doen met*** ⇒*handel drijven/handelen met, kopen bij* **0.2** ***be/afhandelen*** ⇒*in behandeling nemen, verwerken* **0.3** ***aanpakken*** ⇒*iets doen aan, een oplossing zoeken voor* **0.4** ***optreden tegen*** ⇒*onder handen nemen, een appeltje schillen met, aanpakken* **0.5** ***behandelen*** ⇒*bejegenen, tegemoet treden, omgaan/omspringen met* **0.6** ***zich inlaten met*** ⇒*omgaan met* **0.7** ***gaan over*** ⇒*handelen over, zich bezighouden met* ◆ **1.1** they are pleasant people to ~ *het is prettig zaken doen met die lui* **1.2** ~ complaints *klachten behandelen* **1.4** I'll ~ Charles later *Charles is nog niet van me af, ik neem Charles nog wel onder handen* **1.6** refuse to ~ this agent *niets met deze vertegenwoordiger te maken willen hebben* **1.7** ~ a subject *een onderwerp behandelen* **2.5** be impossible to ~ *onmogelijk in de omgang zijn, een onmogelijk mens zijn* **5.5** deal honourably with s.o. *iem. eervol behandelen*.

dean, ⟨in bet. 0.7 en 0.8 ook⟩ **dene** [di:n]⟨f3⟩⟨telb.zn.⟩ **0.1** ⟨kerk.⟩ ***deken*** ⟨hoofd v. kapittel v. kanunniken⟩ ⇒⟨R.-K.⟩ *proost* **0.2** ⟨vnl. BE; kerk.⟩ ***deken*** ⟨over enkele parochies⟩ **0.3** ***deken*** ⇒*oudste, overste, hoofd, doyen, nestor* **0.4** ⟨universiteit⟩ ***decaan*** ⇒*faculteitsvoorzitter,* ⟨B.⟩ *deken* **0.5** ⟨universiteit⟩⟨ong.⟩ ***(studenten)decaan*** ⇒*studentenadviseur/mentor/supervisor* ⟨met disciplinaire bevoegdheden⟩ **0.6** ⟨D-⟩⟨Sch. E; jur.⟩ ***deken*** **0.7** ⟨BE; i.h.b. als tweede lid v. plaatsnamen⟩ ***dal*** ⇒*vallei* **0.8** ⟨BE⟩ ***(bebost) beekdal*** ◆ **1.6** Dean of Faculty *deken v.d. orde v. advocaten*.

dean·er·y ['di:nəri]⟨telb.zn.; →mv. 2⟩ **0.1** ***decanaat*** ⇒*waardigheid/woning v. deken;* ⟨R.-K.⟩ *proosdij* **0.2** ⟨BE⟩ ***decanaat*** ⟨groep parochies onder een deken⟩.

dear[1] [dɪə‖dɪr]⟨f3⟩⟨telb.zn.⟩ **0.1** ***schat*** ⇒*lieverd, engel* ◆ **3.¶** ~ knows! *de hemel mag het weten!* **7.1** there's a ~ *goed/braaf zo;* go to sleep, my child, there's a ~ *ga slapen, m'n kind, dan ben je een schat* **¶.¶** ~, ~!, oh ~! *goeie genade!, lieve hemel!, nee maar!, asjemenou!*.

dear[2] ⟨f3⟩⟨bn.; -er; -ness⟩⟨→sprw. 679⟩

I ⟨bn.⟩ **0.1** ***dierbaar*** ⇒*lief, geliefd* **0.2** ***lief*** ⇒*schattig, snoezig* **0.3** ***vurig*** ⇒*gloedvol, (vol)ijverig, toegewijd* **0.4** ***duur*** ⇒*prijzig, kostbaar* ◆ **1.1** my ~est friend *mijn liefste/beste vriend(in)* **1.3** s.o.'s ~est desire *iemands vurigste wens* **1.4** ~ loan *dure lening;* ~

money *duur geld, geld tegen hoge rente* **1.¶** for ~ life *of zijn/haar leven ervan afhangt;*
II ⟨bn., attr.; vaak D-⟩ **0.1** ***beste*** ⇒*lieve; geachte, waarde* ⟨bv. in briefaanhef⟩ ◆ **1.1** ~ Julia *beste/lieve Julia;* my ~ lady *mevrouw;* ~ sir *geachte heer;* ~ sirs *mijne heren* **4.¶** ~ me! *goeie genade!, lieve hemel!, nee maar!, asjemenou!* **7.1** ⟨AE schr., BE inf.; BE ook scherts.⟩ my ~ Jones *waarde Jones;* my ~ sir *mijn waarde heer, geachte heer;*
III ⟨bn., pred.⟩ **0.1** ***dierbaar*** ⇒*lief, waardevol* ◆ **3.1** hold sth. (very) ~ *(zeer) veel prijs op iets stellen, (zeer) veel waarde aan iets hechten;* she holds life ~ *haar leven is haar lief;* I hold her very ~ *ze ligt me na aan het hart, ik ben zeer op haar gesteld* **6.1** lose what is ~ **to** one *verliezen wat je dierbaar is.*

dear[3] ⟨f1⟩ ⟨bw.⟩ **0.1** ***duur (betaald)*** ⟨ook fig.⟩ **0.2** ***innig*** ⇒*zeer, (dol) graag, vurig.*

dear·est [ˈdɪərɪst‖ˈdɪrɪst] ⟨f1⟩ ⟨n.-telb.zn.⟩ **0.1** ***schat*** ⇒*lieverd, engel, liefste.*

dear·ie, dear·y [ˈdɪəri‖ˈdɪri] ⟨telb.zn.; →mv. 2⟩ ⟨inf.⟩ **0.1** ***schat(je)*** ⇒*lieverd(je), engel(tje), mop(pie)* ⟨i.h.b. gezegd door oudere dame tegen jonger iem.⟩ ◆ **4.¶** ~ me! *lieve hemel!, hemeltjelief!.*

ˈDear ˈJohn, ˈDear ˈJohn letter ⟨telb.zn.⟩ **0.1** ***afscheidsbrief*** ⟨v. vrouw/verloofde aan man (oorspr. soldaat) die de bons krijgt⟩.

dear·ly [ˈdɪəli‖ˈdɪrli] ⟨f2⟩ ⟨bw.⟩ **0.1** →dear **0.2** ***innig*** ⇒*vurig, (dol) graag, zielsveel* **0.3** ***duur(betaald)*** ⟨ook fig.⟩ **0.4** ***vurig*** ⇒*gloedvol, (vol)ijverig, toegewijd* ◆ **3.2** wish ~ *vurig wensen* **3.3** pay ~ for sth. *iets duur betalen, veel voor iets over moeten hebben.*

ˈdearness allowance ⟨telb.zn.⟩ **0.1** ***duurtetoeslag.***

dearth [dɜːθ‖dɜrθ] ⟨telb.zn.; geen mv.⟩ **0.1** ***schaarste*** ⇒*tekort, gebrek;* ⟨i.h.b.⟩ *voedselgebrek, hongersnood* ◆ **6.1** a ~ **of** food *voedselgebrek.*

death [deθ] ⟨f4⟩ ⟨zn.⟩ ⟨→sprw. 90, 99, 514⟩
I ⟨telb.zn.⟩ **0.1** ***sterfgeval*** ◆ **1.1** number of ~s *dodental/cijfer* **7.1** this disease has caused many ~s *deze ziekte heeft menigeen het leven gekost/veel slachtoffers geëist;*
II ⟨n.-telb.zn.⟩ **0.1** ***dood*** ⇒*overlijden, sterven; doodsoorzaak;* ⟨fig.⟩ *einde, vernietiging* **0.2** ⟨vnl. D-⟩ ***de Dood*** ⇒*Magere Hein* ◆ **1.¶** at ~'s door *op sterven, de dood nabij* **3.1** ⟨jacht⟩ be in at the ~ *de vos zien doden;* ⟨fig.⟩ *een onderneming zien stranden;* be the ~ of s.o. *iemands dood zijn* ⟨ook fig.⟩; ⟨fig.⟩ bore s.o. to ~ *iem. stierlijk vervelen;* catch one's ~ (of cold) *een dodelijke kou vatten;* do to ~ *doden, terechtstellen, executeren; overdrijven;* feign ~ *zich dood houden;* put to ~ *ter dood brengen, executeren, terechtstellen;* scared to ~ *doodsbang;* stone to ~ *stenigen;* tired to ~ *doodmoe, hondsmoe* **3.¶** ⟨sl.⟩ be ~ on *de schrik zijn van;* ⟨fig.⟩ *een duivelskunstenaar zijn in;* dice with ~ *met vuur spelen, zijn leven op het spel zetten;* ⟨vero.; scherts.⟩ die the ~ *om (het leven) gebracht/om zeep geholpen worden; afgaan;* ⟨sl.⟩ (be) fed to ~ *er zijn buik van vol hebben, het zat zijn;* ⟨inf.⟩ flog to ~ *uitentreuren/tot vervelens toe herhalen, ergens over doorzagen;* flog o.s./one's car to ~ *zich/zijn wagen afjakkeren;* ride s.o. to ~ *iem. doodrijden, iem. murw maken, irriteren, dreinen;* send s.o. to ~ *iem. de dood injagen/insturen;* be tickled to ~ *bijzonder ingenomen/opgetogen/in zijn sas zijn;* ⟨sl.⟩ like ~ warmed up *hondsberoerd;* worked to ~ *afgezaagd, uitgemolken* **6.1** burn **to** ~ *levend verbranden;* freeze **to** ~ *doodvriezen;* war **to** the ~ *oorlog op leven en dood;* work o.s. **to** ~ *zich doodwerken;* work s.o. **to** ~ *iem. afbeulen.*

ˈdeath adder ⟨telb.zn.⟩ ⟨dierk.⟩ **0.1** ***doodsadder*** ⟨Acanthopis antarcticus⟩.

ˈdeath·bed ⟨f1⟩ ⟨telb.zn.⟩ ⟨ook attr.⟩ **0.1** ***sterfbed*** ⇒*dood(s)bed;* ⟨fig.⟩ *laatste ogenblik(ken)* ◆ **6.1** be **on** one's ~ *niet lang meer te leven hebben, het niet lang meer maken.*

ˈdeath bell, ˈdeath knell ⟨n.-telb.zn.⟩ ⟨ook fig.⟩ **0.1** ***doodsklok*** **0.2** ***het luiden v.d. doodsklok.***

ˈdeath·blow ⟨telb.zn.⟩ **0.1** ***doodklap*** ⇒*genade/nekslag, doodsteek* ⟨ook fig.⟩.

ˈdeath camp ⟨telb.zn.⟩ **0.1** ***dodenkamp.***

ˈdeath cap, ˈdeath cup, ˈdeath angel ⟨telb.zn.⟩ ⟨plantk.⟩ **0.1** ***groene knolzwam*** ⟨Amanita phalloides⟩.

ˈdeath cell ⟨telb.zn.⟩ **0.1** ***dodencel.***

ˈdeath certificate ⟨telb.zn.⟩ **0.1** ***overlijdensakte.***

ˈdeath-deal·ing ⟨bn.⟩ **0.1** ***dodelijk*** ⇒*fataal.*

ˈdeath duty, ⟨AE⟩ **ˈdeath tax** ⟨f1⟩ ⟨telb.zn.; vaak mv.⟩ **0.1** ***successierecht.***

ˈdeath house ⟨telb.zn.⟩ ⟨AE⟩ **0.1** ***dodencelblok*** ⇒*groep dodencellen.*

death·less [ˈdeθləs] ⟨bn.; -ly; -ness⟩ **0.1** ***onvergankelijk*** **0.2** ***onsterf(e)lijk.***

death·like [ˈdeθlaɪk] ⟨bn.⟩ **0.1** ***doods*** ⇒*lijk-* ◆ **1.1** ~ paleness *lijkbleekheid;* ~ silence *doodse stilte.*

death·ly[1] [ˈdeθli] ⟨f1⟩ ⟨bn.; -ness; →bijw. 3⟩ **0.1** ***doods*** ⇒*dood-, lijk-* **0.2** ***dodelijk*** ⇒*fataal* **0.3** ⟨lit.⟩ ***des doods.***

deathly[2] ⟨bw.⟩ **0.1** ***doods*** ⇒*dood-, lijk-* **0.2** ***uiterst*** ⇒*opperst, zeer.*

ˈdeath mask ⟨telb.zn.⟩ **0.1** ***dodenmasker.***

ˈdeath pangs ⟨mv.⟩ **0.1** ***doodsangst(en).***

ˈdeath penalty ⟨f1⟩ ⟨telb.zn.⟩ **0.1** ***doodstraf.***

ˈdeath rate ⟨f1⟩ ⟨telb.zn.⟩ **0.1** ***sterftecijfer*** ⇒*mortaliteit* ⟨i.h.b. per 1000 inwoners⟩ **0.2** ***letaliteit*** ⟨dodental per 100 lijders aan een ziekte⟩.

ˈdeath rattle ⟨telb. en n.-telb.zn.⟩ **0.1** ***doodsgerochel.***

ˈdeath ray ⟨telb.zn.⟩ **0.1** ***(denkbeeldige) dodende straal.***

ˈdeath roll ⟨telb.zn.⟩ **0.1** ***dodenlijst*** ⇒*lijst v. slachtoffers/gesneuvelden.*

ˈdeath ˈrow ⟨telb. en n.-telb.zn.⟩ ⟨AE⟩ **0.1** ***dodencel(len)*** ◆ **6.1** be **on** ~(s) *in de dodencel zitten, ter dood veroordeeld zijn.*

ˈdeath sentence ⟨telb.zn.⟩ **0.1** ***doodvonnis*** ⇒*doodstraf, ter dood veroordeling.*

death's-head [ˈdeθshed] ⟨f1⟩ ⟨telb.zn.⟩ **0.1** ***doodshoofd.***

ˈdeath's-head ˈmoth ⟨telb.zn.⟩ ⟨dierk.⟩ **0.1** ***doodshoofdvlinder*** ⟨Acherontia atropos⟩.

ˈdeath spiral ⟨telb.zn.⟩ ⟨schaatssport⟩ **0.1** ***dodenspiraal.***

ˈdeath squad ⟨telb.zn.⟩ **0.1** ***moordcommando*** ⇒*doodseskader.*

death tax →death duty.

ˈdeath threat ⟨telb.zn.⟩ **0.1** ***doodsbedreiging.***

ˈdeath throes ⟨mv.⟩ **0.1** ***doodsstrijd*** ⇒*doodsnood.*

ˈdeath toll ⟨telb.zn.; geen mv.⟩ **0.1** ***dodencijfer*** ⇒*doden(aan)tal, aantal slachtoffers.*

ˈdeath·trap ⟨telb.zn.⟩ **0.1** ***levensgevaarlijk(e) punt/situatie*** **0.2** ***reddeloze toestand*** ⇒*val.*

ˈdeath warrant ⟨telb.zn.⟩ **0.1** ***executie/terechtstellingsbevel*** **0.2** ***genadeslag*** ⇒*nekslag, doodklap/steek.*

ˈdeath·watch, ⟨in bet. 0.4 ook⟩ **ˈdeath-watch beetle** ⟨telb.zn.⟩ **0.1** ***dodenwake*** ⇒*dodenwacht* **0.2** ***waker*** ⟨bij stervende/dode⟩ **0.3** ***bewaker v. terdoodveroordeelde*** **0.4** ⟨dierk.⟩ ***doodsklopppertje*** ⇒*houtworm(larve)* ⟨Anobium striatum⟩ **0.5** ⟨dierk.⟩ ***doodskloppertje*** ⇒*boeken/stofluis* ⟨Atropos pulsatoria; Liposcelis divinatorius⟩.

ˈdeath wish ⟨telb.zn.⟩ ⟨psych.⟩ **0.1** ***doodsdrift*** ⇒*(zelf)vernietigingsdrang, doodsverlangen.*

deb [deb] ⟨f2⟩ ⟨telb.zn.⟩ ⟨verk.⟩ débutante ⟨inf.⟩ **0.1** ***debutante*** ⟨meisje op haar eerste societybal⟩.

dé·bâ·cle [deɪˈbɑːkl], ⟨AE sp.⟩ **de·ba·cle** [dɪˈbɑkl] ⟨telb.zn.⟩ **0.1** ***ijsgang*** **0.2** ***modderstroom*** **0.3** ***(plotselinge) in(een)storting*** **0.4** ***debâcle*** ⇒*algehele ineenstorting, val, ondergang* **0.5** ***verwarde/wilde vlucht*** ⇒*paniek.*

de·bag [ˈdiːˈbæg] ⟨ov.ww.; →ww. 7⟩ ⟨BE; inf.⟩ **0.1** ***burgemeesteren*** ⇒*burgemeester maken, de broek uittrekken (van).*

de·bar [dɪˈbɑː‖dɪˈbɑr] ⟨f1⟩ ⟨ov.ww.; →ww. 7⟩ **0.1** ***uitsluiten*** ⇒*weren, uitzonderen* **0.2** ***beletten*** ⇒*verhinderen, verbieden, voorkomen* ◆ **6.1** ~ s.o. **from** voting *iem. uitsluiten v. stemrecht* **6.2** ~ s.o. **from** admission *iem. de toegang beletten.*

de·bark [dɪˈbɑːk‖dɪˈbɑrk] ⟨ww.⟩
I ⟨onov. en ov.ww.⟩ **0.1** ***van boord (laten) gaan*** ⇒*landen, ontschepen, aan wal gaan, aan land/wal zetten, debarkeren* **0.2** ***lossen*** ⇒*uitladen* ⟨v. schip⟩;
II ⟨ov.ww.⟩ **0.1** ***ontschorsen*** ⇒*schillen* ⟨v. boom⟩ **0.2** ***de stembanden doorsnijden bij*** ⟨hond⟩.

de·bar·ka·tion [ˈdiːbɑːˈkeɪʃn‖-bɑr-] ⟨telb. en n.-telb.zn.⟩ **0.1** ***ontscheping*** ⇒*debarkement.*

de·base [dɪˈbeɪs] ⟨f1⟩ ⟨ov.ww.⟩ **0.1** ***depreciëren*** ⇒*ontwaarden, degraderen, devalueren, verworden* **0.2** ***vervalsen*** **0.3** ***verlagen*** ⇒*onteren, vernederen, ontadelen, neerhalen* **0.4** ***verarmen*** ⇒*(doen) verwateren* **0.5** ***verlagen v. edelmetaalgehalte*** ⟨munt⟩.

de·base·ment [dɪˈbeɪsmənt] ⟨f1⟩ ⟨telb. en n.-telb.zn.⟩ **0.1** ***depreciatie*** ⇒*ontwaarding, degradatie, devaluatie, verwording* **0.2** ***vervalsing*** **0.3** ***verlaging*** ⇒*ontering, vernedering, ontadeling* **0.4** ***verarming*** ⇒*verwatering* **0.5** ***verlaging v. edelmetaalgehalte*** ⟨munt⟩.

de·bat·a·ble [dɪˈbeɪtəbl] ⟨f1⟩ ⟨bn.; -ly; →bijw. 3⟩ **0.1** ***betwistbaar*** ⇒*discutabel, aanvechtbaar, kwestieus* **0.2** ***betwist*** ⇒*omstreden, controversieel* **0.3** ***bespreekbaar*** ◆ **1.2** ~ ground *betwist/omstreden gebied.*

de·bate[1] [dɪˈbeɪt] ⟨f3⟩ ⟨zn.⟩
I ⟨telb.zn.⟩ **0.1** ***debat*** ⇒*discussie, dispuut, beraadslaging, twistgesprek* **0.2** ***twist*** ⇒*conflict, strijd* ◆ **6.1** ~ **on** monetary policy *debat over het monetair beleid;* the issue **under** ~ *het onderwerp v. discussie;*
II ⟨n.-telb.zn.⟩ **0.1** ***overweging*** ⇒*beraad* ◆ **7.1** after much ~ *na lang delibereren, na ampele overweging.*

debate[2] ⟨f3⟩ ⟨ww.⟩
I ⟨onov.ww.⟩ **0.1** ***debatteren*** ⇒*discussiëren, redetwisten, een debat houden* **0.2** ***beraadslagen*** ⇒*delibereren, overleggen* ◆ **6.1** ~ **about/upon** a subject *over een onderwerp debatteren;*
II ⟨ov.ww.⟩ **0.1** ***bespreken*** ⇒*beraadslagen over, in debat treden*

over **0.2** ***overwegen*** ⇒*overpeinzen, zich beraden over, (bij zichzelf) overleggen* ◆ **1.2** ~ an idea in one's mind *het voor en tegen v. iets afwegen* **6.1** ~ sth. **with** s.o. *met iem. over iets in debat treden, iets met iem. bespreken.*

de·bat·er [dɪ'beɪtə‖dɪ'beɪt̬ər]⟨f1⟩⟨telb.zn.⟩ **0.1** ***debater*** ⇒*disputant, (gevat) spreker.*

de'bat·ing club, de'bating society ⟨f1⟩⟨telb.zn.⟩ **0.1** ***debating-club*** ⇒*debatclub, dispuut(gezelschap).*

de'bating point ⟨telb.zn.⟩ **0.1** ***afleidingsmanoeuvre*** ⟨in debat⟩ ⇒*vergadertruc* ⟨om tijd te winnen⟩.

de·bauch[1] [dɪ'bɔ:tʃ]⟨zn.⟩⟨schr.⟩
I ⟨telb.zn.⟩ **0.1** ***uitspatting*** ⇒*orgie, bras/slemp/zwelgpartij;*
II ⟨n.-telb.zn.⟩ **0.1** ***losbandigheid*** ⇒*(zeden)verwildering, lichtzinnigheid.*

debauch[2] ⟨f1⟩⟨ww.⟩⟨schr.⟩ →debauched
I ⟨onov.ww.⟩ **0.1** ***zich te buiten gaan*** ⇒*zich losbandig gedragen;*
II ⟨ov.ww.⟩ **0.1** ***op het slechte pad brengen*** ⇒*zedeloos maken, doen ontaarden, demoraliseren, schandaliseren* **0.2** ***tot onmatigheid verleiden*** ⇒*zich te buiten doen gaan* **0.3** ***verleiden*** ⟨vrouw⟩ **0.4** ***bederven*** ⇒*ondermijnen, corrumperen* ⟨smaak⟩ ◆ **6.4** ~ed **by** vulgarity *door platvloersheid ontsierd.*

de·bauched [dɪ'bɔ:tʃt]⟨bn.; volt. deelw. v. debauch; -ly⟩ **0.1** ***liederlijk*** ⇒*verloederd, verdorven, ontaard, lichtzinnig.*

deb·au·chee [dɪ'bɔ:'tʃi:]⟨telb.zn.⟩ **0.1** ***losbol*** ⇒*lichtmis, schuinsmarcheerder, libertijn.*

de·bauch·er [dɪ'bɔ:tʃə‖-ər]⟨telb.zn.⟩ **0.1** ***verleider.***

de·bauch·er·y [dɪ'bɔ:tʃri]⟨f1⟩⟨zn.; →mv. 2⟩
I ⟨n.-telb.zn.⟩ **0.1** ***losbandigheid*** ⇒*(zinnelijke) onmatigheid, lichtzinnigheid* **0.2** ***demoralisatie*** ⇒*verlies v. moreel besef;*
II ⟨mv.; debaucheries⟩ **0.1** ***uitspatting*** ⇒⟨i.h.b. mbt. drank en seksualiteit⟩ *orgie, bras/slemp/zwelgpartij.*

deb·bie, deb·by ['debi]⟨bn.⟩ **0.1** ***als/v. een debutant.***

de·ben·ture [dɪ'bentʃə‖-ər]⟨f1⟩⟨telb.zn.⟩ **0.1** ***obligatie*** ⇒⟨BE i.h.b.⟩ *preferente obligatie* **0.2** ***mandaat tot restitutie v. douanerechten*** **0.3** ⟨BE⟩ ***schuldbrief*** ⟨v. vennootschap⟩.

de'benture bond ⟨telb.zn.⟩⟨vnl. AE⟩ **0.1** ***obligatie*** ⟨zonder pandrecht⟩.

de'benture stock ⟨n.-telb.zn.⟩⟨BE⟩ **0.1** ***obligatiekapitaal*** ⇒*geleend kapitaal* ⟨waarvoor activa als waarborg dienen⟩.

de·bil·i·tate [dɪ'bɪlɪteɪt]⟨f1⟩⟨ov.ww.⟩ →debilitated **0.1** ***verzwakken*** ⟨gestel/gezondheid⟩ ⇒*afmatten, ondermijnen* ◆ **1.1** debilitating climate *slopend klimaat;* debilitating disease *uitputtende/slopende ziekte.*

de·bil·i·tat·ed [dɪ'bɪlɪteɪt̬ɪd]⟨bn.; volt. deelw. v. debilitate⟩ **0.1** ***uitgeput*** ⇒*afgemat, gesloopt.*

de·bil·i·ty [dɪ'bɪləti]⟨f1⟩⟨n.-telb.zn.⟩ **0.1** ***zwakte*** ⟨i.h.b. als gevolg v. ziekte⟩ ⇒*matheid, zwakheid* **0.2** ***wankelmoedigheid.***

deb·it[1] ['debɪt]⟨f1⟩⟨telb.zn.⟩⟨hand.⟩ **0.1** ***debetpost*** ⇒*debitering, debetboeking, schuld, uitgave* **0.2** ***debetsaldo*** **0.3** ***debetzijde*** ⇒*debetkolom* ◆ **6.1 to** the ~ of my account *te mijnen laste;* the sum has been placed **to** your ~ *u bent voor het bedrag gedebiteerd.*

debit[2] ⟨f1⟩⟨ov.ww.⟩⟨hand.⟩ **0.1** ***debiteren*** ⇒*als debet boeken* ◆ **6.1** ~ a sum **against** s.o.('s account) *iem. ('s rekening) voor een bedrag debiteren;* the £10 has been ~ed **to** me, I have been ~ed **with** the £10 *de tien pond is ten laste van mijn rekening/te mijnen laste geboekt.*

'debit balance ⟨telb. en n.-telb.zn.⟩⟨geldw.⟩ **0.1** ***debetsaldo*** ⇒*negatief saldo.*

'debit note ⟨telb.zn.⟩⟨hand.⟩ **0.1** ***debetnota.***

'debit side ⟨f1⟩⟨telb.zn.⟩⟨hand.⟩ **0.1** ***debetzijde*** ⇒*debetkolom.*

deb·o·nair ['debə'neə‖-'ner]⟨bn.; -ly; -ness⟩ **0.1** ***welgemoed*** ⇒*monter, opgewekt, levenslustig, goedgehumeurd, onbezorgd* **0.2** ***nonchalant*** ⇒*achteloos* **0.3** ***hoffelijk*** ⇒*voorkomend, wellevend, galant, welgemanierd* **0.4** ⟨vero.⟩ ***minzaam*** ⇒*vriendelijk, charmant, aardig.*

de·bone ['di:'boʊn]⟨ov.ww.⟩ **0.1** ***uitbenen*** ⇒*fileren* ⟨vlees⟩.

de·boost[1] ['di:'bu:st]⟨telb.zn.⟩⟨ruim.⟩ **0.1** ***afremmanoeuvre.***

deboost[2] ⟨onov.ww.⟩⟨ruim.⟩ **0.1** ***afremmen*** ⇒*een afremmanoeuvre uitvoeren.*

de·bouch [dɪ'baʊtʃ‖-'bu:ʃ]⟨ww.⟩
I ⟨onov.ww.⟩ **0.1** ⟨ben. voor⟩ ***uitkomen*** ⟨op groter geheel⟩ ⇒*uitmonden/stromen, in een vlakte komen* ⟨v. rivier⟩; *uitlopen* ⟨v. straat e.d.⟩; *aan de oppervlakte/te voorschijn komen* **0.2** ⟨mil.⟩ ***deboucheren*** ⇒*uit een dekking komen* ◆ **6.1** the river ~es **into** the sea *de rivier mondt uit in zee;*
II ⟨ov.ww.⟩ **0.1** ***aan de oppervlakte/te voorschijn brengen.***

de·bouch·ment [dɪ'baʊtʃmənt‖-'bu:ʃ-]⟨zn.⟩
I ⟨telb.zn.⟩ **0.1** ***mond(ing)*** ⟨vnl. v. rivier⟩;
II ⟨telb. en n.-telb.zn.⟩ **0.1** ***verschijning*** ⟨aan de oppervlakte/in een vlakte⟩ **0.2** ⟨mil.⟩ ***deboucheeractie*** ⇒*het deboucheren.*

De·brett [də'bret]⟨eig.n., telb.zn.; verk.⟩ ⟨Debrett's (Peerage)⟩ ⟨inf.⟩ **0.1** ***Debrett*** ⟨Eng. adelboek naar zijn eerste uitgever, J.F. Debrett⟩.

de·brief ['di:'bri:f]⟨ov.ww.⟩ **0.1** ***geheimhouding opleggen*** ⟨na beëindiging v. dienstverband⟩ **0.2** ⟨mil.; ook inf.⟩ ***ondervragen (na voltooiing v. opdracht).***

de·brief·er ['di:'bri:fə‖-ər]⟨telb.zn.⟩ **0.1** ***officiële/politieke/professionele ondervrager.***

de·bris ['debri:‖də'bri:], **dé·bris** [deɪ-]⟨f1⟩⟨n.-telb.zn.⟩ **0.1** ***puin*** ⇒*brokstukken, overblijfselen, steenslag* **0.2** ***wrakgoed*** ⇒*wrakstukken* **0.3** ***ruïne*** ⇒*puinhoop, bouwval.*

debt [det]⟨f3⟩⟨telb. en n.-telb.zn.⟩⟨→sprw. 551⟩ **0.1** ***schuld*** ⇒*(terugbetalings)verplichting, tol* **0.2** ⟨theol.⟩ ***schuld*** ⇒*zonde* ◆ **1.1** ⟨jur.⟩ action of ~ *schuldvordering;* owe s.o. a ~ of gratitude *iem. dank verschuldigd zijn;* ~ of honour *ereschuld;* ⟨i.h.b.⟩ *speelschuld* **3.1** ⟨geldw.⟩ floating ~ *vlottende schuld;* get/run into ~ *schulden maken;* get out of ~ *zijn schulden betalen;* owe a ~ (to s.o.) *(bij iem.) in het krijt staan* **3.2** forgive us our ~s *vergeef ons onze schulden* ⟨Matth. 6:12⟩ **3.¶** pay the ~ of/one's ~ to nature *de tol der natuur betalen, sterven* **6.1** be **in** ~ **(to** s.o.) *(bij iem.) in de schuld/in het krijt staan;* be **in** s.o.'s ~ *iem. iets verschuldigd/verplicht zijn;* ~ **of** $5 *schuld v. vijf dollar;* be **out of** ~ *vrij van schulden/schoon zijn.*

'debt-col·lect·ing agency ⟨telb.zn.⟩⟨hand.⟩ **0.1** ***incassobureau/bedrijf.***

'debt collector ⟨telb.zn.⟩ **0.1** ***invorderaar*** ⇒*incasseerder.*

debt·or ['detə‖'det̬ər]⟨f1⟩⟨telb.zn.⟩ **0.1** ***schuldenaar*** **0.2** ⟨hand.⟩ ***debiteur*** **0.3** ⟨theol.⟩ ***schuldenaar*** ⇒*zondaar.*

'debt serv·ic·ing, ⟨AE⟩ **'debt service** ⟨n.-telb.zn.⟩⟨geldw.⟩ **0.1** ***rentebetaling.***

de·bug ['di:'bʌg]⟨f1⟩⟨ov.ww.; →ww. 7⟩⟨inf.⟩ **0.1** ⟨ong.⟩ ***ontluizen*** ⇒*insektenvrij maken* **0.2** ⟨comp.⟩ ***(van mankementen) zuiveren*** ⇒*kinderziekten verhelpen bij* **0.3** ***afluisterapparatuur verwijderen uit*** **0.4** ***onbruikbaar maken*** ⟨afluisterapparatuur⟩ **0.5** ⟨comp.⟩ ***(van fouten) zuiveren*** ⇒*bijschaven, debuggen.*

de·bunk ['di:'bʌŋk]⟨f1⟩⟨ov.ww.⟩⟨inf.⟩ **0.1** ***ontmaskeren*** ⇒*aan de kaak stellen, voor joker zetten, tot juiste proporties terugbrengen.*

de·bunk·er ['di:'bʌŋkə‖-ər]⟨telb.zn.⟩⟨inf.⟩ **0.1** ***hekelaar*** ⇒*beeldenstormer.*

de·but[1] ['debju:‖dɪ'bju:], **dé·but** ['deɪ-]⟨f2⟩⟨telb.zn.; ook attr.⟩ **0.1** ***debuut*** ⇒*eerste optreden (in het openbaar)* **0.2** ***eerste bezoek aan societybal*** ⟨v. meisje⟩ ◆ **1.1** her ~ novel *haar debuutroman* **3.1** make one's ~ *zijn debuut maken, debuteren.*

debut[2] ⟨onov.ww.⟩⟨inf.⟩ **0.1** ***debuteren*** ⇒*zijn debuut maken.*

déb·u·tante, ⟨AE sp. vnl.⟩ **deb·u·tante** ['debjʊtɑ:nt]⟨f2⟩⟨telb.zn.⟩ **0.1** ***debutante*** ⟨meisje op haar eerste societybal⟩ **0.2** ⟨dram.⟩ ***debutante.***

dec ⟨afk.⟩ deceased, declaration, declared, declension, declination, decrease.

Dec ⟨afk.⟩ December **0.1** ***dec.***.

dec·a-, dek·a- ['dekə], **dec-** [dek] **0.1** ***deca-*** ⇒*tien-* ◆ **¶.1** decalitre *decaliter;* ⟨plantk.⟩ decandrous *tienhelmig;* ⟨bouwk.⟩ decastyle *decastyle, gebouw met tien zuilen.*

dec·a·dal ['dekədl], **de·ca·dic** [dɪ'kædɪk]⟨bn.⟩ **0.1** ***tientallig*** ⇒*decimaal.*

de·cade ['dekeɪd‖dɪ'keɪd]⟨f2⟩⟨telb.zn.⟩ **0.1** ***decennium*** ⇒*periode v. tien jaar* **0.2** ***tiental*** ⇒*reeks v. tien* **0.3** ⟨R.-K.⟩ ***tientje (v.d. rozenkrans)*** ◆ **1.2** ~ of days *decade, tien dagen* **2.1** the post-war ~ *de eerste tien jaar na de oorlog.*

de·ca·dence ['dekədəns], **de·ca·den·cy** [-dənsi]⟨f1⟩⟨n.-telb.zn.⟩ **0.1** ***decadentie*** ⇒*verval* ⟨i.h.b. in de kunst⟩, *(morele) achteruitgang/inzinking, verwording.*

de·ca·dent[1] ['dekədənt]⟨telb.zn.⟩ **0.1** ***decadent*** ⇒⟨i.h.b.⟩ *kunstenaar die tot de decadenten behoort* ⟨±1890⟩.

decadent[2] ⟨f1⟩⟨bn.; -ly⟩ **0.1** ***decadent*** ⇒*in verval, verworden* **0.2** ***genotzuchtig*** ⇒*genotziek, decadent* **0.3** ***decadenten-*** ⇒*mbt. een periode v. decadentie* ◆ **1.3** ~ poetry *decadentenpoëzie.*

de·caff ['di:'kæf]⟨bn.⟩⟨verk.⟩ decaffeinated ⟨inf.⟩ **0.1** ***cafeïnevrij.***

de·caf·fein·nate ['di:'kæfɪneɪt]⟨ov.ww.⟩ **0.1** ***cafeïnevrij/cafeïne-arm maken*** ⇒*het cafeïnegehalte verlagen in/van* ◆ **1.1** ~d coffee *cafeïnevrije/-arme koffie.*

dec·a·gon ['dekəgɒn‖-gɑn]⟨telb.zn.⟩⟨wisk.⟩ **0.1** ***tienhoek*** ⇒*decagoon.*

de·cag·o·nal [dɪ'kægənl]⟨bn.; -ly⟩⟨wisk.⟩ **0.1** ***tienhoekig.***

dec·a·gram ['dekəgræm]⟨telb.zn.⟩ **0.1** ***decagram*** ⇒*tien gram.*

dec·a·he·dral ['dekə'hi:drəl, -'hedrəl]⟨bn.⟩⟨wisk.⟩ **0.1** ***tienvlakkig.***

dec·a·he·dron ['dekə'hi:drən, -'hedrən]⟨telb.zn.; ook decahedra [-drə]; →mv. 5⟩⟨wisk.⟩ **0.1** ***tienvlak*** ⇒*decaëder.*

de·cal ['di:kæl, 'dekl], ⟨zelden⟩ **de·cal·co·ma·ni·a** ['di:kælkə'meɪnɪə]⟨zn.⟩⟨vnl. AE⟩
I ⟨telb.zn.⟩ **0.1** ***decalcomanie(tje)*** ⇒*transfer, aftrek/calqueer/decalcomanie/overdruk/plakplaatje;*

II ⟨n.-telb.zn.⟩ **0.1** ***decalcomanie*** ⇒*decalcomanieprocédé/methode.*

de·cal·ci·fi·ca·tion ['di:kælsɪfɪ'keɪʃn]⟨telb. en n.-telb.zn.⟩ **0.1** ***ontkalking*** ⇒*decalcificatie.*

de·cal·ci·fy ['di:'kælsɪfaɪ]⟨ov.ww.; →ww. 7⟩ **0.1** ***ontkalken*** ⇒*decalcificeren.*

dec·a·li·tre, ⟨AE sp.⟩ **dec·a·li·ter** ['dekəli:tə‖-li:ṭər]⟨telb.zn.⟩ **0.1** ***decaliter*** ⇒*tien liter.*

Dec·a·log(ue) ['dekəlɒg‖-lɔg,-lɑg]⟨n.-telb.zn.; ook d-; the⟩ **0.1** ***decaloog*** ⇒*decalogus, tien geboden.*

dec·a·me·tre, ⟨AE sp.⟩ **dec·a·me·ter, dek·a·me·ter** ['dekəmi:tə‖-mi:ṭər]⟨telb.zn.⟩ **0.1** ***decameter*** ⇒*tien meter.*

dec·a·met·ric ['dekə'metrɪk]⟨bn.⟩⟨elek.⟩ **0.1** ***decametrisch*** ⟨mbt. hoogfrequente radiogolven⟩.

de·camp [dɪ'kæmp]⟨f1⟩⟨onov.ww.⟩ **0.1** ***(een kamp) opbreken*** ⇒*decamperen, aftrekken* ⟨vnl. mil.⟩ **0.2** ***zijn biezen pakken*** ⇒*de benen nemen, zich uit de voeten maken, er tussenuit knijpen, ervandoor gaan, decamperen* ◆ **6.2** she ~ed **with** the money *zij is ervandoor met het geld.*

de·camp·ment [dɪ'kæmpmənt]⟨n.-telb.zn.⟩ **0.1** ***decampement*** ⇒*het opbreken (v.e. kamp)* ⟨vnl. mil.⟩ **0.2** ***vertrek met de noorderzon*** ⟨i.h.b. met achterlating v. schulden⟩.

dec·a·nal [dɪ'keɪnl]⟨bn.; -ly⟩⟨Anglicaanse kerk⟩ **0.1** ***decanaal*** ⇒*v./mbt. een deken/het decanaat* **0.2** ***aan/mbt. de zuidzijde (v.h. koor)*** ⟨waar de deken zit⟩.

de·cant [dɪ'kænt]⟨f1⟩⟨ov.ww.⟩ **0.1** ***decanteren*** ⟨vnl. wijn⟩ ⇒*klaren, afschenken* **0.2** ***overschenken*** ⇒*overgieten* **0.3** ⟨inf.⟩ ***overhevelen*** ⇒⟨i.h.b.⟩ *(tijdelijk) elders huisvesten/te werk stellen, overplaatsen, uitzenden.*

de·can·ta·tion ['di:kæn'teɪʃn]⟨telb. en n.-telb.zn.⟩ **0.1** ***klaring*** ⟨v. vloeistof⟩ ⇒*het decanteren/afschenken.*

de·cant·er [dɪ'kæntə‖dɪ'kænṭər]⟨f1⟩⟨telb.zn.⟩ **0.1** ***decanteerfles*** ⇒*(wijn)karaf.*

de·cap·i·tate [dɪ'kæpɪteɪt]⟨f1⟩⟨ov.ww.⟩ **0.1** ***onthoofden*** ⟨i.h.b. als straf⟩ **0.2** ⟨AE⟩ ***de laan uit sturen*** ⇒*op straat zetten, (abrupt) ontslaan* **0.3** ⟨AE⟩ ***lam leggen*** ⇒*fnuiken.*

de·cap·i·ta·tion [dɪ'kæpɪ'teɪʃn]⟨f1⟩⟨telb. en n.-telb.zn.⟩ **0.1** ***onthoofding*** ⟨i.h.b. als straf⟩ **0.2** ⟨med.⟩ ***decapitatie*** **0.3** ⟨AE⟩ ***(abrupt) ontslag*** ⟨i.h.b. uit politieke overwegingen⟩.

dec·a·pod[1] ['dekəpɒd‖-pɑd]⟨telb.zn.⟩⟨dierk.⟩ **0.1** ***tienpotige*** ⟨schaaldier; lid v. orde Decapoda⟩ **0.2** ***tienarm*** ⟨weekdier; lid v. orde Decapoda⟩.

decapod[2] ⟨bn.⟩⟨dierk.⟩ **0.1** ***tienpotig*** ⟨v. schaaldieren⟩ **0.2** ***tienarmig*** ⟨v. weekdieren⟩.

de·car·bon·i·za·tion, -sa·tion ['di:kɑ:bənaɪ'zeɪʃn‖-kɑrbənə-]⟨telb. en n.-telb.zn.⟩ **0.1** ***ontkoling.***

de·car·bon·ize, -ise ['di:'kɑ:bənaɪz‖-'kɑr-]⟨ov.ww.⟩ **0.1** ***ontkolen*** ⟨i.h.b. verbrandingsmotor⟩.

dec·a·style ['dekəstaɪl]⟨telb.zn.⟩⟨bouwk.⟩ **0.1** ***decastyle*** ⇒*gebouw met tien zuilen.*

de·ca·su·al·i·za·tion, -sa·tion ['di:kæʒʊəlaɪ'zeɪʃn‖-kæʒələ-]⟨telb. en n.-telb.zn.⟩ **0.1** ***afschaffing van losse dienstverbanden.***

de·ca·sual·ize, -ise ['di:'kæʒʊəlaɪz‖-'kæʒə-]⟨ov.ww.⟩ **0.1** ***losse dienstverbanden afschaffen in*** ⟨industrie⟩ ⇒*vaste dienst instellen in* **0.2** ***vast in dienst nemen*** ◆ **1.1** ~ labour *vaste banen scheppen.*

dec·a·syl·lab·ic[1] ['dekəsɪ'læbɪk], **dec·a·syl·la·ble** [-sɪləbl]⟨telb.zn.⟩⟨lit.⟩ **0.1** ***decasyllabus*** ⇒*tienlettergrepige (vers)regel.*

decasyllabic[2] ⟨bn.⟩⟨lit.⟩ **0.1** ***tienlettergrepig*** ⇒*decasyllabisch.*

de·cath·lete [dɪ'kæθli:t]⟨telb.zn.⟩⟨atletiek⟩ **0.1** ***tienkamper.***

de·cath·lon [dɪ'kæθlɒn‖-lɑn]⟨f1⟩⟨telb.zn.⟩⟨atletiek⟩ **0.1** ***tienkamp*** ⇒*decatlon.*

de·cay[1] [dɪ'keɪ]⟨f3⟩⟨n.-telb.zn.⟩ **0.1** ***verval*** ⇒*(geleidelijke) achteruitgang, verslechtering* **0.2** ***bederf*** ⇒*rotting, het vergaan, vertering* **0.3** ***vergaan/verrot materiaal*** ⇒⟨i.h.b.⟩ *verrot deel v.h. gebit, rotte plek* **0.4** ⟨nat.⟩ ***(radioactief) verval*** ⇒*(radioactieve) desintegratie* **0.5** ⟨ruim.⟩ ***hoogteverlies*** ⟨bv. door dampkringwerking⟩ ◆ **1.2** teeth ~ *tandbederf, cariës* **3.1** fall into ~ *in verval raken* **6.1** be **in** ~ *in verval verkeren.*

decay[2] ⟨f2⟩⟨ww.⟩

I ⟨onov.ww.⟩ **0.1** ***vervallen*** ⇒*in verval raken, (geleidelijk) achteruitgaan, verslechteren* **0.2** ***(ver)rotten*** ⇒*bederven, verteren, vergaan, verweren* **0.3** ***wegkwijnen*** ⇒*wegteren* **0.4** ⟨nat.⟩ ***vervallen*** ⇒*desintegreren* ⟨door radioactief verval⟩ **0.5** ⟨ruim.⟩ ***hoogte verliezen*** ⟨bv. door dampkringwerking⟩ ◆ **1.1** ~ed buildings *bouwvallen* **1.2** ~ing teeth *rottend gebit;* ~ed tooth *rotte kies/tand;*

II ⟨ov.ww.⟩ **0.1** ***in verval brengen*** ⇒*achteruit doen gaan, doen vervallen/verslechteren* **0.2** ***bederven*** ⇒*doen (ver)rotten/verteren/vergaan* ◆ **1.2** sugar may ~ the teeth *suiker kan tot tandbederf leiden.*

de·cease[1] [dɪ'si:s]⟨n.-telb.zn.⟩⟨schr. of jur.⟩ **0.1** ***het overlijden*** ⇒*het verscheiden, dood* ◆ **6.1 upon** your ~ *bij/na uw overlijden.*

decease[2] ⟨onov.ww.⟩⟨vnl. schr. of jur.⟩ →deceased **0.1** ***overlijden*** ⇒*verscheiden, heengaan, sterven.*

de·ceased [dɪ'si:st]⟨f2⟩⟨bn.; volt. deelw. v. decease⟩ **0.1** ***overleden*** ⇒⟨i.h.b.⟩ *pas gestorven* ◆ **7.1** the ~ *de overledene(n).*

de·ce·dent [dɪ'si:dnt]⟨telb.zn.⟩⟨AE; jur.⟩ **0.1** ***overledene.***

de·ceit [dɪ'si:t]⟨f1⟩⟨zn.⟩

I ⟨telb.zn.⟩ **0.1** ***misleiding*** ⇒*list, bedrieglijke slimheid, valse voorstelling v. zaken, bedriegerij* **0.2** ***(valse) kunstgreep*** ⇒*(smerige) truc, kunstje* **0.3** ***leugen;***

II ⟨n.-telb.zn.⟩ **0.1** ***bedrog*** ⇒*misleiding, bedriegerij* **0.2** ***oneerlijkheid*** ⇒*leugenachtigheid* ◆ **2.2** be incapable of ~ *niet kunnen liegen, goudeerlijk zijn.*

de·ceit·ful [dɪ'si:tfʊl]⟨f1⟩⟨bn.; -ly; -ness⟩ **0.1** ***bedrieglijk*** ⇒*misleidend, (arg)listig, slinks, sluw* **0.2** ***onbetrouwbaar*** ⇒*leugenachtig, oneerlijk, achterbaks.*

de·ceiv·a·ble [dɪ'si:vəbl]⟨bn.⟩ **0.1** ***lichtgelovig*** ⇒*onnozel, naïef.*

de·ceive [dɪ'si:v]⟨f2⟩⟨ww.⟩⟨→sprw. 309⟩

I ⟨onov.ww.⟩ **0.1** ***bedrog plegen*** ⇒*zich v. bedrog bedienen, een valse voorstelling v. zaken geven;*

II ⟨ov.ww.⟩ **0.1** ***bedriegen*** ⇒*misleiden, om de tuin leiden, voor de gek houden* **0.2** ***teleurstellen*** ⇒*bedriegen* ◆ **1.2** ~ s.o.'s expectation/hope *iem. in zijn verwachting/hoop teleurstellen* **3.1** be ~ed *bedrogen uitkomen* **4.1** ~ o.s. *zichzelf voor de gek houden* **6.1** be ~d **into** the belief/**into** believing that *zich laten wijsmaken dat;* ~ s.o. **into** buying sth. *iem. zo gek krijgen dat hij iets koopt;* ~ s.o. **into** thinking sth. *iem. iets doen geloven/wijsmaken.*

de·ceiv·er [dɪ'si:və‖-ər]⟨f1⟩⟨telb.zn.⟩ **0.1** ***bedrieger*** ⇒*misleider, leugenaar* **0.2** ⟨sl.⟩ ***beha met vulling.***

de·ceiv·ing·ly [dɪ'si:vɪŋli]⟨f1⟩⟨bw.⟩ **0.1** ***op bedrieglijke wijze*** ⇒*misleidend, (arg)listig, slinks, sluw.*

de·cel·er·ate ['di:'seləreɪt]⟨onov. en ov.ww.⟩ **0.1** ***vertragen*** ⇒*afremmen, vaart minderen* ◆ **1.1** ~d motion *vertraagde beweging.*

de·cel·er·a·tion ['di:selə'reɪʃn]⟨telb. en n.-telb.zn.⟩ **0.1** ***vaartvermindering*** ⇒*vertraging, afremming.*

de·cel·er·a·tor ['di:'seləreɪtə‖-reɪṭər]⟨telb.zn.⟩ **0.1** ***iem. die vaart mindert.***

de·cel·er·o·me·ter ['di:selə'rɒmɪtə‖-'rɑmɪṭər]⟨telb.zn.⟩⟨tech.⟩ **0.1** ***vertragingsmeter.***

De·cem·ber [dɪ'sembə‖-ər]⟨f3⟩⟨eig.n.⟩ **0.1** ***december.***

de·cem·vir [dɪ'semvə‖-ər]⟨telb.zn.; ook decemviri [-vəri:‖-vəraɪ]; →mv. 5⟩⟨gesch.⟩ **0.1** ***decemvir*** ⇒*(Romeins) tienman.*

de·cem·vi·rate [dɪ'semvərət]⟨telb. en n.-telb.zn.⟩⟨gesch.⟩ **0.1** ***decemviraat*** ⇒*(Romeins) tienmanschap.*

de·cen·cy ['di:snsi]⟨f2⟩⟨zn.; →mv. 2⟩

I ⟨n.-telb.zn.⟩ **0.1** ***fatsoen*** ⇒*betamelijkheid, welvoeglijkheid, decentie, voegzaamheid* **0.2** ***fatsoenlijkheid*** ⇒*achtenswaardigheid, achtbaarheid* ◆ **1.1** an offence against ~ *een inbreuk op de betamelijkheid;* for ~'s sake *fatsoenshalve;*

II ⟨mv.; decencies; the⟩ **0.1** ***fatsoensnormen*** ⇒*eisen der betamelijkheid, goede vormen* ◆ **3.1** observe the decencies *de goede vormen in acht nemen.*

de·cen·na·ry, ⟨in bet. 0.1 ook⟩ **de·cen·a·ry** [dɪ'senəri]⟨telb.zn.; →mv. 2⟩ **0.1** ⟨ong.⟩ ***gouw*** ⇒*kanton* ⟨in Eng.⟩ **0.2** ***decennium*** ⇒*(periode v.) tien jaar.*

de·cen·ni·al[1] [dɪ'senɪəl]⟨telb.zn.⟩ **0.1** ***tienjarig jubileum*** **0.2** ***tienjaarlijkse herdenking/jubileumviering.***

decennial[2] ⟨bn.; -ly⟩ **0.1** ***mbt. een decennium*** **0.2** ***tienjarig*** **0.3** ***tienjaarlijks.***

de·cen·ni·um [dɪ'senɪəm]⟨telb.zn.; ook decennia [-nɪə]; →mv. 5⟩ **0.1** ***decennium*** ⇒*(periode v.) tien jaar.*

de·cent ['di:snt]⟨f3⟩⟨bn.; -ly; -ness⟩ **0.1** ***fatsoenlijk*** ⇒*betamelijk, welvoeglijk, gepast, passend, netjes* **0.2** ***kies*** ⇒*wellevend, ordentelijk, decent* **0.3** ***achtenswaardig*** ⇒*respectabel, achtbaar, keurig* **0.4** ***behoorlijk*** ⇒*aanvaardbaar, acceptabel, redelijk, knap* **0.5** ⟨inf.⟩ ***geschikt*** ⇒*sympathiek, tof, jofel* **0.6** ⟨AE; inf.⟩ ***(aan)gekleed*** ◆ **1.2** his behaviour is not ~ *zijn gedrag is aanstootgevend* **1.4** they serve quite a ~ dinner here *je kunt hier heel behoorlijk eten;* a ~ wage *een redelijk loon* **1.5** a ~ guy *een geschikte kerel* **3.4** she's doing very ~ly *ze redt zich uitstekend; ze doet het niet onaardig; ze verdient een heel behoorlijke boterham* **3.6** are you ~? *kan ik binnenkomen?, ben je (al) aangekleed?.*

de·cen·tral·i·za·tion, -sa·tion ['di:sentrəlaɪ'zeɪʃn‖-lə'zeɪʃn]⟨f1⟩⟨telb. en n.-telb.zn.⟩ **0.1** ***decentralisatie*** ⇒*spreiding.*

de·cen·tral·ize, -ise ['di:'sentrəlaɪz]⟨f1⟩⟨onov. en ov.ww.⟩ **0.1** ***decentraliseren*** ⇒*spreiden.*

de·cep·tion [dɪ'sepʃn]⟨f1⟩⟨zn.⟩

I ⟨telb.zn.⟩ **0.1** ***misleiding*** ⇒*list, bedrieglijke slimheid, valse voorstelling v. zaken, bedriegerij* **0.2** ***(valse) kunstgreep*** ⇒*(smerige) truc, kunstje;*

II ⟨n.-telb.zn.⟩ **0.1** ***bedrog*** ⇒*misleiding, bedriegerij* ◆ **1.1** ~ of the public *misleiding v.d. mensen, volksverlakkerij.*

de·cep·tive [dɪ'septɪv]⟨f1⟩⟨bn.;-ly;-ness⟩ **0.1** ***bedrieglijk*** ⇒*misleidend* **0.2** ***onoprecht*** ⇒*vals, oneerlijk, listig, sluw* ◆ **1.1** appearances are often ~ *schijn bedriegt* **2.1** ~ly cheap *bedrieglijk goedkoop*.

de·chris·tian·ize, -ise [di:'krɪstʃənaɪz]⟨ov.ww.⟩ **0.1** ***ontkerstenen***.

dec·i- ['desi] **0.1** ***deci-*** ⇒*tiende(-), tiende deel* ◆ ¶.**1** deciare *deciare*.

de·ci·bel ['desɪbel]⟨telb.zn.⟩⟨tech.⟩ **0.1** ***decibel***.

de·cid·a·ble [dɪ'saɪdəbl]⟨bn.⟩ **0.1** ***beslisbaar*** ⟨ook logica⟩.

de·cide [dɪ'saɪd]⟨f4⟩⟨ww.⟩ →decided

I ⟨onov.ww.⟩ **0.1** ***beslissen*** ⇒*een beslissing nemen, een keuze maken, een oordeel vellen, decideren* **0.2** ***besluiten*** ⇒*een besluit nemen, decideren, uitsluitsel geven* **0.3** ***een uitspraak doen*** ⇒⟨jur.⟩ *vonnis wijzen* ◆ **1.3** the court ~d in his favour *de rechter stelde hem in het gelijk* **3.1** he ~d not to/~d that he would not go *hij besloot niet te gaan* **6.1** ~ **between** two courses of action *kiezen tussen twee gedragslijnen;* the destination is still to be ~d **on** *ze hebben nog niet beslist waar ze heen gaan, over de bestemming zijn ze het nog niet eens;* she ~d **on** the red boots *ze liet haar keus op de rode laarsjes vallen, ze besloot de rode laarsjes te nemen* **6.2** ~ **against** *afzien van* **6.3** ~ **against** *in het ongelijk stellen;* ~ **for/in favour of** *vonnis wijzen ten gunste van* **8.1** it has been ~d that *men heeft/er is besloten dat;* I could not ~ what to do *ik stond in dubio;*

II ⟨ov.ww.⟩ **0.1** ***beslissen*** ⇒*uitmaken* **0.2** ***beslissen*** ⇒*(van) beslissend(e betekenis) zijn, een einde maken aan* **0.3** ***doen besluiten*** ⇒*overhalen* **0.4** ***een uitspraak doen in*** ⇒⟨jur.⟩ *vonnis wijzen in* ⟨rechtzaak⟩ ◆ **1.1** ~ a question *een beslissing nemen in een kwestie, een knoop doorhakken* **1.2** with one look she ~d the argument *één blik van haar en het pleit was beslecht* **1.3** your integrity has ~d me to support you *vanwege je integriteit heb ik besloten je te steunen* **4.3** that ~s me *dat geeft de doorslag*.

de·cid·ed [dɪ'saɪdɪd]⟨f3⟩⟨bn.;volt. deelw. v. decide;-ly;-ness⟩ **0.1** ***onbetwistbaar*** ⇒*ontegenzeglijk, onmiskenbaar, uitgesproken, overduidelijk* **0.2** ***beslist*** ⇒*gedecideerd, zelfverzekerd, resoluut, stellig* ◆ **2.1** ~ly better *onmiskenbaar beter* **3.2** speak ~ly *op besliste toon spreken*.

de·cid·er [dɪ'saɪdə‖-ər]⟨telb.zn.⟩ **0.1** ***beslisser*** ⇒*arbiter* **0.2** ⟨sport⟩ ***barrage(partij)*** ⇒*belle, beslissingswedstrijd, verlenging, tie-break, beslissend doelpunt*.

de·cid·u·ous [dɪ'sɪdʒuəs]⟨f1⟩⟨bn.;-ly;-ness⟩ **0.1** ⟨ben. voor⟩ ***(periodiek) afwerpend/verliezend*** ⇒*(periodiek) af/uitvallend* ⟨v. bladeren, tanden, horens⟩; *(jaarlijks) loofverliezend* ⟨v. boom⟩; *vleugelafwerpend* ⟨v. insekt⟩ **0.2** ***vergankelijk*** ⇒*onbestendig, tijdelijk, vergaand, voorbijgaand* **0.3** ⟨inf.⟩ ***slonzig*** ⇒*vervallen, onverzorgd, shabby* ◆ **1.1** ~ antlers *jaarlijks afgeworpen gewei;* ~ leaves *jaarlijks afvallend(e) loof/bladeren;* ~ tooth *melktand;* ~ tree *loofboom*.

dec·i·gram ['desɪgræm]⟨telb.zn.⟩ **0.1** ***decigram***.

dec·i·li·tre, ⟨AE sp.⟩ **dec·i·li·ter** ['desɪli:tə‖-li:t̬ər]⟨telb.zn.⟩ **0.1** ***deciliter***.

de·cil·lion [dɪ'sɪlɪən]⟨telb.zn.⟩ **0.1** ⟨BE⟩ 10^{60} **0.2** ⟨AE⟩ 10^{33}.

dec·i·mal[1] ['desɪml]⟨f1⟩⟨telb.zn.⟩ **0.1** ***decimale breuk*** **0.2** ***decimaal getal*** ◆ **3.1** recurring ~ *repeterende breuk*.

decimal[2] ⟨f2⟩⟨bn.;-ly⟩ **0.1** ***tiendelig*** ⇒*decimaal* **0.2** ***tientallig*** ⇒*decimaal* **0.3** ***onvolledig*** ⇒*oppervlakkig, gedeeltelijk* ◆ **1.1** ~ fraction *decimale/tiendelige breuk;* ~ place *decimaal, cijfer achter de komma;* ~ point *decimaalpunt/teken, komma* **1.2** ~ arithmetic *decimaal rekenen;* ~ coinage/currency *decimaal muntstelsel;* ⟨wisk.⟩ ~ scale *decimale schaal;* ~ system *tientallig/decimaal stelsel* **3.2** go ~ *overgaan op het decimale muntstelsel*.

dec·i·mal·i·za·tion ['desɪməlaɪ'zeɪʃn‖-lə'zeɪʃn]⟨telb. en n.-telb.zn.⟩ **0.1** ***decimalisatie*** ⇒*overgang op het tientallig stelsel*.

dec·i·mal·ize ['desɪməlaɪz]⟨ov.ww.⟩ **0.1** ***tientallig/decimaal maken*** ⇒*decimaliseren* ◆ **1.1** ~ the currency *overgaan op het decimale muntstelsel*.

dec·i·mate ['desɪmeɪt]⟨f1⟩⟨ov.ww.⟩ **0.1** ***decimeren*** ⇒*dunnen, op grote schaal afslachten* **0.2** ⟨gesch.⟩ ***decimeren*** ⇒*een tiende doden, elke tiende (man) doden* ◆ **1.1** the population was ~d by the epidemic *de bevolking werd door de epidemie uitgedund*.

dec·i·ma·tion ['desɪ'meɪʃn]⟨telb. en n.-telb.zn.⟩ **0.1** ***decimatie*** ⇒*decimering*.

dec·i·me·tre, ⟨AE sp.⟩ **dec·i·me·ter** ['desɪmi:tə‖-mi:t̬ər]⟨telb.zn.⟩ **0.1** ***decimeter***.

de·ci·pher[1] [dɪ'saɪfə‖-ər]⟨telb.zn.⟩ **0.1** ***gedecodeerde boodschap***.

decipher[2] ⟨f1⟩⟨ov.ww.⟩ **0.1** ***ontcijferen*** ⇒*ontwarren, ontraadselen, duiden* **0.2** ***decoderen*** ⇒*ontcijferen, kraken*.

de·ci·pher·a·ble [dɪ'saɪfrəbl]⟨bn.⟩ **0.1** ***ontcijferbaar*** ⇒*leesbaar, ontwarbaar, te duiden* **0.2** ***decodeerbaar*** ⇒*ontcijferbaar*.

de·ci·pher·ment [dɪ'saɪfəmənt‖-fər-]⟨telb. en n.-telb.zn.⟩ **0.1** ***ontcijfering*** ⇒*ontraadseling, duiding* **0.2** ***decodering*** ⇒*ontcijfering*.

de·ci·sion [dɪ'sɪʒn]⟨f3⟩⟨zn.⟩

I ⟨telb.zn.⟩ **0.1** ***beslissing*** ⇒*uitspraak, uitkomst, beschikking* **0.2** ***besluit*** **0.3** ⟨bokssport⟩ ***puntenzege*** ⇒*zege op punten, win(s)t op punten* ◆ **3.1** arrive at/come to/make/reach/take a ~ *een beslissing nemen* **3.2** arrive at/come to/make/reach/take a ~ *een besluit nemen* **6.1** give a ~ **on** a case *een uitspraak doen in een zaak;*

II ⟨n.-telb.zn.⟩ **0.1** ***(het nemen v.e.) beslissing*** ⇒*(het doen v.e.) (definitieve) uitspraak, (het vellen v.e.) oordeel* **0.2** ***besluitvaardigheid*** ⇒*beslistheid, gedecideerdheid, resoluutheid* ◆ **3.2** lack ~ *besluiteloos zijn, twijfelen*.

de'cision maker ⟨telb.zn.⟩ **0.1** ***beleidsvormer***.

de'cision making ⟨n.-telb.zn.⟩ **0.1** ***besluitvorming***.

de'cision theory ⟨n.-telb.zn.⟩ **0.1** ***besliskunde***.

de'cision tree ⟨telb.zn.⟩ **0.1** ***beslisboom***.

de·ci·sive [dɪ'saɪsɪv]⟨f2⟩⟨bn.;-ly;-ness⟩ **0.1** ***beslissend*** ⇒*doorslaggevend, decisoir* **0.2** ***afdoend*** **0.3** ***onbetwistbaar*** ⇒*ontegenzeglijk, onmiskenbaar, uitgesproken* **0.4** ***beslist*** ⇒*gedecideerd, stellig* **0.5** ***besluitvaardig*** ⇒*zelfverzekerd, resoluut*.

deck[1] [dek]⟨f3⟩⟨telb.zn.⟩ **0.1** ***(scheeps)dek*** ⇒*scheepsvloer/zoldering;* ⟨scheep.⟩ *tussendekse ruimte* **0.2** ⟨ben. voor⟩ ***planken vloer*** ⇒*plankier; vloer v. pier; zonnewaranda* **0.3** ***verdieping v. bus*** **0.4** ⟨vnl. AE⟩ ***spel (kaarten)*** **0.5** ***afspeel/opneemmechanisme*** ⟨v. recorder⟩ ⇒⟨bij uitbr.; inf.⟩ *cassette/bandrecorder zonder versterker, (tape/cassette)deck* **0.6** ⟨sl.⟩ ***grond*** ⇒*vloer* **0.7** ⟨AE⟩ ***pakje sigaretten/verdovende middelen*** **0.8** ⟨comp.⟩ ***stapeltje ponskaarten*** ◆ **1.4** ~ of cards *spel kaarten* **3.1** clear the ~s (for action) *de dekken ontruimen/het schip voorbereiden (voor de strijd);* ⟨fig.⟩ *zich opmaken voor de strijd* **3.**¶ ⟨sl.⟩ hit the ~ *je nest uitkomen; zich opmaken om ertegenaan te gaan; op je bek vallen;* ⟨bokssport⟩ *neergaan* **6.1** **below** ~(s) *benedendeks;* **between** ~s *tussendeks;* **on** ~ *aan dek* **6.**¶ **on** ~ ⟨vnl. AE; inf.⟩ *bij de hand, aanwezig, inzetbaar, beschikbaar* ⟨voor werk e.d.⟩; *klaarstaand, wachtend op zijn beurt*.

deck[2] ⟨f1⟩⟨ov.ww.⟩ **0.1** ***(ver)sieren*** ⇒*tooien, (uit)dossen, verfraaien* **0.2** ⟨scheep.⟩ ***van een dek voorzien*** **0.3** ⟨sl.⟩ ***neerslaan*** ⇒*vloeren* ◆ **5.1** ⟨inf.⟩ ~ (o.s.) **out/up** (in) *(zich) opdoffen/uitdossen (met/in)* **6.1** the town was ~ed out **in**/~ed **with** flags *de stad was met vlaggen versierd/gepavoiseerd;* ~ (out) **with** *versieren/tooien met*.

'deck beam ⟨telb.zn.⟩⟨scheep.⟩ **0.1** ***dekbalk***.

'deck cargo ⟨telb. en n.-telb.zn.⟩⟨scheep.⟩ **0.1** ***deklading*** ⇒*deklast*.

'deck chair ⟨f1⟩⟨telb.zn.⟩ **0.1** ***ligstoel*** ⇒*chaise-longue, dekstoel, mailstoel*.

-deck·er ['dekə‖-ər] **0.1** ***-dekker*** ◆ ¶.**1** ⟨scheep.⟩ three-decker *driedekker*.

'deck hand ⟨telb.zn.⟩⟨scheep.⟩ **0.1** ***dekknecht*** **0.2** ⟨sl.⟩ ***toneelknecht*** ⇒*inspiciënt, toneelmeester*.

'deck·house ⟨telb.zn.⟩⟨scheep.⟩ **0.1** ***dekhuis*** ⇒*roef*.

deck·le, ⟨AE sp. ook⟩ **deck·el** ['dekl]⟨telb.zn.⟩⟨ind.⟩ **0.1** ***schepraam*** **0.2** ***scheprand*** ⟨v. papier⟩.

'deckle 'edge ⟨telb.zn.⟩⟨ind.⟩ **0.1** ***scheprand*** ⟨v. papier⟩.

'deck·le-'edg·ed ⟨bn.⟩⟨ind.⟩ **0.1** ***geschept*** ⇒*met scheprand, kartelig* ◆ **1.1** ~ paper *geschept papier*.

'deck load ⟨telb. en n.-telb.zn.⟩⟨scheep.⟩ **0.1** ***deklading*** ⇒*deklast*.

'deck officers ⟨mv.⟩⟨scheep.⟩ **0.1** ***dekofficieren***.

'deck passenger ⟨telb.zn.⟩⟨scheep.⟩ **0.1** ***dekpassagier***.

'deck quoits ⟨n.-telb.zn.⟩⟨sport⟩ **0.1** ***ringwerpen*** ⟨aan dek v. schip⟩.

'deck shoe ⟨telb.zn.⟩⟨AE⟩ **0.1** ***gymschoen*** ⟨met dikke crèpezool⟩.

'deck tennis ⟨n.-telb.zn.⟩⟨sport⟩ **0.1** ***dektennis***.

de·claim [dɪ'kleɪm]⟨f1⟩⟨ww.⟩

I ⟨onov.ww.⟩ **0.1** ***uitvaren*** ⇒*v. leer trekken, schelden* **0.2** ***oreren*** ⇒*retorisch spreken* ◆ **6.1** ~ **against** *uitvaren tegen;*

II ⟨onov. en ov.ww.⟩ **0.1** ***declameren*** ⇒*voordragen, op hoogdravende toon (uit)spreken*.

de·claim·er [dɪ'kleɪmə‖-ər]⟨telb.zn.⟩ **0.1** ***declamator*** ⇒*(beroeps) voordrager*.

dec·la·ma·tion ['deklə'meɪʃn]⟨f1⟩⟨zn.⟩

I ⟨telb.zn.⟩ **0.1** ***tirade*** ⇒*donderpreek, georeer* **0.2** ⟨muz.⟩ ***retorische expressie*** ⟨bij het zingen⟩;

II ⟨telb. en n.-telb.zn.⟩ **0.1** ***declamatie*** ⇒*voordracht(skunst), het voordragen/declameren* **0.2** ***declamatie*** ⇒*retorische/hoogdravende rede, oratie, (holle) retoriek, bombast, hoogdravendheid*.

de·clam·a·to·ry [dɪ'klæmətri‖-tori]⟨bn.;-ly;→bijw. 3⟩ **0.1** ***declamatie-*** ⇒*voordrachts-, als gedeclameerd* **0.2** ***retorisch*** ⇒*hoogdravend, gezwollen, bombastisch* **0.3** ***om aandacht schreeuwend***.

de·clar·able [dɪ'kleərəbl‖-'kler-]⟨bn.⟩ **0.1** ***aan te geven***.

de·clar·ant [dɪ'kleərənt‖-'kler-]⟨telb.zn.⟩ **0.1** ***declarant*** ⇒*iem. die declareert* **0.2** ⟨jur.⟩ ***declarant*** **0.3** ⟨AE⟩ ***aspirant-(Amerikaans)-staatsburger***.

dec·la·ra·tion ['deklə'reɪʃn]⟨f3⟩⟨zn.⟩

I ⟨telb.zn.⟩ **0.1** ***(openbare/formele) verklaring*** ⇒*declaratie, af-*

kondiging, bekendmaking, proclamatie **0.2** ***geschreven verklaring*** **0.3** ⟨cricket⟩ ***vrijwillige sluiting v. innings (voordat alle wickets zijn gevallen)*** **0.4** ⟨jur.⟩ ***verklaring v. eiser*** **0.5** ⟨jur.⟩ ***verklaring onder belofte*** ⟨tgo. onder ede⟩ **0.6** ***aangifte*** ⟨voor belasting, douane e.d.⟩ ⇒*declaratie* **0.7** ⟨kaartspel⟩ ***bod*** ⇒⟨i.h.b.⟩ *eindbod;* ⟨bridge⟩ *contract* **0.8** ⟨kaartspel⟩ ***(roem/score)melding*** ◆ **1.1** ~ of dividend *dividendaankondiging;* Declaration of Independence *Amerikaanse onafhankelijkheidsverklaring* ⟨4 juli 1776⟩; ~ of intent *beginselverklaring;* ~ of love *liefdesverklaring;* ~ of the poll *(officiële) bekendmaking v. verkiezingsuitslag;* ~ of war *oorlogsverklaring* **1.6** ~ of estate *aangifte v. nalatenschap;* ~ of income *aangifte inkomstenbelasting;*
II ⟨n.-telb.zn.⟩ **0.1** ***het bekendmaken*** ⇒*afkondiging, proclamatie, verklaring.*

de·clar·a·tive [dɪˈklærət̬ɪv]⟨bn.; -ly⟩ **0.1** ***verklarend*** ⇒*bewerend, stellend* **0.2** ⟨jur.⟩ ***declaratief*** **0.3** ⟨logica⟩ ***categorisch*** ◆ **1.1** ⟨taalk.⟩ ~ sentence *declaratieve zin.*

de·clar·a·to·ry [dɪˈklærətri‖-tɔri]⟨bn.⟩ **0.1** ***bevestigend*** ⇒*manifesterend, blijk gevend (van), (aan)tonend* **0.2** ⟨jur.⟩ ***declaratoir.***

de·clare [dɪˈkleə‖-ˈkler]⟨f3⟩⟨ww.⟩ →declared
I ⟨onov.ww.⟩ **0.1** ***een verklaring afleggen*** ⇒*een aankondiging/afkondiging/bekendmaking doen* **0.2** ***stelling nemen*** ⇒*zich (openlijk) uitspreken, zich verklaren* **0.3** ⟨cricket⟩ ***sluiten*** ⇒*een innings gesloten verklaren* ◆ **4.¶** I (do) ~ *heb je (nou toch) ooit, (wel) nu nog mooier, asjemenou* **6.2** ~ **against/for** *zich (openlijk) uitspreken tegen/voor, stelling nemen tegen/voor;*
II ⟨ov.ww.⟩ **0.1** ***bekendmaken*** ⇒*aankondigen, afkondigen, verklaren* **0.2** ***(expliciet) verklaren*** ⇒*beweren* **0.3** ***duidelijk maken*** ⇒*aantonen, bewijzen, openbaren* **0.4** ***bestempelen als*** ⇒*uitmaken voor, uitroepen tot* **0.5** ***laten zien*** ⇒*tonen, openbaren* **0.6** ***aangeven*** ⟨douanegoederen, inkomen e.d.⟩ **0.7** ⟨cricket⟩ ***sluiten*** ⟨innings⟩ **0.8** ⟨kaartspel, i.h.b. bridge⟩ ***de troefkleur vaststellen*** **0.9** ⟨kaartspel⟩ ***melden*** ⟨roem e.d.⟩ ◆ **1.1** ⟨hand.⟩ ~ a dividend *een dividend vaststellen/declareren* **1.2** ~ a meeting closed *een vergadering voor gesloten verklaren* **1.4** ~ s.o. (to be) a nobody *iem. voor een nul uitmaken;* ~ s.o. the winner *iem. tot winnaar uitroepen* **1.7** ~ an innings closed *een innings sluiten* **4.2** he ~d himself (to be) against/for the bill *hij sprak zich tegen/voor het wetsvoorstel uit* **4.5** ~ o.s *zijn ware aard/bedoeling tonen/openbaren;* ~ o.s. to s.o. *iem. zijn liefde verklaren.*

de·clared [dɪˈkleəd‖-ˈklerd]⟨f1⟩⟨bn.; oorspr. volt. deelw. v. declare; -ly [-ˈkleərɪ̣dli‖-ˈkler-]⟩ **0.1** ***verklaard*** ⇒*erkend, openlijk, overtuigd* ◆ **1.1** a ~ opponent of the regime, ~ly an opponent of the regime *een verklaard tegenstander v.h. bestel.*

de·clar·er [dɪˈkleərə‖dɪˈklerər]⟨telb.zn.⟩ **0.1** ***verklaarder*** ⇒*beweerder* **0.2** ***aangever*** ⇒*iem. die aangifte doet* **0.3** ⟨bridge⟩ ***leider.***

dé·clas·sé(e) [ˈdeɪklæˈseɪ‖-klə-], **de·classed** [ˈdiːˈklɑːst‖-ˈklæst]⟨bn.⟩ **0.1** ***gedeclasseerd*** ⇒*maatschappelijk gezonken, déclassé.*

de·clas·si·fi·ca·tion [ˈdiːklæsɪ̣fɪ̣ˈkeɪʃn]⟨n.-telb.zn.⟩ **0.1** ***vrijgeving*** ⟨i.h.b. v. geheime stukken⟩ ⇒*opheffing v. geheimhouding.*

de·clas·si·fy [ˈdiːˈklæsɪ̣faɪ]⟨ov.ww.; →ww. 7⟩ **0.1** ***vrijgeven*** ⟨i.h.b. geheime stukken⟩ ⇒*de geheimhouding opheffen van.*

de·clen·sion [dɪˈklenʃn]⟨f1⟩⟨zn.⟩
I ⟨telb.zn.⟩⟨taalk.⟩ **0.1** ⟨taalk.⟩ ***verbuigingsklasse;***
II ⟨telb. en n.-telb.zn.⟩ **0.1** ***helling*** ⇒*(af)hellend vlak* **0.2** ***afwijking*** ⇒*deviatie, afval, afvalligheid* **0.3** ***vermindering*** ⇒*afname, daling, reductie* **0.4** ***achteruitgang*** ⇒*verval, teruggang* **0.5** ⟨taalk.⟩ ***verbuiging*** ⇒*declinatie* ◆ **1.4** period of ~ *periode v. verval.*

de·clin·a·ble [dɪˈklaɪnəbl]⟨bn.⟩⟨taalk.⟩ **0.1** ***verbuigbaar.***

dec·li·na·tion [ˈdeklɪ̣ˈneɪʃn]⟨zn.⟩
I ⟨telb.zn.⟩ **0.1** ⟨AE⟩ ***declinatie*** ⇒*(formele) afwijzing/weigering;*
II ⟨telb. en n.-telb.zn.⟩ **0.1** ***(voorover)helling*** ⇒*afhelling* **0.2** ***verval*** ⇒*achteruitgang, teruggang* **0.3** ***afwijking*** ⇒*buiging* **0.4** ⟨aardr., nat., ster.⟩ ***declinatie*** ⇒*afwijking(shoek)/miswijzing* ⟨v. kompasnaald⟩ **0.5** ⟨ster.⟩ ***declinatie.***

de·cli·na·tion·al [ˈdeklɪ̣ˈneɪʃnəl]⟨bn.⟩⟨nat., ster.⟩ **0.1** ***declinatie-*** ⇒*mbt. declinatie.*

de·cli·na·to·ry [dɪ̣ˈklaɪnətri‖dɪ̣ˈklaɪnətɔri]⟨bn.⟩⟨AE⟩ **0.1** ***afwijzend*** ⇒*weigerachtig.*

de·cline[1] [dɪˈklaɪn]⟨f2⟩⟨telb.zn.⟩ **0.1** ***verval*** ⇒*achteruitgang, aftakeling* **0.2** ***daling*** ⇒*neergang, afname, vermindering* **0.3** ***prijsdaling*** **0.4** ***slotfase*** ⇒*ondergang* **0.5** ***helling*** ⇒*hellend vlak* **0.6** ⟨vnl. vero.⟩ ***slopende ziekte*** ⇒⟨i.h.b.⟩ *tering, tuberculose* ◆ **1.4** ~ of life *levensavond* **3.1** fall into a ~ *beginnen af te takelen, in verval raken, (weg)kwijnen* **3.6** fall into a ~ *aan tering lijden* **6.2** **on** the ~ *tanend.*

decline[2] ⟨f2⟩⟨ww.⟩
I ⟨onov.ww.⟩ **0.1** ***(af)hellen*** ⇒*aflopen, dalen* **0.2** ***(neer)buigen*** ⇒*bukken* **0.3** ***zich verlagen*** ⇒*afdalen (tot), zich vernederen* **0.4** ***ten einde lopen*** ⇒*wegkwijnen, aftakelen* **0.5** ***afnemen*** ⇒*achteruitgaan, dalen, verminderen, tanen, in verval raken, (weg)kwijnen* **0.6** ***ter kimme neigen*** ⇒*ondergaan* ⟨v. zon⟩ **0.7** ⟨taalk.⟩ ***verbogen worden*** ◆ **1.4** declining years *oude dag, laatste jaren;*
II ⟨onov. en ov.ww.⟩ **0.1** ***(beleefd) weigeren*** ⇒*afslaan, van de hand wijzen, afwijzen, declineren, zich onttrekken (aan)* ◆ **1.1** they ~d (the invitation) *ze zijn (er) niet op (onze uitnodiging) ingegaan;* ⟨vaak iron.⟩ ~ with thanks *(feestelijk) voor de eer bedanken;*
III ⟨ov.ww.⟩ **0.1** ***(neer)buigen*** ⇒*doen (af)hellen/aflopen* **0.2** ⟨taalk.⟩ ***verbuigen*** ⇒*declineren.*

dec·li·nom·e·ter [ˈdeklɪ̣ˈnɒmətə‖-ˈnɑmət̬ər]⟨telb.zn.⟩⟨tech.⟩ **0.1** ***declinatorium*** ⇒*afwijkingsmeter.*

de·cliv·i·tous [dɪˈklɪvɪ̣t̬əs]⟨bn.⟩ **0.1** ***hellend*** ⇒*steil.*

de·cliv·i·ty [dɪˈklɪvət̬i]⟨telb.zn.; →mv. 2⟩ **0.1** ***(aflopende) helling*** ⇒*glooiing.*

de·clutch [ˈdiːˈklʌtʃ]⟨f1⟩⟨onov.ww.⟩ **0.1** ***ontkoppelen*** ⇒*debrayeren.*

de·coct [dɪˈkɒkt‖-ˈkɑkt]⟨ov.ww.⟩ **0.1** ***afkoken*** ⇒*inkoken* **0.2** ***in heet water dompelen.***

de·coc·tion [dɪˈkɒkʃn‖-ˈkɑkʃn]⟨zn.⟩
I ⟨telb.zn.⟩ **0.1** ***afkooksel*** ⇒*decoct(um), extract;*
II ⟨n.-telb.zn.⟩ **0.1** ***afkoking*** ⇒*inkoking.*

de·code [ˈdiːˈkoʊd]⟨f1⟩⟨ov.ww.⟩ **0.1** ***decoderen*** ⇒*ontcijferen* **0.2** ⟨sl.⟩ ***uitduiden.***

de·cod·er [ˈdiːˈkoʊdə‖-ər]⟨telb.zn.⟩⟨tech.⟩ **0.1** ***decodeerder*** ⇒*decodeermachine;* ⟨i.h.b. geluidsapparatuur⟩ *stereodecoder.*

de·coke[1] [ˈdiːˈkoʊk]⟨n.-telb.zn.⟩⟨BE; inf.⟩ **0.1** ***ontkoling*** ⟨v. verbrandingsmotor⟩.

decoke[2] ⟨ov.ww.⟩⟨BE; inf.⟩ **0.1** ***ontkolen*** ⟨verbrandingsmotor⟩.

de·col·late [dɪ̣ˈkɒleɪt‖-ˈkɑ-]⟨ov.ww.⟩ **0.1** ***onthalzen*** ⇒*onthoofden.*

de·col·la·tion [ˈdiːkɒˈleɪʃn‖-ˈkɑ-]⟨telb. en n.-telb.zn.⟩ **0.1** ***onthalzing*** ⇒*onthoofding.*

dé·colle·tage [ˈdeɪkɒlˈtɑːʒ‖ˈdekələˈtɑʒ]⟨telb.zn.⟩ **0.1** ***decolleté*** ⇒*laag uitgesneden hals* **0.2** ***gedecolleteerde japon.***

dé·colle·té(e) [deɪˈkɒlteɪ‖ˈdekələˈteɪ]⟨bn.⟩ **0.1** ***gedecolleteerd*** ⇒*met laag uitgesneden hals* **0.2** ***gedecolleteerd*** ⇒*met decolleté.*

de·col·o·ni·za·tion, -sa·tion [ˈdiːkɒlənaɪˈzeɪʃn‖-kɑlənə-]⟨telb. en n.-telb.zn.⟩ **0.1** ***dekolonisatie*** ⇒*dekolonisering* **0.2** ***verwerving v. staatkundige onafhankelijkheid.***

de·col·o·nize, -nise [ˈdiːˈkɒlənaɪz‖-ˈkɑ-]⟨ov.ww.⟩ **0.1** ***dekoloniseren*** ⇒*staatkundige onafhankelijkheid verlenen aan.*

de·col·or·ant[1] [ˈdiːˈkʌlərənt]⟨telb.zn.⟩ **0.1** ***bleekmiddel*** ⇒*ontkleuringsmiddel.*

decolorant[2] ⟨bn.⟩ **0.1** ***blekend*** ⇒*ontkleurend.*

de·col·or·i·za·tion, -sa·tion, ⟨BE sp. ook⟩ **de·col·our·i·za·tion, -sa·tion** [ˈdiːkʌləraɪˈzeɪʃn‖-əˈzeɪʃn], ⟨AE ook⟩ **de·col·or·a·tion** [ˈdiːkʌləˈreɪʃn]⟨n.-telb.zn.⟩ **0.1** ***ontkleuring*** ⇒*(ver)bleking, verkleuring.*

de·col·or·ize, -ise, ⟨BE sp. ook⟩ **de·col·our·ize, -ise** [ˈdiːˈkʌləraɪz], ⟨AE ook⟩ **de·col·or** [ˈdiːˈkʌlər]⟨ww.⟩
I ⟨onov.ww.⟩ **0.1** ***verbleken*** ⇒*ontkleuren, verkleuren, zijn kleur verliezen;*
II ⟨ov.ww.⟩ **0.1** ***ontkleuren*** ⇒*bleken.*

de·com·mis·sion [ˈdiːkəˈmɪʃn]⟨ov.ww.⟩ **0.1** ***uit bedrijf nemen*** ⇒*ontmantelen.*

de·com·pos·a·ble [ˈdiːkəmˈpoʊzəbl]⟨bn.⟩ **0.1** ***ontleedbaar*** ⇒*ontbindbaar* **0.2** ***afbreekbaar.***

de·com·pose [ˈdiːkəmˈpoʊz]⟨f1⟩⟨ww.⟩
I ⟨onov.ww.⟩ **0.1** ***desintegreren*** ⇒*(in zijn samenstellende bestanddelen) uiteenvallen* **0.2** ***(ver)rotten*** ⇒*bederven, verteren;*
II ⟨ov.ww.⟩ **0.1** ***ontleden*** ⇒*ontbinden, (in zijn samenstellende bestanddelen) doen uiteenvallen, afbreken* **0.2** ***doen rotten/bederven/verteren.***

de·com·pos·er [ˈdiːkəmˈpoʊzə‖-ər]⟨telb.zn.⟩⟨ecologie⟩ **0.1** ***afbrekend organisme.***

de·com·po·si·tion [ˈdiːkɒmpəˈzɪʃn‖-kɑm-]⟨f1⟩⟨n.-telb.zn.⟩ **0.1** ***ontleding*** ⇒*decompositie* **0.2** ***desintegratie*** ⇒*ontbinding* **0.3** ⟨biol.⟩ ***rotting*** ⇒*bederf* **0.4** ⟨schei.⟩ ***afbraak.***

de·com·pound[1] [ˈdiːˈkɒmpaʊnd‖-ˈkɑm-], **de·com·pos·ite** [ˈdiːˈkɒmpəzɪ̣t‖ˈdiːkɑmˈpɑzɪ̣t]⟨telb.zn.⟩ **0.1** ***dubbele samenstelling.***

decompound[2], **decomposite** ⟨bn.⟩ **0.1** ***dubbel samengesteld*** **0.2** ⟨plantk.⟩ ***samengesteld*** ⟨v.e. blad⟩.

decompound[3] [ˈdiːkəmˈpaʊnd]⟨ov.ww.⟩ **0.1** ***dubbel samenstellen*** **0.2** →decompose II.

de·com·press [ˈdiːkəmˈpres]⟨ww.⟩
I ⟨onov.ww.⟩ **0.1** ***zich ontspannen*** ⇒*de spanning van zich af laten vallen;*
II ⟨ov.ww.⟩⟨tech.⟩ **0.1** ***decomprimeren*** ⇒*verlagen v.d. druk in/op.*

de·com·pres·sion ['di:kəm'preʃn]⟨n.-telb.zn.⟩⟨med., tech.⟩ **0.1** ***decompressie*** **0.2** ***ontspanning.***

decom'pression chamber ⟨telb.zn.⟩⟨tech.⟩ **0.1** ***decompressiekamer.***

decom'pression sickness ⟨telb. en n.-telb.zn.⟩⟨med.⟩ **0.1** ***caissonziekte.***

de·con·ges·tant ['di:kən'dʒestənt]⟨telb.zn.⟩⟨med.⟩ **0.1** ***decongestivum.***

de·con·se·crate ['di:'kɒnsɪkreɪt‖-'kɑn-]⟨ov.ww.⟩ **0.1** ***seculariseren*** ⇒*het heilig karakter ontnemen, verwereldlijken.*

de·con·struc·tion ['di:kən'strʌkʃn]⟨n.-telb.zn.⟩⟨fil., taalk.⟩ **0.1** ***deconstructie.***

de·con·tam·i·nate ['di:kən'tæmɪneɪt]⟨ov.ww.⟩ **0.1** ***ontsmetten*** ⇒*decontamineren, desinfecteren, zuiveren* **0.2** ***zuiveren*** ⟨voor publikatie⟩.

de·con·tam·i·na·tion ['di:kəntæmɪ'neɪʃn]⟨n.-telb.zn.⟩ **0.1** ***ontsmetting*** ⇒*decontaminatie, desinfectering, zuivering, reiniging.*

de·con·trol[1] ['di:kən'troʊl]⟨telb. en n.-telb.zn.⟩ **0.1** ***opheffing v. (staats)toezicht*** ⇒*het vrijgeven/vrijlaten* ◆ **1.1** ~ of prices *opheffing v. prijsbeheersing.*

decontrol[2] ⟨ov.ww.; →ww. 7⟩ **0.1** ***opheffen v. (staats)toezicht op*** ⇒*vrijgeven, vrijlaten* ◆ **1.1** ~ trade *handel vrijgeven/vrijlaten, de handelsbelemmeringen opheffen.*

dé·cor, de·cor ['deɪkɔ:‖deɪ'kɔr]⟨f1⟩⟨telb. en n.-telb.zn.⟩ **0.1** ***(toneel)décor*** **0.2** ***inrichting*** ⟨v. kamer⟩.

dec·o·rate ['dekəreɪt]⟨f3⟩⟨ww.⟩
I ⟨onov. en ov.ww.⟩ **0.1** ⟨ben. voor⟩ ***afwerken*** ⇒*verven, schilderen* ⟨binnen/buitenwerk⟩; *sausen* ⟨binnenmuren⟩; *behangen; pleisteren;*
II ⟨ov.ww.⟩ **0.1** ***versieren*** ⇒*verfraaien, tooien, opsmukken, decoreren* **0.2** ***decoreren*** ⇒*ridderen, onderscheiden* ◆ **1.1** those flowers ~ your desk very well *die bloemen staan heel decoratief op je bureau* **6.1** ~ the town **with** flags *de stad pavoiseren.*

dec·o·ra·tion ['dekə'reɪʃn]⟨f3⟩⟨zn.⟩
I ⟨telb.zn.⟩ **0.1** ***versiering*** ⇒*versiersel, decoratie* **0.2** ***onderscheiding(steken)*** ⇒*decoratie, ereteken, ordeteken;*
II ⟨telb. en n.-telb.zn.⟩ **0.1** ***versiering*** ⇒*tooi, opsmuk, opschik, decoratie* **0.2** ***inrichting (en stoffering)*** ⇒*aankleding* ⟨v. huis, vertrek⟩ ◆ **2.2** interior ~ *binnenhuisarchitectuur;*
III ⟨mv.; ~s⟩ **0.1** ***feesttooi*** ⇒*bevlagging, bewimpeling.*

Deco'ration Day ⟨eig.n.⟩⟨AE⟩ **0.1** ***gedenkdag voor de gevallenen*** ⟨30 mei⟩.

dec·o·ra·tive ['dekrətɪv]⟨f2⟩⟨bn.; -ly; -ness⟩ **0.1** ***decoratief*** ⇒*versierend, versierings-, fraai, sierlijk.*

dec·o·ra·tor ['dekəreɪtə‖-reɪtər]⟨f2⟩⟨telb.zn.⟩ **0.1** ⟨vnl. BE⟩⟨ben. voor⟩ ***afwerker (v. huis)*** ⇒*(huis)schilder; stukadoor; behanger* **0.2** ⟨verk.⟩ ⟨interior decorator⟩ ***binnenhuisarchitect.***

dec·o·rous ['dekərəs]⟨bn.; -ly; -ness⟩ **0.1** ***betamelijk*** ⇒*correct, niet aanstootgevend, fatsoenlijk, welvoeglijk, beschaafd, gepast.*

de·cor·ti·cate ['di:'kɔ:tɪkeɪt‖-'kɔrtɪ-]⟨ov.ww.⟩ **0.1** ***ontschorsen*** ⇒*schillen, pellen* **0.2** ⟨med.⟩ ***decerebreren.***

de·cor·ti·ca·tion ['di:kɔ:tɪ'keɪʃn‖-kɔrtɪ-]⟨n.-telb.zn.⟩ **0.1** ***ontschorsing*** **0.2** ⟨med.⟩ ***decorticatie.***

de·co·rum [dɪ'kɔ:rəm]⟨f2⟩⟨zn.⟩
I ⟨n.-telb.zn.⟩ **0.1** ***decorum*** ⇒*betamelijkheid, welvoeglijkheid, gepastheid, vormelijkheid, etiquette;*
II ⟨mv.; ~s⟩ **0.1** ***goede (omgangs)vormen*** ⇒*manieren.*

dé·cou·page ['deɪku:'pɑ:ʒ]⟨telb. en n.-telb.zn.⟩ **0.1** ***versiering v. papierknipsels.***

de·coy[1] ['di:kɔɪ]⟨telb.zn.⟩ **0.1** ***lokvogel*** ⇒⟨i.h.b.⟩ *lokeend* **0.2** ***kooi*** ⟨voor het vangen v. vogels⟩ ⇒⟨i.h.b.⟩ *eendenkooi* **0.3** ***lokaas*** ⇒*lokmiddel* **0.4** ***lokker*** ⇒*lokvogel* ⟨handlanger⟩ **0.5** ***val(strik).***

decoy[2] [dɪ'kɔɪ]⟨ww.⟩
I ⟨onov.ww.⟩ **0.1** ***(in de val) gelokt worden*** **0.2** ***in de val lopen;***
II ⟨ov.ww.⟩ **0.1** ***(ver)lokken*** ⇒*verleiden, misleiden* **0.2** ***in de val lokken*** ⇒*een valstrik zetten voor* ◆ **6.1** ~ s.o. **into** (going into) a dark alley *iem. een donker steegje in lokken.*

de·crease[1] ['di:kri:s]⟨f1⟩⟨telb. en n.-telb.zn.⟩ **0.1** ***vermindering*** ⇒*afneming, daling, teruggang, reductie, verlaging* ◆ **6.1** ~ **in/of** exports *daling v.d. export;* **on** the ~ *teruglopend, afnemend.*

decrease[2] [dɪ'kri:s]⟨f3⟩⟨ww.⟩
I ⟨onov.ww.⟩ **0.1** ***(geleidelijk) afnemen*** ⇒*teruglopen, achteruitgaan, dalen, verminderen, slinken, inkrimpen* ◆ **1.1** sales have ~d *de verkoop is teruggelopen* **6.1** ~ **by** 10 **to** 50 *met 10 afnemen tot 50;*
II ⟨ov.ww.⟩ **0.1** ***verminderen*** ⇒*beperken, verkleinen, verlagen, reduceren, inkrimpen* ◆ **6.1** ~ **to** *terugbrengen tot.*

de·cree[1] [dɪ'kri:]⟨f2⟩⟨telb.zn.⟩ **0.1** ***decreet*** ⇒*verordening, bevel, besluit* **0.2** ⟨vnl. AE; jur.⟩ ***vonnis*** ⇒*uitspraak* ⟨v. bepaalde rechtbanken⟩ **0.3** ⟨relig.⟩ ***ordonnantie*** **0.4** ⟨relig.⟩ ***ordinantie*** ⇒*wilsuiting, wilsbeschikking* ◆ **6.1** **by** ~ *bij/per decreet.*

decree[2] ⟨f1⟩⟨ww.⟩
I ⟨onov.ww.⟩ **0.1** ***een decreet uitvaardigen;***
II ⟨ov.ww.⟩ **0.1** ***decreteren*** ⇒*verordonneren, verordenen, bevelen* **0.2** ⟨vnl. relig.⟩ ***verordineren*** **0.3** ⟨vnl. AE; jur.⟩ ***bevelen*** ⇒*uitspreken, gelasten, verordonneren, beslissen, besluiten* ◆ **1.3** ⟨fig.⟩ fate ~d that *het lot wilde/beschikte dat.*

dec·re·ment ['dekrɪmənt]⟨telb.zn.⟩ **0.1** ***(geleidelijke) vermindering*** ⇒*afneming, daling;* ⟨wisk.⟩ *afname* **0.2** ***verlies*** ⇒*derving, slijtage* **0.3** ⟨nat.⟩ ***decrement.***

de·crep·it [dɪ'krepɪt]⟨f1⟩⟨bn.; -ly⟩ **0.1** ***versleten*** ⇒*afgeleefd, op, afgetobd* **0.2** ***vervallen*** ⇒*bouwvallig, uitgewoond, haveloos.*

de·crep·i·tate [dɪ'krepɪteɪt]⟨ww.⟩
I ⟨onov.ww.⟩ **0.1** ***knisteren*** ⇒*knetteren* ⟨v. zouten bij verhitting⟩;
II ⟨ov.ww.⟩⟨schei.⟩ **0.1** ***decrepiteren*** ⇒*afknappen, doen uitgloeien tot het knetteren ophoudt.*

de·crep·i·ta·tion [dɪ'krepɪ'teɪʃn]⟨telb. en n.-telb.zn.⟩⟨schei.⟩ **0.1** ***het decrepiteren.***

de·crep·i·tude [dɪ'krepɪtju:d‖-tu:d]⟨f1⟩⟨n.-telb.zn.⟩ **0.1** ***afgeleefdheid*** **0.2** ***zwakheid*** ⇒*gebrekkigheid* **0.3** ***bouwvalligheid*** ⇒*staat v. verval.*

de·cre·scen·do[1] ['di:krɪ'ʃendoʊ]⟨telb.zn.⟩⟨muz.⟩ **0.1** ***decrescendo*** ⇒*diminuendo.*

decrescendo[2] ⟨bn.; bw.⟩⟨muz.⟩ **0.1** ***decrescendo*** ⇒*diminuendo, afnemend in sterkte.*

de·cres·cent [dɪ'kresnt]⟨bn.⟩ **0.1** ***afnemend*** ⟨i.h.b. v.d. maan⟩ ⇒*slinkend, dalend, verminderend* **0.2** ***(als) van de afnemende maan.***

de·cre·tal[1] [dɪ'kri:tl]⟨zn.⟩⟨R.-K.⟩
I ⟨telb.zn.⟩ **0.1** ***decretaal*** ⇒*pauselijke beslissing/uitspraak;*
II ⟨mv.; ~s; ook D-⟩ **0.1** ***decretalen*** ⟨als deel v.h. canoniek recht⟩.

decretal[2] ⟨bn.⟩ **0.1** ***mbt. een decreet.***

de·cri·al [dɪ'kraɪəl]⟨telb.zn.⟩ **0.1** ***kleinering*** ⇒*geringschattende bejegening, openlijke afkeuring* **0.2** ***kwaadsprekerij*** **0.3** ⟨vnl. geldw.⟩ ***depreciatie.***

de·cry [dɪ'kraɪ]⟨f1⟩⟨ov.ww.; →ww. 7⟩ **0.1** ***kleineren*** ⇒*geringschattend bejegenen, openlijk afkeuren, gispen* **0.2** ***kwaadspreken over/van*** ⇒*neerhalen, afgeven op, afkraken* **0.3** ⟨vnl. geldw.⟩ ***depreciëren.***

de·crypt [di:'krɪpt]⟨ov.ww.⟩ **0.1** ***decoderen*** ⟨ook t.v.-signaal⟩.

dec·u·man ['dekjʊmən‖'dekjə-]⟨bn., attr.⟩ **0.1** ***huizenhoog*** ⇒*ontzaglijk, reusachtig* ⟨i.h.b. v.e. golf⟩ **0.2** ⟨gesch.⟩ ***v.h. tiende cohort*** ◆ **1.2** ~ gate *hoofdingang v. Romeins kamp* ⟨bij tenten v.h. tiende cohort⟩.

de·cum·bent [dɪ'kʌmbənt]⟨bn.⟩ **0.1** ***liggend*** **0.2** ⟨plantk.⟩ ***kruipend*** ⇒*kruip-* **0.3** ⟨dierk.⟩ ***liggend*** ⟨bv. stekels⟩.

dec·u·ple[1] ['dekjʊpl‖-kjə-]⟨telb.zn.⟩ **0.1** ***tienvoud(ige)*** ⇒*tienvoudige hoeveelheid.*

decuple[2] ⟨bn.⟩ **0.1** ***tienvoudig.***

decuple[3] ⟨onov. en ov.ww.⟩ **0.1** ***vertienvoudigen*** ⇒*vermenigvuldigen/vermenigvuldigd worden met tien.*

de·cus·sate[1] [dɪ'kʌsət]⟨bn.⟩ **0.1** ***kruisvormig*** ⇒*(x-vormig) gekruist, kruis-* **0.2** ⟨plantk.⟩ ***kruisgewijs*** ⇒*decussaat* ⟨v. bladstand⟩.

decussate[2] [dɪ'kʌseɪt]⟨ww.⟩
I ⟨onov.ww.⟩ **0.1** ***snijden*** ⇒*kruisen;*
II ⟨ov.ww.⟩ **0.1** ***een kruis vormen met.***

de·cus·sa·tion ['dekə'seɪʃn, 'di:-]⟨telb.zn.⟩ **0.1** ***(x-vormige) kruising*** **0.2** ⟨med.⟩ ***chiasma.***

ded·i·cate[1] ['dedɪkeɪt]⟨bn.⟩ **0.1** ***toegewijd*** ⇒*toegedaan, trouw.*

dedicate[2] ⟨f3⟩⟨ov.ww.⟩ →dedicated **0.1** ***wijden*** ⇒*toewijden, in dienst stellen van, (volledig) besteden aan* **0.2** ***opdragen*** ⇒*toewijden* **0.3** ⟨relig.⟩ ***(in)wijden*** ⇒*inzegenen, toewijden, toeheiligen* **0.4** ***openen*** ⟨gebouw⟩ **0.5** ***onthullen*** ⟨standbeeld⟩ ◆ **6.1** ~ one's life/o.s. **to** the arts *zijn leven/zich aan de kunst wijden* **6.2** ~ a book **to** s.o. *een boek aan iem. opdragen.*

ded·i·cat·ed ['dedɪkeɪtɪd]⟨f3⟩⟨bn.; (oorspr.) volt. deelw. v. dedicate; -ly⟩ **0.1** ***gewijd*** **0.2** ***toegewijd*** ⇒*toegedaan, trouw* **0.3** ***hardnekkig*** ⇒*onwankelbaar, onverzettelijk* ◆ **1.¶** ⟨comp.⟩ a ~ computer *een specifieke/toepassingsgerichte computer.*

ded·i·ca·tee ['dedɪkə'ti:]⟨telb.zn.⟩ **0.1** ***iem. aan wie een kunstwerk wordt opgedragen.***

ded·i·ca·tion ['dedɪ'keɪʃn]⟨f2⟩⟨zn.⟩
I ⟨telb.zn.⟩ **0.1** ***opdracht*** ⇒*dedicatie, (bewoordingen v.e.) toewijding* ◆ **6.1** please, accept my ~ **to** you both *sta mij toe het werk op te dragen aan u beiden;*
II ⟨telb. en n.-telb.zn.⟩ **0.1** ***(in)wijding*** ⇒*inzegening, toewijding, toeheiliging* **0.2** ⟨vnl. enk.⟩ ***toewijding*** ⇒*trouw, toegedaanheid.*

ded·i·ca·tive ['dedɪkətɪv‖-keɪtɪv], **ded·i·ca·to·ry** ['-kətri‖-tɔri]⟨bn.⟩ **0.1** ***bij wijze v. opdracht*** ⇒*als/tot opdracht dienend/strekkend.*

ded·i·ca·tor ['dedɪkeɪtə‖-keɪtər]⟨telb.zn.⟩ **0.1** ***iem. die een kunstwerk opdraagt.***

de·duce [dɪ'dju:s||-'du:s]⟨f2⟩⟨ov.ww.⟩ **0.1** ***deduceren*** ⇒*(logisch) afleiden* **0.2** ***concluderen*** ⇒*de conclusie trekken* **0.3** ***traceren*** ⇒*naspeuren, nagaan* ◆ **1.2** ~ the fact that *de conclusie trekken dat* **6.1** ~ **from** *afleiden / opmaken uit.*

de·duc·i·ble [dɪ'dju:səbl||-'du:-]⟨bn.⟩ **0.1** ***deduceerbaar*** ⇒*(logisch) afleidbaar, af te leiden* **0.2** ***concludeerbaar*** **0.3** ***traceerbaar*** ⇒*naspoorbaar* ◆ **6.1** ~ **from** *op te maken uit.*

de·duct [dɪ'dʌkt]⟨f1⟩⟨ww.⟩
I ⟨onov.ww.⟩ **0.1** ***ten koste gaan*** ⇒*in mindering komen, afbreuk doen* ◆ **6.1** ~ **from** *ten koste gaan van, doen dalen;*
II ⟨ov.ww.⟩ **0.1** ***aftrekken*** ⇒*in mindering brengen, afnemen* **0.2** ***concluderen*** ⇒*de conclusie trekken* **0.3** ***traceren*** ⇒*naspeuren, nagaan* ◆ **6.1** ~ **from** *aftrekken van, in mindering brengen op, onttrekken aan.*

de·duct·i·ble [dɪ'dʌktəbl]⟨f1⟩⟨bn.⟩ **0.1** ***aftrekbaar*** ⟨i.h.b. van het belastbaar inkomen⟩ **0.2** ***deduceerbaar*** ⇒*(logisch) afleidbaar, af te leiden* **0.3** ***concludeerbaar.***

de·duc·tion [dɪ'dʌkʃn]⟨f2⟩⟨zn.⟩
I ⟨telb.zn.⟩ **0.1** ***conclusie*** ⇒*gevolgtrekking, slotsom* **0.2** ⟨geldw.⟩ ***aftrekpost;***
II ⟨telb. en n.-telb.zn.⟩ **0.1** ***aftrek(king)*** ⇒*inhouding, vermindering, korting* **0.2** ***deductie*** ⇒*(logische) afleiding* ⟨v. alg. naar bijzonder⟩ ◆ **6.1** ~s **from** pay *inhoudingen op het loon.*

de·duc·tive [dɪ'dʌktɪv]⟨bn.; -ly⟩ **0.1** ***deductief*** ⇒*op deductie berustend.*

dee [di:]⟨telb.zn.⟩ **0.1** ***d*** ⟨de letter⟩ **0.2** ***d-vormig voorwerp*** ⇒*D-vormige ring* ⟨v. tuig⟩; ⟨tech.⟩ *d-elektrode* **0.3** ⟨nat.⟩ *d* ⟨v. cyclotron⟩ **0.4** ⟨euf. voor damn⟩ ***g.v.d.*** ⇒*verdorie.*

deed[1] [di:d]⟨f2⟩⟨zn.⟩⟨→sprw. 54, 100, 435, 642⟩
I ⟨telb.zn.⟩ **0.1** ⟨jur.⟩ *akte* ⇒*document* ⟨i.h.b. v. eigendomsoverdracht⟩ ◆ **1.1** ~ of assignment *cessieakte, akte v. afstand / overdracht;* ~ of covenant *eigendomsakte;* ~ of gift *akte v. schenking;* ~ of partnership *vennootschapsakte;*
II ⟨telb. en n.-telb.zn.⟩ **0.1** ***daad*** ⇒*handeling* **0.2** ***wapenfeit*** ⇒*(helden)daad* ◆ **2.1** good ~s *goede daden.*

deed[2] ⟨ov.ww.⟩⟨AE; jur.⟩ **0.1** ***bij akte overdragen.***

'deed·box ⟨telb.zn.⟩ **0.1** ***aktentrommel*** ⇒*(versterkte) aktenkist.*

'deed poll ⟨telb. en n.-telb.zn.; ook deeds poll; →mv. 6⟩⟨jur.⟩ **0.1** ***eenzijdige akte*** ⟨vnl. v. naamsverandering⟩ ◆ **6.1** transfer **by** ~ *bij eenzijdige akte overdragen.*

dee·jay ['di:dʒeɪ]⟨f1⟩⟨telb.zn.⟩⟨verk.⟩ disc jockey ⟨inf.⟩ **0.1** ***disc-jockey*** ⇒*deejay.*

deem [di:m]⟨f2⟩⟨ww.⟩⟨vnl. schr.⟩
I ⟨onov.ww.⟩ **0.1** ***van oordeel zijn*** ⇒*oordelen, vinden* ◆ **1.1** it was, I ~ed, quite late *het was naar mijn oordeel nogal laat* **6.1** ~ highly **of** *een hoge dunk hebben van;*
II ⟨ov.ww.⟩ **0.1** ***achten*** ⇒*oordelen, menen, vinden, beschouwen* ◆ **1.1** ~ sth. one's duty *iets zijn plicht achten;* ~ sth. an honour *iets als een eer beschouwen.*

de-em·pha·size, -sise [di:'emfəsaɪz]⟨ov.ww.⟩ **0.1** ***weinig / minder nadruk leggen op*** ⟨vnl. fig.⟩ ⇒*weinig / minder belang hechten aan, minimaliseren, bagatelliseren.*

deem·ster ['di:mstə||-ər]⟨telb.zn.⟩⟨BE⟩ **0.1** ***rechter op het eiland Man.***

deep[1] [di:p]⟨f2⟩⟨telb.zn.⟩ **0.1** ***diepte*** ⇒*afgrond, put, holte* **0.2** ⟨aard.⟩ ***trog*** ⇒*diep* ⟨i.h.b. dieper dan drieduizend vadem⟩ **0.3** ⟨schr.⟩ ***(diepe) innerlijk*** **0.4** ***opperste*** ⇒*uiterste* ◆ **3.¶** ⟨sl.⟩ plough the ~ *maffen* **7.¶** the ~ ⟨schr.⟩ *het diep, de zee;* ⟨cricket⟩ *het verreveld.*

deep[2] ⟨f4⟩⟨bn.; -er; -ly; -ness⟩⟨→sprw. 628⟩
I ⟨bn.⟩ **0.1** ***diep*** ⇒*diepgelegen / liggend, ver(afgelegen / verwijderd), ver naar beneden / binnen / achter, van diep / ver komend, hoog* **0.2** ⟨i.h.b. als tweede lid v. samenstellingen⟩ ***diep*** **0.3** ***diep (zinnig)*** ⇒*onbevattelijk, moeilijk;* ⟨BE ook v. pers.⟩ *ondoorgrondelijk, ontoegankelijk* **0.4** ***diep(gaand)*** ⇒*ernstig, hevig, zwaar, onwrikbaar, grondig, vergaand / strekkend* **0.5** ***diep*** ⇒*intens, vol, krachtig* ⟨v. gevoelens⟩; *donker* ⟨v. kleuren⟩ **0.6** ***diep*** ⇒*laag, zwaar, vol, sonoor* ⟨v. geluid⟩ ◆ **1.1** ~ border *brede rand;* ~ collar *hoge boord;* ~ cupboard *diepe kast;* the ~ end *het diepe* ⟨in zwembad⟩; ⟨sport⟩ ~ right field *verre rechtsveld;* ~ organs *diepgelegen organen;* ⟨voetbal⟩ a ~ pass *een dieptepass;* ~ sea *diepzee;* ~ shelf *diepe / brede plank;* ⟨AE⟩ Deep South *Diepe Zuiden* ⟨Louisiana, Mississippi, Alabama, Georgia en Zuid-Carolina⟩; ~ space *verre ruimte* ⟨buiten ons zonnestelsel⟩; ~ wound *diepe wond* **1.4** ~ affection *diepe genegenheid;* take a ~ breath *diep ademhalen;* ~ breathing *diep ademen* ⟨i.h.b. als lichamelijke oefening⟩; ~er causes *diepere oorzaken;* under ~ cover *in het diepste geheim, in alle stilte;* in ~ debt *diep in de schuld;* ~ drinker *zware drinker;* ~ feelings / sleep *diepe gevoelens / slaap;* ~ learning *grondige kennis;* ~ mourning *diepe rouw;* ~ sigh *diepe zucht;* ~ understanding *grondig begrip* **1.¶** go / jump in at the ~ end *een sprong in het duister wagen;* ⟨inf.⟩ go off the ~ end *uit zijn vel springen, tekeergaan; een sprong in het duister wagen, het erop wagen;* thrown in at the ~ end *meteen voor het blok gezet, meteen met het moeilijkste (moeten) beginnen;* ⟨cul.⟩ ~ fat *frituurvet;* ~ kiss *tongzoen;* be caught between the devil and the ~ (blue) sea *tussen twee vuren zitten, tussen twee kwaden moeten kiezen;* ⟨taalk.⟩ ~ structure *dieptestructuur;* ⟨med.⟩ ~ therapy *radiotherapie;* ⟨AE; inf.⟩ ~ throat *goedgeplaatste / betrouwbare informant / tipgever* ⟨vnl. mbt. politieke misdrijven⟩; ~ waters *onbekende aspecten, haken en ogen, onvoorziene moeilijkheden, adders onder het gras;* in ~ water(s) *in grote moeilijkheden, zwaar in de problemen* **4.3** ⟨sl.⟩ a ~ one *een linkerd / uitgekookte jongen; een stille / stiekemerd;*
II ⟨bn., attr.⟩ **0.1** ***duister*** ⇒*geheimzinnig, raadselachtig, ondoorgrondelijk;*
III ⟨bn., pred.⟩ **0.1** ***diep*** ⇒*ver* **0.2** ***diep*** ⇒*verdiept, verzonken* ◆ **1.1** ~ in the forest / Middle Ages *diep in het bos / de Middeleeuwen* **6.2** ~ **in** a book *verdiept in een boek;* ~ **in** thought *in gedachten verzonken;*
IV ⟨bn., post.⟩ **0.1** ***dik*** ⇒*achter / naast elkaar* ◆ **4.1** the cars were parked four ~ *de auto's stonden vier rijen dik geparkeerd;* the people were standing ten ~ *de mensen stonden tien rijen dik.*

deep[3] ⟨f2⟩⟨bw.⟩ **0.1** ***diep*** ⇒*ver (omlaag / naar binnen / gevorderd), tot op grote diepte, diepgaand* **0.2** ⟨sport⟩ ***diep*** ⇒*ver in het veld* ◆ **1.1** ~ into the night *tot diep in de nacht* **3.1** dig ~ *diep graven* **5.¶** ⟨inf.⟩ **in** ~ *vertrokken, gebiologeerd.*

'deep-'cut ⟨bn.⟩ **0.1** ***vergaand*** ⇒*diepgaand.*

'deep'draw ⟨ov.ww.⟩⟨tech.⟩ **0.1** ***dieptrekken.***

deep·en ['di:pən]⟨f2⟩⟨ww.⟩
I ⟨onov.ww.⟩ **0.1** ***dieper worden*** ⇒*zich verdiepen;* ⟨bij uitbr.⟩ *toenemen, verergeren, verhevigen;*
II ⟨ov.ww.⟩ **0.1** ***uitdiepen*** ⇒*dieper maken, verdiepen;* ⟨bij uitbr.⟩ *vergroten, verhevigen, versterken.*

'deep-freeze[1] ⟨f1⟩⟨zn.⟩
I ⟨telb.zn.⟩ **0.1** ***diepvriezer*** ⇒*(diep)vrieskist, vriezer* **0.2** ***vriesvak*** ⇒*diepvriesafdeling;*
II ⟨n.-telb.zn.⟩ **0.1** ***diepvries*** ⇒⟨fig.⟩ *ijskast, lange baan, het opschorten.*

'deep'freeze[2] ⟨f1⟩⟨ov.ww.⟩ **0.1** ***diepvriezen*** ◆ **1.1** deep-frozen fish *diepvriesvis.*

'deep-'fry ⟨f1⟩⟨ov.ww.⟩⟨cul.⟩ **0.1** ***frituren.***

deep·ing ['di:pɪŋ]⟨telb.zn.⟩⟨BE; vis.⟩ **0.1** ***netdeel*** ⟨een vadem diep⟩.

'deep-'laid ⟨bn.; 'deeper-'laid; →compar. 7⟩ **0.1** ***heimelijk beraamd*** ⇒*gesmeed, bekokstoofd, uitgekiend, zorgvuldig voorbereid.*

'deep-'mined ⟨bn.⟩⟨mijnw.⟩ **0.1** ***mijn-*** ⇒*ondergronds gewonnen.*

deep·mouthed ['di:p'mauðd]⟨bn.⟩ **0.1** ***een zware stem bezittend*** ⇒*met zware stem, bassend* ⟨i.h.b. v. hond⟩.

'deep-'o·cean min·ing ⟨n.-telb.zn.⟩ **0.1** ***diepzeeontginning.***

'deep-'root·ed, 'deeply 'root·ed ⟨bn.; eerste variant deeper-rooted; →compar. 7⟩ **0.1** ***diepgeworteld*** ⇒*ingekankerd.*

'deep-sea, 'deep-wa·ter ⟨bn., attr.⟩ **0.1** ***diepzee-.***

'deep-'seat·ed ⟨f1⟩⟨bn.; deeper-seated; →compar. 7⟩ **0.1** ***diepliggend*** ⇒*stevig verankerd, ingeworteld* **0.2** ***diepgeworteld*** ⇒*ingekankerd.*

'deep-six ⟨ov.ww.⟩⟨AE; sl.⟩ **0.1** ***zes voet diep begraven*** ⇒⟨fig.⟩ *doen verdwijnen.*

'deep'toned ⟨bn.⟩ **0.1** ***zwaarklinkend.***

'deep-water 'start ⟨telb.zn.⟩⟨waterskiën⟩ **0.1** ***diepwaterstart.***

deer [dɪə||dɪr]⟨f2⟩⟨telb.zn.; vnl. deer; →mv. 4⟩⟨dierk.⟩ **0.1** ***hert*** ⟨fam. Cervidae⟩.

'deer-for·est ⟨telb.zn.⟩⟨jacht⟩ **0.1** ***hertengebied*** ⟨voor de sluipjacht⟩.

'deer grass ⟨n.-telb.zn.⟩⟨plantk.⟩ **0.1** ***veenbies*** ⟨Trichophorum cespitosum⟩.

'deer·hound ⟨telb.zn.⟩ **0.1** ***deerhound*** ⟨ruwharige windhond⟩.

'deer-lick ⟨telb.zn.⟩ **0.1** ***hertenlikplaats.***

'deer·neck ⟨telb.zn.⟩ **0.1** ***hertehals*** ⇒*te lange, rechte hals* ⟨v. paard⟩.

'deer·park ⟨telb.zn.⟩ **0.1** ***hertenkamp.***

'deer·skin ⟨f1⟩⟨zn.⟩
I ⟨telb.zn.⟩ **0.1** ***hertehuid / vel*** **0.2** ***hertsleren kledingstuk;***
II ⟨n.-telb.zn.; ook attr.⟩ **0.1** ***hert(sleer)*** ⇒*herteleer.*

deer·stalk·er ['dɪəstɔ:kə||'dɪrstɔkər], ⟨in bet. 0.2 ook⟩ **'deerstalker hat** ⟨telb.zn.⟩ **0.1** ***hertenjager (die de sluipjacht toepast)*** **0.2** ***jachtpet*** ⟨met klep voor en achter⟩.

de-es·ca·late ['di:'eskəleɪt]⟨onov. en ov.ww.⟩ **0.1** ***deëscaleren*** ⇒*trapsgewijs (doen) verminderen* ⟨i.h.b.v. oorlogshandelingen⟩.

de-es·ca·la·tion ['di:eskə'leɪʃn]⟨telb. en n.-telb.zn.⟩ **0.1** ***deëscalatie*** ⇒*trapsgewijze vermindering* ⟨i.h.b.v. oorlogshandelingen⟩.

def ⟨afk.⟩ defective, defence, defendant, deferred, definite, definition.

de·face [dɪ'feɪs]⟨f1⟩⟨ov.ww.⟩ **0.1** ***schenden*** ⇒*beschadigen, toetakelen, verminken, aantasten* **0.2** ***onleesbaar maken*** ⇒⟨i.h.b.⟩ *bekladden, bekrassen;* ⟨ook⟩ *doorhalen, uitwissen.*

de·face·a·ble [dɪ'feɪsəbl]⟨bn.⟩ **0.1** ***schendbaar*** ⇒*kwetsbaar.*

de·face·ment [dɪ'feɪsmənt]⟨zn.⟩
I ⟨telb.zn.⟩ **0.1** ***ontsiering*** ⇒*smet;*
II ⟨n.-telb.zn.⟩ **0.1** ***schending*** ⇒*beschadiging;* ⟨i.h.b.⟩ *bekladding, bekrassing.*

de fac·to[1] ['deɪ 'fæktoʊ]⟨bn.⟩ **0.1** ***feitelijk*** ⇒*werkelijk;* ⟨i.h.b.⟩ *feitelijk de macht bezittend* ◆ **1.1** the ~ leader *de feitelijke machthebber.*

de facto[2] ⟨bw.⟩ **0.1** ***de facto*** ⇒*feitelijk, in werkelijkheid.*

defaecate →defecate.

de·fal·cate ['di:fælkeɪt‖dɪ'fælkeɪt]⟨onov.ww.⟩ **0.1** ***verduistering plegen*** ⇒*frauderen, zwendelen, gelden misbruiken.*

de·fal·ca·tion ['di:fæl'keɪʃn]⟨zn.⟩
I ⟨telb.zn.⟩ **0.1** ***kastekort*** ⇒⟨i.h.b.⟩ *verduisterd bedrag* **0.2** ***tekortkoming*** ⇒*gebrek, euvel;*
II ⟨telb. en n.-telb.zn.⟩⟨ook jur.⟩ **0.1** ***verduistering*** ⇒*fraude;*
III ⟨n.-telb.zn.⟩ **0.1** ***afvalligheid*** ⇒*desertie, het overlopen.*

de·fal·ca·tor ['di:fælkeɪtə‖dɪ'fælkeɪt̬ər]⟨telb.zn.⟩ **0.1** ***verduisteraar*** ⇒*fraudeur, zwendelaar.*

def·a·ma·tion ['defə'meɪʃn]⟨f1⟩⟨n.-telb.zn.⟩ **0.1** ***schandalisering*** ⇒*(be)laster(ing), eerroof, smaad.*

de·fam·a·to·ry [dɪ'fæmətrɪ‖-tɔri]⟨f1⟩⟨bn.⟩ **0.1** ***lasterlijk*** ⇒*smaad-, schandaliserend.*

de·fame [dɪ'feɪm]⟨f1⟩⟨ov.ww.⟩ **0.1** ***schandaliseren*** ⇒*te schande maken, in diskrediet brengen, in zijn eer/goede naam aantasten, belasteren.*

de·fang [di:'fæŋ]⟨ov.ww.⟩ **0.1** ***de gif/slagtanden verwijderen van*** **0.2** ***onschadelijk maken*** ⟨vnl. fig.⟩.

de·fault[1] [dɪ'fɔ:lt]⟨f1⟩⟨n.-telb.zn.⟩ **0.1** ***afwezigheid*** ⇒*ontstentenis, gebrek, gemis* **0.2** ***verzuim*** ⇒*niet-nakoming* ⟨i.h.b. v. betalingsverplichting⟩, *wanbetaling* **0.3** ***niet-verschijning*** ⇒⟨jur.⟩ *verstek,* ⟨sport⟩ *het niet-opkomen/niet-verschijnen* **0.4** ⟨comp.⟩ ***defaultwaarde*** ⇒*standaardwaarde* ◆ **1.3** judgement by ~ *verstekvonnis, vonnis bij verstek* **3.2** make ~ *in gebreke blijven* **3.3** go by ~ *verstek laten gaan;* allow/let go by ~ *voorbij laten gaan, geen gebruik maken van, negeren;* win by ~ *winnen wegens niet-opkomen/niet-verschijnen v.d. tegenpartij/tegenstander* **6.1 by** ~ *bij gebrek aan beter;* **in** ~ **of** *bij gebrek aan; bij gebreke/ontstentenis van* **6.4 by** ~ *zonder tegenindicatie.*

default[2] ⟨ww.⟩
I ⟨onov.ww.⟩ **0.1** ***niet verschijnen*** ⇒⟨jur.⟩ *verstek laten gaan,* ⟨sport ook⟩ *niet opkomen* **0.2** ***in gebreke blijven*** ⇒⟨i.h.b.⟩ *wanbetaling plegen;*
II ⟨ov.ww.⟩ **0.1** ***verzuimen*** ⇒*niet nakomen* ⟨i.h.b. betalingsverplichting⟩, *schuldig blijven* **0.2** ⟨jur., sport⟩ ***verliezen wegens niet-verschijning/niet op komen dagen*** **0.3** ⟨jur.⟩ ***bij verstek veroordelen.***

de·fault·er [dɪ'fɔ:ltə‖-ər]⟨telb.zn.⟩ **0.1** ***verzuimer*** ⇒*iem. die in gebreke blijft/verstek laat gaan* **0.2** ***wanbetaler*** **0.3** ⟨jur., sport⟩ ***niet verschenen partij*** **0.4** ⟨vnl. BE; mil.⟩ ***overtreder.***

'default value ⟨telb.zn.⟩⟨comp.⟩ **0.1** ***default-waarde*** ⇒*standaardwaarde.*

de·fea·sance [dɪ'fi:zns]⟨telb.zn.⟩ **0.1** ***tenietdoening*** ⇒*annulering, ontkrachting* **0.2** ⟨jur.⟩ ***nietigverklaring*** **0.3** ⟨jur.⟩ ***ontbindende voorwaarde.***

de·fea·si·bil·i·ty [dɪ'fi:zə'bɪlət̬i]⟨n.-telb.zn.⟩ **0.1** ***annuleerbaarheid*** **0.2** ⟨jur.⟩ ***vernietigbaarheid*** **0.3** ⟨jur.⟩ ***verbeurbaarheid.***

de·fea·si·ble [dɪ'fi:zəbl]⟨bn.; -ly; -ness; →bijw. 3⟩ **0.1** ***annuleerbaar*** **0.2** ⟨jur.⟩ ***vernietigbaar*** **0.3** ⟨jur.⟩ ***verbeurbaar.***

de·feat[1] [dɪ'fi:t]⟨f3⟩⟨telb. en n.-telb.zn.⟩ **0.1** ***nederlaag*** ⇒*het verslaan/verslagen worden* **0.2** ***mislukking*** **0.3** ***verijdeling*** ⇒*dwarsboming* **0.4** ⟨jur.⟩ ***tenietdoening*** ⇒*nietigverklaring* ◆ **3.1** suffer ~ *een nederlaag lijden, het onderspit delven* **6.1** our ~ **by** the opponent *onze nederlaag tegen de tegenstander;* ~ **of** an opponent *overwinning op een tegenstander.*

defeat[2] ⟨f3⟩⟨ov.ww.⟩ **0.1** ***verslaan*** ⇒*overwinnen, winnen van* **0.2** ***verijdelen*** ⇒*dwarsbomen, doen mislukken/stranden* **0.3** ***verwerpen*** ⇒*afstemmen* **0.4** ***tenietdoen*** ⇒*vernietigen* ⟨ook jur.⟩ ◆ **1.1** ⟨fig.⟩ your theory has ~ed me *uw theorie ging mij te hoog/mijn verstand te boven* **1.4** her expectations were ~ed *haar verwachtingen werden de bodem ingeslagen* **6.1** ~ s.o. **at** chess *iem. verslaan met schaken* **6.2** be ~ed **in** an attempt *een poging zien mislukken/stranden.*

de·feat·ism [dɪ'fi:t̬ɪzm]⟨f1⟩⟨n.-telb.zn.⟩ **0.1** ***defaitisme*** ⇒*moedeloosheid.*

de·feat·ist [dɪ'fi:t̬ɪst]⟨f1⟩⟨telb.zn.⟩ **0.1** ***defaitist.***

def·e·cate ['defɪ̣keɪt]⟨ww.⟩
I ⟨onov.ww.⟩ **0.1** ***defeceren*** ⇒*afgaan, stoelgang/ontlasting hebben;*
II ⟨ov.ww.⟩ **0.1** ***klaren*** ⇒*louteren, zuiveren* ⟨(chemische) oplossing⟩.

def·e·ca·tion ['defɪ̣'keɪʃn]⟨n.-telb.zn.⟩ **0.1** ***ontlasting*** ⇒*stoelgang, defecatie* **0.2** ⟨ind.⟩ ***defecatie*** ⇒*loutering, zuivering* ⟨i.h.b. v. suikerrietsap⟩.

def·e·ca·tor ['defɪ̣keɪtə‖-keɪt̬ər]⟨telb.zn.⟩⟨tech.⟩ **0.1** ***defecatievat*** ⟨voor suikerrietsap⟩.

de·fect[1] ['di:fekt, dɪ'fekt]⟨f2⟩⟨telb.zn.⟩⟨→sprw. 164⟩ **0.1** ***tekort*** ⇒*gebrek, gemis, ontoereikendheid* **0.2** ***mankement*** ⇒*onvolkomenheid, gebrek, defect, stoornis, euvel, tekortkoming* ◆ **1.2** have the ~s of one's qualities *de aan zijn deugden inherente ondeugden vertonen* **3.2** a hearing ~ *een gehoorstoornis* **6.1** ~ **of** *gebrek/tekort aan.*

defect[2] [dɪ'fekt]⟨f1⟩⟨onov.ww.⟩ **0.1** ***overlopen*** ⇒*afvallig worden* **0.2** ***uitwijken*** ⟨i.h.b. door asiel te vragen⟩.

de·fec·tion [dɪ'fekʃn]⟨f1⟩⟨telb. en n.-telb.zn.⟩ **0.1** ***overloperij*** ⇒*(geval v.) afvalligheid, ontrouw* **0.2** ***uitwijking*** ⟨i.h.b. door asiel te vragen⟩ **0.3** ***tekortkoming*** ⇒*onvolkomenheid.*

de·fec·tive[1] [dɪ'fektɪv]⟨telb.zn.⟩ **0.1** ***geestelijk onvolwaardige*** ⇒*zwakzinnige* **0.2** ***onvolkomen/beschadigd voorwerp.***

defective[2] ⟨f2⟩⟨bn.; -ly; -ness⟩ **0.1** ***onvolkomen*** ⇒*gebrekkig, mankementen vertonend, onvolmaakt, defectief* **0.2** ***tekortschietend/komend*** ⇒*onvolledig, defectief* **0.3** ***geestelijk onvolwaardig*** ⇒*zwakzinnig* **0.4** ⟨taalk.⟩ ***defectief*** ◆ **1.1** ~ car *auto met gebreken* **6.2** he's ~ **in** skill *het ontbreekt hem aan vakmanschap.*

de·fec·tor [dɪ'fektə‖-ər]⟨f1⟩⟨telb.zn.⟩ **0.1** ***overloper*** ⇒*afvallige.*

de·fence, ⟨AE sp.⟩ **de·fense** [dɪ'fens]⟨f3⟩⟨zn.⟩
I ⟨telb.zn.⟩ **0.1** ***(af)weermiddel*** ⇒*verdediging, bescherming, beschutting* **0.2** ***verdediging(srede)*** ⇒*apologie, verweer* **0.3** ⟨vnl. schaken⟩ ***verdediging*** **0.4** ⟨vaak enk.⟩⟨jur.⟩ ***verweer*** ⇒*verdediging, pleidooi* **0.5** ⟨sport⟩ ***verdediger*** ◆ **3.4** conduct one's own ~ *zijn eigen verdediging voeren* **6.1** dunes are a ~ **against** the sea *duinen bieden bescherming tegen de zee;*
II ⟨n.-telb.zn.⟩ **0.1** ***verdediging*** ⇒*het verdedigen, afweer, defensief* **0.2** ⟨ook attr.⟩ ***defensie*** ⇒*(lands)verdediging* **0.3** ***zelfverdediging*** **0.4** ⟨cricket⟩ ***verdediging*** ⟨v. wicket⟩ ⇒*het batten* **0.5** ⟨ook attr.⟩ ***jacht/visverbod*** ◆ **1.1** line of ~ *verdedigingslinie* **1.2** ⟨mil.⟩ ~ in depth *zonenverdediging;* weapons of ~ *defensieve wapens* **2.2** national ~ *landsverdediging, nationale defensie* **3.1** speak in ~ of *het opnemen voor* **6.1 in** ~ **of** *ter verdediging van* **6.5** put **in** ~ *gesloten/tot verboden gebied verklaren;*
III ⟨verz.n.⟩ **0.1** ⟨sport⟩ ***verdediging*** ⇒*defensie, verdedigers* **0.2** ⟨sport, i.h.b. Am. voetbal⟩ ***verdedigende partij*** **0.3** ⟨the⟩⟨jur.⟩ ***verdediging*** ◆ **6.3** (witness) **for** the ~ *(getuige) à decharge;*
IV ⟨mv.; ~s⟩ **0.1** ***verdedigingswerken*** ⇒*fortificaties, versterkingen, vestingwerken.*

De'fence In'telligence ⟨n.-telb.zn.⟩ **0.1** ***militaire inlichtingendienst.***

de'fence kick ⟨telb.zn.⟩⟨voetbal⟩ **0.1** ***doeltrap.***

de·fence·less, ⟨AE sp.⟩ **de·fense·less** [dɪ'fensləs]⟨f2⟩⟨bn.; -ly; -ness⟩ **0.1** ***weerloos*** ⇒*machteloos.*

de'fence mechanism ⟨telb.zn.⟩ **0.1** ⟨med.⟩ ***afweerreactie*** **0.2** ⟨psych.⟩ ***afweermechanisme.***

de'fence system ⟨telb.zn.⟩ **0.1** ***defensiesysteem.***

de·fend [dɪ'fend]⟨f3⟩⟨ww.⟩⟨→sprw. 447⟩
I ⟨onov.ww.⟩⟨vero.⟩ **0.1** ***verhoeden*** ◆ **1.1** God/heaven ~ *God/de hemel verhoede;*
II ⟨onov. en ov.ww.⟩ **0.1** ***verdedigen*** ⇒*afweren, verweren;* ⟨jur.⟩ *als verdediger optreden (voor)* ◆ **4.1** ~ o.s *zich(zelf) verdedigen/verweren;* ⟨jur.⟩ *zijn eigen verdediging/verweer voeren* **5.1** ⟨sport⟩ ~ one's goal well *zijn doel goed verdedigen* **6.1** ~ **against** *verdedigen tegen;*
III ⟨ov.ww.⟩ **0.1** ***beschermen*** ⇒*beveiligen, behoeden, bewaren* ◆ **6.1** ~ **from** *behoeden voor, beschermen tegen.*

de·fen·dant [dɪ'fendənt]⟨f2⟩⟨telb.zn.⟩⟨jur.⟩ **0.1** ***gedaagde*** ⇒*beklaagde, beschuldigde, verdachte.*

de·fend·er [dɪ'fendə‖-ər]⟨f2⟩⟨telb.zn.⟩ **0.1** ***verdediger*** **0.2** ⟨jur.⟩ ***verdediger*** ⇒*(straf)pleiter, voorspraak* **0.3** ⟨sport⟩ ***verdediger*** ⇒*achterspeler* **0.4** ⟨sport⟩ ***titelverdediger*** ◆ **1.¶** Defender of the Faith *Verdediger des Geloofs, beschermer v.h. Geloof* ⟨Eng. vorstentitel sedert 1521⟩.

de·fen·es·tra·tion [di:'fenɪ̣'streɪʃn]⟨telb. en n.-telb.zn.⟩ **0.1** ***het uit het raam werpen*** ⇒*uit-het-raamwerping.*

de·fen·si·ble [dɪ'fensəbl]⟨f1⟩⟨bn.; -ly; -ness; →bijw. 3⟩ **0.1** ***(goed) verdedigbaar*** ⇒*houdbaar* **0.2** ***verdedigbaar*** ⇒*gerechtvaardigd.*

de·fen·sive[1] [dɪ'fensɪv]⟨f1⟩⟨zn.⟩
I ⟨telb.zn.⟩ **0.1** ***afweermiddel;***
II ⟨n.-telb.zn.⟩ **0.1** ***defensief*** ⇒*verdedigende/defensieve houding, verdediging* ◆ **6.1** act/be/stand **on** the ~ *een verdedigende/defensieve houding aannemen, in het defensief zijn.*

defensive[2] ⟨f3⟩⟨bn.; -ly; -ness⟩ 0.1 *verdedigend* ⇒*verdedigings-, defensief, defensie-, beschermend* 0.2 ⟨ook pej.⟩ *defensief* ⇒*afwerend* ◆ 1.1 ~ strategy *defensiestrategie;* ⟨bridge⟩ ~ trick *slag voor de verdediging;* ~ war *verdedigingsoorlog.*

de'fensive zone ⟨telb.zn.⟩⟨ijshockey⟩ 0.1 *verdedigingszone.*

de·fer [dɪ'fɜː‖dɪ'fɜr]⟨f2⟩⟨ww.; →ww. 7⟩⟨→sprw. 302⟩
I ⟨onov.ww.⟩ 0.1 *talmen* ⇒*dralen* 0.2 *zich voegen/conformeren/onderwerpen* ⇒*het hoofd buigen* ◆ 6.2 ~ **to** *eerbiedigen, respecteren; in acht nemen;*
II ⟨ov.ww.⟩ 0.1 *opschorten* ⇒*uitstellen, verschuiven* 0.2 ⟨AE⟩ *uitstel (v. militaire dienst) verlenen.*

def·er·ence ['defrəns]⟨f1⟩⟨n.-telb.zn.⟩ 0.1 *eerbiediging* ⟨v.d. mening v.e. ander⟩ 0.2 *achting* ⇒*eerbied, respect, deferentie* ◆ 3.2 pay/show ~ to *eerbied betonen, eerbiedigen* 6.2 **in/out of** ~ **to** *uit achting/eerbied voor.*

def·er·ent ['defrənt]⟨bn.⟩ 0.1 *eerbiedig* ⇒*respectvol* 0.2 *afvoerend* ⇒*afvoer-;* ⟨anat. ook⟩ *deferens; afvoerend* ◆ 1.2 ~ artery *afvoerader;* ~ conduit *afvoer(buis/leiding).*

def·er·en·tial [defə'renʃl]⟨bn.; -ly⟩ 0.1 *eerbiedig* ⇒*respectvol.*

de·fer·ment [dɪ'fɜːmənt‖-'fɜr-], **de·fer·ral** [dɪ'fɜːrəl]⟨telb. en n.-telb.zn.⟩ 0.1 *opschorting* ⇒*uitstel* 0.2 ⟨AE⟩ *uitstel v. militaire dienst.*

de·fi·ance [dɪ'faɪəns]⟨f2⟩⟨n.-telb.zn.⟩ 0.1 *trotsering* ⇒*tarting, uitdagend(e) gedrag/houding* 0.2 *openlijk(e) ongehoorzaamheid/verzet* ⇒*opstandigheid* ◆ 3.1 bid ~ to *trotseren, braveren, tarten, uitdagen* 3.2 set sth. at ~ *openlijk minachting tonen voor iets; iets aan zijn laars lappen* 6.1 **in** ~ **of** *in weerwil van, trots, ten spijt* 6.2 **in** ~ **of** *met minachting voor; in strijd met;* act **in** ~ **of** *zich niets aantrekken van, zich niet storen aan.*

de·fi·ant [dɪ'faɪənt]⟨f2⟩⟨bn.; -ly⟩ 0.1 *tartend* ⇒*uitdagend* 0.2 *opstandig* ⇒*openlijk ongehoorzaam.*

de·fi·cien·cy [dɪ'fɪʃnsi], ⟨zelden⟩ **de·fi·cience** [-fɪʃns]⟨f2⟩⟨zn.; eerste variant; →mv. 2⟩
I ⟨telb.zn.⟩ 0.1 *tekort* ⇒*gebrek* 0.2 *tekort* ⇒*deficit, nadelig saldo* 0.3 *gebrek* ⇒*onvolkomenheid, ontoereikendheid, deficiëntie* ◆ 1.1 ~ of food *voedseltekort;*
II ⟨n.-telb.zn.⟩ 0.1 *deficiëntie* ⇒*het te kort schieten, gebrekkigheid, ontoereikendheid, onvolwaardigheid.*

de'ficiency disease ⟨telb. en n.-telb.zn.⟩ 0.1 *gebrekziekte* ⇒*deficiëntieziekte, ontberingsziekte.*

de'ficiency payment ⟨telb.zn.⟩ 0.1 *garantiesubsidie* ⟨voor landbouwprodukten⟩.

de·fi·cient [dɪ'fɪʃnt]⟨f1⟩⟨bn.; -ly⟩ 0.1 *incompleet* ⇒*onvolledig, gebrekkig* 0.2 *ontoereikend* ⇒*onvoldoende, -arm* 0.3 *onvolwaardig* ⇒*zwakzinnig* ◆ 6.2 be ~ **in** *arm zijn aan, te kort schieten in;* he's ~ **in** courage *het ontbreekt hem aan moed;* ~ **in** iron *ijzerarm.*

def·i·cit ['defɪsɪt]⟨f2⟩⟨telb.zn.⟩ 0.1 *deficit* ⇒*tekort, nadelig saldo* 0.2 *tekort* ⇒*gebrek,* ⟨i.h.b.⟩ *achterstand* ◆ 1.2 ⟨sport⟩ ~ of two goals *achterstand v. twee doelpunten;* a ~ of water *een tekort aan water.*

'deficit financing, deficit spending ⟨n.-telb.zn.⟩⟨ec.⟩ 0.1 *overbesteding door de overheid* ⇒*overbestedingsbeleid.*

de·fi·er [dɪ'faɪə‖-ər]⟨telb.zn.⟩ 0.1 *uitdager.*

def·i·lade[1] ['defɪ'leɪd]⟨telb. en n.-telb.zn.⟩⟨mil.⟩ 0.1 *defilement* ⇒*beveiliging tegen zijdelings/enfilerend vuur.*

defilade[2] ⟨ov.ww.⟩⟨mil.⟩ 0.1 *beveiligen tegen zijdelings/enfilerend vuur.*

de·file[1] ['diːfaɪl]⟨f1⟩⟨telb.zn.⟩⟨mil.⟩ 0.1 *engte* ⇒*defilé, nauwe doorgang;* ⟨i.h.b.⟩ *bergpas* 0.2 *defilé* ⇒*het defileren.*

defile[2] [dɪ'faɪl]⟨f1⟩⟨ww.⟩⟨→sprw. 276⟩
I ⟨onov.ww.⟩⟨vnl. mil.⟩ 0.1 *defileren;*
II ⟨ov.ww.⟩ 0.1 *bevuilen* ⇒*verontreinigen, vervuilen* 0.2 *bezoedelen* ⇒*bezwadderen* 0.3 *belasteren* ⇒*zwart maken* 0.4 *ontwijden* ⇒*schenden, ontheiligen, profaneren* 0.5 *onteren* ⇒*ontmaagden.*

de·file·ment [dɪ'faɪlmənt]⟨n.-telb.zn.⟩ 0.1 *bevuiling* ⇒*verontreiniging, vervuiling* 0.2 *bezoedeling* ⇒*bezwaddering* 0.3 *laster* ⇒*smaad* 0.4 *ontwijding* ⇒*schennis, ontheiliging* 0.5 *ontering* ⇒*ontmaagding.*

de·fil·er [dɪ'faɪlə‖-ər]⟨telb.zn.⟩ 0.1 *bevuiler* ⇒*vervuiler* 0.2 *lasteraar* ⇒*kwaadspreker* 0.3 *schender.*

de·fin·a·ble [dɪ'faɪnəbl]⟨f1⟩⟨bn.; -ly; →bijw. 3⟩ 0.1 *definieerbaar* 0.2 *begrensbaar* ⇒*bepaalbaar* 0.3 *(nader) te omschrijven/preciseren* 0.4 *karakteriseerbaar.*

de·fine [dɪ'faɪn]⟨f3⟩⟨ww.⟩
I ⟨onov.ww.⟩ 0.1 *een definitie geven;*
II ⟨ov.ww.⟩ 0.1 *definiëren* ⇒*een definitie geven van* 0.2 *afbakenen* ⇒*bepalen, begrenzen, afgrenzen, (scherp) omlijnen* 0.3 *uitputtend beschrijven/omschrijven* ⇒*preciseren* 0.4 *kenschetsen* ⇒*karakteriseren, kenmerken* 0.5 *aftekenen* ◆ 1.1 we ~ a circle as *onder een cirkel verstaan we, we definiëren een cirkel als* 4.4 what ~s them as superior? *waarin bestaat hun superioriteit?* 6.5 she stood clearly ~d **against** the background *haar gestalte tekende zich duidelijk af tegen de achtergrond.*

def·i·nite ['def(ɪ)nɪt]⟨f3⟩⟨bn.; -ness⟩
I ⟨bn.⟩ 0.1 *welomlijnd* ⇒*welomschreven, scherp begrensd, duidelijk afgebakend, exact* 0.2 *ondubbelzinnig* ⇒*duidelijk, niet mis te verstaan, volmondig* 0.3 *uitgesproken* ⇒*onbetwistbaar* 0.4 *beslist* ⇒*vastberaden, resoluut* 0.5 ⟨taalk.⟩ *bepaald* ⇒*bepalend, definiet* 0.6 ⟨wisk.⟩ *bepaald* ◆ 1.5 ~ article *bepaald lidwoord* 1.6 ~ integral *bepaalde integraal;*
II ⟨bn., post.⟩⟨taalk.⟩ 0.1 *voltooid* ◆ 1.1 past ~ *voltooid verleden tijd.*

def·i·nite·ly ['def(ɪ)nɪtli]⟨f2⟩⟨bw.⟩ 0.1 →definite 0.2 ⟨inf.⟩ *absoluut* ⇒*beslist, nou en of, reken maar* ◆ ¶.2 ~ not *geen sprake van, geen denken aan, uitgesloten.*

def·i·ni·tion [defɪ'nɪʃn]⟨f3⟩⟨zn.⟩
I ⟨telb.zn.⟩ 0.1 *afbakening* ⇒*bepaling, begrenzing, afgrenzing, precisering* 0.2 *kenschets* ⇒*karakteristiek;*
II ⟨telb. en n.-telb.zn.⟩ 0.1 *definitie* ⇒*omschrijving, het definiëren;*
III ⟨n.-telb.zn.⟩ 0.1 *scherpte* ⇒⟨i.h.b.⟩ *beeldscherpte, definitie* ⟨v.t.v.⟩ ◆ 3.1 have/give good ~ *scherp zijn, een scherp beeld geven; zuiver klinken* ⟨v. geluidsapparatuur⟩; lack ~ *onscherp zijn* ⟨foto, e.d.⟩.

de·fin·i·tive[1] [dɪ'fɪnətɪv]⟨telb.zn.⟩ 0.1 ⟨taalk.⟩ *bepalend woord* 0.2 ⟨filatelie⟩ *blijvende zegel* ⟨tgo. gelegenheidszegel⟩.

definitive[2] ⟨f2⟩⟨bn.; -ly; -ness⟩ 0.1 *definitief* ⇒*blijvend, onherroepelijk* 0.2 *beslissend* ⇒*afdoend, doorslaggevend* 0.3 *(meest) gezaghebbend* ⇒*onbetwist* 0.4 *ondubbelzinnig* ⇒*expliciet, uitdrukkelijk* ◆ 1.1 ⟨filatelie⟩ ~ stamps *zegels voor blijvend gebruik* ⟨tgo. gelegenheidszegels⟩ 1.2 ~ defeat *beslissende nederlaag.*

def·la·grate ['defləgreɪt]⟨ww.⟩
I ⟨onov.ww.⟩ 0.1 *snel (ver)branden* ⇒*(op)vlammen, (op)laaien* 0.2 ⟨tech.⟩ *snel verbranden;*
II ⟨ov.ww.⟩ 0.1 *snel doen (ver)branden* ⇒*in lichterlaaie zetten* 0.2 ⟨tech.⟩ *snel doen verbranden.*

def·la·gra·tion [deflə'greɪʃn]⟨telb. en n.-telb.zn.⟩ 0.1 *snelle verbranding* 0.2 ⟨tech.⟩ *deflagratie* ⇒*explosieve verbranding* ⟨tgo. detonatie⟩.

de·flate ['diː'fleɪt]⟨f1⟩⟨ww.⟩
I ⟨onov.ww.⟩ 0.1 *leeglopen* ⟨v. band, luchtballon, e.d.⟩ 0.2 *de moed verliezen* ⇒*zijn zelfvertrouwen kwijtraken* 0.3 ⟨ec.⟩ *een deflatoir beleid voeren* ⇒⟨i.h.b.⟩ *de geldhoeveelheid inkrimpen;*
II ⟨ov.ww.⟩ 0.1 *leeg laten lopen* ⟨band, luchtballon, e.d.⟩ 0.2 *kleineren* ⇒*depreciëren, minder belangrijk maken* 0.3 *op zijn plaats zetten* ⇒*doorprikken* ⟨verwaand persoon, verwaandheid⟩ 0.4 ⟨ec.⟩ *aan deflatie onderwerpen* ⇒⟨i.h.b.⟩ *de geldhoeveelheid inkrimpen van.*

de·fla·tion ['diː'fleɪʃn]⟨f1⟩⟨zn.⟩
I ⟨telb. en n.-telb.zn.⟩ 0.1 ⟨ec.⟩ *deflatie* ⇒*waardevermeerdering v. geld* 0.2 ⟨geol.⟩ *deflatie* ⇒*denudatie door de wind;*
II ⟨n.-telb.zn.⟩ 0.1 *uitstroming v. gas* ⟨bv. lucht uit ballon⟩ ⇒*het leeglopen* 0.2 *kleinering* ⇒*depreciatie, geringschatting* 0.3 *verlies v. moed/zelfvertrouwen.*

de·fla·tion·a·ry ['diː'fleɪʃnri‖-ʃəneri]⟨bn.⟩⟨ec.⟩ 0.1 *deflatoir* ⇒*deflatie-.*

de·fla·tion·ist ['diː'fleɪʃənɪst], **de·fla·tor** [-'fleɪtə‖-'fleɪtər]⟨telb.zn.⟩⟨ec.⟩ 0.1 *deflationist.*

de·flect [dɪ'flekt]⟨f1⟩⟨ww.⟩
I ⟨onov.ww.⟩ 0.1 *afbuigen* ⇒*af/uitwijken; afschampen/ketsen* ⟨v. projectiel⟩ 0.2 ⟨tech.⟩ *doorbuigen/hangen* 0.3 ⟨tech.⟩ *uitslaan* ⟨v. wijzer⟩;
II ⟨ov.ww.⟩ 0.1 *doen afbuigen* ⇒*doen afwijken/uitwijken, uit zijn koers brengen* 0.2 *afbrengen* ⇒*afleiden* ◆ 6.1 the bullet was ~ed (away) **from** her by a rock *de kogel schampte af op een rotsblok en miste haar* 6.2 ~ s.o. **from** his line of reasoning *iem. v. zijn betoog afbrengen.*

de·flec·tion, ⟨BE sp. ook⟩ **de·flex·ion** [dɪ'flekʃn]⟨f1⟩⟨telb. en n.-telb.zn.⟩ 0.1 *afbuiging* ⇒*afwijking, zijwaartse wending, ombuiging, deviatie* 0.2 ⟨nat.⟩ *afbuiging* ⇒*deflectie* 0.3 ⟨tech.⟩ *(door)buiging* ⇒*doorhanging, doorvering* 0.4 ⟨tech.⟩ *uitslag* ⟨v. meetinstrument⟩ ⇒*uitwijking* 0.5 ⟨scheep.⟩ *afdrijving* 0.6 ⟨mil.⟩ *(zijdelingse) afwijking* ⟨v. geschut⟩ 0.7 ⟨taalk.⟩ *deflexie* ⇒*verlies v. buigingsvormen.*

de·flec·tor [dɪ'flektə‖-ər]⟨telb.zn.⟩⟨tech.⟩ 0.1 *deflector* ⇒*afbuiginrichting.*

def·lo·ra·tion ['diːflɔː'reɪʃn]⟨n.-telb.zn.⟩ 0.1 *ontmaagding* ⇒*defloratie.*

de·flow·er ['diː'flaʊə‖-ər]⟨ov.ww.⟩ 0.1 *ontmaagden* ⇒*defloreren* 0.2 *schenden* ⇒*onteren, verkrachten* 0.3 *ontsieren* ⇒*bederven, verpesten* 0.4 *ontdoen v. bloemen.*

de·fo·cus ['diː'foʊkəs]⟨ww.; ook defocussed; →ww. 7⟩

I ⟨onov.ww.⟩ **0.1** ***onscherp worden;***
II ⟨ov.ww.⟩ **0.1** ***onscherp stellen/zetten.***

de·fog ['di:fɒg||-'fɔg, -'fɑg]⟨onov. en ov.ww.⟩ **0.1** ***van condens ontdoen*** ⇒*ontwasemen.*

de·fog·ger ['di:'fɒgə||-'fɔgər, -'fɑ-]⟨telb.zn.⟩ **0.1** ***ontwasemknop*** ⇒*ruitverwarming.*

de·fo·li·ant ['di:'foʊliənt]⟨telb.zn.⟩ **0.1** ***ontbladeringsmiddel.***

de·fo·li·ate ['di:'foʊlieɪt]⟨ww.⟩
I ⟨onov.ww.⟩ **0.1** ***zijn bladeren verliezen;***
II ⟨ov.ww.⟩ **0.1** ***ontbladeren.***

de·fo·li·a·tion ['di:foʊli'eɪʃn]⟨telb. en n.-telb.zn.⟩ **0.1** ***ontbladering.***

de·for·est ['di:'fɒrɪst||-'fɔ-,-'fɑ-]⟨ov.ww.⟩⟨vnl. AE⟩ **0.1** ***ontbossen.***

de·for·es·ta·tion ['di:fɒrɪ'steɪʃn||-'fɔ-,-'fɑ-]⟨telb. en n.-telb.zn.⟩ ⟨vnl. AE⟩ **0.1** ***ontbossing.***

de·form [dɪ'fɔ:m||dɪ'fɔrm]⟨f2⟩⟨ww.⟩ →deformed
I ⟨onov.ww.⟩ **0.1** ***misvormd/mismaakt raken*** ⇒*vervormen;*
II ⟨ov.ww.⟩ **0.1** ***ontsieren*** ⇒*schenden* **0.2** ***misvormen*** ⇒*mismaken, vervormen, deformeren, verminken* **0.3** ⟨nat.⟩ ***vervormen*** ⇒*deformeren* ◆ **1.2** her face was ~ed by fear *haar gezicht was vertrokken v. angst.*

de·for·ma·tion ['di:fɔ:'meɪʃn||-fɔr-]⟨zn.⟩
I ⟨telb.zn.⟩ **0.1** ***misvorming*** ⇒*deformatie;*
II ⟨telb. en n.-telb.zn.⟩ **0.1** ***verandering ten kwade*** ⇒*verslechtering, achteruitgang* **0.2** ***deformatie*** ⇒*vormverandering, vervorming;*
III ⟨n.-telb.zn.⟩ **0.1** ***deformatie*** ⇒*vervorming, het vervormd worden/zijn.*

de·formed [dɪ'fɔ:md||dɪ'fɔrmd]⟨f1⟩⟨bn.; volt. deelw. v. deform⟩ **0.1** ***misvormd*** ⇒*mismaakt, verminkt* ⟨v. lichaam(sdelen)⟩ **0.2** ***verknipt*** ⇒*pervers* **0.3** ***wanstaltig*** ⇒*gedrochtelijk* ◆ **1.1** ~ face *verwrongen gezicht.*

de·form·i·ty [dɪ'fɔ:məti||dɪ'fɔrməṭi]⟨f2⟩⟨zn.; →mv. 2⟩
I ⟨telb.zn.⟩ **0.1** ***misvorming*** ⇒*deformatie, vergroeiing* **0.2** ***(morele/artistieke) tekortkoming*** ⇒*feilen* **0.3** ***gedrocht;***
II ⟨n.-telb.zn.⟩ **0.1** ***misvormdheid*** ⇒*mismaaktheid, misvorming* **0.2** ***wanstaltigheid*** ⇒*gedrochtelijkheid.*

de·fraud [dɪ'frɔ:d]⟨f1⟩⟨ov.ww.⟩ **0.1** ***bedriegen*** ⇒*te kort doen, bezwendelen, ontfutselen, onrechtmatig onthouden* ◆ **6.1** ~ s.o. **of** his money *iem. (door bedrog) zijn geld afhandig maken.*

de·fraud·er [dɪ'frɔ:də||-ər]⟨telb.zn.⟩ **0.1** ***defraudant*** ⇒*bedrieger, ontduiker.*

de·fray [dɪ'freɪ]⟨ov.ww.⟩ **0.1** ***financieren*** ⇒*betalen, bekostigen, voor zijn rekening nemen, voldoen* ◆ **1.1** ~ the cost(s) *de kosten dragen, bekostigen;* ~ the expenses *de onkosten voor zijn rekening nemen.*

de·fray·a·ble [dɪ'freɪəbl]⟨bn.⟩ **0.1** ***betaalbaar.***

de·fray·al [dɪ'freɪəl], **de·fray·ment** [-mənt]⟨n.-telb.zn.⟩ **0.1** ***betaling*** ⇒*bekostiging, financiering, voldoening.*

de·frock ['di:'frɒk||'di:'frɑk]⟨ov.ww.⟩ **0.1** ***uit het ambt ontzetten*** ⇒⟨i.h.b.⟩ *uit het priesterambt ontzetten.*

de·frost ['di:'frɒst||'di:'frɔst]⟨f1⟩⟨onov. en ov.ww.⟩ **0.1** ***ontdooien*** ◆ **1.1** the meat is ~ing *het vlees ligt te ontdooien;* ~ the refrigerator /windscreen *de koelkast/voorruit ontdooien.*

de·frost·er ['di:'frɒstə||-'frɔstər]⟨f1⟩⟨telb.zn.⟩ **0.1** ***ontdooier*** ⟨v. voorruit, koelkast⟩.

deft [deft]⟨f2⟩⟨bn.; -ly; -ness⟩ **0.1** ***behendig*** ⇒*handig, bedreven, vaardig;* ⟨i.h.b.⟩ *vingervlug* **0.2** ***knap*** ⇒*kundig, kien.*

de·funct [dɪ'fʌŋkt]⟨f1⟩⟨bn.; -ness⟩ **0.1** ***overleden*** ⇒*gestorven, dood* **0.2** ***ter ziele*** ⇒*niet meer bestaand, verdwenen, in onbruik* ◆ **1.2** ~ ideas/laws *achterhaalde ideeën/wetten* **7.1** ⟨jur.⟩ the ~ *de overledene.*

de·fuse ['di:'fju:z]⟨ov.ww.⟩ **0.1** ***demonteren*** ⇒*onschadelijk maken* ⟨explosieven⟩ **0.2** ***de lont uit het kruitvat halen*** **0.3** ***doen verbleken*** ⇒*in de schaduw stellen* ◆ **1.2** ~ a crisis *een crisis bezweren.*

de·fy [dɪ'faɪ]⟨f3⟩⟨ov.ww.; →ww. 7⟩ **0.1** ***tarten*** ⇒*uitdagen, braveren* **0.2** ***trotseren*** ⇒*weerstaan, het hoofd bieden* **0.3** ⟨vero.⟩ ***uitdagen (tot een duel)*** ◆ **1.2** ~ definition/description *met geen pen te beschrijven zijn, elke beschrijving tarten* **4.1** ~ s.o. to do sth. *iem. tarten iets te doen.*

deg ⟨afk.⟩ degree.

dé·ga·gé(e) ['deɪgɑ:'ʒeɪ]⟨bn.⟩ **0.1** ***ongedwongen*** ⇒*losjes, ontspannen, nonchalant.*

de·gas ['di:'gæs]⟨f1⟩⟨ov.ww.; meestal degassed; →ww. 7⟩ **0.1** ***ontgassen*** ⇒*(giftig) gas pompen uit iem./iets.*

de·gauss ['di:'gaʊs]⟨ov.ww.⟩⟨tech.⟩ **0.1** ***demagnetiseren*** ⇒*degaussen.*

de·gen·er·a·cy [dɪ'dʒenrəsi]⟨zn.; →mv. 2⟩
I ⟨telb. en n.-telb.zn.⟩ **0.1** ***degeneratie*** ⇒*ontaarding, verwording;*
II ⟨n.-telb.zn.⟩ **0.1** ***gedegenereerdheid*** ⇒*ontaardheid* **0.2** ***perversie*** ⇒*perversiteit, seksuele ontaarding/verwording, zedenverwildering.*

de·gen·er·ate[1] [dɪ'dʒenrət]⟨f1⟩⟨telb.zn.⟩ **0.1** ***dégénéré*** ⇒*gedegenereerde, ontaarde* **0.2** ***geperverteerde.***

degenerate[2] ⟨f1⟩⟨bn.; -ly; -ness⟩ **0.1** ***gedegenereerd*** ⇒*ontaard, verwilderd, verloederd.*

degenerate[3] [dɪ'dʒenəreɪt]⟨f1⟩⟨onov.ww.⟩ **0.1** ***degenereren*** ⇒*ontaarden, verworden, verwilderen, verloederen* **0.2** ***verslechteren*** ⇒*achteruitgaan* ◆ **6.1** ~ **into** *ontaarden in.*

de·gen·er·a·tion [dɪdʒenə'reɪʃn]⟨f1⟩⟨n.-telb.zn.⟩ **0.1** ***degeneratie*** ⇒*ontaarding, verwording, verwildering, verloedering* **0.2** ⟨med.⟩ ***degeneratie*** ⇒*ontaarding* ◆ **2.2** fatty ~ (of an organ) *(orgaan) vervetting.*

de·gen·er·a·tive [dɪ'dʒenrətɪv||-əreɪṭɪv]⟨bn.; -ly⟩ **0.1** ***degeneratief.***

de·glaze ['di:'gleɪz], **dé·gla·cer** ['deɪ'glæseɪ||-glæ'seɪ]⟨ov.ww.⟩⟨cul.⟩ **0.1** ***(af)blussen.***

de·glu·ti·tion ['di:glu:'tɪʃn]⟨n.-telb.zn.⟩ **0.1** ***het slikken.***

de·grad·a·ble [dɪ'greɪdəbl]⟨bn.⟩ **0.1** ***(chemisch) afbreekbaar.***

deg·ra·da·tion ['degrə'deɪʃn]⟨f1⟩⟨n.-telb.zn.⟩ **0.1** ***degradatie*** ⇒*achteruit/terugzetting, achteruitgang* **0.2** ***degeneratie*** ⇒*verwording, ontaarding, verwildering, verloedering* **0.3** ⟨aardr.⟩ ***degradatie*** ⟨het verlagen v.h. grondniveau door denudatie⟩ **0.4** ***degradatie*** ⇒*afbreking, desintegratie.*

de·grade [dɪ'greɪd]⟨f2⟩⟨ww.⟩ →degraded, degrading
I ⟨onov.ww.⟩ **0.1** ***degenereren*** ⇒*ontaarden, verworden, verwilderen* **0.2** ***degraderen*** ⇒*desintegreren, uiteenvallen;*
II ⟨ov.ww.⟩ **0.1** ***degraderen*** ⇒*achteruit/terugzetten* **0.2** ***verlagen*** ⇒*corrumperen* **0.3** ***vernederen*** ⇒*onteren* **0.4** ⟨biol.⟩ ***degraderen*** ⇒*reduceren tot een lager organisme* **0.5** ⟨aardr.⟩ ***degraderen*** **0.6** ⟨schei.⟩ ***afbreken*** **0.7** ⟨nat.⟩ ***naar een lager energieniveau brengen*** ⟨energie⟩ ◆ **4.2** an attitude like that ~s you *je verlaagt je door zo'n houding;* ~ o.s. *zich verlagen.*

de·grad·ed [dɪ'greɪdɪd]⟨bn.; volt. deelw. v. degrade; -ly; -ness⟩ **0.1** ***gedegradeerd*** ⇒*achteruit/teruggezet* **0.2** ***gedegenereerd*** ⇒*ontaard, verwilderd, verloederd* **0.3** ***vulgair*** ⇒*laag-bij-de-gronds.*

de·grad·ing [dɪ'greɪdɪŋ]⟨bn.; teg. deelw. v. degrade; -ly⟩ **0.1** ***vernederend*** **0.2** ⟨aardr.⟩ ***degraderend.***

de·grease ['di:'gri:s]⟨ov.ww.⟩ **0.1** ***ontvetten.***

de·gree [dɪ'gri:]⟨f4⟩⟨zn.⟩
I ⟨telb.zn.⟩ **0.1** ⟨aardr., nat., wisk.⟩ ***graad*** **0.2** ***(universitaire) graad*** ⇒*academische titel;* ⟨i.h.b.⟩ *doctoraat;* ⟨ook⟩ *akte, lesbevoegdheid, aggregaat* **0.3** ***(verwantschaps)graad*** ⇒*graad v. verwantschap* **0.4** ⟨taalk.⟩ ***trap*** **0.5** ⟨muz.⟩ ***(toon)trap*** **0.6** ***graad*** ⟨vrijmetselaarsrang⟩ ◆ **1.1** ~ of an equation *graad v.e. vergelijking;* ⟨stat.⟩ ~ of freedom *vrijheidsgraad;* ~ of latitude/longitude *breedte/lengtegraad* **1.2** ~ of honour *eredoctoraat;* the ~ of M.D. *de titel doctor in de geneeskunde* **1.4** ~s of comparison *trappen v. vergelijking* **2.1** ~s Centigrade *graden Celsius* **3.2** take one's ~ *afstuderen* **3.4** prohibited ~s *verboden verwantschapsgraad* ⟨als beletsel voor huwelijk⟩ **7.6** first/second/third ~ *eerste/tweede/derde graad* ⟨resp. leerling, gezel, meester⟩ **7.¶** (be/feel) one ~ under *(zich) niet helemaal lekker (voelen);* ⟨AE⟩ third ~ *derdegraadsverhoor;*
II ⟨telb. en n.-telb.zn.⟩ **0.1** ***mate*** ⇒*hoogte, graad, trap, stap, stadium, punt* ◆ **1.1** ~s of ability/skill *niveaus v. aanleg/vaardigheid;* ⟨sport⟩ ~ of difficulty *moeilijkheidsgraad/factor* **2.1** to a high/the highest/the last ~ *tot op grote hoogte, uiterst, buitengewoon;* not in the slightest ~ *niet in het minst* **6.1 by** ~s *stukje bij beetje, gaandeweg; trapsgewijs;* **to** a ~ *enigszins;* ⟨inf.⟩ *niet zo'n (klein) beetje;* **to** a certain/some ~ *in zekere mate; tot op zekere hoogte;* **to** what ~ *in hoeverre, tot op welke hoogte* **6.¶ in** his/its (own) ~ *in zijn soort;*
III ⟨n.-telb.zn.⟩ **0.1** ***stand*** ⇒*(maatschappelijke) rang* ◆ **2.1** a gentleman of high ~ *een heer v. stand.*

de'gree-day ⟨telb.zn.⟩ **0.1** ***promotiedag*** **0.2** ⟨tech.⟩ ***graaddag*** **0.3** ⟨tech.⟩ ***afwijking v.d. gemiddelde dagtemperatuur.***

de·gres·sion [dɪ'greʃn||di:-]⟨telb. en n.-telb.zn.⟩ **0.1** ***degressie*** ⇒*trapsgewijze (relatieve) afneming* ⟨tgo. progressie⟩.

de·gres·sive [dɪ'gresɪv||di:-]⟨bn.⟩ **0.1** ***degressief*** ⇒*trapsgewijs afnemend* ⟨tgo. progressief⟩ ◆ **1.1** ~ taxation *degressieve belastingheffing.*

de·hisce [dɪ'hɪs]⟨onov.ww.⟩⟨vnl. plantk.⟩ **0.1** ***openspringen*** ⇒*openbarsten/splijten.*

de·his·cence [dɪ'hɪsns]⟨telb.zn.⟩⟨vnl. plantk.⟩ **0.1** ***opensplijting*** ⇒*openbarsting/bersting.*

de·his·cent [dɪ'hɪsnt]⟨bn.⟩⟨plantk.⟩ **0.1** ***openspringend.***

de·horn ['di:'hɔ:n||-'hɔrn], **dis·horn** ['dɪs-]⟨ov.ww.⟩ **0.1** ***onthoornen*** ⇒*van hoorns ontdoen* ⟨vee⟩ **0.2** ***onthoornen*** ⇒*hoorngroei beletten.*

de·hu·man·i·za·tion, -sa·tion ['di:hju:mənaɪ'zeɪʃn||-'(h)ju:mənə-]⟨n.-telb.zn.⟩ **0.1** ***ontmenselijking*** ⇒*dehumanisering, ontaarding, verdierlijking* **0.2** ***onpersoonlijk-making*** ⇒*reductie tot routine.*

de·hu·man·ize, -ise ['di:'hju:mənaɪz||-'(h)ju:-]⟨ov.ww.⟩ **0.1** ***ontmen-***

selijken ⇒*dehumaniseren, (doen) verdierlijken/ontaarden, verlagen* **0.2** ***onpersoonlijk maken*** ⇒*tot routine reduceren.*

de·hy·drate ['di:'haɪdreɪt]⟨f1⟩⟨ww.⟩
I ⟨onov.ww.⟩ **0.1** ***vocht verliezen*** **0.2** ***(op/uit/ver)drogen*** ⇒*verdorren* ◆ **1.2** ~d old fellow *uitgedroogde oude baas;*
II ⟨ov.ww.⟩ **0.1** ***ontwateren*** ⇒*dehydr(at)eren, vocht/water onttrekken aan* **0.2** ***drogen*** **0.3** ⟨pej.⟩ ***dor maken*** ⇒*doen verdorren* ◆ **1.1** ~d milk *melkpoeder* **1.3** ~d speech *dorre spreektrant.*

de·hy·dra·tion ['di:haɪ'dreɪʃn]⟨n.-telb.zn.⟩ **0.1** ***dehydra(ta)tie*** ⇒*ontwatering, ontvochtiging* **0.2** ⟨med.⟩ ***dehydra(ta)tie.***

de·ice ['di:'aɪs]⟨ww.⟩
I ⟨onov.ww.⟩ **0.1** ***ontdooid/ontijzeld zijn*** ⇒*vrij zijn v. ijsafzetting;*
II ⟨ov.ww.⟩ **0.1** ***ontijz(el)en*** ⇒*ontdooien* **0.2** ***bestrijden/voorkomen v. ijsvorming.***

de·ic·er ['di:'aɪsə‖-ər]⟨telb.zn.⟩ **0.1** ⟨lucht.⟩ ***ijsbestrijder*** **0.2** ***ijsbestrijdingsmiddel*** ⟨bv. in spuitbus⟩.

de·i·cide ['di:ɪsaɪd]⟨zn.⟩
I ⟨telb.zn.⟩ **0.1** ***godsmoordenaar/moordenares;***
II ⟨telb. en n.-telb.zn.⟩ **0.1** ***godsmoord.***

deic·tic[1] ['daɪktɪk]⟨telb.zn.⟩⟨taalk.⟩ **0.1** ***aanwijzend.***

deictic[2] ⟨bn.; -ally; →bijw. 3⟩ **0.1** ⟨taalk.⟩ ***deiktisch*** ⇒*aanwijzend* **0.2** ⟨fil.⟩ ***onmiddellijk bewijzend.***

de·i·fi·ca·tion ['di:ɪfɪ'keɪʃn]⟨n.-telb.zn.⟩ **0.1** ***vergoddelijking*** ⇒*deïficatie* **0.2** ***ver(af)goding*** ⇒*aanbidding, bovenmatige verering.*

de·i·form ['di:ɪfɔ:m‖-fɔrm]⟨bn.⟩ **0.1** ***godgelijk*** **0.2** ***goddelijk.***

de·i·fy ['di:ɪfaɪ]⟨f1⟩⟨ov.ww.; →ww. 7⟩ **0.1** ***vergoddelijken*** **0.2** ***ver (af)goden*** ⟨ook fig.⟩ ⇒*aanbidden, bovenmatig vereren.*

deign [deɪn]⟨f1⟩⟨ww.⟩
I ⟨onov.ww.⟩ **0.1** ***zich verwaardigen*** ⇒*zich niet te goed achten, niet te trots zijn* ◆ **3.1** not ~ to look at *geen blik waardig keuren;*
II ⟨ov.ww.⟩⟨vero.⟩ **0.1** ***waardig keuren*** ⇒*zich verwaardigen te geven* **0.2** ***(zo goed zijn te) aanvaarden*** ◆ **1.1** ~ no reply *zich niet verwaardigen te antwoorden.*

Dei gra·tia ['deɪi 'grɑ:ʃə]⟨bw.⟩ **0.1** ***Dei gratia*** ⇒*bij de gratie Gods.*

deil [di:l]⟨telb.zn.⟩⟨Sch. E⟩ **0.1** ***duivel.***

de-in·dex [di:'ɪndeks]⟨ov.ww.⟩ **0.1** ***niet meer indexeren*** ⟨pensioenen⟩.

de-in·dus·tri·al·i·za·tion ['di:ɪn'dʌstrɪəlaɪ'zeɪʃn‖-lə-]⟨telb. en n.-telb.zn.⟩ **0.1** ***verlies v. industrie*** ⟨in bep. gebied/land⟩.

de-in·dus·tri·al·ize ['di:ɪn'dʌstrɪəlaɪz]⟨ov.ww.⟩ **0.1** ***het verlies v. industrie teweeg brengen in.***

de·ism ['di:ɪzm]⟨n.-telb.zn.; ook D-⟩ **0.1** ***deïsme.***

de·ist ['di:ɪst]⟨telb.zn.⟩ **0.1** ***deïst.***

de·is·tic [di:'ɪstɪk], **de·is·ti·cal** [-ɪkl]⟨bn.; -(al)ly; →bijw. 3⟩ **0.1** ***deïstisch.***

de·i·ty ['di:əṭi]⟨f2⟩⟨zn.; →mv. 2⟩
I ⟨eig.n.; D-; the⟩ **0.1** ***God*** ⇒*de Schepper;*
II ⟨telb.zn.⟩ **0.1** ***god(in)*** ⇒*godheid* **0.2** ***(af)god*** ⇒*verafgode figuur;*
III ⟨n.-telb.zn.⟩ **0.1** ***goddelijkheid*** ⇒*diviniteit, goddelijke staat.*

deix·is ['daɪksɪs]⟨n.-telb.zn.⟩⟨taalk.⟩ **0.1** ***deixis*** ⟨gebruik v. deiktische woorden⟩.

dé·jà vu ['deɪʒɑ:'vu:]⟨zn.⟩
I ⟨telb.zn.⟩ **0.1** ***iets slaapverwekkends/afgezaagds;***
II ⟨telb. en n.-telb.zn.⟩ **0.1** ***déjà-vu(-gevoel/ervaring)*** ⇒*paramnesie.*

de·ject [dɪ'dʒekt]⟨ov.ww.; meestal pass.⟩ →dejected **0.1** ***terneerslaan*** ⇒*ontmoedigen, moedeloos/somber/droevig stemmen.*

de·ject·ed [dɪ'dʒektɪd]⟨f1⟩⟨bn.; oorspr. volt. deelw. v. deject; -ly; -ness⟩ **0.1** ***terneergeslagen*** ⇒*neerslachtig, somber, ontmoedigd, mismoedig* **0.2** ***bedroefd*** ⇒*verdrietig, treurig, triest.*

de·jec·tion [dɪ'dʒekʃn]⟨f1⟩⟨n.-telb.zn.⟩ **0.1** ***neerslachtigheid*** ⇒*mismoedigheid, melancholie* **0.2** ***bedroefdheid*** ⇒*verdriet, treurnis* **0.3** ⟨med.⟩ ***ontlasting*** ⇒*defecatie, stoelgang* **0.4** ⟨med.⟩ ***ontlasting*** ⇒*uitwerpselen.*

de ju·re[1] ['di: 'dʒʊəri‖-'dʒʊri]⟨bn.⟩ **0.1** ***wettig*** ⇒*rechtmatig* **0.2** ***wettelijk*** ⇒*volgens de wet* ◆ **1.1** the ~ ruler *de wettige vorst.*

de jure[2] ⟨bw.⟩ **0.1** ***rechtens*** ⇒*de jure.*

deka- →deca-.

dekameter →decametre.

deke[1] [di:k]⟨telb.zn.⟩⟨Can. E; sl.; ijshockey⟩ **0.1** ***schijnbeweging.***

deke[2] ⟨ww.⟩⟨Can. E; sl.; ijshockey⟩
I ⟨onov.ww.⟩ **0.1** ***een schijnbeweging maken;***
II ⟨ov.ww.⟩ **0.1** ***misleiden*** ⇒*op het verkeerde been zetten.*

dek·ko ['dekoʊ]⟨telb.zn.⟩⟨BE; sl.⟩ **0.1** ***kijkje*** ◆ **3.1** have a ~ at sth. *ergens een kijkje nemen.*

del ⟨afk.⟩ delegate, delegation, delete.

Del ⟨afk.⟩ Delaware.

de·laine [də'leɪn]⟨n.-telb.zn.⟩ **0.1** ***lichte, (half)wollen stof.***

de·late [dɪ'leɪt]⟨ov.ww.⟩⟨vero.⟩ **0.1** ***aanklagen*** ⇒*beschuldigen* **0.2** ***aangeven*** ⇒*aanbrengen, verklikken.*

de·la·tion [dɪ'leɪʃn]⟨telb.zn.⟩⟨vero.⟩ **0.1** ***aanklacht*** ⇒*beschuldiging* **0.2** ***aanbrenging*** ⇒*verklikking, delatie.*

de·la·tor [dɪ'leɪtə‖-'leɪṭər]⟨telb.zn.⟩⟨vero.⟩ **0.1** ***aanklager*** **0.2** ***aanbrenger*** ⇒*verklikker.*

de·lay[1] [dɪ'leɪ]⟨f3⟩⟨telb. en n.-telb.zn.⟩⟨→sprw. 102⟩ **0.1** ***vertraging*** ⇒*oponthoud* **0.2** ***uitstel*** ⇒*verschuiving* **0.3** ***belemmering*** ⇒*hinderpaal* ◆ **1.1** ⟨sport⟩ ~ of game *spelvertraging/bederf* **6.2** **without** (any) ~ *onverwijld, zonder uitstel.*

delay[2] ⟨f3⟩⟨ww.⟩
I ⟨onov.ww.⟩ **0.1** ***treuzelen*** ⇒*talmen, tijd rekken/winnen* **0.2** ***(af)wachten*** **0.3** ***op zich laten wachten*** ⇒*te laat komen/zijn* ◆ **3.1** don't ~, act today *stel niet uit tot morgen wat ge heden nog kunt doen;*
II ⟨ov.ww.⟩ **0.1** ***uitstellen*** ⇒*verschuiven* **0.2** ***ophouden*** ⇒*vertragen, hinderen* ◆ **1.2** ⟨mil.⟩ ~ing action *vertragingsgevecht.*

de'layed 'action ⟨telb.zn.⟩⟨foto.⟩ **0.1** ***zelfontspanner.***

delayed-action [dɪ'leɪd 'ækʃn], **de'lay-ac·tion** ⟨bn., attr.⟩ **0.1** ***tijd-*** ⇒*automatisch* ◆ **1.1** ~ bomb *tijdbom;* ⟨foto.⟩ ~ device *zelfontspanner.*

de·laying action ⟨telb.zn.⟩ **0.1** ***vertragingsactie.***

de'lay line ⟨telb.zn.⟩⟨comp., telecommunicatie⟩ **0.1** ***vertragingslijn.***

del cre·de·re ['del 'kreɪdəri]⟨telb.zn.⟩⟨hand.⟩ **0.1** ***delcredere*** ⇒*kredietwaarborg(vergoeding).*

de·le[1] ['di:li]⟨telb.zn.⟩⟨druk.⟩ **0.1** ***dele*** ⇒*deleatur, wegschrappingsteken.*

dele[2] ⟨ov.ww.⟩ **0.1** ***(weg)schrappen*** ⇒*doorhalen, weglaten/nemen* **0.2** ⟨druk.⟩ ***laten vervallen*** ⇒*weghalen, markeren met een wegschrappingsteken.*

de·lec·ta·ble [dɪ'lektəbl]⟨f1⟩⟨bn.; -ly; -ness; →bijw. 3⟩ **0.1** ***verrukkelijk*** ⇒*heerlijk, zalig, kostelijk.*

de·lec·ta·tion ['di:lek'teɪʃn]⟨n.-telb.zn.⟩ **0.1** ***genot*** ⇒*plezier, genoegen* **0.2** ***vermaak*** ⇒*verstrooiing* ◆ **6.1** **for** one's ~ *voor zijn plezier.*

del·e·ga·cy ['delɪgəsi]⟨zn.; →mv. 2⟩
I ⟨telb.zn.⟩ **0.1** ***delegatie*** ⇒*afvaardiging, deputatie;*
II ⟨n.-telb.zn.⟩ **0.1** ***afvaardiging*** ⇒*het afgevaardigd worden, benoeming tot gedelegeerde* **0.2** ***delegering*** ⇒*het delegeren, delegatie, verlening v. volmacht.*

del·e·gate[1] ['delɪgət]⟨f2⟩⟨telb.zn.⟩ **0.1** ***afgevaardigde*** ⇒*gedelegeerde, deputatielid, gedeputeerde, ge(vol)machtigde* **0.2** ⟨AE⟩ ***afgevaardigde in het Huis v. Afgevaardigden*** ⟨met spreek- maar zonder stemrecht⟩ **0.3** ⟨AE⟩ ***lagerhuislid in Maryland/(West) Virginia*** ◆ **3.¶** walking ~ *afgevaardigde v. vakbond* ⟨bezoekt leden en hun werkgevers⟩.

delegate[2] ['delɪgeɪt]⟨f2⟩⟨ov.ww.⟩ **0.1** ***afvaardigen*** ⇒*delegeren* **0.2** ***machtigen*** **0.3** ***delegeren*** ⇒*overdragen* **0.4** ⟨jur.⟩ ***delegeren*** ⇒*machtigen aan een ander te betalen* ◆ **6.1** ~ **to** *delegeren aan.*

del·e·ga·tion ['delɪ'geɪʃn]⟨f2⟩⟨zn.⟩
I ⟨telb.zn.⟩ **0.1** ***delegatie*** ⇒*afvaardiging, deputatie;*
II ⟨n.-telb.zn.⟩ **0.1** ***machtiging*** ⇒*verlening v. volmacht, delegering* **0.2** ***afvaardiging*** ⇒*het afgevaardigd worden* **0.3** ⟨jur.⟩ ***delegatie*** ⇒*schuldoverdracht.*

de·lete [dɪ'li:t]⟨f1⟩⟨ov.ww.⟩ **0.1** ***(weg)schrappen*** ⇒*doorhalen, wegstrepen, weglaten, couperen* ◆ **6.1** ~ **from** *schrappen uit.*

del·e·te·ri·ous ['delɪ'tɪərɪəs‖-'tɪr-]⟨bn.; -ly; -ness⟩ **0.1** ***schadelijk*** ⇒*ongezond, nadelig* **0.2** ***verderfelijk*** ⇒*funest.*

de·le·tion [dɪ'li:ʃn]⟨f1⟩⟨zn.⟩
I ⟨telb.zn.⟩ **0.1** ***coupure*** ⇒*weglating, geschrapt(e) passage/woord;*
II ⟨n.-telb.zn.⟩ **0.1** ***(weg)schrapping*** ⇒*doorhaling, het (weg)strepen* **0.2** ⟨taalk.⟩ ***deletie.***

delft [delft], **delf** [delf], **'delft·ware** ⟨zn.; ook D-⟩
I ⟨telb.zn.⟩ **0.1** ***Delfts aardewerkprodukt;***
II ⟨n.-telb.zn.⟩ **0.1** ***Delfts blauw*** ⇒*Delfts aardewerk, delft* **0.2** ***imitatie-Delfts blauw*** ⇒*delftware.*

de·li, del·ly ['deli]⟨telb.zn.; →mv. 2⟩ **0.1** ***comestibleswinkel/zaak*** ⇒*delicatessenwinkel.*

De·li·an ['di:lɪən]⟨bn.⟩ **0.1** ***Delisch*** ⇒*mbt. Delos.*

de·lib·e·rate[1] [dɪ'lɪbrət]⟨f3⟩⟨bn.; -ly; -ness⟩ **0.1** ***doelbewust*** ⇒*opzettelijk, welbewust, met voorbedachten rade* **0.2** ***weloverwogen*** ⇒*beraden, overdacht, bezonnen* **0.3** ***behoedzaam*** ⇒*voorzichtig, omzichtig* **0.4** ***bedachtzaam*** ⇒*niet overijld, bedaard, met overleg.*

deliberate[2] [dɪ'lɪbəreɪt]⟨f1⟩⟨ww.⟩
I ⟨onov.ww.⟩ **0.1** ***delibereren*** ⇒*beraadslagen, overleggen* **0.2** ***raad inwinnen*** ⇒*te rade gaan* ◆ **6.1** ~ **about/over/upon** *beraadslagen/zich beraden over;*
II ⟨ov.ww.⟩ **0.1** ***(zorgvuldig) af/overwegen*** **0.2** ***beraadslagen/zich beraden over.***

de·lib·e·ra·tion [dɪ'lɪbə'reɪʃn]⟨f1⟩⟨zn.⟩
I ⟨telb. en n.-telb.zn.⟩ **0.1** ***(zorgvuldige) af/overweging*** ⇒*overleg,*

beraad(slaging), debat ◆ **6.1 after** much ~ *na lang wikken en wegen;*
II ⟨n.-telb.zn.⟩ **0.1** ***behoedzaamheid*** ⇒*omzichtigheid* **0.2** ***bedachtzaamheid*** ⇒*bedaardheid, bezonnenheid.*
de·lib·e·ra·tive [dɪ'lɪbrətɪv‖-bəreɪtɪv]⟨bn.;-ly;-ness⟩ **0.1** ***overleg-*** ⇒*overleggend, beraadslagend* ◆ **1.1** ~ assembly *debatvergadering.*
del·i·ca·cy ['delɪkəsi]⟨f2⟩⟨zn.;→mv. 2⟩
I ⟨telb.zn.⟩ **0.1** ***delicatesse*** ⇒*lekkernij;*
II ⟨n.-telb.zn.⟩ **0.1** ***teerheid*** ⇒*zwakte* ⟨v. gestel⟩*, broosheid, tengerheid, delicatesse* **0.2** ***delicaatheid*** ⇒*neteligheid* **0.3** ***(fijn)gevoeligheid*** ⇒*verfijndheid* **0.4** ***exquisheid*** ⇒*verfijndheid, fijnzinnigheid, finesse* **0.5** ***tact*** ⇒*kiesheid, fijngevoeligheid* **0.6** ***delicaatheid*** ⟨v. kleur, smaak e.d.⟩ **0.7** ***subtiliteit*** ⇒*fijnheid* ⟨bv. v. onderscheid⟩.
del·i·cate ['delɪkət]⟨f3⟩⟨bn.;-ly;-ness⟩ **0.1** ***fijn*** ⇒*verfijnd, uitgezocht, uitgelezen, exquis; zacht* **0.2** ***lekker*** ⇒*fijn, delicaat* ⟨mbt. spijzen⟩ **0.3** ***teer*** ⇒*zwak, broos, delicaat, tenger* **0.4** ***gevoelig*** ⇒*fijngevoelig* **0.5** ***tactvol*** ⇒*kies* **0.6** ***kieskeurig*** ⇒*kritisch* **0.7** ***delicaat*** ⇒*moeilijk, netelig, kritiek* **0.8** ***subtiel*** ⇒*fijn* **0.9** ***gedempt*** ⇒*zacht* ⟨mbt. kleur⟩ ◆ **1.1** ~ as silk *zacht als zijde* **1.4** a ~ person *een (fijn)gevoelig persoon.*
del·i·ca·tes·sen ['delɪkə'tesn]⟨f1⟩⟨zn.⟩
I ⟨telb.zn.⟩ **0.1** ***comestibleswinkel/zaak*** ⇒*delicatessenwinkel;*
II ⟨mv.⟩ **0.1** ⟨vnl. BE⟩ ***comestibles*** ⇒*delicatessen, fijne eetwaren* **0.2** ⟨sl.⟩ ***kogels.***
de·li·cious [dɪ'lɪʃəs]⟨f2⟩⟨bn.;-ly;-ness⟩ **0.1** ***(over)heerlijk*** ⇒*verrukkelijk, kostelijk, zalig, delicieus* ◆ **1.1** ~ joke *kostelijke grap.*
de·lict [dɪ'lɪkt]⟨telb.zn.⟩⟨jur.⟩ **0.1** ***delict*** ⇒*vergrijp, strafbaar feit, (wets)overtreding, onrechtmatige daad.*
de·light[1] [dɪ'laɪt]⟨f3⟩⟨zn.⟩⟨→sprw. 589⟩
I ⟨telb.zn.⟩ **0.1** ***verrukking*** ⇒*lust, groot genoegen, bron v. genot;*
II ⟨n.-telb.zn.⟩ **0.1** ***genot*** ⇒*vreugde, groot genoegen, verrukking* ◆ **2.1** real ~ *waar genoegen* **3.1** take ~ in *behagen scheppen/genot vinden in.*
delight[2] ⟨f3⟩⟨ww.⟩ →delighted
I ⟨onov.ww.⟩ **0.1** ***behagen scheppen*** ⇒*genot vinden* **0.2** ***genot verschaffen*** ⇒*verrukken* ◆ **1.2** the play is bound to ~ *het stuk zal de mensen in verrukking brengen* **3.1** ~ to do sth. *het verrukkelijk vinden iets te doen* **6.1** ~ **in** teasing *het heerlijk vinden om te plagen;*
II ⟨ov.ww.⟩ **0.1** ***in verrukking brengen*** ⇒*verrukken, strelen* ◆ **6.1** she ~ed them **with** her play *haar spel bracht hen in verrukking.*
de·light·ed [dɪ'laɪtɪd]⟨f3⟩⟨bn.; oorspr. volt. deelw. v. delight;-ly; -ness⟩ **0.1** ***verrukt*** ⇒*opgetogen* ◆ **3.1** I shall be ~ *het zal me een groot/waar genoegen zijn* **6.1** ~ **at/with** *opgetogen/verrukt over.*
de·light·ful [dɪ'laɪtfl], ⟨vnl. schr.⟩ **de·light·some** [-səm]⟨f3⟩⟨bn.;-ly; -ness⟩ **0.1** ***verrukkelijk*** ⇒*heerlijk, zalig, kostelijk.*
De·li·lah [dɪ'laɪlə]⟨eig.n., telb.zn.⟩ **0.1** ***Delila*** ⇒*trouweloze verleidster.*
de·lim·it [dɪ'lɪmɪt], **de·lim·i·tate** [dɪ'lɪmɪteɪt]⟨f1⟩⟨ov.ww.⟩ **0.1** ***afbakenen*** ⇒*begrenzen, afpalen, demarqueren.*
de·lim·i·ta·tion [dɪ'lɪmɪ'teɪʃn]⟨telb. en n.-telb.zn.⟩ **0.1** ***afbakening*** ⇒*begrenzing, afpaling, demarcatie.*
de·lin·e·ate [dɪ'lɪnieɪt]⟨f1⟩⟨ov.ww.⟩ **0.1** ***omlijnen*** ⇒*afbakenen* **0.2** ***schetsen*** ⇒*tekenen, afbeelden* **0.3** ***(ken)schetsen*** ⇒*karakteriseren, (af)schilderen, portretteren* **0.4** ***uitbeelden.***
de·lin·e·a·tion [dɪ'lɪni'eɪʃn]⟨telb. en n.-telb.zn.⟩ **0.1** ***omlijning*** ⇒*delineatie, afbakening* **0.2** ***schets*** ⇒*tekening, afbeelding* **0.3** ***(ken) schets*** ⇒*karakteristiek, schildering* **0.4** ***uitbeelding.***
de·lin·e·a·tor [dɪ'lɪnieɪtə‖-eɪtər]⟨telb.zn.⟩ **0.1** ***schetser*** **0.2** ***(ken) schetser*** ⇒*schilderaar* **0.3** ***verstelbaar patroon*** ⟨v. kleermakers⟩.
de·lin·quen·cy [dɪ'lɪŋkwənsi]⟨f1⟩⟨zn.;→mv. 2⟩
I ⟨telb.zn.⟩ **0.1** ***vergrijp*** ⇒*delict, overtreding;*
II ⟨n.-telb.zn.⟩ **0.1** ***criminaliteit*** ⇒*misdadigheid, misdaad* **0.2** ***misdadig gedrag*** **0.3** ***jeugdmisdadigheid*** ⇒*jeugdcriminaliteit* **0.4** ***plichtsverzuim*** ⇒*nalatigheid* ◆ **2.1** juvenile ~ *jeugdcriminaliteit.*
de·lin·quent[1] [dɪ'lɪŋkwənt]⟨f1⟩⟨telb.zn.⟩ **0.1** ***delinquent*** ⇒*schuldige, dader, wetsovertreder,* ⟨i.h.b.⟩ *jeugdige misdadiger* **0.2** ***iem. die zijn plicht verzuimt*** ⇒*nalatige* ◆ **2.1** juvenile ~ *jeugddelinquent.*
delinquent[2] ⟨bn.;-ly⟩ **0.1** ***nalatig*** ⇒*plichtvergeten, zijn plicht verzuimend* **0.2** ***schuldig (aan wetsovertreding)*** **0.3** ***delinquent*** ⇒*geneigd tot misdadigheid* **0.4** ***achterstallig*** ⇒*niet op tijd betaald.*
del·i·quesce ['delɪ'kwes]⟨onov.ww.⟩ **0.1** ***smelten*** ⇒*vloeibaar worden* **0.2** ***(weg)smelten*** ⇒*verdwijnen als sneeuw voor de zon* **0.3** ⟨schei.⟩ ***vervloeien*** **0.4** ⟨plantk.⟩ ***uitwaaieren*** ⟨i.h.b. v. bladnerven⟩ **0.5** ⟨plantk.⟩ ***verweken*** ⟨v. paddestoelen⟩.
del·i·ques·cence ['delɪ'kwesns]⟨n.-telb.zn.⟩ **0.1** ***smelting*** ⇒*het vloeibaar worden* **0.2** ***(weg)smelting*** ⇒*verdwijning als sneeuw voor de zon* **0.3** ⟨schei.⟩ ***vervloeiing*** ⇒*het vervloeien* **0.4** ⟨plantk.⟩ ***uitwaaiering*** ⟨i.h.b. v. bladnerven⟩ **0.5** ⟨plantk.⟩ ***verweking*** ⟨v. paddestoelen⟩.
del·i·ques·cent ['delɪ'kwesnt]⟨bn.⟩ **0.1** ***smeltend*** ⇒*vloeibaar wordend* **0.2** ***(weg)smeltend*** ⇒*verdwijnend als sneeuw voor de zon* **0.3** ⟨schei.⟩ ***vervloeiend*** **0.4** ⟨plantk.⟩ ***uitwaaierend*** ⟨i.h.b. v. bladnerven⟩ **0.5** ⟨plantk.⟩ ***verwekend*** ⟨v. paddestoelen⟩.
del·i·ra·tion ['delɪ'reɪʃn]⟨zn.⟩
I ⟨telb. en n.-telb.zn.⟩ **0.1** →delirium II;
II ⟨n.-telb.zn.⟩ **0.1** ***waanzin*** ⇒*krankzinnigheid, gekte.*
de·lir·i·ous [dɪ'lɪərɪəs‖-'lɪr-]⟨f1⟩⟨bn.;-ly;-ness⟩ **0.1** ***ijlend*** ⇒*ijl-* **0.2** ***ijlhoofdig*** ⇒*zinneloos* **0.3** ***dol(zinnig)*** ⇒*uitzinnig, waanzinnig* **0.4** ***geëxalteerd*** ⇒*extatisch, in vervoering* ◆ **1.4** ~ speech *geëxalteerde toespraak* **3.1** become ~ *gaan ijlen* **6.3** ~ **with** joy *dol(zinnig) v. vreugde.*
de·lir·i·um [dɪ'lɪərɪəm‖-'lɪr-], ⟨in bet. II ook⟩ **del·i·ra·tion** ['delɪ,reɪʃn]⟨f1⟩⟨zn.; ook deliria [-rɪə];→mv. 5⟩
I ⟨telb.zn.⟩ **0.1** ***dolzinnige uiting;***
II ⟨telb. en n.-telb.zn.⟩ **0.1** ***ijltoestand*** ⇒*ijlkoorts, delirium, delier;*
III ⟨n.-telb.zn.⟩ **0.1** ***waanzin(nigheid)*** ⇒*razernij, kolder* **0.2** ***uitzinnigheid*** ⇒*dolzinnigheid, extase.*
de'lirium 'tre·mens [-'tremənz‖-'tri:mənz]⟨f1⟩⟨telb. en n.-telb.zn.⟩ **0.1** ***dronkemanswaanzin*** ⇒*delirium tremens.*
del·i·tes·cence ['delɪ'tesns]⟨zn.⟩⟨med.⟩
I ⟨telb.zn.⟩ **0.1** ***incubatietijd*** ⟨v. besmettelijke ziekte⟩;
II ⟨n.-telb.zn.⟩ **0.1** ***onverwacht verdwijnen/wijken*** ⟨v. ziektesymptomen⟩.
del·i·tes·cent ['delɪ'tesnt]⟨bn.⟩⟨med.⟩ **0.1** ***onverwacht verdwijnend/wijkend*** ⟨v. ziektesymptomen⟩.
de·liv·er [dɪ'lɪvə‖-ər]⟨f3⟩⟨ww.⟩
I ⟨onov.ww.⟩ **0.1** ⟨inf.⟩ ***afkomen*** ⇒*over de brug komen* **0.2** ***bevallen*** ⇒*aan de verwachting(en) voldoen* ◆ **6.1** he will ~ **on** his promise *hij zal doen wat hij beloofd heeft;*
II ⟨ov.ww.⟩ **0.1** ***verlossen*** ⇒*bevrijden, in vrijheid stellen* **0.2** ⟨vaak pass.⟩ ***verlossen*** ⇒*helpen baren/bevallen* **0.3** ***ter wereld helpen*** **0.4** ***presenteren*** ⇒*ter hand stellen, overhandigen, (over) geven* **0.5** ***bezorgen*** ⇒*bestellen, (af)leveren, overbrengen* **0.6** ***lanceren*** ⇒*uitdelen, plaatsen* **0.7** ***voordragen*** ⇒*uitspreken, voorlezen, afsteken, houden* **0.8** ***werven*** ⟨stemmen, steun⟩ ◆ **1.5** ⟨hand.⟩ ~ed price *leveringsprijs, prijs inclusief levering* **1.6** ~ a blow *een klap uitdelen, een stomp geven* **1.7** ~ a speech/lecture/paper *een redevoering afsteken, een lezing houden* **6.1** ~ us **from** evil *verlos ons van den boze* **6.2** be ~ed **of** *verlost worden/bevallen van;* ⟨fig.⟩ ~ o.s. **of** *verkondigen, bevallen van, het licht doen zien* ⟨een uitspraak e.d.⟩ **6.4** ~ a fortress **(over/up) to** the enemy *een vesting overgeven aan de vijand.*
de·liv·er·a·ble [dɪ'lɪvrəbl]⟨bn.⟩ **0.1** ***(onmiddellijk) leverbaar.***
de·liv·er·ance [dɪ'lɪvrəns]⟨f2⟩⟨zn.⟩
I ⟨telb.zn.⟩ **0.1** ***uitspraak*** ⇒*uitlating, bewering, uiting* **0.2** ⟨jur.⟩ ***uitspraak*** ⇒*vonnis;*
II ⟨n.-telb.zn.⟩ **0.1** ***verlossing*** ⇒*bevrijding, redding.*
de·liv·er·er [dɪ'lɪvrə‖-ər]⟨telb.zn.⟩ **0.1** ***verlosser*** ⇒*bevrijder, redder* **0.2** ***bezorger*** ⇒*besteller, leverancier* **0.3** ***houder*** ⟨v. toespraak e.d.⟩.
de·liv·er·y [dɪ'lɪvri]⟨f2⟩⟨zn.;→mv. 2⟩
I ⟨telb.zn.⟩ **0.1** ***bevalling*** ⇒*verlossing, geboorte* **0.2** ***bestelling*** ⇒*leverantie, levering, zending* ◆ **2.1** the child had a difficult ~ *de geboorte v.h. kind verliep moeizaam;* the mother had a difficult ~ *de moeder had een zware bevalling;*
II ⟨telb. en n.-telb.zn.⟩ **0.1** ***bezorging*** ⇒*(post)bestelling, overhandiging, afgifte* **0.2** ***oplevering*** **0.3** ***overgave*** ⇒*overdracht* **0.4** ⟨jur.⟩ ***overdracht*** ⇒*cessie* **0.5** ***voordracht*** ⇒*redevoering, spreektrant, zangstijl* **0.6** ⟨sport, honkbal⟩ ***worp*** ⇒*aangooi;* ⟨cricket⟩ *het bowlen (v.d. bal), gebowlde bal* ◆ **3.1** ⟨BE⟩ recorded ~ *aangetekend(e) versturen/zending* **3.¶** take ~ of *in ontvangst nemen, afhalen* **6.1 by** the first ~ *met de eerste post;* **on** ~ *bij levering, onder rembours;* ~ **to** your door *bezorging aan huis;*
III ⟨n.-telb.zn.⟩ **0.1** ***verlossing*** ⇒*bevrijding, redding.*
de'livery boy ⟨telb.zn.⟩ **0.1** ***bezorger*** ⇒*loopjongen.*
de·liv·er·y·man [dɪ'lɪvrimən]⟨telb.zn.; deliverymen [-mən];→mv. 3⟩⟨vnl. AE⟩ **0.1** ***besteller*** ⇒*bezorger.*
de'livery note ⟨telb.zn.⟩ **0.1** ***afleveringsbon*** ⇒*vrachtbrief.*
de'livery order ⟨telb.zn.⟩ **0.1** ***volgbriefje*** **0.2** ***splitsbewijs*** ⇒*delivery-order.*
de'livery pipe ⟨telb.zn.⟩ **0.1** ***afvoer*** ⇒*persbuis, pijpleiding.*
de'livery room ⟨f1⟩⟨telb.zn.⟩ **0.1** ***verloskamer.***
de'livery truck ⟨f1⟩⟨telb.zn.⟩⟨AE⟩ **0.1** ***bestelwagen.***
de'livery valve ⟨telb.zn.⟩ **0.1** ***persklep.***
de'livery van ⟨f1⟩⟨telb.zn.⟩⟨vnl. BE⟩ **0.1** ***bestelwagen.***
dell [del]⟨f2⟩⟨telb.zn.⟩ **0.1** ***(bebost/door bomen omzoomd) valleitje.***
de·louse ['di:'laʊs]⟨ov.ww.⟩ **0.1** ***ontluizen*** **0.2** ***ontdoen van ongedier-***

te ⇒ontsmetten, desinfecteren **0.3** ***ontdoen van ongerechtigheden*** *⇒zuiveren, kuisen, reinigen;* ⟨mil.⟩ *ontmijnen.*

delph [delf]⟨telb.zn.⟩⟨verk.⟩ delphinium ⟨inf.⟩.

Del·phi·an ['delfɪən], **Del·phic** ['delfɪk]⟨bn.; Delphically⟩ **0.1** ***Delphisch*** *⇒mbt. Delphi* **0.2** ***Delphisch*** *⇒orakelachtig, dubbelzinnig, duister, raadselachtig.*

del·phin·i·um [del'fɪnɪəm]⟨telb.zn.⟩⟨plantk.⟩ **0.1** ***ridderspoor*** ⟨genus Delphinium⟩.

del·ta ['deltə]⟨f2⟩⟨telb.zn.⟩ **0.1** ***delta*** ⟨4e letter v.h. Griekse alfabet⟩ **0.2** ***(rivier)delta*** **0.3** ***delta*** ⟨op drie na helderste ster v.e. sterrebeeld⟩ **0.4** ***D*** ⟨als examenwaardering⟩ **0.5** ***driehoekig voorwerp*** **0.6** ⟨wisk.⟩ ***delta*** *⇒eindige toeneming.*

'delta connection ⟨telb.zn.⟩⟨tech.⟩ **0.1** ***driehoekschakeling.***

del·ta·ic ['del'teɪk], **del·tic** ['deltɪk]⟨bn.⟩ **0.1** ***delta-*** *⇒deltavormig.*

'delta ray, ⟨in bet. I ook⟩ **'delta particle** ⟨zn.⟩⟨nat.⟩
I ⟨telb.zn.⟩ **0.1** ***deltadeeltje;***
II ⟨mv.; ~s⟩ **0.1** ***deltastralen.***

'delta wing ⟨telb.zn.⟩⟨lucht.⟩ **0.1** ***delta(vleugel)*** *⇒driehoeksvleugel* **0.2** ***delta(vliegtuig).***

'del·ta-wing·ed ⟨bn.⟩⟨lucht.⟩ **0.1** ***met deltavleugels.***

del·toid[1] ['deltɔɪd]⟨telb.zn.⟩⟨anat.⟩ **0.1** ***deltaspier*** *⇒driehoeksspier.*

deltoid[2] ⟨bn.⟩ **0.1** ***driehoekig*** *⇒deltavormig, delta-* ◆ **1.1** ⟨anat.⟩ ~ muscle *deltaspier.*

de·lude [dɪ'lu:d]⟨f1⟩⟨ov.ww.⟩ **0.1** ***misleiden*** *⇒op een dwaalspoor brengen, bedriegen, voorspiegelen* **0.2** ⟨vero.⟩ ***dwarsbomen*** *⇒frustreren, verijdelen* ◆ **6.1** ~ s.o. **into** doing sth. *iem. verleiden/zover krijgen om iets te doen;* ~ o.s. **into** *zichzelf wijsmaken dat;* ~ o.s. **with** *zichzelf misleiden met.*

de·lud·er [dɪ'lu:də‖-ər]⟨telb.zn.⟩ **0.1** ***bedrieger*** *⇒misleider.*

de·luge[1] ['delju:dʒ]⟨f1⟩⟨zn.⟩
I ⟨eig.n.; D-; the⟩ **0.1** ***zondvloed;***
II ⟨telb.zn.⟩ **0.1** ***overstroming*** *⇒watervloed* **0.2** ***wolkbreuk*** *⇒stortbui* **0.3** ***stortvloed*** *⇒stroom, waterval* ⟨v. woorden e.d.⟩.

deluge[2] ⟨f1⟩⟨ov.ww.⟩ **0.1** ***overstromen*** *⇒onder water zetten* **0.2** ⟨vaak pass.⟩ ***overstelpen*** *⇒overstromen.*

de·lu·sion [dɪ'lu:ʒn]⟨f2⟩⟨zn.⟩
I ⟨telb.zn.⟩ **0.1** ***waan(idee/voorstelling)*** *⇒hersenschim, misvatting* ◆ **1.1** ~s of grandeur *grootheidswaan* **6.1** suffer **from** ~s *aan waanideeën lijden;* be **under** the ~ that *in de waan verkeren dat;*
II ⟨n.-telb.zn.⟩ **0.1** ***misleiding*** *⇒bedrog, valse voorstelling* **0.2** ***begoocheling*** *⇒het misleid zijn.*

de·lu·sion·al [dɪ'lu:ʒnəl]⟨bn.⟩ **0.1** ***misleidend*** *⇒bedrieglijk* ◆ **1.1** a ~ idea *waandenkbeeld/voorstelling.*

de·lu·sive [dɪ'lu:sɪv], **de·lu·so·ry** [dɪ'lu:səri]⟨bn.; -ly; -ness⟩ **0.1** ***bedrieglijk*** *⇒misleidend* **0.2** ***vals*** *⇒onecht, waan-.*

de luxe [dɪ'lʌks‖-'lʊks]⟨f1⟩⟨bn.⟩ **0.1** ***luxueus*** *⇒weelderig, luxe-* ◆ **1.1** ~ edition *luxe-editie/uitgave;* ~ model *luxe-uitvoering* ⟨bv. v. auto⟩.

delve [delv]⟨f2⟩⟨ww.⟩
I ⟨onov.ww.⟩ **0.1** ***speuren*** *⇒vorsen, graven, spitten, neuzen* ◆ **6.1** ~ **into** s.o.'s past *in iemands verleden graven;*
II ⟨onov. en ov.ww.⟩⟨schr.⟩ **0.1** ***delven*** *⇒(uit)graven, (uit)spitten.*

Dem ⟨afk.⟩ Democrat, Democratic.

de·mag·net·i·za·tion, -sa·tion ['di:mægnətaɪ'zeɪʃn‖-nətə-]⟨n.-telb.zn.⟩ **0.1** ***ontmagnetisering*** *⇒demagnetisatie, degaussing* **0.2** ***ontmagnetisering*** *⇒demagnetisatie, uitwissing* ⟨v. magneetband⟩.

de·mag·net·ize, -ise ['di:'mægnətaɪz]⟨ov.ww.⟩ **0.1** ***ontmagnetiseren*** *⇒demagnetiseren, degaussen* **0.2** ***ontmagnetiseren*** *⇒demagnetiseren, (uit)wissen, vegen* ⟨magneetband⟩.

dem·a·gog·ic ['demə'gɒgɪk, -dʒɪk‖-'gɑ-], **dem·a·gog·i·cal** [-ɪkl]⟨f1⟩⟨bn.; -(al)ly; →bijw. 3⟩ **0.1** ***demagogisch.***

dem·a·gogue, ⟨AE sp. ook⟩ **dem·a·gog** ['deməgɒg‖-gɑg]⟨f1⟩⟨telb.zn.⟩ **0.1** ***demagoog*** *⇒volksleider* **0.2** ⟨vnl. pej.⟩ ***demagoog*** *⇒volksmenner, oproerstoker.*

dem·a·gogu·er·y ['deməgɒgəri‖-gɑ-]⟨n.-telb.zn.⟩ **0.1** ***demagogie*** *⇒volksverleiding, volksverlakking* **0.2** ***demagogie*** *⇒de kunst het volk te leiden.*

dem·a·gog·y ['deməgɒgi, -dʒi‖-gɑ-]⟨f1⟩⟨n.-telb.zn.⟩ **0.1** ***demagogie*** *⇒de kunst het volk te leiden.*

de·man ['di:'mæn]⟨onov. en ov.ww.⟩ **0.1** ***personeel laten afvloeien (van)*** **0.2** ***ontmannen.***

de·mand[1] [dɪ'mɑ:nd‖dɪ'mænd]⟨f3⟩⟨zn.⟩
I ⟨telb.zn.⟩ **0.1** ***eis*** *⇒verzoek, verlangen* **0.2** ***aanspraak*** *⇒claim, vordering* **0.3** ⟨jur.⟩ ***vordering*** **0.4** →demand note ◆ **1.1** the workers' ~s *de (loon)eisen v.d. arbeiders* **6.2** make a ~ **on** s.o. *iets van iem. vergen;* make great/many ~s **on** *veel vergen van, een aanslag/groot beroep doen op;*
II ⟨telb. en n.-telb.zn.⟩ **0.1** ***vraag*** *⇒behoefte* ◆ **1.1** ⟨ec.⟩ supply and ~, ~ and supply *vraag en aanbod* **6.1** a great ~/much ~ **for** nurses *een grote vraag naar verpleegsters;* be **in** great ~ *erg in trek zijn;* our products are **in** great ~ *er is veel vraag naar onze produkten* **6.¶** (payable) **on** ~ *(betaalbaar) op vertoon.*

demand[2] ⟨f3⟩⟨ww.⟩ →demanding
I ⟨onov.ww.⟩ **0.1** ***een eis stellen*** *⇒eisen;*
II ⟨ov.ww.⟩ **0.1** ***eisen*** *⇒verlangen, vorderen* **0.2** ***vergen*** *⇒(ver)eisen* **0.3** ***dringend nodig hebben*** *⇒schreeuwen om* **0.4** ⟨jur.⟩ ***(voor het gerecht) dagen*** **0.5** ⟨jur.⟩ ***vorderen*** ◆ **1.1** ~ an answer *erop staan een antwoord te krijgen* **1.2** ~ s.o.'s business *vragen wat iem. wil/komt doen;* justice ~s it *het is een eis v. rechtvaardigheid* **6.1** I ~ it **from/of** you *ik eis het van je* **6.2** this job will ~ much **of** you *deze baan zal veel van u vergen.*

de·mand·a·ble [dɪ'mɑ:ndəbl‖-'mæn-]⟨bn.⟩ **0.1** ***vorderbaar*** *⇒te eisen/verlangen.*

de·mand·ant [dɪ'mɑ:ndənt‖-'mændənt], **de·mand·er** [-də‖-dər]⟨telb.zn.⟩ **0.1** ***eiser*** **0.2** ***ondervrager.***

de'mand bill, de'mand draft ⟨telb.zn.⟩⟨hand.⟩ **0.1** ***zichtwissel.***

de'mand-driv·en ⟨bn., attr.⟩ **0.1** ***vraag-afhankelijk.***

de·mand·ing [dɪ'mɑ:ndɪŋ‖-'mæn-]⟨f2⟩⟨bn.; teg. deelw. v. demand; -ly⟩ **0.1** ***veeleisend.***

de'mand note ⟨telb.zn.⟩⟨hand.⟩ **0.1** ***orderbriefje*** *⇒promesse, accept.*

de'mand price ⟨telb.zn.⟩⟨ec.⟩ **0.1** ***vraagprijs.***

de'mand-'pull in'flation ⟨telb. en n.-telb.zn.⟩⟨ec.⟩ **0.1** ***vraaginflatie*** *⇒bestedingsinflatie.*

de'mand-side economics ⟨n.-telb.zn.⟩ **0.1** ***vraageconomie.***

de·man·toid [dɪ'mæntɔɪd]⟨telb.zn.⟩ **0.1** ***demantoïd*** ⟨groene granaat⟩.

dem·ar·cate ['di:mɑ:keɪt‖di:'mɑr-]⟨ov.ww.⟩ **0.1** ***afbakenen*** *⇒begrenzen, afpalen, demarqueren* **0.2** ***(onder)scheiden*** *⇒afzonderen.*

dem·ar·ca·tion ['di:mɑ:'keɪʃn‖-mɑr-]⟨f1⟩⟨telb. en n.-telb.zn.⟩ **0.1** ***afbakening*** *⇒begrenzing, afpaling, demarcatie* **0.2** ***scheiding*** *⇒grens, demarcatie* ◆ **1.2** line of ~ *scheid(ing)slijn, grens(lijn).*

demar'cation dispute ⟨telb.zn.⟩ **0.1** ***vakbondsgeschil (over invloedssferen)*** *⇒competentiestrijd.*

dé·marche ['deɪmɑ:ʃ‖deɪ'mɑrʃ]⟨telb.zn.⟩ **0.1** ***démarche*** *⇒diplomatieke stap, politieke manoeuvre* **0.2** ***protestverklaring*** *⇒petitie.*

de·ma·te·ri·al·i·za·tion, -sa·tion ['di:mətɪərɪəlaɪ'zeɪʃn‖-tɪrɪələ-]⟨telb. en n.-telb.zn.⟩ **0.1** ***dematerialisatie*** *⇒onstoffelijking.*

de·ma·te·ri·al·ize, -ise ['di:mə'tɪərɪəlaɪz‖-'tɪr-]⟨ww.⟩
I ⟨onov.ww.⟩ **0.1** ***ontstoffelijk worden;***
II ⟨ov.ww.⟩ **0.1** ***onstoffelijk maken.***

deme [di:m]⟨telb.zn.⟩ **0.1** ⟨gesch.⟩ ***demos*** *⇒Attische bestuurseenheid* **0.2** ***demos*** *⇒Griekse gemeente* **0.3** ⟨ecologie⟩⟨ong.⟩ ***biocoenose*** *⇒nauw verwante (lokale) populatie.*

de·mean [dɪ'mi:n]⟨ov.ww.⟩ **0.1** ***verlagen*** *⇒vernederen* **0.2** ***gedragen*** ◆ **4.1** ~ o.s. *zich verlagen;* such language ~s you *dergelijke taal is beneden je waardigheid* **4.2** ~ o.s. *zich gedragen.*

de·mean·our, ⟨AE sp.⟩ **de·mean·or** [dɪ'mi:nə‖-ər], ⟨vero.⟩ **de·mean** ⟨f1⟩⟨n.-telb.zn.⟩ **0.1** ***gedrag*** *⇒houding, optreden, manier v. doen.*

de·ment[1] [dɪ'ment]⟨telb.zn.⟩ **0.1** ***krankzinnige*** *⇒gek, gestoorde.*

dement[2] ⟨ov.ww.⟩ →demented **0.1** ***krankzinnig/gek maken.***

de·ment·ed [dɪ'mentɪd]⟨f1⟩⟨bn.; volt. deelw. v. dement; -ly; -ness⟩ **0.1** ***krankzinnig*** *⇒gek, gestoord, ontzind* **0.2** ***dement*** *⇒zwakzinnig, kinds* **0.3** ⟨inf.⟩ ***radeloos*** *⇒knetter(gek), dol.*

de·men·ti ['deɪmɑ:n'ti:]⟨telb.zn.⟩ **0.1** ***dementi*** *⇒officiële ontkenning.*

de·men·tia [dɪ'menʃə]⟨n.-telb.zn.⟩⟨med.⟩ **0.1** ***zwakzinnigheid*** *⇒dementia, geesteszwakte.*

de'mentia 'praecox [-'pri:kɒks‖-'pri:kɑks]⟨n.-telb.zn.⟩⟨med.⟩ **0.1** ***dementia praecox*** *⇒schizofrenie.*

dem·e·rar·a ['demə'reərə‖-'rærə], **'demerara 'sugar** ⟨n.-telb.zn.⟩ **0.1** ***bruine (riet)suiker.***

de·merge [di:'mɜ:dʒ‖-'mɜrdʒ]⟨ov.ww.⟩⟨ec.⟩ **0.1** ***weer uiteengaan*** ⟨v. gefuseerde bedrijven⟩.

de·merg·er [di:'mɜ:dʒə‖-'mɜrdʒər]⟨telb.zn.⟩⟨ec.⟩ **0.1** ***het weer uiteengaan*** ⟨v. gefuseerde bedrijven⟩.

de·mer·it[1] ['di:'merɪt]⟨telb.zn.⟩ **0.1** ***tekort(koming)*** *⇒fout, gebrek* **0.2** ***laakbaarheid*** **0.3** ⟨AE⟩ ***slechte aantekening*** *⇒minpunt.*

demerit[2] ⟨ov.ww.⟩⟨AE⟩ **0.1** ***bestraffen met een slechte aantekening.***

de·mer·i·tor·i·ous ['di:merɪ'tɔ:rɪəs]⟨bn.; -ly⟩ **0.1** ***laakbaar*** *⇒berispelijk, afkeurenswaardig.*

de·mer·sal [dɪ'mɜ:səl‖-'mɜr-]⟨bn.⟩⟨biol.⟩ **0.1** ***op de bodem levend*** *⇒bodem-.*

de·mesne [dɪ'meɪn]⟨zn.⟩
I ⟨telb.zn.⟩ **0.1** ***domein*** *⇒grondbezit* **0.2** ***landgoed*** *⇒buiten* **0.3** ***territoir*** *⇒territorium, grondgebied, rijk* **0.4** ***sfeer*** *⇒rijk, domein*

◆ **2.1** Royal Demesne *kroondomein;*
II ⟨n.-telb.zn.⟩ ⟨jur.; scherts.⟩ **0.1** ***eigendom*** ◆ **3.1** hold in ~ *in eigendom hebben.*

dem·i- ['demi] **0.1** ***half-*** ⇒*demi-, semi-, deel-* ◆ ¶.1 demilance *(cavalerist met) korte lans;* demisemitone *kwarttoon.*

dem·i·god ['demigɒd‖-gɑd]⟨telb.zn.⟩ **0.1** ***halfgod.***

dem·i·god·dess ['demigɒdɪs‖-gɑd-]⟨telb.zn.⟩ **0.1** ***halfgodin.***

dem·i·john ['demidʒɒn‖-dʒɑn]⟨telb.zn.⟩ **0.1** ***grote mand(e)fles*** ⇒*dame-jeanne, demijohn.*

de·mil·i·ta·ri·za·tion, -sa·tion [ˈdiːmɪlɪtəraɪ'zeɪʃn‖-mɪlɪt̬ərə-]⟨n.-telb.zn.⟩ **0.1** ***demilitarisering*** ⇒*demilitarisatie.*

de·mil·i·ta·rize, -rise ['diː'mɪlɪt̬əraɪz]⟨ov.ww.⟩ **0.1** ***demilitariseren.***

dem·i·mon·daine ['demimɒn'deɪn‖-mɑn-]⟨telb.zn.⟩ **0.1** ***demi-mondaine.***

dem·i·monde ['demi'mɒnd‖-'mɑnd]⟨zn.⟩
I ⟨telb.zn.⟩ **0.1** ***demi-mondaine;***
II ⟨n.-telb.zn.; the⟩ **0.1** ***demi-monde*** **0.2** ***periferie*** ⇒*randfiguren* ◆ **2.2** the literary ~ *de literaire marge.*

dem·i·rep ['demirep]⟨telb.zn.⟩ **0.1** ***demi-mondaine.***

de·mis·a·ble [dɪ'maɪzəbl]⟨bn.⟩ **0.1** ***overdraagbaar*** **0.2** ***overerfelijk*** ⇒*overerfbaar.*

de·mise[1] [dɪ'maɪz]⟨n.-telb.zn.⟩ **0.1** ⟨jur.; euf.⟩ ***overlijden*** ⇒*dood, verscheiden* **0.2** ⟨scherts.⟩ ***het ter ziele gaan*** **0.3** ***vermaking*** ⇒*het nalaten* **0.4** ***vererving*** ⇒*nalating, erfopvolging* **0.5** ***(titel/gezags) overdracht*** ⇒⟨i.h.b.⟩ *troonopvolging.*

demise[2] ⟨ww.⟩
I ⟨onov.ww.⟩ **0.1** ***overerven*** ⇒*overgaan (v. gezag/titel)* **0.2** ***overerven*** ⇒*nagelaten/vermaakt worden* **0.3** ***overlijden*** ⇒*sterven, verscheiden;*
II ⟨ov.ww.⟩ **0.1** ***vermaken*** ⇒*nalaten* **0.2** ***overdragen*** ⇒*afstand doen, afstaan* ⟨titel/gezag⟩.

dem·i·sem·i·qua·ver ['demi'semikweɪvə‖-ər]⟨telb.zn.⟩⟨vnl. BE; muz.⟩ **0.1** ***tweeëndertigste (noot).***

de·mis·sion [dɪ'mɪʃn]⟨telb. en n.-telb.zn.⟩ **0.1** ***terugtreding*** ⇒*aftreding, ontslagname, afstand, demissie.*

de·mist ['diː'mɪst]⟨ov.ww.⟩⟨BE⟩ **0.1** ***droogblazen*** ⇒*condensvrij maken* ⟨autoruiten⟩.

de·mist·er ['diː'mɪstə‖-ər]⟨telb.zn.⟩⟨BE⟩ **0.1** ***ruitverwarmer*** ⇒*fan* ⟨v. auto⟩.

de·mit [dɪ'mɪt]⟨ww.; →ww. 7⟩
I ⟨onov.ww.⟩ **0.1** ***terugtreden*** ⇒*aftreden, zijn ontslag nemen, demitteren, resigneren;*
II ⟨ov.ww.⟩ **0.1** ***neerleggen*** ⟨ambt/functie⟩ ⇒*afstand nemen van, demitteren* **0.2** ⟨vero.⟩ ***ontslaan*** ⇒*demitteren.*

dem·i·tasse ['demitæs]⟨telb.zn.⟩ **0.1** ***espressokopje*** **0.2** ***espresso*** ⇒*kopje espressokoffie.*

dem·i·urge ['diːmiɜːdʒ‖'demiɜrdʒ]⟨telb.zn.⟩ **0.1** ⟨ook D-⟩ ⟨fil.⟩ ***demiurg*** ⇒*wereldbouwer* **0.2** ⟨gesch.⟩ ***(Grieks) overheidsdienaar.***

dem·i·ur·gic ['diːmi'ɜːdʒɪk‖'demi'ɜr-], **dem·i·ur·gi·cal** [-'ɜːdʒɪkl‖-'ɜrdʒɪkl], **de·mi·ur·geous** [-'ɜːdʒəs‖-'ɜrdʒəs]⟨bn.; demiurgically; →bijw. 3⟩ ⟨fil.⟩ **0.1** ***demiurgisch.***

dem·i-vierge ['demi'vjeəʒ‖-'vjerʒ]⟨telb.zn.⟩ **0.1** ***demi-vierge*** ⇒*halve maagd* ⟨losbandige die haar fysieke maagdelijkheid bewaart⟩.

dem·o ['demoʊ]⟨telb.zn.⟩ **0.1** ⟨verk.; BE; inf.⟩ ⟨demonstration⟩ ***betoging*** ⇒*demonstratie, protestmars* **0.2** ⟨D-; verk.; AE; inf.⟩ ⟨Democrat⟩ ***Democraat*** ⇒*Lid v.d. Democratische partij* **0.3** ⟨AE; inf.⟩ ***demo(nstratie)*** ⇒⟨i.h.b.⟩ *demonstratiebandje/plaat; demonstratieauto.*

dem·o- ['demoʊ] **0.1** ***demo-*** ⇒*volk(s)-.*

de·mob[1] ['diː'mɒb‖'diː'mɑb]⟨f1⟩⟨n.-telb.zn.; ook attr.⟩⟨verk.⟩ demobilization ⟨BE; inf.⟩ **0.1** ***ontslag uit de militaire dienst*** ⇒*het afzwaaien, demobilisering* ◆ **1.1** ~ suit *burgerpak, burgerkloffie* **3.1** get one's ~ *afzwaaien.*

demob[2] ⟨f1⟩⟨ov.ww.; →ww. 7⟩⟨verk.⟩ demobilize ⟨BE; inf.⟩ **0.1** ***demobiliseren.***

de·mo·bil·i·za·tion, -sa·tion [ˈdiːmoʊblaɪ'zeɪʃn‖-blə-]⟨f1⟩⟨n.-telb.zn.⟩ **0.1** ***demobilisatie.***

de·mo·bil·ize, -ise ['diː'moʊbɪlaɪz]⟨f1⟩⟨ww.⟩
I ⟨onov. en ov.ww.⟩ **0.1** ***demobiliseren*** ⇒*(militairen) naar huis sturen, op/tot voet van vrede terugbrengen/keren;*
II ⟨ov.ww.⟩ **0.1** ***demobiliseren*** ⇒*laten afzwaaien, uit de krijgsdienst ontslaan.*

de·moc·ra·cy [dɪ'mɒkrəsi‖-'mɑ-]⟨f3⟩⟨zn.; →mv. 2⟩
I ⟨telb.zn.⟩ **0.1** ***democratie*** ⇒*democratisch geregeerde staat;*
II ⟨telb. en n.-telb.zn.⟩ **0.1** ***democratie*** ⇒*democratisch stelsel, volksregering* ◆ **2.1** direct ~ *directe democratie;*
III ⟨n.-telb.zn.⟩ **0.1** ***democratie*** ⇒*gelijkgerechtigdheid, medezeggenschap* **0.2** ⟨vaak D-⟩ ***(leden/beginselen der) Democratische Partij*** ◆ **2.1** industrial ~ *medezeggenschap in het bedrijfsleven.*

dem·o·crat ['deməkræt]⟨f2⟩⟨telb.zn.⟩ **0.1** ***democraat*** ⇒*voorstander v. volksregering* **0.2** ***democraat*** ⇒*aanhanger v. democratische partij* **0.3** ⟨D-⟩⟨AE⟩ ***Democraat*** ⇒*lid v.d. Democratische Partij.*

dem·o·crat·ic ['demə'krætɪk]⟨f3⟩⟨bn.; -ally; →bijw. 3⟩ **0.1** ***democratisch*** **0.2** ***v.h. volk*** **0.3** ⟨D-⟩⟨AE⟩ ***Democratisch*** ⇒*mbt. de Democratische Partij* ◆ **1.2** ~ art *volkskunst.*

de·moc·ra·ti·za·tion, -sa·tion [dɪˈmɒkrətaɪ'zeɪʃn‖dɪˈmɑkrət̬ə-]⟨n.-telb.zn.⟩ **0.1** ***democratisering.***

de·moc·ra·tize, -tise [dɪ'mɒkrətaɪz‖dɪ'mɑ-]⟨onov. en ov.ww.⟩ **0.1** ***democratiseren.***

dé·mo·dé [deɪ'moʊdeɪ‖'deɪmoʊ'deɪ]⟨bn.⟩ **0.1** ***ouderwets*** ⇒*uit de mode, achterhaald.*

de·mod·u·la·tion [ˈdiːmɒdjʊ'leɪʃn‖-mɑdʒə-]⟨n.-telb.zn.⟩⟨tech.⟩ **0.1** ***demodulatie.***

de·mog·ra·pher [dɪ'mɒgrəfə‖dɪ'mɑgrəfər]⟨telb.zn.⟩ **0.1** ***demograaf.***

dem·o·graph·ic ['demə'græfɪk], **dem·o·graph·i·cal** [-ɪkl]⟨bn.; -(al)ly; →bijw. 3⟩ **0.1** ***demografisch.***

de·mog·ra·phy [dɪ'mɒgrəfi‖-'mɑ-]⟨n.-telb.zn.⟩ **0.1** ***demografie.***

dem·oi·selle [dəmwɑː'zel], ⟨in bet. 0.2 ook⟩ **demoi'selle 'crane** ⟨telb.zn.⟩ **0.1** ***jongejuffrouw*** ⇒*joffer, juffer, jongedame* **0.2** ⟨dierk.⟩ ***jufferkraan*** ⟨Anthropoides virgo⟩ **0.3** ⟨dierk.⟩ ***rifbaars*** ⟨fam. Pomacentridae⟩ **0.4** ⟨dierk.⟩ ***waterjuffer*** ⟨onderorde Zygoptera⟩.

de·mol·ish [dɪ'mɒlɪʃ‖dɪ'mɑ-]⟨f2⟩⟨ov.ww.⟩ **0.1** ***slopen*** ⇒*vernielen, afbreken, slechten, met de grond gelijk maken* **0.2** ***vernietigen*** ⇒⟨i.h.b.⟩ *opblazen, laten exploderen* **0.3** ***omverwerpen*** ⇒*te gronde richten* **0.4** ***ontzenuwen*** ⇒*weerleggen, omverwerpen* **0.5** ⟨inf.; scherts.⟩ ***soldaat maken*** ⇒*verorberen, naar binnen werken.*

dem·o·li·tion ['demə'lɪʃn]⟨f1⟩⟨zn.⟩
I ⟨telb. en n.-telb.zn.⟩ **0.1** ***vernieling*** ⇒*afbraak, sloop, demolitie* **0.2** ***vernietiging*** ⟨vooral d.m.v. explosieven⟩ **0.3** ***omverwerping*** **0.4** ***ontzenuwing*** ⇒*weerlegging, omverwerping;*
II ⟨mv.; ~s⟩ **0.1** ***explosieven.***

de·mon, ⟨in bet. 0.5, 0.6 ook⟩ **dae·mon** ['diːmən], **dai·mon** ['daɪmoʊn]⟨f2⟩⟨telb.zn.⟩ **0.1** ***demon*** ⇒*boze geest, duivel;* ⟨fig.⟩ *duivel(s mens)* **0.2** ⟨inf.⟩ ***bezetene*** ⇒*fanaat, fanatiekeling* **0.3** ⟨ook attr.⟩⟨inf.⟩ ***duivelskunstenaar*** ⇒*reus, geweldenaar* **0.4** ***kwade genius*** **0.5** ⟨Griekse mythologie⟩ ***demon*** ⇒*halfgod* **0.6** ***genius*** ⇒*(bescherm)geest, schutsengel* ◆ **1.2** be a ~ for work *werken als een bezetene.*

de·mon·e·ti·za·tion, -sa·tion [ˈdiːmʌnɪtaɪ'zeɪʃn‖ˈdiːmɑnət̬ə-]⟨n.-telb.zn.⟩⟨geldw.⟩ **0.1** ***demonetisatie*** ⇒*ontmunting.*

de·mon·e·tize, -tise ['diː'mʌnɪtaɪz‖'diː'mɑ-]⟨ov.ww.⟩⟨geldw.⟩ **0.1** ***demonetiseren*** ⟨geld⟩ ⇒*ontmunten, buiten omloop stellen, niet meer als standaard gebruiken* ⟨goud/zilver⟩.

de·mo·ni·ac[1] [dɪ'moʊniæk]⟨telb.zn.⟩ **0.1** ***bezetene.***

demoniac[2], **de·mo·ni·a·cal** ['diːmə'naɪəkl]⟨bn.; -(al)ly; →bijw. 3⟩ **0.1** ***demonisch*** ⇒*duivels, duivelachtig* **0.2** ***bezeten*** ⟨ook fig.⟩.

de·mon·ic, dae·mon·ic [dɪ'mɒnɪk‖dɪ'mɑ-]⟨bn.⟩ **0.1** ***demonisch*** ⇒*duivels, duivelachtig* **0.2** ***bezield*** ⇒*geïnspireerd* ⟨door hogere machten⟩.

de·mon·ism ['diːmənɪzm]⟨n.-telb.zn.⟩ **0.1** ***demonisme*** ⇒*geloof in demonen.*

de·mon·ize, -ise ['diːmənaɪz]⟨ov.ww.⟩ **0.1** ***tot demon maken*** ⇒*als demon voorstellen.*

de·mon·ol·a·try ['diːmə'nɒlətri‖-'nɑ-]⟨n.-telb.zn.⟩ **0.1** ***duivelaanbidding.***

de·mon·ol·o·gy ['diːmə'nɒlədʒi‖-'nɑ-]⟨zn.; →mv. 2⟩
I ⟨telb.zn.⟩ **0.1** ***verhandeling over demonen;***
II ⟨n.-telb.zn.⟩ **0.1** ***demonenleer*** ⇒*demonologie.*

de·mon·stra·bil·i·ty [dɪˈmɒnstrə'bɪləti‖dɪˈmɑnstrə'bɪlət̬i]⟨n.-telb.zn.⟩ **0.1** ***aantoonbaarheid*** ⇒*bewijsbaarheid.*

de·mon·stra·ble [dɪ'mɒnstrəbl, 'demən-‖dɪ'mɑn-]⟨f1⟩⟨bn.; -ly; -ness; →bijw. 3⟩ **0.1** ***aantoonbaar*** ⇒*bewijsbaar* **0.2** ***onloochenbaar*** ⇒*zonneklaar.*

de·mon·strant ['demənstrənt]⟨telb.zn.⟩ **0.1** ***demonstrant*** ⇒*betoger.*

dem·on·strate ['demənstreɪt]⟨f3⟩⟨ww.⟩
I ⟨onov.ww.⟩ **0.1** ***demonstreren*** ⇒*betogen;*
II ⟨ov.ww.⟩ **0.1** ***demonstreren*** ⇒*een demonstratie geven van, (de werking) tonen/laten zien (van), aanschouwelijk maken* **0.2** ***aantonen*** ⇒*bewijzen, het bestaan bewijzen van* **0.3** ***uiten*** ⇒*openbaren, manifesteren, tonen* ◆ **1.3** ~ one's affection *zijn genegenheid tonen.*

dem·on·stra·tion ['demən'streɪʃn]⟨f3⟩⟨zn.⟩
I ⟨telb.zn.⟩ **0.1** ***demonstratie*** ⇒*betoging, manifestatie, protestactie/mars* **0.2** ⟨mil.⟩ ***demonstratie*** ⇒*krijgsvertoon;*
II ⟨telb. en n.-telb.zn.⟩ **0.1** ***demonstratie*** ⇒*vertoning v.d. werking, veraanschouwelijking* **0.2** ***bewijs*** ⇒*demonstratie, gebaar, betuiging* **0.3** ***uiting*** ⇒*manifestatie, vertoon* **0.4** ⟨wisk.⟩ ***demonstratie*** ⇒*(rechtstreekse) bewijs(voering)* ◆ **6.1** (teach) by ~ *aanschouwelijk (onderwijzen)* **6.2** to ~ *overtuigend.*

de·mon·stra·tive[1] [dɪˈmɒnstrətɪv‖dɪˈmɑnstrət̬ɪv]⟨telb.zn.⟩⟨taalk.⟩ **0.1** ***aanwijzend (voornaam)woord*** ⇒*demonstratief*.

demonstrative[2] ⟨f1⟩⟨bn.; -ly; -ness⟩ **0.1** ***(aan)tonend*** ⇒*veraanschouwelijkend, blijk gevend van, manifesterend, demonstratie-* **0.2** ***open*** ⇒*extravert, zich uitend, demonstratief* **0.3** ***sluitend*** ⟨v. bewijs⟩ **0.4** ***betogend*** **0.5** ⟨taalk.⟩ ***aanwijzend*** ⇒*demonstratief* ◆ **1.5** ~ pronoun *aanwijzend voornaamwoord* **6.1** be ~ **of** *aantonen*.

dem·on·stra·tor [ˈdemənstreɪtə‖-streɪt̬ər]⟨telb.zn.⟩ **0.1** ***demonstrateur*** **0.2** ***demonstratieartikel/model*** **0.3** ***demonstrant*** ⇒*betoger, manifestant* **0.4** ***iem. die aanschouwelijk onderwijs geeft*** ⇒⟨i.h.b.⟩ *assistent v. professor;* ⟨ong.⟩ *amanuensis*.

de·mor·al·i·za·tion, -sa·tion [dɪˈmɒrəlaɪˈzeɪʃn‖-ˈmɔrələ-,-ˈmɑrələ-]⟨n.-telb.zn.⟩ **0.1** ***demoralisatie*** ⇒*ontmoediging* **0.2** ***demoralisatie*** ⇒*zedelijk bederf, zedelijke verwording*.

de·mor·al·ize, -ise [dɪˈmɒrəlaɪz‖-ˈmɔ-,-ˈmɑ-]⟨f1⟩⟨ov.ww.⟩ **0.1** ***demoraliseren*** ⇒*ontmoedigen* **0.2** ***demoraliseren*** ⇒*zedeloos maken, afstompen* **0.3** ***in de war brengen*** ⇒*van streek maken*.

de·mos [ˈdiːmɒs‖ˈdiːmɑs]⟨telb.zn.⟩ **0.1** ***demos*** ⇒*(het gewone) volk* **0.2** ⟨gesch.⟩ ***demos*** ⇒*Griekse bevolkingsgroep*.

de·mote [ˈdiːˈmoʊt]⟨f1⟩⟨ov.ww.⟩ **0.1** ***degraderen*** ⇒*terugzetten, in rang verlagen*.

de·mot·ic[1] [dɪˈmɒtɪk‖dɪˈmɑt̬ɪk], ⟨in bet. 0.2 ook⟩ **Dhi·mo·ti·ki** [ˈðɪmɒtɪˈkiː‖-mɑt̬ɪ-]⟨eig.n.⟩ **0.1** ***demotisch*** ⇒*laat-Egyptisch (schrift)* ⟨i.t.t. hiëratisch⟩ **0.2** ⟨ook D-⟩ ***dhimotiki*** ⇒*moderne Griekse omgangstaal*.

demotic[2] ⟨bn.⟩ **0.1** ***gemeenzaam*** ⇒*plat, volks-* **0.2** ***demotisch*** ⇒*laat-Egyptisch* ⟨i.t.t. hiëratisch⟩ **0.3** ⟨ook D-⟩ ***nieuw-Grieks***.

de·mo·tion [ˈdiːˈmoʊʃn]⟨telb. en n.-telb.zn.⟩ **0.1** ***degradatie*** ⇒*terugzetting, verlaging in rang*.

de·mo·ti·vate [ˈdiːˈmoʊtɪveɪt]⟨ov.ww.⟩ **0.1** ***demotiveren*** ⇒*ontmoedigen*.

de·mount [ˈdiːˈmaʊnt]⟨ov.ww.⟩ **0.1** ***demonteren*** ⇒*uit elkaar halen/nemen* **0.2** ***afnemen*** ⇒*wegnemen*.

de·mount·a·ble [diːˈmaʊntəbl]⟨bn.⟩ **0.1** ***demonteerbaar***.

de·mul·cent[1] [dɪˈmʌlsənt]⟨telb.zn.⟩⟨med.⟩ **0.1** ***verzachtend middel*** ⇒*verzachtingsmiddel, demulcens*.

demulcent[2] ⟨bn.⟩⟨med.⟩ **0.1** ***verzachtend***.

de·mul·si·fy [dɪˈmʌlsɪfaɪ]⟨ov.ww.; →ww. 7⟩ **0.1** ***demulgeren***.

de·mur[1] [dɪˈmɜː‖dɪˈmɜr]⟨telb. en n.-telb.zn.⟩ **0.1** ***bedenking*** ⇒*tegenwerping, bezwaar* **0.2** ***aarzeling*** ⇒*weifeling* **0.3** ⟨vero.⟩ ***opschorting*** ⇒*uitstel* ◆ **6.1 with no/without** ~ *zonder meer/aarzelen/protest, volmondig*.

demur[2] ⟨onov.ww.; →ww. 7⟩ **0.1** ***bedenkingen hebben*** ⇒*tegenwerpingen/bezwaar maken, bezwaren opperen, protesteren* **0.2** ⟨jur.⟩ ***een exceptie/excepties opwerpen*** **0.3** ⟨vero.⟩ ***een beslissing uitstellen*** ⇒*een zaak opschorten, talmen* ◆ **6.1** ~ **at/to** *bedenkingen hebben tegen*.

de·mure [dɪˈmjʊə‖-ˈmjʊr]⟨f1⟩⟨bn.; ook -er; -ly; -ness; →compar. 7⟩ **0.1** ***ingetogen*** ⇒*zedig, stemmig, kuis* **0.2** ***preuts*** ⇒*overzedig, gemaakt eerbaar* **0.3** ***bezadigd*** ⇒*ernstig, terughoudend*.

de·mur·ra·ble [dɪˈmʌrəbl‖-ˈmɜrəbl]⟨bn.⟩⟨vnl. jur.⟩ **0.1** ***waartegen excepties opgeworpen kunnen worden*** ⇒*betwistbaar*.

de·mur·rage [dɪˈmʌrɪdʒ‖-ˈmɜrɪdʒ]⟨telb. en n.-telb.zn.⟩⟨hand.⟩ **0.1** ***overligtijd*** ⇒*over(lig)dagen* **0.2** ***overliggeld*** ⇒*schadeloosstelling voor overligdagen, demurrage* **0.3** ***oponthoud*** ⇒*vertragingsdagen* ⟨bij niet tijdig lossen v. railvervoer⟩ **0.4** ***staangeld*** ⇒*schadeloosstelling* ⟨bij niet tijdig lossen v. railvervoer⟩ ◆ **1.1** days of ~ *overligdagen/tijd* **6.1** goods **on** ~ *overliggende goederen*.

de·mur·ral [dɪˈmʌrəl‖-ˈmɜrəl]⟨telb. en n.-telb.zn.⟩ **0.1** ***bedenking*** ⇒*bezwaar, protest, tegenwerping* **0.2** ***uitstel***.

de·mur·rer [dɪˈmʌrə‖dɪˈmɜrər], ⟨in bet. 0.2 ook⟩ **de·mur·rant** [dɪˈmʌrənt‖dɪˈmɜrənt]⟨telb.zn.⟩ **0.1** ⟨jur.⟩ ***exceptie*** ⇒*grond tot niet-ontvankelijkverklaring* **0.2** ⟨jur.⟩ ***iem. die een exceptie opwerpt*** **0.3** ***opponent*** ⇒*iem. die bezwaar maakt* **0.4** ***tegenwerping*** ⇒*bezwaar*.

de·my [dɪˈmaɪ]⟨zn.; →mv. 2⟩

I ⟨telb.zn.⟩ **0.1** ***student aan Magdalen College;***

II ⟨n.-telb.zn.⟩⟨druk.⟩ **0.1** ***demy*** ⟨papierformaat 216 × 138 mm⟩.

de·my·ship [dɪˈmaɪʃɪp]⟨telb.zn.⟩ **0.1** ***beurs voor Magdalen College***.

de·mys·ti·fi·ca·tion [ˈdiːmɪstɪfɪˈkeɪʃn]⟨n.-telb.zn.⟩ **0.1** ***ontsluiering*** ⇒*opheldering, ontraadseling*.

de·mys·ti·fy [ˈdiːˈmɪstɪfaɪ]⟨ov.ww.; →ww. 7⟩ **0.1** ***ontsluieren*** ⇒*ophelderen, ontraadselen, duiden* **0.2** ***de mystiek/het aureool wegnemen v.*** ⇒⟨B.⟩ *demystificeren*.

de·my·thol·o·gize, -gise [ˈdiːmɪˈθɒlədʒaɪz‖-ˈθɑ-]⟨ov.ww.⟩ **0.1** ***ontmythologiseren***.

den[1] [den]⟨f2⟩⟨telb.zn.⟩ **0.1** ***hol*** ⇒*schuilplaats, kuil, leger* ⟨i.h.b. v. dier⟩ **0.2** ***hol*** ⇒*(misdadigers)verblijf* **0.3** ⟨inf.⟩ ***(studeer/hobby) kamertje*** ⇒*hok* **0.4** ⟨padvinderij⟩ ***nest*** ⟨6 tot 10 pers.⟩ **0.5** ⟨sl.⟩ ***huis*** ⇒*flat* ◆ **1.2** ~ of thieves *dievenhol;* ~ of vice *hol v. ontucht*.

den[2] ⟨onov.ww.; →ww. 7⟩ **0.1** ***in een hol wonen*** **0.2** ***zich schuilhouden in een hol*** ◆ **5.2** ~ **up** *zich in een hol terugtrekken* ⟨i.h.b. voor winterslaap⟩.

de·nar·i·us [dɪˈneərɪəs‖-ˈner-]⟨telb.zn.; denarii [-rɪaɪ,-rɪiː]; →mv. 5⟩ ⟨gesch.⟩ **0.1** ***denarius*** ⇒*Romeinse zilvermunt* ⟨10 as⟩ **0.2** ***Romeins goudstuk*** ⟨waarde 25 denarii⟩.

den·a·ry [ˈdiːnəri]⟨bn.⟩ **0.1** ***decimaal*** ⇒*tientallig* **0.2** ***tienvoudig*** ◆ **1.1** ~ scale *tientallig stelsel*.

de·na·tion·al·i·za·tion, -sa·tion [ˈdiːnæʃnəlaɪˈzeɪʃn‖-nələ-]⟨telb. en n.-telb.zn.⟩ **0.1** ***ontneming v. (nationale) identiteit*** ⟨v. staat⟩ ⇒*denationalisering* **0.2** ***denationalisatie*** ⇒*ontneming v. nationaliteit* ⟨als straf⟩ **0.3** ***denationalisatie*** ⇒*privatisatie, ontnaasting* ⟨v. onderneming⟩.

de·na·tion·al·ize, -ise [ˈdiːˈnæʃnəlaɪz]⟨ov.ww.⟩ **0.1** ***ontnemen v. (nationale) identiteit*** ⟨staat⟩ ⇒*denationaliseren* **0.2** ***denationaliseren*** ⇒*ontnemen v. nationaliteit* ⟨als straf⟩ **0.3** ***denationaliseren*** ⇒*privatiseren* ⟨onderneming⟩.

de·nat·u·ral·i·za·tion, -sa·tion [ˈdiːnætʃrəlaɪˈzeɪʃn‖-rələ-]⟨n.-telb.zn.⟩ **0.1** ***karakterverandering*** **0.2** ***onnatuurlijk-wording*** **0.3** ***denaturalisatie*** ⇒*ontneming v. staatsburgerschap* **0.4** ***denaturatie*** ⟨bv. v. alcohol⟩.

de·nat·u·ral·ize, -ise [ˈdiːˈnætʃrəlaɪz], ⟨in bet. 0.1, 0.2, 0.4 ook⟩ **de·na·ture** [ˈdiːˈneɪtʃə‖-ər], **de·na·tur·ize, -ise** [-tʃəraɪz]⟨ov.ww.⟩ **0.1** ***van karakter doen veranderen*** **0.2** ***onnatuurlijk maken*** ⇒*zijn karakter ontnemen* **0.3** ***denaturaliseren*** ⇒*zijn staatsburgerschap (weer) ontnemen* **0.4** ***denatureren*** ⇒*onbruikbaar maken voor consumptie* ⟨alcohol⟩ ◆ **4.3** ~ o.s. *zijn staatsburgerschap opgeven*.

de·na·tur·ant [ˈdiːˈneɪtʃərənt]⟨telb.zn.⟩ **0.1** ***denatureringsmiddel***.

de·na·tur·a·tion [ˈdiːneɪtʃəˈreɪʃn]⟨n.-telb.zn.⟩⟨vnl. schei.⟩ **0.1** ***het denatureren***.

de·na·ture [ˈdiːˈneɪtʃə‖-ər], **de·na·tur·ize, -ise** [-tʃəraɪz]⟨ov.ww.⟩ **0.1** →denaturalize **0.2** ⟨schei.⟩ ***denatureren*** ⟨eiwitten⟩ **0.3** ⟨nat.⟩ ***denatureren*** ⟨onbruikbaar maken voor militaire doeleinden⟩ ◆ **1.1** ~d alcohol *gedenatureerde alcohol*.

de·na·zi·fi·ca·tion [ˈdiːnɑːtsɪfɪˈkeɪʃn]⟨n.-telb.zn.⟩ **0.1** ***denazificatie***.

de·na·zi·fy [ˈdiːˈnɑːtsɪfaɪ]⟨ov.ww.; →ww. 7⟩ **0.1** ***denazificeren***.

den·drite [ˈdendraɪt], ⟨in bet. 0.3 ook⟩ **den·dron** [ˈdendrɒn‖-drɑn] ⟨telb.zn.⟩ **0.1** ⟨petrologie⟩ ***dendriet*** **0.2** ⟨petrologie⟩ ***steen/mineraal met dendriet*** **0.3** ⟨anat.⟩ ***dendriet*** ⇒*neurodendron*.

den·drit·ic [ˈdenˈdrɪtɪk], **den·drit·i·cal** [-ɪkl]⟨bn.; -(al)ly; →bijw. 3⟩ **0.1** ***dendritisch*** ⇒*dendrietachtig* **0.2** ***vertakt*** ⇒*boomvormig, dendritisch*.

den·dro- [ˈdendroʊ], **den·dri-** [ˈdendri], **dendr-** [ˈdendr] **0.1** ***dendro-*** ⇒*dendri-, dendr-, boom-* ◆ ¶.**1** dendriform *boomvormig, vertakt*.

den·dro·chro·nol·o·gy [ˈdendroʊkrəˈnɒlədʒi‖-ˈnɑ-]⟨n.-telb.zn.⟩ **0.1** ***dendrochronologie*** ⟨vaststelling v. ouderdom v. hout⟩.

den·droid [ˈdendrɔɪd], **den·droi·dal** [denˈdrɔɪdl]⟨bn.⟩ **0.1** ***boomvormig*** ⇒*vertakt*.

den·drol·o·gy [denˈdrɒlədʒi‖-ˈdrɑ-]⟨n.-telb.zn.⟩⟨plantk.⟩ **0.1** ***dendrologie*** ⇒*boomkunde, bomenleer*.

dene [diːn]⟨telb.zn.⟩⟨BE⟩ **0.1** ***laag duin*** ⇒*zandhelling* **0.2** →dean.

den·e·ga·tion [ˈdenəˈgeɪʃn]⟨telb.zn.⟩⟨vero.⟩ **0.1** ***negatie*** ⇒*ontkenning, loochening*.

den·gue [ˈdeŋgi], ˈ**dengue fever** ⟨telb. en n.-telb.zn.⟩⟨med.⟩ **0.1** ***dengue*** ⇒*knokkelkoorts, vijfdaagse koorts, dadelziekte, dandykoorts*.

de·ni·a·ble [dɪˈnaɪəbl]⟨bn.; -ly; →bijw. 3⟩ **0.1** ***loochenbaar*** ⇒*te ontkennen*.

de·ni·al [dɪˈnaɪəl]⟨f2⟩⟨zn.⟩

I ⟨telb. en n.-telb.zn.⟩ **0.1** ***ontzegging*** ⇒*weigering, afwijzing* **0.2** ***ontkenning*** ⇒*negatie, tegenspraak, loochening, verwerping* **0.3** ***verloochening*** ⇒*afzwering, verwerping, miskenning* ◆ **1.1** ⟨jur.⟩ ~ of justice *rechtsweigering, déni de justice* **3.1** take no ~ *zich niet laten afschepen;*

II ⟨n.-telb.zn.⟩ **0.1** ***zelfverloochening***.

den·ier[1] [ˈdenɪə‖-ər]⟨telb.zn.⟩ **0.1** ⟨vnl. als 2e lid v. samenst. met getal⟩ ***denier*** ⟨garennummer, bv. voor kousen⟩ **0.2** ***denier*** ⟨penning⟩.

de·ni·er[2] [dɪˈnaɪə‖-ər]⟨telb.zn.⟩ **0.1** ***ontkenner*** ⇒*iem. die iets ontkent*.

den·i·grate [ˈdenɪgreɪt]⟨ov.ww.⟩ **0.1** ***denigreren*** ⇒*kleineren, afgeven op* **0.2** ***denigreren*** ⇒*belasteren, zwart maken*.

den·i·gra·tion [ˈdenɪˈgreɪʃn]⟨n.-telb.zn.⟩ **0.1** ***kleinering*** **0.2** ***laster*** ⇒*belastering, zwartmakerij*.

den·i·gra·tor [ˈdenɪgreɪtə‖-greɪt̬ər]⟨telb.zn.⟩ **0.1** ***lasteraar*** ⇒*zwartmaker*.

den·i·gra·to·ry [ˈdenɪgreɪtri‖ˈdenɪgrətɔri]⟨bn.⟩ **0.1** ***denigrerend*** ⇒*kleinerend, neerbuigend, minachtend* **0.2** ***denigrerend*** ⇒*belasterend, zwart makend*.

den·im ['denɪm]⟨f1⟩⟨zn.⟩
I ⟨n.-telb.zn.⟩ 0.1 ***denim*** ⇒*gekeperd katoen, spijkerstof;*
II ⟨mv.; ~s⟩ 0.1 ***spijkerbroek/pak/rok*** 0.2 ***werkkleding.***

de·ni·tri·fi·ca·tion ['di:naɪtrɪfɪ'keɪʃn]⟨n.-telb.zn.⟩⟨tech.⟩ 0.1 ***denitrificatie.***

de·ni·tri·fy ['di:'naɪtrɪfaɪ]⟨ov.ww.; →ww. 7⟩⟨tech.⟩ 0.1 ***denitrificeren.***

den·i·zen¹ ['denɪzn]⟨telb.zn.⟩ 0.1 ***inwoner*** ⟨ook scherts., schr.⟩ ⇒*bewoner* 0.2 ⟨BE⟩ ***ingeburgerde*** ⇒*semi-genaturaliseerde vreemdeling, iem. met enkele burgerrechten* 0.3 ***ingeburgerd(e) dier/plant/woord*** ⇒*dier/plant/woord dat/die burgerrecht heeft verkregen.*

denizen² ⟨ov.ww.⟩⟨BE⟩ 0.1 ***burgerrecht verlenen*** ⇒*semi-naturaliseren.*

den·i·zen·a·tion ['denɪzn·'eɪʃn]⟨n.-telb.zn.⟩ 0.1 ***inburgering.***

den·i·zen·ship ['denɪznʃɪp]⟨n.-telb.zn.⟩⟨BE⟩ 0.1 ***semi-naturalisatie.***

'Den Mother ⟨telb.zn.⟩⟨AE⟩ 0.1 ***akela.***

de·nom·i·nate [dɪ'nɒmɪneɪt‖dɪ'nɑ-]⟨ov.ww.⟩ 0.1 ***benoemen*** ⇒*v.e. naam voorzien* 0.2 ***noemen*** ⇒*aanduiden als.*

de·nom·i·na·tion [dɪnɒmɪ'neɪʃn‖dɪ'nɑ-]⟨f2⟩⟨zn.⟩
I ⟨telb.zn.⟩ 0.1 ⟨ben. voor⟩ ***(eenheids)klasse*** ⇒*munteenheid/soort; coupure; getalsoort; gewichtsklasse* 0.2 ***noemer*** 0.3 ⟨relig.⟩ ***denominatie*** ⇒*gezindte, kerk(genootschap), sekte* ◆ 2.1 coin of the lowest ~ *kleinste munteenheid;* money of small ~s *geld in kleine coupures* 3.2 reduce fractions to the same ~ *breuken gelijknamig maken/onder één noemer brengen;*
II ⟨telb. en n.-telb.zn.⟩ 0.1 ***naamgeving*** ⇒*benaming, denominatie* 0.2 ***klasseaanduiding*** ⇒*groepsbenaming;*
III ⟨n.-telb.zn.⟩⟨kaartspel⟩ 0.1 ***rangorde (v. kaart binnen kleur).***

de·nom·i·na·tion·al [dɪnɒmɪ'neɪʃnəl‖dɪ'nɑ-]⟨bn.; -ly⟩ 0.1 ***confessioneel*** ⇒*bijzonder; denominatief* ◆ 1.1 ~ education *bijzonder onderwijs.*

de·nom·i·na·tive¹ [dɪ'nɒmɪnətɪv‖dɪ'nɑmɪneɪt̬ɪv]⟨telb.zn.⟩⟨taalk.⟩ 0.1 ***denominatief*** ⇒*v. naamwoord afgeleid werkwoord.*

denominative² ⟨bn.⟩ 0.1 ***benoemend*** 0.2 ⟨taalk.⟩ ***denominatief*** ⇒*denominaal.*

de·nom·i·na·tor [dɪ'nɒmɪneɪtə‖dɪ'nɑmɪneɪt̬ər]⟨f1⟩⟨telb.zn.⟩ 0.1 ***noemer*** ⇒*deler* 0.2 ***gemeenschappelijk kenmerk*** ⇒*noemer.*

de·no·ta·tion ['di:noʊ'teɪʃn]⟨zn.⟩
I ⟨telb.zn.⟩ 0.1 ***teken*** ⇒*symbool, aanduiding* 0.2 ***betekenis*** 0.3 ⟨taalk.⟩ ***denotatie*** ⇒*vast omschreven betekenis* ⟨i.t.t. connotatie⟩;
II ⟨telb. en n.-telb.zn.⟩ 0.1 ***aanduiding*** ⇒*verwijzing, naam, omschrijving, denotatie.*

de·no·ta·tive [dɪ'noʊtətɪv‖'di:noʊteɪt̬ɪv]⟨bn.; -ly⟩ 0.1 ***aanduidend*** ⇒*verwijzend, een betekenis hebbend* 0.2 ***expliciet*** 0.3 ⟨taalk.⟩ ***denotatief.***

de·note [dɪ'noʊt]⟨f2⟩⟨ov.ww.⟩ 0.1 ***aanduiden*** ⇒*verwijzen naar, omschrijven* 0.2 ***aangeven*** ⇒*wijzen/duiden op, een teken zijn van* 0.3 ***betekenen*** ⇒*als naam/symbool dienen voor, aanduiden.*

dé·noue·ment, de·noue·ment [deɪ'nu:mɑ̃‖'deɪnu:'mɑ̃]⟨f1⟩⟨telb.zn.⟩ 0.1 ***ontknoping*** ⟨ook lit.⟩ ⇒*afloop, uitkomst.*

de·nounce [dɪ'naʊns]⟨f2⟩⟨ov.ww.⟩ 0.1 ***kapittelen*** ⇒*hekelen, gispen, wraken, afkeuren* 0.2 ***aan de kaak stellen*** ⇒*openlijk beschuldigen/aanklagen, betichten van* 0.3 ***aangeven*** ⇒*verklikken, denonceren* 0.4 ***opzeggen*** ⟨verdrag⟩ 0.5 ⟨vero.⟩ ***verkondigen*** ⇒*aankondigen* ◆ 6.2 ~ s.o. **as** a thief *iem. voor dief uitmaken/van diefstal betichten.*

de·nounce·ment [dɪ'naʊnsmənt]⟨telb. en n.-telb.zn.⟩ 0.1 ***openlijke beschuldiging/aanklacht*** 0.2 ***afkeuring*** ⇒*wraking* 0.3 ⟨vero.⟩ ***verkondiging*** ⇒*aankondiging, verklaring* 0.4 →denunciation.

dense [dens]⟨f3⟩⟨bn.; -er; -ly; -ness; →compar. 7⟩ 0.1 ***dicht*** ⇒*compact, samen/opeengepakt, ondoordringbaar* 0.2 ***dom*** ⇒*hersenloos, stompzinnig* ◆ 1.1 ~ houses *dicht op elkaar staande huizen, dichte bebouwing;* ~ prose *compact proza* 1.2 have a ~ mind *traag v. begrip zijn* 3.1 ~ly packed *opeengepakt;* ~ly populated *dichtbevolkt.*

den·sim·e·ter [den'sɪmɪtə‖-mɪt̬ər]⟨telb.zn.⟩⟨nat.⟩ 0.1 ***densimeter*** ⇒*dichtheidsmeter.*

den·si·tom·e·ter ['densɪ'tɒmɪtə‖-'tɑmɪt̬ər]⟨telb.zn.⟩⟨foto.⟩ 0.1 ***densitometer*** ⇒*zwartingsmeter.*

den·si·ty ['densət̬i]⟨f2⟩⟨zn.; →mv. 2⟩
I ⟨telb. en n.-telb.zn.⟩ 0.1 ***bevolkingsdichtheid*** 0.2 ⟨nat.⟩ ***dichtheid*** ⇒*volumieke/soortelijke massa, densiteit* 0.3 ⟨foto.⟩ ***zwarting*** ⇒*densiteit;*
II ⟨n.-telb.zn.⟩ 0.1 ***dichtheid*** ⇒*compactheid, ondoordringbaarheid, densiteit, concentratie* 0.2 ***opeenhoping*** ⇒*opeengepakte toestand* 0.3 ***domheid*** ⇒*hersenloosheid, stompzinnigheid.*

dent¹ [dent]⟨f1⟩⟨telb.zn.⟩ 0.1 ***deuk*** ⇒*bluts, moet* 0.2 ⟨fig.⟩ ***deuk*** ⇒*knauw, nadelig effect, aanslag* 0.3 ***tand*** ◆ 1.2 ~ in one's pride *gedeukte trots;* it made a serious ~ in her reputation *haar reputatie liep een aardige deuk op* 3.¶ ⟨inf.⟩ make a ~ in *flink aanspreken; afbreuk doen aan* ⟨bv. iemands reputatie⟩; *opschieten/vooruitgang boeken (met);* that made a big ~ in our savings *dat kostte ons flink wat van ons spaargeld;* that has made a serious ~ in his reputation *daardoor heeft zijn reputatie een lelijke knauw gekregen;* ⟨inf.⟩ not have made a ~ in *nog niets opgeschoten/geen stap verder zijn met.*

dent² ⟨f1⟩⟨ww.⟩
I ⟨onov.ww.⟩ 0.1 ***deuken*** ⇒*een deuk/deuken krijgen;*
II ⟨ov.ww.⟩ 0.1 ***deuken*** ⇒*een deuk/deuken maken in, blutsen* 0.2 ⟨fig.⟩ ***deuken*** ⇒*een knauw geven, schaden.*

den·tal¹ ['dent̬l]⟨telb.zn.⟩⟨taalk.⟩ 0.1 ***dentaal.***

dental² ⟨f2⟩⟨bn.⟩ 0.1 ***dentaal*** ⇒*mbt. het gebit, tand-* 0.2 ***tandheelkundig*** 0.3 ⟨taalk.⟩ ***dentaal*** ◆ 1.2 ~ decay *tandbederf, cariës;* ~ floss *tandzijde;* ~ mechanic *tandtechnicus;* ~ plate *kunstgebit, (tand)prothese;* ~ surgeon *tandarts, tandheelkundige* 1.3 ~ consonant/sound *dentale medeklinker/klank.*

den·tate ['denteɪt]⟨bn.; -ly⟩ 0.1 ***getand.***

den·ti- ['dent̬i], **dent-** [dent] 0.1 ***tand-*** ◆ ¶.1 dentiform *tandvormig.*

den·ti·cle ['dent̬ɪkl]⟨telb.zn.⟩ 0.1 ***tandje*** 0.2 ***tandachtig uitsteeksel*** 0.3 →dentil.

den·tic·u·late [den'tɪkjʊlət‖-kjəleɪt], **den·tic·u·lat·ed** [-leɪt̬ɪd]⟨bn.; denticulately⟩ 0.1 ***fijn getand*** 0.2 ⟨bouwk.⟩ ***met kalfstanden.***

den·ti·frice ['dent̬ɪfrɪs]⟨telb. en n.-telb.zn.⟩⟨vnl. schr.⟩ 0.1 ***tandpoeder*** 0.2 ***tandpasta.***

den·til ['dentɪl‖'dent̬l]⟨telb.zn.⟩⟨bouwk.⟩ 0.1 ***kalfstand.***

den·tine ['denti:n], ⟨AE ook⟩ **den·tin** ['dent̬ɪn]⟨n.-telb.zn.⟩⟨med.⟩ 0.1 ***dentine*** ⇒*tandbeen, tandstof, odontine.*

den·tist ['dent̬ɪst]⟨f3⟩⟨telb.zn.⟩ 0.1 ***tandarts.***

den·tist·ry ['dent̬ɪstri]⟨f1⟩⟨n.-telb.zn.⟩ 0.1 ***tandheelkunde.***

den·ti·tion [den'tɪʃn]⟨zn.⟩
I ⟨telb.zn.⟩ 0.1 ***karakter v.h. gebit*** ⇒*(soort) gebit, tandstelsel;*
II ⟨telb. en n.-telb.zn.⟩ 0.1 ***dentitie*** ⇒*het doorbreken v.d. tanden, het tanden krijgen.*

den·ture ['dentʃə‖-ər]⟨f1⟩⟨telb.zn.⟩ 0.1 ***gebit*** 0.2 ⟨vaak mv.⟩ ***kunstgebit*** ⇒*vals gebit, stel valse tanden, gebitsprothese, plaatje.*

den·tur·ist ['dentʃərɪst]⟨telb.zn.⟩ 0.1 ***tandtechnicus.***

de·nu·cle·ar·ize, -ise ['di:'nju:klɪəraɪz‖-'nu:klɪraɪz]⟨ov.ww.⟩ 0.1 ***kernvrij maken*** ⇒*atoomvrij maken, denucleariseren.*

de·nu·da·tion ['di:nju:'deɪʃn‖-nu:-]⟨n.-telb.zn.⟩ 0.1 ***erosie*** ⇒*ontbossing, denudatie.*

de·nude [dɪ'nju:d‖-'nu:d]⟨f1⟩⟨ov.ww.⟩⟨schr.⟩ 0.1 ***ontbloten*** ⇒*kaal maken, blootleggen, afhalen; ontbossen; leegvissen; leeghalen; denuderen; beroven, ontdoen van* ◆ 6.1 rain had ~d the hill **of** its fertile soil *de regen had de vruchtbare bodem v.d. heuvel weggespoeld.*

de·nu·mer·a·ble [dɪ'nju:mrəbl‖-'nu:-]⟨bn.; -ly; →bijw. 3⟩⟨wisk.⟩ 0.1 ***telbaar*** ⇒*te beschrijven in natuurlijke getallen.*

de·nun·ci·ate [dɪ'nʌnsieɪt]⟨ov.ww.⟩ 0.1 ***(openlijk) veroordelen*** ⇒*aan de kaak stellen, hekelen* 0.2 ***beschuldigen*** ⇒*aanklagen, aanbrengen, denunciëren* 0.3 ***opzeggen*** ⟨verdrag, enz.⟩ 0.4 ⟨vero.⟩ ***aan/verkondigen.***

de·nun·ci·a·tion [dɪnʌnsi'eɪʃn]⟨f1⟩⟨telb. en n.-telb.zn.⟩ 0.1 ***openlijke veroordeling*** ⇒*het aan de kaak stellen, het hekelen* 0.2 ***beschuldiging*** ⇒*het aanklagen, aangifte, aanklacht, het aanbrengen, denunciatie* 0.3 ***opzegging*** ⟨v. verdrag, enz.⟩ 0.4 ⟨vero.⟩ ***aankondiging.***

de·nun·ci·a·tive [dɪ'nʌnsɪətɪv‖-sieɪt̬ɪv], **de·nun·ci·a·tor·y** [-sɪətri‖-sɪətɔri]⟨bn.⟩ 0.1 ***beschuldigend*** ⇒*denunciërend, (be)dreigend.*

de·nun·ci·a·tor [dɪ'nʌnsieɪtə‖-sieɪt̬ər]⟨telb.zn.⟩ 0.1 ***beschuldiger*** ⇒*aanklager, aanbrenger, denunciateur* 0.2 ***aan/verkondiger.***

de·ny [dɪ'naɪ]⟨f3⟩⟨ov.ww.; →ww. 7⟩⟨→sprw. 283⟩ 0.1 ***ontkennen*** ⇒*(ver)loochenen* 0.2 ***ontzeggen*** ⇒*weigeren* ◆ 4.2 he has always denied himself *hij heeft zichzelf nooit iets gegund.*

de·och an dor·is ['dɒxən'dɔ:rɪs‖-'dɔ-]⟨telb.zn.⟩⟨IE, Sch. E⟩ 0.1 ***één op de valreep*** ⇒*laatste glas.*

de·o·dand ['dɪədænd]⟨telb.zn.⟩⟨gesch., jur.⟩ 0.1 ***deodandum*** ⟨goed verbeurd aan Engelse Kroon/clerus omdat het iemands dood had veroorzaakt; tot 1846⟩.

de·o·dar ['dɪədɑ:‖-ɑr]⟨telb.zn.⟩⟨plantk.⟩ 0.1 ***himalayaceder*** ⟨Cedrus deodara⟩.

de·o·dor·ant [di'oʊdərənt], **de·o·dor·iz·er, -is·er** [-raɪzə‖-ər]⟨f1⟩⟨telb. en n.-telb.zn.⟩ 0.1 ***deodorant*** ⇒*geurbestrijdingsmiddel, reukverdrijver.*

de·o·dor·i·za·tion, -sa·tion [di'oʊdəraɪ'zeɪʃn‖-ə'zeɪʃn]⟨n.-telb.zn.⟩ 0.1 ***de(s)odorisering*** ⇒*het reukloos maken/zijn.*

de·o·dor·ize, -ise [di'oʊdəraɪz]⟨ov.ww.⟩ 0.1 ***de(s)odoriseren*** ⇒*reuk verdrijven van, geur wegnemen van, reukloos maken.*

de·on·tic [di'ɒntɪk‖di'ɑnt̬ɪk]⟨bn.⟩ 0.1 ***deontisch*** ⇒*mbt./v. de plicht.*

de·on·to·log·i·cal ['di:ɒntə'lɒdʒɪkl‖'di:ɑnṭə'lɑ-]⟨bn.⟩ **0.1** ***deontologisch*** ⇒*mbt. / v. de plichtenleer.*

de·on·tol·o·gist ['di:ɒn'tɒlədʒɪst‖'di:ɑn'tɑ-]⟨telb.zn.⟩ **0.1** ***deontoloog*** ⇒*iem. die de plichtenleer bestudeert.*

de·on·tol·o·gy ['di:ɒn'tɒlədʒi‖'di:ɑn'tɑ-]⟨n.-telb.zn.⟩ **0.1** ***plichtenleer*** ⇒*deontologie.*

de·or·bit ['di:'ɔ:bɪt‖-'ɔr-]⟨ww.⟩⟨ruim.⟩
I ⟨onov.ww.⟩ **0.1** ***uit zijn baan / omloop gaan / komen;***
II ⟨ov.ww.⟩ **0.1** ***uit zijn baan / omloop halen.***

de·ox·i·dize, -dise ['di:ɒksɪdaɪz‖-'ɑk-], **de·ox·i·date** [-deɪt]⟨ov.ww.⟩⟨schei.⟩ **0.1** ***desoxideren*** ⇒*reduceren, zuurstof onttrekken aan.*

de·ox·y·gen·ate ['di:'ɒksɪdʒɪneɪt‖-'ɑk-]⟨ov.ww.⟩⟨schei.⟩ **0.1** ***desoxigeneren*** ⇒*zuurstof onttrekken aan.*

de·ox·y·ri·bo·nu·cle·ic [di'ɒksiraɪbounju:'kleɪɪk‖di'ɑksi-nu:'kleɪɪk]⟨bn., attr.⟩⟨biol.⟩ **0.1** ***desoxyribonucleïne-*** ◆ **1.1** ~ acid *desoxyribonucleïnezuur, DNA.*

dep ⟨afk.⟩ depart(s), departure, department, deponent, deposed, deposit, deputy.

de·part [dɪ'pɑ:t‖-'pɑrt]⟨f2⟩⟨ww.⟩⟨schr.⟩ →departed
I ⟨onov.ww.⟩ **0.1** ***heengaan*** ⇒*weggaan, vertrekken* ◆ **6.1** ~ **for** *vertrekken naar, afreizen naar;* ~ **from** *vertrekken van, afwijken van;* ~ **from** this life *sterven, heengaan, uit dit leven scheiden;*
II ⟨ov.ww.⟩ **0.1** ***verlaten*** ◆ **1.1** ~ this life *sterven, heengaan, uit dit leven scheiden.*

de·part·ed [dɪ'pɑ:tɪd‖-pɑrṭɪd]⟨f2⟩⟨bn.; volt. deelw. v. depart⟩ **0.1** ***vervlogen*** ⇒*voorbij, voorbijgegaan* **0.2** ⟨euf.⟩ ***heengegaan*** ⇒*dood* ◆ **7.2** the ~ *de overledene(n).*

de·part·ee ['di:pɑ:'ti:‖-pɑr-]⟨telb.zn.⟩⟨AE; inf.⟩ **0.1** ***theaterbezoeker die in de pauze weggaat.***

de·part·ment [dɪ'pɑ:tmənt‖-'pɑrt-]⟨f3⟩⟨telb.zn.⟩ **0.1** ***afdeling*** ⇒*departement, tak, werkkring;* ⟨onderwijs⟩ *vakgroep, sectie; instituut* ⟨aan universiteit⟩ **0.2** ***departement*** ⟨vnl. in Frankrijk⟩ ⇒*(bestuurlijk) gewest, provincie* **0.3** ⟨vaak D-⟩ ***ministerie*** ⇒*departement* ◆ **1.1** Department of the Environment ⟨ong.⟩ *Ministerie v. Milieuzaken /* ⟨B.⟩ *v. Leefmilieu* ¶.**1** ⟨inf.⟩ doing the dishes is your ~ *de afwas is voor jou / jouw werk / domein / specialiteit.*

de·part·men·tal ['di:pɑ:t'mentl‖'di:pɑrt'menṭl]⟨f2⟩⟨bn.; -ly⟩ **0.1** ***departementaal*** ⇒*afdelings-* **0.2** ⟨AE⟩ ***ministerieel.***

de'partment store ⟨f1⟩⟨telb.zn.⟩ **0.1** ***warenhuis.***

de'partment-store chain ⟨telb.zn.⟩ **0.1** ***warenhuisketen.***

de·par·ture [dɪ'pɑ:tʃə‖dɪ'pɑrtʃər]⟨f2⟩⟨telb. en n.-telb.zn.⟩ **0.1** ***vertrek (tijd)*** **0.2** ***afwijking*** **0.3** ⟨vero.⟩ ***overlijden*** ⇒*verscheiden, dood, sterven* **0.4** ⟨scheep.⟩ ***drift*** ⇒*wraak, koersafwijking* **0.5** ⟨scheep.⟩ ***uitgangspositie*** ⟨als basis voor gegist bestek⟩ ◆ **2.2** new ~ *nieuwe koers / richting* **3.1** take one's ~ from *vertrekken van.*

de'parture lounge ⟨telb.zn.⟩ **0.1** ***wachtruimte*** ⇒*vertrekhal.*

de'parture platform ⟨telb.zn.⟩ **0.1** ***vertrekperron.***

de·pas·ture ['di:'pɑ:stʃə‖'di:'pæstʃər]⟨ww.⟩
I ⟨onov.ww.⟩ **0.1** ***grazen*** ⇒*weiden, zich voeden;*
II ⟨ov.ww.⟩ **0.1** ***weiden*** ⇒*laten grazen* **0.2** ***afgrazen.***

de·pend [dɪ'pend]⟨f3⟩⟨onov.ww.⟩ **0.1** ***afhangen*** ⇒*neerhangen* **0.2** ⟨jur.⟩ ***hangende zijn*** ◆ **4.1** it all ~s *het hangt er nog maar van af, dat is nog maar de vraag* **6.1** ~ **from** *neerhangen van* **6.**¶ →depend (up)on.

de·pend·a·bil·i·ty [dɪ'pendə'bɪləṭi]⟨n.-telb.zn.⟩ **0.1** ***betrouwbaarheid.***

de·pend·a·ble [dɪ'pendəbl]⟨f2⟩⟨bn.; -ly; -ness; →bijw. 3⟩ **0.1** ***betrouwbaar.***

de·pend·ant, ⟨AE ook⟩ **de·pend·ent** [dɪ'pendənt]⟨f1⟩⟨telb.zn.⟩ **0.1** ***afhankelijke, persoon ten laste*** ⟨bv. voor levensonderhoud⟩ **0.2** ⟨vero.⟩ ***dienaar*** ⇒*bediende, ondergeschikte, volgeling, vazal.*

de·pend·ence, ⟨AE ook⟩ **de·pend·ance** [dɪ'pendəns]⟨f2⟩⟨n.-telb.zn.⟩ **0.1** ***afhankelijkheid*** **0.2** ***vertrouwen*** **0.3** ***verslaving*** ◆ **6.1** **in** ~ *hangende;* ~ **in** strength *vertrouwen op kracht;* ~ **on** luxury *afhankelijkheid van luxe.*

de·pend·en·cy, ⟨AE ook⟩ **de·pend·an·cy** [dɪ'pendənsi]⟨f1⟩⟨zn.; →mv. 2⟩
I ⟨telb.zn.⟩ **0.1** ***gebiedsdeel*** ⇒*kolonie provincie, gewest* **0.2** ***iets afhankelijks*** ⇒*consequentie, bijkomstigheid;*
II ⟨n.-telb.zn.⟩ **0.1** ***afhankelijkheid*** **0.2** ***ondergeschiktheid*** ⇒*onderhorigheid.*

de'pendency grammar ⟨telb. en n.-telb.zn.⟩⟨taalk.⟩ **0.1** ***dependentiegrammatica.***

de·pend·ent, ⟨AE ook⟩ **de·pend·ant** [dɪ'pendənt]⟨f3⟩⟨bn.; -ly⟩ **0.1** ***afhankelijk*** **0.2** ***verslaafd*** **0.3** ***ondergeschikt*** **0.4** ***(af / neer)hangend*** ◆ **1.1** ⟨wisk.⟩ ~ variable *afhankelijke grootheid / veranderlijke* **1.3** ⟨taalk.⟩ ~ clause *bijzin, afhankelijke zin* **6.1** ~ **(up)on** *afhankelijk van.*

de'pend (up)on ⟨onov.ww.⟩ **0.1** ***afhangen van*** ⇒*afhankelijk zijn van* **0.2** ***vertrouwen op*** ⇒*bouwen op, zich verlaten op, zeker zijn van, rekenen op* ◆ **4.1** it depends (up)on himself *dat hangt van hemzelf af* **4.2** ~ it! *daar kun je van op aan!, reken daar maar op!, wees daar maar zeker van!.*

de·per·son·al·i·za·tion, -sa·tion ['di:pɜ:snəlaɪ'zeɪʃn‖'di:pɜrsnələ'zeɪʃn]⟨n.-telb.zn.⟩ **0.1** ***depersonalisatie*** ⇒*derealisatie, ontpersoonlijking.*

de·per·son·al·ize, -ise ['di:'pɜ:snəlaɪz‖-'pɜr-]⟨ov.ww.⟩ **0.1** ***van eigen karakter / persoonlijkheid ontdoen / beroven*** ⇒*depersonaliseren, onpersoonlijk maken, ontpersoonlijken.*

de·pict [dɪ'pɪkt], **de·pic·ture** [-tʃə‖-tʃər]⟨f2⟩⟨ov.ww.⟩ **0.1** ***(af)schilderen*** ⇒*beschrijven, afbeelden, voorstellen.*

de·pic·tion [dɪ'pɪkʃn]⟨telb.zn.⟩ **0.1** ***afbeelding*** ⇒*beschrijving, (af)schildering, voorstelling.*

dep·i·late ['depɪleɪt]⟨ov.ww.⟩ **0.1** ***ontharen.***

dep·i·la·tion ['depɪ'leɪʃn]⟨telb. en n.-telb.zn.⟩ **0.1** ***ontharing.***

de·pil·a·to·ry[1] [dɪ'pɪlətri‖-tɔri]⟨f1⟩⟨telb.zn.; →mv. 2⟩ **0.1** ***ontharingsmiddel*** ⇒*ontharend middel, depilatorium.*

depilatory[2] ⟨bn.⟩ **0.1** ***ontharend.***

de·plane ['di:'pleɪn]⟨ww.⟩
I ⟨onov.ww.⟩ **0.1** ***uit een vliegtuig stappen;***
II ⟨ov.ww.⟩ **0.1** ***uit een vliegtuig laden.***

de·plen·ish [dɪ'plenɪʃ]⟨ov.ww.⟩ **0.1** ***leeg maken*** ⇒*ledigen.*

de·plete [dɪ'pli:t]⟨f1⟩⟨ov.ww.⟩ **0.1** ***leeghalen*** ⇒*uitputten, verminderen, ledigen, uitdunnen, dieven* ⟨tabak⟩, *krenten* ⟨druiven⟩.

de·ple·tion [dɪ'pli:ʃn]⟨n.-telb.zn.⟩ **0.1** ***lediging*** ⇒*depletie.*

de·plor·a·ble [dɪ'plɔ:rəbl]⟨f2⟩⟨bn.; -ly; -ness; →bijw. 3⟩ **0.1** ***betreurenswaardig*** ⇒*zeer slecht, abominabel, jammerlijk, deplorabel.*

de·plore [dɪ'plɔ:‖dɪ'plɔr]⟨f2⟩⟨ov.ww.⟩ **0.1** ***betreuren*** ⇒*bedroefd zijn over, bewenen.*

de·ploy [dɪ'plɔɪ]⟨f1⟩⟨ww.⟩
I ⟨onov.ww.⟩⟨mil.⟩ **0.1** ***in slagorde geschaard staan / zijn*** ⇒*gedeployeerd worden / zijn;*
II ⟨ov.ww.⟩ **0.1** ⟨mil.⟩ ***opstellen*** ⇒*deployeren, in slagorde scharen / stellen* **0.2** ***inzetten.***

de·ploy·ment [dɪ'plɔɪmənt]⟨f1⟩⟨telb. en n.-telb.zn.⟩⟨mil.⟩ **0.1** ***plaatsing*** ⟨v. wapens⟩ ⇒*het inzetten* ⟨v. troepen⟩, *opstelling, deployering.*

de·plume ['di:'plu:m]⟨ov.ww.⟩ **0.1** ***plukken*** ⇒*de veren uittrekken;* ⟨B.⟩ *pluimen* **0.2** ***onteren*** ⇒*van zijn eer beroven.*

de·po·lar·i·za·tion, -sa·tion ['di:poulərai'zeɪʃn‖-ərə-]⟨n.-telb.zn.⟩ **0.1** ***depolarisatie*** ⇒*het depolariseren.*

de·po·lar·ize, -ise ['di:'pouləraɪz]⟨ov.ww.⟩ **0.1** ***depolariseren*** ⇒*ontpolariseren.*

de·po·lit·i·cize, -cise ['di:pə'lɪṭɪsaɪz]⟨onov. en ov.ww.⟩ **0.1** ***depolitiseren*** ⇒*het politiek karakter ontnemen (aan), uit de politiek(e sfeer) halen.*

de·po·nent[1] [dɪ'pounənt]⟨telb.zn.⟩ **0.1** ⟨taalk.⟩ ***deponens*** ⟨passief / mediaal werkwoord met actieve betekenis⟩ **0.2** ⟨jur.⟩ ***deponent*** ⟨getuige die (schriftelijk) een verklaring aflegt⟩.

deponent[2] ⟨bn.⟩⟨taalk.⟩ **0.1** ***passief / mediaal naar vorm maar actief van betekenis*** ⟨v. ww.⟩.

de·pop·u·late ['di:'pɒpjʊleɪt‖-'pɑpjə-]⟨ov.ww.⟩ **0.1** ***ontvolken.***

de·pop·u·la·tion ['di:pɒpjʊ'leɪʃn‖-pɑpjə-]⟨n.-telb.zn.⟩ **0.1** ***ontvolking.***

de·port [dɪ'pɔ:t‖-'pɔrt]⟨f1⟩⟨ov.ww.⟩ **0.1** ⟨wederk. ww.⟩⟨schr.⟩ ***(zich) gedragen*** ⇒*(zich) houden* **0.2** ***deporteren*** ⇒*verbannen, uitzetten* ◆ **4.1** ~ o.s. *zich gedragen.*

de·por·ta·tion ['di:pɔ:'teɪʃn‖-pɔr-]⟨f1⟩⟨telb. en n.-telb.zn.⟩ **0.1** ***deportatie*** ⇒*verbanning.*

de·por·tee ['di:pɔ:'ti:‖-pɔr-]⟨f1⟩⟨telb.zn.⟩ **0.1** ***gedeporteerde*** ⇒*banneling, balling.*

de·port·ment [dɪ'pɔ:tmənt‖-'pɔr-]⟨n.-telb.zn.⟩⟨schr.⟩ **0.1** ⟨vnl. BE⟩ ***(lichaams)houding*** ⇒*postuur* **0.2** ⟨vnl. AE⟩ ***gedrag*** ⇒*manieren, houding, manier van doen.*

de·pose [dɪ'pouz]⟨f1⟩⟨ww.⟩
I ⟨onov.ww.⟩ **0.1** ***getuigen*** ⇒*getuigenis afleggen, verklaren* ⟨vnl. schriftelijk⟩ ◆ **6.1** he ~d **to** having seen the man *hij getuigde / verklaarde dat hij de man had gezien;*
II ⟨ov.ww.⟩ **0.1** ***afzetten*** ⇒*onttronen, van de troon stoten* **0.2** ***getuigen*** ⇒*onder ede / belofte verklaren* ⟨vnl. schriftelijk⟩.

de·pos·it[1] [dɪ'pɒzɪt‖-'pɑ-]⟨f2⟩⟨zn.⟩
I ⟨telb.zn.⟩ **0.1** ⟨ben. voor⟩ ***onderpand*** ⇒*waarborgsom, aanbetaling; statiegeld* **0.2** ⟨geldw.⟩ ***storting*** **0.3** ⟨geldw.⟩ ***deposito*** ⇒*depositogeld, vastgezette som* ⟨met opzegtermijn⟩ **0.4** ***(bewaar) kluis*** **0.5** ⟨ben. voor⟩ ***afzetting*** ⇒*ertslaag; bezinksel, aanzetsel, neerslag, sediment, sliblaag, aangezette grond; droesem, depot* ⟨in wijn⟩ ◆ **6.3** money **in / on** ~ *geld à / in deposito;*
II ⟨n.-telb.zn.⟩ **0.1** ***bewaargeving*** ⇒*het in bewaring geven / afgeven* **0.2** ***het aanzetten*** ⇒*het aanslibben, het afzetten, het (doen) bezinken.*

deposit[2] ⟨f3⟩⟨ww.⟩
I ⟨onov.ww.⟩ **0.1** ***bezinken*** ⇒*aanzetten, neerslaan, aanslibben;*
II ⟨ov.ww.⟩ **0.1** ***afzetten*** ⇒*achterlaten, doen bezinken* **0.2** ***neerleggen*** ⇒*plaatsen, deponeren, (neer)zetten* **0.3** ***deponeren*** ⇒*in bewaring geven;* ⟨bank⟩ *storten, op een rekening zetten* **0.4** ***aanbetalen*** ⇒*vooruit betalen.*
de'posit account ⟨f1⟩⟨telb.zn.⟩ **0.1** ***depositorekening.***
de·pos·i·tar·y [dɪ'pɒzɪtri‖dɪ'pɑzɪteri]⟨telb.zn.;→mv. 2⟩ **0.1** ***depositaire*** ⇒*depositaris, bewaarnemer, bewaarder* **0.2** ***bewaarplaats.***
de·po·si·tion ['depə'zɪʃn,'di:-]⟨f2⟩⟨zn.⟩
I ⟨telb. en n.-telb.zn.⟩ **0.1** ***verklaring onder ede / belofte*** ⇒*depositie, getuigenverklaring, getuigenis* **0.2** ***deposito*** **0.3** ***kruisafneming;***
II ⟨n.-telb.zn.⟩ **0.1** ***afzetting*** ⇒*onttroning, het afzetten* **0.2** ***neerslag*** ⇒*sediment, afzetting, aanslibbing.*
de'posit money ⟨n.-telb.zn.⟩⟨geldw.⟩ **0.1** ***depositogeld.***
de·pos·i·tor [dɪ'pɒzɪtə‖dɪ'pɑzɪṭər]⟨telb.zn.⟩ **0.1** ***depositeur*** ⇒*deponent, deposant, inlegger, bewaargever.*
de·pos·i·to·ry [dɪ'pɒzɪtri‖dɪ'pɑzɪtɔri]⟨telb.zn.;→mv. 2⟩ **0.1** ***opslagruimte*** ⇒*bewaarplaats, kluis, magazijn;* ⟨ook fig.⟩ *schatkamer* **0.2** ***depositaris*** ⇒*bewaarder.*
de'posit safe ⟨telb.zn.⟩ **0.1** ***(bewaar)kluis*** ⇒*nachtkluis.*
de·pot ['depoʊ⟨in bet. 0.3⟩'di:poʊ]⟨f2⟩⟨telb.zn.⟩ **0.1** ***depot*** ⇒*magazijn, opslagruimte, stapelplaats* **0.2** ***(leger)depot*** ⇒*militair magazijn* **0.3** ⟨vnl. AE⟩ ***spoorweg / busstation*** ⇒*remise.*
de·pra·va·tion ['deprə'veɪʃn]⟨n.-telb.zn.⟩ **0.1** ***ontaarding*** ⇒*verdorvenheid, bederf* **0.2** ***het bederven*** ⇒*het doen ontaarden, misleiding.*
de·prave [dɪ'preɪv]⟨f1⟩⟨ov.ww.⟩ **0.1** ***bederven*** ⇒*doen verloederen, slecht maken, corrumperen* ◆ **1.1** ~d habits *verderfelijke gewoonten.*
de·prav·i·ty [dɪ'prævəṭi]⟨f1⟩⟨zn.;→mv. 2⟩
I ⟨telb.zn.⟩ **0.1** ***verdorven handeling*** ⇒*corrupte daad;*
II ⟨n.-telb.zn.⟩ **0.1** ***verdorvenheid*** ⇒*corruptheid, ontaarding, slechtheid, depravatie.*
dep·re·cate ['deprɪkeɪt]⟨ov.ww.⟩⟨schr.⟩ **0.1** ***laken*** ⇒*afkeuren, betreuren, veroordelen, gispen* **0.2** ***smeken iets niet te doen*** ⇒*dringend verzoeken om* **0.3** ***depreciëren*** ⇒*kleineren, geringschatten, minimaliseren* ◆ **1.2** ~ s.o.'s anger *iem. smeken niet kwaad te worden.*
dep·re·ca·tion ['deprɪ'keɪʃn]⟨telb. en n.-telb.zn.⟩ **0.1** ***afkeuring*** ⇒*protest* **0.2** ***geringschatting*** ⇒*kleinering, minimalisering* **0.3** ***afsmeking*** ⇒*smeekbede.*
de·pre·ca·tive ['deprɪkətɪv‖-keɪṭɪv]⟨bn.⟩ **0.1** ***afkeurend*** **0.2** ***verontschuldigend.***
de·pre·ca·to·ry ['deprɪkeɪtri‖-kətɔri]⟨bn.⟩ **0.1** ***afkeurend*** **0.2** ***verontschuldigend.***
de·pre·ci·a·ble [dɪ'pri:ʃəbl]⟨bn.⟩ **0.1** ***afschrijfbaar*** ⟨bij belastingen⟩ **0.2** ***aan devaluatie onderhevig.***
de·pre·ci·ate [dɪ'pri:ʃieɪt]⟨f1⟩⟨ww.⟩
I ⟨onov.ww.⟩ **0.1** ***devalueren*** ⇒*in waarde dalen, depreciëren;*
II ⟨ov.ww.⟩ **0.1** ***in waarde doen dalen*** ⇒*depreciëren, de koers verlagen van* **0.2** ***geringschatten*** ⇒*denigreren, kleineren, minachten.*
de·pre·ci·a·tion [dɪ'pri:ʃi'eɪʃn]⟨f2⟩⟨telb. en n.-telb.zn.⟩ **0.1** ***devaluatie*** ⇒*waardevermindering, depreciatie* **0.2** ***geringschatting*** ⇒*kleinering, minachting* **0.3** ⟨hand.⟩ ***afschrijving*** ◆ **3.3** accelerated ~ *vervroegde afschrijving.*
de·pre·ci·a·to·ry [dɪ'pri:ʃɪətri‖-tɔri]⟨bn.⟩ **0.1** ***geringschattend*** ⇒*denigrerend, kleinerend, minachtend* **0.2** ***dalend in waarde*** ⇒*devaluerend.*
de·pre·da·tion ['deprɪ'deɪʃn]⟨telb.zn.; meestal mv.⟩⟨schr.⟩ **0.1** ***plundering*** ⇒*verwoesting, rooftocht.*
de·pre·da·tor ['deprɪdeɪtə‖-deɪṭər]⟨telb.zn.⟩⟨schr.⟩ **0.1** ***plunderaar*** ⇒*verwoester, rover.*
de·press [dɪ'pres]⟨f3⟩⟨ov.ww.⟩ →depressed, depressing **0.1** ⟨schr.⟩ ***indrukken*** ⇒*neerdrukken, neertrekken* **0.2** ***verlagen*** ⇒*omlaag brengen, drukken* ⟨prijzen e.d.⟩ **0.3** ***deprimeren*** ⇒*neerslachtig maken.*
de·pres·sant[1] [dɪ'presnt]⟨telb.zn.⟩ **0.1** ***kalmerend middel*** ⇒*sedativum, sedatief.*
depressant[2] ⟨bn.⟩ **0.1** ***kalmerend*** ⇒*sedatief.*
de·pressed [dɪ'prest]⟨f3⟩⟨bn.; volt. deelw. v. depress⟩ **0.1** ***gedeprimeerd*** ⇒*ontmoedigd, neerslachtig, terneergeslagen, depressief* **0.2** ***ingedrukt*** ⇒*ingezakt* **0.3** ***noodlijdend*** ⇒*onderdrukt* **0.4** ***achtergebleven*** ⇒*onder de maat, beneden peil* ◆ **1.3** ~ classes *onderdrukte klassen / groepen.*
de·pres·sing [dɪ'presɪŋ]⟨f3⟩⟨bn.; teg. deelw. v. depress; -ly; -ness⟩ **0.1** ***deprimerend*** ⇒*ontmoedigend.*
de·pres·sion [dɪ'preʃn]⟨f3⟩⟨zn.⟩
I ⟨telb.zn.⟩ **0.1** ***laagte*** ⇒*holte, indruk* **0.2** ⟨meteo.⟩ ***depressie*** ⇒*lagedrukgebied, lage luchtdruk* **0.3** ***depressie*** ⇒*crisis(tijd), malaise, slapte;*
II ⟨telb. en n.-telb.zn.⟩ **0.1** ***depressiviteit*** ⇒*neerslachtigheid, neerslachtige bui, depressie, terneergeslagenheid, moedeloosheid;*
III ⟨n.-telb.zn.⟩ **0.1** ***het neerdrukken*** ⇒*het indrukken, het ingedrukt zijn* **0.2** ⟨ster.⟩ ***kimduiking*** ⇒*depressie (van de horizon).*
de·pres·sive [dɪ'presɪv]⟨f1⟩⟨bn.; -ly; -ness⟩ **0.1** ***depressief*** ⇒*neerslachtig, teneergeslagen, moedeloos.*
de·pres·sor [dɪ'presə‖-ər]⟨telb.zn.⟩ **0.1** ⟨anat.⟩ ***neertrekkende spier*** **0.2** ⟨med.⟩⟨ben. voor⟩ ***instrument om orgaan neer te drukken*** ⇒⟨vnl.⟩ *tongspatel.*
de·pres·sur·ize, -ise ['di:'preʃəraɪz]⟨ov.ww.⟩⟨tech.⟩ **0.1** ***de overdruk wegnemen uit*** ⇒*de overdruk laten ontsnappen uit, de druk verlagen van.*
de·priv·a·ble [dɪ'praɪvəbl]⟨bn.⟩ **0.1** ***te beroven*** **0.2** ***afzetbaar*** ◆ **1.1** a ~ person *een willig slachtoffer, een gemakkelijke prooi.*
dep·ri·va·tion ['deprɪ'veɪʃn], **de·priv·al** [dɪ'praɪvl]⟨f1⟩⟨zn.⟩
I ⟨telb.zn.⟩ **0.1** ***ontbering*** ⇒*verlies, gemis;*
II ⟨n.-telb.zn.⟩ **0.1** ***beroving*** ⇒*het beroven, af / ontneming* **0.2** ***deprivatie*** ⇒*ontzetting (uit kerkelijk ambt).*
de·prive [dɪ'praɪv]⟨f3⟩⟨ov.ww.⟩ →deprived **0.1** ***beroven*** **0.2** ***afzetten*** ⇒*ontzetten, depriveren* ⟨geestelijke uit ambt zetten⟩ ◆ **6.1** ~ s.o. **of** sth. *iem. iets af / ontnemen / onthouden / ontzeggen, iem. van iets beroven.*
de·prived [dɪ'praɪvd]⟨f3⟩⟨bn.; volt. deelw. v. deprive⟩ **0.1** ***misdeeld*** ⇒*achtergesteld, arm* ◆ **7.1** the ~ *de misdeelden.*
de·pro·gram ['di:'proʊgræm]⟨ov.ww.⟩ **0.1** ***deprogrammeren*** ⟨voormalige sekteleden⟩.
dept ⟨afk.⟩ department, deputy.
depth [depθ]⟨f3⟩⟨zn.⟩
I ⟨telb.zn.; the; vaak mv.⟩ **0.1** ***het diepst*** ⇒*het holst, het midden, het hart* ◆ **3.¶** plumb the ~s of *geheel doorgronden* ⟨mysterie⟩; *op zijn ergst meemaken / ervaren* ⟨bv. wanhoop⟩; ⟨onl. pej.⟩ *het toppunt zijn v., het laagst mogelijke peil bereiken v.;* his new book plumbs the ~ of meaningless writing *zijn nieuwe boek is het toppunt v. nietszeggend geschrijf;* stir s.o. to his ~(s) *iem. tot in het diepst van zijn ziel raken* **6.1** **in** the ~s of Africa *diep in de binnenlanden van Afrika, in donker Afrika;* **in** the ~s of the night *in het holst van de nacht;* **in** the ~(s) of winter *hartje winter, midden in de winter;*
II ⟨telb. en n.-telb.zn.⟩ **0.1** ***diepte*** ◆ **6.1** **at a** ~ **of** *op een diepte van;* he was / went / got **beyond / out of** his depth *hij verloor de grond onder z'n voeten / waagde zich in te diep water;* ⟨fig.⟩ *het ging hem boven de pet, hij snapte er niks van;* **in** ~ *diepgaand, grondig;*
III ⟨n.-telb.zn.⟩ **0.1** ***diepzinnigheid*** **0.2** ⟨sport, i.h.b. Am. voetbal⟩ ***voldoende aantal (reserve)spelers*** ⇒*grote kern.*
'depth bomb, 'depth charge ⟨telb.zn.⟩ **0.1** ***dieptebom.***
'depth psychology ⟨n.-telb.zn.⟩ **0.1** ***dieptepsychologie*** ⇒*psychologie v.h. onderbewuste.*
dep·u·rate ['depjʊreɪt‖-pjə-]⟨ww.⟩
I ⟨onov.ww.⟩ **0.1** ***gezuiverd worden*** ⇒*zuiver worden, gereinigd worden;*
II ⟨ov.ww.⟩ **0.1** ***zuiveren*** ⇒*reinigen, purgeren.*
dep·u·ra·tion ['depjʊ'reɪʃn‖-pjə-]⟨telb. en n.-telb.zn.⟩ **0.1** ***zuivering*** ⇒*reiniging.*
dep·u·ra·tive[1] ['depjʊrətɪv‖-pjəreɪṭɪv]⟨telb.zn.⟩ **0.1** ***zuiveringsmiddel*** ⇒*purgeermiddel.*
depurative[2] ⟨bn.⟩ **0.1** ***zuiverend*** ⇒*reinigend, purgerend.*
dep·u·ta·tion ['depjʊ'teɪʃn‖-pjə-]⟨f1⟩⟨zn.⟩
I ⟨telb.zn.⟩ **0.1** ***afvaardiging*** ⇒*deputatie, delegatie;*
II ⟨n.-telb.zn.⟩ **0.1** ***het afvaardigen*** ⇒*deputatie.*
de·pute [dɪ'pju:t]⟨f1⟩⟨ov.ww.⟩⟨schr.⟩ **0.1** ***afvaardigen*** ⇒*aanstellen als plaatsvervanger, delegeren* **0.2** ***delegeren*** ⇒*overdragen* ⟨macht e.d.⟩ ◆ **3.1** ~ s.o. to do sth. *iem. delegeren tot iets* **6.2** ~ sth. **to** s.o. *iets aan iem. overdragen / delegeren.*
dep·u·tize, -tise ['depjʊtaɪz‖-pjə-]⟨f1⟩⟨ww.⟩
I ⟨onov.ww.⟩ **0.1** ***waarnemen*** ⇒*plaatsvervanger zijn, vervangen* ◆ **6.1** ~ **for** *waarnemen / invallen voor, vervangen;*
II ⟨ov.ww.⟩⟨AE⟩ **0.1** ***aanstellen tot plaatsvervanger*** ⇒*deputeren* **0.2** ***overdragen*** ⇒*delegeren.*
dep·u·ty[1] ['depjʊti‖-pjəṭi]⟨f2⟩⟨telb.zn.;→mv. 2⟩ **0.1** ***(plaats)vervanger*** ⇒*waarnemer* **0.2** ***afgevaardigde*** ⇒*kamerlid* **0.3** ⟨AE⟩ ***hulpsheriff*** ⇒⟨ong.⟩ *plaatsvervangend commissaris* **0.4** ⟨BE; mijnw.⟩ ***veiligheidsopzichter*** ⇒*meesterhouwer, opzichter* ◆ **6.1** **by** ~ *bij volmacht; met de handschoen* ⟨van huwelijk⟩.
deputy[2] ⟨bn., attr.⟩ **0.1** ***onder-*** ⇒*vice-, plaatsvervangend, loco-, substituut-.*
de·rac·i·nate ['di:'ræsɪneɪt]⟨ov.ww.⟩ **0.1** ***ontwortelen*** ⇒*met wortel en tak uitrukken, uitroeien, verdelgen* **0.2** ***verdrijven.***
de·rail ['di:'reɪl]⟨f1⟩⟨ww.⟩
I ⟨onov.ww.⟩ **0.1** ***ontsporen*** ⇒*derailleren;*

II ⟨ov.ww.⟩ **0.1** ***doen ontsporen*** ⇒*doen derailleren* ◆ **3.1** be/get ~ed *ontsporen, derailleren.*
de·rail·leur [dɪ'reɪlɪə‖-lər]⟨telb.zn.⟩ **0.1** ***derailleur*** ⇒*versnellingsapparaat.*
de·rail·ment ['di:'reɪlmənt]⟨telb. en n.-telb.zn.⟩ **0.1** ***ontsporing.***
de·range [dɪ'reɪndʒ]⟨f1⟩⟨ov.ww.⟩ **0.1** ***verwarren*** ⇒*verstoren, in de war brengen, krankzinnig maken* ◆ **5.1** mentally ~d *geestelijk gestoord, geestesziek, krankzinnig.*
de·range·ment [dɪ'reɪndʒmənt]⟨n.-telb.zn.⟩ **0.1** ***waanzin*** ⇒*gestoordheid, krankzinnigheid, geestesziekte* **0.2** ***verwarring*** ⇒*storing.*
de·rate ['di:'reɪt]⟨ov.ww.⟩ **0.1** ***(gedeeltelijk) ontheffen/vrijstellen van plaatselijke belasting*** ⟨vnl. bij industrievestiging⟩.
de·ra·tion ['di:'ræʃn]⟨ov.ww.⟩ **0.1** ***niet meer rantsoeneren*** ⇒*opheffen v.d. distributie/rantsoenering v.* ⟨voedsel⟩.
der·by ['dɑ:bɪ‖'dɜrbi]⟨f2⟩⟨zn.;→mv. 2⟩
I ⟨eig.n.; D-; the⟩ **0.1** ***Derby*** ⟨jaarlijkse paardenrennen in Epsom⟩;
II ⟨telb.zn.⟩ **0.1** ⟨ook D-⟩ ***derby*** ⇒*sportevenement* **0.2** ⟨AE⟩ ***bolhoed*** ⇒*dophoed, garibaldi, derby* **0.3** ***molière*** ⇒*lage schoen* ◆ **2.1** local ~ *derby* ⟨wedstrijd tussen twee ploegen uit eenzelfde plaats/streek⟩.
de·reg·is·ter [di:'redʒɪstə‖-ər]⟨ov.ww.⟩ **0.1** ***uitschrijven.***
de·reg·is·tra·tion [di:redʒɪ'streɪʃn]⟨telb.zn.⟩ **0.1** ***uitschrijving.***
de·reg·u·late ['di:'regjʊleɪt‖-gjə-]⟨ov.ww.⟩ **0.1** ***dereguleren*** ⇒*vrijmaken v. beperkende (overheids)voorschriften.*
de·reg·u·la·tion ['di:regjʊ'leɪʃn‖-gjə-]⟨n.-telb.zn.⟩ **0.1** ***deregulering*** ⇒*het vrijmaken v. beperkende (overheids)voorschriften.*
deregu'lation zone ⟨telb.zn.⟩ **0.1** ***dereguleringszone*** ⇒*D-zone,* ⟨B.⟩ *T-zone, tewerkstellingszone.*
de·reg·u·la·tor ['di:'regjʊleɪtə‖-gjəleɪtər]⟨telb.zn.⟩ **0.1** ***voorstander/uitvoerder v. deregulering.***
der·e·lict[1] ['derɪlɪkt]⟨f1⟩⟨telb.zn.⟩ **0.1** ***verlaten schip*** ⇒*wrak, derelict* **0.2** ***uitgestotene*** ⇒*zwerver.*
derelict[2] ⟨f1⟩⟨bn.⟩ **0.1** ***verwaarloosd*** ⇒*verlaten, onbeheerd, vervallen* **0.2** ⟨AE⟩ ***nalatig*** ⇒*onachtzaam, plichtvergeten.*
der·e·lic·tion ['derɪ'lɪkʃn]⟨zn.⟩
I ⟨telb. en n.-telb.zn.⟩ **0.1** ***nalatigheid*** ⇒*plichtsverzuim, onachtzaamheid* **0.2** ***kwelder*** ⇒*aanslibbing, aangeslibd land;*
II ⟨n.-telb.zn.⟩ **0.1** ***verval*** ⇒*verwaarlozing, haveloosheid, derelictie.*
de·req·ui·si·tion ['di:rekwɪ'zɪʃn]⟨ov.ww.⟩ **0.1** ***vrijgeven*** ⟨wat gevorderd was⟩.
de·re·strict ['di:rɪ'strɪkt]⟨ov.ww.⟩ **0.1** ***een (snelheids)beperking opheffen.***
de·ride [dɪ'raɪd]⟨f1⟩⟨ov.ww.⟩ **0.1** ***uitlachen*** ⇒*bespotten, belachelijk maken* ◆ **6.1** ~ **as** *uitmaken voor.*
de ri·gueur [də ri'gɜ:‖-'gɜr]⟨bn., pred.⟩ **0.1** ***verplicht*** ⇒*(sociaal) vereist* ⟨door gewoonte, etiquette e.d.⟩, *de rigeur.*
deringer →derringer.
de·ri·sion [dɪ'rɪʒn]⟨f1⟩⟨n.-telb.zn.⟩ **0.1** ***spot*** ⇒*bespotting, hoon* ◆ **1.1** be/become an object of ~ *bespot worden;* make s.o. an object of ~ *iem. belachelijk maken/bespotten* **3.1** bring into ~ *belachelijk maken;* hold/have s.o./sth. in ~ *met iem./iets de spot drijven.*
de·ri·sive [dɪ'raɪsɪv]⟨f1⟩⟨bn.; -ly; -ness⟩ **0.1** ***spottend*** ⇒*de spot drijvend, honend* **0.2** ***bespottelijk*** ⇒*belachelijk.*
de·ri·so·ry [dɪ'raɪsəri]⟨bn.; -ly; →bijw. 3⟩ **0.1** ***spottend*** ⇒*honend* **0.2** ***bespottelijk*** ⇒*belachelijk.*
der·i·va·tion ['derɪ'veɪʃn]⟨f1⟩⟨telb. en n.-telb.zn.⟩⟨ook taalk.⟩ **0.1** ***afleiding*** ⇒*derivatie, afkomst, etymologie.*
de·riv·a·tive[1] [dɪ'rɪvətɪv]⟨f1⟩⟨telb.zn.⟩ **0.1** ***afleiding*** ⇒*afgeleid woord/produkt, derivaat* **0.2** ⟨wisk.⟩ ***afgeleide (functie).***
derivative[2] ⟨f1⟩⟨bn.; -ly⟩ **0.1** ***afgeleid*** ⇒*derivatief, niet oorspronkelijk.*
de·rive [dɪ'raɪv]⟨f3⟩⟨ww.⟩
I ⟨onov.ww.⟩ **0.1** ***afstammen*** ◆ **6.1** ~ **from** *ontleend zijn aan, (voort)komen uit;* 'e.g.' ~s **from** Latin *'e.g.' stamt uit het Latijn;*
II ⟨ov.ww.⟩ **0.1** ***afleiden*** ⇒*krijgen, halen* ◆ **6.1** ~ **from** *putten uit, afleiden van/uit, ontlenen aan;* John ~s much pleasure **from** his studies *John ontleent veel genoegen aan zijn studie.*
derm [dɜ:m‖dɜrm], **der·ma** [-mə], **der·mis** [-mɪs]⟨telb.zn.⟩⟨anat.⟩ **0.1** ***huid*** ⇒⟨vnl.⟩ *lederhuid.*
der·mal ['dɜ:ml‖'dɜrml], **der·mic** [-mɪk]⟨bn., attr.⟩ **0.1** ***huid-.***
der·ma·ti·tis ['dɜ:mə'taɪtɪs‖'dɜrmə'taɪtɪs]⟨telb. en n.-telb.zn.⟩ **0.1** ***dermatitis*** ⇒*huidontsteking.*
der·ma·to·log·ic ['dɜ:mətə'lɒdʒɪk‖'dɜrmətə'lɑdʒɪk], **der·ma·to·log·i·cal** [-ɪkl]⟨bn.⟩ **0.1** ***dermatologisch*** ⇒*mbt./van huidziekten.*
der·ma·tol·o·gist ['dɜ:mə'tɒlədʒɪst‖'dɜrmə'tɑ-]⟨telb.zn.⟩ **0.1** ***huidarts*** ⇒*dermatoloog.*
der·ma·tol·o·gy ['dɜ:mə'tɒlədʒi‖'dɜrmə'tɑ-]⟨n.-telb.zn.⟩ **0.1** ***dermatologie*** ⇒*leer der huidziekten.*
der·nier cri ['deənjeɪ'kri:‖'der-]⟨telb.zn.⟩ **0.1** ***dernier cri*** ⇒*nieuwste modesnufje.*
der·o, der·ro ['deroʊ]⟨telb.zn.⟩⟨Austr. E; inf.⟩ **0.1** ***landloper*** ⇒*zwerver.*
der·o·gate ['derəgeɪt]⟨ww.⟩⟨schr.⟩
I ⟨onov.ww.⟩ **0.1** ***verdwalen*** ⇒*(van de goede weg) afwijken* ◆ **6.¶** ~ **from** *afwijken van, inbreuk maken op* ⟨bv. principe⟩; ⟨jur.⟩ *derogeren aan* ⟨wet⟩; *afbreuk doen aan, aantasten, schaden* ⟨reputatie⟩;
II ⟨ov.ww.⟩ **0.1** ***denigreren*** ⇒*geringschatten, kleineren.*
der·o·ga·tion ['derə'geɪʃn]⟨n.-telb.zn.⟩ **0.1** ***afbreuk*** ⇒*aantasting* ⟨mbt. reputatie e.d.⟩ **0.2** ***afwijking*** ⇒*inbreuk* ⟨mbt. principe⟩; ⟨jur.⟩ *derogatie* **0.3** ***verlaging*** ⇒*ontaarding* ◆ **6.¶** ~ **of/from** s.o.'s reputation *aantasting v. iemands reputatie;* ~ **of/to** a law *derogatie aan een wet.*
de·rog·a·tor·y [dɪ'rɒgətri‖dɪ'rɑgətɔri]⟨f1⟩⟨bn.; -ly; -ness; →bijw. 3⟩ ⟨schr.⟩ **0.1** ***geringschattend*** ⇒*minachtend, kleinerend, vernederend* ◆ **6.¶** ~ **from/to** *schadelijk voor, afbreuk doend aan.*
der·rick ['derɪk]⟨f1⟩⟨telb.zn.⟩ **0.1** ***bok*** ⇒*kraan, laadboom, giek, derrickkraan* **0.2** ***(olie)boortoren*** **0.3** ⟨AE; sl.⟩ ***dief*** ⟨van waardevolle voorwerpen⟩ **0.4** ⟨AE; sl.⟩ ***winkeldief*** ⇒*ladelichter.*
der·ri·ère ['derieə‖-'er]⟨telb.zn.⟩⟨euf.⟩ **0.1** ***derrière*** ⇒*achterste.*
der·ring-do ['derɪŋ'du:]⟨n.-telb.zn.⟩⟨vero.; scherts.⟩ **0.1** ***waaghalzerij*** ⇒*durf.*
der·rin·ger, der·in·ger ['derɪndʒə‖-ər]⟨telb.zn.⟩ **0.1** ***klein pistool van groot kaliber.***
der·ris ['derɪs]⟨n.-telb.zn.⟩⟨plantk.⟩ **0.1** ***derris*** ⟨Derris; tropische vlinderbloemige klimplant en boom⟩ **0.2** ***derrispoeder*** ⟨insekticide uit wortel v. Derris elliptica⟩ ⇒*rotenon.*
der·ry ['deri]⟨telb.zn.; →mv. 2⟩⟨vero.; Austr. E⟩ **0.1** ***afkeer*** ⇒*aversie* ◆ **6.1** have a ~ **on** s.o. *een afkeer hebben van iem..*
derv [dɜ:v‖dɜrv]⟨n.-telb.zn.⟩⟨afk.⟩ diesel-engined road vehicle ⟨BE; handelsmerk⟩ **0.1** ***(soort) dieselolie.***
der·vish ['dɜ:vɪʃ‖'dɜr-]⟨telb.zn.⟩ **0.1** ***derwisj*** ⟨mohammedaanse bedelmonnik⟩ ◆ **3.1** dancing/whirling ~es *dansende derwisjen;* howling ~es *huilende derwisjen.*
DES ⟨afk.⟩ Department of Education and Science ⟨in GB⟩.
de·sal·i·nate ['di:'sælɪneɪt], **de·sal·in·ize, -ise** [-naɪz], **de·salt** ['di:'sɔ:lt]⟨ov.ww.⟩ **0.1** ***ontzilten*** ⇒*ontzouten* ⟨bv. zeewater⟩.
de·sal·i·na·tion ['di:sælɪ'neɪʃn], **de·sal·i·ni·za·tion** [-naɪ'zeɪʃn‖-nə'zeɪʃn]⟨n.-telb.zn.⟩ **0.1** ***ontzilting*** ⇒*ontzouting* ⟨bv. v. zeewater⟩.
de·scale ['di:'skeɪl]⟨ov.ww.⟩ **0.1** ***(kalk)aanslag verwijderen uit*** ⇒*ketelsteen verwijderen van, ontkalken.*
des·cant ['deskænt], ⟨in bet. II ook⟩ **dis·cant** ['dɪskænt]⟨zn.⟩
I ⟨telb.zn.⟩⟨schr.⟩ **0.1** ***melodie*** ⇒*lied* **0.2** ***discussie*** ⇒*uitweiding;*
II ⟨telb. en n.-telb.zn.⟩⟨muz.⟩ **0.1** ***discant(us)*** ⟨hoge tegenmelodie⟩ ⇒*bovenstem, (discant)sopraan.*
'descant recorder ⟨telb.zn.⟩⟨BE⟩ **0.1** ***sopraanblokfluit.***
des·cant (up)on [dɪ'skænt], ⟨in bet. 0.1 ook⟩ **di'scant (up)on** ⟨onov.ww.⟩ **0.1** ⟨muz.⟩ ***een discant(us) zingen/spelen bij*** ⇒*omspelen;* ⟨fig.⟩ *kwelen over* **0.2** ⟨schr.⟩ ***uitweiden over*** ⇒*uitvoerig stilstaan bij.*
de·scend [dɪ'send]⟨f3⟩⟨ww.⟩⟨vnl. schr.⟩
I ⟨onov.ww.⟩ **0.1** ***(af)dalen*** ⇒*naar beneden gaan/komen, neerkomen;* ⟨druk.⟩ *onder de regel uitsteken, er onderuit hangen, niet in lijn zijn;* ⟨muz.⟩ *dalen* **0.2** ***afstammen*** **0.3** ***zich verlagen*** ◆ **6.1** ~ **to** *overgaan op, zich gaan bezighouden met;* ~ **upon** a village/a trading post *een dorp binnenvallen/een handelspost overvallen;* ~ **(up)on** one's parents-in-law *bij zijn schoonouders binnenvallen* **6.2** be ~ed **from** *afstammen van* **6.3** ~ **to** *zich verlagen tot;*
II ⟨ov.ww.⟩ **0.1** ***afdalen*** ⇒*naar beneden gaan langs, af/neergaan; afzakken* ⟨rivier⟩.
de·scen·dant[1], **de·scen·dent** [dɪ'sendənt]⟨f2⟩⟨telb.zn.⟩ **0.1** ***afstammeling*** ⇒*nakomeling, nazaat, descendent, telg.*
descendant[2], **descendent** ⟨bn.⟩ **0.1** ***afdalend*** **0.2** ***afstammend*** ◆ **1.1** in ~ order *in (af)dalende volgorde/dalende reeks.*
de·scend·er [dɪ'sendə‖-ər]⟨telb.zn.⟩ **0.1** ***(af)daler*** **0.2** ***neerhaal*** ⇒*staart* ⟨v. letter⟩ **0.3** ***staartletter.***
de·scend·i·ble, de·scend·a·ble [dɪ'sendəbl]⟨bn.⟩ **0.1** ***(over)erfelijk*** ⇒*overdraagbaar.*
de·scent [dɪ'sent]⟨f3⟩⟨zn.⟩
I ⟨telb.zn.⟩ **0.1** ***aanval*** ⇒*inval, overval* ◆ **6.1** ~ **upon** *inval in/op;*
II ⟨telb. en n.-telb.zn.⟩ **0.1** ***afdaling*** ⇒*daling, landing, val, neergang* **0.2** ***helling*** ◆ **1.1** ~ of Christ into hell *Christus' nederdaling ter helle;* ⟨relig.⟩ ~ from the cross *kruisafneming;* the ~ of the Holy Ghost/Spirit *de uitstorting v.d. Heilige Geest;*
III ⟨n.-telb.zn.⟩ **0.1** ***afkomst*** ⇒*afstamming, descendentie* **0.2** ***overdracht*** ⇒*overerving* ◆ **6.1** she is **of** Spanish ~ *zij is v. Spaanse afkomst.*

de·scrib·a·ble [dɪ'skraɪbəbl]⟨bn.⟩ **0.1** ***beschrijfbaar*** ⇒*te beschrijven*.

de·scribe [dɪ'skraɪb]⟨f4⟩⟨ov.ww.⟩ **0.1** ***beschrijven*** ⇒*karakteriseren* **0.2** ***beschrijven*** ⇒*trekken, tekenen* ⟨een kromme⟩ **0.3** ***beschrijven*** ⇒*zich bewegen volgens een kromme* ◆ **1.3** the plane ~d a circle *het vliegtuig beschreef/maakte een cirkel* **8.1** that rogue ~s himself as a doctor *die schurk noemt zich/geeft zich uit voor arts*.

de·scrip·tion [dɪ'skrɪpʃn]⟨f3⟩⟨zn.⟩
I ⟨telb.zn.⟩⟨inf.⟩ **0.1** ***soort*** ⇒*type* ◆ **7.1** of all ~s/every ~ *allerlei;*
II ⟨telb. en n.-telb.zn.⟩ **0.1** ***beschrijving*** ⇒*signalement* ◆ **3.1** answer to/fit a ~ *aan een beschrijving/signalement beantwoorden*.

de·scrip·tive [dɪ'skrɪptɪv]⟨f2⟩⟨bn.;-ly;-ness⟩ **0.1** ***beschrijvend*** ⇒*descriptief* ◆ **1.1** ⟨taalk.⟩ ~ grammar *descriptieve grammatica*.

de·scry [dɪ'skraɪ]⟨ov.ww.;→ww. 7⟩⟨schr.⟩ **0.1** ***gewaarworden*** ⇒*ontwaren, bespeuren, onderscheiden, ontdekken, opmerken*.

des·e·crate ['desɪkreɪt]⟨f1⟩⟨ov.ww.⟩ **0.1** ***ontheiligen*** ⇒*ontwijden, schenden, profaneren*.

des·e·cra·tion ['desɪ'kreɪʃn]⟨telb. en n.-telb.zn.⟩ **0.1** ***schennis*** ⇒*heiligschennis, schending, ontwijding, ontheiliging*.

des·e·cra·tor ['desɪkreɪtə‖-kreɪţər]⟨telb.zn.⟩ **0.1** ***schenner*** ⇒*schender*.

de·seed [di:'si:d]⟨ov.ww.⟩ **0.1** ***zaad(jes) verwijderen uit***.

de·seg·re·gate ['di:'segrɪgeɪt]⟨f1⟩⟨ov.ww.⟩ **0.1** ***rassenscheiding opheffen in*** ◆ **1.1** ~d school *gemengde school, school zonder rassenscheiding*.

de·seg·re·ga·tion ['di:segrɪ'geɪʃn]⟨f1⟩⟨n.-telb.zn.⟩ **0.1** ***het opheffen v. rassenscheiding***.

de·se·lect ['di:sɪ'lekt]⟨ov.ww.⟩ **0.1** ⟨BE;pol.⟩ ***weigeren opnieuw te (ver)kiezen*** ⟨parlementslid⟩ ⇒*van de verkiezingslijst schrappen* **0.2** ⟨vnl. AE⟩ ***wegsturen*** ⟨i.h.b. stagiaire⟩ ⇒⟨bij uitbr.⟩ *doen verdwijnen*.

de·sen·si·ti·za·tion, -sa·tion ['di:sensɪtaɪ'zeɪʃn‖-sɪţə'zeɪʃn]⟨n.-telb.zn.⟩ **0.1** ***het ongevoelig(er) maken*** ⇒*desensibilisatie*.

de·sen·si·tize, -tise ['di:'sensɪtaɪz]⟨ov.ww.⟩ **0.1** ***ongevoelig(er) maken*** ⇒*desensibiliseren*.

des·ert[1] ['dezət‖'dezərt]⟨f3⟩⟨telb.zn.⟩⟨→sprw. 717⟩ **0.1** ***woestijn*** ⇒⟨fig.⟩ *dor/saai onderwerp/tijdperk*.

de·sert[2] [dɪ'zɜ:t‖dɪ'zɜrt]⟨f1⟩⟨zn.⟩⟨→sprw. 101⟩
I ⟨telb.zn.⟩⟨vero.⟩ **0.1** ***goede daad;***
II ⟨n.-telb.zn.⟩ **0.1** ***het verdienen*** ⟨v. straf/beloning⟩;
III ⟨mv.;~s⟩ **0.1** ***verdiensten*** ⇒*verdiende loon* ⟨vnl. negatief⟩ ◆ **3.1** give s.o. his (just) ~s, reward/punish s.o. according to his ~s *iem. zijn verdiende loon geven*.

des·ert[3] ['dezət‖'dezərt]⟨f1⟩⟨bn., attr.⟩ **0.1** ***onbewoond*** ⇒*verlaten* **0.2** ***braakliggend*** ⇒*kaal, dor* ◆ **2.1** ~ island *onbewoond eiland*.

de·sert[4] [dɪ'zɜ:t‖dɪ'zɜrt]⟨f3⟩⟨ww.⟩
I ⟨onov.ww.⟩ **0.1** ***deserteren;***
II ⟨ov.ww.⟩ **0.1** ***verlaten*** ⇒*in de steek laten* ◆ **1.1** he felt ill at ease in the ~ed streets *hij voelde zich onbehaaglijk in de uitgestorven straten*.

'des·ert boot ⟨telb.zn.⟩ **0.1** ***halfhoge schoen*** ⇒*enkellaarsje*.

de·sert·er [dɪ'zɜ:tə‖dɪ'zɜrţər]⟨f1⟩⟨telb.zn.⟩ **0.1** ***deserteur***.

des·er·ti·fi·ca·tion [dezətɪfɪ'keɪʃn‖dezərt-]⟨n.-telb.zn.⟩ **0.1** ***woestijnvorming***.

de·ser·tion [dɪ'zɜ:ʃn‖-'zɜr-]⟨f1⟩⟨telb. en n.-telb.zn.⟩ **0.1** ***desertie*** ⇒*het deserteren*.

'des·ert rat ⟨telb.zn.⟩⟨inf.⟩ **0.1** ***woestijnrat*** ⟨Brits soldaat in Noord-Afrika in W.O. II⟩ **0.2** ⟨AE⟩ ***woestijnrat*** ⟨mijnonderzoeker in de Am. woestijn⟩.

'desert 'wheatear ⟨telb.zn.⟩⟨dierk.⟩ **0.1** ***woestijntapuit*** ⟨Oenanthe deserti⟩.

de·serve [dɪ'zɜ:v‖dɪ'zɜrv]⟨f3⟩⟨ov.ww.⟩→deserved, deserving ⟨→sprw. 240, 510⟩ **0.1** ***verdienen*** ⇒*recht hebben op* ◆ **5.1** ~ well/ill of *verdienen goed/slecht behandeld te worden door, iets goeds/slechts mogen verwachten van*.

de·served [dɪ'zɜ:vd‖dɪ'zɜrvd]⟨f1⟩⟨bn.; volt. deelw. v. deserve; -ly [-vɪdli]; -ness⟩ **0.1** ***verdiend*** ◆ **2.1** be ~ly famous *terecht beroemd zijn*.

de·serv·ing [dɪ'zɜ:vɪŋ‖-'zɜr-]⟨f1⟩⟨bn.; teg. deelw. v. deserve; -ly; -ness⟩ **0.1** ***waardig*** ⇒*waard, verdienstelijk, braaf, fatsoenlijk* ◆ **6.1** be ~ **of** *waard zijn, verdienen*.

de·sex ['di:'seks]⟨ov.ww.⟩ **0.1** ***castreren*** ⇒*steriliseren, lubben, snijden* **0.2** ***geslachtelijke kenmerken afnemen*** ⇒*beroven van seksuele aantrekkelijkheden* **0.3** ***seksismen verwijderen uit***.

dés·ha·bil·lé ['deɪzæ'bi:eɪ‖-bi'eɪ], **des·ha·bille** [-'bi:l], **dis·ha·bille** ['dɪsə'bi:l]⟨n.-telb.zn.⟩ **0.1** ***(gedeeltelijk) ontklede staat***.

des·ic·cant ['desɪkənt]⟨telb.zn.⟩⟨tech.⟩ **0.1** ***droogmiddel*** ⇒*ontwateringsmiddel, dehydratiemiddel*.

des·ic·cate ['desɪkeɪt]⟨ov.ww.⟩ **0.1** ***drogen*** ⇒*dehydreren, ontwateren*.

des·ic·ca·tion ['desɪ'keɪʃn]⟨telb. en n.-telb.zn.⟩ **0.1** ***(op)droging*** ⇒*dehydratie, ontwatering*.

des·ic·ca·tive [dɪ'sɪkətɪv‖'desɪkeɪţɪv]⟨bn.⟩ **0.1** ***mbt. (op)droging*** ⇒*dehydratie-, ontwaterings-*.

des·ic·ca·tor ['desɪkeɪtə‖-keɪţər]⟨telb.zn.⟩ **0.1** ***droogapparaat*** ⇒⟨schei.⟩ *exsiccator*.

de·sid·er·ate [dɪ'zɪdəreɪt‖-'sɪ-]⟨ov.ww.⟩⟨vero.⟩ **0.1** ***verlangen*** ⇒*wensen, missen*.

de·sid·er·a·tum [dɪ'zɪdə'rɑ:təm‖dɪ'sɪdə'reɪţəm]⟨telb.zn.; desiderata [-'rɑ:tə‖-'reɪţə]; →mv. 5⟩ **0.1** ***desideratum*** ⇒*gewenst iets*.

de·sign[1] [dɪ'zaɪn]⟨f3⟩⟨zn.⟩
I ⟨telb.zn.⟩ **0.1** ***ontwerp*** ⇒*tekening, schema, blauwdruk* **0.2** ***dessin*** ⇒*patroon;*
II ⟨telb. en n.-telb.zn.⟩ **0.1** ***opzet*** ⇒*bedoeling, plan, doel* ◆ **3.1** have ~s against/(up)on *boze plannen hebben met* **6.1** **by** ~ *met opzet, expres;*
III ⟨n.-telb.zn.; ook attr.⟩ **0.1** ***het ontwerpen*** ⇒*vormgeving* **0.2** ***constructie*** ⇒*ontwerp*.

design[2] ⟨f3⟩⟨ww.⟩ →designing
I ⟨onov. en ov.ww.⟩ **0.1** ***ontwerpen*** ⇒*schetsen;*
II ⟨ov.ww.⟩ **0.1** ***uitdenken*** ⇒*bedenken, beramen* **0.2** ***bedoelen*** ⇒*ontwikkelen, bestemmen* **0.3** ***construeren*** ◆ **3.2** it was ~ed to help you think *het was bedoeld om je te helpen denken*.

des·ig·nate[1] ['dezɪgnət,-neɪt]⟨bn., post.⟩⟨schr.⟩ **0.1** ***aangesteld*** ⟨maar nog niet geïnstalleerd⟩ ⇒*designatus*.

designate[2] ['dezɪgneɪt]⟨f2⟩⟨ov.ww.⟩ **0.1** ***aanwijzen*** ⇒*aangeven, aanduiden, markeren* **0.2** ***noemen*** ⇒*karakteriseren, bestempelen* **0.3** ***aanstellen*** ⇒*benoemen* ◆ **8.3** ~ as *benoemen/aanstellen als/tot*.

des·ig·na·tion ['dezɪg'neɪʃn]⟨f1⟩⟨zn.⟩
I ⟨telb.zn.⟩ **0.1** ***benaming*** ⇒*naam, predikaat;*
II ⟨telb. en n.-telb.zn.⟩ **0.1** ***benoeming*** ⇒*het benoemen, aanstelling, aanwijzing, designatie*.

de·sign·ed·ly [dɪ'zaɪnɪdli]⟨bw.⟩ **0.1** ***expres*** ⇒*met opzet, opzettelijk*.

de·sign·er [dɪ'zaɪnə‖-ər]⟨f2⟩⟨telb.zn.⟩ **0.1** ⟨ook attr.⟩ ***designer*** ⇒*ontwerper, tekenaar* **0.2** ⟨AE;sl.⟩ ***vervalser*** **0.3** ***plannenmaker*** ⇒*plannensmeder, intrigant* ◆ **1.1** ~ clothes *designer/haute-coutureklediј*.

de·sign·ing[1] [dɪ'zaɪnɪŋ]⟨f1⟩⟨n.-telb.zn.; gerund v. design⟩ **0.1** ***(kunst v.) het ontwerpen*** ⇒*design*.

designing[2] ⟨f1⟩⟨bn.; teg. deelw. v. design; -ly⟩ **0.1** ***listig*** ⇒*bereken (en)d, sluw, geslepen, intrigerend, arglistig, doortrapt*.

de·sip·i·ence [dɪ'sɪpɪəns]⟨n.-telb.zn.⟩ **0.1** ***dwaasheid*** ⇒*onnozelheid*.

de·sir·a·bil·i·ty [dɪ'zaɪərə'bɪləţi]⟨f1⟩⟨n.-telb.zn.⟩ **0.1** ***wenselijkheid*** **0.2** ***begeerlijkheid*** ⇒*bekoring*.

de·sir·a·ble [dɪ'zaɪərəbl]⟨f3⟩⟨bn.; -ly; -ness; →bijw. 3⟩ **0.1** ***wenselijk*** ⇒*gewenst* **0.2** ***begeerlijk*** ⇒*begerenswaard, bekoorlijk, aantrekkelijk*.

de·sire[1] [dɪ'zaɪə‖-ər]⟨f3⟩⟨telb. en n.-telb.zn.⟩⟨→sprw. 102⟩ **0.1** ***wens*** ⇒*verlangen, wil, verzoek, zin, zucht* **0.2** ***begeerte*** ⇒*passie, hartstocht* ◆ **6.1** **at the ~ of** *op verzoek van;* Nero's ~ **for** luxury *Nero's zucht naar weelde* **6.2** Romeo's ~ **for** Julia *Romeo's passie voor Julia*.

desire[2] ⟨f3⟩⟨ov.ww.⟩⟨→sprw. 720⟩ **0.1** ***wensen*** ⇒*verlangen, smachten, snakken, begeren* **0.2** ⟨vero.⟩ ***verzoeken*** ⇒*vragen, bevelen* ◆ **3.1** leave much/nothing to be ~d *veel/niets te wensen overlaten*.

de·si·rous [dɪ'zaɪərəs]⟨bn.; -ly; -ness⟩⟨schr.⟩ **0.1** ***verlangend*** ⇒*begerend, begerig* ◆ **3.1** be ~ to be wealthy *verlangen rijk te zijn* **6.1** be ~ **of** wealth/being wealthy *verlangen rijk te zijn*.

de·sist [dɪ'zɪst]⟨onov.ww.⟩⟨schr.⟩ **0.1** ***ophouden*** ⇒*uitscheiden, stoppen* ◆ **6.1** ~ **from** *ophouden/stoppen met, neerleggen, staken*.

desk [desk]⟨f3⟩⟨telb.zn.⟩ **0.1** ⟨ben. voor⟩ ***werktafel*** ⇒*(schrijf)bureau, schrijftafel, lessenaar; muziekstandaard/lessenaar* **0.2** ***balie*** ⇒*receptie, kas, bureau* **0.3** ⟨ben. voor⟩ ***afdeling*** ⟨v. organisatie⟩ ⇒*departement; (gespecialiseerde) redactie* ⟨v. krant⟩ **0.4** ***preekstoel*** ◆ **7.1** ⟨muz.⟩ first ~ violinist *eerste viool*.

'desk-'access 'flat ⟨telb.zn.⟩ **0.1** ***galerijflat(woning)***.

'desk·bound ⟨bn.⟩ **0.1** ***aan het bureau gekluisterd***.

'desk chair ⟨f1⟩⟨telb.zn.⟩ **0.1** ***bureaustoel***.

'desk clerk ⟨f1⟩⟨telb.zn.⟩⟨AE⟩ **0.1** ***receptionist(e)***.

'desk dictionary ⟨telb.zn.⟩ **0.1** ***handwoordenboek***.

'desk jockey ⟨telb.zn.⟩⟨sl.⟩ **0.1** ***kantoorbediende***.

'desk·man ⟨telb.zn.; deskmen; →mv. 3⟩ **0.1** ***bureauambtenaar*** **0.2** ***chef de bureau*** ⇒*diensthoofd* **0.3** ***receptionist*** ⇒*baliebediende, burelist* **0.4** ⟨journalistiek⟩ ***bureauredacteur***.

'desk research ⟨n.-telb.zn.⟩ **0.1** ***desk-research***.

'desk room ⟨telb.zn.⟩⟨AE⟩ **0.1** ***kantoorruimte voor één persoon*** ⇒*werkkamer, kantoor(tje)*.

'desk study ⟨telb.zn.⟩ ⟨BE⟩ **0.1** ***studeerkameronderzoek***.

'desk·top ⟨bn., attr.⟩ **0.1** ***tafel-*** ⇒*bureau-, PC-*.

'desktop com'puter ⟨telb.zn.⟩ **0.1** ***tafelcomputer*** ⇒*bureaucomputer*.

'desktop publishing ⟨n.-telb.zn.⟩ ⟨comp.⟩ **0.1** ***DTP*** ⇒*desktop publishing, (het) elektronisch publiceren*.

'desk work ⟨n.-telb.zn.⟩ ⟨pej.⟩ **0.1** ***administratief werk*** ⇒*papierwinkel*.

des·man ['dezmən] ⟨telb.zn.⟩ ⟨dierk.⟩ **0.1** ***desman*** ⇒ ⟨i.h.b.⟩ *Russische/Siberische desman* ⟨Desmana moschata⟩; *Pyreneese desman* ⟨Galemys pyrenaicus⟩.

des·o·late[1] ['desələt] ⟨f2⟩ ⟨bn.; -ly; -ness⟩ **0.1** ***verlaten*** ⇒*uitgestorven, woest en ledig, verwaarloosd, troosteloos, desolaat* **0.2** ***diep bedroefd*** ⇒*ongelukkig, eenzaam, van god en alle mensen verlaten, ellendig*.

desolate[2] ['desəleɪt] ⟨ov.ww.⟩ **0.1** ***ontvolken*** ⇒*verlaten, achterlaten* **0.2** ***verwoesten*** **0.3** ***diep ongelukkig maken*** ⇒*eenzaam maken*.

des·o·la·tion [desə'leɪʃn] ⟨f2⟩ ⟨n.-telb.zn.⟩ **0.1** ***verwoesting*** ⇒*vernietiging, verwaarlozing, ontvolking* **0.2** ***verlatenheid*** ⇒*woestenij, kaalheid, leegte, troosteloosheid* **0.3** ***eenzaamheid*** ⇒*verdriet, ellende, bedroefdheid, ongeluk, droefenis*.

de·sorb ['di:'sɔ:b‖-'sɔrb] ⟨ov.ww.⟩ ⟨schei.⟩ **0.1** ***desorberen*** ⇒*adsorptie opheffen van*.

de·sorp·tion ['di:'sɔ:pʃn‖-'sɔr-] ⟨n.-telb.zn.⟩ ⟨schei.⟩ **0.1** ***desorptie***.

de·spair[1] [dɪ'speə‖dɪ'sper] ⟨f3⟩ ⟨n.-telb.zn.⟩ ⟨→sprw. 103⟩ **0.1** ***wanhoop*** ⇒*hopeloosheid, vertwijfeling* ◆ **3.1** drive s.o. to ~, fill s.o. with ~ *iem. tot wanhoop drijven* **6.1** be the ~ **of** one's teachers *zijn leraren wanhopig maken/tot wanhoop drijven*.

despair[2] ⟨f2⟩ ⟨onov.ww.⟩ →despairing **0.1** ***wanhopen*** ⇒*de hoop opgeven* ◆ **6.1** he ~ed **of** ever escaping *hij had de hoop opgegeven ooit te ontsnappen*.

de·spair·ing [dɪ'speərɪŋ‖-'sper-] ⟨bn.; teg. deelw. v. despair; -ly⟩ **0.1** ***wanhopig*** ⇒*hopeloos, desperaat*.

despatch →dispatch.

des·per·a·do ['despə'rɑ:doʊ] ⟨telb.zn.; ook -es; →mv. 2⟩ **0.1** ***desperado*** ⇒*bandiet* **0.2** ⟨AE; sl.⟩ ***roekeloze geldverslinder*** ⇒*iem. die meer vergokt dan hij heeft/meer leent dan hij kan teruggeven*.

des·per·ate ['desprət] ⟨f3⟩ ⟨bn.; -ly; -ness⟩ ⟨→sprw. 104⟩ **0.1** ***wanhopig*** ⇒*hopeloos, uitzichtloos, desperaat* ⟨v. situatie⟩ **0.2** ***wanhopig*** ⇒*vertwijfeld, radeloos, ten einde raad* ⟨v. daden, mensen⟩ **0.3** ***vreselijk*** ⇒*verschrikkelijk* ⟨v. storm e.d.⟩ ◆ **6.2** they were ~ **for** help *zij wachtten wanhopig op hulp*.

des·per·a·tion ['despə'reɪʃn] ⟨f2⟩ ⟨n.-telb.zn.⟩ **0.1** ***wanhoop*** ⇒*vertwijfeling, radeloosheid* ◆ **3.1** drive s.o. to ~ *iem. tot wanhoop brengen*.

des·pi·ca·ble [dɪ'spɪkəbl, 'despɪ-] ⟨f1⟩ ⟨bn.; -ly; -ness; →bijw. 3⟩ **0.1** ***verachtelijk*** ⇒*laag, gemeen, min*.

de·spin ['di:'spɪn] ⟨onov. en ov.ww.⟩ ⟨ruim.⟩ **0.1** ***omloop/rotatiesnelheid verminderen (van)***.

de·spise [dɪ'spaɪz] ⟨f2⟩ ⟨ov.ww.⟩ **0.1** ***verachten*** ⇒*minachten, verfoeien, versmaden*.

de·spite[1] [dɪ'spaɪt] ⟨n.-telb.zn.⟩ ⟨vero.⟩ **0.1** ***nijd*** ⇒*spijt, woede, ergernis* **0.2** ***minachting*** ◆ **6.2** (in) ~ **of** *ondanks, niettegenstaande, ten spijt, in weerwil van*.

despite[2] ⟨f3⟩ ⟨vz.⟩ ⟨schr.⟩ **0.1** ***ondanks*** ⇒*in weerwil van,* ⟨B.⟩ *spijts* ◆ **6.1** ⟨vero.⟩ ~ **of** *ondanks*.

de·spite·ful [dɪ'spaɪtfʊl] ⟨bn.; -ly; -ness⟩ ⟨vero.⟩ **0.1** ***hatelijk*** ⇒*kwaadaardig, boosaardig*.

de·spoil [dɪ'spɔɪl] ⟨ov.ww.⟩ ⟨schr.⟩ **0.1** ***(be)roven*** ⇒*plunderen, stelen, spoliëren* ◆ **6.1** ~ s.o. **of** sth. *iem. iets ontroven/ontnemen*.

de·spoil·er [dɪ'spɔɪlə‖-ər] ⟨telb.zn.⟩ ⟨schr.⟩ **0.1** ***rover*** ⇒*plunderaar*.

de·spoil·ment [dɪ'spɔɪlmənt] ⟨n.-telb.zn.⟩ ⟨schr.⟩ **0.1** ***beroving*** ⇒*plundering*.

de·spo·li·a·tion [dɪ'spoʊli'eɪʃn] ⟨telb. en n.-telb.zn.⟩ ⟨schr.⟩ **0.1** ***beroving*** ⇒*plundering, roof, spoliatie*.

de·spond[1] [dɪ'spɒnd‖dɪ'spɑnd] ⟨n.-telb.zn.⟩ ⟨vero.⟩ **0.1** ***wanhoop*** ⇒*moedeloosheid, vertwijfeling*.

despond[2] ⟨onov.ww.⟩ **0.1** ***wanhopen*** ⇒*de hoop opgeven, moedeloos worden*.

de·spon·dence [dɪ'spɒndəns‖dɪ'spɑn-], **de·spon·den·cy** [-dənsi] ⟨f1⟩ ⟨n.-telb.zn.⟩ **0.1** ***wanhoop*** ⇒*vertwijfeling, radeloosheid, moedeloosheid, hopeloosheid, desperatie* **0.2** ***melancholie*** ⇒*droefgeestigheid, zwaarmoedigheid* ◆ **3.1** fall into ~ *moedeloos/zwaarmoedig worden, tot zwaarmoedigheid vervallen*.

de·spon·dent [dɪ'spɒndənt‖dɪ'spɑn-] ⟨f1⟩ ⟨bn.; -ly⟩ **0.1** ***wanhopig*** ⇒*hopeloos, moedeloos, vertwijfeld, desperaat, radeloos* **0.2** ***melancholiek*** ⇒*zwaarmoedig, zwartgallig, droefgeestig*.

des·pot ['despɒt, -pət‖-pət, -pɑt] ⟨f1⟩ ⟨telb.zn.⟩ ⟨vaak pej.⟩ **0.1** ***despoot*** ⇒*tiran, alleenheerser, heerszuchtig persoon, dwingeland*.

des·pot·ic [dɪ'spɒtɪk‖-'spɑṭɪk] ⟨f1⟩ ⟨bn.; -ally; →bijw. 3⟩ **0.1** ***despotisch*** ⇒*tiranniek, heerszuchtig*.

des·pot·ism ['despətɪzm] ⟨f1⟩ ⟨n.-telb.zn.⟩ **0.1** ***despotisme*** ⇒*alleenheersing, tirannie, dwingelandij*.

des·qua·mate ['deskwəmeɪt] ⟨onov.ww.⟩ ⟨med.⟩ **0.1** ***afschilferen*** ⟨v. huid⟩.

des·qua·ma·tion ['deskwə'meɪʃn] ⟨telb. en n.-telb.zn.⟩ ⟨med.⟩ **0.1** ***afschilfering*** ⟨v. huid⟩ ⇒*desquamatie*.

des·sert [dɪ'zɜ:t‖-'zɜrt] ⟨f2⟩ ⟨telb. en n.-telb.zn.⟩ **0.1** ***dessert*** ⇒*toetje, nagerecht*.

des'sert·spoon ⟨f1⟩ ⟨telb.zn.⟩ **0.1** ***dessertlepel***.

des'sert·spoon·ful ⟨telb.zn.; ook dessertspoonsful; →mv. 6⟩ **0.1** ***dessertlepel*** ⟨als maat⟩.

des'sert wine ⟨telb. en n.-telb.zn.⟩ **0.1** ***dessertwijn***.

de·sta·bi·li·za·tion, -sa·tion ['di:steɪbḷaɪ'zeɪʃn‖-lə-] ⟨n.-telb.zn.⟩ **0.1** ***destabilisatie***.

de·sta·bi·lize, -lise ['di:'steɪbḷaɪz] ⟨ov.ww.⟩ **0.1** ***destabiliseren***.

de·sta·lin·i·za·tion, -sa·tion ['di:stɑ:lḷnaɪ'zeɪʃn, -stæ-‖-nə'zeɪʃn] ⟨n.-telb.zn.⟩ **0.1** ***destalinisatie***.

des·ti·na·tion ['destḷ'neɪʃn] ⟨f2⟩ ⟨telb.zn.⟩ **0.1** ***(plaats v.) bestemming*** ⇒*doel, eindpunt*.

des·tine ['destɪn] ⟨f2⟩ ⟨ov.ww.; vnl. pass.⟩ **0.1** ***bestemmen*** ⇒*(voor) beschikken* ◆ **6.1** he is ~d **for** business *hij is bestemd/voorbeschikt voor het zakenleven;* freight ~d **for** London *vracht bestemd voor Londen*.

des·ti·ny ['destḷni] ⟨f2⟩ ⟨zn.; →mv. 2⟩

I ⟨telb.zn.⟩ **0.1** ***lot*** ⇒*bestemming, noodlot, beschikking;*

II ⟨n.-telb.zn.; vaak D-⟩ **0.1** ***(nood)lot*** ⇒*fortuin, fatum, vrouwe fortuna, de lotsgodin*.

des·ti·tute ['destḷtju:t‖-tu:t] ⟨f1⟩ ⟨bn.⟩ **0.1** ***berooid*** ⇒*arm, behoeftig, nooddruftig* ◆ **6.1** be ~ **of** *verstoken zijn van, gebrek hebben aan*.

des·ti·tu·tion ['destɪ'tju:ʃn‖-'tu:ʃn] ⟨n.-telb.zn.⟩ **0.1** ***armoede*** ⇒*gebrek, behoeftigheid, kommer*.

des·tri·er ['destrɪə‖-ər] ⟨telb.zn.⟩ ⟨vero.⟩ **0.1** ***strijdros***.

de·stroy [dɪ'strɔɪ] ⟨f3⟩ ⟨ov.ww.⟩ **0.1** ***vernielen*** ⇒*vernietigen, kapotmaken, (af)breken, ruïneren* **0.2** ***tenietdoen*** ⇒*ongedaan maken* **0.3** ⟨euf.⟩ ***laten inslapen*** ⇒*een spuitje geven, afmaken, doden* ⟨bv. huisdier⟩.

de·stroy·er [dɪ'strɔɪə‖-ər] ⟨f2⟩ ⟨telb.zn.⟩ **0.1** ***vernietiger*** ⇒*vernieler* **0.2** ⟨mil.⟩ ***torpedo(boot)jager*** ⇒*destroyer*.

de'stroyer 'escort ⟨telb.zn.⟩ **0.1** ***escortevaartuig***.

de·struct [dɪ'strʌkt] ⟨n.-telb.zn.⟩ ⟨AE; ruim.⟩ **0.1** ***opzettelijke vernietiging*** ⟨v. eigen aandrijfraket⟩.

de·struc·ti·bil·i·ty [dɪ'strʌktḷ'bɪləṭi] ⟨n.-telb.zn.⟩ **0.1** ***vernietigbaarheid*** ⇒*afbreekbaarheid*.

de·struc·ti·ble [dɪ'strʌktəbl] ⟨bn.; -ness⟩ **0.1** ***vernietigbaar*** ⇒*afbreekbaar*.

de·struc·tion [dɪ'strʌkʃn] ⟨f3⟩ ⟨n.-telb.zn.⟩ **0.1** ***vernietiging*** ⇒*vernieling, destructie, afbraak* **0.2** ***ondergang***.

de·struc·tive [dɪ'strʌktɪv] ⟨f3⟩ ⟨bn.; -ly; -ness⟩ **0.1** ***vernietigend*** ⇒*destructief, afbrekend, dodelijk, verwoestend, vernielzuchtig* ◆ **1.1** ~ criticism *afbrekende/dodelijke/negatieve kritiek;* ~ metabolism *destructief metabolisme, catabolisme* **6.1** be ~ **of/to** *slecht zijn voor, vernielen*.

de·struc·tor [dɪ'strʌktə‖-ər] ⟨telb.zn.⟩ **0.1** ***vuilverbrandingsoven*** **0.2** ⟨tech.⟩ ***destructor*** ⟨vernietigingsapparaat v. defecte raket⟩.

des·uete ['deswḭt] ⟨bn.⟩ **0.1** ***ouderwets*** ⇒*verouderd, uit de tijd, passé*.

des·ue·tude ['deswḭtju:d, dɪ'sju:ḭ-‖'deswḭtu:d] ⟨n.-telb.zn.⟩ ⟨schr.⟩ **0.1** ***onbruik*** ◆ **6.1** this word has fallen **into** ~ *dit woord is in onbruik geraakt/niet meer in zwang/wordt niet meer gebruikt*.

de·sul·phu·ri·za·tion, -sa·tion, ⟨AE sp.⟩ **desulfurization** ['di:sʌlfjʊraɪ'zeɪʃn‖-fərə'zeɪʃn] ⟨telb. en n.-telb.zn.⟩ **0.1** ***ontzwaveling***.

de·sul·phur·ize, -ise ['di:'sʌlfjʊraɪz‖-fəraɪz] ⟨ov.ww.⟩ **0.1** ***ontzwavelen***.

des·ul·to·ry ['desltri, 'dezl-‖-tɔri] ⟨bn.; -ly; -ness; →bijw. 3⟩ **0.1** ***onsystematisch*** ⇒*van de hak op de tak, desultorisch, in het wilde weg, ongeregeld, onsamenhangend*.

de·tach [dɪ'tætʃ] ⟨f2⟩ ⟨ov.ww.⟩ →detached **0.1** ***losmaken*** ⇒*scheiden, uit elkaar halen* **0.2** ⟨mil.⟩ ***detacheren*** ◆ **6.1** ~ **from** *losmaken van* **6.2** ~ **from** *detacheren uit*.

de·tach·a·ble [dɪ'tætʃəbl] ⟨f1⟩ ⟨bn.; -ly; →bijw. 3⟩ **0.1** ***afneembaar*** ⇒*uitneembaar* ◆ **1.1** ~ motor *aanhangmotor*.

de·tached [dɪ'tætʃt] ⟨f2⟩ ⟨bn.; volt. deelw. v. detach; -ly⟩ **0.1** ***los*** ⇒*vrijstaand* ⟨v. huis⟩, *niet verbonden, geïsoleerd* **0.2** ***onbevooroordeeld*** ⇒*onpartijdig, objectief* **0.3** ***afstandelijk*** ⇒*emotieloos, koel, gereserveerd, onverschillig* ◆ **1.1** ⟨mil.⟩ ~ post *vooruitgeschoven post* **1.2** ~ mind *onbevangen geest;* ~ view of sth. *objectieve kijk op iets*.

de·tach·ment [dɪ'tætʃmənt] ⟨f2⟩ ⟨zn.⟩

I ⟨telb.zn.⟩ ⟨mil.⟩ **0.1** ***detachement;***

II ⟨telb. en n.-telb.zn.⟩ **0.1** ⟨mil.⟩ ***detachering;***

III ⟨n.-telb.zn.⟩ **0.1** ***het losmaken/scheiden*** ⇒*scheiding, losraking* **0.2** ***afstandelijkheid*** ⇒*onverschilligheid, gereserveerdheid* **0.3** ***onpartijdigheid*** ⇒*objectiviteit*.

de·tail[1] ['di:teɪl‖dɪ'teɪl]⟨f3⟩⟨zn.⟩
I ⟨telb.zn.⟩⟨mil.⟩ **0.1** ***detachement;***
II ⟨telb. en n.-telb.zn.⟩ **0.1** ***detail*** *⇒bijzonderheid, onderdeel, kleinigheid, bijzaak* **0.2** ***kleine versiering/decoratie*** *⇒detail* **0.3** ⟨mil.⟩ ***lijst/uitgifte v. dagelijkse commando's*** **0.4** ⟨mil.⟩ ***detachering*** ◆ **1.1** she has an eye for ~ *zij heeft oog voor de kleinste kleinigheden;* a matter of ~ *een detailkwestie, een zaak v. ondergeschikt belang* **3.1** enter/go into ~(s) *in details treden, op bijzonderheden ingaan* **6.1 in** (great/much) ~ *(zeer) gedetailleerd, uitvoerig, punt voor punt, met alle bijzonderheden* **7.1** that picture hasn't enough ~ *dit schilderij is onvoldoende uitgewerkt* **¶.1** ~s, ~s/but that is a ~ *een kniesoor die daarop let.*
detail[2] ⟨f3⟩⟨ov.ww.⟩ **0.1** ***detailleren*** *⇒nauwkeurig beschrijven, omstandig vertellen* **0.2** ⟨mil.⟩ ***detacheren*** *⇒aanwijzen* ◆ **1.1** a ~ed explanation *een omstandige/uitvoerige uitleg* **5.1** ~ off/for/to *aanwijzen/aanstellen voor/tot/om.*
detail man ['--]⟨telb.zn.⟩ **0.1** ***artsenbezoeker.***
de·tain [dɪ'teɪn]⟨f2⟩⟨ov.ww.⟩ **0.1** ***aanhouden*** *⇒laten nablijven/vasthouden, in hechtenis/opgesloten/gevangen houden, detineren* **0.2** ***laten schoolblijven*** *⇒laten nablijven, vasthouden* **0.3** ***ophouden*** *⇒vertragen* **0.4** ⟨vero.⟩ ***achterhouden*** *⇒onthouden.*
de·tain·ee ['di:teɪ'ni:]⟨f1⟩⟨telb.zn.⟩ **0.1** ***(politieke) gevangene*** *⇒arrestant, gedetineerde.*
de·tain·er [dɪ'teɪnə‖-ər]⟨zn.⟩⟨jur.⟩
I ⟨telb.zn.⟩ **0.1** ***schriftelijk bevel tot verlenging v. preventieve hechtenis*** ⇒⟨B.⟩ *verlenging v. aanhoudingsmandaat;*
II ⟨n.-telb.zn.⟩ **0.1** ***(wederrechtelijke) inbezithouding*** ⟨v. goederen⟩ **0.2** ***hechtenis*** *⇒opsluiting, detentie.*
de·tain·ment [dɪ'teɪnmənt]⟨telb. en n.-telb.zn.⟩ **0.1** ***aanhouding*** *⇒het vasthouden* **0.2** ***vertraging.***
de·tect [dɪ'tekt]⟨f3⟩⟨ov.ww.⟩ **0.1** ***ontdekken*** *⇒vinden, bespeuren, waarnemen, betrappen, aan het licht brengen* **0.2** ⟨elek.⟩ ***demoduleren.***
de·tect·a·ble, de·tect·i·ble [dɪ'tektəbl]⟨bn.⟩ **0.1** ***opspeurbaar*** *⇒te ontdekken, te betrappen* **0.2** ⟨tech.⟩ ***demoduleerbaar.***
de·tec·tion [dɪ'tekʃn]⟨f2⟩⟨telb. en n.-telb.zn.⟩ **0.1** ***waarneming*** *⇒ontdekking* **0.2** ***speurwerk*** **0.3** ⟨tech.⟩ ***demodulatie*** ◆ **1.2** the ~ of a crime *het aan het licht brengen/het opsporen v.e. misdaad.*
de·tec·tive [dɪ'tektɪv]⟨f3⟩⟨telb.zn.⟩ **0.1** ***detective*** *⇒speurder, rechercheur* ◆ **2.1** private ~ *privé-detective.*
de'tective story ⟨f1⟩⟨telb.zn.⟩ **0.1** ***detectiveverhaal*** *⇒speurdersverhaal.*
de·tec·tor [dɪ'tektə‖-ər]⟨f1⟩⟨telb.zn.⟩ **0.1** ***detector*** *⇒verklikker.*
de-tense [di:'tens]⟨onov.ww.⟩ **0.1** ***zich ontspannen.***
de·ten·si·fy ['di:'tensɪfaɪ]⟨ww.;→ww. 7⟩
I ⟨onov.ww.⟩ **0.1** ***zich ontspannen;***
II ⟨ov.ww.⟩ **0.1** ***ontspannen.***
de·tent [dɪ'tent]⟨telb.zn.⟩ **0.1** ***palletje*** *⇒klink, drukker, lichter.*
dé·tente ['deɪtɑ:nt]⟨telb. en n.-telb.zn.⟩⟨pol.⟩ **0.1** ***ontspanning*** *⇒détente.*
de·ten·tion [dɪ'tenʃn]⟨f2⟩⟨telb. en n.-telb.zn.⟩ **0.1** ***opsluiting*** *⇒(militaire) detentie, hechtenis, verzekerde bewaring, vasthouding* **0.2** ***het schoolblijven*** *⇒het nablijven* **0.3** ***vertraging*** *⇒oponthoud, het ophouden* ◆ **6.2** keep a pupil **in** ~, put a pupil **on** ~ *een leerling laten nablijven.*
de'tention centre ⟨telb.zn.⟩ **0.1** ***jeugdgevangenis*** *⇒tuchtschool.*
de'tention room ⟨telb.zn.⟩ **0.1** ***arrestantenlokaal.***
de·ter [dɪ'tɜ:‖dɪ'tɜr]⟨f1⟩⟨ov.ww.;→ww. 7⟩ **0.1** ***afschrikken*** *⇒de lust ontnemen, ontmoedigen, afhouden, beletten* ◆ **6.1** ~ s.o. **from** sth. *iem. ergens van afbrengen/de lust toe ontnemen.*
de·terge [dɪ'tɜ:dʒ‖dɪ'tɜrdʒ]⟨ov.ww.⟩ **0.1** ***schoonmaken*** *⇒reinigen, (uit)wassen, poetsen, afvegen, zuiveren.*
de·ter·gent [dɪ'tɜ:dʒənt‖-'tɜr-]⟨f2⟩⟨telb. en n.-telb.zn.⟩ **0.1** ***wasmiddel*** *⇒afwasmiddel, detergens, reinigingsmiddel.*
de·te·ri·o·rate [dɪ'tɪərɪəreɪt‖-'tɪr-]⟨f2⟩⟨ww.⟩
I ⟨onov.ww.⟩ **0.1** ***verslechteren*** *⇒degenereren, bederven, achteruitgaan, slechter/minder worden;*
II ⟨ov.ww.⟩ **0.1** ***erger maken*** *⇒schaden, verslechteren.*
de·te·ri·o·ra·tion [dɪ'tɪərɪə'reɪʃn‖-'tɪr-]⟨f2⟩⟨n.-telb.zn.⟩ **0.1** ***achteruitgang*** *⇒teruggang, verslechtering, beschadiging, bederf, aantasting* ◆ **2.1** physical ~ *natuurlijke slijtage.*
de·ter·ment [dɪ'tɜ:mənt‖-'tɜr-]⟨telb. en n.-telb.zn.⟩ **0.1** ***afschrikking*** *⇒ontmoediging, afschrikmiddel.*
de·ter·mi·na·ble [dɪ'tɜ:mɪnəbl‖-'tɜr-]⟨bn.;-ly;-ness;→bijw. 3⟩ **0.1** ***bepaalbaar*** *⇒vaststelbaar.*
de·ter·mi·nant[1] [dɪ'tɜ:mɪnənt‖-'tɜr-]⟨telb.zn.⟩⟨schr.⟩ **0.1** ***determinant*** ⟨ook wisk.⟩ *⇒bepalende/beslissende factor, bepalend woord, bepalend/doorslaggevend element.*
determinant[2] ⟨bn.⟩⟨schr.⟩ **0.1** ***bepalend*** *⇒beslissend, determinerend.*
de·ter·mi·nate [dɪ'tɜ:mɪnət‖-'tɜr-]⟨bn.;-ly;-ness⟩ **0.1** ***bepaald*** *⇒vastgesteld, vast, definitief, duidelijk, helder, begrensd, afgeperkt* **0.2** ***resoluut*** *⇒doelbewust, beslist.*
de·ter·mi·na·tion [dɪ'tɜ:mɪ'neɪʃn‖-'tɜr-]⟨f3⟩⟨zn.⟩
I ⟨telb.zn.⟩ **0.1** ***besluit*** *⇒beslissing, uitspraak* ⟨v. rechter⟩;
II ⟨telb. en n.-telb.zn.⟩ **0.1** ***determinatie*** ⟨ook fil.⟩ *⇒het determineren/calculeren/berekenen, bepaling, vaststelling* **0.2** ⟨vero.⟩ ***neiging*** *⇒richting, aandrang, stroming* ◆ **6.1** ~ **of** sth. *het bepalen/vaststellen v. iets;*
III ⟨n.-telb.zn.⟩ **0.1** ***vast voornemen*** *⇒bedoeling, plan* **0.2** ***vastberadenheid*** *⇒beslistheid, vastbeslotenheid.*
de·ter·mi·na·tive[1] [dɪ'tɜ:mɪnətɪv‖dɪ'tɜrmɪneɪtɪv]⟨telb.zn.⟩ **0.1** ***determinant*** ⟨ook taalk., wisk.⟩ *⇒determinerend element, bepalende factor.*
determinative[2] ⟨bn.;-ness⟩ **0.1** ***bepalend*** ⟨ook taalk.⟩ *⇒determinatief* **0.2** ***beslissend*** **0.3** ***beperkend.***
de·ter·mine [dɪ'tɜ:mɪn‖-'tɜr-]⟨f3⟩⟨ww.⟩ →determined
I ⟨onov.ww.⟩ **0.1** ***een besluit nemen*** *⇒besluiten* **0.2** ⟨jur.⟩ ***eindigen*** *⇒aflopen, termineren* ◆ **6.1** ~ **on/upon** sth. *besluiten tot iets;*
II ⟨ov.ww.⟩ **0.1** ***besluiten*** *⇒beslissen* **0.2** ***vaststellen*** *⇒bepalen, determineren* ⟨ook fil.⟩, *calculeren, berekenen* **0.3** ***doen besluiten*** *⇒drijven/brengen tot* **0.4** ***beperken*** *⇒bepalen* **0.5** ⟨jur.⟩ ***beëindigen*** *⇒laten aflopen, aan een termijn verbinden* ◆ **1.2** ~ the meaning of a sentence *nauwkeurig bepalen wat een zin betekent;* ~ the speed of a bullet *de snelheid v.e. kogel berekenen/bepalen* **3.3** this ~d him to leave *dit deed hem besluiten/bracht hem ertoe te vertrekken* **6.3** this ~d him **against** it *dit heeft hem er tegen doen besluiten.*
de·ter·mined [dɪ'tɜ:mɪnd‖-'tɜr-]⟨f2⟩⟨bn.; volt. deelw. v. determine; -ly;-ness;→wilsuiting⟩ **0.1** ***beslist*** *⇒vastberaden, vastbesloten.*
de·ter·min·er [dɪ'tɜ:mɪnə‖-'tɜrmɪnər]⟨telb.zn.⟩ **0.1** ***determinant*** ⟨ook wisk.⟩ *⇒determinerend element, bepalende factor* **0.2** ⟨taalk.⟩ ***determinator.***
de·ter·min·ism [dɪ'tɜ:mɪnɪzm‖-'tɜr-]⟨f1⟩⟨n.-telb.zn.⟩⟨fil.⟩ **0.1** ***determinisme*** *⇒noodwendigheidsleer, ontkenning v.d. vrije wil.*
de·ter·min·is·tic [dɪ'tɜ:mɪ'nɪstɪk‖-'tɜr-]⟨f1⟩⟨bn.⟩ **0.1** ***deterministisch.***
de·ter·rence [dɪ'terəns‖-'tɜr-]⟨telb. en n.-telb.zn.⟩ **0.1** ***afschrikking*** *⇒afschrikmiddel.*
de·ter·rent [dɪ'terənt‖-'tɜr-]⟨f2⟩⟨telb.zn.⟩ **0.1** ***afschrikwekkend middel*** *⇒afschrikmiddel;* ⟨i.h.b.⟩ *atoombom; strategische kernmacht.*
de·ter·sive [dɪ'tɜ:sɪv‖-'tɜr-]⟨telb.zn.⟩ **0.1** ***zuiverend/reinigend middel.***
de·test [dɪ'test]⟨f1⟩⟨ov.ww.⟩ **0.1** ***een afkeer hebben van*** *⇒walgen van, verafschuwen, een hekel hebben aan.*
de·test·a·ble [dɪ'testəbl]⟨f1⟩⟨bn.;-ly;-ness;→bijw. 3⟩ **0.1** ***afschuwelijk*** *⇒walgelijk.*
de·tes·ta·tion ['di:te'steɪʃn]⟨zn.⟩
I ⟨telb.zn.⟩ **0.1** ***voorwerp v. haat/afschuw;***
II ⟨n.-telb.zn.⟩ **0.1** ***afschuw*** *⇒haat, walging* ◆ **3.1** hold in ~ *verafschuwen.*
de·throne [dɪ'θroʊn]⟨f1⟩⟨ov.ww.⟩ **0.1** ***afzetten*** *⇒onttronen.*
de·throne·ment [dɪ'θroʊnmənt]⟨telb. en n.-telb.zn.⟩ **0.1** ***afzetting*** *⇒onttroning.*
det·i·nue ['detɪnju:‖'detn-u:]⟨zn.⟩⟨jur.⟩
I ⟨telb.zn.⟩ **0.1** ***eis tot teruggave*** ⟨v. roerende goederen onder beslag⟩;
II ⟨telb. en n.-telb.zn.⟩ **0.1** ***onrechtmatige beslaglegging*** ⟨op roerende goederen⟩.
det·o·nate ['detəneɪt‖'detn-eɪt]⟨f1⟩⟨ww.⟩
I ⟨onov.ww.⟩ **0.1** ***ontploffen*** *⇒detoneren, exploderen;*
II ⟨ov.ww.⟩ **0.1** ***doen ontploffen*** *⇒laten exploderen/ontbranden, tot ontploffing brengen;* ⟨fig.⟩ *uitlokken, doen ontbranden.*
det·o·na·tion ['detə'neɪʃn‖'detn'eɪʃn]⟨f1⟩⟨telb. en n.-telb.zn.⟩ **0.1** ***ontploffing*** *⇒detonatie, explosie, knal.*
det·o·na·tor ['detəneɪtə‖'detn-eɪtər]⟨telb.zn.⟩ **0.1** ***detonator*** *⇒slaghoedje, ontsteker, slagpijpje* **0.2** ⟨spoorwegen⟩ ***knalsein*** *⇒knalsignaal.*
de·tour[1] ['di:tʊə‖dɪ'tʊr]⟨f1⟩⟨telb.zn.⟩ **0.1** ***omweg*** *⇒bocht, (rivier) kronkel, lus* **0.2** ***omleiding*** *⇒omleidingsweg* ◆ **3.1** make a ~ *een omweg maken, omrijden.*
detour[2] ⟨f1⟩⟨ww.⟩
I ⟨onov.ww.⟩ **0.1** ***omrijden*** *⇒een omweg maken;*
II ⟨ov.ww.⟩ **0.1** ***omleiden.***
de·tox·i·cate ['di:'tɒksɪkeɪt‖-'tɑk-], **de·tox·i·fy** [-ʃɪfaɪ]⟨ov.ww.; →ww. 7⟩ **0.1** ***gif weghalen uit*** *⇒ontgiften, toxiciteit wegnemen uit;* ⟨fig.⟩ *neutraliseren* **0.2** ***ontwennen*** *⇒afwennen, (doen) afkicken* ◆ **1.1** ~ tensions *spanningen neutraliseren.*
de·tox·i·ca·tion ['di:tɒksɪ'keɪʃn‖-tɑk-], **de·tox·i·fi·ca·tion** [-sɪfɪ'keɪʃn]⟨n.-telb.zn.⟩ **0.1** ***ontgifting.***
detoxifi'cation centre ⟨telb.zn.⟩ **0.1** ***ontwenningskliniek*** *⇒afkickcentrum.*

de·tract [dɪ'trækt]⟨f1⟩⟨ww.⟩
I ⟨onov.ww.⟩ **0.1** ***geringschattend doen*** ◆ **6.¶** ~ **from** *kleineren, depreciëren, tekort doen aan; afbreuk doen aan, verminderen;*
II ⟨ov.ww.⟩ **0.1** ***afnemen*** ⇒*afleiden* **0.2** ⟨vero.⟩ ***belasteren*** ⇒*kleineren, vernederen* ◆ **1.1** ~ attention from sth. *ergens de aandacht van afleiden.*
de·trac·tion [dɪ'trækʃn]⟨telb. en n.-telb.zn.⟩ **0.1** ***geringschatting*** ⇒*het kleineren, depreciatie, het geringschatten* **0.2** ⟨vero.⟩ ***laster (ing)*** ◆ **6.1** a ~ **from** his reputation *een vermindering van zijn reputatie.*
de·trac·tor [dɪ'træktə‖-ər]⟨telb.zn.⟩ **0.1** ***iem. die kleineert*** **0.2** ⟨vero.⟩ ***lasteraar.***
de·trac·to·ry [dɪ'træktri], **de·trac·tive** [-tɪv]⟨bn.⟩ **0.1** ***kleinerend*** **0.2** ⟨vero.⟩ ***lasterend.***
de·train ['di:'treɪn]⟨ww.⟩⟨vnl. BE; mil.⟩
I ⟨onov.ww.⟩ **0.1** ***uitstappen*** ⟨uit trein⟩;
II ⟨ov.ww.⟩ **0.1** ***doen uitstappen*** ⇒*uitladen.*
de·trib·al·ize, -ise ['di:'traɪbəlaɪz]⟨ov.ww.⟩ **0.1** ***de stamtradities doen verliezen*** **0.2** ***uit de stam verjagen/losmaken.***
det·ri·ment ['detrɪmənt]⟨f2⟩⟨zn.⟩
I ⟨telb.zn.⟩ **0.1** ***oorzaak v. schade*** ◆ **6.1** be a ~ **to** health *schadelijk/nadelig voor de gezondheid zijn;*
II ⟨n.-telb.zn.⟩ **0.1** ***schade*** ⇒*kwaad, nadeel, letsel, averij* ◆ **6.1** **to** the ~ **of** *ten nadele van/tot schade aan;* **without** ~ **to** his health *zonder schade voor zijn gezondheid.*
det·ri·men·tal ['detrɪ'mentl]⟨f1⟩⟨bn.; -ly⟩ **0.1** ***schadelijk*** ⇒*slecht, kwalijk, nadelig.*
de·tri·tal [dɪ'traɪtl]⟨bn.⟩⟨geol.⟩ **0.1** ***puin-*** ⇒*erosie-.*
de·tri·ted [dɪ'traɪtɪd]⟨bn.⟩ **0.1** ***afgesleten*** ⇒⟨geol.⟩ *puin-, erosie-, verweerd.*
de·tri·tion [dɪ'trɪʃn]⟨n.-telb.zn.⟩ **0.1** ***afslijting*** ⇒*afschuring, erosie.*
de·tri·tus [dɪ'traɪtəs]⟨n.-telb.zn.⟩ **0.1** ⟨geol.⟩ ***detritus*** ⇒*(verwerings)puin* **0.2** ***bezinksel*** ⇒*(riool)slib.*
de trop [də 'troʊ]⟨bn., pred.⟩⟨schr.⟩ **0.1** ***te veel*** ⇒*ongewenst, niet welkom, in de weg.*
de·trun·cate ['di:'trʌŋkeɪt]⟨ov.ww.⟩ **0.1** ***(af)knotten*** ⇒*besnoeien, afsnijden.*
deuce [dju:s‖du:s]⟨f1⟩⟨zn.⟩
I ⟨telb.zn.⟩ **0.1** ***twee*** ⟨op dobbelsteen; vero. op kaart⟩ **0.2** ⟨poker⟩ ***één paar*** **0.3** ⟨vero.; inf.; euf.⟩ ***duivel*** ⇒*drommel, ongeluk, pech* ⟨zie ook 3.3, 4.3, 7.3⟩ **0.4** ⟨AE; sl.⟩ ***twee dollar*** **0.5** ⟨AE; sl.⟩ ***twee jaar gevangenis*** **0.6** ⟨AE; sl.⟩ ***slappeling*** ⇒*lafbek; kruimeldief* ◆ **3.3** there will be the ~ to pay *dan hebben we de poppen aan het dansen;* play the ~ with *een puinhoop maken v., vernielen;* ~ take it! *wel verdraaid!;* the ~ you will *o jawel; jazeker wel;* the ~ you won't *van zijn leven niet; o nee, daar komt niks van in* **4.3** what the ~ have you done? *wat heb je verdikkeme nou weer gedaan?;* where the ~ did I put my glass? *waar heb ik in vredesnaam mijn glas gelaten?;* who the ~ are you? *en wie ben jij dan wel?* **7.3** the ~! *goeie hemel!;* a/the ~ of a fight *een vreselijke knokpartij;*
II ⟨n.-telb.zn.⟩ **0.1** ⟨tennis⟩ ***deuce*** ⇒*veertig gelijk, veertig-veertig* **0.2** ⟨AE; golf⟩ ***(een hole in) twee slagen.***
'deuce-'ace ⟨telb.zn.⟩ **0.1** ⟨ong.⟩ ***'kinderschoenen'*** ⟨dobbelworp v. één plus twee⟩.
deu·ced ['dju:sɪd, 'dju:st‖'du:st]⟨bn.; bw.; -ly⟩⟨vero.; inf.; euf.⟩ **0.1** ***verduveld*** ⇒*verrekt, verduld, deksels.*
de·us ex mach·i·na ['deɪʊs eks 'mækɪnə]⟨telb.zn.⟩ **0.1** ***deus ex machina.***
Deut ⟨afk.⟩ Deuteronomy.
deu·ter·ag·o·nist ['dju:tə'rægənɪst‖'du:tə-]⟨telb.zn.⟩ **0.1** ***tweede acteur*** ⇒*tweede grote rol, deuteragonist.*
deu·te·ri·um [dju:'tɪərɪəm‖du:'tɪrɪəm]⟨n.-telb.zn.⟩⟨nat., schei.⟩ **0.1** ***deuterium*** ⇒*zware waterstof.*
deu'terium 'oxide ⟨n.-telb.zn.⟩⟨schei.⟩ **0.1** ***deuteriumoxide*** ⇒*zwaar water.*
deu·ter·o- ['dju:təroʊ‖'du:təroʊ] **0.1** ***deutero-*** ⇒*tweede.*
Deu·ter·o-I·sa·iah ['dju:təroʊaɪ'zaɪə‖'du:təroʊ-]⟨eig.n.⟩⟨bijb.⟩ **0.1** ***Deuterojesaja*** ⇒*de tweede Jesaja* ⟨de schrijver v. Jesaja 40-66⟩.
deu·ter·on ['dju:tərɒn‖'du:tərɑn]⟨telb.zn.⟩⟨nat., schei.⟩ **0.1** ***deuteron*** ⇒*deuton* ⟨kern v. deuterium⟩.
Deu·ter·on·o·mist ['dju:tə'rɒnəmɪst‖'du:tə'rɑ-]⟨eig.n.⟩ **0.1** ***schrijver v.h. bijbelboek Deuteronomium.***
Deu·ter·on·o·my ['dju:tə'rɒnəmi‖'du:tə'rɑ-]⟨eig.n.⟩⟨bijb.⟩ **0.1** ***Deuteronomium*** ⟨vijfde boek v.h. O.T.⟩.
deut·zi·a ['dju:tsɪə, 'dɔɪt-‖'du:-, 'dɔɪt-]⟨telb. en n.-telb.zn.⟩⟨plantk.⟩ **0.1** ***deutzia*** ⟨soort sierheester, genus Deutzia⟩ ⇒*bruidsbloem.*
de·val·u·a·tion ['di:vælju'eɪʃn]⟨f1⟩⟨telb. en n.-telb.zn.⟩ **0.1** ***devaluatie*** ⇒*het devalueren, waardevermindering, depreciatie.*
de·val·u·a·tion·ist ['di:vælju'eɪʃənɪst]⟨telb.zn.⟩ **0.1** ***voorstander v. devaluatie.***
de·val·ue ['di:'vælju:], **de·val·u·ate** [-jʊeɪt]⟨f1⟩⟨onov. en ov.ww.⟩ **0.1** ***devalueren*** ⇒*in waarde (doen) dalen, depreciëren.*
dev·as·tate ['devəsteɪt]⟨f2⟩⟨ov.ww.⟩ →devastating **0.1** ***verwoesten*** ⇒*ruïneren, vernietigen.*
dev·as·ta·ting ['devəsteɪtɪŋ]⟨f1⟩⟨bn.; teg. deelw. v. devastate; -ly⟩ **0.1** ***vernietigend*** ⇒*verwoestend, verschrikkelijk* **0.2** ⟨inf.⟩ ***fantastisch*** ⇒*fabelachtig, geweldig, afgrijselijk goed.*
dev·as·ta·tion ['devə'steɪʃn]⟨f1⟩⟨telb. en n.-telb.zn.⟩ **0.1** ***verwoesting*** ⇒*vernietiging.*
dev·as·ta·tor ['devəsteɪtə‖-steɪtər]⟨telb.zn.⟩ **0.1** ***verwoester*** ⇒*vernieler.*
de·vel·op [dɪ'veləp]⟨f3⟩⟨ww.⟩
I ⟨onov.ww.⟩⟨AE⟩ **0.1** ***bekend/ontdekt worden*** ⇒*aan de dag komen;*
II ⟨onov. en ov.ww.⟩ **0.1** ⟨ben. voor⟩ ***(zich) ontwikkelen*** ⇒*(doen) ontstaan, (doen) groeien; (doen) evolueren/rijpen; (doen) uitbreiden; (zich) (doen) ontvouwen* ◆ **1.1** ~ a cold *een verkoudheid krijgen/verkouden worden;* ~ a severe illness *een ernstige ziekte krijgen/oplopen;* ~ a lot of smoke *veel rookontwikkeling geven;* ~ing troubles *opkomende/sluimerende/broeiende problemen* **6.1** ~ **from** a bud **into** a flower *van knop tot bloem worden;*
III ⟨ov.ww.⟩ **0.1** ⟨ben. voor⟩ ***ontwikkelen*** ⇒*uitwerken; tot ontwikkeling brengen; ontginnen* **0.2** ***ontvouwen*** ⇒*uiteenzetten* **0.3** ⟨AE⟩ ***aan het daglicht brengen*** ⇒*bekend maken* ◆ **1.1** ~ing country/nation *ontwikkelingsland/gebied, Derde-Wereldland;* ~ a film *een film(pje) ontwikkelen;* ⟨schaken⟩ ~ a piece *een stuk ontwikkelen;* ⟨muz.⟩ ~ a theme *een thema uitwerken/ontwikkelen.*
de·vel·op·a·ble [dɪ'veləpəbl]⟨bn.⟩ **0.1** ***ontwikkelbaar*** ⇒*te ontwikkelen* ◆ **1.1** ⟨wisk.⟩ ~ surface *ontwikkelbaar oppervlak.*
de·vel·op·er [dɪ'veləpə‖-ər]⟨f2⟩⟨zn.⟩
I ⟨telb.zn.⟩ **0.1** ***iem. die ontwikkelt*** ⇒*ontwikkelaar,* ⟨i.h.b.⟩ *projectontwikkelaar;*
II ⟨telb. en n.-telb.zn.⟩⟨foto.⟩ **0.1** ***ontwikkelaar.***
de·vel·op·ment [dɪ'veləpmənt]⟨f3⟩⟨zn.⟩
I ⟨telb.zn.⟩ **0.1** ***ontwikkeling*** **0.2** ***gebeurtenis*** ⇒*resultaat v. ontwikkeling* **0.3** ***(nieuw)bouwproject*** ◆ **3.1** await further ~s *afwachten wat er verder komt/gaat gebeuren;*
II ⟨telb. en n.-telb.zn.⟩ **0.1** ⟨ben. voor⟩ ***ontwikkeling*** ⇒*verloop; evolutie; ontplooiing, ontvouwing; groei, het ontwikkelen, wasdom; verdere uitwerking* **0.2** ⟨muz.⟩ ***uitwerking*** ⟨v. thema⟩.
de'velopment aid ⟨f1⟩⟨n.-telb.zn.⟩ **0.1** ***ontwikkelingshulp.***
de·vel·op·men·tal [dɪ'veləp'mentl]⟨bn.; -ly⟩⟨schr.⟩ **0.1** ***ontwikkelings-*** ◆ **1.1** ⟨dierk.⟩ ~ biology *ontwikkelingsmechanika, ontwikkelingsfysiologie;* ~ diseases *groeiziekten, ontwikkelingsziekten.*
de'velopment area ⟨telb.zn.⟩⟨BE⟩ **0.1** ***ontwikkelingsgebied.***
de'velopment project ⟨telb.zn.⟩ **0.1** ***ontwikkelingsproject.***
de·verb·a·tive ['di:'vɜ:bətɪv‖-'vɜrbətɪv]⟨bn.⟩⟨taalk.⟩ **0.1** ***deverbatief*** ⇒*v. werkwoord afgeleid.*
de·vi·ance ['di:vɪəns], **de·vi·an·cy** [-si]⟨telb. en n.-telb.zn.; →mv. 2⟩ **0.1** ***afwijking*** ⇒*afwijkend/abnormaal gedrag.*
de·vi·ant[1] ['di:vɪənt], **de·vi·ate** ['di:vɪət]⟨telb.zn.⟩ **0.1** ***afwijkend persoon*** **0.2** ***anders geaarde*** ⇒*abnormaal iemand.*
deviant[2] ⟨f1⟩⟨bn.⟩ **0.1** ***afwijkend*** ⇒*tegen de norm* **0.2** ***anders geaard*** ⇒*abnormaal.*
de·vi·ate ['di:vieɪt]⟨f1⟩⟨onov.ww.⟩ **0.1** ***afwijken*** ⇒*afdwalen* ◆ **6.1** ~ **from** *afwijken van.*
de·vi·a·tion ['di:vi'eɪʃn]⟨f2⟩⟨zn.⟩
I ⟨telb.zn.⟩ **0.1** ***afwijking*** ⟨v.d. geldende norm⟩ ⇒*deviatie, discrepantie, abnormale trek, anomalie* **0.2** ⟨pol.; vaak pej.⟩ ***afwijkende mening*** ⇒*ketterij, dissidentie* **0.3** ⟨cyb.⟩ ***koersverandering*** ⇒*kompasfout;*
II ⟨telb. en n.-telb.zn.⟩ **0.1** ***afwijking*** ⇒*abnormaliteit, het afwijken.*
de·vi·a·tion·ism ['di:vi'eɪʃənɪzm]⟨n.-telb.zn.⟩⟨pol.; vaak pej.⟩ **0.1** ***het afwijken v.d. partijlijn*** ⟨vnl. v.d. communistische partij⟩ ⇒*afvalligheid, ketterij.*
de·vi·a·tion·ist ['di:vi'eɪʃənɪst]⟨telb.zn.⟩⟨pol.; vaak pej.⟩ **0.1** ***dissident*** ⟨vnl. v.d. communistische partij⟩ ⇒*ketter, iem. die afwijkt v.d. leer/partijlijn, andersdenkende, afvallige.*
de·vice [dɪ'vaɪs]⟨f3⟩⟨zn.⟩
I ⟨telb.zn.⟩ **0.1** ***apparaat*** ⇒*toestel, inrichting, instrument* **0.2** ***middel*** ⇒*kunstgreep, truc, list, (snood) plan, oogmerk* **0.3** ⟨vaak mv.⟩ ***wens*** ⇒*neiging, wil* **0.4** ***devies*** ⇒*motto, leus* **0.5** ***tekening*** ⇒*ontwerp, patroon, figuur* **0.6** ***emblemisch figuur*** ⟨op wapen⟩ ⇒*embleem* ◆ **3.¶** leave s.o. to his own ~s *iem. aan z'n lot overlaten;*
II ⟨n.-telb.zn.⟩ **0.1** ⟨vero.⟩ ***makelij*** ⇒*uiterlijk, ontwerp* **0.2** ⟨vero.⟩ ***het plannen maken*** ⇒*beraming, het uitdenken.*
dev·il[1] ['devl]⟨f3⟩⟨zn.⟩⟨→sprw. 55, 105-108, 221, 266, 483, 607, 622,

644⟩
I ⟨eig.n.; vnl. D-; the⟩ 0.1 *Duivel* ⇒*Satan, de Zwarte, de Boze;*
II ⟨telb.zn.⟩ 0.1 *duivel* ⇒*duvel, boze geest, droes, drommel, vals beest* ⟨vnl. als krachtterm⟩ 0.2 ⟨ben. voor⟩ *man/jongen* ⇒*bliksem, donder, valsaard, kerel, vent, drommel, duvel* 0.3 ⟨Z. Afr. E⟩ *zandstorm* ⇒*zandhoos* 0.4 *scheurmachine* ⇒*lompenwolf* 0.5 *duvelstoejager* ⇒*hulpje* ⟨v. advocaat, drukker e.d.⟩ 0.6 *sterk gekruid/gepeperd vleesgerecht* 0.7 ⟨dierk.⟩ *Tasmaanse duivel* ⟨zwarte buidelmarter; Sacrophilus harrisii⟩ ◆ 1.¶ give the ~ his due *ieder het zijne geven (dan heeft de duivel niets), ere wie ere toekomt, je moet hem/haar ⟨enz.⟩ nageven dat ...;* ~ take the hindmost *ieder voor zich en God voor ons allen;* ⟨wielrennen⟩ *afvalwedstrijd,* ⟨B.⟩ *afvallingswedstrijd;* it's the ~'s own job *het is een heidense klus om ...;* have the ~'s own luck *al het geluk v.d. wereld/geweldige mazzel hebben;* ⟨AE; inf.⟩ whip the ~ around the stump *er komen met list en bedrog* 2.2 poor ~ *arme bliksem/donder/drommel* 3.¶ be a ~ *kom op, spring eens uit de band;* ⟨sl.⟩ go to the ~! *loop naar de maan/bliksem/duivel!, rot op!;* ⟨sl.⟩ go to the ~ *naar de donder/bliksem gaan;* there'll be the ~ to pay *dan krijgen we de poppen aan het dansen;* play the ~ with *een puinhoop maken van;* raise the ~ *tekeergaan, opspelen;* ⟨sl.⟩ the ~ take it! *verdomme!;* the ~ you will/can *jazeker wel;* the ~ he won't/can't *om de dooie dood niet;* wish s.o. at the ~ *iem. naar de hel/maan wensen* 4.¶ ~ a one/bit *geen donder/bliksem, niet het minste geringste;* what/where/who the ~ *wat/waar/wie voor de duivel* 6.¶ run **like** the ~ *lopen als een haas;* (work) **like** a ~ *(zich) uit de naad (werken);* a/the ~ **of** an undertaking *een ontzettende/vreselijke onderneming, een helse klus;* our John is a ~ **with** the ladies *onze John is een echte charmeur/een grote versierder* 7.¶ the (very) ~ *verduveld moeilijk/lastig.*

devil[2] ⟨ww.; →ww. 7⟩
I ⟨onov.ww.⟩ 0.1 *duvelstoejager zijn* ◆ 6.1 ~ **for** a barrister *duvelstoejager/klerk v.e. advocaat zijn;*
II ⟨ov.ww.⟩ 0.1 *met hete kruiden grillen/peperen* ⇒*in pepersaus stoven/braden* 0.2 *scheuren* ⟨lompen, papier e.d.⟩ 0.3 ⟨AE; inf.⟩ *lastigvallen* ⇒*kwellen, pesten, treiteren, duivelen.*

'dev·il·fish ⟨telb.zn.⟩ ⟨dierk.⟩ 0.1 *zeeduivel* ⟨zeer grote zeevis; Lophius piscatorius⟩ 0.2 *duivelsrog* ⟨zeer grote rog; v.d. fam. Mobulidae⟩ ⇒⟨i.h.b.⟩ *reuzenmanta* ⟨Manta birostris⟩ 0.3 *octopus.*

dev·il·ish[1] ['dev(ə)lɪʃ] ⟨f2⟩ ⟨bn.; -ly; -ness⟩ 0.1 *duivels* ⇒*boosaardig, kwaadaardig, snood* 0.2 *buitensporig* ⇒*uiterst, intens.*

devilish[2] ⟨f1⟩ ⟨bw.⟩ ⟨vero.; inf.⟩ 0.1 *drommels* ⇒*verduiveld.*

dev·il·ism ['devəlɪzm] ⟨n.-telb.zn.⟩ 0.1 *duivelsaanbidding* 0.2 *duivelachtigheid.*

'dev·il-may-'care ⟨bn.⟩ 0.1 *roekeloos* ⇒*onverschillig, wie-dan-leeft-wie-dan-zorgt, na ons de zondvloed.*

dev·il·ment ['devlmənt] ⟨zn.⟩
I ⟨telb.zn.⟩ 0.1 *duivelsstreek* ⇒*ondeugende streek;*
II ⟨n.-telb.zn.⟩ 0.1 *ondeugd* ⇒*ondeugendheid, streken, kattekwaad* 0.2 *dolle vrolijkheid* ⇒*uitgelatenheid* ◆ 6.2 full of ~ *door het dolle heen, volkomen uitgelaten.*

dev·il·ry ['devlri], **dev·il·try** [-tri] ⟨zn.; →mv. 2⟩
I ⟨telb.zn.⟩ 0.1 *duivelsstreek* ⇒*ondeugende streek;*
II ⟨n.-telb.zn.⟩ 0.1 *ondeugd* ⇒*ondeugendheid, streken, kattekwaad* 0.2 *dolle vrolijkheid* ⇒*uitgelatenheid* 0.3 *hekserij* ⇒*duivelskunsten, duivelarij, tovenarij, zwarte kunst* 0.4 *wreedheid* ⇒*slechtheid* 0.5 *de duivel en zijn werken.*

devil's advocate ['devlz 'ædvəkət] ⟨f1⟩ ⟨telb.zn.⟩ 0.1 *duivelsadvocaat* ⇒*advocatus diaboli, advocaat v.d. duivel.*

'devil's 'bit ⟨telb.zn.⟩ ⟨plantk.⟩ 0.1 *Chamaelirium luteum* ⟨Noord-Am. plant⟩.

'devil's 'bones ⟨mv.⟩ ⟨sl.⟩ 0.1 *dobbelstenen.*

'devil's 'book, 'devil's 'picture book ⟨telb.zn.⟩ 0.1 *des duivels prentenboek* ⟨stok speelkaarten⟩.

'devil's 'coachhorse ⟨telb.zn.⟩ ⟨vnl. BE; dierk.⟩ 0.1 *roofkever* ⟨Goerius olens⟩.

'devil's 'darning needle ⟨telb.zn.⟩ ⟨inf.; dierk.⟩ 0.1 *waterjuffer* ⇒*libelle* ⟨orde Odonata⟩.

'devil's 'dirt, 'devil's 'dung ⟨telb. en n.-telb.zn.⟩ 0.1 ⟨plantk.⟩ *duivelsdrek* ⟨Asa foetida⟩ 0.2 *duivelsdrek* ⟨gomhars v. planten v.h. genus Ferula⟩.

'devil's 'dozen ⟨telb.zn.⟩ 0.1 *duivelsdozijn* ⟨dertien⟩.

'devil's-food cake ⟨telb. en n.-telb.zn.⟩ 0.1 *donkere chocoladecake.*

'Devil's 'Island ⟨eig.n.⟩ ⟨gesch.⟩ 0.1 *Duivelseiland* ⇒*Île du Diable.*

'dev·ils-on-'horse·back ⟨mv.⟩ 0.1 *oesters in bacon.*

'devil's pater'noster ⟨telb.zn.⟩ 0.1 *het Onze Vader achterstevoren* ⟨als hekserij⟩ 0.2 *gemompelde vloek.*

'devil's 'tat'too ⟨n.-telb.zn.⟩ 0.1 *(vinger)getrommel* ⇒*(voeten)gestamp, (handen)geroffel.*

'dev·il·wood ⟨telb.zn.⟩ ⟨AE; plantk.⟩ 0.1 *Amerikaanse olijf(boom)* ⟨hardhouten boom; Osmanthus americanus⟩.

de·vi·ous ['di:vɪəs] ⟨f1⟩ ⟨bn.; -ly; -ness⟩ 0.1 *kronkelend* ⇒*slingerend, dwalend;* ⟨fig.⟩ *omslachtig, wijdlopig* 0.2 *onoprecht* ⇒*onbetrouwbaar, sluw* 0.3 *afgezonderd* ⇒*afgelegen* ◆ 1.1 ~ path *kronkelweggetje;* ~ route *omweg* 1.2 by ~ ways *langs slinkse wegen.*

de·vis·a·ble [dɪ'vaɪzəbl] ⟨bn.⟩ 0.1 *bedenkbaar* ⇒*te beramen, planbaar, te plannen* 0.2 ⟨jur.⟩ *nalaatbaar* ⇒*legateerbaar.*

de·vise[1] [dɪ'vaɪz] ⟨zn.⟩ ⟨jur.⟩
I ⟨telb.zn.⟩ 0.1 *testamentaire beschikking* ⇒*legaat, erfmaking;*
II ⟨n.-telb.zn.⟩ 0.1 *het nalaten* ⇒*het legateren, het vermaken* 0.2 *nalatenschap* ⇒*legaat, erfenis.*

devise[2] ⟨f2⟩ ⟨ov.ww.⟩ 0.1 *bedenken* ⇒*uitdenken, uitvinden, beramen, ontwerpen, verzinnen* 0.2 ⟨jur.⟩ *nalaten* ⇒*legateren, legeren, vermaken* 0.3 ⟨vero.⟩ *raden* ⇒*zich voorstellen.*

de·vi·see ['devɪ'zi:, dɪ'vaɪ'zi:] ⟨telb.zn.⟩ ⟨jur.⟩ 0.1 *legataris* ⇒*gebeneficieerde.*

de·vi·ser [dɪ'vaɪzə‖-zər] ⟨telb.zn.⟩ 0.1 *plannenmaker* ⇒*beramer, uitdenker, ontwerper.*

de·vi·sor [dɪ'vaɪzə‖devə'zɔr] ⟨telb.zn.⟩ ⟨jur.⟩ 0.1 *legator* ⇒*erflater.*

de·vi·tal·i·za·tion, -sa·tion ['di:vaɪtl·aɪ'zeɪʃn‖-ə'zeɪʃn] ⟨n.-telb.zn.⟩ 0.1 *ontroving van levenslust* ⇒*vermindering van levenslust.*

de·vi·tal·ize, -ise ['di:'vaɪtļaɪz] ⟨ov.ww.⟩ 0.1 *minder levenslustig maken* ⇒*de levenslust ontnemen, van levenskracht/moed beroven.*

de·vit·ri·fy ['di:'vɪtrɪfaɪ] ⟨ov.ww.; →ww. 7⟩ 0.1 *ontglazen* ⇒*ondoorzichtig maken* ⟨bv. glas⟩.

de·vo·cal·ize ['di:'voʊkəlaɪz], **de·voice** ['di:'vɔɪs] ⟨ov.ww.⟩ ⟨taalk.⟩ 0.1 *stemloos maken.*

de·void [dɪ'vɔɪd] ⟨f1⟩ ⟨bn., pred.⟩ ⟨schr.⟩ 0.1 *verstoken* ⇒*ontbloot, gespeend* ◆ 6.1 ~ **of** feeling *van gevoel gespeend.*

de·voir [dəv'wɑ:‖-'wɑr] ⟨telb.zn.⟩ 0.1 ⟨vnl. mv.⟩ ⟨gesch.⟩ *complimenten* ⇒*beleefdheidsbetuiging* ◆ 3.1 pay one's ~s to *zijn opwachting maken bij.*

dev·o·lu·tion ['di:və'lu:ʃn] ⟨n.-telb.zn.⟩ 0.1 *het delegeren* ⇒*overdracht, het overdragen* 0.2 *decentralisatie* 0.3 *negatieve ontwikkeling* ⇒*terugval, regressie* 0.4 ⟨biol.⟩ *degeneratie* ⇒*verbastering* 0.5 ⟨jur.⟩ *devolutie* ⇒*overgang* ⟨v. recht/goederen aan kind uit eerste huwelijk⟩.

de·volve [dɪ'vɒlv‖dɪ'vɑlv] ⟨ww.⟩ ⟨schr.⟩
I ⟨onov.ww.⟩ 0.1 *neerkomen* ⇒*terechtkomen, belanden* 0.2 ⟨jur.⟩ *toevallen* ⇒*devolveren* ◆ 6.1 his duties ~d **on/to/upon** his secretary *zijn taken gingen over op/werden overgenomen door zijn secretaris* 6.2 the property ~d **to** his son *het land viel toe aan zijn zoon;*
II ⟨ov.ww.⟩ 0.1 *afschuiven* ⇒*delegeren, afwentelen, overdragen* ◆ 6.1 ~ **on/to/upon** *afschuiven/afwentelen op, delegeren/overdragen aan.*

De·vo·ni·an[1] [dɪ'voʊnɪən] ⟨zn.⟩
I ⟨telb.zn.⟩ 0.1 *iem. uit Devon(shire);*
II ⟨n.-telb.zn.; the⟩ ⟨geol.⟩ 0.1 *Devoon.*

Devonian[2] ⟨bn.⟩ 0.1 *uit/van Devon(shire)* 0.2 ⟨geol.⟩ *uit het Devoon.*

Dev·on·shire cream ['devnʃə 'kri:m‖'devnʃər-] ⟨n.-telb.zn.⟩ 0.1 *dikke room.*

de·vote [dɪ'voʊt] ⟨f3⟩ ⟨ov.ww.⟩ →devoted 0.1 *(toe)wijden* ⇒*besteden* 0.2 ⟨vero.⟩ *verdoemen* ⇒*vervloeken* ◆ 6.1 ~ one's life **to** sth. *z'n leven aan iets wijden;* ~ o.s. **to** *zich overgeven aan.*

de·vot·ed [dɪ'voʊţɪd] ⟨f3⟩ ⟨bn.; volt. deelw. v. devote; -ly; -ness⟩ 0.1 *toegewijd* ⇒*liefhebbend, verknocht, gehecht* ◆ 6.1 ~ **to** *verknocht/toegewijd/gehecht aan, dol op.*

de·vot·ee ['devə'ti:] ⟨f1⟩ ⟨telb.zn.⟩ 0.1 *liefhebber* ⇒*aanbidder, enthousiast, fan* ⟨v. sport, muziek, e.d.⟩ 0.2 *devoot* ⇒*vereerder, gelovige, aanhanger, volgeling* ⟨v. religieuze sekte⟩ 0.3 *dweper* ⇒*fanaticus, zeloot, kwezel* ◆ 6.1 ~ **of** Chopin *liefhebber van Chopin.*

de·vo·tion [dɪ'voʊʃn] ⟨f3⟩ ⟨zn.⟩
I ⟨n.-telb.zn.⟩ 0.1 *toewijding* ⇒*liefde, verknochtheid, overgave* 0.2 *het besteden* ⇒*het (toe)wijden* 0.3 *vroomheid* ⇒*godsvrucht, devotie, vrome toewijding* ◆ 6.1 ~ **to** duty *plichtsbetrachting;*
II ⟨mv.; ~s⟩ 0.1 *gebeden* ⇒*godsdienstoefeningen* ◆ 6.1 the Pope was **at** his ~s *de paus verkeerde/was in gebed.*

de·vo·tion·al[1] [dɪ'voʊʃnəl] ⟨telb.zn.⟩ ⟨AE⟩ 0.1 *(korte) godsdienstoefening.*

devotional[2] ⟨f1⟩ ⟨bn.; -ly⟩ 0.1 *godsdienstig* ⇒*gewijd; stichtelijk* ◆ 1.1 a ~ exercise *een godsdienstoefening.*

de·vour [dɪ'vaʊə‖-ər] ⟨f2⟩ ⟨ov.ww.⟩ ⟨→sprw. 429⟩ 0.1 *verslinden* ⟨ook fig.⟩ ⇒*verzwelgen* 0.2 ⟨vnl. pass.⟩ *verteren* ⇒*absorberen.*

de·vout [dɪ'vaʊt] ⟨f2⟩ ⟨bn.; -ly; -ness⟩ 0.1 *devoot* ⇒*vroom, godvruchtig* 0.2 *vurig* ⇒*oprecht, gemeend, diep, hartelijk.*

dew[1] [dju:‖du:] ⟨f2⟩ ⟨n.-telb.zn.⟩ 0.1 *dauw* 0.2 ⟨ben. voor⟩ *vocht (druppels)* ⇒*tranen; zweet; water* 0.3 ⟨AE; inf.⟩ *whisky.*

dew[2] ⟨ww.⟩
I ⟨onov.ww.⟩ ⟨vero.; onpersoonlijk⟩ 0.1 *dauwen* ⇒*regenen,*

druppelen, zich als dauw vormen ◆ **3.1** it has started to ~ *het is gaan dauwen;*
II ⟨ov.ww.⟩ **0.1** ***bedauwen*** ⇒*bevochtigen, met water(druppels) bedekken.*

Dew·ar ['dju:ə‖'du:ər], **'Dewar 'flask** ⟨telb.zn.⟩ **0.1** ***dewarvat*** ⇒*thermosfles.*

dew·ber·ry ['dju:bri‖'du:beri]⟨telb.zn.⟩⟨plantk.⟩ **0.1** ***dauwbraam*** ⟨braam met bewaasde vrucht; Rubus caesius⟩ **0.2** ***Amerikaanse dauwbraam*** ⟨Rubus hispidus⟩ **0.3** ***dauwbraambes.***

'dew·claw ⟨telb.zn.⟩ **0.1** ***achterteen*** ⟨bv. bij honden⟩.

'dew·drop ⟨f1⟩ ⟨telb.zn.⟩ **0.1** ***dauwdrup(pel)*** ⇒*dauwdrop(pel)* **0.2** ⟨scherts.⟩ ***druppel aan iemands neus.***

Dew·ey system ['dju:i 'sɪstəm‖'du:i-], **'Dewey 'decimal system** ⟨n.-telb.zn.⟩ **0.1** ***deweysysteem*** ⟨in de bibliografische systematiek⟩.

'dew·fall ⟨n.-telb.zn.⟩ **0.1** ***het vallen v.d. (avond)dauw*** ⇒*avond.*

dew·lap ['dju:læp‖'du:-]⟨telb.zn.⟩ **0.1** ***kossem*** ⇒*halskwab(be)* ⟨bij runderen, honden, e.d.⟩.

de·worm [di:'wɜ:m‖-'wɜrm]⟨ov.ww.⟩ **0.1** ***ontwormen*** ⟨honden enz.⟩.

'dew point ⟨n.-telb.zn.⟩ **0.1** ***dauwpunt.***

'dew·pond ⟨telb.zn.⟩⟨BE⟩ **0.1** ***ondiep (kunstmatig) vijvertje.***

'dew-worm ⟨telb.zn.⟩ **0.1** ***regenworm*** ⇒*dauwpier, aardworm.*

dew·y ['dju:i‖'du:i]⟨bn.; -er; -ly; -ness; →bijw. 3⟩ **0.1** ***vochtig*** ⇒*bedauwd* **0.2** ***dauwachtig*** ⇒*als dauw, dauwig.*

'dew·y-'eyed ⟨bn.⟩ **0.1** ***vol vertrouwen*** ⇒*kinderlijk onschuldig.*

dex [deks], **dex·ie** ['deksi]⟨telb.zn.⟩⟨sl.⟩ **0.1** ***dexedrinetablet.***

dex·ter ['dekstə‖-ər]⟨bn.⟩ **0.1** ***rechts*** ⟨ook heraldiek⟩ **0.2** ⟨vero.⟩ ***gunstig.***

dex·ter·i·ty [dek'sterəṭi]⟨f1⟩⟨n.-telb.zn.⟩ **0.1** ***handigheid*** ⇒*behendigheid, kunde, kundigheid, bedrevenheid, (hand)vaardigheid* **0.2** ⟨zelden⟩ ***rechtshandigheid.***

dex·ter·ous, dex·trous ['dekstrəs]⟨f1⟩⟨bn.; -ly; -ness⟩ **0.1** ***handig*** ⇒*bedreven, kundig, (hand)vaardig, knap, behendig* **0.2** ⟨zelden⟩ ***rechtshandig*** ⇒*rechts.*

dex·tral[1] ['dekstrəl]⟨telb.zn.⟩ **0.1** ***rechtshandige.***

dextral[2] ⟨bn.; -ly⟩ **0.1** ***rechts*** ⇒*rechtshandig* **0.2** ***rechtsgewonden*** ⟨v. schelp⟩.

dex·tran ['dekstrən]⟨n.-telb.zn.⟩⟨schei.⟩ **0.1** ***dextran*** ⇒*macrodex* ⟨plasmavervangend middel⟩.

dex·tran·ase ['dekstrəneɪs,-neɪz]⟨n.-telb.zn.⟩ **0.1** ***dextranase*** ⟨enzym⟩.

dex·trin ['dekstrɪn], **dex·trine** [-stri:n]⟨n.-telb.zn.⟩⟨schei.⟩ **0.1** ***dextrien*** ⟨gomachtige stof⟩.

dex·tro- ['dekstroʊ]⟨schei.⟩ **0.1** ***dextro-*** ⇒*rechtsdraaiend* ◆ **¶.1** dextrorotary *rechtsdraaiend.*

dex·tro·am·phet·a·mine ['dekstroʊæm'fetəmɪn‖-'feṭəmi:n]⟨telb. en n.-telb.zn.⟩ **0.1** ***dextroamfetamine*** ⟨stimulerend middel⟩.

dex·trorse ['dekstrɔ:s‖-trɔrs]⟨bn.⟩⟨vnl. plantk.⟩ **0.1** ***rechtswindend.***

dex·trose ['dekstroʊz‖-oʊs]⟨n.-telb.zn.⟩⟨schei.⟩ **0.1** ***dextrose*** ⇒*druivesuiker.*

dey [deɪ]⟨telb.zn.⟩⟨gesch.⟩ **0.1** ***dei*** ⇒*dey* ⟨titel v.d. heerser v. Algiers/Tunis⟩.

DF ⟨afk.⟩ Defender of the Faith, direction finder.

DFC ⟨afk.⟩ Distinguished Flying Cross ⟨BE⟩.

DFM ⟨afk.⟩ Distinguished Flying Medal ⟨BE⟩.

dft ⟨afk.⟩ defendant, draft.

DG ⟨afk.⟩ **0.1** ⟨Dei gratia; Deo gratias⟩ ***D.G.*** **0.2** ⟨Dragoon Guards⟩ **0.3** ⟨director general⟩.

dhar·ma ['dɑ:mə‖'dɑrmə]⟨n.-telb.zn.⟩⟨Ind. E⟩ **0.1** ***dharma*** ⇒*wet, moraal;* ⟨bij uitbr.⟩ *deugdzaamheid, recht(vaardigheid), gebruik.*

DHHS ⟨afk.⟩ Department of Health and Social Security ⟨GB⟩.

Dhimotiki →demotic.

dho·bi ['doʊbi]⟨telb.zn.⟩⟨Ind. E⟩ **0.1** ***wasbaas*** ⇒*wasvrouw, wasman.*

'dhobi 'itch, dhobi's itch ⟨telb. en n.-telb.zn.⟩⟨Ind. E⟩ **0.1** ***tropische huidontsteking.***

dho·ti ['doʊṭi], **dhoo·ti** ['du:ṭi]⟨telb.zn.⟩⟨Ind. E⟩ **0.1** ***lendendoek*** ⇒*lendenschort.*

dhow [daʊ]⟨telb.zn.⟩ **0.1** ***dhow*** ⟨Arabisch vrachtzeilschip⟩.

dhurra →durra.

di- [daɪ,dɪ] **0.1** ***di-*** ⇒*tweemaal;* ⟨schei.⟩ *met twee atomen/groepen* **0.2** ⟨voor klinker⟩ →dia- ◆ **¶.1** dioxide *dioxyde.*

DI ⟨afk.⟩ Defence Intelligence ⟨BE⟩.

dia ⟨afk.⟩ diameter **0.1** ***dia.***

di·a- ['daɪə], ⟨voor klinker⟩ **di- 0.1** ***dia-/di-*** ⟨doorheen; uiteen; tegenover⟩ ◆ **¶.1** diatropism *diatropie;* dioptric *dioptrisch.*

di·a·be·tes ['daɪə'bi:ṭi:z]⟨f1⟩⟨telb. en n.-telb.zn.; diabetes; →mv. 5⟩ **0.1** ***diabetes*** **0.2** →diabetes mellitus.

diabetes in·sip·i·dus [- ɪn'sɪpɪdəs]⟨telb. en n.-telb.zn.⟩ **0.1** ***diabetes insipidus*** ⟨ziekte waarbij veel urine zonder suiker wordt afgescheiden⟩.

diabetes mel·li·tus [- 'melɪṭəs]⟨telb. en n.-telb.zn.⟩ **0.1** ***suikerziekte*** ⇒*diabetes mellitus.*

di·a·bet·ic[1] ['daɪə'beṭɪk]⟨f1⟩⟨telb.zn.⟩ **0.1** ***diabeticus/diabetica*** ⇒*suikerzieke, lijder/lijdster aan suikerziekte.*

diabetic[2] ⟨f1⟩⟨bn.⟩ **0.1** ***van/voor diabetici/suikerzieken*** **0.2** ***van/tegen/mbt. suikerziekte*** ⇒*diabetes-.*

di·a·ble·rie, di·a·ble·ry [di:'ɑ:bləri]⟨telb. en n.-telb.zn.; →mv. 2⟩ **0.1** ***duivelskunst(enarij)*** ⇒*hekserij, tovenarij, zwarte kunst* **0.2** ***ondeugendheid*** ⇒*uitgelatenheid, streken, kattekwaad, dolle vrolijkheid* **0.3** ***afbeelding van de duivel(s)*** ⇒*duivelsprent.*

di·a·bol·ic ['daɪə'bɒlɪk‖-'bɑlɪk], **di·a·bol·i·cal** [-ɪkl]⟨f1⟩⟨bn.; -(al)ly; -(al)ness; →bijw. 3⟩ **0.1** ***(afkomstig) v.d. duivel*** ⇒*duivels* **0.2** ***diabolisch*** ⇒*duivels, wreed, kwaadaardig, snood, gemeen, slecht* **0.3** ***onaangenaam*** ⇒*vervelend.*

di·a·bol·i·cal ['daɪə'bɒlɪkl‖-'bɑlɪkl]⟨bn.; -ly; -ness⟩ **0.1** ***afschuwelijk*** ⇒*afschuwelijk slecht/groot* **0.2** ***afschuwelijk*** ⇒*afgrijselijk, ontzettend* **0.3** →diabolic ◆ **2.2** ~ly dangerous *ontzettend gevaarlijk.*

di·ab·o·lism [daɪ'æbəlɪzm]⟨n.-telb.zn.⟩ **0.1** ***hekserij*** ⇒*tovenarij, duivelskunsten, zwarte kunst, duivelarij, duivelse praktijken* **0.2** ***duivels gedrag*** ⇒*duivelachtigheid, kwaadaardigheid* **0.3** ***duivelaanbidding*** ⇒*duivelverering.*

di·ab·o·list [daɪ'æbəlɪst]⟨telb.zn.⟩ **0.1** ***duivelaanbidder*** ⇒*satanist, satanskind* **0.2** ***duivelskunstenaar*** ⇒*(boze) tovenaar.*

di·ab·o·lize, -lise [daɪ'æbəlaɪz]⟨ov.ww.⟩ **0.1** ***een duivel maken van*** ⇒*duivels maken, als een duivel afschilderen.*

di·ab·o·lo [dɪ'æbəloʊ]⟨zn.⟩
I ⟨telb.zn.⟩ **0.1** ***diabolo*** ⟨speelgoed⟩;
II ⟨n.-telb.zn.⟩ **0.1** ***diabolo(spel).***

di·a·chron·ic ['daɪə'krɒnɪk‖-'krɑ-]⟨bn.; -ally; →bijw. 3⟩ **0.1** ***diachronisch*** ⟨ook taalk.⟩ ⇒*diachroon, diachronistisch, historisch.*

di·ach·y·lon [daɪ'ækələn]⟨telb. en n.-telb.zn.⟩ **0.1** ***loodpleister*** ⇒*diachylonpleister, diapalmpleister.*

di·ac·o·nal [daɪ'ækənl]⟨bn.⟩⟨relig.⟩ **0.1** ***diaken-*** ⇒*van/mbt. diakens.*

di·ac·o·nate [daɪ'ækənət]⟨zn.⟩⟨relig.⟩
I ⟨telb. en n.-telb.zn.⟩ **0.1** ***diakenschap*** ⇒*diakonaat, ambt(speriode) v. diaken;*
II ⟨verz.n.⟩ **0.1** ***diakenen.***

di·a·crit·ic[1] ['daɪə'krɪṭɪk]⟨telb.zn.⟩⟨taalk.⟩ **0.1** ***diacritisch teken*** ⟨duidt uitspraak aan; bv. trema⟩.

diacritic[2], **di·a·crit·i·cal** ['daɪə'krɪṭɪkl]⟨bn.; -(al)ly; →bijw. 3⟩ **0.1** ***onderscheidend*** ⇒⟨taalk.⟩ *diacritisch;* ⟨med.⟩ *diagnostisch.*

di·a·del·phous ['daɪə'delfəs]⟨bn.⟩⟨plantk.⟩ **0.1** ***diadelphus*** ⇒*tweebroederig* ⟨met meeldraden in twee bundels⟩.

di·a·dem[1] ['daɪədem]⟨telb. en n.-telb.zn.⟩ **0.1** ***diadeem*** ⇒*kroon, krans, bloemenkrans* **0.2** ***kroon*** ⇒*heerschappij.*

diadem[2] ⟨ov.ww.; vnl. als volt. deelw.⟩ **0.1** ***(als) met een diadeem kronen.***

'diadem 'spider ⟨telb.zn.⟩⟨dierk.⟩ **0.1** ***kruisspin*** ⟨Araneus diadematus⟩.

di·aer·e·sis, ⟨AE sp. ook⟩ **di·er·e·sis** [daɪ'ɪərɪsɪs‖-'erə-]⟨telb.zn.; di(a)ereses [-si:z]; →mv. 5⟩ **0.1** ⟨taalk.⟩ ***trema*** ⇒*diaeresis, deelteken* **0.2** ⟨lit.⟩ ***diaeresis*** ⇒*verssnede, cesuur* ⟨rust in vers⟩.

di·a·gen·e·sis [daɪə'dʒenɪsɪs]⟨n.-telb.zn.⟩⟨geol.⟩ **0.1** ***diagenese.***

di·ag·nose ['daɪəgnoʊz‖-noʊs]⟨f2⟩⟨onov. en ov.ww.⟩ **0.1** ***diagnostiseren*** ⇒*de/een diagnose stellen (van)* ◆ **1.1** the doctor ~d her illness as measles *de dokter stelde vast/constateerde dat ze mazelen had.*

di·ag·no·sis [daɪəg'noʊsɪs]⟨f2⟩⟨telb. en n.-telb.zn.; diagnoses [-si:z]; →mv. 5⟩⟨biol., med.⟩ **0.1** ***diagnose.***

di·ag·nos·tic[1] ['daɪəg'nɒstɪk‖-'nɑ-]⟨f1⟩⟨zn.⟩⟨med.⟩
I ⟨telb.zn.⟩ **0.1** ***symptoom*** ⇒*verschijnsel, kenmerk* **0.2** ***diagnose;***
II ⟨n.-telb.zn.⟩ **0.1** ***diagnostiek.***

diagnostic[2] ⟨f2⟩⟨bn.; -ally; →bijw. 3⟩ **0.1** ***voor/van/bij (de) diagnose*** ⇒*diagnostisch* **0.2** ***kenmerkend*** ◆ **6.2** the symptoms are ~ **of** diphteria *de symptomen zijn kenmerkend voor/duiden op difterie.*

di·ag·nos·ti·cian ['daɪəgnɒ'stɪʃn‖-nɑ-]⟨telb.zn.⟩ **0.1** ***diagnosticus.***

di·ag·nos·tics [daɪəg'nostiks‖-'nɑ-]⟨n.-telb.zn.⟩⟨med.⟩ **0.1** ***diagnostiek.***

di·ag·o·nal[1] [daɪ'ægənl]⟨f1⟩⟨zn.⟩
I ⟨telb.zn.⟩ **0.1** ⟨wisk.⟩ ***diagonaal*** ⇒*hoeklijn* **0.2** ***schuine lijn*** ⇒*schuine streep;*
II ⟨telb. en n.-telb.zn.⟩ **0.1** ***diagonaal*** ⇒*keper* ⟨stof met schuine streep⟩.

diagonal[2] ⟨f2⟩⟨bn.; -ly⟩ **0.1** ***diagonaal*** ⇒*schuin, overdwars* **0.2** ***met schuine streep*** ⇒*diagonaal.*

di·a·gram[1] ['daɪəgræm]⟨f2⟩⟨telb.zn.⟩ **0.1** ***diagram*** ⇒*schets, schema, schematische voorstelling/constructietekening* **0.2** ***diagram*** ⇒*grafiek, grafische voorstelling.*

diagram[2], **di·a·gram·ma·tize** ['daɪə'græmətaɪz]⟨ov.ww.;→ww. 7⟩ **0.1** ***in een diagram afbeelden*** ⇒*een diagram maken van, schematisch voorstellen*.

di·a·gram·ma·tic ['daɪəgrə'mæţɪk], **di·a·gram·ma·ti·cal** [-ɪkl]⟨bn.; -(al)ly;→bijw. 3⟩ **0.1** ***schematisch*** ⇒*grafisch*.

di·a·graph ['daɪəgrɑ:f‖-græf]⟨telb.zn.⟩ **0.1** ***tekenaap*** ⇒*pantograaf*.

di·al[1] ['daɪəl]⟨f1⟩⟨telb.zn.⟩ **0.1** ⟨ben. voor⟩ ***schaal(verdeling)*** ⟨v. instrumenten⟩ ⇒*wijzerplaat* ⟨v. uurwerk, e.d.⟩; *(afstem)schaal* ⟨v. radio e.d.⟩; *zonnewijzer* **0.2** ***kiesschijf*** ⟨v. telefoon⟩ **0.3** ***afstemknop*** ⟨v. radio e.d.⟩ **0.4** ***mijnwerkerskompas*** **0.5** ⟨BE; sl.⟩ ***smoel*** ⇒*postzegel, smoelwerk* ◆ **1.1** ~s and buttons *wijzers en knopjes*.

dial[2] ⟨f2⟩⟨ww.;→ww. 7⟩
I ⟨onov. en ov.ww.⟩ **0.1** ***draaien*** ⇒*bellen, kiezen, telefoneren* ◆ **4.1** insert coin before you ~ *munt inwerpen alvorens te kiezen;*
II ⟨ov.ww.⟩ **0.1** ***aanwijzen*** ⇒*meten* ⟨op/met schaal⟩ **0.2** ***zoeken*** ⇒*afstemmen op* ⟨bv. radiozender⟩.

di·al-a- ⟨vormt nomina die dienst aanduiden die kan worden opgebeld⟩ **0.1** ***de ...-lijn*** ◆ **¶.1** dial-a-bus *de opbelbus*.

di·al-a-'joke ⟨n.-telb.zn.; ook D- a -J⟩ **0.1** ***geinlijn*** ⇒*humorfoon*.

di·a·lect ['daɪəlekt]⟨f2⟩⟨telb. en n.-telb.zn.⟩ **0.1** ***dialect*** ⇒*streektaal*.

di·a·lec·tal ['daɪə'lektl]⟨f1⟩⟨bn.; -ly⟩ **0.1** ***mbt. dialect(en)*** ⇒*in dialect, dialectisch* ◆ **1.1** ~ differences *verschillen in dialect*.

di·a·lec·tic[1] ['daɪə'lektɪk], ⟨in bet. I, 0.1 ook⟩ **di·a·lec·ti·cian** ['daɪəlek'tɪʃn]⟨f1⟩⟨zn.⟩⟨fil.⟩
I ⟨telb.zn.⟩ **0.1** ***dialecticus;***
II ⟨n.-telb.zn.⟩ **0.1** ***dialectiek*** ⇒*dialectica, redeneerkunde*.

dialectic[2] ⟨f1⟩⟨bn.⟩ **0.1** ⟨fil.⟩ ***dialectisch*** ⇒*tot de dialectiek behorend, op de dialectiek berustend* **0.2** ***spitsvondig*** ⇒*vindingrijk, scherpzinnig* **0.3** ***in/mbt. dialect(en)*** ⇒*dialect-, dialectisch*.

di·a·lec·ti·cal ['daɪə'lektɪkl]⟨f1⟩⟨bn.; -ly⟩⟨fil.⟩ **0.1** ***dialectisch*** ⇒*tot de dialectiek behorend, op de dialectiek berustend*.

di·a·lec·tics ['daɪə'lektɪks]⟨n.-telb.zn. of mv.⟩ **0.1** →dialectic II.

di·a·lec·tol·o·gist ['daɪəlek'tɒlədʒɪst‖-'tɑ-]⟨telb.zn.⟩⟨taalk.⟩ **0.1** ***dialectoloog***.

di·a·lec·tol·o·gy ['daɪəlek'tɒlədʒi‖-'tɑ-]⟨n.-telb.zn.⟩⟨taalk.⟩ **0.1** ***dialectologie*** ⇒*dialectstudie/kunde*.

di·al·ling code ['daɪəlɪŋ koʊd]⟨f1⟩⟨telb.zn.⟩ **0.1** ***netnummer*** **0.2** ***landnummer***.

'di·al·ling tone, 'dial tone ⟨f1⟩⟨telb.zn.⟩ **0.1** ***kiestoon***.

di·a·log·ic ['daɪə'lɒdʒɪk‖-'lɑdʒɪk], **di·a·log·i·cal** [-ɪkl]⟨bn.; -(al)ly; →bijw. 3⟩ **0.1** ***dialogisch*** ⇒*in de vorm v.e. dialoog/tweespraak*.

di·al·o·gist [daɪ'ælədʒɪst]⟨telb.zn.⟩ **0.1** ***dialoogschrijver*** **0.2** ***dialoogspreker***.

di·a·logue[1], ⟨AE sp. ook⟩ **di·a·log** ['daɪəlɒg‖-ləg,-lɑg]⟨f2⟩⟨telb. en n.-telb.zn.⟩ **0.1** ***dialoog*** ⇒*gesprek, samenspraak, tweespraak*.

dialogue[2], ⟨AE sp. ook⟩ **dialog** ⟨onov.ww.⟩ **0.1** ***een dialoog voeren***.

'dial plate ⟨f1⟩⟨telb.zn.⟩ **0.1** ***wijzerplaat***.

di·a·lyse, ⟨AE sp. ook⟩ **di·a·lyze** ['daɪəlaɪz]⟨ww.⟩⟨med., schei.⟩
I ⟨onov.ww.⟩ **0.1** ***dialyse ondergaan;***
II ⟨ov.ww.⟩ **0.1** ***dialyseren*** ⇒*door dialyse scheiden*.

di·al·y·sis [daɪ'ælɪsɪs]⟨telb. en n.-telb.zn.; dialyses [-si:z]; →mv. 5⟩ ⟨med., schei.⟩ **0.1** ***dialyse***.

di·a·lyt·ic [daɪə'lɪţɪk]⟨bn.; -ally; →bijw. 3⟩⟨med., schei.⟩ **0.1** ***dialytisch*** ⇒*mbt. / via dialyse*.

di·a·mag·net·ic ['daɪəmæg'neţɪk]⟨bn.⟩⟨nat.⟩ **0.1** ***diamagnetisch***.

di·a·mag·ne·tism ['daɪə'mægnɪţɪzm]⟨n.-telb.zn.⟩⟨nat.⟩ **0.1** ***diamagnetisme***.

di·a·man·té ['dɪəmɑ:n'teɪ]⟨n.-telb.zn.⟩ **0.1** ***glitter*** **0.2** ***glitterstof***.

dia·mant·if·er·ous ['daɪəmən'tɪfrəs], **dia·mond·if·er·ous** [-'dɪfrəs] ⟨bn.⟩ **0.1** ***diamanthoudend*** ⇒*diamant bevattend, diamant leverend*.

di·am·e·ter [daɪ'æmɪtə‖-mɪţər]⟨f2⟩⟨zn.⟩
I ⟨telb.zn.⟩ **0.1** ***maal*** ⇒*keer* ⟨vergrotingseenheid v. lens⟩ ◆ **3.1** this lens magnifies 10 ~s *deze lens vergroot 10 ×;*
II ⟨telb. en n.-telb.zn.⟩ **0.1** ***diameter*** ⇒*middellijn, doorsne(d)e*.

di·am·e·tral [daɪ'æmɪţrəl]⟨bn.⟩ **0.1** ***diametraal*** ⇒*volgens/langs de diameter*.

di·a·met·ri·cal ['daɪə'metrɪkl], ⟨in bet. 0.1 ook⟩ **di·a·met·ric** [-'metrɪk]⟨f1⟩⟨bn.; -(al)ly; →bijw. 3⟩ **0.1** ***diametraal*** ⇒*(lijn)recht, volkomen* **0.2** ***diametraal*** ⇒*volgens/langs de diameter* ◆ **3.1** George was diametrically opposed to it *George was er absoluut tegen*.

dia·mond[1] ['daɪəmənd]⟨f3⟩⟨zn.⟩
I ⟨telb.zn.⟩ **0.1** ***ruit(vormige figuur)*** **0.2** ⟨kaartspel⟩ ***ruiten(kaart)*** **0.3** ⟨ben. voor⟩ ***gereedschap met diamant*** ⇒*glassnijder; diamantboor* **0.4** ⟨ben. voor⟩ ***diamanten sieraad*** ⇒*diamanten broche/collier/ring* **0.5** ***diamantnaald*** ⟨v. grammofoon⟩ **0.6** ***glinsterend puntje/deeltje*** ⟨ijs, e.d.⟩ **0.7** ⟨honkbal⟩ ***binnenveld*** ⇒*diamant* **0.8** ⟨honkbal⟩ ***speelveld;***
II ⟨telb. en n.-telb.zn.⟩ **0.1** ***diamant*** **0.2** ***diamant(letter)*** ⟨zeer klein lettertype⟩ ◆ **2.1** rough ~ *ongeslepen/ruwe diamant;* ⟨fig.⟩ *ruwe bolster, blanke pit* **3.1** cut ~s *diamanten slijpen* **3.¶** it was ~ cut ~ *het ging hard tegen hard, het mes lag op tafel;*
III ⟨mv.; ~s⟩ **0.1** ⟨ww. ook enk.⟩⟨kaartspel⟩ ***ruiten*** **0.2** ⟨AE; sl.⟩ ***kloten*** ⇒*ballen, klokkenspel, klok-en-hamerspel* **0.3** ⟨zweefvliegen⟩ ***diamanten brevet*** ⟨hoogste prestatiebrevet⟩ ◆ **1.1** it was the Queen of ~s *het was de ruitenvrouw/vrouw ruiten*.

'diamond[2] ⟨ov.ww.⟩ **0.1** ***(als) met diamanten tooien/versieren***.

'dia·mond·back ⟨telb.zn.⟩⟨dierk.⟩ **0.1** ***diamantrug(schildpad)*** ⟨waterschildpad; Malaclemys terrapin⟩ **0.2** ⟨AE⟩ ***diamantratelslang*** ⟨Crotalus adamanteus⟩ **0.3** ***koolmot*** ⟨Plutella maculipennis⟩.

'diamond bird ⟨telb.zn.⟩⟨dierk.⟩ **0.1** ***diamantvogel*** ⟨genus Pardalotus⟩.

'diamond cement ⟨n.-telb.zn.⟩ **0.1** ***diamantcement***.

'diamond cutter ⟨telb.zn.⟩ **0.1** ***diamantslijper***.

'diamond drill ⟨telb.zn.⟩ **0.1** ***diamantboor***.

'diamond field ⟨telb.zn.⟩ **0.1** ***diamantveld***.

'diamond jubi'lee ⟨telb.zn.⟩ **0.1** ***diamanten/60-jarig jubileum***.

'diamond point ⟨telb.zn.⟩ **0.1** ***graveerstift (met diamanten punt)*** ⇒*graveerveld* **0.2** ***ruitvormig kruispunt v. twee spoorlijnen***.

'dia·mond-shaped ⟨bn.⟩ **0.1** ***ruitvormig***.

'diamond 'wedding, 'diamond 'wedding anniversary ⟨f1⟩⟨telb.zn.⟩ **0.1** ***diamanten bruiloft*** ⇒*60/75-jarig bruiloftsfeest*.

Di·an·a [daɪ'ænə]⟨zn.⟩
I ⟨eig.n.⟩ **0.1** ***Diana*** ⟨godin, maan⟩;
II ⟨telb.zn.⟩ **0.1** ***jageres*** ⇒*jagerin* **0.2** ***amazone*** ⇒*paardrijdster*.

di·an·drous [daɪ'ændrəs]⟨bn.⟩⟨plantk.⟩ **0.1** ***diandrisch*** ⇒*met twee meeldraden*.

di·an·thus [daɪ'ænθəs]⟨telb.zn.⟩⟨plantk.⟩ **0.1** ***anjer*** ⇒*anjelier, nagelbloem* ⟨genus Dianthus⟩.

di·a·pa·son ['daɪə'peɪzn]⟨telb.zn.⟩⟨muz.⟩ **0.1** ***bereik*** ⟨ook fig.⟩ ⇒*stem/toonomvang, register, diapason; gebied, omvang* **0.2** ***stemtoon*** ⇒*kamertoon, diapason (normal)* ⟨vastgestelde toonhoogte v.d. A⟩ **0.3** ***stemvork*** ⇒*stemfluitje, diapason* **0.4** ***octaaf*** ⇒*diapason* **0.5** ***octaafregister*** ⇒*diapason* ⟨v. orgel⟩ **0.6** ***melodie*** ⇒*volle harmonie* ◆ **2.2** ~ normal *stemtoon, kamertoon, diapason (normal)* ⟨vastgestelde toonhoogte v.d. A⟩ **2.5** open ~ *geopend register* **3.5** stopped ~ *gesloten register*.

di·a·pause ['daɪəpɔ:z]⟨telb. en n.-telb.zn.⟩⟨biol.⟩ **0.1** ***diapauze*** ⇒*rustperiode* ⟨waarin ontwikkeling vrijwel stilstaat, vnl. bij insekten⟩.

di·a·per[1] ['daɪəpə‖'daɪpər]⟨f1⟩⟨zn.⟩
I ⟨telb.zn.⟩ **0.1** ⟨vnl. AE⟩ ***luier*** ⇒*oogjesluier* **0.2** ***ruit(jes)patroon*** ⇒*geblokt patroon, wafelpatroon* ⟨v. stof, vloer e.d.⟩;
II ⟨n.-telb.zn.⟩ **0.1** ⟨ben. voor⟩ ***gefigureerd linnen/katoen*** ⇒*damast, blokjesgoed, dambordgoed, blokwerk, oogjesgoed, gerstekorrel*.

diaper[2] ⟨ov.ww.⟩ **0.1** ⟨vnl. AE⟩ ***een luier omdoen*** **0.2** ***figureren*** ⇒*gaufreren* ⟨van een wafelmotief voorzien⟩, *in ruit(jes)patroon weven*.

di·aph·a·nous [daɪ'æfənəs]⟨bn.; -ly; -ness⟩ **0.1** ***heel fijn*** ⇒*zeer dun, doorschijnend, diafaan, transparant, doorzichtig* ⟨stof, sluier e.d.⟩.

di·a·pho·ret·ic[1] ['daɪəfə'reţɪk]⟨telb. en n.-telb.zn.⟩⟨med.⟩ **0.1** ***zweetdrijvend middel*** ⇒*zweetmiddel*.

diaphoretic[2] ⟨bn.⟩⟨med.⟩ **0.1** ***zweetdrijvend*** ⇒*diaforetisch, transpiratie bevorderend*.

di·a·phragm ['daɪəfræm]⟨f1⟩⟨telb.zn.⟩ **0.1** ⟨biol.⟩ ***diafragma*** ⇒*(niet benige) scheidingswand/tussenwand, schot,* ⟨i.h.b.⟩ *middenrif* **0.2** ⟨foto.⟩ ***diafragma*** **0.3** ***pessarium*** ⇒*(baarmoeder)ring* **0.4** ⟨tech.⟩ ***diafragma*** ⇒*poreuze wand* ⟨bij elektrolyse⟩ **0.5** ⟨geluidstechniek⟩ ***membraan*** ⇒*trilplaatje* ⟨in microfoon e.d.⟩.

di·a·phrag·mat·ic ['daɪəfræg'mæţɪk]⟨bn.; -ally; →bijw. 3⟩ **0.1** ***mbt./van het diafragma/middenrif***.

'diaphragm pump ⟨telb.zn.⟩ **0.1** ***diafragmapomp*** ⇒*membraanpomp*.

di·a·pir ['daɪəpɪə]⟨telb.zn.⟩⟨geol.⟩ **0.1** ***diapier*** ⟨meestal steenzout (zoutpijler)⟩.

di·a·pos·i·tive ['daɪə'pɒzətɪv‖-'pɑzəţɪv]⟨telb.zn.⟩ **0.1** ***diapositief*** ⇒*dia, lantaarnplaatje*.

di·ar·chic, ⟨AE sp. ook⟩ **dy·ar·chic** [daɪ'ɑ:kɪk‖-'ɑrkɪk], **di·ar·chi·cal,** ⟨AE sp. ook⟩ **dy·ar·chi·cal** [-ɪkl]⟨bn.⟩ **0.1** ***mbt./als een tweemanschap***.

di·ar·chy, ⟨AE sp. ook⟩ **dy·ar·chy** ['daɪɑ:ki‖-ɑr-]⟨telb.zn.; →mv. 2⟩ **0.1** ***tweemanschap*** ⇒*tweekoppig/hoofdig bestuur*.

di·a·rist ['daɪərɪst]⟨telb.zn.⟩ **0.1** ***dagboekschrijver***.

di·a·rize, -rise ['daɪəraɪz]⟨ww.⟩
I ⟨onov.ww.⟩ **0.1** ***een dagboek (bij)houden;***
II ⟨ov.ww.⟩ **0.1** ***in een dagboek noteren/opschrijven***.

di·ar·rhoe·a, ⟨AE sp. ook⟩ **di·ar·rhe·a** ['daɪə'rɪə]⟨f2⟩⟨telb. en n.-telb.zn.⟩ **0.1** ***diarree*** ⟨ook fig.⟩ ⇒*buikloop, loslijvigheid*.

di·a·ry ['daɪəri]⟨f3⟩⟨telb.zn.;→mv. 2⟩ **0.1** ***dagboek*** **0.2** ***agenda***.
di·a·scope ['daɪəskoup]⟨telb.zn.⟩⟨med.⟩ **0.1** ***diascoop*** ⇒*doorlichtingsapparaat*.
Di·as·po·ra [daɪ'æspərə]⟨eig.n., n.-telb.zn.; the⟩ **0.1** ***diaspora*** ⇒*verstrooiing* ⟨v.d. joden buiten Palestina⟩ **0.2** ***diasporalanden*** ⇒*verstrooiingslanden* ⟨waar de Joden zich gevestigd hebben⟩ **0.3** ***diaspora*** ⟨tussen andersdenkenden wonende minderheid⟩.
di·a·stase ['daɪəsteɪs]⟨telb. en n.-telb.zn.⟩⟨schei.⟩ **0.1** ***diastase*** ⇒*(mengsel v.) amylase(n)*.
di·a·ste·ma [daɪə'sti:mə]⟨telb.zn.; diastemata [-mətə];→mv. 5⟩ **0.1** ***spleetje (tussen de tanden)***.
di·as·to·le [daɪ'æstəli]⟨telb. en n.-telb.zn.⟩⟨med.⟩ **0.1** ***diastole*** ⟨verslapping v.h. hart na een samentrekking⟩.
di·a·stol·ic ['daɪə'stɒlɪk‖-'stɑ-]⟨bn.⟩⟨med.⟩ **0.1** ***diastolisch*** ⇒*uitzettend, verslappend* ⟨v. hartkamers en slagaderen⟩.
di·a·tes·sa·ron ['daɪə'tesərɒn‖-rɑn]⟨n.-telb.zn.⟩ **0.1** ⟨bijb.⟩ ***diatessaron*** ⇒*evangeliënharmonie* **0.2** ⟨muz.⟩ ***kwart*** ⇒*diatessaron*.
di·a·ther·man·cy ['daɪə'θɜ:mənsi‖-'θɜr-]⟨n.-telb.zn.⟩ **0.1** ***diathermisch vermogen*** ⇒*warmtedoorlatend vermogen*.
di·a·ther·mic ['daɪə'θɜ:mɪk‖-'θɜrmɪk], ⟨in bet. 0.1 ook⟩ **di·a·ther·ma·nous** [-mənəs]⟨bn.⟩ **0.1** ***warmtestraling doorlatend*** ⇒*diathermaan* **0.2** ***diathermisch***.
di·a·ther·my ['daɪə'θɜ:mi‖-'θɜr-]⟨telb. en n.-telb.zn.;→mv. 2⟩ ⟨med.⟩ **0.1** ***diathermie*** ⟨reumabehandeling d.m.v. hoogfrequente warmte⟩.
di·ath·e·sis [daɪ'æθəsɪs]⟨telb.zn.; diatheses [-si:z];→mv. 5⟩ **0.1** ⟨med.⟩ ***diathese*** ⟨aanleg voor bep. ziekten⟩ **0.2** ⟨taalk.⟩ ***vorm v.h. werkwoord*** ⟨lijdend of bedrijvend⟩.
di·a·tom ['daɪətɒm‖-tɑm]⟨telb.zn.⟩⟨plantk.⟩ **0.1** ***diatomee*** ⇒*kiezelwier, kiezelalg* ⟨eencellige wieren v.d. klasse der Bacillariophyceae⟩.
di·a·to·ma·ceous ['daɪəṭə'meɪʃəs]⟨bn.⟩⟨plantk.⟩ **0.1** ***met diatomeeën*** ⇒*met kiezelwieren* ◆ **1.1** ~ earth ⟨zie diatomite⟩.
di·a·tom·ic ['daɪə'tɒmɪk‖-'tɑ-]⟨bn.⟩⟨schei.⟩ **0.1** ***met twee atomen*** ⇒*twee-atomig*.
di·at·o·mite [daɪ'æṭəmaɪt]⟨n.-telb.zn.⟩ **0.1** ***diatomiet*** ⇒*kiezelgoer, diatomeeënaarde, bergmeel*.
di·a·ton·ic ['daɪə'tɒnɪk‖-'tɑ-]⟨bn.⟩⟨muz.⟩ **0.1** ***diatonisch***.
di·a·tribe ['daɪətraɪb]⟨telb.zn.⟩ **0.1** ***scherpe kritiek*** ⇒*felle aanval, diatribe, smalende redevoering, schimprede, schotschrift*.
di·a·zo [daɪ'eɪzou], **'dye·line** ⟨bn., attr.⟩ **0.1** ***diazo-*** ◆ **1.1** ~ process *diazotypie* ⟨kopieersysteem⟩.
dib[1] [dɪb]⟨zn.⟩
 I ⟨telb.zn.⟩⟨BE⟩ **0.1** ⟨vaak mv.⟩ ***bikkel*** ⇒*fiche* **0.2** ⟨vaak mv. met ww. in enk.⟩ ***bikkelspel;***
 II ⟨mv.; ~s⟩⟨inf.⟩ **0.1** ***duiten*** ⇒*centen, poen, zakgeld* ◆ **3.¶** ⟨AE⟩ have ~s on sth. *ergens recht/een aanspraak op hebben;* have ~s on the next turn on the swing *eerst voor de (volgende beurt op) de schommel*.
dib[2] ⟨onov.ww.;→ww. 7⟩ **0.1** ***hengelen*** ⟨met kunstvlieg of blinker⟩.
di·ba·sic ['daɪ'beɪsɪk]⟨bn.⟩⟨schei.⟩ **0.1** ***tweebasisch***.
dib·ble[1] ['dɪbl], **dib·bler** ['dɪblə‖-ər], **dib·ber** ['dɪbə‖-ər]⟨telb.zn.⟩ **0.1** ***plantboor*** ⇒*pootstok, pootwig, poothout*.
dibble[2] ⟨ww.⟩
 I ⟨onov.ww.⟩ **0.1** ***met een plantboor werken*** ⇒⟨ong.⟩ *dibbelen* **0.2** ***hengelen*** ⟨met kunstvlieg of blinker⟩ **0.3** ***plonzen*** ⇒*duiken* ⟨ook fig.⟩;
 II ⟨ov.ww.⟩ **0.1** ***poten/planten (met een plantboor)*** **0.2** ***bewerken met een plantboor*** ⟨grond⟩ ◆ **6.1** ~ sth. **in/into** the earth *iets in de aarde poten/planten*.
dice[1] →die.
dice[2] ⟨f2⟩⟨ww.⟩
 I ⟨onov.ww.⟩ **0.1** ***dobbelen*** ⇒*met dobbelstenen spelen* **0.2** ⟨BE; autosport⟩ ***stuivertje wisselen*** ⇒*om en om kop overnemen* ◆ **6.1** let's ~ **for** it *laten we erom dobbelen/gooien;*
 II ⟨ov.ww.⟩ **0.1** ***dobbelen*** ⇒*verdobbelen* **0.2** ⟨cul.⟩ ***in dobbelsteentjes snijden*** **0.3** ***ruitjes tekenen op*** ◆ **5.1** they were dicing **away** the time *ze zaten de tijd te verdobbelen* **6.1** I'll ~ you **for** that last biscuit *laten we om dat laatste koekje dobbelen/opgooien;* he has ~d himself **into** a lot of money *hij heeft een hoop geld bij elkaar gedobbeld/gespeeld;* he has ~d himself **out of** a lot of money *hij heeft een hoop geld verdobbeld/verloren met dobbelen*.
'dice·box ⟨telb.zn.⟩ **0.1** ***dobbelbeker*** ⇒*pokerbeker*.
dic·er ['daɪsə‖-ər]⟨telb.zn.⟩ **0.1** ***dobbelaar(ster)*** **0.2** ***snijmachine***.
dic·ey ['daɪsi]⟨f1⟩⟨bn.; -er;→compar. 7⟩⟨vnl. BE; inf.⟩ **0.1** ***link*** ⇒*riskant, gevaarlijk, onzeker*.
di·cho·tom·ic [daɪkə'tɒmɪk‖-'tɑ-], **di·chot·o·mous** [daɪ'kɒtəməs‖-'kɑṭə-]⟨bn.; dichotomically, dichotomously⟩ **0.1** ***dichotomisch***.
di·chot·o·my [daɪ'kɒtəmi‖-'kɑṭəmi]⟨f1⟩⟨telb. en n.-telb.zn.;→mv. 2⟩ **0.1** ***dichotomie*** ⇒*tweedeling* **0.2** ⟨plantk.⟩ ***dichotomie*** ⇒*strengel/wortelsplitsing, vorkvertakking, gaffelvorming, topsplitsing*.
di·chro·mat·ic ['daɪkrə'mæṭɪk]⟨bn.⟩ **0.1** ⟨biol.⟩ ***dichromatisch*** ⇒*bichromatisch, tweekleurig* **0.2** ⟨med.⟩ ***dichromaat*** ⇒*partieel kleurenblind, lijdend aan dichromasie*.
di·chro·ma·tism ['daɪ'kroumətɪzm]⟨n.-telb.zn.⟩ **0.1** ⟨biol.⟩ ***dichromatisme*** ⇒*tweekleurigheid* **0.2** ⟨med.⟩ ***dichromasie*** ⇒*partiële kleurenblindheid*.
dick [dɪk]⟨f2⟩⟨zn.⟩⟨inf.⟩
 I ⟨eig.n.; D-⟩⟨vnl. BE⟩ **0.1** ***Dick*** ⟨kort voor Richard⟩;
 II ⟨telb.zn.⟩ **0.1** ***snuiter*** ⇒*figuur, kwast, kerel* **0.2** ***wijsneus*** ⇒*betweter* **0.3** ⟨BE⟩ ***plechtige verklaring*** **0.4** ⟨vnl. AE⟩ ***speurder*** ⇒*stille* **0.5** ⟨AE; sl.⟩ ***smeris*** **0.6** ⟨vulg.⟩ ***piemel*** ⇒*lul, pik, tamp* **0.7** ⟨AE; sl.; tieners⟩ ***lul*** ⇒*zak, (arrogante) pik* ◆ **3.3** take one's ~ *plechtig beloven, zweren*.
dick·ens ['dɪkɪnz]⟨n.-telb.zn.; the; vaak als tussenw. en in verwensingen⟩⟨inf.⟩ **0.1** ***duivel*** ⇒*duvel, drommel* ◆ **3.1** play the ~ *de beest spelen/uithangen* **4.1** who/what/where the ~ is it? *verdorie/verdikkeme, wie/wat/waar is het?*.
Dick·en·si·an[1] [dɪ'kenzɪən]⟨telb.zn.⟩ **0.1** ***Dickenskenner*** ⇒*bewonderaar v. Dickens*.
Dickensian[2] ⟨bn.⟩ **0.1** ***Dickensiaans*** ⇒*die/dat aan (het werk v.) Dickens doet denken*.
dick·er[1] ['dɪkə‖-ər]⟨telb.zn.⟩ **0.1** ***decher*** ⇒*tien stuks (huiden, vellen)* **0.2** ***ruil*** ⇒*onderhandeling, koop, transactie, gesjacher, handje-plak*.
dicker[2] ⟨onov.ww.⟩⟨inf.⟩ **0.1** ***ruilhandel plegen*** **0.2** ***pingelen*** ⇒*sjacheren, afdingen, onderhandelen* ◆ **6.2** ~ **with** s.o. **for** sth. *met iem. over iets pingelen/marchanderen/handje-plak doen*.
'dick·head ⟨telb.zn.⟩⟨sl.⟩ **0.1** ***idioot*** ⇒*stommeling*.
dick·y[1], **dick·ey**, **dick·ie** ['dɪki]⟨telb.zn.;→mv. 2⟩⟨inf.⟩ **0.1** ⟨kind.⟩ ***vogeltje*** ⇒*pietje* **0.2** ***frontje*** ⇒*halfhemdje, boord* ⟨mannenkleding⟩, *losse col, valse kraag* ⟨vrouwenkleding⟩ **0.3** ⟨vnl. BE⟩ ***dickey (seat)*** ⇒*kattebak, achterbok* ⟨achterop koets⟩, *achterzitplaats* ⟨opklapbare derde zitplaats in tweepersoons auto⟩ **0.4** ⟨vnl. BE⟩ ***bok*** ⟨v. koetsier⟩ **0.5** ***slabbetje*** **0.6** ⟨vnl. BE; gew.⟩ ***ezel*** ⇒*ezelshengst* **0.7** →dicky bow.
dicky[2] ⟨f1⟩⟨bn.; -er;→compar. 7⟩⟨BE; inf.⟩ **0.1** ***wankel*** ⇒*wiebelig, onbetrouwbaar, zwak* ◆ **1.1** a ~ heart *een zwak hart;* that ladder is a bit ~ *die ladder staat niet stevig*.
'dick·y·bird ⟨telb.zn.⟩⟨inf.⟩ **0.1** ⟨kind.⟩ ***vogeltje*** ⇒*pietje* ◆ **3.¶** not say a ~ *z'n snavel houden, geen woord zeggen*.
'dicky bow ⟨telb.zn.⟩⟨BE; inf.⟩ **0.1** ***strikje*** ⇒*vlinderdas*.
'dicky seat ⟨telb.zn.⟩⟨BE; inf.⟩ **0.1** ***dickey (seat)*** ⇒*achterzitplaats* ⟨achter op koets; opklapbare derde zitplaats in tweepersoons auto⟩.
di·cli·nous ['daɪ'klaɪnəs]⟨bn.⟩⟨plantk.⟩ **0.1** ***eenslachtig*** ⟨v. bloem⟩.
di·cot ['daɪkɒt‖-kɑt], **di·co·tyl** [-tɪl]⟨telb.zn.⟩⟨verk.⟩ dicotyledon ⟨plantk.⟩.
di·cot·y·le·don ['daɪkɒṭɪ'li:dn‖-kɑṭl-]⟨telb.zn.⟩⟨plantk.⟩ **0.1** ***tweezaadlobbige plant*** ⇒*dicotyledon*.
di·cot·y·le·don·ous ['daɪkɒṭɪ'li:dənəs‖-kɑṭl-]⟨bn.⟩⟨plantk.⟩ **0.1** ***tweezaadlobbig***.
di·crot·ic ['daɪ'krɒtɪk‖-'krɑṭɪk]⟨bn.⟩⟨med.⟩ **0.1** ***met dubbele polsslag***.
dic·ta ⟨mv.⟩ →dictum.
Dic·ta·phone ['dɪktəfoun]⟨telb.zn.; ook d-⟩⟨handelsmerk⟩ **0.1** ***Dictafoon*** ⇒*dicteermachine*.
dic·tate[1] ['dɪkteɪt]⟨f1⟩⟨telb.zn.; vnl. mv.⟩ **0.1** ***ingeving*** ⇒*bevel* ⟨v. geweten e.d.⟩ ◆ **3.1** the ~s of one's conscience *de stem van zijn geweten*.
dictate[2] ['dɪk'teɪt‖'dɪkteɪt]⟨f3⟩⟨onov. en ov.ww.⟩ **0.1** ***dicteren*** **0.2** ***commanderen*** ⇒*bevelen, opleggen, dicteren, voorschrijven* ◆ **1.2** the victor ~d the peace terms *de overwinnaar legde de vredesvoorwaarden op* **6.2** I will not be ~d **to** *ik laat me de wet niet voorschrijven*.
dic·ta·tion [dɪk'teɪʃn]⟨f1⟩⟨zn.⟩
 I ⟨telb.zn.⟩ **0.1** ***dictee;***
 II ⟨telb. en n.-telb.zn.⟩ **0.1** ***oplegging*** ⇒*bevel, dictaat;*
 III ⟨n.-telb.zn.⟩ **0.1** ***het dicteren*** **0.2** ***het dictaat opnemen*** ⇒*een dictee opschrijven* ◆ **6.1** the children were writing **at** his ~ *de kinderen schreven op wat hij dicteerde*.
dic'tation speed ⟨telb. en n.-telb.zn.⟩ **0.1** ***dicteersnelheid***.
dic·ta·tor [dɪk'teɪtə‖-'teɪṭər]⟨f2⟩⟨telb.zn.⟩ **0.1** ***dictator*** **0.2** ***iem. die dicteert***.
dic·ta·to·ri·al ['dɪktə'tɔ:rɪəl]⟨f1⟩⟨bn.; -ly; -ness⟩ **0.1** ***dictatoriaal*** ⇒*(als) van/met een dictator, autoritair, autocratisch*.
dic·ta·tor·ship [dɪk'teɪtəʃɪp‖-teɪṭər-]⟨f2⟩⟨telb. en n.-telb.zn.⟩ **0.1** ***dictatuur*** ⇒*dictatorschap, het dictator zijn, (periode v.) heerschappij v.e. dictator, autocratie*.
dic·tion ['dɪkʃn]⟨f1⟩⟨telb. en n.-telb.zn.⟩ **0.1** ***dictie*** ⇒*voordracht,*

zegging, wijze van uitspreken **0.2** ***taalgebruik*** ⇒*woordkeus, dictie, uitdrukkingswijze, manier v. uitdrukken.*
dic·tion·ar·y ['dɪkʃənri‖-neri]⟨f3⟩⟨telb.zn.; →mv. 2⟩ **0.1** ***woordenboek*** ⇒*verklarend woordenboek, vertaalwoordenboek, dictionaire, woordentolk* **0.2** ***lexicon*** ⇒*wetenschappelijk woordenboek.*
Dic·to·graph ['dɪktəgrɑ:f‖-græf]⟨telb.zn.; ook d-⟩ **0.1** ***luistertoestel.***
dic·tum ['dɪktəm]⟨f1⟩⟨telb.zn.; ook dicta ['dɪktə]; →mv. 5⟩ **0.1** ***dictum*** ⇒*(formeel) gezegde, (formele) uitspraak* **0.2** ⟨jur.⟩ ***dictum*** ⇒*slotsom, beslissing, uitspraak* **0.3** ***gezegde*** ⇒*volkswijsheid, maxime.*
dic·ty[1]**, dick·ty** ['dɪkti]⟨telb.zn.⟩⟨AE; inf.⟩ **0.1** ***aristocraat*** ⇒*rijkaard, hoge piet.*
dicty[2]**, dickty** ⟨bn.; -er; →compar. 7⟩⟨AE; inf.⟩ **0.1** ***rijk*** ⇒*van klasse / stand, met stijl* **0.2** ***verwaand*** ⇒*snobistisch* **0.3** ***te gek.***
did ⟨verl. t.; →t2⟩ →do.
di·dac·tic [daɪ'dæktɪk], **di·dac·ti·cal** [-ɪkl]⟨f1⟩⟨bn.; -(al)ly; →bijw. 3⟩ **0.1** ***didactisch*** ⇒*lerend, onderwijzend, lering gevend* **0.2** ***belerend*** ⇒*moraliserend* **0.3** ⟨vaak pej.⟩ ***schoolmeesterachtig*** ⇒*pedant.*
di·dac·ti·cism [daɪ'dæktɪsɪzm]⟨n.-telb.zn.⟩ **0.1** ***schoolmeesterachtigheid*** ⟨ook pej.⟩ ⇒*pedanterie, belerende / moraliserende manier v. doen.*
di·dac·tics [daɪ'dæktɪks]⟨n.-telb.zn.⟩ **0.1** ***didactiek*** ⇒*onderwijskunde.*
di·dap·per ['daɪdæpə‖-ər]⟨telb.zn.⟩⟨dierk.⟩ **0.1** ***dodaars*** ⟨Podiceps fluviatilis⟩.
did·dle[1] ['dɪdl]⟨f1⟩⟨telb.zn.⟩⟨inf.⟩ **0.1** ***bedriegerij*** ⇒*bedrog, afzetterij.*
diddle[2] ⟨f1⟩⟨ww.⟩⟨inf.⟩
I ⟨onov.ww.⟩ **0.1** ***lummelen*** ⇒*lanterfanten, rondhangen;*
II ⟨onov. en ov.ww.⟩ **0.1** ***schudden*** ⇒*op en neer / heen en weer bewegen;*
III ⟨ov.ww.⟩ **0.1** ***ontfutselen*** ⇒*afzetten, bedriegen* ◆ **6.1** he ~d me **out of** £5 *hij heeft me £5 ontfutseld / afgezet.*
did·dler ['dɪdlə‖-ər]⟨telb.zn.⟩⟨inf.⟩ **0.1** ***afzetter*** ⇒*zwendelaar, bedrieger.*
did·ger·i·doo ['dɪdʒəri'du:]⟨telb.zn.⟩ **0.1** ***didgeridoo*** ⟨primitief blaasinstrument v. Australische Aborigines⟩.
di·do ['daɪdoʊ]⟨telb.zn.; ook -es; →mv. 2⟩⟨AE; inf.⟩ **0.1** ***poets*** ⇒*streek, grap, klucht.*
didst [dɪdst]⟨2e pers. enk. verl. t., vero. of relig.; →t2⟩ →do.
di·dym·i·um [daɪ'dɪmɪəm]⟨n.-telb.zn.⟩⟨schei.⟩ **0.1** ***didymium.***
die[1] [daɪ]⟨telb.zn.⟩ **0.1** ***matrijs*** ⇒*(droge) stempel* ⟨v. metaal⟩, *reliëfstempel, muntstempel* **0.2** ***matrijs*** ⇒*gietvorm* **0.3** ***matrijs*** ⇒*snijijzer, moerkussen* **0.4** ⟨bouwk.⟩ ***neut*** **0.5** ⟨Sch. E⟩ ***(stuk) speelgoed.***
die[2]**,** ⟨inf. ook⟩ **dice** [daɪs]⟨zn.; mv. alleen dice; →mv. 3, 4⟩⟨→sprw. 109⟩
I ⟨telb.zn.⟩ **0.1** ***dobbelsteen*** ⇒*teerling;* ⟨ook fig.⟩ *kans, lot, geluk* **0.2** ⟨vnl. mv.⟩⟨cul.⟩ ***dobbelsteentje*** ⇒*blokje* ⟨vlees⟩ ◆ **1.1** a pair of dice *twee dobbelstenen* **3.1** the dice are loaded against him *het lot is hem niet gunstig gezind, het zit hem niet mee;* throw the dice *dobbelen, met de dobbelstenen gooien* **4.1** one of the dice *een dobbelsteen* **7.¶** ⟨vnl. AE; inf.⟩ no dice *tevergeefs, zonder succes, vergeet-het-maar, waardeloos;*
II ⟨mv.; dice⟩ **0.1** ***dobbelspel*** ◆ **3.1** play dice *dobbelen* **6.1** gamble away money **at** dice *geld verdobbelen.*
die[3] ⟨f4⟩⟨ww.⟩ →dying ⟨→sprw. 90, 124, 165, 430, 684⟩
I ⟨onov.ww.⟩ **0.1** ***sterven*** ⇒*doodgaan, overlijden, omkomen* **0.2** ***ophouden te bestaan*** ⇒*verloren gaan* **0.3** ***uitsterven*** ⇒*wegsterven, afsterven, besterven, wegteren* **0.4** ***verzwakken*** ⇒*verminderen, verflauwen, bedaren, verkwijnen* **0.5** ⟨tennis⟩ ***niet stuiten*** ⇒*niet opspringen* ◆ **1.1** ~ in one's bed *in zijn bed sterven;* ~ a millionaire *als miljonair sterven* **3.¶** be dying to smoke a cigarette *snakken naar een sigaret* **5.1** ~ **out** *uitsterven* **5.¶** ~ **away** *wegsterven* ⟨v. geluid⟩; *uitgaan* ⟨v. vuur⟩; *wegkwijnen, afzwakken, vervagen; gaan liggen, afnemen, luwen* ⟨v. wind⟩; ~ **back** *afsterven, tot op de wortelstok sterven* ⟨v. planten⟩; ~ **down** *bedaren; afnemen, gaan liggen, luwen* ⟨v. wind⟩; *uitgaan* ⟨v. vuur⟩; ~ **hard** *maar langzaam verdwijnen, moeilijk uit te roeien zijn, zijn huid zo duur mogelijk verkopen, niet opgeven;* ~ **off** *een voor een sterven, uitsterven* **6.1** ~ **by** one's own hand *zelfmoord plegen, de hand aan zichzelf slaan;* ~ **from / of** an illness *sterven aan een ziekte* **6.2** the mystery ~d **with** him *hij nam het geheim mee in zijn graf* **6.¶** be dying **for** a cigarette *smachten / snakken naar een sigaret;* ⟨inf.⟩ ~ **of** anxiety *doodsangsten uitstaan;*
II ⟨ov.ww.⟩ **0.1** ***(uit)ponsen*** ⇒*stansen* **0.2** ***sterven*** ◆ **5.1** ~ sth. **out** *iets uitponsen / stansen.*
'die-a·way ⟨bn., attr.⟩ **0.1** ***smachtend*** ⇒*kwijnend.*
'die·back ⟨telb. en n.-telb.zn.⟩⟨plantk.⟩ **0.1** ***afsterving.***
'die-cast[1] ⟨bn.⟩ **0.1** ***gegoten.***
die-cast[2] ⟨ov.ww.⟩ **0.1** ***gieten*** ⟨in gietvorm⟩.
'die-cast·ing ⟨telb.zn.⟩ **0.1** ***gietsel*** ⇒*gegoten voorwerp.*
'die-hard ⟨telb.zn.; vaak attr.⟩ **0.1** ***taaie*** ⇒*volhouder* **0.2** ***aartsconservatief*** ⇒*rechtse rakker, tuchtfanaat, reactionair* **0.3** ***onverzoenlijke.***
'die-in ⟨telb.zn.⟩ **0.1** ***demonstratie tegen kernenergie*** **0.2** ***demonstratie tegen dodelijke wapens.***
diel·drin ['di:ldrɪn]⟨n.-telb.zn.⟩ **0.1** ***dieldrin*** ⟨insekticide⟩.
di·e·lec·tric[1] ['daɪɪ'lektrɪk]⟨telb.zn.⟩ **0.1** ***niet-geleidende stof*** ⇒*isolerende stof, diëlektricum.*
dielectric[2] ⟨bn.⟩ **0.1** ***niet-geleidend*** ⇒*isolerend, diëlektrisch* ◆ **1.1** ~ constant *diëlektrische constante / permittiviteit.*
dieresis →diaeresis.
die·sel[1] ['di:zl]⟨f1⟩⟨zn.⟩
I ⟨telb.zn.; vaak attr.⟩ **0.1** ***diesel*** ⇒*dieselmotor, dieseltrein, diesellocomotief* ⟨enz.⟩;
II ⟨n.-telb.zn.⟩ **0.1** →diesel oil.
diesel[2] ⟨onov.ww.⟩ **0.1** ***nadieselen.***
'die·sel-e'lec·tric ⟨bn., attr.⟩ **0.1** ***dieselelektrisch.***
'diesel engine ⟨f1⟩⟨telb.zn.⟩ **0.1** ***dieselmotor.***
die·sel·ize ['di:zl-aɪz]⟨ov.ww.⟩ **0.1** ***uitrusten met een dieselmotor / locomotief*** **0.2** ***geschikt maken voor dieselolie*** ⟨benzinemotor⟩ ⇒*op dieselolie overgaan.*
'diesel oil, 'diesel fuel ⟨f1⟩⟨n.-telb.zn.⟩ **0.1** ***diesel(olie).***
die·sink·er ['daɪsɪŋkə‖-ər]⟨telb.zn.⟩ **0.1** ***stempelsnijder*** ⇒*stempelgraveur, stempelmaker.*
Di·es I·rae ['di:eɪz 'ɪəraɪ‖'daɪi:z 'aɪri:]⟨telb.zn.; ook D- i-⟩ **0.1** ***dies irae*** ⇒*'dag des toorns'* **0.2** ***oordeelslied*** ⟨hymne voor de doden⟩.
di·es non ['daɪi:z 'nɒn‖-'nɑn], **di·es non ju·rid·i·cus** [-ju:'rɪdɪkəs] ⟨telb.zn.; dies non juridici; →mv. 5⟩⟨jur.⟩ **0.1** ***dies non*** ⇒*een dag niet* ⟨dag waarop de rechters geen zitting houden⟩.
'die-stamp ⟨ov.ww.⟩ **0.1** ***in reliëf maken*** ⇒*bosseleren, drijven.*
di·et[1] ['daɪət]⟨f3⟩⟨zn.⟩
I ⟨telb.zn.⟩ **0.1** ***dieet*** ⇒*regime, leefregel* **0.2** ⟨vaak D-⟩ ***parlementszitting*** ⇒*rijksdag, landdag, congres* **0.3** ⟨Sch. E⟩ ***zitting (sdag)*** ⟨v. rechtbank⟩ ◆ **6.1** be / go **on** a ~ *op dieet zijn / leven / staan / gaan;*
II ⟨telb. en n.-telb.zn.⟩ **0.1** ***voedsel*** ⇒*kost, dagelijks eten.*
diet[2] ⟨f1⟩⟨ww.⟩
I ⟨onov.ww.⟩ **0.1** ***op dieet zijn / leven*** ⇒*dieet houden;* ⟨oneig.⟩ *lijnen, aan de lijn doen* **0.2** ***eten*** ⇒*zich voeden;*
II ⟨ov.ww.⟩ **0.1** ***op dieet stellen*** ⇒*een dieet voorschrijven* **0.2** ***voeden*** ⇒*de kost / te eten geven.*
di·e·tar·y[1] ['daɪətri‖-teri]⟨telb.zn.; →mv. 2⟩ **0.1** ***dieet*** ⇒*leefregel, regime* **0.2** ***rantsoen*** ⇒*portie, (hoeveelheid) voedsel, voedselregeling.*
dietary[2] ⟨bn.⟩ **0.1** ***diëtisch*** ⇒*dieet-, eet-, voedsel-* ◆ **1.1** ⟨jud.⟩ ~ laws *dieetvoorschriften;* ~ rules *voedselvoorschriften, rituele voedingswetten.*
di·et·er ['daɪətə‖'daɪət̬ər]⟨telb.zn.⟩ **0.1** ***iem. die op dieet leeft*** ⇒*(slanke)lijner.*
di·e·tet·ic ['daɪə'tet̬ɪk], **di·e·tet·i·cal** [-ɪkl]⟨bn.; (-al)ly; →bijw. 3⟩ **0.1** ***mbt. dieet(voorschrift)*** ⇒*dieet-* **0.2** ***diëtetisch*** ⇒*voedingsleer-.*
di·e·tet·ics ['daɪə'tet̬ɪks]⟨n.-telb.zn.⟩ **0.1** ***diëtetiek*** ⇒*voedingsleer.*
di·e·ti·cian, di·e·ti·tian ['daɪə'tɪʃn], **di·e·tist** ['daɪət̬ɪst]⟨f1⟩⟨telb.zn.⟩ **0.1** ***diëtist(e)*** ⇒*voedingsspecialist(e).*
dif(f) ⟨afk.⟩ difference, different.
dif·fer ['dɪfə‖-ər]⟨f2⟩⟨onov.ww.⟩⟨→sprw. 645⟩ **0.1** ***(van elkaar) verschillen*** ⇒*afwijken, zich onderscheiden* **0.2** ***van mening verschillen*** ⇒*het oneens zijn* **0.3** ***redetwisten*** ◆ **3.2** ⟨schr.⟩ I beg to ~ *ik moet het helaas met u oneens zijn* **6.1** ~ **from** s.o. *anders zijn dan iem.* **6.2** ~ **from** s.o. *het met iem. oneens zijn.*
dif·fer·ence[1] ['dɪfrəns]⟨f4⟩⟨zn.⟩
I ⟨telb.zn.⟩ **0.1** ***kenmerk*** ⇒*karakteristiek, speciale eigenschap* **0.2** ⟨vaak mv.⟩ ***meningsverschil*** ⇒*twistgesprek, geschil(punt)* **0.3** ⟨AE; sl.⟩ ***overwicht*** ⇒*voordeel* **0.4** ⟨heraldiek⟩ ***persoonlijk helmteken*** ◆ **6.1** a woman **with** a ~ *een vrouw die iets (speciaals) heeft / anders dan andere is;*
II ⟨telb. en n.-telb.zn.⟩ **0.1** ***verschil*** ⇒*onderscheid, ongelijkheid, differentie* **0.2** ⟨the⟩ ***verschil*** ⇒*rest* ◆ **3.1** make a ~ between *verschillend behandelen;* that makes all the ~ *dat is erg belangrijk, dat maakt heel veel uit, daar zit het 'm in* **3.2** split the ~ *het verschil (samen) delen* **3.¶** ⟨AE; sl.⟩ carry the ~ *een blaffert op zak hebben, gewapend zijn* **7.1** ⟨inf.⟩ same ~ *precies hetzelfde, geen verschil.*
difference[2] ⟨ov.ww.⟩ **0.1** ***onderscheiden*** ⇒*een onderscheid maken tussen;* ⟨wisk.⟩ *differentiëren* **0.2** ⟨heraldiek⟩ ***van een (persoonlijk) helmteken voorzien.***
dif·fer·ent ['dɪfrənt]⟨f4⟩⟨bn.; -ly; -ness⟩⟨→sprw. 110⟩
I ⟨bn.⟩ **0.1** ***verschillend*** ⇒*onderscheiden, ongelijk* **0.2** ⟨inf.⟩ ***ongewoon*** ⇒*speciaal, anders* ◆ **1.¶** as ~ as chalk and / from cheese

verschillend als dag en nacht **6.1** ~ **from/** ⟨vnl. BE⟩ **to** *verschillend van, anders dan;*
II ⟨bn., attr.⟩ **0.1** ***verschillend*** ⇒*afwijkend, apart, ander, uiteenlopend, verscheiden* ◆ **1.1** ⟨fig.⟩ see in a ~ light *in een ander licht zien;* ⟨fig.⟩ sing a ~ tune *een andere toon aanslaan;* ⟨fig.⟩ strike a ~ note *een ander geluid laten horen* **1.¶** put a ~ face on it *in een ander licht stellen;* a horse of a ~ colour *een geheel andere kwestie;* ⟨AE⟩ march to/hear a ~ drummer *het buitenbeentje zijn, z'n eigen koers varen;* ⟨inf.⟩ this is a ~ kettle of fish *dit is andere koek* **6.1** a ~ testimony **from** the one/than we heard yesterday *een ander getuigenis dan we gisteren te horen kregen.*

dif·fer·en·tia ['dɪfə'renʃə]⟨telb.zn.; differentiae [-ʃiː]; →mv. 5⟩⟨logica⟩ **0.1** ***onderscheid*** ⇒*distinctie, identiteit.*

dif·fer·en·tial[1] ['dɪfə'renʃl]⟨f1⟩⟨telb.zn.⟩ **0.1** ***loonklasseverschil*** **0.2** ***differentie*** ⇒*koersverschil* **0.3** ⟨tech.⟩ ***differentieel*** **0.4** ⟨wisk.⟩ ***differentiaal*** ⇒*differentie.*

differential[2] ⟨f2⟩⟨bn.; -ly⟩ **0.1** ***differentieel*** ⇒*een verschil aanwijzend, onderscheid makend* **0.2** ***onderscheidend*** ⇒*distinctief, kenmerkend* **0.3** ⟨tech.⟩ ***differentiaal*** ⟨mbt. verschil in omloop/snelheid/druk/enz.⟩ **0.4** ⟨wisk.⟩ ***differentiaal-*** ◆ **1.1** ~ duties *differentiële rechten* ⟨naar gelang v.d. herkomst⟩; ~ pay *loonklasseverschil* **1.3** ~ gear *differentieel* **1.4** ~ calculus *differentiaalrekening;* ~ coefficient *afgeleide functie, differentiaalquotiënt.*

dif·fer·en·ti·ate ['dɪfə'renʃieɪt]⟨f2⟩⟨ww.⟩
I ⟨onov.ww.⟩ **0.1** ***differentiëren*** ⇒*zich verschillend ontwikkelen, zich onderscheiden* **0.2** ***een onderscheid/verschil maken*** ◆ **6.2** ~ **between** *verschillend/ongelijk behandelen, discrimineren;*
II ⟨ov.ww.⟩ **0.1** ***onderscheiden*** ⇒*(van elkaar) afscheiden* **0.2** ***onderscheiden*** ⇒*onderkennen* **0.3** ⟨wisk.⟩ ***differentiëren.***

dif·fer·en·ti·a·tion ['dɪfərenʃi'eɪʃn]⟨f2⟩⟨telb. en n.-telb.zn.⟩ **0.1** ***verschil*** ⇒*onderscheid* **0.2** ***differentiatie*** ⇒*onderscheiding* **0.3** ⟨wisk.⟩ ***differentiatie*** ⇒*differentiëring.*

dif·fi·cult ['dɪfɪklt‖-kʌlt]⟨f4⟩⟨bn.; -ly⟩⟨→sprw. 21⟩ **0.1** ***moeilijk*** ⇒*lastig, netelig, zwaar* **0.2** ***moeilijk*** ⟨karakter⟩ ⇒*lastig, ongemakkelijk.*

dif·fi·cul·ty ['dɪfɪklti‖-kʌlti]⟨f3⟩⟨zn.; →mv. 2⟩
I ⟨telb.zn.⟩ **0.1** ***moeilijkheid*** ⇒*probleem, hinder* **0.2** ⟨vaak mv.⟩ ***moeilijke omstandigheid*** ⇒*(financieel) probleem, last* **0.3** ***meningsverschil*** ⇒*onenigheid, geschil* **0.4** ***bezwaar*** ⇒*bedenking, tegenwerping* ◆ **3.1** make difficulties *lastig doen, moeilijkheden maken;*
II ⟨n.-telb.zn.⟩ **0.1** ***moeite*** ⇒*bezwaar, last* ◆ **6.1 with** ~ *met moeite.*

dif·fi·dence ['dɪfɪd(ə)ns]⟨f1⟩⟨n.-telb.zn.⟩ **0.1** ***verlegenheid*** ⇒*bedeesdheid, schroom, gebrek aan zelfvertrouwen.*

dif·fi·dent ['dɪfɪd(ə)nt]⟨f1⟩⟨bn.; -ly⟩ **0.1** ***verlegen*** ⇒*bedeesd, beschroomd, timide.*

dif·flu·ent ['dɪflʊənt]⟨bn.⟩ **0.1** ***vervloeiend*** ⇒*wegstromend* **0.2** ***vloeibaar.***

dif·fract [dɪ'frækt]⟨onov. en ov.ww.⟩ **0.1** ***buigen*** ⟨(v.) stralen, golven⟩.

dif·frac·tion [dɪ'frækʃn]⟨n.-telb.zn.⟩ **0.1** ***diffractie*** ⇒*(straal)buiging.*

dif'fraction grating ⟨telb.zn.⟩⟨elek., nat.⟩ **0.1** ***buigingsrooster.***

dif·fuse[1] [dɪ'fjuːs]⟨f1⟩⟨bn.; -ly; -ness⟩ **0.1** ***diffuus*** ⇒*verspreid, verstrooid* **0.2** ***diffuus*** ⇒*omslachtig, wijdlopig, breedvoerig* ⟨stijl⟩.

diffuse[2] [dɪ'fjuːz]⟨f1⟩⟨ww.; →ww. 7⟩
I ⟨onov.ww.⟩ **0.1** ***zich verspreiden*** ⇒*zich uitspreiden, verstrooid worden* ⟨v. licht⟩ **0.2** ⟨nat.⟩ ***diffunderen*** ⇒*zich vermengen, in elkaar doordringen;*
II ⟨ov.ww.⟩ **0.1** ***verspreiden*** ⇒*uitspreiden, verstrooien* ⟨licht⟩, *uitzenden* ⟨hitte⟩, *verbreiden,* ⟨ook fig.⟩ *rondstrooien, doen rondgaan* ⟨verhaal⟩ **0.2** ***uitgieten*** **0.3** ⟨nat.⟩ ***doen diffunderen*** ⇒*(ver)mengen, in elkaar laten doordringen* ◆ **1.1** ~d light *diffuus licht.*

dif·fus·i·bil·i·ty [dɪ'fjuːzə'bɪləṭi]⟨n.-telb.zn.⟩ **0.1** ***diffusievermogen.***

dif·fus·i·ble [dɪ'fjuːzəbl]⟨telb.zn.⟩ **0.1** ***verspreidbaar*** ⇒*uitspreid/verstrooibaar* **0.2** ⟨nat.⟩ ***diffunderend.***

dif·fu·sion [dɪ'fjuːʒn]⟨f2⟩⟨n.-telb.zn.⟩ **0.1** ***verspreiding*** ⇒*verstrooiing, verbreiding* **0.2** ***wijdlopigheid*** ⇒*omslachtigheid, breedvoerigheid* ⟨stijl⟩ **0.3** ⟨nat.⟩ ***diffusie*** **0.4** ⟨antr.⟩ ***verspreiding*** ⇒*het verbreid voorkomen* ⟨v. gebruiken enz.⟩.

dif·fu·sion·ist [dɪ'fjuːʒənɪst]⟨telb.zn.⟩ **0.1** ***diffusionist*** ⟨cultureel antropoloog die het diffusionisme aanhangt⟩.

dif·fu·sive [dɪ'fjuːsɪv]⟨bn.; -ly; -ness⟩ **0.1** ***verspreidend*** ⇒*verstrooiend* **0.2** ⟨nat.⟩ ***diffunderend.***

dig[1] [dɪg]⟨f2⟩⟨zn.⟩
I ⟨telb.zn.⟩⟨inf.⟩ **0.1** ***peut*** ⇒*stoot, por* **0.2** ***steek (onder water)*** ⇒*sarcastische opmerking* **0.3** ***(archeologische) opgraving*** **0.4** ⟨volleybal⟩ ***manchet*** ◆ **1.1** give s.o. a ~ in the ribs *iem. aanstoten* **6.2** a ~ **at** s.o. *een steek voor iem.;*
II ⟨n.-telb.zn.⟩ **0.1** ***spitwerk*** ⇒*graafwerk, het opgraven;*
III ⟨mv.; ~s⟩⟨BE; inf.⟩ **0.1** ***kamer(s)*** ⇒*kast* ◆ **6.1** live **in** ~s *op kamers wonen.*

dig[2] ⟨f3⟩⟨ww.; dug [dʌg], ⟨vero.⟩ digged, dug [dʌg], ⟨vero.⟩ digged; →ww. 7⟩ →digging
I ⟨onov.ww.⟩ **0.1** ***doordringen*** ⇒*vorsen* **0.2** ⟨inf.⟩ ***zwoegen*** ⇒*ploegen, ploeteren, blokken* ◆ **6.¶** ~ **at** s.o. *iem. een steek onder water geven;*
II ⟨onov. en ov.ww.⟩⟨ook fig.⟩ **0.1** ***graven*** ⇒*spitten, delven, opgraven* ◆ **1.1** ~ the ground *in de grond graven* **5.¶** →dig **in;** →dig **out;** ~ **over** *overpeinzen;* →dig **up** **6.1** ~ **for** information *naar gegevens spitten/zoeken* **6.¶** →dig **into;**
III ⟨ov.ww.⟩ **0.1** ***uitgraven*** ⇒*opgraven, rooien* **0.2** ***uitzoeken*** ⇒*voor de dag halen, oprakelen, opsnorren* **0.3** ***porren*** ⇒*duwen* **0.4** ⟨sl.⟩ ***vatten*** ⇒*snappen* **0.5** ⟨sl.⟩ ***leuk vinden*** ⇒*vallen op* **0.6** ⟨sl.⟩ ***aanwezig zijn bij*** ⟨uitvoering, voorstelling⟩ ◆ **1.4** ~ (s.o.) the most *(iem.) volkomen begrijpen.*

di·gam·ma [daɪ'gæmə]⟨n.-telb.zn.⟩ **0.1** ***digamma*** ⟨Oudgrieks letterteken⟩ ⇒*wau.*

dig·a·my ['dɪgəmi]⟨n.-telb.zn.⟩ **0.1** ***tweede huwelijk.***

di·gas·tric ['daɪ'gæstrɪk]⟨telb.zn.⟩ **0.1** ***kauwspier.***

di·gest[1] ['daɪdʒest]⟨f1⟩⟨zn.⟩
I ⟨telb.zn.⟩ **0.1** ***samenvatting*** ⇒*(periodiek) overzicht, synopsis, compendium* **0.2** ⟨jur.⟩ ***uittreksel v. rechtsteksten*** ⇒*verzameling v. wetten;*
II ⟨n.-telb.zn.; D-; the⟩ **0.1** ***Pandecten*** ⇒*Digesta* ⟨v. Justinianus⟩.

digest[2] ['daɪ'dʒest, dɪ'dʒest]⟨f2⟩⟨ww.⟩
I ⟨onov.ww.⟩ **0.1** ***verteren*** ⇒*ontbonden worden, opgenomen worden (in het lichaam)* **0.2** ***voedsel opnemen*** **0.3** ⟨schei.⟩ ***gedigereerd worden*** ⇒*ontsloten worden;*
II ⟨ov.ww.⟩ **0.1** ***verteren*** ⇒*in het lichaam opnemen, verstouwen, digereren, assimileren* **0.2** ***verkroppen*** ⇒*slikken, verdragen* **0.3** ***(geestelijk) verteren*** ⇒*verwerken, in zich opnemen, overdenken* **0.4** ***rangschikken*** ⇒*systematiseren, ordenen, indelen* **0.5** ⟨schei.⟩ ***digereren*** ⇒*ontsluiten.*

di·gest·er [daɪ'dʒestə, dɪ-‖-ər]⟨zn.⟩
I ⟨telb.zn.⟩ **0.1** ***samenvatter*** ⇒*samensteller v. overzicht/synopsis/compendium* **0.2** ⟨schei., tech.⟩ ***digereeroven*** ⇒*autoclaaf, Papiniaanse pot;*
II ⟨telb. en n.-telb.zn.⟩ **0.1** ***digestief*** ⟨digestief middel⟩.

di·gest·i·bil·i·ty [daɪ'dʒestə'bɪləṭi, dɪ-]⟨n.-telb.zn.⟩ **0.1** ***verteerbaarheid*** ⇒*opneembaarheid* **0.2** ***verwerkbaarheid.***

di·gest·i·ble [daɪ'dʒestəbl, dɪ-]⟨f1⟩⟨bn.; -ly; -ness; →bijw. 3⟩ **0.1** ***verteerbaar*** ⇒*opneembaar, digereerbaar, assimileerbaar* **0.2** ***verwerkbaar*** ⇒*aanvaardbaar, acceptabel* **0.3** ***te rangschikken*** ⇒*te systematiseren.*

di·ges·tion [daɪ'dʒestʃən, dɪ-]⟨f1⟩⟨telb. en n.-telb.zn.⟩ **0.1** ***spijsvertering*** ⇒*digestie, assimilatie* **0.2** ***(geestelijke) verwerking*** ⇒*opneming* **0.3** ***ontbinding*** ⟨door bacteriën⟩ ⇒*afbraak.*

di·ges·tive[1] [daɪ'dʒestɪv, dɪ-], ⟨in bet. II ook⟩ **di·ges·tant** [daɪ'dZestnt, dɪ-]⟨zn.⟩
I ⟨telb.zn.⟩⟨BE⟩ **0.1** ***volkorenbiscuit*** ⇒*tarwekoekje;*
II ⟨n.-telb.zn.⟩⟨med.⟩ **0.1** ***digestief.***

digestive[2] ⟨f1⟩⟨bn., attr.; -ly⟩ **0.1** ***spijsverterings-*** **0.2** ***digestief*** ⇒*de spijsvertering bevorderend* ◆ **1.1** ~ system *spijsverteringskanaal/stelsel, spijsverteringsorganen.*

dig·ger ['dɪgə‖-ər]⟨f1⟩⟨telb.zn.⟩ **0.1** ***graver*** ⇒*spitter, delver, rooier* **0.2** ***excavateur*** ⇒*graafmachine* **0.3** ⟨inf.⟩ ***Australiër*** ⇒⟨i.h.b.⟩ *Australische/Nieuw-Zeelandse soldaat* **0.4** ⟨AE, Austr. E⟩ ***maat*** ⇒*makker* **0.5** ***hippie*** **0.6** ⟨D-⟩⟨gesch.⟩ ***Digger*** ⟨17e eeuws Eng. extremist⟩ **0.7** →digger wasp **0.8** ⟨D-⟩ →Digger Indian **0.9** →gold digger.

'Digger Indian ⟨telb.zn.⟩ **0.1** ***Digger Indiaan.***

'digger's de'light ⟨n.-telb.zn.⟩⟨Austr. E; plantk.⟩ **0.1** ***soort ereprijs*** ⟨Veronica perfoliata⟩.

'digger wasp ⟨telb.zn.⟩⟨dierk.⟩ **0.1** ***graafwesp*** ⟨fam. Sphecidae⟩.

dig·ging ['dɪgɪŋ]⟨zn.; oorspr. gerund v. dig⟩
I ⟨telb. en n.-telb.zn.⟩ **0.1** ***opgraving*** ⇒*delving, graverij;*
II ⟨mv.; ~s⟩ **0.1** ⟨ww. ook enk.⟩ ***opgraving(sterrein)*** ⇒*(goud)mijn, goudveld* **0.2** ***opgravingen*** ⇒*opgegraven materiaal.*

dight [daɪt]⟨ov.ww.; ook dight, ook dight⟩⟨vero.⟩ **0.1** ***tooien*** ⇒*sieren, opsmukken, mooi aankleden* **0.2** ***bereiden*** ⇒*gereed maken, uitrusten.*

'dig 'in ⟨f1⟩⟨ww.⟩
I ⟨onov.ww.⟩ **0.1** ***zich ingraven*** **0.2** ***aanvallen*** ⟨op eten⟩ ⇒*toetasten* **0.3** ***van geen wijken weten*** **0.4** ***hard aan het werk gaan*** **0.5** ***hard lopen*** ⇒*rennen;*
II ⟨ov.ww.⟩ **0.1** ***ingraven*** **0.2** ***onderspitten*** ⇒*onderwerken/graven* ◆ **4.1** dig oneself in *zich ingraven;* ⟨fig.⟩ *zijn positie verstevigen, zich goed inwerken.*

'dig into ⟨onov.ww.⟩ **0.1** ***graven in*** **0.2** ⟨ben. voor⟩ ***begraven in*** *⇒prikken/slaan/boren in* **0.3** ***zijn tanden zetten in*** *⇒beginnen te eten* **0.4** ***diepgaand onderzoeken*** *⇒duiken in* **0.5** ***zijn positie verdedigen in*** ◆ **1.1** dig sth. into the soil *iets ondergraven/onderspitten*.

dig·it ['dɪdʒɪt]⟨f1⟩⟨telb.zn.⟩ **0.1** ***cijfer*** *⇒getal* ⟨0 t/m 9⟩ **0.2** ***vinger*** **0.3** ***teen*** **0.4** ***vingerbreed(te)*** ⟨3/4 inch⟩.

dig·i·tal[1] ['dɪdʒɪṭl]⟨telb.zn.⟩ **0.1** ***vinger*** **0.2** ***toets***.

digital[2] ⟨f1⟩⟨bn.;-ly⟩ **0.1** ***digitaal*** ⟨werkend met discrete numerieke elementen⟩ **0.2** ***digitaal*** *⇒mbt. vingers/tenen, vingervormig* ◆ **1.1** ~ clock *digitale klok*.

dig·i·tal·in ['dɪdʒɪ'teɪlɪn‖-'tæ-]⟨n.-telb.zn.⟩⟨med.⟩ **0.1** ***digitaline***.

dig·i·tal·is ['dɪdʒɪ'tɑ:lɪs‖-'tæ-]⟨telb. en n.-telb.zn.⟩ **0.1** ⟨med.⟩ ***digitalis*** ⟨geneesmiddel voor hartziekten⟩ **0.2** ⟨ook D-⟩⟨plantk.⟩ ***digitalis*** *⇒vingerhoedskruid* ⟨genus Digitalis⟩.

dig·i·tal·ize ['dɪdʒɪṭlaɪz]⟨ov.ww.⟩ **0.1** ⟨med.⟩ ***met digitalis behandelen*** **0.2** ⟨comp. e.d.⟩ ***digitaliseren***.

dig·i·tate ['dɪdʒɪteɪt], **dig·i·tat·ed** ['dɪdʒɪteɪṭɪd]⟨bn.; digitately⟩ **0.1** ***voorzien van vingers/tenen*** *⇒gevingerd, geteend* **0.2** ⟨plantk.⟩ ***gevingerd*** *⇒handvormig*.

dig·i·ta·tion ['dɪdʒɪ'teɪʃn]⟨telb. en n.-telb.zn.⟩ **0.1** ***scheiding in vingers/tenen*** *⇒het gevingerd/geteend zijn* **0.2** ***vingervormig(e) uitsteeksel/aangroeiing***.

dig·i·ti·grade[1] ['dɪdʒɪṭəgreɪd]⟨telb.zn.⟩⟨dierk.⟩ **0.1** ***teenganger***.

digitigrade[2] ⟨bn.⟩⟨dierk.⟩ **0.1** ***op de tenen lopend***.

dig·i·tize, -tise ['dɪdʒɪtaɪz]⟨ov.ww.⟩ **0.1** ***digitaliseren*** *⇒in cijfers/digitaal weergeven, omzetten naar cijfers*.

dig·ni·fied ['dɪgnɪfaɪd]⟨f2⟩⟨bn.;-ly; oorspr. volt. deelw. v. dignify⟩ **0.1** ***waardig*** *⇒deftig, statig, afgemeten*.

dig·ni·fy ['dɪgnɪfaɪ]⟨f2⟩⟨ov.ww.;→ww. 7⟩ →dignified **0.1** ***waardigheid geven aan*** *⇒het prestige verhogen v., vereren, onderscheiden* **0.2** ***sieren*** *⇒opluisteren, verheerlijken* **0.3** ***adelen*** *⇒veredelen*.

dig·ni·tar·y ['dɪgnɪtri‖-teri]⟨f1⟩⟨telb.zn.;→mv. 2⟩ **0.1** ***(kerkelijk) hoogwaardigheidsbekleder*** *⇒dignitaris*.

dig·ni·ty ['dɪgnəṭi]⟨f3⟩⟨zn.;→mv. 2⟩

I ⟨telb.zn.⟩ **0.1** ⟨vaak mv.⟩ ***waardigheidsteken*** **0.2** ⟨vero.⟩ ***dignitaris*** *⇒(hoog)waardigheidsbekleder;*

II ⟨telb. en n.-telb.zn.⟩ **0.1** ***waardigheid*** *⇒ereambt, digniteit, deftigheid, statigheid, voortreffelijkheid, excellentie* ◆ **3.1** stand on one's ~ *op z'n punt v. eer staan, erop staan met respect behandeld te worden* **6.1** **beneath** one's ~ *beneden z'n waardigheid*.

'dig 'out ⟨f1⟩⟨ww.⟩

I ⟨onov.ww.⟩ **0.1** ⟨vnl. Can. E⟩ ***zich uit de sneeuw graven*** **0.2** ⟨AE⟩ ***(weg)snellen*** *⇒(weg)vluchten* ⟨v. beest⟩ **0.3** ⟨AE; inf.⟩ ***er snel vandoor gaan*** *⇒'m smeren, sprinten* ◆ **6.2** ~ **for** the wood *naar het bos vluchten;*

II ⟨ov.ww.⟩ **0.1** ***uitgraven*** *⇒opgraven* **0.2** ***opdiepen*** *⇒opsporen, voor de dag halen* **0.3** ***blootleggen*** ◆ **6.2** ~ **of** a book *uit een boek putten* **6.3** dig the truth out **of** s.o. *de waarheid uit iem. krijgen*.

di·graph ['daɪgrɑ:f‖-græf]⟨telb.zn.⟩⟨taalk.⟩ **0.1** ***twee letters als één klank uitgesproken***.

di·gress [daɪ'gres]⟨onov.ww.⟩ **0.1** ***uitweiden*** *⇒afdwalen* ◆ **6.1** ~ **from** one's subject *afdwalen van zijn onderwerp*.

di·gres·sion [daɪ'greʃn]⟨f1⟩⟨telb. en n.-telb.zn.⟩ **0.1** ***uitweiding*** *⇒digressie, excursie, afdwaling* ◆ **6.1** ~ **on** sth. *uitweiding over iets*.

di·gres·sive [daɪ'gresɪv]⟨bn.; -ly; -ness⟩ **0.1** ***uitweidend*** *⇒vol afdwalingen/uitweidingen*.

'dig 'up ⟨f1⟩⟨ww.⟩

I ⟨onov.ww.⟩⟨AE⟩ **0.1** ***bijdrage leveren*** *⇒betalen;*

II ⟨ov.ww.⟩ **0.1** ***opgraven*** *⇒uitgraven, omspitten, opbreken* ⟨v. weg⟩, *rooien, opengraven* **0.2** ***blootleggen*** *⇒ontdekken, opdelven, opsporen* **0.3** ⟨inf.⟩ ***bij elkaar scharrelen*** **0.4** ⟨inf.⟩ ***opscharrelen*** *⇒opduikelen, opsnorren*.

di·he·dral[1] [daɪ:'hi:drəl, -'he-], **di'hedral 'angle** ⟨telb.zn.⟩ **0.1** ***tweevlakshoek*** **0.2** ⟨lucht.⟩ ***V-vorm(hoek)*** *⇒V-stelling*.

dihedral[2] ⟨bn.⟩ **0.1** ***tweevlakkig*** **0.2** ⟨lucht.⟩ ***in V-vorm*** *⇒in V-stelling*.

dik-dik ['dɪkdɪk]⟨telb.zn.⟩⟨dierk.⟩ **0.1** ***dik-dikantilope*** ⟨genus Madoqua⟩.

dike[1], **dyke** [daɪk]⟨f1⟩⟨telb.zn.⟩ **0.1** ***dijk*** *⇒(keer)dam, waterkering, wal* **0.2** ***kanaaltje*** *⇒sloot, greppel, goot* **0.3** ⟨BE⟩ ***natuurlijke waterloop*** **0.4** ⟨BE⟩ ***wal(letje)*** *⇒akkerscheiding* ⟨van turf of zoden⟩ **0.5** ***barricade*** ⟨ook fig.⟩ *⇒versperring, obstakel, verdedigings(werk)* **0.6** ⟨geol., mijnw.⟩ ***gang*** ⟨discordante plaat stollingsgesteente⟩ **0.7** ⟨mijnw.⟩ ***ader*** **0.8** ⟨sl.; bel.⟩ ***pot*** *⇒lesbienne* **0.9** ⟨sl.⟩ ***pisbak*** *⇒plee, krul*.

dike[2], **dyke** ⟨ww.⟩

I ⟨onov.ww.⟩ **0.1** ***een dijk aanleggen;***

II ⟨ov.ww.⟩ **0.1** ***indijken*** *⇒bedijken, omwallen* **0.2** ***met een sloot omgeven***.

dik·tat ['dɪktæt‖dɪk'tat]⟨telb. en n.-telb.zn.⟩ **0.1** ***diktaat*** *⇒opgelegde regeling*.

di·lap·i·date [dɪ'læpɪdeɪt]⟨f1⟩⟨ww.⟩ →dilapitated

I ⟨onov.ww.⟩ **0.1** ***in verval raken*** *⇒vervallen, verkrotten, tot wrak worden;*

II ⟨ov.ww.⟩ **0.1** ***in verval brengen*** *⇒verwaarlozen, laten verkrotten, tot wrak laten worden* ◆ **1.1** ~d houses *bouwvallige/verkrotte huizen*.

di·lap·i·dat·ed [dɪ'læpɪdeɪṭɪd]⟨bn.; volt. deelw. v. dilapidate⟩ **0.1** ***vervallen*** *⇒bouwvallig, verkrot; beduimeld* ⟨boek⟩; *versleten* ⟨bv. v. kleren⟩.

di·lap·i·da·tion [dɪ'læpɪ'deɪʃn]⟨zn.⟩

I ⟨n.-telb.zn.⟩ **0.1** ***verval*** *⇒verkrotting, verwaarlozing, ontreddering, bouwvalligheid* **0.2** ***puin;***

II ⟨mv.; ~s⟩⟨BE⟩ **0.1** ***schadevergoeding*** ⟨wegens verwaarlozing v.e. gehuurde ruimte⟩.

di·lat·a·bil·i·ty [daɪleɪṭə'bɪləṭi, dɪ-]⟨n.-telb.zn.⟩ **0.1** ***uitzetbaarheid*** *⇒uitzettingsvermogen, rek(baarheid), elasticiteit*.

di·lat·a·ble [daɪ'leɪṭəbl, dɪ-]⟨bn.⟩ **0.1** ***uitzetbaar*** *⇒rekbaar, elastisch, te verwijden*.

di·lat·an·cy [daɪ'leɪtənsi]⟨n.-telb.zn.⟩⟨nat.⟩ **0.1** ***dilatatie*** *⇒uitzetting*.

dil·a·ta·tion ['daɪlə'teɪʃn, 'dɪ-], **di·la·tion** [daɪ'leɪʃn, dɪ-]⟨telb. en n.-telb.zn.⟩ **0.1** ***uitweiding*** *⇒breedvoerige uiteenzetting* **0.2** ***uitzetting*** *⇒oprekking, het uitrekken, verwijding,* ⟨med., nat.⟩ *dilatatie*.

di·late [daɪ'leɪt]⟨f1⟩⟨ww.⟩

I ⟨onov.ww.⟩ **0.1** ***uitzetten*** *⇒zich verwijden, zwellen, groter/langer worden, zich opensperren* ◆ **6.¶** ~ **(up)on** *uitweiden over, uitgebreid ingaan op/behandelen, breedvoerig bespreken;*

II ⟨ov.ww.⟩ **0.1** ***verwijden*** *⇒oprekken, uitrekken, doen zwellen; opensperren* ⟨ogen⟩ **0.2** ***doen uitzetten***.

di·la·tor, di·la·ter [daɪ'leɪtə, dɪ-‖-'leɪṭər], **dil·a·ta·tor** ['daɪləteɪtə‖'dɪləteɪṭər]⟨telb.zn.⟩ **0.1** ***verwijdende spier*** **0.2** ⟨med.⟩ ***dilatator*** *⇒dilatatorium, verwijdingsinstrument* **0.3** ***verwijdend medicijn***.

dil·a·to·ry ['dɪlətri‖-tɔri]⟨bn.; -ly; -ness;→bijw. 3⟩ **0.1** ***traag*** *⇒langzaam, talmend, laks* **0.2** ***vertragend*** *⇒opschortend, dilatoir*.

dil·do, dil·doe ['dɪldoʊ]⟨telb.zn.⟩ **0.1** ***kunstpenis*** *⇒dildo*.

di·lem·ma [dɪ'lemə, daɪ-]⟨f2⟩⟨telb.zn.⟩ **0.1** ***dilemma*** ⟨ook logica⟩ *⇒netelig vraagstuk, lastige situatie* ◆ **1.1** on the horns of the/a ~ *in tweestrijd* **6.1** be **in** a ~ *voor een dilemma staan*.

dil·et·tante[1] ['dɪlɪ'tænti‖-'tɑnti]⟨f1⟩⟨telb.zn.; ook dilettanti [-ti:]; →mv. 5⟩⟨vnl. pej.⟩ **0.1** ***dilettant(e)*** *⇒(oppervlakkige) kunstkenner, amateur*.

dilettante[2] ⟨bn.⟩⟨vnl. pej.⟩ **0.1** ***dilettantisch*** *⇒amateuristisch, oppervlakkig*.

dil·i·gence ['dɪlɪdʒəns]⟨f1⟩⟨zn.⟩

I ⟨telb.zn.⟩ **0.1** ***diligence*** *⇒postkoets;*

II ⟨n.-telb.zn.⟩ **0.1** ***ijver*** *⇒vlijt, toewijding, overgave*.

dil·i·gent ['dɪlɪdʒənt]⟨f2⟩⟨bn.; -ly; -ness⟩ **0.1** ***ijverig*** *⇒vlijtig, toegewijd, noest*.

dill [dɪl]⟨zn.⟩

I ⟨telb.zn.⟩⟨Austr. E; inf.⟩ **0.1** ***idioot*** *⇒gek;*

II ⟨telb. en n.-telb.zn.; verk.⟩ →dill pickle;

III ⟨n.-telb.zn.⟩⟨plantk.⟩ **0.1** ***dille*** ⟨ook specerij; Anethum graveolens⟩.

'dill 'pickle ⟨telb. en n.-telb.zn.⟩ **0.1** ***komkommer, augurk enz. in dilleazijn*** *⇒zure bom*.

'dill-wa·ter ⟨n.-telb.zn.⟩ **0.1** ***dillewater*** *⇒dilleazijn*.

dil·ly ['dɪli]⟨f1⟩⟨telb.zn.;→mv. 2⟩⟨sl.; vaak iron.⟩ **0.1** ⟨ben. voor⟩ ***opmerkelijk iem./iets*** *⇒prachtexemplaar, prachtvent, heerlijk mens*.

'dil·ly-dal·ly ⟨onov.ww.;→ww. 7⟩⟨inf.⟩ **0.1** ***teuten*** *⇒treuzelen, lummelen, leuteren* **0.2** ***dubben*** *⇒weifelen, aarzelen*.

dil·u·ent[1] ['dɪljʊənt]⟨telb. en n.-telb.zn.⟩ **0.1** ***(bloed)verdunnend middel*** *⇒verdunner, oplosmiddel*.

diluent[2] ⟨bn.⟩ **0.1** ***verdunnend*** *⇒verdunnings-, oplossend, oplossings-*.

di·lute[1] ['daɪ'l(j)u:t‖dɪ'lu:t]⟨bn.⟩ **0.1** ***verdund*** *⇒aangelengd* **0.2** ***verbleekt*** *⇒verkleurd, vervaald* **0.3** ***verwaterd*** *⇒waterig, flauw, zwak*.

dilute[2] ⟨f1⟩⟨ov.ww.⟩ **0.1** ***verdunnen*** *⇒aanlengen* **0.2** ***doen verbleken*** *⇒doen verkleuren/vervalen* **0.3** ***afzwakken*** *⇒doen verflauwen/verwateren* **0.4** ***vervangen (door ongeschoolden)*** ⟨geschoolde werkers e.d.⟩.

dil·u·tee ['daɪlju:'ti:‖'dɪljə'ti:]⟨telb.zn.⟩ **0.1** ***ongeschoold arbeider*** ⟨als vervanger v. geschoolde⟩.

di·lu·tion [daɪ'l(j)u:ʃn‖dɪ'lu:-]⟨f1⟩⟨telb. en n.-telb.zn.⟩ **0.1** ***verdunning*** *⇒verdunde oplossing, het aanlengen, aftreksel, verwatering, vervaling* **0.2** ***vervanging (door ongeschoolden)*** ⟨v. geschoolde werkers⟩ ◆ **1.1** ⟨geldw.⟩ ~ of equity *kapitaal(s)verwatering*.

di·lu·vi·al [dɪ'lu:vɪəl], **di·lu·vi·an** [dɪ'lu:vɪən]⟨bn.⟩ **0.1** ***overstromings-*** ⇒⟨i.h.b.⟩ *mbt. de Zondvloed* **0.2** ⟨vero.; geol.⟩ ***diluviaal*** ⇒*pleistoceen-*.

di·lu·vi·um [dɪ'lu:vɪəm]⟨zn.; ook diluvia [-vɪə]; →mv. 5⟩⟨vero.; geol.⟩
I ⟨telb. en n.-telb.zn.⟩ **0.1** ***diluviale grond*** ⇒*pleistocene afzetting;*
II ⟨n.-telb.zn.⟩ **0.1** ***pleistoceen*** ⇒*diluvium, ijstijdperk*.

dim[1] [dɪm]⟨f3⟩⟨bn.; dimmer; -ly; -ness; →compar. 7⟩ **0.1** ***schemerig*** ⇒*(half)duister, somber* **0.2** ***vaag*** ⇒*flauw, zwak, dof, wazig* **0.3** ⟨inf.⟩ ***stom*** ⇒*dom, stompzinnig* ⟨v. personen⟩ ◆ **1.¶** ⟨inf.⟩ take a ~ view of sth. *iets afkeuren, niets ophebben met iets*.

dim[2] ⟨f2⟩⟨onov. en ov.ww.; →ww. 7⟩ **0.1** ***verduisteren*** ⇒*verdonkeren, versomberen* **0.2** ***vervagen*** ⇒*verflauwen, af/verzwakken, z'n glans (doen) verliezen, dof worden/maken* **0.3** ⟨vnl. AE⟩ ***temperen*** ⇒*dimmen, verminderen, terugnemen, afzwakken* ◆ **1.2** a ~med career *een ontluisterde carrière* **1.3** ⟨AE⟩ ~ the headlights *dimmen* **5.1** ~ **out** *temperen, verduisteren* ⟨licht enz.⟩.

dim[3] ⟨afk.⟩ dimension, diminished, diminuendo, diminutive.

'dim-chord ⟨telb.zn.⟩⟨AE; muz.⟩ **0.1** ***dim-akkoord*** ⇒*geheel verminderd akkoord* ⟨opeenstapeling v. kleine tertsen⟩.

dime [daɪm]⟨f2⟩⟨telb.zn.⟩ **0.1** ***dime*** ⇒*10-centstuk* ⟨in U.S.A./Canada⟩; ⟨oneig.⟩ *cent, stuiver, kwartje* **0.2** ⟨AE; sl.⟩ ***10 jaar cel*** **0.3** ⟨AE; sl.⟩ ***1000 dollar*** ⇒⟨ong.⟩ *rooie rug* ◆ **1.¶** ⟨AE; inf.⟩ a ~ a dozen *dertien in een dozijn, geen stuiver waard*.

'dime novel ⟨telb.zn.⟩⟨AE⟩ **0.1** ***stuiversroman***.

di·men·sion[1] [daɪ'menʃn, dɪ-]⟨f3⟩⟨telb.zn.⟩ **0.1** ⟨vaak mv.⟩ ***afmeting*** ⇒*maat, grootte, omvang, dimensie;* ⟨fig.⟩ *kaliber, formaat, allure* **0.2** ***dimensie*** ⇒*aspect, karakteristiek, kwaliteit* **0.3** ⟨nat., wisk.⟩ ***dimensie*** ⇒*afmeting* ◆ **1.1** he had the ~ of a superstar *hij had het kaliber/de allure v.e. superster* **2.1** a house of great ~s *een kolossaal huis* **2.2** it added a new ~ to ... *het voegde een nieuw aspect/een nieuwe dimensie toe aan*.

dimension[2] ⟨ov.ww.⟩ **0.1** ***(af)meten*** ⇒*(af)passen, afmetingen bepalen/vaststellen van* **0.2** ***op maat maken*** ⇒*pas(send)maken*.

di·men·sion·al [daɪ'menʃnəl, dɪ-]⟨bn.; -ly; ook in samenstelling met getallen⟩ **0.1** ***dimensionaal*** ⇒*dimensioneel, mbt. afmetingen* ◆ **¶.1** three-dimensional *driedimensionaal, stereoscopisch*.

di·men·sion·less [daɪ'menʃnləs, dɪ-]⟨bn.⟩ **0.1** ***dimensieloos*** ⇒*zonder afmetingen*.

di·mer ['daɪmə‖-ər]⟨telb. en n.-telb.zn.⟩⟨schei.⟩ **0.1** ***dimeer***.

di·mer·ic ['daɪ'merɪk]⟨bn.⟩ **0.1** ⟨schei.⟩ ***dimeer-*** ⇒*mbt. een dimeer, met twee delen* **0.2** ⟨biol.⟩ →dimerous.

dim·er·ous ['dɪmərəs]⟨bn.⟩⟨biol.⟩ **0.1** ***tweedelig*** ⇒⟨dierk.⟩ *tweeledig* ⟨bv. v. voet v. insekt⟩; ⟨plantk.⟩ *met dubbele krans, dubbelgekranst*.

dim·e·ter ['dɪmɪtə‖'dɪmɪtər]⟨telb.zn.⟩ **0.1** ***dimeter*** ⟨versregel met 2 of 4 jamben/trocheeën⟩.

di·mid·i·ate [dɪ'mɪdɪət]⟨bn.⟩ **0.1** ***doormidden gedeeld*** ⇒*gehalveerd*.

di·min·ish [dɪ'mɪnɪʃ]⟨f3⟩⟨ww.⟩ →diminished
I ⟨onov.ww.⟩ **0.1** ***verminderen*** ⇒*afnemen, kleiner worden, z'n waarde verliezen* **0.2** ***taps/conisch toelopen*** ⇒*vernauwen* ◆ **1.1** ⟨ec.⟩ law of ~ing returns *wet v.d. afnemende meeropbrengsten;*
II ⟨ov.ww.⟩ **0.1** ***verminderen*** ⇒*verkleinen, verzwakken, aantasten, reduceren* ⟨reputatie, prestige enz.⟩ **0.2** ***taps/konisch doen toelopen*** **0.3** ⟨muz.⟩ ***verminderen*** ⇒*diminueren*.

di·min·ish·a·ble [dɪ'mɪnɪʃəbl]⟨bn.⟩ **0.1** ***verkleinbaar*** ⇒*te verminderen, reduceerbaar*.

di·min·ished [dɪ'mɪnɪʃt]⟨f1⟩⟨bn.; volt. deelw. v. diminish⟩ **0.1** ***verminderd*** ⇒*verkleind, verzwakt, aangetast* ⟨reputatie, prestige enz.⟩ **0.2** ⟨muz.⟩ ***verminderd*** ⟨accoord⟩ ◆ **1.1** ⟨jur.⟩ ~ responsibility *verminderde toerekeningsvatbaarheid*.

di·min·u·en·do[1] [dɪ'mɪnjʊ'endoʊ]⟨telb.zn.; ook -es; →mv. 2⟩⟨muz.⟩ **0.1** ***diminuendo gespeeld(e) stuk/passage*** ⇒*decrescendo gespeeld(e) stuk/passage* ⟨met afnemende sterkte⟩.

diminuendo[2] ⟨bn.; bw.⟩⟨muz.⟩ **0.1** ***diminuendo*** ⇒*decrescendo*.

dim·i·nu·tion ['dɪmɪ'nju:ʃn‖-'nu:-]⟨telb. en n.-telb.zn.⟩⟨muz.⟩ **0.1** ***vermindering*** ⇒*verkleining, verzwakking, reductie* **0.2** ***diminutie*** ⇒*verkleining* ⟨herhaling in kleinere notenwaarden⟩.

di·min·u·tive[1] [dɪ'mɪnjʊtɪv‖-'mɪnjətɪv]⟨f1⟩⟨telb.zn.⟩⟨taalk.⟩ **0.1** ***verkleinwoord*** ⇒*diminutief*.

diminutive[2], ⟨in bet. 0.1 ook⟩ **di·min·u·ti·val** [dɪ'mɪnjə'taɪvl]⟨f1⟩⟨bn.; diminutively; diminutiveness⟩ **0.1** ⟨taalk.⟩ ***verklein-*** ⇒*verkleinings-* **0.2** ***nietig*** ⇒*gering, petieterig, miniatuur-* ◆ **1.1** ~ suffix *verkleiningsuitgang* **1.2** a ~ kitten *een piepklein poesje*.

dim·is·so·ry [dɪ'mɪsri‖'dɪməsɔri]⟨bn.⟩ **0.1** ***wegzendend*** ⇒*ontslag-, verlof gevend* ◆ **1.¶** ⟨R.-K.⟩ ~ letters/letters ~ *bisschoppelijke aanbevelingsbrieven; wijdingsbrieven*.

dim·i·ty ['dɪməti]⟨telb. en n.-telb.zn.; →mv. 2⟩ **0.1** ***diemit*** ⇒*diemet* ⟨katoenen stof met ingeweven patroon⟩.

dim·mer ['dɪmə‖-ər]⟨f1⟩⟨telb.zn.⟩ **0.1** ***dimmer*** ⇒*reostaat, schuifweerstand, lichtsterkteregelaar, dimschakelaar* **0.2** ⟨vaak mv.⟩ ***parkeerlicht***.

dim·mish ['dɪmɪʃ]⟨bn.⟩ **0.1** ***schemerachtig*** ⇒*enigszins donker* **0.2** ***vagelijk*** ⇒*enigszins onduidelijk* **0.3** ⟨inf.⟩ ***dommig*** ⇒*uilig, suffig*.

di·mor·phic ['daɪ'mɔ:fɪk‖-'mɔrfɪk], **di·mor·phous** [-fəs]⟨bn.⟩⟨biol., geol., schei.⟩ **0.1** ***dimorf*** ⟨in twee (kristal)vormen voorkomend⟩.

di·mor·phism ['daɪ'mɔ:fɪzm‖-'mɔr-]⟨n.-telb.zn.⟩⟨biol., geol., schei.⟩ **0.1** ***dimorfie*** ⇒*dimorfisme, tweevormigheid*.

'dim-out ⟨telb.zn.⟩ **0.1** ***verduistering*** ⟨i.h.b. in oorlog⟩.

dim·ple[1] ['dɪmpl]⟨f1⟩⟨telb.zn.⟩ **0.1** ***kuiltje*** ⇒*kin/wangkuiltje, deukje* **0.2** ***rimpeling*** ⇒*golfje, lichte golving* ⟨v. watervlak⟩.

dimple[2] ⟨ww.⟩
I ⟨onov.ww.⟩ **0.1** ***kuiltje(s) vertonen*** ⇒*licht gedeukt zijn;*
II ⟨onov. en ov.ww.⟩ **0.1** ***rimpelen*** ⇒*golfjes maken, licht (doen) golven;*
III ⟨ov.ww.⟩ **0.1** ***kuiltjes maken in*** ⇒*licht indeuken*.

dim·ply ['dɪmpli]⟨bn.; -er; →compar. 7⟩ **0.1** ***met kuiltjes*** ⇒*licht gedeukt* **0.2** ***rimpelig*** ⇒*licht golvend* ⟨v. watervlak⟩.

dim·wit ['dɪmwɪt]⟨telb.zn.⟩⟨inf.⟩ **0.1** ***sufferd*** ⇒*onbenul, idioot*.

dim·wit·ted ['dɪm'wɪtɪd]⟨bn.; -ly; -ness⟩⟨inf.⟩ **0.1** ***stom*** ⇒*onbenullig, idioot*.

din[1] [dɪn]⟨f1⟩⟨telb. en n.-telb.zn.⟩ **0.1** ***kabaal*** ⇒*herrie, lawaai, geraas, gerammel* ◆ **3.1** kick up/make a ~ *herrie schoppen, lawaai maken*.

din[2] ⟨f1⟩⟨ww.; →ww. 7⟩
I ⟨onov.ww.⟩ **0.1** ***weerklinken*** ⇒*dreunen, galmen, rammelen, kletteren;*
II ⟨ov.ww.⟩ **0.1** ***verdoven*** ⟨met lawaai⟩ **0.2** ***inprenten*** ⇒*doordringen van* ◆ **5.2** have the precepts ~ned **in** *de grondregels erin gestampt krijgen* **6.2** ~ **into** s.o. *in iemands hoofd stampen, er bij iem. op blijven hameren, blijven zeuren over*.

di·nah ['daɪnə]⟨n.-telb.zn.⟩⟨AE; inf.⟩ **0.1** ***dynamiet*** ⇒*springstof* **0.2** ***nytroglycerine***.

di·nar ['di:nɑ:‖dɪ'nɑr]⟨telb.zn.⟩ **0.1** ***dinar*** ⟨munt⟩.

dine [daɪn]⟨f3⟩⟨ww.⟩
I ⟨onov.ww.⟩ **0.1** ***dineren*** ⇒*een maaltijd gebruiken* ◆ **5.1** ~ **in** *thuis eten/dineren;* ~ **out** *uit eten gaan, buitenshuis dineren* **6.1** ~ **off** s.o. *dineren op kosten v. iem.;* ~ **off/on/upon** *als (middag) maal gebruiken;* ~ out **on** one's fame *te eten gevraagd worden vanwege zijn vermaardheid;*
II ⟨ov.ww.⟩ **0.1** ***op een diner onthalen*** ⇒*een (middag)maal geven*.

din·er ['daɪnə‖-ər]⟨f1⟩⟨telb.zn.⟩ **0.1** ***iem. die dineert*** ⇒*eter* **0.2** ***restauratiewagen*** **0.3** ⟨AE⟩ ***klein (weg)restaurant***.

'din·er-'out ⟨telb.zn.; diners-out; →mv. 6⟩ **0.1** ***iem. die (vaak) buitenshuis eet***.

di·nette ['daɪ'net]⟨telb.zn.⟩ **0.1** ***eetkamer*** ⇒*eethoek* **0.2** ***eethoek*** ⟨ameublement⟩.

ding-a-ling ['dɪŋəlɪŋ]⟨telb.zn.⟩⟨AE; sl.⟩ **0.1** ***imbeciel*** ⇒*malloot, mafkees*.

ding·bat ['dɪŋbæt]⟨telb.zn.⟩⟨inf.⟩ **0.1** ⟨ben. voor⟩ ***iets om mee te gooien*** ⇒*steen(tje), stuk hout* **0.2** ***typografisch ornament*** **0.3** ⟨AE⟩ ***geld(stuk)*** ⇒*duit* **0.4** ⟨AE⟩ ***idioot*** ⇒*halfgare* **0.5** ⟨AE⟩ ***ding(es)*** ⇒*hoe-heet-het/ie-ook-al-weer* ◆ **3.¶** ⟨Austr. E.⟩ give s.o. the ~s *iem. de zenuwen bezorgen, iem. de kriebels geven*.

ding-dong[1] ['dɪŋ'dɒŋ‖-'dɔŋ, -'dɑŋ]⟨zn.⟩
I ⟨telb.zn.⟩⟨AE⟩ **0.1** ***bel*** ⇒*gong, triangel, ding-dong* **0.2** ***jingle*** ⇒*monotone deun* **0.3** ⟨ook attr.⟩ ***heftige woordenwisseling*** ⇒*gekrakeel* **0.4** ⟨ook attr.⟩ ***vechtpartij*** **0.5** ⟨spoorwegen⟩ ***dieseltrein*** ⇒*dieselelektrische trein;*
II ⟨n.-telb.zn.⟩ **0.1** ***gebimbam*** ⇒*gebeier, klokgelui* **0.2** ⟨inf.⟩ ***herrieschopperij*** ⇒*verhitte discussie*.

ding-dong[2] ⟨bn., attr.⟩ **0.1** ***bimbam-*** ⇒*beier-* **0.2** ⟨inf.⟩ ***met wisselende kansen*** ⇒*onbeslist, vinnig* ⟨gevecht, discussie enz.⟩ ◆ **1.2** ~ race *nek-aan-nek race, verhitte strijd*.

ding-dong[3] ⟨ww.⟩
I ⟨onov.ww.⟩ **0.1** ***bimbammen*** ⇒*beieren, lui(d)en* **0.2** ***iets uitentreuren herhalen*** ⇒*het steeds maar weer overdoen* **0.3** ***zeuren*** ⇒*zaniken, erop doorgaan;*
II ⟨ov.ww.⟩⟨AE⟩ **0.1** ***verdommen*** ◆ **1.1** ~ that gal! *laat die meid de klere krijgen!*.

ding-dong[4] ⟨bw.⟩ **0.1** ***energiek*** ⇒*noest, ijverig, duchtig*.

dinge [dɪndʒ]⟨zn.⟩
I ⟨telb.zn.⟩⟨AE; sl.; bel.⟩ **0.1** ***nikker*** ⇒*zwarte;*
II ⟨telb. en n.-telb.zn.⟩ **0.1** ***vuilheid*** ⇒*smerigheid, groezeligheid, vaalheid*.

din·ghy, din·gy, din·gey ['dɪŋ(g)i]⟨f1⟩⟨telb.zn.; →mv. 2⟩ **0.1** ***jol*** **0.2** ⟨ben. voor⟩ ***kleine boot*** ⇒*rubberboot, bijboot, volgbootje, (opblaasbaar) reddingsvlot*.

'dinghy cruiser ⟨telb.zn.⟩⟨zeilsport⟩ **0.1** ***jollenkruiser***.

din·gle ['dɪŋgl]⟨telb.zn.⟩ **0.1** ***diepe begroeide vallei*** ⇒*dal*.

din·gle-dan·gle[1] ['dɪŋgldæŋgl]⟨telb.zn.⟩ **0.1** ⟨geen mv.⟩ ***gebengel*** ⇒*heen en weer gezwaai* **0.2** ***bengelding*** ⇒*hangding, bengelend iets*.

dingle-dangle[2] ⟨bn.; bw.⟩ **0.1** ***bengelend*** *⇒heen en weer zwaaiend.*
dingle-dangle[3] ⟨onov.ww.⟩ **0.1** ***bengelen*** *⇒heen en weer zwaaien.*
din·go ['dɪŋgoʊ]⟨telb.zn.; -es; →mv. 2⟩ **0.1** ⟨dierk.⟩ *dingo* ⟨Austr. wilde hond; Canis dingo⟩ **0.2** ⟨AE; sl.⟩ ***dieffjesmaat*** *⇒kleine heler* **0.3** ⟨Austr. E; sl.⟩ ***schijterd*** *⇒lafbek, verrader.*
ding·us ['dɪŋ(g)əs]⟨telb.zn.⟩⟨inf.⟩ **0.1** ***dinges*** *⇒hoe-heet-het-ook-al-weer, huppeldepup.*
din·gy ['dɪndʒi]⟨f1⟩⟨bn.; -er; -ly; -ness; →bijw. 3⟩ **0.1** ***smerig*** *⇒smoezelig, groezelig, vuil* **0.2** ***sjofel*** *⇒vaal, afgedragen, armoedig.*
'din·ing car ⟨f1⟩⟨telb.zn.⟩ **0.1** ***restauratiewagen*** *⇒restauratierijtuig.*
'din·ing room ⟨f2⟩⟨telb.zn.⟩ **0.1** ***eetkamer*** *⇒eetzaal.*
'din·ing table ⟨f1⟩⟨telb.zn.⟩ **0.1** ***eettafel*** *⇒eetkamertafel.*
dink [dɪŋk]⟨telb.zn.⟩⟨AE; inf.⟩ **0.1** ***petje*** *⇒mutsje, hoedje* **0.2** ⟨volleybal⟩ ***tactische bal*** *⇒tactisch balletje.*
DINK [dɪŋk]⟨telb.zn.⟩⟨afk.⟩ Double-Income No-Kids couple **0.1** ***DINK.***
din·kel ['dɪŋkl]⟨n.-telb.zn.⟩ **0.1** ***spelt*** ⟨tarwesoort⟩.
DINKS [dɪŋks], **din·kies** ['dɪŋki:z]⟨mv.⟩⟨afk.⟩ Double-Income-No-Kids **0.1** ***tweeverdieners-zonder-kinderen.***
dinkum ['dɪŋkəm], **din·ky-di** ['dɪŋki'daɪ]⟨bn.⟩⟨Austr. E; inf.⟩ **0.1** ***geheid*** *⇒echt, onvervalst* **0.2** ***goudeerlijk*** *⇒rechtdoorzee* ◆ **1.1** a (fair) ~ Aussie *een echte/geboren en getogen Australiër* **1.¶** ~ oil *de ongelogen waarheid* **3.¶** are you ~? *meen je dat echt/serieus?* **5.1** fair ~ *wis en waarachtig (waar).*
dink·y ['dɪŋki]⟨bn.; -er; →compar. 7⟩⟨inf.⟩ **0.1** ⟨BE⟩ ***snoezig*** *⇒schattig, snoeperig, doddig, honneponnig* **0.2** ⟨AE⟩ ***armzalig*** *⇒petieterig, nietig, prulachtig.*
din·ner[1] ['dɪnə‖-ər]⟨f3⟩⟨zn.⟩
I ⟨telb.zn.⟩ **0.1** ***diner*** *⇒souper, etentje;*
II ⟨telb. en n.-telb.zn.⟩ **0.1** ***eten*** *⇒avondeten, (warm) middagmaal* ◆ **3.1** have / ⟨AE⟩ eat ~ at six o'clock *om zes uur eten;* ~ is served *er is opgediend* **5.1** ~'s ready! *aan tafel!* **6.1** be **at** ~ *zitten te eten, aan tafel zitten;* they had lamb **for** (their) ~ *ze aten lamsvlees;* ask s.o. **to** ~ *iem. te eten vragen.*
dinner[2] ⟨ww.⟩
I ⟨onov.ww.⟩ **0.1** ***dineren;***
II ⟨ov.ww.⟩ **0.1** ***op een diner onthalen*** *⇒te dineren hebben.*
'dinner bell ⟨telb.zn.⟩ **0.1** ***etensbel*** *⇒gong.*
'dinner bucket, 'dinner pail ⟨telb.zn.⟩⟨AE⟩ **0.1** ***eetketel(tje)*** *⇒lunchtrommeltje.*
'din·ner-dance ⟨telb.zn.⟩ **0.1** ***diner dansant.***
'dinner hour, 'dinner time ⟨f1⟩⟨n.-telb.zn.⟩ **0.1** ***etenstijd*** **0.2** ***middaguur*** *⇒lunchpauze* ⟨op school⟩.
'dinner jacket ⟨f1⟩⟨telb.zn.⟩ **0.1** ***smoking(jasje).***
'dinner party ⟨f1⟩⟨telb.zn.⟩ **0.1** ***dineetje*** *⇒etentje.*
'dinner service, 'dinner set ⟨telb.zn.⟩ **0.1** ***eetservies*** *⇒tafelservies.*
'dinner table ⟨telb.zn.⟩ **0.1** ***eettafel.***
'dinner theatre ⟨telb.zn.⟩ **0.1** ***theaterrestaurant.***
'dinner wagon ⟨f1⟩⟨telb.zn.⟩ **0.1** ***dientafeltje*** ⟨op wieltjes⟩ *⇒roltafel.*
di·no·sau·ri·an[1] ['daɪnə'sɔ:rɪən], **di·no·saur** ['daɪnəsɔ:‖-sɔr]⟨f1⟩⟨telb.zn.⟩ **0.1** ***dinosaurus.***
dinosaurian[2] ⟨bn.⟩ **0.1** ***dinosaurus-*** *⇒v./mbt. dinosaurussen.*
di·no·there ['daɪnoʊθɪə‖-θɪr]⟨telb.zn.⟩⟨dierk.⟩ **0.1** ***dinotherium*** ⟨voorwereldlijk slurfdier; genus Dinotherium⟩.
dint[1] [dɪnt]⟨zn.⟩
I ⟨telb.zn.⟩ **0.1** ***deuk*** *⇒indruk, b(l)uts* ⟨ook fig.⟩ **0.2** ⟨vero.⟩ ***slag*** *⇒klap, fleer, bons;*
II ⟨n.-telb.zn.⟩ **0.1** ⟨vnl. in uitdr. onder 6.1⟩ ***kracht*** *⇒macht* ◆ **6.1 by** ~ **of** *door middel van.*
dint[2] ⟨ov.ww.⟩ **0.1** ***(in)deuken*** *⇒indrukken, b(l)utsen* **0.2** ***(krachtig) drukken*** *⇒drijven.*
di·oc·e·san[1] [daɪ'ɒsɪsn‖-'ɑsɪsn]⟨telb.zn.⟩ **0.1** ***bisschop*** **0.2** ⟨BE⟩ ***diocesaan*** ⟨iem. die tot een bisdom behoort⟩.
diocesan[2] ⟨bn.⟩ **0.1** ***diocesaan*** *⇒mbt. een bisdom.*
di·o·cese ['daɪəsɪs]⟨telb.zn.⟩ **0.1** ***diocees*** *⇒bisdom, bisschoppelijk gebied.*
di·ode ['daɪoʊd]⟨telb.zn.⟩ **0.1** ***diode.***
di·oe·cious, di·e·cious [daɪ'i:ʃəs]⟨bn.; -ly⟩ **0.1** ⟨plantk.⟩ ***tweehuizig*** **0.2** ⟨biol.⟩ ***eenslachtig.***
Di·o·nys·i·ac ['daɪə'nɪziæk]⟨bn.; -ally; →bijw. 3; ook d-⟩ **0.1** ***Dionysisch*** *⇒Bacchus-, mbt. Dionysus/Dionysia;* ⟨fig.⟩ *extatisch, orgiastisch.*
Di·o·nys·i·an ['daɪə'nɪzɪən]⟨bn.⟩ **0.1** ***v./mbt. Dionysius*** *⇒Dionysisch* **0.2** →Dionysiac.
Di·o·phan·tine ['daɪə'fæntn]⟨bn.; ook d-⟩⟨wisk.⟩ **0.1** ***diofantisch*** ⟨op gehele getallen gebaseerd⟩.
di·op·tre, ⟨AE sp.⟩ **di·op·ter** [daɪ'ɒptə‖-'ɑptər]⟨telb.zn.⟩ **0.1** ***dioptrie*** ⟨maat voor brekend vermogen v. lenzen⟩.
di·op·tric ['daɪ'ɒptrɪk‖-'ɑp-], **di·op·tri·cal** [-ikl]⟨bn.⟩ **0.1** ***dioptrisch*** *⇒straalbrekings-.*
di·op·trics ['daɪ'ɒptrɪks‖-'ɑp-]⟨n.-telb.zn.⟩ **0.1** ***dioptrica*** *⇒leer v.d. breking v. lichtstralen.*
di·o·ram·a ['daɪə'rɑ:mə‖-'ræmə]⟨telb.zn.⟩ **0.1** ***diorama*** ⟨schildering op doorzichtig materiaal⟩ **0.2** ***kijkkast*** *⇒diorama, kijkdoos* **0.3** ***maquette*** *⇒model v. toneeldecor/filmset.*
di·o·ram·ic ['daɪə'ræmɪk]⟨bn.⟩ **0.1** ***als een diorama.***
di·o·rite ['daɪəraɪt]⟨telb. en n.-telb.zn.⟩ **0.1** ***dioriet*** *⇒groensteen.*
di·o·rit·ic ['daɪə'rɪtɪk]⟨bn.⟩ **0.1** ***dioritisch*** *⇒v. groensteen.*
di·ox·ide [daɪ'ɒksaɪd‖-'ɑk-]⟨n.-telb.zn.⟩⟨schei.⟩ **0.1** ***dioxyde.***
dip[1] [dɪp]⟨f2⟩⟨zn.⟩
I ⟨telb.zn.⟩ **0.1** ⟨ben. voor⟩ ***indoping*** *⇒onderdompeling; wasbeurt* ⟨dieren, met insekticide⟩; ⟨inf.⟩ *duik* ⟨ook fig.⟩ **0.2** ***schepje*** *⇒hapje* **0.3** ***vat*** *⇒ton, bad, bak, schaal* ⟨om iets in te dompelen/dopen⟩ **0.4** ***helling*** *⇒daling, inzinking, kuil, dal* ⟨landschap⟩, *inclinatie* ⟨magneetnaald⟩ **0.5** ***kimduiking*** **0.6** ***(kleine) daling*** *⇒vermindering* **0.7** ***getrokken (vet)kaars*** **0.8** ***saluut*** ⟨met vlag⟩ **0.9** ⟨inf.⟩ ***zakkenroller*** **0.10** ⟨sl.⟩ ***zuiplap*** **0.11** ⟨sl.⟩ ***stommeling*** *⇒slome duikelaar* ◆ **1.¶** a ~ of ink *een penvol inkt;*
II ⟨telb. en n.-telb.zn.⟩ **0.1** ***dipsaus*** **0.2** ***wasmiddel*** *⇒bad* ⟨voor dieren⟩;
III ⟨n.-telb.zn.; the⟩ **0.1** ***positie v.d. vlag voor saluut*** ⟨verlaagd⟩ ◆ **6.1** the flag was **at** the ~ *er werd saluut gegeven met de vlag.*
dip[2] ⟨bn.⟩⟨inf.⟩ **0.1** ***gek*** *⇒dwaas.*
dip[3] ⟨f2⟩⟨ww.; →ww. 7⟩
I ⟨onov.ww.⟩ **0.1** ***duiken*** *⇒plonzen, kopje-onder gaan* **0.2** ***ondergaan*** *⇒vallen, zinken* **0.3** ***doorslaan*** ⟨v. weegschaal⟩ **0.4** ***even neergelaten worden*** ⟨v. vlag, als saluut bv.⟩ *⇒gestreken (en weer gehesen) worden* **0.5** ***hellen*** *⇒dalen* **0.6** ***hellen*** *⇒inclinatie tonen* ⟨v. magneetnaald⟩ **0.7** ***tasten*** *⇒reiken, grijpen* ◆ **1.5** the land ~s to the river *het land loopt naar de rivier af* **1.¶** ~ into the future *zich de toekomst proberen voor te stellen, de toekomst trachten te lezen* **5.7** ~ **in** *toetasten, zijn deel pakken* **6.7** ~ **into** one's financial resources *een aanspraak doen op zijn geldelijke middelen;* ~ **into** one's pocket *in de zak tasten, geld uitgeven* **6.¶** ~ **into** *vluchtig bekijken;*
II ⟨ov.ww.⟩ **0.1** ⟨ben. voor⟩ ***(onder)dompelen*** *⇒(in)dopen; galvaniseren* ⟨in bad⟩; *wassen* ⟨dieren in bad met insekticide⟩ **0.2** ***verven*** *⇒in verfbad dopen* **0.3** ***trekken*** ⟨kaarsen⟩ **0.4** ***scheppen*** *⇒putten* **0.5** ***even neerlaten*** *⇒strijken en weer hijsen, salueren met* ⟨vlag⟩ **0.6** ⟨BE⟩ ***dimmen*** ⟨koplampen⟩ **0.7** ⟨BE; inf.⟩ ***(zich) in de schulden steken*** *⇒in financiële problemen komen* **0.8** ⟨sl.⟩ ***zakkenrollen*** ◆ **1.6** ~ped headlights *dimlichten* **5.4** he ~ped **up** a fly from the soup *hij viste een vlieg (op) uit de soep* **6.1** ~ a hand **into** the water *een hand in het water steken.*
Dip [dɪp]⟨afk.⟩ Diploma.
Dip A D ['dɪpeɪ'di:]⟨afk.⟩ Diploma in Art and Design ⟨BE⟩.
'dip circle ⟨telb.zn.⟩⟨nat.⟩ **0.1** ***inclinatorium.***
Dip Ed ['dɪp'ed]⟨afk.⟩ Diploma in Education.
di·pep·tide ['daɪ'peptaɪd]⟨telb. en n.-telb.zn.⟩⟨schei.⟩ **0.1** ***dipeptide.***
'dip finish ⟨telb.zn.⟩⟨atletiek⟩ **0.1** ***borstfinish*** ⟨met borst ver naar voren⟩.
Dip HE ⟨afk.⟩ Diploma of Higher Education ⟨BE⟩.
diph·the·ri·a [dɪf'θɪərɪə, dɪp-‖-'θɪrɪə]⟨n.-telb.zn.⟩⟨med.⟩ **0.1** ***difterie.***
diph·the·ri·al [dɪf'θɪərɪəl, dɪp-‖-'θɪrɪəl], **diph·ther·ic** [-'θerɪk], **diph·the·rit·ic** [-θə'rɪtɪk]⟨bn.⟩⟨med.⟩ **0.1** ***mbt. difterie*** *⇒difterie-.*
diph·the·roid ['dɪfθərɔɪd, 'dɪp-]⟨bn.⟩ **0.1** ***op difterie gelijkend.***
diph·thong ['dɪfθɒŋ, 'dɪp-‖-θɔŋ]⟨telb.zn.⟩⟨taalk.⟩ **0.1** ***diftong*** *⇒tweeklank* **0.2** ***twee klinkers als één uitgesproken.***
diph·thong·al [dɪf'θɒŋgl, dɪp-‖-'θɔŋl]⟨bn.⟩⟨taalk.⟩ **0.1** ***diftong-.***
diph·thong·ize, -ise ['dɪfθɒŋgaɪz, 'dɪp-‖-θɔŋ-]⟨ww.⟩⟨taalk.⟩
I ⟨onov.ww.⟩ **0.1** ***diftongeren*** *⇒in een tweeklank overgaan;*
II ⟨ov.ww.⟩ **0.1** ***als een diftong uitspreken.***
dip·lo- ['dɪploʊ], **dipl-** [dɪpl] **0.1** ***dipl(o)-*** *⇒dubbel-.*
dip·lo·coc·cus ['dɪploʊ'kɒkəs‖-'kɑ-]⟨telb.zn.; diplococci [-'kɒkaɪ‖-'kɑkaɪ]; →mv. 5⟩⟨med.⟩ **0.1** ***diplococcus.***
di·plod·o·cus [dɪ'plɒdəkəs‖-'plɑ-]⟨telb.zn.⟩ **0.1** ***diplodocus*** ⟨uitgestorven reptiel⟩.
dip·loid[1] ['dɪplɔɪd]⟨telb.zn.⟩⟨biol.⟩ **0.1** ***diploïd*** *⇒diploïde cel/kern;* ⟨bij uitbr.⟩ *diploïd deel v. individu, diploïde fase v.e. generatiecyclus.*
diploid[2] ⟨bn.⟩ **0.1** ***diploïde*** ⟨ook biol.⟩ *⇒dubbel, tweevoudig.*
di·ploi·dy ['dɪplɔɪdi]⟨n.-telb.zn.⟩⟨biol.⟩ **0.1** ***diploïdie*** ⟨het bezit v. dubbeltallen chromosomen⟩.
di·plo·ma [dɪ'ploʊmə]⟨f2⟩⟨telb.zn.⟩ **0.1** ***diploma*** *⇒bul* ⟨doctoraal⟩, *brevet* **0.2** ***oorkonde*** *⇒charter, diploma* ◆ **1.1** ⟨BE⟩ ~ of higher education ⟨ong.⟩ *kandidaats(diploma).*
di·plo·ma·cy [dɪ'ploʊməsi]⟨f2⟩⟨telb. en n.-telb.zn.; →mv. 2⟩ **0.1** ***diplomatie*** ⟨ook fig.⟩ *⇒(politieke) tact, diplomatiek optreden.*
di·plo·ma'd, di·plo·ma·ed [dɪ'ploʊməd]⟨bn.⟩ **0.1** ***met diploma('s)*** *⇒gediplomeerd.*

di'ploma piece ⟨telb.zn.⟩ **0.1** ***werkstuk door nieuw lid aan Academie voor schone kunsten geschonken.***

di·plo·mat ['dɪpləmæt], **di·plo·ma·tist** [dɪ'ploʊmətɪst]⟨f2⟩ ⟨telb.zn.⟩ **0.1** ***diplomaat*** ⟨ook fig.⟩ ⇒*slimme onderhandelaar, tacticus.*

dip·lo·mate ['dɪpləmeɪt]⟨telb.zn.⟩ **0.1** ***gediplomeerd persoon*** ⇒⟨i.h.b.⟩ *gekwalificeerd arts.*

di·plo·mat·ic[1] ['dɪplə'mætɪk]⟨mv.; ~s; ww. vnl. in enk.⟩ **0.1** ***diplomatie*** **0.2** ***oorkondenleer*** ⇒*diplomatiek.*

diplomatic[2] ⟨f2⟩ ⟨bn.; -ally; →bijw. 3⟩
I ⟨bn.⟩ **0.1** ***met diplomatie*** ⇒*diplomatiek, tactvol, omzichtig* **0.2** ***subtiel*** ⇒*berekend, sluw;*
II ⟨bn., attr.⟩ **0.1** ***diplomatiek*** ⇒*mbt. / v.d. diplomatie(ke dienst), diplomatisch* **0.2** ***diplomatisch*** ⇒*diplomatiek* ⟨gelijk aan origineel⟩ **0.3** ***mbt. / v.d. diplomatiek / oorkondenleer*** ⇒*paleografisch* ◆ **1.1** ~ bag ⟨AE⟩ pouch *diplomatieke post(zak);* ~ body / corps *corps diplomatique, diplomatieke corps;* ~ immunity / privilege *diplomatieke onschendbaarheid / immuniteit;* ~ service *diplomatieke dienst, diplomatie.*

di·plo·ma·tize, -tise [dɪ'ploʊmətaɪz]⟨onov.ww.⟩ **0.1** ***als diplomaat / diplomatiek optreden*** ⟨ook fig.⟩ ⇒*diplomatie gebruiken.*

'dip needle, 'dip·ping needle ⟨telb.zn.⟩ ⟨tech.⟩ **0.1** ***inclinatienaald.***

'dip net ⟨telb.zn.⟩ **0.1** ***schepnet.***

di·po·lar ['daɪpoʊlə‖-ər]⟨bn.⟩ **0.1** ⟨nat.⟩ ***tweepolig*** ⇒*met twee polen, bipolair, dipool-* **0.2** ⟨schei.⟩ ***polair.***

di·pole ['daɪpoʊl]⟨telb.zn.⟩ **0.1** ⟨nat.⟩ ***magnetisch dipool*** **0.2** ⟨schei.⟩ ***dipool*** ⇒*polair molecuul* **0.3** ⟨radio⟩ ***dipool(antenne).***

'dip pen ⟨telb.zn.⟩ **0.1** ***schrijfpen*** ⇒*kroontjespen.*

dip·per ['dɪpə‖-ər]⟨f1⟩⟨zn.⟩
I ⟨eig.n.; D-; the⟩⟨AE; ster.⟩ **0.1** ***Beer*** ⇒⟨i.h.b.⟩ *Grote Beer* ◆ **2.1** Big Dipper *Grote Beer;* Little Dipper *Kleine Beer;*
II ⟨telb.zn.⟩ **0.1** ***scheplepel*** **0.2** ⟨vaak D-⟩ ***(ana)baptist*** ⇒*(weder) doper, doopsgezinde* **0.3** ⟨BE⟩ ***dimschakelaar*** ⇒*dimmer* **0.4** ⟨dierk.⟩ ***waterspreeuw*** ⟨genus Cinclus⟩ **0.5** ⟨verk.⟩ ⟨dipper-mouth⟩.

'dip·per-mouth ⟨telb.zn.⟩⟨AE; sl.⟩ **0.1** ***iem. met een mond als een schuurdeur.***

dip·py ['dɪpi]⟨bn.; -er; -ness; →compar. 7⟩⟨inf.⟩ **0.1** ***krankjorem*** ⇒*mal, idioot* ◆ **6.1** ~ **about** s.o. *(stapel)gek / dol op iem., verzot op iem..*

'dip'shit[1] ⟨telb.zn.⟩ ⟨AE; sl.; vulg.⟩ **0.1** ***lul(letje)*** ⇒*oen, slome duikelaar.*

dipshit[2] ⟨bn.⟩ ⟨AE; sl.; vulg.⟩ **0.1** ***stom*** ⇒*waardeloos.*

dip·so·ma·ni·a ['dɪpsə'meɪnɪə]⟨telb. en n.-telb.zn.⟩ **0.1** ***dipsomanie*** ⇒*(periodiek(e)) drankzucht / alcoholisme.*

dip·so·ma·ni·ac ['dɪpsə'meɪnɪæk], ⟨inf.⟩ **dip·so** ['dɪpsoʊ]⟨telb.zn.⟩ **0.1** ***kwartaaldrinker*** ⇒*dipsomanie-lijder, (periodiek) drankzuchtige / alcoholist.*

'dip·stick ⟨telb.zn.⟩ **0.1** ***peilstok*** ⇒*meetstok, roeistok.*

'dip·switch ⟨telb.zn.⟩⟨BE⟩ **0.1** ***dimschakelaar.***

dip·sy-do(o) ['dɪpsi'du:]⟨telb.zn.⟩⟨AE; inf.; sport⟩ **0.1** ⟨honkbal⟩ ***(verraderlijke) curvebal*** **0.2** ⟨honkbal⟩ ***werper v. slimme curveballen*** **0.3** ⟨bokssport⟩ ***verkocht gevecht.***

dip·sy·doo·dle ['dɪpsi'du:dl]⟨telb.zn.⟩⟨AE; sl.⟩ **0.1** ***bedrog*** ⇒*misleiding* **0.2** ***bedrieger*** ⇒*oplichter, zwendelaar* **0.3** →dipsy-do 0.1.

dipsy-doodle ⟨ov.ww.⟩ ⟨AE; sl.⟩ **0.1** ***bedriegen*** ⇒*voor de gek houden, teleurstellen.*

dip·ter·al ['dɪptrəl]⟨bn.⟩ ⟨bouwk.⟩ **0.1** ***met dubbele peristyle / zuilengang.***

dip·ter·an ['dɪptrən], **dip·ter·on** [-tərɒn‖-tərɑn]⟨telb.zn.; 2^e^ variant mv. diptera [-rə]; →mv. 5⟩ ⟨dierk.⟩ **0.1** ***tweevleugelig insekt*** ⟨v.d. orde Diptera⟩.

dip·ter·ous ['dɪptrəs]⟨bn.⟩ **0.1** ⟨dierk.⟩ ***v.d. orde Diptera / v.d. tweevleugeligen*** **0.2** ⟨plantk.⟩ ***met twee vleugels*** ⇒*gevleugeld* ⟨v. vrucht⟩.

dip·tych ['dɪptɪk]⟨telb.zn.⟩ **0.1** ***diptiek*** ⇒*tweeluik* **0.2** ⟨gesch.⟩ ***diptiek*** ⇒*schrijftafeltje.*

dire ['daɪə‖-ər]⟨f1⟩⟨bn.; -er; -ly; -ness; →compar. 7⟩
I ⟨bn.⟩ **0.1** ***ijselijk*** ⇒*afschrik / ijzingwekkend, ontzettend, uiterst (dringend), triest* ◆ **1.1** a ~ blow *een verpletterende slag;* ~ fate *grimmig lot;* be in ~ need of water *snakken naar water;* the ~ news of the loss … *het (uiterst) droevige nieuws v.h. verlies …;* ~ poverty *bittere armoede;*
II ⟨bn., attr.⟩ **0.1** ***onheilspellend*** ⇒*sinister.*

di·rect[1] [dɪ'rekt, 'daɪ-]⟨f3⟩⟨bn.; ook -er⟩
I ⟨bn.⟩ **0.1** ***direct*** ⇒*rechtstreeks, onmiddellijk, openhartig, eerlijk, zonder omwegen, op de man af, ondubbelzinnig* **0.2** ⟨ster.⟩ ***rechtlopend*** ⟨hemellichaam; v. west naar oost bewegend⟩ **0.3** ⟨muz.⟩ ***niet omgekeerd*** ⇒*grond-* ⟨akkoord, interval⟩ **0.4** ⟨wisk.⟩ ***(recht) evenredig*** ◆ **1.1** ⟨comp.⟩ ~ access *directe toegankelijkheid* ⟨v. geheugen⟩; ~ action *directe actie* ⟨bezetting, staking⟩; ⟨ec.⟩ ~ charge / cost *directe kosten;* ~ contact *rechtstreeks contact;* ~ descendant *rechtstreekse afstammeling;* ~ drive *directe aandrijving;* ~ dye *directe / zoute / substantieve kleurstof;* ~ election *directe verkiezing;* ~ evidence *bewijs uit de eerste hand;* ~ flight *directe vlucht;* ~ hit *voltreffer;* ~ injection *rechtstreekse / directe inspuiting;* the ~ method *de directe methode* ⟨bij talenonderwijs⟩; the ~ road *de kortste weg;* ~ ray *directe straal;* ⟨taalk.⟩ ~ speech *directe rede;* ~ taxes *directe belastingen* **1.4** the ~ proportion *de evenredige verhouding* **1.¶** ~ current *gelijkstroom;* ⟨BE⟩ ~ grant *rijkssubsidie* ⟨voor scholen i.t.t. subsidie v. plaatselijke overheid⟩; ~ labour *produktie-arbeid* ⟨i.t.t. het werk v. kantoorpersoneel, onderhoudslieden, enz.⟩; ⟨BE⟩ *eigen arbeidskrachten* ⟨i.t.t. gehuurde⟩; ~ mail *direct mail, postreclame* ⟨(persoonlijk gerichte) reclame via de brievenbus⟩; ⟨taalk.⟩ ~ object *lijdend voorwerp* **3.1** be ~ *er geen doekjes om winden;*
II ⟨bn., attr.⟩ **0.1** ***absoluut*** ⇒*compleet, exact, precies, lijnrecht, diametraal* ◆ **1.1** ~ opposites *absolute tegenpolen.*

direct[2] ⟨f3⟩ ⟨ww.⟩ →directed
I ⟨onov.ww.⟩ **0.1** ***het bevel voeren*** ⇒*aanwijzingen geven, opdracht geven;*
II ⟨onov. en ov.ww.⟩ **0.1** ***regisseren*** **0.2** ***dirigeren;***
III ⟨ov.ww.⟩ **0.1** ***adresseren*** ⇒*sturen* **0.2** ***richten*** **0.3** ***de weg wijzen*** ⇒*leiden, gidsen* **0.4** ***bestemmen*** ⇒*toewijzen, aanwijzen, alloceren* **0.5** ***leiden*** ⇒*de leiding hebben over, leiding geven aan, runnen, besturen* **0.6** ***geleiden*** ⇒*als richtlijn dienen voor* **0.7** ***opdracht geven*** ⇒*bevelen;* ⟨jur.⟩ *instrueren* ◆ **6.1** ~ your letter **to** Mrs Wells *adresseer je brief aan Mw. Wells* **6.2** those measures are ~ed **against** abuse *die maatregelen zijn gericht tegen misbruik;* he ~ed a blow **at** his brother *hij sloeg naar zijn broer;* his remarks were ~ed **at** all of us *zijn opmerkingen waren voor ons allemaal bedoeld* **6.3** would you ~ me **to** the town hall? *zou u mij kunnen zeggen hoe ik bij het stadhuis moet komen?.*

direct[3] ⟨f1⟩ ⟨bw.⟩ **0.1** ***rechtstreeks*** ◆ **3.1** broadcast ~ *rechtstreeks uitzenden;* she came ~ to Paris *ze kwam rechtstreeks naar Parijs.*

di·rect·ed [dɪ'rektɪd, daɪ-]⟨bn.; volt. deelw. v. direct⟩⟨wisk.⟩ **0.1** ***gericht.***

di'rect-in'jec·tion ⟨bn., attr.⟩ **0.1** ***met rechtstreekse inspuiting.***

di·rec·tion [dɪ'rekʃn, daɪ-]⟨f4⟩⟨zn.⟩
I ⟨telb.zn.⟩ **0.1** ***opzicht*** ⇒*kant, tendens, richting;* ⟨fig. ook⟩ *gebied, terrein* **0.2** ⟨vnl. mv.⟩ ***instructie*** ⇒*bevel, aanwijzing* **0.3** ***oogmerk*** ⇒*doel* **0.4** ⟨vero.⟩ ***adres*** ⇒*adressering* ◆ **6.1** progress **in** all ~ *vooruitgang op alle gebieden* **6.2** at the ~ **of, by** ~ **of** *op last v.* **6.3** **in** the ~ **of** eradicating poverty *met het doel om de armoede uit te roeien;*
II ⟨telb. en n.-telb.zn.⟩ **0.1** ***leiding*** ⇒*het leiden, directie, supervisie, bestuur* **0.2** ***richting*** ⇒*het richten* **0.3** ***geleiding*** ⇒*het geleiden* **0.4** ***directie*** ⇒*het dirigeren* **0.5** ***regie*** ⇒*het regisseren* ◆ **1.2** a good sense of ~ *een goed richtinggevoel, een goed oriënteringsvermogen* **6.2** they ran **in** every ~ *ze renden alle kanten op;*
III ⟨verz.n.⟩ **0.1** ***bestuur*** ⇒*directie.*

di·rec·tion·al [dɪ'rekʃnəl, daɪ-]⟨f2⟩⟨bn.⟩ **0.1** ***richting(s)-*** ⟨ook wisk.⟩ **0.2** ***richtinggevend*** **0.3** ⟨tech.⟩ ***gericht*** ◆ **1.1** ~ signal *richtingaanwijzer* **1.3** ~ aerial *gerichte antenne, richtantenne.*

di'rection finder ⟨telb.zn.⟩ ⟨tech.⟩ **0.1** ***richtingzoeker*** ⟨mbt. radiosignalen⟩ ⇒*radiopeiler.*

di'rection indicator ⟨telb.zn.⟩ **0.1** ***richtingaanwijzer*** **0.2** ⟨lucht.⟩ ***koersaanwijzer.***

di·rec·tive[1] [dɪ'rektɪv, daɪ-]⟨f2⟩⟨telb.zn.⟩ **0.1** ***richtlijn*** ⇒*richtsnoer, directief* **0.2** ***instructie*** ⇒*opdracht, bevel.*

directive[2] ⟨bn., attr.⟩ **0.1** ***leidinggevend*** **0.2** ***richtinggevend*** **0.3** ⟨tech.⟩ ***gericht*** ⟨v. antenne⟩.

di·rect·ly[1] [dɪ'rek(t)lɪ, 'daɪ-]⟨f3⟩⟨bw.⟩ **0.1** →direct **0.2** ***direct*** ⇒*rechtstreeks, openhartig, onmiddellijk, terstond, meteen* **0.3** ***dadelijk*** ⇒*aanstonds, zo* **0.4** ***precies*** ⇒*direct.*

directly[2] ⟨f1⟩ ⟨ondersch.vw.⟩ ⟨vnl. BE; inf.⟩ **0.1** ***zo gauw als*** ⇒*zodra* ◆ **¶.1** ~ he saw her he ran away *zo gauw als hij haar zag ging hij ervandoor.*

'direct-mail advertising ⟨n.-telb.zn.⟩ **0.1** ***persoonlijk geadresseerde reclame*** ⇒*direct mail* **0.2** ***(het) reclame (maken) d.m.v. direct mail.***

di·rect·ness [dɪ'rek(t)nɪs, daɪ-]⟨f1⟩⟨n.-telb.zn.⟩ **0.1** ***directheid*** ⇒*openhartigheid.*

Di·rec·toire [dɪ'rektwɑː, 'di:-‖-'twɑr]⟨bn.⟩ **0.1** ***directoire-*** ⇒*mbt. / in / v.d. directoirestijl* ◆ **1.1** ~ knickers *directoire* ⟨damesonderbroek⟩.

di·rec·tor [dɪ'rektə, daɪ-‖-ər]⟨f3⟩⟨telb.zn.⟩ **0.1** ***directeur*** ⇒*manager, directielid, bestuurder, leider, chef* **0.2** ⟨vnl. AE⟩ ***dirigent*** **0.3** ***regisseur*** ⇒*spelleider* **0.4** ⟨relig.⟩ ***(geestelijk) raadsman*** **0.5** ⟨gesch.⟩ ***lid v.h. Directoire*** ◆ **1.1** the board of ~s *de raad v. bestuur.*

di·rec·tor·ate [dɪ'rektrət, daɪ-]⟨zn.⟩

II ⟨telb.zn.⟩ **0.1** ***directoraat*** ⇒*directeurschap, ambt v. directeur* **0.2** ***commissariaat;***
II ⟨verz.n.⟩ **0.1** ***raad v. commissarissen*** ◆ **3.1** the ~ is/are worried *de raad v. commissarissen maakt zich zorgen.*

di'rec·tor-'gen·er·al ⟨telb.zn.⟩ **0.1** ***directeur-generaal.***

di·rec·tor·i·al ['dɪrek'tɔ:rɪəl, 'daɪ-]⟨bn.⟩ **0.1** ***directeur(s)-*** ⇒*directioneel* **0.2** ***regie-*** **0.3** ***leidinggevend*** ⇒*richtinggevend.*

di'rector's chair ⟨telb.zn.⟩ **0.1** ***regisseursstoel.***

di·rec·tor·ship [dɪ'rektəʃɪp,daɪ-‖-tər-]⟨telb. en n.-telb.zn.⟩ **0.1** ***directeurschap*** ⇒*directoraat, directeurspost.*

di'rectors' report ⟨telb.zn.⟩⟨ec.⟩ **0.1** ***jaarverslag*** ⟨v. vennootschap⟩.

di·rec·to·ry [daɪ'rektri, dɪ-]⟨f2⟩⟨telb.zn.;→mv. 2⟩ **0.1** ***adresboek*** ⟨ook computer⟩ ⇒*gids, adressenbestand* **0.2** ***telefoonboek*** **0.3** ***leidraad*** **0.4** ***raad v. commissarissen*** **0.5** ⟨R.-K.⟩ ***directorium*** ⟨kalender voor de dagelijkse missen e.d.⟩ **0.6** ⟨ook D-⟩⟨gesch.⟩ ***Directoire*** ⟨in Frankrijk, 1795-1799⟩.

di'rectory in'quiries ⟨mv.⟩⟨BE⟩ **0.1** ***inlichtingen (over telefoonnummers)*** ◆ **3.1** phone ~ *008 bellen.*

di·rec·tress, di·rec·trice [dɪ'rektrɪs, daɪ-]⟨telb.zn.⟩ **0.1** ***directrice.***

di·rec·trix [dɪ'rektrɪks, daɪ-]⟨telb.zn.; ook directrices [-trɪsi:z]; →mv. 5⟩ **0.1** ⟨wisk.⟩ ***richtlijn*** ⇒*richtkromme, directrix* **0.2** ⟨mil.⟩ ***richtlijn*** **0.3** ⟨vero.⟩ ***directrice.***

dire·ful ['daɪəfl‖-ər-]⟨bn.; -ly; -ness⟩⟨schr.⟩ **0.1** ***verschrikkelijk*** ⇒*akelig, afschrikwekkend, vreselijk, huiveringwekkend.*

dirge [dɜ:dʒ‖dɜrdʒ]⟨telb.zn.⟩ **0.1** ***lijkzang*** ⇒*treurzang* **0.2** ***klaagzang*** ⇒*elegie, klaaglied;* ⟨fig.⟩ *klaaglijk(e) lied/melodie* **0.3** ⟨R.-K.⟩ ***requiem(mis)*** ⇒*dodenmis, ziel(e)mis.*

dir·ham ['dɪərəm‖də'ræm]⟨telb.zn.⟩ **0.1** ***dirham*** ⟨munteenheid v. Marokko⟩.

dir·i·gi·ble[1] ['dɪrɪdʒəbl]⟨telb.zn.⟩ **0.1** ***bestuurbare luchtballon*** ⇒*luchtschip, zeppelin.*

dirigible[2] ⟨bn.⟩ **0.1** ***bestuurbaar.***

di·ri·gisme ['dɪri:ʒɪzm]⟨n.-telb.zn.⟩ **0.1** ***dirigisme.***

dir·i·ment ['dɪrɪmənt]⟨bn.⟩ **0.1** ***te niet doend*** ⇒*nietig/ongeldig verklarend, annulerend* ◆ **1.1** ⟨R.-K.⟩ a ~ impediment (of marriage) *een ongeldig makend beletsel* ⟨waardoor een huwelijk v.h. begin af ongeldig verklaard wordt⟩.

dirk[1] [dɜ:k‖dɜrk]⟨telb.zn.⟩ **0.1** ***dolk*** ⇒*ponjaard, kort zwaard.*

dirk[2] ⟨ov.ww.⟩ **0.1** ***doorboren met een dolk*** ⇒*doorsteken met een dolk.*

dirn·dl ['dɜ:ndl‖'dɜrndl]⟨telb.zn.⟩ **0.1** ***dirndl*** ⟨Tiroler(achtig) kostuum⟩ **0.2** ⟨verk.⟩ ⟨dirndl skirt⟩.

'dirndl skirt ⟨telb.zn.⟩ **0.1** ***dirndl rok*** ⇒*wijde rok.*

dirt [dɜ:t‖dɜrt]⟨f3⟩⟨n.-telb.zn.⟩⟨→sprw. 165, 200⟩ **0.1** ⟨ben. voor⟩ ***vuil*** ⇒*modder, slib, slijk; drek, stront; viezigheid, vuiligheid, rotzooi* **0.2** ***lasterpraat*** ⇒*geroddel* **0.3** ***smerige praat*** ⇒*schunnigheid, schuin stukje, vunzige gedachte, pornografie, vuilspuiterij* **0.4** ***vod*** ⇒*stuk vuil, prul* **0.5** ***grond*** ⇒*aarde, zand* **0.6** ⟨mijnw.⟩ ***afval*** ⇒*stenen* **0.7** ⟨sl.⟩ ***(juiste) informatie*** ◆ **1.1** dog/kitty ~ *honde/kattepoep* **1.3** I like a book with a bit of ~ in it *ik hou v.e. boek met wat seks erin* **2.1** that woman is as cheap/common as ~ *dat is een ordinaire/vulgaire vrouw* **3.1** brush the ~ off your clothes *borstel het vuil v. je kleren af;* ⟨sl.⟩ do s.o. ~ *iem. smerig behandelen, iem. belazeren* **3.2** fling/sling/throw ~ at s.o. *iem. door de modder halen, met modder gooien naar iem.* **3.4** treat s.o. like ~ *iem. als een stuk oud vuil behandelen* **3.¶** ⟨sl.⟩ dig ~ *roddelen;* eat ~ *beledigingen moeten slikken, door het stof moeten;* ⟨AE⟩ *iets moeten opbiechten, een vernederende bekentenis moeten maken.*

'dirt-'cheap ⟨f1⟩⟨bn.⟩ **0.1** ***spotgoedkoop*** ⇒*voor een schijntje/habbekrats.*

'dirt-eat·ing ⟨telb. en n.-telb.zn.⟩ **0.1** ***(ziekelijke neiging tot) aardeten*** ⇒*geofagie.*

'dirt farm ⟨telb.zn.⟩⟨AE⟩ **0.1** ***kleine boerderij*** ⇒*keuterboerderij.*

'dirt farmer ⟨telb.zn.⟩⟨AE⟩ **0.1** ***zelfstandige boer*** ⟨zonder hulp⟩ ⇒*keuterboer(tje).*

'dirt-'poor ⟨bn.⟩ **0.1** ***straatarm.***

'dirt road ⟨telb.zn.⟩⟨AE⟩ **0.1** ***onverharde weg*** ⇒*zandweg.*

'dirt-track ⟨telb.zn.⟩ **0.1** ***sintelbaan*** **0.2** ***renbaan v. zand*** ⟨voor vlakkebaanren⟩.

'dirt wagon ⟨telb.zn.⟩⟨AE⟩ **0.1** ***vuilniswagen.***

dirt·y[1] ['dɜ:ti‖'dɜrti]⟨f3⟩⟨bn.; -er; -ly; -ness; →bijw. 3⟩ **0.1** ***vies*** ⇒*vuil, smerig* **0.2** ***obsceen*** ⇒*schuin, vuil, schunnig, smerig* **0.3** ***verachtelijk*** ⇒*laag, gemeen, onsmakelijk, oneerlijk* **0.4** ***onrechtvaardig verkregen*** **0.5** ***radioactief*** ⇒*met veel radioactiviteit/radioactieve neerslag, vuil* **0.6** ***ruig*** ⇒*ruw, slecht, regenachtig* ⟨v. weer⟩ **0.7** ***vuil*** ⟨met een zwartige tint⟩ **0.8** ***verslaafd*** ⇒*verdovende middelen gebruikend* **0.9** ⟨sl.⟩ ***(stinkend) rijk*** ⇒*goed bij kas* ◆ **1.2** ~ words *obscene/vieze woorden* **1.3** ⟨sl.⟩ that ~ dog cheated me *die smerige hond heeft me belazerd;* ⟨inf.⟩ give s.o. a ~ look *iem. afkeurend/gemeen/vuil aankijken;* ⟨AE; sl.⟩ ~ pool *vals spel, oneerlijke handelwijze;* play a ~ trick on s.o. *iem. een gemene streek leveren;* ~word *ongepast/onbehoorlijk woord* **1.4** ~ money *oneerlijk verkregen geld* **1.6** on a ~ night like this *in zulk hondeweer als vanavond* **1.7** ~ white *vuil wit* **1.¶** ⟨inf.⟩ get the ~ end of the stick *oneerlijk behandeld worden, opgezadeld worden met het vervelendste werk;* wash one's ~ linen at home *de vuile was binnenhouden;* wash one's ~ linen in public *de vuile was buiten hangen;* ~ money *vuil werk toeslag* **3.3** ⟨inf.⟩ do the ~ on s.o. *iem. gemeen behandelen.*

dirty[2] ⟨f1⟩⟨ww.;→ww. 7⟩
I ⟨onov.ww.⟩ **0.1** ***smerig worden*** ⇒*vies raken, vuil worden* ◆ **1.1** white trousers ~ very quickly *een witte broek wordt erg snel vuil;*
II ⟨ov.ww.⟩ **0.1** ***bevuilen*** ⇒*vuil/smerig maken, bezoedelen, bevlekken, besmeuren.*

dirty[3] ⟨bw.⟩⟨inf.⟩ **0.1** ***zeer*** ⇒*ontzettend, schandelijk, hartstikke, verschrikkelijk* ◆ **2.1** a ~ big house *een schandalig groot huis.*

'dirt·y-neck ⟨telb.zn.⟩⟨AE; sl.⟩ **0.1** ***arbeider*** **0.2** ***boer*** ⇒*boerenkinkel* **0.3** ***immigrant.***

'dirty work ⟨n.-telb.zn.⟩ **0.1** ***vies werk*** ⇒*smerig werk* **0.2** ***vervelend werk*** ⇒*onplezierige taak, rotklus* **0.3** ⟨inf.⟩ ***oneerlijk gedrag*** ⇒*geknoei, fraude, illegale praktijken* ◆ **3.3** I don't want to do your ~ anymore *ik wil die smerige karweitjes niet meer voor je opknappen.*

dis, disc ⟨afk.⟩ discount.

dis- [dɪs] **0.1** ***on-*** ⇒*ont-, dis-* ⟨geeft ontkenning/tekort aan⟩ **0.2** ⟨ong.⟩ ***ont-*** ⇒*los-* ⟨duidt het tegenovergestelde aan⟩ **0.3** ⟨ong.⟩ ***uiteen*** ⟨duidt verwijdering aan⟩ **0.4** ⟨geeft versterking v.e. negatieve handeling aan⟩ ◆ **¶.1** disagree *het oneens zijn;* dishonest *oneerlijk* **¶.2** disconnect *loskoppelen;* disembark *ontschepen* **¶.3** disperse *uiteenjagen;* displace *verplaatsen* **¶.4** dissever *scheiden.*

dis·a·bil·i·ty ['dɪsə'bɪləti]⟨f1⟩⟨zn.;→mv. 2⟩
I ⟨telb. en n.-telb.zn.⟩ **0.1** ***onbekwaamheid*** ⇒*onvermogen* **0.2** ***belemmering*** ⇒*nadeel, handicap* **0.3** ⟨jur.⟩ ***onbekwaamheid*** ⇒*onbevoegdheid, diskwalificatie* ◆ **2.3** legal ~ *wettelijke belemmering;*
II ⟨n.-telb.zn.⟩ **0.1** ***invaliditeit*** ⇒*lichamelijke ongeschiktheid, arbeidsongeschiktheid.*

disa'bility insurance ⟨telb. en n.-telb.zn.⟩ **0.1** ***arbeidsongeschiktheidsverzekering.***

disa'bility pension ⟨telb.zn.⟩ **0.1** ***arbeidsongeschiktheidsuitkering*** ⇒*WAO uitkering.*

dis·a·ble [dɪ'seɪbl]⟨f2⟩⟨ov.ww.⟩ **0.1** ***onmogelijk maken*** ⇒*onbekwaam/onbruikbaar/ongeschikt maken* **0.2** ⟨vaak pass.⟩ ***invalide maken*** ⇒*arbeidsongeschikt maken* **0.3** ⟨jur.⟩ ***het recht ontnemen*** ⇒*diskwalificeren* ◆ **1.2** ~d persons *lichamelijk gehandicapte mensen* **6.1** that accident ~d him **for** his job *dat ongeluk maakte hem ongeschikt voor zijn baan* **6.3** they were ~d **from** inheriting the castle *hen was het recht ontnomen het kasteel te erven* **7.2** the ~d *de invaliden.*

dis·a·ble·ment [dɪ'seɪblmənt]⟨f1⟩⟨telb. en n.-telb.zn.⟩ **0.1** ***invaliditeit*** ⇒*arbeidsongeschiktheid* **0.2** ***onbekwaamheid/onbevoegdheid (verklaring)*** ⇒*diskwalificering.*

dis·a·buse ['dɪsə'bju:z]⟨ov.ww.⟩⟨schr.⟩ **0.1** ***los maken*** ⇒*ontdoen, uit de droom helpen, terugbrengen v.e. dwaling* ◆ **6.1** she had to ~ her followers of many weird ideas *zij moest haar volgelingen v. veel bizarre ideeën afhelpen;* he ~d himself **of** his prejudices *hij ontdeed zich v. zijn vooroordelen.*

dis·ac·cord[1] ['dɪsə'kɔ:d‖-'kɔrd]⟨telb. en n.-telb.zn.⟩ **0.1** ***meningsverschil*** ⇒*onenigheid, gebrek aan overeenstemming* ◆ **6.1** be **in** ~ *tegenstrijdig zijn, niet in overeenstemming zijn.*

disaccord[2] ⟨onov.ww.⟩ **0.1** ***het oneens zijn*** ⇒*v. mening verschillen.*

dis·ac·cus·tom ['dɪsə'kʌstəm]⟨ov.ww.⟩ **0.1** ***ontwennen*** ◆ **6.1** be ~d **to** sth. *niet meer gewend zijn aan iets.*

dis·a·dapt ['dɪsə'dæpt]⟨ov.ww.⟩ **0.1** ***(het) onmogelijk maken zich aan te passen*** ◆ **1.1** cosmonauts may remain ~ed to gravity *astronauten blijven soms niet in staat zich aan de zwaartekracht aan te passen.*

dis·ad·van·tage[1] ['dɪsəd'vɑ:ntɪdʒ‖-'væntɪdʒ]⟨f2⟩⟨telb. en n.-telb.zn.⟩ **0.1** ***nadeel*** ⇒*ongunstige situatie, gebrek, ongunstige factor, minpunt;* ⟨tennis⟩ *nadelige stand, achterstand* **0.2** ⟨vnl. enk.⟩ ***schade*** ⇒*verlies, smaad* ◆ **6.1** **at** a ~ *in het nadeel;* take s.o. **at** a ~ *iem. overrompelen;* show **to** ~ *er op zijn slechtst uitzien;* her height should not be **to** her ~ *haar lengte zou niet in haar nadeel moeten zijn* **6.2** sell **to** ~ *met verlies verkopen;* rumours **to** his ~ *geruchten die zijn goede naam aantasten.*

disadvantage[2] ⟨ov.ww.⟩ →disadvantaged **0.1** ***benadelen*** ⇒*achterstellen.*

dis·ad·van·taged ['dɪsəd'vɑ:ntɪdʒd‖-'væntɪdʒd]⟨f1⟩⟨bn.; volt. deelw. v. disadvantage⟩ **0.1** ***minder bevoorrecht*** ◆ **7.1** the ~ *de minder bevoorrechte klasse.*

dis·ad·van·ta·geous ['dɪsædvən'teɪdʒəs]⟨f1⟩⟨bn.; -ly⟩ **0.1** ***nadelig***

⇒ongunstig, schadelijk ◆ **6.1** ~ **to** his plans *nadelig voor zijn plannen.*

dis·af·fect ['dɪsə'fekt]⟨ov.ww.⟩ →disaffected **0.1** ***vervreemden*** **0.2** ***ontrouw maken.***

dis·af·fect·ed ['dɪsə'fektɪd]⟨bn.; volt. deelw. v. disaffect; -ly⟩ **0.1** ***vervreemd*** *⇒onvriendelijk, vijandig* **0.2** ***afvallig*** *⇒ontevreden, misnoegd, ontrouw* ◆ **6.2** the people are becoming ~ **to/towards** this government *de mensen beginnen afwijzend tegenover deze regering te staan.*

dis·af·fec·tion ['dɪsə'fekʃn]⟨n.-telb.zn.⟩ **0.1** ***ontrouw*** *⇒politieke onvrede, afvalligheid.*

dis·af·fil·i·ate ['dɪsə'fɪlieɪt]⟨ww.⟩

I ⟨onov.ww.⟩ **0.1** ***de relaties verbreken*** *⇒het lidmaatschap opzeggen, zich losmaken* ◆ **6.1** ~ **from** an organization *de banden met een organisatie verbreken;*

II ⟨ov.ww.⟩ **0.1** ***scheiden*** *⇒het lidmaatschap opzeggen van* ◆ **4.1** ~ o.s. *zich losmaken.*

dis·af·fil·i·a·tion ['dɪsəfɪli'eɪʃn]⟨telb. en n.-telb.zn.⟩ **0.1** ***opzegging*** *⇒verbreking, scheiding.*

dis·af·firm ['dɪsə'fɜ:m‖-'fɜrm]⟨ov.ww.⟩ **0.1** ***ontkennen*** *⇒tegenspreken* **0.2** ⟨jur.⟩ ***intrekken*** *⇒vernietigen* **0.3** ⟨jur.⟩ ***verwerpen*** *⇒niet erkennen* ◆ **1.3** he ~ed his obligations *hij erkende zijn verplichtingen niet.*

dis·af·fir·ma·tion ['dɪsæfə'meɪʃn‖-fər-]⟨telb. en n.-telb.zn.⟩ **0.1** ***ontkenning*** **0.2** ⟨jur.⟩ ***vernietiging*** *⇒intrekking* **0.3** ⟨jur.⟩ ***verwerping.***

dis·af·for·est ['dɪsə'fɒrɪst‖-'fɔr-, -'fɑr-], **dis·for·est** ['dɪs'fɒrɪst‖-'fɔr-, -'fɑr-], **de·for·est** ['di:-]⟨ov.ww.⟩⟨BE⟩ **0.1** ⟨jur.⟩ ***tot gewone grond verklaren*** ⟨(bos)gebied⟩ **0.2** ***ontbossen.***

dis·af·for·est·a·tion ['dɪsəfɒrɪ'steɪʃn‖-fɔr-, -fɑr-]⟨n.-telb.zn.⟩ **0.1** ⟨jur.⟩ ***het verklaren v. bosgebied tot gewoon land*** **0.2** ***ontbossing.***

dis·a·gree ['dɪsə'gri:]⟨f3⟩⟨onov.ww.⟩ **0.1** ***verschillen*** *⇒niet kloppen, niet overeenkomen* **0.2** ***het oneens zijn*** *⇒verschillen v. mening, ruzieën* ◆ **1.1** the two statements ~ *de twee beweringen stemmen niet overeen* **1.2** father and mother sometimes ~ *vader en moeder verschillen soms v. mening/hebben soms een meningsverschil* **6.1** his account of the events ~s **with** mine *zijn verslag v.d. gebeurtenissen komt niet overeen met het mijne* **6.2** I am afraid I ~ **with** him about this book *ik vrees dat ik een andere mening over dit boek heb dan hij;* she ~s **with** her husband **about/over** how to punish their son *zij is het oneens met haar man over hoe hun zoon gestraft moet worden* **6.¶** →disagree **with.**

dis·a·gree·a·ble ['dɪsə'gri:əbl]⟨f2⟩⟨bn.; -ly; -ness; →bijw. 3⟩ **0.1** ***onaangenaam*** **0.2** ***slecht gehumeurd/gemutst*** *⇒onvriendelijk, twistziek, knorrig* ◆ **1.2** a ~ fellow *een humeurige kerel* **3.1** be disagreeably surprised *onaangenaam verrast worden.*

dis·a·gree·a·bles ['dɪsə'gri:əblz]⟨mv.⟩ **0.1** ***ongemakken*** *⇒nare/onplezierige dingen, trammelant, sores, moeilijkheden.*

dis·a·gree·ment ['dɪsə'gri:mənt]⟨f2⟩⟨telb. en n.-telb.zn.⟩ **0.1** ***onenigheid*** *⇒gebrek aan overeenstemming, meningsverschil, ruzie* **0.2** ***verschil*** *⇒afwijking* ◆ **6.1** he was **in** ~ **with** his employer's plans *hij was het niet eens met de plannen v. zijn werkgever* **6.2** the two accounts are **in** ~ *de twee verslagen stemmen niet overeen.*

disa'gree with ⟨f1⟩⟨onov.ww.⟩ **0.1** ***ongeschikt blijken/zijn voor*** *⇒ziek maken* ◆ **1.1** Italian wine disagrees with me *ik kan niet tegen Italiaanse wijn;* this climate disagrees with me *dit klimaat ligt mij niet.*

dis·al·low ['dɪsə'laʊ]⟨ov.ww.⟩ **0.1** ***niet toestaan*** *⇒verbieden* **0.2** ***ongeldig verklaren*** *⇒verwerpen, afkeuren, niet erkennen* ◆ **1.2** ~ a claim *een eis niet toekennen;* ~ a goal *een doelpunt afkeuren.*

dis·am·bi·gu·ate ['dɪsæm'bɪgjʊeɪt]⟨ov.ww.⟩ **0.1** ***ondubbelzinnig maken.***

dis·am·bi·gu·ation ['dɪsæmbɪgjʊ'eɪʃn]⟨n.-telb.zn.⟩ **0.1** ***het ondubbelzinnig maken.***

dis·a·men·i·ty ['dɪsə'mi:nəti‖-'menəṭi]⟨telb.zn.; →mv. 2⟩ **0.1** ***nadeel*** *⇒onaangenaamheid, ongemak.*

dis·an·nul ['dɪsə'nʌl]⟨ov.ww.; →ww. 7⟩ **0.1** ***vernietigen*** *⇒ongeldig verklaren, herroepen, annuleren, opheffen.*

dis·ap·pear ['dɪsə'pɪə‖-'pɪr]⟨f3⟩⟨ww.⟩

I ⟨onov.ww.⟩ **0.1** ***verdwijnen*** **0.2** ***uitsterven*** *⇒ophouden te bestaan* **0.3** ***verminderen*** *⇒afnemen* ◆ **6.1** the aeroplane had ~ed **from** view/sight *het vliegtuig was uit het zicht verdwenen;*

II ⟨ov.ww.⟩ **0.1** ***doen verdwijnen.***

dis·ap·pear·ance ['dɪsə'pɪərəns‖-'pɪr-]⟨f2⟩⟨telb. en n.-telb.zn.⟩ **0.1** ***verdwijning.***

dis·ap·point ['dɪsə'pɔɪnt]⟨f3⟩⟨ov.ww.⟩ →disappointed, disappointing **0.1** ***teleurstellen*** *⇒niet aan de verwachtingen voldoen, niet nakomen, tegenvallen* **0.2** ***verijdelen*** *⇒doen mislukken, tenietdoen* ◆ **1.1** it ~s me to see that you are still working *het valt me tegen dat je nog aan het werk bent* **1.2** I'm sorry to ~ your plans *het spijt me je plannen te moeten verhinderen.*

dis·ap·point·ed ['dɪsə'pɔɪnṭɪd]⟨f3⟩⟨bn.; volt. deelw. v. disappoint; -ly⟩ **0.1** ***teleurgesteld*** **0.2** ***verijdeld*** *⇒mislukt* ◆ **5.1** they were agreeably ~ that the rumors were idle *het was een aangename verrassing voor hen dat de geruchten ongegrond waren* **6.1** she was ~ **about/at** not winning the game *zij was teleurgesteld (over het feit) dat ze het spel niet gewonnen had;* she was ~ **in** her love for her daughter *zij was teleurgesteld in haar liefde voor haar dochter;* she was ~ **in** him *hij viel haar tegen;* my friend will be ~ **in/with** me *mijn vriendin zal in mij teleurgesteld zijn* **6.2** he was ~ **of** his success *er was geen succes voor hem weggelegd.*

dis·ap·point·ing ['dɪsə'pɔɪnṭɪŋ]⟨f3⟩⟨bn.; teg. deelw. v. dissapoint; -ly⟩ **0.1** ***teleurstellend*** *⇒tegenvallend* ◆ **1.1** the weather was rather ~ *het weer viel nogal tegen.*

dis·ap·point·ing·ly ['dɪsə'pɔɪnṭɪŋli]⟨bw.⟩ **0.1** ***tot mijn/onze teleurstelling*** ◆ **¶.1** ~, he didn't come *tot mijn/onze teleurstelling kwam hij niet.*

dis·ap·point·ment ['dɪsə'pɔɪntmənt]⟨f3⟩⟨telb. en n.-telb.zn.⟩ **0.1** ***teleurstelling*** ◆ **6.1** **to** his ~, it rained on the day of this departure *helaas regende het op de dag v. zijn vertrek.*

dis·ap·pro·ba·tion ['dɪsæprə'beɪʃn]⟨n.-telb.zn.⟩⟨schr.⟩ **0.1** ***afkeuring*** ◆ **6.1** show ~ **at** s.o.'s behaviour *afkeuring tonen over iemands gedrag.*

dis·ap·prov·al ['dɪsə'pru:vl]⟨f2⟩⟨n.-telb.zn.⟩ **0.1** ***afkeuring*** *⇒veroordeling* ◆ **6.1** the teacher shook her head **in** ~ *de docente schudde afkeurend haar hoofd;* **to** s.o.'s ~ *tot iemands afkeuring.*

dis·ap·prove ['dɪsə'pru:v]⟨f2⟩⟨onov. en ov.ww.⟩ **0.1** ***afkeuren*** *⇒veroordelen* ◆ **1.1** his ideas were ~d *zijn ideeën werden afgewezen;* he wants to become a painter but his parents ~ *hij wil schilder worden, maar zijn ouders vinden dat niet goed* **6.1** they ~ **of** men wearing earrings *zij keuren het af dat mannen oorringen/oorbellen dragen.*

dis·ap·prov·ing·ly ['dɪsə'pru:vɪŋli]⟨f1⟩⟨bw.⟩ **0.1** ***afkeurend.***

dis·arm [dɪ'sɑ:m‖-ɑrm]⟨f2⟩⟨ww.⟩

I ⟨onov. en ov.ww.⟩ **0.1** ***ontwapenen*** *⇒onschadelijk maken* ◆ **3.1** the two nations promised to ~ *de twee naties beloofden tot ontwapening over te gaan* **6.1** the policeman ~ed the gangsters **of** their guns *de politieman ontdeed de gangsters van hun revolvers;*

II ⟨ov.ww.⟩ **0.1** ***ontmantelen*** ⟨stad⟩ *⇒demonteren* **0.2** ***de kracht ontnemen*** *⇒wegnemen, ontwapenen, vriendelijk stemmen, het vertrouwen winnen* ◆ **1.2** his quiet manners ~ed all opposition *zijn rustige manier v. doen nam alle tegenstand weg;* a ~ing smile *een ontwapenende glimlach.*

dis·ar·ma·ment [dɪ'sɑ:məmənt‖dɪ'sɑr-]⟨f2⟩⟨n.-telb.zn.⟩ **0.1** ***ontwapening.***

dis'armament conference ⟨telb.zn.⟩ **0.1** ***ontwapeningsconferentie.***

dis·ar·range ['dɪsə'reɪndʒ]⟨ov.ww.⟩ **0.1** ***in de war brengen*** *⇒verstoren.*

dis·ar·range·ment ['dɪsə'reɪndʒmənt]⟨n.-telb.zn.⟩ **0.1** ***verwarring*** *⇒wanorde.*

dis·ar·ray[1] ['dɪsə'reɪ]⟨f1⟩⟨n.-telb.zn.⟩ **0.1** ***wanorde*** *⇒verwarring* **0.2** ***verwarde/onvoldoende kleding*** ◆ **6.1** the troops fled **in** ~ *de troepen vluchtten in wanorde.*

disarray[2] ⟨f1⟩⟨ov.ww.⟩ **0.1** ***in wanorde brengen*** **0.2** ***ontkleden*** ◆ **1.2** she was called to ~ the queen *zij werd geroepen om de koningin te ontkleden.*

dis·ar·tic·u·late ['dɪsɑ:'tɪkjʊleɪt‖-ɑr'tɪkjə-]⟨ww.⟩

I ⟨onov.ww.⟩ **0.1** ***losraken*** *⇒uit elkaar gaan, loslaten;*

II ⟨ov.ww.⟩ **0.1** ***uit elkaar halen*** *⇒losmaken, uit elkaar nemen, ontwrichten.*

dis·ar·tic·u·la·tion ['dɪsɑ:tɪkjʊ'leɪʃn‖-ɑrtɪkjə-]⟨telb. en n.-telb.zn.⟩ **0.1** ***ontwrichting*** **0.2** ⟨med.⟩ ***exarticulatie*** *⇒afzetting bij gewricht.*

dis·as·sem·ble ['dɪsə'sembl]⟨ov.ww.⟩ **0.1** ***demonteren*** *⇒uit elkaar nemen.*

dis·as·sem·bly ['dɪsə'sembli]⟨n.-telb.zn.⟩ **0.1** ***demontage*** *⇒het uit elkaar nemen.*

disassociate →dissociate.

disassociation →dissociation.

dis·as·ter [dɪ'zɑ:stə‖dɪ'zæstər]⟨f3⟩⟨telb. en n.-telb.zn.⟩ **0.1** ***ramp*** *⇒onheil, catastrofe, calamiteit;* ⟨fig.⟩ *totale mislukking* ◆ **3.1** court ~ *om moeilijkheden vragen, met het noodlot flirten, de goden verzoeken.*

di'saster area ⟨f1⟩⟨telb.zn.⟩ **0.1** ***rampgebied.***

di'saster film, ⟨AE⟩ **di'saster movie** ⟨telb.zn.⟩ **0.1** ***rampenfilm.***

dis·as·trous [dɪ'zɑ:strəs‖-'zæ-]⟨f2⟩⟨bn.; -ly; -ness⟩ **0.1** ***rampzalig*** *⇒rampspoedig, noodlottig.*

dis·a·vow ['dɪsə'vaʊ]⟨ov.ww.⟩⟨schr.⟩ **0.1** ***ontkennen*** *⇒loochenen* **0.2** ***verwerpen*** *⇒verstoten, afwijzen.*

dis·a·vow·al ['dɪsə'vaʊəl]⟨telb. en n.-telb.zn.⟩⟨schr.⟩ **0.1** ***ontkenning*** *⇒loochening, dementi* **0.2** ***afwijzing*** *⇒verstoting, verwerping.*

dis·band ['dɪs'bænd]⟨f1⟩⟨ww.⟩
I ⟨onov.ww.⟩ **0.1** ***zich ontbinden*** ⇒*uiteengaan, ontbonden worden* ◆ **1.1** the club ~ed *de club werd ontbonden;*
II ⟨ov.ww.⟩ **0.1** ***ontbinden*** ⇒*afdanken.*
dis·band·ment [dɪs'bæn(d)mənt]⟨n.-telb.zn.⟩ **0.1** ***ontbinding*** ⇒*het uiteengaan, ontslag* ⟨uit dienst⟩.
dis·bar [dɪs'bɑ:‖-'bɑr]⟨ov.ww.;→ww. 7⟩ **0.1** ***royeren*** ⟨uit de orde v. advocaten⟩ ⇒⟨bij uitbr.⟩ *diskwalificeren, uitsluiten.*
dis·bar·ment [dɪs'bɑ:mənt‖-'bɑr-]⟨n.-telb.zn.⟩ **0.1** ***royement*** ⟨v. advocaat⟩.
dis·be·lief ['dɪsbɪ'li:f]⟨f2⟩⟨n.-telb.zn.⟩ **0.1** ***ongeloof.***
dis·be·lieve ['dɪsbɪ'li:v]⟨f2⟩⟨onov. en ov.ww.⟩ **0.1** ***niet geloven*** ⇒*betwijfelen, verwerpen* ◆ **1.1** he ~s the existence of ghosts *hij gelooft niet aan het bestaan v. spoken* **6.1** he ~s **in** after-life *hij gelooft niet in het leven na de dood.*
dis·be·liev·er ['dɪsbɪ'li:və‖-ər]⟨telb.zn.⟩ **0.1** ***ongelovige*** ⇒*niet-gelover.*
dis·bound [dɪs'baʊnd]⟨bn.⟩ **0.1** ***uit een verzamelband gehaald*** ⟨pamflet enz.⟩ **0.2** ***met slechte/losse kaft/rug*** ⟨boek⟩.
dis·bud [dɪs'bʌd]⟨ov.ww.;→ww. 7⟩ **0.1** ***snoeien*** ⇒⟨plantk.⟩ *van (overtollige) knoppen/loten ontdoen;* ⟨dierk.⟩ *de hoorns verwijderen van.*
dis·bur·den [dɪs'bɜ:dn‖-'bɜr-]⟨onov. en ov.ww.⟩ **0.1** ***ontlasten*** ⇒*ontladen, lossen;* ⟨fig.⟩ *luchten, uitstorten* ◆ **1.1** they ~ the merchandise *zij lossen de koopwaar;* he ~ed his mind *hij stortte zijn hart uit.*
dis·burse [dɪs'bɜ:s‖-'bɜrs]⟨onov. en ov.ww.⟩ **0.1** ***uitbetalen*** ⟨vooral uit staatsfonds⟩ ⇒*uitgeven* **0.2** ***betalen*** ⇒*vereffenen, bekostigen.*
dis·burse·ment [dɪs'bɜ:smənt‖-'bɜrs-], **dis·bur·sal** [dɪs'bɜ:sl‖-'bɜrsl] ⟨telb. en n.-telb.zn.⟩ **0.1** ***uitbetaling*** ⇒*uitgave, uitbetaalde som.*
disc[1], ⟨AE sp. en bet. 0.6 vnl.⟩ **disk** [dɪsk]⟨f3⟩⟨telb.zn.⟩ **0.1** ***schijf*** ⇒⟨i.h.b.⟩ *parkeerschijf* **0.2** ***discus*** **0.3** ***(grammofoon)plaat*** **0.4** ⟨med.⟩ ***schijf*** ⇒⟨i.h.b.⟩ *tussenwervelschijf* **0.5** ⟨plantk.⟩ ***bloemschijf*** ⇒*bloembodem, discus* **0.6** ⟨comp.⟩ ***schijf*** **0.7** ⟨krachtsport⟩ ***(gewicht)schijf*** ⇒*halterschijf* ◆ **1.1** the full moon's ~ *de schijf v.d. volle maan* **2.6** magnetic ~ *magneetschijf* **3.4** slipped ~ *hernia.*
disc[2], ⟨AE sp.⟩ **disk** ⟨ov.ww.⟩ **0.1** ***met de schijfeg eggen.***
dis·calced [dɪ'skælst]⟨bn.⟩⟨relig.⟩ **0.1** ***ongeschoeid*** ⇒*barrevoets, blootsvoets* ◆ **1.1** ~ Carmelites *ongeschoeide karmelieten;* ~ friars *barrevoetbroeders, barrevoetmonniken.*
discant →descant.
dis·card[1] [dɪ'skɑ:d‖dɪ'skɑrd]⟨zn.⟩
I ⟨telb.zn.⟩ **0.1** ⟨kaartspel⟩ ***afgooi*** ⇒*afgegooide/geëcarteerde kaart, discard;* ⟨i.h.b.⟩ *vuiltje* **0.2** ⟨ben. voor⟩ ***wat/wie wordt weggedaan/weggestuurd*** ⇒*afdankertje; verstoteling* ◆ **3.1** revolving ~s *revolving discards* ⟨kleurpreferentiesignaal⟩;
II ⟨n.-telb.zn.⟩ **0.1** ***het wegdoen*** ⇒*het terzijde leggen* **0.2** ***afval*** ⇒*afgedankte rommel.*
discard[2] ⟨f2⟩⟨ww.⟩
I ⟨onov. en ov.ww.⟩⟨kaartspel⟩ **0.1** ***afgooien*** ⇒*ecarteren;* ⟨i.h.b.⟩ *niet bekennen;*
II ⟨ov.ww.⟩ **0.1** ***zich ontdoen van*** ⇒*wegleggen, weggooien, afleggen, afdanken* ◆ **1.1** ~ one's old friends *zijn oude vrienden de rug toekeren/links laten liggen;* ~ one's old school things *zijn oude schoolspullen wegdoen.*
dis·car·nate [dɪs'kɑ:nət‖-'kɑr-]⟨bn.⟩ **0.1** ***onstoffelijk*** ⇒*zonder lichaam.*
'disc barbell ⟨telb.zn.⟩⟨krachtsport⟩ **0.1** ***schijvenhalter.***
'disc brake ⟨telb.zn.; vaak mv.⟩ **0.1** ***schijfrem.***
dis·cern [dɪ'sɜ:n‖dɪ'sɜrn]⟨f2⟩⟨ww.⟩ →discerning
I ⟨onov.ww.⟩ **0.1** ***onderscheid maken*** ⇒*verschil maken;*
II ⟨ov.ww.⟩ **0.1** ***waarnemen*** ⇒*onderscheiden, bespeuren, bemerken* **0.2** ***onderscheiden*** ⇒*verschil zien* ◆ **1.1** it is difficult to ~ whether his mutterings have any meaning at all *het is moeilijk op te maken of dat gemompel van hem enige betekenis heeft* **6.2** ~ **between** good and evil, ~ good **from** evil, ~ good and evil *goed van kwaad onderscheiden.*
dis·cern·i·ble [dɪ'sɜ:nəbl‖-'sɜrn-]⟨f2⟩⟨bn.; -ly; -ness; →bijw. 3⟩ **0.1** ***waarneembaar*** ⇒*te onderscheiden, bespeurbaar.*
dis·cern·ing [dɪ'sɜ:nɪŋ‖-'sɜr-]⟨f2⟩⟨bn.; oorspr. teg. deelw. v. discern; -ly⟩ **0.1** ***scherpzinnig*** ⇒*opmerkzaam, kritisch* ◆ **1.1** a ~ mind *een heldere geest.*
dis·cern·ment [dɪ'sɜ:nmənt‖-'sɜr-]⟨n.-telb.zn.⟩ **0.1** ***het opmerken/bespeuren*** **0.2** ***scherpzinnigheid*** ⇒*oordeelkundigheid, inzicht.*
dis·cerp·ti·ble [dɪ'sɜ:ptəbl‖-'sɜr-]⟨bn.⟩⟨schr.⟩ **0.1** ***te ontleden*** ⇒*uit elkaar te halen.*
dis·cerp·tion [dɪ'sɜ:pʃn‖-'sɜr-]⟨zn.⟩⟨schr.⟩
I ⟨telb.zn.⟩ **0.1** ***onderdeel*** ⇒*weggenomen gedeelte;*
II ⟨n.-telb.zn.⟩ **0.1** ***ontleding*** ⇒*het uit elkaar halen.*
dis·charge[1] ['dɪs'tʃɑ:dʒ‖-tʃɑrdʒ]⟨f2⟩⟨zn.⟩
I ⟨telb.zn.⟩ **0.1** ***bewijs v. kwijting/ontslag;***
II ⟨telb. en n.-telb.zn.⟩ **0.1** ***lossing*** ⇒*ontlading, het uitladen, het legen* **0.2** ***uitstorting*** ⇒*afvoer, uitstroming;* ⟨ook fig.⟩ *uiting* **0.3** ***schot*** ⇒*het afvuren* **0.4** ***kwijting*** ⇒*aflossing, vervulling* **0.5** ***ontslag*** ⇒⟨jur.⟩ *ontslag v. rechtsvervolging, vrijspraak* **0.6** ⟨elek., nat.⟩ ***ontlading*** **0.7** ⟨jur.⟩ ***nietigverklaring*** ◆ **1.2** the ~ of gas from the damaged gasholder *het uitstromen v. gas uit de beschadigde gashouder* **1.4** the ~ of debts *de kwijting v. schulden;* the ~ of one's duties *het vervullen v. zijn plicht;* the ~ of one's promises *het nakomen v. zijn beloften* **2.2** a profuse ~ of words *een overvloedige woordenstroom;* a purulent ~ *een etterige afscheiding.*
discharge[2] [dɪs'tʃɑ:dʒ‖-'tʃɑrdʒ]⟨f2⟩⟨ww.⟩
I ⟨onov.ww.⟩ **0.1** ***zich ontladen*** ⇒*zich uitstorten; etteren* ⟨v. wond⟩ **0.2** ***doorlopen*** ⇒*uitlopen, vlekken* ⟨v. kleur⟩ **0.3** ***afgevuurd worden*** ⇒*afgaan* **0.4** ***lossen*** ⟨v. schip⟩ **0.5** ⟨elek.⟩ ***zich ontladen*** ◆ **6.1** the river ~s **into** the sea *de rivier mondt in de zee uit;*
II ⟨ov.ww.⟩ **0.1** ***ontladen*** ⇒*uitladen, ledigen, lossen* **0.2** ***afvuren*** ⇒*afschieten, lossen* **0.3** ***ontladen*** ⇒*van elektrische lading ontdoen* **0.4** ***wegsturen*** ⇒*ontslaan, dechargeren, ontheffen van;* ⟨mil.⟩ *pasporteren;* ⟨jur.⟩ *vrijspreken, in vrijheid stellen* **0.5** ***uitstorten*** ⇒*uitstoten, afgeven, voortbrengen, uiten* **0.6** ***vervullen*** ⇒*voldoen, zich kwijten van* **0.7** ⟨jur.⟩ ***nietig verklaren*** **0.8** ***ontkleuren*** ⇒*bleken* ⟨textiel⟩ **0.9** ⟨bouwk.⟩ ***ontlasten*** ⇒*de druk verdelen* ◆ **1.4** ~ a defendant *een beklaagde van rechtsvervolging ontslaan;* ~ the jury *de jury van zijn plichten ontslaan/decharge verlenen;* ~ a patient *een patiënt ontslaan/naar huis sturen;* ~ a sailor *een zeeman afmonsteren;* ~ a servant *een bediende ontslaan* **1.5** ~ pus *etteren;* ~ oaths/screams *vloeken/kreten uitstoten* **1.6** ~d bankrupt *vrij man na opheffing v. faillissement;* ~ one's debts *zijn schulden voldoen;* ~ one's duties *zijn taak vervullen* **6.4** ~ s.o. **from** service *iemand uit de dienst ontslaan.*
dis·charg·er [dɪs'tʃɑ:dʒə‖-'tʃɑrdʒər]⟨telb.zn.⟩⟨elek.⟩ **0.1** ***ontlader.***
'disc harrow, disc·er [dɪskə:‖-ər]⟨telb.zn.⟩ **0.1** ***schijfeg*** ⇒*schijvenneg.*
dis·ci·ple [dɪ'saɪpl]⟨f2⟩⟨telb.zn.⟩ **0.1** ***discipel*** ⇒*leerling, volgeling* **0.2** ⟨relig.⟩ ***discipel*** ⇒*volgeling v. Christus;* ⟨i.h.b.⟩⟨vaak D-⟩ *apostel.*
dis·ci·ple·ship [dɪ'saɪplʃɪp]⟨n.-telb.zn.⟩ **0.1** ***volgelingschap*** ⇒*leerlingschap.*
dis·ci·plin·a·ble ['dɪsɪ'plɪnəbl]⟨bn.⟩ **0.1** ***volgzaam*** ⇒*ontvankelijk, dociel* **0.2** ***strafbaar*** ◆ **1.2** a ~ offense *een strafbare overtreding.*
dis·ci·plin·ant ['dɪsɪ'plɪnənt]⟨telb.zn.⟩ **0.1** ***iem. met zelfdiscipline*** **0.2** ***iem. die zichzelf kastijdt*** ⇒⟨i.h.b.⟩⟨D-⟩ *flagellant.*
dis·ci·pli·nar·i·an ['dɪsɪplɪ'neərɪən‖-'ner-]⟨f1⟩⟨telb.zn.⟩ **0.1** ***voorstander v. strenge tucht*** **0.2** ***handhaver v. strenge tucht*** ◆ **2.2** as a teacher he was a poor ~ *als leraar kon hij maar slecht orde houden.*
dis·ci·pli·nar·y ['dɪsɪplɪnri‖-plɪneri], **dis·ci·pli·nal** ['dɪsɪplɪnl]⟨f1⟩⟨bn.⟩ **0.1** ***disciplinair*** ⇒*orde-, tucht-.*
dis·ci·pline[1] ['dɪsɪplɪn]⟨f3⟩⟨zn.⟩
I ⟨telb.zn.⟩ **0.1** ***methode*** ⇒*systeem, training* **0.2** ***vak*** ⇒*studierichting, discipline, tak v. wetenschap* **0.3** ⟨R.-K.⟩ ***discipline*** ⇒*boetegesel, geselkoord* **0.4** ⟨kerk.⟩ ***reglement*** ⇒*regels wetten;*
II ⟨telb. en n.-telb.zn.⟩ **0.1** ***discipline*** ⇒*tucht, controle, orde, gehoorzaamheid* ◆ **2.1** strict ~ *strenge tucht* **3.1** maintain ~ *orde houden;* they behaved with an admirable ~ *ze gedroegen zich met bewonderenswaardige zelfbeheersing;*
III ⟨n.-telb.zn.⟩ **0.1** ***straf*** ⇒*kastijding* **0.2** ⟨relig.⟩ ***boetedoening.***
discipline[2] ⟨f2⟩⟨ov.ww.⟩ **0.1** ***disciplineren*** ⇒*onder tucht brengen, leren gehoorzamen, drillen* **0.2** ***straffen*** ⇒*kastijden, disciplinaire maatregelen nemen tegen* ◆ **4.1** he will never learn to ~ himself *hij zal zich nooit leren beheersen, hij zal nooit zelfdiscipline krijgen.*
dis·cip·u·lar [dɪ'sɪpjʊlə‖-pjələr]⟨bn.⟩ **0.1** ***als/van een discipel*** **0.2** ***volgzaam*** ⇒*trouw.*
'disc jockey ⟨f1⟩⟨telb.zn.⟩ **0.1** ***disc jockey*** ⇒*deejay.*
dis·claim [dɪ'skleɪm]⟨f1⟩⟨ww.⟩
I ⟨onov.ww.⟩⟨jur.⟩ **0.1** ***afstand doen*** ⇒*bezit/aanspraak opgeven;*
II ⟨ov.ww.⟩ **0.1** ***ontkennen*** ⇒*afwijzen, verwerpen* ◆ **1.1** he ~ed the slanderous letter *hij ontkende iets met de lasterlijke brief te maken te hebben;* they ~ed any responsibility for the incident *ze wezen elke verantwoordelijkheid voor het voorval van de hand.*
dis·claim·er [dɪ'skleɪmə‖-mər]⟨telb.zn.⟩ **0.1** ⟨jur.⟩ ***(bewijs v.) afstand*** ⇒*het opgeven v. bezit/aanspraak* **0.2** ***ontkenning*** ⇒*afwijzing, dementi.*
dis·cla·ma·tion ['dɪsklə'meɪʃn]⟨telb. en n.-telb.zn.⟩ **0.1** ***ontkenning*** ⇒*afwijzing.*
dis·close [dɪ'sklouz]⟨f2⟩⟨ov.ww.⟩ **0.1** ***onthullen*** ⟨ook fig.⟩ ⇒*bekendmaken, tonen, bekennen, openbaren* ◆ **1.1** ~ the truth *de waarheid bekend maken/aan het licht brengen.*

dis·clo·sure [dɪ'skloʊʒə‖-ər]⟨f1⟩⟨telb. en n.-telb.zn.⟩ **0.1** ***onthulling*** ⇒*openbaring* ◆ **2.1** the autobiography contains remarkable ~s *de autobiografie bevat opmerkelijke bekentenissen.*

dis·co ['dɪskoʊ]⟨f1⟩⟨zn.⟩⟨inf.⟩
I ⟨telb.zn.⟩⟨verk.⟩ **0.1** ***disco*** ⇒*discotheek, dancing* **0.2** ***discofeest;***
II ⟨n.-telb.zn.⟩⟨verk.⟩ disco music **0.1** ***disco.***

dis·cob·o·lus [dɪ'skɒbələs‖-'skɑ-]⟨telb.zn.; discoboli [-bəlaɪ]; →mv. 5⟩⟨gesch.⟩ **0.1** ***(standbeeld v.d.) discuswerper*** ⟨met name in de klassieke spelen⟩.

dis·cog·ra·phy [dɪ'skɒgrəfi‖-'skɑ-]⟨telb.zn.; →mv. 2⟩ **0.1** ***discografie.***

dis·coid[1] ['dɪskɔɪd], **dis·coi·dal** [dɪ'skɔɪdl]⟨telb.zn.⟩ **0.1** ***schijf*** ⇒*schijfvormig voorwerp.*

discoid[2], **discoidal** ⟨bn.⟩ **0.1** ***schijfvormig*** **0.2** ⟨plantk.⟩ ***met schijfbloemen.***

dis·col·or·a·tion, dis·col·our·a·tion [dɪskʌlə'reɪʃn]⟨telb. en n.-telb.zn.⟩ **0.1** ***verkleuring*** ⇒*het verschieten/verbleken, vlek, verschoten plek.*

dis·col·our, ⟨AE sp.⟩ **dis·col·or** [dɪ'skʌlə‖-ər]⟨f1⟩⟨onov. en ov.ww.⟩ **0.1** ***verkleuren*** ⇒*(doen) verschieten, vlekken* ◆ **1.1** the damp had ~ed the leather *het leer zat vol vlekken van het vocht.*

dis·com·bob·u·late ['dɪskəm'bɒbjʊleɪt‖-'bɑbjə-]⟨ov.ww.⟩⟨AE; scherts.⟩ **0.1** ***in de war schoppen*** ⇒*verstoren, een bende maken v..*

dis·com·fit [dɪ'skʌmfɪt]⟨ov.ww.⟩ **0.1** ***verwarren*** ⇒*in verlegenheid brengen* **0.2** ***storen*** ⇒*hinderen, tegenhouden, frustreren* **0.3** ⟨vero.⟩ ***verslaan*** ⇒*overwinnen* ◆ **1.2** our screams ~ed the burglars *ons geschreeuw verijdelde de plannen van de inbrekers.*

dis·com·fi·ture [dɪ'skʌmfɪtʃə‖-ər]⟨zn.⟩
I ⟨telb.zn.⟩⟨vero.⟩ **0.1** ***nederlaag;***
II ⟨telb. en n.-telb.zn.⟩ **0.1** ***verwarring*** ⇒*verlegenheid, gêne;* ⟨in mv. ook⟩ *strubbelingen* **0.2** ***teleurstelling*** ⇒*frustratie.*

dis·com·fort[1] [dɪ'skʌmfət‖-fərt]⟨f2⟩⟨zn.⟩
I ⟨telb.zn.⟩ **0.1** ***ongemak*** ⇒*ontbering, moeilijkheid;*
II ⟨n.-telb.zn.⟩ **0.1** ***onbehaaglijkheid*** ⇒*ongemakkelijkheid, gebrek aan comfort* **0.2** ***rusteloosheid*** ⇒*bezorgdheid, verwarring.*

discomfort[2] ⟨f1⟩⟨ov.ww.⟩ **0.1** ***hinderen*** ⇒*het ongemakkelijk/onbehaaglijk maken* **0.2** ***in verwarring brengen*** ⇒*verlegen/beschaamd maken.*

dis·com·mend ['dɪskə'mend]⟨ov.ww.⟩ **0.1** ***afbreken*** ⇒*afkraken, misprijzend bespreken, in een ongunstig daglicht stellen.*

dis·com·mode ['dɪskə'moʊd]⟨ov.ww.⟩⟨schr.⟩ **0.1** ***in moeilijkheden brengen*** ⇒*hinderen, last bezorgen.*

dis·com·mod·i·ous ['dɪskə'moʊdɪəs]⟨bn.⟩⟨schr.⟩ **0.1** ***lastig*** ⇒*hinderlijk, moeilijk, ongelukkig.*

dis·com·pose ['dɪskəm'poʊz]⟨ov.ww.⟩ **0.1** ***verwarren*** ⇒*in de war brengen, van zijn stuk brengen, verontrusten, schokken* **0.2** ***verstoren*** ⇒*wanorde scheppen in, in de war maken.*

dis·com·po·sure ['dɪskəm'poʊʒə‖-ər]⟨n.-telb.zn.⟩ **0.1** ***verwarring*** ⇒*verontrusting, onthutsing, ontsteltenis* **0.2** ***wanorde.***

'disco music ⟨n.-telb.zn.⟩ **0.1** ***discomuziek.***

dis·con·cert ['dɪskən'sɜ:t‖-'sɜrt]⟨f1⟩⟨ov.ww.⟩ →disconcerted, disconcerting **0.1** ***verontrusten*** ⇒*in verlegenheid brengen, van zijn stuk brengen* **0.2** ***in de war sturen*** ⇒*verhinderen, verijdelen* ⟨plannen⟩.

dis·con·cert·ed ['dɪskən'sɜ:tɪd‖-'sɜrtɪd]⟨f1⟩⟨bn.; oorspr. volt. deelw. v. disconcert; -ly, -ness⟩ **0.1** ***verontrust*** ⇒*in verlegenheid (gebracht), in de war, van zijn stuk.*

dis·con·cert·ing ['dɪskən'sɜ:tɪŋ‖-'sɜrtɪŋ]⟨f1⟩⟨bn.; teg. deelw. v. disconcert; -ly⟩ **0.1** ***verontrustend*** ⇒*in verlegenheid brengend.*

dis·con·cert·ment ['dɪskən'sɜ:tmənt‖-'sɜrt-]⟨n.-telb.zn.⟩ **0.1** ***verontrustheid*** ⇒*verlegenheid, verwarring.*

dis·con·firm ['dɪskən'fɜ:m‖-'fɜrm]⟨ov.ww.⟩ **0.1** ***weerleggen*** ⇒*omverwerpen.*

dis·con·nect ['dɪskə'nekt]⟨f1⟩⟨ov.ww.⟩ →disconnected **0.1** ***losmaken*** ⇒*scheiden, loskoppelen, afsnijden;* ⟨fig.⟩ *ontkoppelen, uit elkaar halen* **0.2** ⟨elek.⟩ ***uitschakelen*** ⇒*afzetten* ◆ **3.1** we were suddenly ~ed *de (telefoon)verbinding werd plotseling verbroken* **6.1** ~ the plug **from** the power point *de stekker uit het stopcontact halen.*

dis·con·nec·ted ['dɪskə'nektɪd]⟨f1⟩⟨bn.; -ly; -ness; volt. deelw. v. disconnect⟩ **0.1** ***los*** ⇒*losgemaakt, niet verbonden* **0.2** ***onsamenhangend.***

dis·con·nec·tion, dis·con·nex·ion ['dɪskə'nekʃn]⟨zn.⟩
I ⟨telb.zn.⟩ **0.1** ***losmaking*** ⇒*ontkoppeling, scheiding;*
II ⟨n.-telb.zn.⟩ **0.1** ***onverbondenheid*** ⇒*gebrek aan samenhang, afzondering, isolement* ◆ **6.1** she had a feeling of ~ **from** him *ze had het gevoel dat ze niets met hem te maken had.*

dis·con·so·late [dɪ'skɒnsələt‖-'skɑn-]⟨f1⟩⟨bn.; -ly; -ness⟩ **0.1** ***ontroostbaar*** ⇒*wanhopig, ongelukkig* **0.2** ***troosteloos*** ⇒*akelig, somber, triest, naargeestig* ◆ **6.1** ~ **about/at** the loss *ontroostbaar over het verlies.*

dis·con·tent[1] ['dɪskən'tent], **dis·con·tent·ment** [-mənt]⟨f2⟩⟨zn.⟩ ⟨→sprw. 111⟩
I ⟨telb.zn.⟩ **0.1** ***grief*** ⇒*bezwaar;*
II ⟨n.-telb.zn.⟩ **0.1** ***ontevredenheid*** ⇒*misnoegen, ongenoegen.*

discontent[2] ⟨bn., pred.⟩ **0.1** ***ontevreden*** ⇒*teleurgesteld, misnoegd* ◆ **6.1** be ~ **with** one's job *ontevreden zijn over/met zijn baan.*

discontent[3] ⟨f2⟩⟨ov.ww.⟩ →discontented **0.1** ***mishagen*** ⇒*ontevreden maken, teleurstellen.*

dis·con·ten·ted ['dɪskən'tentɪd]⟨f2⟩⟨bn.; -ly; -ness; oorspr. volt. deelw. v. discontent⟩ **0.1** ***ontevreden*** ⇒*teleurgesteld, ongelukkig, verongelijkt.*

dis·con·tin·u·ance ['dɪskən'tɪnjʊəns], **dis·con·tin·u·a·tion** ['dɪskəntɪnjʊ'eɪʃn]⟨telb. en n.-telb.zn.⟩⟨schr.⟩ **0.1** ***beëindiging*** ⇒*staking, onderbreking* **0.2** ⟨jur.⟩ ***intrekking v.e. aanklacht.***

dis·con·tin·ue ['dɪskən'tɪnju:]⟨f1⟩⟨ww.⟩
I ⟨onov.ww.⟩ **0.1** ***tot een einde komen*** ⇒*ophouden,* ⟨i.h.b.⟩ *ophouden gepubliceerd te worden* ◆ **1.1** the magazine has been ~d *het blad is opgehouden te verschijnen;*
II ⟨ov.ww.⟩ **0.1** ***beëindigen*** ⇒*een eind maken aan, ophouden met, staken* **0.2** ***ophouden te publiceren*** **0.3** ***opzeggen*** ⟨krant e.d.⟩ ◆ **1.1** the club was ~d after a couple of months *de club werd na een paar maanden opgeheven* **1.2** ~ a newspaper *de publikatie v.e. krant staken.*

dis·con·ti·nu·i·ty ['dɪskɒntɪ'nju:əti‖'dɪskɑntɪ'nu:əti]⟨f1⟩⟨zn.; →mv. 2⟩
I ⟨telb.zn.⟩ **0.1** ***onderbreking*** ⇒*gat* **0.2** ⟨wisk.⟩ ***discontinuïteit*** **0.3** ⟨wisk.⟩ ***discontinuüm;***
II ⟨n.-telb.zn.⟩ **0.1** ***discontinuïteit*** ⇒*onregelmatigheid, gebrek aan regelmaat* **0.2** ***onsamenhangendheid*** ⇒*gebrek aan samenhang.*

dis·con·tin·u·ous ['dɪskən'tɪnjʊəs]⟨f1⟩⟨bn.; -ly; -ness⟩ **0.1** ***onderbroken*** ⇒*met onderbrekingen, onregelmatig* **0.2** ⟨wisk.⟩ ***discontinu*** ⇒*niet continu.*

disc·o·phile ['dɪskəfaɪl]⟨telb.zn.⟩ **0.1** ***discofiel*** ⇒*grammofoonplatenverzamelaar, platenliefhebber.*

dis·cord[1] ['dɪskɔ:d‖-kɔrd]⟨f1⟩⟨zn.⟩
I ⟨telb.zn.⟩ **0.1** ***twist*** ⇒*strijd, meningsverschil, ruzie, geschil* **0.2** ***wanklank*** ⇒*storend geluid* **0.3** ⟨muz.⟩ ***dissonant;***
II ⟨n.-telb.zn.⟩ **0.1** ***onenigheid*** ⇒*wrijving, tweedracht, disharmonie* **0.2** ***lawaai*** ⇒*onwelluidende klanken, afschuwelijke geluiden* **0.3** ⟨muz.⟩ ***dissonantie.***

discord[2] [dɪ'skɔ:d‖-'skɔrd]⟨onov.ww.⟩ **0.1** ***van mening verschillen*** ⇒*ruzie maken* **0.2** ***afwijken*** ⇒*niet kloppen, niet overeenkomen, botsen* **0.3** ***wanklanken produceren*** ⇒*een afschuwelijk geluid voortbrengen* **0.4** ⟨muz.⟩ ***een dissonant vormen*** ⇒*dissoneren* ◆ **6.2** this chapter ~s **with** his earlier works *dit hoofdstuk botst met zijn eerdere werk.*

dis·cor·dance [dɪ'skɔ:dns‖-'skɔr-]⟨telb. en n.-telb.zn.⟩ **0.1** ***wrijving*** ⇒*geschil, strijd* **0.2** ***verschil*** ⇒*afwijking, tegenstrijdigheid* **0.3** ⟨muz.⟩ ***dissonant*** ⇒⟨fig.⟩ *incongruentie, wanklank.*

dis·cor·dant [dɪ'skɔ:dnt‖-'skɔr-]⟨f1⟩⟨bn.; -ly⟩ **0.1** ***strijdig*** ⇒*in tegenspraak, botsend* **0.2** ***wanklanken producerend*** ⇒*niet om aan te horen, knarsend* **0.3** ⟨muz.⟩ ***dissonerend*** ⇒*dissonant* ◆ **6.1** ~ **from/with** *niet overeenstemmend met.*

dis·co·theque, dis·co·thèque ['dɪskətek]⟨f1⟩⟨telb.zn.⟩ **0.1** ***disco*** ⇒*discotheek, dancing.*

dis·count[1] ['dɪskaʊnt]⟨f2⟩⟨telb. en n.-telb.zn.⟩ **0.1** ***reductie*** ⇒*korting, rabat, disagio* **0.2** ⟨hand.⟩ ***disconto*** ⇒*wisseldisconto* **0.3** ***discontovoet*** ⇒*kortingspercentage* ◆ **6.1** at a ~ *met korting, op een koopje; beneden pari;* ⟨fig.⟩ *van weinig waarde, niet geliefd.*

discount[2] [dɪ'skaʊnt]⟨f2⟩⟨ww.⟩
I ⟨onov.ww.⟩ **0.1** ***een lening uitgeven met aftrek v. rente;***
II ⟨ov.ww.⟩ **0.1** ***disconto geven/nemen*** ⇒*disconteren* ⟨wissel⟩ **0.2** ***korting geven (op)*** **0.3** ***buiten beschouwing laten*** ⇒*niet serieus nemen, met een korrel zout nemen* **0.4** ***vooruitlopen op*** ⇒*verwachten, voorzien, anticiperen* **0.5** ***in waarde verminderen*** ⇒*neerhalen, afbreuk doen aan, kleineren, onderwaarderen.*

dis·count·a·ble [dɪ'skaʊntəbl]⟨bn.⟩ **0.1** ***te verdisconteren*** ⇒*waarop disconto gegeven kan worden* **0.2** ***te verwaarlozen*** ⇒*waarmee geen rekening gehouden hoeft te worden* **0.3** ***te voorzien.***

'discount broker ⟨telb.zn.⟩⟨hand.⟩ **0.1** ***wisselmakelaar*** ⇒*discontomakelaar.*

dis·coun·te·nance[1] [dɪ'skaʊntɪnəns‖dɪ'skaʊntnəns]⟨n.-telb.zn.⟩ **0.1** ***afkeuring*** ⇒*veroordeling.*

discountenance[2] ⟨ov.ww.⟩ **0.1** ***veroordelen*** ⇒*zijn afkeuring uitspreken over* **0.2** ***in verwarring brengen*** ⇒*uit zijn evenwicht brengen, in verlegenheid brengen.*

'discount house, ⟨in bet. 0.2 ook⟩ **'discount shop,** ⟨AE⟩ **'discount store** ⟨f1⟩⟨telb.zn.⟩ **0.1** ⟨vnl. BE; geldw.⟩ ***discontobank***

⇒*disconteringsbank* **0.2** ⟨vnl. AE⟩ *discountwinkel* ⇒*ramsjwinkel*.

dis·cour·age [dɪ'skʌrɪdʒ‖-'skɜr-]⟨f3⟩⟨ov.ww.⟩ **0.1** ***ontmoedigen*** ⇒*de moed ontnemen* **0.2** ***weerhouden*** ⇒*afhouden, afbrengen* **0.3** ***veroordelen*** ⇒*zijn afkeuring uitspreken over* **0.4** ***belemmeren*** ◆ **6.2** ~ s.o. **from** starting *iem. ervan weerhouden te beginnen*.

dis·cour·age·ment [dɪ'skʌrɪdʒmənt‖-'skɜr-]⟨f1⟩⟨zn.⟩
I ⟨telb.zn.⟩ **0.1** ***ontmoediging*** ⇒*hindernis, belemmering, obstakel, tegenslag;*
II ⟨n.-telb.zn.⟩ **0.1** ***moedeloosheid*** ⇒*ontmoediging, het ontmoedigd zijn* **0.2** ***ontmoediging*** ⇒*het iemand de moed ontnemen* **0.3** ***het iem. weerhouden*** ◆ **6.3 notwithstanding** your ~ *ondanks uw pogingen mij te weerhouden*.

dis·course[1] ['dɪskɔ:s‖-kɔrs]⟨f1⟩⟨zn.⟩⟨schr.⟩
I ⟨telb.zn.⟩ **0.1** ***gesprek*** ⇒*dialoog, conversatie* **0.2** ***verhandeling*** ⇒*tractaat, preek, artikel, lezing;*
II ⟨n.-telb.zn.⟩ **0.1** ***beraad*** ⇒*overleg, gesprek* **0.2** ***het uiten*** ⇒*het onder woorden brengen* **0.3** ⟨taalk.⟩ ***tekst(eenheid)*** ⇒*discourse* **0.4** ⟨vero.⟩ ***rede*** ⇒*het logisch denken* ◆ **3.1** hold ~ with s.o. *met iem. beraadslagen, overleg plegen met iem.*.

discourse[2] [dɪ'skɔ:s‖dɪ'skɔrs]⟨ww.⟩⟨schr.⟩
I ⟨onov.ww.⟩ **0.1** ***converseren*** ⇒*een gesprek voeren, van gedachten wisselen* **0.2** ***een verhandeling schrijven/houden*** ◆ **6.2** father ~ed at length **on/upon** our reports *vader hield een lang verhaal over onze rapporten;*
II ⟨ov.ww.⟩⟨vero.⟩ **0.1** ***vertellen*** ⇒*verhalen* **0.2** ⟨muz.⟩ ***uitvoeren*** ⇒*ten gehore brengen*.

'discourse analysis ⟨n.-telb.zn.⟩⟨taalk.⟩ **0.1** ***tekstlinguïstiek*** ⇒*discourse analysis*.

dis·cour·te·ous [dɪs'kɜ:tɪəs‖dɪ'skɜrţɪəs]⟨bn.; -ly; -ness⟩ **0.1** ***onbeleefd*** ⇒*onvriendelijk, onhoffelijk*.

dis·cour·te·sy [dɪ'skɜ:təsi‖dɪ'skɜrţəsi]⟨telb. en n.-telb.zn.; →mv. 2⟩ **0.1** ***onbeleefdheid*** ⇒*onvriendelijkheid, onbeschoftheid*.

dis·cov·er [dɪ'skʌvə‖-ər]⟨f3⟩⟨ov.ww.⟩ **0.1** ***ontdekken*** ⇒*(uit)vinden* **0.2** ***onthullen*** ⇒*blootleggen;* ⟨fig.⟩ *aan het licht brengen, bekendmaken, bekennen* **0.3** ***aantreffen*** ⇒*bemerken, bespeuren, te weten komen* **0.4** ***aan de dag leggen*** ⇒*doen blijken, tonen* **0.5** ⟨schaken⟩ ***aftrekschaak geven*** ◆ **1.4** even the will ~ed his nasty character *zelfs het testament gaf nog blijk van zijn gemene aard* **6.2** he ~ed himself **to** us *hij maakte zich aan ons bekend* **8.3** I ~ed that I had left my purse *ik ontdekte dat ik mijn tas had laten liggen*.

dis·cov·er·a·ble [dɪ'skʌvrəbl]⟨bn.⟩ **0.1** ***te ontdekken*** ⇒*achterhaalbaar, vast te stellen* **0.2** ***merkbaar*** ⇒*bespeurbaar*.

dis·cov·er·er [dɪ'skʌvrə‖-ər]⟨f1⟩⟨telb.zn.⟩ **0.1** ⟨ben. voor⟩ ***ontdekker*** ⇒*ontdekkingsreiziger; uitvinder*.

dis·cov·ert [dɪ'skʌvət‖-vərt]⟨bn.⟩⟨jur.⟩ **0.1** ***in ongehuwde staat*** ⇒*zonder man*.

dis·cov·er·y [dɪ'skʌvri]⟨f3⟩⟨telb. en n.-telb.zn.; →mv. 2⟩ **0.1** ***ontdekking*** **0.2** ***onthulling*** ⇒*bekendmaking* **0.3** ⟨jur.⟩ ***inzage v. stukken*** **0.4** ⟨schaken⟩ ***aftrekschaak*** ◆ **1.1** voyage of ~ *ontdekkingsreis*.

dis'covery day ⟨f1⟩⟨n.-telb.zn.⟩⟨AE⟩ **0.1** ***Columbusdag*** ⟨12 okt.⟩.

dis'covery method ⟨telb.zn.⟩⟨school.⟩ **0.1** ***heuristische methode***.

dis'covery procedure ⟨telb.zn.⟩⟨taalk.⟩ **0.1** ***ontdekkingsprocedure***.

'disc parking ⟨f1⟩⟨n.-telb.zn.⟩ **0.1** ***parkeersysteem met parkeerschijven***.

dis·cred·it[1] [dɪs'kredɪt]⟨zn.⟩
I ⟨telb. en n.-telb.zn.⟩ **0.1** ***schande*** ⇒*schade, diskrediet, opspraak* ◆ **3.1** bring ~ on/upon o.s., bring o.s. into ~ *zich te schande maken* **6.1** he is a ~ **to** our school *hij schaadt de goede naam van onze school;*
II ⟨n.-telb.zn.⟩ **0.1** ***ongeloof*** ⇒*twijfel, wantrouwen, verdenking* **0.2** ⟨hand.⟩ ***verlies v. krediet*** ◆ **3.1** throw ~ on a report *een verslag verdacht maken, de geloofwaardigheid v.e. verslag schaden*.

discredit[2] ⟨f1⟩⟨ov.ww.⟩ **0.1** ***te schande maken*** ⇒*in diskrediet brengen, de goede naam schaden v., in opspraak brengen* **0.2** ***wantrouwen*** ⇒*verdenken, geen geloof hechten aan, in twijfel trekken, betwijfelen* **0.3** ***verdacht maken*** ⇒*doen wantrouwen, twijfel zaaien over* ◆ **6.1** ~ s.o. **with** others *iem. bij anderen zwart maken*.

dis·cred·it·a·ble [dɪs'kredɪţəbl]⟨f1⟩⟨bn.; -ly; -ness; →bijw. 3⟩ **0.1** ***schandelijk*** ⇒*verwerpelijk*.

dis·creet [dɪ'skri:t]⟨f2⟩⟨bn.; soms -er; -ly; -ness⟩ **0.1** ***oordeelkundig*** ⇒*verstandig, voorzichtig, kies, discreet, tactvol* **0.2** ***bescheiden*** ⇒*onopvallend*.

dis·crep·an·cy [dɪ'skrepənsi], **dis·crep·ance** [dɪ'skrepəns]⟨f2⟩⟨telb. en n.-telb.zn.; →mv. 2⟩ **0.1** ***discrepantie*** ⇒*afwijking, verschil, tegenstrijdigheid, tegenstelling* ◆ **6.1** ~ **between** two stories *tegenspraak tussen twee verhalen*.

dis·crep·ant [dɪ'skrepənt]⟨bn.; -ly⟩ **0.1** ***uiteenlopend*** ⇒*verschillend, tegenstrijdig*.

dis·crete [dɪ'skri:t]⟨f1⟩⟨bn.; -ly; -ness⟩ **0.1** ***afzonderlijk*** ⇒*apart, los, onderscheiden, verschillend* **0.2** ***onsamenhangend*** ⇒*zonder onderling verband*.

dis·cre·tion [dɪ'skreʃn]⟨f2⟩⟨n.-telb.zn.⟩⟨→sprw. 112, 550⟩ **0.1** ***oordeelkundigheid*** ⇒*kiesheid, voorzichtigheid, tact, beleid, verstand* **0.2** ***discretie*** ⇒*oordeel, beschikking, beslissing, vrijheid (v. handelen)* **0.3** ***geheimhouding*** **0.4** ⟨jur.⟩ ***discretionaire bevoegdheid*** ◆ **1.1** age/years of ~ *jaren des onderscheids;* ⟨B.⟩ *de jaren v. discretie en verstand* **3.2** use one's ~ *op zijn eigen oordeel afgaan, naar eigen goedvinden handelen* **6.2 at** ~ *zoals men wil, naar goeddunken;* it will all be decided **at** your father's ~ *je vader zal bepalen wat er allemaal moet gebeuren;* I leave it **to** your ~ *ik laat het aan uw oordeel over;* it was **within** your own ~ *je kon het zelf beslissen*.

dis·cre·tion·al [dɪ'skreʃnəl]⟨bn.; -ly⟩ **0.1** ***naar goeddunken*** ⇒*naar eigen oordeel*.

dis·cre·tion·ar·y [dɪ'skreʃənri‖-ʃəneri]⟨bn.; -ly; →bijw. 3⟩ **0.1** ***naar goeddunken*** ⇒*naar eigen oordeel* ◆ **1.1** ~ income *beschikbaar inkomen;* ⟨jur.⟩ ~ powers *discretionaire bevoegdheden*.

dis·crim·i·nate [dɪ'skrɪmɪneɪt]⟨f2⟩⟨ww.⟩ →discriminating
I ⟨onov.ww.⟩ **0.1** ***onderscheid maken*** **0.2** ***discrimineren*** **0.3** ***zijn verstand gebruiken*** ◆ **6.1** ~ **between** *verschil maken tussen* **6.2** ~ **against** *discrimineren, als minderwaardig behandelen;* ~ **in favour of** *voortrekken;*
II ⟨ov.ww.⟩ **0.1** ***onderscheiden*** ⇒*herkennen* **0.2** ***onderscheiden*** ⇒*kenmerken* ◆ **1.1** at six he could ~ all of the plants in our garden *toen hij zes was kende hij alle planten in onze tuin* **6.2** ~ a silver object **from** a plated one *een zilveren voorwerp onderscheiden van een verzilverd*.

dis·crim·i·nat·ing [dɪ'skrɪmɪneɪţɪŋ]⟨f1⟩⟨bn.; teg. deelw. v. discriminate; -ly⟩ **0.1** ***oordeelkundig*** ⇒*opmerkzaam, scherpzinnig* **0.2** ***onderscheidend*** ⇒*kenmerkend* **0.3** ***kieskeurig*** ⇒*overkritisch* **0.4** ***discriminerend*** ◆ **1.4** ⟨hand.⟩ ~ duties/taxes *differentiële rechten*.

dis·crim·i·na·tion [dɪ'skrɪmɪ'neɪʃn]⟨f2⟩⟨zn.⟩
I ⟨telb.zn.⟩ **0.1** ***discriminerende handeling;***
II ⟨n.-telb.zn.⟩ **0.1** ***onderscheid*** ⇒*het maken v. onderscheid* **0.2** ***discriminatie*** **0.3** ***waarneming*** ⇒*herkenning* **0.4** ***oordeelsvermogen*** ⇒*kritische smaak*.

dis·crim·i·na·tive [dɪ'skrɪmɪnətɪv‖-neɪţɪv]⟨bn.; -ly⟩ **0.1** ***opmerkzaam*** ⇒*scherpzinnig* **0.2** ***discriminerend*** **0.3** ***differentieel***.

dis·crim·i·na·to·ry [dɪ'skrɪmɪnətri‖-təri]⟨f1⟩⟨bn.; -ly; →bijw. 3⟩ **0.1** ***discriminerend*** ⟨bv. maatregelen⟩ **0.2** ***opmerkzaam*** ⇒*scherpzinnig*.

dis·crown [dɪ'skraʊn]⟨ov.ww.⟩ **0.1** ***ontkronen*** ⇒*onttronen, afzetten*.

dis·cur·sive [dɪ'skɜ:sɪv‖-'skɜr-]⟨f1⟩⟨bn.; -ly; -ness⟩ **0.1** ***onsamenhangend*** ⇒*afdwalend, wijdlopig, langdradig, breedvoerig, breedsprakig* **0.2** ⟨fil.⟩ ***(logisch) redenerend*** ⇒*discursief*.

dis·cus ['dɪskəs]⟨f1⟩⟨zn.; ook disci; →mv. 5⟩
I ⟨telb.zn.⟩ **0.1** ⟨atletiek⟩ ***discus*** **0.2** ⟨dierk.⟩ ***discusvis*** ⟨Symphysodon discus⟩;
II ⟨n.-telb.zn.⟩⟨atletiek⟩ **0.1** ***het discuswerpen***.

dis·cuss [dɪ'skʌs]⟨f3⟩⟨ov.ww.⟩ **0.1** ***bespreken*** ⇒*behandelen, praten over, discussiëren over* **0.2** ⟨vero.⟩ ***savoureren*** ⇒*genieten van* ⟨maaltijd e.d.⟩ ◆ **1.1** this book ~es your questions *dit boek behandelt jouw vragen;* we never ~ed that *we hebben het daar nooit over gehad* **6.1** ~ **with** s.o. what to do *met iem. bespreken wat er gedaan moet worden*.

dis·cuss·a·ble, dis·cuss·i·ble [dɪ'skʌsəbl]⟨bn.⟩ **0.1** ***bespreekbaar***.

dis·cuss·ant [dɪs'kʌsənt], **dis·cuss·er** [dɪs'kʌsə‖-ər]⟨telb.zn.⟩ **0.1** ***discussiant*** ⇒*deelnemer aan een discussie, panellid*.

dis·cus·sion [dɪ'skʌʃn]⟨f3⟩⟨telb. en n.-telb.zn.⟩ **0.1** ***bespreking*** ⇒*discussie, gesprek, gedachtenwisseling* **0.2** ***uiteenzetting*** ⇒*verhandeling, bespreking, lezing* ◆ **6.1** come up **for** ~ *op de agenda staan;* be **under** ~ *in behandeling zijn*.

'discus thrower ⟨telb.zn.⟩⟨atletiek⟩ **0.1** ***discuswerper***.

dis·dain[1] [dɪs'deɪn]⟨f1⟩⟨n.-telb.zn.⟩ **0.1** ***minachting*** ⇒*laatdunkendheid, verachting*.

disdain[2] ⟨f1⟩⟨ov.ww.⟩ **0.1** ***minachten*** ⇒*verachten, hooghartig afwijzen, neerkijken op, beneden zich achten* ◆ **1.1** they ~ed my offer *ze wezen mijn aanbod minachtend van de hand* **3.1** she ~ed looking/to look him in the eyes *ze verwaardigde zich niet hem aan te kijken*.

dis·dain·ful [dɪs'deɪnfl]⟨f1⟩⟨bn.; -ly; -ness⟩ **0.1** ***minachtend*** ⇒*hooghartig, laatdunkend, verachtelijk, neerbuigend, smalend*.

dis·ease [dɪ'zi:z]⟨f3⟩⟨telb. en n.-telb.zn.⟩⟨→sprw. 104, 590⟩ **0.1** ***ziekte*** ⇒*aandoening, kwaal* **0.2** ***wantoestand***.

dis·eased [dɪ'zi:zd]⟨f2⟩⟨bn.⟩ **0.1** ***ziek*** ⇒*aangetast, ziekelijk;* ⟨fig.⟩ *ongezond, verziekt, wanordelijk*.

dis·e·con·o·my [dɪsɪ'kɒnəmɪ‖dɪsɪ'kɑ-]⟨telb.zn.; →mv. 2⟩⟨ec.⟩ **0.1** ***economisch nadeel*** ◆ **1.1** diseconomies of scale *schaalnadelen*.

dis·em·bark ['dɪsɪm'bɑ:k‖-'bɑrk]⟨f1⟩⟨ww.⟩
I ⟨onov.ww.⟩ **0.1** ***van boord gaan*** ⇒*aan wal gaan, aan land gaan; uitstappen;*
II ⟨ov.ww.⟩ **0.1** ***ontschepen*** ⇒*landen, aan land brengen, lossen.*
dis·em·bar·ka·tion ['dɪsembɑ:'keɪʃn‖-bɑr-]⟨f1⟩⟨telb. en n.-telb.zn.⟩ **0.1** ***ontscheping*** ⇒*landing, het uitstappen, het aan land gaan.*
dis·em·bar·rass ['dɪsɪm'bærəs]⟨ov.ww.⟩⟨schr.⟩ **0.1** ***bevrijden*** ⇒*ontdoen, verlossen* ◆ **6.1** he learned to ~ himself **of** his prejudices *hij wist zich van zijn vooroordelen te bevrijden;* may I ~ you **of** your coat? *mag ik uw mantel aannemen?, mag ik je van je jas verlossen?;* I was glad to ~ myself **of** it *ik was blij het van mij af te kunnen schudden.*
dis·em·bar·rass·ment ['dɪsɪm'bærəsmənt]⟨n.-telb.zn.⟩⟨schr.⟩ **0.1** ***bevrijding*** ⇒*verlossing* **0.2** ***het vrij zijn van.***
dis·em·bod·ied ['dɪsɪm'bɒdid‖-'bɑ-]⟨bn.; volt. deelw. v. disembody⟩ **0.1** ***zonder lichaam*** ⇒*onstoffelijk, lichaamloos, niet tastbaar* ◆ **1.1** ~ spirits *lichaamloze zielen;* ~ voices *de stemmen v. onzichtbaren.*
dis·em·bod·i·ment ['dɪsɪm'bɒdimənt‖-'bɑ-]⟨n.-telb.zn.⟩ **0.1** ***bevrijding v.h. lichaam*** **0.2** ***onstoffelijkheid*** ⇒*lichaamloosheid.*
dis·em·bod·y ['dɪsɪm'bɒdi‖-'bɑ-]⟨ov.ww.; →ww. 7⟩ →disembodied **0.1** ***van het lichaam ontdoen*** ⇒*van het stoffelijk omhulsel bevrijden.*
dis·em·bogue ['dɪsɪm'boʊg]⟨ww.⟩
I ⟨onov.ww.⟩ **0.1** ***uitmonden*** ⇒*uitstromen, leeglopen, zich uitstorten* ⟨ook fig.⟩ ◆ **6.1** ~ **into** the sea *in de zee uitmonden;*
II ⟨ov.ww.⟩ **0.1** ***uitstorten*** ⇒*doen uitstromen, legen* ◆ **6.1** the brook ~s its waters **into** the river *het beekje mondt in de rivier uit.*
dis·em·bos·om ['dɪsɪm'bʊzəm]⟨ov.ww.⟩ **0.1** ***openbaren*** ⇒*onthullen* ◆ **4.1** ~ o.s. *zijn hart uitstorten.*
dis·em·bow·el ['dɪsɪm'baʊəl]⟨ov.ww.; →ww. 7⟩ **0.1** ***van de ingewanden ontdoen*** ⇒*ontweien* **0.2** ***de ingewanden blootleggen v.*** ⇒*de buik openrijten v..*
dis·em·bow·el·ment ['dɪsɪm'baʊəlmənt]⟨n.-telb.zn.⟩ **0.1** ***het wegnemen van de ingewanden*** ⇒*het ontweien* **0.2** ***openrijting van de buik.***
dis·em·broil ['dɪsɪm'brɔɪl]⟨ov.ww.⟩ **0.1** ***ontwarren*** ⟨ook fig.⟩ ⇒*uit de knoop halen, uit de war halen, uit de knoei halen, bevrijden.*
dis·en·a·ble ['dɪsɪ'neɪbl]⟨ov.ww.⟩ **0.1** ***ongeschikt maken*** ⇒*onbekwaam/incapabel maken.*
dis·en·chant ['dɪsɪn'tʃɑ:nt‖-'tʃænt]⟨f1⟩⟨ov.ww.⟩ **0.1** ***van de betovering ontdoen*** ⇒*de betovering verbreken v.* **0.2** ***ontgoochelen*** ⇒*desillusioneren, ontnuchteren, uit de droom helpen.*
dis·en·chant·ment ['dɪsɪn'tʃɑ:ntmənt‖-'tʃænt-]⟨n.-telb.zn.⟩ **0.1** ***het verbreken v.e. betovering*** **0.2** ***desillusie*** ⇒*ontgoocheling, ontnuchtering.*
dis·en·cum·ber ['dɪsɪn'kʌmbə‖-ər]⟨ov.ww.⟩⟨schr.⟩ **0.1** ***bevrijden*** ⇒*ontdoen (van), ontlasten* ◆ **6.1** I'm happy to ~ you **from** this burden *ik zal u graag van deze last bevrijden.*
dis·en·dow ['dɪsɪn'daʊ]⟨ov.ww.⟩ **0.1** ***van bezittingen ontdoen*** ⇒*giften ontnemen, onteigenen* ⟨i.h.b. kerkelijke bezittingen⟩.
dis·en·dow·ment ['dɪsɪn'daʊmənt]⟨n.-telb.zn.⟩ **0.1** ***onteigening*** ⟨v. kerkelijke bezittingen⟩.
disenfranchise →disfranchise.
dis·en·gage[1] ['dɪsɪŋ'geɪdʒ]⟨n.-telb.zn.⟩⟨schermen⟩ **0.1** ***dégagé.***
disengage[2] ⟨f1⟩⟨ww.⟩ →disengaged
I ⟨onov.ww.⟩ **0.1** ***losraken*** ⇒*zich losmaken* **0.2** ⟨schermen⟩ ***degageren;***
II ⟨ov.ww.⟩ **0.1** ***losmaken*** ⇒*vrij maken, bevrijden* **0.2** ⟨mil.⟩ ***terugtrekken*** ◆ **4.2** they ~d themselves *zij trokken zich terug.*
dis·en·gaged ['dɪsɪŋ'geɪdʒd]⟨bn., pred.; volt. deelw. v. disengage⟩⟨schr.⟩ **0.1** ***vrij*** ⇒*onbezet, beschikbaar, zonder verplichtingen.*
dis·en·gage·ment ['dɪsɪŋ'geɪdʒmənt]⟨n.-telb.zn.⟩ **0.1** ***bevrijding*** ⇒*het losmaken* **0.2** ***vrijheid*** ⇒*ongebondenheid, onafhankelijkheid* **0.3** ***ongedwongenheid*** ⇒*losheid* **0.4** ***verbreking v. verloving*** **0.5** ⟨mil.⟩ ***terugtrekking*** **0.6** ⟨schermen⟩ ***dégagé.***
dis·en·tail ['dɪsɪn'teɪl]⟨ov.ww.⟩⟨jur.⟩ **0.1** ***fideï-commis/onvervreemdbaarheid opheffen v.*** ⟨erfgoederen⟩.
dis·en·tan·gle ['dɪsɪn'tæŋgl]⟨f1⟩⟨ww.⟩
I ⟨onov.ww.⟩ **0.1** ***zich ontwarren*** ◆ **1.1** your hair won't ~ for a fortnight *je haar zal nog weken in de knoop zitten;*
II ⟨ov.ww.⟩ **0.1** ***ontwarren*** ⇒*ontrafelen, ontknopen, oplossen* ⟨ook fig.⟩ **0.2** ***bevrijden*** ⇒*uit de knoop halen, losmaken* ◆ **6.2** I could not ~ the truth **from** all her falsehoods *ik kon de waarheid niet ontdekken tussen al haar leugens.*
dis·en·tan·gle·ment ['dɪsɪn'tæŋglmənt]⟨n.-telb.zn.⟩ **0.1** ***ontwarring*** ⟨ook fig.⟩ ⇒*ontknoping, oplossing* **0.2** ***bevrijding*** ⇒*losmaking.*
dis·en·thral, ⟨AE sp. ook⟩ **dis·en·thrall** ['dɪsɪn'θrɔ:l]⟨ov.ww.; →ww. 7⟩ **0.1** ***ontnuchteren*** ⇒*de betovering opheffen v. de geboeidheid wegnemen v..*
dis·en·tomb ['dɪsɪn'tu:m]⟨ov.ww.⟩ **0.1** ***opgraven*** ⇒*uit het graf halen* **0.2** ***aan het licht brengen*** ⇒*onthullen.*
dis·en·tomb·ment ['dɪsɪn'tu:mmənt]⟨telb.zn.⟩ **0.1** ***opgraving*** **0.2** ***onthulling*** ⇒*opdieping.*
dis·en·twine ['dɪsɪn'twaɪn]⟨ww.⟩
I ⟨onov.ww.⟩ **0.1** ***zich ontwarren;***
II ⟨ov.ww.⟩ **0.1** ***ontwarren*** ⇒*uit de knoop halen.*
dis·e·qui·lib·ri·um ['dɪsekwɪ'lɪbrɪəm, 'dɪsi:-]⟨n.-telb.zn.⟩⟨schr.⟩ **0.1** ***onevenwichtigheid*** ⇒*verstoord evenwicht.*
dis·es·tab·lish ['dɪsɪ'stæblɪʃ]⟨ov.ww.⟩ **0.1** ***opheffen*** ⇒*beëindigen, niet meer erkennen* **0.2** ***de officiële positie ontnemen*** ⇒⟨i.h.b.⟩ *van de staat scheiden* ⟨kerk⟩.
dis·es·tab·lish·ment ['dɪsɪ'stæblɪʃmənt]⟨n.-telb.zn.⟩ **0.1** ***opheffing*** ⇒*het niet meer erkennen* **0.2** ***scheiding v. kerk en staat.***
dis·es·teem[1] ['dɪsɪ'sti:m]⟨n.-telb.zn.⟩ **0.1** ***geringschatting*** ⇒*lage dunk.*
disesteem[2] ⟨ov.ww.⟩ **0.1** ***geringschatten*** ⇒*een lage dunk hebben v..*
dis·fa·vour[1] ['dɪs'feɪvə‖-ər]⟨n.-telb.zn.⟩⟨schr.⟩ **0.1** ***afkeuring*** ⇒*lage dunk* **0.2** ***ongunst*** ⇒*ongenade* ◆ **3.1** look upon/regard/view s.o. with ~ *iem. niet mogen, ongunstig over iem. denken* **3.2** fall into ~ with s.o. *bij iem. in ongenade vallen, bij iem. uit de gunst raken.*
disfavour[2] ⟨ov.ww.⟩ **0.1** ***afkeuren*** ⇒*een lage dunk hebben v., afwijzen* **0.2** ***niet mogen*** ⇒*ongunstig denken over.*
dis·fea·ture [dɪs'fi:tʃə‖-ər]⟨ov.ww.⟩ **0.1** ***bederven*** ⇒*vervormen, mismaken.*
dis·fig·ure [dɪs'fɪgə‖-ər]⟨f1⟩⟨ov.ww.⟩ **0.1** ***misvormen*** ⇒*vervormen, bederven, mismaken, verminken* ◆ **1.1** the scars ~d his face *de littekens ontsierden zijn gezicht.*
dis·fig·ure·ment [dɪs'fɪgəmənt‖-gər-]⟨telb. en n.-telb.zn.⟩ **0.1** ***misvorming*** ⇒*vervorming, gebrek, mismaaktheid, wanstaltigheid.*
disforest →disafforest.
disforestation →disafforestation.
dis·fran·chise [dɪs'fræntʃaɪz], **dis·en·fran·chise** ['dɪsɪn-]⟨ov.ww.⟩ **0.1** ***ontzetten uit een recht*** ⇒*rechten/privileges ontnemen,* ⟨i.h.b.⟩ *het kiesrecht/de burgerrechten ontnemen.*
dis·fran·chise·ment [dɪs'fræntʃɪzmənt‖-tʃaɪz-]⟨n.-telb.zn.⟩ **0.1** ***ontzetting uit een recht*** ⇒*ontneming v. rechten/privileges,* ⟨i.h.b.⟩ *ontneming v.h. kiesrecht/v.d. burgerrechten.*
disfrock [dɪs'frɒk‖-'frɑk] →unfrock.
dis·gorge [dɪs'gɔ:dʒ‖-'gɔrdʒ]⟨f1⟩⟨ww.⟩
I ⟨onov.ww.⟩ **0.1** ***leegstromen*** ⇒*zich legen, zich uitstorten* **0.2** ⟨inf.⟩ ***het gestolene opgeven;***
II ⟨ov.ww.⟩ **0.1** ***uitbraken*** ⇒*opgeven, uitspugen, overgeven, uitstoten* **0.2** ***uitstorten*** ⇒*uitstromen* **0.3** ⟨inf.⟩ ***teruggeven*** ⟨het gestolene⟩ **0.4** ⟨hengelsport⟩ ***steken*** ⟨haken⟩ ⇒*verwijderen.*
dis·gorg·er [dɪs'gɔ:dʒə‖-'gɔrdʒər]⟨telb.zn.⟩⟨hengelsport⟩ **0.1** ***hakensteker.***
dis·grace[1] [dɪs'greɪs]⟨f2⟩⟨telb. en n.-telb.zn.⟩ **0.1** ***schande*** ⇒*eerverlies, ongenade, schandvlek* ◆ **3.1** bring ~ on one's family *zijn familie schande aandoen;* I have fallen into ~ with him *ik ben bij hem in ongenade gevallen, ik ben bij hem uit de gunst geraakt* **6.1** be **in** ~ *uit de gratie zijn;* they are a ~ **to** the school *ze maken de school te schande.*
disgrace[2] ⟨f1⟩⟨ov.ww.⟩ **0.1** ***te schande maken*** ⇒*onteren, in ongenade doen vallen, een slechte naam bezorgen, zijn eer doen verliezen* ◆ **3.1** be ~d *in ongenade vallen* **4.1** they ~d themselves by their behaviour *ze hebben zich te schande gemaakt door hun gedrag;* his last article ~d him for ever *door zijn laatste artikel viel hij voor altijd in ongenade.*
dis·grace·ful [dɪs'greɪsfl]⟨f2⟩⟨bn.; -ly; -ness⟩ **0.1** ***schandelijk*** ⇒*laag, eerloos.*
dis·grun·tled [dɪs'grʌntld]⟨f1⟩⟨bn.; -ly⟩ **0.1** ***ontevreden*** ⇒*misnoegd, humeurig, knorrig, gemelijk* ◆ **6.1** ~ **at** sth./**with** s.o. *ontstemd over iets/iem..*
dis·grun·tle·ment [dɪs'grʌntlmənt]⟨n.-telb.zn.⟩ **0.1** ***ontevredenheid*** ⇒*humeurigheid, gemelijkheid.*
dis·guise[1] [dɪs'gaɪz]⟨f2⟩⟨telb.zn.⟩ **0.1** ***vermomming*** **0.2** ***voorwendsel*** ⇒*schijn, dekmantel, mom, masker* ◆ **3.1** make no ~ of one's feelings *van zijn hart geen moordkuil maken* **6.1** **in** ~ *vermomd/in het verborgene.*
disguise[2] ⟨f3⟩⟨ov.ww.⟩ **0.1** ***vermommen*** ⇒*onherkenbaar maken, veranderen* **0.2** ***een valse voorstelling geven v.*** **0.3** ***verbergen*** ⇒*maskeren, verhullen, verbloemen* ◆ **1.3** there is no disguising the fact that *het is zonneklaar dat.*
dis·gust[1] [dɪs'gʌst]⟨f2⟩⟨n.-telb.zn.⟩ **0.1** ***afschuw*** ⇒*afkeer, weerzin, walging* ◆ **3.1** fill one with ~ *met afschuw vervullen* **6.1** ~ **at** sth./**with** s.o. *walging voor iets/iem.;* leave **in** ~ *vol weerzin weggaan;* **to** one's ~ *tot iemands afschuw.*
disgust[2] ⟨f3⟩⟨ov.ww.⟩ →disgusted, disgusting **0.1** ***doen walgen*** ⇒*afkeer opwekken, tegen de borst stuiten* ◆ **6.1** she was suddenly ~ed **at/by/with** him *plotseling vond ze hem weerzinwekkend.*

dis·gust·ed [dɪsˈgʌstɨd]⟨f3⟩⟨bn.; -ly; oorspr. volt. deelw. v. disgust⟩ **0.1** ***vol afkeer*** ⇒*walgend.*

dis·gust·ful [dɪsˈgʌstfl]⟨bn.; -ly⟩ **0.1** ***weerzinwekkend*** ⇒*walgelijk* **0.2** ***uit/vol weerzin*** ◆ **1.2** ~ curiosity *nieuwsgierigheid uit afkeer, gebiologeerdheid.*

dis·gust·ing [dɪsˈgʌstɪŋ]⟨f3⟩⟨bn.; -ly; oorspr. teg. deelw. v. disgust⟩ **0.1** ***weerzinwekkend*** ⇒*walgelijk.*

dish[1] [dɪʃ]⟨f3⟩⟨telb.zn.⟩ **0.1** ***schaal*** ⇒*schotel* **0.2** ***gerecht*** ⇒*schotel* **0.3** ***schotelvormig voorwerp*** ⇒⟨i.h.b.⟩ *schotelantenne* **0.4** ***holte*** ⇒*deuk* **0.5** ⟨inf.⟩ ***favoriete bezigheid*** ⇒*voorkeur* **0.6** ⟨inf.⟩ ***lekker stuk*** ⇒*stoot, lekkere meid* ◆ **3.2** made ~ *opgemaakte schotel* **3.¶** do the ~es *vaatwassen, afwassen* **7.5** that's not really my ~ *daar ben ik niet bepaald een held in, daar ben ik niet gek op.*

dish[2] ⟨f2⟩⟨ww.⟩ →dished

I ⟨onov.ww.⟩ **0.1** ***hol worden*** ⇒*een deuk krijgen* **0.2** ***wijdbeens lopen*** ⇒*de voorbenen uitslaan* ⟨v. paard⟩ **0.3** ***babbelen*** ⇒*roddelen* ◆ **5.¶** →**dish up;**

II ⟨ov.ww.⟩ **0.1** ***in een schaal doen*** ⇒*klaarzetten* **0.2** ***uithollen*** ⇒*indeuken* **0.3** ⟨vnl. BE; inf.⟩ ***verslaan*** ⇒*te slim af zijn, bedriegen, in de pan hakken, afmaken* **0.4** ⟨vnl. BE; inf.⟩ ***ruïneren*** ⇒*naar de maan helpen, de bodem inslaan, bederven* ◆ **4.¶** ~ it out *straf uitdelen, erop timmeren, wraak nemen* **5.2** ~ed-**in** ~s *ingedeukte auto's* **5.¶** ⟨inf.⟩ ~ **out** *uitdelen* ⟨papieren, pakjes enz.⟩; *rondgeven, rondstrooien* ⟨advies⟩; *betalen;* →dish **up**.

dis·ha·bille [ˈdɪsəˈbiːl], **dés·ha·billé** [ˈdeɪzæˈbiːeɪ‖-biˈeɪ]⟨zn.⟩

I ⟨telb.zn.⟩⟨vero.⟩ **0.1** ***deshabillé*** ⇒*négligé, peignoir;*

II ⟨n.-telb.zn.⟩ **0.1** ***deshabillé*** ⇒*half ontklede staat, onaangekleedheid* ◆ **6.1 in** ~ *maar half gekleed, niet aangekleed.*

dis·ha·bit·u·ate [ˈdɪsəˈbɪtjʊeɪt]⟨ov.ww.⟩ **0.1** ***ontwennen.***

ˈdish aerial ⟨telb.zn.⟩ **0.1** ***schotelantenne.***

dis·hal·low [ˈdɪsˈhæloʊ]⟨ov.ww.⟩ **0.1** ***ontheiligen*** ⇒*schenden, onteren.*

dis·har·mo·ni·ous [ˈdɪshɑːˈmoʊnɪəs‖-hɑr-]⟨bn.; -ly⟩ **0.1** ***onharmonisch*** ⇒*in onenigheid, tegenstrijdig, niet overeenstemmend.*

dis·har·mo·ny [ˈdɪsˈhɑːməni‖-ˈhɑr-]⟨telb. en n.-telb.zn.; →mv. 2⟩ **0.1** ***disharmonie*** ⇒*onenigheid, tweedracht, twist.*

ˈdish·cloth ⟨f1⟩⟨telb.zn.⟩ **0.1** ***afwaskwast*** **0.2** ⟨vnl. BE⟩ ***theedoek*** ⇒*droogdoek.*

ˈdishcloth gourd ⟨telb.zn.⟩⟨plantk.⟩ **0.1** ***sponskomkommer*** ⟨genus Luffa⟩.

ˈdish cover ⟨telb.zn.⟩ **0.1** ***deksel.***

ˈdish drainer ⟨telb.zn.⟩ **0.1** ***afdruiprek.***

dis·heart·en [dɪsˈhɑːtn‖dɪsˈhɑrtn]⟨f1⟩⟨ov.ww.⟩ **0.1** ***ontmoedigen*** ⇒*terneerslaan, mismoedig maken.*

dis·heart·en·ment [dɪsˈhɑːtnmənt‖-ˈhɑr-]⟨telb. en n.-telb.zn.⟩ **0.1** ***ontmoediging*** ⇒*moedeloosheid, neerslachtigheid.*

dished [dɪʃt]⟨bn.; volt. deelw. v. dish⟩ **0.1** ***scheef*** ⇒*naar binnen wijzend* ⟨v. wielen⟩.

dis·her·i·son [dɪsˈherɨzn‖-rəsn]⟨telb.zn.⟩ **0.1** ***onterving.***

di·shev·el [dɪˈʃevl]⟨ov.ww.; →ww. 7⟩ →dishevelled **0.1** ***los laten hangen*** ⇒*er slordig bij laten hangen* ⟨haar, kleren⟩ **0.2** ***losmaken*** ⇒*doen losraken, verwarren, verslonzen, slordig maken.*

di·shev·elled, ⟨AE sp.⟩ **disheveled** [dɪˈʃevld]⟨f1⟩⟨bn.; volt. deelw. v. dishevel⟩ **0.1** ***slonzig*** ⇒*slordig, onverzorgd, gehavend.*

di·shev·el·ment [dɪˈʃevlmənt]⟨n.-telb.zn.⟩ **0.1** ***wanorde*** ⇒*onverzorgdheid, slonzigheid.*

dish·ful [ˈdɪʃfʊl]⟨telb.zn.⟩ **0.1** ***schaal vol*** ⇒*schaal.*

dis·hon·est [dɪˈsɒnɨst‖-ˈsɑ-]⟨f2⟩⟨bn.; -ly⟩ **0.1** ***oneerlijk*** ⇒*bedriegelijk, vals, onoprecht, misleidend.*

dis·hon·es·ty [dɪˈsɒnɨsti‖-ˈsɑ-]⟨f1⟩⟨zn.⟩

I ⟨telb.zn.⟩ **0.1** ***leugen*** ⇒*onwaarheid, misleiding;*

II ⟨n.-telb.zn.⟩ **0.1** ***leugenachtigheid*** ⇒*oneerlijkheid, bedriegelijkheid, fraude.*

dis·hon·our[1], ⟨AE sp.⟩ **dis·hon·or** [dɪˈsɒnə‖dɪˈsɑnər]⟨f1⟩⟨telb.zn.⟩ **0.1** ***schande*** ⇒*eerverlies, oneer, smaad* **0.2** ⟨geldw.⟩ ***weigering v. wissel/cheque*** ⇒*het niet honoreren* ◆ **3.1** bring ~ on *tot schande strekken, schande brengen over.*

dishonour[2], ⟨AE sp.⟩ **dishonor** ⟨f1⟩⟨ov.ww.⟩ **0.1** ***zonder eerbied bejegenen*** ⇒*verachtelijk behandelen* **0.2** ***schande brengen over*** ⇒*de naam bezoedelen van* **0.3** ⟨geldw.⟩ ***weigeren*** ⇒*niet honoreren* ⟨wissel, cheque⟩ **0.4** ⟨vero.⟩ ***onteren*** ⇒*schenden, verkrachten.*

dis·hon·our·a·b·le, ⟨AE sp.⟩ **dis·hon·or·a·ble** [dɪˈsɒnərəbl‖-ˈsɑ-]⟨bn.; -ly; -ness; →bijw. 3⟩ **0.1** ***schandelijk*** ⇒*laag, eerloos.*

dis·horn [dɪsˈhɔːn‖-ˈhɔrn]⟨ov.ww.⟩ **0.1** ***onthoornen*** ⇒*van de horens ontdoen.*

ˈdish·pan ⟨telb.zn.⟩⟨AE⟩ **0.1** ***afwasteil.***

ˈdish rack ⟨telb.zn.⟩ **0.1** ***afdruiprek.***

ˈdish·rag ⟨telb.zn.⟩ **0.1** ***vaatkwast*** **0.2** ⟨vnl. BE⟩ ***theedoek*** ⇒*droogdoek.*

ˈdish·tow·el ⟨telb.zn.⟩ **0.1** ***droogdoek.***

ˈdish ˈup ⟨f1⟩⟨ww.⟩⟨inf.⟩

I ⟨onov.ww.⟩ **0.1** ***het eten opdienen*** ⇒*opscheppen;*

II ⟨ov.ww.⟩ **0.1** ***opscheppen*** ⇒*opdienen, serveren;* ⟨fig.⟩ *presenteren, opdissen, uiteenzetten, op een rij zetten.*

ˈdish·wash·er ⟨f1⟩⟨telb.zn.⟩ **0.1** ***afwasser*** ⇒*bordenwasser* **0.2** ***afwasmachine*** ⇒*vaatwasmachine.*

ˈdish·wa·ter ⟨f1⟩⟨n.-telb.zn.⟩ **0.1** ***afwaswater*** ⇒⟨fig.⟩ *slootwater, bocht, troep.*

ˈdish-wipe ⟨telb.zn.⟩⟨AE; sl.⟩ **0.1** ***bordenwasser.***

dish·y [ˈdɪʃi]⟨bn.; -er; →compar. 7⟩⟨BE; inf.⟩ **0.1** ***aantrekkelijk*** ⇒*appetijtelijk, sexy.*

dis·il·lu·sion[1] [ˈdɪsɪˈluːʒn]⟨f1⟩⟨telb. en n.-telb.zn.⟩ **0.1** ***ontgoocheling*** ⇒*desillusie.*

disillusion[2] ⟨f1⟩⟨ov.ww.⟩ **0.1** ***ontgoochelen*** ⇒*desillusioneren, uit de droom helpen* ◆ **6.1** be ~ed **at/about/with** *teleurgesteld/gedesillusioneerd zijn over.*

dis·il·lu·sion·ment [ˈdɪsɪˈluːʒnmənt]⟨f1⟩⟨telb. en n.-telb.zn.⟩ **0.1** ***ontgoocheling*** ⇒*teleurstelling, ontnuchtering.*

dis·il·lu·sive [ˈdɪsɪˈluːsɪv]⟨bn.⟩ **0.1** ***ontgoochelend*** ⇒*teleurstellend.*

dis·in·cen·tive[1] [ˈdɪsɪnˈsentɪv]⟨telb.zn.⟩ **0.1** ***belemmering*** ⇒*ontmoediging, hindernis.*

disincentive[2] ⟨bn.⟩ **0.1** ***belemmerend*** ⇒*ontmoedigend.*

dis·in·cli·na·tion [ˈdɪsɪŋklɨˈneɪʃn]⟨telb. en n.-telb.zn.⟩ **0.1** ***tegenzin*** ⇒*onwil, afkeer* ◆ **3.1** feel a/some ~ to meet s.o. *geen zin hebben om iem. te ontmoeten* **6.1** they have a strong ~ **for** studying *ze hebben een grote afkeer van studeren.*

dis·in·cline [ˈdɪsɪŋˈklaɪn]⟨ov.ww.; vaak pass.⟩ **0.1** ***afkerig maken*** ◆ **3.1** they were ~d to believe him *ze waren niet geneigd hem te geloven* **6.1** she felt ~d **for** dancing *ze had geen zin om te dansen.*

dis·in·cor·por·ate [ˈdɪsɪŋˈkɔːpəreɪt‖-ˈkɔr-]⟨ov.ww.⟩ **0.1** ***ontbinden*** ⇒*opheffen, de rechtspersoonlijkheid ontnemen aan.*

dis·in·fect [ˈdɪsɪnˈfekt]⟨f1⟩⟨ov.ww.⟩ **0.1** ***desinfecteren*** ⇒*ontsmetten.*

dis·in·fec·tant[1] [ˈdɪsɪnˈfektənt]⟨f1⟩⟨telb. en n.-telb.zn.⟩ **0.1** ***desinfecterend middel*** ⇒*ontsmettingsmiddel.*

disinfectant[2] ⟨bn.⟩ **0.1** ***desinfecterend*** ⇒*ontsmettend.*

dis·in·fec·tion [ˈdɪsɪnˈfekʃn]⟨n.-telb.zn.⟩ **0.1** ***het desinfecteren*** ⇒*desinfectering, ontsmetting.*

dis·in·fest [ˈdɪsɪnˈfest]⟨ov.ww.⟩ **0.1** ***van een plaag bevrijden*** ⟨huis, plaats⟩ ⇒*ongedierte bestrijden in/te.*

dis·in·fes·ta·tion [ˈdɪsɪnfeˈsteɪʃn]⟨n.-telb.zn.⟩ **0.1** ***bestrijding van ongedierte.***

dis·in·fla·tion [ˈdɪsɪnˈfleɪʃn]⟨n.-telb.zn.⟩⟨ec.⟩ **0.1** ***vermindering v. inflatie*** ⇒*desinflatie.*

dis·in·form [dɪsɪnˈfɔːm‖-fɔrm]⟨ov.ww.⟩⟨pol.⟩ **0.1** ***opzettelijk verkeerde informatie verstrekken.***

dis·in·for·ma·tion [ˈdɪsɪnfəˈmeɪʃn‖-fər-]⟨n.-telb.zn.⟩ **0.1** ***desinformatie*** ⇒*bedrieglijke informatie, opzettelijk verkeerde informatie.*

dis·in·gen·u·ous [ˈdɪsɪnˈdʒenjʊəs]⟨bn.; -ly; -ness⟩ **0.1** ***oneerlijk*** ⇒*onoprecht, stiekem, achterbaks.*

dis·in·her·it [ˈdɪsɪnˈherɨt]⟨f1⟩⟨ov.ww.⟩ **0.1** ***onterven*** ◆ **7.¶** the ~ed (of society) *de onterfden/misdeelden (van onze maatschappij).*

dis·in·her·i·tance [ˈdɪsɪnˈherɨtəns]⟨telb. en n.-telb.zn.⟩ **0.1** ***onterving.***

dis·in·te·grate [dɪˈsɪntɨgreɪt]⟨f2⟩⟨ww.⟩

I ⟨onov.ww.⟩ **0.1** ***uiteenvallen*** ⇒*uit elkaar vallen, ontbinden, verweren, vergaan* **0.2** ⟨nat.⟩ ***desintegreren*** **0.3** ⟨schei.⟩ ***afbreken;***

II ⟨ov.ww.⟩ **0.1** ***uiteen doen vallen*** ⇒*ineen doen storten, doen verweren, doen vergaan* **0.2** ⟨nat.⟩ ***laten desintegreren*** **0.3** ⟨schei.⟩ ***laten afbreken.***

dis·in·te·gra·tion [dɪˈsɪntɨˈgreɪʃn]⟨f1⟩⟨n.-telb.zn.⟩ **0.1** ***het uiteenvallen*** ⇒*ineenstorting, verwering* **0.2** ⟨nat.⟩ ***desintegratie*** ⇒*verval* **0.3** ⟨schei.⟩ ***afbraak.***

dis·in·ter [ˈdɪsɪnˈtɜː‖-ˈtɜr]⟨ov.ww.; →ww. 7; vaak pass.⟩⟨schr.⟩ **0.1** ***opgraven*** ⇒*uit het graf nemen* **0.2** ***aan het licht brengen*** ⇒*onthullen.*

dis·in·ter·est [dɪˈsɪntrɨst‖-ˈsɪntərest]⟨n.-telb.zn.⟩ **0.1** ***belangeloosheid*** ⇒*onbaatzuchtigheid, onpartijdigheid* **0.2** ⟨inf.⟩ ***ongeïnteresseerdheid*** ⇒*onverschilligheid, apathie.*

dis·in·ter·est·ed [dɪˈsɪntrɨstɨd‖-ˈsɪntərestɨd]⟨f1⟩⟨bn.; -ly; -ness⟩ **0.1** ***belangeloos*** ⇒*onbaatzuchtig, onpartijdig, onbevooroordeeld* **0.2** ⟨inf.⟩ ***ongeïnteresseerd*** ⇒*onverschillig.*

dis·in·ter·ment [ˈdɪsɪnˈtɜːmənt‖-ˈtɜr-]⟨telb. en n.-telb.zn.⟩ **0.1** ***opgraving*** **0.2** ***onthulling.***

dis·in·vest·ment [ˈdɪsɪnˈves(t)mənt]⟨telb. en n.-telb.zn.⟩ **0.1** ⟨ec.⟩ ***desinvestering*** **0.2** ⟨pol.⟩ ***afstoting v. bedrijven*** ⟨vnl. mbt. Zuid-Afrika⟩.

dis·ject [dɪsˈdʒekt]⟨ov.ww.⟩ **0.1** ***uiteenscheuren*** ⇒*versnipperen, verspreiden, uiteenjagen.*

dis·jec·ta mem·bra [dɪsˈdʒektə ˈmembrə]⟨mv.⟩ **0.1** ***fragmenten*** ⇒*verspreide resten.*

dis·join [dɪsˈdʒɔɪn]⟨ww.⟩

I ⟨onov.ww.⟩ **0.1** ***losraken*** ⇒*uit elkaar gaan;*
II ⟨ov.ww.⟩ **0.1** ***scheiden*** ⇒*losmaken, uit elkaar halen.*

dis·joint[1] [dɪs'dʒɔɪnt]⟨bn.⟩⟨wisk.⟩ **0.1** ***disjunct.***

dis·joint[2] [dɪs'dʒɔɪnt]⟨ov.ww.⟩ →disjointed **0.1** ***uit elkaar halen*** ⇒*de samenhang verbreken* ⟨ook fig.⟩ **0.2** ***onklaar maken*** **0.3** ***voorsnijden*** ⇒*trancheren* **0.4** ⟨med.⟩ ***ontwrichten*** ⇒*verrekken, verzwikken, verschuiven, dislokeren.*

dis·joint·ed [dɪs'dʒɔɪnt̬ɪd]⟨bn.; volt. deelw. v. disjoint; -ly; -ness⟩ **0.1** ***onsamenhangend*** ⇒*verward* ⟨v. verhaal, ideeën⟩ **0.2** ***voorgesneden*** ⇒*getrancheerd* **0.3** ⟨med.⟩ ***ontwricht*** ⇒*uit de kom.*

dis·junct [dɪs'dʒʌŋkt]⟨bn.⟩ **0.1** ***gescheiden*** ⇒*afzonderlijk, niet verbonden* **0.2** ⟨muz.⟩ ***sprongsgewijs*** **0.3** ⟨dierk.⟩ ***gesegmenteerd*** ⟨zoals insekten⟩.

dis·junc·tion [dɪs'dʒʌŋkʃn], ⟨in bet. I 0.1 ook⟩ **dis·junc·ture** [dɪs'dʒʌŋktʃə‖-ər]⟨zn.⟩
I ⟨telb.zn.⟩ **0.1** ***scheiding*** ⇒*splitsing* **0.2** ⟨logica⟩ ***disjunctie;***
II ⟨n.-telb.zn.⟩ **0.1** ***afzonderlijkheid*** ⇒*gescheidenheid.*

dis·junc·tive[1] [dɪs'dʒʌŋktɪv]⟨telb.zn.⟩⟨taalk.⟩ **0.1** ***tegenstellend voegwoord.***

disjunctive[2] ⟨bn.; -ly⟩ **0.1** ***scheidend*** ⇒*splitsend* **0.2** ⟨taalk.⟩ ***disjunctief*** ⇒*tegenstellend* **0.3** ⟨logica⟩ ***disjunctief.***

disk →disc.

'disk drive ⟨telb.zn.⟩⟨comp.⟩ **0.1** ***(magneet)schijfeenheid*** ⇒*diskdrive, diskette-eenheid.*

disk·ette [dɪs'ket‖'dɪsket]⟨telb.zn.⟩⟨comp.⟩ **0.1** ***diskette*** ⇒*floppy (disk).*

'disk pack ⟨telb.zn.⟩⟨comp.⟩ **0.1** ***schijvenpakket.***

'disk storage ⟨n.-telb.zn.⟩⟨comp.⟩ **0.1** ***schijfgeheugen.***

dis·like[1] ['dɪs'laɪk]⟨f2⟩⟨telb. en n.-telb.zn.⟩ **0.1** ***afkeer*** ⇒*tegenzin, aversie, antipathie* ◆ **1.1** likes and ~s *sympathieën en antipathieën, (gevoelens van) voorkeur en afkeer* **6.1** a ~ **of/for** cats *een afkeer van katten;* take a ~ **to** s.o. *een hekel krijgen aan iem., een afkeer krijgen van iem..*

dislike[2] [dɪs'laɪk]⟨f3⟩⟨ov.ww.⟩ **0.1** ***niet houden van*** ⇒*een afkeer hebben van, een hekel hebben aan, een tegenzin hebben in.*

dis·lo·cate ['dɪsləkeɪt‖-loʊ-]⟨f1⟩⟨ov.ww.⟩ **0.1** ***verplaatsen*** ⇒*weghalen, verwijderen, verschuiven* **0.2** ***onklaar maken*** ⇒*ontregelen;* ⟨fig.⟩ *verstoren, in de war brengen* **0.3** ⟨med.⟩ ***ontwrichten*** ⇒*dislokeren* **0.4** ⟨geol.⟩ ***verschuiven*** ⇒*dislokatie veroorzaken.*

dis·lo·ca·tion ['dɪslə'keɪʃn‖-loʊ-]⟨f1⟩⟨zn.⟩
I ⟨telb.zn.⟩ **0.1** ⟨nat.⟩ ***dislokatie*** ⇒*kristalfout* **0.2** ⟨geol.⟩ ***verschuiving*** ⇒*dislocatie;*
II ⟨telb. en n.-telb.zn.⟩ **0.1** ***verstoring*** ⇒*ontregeling, verwarring* **0.2** ⟨med.⟩ ***dislokatie*** ⇒*ontwrichting.*

dis·lodge [dɪs'lɒdʒ‖-'lɑdʒ]⟨f2⟩⟨ww.⟩
I ⟨onov.ww.⟩ **0.1** ***zich losmaken*** ⇒*losraken, zich verplaatsen, zich verwijderen;*
II ⟨ov.ww.⟩ **0.1** ***verjagen*** ⇒*verdrijven, opdrijven* **0.2** ***loswrikken*** ⇒*loshalen* **0.3** ⟨atletiek⟩ ***afstoten*** ⇒*afwerpen* ⟨lat⟩.

dis·lodge·ment, dis·lodg·ment [dɪs'lɒdʒmənt‖-'lɑdʒ-]⟨n.-telb.zn.⟩ **0.1** ***verdrijving*** ⇒*verjaging* **0.2** ***het losgaan/raken*** **0.3** ***het loswrikken.***

dis·loy·al ['dɪs'lɔɪəl]⟨f1⟩⟨bn.; -ly⟩ **0.1** ***ontrouw*** ⇒*trouweloos, niet loyaal, niet getrouw.*

dis·loy·al·ty [dɪs'lɔɪəlti]⟨f1⟩⟨zn.; →mv. 2⟩
I ⟨telb.zn.⟩ **0.1** ***trouweloze daad*** ⇒*verraad, ontrouw;*
II ⟨n.-telb.zn.⟩ **0.1** ***trouwelooosheid*** ⇒*gebrek aan loyaliteit.*

dis·mal[1] ['dɪzml]⟨f1⟩⟨zn.⟩
I ⟨telb.zn.⟩⟨AE⟩ **0.1** ***moerasland;***
II ⟨mv.; ~s⟩ **0.1** ***gedeprimeerdheid*** ⇒*somberheid* ◆ **6.1 in** the ~s *in de put, somber, mistroostig.*

dismal[2] ⟨f2⟩⟨bn.; -ly; -ness⟩ **0.1** ***ellendig*** ⇒*troosteloos, somber, deerniswekkend* **0.2** ⟨inf.⟩ ***zwak*** ⇒*armzalig, onvakkundig* ◆ **1.¶** ⟨vero.⟩ the ~ science *economie.*

dis·man·tle [dɪs'mænt̬l]⟨f1⟩⟨ww.⟩
I ⟨onov.ww.⟩ **0.1** ***uitneembaar zijn;***
II ⟨ov.ww.⟩ **0.1** ***ontmantelen*** ⇒*van de bedekking/omhulling ontdoen* **0.2** ***leeghalen*** ⇒*van meubilair/uitrusting ontdoen, onttakelen* **0.3** ***slopen*** ⇒*afbreken, uit elkaar halen* ◆ **1.1** ~ a town *een stad ontmantelen, de stadsmuren afbreken.*

dis·man·tle·ment [dɪs'mænt̬lmənt]⟨n.-telb.zn.⟩ **0.1** ***ontmanteling*** **0.2** ***onttakeling*** **0.3** ***sloop*** ⇒*afbraak.*

dis·mast [dɪs'mɑ:st‖-'mæst]⟨ov.ww.⟩⟨scheep.⟩ **0.1** ***ontmasten.***

dis·may[1] [dɪs'meɪ]⟨f2⟩⟨n.-telb.zn.⟩ **0.1** ***wanhoop*** ⇒*verbijstering, ontzetting, angst* ◆ **6.1 in/with** ~ he told me what had happened *vol ontzetting vertelde hij me wat er was gebeurd;* **to** our ~ *tot onze ontzetting.*

dismay[2] ⟨f2⟩⟨ov.ww.⟩ **0.1** ***met wanhoop vervullen*** ⇒*verbijsteren, angst aanjagen, ontzetten, de moed benemen* ◆ **6.1** be ~ed **at/by** the sight *de moed verliezen door de aanblik.*

dis·mem·ber [dɪs'membə‖-ər]⟨f1⟩⟨ov.ww.⟩ **0.1** ***uiteenrijten*** ⇒*in stukken scheuren, de ledematen afscheuren* **0.2** ***in stukken snijden*** ⇒*de ledematen afsnijden* **0.3** ***in stukken verdelen*** ⇒*versnijden* ◆ **1.1** the body was ~ed by wolves *het lijk werd door wolven verscheurd.*

dis·mem·ber·ment [dɪs'membəmənt‖-bər-]⟨n.-telb.zn.⟩ **0.1** ***verscheuring*** ⇒*het uiteenrijten, het uiteengereten worden* **0.2** ***het aan stukken snijden*** **0.3** ***verdeling*** ⇒*versnippering.*

dis·miss [dɪs'mɪs]⟨f3⟩⟨ov.ww.⟩ **0.1** ***laten gaan*** ⇒*wegsturen* **0.2** ***ontslaan*** ⇒*opzeggen* **0.3** ***van zich afzetten*** ⇒*uit zijn gedachten zetten* **0.4** ***afdoen*** ⇒*zich (kort) afmaken van, verwerpen, v. tafel vegen* **0.5** ⟨jur.⟩ ***niet ontvankelijk verklaren*** ⇒*afwijzen* **0.6** ⟨cricket⟩ ***'uit' maken*** **0.7** ⟨mil.⟩ ***afdanken*** ⇒*laten inrukken* ◆ **1.4** they ~ed the suggestion *ze verwierpen het voorstel* **6.2** ~ s.o. **from** service *iem. ontslaan* **6.3** he tried to ~ her ominous words **from** his mind *hij probeerde haar onheilspellende woorden uit zijn gedachten te verdrijven* **¶.7** dismiss! *ingerukt mars!.*

dis·miss·al [dɪs'mɪsl]⟨f1⟩⟨telb. en n.-telb.zn.⟩ **0.1** ***verlof/bevel om te gaan*** **0.2** ***ontslag*** **0.3** ***verdringing*** ⇒*het uit zijn gedachten zetten* **0.4** ***het terzijde schuiven*** ⇒*verwerping, het afdoen* **0.5** ⟨jur.⟩ ***verklaring v. onontvankelijkheid*** ⇒*afwijzing.*

dis·miss·ive [dɪs'mɪsɪv]⟨bn.; -ly; -ness⟩ **0.1** ***minachtend*** ⇒*geringschattend, afwijzend, laatdunkend, smalend* **0.2** ***afwijzend*** ◆ **6.1** be ~ **of** s.o./sth. *iem. neerbuigend behandelen, zich smalend/afwijzend uitlaten over iem./iets, een geringe dunk v. iem./iets hebben.*

dis·mount[1] [dɪs'maʊnt]⟨telb.zn.⟩ **0.1** ***het afstijgen*** **0.2** ⟨gymnastiek⟩ ***afsprong.***

dismount[2] ⟨f1⟩⟨ww.⟩ →dismounted
I ⟨onov.ww.⟩ **0.1** ***afstijgen*** ⇒*afstappen* **0.2** ⟨gymnastiek⟩ ***afspringen*** ⇒*afsprong maken* ◆ **6.1** ~ **from** one's bicycle *van zijn fiets af stappen;*
II ⟨ov.ww.⟩ **0.1** ***doen vallen*** ⇒⟨i.h.b.⟩ *uit het zadel gooien, van zijn paard doen vallen* **0.2** ***afstappen van*** ⟨motor, fiets⟩ ⇒*afstijgen van* ⟨paard⟩ **0.3** ***van de standaard afnemen*** ⇒⟨i.h.b.⟩ *afleggen* ⟨een geweer⟩ **0.4** ***uit elkaar halen*** ⇒*demonteren* ◆ **1.2** ~ a bike *van een fiets af stappen.*

dis·mount·ed [dɪs'maʊnt̬ɪd]⟨bn.; volt. deelw. v. dismount⟩ **0.1** ***afgestegen*** ⇒*afgestapt* **0.2** ***uit het zadel geworpen*** **0.3** ⟨mil.⟩ ***onbereden*** ⟨v. cavalerie die als infanterie vecht⟩.

dis·o·be·di·ence ['dɪsə'bi:dɪəns]⟨f2⟩⟨n.-telb.zn.⟩ **0.1** ***ongehoorzaamheid*** ⇒*opstandigheid.*

dis·o·be·di·ent ['dɪsə'bi:dɪənt]⟨f2⟩⟨bn.; -ly⟩ **0.1** ***ongehoorzaam*** ⇒*opstandig.*

dis·o·bey ['dɪsə'beɪ]⟨f2⟩⟨ww.⟩
I ⟨onov.ww.⟩ **0.1** ***ongehoorzaam zijn*** ⇒*niet gehoorzamen;*
II ⟨ov.ww.⟩ **0.1** ***niet gehoorzamen*** ⇒*negeren* ⟨bevel⟩, *overtreden* ⟨regels⟩.

dis·o·blige ['dɪsə'blaɪdʒ]⟨ov.ww.⟩ **0.1** ***tegenwerken*** ⇒*niet tegemoetkomen, tegen de wensen ingaan van, dwarszitten* **0.2** ***last bezorgen*** ⇒*het moeilijk maken* **0.3** ***beledigen*** ⇒*voor het hoofd stoten, onbeleefd behandelen.*

dis·o·blig·ing·ly ['dɪsə'blaɪdʒɪŋli]⟨bw.⟩ **0.1** ***onwelwillend*** ⇒*zonder tegemoetkoming, niet voorkomend, lastig, onbeleefd.*

dis·or·der[1] [dɪ'sɔ:də‖dɪ'sɔrdər]⟨f3⟩⟨zn.⟩
I ⟨telb. en n.-telb.zn.⟩ **0.1** ***oproer*** ⇒*opstootje, wanordelijkheid, ordeverstoring* **0.2** ***stoornis*** ⇒*kwaal, ontregeling, ziekte, aandoening* ◆ **2.2** mental ~ *(geestelijke) gestoordheid;*
II ⟨n.-telb.zn.⟩ **0.1** ***wanorde*** ⇒*verwarring, ordeloosheid.*

disorder[2] ⟨f1⟩⟨ov.ww.⟩ **0.1** ***verstoren*** ⇒*verwarren, wanorde scheppen in, in de war brengen, ontregelen.*

dis·or·der·ly [dɪ'sɔ:dəli‖-'sɔr-]⟨f1⟩⟨bn.; -ness; →bijw. 3⟩ **0.1** ***wanordelijk*** ⇒*ordeloos, slordig, ongeregeld* **0.2** ***oproerig*** ⇒*gewelddadig, wetteloos* **0.3** ***aanstootgevend*** ⇒*tegen de openbare orde* ◆ **1.3** ~ conduct *verstoring v.d. openbare orde;* ~ house *bordeel; gokhuis, speelhol.*

dis·or·gan·i·za·tion, -sa·tion [dɪ'sɔ:gənaɪ'zeɪʃn‖-'sɔrgənə-]⟨telb. en n.-telb.zn.⟩ **0.1** ***wanorde*** ⇒*verwardheid, ongeregeldheid* **0.2** ***verstoring v.d. orde*** ⇒*verwarring, ontregeling, desorganisatie.*

dis·or·gan·ize, -ise [dɪ'sɔ:gənaɪz‖-'sɔr-]⟨f2⟩⟨ov.ww.⟩ **0.1** ***verstoren*** ⇒*in de war brengen, ontregelen, desorganiseren.*

dis·o·ri·en·tate [dɪ'sɔ:rɪənteɪt], ⟨vnl. AE⟩ **dis·o·ri·ent** [dɪ'sɔ:rɪənt]⟨ov.ww.⟩ **0.1** ***het gevoel voor richting ontnemen*** ⇒*de richting doen kwijtraken, desoriënteren, stuurloos maken* ⟨ook fig.⟩ ◆ **3.1** we were/became quite ~d because of the snow *door de sneeuw raakten we helemaal de weg kwijt;* he has been ~d ever since he broke off his studies *sinds hij met zijn studie is opgehouden, loopt hij doelloos rond.*

dis·o·ri·en·ta·tion [dɪ'sɔ:rɪən'teɪʃn]⟨n.-telb.zn.⟩ **0.1** ***stuurloosheid*** ⇒*richtingloosheid, het dolen* **0.2** ***verbijstering*** ⇒*desoriëntatie, verwarring.*

dis·own [dɪ'soʊn]⟨f1⟩⟨ov.ww.⟩ **0.1** ***verwerpen*** ⇒*afwijzen, ontken-*

nen, verloochenen, niet erkennen **0.2** ***verstoten*** *⇒niet meer willen kennen.*

disp ⟨afk.⟩ dispensary.

dis·par·age [dɪ'spærɪdʒ]⟨f1⟩⟨ov.ww.⟩ →disparaging **0.1** ***kleineren*** *⇒geringschatten, verachtelijk spreken over* **0.2** ***in diskrediet brengen*** *⇒verdacht maken, vernederen.*

dis·par·age·ment [dɪ'spærɪdʒmənt]⟨zn.⟩

I ⟨telb.zn.⟩ **0.1** ***geringschattend oordeel*** *⇒minachting, kleinerende uitlating* **0.2** ***vernedering*** *⇒schande, eerverlies;*

II ⟨n.-telb.zn.⟩ **0.1** ***geringschatting*** *⇒kleinering.*

dis·par·ag·ing [dɪ'spærɪdʒɪŋ]⟨bn.; oorspr. teg. deelw. v. disparage; -ly⟩ **0.1** ***geringschattend*** *⇒minachtend, kleinerend.*

dis·pa·rate ['dɪsprət‖dɪ'spærət]⟨f1⟩⟨bn.; -ly; -ness⟩ **0.1** ***ongelijksoortig*** *⇒ongelijkwaardig, niet vergelijkbaar.*

dis·pa·rates ['dɪsprəts‖dɪ'spærəts]⟨mv.⟩ **0.1** ***onvergelijkbare grootheden/zaken.***

dis·par·i·ty [dɪ'spærət̬i]⟨f1⟩⟨telb. en n.-telb.zn.; →mv. 2⟩ **0.1** ***ongelijkheid*** *⇒ongelijksoortigheid, ongelijkwaardigheid, onvergelijkbaarheid* ◆ **6.1** (a) great ~ **of/in** age *een groot leeftijdsverschil.*

dis·park ['dɪs'pɑ:k‖-'pɑrk]⟨ov.ww.⟩ **0.1** ***openstellen*** *⇒⟨i.h.b.⟩ ontginnen, bebouwen* ⟨landgoed⟩.

dis·pas·sion [dɪ'spæʃn]⟨n.-telb.zn.⟩ **0.1** ***kalmte*** *⇒objectiviteit, koelheid.*

dis·pas·sion·ate [dɪ'spæʃnət]⟨f2⟩⟨bn.; -ly; -ness⟩ **0.1** ***emotieloos*** *⇒niet gepassioneerd, kalm, zonder hartstocht* **0.2** ***onpartijdig*** *⇒objectief.*

dis·patch[1]**, des·patch** [dɪ'spætʃ]⟨f2⟩⟨zn.⟩

I ⟨telb.zn.⟩ **0.1** ***bericht*** *⇒depêche, officieel rapport;* ⟨i.h.b.⟩ *verslag v. krijgsverrichtingen* ◆ **3.¶** ⟨mil.⟩ be mentioned in ~es *eervol vermeld worden;*

II ⟨n.-telb.zn.⟩ **0.1** ***het wegsturen*** **0.2** ***het doden*** *⇒genadeslag* **0.3** ***doeltreffendheid*** *⇒snelle afhandeling* **0.4** ***het wegwerken*** *⇒het korte metten maken.*

dispatch[2]**, despatch** ⟨f2⟩⟨ov.ww.⟩ **0.1** ***verzenden*** *⇒wegsturen, sturen, zenden* **0.2** ***de genadeslag geven*** *⇒doden, expediëren* **0.3** ***doeltreffend afhandelen*** **0.4** ***wegwerken*** *⇒verslinden, verorberen, soldaat maken.*

dis'patch box ⟨telb.zn.⟩ **0.1** ***aktendoos*** **0.2** ⟨vnl. BE⟩ ***aktentas*** **0.3** ⟨BE⟩ ***spreekgestoelte in Brits Lagerhuis*** ⟨voor ministers en belangrijke leden v.d. oppositie⟩.

dis'patch case →dispatch box 0.1, 0.2.

dis·patch·er, des·patch·er [dɪ'spætʃə‖-ər]⟨telb.zn.⟩ **0.1** ***verzender*** **0.2** ***vervoerscoördinator*** ⟨bij transportbedrijf⟩ **0.3** ⟨mv.⟩⟨sl.⟩ ***vervalste dobbelstenen.***

dis'patch rider ⟨telb.zn.⟩⟨mil.⟩ **0.1** ***koerier.***

dis·pel [dɪ'spel]⟨f2⟩⟨ov.ww.; →ww. 7⟩ **0.1** ***verjagen*** *⇒verdrijven.*

dis·pen·sa·ble [dɪ'spensəbl]⟨f1⟩⟨bn.; -ness⟩ **0.1** ***niet noodzakelijk*** *⇒van weinig belang, niet onontbeerlijk* **0.2** ***waarvan dispensatie gegeven kan worden*** **0.3** ***beschikbaar*** *⇒toepasbaar, wat toegediend kan worden.*

dis·pen·sa·ry [dɪ'spensri]⟨f1⟩⟨telb.zn.; →mv. 2⟩ **0.1** ***apotheek*** *⇒huisapotheek* ⟨in school e.d.⟩ **0.2** ***consultatiebureau*** *⇒medische hulppost.*

dis·pen·sa·tion ['dɪspen'seɪʃn]⟨f1⟩⟨zn.⟩

I ⟨telb.zn.⟩ **0.1** ***middel*** *⇒produkt, iets wat wordt uitgedeeld/gedistribueerd* **0.2** ***stelsel*** *⇒heersend systeem* ◆ **6.2** **during** the Moslem ~ *in de bloeitijd v.d. Islam;*

II ⟨telb. en n.-telb.zn.⟩ **0.1** ***distributie*** *⇒uitdeling, bedeling* **0.2** ⟨jur., R.-K.⟩ ***vrijstelling*** *⇒ontheffing, dispensatie, vergunning, verlof;* ⟨theol.⟩ *bedeling* **0.3** ***beheer*** *⇒bestier,* ⟨i.h.b.⟩ *beschikking, ingreep v.d. Voorzienigheid* ◆ **6.2** ~ **with** *vrijstelling/ontheffing van* **6.3** the accident came as a ~ **to** us *het ongeluk kwam voor ons als geroepen.*

dis·pen·sa·to·ries [dɪ'spensətriz‖-təriz]⟨mv.⟩ **0.1** ***handboek der geneesmiddelen*** *⇒farmacopee.*

dis·pen·sa·to·ry [dɪ'spensətri‖-tɔri]⟨bn.⟩ **0.1** ***d.m.v. dispensatie.***

dis·pense [dɪ'spens]⟨f2⟩⟨ww.⟩

I ⟨onov.ww.⟩ **0.1** ***ontheffing geven*** *⇒vrijstelling/dispensatie verlenen* ◆ **6.¶** →dispense **with;**

II ⟨ov.ww.⟩ **0.1** ***uitreiken*** *⇒distribueren, geven, toedienen, toepassen* **0.2** ***klaarmaken en leveren*** ⟨medicijnen⟩ **0.3** ***ontheffen*** *⇒vrijstellen* ◆ **1.1** ~ justice *het recht toepassen, gerechtigheid doen geschieden* **1.2** ⟨BE⟩ dispensing chemist *apotheker* **6.3** ~ s.o. **from** keeping a promise *iem. van een belofte ontslaan.*

dis·pens·er [dɪ'spensə‖-ər]⟨f1⟩⟨telb.zn.⟩ **0.1** ***iem. die iets uitreikt/toedient*** **0.2** ***apotheker*** **0.3** ***automaat*** *⇒houder* ◆ **1.3** a ~ for tissue-paper *tissue-automaat.*

dis'penser bottle ⟨telb.zn.⟩ **0.1** ***doseerfles.***

dis'pense with ⟨f1⟩⟨onov.ww.⟩ **0.1** ***afzien van*** *⇒het zonder stellen, niet nodig hebben* **0.2** ***overbodig maken*** *⇒terzijde zetten.*

dis·peo·ple ['dɪs'pi:pl]⟨ov.ww.⟩ **0.1** ***ontvolken.***

dis·per·sal [dɪ'spɜ:sl‖-'spɜr-]⟨n.-telb.zn.⟩ **0.1** ***verspreiding*** *⇒verstrooiing, het uiteenjagen* **0.2** ***spreiding*** *⇒verdeling, distributie.*

dis·perse[1] [dɪ'spɜ:s‖dɪ'spɜrs]⟨bn.⟩ **0.1** ***uiteenlopend*** **0.2** ⟨schei.⟩ ***dispers.***

disperse[2] ⟨f2⟩⟨ww.⟩

I ⟨onov.ww.⟩ **0.1** ***zich verspreiden*** *⇒uiteengaan, uiteen stuiven;*

II ⟨ov.ww.⟩ **0.1** ***uiteen drijven*** *⇒verstrooien, verspreiden* **0.2** ***verspreiden*** *⇒spreiden, uiteen plaatsen* **0.3** ***verspreiden*** *⇒overal bekendmaken* **0.4** ***verjagen*** **0.5** ⟨nat.⟩ ***dispergeren*** *⇒spreiden* **0.6** ⟨schei.⟩ ***dispergeren*** *⇒colloïdaal verdelen.*

dis·per·sion [dɪ'spɜ:ʃn‖dɪ'spɜrʒn]⟨f1⟩⟨n.-telb.zn.⟩ **0.1** ***verspreiding*** *⇒verstrooiing* **0.2** ⟨stat.⟩ ***spreiding*** **0.3** ⟨nat.⟩ ***dispersie*** **0.4** ⟨schei.⟩ ***colloïde*** *⇒dispersie* ◆ **7.1** the Dispersion *de diaspora.*

dis·per·sive [dɪ'spɜ:sɪv‖-'spɜr-]⟨bn.; -ly; -ness⟩ **0.1** ***verbrokkeld*** *⇒verdeeld, geneigd uiteen te vallen* **0.2** ***uiteendrijvend*** *⇒verstrooiend.*

dis·pir·it [dɪ'spɪrɪt]⟨f1⟩⟨ov.ww.⟩ →dispirited **0.1** ***ontmoedigen*** *⇒mismoedig maken, mistroostig maken.*

dis·pir·it·ed [dɪ'spɪrɪt̬ɪd]⟨f1⟩⟨bn.; volt. deelw. v. dispirit; -ly; -ness⟩ **0.1** ***moedeloos*** *⇒somber, mistroostig* ◆ **1.1** a ~ look *een sombere blik.*

dis·place [dɪ'spleɪs]⟨f2⟩⟨ov.ww.⟩ **0.1** ***verplaatsen*** *⇒verschuiven* **0.2** ***ontslaan*** *⇒afzetten* **0.3** ***vervangen*** *⇒verdringen* ◆ **1.1** ~d aggression *verschoven agressie* **6.3** he was ~d **by** a younger man *zijn plaats werd ingenomen door een jongere man.*

dis·place·ment [dɪ'spleɪsmənt]⟨f2⟩⟨zn.⟩

I ⟨telb.zn.⟩⟨scheep.⟩ **0.1** ***waterverplaatsing;***

II ⟨n.-telb.zn.⟩ **0.1** ***verplaatsing*** *⇒verschuiving* **0.2** ***vervanging*** **0.3** ⟨psych.⟩ ***verplaatsing*** *⇒verschuiving, verdringing, repressie* **0.4** ⟨nat., schei., tech.⟩ ***verdringing*** *⇒slagvolume* ◆ **1.4** ~ pump *verdringerpomp.*

dis'placement ton, 'deadweight ton ⟨n.-telb.zn.⟩⟨scheep.⟩ **0.1** ***ton waterverplaatsing*** ⟨35 kub. voet, 0,991 m^3⟩.

dis'placement tonnage ⟨n.-telb.zn.⟩⟨scheep.⟩ **0.1** ***netto tonnage.***

dis·play[1] [dɪ'spleɪ]⟨f3⟩⟨telb.zn.⟩ **0.1** ***tentoonstelling*** *⇒uitstalling, vertoning, weergave* **0.2** ***vertoning*** *⇒tentoonspreiding* **0.3** ***demonstratie*** *⇒vertoon, druktemakerij* **0.4** ⟨comp., tech.⟩ ***beeldscherm*** *⇒schermbeeld, display* **0.5** ⟨druk.⟩ ***smout*** *⇒smoutwerk* **0.6** ⟨dierk.⟩ ***display*** *⇒intimidatiegedrag* ⟨v. vogels⟩ **0.7** ⟨tech.⟩ ***aanwijs/afleesinstrument*** ◆ **3.3** don't make such a ~ of your knowledge *loop niet zo met je kennis te geuren* **6.1** **on** ~ *tentoongesteld, te bezichtigen.*

display[2] ⟨f3⟩⟨ov.ww.⟩ **0.1** ***tonen*** *⇒vertonen, laten zien, exposeren, uitstallen* **0.2** ***tentoonspreiden*** *⇒tonen, verraden, aan de dag leggen* **0.3** ***te koop lopen met*** *⇒demonstreren, een vertoning maken van.*

dis'play case ⟨telb.zn.⟩ **0.1** ***vitrine*** *⇒etalage, uitstalkast.*

dis·please [dɪ'spli:z]⟨f2⟩⟨ov.ww.⟩ →displeasing **0.1** ***ergeren*** *⇒niet bevallen, onaangenaam zijn, onwelgevallig zijn, irriteren, niet aanstaan* ◆ **6.1** be ~d **at** sth. **/with** s.o. *boos zijn over iets/op iem.*

dis·pleas·ing [dɪ'spli:zɪŋ]⟨bn.; teg. deelw. v. displease⟩ **0.1** ***onaangenaam*** *⇒onprettig, ergerlijk, vervelend.*

dis·pleas·ure[1] [dɪ'spleʒə‖-ər]⟨f2⟩⟨n.-telb.zn.⟩ **0.1** ***afkeuring*** *⇒ongenoegen, ergernis* ◆ **3.1** incur s.o.'s ~ *zich iemands ongenoegen op de hals halen.*

displeasure[2] ⟨ov.ww.⟩⟨vero.⟩ **0.1** ***mishagen*** *⇒onwelgevallig/onaangenaam zijn.*

dis·port[1] [dɪ'spɔ:t‖-'spɔrt]⟨telb. en n.-telb.zn.⟩⟨schr.⟩ **0.1** ***vermaak*** *⇒ontspanning, spel.*

disport[2] ⟨ww.⟩⟨schr.⟩

I ⟨onov.ww.⟩ **0.1** ***zich vermaken*** *⇒spelen, sporten, zich ontspannen;*

II ⟨ov.ww.; wederk. ww.⟩ **0.1** ***vermaken*** *⇒ontspannen* ◆ **4.1** ~ o.s. *zich vermaken.*

dis·pos·a·bil·i·ty [dɪ'spoʊzə'bɪlət̬i]⟨n.-telb.zn.⟩ **0.1** ***wegwerpkwaliteit*** ◆ **7.1** people use paper handkerchiefs because of their ~ *de mensen gebruiken papieren zakdoekjes, omdat die weggegooid kunnen worden.*

dis·pos·a·ble[1] [dɪ'spoʊzəbl]⟨f1⟩⟨telb.zn.⟩ **0.1** ***wegwerpartikel.***

disposable[2] ⟨f1⟩⟨bn.⟩ **0.1** ***beschikbaar*** *⇒bruikbaar, ter beschikking* **0.2** ***wegwerp-*** *⇒weggooi-, wegwerpbaar* ◆ **1.1** ~ income *besteedbaar inkomen* **1.2** ~ cups *wegwerpbekertjes.*

dis·po·sal [dɪ'spoʊzl]⟨f2⟩⟨zn.⟩

I ⟨telb.zn.⟩ **0.1** →disposal unit;

II ⟨n.-telb.zn.⟩ **0.1** ***het wegdoen*** *⇒het zich ontdoen van, het wegruimen, verwijdering* **0.2** ***afdoening*** *⇒afhandeling, regeling* **0.3** ***overdracht*** *⇒verkoop, schenking* **0.4** ***beschikking*** **0.5** ***plaatsing*** *⇒ordening, rangschikking* ◆ **6.4** I am entirely **at** your ~ *ik sta geheel tot uw beschikking.*

dis'posal unit, dis·pos·er [dɪ'spoʊzə‖-ər]⟨telb.zn.⟩ **0.1** ***afvalvernietiger*** ⟨in gootsteen⟩.

dis·pose [dɪ'spouz]⟨f3⟩⟨ww.⟩ →disposed ⟨→sprw. 436⟩
I ⟨onov.ww.⟩ **0.1** ***beschikken*** ◆ **6.**¶ →dispose of;
II ⟨ov.ww.⟩ **0.1** ***plaatsen*** ⇒*ordenen, rangschikken, regelen* **0.2** ***geneigd maken*** ⇒*bewegen, brengen tot* ◆ **1.1** ~ the troops *de troepen opstellen*.

dis·posed [dɪ'spouzd]⟨f1⟩⟨bn., pred.; volt. deelw. v. dispose⟩ **0.1** ***geneigd*** ⇒*bereid, genegen* ◆ **6.1** a man ~ **to** violence *een man met een gewelddadige inslag;* they seemed favourably ~ **to (wards)** that idea *zij schenen tegenover dat idee welwillend te staan*.

dis'pose of ⟨f1⟩⟨onov.ww.⟩ **0.1** ***zich ontdoen van*** ⇒*wegdoen, uit de weg ruimen* **0.2** ***van de hand doen*** ⇒*verkopen* **0.3** ***afhandelen*** ⇒*afdoen, regelen* **0.4** ***beschikken over*** ⇒*disponeren over* ◆ **1.1** he quickly disposed of arrears *hij werkte de achterstand snel weg;* ~ an argument *een bewering ontzenuwen* **1.3** they quickly disposed of the meal *zij werkten het eten snel naar binnen*.

dis·po·si·tion ['dɪspə'zɪʃn]⟨f2⟩⟨zn.⟩
I ⟨telb.zn.⟩ **0.1** ***plaatsing*** ⇒*rangschikking, ordening* **0.2** ⟨vaak mv.⟩ ***strategie*** ⇒*plan, voorbereidingen* **0.3** ***beschikking*** ⇒*regeling, maatregel, besluit* **0.4** ***aard*** ⇒*karakter, inslag, instelling, gewoonte, neiging* ◆ **1.3** a ~ of Providence *een beschikking der Voorzienigheid* **2.3** ⟨jur.⟩ a testamentary ~ *een testamentaire beschikking;*
II ⟨n.-telb.zn.⟩ **0.1** ***beschikking*** ⇒*beschikkingsrecht, gebruik* ◆ **6.1** you have the free ~ **of** your capital *jij hebt de vrije beschikking over je vermogen*.

dis·po·si·tioned ['dɪspə'zɪʃənd]⟨bn., pred.⟩ **0.1** ***van aard*** ◆ **5.1** kindly ~ *vriendelijk van aard*.

dis·pos·sess ['dɪspə'zes]⟨ov.ww.⟩ →dispossessed **0.1** ***verdrijven*** ⇒*verjagen, wegjagen* **0.2** ***onteigenen*** ⇒*ontnemen* ◆ **6.2** ~ s.o. **of** sth. *iem. iets ontnemen, iem. beroven van iets*.

dis·pos·sessed ['dɪspə'zest]⟨bn.; volt. deelw. v. dispossess⟩ **0.1** ***beroofd*** ⇒*berooid* ◆ **6.1** ~ **of** one's rights *van zijn rechten beroofd*.

dis·pos·ses·sion ['dɪspə'zeʃn]⟨n.-telb.zn.⟩ **0.1** ***verdrijving*** **0.2** ***het ontnemen*** ⇒*onteigening, beroving*.

dis·praise[1] [dɪ'spreɪz]⟨n.-telb.zn.⟩ **0.1** ***afkeuring*** ⇒*kritiek, misprijzen*.

dispraise[2] ⟨ov.ww.⟩ **0.1** ***afkeuren*** ⇒*laken, misprijzen*.

dis·prod·uct ['dɪs'prɒdʌkt‖-'prɑdəkt]⟨telb.zn.⟩ **0.1** ***wanprodukt*** ⇒*schadelijk produkt*.

dis·proof ['dɪs'pru:f]⟨n.-telb.zn.⟩ **0.1** ***weerlegging*** ⇒*tegenbewijs*.

dis·pro·por·tion ['dɪsprə'pɔ:ʃn‖-'pɔrʃn]⟨f1⟩⟨telb. en n.-telb.zn.⟩ **0.1** ***onevenredigheid*** ⇒*wanverhouding* ◆ **6.1** the ~ **between** demand and supply *het onevenredig verschil tussen vraag en aanbod*.

dis·pro·por·tion·al ['dɪsprə'pɔ:ʃnəl‖-'pɔr-], **dis·pro·por·tion·ate** ['dɪsprə'pɔ:ʃnət‖-'pɔr-]⟨bn.; -ly; -ness⟩ **0.1** ***onevenredig*** ⇒*niet naar verhouding* ◆ **6.1** the price was ~ **to** the value *de prijs stond niet in verhouding tot de waarde*.

dis·prov·a·ble ['dɪs'pru:vəbl]⟨bn.⟩ **0.1** ***te weerleggen*** ⇒*weerlegbaar*.

dis·prove ['dɪs'pru:v]⟨f1⟩⟨ov.ww.⟩ **0.1** ***weerleggen*** ⇒*de onwaarheid/onjuistheid aantonen van*.

dis·put·a·ble [dɪ'spju:təbl]⟨f1⟩⟨bn.; -ly; -ness; →bijw. 3⟩ **0.1** ***aanvechtbaar*** ⇒*betwistbaar, onzeker*.

dis·pu·tant [dɪ'spju:tənt‖-tnt]⟨telb.zn.⟩⟨schr.⟩ **0.1** ***disputant*** ⇒*twistvoerder, redetwister, disputator* ◆ **7.1** ⟨vnl. jur.⟩ the ~s *de twistende partijen*.

dis·pu·ta·tion ['dɪspjʊ'teɪʃn‖'dɪspjə-]⟨zn.⟩
I ⟨telb.zn.⟩ **0.1** ***dispuut*** ⇒*twistgesprek, discussie, redetwist, woordenstrijd, geschil* **0.2** ***disputatie*** ⟨dialectische behandeling⟩;
II ⟨n.-telb.zn.⟩ **0.1** ***het disputeren***.

dis·pu·ta·tious ['dɪspjʊ'teɪʃəs‖'dɪspjə-]⟨bn.; -ly; -ness⟩ **0.1** ***twistziek*** ⇒*ruzieachtig, ruziezoekerig*.

dis·pute[1] [dɪ'spju:t, 'dɪspju:t]⟨f2⟩⟨telb. en n.-telb.zn.⟩ **0.1** ***twistgesprek*** ⇒*discussie, woordenstrijd, dispuut, redetwist* **0.2** ***geschil*** ⇒*twist* ◆ **6.1** be **in** ~ *ter discussie staan;* the matter **in** ~ *de zaak in kwestie* **6.2** **beyond/past/without** ~ *buiten kijf*.

dispute[2] [dɪ'spju:t]⟨f2⟩⟨ww.⟩
I ⟨onov.ww.⟩ **0.1** ***redetwisten*** ⇒*discussiëren, disputeren, argumenteren* **0.2** ***(rede)twisten*** ⇒*het oneens zijn* ◆ **6.1** they are always disputing **about** politics *zij zitten altijd over politiek te bekvechten;*
II ⟨ov.ww.⟩ **0.1** ***heftig bespreken*** ⇒*heftig discussiëren over* **0.2** ***aanvechten*** ⇒*in twijfel trekken, betwisten* **0.3** ***betwisten*** ⇒*strijd voeren over* **0.4** ***weerstand bieden aan*** ◆ **1.4** ~ the advance by the enemy *weerstand bieden aan het oprukken v.d. vijand*.

dis·qual·i·fi·ca·tion [dɪs'kwɒlɪfɪ'keɪʃn‖-'kwɑ-]⟨f1⟩⟨zn.⟩
I ⟨telb.zn.⟩ **0.1** ***belemmering*** ⇒*beletsel;*
II ⟨n.-telb.zn.⟩ **0.1** ***diskwalificatie*** ⇒*uitsluiting, onbevoegdverklaring*.

dis·qual·i·fy [dɪs'kwɒlɪfaɪ‖-'kwɑ-]⟨f2⟩⟨ov.ww.; →ww. 7⟩ **0.1** ***ongeschikt maken*** **0.2** ***onbevoegd verklaren*** **0.3** ***diskwalificeren*** ⇒*uitsluiten* ◆ **6.1** his age disqualifies him **for** that job *door zijn leeftijd komt hij niet in aanmerking voor die baan*.

dis·quiet[1] [dɪs'kwaɪət]⟨f1⟩⟨n.-telb.zn.⟩ **0.1** ***onrust*** **0.2** ***ongerustheid*** ⇒*bezorgdheid*.

disquiet[2] ⟨ov.ww.⟩ →disquieting **0.1** ***onrustig maken*** **0.2** ***ongerust maken***.

dis·qui·et·ing [dɪs'kwaɪətɪŋ]⟨bn.; teg. deelw. v. disquiet; -ly⟩ **0.1** ***onrustbarend*** ⇒*zorgwekkend, verontrustend*.

dis·qui·e·tude [dɪs'kwaɪətju:d‖-tu:d]⟨n.-telb.zn.⟩⟨schr.⟩ **0.1** ***onrust*** ⇒*agitatie, geagiteerdheid* **0.2** ***ongerustheid*** ⇒*bezorgdheid*.

dis·qui·si·tion ['dɪskwɪ'zɪʃn]⟨telb.zn.⟩ **0.1** ***uiteenzetting*** ⇒*vertoog, verhandeling*.

dis·qui·si·tion·al ['dɪskwɪ'zɪʃnəl]⟨bn.⟩ **0.1** ***uitweidend*** ⇒*verhandelend*.

dis·rate ['dɪs'reɪt]⟨ov.ww.⟩⟨scheep.⟩ **0.1** ***degraderen*** ⇒*in lagere klasse plaatsen* ⟨ook fig.⟩ **0.2** ***uit de vaart nemen***.

dis·re·gard[1] ['dɪsrɪ'gɑ:d‖-'gɑrd]⟨f2⟩⟨n.-telb.zn.⟩ **0.1** ***veronachtzaming*** ⇒*onverschilligheid, het negeren* **0.2** ***gebrek aan achting*** ⇒*geringschatting, minachting* ◆ **6.1** ~ **for/of** regulations *het niet in acht nemen v.d. voorschriften* **6.2** his ~ **for/of** his parents *zijn gebrek aan achting voor zijn ouders*.

disregard[2] ⟨f2⟩⟨ov.ww.⟩ **0.1** ***geen acht slaan op*** ⇒*negeren, voorbijzien, veronachtzamen* **0.2** ***geringschatten*** ⇒*minachten* ◆ **1.1** ~ a warning *een waarschuwing in de wind slaan*.

dis·rel·ish[1] ['dɪs'relɪʃ]⟨n.-telb.zn.⟩⟨schr.⟩ **0.1** ***afkeer*** ⇒*tegenzin*.

disrelish[2] ⟨ov.ww.⟩⟨schr.⟩ **0.1** ***een afkeer hebben van*** ⇒*niet houden van*.

dis·re·mem·ber ['dɪsrɪ'membə‖-ər]⟨ww.⟩⟨AE, IE, gew.⟩
I ⟨onov.ww.⟩ **0.1** ***het niet meer weten*** ⇒*zich het niet herinneren, het vergeten zijn;*
II ⟨ov.ww.⟩ **0.1** ***zich niet herinneren*** ⇒*vergeten (zijn)*.

dis·re·pair ['dɪsrɪ'peə‖-'per]⟨f1⟩⟨n.-telb.zn.⟩ **0.1** ***verval*** ⇒*bouwvalligheid* ◆ **6.1** the house had fallen **into/was in** ~ *het huis was vervallen/bouwvallig*.

dis·rep·u·ta·ble [dɪs'repjʊtəbl‖-pjətəbl]⟨f1⟩⟨bn.; -ly; -ness; →bijw. 3⟩ **0.1** ***berucht*** ⇒*een slechte naam/reputatie hebbend* **0.2** ***schandelijk*** ⇒*onfatsoenlijk* **0.3** ***sjofel*** ⇒*versleten, vuil, gerafeld* ◆ **1.1** a ~ character *een onguur/louche type* **6.1** ~ **to** *ongunstig voor*.

dis·re·pute ['dɪsrɪ'pju:t]⟨f1⟩⟨n.-telb.zn.⟩ **0.1** ***slechte naam*** ⇒*diskrediet* ◆ **6.1** fall/sink **into/be in** ~ *in een slechte reuk komen te staan/een slechte naam hebben*.

dis·re·spect ['dɪsrɪ'spekt]⟨f1⟩⟨n.-telb.zn.⟩ **0.1** ***oneerbiedigheid*** ⇒*gebrek aan respect, onbeleefdheid*.

dis·re·spect·ful ['dɪsrɪ'spektfl]⟨bn.; -ly; -ness⟩ **0.1** ***oneerbiedig*** ⇒*onbeleefd*.

dis·robe ['dɪs'roub]⟨ww.⟩⟨schr.⟩
I ⟨onov.ww.⟩ **0.1** ***zijn (ambts)gewaad afleggen*** ⇒*zich ontkleden;*
II ⟨ov.ww.⟩ **0.1** ***van zijn gewaad ontdoen*** ⇒*ontkleden;* ⟨fig.⟩ *beroven* ◆ **4.1** the judge ~d himself *de rechter legde zijn toga af* **6.1** a voice ~d **of/from** passion *een vlakke stem/stem zonder emoties*.

dis·root ['dɪs'ru:t]⟨ov.ww.⟩ **0.1** ***ontwortelen*** ⟨ook fig.⟩ ⇒*van zijn plaats rukken*.

dis·rupt [dɪs'rʌpt]⟨f2⟩⟨ov.ww.⟩ **0.1** ***uiteenrukken*** ⇒*uiteen doen vallen, verscheuren* **0.2** ***ontwrichten*** ⇒*verstoren* ◆ **1.2** communications were ~ed *de verbindingen waren verbroken*.

dis·rup·tion [dɪs'rʌpʃn]⟨f1⟩⟨telb. en n.-telb.zn.⟩ **0.1** ***het uiteenrukken*** ⇒*het uiteenvallen, scheuring, verdeeldheid* **0.2** ***ontwrichting*** ⇒*verstoring* ◆ **7.1** the Disruption *scheuring in de Kerk van Schotland* ⟨1843⟩.

dis·rup·tive [dɪs'rʌptɪv]⟨bn.; -ly⟩ **0.1** ***uiteenrukkend*** ⇒*vernietigend* **0.2** ***ontwrichtend*** ⇒*verstorend*.

dis·sat·is·fac·tion ['dɪsætɪs'fækʃn]⟨f2⟩⟨n.-telb.zn.⟩ **0.1** ***ontevredenheid*** ⇒*misnoegen, ongenoegen* ◆ **6.1** his ~ **at/with** the procedure *zijn ongenoegen met/over de gang van zaken*.

dis·sat·is·fy [dɪ'sætɪsfaɪ]⟨f2⟩⟨ov.ww.; →ww. 7; vnl. pass.⟩ **0.1** ***niet tevreden stellen*** ◆ **6.1** dissatisfied **with** the results *ontevreden over/met de resultaten*.

dis·sect [dɪ'sekt, daɪ-]⟨f1⟩⟨ov.ww.⟩ **0.1** ***in stukken snijden*** ⇒*verdelen* **0.2** ⟨biol. of fig.⟩ ***ontleden*** ⇒*grondig analyseren* ◆ **1.1** a river ~ing a landscape *een rivier die een landschap in tweeën deelt/doorsnijdt*.

dis'secting room ⟨telb.zn.⟩ **0.1** ***snijkamer*** ⇒*ontleedkamer*.

dis·sec·tion [dɪ'sekʃn, daɪ-]⟨f1⟩⟨zn.⟩
I ⟨telb.zn.⟩ **0.1** ***ontleed(deel v.) dier of plant;***
II ⟨telb. en n.-telb.zn.⟩ **0.1** ⟨biol. of fig.⟩ ***ontleding*** ⇒*analyse*.

dis'section poison ⟨n.-telb.zn.⟩ **0.1** ***lijkegif***.

dis·seise, dis·seize ['dɪs'si:z]⟨ov.ww.⟩⟨jur.⟩ **0.1** ***onrechtmatig onteigenen*** ◆ **6.1** ~ s.o. **of** his cattle *iemands vee onrechtmatig onteigenen*.

dis·sei·sin, dis·sei·zin ['dɪs'si:zɪn]⟨telb. en n.-telb.zn.⟩⟨jur.⟩ **0.1** ***onrechtmatige onteigening.***
dis·sem·ble [dɪ'sembl]⟨f1⟩⟨ww.⟩
I ⟨onov.ww.⟩ **0.1** ***huichelen*** ⇒*veinzen;*
II ⟨ov.ww.⟩ **0.1** ***veinzen*** ⇒*voorwenden* **0.2** ***verhullen.***
dis·sem·bler [dɪ'semblə‖-ər]⟨telb.zn.⟩ **0.1** ***veinzer*** ⇒*huichelaar.*
dis·sem·i·nate [dɪ'semɪneɪt]⟨f1⟩⟨ov.ww.⟩ **0.1** ***uitzaaien*** ⇒*verspreiden* ◆ **1.1** ~ knowledge *kennis verspreiden;* they ~d the disease all over Europe *zij hebben de ziekte over heel Europa verspreid.*
dis·sem·i·na·tion [dɪ'semɪ'neɪʃn]⟨f1⟩⟨n.-telb.zn.⟩ **0.1** ***verspreiding*** ⇒*verbreiding* ◆ **1.1** the free ~ of information *de vrije verspreiding v. informatie.*
dis·sem·i·na·tor [dɪ'semɪneɪtə‖-neɪṭər]⟨telb.zn.⟩ **0.1** ***verspreider*** ⇒*verbreider.*
dis·sen·sion [dɪ'senʃn]⟨f1⟩⟨zn.⟩
I ⟨telb.zn.⟩ **0.1** ***meningsverschil*** ◆ **3.1** ~s arose between the two friends *er ontstond onenigheid tussen de twee vrienden;*
II ⟨n.-telb.zn.⟩ **0.1** ***tweedracht*** ⇒*verdeeldheid, onenigheid* ◆ **1.1** the seeds of ~ *het zaad der tweedracht.*
dis·sent[1] [dɪ'sent]⟨f1⟩⟨zn.⟩
I ⟨telb.zn.⟩⟨AE;jur.⟩ **0.1** ***afwijkende mening*** ⟨van een v.d. rechters in een rechtszaak⟩;
II ⟨n.-telb.zn.⟩ **0.1** ***verschil van mening*** ⇒*gebrek aan overeenstemming* **0.2** ⟨vaak D-⟩ ***weigering de doctrine v.d. Staatskerk te aanvaarden*** **0.3** ⟨voetbal⟩ ***bemoeien met de leiding*** ⟨als overtreding⟩.
dissent[2] ⟨f1⟩⟨onov.ww.⟩⟨schr.⟩ **0.1** ***weigeren in te stemmen*** **0.2** ***het oneens zijn*** ⇒*van mening verschillen* **0.3** ***niet instemmen met de doctrine van de Staatskerk*** ◆ **6.¶** ~ **from** the generally accepted doctrine *afwijken van de algemeen gangbare leer(stelling).*
dis·sent·er [dɪ'sentə‖-'senṭər]⟨f1⟩⟨telb.zn.⟩ **0.1** ***dissenter*** ⇒*andersdenkende;* ⟨vaak D-⟩⟨relig.⟩ *niet tot de Staatskerk behorende protestant.*
dis·sen·tient[1] [dɪ'senʃnt]⟨telb.zn.⟩ **0.1** ***andersdenkende*** ⇒*iem. die het oneens is met de meerderheid, tegenstemmer.*
dissentient[2] ⟨bn., attr.⟩ **0.1** ***andersdenkend*** ◆ **1.1** a ~ opinion *een afwijkende mening;* a ~ vote *een tegenstem.*
dis·sep·i·ment [dɪ'sepɪmənt]⟨telb.zn.⟩⟨biol.⟩ **0.1** ***septum*** ⇒*tussenschot.*
dis·sert [dɪ'sɜ:t‖-'sɜrt], **dis·ser·tate** ['dɪsəteɪt‖-sər-]⟨onov.ww.⟩ **0.1** ***een verhandeling houden.***
dis·ser·ta·tion ['dɪsə'teɪʃn‖'dɪsər-]⟨f1⟩⟨telb.zn.⟩ **0.1** ***verhandeling*** ⇒*dissertatie, proefschrift* **0.2** ***scriptie*** ◆ **6.1** a ~ **(up)on/concerning** solar energy *een proefschrift over zonne-energie.*
dis·serve [dɪ'sɜ:v‖-'sɜrv]⟨ov.ww.⟩ **0.1** ***een slechte dienst bewijzen*** **0.2** ***slecht dienen.***
dis·ser·vice [dɪ'sɜ:vɪs‖-'sɜr-]⟨f1⟩⟨telb. en n.-telb.zn.⟩ **0.1** ***slechte dienst*** ⇒*schade, nadeel* ◆ **3.1** do s.o. a ~ *iem. een slechte dienst bewijzen/schade berokkenen* **6.1** his statement was of great ~ **to** his party *zijn verklaring was erg schadelijk voor zijn partij.*
dis·sev·er [dɪ'sevə‖-ər]⟨ov.ww.⟩⟨schr.⟩ **0.1** ***scheiden*** **0.2** ***in stukken delen.***
dis·si·dence ['dɪsɪd(ə)ns]⟨n.-telb.zn.⟩ **0.1** ***onenigheid*** ⇒*meningsverschil, dissidentie, afvalligheid.*
dis·si·dent[1] ['dɪsɪd(ə)nt]⟨telb.zn.⟩ **0.1** ***dissident*** ⇒*andersdenkende, afvallige.*
dissident[2] ⟨bn.⟩ **0.1** ***dissident*** ⇒*andersdenkend, afvallig.*
dis·sim·i·lar [dɪ'sɪmɪlə‖-ər]⟨f1⟩⟨bn.; -ly⟩ **0.1** ***ongelijk*** ⇒*verschillend, anders* ◆ **6.1** they were ~ **in** character *zij waren verschillend van aard;* this case is ~ **from/to** the previous one *dit geval lijkt niet op het vorige.*
dis·sim·i·lar·i·ty [dɪsɪmɪ'lærəṭi]⟨zn.; →mv. 2⟩
I ⟨telb.zn.⟩ **0.1** ***verschil(punt);***
II ⟨n.-telb.zn.⟩ **0.1** ***ongelijkheid*** ⇒*gebrek aan overeenkomst, afwijking, verschil.*
dis·sim·i·late [dɪ'sɪmɪleɪt]⟨ov.ww.⟩⟨taalk.⟩ **0.1** ***dissimileren*** ⟨twee gelijke medeklinkers ongelijk maken⟩.
dis·sim·i·la·tion [dɪsɪmɪ'leɪʃn]⟨telb. en n.-telb.zn.⟩⟨taalk.⟩ **0.1** ***dissimilatie.***
dis·sim·i·la·to·ry [dɪ'sɪmələtri‖-tɔri]⟨bn.⟩⟨taalk.⟩ **0.1** ***v./mbt. dissimilatie*** ⇒*veroorzaakt door dissimilatie.*
dis·si·mil·i·tude ['dɪsɪ'mɪlɪtju:d‖-tu:d]⟨n.-telb.zn.⟩⟨schr.⟩ **0.1** ***ongelijkheid*** ⇒*gebrek aan overeenkomst, verschil.*
dis·sim·u·late [dɪ'sɪmjʊleɪt‖-jə-]⟨onov. en ov.ww.⟩⟨schr.⟩ **0.1** ***veinzen*** ⇒*huichelen, verbergen, (zijn gevoelens) verborgen houden.*
dis·sim·u·lat·ion [dɪsɪmjʊ'leɪʃn‖-jə-]⟨n.-telb.zn.⟩⟨schr.⟩ **0.1** ***veinzerij*** ⇒*huichelarij, dissimulatie, verhulling.*
dis·sim·u·la·tor [dɪ'sɪmjʊleɪtə‖dɪ'sɪmjəleɪṭər]⟨telb.zn.⟩⟨schr.⟩ **0.1** ***veinzer*** ⇒*huichelaar.*
dis·si·pate ['dɪsɪpeɪt]⟨f2⟩⟨ww.⟩ →dissipated
I ⟨onov.ww.⟩ **0.1** ***zich verspreiden*** ⇒*uiteengaan, verdwijnen, vervliegen, oplossen* **0.2** ***zich aan uitspattingen overgeven*** ◆ **1.1** the mob rapidly ~d *de menigte ging snel uiteen;*
II ⟨ov.ww.⟩ **0.1** ***verdrijven*** ⇒*verjagen, doen verdwijnen, uiteen doen gaan* **0.2** ***verspillen*** ⇒*verkwisten, dissiperen* ◆ **1.1** the sun ~d the fog *de zon deed de mist optrekken* **1.2** she had ~d her inheritance *zij had haar erfenis er doorgejaagd/doorgedraaid.*
dis·si·pat·ed ['dɪsɪpeɪṭɪd]⟨f1⟩⟨bn.; volt. deelw. v. dissipate; -ly; -ness⟩ **0.1** ***liederlijk*** ⇒*losbandig, wulps, geil, losgeslagen.*
dis·si·pa·tion ['dɪsɪ'peɪʃn]⟨f1⟩⟨n.-telb.zn.⟩ **0.1** ***het verspreiden*** ⇒*het verdrijven* **0.2** ***het verspreid zijn*** **0.3** ***het verdwijnen*** **0.4** ***verspilling*** ⇒*verkwisting, dissipatie* **0.5** ***frivool vermaak*** **0.6** ***losbandigheid.***
dis·si·pa·tive ['dɪsɪpətɪv]⟨bn.⟩ **0.1** ***verdwijnend*** ⟨vnl. warmte⟩.
dis·so·cia·ble [dɪ'soʊʃəbl]⟨bn.⟩ **0.1** ***ongezellig*** ⇒*onvriendelijk, nurks* **0.2** ***(af)scheidbaar.***
dis·so·cial [dɪ'soʊʃl]⟨bn.⟩ **0.1** ***asociaal.***
dis·so·ci·ate [dɪ'soʊʃieɪt, -sieɪt], **dis·as·so·ci·ate** ['dɪsə-]⟨f1⟩⟨ww.⟩ →dissociated
I ⟨onov.ww.⟩ **0.1** ***scheiden*** ⇒*uiteengaan;*
II ⟨ov.ww.⟩ **0.1** ***scheiden*** ⇒*afscheiden, isoleren* **0.2** ⟨schei.⟩ ***ontbinden*** ◆ **6.1** his actions cannot be ~d **from** his political views *men kan zijn optreden niet los zien van zijn politieke overtuiging* **6.2** ~ oneself **from** *zich distantiëren van, niet onderschrijven.*
dis·so·ci·at·ed [dɪsoʊʃieɪṭɪd, -si-]⟨bn.; volt. deelw. v. dissociate⟩⟨psych.⟩ **0.1** ***gespleten*** ◆ **1.1** ~ personality *gespleten persoonlijkheid.*
dis·so·ci·a·tion [dɪ'soʊsi'eɪʃn], **dis·as·so·ci·a·tion** ['dɪsə-]⟨n.-telb.zn.⟩ **0.1** ***scheiding*** **0.2** ⟨schei.⟩ ***ontbinding*** ⇒*dissociatie.*
dis·so·ci·a·tive [dɪ'soʊʃɪəṭɪv]⟨bn.⟩ **0.1** ***scheidend*** **0.2** ⟨schei.⟩ ***ontbindend.***
dis·sol·u·bil·i·ty [dɪ'sɒljʊ'bɪləti‖dɪ'sɑljə'bɪləṭi]⟨n.-telb.zn.⟩ **0.1** ***oplosbaarheid*** ⇒*ontbindbaarheid.*
dis·sol·u·ble [dɪ'sɒljʊbl‖-'sɑljəbl]⟨bn.; -ly; -ness; →bijw. 3⟩ **0.1** ***oplosbaar*** ⇒*ontbindbaar.*
dis·so·lute ['dɪsəlu:t]⟨f1⟩⟨bn.; -ly; -ness⟩ **0.1** ***losbandig*** ⇒*liederlijk* **0.2** ***verdorven*** ⇒*zedeloos.*
dis·so·lu·tion ['dɪsə'lu:ʃn]⟨f1⟩⟨n.-telb.zn.⟩ **0.1** ***ontbinding*** ⇒*desintegratie, het uiteenvallen* **0.2** ***ontbinding*** ⇒*opheffing, ontslag* **0.3** ⟨jur.⟩ ***ontbinding*** ⇒*beëindiging* **0.4** ***dood*** ⇒*einde, verval* **0.5** ***verdwijning*** ◆ **1.2** the ~ of Parliament *de ontbinding v.h. parlement.*
dis·solv·a·ble [dɪ'zɒlvəbl‖dɪ'zɑl-]⟨bn.⟩ **0.1** ***oplosbaar*** ⇒*ontbindbaar.*
dis·solve[1] [dɪ'zɒlv‖dɪ'zɑlv]⟨telb.zn.⟩⟨film⟩ **0.1** ***overvloeier*** ⟨filmeffect waarbij een scene vervaagt en overgaat in de volgende⟩.
dissolve[2] ⟨f2⟩⟨ww.⟩
I ⟨onov.ww.⟩ **0.1** ***oplossen*** ⇒*smelten* **0.2** ***verdwijnen*** **0.3** ***uiteengaan*** ◆ **6.1** ⟨fig.⟩ ~ **in(to)** tears *in tranen wegsmelten* **6.2** the castle ~d **in** the fog *het kasteel loste op in de mist;*
II ⟨ov.ww.⟩ **0.1** ***oplossen*** **0.2** ***doen verdwijnen*** **0.3** ***ontbinden*** ⟨v.h. parlement⟩ ⇒*opheffen* **0.4** ⟨jur.⟩ ***ontbinden*** ⇒*beëindigen* **0.5** ⟨film⟩ ***doen vervagen*** ⟨beeld⟩ ⇒*uitfaden.*
dis·sol·vent[1] [dɪ'zɒlvənt‖-'zɑl-]⟨telb.zn.⟩ **0.1** ***oplosmiddel*** ⇒*dissolvant.*
dissolvent[2] ⟨bn.⟩ **0.1** ***oplossend.***
dis·so·nance ['dɪsənəns], **dis·so·nan·cy** [-si]⟨zn.; →mv. 2⟩
I ⟨telb.zn.⟩ **0.1** ***dissonant*** ⇒*wanklank;*
II ⟨n.-telb.zn.⟩ **0.1** ***dissonantie*** ⇒*onwelluidendheid* **0.2** ***verschil*** ⇒*onenigheid.*
dis·so·nant ['dɪsənənt]⟨bn.; -ly⟩ **0.1** ***onwelluidend*** ⇒*dissonant* **0.2** ***afwijkend*** ⇒*strijdig, niet overeenstemmend.*
dis·suade [dɪ'sweɪd]⟨f1⟩⟨ov.ww.⟩ **0.1** ***ontraden*** ⇒*afraden* ◆ **6.1** he tried to ~ her **from** moving to London *hij trachtte haar ervan af te brengen/te weerhouden naar Londen te verhuizen.*
dis·sua·sion [dɪ'sweɪʒn]⟨telb. en n.-telb.zn.⟩ **0.1** ***ontrading*** ⇒*afrading, (poging tot) weerhouding.*
dis·sua·sive[1] [dɪ'sweɪsɪv]⟨telb.zn.⟩ **0.1** ***argument tegen (iets)*** ⇒*afrading, ontrading.*
dissuasive[2] ⟨bn.; -ly; -ness⟩ **0.1** ***ontradend*** ⇒*afradend, weerhoudend.*
dissyllabic →disyllabic.
dissyllable →disyllable.
dis·sym·met·ric ['dɪsɪ'metrɪk], **dis·sym·met·ri·cal** [-ɪkl]⟨bn.; -(al)ly; →bijw. 3⟩ **0.1** ***asymmetrisch*** **0.2** ***dissymmetrisch*** ⇒*elkaars spiegelbeeld vormend.*
dis·sym·me·try [dɪ'sɪmɪtri]⟨n.-telb.zn.⟩ **0.1** ***asymmetrie*** **0.2** ***dissymmetrie.***
dist ⟨afk.⟩ distance, district.
dis·taff ['dɪstɑ:f‖'dɪstæf]⟨telb.zn.; zelden distaves ['dɪsteɪvz]; →mv. 3⟩ **0.1** ***spinrok(ken)*** ⇒*spinstok;* ⟨fig.⟩ *vrouwenwerk.*
'distaff side ⟨n.-telb.zn.⟩ **0.1** ***vrouwelijke linie*** ◆ **6.1** relations **on** the ~ *bloedverwanten in de vrouwelijke lijn.*

dis·tal ['dɪstl]⟨bn.; -ly⟩⟨biol.⟩ **0.1** ***distaal*** *⇒van de oorsprong/het aanhechtingspunt/het midden verwijderd.*

dis·tance[1] ['dɪstəns]⟨f3⟩⟨zn.⟩⟨→sprw. 113, 592⟩
I ⟨telb.zn.⟩ **0.1** ⟨vnl. mv.⟩ ***verte*** *⇒uitgestrektheid, ruimte* **0.2 *distance*** ⟨maximale achterstand, meestal 240 yards, die een paard op de winnaar mag hebben om te kunnen deelnemen aan volgende koers⟩ **0.3** ⟨oorspr. boksport⟩ ***duur*** ⟨v.e. boksmatch, wedstrijd, enz.⟩ ◆ **3.3** go/last/stay the ~ *tot het einde volhouden;*
II ⟨telb. en n.-telb.zn.⟩ **0.1** ***afstand*** *⇒tussenruimte, eind(je);* ⟨fig.⟩ *afstand(elijkheid), terughoudendheid, distantie* **0.2** ***(tijds) afstand*** *⇒tijdsverloop, tijdsruimte* ◆ **3.1** within hailing ~ *binnen gehoorsafstand/te beroepen/*⟨scheep.⟩ *binnen praaiafstand;* keep one's ~ *afstand bewaren;* keep s.o. at a ~ *iem. op (een) afstand houden;* know one's ~ *zijn plaats kennen;* within walking ~ *op loopafstand* **1.¶** within striking/⟨scherts.⟩ spitting ~ *op een steenworp afstand, vlakbij* **6.1 at** quite a ~ from her work *vrij ver van haar werk;* you could see the cathedral **at/from** a ~ of 15 miles *je kon de kathedraal op een afstand v. 15 mijl zien;* **in** the ~ *in de verte;* **out of** ~ *buiten bereik* **7.1** it's no ~ at all *het is vlakbij.*

distance[2] ⟨ov.ww.⟩ **0.1** ***op een afstand houden/plaatsen*** **0.2** ***(ver) achter zich laten.***

'dis·tance-post ⟨telb.zn.⟩ **0.1** ***distance-paal*** ⟨zie distance I 0.2⟩.

dis·tant ['dɪstənt]⟨f3⟩⟨bn.⟩
I ⟨bn.⟩ **0.1** ***ver*** *⇒afgelegen, verwijderd* **0.2** ***afstandelijk*** *⇒gereserveerd, terughoudend, koel* **0.3** ***zwak*** *⇒gering, flauw* ◆ **1.1** ~ events *gebeurtenissen v. lang geleden;* in the ~ future *in de verre toekomst;* the ~ sound of thunder *het in de verte rommelend onweer;* the town was two hours ~ *de stad lag op twee uur afstand* **3.1** a ship ~ly seen *een schip dat in de verte te zien was* **6.2** she is always very ~ **to** me *ze doet altijd erg afstandelijk tegen mij;*
II ⟨bn., attr.⟩ **0.1** ***ver*** *⇒over een grote afstand* **0.2** ***ver*** *⇒niet nauw verwant* ◆ **1.1** a ~ journey *een verre reis;* a ~ look *een starende/verre blik* **1.2** ~ relations *verre bloedverwanten* **1.¶** ⟨spoorwegen⟩ ~ signal *voorsein;* ~ early warning system *radarsysteem ter waarschuwing voor een raketaanval.*

dis·taste [dɪ'steɪst]⟨f1⟩⟨telb.zn.⟩ **0.1** ***afkeer*** *⇒aversie, weerzin, tegenzin, antipathie* ◆ **6.1** a ~ **for** Chinese food *een hekel aan Chinees eten.*

dis·taste·ful [dɪs'teɪs(t)fl]⟨f2⟩⟨bn.; -ly; -ness⟩ **0.1** ***onaangenaam*** *⇒akelig, walgelijk, weerzinwekkend* ◆ **6.1** such a way of life is ~ **to** me *zo'n manier van leven staat mij (vreselijk) tegen.*

dis·tem·per[1] [dɪ'stempə‖-ər]⟨f1⟩⟨zn.⟩
I ⟨telb. en n.-telb.zn.⟩ **0.1** ***ziekte*** *⇒kwaal, lichamelijke/geestelijke stoornis* **0.2** ***dierenziekte*** **0.3** ⟨vero.⟩ ***politieke wanorde;***
II ⟨n.-telb.zn.⟩ **0.1** ***hondeziekte*** **0.2** ***tempera*** **0.3** ***het schilderen met tempera*** **0.4** ⟨BE⟩ ***muurverf.***

distemper[2] ⟨ov.ww.⟩ →distempered **0.1** ***met tempera schilderen*** **0.2** ⟨BE⟩ ***sausen*** *⇒kalken* **0.3** ***ziek maken*** *⇒in de war maken.*

dis·tem·pered [dɪ'stempəd‖-ərd]⟨bn.; volt. deelw. v. distemper⟩ ⟨vero.⟩ **0.1** ***ziek*** *⇒gestoord, verward* **0.2** ***gesausd.***

dis·tend [dɪ'stend]⟨ww.⟩
I ⟨onov.ww.⟩ **0.1** ***(op)zwellen*** *⇒uitzetten;*
II ⟨ov.ww.⟩ **0.1** ***doen (op)zwellen*** *⇒doen uitzetten.*

dis·ten·si·bil·i·ty [dɪ'stensɪ'bɪləṭi]⟨n.-telb.zn.⟩ **0.1** ***uitzetbaarheid.***

dis·ten·si·ble [dɪ'stensəbl]⟨bn.⟩ **0.1** ***uitzetbaar.***

dis·ten·sion, ⟨AE sp. ook⟩ **dis·ten·tion** [dɪ'stenʃn]⟨telb. en n.-telb.zn.⟩ **0.1** ***zwelling*** *⇒uitzetting.*

dis·tich ['dɪstɪk]⟨telb.zn.⟩⟨lit.⟩ **0.1** ***distichon*** *⇒dubbelvers.*

dis·ti·chous ['dɪkstɪkəs]⟨bn.; -ly⟩⟨plantk.⟩ **0.1** ***tweerijig*** ⟨mbt. bladstand⟩.

dis·til, ⟨AE sp.⟩ **dis·till** [dɪ'stɪl]⟨f2⟩⟨ww.; 1e variant; →ww. 7⟩
I ⟨onov.ww.⟩ **0.1** ***afdruppelen*** *⇒(neer)druppelen* **0.2** ***sijpelen*** **0.3** ***gedistilleerd worden;***
II ⟨ov.ww.⟩ **0.1** ***druppelsgewijs afstaan*** *⇒in kleine hoeveelheden afgeven* **0.2** ***distilleren*** *⇒door verdamping en condensatie zuiveren of scheiden* **0.3** ***afleiden*** **0.4** ***via distillatie vervaardigen*** *⇒branden, stoken, overhalen* ◆ **1.2** ~ water *water distilleren* **5.2** ~ **off/out** *afdistilleren;* can you ~ **off/out** the impurities? *kun jij er de onzuiverheden uitdistilleren?* **6.3** it was not easy to ~ the truth **out of** the different accounts *het was niet gemakkelijk om de waarheid uit de verschillende verhalen te achterhalen.*

dis·til·late ['dɪstɪlət]⟨telb.zn.⟩ **0.1** ***distillaat.***

dis·til·la·tion ['dɪstɪ'leɪʃn]⟨f1⟩⟨zn.⟩
I ⟨telb.zn.⟩ **0.1** ***distillaat*** *⇒produkt v. distillatie;*
II ⟨n.-telb.zn.⟩ **0.1** ***distillatie*** *⇒het distilleren.*

dis·til·la·to·ry [dɪ'stɪlətri‖-tɔri]⟨bn.⟩ **0.1** ***mbt. het distilleren.***

dis·till·er [dɪ'stɪlə‖-ər]⟨telb.zn.⟩ **0.1** ***distilleerder*** *⇒distillateur* **0.2** ***distilleertoestel.***

dis·till·er·y [dɪ'stɪləri]⟨f1⟩⟨telb.zn.; →mv. 2⟩ **0.1** ***distilleerderij*** *⇒stokerij.*

dis·tinct [dɪ'stɪŋkt]⟨f3⟩⟨bn.; -ly; -ness⟩ **0.1** ***onderscheiden*** *⇒verschillend, apart, afzonderlijk* **0.2** ***duidelijk*** *⇒goed waarneembaar* **0.3** ***onmiskenbaar*** *⇒beslist, stellig, zeker* ◆ **1.3** a ~ possibility *een stellige mogelijkheid* **3.3** I ~ly heard him say it *ik heb het hem duidelijk horen zeggen* **6.1** these two styles of building are quite ~ **from** each other *deze twee bouwstijlen verschillen duidelijk van elkaar.*

dis·tinc·tion [dɪ'stɪŋkʃn]⟨f3⟩⟨zn.⟩
I ⟨telb.zn.⟩ **0.1** ***onderscheiding*** *⇒ereteken* **0.2** ***kenmerk*** ◆ **2.1** the highest ~ *de hoogste onderscheiding;*
II ⟨telb. en n.-telb.zn.⟩ **0.1** ***verschil*** *⇒onderscheid(ing)* ◆ **1.1** a ~ without a difference *een onderscheid zonder wezenlijk verschil, lood om oud ijzer* **6.1** draw a sharp ~ **between** *een scherp onderscheid maken tussen;* the real value **in** ~ **to** the nominal value *de reële waarde ter onderscheiding van de nominale waarde;*
III ⟨n.-telb.zn.⟩ **0.1** ***uitmuntendheid*** *⇒vooraanstaandheid, aanzien, gedistingeerdheid, voornaamheid* ◆ **6.1** a writer **of** ~ *een vooraanstaand schrijver.*

dis·tinc·tive [dɪ'stɪŋktɪv]⟨f2⟩⟨bn.; -ly; -ness⟩ **0.1** ***onderscheidend*** *⇒kenmerkend, distinctief* **0.2** ⟨taalk.⟩ ***distinctief*** *⇒betekenis onderscheidend* ◆ **1.1** a ~ flavour *een aparte smaak;* a ~ sign *een onderscheidingsteken.*

dis'tinc·tive-look·ing ⟨bn., attr.⟩ **0.1** ***opvallend uitziend.***

dis·tin·gué [dɪ'stæŋgeɪ‖'dɪstæŋ'geɪ]⟨bn.; vrouwelijk ~e⟩ **0.1** ***gedistingeerd.***

dis·tin·guish [dɪ'stɪŋgwɪʃ]⟨f3⟩⟨ww.⟩ →distinguished
I ⟨onov.ww.⟩ →distinguish between;
II ⟨ov.ww.⟩ **0.1** ***indelen*** *⇒rangschikken* **0.2** ***onderscheiden*** *⇒onderkennen* **0.3** ***zien*** *⇒onderscheiden* **0.4** ***kenmerken*** *⇒karakteriseren, kentekenen* **0.5** ⟨wederk.⟩ ***zich onderscheiden*** ◆ **1.3** I could ~ the tower in the distance *in de verte kon ik de toren onderscheiden/ontwaren* **4.5** ~ o.s. *zich onderscheiden* **6.1** her novels can be ~ed **into** three categories *haar romans kunnen in drie categorieën worden ingedeeld* **6.2** ~ A **from** B *A van B onderscheiden, het verschil zien/kennen tussen A en B;* nothing ~es him **from** his brother *in niets onderscheidt hij zich van zijn broer;* as ~ed **from** *wat men duidelijk moet onderscheiden van* **6.4** those birds are ~ed **by** their brilliant colours *die vogels onderscheiden zich door hun felle kleuren.*

dis·tin·guish·a·ble [dɪ'stɪŋgwɪʃəbl]⟨f1⟩⟨bn.; -ly; →bijw. 3⟩ **0.1** ***duidelijk waarneembaar*** *⇒goed te ontwaren, goed te onderscheiden* **0.2** ***te onderscheiden*** *⇒verschillend* ◆ **6.2** she is easily ~ **from** her twin sister *zij is makkelijk van haar tweelingzuster te onderscheiden.*

di'stinguish between ⟨onov.ww.⟩ **0.1** ***onderscheid maken tussen*** *⇒het verschil kennen/zien tussen, uit elkaar houden.*

dis·tin·guished [dɪ'stɪŋgwɪʃt]⟨f2⟩⟨bn.; volt. deelw. v. distinguish; -ly⟩ **0.1** ***eminent*** *⇒voornaam, aanzienlijk, v. naam/aanzien* **0.2** ***beroemd*** *⇒befaamd, gerenommeerd* **0.3** ***gedistingeerd*** ◆ **3.1** distinguished-looking ladies *voornaam uitziende dames* **6.2** this area is ~ **by** its excellent dairy products *dit gebied is befaamd om zijn uitstekende zuivelprodukten;* he is not ~ **for** his modesty *hij munt niet uit in bescheidenheid.*

dis·tort [dɪ'stɔ:t‖dɪ'stɔrt]⟨f2⟩⟨ov.ww.⟩ **0.1** ***vervormen*** *⇒verwringen, verstoren, uit balans brengen* **0.2** ***verdraaien*** *⇒verkeerd voorstellen, vertekenen* ◆ **1.1** ~ed features *verwrongen gelaatstrekken* **1.2** ~ the truth a little *de waarheid een beetje verdraaien.*

dis·tor·tion [dɪ'stɔ:ʃn‖dɪ'stɔrʃn]⟨f2⟩⟨telb. en n.-telb.zn.⟩ **0.1** ***vervorming*** *⇒vertekening, verdraaiing, (ver)storende invloed;* ⟨elektronica ook⟩ *distorsie.*

dis·tract [dɪ'strækt]⟨f2⟩⟨ov.ww.⟩ **0.1** ***afleiden*** **0.2** ***verwarren*** *⇒verbijsteren* **0.3** ⟨vnl. volt. deelw.⟩ ***gek/boos maken*** ◆ **1.1** she ~ed his attention *zij leidde zijn aandacht af* **1.2** the difficult questions ~ed him *hij werd in verwarring gebracht door de moeilijke vragen* **6.1** ~ **from** *afleiden van* **6.3** ~ed **by/with** anxiety *gek/radeloos/van angst;* ~ed **with** joy *dol v. vreugde.*

dis·trac·tion [dɪ'strækʃn]⟨f2⟩⟨zn.⟩
I ⟨telb. en n.-telb.zn.; vnl. mv.⟩ **0.1** ***vermakelijkheid*** *⇒ontspanning, vermaak* ◆ **7.1** there are enough ~s *er valt genoeg te beleven;*
II ⟨n.-telb.zn.⟩ **0.1** ***afleiding*** **0.2** ***ontspanning*** *⇒vermaak, verstrooiing* **0.3** ***gebrek aan aandacht/concentratie*** **0.4** ***verwarring*** *⇒gekheid, krankzinnigheid, verbijstering* ◆ **6.4** she loved him **to** ~ *ze was stapelgek op hem;* the children are driving me **to** ~ *de kinderen maken mij horendol.*

dis·tract·or, dis·tract·er [dɪ'stræktə‖-ər]⟨telb.zn.⟩ **0.1** ***(aandacht) afleider*** *⇒verkeerd antwoord in meerkeuzetoets.*

dis·train [dɪ'streɪn]⟨onov.ww.⟩⟨jur.⟩ **0.1** ***beslag leggen*** ⟨wegens schulden⟩ ◆ **6.1** ~ **upon** s.o./s.o.'s goods for non-payment of rent *beslag leggen op iemands goederen wegens huurschuld.*

dis·train·ee ['dɪstreɪ'ni:]⟨telb.zn.⟩⟨jur.⟩ **0.1** ***beslagene***.

dis·train·er, dis·trai·nor [dɪ'streɪnə||-ər]⟨telb.zn.⟩⟨jur.⟩ **0.1** ***beslaglegger***.

dis·train·ment [dɪ'streɪnmənt], **dis·traint** [dɪ'streɪnt]⟨telb. en n.-telb.zn.⟩⟨jur.⟩ **0.1** ***beslag*** ⇒*beslaglegging*.

dis·trait [dɪ'streɪ]⟨bn.⟩ **0.1** ***verstrooid*** ⇒*afgeleid, onoplettend* **0.2** ***verontrust*** ⇒*angstig, bevreesd, bezorgd*.

dis·traite [dɪ'streɪt]⟨vrouwelijke vorm⟩ →distrait.

dis·traught [dɪ'strɔ:t]⟨bn.⟩ **0.1** ***verontrust*** ⇒*angstig, bevreesd, bezorgd* **0.2** ***uitzinnig*** ⇒*gek, in de war, radeloos* ◆ **6.2** ~ **with** grief *radeloos van verdriet*.

dis·tress[1] [dɪ'stres]⟨f3⟩⟨zn.⟩⟨→sprw. 85⟩
I ⟨telb. en n.-telb.zn.⟩ **0.1** ***leed*** ⇒*smart, angst, pijn, verdriet, zorg, droefheid* ◆ **2.1** his sudden death caused them great ~ *zijn plotselinge dood berokkende hen veel verdriet* **6.1** **to** her ~ *tot haar ontzetting/ontsteltenis;*
II ⟨n.-telb.zn.⟩ **0.1** ***nood*** ⇒*armoede, ellende, noodlijdendheid, tegenspoed* **0.2** ***gevaar*** ⇒*nood* **0.3** ***uitputting*** ⇒*ademloosheid* **0.4** ***ramp*** **0.5** ⟨jur.⟩ ***beslag(legging)*** ◆ **3.1** relieve ~ *de nood verlichten* **6.2** a damsel/lady/ship **in** ~ *een meisje/dame/schip in nood/moeilijkheden;* utter a cry **of** ~ *een noodkreet slaken* **6.5** a sale **under** ~ *verkoop bij executie*.

distress[2] ⟨f3⟩⟨ov.ww.⟩ →distressed, distressing **0.1** ***leed berokkenen*** ⇒*bedroeven, pijn/verdriet doen* **0.2** ***uitputten*** **0.3** ***verontrusten*** ⇒*beangstigen, benauwen, van streek maken* **0.4** ***kwellen*** **0.5** ⟨jur.⟩ ***beslag leggen op*** ◆ **4.3** the sight of all those poor people ~ed me *bij het zien van al die arme mensen råakte ik van streek*.

dis·tressed [dɪ'strest]⟨f1⟩⟨bn.; volt. deelw. v. distress⟩ **0.1** ***(diep) bedroefd*** **0.2** ***bevreesd*** ⇒*bang, angstig* **0.3** ***overstuur*** ⇒*van streek* **0.4** ***noodlijdend*** ⇒*behoeftig, in nood verkerend* **0.5** ***kunstmatig verouderd*** ⟨meubels⟩ ◆ **1.¶** ⟨BE⟩ a ~ area *een streek met aanhoudend hoge werkloosheid*.

dis·tress·ful [dɪ'stresfl]⟨bn.; -ly; -ness⟩ **0.1** ***pijn/verdriet veroorzakend*** ⇒*rampspoedig, jammerlijk* **0.2** ***verontrustend*** ⇒*beangstigend*.

dis·tress·ing [dɪ'stresɪŋ]⟨f1⟩⟨bn.; teg. deelw. v. distress; -ly⟩ **0.1** ***pijn/verdriet veroorzakend*** ⇒*kwellend, uitputtend* **0.2** ***verontrustend*** ⇒*beangstigend*.

di'stress signal ⟨telb.zn.⟩ **0.1** ***noodsein*** ⇒*noodsignaal*.

di'stress warrant ⟨telb.zn.⟩ **0.1** ***dwangbevel***.

dis·trib·ut·a·ble [dɪ'strɪbjʊtəbl||-bjəṭəbl]⟨bn.⟩ **0.1** ***verdeelbaar*** ⇒*te distribueren*.

dis·trib·u·ta·ry [dɪ'strɪbjʊtri||-bjəteri]⟨telb.zn.; →mv. 2⟩ **0.1** ***rivierarm*** **0.2** ***gletsjerarm***.

dis·trib·ute [dɪ'strɪbju:t]⟨f2⟩⟨ov.ww.⟩ **0.1** ***distribueren*** ⇒*uitdelen, ronddelen, verdelen, verspreiden* **0.2** ***rangschikken*** ⇒*sorteren, ordenen, classificeren, indelen* **0.3** ⟨druk.⟩ ***verdelen*** ⇒*sorteren, opruimen* ⟨letters⟩ **0.4** ⟨logica⟩ ***in zijn algemeenheid gebruiken*** ⟨term⟩ ◆ **1.2** ~ insekts into their proper genera *insekten in hun juiste geslacht indelen* **5.1** the rainfall is evenly ~d throughout the year *de regenval is gelijkmatig over het jaar verdeeld* **6.1** ~ **among/to** *uit/ronddelen aan;* ~ **over** *verspreiden over;* ~ leaflets **to** the onlookers *pamfletten verspreiden onder de toeschouwers/omstanders*.

dis·tri·bu·tion ['dɪstrɪ'bju:ʃn]⟨f3⟩⟨zn.⟩
I ⟨telb.zn.⟩ **0.1** ***schenking*** ⇒*gift* ◆ **2.1** depend on charitable ~s *afhankelijk zijn van liefdadigheid/de bedeling;*
II ⟨telb. en n.-telb.zn.⟩ **0.1** ***verdeling*** ⇒*ronddeling, uitdeling, (ver)spreiding, distributie* ⟨ook ec.⟩ **0.2** ***indeling*** **0.3** ⟨stat.⟩ ***verdeling*** ◆ **1.1** the ~ of cards among the players *de verdeling v.d. kaarten over de spelers* **2.1** a more equal ~ of the national income *een gelijkmatiger verdeling v.h. nationale inkomen;* the geographical ~ of an animal *de geografische spreiding v.e. diersoort*.

dis·tri·bu·tion·al ['dɪstrɪ'bju:ʃnəl]⟨bn.⟩ **0.1** ***mbt. distributie/verdeling/indeling***.

distri'bution box ⟨telb.zn.⟩⟨elek.⟩ **0.1** ***verdeelkast***.

dis·trib·u·tive[1] [dɪ'strɪbjʊtɪv||-bjəṭɪv]⟨telb.zn.⟩⟨taalk.⟩ **0.1** ***distributief*** ◆ **7.1** 'each' and 'every' are both ~s *'each' en 'every' zijn allebei distributieven*.

distributive[2] ⟨bn.; -ly; -ness⟩ **0.1** ***distributief*** ⟨ook taalk., wisk.⟩ ⇒*verdelend* ◆ **1.1** ~ costs *distributiekosten;* ~ justice *verdelende rechtvaardigheid;* ~ pronouns *distributieve voornaamwoorden, distributieven*.

dis·trib·u·tor, dis·trib·ut·er [dɪ'strɪbjʊtə||-bjəṭər]⟨f2⟩⟨telb.zn.⟩ **0.1** ***verdeler*** ⇒*verspreider* **0.2** ***groothandelaar*** ⇒*grossier* **0.3** ⟨elek.⟩ ***hoofdverdeelkabel*** **0.4** ⟨tech.⟩ ***stroomverdeler*** ⟨v. auto⟩.

dis·trict[1] ['dɪstrɪkt]⟨f3⟩⟨telb.zn.⟩ **0.1** ***district*** ⇒*regio* **0.2** ⟨BE⟩ ***deel v.e. graafschap*** **0.3** ***streek*** ⇒*gebied* **0.4** ***wijk*** ⇒*buurt* ◆ **2.1** electoral ~ *kiesdistrict* **2.3** urban and rural ~s *stedelijke en plattelandsgemeenten;* a flat ~ *een vlak gebied* **2.4** the poor ~s *de arme wijken;* a residential ~ *een woonwijk*.

district[2] ⟨ov.ww.⟩⟨AE⟩ **0.1** ***in districten verdelen***.

'district at'torney ⟨telb.zn.⟩⟨AE⟩ **0.1** ***officier van justitie*** ⟨bij een arrondissementsrechtbank⟩.

'district 'court ⟨telb.zn.⟩⟨AE⟩ **0.1** ***arrondissementsrechtbank***.

'district 'heating ⟨n.-telb.zn.⟩ **0.1** ***stadsverwarming*** ⇒*wijkverwarming, blokverwarming*.

'district 'judge ⟨telb.zn.⟩⟨AE⟩ **0.1** ***rechter v. arrondissementsrechtbank***.

'district 'nurse ⟨telb.zn.⟩⟨BE⟩ **0.1** ***wijkverpleegster*** ⇒*wijkzuster*.

'district 'visitor ⟨telb.zn.⟩⟨BE⟩⟨relig.⟩ **0.1** ***wijkbezoeker/ster*** ⇒*diaken, diacones*.

dis·trust[1] ['dɪs'trʌst]⟨f1⟩⟨telb. en n.-telb.zn.⟩ **0.1** ***wantrouwen*** ⇒*argwaan, achterdocht, verdenking, twijfel* ◆ **6.1** have a profound ~ **of** *diep wantrouwen koesteren jegens*.

distrust[2] ⟨f1⟩⟨ov.ww.⟩ **0.1** ***wantrouwen*** ⇒*verdenken, geen vertrouwen stellen in*.

dis·trust·ful ['dɪs'trʌstfl]⟨bn.; -ly; -ness⟩ **0.1** ***wantrouwend*** ⇒*wantrouwig, argwanend, achterdochtig* ◆ **6.1** we were ~ **of** his offer *wij stonden wantrouwend tegenover zijn aanbod*.

dis·turb [dɪ'stɜ:b||dɪ'stɜrb]⟨f3⟩⟨ov.ww.⟩ →disturbed **0.1** ***in beroering brengen*** ⟨ook fig.⟩ ⇒*verontrusten* **0.2** ***storen*** **0.3** ***verstoren*** ⇒*in de war brengen* **0.4** ***van zijn plaats halen*** ◆ **1.1** the breeze ~ed the leaves *de wind bracht de bladeren in beweging;* ~ing facts *verontrustende/onrustbarende/zorgwekkende feiten;* the news ~ed her *zij was geschokt door het nieuws* **1.3** ~ the peace *de openbare orde verstoren* **4.4** he looked around and saw that nothing had been ~ed *hij keek rond en zag dat er niets van zijn plaats geweest was* **5.2** be mentally ~ed *geestelijk gestoord zijn;* do not ~! *niet storen!*.

dis·tur·bance [dɪ'stɜ:bəns||-'stɜr-]⟨f2⟩⟨zn.⟩
I ⟨telb.zn.⟩ **0.1** ***opschudding*** ⇒*beroering, opstootje, relletje* ◆ **7.1** his unexpected arrival caused quite a ~ *zijn onverwachte komst veroorzaakte heel wat opschudding;*
II ⟨telb. en n.-telb.zn.⟩ **0.1** ***stoornis*** ⇒*verstoring, verwarring* **0.2** ***storing*** ◆ **1.1** a ~ of the peace *een ordeverstoring* **1.2** ~s of the atmosphere *atmosferische storingen;*
III ⟨n.-telb.zn.⟩⟨jur.⟩ **0.1** ***aantasting v. rechten/eigendom***.

dis·turbed [dɪ'stɜ:bd||dɪ'stɜrbd]⟨f1⟩⟨bn.; volt. deelw. v. disturb⟩ **0.1** ***gestoord*** ⇒*getroubleerd* **0.2** ***zorgelijk*** ⇒*tobberig* ◆ **1.1** a ~ mind *een gestoorde geest*.

dis·turb·er [dɪ'stɜ:bə||dɪ'stɜrbər]⟨f1⟩⟨telb.zn.⟩ **0.1** ***(ver)stoorder*** ◆ **1.1** a ~ of the peace *een rustverstoorder*.

dis·un·ion ['dɪs'ju:nɪən]⟨n.-telb.zn.⟩ **0.1** ***scheiding*** ⇒*separatie, het gescheiden zijn* **0.2** ***verdeeldheid*** ⇒*onenigheid, tweedracht, tweespalt* ◆ **1.1** the ~ of body and soul *de scheiding v. lichaam en ziel* **6.1** the ~ **among** the members of the party *de verdeeldheid onder de partijgenoten/binnen de partij*.

dis·u·nite ['dɪsju:'naɪt]⟨ww.⟩
I ⟨onov.ww.⟩ **0.1** ***gescheiden worden*** ⇒*uiteengaan, zich scheiden;*
II ⟨ov.ww.⟩ **0.1** ***scheiden*** ⇒*verdelen, van elk. vervreemden*.

dis·u·ni·ty ['dɪs'ju:nəṭi]⟨f1⟩⟨n.-telb.zn.⟩ **0.1** ***verdeeldheid*** ⇒*tweedracht, onenigheid, tweespalt* ◆ **6.1** the ~ **among** the Islamic countries *de verdeeldheid onder de islamitische landen*.

dis·use[1] ['dɪs'ju:s]⟨n.-telb.zn.⟩ **0.1** ***onbruik*** ⇒*het niet meer gebruiken/gebruikt worden* ◆ **3.1** fall into ~ *in onbruik (ge)raken*.

disuse[2] ['dɪs'ju:z]⟨ov.ww.⟩ →disused **0.1** ***niet meer gebruiken***.

dis·used ['dɪs'ju:zd]⟨f1⟩⟨bn.; volt. deelw. v. disuse⟩ **0.1** ***niet meer gebruikt*** ⇒*buiten gebruik* ◆ **1.1** stuffy rooms long since ~ *bedompte kamers, al lang niet meer in gebruik*.

dis·u·til·i·ty ['dɪsju:'tɪləṭi]⟨n.-telb.zn.⟩ **0.1** ***nutteloosheid*** ⇒*onhandigheid*.

di·syl·lab·ic, dis·syl·lab·ic ['dɪsɪ'læbɪk]⟨bn.⟩ **0.1** ***tweelettergrepig***.

di·syl·la·ble, dis·syl·la·ble [dɪ'sɪləbl]⟨telb.zn.⟩ **0.1** ***tweelettergrepig woord*** ⇒*versvoet met twee lettergrepen*.

ditch[1] [dɪtʃ]⟨f2⟩⟨telb.zn.⟩⟨→sprw. 317, 318⟩ **0.1** ***sloot*** ⇒*greppel, watergang;* ⟨sl.⟩ *plons, zee*.

ditch[2] ⟨f1⟩⟨ww.⟩
I ⟨onov.ww.⟩ **0.1** ***een sloot graven*** ⇒*sloten, een sloot uitdiepen, een greppel steken* **0.2** ⟨sl.⟩ ***een noodlanding op het water maken;***
II ⟨ov.ww.⟩ **0.1** ***van afwatering voorzien*** ⇒*sloten, draineren* **0.2** ***in een sloot rijden*** **0.3** ⟨sl.⟩ ***afdanken*** ⇒*terzijde schuiven* **0.4** ⟨sl.⟩ ***verlaten*** ⇒*in de steek laten* **0.5** ⟨sl.⟩ ***frusteren*** ⇒*verijdelen* **0.6** ⟨sl.⟩ ***een noodlanding op het water laten maken*** **0.7** ⟨AE⟩ ***doen ontsporen*** ⇒*doen derailleren* ⟨trein⟩ ◆ **1.3** he ~ed his old bike *hij dankte zijn oude fiets af* **1.4** when did she ~ Brian? *wanneer heeft zij Brian de bons gegeven?* **1.6** the pilot tried to ~ his plane *de piloot trachtte een noodlanding op het water te maken* **3.6** be ~ed *in de sloot/*⟨sl.⟩ *zee terechtkomen* **4.4** he ~ed me at the station *hij heeft me er bij het station uitgegooid*.

ditch·er ['dɪtʃə||-ər]⟨telb.zn.⟩ **0.1** ***slotengraver***.

'ditch·wa·ter ⟨n.-telb.zn.⟩ **0.1** ***slootwater*** ⇒*vuil, stilstaand water.*

dit-da artist [dɪt'dɑ: ˌɑ:tɪst‖dɪt'dɑ ˌɑrṭɪst], **dit-'da jockey, dit-'da monkey** ⟨telb.zn.⟩⟨AE; inf.; radio⟩ **0.1** ***morsetelegrafist*** ⇒*kortegolfoperateur.*

dith·er[1] ['dɪðə‖-ər]⟨zn.⟩

I ⟨telb.zn.⟩⟨inf.⟩ **0.1** ***zenuwachtigheid*** ⇒*agitatie, nerveuze opwinding* ◆ **3.1** throw one into a ~ *geagiteerd raken* **6.1** be **in** a ~ *van streek zijn, niet weten wat te doen;* all **of** a ~ *zenuwachtig, opgewonden, van streek;*

II ⟨telb. en n.-telb.zn.⟩ **0.1** ***trilling*** ⇒*beving, het rillen* **0.2** ***aarzeling*** ⇒*het weifelen, het dubben;*

III ⟨mv.; ~s; the⟩⟨BE; inf.⟩ **0.1** ***de zenuwen*** ◆ **3.1** my aunt has got the ~s about the flight *mijn tante heeft het op haar zenuwen over de vliegreis.*

dither[2] ⟨f1⟩⟨onov.ww.⟩ **0.1** ***trillen*** ⇒*beven, rillen* **0.2** ***aarzelen*** ⇒*weifelen, dubben* **0.3** ***zenuwachtig zijn/doen*** ◆ **6.2** stop ~ing **about** it! *hou op met dat geaarzel!.*

dith·y·ramb ['dɪθɪræm]⟨telb.zn.⟩ **0.1** ***dit(h)yrambe*** ⇒*(geestdriftig) loflied (op Bacchus)* **0.2** ***Griekse koorzang*** **0.3** ***uitbundig(e)/gezwollen gedicht/toespraak/geschrift.***

dith·y·ramb·ic ['dɪθɪ'ræmbɪk]⟨bn.⟩ **0.1** ***dit(h)yrambisch*** ⇒*vurig, uitbundig.*

dit·ta·ny ['dɪtəni‖'dɪtn·i]⟨telb.zn.; →mv. 2⟩⟨plantk.⟩ **0.1** ***vuurwerkplant*** ⇒*essekruid* ⟨Dictaminus albus⟩.

dit·to[1] ['dɪṭoʊ]⟨telb.zn.; ook -es; →mv. 2⟩ **0.1** ***dito*** ⟨ook inf.⟩ ⇒*idem, gelijk aan het genoemde, hetzelfde* **0.2** ***duplicaat*** ⇒*evenbeeld* ◆ **3.1** say ~ to *het eens zijn met.*

ditto[2] ⟨ov.ww.⟩ **0.1** ***herhalen*** ⇒*nazeggen, nadoen, nabootsen.*

dit·to·graph·ic ['dɪṭə'græfɪk]⟨bn.⟩ **0.1** ***mbt. dittografie.***

dit·to·gra·phy [dɪ'tɒgrəfi‖-'tɑ-]⟨n.-telb.zn.⟩ **0.1** ***dittografie*** ⟨het dubbel schrijven v. letters, lettergrepen, woorden of zinsdelen⟩.

dit·ty ['dɪṭi]⟨f1⟩⟨telb.zn.; →mv. 2⟩ **0.1** ***liedje*** ⇒*deuntje, versje, wijsje.*

'ditty bag ⟨telb.zn.⟩⟨scheep.⟩ **0.1** ***stopzakje*** ⟨v. naaigerei en privébezit zeeman⟩.

'ditty box ⟨telb.zn.⟩⟨scheep.⟩ **0.1** ***stopkistje*** ⟨v. naaigerei en privébezit zeeman⟩.

di·u·re·sis ['daɪjʊ'ri:sɪs]⟨telb. en n.-telb.zn.; diureses; →mv. 5⟩ ⟨med.⟩ **0.1** ***(geval v.) diurese*** ⟨afscheiding v. urine⟩.

di·u·re·tic[1] ['daɪjʊ'reṭɪk]⟨telb. en n.-telb.zn.⟩⟨med.⟩ **0.1** ***diureticum*** ⇒*uragogum* ⟨urinedrijvend middel⟩.

diuretic[2] ⟨bn.⟩⟨med.⟩ **0.1** ***diuretisch*** ⇒*het urineren bevorderend.*

di·ur·nal[1] [daɪ'ɜ:nl‖-'ɜr-]⟨telb.zn.⟩⟨kerk.⟩ **0.1** ***diurnaal.***

diurnal[2] ⟨bn.⟩ **0.1** ⟨schr.⟩ ***van de dag*** ⇒*overdag, gedurende de dag* **0.2** ⟨schr.⟩ ***dagelijks*** **0.3** ⟨ster.⟩ ***in één dag*** ◆ **1.1** ~ and nocturnal animals *dag- en nachtdieren* **1.2** the ~ chores *de dagelijkse bezigheden.*

div ⟨afk.⟩ divided, dividend, divine, division, divorced.

di·va ['di:və]⟨telb.zn.; ook dive ['di:vi‖'di:veɪ]; →mv. 5⟩ **0.1** ***diva*** ⇒*gevierde (opera) zangeres, prima donna.*

di·va·gate ['daɪvəgeɪt]⟨onov.ww.⟩⟨schr.⟩ **0.1** ***afdwalen*** ⇒*uitweiden, divageren* **0.2** ***dwalen*** ⇒*zwerven* ◆ **6.1** at this point the lecturer ~d **from** his subject *hier dwaalde de spreker van zijn onderwerp af.*

di·va·ga·tion ['daɪvə'geɪʃn]⟨telb. en n.-telb.zn.⟩ **0.1** ***afdwaling*** ⇒*uitweiding, divagatie* **0.2** ***dwaling*** ⇒*omzwerving, het (rond)dolen.*

di·va·lent ['daɪ'veɪlənt]⟨bn.⟩⟨schei.⟩ **0.1** ***bivalent*** ⇒*tweewaardig.*

di·van [dɪ'væn⟨in bet. 0.2 t/m 0.6 ook⟩dɪ'væn‖'daɪvæn⟨in bet. 0.2 t/m 0.6 ook⟩daɪ'væn], ⟨in bet. 0.3 t/m 0.6 ook⟩ **di·wan** [dɪ'wɑ:n] ⟨f1⟩⟨telb.zn.⟩ **0.1** ***divan*** ⇒*sofa, canapé* **0.2** ⟨vero.⟩ ***rookkamer*** ⟨bij een sigarenwinkel⟩ **0.3** ***bundel gedichten v.e. islamitisch dichter*** ⇒*diwan* **0.4** ***islamitische rijksraad*** ⇒*diwan* **0.5** ***islamitische raadzaal*** **0.6** ***islamitische rechtbank.***

divan bed ['-'-]⟨telb.zn.⟩ **0.1** ***divanbed*** ⇒*bedbank.*

di·var·i·cate[1] [daɪ'værɪkeɪt]⟨bn.; -ly⟩⟨plantk.⟩ **0.1** ***zich wijd vertakkend.***

divaricate[2] ⟨onov.ww.⟩ **0.1** ⟨schr.⟩ ***divergeren*** ⇒*uiteenlopen, uiteenwijken* **0.2** ⟨plantk.⟩ ***zich wijd vertakken.***

dive[1] [daɪv]⟨f2⟩⟨telb.zn.⟩ **0.1** ***duik*** ⇒*het duiken, duikvlucht* **0.2** ***plotselinge snelle beweging*** ⇒*sprong, greep, duik* **0.3** ⟨inf.⟩ ***kroeg*** ⇒*tent, obscure gelegenheid;* ⟨AE ook⟩ *clandestiene kroeg* **0.4** ⟨bokssport⟩ ***verkochte knock-out*** **0.5** ⟨BE⟩ ***eetgelegenheid in souterrain*** ⇒*kelderrestaurant* ◆ **2.1** the plane went into a steep ~ *het vliegtuig dook steil naar beneden* **3.2** the burglar made a ~ for the window *de inbreker dook/vloog naar het raam;* he made a ~ for the ball *hij dook naar de bal* **3.4** take a ~ *de boksmatch 'verkopen'.*

dive[2] ⟨f3⟩⟨ww.; vnl. AE verl. t. ook dove [doʊv]⟩ →diving

I ⟨onov.ww.⟩ **0.1** ***duiken*** ⟨ook fig.⟩ ⇒*onderduiken, een duikvlucht maken* **0.2** ***wegduiken*** ⇒*verdwijnen* **0.3** ***tasten*** ⇒*hand steken* ◆ **1.1** the submarine ~d *de onderzeeboot dook onder water* **5.1** I am usually the first to ~ **in** *ik duik meestal als eerste het water in* **5.¶** ~ **in** *aanvallen, toetasten* ⟨op eten⟩ **6.1** ~ **for** pearls *naar parels duiken;* she ~d **into** the water *zij dook het water in;* ~ **into** one's studies *duiken in/zich werpen/storten op zijn studie* **6.3** she ~d **into** her purse *zij stak haar hand diep in haar tasje;*

II ⟨ov.ww.⟩ **0.1** ***laten (onder)duiken*** ⇒*een duikvlucht laten nemen* **0.2** ***tasten*** ⟨hand⟩ ⇒⟨sl.⟩ *rollen* ⟨zakken⟩ ◆ **1.2** ~ her hand into her purse *diep in haar tasje tasten.*

'dive-bomb ⟨ov.ww.⟩ **0.1** ***bommen afwerpen op*** ⟨tijdens een duikvlucht⟩.

'dive bomber ⟨telb.zn.⟩ **0.1** ***duikbommenwerper.***

di·ver ['daɪvə‖-ər]⟨f2⟩⟨telb.zn.⟩ **0.1** ***duiker*** **0.2** ⟨dierk.⟩⟨ben. voor⟩ ***duiker*** ⟨genus Gavia⟩ **0.3** ⟨AE; sl.⟩ ***bordenwasser.***

di·verge [daɪ'vɜ:dʒ‖dɪ'vɜrdʒ]⟨f1⟩⟨ww.⟩

I ⟨onov.ww.⟩ **0.1** ***divergeren*** ⇒*uiteenlopen, uiteenwijken* **0.2** ***afwijken*** ⇒*verschillen* **0.3** ***afdwalen*** **0.4** ⟨wisk.⟩ ***divergeren*** ⇒*opklimmen* ⟨v. reeksen⟩ ◆ **1.1** after the accident our paths ~d *na het ongeluk liepen onze wegen uiteen* **6.2** he ~d **from** the shortest way *hij week af v.d. kortste weg;* his account ~s **from** the official version *zijn verslag wijkt af v.d. officiële versie* **6.3** ~ **from** one's subject *van zijn onderwerp afdwalen;*

II ⟨ov.ww.⟩ **0.1** ***doen divergeren*** ⇒*uiteen doen lopen/wijken* **0.2** ***doen afwijken.***

di·ver·gence [daɪ'vɜ:dʒəns‖dɪ'vɜr-], **di·ver·gen·cy** [-si]⟨f1⟩⟨telb. en n.-telb.zn.; →mv. 2⟩ **0.1** ***divergentie*** ⇒*het uiteenlopen, het uiteenwijken* **0.2** ***afwijking*** ⇒*verschil, het verschillen* **0.3** ***afdwaling*** ⇒*uitweiding, het uitweiden.*

di·ver·gent [daɪ'vɜ:dʒənt‖dɪ'vɜr-]⟨f1⟩⟨bn.; -ly⟩ **0.1** ***divergent*** ⇒*uiteenlopend, uiteenwijkend* **0.2** ***afwijkend*** ⇒*verschillend* **0.3** ⟨wisk.⟩ ***divergerend*** ⇒*opklimmend* ⟨v. reeksen; zonder limiet⟩ **0.4** ⟨psych.⟩ ***divergent*** ⟨denken⟩ ◆ **1.2** a ~ opinion *een afwijkende mening* **1.3** ~ progressions *divergerende reeksen* **5.1** widely ~ characters *sterk uiteenlopende karakters.*

di·vers ['daɪvəz‖-vərz]⟨bn., attr.⟩⟨vero.⟩ **0.1** ***verscheidene*** ⇒*diverse, ettelijke, verschillende* ◆ **1.1** ~ people *allerlei mensen.*

di·verse ['daɪ'vɜ:s‖dɪ'vɜrs]⟨f2⟩⟨bn.; -ly; -ness⟩ **0.1** ***divers*** ⇒*onderscheiden, verschillend, ongelijksoortig, uiteenlopend* **0.2** ***afwisselend*** ⇒*gevarieerd* ◆ **6.1** ~ **in** character *uiteenlopend v. aard.*

di·ver·si·fi·cation [daɪ'vɜ:sɪfɪ'keɪʃn‖dɪ'vɜr-]⟨f1⟩⟨telb. en n.-telb.zn.⟩ **0.1** ***diversificatie*** ⇒*verscheidenheid, afwisseling, variatie, verandering, wijziging, verschil* **0.2** ***spreiding v. investeringen*** ⇒*belangenspreiding.*

di·ver·si·form [daɪ'vɜ:sɪfɔ:m‖dɪ'vɜrsɪfɔrm]⟨bn.⟩ **0.1** ***van verschillende vorm.***

di·ver·si·fy [daɪ'vɜ:sɪfaɪ‖dɪ'vɜr-]⟨f1⟩⟨onov. en ov.ww.; →ww. 7⟩ **0.1** ***diversifiëren*** ⇒*verscheidenheid aanbrengen* **0.2** ***afwisselen*** ⇒*afwisseling aanbrengen, variëren, verschillend maken, veranderen, wijzigen* **0.3** ***spreiden*** ⟨investeringen/belangen⟩ ◆ **1.2** a diversified landscape *een afwisselend landschap* **6.1** ~ **(in)to** *diversifiëren naar.*

di·ver·sion [daɪ'vɜ:ʃn‖dɪ'vɜrʒn]⟨f2⟩⟨zn.⟩

I ⟨telb.zn.⟩ **0.1** ***afleidingsactie*** ⇒*schijnbeweging;* ⟨mil.⟩ *diversie, afleidingsaanval;*

II ⟨telb. en n.-telb.zn.⟩ **0.1** ***verstrooiing*** ⇒*afleiding, vermaak, ontspanning, verzetje* **0.2** ⟨BE⟩ ***omlegging*** ⇒*omleiding, verlegging, vervangende route, (het geven v.e.) ander verloop* ◆ **1.2** the ~ of the road will be difficult *het omleggen v.d. weg zal moeilijk zijn* **2.1** sailing is his main ~ *zeilen is zijn voornaamste vorm v. ontspanning* **3.1** I'll create a ~ *ik zal de aandacht afleiden.*

di·ver·sion·ar·y [daɪ'vɜ:ʃənri‖dɪ'vɜrʒəneri]⟨bn.⟩ **0.1** ***afleidend*** ◆ **1.1** ~ attack *afleidingsaanval.*

di·ver·sion·ist [daɪ'vɜ:ʃənɪst‖dɪ'vɜrʒə-]⟨telb.zn.⟩ **0.1** ***saboteur*** ⇒*subversief element, samenzweerder* ⟨vnl. in communistisch jargon⟩.

di·ver·si·ty [daɪ'vɜ:səti‖dɪ'vɜrsəṭi]⟨f2⟩⟨zn.; →mv. 2⟩

I ⟨telb.zn.⟩ **0.1** ***verschil;***

II ⟨telb. en n.-telb.zn.⟩ **0.1** ***ongelijkheid*** **0.2** ***verscheidenheid*** ⇒*diversiteit, variatie* ◆ **1.1** their ~ of interests *hun uiteenlopende belangen* **2.2** a great ~ of products *een grote verscheidenheid aan produkten.*

di·vert [daɪ'vɜ:t‖dɪ'vɜrt]⟨f2⟩⟨ov.ww.⟩ →diverting **0.1** ***een andere richting geven*** ⇒*een andere loop/bestemming geven, omleggen, verleggen, omleiden, afwenden* **0.2** ***afleiden*** ⟨aandacht⟩ **0.3** ***amuseren*** ⇒*vermaken* ◆ **4.3** their antics seemed to ~ him *hun capriolen schenen hem wel te vermaken* **6.1** the school-building was ~ed **from** its original purpose *het schoolgebouw heeft een andere bestemming gekregen;* ~ water **from** a river **to** a channel *water uit een rivier naar een kanaal leiden;* why was their plane ~ed **to** Vienna? *waarom moest hun toestel uitwijken naar Wenen?;* she ~ed part of the proceeds **to** her own pocket *zij heeft een deel v. d. opbrengst in eigen zak gestoken.*

di·ver·tic·u·lum ['daɪvə'tɪkjələm||-vər-]⟨telb.zn.; diverticula [-lə]; →mv. 5⟩⟨med.⟩ **0.1** ***divertikel*** ⇒*uitstulping* ⟨v. blaas- of darmwand⟩.

di·ver·ti·men·to [dɪ'vɜ:tɪ'mentoʊ||dɪ'vɜrtɪ'mentoʊ]⟨telb.zn.; ook divertimenti [-'menti]; →mv. 5⟩⟨muz.⟩ **0.1** ***divertimento***.

di·vert·ing [daɪ'vɜ:tɪŋ||dɪ'vɜrtɪŋ]⟨bn.; teg. deelw. v. divert; -ly⟩ **0.1** ***amusant*** ⇒*vermakelijk*.

di·ver·tisse·ment [dɪ'vɜ:tɪsmənt||dɪ'vɜrtɪs-]⟨telb.zn.⟩ **0.1** ***intermezzo*** ⇒*tussenspel in toneelstuk* ⟨vaak ballet⟩ **0.2** ⟨muz.⟩ ***divertimento*** ⇒*divertissement* **0.3** ***vermaak*** ⇒*ontspanning, amusement*.

Di·ves ['daɪvi:z]⟨eig.n.⟩⟨bijb.⟩ **0.1** ***de rijke man*** ⟨Lukas 16:19-31⟩.

'Dives Costs ⟨mv.; ook d- c-⟩⟨jur.⟩ **0.1** ***kosten*** ⟨v. normaal tarief; in Engels recht⟩.

di·ves·ti·ture [daɪ'vestɪtʃə||dɪ'vestɪtʃʊr], **di·vest·ment** [-'ves(t)mənt]⟨n.-telb.zn.⟩ **0.1** ***het ontdoen van*** ⇒*het ontnemen, het beroven van, het ontkleden; ontmanteling* **0.2** ***afstand*** ⇒*het afstaan, (gedwongen) overdracht; afsplitsing* ⟨v. bedrijf⟩.

di·vest of [daɪ'vest əv||dɪ-]⟨onov.ww.⟩ **0.1** ***ontdoen van*** ⇒*ontkleden, ontbloten, ontnemen, beroven van, bevrijden van* ◆ **1.1** ~ parental power *uit de ouderlijke macht ontzetten;* divest s.o. of his ceremonial robes *iem. van zijn ambtsgewaad ontdoen* **4.1** divest o.s. of *zich ontdoen van, afstand doen van, kwijtraken;* she could not divest herself of that idea *zij kon dat idee maar niet van zich afzetten*.

di·vide[1] [dɪ'vaɪd]⟨telb.zn.⟩ **0.1** ⟨aardr.⟩ ***waterscheiding*** **0.2** ***scheidslijn*** **0.3** ⟨comp.⟩ ***deling***.

divide[2] ⟨f3⟩⟨ww.⟩⟨→sprw. 306, 708⟩
I ⟨onov.ww.⟩ **0.1** ***verdeeld worden*** ⇒*in stukken gedeeld worden, zich verdelen* **0.2** ***onenigheid krijgen*** ⇒*verdeeld worden* **0.3** ***zich delen*** ⇒*zich vertakken, zich splitsen* **0.4** ⟨wisk.⟩ ***delen*** ⇒*deelbaar zijn* **0.5** ⟨BE⟩ ***stemmen*** ⟨door zich in twee groepen te verdelen⟩ ◆ **1.2** on those issues the meeting ~d *op die punten was de vergadering het oneens/verdeeld* **1.3** atoms ~ *atomen splitsen zich;* suddenly the river ~d *plotseling splitste de rivier zich in tweeën* **1.5** finally the House ~d and rejected the bill *tenslotte stemde het Lagerhuis en verwierp het wetsontwerp;*
II ⟨ov.ww.⟩ **0.1** ***delen*** ⇒*in delen splitsen, in stukken/porties delen, verdelen* **0.2** ***scheiden*** **0.3** ***indelen*** ⇒*klasseren* **0.4** ***onderling verdelen*** ⟨ook fig.⟩ ⇒*distribueren, uitdelen, in een bep. verhouding verdelen, verkavelen* **0.5** ⟨wisk.⟩ ***delen*** **0.6** ⟨BE⟩ ***in twee groepen delen om te stemmen*** ◆ **1.1** ~d skirt *broekrok, rokbroek* **1.2** ⟨AE⟩ ~d highway *vierbaans snelweg/weg met gescheiden dubbele rijbanen* **1.6** ~ the House of Commons on a question *het Lagerhuis laten stemmen* **6.1** ~ **into** several parts *in verschillende stukken (ver)delen* **6.2** the slums are ~d **from** the industrial area by a high fence *de krottenwijken worden door een hoog hek van het industrieterrein gescheiden* **6.3** ~d **into** groups *in groepen verdeeld* **6.4** ~d **against** itself *onderling verdeeld;* the profits were ~d **among** the shareholders *de winst werd onder de aandeelhouders verdeeld* **6.5** he tries to ~ his spare time **between** his mother and his girlfriend *hij probeert zijn vrije tijd te verdelen tussen zijn moeder en zijn vriendinnetje;* how much is 18 ~d **by** 3?, how many times can you ~ 3 **into** 18? *hoeveel is 18 gedeeld door 3?;* ~ 6 **into** 24 *6 in/op de 24 delen*.

di·vi·dend ['dɪvɪdənd||-dend]⟨f2⟩⟨telb.zn.⟩ **0.1** ***deeltal*** **0.2** ***bedrag bestemd voor dividenduitkering*** **0.3** ***boedel*** **0.4** ***dividend*** ⇒*winstaandeel, uitkering (v. winst)* **0.5** ***faillissementsuitkering*** ◆ **3.4** carry a fixed ~ *een vast dividend geven;* ⟨fig.⟩ that machine will pay ~s *die machine zal haar rente wel opbrengen, heeft veel toekomst* **5.4** ⟨AE⟩ ~ **on/off** *met/zonder dividend* **6.4** ⟨BE⟩ cum/ex ~ *met/zonder dividend*.

'dividend coupon ⟨telb.zn.⟩ **0.1** ***dividendbewijs*** ⇒*coupon*.

'dividend stripping ⟨n.-telb.zn.⟩ **0.1** ***het ontduiken van dividendbelasting*** ⟨via een afspraak tussen twee bedrijven⟩.

'dividend warrant ⟨telb.zn.⟩⟨BE⟩ **0.1** ***dividendcheque*** ⇒*dividendmandaat*.

di·vid·er [dɪ'vaɪdə||-ər]⟨zn.⟩
I ⟨telb.zn.⟩ **0.1** ***(ver)deler*** **0.2** ***kamerscherm;***
II ⟨mv.; ~s⟩ **0.1** ***(steek/verdeel)passer***.

div·i·div·i ['dɪvi'dɪvi]⟨zn.; vnl. divi-divi; →mv. 4⟩⟨plantk.⟩
I ⟨telb.zn.⟩ **0.1** ***dividiviboom*** ⟨Caesalpina coriaria⟩;
II ⟨n.-telb.zn.⟩ **0.1** ***dividivi*** ⟨peulen v.d. dividiviboom⟩.

div·i·na·tion ['dɪvɪ'neɪʃn]⟨telb. en n.-telb.zn.⟩ **0.1** ***predictie*** ⇒*profetie, voorspelling, gissing* **0.2** ***waarzegging*** ⇒*waarzeggerij, wichelarij* **0.3** ***inzicht*** ⇒*voorgevoel*.

di·vin·a·to·ry [dɪ'vɪnətri||-tɔri]⟨bn.⟩ **0.1** ***voorspellend*** ⇒*profetisch, divinatorisch* **0.2** ***mbt. waarzeggerij***.

di·vine[1] [dɪ'vaɪn]⟨telb.zn.⟩ **0.1** ***godgeleerde*** ⇒*theoloog*.

divine[2] ⟨f2⟩⟨bn.; ook -er; -ly; →compar. 7⟩⟨→sprw. 145⟩ **0.1** ***goddelijk*** ⇒*v.e. godheid, door God verleend* **0.2** ***aan God gewijd*** **0.3** ***bovenaards*** **0.4** ⟨inf.⟩ ***hemels*** ⇒*verrukkelijk, fantastisch* ◆ **1.2** ⟨ook D- O-⟩ ~ office *breviergebeden, getijden;* ~ service *godsdienstoefening* **1.4** a ~ dress *een fantastische jurk* **3.4** he dances ~ly *hij danst verrukkelijk*.

divine[3] ⟨f1⟩⟨ww.⟩
I ⟨onov.ww.⟩ **0.1** ***waarzeggen*** **0.2** ***(met wichelroede) vaststellen*** ◆ **6.2** ~ **for** oil *olie opsporen;*
II ⟨ov.ww.⟩ **0.1** ***gissen*** ⇒*raden, inzien, beseffen, bij toverslag gewaarworden; een voorgevoel hebben van* **0.2** ***voorspellen*** ⇒*profeteren, orakelen* ◆ **1.1** I suddenly ~d his intentions *plotseling besefte ik wat hij van plan was* **1.2** ~ the future *de toekomst voorspellen*.

di·vin·er [dɪ'vaɪnə||-ər]⟨f1⟩⟨telb.zn.⟩ **0.1** ***waarzegger*** ⇒*wichelaar* **0.2** ***(wichel)roedeloper***.

div·ing ['daɪvɪŋ]⟨n.-telb.zn.; oorspr. gerund v. dive⟩⟨sport⟩ **0.1** ***(het) schoonspringen***.

'diving beetle ⟨telb.zn.⟩⟨dierk.⟩ **0.1** ***waterroofkever*** ⟨Dytiscidae⟩.

'diving bell ⟨telb.zn.⟩ **0.1** ***duikerklok***.

'diving board ⟨f1⟩⟨telb.zn.⟩ **0.1** ***duikplank***.

'diving dress, 'diving suit ⟨telb.zn.⟩ **0.1** ***duikerpak***.

'diving rudder ⟨telb.zn.⟩ **0.1** ***duikroer*** ⟨in onderzeeboot⟩.

'diving table ⟨telb.zn.⟩⟨schoonspringen⟩ **0.1** ***springtafel***.

di'vining rod ⟨telb.zn.⟩ **0.1** ***wichelroede***.

di·vin·i·ty [dɪ'vɪnəti]⟨f2⟩⟨zn.; →mv. 2⟩
I ⟨telb.zn.; vaak D-⟩ **0.1** ***godheid*** ⇒*god, goddelijk wezen* ◆ **7.1** the Divinity *de Godheid, God, het Opperwezen;*
II ⟨n.-telb.zn.⟩ **0.1** ***goddelijkheid*** ⇒*godheid* **0.2** ***theologie*** ⇒*godgeleerdheid* **0.3** ***theologische faculteit*** ⟨aan een universiteit⟩ ◆ **1.1** the ~ of Jesus *de godheid van Jesus* **1.2** student of ~ *student in de theologie*.

div·i·nize, -nise ['dɪvɪnaɪz]⟨ov.ww.⟩ **0.1** ***vergoddelijken*** ⇒*als een godheid voorstellen/eren, vergoden*.

di·vis·i·bil·i·ty [dɪ'vɪzə'bɪləti]⟨n.-telb.zn.⟩ **0.1** ***(ver)deelbaarheid***.

di·vis·i·ble [dɪ'vɪzəbl]⟨f1⟩⟨bn.; -ly; -ness; →bijw. 3⟩ **0.1** ***verdeelbaar*** **0.2** ***scheidbaar*** **0.3** ⟨wisk.⟩ ***deelbaar*** ◆ **6.3** 10 is ~ **by** 2 *10 is deelbaar door 2*.

di·vi·sion [dɪ'vɪʒn]⟨f3⟩⟨zn.⟩
I ⟨telb.zn.⟩ **0.1** ***afdeling*** ⇒*sectie, branche, bureau* **0.2** ⟨BE⟩ ***stemming*** ⟨door zich in twee groepen te verdelen⟩ **0.3** ***scheidslijn*** ⇒*afscheiding, scheidingslijn* **0.4** ***district*** ⇒*revier* **0.5** ⟨BE⟩ ***kiesdistrict*** **0.6** ⟨biol.⟩ ***divisio*** ⇒⟨plantk.⟩ *phylum, stam, hoogste taxon* ◆ **3.2** the opposition tried to force a ~ *de oppositie stuurde op een stemming aan;*
II ⟨telb. en n.-telb.zn.⟩ **0.1** ***(ver)deling*** ⇒*scheiding, splitsing;* ⟨logica⟩ *indeling* **0.2** ***verschil*** ⇒*ongelijkheid, verdeeldheid, onenigheid, tweedracht* ◆ **1.1** ~ of labour *arbeidsverdeling* **1.2** a ~ of opinion *uiteenlopende meningen* **2.2** social ~s *maatschappelijke verschillen/tegenstellingen;*
III ⟨n.-telb.zn.⟩⟨wisk.⟩ **0.1** ***deling*** ⇒*het delen;*
IV ⟨verz.n.⟩⟨mil.⟩ **0.1** ***divisie***.

di·vi·sion·al [dɪ'vɪʒnəl]⟨f1⟩⟨bn.; -ly⟩ **0.1** ***deel-*** ⇒*verdelend* **0.2** ⟨mil.⟩ ***divisie-*** ⇒*v.e. divisie* ◆ **1.¶** ~ director *afdelingschef, leider v.e. afdeling*.

di'vision bell ⟨telb.zn.⟩⟨BE⟩ **0.1** ***stem(ming)bel***.

di'vision lobby ⟨telb.zn.⟩⟨BE⟩ **0.1** ***stemhoek*** ⟨deel v.h. parlement waar leden hun stem voor/tegen kenbaar maken⟩.

di'vision sign ⟨f1⟩⟨telb.zn.⟩⟨wisk.⟩ **0.1** ***deelteken***.

di·vi·sive [dɪ'vaɪsɪv]⟨f1⟩⟨bn.; -ly; -ness⟩ **0.1** ***tot ongelijkheid/(onderlinge) verschillen leidend*** ⟨bv. schoolsysteem⟩ ⇒*tweedracht zaaiend, verdeeldheid/onenigheid brengend* ◆ **5.1** be socially ~ *tot maatschappelijke ongelijkheid leiden*.

di·vi·sor [dɪ'vaɪzə||-ər]⟨f1⟩⟨telb.zn.⟩⟨wisk.⟩ **0.1** ***deler***.

di·vorce[1] [dɪ'vɔ:s||-'vɔrs]⟨f3⟩⟨telb. en n.-telb.zn.⟩ **0.1** ***(echt)scheiding*** ⇒*ontbinding v.e. huwelijk, scheiding van tafel en bed* **0.2** ***(af)scheiding*** ◆ **3.1** seek a ~ *echtscheiding aanvragen*.

divorce[2] ⟨f3⟩⟨ov.ww.⟩ **0.1** ***een huwelijk ontbinden v.*** ⇒*scheiden, zich laten scheiden van* **0.2** ***scheiden*** ⇒*afzonderen* ◆ **1.1** he is willing to ~ his wife *hij is bereid van zijn vrouw te scheiden* **4.1** they were ~d in 1960 *hun huwelijk werd in 1960 ontbonden* **6.2** that event cannot be ~d **from** its historical context *dat voorval kan niet uit de historische context losgemaakt worden*.

di·vor·cee [dɪ'vɔ:'si:||-'vɔr'seɪ]⟨f1⟩⟨telb.zn.⟩ **0.1** ***gescheiden vrouw***.

di·vorce·ment [dɪ'vɔ:smənt||-'vɔrs-]⟨telb. en n.-telb.zn.⟩⟨vero.⟩ **0.1** ***(echt)scheiding***.

div·ot ['dɪvət]⟨telb.zn.⟩ **0.1** ⟨Sch. E⟩ ***zode*** ⇒*plag* **0.2** ⟨golf⟩ ***(stukje) graszode*** ⟨losgeslagen met een golfclub⟩ **0.3** ⟨AE; sl.⟩ ***toupet*** ⇒*haarstukje, pruik*.

di·vul·ga·tion ['daɪvʌl'geɪʃn||dɪ-]⟨telb. en n.-telb.zn.⟩ **0.1** ***onthulling*** ⇒*ontsluiering, openbaarmaking*.

di·vulge [daɪ'vʌldʒ||dɪ-]⟨ov.ww.⟩ **0.1** ***onthullen*** ⇒*ontsluieren, openbaar/bekend maken*.

di·vulge·ment [daɪ'vʌldʒmənt||dɪ-]⟨telb. en n.-telb.zn.⟩ **0.1** ***onthulling*** ⇒*ontsluiering, openbaarmaking*.

di·vul·gence [daɪˈvʌldʒəns‖dɪ-]⟨telb. en n.-telb.zn.⟩ **0.1** ***onthulling*** ⇒*ontsluiering, openbaarmaking.*

div·vy[1], ⟨BE sp. ook⟩ **di·vi** [ˈdɪvi]⟨telb. en n.-telb.zn.; →mv. 2⟩ ⟨verk.⟩ dividend ⟨inf.⟩ **0.1** ***dividend*** ⇒*uitkering* **0.2** ***(aan)deel*** **0.3** ***verdeling*** ◆ **2.1** those shares earned fair divvies *die aandelen gaven mooie dividenden* **2.3** have a two-way ~ *samsam doen.*

divvy[2], ⟨BE sp. ook⟩ **divi** ⟨ov.ww.; →ww. 7⟩ ⟨inf.⟩ **0.1** ***(ver)delen*** ◆ **5.1** ~ **up** the loot *de buit verdelen.*

Dix [di:s]⟨telb.zn.⟩ ⟨AE; inf.⟩ **0.1** ***briefje van tien (dollar).***

Dix·ie[1] [ˈdɪksi]⟨zn.⟩

I ⟨eig.n.⟩ **0.1** →Dixieland I **0.2** ***New Orleans;***

II ⟨telb.zn.; d-⟩ ⟨vero.; BE⟩ **0.1** ***veldketel;***

III ⟨n.-telb.zn.⟩ →Dixieland II.

Dixie[2] ⟨bn.⟩ **0.1** ***zuidelijk.***

Dix·ie·crat [ˈdɪksikræt]⟨telb.zn.⟩ ⟨AE; gesch.⟩ **0.1** ***dixiecraat*** ⟨lid v. afgescheiden groep Democraten in Dixieland⟩.

Dix·ie·land [ˈdɪksilænd], **Dixie** ⟨zn.⟩

I ⟨eig.n.⟩ **0.1** ***Dixieland*** ⇒*Dixie* ⟨zuidelijke staten v.d. U.S.A.⟩;

II ⟨n.-telb.zn.; ook d-⟩ **0.1** ***Dixieland(jazz)*** ⇒*New Orleansstijl, oude-stijl-jazz.*

ˈDixieland ˈjazz ⟨n.-telb.zn.; ook d-⟩ **0.1** ***Dixielandjazz*** ⇒*New Orleansjazz, oude-stijl-jazz.*

DIY ⟨afk.⟩ do-it-yourself **0.1** ***dhz*** ⇒*doe-het-zelf.*

di·zen [ˈdaɪzn, ˈdɪzn]⟨ov.ww.⟩ ⟨vero.⟩ **0.1** ***tooien*** ⇒*opschikken, opsmukken.*

diz·zy[1] [ˈdɪzi]⟨f2⟩ ⟨bn.; -er; -ly; -ness; →bijw. 3⟩ **0.1** ***duizelig*** ⇒*draaierig, licht in het hoofd, zweverig* **0.2** ***verward*** ⇒*versuft, verbijsterd* **0.3** ***duizelingwekkend (hoog)*** **0.4** ***wervelend*** ⇒*kolkend* **0.5** ⟨inf.⟩ ***dwaas*** ⇒*mal, onwijs* ◆ **1.3** ~ mountains *duizelingwekkend hoge bergen;* a ~ speed *een duizelingwekkende vaart* **3.1** I felt ~ *ik voelde me duizelig* **3.2** all those figures made her ~ *het duizelde haar van al die cijfers.*

dizzy[2] ⟨ov.ww.; →ww. 7⟩ **0.1** ***duizelig maken*** ⇒*draaierig/zweverig/licht in het hoofd maken* **0.2** ***verwarren*** ⇒*verbijsteren, in de war brengen.*

diz·zy-wiz·zy [ˈdɪziˈwɪzi]⟨telb.zn.; →mv. 2⟩ ⟨AE; inf.⟩ **0.1** ***peppil.***

DJ[1] [ˈdi:dʒeɪ]⟨telb.zn.⟩ ⟨afk.⟩ disc jockey **0.1** ***deejay.***

DJ[2] ⟨afk.⟩ dinner-jacket.

djinn →jinnee, genie.

dl ⟨telb.zn.⟩ ⟨afk.⟩ decilitre **0.1** ***dl.***

DL ⟨afk.⟩ Deputy Lieutenant ⟨BE⟩.

ˈD-lay·er ⟨n.-telb.zn.⟩ **0.1** ***D-laag*** ⟨onderste laag v.d. ionosfeer⟩.

D Lit(t) [ˈdi:ˈlɪt]⟨afk.⟩ Doctor of Letters, Doctor of Literature.

DLO ⟨afk.⟩ dead letter office.

dm ⟨telb.zn.⟩ ⟨afk.⟩ decimetre **0.1** ***dm.***

DM, ˈD-mark ⟨telb.zn.⟩ ⟨afk.⟩ Deutschmark **0.1** ***D-mark.***

DMBS ⟨afk.⟩ Data Base Management System ⟨comp.⟩.

D Mus ⟨afk.⟩ Doctor of Music.

DMZ ⟨afk.⟩ demilitarized zone ⟨AE⟩.

DNA ⟨n.-telb.zn.⟩ ⟨afk.⟩ deoxyribonucleic acid **0.1** ***DNA.***

DNB ⟨afk.⟩ Dictionary of National Biography.

DNC ⟨afk.⟩ Democratic National Campaign, Democratic National Committee.

ˈD-no·tice ⟨telb.zn.⟩ ⟨BE⟩ **0.1** ***lijst v. verboden onderwerpen*** ⟨uit veiligheidsoverwegingen door staat aan kranten gegeven⟩.

do[1], **doh** [doʊ]⟨telb. en n.-telb.zn.⟩ ⟨muz.⟩ **0.1** ***do*** ⇒*ut.*

do[2] [du:]⟨f1⟩ ⟨telb.zn.; mv. ook do's⟩ **0.1** ⟨inf.⟩ ***bedriegerij*** ⇒*oplichterij, bedrog, zwendel* **0.2** ⟨BE; inf.⟩ ***partij*** ⇒*feest* **0.3** ⟨vaak mv.⟩ ***regel*** **0.4** ⟨Nieuwzeelands E⟩ ***succes*** ◆ **1.3** ~'s and don'ts *wat wel en wat niet mag* **2.2** there is a big ~ at the neighbours' tonight *er is vanavond groot feest bij de buren.*

do[3] ⟨ww.; voor onregelmatige vormen; →t2⟩ →doing, done ⟨→sprw. 114-116, 124, 310, 328, 387, 601, 675, 729, 730, 732, 739, 755⟩

I ⟨onov.ww.⟩ **0.1** ***doen*** ⇒*handelen, bezig zijn, werken, zich gedragen* **0.2** ***het stellen*** ⇒*zich voelen* **0.3** ***aan de hand zijn*** ⇒*gebeuren* **0.4** ⟨vnl. in volt. vormen⟩ ***klaar zijn*** ⇒*opgehouden zijn/hebben* **0.5** ***geschikt/bruikbaar zijn*** ⇒*voldoen, volstaan* **0.6** ⟨inf.⟩ ***het (moeten) doen*** ⇒*het stellen* ◆ **1.4** Bill has ~ne *Bill is klaar* **1.5** this copy won't ~ *deze kopie is niet goed genoeg;* the dress must be made to ~ for a while yet *deze jurk moet nog een poosje meegaan* **3.4** have ~ne! *schei uit!* **3.5** it doesn't ~ to worry like that *het haalt niets uit je zo'n zorgen te maken* **4.2** how do you ~ *aangenaam, hoe gaat het met u, hoe maakt u het* **4.3** anything ~ing at your end? *valt er bij jou iets te beleven?;* ⟨inf.⟩ nothing ~ing *er gebeurt (hier) niets; daar komt niets van in, geen sprake van;* ⟨inf.⟩ the soldier made a pass at the girl, but nothing ~ing *de soldaat probeerde het meisje te versieren, maar geen kans;* what's ~ing in London? *wat is er in Londen te doen?;* what's ~ing here? *wat is hier aan de hand?* **4.5** it doesn't ~ to say such things *het gaat niet aan zoiets te zeggen;* nothing ~ing *het haalt niets uit, het helpt geen zier;* that will ~! *en nou is 't uit!;* that doesn't/won't ~ *dat lukt niet, zo gaat het niet; daar kan ik geen genoegen mee nemen* **4.¶** ⟨inf.⟩ nothing to ~ with *niets mee te maken; geen familie!* **5.1** ~ beautifully *het er goed v. af brengen;* ~n't! *niet doen!, schei uit!;* ~ right in telling me ... *juist handelen/er goed aan doen mij te vertellen ...;* they were **up** and ~ing at six *ze waren om zes uur al in de weer;* you'd ~ well/wisely to give up *je zou er verstandig aan doen het op te geven;* he did well to refuse that offer *hij deed er goed aan dat aanbod te weigeren* **5.2** business is ~ing well *de zaken gaan goed;* the farmers are ~ing well *het gaat de boeren goed, de boeren varen er wel bij;* he is ~ing well *het gaat hem voor de wind, het gaat goed met hem;* ~ well (for o.s.) *het goed stellen, floreren* **5.5** it will ~ tomorrow, tomorrow will ~ *morgen kan ook nog/is het ook goed, morgen is tijd genoeg* **5.6** that will ~ nicely *dat is prima;* ~ well/badly for sth. *goed/slecht voorzien zijn v. iets* **5.¶** ⟨inf.⟩ ~ **away** with sth. *iets wegdoen/gooien/nemen, zich ergens v. afmaken;* ⟨inf.⟩ ~ **away** with the death penalty *de doodstraf afschaffen;* ⟨inf.⟩ they had better ~ **away** with the whole lot *zij moesten het hele zaakje maar opdoeken;* ⟨inf.⟩ ~ **away** with s.o. *iem. uit de weg ruimen, iem. v. kant maken, iem. naar de andere wereld helpen, iem. afmaken;* ⟨inf.⟩ the old dog had to be ~ne **away** with *de oude hond moest afgemaakt worden;* ⟨inf.⟩ ~ **away** with o.s. *zich v. kant maken, zelfmoord plegen;* how does this jacket ~ **up?** *hoe gaat dit jasje dicht?* **6.1** she was hard ~ne **by** *zij was oneerlijk behandeld;* Bill ~es well **by** her *Bill is aardig voor haar, Bill bejegent/behandelt haar goed;* ~ **by/(un)to** others as you would ~ **by/(un)to** yourself *bejegen anderen zoals je jezelf zou bejegenen, wat gij niet wilt dat u geschiedt, doet dat ook een ander niet* **6.2** ~ well **out of** selling souvenirs *goede winst maken met/aardig profiteren v. het verkopen v. souvenirs* **6.4** Jack had ~ne **with** eating *Jack was klaar met eten;* Jack had/⟨inf.⟩ was ~ne **with** her *Jack had z'n handen v. haar afgetrokken, ze had bij Jack afgedaan;* have ~ne **with** it *er de brui aan gegeven hebben;* I've ~ne **with** physics *ik doe geen natuurkunde meer* **6.5** Joan will ~ **as** my helper *Joan kan ik als mijn helper gebruiken;* that coat will ~ **as/for** a blanket *die jas kan (wel) als deken dienen;* that will ~ **for** me *dat is wel genoeg voor mij;* the carrots will ~ **for** soup *de wortelen zijn goed om er soep v. te maken;* this coat won't ~ **for** Sheila *deze jas is voor Sheila niet geschikt;* this skirt will ~ **for** another year *deze rok gaat nog wel een jaartje mee;* that won't ~ **with** him *daar is hij niet tevreden mee, dat gaat zo niet bij hem* **6.6** he can ~ **with** very little food *hij heeft maar weinig eten nodig, hij heeft genoeg aan/komt toe/uit met maar heel weinig eten;* the girls will have to ~ **with** what they've got *de meisjes zullen het moeten doen met wat ze hebben;* I can't ~ **without** music *ik kan geen muziek missen, ik kan niet zonder muziek;* ⟨elliptisch⟩ Mary can ~ **without** *Mary kan het stellen zonder* **6.¶** ⟨inf.⟩ ~ **for** s.o. *iem. de das omdoen/ruïneren/doden;* ⟨inf.⟩ the surgeon nearly did **for** him *de chirurg hielp hem bijna om zeep/naar de andere wereld;* ~ **for** *zorgen voor;* ⟨BE; inf.⟩ Mary ~es **for** the duchess *Mary doet het huishouden voor de hertogin;* I could ~ **with** a few quid *ik zou best een paar pond kunnen gebruiken;* it's got nothing to ~ **with** your affairs *het heeft niets te maken met/houdt geen verband met jouw zaken;* it's got nothing to ~ **with** you *jij staat erbuiten;* he has/⟨BE⟩ is sth. to ~ **with** *hij heeft iets te maken/staat in verband met;* ~ **with** s.o.'s faults *iemands fouten verdragen* **¶.1** ~ as you please *doe wat je wilt;*

II ⟨ov.ww.⟩ **0.1** ⟨soms ook als pro-vorm⟩ ***doen*** ⟨iets abstracts⟩ **0.2** ⟨ben. voor⟩ ***bezig zijn met*** ⟨iets concreets/bestaands⟩ ⇒*opknappen, in orde brengen, herstellen, oplossen; studeren* ⟨enz.⟩ **0.3** ***maken*** ⇒*doen ontstaan/worden* **0.4** ***(aan)doen*** ⇒*geven, veroorzaken* **0.5** ⟨vnl. in volt. vormen⟩ ***beëindigen*** ⇒*afhandelen, afmaken;* ⟨cul.⟩ *bereiden, klaarmaken;* ⟨inf.; fig.⟩ *uitputten, kapotmaken* **0.6** ⟨dram.⟩ ***uitvoeren*** ⇒*vertolken, de rol spelen v.* ⟨ook fig.⟩ **0.7** ***rijden*** ⇒*afleggen* **0.8** ⟨inf.⟩ ***bezoeken*** ⇒*bekijken, doen* **0.9** ⟨inf.⟩ ***versteld doen staan*** **0.10** ⟨inf.⟩ ***beetnemen*** ⇒*afzetten, neppen* **0.11** ***handelen in*** ⇒*verkopen, hebben* **0.12** ***ontvangen*** ⇒*onthalen* **0.13** ⟨vnl. BE; inf.⟩ ***dienen*** ⇒*volstaan, schikken* **0.14** ⟨sl.⟩ ***uitzitten*** ⟨een straf⟩ **0.15** ⟨vnl. BE; sl.⟩ ***aanvallen*** ⇒*aftuigen, er v. langs geven* **0.16** ⟨inf.⟩ ***overvallen*** ⇒*beroven* **0.17** ⟨sl.⟩ ***neuken*** ⇒*naaien, het doen met* ◆ **1.1** ~ battle *slag leveren;* ~ one's best *zijn best doen;* ~ s.o.'s bidding *iemands bevelen uitvoeren/ten uitvoer brengen;* ⟨pej.⟩ *naar iemands pijpen dansen;* ~ one's bit *zijn steentje bijdragen;* ~ business with *zaken doen met;* ~ a concert *een concert geven/uitvoeren;* ~ a dance *een dans uitvoeren;* ~ exams *examens afleggen;* such things are just not ~ne *zoiets doet men nu eenmaal niet;* ~ hard work *hard werken* **1.2** who did the article 'faire' in the French dictionary? *wie heeft het lemma 'faire' in het Franse woordenboek bewerkt?;* I still have to ~ the bedroom *ik moet de slaapkamer nog doen;* ~ a degree *stu-*

deren voor een diploma / (universitaire) graad; ~ the dishes *de vaat doen;* ~ one's duty *zijn plicht doen / vervullen;* ~ one's face *zijn gezicht / zich opmaken;* ~ flowers *bloemen schikken;* ~ sth. by halves *iets half doen;* ~ homework *huiswerk maken;* ~ one's lessons *zijn lessen leren;* ~ psychology *psychologie studeren;* they did the dining room in blue and white *zij hebben de eetkamer in blauw en wit ingericht;* ~ his service *in dienst zijn;* ~ one's teeth *zijn tanden poetsen;* have one's teeth ~ne *zijn tanden laten nakijken / behandelen;* ~ the windows *de ramen lappen* **1.3** ~ a concert *een concert organiseren;* the storm did a lot of damage *de storm richtte heel wat schade aan;* ~ an omelette *een omelet bakken;* are they ~ing a play again this year? *brengen ze dit jaar weer een toneelstuk?;* ~ a portrait *een portret schilderen;* ~ a story *een verhaal schrijven;* ~ a translation *een vertaling maken;* ~ wonders *wonderen doen / verrichten / tot stand brengen* **1.4** it ~es her credit *het strekt haar tot eer;* this ~es credit to his intelligence *dat spreekt / pleit voor zijn hersens;* ~ s.o. a favour *iem. een dienst bewijzen, iets voor iem. doen;* ~ me a favour! *doe me een lol! / plezier!;* it ~es me good *het doet me goed / deugd, het bekomt me;* ⟨iron.⟩ much good may it ~ you! *veel geluk ermee!;* it ~es one no harm *het kan geen kwaad;* ~ homage to *eer betuigen aan;* ~ s.o. the honour of visiting him / of a visit *iem. met een bezoek vereren;* ~ the honours *de honneurs waarnemen;* to ~ him justice *ere wie ere toekomt;* they did justice to the meal *zij deden de maaltijd eer aan;* ~ me a service *bewijs me een dienst* **1.5** the day was ~ne *de dag was ten einde;* the girls were really ~ne *de meisjes waren doodop / bekaf;* I usually ~ the meat in the oven *ik doe het vlees meestal in de oven;* the party was ~ne *het feestje was afgelopen;* the potatoes aren't ~ne yet *de aardappelen zijn nog niet gaar;* how do you want your steak ~ne? *hoe wil jij je biefstuk?* **1.6** ~ Macbeth *(de rol v.) Macbeth spelen;* she did a perfect Thatcher *ze gaf een perfecte imitatie v. Thatcher, ze deed Thatcher perfect na;* he did the villain *hij speelde de schurkenrol* **1.7** my car ~es 30 miles to the gallon *mijn auto rijdt 1 op 10.5 /* ⟨B.⟩ *verbruikt 9,5 liter per 100 km;* ~ 50 mph. *80 km / uur rijden / doen* **1.8** ~ Europe in five days *Europa bezoeken / doen in vijf dagen;* have you ~ne the town yet? *heb jij de stad al bekeken?* **1.9** ~ the boys *de jongens versteld doen staan* **1.10** Sheila's been ~ne *Sheila heeft zich laten afzetten* **1.11** we don't ~ eggs *we verkopen geen eieren;* we ~ only B&B *we verzorgen / hebben enkel kamer met ontbijt* **1.13** it will ~ the children for a house *het zal de kinderen tot huis dienen;* that'll ~ my father *dat zal mijn vader wel schikken* **1.14** he's ~ing four months *hij is vier maanden aan het brommen / uitzitten;* ~ time *zitten* **1.16** we did a shop in Soho *we hebben een zaak in Soho overvallen* **3.1** ~ some skiing *een beetje skiën;* he did all the talking at the meeting *hij voerde steeds het woord op de vergadering* **3.5** I have / ⟨inf.⟩ am ~ne cleaning *ik ben klaar met de schoonmaak* **4.1** ~ it yourself *het zelf doen; doe het zelf;* ⟨als →pro-vorm⟩ if you want to go, ~ it now *als je wilt gaan, doe het dan nu;* it isn't ~ne *zoiets doet men niet, dat hoort niet;* it ~es sth. for / to me *het doet me wat, het geeft me een kick;* that embroidered M ~es sth. for / to your dress *die geborduurde M geeft je jurk net dat beetje extra;* what shall I ~? *wat moet ik doen / beginnen / aanvangen?;* what will you ~ when you grow up? *wat wil je worden als je groot bent?* **4.9** that ~es me *daar kan ik (met m'n pet) niet bij, dat gaat boven mijn pet(je)* **4.¶** that's ~ne it! *gelukt!; nou is 't uit / naar de knoppen;* that ~es it! *dat doet de deur dicht!;* I've ~ne it again *ik heb het weer verknoeid / verknald, ik heb alles weer eens in de war gestuurd / in het honderd laten lopen;* what has it got to ~ with this? *wat heeft het hiermee te maken?;* a boiled egg will ~ me *ik heb genoeg aan een gekookt ei;* what are you ~ing with yourself? *wat voer je tegenwoordig uit?;* the children did not know what to ~ with themselves *de kinderen verveelden zich;* I'll ~ you! *ik zal je;* if you don't stop now, I'll ~ you! *als je nu niet ophoudt, doe ik je iets! / bega ik een moord!* **5.1** ~ sth. again *iets overdoen;* well ~ne! *goed zo!, knap gedaan!* **5.2** ~ **out** *een grondige beurt geven, grondig onder handen nemen / schoonmaken / opruimen;* ~ a room **over** *de kamer weer eens opknappen / in orde brengen / een grote beurt geven;* ~ **up** the kitchen *de keuken opknappen;* ~ **up** (in) a parcel *een pakje maken;* ~ a house **up** *een huis renoveren / moderniseren / restaureren;* she did her hair **up** *ze stak haar haar op;* ~ o.s. **up** *zich opmaken, zich opdoffen* **5.5** ~ne **in** *bekaf, afgepeigerd;* ⟨sl.⟩ ~ s.o. **in** *iem. v. kant maken;* be ~ne **up** with emotion *op / kapot zijn v.d. emotie;* well ~ne *goed doorbakken* ⟨v. vlees⟩ **5.10** ⟨BE; sl.⟩ Sheila's been ~ne **down** *Sheila heeft zich laten afzetten* **5.12** ~ one's guests well *zijn gasten goed ontvangen;* he ~es himself well *hij zorgt wel dat hij niets tekort komt;* ~ o.s. well on sth. *zich tegoed doen aan iets;* they ~ you very well there *je kunt daar uitstekend eten* **5.15** ~ s.o. **over** *iem. aftuigen* **5.16** ~ a place **over** *een woning plunderen* **5.¶** ~ s.o. / sth. **down** *iem. / iets kleineren, met minachting spreken over iem. / iets;* ~ s.o. **down** *iem. beduvelen / bedotten;* **over** and ~ne with *voltooid verleden tijd;* ~ **up** a zip / a coat *een rits / jas dichtdoen;* would you ~ me **up** please *wil jij mijn rits even voor me dicht doen / me even helpen met mijn rits* **6.3** ~ a novel **into** a play *een roman bewerken voor het toneel;* ~ a text **into** German *een tekst in / naar het Duits vertalen* **6.5** I am ~ne **for** *ik ben er geweest, het is met mij gedaan / afgelopen;* get done **with** sth. *iets afmaken* **6.10** ~ s.o. **for** $ 100 *iem. voor honderd dollar afzetten;* ~ a child **out of** its prize *een kind zijn prijs afhandig maken* **6.11** ~ eggs **at** 89p the dozen *eieren verkopen voor 89p per dozijn;*

III ⟨hww.; →do-operator⟩ **0.1** ⟨om inversie en ontkenning mogelijk te maken; onvertaald⟩ **0.2** ⟨als →pro-vorm; vnl. onvertaald; soms⟩ ***doen*** **0.3** ⟨om nadruk mogelijk te maken; vnl. te vertalen door een bw.⟩ **0.4** ⟨met onbep. w. in verklarende zinnen; onvertaald⟩ ⟨vero.⟩ ◆ **¶.1** ~ you know him? *ken je hem?;* I ~n't know him *ik ken hem niet;* never did I say that *nooit heb ik dat gezegd* **¶.2** he laughed and so did she *hij lachte, en zij (lachte / deed dat) ook;* I treat my friends as he ~es his enemies: badly *ik behandel mijn vrienden zoals hij zijn vijanden: slecht;* he worked harder than he'd ever ~ne before *hij werkte harder dan ooit / hij vroeger ooit gewerkt / gedaan had;* 'I take it it's true' 'So ~ I / But I ~n't' *'Ik neem aan dat het waar is' 'Ik ook / Ik niet';* he writes very well, ~esn't he? *hij schrijft erg goed, niet (waar)? / vind je niet?;* 'Did you see it?' 'I did / I didn't' *'Heb jij het gezien?' 'Ja / Neen';* 'He sold his car' 'Did he?' *'Hij heeft zijn auto verkocht' 'Echt (waar)?, je meent het, wat vertel je me nou!';* ⟨inf.⟩ they behave strangely, ~ women *ze doen rare dingen, de vrouwen* **¶.3** you did tell him *je hebt het hem wèl gezegd;* I ~ love you *ik hou echt v. je;* ~ come in! *kom toch binnen!* **¶.4** such as ~ transgress against the Lord *zij die zondigen tegen de Heer.*

do[4] ⟨afk.⟩ ditto.

DO ⟨afk.⟩ delivery order.

DOA ⟨afk.⟩ dead on arrival.

do·a·ble ['du:əbl] ⟨bn., pred.⟩ **0.1** ***doenlijk*** *⇒mogelijk, uitvoerbaar, te doen.*

doat →dote.

dob·bin ['dɒbɪn‖'dɑ-] ⟨telb.zn.⟩ **0.1** ***trekpaard*** *⇒werkpaard, boerenpaard, karrepaard, hortsik.*

do·be, do·bie, do·by ['doubi] ⟨telb.zn.; →mv. 2⟩ ⟨verk.⟩ adobe ⟨AE⟩ **0.1** ***adobe*** ⟨in de zon gedroogde, ongebakken steen⟩.

Do·ber·man(n) pin·scher ['doubəmən'pɪnʃə‖'doubərmən 'pɪntʃər], **Doberman(n)** ⟨telb.zn.⟩ **0.1** ***Dobermann Pinscher*** ⟨hond v.e. Duits ras⟩.

do·bie, do·by, do·bee ['doubi] ⟨onov.ww.; →ww. 7⟩ ⟨inf.; marine⟩ **0.1** ***een handwasje doen.***

doc[1] [dɒk‖dɑk] ⟨f3⟩ ⟨telb.zn.⟩ ⟨verk.⟩ doctor ⟨inf.⟩ **0.1** ***dokter*** **0.2** ⟨AE; inf.⟩ ***psychiater*** **0.3** ⟨AE; inf.⟩ ***chef*** ⟨als aanspreektitel⟩.

doc[2] ⟨afk.⟩ document.

Do·ce·tism ['dousɪtɪzm‖dou'si:tɪzm] ⟨n.-telb.zn.⟩ **0.1** ***docetisme*** *⇒doketisme* ⟨gnostische leer, bestreden in evangelie / brieven v. Johannes⟩.

doc·ile ['dousaɪl‖'dɑsl] ⟨f1⟩ ⟨bn.; -ly⟩ **0.1** ***dociel*** *⇒leerzaam* **0.2** ***gedwee*** *⇒meegaand, volgzaam* **0.3** ***handelbaar*** *⇒onderworpen, onderdanig, makkelijk te vormen* ◆ **1.2** a ~ horse *een mak paard.*

do·cil·i·ty [dou'sɪləti‖dɑ'sɪləti] ⟨telb. en n.-telb.zn.; →mv. 2⟩ **0.1** ***dociliteit*** *⇒leerzaamheid* **0.2** ***gedweeheid*** *⇒meegaandheid, volgzaamheid* **0.3** ***handelbaarheid*** *⇒onderworpenheid, onderdanigheid.*

dock[1] [dɒk‖dɑk] ⟨f3⟩ ⟨zn.⟩

I ⟨telb.zn.⟩ **0.1** ***dok*** *⇒droogdok, havendok, kade* **0.2** ⟨vnl. mv.⟩ ***haven(s)*** **0.3** ***laadperron*** **0.4** ⟨AE⟩ ***ligplaats*** **0.5** ***werf*** **0.6** ⟨jur.⟩ ***beklaagdenbank*** **0.7** ⟨ruim.⟩ ***koppeling*** **0.8** →scene-dock **0.9** ***staartwortel*** **0.10** ***culeron*** *⇒staartriem* ◆ **6.6** be **in** the ~ *terechtstaan, beoordeeld worden, voor het hekje staan* **6.¶** ⟨inf.⟩ **in** ~ *in het ziekenhuis; op de helling; in reparatie;*

II ⟨telb. en n.-telb.zn.⟩ ⟨plantk.⟩ **0.1** ***zuring*** ⟨genus Rumex⟩ *⇒veldzuring* ⟨Rumex acetosa⟩.

dock[2] ⟨f2⟩ ⟨ww.⟩

I ⟨onov.ww.⟩ **0.1** ***dokken*** *⇒(af)meren, de haven binnenlopen, in het dok gaan* **0.2** ***gekoppeld worden*** ⟨ruimteschepen⟩;

II ⟨ov.ww.⟩ **0.1** ***couperen*** ⟨staart e.d.⟩ *⇒kortstaarten, afsnijden, afknippen* **0.2** ***korten*** *⇒besnoeien, (gedeeltelijk) inhouden, niet afgeven, achterhouden* **0.3** ***beroven*** *⇒ontnemen, ontdoen van* **0.4** ***dokken*** *⇒in het dok brengen* **0.5** ***van een dok voorzien*** **0.6** ***koppelen*** ⟨ruimteschepen⟩ ◆ **6.2** £10 was ~ed **from / off** his salary *er werd £10 van zijn salaris ingehouden* **6.3** ~ s.o. **of** his pleasures *iem. zijn genoegens ontnemen.*

dock·age ['dɒkɪdʒ‖'dɑ-] ⟨n.-telb.zn.⟩ **0.1** ***dokgeld*** *⇒havengeld* **0.2** ***dokgelegenheid*** *⇒de dokken* **0.3** ***het dokken.***

'dock brief ⟨telb.zn.⟩ ⟨BE; jur.⟩ **0.1** ***instructie die in de rechtszaal overhandigd wordt aan de verdediger v.d. beklaagde.***

'dock-dues ⟨mv.⟩ **0.1** ***dokgeld*** ⇒*havengeld*.

dock·er ['dɒkə‖'dɑkər]⟨f1⟩⟨telb.zn.⟩ **0.1** ***dokwerker*** ⇒*havenarbeider, bootwerker, stuwadoor*.

dock·et[1] ['dɒkɪt‖'dɑ-]⟨telb.zn.⟩ **0.1** ⟨BE⟩ ***bon*** ⇒*borderel, douanebriefje, certificaat, bewijsstuk, reçu* **0.2** ⟨BE⟩ ***bestelformulier*** **0.3** ***korte inhoud v.e. document*** **0.4** ***label*** ⇒*etiket* **0.5** ⟨AE⟩ ***agenda*** ⇒*lijst v. te behandelen onderwerpen* **0.6** ⟨AE; jur.⟩ ***rol*** **0.7** ⟨AE; jur.⟩ ***audientieblad*** ⇒*verslag van een terechtzitting* **0.8** ⟨AE; jur.⟩ ***register van vonnissen***.

docket[2] ⟨ov.ww.⟩ **0.1** ***van een korte inhoudsopgave voorzien*** **0.2** ***van een bon/etiket/label voorzien*** ⇒*etiketteren, labelen* **0.3** ⟨AE; jur.⟩ ***inschrijven*** ⟨vonnissen e.d.⟩ **0.4** ⟨jur.⟩ ***op de rol plaatsen***.

'dock·hand, 'dock·la·bour·er ⟨telb.zn.⟩ **0.1** ***dokwerker*** ⇒*havenarbeider, bootwerker, stuwadoor*.

'dock·land ⟨n.-telb.zn.⟩⟨BE⟩ **0.1** ***gedeelte v.d. haven waar de dokken liggen*** **0.2** ***havenbuurt*** ⇒*havenkwartier, kaaien*.

'dock·mas·ter ⟨telb.zn.⟩ **0.1** ***dokmeester*** ⇒*bestuurder der dokken*.

'dock start ⟨telb.zn.⟩⟨waterskiën⟩ **0.1** ***steigerstart***.

'dock-tailed ⟨bn.⟩ **0.1** ***gecoupeerd*** ⇒*gekortstaart, met een afgesneden staart*.

'dock·yard ⟨f1⟩⟨telb.zn.⟩ **0.1** ***werf*** ⇒*haventerrein;* ⟨BE⟩ *marinewerf*.

doc·tor[1] ['dɒktə‖'dɑktər]⟨f4⟩⟨telb.zn.⟩⟨→sprw. 24⟩ **0.1** ***dokter*** ⇒*arts, geneesheer, medicus;* ⟨AE⟩ *tandarts, veearts* **0.2** ⟨D-⟩ ***doctor*** **0.3** ⟨inf.⟩ ***reparateur*** ⇒*hersteller* **0.4** ⟨sl.⟩ ***kok*** ⇒*kampkok, scheepskok* **0.5** ⟨ben. voor⟩ ***(afstel/regel) instrument*** ⇒⟨druk.⟩ *inktmes; verfafstrijkmes* **0.6** ⟨hengelsport⟩ ***kunstvlieg*** **0.7** ⟨vero.⟩ ***leraar*** ⇒*geleerde* ◆ **1.1** ⟨pej.⟩ ~'s stuff *medicijnen, pillen, poeders, drankjes en zalfjes* **1.2** ⟨gesch.⟩ Doctors' Commons *gebouw in Londen waar rechtzaken afgehandeld werden;* Doctor of Letters *doctor in de letteren;* Doctor of Philosophy *doctor* ⟨beh. voor rechten, medicijnen en theologie⟩ **1.7** Doctors of the Church *Kerkleraren* **3.1** ⟨inf.⟩ that's just what the ~ ordered *dat is net wat je nodig hebt, dat is precies wat we nodig hebben* **6.1** ⟨inf.⟩ **under** the ~ *onder doktersbehandeling* **7.¶** ⟨inf.⟩ you're the ~ *jij bent de baas*.

doctor[2] ⟨f1⟩⟨ww.⟩
I ⟨onov.ww.⟩ **0.1** ***dokteren*** ⇒*als dokter optreden, praktizeren;*
II ⟨ov.ww.⟩ **0.1** ⟨inf.⟩ ***de graad v. doctor toekennen*** **0.2** ***(medisch) behandelen*** **0.3** ⟨euf.⟩ ***helpen*** ⇒*steriliseren, castreren, snijden, lubben* **0.4** ***oplappen*** ⇒*opkalefateren, weer in orde maken* **0.5** ***knoeien met*** ⇒*vervalsen, versnijden, aanmengen, aanlengen* ◆ **1.3** our cat has been ~ed *onze kat is geholpen* **1.4** he ~ed my old car *hij heeft wat aan mijn oude auto gesleuteld* **1.5** ~ the accounts *de boeken vervalsen;* the evidence had been ~ed *het bewijsmateriaal was vervalst;* ~ a novel *sleutelen aan een roman;* the wine was ~ed *de wijn was versneden*.

doc·to·ral ['dɒktrəl‖'dɑk-]⟨bn., attr.; -ly⟩ **0.1** ***doctors-*** ⇒*v./mbt. een doctor/promotie* ◆ **1.1** ~ degree *doctorsgraad, promotie;* ~ thesis/dissertation *proefschrift*.

doc·tor·ate ['dɒktrət‖'dɑk-]⟨f1⟩⟨telb.zn.⟩ **0.1** ***doctoraat*** ⇒*waardigheid/graad v.e. doctor, doctorstitel*.

doctorial →doctoral.

'doctor's certificate ⟨telb.zn.⟩ **0.1** ***doktersverklaring/attest/briefje*** ⇒*geneeskundige/medische verklaring*.

'doctor's degree ⟨f1⟩⟨telb.zn.⟩ **0.1** ***doctorsgraad*** ⇒*doctorstitel, doctoraat*.

doc·tor·ship ['dɒktəʃɪp‖'dɑktər-]⟨n.-telb.zn.⟩ **0.1** ***doctoraat*** ⇒*doctorsgraad/titel*.

doc·tri·naire[1] ['dɒktrɪ'neə‖'dɑktrɪ'ner], **doc·tri·nar·i·an** [-rɪən] ⟨telb.zn.⟩⟨pej.⟩ **0.1** ***doctrinair*** ⇒*theoreticus, dogmaticus*.

doctrinaire[2], **doctrinarian** ⟨f1⟩⟨bn.⟩⟨pej.⟩ **0.1** ***theoretisch*** ⇒*onpraktisch* **0.2** ***doctrinair*** ⇒*bekrompen, leerstellig, hardnekkig vasthoudend*.

doc·tri·nal [dɒk'traɪnl‖'dɑktrɪnl]⟨f1⟩⟨bn.; -ly⟩ **0.1** ***leerstellig*** ⇒*dogmatisch, doctrinair*.

doc·trine ['dɒktrɪn‖'dɑk-]⟨f2⟩⟨zn.⟩
I ⟨telb.zn.⟩ **0.1** ***rechtsbeginsel*** **0.2** ***uitgangspunt v.h. buitenlands beleid v.e. regering*** ⇒*theorie, doctrine;*
II ⟨telb. en n.-telb.zn.⟩ **0.1** ***doctrine*** ⇒*leer, leerstuk, leerstelling* **0.2** ***dogma*** ⇒*beginsel*.

doc·u·dra·ma ['dɒkjʊdrɑ:mə‖'dɑkjədræmə, -drɑmə]⟨telb.zn.⟩ **0.1** ***docudrama*** ⟨op de werkelijkheid berustend drama/film enz.⟩.

doc·u·ment[1] ['dɒkjʊmənt‖'dɑkjə-]⟨f3⟩⟨telb.zn.⟩ **0.1** ***document*** ⇒*bewijsstuk, bescheid, geschreven stuk, geschrift;* ⟨jur.⟩ *akte* ◆ **1.1** ~s of the case *processtukken;* ~ of title *eigendomsbewijs*.

document[2] ['dɒkjʊment‖'dɑkjə-]⟨f2⟩⟨ov.ww.⟩ **0.1** ***documenteren*** ⇒*met bewijsstukken staven* **0.2** ***documenteren*** ⇒*voorzien v. documentatie* ◆ **1.1** a well ~ed report *een goed gedocumenteerd verslag*.

doc·u·men·ta·ry[1] ['dɒkjʊ'mentri‖'dɑkjə'men̩təri]⟨f2⟩⟨telb.zn.; →mv. 2⟩ **0.1** ***documentaire*** ⇒*documentair radioverslag/filmverslag* ◆ **3.1** dramatized ~ *docudrama*.

documentary[2], **doc·u·men·tal** ['dɒkjʊ'mentl‖'dɑkjə'men̩tl]⟨f1⟩⟨bn., attr.⟩ **0.1** ***documentair*** ⇒*op documenten berustend, feitelijk, op de werkelijkheid gebaseerd* ◆ **1.1** ⟨hand.⟩ ~ credit *documentair krediet/accreditief;* ⟨hand.⟩ ~ draft *documentaire wissel/traite;* ~ evidence *documentair bewijs;* ~ film *documentaire (film);* ⟨hand.⟩ ~ letter of credit *documentaire kredietbrief, accreditief*.

doc·u·men·ta·tion ['dɒkjʊmən'teɪʃn‖'dɑkjə-]⟨f1⟩⟨n.-telb.zn.⟩ **0.1** ***het documenteren*** ⇒*documentatie, het staven met bewijsstukken* **0.2** ***bewijsmateriaal***.

'document case ⟨telb.zn.⟩ **0.1** ***diplomatenkoffertje*** ⇒*diplomatentas, aktentas*.

'document retrieval ⟨n.-telb.zn.⟩⟨comp.⟩ **0.1** ***het ontsluiten/terugvinden v. documenten***.

DOD ⟨afk.⟩ Department of Defense ⟨in U.S.A.⟩.

dod·der[1] ['dɒdə‖'dɑdər]⟨telb.zn.⟩⟨plantk.⟩ **0.1** ***warkruid*** ⟨genus Cuscuta⟩ ⇒*duivelsnaaigaren*.

dodder[2] ⟨f1⟩⟨onov.ww.⟩ →doddering **0.1** ***beven*** ⇒*trillen* ⟨v. ouderdom, zwakte⟩ **0.2** ***schuifelen*** ⇒*strompelen, moeizaam (gaan) lopen* ◆ **6.2** the old lady ~ed **along** the road *de oude dame schuifelde voort over de weg*.

dod·dered ['dɒdəd‖'dɑdərd]⟨bn.⟩ **0.1** ***zonder kruin of bovenste takken*** ⇒*gekandelaberd*.

dod·der·er ['dɒdərə‖'dɑdərər]⟨telb.zn.⟩ **0.1** ***iem. die beeft/moeilijk loopt*** ⇒*stakker* ◆ **2.1** poor old ~ *arme ziel*.

'dod·der-grass ⟨n.-telb.zn.⟩⟨plantk.⟩ **0.1** ***trilgras*** ⇒*bevertjes* ⟨genus Briza⟩.

dod·der·ing ['dɒd(ə)rɪŋ‖'dɑ-], **dod·der·y** ['dɒdəri‖'dɑ-]⟨bn.; dodderingly; eerste variant teg. deelw. v. dodder⟩ **0.1** ***beverig*** ⇒*bevend, trillend* **0.2** ***onzeker bewegend*** ⇒*wankelend* **0.3** ⟨AE⟩ ***suf*** ⇒*seniel*.

dod·dle[1] ['dɒdl‖'dɑdl]⟨telb.zn.⟩⟨BE; inf.⟩ **0.1** ***makkie*** ⇒*gemakkelijk karweitje, fluitje van een cent* ◆ **4.1** it was a ~ *er was niets aan, het was doodeenvoudig*.

doddle[2] ⟨onov.ww.⟩⟨gew.⟩ **0.1** ***waggelen*** ⇒*strompelen*.

do·dec·a·gon ['doʊ'dekəgən‖-gɑn]⟨telb.zn.⟩ **0.1** ***twaalfhoek***.

do·dec·a·he·dron ['doʊdekə'hedrən, -'hi:-]⟨telb.zn.; ook dodecahedra [-drə]; →mv. 5⟩ **0.1** ***dodecaëder*** ⇒*twaalfvlak*.

do·dec·a·phon·ic ['doʊdekə'fɒnɪk‖-'fɑ-]⟨bn.⟩ **0.1** ***dodecafonisch*** ⇒*twaalftonig, mbt. de dodecafonie/twaalftoonsmuziek*.

do·dec·a·syl·la·ble ['doʊdekə'sɪləbl]⟨telb.zn.⟩⟨lit.⟩ **0.1** ***vers met twaalf lettergrepen***.

dodge[1] [dɒdʒ‖dɑdʒ]⟨f2⟩⟨telb.zn.⟩ **0.1** ***sprong*** ⇒*ontwijkende beweging, zijsprong* **0.2** ⟨inf.⟩ ***foefje*** ⇒*trucje, slimmigheidje, kneep, draai, kunstje, streek, uitvinding* **0.3** ***variatie in de volgorde v.h. luiden v. klokken***.

dodge[2] ⟨f2⟩⟨ww.⟩
I ⟨onov.ww.⟩ **0.1** ***heen en weer bewegen*** ⇒*opzij springen, van plaats veranderen* **0.2** ⟨ben. voor⟩ ***snel bewegen*** ⇒*rennen, springen, duiken* **0.3** ***uitvluchten zoeken*** ⇒*(eromheen) draaien* **0.4** ***afwijken van de gewone volgorde bij het luiden van klokken*** ◆ **5.1** she was tired of dodging **backward** and **forward** *zij was moe van het heen en weer rennen* **6.2** the woman ~d **behind** the chair *de vrouw dook weg achter de stoel;* the thief ~d **round** the corner and got away *de dief rende de hoek om en ontkwam;*
II ⟨ov.ww.⟩ **0.1** ***ontwijken*** ⇒*vermijden, ontduiken* **0.2** ***te slim af zijn*** ◆ **1.1** she ~d the blow *zij ontweek de klap;* he kept dodging the question *hij bleef de vraag ontwijken;* he ~d the regulations *hij ontdook de voorschriften*.

dodg·em ['dɒdʒəm‖'dɑ-]⟨telb.zn.⟩⟨BE⟩ **0.1** ***botsautootje*** ⇒*autoscooter, kermisautootje*.

dodg·er ['dɒdʒə‖'dɑdʒər]⟨f2⟩⟨telb.zn.⟩ **0.1** ***ontduiker*** ⇒*ontwijker* **0.2** ***goochemerd*** ⇒*slimmerik, gewiekst persoon, leperd* **0.3** ⟨scheep.⟩ ***buiskleed*** ⟨op verschansing, tegen buiswater⟩ ⇒*spatzeil, buiskap* **0.4** ⟨AE⟩ ***strooibiljet*** **0.5** ⟨AE⟩ ***maiscake*** **0.6** ⟨sl.⟩ ***broodje*** ⇒*sandwich, brood, eten*.

dodg·y ['dɒdʒi‖'dɑdʒi]⟨bn.; -er; →compar. 7⟩⟨vnl. BE; inf.⟩ **0.1** ***goochem*** ⇒*slim, gewiekst, leep, listig, geslepen, moeilijk te vangen* **0.2** ***hachelijk*** ⇒*netelig, gewaagd, riskant, lastig* **0.3** ***onbetrouwbaar*** ⇒*onzeker, wankel, moeilijk* ◆ **1.2** ~ idea *gewaagd idee;* ~ situation *netelige situatie* **1.3** careful! that sofa is ~ *pas op! die sofa is nogal wankel*.

do·do ['doʊdoʊ]⟨f1⟩⟨telb.zn.; ook -es; →mv. 2⟩ **0.1** ***dodo*** ⇒*walgvogel* ⟨uitgestorven vogel⟩ **0.2** ⟨inf.⟩ ***ouderwets iemand*** ⇒*fossiel* **0.3** ⟨inf.⟩ ***domoor*** ⇒*stommerd, stommerik* **0.4** ⟨inf.⟩ ***traag/passief iemand*** ◆ **2.2** as dead as a ~ *volkomen verouderd/achterhaald, zo dood als een pier*.

doe [doʊ]⟨telb.zn.; ook doe; →mv. 4⟩ **0.1** ⟨ben. voor⟩ ***wijfje v.e. damhert/konijn/haas/rendier*** ⇒*damhinde; moerkonijn, voedster, moerhaas*.

DOE ⟨afk.⟩ Department of the Environment; Department of Energy ⟨in de U.S.A.⟩.

do·er ['du:ə‖-ər]⟨telb.zn.⟩ **0.1** ***iem. die handelend optreedt*** ⇒*man van de daad, aanpakker, doener* **0.2** ⟨vero.; Austr. E⟩ ***excentriekeling*** ◆ **1.1** be ye ~s of the word *weest daders des woords* ⟨Jac. 1:22⟩ **7.1** he's a talker, not a ~ *hij praat liever dan dat hij iets doet.*

does [dəz⟨sterk⟩dʌz]⟨3e pers. enk. teg. t.; →t2⟩ →do.

'doe·skin ⟨zn.⟩
I ⟨telb.zn.⟩ **0.1** ***hertehuid/geitehuid;***
II ⟨n.-telb.zn.⟩ **0.1** ⟨ook attr.⟩ ***herteleer/geiteleer*** **0.2** ***fijne wollen stof*** ⇒*soort bukskin* ◆ **1.1** ~ gloves *geiteleren handschoenen.*

doest ['du:ɪst]⟨2e pers. enk. teg. t., vero. of relig.; →t2⟩ →do.

doeth ['du:ɪθ]⟨→t2⟩ →do.

doff [dɒf‖dɑf, dɔf]⟨ov.ww.⟩⟨vero.⟩ **0.1** ***zich ontdoen van*** ⟨kleding⟩ ⇒*afleggen, uitdoen, uittrekken* **0.2** ***afnemen*** ⇒*afzetten* ⟨hoed⟩ ◆ **1.1** the ladies ~ed their coats and gloves *de dames ontdeden zich van hun mantel en handschoenen* **1.2** he ~ed his hat *hij lichtte zijn hoed.*

dog[1] [dɒg‖dɔg]⟨f3⟩⟨zn.⟩⟨→sprw. 11, 36, 52, 123, 153, 154, 217, 388, 422, 649, 751, 754, 771⟩
I ⟨telb.zn.⟩ **0.1** ***hond*** ⇒*wilde hond, jachthond* **0.2** ⟨ook attr.⟩ ⟨ben. voor⟩ ***mannetje v.d. hond/vos/wolf*** ⇒*reu, rekel, mannetjesvos, mannetjeswolf* **0.3** ***hond*** ⟨scheldwoord⟩ ⇒*ellendeling, beroerling, schoft* **0.4** ⟨inf.⟩ ***(onbetrouwbare) kerel*** ⇒*vent* **0.5** ⟨AE; sl.⟩ ***inferieur iets*** ⇒*misbaksel, wanproduct, troep* **0.6** ⟨AE; sl.⟩ ***mislukking*** ⇒*fiasco, flop, echec* **0.7** ***klauw*** ⇒*klemhaak, klamp* **0.8** ⟨AE; sl.⟩ ***lelijk meisje*** ⇒*trut* **0.9** ⟨AE; sl.⟩ ***hotdog*** ⇒*(frankfurter) worstje, knakworstje* **0.10** →firedog **0.11** →dogfish ◆ **1.¶** not a ~'s chance *geen schijn van kans;* he is a ~ in the manger *hij kan de zon niet in het water zien schijnen;* like a ~ with two tails *blij/gelukkig als een kind, dolblij;* ~s of war *verschrikkingen v.d. oorlog* **2.3** he is a dirty ~ *hij is een echte ellendeling/rotzak* **2.4** lucky ~ *bofferd;* old ~ *oude rot;* sly ~ *slimme vogel;* gay ~ *vrolijke Frans* **3.1** treat s.o. like a ~ *iem. honds behandelen;* die like a ~ *als een hond creperen;* work like a ~ *werken als een paard* **3.¶** ~ eats ~ *homo homini lupus, de mens is de mens een wolf, de ene mens is voor de andere een wolf;* give/throw sth. to the ~s *iets weggooien, iets eraan geven;* go to the ~s *naar de bliksem/kelder gaan, failliet gaan;* ⟨AE; inf.⟩ put on the ~ *gewichtig doen;* try it on the ~ *iets testen op een onbelangrijk proefobject;*
II ⟨mv.; ~s⟩ **0.1** ⟨the⟩⟨inf.⟩ ***(wind)hondenrennen*** **0.2** ⟨sl.⟩ ***voeten.***

dog[2] ⟨ov.ww.; →ww. 7⟩ **0.1** ***(achter)volgen*** ⇒*(achter)nazitten, schaduwen, op de voet volgen* **0.2** ***grijpen met een klauw*** **0.3** ***vastzetten in een klemhaak/klamp*** **0.4** ⟨AE; sl.⟩ ***pesten*** ⇒*sarren, jennen* ◆ **1.1** ~ged by misfortune *door het ongeluk achtervolgd* **4.¶** ⟨AE; sl.⟩ ~ it *wegrennen, weghollen, vluchten; 'm drukken, er de kantjes aflopen.*

dog·ate ['doʊgeɪt]⟨n.-telb.zn.⟩ **0.1** ***ambt/waardigheid v.e. doge.***

'dog·ber·ry ⟨telb.zn.⟩⟨plantk.⟩ **0.1** ***(bes v.) rode kornoelje*** ⟨Cornus sanguinea⟩ **0.2** ***(bes v.) beredruif*** ⟨Arctostaphylos uva-ursi⟩ **0.3** →dog rose **0.4** ***wilde kruisbes*** ⟨Ribes cynosbati⟩.

'dog-bis·cuit ⟨telb.zn.⟩ **0.1** ***brokje/stukje hondebrood*** ⇒*hondebrok(je)* **0.2** ⟨AE; inf.⟩ ***cracker*** **0.3** ⟨AE; sl.⟩ ***lelijk meisje*** ⇒*trut.*

'dog·cart ⟨telb.zn.⟩ **0.1** ***dog-cart*** ⇒*dogkar* ⟨tweewielig rijtuig waarin men rug aan rug zit⟩ **0.2** ***hondekar*** ⇒*karretje.*

'dog·catch·er ⟨telb.zn.⟩ **0.1** ***hondemepper.***

'dog-clutch ⟨telb.zn.⟩ **0.1** ***tandkoppeling*** ⇒*klauwkoppeling.*

'dog collar ⟨telb.zn.⟩ **0.1** ***halsband*** **0.2** ***hoge boord*** **0.3** ⟨scherts.⟩ ***boord v.e. geestelijke*** **0.4** ***nauwsluitend collier.***

'dog daisy ⟨telb.zn.⟩⟨plantk.⟩ **0.1** ***madeliefje*** ⇒*meizoentje* ⟨Bellis perennis⟩ **0.2** ***margriet*** ⇒*witte ganzebloem, grote madelief, wambuisknoop* ⟨Chrysanthemum leucanthemum⟩.

'dog days ⟨mv.; the⟩ **0.1** ***hondsdagen*** ⇒*warmste tijd v.h. jaar* **0.2** ***komkommertijd.***

doge [doʊdʒ]⟨telb.zn.⟩⟨gesch.⟩ **0.1** ***doge*** ⟨in Venetië en Genua⟩.

'dog-ear[1], **'dog's-ear** ⟨f1⟩⟨telb.zn.⟩ **0.1** ***ezelsoor*** ⟨in bladzij⟩.

dog-ear[2] ⟨ov.ww.⟩ **0.1** ***ezelsoren maken in.***

'dog-eared ⟨f1⟩⟨bn.⟩ **0.1** ***met ezelsoren*** ⟨bladzij⟩.

'dog-eat-'dog ⟨bn., attr.⟩ **0.1** ***meedogenloos*** ⇒*onmeedogend, onmenselijk.*

'dog-end ⟨telb.zn.⟩⟨sl.⟩ **0.1** ***peuk*** ⇒*sigarettepeukje.*

'dog fennel ⟨n.-telb.zn.⟩⟨plantk.⟩ **0.1** ***stinkende kamille*** ⇒*hondsvenkel, hondsdistel* ⟨Anthemis cotula⟩.

'dog·fight ⟨telb.zn.⟩ **0.1** ***hondengevecht*** **0.2** ***vechtpartij*** ⇒*ruzie* **0.3** ***luchtgevecht.***

'dog·fish ⟨telb.zn.⟩⟨dierk.⟩ **0.1** ***hondshaai*** ⟨Scyllium canicula⟩ **0.2** ***moddersnoek*** ⟨Noord-Am. zoetwatervis; Amia calva⟩.

'dog-fox ⟨telb.zn.⟩ **0.1** ***mannetjesvos*** ⇒*rekel.*

dog·ged ['dɒgɪd‖'dɔgɪd]⟨f2⟩⟨bn.; -ly; -ness⟩ **0.1** ***vasthoudend*** ⇒*volhardend, hardnekkig, persistent, koppig* ◆ **¶.¶** it's ~ as/that does it *de aanhouder wint.*

dog·ger ['dɒgə‖'dɔgər]⟨telb.zn.⟩⟨scheep.⟩ **0.1** ***dogger*** ⇒*dagboot.*

dog·ger·el[1], **dog·grel** ['dɒgrəl‖'dɔ-, 'dɑ-]⟨n.-telb.zn.⟩ **0.1** ***rijmelarij*** ⇒*rijmerij* **0.2** ***kreupelrijm*** ⇒*ulevellenrijm.*

doggerel[2], **doggrel** ⟨bn., attr.⟩ **0.1** ***bij elkaar gerijmeld*** ⇒*inhoudsloos en kreupel* ⟨rijmpje⟩.

dog·ger·y ['dɒgəri‖'dɔ-]⟨telb.zn.; →mv. 2⟩ **0.1** ***rotstreek*** ⇒*honds gedrag, gemeen/onheus gedrag* **0.2** ***troep honden*** ⇒*meute* **0.3** ***groep gespuis*** ⇒*gepeupel.*

dog·gie, dog·gy ['dɒgi‖'dɔgi]⟨f1⟩⟨telb.zn.; →mv. 2⟩ **0.1** ***hondje.***

'dog·gie bag ⟨f1⟩⟨telb.zn.⟩⟨AE⟩ **0.1** ***tas/zak om het restant v.e. maaltijd in een restaurant mee naar huis te nemen.***

dog·gish ['dɒgɪʃ‖'dɔ-]⟨bn.; -ly; -ness⟩ **0.1** ***v./mbt. een hond*** ⇒*honde-* **0.2** ***honds*** ⇒*lomp, onbeschaamd, onbeschoft, onvriendelijk* **0.3** ⟨inf.⟩ ***chic*** ⇒*elegant, zwierig, modieus.*

dog·go ['dɒgoʊ‖'dɔ-]⟨bw.⟩⟨BE; inf.⟩ **0.1** ***doodstil*** ⇒*muisstil* ◆ **3.1** lie ~ *zich koest houden, zich doodstil/gedeisd houden.*

dog·gone[1] ['dɒgɒn‖'dɑgɑn], **dog·goned** ['dɒgɒnd‖'dɑgɑnd]⟨bn., attr.⟩⟨AE; inf.⟩ **0.1** ***verdraaid*** ⇒*donders, verduiveld, verrekt, verdomd.*

doggone[2] ⟨ov.ww.⟩⟨AE; inf.⟩ **0.1** ***vervloeken*** ⇒*verdoemen* ◆ **3.1** I'll be ~d if I do it *ik mag barsten als ik het doe* **4.1** ~ him *de duivel hale hem;* ~ it *wel verdraaid, wel (pot)verdorie.*

doggone[3] ⟨bw.⟩⟨AE; inf.⟩ **0.1** ***verdraaid*** ⇒*verduiveld, verdomd, verrekt, ontzettend, vreselijk* ◆ **2.1** it's ~ hot today *het is verdomd warm vandaag.*

'dog grass, 'dog's grass ⟨n.-telb.zn.⟩⟨plantk.⟩ **0.1** ***kruipend struisgras*** ⇒*moerasstruisgras* ⟨Agrostis canina⟩ **0.2** ***kweek(gras)*** ⟨Agropyrum repens⟩ **0.3** ***Eleusine indica.***

doggy[1] →doggie.

dog·gy[2] ⟨bn., attr.; -ness; →bijw. 3⟩ **0.1** ***(als) van een hond*** ⇒*honde-* **0.2** ***dol op honden*** ◆ **1.1** there was a ~ smell in the room *er hing een hondenluchtje in de kamer* **1.2** I am not a ~ kind of person *ik ben niet zo'n hondenliefhebber.*

'dog hole ⟨telb.zn.⟩ **0.1** ***hondehok*** ⇒*kot, armoedig huisje* **0.2** ***gat*** ⇒*opening* ⟨als in een mijngang⟩ **0.3** ⟨AE; gew.⟩ ***inham*** ⇒*insteekhaven* ⟨waar schepen hout laden⟩.

'dog·house ⟨f1⟩⟨telb.zn.⟩⟨AE⟩ **0.1** ***hondehok*** ⟨ook fig.⟩ **0.2** ⟨sl.; muz.⟩ ***contrabas*** ◆ **6.¶** ⟨sl.⟩ be **in** the ~ *uit de gratie zijn, eruit liggen.*

do·gie, do·gy ['doʊgi]⟨telb.zn.; →mv. 2⟩⟨AE⟩ **0.1** ***moederloos/verdwaald kalf.***

'dog Latin ⟨eig.n.⟩ **0.1** ***potjeslatijn.***

'dog·leg ⟨telb.zn.⟩ **0.1** ***scherpe bocht/hoek*** ⇒ ⟨i.h.b.⟩ *plotselinge koerswijziging v.e. vliegtuig;* ⟨sl.; golf⟩ *dogleg* ⟨bochtig gedeelte v. baan in vorm v. hondepoot⟩.

dog·leg·ged ['dɒglegd, -legɪd‖'dɔg-]⟨bn.⟩ **0.1** ***met een scherpe hoek*** ◆ **1.1** ~ staircase *trap met scherpe bocht/draai, zigzagtrap.*

'dog·like ⟨bn.⟩ **0.1** ***(als) v.e. hond*** ⇒*honde-* ◆ **1.1** ~ devotion *hondetrouw.*

dog·ma ['dɒgmə‖'dɔg-, 'dɑg-]⟨f1⟩⟨zn.; ook dogmata [-mət̬ə]; →mv. 5⟩
I ⟨telb.zn.⟩ **0.1** ***dogma*** ⇒*geloofsartikel, leerstuk, leerstelling* **0.2** ***stellige meningsuiting*** ◆ **2.¶** political ~s *politieke dogmas;*
II ⟨n.-telb.zn.⟩ **0.1** ***dogma*** ⇒*geloofsleer, leer, doctrine.*

dog·mat·ic [dɒg'mætɪk‖dɔg'mæt̬ɪk, dɑg-], **dog·mat·i·cal** [-ɪkl]⟨f2⟩⟨bn.; -(al)ly; →bijw. 3⟩ **0.1** ***dogmatisch*** ⇒*op een dogma berustend, leerstellig* **0.2** ***meesterachtig*** ⇒*autoritair, geen tegenspraak duldend, arrogant, zelfverzekerd, met stelligheid geponeerd* ◆ **1.1** his ~ manner annoyed me *ik ergerde mij aan zijn autoritaire manier van doen.*

dog·mat·ics [dɒg'mætɪks‖dɔg'mæt̬ɪks, dɑg-]⟨n.-telb.zn., mv.⟩ **0.1** ***dogmatiek*** ⇒*leer der dogma's, wetenschap v.d. geloofsleer.*

dog·ma·tism ['dɒgmətɪzm‖'dɔg-, 'dɑg-]⟨n.-telb.zn.⟩ **0.1** ***dogmatisme*** ⇒*dogmatiek, het vooropstellen van en vasthouden aan dogma's.*

dog·ma·tist ['dɒgmətɪst‖'dɔgmət̬ɪst, 'dɑg-]⟨telb.zn.⟩ **0.1** ***dogmaticus*** ⇒*iem. die aan dogma's hangt* **0.2** ***dogmatist*** ⇒*iem. die iets met stelligheid poneert.*

dog·ma·tize, -tise ['dɒgmətaɪz‖'dɔg-, 'dɑg-]⟨onov. en ov.ww.⟩ **0.1** ***dogmatiseren*** ⇒*(zich) dogmatisch uitdrukken, met stelligheid poneren, autoritair beweren, als een dogma naar voren brengen.*

do-good ['du:gʊd]⟨bn., attr.⟩ **0.1** ⟨iron.⟩ ***filantropisch*** **0.2** ***weldoend*** ⟨op naïeve en onpraktische wijze⟩ **0.3** ***wereldverbeterend.***

do-good·er ['du:'gʊdə‖'du:gʊdər]⟨telb.zn.⟩ **0.1** ⟨iron.⟩ ***(naïeve/onpraktische) weldoener*** **0.2** ***wereldverbeteraar*** ⇒*hemelbestormer.*

'dog paddle ⟨n.-telb.zn.⟩ **0.1** ⟨ben. voor⟩ ***elementaire wijze van zwemmen*** ⇒*het zwemmen op z'n hondjes.*

dog-pad·dle ⟨onov.ww.⟩ **0.1** ***op z'n hondjes zwemmen.***

'dog rose ⟨telb.zn.⟩⟨plantk.⟩ **0.1** ***hondsroos*** ⇒*wilde roos* ⟨Rosa canina⟩.

'dog's age ⟨n.-telb.zn.⟩⟨inf.⟩ **0.1** ***eeuwigheid*** *⇒lange tijd.*

dogs·bod·y ['dɒgzbɒdi‖'dɔgzbɑdi]⟨telb.zn.⟩⟨inf.⟩ **0.1** ***duvelstoejager*** *⇒factotum, sloof, toegewijde slaaf* **0.2** ⟨scheep.⟩ ***jongste officier*** ◆ **2.1** a general ~ *een manusje-van-alles.*

'dog's 'breakfast ⟨n.-telb.zn.⟩⟨BE; inf.⟩ **0.1** ***knoeiboel*** *⇒rommel, rotzooi.*

'dog's 'dinner ⟨telb.zn.⟩⟨BE; inf.⟩ ◆ **8.¶** (dressed up) like a ~ *(overdreven) chic/opzichtig (gekleed), in een apepak.*

'dog's-ear¹ ⟨f1⟩⟨telb.zn.⟩ **0.1** ***ezelsoor*** ⟨in bladzij⟩.

'dog's-ear² ⟨f1⟩⟨ov.ww.⟩ **0.1** ***ezelsoren maken in.***

'dog·shore ⟨telb.zn.⟩⟨scheep.⟩ **0.1** ***klink*** *⇒dokschoor.*

'dog·skin ⟨zn.⟩
I ⟨telb.zn.⟩ **0.1** ***hondevel*** *⇒huid v.e. hond;*
II ⟨n.-telb.zn.⟩ **0.1** ***(namaak)hondeleer.***

'dog·sleep ⟨n.-telb.zn.⟩ **0.1** ***hazeslaapje.***

'dog's life ⟨f1⟩⟨n.-telb.zn.⟩ **0.1** ***hondeleven*** *⇒ellendig bestaan* ◆ **3.1** lead a ~ *een hondeleven hebben;* lead s.o. a ~ *iem. het leven zuur maken.*

'dog's meat ⟨n.-telb.zn.⟩ **0.1** ***hondevlees*** *⇒vlees(afval) voor honden.*

'dog's nose ⟨telb. en n.-telb.zn.⟩ **0.1** ⟨inf.⟩ ***bier met gin/rum*** *⇒*⟨ong.⟩ *kopstoot.*

'dog·spike ⟨telb.zn.⟩ **0.1** ***spoorspijker*** *⇒haakbout, haaknagel.*

'dog's-tail ⟨n.-telb.zn.⟩⟨plantk.⟩ **0.1** ***kamgras*** ⟨Cynosurus cristatus⟩.

Dog Star ['dɒg stɑː‖'dɔg stɑr]⟨eig.n.⟩ **0.1** ***Hondsster*** *⇒een v.d. sterren v.d. Grote Hond, Sirius* **0.2** ***Procyon*** *⇒een v.d. sterren v.d. Kleine Hond.*

'dog's-tongue ⟨n.-telb.zn.⟩⟨plantk.⟩ **0.1** ***hondstong*** *⇒hondskruid* ⟨Cynoglossum officinale⟩.

'dog tag ⟨telb.zn.⟩ **0.1** ***hondepenning*** **0.2** ⟨AE; sl.; mil.⟩ ***identiteitsplaatje*** ⟨v. militairen⟩.

'dog-'tired ⟨f1⟩⟨bn.⟩ **0.1** ***hondsmoe*** *⇒doodop, uitgeput.*

'dog·tooth, ⟨in bet. 0.2 ook⟩ **'dog's tooth** ⟨telb.zn.⟩ **0.1** ⟨bouwk.⟩ ***ruit(patroon)*** *⇒ornament/lijst met vierpuntig bladmotief* ⟨Romaanse en vroeg-Gotische periode⟩ **0.2** ⟨plantk.⟩ ***Erythronium*** ⟨soort viooltje⟩ **0.3** →canine tooth.

'dog·trot ⟨telb.zn.; vnl. enk.⟩ **0.1** ***soepel drafje*** *⇒sukkeldrafje.*

'dog-vi·o·let ⟨telb.zn.⟩⟨plantk.⟩ **0.1** ***hondsviooltje*** ⟨Viola canina⟩.

'dog·watch ⟨telb.zn.⟩⟨scheep.⟩ **0.1** ***platvoetwacht*** *⇒wacht van 16 tot 18/van 18 tot 20 uur; dagwacht.*

'dog-wolf ⟨telb.zn.⟩ **0.1** ***mannetjeswolf.***

'dog·wood ⟨n.-telb.zn.⟩ **0.1** ***Amerikaans kornoelje*** ⟨Cornus florida⟩ **0.2** ***kornoelje*** ⟨elke heester v.h. genus Cornus⟩.

doh, do [doʊ]⟨telb. en n.-telb.zn.⟩⟨muz.⟩ **0.1** ***do*** *⇒ut.*

DOHC ⟨afk.⟩ Double Overhead Camshaft.

doi·ly, doy·l(e)y ['dɔɪli]⟨telb.zn.; →mv. 2⟩ **0.1** ***onderleggertje*** ⟨v. kant, papier e.d., bv. onder cake⟩ **0.2** ***vingerdoekje.***

do·ing ['duːɪŋ]⟨f1⟩⟨zn.; oorspr. gerund v. do⟩
I ⟨telb.zn.⟩ **0.1** ***handeling*** *⇒het handelen, het (toe)doen* **0.2** ⟨inf.⟩ ***uitbrander*** *⇒standje* **0.3** ⟨inf.⟩ ***pak slaag*** ◆ **2.3** that child needs a thorough ~ *dat kind moet er eens flink van langs krijgen* **4.1** it is all their ~ *het is allemaal hun toedoen/schuld;*
II ⟨mv.; ~s⟩ **0.1** ***daden*** *⇒handelingen* **0.2** ***feestje*** *⇒partijtje* **0.3** ⟨BE; inf.⟩ ***dingetjes*** *⇒dinges* ◆ **4.1** keep me informed of her ~s *hou mij van haar doen en laten op de hoogte.*

'do·ing-'out ⟨telb.zn.⟩ **0.1** ***schoonmaakbeurt.***

doit [dɔɪt]⟨telb.zn.⟩⟨vero.⟩ **0.1** ***duit*** *⇒beetje geld, kleinigheid.*

doi·ted ['dɔɪtɪd]⟨bn.⟩⟨Sch. E⟩ **0.1** ***in de war*** *⇒gek, kinds.*

'do-it-your'self ⟨f1⟩⟨bn., attr.⟩ **0.1** ***doe-het-zelf.***

do-it-your·self·er ['duːɪtjə'selfə‖-ər]⟨f1⟩⟨telb.zn.⟩ **0.1** ***doe-het-zelver.***

do·jo ['doʊɪoʊ, 'doʊdʒoʊ]⟨telb.zn.⟩⟨vechtsport⟩ **0.1** ***dojo*** ⟨oefenplaats/zaal⟩.

dol ⟨afk.⟩ dollar.

Dol·by ['dɒlbi‖'dɑlbi]⟨n.-telb.zn.⟩ **0.1** ***Dolby(-systeem)*** ⟨mechanisme voor ruisonderdrukking⟩.

dol·ce far nien·te ['dɒltʃeɪ fɑː ni'enti‖'doʊltʃeɪ fɑr ni'enti]⟨n.-telb.zn.⟩ **0.1** ***dolce far niente*** *⇒het zalig nietsdoen.*

dol·drums ['dɒldrəmz‖'doʊl-]⟨mv.⟩ **0.1** ***neerslachtigheid*** *⇒gedeprimeerdheid* **0.2** ***het stilliggen v.e. schip*** **0.3** ⟨fig.⟩ ***stilstand*** *⇒stagnatie* **0.4** ***stiltegordel*** *⇒streek v. windstilte rond de evenaar* ◆ **6.1** be **in** the ~ *in de put zitten.*

dole¹ [doʊl]⟨f2⟩⟨zn.⟩
I ⟨telb.zn.; vnl. enk.⟩ **0.1** ***bedeling*** *⇒uitdeling, toedeling* **0.2** ***aalmoes*** *⇒gift, gave;*
II ⟨n.-telb.zn.; the⟩ **0.1** ⟨BE⟩ ***werkloosheidsuitkering*** *⇒steun* **0.2** ⟨schr.⟩ ***smart*** *⇒leed, verdriet* **0.3** ⟨schr.⟩ ***jammerklacht*** *⇒weeklacht, klaaglied, geweeklaag, gelamenteer* **0.4** ⟨vero.⟩ ***lot*** *⇒lotsbestemming, noodlot, fatum* ◆ **6.1** be **on** the ~ *steun trekken;* go **on** the ~ *in de steun gaan lopen.*

dole² ⟨ov.ww.⟩ **0.1** ***uitdelen*** ◆ **5.1** ~ **out** *(karig) uitdelen, (spaarzaam) toebedelen.*

'dole card ⟨telb.zn.⟩ **0.1** ***stempelkaart.***

dole·ful ['doʊlfl]⟨bn.; -ly; -ness⟩ **0.1** ***somber*** *⇒naargeestig, akelig* **0.2** ***treurig*** *⇒bedroefd, droevig, neerslachtig, zwaarmoedig, droefgeestig.*

dol·er·ite ['dɒləraɪt‖'dɑ-]⟨n.-telb.zn.⟩ **0.1** ⟨vnl. BE⟩⟨geol.⟩ ***doleriet*** *⇒diabaas, basaltgesteente, donker stollingsgesteente.*

dol·i·cho·ce·phal·ic ['dɒlɪkoʊsɪ'fælɪk‖'dɑ-], **dol·i·cho·ceph·a·lous** [-'sefələs]⟨bn.⟩⟨anat.⟩ **0.1** ***dolichocefaal*** *⇒langschedelig.*

doll¹ [dɒl‖dɑl, dɔl]⟨f3⟩⟨telb.zn.⟩ **0.1** ***pop*** **0.2** ⟨inf.⟩ ***mooie (maar domme) vrouw*** ⟨vooral een blondine⟩ **0.3** ⟨sl.⟩ ***meisje*** *⇒meid* **0.4** ⟨sl.⟩ ***schat*** ⟨ook v. mannen⟩ *⇒stuk, spetter* ◆ **1.3** guys and ~s *kerels en meiden* **1.4** her new boyfriend is a real ~ *haar nieuwe vriend is echt een leuke vent om te zien* **3.¶** ⟨sl.⟩ cutting out (paper) ~s *gek, geschift, lijp* **7.4** Will you do it? You are a ~! *Doe je het? Je bent een schat!.*

doll² ⟨onov. en ov.ww.; wederk. ww.⟩⟨sl.⟩ **0.1** ***zich optutten*** ◆ **5.1** ~ o.s. **up** *zich snoezig aankleden, zich uitdossen, zich opdirken.*

dol·lar ['dɒlə‖'dɑlər]⟨f3⟩⟨telb.zn.⟩ **0.1** ⟨vnl. enk.⟩ ***dollar*** **0.2** ***muntstuk/bankbiljet van één dollar*** *⇒dollarstuk, dollarbriefje* **0.3** ⟨gesch.⟩ ***taler*** ⟨oude Duitse en Oostenrijkse zilveren munt⟩ *⇒daalder* ◆ **7.¶** ⟨inf.⟩ (like) a million ~s *helemaal te gek.*

'dollar area ⟨n.-telb.zn.⟩⟨geldw.⟩ **0.1** ***dollarzone*** ⟨landen waar de munteenheid gekoppeld is aan de dollar⟩.

'dol·lar-bird ⟨telb.zn.⟩⟨dierk.⟩ **0.1** ***dollarvogel*** ⟨aan de ijsvogel verwante Australische vogel; Eurystomus orientalis⟩.

'dollar di'plomacy ⟨n.-telb.zn.⟩ **0.1** ***dollardiplomatie*** ⟨het bevorderen v. financiële en commerciële belangen in het buitenland⟩.

'dollar gap ⟨telb.zn.⟩⟨geldw.⟩ **0.1** ***dollartekort.***

'dollar mark, 'dollar sign ⟨telb.zn.⟩ **0.1** ***dollarteken*** ⟨$⟩.

'dollar spot ⟨telb.zn.⟩ **0.1** ***verkleurde plek in een gazon*** ⟨veroorzaakt door een schimmel⟩.

'doll·face ⟨telb.zn.⟩ **0.1** ***poppesnoetje*** *⇒mooi smoeltje.*

dol·lop¹ ['dɒləp‖'dɑ-]⟨telb.zn.⟩⟨inf.⟩ **0.1** ***kwak*** *⇒hoeveelheid, massa, hoop, brok, klomp, portie, scheut* **0.2** ***(klein) beetje*** *⇒greintje, druppeltje* ◆ **1.1** he added a ~ of rum *hij deed er een scheut rum bij.*

dollop² ⟨ov.ww.; →ww. 7⟩⟨vnl. BE⟩ **0.1** ***in grote hoeveelheden opscheppen*** ◆ **5.1** she ~ped **out** the custard *zij kwakte de vla royaal op de borden.*

'doll's house, ⟨AE⟩ **'doll·house** ⟨telb.zn.⟩ **0.1** ***poppenhuis*** **0.2** ***popperig/klein huisje.***

dol·ly¹ ['dɒli‖'dɑli]⟨f1⟩⟨telb.zn.; →mv. 2⟩ **0.1** ⟨kind.⟩ ***pop(je)*** **0.2** ***wasstamper*** **0.3** ***dolly*** *⇒verrijdbaar statief* ⟨voor camera⟩, *rijdend plateau* ⟨voor zware vrachten, om onder auto te werken e.d.⟩ **0.4** ⟨inf.; cricket⟩ ***makkelijk balletje*** *⇒eitje, makkie* **0.5** ⟨inf.⟩ ***stuk*** *⇒leuk/aantrekkelijk meisje* **0.6** ⟨sl.⟩ ***methadon(tabletje).***

dolly² ⟨bn.⟩ **0.1** ⟨inf.⟩ ***aantrekkelijk*** *⇒leuk, modieus* **0.2** ⟨cricket⟩ ***makkelijk (te vangen/te slaan)*** ◆ **1.1** a ~ girl *een leuk meisje, een poes, een snoes.*

dolly³ ⟨onov.ww.; →ww. 7⟩ **0.1** ***met een film/t.v.-camera een rijer maken*** ◆ **5.1** he dollied **in/up** to the house and then dollied **out** slowly *hij reed met de camera in op het huis en toen weer langzaam uit.*

'dol·ly-bird ⟨telb.zn.⟩⟨inf.⟩ **0.1** ***stuk*** *⇒leuk/aantrekkelijk meisje.*

'dol·ly-mix·ture ⟨n.-telb.zn.⟩ **0.1** ***tumtum*** *⇒snoepgoed.*

Dolly Var·den ['dɒli 'vɑːdn‖'dɑli 'vɑrdn]⟨telb.zn.⟩ **0.1** ⟨dierk.⟩ ***Noord-Amerikaanse zalmforel*** ⟨Salvelinus malma⟩ **0.2** ***grote dameshoed met bloemgarnering*** ⟨naar romanfiguur v. Dickens⟩ **0.3** ***bloemetjesjapon*** ⟨naar romanfiguur v. Dickens⟩.

dol·man ['dɒlmən‖'doʊl-]⟨telb.zn.⟩ **0.1** ***lang Turks gewaad*** **0.2** ***dolman*** *⇒huzarenjasje* **0.3** ***dolman*** ⟨damesjasje met vleermuismouwen, afgezet met bont⟩.

'dolman 'sleeve ⟨telb.zn.⟩ **0.1** ***vleermuismouw.***

dol·men ['dɒlmən‖'doʊl-]⟨telb.zn.⟩ **0.1** ***dolmen.***

dol·o·mite ['dɒləmaɪt‖'doʊ-]⟨n.-telb.zn.⟩⟨geol.⟩ **0.1** ***dolomiet*** *⇒bitterkalk.*

do·lor·ous ['dɒlərəs‖'doʊ-]⟨bn.; -ly; -ness⟩⟨schr.⟩ **0.1** ***smartelijk*** *⇒pijnlijk, kwellend* **0.2** ***treurig*** *⇒bedroevend, akelig, droevig, jammerlijk* **0.3** ***droevig*** *⇒bedroefd* ◆ **1.3** a ~ theme *een droevig thema.*

do·lour, ⟨AE sp.⟩ **do·lor** ['dɒlə‖'doʊlər]⟨n.-telb.zn.⟩⟨schr.⟩ **0.1** ***smart*** *⇒leed, pijn, verdriet, droefheid.*

dol·phin ['dɒlfɪn‖'dɑl-]⟨f2⟩⟨telb.zn.⟩ **0.1** ***dolfijn*** **0.2** →dorado **0.3** ***vis in heraldiek en beeldhouwwerk*** **0.4** ⟨scheep.⟩ ***meerpaal*** *⇒bolder, dukdalf, meerboei.*

dol·phin·ar·i·um ['dɒlfɪ'neərɪəm‖'dɑlfɪ'nerɪəm]⟨telb.zn.⟩ **0.1** ***dolfinarium.***

dolt [doʊlt]⟨f1⟩⟨telb.zn.⟩ **0.1** ***domoor*** *⇒uilskuiken, domkop, sukkel, sul* ◆ **4.1** you ~ *jij ezel!.*

dolt·ish ['doʊltɪʃ]⟨bn.; -ly; -ness⟩ **0.1** ***dom*** ⇒*uilig, sukkelachtig, sullig, ezelachtig.*
-dom [dəm] **0.1** ⟨geeft toestand aan⟩ ⟨ong.⟩ ***-zijn*** ⇒*-heid, -schap* **0.2** ⟨geeft titel aan⟩ **0.3** ⟨geeft gebied/rijk aan⟩ ⟨ong.⟩ ***-rijk*** ⇒*-dom, -schap* **0.4** ⟨vormt collectief meervoud⟩ ◆ **¶.1** martyrdom *martelaarschap* **¶.2** dukedom *hertogelijke titel* **¶.3** kingdom *koninkrijk* **¶.4** officialdom *(de) ambtenarij.*
do·main [də'meɪn, doʊ-]⟨f2⟩ ⟨telb.zn.⟩ **0.1** ***domein*** ⇒*(land)goed, landerijen, gebied, heerlijk bezit, heerlijkheid* **0.2** ***rijk*** ⇒*grondgebied, invloedssfeer* **0.3** ***gebied*** ⟨fig.⟩ ⇒*veld, terrein* **0.4** ⟨nat.⟩ ***(weiss)domein*** ⟨elementairgebied in ferromagnetisch materiaal⟩ ⇒*weisscomplex, weissgebied* **0.5** ⟨wisk.⟩ ***domein*** ⇒*gebied, codomein* ◆ **1.3** the garden is my wife's ~ *de tuin is het domein van mijn vrouw;* your question is not in my ~ *uw vraag ligt niet op mijn terrein* **2.1** national ~ *staatsdomein.*
do·ma·ni·al [də'meɪnɪəl]⟨bn.⟩ **0.1** ***domaniaal*** ⇒*tot het domein behorend.*
dome[1] [doʊm]⟨f2⟩ ⟨telb.zn.⟩ **0.1** ***koepel*** ⇒*koepeldak, koepelgewelf, koepel v.e. sterrenwacht* **0.2** ⟨geol.⟩ ***koepelvormige plooi*** **0.3** ***gewelf*** ⇒*overwelfsel* **0.4** ***ronde top*** **0.5** ⟨sl.⟩ ***knikker*** ⇒*kop, hoofd* **0.6** ⟨schr.⟩ ***statig huis*** ◆ **1.3** the ~ of the sky *het uitspansel* **1.4** the ~ of a hill *de ronde top v.e. heuvel* **2.5** a bald ~ *een kale knikker.*
dome[2] ⟨ov.ww.⟩ →domed **0.1** ***overkoepelen*** **0.2** ***als/tot een koepel vormen.***
domed [doʊmd]⟨bn.; volt. deelw. v. dome⟩ **0.1** ***koepelvormig*** ⇒*gewelfd, rond, bol* **0.2** ***met een koepel*** ◆ **1.1** a ~ roof *een koepeldak.*
Domes·day Book, Dooms·day Book ['du:mzdeɪ bʊk]⟨eig.n.⟩ **0.1** ***Domesday Book*** ⟨register van landerijen ingedeeld door Willem de Veroveraar in 1086⟩.
do·mes·tic[1] [də'mestɪk]⟨telb.zn.⟩ **0.1** ***bediende*** ⇒*dienstbode* **0.2** ***binnenlands produkt.***
domestic[2] ⟨f3⟩ ⟨bn.⟩ **0.1** ***huishoudelijk*** ⇒*het huishouden betreffend* **0.2** ***het gezin betreffend*** **0.3** ***huiselijk*** **0.4** ***binnenlands*** ⇒*van het land zelf* **0.5** ***tam*** ⇒*huis-* ◆ **1.1** ~ economy/science *huishoudkunde;* Mary isn't very ~ *Mary is niet erg huishoudelijk aangelegd;* ~ service *werk als dienstbode;* ~ staff *huishoudelijk personeel;* for ~ use *voor huishoudelijk gebruik* **1.3** ~ happiness *huiselijk geluk* **1.4** ~ flights *binnenlandse vluchten;* ~ trade *binnenlandse handel;* ~ trouble *moeilijkheden in eigen land* **1.5** ~ animals *huisdieren.*
do·mes·ti·cal·ly [də'mestɪkli]⟨bw.⟩ **0.1** ***op huishoudelijke wijze*** **0.2** ***op huiselijke wijze*** **0.3** ***in eigen land*** ⇒*mbt. het eigen land.*
do·mes·ti·cate [də'mestɪkeɪt], **do·mes·ti·cize** [də'mestɪsaɪz]⟨f1⟩ ⟨ov.ww.⟩ **0.1** ***acclimatiseren*** ⟨planten en dieren⟩ ⇒*aan andere omstandigheden doen wennen* **0.2** ***aan het huiselijk leven doen wennen*** **0.3** ***aan zich onderwerpen*** ⇒*temmen, beteugelen, domesticeren, veredelen,* ⟨planten⟩ *tot huisdier maken.*
do·mes·ti·ca·tion [də'mestɪ'keɪʃn]⟨n.-telb.zn.⟩ **0.1** ***het acclimatiseren*** ⇒*het gewennen aan andere omstandigheden* **0.2** ***het doen wennen aan het gezins/huiselijk leven*** **0.3** ***het onderwerpen*** ⇒*het beteugelen, het temmen, domesticatie, veredeling* ⟨v. planten⟩, *het tot huisdier worden/maken.*
do·mes·tic·i·ty ['doʊme'stɪsəti]⟨zn.; →mv. 2⟩
I ⟨telb.zn.; vnl. mv.⟩ **0.1** ***het huishouden*** ⇒*huishoudelijke aangelegenheden;*
II ⟨n.-telb.zn.⟩ **0.1** ***huiselijkheid*** **0.2** ***gezinsleven*** ⇒*familieleven.*
do·mes·tique ['doʊme'sti:k]⟨telb.zn.⟩ ⟨wielrennen⟩ **0.1** ***knecht*** ⇒*waterdrager.*
do·mett [doʊ'met]⟨n.-telb.zn.⟩ **0.1** ***katoenflanel.***
do·mi·cal ['doʊmɪkl]⟨bn.; -ly⟩ **0.1** ***koepelvormig*** **0.2** ***met een koepel.***
dom·i·cile[1] ['dɒmɪsaɪl‖'dɑ-], **dom·i·cil** ['dɒmɪsɪl‖'dɑ-]⟨telb.zn.⟩ **0.1** ⟨schr.⟩ ***verblijfplaats*** ⇒*woning* **0.2** ⟨jur.⟩ ***domicilie*** ⇒*wettige woon/verblijfplaats.*
domicile[2], **domicil,** ⟨in bet. 0.1 ook⟩ **dom·i·cil·i·a·tion** ['dɒmɪsɪli'eɪʃn‖'dɑ-]⟨ov.ww.⟩ **0.1** ⟨schr.⟩ ***(zich) vestigen*** ⇒⟨jur.⟩ *zijn domicilie hebben, gevestigd zijn, zich metterwoon vestigen* **0.2** ***domiciliëren*** ⟨wissel⟩ ⇒*betaalbaar stellen op een ander adres* ◆ **1.1** the company is ~d in the Bahamas *de firma heeft haar zetel op de Bahamas;* he is ~d in Berlin *hij is woonachtig te Berlijn.*
dom·i·cil·i·ar·y[1] ['dɒmɪ'sɪlɪəri‖'dɑmɪ'sɪlieri]⟨telb.zn.; →mv. 2⟩ **0.1** ***huisbezoek*** ⟨door dokter⟩.
domiciliary[2] ⟨bn., attr.⟩ **0.1** ⟨schr.; jur.⟩ ***huis-*** ⇒*betrekking hebbend op de woon/verblijfplaats* ◆ **1.1** ~ care *verpleging/verzorging thuis, thuisverpleging/zorg;* a ~ visit *huisbezoek, huiszoeking.*
dom·i·na ['dɒmɪnə‖'dɑ-], **dom·i·na·trix** [dɒmɪ'neɪtrɪks‖dɑ-]⟨telb.zn.; dominatrices; →mv. 5⟩ **0.1** ***domina*** ⇒*meesteres.*
dom·i·nance ['dɒmɪnəns‖'dɑ-], **dom·i·nan·cy** [-si]⟨f2⟩ ⟨n.-telb.zn.⟩ **0.1** ***dominantie*** ⇒*overheersing, het dominant zijn, overwicht, dominerende positie.*
dom·i·nant[1] ['dɒmɪnənt‖'dɑ-]⟨telb.zn.⟩ **0.1** ⟨biol.⟩ ***dominant*** ⇒*erfelijke factor die andere overheerst* **0.2** ⟨muz.⟩ ***dominant*** ⇒*grote kwint.*
dominant[2] ⟨f2⟩ ⟨bn.; -ly⟩ **0.1** ***dominant*** ⟨ook biol.⟩ ⇒*(over)heersend, predominant, overwegend, dominerend, toonaangevend* **0.2** ***uitstekend*** ⇒*hoog* ◆ **1.1** a ~ building *een gebouw dat uitsteekt boven de andere;* the ~ class *de heersende klasse;* curly hair is ~ *krullend haar is dominant;* the ~ reason *de voornaamste reden.*
dom·i·nate ['dɒmɪneɪt‖'dɑ-]⟨f3⟩ ⟨ww.⟩
I ⟨onov.ww.⟩ **0.1** ***domineren*** ⇒*overheersen, sterk op de voorgrond treden, de belangrijkste plaats innemen, een overheersende invloed hebben* ◆ **1.1** a dominating factor *een overheersende factor;* high notes tend to ~ *hoge tonen springen er meestal bovenuit* **6.1** he ~s **in** the field of genetics *hij neemt een vooraanstaande plaats in op het terrein v.d. genetica;*
II ⟨ov.ww.⟩ **0.1** ***overheersen*** ⇒*domineren, beheersen, regeren, de heerschappij hebben/voeren over, de baas spelen over* ◆ **1.1** the British ~d the seven seas *de Engelsen heersten over de wereldzeeën;* ~ the conversation *het hoogste woord voeren* **6.1** the tower ~d **(over)** all buildings *de toren beheerste alle andere gebouwen/stak boven alle andere gebouwen uit.*
dom·i·na·tion ['dɒmɪ'neɪʃn‖'dɑ-]⟨f2⟩ ⟨zn.⟩
I ⟨n.-telb.zn.⟩ **0.1** ***overheersing*** ⇒*dominatie, heerschappij, beheersing* ◆ **1.1** the ~ of technology *de overheersende invloed v.d. technologie* **6.1** the Spanish ~ **of/over** Latin America *de Spaanse heerschappij over Latijns-Amerika;*
II ⟨mv.; ~s⟩ ⟨relig.⟩ **0.1** ***heerschappijen*** ⟨vierde koor v. engelen⟩.
dom·i·neer ['dɒmɪ'nɪə‖'dɑmɪ'nɪr]⟨f2⟩ ⟨ww.⟩ →domineering
I ⟨onov.ww.⟩ **0.1** ***heersen*** ⇒*de baas spelen* ◆ **6.1** ~ **over** *de baas spelen over;*
II ⟨ov.ww.⟩ **0.1** ***overheersen*** ⇒*de baas spelen over, tiranniseren.*
dom·i·neer·ing ['dɒmɪ'nɪərɪŋ‖'dɑmɪ'nɪr-]⟨bn.; -ly; teg. deelw. v. domineer⟩ **0.1** ***bazig.***
do·min·i·cal [də'mɪnɪkl]⟨bn., attr.⟩ **0.1** ***van/mbt. de dag des Heren*** ⇒*van/mbt. de zondag* **0.2** ***van/mbt. de Heer*** ⇒*des Heren* ◆ **1.1** ~ letter *zondagsletter* ⟨letter die aangeeft op welke dag in januari de eerste zondag valt⟩.
Do·mi·ni·can[1] [də'mɪnɪkən]⟨telb.zn.⟩ ⟨relig.⟩ **0.1** ***dominicaan*** ⇒*predikheer* ⟨monnik v.d. orde v. Sint Dominicus⟩.
Dominican[2] ⟨bn., attr.⟩ **0.1** ***dominicaans*** ⇒*van/mbt. de dominicanen, dominicaner* **0.2** ***van/mbt. de Dominicaanse Republiek.***
dom·i·nie ['dɒmɪni‖'dɑ-]⟨telb.zn.⟩ **0.1** ⟨Sch. E⟩ ***onderwijzer*** ⇒*(school)meester* **0.2** ⟨AE⟩ ***dominee.***
do·min·ion [də'mɪnɪən]⟨f2⟩ ⟨zn.⟩
I ⟨telb.zn.⟩ **0.1** ***domein*** ⇒*(grond)gebied, land, rijk* **0.2** ⟨vaak D-⟩ ***dominion*** ⟨autonoom deel v.h. Britse Gemenebest⟩ ◆ **1.1** the ~s of the King *de koninklijke domeinen;*
II ⟨n.-telb.zn.⟩ **0.1** ***heerschappij*** ⇒*macht, gezag, zeggenschap, soevereiniteit* ◆ **6.1** ~ **of/over** the world *heerschappij over de wereld;* **under** his ~ *in zijn macht;*
III ⟨mv.; ~s; ook D-⟩ ⟨bijb.⟩ **0.1** ***Overheden*** ⟨vierde der negen engelenkoren⟩.
dom·i·no ['dɒmɪnoʊ‖'dɑ-]⟨f1⟩ ⟨zn.; →mv. 2⟩
I ⟨telb.zn.⟩ **0.1** ***domino*** ⟨cape en masker voor een gemaskerd bal⟩ **0.2** ***iem. die een domino draagt*** **0.3** ***dominosteen*** **0.4** ⟨AE⟩ ***mantel met kap*** ⟨v.e. geestelijke⟩;
II ⟨mv.; ~es⟩ **0.1** ***dominospel*** ⇒*domino* **0.2** ⟨AE; inf.⟩ ***tanden*** ⇒*gebit* **0.3** ⟨AE; inf.⟩ ***suikerklontjes*** **0.4** ⟨AE; inf.⟩ ***dobbelstenen.***
'domino effect ⟨telb.zn.⟩ ⟨pol.⟩ **0.1** ***domino-effect.***
'domino theory ⟨n.-telb.zn.⟩ ⟨pol.⟩ **0.1** ***domino-theorie*** ⇒*theorie v.h. sneeuwbaleffect* ⟨vnl. mbt. het communisme in Zuidoost-Azië⟩.
don[1] [dɒn‖dɑn]⟨f1⟩ ⟨telb.zn.⟩ **0.1** ⟨BE; universiteit⟩ ***don*** ⟨hoofd/lid v.d. wetenschappelijke staf v.e. college⟩ **0.2** ⟨vero.; BE⟩ ***vooraanstaand persoon*** **0.3** ⟨D-⟩ ***don*** ⇒*heer* ⟨eretitel⟩ **0.4** ***Spaans edelman.***
don[2] ⟨f1⟩ ⟨ov.ww.; →ww. 7⟩ ⟨schr.⟩ **0.1** ***aandoen*** ⇒*aantrekken, opzetten* ◆ **1.1** she ~ned her hat and coat *zij zette haar hoed op en trok haar jas aan.*
do·nate [doʊ'neɪt‖'doʊneɪt]⟨f2⟩ ⟨ov.ww.⟩ **0.1** ***schenken*** ⇒*geven, verlenen* ◆ **1.1** she ~d all her spare time to welfare work *zij wijdde al haar vrije tijd aan sociaal werk;* ~d kidney *donornier* **6.1** ~ money **towards** a new church organ *geld schenken voor een nieuw kerkorgel.*
do·na·tion [doʊ'neɪʃn]⟨f1⟩ ⟨zn.⟩
I ⟨telb.zn.⟩ **0.1** ***schenking*** ⇒*gift, gave, donatie, bijdrage;*
II ⟨n.-telb.zn.⟩ **0.1** ***het schenken*** ⇒*het geven, het ten geschenke geven.*
don·a·tive[1] ['doʊnətɪv]⟨telb.zn.⟩ **0.1** ***schenking*** ⇒*gave, gift.*
donative[2] ⟨bn., attr.⟩ ⟨gesch.⟩ **0.1** ***geschonken*** **0.2** ***zonder tussenkomst v. kerkelijke autoriteiten geschonken*** ⟨prebende⟩.

done[1] [dʌn]⟨f2⟩⟨bn.; oorspr. volt. deelw. v. do⟩⟨→sprw. 116, 328, 729, 730, 732, 755⟩
I ⟨bn.⟩ **0.1** ***netjes*** ⇒*fatsoenlijk, gepast, behoorlijk* ◆ **1.1** that seems to be the ~ thing *dat schijnt tot de goede manieren te horen* **4.1** it is not ~ *zoiets doet men niet, dat is niet gepast;*
II ⟨bn., pred.⟩ **0.1** ***klaar*** ⇒*gereed, af* **0.2** ***doodmoe*** ⇒*doodop, uitgeput, gaar* ◆ **3.1** have ~! *schei uit!, hou op!* **5.¶** hard ~ **by** *oneerlijk behandeld;* ~ **for** *verloren, verslagen;* I am ~ **for** *het is met mij gedaan;* ~ **in/up** *doodmoe, doodop, uitgeput;* she seemed completely ~ **in/up** *zij leek volkomen uitgeteld* **6.1** be ~ **with** *klaar zijn met;* have ~ **with** *niets meer te maken (willen) hebben met* **¶.¶** Done! *Akkoord!, Afgesproken!.*
done[2] ⟨volt. deelw.; →t2⟩ →do.
do·nee [doʊ'ni:]⟨telb.zn.⟩ **0.1** ***begiftigde*** ⇒*donataris.*
dong [dɒŋ‖dɔŋ, dɑŋ]⟨telb.zn.⟩⟨AE; vulg.⟩ **0.1** ***lul*** ⇒*tamp, pik.*
dong·a ['dɒŋgə‖'dɑŋ-]⟨telb.zn.⟩⟨Z. Afr. E⟩ **0.1** ***geul*** ⇒*ravijn, bergkloof.*
don·gle ['dɒŋgl‖'dɑŋgl]⟨telb.zn.⟩⟨comp.⟩ **0.1** ***dongle*** ⟨apparaatje dat computerprogramma's beveiligt; zonder het apparaatje werkt programma niet⟩.
don·jon ['dʌndʒən, 'dɒn-‖'dɑn-, 'dʌn-]⟨telb.zn.⟩ **0.1** ***donjon*** ⇒*(middeleeuwse) slottoren.*
Don Juan ['dɒn 'dʒu:ən‖'dɑn (h)wɑn]⟨eig.n., telb.zn.⟩ **0.1** ***Don Juan*** ⇒*vrouwenverleider.*
don·key ['dɒŋki‖'dɑŋ-]⟨f2⟩⟨telb.zn.⟩ **0.1** ***ezel*** ⟨ook fig.⟩ ⇒*langoor, domoor, dwaas, sufferd* ◆ **3.¶** ⟨inf.⟩ nodding ~ *jaknikker* ⟨oliepomp⟩.
'donkey engine, 'donkey pump ⟨telb.zn.⟩⟨vnl. scheep.⟩ **0.1** ***donkeypomp*** ⇒*hulpstoompomp, stoomlier.*
'donkey jacket ⟨telb.zn.⟩⟨BE⟩ **0.1** ***jekker*** ⇒*duffels jasje.*
'donkey's years ⟨mv.⟩⟨sl.⟩ **0.1** ***eeuwigheid*** ⇒*lange tijd* ◆ **6.1** I haven't heard from her **for** ~ *het is eeuwen geleden dat ik iets van haar gehoord heb.*
'donkey work ⟨n.-telb.zn.⟩ **0.1** ***slavenwerk*** ⇒*monnikenwerk, geestdodend en zwaar werk.*
don·na ['dɒnə‖'dɑ-]⟨telb.zn.⟩ **0.1** ***donna*** ⟨Italiaanse dame⟩ **0.2** ⟨D-⟩ ***donna*** ⟨Italiaanse vrouwelijke eretitel⟩.
don·né(e) ['dɒneɪ‖'dɒneɪ]⟨telb.zn.⟩ **0.1** ***gegeven*** ⇒*thema, onderwerp* **0.2** ***onderstelling*** ⇒*vooronderstelling, hypothese.*
don·nish ['dɒnɪʃ‖'dɑnɪʃ]⟨bn.; -ly⟩ **0.1** ***intellectueel*** ⇒*geleerd* **0.2** ***pedant*** ⇒*schoolmeesterachtig* ◆ **3.2** he acts a bit ~ly *hij doet wat frikkerig.*
don·ny·brook ['dɒnibrʊk‖'dɑni-], **'donnybrook 'fair** ⟨telb.zn.; ook D-⟩ **0.1** ***vechtpartij*** ⇒*tumult, opstootje* ⟨naar een kermis bij Dublin⟩.
do·nor ['doʊnə‖-ər]⟨f2⟩⟨telb.zn.⟩ **0.1** ***gever*** ⇒*schenker, begiftiger* **0.2** ⟨med.⟩ ***donor*** **0.3** ⟨nat., schei.⟩ ***donor.***
'do·nor·ship ⟨n.-telb.zn.⟩ **0.1** ***donorschap.***
'do-noth·ing[1] ⟨telb.zn.⟩ **0.1** ***leegloper*** ⇒*lanterfant, luiaard.*
do-nothing[2] ⟨bn., attr.⟩ **0.1** ***lui*** ⇒*traag, nietsdoend, zonder initiatief.*
do-no·thing·ism [du:'nʌθɪŋɪzm]⟨n.-telb.zn.⟩ **0.1** ***nietsdoenerij*** ⇒*beleid zonder initiatief tot verandering.*
Don Qui·xo·te ['dɒn 'kwɪksət‖'dɑn ki'hoʊt̬i]⟨eig.n., telb.zn.⟩ **0.1** ***Don Quichot.***
don't[1] [doʊnt]⟨telb.zn.; vnl. mv.⟩ **0.1** ***verbod*** ◆ **1.1** do's and ~s *wat wel en niet mag, geboden en verboden.*
don't[2] ⟨→t2⟩⟨samentr. v. do not⟩ →do.
don't-care ['doʊnt 'keə‖-'ker]⟨telb.zn.⟩ **0.1** ***onverschillig iemand*** **0.2** ***zorgeloos iemand.***
don't-know ['doʊn(t)'noʊ]⟨telb.zn.⟩ **0.1** ***zwevende kiezer*** ⇒*zwevende stem.*
donut →doughnut.
doo·dad, do·dad ['du:dæd], **do·dab** ['du:dæb]⟨telb.zn.⟩⟨AE; inf.⟩ **0.1** ***dingetje*** ⇒*prul* **0.2** →dooda(h) ◆ **2.1** her house is full of ~s *haar hele huis staat vol prullaria;* a handy ~ *een handig apparaatje.*
doo·da(h) ['du:dɑ:]⟨telb.zn.⟩⟨BE; inf.⟩ **0.1** ***je-weet-wel*** ⇒*ding (etje), dinges.*
doo·dle[1] ['du:dl]⟨f1⟩⟨telb.zn.⟩ **0.1** ***krabbel*** ⇒*tekeningetje, figuurtje, poppetje.*
doodle[2] ⟨f1⟩⟨onov.ww.⟩ **0.1** ***krabbelen*** ⇒*figuurtjes/poppetjes tekenen.*
'doo·dle·bug ⟨telb.zn.⟩ **0.1** ⟨AE⟩ ***(larve van een) mierenleeuw*** **0.2** ⟨AE⟩ ***insekt*** **0.3** ⟨AE⟩ ***wichelroede*** **0.4** ⟨vnl. BE; inf.⟩ ***vliegende bom*** ⟨V-1, V-2⟩.
doo·hick·ey ['du:hɪki]⟨telb.zn.⟩⟨AE; inf.⟩ **0.1** ***dingetje*** ⇒*instrumentje, apparaatje* **0.2** ***puistje*** ⇒*wratje, pukkeltje.*
doom[1] [du:m]⟨f2⟩⟨zn.⟩
I ⟨telb.zn.⟩ **0.1** ⟨gesch.⟩ ***wet*** ⇒*decreet, verordening, statuut* **0.2** ⟨vero.⟩ ***oordeel*** ⇒*doem, vonnis, veroordeling;*
II ⟨telb. en n.-telb.zn.; vnl. enk.⟩ **0.1** ***noodlot*** ⇒*lot, fatum* **0.2** ***ondergang*** ⇒*verderf, vernietiging, het ten gronde gaan* ◆ **1.1** a sense of ~ and foreboding *een gevoel van naderend onheil* **3.1** pronounce s.o.'s ~ *iem. straf/tegenslag voorzeggen;* that sealed his ~ *dat bezegelde zijn lot* **3.2** meet one's ~ *de ondergang vinden* **6.2** send s.o. **to** his ~ *iem. zijn ondergang tegemoet sturen;*
III ⟨n.-telb.zn.⟩ **0.1** ***laatste oordeel.***
doom[2] ⟨f2⟩⟨ov.ww.⟩ **0.1** ***veroordelen*** ⇒*(ver)doemen, vonnissen, richten* **0.2** ⟨vnl. volt. deelw.⟩ ***tot mislukking/ten ondergang doemen, ten dode opschrijven*** ◆ **1.2** the undertaking was ~ed from the start *de onderneming was tot mislukken gedoemd vanaf het begin* **3.1** she was ~ed to die *zij was gedoemd te sterven, zij was ten dode opgeschreven* **4.1** we are ~ed! *we zijn verloren!, dit is het einde!* **6.1** ~ed **to** unemployment *tot werkloosheid gedoemd.*
'doom·mong·er ⟨telb.zn.⟩ **0.1** ***doemdenker*** ⇒*onheilsprofeet, zwartkijker.*
'doom·say·er ⟨telb.zn.⟩ **0.1** ***onheilsprofeet*** ⇒*doemdenker, zwartkijker.*
Dooms·day ['du:mzdeɪ]⟨f1⟩⟨eig.n., n.-telb.zn.; ook d-⟩ **0.1** ***dag des oordeels*** ⟨ook fig.⟩ ⇒*doemdag* ◆ **6.1** till ~ *eeuwig.*
Doomsday book →Domesday book.
'doomsday machine ⟨telb.zn.⟩ **0.1** ***algeheel vernietigingswapen.***
doom·ster ['du:mstə‖-ər]⟨telb.zn.⟩⟨inf.⟩ **0.1** ***doemdenker*** ⇒*zwartkijker, onheilsprofeet.*
'doom·watch, ⟨in bet. 0.2 ook⟩ **'doom·watch·ing** ⟨n.-telb.zn.⟩ **0.1** ***milieuwacht/toezicht*** **0.2** ***het doemdenken.***
'doom·watch·er ⟨telb.zn.⟩ **0.1** ***milieuwachter*** **0.2** ***doemdenker*** ⇒*alarmist.*
doom·y [du:mi]⟨bn.; →compar. 7⟩⟨inf.⟩ **0.1** ***pessimistisch*** **0.2** ***deprimerend.***
door [dɔ:‖dɔr]⟨f4⟩⟨telb.zn.⟩⟨→sprw. 125, 209, 231, 312, 740, 743⟩ **0.1** ***deur*** ⇒*(auto)portier, ingang, uitgang* **0.2** ***toegang*** ⇒*mogelijkheid* ◆ **3.1** who answered the ~? *wie deed er open?;* the train was packed to the ~s *de trein was afgeladen;* show s.o. the ~ *iem. de deur wijzen;* show s.o. to the ~ *iem. uitlaten* **3.2** leave the ~ open *de mogelijkheid openlaten;* open the ~ to *de deur openzetten naar, de mogelijkheid bieden tot;* close/shut the ~ on/to *onmogelijk maken;* that closed/shut the ~ on further negotiations *dat gooide de deur voor verdere onderhandelingen dicht* **3.¶** darken s.o.'s ~ *iem. ongewenst bezoeken, bij iem. binnenvallen;* never darken my ~/these ~s again *waag het niet hier ooit nog een voet (over de drempel) te zetten;* it was laid at his ~ *het werd hem verweten, hij kreeg er de schuld van;* it lies at her ~ *het is haar schuld;* he shut the ~ in my face *hij gooide de deur voor mijn neus dicht, hij sneed mij de pas af* **5.1** four ~s **away/down/off** *vier huizen verder* **6.1** the bus will take you **from** ~ **to** ~ *de bus brengt je van huis tot huis;* she is **on** the ~ tonight *zij moet vanavond kaartjes controleren;* **out of** ~s *buiten(shuis);* turn s.o. **out of** ~s *iem. eruit/op straat gooien/zetten;* **within** ~s *binnen (shuis).*
'door·bell ⟨f2⟩⟨telb.zn.⟩ **0.1** ***(voor)deurbel*** ⇒*huisbel.*
'door·case, 'door·frame ⟨telb.zn.⟩ **0.1** ***deurkozijn.***
'do-or-'die ⟨bn., attr.⟩ **0.1** ***alles-of-niets*** ⇒*erop-of-eronder.*
'door·handle ⟨telb.zn.⟩⟨vnl. BE⟩ **0.1** ***deurkruk*** ⇒*klink.*
'door·head ⟨telb.zn.⟩ **0.1** ***bovendorpel.***
'door·jamb ⟨telb.zn.⟩ **0.1** ***deurstijl*** ⇒*deurpost.*
'door·keep·er ⟨telb.zn.⟩ **0.1** ***portier*** ⇒*conciërge.*
'door·knob ⟨f2⟩⟨telb.zn.⟩ **0.1** ***deurknop.***
'door·knock·er ⟨telb.zn.⟩ **0.1** ***deurklopper.***
door·man ['dɔ:mən‖'dɔr-], ⟨BE ook⟩ **doors·man** ['dɔ:zmən‖'dɔrz-]⟨f1⟩⟨telb.zn.; doormen [-mən], doorsmen [-mən]; →mv. 3⟩ **0.1** ***portier*** ⇒*conciërge.*
'door·mat ⟨telb.zn.⟩ **0.1** ***(deur)mat*** **0.2** ***voetveeg.***
'door money ⟨n.-telb.zn.⟩⟨AE⟩ **0.1** ***entreegeld*** ⇒*recette.*
'door·nail ⟨telb.zn.⟩ **0.1** ***nagel*** ⇒*sierspijker* ⟨aan deur⟩.
'door·plate ⟨telb.zn.⟩ **0.1** ***naamplaat(je)*** ⇒*deurplaat.*
'door·post ⟨telb.zn.⟩ **0.1** ***deurpost*** ⇒*deurstijl.*
'door·scrap·er ⟨telb.zn.⟩ **0.1** ***voet(en)krabber*** ⇒*voetschraper, voetenschrapper.*
'door·step[1] ⟨f2⟩⟨telb.zn.⟩ **0.1** ***stoep*** **0.2** ⟨BE; sl.⟩ ***dikke boterham*** ⇒*pil* ◆ **6.¶** **on** one's/the ~ *vlakbij.*
doorstep[2] ⟨bn., attr.⟩ **0.1** ***huis-aan-huis-.***
doorstep[3] ⟨onov.ww.⟩ **0.1** ***huis-aan-huis verkopen*** ⇒*colporteren* **0.2** ***op de drempel staan (wachten)*** **0.3** ⟨pol.⟩ ***huis-aan-huis bezoeken om stemmen te winnen*** ⟨kiezer, kiesdistrict⟩.
'door·stone ⟨telb.zn.⟩ **0.1** ***stenen drempel*** **0.2** ***stenen stoep.***
'door·stop, 'door·stop·per ⟨telb.zn.⟩ **0.1** ***deurrubber*** ⇒*stootdop* **0.2** ***deurvanger.***
'door-to-door ⟨bn., attr.⟩ **0.1** ***huis-aan-huis*** ◆ **1.1** a ~ roundsman *een huis-aan-huis bezorger;* ~ selling *colportage, huis-aan-huis-verkoop.*

'door·way ⟨f3⟩⟨telb.zn.⟩ **0.1** ***deuropening*** ⇒*ingang, deurgat.*
'door·yard ⟨telb.zn.⟩⟨AE⟩ **0.1** ***voortuin.***
dop·ant ['doʊpənt]⟨telb.zn.⟩ **0.1** ***additief*** ⇒*toevoegsel.*
dope[1] [doʊp]⟨f2⟩⟨zn.⟩
I ⟨telb.zn.⟩ **0.1** ⟨inf.⟩ ***sufferd*** ⇒*ezel, uilskuiken, domoor* **0.2** ⟨AE;inf.⟩ ***drugsgebruiker*** **0.3** ⟨AE⟩ ***Coca Cola*** **0.4** ⟨AE;sl.⟩ ***sigaret*** ⇒*saffie;*
II ⟨telb.zn.⟩ **0.1** ⟨inf.⟩ ***drug(s)*** ⇒*spul* **0.2** ⟨inf.⟩ ***doping, dope*** ⇒*stimulerende middelen* **0.3** ⟨inf.⟩ ***geneesmiddel(en)*** **0.4** ⟨the⟩ ⟨inf.⟩ ***info(rmatie)*** ⇒*nieuws;* ⟨bij uitbr.⟩ *roddel* **0.5** ⟨the⟩⟨inf.⟩ ***tip*** ⇒*voorspelling* **0.6** ⟨inf.⟩⟨ben. voor⟩ ***dikke vloeistof*** ⇒*smeer (sel/middel); saus; zalfje; vernis;* ⟨lucht.⟩ *spanlak* **0.7** ⟨tech.⟩ ***dope*** ⇒*bijmengsel, toevoeging* ◆ **6.4** what's the ~ **on** her? *wat weet je over haar?.*
dope[2] ⟨f1⟩⟨ww.⟩
I ⟨onov.ww.⟩ **0.1** ***verdovende middelen gebruiken*** ◆ **5.¶** →dope **off;**
II ⟨ov.ww.⟩ **0.1** ***dopen*** ⇒*drogeren, drugs/dope toedienen aan* ⟨pers., dier⟩ **0.2** ***dopen*** ⇒*drugs/dope mengen door/doen in* ⟨eten, drinken⟩ **0.3** ***geneesmiddel(en) toedienen aan*** **0.4** ⟨tech.⟩ ***dopen*** ⟨bijmengsel toevoegen aan⟩ **0.5** ***smeren*** **0.6** ***vernissen*** ⇒⟨lucht.⟩ *spanlakken* **0.7** ⟨AE;sl.⟩ ***voorspellen*** ⇒*voorzien* ◆ **1.2** they must have ~d his drink *zij moeten iets in zijn drankje gedaan hebben* **5.¶** →dope **out.**
'dope fiend ⟨telb.zn.⟩ **0.1** ***junkie*** ⇒*verslaafde* ⟨aan drugs⟩.
'dope 'off ⟨onov.ww.⟩⟨AE;inf.⟩ **0.1** ***(vast) slapen*** ⇒*snurken, maffen, pitten* **0.2** ***niet opletten*** ⇒*suffen, luieren, 'm drukken.*
'dope 'out ⟨ov.ww.⟩⟨AE;sl.⟩ **0.1** ***uitdenken*** ⇒*uitkienen, uitknobbelen.*
dop·er [doʊpə‖-ər]⟨telb.zn.⟩⟨AE;sl.⟩ **0.1** ***junk(ie)*** ⇒*(dope)slikker.*
'dope sheet ⟨telb.zn.⟩⟨AE;inf.⟩ **0.1** ***inlichtingenblad*** ⇒⟨i.h.b.⟩ *persbericht* ⟨met raceuitslagen⟩, *loterij/totolijst.*
dope·ster·ism ['doʊpstərɪzm]⟨n.-telb.zn.⟩ **0.1** ***waarzeggerij*** ⇒*het koffiedik kijken.*
do·pey, do·py ['doʊpi]⟨bn.⟩⟨sl.⟩ **0.1** ***suf*** ⇒*wezenloos, bedwelmd* **0.2** ***dom*** **0.3** ⟨AE⟩ ***inferieur*** ⇒*vervelend, slecht georganiseerd.*
dop·pel·gäng·er ['dɒplgeŋə, -gæŋə‖'dɑpl'gæŋər, -'geŋər]⟨telb.zn.; ook D-⟩ **0.1** ***dubbelganger.***
Dop·per ['dɒpə‖'dɑpər]⟨telb.zn.⟩⟨Z. Afr. E⟩ **0.1** ***lid v.d. Gereformeerde Kerk*** ⇒*ouderwets/conservatief/star persoon.*
Dop·pler ef·fect ['dɒplə ɪ'fekt‖'dɑplər -]⟨telb.zn.⟩⟨nat.⟩ **0.1** ***Dopplereffect.***
dor [dɔ:‖dɔr]⟨telb.zn.⟩ **0.1** ***insekt (dat een gonzend geluid maakt bij het vliegen)*** ⇒*hommel, bromvlieg* ⟨enz.⟩.
do·ra·do [də'rɑ:doʊ]⟨telb.zn.⟩⟨dierk.⟩ **0.1** ***dorade*** ⟨genus Coryphana⟩ **0.2** ***zalmkarper*** ⟨genus Characinidae⟩.
Do·ri·an[1] ['dɔ:rɪən]⟨telb.zn.⟩ **0.1** ***Doriër*** ⇒*inwoner v. Dorië.*
Dorian[2] ⟨bn.⟩ **0.1** ***Dorisch*** ◆ **1.1** ⟨muz.⟩ ~ mode *Dorische toonaard, kerktoonaard.*
Dor·ic[1] ['dɒrɪk‖'dɔrɪk]⟨zn.⟩
I ⟨eig.n.⟩ **0.1** ***plat Engels dialect*** ⇒⟨i.h.b.⟩ *Schots;*
II ⟨n.-telb.zn.⟩ **0.1** ***Dorisch*** **0.2** ⟨bouwk.⟩ ***Dorische orde*** ⇒*Dorische stijl.*
Doric[2] ⟨bn.⟩ **0.1** ***sterk en boers*** ⟨dialect⟩ **0.2** ***Dorisch*** ◆ **1.2** ⟨bouwk.⟩ ~ order *Dorische orde/stijl.*
Dor·king ['dɔ:kɪŋ‖'dɔr-]⟨zn.⟩
I ⟨eig.n.⟩ **0.1** ***Dorking*** ⟨stad in het graafschap Surrey⟩;
II ⟨telb.zn.⟩ **0.1** ***witte leghorn*** ⟨kipperas⟩.
dorm [dɔ:m‖dɔrm]⟨telb.zn.⟩⟨verk.⟩ dormitory **0.1** ***slaapzaal*** **0.2** ⟨AE⟩ ***studentenhuis/flats*** ⇒⟨B.⟩ *studentenhome, peda.*
dor·man·cy ['dɔ:mənsi‖'dɔr-]⟨n.-telb.zn.⟩ **0.1** ***latentie*** ⇒*het latent-zijn* **0.2** ***rust*** ⇒*ruststadium, slaaptoestand, winterslaap* **0.3** ***tijdelijke inactiviteit.***
dor·mant ['dɔ:mənt‖'dɔr-]⟨f2⟩⟨bn.⟩ **0.1** ***slapend*** ⇒*sluimerend;* ⟨biol.⟩ *in een ruststadium verkerend, in winterslaap* **0.2** ***latent*** ⇒*verborgen, onzichtbaar* **0.3** ⟨heraldiek⟩ ***liggend*** ⟨v. leeuw e.d.; met de kop op de voorpoten⟩ **0.4** ***inactief*** ⇒*(tijdelijk) niet werkend* **0.5** ***ongebruikt*** ◆ **1.1** ~ buds *slapende knoppen* **1.2** ~ qualities *verborgen talenten* **1.4** a ~ volcano *een slapende vulkaan;* ~ partner *stille vennoot* **3.1** fear lay ~ in her mind *de angst bleef voortleven/sluimeren in haar geest.*
dor·mer ['dɔ:mə‖'dɔrmər], **'dormer window** ⟨telb.zn.⟩⟨bouwk.⟩ **0.1** ***koekoek*** ⇒*dakkapel.*
dormie →dormy.
Dor·mi·tion [dɔ:'mɪʃn‖dɔr'-]⟨eig.n.⟩ ◆ **1.¶** ⟨R.-K.⟩ ~ of the Blessed Virgin *Maria-Hemelvaart, Tenhemelopneming (v. Maria).*
dor·mi·to·ry ['dɔ:mɪtri‖'dɔrmətɔri]⟨f2⟩⟨telb.zn.; →mv. 2⟩ **0.1** ***slaapzaal*** **0.2** ***slaapstad*** **0.3** ⟨AE⟩ ***studentenhuis/flat*** ⇒⟨bij uitbr.⟩ *slaaphuis.*
'dormitory car ⟨telb.zn.⟩⟨AE⟩ **0.1** ***slaapwagen.***
'dormitory town, dormitory suburb ⟨telb.zn.⟩⟨BE⟩ **0.1** ***slaapstad.***
dor·mo·bile ['dɔ:məbi:l‖'dɔr-]⟨telb.zn.⟩⟨BE⟩ **0.1** ***kampeerauto*** ⇒*camper.*
dor·mouse ['dɔ:maʊs‖'dɔr-]⟨telb.zn.⟩⟨dierk.⟩ **0.1** ***slaapmuis*** ⟨Gliridae⟩ ⇒⟨i.h.b.⟩ *hazelmuis* ⟨Muscardinus avellanarius⟩; *relmuis, zevenslaper* ⟨Glis glis⟩.
dor·my, dor·mie ['dɔ:mi‖'dɔrmi]⟨bn., attr.⟩⟨golf⟩ **0.1** ***dormie*** ⟨evenveel holes voorstaand als er nog gespeeld moeten worden⟩ ◆ **7.1** ~ four *vier holes voor terwijl er nog vier komen.*
'Dor·o·thy bag ⟨telb.zn.⟩ **0.1** ***reticule*** ⟨damestas⟩.
dor·sal ['dɔ:sl‖'dɔrsl]⟨f1⟩⟨bn.; -ly⟩ **0.1** ⟨biol.⟩ ***dorsaal*** ⇒*van/mbt. de rug, aan de rugkant, rug-* **0.2** ***rugvormig*** ⇒*met een richel/rand/kam.*
dor·ter, dor·tour ['dɔ:tə‖'dɔrt̬ər]⟨telb.zn.⟩⟨gesch.⟩ **0.1** ***dormter*** ⇒*dormitorium* ⟨slaapzaal in een klooster⟩.
do·ry ['dɔ:ri], ⟨in bet. II ook⟩ **'John 'Dory** ⟨zn.; →mv. 2⟩
I ⟨telb.zn.⟩⟨vis.⟩ **0.1** ***dory*** ⇒*sloep* ⟨platboomde roeiboot⟩;
II ⟨telb. en n.-telb.zn.⟩⟨dierk.⟩ **0.1** ***zonnevis*** ⟨Zeus faber⟩.
dos-à-dos[1] ['doʊzə'doʊ]⟨telb.zn.; →mv. 4⟩ **0.1** ***dos-à-dos*** ⟨rijtuig/stoel/sofa waarin men rug aan rug zit⟩.
dos-à-dos[2] ⟨bn.; bw.⟩ **0.1** ⟨vero.⟩ ***rug aan rug*** **0.2** ***rug aan rug gebonden*** ⟨boeken⟩.
dos·age ['doʊsɪdʒ]⟨f1⟩⟨zn.⟩
I ⟨telb.zn.; vnl. enk.⟩ **0.1** ***dosering*** ⇒*dosis;*
II ⟨n.-telb.zn.⟩ **0.1** ***het doseren*** ⇒*het toedienen v.e. bepaalde dosis.*
dose[1] [doʊs]⟨f2⟩⟨telb.zn.⟩ **0.1** ***dosis*** ⟨ook fig.⟩ ⇒*hoeveelheid,* ⟨i.h.b.⟩ *stralingsdosis* **0.2** ⟨sl.⟩ ***sief*** ⇒*druiper* **0.3** ⟨AE;sl.⟩ ***overmaat*** ⇒*buik vol* ◆ **1.1** a ~ of bad luck *enige/flink wat tegenslag* **1.¶** a ~ of one's own medicine *een koekje v. eigen deeg;* ⟨sl.⟩ like a ~ of salts *razend vlug, als een pijl uit een boog.*
dose[2] ⟨f1⟩⟨ov.ww.⟩ **0.1** ***doseren*** ⇒*medicijn toedienen aan* **0.2** ⟨BE⟩ ***mengen*** ⇒*aanlengen* **0.3** ***afpassen*** ⇒*afwegen, afmeten* **0.4** ⟨AE; sl.⟩ ***besmetten*** ⟨i.h.b. met gonorroea⟩ ◆ **6.1** ~ s.o. **with** *iem. behandelen met.*
do·sim·e·ter [doʊ'sɪmɪt̬ə‖-mɪt̬ər]⟨telb.zn.⟩ **0.1** ***dosismeter*** ⇒*stralingsmeter.*
do·si·met·ric ['doʊsɪ'metrɪk]⟨bn.⟩ **0.1** ***van/mbt. dosimetrie.***
do·sim·e·try [doʊ'sɪmɪtri]⟨n.-telb.zn.⟩ **0.1** ***dosimetrie*** ⇒*kunst v.h. doseren.*
doss[1] [dɒs‖dɑs]⟨telb.zn.; g. mv.⟩⟨BE; sl.⟩ **0.1** ***nest*** ⇒*bed, kooi, slaapplaats* **0.2** ***dutje*** ⇒*tukje* **0.3** →dosshouse.
doss[2] ⟨onov.ww.⟩⟨BE; sl.⟩ **0.1** ***maffen*** ⇒*slapen, pitten* ◆ **5.1** ~ **down** *slapen (op een kermisbed).*
dos·sal ['dɒsl‖'dɑsl]⟨telb.zn.⟩ **0.1** ***dorsale*** ⇒*dossale* ⟨kleed achter altaar/kansel/koorstoel/troon e.d.⟩.
dos·ser ['dɒsə‖'dɑsər]⟨telb.zn.⟩ **0.1** ⟨BE; sl.⟩ ***iem. die regelmatig goedkoop overnacht*** **0.2** ⟨AE⟩ ***(draag)mand.***
'doss·house ⟨telb.zn.⟩⟨BE; sl.⟩ **0.1** ***slaapstee*** ⇒*logement, luizig hotelletje, lijmkit* **0.2** ⟨AE; sl.⟩ ***bordeel*** ⇒*hoerentent.*
dos·si·er ['dɒsieɪ‖'dɑsieɪ]⟨f1⟩⟨telb.zn.⟩ **0.1** ***dossier.***
dost [dəst⟨sterk⟩dʌst]⟨2e pers. enk. teg. t., vero. of relig.; →t2⟩ →do.
dot[1] [dɒt‖dɑt]⟨f3⟩⟨telb.zn.⟩ **0.1** ***punt*** ⟨ook muz., Morse⟩ ⇒*spikkel, stip, tip* ⟨op letterteken⟩, *deel v.e. trema, komma* ⟨in decimale breuken⟩ ◆ **6.¶** ⟨inf.⟩ **on** the ~ *stipt (op tijd).*
dot[2] ⟨telb.zn.⟩ **0.1** ***bruidsschat.***
dot[3] ⟨f2⟩⟨ov.ww.; →ww. 7⟩ **0.1** ***een punt zetten op/bij*** ⟨ook muz.⟩ **0.2** ***stippelen*** ⇒*(be)spikkelen, stippen* **0.3** ***verstrooien*** ⇒*verspreiden, bezaaien* **0.4** ⟨sl.⟩ ***een mep geven*** ◆ **1.1** ⟨fig.⟩ ~ the i's (and cross the t's) *de puntjes op de i zetten* **1.2** ~ted line *stippellijn;* a yellow ~ted tie *een geel gespikkelde das* **3.¶** ~ and carry one *opschrijven en één onthouden* ⟨bij optellingen⟩; ⟨scherts.⟩ ~ and go one *hinkepoot, hinkepink, manke, kreupele;* ⟨attr.⟩ *hinkend, mank, kreupel* **4.4** he ~ted him one on the ear *hij verkocht hem een dreun op zijn oor* **6.3** ~ted **with** daisies *bezaaid met madeliefjes.*
DOT ⟨afk.⟩ Departement of Transportation ⟨in U.S.A.⟩.
do·tage ['doʊt̬ɪdʒ]⟨f1⟩⟨n.-telb.zn.⟩ **0.1** ***sufheid*** ⇒*kindsheid, dementie, het niet goed bij zijn* **0.2** ***verzotheid*** ⇒*apeliefde, dwaze liefde, het dolzijn op* ◆ **6.1** the poor old chap is **in** his ~ *de oude stakker is kinds.*
do·tard ['doʊtəd‖'doʊt̬ərd]⟨telb.zn.⟩ **0.1** ***kinds/seniel persoon.***
do·ta·tion [doʊ'teɪʃn]⟨telb.zn.⟩⟨jur.⟩ **0.1** ***begiftiging*** ⇒*schenking.*
dote [doʊt]⟨onov.ww.⟩ →doting **0.1** ***suf zijn*** ⇒*kinds/dement/seniel/niet goed bij zijn* ◆ **6.¶** →dote **(up)on.**
'dote (up)on ⟨f1⟩⟨onov.ww.⟩ **0.1** ***dol zijn op*** ⇒*verzot zijn op;* ⟨fig.⟩ *aanbidden, verafgoden.*
doth [dəθ⟨sterk⟩dʌθ]⟨3e pers. enk. teg. t.; →t2⟩ →do.
dot·ing ['doʊt̬ɪŋ]⟨bn., attr.; teg. deelw. v. dote⟩ **0.1** ***overdreven ge-***

steld op ⇒*te liefhebbend, dol op, verzot op* **0.2** ***kinds*** ⇒*seniel* ◆ **1.1** he is a ~ father *hij is dol op/adoreert zijn kinderen.*

'dot matrix 'printer ⟨telb.zn.⟩ **0.1** ***dot matrix printer.***

'dot printer →matrix printer.

dot·ter·el, dot·trel ['dɒtrəl‖'dɑ-]⟨telb.zn.⟩⟨dierk.⟩ **0.1** ***morinelplevier*** ⟨Eudromias morinellus⟩.

dot·tle ['dɒtl‖'dɑṭl]⟨n.-telb.zn.⟩ **0.1** ***klokhuis*** ⟨restant tabak in pijp⟩.

dot·ty ['dɒti‖'dɑṭi]⟨f1⟩⟨bn.; -er; -ly; -ness; →bijw. 3⟩ **0.1** ⟨BE; inf.⟩ ***getikt*** ⇒*niet goed snik, gek* **0.2** ⟨BE; inf.⟩ ***gek (op)*** ⇒*dol (op)* **0.3** ***gespikkeld*** ⇒*gestippeld* **0.4** ***onvast*** ⟨ter been⟩ ⇒*wankelend, waggelend* **0.5** ***dwaas*** ⇒*absurd, bezopen* ◆ **6.2** ~ **about** horses *gek op paarden.*

Dou·ai Bible, Dou·ay Bible ['du:eɪ ˌbaɪbl, 'daʊeɪ-], **'Douai version, 'Douay version** ⟨n.-telb.zn.⟩⟨R.-K.⟩ **0.1** ***Douai-bijbel*** ⟨Engelse bijbelvertaling⟩.

dou·ane [dʊ'ɑ:n]⟨telb.zn.⟩ **0.1** ***niet-Engels(e) douane(kantoor).***

dou·ble[1] ['dʌbl]⟨f3⟩⟨zn.⟩

I ⟨telb.zn.⟩ **0.1** ***dubbel*** ⇒*doublet* **0.2** ***dubbelganger*** **0.3** ⟨film, enz.⟩ ***doublure*** ⇒*vervanger, stand-in, stuntman* **0.4** ***verschijning*** ⇒*schim, spook(gestalte)* **0.5** ***duplicaat*** ⇒*kopie, afschrift* **0.6** ***tegenhanger*** ⇒*pedant* **0.7** ⟨ben. voor⟩ ***verdubbeling*** ⟨v. score, bord, inzet, enz. in diverse sporten⟩ ⇒⟨bridge⟩ *doublet,* ⟨inf.⟩ *dubbel;* ⟨darts⟩ *worp in de dubbelring;* ⟨honkbal⟩ *tweehonkslag;* ⟨paardenrennen⟩ *weddenschap op de dubbel* ⟨op twee paarden uit verschillende wedrennen waarbij inzet en eventuele winst uit de eerste ren op de tweede wordt ingezet⟩ **0.8** ***scherpe bocht/draai*** ⇒*het keren;* ⟨fig.⟩ *draai, kneep;*

II ⟨telb. en n.-telb.zn.⟩ **0.1** ***het dubbele*** ⇒*dubbele (hoeveelheid)* ◆ **3.1** offer ~ *het dubbele bieden* ⟨v.e. bepaald bedrag⟩; order a ~ *een dubbele bestellen* ⟨bv. whisky⟩; ⟨sport⟩ win the ~ *een dubbelslag slaan* ⟨in voetbal bv. beker en kampioenschap winnen⟩ **6.¶ at/on** the ~ *in looppas;* ⟨fig.⟩ *meteen, onmiddellijk, en vlug wat* **¶.1** eight is the ~ of four *acht is het tweevoud v. vier;* ~ or quits *quitte of dubbel;*

III ⟨mv.; ~s⟩⟨tennis⟩ **0.1** ***dubbel(spel)*** ◆ **3.1** mixed ~ *gemengd dubbel.*

double[2] ⟨f3⟩⟨bn.; -ness⟩ **0.1** ***dubbel*** ⇒*tweemaal (zo groot/veel/enz.), dubbeldik; dubbelgevouwen, dubbelgebogen; tweedelig, binair, in paren, tweevoudig, tweeledig; voor twee;* ⟨muz.⟩ *een octaaf lager* **0.2** ***oneerlijk*** ⇒*dubbelhartig, vals, hypocriet, geveinsd* ◆ **1.1** ~ the amount *tweemaal zo veel;* ~ axe *tweezijdige bijl;* ~ bed *tweepersoonsbed;* ~ bill *programma met twee hoofdnummers;* ~ bind *dilemma;* ~ bluff *de waarheid gelogen;* ⟨AE⟩ ~ boiler *au bain marie-stel;* ⟨schei.⟩ ~ bond *dubbele binding;* ⟨schaken⟩ ~ check *dubbelschaak;* ~ chin *onderkin, dubbele kin;* ~ concerto *dubbelconcert* ⟨concert voor twee solo-instrumenten⟩; ⟨BE⟩ ~ cream *dikke room;* ⟨typografie⟩ ~ dagger/obelisk *dubbelkruis;* ⟨inf.⟩ ~ date *afspraakje voor vier* ⟨twee jongens en twee meisjes⟩; ⟨bridge, whist⟩ ~ dummy *met open kaarten;* ⟨schei.⟩ ~ decomposition *dubbele omzetting;* the ~ distance *heen en terug;* ~ door *dubbele deur;* ⟨AE⟩ ~ eagle *20-dollarstuk;* ⟨golf⟩ *albatros* ⟨het spelen v.e. hole in drie slagen minder dan de standaardscore⟩; ~ entry (bookkeeping) *dubbele boekhouding;* ⟨foto.⟩ ~ exposure *dubbele belichting;* ⟨tennis⟩ ~ fault *dubbele fout* ⟨bij service⟩; ~ feature *bioscoopvoorstelling met twee hoofdfilms;* ⟨vnl. BE⟩ into ~ figures *in de dubbele cijfers, in de tientallen;* ⟨BE⟩ ~ first *(behaler v.d.) hoogste graad in twee vakken;* ⟨Austr. E⟩ ~ fleece *vacht v. schaap dat één scheerbeurt gemist heeft;* ~ glazing *dubbele ramen/beglazing;* ~ Gloucester *Gloucesterkaas* ⟨met dubbel vetgehalte⟩; ~ harness *dubbel gareel* ⟨voor twee paarden⟩; ⟨scherts.⟩ *huwelijk, hechte relatie;* ~ helix ⟨biol.⟩ *dubbele spiraal* ⟨vooral in DNA-molecule⟩; ⟨sport, i.h.b. badminton/volleybal⟩ *dubbelslag* ⟨tweemaal onreglementair raken v. bal⟩; ~ line *dubbelspoor;* ~ meaning *dubbele/ambiguë betekenis;* ⟨gesch.⟩ ~ napoleon *stuk v. 40 franc;* ⟨taalk.⟩ ~ negative *dubbele ontkenning;* ⟨druk.⟩ ~ obelisk *verwijzingsteken bestaande uit twee boven elkaar staande kruisjes;* ⟨honkbal⟩ ~ play *dubbelspel* ⟨2 man tegelijk uit⟩; ⟨med.⟩ ~ pneumonia *dubbele longontsteking;* ~ rhyme *dubbel rijm;* ~ room *tweepersoonskamer;* ⟨schei.⟩ ~ salt *dubbelzout;* ⟨BE⟩ ~ saucepan *au bain marie-stel;* ~ standard *het meten met twee maten* ⟨vnl. fig.⟩; ⟨schei.⟩ *bimetallisme;* ~ star *dubbelster;* work ~ tides *dubbel zo hard/lang werken;* ~ wedding *tweevoudige huwelijksvoltrekking* ⟨met twee paren tegelijk⟩; *kosteloos huwelijk;* ~ windows *dubbele ramen/beglazing* **1.2** ~ agent *dubbelagent/spion;* play a ~ game *dubbel spel spelen, v. twee wallen eten;* ~ life *dubbelleven* **1.¶** ⟨inf.⟩ ~ Dutch *koeterwaals, brabbeltaal;* ⟨Austr. E; dierk.⟩ ~ drummer *(luid sjirpende) cicade, krekel* ⟨i.h.b. Thopha saccata⟩; ⟨AE; sl.⟩ ~ nickel *maximum snelheid* ⟨voor autoweg: 55 mijl p.u.⟩.

double[3] ⟨f3⟩⟨ww.⟩ →doubling

I ⟨onov.ww.⟩ **0.1** ***(zich)verdubbelen*** ⇒*doubleren, tweemaal zo groot/veel worden* **0.2** ***(dubbel)gevouwen worden*** **0.3** ***in looppas gaan*** ⇒*de pas erin zetten* **0.4** ***terugkeren*** ⇒*plotseling omkeren* **0.5** ***een dubbele rol/functie spelen/hebben*** **0.6** ⟨film enz.⟩ ***als vervanger optreden*** **0.7** ⟨biljart⟩ ***doubleren*** **0.8** ⟨bridge⟩ ***doubleren*** ⇒*dubbelen* **0.9** ⟨honkbal⟩ ***een tweehonkslag plaatsen*** ◆ **1.1** the sales ~d *de omzet werd verdubbeld* **5.2** →double **over;** →double **up 5.4** →double **back 6.4** ~ (back) **on** one's tracks *op zijn passen terugkeren* **6.5** in the play he ~s **as** the father *in het stuk speelt hij ook de rol v.d. vader;* the guitarist ~s **on** piano *de gitarist speelt ook nog piano* **6.6** ~ **for** an actor *een (toneel)speler vervangen;*

II ⟨ov.ww.⟩ **0.1** ***verdubbelen*** ⇒*doubleren, tweemaal zo groot maken, met twee vermenigvuldigen* **0.2** ***dubbelvouwen*** ⇒*dubbelslaan; ballen* ⟨vuisten⟩ **0.3** ***in duplo maken*** ⇒*kopiëren* **0.4** ***spelen*** ⇒*doubleren, tijdelijk overnemen* **0.5** ⟨film, enz.⟩ ***als vervanger optreden van*** **0.6** ⟨biljart⟩ ***doubleren*** **0.7** ⟨bridge⟩ ***doubleren*** ⇒*dubbelen* **0.8** ⟨scheep.⟩ ***ronden*** ⟨kaap of boei⟩ **0.9** →double up II 0.2 ◆ **1.2** the punch ~d him *hij sloeg dubbel door de klap, de klap deed hem ineenkrimpen* **1.4** ~ two parts *twee rollen spelen* ⟨in één stuk⟩ **1.5** he ~d the hero *hij was stand-in voor de held* **1.8** ~ a cape *om een kaap varen* **5.2** →double **back;** →double **over;** →double **up.**

double[4] ⟨f2⟩⟨bw.⟩ **0.1** ***dubbel*** ⇒*tweemaal (zoveel als); in tweeën; samen, bij elkaar, in groepjes v. twee* ◆ **3.1** bend ~ *dubbelvouwen;* cost ~ *tweemaal zoveel kosten;* see ~ *dubbel zien;* sleep ~ *met zijn tweeën in één bed slapen* **4.1** four is ~ two *vier is tweemaal twee.*

'dou·ble-'act·ing ⟨telb.zn.⟩ **0.1** ***dubbelwerkend*** ⟨vnl. v. machines⟩.

'double 'back ⟨f1⟩⟨ww.⟩

I ⟨onov.ww.⟩ **0.1** ***terugkeren*** ⇒*zich plotseling omkeren* ◆ **6.1** ~ **on** one's tracks *op zijn passen terugkeren;*

II ⟨ov.ww.⟩ **0.1** ***terugslaan*** ⇒*terugvouwen* ◆ **6.1** ~ the cuffs **over** one's sweater *de manchetten over de trui omslaan.*

'dou·ble-'bank ⟨onov. en ov.ww.⟩ **0.1** ***dubbel parkeren.***

'dou·ble-'bar·relled, ⟨AE sp.⟩ **'dou·ble-'bar·reled** ⟨bn.⟩ **0.1** ***dubbelloops*** ⇒*met een dubbele loop* **0.2** ⟨inf.⟩ ***dubbelzinnig*** **0.3** ⟨inf.⟩ ***dubbel*** ◆ **1.1** a ~ gun *een tweeloop* **1.2** a ~ statement *een ambiguë uitspraak* **1.3** a ~ name *een dubbele naam* ⟨met koppelteken⟩.

'dou·ble-'bass ⟨telb.zn.⟩⟨muz.⟩ **0.1** ***contrabas.***

'dou·ble-'bed·ded ⟨bn.⟩ **0.1** ***met twee bedden*** **0.2** ***met een tweepersoonsbed.***

'dou·ble-'bitt ⟨ov.ww.⟩⟨scheep.⟩ **0.1** ***dubbel beleggen*** ⇒*met dubbele betingslag beleggen.*

'dou·ble-'blind ⟨bn.⟩ **0.1** ***dubbelblind*** ⟨v. experiment, test⟩.

'dou·ble-'breast·ed ⟨bn.⟩ **0.1** ***met twee rijen knopen*** ⇒*dubbelrijs.*

'dou·ble-'check[1] ⟨f1⟩⟨telb.zn.⟩ **0.1** ***dubbele controle*** ⇒*tegencontrole* ◆ **3.1** run a ~ on s.o. *iem. scherp in de gaten houden.*

double-check[2] ⟨f1⟩⟨ww.⟩

I ⟨onov.ww.⟩ **0.1** ***een extra/dubbele controle uitvoeren;***

II ⟨ov.ww.⟩ **0.1** ***extra/dubbel controleren.***

double-clutch →double-declutch.

'dou·ble-cov·er ⟨ov.ww.⟩⟨basketbal⟩ **0.1** ***dubbel dekken*** ⇒*met twee man dekken.*

'dou·ble-'cross[1], **'dou·ble-'X** ⟨f1⟩⟨telb.zn.⟩⟨inf.⟩ **0.1** ***bedriegerij*** ⟨vooral v. (zaken)/partner⟩ ⇒*oplichting, oplichterij, oneerlijke daad.*

double-cross[2], **double-X** ⟨f1⟩⟨ov.ww.⟩⟨inf.⟩ **0.1** ***bedriegen*** ⇒*dubbel spel spelen met, oplichten, misleiden, afzetten.*

'dou·ble-'cross·er ⟨telb.zn.⟩⟨inf.⟩ **0.1** ***bedrieger*** ⇒*oplichter, afzetter, zwendelaar.*

'dou·ble-'date ⟨onov.ww.⟩⟨inf.⟩ **0.1** ***een afspraakje hebben met z'n vieren*** ⟨twee jongens en twee meisjes⟩ ⇒*met zijn vieren uitgaan.*

'dou·ble-'deal ⟨onov.ww.⟩ **0.1** ***oplichten*** ⇒*bedriegen, oneerlijk zijn.*

'dou·ble-'deal·er ⟨telb.zn.⟩ **0.1** ***oplichter*** ⇒*bedrieger, oneerlijk mens.*

'dou·ble-'deal·ing[1] ⟨f1⟩⟨n.-telb.zn.⟩ **0.1** ***oplichterij*** ⇒*bedrog, oneerlijkheid.*

double-dealing[2] ⟨f1⟩⟨bn.⟩ **0.1** ***oneerlijk*** ⇒*vals.*

'double-deck 'bus ⟨telb.zn.⟩ **0.1** ***dubbeldekker.***

'dou·ble-'deck·er ⟨f1⟩⟨telb.zn.⟩ **0.1** ***dubbeldekker*** **0.2** ***stapelbed*** **0.3** ⟨inf.⟩ ***dubbeldekker*** ⇒*clubsandwich, dubbele houtsnip, Schotse reep.*

dou·ble-de·clutch [- dɪ'klʌtʃ], ⟨AE⟩ **'dou·ble-'clutch** ⟨onov.ww.⟩ **0.1** ***tussengas geven*** ⇒*dubbel clutchen.*

'dou·ble-dig·it ⟨f1⟩⟨bn., attr.⟩ **0.1** ***van/in tientallen*** ⇒*met dubbele cijfers* ◆ **1.1** ~ inflation *inflatie v. 10% en meer.*

dou·ble-dip ⟨telb.zn.⟩⟨AE⟩ **0.1** ***ijshoorntje.***

'dou·ble-dome ⟨telb.zn.⟩⟨AE; inf.⟩ **0.1** ***knappe kop*** ⇒*intellectueel, denker, geleerde.*

'dou·ble-'dyed ⟨bn.⟩ **0.1** ***tweemaal geverfd*** ⟨v. stoffen⟩ ⇒⟨fig.⟩ *door de wol geverfd* ◆ **1.1** a ~ liar *een doortrapte leugenaar*.

'dou·ble-'edg·ed ⟨bn.⟩ **0.1** ***tweesnijdend*** ⟨ook fig.⟩ ◆ **1.1** a ~ argument *een argument dat zowel vóór als tegen kan worden gebruikt*.

'dou·ble-'end·er ⟨telb.zn.⟩ ⟨scheep.⟩ **0.1** ***schip vóór en achter gelijk***.

dou·ble-en·ten·dre ['du:blɑ:tɑ:dr(ə)]⟨telb.zn.⟩ **0.1** ***dubbelzinnigheid*** ⇒*dubbelzinnige opmerking, woordspeling*.

'dou·ble-'faced ⟨bn.⟩ **0.1** ***oneerlijk*** ⇒*onoprecht*.

'double-'fault ⟨onov.ww.⟩ ⟨tennis⟩ **0.1** ***dubbele fout slaan***.

'dou·ble-'front·ed ⟨bn.⟩ **0.1** ***met dubbele gevel***.

'dou·ble-'gait·ed ⟨bn.⟩ ⟨AE; sl.⟩ **0.1** ***bisexueel*** ⇒*als een grammofoonplaat, dubbelloops* **0.2** ***raar*** ⇒*vreemd, excentriek*.

'dou·ble-gang·er ⟨telb.zn.⟩ **0.1** ***dubbelganger***.

'dou·ble-'head·er ⟨telb.zn.⟩ ⟨AE⟩ **0.1** ***dubbel*** ⟨twee wedstrijden na elkaar tegen dezelfde tegenstander⟩ **0.2** ***trein die door twee locomotieven wordt getrokken*** **0.3** ⟨sl.⟩ ***goeie klant*** ⟨die meer stuks v. één artikel koopt⟩ **0.4** ⟨sl.⟩ ***geluksvogel*** ⟨die twee dingen tegelijk wint/op meer dan één terrein succes heeft⟩.

'dou·ble-'heart·ed ⟨bn.⟩ **0.1** ***dubbelhartig*** ⇒*vals*.

'dou·ble-'joint·ed ⟨bn.⟩ **0.1** ***dubbelgeleed*** ⇒⟨fig.⟩ *als v. rubber*.

'dou·ble-'lock ⟨ov.ww.⟩ **0.1** ***op het nachtslot doen***.

dou·ble-o[1] ['dʌbl'oʊ]⟨telb.zn.⟩ ⟨AE; inf.⟩ **0.1** ***nauwkeurig onderzoek*** ⇒*inspectie*.

double-o[2] ⟨ov.ww.⟩ ⟨AE; inf.⟩ **0.1** ***nauwkeurig onderzoeken*** ⇒*goed nakijken, inspecteren*.

'double 'over ⟨f1⟩ ⟨ww.⟩

I ⟨onov.ww.⟩ **0.1** ***buigen*** ⇒*ineenkrimpen* ⟨v.h. lachen, v.d. pijn⟩;

II ⟨ov.ww.⟩ **0.1** ***terugslaan*** ⇒*terugvouwen* **0.2** ***(doen) buigen*** ⇒*doen ineenkrimpen*.

'dou·ble-'park ⟨onov. en ov.ww.⟩ →double-parking **0.1** ***dubbel parkeren***.

'dou·ble-'park·ing ⟨n.-telb.zn.; gerund v. double-park⟩ **0.1** ***dubbel parkeren***.

'double pass ⟨telb.zn.⟩ ⟨voetbal⟩ **0.1** ***één-twee(tje)*** ⇒⟨B.⟩ *dubbelpas*.

'dou·ble-'quick[1] ⟨bn.⟩ ⟨inf.⟩ **0.1** ***vliegensvlug*** ⇒*razendsnel* ◆ **1.1** in ~ time *op een wenk, onmiddellijk*.

double-quick[2] ⟨bw.⟩ ⟨inf.⟩ **0.1** ***ogenblikkelijk*** ⇒*in looppas* ⟨lett. en fig.⟩, *zo snel je kan, en vlug wat*.

'dou·ble-'reef ⟨ov.ww.⟩ ⟨scheep.⟩ **0.1** ***dubbel reven*** ⇒*een dubbele rif zetten*.

'dou·ble-'saw·buck, 'dou·ble-'saw ⟨telb.zn.⟩ ⟨AE; sl.⟩ **0.1** ***(biljet v.) twintig dollar***.

'double-shift 'system ⟨telb.zn.⟩ **0.1** ***tweeploegenstelsel***.

'dou·ble-'space ⟨onov. en ov.ww.⟩ **0.1** ***dubbel interliniëren***.

'doubles ring ⟨telb.zn.⟩ ⟨darts⟩ **0.1** ***dubbelring*** ⟨op werpschijf, met een waarde v. 3 maal sectorpuntenaantal⟩.

'dou·ble-'stop ⟨ov.ww.⟩ ⟨muz.⟩ →double-stopping **0.1** ***in dubbelgrepen spelen***.

'dou·ble-'stop·ping ⟨n.-telb.zn., gerund v. double-stop⟩ ⟨muz.⟩ **0.1** ***dubbelgreep***.

dou·blet ['dʌblɪt]⟨zn.⟩

I ⟨telb.zn.⟩ **0.1** ***doublet*** ⟨ook taalk.⟩ ⇒*dubbel(vorm), paar* **0.2** ⟨gesch.⟩ ***wambuis*** ◆ **1.2** ~ and hose *wambuis en pof/kuitbroek*;

II ⟨mv.; ~s⟩ **0.1** ***doublet*** ⟨worp met dobbelstenen met gelijke ogen⟩.

'dou·ble-take ⟨telb.zn.⟩ ⟨vnl. AE; inf.⟩ **0.1** ***vertraagde reactie*** **0.2** ***tweede blik*** ◆ **1.2** he gave her pretty legs a quick ~ *hij keek nog vlug eens naar haar mooie benen* **3.1** do a ~ *pas bij nader inzien reageren* **3.2** do a ~ *twee keer kijken*.

'dou·ble-talk[1], **'dou·ble-speak** ⟨f1⟩ ⟨n.-telb.zn.⟩ **0.1** ***onzin*** ⇒*gefrazel* **0.2** ***dubbelzinnigheid*** ⇒*dubbelzinnigheden, dubbelzinnige opmerking(en)*.

double-talk[2] ⟨f1⟩ ⟨onov.ww.⟩ **0.1** ***onzin uitkramen*** **0.2** ***dubbelzinnigheden debiteren*** ⇒*een ingewikkeld verhaal ophangen*.

'dou·ble-team →double-cover.

'dou·ble·think ⟨n.-telb.zn.⟩ **0.1** ***het genuanceerd denken*** ⇒*het langs twee sporen denken, het accepteren v. (schijnbare) tegenstrijdigheden*.

'dou·ble-'time ⟨f1⟩ ⟨n.-telb.zn.⟩ **0.1** ***looppas*** **0.2** ***overwerkgeld/toeslag*** ⟨v. werknemer⟩ ◆ **6.1** ⟨fig.⟩ eat **at** ~ *twee keer zo snel eten, schrokken*; get back **in** ~ *kom onmiddellijk terug*.

dou·ble·ton ['dʌbltən]⟨telb.zn.⟩ **0.1** ⟨kaartspel⟩ ***tweekaart*** ⇒*twee kaarten v. één kleur* ◆ **1.1** a singleton hearts and a ~ clubs *een enkele/één harten, een singleton/een kale harten en een tweekaart klaver(en)*.

'dou·ble-'tongued ⟨bn.⟩ **0.1** ***vals*** ⇒*onoprecht, niet eerlijk*.

dou·ble-u ['dʌblju:]⟨f1⟩ ⟨telb.zn.⟩ **0.1** ***(letter) w***.

'double 'up ⟨f2⟩ ⟨ww.⟩

I ⟨onov.ww.⟩ **0.1** ***ineenkrimpen*** **0.2** ***dubbelgevouwen zijn*** **0.3** ***(samen)delen*** ⟨i.h.b. een kamer⟩ **0.4** ***(op de) dubbel wedden*** ◆ **2.2** too thick to ~ *te dik om gebogen/opgerold/gevouwen te kunnen worden* **3.3** do you mind doubling up? *vindt u het erg een kamer te delen?* **6.1** ~ **with** laughter *kromliggen v.h. lachen* **6.3** ~ **on** food *een maaltijd (samen) delen*;

II ⟨ov.ww.⟩ **0.1** ***buigen*** ⇒*(terug)vouwen, opvouwen, terugslaan, doen ineenkrimpen, intrekken* **0.2** ***bij elkaar plaatsen*** ⟨i.h.b. twee gasten op één kamer⟩ ⇒*voegen bij* ◆ **6.1** ~ **with** laughter *doen kromliggen v.h. lachen*.

dou·bling ['dʌblɪŋ]⟨telb.zn.⟩ **0.1** →double **0.2** ***draai*** ⇒*wending* **0.3** ***voering***.

dou·bloon [dʌ'blu:n]⟨telb.zn.⟩ **0.1** ***dubloen*** ⟨oude Spaanse munt⟩.

dou·blure [də'bluə‖də'blʊr]⟨telb.zn.⟩ **0.1** ***beleg*** ⟨v. boekband⟩.

dou·bly ['dʌbli]⟨f1⟩ ⟨bw.⟩ **0.1** ***dubbel (zo)*** ⇒*tweemaal (zo)* ◆ **2.1** ~ careful *extra voorzichtig*; ~ interesting *extra interessant*; ~ sure *extra zeker*; ~ troubled *om twee redenen bezorgd*.

doubt[1] [daʊt]⟨f3⟩ ⟨telb. en n.-telb.zn.⟩ ⟨→sprw. 738⟩ **0.1** ***twijfel*** ⇒*onzekerheid, aarzeling, ongeloof* ◆ **3.1** be in no ~ about sth. *ergens zeker v. zijn*; cast/throw ~s (up)on *in twijfel trekken, twijfel zaaien over*; have one's ~s about sth. *ergens aan twijfelen*; have/make no ~ that *er niet aan twijfelen dat* **6.1** **beyond** ~ *stellig, buiten/zonder enige twijfel*; **in** ~ *in onzekerheid*; **without** (a) ~ *ongetwijfeld* **7.1** no ~ *ongetwijfeld, zonder (enige) twijfel* **8.1** ~ (as to/about) whether, ~ if *onzekerheid of*.

doubt[2] ⟨f3⟩ ⟨ww.⟩

I ⟨onov.ww.⟩ **0.1** ***twijfelen*** ⇒*onzeker zijn, aarzelen, ongelovig zijn* ◆ **6.1** ~ **of/on** *twijfelen aan*;

II ⟨ov.ww.⟩ **0.1** ***twijfelen aan*** ⇒*betwijfelen, niet geloven* **0.2** ⟨vero.⟩ ***vrezen*** ⇒*bang zijn voor, verdenken, vermoeden* ◆ **8.1** ~ that/whether *(be)twijfelen of*.

doubt·ful ['daʊtfl]⟨f2⟩ ⟨bn.; -ly; -ness⟩ **0.1** ***twijfelachtig*** ⇒*onzeker, dubieus, verdacht, bedenkelijk* **0.2** ***weifelend*** ⇒*aarzelend, bang, onzeker* **0.3** ***onwaarschijnlijk*** ◆ **6.1** be ~ **about/of** *zijn bedenkingen hebben over*.

doubt·less[1] ['daʊtləs]⟨f1⟩ ⟨bn.; -ly⟩ **0.1** ***zeker*** ◆ **1.1** a ~ source *een betrouwbare bron*.

doubtless[2] ⟨f2⟩ ⟨bw.⟩ **0.1** ***zeker*** ⇒*stellig, ongetwijfeld, naar alle waarschijnlijkheid, zeer waarschijnlijk, toegegeven*.

douce [du:s]⟨bn.⟩ ⟨Sch. E⟩ **0.1** ***kalm*** ⇒*rustig*.

dou·ceur [du:'sɜ:‖-'sɜr]⟨telb.zn.⟩ **0.1** ***gift*** ⇒*douceurtje, steekpenning, omkoopgeld, omkoopsom, lokaas*.

douche[1] [du:ʃ]⟨telb.zn.⟩ **0.1** ⟨AE; med.⟩ ***irrigatie*** ⟨v. vagina⟩ ⇒*(uit)spoeling* **0.2** ⟨AE; med.⟩ ***irrigator*** **0.3** ⟨vnl. BE⟩ ***douche*** ⇒*stortbad*.

douche[2] ⟨ww.⟩

I ⟨onov.ww.⟩ **0.1** ***douchen*** ⇒*een douche/stortbad nemen, onder de douche gaan*;

II ⟨ov.ww.⟩ **0.1** ⟨AE; med.⟩ ***irrigeren*** ⇒*een spoeling geven, spoelen* **0.2** ***een douche geven***.

dough [doʊ]⟨f2⟩ ⟨n.-telb.zn.⟩ **0.1** ***deeg*** **0.2** ⟨sl.⟩ ***poen*** ⇒*centen, pegulanten*.

'dough-ball ⟨telb.zn.⟩ **0.1** ***deegbal*** **0.2** ***visaas*** ⟨v. oud brood en kaneel⟩ **0.3** ⟨AE; inf.⟩ ***zeurkous*** ⇒*zeurpiet, slijmbal*.

'dough·boy ⟨telb.zn.⟩ **0.1** ***knoedel*** **0.2** ⟨AE; sl.⟩ ***Amerikaans infanterist*** ⟨in de 1e Wereldoorlog⟩ ⇒*kanonnenvlees*.

'dough·face ⟨telb.zn.⟩ ⟨AE⟩ **0.1** ***masker*** ⇒*mombakkes*.

'dough·foot →doughboy 0.2.

'dough-head ⟨telb.zn.⟩ ⟨AE; sl.⟩ **0.1** ***sufferd*** ⇒*kluns, oen*.

'dough·nut, ⟨AE sp. ook⟩ **'do·nut** ⟨f1⟩ ⟨telb.zn.⟩ **0.1** ⟨cul.⟩ ***doughnut*** ⟨Am. frituurgebak⟩ **0.2** ⟨AE; sl.⟩ ***autoband***.

'doughnut house, 'doughnut factory, 'doughnut foundry, 'doughnut joint ⟨telb.zn.⟩ ⟨AE; inf.⟩ **0.1** ***derderangs eethuis*** ⇒*ballentent*.

dough·ty ['daʊṭi]⟨bn.; -er; -ly; →bijw. 3⟩ ⟨vero. of iron.⟩ **0.1** ***dapper*** ⇒*moedig, flink, geducht, stout*.

dough·y ['doʊi]⟨bn.; -er; →compar. 7⟩ **0.1** ***klef*** ⇒*(te) zacht, niet gaar, deegachtig* **0.2** ***pafferig*** ⇒*opgeblazen* ◆ **1.2** ~ skin *pafferige huid*.

Doug·las fir ['dʌgləs 'fɜ:‖-'fɜr], **'Doug·las 'pine, 'Doug·las 'spruce** ⟨telb.zn.⟩ ⟨plantk.⟩ **0.1** ***douglasspar*** ⟨Pseudotsuga taxifolia/menziesii⟩.

doum [du:m], **'doum palm,** ⟨AE sp. ook⟩ **'doom palm** ⟨telb.zn.⟩ ⟨plantk.⟩ **0.1** ***(Egyptische) palmboom*** ⟨Hyphaene thebaica⟩.

dour [dʊə‖daʊər, dʊr]⟨f1⟩ ⟨bn.; -ly; -ness⟩ **0.1** ***streng*** ⇒*stug, onvriendelijk, obstinaat, hard, onbuigzaam, somber*.

dou·rou·cou·li, ⟨AE sp. ook⟩ **dou·ro·cou·li** ['du:rə'ku:li]⟨telb.zn.⟩ ⟨dierk.⟩ **0.1** ***(Amerikaans) nachtaapje*** ⟨Aotus trivigatus⟩.

douse, dowse [daʊs]⟨f1⟩ ⟨ov.ww.⟩ **0.1** ⟨scheep.⟩ ***strijken*** ⇒*laten zakken* **0.2** ***dichtdoen*** ⇒*sluiten* **0.3** ⟨inf.⟩ ***uitdoen*** **0.4** ***water gooien over*** ⇒*kletsnat maken, in het water leggen, onderdompelen* ◆ **1.1** ~ the sails *de zeilen strijken* **1.2** ~ a porthole *een patrijspoort* *sluiten* 1.3 ~ a light *een licht uitdoen* 6.4 ~ **in/with** *door en door nat maken met, doordrenken van.*

dove[1] ⟨verl. t.⟩ →dive.

dove[2] [dʌv] ⟨f2⟩ ⟨zn.⟩

I ⟨telb.zn.⟩ 0.1 ***duif*** ⟨ook fig.⟩ ⇒*zachtaardig persoon; Heilige Geest; aanhanger v. vredespolitiek/v.d. zachte lijn* ◆ 3.¶ ⟨dierk.⟩ laughing ~ *palmtortel* ⟨Streptopelia senegalensis⟩ 7.1 my ~ *m'n liefje/duifje;*

II ⟨n.-telb.zn.; D-⟩ ⟨ster.⟩ 0.1 ***Duif*** ⇒*Columba* ⟨sterrenbeeld⟩.

'dove-'col·oured ⟨bn.⟩ 0.1 ***duifgrijs.***

dove·cot(e) ['dʌvkout, -kɒt‖-kout, -kɑt] ⟨f1⟩ ⟨telb.zn.⟩ 0.1 ***duiventil*** ◆ 3.¶ ⟨iron.⟩ flutter the ~s *een knuppel in het hoenderhok gooien.*

'dove-hawk ⟨telb.zn.⟩ ⟨dierk.⟩ 0.1 ***blauwe kiekendief*** ⟨Circus cyaneus⟩.

'dove·house ⟨telb.zn.⟩ 0.1 ***duiventil.***

dove·kie, dove·key ['dʌvki:] ⟨telb.zn.⟩ ⟨AE; dierk.⟩ 0.1 ***kleine alk*** ⟨Plautus alle⟩.

'dove's-foot ⟨telb.zn.⟩ ⟨plantk.⟩ 0.1 ***ooievaarsbek*** ⟨genus Geranium⟩.

'dove·tail[1] ⟨telb.zn.⟩ 0.1 ***zwaluwstaart(verbinding).***

dovetail[2] ⟨f1⟩ ⟨onov. en ov.ww.⟩ 0.1 ***zwaluwstaarten*** ⇒*met een zwaluwstaart verbinden* 0.2 ***precies passen*** ⟨ook fig.⟩ ⇒*vast ineensluiten, sluiten, kloppen als een bus* ◆ 6.2 ~ **into/with** *vast ineensluiten in/met.*

dov·ish ['dʌvɪʃ] ⟨bn.; -ness⟩ 0.1 ***duifachtig*** ⇒*als een duif* 0.2 ***vredelievend*** ⇒*niet-oorlogszuchtig.*

dow →dhow.

dow·a·ger ['dauədʒə‖-ər] ⟨telb.zn.⟩ 0.1 ***douairière.***

dow·dy[1] ['daudi] ⟨telb.zn.; →mv. 2⟩ 0.1 ***slonzig/slordig geklede vrouw*** ⇒*slons.*

dowdy[2] ⟨bn.; -er; -ly; -ness; →bijw. 3⟩ 0.1 ***slonzig*** ⇒*slordig/slecht/onelegant gekleed* ◆ 1.1 ~ clothes *sjofele kleren.*

dow·el[1] ['dauəl] ⟨f1⟩ ⟨zn.⟩

I ⟨telb.zn.⟩ 0.1 ⟨ben. voor⟩ ***houten/metalen prop*** ⇒*plug; grote klinkbout; paspen; verbindingsbus; geleidingspen; verloren lip; dook; treknagel; deuvel;*

II ⟨mv.; ~s⟩ ⟨bowling⟩ 0.1 ***stippen*** ⟨op bowlingbaan⟩.

dowel[2] ⟨ov.ww.; →ww. 7⟩ 0.1 ***vastpennen*** ⇒*verpennen, voorzien v. deuvels/pluggen.*

dow·er[1] ['dauə‖-ər] ⟨telb.zn.⟩ 0.1 ***weduwgift*** ⇒*weduwgeld* 0.2 ***gave*** ⇒*talent* 0.3 ⟨vero. of schr.⟩ ***bruidsschat*** ◆ 1.2 have a ~ of health *gezegend zijn met een goede gezondheid.*

dower[2] ⟨ov.ww.⟩ 0.1 ***een bruidsschat geven aan*** ⇒*begiftigen.*

'dow·er·house ⟨telb.zn.⟩ ⟨BE⟩ 0.1 ***voor de weduwe bestemd huisje*** ⟨op landgoed; als onderdeel v. weduwgift⟩.

do·witch·er ['dauɪtʃə] ⟨telb.zn.⟩ ⟨dierk.⟩ 0.1 ***grijze snip*** ⟨genus Limnodromus⟩.

Dow Jones average ['dau dʒounz 'ævrɪdʒ] ⟨telb.zn.⟩ 0.1 ***Dow Jones-koersgemiddelde*** ⇒*Dow Jones-index.*

dow·las ['dauləs] ⟨n.-telb.zn.⟩ 0.1 ***(grof) calico(t)*** ⇒*ongebleekt linnen.*

down[1] [daun] ⟨f2⟩ ⟨zn.⟩

I ⟨telb.zn.⟩ 0.1 ***hooggelegen boomloos terrein*** 0.2 ⟨Am. voetbal⟩ ***down*** 0.3 ***tegenslag*** 0.4 ⟨dominospel⟩ ***recht op eerste zet*** ◆ 3.¶ ⟨inf.⟩ have a ~ on s.o. *de pest/een hekel hebben aan iem.;*

II ⟨n.-telb.zn.⟩ 0.1 ***dons*** ⇒*haartjes, veertjes, nestkleed* 0.2 ⟨AE; sl.⟩ ***toast*** ⇒*geroosterd brood;*

III ⟨mv.; Downs; the⟩ 0.1 ***heuvels in Z.-Engeland*** 0.2 ***(rede v.) Duins*** ◆ 2.1 the North/South Downs *de noordelijke/zuidelijke heuvelrug in Z.-Engeland.*

down[2] ⟨f4⟩ ⟨bn., attr., soms na het zn. geplaatst; overtreffende trap downmost⟩ ⟨→sprw. 275⟩ 0.1 ***neergaand*** ⇒*naar onder/beneden leidend, benedenwaarts, op de grond* 0.2 ⟨BE⟩ ***v. Londen komend*** 0.3 ⟨AE; sl.⟩ ***cool*** ⇒*zelfverzekerd, beheerst* 0.4 ⟨AE; sl.⟩ ***uitstekend*** 0.5 ⟨AE; sl.⟩ ***deprimerend*** ⇒*somber, droevig* ◆ 1.1 ~ grade *neergaande helling;* ⟨fig.⟩ *verslechtering;* the ~ stairs, the stairs ~ *de trap naar beneden* 1.2 ~ passenger/train *passagier/trein uit (de richting) Londen;* ~ platform *perron waar de treinen uit Londen aankomen/vertrekken* 1.¶ ~ cash, cash ~ *contante betaling, handje-contantje;* ~ payment *aanbetaling; contante betaling* 3.¶ →be down.

down[3] ⟨f2⟩ ⟨ww.⟩

I ⟨onov.ww.⟩ 0.1 ***ondergaan*** ⇒*zinken* ◆ 1.1 when the sun ~s *als de zon ondergaat;*

II ⟨ov.ww.⟩ 0.1 ***neerslaan*** ⇒*neerhalen, onderuit halen, af/neer/omvergooien, neerleggen, neerschieten,* ⟨sport⟩ *tackelen* 0.2 ***verslaan*** ⇒*afmaken, doden;* ⟨fig.⟩ *nekken, ontmoedigen* 0.3 ***onderdrukken*** 0.4 ***opdrinken*** ⇒*(haastig) doorslikken, achteroverslaan* ◆ 1.1 ~ an aeroplane *een vliegtuig neerschieten/halen* 1.3 ~ emotions *gevoelens onderdrukken.*

down[4] ⟨f4⟩ ⟨bw.; overtreffende trap downmost⟩ 0.1 ⟨plaats of richting; ook fig.⟩ ***neer*** ⇒*(naar) beneden, omlaag, onder;* ⟨aardr.⟩ *naar/in het zuiden* 0.2 ⟨mbt. vaste verblijf- of werkplaats⟩ ***vanuit*** ⇒⟨i.h.b.⟩ ⟨BE⟩ *vanuit London, vanuit universiteit(sstad);* ⟨graf.⟩ *(vanuit zetterij) naar de drukkerij;* ⟨dram.⟩ *op het voortoneel* 0.3 ⟨mbt. tot norm of schaal⟩ ***af-*** ⇒*neer-, aan-* 0.4 ⟨graadaanduidend, tot zero⟩ ***af-*** ⇒*volledig, vast, (ter)neer* 0.5 ⟨tijd⟩ ***over-*** ◆ 1.1 lines ~ and across *horizontale en verticale lijnen* 3.1 come ~ to dinner *kom (naar beneden om te) eten;* go ~ *naar beneden gaan; zinken;* go ~ (south) *naar het zuiden trekken;* put ~ in writing *optekenen;* put ~ *neerzetten;* ⟨gokken⟩ put ~ one's money on red *zijn geld inzetten op rood;* sink ~ *zinken, ondergaan;* tear ~ *neerhalen;* write ~ *op/neerschrijven, optekenen* 3.2 come ~ to see us *kom ons eens bezoeken;* drop ~ at your sister's *wip eens binnen bij je zus;* go ~ to the country *het platteland bezoeken;* ⟨druk.⟩ the copy has gone ~ *de kopij is bij de drukker/ter perse;* ⟨dram.⟩ go ~ to take a bow *naar voren gaan om het applaus in ontvangst te nemen;* track s.o. ~ *iem. opsporen, nagaan waar iem. zich ophoudt* 3.3 boil ~ *afkoken;* go ~ in price *goedkoper worden;* he got his summary ~ to one page *hij kortte zijn samenvatting in tot één bladzijde;* shares went ~ *aandelen daalden* 3.4 burdened ~ with sorrow *onder verdriet gebukt;* close ~ *sluiten;* dust them ~ *stof ze af;* hunt/ride/run ~ *vangen;* settle ~ *zich installeren, zich vestigen;* tie sth. ~ *iets vastbinden;* wash sth. ~ *iets grondig (af)wassen* 3.5 handed ~ through time *door de eeuwen overgeleverd;* passed ~ to her children *doorgegeven aan haar kinderen* 3.¶ ⟨AE; sl.⟩ go ~ on *pijpen; beffen, minetten* 4.¶ eight ~ and two to go *acht gespeeld, nog twee te spelen* 5.1 **up** and ~ *op en neer* 5.2 ⟨dram.⟩ ~ **below** *vooraan op het toneel;* ⟨AE⟩ ~ south *in/naar de zuidelijke staten;* ⟨AE⟩ ~ east *in/naar de oostelijke staten* ⟨i.h.b. New England⟩ 5.¶ deep ~ **inside,** ~ **under** *in zijn binnenste;* have sth. ~ pat *iets onder de knie hebben;* ~ **under** *bij de tegenvoeters, in Australië en Nieuw-Zeeland;* ⟨AE; sl.⟩ ~ yonder *in het zuiden v.d. U.S.A.* 6.1 ~ **on** your knees! *op de knieën!;* ~ **with** the president! *weg met de president!* 6.3 **from** A ~ **to** Z *van A tot Z* 6.¶ (be) ~ **to** s.o. *te wijten aan iem., iemands verantwoordelijkheid zijn* ¶.1 ~! *liggen!, koest!, af!* ⟨tegen hond⟩.

down[5] ⟨f4⟩ ⟨vz.⟩ 0.1 ⟨plaats of richting; de verbinding met het nw. is vaak (bijna) een samenstelling⟩ ***van*** ⇒*af, langs, door, onder in, langs ... omlaag* 0.2 ⟨tgo. up⟩ ***neer*** ⇒*af* ◆ 1.1 ~ (the) cellar *beneden in de kelder;* ~ the coast *langs de kust;* roll ~ (the) hill *de berg afrollen, van de berg rollen;* ~ (the) river *de rivier af, verder stroomafwaarts;* ~ South *zuidwaarts, in het zuiden;* he went ~ the street *hij liep de straat door* 1.2 wander up and ~ the area *ronddwalen in het gebied;* travel up and ~ the line *de lijn op en af reizen* 1.¶ ~ stage *vóór op het toneel;* ~ town *de stad in;* ~ the wind *met de wind mee.*

'down-and-'out, 'down-and-'out·er ⟨telb.zn.⟩ ⟨inf.⟩ 0.1 ***mislukkeling*** ⇒*armoedzaaier, schlemiel, stakker.*

'down·beat[1] ⟨telb.zn.⟩ ⟨muz.⟩ 0.1 ***neerslag*** ⟨eerste slag in de maat, bij dirigeren⟩ ⇒*inzet, eerste tel.*

downbeat[2] ⟨bn.⟩ ⟨inf.⟩ 0.1 ***pessimistisch*** ⇒*somber, droevig* 0.2 ***onnadrukkelijk*** ⇒*ontspannen, zonder veel accent.*

'down·bow ⟨telb.zn.⟩ ⟨muz.⟩ 0.1 ***afstreek*** ⟨neerwaartse beweging v. strijkstok over snaren v. viool, enz.⟩.

'down box →down indicator.

'down·burst ⟨telb.zn.⟩ 0.1 ***valwind.***

'down·cast[1] ⟨telb.zn.⟩ ⟨mijnw.⟩ 0.1 ***instromingsschacht.***

downcast[2] ⟨f1⟩ ⟨bn.⟩ 0.1 ***terneergeslagen*** ⇒*somber, neerslachtig* 0.2 ***neergeslagen*** ◆ 1.2 ~ eyes *neergeslagen ogen.*

'down·come ⟨telb.zn.⟩ 0.1 ***val*** ⇒*vernedering, ondergang.*

'down·draught, ⟨AE sp. ook⟩ **'down·draft** ⟨telb.zn.⟩ 0.1 ***benedenwaartse trek/tocht*** ⟨vnl. door schoorsteen⟩.

'downdraught carburettor ⟨telb.zn.⟩ ⟨tech.⟩ 0.1 ***valstroomcarburateur.***

Down East·er ['daun 'i:stə‖-ər] ⟨telb.zn.⟩ 0.1 ***bewoner v. Nieuw-Engeland.***

down·er ['daunə‖-ər] ⟨telb.zn.⟩ ⟨inf.⟩ 0.1 ***kalmerend middel*** ⇒*tranquillizer, sedativum, barbituraat* 0.2 ***akelige ervaring.***

'down·fall ⟨f2⟩ ⟨telb.zn.⟩ 0.1 ***stortbui*** ⇒*zware (regen)bui, plensbui* 0.2 ***val*** ⇒*ondergang.*

'down·grade[1] ⟨telb.zn.⟩ 0.1 ***helling (naar beneden)*** ⇒⟨fig.⟩ *achteruitgang, verslechtering* ◆ 6.1 **on** the ~ *slechter wordend, bergafwaarts, neergaand.*

downgrade[2] ⟨f1⟩ ⟨ov.ww.⟩ 0.1 ***degraderen*** ⇒*in rang verlagen* 0.2 ***de waarde/het prestige/het belang*** ⟨enz.⟩ ***naar beneden halen van*** ⇒*kleineren.*

'down'heart·ed ⟨f1⟩ ⟨bn.; -ly; -ness⟩ 0.1 ***ontmoedigd*** ⇒*terneergeslagen, in de put, neerslachtig, down.*

'down'hill[1] ⟨telb.zn.⟩ 0.1 ***neerwaartse helling*** ⇒⟨fig.⟩ *neergang* 0.2

⟨skisport⟩ *afdaling* **0.3** ⟨AE; sl.⟩ ***laatste periode v. gevangenschap/diensttijd*** ◆ **1.1** the ~ of life *de tweede levenshelft/fase.*

downhill[2] ⟨f1⟩ ⟨bn.⟩ **0.1** ***(af)hellend*** ⇒*naar beneden, neerwaarts, neergaand* **0.2** ⟨inf.⟩ ***gemakkelijk*** ⇒*op rolletjes* ◆ **3.1** it was ~ all the way *het ging steeds (meer) bergafwaarts* **3.2** it was all ~ from then on *van toen af liep alles van een leien dakje.*

downhill[3] ⟨f1⟩ ⟨bw.⟩ **0.1** ***bergafwaarts*** ⇒*naar beneden, neerwaarts* ◆ **3.1** go ~ *verslechteren;* it was going ~ *het ging bergaf(waarts) met hem.*

down·hill·er ['daʊn'hɪlə‖-ər] ⟨telb.zn.⟩ ⟨skisport⟩ **0.1** ***afdaler.***

'down indicator ⟨telb.zn.⟩ ⟨Am. voetbal⟩ **0.1** ***down-paal*** ⟨met nummerkaart om nummer van down aan te geven⟩.

Down·ing Street ['daʊnɪŋ stri:t] ⟨eig.n.⟩ **0.1** ***Downing Street*** ⟨straat in Londen met o.a. ambtswoning v.d. premier⟩ ⇒*de (Britse) regering/premier.*

'down·land ⟨n.-telb.zn.⟩ **0.1** ***heuvelig (gras)land.***

'down·line ⟨bw.⟩ **0.1** ***(verder) langs de spoorlijn*** ⟨uit de richting v. Londen⟩.

'down·load ⟨ov.ww.⟩ ⟨comp.⟩ **0.1** ***van groot naar klein systeem zenden.***

'down-'mar·ket ⟨bn.; bw.⟩ **0.1** ***voor de lagere inkomensklasse*** ⇒*uit een goedkopere prijsklasse, v. mindere kwaliteit, inferieur, goedkoper, derderangs* ◆ **1.1** that shop has become ~ *die winkel is zich gaan richten op een goedkoper publiek.*

down·most ['daʊnmoʊst] ⟨bn.; bw.; overtr. trap v. down⟩ **0.1** ***onderst*** ⇒*verst/meest naar onder, meest onderop/onderaan.*

'down·play ⟨ov.ww.⟩ **0.1** ***afzwakken*** ⇒*bagatelliseren, relativeren.*

'down·pour ⟨f1⟩ ⟨telb.zn.⟩ **0.1** ***stortbui*** ⇒*stortregen, plasregen, slagregen(s), plensbui.*

'down·right[1] ⟨f1⟩ ⟨bn.; -ly; -ness⟩ **0.1** ***gewoon*** ⇒*bepaald;* ⟨fig.⟩ *bot* **0.2** ***eerlijk*** ⇒*oprecht, openhartig, rondborstig, echt* ◆ **1.1** a ~ liar *iem. die gewoon/met een stalen gezicht staat te liegen.*

downright[2] ⟨f1⟩ ⟨bw.⟩ **0.1** ***volkomen*** ⇒*helemaal, gewoon, echt, zonder meer, volslagen, door en door, in één woord.*

'down'ri·ver[1] ⟨bn.⟩ **0.1** ***stroomafwaarts (gelegen)*** ⇒*lager a.d. rivier (gelegen).*

downriver[2] ⟨bw.⟩ **0.1** ***stroomafwaarts.***

'down-river 'racing ⟨n.-telb.zn.⟩ ⟨sport⟩ **0.1** ***(het) wildwatervaren.***

'down·side ⟨telb.zn.⟩ **0.1** ⟨AE⟩ ***onderkant*** **0.2** ⟨BE⟩ ***perronkant waar de treinen uit de stad vertrekken*** ⟨i.h.b. Londen en Edinburgh⟩.

'down·size ⟨ov.ww.⟩ ⟨AE⟩ **0.1** ***kleiner/compacter maken*** ⟨auto⟩.

'Down's 'syndrome ⟨n.-telb.zn.⟩ ⟨med.⟩ **0.1** ***syndroom v. Down*** ⇒*mongolisme.*

'down'stage[1] ⟨f1⟩ ⟨telb.zn.⟩ **0.1** ***voortoneel*** ⇒*voorkant v.h. toneel.*

downstage[2] ⟨f1⟩ ⟨bw.⟩ **0.1** ***voor op het toneel*** ⇒*naar de voorkant v.h. toneel/het voortoneel.*

'down'stairs[1] ⟨f1⟩ ⟨zn.; downstairs; →mv. 4⟩
I ⟨telb.zn.⟩ **0.1** ***benedenverdieping;***
II ⟨verz.n.⟩ **0.1** ***dienstpersoneel.***

downstairs[2], **'down·'stair** ⟨f1⟩ ⟨bn.⟩ **0.1** ***beneden*** ⇒*op de begane grond.*

downstairs[3] ⟨f3⟩ ⟨bw.⟩ **0.1** ***(naar) beneden*** ⇒*de trap af.*

'down·state[1] ⟨f1⟩ ⟨n.-telb.zn.⟩ ⟨AE⟩ **0.1** ***zuidelijk deel v.e. staat*** ⟨in de U.S.A.⟩.

'down'state[2] ⟨f1⟩ ⟨bw.⟩ ⟨AE⟩ **0.1** ***in het zuidelijk deel v.e. staat*** ⟨in de U.S.A.⟩.

'down'stream ⟨f1⟩ ⟨bn.; bw.⟩ **0.1** ***met de stroom mee (gaand)*** ⇒*stroomafwaarts* **0.2** ⟨ind.⟩ ***verderop in het produktieproces*** ⇒*in/mbt. een later stadium* ⟨v. produktie/distributiecyclus⟩; ⟨i.h.b.⟩ *v./mbt. raffinering/afzet v. aardolie.*

'down·stroke ⟨telb.zn.⟩ **0.1** ***neerhaal*** ⟨v. (geschreven) letter⟩ **0.2** ⟨tech.⟩ ***neergaande beweging/slag.***

'down·sweep ⟨telb.zn.⟩ ⟨atletiek⟩ **0.1** ***bovenhandse wissel*** ⟨v. estafettestokje⟩.

'down·swing ⟨telb.zn.⟩ **0.1** ***neerzwaai*** ⇒⟨fig.⟩ *achteruitgang, verslechtering.*

'down·time ⟨telb. en n.-telb.zn.⟩ **0.1** ***stilstandtijd*** ⟨bv. voor onderhoud⟩ ⇒*storingsduur/tijd, stoptijd, produktieonderbreking; ongebruikte/verloren/dode tijd* ⟨bv. mbt. niet-gebruiken v. computer⟩.

'down-to-'earth ⟨f1⟩ ⟨bn.⟩ **0.1** ***nuchter*** ⇒*met beide benen op de grond, praktisch, realistisch* **0.2** ***praktisch en ongekunsteld*** ⇒*zonder franje.*

'down·town[1] ⟨f2⟩ ⟨n.-telb.zn.⟩ ⟨AE⟩ **0.1** ***de binnenstad*** ⇒*het (zaken) centrum, het lagergelegen deel v.e. stad.*

'down'town[2] ⟨f2⟩ ⟨bw.⟩ **0.1** ***naar de binnenstad/het lagergelegen deel v.e. stad*** ⇒*de stad in.*

'down·trod·den, 'down·trod ⟨bn.⟩ **0.1** ***onderdrukt*** ⇒*onder de duim gehouden* **0.2** ***platgetrapt*** ⇒*vertrapt.*

'down·turn ⟨telb.zn.⟩ ⟨hand.⟩ **0.1** ***daling*** ⇒*baisse.*

down·ward[1] ['daʊnwəd‖-wərd] ⟨f2⟩ ⟨bn.; -ly; -ness⟩ **0.1** ***naar beneden gaand*** ⇒*benedenwaarts.*

downward[2], **down·wards** ['daʊnwədz‖-wərdz] ⟨f2⟩ ⟨bw.⟩ **0.1** ***naar beneden*** ⇒*benedenwaarts* **0.2** ***vanaf*** ⇒*sinds* ◆ **6.2 from** the Middle Ages ~ *vanaf/sinds de middeleeuwen.*

'down'wind ⟨f1⟩ ⟨bn.; bw.⟩ **0.1** ***met de wind mee (gaand)*** ⇒*voor de wind (gaand).*

down·y ['daʊni] ⟨bn.; -er; -ly; -ness; →bijw. 3⟩ **0.1** ***donzig*** **0.2** ***duinachtig*** ⇒*heuvelachtig* **0.3** ⟨sl.⟩ ***slim*** ⇒*gewiekst, glad, geslepen.*

dow·ry ['daʊ(ə)ri] ⟨f1⟩ ⟨telb.zn.; →mv. 2⟩ **0.1** ***bruidsschat*** **0.2** ***gave*** ⇒*talent.*

dowse [daʊz] ⟨f1⟩ ⟨ww.⟩
I ⟨onov.ww.⟩ **0.1** ***(met een wichelroede) wateraders opsporen*** ⇒*met een wichelroede werken, wichelroede lopen;*
II ⟨ov.ww.⟩ **0.1** →douse.

dows·er ['daʊzə‖-ər] ⟨telb.zn.⟩ **0.1** ***wichelroedelo(o)p(st)er.***

'dows·ing-rod ⟨telb.zn.⟩ **0.1** ***wichelroede.***

dox·ol·o·gy [dɒk'sɒlədʒi‖dɑk'sɑ-] ⟨telb.zn.; →mv. 2⟩ ⟨relig.⟩ **0.1** ***doxologie*** ⇒*lofprijzing* ⟨v. God⟩, *gloria.*

dox·y ['dɒksi‖'dɑksi] ⟨telb.zn.; →mv. 2⟩ **0.1** ⟨vero.⟩ ***lichtekooi*** ⇒*deern(e)* **0.2** ***maitresse*** ⇒*minnares* **0.3** ⟨vero.; iron.⟩ ***(godsdienstige) opinie*** ⇒*geloof.*

doy·en ['dɔɪən], ⟨vr. vorm⟩ **doy·enne** [dɔɪ'en] ⟨telb.zn.⟩ **0.1** ***oudste*** ⇒*deken, nestor.*

doyl(e)y →doily.

doz ⟨afk.⟩ dozen.

doze[1] [doʊz] ⟨f1⟩ ⟨telb.zn.⟩ **0.1** ***sluimering*** ⇒*dutje, tukje, hazeslaapje.*

doze[2] ⟨f2⟩ ⟨ww.⟩
I ⟨onov.ww.⟩ **0.1** ***sluimeren*** ⇒*dutten, soezen, een hazeslaapje doen, druilen* ◆ **5.1** ~ **off** *indutten, indommelen, in slaap sukkelen;*
II ⟨ov.ww.⟩ **0.1** ⟨vnl. met away⟩ ***verdutten*** ⇒*verslapen, versuffen.*

doz·en ['dʌzn] ⟨f3⟩ ⟨telb.zn.; ook dozen; →mv. 4⟩ **0.1** ***dozijn*** ⇒*twaalftal* **0.2** ⟨inf.⟩ ***groot aantal*** ⇒*heleboel* ◆ **1.1** a ~ books *een tiental boeken* **1.2** ~s (and ~s) of people *een heleboel mensen* **3.¶** speak/talk nineteen/twenty/forty to the ~ *aan één stuk door praten/ratelen* **4.1** half a ~ *(een stuk of) vijf* **4.¶** it's six of one and half a ~ of the other *het is lood om oud ijzer* **6.2 by** the ~ *bij tientallen, bij bosjes.*

doz·enth ['dʌznθ] ⟨bn., attr.⟩ **0.1** ***twaalfde*** **0.2** ***zoveelste.***

doz·er ['doʊzə‖-ər] ⟨telb.zn.⟩ ⟨verk.⟩ bulldozer ⟨inf.⟩ **0.1** ***bulldozer*** ⇒*grondschuiver* **0.2** ⟨AE; sl.⟩ ***baffer*** ⇒*harde stomp, knal(ler)* **0.3** ⟨AE; sl.⟩ ***iets mieters*** ⇒*iets geweldigs, iets opvallends.*

do·zy ['doʊzi] ⟨f1⟩ ⟨bn.; -er; -ly; -ness; →bijw. 3⟩ **0.1** ***slaperig*** ⇒*soezerig, loom, lui* **0.2** ⟨BE; inf.⟩ ***dom*** ⇒*lui* ◆ **1.1** a ~ day *een lekker lome dag.*

dp, DP ⟨afk.⟩ data processing.

DP ⟨afk.⟩ displaced person, durable press.

D Ph, D Phil ⟨afk.⟩ Doctor of Philosophy.

DPP ⟨afk.⟩ Director of Public Prosecutions; Deferred Payment Program ⟨AE⟩.

dpt ⟨afk.⟩ department.

dr ⟨afk.⟩ drachm(s), drachma(s), dram(s), drawer.

Dr ⟨afk.⟩ debtor, Doctor, Drive.

drab[1] [dræb] ⟨telb.zn.⟩ **0.1** ***slons*** ⇒*tork, morsebel* **0.2** ***hoer(tje)*** ⇒*slet, snol, lichtekooi.*

drab[2] ⟨f2⟩ ⟨bn.; -er; -ly; -ness; →compar. 7⟩ **0.1** ***vaalbruin*** **0.2** ***kleurloos*** ⇒*saai.*

drab[3] ⟨onov.ww.; →ww. 7⟩ **0.1** ***zich met sletten afgeven.***

drab·bet ['dræbɪt] ⟨n.-telb.zn.⟩ ⟨BE⟩ **0.1** ***grof linnen.***

drab·ble ['dræbl] ⟨ww.⟩
I ⟨onov.ww.⟩ **0.1** ***zich nat/vuil maken*** ⟨met modder, e.d.⟩;
II ⟨ov.ww.⟩ **0.1** ***nat/vuil maken*** ⟨met modder, e.d.⟩.

drachm [dræm] ⟨telb.zn.⟩ **0.1** ***(medicinale) drachme*** ⇒*60 grein* ⟨3,888 g; →t1⟩ **0.2** ***drachme*** ⇒*dra(ch)m* ⟨'avoirdupois', 1,772 g; →t1⟩ **0.3** ⟨BE⟩ ***drachme*** ⇒*drachm, 60 druppels* ⟨3,55 ml; →t1⟩ **0.4** ***drachme*** ⟨munt⟩.

drach·ma ['drækmə] ⟨telb.zn.; ook drachmae [-mi:]; →mv. 5⟩ **0.1** ***drachme*** ⟨Griekse munt(eenheid)⟩ **0.2** ***oudgriekse eenheid v. gewicht.***

drac(k) [dræk] ⟨bn.⟩ ⟨Austr. E; sl.⟩ **0.1** ***lelijk*** ⟨v. vrouw⟩.

Dra·co ['dreɪkoʊ] ⟨eig.n.⟩ ⟨ster.⟩ **0.1** ***de Draak*** ⇒*Draco* ⟨sterrenbeeld⟩.

dra·co·ni·an [drə'koʊnɪən‖dreɪ-] ⟨bn.; vaak D-⟩ **0.1** ***draconisch*** ⇒*zeer streng* ◆ **1.1** ~ measures *uiterst harde maatregelen.*

dra·co·nic [drə'kɒnɪk‖dreɪ'kɑnɪk] ⟨bn.; in bet. 0.2 -ally; →bijw. 3⟩ **0.1** ***v.e. draak*** ⇒*draakachtig* **0.2** ***draconisch*** ⇒*uiterst streng.*

draff [dræf] ⟨n.-telb.zn.⟩ **0.1** ***drab*** ⇒*bezinksel, droesem, draf, spoeling, grondsop, moer* **0.2** ***uitschot*** ⟨ook fig.⟩ ⇒*hef(fe);* ⟨fig.⟩ *uitvaagsel.*

draft[1] [drɑ:ft‖dræft]⟨f3⟩⟨zn.⟩
I ⟨telb.zn.⟩ **0.1** ***klad(je)*** ⇒*ontwerp, schets, concept* **0.2** ⟨hand.⟩ ***traite*** ⇒*(getrokken) wissel* **0.3** →draught ◆ **3.2** make a ~ on s.o. *een wissel trekken op iem.;* make a ~ on s.o.'s friendship *een wissel trekken op iemands vriendschap* **6.1 in** ~ *in het klad* **6.2 by** ~ *per wissel;*
II ⟨n.-telb.zn.⟩⟨AE⟩ **0.1** ⟨the⟩ ***dienstplicht*** **0.2** ***lichting*** ⇒*detachement, afdeling, ploeg.*
draft[2], **draught** ⟨f2⟩⟨ov.ww.⟩ →drafting **0.1** ***ontwerpen*** ⇒*schetsen, opstellen, voorbereiden, een klad(je) maken van* **0.2** ⟨AE⟩ ***indelen*** ⇒*detacheren, inlijven, selecteren, (uit)kiezen* **0.3** ⟨AE⟩ ***oproepen*** **0.4** ⟨ook autosport⟩ ***in de slipstream volgen/rijden*** ◆ **6.3** ~ s.o. **into** the army *iem. oproepen voor het leger.*
draft·a·ble ['drɑ:ftəbl‖'dræf-]⟨bn.⟩⟨AE⟩ **0.1** ***dienstplichtig.***
'draft card ⟨telb.zn.⟩⟨AE; mil.⟩ **0.1** ***oproep(ings)kaart*** ⇒*oproep.*
draft·ee ['drɑ:f'ti:‖'dræf-]⟨f1⟩⟨telb.zn.⟩⟨AE⟩ **0.1** ***dienstplichtig militair*** ⇒*iem. die voor zijn nummer op is.*
draft·ing ['drɑ:ftɪŋ‖'dræf-]⟨f1⟩⟨telb.zn.; gerund v. draft⟩ **0.1** ***het opstellen*** ⇒*wijze v. opstellen* ◆ **1.1** the ~ of that bill is very clear *dat wetsontwerp is bijzonder doorzichtig.*
'drafting committee ⟨verz.n.⟩ **0.1** ***redactiecommissie.***
drafts·man ['drɑ:ftsmən‖'dræfts-]⟨f1⟩⟨telb.zn.; draftsmen [-mən]; →mv. 3⟩ **0.1** ***opsteller (v. documenten)*** ⇒*redacteur* **0.2** ***tekenaar*** ⇒*ontwerper* **0.3** →draughtsman.
'draft 'treaty ⟨telb.zn.⟩ **0.1** ***ontwerpakkoord*** ⇒*ontwerpovereenkomst.*
drafty →draughty.
drag[1] [dræg]⟨f2⟩⟨zn.⟩
I ⟨telb.zn.⟩ **0.1** ***ruk*** ⇒*trek* **0.2** ***zware koets*** ⟨met plaatsen bovenop en getrokken door een vierspan⟩ **0.3** ***dreg*** ⇒*dregnet, dreganker, dregtouw* **0.4** ***slede*** ⟨voor zware lasten⟩ **0.5** ***eg*** **0.6** ***rem*** ⟨fig.⟩ ⇒*belemmering, vertraging, blok aan het been, hinderpaal* **0.7** ***moeizame/vertraagde beweging*** ⇒*het traag voortkruipen* **0.8** ⟨scheep.⟩ ***drijfanker*** **0.9** ⟨tech.⟩ ***remschoen*** ⟨bij rijtuigen e.d.⟩ ⇒*remblok* **0.10** ⟨inf.⟩ ***saai gedoe/figuur*** ⇒*vervelend iets/iem.* **0.11** ⟨inf.⟩ ***trekje*** ⟨aan sigaret⟩ ⇒*haaltje* **0.12** ⟨inf.⟩ ***peuk*** ⇒*sigaret* **0.13** ***slip*** ⟨voor het trekken v.e. spoor bij een slipjacht⟩ **0.14** ***slipjacht*** **0.15** ***slipjachtvereniging*** **0.16** ⟨sl.⟩ ***karretje*** ⇒*wagen, auto, slee* **0.17** ⟨sl.⟩ ***travestiefeestje*** **0.18** ⟨AE; sl.⟩ ***straat*** ⇒*weg* **0.19** ⟨AE; sl.⟩ ***(dans)fuif/feestje*** **0.20** ⟨AE; sl.⟩ ***homofeestje*** **0.21** ⟨AE; sl.⟩ ***aanhang*** ⇒*vriendinnetje, meisje* **0.22** ⟨AE; sl.⟩ ***lokkertje*** ⇒ *lokaas* ⟨bij oplichting⟩ **0.23** ⟨sport⟩ ***(lucht/wind)weerstand*** **0.24** ⟨verk.⟩ ⟨drag race, dragnet, drag queen⟩ ◆ **1.7** he has a ~ in his walk *hij loopt wat moeilijk, hij trekt wat met zijn been* **2.7** it was a long ~ *het was een hele trek, het viel niet mee* **6.6** it was a ~ **on** the proceedings *het belemmerde de werkzaamheden* **7.10** it was such a ~ *het was stierlijk vervelend/stomvervelend, het was om bij in slaap te vallen;*
II ⟨n.-telb.zn.⟩ **0.1** ***het slepen*** ⇒*het trekken, het zeulen* **0.2** ***het dreggen*** ⇒*het afdreggen* **0.3** ⟨lucht.⟩ ***luchtweerstand*** **0.4** ⟨sl.⟩ ***kleren*** **0.5** ⟨ook attr.⟩⟨sl.⟩ ***travestie*** **0.6** ⟨AE; sl.⟩ ***invloed*** ⇒*overwicht* ◆ **1.6** he has lots of ~ *hij heeft heel wat in de melk te brokkelen* **6.5 in** ~ *in travestie, als man/vrouw verkleed.*
drag[2] ⟨bn., pred.⟩⟨sl.⟩ **0.1** ***met aanhang/vriendin*** ◆ **3.1** come ~ *met aanhang komen.*
drag[3] ⟨f3⟩⟨ww.; →ww. 7⟩
I ⟨onov.ww.⟩ **0.1** ***dreggen*** **0.2** ⟨scheep.⟩ ***krabben*** ⟨v. anker⟩ **0.3** ***zich voortslepen*** ⇒*kruipen* ⟨v. tijd⟩*, lang duren, niet opschieten, langdradig/saai zijn* **0.4** ***achterblijven*** ◆ **5.3** ~ **on** *eindeloos duren, jarenlang doorgaan* **5.¶** ⟨sl.⟩ ~ **in** *aankomen, arriveren* **6.1** ~ **for** *dreggen naar;*
II ⟨onov. en ov.ww.⟩ **0.1** ***slepen*** ⇒*(voort)trekken/sleuren/zeulen* **0.2** ⟨sl.⟩ ***meenemen*** ⟨meisje⟩ ◆ **1.1** ⟨scheep.⟩ the ship ~s her anchor *het anker krabt;* ~ (on) one's life *zijn leven voortslepen;* ~ through the mire/mud *door het slijk halen* ⟨ook fig.⟩ **4.¶** ⟨sl.⟩ ~ it *'m smeren, pleite gaan; zwijgen; het uitmaken* **5.1** ⟨inf.⟩ he always ~s **in** his ancestry *hij haalt er altijd zijn voorgeslacht bij;* don't ~ my name **in** *laat mijn naam erbuiten;* she ~ged him **off** to concerts *ze sleepte hem mee naar concerten* **5.¶** →drag **down;** →drag **out;** →drag **up** **6.1** ⟨inf.⟩ ~ **at/on** a cigarette *een trek(je) nemen;* ~ s.o. **into** sth. *iem. tegen zijn zin ergens in betrekken;*
III ⟨ov.ww.⟩ **0.1** ***afdreggen*** ⇒*afvissen, afzoeken* **0.2** ***opdreggen*** ⇒*opvissen, ophalen* **0.3** ***eggen.***
'drag anchor ⟨telb.zn.⟩ **0.1** ***drijfanker.***
'drag artist ⟨telb.zn.⟩ **0.1** ***travestiespeler*** ⟨toneel⟩.
'drag·bar ⟨telb.zn.⟩⟨tech.⟩ **0.1** ***koppelstang*** ⇒*trekstang.*
'drag·chain ⟨telb.zn.⟩⟨tech.⟩ **0.1** ***koppelketting*** ⇒*sleepketting.*
'drag 'down ⟨ov.ww.⟩ **0.1** ***slopen*** ⇒*uitputten, verzwakken, demoraliseren, deprimeren* **0.2** ***verlagen*** ⇒*zedelijk laag doen staan, neerhalen.*
dra·gée ['dræʒeɪ‖-'ʒeɪ]⟨telb.zn.⟩ **0.1** ***dragée*** ⇒*geglaceerde amandel* **0.2** ***dragée*** ⇒*versuikerd tablet* **0.3** ***zilverpil*** ⟨op taart⟩.
drag·gle ['drægl]⟨ww.⟩
I ⟨onov.ww.⟩ **0.1** ***over de grond slepen*** **0.2** ***achterblijven*** ⇒*achteraankomen;*
II ⟨ov.ww.⟩ **0.1** ***bemodderen*** ⇒*nat/vuil maken, door de modder slepen.*
'drag·gle·tail ⟨telb.zn.⟩ **0.1** ***slons*** ⇒*sloddervos.*
'drag·gle·tailed ⟨bn.⟩ **0.1** ***slonzig*** ⇒*slodderig, smerig, slordig.*
drag·gly ['drægli]⟨bn.; -er; →compar. 7⟩ **0.1** ***vies*** ⇒*smerig, nat, bemodderd* **0.2** ***slonzig*** ⇒*slodderig, slordig.*
drag·gy ['drægi]⟨bn.; -er; →compar. 7⟩⟨inf.⟩ **0.1** ***duf*** ⇒*saai, vervelend.*
'drag·hound ⟨telb.zn.⟩ **0.1** ***jachthond*** ⟨voor de slipjacht⟩.
'drag·hunt ⟨telb.zn.⟩ **0.1** ***slipjacht.***
'drag·line ⟨telb.zn.⟩ **0.1** ***dragline*** ⇒*sleepgraver.*
'drag·net ⟨telb.zn.⟩ **0.1** ***dregnet*** ⇒*sleepnet;* ⟨fig.⟩ *(vang)net* ⟨om misdadigers te vatten⟩.
drag·o·man ['drægəmən]⟨telb.zn.; ook dragomen [-mən]; →mv. 3⟩ **0.1** ***dragoman*** ⇒*drogman* ⟨tolk of gids, i.h.b. in Nabije Oosten⟩.
drag·on ['drægən]⟨f2⟩⟨zn.⟩
I ⟨eig.n.; D-⟩ **0.1** ***Draak*** ⟨sterrenbeeld⟩;
II ⟨telb.zn.⟩ **0.1** ***draak*** ⟨ook fig.⟩ ⇒*lastig mens, chaperonne, waakhond* **0.2** ⟨dierk.⟩ ***draak*** ⟨genus Draco⟩ ⇒*vliegende draak* ⟨D. volans⟩ **0.3** ⟨dierk.⟩ ***Komodovaraan*** ⇒*reuzenvaraan* ⟨Varanus komodoensis⟩ **0.4** ⟨zeilsport⟩ ***draak(jacht)*** ◆ **3.¶** ⟨sl.⟩ chase the ~ *chinezen* ⟨verdampte heroïne snuiven⟩ **7.¶** the (old) Dragon *de duivel.*
drag·on·et ['drægənɪt]⟨telb.zn.⟩ **0.1** ***draakje*** **0.2** ⟨dierk.⟩ ***pitvis*** ⟨fam. der Callionymidae⟩.
'drag·on·fly ⟨f1⟩⟨telb.zn.⟩⟨dierk.⟩ **0.1** ***libel*** ⟨orde Odonata⟩.
'dra·gon·head, 'dra·gon's-head ⟨telb. en n.-telb.zn.⟩⟨plantk.⟩ **0.1** ***drakekop*** ⟨genus Dracocephalum⟩.
drag·on·ish ['drægənɪʃ]⟨bn.⟩ **0.1** ***draakachtig*** ⇒*als een draak.*
drag·on·nade ['drægə'neɪd]⟨telb.zn.⟩⟨gesch.⟩ **0.1** ***dragonnade*** ⟨inkwartiering v. dragonders bij protestanten onder Lodewijk XIV⟩ ⇒⟨fig.⟩ *militair dwangmiddel.*
'dragon's blood ⟨n.-telb.zn.⟩ **0.1** ***drakebloed*** ⟨rode harssoort, i.h.b. hars v. Dracaena drago⟩.
'dragon's teeth ⟨mv.⟩ **0.1** ***draketanden*** ⟨ook fig.⟩ **0.2** ⟨mil.⟩ ***draketanden*** ⇒*asperges* ⟨anti-tankversperring⟩.
'dragon tree ⟨telb.zn.⟩⟨plantk.⟩ **0.1** ***drakebloedboom*** ⟨Dracaena draco⟩.
dra·goon[1] [drə'gu:n]⟨f2⟩⟨telb.zn.⟩ **0.1** ***dragonder*** ⟨ook fig.⟩ **0.2** ***soort postduif.***
dragoon[2] ⟨ov.ww.⟩ **0.1** ***d.m.v. soldaten onderwerpen*** ⇒*negeren, donderen* ◆ **6.1** ~ **into** *(met geweld) dwingen tot.*
'drag 'out ⟨ov.ww.⟩ **0.1** ***eruit trekken*** **0.2** ***rekken*** ⇒*uitspinnen* **0.3** ***omslachtig vertellen*** ⇒*opkloppen.*
'drag-out ⟨telb.zn.⟩⟨inf.⟩ **0.1** ***dansfeest/fuif.***
'drag queen ⟨telb.zn.⟩⟨sl.⟩ **0.1** ***mannelijke tra(ns)vestiet*** **0.2** ***verwijfde homo.***
'drag race ⟨telb.zn.⟩ **0.1** ***drag race*** ⟨voor auto's over een kwart mijl⟩.
drag·ster ['drægstə‖-ər]⟨telb.zn.⟩⟨AE⟩ **0.1** ***dragster*** ⟨auto die omgebouwd is voor een drag race⟩.
drags·ville ['drægzvɪl]⟨n.-telb.zn.⟩⟨sl.⟩ **0.1** ***saaie plaats*** ◆ **6.1** a party **from** ~ *een stomvervelend feest.*
'drag-tail ⟨ov.ww.⟩⟨sl.⟩ **0.1** ***(traag/met moeite) voortslepen*** ⇒*zeulen.*
'drag 'up ⟨ov.ww.⟩⟨inf.⟩ **0.1** ***oprakelen*** ⇒*weer naar voren brengen* **0.2** ***slecht opvoeden*** ⇒*voor galg en rad laten opgroeien, zijn gang (maar) laten gaan* ⟨kind⟩.
drain[1] [dreɪn]⟨f3⟩⟨zn.⟩
I ⟨telb.zn.⟩ **0.1** ***afvoerkanaal*** ⇒*afvoerbuis/pijp, riool, afwateringssloot;* ⟨med.⟩ *drain* **0.2** ***afvloeiing*** ⇒*onttrekking, het uitputten;* ⟨fig.⟩ *druk, last, belasting* **0.3** ⟨sl.⟩ ***slokje*** ⇒*neutje* ◆ **3.¶** ⟨inf.⟩ laugh like a ~ *schaterlachen* **6.1** ⟨inf.⟩ **down** the ~ *naar de knoppen, weggegooid, verloren* **6.2** it is a great ~ **on** his strength *het vergt veel van zijn krachten;*
II ⟨mv.; ~s⟩ **0.1** ***droesem.***
drain[2] ⟨f3⟩⟨ww.⟩
I ⟨onov.ww.⟩ **0.1** ***weglopen*** ⇒*wegstromen, lekken* **0.2** ***leeglopen*** ⇒*afdruipen, uitdruipen* **0.3** ***afwateren*** ⇒*lozen* ◆ **5.1** ~ **away** *weglopen, wegvloeien;* ⟨fig.⟩ *wegebben, afnemen;*
II ⟨ov.ww.⟩ **0.1** ***afvoeren*** ⇒*doen afvloeien, afgieten;* ⟨fig.⟩ *doen verdwijnen* **0.2** ***leegmaken*** ⇒*leegdrinken, uitdrinken;* ⟨fig.⟩ *uitputten, uitzuigen, plukken* **0.3** ***draineren*** ⇒*droogleggen* ◆ **2.2** ~ dry *tot op de bodem leegmaken;* ⟨fig.⟩ *helemaal uitputten* **5.1** ~ **away** *doen wegvloeien, doen weglopen* **5.2** ~ **off** *afvoeren, leegmaken, draineren* **6.¶** ~ **from/of** *beroven van, ontdoen van, onttrekken aan;* a face ~ed **of** all colour *een doodsbleek gezicht.*
drain·age ['dreɪnɪdʒ]⟨f2⟩⟨n.-telb.zn.⟩ **0.1** ***drainage*** ⇒*het afvoeren,*

het draineren, drooglegging **0.2** ***het leegmaken*** ⇒⟨fig.⟩ *het uitputten, het uitzuigen* **0.3** ***het leeglopen*** ⇒*het wegstromen* **0.4** ***afvoer*** ⇒*afwatering, riolering* **0.5** ***het afgevoerde water*** ⇒⟨BE⟩ *rioolwater*.

'drainage basin ⟨telb.zn.⟩ ⟨aardr.⟩ **0.1** ***stroomgebied***.

'drainage divide ⟨telb.zn.⟩ ⟨aardr.⟩ **0.1** ***waterscheiding***.

drai·ner ['dreɪnə‖-ər]⟨telb.zn.⟩ **0.1** ***afdruiprek*** **0.2** ***vergiet***.

'drain·ing·board, ⟨AE⟩ **'drain·board** ⟨f1⟩ ⟨telb.zn.⟩ **0.1** ***afdruipplaat*** ⟨v. aanrecht⟩.

'drain·pipe ⟨f1⟩ ⟨zn.⟩
I ⟨telb.zn.⟩ **0.1** ***rioolbuis*** ⇒*afvoerpijp;*
II ⟨mv.; ~s⟩ ⟨inf.⟩ **0.1** ***broek met smalle pijpen***.

'drainpipe 'trousers ⟨mv.⟩ ⟨inf.⟩ **0.1** ***broek met smalle pijpen***.

drake [dreɪk]⟨telb.zn.⟩ ⟨dierk.⟩ **0.1** ***haft*** ⇒*eendagsvlieg* **0.2** ***woerd*** ⇒*mannetjeseend*.

'drake·stone ⟨telb.zn.⟩ **0.1** ***keilsteentje***.

dram [dræm]⟨telb.zn.⟩ **0.1** ***(medicinale) drachme*** ⇒*60 grein* ⟨3,888 g; →t1⟩ **0.2** ***drachme*** ⇒*dram* ⟨'avoirdupois', 1,772 g; →t1⟩ **0.3** ⟨AE⟩ ***drachme*** ⇒*dram* ⟨3,70 ml; →t1⟩ **0.4** ***druppeltje*** ⇒*greintje* **0.5** ⟨inf.⟩ ***neutje*** ⇒*slokje, borreltje*.

dra·ma ['drɑ:mə‖'dræ-,'drɑ-]⟨f3⟩ ⟨zn.⟩
I ⟨telb.zn.⟩ **0.1** ***toneelstuk*** ⇒*(hoor)spel, stuk, drama, toneelspel;*
II ⟨n.-telb.zn.⟩ **0.1** ***toneel*** ⇒*drama* ◆ **7.1** the ~ *de toneelkunst*.

'dra·ma-doc·u'men·ta·ry ⟨telb.zn.⟩ **0.1** ***gedramatiseerde documentaire*** ⇒*docu-drama*.

dra·mat·ic [drə'mætɪk]⟨f3⟩ ⟨bn.; -ally; →bijw. 3⟩ **0.1** ***dramatisch*** ⇒*theatraal, toneel-* **0.2** ***indrukwekkend*** ⇒*aangrijpend* **0.3** ***opvallend*** ⇒*spectaculair, plotseling* **0.4** ***ingrijpend*** ◆ **1.1** ~ irony *tragische ironie* ⟨oorspr. in Griekse tragedie⟩.

dra·mat·ics [drə'mætɪks]⟨mv.; ww. ook enk.⟩ **0.1** ***dramatiek*** ⇒*toneelkunst* **0.2** ***dramatisch gedrag*** ⇒*theatraal gedoe*.

dram·a·tis per·so·nae ['dræmətɪs pɜ:'souna‖'dræmətɪs pər'souni:] ⟨mv.⟩ **0.1** ***dramatis personae*** ⇒*personages (in een toneelstuk)*.

dram·a·tist ['dræmətɪst]⟨f1⟩ ⟨telb.zn.⟩ **0.1** ***dramaticus*** ⇒*toneelschrijver/schrijfster, dramaturg*.

dram·a·ti·za·tion, -sa·tion ['dræmətaɪ'zeɪʃn‖-mətə'zeɪʃn]⟨telb. en n.-telb.zn.⟩ **0.1** ***dramatisering***.

dram·a·tize, -ise ['dræmətaɪz]⟨f2⟩ ⟨ww.⟩
I ⟨onov.ww.⟩ **0.1** ***zich aanstellen*** ⇒*dramatisch doen, overdrijven;*
II ⟨ov.ww.⟩ **0.1** ***dramatiseren*** ⇒*als drama bewerken, aanschouwelijk/dramatisch voorstellen* **0.2** ***benadrukken*** ⇒*onderstrepen*, ⟨pej.⟩ *aandikken*.

dram·a·turge ['dræmətɜ:dʒ‖-tɜrdʒ], ⟨in bet. 0.2 ook⟩ **dram·a·turg** ['dræmətɜ:g‖-tɜrg]⟨telb.zn.⟩ **0.1** ***dramaturg*** ⇒*toneelschrijver/schrijfster* **0.2** ***dramaturg*** ⇒*literair adviseur bij theater/film*.

dram·a·tur·gic ['dræmə'tɜ:dʒɪk‖-'tɜrdʒɪk], **dram·a·tur·gi·cal** [-ɪkl] ⟨bn.⟩ **0.1** ***dramaturgisch***.

dram·a·tur·gist ['dræmə'tɜ:dʒɪst‖-'tɜr-]⟨telb.zn.⟩ **0.1** ***dramaturg*** ⇒*toneelschrijver/schrijfster*.

dram·a·tur·gy ['dræmətɜ:dʒi‖-tɜr-]⟨n.-telb.zn.⟩ **0.1** ***dramaturgie*** ⇒*leer v.d. dramatische kunst*.

'dram-drink·er ⟨telb.zn.⟩ ⟨inf.⟩ **0.1** ***pimpelaar***.

drank ⟨verl. t.⟩ →drink.

drape[1] [dreɪp]⟨f2⟩ ⟨telb.zn.⟩ **0.1** ***draperie*** **0.2** ⟨AE⟩ ***gordijn*** **0.3** ***val*** ⇒*soepelheid, manier v. vallen* ⟨v. textiel⟩ **0.4** ***snit*** **0.5** ⟨sl.⟩ ***lap (pen)*** ⇒*pakkie, kledingstuk* ◆ **2.3** this silk has a lovely ~ *deze zijde valt erg mooi*.

drape[2] ⟨f2⟩ ⟨ov.ww.⟩ **0.1** ***bekleden*** ⇒*omhullen, versieren* **0.2** ***draperen*** ⟨ook fig.⟩ **0.3** ***(achteloos) leggen*** ⇒*deponeren, laten hangen/liggen* ◆ **1.3** ~ one's legs over a chair *zijn benen op een stoel leggen*.

drap·er ['dreɪpə‖-ər]⟨f1⟩ ⟨telb.zn.⟩ ⟨BE⟩ **0.1** ***manufacturier***.

drap·e·ry ['dreɪpri]⟨f2⟩ ⟨zn.; →mv. 2⟩
I ⟨telb.zn.⟩ ⟨AE⟩ **0.1** ***gordijn;***
II ⟨telb. en n.-telb.zn.⟩ **0.1** ***draperie*** ⇒*drapering;*
III ⟨n.-telb.zn.⟩ **0.1** ⟨BE⟩ ***stoffen*** ⇒*manufacturen* **0.2** ⟨BE⟩ ***manufacturenhandel*** **0.3** ***het draperen***.

'drape suit ⟨telb.zn.⟩ ⟨inf.⟩ **0.1** ***lang jasje en broek met smalle pijpen***.

dras·tic ['dræstɪk]⟨f2⟩ ⟨bn.; -ally; →bijw. 3⟩ **0.1** ***drastisch*** ⇒*ingrijpend, krachtig, radicaal, doortastend;* ⟨geneesmiddel⟩ *krachtig werkend*.

drat [dræt]⟨ov.ww.; →ww. 3⟩ ⟨inf.⟩ **0.1** ***verwensen*** ⇒*vervloeken* ◆ **1.1** that ~ted animal! *dat verdraaide beest!* **4.1** ~ it! *verdorie!*.

draught[1], ⟨AE⟩ **draft** [drɑ:ft‖dræft]⟨f2⟩ ⟨zn.⟩
I ⟨telb.zn.⟩ **0.1** ***trek*** ⟨v. visnet⟩ ⇒*vangst* **0.2** ***teug*** ⇒*slok, dronk, haal, trekje, dosis* ⟨v. medicinaal drankje⟩ **0.3** ***drankje*** ⇒*medicijn* **0.4** ***trekking*** ⟨v.e. wissel⟩ ⇒*traite;* ⟨bij uitbr.⟩ *wissel, aanslag* **0.5** ***schets*** ⇒*ontwerp, concept, klad* **0.6** ***tocht*** ⇒*trek, luchtstroom* **0.7** ⟨scheep.⟩ ***diepgang*** **0.8** ⟨mil.⟩ ***detachement*** ⇒*afdeling, detachering, lichting* **0.9** ⟨BE⟩ ***gewicht*** ⟨v. vis, o.a. 20 lb.⟩ **0.10** ⟨BE⟩ ***damschijf*** ◆ **2.7** light ~ *ongeladen diepgang* **3.6** ⟨sl.⟩ feel the ~ *op de tocht zitten;* ⟨fig.⟩ *in geldnood verkeren;* a forced ~ *een luchtstroom v.e. ventilator (enz.)* **3.7** laden ~ *geladen diepgang* **3.¶** ⟨AE; sl.⟩ feel a draft *zich gediscrimineerd voelen; zich niet erg welkom voelen;*
II ⟨n.-telb.zn.; ook attr.⟩ **0.1** ***het trekken*** **0.2** ***het aftappen*** **0.3** ⟨the⟩ ⟨AE⟩ ***dienstplicht*** ⇒*militaire dienst* ◆ **6.2** beer **on** ~ *bier van/uit het vat, getapt bier;*
III ⟨n.-telb.zn.; ~s⟩ ⟨BE⟩ **0.1** ***damspel*** ⇒*het dammen* ◆ **1.1** play a game of draughts *een spelletje dammen*.

draught[2] →draft[2].

'draught 'beer ⟨f1⟩ ⟨telb. en n.-telb.zn.⟩ **0.1** ***bier van/uit het vat*** ⇒*getapt bier*.

'draught·board ⟨f1⟩ ⟨telb.zn.⟩ ⟨BE⟩ **0.1** ***dambord***.

'draught-free ⟨bn.⟩ **0.1** ***tochtvrij*** ⟨v. ruimte, ventilatie enz.⟩.

'draught horse ⟨telb.zn.⟩ **0.1** ***trekpaard***.

'draught-proof[1] ⟨bn.⟩ **0.1** ***tochtdicht/vrij*** ⟨v. ramen enz.⟩.

draught-proof[2] ⟨ov.ww.⟩ **0.1** ***tochtvrij maken*** ⟨d.m.v. tochtstrippen e.d.⟩.

'draught·screen ⟨telb.zn.⟩ **0.1** ***tochtscherm***.

draughts·man, ⟨in bet. 0.1 en 0.2 AE⟩ **drafts·man** ['drɑ:ftsmən‖'dræft-]⟨f1⟩ ⟨telb.zn.; draughtsmen [-mən], draftsmen; →mv. 3⟩ **0.1** ***tekenaar*** ⇒*ontwerper* **0.2** ***iem. die documenten opstelt*** **0.3** ⟨BE⟩ ***damschijf***.

draughts·man·ship, ⟨AE⟩ **drafts·man·ship** ['drɑ:ftsmənʃɪp‖'dræft-] ⟨n.-telb.zn.⟩ **0.1** ***tekenkunst*** ⇒*het ontwerpen* **0.2** ***het opstellen v. documenten***.

'draught stripping ⟨n.-telb.zn.⟩ **0.1** ***tochtwering*** ⟨d.m.v. tochtband e.d.⟩.

draugh·ty, ⟨AE⟩ **draf·ty** ['drɑ:fti‖'dræfti]⟨f1⟩ ⟨bn.⟩ **0.1** ***tochtig***.

Dra·vid·i·an[1] [drə'vɪdɪən]⟨zn.⟩
I ⟨eig.n.⟩ **0.1** ***Dravidisch*** ⇒*de Dravidische taal;*
II ⟨telb.zn.⟩ **0.1** ***Dravide***.

Dravidian[2] ⟨bn.⟩ **0.1** ***Dravidisch***.

draw[1] [drɔ:]⟨f3⟩ ⟨zn.⟩
I ⟨telb.zn.⟩ **0.1** ***trek*** ⇒*het trekken, het slepen, het spannen v.e. boog, spanning, druk* **0.2** ⟨AE⟩ ***trekje*** ⇒*haal* ⟨bij het roken⟩ **0.3** ***aantrekkingskracht*** ⇒*attractie, trekpleister, successtuk* **0.4** ***loterij*** ⇒*(ver)loting, trekking* **0.5** ***gelijk spel*** ⇒*onbesliste wedstrijd, remise* **0.6** ***getrokken kaart*** ⇒*getrokken lot* **0.7** ***vangst*** **0.8** ⟨AE⟩ ***geul*** ⇒*droge rivierbedding* **0.9** ⟨AE⟩ ***klep v.e. ophaalbrug;***
II ⟨n.-telb.zn.⟩ **0.1** ***het trekken v.e. revolver*** ◆ **2.1** he is quick on the ~ *hij kan snel zijn revolver trekken;* ⟨fig.⟩ *hij reageert snel* **6.¶** ⟨AE⟩ she has the ~ **on** them *zij is in het voordeel*.

draw[2] ⟨f4⟩ ⟨ww.; drew [dru:], drawn [drɔ:n]⟩ →drawing, drawn ⟨→sprw. 519, 539⟩
I ⟨onov.ww.⟩ **0.1** ***geraken*** ⇒*komen, gaan* **0.2** ***aantrekkingskracht uitoefenen*** ⇒*publiek trekken* **0.3** ***zijn pistool/zwaard trekken*** **0.4** ⟨sport, spel⟩ ***gelijk spelen*** ⇒*in gelijk spel eindigen, remise maken* **0.5** ***strak/bol staan*** ⟨v. zeil⟩ **0.6** ***trekken*** ⟨i.h.b. v. thee⟩ ◆ **1.2** the play was ~ing well *het stuk liep goed* **4.4** they drew nil-nil *ze speelden nul-nul gelijk* **5.1** ~ **alongside** *ernaast komen rijden;* ~ level *gelijk komen* ⟨in race⟩; ~ **near**/⟨vero.⟩ **nigh** *naderen, dichterbij komen;* ~ **off** *(zich) terugtrekken, wegtrekken, weggaan* **5.¶** →draw **ahead;** →draw **apart;** →draw **away;** →draw **back;** →draw **in;** →draw **on;** →draw **out;** →draw **up** **6.1** he drew **alongside** the bus *hij ging naast de bus rijden;* ~ **into** *binnenrijden (in)* ⟨vnl. v. treinen⟩ **6.¶** →draw **ahead of;**
II ⟨onov. en ov.ww.⟩ **0.1** ⟨ben. voor⟩ ***trekken*** ⇒*slepen; ophalen* ⟨visnet⟩; *spannen* ⟨boog⟩; *tevoorschijn halen* ⟨v. wapen⟩; *open/dichtdoen* ⟨gordijn⟩; ⟨geldw.⟩ *trasseren* ⟨wissel⟩ **0.2** ***tekenen*** ⇒*schetsen* **0.3** ***loten*** ⇒*door loting verkrijgen* **0.4** ***putten*** ⟨ook fig.⟩ ◆ **1.1** ~ bit/bridle/rein *het paard inhouden;* ⟨fig.⟩ *zichzelf in toom houden;* ~ the blinds *de jaloezieën neerlaten;* the chimney doesn't ~ *de schoorsteen trekt niet;* she drew the cloth *zij haalde het tafelkleed weg;* ~ the curtains *de gordijnen open/dichttrekken;* ~ lots *strootjes trekken;* they drew the lake *zij hebben het meer met een net afgevist;* ~ one's sword against *ten strijde trekken tegen, aanvallen;* you've got to ~ the trumps first *je moet eerst troef trekken* **1.2** ~ a circle *een cirkel trekken/beschrijven;* ⟨fig.⟩ one has to ~ the line at some point *je moet ergens een grens trekken* **1.4** ~ consolation from *troost putten uit;* ~ inspiration from *inspiratie opdoen uit;* ~ a lesson from *lering trekken uit;* ~ water *water putten* **1.¶** ~ a conclusion *een conclusie trekken;* ~ a distinction *onderscheid maken* **5.1** ~ **along** *voorttrekken;* ~ **aside** *opzij trekken, apart nemen;* ~ **back** the curtains *de gordijnen opentrekken;* ~ **down** *naar beneden trekken;* ⟨fig.⟩ *teweeg brengen, zich op de hals halen, uitlokken;* ~ **in** *intrekken, aanhalen* ⟨teugels⟩; *erbij betrekken;* ~ **off** *uittrekken, afdoen;* ~ **on** *aantrekken, aandoen;* ~ **together** *samentrekken, bij elkaar brengen, nader tot elkaar komen* **5.¶** ~ it fine *erg precies zijn;* ~ it mild *het*

kalm aan doen, niet overdrijven; ~ it strong *overdrijven* **6.1** that drew **after** it great consequences *dat had grote gevolgen;* she tried to ~ him **into** the conversation *zij probeerde hem in het gesprek te betrekken* **6.3** let us ~ **for** it *laten we erom loten* **6.4** ~ **on/upon** *een beroep doen op, putten uit, gebruik maken van;* I'll have to ~ **upon** my savings *ik zal mijn spaargeld moeten aanspreken;*

III ⟨ov.ww.⟩ **0.1** ***aantrekken*** ⇒*aanlokken* **0.2** ***inademen*** ⇒*inhaleren* **0.3** ***ertoe brengen*** ⇒*overhalen* **0.4** ⟨ben. voor⟩ ***(te voorschijn) halen*** ⇒*uittrekken,* ⟨fig.⟩ *ontlokken; naar buiten brengen/halen; doen uitvaren, uit het hol jagen* ⟨v. wild⟩; *(af)tappen* ⟨bier, enz.⟩ **0.5** ***uit de tent lokken*** ⇒*uithoren, aan de praat krijgen* **0.6** ***(uit)rekken*** ⇒*lang maken, draad trekken v.* **0.7** ***opstellen*** ⟨tekst⟩ ⇒*opmaken, formuleren, uitschrijven* ⟨cheque⟩ **0.8** ***trekken*** ⟨geld, loon⟩ ⇒*opnemen, ontvangen* **0.9** ⟨geldw.⟩ ***opbrengen*** **0.10** ⟨scheep.⟩ ***een diepgang hebben v.*** ⇒*steken* **0.11** ***in een gelijk spel doen eindigen*** **0.12** ⟨sport⟩ ***bepaald(e) richting/effect (aan bal) geven*** ⇒⟨bowls⟩ *met een flauwe boog gooien;* ⟨biljart⟩ *trekken;* ⟨curling⟩ *net voldoende snelheid geven (aan de schijf) om het huis te bereiken;* ⟨golf, cricket⟩ *(te veel) naar links slaan* ⟨v. rechtshandige⟩, *(te veel) naar rechts slaan* ⟨v. linkshandige⟩ **0.13** ***van de ingewanden ontdoen*** ⇒*ontweien, schoonmaken* **0.14** ***doorzoeken*** ⟨schuilplaats v. wild⟩ **0.15** ***leeghalen*** ⟨(hoog)ovens⟩ ⇒*kolen verwijderen uit* ◆ **1.1** ~ attention to *de aandacht vestigen op;* ~ the enemy's fire *het vijandelijk vuur afleiden;* his story drew tears *zijn verhaal maakte de ogen vochtig* **1.2** ~ a deep breath *diep inademen, diep adem scheppen;* he drew the smoke avidly into his lungs *hij zoog gretig de rook naar binnen* **1.4** ~ blood *bloed doen vloeien;* ⟨fig.⟩ *iem. gevoelig raken;* ⟨cricket⟩ ~ stumps *de wicketpaaltjes uit de grond trekken* ⟨ten teken v. einde v. wedstrijd⟩ **1.8** she drew all her savings from her account *zij nam al haar spaargeld op (van haar rekening)* **1.9** capital ~ing interest *rentedragend kapitaal* **1.10** ships ~ing less than ten feet *schepen met een diepgang v. minder dan tien voet* **1.11** the game is ~n *het is gelijk spel;* ⟨schaken, dammen⟩ *de partij is remise* **1.13** ~ fowl *gevogelte schoonmaken* **3.5** he refused to be ~n *hij liet zich niet uit zijn tent lokken* **5.3** ~ **in** *overhalen, verlokken, verleiden* **5.4** ~ **forth** *te voorschijn halen* **5.¶** ~ **off** *afleiden* ⟨aandacht⟩; *weglokken; aftappen;* →draw **on;** →draw **out;** →draw **up**.

'draw a'head ⟨onov.ww.⟩ **0.1** ***vóór gaan rijden*** **0.2** ***voorbijrijden*** ⇒*vóórkomen.*

'draw a'head of ⟨onov.ww.⟩ **0.1** ***voorbijrijden*** ⇒*uitlopen op, een voorsprong nemen op.*

'draw a'part ⟨f1⟩ ⟨onov.ww.⟩ **0.1** ***van elkaar gaan*** ⇒*zich van elkaar verwijderen, van elkaar vervreemden, zich afscheiden* ◆ **6.1** ~ **from** *zich afscheiden van.*

'draw a'way ⟨f1⟩ ⟨onov.ww.⟩ **0.1** ***wegtrekken*** ⇒*(zich) terugtrekken, terugdeinzen, terugwijken* **0.2** ***uitlopen*** ⇒*een voorsprong nemen* ◆ **6.1** ~ **from** *(zich) terugtrekken van, terugwijken van* **6.2** ~ **from** *een voorsprong nemen op.*

'draw·back ⟨f2⟩ ⟨zn.⟩

I ⟨telb.zn.⟩ **0.1** ***nadeel*** ⇒*bezwaar, schaduwzijde* **0.2** ***aftrek*** ⇒*korting, vermindering* ◆ **7.1** there is only one ~ *er is maar één ding op tegen;*

II ⟨n.-telb.zn.⟩ **0.1** ***terugbetaalde accijns/invoerrechten.***

'draw 'back ⟨f1⟩ ⟨onov.ww.⟩ ⟨→sprw. 538⟩ **0.1** ***(zich) terugtrekken*** ⇒*terugwijken, terugdeinzen, terugkrabbelen* ◆ **6.1** ~ **from** *(zich) terugtrekken van, terugdeinzen voor.*

'draw·back lock ⟨telb.zn.⟩ **0.1** ***trekslot.***

'draw·bar ⟨telb.zn.⟩ **0.1** ***trekbalk*** **0.2** ⟨spoorwegen⟩ ***koppelstang.***

'draw·bridge ⟨f1⟩ ⟨telb.zn.⟩ **0.1** ***ophaalbrug.***

Draw·can·sir ['drɔ:kænsə‖-ər] ⟨telb.zn.⟩ ⟨BE⟩ **0.1** ***branie*** ⇒*durfal, opschepper* **0.2** ***vechtersbaas*** ⇒*ijzervreter.*

'draw·down ⟨telb.zn.⟩ **0.1** ***verlaging v.h. waterniveau*** **0.2** ***vermindering*** ⇒*afbouw* ⟨v. produktie, voorraden⟩.

draw·ee [drɔ:'i:] ⟨telb.zn.⟩ ⟨geldw.⟩ **0.1** ***trassaat*** ⇒*betrokkene* ⟨degene op wie een wissel is getrokken⟩.

draw·er ['drɔ:ə ⟨in bet. I 0.1, II⟩ drɔ:‖-ər ⟨in bet. I 0.1, II⟩ -(ə)r] ⟨f3⟩ ⟨zn.⟩

I ⟨telb.zn.⟩ **0.1** ***lade*** **0.2** ***draadtrekker*** **0.3** ***tekenaar*** **0.4** ⟨geldw.⟩ ***trassant*** ⇒*trekker* **0.5** ⟨vero.⟩ ***tapper*** ⇒*barman, barmeisje* ◆ **1.1** a chest of ~s *ladenkast;*

II ⟨mv.; ~s⟩ **0.1** ***(lange) onderbroek.***

'draw-hoe ⟨telb.zn.⟩ **0.1** ***schoffel.***

'draw 'in ⟨f1⟩ ⟨onov.ww.⟩ **0.1** ***binnenrijden*** ⇒*komen aanrijden, aankomen* **0.2** ***aan de kant gaan rijden*** ⇒*naar de kant trekken* **0.3** ***ten einde lopen*** ⟨v. dag⟩ ⇒*schemerig worden* **0.4** ***korter worden*** ⟨v. dagen⟩ **0.5** ***bezuinigen*** ⇒*de broekriem aanhalen.*

draw·ing ['drɔ:ɪŋ] ⟨f3⟩ ⟨zn.; (oorspr.) gerund v. draw⟩

I ⟨telb.zn.⟩ **0.1** ***trekking*** ⇒*loting* **0.2** ***tekening*** ⇒*schets* **0.3** ***binnengekomen geld*** ⇒*opbrengst, omzet, ontvangsten;*

II ⟨n.-telb.zn.⟩ **0.1** ***het trekken*** **0.2** ***het tekenen*** ⇒*tekenkunst* ◆ **6.2** **out of** ~ *slecht/verkeerd getekend;* ⟨fig.⟩ *ongeëigend, ongeschikt.*

'drawing account ⟨telb.zn.⟩ **0.1** ***rekening-courant.***

'drawing board ⟨f1⟩ ⟨telb.zn.⟩ **0.1** ***tekenbord*** ⇒*tekenplank* ◆ **5.1** ⟨inf.; vnl. scherts.⟩ **back** to the ~! *terug naar af!, overnieuw!.*

'drawing paper ⟨n.-telb.zn.⟩ **0.1** ***tekenpapier.***

'drawing pen ⟨telb.zn.⟩ **0.1** ***tekenpen.***

'drawing pin ⟨telb.zn.⟩ ⟨BE⟩ **0.1** ***punaise.***

'drawing rights ⟨mv.⟩ ⟨geldw.⟩ **0.1** ***trekkingsrechten.***

'drawing room ⟨f2⟩ ⟨telb.zn.⟩ **0.1** ***salon*** ⇒*zitkamer, ontvangkamer* **0.2** ***receptie (ten hove)*** **0.3** ⟨AE⟩ ***privé treincoupé.***

'draw·knife ⟨telb.zn.⟩ **0.1** ***trekmes*** ⇒*haalmes.*

drawl[1] [drɔ:l] ⟨f1⟩ ⟨telb.zn.⟩ **0.1** ***lijzige manier v. praten*** ⟨waarbij de klinkers uitgerekt worden⟩.

drawl[2] ⟨f2⟩ ⟨onov. en ov.ww.⟩ **0.1** ***lijzig praten*** ⇒*lijzen, temen.*

drawn [drɔ:n] ⟨f1⟩ ⟨bn.; volt. deelw. v. draw⟩ **0.1** ***getrokken*** ⟨zwaard, enz.⟩ **0.2** ***ontweid*** ⇒*schoongemaakt* **0.3** ***vertrokken*** ⇒*strak, afgetobd* ⟨gezicht⟩ **0.4** ***geweld*** ⟨boter⟩ **0.5** ***onbeslist*** ⟨wedstrijd⟩ ◆ **6.3** ~ **with** pain *vertrokken van de pijn.*

'draw·net ⟨telb.zn.⟩ **0.1** ***sleepnet.***

'drawn-thread work, 'drawn·work ⟨n.-telb.zn.⟩ **0.1** ***ajourwerk.***

'draw 'on ⟨f1⟩ ⟨ww.⟩

I ⟨onov.ww.⟩ **0.1** ***naderen*** ⇒*dichter komen bij, inlopen op, inhalen* ◆ **1.1** winter is drawing on *de winter is in aantocht;*

II ⟨ov.ww.⟩ **0.1** ***bewegen*** ⇒*drijven, verlokken, aanmoedigen, ertoe brengen* **0.2** ***veroorzaken*** ⇒*teweegbrengen, met zich meebrengen* **0.3** ***gebruik maken van.***

'draw 'out ⟨f1⟩ ⟨ww.⟩

I ⟨onov.ww.⟩ **0.1** ***lengen*** ⟨v. dagen⟩ **0.2** ***wegrijden*** ⟨v. trein, enz.⟩ **0.3** ***uitlopen*** ⇒*een voorsprong nemen;*

II ⟨ov.ww.⟩ **0.1** ***(uit)rekken*** ⇒*uitspinnen, lang aanhouden* **0.2** ***aan de praat krijgen*** ⇒*zijn verlegenheid doen vergeten, uithoren* **0.3** ***uittrekken*** ⇒*eruit halen, te voorschijn halen* **0.4** ***opmaken*** ⇒*opstellen* **0.5** ***opnemen*** ⟨geld⟩ **0.6** ⟨mil.⟩ ***doen uitrukken*** **0.7** ⟨mil.⟩ ***detacheren*** **0.8** ⟨mil.⟩ ***opstellen.***

'draw-out table ⟨telb.zn.⟩ **0.1** ***uittrektafel*** ⇒*uitschuiftafel.*

'draw·plate ⟨telb.zn.⟩ **0.1** ***trekplaat*** ⟨v. draadtrekker⟩.

'draw·sheet ⟨telb.zn.⟩ ⟨verpleging⟩ **0.1** ***doortreklaken.***

'draw·string ⟨telb.zn.⟩ **0.1** ***trekkoord.***

'draw 'up ⟨f1⟩ ⟨ww.⟩

I ⟨onov.ww.⟩ **0.1** ***stoppen*** ⇒*tot stilstand komen* ⟨v. auto e.d.⟩ ◆ **6.1** ~ **to** *naderen, dichter komen bij;* ~ **with** *inhalen, gelijk komen met;*

II ⟨ov.ww.⟩ **0.1** ***opstellen*** ⇒*plaatsen* ⟨soldaten⟩ **0.2** ***opmaken*** ⇒*opstellen, formuleren, schrijven* **0.3** ***aanschuiven*** ⟨stoel⟩ ⇒*bijtrekken* **0.4** ***tot staan brengen*** ◆ **4.¶** draw o.s. up *zich oprichten, zich langmaken, een imponerende houding aannemen* **5.4** that drew him up sharp(ly) *dat deed hem plotseling stilhouden.*

'draw well ⟨telb.zn.⟩ **0.1** ***waterput*** ⟨met ketting⟩.

dray, ⟨in bet. 0.3 ook⟩ **drey** [dreɪ] ⟨telb.zn.⟩ **0.1** ***sleperswagen*** ⇒*brouwerswagen* **0.2** ***nest v. eekhoorn*** **0.3** ⟨Austr. E⟩ ***tweewielige wagen.***

dray·age ['dreɪɪdʒ] ⟨n.-telb.zn.⟩ **0.1** ***slepersloon*** ⇒*slepersgeld, sleploon.*

'dray·horse ⟨telb.zn.⟩ **0.1** ***sleperspaard*** ⇒*brouwerspaard.*

dray·man ['dreɪmən] ⟨telb.zn.; draymen [-mən]; →mv. 3⟩ **0.1** ***sleper*** **0.2** ***brouwersknecht.***

DRC ⟨afk.⟩ Dutch Reformed Church.

dread[1] [dred] ⟨f2⟩ ⟨telb. en n.-telb.zn.; g. mv.⟩ **0.1** ***ontzetting*** ⇒*vrees, schrik, (doods)angst, afgrijzen* **0.2** ***angst/vreesaanjagend object*** ⇒*angstbeeld* **0.3** ***verschrikt opvliegen*** ⟨v. zwerm vogels⟩ ◆ **6.1** have a ~ **of** fire *doodsbang zijn voor vuur.*

dread[2] ⟨bn., attr.⟩ ⟨schr.⟩ **0.1** ***angst-*** ⇒*vreselijk, afschuwelijk, te vrezen, ontzagwekkend, imposant* ◆ **1.1** the ~ hand of God *Gods afschrikwekkend ingrijpen.*

dread[3] ⟨f2⟩ ⟨onov. en ov.ww.⟩ →dreaded **0.1** ***vrezen*** ⇒*duchten, erg opzien tegen, doodsbang zijn (voor)* ◆ **3.1** I ~ to think it *ik moet er niet aan denken.*

dread·ed ['dredɪd] ⟨bn.; volt. deelw. v. dread⟩ **0.1** ***angstaanjagend.***

dread·ful ['dredfl] ⟨f3⟩ ⟨bn.; -ly; -ness; →bijw. 4⟩ **0.1** ***vreselijk*** ⇒*ontzettend,* ⟨inf. ook⟩ *(heel) erg* ◆ **1.¶** ⟨BE⟩ penny ~ *sensatieromannetje* **2.1** I'm ~(ly) tired *ik ben bekaf.*

dread·locks ['dredlɒks‖-lɑks] ⟨mv.⟩ ⟨inf.⟩ **0.1** ***schriklokken*** ⇒*rastakapsel/vlechten* ⟨v. Rasta's⟩.

dread·nought, dread·naught ['dredno:t] ⟨zn.⟩

I ⟨telb.zn.⟩ **0.1** ⟨scheep.⟩ ***dreadnought*** ⇒*zwaar slagschip* **0.2** ⟨vero.⟩ ***durfal*** ⇒*waaghals, branie* **0.3** ***duffel*** ⇒*duffelse jas;*

II ⟨n.-telb.zn.⟩ **0.1** ***duffel*** ⇒*duffelse stof.*

dream[1] [dri:m] ⟨f3⟩ ⟨telb.zn.⟩ **0.1** ***droom*** ⇒*droombeeld, droomtoestand;* ⟨fig.⟩ *ideaal* ◆ **1.1** a ~ of a dress *een snoes v.e. jurk* **3.1** live

in a ~ *in een waas leven;* waking ~ *dagdroom* **6.¶** ⟨inf.⟩ like a ~ *met het grootste gemak, van een leien dakje, ,,gedroomd".*
dream[2] ⟨f3⟩ ⟨onov. en ov.ww.; vnl. BE dreamt, dreamt [dremt]⟩ **0.1** ***dromen*** ⇒*zich verbeelden, zich indenken* ◆ **5.1** ~ **away** *verdromen, verdoen;* ~ **up** *verzinnen, fantaseren* **6.1** ~ **about/of** *dromen van;* ⟨inf.⟩ Mary wouldn't ~ **of** moving *M. piekerde er niet over om te verhuizen.*
'dream·boat ⟨telb.zn.⟩ ⟨inf.⟩ **0.1** ***droom*** ⇒*ideaal.*
dream·er ['dri:mə‖-ər] ⟨f2⟩ ⟨telb.zn.⟩ **0.1** ***dromer*** ⟨ook fig.⟩.
'dream factory ⟨telb.zn.⟩ **0.1** ***droomfabriek*** ⇒*filmstudio; filmindustrie.*
'dream·land ⟨f1⟩ ⟨zn.⟩
I ⟨telb. en n.-telb.zn.⟩ **0.1** ***droomwereld;***
II ⟨n.-telb.zn.⟩ ⟨scherts.⟩ **0.1** ***dromenland.***
dream·less ['dri:mləs] ⟨bn.; -ly⟩ **0.1** ***droomloos.***
dream·like ['dri:mlaɪk] ⟨f1⟩ ⟨bn.⟩ **0.1** ***onwezenlijk*** ⇒*droom-.*
dream·scape ['dri:mskeɪp] ⟨telb.zn.⟩ **0.1** ***onwerkelijk tafereel*** ⇒*droombeeld/landschap, begoocheling, fata morgana.*
'dream world ⟨f1⟩ ⟨telb.zn.⟩ **0.1** ***schijnwereld.***
dream·y ['dri:mi] ⟨f2⟩ ⟨bn.; -er; -ly; -ness; →bijw. 3⟩ **0.1** ***dromerig*** ⇒*vaag, onwezenlijk* **0.2** ⟨inf.; meisjes⟩ ***beeldig*** ⇒*schattig, enig, snoezig.*
drear·y ['drɪəri‖'drɪri], ⟨schr.⟩ **drear** [drɪə‖drɪr] ⟨f2⟩ ⟨bn.; 1e variant -er; -ly; -ness; →bijw. 3⟩ **0.1** ***somber*** ⇒*treurig, akelig* **0.2** ***saai*** ⇒*oninteressant, vervelend.*
dredge[1] [dredʒ] ⟨telb.zn.⟩ **0.1** ***dreg*** ⇒*baggermachine, baggermolen, sleepnet, baggerbeugel.*
dredge[2] ⟨f1⟩ ⟨ww.⟩
I ⟨onov.ww.⟩ **0.1** ***dreggen*** ⇒*baggeren* **0.2** ⟨scheep.⟩ ***met krabbend anker afdrijven;***
II ⟨ov.ww.⟩ **0.1** ***opdreggen*** ⇒*opbaggeren, uitbaggeren* **0.2** ***bestrooien*** ⇒*bestuiven* ◆ **1.1** ~ the river for a body *de rivier afdreggen op zoek naar een lijk* **5.1** ~ **up** a body from the river *een lijk uit de rivier (op)vissen;* ⟨fig.⟩ ~ **up** old memories *herinneringen ophalen;* ⟨fig.⟩ ~ **up** long-forgotten stories *oude koeien uit de sloot halen* **6.2** ~ sugar **over** pancakes, ~ pancakes **with** sugar *suiker over pannekoeken strooien.*
dredg·er ['dredʒə‖-ər] ⟨telb.zn.⟩ **0.1** ***dregger*** ⇒*baggeraar* **0.2** ***dreg*** ⇒*dregboot, baggermachine, baggermolen* **0.3** ***strooier*** ⇒*strooibus.*
dree [dri:] ⟨ov.ww.⟩ ⟨vero. of Sch. E⟩ **0.1** ***dulden*** ⇒*verdragen, zich schikken in.*
dreg [dreg] ⟨f1⟩ ⟨zn.⟩
I ⟨telb.zn.⟩ **0.1** ***depot*** ⇒*droesem, grondsop* ◆ **5.1** not a ~ *geen spoortje;*
II ⟨mv.; ~s⟩ **0.1** ***sediment*** ⇒*bezinksel, residu, depot, rest, droesem, grondsop* **0.2** ⟨pej.⟩ ***iets waardeloos*** ⇒*heffe, uitvaagsel* ◆ **1.2** ~ of society *uitschot van de maatschappij* **3.1** drink/drain to the ~ *tot op de bodem ledigen;* ⟨fig.⟩ *de bittere pil slikken, de beker (v. h. noodlot) uitdrinken.*
dreg·gy ['dregi] ⟨bn.⟩ **0.1** ***drabbig*** ⇒*troebel.*
dreich, dreigh [dri:x] ⟨bn.⟩ ⟨Sch. E⟩ **0.1** ***somber*** ⟨v. weer⟩.
drench[1] [drentʃ] ⟨zn.⟩
I ⟨telb.zn.⟩ **0.1** ⟨vero., beh. mbt. dieren⟩ ***drankje*** ⇒*vloeibaar geneesmiddel, slaapdrank, purgeermiddel, giftige drank* **0.2** ***plens*** ⇒*stortbui, nat pak;* ⟨fig.⟩ *slok, portie* ◆ **6.2** a ~ **of** liquid manure *een scheut vloeibare mest;*
II ⟨n.-telb.zn.⟩ **0.1** ***looistof*** ⇒*tannine.*
drench[2] ⟨f1⟩ ⟨ov.ww.⟩ →drenching **0.1** ***een drank toedienen aan*** ⟨dier⟩ **0.2** ***doordrenken*** ⇒*doorweken, kletsnat maken, onderdompelen* **0.3** ⟨vero.⟩ ***drenken*** ◆ **1.2** ~ potplants *potplanten onderdompelen/een bad(je) geven;* sun- ~ed beaches *zon-overgoten stranden.*
drench·ing ['drentʃɪŋ] ⟨f1⟩ ⟨telb.zn.; oorspr. gerund v. drench⟩ **0.1** ***stortbui*** ⇒*plasbui, wolkbreuk, nat pak.*
Dres·den ['drezdən], ⟨in bet. II ook⟩ **'Dresden 'China, 'Dresden 'porcelain** ⟨zn.⟩
I ⟨eig.n.⟩ **0.1** ***Dresden*** ⟨Duitse stad⟩;
II ⟨n.-telb.zn.; vaak attr.⟩ **0.1** ***Saksische porselein*** ⇒*Meissner porselein.*
dress[1] [dres] ⟨f3⟩ ⟨zn.; ook attr.⟩
I ⟨telb.zn.⟩ **0.1** ***jurk*** ⇒*japon, kleed, toilet, kostuum, tenue;*
II ⟨n.-telb.zn.⟩ **0.1** ***kleding*** ⇒*tenue, dracht* **0.2** ***pluimage*** ⇒*verentooi, gevederte* ◆ **2.1** full ~ *groot tenue, groot gala;* ⟨inf.⟩ *met alle toeters en bellen, met alles erop en eraan;* special ~ *gelegenheidskleding.*
dress[2] ⟨f3⟩ ⟨ww.⟩ →dressing
I ⟨onov. en ov.ww.; wederk. ww.⟩ **0.1** ***zich kleden*** ⇒*gekleed gaan* **0.2** ***zich aankleden*** ⇒*kleren aantrekken, toilet maken* **0.3** ***zich verkleden*** ⇒*avondtoilet/iets anders aantrekken* **0.4** ⟨mil.⟩ ***zich richten*** ◆ **4.¶** ~ed (up) to the nines *piekfijn gekleed, op zijn/haar/hun best* **5.1** ~ **down** *zich zeer eenvoudig kleden;* ~ **out** *zich uitdossen* **5.¶** ~ **up** *zich boven zijn stand kleden, zich verkleden/vermommen, zich opdirken/opsieren/opkleden* **6.1** she ~es **at** Dior *zij kleedt zich bij Dior* **6.3** ~ **for** dinner *zich verkleden voor het eten;*
II ⟨ov.ww.⟩ **0.1** ***kleden*** ⇒*van kleding voorzien* **0.2** ***(aan)kleden*** ⇒*kleren aantrekken* **0.3** ***versieren*** ⇒*opsieren, optuigen, opsmukken, tooien;* ⟨scheep.⟩ *pavoiseren;* ⟨fig.⟩ *van schone schijn voorzien, oppoetsen* **0.4** ⟨med.⟩ ***verbinden*** ⇒*verzorgen* ⟨wond⟩, *verband aanleggen op/om* **0.5** ⟨cul.⟩ ***prepareren*** ⇒*schoonmaken, klaarmaken, bereiden; dresseren* ⟨op schotel⟩, *op bord/plateau plaatsen* **0.6** ⟨cul.⟩ ***met saus overgieten*** ⇒*aanmaken* **0.7** ***opmaken*** ⇒*kammen en borstelen, opsteken, kappen* **0.8** ***roskammen*** ⇒*afrossen* **0.9** ⟨tech.⟩ ***prepareren*** ⇒*pappen* ⟨weefsel⟩, *slichten; behakken* ⟨steen⟩; *zacht maken, bereiden* ⟨leer⟩ **0.10** ⟨ben. voor⟩ ***bedekken*** ⇒*afdekken met stro, voorzien van compost, verharden met stenen* ⟨ter verbetering v. bodemstructuur⟩ **0.11** ⟨mil.⟩ ***richten*** ◆ **1.3** ~ a shop window *een etalage inrichten* **1.5** ~ed fowl *schoongemaakt gevogelte* **3.¶** ~ed to kill *(te) mooi gekleed, piekfijn* ⟨v. iem. op de versiertoer enz.⟩; ⟨inf.⟩ *op mooi* **5.2** ~ **out** *uitdossen;* ~ **up** *verkleden, vermommen* **5.3** ~ **up** *opdoffen* ⟨ook fig.⟩; *mooi doen schijnen, leuk aankleden; aanvaardbaar laten klinken/maken, leuk brengen* **5.9** ~ **down** *zacht maken* ⟨leer⟩ **5.¶** ~ **down** *afrossen;* ⟨fig.⟩ *een pak slaag geven, op z'n donder geven* **6.1** ~ed **in** one's (Sunday)best *met z'n goeie goed aan, op z'n zondags;* ~ed **in** black *in het zwart.*
'dress affair ⟨telb.zn.⟩ **0.1** ***gala-avond*** ⇒*galabal* **0.2** ⟨inf.⟩ ***sjieke gelegenheid.***
dres·sage ['dresɑ:ʒ‖drɪ'sɑʒ] ⟨n.-telb.zn.⟩ ⟨paardesport⟩ **0.1** ***dressuur*** ⇒*africhting.*
'dressage event ⟨telb.zn.⟩ ⟨paardesport⟩ **0.1** ***dressuurwedstrijd.***
'dressage test ⟨telb.zn.⟩ ⟨paardesport⟩ **0.1** ***dressuurproef.***
'dress allowance ⟨telb.zn.⟩ **0.1** ***kleedgeld.***
'dress ball ⟨telb.zn.⟩ **0.1** ***galabal.***
'dress circle ⟨f1⟩ ⟨telb.zn.⟩ **0.1** ***balkon*** ⇒*fauteuil de balcon* ⟨theaterrang waar vroeger avondkleding verplicht was⟩.
'dress clothes ⟨mv.⟩ **0.1** ***avondkleding*** ⇒*avondtoilet.*
'dress coat ⟨telb.zn.⟩ **0.1** ***rok(kostuum).***
'dress design ⟨n.-telb.zn.⟩ **0.1** ***modedesign*** ⇒*modeontwerp* ◆ **1.1** school of ~ *modevakschool.*
dress·er ['dresə‖-ər] ⟨f2⟩ ⟨telb.zn.⟩ **0.1** ***modepop*** ⇒*iem. die zich met opvallende zorg kleedt* **0.2** ***verbinder*** ⟨assistent v. chirurg⟩ **0.3** ⟨dram.⟩ ***kleder/kleedster*** **0.4** ⟨BE⟩ ***keukenkast*** **0.5** ⟨AE⟩ ***ladenkast*** ⇒*dressoir, commode, toilettafel, buffet* ◆ **2.1** ⟨AE; inf.⟩ a nifty ~ *een sjiek/piekfijn gekleed persoon.*
'dress goods ⟨mv.⟩ **0.1** ***japonstof(fen).***
'dress guard ⟨telb.zn.⟩ **0.1** ***rokbeschermer.***
'dress hanger ⟨telb.zn.⟩ **0.1** ***klerenhanger.***
'dress improver ⟨telb.zn.⟩ **0.1** ***queue (de Paris)*** ⇒*tournure.*
dress·ing ['dresɪŋ] ⟨f2⟩ ⟨zn.; (oorspr.) gerund v. dress⟩
I ⟨telb.zn.⟩ **0.1** ⟨landb.⟩ ***mest*** ⇒*compost* **0.2** ⟨med.⟩ ***verband (materiaal)*** ⇒*bandage, verband met zalf/poeder;*
II ⟨telb. en n.-telb.zn.⟩ **0.1** ⟨cul.⟩ ***slasaus*** ⇒*vinaigrette* **0.2** ⟨cul.⟩ ***vulling*** ⇒*vulsel, farce* **0.3** ⟨tech.⟩ ***pap*** ⇒*slichtpap, stijfsel, appret (uur);*
III ⟨n.-telb.zn.⟩ **0.1** ***het (aan)kleden*** **0.2** ⟨cul.⟩ ***vulling*** ⇒*het prepareren en vullen* **0.3** ⟨med.⟩ ***het verbinden*** ⇒*het verband aanleggen, wondverzorging* **0.4** ***appretuur*** ⇒*het appreteren;*
IV ⟨mv.; ~s⟩ ⟨bouwk.⟩ **0.1** ***lijst- en beeldhouwwerk.***
'dressing bag ⟨telb.zn.⟩ **0.1** ***toilettas*** ⇒*toiletzak.*
'dressing bell ⟨telb. en n.-telb.zn.⟩ **0.1** ***etensbel*** ⟨half uur voor etenstijd⟩.
'dressing case ⟨telb.zn.⟩ **0.1** ***toiletdoos*** ⇒*reisnecessaire, kapdoos* **0.2** ***verbandtrommel*** ⇒*EHBO kistje.*
'dressing 'down ⟨telb.zn.⟩ **0.1** ***schrobbering*** ⇒*uitbrander, pak slaag.*
'dressing gown ⟨f2⟩ ⟨telb.zn.⟩ **0.1** ***ochtendjas*** ⇒*peignoir, kamerjas* **0.2** ***badjas.***
'dressing jacket ⟨telb.zn.⟩ **0.1** ***kapmanteltje.***
'dressing room ⟨f1⟩ ⟨telb.zn.⟩ **0.1** ***kleedkamer.***
'dressing station ⟨telb.zn.⟩ **0.1** ***EHBO-post*** ⇒⟨mil.⟩ *verbandplaats.*
'dressing table ⟨f2⟩ ⟨telb.zn.⟩ **0.1** ***toilettafel*** ⇒*kaptafel.*
'dress length ⟨telb.zn.⟩ **0.1** ***stuk stof waar precies een jurk uit kan*** ⇒*coupon.*
'dress·mak·er ⟨f1⟩ ⟨telb.zn.⟩ **0.1** ***naaister*** ⇒*kleermaker/kleermaakster.*
'dress·mak·ing ⟨n.-telb.zn.⟩ **0.1** ***het naaien*** ⇒*kleermakerij.*
'dress parade ⟨telb.zn.⟩ **0.1** ***modeshow*** **0.2** ***militaire parade*** ⟨in groot tenue⟩.
'dress rehearsal ⟨f1⟩ ⟨telb.zn.⟩ **0.1** ***generale repetitie.***
'dress shield ⟨telb.zn.⟩ **0.1** ***sous-bras.***

'dress suit ⟨telb.zn.⟩ **0.1** ***rok*** ⇒*jacquet.*
'dress sword ⟨telb.zn.⟩ **0.1** ***galadegen*** ⇒*staatsiedegen.*
dress·y ['dresi]⟨bn.;-er;-ly;-ness;→bijw. 3⟩ **0.1** ***chic (gekleed)*** ⇒*elegant* **0.2** ⟨fig.⟩ ***overdreven gekleed*** ⇒*opgedirkt, opgedoft, opgeprikt* **0.3** ***gekleed*** ⇒*geschikt voor officiële/feestelijke gelegenheden.*
drew ⟨verl. t.⟩ →draw.
drey [dreɪ]⟨telb.zn.⟩ **0.1** ***eekhoornnest.***
drib [drɪb]⟨f1⟩⟨telb.zn.⟩ **0.1** ***beetje*** ◆ **1.¶** in ~s and drabs *mondjesmaat, bij stukjes en beetjes.*
drib·ble[1] ['drɪbl]⟨f1⟩⟨zn.⟩
I ⟨telb.zn.⟩ **0.1** ***stroompje*** ⇒⟨fig.⟩ *vleugje, druppeltje, beetje* **0.2** ⟨sport, i.h.b. voetbal⟩ ***dribble;***
II ⟨n.-telb.zn.⟩ **0.1** ⟨sport, i.h.b. voetbal⟩ ***het dribbelen*** ⇒*gedribbel* **0.2** ***het kwijlen*** ⇒*kwijl, speeksel.*
dribble[2] ⟨f2⟩⟨ww.⟩
I ⟨onov.ww.⟩ **0.1** ***(weg)druppelen*** ⇒*langzaam wegstromen;* ⟨fig.⟩ *haast ongemerkt verdwijnen* **0.2** ***kwijlen*** **0.3** ⟨sport, i.h.b. voetbal⟩ ***dribbelen*** ◆ **5.1** money just ~s **away** *geld loopt als zand door je vingers;* the answers ~d **in** *de antwoorden kwamen binnendruppelen;*
II ⟨ov.ww.⟩ **0.1** ***druppelen*** ⇒*laten druppelen, langzaam laten vloeien* **0.2** ⟨sport, i.h.b. voetbal⟩ ***(met lichte tikjes) voortdrijven*** ⟨bal⟩ ⇒*dribbelen.*
drib·bler ['drɪblə‖-ər]⟨telb.zn.⟩⟨sport, i.h.b. voetbal⟩ **0.1** ***dribbelaar.***
drib·let, ⟨AE sp. ook⟩ **drib·blet** ['drɪblɪt]⟨telb.zn.⟩ **0.1** ***druppeltje*** ⇒⟨fig.⟩ *beetje, stukje, kleine som gelds* ◆ **6.1 in/by** ~s *bij stukjes en beetjes, met horten en stoten.*
dried [draɪd]⟨f2⟩⟨bn.; volt. deelw. v. dry⟩ **0.1** ***droog*** ⇒*gedroogd* ◆ **1.1** ~ eggs *eierpoeder;* ~ fruit *gedroogd(e) vruchten/fruit;* ~ milk *melkpoeder* **5.1** ~ **up** *opgedroogd, ingedroogd, verschrompeld.*
dri·er, dry·er ['draɪə‖-ər]⟨f1⟩⟨telb.zn.⟩ **0.1** ***iem. die droogt*** ⇒*droger* **0.2** ⟨ben. voor⟩ ***droger*** ⇒*haardroger, föhn; droogmachine, wasdroger, droogmolen* **0.3** ***droogmiddel*** ⇒*siccatief.*
drift[1] [drɪft]⟨f3⟩⟨zn.⟩
I ⟨telb.zn.⟩ **0.1** ***afwijking*** ⇒*drift* **0.2** ***hoop*** ⇒*berg, opeenhoping, massa* **0.3** ***drijfnet*** **0.4** ***mijngang*** ⇒*dwarsgang in mijn/galerij* **0.5** ⟨tech.⟩ ***drevel*** ⇒*doorslag, drijfhout, drijfijzer;* ⟨lucht.⟩ *afdrijving, drift* **0.6** ***vlaag*** ⇒*sneeuw/regen/stofjacht* **0.7** ⟨Z. Afr. E⟩ ***voord(e)*** ⇒*doorwaadbare plaats, wed* ◆ **1.2** a ~ of daffodils *een veld vol narcissen;* a ~ of leaves *een bladerhoop* **1.6** the city lies beneath a ~ of smoke *de stad is in rook gehuld;*
II ⟨telb. en n.-telb.zn.⟩ **0.1** ***ongeorganiseerde beweging*** ⇒*gang, trek* ◆ **6.1** the ~ **from** the country *de trek van het platteland;*
III ⟨n.-telb.zn.⟩ **0.1** ***het weg/afdrijven*** ⇒*het zwerven, het zich laten gaan, het zwalken* **0.2** ***strekking*** ⇒*tendens, portee, bedoeling* **0.3** ***inactiviteit*** ⇒*afwachtende houding* **0.4** ⟨radio⟩ ***drift*** ⇒*afwijking, fluctuatie, fading* **0.5** ⟨scheep.⟩ ***drift*** ⇒*wraak, verlijering, afdrijving;* ⟨luchtvaart⟩ *weerstand* **0.6** ⟨BE⟩ ***het bijeendrijven*** ⟨vee⟩ **0.7** ⟨geol.⟩ ***morene*** ◆ **1.3** a policy of ~ *laat-maar-waaien-politiek* **3.2** I got your ~ *ik voel wat je bedoelt;* get the ~? *gesnopen?.*
drift[2] ⟨f3⟩⟨ww.⟩
I ⟨onov.ww.⟩ **0.1** ***(af)drijven*** ⟨ook fig.⟩ ⇒*meedrijven, van streek raken;* ⟨scheep.⟩ *driften, wraken, verlijeren* **0.2** ***zich doelloos voortbewegen*** ⇒*(rond)zwalken* **0.3** ⟨radio⟩ ***fluctueren*** ⇒*faden* **0.4** ***leven zonder plan*** ⇒*zich laten meedrijven* **0.5** ⟨verkeer⟩ ***bewust slippen*** ⇒*de bocht om slippen* **0.6** ⟨lucht.⟩ ***driften*** ◆ **3.2** let things ~ *de zaken op hun beloop laten* **5.1** John and Mary ~ed **apart** *John en Mary vervreemdden van elkaar;* ~ **away/off** *geleidelijk verdwijnen;* the mist ~ed **off** *de mist trok op/dreef weg* **5.2** she just ~ed **in** *ze kwam zomaar even langs* **5.4** he never finishes a job, he just ~s **along** *hij maakt nooit iets af, hij doet maar wat* **6.2** Mary ~ed **into** the dining-room *Mary kwam met afwezige blik de eetkamer binnen;*
II ⟨ov.ww.⟩ **0.1** ***meevoeren*** **0.2** ***bedekken*** ⟨met sneeuw/bladeren⟩ **0.3** ***drevelen*** ⇒*doorslaan* ◆ **3.2** the snow lay ~ed on the road *de sneeuw lag opgewaaid tot hopen op straat.*
drift·age ['drɪftɪdʒ]⟨zn.⟩
I ⟨telb. en n.-telb.zn.; g. mv.⟩ **0.1** ⟨vnl. scheep.⟩ ***afdrijving*** ⇒*verlijering, drift, wraak;*
II ⟨n.-telb.zn.⟩ **0.1** ***wrakgoed*** ⇒*wrakhout, drijfhout.*
'drift anchor ⟨telb.zn.⟩⟨scheep.⟩ **0.1** ***drijfanker*** ⇒*sleepzak.*
drift·er ['drɪftə‖-ər]⟨telb.zn.⟩ **0.1** ⟨pej.⟩ ***lanterfanter*** ⇒*zwerver, twaalf ambachten, dertien ongelukken* **0.2** ***(vissers)boot met drijfnetten*** ⇒*drifter, drijfnetvisser.*
'drift ice ⟨n.-telb.zn.⟩ **0.1** ***drijfijs.***
'drift·net ⟨telb.zn.⟩ **0.1** ***drijfnet.***
'drift-sand ⟨n.-telb.zn.⟩ **0.1** ***stuifzand.***
'drift·way ⟨telb.zn.⟩ **0.1** ***landweg*** ⇒*dreef, polderweggetje, paadje.*
'drift·wood ⟨f1⟩⟨n.-telb.zn.⟩ **0.1** ***drijfhout*** ⇒*wrakhout.*
drill[1] [drɪl]⟨f3⟩⟨zn.⟩
I ⟨telb.zn.⟩ **0.1** ***boor*** ⇒*boortje, drilboor, boorstaal* **0.2** ***boor(machine)*** ⇒*boortol* **0.3** ⟨dierk.⟩ ***zeeslak die gaten boort in schelpdieren*** ⟨vnl. Urosalpinx cinera⟩ **0.4** ⟨landb.⟩ ***zaaivoor*** **0.5** ⟨landb.⟩ ***rij zaailingen*** **0.6** ⟨landb.⟩ ***rijenzaaimachine*** **0.7** ⟨dierk.⟩ ***dril*** ⟨Mandrillus leucophaeus⟩;
II ⟨telb. en n.-telb.zn.⟩ **0.1** ***het drillen*** ⇒*dril, exercitie, oefening, discipline* **0.2** ***het stampen*** ⇒*het inheien* **0.3** ***spoedcursus*** ⇒*leermethode* ◆ **2.2** a special ~ for learning verbs *een speciale methode/speciaal systeem om de werkwoorden erin te stampen;*
III ⟨n.-telb.zn.⟩ **0.1** ⟨the⟩⟨BE; inf.⟩ ***gebruikelijke procedure*** ⇒*normale gang van zaken, 'mos', protocol* **0.2** ***dril*** ⟨soort katoenen stof⟩ ⇒*linnen, keper.*
drill[2] ⟨f2⟩⟨ww.⟩
I ⟨onov.ww.⟩ **0.1** ***boren*** ⇒*gaten boren* **0.2** ***stampen*** ⇒*(mechanisch) leren* **0.3** ***oefenen*** ⇒*exerceren;*
II ⟨ov.ww.⟩ **0.1** ***doorboren*** **0.2** ***aanboren*** **0.3** ⟨landb.⟩ ***in rijen zaaien*** ⇒*drillen* **0.4** ***drillen*** ⇒*africhten, oefenen, trainen* **0.5** ⟨mil.⟩ ***doorboren*** ⟨met kogel⟩ ⇒*doorzeven* **0.6** ***erin stampen*** ⇒*erin heien* **0.7** ⟨AE; inf.⟩ ***wandelen*** ⇒*zwerven, de benenwagen gebruiken* **0.8** ⟨AE; inf.; vnl. honkbal⟩ ***keihard raken/slaan*** ⟨bal⟩ **0.9** ⟨sport⟩ ***dribbelen.***
'drill bit ⟨telb.zn.⟩⟨mijnw.⟩ **0.1** ***boorijzer.***
'drill bow ⟨telb.zn.⟩ **0.1** ***drilboog.***
'drill·ing bit ⟨telb.zn.⟩⟨mijnw.⟩ **0.1** ***boorbeitel.***
'drill·ing field ⟨telb.zn.⟩ **0.1** ***boorlocatie.***
'drilling platform ⟨telb.zn.⟩ **0.1** ***boorplatform*** ⇒*booreiland.*
'drill·ing rig ⟨telb.zn.⟩ **0.1** ***boorinrichting/installatie*** ⇒*boortoren* **0.2** ***booreiland*** ⇒*boorplatform.*
'drill·mas·ter ⟨telb.zn.⟩ **0.1** ***drilmeester*** ⇒*instructeur* **0.2** ⟨inf.⟩ ***gymnastiekleraar.***
'drillsergeant ⟨telb.zn.⟩ **0.1** ***sergeant-instructeur*** ⇒*drilmeester.*
dri·ly ['draɪli]⟨bw.⟩ **0.1** →dry **0.2** ***droog(jes)*** ⇒*op een droge toon, sarcastisch, onverschillig.*
drink[1] [drɪŋk]⟨f3⟩⟨zn.⟩
I ⟨telb.zn.⟩ **0.1** ***dronk*** ⇒*slok, teug* ◆ **1.1** give him a ~ of water *geef hem wat water te drinken;*
II ⟨telb. en n.-telb.zn.⟩ **0.1** ***drank*** ⇒*drankje, borrel, alcohol, sterke drank, (iets te) drinken;*
III ⟨n.-telb.zn.⟩ **0.1** ***het (teveel) drinken*** **0.2** ⟨the⟩⟨sl.⟩ ***plomp*** ⇒*majem, plas, sloot, rivier, zee, oceaan* ◆ **3.1** she took to ~ *ze ging aan de drank* **6.1 in** ~ *dronken.*
drink[2] ⟨f4⟩⟨ww.; drank [dræŋk], drunk [drʌŋk]⟩ →drinking, drunk ⟨→sprw. 764, 770⟩
I ⟨onov.ww.⟩ →drink to;
II ⟨onov. en ov.ww.⟩ **0.1** ***drinken*** ⇒*leegdrinken, op/uitdrinken, verdrinken, absorberen, opnemen* ◆ **1.1** he ~s like a fish *hij drinkt als een tempelier;* he can ~ them all under the table *hij kan ze allemaal onder de tafel drinken* **4.1** he will ~ himself to death *hij zal zich dood drinken* **5.1** ~ **away** all one's money *al zijn geld verdrinken;* ~ deep *met grote teugen drinken;* ~ **down/off** *in een teug op/leegdrinken;* ~ **up** *opdrinken, (het glas) leegdrinken;*
III ⟨ov.ww.⟩ **0.1** ***in zich opnemen*** ⇒*(in)drinken, opzuigen* **0.2** ***drinken op*** ⇒*het glas heffen op, een dronk uitbrengen op* ◆ **5.1** ~ **in** s.o.'s words *iemands woorden in zich opnemen.*
drink·a·ble[1] ['drɪŋkəbl]⟨telb.zn.; vnl. mv.⟩ **0.1** ***drank*** ⇒*iets drinkbaars.*
drinkable[2] ⟨f1⟩⟨bn.⟩ **0.1** ***drinkbaar*** ⇒*te drinken.*
drink·er ['drɪŋkə‖-ər]⟨f1⟩⟨telb.zn.⟩ **0.1** ***iem. die drinkt*** ⇒*drinker, drinkeboer.*
drink·ing ['drɪŋkɪŋ]⟨f2⟩⟨n.-telb.zn.; gerund v. drink⟩ **0.1** ***het drinken (v. sterke drank)*** ◆ **2.1** excessive ~ *drankmisbruik.*
'drink·ing-bout ⟨telb.zn.⟩ **0.1** ***drinkgelag/partij*** ⇒*zuippartij* ◆ **6.1** he is **on** another ~ *hij heeft het weer flink op een zuipen gezet.*
'drinking fountain ⟨telb.zn.⟩ **0.1** ***drinkfontein(tje).***
'drinking song ⟨telb.zn.⟩ **0.1** ***drinklied.***
'drinking-'up time ⟨n.-telb.zn.⟩⟨BE⟩ **0.1** ***tijd om het laatste glas leeg te drinken*** ⟨in een pub⟩.
'drinking water ⟨f1⟩⟨n.-telb.zn.⟩ **0.1** ***drinkwater.***
'drink offering ⟨telb.zn.⟩ **0.1** ***drankoffer*** ⇒*plengoffer.*
'drink to ⟨onov.ww.⟩ **0.1** ***toasten op*** ⇒*een dronk uitbrengen op, het glas heffen op* ◆ **1.1** let us ~ the future *laten we op de toekomst drinken.*
drip[1] [drɪp]⟨f2⟩⟨zn.⟩
I ⟨telb.zn.⟩ **0.1** ***druppel*** ⇒*drop, drup* **0.2** ⟨med.⟩ ***infusie*** ⇒*infuus, infusievloeistof* **0.3** ⟨bouwk.⟩ ***druiper*** ⇒*druiplijst* **0.4** ⟨sl.⟩ ***sukkel*** ⇒*slome (donder/duikelaar);*
II ⟨n.-telb.zn.⟩ **0.1** ***het druppelen*** ⇒*gedruppel, het druipen* **0.2** ⟨sl.⟩ ***gemopper*** ⇒*gebrom* **0.3** ⟨sl.⟩ ***gewauwel*** ⇒*gezwam* **0.4** ⟨sl.⟩ ***vleierij.***

drip[2] ⟨f3⟩⟨ww.;→ww. 7⟩ →dripping
I ⟨onov.ww.⟩ **0.1** ***druipen*** ⇒*druppelen* ◆ **2.1** ~ping wet *drijfnat, doornat* **6.1** ~ping **with** *druipend van;* ⟨fig.⟩ *overlopend van, overvloeiend van;*
II ⟨ov.ww.⟩ **0.1** ***laten druppelen.***
'drip-'dry[1] ⟨bn.⟩ **0.1** ***kreukherstellend*** ⇒*strijkvrij, no-iron* ⟨v. stof⟩.
drip-dry[2] ⟨ww.⟩
I ⟨onov.ww.⟩ **0.1** ***drogen zonder kreuken;***
II ⟨ov.ww.⟩ **0.1** ***kletsnat ophangen.***
'drip-feed ⟨telb.zn.⟩⟨BE⟩ **0.1** ***infuus.***
'drip irrigation, 'trickle irrigation ⟨n.-telb.zn.⟩ **0.1** ***druppelbevloeiing.***
'drip mat ⟨telb.zn.⟩ **0.1** ***onderzetter*** ⇒*bierviltje.*
'drip-mould·ing, ⟨AE⟩ **'drip mold** ⟨telb.zn.⟩⟨bouwk.⟩ **0.1** ***druiplijst*** ⇒*druiper.*
drip·ping ['drɪpɪŋ]⟨f2⟩⟨zn.; gerund v. drip⟩⟨→sprw. 87⟩
I ⟨n.-telb.zn.⟩ **0.1** ***het druppelen*** ⇒*het druipen, gedruppel* **0.2** ***braadvet;***
II ⟨mv.; ~s⟩ **0.1** ***dat wat afdruipt/afgedropen is*** ⇒*druipwater/vocht.*
'dripping pan ⟨telb.zn.⟩ **0.1** ***lekbak*** ⇒*pan (om braadvet op te vangen).*
drip·py ['drɪpi]⟨bn.⟩⟨inf.⟩ **0.1** ***flauw*** ⇒*onnozel.*
'drip·stone ⟨zn.⟩
I ⟨telb.zn.⟩⟨bouwk.⟩ **0.1** ***druiplijst*** ⇒*druiper;*
II ⟨n.-telb.zn.⟩ **0.1** ***druipsteen.***
drive[1] [draɪv]⟨f3⟩⟨zn.⟩
I ⟨telb.zn.⟩ **0.1** ***rit(je)*** ⇒*rijtoer* **0.2** ***drijfjacht*** ⇒*het drijven, het bijeen/opdrijven* **0.3** ⟨sport⟩ ***slag*** ⇒*drive* **0.4** ⟨basketbal⟩ ***drive*** ⇒*felle, snelle dribbel naar de basket* **0.5** ⟨BE⟩ ***spelletje (bingo/whist)*** ⇒*bridgedrive* **0.6** ***(oprij)laan*** ⇒*oprit* **0.7** ⟨mil.⟩ ***(groot) offensief*** ⇒*(zware) aanval* **0.8** ⟨sl.⟩ ***sensatie*** ⇒*kick* **0.9** ⟨psych.⟩ ***drift*** ⇒*drang, neiging, hang, zucht* **0.10** ***actie*** ⇒*campagne, inzameling* **0.11** →disc drive ◆ **2.1** it is a long ~ *het is een heel eind rijden;*
II ⟨telb. en n.-telb.zn.⟩ **0.1** ***aandrijving*** ⇒*overbrenging, drijfwerk* **0.2** ***drijfkracht*** ⇒*stuwkracht* **0.3** ***besturing*** ⇒*plaats v.h. stuur* **0.4** ***energie*** ⇒*élan, voortvarendheid, doorzettingsvermogen, vaart* **0.5** ***jachtige toestand*** ⇒*gejaagdheid, het jachten* ◆ **2.3** right-hand ~ *met het stuur rechts.*
drive[2] ⟨f4⟩⟨ww.; drove [droʊv], driven ['drɪvn]⟩ →driving ⟨→sprw. 483, 494⟩
I ⟨onov.ww.⟩ **0.1** ***snellen*** ⇒*(voort)stormen, jagen, rennen, (blijven) dóórgaan* **0.2** ***gooien*** ⇒*schieten, lanceren, richten* **0.3** ⟨cricket⟩ ***hard en recht raken*** **0.4** ⟨golf⟩ ***(met een drive) afslaan*** ◆ **3.2** let ~ at *schieten op, slaan naar* **5.2** ⟨golf⟩ ~ **off** *afslaan* ⟨bal v.d. afslag slaan⟩ **6.¶** →drive **at;**
II ⟨onov. en ov.ww.⟩ **0.1** ***drijven*** ⟨ook fig.⟩ ⇒*opjagen, bijeendrijven, een drijfjacht houden (op)* **0.2** ***rijden*** ⇒*(be)sturen, mennen, autorijden, vervoeren* **0.3** ***voortdrijven*** ⇒*jagen, stoten, duwen, slaan* ⟨ook sport⟩; ⟨cricket⟩ *hard en recht raken;* ⟨golf⟩ *(met een drive) afslaan* **0.4** ⟨basketbal⟩ ***snel dribbelen*** ⟨naar de basket toe om te scoren⟩ ◆ **1.1** ~ into a (tight) corner *in het nauw drijven;* ~ s.o. to despair/desperation *iem. wanhopig maken;* a wife like that would ~ anyone to drink *met zo'n vrouw zou iedereen aan de drank raken* **4.¶** ~ all before one *alles voor zich doen buigen* **5.1** ~ **away** *wegjagen;* ~ **back** *terugdrijven;* ⟨mil.⟩ ~ **in** *terugdrijven;* ~ **out** *verdrijven, uitdrijven, verdringen;* ~ **up** *opdrijven* **5.2** ~ **in** *binnenrijden;* ~ **off** *wegrijden;* ~ **up** *vóórrijden;* ⟨sl.⟩ ~ **up!** *kom hier!* **5.3** ~ **in** *inslaan* ⟨spijker enz.⟩; *inhameren* ⟨ook fig.⟩; ~ home *vastslaan, inhameren; volkomen duidelijk maken;* ~ an attack home *een aanval doorzetten;* ~ a point home *een punt volkomen duidelijk maken;* ~ **off** an attack *een aanval afslaan* **6.3** ~ a stake **into** the ground *een paal de grond inheien* **6.¶** ~ **back on** *aangewezen zijn op, zijn toevlucht moeten nemen tot;*
III ⟨ov.ww.⟩ **0.1** ***afjagen*** ⇒*doorzoeken* **0.2** ***overwerken*** ⇒*afbeulen* **0.3** ***boren*** ⟨tunnel⟩ ⇒*graven, drijven* ⟨galerij, mijngang⟩ **0.4** ***dwingen*** ⇒*nopen, brengen tot* **0.5** ***aandrijven*** **0.6** ***uitoefenen*** ⇒*bedrijven* **0.7** ***uitstellen*** **0.8** ***sluiten*** ⟨koop⟩ ◆ **1.6** ~ a flourishing business *een goedlopende zaak hebben.*
'drive at ⟨onov.ww.⟩ **0.1** ***doelen op*** ⇒*bedoelen* **0.2** ***hard werken aan*** ⇒*er tegen aangaan, zijn uiterste best doen voor* ◆ **4.1** what is he driving at? *wat bedoelt hij?, waar wil hij heen?, wat probeert hij te bereiken?* **5.2** drive **away** at *hard werken aan.*
'drive-in[1] ⟨f1⟩⟨telb.zn.⟩ **0.1** ***drive-in*** ⇒*inrijbank/bioscoop/cafetaria.*
drive-in[2] ⟨f1⟩⟨bn., attr.⟩ **0.1** ***drive-in*** ⇒*inrij-.*
driv·el[1] ['drɪvl]⟨n.-telb.zn.⟩ **0.1** ***gezwam*** ⇒*kletskoek, gewauwel, geleuter, gezever, onzin.*
drivel[2] ⟨f1⟩⟨ww.;→ww. 7⟩
I ⟨onov.ww.⟩ **0.1** ***kwijlen*** ⇒*zeveren* **0.2** ***zwammen*** ⇒*kletsen, wauwelen, leuteren, zeveren* ◆ **5.2** ~ **on** *dóórleuteren/wauwelen;*
II ⟨ov.ww.⟩ **0.1** ***verspillen*** ⇒*verlummelen, verbeuzelen* ◆ **5.1** ~ **away** *verspillen, verbeuzelen.*
driv·el·(l)er ['drɪvlə‖-ər]⟨telb.zn.⟩ **0.1** ***kwijler*** ⇒*zeveraar* **0.2** ***zwammer*** ⇒*wauwelaar, leuteraar, zeveraar.*
driv·en ⟨volt. deelw.⟩ →drive.
drive-'on drive-'off ⟨bn.⟩ **0.1** ***rijd-op rijd-af*** ⟨schip⟩.
driv·er ['draɪvə‖-ər]⟨f3⟩⟨telb.zn.⟩ **0.1** ***drijver*** ⇒*iem. die wild opjaagt, veedrijver;* ⟨fig.⟩ *doordrijver, slavendrijver, beul* **0.2** ***bestuurder*** ⇒*voerman, menner, chauffeur, koetsier, machinist* **0.3** ⟨golf⟩ ***driver*** ⇒*(houten) golfstok* ⟨waarmee drive wordt uitgevoerd⟩ **0.4** ⟨elek.⟩ ***stuurbuis*** ⇒*stuurtrap* **0.5** ***drijfwiel*** ⇒*drijfas.*
'drive reduction ⟨n.-telb.zn.⟩⟨psych.⟩ **0.1** ***spanningsverlaging.***
'driver's seat ⟨telb.zn.⟩ **0.1** ***bestuurdersplaats*** ◆ **6.1** ⟨fig.⟩ he is **in** the ~ *hij heeft het heft in handen, hij heeft het voor het zeggen.*
'drive shaft ⟨telb.zn.⟩⟨AE⟩ **0.1** ***drijfas*** ⇒*schroefas* ⟨v. schip⟩; *cardanas* ⟨v. auto⟩.
'drive·way ⟨f2⟩⟨telb.zn.⟩ **0.1** ***oprit*** ⇒*oprijlaan* **0.2** ***weg waarlangs vee gedreven wordt.***
driv·ing ['draɪvɪŋ]⟨f1⟩⟨bn., attr.; oorspr. teg. deelw. v. drive⟩ **0.1** ***aandrijvend*** ⇒*aandrijf-, stuwend* ⟨ook fig.⟩ **0.2** ***krachtig*** ⇒*energiek, intens, sterk* ◆ **1.2** ~ rain *slagregen.*
'driving band ⟨telb.zn.⟩⟨mil.⟩ **0.1** ***trekband*** ⟨v. projectiel⟩.
'driving belt ⟨telb.zn.⟩ **0.1** ***drijfriem.***
'driving box ⟨telb.zn.⟩ **0.1** ***omhulsel v.e. asblok*** ⟨v. locomotief⟩ **0.2** ***bok*** ⟨v. koets⟩.
'driving lesson ⟨f1⟩⟨telb.zn.⟩ **0.1** ***rijles.***
'driving licence, ⟨AE⟩ **'driver's licence** ⟨f1⟩⟨telb.zn.⟩ **0.1** ***rijbewijs.***
'driving mirror ⟨telb.zn.⟩ **0.1** ***achteruitkijkspiegel.***
'driving range ⟨telb.zn.⟩⟨golf⟩ **0.1** ***oefenafslagplaats*** ⟨oefenbaan voor lange slagen⟩ ⇒*driving range.*
'driving school ⟨f1⟩⟨telb.zn.⟩ **0.1** ***autorijschool.***
'driving test ⟨f1⟩⟨telb.zn.⟩ **0.1** ***rijexamen.***
'driving wheel, 'drive wheel ⟨telb.zn.⟩ **0.1** ***drijfwiel*** ⇒*vliegwiel.*
driz·zle[1] ['drɪzl]⟨f1⟩⟨telb. en n.-telb.zn.⟩ **0.1** ***motregen*** ⇒*stofregen.*
drizzle[2] ⟨f1⟩⟨onov.ww.⟩ **0.1** ***motregenen*** ⇒*stofregenen, miezeren.*
driz·zly ['drɪzli]⟨f1⟩⟨bn.⟩ **0.1** ***miezerig*** ⇒*druilerig.*
drogue [droʊg]⟨telb.zn.⟩ **0.1** ⟨scheep.⟩ ***boei aan het eind v.e. harpoenlijn*** **0.2** ⟨scheep.⟩ ***zeeanker*** **0.3** ⟨lucht.⟩ ***sleepschijf*** **0.4** ⟨lucht.⟩ ***windzak*** **0.5** ⟨verk.⟩ ⟨drogue parachute⟩.
'drogue parachute ⟨telb.zn.⟩ **0.1** ***remparachute*** ⇒*remscherm* **0.2** ***kleine parachute*** ⟨om grote uit te trekken⟩.
droit [drɔɪt, drwɑ:]⟨telb.zn.⟩ **0.1** ***recht*** ⇒*privilege* ◆ **1.1** ~s of Admiralty *het recht op goederen afkomstig v.e. buitgemaakt schip/scheepswrak;* ⟨gesch.⟩ ~ de/du seigneur *droit du seigneur, heerlijk recht* ⟨i.h.b. het recht v.e. leenheer op seksuele omgang met de bruid v. zijn vazal tijdens de huwelijksnacht⟩.
droll [droʊl]⟨f1⟩⟨bn.; -er; -ly; -ness;→bijw. 3⟩ **0.1** ***komiek*** ⇒*koddig, amusant, grappig* **0.2** ***eigenaardig*** ⇒*zonderling, bijzonder, raar, vreemd.*
droll·er·y ['droʊləri]⟨zn.;→mv. 2⟩
I ⟨telb.zn.⟩ **0.1** ***grap*** ⇒*geintje, grol* **0.2** ***komiek verhaal*** **0.3** ***komieke manier v. doen;***
II ⟨n.-telb.zn.⟩ **0.1** ***eigenaardige humor*** **0.2** ***grapjasserij*** ⇒*grappenmakerij, snaakskeid.*
drome [droʊm]⟨telb.zn.⟩⟨verk.⟩ aerodrome **0.1** ***vliegveld.***
-drome [droʊm] **0.1** ***-baan*** ⇒*-veld* **0.2** ***-droom*** ◆ **¶.1** aerodrome *vliegveld;* hippodrome *renbaan* **¶.2** palindrome *palindroom.*
drom·e·da·ry ['drɒmədri‖'drɑmədəri]⟨f1⟩⟨telb.zn.;→mv. 2⟩ **0.1** ***dromedaris.***
drom·ond ['drɒmənd‖'drɑmənd]⟨telb.zn.⟩⟨gesch.⟩ **0.1** ***galei.***
drone[1] [droʊn]⟨f1⟩⟨telb.zn.⟩ **0.1** ***hommel*** ⇒*dar* **0.2** ***klaploper*** ⇒*leegloper, nietsdoener, luilak, doodeter* **0.3** ***radiografisch bestuurd(e) vliegtuig/raket*** **0.4** ***gegons*** ⇒*gezoem, gesnor, geronk, gebrom* **0.5** ***dreun*** ⇒*eentonige manier v. praten* **0.6** ***eentonig spreker/spreekster*** **0.7** ⟨muz.⟩ ***bourdon(pijp/snaar)*** ⇒*bassnaar.*
drone[2] ⟨f1⟩⟨ww.⟩
I ⟨onov.ww.⟩ **0.1** ***gonzen*** ⇒*zoemen, snorren, ronken, brommen* **0.2** ***dreunen*** ⟨ook fig.⟩ ⇒*monotoon spreken* **0.3** ***luieren*** ⇒*nietsdoen, leeglopen, dagdieven* ◆ **5.¶** →drone **on;**
II ⟨ov.ww.⟩ **0.1** ***verluieren*** ⇒*verlummelen* **0.2** ***opdreunen*** ⇒*op een eentonige manier zeggen/uitspreken* ◆ **5.1** ~ **away** *verlummelen.*
'drone fly ⟨telb.zn.⟩⟨dierk.⟩ **0.1** ***slijkvlieg*** ⟨Eristalis tenax⟩.
'drone 'on ⟨onov.ww.⟩ **0.1** ***eindeloos zeuren*** ⇒*dóórzeuren* **0.2** ***eindeloos duren.***
dron·go ['drɒŋgoʊ‖'drɑŋ-]⟨telb.zn.; ook -es;→mv. 2⟩ **0.1** ⟨dierk.⟩ ***drongo*** ⟨zangvogel; fam. Dicruridae⟩ **0.2** ⟨Austr. E; sl.⟩ ***sukkel*** ⇒*sufferd, stommerik.*
drool[1] [dru:l]⟨zn.⟩
I ⟨telb.zn.; g. mv.⟩⟨sl.⟩ **0.1** ***slome (knul)*** ⇒*sul;*

II ⟨n.-telb.zn.⟩ **0.1** ***kwijl*** ⇒*zever* **0.2** ⟨inf.⟩ ***gezwam*** ⇒*geleuter, geklets*.
drool[2] ⟨onov.ww.⟩ **0.1** ***kwijlen*** ⇒*zeveren* **0.2** ⟨inf.⟩ ***zwammen*** ⇒*leuteren, kletsen* ◆ **6.1** ⟨inf.; fig.⟩ ~ **about/over** *dwepen met, weglopen met, weg zijn van*.
drool·er ['dru:lə||-ər]⟨telb.zn.⟩⟨inf.⟩ **0.1** ***zwetser*** ⇒*zeveraar*.
droop[1] [dru:p]⟨telb.zn.; g.mv.⟩ **0.1** ***hangende houding*** ⇒*het (laten) hangen;* ⟨fig.⟩ *mismoedigheid*.
droop[2] ⟨f2⟩⟨ww.⟩
I ⟨onov.ww.⟩ **0.1** ***neerhangen*** ⇒*afhangen, afhellen, slap zijn/worden* **0.2** ***neerkijken*** **0.3** ⟨schr.⟩ ***ter kimme dalen*** ⇒*zinken* **0.4** ***verflauwen*** ⇒*afnemen, wegkwijnen, verslappen, de moed verliezen;*
II ⟨ov.ww.⟩ **0.1** ***laten hangen*** ⟨hoofd enz.⟩ **0.2** ***neerslaan*** ⟨ogen⟩.
droop·ing·ly ['dru:pɪŋli]⟨bw.⟩ **0.1** ***(af)hangend*** **0.2** ***mismoedig*** **0.3** ***kwijnend***.
'droop·snoot ⟨telb.zn.⟩⟨inf.⟩ **0.1** ***vliegtuig met een naar beneden gebogen neus***.
droop·y ['dru:pi]⟨bn.; -er; -ly; →bijw. 3⟩ **0.1** ***hangend*** **0.2** ***mismoedig***.
drop[1] [drɒp||drɑp]⟨f3⟩⟨zn.⟩⟨→sprw. 374⟩
I ⟨telb.zn.⟩ **0.1** ***druppel*** ⇒*drupje, slokje, neutje;* ⟨fig.⟩ *greintje, spoor(tje)* **0.2** ***hanger*** ⇒*oorbel* **0.3** ***zuurtje*** ⇒*drupsje, hoestbonbon, chocolaatje* **0.4** ***val*** ⇒*achteruitgang, daling, valhoogte, verval* ⟨v. rivier⟩, *valling* **0.5** ⟨dram.⟩ ***scherm*** ⇒*toneelgordijn, doek, coulisse* **0.6** ***valluik*** ⇒*valklepje, slotplaatje* **0.7** ***dropping*** ⇒*het afwerpen per parachute* **0.8** ⟨Am. voetbal⟩ ***dropkick*** ⟨trap tegen opstuitende bal⟩ **0.9** ⟨sl.⟩ ***geheime bergplaats*** **0.10** ⟨sl.⟩ ***steekpenning*** ⇒*smeergeld* **0.11** ⟨sl.⟩ ***vrachtje*** ⇒*taxipassagier, klant* **0.12** ⟨AE⟩ ***opening*** ⟨v. brievenbus enz.⟩ ⇒*gleuf* ◆ **1.¶** a ~ in a bucket/in the ocean *een druppel op een gloeiende plaat;* at the ~ of a hat *meteen, bij de minste aanleiding* **3.1** he has had a ~ too much *hij heeft te diep in het glaasje gekeken* **3.¶** ⟨inf.⟩ get the ~ on s.o. *iem. te slim af zijn;* get/have the ~ on s.o. *in het voordeel zijn; iem. onder schot houden* **6.1** ~ **by** ~, **by/in** ~s *druppel voor druppel;*
II ⟨mv.; ~s⟩ **0.1** ***druppels*** ⇒*medicijn* ◆ **2.1** ⟨AE; sl.⟩ knock-out ~s *bedwelmingsmiddel*.
drop[2] ⟨f4⟩⟨ww.; →ww. 7⟩
I ⟨onov.ww.⟩ **0.1** ***druppelen*** ⇒*druipen* **0.2** ***vallen*** ⇒*om/neervallen, zich laten vallen;* ⟨fig.⟩ *terloops geuit worden* **0.3** ***ophouden*** ⇒*verlopen, rusten, uitvallen, sterven* **0.4** ***dalen*** ⇒*afnemen, teruglopen, zakken* **0.5** ⟨sl.⟩ ***betrapt worden*** ⇒*gearresteerd worden* ◆ **1.2** ~ into a habit *een gewoonte aannemen;* ~ on one's knee(s) *op zijn knieën vallen;* ⟨kaartspel⟩ the ten ~ped under the jack *de tien viel onder de boer;* he ~ped out of sight years ago *ik heb hem al jaren geleden uit het oog verloren* **1.3** they let the matter ~ *zij lieten de zaak verder rusten* **1.4** the wind has ~ped *de wind is gaan liggen* **5.2** ~ asleep *in slaap vallen;* ⟨sl.⟩ ~ dead! *val om!, val dood!;* ~ **down** *neervallen* **5.4** ~ **away** *geleidelijk afnemen, teruglopen, achterraken* **5.¶** ~ astern *achterraken, achterblijven* ⟨v. schip⟩; ~ **back/behind** *achterblijven, achtergelaten worden;* →drop **by/in;** →drop **off;** →drop **out** **6.2** the remark ~ped **from** him *de opmerking ontviel hem* **6.4** ~ **down** the river *de rivier afzakken* **6.¶** ~ **across** *tegen het lijf lopen, toevallig ontmoeten;* ~ **behind** *achterraken bij;* →drop **into;** →drop **on;** →drop **to;**
II ⟨ov.ww.⟩ **0.1** ***laten druppelen*** ⇒*laten druipen* **0.2** ***laten vallen*** ⇒*laten zakken, neerlaten; werpen* ⟨lammeren enz.⟩ **0.3** ***laten varen*** ⇒*laten schieten, opgeven, ophouden met, niet meer omgaan met* **0.4** ***laten dalen*** ⇒*verminderen, verlagen* **0.5** ***terloops zeggen*** ⇒*laten vallen, even schrijven, even sturen* **0.6** ⟨inf.⟩ ***vellen*** ⇒*neerslaan, vloeren, neerleggen, neerschieten, doden* **0.7** ***afleveren*** ⇒*afgeven, afzetten, droppen* **0.8** ***weglaten*** ⟨letter, woord⟩ ⇒*overslaan* **0.9** ⟨rugby⟩ ***dropkicken*** ⇒*trappen* ⟨opstuitende bal⟩ **0.10** ⟨sl.⟩ ***betrappen*** **0.11** ⟨inf.⟩ ***verspelen*** ⇒*(snel) verliezen, uitgeven* **0.12** ⟨inf.⟩ ***slikken*** ⟨drugs, pillen⟩ ◆ **1.2** ⟨scheep.⟩ we ~ped anchor *wij gooiden het anker uit;* she ~ped her eyes *zij sloeg haar ogen neer;* ~ the hem of a skirt *een rok langer maken;* ⟨kaartspel⟩ she ~ped the jack *zij vond de boer, zij liet de boer v.e. tegenstander (onder een hogere kaart) vallen* **1.3** ~ the charges *een aanklacht intrekken* **1.4** he ~ped his speed *hij minderde snelheid;* ~ your voice *praat eens een beetje zachter;* a ~ped waist *een verlaagde taille* **1.5** I'll ~ him a hint *ik zal hem een wenk geven;* ~ me a line *schrijf me even een paar regeltjes* **1.8** he ~s his h's *hij laat de h weg, hij slikt de h in* **4.3** ⟨inf.⟩ ~ it! *kap er mee!, schei uit!, hou ermee op!* **5.¶** →drop **off** **6.7** he ~ped me **at** the corner *hij zette mij bij de hoek af*.
'drop 'by, 'drop 'in ⟨f1⟩⟨onov.ww.⟩ **0.1** ***langskomen*** ⇒*even aanlopen, binnenvallen, terloops/geleidelijk komen* ◆ **6.1** drop in **on** s.o. *even aanlopen bij iem.*.
'drop curtain ⟨telb.zn.⟩⟨dram.⟩ **0.1** ***valgordijn***.
'drop-dead ⟨bn.⟩ **0.1** ***adembenemend (mooi)*** ⇒*opvallend*.
'drop 'dead list ⟨telb.zn.⟩⟨sl.⟩ **0.1** ***zwarte lijst***.
'drop·forge ⟨ov.ww.⟩ **0.1** ***stampen*** ⟨metalen⟩.
'drop·glass ⟨telb.zn.⟩ **0.1** ***pipet***.
'drop hammer ⟨telb.zn.⟩ **0.1** ***valhamer***.
'drop·head ⟨telb.zn.⟩⟨BE⟩ **0.1** ***vouwdak*** ⟨v. auto⟩.
drop-'in centre ⟨telb.zn.⟩⟨BE⟩ **0.1** ⟨ong.⟩ ***dagcentrum voor welzijnszorg***.
'drop into ⟨onov.ww.⟩ **0.1** ***binnenlopen*** ⇒*binnenwippen*.
'drop keel ⟨telb.zn.⟩⟨BE; scheep.⟩ **0.1** ***mid(den)zwaard***.
'drop kick ⟨telb.zn.⟩⟨rugby⟩ **0.1** ***dropkick*** ⟨trap tegen opstuitende bal⟩.
'drop-kick ⟨onov. en ov.ww.⟩⟨rugby⟩ **0.1** ***dropkicken*** ⇒*trappen (tegen een opstuitende bal)*.
'drop·leaf ⟨telb.zn.⟩ **0.1** ***in/opklapbaar tafelblad***.
drop·let ['drɒplɪt||'drɑp-]⟨f1⟩⟨telb.zn.⟩ **0.1** ***druppeltje*** ⇒*drupje, drop*.
'drop letter ⟨telb.zn.⟩⟨AE⟩ **0.1** ***brief die door de geadresseerde aan hetzelfde postkantoor wordt opgehaald waar deze afgegeven was*** **0.2** ***brief in lokaal verkeer***.
'drop net ⟨telb.zn.⟩⟨hengelsport⟩ **0.1** ***kruisnet***.
'drop 'off ⟨f1⟩⟨ww.⟩
I ⟨onov.ww.⟩ **0.1** ***geleidelijk afnemen*** ⇒*teruglopen* **0.2** ⟨inf.⟩ ***in slaap vallen*** **0.3** ***uitstappen;***
II ⟨ov.ww.⟩ **0.1** ***afzetten*** ⇒*laten uitstappen*.
'drop-off ⟨telb.zn.⟩ **0.1** ***scherpe daling*** ⇒*snelle achteruitgang* **0.2** ***steile daling/helling***.
'drop on ⟨onov.ww.⟩ **0.1** ***een uitbrander geven*** ⇒*straffen*.
'drop·out ⟨f1⟩⟨telb.zn.⟩⟨inf.⟩ **0.1** ***drop-out*** ⇒*iem. die de school niet afgemaakt heeft, iem. die de samenleving de rug toegekeerd heeft* **0.2** ⟨rugby⟩ ***dropout*** ⟨hervatting v.h. spel door een dropkick⟩ **0.3** ⟨elektronica⟩ ***drop-out*** ⇒*tijdelijke onderbreking* ⟨door onregelmatigheid op band⟩.
'drop 'out ⟨f1⟩⟨onov.ww.⟩ **0.1** ***opgeven*** ⇒*zich terugtrekken, uitvallen, de samenleving de rug toekeren* **0.2** ***vroegtijdig verlaten*** ⟨school enz.⟩ ◆ **6.2** he dropped out **of** high school *hij heeft de middelbare school niet afgemaakt*.
'drop(ped) ball ⟨telb.zn.⟩⟨sport, i.h.b. voetbal⟩ **0.1** ***scheidsrechterbal*** ⇒*stuitbal*.
drop·per ['drɒpə||'drɑpər]⟨telb.zn.⟩ **0.1** ***druppelaar*** ⇒*druppelbuisje*.
'drop·ping bottle ⟨telb.zn.⟩ **0.1** ***druppelflesje***.
drop·pings ['drɒpɪŋz||'drɑ-]⟨f2⟩⟨mv.⟩ **0.1** ⟨ben. voor⟩ ***dat wat afgedropen/gevallen is*** ⇒*afdruipsel* ⟨v. kaars⟩; *gevallen bladeren* **0.2** ***uitwerpselen*** ⟨v. dieren⟩ ⇒*keutels*.
'dropping zone ⟨telb.zn.⟩⟨parachutespringen⟩ **0.1** ***(veilig) landingsgebied***.
'drop scene ⟨telb.zn.⟩⟨vero.; dram.⟩ **0.1** ***valgordijn waarop een decor geschilderd is***.
'drop scone ⟨telb.zn.⟩⟨BE⟩ **0.1** ***plaatbroodje*** ⇒*plaatkoekje*.
'drop shot ⟨telb.zn.⟩⟨tennis, badminton⟩ **0.1** ***dropshot*** ⟨bal/shuttle die plotseling loodrecht naar beneden valt⟩.
drop·si·cal ['drɒpsɪkl||'drɑp-]⟨bn.; -ly⟩ **0.1** ⟨med.⟩ ***waterzuchtig*** **0.2** ***gezwollen*** ⇒*opgeblazen*.
drop·sy ['drɒpsi||'drɑpsi]⟨telb. en n.-telb.zn.; →mv. 2⟩⟨med.⟩ **0.1** ***waterzucht*** **0.2** ⟨sl.⟩ ***smeergeld***.
'drop to ⟨onov.ww.⟩⟨sl.⟩ **0.1** ***dóórkrijgen*** ⇒*er achter komen* ◆ **4.1** I finally dropped to it *er ging mij eindelijk een licht op*.
'drop·wort ⟨telb.zn.⟩⟨plantk.⟩ **0.1** ***knolspirea*** ⟨Filipendula vulgaris⟩.
drosh·ky ['drɒʃki||'drɑʃki], **dros·ky** ['drɒski||'drɑski]⟨telb.zn.; →mv. 2⟩ **0.1** ***droschke*** ⟨Russisch open rijtuig⟩.
dro·soph·i·la [drɒ'sɒfɪlə||droʊ'sɑfələ]⟨telb.zn.⟩⟨dierk.⟩ **0.1** ***fruitvliegje*** ⇒*bananevliegje* ⟨Drosophila melanogaster, proefdier voor genetisch onderzoek⟩, *azijnvliegje* ⟨Drosophila funebris⟩.
dross [drɒs||drɑs]⟨n.-telb.zn.⟩ **0.1** ***metaalschuim*** ⇒*(metaal)slak(ken), loodas, sintels* **0.2** ***rommel*** ⇒*afval, waardeloos spul, troep*.
dross·y ['drɒsi||'drɑsi]⟨bn.; -er; -ness; →compar. 7⟩ **0.1** ***vol schuim*** ⇒⟨fig.⟩ *onzuiver, waardeloos*.
drought [draʊt], ⟨AE, IE, Sch. E, lit. ook⟩ **drouth** [draʊθ]⟨f1⟩⟨telb. en n.-telb.zn.⟩ **0.1** ***droogte*** ⇒*gebrek aan regen, droge periode* **0.2** ***langdurig gebrek*** **0.3** ⟨Sch. E⟩ ***dorst***.
drought·y ['draʊṭi], ⟨AE, IE, Sch. E, lit. ook⟩ **drouth·y** ['draʊθi]⟨bn.; -er; -ness; →compar. 7⟩ **0.1** ***droog*** ⇒*dor, uitgedroogd, dorstig, schraal* **0.2** ⟨Sch. E⟩ ***dorstig*** ⇒*verslaafd aan de drank*.
drove[1] [droʊv]⟨f1⟩⟨telb.zn.⟩ **0.1** ⟨ben. voor⟩ ***troep*** ⇒*hoop; kudde, drift* ⟨vee⟩; *menigte* ⟨mensen⟩; *school* ⟨vissen⟩; *zwerm* ⟨bijen⟩ **0.2** ⟨steenbewerking⟩ ***steenbeitel*** ⇒*steenhouwersbeitel, frijnbeitel* **0.3** ⟨steenbewerking⟩ ***frijnslag*** ◆ **6.1** people came **in** ~s *de mensen kwamen in drommen*.
drove[2] ⟨verl. t.⟩ →drive.

drov·er ['droʊvə‖-ər]⟨telb.zn.⟩ **0.1** ***veedrijver*** ⇒*veehandelaar, veekoper.*

'drove-road ⟨telb.zn.⟩ **0.1** ***drift*** ⇒*veepad.*

drown [draʊn]⟨f3⟩⟨ww.⟩⟨→sprw. 126, 717⟩
I ⟨onov.ww.⟩ **0.1** ***verdrinken*** ⇒*verzuipen;*
II ⟨ov.ww.⟩ **0.1** ***(doen) verdrinken*** ⇒*(doen) verzuipen* **0.2** ***(doen) overstromen*** ⇒*onder water zetten, overspoelen, inunderen;* ⟨fig.⟩ *smoren, overstelpen, overstemmen/schreeuwen* **0.3** ***met drank bestrijden*** ◆ **1.2** a whisky and soda, please, but don't ~ it *een whisky soda graag, met weinig soda* **1.3** ~ one's sorrows (in drink) *zijn verdriet verdrinken* **5.2** ~ **out** *door water verdrijven/stopzetten,* ⟨fig.⟩ *overstemmen/schreeuwen;* ~ **out** *overstemmen, overschreeuwen* **6.2** ⟨fig.⟩ fruit ~ed **in** cream *vruchten die in room zwemmen;* ⟨fig.⟩ ~ed **in** sleep *in diepe slaap verzonken;* a face ~ed **in** tears *een door tranen overspoeld gezicht.*

drowse[1] [draʊz]⟨telb. en n.-telb.zn.; g. mv.⟩ **0.1** ***lichte slaap*** ⇒*dommel, soes, dutje.*

drowse[2] ⟨ww.⟩
I ⟨onov.ww.⟩ **0.1** ***slaperig zijn*** ⇒*dommelen, dutten, soezen, suffen;*
II ⟨ov.ww.⟩ **0.1** ***slaperig maken*** ⇒*suf maken, sloom maken* ◆ **5.¶** ~ **away** the day *de dag half slapend doorbrengen.*

drow·sy ['draʊzi]⟨f2⟩⟨bn.; -er; -ly; -ness; →bijw. 3⟩ **0.1** ***slaperig*** ⇒*suf, soezerig, doezelig* **0.2** ***slaapverwekkend*** **0.3** ***er slaperig uitziend*** ⇒*dromerig* ◆ **1.3** a ~ hamlet *een ingeslapen gehuchtje.*

'drow·sy-head ⟨telb.zn.⟩ **0.1** ***slaapkop*** ⇒*sufferd, mafkees.*

drub [drʌb]⟨ww.; →ww. 7⟩ →drubbing
I ⟨onov.ww.⟩ **0.1** ***(op de grond) stampen*** ⇒*slaan, trommelen;*
II ⟨ov.ww.⟩ **0.1** ***slaan*** ⇒*afranselen, een pak slaag geven, afrossen, aftuigen;* ⟨fig.⟩ *heien, rammen, hardhandig (af)leren* **0.2** ***(drastisch) verslaan*** ⇒*verpletteren, een (verpletterende) nederlaag toebrengen* ◆ **6.1** ~ a notion **into** s.o. *iem. hardhandig een opvatting bijbrengen;* ~ sth. **out of** s.o.'s head *iets eruit slaan bij iem..*

drub·bing ['drʌbɪŋ]⟨telb.zn.; oorspr. gerund v. drub⟩ **0.1** ***pak slaag*** ⇒*pak rammel, aframmeling,* ⟨B.⟩ *roffel* **0.2** ***(zware) nederlaag.***

drudge[1] [drʌdʒ], ⟨AE⟩ **drud·ger** ['drʌdʒə‖-ər]⟨f1⟩⟨telb.zn.⟩ **0.1** ***sloof*** ⇒*zwoeger, werkezel, slaafje, duvelstoejager.*

drudge[2] ⟨f1⟩⟨onov.ww.⟩ **0.1** ***zwoegen*** ⇒*zich afbeulen, zich afsloven, sloven, eentonig werk doen.*

drudg·er·y ['drʌdʒəri]⟨f1⟩⟨n.-telb.zn.⟩ **0.1** ***eentonig werk*** ⇒*slaafs/geestdodend werk.*

drug[1] [drʌg]⟨f3⟩⟨telb.zn.⟩ **0.1** ***geneesmiddel*** ⇒*medicijn, medicinaal kruid, drogerij* **0.2** ***drug*** ⇒*verdovend/stimulerend/hallucinerend middel, peppil, narcoticum, slaapmiddel* **0.3** ⟨inf.⟩ ***onverkoopbaar artikel*** ◆ **1.3** be a ~ on the market *geen aftrek vinden, onverkoopbaar zijn.*

drug[2] ⟨f2⟩⟨ww.; →ww. 7⟩
I ⟨onov.ww.⟩ **0.1** ***verdovende middelen gebruiken*** ⇒*pepmiddelen/hallucinogenen gebruiken;*
II ⟨ov.ww.⟩ **0.1** ***medicijn(en), gif enz. toedienen*** ⇒*bedwelmen, drogeren* **0.2** ***medicijn(en), gif enz. mengen door*** ◆ **1.1** ~ one's opponents *zijn vijanden vergiftigen;* the doctor ~ged his patient *de dokter gaf zijn patiënt een pijnstiller* **1.2** the villain had ~ged the king's wine *de schurk had gif in de wijn v.d. koning gedaan.*

'drug abuse ⟨n.-telb.zn.⟩ **0.1** ***drugmisbruik.***

'drug addict, 'drug fiend ⟨f1⟩⟨telb.zn.⟩ **0.1** ***drugverslaafde.***

'drug addiction ⟨n.-telb.zn.⟩ **0.1** ***drugverslaving.***

'drug baron, 'drug lord ⟨telb.zn.⟩ **0.1** ***drugbaas.***

drug·get ['drʌgɪt]⟨zn.⟩
I ⟨telb.zn.⟩ **0.1** ***tafel/vloerkleed v. droget;***
II ⟨n.-telb.zn.⟩ **0.1** ***droget*** ⟨in figuren geweven half-wollen stof⟩.

drug·gist ['drʌgɪst]⟨f1⟩⟨telb.zn.⟩ **0.1** ***apotheker*** **0.2** ***drogist*** ⇒*eigenaar v.e. drogisterij/parfumerie, drugstorehouder* **0.3** ***dealer*** ⇒*handelaar in drugs.*

drug·gy ['drʌgi]⟨telb.zn.; →mv. 2⟩⟨AE; inf.⟩ **0.1** ***verslaafde (aan verdovende middelen)*** ⇒*druggebruiker.*

'drug·push·er ⟨telb.zn.⟩ **0.1** ***handelaar in drugs*** ⇒*dealer.*

'drug rehabilitation centre, 'drug rehabilitation clinic ⟨telb.zn.⟩ **0.1** ***afkickcentrum.***

'drug smuggler ⟨telb.zn.⟩ **0.1** ***drugsmokkelaar.***

'drug·store ⟨f2⟩⟨telb.zn.⟩⟨vnl. AE⟩ **0.1** ***drugstore*** ⟨klein warenhuis⟩ ⇒*apotheek, drogisterij, parfumerie.*

'drug traffic ⟨telb.zn.⟩ **0.1** ***drughandel*** ⇒⟨B.⟩ *drugtraffiek.*

'drug trafficker ⟨telb.zn.⟩ **0.1** ***drughandelaar*** ⇒⟨B.⟩ *drugtraffikant.*

Dru·id ['dru:ɪd]⟨telb.zn.; ook d-⟩ **0.1** ***druïde*** ⇒*Keltische priester.*

Dru·id·ess ['dru:ɪdɪs]⟨telb.zn.; ook d-⟩ **0.1** ***vrouwelijke druïde*** ⇒*Keltische priesteres.*

Dru·id·ic [dru:'ɪdɪk], **Dru·id·i·cal** [-ɪkl]⟨bn.; -(al)ly; →bijw. 3; ook d-⟩ **0.1** ***druïdisch.***

Dru·id·ism ['dru:ɪdɪzm]⟨n.-telb.zn.; ook d-⟩ **0.1** ***leer der druïden.***

drum[1] [drʌm]⟨f3⟩⟨zn.⟩
I ⟨telb.zn.⟩ **0.1** ***trom*** ⇒*trommel* ⟨ook v. machine⟩, *tamboer* **0.2** ***trommelaar*** ⇒*tamboer, slagwerker, trommelslager* **0.3** ⟨biol.⟩ ***trommelvlies*** ⇒*oorvlies, trommelholte* **0.4** ⟨tech.⟩ ***trommel*** **0.5** ***drum*** ⇒*bus, blik, trommel, ijzeren ton/vat* ⟨vnl. voor olie⟩ **0.6** ***haspel*** ⇒*klos* **0.7** ⟨bouwk.⟩ ***segment v. zuil*** ⇒*blok* **0.8** ⟨dierk.⟩ ***ombervis*** ⟨zoetwaterbaars, fam. Sciaenidae⟩ **0.9** →drumlin ◆ **3.1** with ~s beating and colours flying *met vliegende vaandels en slaande trom;*
II ⟨n.-telb.zn.⟩ **0.1** ***getrommel*** ⇒*(ge)roffel, het trommelen* **0.2** ⟨biol.⟩ ***geloei*** ⟨v. vogels, o.m. roerdomp⟩ ◆ **1.1** the ~ of the rain on the roof *het getik v.d. regen op het dak;*
III ⟨mv.; ~s⟩ **0.1** ⟨muz.⟩ ***slagwerk*** ⇒*drums, drumstel.*

drum[2] ⟨f2⟩⟨ww.; →ww. 7⟩
I ⟨onov.ww.⟩ **0.1** ***trommelen*** ⇒*de trommel bespelen, drummen, slagwerker/drummer zijn, roffelen, bonzen* **0.2** ***brullen*** ⇒*loeien* ⟨v. roerdomp⟩ ◆ **6.1** rain ~ming **on** the roof *regen die op het dak tikt;*
II ⟨ov.ww.⟩ **0.1** ***verordonneren*** ⇒*bevelen, voorschrijven, commanderen* **0.2** ***trommelen*** ⇒*ritmisch tikken* **0.3** ***in het hoofd stampen*** **0.4** ⟨AE; inf.⟩ ***aankondigen*** ⇒*inlichten, rondbazuinen* **0.5** ⟨AE; inf.⟩ ***adverteren*** ⇒*reclame maken voor, verkopen* ⟨als handelsreiziger⟩, *aan de man brengen* ◆ **5.2** ~ **out** *d.m.v. tromgeroffel doorgeven;* ~ **out** a message *een bericht doorroffelen;* ⟨fig.⟩ ~ **up** *bijeen/te hulp roepen, bijeentrommelen, optrommelen* ⟨voorheen met tromgeroffel⟩ **5.¶** ~ out *eruit gooien;* ~ **up** a new procedure *een nieuwe werkwijze ontwikkelen;* ~ **out** (of the army) *eerloos (uit het leger) ontslaan;* ~ **up** tea *in een pannetje/blikje thee zetten;* ~ **up** trade *een markt creëren, klanten werven* **6.3** ~ sth. **in/into** s.o./s.o.'s head *iem. iets inheien, iets bij iem. erin hameren.*

'drum·beat ⟨telb.zn.⟩ **0.1** ***drumritme*** ⇒*trommelslag, tromgeroffel;* ⟨fig.⟩ *voortdurend gehamer, uitbundige voorspraak, gedram.*

'drum brake ⟨telb.zn.⟩ **0.1** ***trommelrem.***

'drum·fire ⟨n.-telb.zn.⟩ **0.1** ⟨mil.⟩ ***trommelvuur.***

'drum·fish ⟨telb.zn.⟩⟨dierk.⟩ **0.1** ***ombervis*** ⟨zoetwaterbaars, fam. Sciaenidae⟩.

'drum·head ⟨telb.zn.⟩ **0.1** ***trommelvel*** **0.2** ⟨biol.⟩ ***trommelvlies*** **0.3** ⟨tech.⟩ ***spilkop*** **0.4** ⟨scheep.⟩ ***gangspilkop.***

'drumhead court-'martial ⟨telb.zn.⟩ **0.1** ⟨mil.⟩ ***krijgsraad te velde.***

'drumhead service ⟨telb.zn.⟩ **0.1** ⟨mil.⟩ ***godsdienstoefening te velde.***

'drum kit ⟨telb.zn.⟩ **0.1** ***drumstel.***

drum·lin ['drʌmlɪn]⟨telb.zn.⟩⟨aardr.⟩ **0.1** ***drumlin*** ⟨elliptische heuvel gevormd door landijs⟩.

'drum 'major ⟨telb.zn.⟩ **0.1** ⟨mil.⟩ ***tamboer-majoor*** **0.2** ⟨AE⟩ ***tamboer-maître.***

'drum majo'rette ⟨telb.zn.⟩ **0.1** ***majorette.***

drum·mer ['drʌmə‖-ər]⟨f2⟩⟨telb.zn.⟩ **0.1** ***slagwerker*** ⇒*drummer, trommelslager, tamboer* **0.2** ⟨vnl. AE; inf.⟩ ***handelsreiziger*** **0.3** ⟨AE; inf.⟩ ***spoorwegopzichter*** ⇒*man met de hamer.*

'drum·stick ⟨f1⟩⟨telb.zn.⟩ **0.1** ***trommelstok*** **0.2** ***(gebraden) kippe/kalkoeneboutje*** ⇒*drumstick.*

drunk[1] [drʌŋk]⟨f2⟩⟨telb.zn.⟩ **0.1** ⟨sl.⟩ ***drinkgelag*** ⇒*zuippartij* **0.2** ***(habituele) dronkaard*** ⇒*zuiplap, zatlap, geval v. dronkenschap.*

drunk[2] ⟨f3⟩⟨bn.; -er; oorspr. volt. deelw. v. drink⟩⟨inf.⟩ **0.1** ***dronken*** ⇒*beschonken, beneveld* **0.2** ***door het dolle heen*** ⇒*(brood) dronken* ◆ **1.¶** (as) ~ as a fiddler/lord/sow/⟨AE⟩ skunk *stomdronken, ladder/apezat, toeter;* appeal from Philip ~ to Philip sober *morgen denk je er weer anders over; slaap er nog eens een nachtje over* **2.1** ~ and disorderly *lastig dronken, in kennelijke staat* **3.1** ~ driving *het rijden onder invloed;* get ~ *dronken worden, zich bezatten* **5.1** blind/dead ~ *stomdronken, volkomen blauw/teut* **6.2** ~ **with** joy *dol v. vreugde;* ~ **with** power *tiranniek, machtswellustig.*

drunk[3] ⟨volt. deelw.⟩ →drink.

drunk·ard ['drʌŋkəd‖-ərd]⟨f1⟩⟨telb.zn.⟩ **0.1** ***dronkaard*** ⇒*zuiplap, dronkelap, drankorgel* **0.2** ⟨AE; inf.⟩ ***late zaterdagavondtrein.***

drunk·en ['drʌŋkən]⟨f2⟩⟨bn.; -ly; -ness⟩⟨→sprw. 127, 735⟩ **0.1** ***dronken*** ⇒*zat, beneveld, beschonken, bezopen, dronkemans-* **0.2** ***door het dolle heen*** ⇒*dol(gedraaid)* ⟨ook v. schroefdraad⟩.

drunk·o·me·ter [drʌŋ'kɒmɪtə‖-'kɑmɪt̬ər]⟨telb.zn.⟩⟨AE; verkeer⟩ **0.1** ***blaaspijpje*** ⟨ademtestapparaat⟩.

dru·pa·ceous [dru:'peɪʃəs]⟨bn.⟩⟨plantk.⟩ **0.1** ***als/van een steenvrucht.***

drupe [dru:p]⟨telb.zn.⟩⟨plantk.⟩ **0.1** ***steenvrucht.***

drup·el ['dru:pl], **drupe·let** ['dru:plɪt]⟨telb.zn.⟩⟨plantk.⟩ **0.1** ***steenvruchtje*** ⇒*vruchtje in verzamelvrucht* ⟨braam e.d.⟩.

druse [dru:z]⟨telb.zn.⟩⟨geol.⟩ **0.1** ***korst v. kristallen in rotsholte*** **0.2** ***rotsholte bekleed met kristallen*** ⇒*geode.*

Druse, Druze [dru:z]⟨telb.zn.⟩ **0.1** ***Druze*** ⇒*Droeze* ⟨lid v. Moslimsekte met christelijke elementen⟩.

dry[1] [draɪ]⟨telb.zn.⟩ **0.1** ***voorstander v. drankverbod*** **0.2** ⟨BE; inf.; pol.⟩ ***voorstander v. harde lijn*** ⇒*havik, radicaal Conservatief.*

dry[2] ⟨f3⟩ ⟨bn.; -er; drily, dryly; dryness; →bijw. 3⟩ ⟨→sprw. 127, 719⟩ **0.1** ***droog*** ⇒*zonder vocht; v./voor/mbt. droge waren* ⟨→t1⟩ **0.2** ⟨ben. voor⟩ ***droog*** ⇒*(op)gedroogd, ingedroogd, uitgedroogd; zonder smeersel/beleg* ⟨brood⟩; *drooggelegd* ⟨land, ook fig.⟩; *schraal* ⟨wind⟩ **0.3** ⟨inf.⟩ ***dorstig*** **0.4** ***vast*** ⇒*niet vloeibaar* **0.5** ***droog*** ⇒*sec, niet zoet* **0.6** ***zonder franje*** ⇒*onbewogen, zonder omhaal, oninteressant, vervelend, dor, saai* **0.7** ***droog*** ⇒*op droge toon (gezegd), ironisch* **0.8** ***star*** ⇒*onbezield* **0.9** ***schril*** ⟨v. geluid⟩ ◆ **1.1** ~ land *vaste grond, terra firma;* the ~ monsoon *de droge/wintermoesson;* ~ shaver *elektrisch scheerapparaat* **1.2** ~ cow *droge koe, koe die geen melk geeft;* ~ peas *groene erwten;* ~ well *opgedroogde/droge put* **1.3** (as) ~ as dust *erg dorstig* **1.5** ~ martini *martini sec, droge martini;* ~ white wine *droge witte wijn* **1.6** (as) ~ as dust *gortdroog, oersaai* **1.7** ~ humour *droge humor* **1.¶** ⟨BE⟩ ~ bob *jongen die een landsport doet* ⟨Eton⟩; ~ cleaner('s) *stomerij;* ~ cleaning *chemisch reinigen, stomen; kleren bestemd voor stomerij;* ~ death *dood zonder bloedvergieten en niet door verdrinking;* ~ distillation *droge distillatie;* ~ fly *kunstvlieg;* ~ ice *droog ijs, vast koolzuur;* ~ measure *inhoudsmaat voor grutterswaren, droge waren, droge maat;* ~ nurse *baker;* ⟨inf.⟩ a ~ piece of goods *een droogstoppel;* keep one's powder ~ *zijn kruit droog houden, zich gereed houden tot de strijd, zich niet in de kaart laten kijken;* ~ rot *bruine rot; huiszwam* ⟨Merulius/Serpula lacrimans⟩; ⟨fig.⟩ *verborgen moreel, sociaal bederf;* ~ run *repetitie, het proefdraaien;* she had not a ~ thread on her *zij had geen droge draad meer aan haar lijf;* ~ as tinder, as ~ as a whistle *kurkdroog* **3.2** go ~ *drooggelegd worden, aan een drankverbod onderworpen worden;* run ~ *opdrogen, droog komen te staan; drooglopen* ⟨bv. v. machine⟩ **3.¶** ⟨inf.⟩ bleed s.o. ~ *iem. uitkleden/uitzuigen, iem. het vel over de oren halen.*

dry[3] ⟨f3⟩ ⟨ww.; →ww. 7⟩ →dried
I ⟨onov.ww.⟩ **0.1** ***(op)drogen*** ⇒*droog worden, uitdrogen* ◆ **5.1** ~ **out** *uitdrogen, grondig droog worden;* ~ **up** *opdrogen* ⟨ook fig.⟩; *afnemen tot niets* ⟨v. stroom water, woorden, geld, ideeën⟩ **5.¶** ~ **off** *ophouden met melk geven* ⟨v. vee⟩; ⟨inf.⟩ ~ **out** *afkicken, ontwennen;* ⟨inf.⟩ now ~ **up!** *kop dicht!;*
II ⟨ov.ww.⟩ **0.1** ***(af)drogen*** ⇒*laten/doen drogen* **0.2** ***droogleggen*** ⟨mbt. alcohol⟩ ◆ **5.1** ~ **out** *laten uitdrogen;* ~ **up** *afdrogen* ⟨vaat⟩; *doen opdrogen* **5.¶** ~ **off** *doen ophouden met melk geven* ⟨vee⟩; ~ **out** *laten afkicken.*

dry·ad [ˈdraɪæd] ⟨telb.zn.; ook D-⟩ **0.1** ***dryade*** ⇒*bosnimf, bosgodin, boomnimf.*

dry·as·dust[1], **dry-as-dust** [ˈdraɪəzdʌst] ⟨telb.zn.; D-⟩ **0.1** ⟨ong.⟩ ***droogstoppel*** ⇒*saai en pedant man.*

dryasdust[2], **dry-as-dust** ⟨bn.⟩ **0.1** ***gortdroog*** ⇒*oersaai* **0.2** ***erg dorstig.***

ˈdry battery ⟨telb.zn.⟩ ⟨elek.⟩ **0.1** ***droge batterij.***

ˈdry bob ⟨telb.zn.⟩ ⟨BE⟩ **0.1** ***jongen die aan landsport doet*** ⟨voor Eton⟩.

ˈdry bulb thermometer ⟨telb.zn.⟩ **0.1** ***drogebol-thermometer*** ⟨klimaatregeling⟩.

ˈdry cell ⟨telb.zn.⟩ ⟨elek.⟩ **0.1** ***droge batterij.***

ˈdry-ˈclean ⟨f1⟩ ⟨ov.ww.⟩ →dry-cleaning **0.1** ***chemisch reinigen*** ⇒*stomen;* ⟨B.⟩ *droogkuisen.*

ˈdry-ˈclean·ing ⟨n.-telb.zn.; (oorspr.) gerund v. dry-clean⟩ **0.1** ***(het) chemisch reinigen*** **0.2** ***chemisch gereinigde kleding.***

ˈdry-ˈcure ⟨ov.ww.⟩ **0.1** ***zouten en drogen.***

ˈdry dock ⟨telb. en n.-telb.zn.⟩ **0.1** ***droogdok*** ◆ **6.1 in** ~ *in het droogdok* **6.¶** ⟨scherts.⟩ **in** ~ *in reparatie; herstellende* ⟨v. ziekte, overwerk e.d.⟩; ⟨inf.⟩ *werkloos.*

ˈdry-dock ⟨ww.⟩
I ⟨onov.ww.⟩ **0.1** ***naar het droogdok gaan;***
II ⟨ov.ww.⟩ **0.1** ***het droogdok in sturen.***

dryer →drier.

ˈdry-ˈeyed ⟨bn.⟩ **0.1** ***met droge ogen*** ⇒*zonder te huilen, uiterlijk onbewogen.*

ˈdry goods ⟨mv.⟩ **0.1** ⟨vnl. AE⟩ ***textiel en kleding*** **0.2** ⟨BE⟩ ***droge waren/*** ⟨B.⟩ ***voeding.***

ˈdrying oil ⟨telb. en n.-telb.zn.⟩ **0.1** ***drogende olie.***

dry·ish [ˈdraɪɪʃ] ⟨bn.⟩ **0.1** ***nogal droog*** ⇒*tamelijk droog.*

ˈdry-nurse ⟨ov.ww.⟩ **0.1** ***baker zijn voor*** ⇒⟨iron.⟩ *kindermeisje spelen voor* ◆ **¶.1** you needn't ~ me *ik kan m'n eigen boontjes wel doppen.*

ˈdry point ⟨telb.zn.⟩ **0.1** ***drogenaald*** ⇒*fijne etsnaald* **0.2** ***drogenaaldets*** ⇒*drogenaaldgravure.*

ˈdry-rub ⟨ov.ww.⟩ **0.1** ***droogwrijven.***

ˈdry-salt ⟨ov.ww.⟩ **0.1** ***zouten en drogen.***

dry·salt·er [ˈdraɪsɔ:ltə‖-ər] ⟨telb.zn.⟩ ⟨vero.; BE⟩ **0.1** ***handelaar in drogerijen, verf en conserven.***

dry·salt·ery [ˈdraɪsɔ:ltri] ⟨telb.zn.⟩ ⟨BE⟩ **0.1** ***zaak in drogerijen, verf en conserven.***

ˈdry-ˈshod ⟨bn., pred.; bw.⟩ **0.1** ***droogvoets.***

ˈdry·stone ⟨bn., attr.⟩ ⟨BE⟩ **0.1** ***stapel-*** ⇒*gebouwd zonder metselspecie.*

ˈdry-ˈwall, dry-wal·ling [ˈdraɪˈwɔ:lɪŋ] ⟨telb. en n.-telb.zn.⟩ **0.1** ***(het bouwen v.e.) stapelmuurtje.***

DS, ds ⟨afk.⟩ dal segno, day's sight.

D Sc ⟨afk.⟩ doctor of science.

DSC ⟨afk.⟩ Distinguished Service Cross.

DSM ⟨afk.⟩ Distinguished Service Medal.

DSO ⟨afk.⟩ Distinguished Service Order.

DTI ⟨afk.⟩ Departement of Trade and Industry ⟨in GB⟩.

DTP ⟨afk.⟩ desktop publishing ⟨comp.⟩.

DT's, DT(s) ⟨afk.⟩ delerium tremens.

Du ⟨afk.⟩ duke, Dutch.

du·al[1] [ˈdju:əl‖ˈdu:əl] ⟨telb.zn.⟩ ⟨taalk.⟩ **0.1** ***dualis*** ⇒*tweevoud.*

dual[2] ⟨f2⟩ ⟨bn.⟩ **0.1** ***tweevoudig*** ⇒*tweeledig, twee doelen/personen dienend, dubbel* ◆ **1.1** ⟨BE⟩ ~ carriageway *vierbaansweg;* ~ control *dubbele bediening* ⟨vliegtuig, leswagen⟩; ⟨taalk.⟩ ~ number *dualis, tweevoud;* ~ pricing *dubbele prijsvermelding.*

du·al·ism [ˈdju:əlɪzm‖ˈdu:-] ⟨n.-telb.zn.⟩ ⟨fil., theol.⟩ **0.1** ***dualisme*** ⇒*tweeslachtigheid.*

du·al·ist[1] [ˈdju:əlɪst‖ˈdu:-] ⟨telb.zn.⟩ **0.1** ***dualist.***

dualist[2], **du·al·is·tic** [ˈdju:əlɪstɪk‖ˈdu:-] ⟨bn.; dualistically; →bijw. 3⟩ **0.1** ***dualistisch*** **0.2** ***tweevoudig*** ⇒*tweeledig, twee personen/doelen dienend, dubbel.*

dual·i·ty [dju:ˈæləti‖du:ˈæləṭi] ⟨f1⟩ ⟨telb. en n.-telb.zn.; →mv. 2⟩ **0.1** ***dualiteit*** ⇒*dualisme, dichotomie.*

ˈdu·al-ˈpur·pose ⟨bn.⟩ **0.1** ***twee doelen dienend.***

dual-ˈtrack agreement, dual-ˈtrack decision ⟨telb.zn.⟩ ⟨pol.⟩ **0.1** ***dubbelbesluit.***

dub[1] [dʌb] ⟨telb.zn.⟩ **0.1** ⟨sl.⟩ ***uilskuiken*** ⇒*sufferd, onhandig iem.* **0.2** ***nieuwe/nagesynchroniseerde geluidsband*** **0.3** ***trommelslag*** **0.4** ⟨vnl. Sch. E⟩ ***poel*** ⇒*plas.*

dub[2] ⟨f1⟩ ⟨ww.; →ww. 7⟩ →dubbing
I ⟨onov.ww.⟩ **0.1** ***trommelen*** ⇒*de trom roeren* ◆ **5.¶** ⟨sl.⟩ ~ **in/up** *opdokken, over de brug komen, afschuiven;*
II ⟨ov.ww.⟩ **0.1** ***tot ridder slaan*** ⇒*ridderen* **0.2** ***noemen*** ⇒*de titel toekennen v., aanspreken met de titel v., de bijnaam geven v.* **0.3** ***in de was zetten*** **0.4** ***(na)synchroniseren*** ⇒*dubben;* ⟨bij uitbr.⟩ *oversnijden, een nieuwe persing maken v.* **0.5** ***prepareren*** ⟨gevogelte⟩ **0.6** ⟨tech.⟩ ***disselen*** ⟨hout⟩.

dub·bin [ˈdʌbɪn] ⟨ov.ww.⟩ **0.1** ***in het vet zetten*** ⇒*invetten* ⟨leder⟩.

dub·bing [ˈdʌbɪŋ], ⟨in bet. I 0.1 en II 0.1 ook⟩ **dub·bin** ⟨zn.; 1e variant oorspr. gerund v. dub⟩
I ⟨telb.zn.⟩ **0.1** ***inwrijfbeurt met leervet*** **0.2** ***kopie v. film/grammofoonplaat;***
II ⟨n.-telb.zn.⟩ **0.1** ***leervet*** ⇒*(slappe) was* **0.2** ***het bijmixen*** ⟨geluid⟩ ⇒*het indubben.*

du·bi·e·ty [dju:ˈbaɪəti‖du:ˈbaɪəṭi] ⟨zn.; →mv. 2⟩ ⟨schr.⟩
I ⟨telb.zn.⟩ **0.1** ***dubieuze zaak;***
II ⟨n.-telb.zn.⟩ **0.1** ***onzekerheid*** ⇒*twijfel(ing).*

du·bi·ous [ˈdju:bɪəs‖ˈdu:-] ⟨f2⟩ ⟨bn.; -ly; -ness⟩ **0.1** ***twijfelend*** ⇒*aarzelend* **0.2** ***dubieus*** ⇒*onbetrouwbaar, twijfelachtig* **0.3** ***van twijfelachtig(e) kwaliteit/reputatie/allooi/resultaat*** ⇒⟨pej.⟩ *merkwaardig* ◆ **3.1** feel ~ about *zijn twijfels hebben over.*

du·bi·ta·ble [ˈdju:bɪtəbl‖ˈdu:bɪṭəbl] ⟨bn.; -ly; →bijw. 3⟩ **0.1** ***twijfelachtig*** ⇒*onzeker.*

du·bi·ta·tion [ˈdju:bɪˈteɪʃn‖ˈdu:-] ⟨telb. en n.-telb.zn.⟩ **0.1** ***twijfel*** ⇒*aarzeling.*

du·bi·ta·tive [ˈdju:bɪtətɪv‖ˈdu:bɪteɪṭɪv] ⟨bn.; -ly⟩ **0.1** ***twijfelend*** ⇒*aarzelend.*

du·cal [ˈdju:kl‖ˈdu:kl] ⟨bn.; -ly⟩ **0.1** ***hertogelijk*** ⇒*hertogs-, (als) v.e. hertog, met de titel v. hertog.*

duc·at [ˈdʌkət] ⟨zn.⟩
I ⟨telb.zn.⟩ **0.1** ***dukaat*** **0.2** ⟨sl.⟩ ***geldstuk*** ⇒*munt;*
II ⟨mv.; ~s⟩ ⟨sl.⟩ **0.1** ***centen*** ⇒*poen, ping ping, specie.*

duc·a·toon [ˈdʌkəˈtu:n] ⟨telb.zn.⟩ **0.1** ***dukaton*** ⇒*zilveren rijder* ⟨munt⟩.

Du·ce [ˈdu:tʃeɪ, -tʃi] ⟨telb.zn.⟩ **0.1** ***Duce*** ⟨Mussolini⟩ ⇒*leider, dictator.*

duch·ess [ˈdʌtʃɪs] ⟨f2⟩ ⟨telb.zn.⟩ **0.1** ***hertogin*** ⇒⟨fig.⟩ *statige vrouw* **0.2** ⟨BE; sl.⟩ ***vrouw v. straatventer*** **0.3** ⟨BE; sl.⟩ ***moeders*** ⇒*moeder de vrouw, vrouwmens.*

duch·y [ˈdʌtʃi] ⟨f1⟩ ⟨zn.; →mv. 2⟩
I ⟨eig.n.; D-; the⟩ **0.1** ***koninklijk hertogdom Lancaster*** **0.2** ***koninklijk hertogdom Cornwall;***
II ⟨telb.zn.; ook D-⟩ **0.1** ***hertogdom.***

duck[1] [dʌk] ⟨f2⟩ ⟨zn.; voor I 0.1 ook duck; →mv. 4⟩
I ⟨telb.zn.⟩ **0.1** ***eend*** ⇒*eendvogel* **0.2** ⟨BE; inf.⟩ ***liefje*** ⇒*schatje, snoesje* ⟨vnl. als aanspreekvorm⟩ **0.3** ⟨inf.⟩ ***snoeshaan*** ⇒*snuiter, vogel* **0.4** ***duik*** ⇒*onderdompeling* **0.5** ⟨mil.⟩ ***(soort) amfibievaar-***

tuig 0.6 ⟨cricket⟩ nul(score) ◆ 1.¶ ~(s) and drake(s) het keilen, het kiskassen, het stipstappen, plisje-plasje; play ~s and drakes with/make ~s and drakes of verkwanselen; like a (dying) ~ in a thunderstorm (met) de ogen ten hemel geslagen, verbijsterd, wanhopig; take to sth. like a ~ to water in z'n element zijn 2.3 funny old ~ vreemde snoeshaan 2.4 his ~ was too late hij trok te laat z'n kop in 3.6 ⟨sport⟩ break one's ~ z'n eerste run maken 3.¶ ⟨vulg.⟩ (go) fuck a ~! krijg nou wat, krijg (nou) de klere!; sitting ~ weerloos doelwit/slachtoffer; he was a sitting ~ hij had geen schijn v. kans, het was een makkie om hem af te schieten 6.4 be out for a ~ het veld uitgaan zonder gescoord te hebben;
II ⟨telb. en n.-telb.zn.⟩ →Bombay duck;
III ⟨n.-telb.zn.⟩ 0.1 eendevlees ⇒eend 0.2 ongekeperd linnen ⇒zeildoek, tentdoek;
IV ⟨mv.; ~s⟩ 0.1 broek v. ongekeperd linnen ⇒kleren v. ongekeperd linnen 0.2 ⟨BE; inf.⟩ liefje ⇒schatje, snoes.

duck[2] ⟨f2⟩ ⟨ww.⟩
I ⟨onov.ww.⟩ 0.1 buigen ⇒(zich) bukken, wegduiken 0.2 er vandoor gaan ⇒hem drukken, hem smeren, (onder)duiken ⟨ook fig.⟩ 0.3 een knix maken 0.4 ⟨bridge⟩ duiken ⇒laten houden ◆ 5.2 ~ out while the going is good hem smeren zolang het nog kan 6.2 John managed to ~ out of the situation John wist zich aan de situatie te onttrekken;
II ⟨ov.ww.⟩ 0.1 plotseling (onder)dompelen ⇒laten duiken, laten onderduiken, kopje onderduwen 0.2 ⟨inf.⟩ ontwijken ⇒vermijden 0.3 snel intrekken ⟨hoofd⟩.

'duck-arse ⟨telb.zn.⟩ ⟨sl.⟩ 0.1 haarstijl waarbij het haar in de nek in een puntje uitloopt ⇒⟨ong.⟩ kippekontje.

'duck·bill ⟨zn.⟩
I ⟨telb.zn.⟩ 0.1 ⟨dierk.⟩ vogelbekdier ⟨Ornithorhynchus anatinus⟩;
II ⟨n.-telb.zn.⟩ 0.1 Engelse tarwe.

'duck·billed 'platypus ⟨telb.zn.⟩ ⟨dierk.⟩ 0.1 vogelbekdier ⟨Ornithorhynchus anatinus⟩.

'duck·board ⟨zn.⟩
I ⟨telb.zn.⟩ 0.1 loopplank ⟨over greppel of modder⟩;
II ⟨mv.; ~s⟩ ⟨BE⟩ 0.1 loopplank ⟨over greppel of modder⟩.

duck·er ['dʌkə‖-ər] ⟨telb.zn.⟩ 0.1 duik(st)er 0.2 eendenfokker.

'duck hawk ⟨telb.zn.⟩ ⟨dierk.⟩ 0.1 Noord-Amerikaanse slechtvalk ⟨Falco peregrinus anatum⟩.

duck·ing ['dʌkɪŋ] ⟨zn.⟩
I ⟨telb.zn.⟩ 0.1 nat pak 0.2 indompeling;
II ⟨n.-telb.zn.⟩ 0.1 eendejacht.

'duck·ing gun ⟨telb.zn.⟩ 0.1 eendenroer.

'duck·ing stool ⟨telb.zn.⟩ ⟨gesch.⟩ 0.1 duikstoel ⟨om heksen, bedriegers op vast te binden en te water te gooien⟩.

duck·ling ['dʌklɪŋ] ⟨f1⟩ ⟨zn.⟩
I ⟨telb.zn.⟩ 0.1 jonge eend ⇒eendje, eendekuiken;
II ⟨n.-telb.zn.⟩ 0.1 eend ⇒vlees v. jonge eend.

'duck·mole ⟨telb.zn.⟩ ⟨dierk.⟩ 0.1 vogelbekdier ⟨Ornithorhynchus anatinus⟩.

'duck·pin ⟨zn.⟩
I ⟨telb.zn.⟩ ⟨AE⟩ 0.1 (soort) kegel;
II ⟨mv.; ~s⟩ 0.1 Amerikaans kegelspel.

'duck·pins ⟨n.-telb.zn.⟩ ⟨spel⟩ 0.1 duckpins ⟨bowlingspel met kleinere ballen zonder vingergaten⟩.

'duck·pond ⟨zn.⟩
I ⟨eig.n.; D-; the⟩ ⟨scherts.⟩ 0.1 de grote plas ⟨Atlantische Oceaan⟩;
II ⟨telb.zn.⟩ 0.1 eendenvijver.

'duck's disease ⟨n.-telb.zn.⟩ ⟨scherts.⟩ 0.1 korte benen.

'duck's egg ⟨telb.zn.⟩ ⟨cricket⟩ 0.1 nul(score).

'duck shot ⟨n.-telb.zn.⟩ ⟨jacht⟩ 0.1 eendenhagel.

'duck soup ⟨n.-telb.zn.⟩ ⟨AE; sl.⟩ 0.1 een makkie.

'duck·weed, 'duck's meat ⟨n.-telb.zn.⟩ ⟨plantk.⟩ 0.1 (eende)kroos ⟨genus Lemna⟩.

duck·y[1] ['dʌki] ⟨telb.zn.; →mv. 2⟩ ⟨BE; inf.⟩ 0.1 liefje ⇒snoesje, schatje.

ducky[2] ⟨bn.; -er; →compar. 7⟩ ⟨inf.⟩ 0.1 geweldig fijn ⇒heel goed, subliem, snoezig, schattig.

duct[1] [dʌkt] ⟨f1⟩ ⟨telb.zn.⟩ 0.1 buis ⟨ook biol.⟩ ⇒kanaal, goot, leiding.

duct[2] ⟨ov.ww.⟩ 0.1 leiden ⟨door kanaal/buis⟩.

duc·tile ['dʌktaɪl‖'dʌktl] ⟨bn.⟩ 0.1 ⟨tech.⟩ taai ⇒(koud) vervormbaar, rekbaar 0.2 kneedbaar ⇒handelbaar; ⟨fig.⟩ gemakkelijk te beïnvloeden, volgzaam ◆ 1.1 ~ iron modulair gietijzer.

duc·til·i·ty [dʌk'tɪləṭi] ⟨n.-telb.zn.⟩ 0.1 ⟨tech.⟩ taaiheid ⇒koude vervormbaarheid 0.2 kneedbaarheid ⇒⟨fig.⟩ beïnvloedbaarheid, volgzaamheid.

duct·less ['dʌk(t)ləs] ⟨bn.⟩ 0.1 zonder buis/kanaal/afvoer ◆ 1.1 ⟨anat.⟩ ~ gland endocrine klier.

dud[1] [dʌd] ⟨f1⟩ ⟨zn.⟩ ⟨sl.⟩
I ⟨telb.zn.⟩ 0.1 prul ⇒lor, nep-ding 0.2 blindganger ⟨bom, granaat⟩ 0.3 sukkel ⇒klungel 0.4 vals biljet ⇒vals geld 0.5 fiasco;
II ⟨mv.; ~s⟩ 0.1 plunje ⇒lompen, oude kleren, lorren.

dud[2] ⟨f1⟩ ⟨bn., attr.⟩ ⟨sl.⟩ 0.1 nep ⇒imitatie, waardeloos, vals, zinloos, prullerig ◆ 1.1 a ~ cheque een ongedekte cheque.

dude [dju:d‖du:d] ⟨telb.zn.⟩ ⟨AE; inf.⟩ 0.1 fat ⇒dandy, modegek 0.2 vakantieganger op boerderij 0.3 kerel ⇒vent 0.4 stadsmens.

du·deen, du·dheen [du:'di:n] ⟨telb.zn.⟩ ⟨IE⟩ 0.1 korte pijp v. klei.

'dude ranch ⟨telb.zn.⟩ ⟨AE⟩ 0.1 vakantieboerderij.

dudg·eon ['dʌdʒən] ⟨n.-telb.zn.⟩ ⟨schr.⟩ 0.1 woede ⇒wrok, razernij, gramschap ◆ 2.1 in high ~ woedend, razend, in toorn ontstoken.

due[1] [dju:‖du:] ⟨f3⟩ ⟨zn.⟩ ⟨→sprw. 221⟩
I ⟨telb.zn.⟩ 0.1 het iem. toekomende ⇒het iem. verschuldigde 0.2 schuld ⇒recht, leges, contributie ◆ 3.1 get one's ~ aan zijn trekken komen; zijn verdiende loon krijgen; give s.o. his ~ iem. recht laten wedervaren, iem. geven wat hem toekomt 3.¶ pay (one's) ~s ⟨fig.⟩ leergeld betalen; de tol (moeten) betalen;
II ⟨mv.; ~s⟩ 0.1 schuld(en) ⇒rechten, leges, contributie, gelden.

due[2] ⟨f3⟩ ⟨bn.⟩ ⟨→sprw. 219⟩
I ⟨bn., attr.⟩ ⟨schr.⟩ 0.1 gepast ⇒juist, terecht ◆ 1.1 with ~ care met gepaste zorgvuldigheid; after ~ consideration na rijp beraad, na ampele overdenking; in ~ course (of time) te zijner tijd, ten gepasten tijde; take ~ note of goede nota nemen v.; he got his ~ reward hij kreeg zijn verdiende loon/loon naar werken; with ~ respect met (alle) respect; in ~ time te zijner tijd;
II ⟨bn., pred., bn., post.⟩ 0.1 schuldig ⇒verschuldigd, invorderbaar, verplicht 0.2 verwacht 0.3 toe te schrijven ◆ 1.1 balance ~ debetsaldo, te betalen saldo; postage ~ ongefrankeerd 1.2 the aircraft is ~ at 4.50 p.m. het toestel wordt om 16 uur 50 verwacht/moet om 16 uur 50 aankomen 3.1 ⟨geldw.⟩ fall/become ~ vervallen, verschijnen ⟨termijn⟩ 3.2 I'm ~ to speak there ik moet daar een rede houden 6.1 our thanks are ~ to you wij zijn u dank verschuldigd 6.2 be ~ for aan de beurt zijn, op de nominatie staan voor; the car is ~ for repairs de auto is aan reparatie toe 6.3 ~ to toe te schrijven/te wijten/te danken aan; ⟨als vz.⟩ omwille v., ten gevolge v., wegens, vanwege, door; he was late ~ to an accident hij kwam te laat omdat hij een ongeluk gehad had.

due[3] ⟨f1⟩ ⟨bw.⟩ 0.1 precies ⇒nauwkeurig, exact, direct ⟨enkel vóór windstreken⟩ ◆ 3.1 sail ~ south pal naar het zuiden varen.

'due bill ⟨telb.zn.⟩ ⟨AE⟩ 0.1 schuldbekentenis.

'due date ⟨telb.zn.⟩ ⟨geldw.⟩ 0.1 vervaldatum.

du·el[1] ['dju:əl‖'du:əl] ⟨f2⟩ ⟨telb.zn.⟩ 0.1 duel ⇒(twee)gevecht, tweestrijd.

duel[2] ⟨f1⟩ ⟨onov.ww.; →ww. 7⟩ 0.1 duelleren.

du·el·ler, ⟨AE sp.⟩ **du·el·er** ['dju:ələ‖'du:ələr], **du·el·list,** ⟨AE sp.⟩ **du·el·ist** [-lɪst] ⟨f1⟩ ⟨telb.zn.⟩ 0.1 duellist.

du·en·de [dʊ'endi‖-deɪ] ⟨n.-telb.zn.⟩ 0.1 (duivelse) invloed ⇒duivelse aantrekkingskracht, charme, bezetenheid.

du·en·na [dju:'enə‖du:-] ⟨telb.zn.⟩ 0.1 dueña ⇒chaperonne, gouvernante.

'due stamp ⟨telb.zn.⟩ 0.1 portzegel.

du·et [dju:'et‖du:'et] ⟨f1⟩ ⟨zn.⟩
I ⟨telb.zn.⟩ ⟨muz.⟩ 0.1 duet ⇒⟨fig.⟩ dialoog ◆ 3.1 play a ~ een duet spelen; ⟨piano ook⟩ quatre-mains spelen;
II ⟨verz.n.⟩ 0.1 paar.

du·et·tist [dju:'etɪst‖du:'eṭɪst] ⟨telb.zn.⟩ 0.1 duetzanger(es) ⇒duetspeler/speelster.

duff[1] [dʌf] ⟨zn.⟩
I ⟨telb.zn.⟩ 0.1 ⟨sl.⟩ prul ⇒waardeloos voorwerp;
II ⟨telb. en n.-telb.zn.⟩ ⟨cul.⟩ 0.1 jan-in-de-zak;
III ⟨n.-telb.zn.⟩ 0.1 ⟨AE, Sch. E⟩ rottend blad ⇒humus-achtige bosgrond 0.2 kolengruis 0.3 ⟨gew.⟩ deeg.

duff[2] ⟨bn.⟩ ⟨BE; inf.⟩ 0.1 waardeloos ⇒slecht, kapot.

duff[3] ⟨ov.ww.⟩ ⟨sl.⟩ 0.1 opkalefateren ⇒(bedrieglijk) opknappen 0.2 ⟨Austr. E⟩ vee stelen ⟨door verandering v. brandmerk⟩ 0.3 ⟨BE; golf⟩ misslaan ⇒miskleunen ◆ 5.¶ ~ up aftuigen, lens slaan.

duf·fer ['dʌfə‖-ər] ⟨f1⟩ ⟨telb.zn.⟩ ⟨inf.⟩ 0.1 sufferd ⇒sukkel, kruk, stomkop 0.2 bedrieger ⇒oplichter 0.3 rommel 0.4 ⟨AE⟩ marskramer ⇒handelaar 0.5 ⟨Austr. E⟩ veedief 0.6 ⟨Austr. E⟩ onproduktieve mijn.

duf·fle, duf·fel ['dʌfl] ⟨n.-telb.zn.⟩ 0.1 duffel 0.2 ⟨AE⟩ kampeeruitrusting ⇒sportuitrusting.

'duffle bag ⟨telb.zn.⟩ 0.1 plunjezak.

'duffle coat ⟨f1⟩ ⟨telb.zn.⟩ 0.1 duffel ⇒duffelse jas, monty-coat, houtje-touwtje jas.

dug[1] [dʌg] ⟨telb.zn.⟩ 0.1 uier ⇒tepel ⟨v. dier⟩; ⟨vulg.⟩ tiet.

dug[2] ⟨verl. t. en volt. deelw.⟩ →dig.

du·gong ['du:gɒŋ‖-gɑŋ] ⟨telb.zn.; ook dugong; →mv. 4⟩ ⟨dierk.⟩ 0.1 doejong ⟨Dugong dugong⟩.

'dug·out ⟨fɪ⟩⟨telb.zn.⟩ **0.1** ***boomstamkano*** **0.2** ⟨mil.⟩ ***schuilhol*** ⇒*woonhol, loopgraaf* **0.3** ⟨sport⟩ ***dug-out*** **0.4** ⟨sl.⟩ ***opnieuw in dienst getreden gepensioneerd officier/ambtenaar*** ⇒⟨mil.⟩ *iem. die hersteld actief is.*

dui·ker, duy·ker ['daɪkə‖-ər]⟨telb.zn.⟩⟨dierk.⟩ **0.1** ***duiker*** ⇒*duikerbok* ⟨genus Cephalopus⟩.

duke [dju:k‖du:k]⟨f3⟩⟨zn.⟩
I ⟨telb.zn.⟩ **0.1** ***hertog*** **0.2** ⟨sl.⟩ ***knuist*** ⇒*vuist* **0.3** ⟨sl.⟩ ***knaap*** ⇒*gozer* **0.4** ***zoet-zure kers*** ◆ **2.1** royal ~ *aartshertog;*
II ⟨mv.; ~s⟩⟨sl.⟩ **0.1** ***knuisten*** ⇒*vuisten.*

duke·dom ['dju:kdəm‖'du:k-]⟨fɪ⟩⟨zn.⟩
I ⟨telb.zn.⟩ **0.1** ***hertogdom*** **0.2** ***hertogdom*** ⇒*periode waarin iem. hertog is* **0.3** ***hertogelijke titel;***
II ⟨n.-telb.zn.⟩ **0.1** ***hertogelijke waardigheid.***

'duke-out ⟨telb.zn.⟩⟨vnl. AE;sl.⟩ **0.1** ***vuistgevecht.***

du·ke·ry ['dju:kəri‖'du:-]⟨zn.; →mv. 2⟩
I ⟨telb.zn.⟩ **0.1** ***hertogelijke rang*** **0.2** ***hertogelijk goed/slot;***
II ⟨mv.; Dukeries; the⟩ **0.1** ***de Dukeries*** ⟨in N.W. Nottinghamshire⟩.

dukes-'up ⟨bn., attr.⟩⟨vnl. AE;sl.⟩ **0.1** ***strijdlustig*** ⇒*vechtlustig, agressief, fel.*

DUKW [dʌk]⟨telb.zn.⟩⟨mil.⟩ **0.1** ***(soort) amfibievaartuig.***

dul·cet ['dʌlsɪ̣t]⟨bn.⟩⟨schr.⟩ **0.1** ***zoet/zacht klinkend*** ⇒*lieflijk.*

dul·ci·fi·ca·tion ['dʌlsɪ̣fɪ̣'keɪʃn]⟨n.-telb.zn.⟩ **0.1** ***het zoetmaken*** ⇒*het verzachten, het vergulden v.d. pil.*

dul·ci·fy ['dʌlsɪ̣faɪ]⟨ov.ww.; →ww. 7⟩ **0.1** ***verzachten*** ⇒*verzoeten, sussen, kalmeren.*

dul·ci·mer ['dʌlsɪ̣mə‖-ər]⟨telb.zn.⟩⟨muz.⟩ **0.1** ***hakkebord.***

Dul·ci·nea ['dʌlsɪ'nɪə]⟨eig.n., telb.zn.⟩ **0.1** ***Dulcinea*** ⇒*droomvrouw, geïdealiseerde vrouw, geliefde.*

dull[1] [dʌl]⟨f3⟩⟨bn.; -er; -ly; -ness; →bijw. 3⟩⟨→sprw. 22⟩ **0.1** ***saai*** ⇒*vervelend, oninteressant, dof* **0.2** ***dom*** ⇒*onintelligent, sloom, langzaam, afgestompt* **0.3** ***mat*** ⟨v. kleur, geluid, pijn⟩ ⇒*dof, saai* **0.4** ***bot*** ⇒*stomp* **0.5** ***bewolkt*** ⇒*betrokken, donker, druilerig* **0.6** ⟨hand.⟩ ***flauw*** ⇒*slap, gedrukt, mat* ◆ **1.6** the ~ season *de slappe tijd* **1.¶** as ~ as ditchwater/dishwater *oersaai;* a ~ dog *een saaie Piet.*

dull[2] ⟨fɪ⟩⟨ww.⟩
I ⟨onov.ww.⟩ **0.1** ***afstompen*** ⇒*afnemen, verslappen* **0.2** ***dof/mat worden*** **0.3** ***stomp worden*** **0.4** ***druilerig/somber/donker worden;***
II ⟨ov.ww.⟩ **0.1** ***suf maken*** ⇒*verdoven* **0.2** ***dof maken*** **0.3** ***stomp maken*** ⟨ook fig.⟩ **0.4** ***dom/stom maken*** ◆ **1.1** ~ the pain *de pijn stillen* **1.3** ~ the edge of *bot maken;* ⟨fig.⟩ *afzwakken.*

dull·ard ['dʌləd‖-ərd]⟨telb.zn.⟩ **0.1** ***slome*** ⇒*slome duikelaar, sul, sufferd.*

dull·ish ['dʌlɪʃ]⟨bn.⟩ **0.1** ***nogal saai/dof/dom/somber/stomp/flauw.***

Dulls·ville[1] ['dʌlzvɪl]⟨n.-telb.zn.; ook d-⟩ **0.1** ***het summum v. saaiheid/verveling.***

Dullsville[2] ⟨bn., pred.; ook d-⟩ **0.1** ***stomvervelend*** ⇒*oersaai.*

dulse [dʌls]⟨n.-telb.zn.⟩⟨plantk.⟩ **0.1** ***eetbaar zeewier*** ⟨Rhodymenia palmata⟩.

du·ly ['dju:li‖'du:li]⟨f2⟩⟨bw.⟩ **0.1** ***behoorlijk*** ⇒*naar behoren, terecht, fatsoenlijk* **0.2** ***stipt*** ⇒*prompt, punctueel.*

du·ma, dou·ma ['du:mə]⟨eig.n.; ook D-; the⟩ **0.1** ***doema*** ⟨Russische volksvertegenwoordiging 1905-1917⟩.

dumb[1] [dʌm]⟨f2⟩⟨bn.; -er; -ly; -ness⟩ **0.1** ***stom*** ⇒*die niet kunnen/willen spreken, stil, zwijgend, geen stem hebbend, zwijgzaam* **0.2** ***dom*** ⇒*stom, suf, sloom* ◆ **1.1** ~ chum/friend ⟨ong.⟩ *(geliefd) huisdier;* ~ piano *studieklavier* **1.2** a ~ blonde *een dom blondje, een dom gansje;* ⟨sl.⟩ ~ duck *sufferd;* the ~ millions *de zwijgende massa* **1.¶** the ~ animal *het stomme dier* ⟨om medelijden uit te drukken⟩; *het stomme beest* ⟨om verachting uit te drukken⟩; ~ barge *onderlosser* ⟨v. baggermachine⟩; ~ crambo *spel waarbij het te raden rijmwoord met gebaren wordt aangegeven* **3.1** strike ~ *sprakeloos maken.*

dumb[2] ⟨ov.ww.⟩ **0.1** ***doen verstommen.***

'dumb·bell ⟨telb.zn.⟩ **0.1** ⟨krachtsport⟩ ***handhalter*** ⇒*korte halter* **0.2** ⟨vnl. AE;sl.⟩ ***sufferd.***

'dumb-cane ⟨telb.zn.⟩⟨plantk.⟩ **0.1** ***dieffenbachia.***

dumb·found, ⟨AE sp. ook⟩ **dum·found** ['dʌm'faʊnd]⟨fɪ⟩⟨ov.ww.⟩ **0.1** ***verstomd doen staan.***

dumb·found·er, ⟨AE sp. ook⟩ **dum·found·er** ['dʌm'faʊndə‖-ər] ⟨ov.ww.⟩ **0.1** ***verstomd doen staan.***

'dumb·head ⟨telb.zn.⟩⟨AE;sl.⟩ **0.1** ***sufferd.***

'dumb iron ⟨telb.zn.⟩ **0.1** ***veerhand*** ⟨in auto⟩.

dum·bo ['dʌmboʊ]⟨telb.zn.⟩⟨inf.⟩ **0.1** ***dombo*** ⇒*stomkop.*

'dumb show ⟨telb. en n.-telb.zn.⟩ **0.1** ***gebarenspel*** ⇒*pantomime.*

'dumb'wait·er ⟨telb.zn.⟩ **0.1** ***stommeknecht*** ⇒*serveertafel* **0.2** ⟨AE⟩ ***etenslift.***

dum·dum ['dʌmdʌm], **'dumdum bullet** ⟨telb.zn.⟩ **0.1** ***dum-dum(kogel).***

dum·my[1] ['dʌmi]⟨f2⟩⟨telb.zn.; →mv. 2⟩ **0.1** ⟨ben. voor⟩ ***dummy*** ⇒*blinde* ⟨kaartspel⟩; *pop* ⟨v. buikspreker⟩; *model* ⟨v. boek⟩; *proefpagina; stroman, figurant; (pas/kostuum)pop, model; testpop* ⟨bij gesimuleerde autobotsing⟩ **0.2** ⟨ben. voor⟩ ***nepartikel*** ⇒*blinde deur; losse flodder, exercitiepatroon; fopspeen* **0.3** ⟨vnl. AE; sl.⟩ ***sufferd*** ⇒*uilskuiken* ◆ **3.¶** ⟨rugby⟩ sell a/the ~ *een dummy-pass/schijnbeweging maken.*

dummy[2] ⟨fɪ⟩⟨bn., attr.⟩ **0.1** ***namaak*** ⇒*schijn, blind, nep* **0.2** ***proef-*** **0.3** ⟨AE⟩ ***zwijgend*** ⇒*zonder stem* **0.4** ⟨AE⟩ ***in 't geheim in dienst van*** ◆ **1.1** ~ cartridge *exercitiepatroon, losse flodder;* ⟨boek.⟩ ~ copy *(reizigers)dummy, reisexemplaar;* ⟨taalk.⟩ ~ symbol *dummysymbool* **1.2** ~ run *het proefdraaien, militaire oefening, schietoefening, (generale) repetitie.*

dummy[3] ⟨ww.; →ww. 7⟩
I ⟨onov.ww.⟩ **0.1** ⟨rugby⟩ ***een dummy-pass/schijnbeweging maken*** ◆ **5.¶** ⟨AE;sl.⟩ ~ **up** *zich gedeisd houden, zijn kop dicht houden, iem. niet verlinken;*
II ⟨ov.ww.⟩ **0.1** ***een dummy maken v.*** ⟨boek⟩ ⇒*een proefpagina maken voor.*

dump[1] [dʌmp]⟨f2⟩⟨zn.⟩
I ⟨telb.zn.⟩ **0.1** ***hoop*** ⇒*berg afval, (vuilnis)belt, (vuil)stortplaats* **0.2** ***dump*** ⇒*tijdelijk depot v. legergoederen* **0.3** ***plof*** ⇒*smak* **0.4** ⟨inf.⟩ ***miserabel onderkomen*** ⇒*hok, vervallen woning, desolate stad/dorp, puinhoop* **0.5** ⟨gew.⟩⟨ben. voor⟩ ***kort/dik persoon/voorwerp*** ⇒*prop, dikkerd; loden fiche; dik muntje* **0.6** ⟨comp.⟩ ***gedumpte informatie*** **0.7** ***(soort) bonbon*** **0.8** ⟨volleybal⟩ ***tactische bal*** ⇒*tactisch balletje;*
II ⟨mv.; ~s⟩⟨inf.⟩ **0.1** ***neerslachtigheid*** ⇒*terneergeslagenheid, droefheid* ◆ **6.1** (down) **in** the ~s *in de put, somber.*

dump[2] ⟨f3⟩⟨ww.⟩
I ⟨onov.ww.⟩ **0.1** ***neerploffen*** ⇒*dreunend vallen;*
II ⟨ov.ww.⟩ **0.1** ***dumpen*** ⇒*storten, lozen, neersmijten, neerkwakken* **0.2** ***opslaan*** ⟨munitie⟩ **0.3** ⟨hand.⟩ ***dumpen*** ⟨goederen op buitenlandse markt⟩ **0.4** ⟨inf.⟩ ***achterlaten*** ⇒*verlaten, in de steek laten.*

dumpcart →dumping cart.

dum·per ['dʌmpə‖-ər], **'dumper truck** ⟨telb.zn.⟩ **0.1** ***kipauto*** ⇒*kipkar, stortkar.*

'dump heap ⟨telb.zn.⟩ **0.1** ***stortplaats*** ⇒*(vuilnis)belt.*

dump·ing cart ['dʌmpɪŋ kɑ:t‖-kɑrt], **'dump·cart** ⟨telb.zn.⟩ **0.1** ***kipauto*** ⇒*kipkar, stortkar.*

'dump·ing ground ⟨telb.zn.⟩ **0.1** ***stortplaats*** ⇒*(vuilnis)belt.*

dump·ish ['dʌmpɪʃ]⟨bn.; -ly⟩ **0.1** ***terneergeslagen*** ⇒*neerslachtig, treurig.*

dump·ling ['dʌmplɪŋ]⟨fɪ⟩⟨telb.zn.⟩ **0.1** ⟨cul.⟩ ***knoedel*** ⇒*(zoet of hartig) meelballetje* **0.2** ⟨cul.⟩⟨ong.⟩ ***bol*** ⟨bv. appelbol⟩ **0.3** ***gezellig dikkerdje.***

'dump truck ⟨telb.zn.⟩ **0.1** ***kipauto*** ⇒*kipkar, stortkar.*

dump·y ['dʌmpi]⟨fɪ⟩⟨bn.; -er; -ly; -ness; →bijw. 3⟩⟨inf.⟩ **0.1** ***kort en dik*** **0.2** ⟨AE⟩ ***verdrietig*** ⇒*gedeprimeerd, somber, ontevreden* **0.3** ⟨AE; inf.⟩ ***vuil*** ⇒*smerig, rommelig.*

dun[1] [dʌn]⟨zn.⟩
I ⟨telb.zn.⟩ **0.1** ***grijs-bruin paard*** **0.2** ***schuldeiser*** ⇒*beer, pestkop* **0.3** ***aanmaning*** ⇒*sommatie (om te betalen)* **0.4** ***(lastige) schuldeiser*** ⇒*crediteur/incasseerder* **0.5** ***donkere kunstvlieg;***
II ⟨n.-telb.zn.⟩⟨vaak attr.⟩ **0.1** ***donkere grijs-bruine kleur.***

dun[2] ⟨bn.⟩ **0.1** ***muisgrijs*** ⇒*grijs-bruin, vaal, donkergrijs* **0.2** ***donker*** ⇒*zwart.*

dun[3] ⟨ov.ww.; →ww. 7⟩ **0.1** ***lastigvallen*** ⇒*pesten, vervolgen, manen, achtervolgen* **0.2** ***grijs-bruin kleuren/maken.***

'dun·bird ⟨telb.zn.⟩⟨dierk.⟩ **0.1** ***tafeleend*** ⟨Nyroca ferina⟩.

dunce [dʌns]⟨telb.zn.⟩ **0.1** ***domkop*** ⇒*ezel, uilskuiken, langzame leerling.*

'dunce cap, 'dunce's cap ⟨telb.zn.⟩ **0.1** ***sliep-uit muts.***

dun·der·head ['dʌndəhed‖-dər-]⟨telb.zn.⟩ **0.1** ***stommeling*** ⇒*sufferd, kluns, domoor, domkop.*

'dun·der'head·ed ⟨telb.zn.⟩ **0.1** ***dom*** ⇒*stom, suf, klunzig.*

dun·drear·ies [dʌn'drɪəriz‖-'drɪriz], **Dun·drear·y whiskers** [dʌn'drɪəri 'wɪskəz‖dʌn'drɪri 'hwɪskərz]⟨mv.⟩ **0.1** ***lange bakkebaarden.***

dune [dju:n‖du:n]⟨f2⟩⟨telb.zn.⟩ **0.1** ***duin.***

'dune buggy ⟨telb.zn.⟩ **0.1** ***strandbuggy*** ⟨sportief open autootje⟩.

dung[1] [dʌŋ]⟨fɪ⟩⟨n.-telb.zn.⟩ **0.1** ***mest*** ⇒*drek, gier.*

dung[2] ⟨ov.ww.⟩ **0.1** ***(be)mesten.***

dun·ga·ree ['dʌŋgə'ri:]⟨zn.⟩
I ⟨n.-telb.zn.⟩⟨conf.⟩ **0.1** ***grove calico;***
II ⟨mv.; ~s⟩ **0.1** ***overall*** ⇒*jeans, werkpak, tuinbroek, werkbroek.*

'dung beetle ⟨telb.zn.⟩ **0.1** ***mestkever.***

'dung cart ⟨telb.zn.⟩ **0.1** ***mestkar.***

dun·geon ['dʌndʒən]⟨fɪ⟩⟨telb.zn.⟩ **0.1** ***kerker*** **0.2** ***donjon*** ⟨toren⟩.

'dung fork ⟨telb.zn.⟩ **0.1** ***mestvork*** ⇒*greep.*

'dung·hill ⟨f1⟩ ⟨telb.zn.⟩ ⟨→sprw. 152, 638⟩ **0.1** ***mesthoop*** *⇒(mest) vaalt* **0.2** ***(moreel) verwerpelijke zaak/toestand*** *⇒ergerlijke zaak/toestand, puinhoop.*

'dung·pit ⟨telb.zn.⟩ **0.1** ***mestkuil*** *⇒mestput.*

dung·y ['dʌŋi] ⟨bn.⟩ **0.1** ***drekkig*** *⇒smerig, vuil.*

dunk[1] [dʌŋk] ⟨telb.zn.⟩ **0.1** ***duik*** *⇒onderdompeling* **0.2** ⟨basketbal⟩ ***dunk*** ⟨score of schot door hoogopspringend de bal v. bovenaf in de basket te dumpen⟩.

dunk[2] ⟨f1⟩ ⟨ov.ww.⟩ ⟨inf.⟩ **0.1** ***onderdompelen*** ⟨ook fig.⟩ *⇒(in)dopen, soppen* ⟨brood in thee, e.d.⟩.

Dun·kirk, ⟨AE sp.⟩ **Dun·kerque** ['dʌŋ'kɜ:k‖-'kɜrk] ⟨eig.n., telb.zn.⟩ **0.1** ***Duinkerken*** *⇒* ⟨bij uitbr.⟩ *crisis, nederlaag.*

'Dunkirk 'spirit ⟨n.-telb.zn.; the⟩ **0.1** ***geest v. Duinkerken*** *⇒vastberadenheid, het afwijzen v. overgave.*

'dunk (shot) ⟨telb.zn.⟩ ⟨basketbal⟩ **0.1** ***dunk(shot)*** ⟨bal v. bovenaf in basket gooien/drukken⟩.

dun·lin ['dʌnlɪn] ⟨telb.zn.⟩ ⟨dierk.⟩ **0.1** ***bonte strandloper*** ⟨Calidris alpina⟩.

dun·nage[1] ['dʌnɪdʒ] ⟨n.-telb.zn.⟩ **0.1** ⟨scheep.⟩ ***stuwmateriaal*** *⇒garnier, garnering* **0.2** ⟨inf.⟩ ***bagage*** *⇒spulletjes.*

dunnage[2] ⟨ov.ww.⟩ ⟨scheep.⟩ **0.1** ***stuwen.***

dun·no [dʌ'noʊ, -də-] ⟨f2⟩ ⟨onov. en ov.ww.⟩ ⟨samentr. v. I don't know⟩ ⟨spreektaal⟩ **0.1** ***kweenie*** *⇒wee-nie.*

dun·nock ['dʌnək] ⟨telb.zn.⟩ ⟨dierk.⟩ **0.1** ***heggemus*** ⟨Prunella modularis⟩.

dun·ny ['dʌni] ⟨telb.zn.; →mv. 2⟩ ⟨Austr. E, Nieuwzeelands E; inf.⟩ **0.1** ***w.c.*** *⇒plee, doos.*

du·o ['dju:oʊ‖'du:oʊ] ⟨zn.⟩

I ⟨telb.zn.⟩ ⟨muz.⟩ **0.1** ***duet;***

II ⟨verz.n.⟩ **0.1** ***duo*** *⇒* ⟨scherts.⟩ *stel, paar.*

du·o·dec·i·mal [-'desɪml] ⟨bn.⟩ **0.1** ***twaalfdelig*** *⇒twaalftallig.*

du·o·dec·i·mo [-'desɪmoʊ] ⟨zn.⟩

I ⟨telb.zn.⟩ **0.1** ***duodecimo*** *⇒klein boekje;*

II ⟨n.-telb.zn.⟩ **0.1** ***duodecimo*** *⇒kleinste boekformaat.*

du·o·de·nal [-'di:nl] ⟨bn.; -ly⟩ **0.1** ***mbt./van de twaalfvingerige darm.***

du·o·de·na·ry [-'di:nəri] ⟨bn.⟩ **0.1** ***met twaalf tegelijk*** **0.2** ***twaalfvoudig.***

du·o·de·ni·tis [-dɪ'naɪtɪs‖-dɪ'naɪţɪs] ⟨telb. en n.-telb.zn.⟩ ⟨med.⟩ **0.1** ***ontsteking v.d. twaalfvingerige darm.***

du·o·de·num [-'di:nəm] ⟨telb.zn.; ook duodena [-'di:nə]; →mv. 5⟩ ⟨anat.⟩ **0.1** ***twaalfvingerige darm*** *⇒duodenum.*

du·o·logue [-lɒg‖-lɔg, -lɑg] ⟨telb.zn.⟩ **0.1** ***samenspraak*** *⇒tweespraak, dialoog.*

duo·mo [dju:'oʊmoʊ‖'dwɔ-] ⟨telb.zn.⟩ **0.1** ***Italiaanse kathedraal.***

du·o·po·ly [dju:'ɒpəli‖du:'ɑ-] ⟨telb.zn.; →mv. 2⟩ ⟨hand.⟩ **0.1** ***duopolie*** ⟨marktbeheersing door twee partijen i.p.v. één⟩.

du·op·so·ny [dju:'ɒpsəni‖du:'ɑp-] ⟨telb.zn.; →mv. 2⟩ ⟨hand.⟩ **0.1** ***duopsonie*** ⟨marktbeheersing door twee kopers⟩.

du·o·tone ['dju:ətoʊn‖'du:ə-] ⟨bn.⟩ **0.1** ***tweekleurig.***

dup ⟨afk.⟩ duplicate.

dupe[1] [dju:p‖du:p] ⟨f1⟩ ⟨telb.zn.⟩ **0.1** ***dupe*** *⇒slachtoffer (v. bedrog), bedrogene* **0.2** ***onnozele (hals)*** **0.3** ⟨verk.⟩ ⟨duplicate⟩.

dupe[2] ⟨f1⟩ ⟨ov.ww.⟩ **0.1** ***bedriegen*** *⇒benadelen, duperen, beetnemen.*

du·ple ['dju:pl‖'du:pl] ⟨bn., attr.⟩ **0.1** ***dubbel*** ◆ **1.1** ⟨wisk.⟩ ~ ratio *dubbelverhouding;* ⟨muz.⟩ ~ time *twee tellen per maat.*

du·plex[1] ['dju:pleks‖'du:-] ⟨telb.zn.⟩ **0.1** ⟨AE⟩ ***halfvrijstaand huis*** *⇒(huis v.) twee onder een kap,* ⟨B.⟩ *tweewoonst* **0.2** ***maisonnette.***

duplex[2] ⟨bn.⟩ **0.1** ***duplex*** *⇒tweevoudig, dubbel* **0.2** ***met twee verdiepingen*** ◆ **1.2** ⟨AE⟩ ~ apartment *maisonnette;* ⟨AE⟩ ~ house *halfvrijstaand huis, (huis v.) twee onder een kap* ⟨B.⟩; *tweewoonst.*

du·pli·cate[1] ['dju:plɪkət‖'du:-] ⟨f1⟩ ⟨zn.⟩

I ⟨telb.zn.⟩ **0.1** ***duplicaat*** *⇒(eensluidend) afschrift, kopie, facsimile, dubbel;*

II ⟨n.-telb.zn.⟩ **0.1** ***duplo*** *⇒tweevoud* ◆ **6.1 in** ~ *in duplo, in tweevoud, met een kopie;* the trains run **in** ~ *er zijn extra treinen/rijtuigen ingezet.*

duplicate[2] ⟨f1⟩ ⟨bn., attr.⟩ **0.1** ***dubbel*** *⇒duplicaat-, tweevoudig, in duplo* **0.2** ***gelijkluidend*** *⇒identiek* ◆ **1.1** ⟨wisk.⟩ ~ ratio/proportion *dubbelverhouding;* ~ bridge/whist *duplicate bridge/whist* ⟨voor viertallen⟩.

duplicate[3] ['dju:plɪkeɪt‖'du:-] ⟨f2⟩ ⟨ww.⟩

I ⟨onov.ww.⟩ **0.1** ***verdubbelen*** *⇒zich vermenigvuldigen;*

II ⟨ov.ww.⟩ **0.1** ***verdubbelen*** *⇒in duplo maken, stencilen, kopiëren, vermeerderen, verveelvuldigen, vermenigvuldigen* **0.2** ***herhalen*** *⇒nog eens doen.*

du·pli·ca·tion ['dju:plɪ'keɪʃn‖'du:-] ⟨f1⟩ ⟨zn.⟩

I ⟨telb.zn.⟩ **0.1** ***kopie*** *⇒duplicaat, replica;*

II ⟨n.-telb.zn.⟩ **0.1** ***het kopiëren*** *⇒het dupliceren, het stencilen, het vermenigvuldigen* **0.2** ***verdubbeling.***

du·pli·ca·tor ['dju:plɪkeɪtə‖'du:plɪkeɪţər] ⟨f1⟩ ⟨telb.zn.⟩ **0.1** ***duplicator*** *⇒kopieermachine, stencilmachine.*

du·plic·i·ty [dju:'plɪsəti‖du:'plɪsəţi] ⟨n.-telb.zn.⟩ **0.1** ***dubbelhartigheid*** *⇒valsheid, onbetrouwbaarheid.*

Du'pont's 'lark [dju:'pɒnt‖du:pɑnt] ⟨telb.zn.⟩ ⟨dierk.⟩ **0.1** ***Duponts leeuwerik*** ⟨Chersophilus duponti⟩.

dup·py ['dʌpi] ⟨telb.zn.; →mv. 2⟩ ⟨Caribisch E⟩ **0.1** ***spook*** *⇒geest.*

du·ra·bil·i·ty ['djʊərə'bɪləti‖'dʊrə'bɪləţi] ⟨n.-telb.zn.⟩ **0.1** ***duurzaamheid.***

du·ra·ble ['djʊərəbl‖'dʊrəbl] ⟨f2⟩ ⟨bn.; -ly; -ness; →bijw. 3⟩ **0.1** ***duurzaam*** *⇒bestendig, blijvend, onverslijtbaar* ◆ **1.1** ⟨vaak attr.⟩ ~ press *het plooihoudend maken/zijn; no-iron textiel.*

du·ra·bles ['djʊərəblz‖'dʊr-] ⟨mv.⟩ **0.1** ***gebruiksgoederen*** *⇒duurzame goederen.*

du·ral ['djʊərəl‖'dʊrəl] ⟨bn., attr.⟩ **0.1** ***v./mbt. het harde hersenvlies.***

Du·ral·u·min [djʊ'ræljʊmɪn‖də'ræljə-], **du·ral** ['djʊərəl‖'dʊrəl] ⟨n.-telb.zn.⟩ ⟨merknaam⟩ **0.1** ***duraluminium*** ⟨aluminiumlegering⟩.

du·ra ma·ter ['djʊərə 'meɪtə‖'dʊrə 'meɪţər] ⟨n.-telb.zn.⟩ ⟨anat.⟩ **0.1** ***dura mater*** *⇒harde hersenvlies.*

du·ra·men [djʊ'rɑ:men‖də'reɪmən] ⟨n.-telb.zn.⟩ ⟨plantk.⟩ **0.1** ***kernhout.***

dur·ance ['djʊərəns‖'dʊrəns] ⟨n.-telb.zn.⟩ ⟨vero.⟩ **0.1** ***gevangenschap*** ◆ **2.1** in ~ vile *achter slot en grendel, achter de tralies.*

du·ra·tion [djʊ'reɪʃn‖dʊ-] ⟨f2⟩ ⟨n.-telb.zn.⟩ **0.1** ***duur*** ◆ **6.1 for** the ~ *of zolang... duurt, tijdens* **6.¶** ⟨inf.⟩ **for** the ~ *tot aan het einde v.d. oorlog;* ⟨scherts.⟩ *tot Sint Juttemis.*

dur·bar ['dɜ:bɑ:‖'dɜrbɑr] ⟨telb.zn.⟩ ⟨Ind. E; gesch.⟩ **0.1** ***hof v. Indiaas/Pakistaans vorst/gouverneur*** *⇒audiëntie* **0.2** ***ontvangstruimte aan het Indiase/Pakistaanse hof*** *⇒audiëntiehal.*

du·ress(e) [djʊ'res‖dʊ-] ⟨f1⟩ ⟨n.-telb.zn.⟩ **0.1** ***dwang*** *⇒gevangenhouding, gevangenschap, bedreiging* ◆ **6.¶ under** ~ *gedwongen, niet uit vrije wil.*

du·rex ['djʊəreks‖'dʊreks] ⟨telb.zn.; vnl. D-⟩ ⟨BE; merknaam⟩ **0.1** ***condoom*** *⇒preservatief.*

du·ri·an ['djʊərɪən‖'dʊr-] ⟨telb. en n.-telb.zn.⟩ **0.1** ⟨plantk.⟩ ***doerian*** ⟨tropische boom, Durio zibethinus⟩ **0.2** ***doerian*** *⇒stinkvrucht.*

dur·ing ['djʊərɪŋ‖'dʊrɪŋ] ⟨f4⟩ ⟨vz.; →tijdsaanduiding 4⟩ **0.1** ***tijdens*** *⇒gedurende, in de loop v., onder, bij* ◆ **1.1** ~ the afternoon *in de loop v./gedurende de middag;* ~ her sleep *tijdens haar slaap.*

dur·mast ['dɜ:mɑ:st‖'dɜrmæst] ⟨telb.zn.⟩ ⟨plantk.⟩ **0.1** ***wintereik*** ⟨Quercus petraea⟩.

dur·ra ['dʊrə] ⟨n.-telb.zn.⟩ ⟨plantk.⟩ **0.1** ***doerra*** *⇒kafferkoren, negerkoren* ⟨Sorghum vulgare durra⟩.

durst ⟨verl. t., vero. of relig.; →t2⟩ →dare.

du·rum ['djʊərəm‖'dʊr-] ⟨n.-telb.zn.⟩ ⟨plantk.⟩ **0.1** ***harde tarwe*** ⟨Tricitum aestivum durum⟩.

dusk[1] [dʌsk] ⟨f2⟩ ⟨n.-telb.zn.⟩ **0.1** ***schemer(ing)*** *⇒duister(nis), schemerdonker, halfduister.*

dusk[2] ⟨bn., pred.⟩ ⟨schr.⟩ **0.1** ***donker*** *⇒duister, zwart.*

dusk[3] ⟨ww.⟩

I ⟨onov.ww.⟩ ⟨schr.⟩ **0.1** ***beginnen te schemeren*** *⇒donker worden;*

II ⟨ov.ww.⟩ ⟨schr.⟩ **0.1** ***verduisteren*** *⇒donker/schemerig maken.*

dusk·y ['dʌski] ⟨f2⟩ ⟨bn.; -er; -ly; -ness; →bijw. 3⟩ **0.1** ***duister*** *⇒donker, zwart, schemerig, schemerachtig* ◆ **1.¶** ⟨dierk.⟩ ~ thrush *bruine lijster* ⟨Turdus naumanni eunomus⟩.

dust[1] [dʌst] ⟨f3⟩ ⟨zn.⟩ ⟨→sprw. 556⟩

I ⟨telb.zn.⟩ **0.1** ***stofwolk*** *⇒* ⟨inf.; fig.⟩ *ruzie, verwarring* ◆ **3.1** kick up/make/raise a ~ *heisa/stennis maken, verwarring zaaien;* when the ~ had settled *toen het stof was opgetrokken, toen de ruzie voorbij was;*

II ⟨n.-telb.zn.⟩ **0.1** ***stof*** *⇒poeder, gruis, stuifaarde, stuifmeel* **0.2** ⟨BE⟩ ***vuil(nis)*** *⇒(bijeengeveegd) afval* **0.3** ***iets waardeloos*** **0.4** ⟨sl.⟩ ***poen*** *⇒ping (ping), pegulanten* **0.5** ⟨vero.⟩ ***stoffelijk overschot*** **0.6** ***(schoot der) aarde*** *⇒graf* **0.7** ***schande*** *⇒oneer* **0.8** ⟨AE; inf.⟩ ***tabak*** *⇒pruimtabak, snuif(tabak)* **0.9** ⟨AE; sl.⟩ ***narcotica*** *⇒cocaïne, heroïne, dope* ◆ **1.3** ~ and ashes *waardeloze troep; zware teleurstelling, afgang* **3.1** lay the ~ *sprenkelen* ⟨om te voorkomen dat het stof opwaait⟩ **3.5** honoured ~ *stoffelijk overschot* **3.¶** bite/lick/kiss the ~ *in het stof bijten, sneuvelen;* eat/kiss(the) ~ *zich vernederen; in het zand moeten bijten;* humbled in(to) the ~ *diep vernederd;* make the ~ fly *erop los timmeren; de poppen aan het dansen maken;* shake the ~ off one's feet/shoes *(woedend) vertrekken, z'n hielen lichten;* ~ thou art, and unto ~ shalt thou return *van stof zijt gij en tot stof zult gij wederkeren* ⟨Gen. 3:19⟩; throw ~ into s.o.'s eyes *iem. zand in de ogen strooien* **6.6 in** the ~ *dood, in de schoot der aarde* **6.¶ in** the ~ *diep vernederd, kruipend in het stof.*

dust[2] ⟨f3⟩ ⟨ww.⟩ →dusting

I ⟨onov.ww.⟩ 0.1 *(af)stoffen* 0.2 *een zandbad nemen* ⟨v. vogels⟩ 0.3 ⟨AE⟩ *er snel vandoor gaan* ⇒*er tussen uit knijpen;*
II ⟨ov.ww.⟩ 0.1 *bepoederen* ⇒*bestuiven, bestrooien;* ⟨fig.⟩ *bespikkelen* 0.2 *afstoffen* ⇒*stof wegkloppen, afschuieren, afkloppen* 0.3 ⟨AE;inf.⟩ *slaan* ⇒*een pak slaag geven, afdrogen* 0.4 *sproeien* ⟨landbouwgif uit vliegtuig⟩ 0.5 ⟨vero.⟩ *onderstoffen* ⇒*stoffig maken* ◆ 1.1 then ~ the cake with icing-sugar, then ~ icing-sugar onto the cake *daarna de taart met poedersuiker bestrooien;* stars ~ed the sky *de hemel was bezaaid met sterren* 5.2 ~ **down** *afstoffen, afschuieren, afkloppen* 5.¶ →dust **off**.
'dust-bath ⟨telb.zn.⟩ 0.1 *zandbad*.
'dust·bin ⟨f1⟩⟨telb.zn.⟩⟨BE⟩ 0.1 *vuilnisbak* ⇒*vuilnisvat, asbak*.
'dust bowl ⟨zn.⟩
I ⟨eig.n.; D- B-; the⟩ 0.1 *(de) Dust Bowl* ⟨erosiegebied in het Midwesten der U.S.A., ontstaan in de jaren '30⟩;
II ⟨telb.zn.⟩ 0.1 *verdroogde/vaak ondergestoven landstreek*.
'dust·brand ⟨n.-telb.zn.⟩ 0.1 *korenbrand* ⟨zwamziekte in graan⟩.
'dust·bust·er ⟨telb.zn.⟩⟨AE⟩ 0.1 *kruimeldief* ⇒*handstofzuigertje*.
'dust cart ⟨f1⟩⟨telb.zn.⟩⟨BE⟩ 0.1 *vuilniswagen*.
'dust clip ⟨telb.zn.⟩⟨tech.⟩ 0.1 *afsluitplaatje* ⇒*stofplaatje* ⟨v. smeernippel⟩.
'dust·cloth ⟨telb.zn.⟩ 0.1 *stofdoek* 0.2 *stoflaken*.
'dust·coat ⟨telb.zn.⟩ 0.1 *stofjas*.
'dust cover ⟨telb.zn.⟩ 0.1 *stofomslag* 0.2 *stoflaken* ⇒*hoes*.
'dust devil ⟨telb.zn.⟩ 0.1 *(kleine) zandhoos*.
dust·er ['dʌstə‖-ər]⟨f1⟩⟨telb.zn.⟩ 0.1 *iem. die (af)stoft* 0.2 *stoffer* ⇒*plumeau* 0.3 *stofdoek* 0.4 *duster* ⇒*ochtendjas, kamerjas, peignoir* 0.5 *stofjas* 0.6 *strooier* 0.7 ⟨mv.⟩⟨AE;sl.⟩ *boksbeugel*.
'dust·free ⟨bn.⟩ 0.1 *stofvrij*.
'dust hole ⟨telb.zn.⟩ 0.1 *afvalput*.
dust·ing ['dʌstɪŋ]⟨telb.zn.; oorspr. gerund v. dust⟩ 0.1 *het (af)stoffen* 0.2 *het bestuiven* 0.3 *dun laagje (poeder)* 0.4 ⟨sl.⟩ *pak slaag* 0.5 *hoge zeegang* ⇒*het stampen (v. schip)*.
'dust jacket ⟨telb.zn.⟩ 0.1 *stofomslag*.
dust·less ['dʌstləs]⟨bn.⟩ 0.1 *stofvrij*.
dust·man ['dʌs(t)mən]⟨f1⟩⟨telb.zn.; dustmen [-mən]; →mv. 3⟩ ⟨BE⟩ 0.1 *vuilnisman* ⇒*asman*.
'dust 'off ⟨f1⟩⟨ov.ww.⟩ 0.1 *afstoffen* ⇒*afschuieren, afkloppen* 0.2 *opfrissen* ⇒*ophalen* ⟨oude kennis/vaardigheid⟩ ◆ 1.¶ ⟨AE;sl.⟩ dust a kid off *een joch een pak rammel geven, een joch in elkaar slaan*.
'dust·pan ⟨f1⟩⟨telb.zn.⟩ 0.1 *blik* ⟨stoffer en blik⟩.
'dust·proof ⟨bn.⟩ 0.1 *stofdicht* ⇒*stofvrij*.
'dust sheet ⟨telb.zn.⟩ 0.1 *stoflaken*.
'dust shot ⟨n.-telb.zn.⟩ 0.1 *mussehagel*.
'dust·storm ⟨telb.zn.⟩⟨meteo.⟩ 0.1 *stofstorm*.
'dust-trap ⟨telb.zn.⟩ 0.1 *stofnest*.
'dust·up ⟨f1⟩⟨telb.zn.⟩⟨inf.⟩ 0.1 *handgemeen* ⇒*kloppartij, mot* 0.2 *opwinding* ⇒*rel, oproer*.
'dust wrapper ⟨telb.zn.⟩ 0.1 *stofomslag*.
dust·y ['dʌsti]⟨f3⟩⟨bn.; -er; -ly; -ness; →bijw. 3⟩ 0.1 *stoffig* ⇒*bestoven, bestoft, droog* 0.2 *als stof* 0.3 *grauw* ⇒*dof, oninteressant* 0.4 *vaag* ⇒*onduidelijk* ◆ 1.4 ~ answer *vaag/ontwijkend antwoord* 1.¶ ~ miller ⟨ben. voor diverse planten met een witte waas over hun blad o.a. Senecio maritima⟩ 5.¶ ⟨BE;sl.⟩ not so ~ *lang niet gek*.
dutch [dʌtʃ]⟨ov.ww.⟩⟨AE;inf.⟩ 0.1 *kapot maken* ⇒*bederven, vernielen* 0.2 *laten springen* ⟨de bank in casino⟩.
Dutch[1] [dʌtʃ]⟨f3⟩⟨zn.⟩
I ⟨eig.n.⟩ 0.1 *Nederlands* ⇒*Hollands, de Nederlandse taal* 0.2 *Afrikaans* ◆ 2.1 High ~ *Nederlands;* low ~ *Nederlands, platduits* 6.¶ ⟨sl.⟩ **in** ~ *in de penarie/de rotzooi;*
II ⟨telb.zn.⟩ 0.1 ⟨BE;sl.;scherts.⟩ *moeders* ⇒*moeder de vrouw* 0.2 ⟨AE⟩ *kapsel met lang haar opzij en kort bovenop;*
III ⟨mv.; the⟩ 0.1 *Nederlanders* ⇒*Nederlandse volk* ◆ 3.¶ ⟨AE; inf.⟩ beat the ~ *een bijzondere prestatie leveren*.
Dutch[2] ⟨f3⟩⟨bn.; AE ook d-⟩ 0.1 *Nederlands* ⇒*Hollands* ◆ 1.1 ~ cheese *Edammer Kaas, boerenkaas* 1.¶ the ~ act *zelfmoord;* ~ auction *veiling/verkoping bij afslag;* ⟨inf.⟩ ~ bargain *overeenkomst die met een dronk bezegeld wordt; overeenkomst waarbij alle voordelen naar één partij gaan;* ~ barn *kapschuur;* ~ blue *lakmoes;* ~ book *bookmaker die kleine inzetten accepteert;* ~ cap *pessarium (occlusivum);* ~ clinker *gele klinker;* ~ clover *witte klaver;* ~ comfort *schrale troost;* ⟨inf.⟩ ~ courage *jenevermoed;* ~ disease *hollanditis* ⟨Nederlands verzet tegen kernbewapening⟩; ~ doll *ledenpop;* ~ door *boerderijdeur, onder- en bovendeur;* ~ drops *Haarlemmerolie;* ~ elm disease *iep(en)ziekte;* ~ foil *klatergoud, namaakbladgoud;* ~ fuck *het aansteken v.d. ene sigaret aan de andere, neukertje;* ~ garden ⟨ong.⟩ *oud-Hollandse tuin* ⟨met waterpartij⟩; ~ gold *klatergoud, namaakbladgoud;* ~ hoe *(duw) schoffel;* ~ leaf/metal *klatergoud, namaakbladgoud;* ~ light *platglas, platte bak;* ~ oven *(braad)oven, bakoven;* ~ roll *slangeboog* ⟨bij schaatsen⟩; ~ treat *feest/uitstapje waarbij ieder voor zich betaalt;* ~ uncle *vermanend iem.; streng (ongevraagd) criticus;* talk like a ~ uncle *duidelijk zeggen waar het op staat;* ~ wife *rolkussen, goeling* 3.¶ go ~ (with s.o.) *ieder voor zichzelf betalen, ieder zijn eigen deel betalen*.
dutch·i·fy ['dʌtʃɪfaɪ]⟨ov.ww.; →ww. 3⟩ 0.1 *verhollandsen* ⇒*vernederlandsen*.
Dutch·man ['dʌtʃmən]⟨f1⟩⟨telb.zn.; Dutchmen [-mən]; →mv. 3⟩ 0.1 *Nederlander* ⇒*Hollander* ◆ 4.¶ if that's true, then I'm a ~ *ik ben een boon als dat waar is;* I'll come tomorrow or I'm a ~ *ik ben een boon als ik morgen niet kom*.
'Dutch·man's-'breech·es ⟨mv.; ww. ook enk.⟩⟨plantk.⟩ 0.1 *gebroken hartjes* ⟨Dicentra cucullaria⟩.
'Dutch·wo·man ⟨telb.zn.; Dutchwomen; →mv. 3⟩ 0.1 *Nederlandse* ⇒*Hollandse*.
Dutch·y ['dʌtʃi]⟨telb.zn.; →mv. 2; ook d-⟩⟨inf.⟩ 0.1 *Hollander* 0.2 *Duitser*.
du·te·ous ['dju:tɪəs‖'du:ţɪəs]⟨bn.; -ly; -ness⟩⟨schr.⟩ 0.1 *plicht(s)getrouw* ⇒*plichtmatig* 0.2 *gehoorzaam* ⇒*eerbiedig*.
du·ti·a·ble ['dju:tɪəbl‖'du:ţɪəbl]⟨f1⟩⟨bn.⟩ 0.1 *belastbaar*.
du·ti·ful ['dju:tɪfl‖'du:ţɪfl]⟨f1⟩⟨bn.; -ly; -ness⟩ 0.1 *plicht(s)getrouw* ⇒*plichtmatig* 0.2 *gehoorzaam* ⇒*eerbiedigend*.
du·ty ['dju:ti‖'du:ţi]⟨f3⟩⟨zn.; →mv. 2⟩
I ⟨telb. en n.-telb.zn.⟩ 0.1 *plicht* ⇒*verplichting, taak, functie, dienst, ambacht, werk* 0.2 *belasting* ⇒*accijns, recht, invoer/uitvoerrecht(en)* 0.3 *eer* ⇒*eerbied, eerbiedsbetuiging* ◆ 3.1 (as) in ~ bound *(zoals) verplicht, plichtshalve;* do ~ for *dienst doen als, komen in de plaats van, vervangen;*
II ⟨n.-telb.zn.⟩ 0.1 *wacht* ⇒*dienst, surveillance* 0.2 *eerbetoon* ⇒*plichtsbesef* 0.3 *mechanisch arbeidsvermogen* ◆ 2.3 a heavy ~ drilling machine *een boormachine voor zwaar werk* 6.1 **off** ~ *buiten (de) dienst(tijd), in vrije tijd;* **on** ~ *in functie;* officer Hopkins is not **on** ~ today *agent Hopkins heeft vandaag geen dienst;*
III ⟨mv.; duties⟩ 0.1 *ambacht* ⇒*functie, werkzaamheden* 0.2 *belasting* ⇒*accijns, rechten, in/uitvoerrechten* 0.3 ⟨relig.⟩ *plicht* ⇒*verplichting* ◆ 3.2 countervailing duties *retorsierechten*.
'du·ty-'free ⟨f1⟩⟨bn.; bw.⟩ 0.1 *belastingvrij* ⇒*vrij v. rechten*.
'duty man ⟨telb.zn.⟩ 0.1 *man op post/wacht*.
'duty master ⟨telb.zn.⟩ 0.1 *surveillant*.
'duty officer ⟨f1⟩⟨telb.zn.⟩ 0.1 *officier v. dienst*.
'du·ty-'paid ⟨bn.; bw.⟩⟨hand.⟩ 0.1 *inclusief invoerrechten* ◆ 1.¶ ~ value *importwaarde* ⟨inclusief kosten en rechten⟩.
'duty roster ⟨telb.zn.⟩⟨mil.⟩ 0.1 *dienstrooster*.
'duty visit, 'duty call ⟨telb.zn.⟩ 0.1 *beleefdheidsbezoek*.
du·um·vir [dju:'ʌmvə‖du:'ʌmvər]⟨telb.zn.; ook duumviri [-vəri:‖-vəraɪ]; →mv. 5⟩⟨gesch.⟩ 0.1 *tweeman*.
du·um·vir·ate [dju:'ʌmvɪrət‖du:-]⟨telb.zn.⟩⟨gesch.⟩ 0.1 *tweemanschap* ⇒*duümviraat*.
du·vet ['du:veɪ‖du:'veɪ]⟨telb.zn.⟩ 0.1 *dekbed* ⇒*dons, donsdeken, donzen dekbed* 0.2 ⟨bergsport⟩ *duvet* ⇒*lang dons-jack*.
dux [dʌks]⟨telb.zn.; ook duces ['dju:si:z‖du-, du:keɪs]; →mv. 5⟩ ⟨school.⟩ 0.1 *dux* ⇒*de beste leerling* ⟨in sommige, vnl. Schotse scholen⟩.
duyker →duiker.
DV ⟨afk.⟩ Deo Volente 0.1 *D.V.* ⇒*Deo Volente, zo God het wil*.
dwale [dweɪl]⟨telb. en n.-telb.zn.⟩⟨plantk.⟩ 0.1 *wolfskers* ⟨Atropa belladonna⟩.
dwarf[1] [dwɔ:f‖dwɔrf]⟨f2⟩⟨telb.zn.; ook dwarves; →mv. 3⟩ ⟨→sprw. 128⟩ 0.1 *dwerg* ⇒*lilliputter, klein exemplaar, hummel*.
dwarf[2] ⟨bn.⟩ 0.1 *dwergachtig* ⇒*dwerg-, miniatuur, heel klein*.
dwarf[3] ⟨f1⟩⟨ww.⟩
I ⟨onov.ww.⟩ 0.1 *klein(er) worden* ⇒*krimpen, kwijnen;*
II ⟨ov.ww.⟩ 0.1 *in z'n groei belemmeren/remmen* ⇒*klein(er) maken, klein houden* 0.2 *klein(er) doen lijken* ⇒*in het niet doen verzinken* ◆ 1.1 Bonsai is a technique for ~ing plants *Bonsai is een techniek om miniatuurplanten te kweken*.
'dwarf bean ⟨telb.zn.⟩ 0.1 *stamboon*.
dwarf·ish ['dwɔ:fɪʃ‖'dwɔr-]⟨bn.⟩ 0.1 *dwergachtig*.
dwarf·ism ['dwɔ:fɪzm‖'dwɔr-]⟨n.-telb.zn.⟩ 0.1 *dwerggroei*.
dwell [dwel]⟨f3⟩⟨onov.ww.; ook dwelt, dwelt [dwelt]⟩ →dwelling 0.1 *wonen* ⇒*verblijven, zich ophouden* 0.2 *blijven stilstaan* ⇒*uitweiden* ◆ 6.1 ~ **in/at** *wonen in/te* 6.2 ~ **(up)on** *(lang) blijven stilstaan bij, (lang) doorgaan over, doordrammen over, gaan zitten op*.
-dwell·er ['dwelə‖-ər]⟨f2⟩ 0.1 *bewoner (van)* ⇒*inwoner (van)* ◆ ¶.1 cave-dweller *holbewoner;* city-dweller *stadsbewoner, stadsmens*.
dwell·ing ['dwelɪŋ]⟨f2⟩⟨telb.zn.; oorspr. gerund v. dwell⟩⟨schr.; scherts.⟩ 0.1 *woning* ⇒*huis, verblijfplaats, onderkomen, domicilie*.

'dwelling house ⟨f1⟩ ⟨telb.zn.⟩ ⟨vnl. jur.⟩ **0.1** ***(woon)huis*** ⇒*woning, bewoond pand.*
'dwelling place ⟨f1⟩ ⟨telb.zn.⟩ **0.1** ***huis*** ⇒*woning.*
dwin·dle ['dwɪndl] ⟨f2⟩ ⟨onov.ww.⟩ **0.1** ***afnemen*** ⇒*achteruit gaan, (in)krimpen, slinken, kleiner/minder worden.*
dwt ⟨afk.⟩ pennyweight.
dy·ad[1] ['daɪæd] ⟨telb.zn.⟩ **0.1** ***tweewaardig element.***
dyad[2], **dy·ad·ic** [daɪ'ædɪk] ⟨bn., attr.⟩ **0.1** ***tweevoudig*** ⇒⟨schei., wisk.⟩ *tweewaardig.*
Dy·ak ['daɪæk], **Day·ak** ⟨eig.n.⟩ **0.1** ***Dajak*** ⇒*Dajakker.*
dyarchy →diarchy.
dye[1] [daɪ] ⟨f1⟩ ⟨telb. en n.-telb.zn.⟩ **0.1** ***verf(stof)*** ⇒*kleurstof, pigment, textielverf* **0.2** ***kleur*** ⇒*tint* ◆ **2.1** ⟨fig.⟩ of the deepest/blackest ~ *van de ergste soort.*
dye[2] ⟨f2⟩ ⟨ww.⟩
I ⟨onov.ww.⟩ **0.1** ***verven*** ⇒*kleuren* **0.2** ***zich laten verven*** ⇒*kleur aannemen* ◆ **1.2** this material ~s well *deze stof laat zich goed verven/pakt de verf goed;*
II ⟨ov.ww.⟩ **0.1** ***verven*** ⇒*kleuren.*
dyed-in-the-wool ['daɪd ɪn ðə 'wʊl] ⟨bn., attr.⟩ **0.1** ***door de wol geverfd*** ⇒*doorgewinterd, door en door, verstokt.*
'dye·house ⟨telb.zn.⟩ **0.1** ***(textiel)ververij.***
dyeline →diazo.
dy·er ['daɪə‖-ər] ⟨f1⟩ ⟨telb.zn.⟩ **0.1** ***stoffenverver.***
'dyer's 'broom, 'dyer's 'greenwood ⟨telb. en n.-telb.zn.⟩ ⟨plantk.⟩ **0.1** ***verfbrem*** ⇒*verfkruid* ⟨Genista tinctoria⟩.
'dyer's 'bugloss ⟨telb. en n.-telb.zn.⟩ ⟨plantk.⟩ **0.1** ***valse alkanna*** ⇒*ossetongwortel* ⟨Alkanna tinctoria⟩.
'dyer's 'oak ⟨telb. en n.-telb.zn.⟩ ⟨plantk.⟩ **0.1** ***verfeik*** ⟨Quercus tinctoria⟩.
'dyer's rocket ⟨telb. en n.-telb.zn.⟩ ⟨plantk.⟩ **0.1** ***wouw*** ⟨Reseda luteola⟩.
'dy·er's weed ⟨telb. en n.-telb.zn.⟩ **0.1** ***verfplant.***
'dye·stuff ⟨telb. en n.-telb.zn.; vaak mv.⟩ **0.1** ***verfstof.***
'dye·wood ⟨n.-telb.zn.⟩ **0.1** ***verfhout.***
'dye·works ⟨telb.zn.; dyeworks; →mv. 4⟩ **0.1** ***(textiel)ververij.***
dy·ing[1] ['daɪɪŋ] ⟨n.-telb.zn.; gerund v. die⟩ ⟨→sprw. 129⟩ **0.1** ***het sterven*** ⇒*dood.*
dying[2] ⟨f1⟩ ⟨bn.; teg. deelw. v. die⟩ ⟨→sprw. 130⟩ **0.1** ***stervend*** ⟨ook fig.⟩ ⇒*doods-, sterf-, stervens-* ◆ **1.1** to one's ~ day *tot z'n laatste snik;* ⟨schr.⟩ the ~ day/season *de ten einde lopende dag/het aflopend seizoen;* a ~ oath *een eed op het sterfbed;* ~ wish *laatste wens;* ~ words *laatste woorden* **1.¶** like a ~ duck in a thunderstorm *(met) de ogen ten hemel geslagen, verbijsterd, wanhopig* **6.¶** ⟨inf.⟩ be ~ **for** (a cup of tea) *snakken naar (een kop thee).*
dyke →dike.
dyn ⟨afk.⟩ dyne.
dy·nam·ic[1] [daɪ'næmɪk] ⟨f1⟩ ⟨telb.zn.⟩ **0.1** ***(innerlijke) bewogenheid*** ⇒*gedrevenheid, kracht, drang* **0.2** ***drijfkracht*** ⇒*stuwkracht* **0.3** ***dynamiek*** ⇒*vaart* **0.4** ⟨muz.⟩ ***dynamiek.***
dynamic[2], **dy·nam·i·cal** [daɪ'næmɪkl] ⟨f2⟩ ⟨bn.; -(al)ly; →bijw. 3⟩ **0.1** ***dynamisch*** ⇒*bewegend, niet statisch, voortdrijvend* **0.2** ***voortvarend*** ⇒*actief, energiek* **0.3** ⟨med.⟩ ***functioneel*** **0.4** ⟨muz.⟩ ***dynamisch*** ⇒*betreffende de dynamiek.*
dy·nam·ics [daɪ'næmɪks] ⟨n.-telb.zn., mv.⟩ **0.1** ***dynamica*** ⇒*bewegingsleer* **0.2** ⟨muz.⟩ ***dynamiek*** ⇒*leer der sterktegraden.*
dy·na·mism ['daɪnəmɪzm] ⟨f1⟩ ⟨n.-telb.zn.⟩ **0.1** ⟨fil.⟩ ***dynamisme*** **0.2** ***dynamiek*** ⇒*gedrevenheid, het dynamisch zijn.*
dy·na·mite[1] ['daɪnəmaɪt] ⟨f1⟩ ⟨n.-telb.zn.⟩ **0.1** ***dynamiet*** **0.2** ⟨inf.; fig.⟩ ***bom*** ⇒*iets schokkends* **0.3** ⟨sl.⟩ ***marihuanasigaret*** ⇒*stick, reefer, joint* **0.4** ⟨sl.⟩ ***heroïne*** ⟨en andere zware narcotica⟩ ◆ **1.2** the news was really ~ *het nieuws sloeg in als een bom.*
dynamite[2] ⟨f1⟩ ⟨ov.ww.⟩ **0.1** ***een springlading plaatsen in/onder*** **0.2** ***opblazen*** ⟨met dynamiet⟩ ⇒*doen springen* **0.3** ⟨AE; sl.⟩ ***bestoken*** ⟨met reclame⟩ ⇒*met geweld lokken* ⟨klanten⟩.
dy·na·mo ['daɪnəmoʊ] ⟨f1⟩ ⟨telb.zn.⟩ **0.1** ***dynamo*** **0.2** ***energiek mens*** ⇒*doordouwer, onvermoeibaar iem., motor.*
dy·na·mo- **0.1** ***kracht-*** ◆ **¶.1** dynamoelectric *dynamo-elektrisch.*
dy·na·mom·e·ter ['daɪnə'mɒmɪtə‖-'mɑmɪt̬ər] ⟨telb.zn.⟩ **0.1** ***dynamometer*** ⇒*krachtmeter, arbeidsvermogenmeter.*
dy·nast ['dɪnəst‖'daɪ-] ⟨telb.zn.⟩ **0.1** ***dynast*** ⇒*heerser, vorst.*
dy·nas·tic [dɪ'næstɪk‖daɪ-], **dy·nas·ti·cal** [-ɪkl] ⟨bn.; -(al)ly; →bijw. 3⟩ **0.1** ***dynastiek*** ⇒*mbt. dynastie.*
dy·nas·ty ['dɪnəsti‖'daɪ-] ⟨f2⟩ ⟨telb.zn.⟩ **0.1** ***dynastie*** ⇒*(vorsten)huis.*
dy·na·tron ['daɪnətrɒn‖-trɑn] ⟨n.-telb.zn.⟩ ⟨radio⟩ **0.1** ***dynatron*** ⇒*electrodebuis.*
dyne [daɪn] ⟨telb.zn.⟩ ⟨schei.⟩ **0.1** ***dyne*** ⟨eenheid v. kracht⟩.
d'you [djʊ, dʒə] ⟨hww.⟩ ⟨samentr. v. do you⟩.
dys- [dɪs] ⟨vnl. med.⟩ **0.1** ***dys-*** ⇒*slecht, moeilijk, pijnlijk* ◆ **¶.1** dysgraphia *het moeilijk kunnen schrijven.*
dys·bar·ism ['dɪsbərɪzm] ⟨n.-telb.zn.⟩ ⟨med.⟩ **0.1** ***caissonziekte*** ⇒*duikerziekte.*
dys·en·ter·ic ['dɪsn'terɪk] ⟨bn.⟩ ⟨med.⟩ **0.1** ***dysenterisch.***
dys·en·ter·y ['dɪsntri‖-teri] ⟨n.-telb.zn.⟩ ⟨med.⟩ **0.1** ***dysenterie*** ⇒*bloeddiarree.*
dys·func·tion ['dɪs'fʌŋkʃən] ⟨telb.zn.⟩ ⟨med.⟩ **0.1** ***disfunctie*** ⇒*gestoorde functie, storing, stoornis.*
dys·gen·ic ['dɪs'dʒenɪk] ⟨bn.⟩ ⟨biol.⟩ **0.1** ***schadelijk voor erfelijke eigenschappen.***
dys·lex·i·a [dɪs'leksɪə] ⟨n.-telb.zn.⟩ ⟨med.⟩ **0.1** ***leesblindheid*** ⇒*dyslexie, leeszwakte.*
dys·lex·ic [dɪs'leksɪk] ⟨bn.⟩ ⟨med.⟩ **0.1** ***leesblind*** ⇒*dyslectisch.*
dys·lo·gis·tic ['dɪslə'dʒɪstɪk] ⟨bn.; -ally; →bijw. 3⟩ **0.1** ***afkeurend*** ⇒*misprijzend, verwerpend.*
dys·men·or·rhoe·a, ⟨AE sp.⟩ **dys·men·or·rhe·a** ['dɪsmenə'rɪə] ⟨n.-telb.zn.⟩ ⟨med.⟩ **0.1** ***dysmenorroe.***
dys·pep·sia [dɪs'pepsɪə] ⟨n.-telb.zn.⟩ **0.1** ***dyspepsie*** ⇒*slechte spijsvertering.*
dys·pep·tic[1] [dɪs'peptɪk] ⟨telb.zn.⟩ **0.1** ***lijder aan slechte spijsvertering.***
dyspeptic[2] ⟨bn.⟩ **0.1** ***dyspeptisch*** ⇒*lijdend aan slechte spijsvertering;* ⟨fig.⟩ *gemelijk, hardlijvig, chagrijnig, knorrig, morose, sikkeneurig.*
dys·pho·ri·a [dɪs'fɔːrɪə] ⟨telb.zn.⟩ ⟨med.⟩ **0.1** ***dysphorie*** ⇒*depressie.*
dys·phor·ic [dɪs'fɒrɪk‖-'fɔrɪk] ⟨bn.⟩ ⟨med.⟩ **0.1** ***lijdend aan dysphorie/depressie(s).***
dys·pla·sia [dɪs'pleɪzɪə‖-ʒə] ⟨n.-telb.zn.⟩ ⟨med.⟩ **0.1** ***dysplasie*** ⟨abnormale weefselgroei⟩.
dys·plas·tic [dɪs'plæstɪk] ⟨bn.⟩ ⟨med.⟩ **0.1** ***dysplastisch*** ⇒*lijdend aan dysplasie.*
dysp·noe·a, ⟨AE sp.⟩ **dysp·ne·a** [dɪs'(p)niːə‖'dɪs(p)nɪə] ⟨n.-telb.zn.⟩ ⟨med.⟩ **0.1** ***dyspnoe*** ⇒*ademnood, kortademigheid.*
dysp·noe·ic, ⟨AE sp.⟩ **dysp·ne·ic** [dɪs'(p)niːɪk] ⟨bn.⟩ ⟨med.⟩ **0.1** ***in ademnood*** ⇒*kortademig.*
dys·pro·si·um [dɪs'proʊzɪəm] ⟨n.-telb.zn.⟩ ⟨schei.⟩ **0.1** ***dysprosium*** ⟨element 66⟩.
dys·troph·ic [dɪ'strɒfɪk‖dɪ'strɑfɪk] ⟨bn.⟩ ⟨med.⟩ **0.1** ***lijdend aan dystrofie.***
dys·tro·phy ['dɪstrəfi], **dys·tro·phi·a** [dɪ'stroʊfɪə] ⟨n.-telb.zn.⟩ ⟨med.⟩ **0.1** ***dystrofie*** ⇒*voedingsstoornis* **0.2** ***orgaanziekte/zwakte als gevolg v. voedingsstoornis*** ◆ **2.2** muscular ~ *spierdystrofie, spierzwakte.*
dys·u·ri·a [dɪs'jʊərɪə‖dɪ'ʃʊrɪə] ⟨n.-telb.zn.⟩ ⟨med.⟩ **0.1** ***dysurie*** ⟨pijnlijke/moeilijke urinelozing⟩.

e, E [i:]⟨zn.; e's, E's, zelden es, Es⟩
I ⟨telb.zn.⟩ **0.1** ***(de letter) e, E*** **0.2** ⟨wisk.⟩ ***e*** ⟨grondtal v. natuurlijke logaritme⟩;
II ⟨telb. en n.-telb.zn.⟩ ⟨muz.⟩ **0.1** ***e, E*** *⇒E-snaar/toets/*⟨enz.⟩; *mi*.

e- [i:] **0.1** ***uit-*** *⇒weg-* ⟨vgl. ex-⟩ ◆ **¶.1** evict *uitwijzen*.

E ⟨afk.⟩ earl; ⟨elek.⟩ earth ⟨vnl. BE⟩; east(ern), Egyptian, engineer(ing), English.

ea ⟨afk.⟩ each.

each[1] [i:tʃ]⟨f4⟩⟨onb.vnw.; →onbepaald woord⟩ **0.1** ***elk*** *⇒ieder* ⟨v.e. groep⟩ **0.2** ⟨schr.⟩ ***iedereen*** *⇒elkeen* ⟨in het alg.⟩ ◆ **1.1** they are a dollar ~ *ze kosten een dollar per stuk* **3.1** she gave them a book ~ *ze gaf hen elk een boek* **3.2** ~ shall be judged *iedereen zal geoordeeld worden* **4.1** she offered them ~ a slice of cake *ze bood hen elk een stuk taart aan* **6.1** ~ **of** the children worked hard *elk van de kinderen werkte hard* **¶.1** →each other; ~ wrote to the other *elk schreef naar de ander*.

each[2] ⟨f4⟩⟨onb.det.; →onbepaald woord⟩ **0.1** ***elk(e)*** *⇒ieder(e) (afzonderlijk)* ◆ **1.1** a glove in ~ hand *een handschoen in elke hand;* ~ pupil receives due attention *iedere leerling afzonderlijk krijgt de nodige aandacht*.

'each 'other ⟨f3⟩⟨wkg.vnw.⟩ **0.1** ***elkaar*** *⇒elkander, mekaar* ◆ **1.1** they hate ~'s guts *ze kunnen mekaar niet luchten* **3.1** they hate ~ *ze hebben een hekel aan elkaar* **6.1** speak **to** ~ *met elkaar spreken*.

eager[1] →eagre.

ea·ger[2] ['i:gə‖-ər]⟨f3⟩⟨bn.; ook -er; -ly; -ness⟩ **0.1** ***vurig*** *⇒enthousiast, onstuimig, geestdriftig, gretig* **0.2** ***(hevig) verlangend*** *⇒begerig* **0.3** ⟨vero.⟩ ***scherp*** *⇒prikkelend* ◆ **1.¶** ⟨inf.⟩ ~ beaver *uitslover, (overdreven) harde werker* **3.2** he was ~ to win *hij was erop gebrand te winnen* **6.2** ~ **for** *verlangend naar*.

ea·gle[1] ['i:gl]⟨f2⟩⟨telb.zn.⟩ **0.1** ⟨dierk.⟩ ***adelaar*** *⇒arend* ⟨genera Aquila, Haliaëtus⟩ **0.2** ***adelaar*** ⟨als symbool/veldteken⟩ **0.3** ***eagle*** *⇒tien-dollarstuk* **0.4** ⟨AE; golf⟩ ***eagle*** ⟨twee slagen onder par⟩ **0.5** ***arend*** *⇒adelaarslessenaar* **0.6** ⟨AE; mil.⟩ ***goed jagerpiloot*** *⇒piloot die veel toestellen heeft neergehaald* ◆ **2.3** Double Eagle *tweekoppige adelaar;* ⟨AE⟩ *twintig-dollarstuk* **2.4** double ~ *albatros* ⟨score v. 3 slagen onder par voor een hole⟩ **3.¶** ⟨dierk.⟩ spotted ~ *bastaardarend* ⟨Aquila clanga⟩; ⟨dierk.⟩ lesser spotted ~ *schreeuwarend* ⟨Aquila pomarina⟩.

eagle[2] ⟨ov.ww.⟩ ⟨golf⟩ **0.1** ***met een eagle slaan*** ⟨hole⟩.

'eagle day ⟨telb.zn.⟩ ⟨AE; sl.; mil.⟩ **0.1** ***betaaldag*** *⇒Sint Salarius*.

'eagle eye ⟨telb.zn.⟩ **0.1** ***arendsblik*** ◆ **3.1** keep an ~ on *scherp in de gaten houden, geen moment uit het oog verliezen*.

'ea·gle-'eyed ['i:gl 'aɪd]⟨bn.⟩ **0.1** ***scherpziend*** *⇒met arendsogen*.

'eagle owl ⟨telb.zn.⟩ ⟨dierk.⟩ **0.1** ***oehoe*** ⟨Bubo bubo⟩.

'eagle ray ⟨telb.zn.⟩ ⟨dierk.⟩ **0.1** ***adelaarsrog*** ⟨fam. Myliobatidae⟩.

ea·glet ['i:glɪt]⟨telb.zn.⟩ **0.1** ***adelaarsjong*** *⇒jonge arend*.

ea·gre, ea·ger ['i:gə‖-ər]⟨telb.zn.⟩ **0.1** ***hoge vloedgolf***.

-ean [ɪən], **-an** [ən]⟨vormt bijv. nw.⟩ **0.1** ⟨behorend bij⟩ **0.2** ⟨afgeleid van, afkomstig van/uit⟩ **0.3** ⟨lijkend op⟩ ⟨ong.⟩ ***als van*** *⇒-(i)sch* ◆ **¶.1** the Caesarean army *Caesars leger* **¶.2** European parents *uit Europa afkomstige/Europese ouders* **¶.3** with a Herculean force *met Herculische kracht*.

ear[1] [ɪə‖ɪr]⟨f3⟩⟨zn.⟩ (→sprw. 408, 766)
I ⟨telb.zn.⟩ **0.1** ***oor*** *⇒oorschelp* **0.2** ***oor*** *⇒gehoororgaan* **0.3** ***gehoor*** *⇒oor* **0.4** ***(koren)aar*** **0.5** ⟨ben. voor⟩ ***oorvormig ding*** *⇒oor; lus; oog; handvat* ◆ **1.2** ⟨fig.⟩ a word in your ~ *een gesprek onder vier ogen* **1.¶** keep an ~/one's ~(s) (close) to the ground *(goed) op de hoogte blijven* ⟨v. trends, roddels⟩; *de boel goed in de gaten houden* **3.¶** ⟨vnl. Austr. E⟩ bash one's ~ *eindeloos tegen iem. aankletsen;* not believe one's ~s *zijn oren niet geloven;* bend an ~ toward *goed luisteren naar;* bend s.o.'s ~s *iem. de oren v. h. hoofd kletsen;* bring sth. down about one's ~ *iets aan zichzelf te wijten hebben;* my ~s burn *mijn oren tuiten;* ⟨inf.⟩ s.o.'s ~s are/must be burning *wat zitten we te roddelen;* ⟨AE; sl.⟩ chew s.o.'s ~ off *iem. de oren v.h. hoofd kletsen;* ⟨B.⟩ *iem. de oren afzagen;* fall about one's ~s *(om iem. heen) instorten;* give an ~ *alles geven;* give one's ~s for/to *er alles voor over hebben om;* have s.o.'s ~ *het oor hebben/bezitten v. iem.;* incline one's ~ *zijn oor neigen (naar iets), luisteren;* lend s.o. an ~/one's ~s *het oor aan iem. lenen, naar iem. luisteren;* meet the ~/our ~s *te horen/hoorbaar zijn;* prick up one's ~s *de oren spitsen;* set two persons by the ~s *twee personen tegen elkaar opstoken;* throw s.o. out on his ~ *iem. eruitgooien/ontslaan* **5.¶** be **out** on one's ~ *eruit vliegen, ontslagen worden, op de keien komen te staan* **6.1** **in** (at) one ~, **out** (at) the other *het ene oor in, het andere uit;* **up to** one's ~s *tot over zijn oren* **6.3** have an ~ **for** *een oor/gevoel hebben voor* **7.¶** be all ~s *een en al oor zijn;*
II ⟨n.-telb.zn.⟩ **0.1** ⟨muz.⟩ ***gehoor*** *⇒*⟨fig.⟩ *oor* **0.2** ***aandacht*** *⇒gehoor, oor* ◆ **3.2** give ~ *luisteren* **6.1** ⟨muz.⟩ play **by** ~ *op het gehoor spelen* ⟨niet van blad⟩; ⟨fig.⟩ play it **by** ~ *improviseren, op z'n gevoel afgaan*.

ear[2] ⟨onov.ww.⟩ **0.1** ***in de aren schieten*** *⇒aren krijgen*.

'ear·ache ⟨fɪ⟩⟨telb. en n.-telb.zn.⟩ **0.1** ***oorpijn***.

'ear·bash ⟨ww.⟩ ⟨Austr. E⟩
I ⟨onov.ww.⟩ **0.1** ***(eindeloos) doorkletsen;***
II ⟨ov.ww.⟩ **0.1** ***de oren van het hoofd kletsen*** *⇒eindeloos aankletsen tegen* ◆ **4.1** ~ s.o. *iem. de oren van het hoofd kletsen*.

'ear·bob ⟨telb.zn.⟩ **0.1** ***oorknop*** *⇒oorbel*.

'ear·cock·le ⟨n.-telb.zn.⟩ ⟨landb.⟩ **0.1** ***aaltjesziekte*** ⟨ziekte in graan⟩.

'ear·drop ⟨zn.⟩
I ⟨telb.zn.⟩ **0.1** ***oorhanger*** *⇒oorbel;*
II ⟨mv.; ~s⟩ **0.1** ***oordruppels***.

'ear·drum ⟨fɪ⟩⟨telb.zn.⟩ **0.1** ***trommelvlies*** *⇒membranum tympanum* **0.2** ***middenoor*** *⇒trommelholte, tympanum*.

'ear duster ⟨telb.zn.⟩ ⟨AE; inf.⟩ **0.1** ***roddelaar*** *⇒kletskous* **0.2** ***roddel*** *⇒nieuwtje*.

eared [ɪəd‖ɪrd]⟨bn.⟩ **0.1** ***met (zichtbare) oren*** **0.2** ***met oorachtige (onder)delen*** **0.3** ***met aren/halmen*** ◆ **1.1** ~ seal *oorrob*.

-eared [ɪəd‖ɪrd]⟨vormt bijv. nw.⟩ **0.1** ***met... oren*** **0.2** ***met... aren*** ◆ **1.1** crop-eared dogs *honden met gecoupeerde oren* **2.2** full-eared corn *maïssoort met dichtbezette aren*.

'ear·flap ⟨telb.zn.⟩ **0.1** ***oorschelp*** **0.2** ***oorlel*** **0.3** ⟨vnl. mv.⟩ ***oorbeschermer*** *⇒oorklep, oorlap*.

ear·ful ['ɪəfʊl‖'ɪr-]⟨telb.zn.⟩ ⟨inf.⟩ **0.1** ***(de) onomwonden waarheid*** ◆ **3.1** give s.o. an ~ *iem. onomwonden de waarheid zeggen, het iem. recht in z'n gezicht zeggen*.

ear·ing ['ɪərɪŋ‖'ɪr-]⟨telb.zn.⟩ ⟨scheep.⟩ **0.1** ***nokbindsel***.

earl [ɜ:l‖ɜrl]⟨f3⟩⟨telb.zn.⟩ **0.1** ***(Engelse) graaf***.

earl·dom ['ɜ:ldəm‖'ɜrl-]⟨telb. en n.-telb.zn.⟩ **0.1** ***grafelijke titel*** **0.2** ***grafelijke waardigheid*** **0.3** ***graafschap***.

'Earl 'Marshal ⟨telb.zn.⟩ ⟨BE⟩ **0.1** ⟨ong.⟩ ***opperceremoniemeester*** ⟨in Herald's College⟩.

'ear lobe ⟨telb.zn.⟩ **0.1** ***oorlel(letje)*** *⇒oorlap(je)*.

ear·ly[1] ['ɜ:li‖'ɜrli]⟨f4⟩⟨bn.; -er; -ness; →bijw. 3, compar. 3⟩ (→sprw. 131-132)
I ⟨bn.⟩ **0.1** ***vroeg*** *⇒vroegtijdig;*
II ⟨bn., attr.⟩ **0.1** ***vroeg*** **0.2** ***jong*** *⇒pril, jeugdig* **0.3** ***spoedig*** **0.4** ***oud*** *⇒van lang geleden* ◆ **1.1** ~ bird *vroege vogel, vroegeling, vroege opstaander;* ⟨vnl. BE⟩ ~ closing *verplichte winkelsluiting* ⟨meestal een middag per week⟩; it's ~ days yet *het is nog te vroeg om er iets zinnigs van te zeggen;* in his ~ days *in zijn jeugd;* ⟨pol.⟩ ~ general elections *vervroegde algemene verkiezingen;*

keep ~ hours *vroeg naar bed gaan en vroeg opstaan, het niet te laat maken;* ~ retirement *VUT, vervroegd pensioen;* an ~ riser *iem. die vroeg opstaat;* ~ warning *waarschuwingsradar;* ~ warning system *netwerk v. waarschuwingsradar* **1.3** an ~ reply *een vlot antwoord* **1.4** the ~ Celts *de oude/eerste Kelten;* of ~ date *uit een vroege periode.*

early[2] ⟨f2⟩⟨bw.⟩ **0.1** ***vroeg*** ⇒*(in het) begin, bijtijds, tijdig* **0.2** ***te vroeg*** ◆ **1.2** we were one hour ~ *we waren een uur te vroeg* **2.1** Early English style *eerste fase in Eng. gotiek;* ~ Victorian *vroeg Victoriaans* **3.1** you want to be ~ to get in *je moet er vroeg bij zijn wil je erin komen;* ~ closing day *verplichte sluitingsmiddag* **5.1** ~ or late *vroeg of laat;* ~ and late *altijd, elk uur v.d. dag, voortdurend;* ~ **on** *al vroeg, al in het begin* **6.1** ~ **in** May *begin mei;* **as** ~ as that *al zo vroeg; al zo snel.*

early-'warning aircraft ⟨telb.zn.⟩ **0.1** ***radarvliegtuig*** ⇒*detectorvliegtuig.*

'ear·mark[1] ⟨f1⟩⟨telb.zn.⟩ **0.1** ***(oor)merk*** ⇒*kenteken,* ⟨fig.⟩ *kenmerk, stempel, karakteristiek* **0.2** ***ezelsoor*** ⟨in papier⟩.

earmark[2] ⟨f1⟩⟨ov.ww.⟩ **0.1** ***(oor)merken*** ⇒*v. een merk voorzien* **0.2** ***reserveren*** ⟨gelden e.d.⟩ ⇒*bestemmen* **0.3** ***een ezelsoor maken in*** ◆ **6.2** ~ **for** *opzij leggen om (... te), reserveren/bestemmen voor.*

'ear·muff ⟨telb.zn.⟩ **0.1** ***oorbeschermer.***

earn [ɜ:n‖ɜrn]⟨f3⟩⟨ov.ww.⟩ →earnings **0.1** ***verdienen*** ⇒*(ver)krijgen* **0.2** ***verwerven*** ⇒*(terecht) krijgen, (terecht) ontvangen* ◆ **1.2** that nasty boy had ~ed a good hiding *dat rotjong kreeg terecht een pak op zijn bliksem;* his behaviour ~ed him his nickname *zijn gedrag bezorgde hem zijn bijnaam.*

earn·er ['ɜ:nə‖'ɜrnər]⟨telb.zn.⟩ **0.1** ***verdiener*** ⇒*iem. die verdient* **0.2** ***(klein) goudmijntje*** ⇒*iets dat (zwart) geld in het laatje brengt.*

ear·nest[1] ['ɜ:nɪst‖'ɜr-]⟨f2⟩⟨zn.⟩

I ⟨telb.zn.⟩ **0.1** ⟨jur.⟩ ***handgeld*** **0.2** ⟨jur.⟩ ***onderpand*** **0.3** ***voorproefje*** ⇒*belofte;*

II ⟨n.-telb.zn.⟩ **0.1** ***ernst*** ⇒*serieusheid* ◆ **6.1** **in** (real) ~ *menens;* I am **in** (real) ~ *ik méén het, het is echt waar.*

earnest[2] ⟨f2⟩⟨bn.;-ly;-ness⟩ **0.1** ***ernstig*** ⇒*serieus, gemeend* **0.2** ***vurig*** ⇒*enthousiast, (vol)ijverig* **0.3** ***dringend*** ◆ **1.2** an ~ collector *een driftig verzamelaar.*

'earnest money ⟨n.-telb.zn.⟩⟨jur.⟩ **0.1** ***handgeld.***

'earning rate ⟨telb.zn.⟩⟨geldw.⟩ **0.1** ***winstpercentage*** ⟨in verhouding tot gestort kapitaal⟩.

earn·ings ['ɜ:nɪŋz‖'ɜr-]⟨f2⟩⟨mv.; oorspr. gerund v. earn⟩ **0.1** ***inkomen uit arbeid*** ⇒*inkomsten, verdiensten* **0.2** ***winst*** ⟨v.bedrijf⟩.

'earn·ings-re'lat·ed ⟨bn.⟩⟨vnl. BE⟩ **0.1** ***gekoppeld aan het inkomen.***

'earnings yield ⟨telb.zn.⟩ **0.1** ***rendement op (eigen) vermogen.***

'ear·phone ⟨f1⟩⟨zn.⟩

I ⟨telb.zn.⟩ **0.1** ***oortelefoon;***

II ⟨mv.; ~s⟩ **0.1** ***koptelefoon.***

'ear·piece ⟨telb.zn.; vaak mv.⟩ **0.1** ***oortelefoon*** ⇒*oormicrofoon* **0.2** ***oorlap(je)*** **0.3** ***brilveer.***

'ear-pierc·ing[1] ⟨n.-telb.zn.⟩ **0.1** ***het gaatjes prikken in de oren*** ⟨voor oorbellen⟩.

ear-piercing[2] ⟨bn.⟩ **0.1** ***schel*** ⇒*oorverscheurend/verdovend.*

'ear·plug ⟨telb.zn.⟩ **0.1** ***oordopje*** ⇒*oorbolletje* ⟨stukje was⟩.

'ear·ring ⟨f2⟩⟨telb.zn.⟩ **0.1** ***oorbel*** ⇒*oorring.*

'ear·shot ⟨f1⟩⟨n.-telb.zn.⟩ **0.1** ***gehoorsafstand*** ◆ **6.1** **out of** ~ *buiten gehoorsafstand;* **within** ~ *binnen gehoorsafstand.*

'ear·split·ting ⟨bn.⟩ **0.1** ***oorverscheurend/verdovend.***

earth[1] [ɜ:θ‖ɜrθ]⟨f4⟩⟨zn.⟩

I ⟨telb.zn.⟩ **0.1** ⟨vnl. BE; elek.⟩ ***aardverbinding*** ⇒*massa, aarde* **0.2** ⟨vnl. BE; dierk.⟩ ***hol*** ⇒*(hazen)leger* **0.3** ⟨schei.⟩ ***aardmetaal*** ◆ **3.2** go/run to ~ *zijn hol invluchten, onderduiken;* run (sth./s.o.) to ~ *in zijn hol vinden, opsporen;*

II ⟨n.-telb.zn.⟩ **0.1** ⟨ook E-; (the)⟩ ***aarde*** ⇒*aardbol, aardkloot, wereld* **0.2** ***aarde*** ⇒*aardbodem, grond* **0.3** ***land*** **0.4** ***mensheid*** ⇒*wereld* **0.5** ***natuur*** **0.6** ***vermogen*** ⇒*hoop geld* ◆ **3.6** it cost the ~ *het kostte een vermogen, het was praktisch onbetaalbaar;* pay/spend the ~ *een vermogen betalen/uitgeven* **3.¶** bring down to ~ (with a bang/bump), come back to ~, come down to ~ (with a bang/bump) *naar/op de aarde terugkeren, weer met beide benen op de grond komen te staan, uit een dagdroom ontwaken;* promise the ~ *gouden bergen beloven* **4.¶** ⟨inf.⟩ like nothing on ~ *verschrikkelijk;* feel like nothing on ~ *zich hondsmiserabel voelen; zich verschrikkelijk opgelaten voelen;* look like nothing on ~ *lelijk zijn als de nacht* **6.1** the happiest man **on** ~ *de gelukkigste man ter wereld* **6.5** friends **of** the ~ *vrienden der aarde* **6.¶** **down to** ~ *met beide benen op de grond, nuchter, eerlijk;* why **on** ~ *waarom in vredesnaam.*

earth[2] ⟨ww.⟩

I ⟨onov.ww.⟩ **0.1** ***in z'n hol kruipen*** ⇒*zich ingraven;*

II ⟨ov.ww.⟩ **0.1** ⟨landb.⟩ ***aanaarden*** **0.2** ⟨BE; elek.⟩ ***aarden*** ◆ **5.1** ~ **up** *aanaarden.*

'earth-ball ⟨telb.zn.⟩⟨plantk.⟩ **0.1** ***truffel*** ⟨eetbare paddestoel, genus Tuber⟩.

'earth·born ⟨bn.⟩ **0.1** ***aards*** ⇒*sterfelijk, nederig* **0.2** ⟨mythologie⟩ ***uit de aarde gesproten.***

'earth·bound ⟨bn.⟩ **0.1** ***aan de aarde gebonden/bevestigd*** **0.2** ***gehecht aan aardse goederen*** **0.3** ***op weg naar de aarde.***

'earth closet ⟨telb.zn.⟩⟨BE⟩ **0.1** ***droog closet*** ⇒*latrine.*

earth·en ['ɜ:θn,-ðn‖'ɜr-]⟨bn.⟩ **0.1** ***aarden*** ⇒*v. aarde (gemaakt)* **0.2** ***v. aardewerk*** ⇒*aardewerk(en).*

'earth·en·ware ⟨f1⟩⟨n.-telb.zn.; ook attr.⟩ **0.1** ***aardewerk.***

'earth hunger ⟨n.-telb.zn.⟩ **0.1** ***landhonger.***

'earth·light ⟨n.-telb.zn.⟩ **0.1** ***aardlicht*** ⇒*aardschijn.*

earth·ling ['ɜ:θlɪŋ‖'ɜrθ-]⟨telb.zn.⟩ **0.1** ***aardbewoner.***

earth·ly[1] ['ɜ:θli‖'ɜrθli]⟨telb.zn.; geen mv.⟩⟨sl.⟩ **0.1** ***schijn v. kans.***

earthly[2] ⟨f2⟩⟨bn.;-ness⟩ **0.1** ***aards*** ⇒*werelds, niet verheven, stoffelijk* ◆ **1.¶** ⟨inf.⟩ no ~ chance/reason/use *absoluut geen kans/reden/zin;* this ~ round *'s werelds rond.*

'earth metal ⟨telb.zn.⟩⟨schei.⟩ **0.1** ***aardmetaal.***

'earth mother ⟨telb.zn.⟩⟨lit.⟩ **0.1** ***aardmoeder*** ⇒*oermoeder.*

'earth-mo·ving ⟨n.-telb.zn.⟩⟨wwb.⟩ **0.1** ***grondverzet.***

'earth·nut ⟨telb.zn.⟩ **0.1** ***aardnoot*** ⇒*pinda, olienoot* **0.2** ***truffel*** ⟨genus Tuber⟩ **0.3** ***Franse aardkastanje*** ⇒*aardaker* ⟨Carum bulbocastanum⟩.

'earth orbit ⟨telb.zn.⟩ **0.1** ***baan rond de aarde.***

'earth·quake ⟨f2⟩⟨telb.zn.⟩ **0.1** ***aardbeving.***

'earth rise ⟨telb.zn.⟩ **0.1** ***het opgaan der aarde*** ⟨gezien vanaf de maan⟩.

'earth satellite ⟨telb.zn.⟩ **0.1** ***aardsatelliet.***

'earth science ⟨telb.zn.; vnl. mv.⟩ **0.1** ***aardwetenschap*** ⇒*geowetenschap.*

'earth·shak·ing ⟨bn.;-ly⟩ **0.1** ***wereldschokkend.***

'earth·shine ⟨n.-telb.zn.⟩ **0.1** ***aardschijn*** ⇒*aardlicht* ⟨op de maan⟩.

'earth tremor ⟨telb.zn.⟩ **0.1** ***aardtrilling*** ⇒*aardschudding.*

earth·wards ['ɜ:θwədz‖'ɜrθwərdz], **earth·ward** [-wəd‖-wərd]⟨bn., pred.; bw.⟩ **0.1** ***naar de aarde (toe).***

'earth-wax ⟨n.-telb.zn.⟩ **0.1** ***aardwas*** ⇒*ozokeriet.*

'earth·work ⟨zn.⟩

I ⟨telb.zn.; vaak mv.⟩ **0.1** ***(aarden) wal;***

II ⟨n.-telb.zn.⟩⟨wwb.⟩ **0.1** ***grondverzet*** ⇒*grondwerk, graafwerk.*

'earth·worm ⟨f1⟩⟨telb.zn.⟩⟨dierk.⟩ **0.1** ***aardworm*** ⇒*pier, regenworm* ⟨Lumbricus terrestris⟩.

earth·y ['ɜ:θi‖'ɜrθi]⟨f2⟩⟨bn.;-er;-ly;-ness;→bijw. 3⟩ **0.1** ***aardachtig*** ⇒⟨cul.⟩ *gronderig* ⟨v. vis⟩ **0.2** ***vuil (van aarde)*** **0.3** ***materialistisch*** ⇒*aards(gezind), grof, recht voor z'n raap.*

'ear trumpet ⟨telb.zn.⟩ **0.1** ***oorhoorn*** ⇒*oorhoren, gehoorhoorn, spreekhoorn, spreektrompet.*

'ear·wax ⟨n.-telb.zn.⟩⟨biol.⟩ **0.1** ***oorsmeer*** ⇒*oorwas, cerumen.*

'ear·wig[1] ⟨f1⟩⟨telb.zn.⟩⟨dierk.⟩ **0.1** ***oorwurm*** ⟨Forficula auricularia⟩.

earwig[2] ⟨ov.ww.;→ww. 7⟩ **0.1** ***door inblazing/roddel en laster (trachten te) beïnvloeden.***

'ear·wit·ness ⟨telb.zn.⟩ **0.1** ***oorgetuige.***

'ear·worm ⟨telb.zn.⟩⟨dierk.⟩ **0.1** ***oorwurm*** ⟨Forficula auricularia⟩ **0.2** →corn earworm.

ease[1] [i:z]⟨f3⟩⟨n.-telb.zn.⟩ **0.1** ***gemak*** ⇒*gemakkelijkheid* **0.2** ***verlichting*** ⇒*opluchting* **0.3** ***ongedwongenheid*** ⇒*gemak, comfort, behaaglijkheid* **0.4** ***welbehagen*** ⇒*zielerust* **0.5** ***financiële onafhankelijkheid*** ⇒*gemak* ◆ **1.5** a life of ~ *een financieel onafhankelijk leven* **2.4** ill at ~ *niet op z'n gemak* **3.4** put/set s.o. at (his) ~ *iemand op z'n gemak stellen/geruststellen;* take one's ~ (er) *z'n gemak (van) nemen* **6.1** live **at** ~ *in goeden doen zijn;* ⟨mil.⟩ **stand at** ~ *op de plaats rust;* **at** one's ~ *op zijn gemak, rustig, gerust;* **with** ~ *gemakkelijk, met gemak.*

ease[2] ⟨f3⟩⟨ww.⟩

I ⟨onov.ww.⟩ **0.1** ***afnemen*** ⇒*minder worden, (vaart) minderen* **0.2** ⟨scheep.⟩ ***vieren*** **0.3** ⟨ec.⟩ ***zakken*** ⟨v. beurskoers⟩ ⇒*afnemen* ⟨v. handel⟩ ◆ **5.1** ~ **back** on the throttle *gas terugnemen;* ~ **down** *afremmen, snelheid minderen;* ~ **off** *afnemen, verminderen, minder (intens) worden, rustiger aan gaan doen;* ~ **up** *verminderen; rustiger worden, kalmer aan gaan doen; opschikken, opschuiven* **6.1** ~ **up on** a person *minder streng zijn tegen iem.;*

II ⟨ov.ww.⟩ **0.1** ***verlichten*** ⇒*verlichting geven, doen afnemen/verminderen, ontlasten* **0.2** ***geruststellen*** **0.3** ***gemakkelijk(er) maken*** ⇒*verschikken* **0.4** ***bevrijden van*** ⇒*ontdoen van,* ⟨iron.⟩ *lichter maken* **0.5** ***losser/wijder maken*** **0.6** ⟨scheep.⟩ ***minderen*** ⟨vaart⟩ **0.7** ⟨scheep.⟩ ***laten vieren*** **0.8** ***behoedzaam/omzichtig bewegen*** ◆ **1.1** ~ nature *zich ontlasten* **4.1** ~ o.s. *zich ontlasten* **5.1** ~ **back** the throttle *gas terugnemen* **5.8** ~ **across/along/away/off/out** *omzichtig/behoedzaam iets ergens over/langs/weg/af/uit doen;* ~ **down** *langzaam laten zakken* **6.4** the robbers ~d us **of** our valuables *de rovers ontdeden ons van onze kostbaarheden*

6.8 she ~d the car **from** its narrow berth *behoedzaam reed ze de auto uit de nauwe parkeerplaats.*

ease·ful ['i:zfl]⟨bn.; -ly; -ness⟩ **0.1** ***rustig*** ⇒*rustgevend* **0.2** ***traag*** ⇒*rustig, gemakkelijk.*

ea·sel ['i:zl]⟨f1⟩⟨telb.zn.⟩ **0.1** ***(schilders)ezel.***

'easel picture ⟨telb.zn.⟩ **0.1** ***(klein) schilderij.***

ease·ment ['i:zmənt]⟨telb.zn.⟩⟨jur.⟩ **0.1** ***servituut*** ⇒*erfdienstbaarheid* **0.2** ⟨vero.⟩ ***verlichting.***

eas·i·ly ['i:zəli]⟨f4⟩⟨bw.⟩⟨→sprw. 758⟩ **0.1** →easy **0.2** ***moeiteloos*** ⇒*rustig, licht, met gemak* **0.3** ***ongetwijfeld*** ⇒*zonder meer, beslist, absoluut, verreweg.*

east[1] [i:st]⟨f3⟩⟨n.-telb.zn.⟩⟨→sprw. 133⟩ **0.1** ⟨vaak E-; the⟩ ***Oosten*** ⇒*de Oost, de Oriënt, het Morgenland; het Noordoosten (v.d. Verenigde Staten)* **0.2** ***oostenwind*** **0.3** ***Oost-Europa*** **0.4** ***het Oostromeinse Rijk*** **0.5** ⟨bridge⟩ ***oost*** ◆ **2.1** the Far East *het Verre Oosten, de Oriënt;* the Middle East *het Midden-Oosten;* the Near East *het Nabije Oosten, de Levant* **6.1** ~ **by** north *oost ten noorden;* ~ **by** south *oost ten zuiden.*

east[2] ⟨f3⟩⟨bn., attr.; ook E-⟩ **0.1** ***oostelijk*** ⇒*ooster-, oosten-, oost-* ◆ **1.1** ⟨BE⟩ East End(er) *(bewoner v.) Oost-Londen;* the ~ gate *de oostelijke (stads)poort;* East Germany *Oost-Duitsland, de D.D.R.;* East Indiaman *Oostindiëvaarder;* East Indian *Oostindisch;* East Indies *Oost-Indië;* ⟨AE⟩ East Side(r) *(bewoner v.) Oost-Manhattan;* the ~ wind *de oostenwind* **6.1** ~ **by** north *oost ten noorden;* ~ **by** south *oost ten zuiden.*

east[3] ⟨f2⟩⟨bw.⟩ **0.1** ***in het oosten*** ⇒*(verder) naar het oosten, oostwaarts; uit het oosten* ◆ **3.1** the town lies ~ of the river *de stad ligt ten oosten van de rivier;* lie ~ and west *langs een (imaginaire) lijn oost-west liggen* **5.1** sail due ~ *recht naar het oosten varen* **6.1** ⟨AE⟩ **back** East *in/naar het oosten v.d. U.S.A.;* ⟨BE⟩ **out** East *in/naar Azië.*

'east·a·bout ['i:stəbaʊt]⟨bw.⟩⟨scheep.⟩ **0.1** ***oostwaarts.***

east·bound ['i:stbaʊnd]⟨bn.⟩ **0.1** ***in oostelijke richting gaand/varend*** ⇒*koers Oost.*

East·er ['i:stə‖-ər]⟨f3⟩⟨eig.n.⟩ **0.1** ***Pasen*** ⇒*Paasfeest, Paasdag.*

'Easter 'day, 'Easter 'Sunday ⟨eig.n.⟩ **0.1** ***Pasen*** ⇒*Paaszondag, eerste Paasdag.*

'Easter duty ⟨telb.zn.; vaak mv.⟩⟨R.-K.⟩ **0.1** ***paasplicht.***

'Easter egg ⟨f1⟩⟨telb.zn.⟩ **0.1** ***paasei.***

'Easter 'eve ⟨eig.n.⟩ **0.1** ***Paasavond*** ⇒*avond/zaterdag voor Pasen.*

east·er·ling ['i:stəlɪŋ‖-ər-]⟨telb.zn.⟩⟨gesch.⟩ **0.1** ***hanzeaat.***

east·er·ly[1] ['i:stəli‖-ər-]⟨telb.zn.; →mv. 2⟩ **0.1** ***oostenwind.***

easterly[2] ⟨f1⟩⟨bn.; bw.⟩ **0.1** ***oostelijk*** ⇒*oosten-, oost-, naar het oosten.*

'Easter 'Monday ⟨f1⟩⟨eig.n.⟩ **0.1** ***Paasmaandag*** ⇒*tweede Paasdag.*

east·ern[1] ['i:stən‖-ərn]⟨telb.zn.⟩ **0.1** ***oosterling*** **0.2** ***lid v.d. Griekse kerk.***

eastern[2] ⟨f3⟩⟨bn., attr.; ook E-⟩ **0.1** ***oostelijk*** ⇒*oost(en)* **0.2** ***oosters*** ⇒*uit de Oriënt afkomstig* **0.3** ***Oosteuropees*** ◆ **1.1** Eastern Orthodox Church *Griekse Katholieke Kerk;* Eastern Empire *Oostromeinse Rijk;* Eastern Ghats *Oost-Ghats* ⟨bergketen in India⟩; Eastern Hemisphere *oostelijk halfrond;* Eastern (Standard) Time *Eastern (Standard) Time* ⟨Greenwich Mean Time min vijf uur⟩ **1.3** the Eastern bloc *het Oostblok.*

east·ern·er ['i:stənə‖-ərnər]⟨f1⟩⟨telb.zn.; ook E-⟩⟨AE⟩ **0.1** ***oosterling*** **0.2** ***Amerikaan uit het (noord)oosten v.d. U.S.A..***

east·ern·most ['i:stənmoʊst‖-ərn-]⟨bn.⟩ **0.1** ***oostelijkst.***

'Easter 'offering ⟨telb.zn.; vaak mv.⟩ **0.1** ***paasgave*** ⇒*paascollecte.*

'East·er·tide ⟨n.-telb.zn.⟩ **0.1** ***paastijd.***

'Easter 'week ⟨n.-telb.zn.⟩ **0.1** ***week na Pasen.***

'East 'German[1] ⟨telb.zn.⟩ **0.1** ***Oostduitser*** ⇒*inwoner/inwoonster v.d. D.D.R..*

East German[2] ⟨bn.⟩ **0.1** ***Oostduits*** ⇒*van/uit de D.D.R..*

'East Ger'manic ⟨eig.n.⟩ **0.1** ***Oostgermaans*** ⟨o.a. Gotisch⟩ ⇒*een Oostgermaanse taal.*

east·ing ['i:stɪŋ]⟨n.-telb.zn.⟩⟨scheep.⟩ **0.1** ***afstand afgelegd in oostelijke richting*** **0.2** ***afstand tot een gegeven meridiaan ten oosten*** **0.3** ***oostelijke richting/koers*** ⇒*het oostelijk aanhouden.*

east·ward ['i:stwəd‖-wərd]⟨f1⟩⟨bn.; bw.⟩ **0.1** ***oostwaarts*** ⇒*naar het oosten gaand/varend.*

east·wards ['i:stwədz‖-wərdz]⟨f1⟩⟨bw.⟩ **0.1** ***naar het oosten*** ⇒*oostwaarts.*

eas·y[1] ['i:zi]⟨telb.zn.; →mv. 2⟩⟨roeisport⟩ **0.1** ***rust*** ⇒*pauze.*

easy[2] ⟨f4⟩⟨bn.; -er; -ness; →bijw. 3⟩⟨→sprw. 21, 134, 348⟩ **0.1** ***(ge) makkelijk*** ⇒*eenvoudig, moeiteloos, simpel* **0.2** ***ongedwongen*** ⇒*natuurlijk, ontspannen* **0.3** ***behaaglijk*** ⇒*comfortabel, gemakkelijk* **0.4** ***meegaand*** ⇒*inschikkelijk, toegevend* **0.5** ***rustig*** ⇒*kalm, gerust, zacht, pijnloos* **0.6** ***welgesteld*** ⇒*bemiddeld, in goede doen* ◆ **1.1** have ~ access to sth. *makkelijk toegang hebben tot iets;* ⟨inf.⟩ as ~ as pie/ABC/winking/falling off a log *een koud kunstje, reuzegemakkelijk, doodeenvoudig* **1.2** have an ~ manner *ontspannen optreden* **1.3** ~ chair *leunstoel, luie stoel* **1.6** in ~ circumstances *in goede doen;* have an ~ time (of it) *een gemakkelijk leventje hebben* **1.¶** ⟨sl.⟩ an ~ lay *vrouw die zich snel laat versieren;* he is (an) ~ mark/meat/target/touch/victim *hij is een willig slachtoffer, je kunt gemakkelijk geld van hem loskrijgen;* ~ money *gemakkelijk/zwart/'gevonden'/illegaal verkregen geld;* by ~ stages *stap voor stap, geleidelijk aan;* live on Easy Street *in goede doen zijn, zich niets hoeven te ontzeggen;* on ~ terms *op gemakkelijke condities, op afbetaling;* woman of ~ virtue *vrouw van losse/lichte zeden* **3.¶** ⟨BE; inf.⟩ I'm ~ *mij om het even* **6.5** ~ **on** the ear/eye *aangenaam om te horen/zien, aangenaam ogend/lekker in het gehoor.*

easy[3], **eas·y-oar** ⟨onov.ww.; vnl. geb. w.; →ww. 7⟩⟨sport⟩ **0.1** ***ophouden (met roeien)*** ⇒*stoppen* ◆ **4.1** ~ all! *stop!.*

easy[4] ⟨f3⟩⟨bw.⟩⟨→sprw. 134⟩ **0.1** ***gemakkelijk*** ⇒*eenvoudig* **0.2** ***kalm*** ⇒*rustig, langzaam* ◆ **3.1** easier said than done *gemakkelijker gezegd dan gedaan* **3.2** take it ~ *het rustig aan doen, zich niet opwinden;* ⟨AE; inf.⟩ *tot ziens dan maar* **5.1** ~ as pie *zo gemakkelijk als wat, een fluitje van een cent* **5.¶** ~ now! *kalmpjes aan!* **¶.2** ~ does it! *voorzichtig!* **¶.¶** ~! *kalmpjes aan!, rustig!.*

eas·y·go·ing ['i:zi'goʊɪŋ]⟨f2⟩⟨bn.⟩ **0.1** ***laconiek*** ⇒*makkelijk, de dingen (ge)makkelijk opnemend* **0.2** ***gemakzuchtig*** ⇒*laks, lui, zorgeloos* **0.3** ***met lichte gang/draf*** ⟨paard⟩.

eat [i:t]⟨f4⟩⟨ww.; ate [et‖eɪt], eaten ['i:tn]⟩ →eating ⟨→sprw. 123, 135, 165, 244, 277, 529⟩

I ⟨onov.ww.⟩ **0.1** ***de maaltijd gebruiken*** **0.2** ***zich opvreten*** ⇒*invreten* ⟨fig.⟩, *wegteren* **0.3** ***zich laten eten*** ⇒*eetbaar zijn* **0.4** ⟨sl.⟩ ***slikken*** ⟨nl. drugs⟩ ◆ **5.1** ~ **out** *buitenshuis/buiten de deur eten* **5.3** it ~s **well** *het eet makkelijk weg, het is gemakkelijk eetbaar* **5.¶** what 's ~ing on you? *wat zit je zo dwars?* **6.1** ~ **out of** s.o.'s hand *uit iemands hand eten* **6.2** ~ **away at** *knagen aan;* ~ **into** *aantasten, knagen aan* ⟨bv. reserves⟩;

II ⟨ov.ww.⟩ **0.1** ***eten*** ⇒*opeten* **0.2** ***verslinden*** ⇒*opvreten, slikken* **0.3** ***aantasten*** ⇒*wegvreten, opslokken, verslinden* **0.4** ⟨sl.⟩ ***beffen*** ⟨cunnilingus bedrijven⟩ **0.5** ⟨sl.⟩ ***pijpen*** ◆ **1.2** ~ money *geld verslinden* **4.¶** what's ~ing you? *wat zit je zo dwars?, waarom vreet je je op?, wat schort eraan?* **5.2** ~ **up** *(kritiekloos) slikken;* ~en **up** with curiosity *verteerd door nieuwgierigheid* **5.¶** ~ s.o. **out** *iem. uitkafferen, iem. stevig op z'n nummer zetten; iem. beffen* ⟨cunnilingus bedrijven⟩.

eat·a·ble ['i:ṭəbl]⟨bn.⟩ **0.1** ***eetbaar.***

eat·a·bles ['i:ṭəblz]⟨f1⟩⟨mv.⟩ **0.1** ***levensmiddelen*** ⇒*eetwaar.*

eat·er ['i:tə‖'i:ṭər]⟨f1⟩⟨telb.zn.⟩ **0.1** ***eter*** ⇒*gast* **0.2** ***handappel*** ⇒*handpeer, handpruim* ⟨tgo. stoofappel enz.⟩ ◆ **2.1** be a big ~ *een grote eter zijn.*

eat·er·y ['i:ṭəri]⟨telb.zn.; →mv. 2⟩⟨AE⟩ **0.1** ***eethuis(je).***

eat·ing ['i:ṭɪŋ]⟨n.-telb.zn.; gerund v. eat⟩⟨→sprw. 579⟩ **0.1** ***het eten*** **0.2** ***het (drugs) slikken*** **0.3** ***voedsel*** ⇒*eten* ◆ **2.3** this is good ~ *dit is pas lekker eten.*

'eating apple ⟨telb.zn.⟩ **0.1** ***handappel.***

'eating house, 'eating place ⟨telb.zn.⟩ **0.1** ***eethuisje*** ⇒*(eenvoudig) restaurant.*

eats [i:ts]⟨mv.⟩⟨inf.⟩ **0.1** ***voer*** ⇒*voedsel, eten.*

eau de Co·logne ['oʊdəkə'loʊn]⟨n.-telb.zn.⟩ **0.1** ***eau de Cologne*** ⇒*reukwater, odeur.*

eau de Ja·velle ['oʊdəʒæ'vel]⟨n.-telb.zn.⟩ **0.1** ***bleekmiddel*** ⇒*eau de javel(le).*

eau-de-Nil ['oʊdə'ni:l]⟨n.-telb.zn.; ook attr.⟩ **0.1** ***blauwgroen*** ⟨kleur⟩.

eau de vie ['oʊdə'vi:]⟨n.-telb.zn.⟩ **0.1** ***eau de vie*** ⇒*brandewijn.*

eaves ['i:vz]⟨f1⟩⟨mv.; ww. vnl. mv.⟩ **0.1** ***(overhangende) dakrand*** ⇒*boeibord, boeisel.*

eaves·drop ['i:vzdrɒp‖-drɑp]⟨f1⟩⟨onov.ww.; →ww. 7⟩ **0.1** ***afluisteren*** ⇒*luistervinken, de luistervink spelen* ◆ **6.1** ~ **on** s.o. *iem. afluisteren.*

eaves·drop·per ['i:vzdrɒpə‖-drɑpər]⟨f1⟩⟨telb.zn.⟩ **0.1** ***afluisteraar*** ⇒*luistervink.*

ebb[1] [eb]⟨f1⟩⟨zn.⟩⟨→sprw. 156⟩

I ⟨telb.zn.⟩ **0.1** ***verval*** ⇒*achteruitgang* ◆ **2.1** be at a low ~ *achteruitgaan, in de put zitten, aan lager wal zitten;*

II ⟨n.-telb.zn.⟩ **0.1** ***eb*** ⇒*laag water, laag tij.*

ebb[2] ⟨f1⟩⟨onov.ww.⟩ **0.1** ***ebben*** **0.2** ***afnemen*** ⇒*wegebben, wegstromen, wegsijpelen* ◆ **5.2** ~ **away** *afnemen, wegebben, wegstromen, wegsijpelen;* his life ~ed **away** *het leven ebde/vloeide uit hem weg.*

'ebb tide ⟨f1⟩⟨n.-telb.zn.⟩ **0.1** ***eb*** ⇒*laag water* ◆ **6.1** **on** the ~ *bij afnemend tij.*

EBCDIC ['epsɪdɪk]⟨afk.⟩ Extended Binary Coded Decimal Interchange Code ⟨comp.⟩.

EbN ⟨afk.⟩ east by north.

eb·on·ite ['ebənaɪt]⟨n.-telb.zn.⟩ **0.1** ***eboniet*** ⟨hard rubber⟩.

eb·on·ize ['ebənaɪz]⟨ov.ww.⟩ **0.1** ***zwart kleuren*** ⇒*zwart maken / verven.*

eb·on·y[1] ['ebəni], ⟨schr. ook⟩ **eb·on** ⟨f1⟩⟨zn.;→mv. 2⟩
I ⟨telb.zn.⟩⟨plantk.⟩ **0.1** ***ebbeboom*** ⟨Diospyros ebenum⟩;
II ⟨n.-telb.zn.⟩ **0.1** ***ebbehout*** **0.2** ⟨vaak attr.⟩ ***zwart (als ebbehout).***

ebony[2] ⟨f1⟩⟨bn.⟩ **0.1** ***ebbehouten*** ⇒*gemaakt van ebbehout.*

e·bri·e·ty [ɪ'braɪəṭi]⟨n.-telb.zn.⟩ **0.1** ***dronkenschap.***

e·bri·ous ['i:brɪəs]⟨bn.⟩ **0.1** ***dronken.***

EbS ⟨afk.⟩ east by south.

e·bul·lience [ɪ'bʊlɪəns], **e·bul·lien·cy** [-si]⟨n.-telb.zn.⟩ **0.1** ***het koken*** ⇒*het zieden, het borrelen* **0.2** ***uitbundigheid*** ⇒*uitgelatenheid.*

e·bul·lient [ɪ'bʊlɪənt]⟨bn.;-ly⟩ **0.1** ***kokend*** ⇒*bruisend, borrelend, opwellend* ⟨ook fig.⟩ **0.2** ***uitbundig*** ⇒*sprankelend, uitgelaten.*

e·bul·li·tion [ebə'lɪʃn]⟨telb. en n.-telb.zn.⟩ **0.1** ***het (over)koken*** ⇒*het zieden, het borrelen, opborreling, opbruising, opwelling* ⟨ook fig.⟩ **0.2** ***ontboezeming*** ⇒*uitbarsting.*

e·bur·ne·an [ɪ'bɜ:nɪən‖ɪ'bɜr-]⟨bn.⟩ **0.1** ***ivoorkleurig*** ⇒*ivoren.*

EC[1] ⟨eig.n.⟩⟨afk.⟩ European Community **0.1** ***E.G.***.

EC[2] ⟨afk.⟩ East Central ⟨AE⟩; Established Church.

é·car·té [eɪ'kɑ:teɪ‖eɪkɑr'teɪ]⟨n.-telb.zn.⟩⟨kaartspel⟩ **0.1** ***ecarté.***

Ec·ce Ho·mo ['ekeɪ'hoʊmoʊ]⟨telb.zn.; ook e- h-⟩ **0.1** ***ecce-homo*** ⟨beeld v.d. lijdende Christus⟩.

ec·cen·tric[1] [ɪk'sentrɪk]⟨f1⟩⟨telb.zn.⟩ **0.1** ***zonderling*** ⇒*excentriekeling* **0.2** ⟨tech.⟩ ***excentriek*** ⇒*krukas.*

eccentric[2] ⟨f2⟩⟨bn.;-ally;→bijw. 3⟩ **0.1** ***zonderling*** ⇒*buitenissig, excentriek* **0.2** ⟨wisk.⟩ ***excentrisch*** ⇒*uitmiddelpuntig, uit het middelpunt.*

ec·cen·tri·ci·ty [eksən'trɪsəṭi]⟨f2⟩⟨zn.;→mv. 2⟩
I ⟨telb. en n.-telb.zn.⟩ **0.1** ***excentriciteit*** ⇒*zonderling gedrag, zonderlinge eigenschappen, buitenissigheid;*
II ⟨n.-telb.zn.⟩⟨wisk.⟩ **0.1** ***excentriciteit*** ⇒*uitmiddelpuntigheid.*

ec'centric rod ⟨telb.zn.⟩⟨tech.⟩ **0.1** ***excentriekstang.***

Eccles ⟨afk.⟩ Ecclesiastes.

Ec·cles cake ['eklz keɪk]⟨telb. en n.-telb.zn.⟩⟨BE⟩ **0.1** ***soort bessentaart.***

ec·cle·si·a [ɪ'kli:zɪə]⟨telb.zn.; ecclesiae [-zɪi:];→mv. 5⟩⟨relig.⟩ **0.1** ***ecclesia*** ⇒*de kerk.*

Ec·cle·si·ast [ɪ'kli:ziæst]⟨eig.n.⟩⟨bijb.⟩ **0.1** ***schrijver v.h. boek Prediker*** ⇒*Salomo.*

Ec·cle·si·as·tes [ɪ'kli:zi'æsti:z]⟨eig.n.⟩⟨bijb.⟩ **0.1** ***(het boek) Prediker.***

ec·cle·si·as·tic[1] [ɪ'kli:zi'æstɪk]⟨f1⟩⟨telb.zn.⟩ **0.1** ***geestelijke*** ⇒*predikant.*

ecclesiastic[2], **ec·cle·si·as·ti·cal** [-ɪkl]⟨f2⟩⟨bn.;-(al)ly;→bijw. 3⟩ **0.1** ***geestelijk*** ⇒*kerkelijk, kerk-, ecclesiastisch* **0.2** ***als / van / behorend bij een geestelijke.***

ec·cle·si·as·ti·cism [ɪkli:zi'æstɪsɪzm]⟨n.-telb.zn.⟩⟨relig.⟩ **0.1** ***geest v.d. kerk*** ⇒*macht v.d. kerk.*

Ec·cle·si·as·ti·cus [ɪkli:zi'æstɪkəs]⟨eig.n.⟩⟨bijb.⟩ **0.1** ***boek v. Jezus Sirach*** ⇒*Ecclesiasticus* ⟨apocrief boek v.h. O.T.⟩.

ec·cle·si·o·lo·gist [ɪ'kli:zi'ɒlədʒɪst‖-'ɑlə-]⟨telb.zn.⟩ **0.1** ***kerkbouwkundige*** **0.2** ***geleerde in de kerkleer / ecclesiologie.***

ec·cle·si·o·lo·gy [ɪ'kli:zi'ɒlədʒi‖-'ɑlə-]⟨n.-telb.zn.⟩ **0.1** ***kerkbouwkunde*** **0.2** ***kerkleer*** ⇒*ecclesiologie.*

ec·crine ['ekrɪn]⟨bn.⟩⟨med.⟩ **0.1** ***exocrien*** ⇒*met uitwendige lozing / uitscheiding* **0.2** ***apocrien*** ⇒*met lozing / uitscheiding door afknelling.*

ec·dy·sis ['ekdɪsɪs]⟨telb.zn.; ecdyses [-si:z];→mv. 5⟩⟨dierk.⟩ **0.1** ***ecdysis*** ⇒*vervelling* ⟨het afwerpen v.d. pantserhuid⟩.

ECG, ⟨AE ook⟩ **EKG** ⟨telb.zn.⟩⟨afk.⟩ electrocardiogram, electrocardiograph ⟨med.⟩ **0.1** ***e.c.g.***

ech ['ɪek]⟨tussenw.⟩⟨AE; inf.⟩ **0.1** ***bah!*** ⇒*gatsie!.*

ech·e·lon[1] ['eʃəlɒn‖-lɑn]⟨telb. en n.-telb.zn.⟩ **0.1** ***rang*** ⇒*groep, troep, echelon* **0.2** ⟨wielrennen⟩ ***waaier(formatie)*** ◆ **6.1 in** ~ *echelonsgewijze.*

echelon[2] ⟨ov.ww.⟩ **0.1** ***echelonneren*** ⇒*in echelons opstellen / verdelen / laten opmarcheren.*

ech·e·ve·ri·a [etʃəvə'ri:ə,-'raɪə]⟨telb.zn.⟩⟨plantk.⟩ **0.1** ***echeveria*** ⟨vetplant; fam. Crassulaceae⟩.

e·chid·na [e'kɪdnə]⟨telb.zn.⟩⟨dierk.⟩ **0.1** ***mierenegel*** ⟨Tachyglossus aculeatus⟩.

ech·i·nite ['ekɪnaɪt]⟨telb.zn.⟩ **0.1** ***echiniet*** ⟨fossiele stekelhuidige⟩.

e·chi·no·derm [ɪ'kaɪnoʊdɜ:m‖-dɜrm]⟨telb.zn.⟩⟨dierk.⟩ **0.1** ***stekelhuidige*** ⟨lid v.d. fylum Echinodermata⟩.

e·chi·noid [ɪ'kaɪnɔɪd]⟨telb.zn.⟩⟨dierk.⟩ **0.1** ***zeeëgel*** ⇒*lid v.d. klasse Echinoidea.*

e·chi·nus [e'kaɪnəs]⟨telb.zn.; echini [-naɪ];→mv.5⟩ **0.1** ⟨dierk.⟩ ***zeeëgel*** ⟨genus Echinus⟩ **0.2** ⟨bouwk.⟩ ***echinus*** ⇒*wrong* **0.3** ⟨bouwk.⟩ ***eierlijst.***

ech·o[1] ['ekoʊ]⟨f2⟩⟨zn.; ~es;→mv. 2⟩
I ⟨eig.n.; E-⟩⟨mythologie⟩ **0.1** ***Echo;***
II ⟨telb. en n.-telb.zn.⟩ **0.1** ***echo*** ⟨ook muz.⟩ ⇒*nagalm, naklank, weerklank, radarecho* **0.2** ***weerschijn*** ⇒*weerspiegeling, afspiegeling, nabootsing* **0.3** ***spoor*** ⇒*restant, overblijfsel* **0.4** ***naäper*** ⇒*slaafse volgeling* **0.5** ⟨bridge⟩ ***hoog-laag signaal*** **0.6** ⟨sl.⟩ ***assistent v. politicus*** ◆ **6.¶** (cheer) **to** the ~ *daverend (toejuichen).*

echo[2] ⟨f3⟩⟨ww.⟩
I ⟨onov.ww.⟩ **0.1** ***weergalmen*** ⇒*resoneren, weerklinken, weerkaatst worden* **0.2** ⟨bridge⟩ ***hoog-laag signaleren*** ◆ **6.1** ~ **with** *weergalmen met, weerklinken van;*
II ⟨onov. en ov.ww.⟩ **0.1** ***echoën*** ⇒*herhalen, terugkomen, nazeggen, imiteren;*
III ⟨ov.ww.⟩ **0.1** ***weergeven*** ⇒*weerkaatsen, terugkaatsen.*

ech·o·gram ['ekoʊgræm]⟨telb.zn.⟩ **0.1** ***echogram.***

ech·o·graph ['ekoʊgrɑ:f‖-græf]⟨telb.zn.⟩ **0.1** ***echograaf.***

e·cho·ic [e'koʊɪk]⟨bn.⟩ **0.1** ***als een echo*** **0.2** ⟨taalk.⟩ ***klanknabootsend*** ⇒*onomatopoëtisch.*

ech·o·ism ['ekoʊɪzm]⟨telb. en n.-telb.zn.⟩⟨taalk.⟩ **0.1** ***klanknabootsing*** ⇒*onomatopoësis.*

ech·o·la·li·a ['ekoʊ'leɪlɪə]⟨n.-telb.zn.⟩ **0.1** ⟨med.⟩ ***echolalie*** **0.2** ***herhaling (v. woorden door een kind dat leert praten).***

ech·o·less ['ekoʊləs]⟨bn.⟩ **0.1** ***echovrij*** ◆ **1.1** ~ room *echovrije / dode kamer.*

'ech·o·lo·ca·tion ⟨telb. en n.-telb.zn.⟩ **0.1** ***echolocatie*** ⇒*echo-oriëntatie.*

'ech·o·sound·er ⟨telb.zn.⟩ **0.1** ***echolood.***

'ech·o·sound·ing ⟨telb. en n.-telb.zn.⟩ **0.1** ***echopeiling*** ⇒*echoloding.*

'echo verse ⟨telb. en n.-telb.zn.⟩⟨lit.⟩ **0.1** ***echodicht*** ⇒*echo, echogedicht.*

'echo·vi·rus ⟨telb.zn.⟩ **0.1** ***ECHO-virus*** ⟨darmvirus⟩.

é·clair [eɪ'kleə‖'eɪkler]⟨telb.zn.⟩⟨cul.⟩ **0.1** ***éclair*** ⟨(met chocola) geglaceerde langwerpige (room)soes⟩.

e·clair·cisse·ment [eɪ'kleəsi:s'mɑ̃‖-kler-]⟨telb.zn.⟩ **0.1** ***opheldering*** ⇒*toelichting, verduidelijking, verklaring.*

ec·lamp·si·a [ɪ'klæmpsɪə‖e-]⟨telb. en n.-telb.zn.⟩⟨med.⟩ **0.1** ***eclampsie*** ⇒*zwangerschapsstuipen.*

é·clat ['eɪklɑ:‖eɪ'klɑ]⟨n.-telb.zn.⟩ **0.1** ***éclat*** ⇒*glans, luister* **0.2** ***opzien*** ⇒*ruchtbaarheid* ◆ **6.1 with** ~ *met glans; opzienbarend.*

ec·lec·tic[1] [ɪ'klektɪk]⟨telb.zn.⟩ **0.1** ***eclecticus.***

eclectic[2] ⟨f1⟩⟨bn.;-ally;→bijw. 3⟩ **0.1** ***eclectisch*** ⇒*vrijelijk kiezend uit / ontlenend aan verschillende bronnen, ruim v. opvatting.*

ec·lec·ti·cism [ɪ'klektɪ'sɪzm]⟨n.-telb.zn.⟩ **0.1** ***eclecticisme.***

e·clipse[1] [ɪ'klɪps]⟨f2⟩⟨telb. en n.-telb.zn.⟩ **0.1** ***eclips*** ⇒*verduistering* ⟨ook v. vuurtorenlicht⟩ **0.2** ***ontluistering*** ⇒*eclips, het op de achtergrond raken, het van het toneel verdwijnen, aftakeling, ondergang* ◆ **6.2** a bird **in** ~ *een vogel die zijn baltspluimage verloren heeft.*

eclipse[2] ⟨f1⟩⟨ov.ww.⟩ **0.1** ***verduisteren*** ⇒*verdonkeren, eclipseren* **0.2** ***overschaduwen*** ⇒*in glans / luister overtreffen.*

e·clip·tic[1] [ɪ'klɪptɪk]⟨n.-telb.zn.; the⟩⟨ster.⟩ **0.1** ***ecliptica.***

ecliptic[2] ⟨bn.⟩ **0.1** ***mbt. / v.e. eclips*** **0.2** ***eclipticaal*** ⇒*ecliptisch, mbt. / v.d. ecliptica.*

ec·logue ['eklɒg‖-lɔg,-lɑg]⟨telb.zn.⟩⟨lit.⟩ **0.1** ***ecloge*** ⇒*herdersdicht.*

e·clo·sion [i:'kloʊʒn]⟨telb. en n.-telb.zn.⟩⟨dierk.⟩ **0.1** ***verpopping*** ⇒*het uit het ei komen* ⟨v. insekt⟩.

e·co ['i:koʊ]⟨n.-telb.zn.; ook attr.⟩⟨verk.⟩ ecology **0.1** ***ecologie*** ⇒*milieu.*

e·co- [ɪkɒ‖ɪkɑ] **0.1** ***eco-*** ⇒*ecologisch.*

ec·o·log·i·cal, oec·o·log·i·cal ['i:kə'lɒdʒɪkl‖-'lɑ-]⟨f1⟩⟨bn.;-ly⟩ **0.1** ***ecologisch.***

e·col·o·gist, oe·col·o·gist [ɪ'kɒlədʒɪst‖ɪ'kɑ-]⟨f1⟩⟨telb.zn.⟩ **0.1** ***ecologist.***

e·col·o·gy, oe·col·o·gy [ɪ'kɒlədʒi‖ɪ'kɑ-]⟨f1⟩⟨n.-telb.zn.⟩⟨biol., soc.⟩ **0.1** ***ecologie.***

econ ⟨afk.⟩ economics, economist, economy.

e·con·o·me·tri·cian [ɪ'kɒnəmə'trɪʃn‖ɪ'kɑ-], **e·con·o·me·trist** [-'metrɪst]⟨telb.zn.⟩ **0.1** ***econometrist.***

e·con·o·me·trics [ɪ'kɒnə'metrɪks‖ɪ'kɑ-]⟨n.-telb.zn.⟩ **0.1** ***econometrie.***

ec·o·nom·ic ['ekə'nɒmɪk, 'i:-‖-'nɑ-]⟨f3⟩⟨bn.;-ally;→bijw. 3⟩
I ⟨bn.⟩ **0.1** ***rendabel*** ⇒*lonend, winstgevend, profijtelijk* **0.2** ***nuttig*** ⇒*utilitair, bruikbaar* ◆ **1.2** ~ botany *tak v.d. plantkunde die zich bezighoudt met het (nuttig) gebruik v. planten;*
II ⟨bn., attr.⟩ **0.1** ***economisch*** ⇒*(staat)huishoudkundig.*

ec·o·nom·i·cal ['ekə'nɒmɪkl, 'i:-‖-'nɑ-]⟨f2⟩⟨bn.;-ly⟩ **0.1** ***zuinig*** ⇒*spaarzaam* **0.2** ***economisch*** ⇒*voordelig.*

ec·o·no·mics ['ekə'nɒmɪks, 'i:-‖-'nɑ-]⟨f3⟩⟨n.-telb.zn.⟩ **0.1** ***economie*** ⇒*(staats)huishoudkunde* **0.2** ***economisch belang / aspecten*** ⇒*rendabiliteit.*

e·con·o·mism [ɪ'kɒnə'mɪzm‖ɪ'kɑ-]⟨n.-telb.zn.⟩ **0.1** ***economisme***.
e·con·o·mist [ɪ'kɒnəmɪst, ɪ'kɑ-]⟨f2⟩⟨telb.zn.⟩ **0.1** ***beheerder*** ⇒*huishoudkundige* **0.2** ***zuinig iemand*** ⇒*spaarzaam iemand* **0.3** ***econoom*** ⇒*economist*.
e·con·o·mi·za·tion, -sa·tion [ɪ'kɒnəmaɪ'zeɪʃn‖ɪ'kɑnəmə-]⟨telb. en n.-telb.zn.⟩⟨BE⟩ **0.1** ***bezuiniging*** ⇒*besparing*.
e·con·o·mize, -ise [ɪ'kɒnəmaɪz‖ɪ'kɑ-]⟨f1⟩⟨ww.⟩
I ⟨onov.ww.⟩ **0.1** ***bezuinigen*** ⇒*spaarzaam zijn* ◆ **6.1** ~ **on** *bezuinigen op;*
II ⟨ov.ww.⟩ **0.1** ***economiseren*** ⇒*besparen, uitsparen, zuinig beheren/zijn met* **0.2** ***(goed) benutten***.
e·con·o·my [ɪ'kɒnəmɪ‖ɪ'kɑ-]⟨f3⟩⟨zn.;→mv. 2⟩
I ⟨telb.zn.⟩ **0.1** ***beheer*** ⇒*administratie, bewindvoering* **0.2** ***economie*** ⇒*economisch stelsel* **0.3** ***besparing*** ⇒*bezuiniging* **0.4** ***organisatie*** ⇒*inrichting, stelsel, gestel* ◆ **1.¶** ⟨ec.⟩ economies of scale *schaalvoordelen* **2.1** domestic ~ *huishoudkunde* **2.2** political ~ *economie, staathuishoudkunde* **3.2** mixed ~ *gemengde economie* ⟨met privé- en staatsbedrijven⟩;
II ⟨telb. en n.-telb.zn.⟩ **0.1** ***zuinig gebruik*** ⇒*efficiënt gebruik;*
III ⟨n.-telb.zn.; verk.⟩ economy class.
e'conomy car ⟨telb.zn.⟩ **0.1** ***zuinige auto*** ⇒*auto met laag (brandstof)verbruik*.
e'conomy class, economy ⟨f1⟩⟨n.-telb.zn.⟩ **0.1** ***economy-class*** ⇒*toeristenklasse, goedkope klasse* ⟨i.h.b. bij luchtvaart⟩.
e'conomy drive ⟨telb.zn.⟩ **0.1** ***bezuinigingscampagne*** ⇒*bezuinigingsmaatregelen*.
e'conomy measure ⟨telb.zn.⟩ **0.1** ***besparende maatregel*** ⇒*bezuinigingsmaatregel*.
e'conomy pack ⟨telb.zn.⟩ **0.1** ***voordeel(ver)pak(king)*** ⇒*gezins(ver)pak(king)*.
e'conomy size ⟨n.-telb.zn.⟩ **0.1** ***voordeelverpakking*** ⇒*voordeelpak*.
ec·o·sphere ['i:kousfɪə‖-sfɪr]⟨n.-telb.zn.⟩ **0.1** ***ecosfeer***.
é·cos·saise [eɪkɒ'sez‖eɪkɔ'seɪz]⟨telb.zn.⟩⟨dansk., muz.⟩ **0.1** ***écossaise***.
ec·o·sys·tem ['i:kousɪstəm]⟨telb.zn.⟩ **0.1** ***ecosysteem***.
éc·ru ['ekru:, 'eɪ-]⟨n.-telb.zn.⟩ **0.1** ***écru*** ⟨ongebleekt doek⟩ **0.2** ⟨vaak attr.⟩ ***écru(kleur)*** ⇒*lichtbruin, beige*.
ECSC ⟨afk.⟩ European Coal and Steel Community **0.1** ***E.G.K.S.***.
ec·sta·size, -sise ['ekstəsaɪz]⟨ww.⟩
I ⟨onov.ww.⟩ **0.1** ***in extase/verrukking geraken*** ⇒*extatisch worden;*
II ⟨ov.ww.⟩ **0.1** ***in extase/verrukking brengen*** ⇒*extatisch maken*.
ec·sta·sy ['ekstəsi]⟨f2⟩⟨telb. en n.-telb.zn.;→mv. 2⟩ **0.1** ***extase*** ⇒*vervoering, verrukking, opgetogenheid, trance* **0.2** ***zinsverbijstering*** ⇒*razernij* ◆ **6.1 in** ecstasies *in vervoering, dol verrukt*.
ec·stat·ic[1] [ɪk'stæṭɪk]⟨telb.zn.⟩ **0.1** ***extaticus*** ⇒*extatica*.
ecstatic[2], **ec·stat·i·cal** [ɪk'stæṭɪkl]⟨f1⟩⟨bn.;(-al)ly;→bijw. 3⟩ **0.1** ***extatisch*** ⇒*verrukt, in vervoering, opgetogen, in trance*.
ECT ⟨afk.⟩ electroconvulsive therapy.
ec·to- ['ektou] **0.1** ***ecto-*** ⇒*buiten* ◆ **¶.1** ectoderm *ectoderm*.
ec·to·derm ['ektoudɜ:m‖-dɜrm]⟨n.-telb.zn.⟩⟨biol.⟩ **0.1** ***ectoderm*** ⟨buitenste kiemblad v. veelcellige dieren⟩.
ec·to·gen·e·sis ['ektou'dʒenɪsɪs]⟨n.-telb.zn.⟩⟨biol.⟩ **0.1** ***ectogenese*** ⟨ontwikkeling v. embryo buiten de baarmoeder⟩.
ec·to·gen·ic ['ektə'dʒenɪk], **ec·to·ge·nous** [ek'tɒdʒənəs‖-'tɑ-]⟨bn.⟩⟨biol.⟩ **0.1** ***periodiek parasitair*** ⇒*in staat zonder gastheer te leven* ⟨i.h.b. v. bacterie⟩.
ec·to·morf ['ektəmɔ:f‖-mɔrf]⟨telb.zn.⟩ **0.1** ***ectomorf iem.*** ⇒*leptosoom iem.* ⟨met fragiele lichaamsbouw⟩.
-ec·to·my ['ektəmi]⟨med.⟩ **0.1** ***-ectomie*** ⇒*(algehele) verwijdering* ◆ **¶.1** appendicectomy *verwijdering v.d. blindedarm*.
ec·top·ic [ek'tɒpɪk‖-'tɑp-]⟨bn.⟩⟨biol., med.⟩ **0.1** ***ectopisch*** ◆ **1.1** ~ pregnancy *buitenbaarmoederlijke/ectopische zwangerschap*.
ec·to·plasm ['ektəplæzm]⟨n.-telb.zn.⟩ **0.1** ⟨biol.⟩ ***ectoplasma*** ⇒*buitenlaag v.h. protoplasma* **0.2** ***ectoplasma*** ⇒*teleplasma* ⟨in spiritisme⟩.
ec·to·zo·on ['ektə'zouɒn‖-ɑn]⟨telb.zn.; ectozoa [-'zouə];→mv. 5⟩⟨biol.⟩ **0.1** ***ectoparasiet*** ⇒*ectosiet* ⟨levend op het uitwendig oppervlak v. gastheer⟩.
ECU[1] ['eɪkju:, 'i:'si:'ju:]⟨telb.zn.; oorspr. afk.⟩ European Currency Unit **0.1** ***ECU*** ⇒*ecu, eurodaalder*.
ECU[2] ⟨afk.⟩ English Church Union.
ec·u·men·ic, oec·u·men·ic ['i:kjʊ'menɪk‖'ekjə-], **ec·u·men·i·cal, oec·u·men·i·cal** [-ɪkl]⟨f2⟩⟨bn.;-(al)ly;→bijw. 3⟩ **0.1** ***oecumenisch*** ⇒*algemeen, wereldomvattend*.
ec·u·men·i·cal·ism, oec·u·men·i·cal·ism ['i:kjʊ'menɪkəlɪzm‖'ekjə-]⟨f1⟩⟨n.-telb.zn.⟩ **0.1** ***oecumene*** ⇒*oecumenische beweging*.
ec·u·men·ic·i·ty, oec·u·men·ic·i·ty [ɪ'kju:mə'nɪsəti‖'ekjə-əṭi]⟨n.-telb.zn.⟩ **0.1** ***oecumeniteit*** ⇒*het oecumenisch-zijn, het algemeen-zijn*.
ec·u·men·ism, oec·u·men·ism [ɪ'kju:mənɪzm‖'ekjə-]⟨n.-telb.zn.⟩ **0.1** ***oecumene*** ⇒*oecumenische beweging, oecumenische opvattingen*.
ec·ze·ma ['eksɪmə‖'egzəmə]⟨f1⟩⟨telb. en n.-telb.zn.⟩ **0.1** ***eczeem*** ⇒*eczema, huiduitslag* ◆ **3.1** weeping ~ *vochtig eczeem*.
ec·zem·a·tous [ek'semətəs‖ɪg'zeməṭəs]⟨bn.⟩ **0.1** ***eczeem-*** ⇒*mbt./v. eczeem, eczemateus*.
ed ⟨afk.⟩ **0.1** ⟨edited⟩ ***ed.*** **0.2** ⟨edition⟩ ***ed.*** **0.3** ⟨editor⟩ ***ed.*** **0.4** ⟨educated⟩.
-ed [d, ɪd, t] **0.1** ⟨verl. t. en volt. deelw. suffix v. regelmatige ww.⟩ **0.2** ⟨vormt bijv. nw. uit nw. en uit samenst. v. bijv. nw. en nw.⟩ ◆ **¶.2** grey-haired *met grijs haar;* wooded *bebost*.
Ed[1] [ed]⟨telb.zn.⟩⟨sl.⟩ **0.1** ***sul*** ⇒*ouwe lul, ouderwetse/conventionele zak*.
Ed[2] ⟨afk.⟩ Edward.
e·da·cious [ɪ'deɪʃəs]⟨bn.⟩⟨schr. of scherts.⟩ **0.1** ***mbt./v. eten*** ⇒*eetlustig* **0.2** ***gulzig*** ⇒*gretig, schrokkerig, vraatzuchtig, verslindend*.
e·dac·i·ty [i'dæsəṭi]⟨telb. en n.-telb.zn.;→mv. 2⟩⟨schr. of scherts⟩ **0.1** ***eetlust*** **0.2** ***gulzigheid*** ⇒*gretigheid, vraatzucht*.
E·dam ['i:dæm], **'Edam 'cheese** ⟨telb. en n.-telb.zn.⟩ **0.1** ***edammer*** ⇒*Edammer kaas*.
e·daph·ic [ɪ'dæfɪk]⟨bn.⟩ **0.1** ***edafisch*** ⟨mbt. de eigenschappen v.d. bodem⟩.
Ed D ⟨afk.⟩ Doctor of Education.
EDD ⟨afk.⟩ English Dialect Dictionary.
Ed·da ['edə]⟨eig.n.; the⟩ **0.1** ***Edda*** ◆ **2.1** the Elder/Poetic ~ *de Poëtische Edda;* the Younger/Prose ~ *de Snorra Edda*.
ed·dish ['edɪʃ]⟨n.-telb.zn.⟩⟨BE, gew.⟩ **0.1** ***etgroen*** ⇒*etgras, nagras* ⟨tweede grasgewas⟩ **0.2** ***stoppels*** ⟨op het veld⟩.
ed·dy[1] ['edi]⟨f1⟩⟨telb.zn.;→mv. 2⟩ **0.1** ***werveling*** ⇒*draaikolk, wieling, dwarrelwind, dwarrelende mist, driftsneeuw*.
eddy[2] ⟨f1⟩⟨ww.;→ww. 7⟩
I ⟨onov.ww.⟩ **0.1** ***dwarrelen*** ⇒*kolken, wielen, (rond)draaien;*
II ⟨ov.ww.⟩ **0.1** ***doen dwarrelen*** ⇒*doen kolken, doen wielen, (doen) (rond)draaien*.
'eddy current ⟨telb. en n.-telb.zn.⟩⟨elek.⟩ **0.1** ***wervelstroom*** ⇒*stroom v. Foucault, Foucault stroom, dwarrelstroom*.
e·del·weiss ['eɪdlvaɪs]⟨telb. en n.-telb.zn.⟩⟨plantk.⟩ **0.1** ***edelweiss*** ⟨Leontopodium alpinum⟩.
edema →oedema.
E·den ['i:dn]⟨zn.⟩
I ⟨eig.n., telb.zn.⟩ **0.1** ***Eden*** ⇒*paradijs, lustoord;*
II ⟨n.-telb.zn.⟩ **0.1** ***gelukzaligheid***.
E·den·ic [i:'denɪk]⟨bn.⟩ **0.1** ***paradijselijk*** ⇒*gelukzalig*.
e·den·tate[1] [i:'denteɪt]⟨telb.zn.⟩⟨dierk.⟩ **0.1** ***lid v.d. orde der tandarmen*** ⇒*tandarm dier*.
edentate[2] ⟨bn.⟩⟨dierk.⟩ **0.1** ***tandarm*** ⇒*tandeloos*.
e·den·tu·lous [i:'dentjʊləs‖-tʃələs]⟨bn.⟩ **0.1** ***tandeloos***.
edge[1] [edʒ]⟨f3⟩⟨telb.zn.⟩ **0.1** ***snede*** ⇒*snijkant, scherpte* ⟨ook fig.⟩, *effectiviteit, kracht* **0.2** ***kant*** ⇒*kam* ⟨v. bergrug, golf⟩, *richel, rib* ⟨v. meetkundige figuur⟩ **0.3** ***rand*** ⇒*boord, zoom, grens, uiterste* **0.4** ⟨sl.⟩ ***lichte dronkenschap*** ◆ **1.1** that blade has no ~ *dat mesje is bot;* ⟨fig.⟩ on chair's ~, on the ~ of one's chair *op het puntje van zijn stoel, in spanning, erg geboeid;* her voice had an ~ to it *haar stem klonk scherp* **2.1** she gave me the rough/sharp ~ of her tongue *zij sprak mij bits toe, zij gaf mij een uitbrander, zij schold mij uit* **3.1** put an ~ on *scherpen, slijpen;* take the ~ off *het ergste wegnemen;* that took the ~ off that argument *daardoor werd dat argument ontkracht;* that will take the ~ off his appetite *dat zal zijn eerste honger stillen* **3.¶** ⟨inf.⟩ have an/the ~ over/on *in het voordeel zijn, een voorsprong hebben op* **5.4** have an ~ **on** *aangeschoten zijn* **6.3 on** the ~ **of** *op het punt van* **6.¶** be **on** ~ *gespannen/ongedurig/geïrriteerd zijn;* be all **on** ~ to *staan te trappelen om*.
edge[2] ⟨f3⟩⟨ww.⟩ →edged, edging
I ⟨onov.ww.⟩ **0.1** ***(langzaam/voorzichtig) bewegen*** ◆ **5.1** ~ **off** *voorzichtig wegsluipen;* ~ **up** *dichterbij schuiven* **5.¶** →edge **away;**
II ⟨ov.ww.⟩ **0.1** ***scherpen*** ⇒*wetten, aanzetten, scherp maken* ⟨ook fig.⟩ **0.2** ***omranden*** ⇒*omboorden, omzomen, aan de rand staan van* **0.3** ***ongemerkt doen bewegen*** ⇒*schuiven, duwen* **0.4** ⟨cricket⟩ ***met de rand v.h. bat slaan*** ◆ **1.3** he ~d his way along the precipice *hij kroop voorzichtig langs de afgrond* **4.2** he is edging fifty *hij loopt tegen de vijftig* **4.3** she ~d herself to the front *zij drong ongemerkt naar voren, zij kroop voorzichtig naar de voorkant* **5.¶** →edge **on;**→edge **out** **6.2** ~d **with** lace *met een randje kant*.
'edge a'way ⟨onov.ww.⟩ **0.1** ***voorzichtig wegsluipen*** **0.2** ⟨scheep.⟩ ***afhouden***.
edgebone →aitchbone.
edged ['edʒd]⟨bn.; volt. deelw. v. edge⟩ **0.1** ***scherp*** ⇒*snijdend* **0.2** ⟨sl.⟩ ***dronken*** ⇒*aangeschoten*.

-edged [edʒd] **0.1** ***met een (scherpe) rand*** ⇒*snijdend* ◆ **¶.1** blue-edged *met een blauwe rand;* a two-edged sword *een tweesnijdend zwaard.*

'edge 'on ⟨ov.ww.⟩ **0.1** ***aanzetten*** ⇒*aansporen, ophitsen.*

'edge 'out ⟨ov.ww.⟩ **0.1** ***verdringen*** **0.2** ***met een klein verschil verslaan*** ⇒*net van de overwinning afhouden.*

'edge tool ⟨telb.zn.⟩ **0.1** ***snijdend werktuig*** ⇒*snijgereedschap* ⟨beitel, schaaf, snoeimes, enz.⟩.

edge·ways ['edʒweɪz], **edgewise** [-waɪz]⟨f1⟩⟨bw.⟩ **0.1** ***met de kant naar voren*** **0.2** ***op zijn kant*** **0.3** ***met de randen tegen elkaar*** ⇒*schuins.*

edg·ing ['edʒɪŋ]⟨f1⟩⟨telb. en n.-telb.zn.; oorspr. gerund v. edge⟩ **0.1** ***rand*** ⇒*boord(sel), bies, band, border.*

'edging shears ⟨mv.⟩ **0.1** ***tuinschaar*** ⇒*grasschaar, heggeschaar* ◆ **1.1** two pairs of ~ *twee tuinscharen.*

edg·y ['edʒi]⟨f1⟩⟨bn.; ook -er; -ly; →bijw. 3⟩ **0.1** ***scherp*** ⟨ook fig.⟩ **0.2** ***gespannen*** ⇒*zenuwachtig, nerveus, prikkelbaar, geïrriteerd.*

edh, eth [eð]⟨telb.zn.⟩⟨taalk.⟩ **0.1** ð ⟨letter in Oudengels en IJslands⟩ **0.2** ð ⟨fonetisch teken⟩.

ed·i·bil·i·ty ['edəbɪləṭi]⟨n.-telb.zn.⟩ **0.1** ***eetbaarheid.***

ed·i·ble[1] ['edəbl]⟨telb.zn.; vnl. mv.⟩ **0.1** ***eetwaar*** ⇒*eetwaren.*

edible[2] ⟨f1⟩⟨bn.⟩ **0.1** ***eetbaar*** ⇒*niet giftig.*

e·dict ['i:dɪkt]⟨telb.zn.⟩ **0.1** ***edict*** ⇒*bevelschrift, plakkaat, verordening.*

e·dic·tal [i:'dɪktl]⟨bn.⟩ **0.1** ***mbt. een edict*** ◆ **1.¶** ~ citation *edictale citatie, indaging* ⟨Schots en Ned. recht⟩.

ed·i·fi·ca·tion ['edɪfɪ'keɪʃn]⟨n.-telb.zn.⟩ **0.1** ***stichting*** ⇒*zedelijke en godsdienstige opbouw.*

ed·i·fice ['edɪfɪs]⟨telb.zn.⟩ **0.1** ***gebouw*** ⇒*bouwwerk, bouwsel* ⟨ook fig.⟩.

ed·i·fy ['edɪfaɪ]⟨ov.ww.; →ww. 7⟩ **0.1** ***stichten*** ⇒*opbouwen, tot lering strekken* ◆ **1.1** an ~ing homily *een stichtelijke preek.*

edile →aedile.

ed·it[1] ['edɪt]⟨telb.zn.⟩ **0.1** ***bewerking*** ◆ **3.1** give a final ~ *persklaar maken.*

edit[2] ⟨f2⟩⟨ov.ww.⟩ →editing **0.1** ***uitgeven*** ⇒*een uitgave verzorgen van, bewerken, persklaar maken* **0.2** ***monteren*** ⟨film enz.⟩ **0.3** ***redigeren*** ⇒*de redactie voeren van* **0.4** ***herschrijven*** ⇒*anders stellen, kuisen, aanpassen* ◆ **5.4** ~ **out** *eruit laten, wegstrepen* **6.1** ~ed by *onder redactie v.* ⟨tijdschriften, artikelenbundels e.d.⟩.

edit[3] ⟨afk.⟩ edition, editor.

ed·it·ing ['edɪtɪŋ]⟨n.-telb.zn.; gerund v. edit⟩⟨comp.⟩ **0.1** ***opmaak.***

e·di·tion [ɪ'dɪʃn]⟨f2⟩⟨telb.zn.⟩ **0.1** ***uitgave*** ⇒*editie, druk, oplage;* ⟨fig.⟩ *versie.*

e·di·tio prin·ceps [ɪ'dɪʃioʊ 'prɪnseps]⟨telb.zn.; editiones principes [-ni:z-sɪpi:z]; →mv. 5⟩ **0.1** ***editio princeps*** ⇒*eerste uitgave.*

ed·i·tor ['edɪtə‖'edɪṭər]⟨f3⟩⟨telb.zn.⟩ **0.1** ***redacteur*** **0.2** ***editor*** **0.3** ⟨comp.⟩ ***editor*** ⟨tekstopmaakprogramma⟩ **0.4** ***bewerker*** ⇒*samensteller* **0.5** ***uitgever*** **0.6** ***plakpers.***

ed·i·to·ri·al[1] ['edɪ'tɔ:rɪəl]⟨f2⟩⟨telb.zn.⟩ **0.1** ***hoofdartikel*** ⇒*redactioneel artikel/commentaar.*

editorial[2] ⟨f2⟩⟨bn.; -ly⟩ **0.1** ***redactioneel*** ⇒*redactie-, redacteurs-* ◆ **1.1** the ~ staff *de redactie.*

ed·i·to·ri·a·list ['edɪ'tɔ:rɪəlɪst]⟨f1⟩⟨telb.zn.⟩ **0.1** ***schrijver v. hoofdartikel(en).***

ed·i·to·ri·al·ize, -ise ['edɪ'tɔ:rɪəlaɪz]⟨onov.ww.⟩⟨AE⟩ **0.1** ***een opinie geven (in een hoofdartikel)*** **0.2** ***een subjectief verslag geven*** ⇒*meningen als feitenmateriaal presenteren* **0.3** ***mening geven*** ⇒*standpunt(en) uitdrukken* ◆ **6.1** ~ **on** a subject *een hoofdartikel hebben/zich in een hoofdartikel uitlaten over een onderwerp.*

'editor-in-'chief ⟨telb.zn.; editors-in-chief; →mv. 6⟩ **0.1** ***hoofdredacteur.***

ed·i·tor·ship ['edɪtəʃɪp‖'edɪṭər-]⟨f1⟩⟨telb. en n.-telb.zn.⟩ **0.1** ***redacteurschap*** ⇒*functie v. redacteur/bewerker/opsteller* **0.2** ***redactionele bewerking*** **0.3** ***functie v. uitgever.***

ed·i·tress ['edɪtrɪs]⟨telb.zn.⟩ **0.1** ***redactrice*** **0.2** ***bewerkster*** **0.3** ***uitgeefster.***

EDP ⟨afk.⟩ Electronic Data Processing.

EDT ⟨afk.⟩ Eastern Daylight Time ⟨AE⟩.

ed·u·ca·ble ['edjʊkəbl‖'edʒə-], **ed·u·cat·a·ble** [-keɪṭəbl]⟨bn.⟩ **0.1** ***opvoedbaar*** ⇒*op te voeden.*

ed·u·cate ['edjʊkeɪt‖'edʒə-]⟨f3⟩⟨ww.⟩
I ⟨onov.ww.⟩ **0.1** ***les geven*** ⇒*instructie geven;*
II ⟨ov.ww.⟩ **0.1** ***opvoeden*** ⇒*grootbrengen, vormen* **0.2** ***opleiden*** ⇒*onderwijzen, ontwikkelen, kennis bijbrengen, ontwikkeling bijbrengen* **0.3** ***scholen*** ⇒*trainen, oefenen* **0.4** ***informeren*** ⇒*op de hoogte brengen* ◆ **1.2** ~d person *onderlegd/ontwikkeld/gestudeerd iem., intellectueel* **1.4** an ~d guess *een gefundeerde schatting/gissing* ⟨gebaseerd op voorkennis en ervaring⟩ **3.3** ~ a child to be polite *een kind leren beleefd te zijn* **5.1** be highly ~d *zeer beschaafd/ontwikkeld zijn.*

ed·u·ca·tion ['edjʊ'keɪʃn‖'edʒə-]⟨f3⟩⟨telb. en n.-telb.zn.⟩ **0.1** ***onderwijs*** ⇒*scholing, opleiding, het les geven/krijgen* **0.2** ***opvoeding*** ⇒*ontwikkeling, vorming* **0.3** ***pedagogie*** ⇒*opvoedkunde* **0.4** ***kennis*** ⇒*kundigheid, bekwaamheid.*

ed·u·ca·tion·al ['edjʊ'keɪʃnəl‖'edʒə-]⟨f2⟩⟨bn.; -ly⟩ **0.1** ***mbt. opleiding*** ⇒*school-, onderwijs-, opvoeding* **0.2** ***leerzaam*** ⇒*onderrichtend, educatief, opvoedend* ◆ **1.1** ~ establishment *onderwijsinstelling* **1.2** an ~ experience *een leerzame ervaring;* ~ toy *educatief stuk speelgoed.*

ed·u·ca·tion·al·ist ['edjʊ'keɪʃnəlɪst‖'edʒə-], **ed·u·ca·tion·ist** ['edjʊ'keɪʃnɪst‖'edʒə-]⟨telb.zn.⟩ **0.1** ***onderwijsdeskundige*** ⇒*pedagoog, opvoedkundige* **0.2** ⟨vnl. BE⟩ ***onderwijzer(es).***

ed·u·ca·tion·ese ['edjʊkeɪʃə'ni:z‖'edʒə-]⟨n.-telb.zn.⟩ **0.1** ***jargon v. onderwijskundigen*** ⇒*pedagogenchinees, lerarentaal.*

edu'cation park ⟨telb.zn.⟩ **0.1** ***lager en middelbaar onderwijscentrum.***

ed·u·ca·tive ['edjʊkətɪv‖'edʒəkeɪṭɪv]⟨bn.⟩ **0.1** ***mbt. onderwijs*** **0.2** ***educatief*** ⇒*instructief, opvoedend.*

ed·u·ca·tor ['edjʊkeɪtə‖'edʒəkeɪṭər]⟨f2⟩⟨telb.zn.⟩ **0.1** ***onderwijzer*** ⇒*leraar, opvoeder* **0.2** ***opvoedkundige*** ⇒*pedagoog, onderwijsdeskundige.*

e·duce [ɪ'dju:s‖ɪ'du:s]⟨ov.ww.⟩ **0.1** ***afleiden*** ⇒*deduceren, opmaken, komen tot* **0.2** ***naar buiten brengen*** ⇒*te voorschijn brengen, aan het licht brengen, oproepen* ◆ **6.1** ~ new allegations **from** recent evidence *op basis v. recente bewijzen met nieuwe aanklachten komen.*

e·duc·i·ble [ɪ'dju:səbl‖ɪ'du:səbl]⟨bn.⟩ **0.1** ***af te leiden*** ⇒*te deduceren, op te maken* **0.2** ***oproepbaar*** ⇒*naar buiten/aan het licht/te voorschijn te brengen.*

e·duct ['i:dʌkt]⟨telb.zn.⟩ **0.1** ***gevolgtrekking*** ⇒*afleiding, deductie* **0.2** ⟨schei.⟩ ***educt.***

e·duc·tion [ɪ'dʌkʃn]⟨zn.⟩
I ⟨telb. en n.-telb.zn.⟩ **0.1** ***gevolgtrekking*** ⇒*afleiding, deductie;*
II ⟨n.-telb.zn.⟩ **0.1** ***lozing*** ⇒*afvoer(ing).*

e'duction pipe ⟨telb.zn.⟩ **0.1** ***afvoerpijp*** ⇒*loospijp.*

e·dul·co·rate [ɪ'dʌlkəreɪt]⟨ov.ww.⟩ **0.1** ***verzachten*** ⇒*gunstig stemmen* **0.2** ⟨vero.⟩ ***v. zouten en oplosbare delen ontdoen/zuiveren.***

Edw ⟨afk.⟩ Edward.

Ed·ward·i·an[1] [ed'wɔ:dɪən‖ed'wɔr-]⟨telb.zn.⟩ **0.1** ***iem. uit de tijd v. koning Edward*** ⟨i.h.b. Edward VII⟩ ⇒*Edwardian.*

Edwardian[2] ⟨bn.⟩ **0.1** ***uit de tijd van koning Edward*** ⟨i.h.b. Edward VII⟩.

ee ⟨afk.⟩ errors excepted **0.1** ***e.e.*** ⟨errore excepto⟩.

-ee [i:]⟨vormt nw.⟩ **0.1** ***-ee*** ⟨voor wie handeling plaatsvindt⟩ **0.2** ***-e/-er*** ⟨die handeling verricht⟩ **0.3** ***-je*** ⟨verkleinwoord⟩ ◆ **¶.1** payee *persoon aan wie wordt betaald, begunstigde* **¶.2** absentee *afwezige* **¶.3** bootee *laarsje.*

EE ⟨afk.⟩ Early English.

EEC ⟨eig.n.⟩⟨afk.⟩ European Economic Community **0.1** ***EEG.***

EEG ⟨telb.zn.⟩⟨afk.⟩ electroencephalogram **0.1** ***EEG.***

eel [i:l]⟨f1⟩⟨telb.zn.; ook eel; →mv. 4⟩ **0.1** ⟨dierk.⟩ ***paling*** ⟨genus Anguilla⟩ ⇒⟨i.h.b⟩ *Europese paling* ⟨A. anguilla⟩, *Am. paling* ⟨A. rostrata⟩ **0.2** ⟨dierk.⟩ ***aaltje*** ⇒*draadworm* **0.3** ⟨dierk.⟩⟨ben. voor⟩ ***aalvormige vis*** ⇒*murene; sidderaal; zandaal* **0.4** ⟨inf.⟩ ***gladjanus*** ⇒⟨i.h.b.⟩⟨sl.⟩ *slimme gevangene* **0.5** ⟨sl.⟩ ***aardige vent*** ◆ **2.¶** be as slippery as an ~ *zo glad als een aal zijn.*

'eel·grass ⟨n.-telb.zn.⟩⟨plantk.⟩ **0.1** ***zeegras*** ⟨genus Zostera⟩ **0.2** ***vallisneria*** ⟨Vallisneria spiralis⟩.

'eel·pot ⟨telb.zn.⟩ **0.1** ***palingkorf*** ⇒*aalfuik.*

'eel·pout ⟨telb.zn.; ook eelpout; →mv. 4⟩ **0.1** ***puitaal*** ⟨Zoarces viviparus⟩ **0.2** ***slijmvis*** **0.3** ***kwabaal*** ⟨genus Lota⟩.

'eel·spear ⟨telb.zn.⟩ **0.1** ***aalschaar*** ⇒*aalgeer.*

'eel·worm ⟨telb.zn.⟩ **0.1** ***aaltje*** ⇒*draadworm,* ⟨i.h.b.⟩ *azijnaaltje.*

eel·y ['i:li]⟨bn.; -er; →compar. 7⟩ **0.1** ***aalachtig*** ⇒*kronkelend, glibberig, glad.*

e'en[1] [i:n]⟨telb.zn.⟩⟨samentr. v. evening⟩⟨schr.⟩.

e'en[2] ⟨bw.⟩⟨samentr. v. even⟩⟨schr.⟩.

-een [i:n]⟨vormt verkleinwoord⟩⟨IE⟩ **0.1** ***-je*** ◆ **¶.1** colleen *meisje.*

e'er [eə‖er]⟨bw.⟩⟨samentr. v. ever⟩⟨schr.⟩.

-eer [ɪə‖ɪr] **0.1** ⟨vormt nw.⟩ ***-er*** ⇒*-eur* **0.2** ⟨vormt ww.⟩ ***-(er)en*** ◆ **¶.1** profiteer *profiteur* **¶.2** profiteer *profiteren.*

ee·rie, ee·ry ['ɪəri‖'ɪri]⟨f1⟩⟨bn.; ook -er; -ly; -ness; →bijw. 3⟩ **0.1** ***angstaanjagend*** ⇒*vreeswekkend, griezelig, spookachtig, mysterieus.*

EETPU ⟨afk.⟩ Electrical, Electronic, Telecommunications, and Plumbing Union.

eff[1] [ef]⟨telb.zn.⟩⟨BE; vulg.; euf. afk. voor 'fuck'⟩ **0.1** ***schuttingwoord*** ⇒*drieletterwoord.*

eff[2] ⟨onov.ww.⟩⟨BE; vulg.; euf. afk. voor 'fuck'⟩ **0.1** ***vloeken*** ⇒*schelden, tieren* **0.2** ***opsodemieteren*** ⇒*oprotten* ◆ **1.¶** those ~ing bureaucrats *die verdomde bureaucraten;* he's an ~ing pain in the arse *hij is een grote klootzak* **3.1** he was ~ing and blinding *hij liep te vloeken en te schelden* **5.2** ~ **off!** *rot op!*.

ef·face [ɪ'feɪs]⟨f1⟩⟨ov.ww.⟩ **0.1** ***uitwissen*** ⇒*uitvegen, doen verdwijnen, onzichtbaar maken* **0.2** ***uit het geheugen bannen*** ⇒*vergeten* ◆ **4.¶** ~ o.s. *zich wegcijferen, zich op de achtergrond stellen*.

ef·face·a·ble [ɪ'feɪsəbl]⟨bn.⟩ **0.1** ***uitwisbaar*** ⇒*onzichtbaar te maken* **0.2** ***uit het geheugen te bannen***.

ef·face·ment [ɪ'feɪsmənt]⟨n.-telb.zn.⟩ **0.1** ***uitwissing*** ⇒*het uitvegen, het doen verdwijnen, het onzichtbaar maken* **0.2** ***het uit het geheugen bannen*** ⇒*het vergeten* **0.3** ***wegcijfering***.

ef·fect[1] [ɪ'fekt]⟨f3⟩⟨zn.⟩
I ⟨telb. en n.-telb.zn.⟩ **0.1** ***resultaat*** ⇒*gevolg* **0.2** ***effect*** ⇒*uitwerking, indruk, invloed* ◆ **3.2** my words took ~ *mijn woorden hadden resultaat/misten hun uitwerking niet/sorteerden effect* **5.1** her attempts were of no ~ *haar pogingen bleven vruchteloos/waren tevergeefs* **6.2** he is loud just **for** ~ *hij is alleen maar luidruchtig om indruk te maken/uit effectbejag* **6.¶** **in** ~ *in feite, eigenlijk;*
II ⟨n.-telb.zn.⟩ **0.1** ***uitvoering*** ⇒*voltrekking* **0.2** ***inhoud*** ⇒*strekking* **0.3** ***werking*** ⇒*(rechts)geldigheid* **0.4** ***voordeel*** ◆ **3.1** bring/carry/put plans into ~ *plannen uitvoeren* **3.2** give ~ to orders *bevelen ten uitvoer brengen* **3.3** martial law will take ~ from tomorrow *de staat v. beleg zal vanaf morgen van kracht zijn* **6.2** words **to** that ~ *woorden v. die strekking;* a message **to** the ~ that *een berichtje (dat erop neerkomt) dat;* **to** the same ~ *met dezelfde inhoud* **6.3** the new law had been **in** ~ for a month *de nieuwe wet was een maand van kracht;* come **into** ~ *van kracht worden;* **with** ~ **from** the thirteenth *ingaande op de dertiende;*
III ⟨mv.; ~s⟩ **0.1** ***bezittingen*** ⇒*eigendommen* **0.2** ***fonds*** ⟨op cheque⟩ ◆ **7.2** ⟨geldw.⟩ no ~s *geweigerd* ⟨op cheque⟩.

effect[2] ⟨f2⟩⟨ov.ww.⟩ **0.1** ***bewerkstelligen*** ⇒*teweegbrengen, veroorzaken* **0.2** ***verwezenlijken*** ⇒*bereiken, voor elkaar krijgen, tot stand brengen* ◆ **1.1** ~ a cure for s.o. *iem. genezen;* ⟨geldw.⟩ ~ payment *overgaan tot betaling* **1.2** the police ~ed an entrance by force *de politie verschafte zich met geweld toegang;* ~ an insurance policy *een verzekering afsluiten;* ~ one's purpose *zijn doel verwezenlijken*.

ef·fec·tive[1] [ɪ'fektɪv]⟨telb.zn.⟩ **0.1** ***soldaat in werkelijke dienst*** **0.2** ***effectief*** ⇒*aanwezige sterkte* ⟨v. leger⟩.

effective[2] ⟨f3⟩⟨bn.⟩ **0.1** ***effectief*** ⇒*doeltreffend, werkzaam, afdoend* **0.2** ***indrukwekkend*** ⇒*opmerkelijk, treffend, raak* **0.3** ***van kracht*** ⇒*vigerend* ⟨wet e.d.⟩ **0.4** ***effectief*** ⇒*in werkelijke dienst, wezenlijk* ◆ **1.1** the innovations have been very ~ *de vernieuwingen zijn niet zonder resultaat/succes gebleven* **1.4** the ~ strength of the navy *de operationele sterkte/inzetbaarheid v.d. marine;* ⟨ec.⟩ ~ demand *effectieve vraag*.

ef·fec·tive·ly [ɪ'fektɪvli]⟨f3⟩⟨bw.⟩ **0.1** →effective **0.2** ***in feite*** ⇒*eigenlijk*.

ef·fec·tive·ness [ɪ'fektɪvnəs]⟨f1⟩⟨n.-telb.zn.⟩ **0.1** ***doeltreffendheid*** ⇒*werkzaamheid, kracht* **0.2** ***uitwerking***.

ef·fec·tor [ɪ'fektə‖-ər]⟨telb.zn.; ook attr.⟩⟨biol.⟩ **0.1** ***effector***.

ef·fec·tu·al [ɪ'fektʃʊəl]⟨f1⟩⟨bn.; -ly; -ness⟩ **0.1** ***doeltreffend*** ⇒*succesvol, afdoend, effectief* **0.2** ***geldig*** ⇒*bindend, van kracht* ◆ **1.1** take ~ measures *effectieve maatregelen treffen* **3.1** they ~ly averted the danger *ze wendden het gevaar op doeltreffende wijze/met succes af*.

ef·fec·tu·ate [ɪ'fektʃʊeɪt]⟨ov.ww.⟩ **0.1** ***bewerkstelligen*** ⇒*teweegbrengen, veroorzaken* **0.2** ***verwezenlijken*** ⇒*uitvoeren, bereiken, tot stand brengen*.

ef·fec·tu·a·tion [ɪ'fektʃʊ'eɪʃn]⟨telb. en n.-telb.zn.⟩ **0.1** ***bewerkstelliging*** ⇒*het teweegbrengen* **0.2** ***verwezenlijking*** ⇒*het bereiken, totstandbrenging*.

ef·fem·i·na·cy [ɪ'femɪnəsi]⟨n.-telb.zn.⟩ **0.1** ***verwijfdheid*** ⇒*zwakheid, flauwheid, wekelijkheid*.

ef·fem·i·nate[1] [ɪ'femɪnət]⟨f1⟩⟨bn.; -ly; -ness⟩ **0.1** ***verwijfd*** ⇒*vervrouwelijkt, verwekelijkt, slap*.

effeminate[2] [ɪfemɪneɪt]⟨f1⟩⟨ov.ww.⟩ **0.1** ***verwijfd maken*** ⇒*vervrouwelijken, verwekelijken*.

ef·fen·di [e'fendi]⟨telb.zn.; aanspreektitel in Turkije en Arabische landen⟩ **0.1** ***ef(f)endi***.

ef·fer·vesce ['efə'ves‖'efər-]⟨f1⟩⟨onov.ww.⟩ **0.1** ***borrelen*** ⇒*bruisen, schuimen, mousseren, gisten* **0.2** ***bruisen*** ⟨v. persoon⟩ ⇒*opgewonden/uitgelaten zijn*.

ef·fer·ves·cence ['efə'vesns‖'efər-], **ef·fer·ves·cen·cy** [-'vesnsi]⟨f1⟩⟨n.-telb.zn.⟩ **0.1** ***het borrelen*** ⇒*het bruisen, het schuimen, het mousseren, gisting* **0.2** ***het bruisen*** ⟨v. persoon⟩ ⇒*opgewondenheid, levendigheid, uitgelatenheid*.

ef·fer·ves·cent ['efə'vesnt‖'efər-]⟨f1⟩⟨bn.; -ly⟩ **0.1** ***borrelend*** ⇒*bruisend, schuimend, mousserend, gistend* **0.2** ***bruisend*** ⟨v. persoon⟩ ⇒*opgewonden, levendig, uitgelaten*.

ef·fete [ɪ'fi:t]⟨bn.; -ly; -ness⟩ **0.1** ***uitgeput*** ⇒*uitgeblust, verzwakt, versleten, afgeleefd, slap* **0.2** ***steriel*** ⇒*onvruchtbaar*.

ef·fi·ca·cious ['efɪ'keɪʃəs]⟨bn.; -ly; -ness⟩ **0.1** ***werkzaam*** ⇒*doeltreffend, afdoend, effectief, probaat*.

ef·fi·ca·cy ['efɪkəsi], **ef·fi·cac·i·ty** ['efɪ'kæsəṭi]⟨n.-telb.zn.⟩ **0.1** ***werkzaamheid*** ⇒*uitwerking, doeltreffendheid, kracht*.

ef·fi·cien·cy [ɪ'fɪʃnsi]⟨f2⟩⟨zn.; →mv. 2⟩
I ⟨telb.zn.⟩ →efficiency apartment;
II ⟨n.-telb.zn.⟩ **0.1** ***efficiëntie*** ⇒*doeltreffendheid, doelmatigheid* **0.2** ***bekwaamheid*** ⇒*geschiktheid, competentie* **0.3** ***efficiëntie*** ⇒*nuttig effect, rendement* **0.4** ***produktiviteit*** ⇒*capaciteit, opbrengst, prestatievermogen*.

ef'ficiency apartment ⟨telb.zn.⟩⟨AE⟩ **0.1** ***eenvoudig appartement***.

ef'ficiency expert ⟨telb.zn.⟩ **0.1** ***efficiency deskundige***.

ef·fi·cient [ɪ'fɪʃnt]⟨f3⟩⟨bn.; -ly⟩ **0.1** ***efficiënt*** ⇒*doeltreffend, doelmatig* **0.2** ***bekwaam*** ⇒*geschikt, competent, capabel* **0.3** ***efficiënt*** ⇒*nuttig effect hebbend, renderend* **0.4** ***produktief*** ◆ **1.¶** ~ cause *directe oorzaak*.

ef·fi·gy ['efɪdʒi]⟨telb.zn.; →mv. 2⟩ **0.1** ***beeltenis*** ⇒*effigie* **0.2** ***beeld*** ⇒*afbeelding* **0.3** ***beeldenaar*** ⟨v. munt⟩ ◆ **6.1** burn s.o. **in** ~ *iem. in effigie verbranden*.

ef·flo·resce ['eflɔ:'res‖'eflə-]⟨onov.ww.⟩ **0.1** ***bloeien*** ⟨ook fig.⟩ ⇒*ontluiken, zich ontplooien, tot bloei komen* **0.2** ⟨schei.⟩ ***efflorescentie vertonen*** ⇒*verweren, uitbloeien, met salpeter uitslaan* ⟨bv. v. muur⟩, *kristalliseren* ⟨v. zouten⟩.

ef·flo·res·cence ['eflɔ:'resns‖'eflə-]⟨n.-telb.zn.⟩ **0.1** ***bloei*** ⟨ook fig.⟩ ⇒*bloeitijd, ontluiking, ontplooiing* **0.2** ⟨schei.⟩ ***efflorescentie*** ⇒*verwering, het verschijnen v. salpeteruitslag/zoutkristallisatie* **0.3** ***huiduitslag*** ◆ **6.1** a period of ~ **in** science *een periode v. bloei v.d. wetenschap*.

ef·flo·res·cent ['eflɔ:'resnt‖'eflə-]⟨bn.⟩ **0.1** ***bloeiend*** ⟨ook fig.⟩ ⇒*ontluikend, tot bloei komend* **0.2** ⟨schei.⟩ ***efflorescentie vertonend*** ⇒*verwerend, uitslaand* ⟨met salpeter⟩, *zoutkristallen vormend*.

ef·flu·ence ['eflʊəns]⟨zn.⟩
I ⟨telb.zn.⟩ **0.1** ***uitvloeisel*** ⇒*afvloeisel;*
II ⟨telb. en n.-telb.zn.⟩ **0.1** ***uitvloeiing*** ⇒*wegstroming, uitstraling, emanatie*.

ef·flu·ent[1] ['eflʊənt]⟨f1⟩⟨zn.⟩
I ⟨telb.zn.⟩ **0.1** ⟨ben. voor⟩ ***aftakking*** ⇒*zijrivier; rivier die uit een meer stroomt; afvoer;*
II ⟨telb. en n.-telb.zn.⟩ **0.1** ***afvoervloeistof*** ⇒*afvalwater, rioolwater*.

effluent[2] ⟨bn.⟩ **0.1** ***uitvloeiend*** ⇒*uitstromend, afvoer-, afval-, riool-*.

ef·flu·vi·um [ɪ'flu:vɪəm]⟨telb.zn.; ook effluvia [-vɪə]; →mv. 5⟩ **0.1** ***damp*** ⇒*uitwaseming* **0.2** ***rottingslucht*** **0.3** ***uitstraling*** ⇒*fluïdum*.

ef·flux ['eflʌks], **ef·flux·ion** [e'flʌkʃn]⟨f1⟩⟨zn.⟩
I ⟨telb.zn.⟩ **0.1** ***uitvloeisel*** ⇒*stroom, uitstromend gas, uitstromende vloeistof;*
II ⟨telb. en n.-telb.zn.⟩ **0.1** ***uitvloeiing*** ⇒*uitstroming, uitstraling, emanatie* ◆ **1.1** the government feared an ~ of gold *de regering vreesde een vlucht v. goud*.

ef·fort ['efət‖'efərt]⟨f3⟩⟨zn.⟩
I ⟨telb.zn.⟩ **0.1** ***prestatie*** ⇒*verrichting;*
II ⟨telb. en n.-telb.zn.⟩ **0.1** ***moeite*** ⇒*inspanning, poging* ◆ **3.1** make an ~ (to do sth.) *zich inspannen/proberen (iets te doen);* mend one's ~s *zijn pogingen verdubbelen* **6.1** his ~s **at** improving working conditions *zijn pogingen om de werkomstandigheden te verbeteren;* he solved the riddle **without** ~ *hij loste het raadsel zonder enige moeite op* **7.1** she made every ~ for it *ze deed er haar uiterste best voor*.

ef·fort·less ['efətləs‖'efərt-]⟨f1⟩⟨bn.; -ly; -ness⟩ **0.1** ***moeiteloos*** ⇒*zonder inspanning, gemakkelijk, ongedwongen*.

ef·front·er·y [ɪ'frʌnṭəri]⟨f1⟩⟨telb. en n.-telb.zn.; →mv. 2⟩ **0.1** ***onbeschaamdheid*** ⇒*schaamteloosheid, vermetelheid, brutaliteit*.

ef·fulge [ɪ'fʌldʒ‖ɪ'fʊldʒ]⟨onov.ww.⟩⟨ook fig.⟩ **0.1** ***stralen*** ⇒*glanzen, schitteren*.

ef·ful·gence [ɪ'fʌldʒəns‖ɪ'fʊl-]⟨telb. en n.-telb.zn.⟩ **0.1** ***straling*** ⇒*glans, schittering* **0.2** ***pracht*** ⇒*luister*.

ef·ful·gent [ɪ'fʌldʒənt‖ɪ'fʊl-]⟨bn.; -ly⟩⟨ook fig.⟩ **0.1** ***stralend*** ⇒*glanzend, schitterend, briljant, luisterrijk*.

ef·fuse[1] [ɪ'fju:s]⟨bn.⟩ **0.1** ⟨plantk.⟩ ***verspreid*** ⟨v. bloei⟩ **0.2** ***met geopende kleppen*** ⟨v. schelp⟩.

effuse[2] [ɪ'fju:z]⟨ww.⟩
I ⟨onov.ww.⟩ **0.1** ***zich verspreiden*** **0.2** ***zich afscheiden*** **0.3** ***uitstromen*** ⇒*uitvloeien* **0.4** ***zijn/haar hart uitstorten;***
II ⟨ov.ww.⟩ **0.1** ***uitgieten*** ⇒*verspreiden, uitstorten, uitstralen* ⟨ook fig.⟩.

ef·fu·sion [ɪ'fju:ʒn]⟨f1⟩⟨zn.⟩
I ⟨telb.zn.⟩ **0.1** ***ontboezeming*** ⇒*gemoedsuitstorting;*
II ⟨telb. en n.-telb.zn.⟩ **0.1** ***uitstroming*** ⇒*uitgieting, effusie* ◆ **1.1** ~ of blood *bloedvergieten*.

ef·fu·sive [ɪ'fju:sɪv]⟨f1⟩⟨bn.; -ly; -ness⟩ **0.1** ***overdadig*** ⟨v. uitingen⟩

⇒*overdreven, uitbundig, demonstratief* **0.2** ⟨geol.⟩ ***uitvloeiings-*** ⇒*effusie-* ◆ **1.1** she was very ~ in her gratitude towards us *ze bedolf ons onder dankbetuigingen* **1.2** ~ rock *uitvloeiingsgesteente*.
EFI ⟨afk.⟩ Electronic Fuel Injection.
EFL ⟨afk.⟩ English as a Foreign Language.
eft [eft]⟨telb.zn.⟩ **0.1** ***watersalamander***.
EFTA, Efta ['eftə]⟨eig.n.⟩⟨afk.⟩ European Free Trade Association **0.1** *EVA* ⟨Europese Vrijhandelsassociatie⟩.
EFTPOS ⟨afk.⟩ Electronic Funds Transfer at Point of Sale.
EFTS ⟨afk.⟩ Electronic Funds Transfer System ⟨comp.⟩.
eft·soons ['eft'su:nz]⟨bw.⟩⟨vero.⟩ **0.1** ***kort daarna*** ⇒*direct daarop* **0.2** ***af en toe*** ⇒*nu en dan* **0.3** ***nogmaals*** ⇒*wederom*.
e.g. ⟨afk.⟩ exempli gratia **0.1** ***bv.*** ⇒*b.v., bijv.*.
e·gad [ɪ'gæd]⟨tussenw.⟩⟨vero.⟩ **0.1** ***goeie god*** ⇒*lieve hemel*.
e·gal·i·tar·i·an[1] [ɪ'gælɪ'teərɪən‖-'ter-]⟨telb.zn.⟩ **0.1** ***egalist*** ⇒*voorstander v. algemene gelijkheid*.
egalitarian[2] ⟨bn.⟩ **0.1** ***gelijkheids-*** ⇒*egalitair, gelijkheid voorstaand*.
e·gal·i·tar·i·an·ism [ɪ'gælɪ'teərɪənɪzm‖-'ter-]⟨n.-telb.zn.⟩ **0.1** ***egalitarisme*** ⇒*(leer v.) algehele gelijkheid*.
E·ge·ri·a [ɪ'dʒɪərɪə‖-'dʒɪr-]⟨telb.zn.; geen mv.⟩ **0.1** ***raadgeefster***.
egg [eg]⟨f3⟩⟨zn.⟩(→sprw. 47, 278, 767)
I ⟨telb.zn.⟩ **0.1** ***ei*** ⇒*eicel, ovum* **0.2** ⟨inf.⟩ ***kerel*** ⇒*vent* **0.3** ⟨inf.⟩ ***bom*** ⇒*mijn* **0.4** ⟨sl.⟩⟨ben. voor⟩ ***eivormig iets*** ⇒*hoofd; honkbal* ◆ **1.¶** have/put all one's ~s in one basket *alles op één kaart zetten* **2.1** ⟨inf.⟩ as sure as ~s are ~s/as ~s is ~s *zonder enige twijfel* **2.2** a good ~ *een goeie kerel* **3.1** fried ~ *gebakken ei;* new-laid ~ *vers ei;* poached ~ *gepocheerd ei;* scrambled ~s *roerei* **3.¶** ⟨AE; sl.⟩ fried ~ *Japanse vlag; insigne v. Am. militaire academie;* ⟨vnl. AE; inf.⟩ lay an ~ *floppen, mislukken;* ⟨inf.; fig.⟩ put (all) one's ~s in one basket *alles op één kaart zetten;* ⟨AE; sl.⟩ scrambled ~s *goud galon op officierspet;* tread on ~s *als op eieren lopen, omzichtig te werk gaan, zich op gevaarlijk terrein bewegen* **6.¶** **in** the ~ *in de kiem, in een vroeg stadium; in de wieg;*
II ⟨telb. en n.-telb.zn.⟩ **0.1** ***ei(struif)*** ◆ **1.¶** ⟨vnl. BE; inf.⟩ have ~ on one's face over sth. *een belachelijke indruk maken/voor schut staan over iets*.
'egg-and-'dart, 'egg-and-'an·chor, 'egg-and-'tongue ⟨telb.zn.⟩⟨bouwk.⟩ **0.1** ***eierlijst***.
'egg-and-'spoon race ⟨telb.zn.⟩ **0.1** ***eierrace*** ⟨met ei op een lepel⟩.
'egg·beat·er ⟨telb.zn.⟩⟨vnl. AE⟩ **0.1** ***eierklopper*** ⇒*eierklutser, eiergarde* **0.2** ⟨inf.⟩ ***helikopter*** **0.3** ⟨sl.⟩ ***buitenboordmotor***.
'egg-bound ⟨bn.⟩ **0.1** ***niet in staat eieren te leggen*** ⟨v. vogel⟩.
'egg·co·sy ⟨telb.zn.; →mv. 2⟩⟨BE⟩ **0.1** ***eiermuts*** ⇒*eierwarmer*.
'egg·cup ⟨f1⟩⟨telb.zn.⟩ **0.1** ***eierdopje***.
'egg 'custard ⟨telb. en n.-telb.zn.⟩ **0.1** ***custardpudding***.
'egg dance ⟨telb.zn.⟩ **0.1** ***eierdans***.
eg·ger, eg·gar ['egə‖-ər]⟨telb.zn.⟩ **0.1** ***spinner*** ⟨soort zijderups; fam. Lasiocampidae⟩.
'egg·head ⟨f1⟩⟨telb.zn.⟩⟨inf.⟩ **0.1** ***intellectueel*** ⇒*gestudeerde*.
egg·less ['egləs]⟨bn.; -ly⟩ **0.1** ***zonder eieren***.
egg·nog ['eg'nɒg‖'egnɑg], **egg flip** ['eg'flɪp‖'egflɪp]⟨n.-telb.zn.⟩ **0.1** ***eierdrank*** ⇒*eggnogg, eierpunch,* ⟨ong.⟩ *advocaat*.
'egg 'on ⟨ov.ww.⟩ **0.1** ***aanzetten*** ⇒*aansporen, ophitsen, ertoe bewegen*.
'egg·plant ⟨f1⟩⟨telb.zn.; cul. ook n.-telb.zn.⟩⟨AE; plantk., cul.⟩ **0.1** ***aubergine*** ⇒*eierplant, melanzaan* ⟨Solanum melongena⟩.
'egg roll ⟨telb.zn.⟩⟨AE⟩ **0.1** ***loempia***.
'egg 'sauce ⟨telb. en n.-telb.zn.⟩ **0.1** ***eiersaus***.
'egg·shell[1] ⟨f1⟩⟨telb.zn.⟩ **0.1** ***eierschaal***.
eggshell[2] ⟨f1⟩⟨bn., attr.⟩ **0.1** ***dun*** **0.2** ***halfmat*** ⇒*halfglanzend* ⟨v. verf⟩.
'eggshell china, 'eggshell porcelain ⟨n.-telb.zn.⟩ **0.1** ***eierschaalporselein***.
'egg slicer ⟨telb.zn.⟩ **0.1** ***eiersnijder***.
'egg·spoon ⟨telb.zn.⟩ **0.1** ***eierlepeltje***.
'egg timer ⟨telb.zn.⟩ **0.1** ***zandloper***.
'egg tooth ⟨telb.zn.⟩ **0.1** ***eitand***.
'egg whisk ⟨telb.zn.⟩⟨vnl. BE⟩ **0.1** ***eierklopper*** ⇒*eierklutser, eiergarde*.
'egg white ⟨telb.zn.⟩ **0.1** ***eiwit***.
egis →aegis.
eg·lan·tine ['egləntaɪn, -ti:n]⟨telb. en n.-telb.zn.⟩ **0.1** ***eg(e)lantier***.
e·go ['i:goʊ, 'egoʊ]⟨f2⟩⟨telb.zn.⟩ **0.1** ***ego*** ⇒*(het) ik, (de) eigen persoon, ikheid* **0.2** ***het bewuste ik*** ⇒*ik-bewustzijn* **0.3** ***eigenwaarde*** ⇒*trots, egotisme*.
e·go·cen·tric ['i:goʊ'sentrɪk, 'egoʊ-]⟨f1⟩⟨bn.; -ally; →bijw. 3⟩ **0.1** ***egocentrisch*** **0.2** ***egoïstisch*** ⇒*zelfzuchtig, baatzuchtig*.
e·go·cen·tric·i·ty ['i:goʊsen'trɪsət̬i, 'egoʊ-]⟨n.-telb.zn.⟩ **0.1** ***egocentrisme*** **0.2** ***egoïsme*** ⇒*zelfzucht, baatzucht, eigenliefde*.
'e·go-en'hance·ment ⟨n.-telb.zn.⟩⟨psych.⟩ **0.1** ***ik-versterking***.
'ego ideal ⟨telb.zn.⟩ **0.1** ***ik-ideaal*** **0.2** ⟨inf.⟩ ***idealisering v.h. ik***.
e·go·ism ['i:goʊɪzm, 'egoʊ-]⟨f1⟩⟨n.-telb.zn.⟩ **0.1** ***egoïsme*** ⇒*zelfzucht, baatzucht, eigenliefde* **0.2** ***egotisme*** ⇒*zelfingenomenheid*.
e·go·ist ['i:goʊɪst, 'egoʊ-]⟨f1⟩⟨telb.zn.⟩ **0.1** ***egoïst(e)*** ⇒*zelfzuchtige, eigenbelang-zoeker* **0.2** ***egotist(e)***.
e·go·is·tic ['i:goʊ'ɪstɪk, 'egoʊ-], **e·go·is·ti·cal** [-ɪkl]⟨f1⟩⟨bn.; -(al)ly; →bijw. 3⟩ **0.1** ***egoïstisch*** ⇒*zelfzuchtig, baatzuchtig*.
e·go·ma·ni·a ['i:goʊ'meɪnɪə, 'egoʊ-]⟨n.-telb.zn.⟩ **0.1** ***extreem egotisme***.
e·go·ma·ni·ac ['i:goʊ'meɪniæk, 'egoʊ-]⟨telb.zn.⟩ **0.1** ***extreem egotistisch persoon***.
e·go·tism ['i:gətɪzm, 'egə-]⟨f1⟩⟨n.-telb.zn.⟩ **0.1** ***egotisme*** ⇒*zelfvergoding, eigenwaan, overdreven gevoel v. eigenwaarde* **0.2** ***egoïsme*** ⇒*zelfzucht*.
e·go·tist ['i:gətɪst, 'egə-]⟨telb.zn.⟩ **0.1** ***egotist*** ⇒*iem. met eigenwaan* **0.2** ***egoïst*** ⇒*zelfzuchtige*.
e·go·tis·tic ['i:gə'tɪstɪk, 'egə-], **e·go·tis·ti·cal** [-ɪkl]⟨bn.; -(al)ly; →bijw. 3⟩ **0.1** ***egotistisch*** ⇒*gekenmerkt door egotisme, vol eigenwaan* **0.2** ***egoïstisch*** ⇒*zelfzuchtig*.
e·go·tize ['i:gətaɪz, 'egə-]⟨onov.ww.⟩ **0.1** ***(te veel) over zichzelf praten***.
'ego trip ⟨f1⟩⟨telb.zn.⟩ **0.1** ***egotrip***.
'ego tripper ⟨telb.zn.⟩ **0.1** ***egotripper***.
e·gre·gious [ɪ'gri:dʒəs]⟨bn.; -ly; -ness⟩ **0.1** ***kolossaal*** ⟨in negatieve zin⟩ ⇒*enorm, reusachtig, verschrikkelijk (groot)* **0.2** ⟨vero.⟩ ***opmerkelijk*** ◆ **1.1** ~ behaviour *monsterachtig/schandelijk gedrag;* ~ errors *koeien v. fouten;* ~ lie *flagrante leugen*.
e·gress ['i:gres]⟨zn.⟩⟨schr.⟩
I ⟨telb.zn.⟩ **0.1** ***uitgang*** **0.2** ***uitweg;***
II ⟨n.-telb.zn.⟩ **0.1** ***(recht van) uitgang*** ⇒*uitpad*.
e·gres·sion [ɪ'greʃn]⟨n.-telb.zn.⟩ **0.1** ***het uitgaan*** ⇒*het tevoorschijn komen*.
e·gret ['i:grɪt]⟨telb.zn.⟩⟨dierk.⟩ **0.1** ***aigrette*** ⇒⟨i.h.b.⟩ ***(kleine) zilverreiger*** ⟨Egretta garzetta⟩ ◆ **2.1** little ~ *kleine zilverreiger* ⟨Egretta garzetta⟩.
E·gypt ['i:dʒɪpt]⟨eig.n.⟩ **0.1** ***Egypte***.
E·gyp·tian[1] [ɪ'dʒɪpʃn]⟨f2⟩⟨zn.⟩
I ⟨eig.n.⟩ **0.1** ***Egyptisch(e taal)*** ⇒⟨gesch.⟩ *Hamitisch;*
II ⟨telb.zn.⟩ **0.1** ***Egyptenaar/Egyptische*** **0.2** ⟨vero.⟩ ***zigeuner(in)***.
Egyptian[2] ⟨f2⟩⟨bn.⟩ **0.1** ***Egyptisch*** ◆ **1.¶** ⟨dierk.⟩ ~ nightjar *Egyptische nachtzwaluw* ⟨Caprimulgus aegyptius⟩; ⟨dierk.⟩ ~ vulture *aasgier* ⟨Neophron percnopterus⟩.
E·gyp·tol·o·gist ['i:dʒɪp'tɒlədʒɪst‖-'tɑ-]⟨telb.zn.⟩ **0.1** ***Egyptoloog***.
E·gyp·tol·o·gy ['i:dʒɪp'tɒlədʒi‖-'tɑ-]⟨n.-telb.zn.⟩ **0.1** ***Egyptologie***.
eh [eɪ]⟨f3⟩⟨tussenw.⟩⟨inf.⟩ **0.1** ***hè*** ⇒*hé, wat*.
-e·ian ['i:ən] **0.1** ⟨ong.⟩ ***-iaans*** ⇒*-jisch* ◆ **¶.1** plebeian *plebejisch*.
ei·der ['aɪdə‖-ər], ⟨in bet. I 0.1 ook⟩ **'ei·der·duck** ⟨zn.⟩
I ⟨telb.zn.⟩⟨dierk.⟩ **0.1** ***eidereend*** ⟨genus Somateria⟩;
II ⟨n.-telb.zn.⟩ **0.1** ***eiderdons***.
'ei·der·down ⟨f1⟩⟨zn.⟩
I ⟨telb.zn.⟩ **0.1** ***donzen dekbed*** ⇒⟨oneig.⟩ *dekbed;*
II ⟨n.-telb.zn.⟩ **0.1** ***eiderdons***.
ei·det·ic[1] [aɪ'det̬ɪk]⟨telb.zn.⟩⟨psych.⟩ **0.1** ***eidetisch waarnemer*** ⇒*eideticus*.
eidetic[2] ⟨bn., attr.⟩⟨psych.⟩ **0.1** ***eidetisch*** ⟨v. beeld⟩.
ei·do·lon [aɪ'doʊlɒn‖-lən]⟨telb.zn.; ook eidola [-lə]; →mv. 5⟩ **0.1** ***spook(sel)*** ⇒*schim, geestverschijning, fantoom* **0.2** ***ideaalbeeld*** ⇒*idool*.
ei·gen- ['aɪgən]⟨nat., wisk.⟩ **0.1** ***eigen-*** ◆ **¶.1** eigenfrequency *eigen frequentie;* eigenvalue *eigenwaarde*.
eight [eɪt]⟨f4⟩⟨telw.; -ly⟩ **0.1** ***acht*** ⟨ook voorwerp/groep ter waarde/grootte v. acht⟩ ⇒⟨i.h.b.⟩ *achtriemsboot* ◆ **1.1** ~ witches *acht heksen* **3.1** he bought ~ *hij kocht er acht;* he drives an ~ *hij rijdt met een acht-cylinder;* they formed an ~ *zij vormden een achttal/een achtspan* **5.1** at ~ o'clock *om acht uur* **6.1** a poem **in** ~s *een gedicht in achtlettergrepige regels;* arranged **in** ~s *per acht gerangschikt;* ⟨boek.⟩ printed **in** ~s *in octavo gedrukt*.
eight·een ['eɪ'ti:n]⟨f3⟩⟨telw.⟩ **0.1** ***achttien*** ⟨ook voorwerp/groep ter waarde/grootte v. achttien⟩ ⇒⟨Australisch voetbal⟩ *achttiental, ploeg*.
eight·een·mo ['eɪ'ti:nmoʊ]⟨zn.⟩⟨boek.⟩
I ⟨telb.zn.⟩ **0.1** ***boek in octodecimo-formaat;***
II ⟨n.-telb.zn.⟩ **0.1** ***octodecimo***.
eight·eenth ['eɪ'ti:nθ]⟨f3⟩⟨telw.⟩ **0.1** ***achttiende***.
'eight·fold ⟨bn.; bw.⟩ **0.1** ***achtvoudig***.
eighth [eɪtθ]⟨f3⟩⟨telw.⟩ **0.1** ***achtste*** ⇒⟨muz.⟩ *octaaf;* ⟨AE; muz.⟩ *achtste (noot)* ◆ **1.1** the ~ time *de achtste keer* **2.1** the ~ largest industry *de op zeven na grootste industrie* **3.1** she came ~ *ze kwam op de achtste plaats* **5.1** an ~ higher *een octaaf hoger* **6.1** written **in** ~s *in achtste noten geschreven;* the ~ **of** November *de achtste november* **¶.1** ~(ly) *ten achtste, in/op de achtste plaats*.

'eighth note ⟨telb.zn.⟩⟨AE; muz.⟩ **0.1** ***achtste*** ⟨1/8 noot⟩.
eight·i·eth ['eɪṭiɪθ]⟨f1⟩⟨telw.⟩ **0.1** ***tachtigste.***
eight·some ['eɪtsəm], **'eightsome 'reel** ⟨telb.zn.⟩ **0.1** ***Schotse dans*** ⟨voor acht personen⟩.
eight·y ['eɪṭi]⟨f3⟩⟨telw.⟩ **0.1** ***tachtig*** ⟨ook voorwerp/groep ter waarde/grootte v. tachtig⟩ ◆ **6.1** a man **in** his eighties *een man van in de tachtig;* **in** the eighties *in de jaren tachtig;* temperatures **in** the eighties *temperaturen boven de tachtig (graden).*
ein·korn ['aɪnkɔ:n‖-kɔrn]⟨n.-telb.zn.⟩⟨plantk.⟩ **0.1** ***eenkoorn*** ⟨Triticum monococcum⟩.
ein·stein·i·um ['aɪn'staɪnɪəm]⟨n.-telb.zn.⟩⟨schei.⟩ **0.1** ***einsteinium*** ⟨element 99⟩.
Eir·e ['eərə‖'erə]⟨eig.n.⟩ **0.1** ***Eire*** *⇒(Republiek) Ierland.*
eirenic →irenic.
ei·ren·i·con, i·ren·i·con [aɪ'ri:nɪkɒn‖-nəkɑn]⟨n.-telb.zn.⟩ **0.1** ***vredesvoorstel*** *⇒voorstel tot verzoening.*
Eis·tedd·fod [aɪ'stedfəd‖-vəd]⟨telb.zn.; ook eisteddfodau [-daɪ]; →mv. 5; ook e-⟩ **0.1** ***eisteddfod*** ⟨wedstrijd in dichtkunst, zang, dans, muziek in Wales⟩.
ei·ther[1] ['aɪðə‖'i:ðər]⟨f3⟩⟨onb.vnw.; →onbepaald woord⟩ **0.1** ***één van beide(n)/de twee*** **0.2** ***beide(n)*** *⇒alle twee, allebei, onverschillig welke v.d. twee* ◆ **3.1** I wanted to speak to Dave and Hugh but I didn't meet ~ *ik wilde met Dave en Hugh spreken maar ik ben geen v. beiden tegengekomen* **6.1** choose ~ **of** the colours *kies één v.d. twee kleuren* **6.2** ~ **of** them will tell you *ze zullen het je beiden vertellen* **¶.2** 'Sherry or hock?' 'Either' *'Sherry of Rijnwijn?' 'Maakt niet uit', 'Om 't even'.*
either[2] ⟨f3⟩⟨bw.⟩ **0.1** ⟨na ontkenning⟩ ***evenmin*** *⇒ook niet, bovendien* **0.2** ***evengoed*** *⇒net zo goed, ook, zelfs, desnoods* ◆ **3.1** he didn't wait, nor did I ~ *hij heeft niet gewacht, en ik trouwens ook niet;* she doesn't like apples, nor oranges ~ *ze lust geen appels en ook geen sinaasappels;* he is hardworking and not unfriendly ~ *hij is een harde werker en bovendien niet onvriendelijk;* it's snowing. It isn't ~ *het sneeuwt. Niet waar!/Wel nee!* **3.2** if John cannot do it Mary might ~ *als John het niet kan doen kan Mary het misschien wel;* who would want to teach those boys, or those girls ~? *wie zou aan die jongens les willen geven, of zelfs aan die meisjes?.*
either[3] ⟨f3⟩⟨onb.det.; →onbepaald woord⟩ **0.1** ***één v. beide*** *⇒onverschillig welke v.d. twee* **0.2** ***beide*** ◆ **1.1** use ~ hand *gebruik welke hand dan ook* **1.2** in ~ case, ~ way *in beide gevallen, in elk geval, hoe dan ook;* of ~ sex *v. beiderlei kunne;* cars parked on ~ side *auto's aan beide kanten geparkeerd.*
either[4] ⟨f4⟩⟨nevensch.vw.; gebruikt met or om gecoördineerde woord(groep)en of zinnen in te leiden⟩ **0.1** ***of*** *⇒ofwel, hetzij* ◆ **1.1** have ~ cheese or a dessert *neem kaas of een toetje* **2.1** she is ~ lazy or stupid *ze is (of) lui of dom* **¶.1** ~ you finish your meal or you get no dessert *of je eet je bord leeg of je krijgt geen toetje;* you can ~ go to Germany or to Switzerland or both *je kunt of naar Duitsland gaan of naar Zwitserland of naar allebei.*
'ei·ther-'or ⟨telb.zn.⟩⟨inf.⟩ **0.1** ***of-of keuze*** *⇒keuze uit twee alternatieven.*
e·jac·u·late[1] [ɪ'dʒækjʊlət‖-kjə-]⟨n.-telb.zn.⟩ **0.1** ***uitgestort zaad*** *⇒ejaculaat.*
ejaculate[2] [ɪ'dʒækjʊleɪt‖-kjə-]⟨f1⟩⟨ww.⟩
I ⟨onov.ww.⟩ **0.1** ***ejaculeren*** *⇒een zaadlozing hebben;*
II ⟨ov.ww.⟩ **0.1** ***uitstorten*** *⇒uitspuiten, uitwerpen, ejaculeren, lozen* ⟨i.h.b. sperma⟩ **0.2** ***uitroepen*** *⇒plotseling uitbrengen.*
e·jac·u·la·tion [ɪ'dʒækjʊ'leɪʃn‖-kjə-]⟨f1⟩⟨zn.⟩
I ⟨telb.zn.⟩ **0.1** ***uitroep*** *⇒kreet* **0.2** ***schietgebedje;***
II ⟨telb. en n.-telb.zn.⟩ **0.1** ***ejaculatie*** *⇒zaadlozing, zaademissie, het uitspuiten.*
e·jac·u·la·to·ry [ɪ'dʒækjʊlətri‖-kjələtɔri]⟨bn., attr.⟩ **0.1** ***ejaculatie-*** *⇒uitstortings-* **0.2** ***uitroepend*** *⇒alles eruit gooiend* ◆ **1.2** ~ prayer *schietgebedje.*
e·ject [ɪ'dʒekt]⟨f1⟩⟨ww.⟩
I ⟨onov.ww.⟩ **0.1** ***een vliegtuig verlaten met een schietstoel*** *⇒de schietstoel gebruiken;*
II ⟨ov.ww.⟩ **0.1** ***uitgooien*** *⇒uitzetten, verdrijven, uitstoten, afzetten* **0.2** ***uitwerpen*** *⇒uitspuiten, uitbraken* ⟨v. vulkaan⟩, *lozen* **0.3** ⟨sport⟩ ***van het veld sturen*** *⇒de rode kaart geven* ◆ **6.1** the bouncers ~ed the rowdies **from** the dance-hall *de uitsmijters gooiden de herrieschoppers uit de discotheek;* ~ s.o. **from** the house *iem. uit het huis zetten;* ~ s.o. **from** an office *iem. uit een ambt ontzetten.*
e·jec·ta [ɪ'dʒektə]⟨mv.; ww. ook enk.⟩ **0.1** ***uitgeworpen (vulkanisch) materiaal.***
e·jec·tion [ɪ'dʒekʃn]⟨f1⟩⟨telb. en n.-telb.zn.⟩ **0.1** ***verdrijving*** *⇒(ambts)ontzetting, afzetting, exmissie* ⟨uit woning⟩ **0.2** ***uitwerping*** *⇒het uitspuiten, lozing, ejectie* **0.3** ***uitgeworpen (vulkanisch) materiaal*** **0.4** ⟨sport, i.h.b. voetbal⟩ ***uitsluiting*** *⇒rode kaart.*
e·jec·tive [ɪ'dʒektɪv]⟨bn.; -ly⟩ **0.1** ***uitwerpend*** *⇒uitstotend.*
e·ject·ment [ɪ'dʒektmənt]⟨telb. en n.-telb.zn.⟩ **0.1** ***uitzetting*** ⟨uit huis⟩ **0.2** ***verdrijving*** *⇒(ambts)ontzetting* **0.3** ***uitwerping*** *⇒lozing.*
e·jec·tor [ɪ'dʒektə‖-ər]⟨telb.zn.⟩ **0.1** ***uitwerper*** ⟨ook v. geweer⟩ *⇒uitstoter* **0.2** ***ejector*** *⇒ejecteur.*
e'jector seat, ⟨vnl. AE⟩ **e'jection seat** ⟨f1⟩⟨telb.zn.⟩ **0.1** ***schietstoel.***
eke[1] [i:k]⟨ov.ww.⟩ **0.1** ***verlengen*** *⇒uitleggen* ⟨kleding⟩ ◆ **5.¶** →eke out.
eke[2] ⟨bw.⟩⟨vero.⟩ **0.1** ***ook*** *⇒tevens, eveneens.*
'eke 'out ⟨f1⟩⟨ov.ww.⟩ **0.1** ***rekken*** ⟨ook voorraden⟩ *⇒aanvullen, op zijn voordeligst gebruiken* **0.2** ***bijeenscharrelen*** *⇒bijeengaren* ◆ **1.2** ~ a living *(met moeite) zijn kostje bijeenscharrelen.*
EKG ⟨telb.zn.⟩⟨afk.⟩ electrocardiogram ⟨AE⟩ **0.1** ***ecg*** *⇒elektrocardiogram.*
e·kis·ti·cian ['ɪkɪ'stɪʃn]⟨telb.zn.⟩ **0.1** ⟨ong.⟩ ***planoloog.***
e·kis·tics [ɪ'kɪstɪks]⟨mv.; ww. enk.⟩ **0.1** ***wetenschap v.d. menselijke vestiging*** *⇒*⟨ong.⟩ *planologie.*
ek·ka ['ekɑ:, 'ekə]⟨telb.zn.⟩⟨Ind. E⟩ **0.1** ***ekka*** ⟨tweewielig wagentje, getrokken door paard⟩ *⇒*⟨ong.⟩ *buggy.*
el [el]⟨telb.zn.⟩⟨afk.⟩ elevated railway ⟨AE; inf.⟩ **0.1** ***luchtspoorweg.***
e·lab·o·rate[1] [ɪ'læbrət]⟨f3⟩⟨bn.; -ly; -ness⟩ **0.1** ***gedetailleerd*** *⇒uitgebreid, uitvoerig* **0.2** ***met zorg voorbereid en uitgewerkt*** *⇒fijn afgewerkt, nauwgezet, minutieus* **0.3** ***ingewikkeld*** *⇒doorwrocht.*
elaborate[2] [ɪ'læbəreɪt]⟨f2⟩⟨ww.⟩
I ⟨onov.ww.⟩ **0.1** ***uitweiden*** ◆ **6.1** ~ **(up)on** *uitweiden over;*
II ⟨ov.ww.⟩ **0.1** ***in detail uitwerken*** *⇒uitvoerig behandelen, tot in details bespreken, uitweiden over* **0.2** ***(moeizaam) voortbrengen*** *⇒met inspanning produceren, creëren* **0.3** ***ontwikkelen*** *⇒voortbrengen.*
e·lab·o·ra·tion [ɪ'læbə'reɪʃn]⟨f1⟩⟨zn.⟩
I ⟨telb.zn.⟩ **0.1** ***ingewikkeldheid*** *⇒(te grote) gedetailleerdheid, (te veel) versierselen;*
II ⟨n.-telb.zn.⟩ **0.1** ***uitweiding*** *⇒detaillering, uitvoerige behandeling* **0.2** ***zorgvuldige uitvoering.***
e·lab·o·ra·tive [ɪ'læbrətɪv‖-bəreɪṭɪv]⟨bn.; -ly⟩ **0.1** ***uitweidend*** *⇒gedetailleerd.*
é·lan [eɪ'lɑ:n, eɪ'læn]⟨n.-telb.zn.⟩ **0.1** ***elan*** *⇒bezieldheid, vuur, onstuimigheid, enthousiasme.*
e·land ['i:lənd]⟨telb.zn.⟩⟨dierk.⟩ **0.1** ***elandantilope*** ⟨Taurotragus oryx⟩ **0.2** ***Livingstones elandantilope*** ⟨T. derbianus⟩.
é·lan vi·tal [eɪ'lɑ:n vi:'tɑ:l]⟨n.-telb.zn.⟩ **0.1** ***élan vital*** ⟨term v.d. wijsgeer H. Bergson⟩ *⇒stuwkracht.*
e·lapse[1] [ɪ'læps]⟨telb.zn.⟩ **0.1** ***periode*** *⇒tijdspanne.*
elapse[2] ⟨f2⟩⟨onov.ww.⟩ **0.1** ***verstrijken*** *⇒voorbijgaan, verlopen* ◆ **1.1** ~d time *(reis)tijd.*
e·las·mo·branch [ɪ'læzməbræŋk]⟨telb.zn.⟩ **0.1** ***kraakbeenvis*** ⟨als rog, haai, v. klasse Chondricthyes⟩.
e·las·tic[1] [ɪ'læstɪk]⟨f1⟩⟨zn.⟩
I ⟨telb.zn.⟩ **0.1** ***elastiekje;***
II ⟨n.-telb.zn.⟩ **0.1** ***elastiek.***
elastic[2] ⟨f2⟩⟨bn.; -ally; →bijw. 3⟩ **0.1** ***elastieken*** *⇒van elastiek* **0.2** ***elastisch*** *⇒rekbaar, veerkrachtig, lenig* **0.3** ***flexibel*** *⇒buigzaam, soepel* **0.4** ***opgewekt*** *⇒levendig, veerkrachtig* ◆ **1.1** ⟨BE⟩ ~ band *elastiekje;* ~ stocking *elastieken kous(eband), steunkous* **1.3** she has an ~ consience *haar geweten is van elastiek, ze neemt het niet zo nauw.*
e·las·ti·cat·ed [ɪ'læstɪkeɪṭɪd]⟨bn.⟩ **0.1** ***elastisch*** ⟨v. weefsel⟩.
e·las·tic·i·ty ['i:læ'stɪsəṭi‖ɪ'læ-]⟨f2⟩⟨n.-telb.zn.⟩ **0.1** ***elasticiteit*** *⇒veerkracht, spankracht, rek(baarheid), lenigheid* **0.2** ***flexibiliteit*** *⇒buigzaamheid* **0.3** ***levendigheid.***
e·las·ti·cize [ɪ'læstɪsaɪz]⟨ov.ww.⟩ **0.1** ***elastisch maken*** ⟨met elastiek in weefsel/met elastieken inzet⟩ ◆ **1.1** ~d shoes *schoenen met elastieken instap.*
e·las·to·mer [ɪ'læstəmə‖-ər]⟨telb. en n.-telb.zn.⟩ **0.1** ***elastomeer.***
e·late[1] [ɪ'leɪt]⟨bn.⟩⟨vero.⟩ **0.1** ***opgetogen*** *⇒verrukt, triomfantelijk, trots.*
elate[2] ⟨f1⟩⟨ov.ww.⟩ **0.1** ***verrukken*** *⇒in vervoering brengen, opgetogen maken, aanvuren* ◆ **6.1** be ~d **at/by** sth. *met iets verguld/in de wolken zijn.*
el·a·ter [ɪ'leɪtə‖ɪ'leɪṭər]⟨telb.zn.⟩⟨dierk.⟩ **0.1** ***kniptor*** ⟨fam. Elateridae⟩.
e·la·tion [ɪ'leɪʃn]⟨n.-telb.zn.⟩ **0.1** ***opgetogenheid*** *⇒verrukking, vervoering, (gevoel v.) trots.*
'E layer ⟨telb.zn.⟩ **0.1** ***E-laag*** ⟨laag in ionensfeer⟩.
el·bow[1] ['elboʊ]⟨f2⟩⟨telb.zn.⟩ **0.1** ***elleboog*** **0.2** ⟨ben. voor⟩ ***elleboog*** ⟨in pijp, enz.⟩ *⇒(scherpe) bocht; elleboogpijp* **0.3** ***knie(stuk)*** ◆ **3.¶** ⟨inf.⟩ bend/crook/lift/tip one's ~ *hijsen, zuipen, zich bedrinken;* ⟨inf.⟩ give s.o. the ~ *iem. de bons geven/afdanken;* ⟨sl.⟩ rub ~s with *omgaan met* ⟨i.h.b. mensen uit ander milieu⟩ **6.¶**

with her **at** your ~ *met haar in de buurt/naast je;* an **out at** ~s coat *een jas waar de ellebogen doorsteken, een versleten jas;* he looked slightly **out at** ~s *hij zag eruit alsof hij aan lager wal was, hij liep er wat haveloos/verfomfaaid bij;* she is **up to** the ~s in work *zij zit tot over haar oren in het werk.*

elbow[2] ⟨f1⟩ ⟨ww.⟩
I ⟨onov.ww.⟩ **0.1** ***zich een weg banen*** ⟨met de ellebogen⟩ ⇒*met de ellebogen dringen/duwen/werken* **0.2** ***een bocht maken/vormen*** **0.3** ⟨sl.⟩ ***vriendschappelijk omgaan;***
II ⟨ov.ww.⟩ **0.1** ***zich banen*** ◆ **1.1** they had to ~ their way out of the shop *ze moesten zich met de ellebogen een weg uit de winkel banen.*

'elbow chair ⟨telb.zn.⟩ ⟨AE⟩ **0.1** ***armstoel*** ⇒*leunstoel.*

'elbow grease ⟨n.-telb.zn.⟩ ⟨inf.⟩ ⟨→sprw. 136⟩ **0.1** ***zwaar werk*** ⇒⟨i.h.b.⟩ *poetswerk, schoonmaakwerk* ◆ **3.1** show a bit of ~ *de handen flink uit de mouwen steken.*

'el·bow·room ⟨n.-telb.zn.⟩ **0.1** ***bewegingsruimte*** ⇒*bewegingsvrijheid, armslag.*

eld [eld] ⟨n.-telb.zn.⟩ ⟨vero.⟩ **0.1** ***ouderdom*** **0.2** ***oudheid.***

el·der[1] ['eldə‖-ər], ⟨in bet. 0.6 ook⟩ **elder tree** ⟨f2⟩ ⟨telb.zn.⟩ **0.1** ⟨vaak mv.⟩ ***oudere*** **0.2** ⟨vaak the⟩ ***oudste*** ⟨v. twee⟩ **0.3** ***voorganger*** ⇒*ouderling* **0.4** ***oudste*** ⇒*bestuurder, senator, eerbiedwaardige* **0.5** ⟨gesch.⟩ ***ouderling*** ⟨bij de eerste christenen⟩ ⇒*presbyter* **0.6** ⟨plantk.⟩ ***vlier*** ⇒*vlierboom* ⟨genus Sambucus⟩; ⟨i.h.b. BE⟩ *gewone vlier* ⟨S. nigra⟩ ◆ **6.1** he is my ~ **by** four years *hij is vier jaar ouder dan ik* **7.2** who's the ~, you or your brother? *wie is de oudste, jij of je broer?.*

elder[2] ⟨f2⟩ ⟨bn.⟩
I ⟨bn., attr.⟩ **0.1** ***oudste*** ⟨v. twee⟩ ⇒*oudere* **0.2** ***eerbiedwaardig*** ⇒*wijs* ◆ **1.2** ~ statesman *wijs staatsman, nestor* **1.¶** ⟨BE⟩ ~ brother/brethren *lid/leden v. Trinity House;* the Elder Edda *de Poëtische Edda;* ⟨kaartspel⟩ ~ hand *speler op de voorhand;*
II ⟨bn., attr., bn., post.; the⟩ **0.1** ***oude(re)*** ⇒*senior* ◆ **7.1** the ~ Jones/Jones the ~ *de oude Jones, Jones senior.*

el·der·ber·ry ['eldəbri‖'eldərberi] ⟨f1⟩ ⟨telb.zn.⟩ **0.1** ***vlierbes*** ⇒*vlierbezie.*

'elderberry 'wine ⟨n.-telb.zn.⟩ **0.1** ***vlierbeswijn.***

el·der·ly ['eldəli‖-dər-] ⟨f3⟩ ⟨bn.; -ness; →bijw. 3⟩ **0.1** ***op leeftijd*** ⇒*bejaard, oudachtig* ◆ **7.1** a home for the ~ *een bejaardentehuis.*

el·der·ship ['eldəʃɪp‖-dər-] ⟨n.-telb.zn.⟩ **0.1** ***ouderlingschap*** **0.2** ***ouderlingen*** **0.3** ***ouderdom.***

eld·est[1] ['eldɪst] ⟨f2⟩ ⟨telb.zn.; geen mv.⟩ **0.1** ***oudste (zoon/dochter/familielid).***

eldest[2] ⟨f2⟩ ⟨bn.⟩ **0.1** ***oudste*** ⟨v. drie of meer⟩ ◆ **1.¶** ⟨kaartspel⟩ the ~ hand *de speler op de voorhand.*

El Do·ra·do, el·do·ra·do ['eldə'rɑ:doʊ] ⟨telb.zn.⟩ **0.1** ***eldorado*** ⇒*paradijs, land v. overvloed.*

el·dritch ['eldrɪtʃ] ⟨bn.⟩ ⟨Sch.E⟩ **0.1** ***vreemd*** ⇒*mysterieus, eng, griezelig, spookachtig.*

El·e·at·ic[1] ['eli'ætɪk] ⟨telb.zn.⟩ **0.1** ***Eleaat*** ⟨wijsgeer v.d. Eleatische school⟩.

Eleatic[2] ⟨bn.⟩ **0.1** ***Eleatisch*** ⟨v.d. Griekse wijsgerige school⟩.

el·e·cam·pane ['elɪkæm'peɪn] ⟨telb.zn.⟩ ⟨plantk.⟩ **0.1** ***Griekse alant*** ⟨Inula helenium⟩.

e·lect[1] [ɪ'lekt] ⟨f1⟩ ⟨bn., post.⟩ **0.1** ***gekozen*** ⟨maar nog niet geïnstalleerd⟩ **0.2** ⟨theol.⟩ ***uitverkoren*** ⇒*zalig* ◆ **1.1** the president ~ *de nieuwgekozen president* **7.2** the ~ *de uitverkorenen (v. God)* ⟨ook fig.⟩.

elect[2] ⟨f3⟩ ⟨ov.ww.⟩ **0.1** ***kiezen*** ⇒*uitkiezen, verkiezen (als)* **0.2** ⟨theol.⟩ ***uitverkiezen*** **0.3** ***besluiten*** ◆ **3.3** ~ to become a lawyer *besluiten jurist te worden* **4.1** ~ s.o. as/to be president of the society *iem. tot president v.d. vereniging kiezen* **6.1** ~ s.o. **to** the Board *iem. in/voor het bestuur kiezen.*

e·lec·tion [ɪ'lekʃn] ⟨f3⟩ ⟨telb. en n.-telb.zn.⟩ **0.1** ***verkiezing*** ⇒*keus, het (uit)kiezen* **0.2** ⟨theol.⟩ ***het uitverkoren zijn.***

e'lection campaign ⟨telb.zn.⟩ **0.1** ***verkiezingscampagne.***

E'lection Day ⟨f1⟩ ⟨eig.n.⟩ **0.1** ***verkiezingsdag*** ⟨in de U.S.A., dag v. nationale verkiezingen⟩ ⇒*Election day.*

e·lec·tion·eer[1] [ɪ'lekʃə'nɪə‖-'nɪr] ⟨f1⟩ ⟨telb.zn.⟩ **0.1** ***stemmenwerver.***

electioneer[2] ⟨onov.ww.⟩ **0.1** ***stemmen werven*** ⇒*op verkiezingscampagne gaan, kiezers winnen* ⟨voor verkiezingskandidaat/partij⟩.

e'lection results ⟨mv.⟩ **0.1** ***verkiezingsresultaten.***

e'lection victory ⟨telb.zn.⟩ **0.1** ***verkiezingsoverwinning.***

e·lec·tive[1] [ɪ'lektɪv] ⟨telb.zn.⟩ ⟨AE⟩ **0.1** ***facultatief vak*** ⇒*keuzevak.*

elective[2] ⟨bn.; -ly; -ness⟩ **0.1** ***verkiezings-*** ⇒*kies-, keur-, electoraal* **0.2** ***gekozen*** ⇒*verkiesbaar, verkoren* **0.3** ⟨AE⟩ ***facultatief*** ⇒*keuze-, optioneel* ◆ **1.3** ~ subject *keuzevak.*

e·lec·tor [ɪ'lektə‖-ər] ⟨f2⟩ ⟨telb.zn.⟩ **0.1** ***kiezer*** ⇒*kiesgerechtigde* **0.2** ⟨AE⟩ ***kiesman*** **0.3** ⟨E-⟩ ⟨gesch.⟩ ***keurvorst*** ⇒*elector.*

e·lec·tor·al [ɪ'lektrəl] ⟨f2⟩ ⟨bn., attr.⟩ **0.1** ***kies-*** ⇒*kiezers-* **0.2** ***electoraal*** ⇒*verkiezings-* **0.3** ⟨E-⟩ ⟨gesch.⟩ ***electoraal*** ⇒*keurvorstelijk* ◆ **1.1** ~ college *kiescollege* ⟨kiest president v. U.S.A.⟩; ~ register/roll *kiesregister* **1.2** ~ agreement/pact *stembusakkoord;* ~ campaign *verkiezingscampagne.*

e·lec·tor·ate [ɪ'lektrət] ⟨f1⟩ ⟨zn.⟩
I ⟨telb.zn.⟩ ⟨Austr. E⟩ **0.1** ***kiesdistrict;***
II ⟨n.-telb.zn.⟩ ⟨gesch.⟩ **0.1** ***electoraat*** ⇒*waardigheid v. keurvorst, keurvorstendom;*
III ⟨verz.n.⟩ **0.1** ***electoraat*** ⇒*de kiezers, kiezerscorps.*

e·lec·tor·ship [ɪ'lektəʃɪp‖-tər-] ⟨n.-telb.zn.⟩ **0.1** ***kiesgerechtigdheid*** **0.2** ⟨AE⟩ ***lidmaatschap v. kiescollege*** **0.3** ⟨gesch.⟩ ***waardigheid v. keurvorst.***

E·lec·tra Com·plex [ɪ'lektrə ˌkɒmpleks‖-ˌkɑm-] ⟨telb.zn.⟩ ⟨psych.⟩ **0.1** ***Electra complex.***

e·lec·tress [ɪ'lektrɪs] ⟨telb.zn.⟩ ⟨gesch.⟩ **0.1** ***keurvorstin.***

e·lec·tret [ɪ'lektrɪt] ⟨telb.zn.⟩ **0.1** ***elektreet*** ⟨analogon v. magneet⟩.

e·lec·tric[1] [ɪ'lektrɪk] ⟨f1⟩ ⟨zn.⟩
I ⟨telb.zn.⟩ **0.1** ⟨BE⟩ ***elektrisch circuit*** ⇒*elektrische lamp* **0.2** ⟨inf.⟩ ***elektrisch voertuig*** ⇒*elektrische trein/auto;*
II ⟨n.-telb.zn.⟩ ⟨BE; inf.⟩ **0.1** ***elektriciteit;***
III ⟨mv.; ~s⟩ **0.1** ***elektrische apparaten.***

electric[2] ⟨f3⟩ ⟨bn.; -ly⟩ **0.1** ***elektrisch*** ⇒*elektriseer-* **0.2** ***opwindend*** ⇒*opzwepend, prikkelend, elektriserend* **0.3** ⟨fig.⟩ ***gespannen*** ◆ **1.1** ~ blanket *elektrische deken;* ~ chair *(doodstraf op de) elektrische stoel;* ⟨AE⟩ ~ cord *elektriciteitskabel;* ~ eel *sidderaal;* ~ eye *elektronisch oog, foto(-elektrische) cel;* ~ fence *schrikdraadafrastering;* ~ field *elektrisch veld;* ~ fire *elektrische kachel, straalkachel;* ⟨BE⟩ ~ flex *elektrische leiding, stroomdraad;* ~ generator *generator;* ~ guitar *elektrische gitaar;* ~ hare *kunsthaas* ⟨bij windhondrennen⟩; ~ motor *elektromotor;* ~ organ *elektrisch orgaan; elektrisch orgel;* ~ ray *sidderrog;* ~ shock *elektrische schok, elektroshock;* ⟨AE⟩ ~ shock therapy *elektroshocktherapie;* ~ storm *onweer;* ⟨BE⟩ ~ torch *zaklantaarn* **1.¶** ⟨vaak attr.⟩ ~ blue *staalblauw, helder lichtblauw.*

e·lec·tri·cal [ɪ'lektrɪkl] ⟨f2⟩ ⟨bn.; -ly⟩ **0.1** ***elektrisch*** ⇒*elektro-* **0.2** ***opwindend*** ⇒*opzwepend, prikkelend, elektriserend* ◆ **1.1** ~ engineer *elektrotechnicus, elektrotechnisch ingenieur;* ~ engineering *elektrotechniek.*

e·lec·tri·cian [ɪ'lek'trɪʃn] ⟨f1⟩ ⟨telb.zn.⟩ **0.1** ***elektricien*** ⇒*elektromonteur.*

e·lec·tric·i·ty [ɪ'lek'trɪsəṭi] ⟨f3⟩ ⟨n.-telb.zn.⟩ **0.1** ***elektriciteit*** ⇒*elektrische stroom/lading* **0.2** ***elektriciteitsleer*** **0.3** ***opgewondenheid*** ⇒*geestdrift, enthousiasme.*

e·lec·tri·fi·ca·tion [ɪ'lektrɪfɪ'keɪʃn] ⟨n.-telb.zn.⟩ **0.1** ***elektrisering*** ⇒*het onder spanning/stroom zetten* **0.2** ***elektrificatie*** ⇒*het voorzien v. elektrische installaties* **0.3** ***bezieling*** ⇒*het opwinden, het geestdriftig maken/worden.*

e·lec·tri·fy [ɪ'lektrɪfaɪ] ⟨f1⟩ ⟨ov.ww.; →ww. 7⟩ **0.1** ***elektriseren*** ⇒*onder spanning/stroom zetten* **0.2** ***elektrificeren*** ⇒*voorzien v. elektrische installaties* **0.3** ***opwinden*** ⇒*geestdriftig maken* **0.4** ***laten schrikken*** ⟨als door een schok⟩ ◆ **1.4** his performance electrified the spectators *zijn voorstelling shockeerde de kijkers.*

e·lec·tro [ɪ'lektroʊ] ⟨telb.zn.⟩ ⟨verk.⟩ electroplate, electrotype ⟨inf.⟩.

e·lec·tro- [ɪ'lektroʊ] **0.1** ***elektro-*** ◆ **¶.1** electromagnet *elektromagneet.*

e·lec·tro·bi·ol·o·gy [-baɪ'ɒlədʒi‖-'ɑlə-] ⟨n.-telb.zn.⟩ **0.1** ***elektrobiologie.***

e·lec·tro·car·di·o·gram [-'kɑ:dɪəgræm‖-'kɑr-] ⟨f1⟩ ⟨telb.zn.⟩ **0.1** ***elektrocardiogram.***

e·lec·tro·car·di·o·graph [-'kɑ:dɪəgrɑ:f‖-'kɑrdɪəgræf] ⟨telb.zn.⟩ **0.1** ***elektrocardiograaf.***

e·lec·tro·car·di·og·ra·phy [-kɑ:di'ɒgrəfi‖-kɑrdi'ɑ-] ⟨n.-telb.zn.⟩ **0.1** ***elektrocardiografie.***

e·lec·tro·chem·i·cal [-'kemɪkl] ⟨bn.; -ly⟩ **0.1** ***elektrochemisch.***

e·lec·tro·chem·is·try [-'kemɪstri] ⟨n.-telb.zn.⟩ **0.1** ***elektrochemie.***

e·lec·tro·con·vul·sive [-kən'vʌlsɪv] ⟨bn., attr.⟩ **0.1** ***elektroshock-*** ◆ **1.1** ~ therapy *elektroshocktherapie.*

e·lec·tro·cute [ɪ'lektrəkju:t] ⟨f1⟩ ⟨ov.ww.⟩ **0.1** ***elektrokuteren*** ⇒*d.m.v. elektrische stroom/op de elektrische stoel ter dood brengen.*

e·lec·tro·cu·tion [ɪ'lektrə'kju:ʃn] ⟨telb. en n.-telb.zn.⟩ **0.1** ***elektrokutie.***

e·lec·trode [ɪ'lektroʊd] ⟨f1⟩ ⟨telb.zn.⟩ **0.1** ***elektrode.***

e·lec·tro·dy·nam·ic [ɪ'lektroʊdaɪ'næmɪk] ⟨bn.⟩ **0.1** ***elektrodynamisch.***

e·lec·tro·dy·nam·ics [-daɪ'næmɪks] ⟨mv.; ww. vaak enk.⟩ **0.1** ***elektrodynamica.***

e·lec·tro·en·ceph·a·lo·gram [-ɪn'sefələgræm] ⟨telb.zn.⟩ **0.1** ***elektroencefalogram.***

e·lec·tro·en·ceph·a·lo·graph [-ɪn'sefələgrɑ:f‖-græf] ⟨telb.zn.⟩ **0.1** ***elektro-encefalograaf.***

e·lec·tro·en·ceph·a·log·ra·phy [-ɪnsefəˈlɒgrəfi‖-ˈlɑ-]⟨n.-telb.zn.⟩ **0.1** ***elektro-encefalografie.***
e·lec·tro·hy·drau·lic [-haɪˈdrɔ:lɪk]⟨bn.⟩ **0.1** ***elektrohydraulisch.***
e·lec·tro·hy·drau·lics [-haɪˈdrɔ:lɪks]⟨mv.; ww. vnl. enk.⟩ **0.1** ***elektrohydraulica.***
e·lec·tro·lier [ɪˈlektrəˈlɪə‖-ˈlɪr]⟨telb.zn.⟩ **0.1** ***elektrische (kroon)luchter.***
e·lec·tro·lyse, ⟨AE⟩ **-lyze** [ɪˈlektrəlaɪz]⟨ov.ww.⟩⟨schei.⟩ **0.1** ***elektrolyseren.***
e·lec·trol·y·sis [ˈɪlekˈtrɒlɪsɪs‖-ˈtrɑ-]⟨telb. en n.-telb.zn.; electrolyses [-si:z]; →mv. 5⟩⟨schei., ook med.⟩ **0.1** ***elektrolyse.***
e·lec·tro·lyte [ɪˈlektrəlaɪt]⟨telb. en n.-telb.zn.⟩⟨schei.⟩ **0.1** ***elektrolyt.***
e·lec·tro·lyt·ic [ɪˈlektrəˈlɪṭɪk]⟨bn.⟩⟨schei.⟩ **0.1** ***elektrolytisch.***
e·lec·tro·mag·net [ɪˈlektroʊˈmægnɪt]⟨telb.zn.⟩ **0.1** ***elektromagneet.***
e·lec·tro·mag·net·ic [-mægˈneṭɪk]⟨bn.; -ally; →bijw. 3⟩ **0.1** ***elektromagnetisch*** ◆ **1.1** ~ radiation *elektromagnetische straling.*
e·lec·tro·mag·net·ism [-ˈmægnɪtɪzm]⟨n.-telb.zn.⟩ **0.1** ***elektromagnetisme.***
e·lec·tro·me·chan·i·cal [-mɪˈkænɪkl]⟨bn.⟩ **0.1** ***elektrisch (voortbewogen)*** ◆ **1.1** an ~ device *een elektrisch instrument.*
e·lec·trom·e·ter [ˈɪlekˈtrɒmɪtə‖-ˈtrɑmɪṭər]⟨telb.zn.⟩ **0.1** ***elektrometer.***
e·lec·tro·met·ric [ɪˈlektrəˈmetrɪk]⟨bn.; -ally; →bijw. 3⟩ **0.1** ***elektrometrisch.***
e·lec·tro·mo·tion [-ˈmoʊʃn]⟨n.-telb.zn.⟩ **0.1** ***voortbeweging door elektriciteit.***
e·lec·tro·mo·tive [-ˈmoʊṭɪv]⟨bn.⟩ **0.1** ***elektriciteit opwekkend*** ◆ **1.1** ~ force *elektromotorische kracht, bronspanning.*
e·lec·tro·mo·tor [-ˈmoʊtə‖-ˈmoʊṭər]⟨telb.zn.⟩ **0.1** ***elektromotor.***
e·lec·tron [ɪˈlektrɒn‖-trɑn]⟨f2⟩⟨telb.zn.⟩ **0.1** ***elektron*** ⇒*negaton* ◆ **2.1** positive ~ *posit(r)on.*
eˈlectron beam ⟨telb.zn.⟩ **0.1** ***elektronenstraal.***
e·lec·tro·neg·a·tive [ɪˈlektroʊˈnegəṭɪv]⟨bn.⟩ **0.1** ***elektronegatief*** ⇒*met negatieve elektrische lading.*
e·lec·tro·neg·a·tiv·i·ty [ɪˈlektroʊˈnegəˈtɪvəṭi]⟨n.-telb.zn.⟩ **0.1** ***elektronegativiteit.***
eˈlectron gun ⟨telb.zn.⟩ **0.1** ***elektronenkanon.***
e·lec·tron·ic [ˈɪlekˈtrɒnɪk‖-ˈtrɑ-]⟨f2⟩⟨bn.; -ally; →bijw. 3⟩ **0.1** ***elektronisch*** ◆ **1.1** ⟨inf.⟩ ~ brain *elektronische computer;* ~ data processing *elektronische informatieverwerking;* ~ flash *elektronenflitser;* ~ funds transfer *elektronische betaling/geldovermaking;* ~ game *computerspelletje;* ~ mail *elektronische post.*
e·lec·tron·ics [ˈɪlekˈtrɒnɪks‖-ˈtrɑ-]⟨f2⟩⟨mv.; ww. vnl. enk.⟩ **0.1** ***elektronica.***
eˈlectron lens ⟨telb.zn.⟩ **0.1** ***elektronenlens.***
eˈlectron ˈmicroscope ⟨telb.zn.⟩ **0.1** ***elektronenmicroscoop.***
ˈelectron ˈoptics ⟨mv.; ww. vnl. enk.⟩ **0.1** ***elektronenoptica.***
eˈlectron pair ⟨telb.zn.⟩ **0.1** ***elektronenpaar.***
eˈlec·tron-volt ⟨n.-telb.zn.⟩ **0.1** ***elektronvolt.***
e·lec·tro·phon·ic [ɪˈlektrəˈfɒnɪk‖-ˈfɑnɪk]⟨bn.; -ally; →bijw. 3⟩ **0.1** ***elektronisch*** ⟨v. muziek, enz.⟩.
e·lec·tro·pho·re·sis [-fəˈri:sɪs]⟨telb. en n.-telb.zn.; electrophoreses [-si:z]; →mv. 5⟩⟨nat.⟩ **0.1** ***elektroforese.***
e·lec·tro·pho·ret·ic [-fəˈreṭɪk]⟨bn.; -ally; →bijw. 3⟩⟨nat.⟩ **0.1** ***elektroforetisch.***
e·lec·troph·o·rus [ˈɪlekˈtrɒfərəs‖-ˈtrɑ-]⟨telb.zn.; electrophori [-raɪ]; →mv. 5⟩ **0.1** ***elektrofoor.***
e·lec·tro·plate[1] [ɪˈlektrəpleɪt]⟨n.-telb.zn.⟩ **0.1** ***pleet(werk)*** ⇒*pleetzilver.*
electroplate[2] ⟨ov.ww.⟩ **0.1** ***elektrolytisch bekleden met metaal*** ⇒*galvaniseren.*
e·lec·tro·plex·y [-pleksi]⟨n.-telb.zn.⟩⟨BE⟩ **0.1** ***elektrotherapie.***
e·lec·tro·pop [-pɒp‖-pɑp]⟨n.-telb.zn.⟩ **0.1** ***elektronische pop(muziek).***
e·lec·tro·pos·i·tive [-ˈpɒzətɪv‖-ˈpɑzəṭɪv]⟨bn.⟩ **0.1** ***positief (geladen)*** **0.2** ***elektropositief*** ⟨positieve ionen vormend⟩.
e·lec·tro·scope [-skoʊp]⟨telb.zn.⟩ **0.1** ***elektroscoop.***
e·lec·tro·scop·ic [-ˈskɒpɪk‖-ˈskɑpɪk]⟨bn.⟩ **0.1** ***elektroscopisch.***
e·lec·tro·shock [-ʃɒk‖-ʃɑk]⟨f1⟩⟨telb.zn.⟩ **0.1** ***elektroshock.***
eˈlectroshock therapy, eˈlectroshock treatment ⟨f1⟩⟨n.-telb.zn.⟩ **0.1** ***elektroshocktherapie.***
e·lec·tro·stat·ic [-ˈstæṭɪk]⟨bn.; -ally; →bijw. 3⟩ **0.1** ***elektrostatisch*** ◆ **1.1** ~ units *elektrostatische eenheden.*
e·lec·tro·stat·ics [-ˈstæṭɪks]⟨n.-telb.zn.⟩ **0.1** ***elektrostatica.***
e·lec·tro·tech·nic [-ˈteknɪk], **e·lec·tro·tech·ni·cal** [-ɪkl]⟨bn.; -(al)ly; →bijw. 3⟩ **0.1** ***elektrotechnisch.***
e·lec·tro·tech·nics [-ˈteknɪks]⟨n.-telb.zn.⟩ **0.1** ***elektrotechniek.***
e·lec·tro·tech·nol·o·gy [-tekˈnɒlədʒi‖-ˈnɑ-]⟨n.-telb.zn.⟩ **0.1** ***elektrotechniek.***
e·lec·tro·ther·a·peu·tics [-θerəˈpju:ṭɪk]⟨n.-telb.zn.⟩ **0.1** ***elektrotherapie.***
e·lec·tro·ther·a·pist [-ˈθerəpɪst]⟨telb.zn.⟩ **0.1** ***elektrotherapeut.***
e·lec·tro·ther·a·py ⟨telb. en n.-telb.zn.; →mv. 2⟩ **0.1** ***elektrotherapie.***
e·lec·tro·ther·mal [-ˈθɜ:ml‖-ˈθɜrml]⟨bn.⟩ **0.1** ***elektrothermisch.***
e·lec·tro·ther·mics [-ˈθɜ:mɪks‖-ˈθɜr-]⟨n.-telb.zn.⟩ **0.1** ***elektrothermica.***
e·lec·trot·o·nus [ˈɪlekˈtrɒtənəs‖-ˈtrɑtn·əs]⟨n.-telb.zn.⟩ **0.1** ***elektrotonus*** ⟨in zenuw⟩.
e·lec·tro·type[1] [ɪˈlektrətaɪp]⟨zn.⟩⟨druk.⟩
I ⟨telb.zn.⟩ **0.1** ***galvano;***
II ⟨n.-telb.zn.⟩ **0.1** ***elektrotypie*** ⇒*galvanoplastiek.*
electrotype[2] ⟨ov.ww.⟩⟨druk.⟩ **0.1** ***een galvano maken v.*** ⇒*galvanoplastisch reproduceren/clicheren.*
e·lec·tro·va·lence [-ˈveɪləns], **e·lec·tro·va·len·cy** [-si]⟨n.-telb.zn.⟩ **0.1** ***elektrovalentie.***
e·lec·tro·va·lent [-ˈveɪlənt]⟨bn.; -ly⟩ **0.1** ***elektrovalent.***
e·lec·trum [ɪˈlektrəm]⟨n.-telb.zn.⟩ **0.1** ***elektron*** ⇒*elektrum, zilverhoudend gouderts* ⟨goudlegering, ook als mineraal⟩.
e·lec·tu·ar·y [ɪˈlektʃʊəri‖-tʃʊeri]⟨telb.zn.; →mv. 2⟩ **0.1** ***likkepot*** ⇒*electuarium, stroperig geneesmiddel.*
el·ee·mos·y·nar·y [ˈeliɪˈmɒsɪnəri‖ˈeləˈmɑsɪneri]⟨bn.⟩ **0.1** ***liefdadig*** ⇒*liefdadigheids-* **0.2** ***v. aalmoezen levend*** **0.3** ***als aalmoes*** ⇒*gratis.*
el·e·gance [ˈelɪgəns], **el·e·gan·cy** [-si]⟨f2⟩⟨zn.; →mv. 2⟩
I ⟨telb.zn.⟩ **0.1** ***iets elegants;***
II ⟨n.-telb.zn.⟩ **0.1** ***elegantie*** ⇒*élégance, sierlijkheid, bevalligheid, netheid, verfijndheid.*
el·e·gant[1] [ˈelɪgənt]⟨telb.zn.⟩ **0.1** ***fat*** ⇒*dandy.*
elegant[2] ⟨f3⟩⟨bn.; -ly⟩ **0.1** ***elegant*** ⇒*bevallig, sierlijk, verfijnd, keurig, smaakvol, verzorgd* **0.2** ⟨inf.⟩ ***puik*** ⇒*eersterangs, prima, uitstekend.*
el·e·gi·ac[1] [ˈelɪˈdʒaɪək]⟨telb.zn.; vnl. mv.⟩ **0.1** ***elegisch vers/distichon/gedicht.***
elegiac[2], **el·e·gi·a·cal** [ˈelɪˈdʒaɪkl]⟨bn.; -(al)ly; →bijw. 3⟩ **0.1** ***elegisch*** ⇒*mbt. elegische poëzie, treur-, klaag-* **0.2** ***weemoedig*** ⇒*klagend, elegisch* ◆ **1.1** ~ couplet *elegisch distichon;* ~ poem *treurdicht;* ~ stanza *elegische strofe* ⟨vierregelig, in vijfvoetige jamben⟩.
el·e·gist [ˈelɪdʒɪst]⟨telb.zn.⟩ **0.1** ***treurdichter*** ⇒*elegisch dichter.*
el·e·gize, -gise [ˈelɪdʒaɪz]⟨ww.⟩
I ⟨onov.ww.⟩ **0.1** ***een treurdicht schrijven*** **0.2** ***elegisch/op weemoedige toon schrijven;***
II ⟨ov.ww.⟩ **0.1** ***een treurdicht schrijven op/over.***
el·e·gy [ˈelɪdʒi]⟨f1⟩⟨telb.zn.; →mv. 2⟩ **0.1** ***elegie*** ⇒*treurdicht, klaagdicht, klaaglied, treurzang.*
el·e·ment [ˈelɪmənt]⟨f3⟩⟨zn.⟩
I ⟨telb.zn.⟩ **0.1** ***element*** ⇒*onderdeel, (hoofd)bestanddeel, component, factor* **0.2** ⟨g.mv.⟩⟨ben. voor⟩ ***bep. hoeveelheid*** ⇒*iets, wat, vleug, spoor* **0.3** ***element*** ⇒*hoofdstof* **0.4** ⟨schei., wisk.⟩ ***element*** **0.5** ***verwarmingselement*** **0.6** ***elektrode*** ◆ **1.2** there is an ~ of truth in it *er zit wel wat waars in* **2.1** rebellious ~s *oproerkraaiers* **3.1** reduce sth. to its ~s *iets analyseren* **6.1 in** one's ~ *in zijn element;* **out of** one's ~ *als een vis op het droge* **7.1** there are a few ~s we could do without *er zijn een paar elementen/wat lui waar we heel goed buiten kunnen* **7.3** the four ~s *de vier elementen* ⟨aarde, water, vuur, lucht⟩;
II ⟨mv.; ~s; the⟩ **0.1** ***de elementen*** ⟨v.h. weer⟩ **0.2** ***(grond)beginselen*** ⇒*grondslagen* **0.3** ⟨vnl. E-⟩ ***brood en wijn*** ⟨in eucharistieviering⟩ ◆ **1.1** the fury of the ~s *het woeden der elementen, storm en ontij* **1.2** Euclid's Elements *Elementen v. Euclides* ⟨leerboek v.d. meetkunde⟩.
el·e·men·tal[1] [ˈelɪmenṭl]⟨telb.zn.⟩ **0.1** ***(natuur)geest*** ⇒*schim, spookgestalte, elementaire geest* **0.2** ⟨vnl. mv.⟩ ***grondbeginsel*** ⇒*eerste beginsel, basis(element), rudiment.*
elemental[2] ⟨f2⟩⟨bn.; -ly⟩ **0.1** ***v.d. elementen*** ⟨ook v.h. weer⟩ ⇒*elementair, natuur-, v.d. natuurkrachten* **0.2** ***primitief*** ⇒*eenvoudig, simpel, ruw* **0.3** ***essentieel*** ⇒*wezenlijk, fundamenteel, basis-, grond-* **0.4** ⟨schei.⟩ ***enkelvoudig*** ⇒*niet samengesteld* **0.5** ⟨schei.⟩ ***elementair*** ⇒*mbt. chemische elementen* ◆ **1.1** ~ force *natuurkracht, elementaire kracht;* ~ spirits *elementaire geesten, natuurgeesten, aard/lucht/vuur/watergeesten;* ~ worship *natuurverering* **1.2** ~ emotions *primitieve gevoelens* **1.3** ~ needs *basisbehoeften.*
el·e·men·ta·ry [ˈelɪˈmentri‖-ˈmenṭəri]⟨f3⟩⟨bn.; -ly; -ness; →bijw. 3⟩ **0.1** ***eenvoudig*** ⇒*simpel, makkelijk* **0.2** ***inleidend*** ⇒*begin(ners)-, aanvangs-, introductie-, elementair, basis-* **0.3** ⟨nat., schei.⟩ ***elementair*** **0.4** ⟨schei.⟩ ***enkelvoudig*** ⇒*onvermengd, zuiver* ⟨v. stoffen⟩ **0.5** ⟨wisk.⟩ ***elementair*** ◆ **1.2** ~ knowledge *elementaire kennis;* ~ school *lagere school, basisschool, basisonderwijs* **1.3** ~ particle *elementair deeltje.*
el·e·mi [ˈelɪmi]⟨telb. en n.-telb.zn.⟩ **0.1** ***elemi(hars).***

e·len·chus [ɪ'leŋkəs]⟨telb.zn.; elenchi [-kaɪ]; →mv. 5⟩ **0.1** ***logische weerlegging*** **0.2** ***syllogistische weerlegging*** ◆ **2.1** Socratic ~ *Socratische leerwijze.*

E·le·o'no·ra's 'falcon ⟨telb.zn.⟩⟨dierk.⟩ **0.1** ***Eleonora's valk*** ⟨Falco eleonorae⟩.

el·e·phant ['elɪfənt]⟨f3⟩⟨zn.⟩⟨→sprw. 137⟩

I ⟨telb.zn.⟩ **0.1** ***olifant*** ◆ **2.¶** pink ~ *hersenschim, hallucinatie, zinsbegoocheling;* white ~ *overbodig luxeartikel* **3.¶** see the ~ *zien wat er in het leven te koop is, de geneugten des levens leren kennen;*

II ⟨n.-telb.zn.⟩ **0.1** ***olifantspapier*** ⇒*olifants.*

'elephant bird ⟨telb.zn.⟩ **0.1** ***aepyornis*** ⟨uitgestorven reuzenvogel⟩.

'el·e·phant-ear, 'el·e·phant's-ear ⟨telb.zn.⟩ **0.1** ***begonia*** **0.2** ⟨plantk.⟩ ***taro*** ⟨Colocasia antiquorum/esculenta⟩.

'elephant folio ⟨telb.zn.⟩ **0.1** ***olifantsfolio.***

'el·e·phant-hunt ⟨onov.ww.⟩⟨sl.⟩ **0.1** ***de achterbuurten bezoeken*** ⇒*neerbuigende belangstelling tonen.*

el·e·phan·ti·a·sis ['elɪfən'taɪəsɪs]⟨telb. en n.-telb.zn.; elephantiases [-si:z]; →mv. 5⟩ **0.1** ⟨med.⟩ ***elefantiasis*** ⇒*olifantsziekte, knobbelmelaatsheid* **0.2** ***uitdijing*** ⇒*opzwelling.*

el·e·phan·tine ['elɪ'fæntaɪn‖-ti:n]⟨bn.⟩ **0.1** ***olifant(s/e/en)-*** **0.2** ***log*** ⇒*(p)lomp, zwaar, olifante-* **0.3** ***enorm*** ⇒*reusachtig* ◆ **1.1** ~ memory *olifantegeheugen, lang werkend geheugen.*

el·e·phan·toid ['elɪ'fæntɔɪd]⟨bn.⟩ **0.1** ***olifantachtig.***

'elephant seal ⟨telb.zn.⟩ **0.1** ***zeeolifant.***

elev ⟨afk.⟩ elevation.

el·e·vate ['elɪveɪt]⟨f2⟩⟨ww.⟩ →elevated

I ⟨onov.ww.⟩⟨sl.⟩ **0.1** ***de handen in de lucht steken*** ⟨bij roofoverval⟩;

II ⟨ov.ww.⟩ **0.1** ***opheffen*** ⇒*verheffen, hoger plaatsen/stellen, omhoogbrengen, verhogen; opslaan* ⟨ogen⟩ **0.2** ***verhogen*** ⟨stem, spanning, hoop enz.⟩ ⇒*vergroten, opvoeren, doen stijgen, vermeerderen* **0.3** ***verheffen*** ⟨alleen fig.⟩ ⇒*opheffen, veredelen, op een hoger plan brengen* **0.4** ***promoveren*** ⇒*bevorderen, verheffen* **0.5** ***opvrolijken*** ⇒*opkikkeren, opbeuren, opmonteren* **0.6** ***hoger richten*** ⟨geweer, kanon⟩ **0.7** ***oprichten*** ⇒*optrekken/zetten, bouwen* **0.8** ⟨R.-K.⟩ ***opheffen*** ⟨hostie⟩ **0.9** ⟨sl.⟩ ***een roofoverval plegen op/in*** ◆ **1.1** ~ one's eyes *de ogen opslaan/opheffen* **1.2** ~ one's voice *zijn stem verheffen* **1.3** ~ the discussion *de discussie meer inhoud geven, de discussie op een hoger plan tillen;* elevating play *verheffend/stichtend stuk* **6.4** ~d **to** the presidency *tot president verheven.*

el·e·vat·ed ['elɪveɪtɪd]⟨f2⟩⟨bn.; volt. deelw. v. elevate; -ly; -ness⟩ **0.1** ***verhoogd*** ⇒*opgeheven, hoog* **0.2** ***groot*** ⇒*hoog* ⟨v. temperatuur, spanning⟩ **0.3** ***verheven*** ⇒*voornaam, edel, (ver)fijn(d)* **0.4** ***verheffend*** ⇒*stichtelijk* **0.5** ***uitgelaten*** ⇒*opgetogen* **0.6** ⟨inf.⟩ ***aangeschoten*** ⇒*tipsy, in de wind* ◆ **1.1** ~ railway/⟨AE⟩ railroad *luchtspoor(weg)* **1.3** ~ thoughts *verheven gedachten* **7.1** the ~ *luchtspoorweg, verhoogde spoorweg.*

el·e·va·tion ['elɪ'veɪʃn]⟨f2⟩⟨zn.⟩

I ⟨telb.zn.⟩ **0.1** ***hoogte*** ⇒*verhevenheid, heuvel, ophoging* **0.2** ⟨g.mv.⟩ ***hoogte*** ⟨boven zeespiegel⟩ **0.3** ⟨bouwk.⟩ ***opstand (schets)*** ⟨vooraanzicht, gevel e.d.⟩ **0.4** ⟨g.mv.⟩ ***elevatie(hoek)*** ⟨v. kanon, raket⟩ **0.5** ***verhoging*** ⇒*vergroting, vermeerdering* ⟨v. druk e.d.⟩ **0.6** ⟨ballet⟩ ***sprong*** ◆ **6.2** be **at** an ~ of twenty meters *twintig meter boven de zeespiegel liggen* **6.4** **at** an ~ of fourty degrees *onder een elevatie(hoek) v. veertig graden;*

II ⟨telb. en n.-telb.zn.⟩ **0.1** ***verheffing*** ⇒*opheffing, elevatie, verhoging* **0.2** ***bevordering*** ⇒*promotie, verheffing* **0.3** ***uitbundigheid*** ⇒*uitgelatenheid* **0.4** ⟨g.mv.⟩ ***verhevenheid*** ⇒*waardigheid, grandeur* ⟨v. stijl, taal⟩;

III ⟨n.-telb.zn.; vnl. E-; the⟩⟨R.-K.⟩ **0.1** ***elevatie*** ⇒*opheffing* ◆ **1.1** the Elevation of the Host *de elevatie, de opheffing v.d. hostie.*

el·e·va·tor ['elɪveɪtə‖-veɪtər]⟨f2⟩⟨telb.zn.⟩ **0.1** ⟨AE⟩ ***lift*** **0.2** ***(band/ketting)elevator*** ⇒*graanelevator* **0.3** ***(graan)silo*** ⇒*graanpakhuis, elevator* **0.4** ⟨lucht.⟩ ***hoogteroer*** **0.5** ⟨anat.⟩ ***opheffer*** ⟨spier⟩ **0.6** ***elevatorium*** ⇒*elevator, heftang* ⟨v. chirurg⟩.

el·e·va·to·ry ['elɪveɪtri‖'elɪvətɔri]⟨bn.⟩ **0.1** ***opheffend*** ⇒*hef-.*

e·lev·en [ɪ'levn]⟨f3⟩⟨telw.⟩⟨→sprw. 586⟩ **0.1** ***elf*** ⟨ook voorwerp/groep ter waarde/grootte v. elf⟩ ⇒⟨i.h.b. sport⟩ *elftal, ploeg* ◆ **3.1** he takes an ~ *hij draagt maat elf* **7.¶** the Eleven *de elf apostelen* ⟨zonder Judas⟩.

e·lev·en·fold [ɪ'levnfould]⟨bn.; bw.⟩ **0.1** ***elfvoudig.***

e·lev·en-plus ⟨telb.zn.; the⟩⟨BE⟩ **0.1** ***toelatingsexamen voor het middelbaar onderwijs.***

e·lev·ens·es [ɪ'levnzɪz], **e·lev·ens** [ɪ'levnz]⟨mv.⟩⟨BE⟩ **0.1** ***elfuurtje*** ⇒*hapje om elf uur.*

e·lev·enth [ɪ'levnθ]⟨f2⟩⟨telw.⟩ **0.1** ***elfde*** ⇒⟨muz.⟩ *undecime* ◆ **1.1** ⟨vnl. fig.⟩ at the ~ hour *ter elfder ure;* ~-hour glitches *problemen v.h. elfde uur/v.h. laatste ogenblik.*

el·e·von ['eləvɒn‖-vɑn]⟨telb.zn.⟩⟨lucht.⟩ **0.1** ***hoogte-rolroer.***

elf [elf]⟨f1⟩⟨telb.zn.; elves [elvz]; →mv. 3⟩ **0.1** ***elf*** ⇒*boze geest, kobold, kabouter, trol, dwerg, fee* **0.2** ***dreumes*** ⇒*uk, peuter,* ⟨i.h.b.⟩ *schalk, rakker(tje), duiveltje, (kleine) schavuit.*

'elf arrow, 'elf bolt, 'elf dart ⟨telb.zn.⟩ **0.1** ***vuurstenen pijlpunt.***

'elf child ⟨telb.zn.⟩ **0.1** ***wisselkind.***

'elf fire ⟨telb. en n.-telb.zn.⟩ **0.1** ***dwaallicht.***

elf·in ['elfɪn]⟨bn.⟩ **0.1** ***(boze) geest(en)-*** ⇒*kabouterachtig, trol(len)-* **0.2** ***elfen-*** ⇒*elfachtig, feeëriek* **0.3** ***snaaks*** ⇒*schalks, ondeugend.*

elf·ish ['elfɪʃ], **elv·ish** [-vɪʃ]⟨bn.; -ly; -ness⟩ **0.1** ***schelms*** ⇒*duivelachtig, snaaks, vol streken, schalks* **0.2** ***elfen-*** ⇒*trol(len)-, elfachtig* **0.3** ***bovennatuurlijk*** ⇒*vreemd.*

'elf·land ⟨telb.zn.⟩ **0.1** ***sprookjesland*** ⇒*feeënland.*

'elf·lock ⟨telb.zn.⟩ **0.1** ***verwarde haarlok*** ⇒*Poolse (haar)vlecht.*

'elf-struck ⟨bn.⟩ **0.1** ***behekst*** ⇒*betoverd.*

e·lic·it [ɪ'lɪsɪt]⟨f2⟩⟨ov.ww.⟩ **0.1** ***ontlokken*** ⇒*uitlokken, loskrijgen* **0.2** ***onthullen*** ⇒*aan het licht brengen* **0.3** ***teweegbrengen*** ⇒*veroorzaken, opwekken* ◆ **1.1** ~ an answer from s.o. *een antwoord uit iem. krijgen.*

e·lic·i·ta·tion [ɪ'lɪsɪ'teɪʃn]⟨f1⟩⟨telb. en n.-telb.zn.⟩ **0.1** ***ontlokking*** ⇒*uitlokking, oproeping* **0.2** ***onthulling*** ⇒*blootlegging* **0.3** ***veroorzaking*** ⇒*opwekking.*

e·lide [ɪ'laɪd]⟨ov.ww.⟩⟨taalk.⟩ **0.1** ***elideren*** ⇒*weglaten, uitstoten.*

el·i·gi·bil·i·ty ['elɪdʒə'bɪləti]⟨f1⟩⟨n.-telb.zn.⟩ **0.1** ***geschiktheid*** ⇒*bevoegdheid, bekwaamheid, gepastheid.*

el·i·gi·ble[1] ['elɪdʒəbl]⟨telb.zn.⟩ **0.1** ***(geschikte) kandidaat*** ⇒*bevoegd persoon.*

eligible[2] ⟨f2⟩⟨bn.; -ly; →bijw. 3⟩ **0.1** ***in aanmerking komend*** ⇒*gepast, geschikt, bevoegd, bekwaam, verkiesbaar* **0.2** ***begeerlijk*** ⟨als partner⟩ ⇒*begerenswaardig, verkieslijk, wenselijk* ◆ **1.2** ~ bachelors *begerenswaardige vrijgezellen* **6.1** ~ **for** *in aanmerking komend voor;* ~ **for** (a) pension *pensioengerechtigd.*

e·lim·i·nate [ɪ'lɪmɪneɪt]⟨f3⟩⟨ov.ww.⟩ **0.1** ***verwijderen*** ⇒*uithalen, wegwerken, uitbannen, ver/uitdrijven* **0.2** ***uitsluiten*** ⇒*buiten beschouwing laten, terzijde schuiven, schrappen, elimineren* **0.3** ***uitschakelen*** ⟨in wedstrijd e.d.⟩ **0.4** ⟨inf.; euf. of scherts.⟩ ***v. kant maken*** ⇒*liquideren, elimineren, uit de weg ruimen* **0.5** ***uitscheiden*** ⇒*afscheiden, uitstoten, verwijderen, elimineren* ⟨afvalstoffen uit lichaam⟩ **0.6** ⟨schei.⟩ ***afscheiden*** ⇒*elimineren* **0.7** ⟨wisk.⟩ ***elimineren*** ◆ **1.1** ~ the misprints from this text *haal de drukfouten uit deze tekst* **6.1** ~ **from** *wegwerken uit.*

e·lim·i·na·tion [ɪ'lɪmɪ'neɪʃn]⟨f2⟩⟨zn.⟩

I ⟨telb. en n.-telb.zn.⟩ **0.1** ***verwijdering*** ⇒*uitbanning, eliminatie, wegwerking* **0.2** ***uitschakeling*** ⟨in wedstrijd e.d.⟩;

II ⟨n.-telb.zn.⟩ **0.1** ***uitsluiting*** ⇒*het schrappen* ⟨v. mogelijkheden⟩ **0.2** ⟨inf.; euf. of scherts.⟩ ***liquidatie*** ⇒*opruiming* **0.3** ***eliminatie*** ⟨v. afvalstoffen⟩ ⇒*uitscheiding* **0.4** ⟨schei.⟩ ***afscheiding*** ⟨uit verbinding⟩ ⇒*eliminatie* **0.5** ⟨wisk.⟩ ***eliminatie;***

III ⟨mv.; ~s⟩ **0.1** ***uitwerpselen.***

elimi'nation race ⟨telb.zn.⟩ **0.1** ***afvalwedstrijd.***

e·lim·i·na·tive [ɪ'lɪmɪnətɪv‖-neɪtɪv], **e·lim·i·na·to·ry** [-nətri‖-nətɔri]⟨bn.⟩ **0.1** ***eliminerend*** ⇒*afscheidend, wegwerkend, uitscheidings-* ◆ **1.1** ~ organs *uitscheidingsorganen.*

e·lim·i·na·tor [ɪ'lɪmɪneɪtə‖-neɪtər]⟨telb.zn.⟩ **0.1** ***batterijver-oplader/voeder*** ⟨v. transistorradio⟩.

e·li·sion [ɪ'lɪʒn]⟨telb. en n.-telb.zn.⟩⟨taalk.⟩ **0.1** ***elisie*** ⇒*weglating, uitstoting.*

e·lite, é·lite [eɪ'li:t]⟨f2⟩⟨zn.⟩

I ⟨n.-telb.zn.⟩ **0.1** ***elite*** ⟨lettertype v. schrijfmachine⟩;

II ⟨verz.n.⟩ **0.1** ***elite*** ⇒*keur, de beste(n).*

e·lit·ism, é·lit·ism [eɪ'li:tɪzm]⟨n.-telb.zn.⟩ **0.1** ***elitairisme*** **0.2** ***leiderschap v.e. elite*** ⇒*bestuur door een elite,* ⟨ong.⟩ *oligarchie, aristocratie* **0.3** ***voorkeur voor/geloof in (leiderschap v.e.) elite.***

e·lit·ist[1], **é·lit·ist** [eɪ'li:tɪst]⟨telb.zn.⟩ **0.1** ***elitair persoon.***

elitist[2], **élitist** ⟨bn.⟩ **0.1** ***elitair.***

e·lix·ir [ɪ'lɪksə‖-ər]⟨f1⟩⟨zn.⟩

I ⟨telb.zn.⟩ **0.1** ⟨ben. voor⟩ ***elixer*** ⇒*allesgenezer, panacee, wondermiddel; sterk extract, aftreksel, bitter, tinctuur* ◆ **1.1** ~ of life *levenselixer;*

II ⟨n.-telb.zn.⟩ **0.1** ***steen der wijzen*** ⇒*goudelixer* **0.2** ***kwintessens*** ⇒*kern, wezen.*

E·liz·a·be·than[1] [ɪ'lɪzə'bi:θn]⟨f1⟩⟨telb.zn.⟩ **0.1** ***Elizabethaan*** ⟨tijdgeno(o)t(e) v. Elizabeth I v. Engeland⟩.

Elizabethan[2] ⟨f2⟩⟨bn.⟩ **0.1** ***elizabethaans*** ◆ **1.1** ~ age *elizabethaanse periode;* ~ music *elisabethaanse muziek;* ~ sonnet *Shakespeare-sonnet.*

elk [elk]⟨f1⟩⟨zn.; ook elk; →mv. 4⟩

I ⟨telb.zn.⟩ **0.1** ⟨dierk.⟩ ***eland*** ⟨Alces alces⟩ **0.2** ⟨dierk.⟩ ***(Amerikaanse) eland*** ⇒*moose* ⟨Alces alces americana⟩ **0.3** ⟨AE; dierk.⟩ ***wapiti*** ⟨Cervus canadensis⟩ **0.4** ⟨E-⟩⟨AE⟩ ***Elk*** ⟨lid v.d. Benevolent and Protective Order of Elks of the World⟩;

II ⟨n.-telb.zn.⟩ **0.1** ***soort juchtleer*** ⟨lijkt op elandsvel⟩.

'elk·hound ⟨telb.zn.⟩ **0.1** ***elandhond.***

ell ⟨telb.zn.⟩ **0.1** ⟨gesch.⟩ ***(Engelse) el*** ⟨45 inch⟩ **0.2** ***vleugel*** ⟨v.e. gebouw⟩ ◆ **1.1** ⟨fig.⟩ give him an inch and he will take an ~ *als je hem een vinger geeft, neemt hij de hele hand.*

el·lipse [ɪ'lɪps]⟨f1⟩⟨zn.⟩
I ⟨telb.zn.⟩⟨wisk.⟩ **0.1** ***ellips*** ⇒*ovaal;*
II ⟨telb. en n.-telb.zn.⟩⟨taalk.⟩ **0.1** ***ellips*** ⇒*weglating.*

el·lip·sis [ɪ'lɪpsɪs]⟨f1⟩⟨zn.; ellipses [-si:z]; →mv. 5⟩
I ⟨telb.zn.⟩⟨druk.⟩ **0.1** ***weglatingsteken*** ⟨drie punten / sterretjes⟩;
II ⟨telb. en n.-telb.zn.⟩⟨taalk.⟩ **0.1** ***ellips*** ⇒*weglating.*

el·lip·so·graph [ɪ'lɪpsəgrɑ:f‖-græf]⟨telb.zn.⟩ **0.1** ***ellipsograaf*** ⇒*ellipspasser.*

el·lip·soid [ɪ'lɪpsɔɪd]⟨telb.zn.⟩⟨wisk.⟩ **0.1** ***ellipsoïde.***

el·lip·tic [ɪ'lɪptɪk], **el·lip·ti·cal** [-ɪkl]⟨f1⟩⟨bn.; -(al)ly; -(al)ness; →bijw. 3⟩ **0.1** ***elliptisch*** ⟨ook taalk.⟩ ⇒*onvolledig, incompleet* **0.2** ⟨wisk.⟩ ***elliptisch*** ⇒*ellipsvormig, langwerpig rond, ovaal* ◆ **1.1** an ~ sentence *een elliptische zin, een raadselachtige zin* **1.2** ~ arch *ellipsboog;* ~ compass *ellipsograaf, ellipspasser.*

el·lip·tic·i·ty ['elɪp'tɪsət̬i]⟨n.-telb.zn.⟩ **0.1** ***ellipticiteit*** ⇒*het elliptisch zijn, elliptische vorm.*

el·ly bay ['elibeɪ]⟨telb.zn.⟩⟨sl.⟩ **0.1** ***buik*** ⇒*maag.*

elm [elm], ⟨in bet. I ook⟩ **'elm tree,** ⟨in bet. II ook⟩ **'elm wood** ⟨f2⟩ ⟨zn.⟩
I ⟨telb.zn.⟩⟨plantk.⟩ **0.1** ***iep*** ⇒*olm* ⟨genus Ulmus⟩;
II ⟨n.-telb.zn.⟩ **0.1** ***iepehout*** ⇒*olmehout.*

'elm bark beetle ⟨telb.zn.⟩ **0.1** ***iepespintkever*** ⟨brengt iepziekte over⟩.

'elm blight ⟨n.-telb.zn.⟩ **0.1** ***iepziekte.***

El·mer ['elmə‖-ər]⟨telb.zn.⟩⟨sl.⟩ **0.1** ***opzichter*** **0.2** ***dom jongetje.***

elm·y ['elmi]⟨bn.⟩ **0.1** ***iepachtig*** ⇒*olmen-* **0.2** ***olmrijk.***

el·o·cute ['eləkju:t]⟨onov.ww.⟩⟨scherts.⟩ **0.1** ***declameren.***

el·o·cu·tion ['elə'kju:ʃn]⟨f1⟩⟨n.-telb.zn.⟩ **0.1** ***elocutie*** ⇒*spreektrant, voordracht, wijze v. voordragen* **0.2** ***rede / voordrachtskunst*** ⇒*welbespraaktheid* **0.3** ***hoogdravende / gekunstelde spreektrant.***

el·o·cu·tion·ar·y ['elə'kju:ʃənri‖-ʃəneri]⟨bn.⟩ **0.1** ***oratorisch*** ⇒*redenaars-, voordrachts-.*

el·o·cu·tion·ist ['elə'kju:ʃənɪst]⟨telb.zn.⟩ **0.1** ***voordrachtskunstenaar*** ⇒*voordrager* **0.2** ***spraaklera(a)r(es)*** ⇒*dictielera(a)r(es).*

é·loge [eɪ'loʊʒ]⟨telb.zn.⟩ **0.1** ***eloge*** ⇒*lijkrede, lofrede / spraak* ⟨op overledene⟩.

E long ⟨afk.⟩ East Longitude.

e·lon·gate[1] ['i:lɒŋgeɪt‖ɪ'lɔŋ-]⟨bn.⟩ **0.1** ***uitgerekt*** ⇒*verlengd* **0.2** ***lang (werpig)*** ⇒*slank.*

elongate[2] ⟨f1⟩⟨ww.⟩
I ⟨onov.ww.⟩ **0.1** ***langer worden*** ⇒*zich verlengen, in de lengte groeien;*
II ⟨ov.ww.⟩ **0.1** ***(uit)rekken*** ⇒*verlengen, langer maken.*

e·lon·ga·tion ['i:lɒŋ'geɪʃn‖ɪ'lɔŋ-]⟨zn.⟩
I ⟨telb.zn.⟩ **0.1** ***verlengstuk*** ⇒*opzetstuk;*
II ⟨n.-telb.zn.⟩ **0.1** ***verlenging*** ⇒*het verlengen, (uit)rekking, rek* **0.2** ⟨ster.⟩ ***elongatie*** ⇒*afstandshoek.*

e·lope [ɪ'loʊp]⟨f1⟩⟨onov.ww.⟩ **0.1** ***er vandoor gaan*** ⟨vnl. met minnaar, of om in het geheim te trouwen⟩ ⇒*weglopen, de benen nemen, met de noorderzon vertrekken* ◆ **6.1** ~ **with** *er vandoor gaan met, zich laten schaken door.*

e·lope·ment [ɪ'loʊpmənt]⟨telb. en n.-telb.zn.⟩ **0.1** ***vlucht*** ⇒*ontsnapping, schaking.*

e·lop·er [ɪ'loʊpə‖-ər]⟨telb.zn.⟩ **0.1** ***(v. huis) weggelopene.***

el·o·quence ['eləkwəns]⟨f1⟩⟨n.-telb.zn.⟩ **0.1** ***welsprekendheid*** ⇒*welbespraaktheid, eloquentie, gave v.h. woord.*

el·o·quent ['eləkwənt]⟨f2⟩⟨bn.; -ly; -ness⟩ **0.1** ***welsprekend*** ⟨v. persoon, betoog⟩ ⇒*eloquent, welbespraakt* **0.2** ***sprekend*** ⟨alleen fig.⟩ ⇒*getuigend* ◆ **1.1** an ~ speech *een welsprekende / goede toespraak* **1.2** ~ silence *veelzeggende stilte* **6.2** be ~ **of** *getuigen / spreken v..*

El·san ['elsæn]⟨telb.zn.⟩ **0.1** ***chemisch toilet.***

else [els]⟨f4⟩⟨bw.⟩ **0.1** ***anders*** ⇒*nog meer* ◆ **4.1** anything ~? *verder nog iets?, anders niets?;* everybody ~ but you *behalve jij / op jou na iedereen;* little ~ *niet veel meer;* it's nobody else's business *verder gaat het niemand wat aan;* someone ~ *iemand anders;* that is something ~ again! *dat is heel wat anders!;* what ~ can I do? *wat kan ik anders / verder / nog meer doen?;* who ~? *wie anders?, wie nog?* **5.1** nowhere ~ *nergens anders;* when ~ can we meet? *wanneer kunnen we elkaar anders nog treffen?* **8.1** or ~ *anders, of (anders);* hurry, (or) ~ you'll miss your train *schiet op, anders mis je je trein (nog);* don't warn the police or ~, don't warn the police ~ *waarschuw de politie niet, anders / of anders.*

else·where ['els'weə‖'elshwer], **else·wheres** [-z]⟨f3⟩⟨bw.⟩ **0.1** ***elders*** ⇒*ergens anders* ◆ **3.1** look ~ *elders een kijkje nemen / te rade gaan.*

El·si·nore ['elsɪ'nɔ:‖-nɔr]⟨eig.n.⟩ **0.1** ***Elseneur*** ⟨Helsingør⟩.

ELT ⟨afk.⟩ English Language Teaching.

e·lu·ci·date [ɪ'lu:sɪ̣deɪt]⟨ov.ww.⟩ **0.1** ***(nader) toelichten*** ⇒*licht werpen op, ophelderen, verklaren, verduidelijken, elucideren.*

e·lu·ci·da·tion [ɪ'lu:sɪ̣'deɪʃn]⟨telb. en n.-telb.zn.⟩ **0.1** ***toelichting*** ⇒*elucidatie, opheldering, verklaring.*

e·lu·ci·da·tive [ɪ'lu:sɪ̣deɪt̬ɪv], **e·lu·ci·da·to·ry** [ɪ'lu:sɪ̣deɪtri‖-dətɔri]⟨bn.⟩ **0.1** ***verklarend*** ⇒*toelichtend, ophelderend.*

e·lu·ci·da·tor [ɪ'lu:sɪ̣deɪtə‖-deɪt̬ər]⟨telb.zn.⟩ **0.1** ***toelichter*** ⇒*uitlegger, verklaarder.*

e·lude [ɪ'lu:d]⟨f1⟩⟨ov.ww.⟩ **0.1** ***ontwijken*** ⇒*ontschieten, ontsnappen aan, eluderen, mijden;* ⟨fig.⟩ *ontduiken, zich onttrekken aan* ⟨plichten⟩, *uit de weg gaan* **0.2** ***ontgaan*** ⟨v. feit, naam⟩ ⇒*ontschieten, ontsnappen aan* ◆ **1.1** ~ capture *weten te ontkomen;* ~ the law *de wet ontduiken* **1.2** the meaning of your note ~s him *de bedoeling v. je briefje ontgaat hem / is hem niet duidelijk;* his name ~s me *zijn naam schiet me niet te binnen, ik ben zijn naam kwijt.*

e·lu·sion [ɪ'lu:ʒn]⟨n.-telb.zn.⟩ **0.1** ***ontwijking*** ⇒*ontsnapping, vermijding, ontduiking.*

e·lu·sive [ɪ'lu:sɪv], **e·lu·sor·y** [ɪ'lu:səri]⟨f1⟩⟨bn.; -ly; -ness; →bijw. 3⟩ **0.1** ***ontwijkend*** ⇒*elusief* **0.2** ***moeilijk te vangen*** **0.3** ***onvatbaar*** ⇒*ongrijpbaar, elusief, moeilijk te vinden / grijpen / definiëren* ◆ **1.3** an ~ name *een moeilijk te onthouden naam.*

e·lute [i:'lu:t, ɪ'lu:t]⟨ov.ww.⟩⟨schei.⟩ **0.1** ***uitwassen.***

e·lu·tri·ate [ɪ'lu:trieɪt]⟨ov.ww.⟩⟨schei.⟩ **0.1** ***elutreren*** ⇒*afslibben, uitwassen.*

e·lu·tri·a·tion [ɪ'lu:tri'eɪʃn]⟨n.-telb.zn.⟩⟨schei.⟩ **0.1** ***het elutriatie*** ⇒*het afslibben, elutie.*

e·lu·vi·um [ɪ'lu:vɪəm]⟨n.-telb.zn.⟩⟨geol.⟩ **0.1** ***eluvium.***

el·ver ['elvə‖-ər]⟨telb.zn.⟩ **0.1** ***elver*** ⇒*glasaal(tje), jonge paling.*

elves ⟨mv.⟩ →elf.

elvish →elfish.

E·ly·sian [ɪ'lɪzɪən]⟨bn.⟩ **0.1** ***Elysisch*** ⟨ook fig.⟩ ⇒*hemels, paradijselijk, verrukkelijk, zalig.*

E·ly·si·um [ɪ'lɪzɪəm]⟨zn.; ook Elysia [-zɪə]; →mv. 5⟩
I ⟨eig.n.⟩ **0.1** ***Elysium*** ⇒*Elyseïsche / Elyzeese velden;*
II ⟨telb.zn.⟩ **0.1** ***paradijs*** ⟨alleen fig.⟩ ⇒*hemel, Elysium, bekoorlijk oord.*

el·y·tron ['elətrɒn‖-trɑn], **el·y·trum** ['elətrəm]⟨telb.zn.; elytra [-trə]; →mv. 5⟩⟨dierk.⟩ **0.1** ***vleugelschild*** ⇒*dekvleugel, schild.*

El·ze·vir[1] ['elzɪvɪə‖-vɪr]⟨telb.zn.⟩ **0.1** ***elzevier*** ⟨uitgave, lettertype⟩.

Elzevir[2] ⟨bn., attr.⟩ **0.1** ***elzevier-.***

em [em]⟨telb.zn.⟩ **0.1** ***m*** ⟨letter⟩ **0.2** ⟨druk.⟩ ***vierkant*** **0.3** ⟨druk.⟩ ***lettergrootte v. twaalf punts.***

em- →en-.

'em →them.

EM ⟨afk.⟩ enlisted man.

e·ma·ci·ate [ɪ'meɪʃieɪt]⟨ov.ww.⟩ **0.1** ***uitmergelen*** ⇒*uitteren, vermageren.*

e·ma·ci·a·tion [ɪ'meɪʃi'eɪʃn]⟨n.-telb.zn.⟩ **0.1** ***uitmergeling*** ⇒*emaceratie, vermagering, wegtering, uittering.*

'e·mail ⟨n.-telb.zn.⟩⟨verk.⟩ electronic mail **0.1** ***elektronische post.***

em·a·nate ['eməneɪt]⟨ww.⟩⟨schr.⟩
I ⟨onov.ww.⟩ →emanate from;
II ⟨ov.ww.⟩ **0.1** ***uitstralen*** ⇒*uitzenden, uitwasemen, afgeven, afscheiden.*

'emanate from ⟨onov.ww.⟩⟨schr.⟩ **0.1** ***(voort)komen uit*** ⇒*uit / voortvloeien uit, emaneren uit, uitgaan v., afkomstig zijn v.* ◆ **1.1** the awful smell emanated from the withered flowers *de afschuwelijke geur kwam v.d. verlepte bloemen.*

em·a·na·tion ['emə'neɪʃn]⟨zn.⟩
I ⟨telb.zn.⟩ **0.1** ***uitvloeisel*** ⇒*gevolg, consequentie, resultaat;*
II ⟨telb. en n.-telb.zn.⟩ **0.1** ***uitvloeiïng*** ⇒*uitstroming, uitstraling, uitzending, emanatie;*
III ⟨n.-telb.zn.⟩⟨schei.⟩ **0.1** ***emanatie*** ⟨uit radium, thorium enz.⟩.

em·a·na·tive ['emənətɪv‖-neɪt̬ɪv]⟨bn.; -ly⟩ **0.1** ***uit / voortvloeiend*** ⇒*voortkomend, uitstromend, emanerend* **0.2** ***uitstralend*** ⇒*uitzendend, afgevend.*

e·man·ci·pate [ɪ'mænsɪ̣peɪt]⟨f2⟩⟨ov.ww.⟩ **0.1** ***vrijmaken*** ⟨slaven enz.⟩ ⇒*vrijstellen, emanciperen, bevrijden, zelfstandig maken / verklaren* **0.2** ***gelijkstellen voor de wet*** ⇒*emanciperen* **0.3** ⟨jur.⟩ ***emanciperen*** ⇒*mondig verklaren, vrijstellen v. voogdij / v.h. vaderlijk gezag* ◆ **1.1** ~d women *vrije vrouwen, geëmancipeerde vrouwen* **6.1** ~ **from** *vrijmaken v., bevrijden v..*

e·man·ci·pa·tion [ɪ'mænsɪ̣'peɪʃn]⟨f2⟩⟨telb. en n.-telb.zn.⟩ **0.1** ***bevrijding*** ⟨v. slaven⟩ ⇒*emancipatie, vrijmaking, ontvoogding, vrijverklaring* **0.2** ***emancipatie*** ⟨v. volk, vrouw⟩ ⇒*gelijkstelling voor de wet, het gelijkgerechtigd verklaren* **0.3** ⟨inf.⟩ ***geëmancipeerdheid*** ⇒*vrijheid, onafhankelijkheid* ◆ **1.2** the ~ of women *de emancipatie v.d. vrouw.*

e·man·ci·pa·tion·ist [ɪˈmænsɪˈpeɪʃənɪst]⟨telb.zn.⟩ **0.1** ***abolitionist*** ⇒*voorstander v.d afschaffing der slavernij* **0.2** ***voorstander v. emancipatie/gelijkstelling voor de wet.***

e·man·ci·pa·tor [ɪˈmænsɪpeɪtə‖-peɪt̬ər]⟨telb.zn.⟩ **0.1** ***bevrijder.***

e·man·ci·pist [ɪˈmænsɪpɪst]⟨telb.zn.⟩⟨Austr. E; gesch.⟩ **0.1** ***oudgevangene*** ⟨die zijn straftijd heeft uitgezeten⟩.

e·mas·cu·late[1] [ɪˈmæskjʊleɪt‖-skjə-]⟨bn.⟩ **0.1** ***gecastreerd*** ⇒*ontmand* **0.2** ***verwijfd*** ⇒*onmannelijk, (ver)week(t)* **0.3** ***krachteloos*** ⇒*slap, ontzenuwd.*

emasculate[2] ⟨ov.ww.⟩ **0.1** ***castreren*** ⇒*ontmannen, snijden* **0.2** ***ontkrachten*** ⇒*verzwakken, ontzenuwen, verarmen* ⟨taal⟩, *verslappen, week/verwijfd maken.*

e·mas·cu·la·tion [ɪˈmæskjʊˈleɪʃn‖-skjə-]⟨telb. en n.-telb.zn.⟩ **0.1** ***ontmanning*** ⇒*castratie* **0.2** ***ontkrachting*** ⇒*verslapping, verarming.*

e·mas·cu·la·tive [ɪˈmæskjʊlətɪv‖-skjəleɪt̬ɪv], **e·mas·cu·la·to·ry** [-tri‖-lətɔri]⟨bn.⟩ **0.1** ***ontkrachtend*** ⇒*slap/verwijfd makend* **0.2** ***castrerend*** ⇒*ontmannend.*

em·balm [ɪmˈbɑːm‖-ˈbɑ(l)m]⟨f1⟩⟨ov.ww.⟩ →embalmed **0.1** ***balsemen*** **0.2** ***aan de vergetelheid onttrekken*** **0.3** ***doorgeuren*** ⇒*parfumeren, balsemen.*

em·balmed [ɪmˈbɑːmd‖-ˈbɑ(l)md]⟨bn.; oorspr. volt. deelw. v. embalm⟩⟨AE; sl.⟩ **0.1** ***bezopen*** ⇒*zat.*

em·balm·er [ɪmˈbɑːmə‖-ˈbɑ(l)mər]⟨telb.zn.⟩ **0.1** ***balsemer.***

em·balm·ment [ɪmˈbɑːmmənt‖-ˈbɑ(l)m-]⟨telb. en n.-telb.zn.⟩ **0.1** ***balsem*** **0.2** ***balseming.***

em·bank [ɪmˈbæŋk]⟨ov.ww.⟩ **0.1** ***indijken*** ⇒*indammen* **0.2** ***bekaden.***

em·bank·ment [ɪmˈbæŋkmənt]⟨f2⟩⟨zn.⟩

I ⟨telb.zn.⟩ **0.1** ***dijk*** ⇒*dam, wal, bedijking* **0.2** ***opgehoogde baan/weg*** ⇒*spoorbaan, spoordijk* **0.3** ***kade;***

II ⟨n.-telb.zn.⟩ **0.1** ***indijking*** ⇒*indamming* **0.2** ***bekading.***

em·bar [ɪmˈbɑː‖-ˈbɑr]⟨ov.ww.; →ww. 7⟩ **0.1** ***achter de tralies stoppen*** ⇒*opsluiten, gevangen zetten* **0.2** ***beletten*** ⇒*belemmeren, stoppen* **0.3** ***een embargo leggen op.***

em·bar·go[1] [ɪmˈbɑːgoʊ‖-ˈbɑr-]⟨f1⟩⟨telb.zn.; -es; →mv. 2⟩ **0.1** ⟨ben. voor⟩ ***embargo*** ⟨v. schepen, handel⟩ ⇒*blokkade, beslag(legging); verbod, belemmering; uitvoerverbod* ◆ **3.1** lay/place under (an) embargo, put an ~ on *een embargo leggen op;* lift/raise/remove an ~ *een embargo opheffen* **6.1** these products are **under** an ~ *op deze produkten rust een embargo.*

embargo[2] ⟨ov.ww.⟩ **0.1** ⟨ben. voor⟩ ***een embargo leggen op*** ⇒*beslag leggen op; tegenhouden, blokkeren, stoppen.*

em·bark [ɪmˈbɑːk‖-ˈbɑrk]⟨f2⟩⟨ww.⟩

I ⟨onov.ww.⟩ **0.1** ***aan boord gaan*** ⇒*zich inschepen, zich embarkeren* **0.2** ***beginnen*** ⇒*v. start gaan, zich begeven/wagen, zich inlaten* ◆ **6.1** they ~ed **at** Rotterdam **for** Hull *zij scheepten zich te Rotterdam in voor/naar Hull* **6.2** ~ **(up)on** *zich begeven/wagen in, zich inlaten met, beginnen (aan);*

II ⟨ov.ww.⟩ **0.1** ***inschepen*** ⇒*inladen, embarkeren, aan boord doen gaan/brengen* **0.2** ***aan boord nemen*** ⟨v. schip⟩ **0.3** ***investeren*** ⇒*beleggen* ◆ **6.1** ~ **for** *verschepen/vertrekken naar.*

em·bar·ka·tion [ˈembɑːˈkeɪʃn‖-bɑr-], ⟨vero.⟩ **em·bark·ment** [ɪmˈbɑːkmənt‖-ˈbɑrk-]⟨f1⟩⟨zn.⟩

I ⟨telb. en n.-telb.zn.⟩ **0.1** ***inscheping*** ⇒*inlading, het aan boord gaan/brengen;*

II ⟨n.-telb.zn.⟩ **0.1** ***het beginnen*** ⇒*het aanvangen* ◆ **6.1** the ~ **on/upon** a new project *het beginnen aan een nieuw project.*

em·bar·ras de choix [ˈɑːmbərɑː də ˈʃwɑː], **em·bar·ras de ri·chesse (s)** [-riːˈʃes]⟨n.-telb.zn.⟩ **0.1** ***embarras du choix*** ⇒*te grote keuze, verlegen makende keus.*

em·bar·rass [ɪmˈbærəs]⟨f3⟩⟨ov.ww.⟩ →embarrassing **0.1** ***in verlegenheid brengen*** ⇒*verwarren, verlegen maken, v. zijn stuk brengen, uit het veld slaan, embarrasseren* **0.2** ***in geldverlegenheid brengen*** ⇒*in financiële moeilijkheden brengen* **0.3** ***hinderen*** ⇒*belemmeren, beletten, embarrasseren* **0.4** ***compliceren*** ⇒*ingewikkeld maken, bemoeilijken* ◆ **3.2** be ~ed *in geldproblemen zitten.*

em·bar·rass·ing [ɪmˈbærəsɪŋ]⟨f2⟩⟨bn.; teg. deelw. v. embarrass; -ly⟩ **0.1** ***beschamend*** ⇒*genant, pijnlijk, verlegen makend, lastig.*

em·bar·rass·ment [ɪmˈbærəsmənt]⟨f3⟩⟨zn.⟩

I ⟨telb.zn.⟩ **0.1** ***(geld)verlegenheid*** ⇒*(geld)probleem, moeilijkheid, complicatie* **0.2** ***hinder(nis)*** ⇒*belemmering, last, handicap, sta-in-de-weg* **0.3** ***overvloed*** ◆ **2.1** financial ~s *geldproblemen, financiële moeilijkheden;*

II ⟨n.-telb.zn.⟩ **0.1** ***verlegenheid*** ⇒*verwarring, gêne, onbehagen* **0.2** ***het in verlegenheid brengen*** ⇒*het verlegen maken.*

em·bas·sy [ˈembəsi]⟨f2⟩⟨telb.zn.; →mv. 2⟩ **0.1** ***ambassade*** ⇒*gezantschap* **0.2** ***ambassade*** ⇒*diplomatieke vertegenwoordigers* **0.3** ***ambassade(gebouw)*** ◆ **3.1** go/come/send on an ~ to *in ambassade gaan/komen/zenden naar.*

em·bat·tle [ɪmˈbætl]⟨ov.ww.⟩ →embattled **0.1** ***in slagorde scharen*** ⇒*voor de strijd klaarmaken, op de strijd voorbereiden* **0.2** ***versterken*** ⇒*fortificeren* **0.3** ⟨bouwk.⟩ ***v. kantelen/tinnen voorzien.***

em·bat·tled [ɪmˈbætld]⟨f1⟩⟨bn.; volt. deelw. v. embattle⟩ **0.1** ***in slagorde*** ⇒*gevechtsklaar* **0.2** ***versterkt*** ⇒*gefortificeerd* **0.3** ***omsingeld*** ⟨door vijanden⟩ **0.4** ***(voortdurend) in moeilijkheden*** **0.5** ⟨bouwk.; heraldiek⟩ ***gekanteeld.***

em·bat·tle·ment [ɪmˈbætlmənt]⟨telb.zn.⟩⟨bouwk.⟩ **0.1** ***kanteel*** ⇒*tinne, borstwering.*

em·bay [ɪmˈbeɪ]⟨ov.ww.⟩ **0.1** ***in een baai leggen/drijven*** **0.2** ***insluiten*** ⇒*omringen* ◆ **1.2** ~ed ships *in een baai schuilende/liggende schepen.*

em·bay·ment [ɪmˈbeɪmənt]⟨zn.⟩

I ⟨telb.zn.⟩ **0.1** ***baai*** ⇒*inham, bocht, golf, baaivorm;*

II ⟨n.-telb.zn.⟩ **0.1** ***baaivorming.***

em·bed, im·bed [ɪmˈbed]⟨f2⟩⟨ww.; →ww. 7⟩

I ⟨onov.ww.⟩ **0.1** ***zich vastzetten*** ⇒*verankerd raken;*

II ⟨ov.ww.⟩ **0.1** ***(vast)zetten*** ⇒*vastleggen, verankeren* **0.2** ***om/insluiten*** ⇒*omringen, omgeven; inbouwen* **0.3** ⟨taalk.⟩ ***inbedden*** ◆ **6.1** be ~ded **in** *vastzitten/gevat zijn in;* ~ded **in** the constitution *vastgelegd in de grondwet;* ~ded **in** her memory *in haar geheugen gegrift/geprent.*

em·bel·lish [ɪmˈbelɪʃ]⟨f1⟩⟨ov.ww.⟩ **0.1** ***verfraaien*** ⇒*versieren, embellisseren, opsmukken, tooien* ◆ **1.1** ~ a hat *een hoed versieren/opsieren;* ~ a story *een verhaal opsmukken/mooier maken* **6.1** ~ **with** *opsmukken met.*

em·bel·lish·ment [ɪmˈbelɪʃmənt]⟨telb. en n.-telb.zn.⟩ **0.1** ***verfraaiing*** ⇒*versiering, opsmuk(king).*

em·ber [ˈembə‖-ər]⟨f1⟩⟨zn.⟩

I ⟨telb.zn.⟩ **0.1** ***stukje gloeiend(e) kool/hout*** ⇒*sintel* **0.2** ⟨dierk.⟩ ***ijsduiker*** ⟨Gavia immer⟩;

II ⟨mv.; ~s⟩ **0.1** ***sintels*** ⇒*gloeiende as, smeulend vuur;* ⟨fig.⟩ *laatste vonken, resten.*

ˈember day ⟨telb.zn.⟩⟨relig.⟩ **0.1** ***quatertemperdag*** ⇒*vastendag.*

ˈem·ber·di·ver, ˈem·ber·goose ⟨telb.zn.⟩⟨dierk.⟩ **0.1** ***ijsduiker*** ⟨Gavia immer⟩.

em·bez·zle [ɪmˈbezl]⟨f1⟩⟨ov.ww.⟩ **0.1** ***verduisteren*** ⇒*achterhouden, verdonkeremanen.*

em·bez·zle·ment [ɪmˈbezlmənt]⟨f1⟩⟨telb. en n.-telb.zn.⟩ **0.1** ***verduistering.***

em·bez·zler [ɪmˈbezlə‖-ər]⟨telb.zn.⟩ **0.1** ***verduisteraar.***

em·bit·ter [ɪmˈbɪtə‖-ˈbɪt̬ər]⟨f1⟩⟨ov.ww.⟩ **0.1** ***verbitteren*** ⇒*bitter(der) maken, vergrammen* **0.2** ***verergeren*** ⇒*erger maken.*

em·bit·ter·ment [ɪmˈbɪtəmənt‖-ˈbɪt̬ər-]⟨f1⟩⟨n.-telb.zn.⟩ **0.1** ***verbittering*** ⇒*verbitterdheid, vergramming* **0.2** ***verergering.***

em·blaze [ɪmˈbleɪz]⟨ov.ww.⟩ **0.1** ***in brand steken*** ⇒*doen ontvlammen* **0.2** ***doen schitteren*** ⇒*in gloed zetten* **0.3** ⟨vero.⟩ →emblazon.

em·bla·zon [ɪmˈbleɪzn]⟨ov.ww.⟩ **0.1** ***rijkelijk versieren*** ⇒*uitdossen,* ⟨i.h.b.⟩ *(met wapens) beschilderen/uitvoeren* **0.2** ***fel/schitterend/opzichtig maken*** ⇒*doen schitteren* **0.3** ***uitbazuinen*** ⇒*ophemelen, verheerlijken, prijzen, verheffen* **0.4** ⟨heraldiek⟩ ***blazoeneren*** ⇒*blasonneren* ◆ **6.1** ~ed **with** the family arms *met het familiewapen erop geschilderd/aangebracht.*

em·bla·zon·er [ɪmˈbleɪznə‖-ər]⟨telb.zn.⟩ **0.1** ***blazoeneerder*** **0.2** ***wapenschilder.***

em·bla·zon·ment [ɪmˈbleɪznmənt]⟨telb.zn.; vnl. mv.⟩ **0.1** ***heraldieke figuur*** ⇒*wapenfiguur.*

em·bla·zon·ry [ɪmˈbleɪznri]⟨n.-telb.zn.⟩ **0.1** ***blazoeneerkunst*** ⇒*blazoenering, wapenkunst* **0.2** ***wapenfiguren*** ⇒*wapenbeelden/tekens, heraldieke figuren* **0.3** ***luister*** ⇒*praal, sier.*

em·blem[1] [ˈembləm]⟨f2⟩⟨telb.zn.⟩ **0.1** ***embleem*** ⇒*zinnebeeld, symbool, onderscheidingsteken* **0.2** ***emblema.***

emblem[2] ⟨ov.ww.⟩ **0.1** ***verzinnebeelden*** ⇒*symboliseren.*

em·blem·at·ic [ˈemblɪˈmæt̬ɪk], **em·blem·at·i·cal** [-ɪkl]⟨bn.; -(al)ly; →bijw. 3⟩ **0.1** ***emblematisch*** ⇒*zinnebeeldig, symbolisch* ◆ **6.1** be ~ **of** *symboliseren, het symbool zijn v..*

em·blem·a·tize, -tise [emˈblemətaɪz], **em·blem·ize** [ˈembləmaɪz]⟨ov.ww.⟩ **0.1** ***zinnebeeldig voorstellen*** ⇒*symboliseren, verzinnebeelden.*

ˈemblem book ⟨telb.zn.⟩ **0.1** ***emblematabundel.***

em·ble·ment [ˈembləmənt]⟨telb.zn.; vaak mv.⟩⟨jur.⟩ **0.1** ***opbrengst*** ⟨v.d. bodem⟩ ⇒*oogstopbrengst.*

em·bod·i·ment [ɪmˈbɒdɪmənt‖-ˈbɑ-]⟨f2⟩⟨zn.⟩

I ⟨telb.zn.⟩ **0.1** ***belichaming*** ⇒*verpersoonlijking, personificatie, incarnatie* ◆ **1.1** the ~ of virtue *de belichaming v. deugd;*

II ⟨n.-telb.zn.⟩ **0.1** ***belichaming*** ⇒*verwezenlijking* **0.2** ***inlijving*** ⇒*incorporatie, opname.*

em·bod·y [ɪmˈbɒdi‖-ˈbɑ-]⟨f2⟩⟨ov.ww.; →ww. 7⟩ **0.1** ***vorm geven (aan)*** ⇒*uitdrukken, verwezenlijken, belichamen* **0.2** ***belichamen*** ⇒*personifiëren, incarneren, verpersoonlijken* **0.3** ***be/omvatten***

⇒*insluiten, in zich hebben* **0.4** ***inlijven*** ⇒*verenigen, opnemen, incorporeren* **0.5** ⟨theol.⟩ ***lichamelijke gestalte geven aan*** ⇒*incarneren* ◆ **1.1** ~ one's thoughts *een concrete vorm geven aan zijn gedachten, zijn gedachten uitdrukken* **1.2** avarice embodied *geïncarneerde/vleesgeworden gierigheid* **1.4** all the different points of view were embodied in the article *alle verschillende standpunten waren opgenomen/verwerkt in het artikel* **6.1** ~ one's principles **in** actions *zijn principes tot uiting laten komen in daden.*

em·bog [ɪm'bɒg‖-'bɑg]⟨ov.ww.;→ww. 7⟩ **0.1** ***in een moeras doen zinken*** ⟨ook fig.⟩ ◆ **1.1** the meeting became ~ged in quarrels *de bijeenkomst verzandde in/liep vast in ruzies.*

em·bold·en [ɪm'boʊldən]⟨ov.ww.⟩ **0.1** ***aanmoedigen*** ⇒*aansporen, moed inspreken, verstouten, moed geven.*

em·bo·lec·to·my ['embə'lektəmi]⟨telb. en n.-telb.zn.;→mv. 2⟩ ⟨med.⟩ **0.1** ***embolectomie.***

em·bol·ic [em'bɒlɪk‖-'bɑ-]⟨bn.⟩⟨med.⟩ **0.1** ***embolisch*** ⇒*embolie-.*

em·bo·lism ['embəlɪzm]⟨zn.⟩
I ⟨telb.zn.⟩ **0.1** ⟨med.⟩ ***embolus*** ⟨klontertje dat embolie veroorzaakt⟩ **0.2** ***intercalatie*** ⇒*inlassing, tussenvoeging* ⟨in kalender⟩;
II ⟨telb. en n.-telb.zn.⟩⟨med.⟩ **0.1** ***embolie*** ⇒*bloedvatverstopping.*

em·bo·lis·mic ['embə'lɪzmɪk]⟨bn.⟩ **0.1** ***intercalerend*** ⇒*ingelast, schrikkel-* ◆ **1.1** ~ year *schrikkeljaar* ⟨jaar met dertien maanden in joodse kalender⟩.

em·bo·lus ['embələs]⟨telb.zn.; emboli [-laɪ];→mv. 5⟩⟨med.⟩ **0.1** ***embolus*** ⇒*prop, klonter(tje)* ⟨v. lucht/bloed/vet enz.⟩.

em·bon·point ['ɑ̃bɔ̃'pwɛ̃]⟨n.-telb.zn.⟩⟨euf.⟩ **0.1** ***embonpoint*** ⇒*gezetheid, robuustheid, welgedaanheid.*

em·bor·der [ɪm'bɔ:də‖ɪm'bɔrdər]⟨ov.ww.⟩ **0.1** ***omzomen*** ⇒*omboorden, begrenzen, afzetten.*

em·bos·om [ɪm'bʊzəm]⟨ov.ww.⟩⟨schr.⟩ **0.1** ***omhelzen*** ⇒*omarmen, aan het hart drukken* **0.2** ***beschutten*** ⇒*omsluiten/ringen/hullen/geven, insluiten* ◆ **6.2** ~ed **with/in** *omringd door, beschut door/tussen.*

em·boss [ɪm'bɒs‖ɪm'bɔs]⟨f1⟩⟨ov.ww.⟩ **0.1** ***bosseleren*** ⇒*voorzien v. reliëfversiering, drijven, in reliëf maken* **0.2** ***prenten*** ⇒*gaufreren, figuren drukken op* **0.3** ***(rijkelijk) versieren*** **0.4** ***doen uitsteken/uitpuilen*** ◆ **1.2** ~ed paper *gegaufreerd papier* **6.2** his address was ~ed **on** his writing paper *zijn adres was in reliëf op zijn schrijfpapier aangebracht/in zijn briefpapier geperst.*

em·boss·ment [ɪm'bɒsmənt‖-'bɔs-]⟨zn.⟩
I ⟨telb.zn.⟩ **0.1** ***verhevenheid;***
II ⟨n.-telb.zn.⟩ **0.1** ***verheven werk*** ⇒*reliëfwerk.*

em·bou·chure ['ɑ:mbʊ'ʃʊə‖-'ʃʊr]⟨telb.zn.⟩ **0.1** ***embouchure*** ⇒*mond(ing)* ⟨v. rivier, kanon, enz.⟩, *opening* ⟨v. dal⟩ **0.2** ***embouchure*** ⇒*mondstuk* ⟨van muziekinstrument⟩; ⟨bij uitbr.⟩ *aanzettingswijze* ⟨aan de mond⟩ ◆ **2.2** have a good ~ *een goede embouchure hebben, het blaasinstrument op de juiste wijze aan de mond weten te zetten.*

em·bour·geoise·ment [ɪm'bʊəʒwɑ:zmənt‖-'bʊr-]⟨n.-telb.zn.⟩ **0.1** ***verburgerlijking*** ⇒*vertrossing.*

em·bow [ɪm'boʊ]⟨ov.ww.⟩ →embowed **0.1** ***welven.***

em·bowed [ɪm'boʊd]⟨bn.; volt. deelw. v. embow⟩ **0.1** ***gewelfd*** ⇒*gekromd, gebogen, overwelfd.*

em·bow·el [ɪm'baʊəl]⟨ov.ww.;→ww. 7⟩⟨vero.⟩ **0.1** ***v.d. ingewanden ontdoen*** ⇒*ontweien* **0.2** ***de buik openrijten v..***

em·bow·er [ɪm'baʊə‖-ər]⟨ov.ww.⟩ **0.1** ***overwelven*** ⟨als met een prieel⟩ ⇒*overgroeien, omsluiten, beschutten, omringen* ◆ **6.1** ~ed among flowers *tussen bloemen verscholen;* ~ed **in** green *omgroeid, in het groen verscholen.*

em·brace[1] [ɪm'breɪs]⟨f2⟩⟨telb.zn.⟩ **0.1** ***omhelzing*** ⇒*omarming;* ⟨euf.⟩ *geslachtsgemeenschap* **0.2** ***omsluiting*** ⇒*insluiting, greep* **0.3** ***omhelzing*** ⇒*volkomen aanvaarding* ◆ **1.2** in the ~ of terror *in de greep v.d. angst.*

embrace[2] ⟨f2⟩⟨ww.⟩
I ⟨onov.ww.⟩ **0.1** ***elkaar omhelzen*** ⇒*elkaar in de armen sluiten, elkaar omarmen;*
II ⟨ov.ww.⟩ **0.1** ***omhelzen*** ⇒*omarmen, omvatten, omstrengelen, in de armen sluiten* **0.2** ***gebruik maken v.*** ⇒*aannemen, aangrijpen, ingaan op* **0.3** ***insluiten*** ⇒*bevatten, inhouden, omvatten, behelzen* **0.4** ***zich aansluiten bij*** ⟨geloof, partij⟩ ⇒*aannemen, aanvaarden, omhelzen* **0.5** ***omsluiten*** ⇒*omringen, insluiten, grijpen* **0.6** ***in zich opnemen*** ⇒*registreren* **0.7** ***aanvaarden*** ⟨ongeluk⟩ ⇒*accepteren* **0.8** ⟨jur.⟩ ***(trachten te) beïnvloeden*** ⟨jury, rechter, enz.⟩ ◆ **1.3** your essay ~s too many subjects *je opstel bevat te veel onderwerpen.*

em·brac·er, em·brace·or [ɪm'breɪsə‖-ər]⟨telb.zn.⟩⟨jur.⟩ **0.1** ***omkoper*** ⟨v. jury, enz.⟩.

em·brac·er·y [ɪm'breɪsəri]⟨telb. en n.-telb.zn.;→mv. 2⟩⟨jur.⟩ **0.1** ***(poging tot) beïnvloeding*** ⟨v. jury, rechter, enz.⟩.

em·branch·ment [ɪm'brɑ:ntʃmənt‖-'bræntʃ-]⟨telb.zn.⟩ **0.1** ***vertakking*** ⟨v. berg, rivier⟩ ⇒*aftakking, uitloper* **0.2** ***tak*** ⇒*branche, afdeling, filiaal, onderdeel.*

em·bran·gle [ɪm'bræŋgl]⟨ov.ww.⟩ **0.1** ***verwarren*** ⇒*verstrikken, verwikkelen, embrouilleren, in de war brengen.*

em·bran·gle·ment [ɪm'bræŋglmənt]⟨telb. en n.-telb.zn.⟩ **0.1** ***verwarring*** ⇒*verwikkeling, dooreenhaspeling, verstrikking.*

em·bra·sure [ɪm'breɪʒə‖-ər]⟨telb.zn.⟩ **0.1** ***schietgat*** ⇒*embrasure* **0.2** ⟨bouwk.⟩ ***neg(ge)*** ⟨binnenmuurse schuine verwijding v. deur/vensteropening⟩.

em·bra·sured [ɪm'breɪʒəd‖-ʒərd]⟨bn.⟩ **0.1** ***met schietgaten*** ⟨v. fort⟩.

em·brit·tle [ɪm'brɪtl]⟨ov.ww.⟩ **0.1** ***bros maken.***

em·bro·cate ['embrəkeɪt]⟨ov.ww.⟩ **0.1** ***inwrijven*** ⇒*insmeren, betten.*

em·bro·ca·tion ['embrə'keɪʃn]⟨zn.⟩
I ⟨telb. en n.-telb.zn.⟩ **0.1** ***(in)wrijfmiddel*** ⟨i.h.b. tegen spierpijn⟩ ⇒*smeersel;*
II ⟨n.-telb.zn.⟩ **0.1** ***het inwrijven.***

em·broi·der [ɪm'brɔɪdə‖-ər]⟨f2⟩⟨ww.⟩
I ⟨onov. en ov.ww.⟩ **0.1** ***borduren*** ◆ **6.1** ~ sth. **in** silver thread *iets met zilverdraad borduren;*
II ⟨ov.ww.⟩ **0.1** ***borduren*** ⟨fig.⟩ ⇒*opsmukken, verfraaien, aandikken, overdrijven* ◆ **1.1** he always ~s his tales *hij dikt zijn verhalen altijd aan, hij maakt zijn verhalen altijd mooier dan ze al waren.*

em·broi·der·y [ɪm'brɔɪdəri]⟨f2⟩⟨telb. en n.-telb.zn.;→mv. 2⟩ **0.1** ***borduurwerk*** ⇒*het borduren, borduursel, borduurkunst* **0.2** ***geborduur*** ⟨v. verhalen⟩ ⇒*opsmukking, overdrijving.*

em'broidery frame ⟨telb.zn.⟩ **0.1** ***borduurraam.***

em'broidery hoop ⟨telb.zn.⟩ **0.1** ***borduurring.***

em·broil [ɪm'brɔɪl]⟨ov.ww.⟩ **0.1** ***verwikkelen*** ⇒*betrekken,* ⟨i.h.b.⟩ *brouilleren* **0.2** ***in de war brengen*** ⇒*verwarren, door elkaar gooien, embrouilleren* ◆ **6.1** ~ o.s. **in** *betrokken raken bij;* ~ s.o. **in** *iem. betrekken bij;* (become/get) ~ed **in** *verwikkeld/betrokken (raken) in;* be forever ~ed **with** *het eeuwig en altijd aan de stok hebben met, altijd overhoop liggen met;* ~ o.s. **with** s.o. *zich met iem. brouilleren, met iem. gebrouilleerd zijn/overhoop liggen.*

em·broil·ment [ɪm'brɔɪlmənt]⟨zn.⟩
I ⟨telb.zn.⟩ **0.1** ***twist*** ⇒*tumult, geschil, onenigheid, verwikkeling;*
II ⟨n.-telb.zn.⟩ **0.1** ***verwarring*** ⇒*verstrikking.*

em·brown [ɪm'braʊn]⟨ov.ww.⟩ **0.1** ***bruin/donker maken*** ⇒*verduisteren, bruinen.*

embrue →imbrue.

em·bry·o[1] ['embrioʊ]⟨f2⟩⟨telb.zn.⟩ **0.1** ***embryo*** ⇒*(wordings)kiem* ⟨ook fig.⟩ ◆ **6.1** in ~ *in aanleg, in de kiem (aanwezig), embryonaal, in wording, in de dop.*

embryo[2] ⟨bn., attr.⟩ **0.1** ⟨ben. voor⟩ ***embryonaal*** ⇒*onontwikkeld, rudimentair, immatuur; wordend, aanvangs-, beginnend, kiemend.*

em·bry·o·gen·e·sis ['embrioʊ'dʒenɪsɪs], **em·bry·og·e·ny** ['embri'ɒdʒəni‖-'ɑdʒəni]⟨n.-telb.zn.⟩⟨med.⟩ **0.1** ***embryogenese.***

em·bry·o·log·ic ['embrɪə'lɒdʒɪk‖-'lɑdʒɪk], **em·bry·o·log·i·cal** [-ɪkl] ⟨bn.; -(al)ly;→bijw. 3⟩⟨med.⟩ **0.1** ***embryologisch.***

em·bry·ol·o·gist ['embri'ɒlədʒɪst‖-'ɑlə-]⟨telb.zn.⟩⟨med.⟩ **0.1** ***embryoloog.***

em·bry·ol·o·gy ['embri'ɒlədʒi‖-'ɑlə-]⟨n.-telb.zn.⟩⟨med.⟩ **0.1** ***embryologie.***

em·bry·on·ic ['embri'ɒnɪk‖-'ɑnɪk], **em·bry·on·al** [em'braɪənl]⟨f1⟩ ⟨bn.⟩ **0.1** ***embryonaal*** ⇒*v.e. embryo* **0.2** ⟨ben. voor⟩ ***embryonaal*** ⇒*onontwikkeld, rudimentair, immatuur; wordend, aanvangs-, beginnend.*

'embryo sac ⟨telb.zn.⟩⟨plantk.⟩ **0.1** ***embryozak*** ⇒*kiemzak.*

em·bus [ɪm'bʌs]⟨ww.;→ww. 7⟩⟨BE; mil.⟩
I ⟨onov.ww.⟩ **0.1** ***instappen*** ⟨in motorvoertuig⟩;
II ⟨ov.ww.⟩ **0.1** ***inladen*** ⟨in motorvoertuig⟩.

em·bus·qué ['ɑ:mbu:'skeɪ]⟨telb.zn.⟩ **0.1** ***dienstontduiker*** ⟨i.h.b. iem. die bij het rijk gaat werken om aan de dienstplicht te ontkomen⟩.

em·cee[1] ['em'si:]⟨telb.zn.⟩⟨afk.⟩ master of ceremonies **0.1** ***ceremoniemeester*** ⇒*(spel)leider, programmaleider.*

emcee[2] ⟨ww.⟩⟨inf.⟩
I ⟨onov.ww.⟩ **0.1** ***als ceremoniemeester/(spel)leider/programmaleider optreden;***
II ⟨ov.ww.⟩ **0.1** ***ceremoniemeester/(spel)leider/programmaleider zijn voor/in.***

-eme [i:m]⟨vormt nw.⟩⟨taalk.⟩ **0.1** ***-eem*** ◆ ¶.**1** grapheme *grafeem.*

emeer →emir.

e·mend [ɪ'mend], **e·men·date** ['i:mendeɪt]⟨ov.ww.⟩ **0.1** ***emenderen*** ⇒*corrigeren, verbeteringen aanbrengen* ⟨i.h.b. in tekst⟩.

e·men·da·tion ['i:men'deɪʃn]⟨zn.⟩
I ⟨telb.zn.⟩ **0.1** ***emendatie*** ⇒*correctie, verbetering;*
II ⟨n.-telb.zn.⟩ **0.1** ***het emenderen*** ⇒*het corrigeren.*

e·men·da·tor ['i:mendeɪtə‖-deɪţər]⟨telb.zn.⟩ **0.1** ***corrector***.
e·men·da·to·ry [i:'mendətri‖-tɔrɪ]⟨bn.⟩ **0.1** ***emenderend*** ⇒*corrigerend, verbeterend*.
em·er·ald[1] ['emrəld], ⟨in bet. III 0.1 ook⟩ **emerald green** ⟨f2⟩⟨zn.⟩
I ⟨telb.zn.⟩ **0.1** ***klein soort drukletter;***
II ⟨telb. en n.-telb.zn.⟩ **0.1** ***smaragd*** ⇒*emerald* ⟨edelsteen⟩;
III ⟨n.-telb.zn.⟩ **0.1** ***smaragd(groen)*** ⟨kleur⟩.
emerald[2], ⟨in eerste bet. ook⟩ **'emerald 'green** ⟨f1⟩⟨bn.⟩ **0.1** ***smaragd(groen)*** **0.2** ***smaragden*** ⇒*van smaragd* ◆ **1.¶** Emerald Isle *het Groene Erin, Ierland*.
e·merge [ɪ'mɜ:dʒ‖ɪ'mɜrdʒ]⟨f3⟩⟨onov.ww.⟩ **0.1** ***verschijnen*** ⇒*te voorschijn komen, verrijzen* **0.2** ***bovenkomen*** ⇒*opkomen, opduiken, oprijzen* **0.3** ***blijken*** ⇒*uitkomen* **0.4** ***zich voordoen*** ⇒*optreden* ◆ **6.1** ~ **from/out of** *te voorschijn komen uit, opkomen/oprijzen uit* **8.3** after a long investigation it ~ed that *een langdurig onderzoek wees uit dat*.
e·mer·gence [ɪ'mɜ:dʒns‖ɪ'mɜr-]⟨f1⟩⟨zn.⟩
I ⟨telb.zn.⟩⟨biol.⟩ **0.1** ***uitwas*** ⇒*uitgroeisel;*
II ⟨n.-telb.zn.⟩ **0.1** ***het verschijnen*** ⇒*het tevoorschijn komen, verschijning* **0.2** ***het bovenkomen*** ⇒*het opduiken/opkomen, oprijzing* **0.3** ***het blijken*** ⇒*het uitkomen* **0.4** ***het zich voordoen*** ⇒*het optreden*.
e·mer·gen·cy [ɪ'mɜ:dʒnsi‖ɪ'mɜr-]⟨f3⟩⟨telb. en n.-telb.zn.; →mv. 2⟩ **0.1** ***onverwachte gebeurtenis*** ⇒*onvoorzien voorval* **0.2** ***noodsituatie*** ⇒*noodtoestand, noodgeval, nood* ◆ **1.2** state of ~ *noodtoestand* **6.2** in case **of** ~ *in geval van nood*.
e'mergency brake ⟨f1⟩⟨telb.zn.⟩ **0.1** ***noodrem***.
e'mergency exit ⟨f1⟩⟨telb.zn.⟩ **0.1** ***nooduitgang*** ⇒*nooddeur*.
e'mergency landing ⟨f1⟩⟨telb.zn.⟩ **0.1** ***noodlanding***.
e'mergency measure ⟨telb.zn.⟩ **0.1** ***noodmaatregel***.
e'mergency rule ⟨telb.zn.⟩ **0.1** ***noodbestuur*** ⇒*regering tijdens noodtoestand*.
e'mergency services ⟨mv.; the⟩ **0.1** ***hulpdiensten***.
e'mergency stairs ⟨mv.⟩ **0.1** ***brandtrap***.
e'mergency telephone ⟨telb.zn.⟩ **0.1** ***praatpaal***.
e·mer·gent [ɪ'mɜ:dʒnt‖ɪ'mɜr-]⟨bn.; -ly⟩ **0.1** ***verschijnend*** ⇒*te voorschijn komend* **0.2** ***bovenkomend*** ⇒*verrijzend, oprijzend, opkomend*, ⟨ook fig.; i.h.b. v. pas onafhankelijk land⟩ *zich ontwikkelend* **0.3** ***zich voordoend*** ⇒*optredend, voortkomend* ⟨uit⟩ **0.4** ***dringend*** ⇒*acuut, urgent* ◆ **6.2** ~ **from** the waves *uit de golven oprijzend* **6.3** the difficulties ~ **from** the epidemic *de problemen die de epidemie met zich meebrengt*.
e·mer·i·tus[1] [ɪ'merɪţəs]⟨telb.zn.; emeriti [-rətaɪ]; →mv. 5⟩ **0.1** ***emeritus***.
emeritus[2] ⟨f1⟩⟨bn.⟩ **0.1** ***rustend*** ⇒*emeritus* ◆ **1.1** ~ professor, professor ~ *emeritus professor*.
e·mersed [ɪ'mɜ:st‖i'mɜrst]⟨bn.⟩ **0.1** ***boven water uitstekend*** ⟨i.h.b. v. planten⟩.
e·mer·sion [ɪ'mɜ:ʃn‖i'mɜrʒn]⟨n.-telb.zn.⟩ **0.1** ***het verschijnen*** ⇒*het tevoorschijn komen/bovenkomen* **0.2** ***het opduiken*** ⇒*het oprijzen;* ⟨ook fig.⟩ *het ontstaan, het zich voordoen* **0.3** ⟨ster.⟩ ***emersie*** ⇒*uittreding*.
em·er·y ['emri]⟨n.-telb.zn.⟩ **0.1** ***amaril*** ⇒*smergel, polijststeen*.
'emery board ⟨telb.zn.⟩ **0.1** ***nagelvijl met amarillaag*** ⇒*kartonnen nagelvijltje*.
'emery cloth ⟨telb.zn.⟩ **0.1** ***amarildoek*** ⇒*schuurlinnen*.
'emery wheel ⟨telb.zn.⟩ **0.1** ***amarilschijf***.
em·e·sis ['eməsɪs]⟨n.-telb.zn.⟩⟨med.⟩ **0.1** ***het braken*** ⇒*het overgeven*.
e·met·ic[1] [ɪ'meţɪk]⟨telb.zn.⟩⟨med.⟩ **0.1** ***braakmiddel*** ⇒⟨mv.⟩ *emetica*.
emetic[2] ⟨bn.; -ally; →bijw. 3⟩⟨med.⟩ **0.1** ***braakwekkend*** ⇒*braak-*.
em·e·tine ['eməti:n]⟨n.-telb.zn.⟩⟨med., schei.⟩ **0.1** ***emetine*** ⟨braakmiddel⟩.
emeu →emu.
é·meute [eɪ'mju:t‖eɪ'mʌt]⟨telb.zn.⟩ **0.1** ***opstand*** ⇒*rel, oproer*.
EMF, emf ⟨afk.⟩ electromotive force ⟨nat.⟩ **0.1** ***E.M.K.*** ⟨elektromotorische kracht⟩.
-emia →-aemia.
em·i·grant[1] ['emɪgrənt]⟨f1⟩⟨telb.zn.⟩ **0.1** ***emigrant(e)*** ⇒*landverhuizer*.
emigrant[2] ⟨bn.⟩ **0.1** ***emigrerend*** ⇒*het land verlatend*.
em·i·grate ['emɪgreɪt]⟨f2⟩⟨ww.⟩
I ⟨onov.ww.⟩ **0.1** ***emigreren*** ⇒*het land verlaten* ◆ **6.1** ~ **from/to** *emigreren van/naar;*
II ⟨ov.ww.⟩ **0.1** ***laten emigreren*** ⇒*het land uit helpen*.
em·i·gra·tion ['emɪ'greɪʃn]⟨f1⟩⟨zn.⟩
I ⟨telb.zn.⟩ **0.1** ***emigratie*** ⇒*landverhuizing;*
II ⟨n.-telb.zn.⟩ **0.1** ***het emigreren***.
emi'gration rate ⟨telb.zn.⟩ **0.1** ***emigratiecijfer***.
emi'gration tax ⟨telb.zn.⟩ **0.1** ***emigratiebelasting*** ⟨vnl. mbt. Russische joden⟩.
em·i·gra·to·ry ['emɪgreɪtri‖-grətɔri]⟨bn., attr.⟩ **0.1** ***emigratie-*** ⇒*emigranten-*.
é·mi·gré ['emɪgreɪ‖-'greɪ]⟨f1⟩⟨telb.zn.⟩ **0.1** ***emigrant(e)*** ⇒*landverhuizer;* ⟨i.h.b.⟩ *uitgewekene, politiek vluchteling*.
em·i·nence ['emɪnəns], **em·i·nen·cy** [-nsi]⟨f2⟩⟨zn.; →mv. 2⟩
I ⟨telb.zn.⟩ **0.1** ***heuvel*** ⇒*hoogte;*
II ⟨telb. en n.-telb.zn.⟩ **0.1** ***eminentie*** ⟨ook titel⟩ ⇒*verhevenheid, grootheid* **0.2** ***voortreffelijkheid*** ⇒*uitstekendheid, uitmuntendheid* ◆ **4.1** His Eminence *Zijne Eminentie* ⟨titel v. Kardinaal⟩;
III ⟨n.-telb.zn.⟩ **0.1** ***het uitblinken*** ⇒*het uitmunten*.
é·mi·nence grise ['eɪmɪnɑ:ns 'gri:z]⟨telb.zn.; éminences grises [-'gri:z]; →mv. 5⟩ **0.1** ***éminence grise*** ⇒*oude vertrouweling achter de schermen*.
em·i·nent ['emɪnənt]⟨f3⟩⟨bn.; -ly⟩ **0.1** ***eminent*** ⇒*uitstekend, voortreffelijk* **0.2** ***hoog*** ⇒*verheven* ⟨ook lett.⟩, *aanzienlijk* ◆ **1.2** the tower is ~ among other buildings *de toren steekt boven andere gebouwen uit* **1.¶** ⟨jur.⟩ ~ domain *onteigeningsrecht* ⟨v.d. staat⟩ **2.2** it is ~ly clear *het is in hoge mate duidelijk*.
e·mir, e·meer [e'mɪə‖ɪ'mɪr, eɪ-]⟨telb.zn.⟩ **0.1** ***emir*** ⇒*emier*.
e·mir·ate [e'mɪərət‖ɪ'mɪrət, eɪ-]⟨telb.zn.⟩ **0.1** ***emiraat***.
em·is·sar·y ['emɪsri‖-seri]⟨telb.zn.; →mv. 2⟩ **0.1** ***(geheim) afgezant*** ⇒*bode, uitgezondene, émissaire*.
e·mis·sion [ɪ'mɪʃn]⟨f1⟩⟨telb. en n.-telb.zn.⟩ **0.1** ***afgifte*** ⇒*uitzending, (uit)straling; afscheiding, uitscheiding, afgescheiden vloeistof/geur* ⟨i.h.b. v.h. lichaam⟩; ⟨nat.⟩ *emissie* **0.2** ***uitstoot*** ⟨v. (giftige) gassen⟩ **0.3** ***ejaculatie*** ⇒*semen* **0.4** ⟨geldw., hand.⟩ ***emissie*** ⇒*uitgifte* ⟨v. aandelen⟩ **0.5** ***uiting*** ⇒*uitdrukking*.
e'mission spectrum ⟨telb.zn.⟩ **0.1** ***emissiespectrum***.
e·mis·sive [ɪ'mɪsɪv]⟨bn.⟩ **0.1** ***uitstralend*** ⇒*uitzendend* **0.2** ***uitgestraald*** ⇒*uitgezonden* ◆ **6.1** the sun is ~ **of** light *de zon straalt warmte uit*.
em·is·siv·i·ty ['emɪ'sɪvəţi]⟨n.-telb.zn.⟩ **0.1** ***emitterend vermogen*** ⇒*stralingsvermogen, zendvermogen*.
e·mit [ɪ'mɪt]⟨f1⟩⟨ov.ww.; →ww. 7⟩ **0.1** ***uitstralen*** ⇒*uitzenden, emitteren* **0.2** ***afscheiden*** ⇒*afgeven* **0.3** ***uitstoten*** ⟨(giftige) gassen⟩ **0.4** ***uiten*** ⇒*uiting geven aan* **0.5** ⟨geldw.⟩ ***emitteren*** ⇒*uitgeven, in omloop brengen* ⟨i.h.b. geld, aandelen⟩ ◆ **1.2** ~ a smell *stank afgeven;* ~ vapour *dampen*.
e·mit·ter [ɪ'mɪtə‖ɪ'mɪţər]⟨telb.zn.⟩ **0.1** ***zender***.
Em·ma·us [e'meɪəs]⟨eig.n.⟩ **0.1** ***Emmaüs*** ◆ **1.1** ⟨bijb.⟩ men of ~ *Emmaüsgangers*.
em·men·a·gogue [ɪ'menəgɒg‖-gɑg]⟨telb.zn.⟩⟨med.⟩ **0.1** ***menstruatie-opwekkend/bespoedigend middel***.
Em·men·tal, Em·men·thal ['eməntɑ:l], **Em·men·ta·ler, Em·men·tha·ler** [-tɑ:lə‖-ər]⟨telb. en n.-telb.zn.⟩ **0.1** ***Emmental (er)*** ⇒*Emmentalerkaas*.
em·mer ['emə‖'emər]⟨telb.zn.⟩⟨plantk.⟩ **0.1** ***emerkoren*** ⇒*tweekoren, gortrijst* ⟨Triticum dicoccum⟩.
em·met ['emɪt]⟨telb.zn.⟩⟨vero., gew.⟩ **0.1** ***emt*** ⇒*empt, empe* ⟨mier⟩.
em·me·tro·pi·a ['emə'troupɪə]⟨n.-telb.zn.⟩⟨biol.⟩ **0.1** ***emmetropie*** ⟨lichtbreking v.h. oog⟩.
Em·my ['emi], **Em·my a·ward** ⟨f1⟩⟨telb.zn.; Emmies, Emmys; →mv. 2⟩⟨AE⟩ **0.1** ***Emmy*** ⟨televisieprijs⟩.
e·mol·lient[1] [ɪ'mɒlɪənt‖ɪ'mɑ-]⟨telb.zn.⟩ **0.1** ***verzachtend middel*** ⇒*zachtmaker*.
emollient[2] ⟨bn.⟩ **0.1** ***verzachtend*** ⇒*zachtmakend*.
e·mol·u·ment [ɪ'mɒljʊmənt‖ɪ'mɑljə-]⟨telb.zn.; vaak mv.⟩ **0.1** ***salaris*** ⇒*verdienste, loon, honorarium;* ⟨mv.⟩ *emolumenten*.
e·mote [ɪ'mout]⟨onov.ww.⟩⟨inf.⟩ **0.1** ***theatraal-emotioneel optreden /handelen***.
e·mo·tion [ɪ'mouʃn]⟨f3⟩⟨zn.⟩
I ⟨telb.zn.⟩ **0.1** ***(gevoels)aandoening*** ⇒*emotie, gevoelen, gemoedsbeweging, ontroering;*
II ⟨n.-telb.zn.⟩ **0.1** ***het gevoel*** ⇒*de gevoelswereld* **0.2** ***bewogenheid*** ⇒*ontroering, emotie* ◆ **6.2** tremble with ~ *beven v. ontroering*.
e·mo·tion·al [ɪ'mouʃnəl]⟨f3⟩⟨bn.; -ly⟩ **0.1** ***emotioneel*** ⇒*ontroerd, gevoels-, gemoeds-* **0.2** ***ontroerend***.
e·mo·tion·al·ism [ɪ'mouʃnəlɪzm]⟨n.-telb.zn.⟩ **0.1** ***emotionaliteit*** ⇒*aandoenlijkheid, emotionele aard* **0.2** ***overdreven vertoon v. emotie***.
e·mo·tion·al·ist [ɪ'mouʃnəlɪst]⟨telb.zn.⟩ **0.1** ***(overdreven) emotioneel persoon***.
e·mo·tion·al·is·tic [ɪ'mouʃnə'lɪstɪk]⟨bn.⟩ **0.1** ***(overdreven) emotioneel***.
e·mo·tion·al·i·ty [ɪ'mouʃn'æləţi]⟨n.-telb.zn.⟩ **0.1** ***emotionaliteit*** ⇒*geëmotioneerdheid*.
e·mo·tion·al·ize, -ise [ɪ'mouʃnəlaɪz]⟨ov.ww.⟩ **0.1** ***een emotioneel karakter geven (aan)*** ⇒*tot een gevoelszaak maken* **0.2** ***ontroeren*** ⇒*emotioneel maken, de gevoelens beïnvloeden v.*.

e·mo·tion·less [ɪ'moʊʃnləs]⟨bn.; -ness⟩ **0.1** ***gevoelloos*** ⇒*emotieloos.*
e·mo·tive [ɪ'moʊt̬ɪv]⟨f1⟩⟨bn.; -ly; -ness⟩ **0.1** ***emotief*** ⇒*op het gemoed/gevoel werkend, gevoels-* **0.2** ***roerend*** ⇒*aandoenlijk* ◆ **1.1** an ~ subject *een gevoelig punt.*
e·mo·tiv·i·ty ['ɪmoʊ'tɪvət̬i]⟨n.-telb.zn.⟩ **0.1** ***emotiviteit*** ⇒*gevoeligheid; aandoenlijkheid.*
Emp ⟨afk.⟩ emperor, empress, empire.
empale →impale.
em·pan·el, im·pan·el [ɪm'pænl]⟨ov.ww.; →ww. 7⟩ **0.1** ***samenstellen*** ⟨jury⟩ **0.2** ***op een lijst bijschrijven*** ⟨vnl. gezworenen⟩.
emparadise →imparadise.
em·path·ic [em'pæθɪk], **em·pa·thet·ic** ['empə'θet̬ɪk]⟨bn.; -ally; →bijw. 3⟩ **0.1** ***empatisch.***
em·pa·thize, -thise ['empəθaɪz]⟨onov.ww.⟩ **0.1** ***zich invoelen.***
em·pa·thy ['empəθi]⟨n.-telb.zn.⟩ **0.1** ***empat(h)ie.***
em·pen·nage [em'penɪdʒ‖ɑmpə'nɑʒ]⟨telb.zn.⟩ **0.1** ***staartstuk*** ⇒*staartvlakken* ⟨v. vliegtuig⟩.
em·per·or ['emprə‖-ər], ⟨in bet. 0.2 ook⟩ **'emperor moth** ⟨f2⟩ ⟨telb.zn.⟩ **0.1** ***keizer*** ⇒*monarch* **0.2** ⟨dierk.⟩ ***nachtpauwoog*** ⟨Saturnia (pavonia)⟩.
'emperor penguin ⟨telb.zn.⟩⟨dierk.⟩ **0.1** ***keizerpinguïn*** ⟨Aptenodytus forsteri⟩.
em·per·or·ship ['emprəʃɪp‖-ər-]⟨n.-telb.zn.⟩ **0.1** ***keizerschap.***
em·per·y ['empri]⟨telb.zn.; →mv. 2⟩ **0.1** ***heerschappij*** **0.2** ⟨vero.⟩ ***keizerrijk*** ⇒*imperium.*
em·pha·sis ['emfəsɪs]⟨f3⟩⟨zn.; emphases [-si:z]; →mv. 5⟩
I ⟨telb.zn.⟩ **0.1** ***accent*** ⇒*klemtoon* ⟨ook fig.⟩ ◆ **3.1** lay/place/put an ~ on sth. *het accent leggen op iets, iets beklemtonen;*
II ⟨n.-telb.zn.⟩ **0.1** ***nadruk*** ⇒*klem, kracht.*
em·pha·size, -sise ['emfəsaɪz]⟨f3⟩⟨ov.ww.⟩ **0.1** ***benadrukken*** ⇒*de nadruk leggen op, beklemtonen* **0.2** ***meer doen uitkomen.***
em·phat·ic [ɪm'fæt̬ɪk]⟨f2⟩⟨bn.; -ally; →bijw. 3⟩ **0.1** ***nadrukkelijk*** ⇒*met nadruk, met klem* **0.2** ***krachtig*** ⇒*vigoureus, pertinent* **0.3** ***duidelijk*** ⇒*onbetwistbaar, absoluut.*
em·phy·se·ma ['emfɪ'si:mə]⟨telb. en n.-telb.zn.⟩⟨med.⟩ **0.1** ***(long) emfyseem.***
em·phy·sem·a·tous ['emfɪ'semət̬əs]⟨bn.⟩ **0.1** ***opgezwollen*** ⇒*opgeblazen.*
empire ['empaɪə‖-ər]⟨f3⟩⟨zn.⟩
I ⟨telb.zn.⟩ **0.1** ***(keizer)rijk*** ⇒*imperium* ⟨ook fig.⟩, *wereldrijk* ◆ **2.1** an industrial ~ *een industrieel imperium;* the lower Empire *het Laat-Romeinse Rijk* **7.1** ⟨gesch.⟩ the Empire *het Heilige Roomse Rijk;* the (British) Empire *het Empire, het Britse Rijk;* the First Empire *het Empire, het Keizerrijk van Napoleon I;* the Second Empire *het Second Empire, het Keizerrijk van Napoleon III;*
II ⟨n.-telb.zn.⟩ **0.1** ***(opper)heerschappij*** ⇒*(opper)macht/gezag, imperium.*
Em·pire ['empaɪə‖-ər]⟨eig.n.; vaak attr.⟩ **0.1** ***empire*** ⟨stijl⟩.
'empire builder ⟨telb.zn.⟩ **0.1** ***machtswellusteling*** ⇒*iem. die steeds meer terrein probeert te winnen.*
'Empire 'City ⟨eig.n.⟩⟨AE⟩ **0.1** ⟨ben. voor⟩ ***New York.***
'Empire Day ⟨telb.zn.⟩⟨gesch.⟩ **0.1** ***24 mei*** ⟨in Groot-Brittannië; verjaardag v. koningin Victoria⟩.
'Empire 'State ⟨eig.n.⟩⟨AE⟩ **0.1** ⟨ben. voor⟩ ***de staat New York.***
em·pir·ic[1] [em'pɪrɪk]⟨f2⟩⟨telb.zn.⟩ **0.1** ***empiricus*** **0.2** ***empirist*** **0.3** ⟨vero.⟩ ***kwakzalver*** ⇒*charlatan.*
empiric[2], **em·pir·i·cal** [em'pɪrɪkl]⟨f2⟩⟨bn.; -(al)ly; →bijw. 3⟩ **0.1** ***empirisch*** ⇒*gebaseerd op ervaring* ◆ **1.¶** ⟨schei.⟩ empirical formula *empirische formule.*
em·pir·i·cism [em'pɪrɪsɪzm]⟨n.-telb.zn.⟩ **0.1** ***empirisme*** **0.2** ***empirie*** **0.3** ***kwakzalverij.***
em·pir·i·cist [em'pɪrɪsɪst]⟨telb.zn.⟩ **0.1** ***empiricus*** **0.2** ***empirist.***
em·place [ɪm'pleɪs]⟨ov.ww.⟩ **0.1** ***plaatsen*** ⇒*zetten, stellen.*
em·place·ment [ɪm'pleɪsmənt]⟨zn.⟩
I ⟨telb.zn.⟩ **0.1** ***geschutemplacement*** **0.2** ***plaats*** ⇒*locatie;*
II ⟨n.-telb.zn.⟩ **0.1** ***plaatsing*** ⇒*het plaatsen.*
em·plane [ɪm'pleɪn], ⟨AE ook⟩ **en·plane** [en'pleɪn]⟨ww.⟩
I ⟨onov.ww.⟩ **0.1** ***instappen*** ⇒*aan boord gaan* ⟨v. vliegtuig⟩;
II ⟨ov.ww.⟩ **0.1** ***inladen*** ⟨in vliegtuig⟩.
em·ploy[1] [ɪm'plɔɪ]⟨n.-telb.zn.⟩ **0.1** ***(loon)dienst*** ⇒*betrekking, emplooi* ◆ **6.1** in the ~ of *in dienst van.*
employ[2] ⟨f3⟩⟨ov.ww.⟩ **0.1** ***in dienst nemen/hebben*** ⇒*tewerkstellen* **0.2** ***gebruiken*** ⇒*aanwenden, besteden, wijden (aan)* **0.3** ***bezighouden*** ◆ **6.3** be ~ed **in** *bezig zijn, zich bezighouden met.*
em·ploy·a·bil·i·ty [ɪm'plɔɪə'bɪlət̬i]⟨n.-telb.zn.⟩ **0.1** ***bruikbaarheid*** ⇒*inzetbaarheid.*
em·ploy·a·ble [ɪm'plɔɪəbl]⟨bn.⟩ **0.1** ***bruikbaar*** ⇒*inzetbaar.*
em·ploy·ee, ⟨AE sp. ook⟩ **em·ploy·e, em·ploy·é** [ɪm'plɔɪi:, 'emplɔɪ'i:] ⟨f3⟩⟨telb.zn.⟩ **0.1** ***employé*** ⇒*werknemer, bediende.*
em'ployee participation ⟨n.-telb.zn.⟩ **0.1** ***medezeggenschap*** ⟨in bedrijven⟩.
em·ploy·er [ɪm'plɔɪə‖-ər]⟨f2⟩⟨telb.zn.⟩ **0.1** ***werkgever*** ⇒*baas, patroon.*
em·ploy·ment [ɪm'plɔɪmənt]⟨f3⟩⟨zn.⟩
I ⟨telb.zn.⟩ **0.1** ***beroep*** ⇒*werk, baan* **0.2** ***bezigheid*** ◆ **6.1** be in ~ *werk hebben;* be out of ~ *zonder werk zijn;*
II ⟨n.-telb.zn.⟩ **0.1** ***het in dienst zijn/nemen*** ⇒*tewerkstelling* **0.2** ***werkgelegenheid*** ◆ **2.2** full ~ *volledige werkgelegenheid.*
em'ployment advertisement ⟨telb.zn.⟩ **0.1** ***personeelsadvertentie.***
em'ployment agency ⟨f1⟩⟨telb.zn.⟩ **0.1** ***arbeidsbureau*** ⇒*uitzendbureau* ⟨particulier⟩.
em'ployment office ⟨telb.zn.⟩ **0.1** ***arbeidsbureau*** ⟨v.h. Rijk⟩.
em'ployment secretary ⟨telb.zn.⟩ **0.1** ***minister v. werkgelegenheid/*** ⟨B.⟩ ***tewerkstelling.***
em·poi·son [ɪm'pɔɪzn]⟨ov.ww.⟩ **0.1** ***verbitteren*** ⇒*vergallen, bederven* **0.2** ⟨vero.⟩ ***vergiftigen.***
empolder →impolder.
em·po·ri·um [ɪm'pɔ:rɪəm]⟨telb.zn.; ook emporia [-rɪə]; →mv. 5⟩ **0.1** ***handelscentrum*** **0.2** ***markt*** **0.3** ***warenhuis*** ⇒*magazijn, grote winkel.*
em·pow·er [ɪm'paʊə‖-ər]⟨f1⟩⟨ov.ww.⟩ **0.1** ***machtigen*** ⇒*autoriseren* **0.2** ***in staat stellen.***
em·press ['emprɪs]⟨f1⟩⟨telb.zn.⟩ **0.1** ***keizerin.***
em·presse·ment ['ɑ:mpres'mɑ̃]⟨n.-telb.zn.⟩ **0.1** ***uitbundige hartelijkheid/geestdrift.***
'empress tree ⟨telb.zn.⟩⟨plantk.⟩ **0.1** ***Anna-Paulownaboom*** ⟨Paulownia tomentosa⟩.
em·prise, -prize [em'praɪz]⟨zn.⟩⟨vero.⟩
I ⟨telb.zn.⟩ **0.1** ***(avontuurlijke) onderneming;***
II ⟨n.-telb.zn.⟩ **0.1** ***ridderlijke moed/vermetelheid.***
emp·ti·ness ['emptinəs]⟨f2⟩⟨n.-telb.zn.⟩ **0.1** ***leegte*** ⇒*ledigheid.*
emp·ti·on ['empʃn]⟨n.-telb.zn.⟩ **0.1** ***koop.***
emp·ty[1] ['em(p)ti]⟨telb.zn.; →mv. 2⟩ **0.1** ***leeg voorwerp*** ⟨bv. fles, wagon⟩ ◆ **3.1** returned empties *geretourneerde lege flessen/kratten.*
empty[2] ⟨f3⟩⟨bn.; -er; -ly; →bijw. 3⟩⟨→sprw. 138, 139, 286⟩ **0.1** ***leeg*** ⇒*ledig* **0.2** ***nietszeggend*** ⇒*hol, onbetekenend, loos* **0.3** ***onbewoond*** ⇒*leeg, leegstaand, onbezet* **0.4** ***leeghoofdig*** ⇒*oppervlakkig* **0.5** ⟨inf.⟩ ***hongerig*** ⇒*met een lege maag* ◆ **1.1** ⟨wisk.⟩ ~ set *lege verzameling;* on an ~ stomach *op een lege maag* **6.1** ~ **of** *zonder, verstoken van.*
empty[3] ⟨f3⟩⟨ww.; →ww. 7⟩
I ⟨onov.ww.⟩ **0.1** ***leeg raken*** ⇒*(zich) legen* **0.2** ***uitmonden*** ◆ **6.2** this river empties (itself) **into** the sea *deze rivier mondt in zee uit;*
II ⟨ov.ww.⟩ **0.1** ***legen*** ⇒*ledigen, leegmaken* **0.2** ***lossen*** ⇒*ontladen* ◆ **5.1** the torn bag emptied its contents **out** on the pavement *de inhoud v.d. gescheurde zak viel op de stoep;* ~ **out** one's pockets *zijn zakken leegmaken* **6.¶** ~ (o.s.) **of** *(zich) ontdoen van.*
'emp·ty-'hand·ed ⟨f1⟩⟨bn.⟩ **0.1** ***met lege handen.***
'emp·ty-'head·ed ⟨bn.⟩⟨inf.⟩ **0.1** ***onnozel*** ⇒*leeghoofdig, dom.*
em·pur·ple [ɪm'pɜ:pl‖-'pɜr-]⟨ov.ww.⟩ →empurpled **0.1** ***purper (rood) kleuren.***
em·pur·pled [ɪm'pɜ:pld‖-'pɜr-]⟨bn.; volt. deelw. v. empurple⟩ **0.1** ***purper(rood) gekleurd.***
em·py·e·ma ['empaɪ'i:mə]⟨telb.zn.; empyemata [-mət̬ə]; →mv. 5⟩ ⟨med.⟩ **0.1** ***empyeem.***
em·py·e·mic ['empaɪ'i:mɪk]⟨bn.⟩⟨med.⟩ **0.1** ***als (v.)e. empyeem.***
em·pyr·e·al ['empaɪ'ri:əl]⟨bn.⟩ **0.1** ***hemels*** **0.2** ***v.d. hoogste hemel*** ⇒*v.h. empyreum* **0.3** ***vurig.***
em·py·re·an[1] ['empaɪ'ri:ən]⟨n.-telb.zn.; the; vaak E-⟩ **0.1** ***hoogste hemel*** ⇒*empyreum* **0.2** ***hemel*** ⇒*firmament.*
empyrean[2] ⟨bn.⟩ **0.1** ***v.d. hoogste hemel*** ⇒*v.h. empyreum* **0.2** ***hemels*** ⇒*v.h. firmament.*
'em quadrat ⟨telb.zn.⟩⟨druk.⟩ **0.1** ***vierkant*** ⇒*kwadraat* ⟨spatie voor m⟩.
EMS ⟨afk.⟩ European Monetary System.
em·u[1], **em·eu** ['i:mju:]⟨telb.zn.⟩⟨dierk.⟩ **0.1** ***emoe*** ⟨Austr. struisvogel, Dromaeus Novae Hollandiae⟩.
emu[2] ⟨afk.⟩ electromagnetic unit.
em·u·late ['emjʊleɪt‖'emjə-]⟨f1⟩⟨ov.ww.⟩ **0.1** ***wedijveren met*** ⇒*naar de kroon steken, nastreven, (trachten te) evenaren* **0.2** ⟨comp.⟩ ***emuleren.***
em·u·la·tion ['emjʊ'leɪʃn‖'emjə-]⟨f1⟩⟨n.-telb.zn.⟩ **0.1** ***wedijver*** ⇒*naijver, navolging* **0.2** ⟨vero.⟩ ***rivaliteit*** ◆ **6.1** he worked **in** ~ **of** his friend *hij trachtte zijn vriend door zijn werk te overtreffen.*
em·u·la·tive ['emjʊlətɪv‖'emjəleɪt̬ɪv]⟨bn.; -ly⟩ **0.1** ***wedijverig*** ⇒*wedijverend, eerzuchtig.*
em·u·la·tor ['emjʊleɪtə‖'emjəleɪt̬ər]⟨telb.zn.⟩ **0.1** ***nastrever*** ⇒*navolger, imitator* **0.2** ***mededinger*** ⇒*rivaal* **0.3** ⟨comp.⟩ ***emulator.***
em·u·lous ['emjʊləs‖'emjə-]⟨bn.; -ly; -ness⟩ **0.1** ***wedijverend*** ⇒*wedijverig, eerzuchtig, ambitieus* **0.2** ⟨vero.⟩ ***naijverig*** ⇒*jaloers, afgunstig.*

e·mul·si·fi·ca·tion [ɪˈmʌlsɪfɪˈkeɪʃn]⟨n.-telb.zn.⟩ **0.1** ***emulgering*** ⇒*emulsievorming*.
e·mul·si·fi·er [ɪˈmʌlsɪfaɪə‖-ər]⟨telb.zn.⟩ **0.1** ***emulgator*** ⇒*emulgeermiddel*.
e·mul·si·fy [ɪˈmʌlsɪfaɪ]⟨ov.ww.; →ww. 7⟩ **0.1** ***emulgeren***.
e·mul·sion[1] [ɪˈmʌlʃn]⟨f1⟩⟨telb. en n.-telb.zn.⟩ **0.1** ***emulsie*** ⟨ook fig.⟩.
emulsion[2] ⟨onov. en ov.ww.⟩ **0.1** ***schilderen / verven met emulgerende verf***.
eˈmulsion paint ⟨telb. en n.-telb.zn.⟩ **0.1** ***emulgerende verf(soort)***.
e·mul·sive [ɪˈmʌlsɪv]⟨bn.⟩ **0.1** ***emulsieachtig***.
e·munc·to·ry[1] [ɪˈmʌŋktəri]⟨telb.zn.; →mv. 2⟩⟨biol.⟩ **0.1** ***excretieorgaan*** ⇒*afscheidend orgaan* **0.2** ***afvoerweg*** ⇒*afvoerkanaal, afvoergang*.
emunctory[2] ⟨bn., attr.⟩ **0.1** ***excretie-*** ⇒*afscheidend*.
en [en]⟨telb.zn.⟩⟨druk.⟩ **0.1** ***en*** ⟨gemiddelde letterbreedte; halve em⟩.
en- [en], **em-** [em]⟨vormt ww. uit bijv. nw. of nw.⟩ **0.1** ⟨ong.⟩ ***in-*** ⇒*ver-* ◆ ¶**.1** embitter *verbitteren;* endanger *in gevaar brengen*.
-en [(ə)n] **0.1** ⟨mv. suffix⟩ ***-en*** **0.2** ⟨vormt bijv. mv. uit nw.⟩ ***-en*** ⇒*(gemaakt) van* **0.3** ⟨vormt ww. uit bijv. nw⟩⟨ong.⟩ ***maken*** **0.4** ⟨vormt ww. uit nw.⟩⟨ong.⟩ ***ver-*** ◆ ¶**.1** children *kinderen* ¶**.2** wooden *houten* ¶**.3** cheapen *goedkoop maken* ¶**.4** heighten *verhogen*.
en·a·ble [ɪˈneɪbl]⟨f3⟩⟨ov.ww.⟩ **0.1** ***in staat stellen*** ⇒*(de) gelegenheid geven* **0.2** ***mogelijk maken*** **0.3** ***autoriseren*** ⇒*volmachtigen, volmacht geven* ◆ **1.3** enabling act *machtigingswet* **1.**¶ enabling legislation *wet die aansluiting v. nieuwe staat bij U.S.A. mogelijk maakt*.
en·act [ɪˈnækt]⟨f2⟩⟨ov.ww.⟩ **0.1** ***bepalen*** ⇒*vaststellen, beschikken* **0.2** ***tot wet verheffen*** **0.3** ⟨dram.⟩ ***opvoeren*** ⇒*spelen, uitbeelden* ◆ **8.1** ⟨schr.; wetgeving⟩ be it further ~ed that *voorts wordt bepaald dat*.
en·ac·tion [ɪˈnækʃn]⟨telb.zn.⟩ **0.1** ***bepaling*** ⇒*verordening, vaststelling, statuut* **0.2** ***wet(sontwerp)***.
en·act·ment [ɪˈnæk(t)mənt]⟨f1⟩⟨zn.⟩
 I ⟨telb.zn.⟩ **0.1** ***bepaling*** ⇒*vaststelling, verordening, statuut* **0.2** ***wets(ontwerp);***
 II ⟨n.-telb.zn.⟩ **0.1** ***het bepalen*** ⇒*het vaststellen, het beschikken* **0.2** ***het tot wet verheffen*** ⇒*bekrachtiging*.
en·ac·tor [ɪˈnæktə‖-ər]⟨telb.zn.⟩ **0.1** ***opsteller*** ⇒*ontwerper* ⟨i.h.b. van wet⟩.
en·am·el[1] [ɪˈnæml]⟨f2⟩⟨zn.⟩
 I ⟨telb.zn.⟩ **0.1** ***email (kunst)voorwerp;***
 II ⟨telb. en n.-telb.zn.⟩ **0.1** ***(email)lak*** ⇒*glazuur, vernis;*
 III ⟨n.-telb.zn.⟩ **0.1** ***email*** ⇒*brandverf* **0.2** ***(tand)glazuur*** ⇒*email* **0.3** ***brandschilderwerk*** **0.4** ***glanzende make-up***.
enamel[2] ⟨f1⟩⟨ov.ww.; →ww. 7⟩ →enamelling **0.1** ***emailleren*** ⇒*moffelen* **0.2** ***glazuren*** ⇒*verglazen* **0.3** ***lakken*** ⇒*vernissen* **0.4** ⟨vero.⟩ ***kleuren*** ⇒*versieren, tooien*.
en·am·el·ler, ⟨AE sp.⟩ **en·am·el·er** [ɪˈnæmələ‖-lər], **en·am·el·list,** ⟨AE sp.⟩ **en·am·el·ist** [-ɪst]⟨telb.zn.⟩ **0.1** ***emailleerder***.
en·am·el·ling, ⟨AE sp.⟩ **en·am·el·ing** [ɪˈnæml·ɪŋ]⟨zn.; (oorspr.) gerund v. enamel⟩
 I ⟨telb.zn.⟩ **0.1** ***emaillaag*** **0.2** ***emailversiering;***
 II ⟨n.-telb.zn.⟩ **0.1** ***emailleerkunst*** ⇒*emailschilderkunst* **0.2** ***emailleerwerk*** **0.3** ***het emailleren***.
en·am·el·ware [ɪˈnæmlweə‖-wer]⟨n.-telb.zn.⟩ **0.1** ***emailgoed*** ⇒*emailwaren*.
en·am·our, ⟨AE sp.⟩ **en·am·or** [ɪˈnæmə‖-ər]⟨f1⟩⟨ov.ww.⟩ **0.1** ***bekoren*** ⇒*charmeren, verliefd maken* ◆ **6.1** ~ed **of/with** *vol van, dol/verliefd op*.
en·an·ti·o·morph [ɪˈnæntɪəmɔ:f‖ɪˈnæntɪəmɔrf]⟨telb.zn.⟩ **0.1** ***enantiomorf*** ⟨v. kristallen⟩.
en·an·ti·o·mor·phic [-ˈmɔ:fɪk‖-ˈmɔrfɪk], **en·an·ti·o·mor·phous** [-ˈmɔ:fəs‖-ˈmɔrfəs]⟨bn.⟩ **0.1** ***enantiomorf*** ⇒*elkaars spiegelbeeld* ⟨v. kristallen⟩.
en·an·ti·o·morph·ism [-ˈmɔ:fɪzm‖-ˈmɔrfɪzm]⟨n.-telb.zn.⟩ **0.1** ***enantiomorfie*** ⟨v. kristallen⟩.
en·ar·thro·sis [ˈenɑ:ˈθroʊsɪs‖ˈenɑr-]⟨telb.zn.; enarthroses [-si:z]; →mv. 5⟩ **0.1** ***kogelgewricht***.
e·nate[1] [ˈi:neɪt]⟨telb.zn.⟩ **0.1** ***verwant(e) v. moederszijde***.
enate[2], ⟨in bet. 0.2 ook⟩ **e·nat·ic** [i:ˈnæṭɪk]⟨bn.⟩ **0.1** ***naar buiten groeiend*** **0.2** ***verwant v. moederszijde***.
en bloc [ˈɒm ˈblɒk‖ˈɑ̃ ˈblɑk]⟨bw.⟩ **0.1** ***in zijn geheel*** ⇒*als massa, gezamenlijk, en bloc, en masse*.
en bro·chette [ˈɒm ˈbrɒˈʃet‖ˈɑ̃ broʊˈʃet]⟨bn.; bw.⟩⟨cul.⟩ **0.1** ***op een pen geroosterd*** ⇒*en brochette, op een spies* ⟨v. vlees⟩.
en brosse [ˈɒm ˈbrɒs‖ˈɑ̃ ˈbrɒs]⟨bn.⟩ **0.1** ***borstelig (geknipt)*** ⇒*rechtopstaand, en brosse* ⟨v. haar⟩.
enc ⟨afk.⟩ enclosed, enclosure.
en·cae·nia [enˈsi:nɪə]⟨telb.zn.⟩ **0.1** ***jaarlijks herdenkingsfeest*** ⇒*feestelijke herdenking* ⟨i.h.b. v.d. stichting v. Oxford University⟩.
en·cage, ⟨AE sp. ook⟩ **in·cage** [ɪnˈkeɪdʒ]⟨ov.ww.⟩ **0.1** ***opsluiten (als) in een kooi*** ⇒*kooien*.
en·camp [ɪnˈkæmp]⟨f1⟩⟨ww.⟩
 I ⟨onov.ww.⟩ **0.1** ***kamperen*** **0.2** ***de tenten opslaan*** ⇒*zich legeren;*
 II ⟨ov.ww.⟩ **0.1** ***een kampeer / legerplaats geven (aan)*** ◆ **3.1** be ~ed *zijn tenten opgeslagen hebben, gelegerd zijn*.
en·camp·ment [ɪnˈkæmpmənt]⟨f1⟩⟨zn.⟩
 I ⟨telb.zn.⟩ **0.1** ***kamp(ement)*** ⇒*legerplaats, veldverblijf;*
 II ⟨n.-telb.zn.⟩ **0.1** ***het kamperen*** **0.2** ***het opslaan v.d. tenten*** ⇒*het zich legeren*.
en·cap·su·late, ⟨AE sp. ook⟩ **in·cap·su·late** [ɪnˈkæpsjʊleɪt‖-sə-]⟨ww.⟩
 I ⟨onov.ww.⟩ **0.1** ***zich inkapselen;***
 II ⟨ov.ww.⟩ **0.1** ***inkapselen*** **0.2** ***samenvatten*** ⇒*resumeren*.
en·cap·su·la·tion, ⟨AE sp. ook⟩ **in·cap·su·la·tion** [ɪnˈkæpsjʊˈleɪʃn‖-sə-]⟨zn.⟩
 I ⟨telb.zn.⟩ **0.1** ***inkapseling;***
 II ⟨n.-telb.zn.⟩ **0.1** ***het (zich) inkapselen***.
en·case, ⟨AE sp. ook⟩ **in·case** [ɪnˈkeɪs]⟨f1⟩⟨ov.ww.⟩ **0.1** ***in een omhulsel / koker, enz. stoppen*** ⇒*opbergen, in een doos / étui bergen* **0.2** ***als een omhulsel / koker, enz. omgeven*** ⇒*bedekken* **0.3** ***omringen*** ⇒*gevangen houden, omknellen* ◆ **6.1** ~d **in** leather *gehuld in leer*.
en·case·ment, ⟨AE sp. ook⟩ **in·case·ment** [ɪnˈkeɪsmənt]⟨telb. en n.-telb.zn.⟩ **0.1** ***bedekking*** ⇒*omhulsel*.
en·cash [ɪnˈkæʃ]⟨ov.ww.⟩⟨BE⟩ **0.1** ***verzilveren*** ⇒*voor contanten inwisselen, innen*.
en·cash·ment [ɪnˈkæʃmənt]⟨telb. en n.-telb.zn.⟩⟨BE⟩ **0.1** ***verzilvering*** ⇒*inning, het verzilveren, het innen*.
en·caus·tic[1] [ɪnˈkɔ:stɪk]⟨zn.⟩
 I ⟨telb.zn.⟩ **0.1** ***wasschildering*** ⇒*brandschildering;*
 II ⟨n.-telb.zn.⟩ **0.1** ***encaustiek*** ⇒*wasschilderkunst, brandschilderkunst*.
encaustic[2] ⟨bn.⟩ **0.1** ***encaustisch*** ⇒*ingebrand* ◆ **1.1** ~ tile *tegel met ingebrande kleuren*.
-ence [əns], **-en·cy** [ənsi]⟨vormt nw. uit bijv. nw.⟩ **0.1** ⟨ong.⟩ ***-entie*** **0.2** ⟨ong.⟩ ***-heid*** ⇒*-ing* ◆ ¶**.1** reference *referentie* ¶**.2** dependence *afhankelijkheid*.
en·ceinte[1] [ɒnˈsænt‖ɑ̃ˈsænt]⟨telb.zn.⟩ **0.1** ***omwalling*** ⇒*ringmuur, enceinte, hoofdwal* ⟨v.e. vesting⟩.
enceinte[2] ⟨bn., pred.⟩⟨vero.⟩ **0.1** ***zwanger*** ⇒*in verwachting*.
en·ce·phal·ic [ˈensəˈfælɪk]⟨bn., attr.⟩⟨med.⟩ **0.1** ***hersen-*** ⇒*encefaal, encefalo-* **0.2** ***in de schedelholte***.
en·ceph·a·lin [enˈsefəlɪn], **en·keph·a·lin** [eŋˈkefəlɪn]⟨n.-telb.zn.⟩ **0.1** ***encefaline***.
en·ceph·a·lit·ic [ˈensefəˈlɪṭɪk]⟨bn.⟩⟨med.⟩ **0.1** ***encefalitisch*** ⇒*v. / mbt. encefalitis*.
en·ceph·a·li·tis [ˈensefəˈlaɪṭɪs]⟨telb. en n.-telb.zn.; encephalitides [-ˈlɪṭɪdi:z]; →mv. 5⟩⟨med.⟩ **0.1** ***encefalitis*** ⇒*hersenontsteking*.
encephalitis le·thar·gi·ca [-lɪˈθɑ:dʒɪkə‖-ˈθɑr-]⟨telb. en n.-telb.zn.⟩⟨med.⟩ **0.1** ***encefalitis lethargica*** ⇒*slaapziekte*.
en·ceph·a·lo- [ɪnˈsefəloʊ], **en·ceph·al-** [ɪnˈsefl]⟨med.⟩ **0.1** ***encefalo-*** ⇒*hersen-, v.d. hersenen* ◆ ¶**.1** encephalitis *encefalitis*.
en·ceph·a·lo·gram [ɪnˈsefələgræm]⟨telb.zn.⟩⟨med.⟩ **0.1** ***encefalogram***.
en·ceph·a·lo·graph [-grɑ:f‖-græf]⟨telb.zn.⟩⟨med.⟩ **0.1** ***encefalograaf***.
en·ceph·a·lo·graph·ic [-ˈgræfɪk]⟨bn.; -ally; →bijw. 3⟩⟨med.⟩ **0.1** ***encefalografisch***.
en·ceph·a·lo·my·e·li·tis [-maɪəˈlaɪṭɪs]⟨telb. en n.-telb.zn.⟩⟨med.⟩ **0.1** ***encefalomyelitis***.
en·chain [ɪnˈtʃeɪn]⟨ov.ww.⟩ **0.1** ***ketenen*** ⇒*kluisteren, in de boeien slaan; boeien* ⟨ook fig.⟩.
en·chain·ment [ɪnˈtʃeɪnmənt]⟨zn.⟩
 I ⟨telb. en n.-telb.zn.⟩ **0.1** ***ketening*** ⇒*aaneenschakeling;*
 II ⟨n.-telb.zn.⟩ **0.1** ***boeiing*** ⇒*kluistering*.
en·chant [ɪnˈtʃɑ:nt‖ɪnˈtʃænt]⟨f2⟩⟨ov.ww.⟩ →enchanting **0.1** ***betoveren*** ⇒*beheksen* **0.2** ***bekoren*** ⇒*verrukken, charmeren* ◆ **1.1** ~ed prince *betoverde prins;* ~ed ring *toverring* **6.2** be ~ ed **by/with** *in de wolken / enthousiast zijn over*.
en·chant·er [ɪnˈtʃɑ:ntə‖ɪnˈtʃænṭər]⟨telb.zn.⟩ **0.1** ***tovenaar***.
enˈchanter's ˈnightshade ⟨telb.zn.⟩⟨plantk.⟩ **0.1** ***heksenkruid*** ⟨genus Circaea⟩.
en·chant·ing [ɪnˈtʃɑ:ntɪŋ‖ɪnˈtʃænṭɪŋ]⟨f1⟩⟨bn.; teg. deelw. v. enchant; -ly⟩ **0.1** ***betoverend*** ⇒*bekorend*.
en·chant·ment [ɪnˈtʃɑ:ntmənt‖ɪnˈtʃænt-]⟨f1⟩⟨zn.⟩⟨→sprw. 113⟩
 I ⟨telb. en n.-telb.zn.⟩ **0.1** ***betovering*** ⇒*bekoring, charme;*
 II ⟨n.-telb.zn.⟩ **0.1** ***het betoverd / behekst zijn***.

en·chant·ress [ɪn'tʃɑ:ntrɪs‖ɪn'tʃæn-]⟨telb.zn.⟩ **0.1** ***tovenares*** ⇒*heks* **0.2** ***betoverende vrouw***.

en·chase [ɪn'tʃeɪs]⟨ov.ww.⟩ **0.1** ***zetten*** ⟨juweel⟩ ⇒*plaatsen* **0.2** ***bezetten*** ⟨met juwelen⟩ ⇒*inleggen* **0.3** ***graveren*** ⇒*ciseleren, drijven*.

en·chas·er [ɪn'tʃeɪsə‖-ər]⟨telb.zn.⟩ **0.1** ***juweelzetter*** **0.2** ***graveur*** ⇒*ciseleur*.

en·chi·la·da ['entʃɪ'lɑ:də‖-'lædə]⟨telb.zn.⟩⟨cul.⟩ **0.1** ***enchilada*** ⟨gevulde tortilla met chilisaus⟩.

en·chi·rid·i·on ['eŋkaɪ'rɪdɪən]⟨telb.zn.; ook enchiridia [-dɪə]; →mv. 5⟩ **0.1** ***enchiridion*** ⇒*handboek*.

en·chon·dro·ma ['enkɒn'droʊmə‖'enkɑn-]⟨telb.zn.; ook enchondromata [-mət̬ə]; →mv. 5⟩⟨med.⟩ **0.1** ***kraakbeenachtig gezwel***.

en·chon·drom·a·tous ['enkɒn'droʊmətəs‖'enkɑn'droʊmət̬əs]⟨bn.⟩⟨med.⟩ **0.1** ***v. / mbt. een kraakbeenachtig gezwel***.

en·cho·ri·al [en'kɔ:rɪəl], **en·chor·ic** [-'kɒrɪk‖-'kɑ-]⟨bn.⟩ **0.1** ***volks-*** ⇒*inheems* **0.2** ***demotisch*** ⇒*laat-Egyptisch* ⟨mbt. taal⟩.

-en·chy·ma ['eŋkɪmə]⟨plantk.⟩ **0.1** ***-weefsel*** ⇒*-enchym* ◆ **¶.1** collenchyma *collenchym* ⟨steunweefsel⟩.

en·ci·pher [ɪn'saɪfə‖-ər]⟨ov.ww.⟩ **0.1** ***coderen***.

en·cir·cle [ɪn'sɜ:kl‖-'sɜr-]⟨f2⟩⟨ov.ww.⟩ **0.1** ***omringen*** ⇒*omsluiten, insluiten* **0.2** ***omcirkelen*** **0.3** ⟨mil.⟩ ***omsingelen***.

en·cir·cle·ment [ɪn'sɜ:klmənt‖-'sɜr-]⟨f1⟩⟨telb. en n.-telb.zn.⟩ **0.1** ***omsluiting*** ⇒*insluiting, omringing* **0.2** ***omcirkeling*** **0.3** ⟨mil.⟩ ***omsingeling***.

encl ⟨afk.⟩ enclosed, enclosure.

en clair ['ɒn 'kleə‖'ɑ̃ 'kler]⟨bn.; bw.⟩ **0.1** ***in gewone taal*** ⇒*niet in code* ⟨v. telegram, enz.⟩.

en·clasp, ⟨AE sp. ook⟩ **in·clasp** [ɪn'klɑ:sp‖ɪn'klæsp]⟨ov.ww.⟩ **0.1** ***omklemmen*** ⇒*omvatten* **0.2** ***omhelzen***.

en·clave ['enkleɪv]⟨telb.zn.⟩ **0.1** ***enclave***.

en·clit·ic¹ [ɪn'klɪt̬ɪk]⟨telb.zn.⟩⟨taalk.⟩ **0.1** ***enclitisch woord*** ⇒*encliticum*.

enclitic² ⟨bn.; -ally; →bijw. 3⟩⟨taalk.⟩ **0.1** ***enclitisch***.

en·close, in·close [ɪn'kloʊz]⟨f2⟩⟨ov.ww.⟩ **0.1** ***omheinen*** ⇒*insluiten, omringen* **0.2** ***insluiten*** ⇒*bijsluiten, bijvoegen* ⟨bijlage e.d.⟩ **0.3** ***bevatten*** ⇒*omvatten* **0.4** ***buitensluiten*** ⇒*uitsluiten, afzonderen*.

en·clo·sure, in·clo·sure [ɪn'kloʊʒə‖-ər]⟨f2⟩⟨zn.⟩

I ⟨telb.zn.⟩ **0.1** ***(om)heining*** ⇒*schutting* **0.2** ***omheind stuk land*** **0.3** ***afgescheiden / afgeschoten gedeelte*** ⇒*vak, afdeling* **0.4** ***bijlage;***

II ⟨n.-telb.zn.⟩ **0.1** ***het omheinen*** ⇒*het omringen* **0.2** ***het insluiten*** ⇒*het bijsluiten* **0.3** ***het omheind / omringd zijn*** **0.4** ***het buitengesloten / afgezonderd zijn***.

en·code [ɪn'koʊd]⟨f1⟩⟨ov.ww.⟩ **0.1** ***coderen***.

en·cod·er [ɪn'koʊdə‖-ər]⟨telb.zn.⟩ **0.1** ***codeur***.

en·co·mi·ast [ɪn'koʊmiæst]⟨telb.zn.⟩ **0.1** ***lofredenaar*** ⇒*schrijver v. lofreden / lofzang*.

en·co·mi·as·tic [ɪn'koʊmi'æstɪk], **en·co·mi·as·ti·cal** [-ɪkl]⟨bn.⟩ **0.1** ***prijzend*** ⇒*lovend, vleiend*.

en·co·mi·um [ɪn'koʊmɪəm]⟨telb.zn.; ook encomia [-mɪə]; →mv. 5⟩ **0.1** ***lof*** ⇒*lofrede, lofzang, loflied*.

en·com·pass [ɪn'kʌmpəs]⟨f2⟩⟨ov.ww.⟩ **0.1** ***omringen*** ⇒*omgeven, omsluiten* **0.2** ***bevatten*** ⇒*omvatten* **0.3** ***veroorzaken*** ⇒*volvoeren, slagen in* ◆ **6.1** ~ed **with** *omgeven door*.

en·com·pass·ment [ɪn'kʌmpəsmənt]⟨n.-telb.zn.⟩ **0.1** ***het omringen*** ⇒*omsluiting* **0.2** ***het bevatten*** ⇒*het omvatten* **0.3** ***het veroorzaken*** ⇒*volvoering*.

en·core¹ ['ɒŋkɔ:‖'ɑŋkɔr]⟨f1⟩⟨telb.zn.⟩⟨muz.⟩ **0.1** ***toegift*** ⇒*bis, encore, herhaling* ◆ **¶.1** ~! *bis!, nog eens!*.

encore² ⟨ov.ww.⟩⟨muz.⟩ **0.1** ***bisseren*** ⇒*bis toeroepen, bis roepen voor, laten herhalen*.

en·coun·ter¹ [ɪn'kaʊntə‖ɪn'kaʊnt̬ər]⟨f3⟩⟨telb.zn.⟩ **0.1** ***ontmoeting*** ⇒*onverwachte ontmoeting, het tegen het lijf lopen* **0.2** ***krachtmeting*** ⇒*confrontatie, treffen*.

encounter² ⟨f3⟩⟨ww.⟩

I ⟨onov.ww.⟩ **0.1** ***elkaar ontmoeten*** ⇒⟨i.h.b.⟩ *tegenover elkaar komen te staan, oog in oog komen te staan;*

II ⟨ov.ww.⟩ **0.1** ***ontmoeten*** ⇒*onverwacht tegenkomen, tegen het lijf lopen* **0.2** ***ontmoeten*** ⇒*geconfronteerd worden met, het hoofd moeten bieden aan* ◆ **1.2** ~ dangers *aan gevaren worden blootgesteld;* ~ difficulties *moeilijkheden moeten overwinnen;* ~ one's enemy *oog in oog komen te staan met zijn vijand*.

en'counter group ⟨telb.zn.⟩⟨psych.⟩ **0.1** ***encountergroep*** ⇒⟨ong.⟩ *sensitivity trainingsgroep*.

en·cour·age [ɪn'kʌrɪdʒ‖ɪn'kɜr-]⟨f3⟩⟨ov.ww.⟩ →encouraging **0.1** ***bemoedigen*** ⇒*hoop geven, vertrouwen wekken* **0.2** ***aanmoedigen*** ⇒*stimuleren, bevorderen, in de hand werken* **0.3** ***steunen*** ⇒*helpen* ◆ **6.2** ~ s.o. **in** his work *iem. in zijn werk stimuleren*.

en·cour·age·ment [ɪn'kʌrɪdʒmənt‖ɪn'kɜr-]⟨f2⟩⟨telb. en n.-telb.zn.⟩ **0.1** ***aanmoediging*** ⇒*bemoediging, stimulering, stimulans*.

en·cour·ag·ing [ɪn'kʌrɪdʒɪŋ‖ɪn'kɜr-]⟨f2⟩⟨bn.; teg. deelw. v. encourage; -ly⟩ **0.1** ***bemoedigend*** ⇒*stimulerend*.

en·croach [ɪn'kroʊtʃ]⟨f1⟩⟨onov.ww.⟩ **0.1** ***opdringen*** ⇒*oprukken, zich uitbreiden, binnendringen, steeds dichter bij komen* ◆ **6.1** ~ **on** s.o.'s rights *inbreuk maken op iemands rechten, iem. uit zijn rechten verdringen;* the sea ~es further **(up)on** the land *de zee tast de kust steeds verder aan;* ~ **(up)on** s.o.'s time *beslag leggen op iemands tijd*.

en·croach·ment [ɪn'kroʊtʃmənt]⟨f1⟩⟨telb. en n.-telb.zn.⟩ **0.1** ***aantasting*** ⇒*afslijting, erosie* ⟨door de zee, e.d.⟩ **0.2** ***overschrijding*** ⇒*het opdringen* ⟨ook fig.⟩, *inbreuk* **0.3** ⟨Am. voetbal⟩ ***buitenspel*** ⟨door te vroege overschrijding v. scrimmage-lijn⟩ ⇒*offside(s)*.

en·crust, in·crust [ɪn'krʌst]⟨f1⟩⟨ww.⟩

I ⟨onov.ww.⟩ **0.1** ***een korst vormen;***

II ⟨ov.ww.⟩ **0.1** ***met een korst bedekken*** **0.2** ***bedekken*** ⇒⟨i.h.b.⟩ *bezetten, incrusteren* ◆ **6.2** ~ed **with** precious stones *bezet met edelstenen*.

encrustation →incrustation.

en·crust·ment [ɪn'krʌstmənt]⟨telb. en n.-telb.zn.⟩ **0.1** ***korstvorming*** ⇒*korst* **0.2** ***omkorsting*** **0.3** ***incrustering***.

en·crypt [ɪn'krɪpt]⟨ov.ww.⟩ **0.1** ***coderen*** ⇒*in code weergeven* ⟨boodschap, gegevens⟩ **0.2** ***vervormen*** ⟨t.v.-signaal⟩ ⇒*versleutelen*.

en·cum·ber [ɪn'kʌmbə‖-ər]⟨f1⟩⟨ov.ww.⟩ **0.1** ***beladen*** ⇒*belasten, overbelasten* **0.2** ***hinderen*** ⇒*belemmeren, een obstakel vormen, belasten* **0.3** ***volladen*** ⇒*volstoppen* **0.4** ⟨geldw.⟩ ***belasten*** ⇒*bezwaren* ◆ **6.1** I was ~ed **with** parcels *ik was met boodschappen beladen* **6.2** he is ~ed **with** a sick wife *hij zit met een zieke vrouw;* ~ o.s **with** financial responsibilities *zich financiële verplichtingen op de hals halen* **6.4** ~ed **with** mortgage *met hypotheek bezwaard*.

en·cum·brance [ɪn'kʌmbrəns]⟨f1⟩⟨telb.zn.⟩ **0.1** ***last*** ⟨ook fig.⟩ ⇒*belemmering, hindernis, obstakel* **0.2** ⟨geldw.⟩ ***last*** ⇒*hypotheek, vordering* ◆ **6.¶** **without** ~ *zonder kinderen*.

en·cum·bran·cer [ɪn'kʌmbrənsə‖-ər]⟨telb.zn.⟩ **0.1** ***hypotheeknemer / houder***.

-en·cy [ənsi]⟨vormt abstr. nw. uit bijv. nw.⟩ **0.1** ⟨ong.⟩ ***-heid***.

en·cyc·li·cal¹ [ɪn'sɪklɪkl], **en·cyc·lic** [ɪn'sɪklɪk]⟨f1⟩⟨telb.zn.⟩⟨R.-K.⟩ **0.1** ***encycliek*** ⇒*pauselijke zendbrief*.

encyclical², encyclic ⟨bn.⟩ **0.1** ***rondgaand*** ⇒*algemeen, verspreid, zend-* ◆ **1.1** ~ letter *rondschrijven, zendbrief;* ⟨i.h.b.⟩ *pauselijke encycliek*.

en·cy·clo·p(a)e·di·a [ɪn'saɪklə'pi:dɪə]⟨f2⟩⟨telb.zn.⟩ **0.1** ***encyclopedie*** ◆ **3.¶** a walking ~ *een wandelende encyclopedie*.

en·cy·clo·p(a)e·dic [ɪn'saɪklə'pi:dɪk], **en·cy·clo·p(a)e·di·cal** [-ɪkl]⟨bn.; -(al)ly; →bijw. 3⟩ **0.1** ***encyclopedisch*** ⇒*allesomvattend*.

en·cy·clo·p(a)e·dist [ɪn'saɪklə'pi:dɪst]⟨telb.zn.⟩ **0.1** ***encyclopedist***.

en·cyst [en'sɪst]⟨ww.⟩⟨biol., med.⟩

I ⟨onov.ww.⟩ **0.1** ***een cyste vormen;***

II ⟨ov.ww.⟩ **0.1** ***omsluiten*** ⇒*in een cyste sluiten*.

end¹ [end]⟨f4⟩⟨telb.zn.⟩⟨→sprw. 13, 140, 141, 171, 677⟩ **0.1** ***einde*** ⇒*afsluiting, besluit* **0.2** ***einde*** ⇒*uiteinde, eind* **0.3** ***einde*** ⇒*verste punt, grens;* ⟨ook fig.⟩ *uiterste* **0.4** ***kant*** ⇒*onder / bovenkant, zijde, deel;* ⟨ook fig.⟩ *afdeling, part* **0.5** ***einde*** ⇒*vernietiging, dood* **0.6** ***doel*** ⇒*bedoeling,* ⟨bij uitbr.⟩ *(beoogd) resultaat* **0.7** ⟨sport⟩ ***helft*** ⇒*speelhelft* **0.8** ⟨AE, Can. E; voetbal⟩ ***end*** ⇒*eindspeler* **0.9** ⟨spel⟩ ***end*** ⇒*ronde* **0.10** ⟨sl.⟩ ***aandeel*** ⟨in buit⟩ ◆ **1.2** the ~s of the earth *de verste uithoeken der aarde* **1.7** change of ~s *wisseling (v.) speelhelft;* choice of ~s *keuze speelhelft* **1.¶** to the ~ of the chapter *tot het (bittere) einde, altijd maar door;* at the ~ of the day *uiteindelijk, als puntje bij paaltje komt;* the ~ of the line *laatste fase, kritiek stadium, breekpunt;* ⟨inf.⟩ see beyond the ~ of one's nose *verder kijken dan je neus lang is;* ~ of the road *einde, ondergang;* be at the ~ of one's tether *niet meer kunnen, aan het eind v. zijn krachten / geduld / mogelijkheden zijn, ten einde raad zijn* **3.1** come / draw to an ~ *ten einde lopen, ophouden, opraken;* make an ~ of *een eind maken aan, een punt zetten achter;* put an ~ to *een eind maken aan, afschaffen, vernietigen* **3.6** gain one's ~ *zijn doel bereiken* **3.¶** ⟨BE; euf.⟩ get one's ~ away *seks bedrijven, met iem. naar bed gaan;* keep one's ~ up *volhouden, zich weren, zich niet laten kennen;* make (both) ~s meet *de eindjes aan elkaar knopen, rondkomen;* play both ~s against the middle *twee partijen tegen elkaar uitspelen;* ⟨inf.⟩ be at / on the receiving ~ (of severe complaints) *(ernstige klachten) moeten verduren / op zijn dak krijgen;* see an ~ of / to *een einde zien komen aan, verlost worden v.* **4.4** at my ~ *wat mij betreft, v. mijn kant;* that is your ~ of the business *dat is jouw afdeling, daar moet jij voor zorgen* **5.¶** ~ **on** *in de lengte, met de voor / achterkant naar voren, met het einde / de kop naar voren;* collide ~ **on** *frontaal botsen;* all ~s **up** *helemaal, volkomen* **6.1** the first term was **at** an ~ *het eerste trimester was afgelopen;* they are **at** the ~ of their resources *hun mogelijkheden zijn uitgeput;* **in** the ~ *tenslotte, op het* *laatst; uiteindelijk;* for weeks **on** ~ *weken achtereen;* **without** ~ *eindeloos, heel veel* **6.2** ~ **to** ~ *in de lengte, met de uiteinden tegen elkaar* **6.4** ~ **for** ~ *omgekeerd;* place **on** ~ *rechtop zetten, overeind zetten* **6.5** there would be an ~ **of** democracy *dan zou het afgelopen zijn met de democratie* **7.6** to no ~ *tevergeefs* **7.¶** no ~ *heel erg, in grote mate;* no ~ of *heel veel; geweldig;* no ~ of a book *een geweldig/mieters boek;* no ~ of a man *een eindeloze/toffe man;* no ~ of time *zeeën v. tijd;* the ~ *het summum, het slechtste dat je je kunt voorstellen, iets onverdragelijks.*

end[2] ⟨f4⟩⟨ww.⟩ →ending ⟨→sprw. 17, 452⟩
I ⟨onov.ww.⟩ **0.1** ***eindigen*** **0.2** ***eindigen*** ⇒*aflopen* **0.3** ***zijn einde vinden*** ⇒*sterven* ◆ **5.2** a sodden mass, which will ~ **up** as cheese *een vochtige massa die tenslotte kaas wordt;* he'll ~ **up** in jail *hij zal nog in de gevangenis terecht komen;* she ~ed **up** running away from home *uiteindelijk liep ze van huis weg;* the meeting ~ed **up** with applause *een applaus besloot de bijeenkomst* **6.1** carving knifes ~ **in** a point *vleesmessen eindigen in een punt;* verbs that ~ **in** -er *werkwoorden die op -er eindigen* **6.2** she will ~ **by** leaving her husband *ze zal haar man nog in de steek laten;* he ~ed **by** settling as a GP *tenslotte vestigde hij zich als huisarts;* the path ~ed **in** an overgrown orchard *het pad eindigde in een verwilderde boomgaard;* the quarrel ~ed **in** her running away from home *hun ruzie liep er tenslotte op uit dat ze v. huis wegliep;* our efforts ~ed **in** a total failure *onze pogingen liepen op niets uit;*
II ⟨ov.ww.⟩ **0.1** ***beëindigen*** ⇒*besluiten, een eind maken aan, ophouden met* **0.2** ***conclusie/einde vormen v.*** **0.3** ***vernietigen*** ⇒*doden, een eind maken aan* ◆ **1.1** ~ one's days in a lunatic asylum *zijn laatste dagen (v. zijn leven) in een gekkenhuis doorbrengen/slijten* **4.3** ~ it (all) *er een eind aan maken, zich v. kant maken, zelfmoord plegen* **5.1** ~ **off** sth. (with) *iets af/besluiten (met), iets beëindigen (met)* **6.1** she always ~s her breakfast up **with** a glass of milk *ze beëindigt haar ontbijt altijd met een glas melk* **¶.¶** a novel/victory/⟨enz.⟩ to ~ all novels/victories/⟨enz.⟩ *een roman/overwinning/⟨enz.⟩ die alle andere overbodig maakt/in de schaduw stelt.*

en·dan·ger [ɪn'deɪndʒə‖-ər]⟨f2⟩⟨ov.ww.⟩ **0.1** ***in gevaar brengen*** ⇒*een gevaar vormen voor, bedreigen* ◆ **1.1** ~ed species *bedreigde diersoorten/plantensoorten.*

en·dan·ger·ment [ɪn'deɪndʒəmənt‖-dʒər-]⟨n.-telb.zn.⟩ **0.1** ***gevaar*** ⇒*bedreiging.*

'end-con·sum·er ⟨telb.zn.⟩⟨hand.⟩ **0.1** ***eindverbruiker.***

en·dear [ɪn'dɪə‖ɪn'dɪr]⟨f1⟩⟨ov.ww.⟩ →endearing **0.1** ***geliefd maken*** ◆ **6.1** his shy friendliness ~ed him **to** everyone *met zijn verlegen vriendelijkheid nam hij iedereen voor zich in.*

en·dear·ing [ɪn'dɪərɪŋ‖-'dɪr-]⟨f1⟩⟨bn.; teg. deelw. v. endear; -ly⟩ **0.1** ***innemend*** ⇒*ontwapenend, vertederend.*

en·dear·ment [ɪn'dɪəmənt‖-'dɪr-]⟨f1⟩⟨zn.⟩
I ⟨telb.zn.⟩ **0.1** ***uiting v. genegenheid*** ⇒*lief woordje, liefkozing;*
II ⟨n.-telb.zn.⟩ **0.1** ***innemendheid, genegenheid.***

en·deav·our[1], ⟨AE sp.⟩ **en·deav·or** [ɪn'devə‖-ər]⟨f2⟩⟨telb. en n.-telb.zn.⟩ **0.1** ***poging*** ⇒*moeite, inspanning* ◆ **3.1** make an ~ to *trachten te, zich inspannen om te* **6.1** an ~ **at** being patient *een poging om geduldig te zijn.*

endeavour[2], ⟨AE sp.⟩ **endeavor** ⟨f2⟩⟨onov.ww.⟩ **0.1** ***pogen*** ⇒*trachten, zich inspannen* **0.2** ***streven*** ◆ **3.1** ~ to do sth. *proberen/trachten iets te doen* **6.2** ~ **after** *streven naar.*

en·dem·ic[1] [en'demɪk, ɪn-]⟨telb.zn.⟩ **0.1** ***endemische ziekte*** **0.2** ***endemische plant*** **0.3** ***endemisch dier.***

endemic[2] ⟨bn.; -ally; →bijw. 3⟩ **0.1** ***endemisch*** ⇒*inheems, plaatsgebonden* ⟨v. dier, plant, ziekte⟩.

en·dem·ism ['endəmɪzm], **en·de·mic·i·ty** ['endə'mɪsəṭi]⟨n.-telb.zn.⟩ ⟨med., plantk.⟩ **0.1** ***endemie.***

en·der·mic [en'dɜːmɪk‖-'dɜr-]⟨bn.⟩⟨med.⟩ **0.1** ***endermaal*** ⇒*in de huid (dringend), intracutaan.*

'end-game ⟨telb.zn.⟩⟨spel⟩ **0.1** ***eindspel.***

end·ing ['endɪŋ]⟨f2⟩⟨telb.zn.; oorspr. gerund v. end⟩ **0.1** ***einde*** ⇒*beëindiging, afronding;* ⟨spel⟩ *eindspel* **0.2** ***einde*** ⇒*slot, besluit, afloop* **0.3** ⟨taalk.⟩ ***uitgang*** ◆ **2.2** happy ~ *goede afloop.*

en·dis·tance [ɪn'dɪstəns]⟨ov.ww.⟩⟨dram.⟩ **0.1** ***vervreemden*** ⇒*afstand scheppen tot* ⟨het publiek⟩.

en·dive ['endɪv‖'endaɪv]⟨f1⟩⟨telb. en n.-telb.zn.⟩⟨plantk., cul.⟩ **0.1** ***andijvie*** ⟨Cichorium endivia⟩ **0.2** ⟨AE⟩ ***witlof*** ⟨Chicorium intybus⟩.

end·less ['endləs]⟨f3⟩⟨bn.; -ly; -ness⟩ **0.1** ***eindeloos*** ⇒*oneindig, eeuwig* **0.2** ⟨inf.⟩ ***ontelbaar*** ⇒*eindeloos veel* **0.3** ⟨tech.⟩ ***zonder einde*** ◆ **1.3** ~ band/belt/cable/chain *band/riem/kabel/ketting zonder einde;* ~ screw *schroef zonder einde, wormschroef.*

'end line ⟨telb.zn.⟩⟨sport, i.h.b. Am. voetbal⟩ **0.1** ***eindlijn.***

end·long ['endlɒŋ‖'end'lɔŋ]⟨bw.⟩⟨vero.⟩ **0.1** ***in de lengte*** ⇒*overlangs.*

'end man ⟨telb.zn.⟩ **0.1** ***laatste man in de rij*** ⇒⟨i.h.b.⟩ *komiek in show v. negerzangers.*

end·most ['en(d)moʊst]⟨bn.⟩ **0.1** ***laatst*** ⇒*verst, achterst, dichtst bij het einde.*

en·do- ['endoʊ], **end-** [end]⟨vnl. med.⟩ **0.1** ***endo-*** ⇒*inwendig, binnen-.*

en·do·car·di·tis [-kɑː'daɪtɪs‖-kɑr'daɪṭɪs]⟨telb. en n.-telb.zn.⟩ ⟨med.⟩ **0.1** ***endocarditis*** ⇒*ontsteking v.h. hartvlies.*

en·do·car·di·um [-'kɑːdɪəm‖-'kɑrdɪəm]⟨telb.zn.; endocardia [-'kɑːdɪə‖-'kɑrdɪə]; →mv. 5⟩⟨med.⟩ **0.1** ***endocardium*** ⇒*hartvlies.*

en·do·carp ['endoʊkɑːp‖-kɑrp]⟨telb.zn.⟩⟨plantk.⟩ **0.1** ***endocarpium*** ⟨binnenzijde v.d. wand v.e. vrucht⟩.

en·do·crine [-krɪn, -kraɪn]⟨bn., attr.⟩⟨biol.⟩ **0.1** ***endocrien*** ⇒*met inwendige secretie* ◆ **1.1** ~ glands *endocriene klieren.*

en·do·derm [-dɜːm‖-dɜrm]⟨n.-telb.zn.⟩⟨biol.⟩ **0.1** ***endoderm*** ⇒*entoderm* ⟨v. embryo⟩.

en·dog·a·mous [en'dɒgəməs‖-'dɑ-]⟨bn.⟩ **0.1** ⟨antr.⟩ ***endogaam*** ⇒*huwend binnen de eigen stam* **0.2** ⟨plantk.⟩ ***zelfbestuivend.***

en·dog·a·my [en'dɒgəmi‖-'dɑ-]⟨n.-telb.zn.⟩ **0.1** ⟨antr.⟩ ***endogamie*** **0.2** ⟨plantk.⟩ ***zelfbestuiving.***

en·dog·e·nous [en'dɒdʒɪnəs‖-'dɑ-]⟨bn.; -ly⟩⟨ook biol.⟩ **0.1** ***endogeen*** ⇒*v. binnen uit ontstaan.*

en·do·lymph ['endoʊlɪmf]⟨telb.zn.⟩⟨med.⟩ **0.1** ***endolymfe*** ⇒*labyrintvocht, binnenvocht.*

en·do·me·tri·tis [-mɪ'traɪṭɪs]⟨telb. en n.-telb.zn.⟩⟨med.⟩ **0.1** ***ontsteking v.h. baarmoederslijmvlies.***

en·do·me·tri·um [-'miːtrɪəm]⟨telb.zn.; endometria [-trɪə]; →mv. 5⟩ ⟨med.⟩ **0.1** ***baarmoederslijmvlies.***

en·do·morph [-mɔːf‖-mɔrf]⟨telb.zn.⟩ **0.1** ⟨geol.⟩ ***endomorf gesteente*** **0.2** ⟨antr.⟩ ***endomorf*** ⇒*pyknicus.*

en·do·par·a·site [-'pærəsaɪt]⟨telb.zn.⟩⟨biol.⟩ **0.1** ***endoparasiet.***

en·do·plasm [-plæzm]⟨n.-telb.zn.⟩⟨biol.⟩ **0.1** ***endoplasma.***

en·dorse, in·dorse [ɪn'dɔːs‖ɪn'dɔrs]⟨f2⟩⟨ov.ww.⟩ **0.1** ***endosseren*** **0.2** ***bevestigen*** ⇒*bekrachtigen, beamen, goedkeuren, onderschrijven* **0.3** ⟨vnl. BE⟩ ***aantekening maken op*** ⟨rijbewijs e.d. bij overtreding⟩.

en·dor·see ['endɔː'siː‖-dɔr-]⟨telb.zn.⟩ **0.1** ***geëndosseerde*** **0.2** ***gemachtigde.***

en·dorse·ment [ɪn'dɔːsmənt‖-'dɔrs-]⟨f1⟩⟨telb. en n.-telb.zn.⟩ **0.1** ***endossement*** **0.2** ***bevestiging*** ⇒*bekrachtiging, goedkeuring, onderschrijving, steun(betuiging)* **0.3** ⟨vnl. BE⟩ ***aantekening*** ⟨op rijbewijs, e.d.⟩.

en·dors·er [ɪn'dɔːsə‖ɪn'dɔrsər]⟨telb.zn.⟩ **0.1** ***endossant.***

en·do·scope ['endəskoʊp]⟨telb.zn.⟩⟨med.⟩ **0.1** ***endoscoop*** ⇒*endoscopisch instrument* ⟨voor inwendig onderzoek⟩.

en·do·skel·e·ton [-'skelɪtn]⟨telb.zn.⟩ **0.1** ***endoskelet*** ⟨in het lichaam⟩.

en·do·sperm [-spɜːm‖-spɜrm]⟨telb.zn.⟩⟨biol.⟩ **0.1** ***endosperm.***

en·do·spore [-spɔː‖-spɔr]⟨telb.zn.⟩⟨ook plantk.⟩ **0.1** ***endospoor.***

en·do·the·li·um [-'θiːlɪəm]⟨telb.zn.; endothelia [-lɪə]; →mv. 5⟩ ⟨med.⟩ **0.1** ***endot(h)eel.***

en·do·therm [-'θəːm‖-'θərm]⟨telb.zn.⟩⟨dierk.⟩ **0.1** ***warmbloedig dier.***

en·do·ther·mic [-'θɜːmɪk‖-'θɜr-]⟨bn.⟩ **0.1** ⟨schei.⟩ ***endotherm*** **0.2** ⟨dierk.⟩ ***warmbloedig.***

en·dow [ɪn'daʊ]⟨f1⟩⟨ov.ww.⟩ **0.1** ***begiftigen*** ⇒*subsidiëren, doteren, bekostigen* **0.2** ***begiftigen*** ⇒*schenken, geven aan* ◆ **1.1** ~ a hospital *schenkingen doen aan een ziekenhuis* **6.2** ~ s.o. **with** privileges *iem. privileges geven;* their children are all ~ed **with** great musical talent *hun kinderen zijn allemaal begiftigd met grote muzikaliteit.*

en·dow·ment [ɪn'daʊmənt]⟨f1⟩⟨zn.⟩
I ⟨telb.zn.; vnl. mv.⟩ **0.1** ***gave*** ⇒*begaafdheid, talent, eigenschap, kwaliteit* **0.2** ***gift*** ⇒*schenking, dotatie;*
II ⟨n.-telb.zn.⟩ **0.1** ***het schenken*** ⇒*begiftiging, bekostiging.*

en'dowment assurance, en'dowment insurance ⟨n.-telb.zn.⟩⟨verz.⟩ **0.1** ***kapitaalverzekering.***

en'dowment policy ⟨telb.zn.⟩⟨verz.⟩ **0.1** ***kapitaalverzekering.***

'end·pa·per, 'end leaf ⟨telb.zn.; vnl. mv.⟩⟨boekw.⟩ **0.1** ***schutblad.***

'end-play ⟨telb.zn.⟩⟨bridge⟩ **0.1** ***end-play*** ⇒*eindspel.*

'end-point ⟨f1⟩⟨n.-telb.zn.⟩ **0.1** ***eindpunt*** ⇒⟨i.h.b. schei.⟩ *omslagpunt.*

'end product ⟨f1⟩⟨telb.zn.⟩ **0.1** ***eindprodukt.***

'end result ⟨f1⟩⟨telb.zn.⟩ **0.1** ***eindresultaat.***

'end-stopped ⟨bn.⟩⟨lit.⟩ **0.1** ***niet doorlopend*** ⇒*met rustpunt aan het eind v.e. vers.*

'end table ⟨telb.zn.⟩ **0.1** ***bijzettafeltje.***

en·due, in·due [ɪn'djuː‖ɪn'duː]⟨ov.ww.⟩ **0.1** ***begiftigen*** ⇒*schenken, begenadigen, geven, voorzien v.* **0.2** ⟨vero.⟩ ***aantrekken*** ⇒*(zich) kleden in* **0.3** ⟨vero.⟩ ***kleden*** ⇒*aankleden* ◆ **6.1** ~d **with** many talents *begaafd, begenadigd met vele talenten.*

en·dur·a·ble [ɪn'djʊərəbl‖-'dʊr-]⟨bn.; -ly; →bijw. 3⟩ **0.1** ***draaglijk*** ⇒*te verdragen, uit te houden.*

en·dur·ance [ɪn'djʊərəns‖-'dʊr-]⟨f2⟩⟨n.-telb.zn.⟩ **0.1** ***uithoudingsvermogen*** ⇒*weerstand* **0.2** ***het doorstaan*** ⇒*het uithouden, het verduren* **0.3** ***geduld*** ⇒*lijdzaamheid, verdraagzaamheid* **0.4** ***duur*** **0.5** ***duurzaamheid*** ◆ **6.2 beyond/past** (one's) ~ *onverdraaglijk, niet uit te houden.*

en'durance test ⟨telb.zn.⟩ **0.1** ***beproeving*** ⇒*uithoudingsproef* **0.2** ***duurzaamheidstest.***

en'durance training ⟨n.-telb.zn.⟩⟨sport⟩ **0.1** ***duurtraining*** ⇒*duurwerk.*

en·dure [ɪn'djʊə‖ɪn'dʊr]⟨f2⟩⟨ww.⟩ →enduring ⟨→sprw. 278, 726⟩
I ⟨onov.ww.⟩ **0.1** ***duren*** ⇒*zich voortzetten, blijven* **0.2** ***het uithouden*** ⇒*zich handhaven;*
II ⟨ov.ww.⟩ **0.1** ***doorstaan*** ⇒*uithouden, verdragen, er doorheen komen* **0.2** ***dulden*** ⇒*tolereren, verdragen* **0.3** ***ondergaan*** ⇒*lijden* ◆ **3.2** he could not ~ to hear her speak like that *hij kon het niet verdragen haar zo te horen praten.*

en·dur·ing [ɪn'djʊərɪŋ‖-'dʊr-]⟨f1⟩⟨bn.; (oorspr.) teg. deelw. v. endure; -ly⟩ **0.1** ***blijvend*** ⇒*durend, voortdurend* **0.2** ***duurzaam*** **0.3** ***geduldig*** ⇒*lijdzaam.*

en·du·ro [en'djʊroʊ‖-'dʊr-]⟨telb.zn.⟩ **0.1** ***uithoudingsrit/race.***

'end user ⟨telb.zn.⟩ **0.1** ***(uiteindelijke) gebruiker*** ⇒*eindgebruiker/verbruiker.*

end·ville[1] ['endvɪl]⟨telb.zn.⟩⟨sl.⟩ **0.1** ***summum.***

endville[2] ⟨bn.⟩⟨sl.⟩ **0.1** ***prima*** ⇒*geweldig* **0.2** ***opwindendst*** **0.3** ***bevredigendst.***

end·ways ['endweɪz], **end·wise** [-waɪz]⟨bw.⟩ **0.1** ***rechtop*** **0.2** ***in de lengte*** ⇒*met de uiteinden tegen elkaar* **0.3** ***met de smalle kant naar voren.***

'end zone ⟨telb.zn.⟩⟨sport, i.h.b. Am. voetbal⟩ **0.1** ***eindzone*** ⟨10-yardgebied tussen doellijn en eindlijn⟩.

ENE ⟨afk.⟩ east-northeast **0.1** ***O.N.O.***

en·e·ma ['enɪmə]⟨telb.zn.; ook enemata [ɪ'nemət̬ə]; →mv. 5⟩ ⟨med.⟩ **0.1** ***klisteerspuit*** **0.2** ***klysma*** ⇒*lavement.*

en·e·my[1] ['enəmi]⟨f3⟩⟨zn.; →mv. 2⟩⟨→sprw. 447, 491⟩
I ⟨telb.zn.⟩ **0.1** ***tegenstander*** ⇒*vijand* ⟨ook fig.⟩, *ondermijnende kracht* ◆ **3.1** his conduct has made him enemies *door zijn gedrag heeft hij zich vijanden gemaakt* **3.¶** ⟨inf.⟩ how goes the ~? *hoe laat is het?* **4.¶** be nobody's ~ but one's own *alles aan zichzelf te wijten hebben, zichzelf alles op de hals gehaald hebben* **7.¶** the Enemy *de Vijand, de duivel, de Boze;*
II ⟨verz.n.⟩ **0.1** ***vijand(elijke troepen/macht)*** ◆ **3.1** ⟨mil.⟩ the ~ were thrown back *de vijand werd teruggeslagen.*

enemy[2] ⟨f1⟩⟨bn., attr.⟩ **0.1** ***vijandelijk*** ◆ **1.1** ~ forces *vijandelijke troepen;* ~ ships *vijandelijke schepen.*

en·er·get·ic ['enə'dʒetɪk‖'enər'dʒet̬ɪk], **en·er·get·i·cal** [-ɪkl]⟨f2⟩ ⟨bn.; -(al)ly; →bijw. 3⟩ **0.1** ***energiek*** ⇒*vol energie, vurig, actief, energetisch* **0.2** ***krachtig*** ⇒*sterk.*

en·er·get·ics ['enə'dʒetɪks‖'enər'dʒet̬ɪks]⟨n.-telb.zn.⟩ **0.1** ***energetica*** **0.2** ***energiebalans*** ⟨v.e. systeem⟩.

en·er·gize, -gise ['enədʒaɪz‖'enər-]⟨ww.⟩
I ⟨onov.ww.⟩ **0.1** ***zich inspannen*** ⇒*werken;*
II ⟨ov.ww.⟩ **0.1** ***activeren*** ⇒*opwekken, aan het werk zetten, stimuleren, aanwakkeren* **0.2** ***versterken*** ⇒*krachtig maken* **0.3** ⟨tech.⟩ ***in werking stellen*** ⇒*energie toevoeren aan, bekrachtigen.*

en·er·gu·men ['enə'gju:men‖'enər'gju:mɪn]⟨telb.zn.⟩ **0.1** ***bezetene*** ⟨ook fig.⟩ ⇒*fanaticus, enthousiast.*

en·er·gy ['enədʒi‖'enər-]⟨f3⟩⟨zn.⟩
I ⟨telb. en n.-telb.zn.⟩ **0.1** ***kracht*** ⇒*energie* ◆ **3.1** devote all one's energies to *al zijn krachten wijden aan;*
II ⟨n.-telb.zn.⟩ **0.1** ***kracht*** ⇒*vitaliteit, intensiteit, felheid* **0.2** ⟨nat.⟩ ***energie*** ◆ **2.2** nuclear ~ *kernenergie.*

'energy audit ⟨telb.zn.⟩ **0.1** ***inventarisatie v.h. energieverbruik.***

'energy company ⟨telb.zn.⟩ **0.1** ***energiebedrijf.***

'energy conservation ⟨n.-telb.zn.⟩ **0.1** ***energiebehoud.***

'energy consumption ⟨telb. en n.-telb.zn.⟩ **0.1** ***energieverbruik.***

'energy crisis ⟨telb.zn.⟩ **0.1** ***energiecrisis.***

'energy gap ⟨telb.zn.⟩ **0.1** ***energietekort.***

'en·er·gy-hun·gry ⟨bn.⟩ **0.1** ***met grote energiebehoefte*** ⇒*met hoog energieverbruik.*

'energy need ⟨telb.zn.⟩ **0.1** ***energiebehoefte.***

'energy policy ⟨telb.zn.⟩ **0.1** ***energiebeleid.***

'energy saving ⟨f1⟩⟨n.-telb.zn.⟩ **0.1** ***energiebesparing.***

en·er·gy-sav·ing ⟨f1⟩⟨bn.⟩ **0.1** ***energiebesparend.***

'en·er·gy-short ⟨bn.⟩ **0.1** ***energieschaars.***

'energy source ⟨telb.zn.⟩ **0.1** ***energiebron.***

'energy supply ⟨n.-telb.zn.⟩ **0.1** ***energievoorziening.***

'energy use ⟨telb. en n.-telb.zn.⟩ **0.1** ***energieverbruik.***

en·er·vate[1] ['enəveɪt‖'enər-]⟨bn.⟩ **0.1** ***krachteloos*** ⇒*futloos, slap.*

enervate[2] ⟨ov.ww.⟩ **0.1** ***ontkrachten*** ⇒*slap maken, futloos maken, de weerstand ontnemen, verzwakken.*

en·er·va·tion ['enə'veɪʃn‖'enər-]⟨telb. en n.-telb.zn.⟩ **0.1** ***ontkrachting*** ⇒*verzwakking.*

en·face [ɪn'feɪs]⟨ov.ww.⟩ **0.1** ***de voorzijde bestempelen/bedrukken/beschrijven v..***

en face ['ɒn 'fɑ:s‖'ɑ̃ 'fɑs]⟨bn.⟩ **0.1** ***en face*** ⇒*v. voren* **0.2** ***en face*** ⇒*tegenoverliggend* ⟨v. bladzij⟩.

en fa·mille ['ɒn fæ'mi:]⟨bw.⟩ **0.1** ***en famille*** ⇒*in de huiselijke kring, thuis.*

en·fant ter·ri·ble ['ɒnfɒn te'ri:blə‖ɑn'fɑ̃ -]⟨telb.zn.; enfants terribles ['ɒnfɒn te'ri:blə‖ɑn'fɑ̃ -]; →mv. 5⟩ **0.1** ***enfant terrible.***

en·fee·ble [ɪn'fi:bl]⟨f1⟩⟨ov.ww.⟩ **0.1** ***verzwakken*** ⇒*uitputten, krachteloos maken.*

en·fee·ble·ment [ɪn'fi:blmənt]⟨n.-telb.zn.⟩ **0.1** ***verzwakking*** ⇒*uitputting.*

en·feoff [ɪn'fef, ɪn'fi:f]⟨ov.ww.⟩ **0.1** ⟨gesch.⟩ ***belenen*** ⇒*een leen geven.*

en·feoff·ment [ɪn'fefmənt, -'fi:f-]⟨zn.⟩
I ⟨telb.zn.⟩ **0.1** ***leenbrief*** **0.2** ***leen;***
II ⟨telb. en n.-telb.zn.⟩⟨gesch.⟩ **0.1** ***belening.***

en·fet·ter [ɪn'fetə‖-'fet̬ər]⟨ov.ww.⟩ **0.1** ***ketenen*** ⇒*aan de ketting leggen, in de boeien slaan* **0.2** ***tot slaaf maken.***

en·fi·lade[1] ['enfɪ'leɪd‖'enfəleɪd]⟨telb. en n.-telb.zn.; g. mv.⟩⟨mil.⟩ **0.1** ***enfilade*** ⇒*het enfileren.*

enfilade[2] ⟨ov.ww.⟩⟨mil.⟩ **0.1** ***enfileren*** ⇒*in de lengte met geschut bestrijken.*

en·fold, in·fold [ɪn'foʊld]⟨ov.ww.⟩ **0.1** ***wikkelen*** ⇒*hullen in, omhullen* **0.2** ***omsluiten*** ⇒*omvouwen, omvangen* **0.3** ***plooien*** ⇒*vouwen* ◆ **6.2** ~ **in** one's arms *in de armen sluiten, omhelzen, in de armen nemen.*

en·force [ɪn'fɔ:s‖ɪn'fɔrs]⟨f2⟩⟨ov.ww.⟩ **0.1** ***uitvoeren*** ⇒*ten uitvoer brengen, op de naleving toezien, de hand houden aan* ⟨regel, wet⟩ **0.2** ***afdwingen*** ⇒*dwingen, forceren* **0.3** ***versterken*** ⇒*benadrukken, kracht bijzetten* **0.4** ***doordrijven*** ⇒*doorzetten, volhouden* ◆ **6.2** ~ obedience **(up)on** s.o. *iem. dwingen tot gehoorzaamheid, iem. gehoorzaamheid opleggen.*

en·force·a·ble [ɪn'fɔ:səbl‖-'fɔrs-]⟨f1⟩⟨bn.⟩ **0.1** ***uitvoerbaar*** ⇒*ten uitvoer te brengen* ⟨v. wet⟩ **0.2** ***af te dwingen.***

en·force·ment [ɪn'fɔ:smənt‖-'fɔrs-]⟨f1⟩⟨n.-telb.zn.⟩ **0.1** ***handhaving*** ⇒*uitvoering* **0.2** ***dwang.***

en·frame [ɪn'freɪm]⟨ov.ww.⟩ **0.1** ***inlijsten*** **0.2** ***omlijsten.***

en·fran·chise [ɪn'fræntʃaɪz]⟨f1⟩⟨ov.ww.⟩ **0.1** ***stadsrecht geven*** ⟨i.h.b. het recht op zetels in het parlement⟩ **0.2** ***stemrecht geven*** **0.3** ***vrijmaken*** ⇒*uit slavernij bevrijden.*

en·fran·chise·ment [ɪn'fræntʃɪzmənt]⟨n.-telb.zn.⟩ **0.1** ***verlening v. stadsrecht*** **0.2** ***verlening v. kiesrecht/stemrecht*** **0.3** ***bevrijding uit slavernij.***

eng ⟨afk.⟩ engine, engineer, engineering, engraved, engraver, engraving.

Eng ⟨afk.⟩ **0.1** ⟨England⟩ ***Eng.*** **0.2** ⟨English⟩ ***Eng..***

ENG ⟨afk.⟩ Electronic News Gathering.

en·gage [ɪn'geɪdʒ]⟨f3⟩⟨ww.; →ww. 7⟩ →engaged, engaging
I ⟨onov.ww.⟩ **0.1** ***zich bezig houden*** ⇒*zich inlaten, doen, bezig zijn* **0.2** ***zich verplichten*** ⇒*beloven, zich vastleggen, aangaan* **0.3** ***borg staan*** ⇒*garanderen, op zich nemen, beloven, waarborgen* **0.4** ⟨vnl. tech.⟩ ***in elkaar grijpen*** ⇒*gekoppeld worden* **0.5** ⟨vnl. mil⟩ ***in conflict raken*** ⇒*de strijd aanbinden, in de aanval gaan* **0.6** ⟨schermen⟩ ***de degens kruisen*** ◆ **3.2** I have ~d to give some extra lessons to her daughter *ik heb afgesproken om haar dochter wat bijlessen te geven* **6.1** ~ **in** *doen aan, zich inlaten met, bezig zijn met;* she ~s **in** politics *ze houdt zich met politiek bezig;* ⟨schr.⟩ ~ **upon** *zich bezig gaan houden met, aanvangen met, aangaan* **6.3** that is all I can ~ **for** *meer kan ik niet beloven;* I will ~ **for** that *daar sta ik voor in* **6.4** the teeth of the big wheel ~ **with** those of the smaller one *de tanden v.h. grote wiel grijpen in die v.h. kleine* **6.5** ~ **with** the enemy *de strijd beginnen, in de aanval gaan;*
II ⟨ov.ww.⟩ **0.1** ***zich bezig houden/inlaten met*** ⇒*aangaan* **0.2** ***aannemen*** ⇒*in dienst nemen* **0.3** ***contracteren*** **0.4** ***bespreken*** ⇒*bestellen, reserveren* **0.5** ***overhalen*** ⇒*voor zich winnen/innemen* **0.6** ***vasthouden*** ⇒*bezetten; in beslag nemen* ⟨ook fig.⟩ **0.7** ***beloven*** ⇒*verplichten;* ⟨i.h.b.⟩ *verloven* **0.8** ⟨vnl. mil.⟩ ***aanvallen*** **0.9** ⟨bouwk.⟩ ***inlaten*** ⇒*in een muur bevestigen* ⟨zuil⟩ **0.10** ⟨mil.⟩ ***inzetten*** ⇒*in het gevecht brengen* ⟨troepen⟩ **0.11** ⟨tech.⟩ ***koppelen*** ⇒*doen ingrijpen, inschakelen* ◆ **1.1** ~ a conversation *een dialoog aangaan* **1.6** her attention was ~d *haar aandacht werd in beslag genomen* **1.11** ~ the clutch *koppelen* ⟨auto⟩ **3.3** we have ~d him to give a talk *we hebben hem gevraagd een praatje te houden* **4.3** he has ~d himself with a new theatre company *hij is bij een nieuw toneelgezelschap gegaan* **4.6** he ~s himself in painting miniatures *hij houdt zich bezig met het schilderen van miniaturen* **4.7** ~ o.s. to do sth. *beloven/zich verplichten iets te doen* **6.6** ~ s.o. **in** conversation *een gesprek met iem. aanknopen, iem. in een gesprek betrekken.*

en·ga·gé ['ɒŋgæ'ʒeɪ‖'ɑŋgɑ-]⟨bn., pred.⟩ 0.1 *geëngageerd* ⇒*maatschappelijk betrokken* ⟨v. kunstenaar⟩.

en·gaged [ɪn'geɪdʒd]⟨f2⟩⟨bn.; (oorspr.) volt. deelw. v. engage⟩
I ⟨bn.⟩ 0.1 *verloofd* ◆ 6.1 ~ **to** *verloofd met;*
II ⟨bn., pred.⟩ 0.1 *bezet* ⇒*bezig, druk* 0.2 *bezet* ⇒*in gesprek* ⟨telefoon⟩ 0.3 *gecontracteerd* 0.4 *bezet* ⇒*gereserveerd* 0.5 *in gevecht* 0.6 *geëngageerd* ⇒*maatschappelijk betrokken* 0.7 ⟨bouwk.⟩ *verzonken* ⇒*ingebouwd, ingelaten, verhuld* 0.8 ⟨tech.⟩ *gekoppeld* ⇒*ingeschakeld, in elkaar grijpend* ⟨v. tandwielen⟩ ◆ 1.4 are these seats ~? *zijn deze plaatsen bezet?* 4.1 I can't come to tea, I'm ~ *ik kan geen thee komen drinken, ik heb een afspraak* 6.1 ~ **in** composing an opera *bezig een opera te schrijven;* ~ **on** a study of early French opera *bezig met/werkend aan een studie over de vroege Franse opera.*

en'gaged signal, en'gaged tone ⟨f1⟩⟨telb.zn.⟩ 0.1 *bezettoon* ⇒*in-gesprek-toon* ⟨telefoon⟩.

en·gage·ment [ɪn'geɪdʒmənt]⟨f3⟩⟨zn.⟩
I ⟨telb.zn.⟩ 0.1 *verloving* 0.2 *afspraak* ⇒*overeenkomst* 0.3 *belofte* ⇒*verplichting* 0.4 *treffen* ⇒*schermutseling, gevecht, slag* 0.5 *engagement* ⇒*contract, werkovereenkomst* 0.6 ⟨vaak mv.⟩ *financiële verplichting* ⇒*schuld* 0.7 ⟨schermen⟩ *wering* ◆ 3.1 break off one's ~ *zijn/haar verloving verbreken* 3.2 you already have an ~ that day *die dag heeft u al een afspraak, die dag bent u al bezet* 6.3 **without** ~ *vrijblijvend;*
II ⟨telb. en n.-telb.zn.⟩ 0.1 *inschakeling* ⇒*koppeling;*
III ⟨n.-telb.zn.⟩ 0.1 *engagement* ⇒*het geëngageerd zijn, maatschappelijke betrokkenheid.*

en'gagement ring ⟨f1⟩⟨telb.zn.⟩ 0.1 *verlovingsring.*

en·gag·ing [ɪn'geɪdʒɪŋ]⟨f1⟩⟨bn.; oorspr. teg. deelw. v. engage; -ly⟩ 0.1 *innemend* ⇒*aantrekkelijk, charmant, plezierig.*

en garçon ['ɒŋ gɑ:'sɔ̃‖'ɑŋ gɑr-]⟨bn., pred.⟩ 0.1 *en garçon* ⇒*als vrijgezel.*

en·gar·land [ɪn'gɑ:lənd‖-'gɑr-]⟨ov.ww.⟩ 0.1 *omkransen* ⇒*met bloemen/kransen omhangen.*

en·gen·der [ɪn'dʒendə‖-ər]⟨ww.⟩
I ⟨onov.ww.⟩ 0.1 *ontstaan* ⇒*zich ontwikkelen;*
II ⟨ov.ww.⟩ 0.1 *veroorzaken* ⇒*voortbrengen, met zich meebrengen* 0.2 ⟨vero.⟩ *verwekken* ⇒*voortbrengen.*

en·gine[1] ['endʒɪn]⟨f3⟩⟨telb.zn.⟩ 0.1 *motor* 0.2 *machine* 0.3 *locomotief* 0.4 *stoommachine* 0.5 *pompmechaniek* ⇒*spuitapparaat;* ⟨i.h.b.⟩ *waterspuit, tuinsproeier, bierpomp* 0.6 ⟨vero.⟩ *instrument* ⟨fig.⟩ ⇒*middel, werktuig, mechanisme.*

engine[2] ⟨ov.ww.⟩ 0.1 *v. machines/motoren voorzien.*

-en·gined ['endʒɪnd] 0.1 *-motorig* ⇒*met... motoren* ◆ ¶.1 three-engined *driemotorig.*

'engine driver ⟨f1⟩⟨telb.zn.⟩⟨BE⟩ 0.1 *machinist* ⇒⟨i.h.b.⟩ *treinmachinist.*

en·gi·neer[1] ['endʒɪ'nɪə‖-'nɪr]⟨f3⟩⟨telb.zn.⟩ 0.1 *ingenieur* 0.2 *machinebouwer* 0.3 *genieofficier/soldaat* 0.4 *technicus* ⇒*machinetechnicus, mecanicien* 0.5 *machinist* ⇒⟨AE ook⟩ *treinmachinist* 0.6 *deskundige* 0.7 *brein* ⇒*handige jongen, intrigant, plannenmaker* ◆ 7.3 the Engineers *de Genie.*

engineer[2] ⟨f1⟩⟨ww.⟩ →engineering
I ⟨onov.ww.⟩ 0.1 *ingenieur/technicus zijn* ⇒*als ingenieur/technicus werken;*
II ⟨ov.ww.⟩ 0.1 *bouwen* ⇒*maken, construeren, aanleggen* 0.2 ⟨inf.⟩ *bewerkstelligen* ⇒*op touw zetten, in elkaar zetten, beramen, bekokstoven, machineren.*

en·gi·neer·ing ['endʒɪ'nɪərɪŋ‖-'nɪrɪŋ]⟨f2⟩⟨n.-telb.zn.; (oorspr.) gerund v. engineer⟩ 0.1 *techniek* 0.2 *bouw* ⇒*constructie* 0.3 *ingenieurschap.*

engi'neering science ⟨n.-telb.zn.⟩ 0.1 *technische wetenschappen* ⇒*ingenieurswetenschappen.*

engi'neering works ⟨n.-telb.zn., mv.⟩ 0.1 *machinefabriek.*

'engine house ⟨telb.zn.⟩ 0.1 *loods* ⇒*garage* ⟨voor brandweerwagen /locomotief⟩ 0.2 *machinegebouw.*

'en·gine·man ⟨telb.zn.; enginemen; →mv. 6⟩ 0.1 *machinist* 0.2 *brandweerman.*

'engine room ⟨f1⟩⟨telb.zn.⟩⟨i.h.b. scheep.⟩ 0.1 *machinekamer.*

en·gine·ry ['endʒɪnri]⟨zn.⟩
I ⟨telb. en n.-telb.zn.⟩ 0.1 *organisatie* ⇒*leiding, het plannen maken, het opzetten* 0.2 *manipulatie* ⇒*intrige, beraming;*
II ⟨n.-telb.zn.⟩ 0.1 *machinerie* ⇒*machines* 0.2 *machinerie* ⟨ook fig.⟩ ⇒*mechanisme, stelsel* 0.3 *wapentuig* ⇒*wapens.*

'engine turning ⟨n.-telb.zn.⟩⟨ind.⟩ 0.1 *het guillocheren.*

en·gird [ɪn'gɜ:d‖ɪn'gɜrd], **en·gird·le** [ɪn'gɜ:dl‖ɪn'gɜrdl]⟨ov.ww.; verl. t. en volt. deelw. ook engirt [ɪn'gɜ:t‖ɪn'gɜrt]⟩ 0.1 *omgorden* ⇒*omvangen, omringen.*

Eng·land ['ɪŋglənd]⟨eig.n.⟩ 0.1 *Engeland* ⇒⟨oneig.⟩ *Groot-Brittannië; Verenigd Koninkrijk.*

Eng·lish[1] ['ɪŋglɪʃ]⟨f3⟩⟨zn.⟩
I ⟨eig.n.⟩ 0.1 *Engels* ⇒*de Engelse taal, variant v.d. Engelse taal* ◆ 3.1 she speaks a beautiful old-fashioned English *ze spreekt mooi ouderwets Engels;*
II ⟨n.-telb.zn.⟩ 0.1 *Engels* ⇒*het Engelse woord, de Engelse versie, de Engelse vertaling* 0.2 *Engels* ⇒*Engelse les, Engelse cursus* 0.3 ⟨druk.⟩ *14-punts Engels-Amerikaans* ⟨lettertype⟩ 0.4 ⟨vaak e-⟩⟨AE, Can. E; biljart⟩ *effect* ◆ 6.1 what is the ~ **for** 'weerstand'? *wat is 'weerstand' in het Engels?;* the ~ **of** that is... *in gewoon Engels wil dat zeggen...;*
III ⟨verz.n.; the⟩ 0.1 *Engelsen* ⇒*Engelse volk.*

English[2] ⟨f4⟩⟨bn.⟩ 0.1 *Engels* ⇒*in/uit Engeland* 0.2 *Engels* ⇒*in het Engels* 0.3 ⟨AE⟩ *Brits* ◆ 1.1 ⟨bouwk.⟩ ~ bond *blokverband;* ~ breakfast *Engels ontbijt, ontbijt met spek en eieren;* ~ flute *blokfluit;* ~ horn *Engelse hoorn, althobo;* ⟨BE; cul.⟩ ~ mustard *mosterd;* ~ setter *Engelse setter* 5.¶ ⟨bouwk.⟩ Early ~ *vroege Engelse Gotiek* ⟨13e eeuw⟩.

English[3] ⟨ov.ww.⟩ 0.1 ⟨schr.⟩ *in het Engels vertalen* 0.2 *verengelsen* ⇒*Engels maken* 0.3 ⟨vaak e-⟩⟨AE, Can. E; biljart⟩ *effect geven.*

Eng·lish·ism ['ɪŋglɪʃɪzm]⟨zn.⟩
I ⟨telb.zn.⟩ 0.1 *Engelse karakteristiek* ⇒*typisch Engels trekje/verschijnsel* 0.2 *anglicisme* ⇒*typisch Brits taaleigen* ⟨i.t.t. Am. Eng.⟩;
II ⟨n.-telb.zn.⟩ 0.1 *Anglofilie* ⇒*voorliefde voor al wat Engels/Brits is.*

Eng·lish·man ['ɪŋglɪʃmən]⟨f3⟩⟨telb.zn.; Englishmen [-mən]; →mv. 6⟩⟨→sprw. 142⟩ 0.1 *Engelsman.*

Eng·lish·ry ['ɪŋglɪʃri]⟨zn.⟩
I ⟨n.-telb.zn.⟩ 0.1 *Engelse komaf/afkomst;*
II ⟨verz.n.⟩ 0.1 *Engelsen in den vreemde* ⇒⟨i.h.b.⟩ *Engelse bevolking in Ierland.*

'Eng·lish-speak·ing ⟨f1⟩⟨bn.⟩ 0.1 *Engelstalig* ⇒*Engels sprekend.*

'Eng·lish·wom·an ⟨f1⟩⟨telb.zn.⟩ 0.1 *Engelse* ⇒*Engelse vrouw.*

en·gorge [ɪn'gɔ:dʒ‖ɪn'gɔrdʒ]⟨ww.⟩
I ⟨onov.ww.⟩ 0.1 *schransen* ⇒*gulzig schrokken;*
II ⟨ov.ww.⟩ 0.1 *verslinden* ⇒*opslokken, opschrokken* 0.2 *volstoppen* ◆ 1.2 ⟨med.⟩ ~d tissue *gezwollen weefsel.*

en·gorge·ment [ɪn'gɔ:dʒmənt‖-'gɔrdʒ-]⟨zn.⟩
I ⟨telb. en n.-telb.zn.⟩⟨med.⟩ 0.1 *congestie* ⇒*bloedaandrang, ophoping v. bloed;*
II ⟨n.-telb.zn.⟩ 0.1 *het schrokken/schransen* 0.2 *het overvol zijn.*

en·graft, in·graft [ɪn'grɑ:ft‖ɪn'græft]⟨f1⟩⟨ov.ww.⟩ 0.1 *enten* ⟨ook fig.⟩ ⇒*voegen, samenvoegen, incorporeren, doen voortgroeien* 0.2 *planten* ⟨fig.⟩ ⇒*inplanten, doen doordringen, meegeven, vestigen* ◆ 6.1 ~ a scion **into/onto/(up)on** a tree *een loot enten op een boom;* a system ~ed **on** an old tradition *een systeem geënt op een oude traditie* 6.2 ~ principles **in** the mind of a child *een kind principes bijbrengen.*

en·grail [ɪn'greɪl]⟨ov.ww.⟩⟨i.h.b. heraldiek⟩ 0.1 *schulpen* ⇒*uitschulpen, tanden, kartelen, inkepen.*

en·grain [ɪn'greɪn]⟨ov.ww.⟩ 0.1 *doen doordringen* ⇒*diep doen wortelen;* ⟨i.h.b.⟩ *kleurvast verven, impregneren* ◆ 1.1 ~ed habits *diepgewortelde gewoonten;* ~ed villain *aartsschurk.*

en·gram ['eŋgræm]⟨telb.zn.⟩⟨psych.⟩ 0.1 *engram* ⇒*geheugenspoor.*

en·grave [ɪn'greɪv]⟨f2⟩⟨ov.ww.⟩ →engraving 0.1 *graveren* ⇒*insnijden* 0.2 *griffen* ⇒*inprenten, inplanten* ◆ 6.1 ~ an inscription **on** a glass, ~ a glass **with** an inscription *een inscriptie in een glas graveren* 6.2 it is ~d **in/(up)on** my memory *het staat in mijn geheugen gegrift.*

en·grav·er [ɪn'greɪvə‖-ər]⟨f1⟩⟨telb.zn.⟩ 0.1 *graveur.*

en'graver's proof, 'artist's proof ⟨telb.zn.⟩⟨graf.⟩ 0.1 *voordruk* ⇒*épreuve d'artiste, e.a., eerste ongenummerde afdruk(ken)* ⟨voorbehouden aan de kunstenaar; v. prent, ets enz.⟩.

en·grav·ing [ɪn'greɪvɪŋ]⟨f1⟩⟨zn.; (oorspr.) gerund v. engrave⟩
I ⟨telb.zn.⟩ 0.1 *gravure;*
II ⟨n.-telb.zn.⟩ 0.1 *graveerkunst* ⇒*het graveren.*

en·gross [ɪn'groʊs]⟨f1⟩⟨ov.ww.; vaak pass.⟩ →engrossing 0.1 *geheel in beslag nemen* ⇒*aan zich trekken, beheersen, overheersen* 0.2 ⟨jur.⟩ *grosseren* ⇒*een grosse maken v.* 0.3 ⟨vero.⟩ *opkopen* ⇒*monopoliseren* ⟨de handel⟩ ◆ 1.1 ~ the conversation *het gesprek beheersen/aan zich trekken* 6.1 I was ~ed **in** my book *ik was in mijn boek verdiept.*

en·gross·ing [ɪn'groʊsɪŋ]⟨f1⟩⟨bn.; (oorspr.) teg. deelw. v. engross; -ly⟩ 0.1 *boeiend* ⇒*fascinerend, spannend.*

en·gross·ment [ɪn'groʊsmənt]⟨zn.⟩
I ⟨telb.zn.⟩ 0.1 *grosse;*
II ⟨n.-telb.zn.⟩ 0.1 *overheersing* ⇒*het in beslag genomen zijn* 0.2 *het verdiept zijn* ⇒*het opgaan in.*

en·gulf, in·gulf [ɪn'gʌlf]⟨f1⟩⟨ov.ww.⟩ 0.1 *overspoelen* ⇒*wegspoelen, verzwelgen, onderdompelen;* ⟨fig.⟩ *dompelen, doen ondergaan* ◆ 6.1 ~ed **by** fear *door angst overmand;* ~ed **in** the waves *door de golven verzwolgen.*

en·hance [ɪn'hɑ:ns‖ɪn'hæns]⟨f2⟩⟨ov.ww.⟩ **0.1** ***verhogen*** ⇒*versterken, vermeerderen* ◆ **1.1** the garden ~d the harmonious architecture of the house *de tuin benadrukte de evenwichtige architectuur v.h. huis* **6.1** ~ **in** value *in waarde doen toenemen.*

en·hance·ment [ɪn'hɑ:nsmənt‖ɪn'hæns-]⟨telb. en n.-telb.zn.⟩ **0.1** ***vermeerdering*** ⇒*verhoging, versterking, benadrukking.*

en·har·mon·ic ['enhɑ:'mɒnɪk‖'enhɑr'mɑnɪk]⟨bn.; -ally; →bijw. 3⟩ ⟨muz.⟩ **0.1** ***enharmonisch.***

e·nig·ma [ɪ'nɪgmə]⟨f1⟩⟨telb.zn.⟩ **0.1** ***mysterie*** ⇒*enigma, raadsel.*

en·ig·mat·ic ['enɪg'mætɪk], **en·ig·mat·i·cal** [-ɪkl]⟨f1⟩⟨bn.; -(al)ly; →bijw. 3⟩ **0.1** ***mysterieus*** ⇒*raadselachtig, ondoorgrondelijk.*

en·ig·ma·tize [ɪ'nɪgmətaɪz]⟨ov.ww.⟩ **0.1** ***tot een raadsel maken.***

en·isle [ɪ'naɪl]⟨ov.ww.⟩⟨schr.⟩ **0.1** ***tot een eiland maken*** **0.2** ***isoleren*** ⇒*afzonderen, op een eiland plaatsen.*

en·jamb·ment, en·jambe·ment [ɪn'dʒæmmənt]⟨telb.zn.⟩⟨lit.⟩ **0.1** ***enjambement.***

en·join [ɪn'dʒɔɪn]⟨ov.ww.⟩ **0.1** ***opleggen*** ⇒*eisen, bevelen, dwingen* **0.2** ⟨vnl. jur.⟩ ***verbieden*** ◆ **6.1** ~ silence **on** the class *stilte v.d. / in de klas eisen, de klas tot stilte manen* **6.2** the court ~ed him **from** entering his ex-wife's house *de rechtbank verbood hem de toegang tot het huis v. zijn ex-vrouw.*

en·joy [ɪn'dʒɔɪ]⟨f4⟩⟨ov.ww.⟩ **0.1** ***genieten v.*** ⇒*plezier beleven aan* **0.2** ***genieten*** ⇒*het genot hebben v., het voordeel hebben v., hebben, bezitten* **0.3** ***ondervinden*** ⇒*ondergaan, ervaren* **0.4** ⟨vero.⟩ ***beslapen*** ⇒*slapen met* ◆ **3.1** I ~ed talking to them *ik vond het leuk om met ze te praten* **4.¶** ~ o.s. *plezier hebben, zich vermaken, zich amuseren.*

en·joy·a·ble [ɪn'dʒɔɪəbl]⟨f2⟩⟨bn.; -ly; -ness; →bijw. 3⟩ **0.1** ***plezierig*** ⇒*prettig, fijn* **0.2** ***genietbaar*** ⇒*beschikbaar, te gebruiken.*

en·joy·ment [ɪn'dʒɔɪmənt]⟨f3⟩⟨zn.⟩

I ⟨telb. en n.-telb.zn.⟩ **0.1** ***plezier*** ⇒*vreugde, pret, genot;*

II ⟨n.-telb.zn.⟩ **0.1** ***bezit*** ⇒*het genieten, beschikking* ◆ **6.1** be **in** the ~ of a good health *een goede gezondheid genieten.*

enkephalin →encephalin.

en·kin·dle [ɪn'kɪndl]⟨ov.ww.⟩ **0.1** ***ont/aansteken*** ⟨vnl. fig.⟩ ⇒*doen oplaaien, opwekken, doen ontbranden, aanwakkeren* **0.2** ***v. woede / hartstocht vervullen*** **0.3** ***verlichten*** ⇒*oplichten.*

en·lace [ɪn'leɪs]⟨ov.ww.⟩ **0.1** ***omsnoeren*** ⇒*omwikkelen, omgorden, omringen, omwoelen* **0.2** ***ineenstrengelen*** ⇒*verstrengelen.*

en·large [ɪn'lɑ:dʒ‖ɪn'lɑrdʒ], ⟨vero. of schr.⟩ **larg·en** ['lɑ:dʒn‖'lɑr-]⟨f3⟩⟨ww.⟩

I ⟨onov.ww.⟩ **0.1** ***groeien*** ⇒*groter worden, zich uitbreiden* **0.2** ***uitgebreid spreken*** ⇒*uitweiden* **0.3** ⟨foto.⟩ ***uitvergroot worden*** ◆ **6.2** ~ **(up)on** a subject *uitweiden over een onderwerp;*

II ⟨ov.ww.⟩ **0.1** ***vergroten*** ⇒*groter maken, uitbreiden, vermeerderen.*

en·large·ment [ɪn'lɑ:dʒmənt‖ɪn'lɑrdʒ-]⟨f1⟩⟨zn.⟩

I ⟨telb.zn.⟩ **0.1** ***vergroting*** ⇒*vergrote foto;*

II ⟨telb. en n.-telb.zn.; g. mv.⟩ **0.1** ***vergroting*** ⇒*uitbreiding, toevoeging.*

en·larg·er [ɪn'lɑ:dʒə‖ɪn'lɑrdʒər]⟨f1⟩⟨telb.zn.⟩⟨foto.⟩ **0.1** ***vergrotingsapparaat.***

en·light·en [ɪn'laɪtn]⟨f3⟩⟨ov.ww.⟩ →enlightened **0.1** ***onderrichten*** ⇒*onderwijzen, kennis bijbrengen;* ⟨i.h.b.⟩ *v. misvattingen ontdoen* **0.2** ⟨schr.⟩ ***informeren*** ⇒*op de hoogte brengen, inlichten* **0.3** ⟨vnl. relig.⟩ ***verlichten*** ⇒*het licht brengen* **0.4** ⟨schr.⟩ ***verlichten*** ⟨lett.⟩ ⇒*licht werpen op, licht laten schijnen op* **0.5** ⟨schr.⟩ ***bijlichten*** ◆ **6.2** could you please ~ me **about/on** this phenomenon? *zou u mij wat meer kunnen vertellen over dit verschijnsel?.*

en·light·ened [ɪn'laɪtnd]⟨f1⟩⟨bn.; (oorspr.) volt. deelw. v. enlighten⟩ **0.1** ***verlicht*** ⇒*rationeel, zonder vooroordelen, verstandig, redelijk* ◆ **1.1** ~ ideas *verlichte opvattingen.*

en·light·en·ment [ɪn'laɪtnmənt]⟨f1⟩⟨zn.⟩

I ⟨eig.n.; E-; the⟩⟨gesch.⟩ **0.1** ***Verlichting;***

II ⟨n.-telb.zn.⟩ **0.1** ***opheldering*** ⇒*inlichting, verduidelijking* **0.2** ***verlichting*** ⇒*onderricht, het wegnemen v. misvattingen* **0.3** ***rationaliteit*** ⇒*het verlicht zijn* **0.4** ⟨relig.⟩ ***verlichting*** ⇒*geestelijk licht.*

en·link [ɪn'lɪŋk]⟨ov.ww.⟩ **0.1** ***aaneenschakelen*** ⟨ook fig.⟩ ⇒*verbinden* ◆ **6.1** ~ **to/with** *vastmaken aan.*

en·list [ɪn'lɪst]⟨f2⟩⟨ww.⟩ →enlisted

I ⟨onov.ww.⟩ **0.1** ***dienst nemen*** ⇒*vrijwillig in het leger gaan* **0.2** ***zich inzetten*** ⇒*zich beschikbaar stellen, deelnemen* ◆ **6.1** ~ **in** the army *dienst nemen bij het leger* **6.2** ~ **in** a project *aan een project meedoen;*

II ⟨ov.ww.⟩ **0.1** ***inroepen*** ⇒*te hulp roepen, werven, mobiliseren, gebruik maken v.* **0.2** ⟨mil.⟩ ***aanwerven*** ⇒*in dienst nemen* ◆ **1.1** ~ s.o.'s help *iemands hulp inroepen* **6.1** ~ s.o. **in** an enterprise *iem. bij een onderneming te hulp roepen.*

en·list·ed [ɪn'lɪstɪd]⟨bn.; oorspr. volt. deelw. v. enlist⟩⟨AE; mil.⟩ **0.1** ***mbt. de laagste rangen*** ◆ **1.1** ~ man *gewoon soldaat / matroos.*

en·list·ment [ɪn'lɪs(t)mənt]⟨zn.⟩

I ⟨telb.zn.⟩⟨mil.⟩ **0.1** ***dienst*** ⇒*diensttijd;*

II ⟨n.-telb.zn.⟩ **0.1** ⟨mil.⟩ ***dienstneming*** **0.2** ***inzet*** ⇒*deelname* **0.3** ***het inroepen*** ⇒*het te hulp roepen.*

en·li·ven [ɪn'laɪvn]⟨f1⟩⟨ov.ww.⟩ **0.1** ***stimuleren*** ⇒*opwekken, verlevendigen, nieuw leven inblazen* **0.2** ***opvrolijken.***

en masse ['ɒn 'mæs‖'ɑn -]⟨bw.⟩ **0.1** ***en masse*** ⇒*allemaal / alles tegelijk.*

en·mesh [ɪn'meʃ]⟨f1⟩⟨ov.ww.⟩ **0.1** ***vangen*** ⇒*verstrikken; vast laten lopen* ⟨ook fig.⟩ **0.2** ***omstrikken*** ⟨met netwerk⟩ ◆ **6.1** ~ed **in** an endless political discussion *verstrikt in een eindeloze politieke discussie.*

en·mi·ty ['enməti]⟨f1⟩⟨telb. en n.-telb.zn.; →mv. 2⟩ **0.1** ***vijandschap*** ⇒*haat(gevoel), onmin* ◆ **6.1** be **at** ~ **with** *in vijandschap leven met, de vijand zijn v.;* ~ **to(wards)** s.o. *vijandschap ten opzicht v. iem..*

en·ne·ad ['eniæd]⟨telb.zn.⟩ **0.1** ***negental.***

en·ne·a·gon ['enɪəgən‖-gɑn]⟨telb.zn.⟩ **0.1** ***negenhoek.***

en·no·ble [ɪ'noʊbl]⟨ov.ww.⟩ **0.1** ***in de adelstand verheffen*** **0.2** ***veredelen*** ⇒*adelen, verheffen, verbeteren, louteren.*

en·no·ble·ment [ɪ'noʊblmənt]⟨telb. en n.-telb.zn.⟩ **0.1** ***verheffing in de adelstand*** **0.2** ***veredeling*** ⇒*verbetering, loutering, verheffing.*

en·nui [ɒn'wi:‖ɑn-]⟨n.-telb.zn.⟩ **0.1** ***verveling*** ⇒*lusteloosheid.*

ENO ⟨afk.⟩ English National Opera.

enology →oenology.

e·nor·mi·ty [ɪ'nɔ:məti‖ɪ'nɔrməti]⟨f1⟩⟨zn.; →mv. 2⟩

I ⟨telb.zn.⟩ **0.1** ⟨vnl. mv.⟩ ***gruweldaad*** ⇒*geweldaad, wandaad, bloedige misdaad* **0.2** ***enormiteit*** ⇒*buitensporige domheid, verschrikkelijke blunder;*

II ⟨n.-telb.zn.⟩ **0.1** ***gruwelijkheid*** ⇒*misdadigheid, monsterachtigheid* **0.2** ***enorme omvang*** ⇒*immense grootte* ⟨v. probleem, e.d.⟩.

e·nor·mous [ɪ'nɔ:məs‖ɪ'nɔr-]⟨f3⟩⟨bn.; -ly; -ness⟩ **0.1** ***enorm*** ⇒*geweldig groot, immens, reusachtig* **0.2** ⟨vero.⟩ ***afschuwelijk*** ⇒*gruwelijk.*

e·nough[1] [ɪ'nʌf]⟨f4⟩⟨onb.vnw.; →onbepaald woord⟩⟨→sprw. 143, 144, 470, 759⟩ **0.1** ***genoeg*** ◆ **1.¶** be ~ of a fool to *zo gek zijn om te;* be ~ of a man to *wel zo flink zijn om te* **3.1** ~ said *genoeg daarover* **3.¶** cry '~' *zich overgeven;* we had ~ to do to get there *het kostte ons de grootste moeite om er te komen;* they have done ~ and to spare *ze hebben meer dan genoeg gedaan* **6.1** there is ~ of everything *er is v. alles voldoende;* I have had ~ of him *ik heb genoeg v. hem.*

enough[2], ⟨schr. ook⟩ **enow** ⟨f4⟩⟨bw.⟩⟨→sprw. 200, 499⟩ **0.1** ***genoeg*** **0.2** ***zeer*** ⇒*heel* **0.3** ***tamelijk*** ⇒*redelijk* ◆ **5.1** oddly/strangely ~ *merkwaardig / vreemd genoeg, merkwaardigerwijze* **5.2** he knows well ~ why you said that *hij weet heel goed waarom je dat gezegd hebt* **5.3** she paints well ~ *ze schildert vrij behoorlijk.*

enough[3], ⟨schr. ook⟩ **e·now** [ɪ'naʊ]⟨f4⟩⟨onb.det.; →onbepaald woord⟩⟨→sprw. 218, 442⟩ **0.1** ***voldoende*** ⇒*genoeg* ◆ **1.1** ~ apples *voldoende appels;* beer ~ *genoeg bier.*

e·nounce [ɪ'naʊns]⟨ov.ww.⟩ **0.1** ***verkondigen*** ⇒*afkondigen, verklaren* **0.2** ***uitspreken.***

e·nounce·ment [ɪ'naʊnsmənt]⟨telb.zn.⟩ **0.1** ***verkondiging*** **0.2** ***uitspraak*** ⇒*uiting.*

en pas·sant ['ɒn 'pæsɑ̃‖'ɑn pɑ'sɑ̃]⟨bw.⟩ **0.1** ***en passant*** ⇒*in het voorbijgaan, terloops.*

enplane →emplane.

'en quadrat ⟨telb.zn.⟩⟨druk.⟩ **0.1** ***pasje*** ⇒*half vierkant* ⟨spatie voor n⟩.

enquire →inquire.

enquiry →inquiry.

en·rage [ɪn'reɪdʒ]⟨f2⟩⟨ov.ww.⟩ **0.1** ***woedend maken*** ⇒*tot razernij brengen* ◆ **6.1** ~**d at/by/with** *razend op / om.*

en·rap·ture [ɪn'ræptʃə‖-ər]⟨f1⟩⟨ov.ww.⟩ **0.1** ***verrukken*** ⇒*intens plezier doen, in vervoering brengen* ◆ **6.1** ~**d at/by** *in vervoering om / door, verrukt door / over.*

en·rav·ish [ɪn'rævɪʃ]⟨ov.ww.⟩ **0.1** ***verrukken.***

en·reg·i·ment [ɪn'redʒɪmənt]⟨ov.ww.⟩ **0.1** ***tot een regiment maken*** **0.2** ***bijeenbrengen*** ⟨in groep⟩ **0.3** ***drillen.***

en·rich [ɪn'rɪtʃ]⟨f2⟩⟨ov.ww.⟩ **0.1** ***verrijken*** ⇒*rijk(er) maken* **0.2** ***verrijken*** ⇒*waardevoller maken, de kwaliteit verhogen, de smaak verbeteren* **0.3** ***verrijken*** ⇒*uitbreiden* ⟨collectie, taal⟩ **0.4** ⟨nat.⟩ ***verrijken*** **0.5** ⟨landb.⟩ ***bemesten*** ⇒*verrijken* ◆ **1.2** ~ed uranium *verrijkt uranium.*

en·rich·ment [ɪn'rɪtʃmənt]⟨f1⟩⟨telb. en n.-telb.zn.⟩ **0.1** ***verrijking*** ⟨ook nat.⟩ **0.2** ***bemesting.***

en·robe [ɪn'roʊb]⟨ov.ww.⟩ **0.1** ***hullen*** ⇒*kleden, uitdossen.*

en·rol, ⟨AE sp.⟩ **en·roll** [ɪn'roʊl]⟨f2⟩⟨ww.; →ww. 7⟩

I ⟨onov.ww.⟩ **0.1** ***zich inschrijven*** ⇒*zich opgeven* ◆ **6.1** ~ **in** French classes *zich voor een Franse cursus opgeven;*

II ⟨ov.ww.⟩ **0.1** ***inschrijven*** ⇒*opnemen* **0.2** ***vastleggen*** ⇒*vereeuwigen* **0.3** ***werven*** ⇒*aanwerven, in dienst nemen;* ⟨i.h.b.⟩ *rekruteren* **0.4** ***oprollen*** **0.5** ***inrollen*** ⇒*inwikkelen* **0.6** ⟨gesch., jur.⟩ ***in de stukken opnemen*** ⇒*registreren* ◆ **4.1** ~ o.s. as a soldier *dienst nemen in het leger* **6.1** ~ s.o. **in** history classes *iem. voor geschiedenis inschrijven/opgeven/opnemen.*

en·rol·ment, ⟨AE sp.⟩ **en·roll·ment** [ɪn'roʊlmənt]⟨f1⟩⟨zn.⟩
I ⟨telb.zn.⟩ **0.1** ***document*** ⇒*stuk, oorkonde* **0.2** ⟨vnl. AE⟩ ***aantal inschrijvingen*** ⇒*aantal leerlingen/studenten* ◆ **6.2** a college with an ~ of 700 students *een college met 700 studenten;*
II ⟨telb. en n.-telb.zn.⟩ **0.1** ***inschrijving*** **0.2** ***aanwerving*** **0.3** ***registratie*** ⇒*documentatie;* ⟨i.h.b. jur.⟩ *het opnemen in de stukken.*

en route ['ɒn 'ru:t‖'ɑn -]⟨bw.⟩ **0.1** ***en route*** ⇒*onderweg, op weg.*

ens [enz]⟨telb.zn.; entia ['enʃɪə]; →mv. 5⟩⟨fil.⟩ **0.1** ***(het) zijnde*** ⇒*entiteit.*

en·sam·ple [en'sɑ:mpl‖en'sæmpl]⟨telb.zn.⟩⟨vero.⟩ **0.1** ***voorbeeld.***

en·san·guined [ɪn'sæŋgwɪnd]⟨bn.⟩⟨schr.⟩ **0.1** ***bebloed*** ⇒*bloedbevlekt, bloedig* **0.2** ***bloedrood.***

en·sconce [ɪn'skɒns‖ɪn'skɑns]⟨ov.ww.⟩ **0.1** ***nestelen*** ⇒*veilig wegkruipen* **0.2** ***wegstoppen*** ⇒*veilig wegbergen, verstoppen* ◆ **4.1** ~ o.s. in a chair *zich behaaglijk in een stoel nestelen.*

en·sem·ble [ɒn'sɒmbl‖ɑn'sɑmbl]⟨f2⟩⟨zn.⟩
I ⟨telb.zn.⟩ **0.1** ***geheel*** ⇒*totaal, samenstel, samenspel* **0.2** ***stel*** ⇒*set* **0.3** ⟨conf.⟩ ***ensemble*** ⇒*pakje, stelletje* **0.4** ⟨muz.⟩ ***ensemble*** ⇒*ensemblestuk, ensemblespel, samenspel* **0.5** ⟨stat.⟩ ***ensemble;***
II ⟨verz.n.⟩⟨dram., muz.⟩ **0.1** ***ensemble*** ⇒*groep, gezelschap.*

en·shrine [ɪn'ʃraɪn]⟨ov.ww.⟩⟨schr.⟩ **0.1** ***in een schrijn bergen*** ⇒*in een kistje wegsluiten* **0.2** ***omsluiten*** ⇒*omhullen, in zich bergen, als schrijn dienen voor* **0.3** ***koesteren*** ⇒*als een kostbaarheid bewaren* **0.4** ***vastleggen*** ⇒*bepalen* ◆ **1.2** the silver box that ~d the precious stones *het zilveren kistje waarin de edelstenen opgeborgen waren.*

en·shroud [ɪn'ʃraʊd]⟨ov.ww.⟩ **0.1** ***verbergen*** ⇒*bedekken, verhullen, omhullen, omfloersen.*

en·si·form ['ensɪfɔ:m‖-fɔrm]⟨bn.⟩⟨vnl. plantk.⟩ **0.1** ***zwaardvormig.***

en·sign ['ensaɪn‖'ensn]⟨f1⟩⟨telb.zn.⟩ **0.1** ***insigne*** ⇒*embleem* **0.2** ***teken*** **0.3** ⟨scheep., lucht., vnl. mil.⟩ ***vlag*** ⇒*nationale vlag* **0.4** ⟨mil.⟩ ***vaandeldrager*** **0.5** ⟨gesch.; mil.⟩ ***vaandrig*** ⇒*kornet* **0.6** ⟨AE⟩ ***laagste marineofficier.***

en·si·lage[1] ['ensɪlɪdʒ]⟨n.-telb.zn.⟩ **0.1** ***inkuiling*** **0.2** ***ingekuild veevoeder.***

ensilage[2] ⟨ov.ww.⟩ **0.1** ***inkuilen.***

en·sile [ɪn'saɪl]⟨ov.ww.⟩ **0.1** ***inkuilen.***

en·slave [ɪn'sleɪv]⟨ov.ww.⟩ **0.1** ***knechten*** ⇒*tot slaaf maken, onderwerpen* **0.2** ***verslaven*** ◆ **6.2** be ~d **to** smoking *aan het roken verslaafd zijn.*

en·slave·ment [ɪn'sleɪvmənt]⟨telb. en n.-telb.zn.⟩ **0.1** ***onderwerping*** ⇒*knechting* **0.2** ***verslaving.***

en·snare [ɪn'sneə‖ɪn'sner]⟨f1⟩⟨ov.ww.⟩ **0.1** ***vangen*** ⇒*verstrikken;* ⟨ook fig.⟩ *verlokken, in zijn netten verstrikken, in de val laten lopen, in zijn macht krijgen.*

en·sor·cel(l) [ɪn'sɔ:səl‖-'sɔr-]⟨ov.ww.; →ww. 7⟩ **0.1** ***betoveren*** ⇒*beheksen.*

en·soul [ɪn'soʊl]⟨ov.ww.⟩ **0.1** ***bezielen*** ⇒*een ziel geven aan.*

en·sphere [ɪn'sfɪə‖ɪn'sfɪr]⟨ov.ww.⟩⟨schr.⟩ **0.1** ***omvangen*** ⇒*omringen, omhullen als een bol* **0.2** ***tot een bol maken*** ⇒*bolvormig maken.*

en·sue [ɪn'sju:‖ɪn'su:]⟨f2⟩⟨ww.⟩
I ⟨onov.ww.⟩ **0.1** ***volgen*** ⇒*vervolgens plaatsvinden* **0.2** ***voortvloeien*** ⇒*voortkomen* ◆ **1.1** the ensuing month *de volgende maand* **6.2** the financial difficulties ensuing **from** his degradation *de financiële moeilijkheden die zijn rangverlaging met zich meebracht;*
II ⟨ov.ww.⟩⟨vero.⟩ **0.1** ***nastreven.***

en·sure [ɪn'ʃʊə‖ɪn'ʃʊr]⟨f3⟩⟨ov.ww.⟩ **0.1** ***veilig stellen*** ⇒*beschermen* **0.2** ***garanderen*** ⇒*verzekeren, in staan voor* **0.3** ***verzekeren van*** ◆ **3.2** I can ~ that nothing will happen to you *ik sta ervoor in dat je niets zal overkomen* **6.1** ~ o.s. **against** burglary *zich tegen inbraak beveiligen.*

ENT ⟨afk.⟩ ear, nose, throat **0.1** ***K.N.O.***.

en·tab·la·ture [ɪn'tæblətʃə‖-tʃʊr]⟨telb.zn.⟩⟨bouwk.⟩ **0.1** ***entablement*** ⇒*hoofdgestel.*

en·ta·ble·ment [ɪn'teɪblmənt]⟨telb.zn.⟩ **0.1** ***plateau*** ⇒*platform* ⟨v. voetstuk⟩.

en·tail[1] ['enteɪl]⟨zn.⟩
I ⟨telb.zn.⟩ **0.1** ***onvervreemdbaar erfgoed*** ⇒*erfenis;* ⟨ook fig.⟩ *overgeërfde eigenschappen;*
II ⟨n.-telb.zn.⟩⟨jur.⟩ **0.1** ***het tot onvervreemdbaar erfgoed maken*** **0.2** ***erfopvolging.***

entail[2] [ɪn'teɪl]⟨f2⟩⟨ov.ww.⟩ **0.1** ***met zich meebrengen*** ⇒*noodzakelijk maken, inhouden, tot gevolg hebben* **0.2** ⟨jur.⟩ ***vastzetten op*** ⇒*tot onvervreemdbaar erfgoed maken voor* **0.3** ***opleggen*** ⇒*belasten met* ◆ **1.2** ~ed estate *onbeschikbare/onvervreemdbare goederen; goederen die aan de oudste v.e. familie toekomen* **6.2** the estate was ~ed **on** the eldest son *het bezit was vastgezet op de oudste zoon.*

en·tan·gle [ɪn'tæŋgl]⟨f1⟩⟨ov.ww.⟩ **0.1** ***verwarren*** ⇒*onontwarbaar maken, verknopen;* ⟨ook fig.⟩ *verstrikken, vast laten lopen* **0.2** ***verwarren*** ⇒*compliceren, ingewikkeld maken* ◆ **6.1** the brush has got ~d **in** my hair *de borstel is in mijn haar vast blijven zitten;* she is ~d **with** an old professor *ze heeft iets met een oude professor.*

en·tan·gle·ment [ɪn'tæŋglmənt]⟨f1⟩⟨zn.⟩
I ⟨telb.zn.⟩ **0.1** ***contact*** ⇒*relatie, compromitterende relatie;* ⟨i.h.b.⟩ *affaire, liaison* **0.2** ***hindernis*** ⇒*obstakel* **0.3** ***prikkeldraadversperring*** ⟨i.h.b. mil.⟩;
II ⟨n.-telb.zn.⟩ **0.1** ***verwarring*** ⇒*het verstrikt raken* **0.2** ***complicatie*** ⇒*verwikkeling.*

en·ta·sis ['entəsɪs]⟨telb. en n.-telb.zn.; entases ['entəsi:z]; →mv. 5⟩⟨bouwk.⟩ **0.1** ***entasis*** ⟨zwelling v.d. schacht v. Dorische zuil⟩.

en·tel·e·chy [en'teləki]⟨n.-telb.zn.⟩⟨fil.⟩ **0.1** ***entelechie*** ⇒*doeloorzaak.*

en·tente [ɒn'tɒnt‖ɑn'tɑnt]⟨zn.⟩⟨i.h.b. pol.⟩
I ⟨telb.zn.⟩ **0.1** ***entente*** ⇒*vriendschapsverdrag;*
II ⟨verz.n.⟩ **0.1** ***entente*** ⇒*bondgenoten.*

entente cor·diale [- kɔ:di'ɑ:l‖- kɔrdi'ɑl]⟨telb.zn.⟩⟨pol.⟩ **0.1** ***entente cordiale*** ⇒⟨i.h.b.⟩ *entente tussen Frankrijk en Engeland in 1904/ Frankrijk en Rusland in 1908.*

en·ter ['entə‖'entər]⟨f4⟩⟨ww.⟩
I ⟨onov.ww.⟩ **0.1** ***zich laten inschrijven*** ⇒*zich opgeven* **0.2** ⟨dram.⟩ ***opkomen*** ◆ **1.2** ~ Caesar, Caesar ~s *Caesar komt op* **6.1** ~ **for** a race *zich opgeven voor een race* **6.¶** →enter **into;** →enter **on/upon;**
II ⟨onov. en ov.ww.⟩ **0.1** ***binnengaan*** ⇒*binnenkomen, binnentreden, ingaan; binnenlopen* ⟨v. schip⟩; *binnendringen* ◆ **1.1** the arrow ~ed his body *de pijl drong zijn lichaam binnen;* grandfather ~s his eightieth year *grootvader gaat zijn tachtigste jaar in;* ~ without knocking *binnen zonder kloppen;* these thoughts never ~ed my head *deze gedachten kwamen nooit bij me op;*
III ⟨ov.ww.⟩ **0.1** ***gaan in/op/bij*** ⇒*zich begeven in, zijn intrede doen in, lid worden v.* **0.2** ⟨ben. voor⟩ ***in/bijschrijven*** ⇒*opschrijven, noteren, registreren* ⟨in boek, notulen⟩; *boeken* ⟨in kasboek⟩; *opnemen, plaatsen* ⟨in boek⟩ **0.3** ***opgeven*** ⇒*inschrijven, aanmelden* **0.4** ***toelaten*** ⇒*binnenlaten* ⟨als lid⟩ **0.5** ***deelnemen aan*** ⇒*meedoen aan* ⟨(wed)strijd⟩ **0.6** ***inzenden*** **0.7** ***inklaren*** ⇒*declareren, aangeven* ⟨lading⟩ **0.8** ***voor het eerst trainen*** ⇒*beginnen met africhten* ⟨paard, valk⟩ **0.9** ⟨jur.⟩ ***in bezit nemen*** ⟨land, e.d.⟩ ◆ **1.1** ~ the Church *priester worden;* ~ a convent *in het klooster gaan, intreden;* ~ a new job *in een nieuwe baan beginnen* **1.2** ~ a protest *protest aantekenen* ⟨bij rechtbank⟩ **1.6** mother ~ed her apple-pie in the cooking contest *moeder zond haar appeltaart in voor de kookwedstrijd* **5.2** ~ **up** sth. in the books *iets inschrijven/bijschrijven/noteren in de boeken* **5.¶** ~ **up** the accountbooks *de kasboeken bijwerken* **6.2** ~ **against** *op rekening schrijven van, boeken op naam van;* ~ **in/into** *inschrijven in, boeken in, opschrijven in* **6.3** ~ s.o. **at** a school *iem. aan een school inschrijven;* ~ a horse **for** a race *een paard inschrijven voor een race.*

en·ter·ic [en'terɪk]⟨bn., attr.⟩ **0.1** ***darm-*** ⇒*ingewands-, v.d. ingewanden* ◆ **1.1** ~ fever *tyfus, buiktyfus.*

'enter into ⟨onov.ww.⟩ **0.1** ***beginnen*** ⇒*aanknopen* ⟨gesprek⟩ **0.2** ***zich verplaatsen in*** ⇒*zich inleven in, meevoelen met, (ergens) inkomen* **0.3** ***deel uitmaken v.*** ⇒*onderdeel vormen v., een rol spelen in* **0.4** ***ingaan op*** ⇒*onder de loep nemen, nader behandelen* ⟨zaak, details⟩ **0.5** ***aangaan*** ⇒*sluiten* ⟨contract, verdrag⟩ ◆ **1.3** your departure didn't ~ our plans *in onze plannen hebben we niet op jouw vertrek gerekend, jouw vertrek maakte geen deel uit v. onze plannen.*

en·ter·i·tis [entə'raɪtɪs]⟨telb. en n.-telb.zn.; enteritides [-ɪdi:z]; →mv. 5⟩⟨med.⟩ **0.1** ***enteritis*** ⇒*darm(slijmvlies)ontsteking.*

en·ter·o- ['entəroʊ], **en·ter-** ['entə‖'entər] **0.1** ***darm-*** ⇒*ingewands-, entero-, enter-* ◆ **¶.1** enterovirus *enterovirus.*

en·ter·o·bac·te·ri·um ['entəroʊbæk'tɪəriəm‖'entəroʊbæk'tɪriəm]⟨telb.zn.; enterobacteria [-'tɪəriə‖-'tɪriə]; →mv. 5⟩ **0.1** ***darmbacterie*** ⟨ziekteverwekkend⟩.

'enter on, 'enter upon ⟨onov.ww.⟩ **0.1** ***aanvangen*** ⇒*beginnen, aanvaarden* **0.2** ***in bezit nemen*** ⟨land, erfenis⟩ ⇒*(wettig) eigenaar/beheerder worden v.* **0.3** ***beginnen aan/over*** ⇒*aansnijden, aanpakken, ter hand nemen* ⟨onderwerp⟩ ◆ **1.1** ~ one's duties as a teacher *zijn werkzaamheden als leraar aanvangen;* ~ a period of instability *een periode v. instabiliteit ingaan;* ~ one's fiftieth year *je vijftigste jaar ingaan.*

en·ter·o·path·o·gen·ic ['entərоupæθə'dʒenɪk]⟨bn.⟩ **0.1** ***ingewandsziekte veroorzakend*** ⇒*darminfectie veroorzakend*.

en·ter·os·to·my [entə'rɒstəmi‖'enṭə'rɑ-]⟨telb. en n.-telb.zn.; →mv. 2⟩⟨med.⟩ **0.1** ***enterostomie*** ⟨aanlegging v. uitmonding in buikwand⟩.

en·ter·ot·o·my ['entə'rɒtəmi‖'enṭə'rɑṭəmi]⟨telb. en n.-telb.zn.; →mv. 2⟩⟨med.⟩ **0.1** ***enterotomie*** ⟨operatieve opening v.d. darm⟩.

en·ter·prise ['entəpraɪz‖'enṭər-]⟨f3⟩⟨zn.⟩
I ⟨telb.zn.⟩ **0.1** ***onderneming*** ⇒⟨i.h.b.⟩ *waagstuk, gewaagde onderneming* **0.2** ***(handels)onderneming*** ⇒*firma, zaak;*
II ⟨n.-telb.zn.⟩ **0.1** ***ondernemingsgeest*** ⇒*ondernemingszin, initiatief* ◆ **1.1** we need a man of ~ *we hebben iemand met initiatief nodig, we hebben een man nodig die iets durft aan te pakken*.

en·ter·pris·er ['entəpraɪzə‖'enṭərpraɪzər]⟨telb.zn.⟩ **0.1** ***ondernemer***.

'enterprise zone ⟨telb.zn.⟩ **0.1** ***stimuleringsgebied*** ⇒⟨in België⟩ *T-zone* ⟨gebied met bijzondere faciliteiten voor de (nieuwe) bedrijven⟩.

en·ter·pris·ing ['entəpraɪzɪŋ‖'enṭər-]⟨f2⟩⟨bn.; -ly⟩ **0.1** ***ondernemend*** ⇒*stoutmoedig, v. aanpakken wetend*.

en·ter·tain ['entə'teɪn‖'enṭər-]⟨f3⟩⟨ww.⟩ →entertaining
I ⟨onov.ww.⟩ **0.1** ***een feestje/etentje geven*** ⇒*gasten hebben* **0.2** ***vermaak bieden*** ◆ **1.1** your family ~s a lot *jouw familie heeft vaak gasten in huis;*
II ⟨ov.ww.⟩ **0.1** ***gastvrij ontvangen*** ⇒*onthalen, aanbieden* **0.2** ***onderhouden*** ⇒*amuseren, vermaken, (aangenaam) bezighouden* **0.3** ***koesteren*** ⇒*hebben, erop nahouden* **0.4** ***overdenken*** ⇒*in overweging nemen, nadenken over* ◆ **1.3** ~ doubts *twijfels hebben;* ~ friendly feelings towards s.o. *vriendelijke gevoelens voor iem. koesteren;* ~ the hope that he'll leave soon *de hoop koesteren dat hij spoedig vertrekt* **4.2** ~ o.s. *zich amuseren, zich vermaken* **6.1** ~ s.o. **at/to** dinner *iem. op een diner onthalen, iem. een diner/etentje aanbieden*.

en·ter·tain·er ['entə'teɪnə‖'enṭər'teɪnər]⟨f2⟩⟨telb.zn.⟩ **0.1** ⟨ben. voor⟩ ***iem. die het publiek vermaakt*** ⇒*zanger; conferencier; cabaretier; goochelaar; entertainer* **0.2** ***gastheer***.

en·ter·tain·ing ['entə'teɪnɪŋ‖'enṭər-]⟨f2⟩⟨bn.; teg. deelw. v. entertain; -ly⟩ **0.1** ***onderhoudend*** ⇒*vermakelijk, amusant, gezellig, aangenaam* ◆ **1.1** an ~ story *een amusant verhaal;* an ~ talker *een gezellige prater*.

en·ter·tain·ment ['entə'teɪnmənt‖'enṭər-]⟨f3⟩⟨zn.⟩
I ⟨telb.zn.⟩ **0.1** ⟨ben. voor⟩ ***iets dat amusement biedt*** ⇒*opvoering, uitvoering; show; conference* **0.2** ***feest*** ⇒*partij,* ⟨i.h.b.⟩ *feestmaal;*
II ⟨n.-telb.zn.⟩ **0.1** ***gastvrijheid*** ⇒*gastvrij onthaal* **0.2** ***het onthalen*** ⇒*het trakteren op een etentje* **0.3** ***plezier*** ⇒*vermaak, pret* **0.4** ***vermaak*** ⇒*amusement* **0.5** ***amusementswereld(je)*** ⇒*amusementsbedrijf* ◆ **1.2** a large allowance for the ~ of the Japanese delegation *een fikse toelage om de Japanse delegatie te onthalen/fêteren* **1.4** they had hired a clown for the ~ of the children *zij hadden een clown gehuurd om de kinderen te vermaken* **3.4** provide ~ for the guests *voor vertier zorgen voor de gasten, de gasten vermaak bieden* **3.5** he's in ~ *hij zit in de amusementswereld* **5.3** greatly/much to our ~ *tot onze grote pret*.

enter'tainment expenses ⟨mv.⟩ **0.1** ***representatiekosten***.

en·thal·py ['enθəlpi, en'θælpi]⟨n.-telb.zn.⟩⟨nat.⟩ **0.1** ***ent(h)alpie*** ⟨toestandsgrootheid in thermodynamica⟩.

en·thral, ⟨AE sp. ook⟩ **en·thrall, in·thrall** [ɪn'θrɔ:l]⟨f2⟩⟨ov.ww.⟩ →enthralling **0.1** ***boeien*** ⇒*betoveren, in de ban doen raken* **0.2** ***onderwerpen*** ⇒*tot slaaf maken*.

en·thrall·ing, ⟨AE sp. ook⟩ **in·thrall·ing** [ɪn'θrɔ:lɪŋ]⟨f1⟩⟨bn.; teg. deelw. v. enthral; -ly⟩ **0.1** ***betoverend*** ⇒*boeiend, verrukkelijk*.

en·thral·ment, ⟨AE sp. ook⟩ **en·thrall·ment, in·thrall·ment** [ɪn'θrɔ:lmənt]⟨n.-telb.zn.⟩ **0.1** ***betovering*** **0.2** ***onderwerping***.

en·throne [ɪn'θroun]⟨f1⟩⟨ov.ww.⟩ **0.1** ***op de troon zetten*** ⇒*kronen* ⟨koning⟩ **0.2** ***installeren*** ⇒*wijden* ⟨bisschop⟩ **0.3** ***hoogachten*** ⇒*eren, verheerlijken, verheffen* ◆ **1.2** a king ~d in the hearts of his people *een koning in hoog aanzien bij zijn mensen* **1.3** they ~d the calf as god *zij verheerlijkten het kalf als god, zij verhieven het kalf tot god* **3.1** be ~d *zetelen, tronen;* ⟨fig.⟩ she was ~d at the head of the table *zij troonde aan het hoofd v.d. tafel*.

en·throne·ment [ɪn'θrounmənt], **en·thron·i·za·tion, -sa·tion, in·thron·i·za·tion, -sa·tion** [ɪn'θrounaɪ'zeɪʃn‖-nə'zeɪʃn]⟨n.-telb.zn.⟩ **0.1** ***intronisatie*** ⇒*inauguratie, kroning;* ⟨kerk⟩ *installatie, wijding*.

en·thuse [ɪn'θju:z‖ɪn'θu:z]⟨f1⟩⟨ww.⟩⟨inf.⟩
I ⟨onov.ww.⟩ **0.1** ***enthousiast zijn*** ⇒*zich enthousiast tonen* ◆ **6.1** ~ **about/over** sth./s.o. *enthousiast over iets/iem. zijn, weg zijn van iets/iem., dwepen met iets/iem.;*
II ⟨ov.ww.⟩ **0.1** ***enthousiast maken*** ⇒*enthousiasmeren, warm maken*.

en·thu·si·asm [ɪn'θju:ziæzm‖ɪn'θu:-]⟨f3⟩⟨zn.⟩
I ⟨telb.zn.⟩ **0.1** ***vurige interesse*** ⇒*passie, liefde* ◆ **1.1** his ~ is walking *zijn passie is wandelen, hij is gek van wandelen;*
II ⟨n.-telb.zn.⟩ **0.1** ***enthousiasme*** ⇒*geestdrift, bezieling* **0.2** ***vervoering*** ⇒*verrukking, enthousiasme* **0.3** ⟨vero.⟩ ***het bezield zijn*** ⟨door god⟩ ⇒*verruktheid* ◆ **6.1** ~ **about/for** sth./s.o. *enthousiasme voor iets/iem.;* he felt no ~ **for** their cause *hij liep niet warm voor hun zaak*.

en·thu·siast [ɪn'θju:ziæst‖ɪn'θu:-]⟨f1⟩⟨telb.zn.⟩ **0.1** ***enthousiasteling*** ⇒*fan, liefhebber, enthousiast* **0.2** ***dweper*** ⇒*fanaticus, zeloot, bezetene, fantast* ◆ **6.1** an ~ **for/about** French film *een fan v.d. Franse film;* an ~ **for/about** swimming ~ *een zwemliefhebber*.

en·thu·si·as·tic [ɪn'θju:zi'æstɪk‖ɪn'θu:-]⟨f3⟩⟨bn.; -ally; →bijw. 3⟩ **0.1** ***enthousiast*** ⇒*geestdriftig, vol vuur/geestdrift* ◆ **6.1** be ~ **about/over** sth. *enthousiast over iets zijn, met iets dwepen, vol zijn van iets*.

en·thy·meme ['enθɪmi:m]⟨telb.zn.⟩⟨fil.⟩ **0.1** ***enthymema*** ⇒*redenering waarin iets verzwegen is*.

en·tice [ɪn'taɪs]⟨f1⟩⟨ov.ww.⟩ →enticing **0.1** ***(ver)lokken*** ⇒*verleiden* ◆ **3.1** she ~d him to steal the money *zij haalde hem ertoe over om het geld te stelen* **5.1** ~ **away** *weglokken* **6.1** ~ a man **from** his home *een man van zijn huis weglokken;* ~ s.o. **into** doing sth. *iem. verleiden iets te doen, iem. overhalen iets te doen*.

en·tice·ment [ɪn'taɪsmənt]⟨f1⟩⟨zn.⟩
I ⟨telb. en n.-telb.zn.; vaak mv.⟩ **0.1** ***verlokking*** ⇒*bekoring* ◆ **2.1** the idea has great ~ for us *het idee lokt ons zeer;*
II ⟨n.-telb.zn.⟩ **0.1** ***verleiding*** ⟨i.h.b. seksueel⟩.

en·tic·er [ɪn'taɪsə‖-ər]⟨telb.zn.⟩ **0.1** ***verleider/ster***.

en·tic·ing [ɪn'taɪsɪŋ]⟨f1⟩⟨bn.; teg. deelw. v. entice; -ly⟩ **0.1** ***verleidelijk*** ⇒*verlokkelijk, bekoorlijk*.

en·tire[1] [ɪn'taɪə‖-ər]⟨telb.zn.⟩ **0.1** ***ongesneden dier*** ⇒⟨i.h.b.⟩ *hengst* **0.2** ***geheel***.

entire[2] ⟨f3⟩⟨bn.⟩
I ⟨bn.⟩ **0.1** ***gaaf*** ⇒*heel, intact, onbeschadigd* **0.2** ***uit één stuk*** ⇒*ongescheiden, één* **0.3** ***ongesneden*** ⇒*niet gecastreerd, ongelubd* **0.4** ⟨plantk.⟩ ***gaaf*** ⇒*gaafrandig, ongedeeld* ⟨blad⟩ **0.5** ⟨vero.⟩ ***puur*** ⇒*zuiver, ongemengd* ◆ **1.3** ~ horse *hengst;*
II ⟨bn., attr.⟩ **0.1** ***compleet*** ⇒*volledig, voltallig* **0.2** ***geheel*** ⇒*totaal, algeheel, volkomen, onverdeeld* ◆ **1.2** you have ~ freedom *u bent volkomen vrij, je hebt de volledige vrijheid*.

en·tire·ly [ɪn'taɪəli‖-ərli]⟨f3⟩⟨bw.⟩ **0.1** ***helemaal*** ⇒*geheel (en al), volkomen, volledig* **0.2** ***alleen*** ⇒*enkel, slechts* ◆ **3.1** an ~ changed room *een totaal veranderde kamer* **3.2** we do it ~ for your health *we doen het (enkel en) alleen voor je gezondheid*.

en·tire·ty [ɪn'taɪərəṭi]⟨f1⟩⟨zn.; →mv. 2⟩
I ⟨telb.zn.⟩ **0.1** ***eenheid*** ⇒*geheel;*
II ⟨n.-telb.zn.⟩ **0.1** ***totaliteit*** ⇒*geheel* **0.2** ***totaal*** ⇒*geheel* ◆ **1.2** the ~ of working women *het totaal aan werkende vrouwen, het totale aantal werkende vrouwen* **6.1 in** its ~ *in zijn geheel, in zijn totaliteit*.

en·ti·tle [ɪn'taɪṭl]⟨f3⟩⟨ov.ww.⟩ **0.1** ***betitelen*** ⇒*noemen, de titel/naam geven* **0.2** ***recht geven op*** ⟨ook jur.⟩ **0.3** ***de titel geven (v.)*** ⇒*de titel (v.) verlenen* ◆ **1.1** a book ~d 'Party Going' *een boek getiteld 'Party Going'* **3.2** be ~d to do sth. *het recht hebben iets te doen, gerechtigd zijn iets te doen* **6.2** be ~d **to** sth. *recht hebben op iets, op iets aanspraak kunnen maken*.

en·ti·tle·ment [ɪn'taɪṭlmənt]⟨f1⟩⟨telb. en n.-telb.zn.⟩ **0.1** ***betiteling*** ⇒*benaming* **0.2** ***bedrag*** ⟨dat iem. toekomt⟩ **0.3** ***recht*** ⟨bv. op uitkering⟩.

en·ti·ty ['enṭəṭi]⟨f2⟩⟨zn.; →mv. 2⟩
I ⟨telb.zn.⟩ **0.1** ***entiteit*** ⇒*werkelijk bestaand ding, eenheid;*
II ⟨n.-telb.zn.⟩ **0.1** ***bestaan*** ⇒*wezen, het zijn*.

en·to- ['entou] **0.1** ***binnen-*** ⇒*inwendig, ento-, endo-* ◆ **¶.1** entoparasite *endoparasiet;* entophyte *endofyt*.

en·tomb [ɪn'tu:m]⟨ov.ww.⟩ **0.1** ***begraven*** ⟨ook fig.⟩ ⇒*in een graf stoppen, opsluiten* **0.2** ***als graf dienen voor*** ⇒*het graf zijn v.* ◆ **1.2** the sea ~s many sailors *de zee is het graf v. veel zeelui*.

en·tomb·ment [ɪn'tu:mmənt]⟨telb. en n.-telb.zn.⟩ **0.1** ***begrafenis*** ⇒*graflegging*.

en·to·mo- ['entoumou] **0.1** ***insekten-*** ⇒*entomo-* ◆ **¶.1** entomophagous *insektenetend*.

en·to·mo·log·ic ['entəmə'lɒdʒɪk‖'enṭəmə'lɑdʒɪk], **en·to·mo·log·i·cal** [-ɪkl]⟨bn.; -(al)ly; →bijw. 3⟩ **0.1** ***entomologisch*** ⇒*insektenkundig*.

en·to·mol·o·gist ['entə'mɒlədʒɪst‖'enṭə'mɑ-]⟨telb.zn.⟩ **0.1** ***entomoloog*** ⇒*insektenkenner*.

en·to·mol·o·gize, -gise ['entə'mɒlədʒaɪz‖'enṭə'mɑ-]⟨onov.ww.⟩ **0.1** ***insekten bestuderen*** **0.2** ***insekten verzamelen***.

en·to·mol·o·gy ['entə'mɒlədʒi‖'enṭə'mɑ-]⟨n.-telb.zn.⟩ **0.1** ***entomologie*** ⇒*insektenkunde*.

en·to·moph·a·gous ['entə'mɒfəgəs‖'enṭə'mɑ-]⟨bn.⟩ **0.1** ***insektenetend***.

en·to·moph·i·lous ['entə'mɒfələs‖'enṭə'mɑ-]⟨bn.⟩⟨plantk.⟩ **0.1** ***insektenbloemig*** ⇒*door insekten bestoven.*
en·tou·rage ['ɒntʊrɑ:ʒ‖'ɑntə'rɑʒ]⟨f1⟩⟨zn.⟩
 I ⟨telb.zn.⟩ **0.1** ***omgeving*** ⇒*entourage;*
 II ⟨verz.n.⟩ **0.1** ***gevolg*** ⇒*entourage.*
en·to·zo·an, en·to·zo·on ['entə'zoʊɒn‖'enṭə'zoʊɑn]⟨telb.zn.; entozoa [-zoʊə]; →mv. 5⟩ **0.1** ***endoparasiet*** ⇒*ingewandsworm* ⟨Entozoa⟩.
en·tr'acte [ɒn'trækt‖'ɑn-]⟨telb.zn.⟩ **0.1** ***pauze*** ⇒*entr'acte* **0.2** ***pauzemuziek/stuk/opvoering*** ⇒*entr'acte.*
en·trails ['entreɪlz]⟨mv.⟩ **0.1** ***ingewanden*** ⇒*darmen* **0.2** ***binnenste*** ⇒*inwendige* ◆ **1.2** the ~ of the earth *het binnenste der aarde.*
en·train[1] [ɪn'treɪn]⟨n.-telb.zn.⟩ **0.1** ***entrain*** ⇒*gang, vaart, voortvarendheid.*
entrain[2] ⟨ww.⟩
 I ⟨onov.ww.⟩ **0.1** ***in/op de trein stappen;***
 II ⟨ov.ww.⟩ **0.1** ***op de trein zetten*** ⟨soldaten⟩ **0.2** ***meesleuren*** ⇒*meeslepen, entraineren, meevoeren* **0.3** ***meevoeren*** ⟨vloeistof⟩.
en·train·ment [ɪn'treɪnmənt]⟨n.-telb.zn.⟩ **0.1** ***het meevoeren*** ⟨v. vloeistof⟩ **0.2** ***het instappen*** ⟨v. troepen⟩.
en·tram·mel [ɪn'træml]⟨ov.ww.; →ww. 7⟩ **0.1** ***verstrikken*** ⇒*belemmeren, ketenen.*
en·trance[1] ['entrəns]⟨f3⟩⟨zn.⟩
 I ⟨telb.zn.⟩ **0.1** ***ingang*** ⇒*toegang, entree;*
 II ⟨telb. en n.-telb.zn.⟩ **0.1** ***binnenkomst*** ⇒*intrede* **0.2** ***opkomst*** ⟨op toneel⟩ **0.3** ***entree*** ⇒*toelating, toegang;* ⟨bij uitbr.⟩ *toegangsgeld, entreeprijs* **0.4** ***(ambts)aanvaarding*** ⇒*intrede* ◆ **2.3** free ~ *vrije entree, vrije toegang* **3.2** he made his first ~ at the wrong time *hij kwam de eerste keer op het verkeerde moment op* **6.4** ~ **into/upon** office *ambtsaanvaarding* **7.3** no ~ *geen toegang, verboden toegang.*
entrance[2] [ɪn'trɑ:ns‖ɪn'træns]⟨f2⟩⟨ov.ww.⟩ →entrancing **0.1** ***in verrukking brengen*** ⇒*in vervoering brengen, meeslepen, overweldigen* **0.2** ***in trance brengen*** ⇒*hypnotiseren* ◆ **6.1** ~d **by** his acting *meegesleept door zijn spel;* ~d **with** Stravinsky's Firebird *in vervoering van Stravinsky's Vuurvogel;* ~d **with** joy *dronken van vreugde, overweldigd door vreugde.*
'entrance examination ⟨telb.zn.⟩ **0.1** ***toelatingsexamen.***
'entrance fee, 'entrance money ⟨f1⟩⟨telb.zn.⟩ **0.1** ***toegangsprijs*** ⇒*entree(geld).*
en·trance·ment [ɪn'trɑ:nsmənt‖ɪn'træns-]⟨n.-telb.zn.⟩ **0.1** ***vervoering*** ⇒*extase, verrukking.*
'en·trance·way ⟨telb.zn.⟩ **0.1** ***ingang*** ⇒*toegang(sweg).*
'entrance width ⟨n.-telb.zn.⟩⟨scheep.⟩ **0.1** ***invaartbreedte.***
en·tranc·ing [ɪn'trɑ:nsɪŋ‖ɪn'træns-]⟨bn.; teg. deelw. v. entrance; -ly⟩ **0.1** ***verrukkelijk.***
en·trant ['entrənt]⟨f1⟩⟨telb.zn.⟩ **0.1** ***binnenkomende*** ⇒*binnenkomer* **0.2** ***deelnemer*** ⟨aan race e.d.⟩ **0.3** ***nieuweling*** ⇒*nieuw lid, nieuw medewerker* ◆ **6.2** ~s **for** the quiz *deelnemers aan de quiz* **6.3** ~s **to** the organisation *nieuwe medewerkers aan de organisatie.*
en·trap [ɪn'træp]⟨ov.ww.; →ww. 7⟩ **0.1** ***(in een val) vangen*** **0.2** ***(ver)strikken*** ⇒*(ver)lokken, in de val laten lopen* ◆ **6.1** they were ~ped **by** the snow *zij zaten vast in de sneeuw* **6.2** the suspect was not ~ped **into** confessing *de verdachte liet zich niet tot bekennen verlokken;* ~ a man **into** marriage *een man voor een huwelijk strikken;* ~ s.o. **to** death *iem. de dood inlokken.*
en·trap·ment [ɪn'træpmənt]⟨zn.⟩
 I ⟨telb. en n.-telb.zn.⟩ **0.1** ***vangst*** ⇒*het vangen* **0.2** ***het ontlokken*** ⟨v. bekentenis⟩;
 II ⟨n.-telb.zn.⟩ **0.1** ***het vastzitten*** ⇒*het gevangen zitten.*
en·treat [ɪn'tri:t]⟨ww.⟩
 I ⟨onov. en ov.ww.⟩ **0.1** ***smeken*** ⇒*bidden, dringend verzoeken* ◆ **6.1** ~ **for** s.o. *smeken ten behoeve v. iem., pleiten voor iem.;*
 II ⟨ov.ww.⟩ **0.1** ***smeken om*** ⇒*bidden om, dringend vragen om, afsmeken* **0.2** ⟨vero.⟩ ***behandelen*** ⇒*zich gedragen tegen.*
en·treat·ing·ly [ɪn'tri:ṭɪŋli]⟨bw.⟩ **0.1** ***smekend*** ⇒*biddend, pleitend.*
en·treat·y [ɪn'tri:ṭi]⟨zn.; →mv. 2⟩
 I ⟨telb.zn.⟩ **0.1** ***smeekbede*** ⇒*bede, dringend verzoek;*
 II ⟨n.-telb.zn.⟩ **0.1** ***gesmeek*** ⇒*het smeken.*
en·tre·chat ['ɒntrəʃɑ:‖'ɑntrə'ʃɑ]⟨telb.zn.⟩⟨dansk.⟩ **0.1** ***entrechat*** ⇒*kruissprong.*
en·tre·côte ['ɒntrəkoʊt‖'ɑntrə'koʊt]⟨telb.zn.⟩⟨cul.⟩ **0.1** ***entrecôte.***
en·trée ['ɒntreɪ‖'ɑn-]⟨f1⟩⟨zn.⟩
 I ⟨telb.zn.⟩⟨cul.⟩ **0.1** ⟨vnl. BE⟩ ***entree*** ⇒*voorgerecht* ⟨tussen vis en gebraad⟩ **0.2** ⟨AE⟩ ***hoofdgerecht*** ⇒*hoofdgang;*
 II ⟨telb. en n.-telb.zn.⟩ **0.1** ***toegang*** ⟨i.h.b. tot gerechtshof⟩ ⇒*ingang, entree, intrede* ◆ **3.1** he had ~ into the best families *hij had toegang tot de beste families.*
en·tre·mets ['ɒntrəmeɪ‖'ɑntrə'meɪ]⟨telb.zn.; entremets [-eɪ(z)]; →mv. 5⟩⟨cul.⟩ **0.1** ⟨ben. voor⟩ ***entremets*** ⇒*tussengerecht; toespijs, bijgerecht* ⟨vaak zoet⟩; *nagerecht, dessert.*

en·trench, in·trench [ɪn'trentʃ]⟨f1⟩⟨ww.⟩
 I ⟨onov.ww.⟩ **0.1** ***zich verschansen*** ⇒*zich ingraven* **0.2** ***inbreuk maken*** ⇒*schenden, overtreden* ◆ **6.2** ~ **on/upon** *inbreuk maken op, schenden;*
 II ⟨ov.ww.⟩ **0.1** ***verschansen*** ⇒*met loopgraven omgeven, v. loopgraven voorzien* **0.2** ***stevig vastleggen*** ⇒*verankeren* ⟨rechten, gewoonte e.d.⟩ ◆ **1.1** the Russians were ~ed very well round Stalingrad *de Russen hadden zich zeer goed verschanst rond Stalingrad* **1.2** an ~ed habit *een diepgewortelde/stevig verankerde gewoonte* **4.1** ~ o.s. *zich verschansen, zich ingraven* ⟨ook fig.⟩.
en·trench·ment [ɪn'trentʃmənt]⟨zn.⟩
 I ⟨telb.zn.⟩ **0.1** ***loopgravenstelsel*** ⇒*netwerk v. loopgraven, verschansing;*
 II ⟨n.-telb.zn.⟩ **0.1** ***verschansing*** ⇒*versteviging, het verschansen.*
en·tre nous ['ɒntrə'nu:‖'ɑn-]⟨bw.⟩ **0.1** ***onder ons*** ⇒*tussen ons, in vertrouwen, vertrouwelijk.*
en·tre·pôt ['ɒntrəpoʊ‖'ɑntrə'poʊ]⟨telb.zn.⟩ **0.1** ***entrepôt*** ⇒⟨bij uitbr.⟩ *pakhuis, opslagplaats.*
en·tre·pre·neur ['ɒntrəprə'nɜ:‖'ɑntrəprə'nər]⟨f1⟩⟨telb.zn.⟩ **0.1** ***ondernemer*** **0.2** ***impresario*** ⇒*producer* ⟨v. theaterstuk⟩ **0.3** ***bemiddelaar*** ⇒*tussenpersoon.*
en·tre·sol ['ɒntrəsɒl‖'enṭərsɑl]⟨telb.zn.⟩ **0.1** ***entresol*** ⇒*insteek(kamertje).*
en·tro·py ['entrəpi]⟨n.-telb.zn.⟩ **0.1** ⟨nat., stat.⟩ ***entropie*** **0.2** ⟨soc.⟩ ***entropie*** ⟨mate v. wanorde binnen sociaal systeem⟩ **0.3** ⟨informatica⟩ ***entropie.***
en·trust, in·trust [ɪn'trʌst]⟨f2⟩⟨ov.ww.⟩ **0.1** ***toevertrouwen*** ◆ **6.1** ~ sth. **to** s.o. *iem. iets toevertrouwen;* you shouldn't have ~ed the new assistent **with** so much money *je had de nieuwe bediende niet zoveel geld moeten toevertrouwen.*
en·try ['entri]⟨f3⟩⟨zn.; →mv. 2⟩
 I ⟨telb.zn.⟩ **0.1** ⟨ben. voor⟩ ***intrede*** ⇒*entree, intree; toetreding; intocht, binnenkomst;* ⟨dram.⟩ *opkomst* **0.2** ***ingang*** ⇒*toegang, toegangshek, hal, gang, vestibule* **0.3** ⟨ben. voor⟩ ***ingang*** ⇒*notitie, aantekening; titelwoord, trefwoord, lemma, artikel; (geboekte) post, boeking; inschrijving* ⟨in register⟩ **0.4** ***deelnemer/neemster*** ⇒⟨bij uitbr.⟩ *inzending* **0.5** ***deelnemerslijst*** ⇒*deelnemersveld, lijst v. inzendingen* **0.6** ***riviermonding*** **0.7** ⟨vnl. BE⟩ ***steeg*** ⇒*gang, poortje* ⟨tussen huizen⟩ **0.8** ⟨jur.⟩ ***inbezitneming*** **0.9** ⟨muz.⟩ ***inval*** ⇒*het invallen* ⟨op bep. punt⟩ **0.10** ⟨bridge⟩ ***entree*** **0.11** ⟨schoonspringen⟩ ***kennisgeving v.d. sprongen*** ◆ **1.1** England's ~ into the E.E.C. *de toetreding v. Engeland tot de E.E.G.* **2.5** there is an enormous ~ for the next race *er is een enorm aantal deelnemers voor de volgende race* **3.1** make one's ~ *opkomen;*
 II ⟨n.-telb.zn.⟩ **0.1** ***toegang*** ⇒*entree* **0.2** ⟨ben. voor⟩ ***inschrijving*** ⟨in (kas)boek⟩ ⇒*boeking, het boeken; registratie; opname* **0.3** ⟨douane⟩ ***inklaring*** ⇒*aangifte, declaratie* ◆ **1.2** we recommend ~ of such words in a dictionary *wij bevelen opname v. dergelijke woorden in een woordenboek aan* **7.1** no ~ *verboden in te rijden.*
ent·ry·ism ['entriɪzm]⟨n.-telb.zn.⟩ **0.1** ***het infiltreren in een politieke partij.***
en·try·ist ['entriɪst]⟨telb.zn.⟩ **0.1** ***nieuw lid.***
'entry permit ⟨telb.zn.⟩ **0.1** ***inreisvergunning.***
'entry visa ⟨telb.zn.⟩ **0.1** ***inreisvisum.***
en·twine, in·twine [ɪn'twaɪn]⟨f1⟩⟨ww.⟩
 I ⟨onov.ww.⟩ **0.1** ***zich verstrengelen*** ⇒*zich ineenstrengelen;*
 II ⟨ov.ww.⟩ **0.1** ***ineenstrengelen*** ⇒*vlechten, verstrengelen* **0.2** ***(zich) winden (om)*** ⇒*(zich) kronkelen (om), (zich) slingeren (om)* ◆ **6.2** ~ sth. **about/around/with** sth. *iets ergens om heen winden, iets ergens mee verstrengelen.*
en·twist, in·twist [ɪn'twɪst]⟨ov.ww.⟩ **0.1** ***ineenstrengelen*** ⇒*slingeren om, winden om.*
e·nu·cle·ate [ɪ'nju:klieɪt‖ɪ'nu:-]⟨ov.ww.⟩ **0.1** ⟨med.⟩ ***verwijderen*** ⟨gezwel, oogbol⟩ **0.2** ⟨plantk.⟩ ***de kern verwijderen uit*** ⟨cel⟩ ⇒*van de kern ontdoen* **0.3** ⟨vero.⟩ ***uitleggen*** ⇒*toelichten, verklaren.*
'E number ⟨telb.zn.⟩ **0.1** ***E-nummer.***
e·nu·mer·ate [ɪ'nju:məreɪt‖ɪ'nu:-]⟨f1⟩⟨ov.ww.⟩ **0.1** ***opsommen*** ⇒*één voor één opnoemen* **0.2** ***(op)tellen.***
e·nu·mer·a·tion [ɪ'nju:mə'reɪʃn‖ɪ'nu:-]⟨f1⟩⟨telb. en n.-telb.zn.⟩ **0.1** ***opsomming*** ⇒*opnoeming, lijst, catalogus, enumeratie* **0.2** ***telling*** ⇒⟨i.h.b.⟩ *volkstelling, census.*
e·nu·mer·a·tive [ɪ'nju:mərətɪv‖ɪ'nu:məreɪṭɪv]⟨bn.⟩ **0.1** ***opsommend*** ⇒*opnoemend, enumeratief.*
e·nu·mer·a·tor [ɪ'nju:məreɪtə‖ɪ'nu:məreɪṭər]⟨telb.zn.⟩ **0.1** ***teller*** ⇒⟨i.h.b.⟩ *volksteller.*
e·nun·ci·ate [ɪ'nʌnsieɪt]⟨ww.⟩
 I ⟨onov.ww.⟩ **0.1** ***goed articuleren*** ⇒*duidelijk uitspreken;*
 II ⟨ov.ww.⟩ **0.1** ***uitspreken*** ⇒*articuleren* **0.2** ***formuleren*** **0.3** ***verkondigen*** ⇒*afkondigen, bekendmaken, uiteenzetten.*
e·nun·ci·a·tion [ɪ'nʌnsi'eɪʃn]⟨zn.⟩

I ⟨telb.zn.⟩ **0.1** ***formulering;***
II ⟨telb.en n.-telb.zn.⟩ **0.1** ***verkondiging*** *⇒bekendmaking, afkondiging, proclamatie;*
III ⟨n.-telb.zn.⟩ **0.1** ***uitspraak.***
e·nun·ci·a·tive [ɪ'nʌnsɪətɪv||-sieɪt̬ɪv]⟨bn.; -ly⟩ **0.1** ***verklarend*** *⇒toelichtend, verduidelijkend, enunciatief* **0.2** ***uitspraak-*** *⇒articulatie-.*
e·nun·ci·a·tor [ɪ'nʌnsieɪtə||-eɪt̬ər]⟨telb.zn.⟩ **0.1** ***verkondiger*** *⇒spreker, afkondiger.*
en·ure [ɪ'njʊə||ɪ'njʊr]⟨onov.ww.⟩⟨jur.⟩ **0.1** ***v. kracht worden*** *⇒ingaan, gelden* ⟨v.wet⟩.
en·u·re·sis ['enjʊə'ri:sɪs||'enjə-]⟨n.-telb.zn.⟩⟨med.⟩ **0.1** ***enuresis*** *⇒het bedwateren.*
en·vel·op [ɪn'veləp]⟨f2⟩⟨ov.ww.⟩ **0.1** ***in/omwikkelen*** *⇒inpakken,* ⟨fig.⟩ *omhullen, omgeven* **0.2** ***omhullen*** ⟨v.jas⟩ **0.3** ⟨mil.⟩ ***omsingelen*** *⇒insluiten* ◆ **6.1** she ~ed herself **in** a coat *zij hulde zich in een jas;* a subject ~ed **in** mystery *een onderwerp omgeven met geheimzinnigheid.*
en·ve·lope ['envəloʊp]⟨f3⟩⟨telb.zn.⟩ **0.1** ***omhulling*** ⟨ook fig.⟩ *⇒omhulsel, omwindsel* **0.2** ***envelop(pe)*** *⇒briefomslag, couvert* **0.3** ***ballon(omhulsel)*** **0.4** ***ballon*** *⇒omhulsel* ⟨v. elektronenbuis⟩ **0.5** ⟨plantk.⟩ ***bloembekleedsel*** *⇒*⟨i.h.b.⟩ *(bloem)kelk, (bloem) kroon, bloemdek* **0.6** ⟨wisk.⟩ ***omhullende*** *⇒envelop* ◆ **3.2** padded ~ *luchtkussenenvelop.*
en·vel·op·ment [ɪn'veləpmənt]⟨zn.⟩
I ⟨telb.zn.⟩ **0.1** ***verpakkingsmateriaal*** **0.2** ⟨mil.⟩ ***omvatting;***
II ⟨telb.en n.-telb.zn.⟩ **0.1** ***omhulling*** *⇒inwikkeling, inpakking.*
en·ven·om [ɪn'venəm]⟨ov.ww.⟩ **0.1** ***vergiftigen*** *⇒met gif bewerken/vervuilen* **0.2** ***verbitteren*** *⇒v. haat vervullen* ◆ **1.1** ~ed arrows *giftige pijlen* **1.2** ~ed fights *verbitterde/venijnige gevechten;* ~ed looks *verbitterde/kwaadaardige blikken.*
en·vi·a·ble ['envɪəbl]⟨f1⟩⟨bn.; -ly; →bijw. 3⟩ **0.1** ***benijdenswaardig*** *⇒begerenswaardig, om jaloers op te worden/zijn.*
en·vi·er ['envɪə||-ər]⟨telb.zn.⟩ **0.1** ***benijder/ster.***
en·vi·ous ['envɪəs]⟨f2⟩⟨bn.; -ly; -ness⟩ **0.1** ***jaloers*** *⇒afgunstig, naijverig* ◆ **6.1** ~ **of** his brother's success *jaloers op het succes v. zijn broer.*
en·vi·ron [ɪn'vaɪrən]⟨ov.ww.⟩ **0.1** ***omgeven*** *⇒omringen, een kring vormen om* ◆ **6.1** a place ~ed **by/with** mountains *een plaats omgeven door bergen.*
en·vi·ron·ment [ɪn'vaɪrənmənt]⟨f3⟩⟨zn.⟩
I ⟨telb.zn.⟩ **0.1** ***omgeving*** **0.2** ***environment*** *⇒ambiance* ⟨in de kunst⟩;
II ⟨telb.en n.-telb.zn.⟩ **0.1** ***milieu*** ⟨ook biol.⟩ *⇒omgeving* ◆ **2.1** the social ~ *het sociale milieu.*
en·vi·ron·men·tal [ɪn'vaɪrən'men̬tl]⟨f2⟩⟨bn., attr.; -ly⟩ **0.1** ***milieu-*** ⟨ook biol.⟩ *⇒omgevings-, voor het milieu, voor de omgeving* **0.2** ***environment-*** *⇒ambience-* ⟨in kunst⟩ ◆ **1.1** the ~ effects of using coal *de gevolgen v.h. gebruik v. steenkool voor het milieu;* ~ group *milieugroep(ering);* ~ management *milieubeheer;* ~ pollution *milieuvervuiling;* ~ science *milieuwetenschap* **1.2** ~ art *environmentkunst.*
en·vi·ron·men·tal·ism [ɪn'vaɪrən'men̬təlɪzm]⟨n.-telb.zn.⟩⟨psych.⟩ **0.1** ***milieutheorie*** ⟨die beweert dat (vnl.) het psychisch milieu het gedrag beïnvloedt⟩.
en·vi·ron·men·tal·ist [ɪn'vaɪrən'men̬təlɪst]⟨f1⟩⟨telb.zn.⟩ **0.1** ***milieudeskundige*** *⇒milieubeheerder, milieuwachter* **0.2** ***milieu-activist*** *⇒milieubewust iem., milieubeschermer* **0.3** ***maker v.e. environment*** *⇒environmentkunstenaar* **0.4** ⟨psych.⟩ ***aanhanger v.d. milieutheorie.***
en'vi·ron·ment-'friend·ly ⟨bn., attr.⟩ **0.1** ***milieuvriendelijk.***
en·vi·ron·men·tol·o·gy [ɪnvaɪrənmen'tɒlədʒi||-'tɑlədʒi]⟨n.-telb.zn.⟩ **0.1** ***milieukunde.***
en'vi·ron-pol·i·tics ⟨mv.⟩ **0.1** ***milieupolitiek.***
en·vi·rons [ɪn'vaɪrənz]⟨mv.⟩ **0.1** ***omstreken*** *⇒omtrek, buurt,* ⟨i.h.b.⟩ *buitenwijken, voorsteden* **0.2** ***omgeving.***
en·vis·age [ɪn'vɪzɪdʒ]⟨f2⟩⟨ov.ww.⟩ **0.1** ***voorzien*** *⇒zich voorstellen, zich indenken, voor zich zien* **0.2** ***overwegen*** *⇒beschouwen, bekijken* **0.3** ***onder de ogen zien*** ⟨feit, gevaar⟩.
en·vi·sion [ɪn'vɪʒn]⟨f1⟩⟨ov.ww.⟩ **0.1** ***voorzien*** *⇒zich voorstellen, zich indenken.*
en·voy, ⟨in bet. 0.2 ook⟩ **en·voi** ['envɔɪ]⟨f1⟩⟨telb.zn.⟩ **0.1** ⟨dipl.⟩ ***(af)gezant*** *⇒(regerings)boodschapper, diplomatiek vertegenwoordiger, gevolmachtigd minister* **0.2** ⟨vero.; lit.⟩ ***envoi*** *⇒slotstrofe.*
en·voy·ship ['envɔɪʃɪp]⟨n.-telb.zn.⟩ **0.1** ***gezantschap*** *⇒ambt v. diplomatiek vertegenwoordiger.*
en·vy[1] ['envi]⟨f2⟩⟨telb.en n.-telb.zn.; →mv. 2⟩ **0.1** ***(voorwerp/grond v.) afgunst*** *⇒nijd, ressentiment, jaloezie* ◆ **6.1** he was filled with ~ **at** my new car *hij benijdde me mijn nieuwe wagen;* her ring was the ~ **of** her friend *haar ring was een voorwerp v. afgunst voor haar vriendin.*
envy[2] ⟨f2⟩⟨ww.; →ww. 7⟩
I ⟨onov.ww.⟩ **0.1** ***met afgunst vervuld zijn*** *⇒afgunstig zijn;*
II ⟨ov.ww.⟩ **0.1** ***benijden.***
en·vy·ing·ly ['enviɪŋli]⟨bw.⟩ **0.1** ***afgunstig.***
enweave →inweave.
en·wind [ɪn'waɪnd]⟨ov.ww.⟩ **0.1** ***omstrengelen*** *⇒gewonden zijn rond, omringen.*
en·womb [ɪn'wu:m]⟨ov.ww.⟩⟨vero.; schr.⟩ **0.1** ***(als in schoot) omsluiten*** *⇒omvatten, omhullen.*
en·wrap, in·wrap [ɪn'ræp]⟨ov.ww.; →ww. 7⟩ **0.1** ***om/inwikkelen*** *⇒omhullen, omzwachtelen* **0.2** ***in beslag nemen*** ◆ **1.2** she was ~ped in silly dreams *zij ging totaal op in dwaze dromen.*
en·wreathe, in·wreathe [ɪn'ri:ð]⟨ov.ww.⟩ **0.1** ***omkransen*** *⇒omstrengelen.*
En·zed ['en'zed]⟨eig.n., telb.zn.⟩⟨Austr. E; inf.⟩ **0.1** ***N.Z.('er)*** ⟨Nieuw-Zeeland(er)⟩.
En·zed·der ['en'zedə||-ər]⟨telb.zn.⟩⟨Austr. E; inf.⟩ **0.1** ***N.Z.'er*** ⟨Nieuwzeelander⟩.
en·zo·ot·ic[1] ['enzoʊ'ɒtɪk||-'ɑt̬ɪk]⟨telb.en n.-telb.zn.⟩⟨biol.⟩ **0.1** ***enzoötie*** ⟨endemische veeziekte⟩.
enzootic[2] ⟨bn.⟩ **0.1** ***enzoötisch*** *⇒endemisch, plaatselijk* ⟨v. dierziekten⟩.
en·zy·mat·ic ['enzaɪ'mætɪk||'enzɪ'mæt̬ɪk], **en·zy·mic** ['enzaɪmɪk] ⟨bn.⟩⟨bioch.⟩ **0.1** ***enzymatisch.***
en·zyme ['enzaɪm]⟨telb.zn.⟩⟨bioch.⟩ **0.1** ***enzym*** *⇒ferment.*
en·zy·mol·o·gist ['enzaɪ'mɒlədʒɪst||'enzɪ'mɑ-]⟨telb.zn.⟩⟨bioch.⟩ **0.1** ***enzymoloog.***
en·zy·mol·o·gy ['enzaɪ'mɒlədʒi||'enzɪ'mɑ-]⟨n.-telb.zn.⟩⟨bioch.⟩ **0.1** ***enzymologie.***
eo ⟨afk.⟩ ex officio **0.1** ***e.o..***
e·o- ['i:oʊ] **0.1** ⟨ong.⟩ ***vroeg-*** *⇒onder-.*
E·o·cene[1] ['i:əsi:n]⟨eig.n.; the⟩⟨geol.⟩ **0.1** ***Eoceen*** ⟨tijdvak v.h. Tertiair⟩.
Eocene[2] ⟨bn., attr.⟩⟨geol.⟩ **0.1** ***Eoceen-*** *⇒v.h. Eoceen.*
E & OE ⟨afk.⟩ errors and omissions excepted.
e·o·hip·pus ['i:oʊ'hɪpəs]⟨telb.zn.⟩⟨dierk.⟩ **0.1** ***eohippus*** ⟨primitieve paardachtige uit Onder-Eoceen; genus Hyracotherium⟩.
eolian →Aeolian.
Eolic →Aeolic.
e·o·lith ['i:əlɪθ]⟨telb.zn.⟩⟨gesch.⟩ **0.1** ***eoliet.***
eolithic ⟨bn., attr.⟩ **0.1** ***eolithisch*** *⇒v.h. Eolithicum.*
E·o·lith·ic [i:ə'lɪθɪk]⟨eig.n.; the⟩⟨gesch.⟩ **0.1** ***Eolithicum*** ⟨periode vóór Paleolithicum⟩.
eom ⟨afk.⟩ end of month.
eon →aeon.
E·o·nism ['i:ənɪzm]⟨n.-telb.zn.; ook e-⟩⟨psych.⟩ **0.1** ***eonisme*** *⇒transvestitisme.*
E·os ['i:ɒs||'i:ɑs]⟨eig.n.⟩ **0.1** ***Eo(o)s*** ⟨dageraad in Griekse mythologie⟩.
e·o·sin ['i:əsɪn]⟨n.-telb.zn.⟩ **0.1** ***eosine*** ⟨rode verfstof⟩.
e·o·sin·o·phil(e)[1] ['i:ə'sɪnəfɪl, -faɪl]⟨telb.zn.⟩⟨bioch.⟩ **0.1** ***eosinofiele leukocyt/cel.***
eosinophil(e)[2], **e·o·sin·o·phil·ic** ['i:əsɪnə'fɪlɪk]⟨bn.⟩ **0.1** ***eosinofiel*** ⟨v. cellen, die makkelijk met eosine kleuren⟩.
-e·ous [ɪəs]⟨vormt bijv. nw.⟩ **0.1** ⟨ong.⟩ ***-achtig*** *⇒-ig* ◆ **¶.1** aqueous *waterig, waterachtig.*
ep ⟨afk.⟩ en passant ⟨schaken⟩.
ep- →epi-.
Ep ⟨afk.⟩ Epistle.
EP ⟨afk.⟩ **0.1** ⟨extended play⟩ ***e.p.*** ⟨grammofoonplaat⟩ **0.2** ⟨electroplate⟩.
EPA ⟨afk.⟩ Education Priority Area; Environmental Protection Agency ⟨AE⟩.
e·pact ['i:pækt]⟨telb.en n.-telb.zn.⟩ **0.1** ***epacta*** *⇒epacten* ⟨ouderdom v. maan op 1 januari; verschil in dagen tussen maan- en zonnejaarmaand⟩.
ep·arch ['epɑ:k||'epɑrk]⟨telb.zn.⟩ **0.1** ***eparch(os)*** *⇒(residerend) bisschop* ⟨in Grieks-Orthodoxe Kerk⟩ **0.2** ⟨gesch.⟩ ***eparch(os)*** *⇒landvoogd.*
ep·ar·chy ['epɑ:ki||'epɑrki]⟨telb.zn.; →mv. 2⟩ **0.1** ***eparchie*** *⇒kerkprovincie, diocees* ⟨v. Grieks-Orthodox bisschop⟩ **0.2** ⟨gesch.⟩ ***eparchie*** ⟨bestuursindeling in Oostromeinse Rijk⟩ *⇒provincie.*
é·pa·tant ['eɪpɑ:'tɑ̃]⟨bn.⟩ **0.1** ***épatant*** *⇒shockerend, aanstootgevend, kras, onconventioneel.*
ep·au·let(te) ['epəlet]⟨telb.zn.⟩⟨mil.⟩ **0.1** ***epaulet*** *⇒schouderbelegsel.*
é·pée, e·pee ['epeɪ]⟨telb.zn.⟩ **0.1** ***degen.***
é·pée·ist ['epeɪɪst]⟨telb.zn.⟩ **0.1** ***(degen)schermer.***
ep·ei·ro·gen·ic [ɪ'paɪroʊ'dʒenɪk], **e·pei·ro·ge·net·ic** [-dʒɪ'net̬ɪk]⟨bn.⟩⟨geol.⟩ **0.1** ***epirogenetisch.***
ep·ei·rog·e·ny ['epaɪ'rɒdʒəni||-'rɑ-], **e·pei·ro·gen·e·sis** [ɪ'paɪroʊ'dʒenɪsɪs]⟨n.-telb.zn.⟩⟨geol.⟩ **0.1** ***epirogenese.***

ep·en·the·sis [e'penθɪsɪs]⟨telb.zn.; epentheses [-si:z]; →mv. 5⟩ ⟨taalk.⟩ **0.1** ***epenthesis*** ⇒*epenthese*.

ep·en·thet·ic ['epen'θetɪk]⟨bn.⟩⟨taalk.⟩ **0.1** ***epenthetisch*** ⇒*ingelast*.

e·pergne [ɪ'pɜ:n, eɪ-‖ɪ'pɜrn, eɪ-]⟨telb.zn.⟩ **0.1** ***pièce de milieu***.

ep·ex·e·ge·sis [e'peksɪ'dʒi:sɪs]⟨telb.zn.; epexegeses [-si:z]; →mv. 5⟩ **0.1** ***epexegese*** ⟨bijgevoegde verduidelijking, in retoriek⟩ ⇒*explicitering*.

ep·ex·e·get·ic [e'peksɪ'dʒetɪk], **ep·ex·e·get·i·cal** [-ɪkl]⟨bn.; -(al)ly; →bijw. 3⟩ **0.1** ***epexegetisch***.

Eph ⟨afk.⟩ Ephesians ⟨bijb.⟩.

e·pha(h) ['i:fə]⟨telb.zn.⟩ **0.1** ***efa*** ⟨Hebreeuwse inhoudsmaat voor droge waren, ca. 39 l⟩.

e·phebe ['efi:b, ɪ'fi:b], **e·phe·bus** [ɪ'fi:bəs]⟨telb.zn.; 2de variant ephebi [-baɪ]; →mv. 5⟩ **0.1** ***efebe*** ⇒*jongeling*.

e·phe·bic [ɪ'fi:bɪk]⟨bn.⟩ **0.1** ***efebisch***.

e·phed·ra [ɪ'fedrə, 'efədrə]⟨telb.zn.⟩⟨plantk.⟩ **0.1** ***ephedra*** ⟨eeuwiggroene heester, genus Ephedra⟩.

e·phed·rin(e) ['efədrɪn‖ɪ'fedrɪn]⟨n.-telb.zn.⟩⟨med.⟩ **0.1** ***efedrine*** ⟨alkaloïde, stimulerend middel⟩.

e·phem·er·a[1] [ɪ'femərə]⟨zn.; ook ephemerae [-ri:]; →mv. 5⟩
I ⟨telb.zn.⟩ **0.1** ***efemeer verschijnsel*** ⇒*iets met een korte levensduur, kortstondig verschijnsel* **0.2** ⟨dierk.⟩ ***ééndagsvlieg*** ⇒*haft* ⟨orde Ephemeroptera⟩;
II ⟨mv.⟩ **0.1** ***sterk tijdgebonden drukwerk*** **0.2** ***(alledaagse) verzamelobjecten*** ⟨zoals luciferdoosjes, posters, suikerzakjes enz.⟩.

ephemera[2] ⟨mv.⟩ →ephemeron.

e·phem·er·al[1] [ɪ'femrəl]⟨telb.zn.⟩ **0.1** ***slechts kortstondig/één dag levend organisme***.

ephemeral[2] ⟨f1⟩⟨bn.; -ly⟩ **0.1** ***efemeer*** ⇒*efemerisch, kortstondig, voorbijgaand, eendaags, een kort leven beschoren, v. zeer korte duur*.

e·phem·er·al·i·ty [ɪ'femə'rælətɪ]⟨n.-telb.zn.⟩ **0.1** ***kortstondigheid***.

e·phem·er·id [ɪ'femərɪd]⟨dierk.⟩ →ephemera I 0.2.

e·phem·er·is [ɪ'femərɪs]⟨telb.zn.; ephemerides [-rədi:z]; →mv. 5⟩ **0.1** ***efemeride*** ⇒*astronomisch jaarboek, sterrenkundige tafel*.

e·phem·er·ist [ɪ'femərɪst]⟨telb.zn.⟩ **0.1** ***verzamelaar v. gewone dingen***.

e'phemeris time ⟨n.-telb.zn.⟩⟨ster.⟩ **0.1** ***efemeridentijd***.

e·phem·er·on [ɪ'femərɒn‖-rɑn]⟨telb.zn.; ook ephemera [-rə]; →mv. 5⟩ **0.1** ***efemeer verschijnsel/organisme*** ⇒*vluchtig/kortstondig/snel voorbijgaand verschijnsel, organisme dat heel kort leeft*.

E·phe·sian[1] [ɪ'fi:ʒn]⟨zn.⟩
I ⟨telb.zn.⟩⟨gesch.⟩ **0.1** ***Efeziër;***
II ⟨n.-telb.zn.; ~s⟩⟨bijb.⟩ **0.1** ***(Brief aan de) Efeziërs***.

Ephesian[2] ⟨bn.⟩⟨gesch.⟩ **0.1** ***Efezisch***.

Eph·e·sus ['efɪsəs]⟨eig.n.⟩⟨gesch.⟩ **0.1** ***Efeze***.

eph·od ['i:fɒd‖'i:fɑd]⟨telb.zn.⟩ **0.1** ***efod*** ⟨Hebreeuws priestergewaad⟩.

eph·or ['efɔ:‖'efər]⟨telb.zn.; ook ephori ['efəraɪ]; →mv. 5⟩⟨gesch.⟩ **0.1** ***efoor*** ⟨gezagdrager in het oude Sparta⟩.

E·phra·im ['i:freɪɪm‖'i:frɪəm]⟨eig.n.⟩⟨bijb.⟩ **0.1** ***Efraïm*** ⟨Hebreeuwse persoonsnaam, ook naam v. volksstam⟩.

ep·i- ['epi], ⟨vóór klinker⟩ **ep-** [ep] **0.1** ***epi-*** ⇒*ep-* ⟨oorspr. plaatsaanduidend⟩ ◆ **¶.1** epenthesis *epenthesis;* epicentre *epicentrum*.

ep·ic[1] ['epɪk]⟨f1⟩⟨zn.⟩
I ⟨eig.n.; E-⟩ **0.1** ***Oudgrieks*** ⟨taal v. epen⟩;
II ⟨telb.zn.⟩ **0.1** ***epos*** ⇒*heldendicht, verhalend dichtwerk;* ⟨fig.⟩ *(heroïsch) historisch gebeuren; (episch) avonturenfilmboek; luisterrijke episode* ◆ **2.1** national ~ *nationaal epos/heldendicht*.

epic[2], **ep·ic·al** ['epɪkl]⟨f2⟩⟨bn.; -(al)ly; →bijw. 3⟩ **0.1** ***episch*** ⇒*verhalend* **0.2** ***heroïsch*** ⇒*heldhaftig, verheven, uit 's lands luisterrijk verleden*.

ep·i·can·thic fold ['epɪ'kænθɪk 'fould], **ep·i·can·thus** ['epɪ'kænθəs]⟨telb.zn.; 2de variant epicanthi; →mv. 5⟩⟨med.⟩ **0.1** ***epicanthus*** ⇒*mongolenplooi* ⟨v. ooglid⟩.

ep·i·car·di·um ['epɪ'kɑ:dɪəm‖-'kɑr-]⟨telb.zn.; epicardia [-dɪə]; →mv. 5⟩⟨biol.⟩ **0.1** ***epicard(ium)*** ⟨op het hartspierweersel gelegen⟩.

ep·i·carp ['epɪkɑ:p‖-kɑrp]⟨telb.zn.⟩⟨plantk.⟩ **0.1** ***epicarp*** ⟨buitenste deel v.d. vruchtwand⟩.

ep·i·ce·di·um ['epɪ'si:dɪəm]⟨telb.zn.; epicedia [-dɪə]; →mv. 5⟩ **0.1** ***treurzang*** ⇒*rouwlied, lijkzang*.

ep·i·cene[1] ['epɪsi:n]⟨telb.zn.⟩ **0.1** ***gemeenslachtig wezen*** ⇒*hermafrodiet, androgyn* **0.2** ***geslachtloos wezen*** **0.3** ***verwijfde kerel***.

epicene[2] ⟨bn.⟩ **0.1** ***hermafrodiet*** ⇒*gemeenslachtig, uniseks* **0.2** ***zonder geslachtskenmerken*** ⇒*halfslachtig, ongedefinieerd* **0.3** ***verwijfd***.

ep·i·cen·tre, ⟨AE sp.⟩ **ep·i·cen·ter** ['epɪsentə‖-sentər], **ep·i·cen·trum** [-sentrəm]⟨telb.zn.; 3de variant epicentra [-sentrə]; →mv. 5⟩ **0.1** ⟨geol.⟩ ***epicentrum*** ⟨v. aardbeving⟩ **0.2** ⟨fig.⟩ ***brandpunt***.

ep·i·cle·sis ['epɪ'kli:sɪs]⟨telb.zn.; epicleses [-si:z]; →mv. 5⟩⟨relig.⟩ **0.1** ***epiclese*** ⟨aanroeping v. H. Geest⟩.

e·pic·ri·sis[1] [ɪ'pɪkrəsɪs]⟨telb.zn.; epicrises [-si:z]; →mv. 5⟩ **0.1** ***epicrise*** ⇒*gedetailleerde kritiek, kritische bespreking/analyse* ⟨i.h.b. v. literair werk⟩.

epicrisis[2] ['epɪkraɪsɪs]⟨telb.zn.; epicrises [-si:z]; →mv. 5⟩⟨med.⟩ **0.1** ***epicrisis*** ⇒*opstoot/secundaire crisis in ziekteverloop*.

ep·i·cure ['epɪkjʊə‖-kjʊr]⟨telb.zn.⟩ **0.1** ***epicurist*** ⇒*gastronoom, lekkerbek, fijnproever, gourmet* **0.2** ⟨vero.⟩ ***genotzuchtig mens***.

ep·i·cu·re·an[1] ['epɪkjʊ'ri:ən‖-kjə-]⟨telb.zn.⟩ **0.1** ⟨E-⟩ ***epicurist*** ⇒*volgeling v. Epikourus* **0.2** ***epicurist*** ⇒*genotzuchtig mens*.

epicurean[2] ⟨bn.⟩ **0.1** ***epicuristisch*** ⇒*genotzuchtig, weelderig, zwelgend, zinnelijk* **0.2** ⟨E-⟩⟨fil.⟩ ***epicurisch***.

Ep·i·cu·re·an·ism ['epɪkjʊ'ri:ənɪzm‖-kjə-]⟨eig.n.⟩⟨fil.⟩ **0.1** ***epicurisme*** ⇒*filosofie v. Epikourus*.

ep·i·cur·ism ['epɪkjʊrɪzm], **ep·i·cu·re·an·ism** ⟨n.-telb.zn.⟩ **0.1** ***epicurisme*** ⇒*genotzucht, zinnelijkheid*.

Ep·i·cu·rus ['epɪ'kjʊərəs‖-'kjʊr-]⟨eig.n.⟩ **0.1** ***Epikouros*** ⇒*Epicurus* ⟨Grieks wijsgeer⟩.

ep·i·cy·cle ['epɪsaɪkl]⟨telb.zn.⟩⟨wisk.⟩ **0.1** ***epicyclus*** ⇒*epicykel, bijcirkel*.

ep·i·cy·clic [-'saɪklɪk]⟨bn.⟩ **0.1** ***epicyclisch*** ◆ **1.1** ~ train *epicycloïdedrijfwerk, epicyclische tandwieloverbrenging, epicycloïdaal raderwerk*.

ep·i·cy·cloid [-'saɪklɔɪd]⟨telb.zn.⟩⟨wisk.⟩ **0.1** ***epicycloïde***.

ep·i·cy·cloid·al [-saɪ'klɔɪdl]⟨bn.⟩ **0.1** ***epicycloïdaal*** ◆ **1.1** ~ wheel *epicycloïdewiel*.

ep·i·deic·tic ['epɪ'daɪktɪk]⟨bn.⟩⟨vnl. lit.⟩ **0.1** ***epideiktisch*** ⇒*uiterlijk goed verzorgd, maniëristisch* ◆ **1.1** ~ speech *pronkrede*.

ep·i·dem·ic[1] ['epɪ'demɪk]⟨f2⟩⟨telb.zn.⟩ **0.1** ***epidemie*** ⟨ook fig.⟩ ⇒*rage*.

epidemic[2], **ep·i·dem·i·cal** [-'demɪkl]⟨f1⟩⟨bn.; -(al)ly; →bijw. 3⟩ **0.1** ***epidemisch*** ⇒⟨fig. ook⟩ *zich snel verbreidend, om zich heen grijpend*.

ep·i·de·mi·o·log·i·cal ['epɪdi:mɪə'lɒdʒɪkl‖-'lɑ-]⟨bn.⟩ **0.1** ***epidemiologisch***.

ep·i·de·mi·ol·o·gist ['epɪdi:mi'ɒlədʒɪst‖-'ɑlə-]⟨telb.zn.⟩ **0.1** ***epidemioloog***.

ep·i·de·mi·ol·o·gy [-'ɒlədʒi‖-'ɑlə-]⟨n.-telb.zn.⟩ **0.1** ***epidemiologie***.

ep·i·der·mal ['epɪ'dɜ:ml‖-'dɜr-], **ep·i·der·mic** [-mɪk]⟨bn.⟩ **0.1** ***epidermaal*** ⇒*tot de opperhuid behorend*.

ep·i·der·mis [-'dɜ:mɪs‖-'dɜr-]⟨telb. en n.-telb.zn.⟩⟨biol.⟩ **0.1** ***epidermis*** ⇒*opperhuid* ⟨ook v. planten⟩.

ep·i·der·moid [-'dɜ:mɔɪd‖-'dɜr-]⟨bn.⟩ **0.1** ***epidermoïd(e)*** ⇒*op de opperhuid gelijkend/betrekking hebbend*.

ep·i·di·a·scope ['epɪ'daɪəskoʊp]⟨telb.zn.⟩ **0.1** ***epidiascoop***.

ep·i·did·y·mal ['epɪ'dɪdɪml]⟨bn.⟩ **0.1** ***epididymaal***.

ep·i·did·y·mis [-'dɪdɪmɪs]⟨telb.zn.; epididymides [-dɪ'dɪmɪdi:z]; →mv. 5⟩⟨biol.⟩ **0.1** ***epididymis*** ⇒*bijbal*.

ep·i·gas·tric ['epɪ'gæstrɪk]⟨bn.⟩ **0.1** ***epigastrisch*** ⇒*mbt. het epigastrium*.

ep·i·gas·tri·um [-'gæstrɪəm]⟨telb.zn.; epigastria [-trɪə]; →mv. 5⟩⟨biol.⟩ **0.1** ***epigastrium*** ⇒*bovenbuik(streek)*.

ep·i·ge·al ['epɪ'dʒi:əl], **e·pi·ge·an** [-'dʒi:ən], **e·pi·ge·ous** [-'dʒi:əs]⟨bn.⟩⟨plantk.⟩ **0.1** ***epigeïsch*** ⟨zich boven de grond bevindend⟩.

ep·i·gene ['epɪdʒi:n]⟨bn.⟩ **0.1** ***epigenetisch***.

ep·i·glot·tal ['epɪ'glɒtl‖-'glɑtl], **ep·i·glot·tic** [-'glɒtɪk‖'glɑtɪk]⟨bn.⟩ **0.1** ***mbt./van de epiglottis***.

ep·i·glot·tis ['epɪ'glɒtɪs‖-'glɑtɪs]⟨telb.zn.; ook epiglottides [-tɪdi:z]; →mv. 5⟩⟨biol.⟩ **0.1** ***epiglottis*** ⇒*strotklep(je)*.

ep·i·gone ['epɪgoʊn]⟨bn.; ook epigoni [ɪ'pɪgənaɪ]; →mv. 5⟩ **0.1** ***epigoon*** ⇒*nabloeier, navolger, imitator*.

ep·i·gon·ic [-'gɒnɪk‖-'gɑ-]⟨bn.⟩ **0.1** ***epigonistisch*** ⇒*naäperig, slaafs imiterend*.

ep·i·gram ['epɪgræm]⟨f1⟩⟨telb.zn.⟩⟨lit.⟩ **0.1** ***epigram*** ⇒*puntdicht, kort hekeldicht;* ⟨fig.⟩ *puntig gezegde, boutade*.

ep·i·gram·mat·ic [-grə'mætɪk], **ep·i·gram·mat·i·cal** [-ɪkl]⟨bn.; -(al)ly; →bijw. 3⟩ **0.1** ***epigrammatisch*** ⇒*gevat, kort en stekelig, bondig; vol epigrammen*.

ep·i·gram·ma·tist [-'græmətɪst]⟨telb.zn.⟩ **0.1** ***epigrammatist*** ⇒*puntdichter, epigrammenschrijver*.

ep·i·gram·ma·tize, -tise [-'græmətaɪz]⟨ww.⟩
I ⟨onov.ww.⟩ **0.1** ***epigrammen schrijven*** ⇒*in epigrammen spreken;*
II ⟨ov.ww.⟩ **0.1** ***in een epigram/epigrammen uitdrukken*** ⇒*epigrammen maken over*.

ep·i·graph ['epɪgrɑ:f‖-græf]⟨telb.zn.⟩ **0.1** ***epigraaf*** ⇒*in/opschrift* ⟨i.h.b. op monument⟩, *inscriptie* **0.2** ***opschrift*** ⇒*motto* ⟨aan begin v. hoofdstuk⟩.

e·pig·ra·pher [ɪ'pɪgrəfə‖-ər], **e·pig·ra·phist** [-grəfɪst]⟨telb.zn.⟩ **0.1** ***epigrafisch deskundige*** ⇒*kenner v. inscripties.*

ep·i·graph·ic ['epɪ'græfɪk], **ep·i·graph·i·cal** [-ɪkl]⟨bn.; -(al)ly; →bijw. 3⟩ **0.1** ***epigrafisch.***

e·pig·ra·phy [ɪ'pɪgrəfi]⟨n.-telb.zn.⟩ **0.1** ***epigrafie*** ⇒*leer der (ontcijfering v.) inscripties.*

ep·i·late ['epɪleɪt]⟨ov.ww.⟩ **0.1** ***epileren*** ⇒*ontharen.*

ep·i·la·tion [-'leɪʃn]⟨telb. en n.-telb.zn.⟩ **0.1** ***epilering*** ⇒*ontharing.*

ep·i·lep·sy ['epɪlepsi]⟨f1⟩⟨n.-telb.zn.⟩ **0.1** ***epilepsie*** ⇒*vallende ziekte.*

ep·i·lep·tic[1] [-'leptɪk]⟨f1⟩⟨telb.zn.⟩ **0.1** ***epilepticus*** ⇒*lijder aan vallende ziekte.*

epileptic[2], **ep·i·lep·ti·cal** [-'leptɪkl]⟨f1⟩⟨bn.; -(al)ly; →bijw. 3⟩ **0.1** ***epileptisch*** ⇒*epilepsie-, met vallende ziekte verbonden* ◆ **1.1** an ~ fit *een aanval v. vallende ziekte, een toeval.*

ep·i·lep·toid [-'leptɔɪd]⟨bn.⟩ **0.1** ***epileptoïde*** ⇒*op epilepsie gelijkend, convulsief.*

e·pil·o·gist [ɪ'pɪlədʒɪst]⟨telb.zn.⟩ **0.1** ***schrijver/houder v.e. epiloog.***

ep·i·logue, ⟨AE sp. ook⟩ **ep·i·log** ['epɪlɒg‖-lɑg]⟨f1⟩⟨telb.zn.⟩ **0.1** ⟨lit.⟩ ***epiloog*** ⇒*narede, slotrede* ⟨i.h.b. v. toneelstuk⟩ **0.2** ***naschrift*** ⇒⟨fig.⟩ *naspel; nawoord; dagsluiting* ⟨t.v.⟩; *slot.*

e·pi·nas·ty ['epɪnæsti]⟨telb.zn.; →mv. 2⟩⟨plantk.⟩ **0.1** ***epinastie*** ⟨doorbuiging v. plantedelen door overdadige groei aan de bovenzijde⟩.

ep·i·neph·rin(e) ['epɪ'nefri:n, -frɪn]⟨n.-telb.zn.⟩⟨vnl. AE; bioch.⟩ **0.1** ***epinefrine*** ⇒*adrenaline.*

ep·i·phan·ic ['epɪ'fænɪk]⟨bn.⟩ **0.1** ***epifanisch*** ⇒*revelerend, openbarend.*

e·piph·a·ny [ɪ'pɪfəni]⟨f1⟩⟨zn.; →mv. 2⟩
I ⟨eig.n.; E-⟩ **0.1** ***(feest v.) Epifanie*** ⇒*Driekoningen, Feest v.d. Openbaring;*
II ⟨telb.zn.⟩ **0.1** ***epifanie*** ⇒*goddelijke openbaring/verschijning, plotse revelatie* ⟨v. iets bovennatuurlijks⟩.

ep·i·phe·nom·e·nal·ism ['epɪfɪ'nɒmənəlɪzm‖-'nɑ-]⟨n.-telb.zn.⟩ ⟨fil.⟩ **0.1** ***epifenomenalisme*** ⟨bewustzijn beschouwd als bijprodukt v. hersenactiviteiten⟩.

ep·i·phe·nom·e·non ['epɪfɪ'nɒmənən‖-'nɑ-]⟨telb.zn.; epiphenomena [-mənə]; →mv. 5⟩⟨fil., med., psych.⟩ **0.1** ***epifenomeen*** ⇒*secundair verschijnsel.*

ep·i·phys·i·al, **ep·i·phys·e·al** ['epɪ'fɪzɪəl]⟨bn.⟩ **0.1** ***epifysair*** ⇒*betrekking hebbende op de epifyse.*

e·piph·y·sis [ɪ'pɪfɪsɪs]⟨telb.zn.; epiphyses [-si:z]; →mv. 5⟩⟨biol.; anat.⟩ **0.1** ***epifyse*** ⟨gewrichtsuiteinde v. lang pijpbeen⟩ **0.2** ***epifyse*** ⇒*pijnappelklier.*

ep·i·phyt·al ['epɪ'faɪtl], **ep·i·phyt·ic** [-'fɪtɪk], **ep·i·phyt·i·cal** [-ɪkl] ⟨bn.; -(al)ly; →bijw. 3⟩⟨plantk.⟩ **0.1** ***epifytisch*** ⟨op andere planten groeiend⟩.

ep·i·phyte ['epɪfaɪt]⟨telb.zn.⟩⟨plantk.⟩ **0.1** ***epifyt*** ⇒*epifiet, gastplant.*

E·pi·rot(e) [ɪ'paɪroʊt]⟨telb.zn.⟩ **0.1** ***Epiroot*** ⟨bewoner v. Ep(e)iros⟩.

E·pi·rus [ɪ'paɪrəs]⟨eig.n.⟩ **0.1** ***Epeiros*** ⇒*Epiros.*

Epis ⟨afk.⟩ Episcopal, Episcopalian, Epistle.

Episc ⟨afk.⟩ Episcopal, Episcopalian.

e·pis·co·pa·cy [ɪ'pɪskəpəsi]⟨zn.⟩
I ⟨telb. en n.-telb.zn.⟩⟨schr.; relig.⟩ **0.1** ***episcopale kerkorde*** ⇒*bisschoppelijke regering* **0.2** ***episcopaat*** ⇒*bisschopsambt/schap, bisschoppelijke waardigheid/bestuursperiode;*
II ⟨verz.n.; the⟩ **0.1** ***het episcopaat*** ⇒*de (gezamenlijke) bisschoppen* ⟨v.e. land⟩.

e·pis·co·pal [ɪ'pɪskəpl]⟨f1⟩⟨bn.; -ly⟩ **0.1** ⟨schr.⟩ ***episcopaal*** ⇒*bisschoppelijk* **0.2** ⟨vaak E-⟩ ***episcopaal*** ⇒*door bisschoppen geregeerd* ◆ **1.1** ~ vicar *hulpbisschop* **1.¶** ⟨AE⟩ Episcopal Church *de Anglicaanse Kerk* ⟨in de U.S.A. en Schotland⟩.

e·pis·co·pa·li·an[1] [ɪ'pɪskə'peɪlɪən]⟨f1⟩⟨telb.zn.⟩ **0.1** ***episcopaal*** ⇒*lid v.e. episcopale kerk* **0.2** ***episcopalist*** ⟨voorstander v. bisschoppelijk oppergezag/episcopaal stelsel⟩ **0.3** ⟨AE⟩ ***anglicaan.***

episcopalian[2] ⟨f1⟩⟨bn.⟩ **0.1** ***episcopaal*** ⇒*mbt. het episcopalisme* **0.2** ⟨vnl. AE⟩ ***tot de Anglicaanse Kerk behorend.***

e·pis·co·pal·ism [ɪ'pɪskəpəlɪzm], **e·pis·co·pa·li·an·ism** [-'peɪlɪənɪzm] ⟨n.-telb.zn.⟩⟨relig.⟩ **0.1** ***episcopalisme*** ⟨leer m.b.t. episcopale kerkorde⟩.

e·pis·co·pate [ɪ'pɪskəpət]⟨zn.⟩
I ⟨telb.zn.⟩ **0.1** ***episcopaat*** ⇒*bisdom;*
II ⟨n.-telb.zn.⟩ **0.1** ***episcopaat*** ⇒*bisschoppelijke waardigheid, ambt v. bisschop;*
III ⟨verz.n.; the⟩ **0.1** ***het episcopaat*** ⇒*(al) de bisschoppen* ⟨v.e. land⟩.

ep·i·scope ['epɪskoʊp]⟨telb.zn.⟩⟨vnl. BE⟩ **0.1** ***episcoop*** ⟨projectietoestel⟩.

ep·i·sode ['epɪsoʊd]⟨f3⟩⟨telb.zn.⟩ **0.1** ***episode*** ⇒*(belangrijke) gebeurtenis, voorval* **0.2** ⟨lit.⟩ ***episode*** ⇒*ingeweven verhaal* **0.3** ⟨lit.⟩ ***episode*** ⇒*aflevering* ⟨v. vervolgverhaal⟩ **0.4** ⟨lit.⟩ ***episode*** ⟨gedeelte tussen twee koorzangen v. Griekse tragedie⟩ **0.5** ⟨muz.⟩ ***episode*** ⇒*tussenspel, divertimento* ⟨bv. v. fuga⟩.

ep·i·sod·ic ['epɪ'sɒdɪk‖-'sɑ-]⟨bn.; -ally; →bijw. 3⟩ **0.1** ***episodisch*** ⇒*uit (losse) episodes bestaand, (losjes) ineengevlochten* **0.2** ***onregelmatig*** ⇒*sporadisch, occasioneel.*

ep·i·some ['epɪsoʊm]⟨telb.zn.⟩⟨biol.⟩ **0.1** ***episoom*** ⟨celbestanddeel⟩.

ep·i·spas·tic[1] ['epɪ'spæstɪk]⟨telb.zn.⟩⟨med.⟩ **0.1** ***blaartrekkend middel*** ⇒*trekpleister.*

epispastic[2] ⟨bn.⟩ **0.1** ***blaar/ettertrekkend.***

Epist ⟨afk.⟩ Epistle.

ep·i·stax·is ['epɪ'stæksɪs]⟨telb. en n.-telb.zn.; epistaxes [-si:z]; →mv. 5⟩⟨med.⟩ **0.1** ***neusbloeding.***

ep·is·tem·ic ['epɪ'sti:mɪk]⟨bn.⟩⟨fil.⟩ **0.1** ***epistemologisch*** ⇒*kennistheoretisch.*

e·pis·te·mo·log·i·cal [ɪ'pɪstəmə'lɒdʒɪkl‖-'lɑ-]⟨bn.⟩ **0.1** ***epistomologisch*** ⇒*kennistheoretisch.*

e·pis·te·mol·o·gy [ɪ'pɪstə'mɒlədʒi‖-'mɑ-]⟨n.-telb.zn.⟩ **0.1** ***epistemologie*** ⇒*kennisleer, kennistheorie, wetenschapsleer.*

e·pis·tle [ɪ'pɪsl]⟨f1⟩⟨zn.⟩
I ⟨telb.zn.⟩ **0.1** ***epistel*** ⇒*zendbrief v.d. Apostelen,* ⟨vnl. scherts.⟩ *brief* **0.2** ***literair werk in briefvorm;***
II ⟨n.-telb.zn.; E-; the⟩ **0.1** ***epistel*** ⟨uit de brieven v.d. Apostelen⟩.

E'pistle side ⟨n.-telb.zn.; the⟩ **0.1** ***epistelzijde*** ⟨rechterzijde v.h. altaar⟩.

e·pis·to·lar·y [ɪ'pɪstəlri‖-leri]⟨bn., attr.⟩ **0.1** ***epistolair*** ⇒*in briefvorm, mbt. (de kunst v.) het briefschrijven* ◆ **1.1** ~ style *epistolaire stijl.*

e·pis·to·ler [ɪ'pɪstələ‖-ər]⟨telb.zn.⟩⟨relig.⟩ **0.1** ***degene die het epistel voorleest.***

ep·i·style ['epɪstaɪl]⟨telb.zn.⟩⟨bouwk.⟩ **0.1** ***epistyl(us)*** ⇒*architraaf.*

e·pi·taph ['epɪtɑ:f‖-tæf]⟨telb.zn.⟩ **0.1** ***grafschrift*** ⇒*epitafium, epitaaf.*

ep·i·tha·la·mic ['epɪθə'læmɪk]⟨bn.⟩ **0.1** ***epit(h)alamisch*** ⇒*v./mbt. het bruilofsdicht.*

ep·i·tha·la·mi·um ['epɪθə'leɪmɪəm]⟨telb.zn.; ook epithalamia [-mɪə]; →mv. 5⟩ **0.1** ***epit(h)alamium*** ⇒*bruilofsdicht/lied.*

ep·i·the·li·um ['epɪ'θi:lɪəm]⟨telb.zn.; ook epithelia [-lɪə]; →mv. 5⟩ **0.1** ⟨biol.⟩ ***epit(h)eel*** ⟨opperste laag v.h. bekleedsel v. organen⟩.

ep·i·thet ['epɪθet]⟨f1⟩⟨telb.zn.⟩ **0.1** ***(minder vleiende) benaming*** ⇒*scheldwoord* **0.2** ***epitheton*** ⇒*bij/toenaam, bijvoeglijk naamwoord.*

e·pit·o·me [ɪ'pɪtəmi]⟨f1⟩⟨telb.zn.⟩ **0.1** ***epitome*** ⇒*uittreksel, kort overzicht, excerpt, samenvatting* **0.2** ***belichaming*** ⇒*personificatie* **0.3** ***miniatuur*** ⇒*afbeelding in het klein* ◆ **6.2** the ~ **of** *het toppunt van* **6.3 in** ~ *in miniatuur, in het klein.*

e·pit·o·mist [ɪ'pɪtəmɪst]⟨telb.zn.⟩ **0.1** ***excerpent.***

e·pit·o·mize, -mise [ɪ'pɪtəmaɪz]⟨ov.ww.⟩ **0.1** ***samenvatten*** ⇒*excerperen, een uittreksel maken van* **0.2** ***belichamen*** ⇒*in zich verenigen.*

ep·i·zo·ot·ic[1] ['epɪzoʊ'ɒtɪk‖-'ɑtɪk]⟨telb.zn.⟩⟨dierk.⟩ **0.1** ***epizoötie*** ⟨besmettelijke ziekte⟩ ⇒*epidemie bij dieren.*

epizootic[2] ⟨bn.⟩⟨dierk.⟩ **0.1** ***epidemisch.***

EPNS ⟨afk.⟩ electroplated nickel silver.

ep·och ['i:pɒk‖'epək]⟨f2⟩⟨telb.zn.⟩ **0.1** ***keerpunt*** ⇒*mijlpaal* **0.2** ***gedenkwaardige dag*** **0.3** ***gedenkwaardige gebeurtenis*** **0.4** ***tijdvak*** ⇒*tijdperk, periode, tijdstip* **0.5** ⟨geol.⟩ ***tijdvak*** ⇒*epoque.*

ep·och·al ['epɒkl‖'epəkl]⟨bn.⟩ **0.1** ***v.e. tijdperk*** ⇒*mbt. een tijdvak* **0.2** ***(v.) historisch(e betekenis)*** ⇒*buitengewoon belangrijk, baanbrekend.*

'ep·och-ma·king ⟨f1⟩⟨bn.⟩ **0.1** ***v. grote betekenis*** ⇒*buitengewoon, belangrijk, baanbrekend.*

ep·ode ['epoʊd]⟨telb.zn.⟩ **0.1** ***distichon*** **0.2** ***slotstrofe*** ⇒*epode.*

ep·o·nym ['epənɪm]⟨telb.zn.⟩ **0.1** ***naamgever.***

e·pon·y·mous [ɪ'pɒnɪməs‖ɪ'pɑ-]⟨bn.⟩ **0.1** ***naamgevend*** ⇒*titel-* ◆ **1.1** the ~ role *de titelrol.*

ep·o·pee ['epəpi:]⟨zn.⟩
I ⟨telb.zn.⟩ **0.1** ***epopee*** ⇒*epos, heldendicht;*
II ⟨n.-telb.zn.⟩ **0.1** ***epische poëzie*** ⇒*heldenpoëzie, epiek.*

ep·os ['epɒs‖'epɑs]⟨zn.⟩
I ⟨telb.zn.⟩ **0.1** ***epos*** ⇒*heldendicht;*
II ⟨n.-telb.zn.⟩ **0.1** ***heldenpoëzie*** ⇒*epische poëzie, epiek.*

ep·ox·ide [ɪ'pɒksaɪd‖e'pɑk-]⟨telb. en n.-telb.zn.⟩⟨schei.⟩ **0.1** ***epoxide.***

ep·ox·y[1] [ɪ'pɒksi‖e'pɑksi]⟨telb. en n.-telb.zn.; →mv. 2⟩⟨schei.⟩ **0.1** ***epoxyhars.***

epoxy[2] ⟨bn., attr.⟩⟨schei.⟩ **0.1** ***epoxy-*** ◆ **1.1** ~ resin *epoxyhars.*

EPROM ['eprɒm‖'eprɑm]⟨afk.⟩ Erasable Programmable Read-Only Memory ⟨comp.⟩ **0.1** ***EPROM.***

ep·si·lon [ep'saɪlən‖'epsəlɑn]⟨telb.zn.⟩ **0.1** ***epsilon*** ⟨5e letter v.h. Griekse alfabet⟩.

Ep·som salts ['epsəm 'sɔ:lts]⟨f1⟩⟨mv.; ww. vnl. enk.⟩⟨med.⟩ **0.1** ***epsomzout*** ⇒*bitterzout*.

EPT ⟨afk.⟩ excess-profits tax.

EPU ⟨eig.n.⟩⟨afk.⟩ European Payments Union **0.1** ***E.B.U.*** ⟨Europese Betalings-Unie⟩.

eq·ua·bil·i·ty ['ekwəbɪləṭi]⟨n.-telb.zn.⟩ **0.1** ***gelijkmatigheid*** ⇒*gelijkmoedigheid*.

eq·ua·ble ['ekwəbl]⟨f1⟩⟨bn.; -ly; -ness; →bijw. 3⟩ **0.1** ***uniform*** ⇒*gelijkvormig* **0.2** ***gelijkmatig*** ⇒*gelijkmoedig, effen, flegmatiek*.

e·qual[1] ['i:kwəl]⟨f2⟩⟨telb.zn.⟩ **0.1** ***gelijke*** ⇒*wederga, weerga*.

equal[2] ⟨f3⟩⟨bn.⟩⟨→sprw. 141⟩
I ⟨bn.⟩ **0.1** ***gelijk*** ⇒*overeenkomstig, eender, hetzelfde, gelijkwaardig* **0.2** ***onpartijdig*** ⇒*eerlijk, rechtvaardig, niet-discriminatoir* **0.3** ***gelijkmatig*** ⇒*effen* ◆ **1.1** with ~ ease *met evenveel gemak;* ~ opportunities for men and women *gelijke kansen/mogelijkheden voor mannen en vrouwen;* ~ pay *gelijke betaling;* on ~ terms *op voet v. gelijkheid;* all other things being ~ *onder overigens gelijke omstandigheden* **1.2** an ~ fight *een gelijke strijd;* ~ laws *rechtvaardige wetten;* ⟨ook attr.⟩ ~ opportunity *gelijkberechtiging;* ~ opportunities employer *een werkgever die geen discriminatie toepast/iedereen gelijke aanstellings- en promotiekansen biedt* **1.3** ⟨muz.⟩ ~ temperament *gelijkzwevende temperatuur* **6.1** ~ **to** *gelijk aan;* be ~ **in** beauty *evenaren in schoonheid;*
II ⟨bn., pred.⟩ **0.1** ***bestand*** ◆ **6.1** ~ **to** *opgewassen tegen, bestand tegen, berekend op, in staat tot, geschikt voor.*

equal[3] ⟨f2⟩⟨ov.ww.; →ww. 7⟩ **0.1** ***evenaren*** ⇒*gelijk zijn aan* ◆ **4.1** two and two ~s four *twee en twee is vier* **5.¶** it ~s **out** at sixty *het gemiddelde komt op zestig* **6.1** she ~led him **in** cruelty *zij was even wreed als hij.*

e·qual·i·tar·i·an[1] [ɪ'kwɒlɪ'teərɪən‖ɪ'kwɑlə'terɪən]⟨telb.zn.⟩ **0.1** ***egalist*** ⇒*voorstander v. gelijkheid.*

equalitarian[2] ⟨bn.⟩ **0.1** ***v./mbt. het principe v. gelijkheid.***

e·qual·i·ty [ɪ'kwɒləṭi‖ɪ'kwɑləṭi]⟨f2⟩⟨telb. en n.-telb.zn.⟩ **0.1** ⟨ook wisk.⟩ ***gelijkheid*** ⇒*overeenkomst* **0.2** ***effenheid*** ⇒*gelijkmatigheid* ◆ **1.1** ~ of votes *staking/het staken der stemmen* **6.1** women are put **on** an ~ with men *vrouwen worden gelijkgesteld aan mannen.*

E'quality State ⟨eig.n.⟩⟨AE⟩ **0.1** ***Wyoming***.

e·qual·i·za·tion, -sa·tion ['i:kwəlaɪ'zeɪʃn‖-kwələ-]⟨n.-telb.zn.⟩ **0.1** ***het gelijkmaken*** ⇒*het gelijkstellen* **0.2** ***het evenredig verdelen*** ⟨v. druk e.d.⟩.

equali'zation fund ⟨telb.zn.⟩⟨geldw.⟩ **0.1** ***egalisatiefonds***.

e·qual·ize, -ise ['i:kwəlaɪz]⟨f1⟩⟨ww.⟩
I ⟨onov.ww.⟩ **0.1** ***gelijk worden*** **0.2** ⟨sport⟩ ***gelijkmaken;***
II ⟨ov.ww.⟩ **0.1** ***gelijkmaken*** ⇒*gelijkstellen* ◆ **6.1** ~ **to/with** *gelijkmaken aan.*

e·qual·i·zer ['i:kwəlaɪzə‖-ər]⟨telb.zn.⟩ **0.1** ⟨sport⟩ ***gelijkmaker*** **0.2** ⟨tech., muz.⟩ ***equalizer*** **0.3** ⟨sl.⟩ ***blaffer*** ⇒*pistool.*

e·qual·ly ['i:kwəli]⟨f3⟩⟨bw.⟩ **0.1** →equal **0.2** ***gelijkelijk*** ⇒*eerlijk, evenzeer* **0.3** ***even*** ⇒*in dezelfde mate* **0.4** ***gelijkmatig.***

'equal sign, e'quality sign, 'e·quals sign ⟨f1⟩⟨telb.zn.⟩ **0.1** ***gelijkteken.***

e·qua·nim·i·ty ['i:kwə'nɪməṭi, 'ekwə-]⟨f1⟩⟨n.-telb.zn.⟩ **0.1** ***gelijkmoedigheid*** **0.2** ***equanimiteit*** ⇒*gemoedsrust* **0.3** ***berusting*** ⇒*gelatenheid.*

e·quan·i·mous [ɪ'kwænɪməs]⟨bn.⟩ **0.1** ***gelijkmoedig*** **0.2** ***kalm*** ⇒*bedaard* **0.3** ***berustend*** ⇒*gelaten.*

e·quate [ɪ'kweɪt]⟨f2⟩⟨ov.ww.⟩ **0.1** ***vergelijken*** **0.2** ***gelijkstellen*** **0.3** ***gelijkmaken*** ⇒*met elkaar in evenwicht brengen* ◆ **6.1** ~ **to/with** *vergelijken met* **6.2** ~ **with** *gelijkstellen aan.*

e·qua·tion [ɪ'kweɪʒn]⟨f3⟩⟨zn.⟩
I ⟨telb.zn.⟩ **0.1** ***vergelijking*** ⟨ook wisk.⟩ ⇒⟨schei.⟩ *reactievergelijking* **0.2** ***correctie v.e. onnauwkeurigheid*** **0.3** ***samenstel*** ⇒*systeem, stelsel* ◆ **2.3** the social ~ *het sociale systeem;*
II ⟨n.-telb.zn.⟩ **0.1** ***het gelijkmaken*** ⇒*het gelijkstellen, het gelijkschakelen, het met elkaar in evenwicht brengen.*

e·qua·tor [ɪ'kweɪtə‖ɪ'kweɪṭər]⟨f2⟩⟨telb.zn.⟩ **0.1** ***evenaar*** ⇒*equator, linie.*

e·qua·to·ri·al ['ekwə'tɔ:rɪəl‖'i:kwə'tɔrɪəl]⟨f1⟩⟨bn.; -ly⟩ **0.1** ***equatoriaal*** ⇒⟨bij uitbr.⟩ *tropisch, erg heet* ◆ **1.¶** ⟨ster.⟩ ~ telescope *equatoriaal* ⟨soort kijker⟩.

eq·uer·ry [ɪ'kweri, 'ekwəri]⟨telb.zn.; →mv. 2⟩ **0.1** ***(opper)stalmeester*** **0.2** ⟨BE⟩ ***adjudant*** ⟨v. vorstelijk persoon⟩.

e·ques·tri·an[1] [ɪ'kwestrɪən]⟨f1⟩⟨telb.zn.⟩ **0.1** ***ruiter.***

equestrian[2] ⟨f1⟩⟨bn., attr.⟩ **0.1** ***ruiter-*** ⇒*rij-* **0.2** ***ridder-*** ◆ **1.1** ~ events *de ruitersport;* ~ statue *ruiterstandbeeld.*

e·ques·tri·an·ism [ɪ'kwestrɪənɪzm]⟨n.-telb.zn.⟩ **0.1** ***rijkunst*** **0.2** ⟨sport⟩ ***(de) ruitersport.***

e·ques·tri·enne [ɪ'kwestri'en]⟨telb.zn.⟩ **0.1** ***amazone.***

e·qui- ['i:kwi, 'ekwi-] **0.1** ***equi-*** ⇒*gelijk-* ◆ **¶.1** equinox *equinox.*

e·qui·an·gu·lar [-'æŋgjʊlə‖-gjələr]⟨bn.⟩⟨wisk.⟩ **0.1** ***gelijkhoekig.***

e·qui·dis·tant [-'dɪstənt]⟨bn., pred.⟩ **0.1** ***equidistant*** ⇒*op gelijke afstand gelegen* ◆ **6.1** ~ **from** *op gelijke afstand van.*

e·qui·lat·er·al [-'lætrəl‖-'læṭərəl]⟨f1⟩⟨bn.⟩⟨wisk.⟩ **0.1** ***gelijkzijdig.***

e·qui·li·brate [-'laɪbreɪt]⟨ww.⟩
I ⟨onov.ww.⟩ **0.1** ***in evenwicht zijn/blijven*** ⇒*balanceren;*
II ⟨ov.ww.⟩ **0.1** ***equilibreren*** ⇒*in evenwicht brengen/houden.*

e·qui·li·bra·tion [-laɪ'breɪʃn‖-lə'breɪʃn]⟨n.-telb.zn.⟩ **0.1** ***evenwicht*** **0.2** ***het equilibreren*** ⇒*het in evenwicht brengen/houden* **0.3** ***het in evenwicht zijn/blijven.***

e·qui·li·brist [ɪ'kwɪlɪbrɪst]⟨telb.zn.⟩ **0.1** ***equilibrist*** ⇒*evenwichtskunstenaar, koorddanser.*

e·qui·li·bri·um ['i:kwɪ'lɪbrɪəm]⟨f2⟩⟨telb.zn.; ook equilibria [-brɪə]; →mv. 5⟩ **0.1** ***evenwicht*** ⟨ook ec., psych.⟩ ⇒*equilibre, balans* ◆ **6.1** ⟨ec.⟩ the price is **in** ~ *de prijs is in evenwicht* ⟨bij vraag = aanbod⟩.

e·qui·mul·ti·ple ['i:kwɪ'mʌltɪpl]⟨telb.zn.; vnl. mv.⟩⟨wisk.⟩ **0.1** ***getal met een zelfde factor.***

e·quine ['ekwaɪn‖'i:kwaɪn]⟨f1⟩⟨bn.⟩ **0.1** ***als/v.e. paard*** ⇒*paarde(n)-.*

e·qui·noc·tial[1] ['i:kwɪ'nɒkʃl‖-'nɑk-]⟨zn.⟩
I ⟨telb.zn.⟩ **0.1** ***equinoctiaalstorm;***
II ⟨n.-telb.zn.; the⟩ **0.1** ***hemelequator.***

equinoctial[2] ⟨bn., attr.⟩ **0.1** ***equinoctiaal*** ⇒*mbt. de dag-en-nachtsevening* **0.2** ***tropisch*** ◆ **1.1** ~ gales *equinoctiaalstormen;* ~ line *hemelequator, hemelevenaar;* ~ point *equinoctiaalpunt, nachteveningspunt* **2.1** autumnal ~ point *herfstpunt;* vernal ~ point *lentepunt.*

e·qui·nox ['i:kwɪnɒks‖-nɑks]⟨telb.zn.⟩ **0.1** ***equinox*** ⇒*dag-en-nachtevening* **0.2** ***equinoctiaalpunt*** ⇒*nachteveningspunt* ◆ **2.1** autumnal ~ *herfstnachtevening;* vernal ~ *lentenachtevening.*

e·quip [ɪ'kwɪp]⟨f3⟩⟨ov.ww.; →ww. 7⟩ **0.1** ***uitrusten*** ⇒*toerusten, equiperen, outilleren, van het nodige voorzien* ◆ **4.1** ~ o.s. for a journey *zich uitrusten voor een reis* **6.1** ~ **with** *uitrusten met, voorzien van.*

eq·ui·page ['ekwɪpɪdʒ]⟨telb.zn.⟩ **0.1** ***uitrusting*** ⇒*benodigdheden* **0.2** ***equipage*** ⟨eigen rijtuig en toebehoren⟩ **0.3** ***servies.***

e·quip·ment [ɪ'kwɪpmənt]⟨f3⟩⟨zn.⟩
I ⟨telb.zn.⟩ **0.1** ***uitrusting*** ⇒*outillage, installatie, benodigdheden;*
II ⟨n.-telb.zn.⟩ **0.1** ***het uitrusten*** ⇒*het toerusten, het outilleren, het equiperen* **0.2** ***het uitgerust worden*** ⇒*het toegerust/geëquipeerd worden* **0.3** ***geestesinhoud*** ⇒*verstandelijk(e) vermogen(s).*

e·qui·poise[1] ['ekwɪpɔɪz]⟨zn.⟩
I ⟨telb.zn.⟩ **0.1** ***tegenwicht;***
II ⟨telb. en n.-telb.zn.⟩ **0.1** ***evenwicht.***

equipoise[2] ⟨ov.ww.⟩ **0.1** ***in evenwicht houden*** **0.2** ***als tegenwicht dienen voor*** ⇒*opwegen tegen.*

e·qui·pol·lence ['i:kwɪ'pɒləns‖-'pɑ-], **e·qui·pol·len·cy** [-lənsi]⟨telb.zn.; →mv. 2⟩ **0.1** ***gelijkwaardigheid.***

e·qui·pol·lent[1] [-'pɒlənt‖-'pɑ-]⟨telb.zn.⟩ **0.1** ***equivalent.***

equipollent[2] ⟨bn.⟩ **0.1** ***equivalent*** ⇒*gelijkwaardig.*

e·qui·pon·der·ance ['i:kwɪ'pɒndrəns‖-'pɑn-]⟨n.-telb.zn.⟩ **0.1** ***gelijk gewicht*** ⇒*evenwicht.*

e·qui·pon·der·ant [-'pɒndrənt‖-'pɑn-]⟨bn.⟩ **0.1** ***van gelijk gewicht.***

e·qui·pon·der·ate [-'pɒndəreɪt‖-'pɑn-]⟨ov.ww.⟩ **0.1** ***een tegenwicht vormen voor*** ⇒*opwegen tegen* **0.2** ***(met elkaar) in evenwicht brengen.***

e·qui·po·ten·tial [-pə'tenʃl]⟨bn.⟩⟨nat.⟩ **0.1** ***equipotentiaal*** ◆ **1.1** ~ region/surface *equipotentiaal oppervlak.*

eq·ui·ta·ble ['ekwɪṭəbl]⟨f1⟩⟨bn.; -ly; -ness; →bijw. 3⟩ **0.1** ***billijk*** ⇒*rechtvaardig, onpartijdig* **0.2** ⟨jur.⟩ ***geldig volgens equity*** ⟨zie equity II 0.2⟩.

eq·ui·ta·tion ['ekwɪ'teɪʃn]⟨n.-telb.zn.⟩ **0.1** ***het paardrijden*** **0.2** ***rijkunst*** ⇒*ruiterkunst.*

eq·ui·ty ['ekwəṭi]⟨f2⟩⟨zn.; →mv. 2⟩
I ⟨eig.n.⟩ **0.1** ***Equity*** ⟨naam v. Eng. vakbond v. acteurs⟩;
II ⟨n.-telb.zn.⟩ **0.1** ***billijkheid*** ⇒*rechtvaardigheid, gerechtigheid, onpartijdigheid* **0.2** ***equity*** ⟨Engels systeem v. rechtsregels naast het gewone recht⟩ **0.3** ***aandelenvermogen*** **0.4** ***actief vermogen*** ⟨na aftrek v. hypotheek en andere schulden⟩ ◆ **1.1** ~ and law *recht en billijkheid;*
III ⟨mv.; equities⟩ **0.1** ***aandelen.***

e·quiv·a·lence [ɪ'kwɪvələns], **e·quiv·a·len·cy** [-si]⟨f1⟩⟨telb. en n.-telb.zn.; →mv. 2⟩ **0.1** ***gelijkwaardigheid.***

e·quiv·a·lent[1] [ɪ'kwɪvələnt]⟨f3⟩⟨telb.zn.⟩ **0.1** ***equivalent.***

equivalent[2] ⟨f3⟩⟨bn.⟩⟨ook schei.⟩ **0.1** ***equivalent*** ⇒*gelijkwaardig, gelijk, gelijkstaand* ◆ **6.1** ~ **to** *equivalent, gelijk aan, gelijkstaand met.*

e·quiv·o·cal [ɪ'kwɪvəkl]⟨f1⟩⟨bn.; -ly⟩ **0.1** ***dubbelzinnig*** ⇒*ambigu, equivoque, tweeslachtig* **0.2** ***twijfelachtig*** ⇒*dubieus, verdacht.*

e·quiv·o·cal·i·ty [ɪˈkwɪvəˈkæləṭi]⟨telb. en n.-telb.zn.; →mv. 2⟩ **0.1** ***dubbelzinnigheid*** *⇒tweeslachtigheid.*
e·quiv·o·cate [ɪˈkwɪvəkeɪt]⟨onov.ww.⟩ **0.1** ***(er/ergens omheen) draaien*** *⇒een ontwijkend antwoord geven* **0.2** ***een slag om de arm houden.***
e·quiv·o·ca·tion [ɪˈkwɪvəˈkeɪʃn]⟨zn.⟩
I ⟨telb. en n.-telb.zn.⟩ **0.1** ***dubbelzinnigheid*** *⇒ambiguïteit;*
II ⟨n.-telb.zn.⟩ **0.1** ***het draaien*** *⇒het geven v.e. ontwijkend antwoord.*
e·quiv·o·ca·tor [ɪˈkwɪvəkeɪtə‖-keɪṭər]⟨telb.zn.⟩ **0.1** ***draaier*** *⇒veinzer, mens zonder principes.*
eq·ui·voque, eq·ui·voke [ˈekwɪvoʊk]⟨telb.zn.⟩ **0.1** ***woordspeling*** **0.2** ***equivoque*** *⇒dubbelzinnigheid.*
er [ɜ(:),ʌ(:)]⟨f2⟩⟨tussenw.⟩ **0.1** ***eh*** ⟨aarzeling⟩.
-er [ə‖ər], ⟨voor 0.1, 0.2, 0.3 ook⟩ **-r 0.1** ⟨vormt nw. uit ww., bijv. nw. en nw. die persoon/dier/instrument aangeven die/dat iets doet, mens of ding die/dat iets is of heeft, inwoner van, afkomstig uit⟩ ***-er*** *⇒-ster, -aar(ster), -oog, -oge, -aaf, -afe, -ling(e)* **0.2** ⟨inf.⟩⟨vormt een verkorting v. nw.⟩ **0.3** ⟨vormt de verg. trap v. bijv. nw. en bijw. van één en twee lettergrepen; →comparatie⟩ ***-er*** **0.4** ⟨vormt ww. dat frequentie of klanknabootsing aangeeft⟩ ◆ **¶.1** astrologer *astroloog;* easterner *oosterling;* golfer *golfspeler;* housekeeper *huishoudster;* three-wheeler *driewieler* **¶.2** homer *homerun;* rugger *rugby;* soccer *voetbal* **¶.3** broader *breder* **¶.4** holler *roepen;* shiver *rillen, beven.*
ER ⟨afk.⟩ East Riding, King Edward ⟨Edwardus Rex⟩; Queen Elizabeth ⟨Elizabeth Regina⟩; emergency room.
e·ra [ˈɪərə‖ˈɪrə,ˈerə]⟨f2⟩⟨telb.zn.⟩ **0.1** ***era*** *⇒tijdrekening, jaartelling, tijdperk;* ⟨geol.⟩ *hoofdtijdperk.*
ERA ⟨afk.⟩ Equal Rights Amendment.
e·rad·i·ca·ble [ɪˈrædɪkəbl]⟨bn.⟩ **0.1** ***uit te roeien*** *⇒te verdelgen.*
e·rad·i·cate [ɪˈrædɪkeɪt]⟨f1⟩⟨ov.ww.⟩ **0.1** ***met wortel en al uittrekken*** *⇒ontwortelen;* ⟨fig.⟩ *uitroeien, verdelgen.*
e·rad·i·ca·tion [ɪˈrædɪˈkeɪʃn]⟨n.-telb.zn.⟩ **0.1** ***met wortel en al uittrekken*** *⇒het ontwortelen;* ⟨fig.⟩ *het uitroeien, het verdelgen.*
e·rad·i·ca·tor [ɪˈrædɪˈkeɪtə‖-ˈkeɪṭər]⟨n.-telb.zn.⟩ **0.1** ***vlekkenwater.***
e·ras·a·ble [ɪˈreɪzəbl‖-səbl]⟨bn.⟩ **0.1** ***uitgombaar*** **0.2** ***uitwisbaar.***
e·rase [ɪˈreɪz‖ɪˈreɪs]⟨f2⟩⟨ov.ww.⟩ **0.1** ***uitvegen*** *⇒uitvlakken, uitgommen, raderen* **0.2** ***uitwissen*** *⇒*⟨fig.⟩ *wegvagen, vernietigen,* ⟨sl.⟩ *doden.*
e·ras·er [ɪˈreɪzə‖-sər]⟨f1⟩⟨telb.zn.⟩ **0.1** ⟨AE; BE schr.⟩ ***stukje vlakgom*** *⇒vlakgommetje, gummetje, stufje* **0.2** ***bordenwisser.***
E·ras·mian [ɪˈræzmɪən]⟨bn.⟩ **0.1** ***Erasmiaans*** *⇒volgens/in de geest v. Erasmus, genoemd naar Erasmus.*
E·ras·tian[1] [ɪˈræstɪən]⟨telb.zn.⟩⟨gesch.⟩ **0.1** ***aanhanger v.h. Erastianisme.***
Erastian[2] ⟨bn.⟩⟨gesch.⟩ **0.1** ***volgens het Erastianisme.***
E·ras·tian·ism [ɪˈræstɪənɪzm]⟨n.-telb.zn.⟩⟨gesch.⟩ **0.1** ***Erastianisme*** ⟨leer v. Erastus, die de kerk ondergeschikt wilde maken aan de staat⟩.
e·ra·sure [ɪˈreɪʒə‖ɪˈreɪʃər], ⟨vnl. BE⟩ **e·rase·ment** [ɪˈreɪzmənt‖ɪˈreɪs-]⟨f1⟩⟨zn.⟩
I ⟨telb.zn.⟩ **0.1** ***radering*** *⇒uitwissing;*
II ⟨n.-telb.zn.⟩ **0.1** ***het uitvegen*** *⇒het uitvlakken, het uitgommen* **0.2** ***het uitwissen*** *⇒*⟨fig.⟩ *het wegvagen, het vernietigen.*
er·bi·um [ˈɜːbɪəm‖ˈɜr-]⟨n.-telb.zn.⟩⟨schei.⟩ **0.1** ***erbium*** ⟨element 68⟩.
ere[1] [eə‖er]⟨bw.; vnl. Sch. E⟩ **0.1** ***vroeg*** **0.2** ***gauw*** *⇒weldra.*
ere[2] ⟨vz.; tijd⟩⟨schr.⟩ **0.1** ***vóór.***
ere[3] ⟨ondersch.vw.; tijd⟩⟨schr.⟩ **0.1** ***vóór*** *⇒voordat, alvorens.*
Er·e·bus [ˈerɪbəs]⟨eig.n.⟩⟨mythologie⟩ **0.1** ***Erebus*** *⇒de onderwereld.*
e·rect[1] [ɪˈrekt]⟨f2⟩⟨bn.; -ly; -ness⟩ **0.1** ***recht*** *⇒rechtop(gaand), opgericht, overeind, staande, verticaal* **0.2** ***nobel*** *⇒oprecht, rechtschapen.*
erect[2] ⟨f2⟩⟨ov.ww.⟩ **0.1** ***oprichten*** *⇒bouwen, neerzetten, optrekken, opzetten* **0.2** ***stichten*** *⇒vestigen, instellen* ◆ **6.1** ~ **into** *verheffen tot.*
e·rec·tile [ɪˈrektaɪl‖ɪˈrektl]⟨bn.⟩⟨biol.⟩ **0.1** ***erectiel*** ◆ **1.1** ~ tissue *erectiel weefsel* ⟨v. spons- en zwellichamen⟩.
e·rec·ting shop [ɪˈrektɪŋ ʃɒp‖-ʃɑp]⟨telb.zn.⟩ **0.1** ***montagehal/werkplaats*** *⇒stelplaats.*
e·rec·tion [ɪˈrekʃn]⟨f2⟩⟨zn.⟩
I ⟨telb.zn.⟩ **0.1** ***erectie*** **0.2** ***gebouw;***
II ⟨n.-telb.zn.⟩ **0.1** ***het oprichten*** *⇒het bouwen, het neerzetten, het optrekken, het opzetten* **0.2** ***het stichten*** *⇒het vestigen, het instellen.*
e·rec·tor [ɪˈrektə‖-ər]⟨telb.zn.⟩ **0.1** ⟨biol.⟩ ***oprichtende spier*** **0.2** ***lasser*** **0.3** ***monteur.***
ere·long [ˈeəˈlɒŋ‖ˈerˈlɔŋ]⟨bw.⟩ **0.1** ***eerlang*** *⇒weldra, spoedig.*
er·e·mite [ˈerɪmaɪt]⟨telb.zn.⟩ **0.1** ***(h)eremiet*** *⇒kluizenaar.*
er·e·mit·i·cal [ˈerɪˈmɪṭɪkl]⟨bn., attr.⟩ **0.1** ***kluizenaars-.***
ere·now [ˈeəˈnaʊ‖ˈerˈnaʊ]⟨bw.⟩ **0.1** ***voor dezen*** *⇒vroeger.*
er·e·thism [ˈerɪθɪzm]⟨n.-telb.zn.⟩⟨med.⟩ **0.1** ***erethisme*** ⟨sterk geprikkelde toestand v.d. zenuwen⟩ *⇒overprikkeling,* ⟨psych.⟩ *overspanning.*
ere·while [ˈeəˈwaɪl‖ˈerhwaɪl], ⟨AE ook⟩ **ere·whiles** [-hwaɪlz]⟨bw.⟩ ⟨vero.⟩ **0.1** ***eertijds.***
erf [ɜːf‖ɜrf]⟨telb.zn.; erven [ɜːvən‖ɜrvən]; →mv. 5⟩⟨Z. Afr. E⟩ **0.1** ***bouwterrein/perceel.***
erg [ɜːg‖ɜrg]⟨telb.zn.⟩⟨vero.; nat.⟩ **0.1** ***erg*** ⟨eenheid v. arbeid⟩.
er·go [ˈɜːgoʊ‖ˈɜr-,ˈer-]⟨bw.⟩ **0.1** ***ergo*** *⇒bijgevolg, dus, derhalve.*
er·go·no·mic [ˈɜːgəˈnɒmɪk‖ˈɜrgəˈnɑmɪk]⟨bn.; -ally⟩ **0.1** ***ergonomisch*** ◆ **1.1** ~ chair *ergonomisch(e (verantwoorde)) stoel.*
er·go·nom·ics [ˈɜːgəˈnɒmɪks‖ˈɜrgəˈnɑmɪks]⟨mv.; ww. ook enk.⟩ **0.1** ***ergonomie.***
er·gon·o·mist [ɜːˈgɒnəmɪst‖ɜrˈgɑ-]⟨telb.zn.⟩ **0.1** ***ergono(o)m(e).***
er·gos·ter·ol [ɜːˈgɒstərɒl‖ɜrˈgɑstərɔl]⟨n.-telb.zn.⟩⟨biol.⟩ **0.1** ***ergosterol.***
er·got [ˈɜːgət‖ˈɜr-]⟨n.-telb.zn.⟩ **0.1** ***moederkoorn*** *⇒woekering in tarwe, zwam die de woekering veroorzaakt* ⟨Claviceps⟩ **0.2** ***gedroogd mycelium v.d. zwam Claviceps.***
er·got·ism [ˈɜːgətɪzm‖ˈɜrgəṭɪzm]⟨n.-telb.zn.⟩ **0.1** ***ergotisme*** *⇒moederkoornvergiftiging, kriebelziekte.*
er·i·ca [ˈerɪkə]⟨n.-telb.zn.⟩⟨plantk.⟩ **0.1** ***erica*** *⇒dopheide.*
Er·in [ˈerɪn]⟨eig.n.⟩⟨schr.⟩ **0.1** ***Ierland*** *⇒Erin.*
E·rin·y·es [ɪˈrɪnɪiːz]⟨mv.⟩ **0.1** ***erin(n)yen*** *⇒wraakgoddinnen, furiën.*
e·ris·tic[1] [eˈrɪstɪk]⟨zn.⟩
I ⟨telb.zn.⟩ **0.1** ***polemist*** *⇒polemicus;*
II ⟨n.-telb.zn.⟩ **0.1** ***eristiek*** *⇒twist/redeneerkunde.*
eristic[2] ⟨bn.⟩ **0.1** ***polemisch*** *⇒twistziek;* ⟨i.h.b.⟩ *gelijkhebberig.*
erk [ɜːk‖ɜrk]⟨telb.zn.⟩⟨BE; sl.⟩ **0.1** ***dienstplichtige matroos*** **0.2** ***kwal*** *⇒akelig iem..*
erl·king [ˈɜːlkɪŋ‖ˈɜrl-]⟨telb.zn.⟩⟨Germaanse mythologie⟩ **0.1** ***Erlkönig*** ⟨boze geest die het op kinderen gemunt heeft⟩.
er·mine[1] [ˈɜːmɪn‖ˈɜr-]⟨f1⟩⟨zn.⟩
I ⟨telb.zn.⟩⟨dierk.⟩ **0.1** ***hermelijn*** ⟨Mustela erminea⟩;
II ⟨n.-telb.zn.⟩ **0.1** ***(bont v.) hermelijn*** **0.2** ***embleem v. eer en zuiverheid.***
ermine[2] ⟨bn., attr.⟩ **0.1** ***hermelijnen*** *⇒*⟨heraldiek⟩ *hermelijn.*
er·mined [ˈɜːmɪnd‖ˈɜr-]⟨bn.⟩ **0.1** ***in hermelijn gekleed/gehuld.***
ˈermine moth ⟨telb.zn.⟩ **0.1** ***spinselmot.***
-ern [ən‖ərn] **0.1** ⟨vormt bijv. naamw.⟩ ◆ **¶.1** southern *zuidelijk, zuid-.*
erne, ⟨AE sp. ook⟩ **ern** [ɜːn‖ɜrn]⟨telb.zn.⟩⟨dierk.⟩ **0.1** ***zeearend*** ⟨Halliaeëtus albicella⟩.
Er·nie [ˈɜːni‖ˈɜrni]⟨eig.n.⟩⟨afk.⟩ electronic random number indicator equipment ⟨BE⟩ **0.1** ***Ernie*** ⟨computer die winnende premieobligaties kiest⟩.
e·rode [ɪˈroʊd]⟨f1⟩⟨ww.⟩
I ⟨onov.ww.⟩ **0.1** ***wegspoelen;***
II ⟨onov. en ov.ww.⟩ **0.1** ***verslechteren*** *⇒verminderen, slechter/minder worden/maken;*
III ⟨ov.ww.⟩ **0.1** ***uitbijten*** ⟨v. zuur⟩ *⇒wegbijten, wegvreten* **0.2** ***uithollen*** ⟨v. water⟩ *⇒afslijpen, eroderen* ◆ **5.1** ~ **away** *uitbijten* **5.2** ~ **away** *uithollen, uitschuren.*
e·rod·i·ble [ɪˈroʊdəbl]⟨bn.⟩ **0.1** ***erosief*** *⇒gevoelig voor erosie, uit te hollen* ◆ **1.1** ~ sand *zand dat weggespoeld kan worden* ⟨door water⟩.
e·rog·e·nous [ɪˈrɒdʒənəs‖ɪˈrɑ-], **er·o·gen·ic** [ˈerəˈdʒenɪk], **e·ro·to·gen·ic** [ɪˈrɒtəˈdʒenɪk‖ɪˈrɑṭə-], **e·ro·to·ge·nous** [ˈerəˈtɒdʒənəs‖-ˈtɑ-]⟨bn.⟩ **0.1** ***erogeen*** ◆ **1.1** ~ zone *erogene zone.*
Er·os [ˈɪərɒs‖ˈɪrɑs]⟨eig.n., n.-telb.zn.⟩ **0.1** ***Eros*** ⟨ook psych., i.t.t. thanatos⟩ *⇒levensdrift;* ⟨bij uitbr.⟩ *geslachtsdrift, libido.*
e·ro·sion [ɪˈroʊʒn]⟨f2⟩⟨n.-telb.zn.⟩ **0.1** ***erosie*** ⟨ook fig.⟩ *⇒uitholling, het uitbijten, afslijting.*
e·ro·sive [ɪˈroʊsɪv]⟨bn.; -ness⟩ **0.1** ***uithollend*** ⟨ook fig.⟩ *⇒ároderend, erosief.*
e·rot·ic[1] [ɪˈrɒtɪk‖ɪˈrɑṭɪk]⟨telb.zn.⟩⟨zelden⟩ **0.1** ***minnedicht.***
erotic[2] ⟨f2⟩⟨bn.; -ally; →bijw. 3⟩ **0.1** ***erotisch.***
e·rot·i·ca [ɪˈrɒtɪkə‖ɪˈrɑṭɪkə]⟨mv.⟩ **0.1** ***erotische literatuur*** *⇒erotica* **0.2** ***erotische kunst.***
e·rot·i·cism [ɪˈrɒtɪsɪzm‖ɪˈrɑṭɪ-], **er·o·tism** [ˈerətɪzm]⟨n.-telb.zn.⟩ **0.1** ***erotiek*** **0.2** ***seksue(e)l(e) verlangen/opwinding*** **0.3** ***erotisme.***
erotogenic →erogenous.
erotogenous →erogenous.
e·ro·tol·o·gy [ˈerəˈtɒlədʒi‖-ˈtɑ-]⟨n.-telb.zn.⟩ **0.1** ***erotologie*** *⇒beschrijving v. liefdestechnieken.*
e·ro·to·ma·ni·a [ɪˈroʊṭəˈmeɪnɪə]⟨n.-telb.zn.⟩ **0.1** ***erotomanie*** *⇒hyperseksualiteit,* ⟨i.h.b.⟩ *satyriasis, nymfomanie.*

e·ro·to·ma·ni·ac [ɪ'roʊtə'meɪniæk]⟨telb.zn.⟩ **0.1** ***erotomaan.***
err [ɜ:‖er]⟨f1⟩⟨onov.ww.⟩⟨→sprw. 145⟩ **0.1** ***zich vergissen*** ⇒*dwalen, fouten maken* **0.2** ***afwijken*** ⇒*dwalen, (een) afwijking(en) vertonen* **0.3** ***onjuist zijn*** ⟨v. uitspraken⟩ **0.4** ***zondigen*** ◆ **1.1** ~ on the right/safe side *het zekere voor het onzekere nemen* **1.2** ~ on the side of sth. *te ver gaan in iets.*
er·ran·cy ['erənsi]⟨telb. en n.-telb.zn.;→mv. 2⟩ **0.1** ***dwaling.***
er·rand ['erənd]⟨f2⟩⟨telb.zn.⟩ **0.1** ***boodschap*** **0.2** ***doel*** ⟨v. boodschap⟩ ◆ **1.1** ~ of mercy ⟨ong.⟩ *hulpactie* **3.1** go on ~s (for s.o.) *boodschappen doen (voor iem.);* run ~s for s.o. *boodschappen doen voor iem., iemands loopjongen zijn.*
'er·rand-boy ⟨telb.zn.⟩ **0.1** ***loopjongen*** ⇒*boodschappenjongen.*
er·rant[1] ['erənt]⟨telb.zn.⟩ **0.1** ***dolaar*** ⇒*doler,* ⟨i.h.b.⟩ *dolend ridder.*
errant[2] ⟨f1⟩⟨bn.⟩ **0.1** ***zondigend*** ⇒*v.h. rechte pad afwijkend/geraakt, ontrouw* **0.2** ***dwalend*** ⇒*dolend* **0.3** ***rondtrekkend/reizend.***
er·rant·ry ['erəntri]⟨n.-telb.zn.⟩ **0.1** ***het (rond)dolen*** ⇒*dolend leven, leven v.e. dolend ridder.*
er·rat·ic [ɪ'rætɪk]⟨f1⟩⟨bn.;-ally;→bijw. 3⟩ **0.1** ***onregelmatig*** ⇒*ongeregeld* **0.2** ***excentriek*** ⇒*onconventioneel, afwijkend* **0.3** ***labiel*** ⇒*grillig, veranderlijk, wispelturig* **0.4** ***zwervend*** ⇒*zwerf-, erratisch* ◆ **1.1** ~ stream *grillig riviertje* **1.4** ⟨geol.⟩ ~ block *zwerfsteen, erratisch blok.*
er·ra·tum [e'rɑ:təm]⟨zn.; errata [e'rɑ:tə];→mv. 5⟩
I ⟨telb.zn.⟩ **0.1** ***(druk)fout*** ⇒*erratum* **0.2** ***schrijffout;***
II ⟨mv.; errata⟩ **0.1** ***lijst v. drukfouten*** ⇒*errata.*
er·ro·ne·ous [ɪ'rəʊnɪəs]⟨f1⟩⟨bn.; -ly; -ness⟩⟨schr.⟩ **0.1** ***onjuist*** ⇒*verkeerd.*
er·ror ['erə‖'erər]⟨f3⟩⟨zn.⟩
I ⟨telb.zn.⟩ **0.1** ⟨wisk.⟩ ***afwijking*** ⇒*fout* **0.2** ⟨honkbal⟩ ***(veld) fout;***
II ⟨telb. en n.-telb.zn.⟩ **0.1** ***vergissing*** ⇒*dwaling, fout, zonde* ◆ **1.1** ~ of judgement *beoordelingsfout;* ⟨bijb.⟩ (realize) the ~ of one's ways *de dwalingen zijns weegs (inzien)* **2.1** human ~ *menselijke fout* **6.1** **in** ~ *per vergissing, abusievelijk;* be **in** ~ *zich vergissen.*
er·ror·less ['erələs‖'erər-]⟨bn.⟩ **0.1** ***foutloos.***
'error message ⟨telb.zn.⟩⟨comp.⟩ **0.1** ***foutmelding.***
'error rate ⟨telb.zn.⟩ **0.1** ***(berekende) foutenmarge.***
ERS ⟨afk.⟩ Earnings Related Supplement.
er·satz[1] ['eəzæts‖'erzɑts]⟨telb.zn.⟩⟨pej.⟩ **0.1** ***surrogaat*** ⇒*imitatie, nep, ersatz.*
ersatz[2] ⟨bn.⟩⟨pej.⟩ **0.1** ***surrogaat-*** ⇒*namaak-, nep-, ersatz-.*
Erse [ɜ:s‖ɜrs]⟨eig.n.⟩ **0.1** ***Erse*** ⇒*Schots-Gaelisch, Iers-Gaelisch.*
erst [ɜ:st‖ɜrst]⟨bw.⟩⟨vero.⟩ **0.1** ***eertijds*** ⇒*vroeger.*
erst·while ['ɜ:stwaɪl‖'ɜrst-]⟨bn.; bw.⟩ **0.1** ***vroeger*** ⇒*eerder, voorgaand.*
er·u·bes·cence ['eru:'besns]⟨zn.⟩
I ⟨telb.zn.⟩ **0.1** ***blos;***
II ⟨n.-telb.zn.⟩ **0.1** ***het blozen.***
er·u·bes·cent ['eru:'besnt]⟨bn.⟩ **0.1** ***blozend*** ⇒*rood wordend.*
e·ruct [ɪ'rʌkt], **e·ruc·tate** [-teɪt]⟨ww.⟩
I ⟨onov. en ov.ww.⟩ **0.1** ***boeren*** ⇒*opboeren, oprispen;*
II ⟨ov.ww.⟩ **0.1** ***spuwen*** ⟨v. vulkaan⟩ ⇒*uitbarsten, uitbraken.*
e·ruc·ta·tion ['ɪrʌk'teɪʃn]⟨zn.⟩⟨schr.⟩
I ⟨telb.zn.⟩ **0.1** ***uitbarsting*** ⟨v. vulkaan⟩;
II ⟨telb. en n.-telb.zn.⟩ **0.1** ***oprisping*** ⇒*het boeren, boer.*
er·u·dite ['erudaɪt‖'erjʊ-]⟨bn.; -ly; -ness⟩⟨schr.⟩ **0.1** ***erudiet*** ⇒*met uitgebreide kennis, v. eruditie getuigend.*
er·u·di·tion ['eru'dɪʃn‖'erjʊ-]⟨n.-telb.zn.⟩⟨schr.⟩ **0.1** ***uitgebreide kennis*** ⇒*eruditie.*
e·rupt [ɪ'rʌpt]⟨f2⟩⟨ww.⟩
I ⟨onov.ww.⟩ **0.1** ***uitbarsten*** ⟨v. vulkaan, geiser, enz.⟩ ⇒*(vuur) spuwen, spuiten* **0.2** ***barsten*** ⟨ook fig.⟩ ⇒*uitbreken, losbarsten* **0.3** ***opkomen*** ⟨v. puistjes⟩ ⇒*doorbreken* **0.4** ***doorkomen*** ⟨v. tanden⟩ ◆ **6.2** ~ **in** anger *in woede losbarsten;*
II ⟨ov.ww.⟩ **0.1** ***uitbraken*** ⇒*spuwen, spuiten* ⟨v. geiser, vulkaan⟩.
e·rup·tion [ɪ'rʌpʃn]⟨f1⟩⟨telb. en n.-telb.zn.⟩ **0.1** ***uitbarsting*** ⟨v. geiser, vulkaan⟩ ⇒*eruptie,* ⟨fig.⟩ *het uitbreken, het losbarsten, uitval* **0.2** ***(het opkomen/uitbreken v.) huiduitslag*** **0.3** ***tanddoorbraak*** ⇒*het doorkomen v.(d.) tand(en)* ◆ **1.1** the ~ of a disease *het uitbreken v.e. ziekte* **2.1** his angry ~s *zijn boze uitvallen.*
e·rup·tive [ɪ'rʌptɪv]⟨bn.; -ly; -ness⟩ **0.1** ***(uit)barstend*** **0.2** ***eruptief*** ⇒*door (vulkaan)uitbarsting gevormd* **0.3** ***explosief*** ⇒*op springen staand* **0.4** ***met (huid)uitslag*** ⟨v. ziekte⟩ ◆ **1.2** ~ rocks *eruptieve gesteenten.*
e·rup·tiv·i·ty ['ɪrʌp'tɪvəti]⟨n.-telb.zn.⟩ **0.1** ***eruptieve toestand.***
-er·y, -ry [əri, ri]⟨vormt nw.⟩ **0.1** ⟨geeft klasse/groep aan⟩ **0.2** ⟨geeft toestand aan⟩ **0.3** ⟨geeft plaats/activiteit aan⟩ **0.4** ⟨geeft gedrag aan⟩ **0.5** ⟨geeft bep. kenmerken aan⟩ ◆ **¶.1** machinery *machinerie;* nunnery *nonnenklooster* **¶.2** slavery *slavernij* **¶.3** bakery *bakkerij;* brewery *brouwerij* **¶.4** knavery *ridderlijkheid* **¶.5** snobbery *snobisme.*
e·ryn·go [ə'rɪŋgoʊ]⟨telb.zn.; -es;→mv. 2⟩⟨plantk.⟩ **0.1** ***kruisdistel*** ⟨genus Eryngium⟩ ⇒⟨i.h.b.⟩ *blauwe zeedistel* ⟨E. maritimum⟩.
er·y·sip·e·las ['erɪ'sɪpələs]⟨telb. en n.-telb.zn.⟩⟨med.⟩ **0.1** ***belroos*** ⇒*wondroos, erysipelas.*
er·y·the·ma ['erɪ'θi:mə]⟨telb. en n.-telb.zn.⟩⟨med.⟩ **0.1** ***erythema*** ⇒*erytheem* ⟨huidontsteking⟩.
er·y·the·mal ['erɪ'θi:ml], **er·y·them·a·tous** [-'θemətəs], **er·y·the·mat·ic** [-θɪ'mætɪk]⟨bn.⟩⟨med.⟩ **0.1** ***erythematisch.***
e·ryth·ro·blast [ɪ'rɪθroʊblæst]⟨telb.zn.⟩⟨med.⟩ **0.1** ***erytroblast*** ⟨voorstadium v. rode bloedcel⟩.
e·ryth·ro·cyte [ɪ'rɪθrəsaɪt]⟨telb.zn.⟩⟨med.⟩ **0.1** ***rood bloedlichaampje*** ⇒*erytrocyt.*
-es [ɪz] **0.1** ⟨mv. suffix na sis-klank, -y, en vaak -o⟩ **0.2** ⟨suffix v. 3e pers. enk. aant. w. na sis-klank⟩.
ESA ⟨afk.⟩ European Space Agency.
es·ca·drille ['eskə'drɪl‖-drɪl]⟨telb.zn.⟩ **0.1** ***escadrille*** ⇒*klein eskader* ⟨vliegtuigen⟩.
es·ca·lade[1] ['eskə'leɪd]⟨n.-telb.zn.⟩ **0.1** ***escalade*** ⇒*beklimming met stormladders.*
escalade[2] ⟨ov.ww.⟩ **0.1** ***escaladeren*** ⇒*met stormladders beklimmen.*
es·ca·late ['eskəleɪt]⟨f1⟩⟨ww.⟩
I ⟨onov.ww.⟩ **0.1** ***stijgen*** ⟨v. prijzen, lonen⟩;
II ⟨onov. en ov.ww.⟩ **0.1** ***verhevigen*** ⇒*(doen) escaleren.*
es·ca·la·tion ['eskə'leɪʃn]⟨f1⟩⟨telb. en n.-telb.zn.⟩ **0.1** ***escalatie.***
es·ca·la·tor ['eskəleɪtə‖-leɪtər]⟨f1⟩⟨telb.zn.⟩ **0.1** ***roltrap*** **0.2** →escalator clause.
'escalator clause ⟨telb.zn.⟩ **0.1** ***doorberekeningsclausule.***
es·ca·la·to·ry ['eskəleɪtri‖-lətəri]⟨bn.⟩ **0.1** ***escalerend.***
es·cal·lo·nia ['eskə'loʊnɪə]⟨telb.zn.⟩⟨plantk.⟩ **0.1** ***soort (sier)heester*** ⟨genus Escallonia⟩.
es·cal·lop [ɪ'skɒləp‖ɪ'skɑ-]⟨zn.⟩
I ⟨telb.zn.⟩ **0.1** ⟨heraldiek⟩ ***jakobsschelp*** **0.2** →scallop **0.3** →escalope;
II ⟨mv.; ~s⟩ →scallop II.
es·ca·lope ['eskəloʊp]⟨telb.zn.⟩⟨cul.⟩ **0.1** ***(gepaneerd) kalfslapje*** ⇒*kalfsoester* ⟨escalope de veau⟩.
es·cap·a·ble [ɪ'skeɪpəbl]⟨f3⟩⟨bn.⟩ **0.1** ***vermijdbaar.***
es·ca·pade ['eskəpeɪd, -'peɪd]⟨f1⟩⟨telb.zn.⟩ **0.1** ***escapade*** ⇒*het uit de band springen* **0.2** ***dolle streek*** ⇒*wild avontuur.*
es·cape[1] [ɪ'skeɪp]⟨f3⟩⟨zn.⟩
I ⟨telb.zn.⟩ **0.1** ***ontsnappingsmiddel*** ⟨bv. brandladder⟩ **0.2** ***lek*** ⇒*lekkage* **0.3** ***verwilderd tuin/cultuurgewas*** ◆ **1.2** ~ of water *waterlek;*
II ⟨telb. en n.-telb.zn.⟩ **0.1** ***ontsnapping*** ⇒*vlucht* **0.2** ⟨g.mv.⟩ ***vlucht (uit de werkelijkheid)*** ⇒*escape, ontsnappingsmiddel* ◆ **1.2** alcohol is his ~ from worry *door de alcohol vergeet hij zijn zorgen* **3.1** make one's ~ *ontsnappen* **6.2** ~ **from/out of** reality *vlucht uit de werkelijkheid.*
escape[2] ⟨f2⟩⟨ww.⟩
I ⟨onov.ww.⟩ **0.1** ***ontsnappen*** ⇒*ontkomen, ontvluchten* **0.2** ***naar buiten komen*** ⇒*ontsnappen* ⟨v. gas, stoom; ook fig.⟩ **0.3** ***verdwijnen*** ⇒*vervagen, vergeten raken* **0.4** ***verwilderen*** ⟨v. plant⟩ ◆ **1.1** ~ with one's life *het er levend afbrengen* **1.2** water ~d *er liep water uit, er ontsnapte water* **6.1** ~ **from/out of** *ontsnappen uit* **6.2** a curse ~d **from** his mouth *een vloek ontglipte (aan) zijn mond;*
II ⟨ov.ww.⟩ **0.1** ***vermijden*** ⇒*ontkomen aan, ontwijken, ontlopen, ontsnappen aan* **0.2** ***ontschieten*** ⇒*(even) vergeten zijn* ⟨v. naam e.d.⟩ **0.3** ***ontgaan*** **0.4** ***ontglippen*** ⇒*ontvallen* ◆ **1.1** ~ death *de dood ontlopen, aan de dood ontsnappen* **1.2** her name ~s me *haar naam is me ontschoten* **1.3** ~ one's attention *aan iemands aandacht ontsnappen.*
es'cape artist ⟨telb.zn.⟩ **0.1** ⟨ong.⟩ ***boeienkoning.***
e'scape attempt ⟨telb.zn.⟩ **0.1** ***ontsnappingspoging.***
e'scape clause ⟨telb.zn.⟩ **0.1** ***ontsnappingsclausule.***
es·cap·ee ['eskeɪ'pi:], **es·cap·er** [ɪ'skeɪpə‖-ər]⟨telb.zn.⟩ **0.1** ***ontsnapte gevangene.***
e'scape hatch ⟨telb.zn.⟩ **0.1** ***noodluik/deur*** ⟨in vliegtuig, schip⟩ ⇒*nooduitgang* **0.2** ***uitvlucht*** ⇒*uitweg.*
es·cape·ment [ɪ'skeɪpmənt]⟨telb.zn.⟩ **0.1** ***echappement*** ⇒*gang* ⟨in horloge⟩ **0.2** ***echappement*** ⟨in piano⟩ **0.3** ***echappement*** ⟨in schrijfmachine⟩ **0.4** ⟨vero.⟩ ***uitweg*** ⇒*ontsnapping(smiddel).*
e's·cape-pipe ⟨telb.zn.⟩ **0.1** ***afblaaspijp.***
e'scape road ⟨telb.zn.⟩ **0.1** ***vluchtstrook.***
e'scape shaft ⟨telb.zn.⟩⟨mijnw.⟩ **0.1** ***noodschacht.***
e'scape valve ⟨telb.zn.⟩ **0.1** ***veiligheidsklep*** ⇒*ontlastklep, snuifklep, uitlaatklep.*
e'scape velocity ⟨telb. en n.-telb.zn.; g.mv.⟩ **0.1** ***ontsnappingssnelheid.***

e'scape warrant ⟨telb.zn.⟩ **0.1** ***aanhoudingsbevel*** ⟨voor ontsnapte gevangene⟩ ⇒*arrestatiebevel*.
e'scape wheel ⟨telb.zn.⟩⟨tech.⟩ **0.1** ***schakelrad*** ⇒*gangrad* ⟨in uurwerken⟩.
es·cap·ism [ɪ'skeɪpɪzm]⟨n.-telb.zn.⟩ **0.1** ***escapisme***.
es·cap·ist[1] [ɪ'skeɪpɪst]⟨telb.zn.⟩ **0.1** ***escapist***.
escapist[2] ⟨bn.⟩ **0.1** ***escapistisch*** ◆ **1.1** ~ reading *escapistische lectuur*.
es·ca·pol·o·gist ['eskə'pɒlədʒɪst‖-'pɑ-]⟨telb.zn.⟩ **0.1** ⟨ong.⟩ ***boeienkoning***.
es·ca·pol·o·gy ['eskə'pɒlədʒi‖-'pɑ-]⟨n.-telb.zn.⟩ **0.1** ***kunst v.h. zich bevrijden*** ⟨uit boeien, e.d.⟩.
es·car·got [e'skɑ:goʊ‖'eskɑr'goʊ]⟨telb.zn.⟩ **0.1** ***(eetbare) slak*** ⇒*wijngaardslak*.
es·ca·role ['eskəroʊl]⟨telb. en n.-telb.zn.⟩⟨plantk., cul.⟩ **0.1** ***andijvie*** ⟨Cichorium endivia⟩.
es·carp[1] [ɪ'skɑ:p‖ɪ'skɑrp], **es·carp·ment** [-mənt]⟨telb.zn.⟩ **0.1** ***escarp(e)*** ⇒*binnengrachtsboord, binnentalud* **0.2** ***steile wand/helling***.
escarp[2] ⟨ov.ww.⟩ **0.1** ***steil laten op/aflopen*** ⇒*steil afsnijden/afschuinen*.
-esce [es]⟨vormt ww.⟩ **0.1** ***-esceren*** ◆ ¶**.1** fluoresce *fluoresceren*.
-es·cence [esns]⟨vormt nw.⟩ **0.1** ***-escentie*** ◆ ¶**.1** fluorescence *fluorescentie*.
-es·cent [esnt]⟨vormt bijv. nw.⟩ **0.1** ***-escerend*** ⇒*-escent* ◆ ¶**.1** fluorescent *fluorescerend*.
esch·a·lot ['eʃəlɒt‖-lɑt]⟨telb.zn.⟩ **0.1** ***sjalot***.
es·char ['eskɑ:‖'eskɑr]⟨telb.zn.⟩ **0.1** ***korst(je)*** ⇒*roof(je)* ⟨op brandwond⟩.
es·cha·to·log·i·cal ['eskətə'lɒdʒɪkl‖'eskət̬l'ɑ-]⟨bn.⟩⟨theol.⟩ **0.1** ***eschatologisch***.
es·cha·tol·o·gist ['eskə'tɒlədʒɪst‖-'tɑ-]⟨telb.zn.⟩⟨theol.⟩ **0.1** ***eschatoloog***.
es·cha·tol·o·gy ['eskə'tɒlədʒi‖-'tɑ-]⟨n.-telb.zn.⟩⟨theol.⟩ **0.1** ***eschatologie*** ⟨leer der laatste dingen⟩ ◆ **3.1** realized ~ *eschatologisch besef*.
es·cheat[1] [ɪs'tʃi:t]⟨zn.⟩⟨gesch., jur.⟩
I ⟨telb.zn.⟩ **0.1** ***(aan leenheer/staat) toegevallen goed*** ⟨bij overlijden v. eigenaar zonder erfgenamen⟩ ⇒*heerloze goederen;*
II ⟨n.-telb.zn.⟩ **0.1** ***het toevallen*** ⇒*het vervallen* ⟨v. goed aan leenheer/staat⟩.
escheat[2] ⟨ww.⟩⟨gesch., jur.⟩
I ⟨onov.ww.⟩ **0.1** ***toevallen*** ⟨v. goederen⟩ ◆ **6.1** ~ **to** *toevallen aan;*
II ⟨ov.ww.⟩ **0.1** ***confisqeren*** ⇒*verbeurd verklaren* **0.2** ***doen toevallen*** ⟨goederen⟩ ◆ **6.2** ~ property **into** s.o.'s hands/**to** s.o. *bezit aan iem. doen toevallen*.
es·chew [ɪs'tʃu:‖e'stʃu:]⟨f1⟩⟨ov.ww.⟩⟨schr.⟩ **0.1** ***schuwen*** ⟨slechte zaken⟩ ⇒*(ver)mijden* **0.2** ***zich onthouden v.*** ⟨drank, bep. voedsel⟩.
es·chew·al [ɪ'stʃu:əl‖e-]⟨n.-telb.zn.⟩ **0.1** ***het schuwen*** ⇒*het (ver) mijden*.
esch·scholt·zia [ɪs'kɒlʃə‖e'ʃoʊltsɪə]⟨telb. en n.-telb.zn.⟩⟨plantk.⟩ **0.1** ***Eschscholzia*** ⇒⟨i.h.b.⟩ *slaapmutsje* ⟨Eschscholzia californica⟩.
es·cort[1] ['eskɔ:t‖'eskɔrt]⟨f2⟩⟨telb.zn.⟩ **0.1** ***escorte*** ⇒*(gewapende) geleide* **0.2** ***begeleider*** ⇒*metgezel* **0.3** ⟨euf.⟩ ***gezelschapdame***.
escort[2] [ɪ'skɔ:t‖ɪ'skɔrt]⟨f2⟩⟨ov.ww.⟩ **0.1** ***escorteren*** ⇒*begeleiden, uitgeleide doen* ◆ **6.1** ~ **from** *(onder escorte) wegvoeren van;* ~ **to** *begeleiden naar*.
'escort agency ⟨telb.zn.⟩ **0.1** ***escort service***.
es·cri·toire ['eskrɪtwɑ:‖-twɑr]⟨telb.zn.⟩ **0.1** ***secretaire***.
es·crow[1] ['eskroʊ]⟨telb.zn.⟩⟨jur.⟩ **0.1** ***borg/zekerheidsstelling in handen v. derden*** ⟨tot voorwaarde is voldaan⟩ **0.2** ⟨AE⟩ ***pand (goed)*** ◆ **6.2 in** ~ *in pand*.
escrow[2] ⟨ov.ww.⟩⟨AE; jur.⟩ **0.1** ***in pand geven***.
es·cu·do [e'sku:doʊ]⟨telb.zn.⟩ **0.1** ***escudo*** ⟨munteenheid⟩.
es·cu·lent[1] ['eskjʊlənt‖-kjə-]⟨telb.zn.⟩ **0.1** ***voedingsmiddel*** ⇒*levensmiddel*.
esculent[2] ⟨bn.⟩ **0.1** ***eetbaar***.
es·cutch·eon [ɪ'skʌtʃn]⟨f1⟩⟨telb.zn.⟩ **0.1** ***wapenschild*** **0.2** ***spiegel*** ⟨v.e. schip⟩ **0.3** ***naambord/plaat*** ⟨v. schip⟩ **0.4** ***sleutelgatplaatje*** **0.5** ***plaatje*** ⟨v. deurklopper⟩.
Esd ⟨afk.⟩ Esdras ⟨bijb.⟩ **0.1** ***Esdr.***.
Es·dras ['ezdræs]⟨eig.n.⟩⟨O.T.⟩ **0.1** ***(het boek) Ezra*** ⇒*Esdras* ⟨1 Ezra⟩ **0.2** ***(het boek) Nehemia*** ⟨2 Ezra⟩ **0.3** ***3 Ezra/4 Ezra*** ⟨apocriefen⟩.
-ese [i:z] **0.1** ⟨vormt bijv. nw. uit land/plaatsnamen⟩ ***-ees*** ⇒*-s* **0.2** ⟨vormt nw. uit land/plaatsnamen met bet. 'bewoner v.'⟩ ***-ees*** ⇒*-er* **0.3** ⟨vormt nw. uit land/plaatsnamen met bet. 'taal v.'⟩ ***-ees*** ⇒*-s* **0.4** ⟨vormt nw. uit nw. of namen v. schrijvers met bet. 'stijl v.'⟩ ◆ ¶**.1** Japanese *Japans;* Vietnamese *Viëtnamees* ¶**.2** Chinese *Chinees;* Japanese *Japanner* ¶**.3** Viennese *Weens;* Vietnamese *Viëtnamees* ¶**.4** jounalese *krantetaal*.
ESE ⟨afk.⟩ east-south-east **0.1** ***O.Z.O.***.
es·em·plas·tic ['esem'plæstɪk]⟨bn.⟩⟨schr.⟩ **0.1** ***eenmakend***.
es·ker, es·kar ['eskə‖-kər]⟨telb.zn.⟩⟨aardr.⟩ **0.1** ***esker*** ⇒*smeltwaterrug*.
Es·ki·mo[1], **Es·qui·mau** ['eskɪmoʊ]⟨f2⟩⟨zn.; ook Eskimo; Esquimaux [-oʊz]; →mv. 4, 5⟩
I ⟨eig.n.⟩ **0.1** ***Eskimo*** ⇒*de taal v.d. Eskimo's;*
II ⟨telb.zn.⟩ **0.1** ***Eskimo*** **0.2** →Eskimo dog.
Eskimo[2], **Esquimau** ⟨f2⟩⟨bn., attr.⟩ **0.1** ***eskimo-***.
'Eskimo dog ⟨telb.zn.⟩ **0.1** ***eskimohond*** ⇒*husky*.
Es·ky ['eski]⟨telb.zn.; →mv. 2⟩⟨Austr. E⟩ **0.1** ***koelbox***.
ESL ⟨afk.⟩ English as a Second Language.
ESN ⟨afk.⟩ educationally subnormal.
esophagus →oesophagus.
es·o·ter·ic ['esə'terɪk], **es·o·ter·i·cal** [-ɪkl]⟨f1⟩⟨bn.; -(al)ly; →bijw. 3⟩ **0.1** ***esoterisch*** ⇒*alleen voor ingewijden/deskundigen* **0.2** ***diepzinnig*** ⇒*duister, moeilijk* **0.3** ***geheim*** ⇒*vertrouwelijk*.
es·o·ter·i·cism ['esə'terɪsɪzm]⟨n.-telb.zn.⟩ **0.1** ***esoterisme*** **0.2** ***het esoterisch-zijn***.
esp ⟨afk.⟩ especially.
ESP ⟨afk.⟩ English for Special Purposes, extrasensory perception.
es·pa·drille ['espə'drɪl]⟨telb.zn.⟩ **0.1** ***espadrille*** ⟨linnen schoentje⟩ ⇒*touwschoen*.
es·pa·gno·lette [e'spænjə'let]⟨telb.zn.⟩ **0.1** ***spanjolet*** ⇒*espangolet*.
es·pal·ier [ɪ'spælɪə‖-ər]⟨telb.zn.⟩ **0.1** ***spalier*** ⇒*latwerk voor leiboom* **0.2** ***leiboom*** ⇒*spalier(boom)*.
es·par·to [e'spɑ:toʊ‖e'spɑrt̬oʊ], **e'sparto grass** ⟨n.-telb.zn.⟩⟨plantk.⟩ **0.1** ***esparto(gras)*** ⟨Stipa tenacissima⟩ ⇒*spart, (h)alfagras, spartelgras*.
es·pe·cial [ɪ'speʃl]⟨f1⟩⟨bn.⟩ **0.1** ***speciaal*** ⇒*bijzonder, uitzonderlijk* ◆ **6.1 in** ~ *vooral, in het bijzonder*.
es·pe·cial·ly [ɪ'speʃli]⟨f3⟩⟨bw.⟩ **0.1** ***speciaal*** **0.2** ***vooral*** ⇒*in het bijzonder, voornamelijk*.
Es·pe·ran·tist ['espə'ræntɪst]⟨telb.zn.⟩ **0.1** ***esperantist*** ⟨spreker/voorstander v.h. Esperanto⟩.
Es·pe·ran·to ['espə'rænt̬oʊ]⟨eig.n.⟩ **0.1** ***Esperanto***.
es·pi·al [ɪ'spaɪəl]⟨n.-telb.zn.⟩ **0.1** ***bespieding*** ⇒*het (be)spieden/(be) spioneren* **0.2** ***ontdekking*** ⇒*het bespeuren, het in de gaten krijgen* **0.3** ***het bespied/ontdekt worden***.
es·pi·o·nage ['espɪənɑ:ʒ]⟨f1⟩⟨n.-telb.zn.⟩ **0.1** ***spionage***.
es·pla·nade ['espləneɪd‖-nɑd]⟨telb.zn.⟩ **0.1** ***boulevard*** ⇒*(wandel) promenade* **0.2** ***voorplein*** ⟨v.e. fort⟩ ⇒*esplanade*.
es·pou·sal [ɪ'spaʊzl]⟨zn.⟩
I ⟨telb.zn.; vnl. mv. met enk. bet.⟩⟨vero.⟩ **0.1** ***verloving*** **0.2** ***bruiloft*** ⇒*huwelijk(sfeest);*
II ⟨telb. en n.-telb.zn.⟩ **0.1** ***omhelzing*** ⟨fig., v.e. zaak⟩ ⇒*steun*.
es·pouse [ɪ'spaʊz]⟨ov.ww.⟩ **0.1** ***omhelzen*** ⟨alleen fig.⟩ ⇒*aannemen, steunen* **0.2** ⟨vero.⟩ ***trouwen*** ⟨v. man⟩.
es·pres·so [e'spresoʊ, ɪ'spre-]⟨zn.⟩
I ⟨telb.zn.⟩ **0.1** ***espressomachine*** **0.2** ***espressobar;***
II ⟨telb. en n.-telb.zn.⟩ **0.1** ***espresso(koffie)***.
e'spresso coffee ⟨telb. en n.-telb.zn.⟩ **0.1** ***espresso(koffie)***.
es·prit [e'spri:]⟨n.-telb.zn.⟩ **0.1** ***geest*** ⇒*esprit* **0.2** ***geestigheid*** ⇒*esprit* ◆ **1.1** ~ de corps *kameraadschapsgeest, esprit de corps, korpsgeest* **1.2** ~ de l'escalier *te laat bedachte geestige inval, esprit de l'escalier*.
es·py [ɪ'spaɪ]⟨ov.ww.; →ww. 7⟩ **0.1** ***bespeuren*** ⟨fouten⟩ ⇒*ontdekken*.
Esq ⟨afk.⟩ Esquire.
-esque [esk]⟨vormt bijv. nw.⟩ **0.1** ***-esk*** ⇒*-(acht)ig* ◆ ¶**.1** burlesque *burlesk, kluchtig;* picturesque *schilderachtig, pittoresk*.
Esquimau →Eskimo.
es·quire [ɪ'skwaɪə‖'eskwaɪər]⟨f1⟩⟨telb.zn.; in bet. 0.1 en 0.2 vnl. als afk. Esq⟩ **0.1** ⟨BE⟩ ***de (Weledele/Weledelgeboren) Heer*** ⟨als titel⟩ **0.2** ⟨AE⟩ ***(vrede)rechter*** ⟨als titel⟩ **0.3** ⟨vero.⟩ →squire.
ESRO ['ezroʊ]⟨afk.⟩ European Space Research Organization.
es(s) [es]⟨telb.zn.⟩ **0.1** ***(letter) s*** **0.2** ***s-vormig voorwerp***.
-ess [ɪs] **0.1** ⟨vormt nw. die vrouw aanduiden⟩ ***-es*** ⇒*-ice, -in* **0.2** ⟨vormt abstr. nw.⟩⟨ong.⟩ ***-heid*** ◆ ¶**.1** actress *actrice;* mayoress *vrouw v. burgemeester* ¶**.2** largess *vrijgevigheid*.
es·say[1] ['eseɪ⟨in bet. 0.2 en 0.3 ook⟩e'seɪ]⟨f3⟩⟨telb.zn.⟩ **0.1** ***essay*** ⇒*opstel, (korte) verhandeling* **0.2** ⟨schr.⟩ ***poging*** **0.3** ⟨schr.⟩ ***toets*** ⇒*proeve, test* ◆ **6.2** ~ **at/in** *poging tot*.
essay[2] [e'seɪ]⟨f1⟩⟨ww.⟩⟨schr.⟩
I ⟨onov.ww.⟩ **0.1** ***een poging doen;***
II ⟨ov.ww.⟩ **0.1** ***pogen*** ⇒*proberen, beproeven, trachten* **0.2** ***toetsen*** ⇒*testen, op de proef stellen*.
es·say·ist ['eseɪɪst]⟨telb.zn.⟩ **0.1** ***essayist*** ⇒*schrijver v. essays*.

es·se ['esi]⟨n.-telb.zn.⟩ **0.1** ***wezen***.
es·sence ['esns]⟨f3⟩⟨zn.⟩
I ⟨telb.zn.⟩ **0.1** ***wezen*** ⇒*geest;*
II ⟨telb. en n.-telb.zn.⟩ **0.1** ***essence*** ⟨ook fig.⟩ ⇒*aftreksel, extract* **0.2** ***parfum*** ⇒*reukwerk;*
III ⟨n.-telb.zn.⟩ **0.1** ***essentie*** ⇒*kern* **0.2** ***wezen*** ⇒*essence* ◆ **6.2** **in** ~ *in wezen, wezenlijk;* **of** the ~ *van wezenlijk belang;* he's the ~ **of** kindness *hij is de vriendelijkheid zelf.*
'essence peddler ⟨telb.zn.⟩⟨sl.⟩ **0.1** ***stinkdier***.
Es·sene ['esi:n, e'si:n]⟨telb.zn.⟩ **0.1** ***Esseen*** ⟨lid v. oude joodse ascetische secte⟩ ⇒*Essener.*
es·sen·tial[1] [ɪ'senʃl]⟨f2⟩⟨telb.zn.; vooral mv.⟩ **0.1** ***het essentiële*** ⇒*essentie, wezen* **0.2** ***essentieel punt*** ⇒*hoofdzaak* **0.3** ***noodzakelijk iets*** ⇒*onontbeerlijke zaak/voorwerp* ◆ **2.3** they could only afford the basic ~s *zij konden zich alleen de allernoodzakelijkste dingen veroorloven.*
essential[2] ⟨f3⟩⟨bn.; -ness⟩
I ⟨bn.⟩ **0.1** ***essentieel*** ⇒*wezenlijk, werkelijk, zeer belangrijk, v. essentieel belang* **0.2** ***onmisbaar*** ⇒*onontbeerlijk, noodzakelijk* **0.3** ***verplicht*** **0.4** ⟨med.⟩ ***idiopat(h)isch*** ⟨v.e. ziekte⟩ ⇒*oorspronkelijk, op zichzelf staand* ◆ **1.3** experience ~ *ervaring vereist* **6.1** ~ **for/to** *essentieel voor, v. wezenlijk belang voor* **6.2** ~ **for/to** *noodzakelijk voor;*
II ⟨bn., attr.⟩ **0.1** ***etherisch*** ⇒*vluchtig* ◆ **1.1** ~ oil *etherische olie.*
es·sen·tial·ism [ɪ'senʃəlɪzm]⟨n.-telb.zn.⟩⟨fil.⟩ **0.1** ***essentialisme***.
es·sen·tial·ist [ɪ'senʃəlɪst]⟨telb.zn.⟩⟨fil.⟩ **0.1** ***essentialist*** ⇒*aanhanger v.h. essentialisme.*
es·sen·ti·al·i·ty [ɪ'senʃi'æləṭi]⟨zn.;→mv. 2⟩
I ⟨telb.zn.⟩ **0.1** ***wezenlijke eigenschap*** ⇒*hoofdzaak;*
II ⟨n.-telb.zn.⟩ **0.1** ***het essentiële*** ⇒*het wezenlijke, wezenlijkheid, werkelijkheid* **0.2** ***noodzaak***.
es·sen·tial·ly [ɪ'senʃli]⟨f3⟩⟨bw.⟩ **0.1** →essential **0.2** ***in wezen*** ⇒*hoofdzakelijk* **0.3** ***absoluut*** ⇒*beslist, noodzakelijk(erwijs).*
est ⟨afk.⟩ established, estate, estimate, estimated, estuary.
-est [ɪst] **0.1** ⟨vormt overtreffende trap v. bijv. nw. en bijw.;→comparatie⟩ ***-st*** **0.2** ⟨vormt 2e pers. enk. v. ww.⟩⟨vero.⟩ ◆ **¶.1** biggest *grootst;* finest *fijnst* **¶.2** thou goest *gij gaat.*
EST ⟨afk.⟩ Eastern Standard Time, electro-shock treatment; Extended Standard Theory ⟨taalk.⟩.
es·tab·lish [ɪ'stæblɪʃ]⟨f3⟩⟨ov.ww.⟩ **0.1** ***vestigen*** ⟨ook fig.⟩ ⇒*oprichten, stichten, instellen* **0.2** ***vestigen*** ⟨in beroep⟩ **0.3** ***(vast) benoemen*** ⇒*aanstellen, vaste aanstelling geven aan* **0.4** ***vaststellen*** ⟨feiten⟩ ⇒*staven, bewijzen* **0.5** ***tot staatskerk maken*** ◆ **1.1** he ~ed his name as an actor *hij heeft naam gemaakt als toneelspeler;* ~ed custom *ingeburgerd gebruik;* ~ a precedent *een precedent scheppen;* ~ed reputation *gevestigde reputatie;* ~ a rule *een regel instellen* **1.5** ~ed church *staatskerk* **6.2** ~ o.s. **as** a doctor **in** a town *zich als arts vestigen in een plaats.*
es·tab·lish·ment [ɪ'stæblɪʃmənt]⟨f3⟩⟨zn.⟩
I ⟨telb.zn.⟩ **0.1** ***huishouding*** ⇒*staf, personeel* **0.2** ⟨mil.⟩ ***formatie*** ⇒*sterkte, macht* **0.3** ***handelshuis*** ⇒*etablissement, onderneming, firma* ◆ **3.1** keep a large ~ *een groot huishouden voeren;*
II ⟨n.-telb.zn.⟩ **0.1** ***vestiging*** ⇒*het vestigen* ◆ **1.¶** ~ of the port *havengetal;*
III ⟨verz.n.; the⟩ **0.1** ⟨meestal E-⟩ ***gevestigde orde*** ⇒*(heersend) bestel, establishment* **0.2** ⟨E-⟩ ***Staatskerk***.
es·tab·lish·men·tar·i·an[1] [ɪ'stæblɪʃmən'teərɪən‖-'terɪən]⟨telb.zn.⟩ **0.1** ***aanhanger/voorstander/lid v.d. staatskerk***.
establishmentarian[2] ⟨bn.⟩ **0.1** ***tot de staatskerk behorend***.
es·ta·fette ['estə'fet]⟨telb.zn.⟩ **0.1** ***ijlbode*** ⇒*koerier, estafette* ⟨per paard⟩.
es·ta·mi·net [e'stæmɪneɪ‖e'stæmɪ'neɪ]⟨telb.zn.⟩ **0.1** ***kroegje*** ⇒*cafeetje, herberg, bierhuis.*
es·tate [ɪ'steɪt]⟨f3⟩⟨zn.⟩
I ⟨telb.zn.⟩ **0.1** ***landgoed*** ⇒*buiten(huis/verblijf)* **0.2** ⟨BE⟩ ***wijk*** ⇒*terrein,* ⟨i.h.b.⟩ *woonwijk* **0.3** ***stand*** ⇒*klasse* **0.4** ***plantage*** **0.5** →estate car ◆ **2.2** industrial ~ *industrieterrein/gebied/wijk* **7.3** ⟨scherts.⟩ the fourth ~ *de pers;* third ~ *derde stand, 'tiers état';* the Three Estates (of the Realm) *de drie standen* ⟨in Eng.: het Lagerhuis, de wereldlijke Lords en de geestelijke Lords⟩;
II ⟨n.-telb.zn.⟩ **0.1** ⟨jur.⟩ ***(land)bezit*** ⇒*vast goed* **0.2** ⟨jur.⟩ ***boedel*** ⇒*nalatenschap* **0.3** ⟨jur.⟩ ***bezitsrecht*** **0.4** ⟨vero.⟩ ***staat*** ⇒*toestand, rang* **0.5** ⟨vero.⟩ ***hoge rang*** ⇒*aanzien, stand* ◆ **1.4** come to man's ~ *man worden, de mannelijke leeftijd bereiken;* holy ~ of matrimony *de huwelijkse/echte staat* **1.5** man of ~ *man v. aanzien, heer v. stand.*
e'state agency ⟨telb.zn.⟩ **0.1** ***makelaardij*** ⟨in onroerend goed⟩.
e'state agent ⟨f1⟩⟨telb.zn.⟩⟨BE⟩ **0.1** ***makelaar in onroerend goed*** **0.2** ***rentmeester***.
e'state car ⟨f1⟩⟨telb.zn.⟩⟨BE⟩ **0.1** ***stationcar*** ⇒*combi(natie)wagen.*
e'state duty ⟨telb. en n.-telb.zn.⟩⟨BE⟩ **0.1** ***successierecht***.
Estates-General →States General.
e'state tax ⟨telb. en n.-telb.zn.⟩⟨AE⟩ **0.1** ***successierecht***.
es·teem[1] [ɪ'sti:m]⟨f1⟩⟨n.-telb.zn.⟩⟨schr.⟩ **0.1** ***achting*** ⇒*respect, waardering* ◆ **2.1** hold s.o. in high ~ *iem. hoogachten.*
esteem[2] ⟨f1⟩⟨ov.ww.⟩⟨schr.⟩⟨→sprw. 727⟩ **0.1** ***(hoog)achten*** ⇒*waarderen, respecteren* **0.2** ***beschouwen*** ◆ **1.2** ~ sth. a duty *iets als een plicht zien;* ~ sth. (as) an honour *iets (als) een eer beschouwen.*
es·ter ['estə‖-ər]⟨telb.zn.⟩⟨schei.⟩ **0.1** ***ester***.
es·ter·i·fy [e'sterɪfaɪ]⟨onov. en ov.ww.;→ww. 7⟩⟨schei.⟩ **0.1** ***veresteren*** ⇒*in een ester veranderen.*
esthete →aesthete.
esthetic(al) →aesthetic(al).
estheticism →aestheticism.
esthetics →aesthetic[1] II.
es·ti·ma·ble ['estɪməbl]⟨bn.; -ly; -ness;→bijw. 3⟩ **0.1** ***achtenswaardig*** **0.2** ***schatbaar*** ⇒*taxeerbaar, berekenbaar.*
es·ti·mate[1] ['estɪmət]⟨f2⟩⟨zn.⟩
I ⟨telb.zn.⟩ **0.1** ***schatting*** ⇒⟨stat.⟩ *geschatte waarde* **0.2** ***(kosten) raming*** ⇒*begroting, bestek, prijsopgave, calculatie* **0.3** ***oordeel*** ◆ **2.1** rough ~ *ruwe schatting* **6.1** **at** a rough ~ *ruwweg, in het ruwe;*
II ⟨mv.; the Estimates⟩ **0.1** ***rijksbegroting***.
estimate[2] ['estɪmeɪt]⟨f2⟩⟨ww.⟩
I ⟨onov.ww.⟩ →estimate for;
II ⟨ov.ww.⟩ **0.1** ***schatten*** ⇒*berekenen, taxeren, begroten, calculeren* **0.2** ***beoordelen*** ⟨persoon⟩ ◆ **6.1** ~ sth. **at** £100 *iets op 100 pond schatten.*
'estimate for ⟨onov.ww.⟩ **0.1** ***taxeren*** ⇒*begroten, prijsopgave/begroting geven voor.*
es·ti·ma·tion ['estɪ'meɪʃn]⟨f1⟩⟨telb. en n.-telb.zn.⟩ **0.1** ***(hoog)achting*** ⇒*waardering* **0.2** ***schatting*** ⇒*taxatie, raming* ◆ **3.1** hold s.o. in ~ *iem. (hoog)achten;* lower o.s. in s.o.'s ~ *in iemands achting dalen* **6.1** be **in** ~ *geacht worden* **6.2** **by** our ~ *volgens onze schatting.*
esti'mation error ⟨telb.zn.⟩⟨stat.⟩ **0.1** ***schattingsfout***.
es·ti·ma·tive ['estɪmətɪv‖-meɪṭɪv]⟨bn.⟩ **0.1** ***geschat***.
es·ti·ma·tor ['estɪmeɪtə‖-meɪṭər]⟨telb.zn.⟩ **0.1** ***schatter*** ⇒*taxateur;* ⟨i.h.b.⟩ *calculator* **0.2** ⟨stat.⟩ ***schattingsgrootheid*** ⇒*schatter.*
estival →aestival.
estivate →aestivate.
estivation →aestivation.
Es·to·ni·an[1] [e'stounɪən]⟨zn.⟩
I ⟨eig.n.⟩ **0.1** ***Est(n)isch*** ⇒*de Est(n)ische taal;*
II ⟨telb.zn.⟩ **0.1** ***Estlander***.
Estonian[2] ⟨bn.⟩ **0.1** ***Estlands*** ⇒*Estisch.*
es·top [ɪ'stɒp‖ɪ'stɑp]⟨ov.ww.;→ww. 7⟩⟨jur.⟩ **0.1** ***uitsluiten*** ⇒*beletten* ◆ **6.1** ~ **from** (doing) sth. *uitsluiten v. iets, beletten iets te doen.*
es·top·page [ɪ'stɒpɪdʒ‖ɪ'stɑp-]⟨n.-telb.zn.⟩⟨jur.⟩ **0.1** ***uitsluiting***.
es·top·pel [ɪ'stɒpl‖ɪ'stɑpl]⟨n.-telb.zn.⟩⟨jur.⟩ **0.1** ***estoppel*** ⇒*uitsluiting.*
es·to·vers [e'stoʊvəz‖-vərs]⟨mv.⟩⟨jur.⟩ **0.1** ***(recht op) noodzakelijke behoeften*** ⟨bv. alimentatie⟩.
es·trade [ə'strɑ:d]⟨telb.zn.⟩ **0.1** ***(laag) podium*** ⇒*verhoging, optre(d)e, estrade.*
es·trange [ɪ'streɪndʒ]⟨f1⟩⟨ov.ww.⟩ **0.1** ***vervreemden*** ⇒*afkerig maken* ◆ **6.1** ~ **from** *vervreemden v..*
es·trange·ment [ɪ'streɪndʒmənt]⟨f1⟩⟨telb. en n.-telb.zn.⟩ **0.1** ***vervreemding*** ⇒*verwijdering, afkerigheid* ◆ **6.1** ~ **between** old friends *vervreemding tussen oude vrienden;* ~ **from** *vervreemding v..*
es·treat[1] [ɪ'stri:t]⟨telb.zn.⟩⟨jur.⟩ **0.1** ***een afschrift*** ⇒*uittreksel* **0.2** ***oplegging*** ⟨boete⟩ **0.3** ***verbeurdverklaring*** ⟨borg⟩ ⇒*invordering.*
estreat[2] ⟨ov.ww.⟩⟨jur.⟩ **0.1** ***een afschrift maken v.*** **0.2** ***opleggen*** ⟨boete⟩ **0.3** ***verbeurd verklaren*** ⟨borg⟩ ⇒*invorderen.*
estrogen →oestrogen.
estrum →oestrum.
estrus cycle →oestrus cycle.
es·tu·a·rine ['estʃʊərɪn, -raɪn], **es·tu·a·ri·al** ['estʃʊ'eərɪəl]⟨bn.⟩ **0.1** ***mbt./v. een (wijde) riviermond*** **0.2** ***in een riviermond levend/voorkomend*** ⇒*estuarien.*
es·tu·ar·y ['estʃʊəri‖'estʃʊeri]⟨f1⟩⟨telb.zn.;→mv. 2⟩ **0.1** ***(wijde) riviermond*** ⇒*estuarium, trechtermond.*
esu ⟨afk.⟩ electrostatic unit(s).
e·su·ri·ence [ɪ'sjʊərɪəns‖ɪ'sjʊr-], **e·su·ri·en·cy** [-si]⟨n.-telb.zn.⟩⟨vero. beh. scherts.⟩ **0.1** ***hongerigheid*** **0.2** ***begerigheid*** ⇒*hebberigheid.*
e·su·ri·ent [ɪ'sjʊərɪənt‖ɪ'sjʊr-]⟨bn.; -ly⟩⟨vero. beh. scherts.⟩ **0.1** ***hongerig*** **0.2** ***begerig*** ⇒*hebberig.*
-et [ɪt], ⟨in bet. 0.2 ook⟩ **-ete** [i:t]⟨vormt nw.⟩ **0.1** ⟨duidt oorspr.

iets kleins aan⟩ *-et* ⇒*-je* **0.2** ⟨duidt vnl. pers. aan⟩ *-eet* ◆ **¶.1** fillet *filet;* islet *eilandje;* sonnet *sonnet* **¶.2** athlete *atleet;* comet *komeet.*

e·ta[1] ['i:tə||'eɪṭə]⟨telb.zn.⟩ **0.1** *èta* ⟨7e letter v.h. Griekse alfabet⟩.

eta[2] ['eɪtɑ:]⟨telb. en n.-telb.zn.; ook eta; →mv. 4⟩ **0.1** *eta* ⟨(lid v.) Japanse pariaklasse, tot 1871⟩.

eta[3], **ETA** ⟨afk.⟩ estimated time of arrival.

e·tae·ri·o [e'tɪəriou||ə'tɪr-]⟨telb.zn.⟩⟨plantk.⟩ **0.1** ***in trossen groeiende vrucht.***

é·ta·gère ['eɪtɑ:'ʒeə||-'ʒer]⟨telb.zn.⟩ **0.1** ***etagère.***

et al ⟨afk.⟩ et alia, et alii **0.1** ***e.a.***.

e·tat·ism [eɪ'tætɪzm||eɪ'tɑṭɪzm]⟨n.-telb.zn.⟩ **0.1** ***etatisme*** ⇒*leer v. (vergaande) staatsbemoeienis.*

etc ⟨afk.⟩ et cetera **0.1** ***enz.*** ⇒*etc.*.

et cet·er·a, et·cet·er·a [ɪt'setrə, ɪk-||-'seṭə-]⟨f2⟩⟨bw.⟩ **0.1** ***enzovoort (s)*** ⇒*etcetera.*

et·cet·er·as [ɪt'setrəz, ɪk-||-'seṭə-]⟨mv.⟩ **0.1** ***extra's*** **0.2** ***diverse zaken*** ⇒*allerlei.*

etch[1] [etʃ]⟨n.-telb.zn.⟩ **0.1** ***het etsen.***

etch[2] ⟨f2⟩⟨ww.⟩ →etching

I ⟨onov. en ov.ww.⟩ **0.1** ***etsen*** ◆ **5.¶** ~ **in** *intekenen, bijtekenen;*

II ⟨ov.ww.⟩ **0.1** ***indruk maken*** ◆ **1.1** be ~ed in/on one's memory *in zijn geheugen gegrift staan.*

etch·ant ['etʃnt]⟨telb.zn.⟩ **0.1** ***etsvloeistof.***

etch·er ['etʃə||-ər]⟨f1⟩⟨telb.zn.⟩ **0.1** ***etser.***

etch·ing ['etʃɪŋ]⟨f1⟩⟨zn.; gerund v. etch⟩

I ⟨telb.zn.⟩ **0.1** ***ets;***

II ⟨n.-telb.zn.⟩ **0.1** ***het etsen*** ⇒*etsing, etskunst.*

'etching needle ⟨telb.zn.⟩ **0.1** ***etsnaald*** ⇒*etsstift.*

-ete →-et.

e·ter·nal [ɪ'tɜ:nl||-'tɜr-]⟨f2⟩⟨bn.; -ly; -ness⟩⟨→sprw. 304⟩ **0.1** ***eeuwig(durend)*** **0.2** ⟨inf.⟩ ***voortdurend*** ⇒*onophoudelijk, eeuwig* ◆ **1.1** Eternal City *eeuwige stad* ⟨Rome⟩; ~ life *eeuwig leven* **1.2** ~ gossip *eeuwig geroddel* **1.¶** ~ triangle *driehoeksverhouding* **7.1** the Eternal *de Eeuwige* ⟨God⟩.

e·ter·na·lize [ɪ'tɜ:nəlaɪz||-'tɜr-], **e·ter·nize** [-naɪz]⟨ov.ww.⟩ **0.1** ***vereeuwigen*** **0.2** ***onsterfelijk maken*** ⟨naam e.d.⟩ ⇒*eeuwig doen duren.*

e·ter·ni·ty [ɪ'tɜ:nəti||ɪ'tɜrnəṭi]⟨f2⟩⟨zn.; →mv. 2⟩

I ⟨telb.zn.⟩⟨inf.⟩ **0.1** ***lange tijd*** ⇒*eeuwigheid* ◆ **3.1** it seemed an ~ *het leek wel een eeuwigheid;*

II ⟨n.-telb.zn.⟩ **0.1** ***eeuwigheid*** **0.2** ***onsterfelijkheid*** **0.3** ***het eeuwige leven*** ⇒*eeuwigheid* ◆ **3.3** blow/send s.o. to ~ *iem. naar de andere wereld helpen/doden* **6.1** to all ~ *tot in eeuwigheid;*

III ⟨mv.; eternities⟩ **0.1** ***eeuwige waarheden.***

e'ternity ring ⟨telb.zn.⟩ **0.1** ***ring met edelstenen rondom*** ⟨als symbool v. eeuwigheid⟩.

E·te·sian [ɪ'ti:ʒn]⟨bn.⟩ **0.1** ***jaarlijks*** ⇒*etesisch* ◆ **1.1** ~ winds *etesische winden* ⟨noordenwind in het Middellandse Zeegebied in de zomer⟩.

eth →edh.

-eth, -th [(ɪ)θ] **0.1** ⟨suffix v. rangtelwoord/breuk⟩ *-de* ⇒*-ste* **0.2** ⟨suffix v. 3e pers. enk. onvoltooid teg. t.⟩⟨vero.⟩ ◆ **¶.1** fourth *vierde;* twentieth *twintigste* **¶.2** he do(e)th *hij maakt;* he maketh *hij maakt.*

eth·ane ['eθeɪn]⟨n.-telb.zn.⟩⟨schei.⟩ **0.1** ***ethaan.***

eth·a·nol ['eθənɒl||-nɔl]⟨n.-telb.zn.⟩⟨schei.⟩ **0.1** ***ethanol*** ⇒*ethylalcohol, spiritus.*

Eth·el ['eθl]⟨telb.zn.⟩⟨sl.⟩ **0.1** ***doetje.***

e·ther, ae·ther ['i:θə||-ər]⟨f1⟩⟨n.-telb.zn.⟩ **0.1** ⟨schei.⟩ ***ether*** ⇒⟨i.h.b.⟩ *diethylether, etoxyethaan* **0.2** ⟨inf.⟩ ***lucht*** ⇒*ether, radio* **0.3** ⟨schr.⟩ ***hemelruim*** ⇒*hemel, bovenlucht, dampkring, ether* ◆ **6.2 in** the ~ *in de lucht/ether, op de radio.*

e·the·re·al, e·the·ri·al, ae·the·ri·al [i:'θɪərɪəl||i:'θɪr-]⟨f1⟩⟨bn.; -ly; -ness⟩ **0.1** ***etherisch*** ⟨ook fig.⟩ ⇒*hemels* **0.2** ***ongrijpbaar*** ⇒*ijl, licht, etherisch* **0.3** ***etherisch*** ⇒*vluchtig* **0.4** ⟨schei.⟩ ***ether-*** ⇒*v./mbt. ether* ◆ **1.3** ~ oil *etherische olie* **1.4** ~ solution *etheroplossing.*

e·the·re·al·ize [i:'θɪərɪəlaɪz||i:'θɪr-]⟨onov. en ov.ww.⟩ **0.1** ***vergeestelijken*** ⇒*etherisch maken/worden.*

e·ther·ic [i:'θerɪk]⟨bn.⟩ **0.1** ***etherisch.***

e·ther·i·za·tion, -sa·tion ['ɪ:θəraɪ'zeɪʃn||-ə'zeɪʃn]⟨telb. en n.-telb.zn.⟩ **0.1** ***narcose*** ⇒*etherisatie* **0.2** ⟨schei.⟩ ***ethervorming.***

e·ther·ize, -ise ['i:θəraɪz]⟨ov.ww.⟩ **0.1** ***onder narcose brengen*** ⟨met ether⟩ **0.2** ⟨schei.⟩ ***in ether omzetten.***

eth·ic[1] ['eθɪk]⟨f2⟩⟨zn.⟩

I ⟨telb. en n.-telb.zn.⟩ **0.1** ***ethiek*** **0.2** ***ethos;***

II ⟨mv.; ~s⟩ **0.1** ⟨ww. vnl. enk.⟩ ***ethica*** ⇒*ethiek, zedenleer, moraalfilosofie* **0.2** ⟨ww. ook enk.⟩ ***gedragsnormen/code*** ⇒*moraliteit, ethiek, zedelijkheid* ◆ **1.2** a matter of ~s *een morele kwestie.*

ethic[2] ⟨bn.⟩ **0.1** ***ethisch*** ⇒*moreel* **0.2** ***moreel juist/goed*** ◆ **1.¶** ⟨taalk.⟩ ~ dative *ethische datief, datief v. gevoel/meeleven.*

eth·i·cal ['eθɪkl]⟨f2⟩⟨bn.; -ly; -ness⟩ **0.1** ***ethisch*** ⇒*moreel, zedelijk* **0.2** ***moreel juist/goed*** **0.3** ***(alleen) op recept verkrijgbaar*** ⟨v. medicijnen⟩.

eth·i·cal·i·ty ['eθɪ'kæləṭi]⟨n.-telb.zn.⟩ **0.1** ***zedelijkheid.***

eth·i·cize ['eθɪsaɪz]⟨ov.ww.⟩ **0.1** ***ethisch maken*** ⇒*ethische eigenschappen toeschrijven aan.*

E·thi·o·pi·an[1] ['i:θi'oupɪən]⟨zn.⟩

I ⟨eig.n.⟩ **0.1** ***Ethiopisch*** ⇒*de Ethiopische taal,* ⟨i.h.b.⟩ *Amhaars;*

II ⟨telb.zn.⟩ **0.1** ***Ethiopiër*** **0.2** ⟨vero.⟩ ***neger.***

Ethiopian[2] ⟨bn.⟩ **0.1** ***Ethiopisch*** **0.2** ⟨vero.⟩ ***neger-*** ⇒*zwart* ◆ **1.¶** ⟨sl.; bel.⟩ ~ paradise *schellinkje, engelenbak.*

E·thi·o·pic[1] ['i:θi'ɒpɪk||-'ɑpɪk]⟨eig.n.⟩ **0.1** ***Ge'ez*** ⇒*Geez* ⟨taal v.d. Ethiopische Kerk⟩.

Ethiopic[2] ⟨bn.⟩ **0.1** ***Ge'ez-*** ⇒*mbt. het Ge'ez/Geez* **0.2** ***Ethiopisch.***

eth·moid[1] ['eθmɔɪd]⟨telb.zn.⟩ **0.1** ***zeefbeen*** ⟨os ethmoidale⟩.

ethmoid[2], **eth·moi·dal** ['eθ'mɔɪdl]⟨bn.⟩ **0.1** ***zeefbeen-*** ⇒*v./mbt. het zeefbeen* ◆ **1.1** ~ bone *zeefbeen.*

eth·narch ['eθnɑ:k||-nɑrk]⟨telb.zn.⟩ **0.1** ***ethnarch*** ⇒*provinciehoofd, streekhoofd, gouverneur,* ⟨vnl. gesch.⟩ *vorst v.h. volk.*

eth·nic[1] ['eθnɪk]⟨zn.⟩

I ⟨telb.zn.⟩ **0.1** ⟨vnl. AE; inf.⟩ ***lid v.e. etnische groep;***

II ⟨mv.; ~s; ww. vnl. enk.⟩ **0.1** ***etnologie*** ⇒*volkenkunde.*

ethnic[2], ⟨in bet. 0.1 ook⟩ **eth·ni·cal** ['eθnɪkl]⟨f1⟩⟨bn.; -(al)ly; →bijw. 3⟩ **0.1** ***etnisch*** ⇒*volkenkundig, v./mbt. een volk/ras, volken-* **0.2** ⟨vnl. AE⟩ ***primitief-exotisch*** ◆ **1.2** ~ music *oorspronkelijke exotische muziek, etnische muziek.*

eth·nic·i·ty [eθ'nɪsəṭi]⟨n.-telb.zn.⟩ **0.1** ***het behoren tot een bep. ras/volk*** **0.2** ***volkstrots.***

eth·no- ['eθnoʊ] **0.1** ***etno-*** ⇒*volks-, rassen-, v./mbt. een etnische groep* ◆ **¶.1** ethnolinguistics *etnolinguïstiek;* ethnopsychology *volks/volkenpsychologie.*

eth·no·cen·tric ['eθnoʊ'sentrɪk]⟨bn.⟩ **0.1** ***etnocentrisch.***

eth·no·cen·trism ['eθnoʊ'sentrɪzm]⟨n.-telb.zn.⟩ **0.1** ***superioriteitsleer v.h. eigen ras*** ⇒*etnocentrisme.*

eth·nog·ra·pher [eθ'nɒgrəfə||eθ'nɑgrəfər]⟨telb.zn.⟩ **0.1** ***etnograaf*** ⇒*volkenbeschrijver.*

eth·no·graph·ic ['eθnoʊ'græfɪk], **eth·no·graph·i·cal** [-ɪkl]⟨bn.; -(al)ly; →bijw. 3⟩ **0.1** ***etnografisch*** ⇒*v./mbt. etnografie, behorend tot volkenbeschrijving.*

eth·nog·ra·phy [eθ'nɒgrəfi||-'nɑ-]⟨telb. en n.-telb.zn.; →mv. 2⟩ **0.1** ***etnografie*** ⇒*beschrijvende volkenkunde.*

eth·no·log·ic [eθnə'lɒdʒɪk||-'lɑdʒɪk], **eth·no·log·i·cal** [-ɪkl]⟨bn.; -(al)ly; →bijw. 3⟩ **0.1** ***etnologisch*** ⇒*volkenkundig.*

eth·nol·o·gist [eθ'nɒlədʒɪst||-'nɑ-]⟨telb.zn.⟩ **0.1** ***etnoloog*** ⇒*volkenkundige.*

eth·nol·o·gy [eθ'nɒlədʒi||-'nɑ-]⟨n.-telb.zn.⟩ **0.1** ***etnologie*** ⇒*(vergelijkende) volkenkunde.*

eth·no·mu·si·col·o·gist ['eθnoʊmju:zɪ'kɒlədʒɪst||-'kɑ-]⟨telb.zn.⟩ **0.1** ***etnomusicoloog*** ⇒*iem. die volksmuziek bestudeert.*

eth·no·mu·si·col·o·gy [-'kɒlədʒi||-'kɑ-]⟨n.-telb.zn.⟩ **0.1** ***etnomusicologie*** ⇒*studie v.d. volksmuziek.*

e·thol·o·gi·cal ['eθə'lɒdʒɪkl||-'lɑ-]⟨bn.⟩ **0.1** ***ethologisch.***

e·thol·o·gist [i:'θɒlədʒɪst||-'θɑ-]⟨telb.zn.⟩ **0.1** ***etholoog*** ⇒*beoefenaar v.d. ethologie.*

e·thol·o·gy [i:'θɒlədʒi||-'θɑ-]⟨n.-telb.zn.⟩ **0.1** ***ethologie*** ⇒*gedragsstudie,* ⟨i.h.b.⟩ *studie v. dierlijk gedrag* **0.2** ***karakterleer*** ⇒*studie v. menselijke karaktervorming.*

e·thos ['i:θɒs||'i:θɑs]⟨f1⟩⟨telb.zn.⟩ **0.1** ***ethos*** ⇒*zede(lijke houding), karakter, geest* ⟨v. persoon, groep, volk⟩ **0.2** ***zedelijke motivatie/beweegreden*** ⟨v. beweging, kunstwerk⟩ ⇒*ethos, grondbeginsel.*

eth·yl ['eθl]⟨n.-telb.zn.; in bet. 0.1 vaak in combinatie⟩⟨schei.⟩ **0.1** ***et(h)yl*** **0.2** ***tetra-et(h)yl-lood*** ⇒*et(h)yl* ⟨antiklopmiddel⟩.

'ethyl 'alcohol ⟨n.-telb.zn.⟩⟨schei.⟩ **0.1** ***(gewone) alcohol*** ⇒*et(h)ylalcohol, et(h)anol.*

eth·yl·ene ['eθɪli:n]⟨n.-telb.zn.⟩⟨schei.⟩ **0.1** ***et(h)yleen*** ⇒*etheen.*

'ethylene 'glycol ⟨n.-telb.zn.⟩⟨schei.⟩ **0.1** ***et(h)eenglycol*** ⇒*et(h)aandiol, glycol* ⟨antivries- en desinfectiemiddel⟩.

e·ti·o·late ['i:ṭɪəleɪt]⟨ww.⟩

I ⟨onov.ww.⟩ **0.1** ⟨plantk.⟩ ***etioleren*** ⇒*lang en bleek uitgroeien* **0.2** ***bleek/zwak worden*** ⇒*verbleken, verzwakken, verwelken, wegkwijnen;*

II ⟨ov.ww.⟩ **0.1** ⟨plantk.⟩ ***doen etioleren*** ⇒*lang en bleek doen uitgroeien* **0.2** ***bleekjes/zwak maken*** ⇒*(doen) verbleken, verzwakken, er bleek/ziek uit laten zien.*

e·ti·o·la·tion ['i:ṭɪə'leɪʃn]⟨n.-telb.zn.⟩⟨plantk.⟩ **0.1** ***het etioleren*** ⇒*etiolement, verbleking, het (doen) opgroeien in het donker.*

etiologic, etiological →aetiologic, aetiological.

etiology →aetiology.

et·i·quette ['etɪket||'eṭɪkɪt]⟨f2⟩⟨n.-telb.zn.⟩ **0.1** ***etiquette*** ⇒*omgangs- en beleefdheidsvormen, gedragscode, ceremonieel, ge-*

dragsregels ◆ **1.1** the ~ at court *de hofetiquette* **2.1** military ~ *militaire gedragscode.*

et·na ['etnə]⟨telb.zn.⟩⟨gesch.⟩ **0.1** ***spiritusstelletje.***

'E·ton 'blue ⟨n.-telb.zn.; vaak attr.⟩ **0.1** ***lichtblauw.***

'Eton 'collar ⟨telb.zn.⟩ **0.1** ***brede stijve kraag (over jaskraag).***

'Eton 'crop ⟨n.-telb.zn.⟩ **0.1** ***kortgeknipt (haar)model*** ⟨v. dames⟩ ⇒*jongenskop, zeer korte haardracht.*

'Eton 'fives ⟨n.-telb.zn.⟩⟨BE; sport⟩ **0.1** ***Eton fives*** ⟨kaatsspel in indoorhal met 3 muren⟩.

E·to·ni·an[1] [i:'toʊnɪən]⟨telb.zn.⟩ **0.1** ***(oud)leerling v. Eton*** ⟨College in Engeland⟩ ◆ **2.1** Old ~s *oudleerlingen v. Eton College.*

Etonian[2] ⟨bn.⟩ **0.1** ***Eton-*** ⇒*v./mbt. (een (oud)leerling v.) Eton College.*

'Eton 'jacket ⟨telb.zn.⟩ **0.1** ***kort jasje (tot de taille, met brede revers).***

é·tri·er ['eɪtrieɪ‖eɪtri'eɪ]⟨mv.⟩⟨bergsport⟩ **0.1** ***laddertje.***

E·trus·can[1] [ɪ'trʌskən], **E·tru·ri·an** [ɪ'trʊərɪən‖-'trʊr-]⟨zn.⟩
I ⟨eig.n.⟩ **0.1** ***Etrurisch*** ⇒*de Etrurische taal;*
II ⟨telb.zn.⟩ **0.1** ***Etrusk*** ⇒*Etruriër.*

Etruscan[2], **Etrurian** ⟨bn.⟩ **0.1** ***Etruskisch*** ⇒*Etrurisch.*

et seq, et sq ⟨afk.; mv. et seqq., et sqq.⟩ et sequens **0.1** ***e.v.***.

-ette [et] **0.1** ⟨vormt →verkleinwoord⟩ ***-je*** ⇒*kleine, -pje, -tje* **0.2** ***imitatie-*** ⇒*namaak-* **0.3** ***-ette*** ⇒*vrouwelijke, -euse, -in* ◆ ¶**.1** kitchenette *keukentje;* wagonette *kleine wagen/wagon* ¶**.2** erminette *namaak-hermelijn(bont);* leatherette *imitatie-leer* ¶**.3** farmerette *boerin;* majorette *majorette, vrouwelijke tamboer;* suffragette *suffragette;* usherette *ouvreuse.*

é·tude [eɪ'tju:d‖-'tu:d]⟨telb.zn.⟩⟨muz.⟩ **0.1** ***etude*** ⇒*oefeningsstuk, compositie (ter beproeving), studie.*

é·tui, e·twee [e'twi:]⟨telb.zn.⟩ **0.1** ***etui*** ⇒*zakdoosje, foedraal, koker, zaknecessaire.*

et·y·mo·log·i·cal ['etɪmə'lɒdʒɪkl‖'eṭɪmə'lɑ-], **et·y·mo·log·ic** [-ɪk] ⟨bn.; -(al)ly; →bijw. 3⟩ **0.1** ***etymologisch*** ⇒*woordafleidings-, v./mbt. etymologie, afleidkundig.*

et·y·mol·o·gist [etɪ'mɒlədʒɪst‖'eṭɪ'mɑ-]⟨telb.zn.⟩ **0.1** ***etymoloog*** ⇒*kenner/beoefenaar v.d. etymologie, woordafleider, etymologie-student.*

et·y·mol·o·gize, -gise ['etɪ'mɒlədʒaɪz‖'eṭɪ'mɑ-]⟨ww.⟩
I ⟨onov.ww.⟩ **0.1** ***etymologie studeren*** ⇒*de etymologie v. woorden vaststellen, woordafleidingen nagaan, etymologieën verschaffen;*
II ⟨ov.ww.⟩ **0.1** ***etymologiseren*** ⇒*de etymologie opsporen/geven v., uit afleiding verklaren, afleiden.*

et·y·mol·o·gy ['etɪ'mɒlədʒi‖'eṭɪ'mɑ-]⟨f1⟩⟨zn.; →mv. 2⟩
I ⟨telb.zn.⟩ **0.1** ***etymologie*** ⇒*woordafleiding, historische oorsprong v. (e.) woord(en);*
II ⟨n.-telb.zn.⟩ **0.1** ***etymologie*** ⇒*woordafleidkunde.*

et·y·mon ['etɪmɒn‖'eṭɪmɑn]⟨telb.zn.; ook etyma ['etɪmə‖'eṭɪmə]; →mv. 5⟩ **0.1** ***etymon*** ⟨v.e. woord⟩ ⇒*grondbetekenis, stamwoord, wortelwoord.*

eu- [ju:] **0.1** ***eu-*** ⇒*goed-, wel-, mooi-, gemakkelijk* ◆ ¶**.1** euphemism *eufemisme;* euphony *welluidendheid;* euphoria *euforie.*

eu·ca·lypt ['ju:kəlɪpt]⟨zn.⟩
I ⟨telb.zn.⟩⟨plantk.⟩ **0.1** ***eucalyptus*** ⇒*gomboom* ⟨genus Eucalyptus⟩;
II ⟨n.-telb.zn.⟩ **0.1** ***eucalyptusolie*** ⇒*olie uit eucalyptusblad* ⟨i.h.b. v. Eucalyptus globulus⟩.

eu·ca·lyp·tus ['ju:kə'lɪptəs], ⟨in bet. II ook⟩ **euca'lyptus oil** ⟨zn.; ook eucalypti [-taɪ, -ti:]; →mv. 5⟩
I ⟨telb.zn.⟩⟨plantk.⟩ **0.1** ***eucalyptus*** ⇒*gomboom* ⟨genus Eucalyptus⟩;
II ⟨n.-telb.zn.⟩ **0.1** ***eucalyptusolie*** ⟨i.h.b. v. Eucalyptus globulus⟩.

Eu·cha·rist ['ju:kərɪst]⟨f1⟩⟨n.-telb.zn.; the⟩⟨relig.⟩ **0.1** ⟨Anglicaans, R.-K.⟩ ***eucharistie*** ⇒*Heilig Sacrament des altaars* **0.2** ⟨Prot.⟩ ***Avondmaal*** **0.3** ***(gaven v.) brood en wijn*** ⇒*eucharistie,* ⟨i.h.b. R.-K.⟩ *hostie, communie* ◆ **1.1** celebration of the ~ *eucharistieviering* **3.3** give/receive the ~ *de eucharistie uitreiken/ontvangen.*

Eu·cha·ris·tic ['ju:kə'rɪstɪk], **Eu·cha·ris·ti·cal** [-ɪkl]⟨bn.⟩⟨relig.⟩ **0.1** ***eucharistisch*** ⇒*eucharistie-,* ⟨vnl. prot.⟩ *v./mbt. het Avondmaal.*

eu·chre[1] ['ju:kə‖-ər]⟨n.-telb.zn.⟩ **0.1** ***euchre*** ⟨bep. Am. kaartspel⟩.

euchre[2] ⟨ov.ww.⟩ **0.1** ***voordeel behalen op*** ⟨door iem. te beletten drie slagen te halen⟩⟨ook fig.⟩ ⇒*te slim af zijn, de loef afsteken.*

Eu·clid·e·an, Eu·clid·i·an [ju:'klɪdɪən]⟨bn.⟩⟨wisk.⟩ **0.1** ***euclidisch*** ⇒*volgens de leer v. Euclides* ◆ **1.1** ~ geometry *euclidische meetkunde.*

eu·d(a)e·mon·ic ['ju:dɪ'mɒnɪk‖-di:'mɑ-]⟨bn.⟩ **0.1** ***gelukkig makend*** ⇒*gelukbrengend.*

eu·d(a)e·mon·ism [ju:'di:mənɪzm]⟨n.-telb.zn.⟩ **0.1** ***eud(a)emonisme*** ⇒*geluksmoraal, leer v.d. gelukzaligheid.*

eu·d(a)e·mon·ist [ju:'di:mənɪst]⟨telb.zn.⟩ **0.1** ***aanhanger v.h. eud(a)emonisme*** ⇒*volgeling v.d. geluksmoraal.*

eu·d(a)e·mon·is·tic [ju:'di:mə'nɪstɪk], **eu·d(a)e·mon·is·ti·cal** [-ɪkl] ⟨bn.⟩ **0.1** ***eud(a)emonistisch*** ⇒*de geluksmoraal aanhangend, overeenkomstig het eud(a)emonisme.*

eu·gen·ic [ju:'dʒenɪk]⟨bn.; -ally; →bijw. 3⟩
I ⟨bn.⟩ **0.1** ***gezonde kinderen voortbrengend*** ◆ **1.1** a ~ marriage *een huwelijk waar gezonde kinderen uit voortkomen;*
II ⟨bn., attr.⟩ **0.1** ***eugenetisch*** ⇒*rasveredelings-.*

eu·gen·ics [ju:'dʒenɪks]⟨n.-telb.zn.⟩ **0.1** ***eugenese*** ⇒*eugenetica, eugenetiek, (onderzoek/leer mbt.) rasveredeling, rashygiëne.*

eu·gen·ist ['ju:dʒənɪst], **eu·gen·i·cist** [ju:'dʒenɪsɪst]⟨telb.zn.⟩ **0.1** ***eugeneticus*** ⇒*beoefenaar v.d. eugenetica* **0.2** ***aanhanger/voorstander v.d. eugenetica.***

eu·he·mer·ism [ju:'hi:mərɪzm]⟨n.-telb.zn.⟩ **0.1** ***euhemerisme*** ⇒*rationele verklaring v.d. mythologie* ⟨door goden te beschouwen als verheerlijkte mensen⟩.

eu·he·mer·ist [ju:'hi:mərɪst]⟨telb.zn.⟩ **0.1** ***euhemerist*** ⇒*aanhanger v.h. euhemerisme.*

eu·he·mer·is·tic [ju:'hi:mə'rɪstɪk]⟨bn.; -ally; →bijw. 3⟩ **0.1** ***euhemeristisch.***

eu·he·mer·ize [ju:'hi:məraɪz]⟨ww.⟩
I ⟨onov.ww.⟩ **0.1** ***een euhemeristische verklaring geven;***
II ⟨ov.ww.⟩ **0.1** ***euhemeristisch uitleggen*** ⇒*een euhemeristische verklaring geven voor.*

eu·lo·gist ['ju:lədʒɪst]⟨telb.zn.⟩⟨schr.⟩ **0.1** ***lofredenaar.***

eu·lo·gis·tic ['ju:lə'dʒɪstɪk]⟨bn.; -ally; →bijw. 3⟩ **0.1** ***prijzend*** ⇒*lovend, vol lof.*

eu·lo·gi·um [ju:'loʊdʒɪəm]⟨telb. en n.-telb.zn.; ook eulogia [-dʒɪə]; →mv. 5⟩⟨schr.⟩ **0.1** ***lofprijzing.***

eu·lo·gize, -gise ['ju:lədʒaɪz]⟨ov.ww.⟩⟨schr.⟩ **0.1** ***loven*** ⇒*hoog prijzen, een lofrede houden over, de loftrompet steken over.*

eu·lo·gy ['ju:lədʒi]⟨telb. en n.-telb.zn.; →mv. 2⟩⟨schr.⟩ **0.1** ***lofprijzing*** ⇒*lof(tuiting), lofspraak, lofrede,* ⟨AE⟩ *grafrede* ◆ **6.1** a ~ **of/on** her virtues *een lofrede over haar deugden.*

Eu·men·i·des [ju:'menɪdi:z]⟨eig.n., mv.⟩ **0.1** ***Eumeniden*** ⇒⟨euf.⟩ *wraakgodinnen.*

eu·nuch ['ju:nək]⟨f1⟩⟨telb.zn.⟩ **0.1** ***eunuch*** ⇒*eunuuk, gesnedene, ontmande, (geheel/gedeeltelijk) gecastreerde man* ⟨i.h.b. in harem⟩ **0.2** ***zwakkeling*** ⇒*iem. die niets voor elkaar krijgt, impotent iem.* ◆ **1.2** an intellectual ~ *iem. die intellectueel gezien tot niets in staat is.*

eu·on·y·mus [ju:'ɒnɪməs‖-'ɑnɪ-]⟨telb.zn.⟩⟨plantk.⟩ **0.1** ⟨ben. voor plant v. genus⟩ ***Euonymus.***

eu·pep·si·a [ju:'pepsɪə]⟨telb. en n.-telb.zn.⟩⟨med.⟩ **0.1** ***goede spijsvertering/digestie.***

eu·pep·tic [ju:'peptɪk]⟨bn.⟩ **0.1** ***met/voor goede spijsvertering*** ⇒*de spijsvertering bevorderend, digestief, goed voor de spijsvertering.*

eu·phe·mism ['ju:fɪmɪzm]⟨f1⟩⟨telb. en n.-telb.zn.⟩ **0.1** ***eufemisme*** ⇒*verbloemde/verzachtende benaming.*

eu·phe·mis·tic ['ju:fɪ'mɪstɪk]⟨f1⟩⟨bn.; -ally; →bijw. 3⟩ **0.1** ***eufemistisch*** ⇒*verzachtend, verbloemend, verschonend.*

eu·phe·mize ['ju:fɪmaɪz]⟨ww.⟩
I ⟨onov.ww.⟩ **0.1** ***eufemistisch spreken*** ⇒*(een) eufemisme(n) gebruiken;*
II ⟨ov.ww.⟩ **0.1** ***eufemistisch spreken over*** ⇒*(een) eufemisme(n) gebruiken voor, eufemistisch uitdrukken.*

eu·phon·ic [ju:'fɒnɪk‖-'fɑ-]⟨bn.; -ally; →bijw. 3⟩ **0.1** ***welluidend*** ⇒*eufonisch, v./mbt. eufonie, met mooie/aangename klank* **0.2** ⟨taalk.⟩ ***eufonisch*** ⇒*terwille v. welluidendheid ingevoegd.*

eu·pho·ni·ous [ju:'foʊnɪəs]⟨bn.; -ly⟩ **0.1** ***welluidend*** ⇒*eufonisch, mooiklinkend, met een aangename klank.*

eu·pho·ni·um [ju:'foʊnɪəm]⟨telb.zn.⟩⟨muz.⟩ **0.1** ***euphonium*** ⇒*tenortuba.*

eu·pho·nize ['ju:fənaɪz]⟨ov.ww.⟩ **0.1** ***eufonisch/welluidend maken*** ⇒*een aangename klank geven, mooi doen klinken.*

eu·pho·ny ['ju:fəni]⟨zn.; →mv. 2⟩
I ⟨telb.zn.⟩ **0.1** ***welluidende klank*** ⇒*aangenaam geluid;*
II ⟨n.-telb.zn.⟩ **0.1** ***welluidendheid*** ⇒*eufonie, het aangenaam klinken* **0.2** ⟨taalk.⟩ ***eufonie*** ⇒*klankverandering* ⟨om uitspraakgemak/welluidendheid⟩.

eu·phor·bi·a [ju:'fɔ:bɪə‖-'fɔr-]⟨telb.zn.⟩⟨plantk.⟩ **0.1** ***wolfsmelk*** ⟨genus Euphorbia⟩.

eu·pho·ri·a [ju:'fɔ:rɪə]⟨f1⟩⟨n.-telb.zn.⟩ **0.1** ***euforie*** ⇒*het zich zeer gelukkig/goed voelen, gevoel v. welbehagen/gelukzaligheid* **0.2** ⟨psych.⟩ ***euforie*** ⇒*overdreven geluksgevoel.*

eu·pho·ri·ant[1] [ju:'fɔ:rɪənt]⟨telb.zn.⟩ **0.1** ***euforiserend middel*** ⇒*euforie-opwekkend middel.*

euphoriant[2] ⟨bn.⟩ **0.1** ***euforie-opwekkend*** ⇒*gevoel v. welbehagen scheppend, euforiserend.*

eu·phor·ic [ju:'fɒrɪk‖-'fɑrɪk]⟨f1⟩⟨bn.; -ally⟩ **0.1** ***euforisch*** ⇒*behaaglijk, (overdreven) gelukzalig.*

eu·phra·sy ['ju:frəsi]⟨telb.zn.; →mv. 2⟩⟨plantk.⟩ **0.1** ***ogentroost*** ⟨genus Euphrasia⟩.

eu·phroe, u·phroe ['ju:froʊ]⟨telb.zn.⟩⟨scheep.⟩ **0.1** ***juffer*** ⟨blok met gaten waardoor talrepen lopen⟩.

eu·phu·ism ['ju:fju:ɪzm]⟨telb. en n.-telb.zn.⟩ **0.1** ***eufuïsme*** *⇒(voorbeeld v.) gekunstelde schrijftrant, (overdreven) ingewikkelde stijl, retorische stijl* ⟨naar Lyly's Euphues⟩.

eu·phu·ist ['ju:fju:ɪst]⟨telb.zn.⟩ **0.1** ***eufuïst*** *⇒eufuïstische schrijver, gekunstelde/retorische stilist, iem. met te/zeer verzorgde stijl.*

eu·phu·is·tic ['ju:fju:'ɪstɪk], **eu·phu·is·tic·cal** [-ɪkl]⟨bn.;-(al)ly; →bijw. 3⟩ **0.1** ***eufuïstisch*** *⇒overdreven gestileerd, met retorische/gekunstelde stijl, v./mbt. zeer verzorgde stijl, fantasierijke retoriek*.

eup·noe·a, ⟨AE sp.⟩ **eup·ne·a** [ju:p'nɪə]⟨n.-telb.zn.⟩⟨med.⟩ **0.1** ***eupnoe*** *⇒rustige, normale ademhaling.*

eup·noe·ic, ⟨AE sp.⟩ **eup·ne·ic** [ju:p'nɪək]⟨bn.⟩⟨med.⟩ **0.1** ***rustig, normaal ademhalend.***

Eur·a·sian[1] [jʊə'reɪʃn‖jʊ'reɪʒn]⟨telb.zn.⟩ **0.1** ***euraziër*** *⇒Indo(-europeaan), iem. v. Europees-Aziatische afkomst, nonna, sinjo.*

Eurasian[2] ⟨bn.⟩ **0.1** ***Europees-Aziatisch*** *⇒v./mbt./uit Europa en Azië* **0.2** ***Indo-europees*** *⇒v. Europees-Aziatische komaf* ⟨v. persoon⟩.

Eur·at·om [jʊ:'ræṭəm]⟨eig.n.⟩⟨afk.⟩ European Atomic Energy Community **0.1** ***Euratom*** *⇒Europese Gemeenschap voor Atoomenergie.*

eu·re·ka [jʊə'ri:kə‖jə-]⟨f1⟩⟨tussenw.⟩ **0.1** ***(h)eureka*** *⇒ik heb het (gevonden).*

eu·r(h)yth·mic [ju:'rɪðmɪk]⟨bn., attr.⟩ **0.1** ***euritmisch.***

eu·r(h)yth·mics [ju:'rɪðmɪks]⟨f1⟩⟨n.-telb.zn.⟩ **0.1** ***euritmie*** *⇒ritmische gymnastiek(leer)* ⟨bewegingskunst op basis v. woord en muziek⟩.

eu·ro ['ju:roʊ]⟨telb.zn.⟩⟨Austr. E; dierk.⟩ **0.1** ***wallaroe*** ⟨Macropus robustus⟩.

Eu·ro- ['jʊəroʊ‖'jʊroʊ] **0.1** ***Euro-*** *⇒v./mbt. Europa, Europees, v./mbt. de Europese Gemeenschap* ◆ **¶.1** Eurodollar *Eurodollar* ⟨Am. dollar in Europees bezit⟩.

Eu·ro·bond ['jʊəroʊbɒnd‖'jʊroʊbɑnd]⟨telb.zn.⟩⟨geldw.⟩ **0.1** ***eurobond*** *⇒euro-obligatie* ⟨verkocht buiten het valutagebied v.d. gebruikte munteenheid⟩.

Eu·ro·cheque ['jʊəroʊtʃek‖'jʊroʊ-]⟨telb.zn.⟩ **0.1** ***eurocheque.***

Eu·ro·com·mu·nism ['jʊəroʊ'kɒmjʊnɪzm‖'jʊroʊ'kɑmjə-]⟨n.-telb.zn.⟩⟨pol.⟩ **0.1** ***eurocommunisme.***

Eu·ro·com·mu·nist [-'kɒmjʊnɪst‖-'kɑmjə-]⟨telb.zn.⟩⟨pol.⟩ **0.1** ***eurocommunist.***

Eu·ro·crat ['jʊərəkræt‖'jʊr-]⟨telb.zn.⟩ **0.1** ***eurocraat*** *⇒topambtenaar v.d. Europese Gemeenschap.*

Eu·ro·cur·ren·cy ['jʊəroʊkʌrənsɪ‖'jʊroʊkərənsi]⟨telb. en n.-telb.zn.⟩ **0.1** ***eurovaluta*** ⟨Europese munteenheid die als financieel instrument buiten eigen valutagebied gebruikt wordt⟩ **0.2** ***Europese munt/valuta*** ⟨gemeenschappelijke munteenheid voor Europa⟩.

'Eu·ro-e·lec·tion ⟨telb.zn.⟩ **0.1** ***Europese verkiezing.***

Eu·ro·mar·ket ['jʊəroʊmɑ:kɪt‖'jʊroʊmɑrkɪt]⟨eig.n.⟩ **0.1** ***Euromarkt.***

Eu·ro·mis·sile [-mɪsaɪl‖-mɪsl]⟨telb.zn.⟩ **0.1** ***Euroraket*** *⇒raket in Europa.*

'Eu·ro-MP ⟨telb.zn.⟩ **0.1** ***Europarlementariër.***

Eu·ro·net ['jʊəroʊnet‖'jʊroʊ-]⟨n.-telb.zn.⟩ **0.1** ***Euronet*** ⟨databanknetwerk v.d. EG⟩.

Eu·rope ['jʊərəp‖'jʊrəp]⟨eig.n.⟩ **0.1** ***Europa*** **0.2** ***Europa*** *⇒E.E.G.* **0.3** ⟨BE⟩ ***het vasteland v. Europa*** ◆ **3.2** join ~ *lid worden v.d. E.E.G..*

Eu·ro·pe·an[1] ['jʊərə'pɪən‖'jʊr-]⟨f2⟩⟨telb.zn.⟩ **0.1** ***Europeaan*** *⇒inwoner v. Europa, iem. v. Europese afkomst* **0.2** ***Europeeër.***

European[2] ⟨f3⟩⟨bn.⟩ **0.1** ***Europees*** *⇒v./mbt./in Europa* **0.2** ⟨vnl. BE⟩ ***blank*** ⟨v. mensen⟩ *⇒Europeaans, niet inlands* ◆ **1.1** ~ Economic Community *Europese Economische Gemeenschap, E.E.G.;* ~ languages *Europese talen, talen gesproken in Europa;* he has a ~ reputation *hij heeft een Europese reputatie, hij is bekend in heel Europa;* the ~ snake *de Europese muntslang* **1.¶** ⟨AE⟩ ~ plan *logies zonder maaltijden, maaltijden niet inbegrepen;* American plan or ~ plan *inclusief of exclusief maaltijden* ⟨v. logiesprijs⟩.

Eu·ro·pe·an·i·za·tion ['jʊərəpɪənaɪ'zeɪʃn‖'jʊrəpɪənə-]⟨n.-telb.zn.⟩ **0.1** ***het (doen) vereuropesen*** *⇒het Europees maken/worden,* ⟨bij uitbr.⟩ *opname in de E.E.G.* **0.2** ***europeanisatie.***

Eu·ro·pe·an·ize ['jʊərə'pi:ənaɪz‖'jʊr-]⟨ov.ww.⟩ **0.1** ***(doen) vereuropesen*** *⇒Europees maken,* ⟨bij uitbr.⟩ *in de E.E.G. opnemen* **0.2** ***europeaniseren.***

eu·ro·pi·um [jʊ'roʊpɪəm]⟨n.-telb.zn.⟩⟨schei.⟩ **0.1** ***europium*** ⟨element 63⟩.

Eu·ro·plug ['jʊəroʊplʌg‖'jʊroʊ-]⟨telb.zn.⟩ **0.1** ***Eurostekker*** *⇒gestandardiseerd en geschikt voor EG-landen.*

Eu·ro·po·cen·tric ['jʊərəpoʊ'sentrɪk‖jə'roʊ-]⟨bn.⟩ **0.1** ***eurocentrisch.***

'Eu·ro-poll ⟨telb.zn.⟩ **0.1** ***Europese verkiezing.***

Eu·ro·speak ['jʊəroʊspi:k‖'jʊroʊ-]⟨n.-telb.zn.⟩ **0.1** ***EG-jargon.***

Eu·ro·sum·mit ['jʊəroʊsʌmɪt‖'jʊroʊ-]⟨telb.zn.⟩ **0.1** ***EG-top(conferentie).***

Eu·ro·vi·sion ['jʊərəvɪʒn‖'jʊrə-]⟨eig.n.⟩ **0.1** ***Eurovisie*** *⇒Europees televisienet.*

eurythmic →eurhythmic.

eurythmics →eurhythmics.

Eu·sta·chian [jʊ'steɪʃn]⟨bn., attr.⟩⟨anat.⟩ **0.1** ***v. Eustachius*** ◆ **1.1** ~ tube *buis v. Eustachius, tuba auditiva.*

eu·tec·tic[1] [ju:'tektɪk]⟨zn.⟩⟨nat.⟩
I ⟨telb.zn.⟩ **0.1** ***eutectisch(e) mengsel/samenstelling/legering*** *⇒eutecticum;*
II ⟨n.-telb.zn.⟩ **0.1** ***eutectische temperatuur.***

eutectic[2] ⟨bn.⟩⟨nat.⟩ **0.1** ***eutectisch*** ◆ **1.1** ~ mixture *eutectisch mengsel;* ~ temperature/point *eutecticum, eutectisch punt.*

Eu·ter·pe·an [ju:'tɜ:pɪən‖-'tɜr-]⟨bn.⟩ **0.1** ***muziek-*** *⇒mbt. muziek.*

eu·tha·na·sia ['ju:θə'neɪzɪə‖-'neɪʒə]⟨f1⟩⟨n.-telb.zn.⟩ **0.1** ***euthanasie*** *⇒(het veroorzaken v.) een pijnloze/zachte dood; toediening v. middel om sterven te verlichten.*

eu·the·ri·an [ju:'θɪərɪən]⟨telb.zn.⟩⟨dierk.⟩ **0.1** ***placentaal zoogdier*** *⇒*⟨mv.⟩ *Eutheria.*

eu·troph·ic [ju:'trɒfɪk‖-'trɑ-]⟨bn.⟩ **0.1** ***eutroof*** ⟨v. bodem/water⟩ *⇒voedselrijk, (te) rijk aan voedingsstoffen* ⟨voor planten⟩.

eu·troph·i·ca·tion [ju:'trɒfɪ'keɪʃn‖-'trɑ-]⟨n.-telb.zn.⟩ **0.1** ***eutrofiëring*** *⇒het (te) rijk aan voedsel maken/worden* ⟨voor waterplanten⟩.

eu·tro·phy ['ju:trəfi]⟨telb. en n.-telb.zn.;→mv. 2⟩ **0.1** ***eutrofie*** ⟨v. water⟩ *⇒voedselrijkdom* ⟨i.h.b. voor planten⟩.

eV ⟨afk.⟩ electron volt.

EVA ⟨afk.⟩ extravehicular activity.

e·vac·u·ant[1] [ɪ'vækjʊənt]⟨telb.zn.⟩ **0.1** ***laxeermiddel*** *⇒purgerend middel, purgatief.*

evacuant[2] ⟨bn.⟩ **0.1** ***purgatief*** *⇒laxeer-, purgerend.*

e·vac·u·ate [ɪ'vækjʊeɪt]⟨f2⟩⟨ww.⟩
I ⟨onov.ww.⟩ **0.1** ***zich terugtrekken*** *⇒een gebied ontruimen;*
II ⟨ov.ww.⟩ **0.1** ***evacueren*** *⇒ontruimen, uit gevaarlijk gebied halen (en elders onderbrengen), de woonplaats doen verlaten,* ⟨mil.⟩ *terugtrekken uit, verlaten* **0.2** ⟨schr.⟩ ***ledigen*** *⇒uitlozen, v. inhoud ontdoen, uitwerpen, ontlasten* ⟨ingewanden⟩, *luchtledig maken* **0.3** ⟨schr.⟩ ***beroven*** *⇒ontnemen* ◆ **1.1** part of the troops was ~d *een deel v.d. troepen werd teruggetrokken;* all women and children are ~d from here to another region *alle vrouwen en kinderen worden overgebracht vanhier naar een andere streek* **1.2** ~ the bowels *zich ontlasten* **1.3** that system ~s people of all moral values *dat systeem berooft de mensen v. alle morele waarden.*

e·vac·u·a·tion [ɪ'vækjʊ'eɪʃn]⟨f1⟩⟨telb. en n.-telb.zn.⟩ **0.1** ***evacuatie*** *⇒het evacueren, overbrenging, ontruiming,* ⟨mil.⟩ *terugtrekking; het in veiligheid brengen* **0.2** ⟨schr.⟩ ***ontlasting*** *⇒stoelgang, defecatie* **0.3** ***lediging*** *⇒het luchtledig maken, evacuatie, het vacuüm zuigen v.e. hol lichaam.*

e·vac·u·ee [ɪ'vækjʊ'i:]⟨telb.zn.⟩ **0.1** ***evacué(e)*** *⇒geëvacueerd persoon.*

e·vad·a·ble, e·vad·i·ble [ɪ'veɪdəbl]⟨bn.⟩ **0.1** ***vermijdbaar*** *⇒te ontduiken/omzeilen/ontwijken.*

e·vade [ɪ'veɪd]⟨f2⟩⟨ww.⟩
I ⟨onov.ww.⟩ **0.1** ***ontwijken*** *⇒iets uit de weg gaan;*
II ⟨ov.ww.⟩ **0.1** ***vermijden*** *⇒(proberen te) ontkomen/ontsnappen aan, omzeilen, ontwijken, ontduiken, uit de weg gaan* **0.2** ***tarten*** *⇒onmogelijk maken, ontgaan, te boven gaan* ◆ **1.1** ~ one's creditors *aan zijn schuldeisers ontkomen;* ~ his angry looks *zijn boze blikken ontwijken;* ~ the police *de politie ontglippen;* ~ a painful question *een pijnlijke vraag omzeilen;* ~ one's responsibilities *zijn verantwoordelijkheden uit de weg gaan;* ~ (paying one's) taxes *belasting ontduiken* **1.2** his acting talent ~s description *zijn acteertalent tart elke beschrijving, zijn acteertalent gaat elke beschrijving te boven.*

e·vag·i·nate [ɪ'vædʒɪneɪt]⟨onov. en ov.ww.⟩⟨med.⟩ **0.1** ***evagineren*** *⇒binnenstebuiten keren.*

e·vag·i·na·tion [ɪ'vædʒɪ'neɪʃn]⟨telb. en n.-telb.zn.⟩⟨med.⟩ **0.1** ***evaginatie*** *⇒*⟨v.e. weefsel⟩ *het zich naar buiten plooien.*

e·val·u·ate [ɪ'væljʊeɪt]⟨f3⟩⟨ov.ww.⟩ **0.1** ***de waarde/het belang/de betekenis bepalen v.*** *⇒taxeren, beoordelen, ramen, schatten, evalueren* **0.2** ***berekenen*** *⇒de hoeveelheid/waarde vaststellen v., getalsmatig uitdrukken.*

e·val·u·a·tion [ɪ'væljʊ'eɪʃn]⟨f2⟩⟨telb. en n.-telb.zn.⟩ **0.1** ***waardebepaling*** *⇒het taxeren, beoordeling, waardeschatting, raming, evaluatie* **0.2** ***getalsmatige uitdrukking*** *⇒berekening.*

e·val·u·a·tive [ɪ'væljʊətɪv]⟨bn.⟩ **0.1** ***evaluatief.***

ev·a·nesce ['i:və'nes]⟨onov.ww.⟩ **0.1** ***verdwijnen*** *⇒uit het gezicht gaan, uitgewist worden, vervagen.*

ev·a·nes·cence ['i:və'nesns]⟨telb. en n.-telb.zn.⟩ **0.1** ***verdwijning*** ⇒*vervaging, het uitgewist worden, het tenietgaan, vluchtigheid.*

ev·a·nes·cent ['i:və'nesnt]⟨bn.; -ly⟩ **0.1** ***verdwijnend*** ⇒*voorbijgaand, vluchtig, vervagend* **0.2** ⟨wisk.⟩ ***oneindig klein.***

e·van·gel [ɪ'vændʒl]⟨telb.zn.⟩⟨vero.⟩ **0.1** ⟨ook E-⟩ ***evangelie*** **0.2** ***doctrine*** ⇒*leer(stelling), evangelie* **0.3** ***evangelist.***

e·van·gel·i·cal[1] ['i:væn'dʒelɪkl]⟨telb.zn.⟩ **0.1** ***lid v. evangelische kerk / groepering*** ⇒*aanhanger v.d. evangelische leer* ⟨in Eng.: aanhanger v. Low Church⟩.

evangelical[2], ⟨vero.⟩ **e·van·gel·ic** ['i:væn'dʒelɪk]⟨f1⟩⟨bn.; -(al)ly; →bijw. 3⟩ **0.1** ***evangelisch*** ⇒*v. / mbt. / volgens het evangelie, evangelie-* **0.2** ⟨ook E-⟩ ***evangelisch*** ⇒*protestant* **0.3** ***v. / mbt. de evangelische kerk*** ⟨in Eng.: Low Church⟩.

e·van·gel·i·cal·ism ['i:væn'dʒelɪkəlɪzm]⟨n.-telb.zn.⟩ **0.1** ***evangelische leer*** ⟨stelt bijbelstudie en geloof boven goede daden en eredienst⟩ **0.2** ***het aanhangen v.d. evangelische leer / kerk.***

e·van·gel·ism [ɪ'vændʒɪlɪzm]⟨n.-telb.zn.⟩ **0.1** ***evangelieprediking*** ⇒*verkondiging / verbreiding v.h. evangelie, evangelisatie* **0.2** ***evangelische leer*** **0.3** ***het aanhangen v.d. evangelische leer / kerk.***

e·van·gel·ist [ɪ'vændʒɪlɪst]⟨f1⟩⟨telb.zn.⟩ **0.1** ⟨vaak E-⟩ ***evangelist*** ⟨schrijver v. evangelie⟩ **0.2** ***evangelist*** ⇒*(rondtrekkend) evangelieprediker / verkondiger* **0.3** ***patriarch*** ⟨bij mormonen⟩.

e·van·gel·is·tic [ɪ'vændʒɪ'lɪstɪk]⟨bn.⟩ **0.1** ***v. / mbt. een evangelist*** ⇒*volgens een evangelieschrijver / prediker / verkondiger* **0.2** ***evangelisch*** **0.3** ***v. / mbt. de evangelische kerk.***

e·van·gel·i·za·tion, -sa·tion [ɪ'vændʒɪlaɪ'zeɪʃn‖-dʒɪlə-]⟨n.-telb.zn.⟩ **0.1** ***evangelisatie*** ⇒*bekering tot het evangelie, verbreiding / verkondiging v.h. evangelie, het evangeliseren.*

e·van·gel·ize, -ise [ɪ'vændʒɪlaɪz]⟨onov. en ov.ww.⟩ **0.1** ***evangeliseren*** ⇒*tot het evangelie bekeren, het evangelie onderwijzen / verkondigen (aan), evangelist zijn.*

e·van·ish [ɪ'vænɪʃ]⟨onov.ww.⟩⟨schr.⟩ **0.1** ***in het niets verdwijnen*** ⇒*vervlieden.*

e·vap·o·ra·ble [ɪ'væprəbl]⟨bn.⟩ **0.1** ***verdampbaar.***

e·vap·o·rate [ɪ'væpəreɪt]⟨f2⟩⟨onov. en ov.ww.⟩ **0.1** ***verdampen*** ⇒*doen verdampen, in damp (doen) opgaan, (doen) vervliegen, (doen) evaporeren / uitdampen / uitwasemen, condenseren, indampen;* ⟨fig.⟩ *in het niets (doen) verdwijnen, verloren (doen) gaan, in rook op gaan* ◆ **1.1** heat ~s this liquid *de warmte doet deze vloeistof verdampen;* my hope has ~d *mijn hoop is vervlogen, ik heb de hoop verloren;* ~d milk *geëvaporeerde / gecondenseerde melk, koffiemelk;* her passion ~d *haar hartstocht verdween (als sneeuw voor de zon);* perfume ~s very quickly *parfum vervliegt zeer snel.*

e·vap·o·ra·tion [ɪ'væpə'reɪʃn]⟨f2⟩⟨n.-telb.zn.⟩ **0.1** ***verdamping*** ⇒*evaporatie, uitdamping, indamping* **0.2** ***het vervliegen*** ⟨ook fig.⟩ ⇒*het verdwijnen, het verloren gaan, verlies.*

e·vap·o·ra·tive [ɪ'væpərətɪv‖-reɪţɪv]⟨bn.⟩ **0.1** ***verdampings-*** ⇒*v. / mbt. verdamping, door verdamping.*

e·vap·o·ra·tor [ɪ'væpəreɪtə‖-reɪţər]⟨telb.zn.⟩ **0.1** ***verdamper*** ⇒*verdampingstoestel, evaporator.*

e·vap·o·rite [ɪ'væpəraɪt]⟨n.-telb.zn.⟩⟨geol.⟩ **0.1** ***evaporiet*** ⟨type gesteente ontstaan door verdamping⟩.

e·va·sion [ɪ'veɪʒn]⟨f1⟩⟨telb. en n.-telb.zn.⟩ **0.1** ***ontwijking*** ⇒*vermijding, ontduiking, het omzeilen, uitvlucht, het ontlopen* ◆ **1.1** ~ of taxes *ontduiking v. belastingen.*

e·va·sive [ɪ'veɪsɪv]⟨f1⟩⟨bn.; -ly; -ness⟩ **0.1** ***ontwijkend*** ⇒*ontduikend, omzeilend, vermijdend, eromheen draaiend, vol uitvluchten* ◆ **1.1** take ~ action *moeilijkheden uit de weg gaan, ertussenuit knijpen, zich drukken;* ⟨mil.⟩ *(contact met) de vijand vermijden, proberen te ontsnappen;* an ~ glance *een ontwijkende blik.*

eve [i:v]⟨f1⟩⟨zn.⟩

I ⟨eig.n., telb.zn.; E-⟩ **0.1** ***Eva*** ⇒*de vrouw* ◆ **1.1** daughter of Eve *dochter Eva's / v. Eva, vrouw;*

II ⟨telb.zn.; vnl. enk.; vaak E-⟩ **0.1** ***vooravond*** ⟨bv. v. religieus feest⟩ **0.2** ⟨schr.⟩ ***avond*** ◆ **1.1** on the ~ of the race *vlak voor de wedstrijd, de dag voor de wedstrijd.*

e·vec·tion [ɪ'vekʃn]⟨telb. en n.-telb.zn.⟩ **0.1** ***evectie*** ⟨storing v. maanbaan door zon⟩.

e·ven[1] ['i:vn], ⟨in bet. I ook⟩ **e'en** [i:n]⟨f1⟩⟨zn.⟩

I ⟨telb.zn.⟩⟨schr.⟩ **0.1** ***avond*** **0.2** ***vooravond*** ⟨v. gebeurtenis⟩;

II ⟨mv.; ~s⟩⟨BE; inf.⟩ **0.1** ***evenveel kans*** ⇒*vijftig procent kans, een kans v. fifty-fifty.*

even[2] ⟨f3⟩⟨bn.; ook -er; -ly; -ness⟩ **0.1** ***vlak*** ⇒*gelijk, glad, effen, geheel horizontaal* **0.2** ***gelijkmatig*** ⇒*kalm, regelmatig, onveranderlijk, evenwichtig, gelijkmoedig* **0.3** ***even*** ⇒*door twee deelbaar* **0.4** ***gelijk*** ⇒*even groot / veel / sterk, gelijk opgaand, quitte, effen, in evenwicht* **0.5** ***eerlijk*** ⇒*onpartijdig, rechtvaardig* **0.6** ***exact*** ⇒*precies, (afge)rond, vol* ◆ **1.1** ⟨scheep.⟩ on an ~ keel *gelijklastig, zonder stuur- of koplast, voor en achter even zwaar;* ⟨fig.⟩ *horizontaal, vlak; rustig, in evenwicht* **1.2** ~ breathing *rustige / regelmatige ademhaling;* ~ teeth *een gelijkmatig gebit;* an ~ temper *een kalme aard, een evenwichtig / gelijkmatig humeur;* an ~ temperature *een weinig veranderlijke temperatuur* **1.3** ~ and odd numbers *even en oneven getallen* **1.4** an ~ chance *een gelijke kans, een even grote kans;* ⟨inf.⟩ it is ~ chances that he comes *de kans is fifty-fifty / er is vijftig procent kans dat hij komt;* ⟨schr.; jur., hand.⟩ of ~ date *v. dezelfde / gelijke datum;* ~ money *gelijke inzet* ⟨bij een weddenschap⟩; ⟨fig.⟩ *gelijke kansen;* ~ odds *gelijke kansen, kruis of munt, vijftig procent kans;* fight on ~ terms *het met gelijke wapens uitvechten, een gelijke strijd voeren, aan elkaar gewaagd zijn* **1.5** an ~ exchange *een eerlijke ruil* **1.6** an ~ mile *precies een mijl, op de kop af een mijl, een volle mijl;* pay an ~ pound *een vol pond betalen* **1.¶** ⟨sl.⟩ ~ Steven(s) / Stephen(s) *(precies) gelijk; fifty-fifty* **3.4** be / get ~ with s.o. *'t iem. betaald zetten, bij iem. zijn gram halen;* I'll get ~ with you *ik zal onze rekening vereffenen, ik zal wraak op je nemen, ik zal het je betaald zetten;* first I was losing, now we're ~ again *eerst verloor ik, nu staan we weer quitte* **6.4** she is ~ **with** me *ze staat gelijk met mij, ze is quitte met mij.*

even[3] ⟨f1⟩⟨ww.⟩

I ⟨onov.ww.⟩ **0.1** ***gelijk worden*** ⇒*glad / effen worden* ◆ **5.1** →even **up;**

II ⟨ov.ww.⟩ **0.1** ***gelijk maken*** ⇒*glad maken, vlakken, vereffenen* ◆ **5.1** →even **out;** →even **up.**

even[4], ⟨schr.⟩ **e'en** ⟨f4⟩⟨bw.⟩ **0.1** ***zelfs*** **0.2** ⟨vnl. voor vergrotende trap⟩ ***nog*** ⇒*in hogere mate / graad* **0.3** ⟨schr.⟩ ***juist*** ⇒*precies, exact* **0.4** ⟨vero.⟩ ***namelijk*** ⇒*dezelfde als, te weten* ◆ **1.4** it is he, ~ your brother *hij is het, namelijk je broer* **2.1** she isn't ~ grateful for what you have done *ze is niet eens dankbaar voor wat je gedaan hebt;* that's ~ better *dat is zelfs (nog) beter* **2.2** ~ older than Peter with ~ less energy *nog ouder dan Peter met nog minder energie* **3.1** she was unhappy, ~ weeping *ze was ongelukkig, ja zelfs in tranen* **5.1** ~ now *zelfs nu, toch, niettemin, nu nog;* ~ so *maar toch, niettemin, desondanks, zelfs in dat geval, ook als dat zo is;* ~ then *zelfs toen, toch, niettemin* **8.1** ~ if / though *zelfs al, hoewel toch, ook al* **8.3** ~ as *precies toen, juist toen, op het(zelfde) moment dat.*

'e·ven·fall ⟨n.-telb.zn.⟩⟨schr.⟩ **0.1** ***het vallen v.d. avond*** ⇒*het invallen v.d. duisternis.*

'e·ven-'hand·ed ⟨f1⟩⟨bn.; -ly; -ness⟩ **0.1** ***onpartijdig*** ⇒*neutraal, objectief, eerlijk* **0.2** ***evenwichtig*** ⇒*gebalanceerd.*

eve·ning ['i:vnɪŋ]⟨f4⟩⟨zn.⟩

I ⟨telb.zn.⟩ **0.1** ***avond(je)*** ⇒*avondbijeenkomst, soirée* ◆ **2.1** musical ~ *muziekavond(je)* **5.1** an ~ **out** *een avondje uit* **6.1** an ~ **at** the Davises' *een avondje bij de familie Davis;*

II ⟨telb. en n.-telb.zn.⟩ **0.1** ***avond*** ⇒⟨fig.⟩ *avondstond, einde* **0.2** ⟨gew.⟩ ***namiddag*** **0.3** ⟨bijb.⟩ ***namiddag en avond*** ◆ **1.1** ⟨fig.⟩ the ~ of life *de levensavond* **2.1** good ~! *goedenavond!* **3.1** ~ is falling *de avond valt / daalt;* spend all one's ~s studying *al zijn avonden aan de studie wijden / zitten te blokken* **5.1** late in the ~ *'s avonds laat;* there isn't much ~ left *er blijft niet veel v.d. avond over* **6.1** **in / during** the ~ *'s avonds;* **on** Tuesday ~ *op dinsdagavond* **6.2** **at** three **in** the ~ *om drie uur 's namiddags.*

'evening classes ⟨f1⟩⟨mv.⟩ **0.1** ***avondcursus*** ⇒*avondschool.*

'evening dress ⟨f1⟩⟨zn.⟩

I ⟨telb.zn.⟩ **0.1** ***avondjurk*** **0.2** ***smoking*** **0.3** ***rok / jacquetkostuum;***

II ⟨n.-telb.zn.⟩ **0.1** ***avondkledij*** ⇒*avondtoilet.*

'evening 'news ⟨f1⟩⟨n.-telb.zn.⟩ **0.1** ***avondnieuws*** ⇒*avondjournaal.*

'evening 'paper ⟨f1⟩⟨telb.zn.⟩ **0.1** ***avondblad.***

'evening 'prayer, 'e·ven·song ⟨f1⟩⟨n.-telb.zn.⟩ **0.1** ***avondgebed*** ⇒*vesper* **0.2** ⟨vaak E- P-⟩ ***avonddienst*** ⇒*avondkerk* ⟨Anglicaanse Kerk⟩.

'evening 'primrose ⟨telb.zn.⟩ **0.1** ***teunisbloem*** ⟨genus Oenothera, i.h.b. O. biennis⟩.

evenings ['i:vnɪŋz]⟨f2⟩⟨bw.⟩⟨AE⟩ **0.1** ***'s avonds.***

'evening 'star ⟨telb.zn.; the⟩ **0.1** ***avondster*** ⇒⟨ben. voor⟩ *Venus.*

'evening wear ⟨n.-telb.zn.⟩ **0.1** ***avondkledij*** ⇒*avondtoilet.*

'e·ven'mind·ed ⟨bn.⟩ **0.1** ***gelijkmoedig*** ⇒*kalm, evenwichtig (v. geest).*

'even 'out ⟨f1⟩⟨ov.ww.⟩ **0.1** ***(gelijkmatig) spreiden*** ⇒*gelijk verdelen, uitsmeren.*

'even·song ⟨f1⟩⟨telb. en n.-telb.zn.⟩ **0.1** ***avonddienst*** ⟨in Anglicaanse Kerk⟩ ⇒*vesper, avondgebed, lof* ⟨in R.-K. Kerk⟩ **0.2** ⟨schr.⟩ ***avondlied.***

e·ven-'ste·phen, e·ven-'ste·ven ⟨bn.; bw.⟩⟨sl.⟩ **0.1** ***quitte*** ⇒*gelijk, effen.*

e·vent [ɪ'vent]⟨f3⟩⟨telb.zn.⟩⟨→sprw. 348⟩ **0.1** ***gebeurtenis*** ⇒*evenement, manifestatie* **0.2** ***geval*** **0.3** ***uitkomst*** ⇒*afloop* **0.4** ⟨sport⟩ ***nummer*** ⇒*onderdeel* ◆ **1.1** the natural / normal / usual course of ~s *de gewone / normale gang v. zaken;* the ~ of the year *de meest markante gebeurtenis v.h. jaar* **1.4** ⟨paardesport⟩ three-day ~ *sa-*

mengestelde wedstrijd, military **6.1 after** the ~ *achteraf, te laat, post factum* **6.2 at** all ~s *in elk geval;* **in** any/either ~ I'll let you know *in elk geval/wat er ook moge gebeuren, ik hou je op de hoogte;* that task, difficult **in** any ~, is... *die taak, toch al een moeilijke, is...;* **in** the ~ **of** his death/⟨AE⟩ that he dies *in het geval dat hij komt te sterven* **6.3** ⟨vnl. BE⟩ **in** the ~ *als ('t) puntje bij ('t) paaltje komt; toen het erop aan kwam/zover was.*

'e·ven-'tem·pered ⟨f1⟩ ⟨bn.⟩ **0.1** ***gelijkmoedig*** ⇒*gelijkmatig v. humeur.*

e·vent·ful [ɪ'ventfl] ⟨f1⟩ ⟨bn.; -ly; -ness⟩ **0.1** ***veelbewogen*** ⇒*rijk aan gebeurtenissen* **0.2** ***belangrijk*** ⇒*gewichtig, gedenkwaardig* ◆ **1.2** an ~ decision *een gewichtige beslissing.*

e·ven·tide ['i:vntaɪd] ⟨n.-telb.zn.⟩ ⟨vero.; schr.⟩ **0.1** ***avondstond*** ⇒*avond* ◆ **6.1 at** ~ *'s avonds.*

'eventide home ⟨telb.zn.⟩ ⟨BE⟩ **0.1** ***tehuis voor bejaarden*** ⟨v. Leger des Heils⟩.

e·vent·ing [ɪ'ventɪŋ] ⟨n.-telb.zn.⟩ ⟨paardesport⟩ **0.1** ***military*** ⇒*samengestelde wedstrijd(en).*

e·ven·tu·al [ɪ'ventʃʊəl] ⟨f2⟩ ⟨bn., attr.⟩ **0.1** ***uiteindelijk*** **0.2** ⟨vero.⟩ ***eventueel*** ◆ **1.1** the ~ decision *de uiteindelijke beslissing.*

e·ven·tu·al·i·ty [ɪ'ventʃʊ'æləṭi] ⟨f2⟩ ⟨telb.zn.; →mv. 2⟩ **0.1** ***eventualiteit*** ⇒*mogelijke gebeurtenis, gebeurlijkheid* ◆ **1.1** be ready for the ~ of war *klaarstaan in geval v. oorlog* **7.1** prepare for any ~/all ~s *zich voorbereiden op alle mogelijke gebeurtenissen/op het ergste.*

e·ven·tu·al·ly [ɪ'ventʃʊəli] ⟨f3⟩ ⟨bw.⟩ **0.1** ***tenslotte*** ⇒*uiteindelijk, ten langen leste.*

e·ven·tu·ate [ɪ'ventʃʊeɪt] ⟨onov.ww.⟩ ⟨schr.⟩ **0.1** ***aflopen*** ⇒*uitdraaien, uitlopen, tot gevolg hebben* ◆ **1.1** as things ~d, no decision was reached *uiteindelijk draaide het erop uit dat geen enkele beslissing werd getroffen* **5.1** ~ well/ill *goed/slecht aflopen* **6.1** his illness ~d **in** death *zijn ziekte had de dood tot gevolg/liep op de dood uit.*

'even 'up ⟨f1⟩ ⟨ww.⟩

I ⟨onov.ww.⟩ **0.1** ***gelijk worden*** ⇒*evenwicht bereiken/herstellen, uniform worden;*

II ⟨ov.ww.⟩ **0.1** ***gelijk maken*** ⇒*uniform maken, gelijkschakelen* ◆ **1.1** we'll have to ~ the score *we moeten gelijk maken.*

ev·er ['evə‖-ər], ⟨vero.; schr.⟩ **e'er** [eə‖er] ⟨f4⟩ ⟨bw.⟩ **0.1** ***ooit*** ⇒*van mijn/je/zijn leven* **0.2** ⟨→vragend woord 6⟩ ⟨inf.⟩ ***toch*** ⇒*in 's hemelsnaam* **0.3** ⟨inf.; emf.⟩ ***echt*** ⇒*erg, verschrikkelijk, zo... als het maar kan* **0.4** ⟨schr., beh. in sommige verbindingen⟩ ***immer*** ⇒*altijd, voortdurend* ◆ **2.2** ⟨AE⟩ boy, is he ~ conceited! *sjonge, wat is me dat een verwaande kerel!* **3.1** did you ~ (see/hear the like)! *asjemenou!, heb je van je leven!;* the prettiest girl I have ~ seen/⟨AE⟩ I ~ saw *het mooiste meisje dat ik ooit gezien heb* **3.4** they remain as they ~ were *ze blijven wat ze altijd geweest zijn;* an ~-growing fear *een voortdurend groeiende angst* **4.2** what ~ did you do to him? *wat heb je hem in 's hemelsnaam (aan)gedaan?* **4.4** ⟨inf.⟩ yours ~/~ yours *je* ⟨aan eind v. brief⟩ **5.1** ⟨inf.⟩ never ~! *nooit van mijn leven!* **5.2** how ~ could I do that? *hoe zou ik dat in 's hemelsnaam kunnen?;* when ~ did you do that? *wanneer heb je dat dan toch gedaan?;* why ~ shouldn't we? *en waarom zouden we in 's hemelsnaam niet?* **5.3** ⟨vnl. BE⟩ it is ~ so cold *het is verschrikkelijk koud;* ⟨vnl. BE⟩ thanks ~ so much! *hartstikke bedankt!* **5.4** he had an accident and has been deaf ~ after *hij heeft een ongeval gehad en is sedertdien doof;* they lived happily ~ after *daarna leefden ze lang en gelukkig;* ~ since *van toenaf* **5.¶** ⟨vero., schr.⟩ ~ and again/anon *zo nu en dan* **6.4 for** ~ (and ~/a day) *voor (eeuwig en) altijd* **7.3** ⟨vnl. BE⟩ he is ~ such a nice chap *hij is een echt leuke kerel* **8.3** run as fast as you ~ can *ren zo hard/vlug als je benen je kunnen dragen.*

-ever **0.1** ⟨met betr. vnw. of bijw.; →betrekkelijk voornaamwoord 9⟩ ***...(dan) ook*** ⇒*al...* **0.2** ⟨met bijw.; →vragend woord 6⟩ ⟨inf.⟩ ***toch*** ⇒*in 's hemelsnaam* ◆ **¶.1** wherever *waar (dan) ook;* whoever *wie ook, al wie* **¶.2** wherever did you put it? *waar heb je het in 's hemelsnaam gelegd?.*

ev·er·glade ['evəgleɪd‖'evər-] ⟨telb.zn.⟩ ⟨AE⟩ **0.1** ***moerassteppe*** ⇒*moeraswildernis* ◆ **7.1** The Everglades *de Everglades in Z.-Florida.*

ev·er·green[1] ['evəgri:n‖'evər-] ⟨f1⟩ ⟨zn.⟩

I ⟨telb.zn.⟩ **0.1** ***altijdgroene/groenblijvende plant/heester/boom*** **0.2** ***altijd jeugdig iemand/iets*** ⇒*onsterfelijke melodie* ⟨e.d.⟩, *evergreen;*

II ⟨mv.; ~s⟩ **0.1** ⟨ben. voor⟩ ***altijdgroene takken als versiering*** ⇒*dennetakken; hulst* ⟨enz.⟩.

evergreen[2] ⟨bn.⟩ **0.1** ***altijdgroen*** ⇒*groenblijvend, semper virens;* ⟨fig.⟩ *onsterfelijk, altijd jeugdig.*

'ev·er-in'creas·ing ⟨f1⟩ ⟨bn.⟩ **0.1** ***steeds toenemend*** ⇒*voortdurend aangroeiend.*

ev·er·last·ing[1] [evə'lɑ:stɪŋ‖evər'læstɪŋ] ⟨zn.⟩

I ⟨eig.n.; the E-⟩ **0.1** ***Oneindige*** ⇒*God;*

II ⟨telb.zn.⟩ **0.1** ***immortelle*** ⇒*strobloem;*

III ⟨n.-telb.zn.⟩ **0.1** ***eeuwigheid*** **0.2** ***everlast*** ⇒*evalist, wollen kepersto f* ◆ **6.1 from** ~ *sedert het begin der tijden.*

everlasting[2] ⟨f2⟩ ⟨bn.; -ly; -ness⟩

I ⟨bn.⟩ **0.1** ***onsterfelijk*** ⇒⟨fig.⟩ *onverwoestbaar, onverslijtbaar* ◆ **1.1** ~ flower *immortelle/strobloem* **1.¶** ⟨plantk.⟩ ~ pea *(breedbladige) lathyrus* ⟨Lathyrus (latifolius)⟩;

II ⟨bn., bn., post.⟩ **0.1** ***eeuwig*** ⇒*eeuwigdurend* ◆ **1.1** ⟨bijb.⟩ ~ death *verdoemenis, eeuwige dood;* ⟨bijb.⟩ ~ life/life ~ *eeuwig leven;* ~ Father/fire *eeuwig(e) Vader/vuur;*

III ⟨bn., attr.⟩ **0.1** ***eindeloos*** ⇒*voortdurend.*

ev·er·more [evə'mɔ:‖evər'mɔr] ⟨f1⟩ ⟨bw.⟩ **0.1** ⟨vero.; schr.⟩ ***altijd*** ⟨mbt. toekomst⟩ **0.2** ***voortdurend*** ◆ **3.1** he promised to love her (for) ~ *hij beloofde haar altijd te beminnen* **3.2** he keeps asking questions ~ *hij houdt niet op met vragen stellen* **6.1 for** ~ *voor altijd.*

'ev·er-'pres·ent ⟨bn.⟩ **0.1** ***altijd aanwezig.***

e·ver·sion [ɪ'vɜ:ʃn‖ɪ'vɜrʒn] ⟨n.-telb.zn.⟩ **0.1** ***het naar buiten/binnenstebuiten keren*** **0.2** ***het naar buiten/binnenstebuiten gekeerd zijn*** ◆ **1.2** a cow with ~ of the calf-bed *een koe met binnenstebuiten gekeerde baarmoeder.*

E·vers·mann's warbler ['evəzmænz 'wɔ:blə‖'evərz- 'wɔrblər] ⟨telb.zn.⟩ ⟨dierk.⟩ **0.1** ***noordse boszanger*** ⟨Phylloscopus borealis⟩.

e·vert [ɪ'vɜ:t‖ɪ'vɜrt] ⟨ov.ww.⟩ **0.1** ⟨vnl. med.⟩ ***naar buiten/binnenstebuiten keren*** ◆ **1.1** the cow's ~ed uterus *de naar buiten gestuwde baarmoeder v.d. koe.*

eve·ry ['evri] ⟨f4⟩ ⟨onb.det.; →onbepaald woord⟩ **0.1** ⟨vnl. met telb. nw.⟩ ***elk(e)*** ⇒*ieder(e), alle* **0.2** ⟨ook met niet-telb. nw.⟩ ***alle*** ⇒*alle mogelijke, elke voorstelbare, volledig(e)* ◆ **1.1** ⟨inf.⟩ ~ bit as good *in elk opzicht even goed;* he asked ~ girl he knew *hij vroeg alle meisjes die hij kende;* he can come ~ moment *hij kan elk ogenblik komen;* ~ second person *elke tweede persoon;* ~ which way *in alle richtingen, verward, door elkaar* **1.2** ~ hope of winning *een goede kans om te winnen;* she was given ~ opportunity *ze kreeg alle kansen;* she had ~ trust in him *ze had volledig vertrouwen in hem* **4.1** ~ (single) one of them is wrong *ze zijn stuk voor stuk verkeerd;* they went down, ~ one of them *ze gingen allemaal ten onder, stuk voor stuk;* three out of ~ seven *drie op zeven* **5.¶** ~ now and again/then, ~ so often *(zo) nu en dan, af en toe, geregeld* **7.1** ~ other day *om de andere dag;* ⟨fig.⟩ *om de haverklap;* ~ three days, ~ third day *om de drie dagen* **7.2** his ~ thought goes out to you *al zijn gedachten gaan naar u uit* **7.¶** ⟨sl.⟩ he had drunk ~ last drop *hij had alles tot op de laatste druppel leeg/uitgedronken.*

e'ver·y·bod·y, e'ver·y·one, ⟨zelden⟩ **everyman** ['evrimæn] ⟨f4⟩ ⟨onb.vnw.; →onbepaald woord⟩ **0.1** ***iedereen*** ⇒*elke persoon* **0.2** ***alle interessante mensen*** ◆ **3.1** ~ despises her *iedereen kijkt op haar neer;* ~ had forgotten their books *iedereen was zijn boeken vergeten;* is ~ happy? *is iedereen tevreden?* **3.2** ~ comes to this pub *iedereen die wat betekent komt naar dit café* **6.1** sweets for ~ **in** the class *snoepjes voor de hele klas.*

eve·ry·day ['evrideɪ] ⟨f3⟩ ⟨bn., attr.⟩ **0.1** ***(alle)daags*** ⇒*gewoon, doordeweeks* ◆ **1.1** ~ worries *(alle)daagse zorgen.*

eve·ry·man ['evrimæn] ⟨zn.⟩

I ⟨eig.n.; E-⟩ **0.1** ***Elckerlyc*** ⟨uit 15e-eeuwse moraliteit⟩;

II ⟨telb.zn.⟩ **0.1** ***doorsnee-man*** ⇒*de man in de straat.*

eve·ry·place ['evripleɪs] ⟨f1⟩ ⟨bw.⟩ ⟨AE; inf.⟩ **0.1** ***overal.***

eve·ry·thing ['evriθɪŋ] ⟨f4⟩ ⟨onb.vnw.; →onbepaald woord⟩ **0.1** ***alles*** ⇒*alle dingen, alle zaken* **0.2** ⟨graadaanduidend⟩ ***al het belangrijke*** ⇒*het enige, het voornaamste* **0.3** ⟨steeds met and⟩ ***van alles*** ⇒*dergelijke, zo, dat, dat alles, nog van die dingen* ◆ **3.1** this is ~ I have *dit is alles wat ik heb;* I know ~ *ik weet (er) alles (van)* **3.2** he thinks Bach is ~ *voor hem is Bach het einde;* Ruth meant ~ to him *Ruth was alles voor hem;* she put ~ she had into the performance *ze gaf zich helemaal in de opvoering* **6.2** ~ **but** a success *allesbehalve een succes/bepaald geen succes;* he yelled **like** ~ *hij schreeuwde zo hard hij kon* **8.3** with exams, holidays and ~ she had plenty to think of *met examens, vakantie en zo had ze genoeg om over te denken;* her friends are vain and stupid and ~ *haar vrienden zijn ijdel en dom en zo.*

eve·ry·way ['evri'weɪ] ⟨bw.⟩ **0.1** ***op alle mogelijke manieren*** ⇒*in alle opzichten.*

eve·ry·where ['evriweə‖-(h)wer] ⟨f3⟩ ⟨bw.⟩ **0.1** ***overal*** **0.2** ⟨als →voornaamwoordelijk voornaamwoord⟩ ***overal waar*** ⇒*waar ook* ◆ **3.2** ~ he looked he saw decay *overal waar hij keek/waar hij ook keek zag hij verval.*

e·vict [ɪ'vɪkt] ⟨f1⟩ ⟨ov.ww.⟩ **0.1** ***uitzetten*** ⇒*verjagen, verdrijven,* ⟨B.⟩ *buitenzetten* **0.2** ⟨jur.⟩ ***uitwinnen*** ⇒*door gerechtelijke procedure hernemen* ◆ **6.1** the tenants were ~ed **from** their homes *de huurders/bewoners werden hun huis uitgezet* **6.2** ~ property **from/of** s.o. *bezittingen v. iem. uitwinnen.*

e·vic·tion [ɪ'vɪkʃn]⟨f1⟩⟨telb. en n.-telb.zn.⟩ **0.1** ***uitzetting*** *⇒verjaging, verdrijving* **0.2** ⟨jur.⟩ ***evictie*** *⇒uitwinning, uitzetting, onteigening.*

e'viction order ⟨telb.zn.⟩⟨jur.⟩ **0.1** ***bevel tot uitzetting*** *⇒uitzettingsbevel.*

ev·i·dence[1] ['evɪdəns]⟨f3⟩⟨zn.⟩
I ⟨telb. en n.-telb.zn.⟩ **0.1** ***aanduiding*** *⇒spoor, teken* **0.2** ⟨ook jur.⟩ ***bewijs*** *⇒bewijsstuk/materiaal/plaats* ◆ **1.2** ⟨jur.⟩ ~ of guilt *bewijs v. schuld;* the Evidences of Christianity *bewijzen v.d. waarheid v.h. Christendom* **2.2** ⟨jur.⟩ circumstantial ~ *bewijs door vermoedens;* conclusive ~ *afdoend bewijs;* documentary ~ *schriftelijk bewijs;* internal/external ~ *bewijsmateriaal gevonden binnen/buiten het bestudeerde geval/werk;* presumptive ~ *indiciën* **3.1** bear/show ~ of *sporen/tekenen dragen/getuigen van;* give ~ of *tekenen vertonen van* **3.2** bear ~ that *het bewijs leveren dat;* give ~ of one's identity *zijn identiteit bewijzen;* lead/produce/adduce ~ *bewijs leveren/verschaffen/aanvoeren* **6.1** ~s of volcanic action *sporen v. vulkanische werking* **6.2** ⟨jur.⟩ ~ **against** *bezwarend(e)/belastend(e) materiaal/feiten ingebracht tegen;* ⟨jur.⟩ ~ **for** the defence/prosecution *bewijs à décharge/à charge;* **on** the ~ **of** *op grond van* **8.1** there are ~s that s.o. has tried to erase these tapes *er zijn aanwijzingen/indiciën dat iemand heeft geprobeerd deze banden uit te wissen;*
II ⟨n.-telb.zn.⟩ **0.1** ***getuigenis*** *⇒getuigenverklaring* **0.2** ***duidelijkheid*** *⇒zichtbaarheid, opvallendheid* ◆ **3.1** give ~ before court *voor het gerecht getuigen(is afleggen);* take s.o.'s ~ *iemands getuigenis afnemen* **6.1** call s.o. **in** ~ *iem. als getuige oproepen* **6.2** be **in** ~ *aanwezig/zichtbaar zijn/opvallen;* not **in** ~ *niet te bekennen.*

evidence[2] ⟨f1⟩⟨ov.ww.⟩ **0.1** ***getuigen van*** *⇒blijk geven van, tonen, duiden op* ◆ **1.1** her answer ~d a guilty conscience *haar antwoord duidde op/weerspiegelde een kwaad geweten;* he ~d great joy *hij gaf blijk/tekenen v. grote vreugde.*

ev·i·dent ['evɪdənt]⟨f3⟩⟨bn.;-ly⟩ **0.1** ***duidelijk*** *⇒zichtbaar, klaarblijkelijk, evident.*

ev·i·den·tial [evɪ'denʃl], **ev·i·den·tia·ry** [evɪ'denʃəri]⟨bn.; evidentially⟩ **0.1** ***bewijskrachtig*** *⇒bewijzend, bewijsleverend, bewijs-.*

e·vil[1] [i:vl]⟨f3⟩⟨telb. en n.-telb.zn.⟩(→sprw. 173, 423, 465, 637) **0.1** ***kwaad*** *⇒onheil, ongeluk* **0.2** ***kwaad*** *⇒zonde, boos gedrag* **0.3** ***kwaal*** ◆ **1.1** the ~s of war *de rampen/het leed v.d. oorlog* **2.1** choose the least/lesser of two ~s *van twee kwaden het minste kiezen* **2.2** return good for ~ *kwaad met goed vergelden* **3.2** speak ~ of *kwaadspreken over* **6.1** deliver us **from** ~ *verlos ons van het kwade.*

evil[2] ⟨f3⟩⟨bn.; ook -(l)er; -ly; →compar. 7⟩ **0.1** ***kwaad*** *⇒slecht, snood, boos* **0.2** ***kwaad*** *⇒zondig* **0.3** ⟨sl.⟩ ***heerlijk*** *⇒aangrijpend, sensationeel* ◆ **1.1** be in ~ case *slecht af zijn, er slecht aan toe zijn;* ~ day *kwade dag/dag des onheils;* put off the ~ day/hour *iets onaangenaams v.d. ene dag op de andere/op de lange baan schuiven;* fall on ~ days/times *met onheil/tegenslag te kampen hebben, slechte tijden beleven;* the ~ eye *het boze oog;* in an ~ hour *te kwader ure, op een ogenblik/dag waar niets goeds van kon komen, op een ongelukkig moment;* an ~ repute *een slechte reputatie;* an ~ smell *een onaangename reuk;* have an ~ tongue *een kwade tong hebben/graag kwaadspreken* **2.1** ~ly disposed *kwaad gezind* **3.¶** affect ~ly *ongunstig/ten kwade beïnvloeden* **4.¶** the Evil One *de Boze, de duivel.*

'e·vil'do·er ⟨telb.zn.⟩ **0.1** ***kwaaddoener*** *⇒boosdoener, zondaar.*

'e·vil'do·ing ⟨n.-telb.zn.⟩ **0.1** ***het kwaad doen*** *⇒zonde, het zondigen.*

'e·vil-'mind·ed ⟨bn.;-ly;-ness⟩ **0.1** ***kwaadaardig*** *⇒boosaardig.*

'e·vil-smell·ing ⟨f1⟩⟨bn.⟩ **0.1** ***kwalijk riekend.***

'e·vil-'tem·per·ed ⟨bn.⟩ **0.1** ***humeurig*** *⇒slecht geluimd.*

e·vince [ɪ'vɪns]⟨ov.ww.⟩ **0.1** ***tonen*** *⇒betonen, aan de dag leggen, bewijzen.*

e·vin·cive [ɪ'vɪnsɪv]⟨bn.⟩ **0.1** ***bewijzend*** *⇒aantonend* ◆ **6.1** it was ~ **of** her creative talent *het toonde duidelijk haar creativiteit aan.*

e·vis·cer·ate [ɪ'vɪsəreɪt]⟨ov.ww.⟩ **0.1** ***van ingewanden ontdoen*** *⇒ontweien, uithalen* **0.2** ***ontkrachten*** *⇒van zijn kracht beroven, verzwakken, uithollen.*

e·vis·cer·a·tion [ɪvɪsə'reɪʃn]⟨telb. en n.-telb.zn.⟩ **0.1** ***het ontweien*** **0.2** ***ontkrachting*** *⇒verzwakking, uitholling.*

ev·o·ca·tion ['evə'keɪʃn, 'i:voʊ-]⟨telb. en n.-telb.zn.⟩ **0.1** ***evocatie*** *⇒oproeping, het te voorschijn roepen, het opwekken, het ontlokken.*

e·voc·a·tive [ɪ'vɒkətɪv‖ɪ'vɑkəṭɪv], **e·voc·a·tor·y** [-tri‖-təri]⟨f1⟩⟨bn.⟩ **0.1** ***(gevoelens) oproepend*** *⇒te voorschijn roepend, herinneringen wekkend* **0.2** ***levensecht*** *⇒beeldend, suggestief, indringend, ontroerend* ◆ **6.1** it is ~ **of** his earlier paintings *het doet denken aan zijn vroegere schilderijen.*

e·voke [ɪ'voʊk]⟨f2⟩⟨ov.ww.⟩ **0.1** ***oproepen*** *⇒te voorschijn roepen, (op)wekken* **0.2** ⟨jur.⟩ ***voor een hogere rechtbank brengen.***

ev·o·lute ['i:vəlu:t‖'evə-], **'evolute curve** ⟨telb.zn.⟩⟨wisk.⟩ **0.1** ***evolute*** ⟨ontwondene v.e. kromme, meetkundige plaats v.d. kromtemiddelpunten⟩.

ev·o·lu·tion ['i:və'lu:ʃn‖'evə-]⟨f2⟩⟨zn.⟩
I ⟨telb.zn.; vaak mv.⟩ **0.1** ***draaiende beweging*** *⇒zwenking, evolutie;* ⟨ook mil.⟩ *(tactische/exercitie) manoeuvre;*
II ⟨telb. en n.-telb.zn.⟩ **0.1** ***ontvouwing*** *⇒*⟨fig.⟩ *ontplooiing* **0.2** ***evolutie*** *⇒ontwikkeling, groei, het ontwikkelen* ⟨ook nat.⟩ ◆ **1.2** the ~ of heat *het ontwikkelen van warmte;*
III ⟨n.-telb.zn.⟩⟨wisk.⟩ **0.1** ***worteltrekking*** **0.2** ***ontwikkeling*** ⟨in een plat vlak uitslaan⟩.

ev·o·lu·tion·a·ry ['i:və'lu:ʃənri‖'evə'lu:ʃəneri], **ev·o·lu·tion·al** [-ʃnəl] ⟨f1⟩⟨bn.⟩ **0.1** ***evolutief*** *⇒evolutionair* **0.2** ***evolutie-*** ◆ **1.2** ~ theory *evolutietheorie.*

ev·o·lu·tion·ism ['i:və'lu:ʃənɪzm‖'evə-]⟨n.-telb.zn.⟩ **0.1** ***evolutieleer*** *⇒evolutietheorie* **0.2** ***evolutionisme.***

ev·o·lu·tion·ist ['i:və'lu:ʃənɪst‖'evə-]⟨telb.zn.⟩ **0.1** ***aanhanger/ster v.d. evolutieleer.***

ev·o·lu·tion·ist·ic ['i:vəlu:ʃə'nɪstɪk‖'evə-]⟨bn.⟩ **0.1** ***evolutionair*** *⇒evolutief* **0.2** ***m.b.t. de evolutieleer*** **0.3** ***evolutionistisch.***

ev·o·lu·tive ['i:və'lu:tɪv‖'evə'lu:ṭɪv]⟨bn.⟩ **0.1** ***evolutief*** *⇒evolutionair, de evolutie bevorderend.*

e·volve [ɪ'vɒlv‖ɪ'vɑlv]⟨f2⟩⟨ww.⟩
I ⟨onov.ww.⟩ **0.1** ***zich ontwikkelen*** *⇒zich ontvouwen, geleidelijk ontstaan;*
II ⟨ov.ww.⟩ **0.1** ***afgeven*** ⟨gas, warmte⟩ *⇒afstaan* **0.2** ***ontwikkelen*** *⇒afleiden, uitdenken.*

e·vul·sion [ɪ'vʌlʃn]⟨n.-telb.zn.⟩ **0.1** ***het uittrekken*** *⇒het uitrukken* ◆ **1.1** the ~ of a molar *het trekken v.e. kies.*

ev·zone ['evzoʊn]⟨telb.zn.⟩ **0.1** ***evzone*** ⟨lid v.e. Grieks elitecorps⟩.

ewe [ju:]⟨f1⟩⟨telb.zn.⟩ **0.1** ***ooi*** *⇒wijfjesschaap.*

'ewe lamb ⟨telb.zn.⟩ **0.1** ***ooilam.***

'ewe-neck ⟨telb.zn.⟩ **0.1** ***hertehals*** ⟨dunne rechte hals v. paard⟩.

'ewe-necked ⟨bn.⟩ **0.1** ***met een hertehals*** ⟨v. paard⟩.

ew·er ['ju:ə‖-ər]⟨telb.zn.⟩ **0.1** ***(lampet)kan.***

ex[1] [eks]⟨f1⟩⟨telb.zn.⟩ **0.1** ***(letter) x*** **0.2** ⟨inf.⟩ ***ex*** *⇒ex-man/vrouw/verloofde.*

ex[2] [eks]⟨f1⟩⟨vz.⟩ **0.1** ***(komende) uit*** **0.2** ⟨hand.⟩ ***vrij van*** *⇒zonder* ◆ **1.1** a thoroughbred by Gipsy ~ Lorna Blue *een volbloed uit Gipsy en Lorna Blue;* ~ quay *af kade, van de wal;* ~ ship *ex ship, ex...* ⟨naam v. schip⟩; she sold furs ~ stock *ze verkocht bont uit haar voorraad;* ⟨hand.⟩ ~ warehouse *af magazijn/pakhuis;* ~ works *af fabriek, af magazijn* **1.2** ~ coupon *ex/zonder coupon* ⟨v. obligatie⟩; ~ dividend *ex/zonder dividend;* the shares ~ rights *de aandelen zonder de rechten.*

ex[3], **Ex** ⟨afk.⟩ examination, example, except(ed), exception, exchange, executive, Exodus, express, extra.

ex- [eks] **0.1** ⟨voor nw.⟩ ***ex-*** *⇒voormalig, gewezen* **0.2** ⟨voor bijv. nw.⟩ ***-loos*** *⇒zonder, ex-* **0.3** ⟨voor ww.⟩ ***uit-*** *⇒ont-, ex-* ◆ **¶.1** the ex-Minister *de voormalige minister* **¶.2** exalate *exalaat, zonder vleugelvormige aanhangsels* **¶.3** expropriate *onteigenen;* express *uitdrukken.*

ex·a- ['eksə] **0.1** ***exa-*** ⟨factor v. 10^{18}⟩.

ex·ac·er·bate [ɪg'zæsəbeɪt‖-ər-]⟨ov.ww.⟩⟨schr.⟩ **0.1** ***verergeren*** *⇒erger maken, verslechteren* **0.2** ***irriteren*** *⇒prikkelen, ergeren.*

ex·ac·er·ba·tion [ɪgzæsə'beɪʃn‖-ər-]⟨telb. en n.-telb.zn.⟩⟨schr.⟩ **0.1** ***verergering*** *⇒verslechtering, aggravatie* **0.2** ***irritatie*** *⇒prikkeling, ergernis.*

ex·act[1] [ɪg'zækt]⟨f3⟩⟨bn.; -ness⟩
I ⟨bn.⟩ **0.1** ***nauwkeurig*** *⇒nauwgezet, accuraat, precies, stipt* ◆ **1.1** ~ rules *stipte voorschriften;*
II ⟨bn., attr.⟩ **0.1** ***exact*** *⇒precies, juist* ◆ **1.1** the ~ sciences *de exacte wetenschappen;* the ~ time *de juiste tijd* **2.1** ⟨inf.⟩ the ~ same car *precies dezelfde auto.*

exact[2] ⟨ov.ww.⟩ →exacting **0.1** ***vorderen*** ⟨geld, betaling⟩ *⇒afdwingen, afpersen* **0.2** ***eisen*** *⇒vereisen, vergen, behoeven* ◆ **6.1** ~ money **from/of** s.o. *van iem. geld vorderen.*

ex·ac·ta [ɪg'zæktə]⟨n.-telb.zn.; the⟩⟨AE⟩ **0.1** ***toto op paardenrennen, waarbij eerste en tweede in juiste volgorde voorspeld moeten worden.***

ex·ac·ting [ɪg'zæktɪŋ]⟨f1⟩⟨bn.; teg. deelw. v. exact; -ly⟩ **0.1** ***veeleisend.***

ex·ac·tion [ɪg'zækʃn]⟨zn.⟩
I ⟨telb.zn.⟩ **0.1** ***vordering*** *⇒afpersing* **0.2** ***iets dat gevorderd wordt*** *⇒iets dat afgeperst wordt;*
II ⟨n.-telb.zn.⟩ **0.1** ***het vorderen*** *⇒het afdwingen, het afpersen* **0.2** ***het eisen*** *⇒het vereisen.*

ex·ac·ti·tude [ɪg'zæktɪtju:d‖-tu:d]⟨f1⟩⟨telb. en n.-telb.zn.⟩ **0.1** ***nauwkeurigheid*** *⇒exactheid.*

ex·act·ly [ɪg'zæk(t)li]⟨f4⟩⟨bw.⟩ **0.1** ***precies*** ⇒*helemaal, juist* **0.2** ***nauwkeurig*** ◆ **4.1** ~ nothing *helemaal niets* **5.1** not ~ *eigenlijk niet;* ⟨iron.⟩ *niet bepaald* ¶.**1** I think we should leave. Exactly, let's go! *ik vind dat we weg moeten gaan. Juist, laten we maar gaan!*.

ex·act·or [ɪg'zæktə‖-ər]⟨telb.zn.⟩ **0.1** ***iem. die geld/betaling vordert*** ⇒*afperser*.

ex·ag·ger·ate [ɪg'zædʒəreɪt]⟨f3⟩⟨ww.⟩ →exaggerated
I ⟨onov. en ov.ww.⟩ **0.1** ***overdrijven*** ⇒*exagereren, aandikken;*
II ⟨ov.ww.⟩ **0.1** ***versterken*** ⇒*accentueren, verergeren*.

ex·ag·ger·at·ed [ɪg'zædʒəreɪt̬ɪd]⟨f2⟩⟨bn.; volt. deelw. v. exaggerate⟩ **0.1** ***overdreven*** ⇒*aangedikt, buitensporig, exorbitant*.

ex·ag·ger·a·tion [ɪg'zædʒə'reɪʃn]⟨f2⟩⟨telb. en n.-telb.zn.⟩ **0.1** ***overdrijving*** ⇒*amplificatie, grootspraak*.

ex·ag·ger·a·tive [ɪg'zædʒərətɪv‖-reɪt̬ɪv]⟨bn.⟩ **0.1** ***overdrijvend***.

ex·ag·ger·a·tor [ɪg'zædʒəreɪtə‖-reɪt̬ər]⟨telb.zn.⟩ **0.1** ***overdrijver***.

ex·alt [ɪg'zɔ:lt]⟨f1⟩⟨ov.ww.⟩ →exalted **0.1** ***verheffen*** ⇒*verhogen, adelen, sieren* **0.2** ***loven*** ⇒*prijzen, verheerlijken* **0.3** ***in vervoering brengen*** ⇒*exalteren* ◆ **1.2** ~ to the skies *huizenhoog prijzen* **6.1** ~ s.o. **to** a high position *iem. tot een hoge post verheffen*.

ex·alt·a·tion ['egzɔ:l'teɪʃn]⟨f1⟩⟨n.-telb.zn.⟩ **0.1** ***verheffing*** **0.2** ***verrukking*** ⇒*vervoering, blijdschap* **0.3** ***exaltatie*** ⇒*geestvervoering* ◆ **1.1** ⟨relig.⟩ the Exaltation of the Cross *de Verheffing v.h. Kruis* ⟨14 september⟩.

ex·alt·ed [ɪg'zɔ:lt̬ɪd]⟨f1⟩⟨bn.; volt. deelw. v. exalt⟩ **0.1** ***verheven*** ⇒*hoog* **0.2** ***opgetogen*** ⇒*verrukt* **0.3** ***geëxalteerd*** ⇒*in vervoering*.

ex·am [ɪg'zæm]⟨f2⟩⟨telb.zn.⟩⟨verk.⟩ examination ⟨inf.⟩ **0.1** ***examen***.

ex·am·i·na·tion [ɪg'zæmɪ̣'neɪʃn]⟨f3⟩⟨zn.⟩
I ⟨telb.zn.⟩ **0.1** ***examen*** ◆ **3.1** sit for/take an ~ *examen doen* **6.1** an ~ **in/on** mathematics *een wiskundeëxamen;*
II ⟨telb. en n.-telb.zn.⟩ **0.1** ***onderzoek*** ⇒*inspectie, analyse* **0.2** ⟨jur.⟩ ***ondervraging*** ⇒*verhoor* ◆ **2.1** a medical ~ *een medisch onderzoek, een keuring* **3.1** his affairs won't bear ~ *zijn zaken kunnen het daglicht niet verdragen* **6.1** **on** closer ~ *bij nader onderzoek;* **under** ~ *nog in onderzoek, nog niet beslist*.

ex·am·i·na·tion·al [ɪg'zæmɪ̣'neɪʃnəl]⟨bn., attr.⟩ **0.1** ***examen-***.

ex·am·i'na·tion-in-'chief ⟨telb.zn.⟩⟨jur.⟩ **0.1** ***eerste getuigeverhoor*** ⟨door degene die getuige opgeroepen heeft⟩.

ex·am·i·na·tor·i·al [ɪg'zæmɪ̣nə'tɔ:rɪəl]⟨bn.⟩ **0.1** ***mbt. een examen*** ⇒*examen-*.

ex·am·ine [ɪg'zæmɪ̣n]⟨f3⟩⟨ww.⟩
I ⟨onov.ww.⟩ **0.1** ***onderzoeken*** ⇒*onderzoek doen* ◆ **6.1** ~ **into** the causes of a disease *onderzoek doen naar de oorzaken v.e. ziekte;*
II ⟨ov.ww.⟩ **0.1** ***onderzoeken*** ⟨ook med.⟩ ⇒*onder de loep nemen, nagaan, nakijken, testen, visiteren* **0.2** ***examineren*** **0.3** ⟨jur.⟩ ***verhoren*** ⇒*ondervragen* ◆ **1.1** ~ one's future *zich bezinnen op zijn toekomst;* ⟨inf.⟩ she needs her head ~d *zij mag zich wel eens na laten kijken, zij is niet goed snik* **1.3** the examining judge/magistrate *de rechter v. instructie* **6.2** ~ s.o. **in/on** *iem. examineren in*.

ex·am·in·ee [ɪg'zæmɪ̣'ni:]⟨telb.zn.⟩ **0.1** ***examinandus***.

ex·am·in·er [ɪg'zæmɪ̣nə‖-ər]⟨f2⟩⟨telb.zn.⟩ **0.1** ***examinator*** **0.2** ***inspecteur*** **0.3** ⟨jur.⟩ ***gerechtelijk ambtenaar die de eed en getuigenis mag afnemen*** ◆ **1.1** ~'s board *examencommissie* **3.**¶ satisfy the ~s *met voldoening slagen*.

ex·am·ple[1] [ɪg'zɑ:mpl‖-'zæm-]⟨f4⟩⟨telb.zn.⟩⟨→sprw. 174⟩ **0.1** ***voorbeeld*** ⇒*exemplaar, specimen, staaltje, patroon, toonbeeld* **0.2** ***opgave*** ⇒*som* **0.3** ***precedent*** ◆ **3.1** give/set a good ~ *een goed voorbeeld geven;* make an ~ of s.o. *een voorbeeld stellen* **6.1** **for** ~ *bij voorbeeld* **6.3** **beyond/without** ~ *zonder precedent*.

example[2] ⟨ov.ww.; vnl. pass.⟩ **0.1** ***een (typisch) voorbeeld geven van*** ⇒*illustreren* ◆ **1.1** his style is best ~d in this novel *deze roman illustreert het best zijn stijl*.

ex·an·i·mate [ɪg'zænɪmət‖eg-]⟨bn.⟩ **0.1** ***ontzield*** ⇒*levenloos, zielloos* **0.2** ***moedeloos*** ⇒*neerslachtig* **0.3** ***futloos*** ⇒*krachteloos*.

ex·an·them [eg'zænθəm], **ex·an·the·ma** ['egzæn'θi:mə]⟨telb. en n.-telb.zn.; 2e variant ook exanthemata ['egzæn'θi:mət̬ə];→mv. 5⟩ ⟨med.⟩ **0.1** ***exantheem*** ⟨acute huiduitslag⟩ **0.2** ***ziekte die gepaard gaat met huiduitslag*** ⟨mazelen, roodvonk enz.⟩.

ex·arch ['eksɑ:k‖-ɑrk]⟨telb.zn.⟩ **0.1** ⟨gesch.⟩ ***exarch*** ⟨stadhouder v.d. Byzantijnse keizer⟩ **0.2** ⟨relig.⟩ ***exarch*** ⟨hoofd v.e. onafhankelijke orthodoxe kerk; metropoliet als plaatsvervanger v.d. patriarch; bisschop in de vroege orthodoxe kerkgeschiedenis⟩.

ex·ar·chate ['eksɑ:keɪt‖'eksɑr-], **ex·ar·chy** ['eksɑ:ki‖'eksɑr-]⟨telb. en n.-telb.zn.; →mv. 2⟩⟨gesch., relig.⟩ **0.1** ***exarchaat***.

ex·as·per·ate [ɪg'zɑ:spəreɪt‖ɪg'zæ-]⟨f2⟩⟨ov.ww.⟩ →exasperated, exasperating **0.1** ***erger maken*** ⇒*verergeren* **0.2** ***irriteren*** ⇒*prikkelen, ergeren, in het harnas jagen, boos maken* **0.3** ***provoceren*** ⇒*tarten, tergen* ◆ **6.2** ~d **at/by** his insolence *geërgerd door zijn onbeschaamdheid* **6.3** ~ **to** anger *boos maken*.

ex·as·per·at·ed [ɪg'zɑ:spəreɪt̬ɪd‖ɪg'zæspəreɪt̬ɪd]⟨bn.; volt. deelw. v. exasperate; -ly⟩ **0.1** ***geërgerd*** ⇒*geïrriteerd, boos*.

ex·as·per·at·ing [ɪg'zɑ:spəreɪtɪŋ‖ɪg'zæspəreɪt̬ɪŋ]⟨bn.; teg. deelw. v. exasperate; -ly⟩ **0.1** ***ergerlijk*** ⇒*tergend, onuitstaanbaar*.

ex·as·per·a·tion [ɪg'zɑ:spə'reɪʃn‖ɪg'zæ-]⟨f1⟩⟨telb. en n.-telb.zn.⟩ **0.1** ***ergernis*** ⇒*ergerlijkheid, kwaadheid, wrevel* ◆ **2.1** small ~s *kleine ergernissen* **6.1** she screamed **in** ~ *zij schreeuwde van kwaadheid/ergernis*.

ex ca·the·dra ['eks kə'θi:drə]⟨bn., attr.; bw.⟩ **0.1** ***ex cathedra*** ⇒*gezaghebbend, bindend;* ⟨pej.⟩ *autoritair, uit de hoogte* ◆ **1.1** an ~ decision *een beslissing ex cathedra*.

ex·ca·vate ['ekskəveɪt]⟨f1⟩⟨ov.ww.⟩ **0.1** ***graven*** ⇒*delven* **0.2** ***opgraven*** ⇒*uitgraven, blootleggen* **0.3** ***uithollen***.

ex·ca·va·tion ['ekskə'veɪʃn]⟨f2⟩⟨zn.⟩
I ⟨telb.zn.⟩ **0.1** ***uitgraving*** ⇒*opgraving, blootlegging* **0.2** ***uitholling*** ⇒*holte;*
II ⟨n.-telb.zn.⟩ **0.1** ***het graven*** ⇒*het delven* **0.2** ***het opgraven*** ⇒*het uitgraven/blootleggen* **0.3** ***het uithollen***.

ex·ca·va·tor ['ekskəveɪtə‖-veɪt̬ər]⟨telb.zn.⟩ **0.1** ***graver*** ⇒*opgraver* **0.2** ***excavateur*** ⇒*grondgraafmachine*.

ex·ceed [ɪk'si:d]⟨f2⟩⟨ww.⟩ →exceeding
I ⟨onov.ww.⟩ **0.1** ***uitmunten*** ⇒*de overhand hebben* **0.2** ⟨vero.⟩ ***zich te buiten gaan*** ⇒*overdrijven;*
II ⟨ov.ww.⟩ **0.1** ***overschrijden*** ⇒*te buiten gaan* **0.2** ***overtreffen*** ⇒*te boven gaan* ◆ **1.1** this ~s all bounds *dit overschrijdt alle grenzen;* the stream had ~ed its banks *de beek was buiten zijn oevers getreden* **1.2** it ~s my comprehension *het gaat mijn begrip te boven* **6.1** he ~ed the estimate **by** $1000 *hij overschreed de begroting met $1000* **6.2** they ~ed us **in** number *zij overtroffen ons in aantal*.

ex·ceed·ing [ɪk'si:dɪŋ]⟨bn.; bw.; als bw. vero.; teg. deelw. v. exceed; -ly⟩⟨→sprw. 458⟩ **0.1** ***buitengewoon*** ⇒*buitensporig, ongemeen, bijzonder* **0.2** ***uitmuntend*** ⇒*uitblinkend*.

ex·cel [ɪk'sel]⟨f1⟩⟨ww.; →ww. 7⟩
I ⟨onov.ww.⟩ **0.1** ***uitblinken*** ⇒*uitmunten, knap zijn* ◆ **6.1** he ~led **at/in** singing *hij blonk uit in zang;*
II ⟨ov.ww.⟩ **0.1** ***overtreffen*** ⇒*voorbijstreven, uitsteken boven* ◆ **6.1** she ~s her brother **in** mathematics *zij is beter in wiskunde dan haar broer*.

ex·cel·lence ['eks(ə)ləns]⟨f2⟩⟨zn.⟩
I ⟨telb.zn.⟩ **0.1** ***uitmuntende eigenschap*** ⇒*iets waarin iem. uitblinkt* **0.2** ⟨E-⟩ →Excellency;
II ⟨n.-telb.zn.⟩ **0.1** ***voortreffelijkheid*** ⇒*uitmuntendheid, uitnemendheid*.

Ex·cel·len·cy ['eks(ə)lənsi]⟨f2⟩⟨telb.zn.; →mv. 2⟩ **0.1** ***Excellentie*** **0.2** ⟨e-⟩ →excellence ◆ **7.1** His/Her/Your ~ *Zijne/Hare/Uwe Excellentie;* Their Excellencies *Hunne Excellenties*.

ex·cel·lent ['eks(ə)lənt]⟨f3⟩⟨bn.⟩ **0.1** ***uitstekend*** ⇒*excellent, uitmuntend, voortreffelijk*.

ex·cel·si·or[1] [ɪk'selsiɔ:‖-sɪər]⟨n.-telb.zn.⟩⟨oorspr. merknaam⟩ ⟨AE⟩ **0.1** ***houtwol***.

excelsior[2] ⟨tussenw.⟩ **0.1** ***excelsior*** ⇒*(steeds) hoger*.

ex·cept[1] [ɪk'sept]⟨f1⟩⟨ww.⟩
I ⟨onov.ww.⟩ **0.1** ***bezwaar maken*** ◆ **6.1** ~ **against/to** *bezwaar maken tegen;*
II ⟨ov.ww.⟩ **0.1** ***uitzonderen*** ⇒*uitsluiten, buiten beschouwing laten* ◆ **1.1** everyone, my father ~ed, felt tired *iedereen, behalve mijn vader, voelde zich vermoeid;* everyone gave a helping hand, the director not ~ed *iedereen, zelfs de directeur, hielp een handje* **6.1** he was ~ed **from** the general pardon *hij werd v.d. amnestie uitgesloten*.

except[2], ⟨vero. beh. na ontkenning⟩ **ex·cept·ing** [ɪk'septɪŋ]⟨f3⟩⟨vz.; 2e variant oorspr. teg. deelw. v. except⟩ **0.1** ***behalve*** ⇒*uitgezonderd, tenzij, op... na, behoudens* ◆ **1.1** lessons every day ~ Tuesday *elke dag les behalve dinsdags* **3.1** she did everything ~ clean windows *ze deed alles behalve ramen lappen* **5.1** all income, not excepting gifts, must be declared *alle inkomsten, inclusief geschenken, moeten aangegeven worden* **6.1** ~ **for** Sheila *behalve Sheila*.

except[3], ⟨in bet. 0.2 ook vero.⟩ **ex·cept·ing** ⟨f3⟩⟨ondersch.vw.; 2e variant oorspr. teg. deelw. v. except⟩ **0.1** ***ware het niet dat*** ⇒*maar, doch, echter, alleen* **0.2** ⟨vero.⟩ ***tenzij*** ◆ ¶.**1** I'd buy it ~ I have no money *ik zou het willen kopen, maar/alleen ik heb geen geld* ¶.**2** ~(ing) he be born again *tenzij hij wederom geboren zou worden*.

ex·cep·tion [ɪk'sepʃn]⟨f3⟩⟨telb. en n.-telb.zn.⟩⟨→sprw. 175⟩ **0.1** ***uitzondering*** ⇒*uitsluiting, het buiten beschouwing laten* **0.2** ⟨jur.⟩ ***exceptie*** ◆ **3.**¶ take ~ to *bezwaar aantekenen/maken tegen; aanstoot nemen aan* **6.1** make an ~ **for** *een uitzondering maken voor;* an ~ **to** the rule *een uitzondering op de regel;* **with** the ~ of *met uitzondering van;* **without** ~ *zonder uitzondering*.

ex·cep·tion·a·ble [ɪk'sepʃnəbl]⟨bn.; -ly; →bijw. 3⟩ **0.1** ***verwerpelijk*** ⇒*afkeurenswaard, laakbaar, aanstotelijk* **0.2** ***betwistbaar*** ⇒*aanvechtbaar.*

ex·cep·tion·al [ɪk'sepʃnəl]⟨f2⟩⟨bn.; -ly⟩ **0.1** ***exceptioneel*** ⇒*uitzonderlijk, buitengewoon, bijzonder, uitzonderings-.*

ex·cep·tive [ɪk'septɪv]⟨bn.⟩ **0.1** ***uitzonderend*** ⇒*uitzonderings-* **0.2** ***chicaneus*** ⇒*vitterig.*

ex·cerpt[1] ['eksɜ:pt‖'eksɜrpt]⟨f1⟩⟨telb.zn.⟩ **0.1** ***excerpt*** ⇒*uittreksel* **0.2** ***stukje*** ⇒*fragment, passage.*

excerpt[2] ⟨ov.ww.⟩ **0.1** ***excerperen*** ⇒*uittrekken* **0.2** ***aanhalen*** ⇒*citeren.*

ex·cess[1] [ɪk'ses, 'ekses]⟨f2⟩⟨zn.⟩
I ⟨telb.zn.⟩ **0.1** ***overmaat*** ⇒*overvloed, overdaad* **0.2** ⟨vaak mv.⟩ ***exces*** ⇒*buitensporigheid, uitspatting, uitwas* **0.3** ***overschot*** ⇒*surplus, rest* ⟨na aftrekking⟩ **0.4** ***eigen risico*** ⟨v. verzekering⟩ ◆ **6.1** **in/to** ~ *bovenmate, buitenmate;*
II ⟨n.-telb.zn.⟩ **0.1** ***het overschrijden*** ⇒*het te buiten gaan* **0.2** ***onmatigheid*** ◆ **6.1** **in** ~ **of** *meer dan, boven* **6.2** drink **to** ~ *onmatig drinken.*

excess[2] ['ekses]⟨f1⟩⟨bn., attr.⟩ **0.1** ***bovenmatig*** ⇒*overtollig, buitenmatig* **0.2** ***extra-*** ⇒*over-* ◆ **1.2** ~ baggage/luggage *overvracht;* ⟨sl.; fig.⟩ *ballast;* ~ fare *toeslag, bijbetaling;* ~ postage *strafport;* ~ profits *buitengewone winsten, superwinsten;* ~ profits tax *overwinstbelasting.*

ex·ces·sive [ɪk'sesɪv]⟨f3⟩⟨bn.; -ly⟩ **0.1** ***excessief*** ⇒*buitensporig, exorbitant, onmatig* **0.2** ***overdadig*** ⇒*overmatig.*

ex·change[1] [ɪks'tʃeɪndʒ]⟨f3⟩⟨zn.⟩⟨→sprw. 176⟩
I ⟨telb.zn.⟩ **0.1** ***ruil*** ⇒*(uit)wisseling, woorden/gedachtenwisseling* **0.2** ***ruilnummer*** ⟨bv. v. tijdschrift⟩ **0.3** ***beurs*** ⇒*beursgebouw* **0.4** ***telefooncentrale*** **0.5** ⟨schaken, dammen⟩ ***afruil*** ◆ **3.5** win/lose the ~ *een kwaliteit winnen/verliezen;*
II ⟨n.-telb.zn.⟩ **0.1** ***het ruilen*** ⇒*het (uit)wisselen, het omruilen, het verruilen* **0.2** ***het wisselen*** ⟨v. geld⟩ **0.3** ***wisselhandel*** **0.4** ***wisselkoers*** **0.5** ***tegenwaarde*** ⇒*valuta, deviezen* **0.6** ***wisselverkeer*** **0.7** ***wisselarbitrage*** ◆ **6.1** **in** ~ **for** *in ruil voor.*

exchange[2] ⟨f3⟩⟨ww.⟩
I ⟨onov.ww.⟩ **0.1** ***aan een uitwisseling meedoen;***
II ⟨ov.ww.⟩ **0.1** ***ruilen*** ⇒*uitwisselen, verwisselen, inruilen* **0.2** ***wisselen*** ⟨ook geldw.⟩ ⇒*inwisselen* ◆ **1.1** ~ words with *een woordenwisseling hebben met;* I haven't ~d more than a few/half a dozen words with him *ik heb hem nauwelijks gesproken* **6.1** I would like to ~ it **for** a smaller one *ik zou het graag voor een kleinere willen ruilen* **6.2** ~ ideas **with** *van gedachten wisselen met.*

ex·change·a·bil·i·ty [ɪks'tʃeɪndʒə'bɪləṭi]⟨n.-telb.zn.⟩ **0.1** ***ruilbaarheid*** ⇒*inwisselbaarheid, verwisselbaarheid, uitwisselbaarheid.*

ex·change·a·ble [ɪks'tʃeɪndʒəbl]⟨bn.⟩ **0.1** ***ruilbaar*** ⇒*inwisselbaar, verwisselbaar, uitwisselbaar.*

ex'change control ⟨n.-telb.zn.⟩ **0.1** ***deviezencontrole.***

ex'change office ⟨f1⟩⟨telb.zn.⟩ **0.1** ***wisselkantoor*** **0.2** ***postkantoor met faciliteiten voor het behandelen v. buitenlandse post.***

ex'change professor ⟨telb.zn.⟩ **0.1** ***ruilprofessor*** ⟨bij uitwisseling⟩.

ex'change rate ⟨f1⟩⟨telb.zn.⟩ **0.1** ***wisselkoers.***

ex'change student ⟨telb.zn.⟩ **0.1** ***ruilstudent*** ⟨bij uitwisseling⟩.

ex'change teacher ⟨telb.zn.⟩ **0.1** ***ruilleraar*** ⟨bij uitwisseling⟩.

ex·cheq·uer [ɪks'tʃekə‖eks'tʃekər]⟨f2⟩⟨zn.⟩
I ⟨telb.zn.; g. mv.⟩ **0.1** ***schatkist*** ⇒*staatskas* **0.2** ***kas*** ⇒*financiën, geldmiddelen* ◆ **2.2** my ~ is low *ik ben slecht bij kas* **3.2** the ~ won't allow it *dat kan bruin niet trekken;*
II ⟨verz.n.; E-; the⟩⟨BE⟩ **0.1** ***ministerie v. financiën*** ⇒⟨gesch.⟩ *Exchequer* ⟨centraal hof v. Financiën in Eng. sinds 12e eeuw⟩.

ex'chequer bill ⟨telb.zn.⟩⟨BE; gesch.⟩ **0.1** ***schatkistbiljet*** ⇒*schatkistpapier.*

ex'chequer bond ⟨telb.zn.⟩⟨BE⟩ **0.1** ***schatkistobligatie.***

ex·cim·er [ɪk'saɪmə‖-ər], **ex'cimer laser** ⟨telb.zn.⟩⟨tech.⟩ **0.1** ***excimeerlaser.***

ex·cis·a·ble [ek'saɪzəbl]⟨bn.⟩ **0.1** ***accijnsplichtig.***

ex·cise[1] ['eksaɪz‖'eksaɪs]⟨f1⟩⟨zn.⟩
I ⟨telb.zn.⟩ **0.1** ***accijns;***
II ⟨n.-telb.zn.; the⟩⟨BE; gesch.⟩ **0.1** ***accijnskantoor.***

excise[2] [ek'saɪz]⟨ov.ww.⟩ **0.1** ***accijns laten betalen*** **0.2** ***accijns leggen op*** ⇒*veraccijnzen* **0.3** ***uitsnijden*** ⇒*wegsnijden, wegnemen.*

'excise duty ⟨telb.zn.⟩ **0.1** ***accijns.***

'ex·cise·man ⟨telb.zn.; excisemen; →mv. 3⟩ **0.1** ***kommies.***

'Excise Officer ⟨telb.zn.⟩ **0.1** ***kommies.***

ex·ci·sion [ɪk'sɪʒn]⟨zn.⟩
I ⟨telb.zn.⟩ **0.1** ***het uitgesnedene*** ⇒*coupure* **0.2** ***excisie;***
II ⟨n.-telb.zn.⟩ **0.1** ***het uitsnijden*** ⇒*het wegnemen* **0.2** ⟨relig.⟩ ***excommunicatie.***

ex·cit·a·bil·i·ty [ɪk'saɪṭə'bɪləṭi]⟨n.-telb.zn.⟩ **0.1** ***het gauw opgewonden zijn*** **0.2** ***prikkelbaarheid*** ⇒*het gauw geïrriteerd zijn, lichtgeraaktheid.*

ex·cit·a·ble [ɪk'saɪṭəbl]⟨f1⟩⟨bn.; -ly; -ness; →bijw. 3⟩ **0.1** ***prikkelbaar*** ⇒*lichtgeraakt, snel opgewonden, (licht) ontvlambaar.*

ex·ci·tant[1] ['eksɪṭənt, ɪk'saɪṭənt]⟨telb.zn.⟩ **0.1** ***opwekkend/stimulerend middel.***

excitant[2], **ex·ci·ta·tive** [ɪk'saɪṭəṭɪv], **ex·ci·ta·to·ry** [ɪk'saɪtətrɪ‖-ṭətɔri]⟨bn.⟩ **0.1** ***opwekkend*** **0.2** ***opwindend*** ⇒*prikkelend.*

ex·ci·ta·tion ['eksɪ'teɪʃn‖-saɪ-]⟨zn.⟩
I ⟨telb. en n.-telb.zn.⟩⟨ook psych.⟩ **0.1** ***opwinding*** ⇒*prikkeling, excitatie, iets dat opwindt/opwekt;*
II ⟨n.-telb.zn.⟩ **0.1** ***opwekking*** **0.2** ***opwinding*** ⇒*opgewondenheid* **0.3** ⟨tech.⟩ ***bekrachtiging*** ⟨v. dynamo⟩ **0.4** ⟨elek.⟩ ***excitatie*** ⟨v. atoom⟩.

ex·cite [ɪk'saɪt]⟨f3⟩⟨ov.ww.⟩ →excited, exciting **0.1** ***opwekken*** ⇒*uitlokken, oproepen, aanleiding geven tot* **0.2** ***opwinden*** **0.3** ***prikkelen*** ⇒*stimuleren* ⟨ook seksueel⟩ **0.4** ⟨elek.⟩ ***bekrachtigen*** ⟨dynamo⟩ **0.5** ⟨nat.⟩ ***aanslaan*** ⇒*exciteren* ⟨atoom⟩ ◆ **1.2** do not get ~d about it! *wind je er niet over op!.*

ex·cit·ed [ɪk'saɪṭɪd]⟨f2⟩⟨bn.; volt. deelw. v. excite; -ly⟩ **0.1** ***opgewonden*** ⇒*geprikkeld* **0.2** ⟨nat.⟩ ***aangeslagen*** ⇒*geëxciteerd* ⟨v. atoom⟩.

ex·cite·ment [ɪk'saɪtmənt]⟨f3⟩⟨zn.⟩
I ⟨telb.zn.⟩ **0.1** ⟨ben. voor⟩ ***iets opwindends*** ⇒*opwindende gebeurtenis; sensatie; prikkel;*
II ⟨n.-telb.zn.⟩ **0.1** ***opwinding*** ⇒*opgewondenheid, opschudding, spanning.*

ex·cit·er [ɪk'saɪtə‖ɪk'saɪṭər]⟨telb.zn.⟩ **0.1** ***iem. die opwekt/opwindt/stimuleert*** **0.2** ⟨tech.⟩ ***velddynamo*** ⇒*bekrachtigingsdynamo* **0.3** ⟨radio⟩ ***stuurtrap.***

ex·cit·ing [ɪk'saɪṭɪŋ]⟨f3⟩⟨bn.; teg. deelw. v. excite; -ly; -ness⟩ **0.1** ***opwindend*** ⇒*spannend* **0.2** ***opwekkend*** ⇒*prikkelend, stimulerend.*

ex·ci·ton ['eksɪtɒn‖-tɑn]⟨telb.zn.⟩ **0.1** ***kristal met aangeslagen elektron/elektron in excitatie.***

ex·ci·tor [ɪk'saɪtə‖ɪk'saɪṭər]⟨telb.zn.⟩ **0.1** ⟨med.⟩ ***opwekkend/stimulerend middel*** **0.2** ⟨anat.⟩ ***prikkelende/stimulerende zenuw.***

ex·claim [ɪk'skleɪm]⟨f2⟩⟨ww.⟩
I ⟨onov.ww.⟩ **0.1** ***het uitschreeuwen*** ⇒*schreeuwen, roepen* ◆ **6.1** ~ **at** sth. *luidkeels/hardop zijn verrassing over iets kenbaar maken;* ~ **from/with** pain *het uitschreeuwen v.d. pijn;*
II ⟨ov.ww.⟩ **0.1** ***uitroepen*** ⇒*roepen, schreeuwen* ◆ **8.1** he ~ed how sorry he was *hij riep hoezeer het hem speet.*

ex·cla·ma·tion ['ekskla'meɪʃn]⟨f1⟩⟨zn.⟩
I ⟨telb.zn.⟩ **0.1** ***uitroep*** ⇒*schreeuw, kreet* **0.2** ⟨AE; taalk.⟩ ***uitroepteken*** ◆ **3.1** utter an ~ of surprise *zijn verrassing luidruchtig tot uitdrukking brengen;*
II ⟨n.-telb.zn.⟩ **0.1** ***geroep*** ⇒*geschreeuw, luidruchtig commentaar.*

excla'mation mark ⟨f1⟩⟨telb.zn.⟩⟨BE⟩ **0.1** ***uitroepteken.***

excla'mation point ⟨f1⟩⟨telb.zn.⟩⟨AE⟩ **0.1** ***uitroepteken.***

ex·clam·a·to·ry [ɪk'sklæmətri‖-tɔri]⟨f1⟩⟨bn.⟩ **0.1** ***uitroepend.***

ex·clave ['eksklerv]⟨telb.zn.⟩ **0.1** ***exclave.***

ex·clo·sure [ɪk'sklouʒə‖-ər]⟨telb.zn.⟩ **0.1** ***voor ongewenste dieren afgesloten natuurgebied.***

ex·clude [ɪk'sklu:d]⟨f3⟩⟨ov.ww.⟩ →excluding **0.1** ***uitsluiten*** ⇒*buitensluiten, weren, niet toelaten* **0.2** ***uitsluiten*** ⇒*uitzonderen, verwerpen* **0.3** ***uitzetten*** ⟨uit het land⟩ ◆ **1.2** ~ all doubt *elke twijfel uitsluiten* **6.1** ~ s.o. **from** membership *iem. v.h. lidmaatschap uitsluiten* **6.3** ~ foreigners **from** a country *vreemdelingen uit een land zetten.*

ex·clud·ing [ɪk'sklu:dɪŋ]⟨f2⟩⟨vz.; oorspr. gerund v. exclude⟩ **0.1** ***exclusief*** ⇒*niet inbegrepen, niet meegerekend/meegeteld.*

ex·clu·sion [ɪk'sklu:ʒn]⟨f1⟩⟨telb. en n.-telb.zn.⟩ **0.1** ***uitsluiting*** ⇒*buitensluiting, wering* **0.2** ***uitsluiting*** ⇒*verwerping, uitzondering* **0.3** ***uitzetting*** ◆ **6.2** **to** the ~ of *met uitsluiting van.*

ex·clu·sion·ism [ɪk'sklu:ʒənɪzm]⟨n.-telb.zn.⟩⟨vnl. AE⟩ **0.1** ***uitsluitings/uitzettingspolitiek*** ⟨bv. t.o.v. vreemdelingen⟩.

ex·clu·sion·ist[1] [ɪk'sklu:ʒənɪst]⟨telb.zn.⟩⟨vnl. AE⟩ **0.1** ***aanhanger v. uitsluitings/uitzettingspolitiek.***

exclusionist[2] ⟨bn., attr.⟩⟨vnl. AE⟩ **0.1** ***uitsluitings-*** ⇒*uitzettings-.*

ex·clu·sive[1] [ɪk'sklu:sɪv]⟨telb.zn.⟩ **0.1** ***exclusief bericht/verslag.***

exclusive[2] ⟨f2⟩⟨bn.; -ness⟩ **0.1** ***exclusief*** ⇒*enig, (iem./iets anders) uitsluitend* **0.2** ***exclusief*** ⇒*afgesloten, select, gesloten, kieskeurig* ⟨gemeenschap, karakter⟩ **0.3** ***exclusief*** ⇒*chic* ◆ **1.1** mutually ~ duties *onverenigbare functies;* ~ rights *exclusief/uitsluitend recht; alleenrecht, monopolie;* a car for his ~ use *een auto voor hem alleen* **6.1** ~ **of** *exclusief, niet inbegrepen, niet meegerekend/geteld.*

ex·clu·sive·ly [ɪk'sklu:sɪvli]⟨f3⟩⟨bw.⟩ **0.1** →exclusive **0.2** ***uitsluitend*** ⇒*enkel, alleen.*

ex·clu·siv·ism [ɪk'sklu:sɪvɪzm]⟨n.-telb.zn.⟩ **0.1** ***exclusivisme*** ⇒*kliekgeest.*

ex·clu·siv·i·ty ['eksklu:'sɪvəṭi]⟨telb. en n.-telb.zn.; →mv. 2⟩ **0.1** ***exclusiviteit.***

ex·cog·i·tate [eks'kɒdʒɪteɪt‖-'kɑ-]⟨ov.ww.⟩⟨schr., ook scherts.⟩ **0.1** ***uitdenken*** ⇒*bedenken, beramen, verzinnen, uitkienen.*
ex·cog·i·ta·tion [eks'kɒdʒɪ'teɪʃn‖-'kɑ-]⟨telb. en n.-telb.zn.⟩ **0.1** ***uitdenking*** ⇒*bedenksel, plan, vinding.*
ex·cog·i·ta·tive [eks'kɒdʒɪtətɪv‖eks'kɑdʒɪteɪtɪv]⟨bn., attr.⟩ **0.1** ***denk-*** ⇒*vinding-* ◆ **1.1** ~ ability *vindingrijkheid.*
ex·com·mu·ni·cate[1] ['ekskə'mju:nɪkət]⟨bn.⟩⟨kerk.⟩ **0.1** ***geëxcommuni(c)eerd*** ⇒*in de (kerk)ban.*
excommunicate[2] ['ekskə'mju:nɪkeɪt]⟨f1⟩⟨ov.ww.⟩⟨kerk.⟩ **0.1** ***excommuniceren*** ⇒*excommuniëren, in de (kerk)ban doen.*
ex·com·mu·ni·ca·tion ['ekskəmju:nɪ'keɪʃn]⟨f1⟩⟨telb. en n.-telb.zn.⟩⟨kerk.⟩ **0.1** ***excommunicatie*** ⇒*(kerk)ban* ◆ **2.1** greater/major ~ *grote (kerk)ban;* lesser/minor ~ *kleine (kerk)ban.*
ex·com·mu·ni·ca·tive ['ekskə'mju:nɪkətɪv‖-keɪtɪv], **ex·com·mu·ni·ca·to·ry** [-tri‖-tɔri]⟨bn., attr.⟩⟨kerk.⟩ **0.1** ***excommunicatie-*** ⇒*(kerk)ban-.*
ex·com·mu·ni·ca·tor ['ekskə'mju:nɪkeɪtə‖-keɪtər]⟨telb.zn.⟩⟨kerk.⟩ **0.1** ***excommuni(c)eerder*** ⇒*banner.*
ex·co·ri·ate [ɪk'skɔ:rieɪt]⟨ov.ww.⟩⟨schr.⟩ **0.1** ***ontvellen*** ⇒*villen; (af) schaven, schuren* ⟨huid⟩ **0.2** ***hekelen*** ⇒*doorhalen, afbreken.*
ex·co·ri·a·tion [ɪk'skɔ:ri'eɪʃn‖ek-]⟨zn.⟩
I ⟨telb.zn.⟩ **0.1** ***schaafwond;***
II ⟨telb. en n.-telb.zn.⟩ **0.1** ***ontvelling*** **0.2** ***hekeling*** ⇒*het afmaken.*
ex·cre·ment ['ekskrɪmənt]⟨f1⟩⟨zn.⟩
I ⟨n.-telb.zn.⟩ **0.1** ***uitwerpsel(en)*** ⇒*ontlasting, excrement(en), drek;*
II ⟨mv.; ~s⟩ **0.1** ***uitwerpselen*** ⇒*keutels.*
ex·cre·ment·al ['ekskrɪ'mentl]⟨bn., attr.⟩ **0.1** ***drek-*** ⇒*drekachtig, mbt. /door uitwerpselen.*
ex·cres·cence [ɪk'skresns]⟨telb.zn.⟩⟨schr.⟩ **0.1** ***uitwas*** ⟨ook fig.⟩ ⇒*uitgroeiing, uitgroeisel* ⟨vnl. abnormaal⟩.
ex·cres·cent [ɪk'skresnt]⟨bn.; -ly⟩ **0.1** ***uitgroeiend*** **0.2** ***overtollig.***
ex·cres·cen·tial ['ekskrə'senʃl]⟨bn., attr.⟩ **0.1** ***uitwas-*** ⇒*uitgroeisel-.*
ex·cre·ta [ɪk'skri:tə]⟨mv.⟩ **0.1** ***excreten*** ⇒*excretie/uitscheidings/afscheidingsprodukten.*
ex·crete [ɪk'skri:t]⟨ov.ww.⟩ **0.1** ***uitscheiden*** ⇒*afscheiden.*
ex·cre·tion [ɪk'skri:ʃn]⟨telb. en n.-telb.zn.⟩ **0.1** ***uitscheiding*** ⇒*excretie/uitscheidings/afscheidingsprodukt, excretie.*
ex·cre·to·ry [ɪk'skri:tri‖'ekskrətɔri], **ex·cre·tive** [ɪk'skri:tɪv]⟨bn., attr.⟩ **0.1** ***excretie-*** ⇒*uit/afscheidings-.*
ex·cru·ci·ate [ɪk'skru:ʃieɪt]⟨ov.ww.⟩ →excruciating **0.1** ***folteren*** ⇒*martelen, pijnigen* ⟨ook fig.⟩, *kwellen.*
ex·cru·ci·at·ing [ɪk'skru:ʃieɪtɪŋ]⟨f1⟩⟨bn.; teg. deelw. v. excruciate; -ly⟩ **0.1** ***martelend*** **0.2** ***ondraaglijk*** ⇒*verschrikkelijk* ⟨vnl. mbt. pijn; ook scherts.⟩ ◆ **2.2** it was ~ly funny *het was om je ziek te lachen.*
ex·cru·ci·a·tion [ɪk'skru:ʃi'eɪʃn]⟨telb. en n.-telb.zn.⟩ **0.1** ***foltering*** ⇒*marteling, pijniging* ⟨ook fig.⟩, *kwelling.*
ex·cul·pate ['ekskʌlpeɪt]⟨ov.ww.⟩ **0.1** ***van blaam zuiveren*** ⇒*de onschuld erkennen/bewijzen van, vrijspreken, verschonen, verontschuldigen* ◆ **6.1** ~ s.o. **from** a charge *iem. v.e. beschuldiging vrijspreken.*
ex·cul·pa·tion ['ekskʌl'peɪʃn]⟨telb. en n.-telb.zn.⟩ **0.1** ***vrijspreking*** ⇒*vrijspraak.*
ex·cul·pa·to·ry [ek'skʌlpətri‖-tɔri]⟨bn.⟩ **0.1** ***verontschuldigend*** ⇒*verschonend, ontlastend.*
ex·cur·rent ['eks'kʌrənt]⟨bn.⟩ **0.1** ***uitstromend.***
ex·cur·sion [ɪk'skɜ:ʃn‖ɪk'skɜrʒn]⟨f2⟩⟨telb.zn.⟩ **0.1** ***excursie*** ⇒*uitstapje, plezierتochtje* **0.2** ***uitweiding*** ⇒*excursie* **0.3** ⟨nat.⟩ ***uitwijking*** ⟨v. schommelbeweging⟩ ⇒*uitslag* **0.4** ⟨vero.; mil.⟩ ***uitval*** ⇒*raid, sortie.*
ex·cur·sion·ist [ɪk'skɜ:ʃənɪst‖-'skɜrʒənɪst]⟨telb.zn.⟩ **0.1** ***excursionist*** ⇒*dagjesmens, dagtoerist.*
ex'cursion train ⟨telb.zn.⟩ **0.1** ***pleziertrein.***
ex·cur·sive [ɪk'skɜ:sɪv‖-'skɜr-]⟨bn.; -ly; -ness⟩ **0.1** ***uitweidend*** ⇒*afdwalend* **0.2** ***onsystematisch*** ⇒*los, onsamenhangend.*
ex·cur·sus [ɪk'skɜ:səs‖-'skɜr-]⟨telb.zn.⟩ **0.1** ***excursie*** ⇒*digressie, (brede) uitweiding* ⟨vnl. jur., vaak als appendix⟩.
ex·cus·al [ɪk'skju:zl]⟨telb. en n.-telb.zn.⟩ **0.1** ***vrijstelling*** ⇒*ontheffing* ⟨vnl. v. belasting⟩.
ex·cus·a·to·ry [ɪk'skju:zətri‖-tɔri]⟨bn.⟩ **0.1** ***verontschuldigend.***
ex·cuse[1] [ɪk'skju:s]⟨f3⟩⟨telb. en n.-telb.zn.⟩ **0.1** ***excuus*** ⇒*verontschuldiging* **0.2** ***excuus*** ⇒*verschoningsgrond* **0.3** ***uitvlucht*** ⇒*voorwendsel* **0.4** ***armzalig specimen*** ◆ **3.1** make one's/s.o.'s ~s *zich/iem. excuseren (voor afwezigheid)* **6.1** **in** ~ **of** his behaviour *als excuus voor/verontschuldiging van zijn gedrag* **6.2** absent **without** ~ *afwezig zonder excuus* **6.4** a poor ~ **for** a director *een armzalig type directeur.*
excuse[2] [ɪk'skju:z]⟨f3⟩⟨ov.ww.⟩⟨→sprw. 284⟩ **0.1** ***excuseren*** ⇒*verontschuldigen, verschonen, vergeven* **0.2** ***excuseren*** ⇒*niet kwalijk nemen, door de vingers zien* **0.3** ***vrijstellen*** ⇒*ontheffen* **0.4** ***laten weggaan*** ⇒*niet langer ophouden* **0.5** ***afzien van (heffing van)*** ⟨belasting⟩ **0.6** ⟨BE⟩ ***vrijstellen van*** ⇒*ontslaan van* **0.7** ⟨sl.⟩ ***verzoeken weg te gaan*** ◆ **1.2** ~ s.o.'s shortcomings *iemands tekortkomingen door de vingers zien* **1.5** ~ taxes *afzien van (heffing van) belasting* **1.6** he was ~d school for one week *hij werd voor een week van school vrijgesteld* **3.2** ~ my being late *neem me niet kwalijk dat ik te laat ben* **3.¶** ⟨inf.⟩ may I be ~d? *mag ik even naar buiten?* ⟨voor het toilet⟩ **4.2** ~ me, can you tell me...? *neem me niet kwalijk/pardon, kunt u me zeggen...?;* ~ me, but I do not agree *neem me niet kwalijk, maar ik ben het er niet mee eens;* ⟨AE⟩ ~ me! *sorry!, neem me niet kwalijk!, pardon!* ⟨bv. wanneer men iem. hindert⟩; ⟨AE⟩ ~ me? *sorry?* **4.¶** ~ o.s. *zich excuseren* ⟨ook voor afwezigheid⟩ **6.1** ~ s.o. **for** his bad conduct *iemands slechte gedrag excuseren* **6.2** ~ me **for** interrupting you *neem me niet kwalijk dat ik u onderbreek* **6.3** he is ~d **from** (taking) that examination *hij is vrijgesteld van dat examen.*
ex'cuse-me dance ⟨telb.zn.⟩ **0.1** ***wisseldans*** ⇒*aftikdans* ⟨waarbij van partner verwisseld mag worden⟩.
ex-di·rec·to·ry ['eksdɪ'rektri, -daɪ-]⟨bn., attr.⟩⟨BE⟩ **0.1** ***geheim*** ⟨mbt. telefoonnummer⟩ ◆ **3.1** go ~ *zijn nummer uit het telefoonboek laten verwijderen, een geheim nummer nemen/aanvragen.*
ex div ⟨afk.⟩ ex dividend.
ex·e·at ['eksiæt]⟨telb.zn.⟩ **0.1** ⟨BE⟩ ***verlof*** ⟨vnl. v. school⟩ **0.2** ⟨kerk.⟩ ***bisschoppelijke toelating aan priester om in ander bisdom te wonen.***
exec ⟨afk.⟩ executive, executor.
ex·e·cra·ble ['eksɪkrəbl]⟨bn.; -ly; →bijw. 3⟩ **0.1** ***verfoeilijk*** ⇒*afschuwelijk, abominabel* ◆ **1.1** ~ manners *afschuwelijke manieren.*
ex·e·crate ['eksɪkreɪt]⟨ov.ww.⟩ **0.1** ***verfoeien*** ⇒*verafschuwen, haten* **0.2** ⟨vero.⟩ ***vervloeken.***
ex·e·cra·tion ['eksɪ'kreɪʃn]⟨zn.⟩
I ⟨telb.zn.⟩ **0.1** ***vloek*** **0.2** ***verfoeid/gehaat iets;***
II ⟨telb. en n.-telb.zn.⟩ **0.1** ***afschuw*** ⇒*afkeer, haat, verfoeiing.*
ex·e·cra·tive ['eksɪkreɪtɪv], **ex·e·cra·to·ry** [-tri‖-tɔri]⟨bn., attr.⟩ **0.1** ***verfoeiend*** ⇒*verafschuwend, haat-.*
ex·e·cut·a·ble ['eksɪkju:təbl]⟨bn.⟩ **0.1** ***uitvoerbaar.***
ex·ec·u·tant [ɪg'zekjʊtənt‖-kjətənt]⟨telb.zn.⟩ **0.1** ***uitvoerder*** ⇒*executeur* **0.2** ⟨vnl. muz.⟩ ***uitvoerder*** ⇒*vertolker, executant, interpreet.*
ex·e·cute ['eksɪkju:t]⟨f3⟩⟨ov.ww.⟩ **0.1** ***uitvoeren*** ⇒*ten uitvoer brengen/leggen, volbrengen, volvoeren, realiseren, executeren* ⟨vonnis⟩, *afwikkelen* ⟨testament⟩ **0.2** ***passeren*** ⇒*bekrachtigen, verlijden* ⟨akte⟩ **0.3** ***executeren*** ⇒*terechtstellen* ◆ **1.1** ~ a concert *een concert uitvoeren/spelen;* ~ a design *een ontwerp uitvoeren/realiseren;* ~ a judicial sentence *een rechterlijk vonnis ten uitvoer leggen/executeren.*
ex·e·cu·tion ['eksɪ'kju:ʃn]⟨f2⟩⟨zn.⟩
I ⟨telb. en n.-telb.zn.⟩ **0.1** ***executie*** ⇒*terechtstelling;*
II ⟨n.-telb.zn.⟩ **0.1** ***uitvoering*** ⇒*tenuitvoerlegging/brenging, volbrenging/voering, realisering, executie* ⟨v. vonnis⟩, *afwikkeling* ⟨v. testament⟩ **0.2** ***spel*** ⇒*(muzikale) voordracht, vertolking* **0.3** ⟨vero.⟩ ***vernietigende uitwerking*** ⟨v. wapens; ook fig.⟩ **0.4** ⟨jur.⟩ ***executie*** ⇒*beslaglegging* ⟨wegens schulden⟩, *gijzeling* ⟨v. persoon, wegens schulden⟩ **0.5** ⟨jur.⟩ ***bekrachtiging*** ⇒*passering, het verlijden* ⟨v. akte⟩ **0.6** ⟨jur.⟩ ***uitvoeringsbevel*** ⇒*(deurwaarders) exploot, betekening* ◆ **3.1** carry/put into ~ *ten uitvoer brengen, volbrengen* **3.3** ⟨vero.⟩ do ~ *een vernietigende uitwerking hebben* ⟨ook fig.⟩.
ex·e·cu·tion·er ['eksɪ'kju:ʃənə‖-ər]⟨f2⟩⟨telb.zn.⟩ **0.1** ***beul*** ⇒*scherprechter.*
ex·ec·u·tive[1] [ɪg'zekjʊtɪv‖-kjətɪv]⟨f3⟩⟨telb.zn.⟩ **0.1** ⟨ben. voor⟩ ***leidinggevend persoon*** ⇒*hoofd, directeur* ⟨v. onderneming⟩; *kader/staflid, hoofdambtenaar, bewindsman; president* ⟨v.d. U.S.A.⟩; *gouverneur* ⟨in de U.S.A.⟩ **0.2** ⟨pol.⟩ ***uitvoerend orgaan/college*** ⇒*administratie, dagelijks bestuur* ◆ **2.1** the chief ~ *hoofddirecteur, algemeen directeur; de president* ⟨v.d. U.S.A.⟩ **7.2** the ~ *de uitvoerende macht* ⟨als staatsorgaan⟩.
executive[2] ⟨f3⟩⟨bn., attr.⟩ **0.1** ***leidinggevend*** ⇒*leidend, verantwoordelijk* **0.2** ***uitvoerend*** ⟨ook pol.⟩ **0.3** ⟨inf.⟩ ***exclusief*** ⇒*chic, duur* ◆ **1.1** ~ director *lid v.d. raad v. bestuur, directeur* ⟨die lid is v.d. raad v. bestuur⟩; ⟨AE⟩ chief ~ officer *hoofddirecteur, algemeen directeur* ⟨v. grote onderneming⟩; ~ secretary *directiesecretaris/secretaresse* **1.2** the ~ branch of the government *het uitvoerend college v.d. regering* ⟨in de U.S.A.⟩; the ~ head of the State *de president v.d. U.S.A.;* the ~ power *de uitvoerende macht* ⟨als bevoegdheid⟩ **1.¶** ~ agreement *overeenkomst tussen Amerikaanse en buitenlandse regering, zonder goedkeuring v.d. Senaat;* ~ officer *tweede officier in rang* ⟨na de bevelhebber⟩; *persoon met uit-*

voerende/leidinggevende bevoegdheid; ~ session *besloten vergadering* ⟨vnl. v.d. Am. Senaat⟩.
ex·ec·u·tor [ɪɡ'zekjʊtə||-kjət̬ər]⟨f2⟩⟨telb.zn.⟩ **0.1** ⟨jur.⟩ ***executeur (-testamentair)*** **0.2** ⟨vero.⟩ ***uitvoerder*** ◆ **2.1** literary ~ *uitvoerder v. literair testament.*
ex·ec·u·tor·i·al [ɪɡ'zekjʊ'tɔːrɪəl||-kjə'tɔrɪəl]⟨bn., attr.⟩⟨vnl. Sch.E; jur.⟩ **0.1** ***executoriaal*** ⇒*uitvoerbaar, van kracht.*
ex·ec·u·to·ry [ɪɡ'zekjʊtri||-kjətɔri]⟨bn.⟩ **0.1** ⟨pol.⟩ ***uitvoerend*** ⇒*administratief* **0.2** ⟨jur.⟩ ***executoir*** ⇒*executoor, uitvoerbaar, van kracht* **0.3** ⟨jur.⟩ ***contingent*** ⇒*voorwaardelijk* ⟨mbt. wet die in de toekomst van kracht wordt/kan worden⟩.
ex·ec·u·trix [ɪɡ'zekjʊtrɪks||-kjə-]⟨telb.zn.; ook executrices [-'traɪsiːz]; →mv. 5⟩⟨jur.⟩ **0.1** ***vrouwelijke executeur (-testamentair).***
ex·e·ge·sis ['eksɪ'dʒiːsɪs]⟨telb. en n.-telb.zn.; exegeses [-siːz]; →mv. 5⟩ **0.1** ***exegese*** ⇒*uitlegkunde,* ⟨i.h.b.⟩ *bijbelverklaring.*
ex·e·gete ['eksɪdʒiːt], **ex·e·ge·tist** [-'dʒiːtɪst||-'dʒet̬ɪst]⟨telb.zn.⟩ **0.1** ***exegeet*** ⇒*uitlegger,* ⟨i.h.b.⟩ *bijbel/schriftverklaarder.*
ex·e·get·ic ['eksɪ'dʒet̬ɪk], **ex·e·get·i·cal** [-ɪkl]⟨bn.; (al)ly; →bijw. 3⟩ **0.1** ***exegetisch*** ⇒*verklarend.*
ex·em·plar [ɪɡ'zemplə||-ər]⟨telb.zn.⟩ **0.1** ***voorbeeld*** ⇒*toonbeeld, model, exempel* **0.2** ***(typisch) voorbeeld/exemplaar*** ⇒*specimen* **0.3** ***oerbeeld*** ⇒*archetype* **0.4** ***exemplaar*** ⟨v. boek⟩.
ex·em·pla·ry [ɪɡ'zempləri]⟨f1⟩⟨bn.; -ly; -ness; →bijw. 3⟩
I ⟨bn.⟩ **0.1** ***voorbeeldig*** **0.2** ***kenschetsend*** ⇒*karakteristiek, typisch;*
II ⟨bn., attr.⟩ **0.1** ***exemplair*** ⇒*voorbeeldig, afschrikwekkend* ◆ **1.1** ⟨jur.⟩ ~ damages *morele schadevergoeding, smartegeld.*
ex·em·pli·fi·ca·tion [ɪɡ'zemplɪfɪ'keɪʃn]⟨f1⟩⟨zn.⟩
I ⟨telb.zn.⟩ **0.1** ***voorbeeld*** ⇒*illustratie* **0.2** ⟨jur.⟩ ***gewaarmerkte kopie;***
II ⟨telb. en n.-telb.zn.⟩ **0.1** ***toelichting*** ⇒*illustratie.*
ex·em·pli·fy [ɪɡ'zemplɪfaɪ]⟨f2⟩⟨ov.ww.; →ww. 7⟩ **0.1** ***toelichten*** ⇒*illustreren* ⟨met voorbeeld⟩ **0.2** ⟨jur.⟩ ***een gewaarmerkte kopie maken van.***
ex·em·pli gra·ti·a [ɪɡ'zempli 'ɡreɪʃə||- 'ɡrɑt̬iɑ]⟨bw.⟩ **0.1** ***bijvoorbeeld.***
ex·empt[1] [ɪɡ'zempt]⟨telb.zn.⟩ **0.1** ***vrijgestelde*** ⟨vnl. v. belasting⟩ **0.2** ⟨BE⟩ ***exon*** ⟨titel v. officier v.d. Yeomen of the Guard⟩.
exempt[2] ⟨f1⟩⟨bn.⟩ **0.1** ***vrijgesteld*** ⇒*vrij, ontheven, geëxcuseerd* ◆ **1.1** ⟨golf⟩ ~ player *geplaatste speler* ⟨vrijgesteld v. kwalificatieronden⟩ **6.1** ~ **from** taxation *vrijgesteld van belasting.*
exempt[3] ⟨f1⟩⟨ov.ww.⟩ **0.1** ***vrijstellen*** ⇒*ontheffen, excuseren* ◆ **6.1** ~ **from** *vrijstellen van.*
ex·emp·tion [ɪɡ'zem(p)ʃn]⟨f1⟩⟨zn.⟩
I ⟨telb.zn.⟩ **0.1** ***vrijgesteld bedrag*** ⇒*vrijstelling* ⟨mbt. belasting⟩ **0.2** ***persoon waaraan vrijstelling van belasting toegekend wordt;***
II ⟨telb. en n.-telb.zn.⟩ **0.1** ***vrijstelling*** ⇒*ontheffing* **0.2** ***onschendbaarheid*** ⇒*immuniteit.*
ex·e·qua·tur ['eksɪ'kweɪtə||-'kweɪt̬ər]⟨telb.zn.⟩⟨jur., dipl.⟩ **0.1** ***exequatur*** ⟨officiële erkenning v. consul⟩ **0.2** ***exequatur*** ⟨machtiging tot afkondiging v.e. pauselijk besluit, erkenning v.d. bevoegdheden v.e. bischop door wereldlijke macht⟩.
ex·e·quies ['eksɪkwɪz]⟨mv.⟩⟨R.-K.⟩ **0.1** ***uitvaartplechtigheden*** ⇒*exequiën.*
ex·er·cis·a·ble ['eksəsaɪzəbl||-sər-]⟨bn.⟩ **0.1** ***uitoefenbaar*** ⇒*bruikbaar, aanwendbaar.*
ex·er·cise[1] ['eksəsaɪz||-sər-]⟨f3⟩⟨zn.⟩
I ⟨telb.zn.⟩ **0.1** ***oefening*** ⇒*opgaaf, taak, thema* **0.2** ***(godsdienstige) praktijk*** ◆ **2.1** spiritual ~s *geestelijke oefeningen, gebed* **6.1** ~s **for** piano *oefenstukjes voor piano;* ~s **in** composition *opsteloefeningen;*
II ⟨telb. en n.-telb.zn.⟩ **0.1** ***(uit)oefening*** ⇒*gebruik, toepassing, aanwending* **0.2** ***lichaamsoefening*** ⇒*(lichaams)beweging, training* **0.3** ***mentale training*** ◆ **1.1** the ~ of a duty *het uitoefenen v.e. ambt;* the ~ of one's mental faculties *het gebruik v. zijn geestelijke vermogens;* the ~ of imagination *het laten werken/aan de dag leggen v. verbeelding;* the ~ of patience *het oefenen v. geduld;* the ~ of power *de uitoefening v.d. macht;* the ~ of a right *de uitoefening v.e. recht;*
III ⟨mv.; ~s⟩ **0.1** ***exercitie*** ⇒*dril, wapenoefening* **0.2** ***militaire oefeningen*** ⇒*manoeuvres* **0.3** ⟨AE⟩ ***ceremonie*** ⇒*officiële plechtigheid* ⟨vnl. bij diplomauitreiking⟩.
exercise[2] ⟨f3⟩⟨ww.⟩
I ⟨onov.ww.⟩ **0.1** ***(zich) oefenen*** ⇒⟨i.h.b.⟩ *lichaamsoefeningen doen, beweging nemen;*
II ⟨ov.ww.⟩ **0.1** ***(uit)oefenen*** ⇒*gebruiken, toepassen, aanwenden, laten gelden* **0.2** ***uitoefenen*** ⇒*waarnemen, bekleden* ⟨ambt, functie⟩ **0.3** ***oefenen*** ⇒*trainen* **0.4** ***bezighouden*** ⇒*in beslag nemen, verontrusten* **0.5** ***afrijden*** ⟨paard⟩ **0.6** ⟨mil.⟩ ***laten exerceren*** ⇒*drillen* ◆ **1.1** ~ patience *geduld oefenen;* ~ power *macht uitoefenen;* ~ a right *een recht uitoefenen/laten gelden* **6.1** ~ one's influence **over** s.o./sth. *zijn invloed op iem./iets aanwenden* **6.3** ~ recruits **in** the use of weapons *rekruten in het gebruik van wapens trainen* **6.4** the president was ~d **about** the economic situation *de president werd in beslag genomen door de economische situatie;* he was ~d **by** financial problems *hij zat met financiële problemen opgescheept.*
'exercise bike ⟨telb.zn.⟩ **0.1** ***trimfiets.***
'exercise book ⟨f1⟩⟨telb.zn.⟩ **0.1** ***oefenboek*** ⟨bij leerboek⟩ **0.2** ***schrift*** ⇒*schrijfboek, cahier.*
ex·er·ci·ta·tion [ɪɡ'zɜːsɪ'teɪʃn||ɪɡ'zɜr-]⟨telb. en n.-telb.zn.⟩ **0.1** ***oefening*** ⟨vero., beh. lit.; oratorisch⟩.
ex·ergu·al [ek'sɜɡl||-'sɜr-]⟨bn., attr.⟩ **0.1** ***afsne(d)e-*** ⟨op munt⟩.
ex·ergue [ek'sɜːɡ||'eksɜrɡ]⟨telb.zn.⟩ **0.1** ***afsne(d)e*** ⟨(plaats voor) inscriptie onder beeldenaar v. munt⟩.
ex·ert [ɪɡ'zɜːt||-'zɜrt]⟨f2⟩⟨ov.ww.⟩ **0.1** ***uitoefenen*** ⇒*aanwenden, doen gelden, inspannen* ◆ **1.1** ~ influence *invloed aanwenden/doen gelden;* ~ pressure *pressie uitoefenen;* ~ all one's strength *al zijn krachten inspannen* **4.1** ~ o.s. *zich inspannen/inzetten.*
ex·er·tion [ɪɡ'zɜːʃn||-'zɜrʃn]⟨f2⟩⟨zn.⟩
I ⟨telb. en n.-telb.zn.⟩ **0.1** ***(zware) inspanning*** ◆ **3.1** avoid ~(s) *zware inspanning vermijden;*
II ⟨n.-telb.zn.⟩ **0.1** ***uitoefening*** ⇒*aanwending* ◆ **6.1** the ~ **of** power *de uitoefening van macht.*
ex·es ['eksɪz]⟨mv.⟩⟨inf.⟩ **0.1** ***onkosten.***
ex·e·unt ['eksiʊnt, -ʌnt||'eksɪənt]⟨vero.; dram.⟩ **0.1** ***exeunt*** ⇒*(zij gaan) af* ⟨als regie-aanwijzing⟩.
exeunt om·nes [-'ɒmneɪz||-'ɑmniːz]⟨vero.; dram., ballet⟩ **0.1** ***allen af*** ⟨als regie-aanwijzing⟩.
ex·fil·trate ['eksfɪltreɪt]⟨onov.ww.⟩⟨AE; sl.; mil.⟩ **0.1** ***door de vijandelijke linies ontkomen.***
ex·fo·li·ate [eks'foʊlieɪt]⟨onov. en ov.ww.⟩ **0.1** ***afschilferen*** ⇒*afbladderen, ontschorsen, schillen, schors verliezen.*
ex·fo·li·at·or [eks'foʊlieɪtə||-eɪt̬ər], **ex·fo·li·ant** [eks'foʊliənt]⟨telb.zn.⟩ **0.1** ***scrub(cream)*** ⇒*peeling cream.*
ex gra·tia ['eks'ɡreɪʃə||-'ɡrɑt̬iɑ]⟨bn., attr.; bw.⟩ **0.1** ***als gratificatie/toelage*** ◆ **1.1** ~ payment *gratificatie.*
ex·ha·la·tion ['eks(h)ə'leɪʃn]⟨f1⟩⟨telb. en n.-telb.zn.⟩ **0.1** ***uitblazing*** ⇒*uitademing, adem* **0.2** ***uitwaseming*** ⇒*wasem, exhalatie, verdamping, evaporatie, damp, uitlaatgas, emissie.*
ex·hale [eks'heɪl]⟨f1⟩⟨ww.⟩
I ⟨onov.ww.⟩ **0.1** ***uitademen*** **0.2** ***uitwasemen*** ⇒*exhaleren, uitdampen, evaporeren, ontsnappen* ◆ **6.1** gases ~ **from/out of** chimneys *gassen ontsnappen uit schoorstenen;*
II ⟨ov.ww.⟩ **0.1** ***uitademen*** ⇒*uitblazen* **0.2** ***uitwasemen*** ⇒*exhaleren, uitdampen, evaporeren, afgeven, emitteren.*
ex·haust[1] [ɪɡ'zɔːst], ⟨in bet. I 0.1 ook⟩ **ex'haust pipe** ⟨f2⟩⟨zn.⟩
I ⟨telb.zn.⟩ **0.1** ***uitlaat(buis/pijp)*** **0.2** ***afzuigapparaat*** ⇒*exhauster* ◆ **2.1** with an open ~ *met open knalpot;*
II ⟨n.-telb.zn.⟩ **0.1** ***ontsnapping*** ⇒*uitstoting* ⟨v. gassen e.d.⟩ **0.2** ***uitlaatstoffen*** ⇒⟨i.h.b.⟩ *uitlaatgassen.*
exhaust[2] ⟨f3⟩⟨ww.⟩
I ⟨onov.ww.⟩ **0.1** ***ontsnappen*** ⟨gassen, e.d.⟩;
II ⟨ov.ww.⟩ **0.1** ***uitstoten*** ⇒*uitlaten, afblazen* **0.2** ⟨ben. voor⟩ ***leegmaken*** ⇒*afzuigen, uit/leegpompen; luchtledig maken* **0.3** ***opgebruiken*** ⇒*opmaken* **0.4** ***uitputten*** ⇒*afmatten;* ⟨fig.⟩ *volledig/uitputtend behandelen* ◆ **1.3** ~ one's energy *zijn energie opgebruiken;* ~ all one's money *al zijn geld opmaken* **1.4** ~ a subject *een onderwerp uitputten* **3.4** feel ~ed *zich uitgeput/leeg voelen* **4.4** ~ o.s. *zich uitputten.*
ex'haust fume ⟨telb.zn.; vaak mv.⟩ **0.1** ***uitlaatgas.***
ex'haust gases ⟨mv.⟩ **0.1** ***uitlaatgassen.***
ex·haust·i·bil·i·ty [ɪɡ'zɔːstə'bɪləti]⟨n.-telb.zn.⟩ **0.1** ***eindigheid*** ⇒*beperktheid, begrensdheid.*
ex·haust·i·ble [ɪɡ'zɔːstəbl]⟨bn.⟩ **0.1** ***eindig*** ⇒*beperkt, begrensd, niet onuitputtelijk* ◆ **1.1** the earth's ~ resources *de eindige natuurlijke rijkdommen v.d. aarde.*
ex·haus·tion [ɪɡ'zɔːstʃən]⟨f2⟩⟨n.-telb.zn.⟩ **0.1** ***uitstoting*** **0.2** ***lediging*** **0.3** ***het opgebruiken*** **0.4** ***uitputting*** ⟨ook fig.⟩ ⇒*afgematheid.*
ex·haus·tive [ɪɡ'zɔːstɪv]⟨f2⟩⟨bn.; -ly; -ness⟩ **0.1** ***diepgaand*** ⇒*grondig, volledig, uitputtend* ◆ **1.1** an ~ study *een diepgaande studie.*
ex·haust·less [ɪɡ'zɔːs(t)ləs]⟨bn.; -ly; -ness⟩ **0.1** ***onuitputtelijk.***
ex'haust valve ⟨telb.zn.⟩ **0.1** ***uitlaatklep.***
ex·hib·it[1] [ɪɡ'zɪbɪt]⟨f2⟩⟨telb.zn.⟩ **0.1** ***geëxposeerd stuk*** **0.2** ***geëxposeerde collectie*** **0.3** ⟨jur.⟩ ***officieel bewijsstuk*** **0.4** ⟨AE⟩ ***tentoonstelling*** ⇒*expositie* ◆ **¶.3** ~ A *eerste/belangrijkste bewijsstuk.*
exhibit[2] ⟨f2⟩⟨ov.ww.⟩ **0.1** ***tentoonstellen*** ⇒*exposeren, tonen, uitstallen, exhiberen* **0.2** ***(ver)tonen*** ⇒*blijk geven van* **0.3** ***toedienen*** ⟨medicijnen⟩ **0.4** ⟨jur.⟩ ***exhiberen*** ⇒*indienen, overleggen* ⟨vnl. bewijsstukken⟩ ◆ **1.2** he ~ed great courage *hij gaf blijk van grote moed* **1.4** ~ a charge *een klacht indienen.*

ex·hi·bi·tion [ˈeksɪˈbɪʃn]⟨f3⟩⟨zn.⟩
I ⟨telb.zn.⟩ **0.1** ⟨BE⟩ ***studiebeurs*** ⟨vanwege school/universiteit⟩ **0.2** ⟨AE⟩ ***publiek examen*** **0.3** ⟨AE⟩ ***demonstratie van kennis/ vaardigheid door leerlingen/studenten;***
II ⟨telb. en n.-telb.zn.⟩ **0.1** ***tentoonstelling*** ⇒*expositie, uitstalling, exhibitie* **0.2** ***vertoning*** ⇒*blijk* **0.3** ***toediening*** ⟨v. medicijnen⟩ **0.4** ⟨jur.⟩ ***exhibitie*** ◆ **3.¶** make an ~ of o.s. *zich belachelijk aanstellen/maken* **6.1** objects **on** ~ *tentoongestelde voorwerpen*.
ex·hi·bi·tion·er [ˈeksɪˈbɪʃənə‖-ər]⟨telb.zn.⟩⟨BE⟩ **0.1** ***beursstudent***.
ex·hi·bi·tion·ism [ˈeksɪˈbɪʃənɪzm]⟨f1⟩⟨n.-telb.zn.⟩ **0.1** ***exhibitionisme***.
ex·hi·bi·tion·ist [ˈeksɪˈbɪʃənɪst]⟨f1⟩⟨telb.zn.⟩ **0.1** ***exhibitionist***.
ex·hi·bi·tion·is·tic [ˈeksɪbɪʃəˈnɪstɪk]⟨f1⟩⟨bn.⟩ **0.1** ***exhibitionistisch***.
ex·hib·i·tor, ex·hib·i·ter [ɪgˈzɪbɪtə‖-bɪṭər]⟨telb.zn.⟩ **0.1** ***exposant*** ⇒*inzender* **0.2** ⟨AE⟩ ***bioscoopexploitant***.
ex·hib·i·to·ry [ɪgˈzɪbɪtri‖-tɔri]⟨bn.⟩ **0.1** ***op vertoon/effect berekend***.
ex·hil·a·rant[1] [ɪgˈzɪlərənt]⟨telb.zn.⟩ **0.1** ***opbeurend/stimulerend middel***.
exhilarant[2] ⟨bn.⟩ **0.1** ***opwekkend*** ⇒*opbeurend, stimulerend*.
ex·hil·a·rate [ɪgˈzɪləreɪt]⟨f1⟩⟨ov.ww.⟩ →exhilarating **0.1** ***opwekken*** ⇒*opbeuren, opvrolijken, verblijden* **0.2** ***versterken*** ⇒*stimuleren*.
ex·hil·a·rat·ing [ɪgˈzɪləreɪṭɪŋ]⟨f1⟩⟨bn.; teg. deelw. v. exhilarate; -ly⟩ **0.1** ***opwekkend*** ⇒*opbeurend, verblijdend* **0.2** ***versterkend*** ⇒*stimulerend*.
ex·hil·a·ra·tion [ɪgˈzɪləˈreɪʃn]⟨n.-telb.zn.⟩ **0.1** ***opbeuring*** ⇒*verblijding* **0.2** ***vreugde*** ⇒*blijdschap, opgewektheid* **0.3** ***versterking*** ⇒*stimulering*.
ex·hil·a·rat·ive [ɪgˈzɪlərətɪv‖-reɪṭɪv]⟨bn.⟩ **0.1** ***opwekkend*** ⇒*opbeurend, stimulerend*.
ex·hort [ɪgˈzɔ:t‖ɪgˈzɔrt]⟨f1⟩⟨ww.⟩⟨schr.⟩
I ⟨onov.ww.⟩ **0.1** ***een dringende oproep doen;***
II ⟨ov.ww.⟩ **0.1** ***vermanen*** ⇒*berispen, terechtwijzen* **0.2** ***aanmanen*** ⇒*oproepen, aansporen, aanzetten* ◆ **3.2** they ~ed the population to stay inside *zij maanden de bevolking aan (om) binnen te blijven* **6.2** he ~ed them **to** creative ideas *hij spoorde hen tot creatieve ideeën aan*.
ex·hor·ta·tion [ˈeksɔ:ˈteɪʃn‖ˈeksɔr-]⟨telb. en n.-telb.zn.⟩ **0.1** ***vermaning*** ⇒*berisping, terechtwijzing* **0.2** ***aanmaning*** ⇒*aansporing, oproep, aanmoediging*.
ex·hor·ta·tive [ɪgˈzɔ:tətɪv‖ɪgˈzɔrṭəṭɪv], **ex·hor·ta·to·ry** [-tri‖-tɔri]⟨bn.⟩ **0.1** ***vermanend*** ⇒*aanmanend*.
ex·hu·ma·tion [ˈeksjʊˈmeɪʃn]⟨telb. en n.-telb.zn.⟩ **0.1** ***exhumatie*** ⇒*opgraving* ⟨vnl. v. lijk⟩; ⟨fig.⟩ *opsporing*.
ex·hume [ɪgˈzju:m, eksˈhju:m‖ɪgˈzu:m]⟨ov.ww.⟩⟨schr.⟩ **0.1** ***opgraven*** ⟨vnl. lijk⟩ ⇒⟨fig.⟩ *aan het licht brengen, opsporen*.
ex·i·gen·cy [ɪgˈzɪdʒənsi‖ˈeksɪdʒənsi], **ex·i·gence** [ˈeksɪdʒəns]⟨f1⟩⟨zn.; →mv. 2⟩
I ⟨telb.zn.⟩ **0.1** ***noodsituatie/toestand*** **0.2** ⟨vnl. mv.⟩ ***dringende behoeften*** ⇒*eisen;*
II ⟨n.-telb.zn.⟩ **0.1** ***dringendheid*** ⇒*nood*.
ex·i·gent [ˈeksɪdʒənt]⟨bn.; -ly⟩ **0.1** ***dringend*** **0.2** ***veeleisend*** ⇒*exigent*.
ex·i·gi·ble [ˈeksɪdʒəbl]⟨bn.⟩ **0.1** ***opeisbaar*** ⇒*opvorderbaar* ◆ **6.1** ~ **against/from** s.o. *opeisbaar/opvorderbaar van iem.*.
ex·i·gu·i·ty [ˈeksɪˈgju:əṭi]⟨n.-telb.zn.⟩⟨schr.⟩ **0.1** ***schaarste*** ⇒*karigheid, schraalheid, schraalte*.
ex·ig·u·ous [ɪgˈzɪgjʊəs]⟨bn.; -ly; -ness⟩⟨schr.⟩ **0.1** ***schaars*** ⇒*karig, schraal, onvoldoende, (te) weinig/gering*.
ex·ile[1] [ˈeksaɪl, ˈegzaɪl]⟨f2⟩⟨zn.⟩
I ⟨telb.zn.⟩ **0.1** ***balling*** ⇒*banneling;*
II ⟨n.-telb.zn.⟩ **0.1** ***ballingschap*** **0.2** ***verbanning*** **0.3** ***vrijwillige ballingschap*** ◆ **3.1** live in ~ *in ballingschap leven;* send into ~ *in ballingschap zenden* **7.1** ⟨bijb.⟩ the Exile *de Babylonische ballingschap*.
exile[2] ⟨f1⟩⟨ov.ww.⟩ **0.1** ***verbannen*** ⇒*exileren* ◆ **6.1** ~ s.o. **from** his country (**to** an island) *iem. uit zijn vaderland (naar een eiland) verbannen*.
ex·il·ic [egˈzɪlɪk]⟨bn., attr.⟩ **0.1** ***ballingschaps-*** ⇒⟨i.h.b. bijb.⟩ *uit/ v.d. Babylonische ballingschap*.
ex·ist [ɪgˈzɪst]⟨onov.ww.⟩ **0.1** ***bestaan*** ⇒*zijn, existeren, echt bestaan/zijn* **0.2** ***bestaan*** ⇒*voorkomen, gebeuren* **0.3** ***(over)leven*** ⇒*(voort)bestaan* ◆ **1.1** does God ~? *bestaat God (echt)?* **1.2** that situation does not really ~ *die situatie komt niet echt voor* **1.3** how can they ~ in these conditions? *hoe kunnen zij in deze omstandigheden overleven?* **6.2** ~ **as** *bestaan/voorkomen als/in de vorm van* **6.3** ~ **on** bread and water *leven op water en brood*.
ex·is·tence [ɪgˈzɪstəns]⟨zn.⟩
I ⟨telb.zn.⟩ **0.1** ***bestaanswijze*** ⇒*levenswijze, existentie, bestaan* **0.2** ***entiteit*** ⇒*wezenlijk/bestaand iets* ◆ **3.1** lead a poor ~ *een armzalig bestaan leiden;*
II ⟨n.-telb.zn.⟩ **0.1** ***het bestaan*** ⇒*het zijn, wezenlijkheid, entiteit* **0.2** ***het bestaan*** ⇒*leven* **0.3** ***het bestaande*** ⇒*het zijnde* **0.4** ***het voorkomen*** ⇒*het bestaan/gebeuren* ◆ **6.1** be **in** ~ *bestaan;* come **into** ~ *ontstaan*.
ex·is·tent [ɪgˈzɪstənt]⟨bn.⟩ **0.1** ***bestaand*** **0.2** ***levend*** ⇒*in leven* **0.3** ***huidig*** ⇒*actueel, courant*.
ex·is·ten·tial [ˈegzɪˈstenʃl]⟨bn.; -ly⟩ **0.1** ⟨vnl. fil.⟩ ***existentieel*** ⇒*bestaans-* **0.2** ***empirisch*** ⇒*reëel, bestaand*.
ex·is·ten·tial·ism [ˈegzɪˈstenʃəlɪzm]⟨n.-telb.zn.⟩⟨fil.⟩ **0.1** ***existentialisme***.
ex·is·ten·tial·ist[1] [ˈegzɪˈstenʃəlɪst]⟨telb.zn.⟩⟨fil.⟩ **0.1** ***existentialist***.
existentialist[2] ⟨bn.⟩⟨fil.⟩ **0.1** ***existentialistisch***.
ex·it[1] [ˈeksɪt, ˈegzɪt]⟨telb.zn.⟩ **0.1** ⟨dram.⟩ ***het aftreden*** ⇒*afgang* ⟨v. acteur; ook fig.⟩ **0.2** ***uitgang*** ⟨v. theater enz.⟩ **0.3** ***afslag*** ⇒*uitrit* ⟨v. autoweg⟩ **0.4** ***vertrek*** **0.5** ⟨euf.⟩ ***heengaan*** ⇒*overlijden* ◆ **3.1** make one's ~ *aftreden, v.h. toneel verdwijnen*.
exit[2] ⟨onov.ww.⟩ **0.1** ⟨vero.; dram.⟩ ***afgaan*** ⇒*van het toneel verdwijnen* ⟨ook fig.⟩ **0.2** ***heengaan*** ⇒*overlijden, sterven* ◆ **1.1** ⟨regie-aanwijzing⟩ ~ Hamlet *Hamlet af, exit Hamlet*.
ˈexit tax →emigration tax.
ˈexit visa ⟨telb.zn.⟩ **0.1** ***uitreisvisum***.
ex li·bris [ˈeks ˈlaɪbrɪs, -ˈli:-]⟨telb.zn.; ex libris; →mv. 4⟩ **0.1** ***ex-libris***.
ex·o- [ˈeksoʊ] **0.1** ***exo-*** ◆ **¶.1** exogenous *exogeen;* exosphere *exosfeer*.
ex·o·bi·ol·o·gy [ˈeksoʊbaɪˈɒlədʒi‖-ˈɑlə-]⟨n.-telb.zn.⟩ **0.1** ***exobiologie*** ⇒*ruimtebiologie*.
ex·o·carp [ˈeksoʊkɑ:p‖-kɑrp]⟨telb.zn.⟩⟨plantk.⟩ **0.1** ***buitenste laag v. integument*** ⟨zaadomhulsel⟩.
ex·o·crine [ˈeksəkri:n, -krɪn]⟨bn.⟩⟨anat.⟩ **0.1** ***exocrien***.
Exod ⟨afk.⟩ Exodus.
ex·o·derm [ˈeksoʊdɜ:m‖-dɜrm]⟨telb.zn.⟩⟨anat.⟩ **0.1** ***ectoderm***.
ex·o·dus [ˈeksədəs]⟨f1⟩⟨zn.⟩
I ⟨eig.n.; E-; the⟩⟨bijb.⟩ **0.1** ***Exodus*** ⟨boek v.h. O.T.⟩;
II ⟨telb.zn.; geen mv.⟩ **0.1** ***exodus*** ⇒*uittocht* ◆ **6.1** the ~ **from** Egypt *de uittocht uit Egypte;* a general ~ **to** the sea *een algemene uittocht naar (de) zee*.
ex of·fi·ci·o [ˈeks əˈfɪʃioʊ]⟨bn., attr.; bw.⟩ **0.1** ***ex officio*** ⇒*ambtshalve* ◆ **1.1** he is an ~ member of the committee *hij is ex officio/ ambtshalve lid v.h. comité*.
ex·og·a·mous [ekˈsɒgəməs‖-ˈsɑ-], **ex·o·gam·ic** [ˈeksoʊˈgæmɪk]⟨bn.⟩⟨antr.⟩ **0.1** ***exogaam*** ⟨buiten stam/fam.⟩.
ex·og·a·my [ekˈsɒgəmi‖ekˈsɑ-]⟨n.-telb.zn.⟩⟨antr.⟩ **0.1** ***exogamie*** ⟨huwelijk buiten stam/fam.⟩.
ex·o·ge·nous [ekˈsɒdʒənəs‖-ˈsɑ-]⟨bn.; -ly⟩⟨biol., med., plantk.⟩ **0.1** ***exogeen***.
ex·on [ˈeksɒn‖ˈeksɑn]⟨telb.zn.⟩⟨BE⟩ **0.1** ***titel v.d. vier officieren v.d. Yeomen of the Guard***.
ex·on·er·ate [ɪgˈzɒnereɪt‖ɪgˈzɑ-]⟨f1⟩⟨ov.ww.⟩ **0.1** ***zuiveren*** ⇒*vrijspreken, verontschuldigen* **0.2** ***vrijstellen*** ⇒*ontlasten* ◆ **6.1** ~ s.o. **from** all blame *iem. van alle blaam zuiveren*.
ex·on·er·a·tion [ɪgˈzɒnəˈreɪʃn‖ɪgˈzɑ-]⟨telb. en n.-telb.zn.⟩ **0.1** ***zuivering*** ⇒*vrijspraak, verontschuldiging* **0.2** ***vrijstelling*** ⇒*ontlasting*.
ex·on·er·a·tive [ɪgˈzɒnərətɪv‖ɪgˈzɑnəreɪṭɪv]⟨bn.⟩ **0.1** ***zuiverend*** **0.2** ***vrijstellend***.
ex·o·nym [ˈeksənɪm]⟨telb.zn.⟩⟨taalk.⟩ **0.1** ***exoniem*** ⟨buitenlandse naam voor aardrijkskundige eigennaam⟩.
ex·oph·thal·mic·goit·er [ˈeksɒfθælmɪk ˈgɔɪtə‖-sɑf- ˈgɔɪṭər]⟨n.-telb.zn.⟩⟨med.⟩ **0.1** ***ziekte v. Basedow*** ⟨Graves' disease, hyperthyreoïdie; ziekte met exophthalmus als symptoom⟩.
ex·oph·thal·mos, -mus [ˈeksɒfˈθælməs,‖-sɑf-], **ex·oph·thal·mia** [-mɪə]⟨n.-telb.zn.⟩⟨med.⟩ **0.1** ***exophthalmus*** ⟨ziekelijke uitpuiling v.d. oogbol⟩.
exor ⟨afk.⟩ executor.
ex·or·bi·tance [ɪgˈzɔ:bɪtəns‖ɪgˈzɔrbəṭəns]⟨n.-telb.zn.⟩ **0.1** ***buitensporigheid*** ⇒*overdrevenheid*.
ex·or·bi·tant [ɪgˈzɔ:bɪtənt‖ɪgˈzɔr-]⟨f1⟩⟨bn.; -ly⟩ **0.1** ***buitensporig*** ⇒*overdreven, exorbitant, extravagant* ◆ **1.1** ~ prices *overdreven prijzen*.
ex·or·cism [ˈeksɔ:sɪzm‖ˈeksɔr-]⟨f1⟩⟨zn.⟩
I ⟨telb.zn.⟩ **0.1** ***bezweringsformule;***
II ⟨n.-telb.zn.⟩ **0.1** ***uitdrijving*** ⇒*(duivel/geesten)bezwering, (duivel/geesten)banning, exorcisme*.
ex·or·cist [ˈeksɔ:sɪst‖ˈeksɔr-]⟨f1⟩⟨telb.zn.⟩ **0.1** ***exorcist*** ⇒*uitdrijver, (duivel/geesten)bezweerder, (duivel/geesten)banner*.
ex·or·cize, -cise [ˈeksɔ:saɪz‖ˈeksɔr-]⟨f1⟩⟨ov.ww.⟩ **0.1** ***uitdrijven*** ⇒*(uit)bannen, bezweren, exorciseren* ◆ **6.1** ~ an evil spirit **from/ out of** s.o./a place *een boze geest uit iem./een plaats verdrijven;* ~ s.o./a place **of** evil spirits *boze geesten uit iem./een plaats verdrijven*.
ex·or·di·al [ekˈsɔ:dɪəl‖egˈzɔr-]⟨bn.⟩ **0.1** ***inleidend***.
ex·or·di·um [ekˈsɔ:dɪəm‖egˈzɔr-]⟨telb.zn.; ook exordia [-ɪə]; →mv. 5⟩ **0.1** ***exordium*** ⇒*aanhef, inleiding* ⟨v. preek, e.d.⟩.

ex·o·skel·e·ton ['eksoʊ'skelɪtn]⟨telb.zn.⟩⟨biol.⟩ **0.1** ***huidskelet*** *⇒huidpantser.*

ex·os·mo·sis ['eksɒz'moʊsɪs‖'eksɑz-]⟨n.-telb.zn.⟩⟨bioch.⟩ **0.1** ***exosmose.***

ex·o·sphere ['eksoʊsfɪə‖-sfɪr]⟨n.-telb.zn.⟩⟨meteo.⟩ **0.1** ***exosfeer*** ⟨buitenste laag v.d. atmosfeer⟩.

ex·o·ter·ic[1] ['eksə'terɪk]⟨zn.⟩

I ⟨telb.zn.⟩ **0.1** ***leek*** *⇒oningewijde, buitenstaander;*

II ⟨mv.; ~s⟩ **0.1** ***exoterische leer*** *⇒leer/uitleg voor oningewijden.*

exoteric[2] ⟨bn.; -ally; →bijw. 3⟩ **0.1** ***exoterisch*** *⇒extern, begrijpelijk voor oningewijden, gewoon, populair.*

ex·o·ther·mic ['eksoʊ'θɜ:mɪk‖-'θɜr-], **ex·o·ther·mal** [-'θɜ:ml‖-'θɜrml]⟨bn.⟩⟨schei.⟩ **0.1** ***exotherm.***

ex·ot·ic[1] [ɪg'zɒtɪk‖ɪg'zɑtɪk]⟨telb.zn.⟩ **0.1** ***exotisch iem./iets*** **0.2** ***stripteaseuse.***

exotic[2] ⟨f2⟩⟨bn.; -ally; -ness; →bijw. 3⟩ **0.1** ***exotisch*** *⇒uitheems, vreemd, ongewoon, bizar, wonderlijk* ◆ **1.1** an ~ dancer *een stripteaseuse.*

ex·ot·i·ca [ɪg'zɒtɪkə‖ɪg'zɑtɪkə]⟨mv.⟩ **0.1** ***exotische voorwerpen.***

ex·pand [ɪk'spænd]⟨f3⟩⟨ww.⟩

I ⟨onov.ww.⟩ **0.1** ***opengaan*** *⇒zich ontplooien/ontvouwen* **0.2** ***loskomen*** *⇒opbloeien* **0.3** ***uitzetten*** *⇒uitdijen, (op)zwellen, (in omvang) toenemen, expanderen* **0.4** ***zich uitbreiden*** *⇒zich ontwikkelen, uitgroeien, expanderen* **0.5** ***uitweiden*** ◆ **1.1** rosebuds ~ in the sunshine *rozeknoppen gaan open in de zonneschijn* **1.2** the girl did not ~ soon in her new surroundings *het meisje kwam niet gauw los in haar nieuwe omgeving* **1.3** steel rails can ~ *stalen rails kunnen uitzetten;* ⟨ster.⟩ (the theory of) the ~ing universe *(de theorie van) het uitdijende heelal* **6.1** ⟨fig.⟩ his face ~ed **into** a smile *er verspreidde zich een glimlach op zijn gezicht* **6.4** the once small firm has ~ed **into** a large company *de eens kleine firma is tot een grote maatschappij uitgegroeid* **6.5** ~ **on** sth. *over iets uitweiden;*

II ⟨ov.ww.⟩ **0.1** ***spreiden*** *⇒ontplooien, ontvouwen, doen opengaan* **0.2** ***(doen) uitzetten*** *⇒doen (op)zwellen, (in omvang) doen toenemen* **0.3** ***uitbreiden*** *⇒ontwikkelen, expanderen* **0.4** ***uitwerken*** *⇒uitschrijven* ⟨formules, ontwerp, e.d.⟩ ◆ **1.1** ⟨fig.⟩ ~ one's lips *zijn lippen krullen* **1.2** ~ one's chest *de borst uitzetten* **6.1** the weekly notes were ~ed **into** a weekly report *de wekelijkse korte berichten werden tot een wekelijks verslag uitgebreid.*

ex·pand·a·ble [ɪk'spændəbl], **ex·pan·si·ble** [-səbl]⟨bn.⟩ **0.1** ***uitzetbaar.***

ex·panse [ɪk'spæns]⟨f2⟩⟨zn.⟩

I ⟨telb.zn.⟩ **0.1** ***uitgestrektheid*** *⇒(uitgestrekte) oppervlakte, uitspansel* ◆ **1.1** the blue ~ of the sky *het blauwe firmament;*

II ⟨n.-telb.zn.⟩ **0.1** ***uitbreiding*** *⇒uitzetting, expansie.*

ex·pan·si·bil·i·ty [ɪk'spænsə'bɪləṭi]⟨n.-telb.zn.⟩ **0.1** ***uitzetbaarheid*** *⇒uitzettingsvermogen.*

ex·pan·si·ble [ɪk'spænsəbl]⟨bn.⟩ **0.1** ***uitzetbaar*** *⇒uitbreidbaar, rekbaar.*

ex·pan·sile [ɪk'spænsaɪl‖-'spænsl]⟨bn.⟩ **0.1** ***uitzetbaar*** *⇒expansief, rekbaar, uitzettings-.*

ex·pan·sion [ɪk'spænʃn]⟨f2⟩⟨zn.⟩

I ⟨telb.zn.⟩ **0.1** ***uitbreiding*** *⇒uitgezet deel, vergroting, aanvulling* **0.2** ***uitgestrektheid*** *⇒firmament, uitspansel* ◆ **1.1** this book is an ~ of his previous one *dit boek is een aanvulling op zijn vorige boek;*

II ⟨n.-telb.zn.⟩ **0.1** ***expansie*** *⇒uitbreiding, uitspreiding, uitzetting* **0.2** ***expansie*** *⇒vergroting, (commerciële) groei, uitbreiding, toename* **0.3** ***uitgebreidheid*** *⇒uitgestrektheid, expansie(graad)* **0.4** ⟨wisk.⟩ ***desintegratie*** *⇒ontwikkeling* ◆ **1.1** ~ of gas may be dangerous *de uitzetting van gas kan gevaarlijk zijn* **1.2** ~ of currency *vermeerdering v.d. bankbiljettencirculatie;* ~ of territory *territoriale expansie* **2.2** sudden industrial ~ *plotselinge industriële groei.*

ex·pan·sion·ar·y [ɪk'spænʃənri‖-ʃəneri]⟨bn.⟩ **0.1** ***expansief*** *⇒expansiegericht.*

ex'pansion board, ex'pansion card ⟨telb.zn.⟩⟨comp.⟩ **0.1** ***uitbreidingskaart.***

ex·pan·sion·ism [ɪk'spænʃənɪzm]⟨n.-telb.zn.⟩ **0.1** ***expansionisme*** *⇒expansiepolitiek.*

ex·pan·sion·ist[1] [ɪk'spænʃənɪst]⟨telb.zn.⟩ **0.1** ***expansionist*** *⇒voorstander v. expansiepolitiek.*

expansionist[2] ⟨bn.⟩ **0.1** ***expansionistisch.***

ex·pan·sive [ɪk'spænsɪv]⟨f1⟩⟨bn.; -ly; -ness⟩ **0.1** ***expansief*** *⇒uitzetbaar, uitzettend, expansiegericht, uitzettings-* **0.2** ***uitgebreid*** *⇒uitgestrekt, extensief, ruim* **0.3** ***mededeelzaam*** *⇒open(hartig), expansief, hartelijk, vlot* **0.4** ***euforisch*** *⇒exuberant* **0.5** ***overvloedig*** *⇒groots, prachtig, kostbaar* ◆ **1.1** ~ force *expansieve kracht, uitzettingsvermogen* **1.5** ~ living *overvloedige levenswijze.*

ex·pan·siv·i·ty ['ɪkspæn'sɪvəṭi]⟨n.-telb.zn.⟩ **0.1** ***uitzetting*** *⇒uitzettingsvermogen* **0.2** ***mededeelzaamheid*** *⇒open(hartig)heid, hartelijkheid.*

ex par·te ['eks 'pɑ:ti‖-'pɑrṭi]⟨bn.; bw.⟩ **0.1** ⟨jur.⟩ ***aan/van één zijde*** *⇒in het belang van één partij/zijde* **0.2** ***eenzijdig*** *⇒partijdig.*

ex·pa·ti·ate [ek'speɪʃieɪt]⟨onov.ww.⟩ **0.1** ***uitweiden*** *⇒uitvoerig spreken, zich (breedvoerig) uitlaten* **0.2** ***(rond)dwalen*** *⇒dolen* ◆ **6.1** ⟨schr.⟩ ~ **(up)on** *uitweiden over, een uitvoerig/langdradig betoog houden over.*

ex·pa·ti·a·tion [ek'speɪʃi'eɪʃn]⟨telb. en n.-telb.zn.⟩⟨schr.⟩ **0.1** ***uitweiding*** *⇒uitvoerige uiteenzetting, omstandig/langdradig betoog.*

ex·pa·ti·a·to·ry [ek'speɪʃɪətri‖-tɔri]⟨bn.⟩ **0.1** ***uitvoerig*** *⇒omstandig, met veel omhaal, omslachtig, langdradig.*

ex·pa·tri·ate[1] [eks'pætrɪət‖eks'peɪ-]⟨f1⟩⟨telb.zn.; ook attr.⟩ **0.1** ***(ver)banneling*** *⇒uitgewekene, emigrant* ◆ **1.1** ~ Americans *uitgeweken Amerikanen.*

expatriate[2] [eks'pætrieɪt‖-'peɪ-]⟨f1⟩⟨ww.⟩

I ⟨onov.ww.⟩ **0.1** ***uitwijken*** *⇒zijn land verlaten, expatriëren, emigreren* **0.2** ***zijn nationaliteit opgeven;***

II ⟨ov.ww.⟩ **0.1** ***verbannen*** *⇒(uit zijn vaderland) verdrijven, expatriëren* **0.2** ***de nationaliteit ontnemen*** ◆ **4.1** ~ o.s. *uitwijken, expatriëren, zijn land verlaten, zijn nationaliteit opgeven.*

ex·pa·tri·a·tion [eks'pætri'eɪʃn‖eks'peɪ-]⟨telb. en n.-telb.zn.⟩ **0.1** ***verbanning*** *⇒uitwijking, emigratie, verblijf in het buitenland* **0.2** ***nationaliteitsopgave/afstand.***

ex·pect [ɪk'spekt]⟨f4⟩⟨ov.ww.⟩ **0.1** ***verwachten*** *⇒wachten op, voorzien, anticiperen, denken, hopen* **0.2** ***verwachten*** *⇒rekenen op, verlangen, eisen* **0.3** ⟨vnl. BE; inf.⟩ ***aannemen*** *⇒vermoeden, denken, veronderstellen, geloven* ◆ **1.1** ~ a letter *een brief verwachten* **3.1** he ~s to pass *hij denkt te slagen;* I ~ to see you *ik hoop je te zien* **3.¶** be ~ing (a baby) *zwanger zijn, in (blijde) verwachting zijn;* I shall not ~ you till I see you *je komt wanneer het je schikt;* ⟨inf.⟩ ~ me when you see me *ik weet niet wanneer ik terug zal zijn* **6.2** ~ too much **of** s.o. *te veel van iem. verlangen* **¶.1** I did not ~ this *ik was hierop niet voorbereid;* that was to be ~ed *dat was te verwachten, dat is normaal.*

ex·pec·ta·ble [ɪk'spektəbl]⟨bn.⟩ **0.1** ***te verwachten.***

ex·pec·tan·cy [ɪk'spektənsi], **ex·pec·tance** [-təns]⟨f1⟩⟨zn.; →mv. 2⟩

I ⟨telb.zn.⟩ **0.1** ***verwachting*** *⇒kans, (voor)uitzicht;*

II ⟨n.-telb.zn.⟩ **0.1** ***verwachting*** *⇒afwachting, anticipatie, hoop* **0.2** ***vooruitzicht*** *⇒verschiet* ◆ **1.1** a state of happy ~ *een toestand v. blijde verwachting* **1.2** estate in ~ *landgoed in het verschiet.*

ex·pec·tant[1] [ɪk'spektənt]⟨telb.zn.⟩ **0.1** ***verwachter*** *⇒*⟨i.h.b.⟩ *kandidaat, rechthebbende.*

expectant[2] ⟨f2⟩⟨bn.; -ly⟩ **0.1** ***verwachtend*** *⇒(af)wachtend, vol verwachting(en)/vertrouwen, hoopvol, te verwachten* **0.2** ***toekomstige*** *⇒aanstaande, vermoedelijke, in spe* **0.3** ⟨med.⟩ ***afwachtend*** *⇒expectatief* ◆ **1.1** ~ crowds *menigte vol verwachting* **1.2** ~ heir *aanstaande erfgenaam;* ~ mother *aanstaande moeder, zwangere vrouw* **1.3** ~ method *expectatieve methode.*

ex·pec·ta·tion ['ekspek'teɪʃn]⟨f3⟩⟨zn.⟩

I ⟨telb. en n.-telb.zn.⟩ **0.1** ***verwachting*** *⇒afwachting, (voor)uitzicht, anticipatie, hoop* ◆ **1.1** ~ of life *vermoedelijke levensduur, levensverwachting* **2.1** full of ~ *vol verwachting* **3.1** not come up to/fall short of one's ~s *niet aan je verwachtingen beantwoorden* **6.1** **against/contrary to** (all) ~(s) *tegen alle verwachting in;* **beyond** all ~(s) *boven alle verwachting;* **in** ~ of *in afwachting/het vooruitzicht van;*

II ⟨n.-telb.zn.⟩ **0.1** ***(voor)uitzicht*** *⇒verschiet* **0.2** ⟨wisk.⟩ ***wiskundige waarschijnlijkheid*** *⇒verwachte waarde; verwachting* ◆ **1.1** property in ~ *bezit in het verschiet;*

III ⟨mv.; ~s⟩ **0.1** ***vooruitzicht(en)*** ⟨op erfenis/geld⟩ ◆ **2.1** have great ~s *heel wat te erven hebben.*

ex·pec·ta·tive [ɪk'spektəṭɪv]⟨bn.⟩ **0.1** ***afwachtend*** *⇒verwachtend* ◆ **1.¶** ⟨gesch., R.-K.⟩ ~ grace *verlening v.e. nog niet vacant beneficium.*

ex·pec·to·rant[1] [ɪk'spektərənt]⟨telb.zn.⟩⟨med.⟩ **0.1** ***slijmoplossend/slijmafdrijvend (genees)middel.***

expectorant[2] ⟨bn.⟩ **0.1** ***slijmoplossend.***

ex·pec·to·rate [ɪk'spektəreɪt]⟨ww.⟩

I ⟨onov.ww.⟩ **0.1** ***spuwen*** **0.2** ***slijm/bloed opgeven;***

II ⟨ov.ww.⟩ **0.1** ***opgeven*** *⇒ophoesten, (uit)spuwen* ⟨slijm/bloed⟩.

ex·pec·to·ra·tion [ɪk'spektə'reɪʃn]⟨zn.⟩

I ⟨telb. en n.-telb.zn.⟩ **0.1** ***expectoratie*** *⇒opgeving v. slijm, het ophoesten/spuwen;*

II ⟨n.-telb.zn.⟩ **0.1** ***sputum*** *⇒fluim(en).*

ex·pe·di·en·cy [ɪk'spi:diənsi], **ex·pe·di·ence** [-dɪəns]⟨f1⟩⟨zn.; →mv. 2⟩

I ⟨telb.zn.⟩ **0.1** ***(geschikt) middeltje*** *⇒hulpmiddel;*

II ⟨n.-telb.zn.⟩ **0.1** ***geschiktheid*** ⇒*gepastheid, nut, voordeel, doelmatigheid* **0.2** ***opportunisme*** ⇒*zelfzucht, eigenbelang, slimme berekening*.

ex·pe·di·ent[1] [ɪk'spi:dɪənt]⟨telb.zn.⟩ **0.1** ***(geschikt) middeltje*** **0.2** ***hulpmiddel*** ⇒*redmiddel, uitweg, expediënt*.

expedient[2] ⟨f1⟩⟨bn., pred.; -ly⟩ **0.1** ***geschikt*** ⇒*passend, aangewezen, opportuun, doelmatig, gunstig, voordelig, nuttig* **0.2** ***opportunistisch*** ⇒*handig, slim, zelfzuchtig* ◆ **3.1** I thought it ~ not to mention that *ik vond het aangewezen dat niet te vermelden*.

ex·pe·di·en·tial [ɪk'spi:di'enʃl]⟨bn., attr.; -ly⟩ **0.1** ***geschiktheids-*** ⇒*doelmatigheids-*.

ex·pe·dite ['ekspɪdaɪt]⟨ov.ww.⟩ **0.1** ***bevorderen*** ⇒*bespoedigen, versnellen, verhaasten, doen opschieten, vergemakkelijken* **0.2** ***(snel) afhandelen*** ⇒*afwerken, ten einde brengen, afdoen* ⟨zaak⟩ **0.3** ⟨vero.⟩ ***uitvaardigen*** ⇒*uitreiken, (ver)zenden, expediëren*.

ex·pe·dit·er, ex·pe·dit·or ['ekspɪdaɪtə‖-daɪṭər]⟨telb.zn.⟩ **0.1** ***iem. verantwoordelijk voor de aanvoer*** ⇒*coördinator* ⟨in fabriek⟩ **0.2** ***expediteur*** ⇒*verzender*.

ex·pe·di·tion ['ekspɪ'dɪʃn]⟨f3⟩⟨zn.⟩
I ⟨telb.zn.⟩ **0.1** ***expeditie*** ⇒*onderzoekingstocht/reis;* ⟨bij uitbr.⟩ *plezierreis, excursie* **0.2** ⟨mil.⟩ ***expeditie*** ⇒*krijgstocht, veldtocht, expeditieleger* ◆ **2.1** polar ~ *poolexpeditie;*
II ⟨n.-telb.zn.⟩ **0.1** ***spoed*** ⇒*snelheid, haast, vaart*.

ex·pe·di·tion·ar·y ['ekspɪ'dɪʃənri‖-ʃəneri]⟨bn., attr.⟩⟨vnl. mil.⟩ **0.1** ***expeditie-*** ◆ **1.1** ~ force *expeditieleger*.

ex·pe·di·tion·ist ['ekspɪ'dɪʃənɪst]⟨telb.zn.⟩ **0.1** ***expeditielid***.

ex·pe·di·tious ['ekspɪ'dɪʃəs]⟨bn.; -ly; -ness⟩ **0.1** ***snel*** ⇒*spoedig, prompt, vlug, vlot*.

ex·pel [ɪk'spel]⟨f2⟩⟨ov.ww.; →ww. 7⟩ **0.1** ***verdrijven*** ⇒*uitdrijven, wegdrijven, verjagen, uitstoten* **0.2** ***wegzenden*** ⇒*verbannen, deporteren, eruit gooien, uitsluiten, royeren, relegeren* ◆ **6.1** ~ the smoke **from** the kitchen *de rook uit de keuken blazen* **6.2** ~ **from** school *van school sturen;* ~ **from** a club *als clublid royeren*.

ex·pel·lant[1], **ex·pel·lent** [ɪk'spelənt]⟨telb.zn.⟩⟨med.⟩ **0.1** ***uitdrijvend / afdrijvend middel***.

expellant[2], **expellent** ⟨bn.⟩ **0.1** ***uitdrijvend*** ⇒*verdrijvend, afdrijvend*.

ex·pel·lee ['ekspe'li:]⟨telb.zn.⟩ **0.1** ***(ver)banneling***.

ex·pend [ɪk'spend]⟨f2⟩⟨ov.ww.⟩ **0.1** ***besteden*** ⇒*uitgeven, spenderen, verteren, verkwisten* **0.2** ***(op)gebruiken*** ⇒*verbruiken, uitputten* **0.3** ⟨scheep.⟩ ***om het rondhout winden*** ⟨touw⟩ **0.4** ⟨scheep.⟩ ***verliezen*** ⟨mast⟩ ◆ **1.2** ~ all ammunition *alle munitie opgebruiken* **6.1** ~ all one's time and energy **in/on** *al zijn tijd en energie besteden aan;* ~ money **on** sth. *geld aan iets spenderen;* ~ effort **on** *moeite doen voor*.

ex·pend·a·ble [ɪk'spendəbl]⟨bn.⟩ **0.1** ***verbruikbaar*** ⇒*bruikbaar, voor ge/verbruik* **0.2** ***waardeloos*** ⇒*vervangbaar, ontbeerlijk, onbelangrijk* ◆ **1.1** ~ items *verbruiksgoederen* **1.2** these troops are ~ *deze troepen kunnen aan de vijand opgeofferd worden*.

ex·pen·di·ture [ɪk'spendɪtʃə‖-ər]⟨f3⟩⟨zn.⟩
I ⟨telb. en n.-telb.zn.⟩ **0.1** ***uitgave(n)*** ⇒*kosten, expensen, verbruik* ◆ **2.1** excess ~(s) *hogere uitgaven* **3.1** I can't justify an ~ of 500 dollars *ik kan een uitgave van 500 dollar niet rechtvaardigen;*
II ⟨n.-telb.zn.⟩ **0.1** ***het uitgeven*** ⇒*het spenderen, besteden, ver/gebruik* ◆ **6.1** the ~ of money **on** arms *het uitgeven v. geld aan wapens*.

ex·pense [ɪk'spens]⟨f3⟩⟨zn.⟩
I ⟨telb.zn.⟩ **0.1** ***uitgave(npost)*** ◆ **1.1** buying a car is a great ~ *een auto kopen is een grote uitgave;*
II ⟨telb. en n.-telb.zn.⟩ **0.1** ***kosten*** ⇒*uitgave(n), prijs;* ⟨fig.⟩ *moeite, opoffering* ◆ **1.1** funeral ~s *begrafeniskosten* **3.1** bear the ~(s) *de kosten betalen;* do it and hang the ~ *doe het maar, het geeft niet hoeveel het kost/en let niet op de prijs;* go to great ~ *veel kosten maken* **3.¶** go to the ~ of *geld spenderen/uitgeven aan;* put to (great) ~ *op (hoge) kosten jagen;* spare no ~ *geen kosten/moeite sparen* **6.1** **at** the ~ of *op kosten van;* ⟨fig.⟩ *ten nadele van, ten koste van;* **at** any ~ *tegen elke prijs;*
III ⟨mv.; ~s⟩ **0.1** ***(on)kosten*** **0.2** ***onkostenvergoeding*** ◆ **1.2** he gets a salary plus ~s *hij krijgt een salaris plus een onkostenvergoeding* **3.1** ~s covered *onkosten vergoed, zonder onkosten*.

ex'pense account ⟨f1⟩⟨telb.zn.⟩ **0.1** ***onkostenrekening*** ⇒*onkostennota*.

ex·pen·sive [ɪk'spensɪv]⟨f3⟩⟨bn.; -ly; -ness⟩ **0.1** ***duur*** ⇒*kostbaar* ◆ **1.1** cars come ~ *auto's zijn duur*.

ex·pe·ri·ence[1] [ɪk'spɪərɪəns‖-'spɪr-]⟨f4⟩⟨zn.⟩⟨→sprw. 177, 178⟩
I ⟨telb.zn.⟩ **0.1** ***ervaring*** ⇒*belevenis* **0.2** ***religieuze ervaring*** ◆ **2.1** a pleasant ~ *een aangename ervaring;*
II ⟨n.-telb.zn.⟩ **0.1** ***ervaring*** ⇒*ondervinding, praktijk, kennis, bekwaamheid* ◆ **1.1** many years' ~ *jarenlange ervaring/routine* **3.1** know by ~ *uit ervaring weten;* learn by ~ *uit/door ervaring leren* **6.1** **by/from** ~ *uit/door ervaring;* ~ **in** *ervaring in*.

experience[2] ⟨f3⟩⟨ov.ww.⟩ →experienced **0.1** ***ervaren*** ⇒*beleven, ondervinden, ondergaan, gewaarworden* ◆ **1.1** ~ difficulties *op moeilijkheden stoten;* ~ pleasure *plezier hebben*.

ex·pe·ri·enced [ɪk'spɪərɪənst‖-'spɪr-]⟨f3⟩⟨bn.; volt. deelw. v. experience⟩ **0.1** ***ervaren*** ⇒*geschikt, geroutineerd* **0.2** ***ervaren*** ⇒*beleefd, meegemaakt* ◆ **6.1** ~ **in** *ervaren in*.

ex'perience table ⟨telb.zn.⟩⟨verz.⟩ **0.1** ***sterftetafel/tabel***.

ex·pe·ri·en·tial [ɪk'spɪəri'enʃl‖-'spɪri-]⟨bn.; -ly⟩ **0.1** ***ervarings-*** ⇒*empirisch* ◆ **1.¶** ~ philosophy *empirisme, ervaringsleer*.

ex·pe·ri·en·tial·ism [ɪk'spɪəri'enʃlɪzm‖-'spɪri-]⟨n.-telb.zn.⟩ **0.1** ***empirisme*** ⇒*ervaringsleer*.

ex·pe·ri·en·tial·ist [ɪk'spɪəri'enʃlɪst‖-'spɪri-]⟨telb.zn.⟩ **0.1** ***empirist*** ⇒*empiricus*.

ex·per·i·ment[1] [ɪk'sperɪmənt]⟨f3⟩⟨zn.⟩
I ⟨telb.zn.⟩ **0.1** ***experiment*** ⇒*proef(neming), test* ◆ **3.1** make/perform an ~ *een experiment doen/uitvoeren;*
II ⟨n.-telb.zn.⟩ **0.1** ***het experimenteren*** ⇒*proefneming* ◆ **3.1** demonstrate by ~ *proefondervindelijk/experimenteel bewijzen*.

experiment[2] ⟨f3⟩⟨onov.ww.⟩ **0.1** ***experimenteren*** ⇒*proeven/een proef nemen* ◆ **6.1** ~ **(up)on** *experimenteren op, proeven/testen doen op;* ~ **with** *experimenteren met, (uit)proberen*.

ex·per·i·men·tal [ɪk'sperɪ'menṭl]⟨f3⟩⟨bn.; -ly⟩ **0.1** ***experimenteel*** ⇒*proefondervindelijk, proef-, tentatief, verkennend* **0.2** ***empirisch*** ⇒*ervarings-* ◆ **1.1** ~ animals *proefdieren;* ~ method *experimentele methode;* ~ philosophy *experimentele wijsbegeerte;* ~ physics *experimentele fysica;* ~ school *experimenteerschool;* ~ stage *proefstadium*.

ex·per·i·men·tal·ism [ɪk'sperɪ'menṭəlɪzm]⟨n.-telb.zn.⟩ **0.1** ***gebruik van experimenten*** **0.2** ***empirisme***.

ex·per·i·men·tal·ist [ɪk'sperɪ'menṭəlɪst]⟨telb.zn.⟩ **0.1** ***experimentator*** **0.2** ***empiricus***.

ex·per·i·men·tal·ize, -ise [ɪk'sperɪ'menṭəlaɪz]⟨onov.ww.⟩ **0.1** ***experimenteren*** ⇒*proeven nemen, tests doen*.

ex·per·i·men·ta·tion [ɪk'sperɪmen'teɪʃn]⟨f2⟩⟨n.-telb.zn.⟩ **0.1** ***proefneming*** ⇒*het experimenteren*.

ex·per·i·men·ter, ex·per·i·men·tor [ɪk'sperɪmentə‖-menṭər]⟨f1⟩⟨telb.zn.⟩ **0.1** ***experimentator***.

ex'periment station ⟨telb.zn.⟩ **0.1** ***proefstation***.

ex·pert[1] ['ekspɜ:t‖'ekspɜrt]⟨f3⟩⟨telb.zn.⟩ **0.1** ***expert*** ⇒*deskundige, vakman, kenner, specialist* **0.2** ⟨mil.⟩ ***scherpschutter*** ◆ **2.1** agricultural ~ *landbouwdeskundige* **3.1** ⟨jur.⟩ sworn ~ *beëdigd deskundige* **6.1** an ~ **at/in** *een expert in*.

expert[2] ⟨f3⟩⟨bn.; -ly; -ness⟩ **0.1** ***bedreven*** ⇒*deskundig, ervaren, (vak)kundig, bekwaam* ◆ **1.1** ⟨jur.⟩ ~ advice/opinion *deskundigenadvies/mening;* ~ card player *knappe kaartspeler;* ⟨jur.⟩ ~ evidence *deskundigenbewijs, bewijs v.e. expert;* ~ job *vakkundig/bekwaam uitgevoerde job/klus; werkje voor een expert* **6.1** she is ~ **at/in** *zij is een expert in*.

ex·per·tise ['ekspɜ:'ti:z‖-spɜr-]⟨f2⟩⟨zn.⟩
I ⟨telb.zn.⟩ **0.1** ***(verslag van een) deskundig onderzoek*** ⇒*expertise (rapport)* **0.2** ***deskundig(e) advies/opinie;***
II ⟨n.-telb.zn.⟩ **0.1** ***bekwaamheid*** ⇒*deskundigheid, know-how, (vak)kennis*.

ex·per·tize, -tise ['ekspətaɪz‖-spər-]⟨ww.⟩
I ⟨onov.ww.⟩ **0.1** ***deskundig advies/een deskundig oordeel geven;***
II ⟨ov.ww.⟩ **0.1** ***deskundig onderzoeken*** ⇒*een deskundige verklaring geven van*.

'expert's report, 'experts' report ⟨telb.zn.⟩⟨jur.⟩ **0.1** ***expertise*** ⇒*deskundigenrapport/verklaring*.

'expert system ⟨telb.zn.⟩⟨comp.⟩ **0.1** ***expertsysteem*** ⟨gebruikt bij K.I.⟩.

ex·pi·a·ble ['ekspɪəbl]⟨bn.⟩ **0.1** ***(ver)zoenbaar*** ⇒*goed te maken, te verzoenen*.

ex·pi·ate ['ekspieɪt]⟨f1⟩⟨ww.⟩
I ⟨onov.ww.⟩ **0.1** ***boeten*** ⇒*het weer goedmaken;*
II ⟨ov.ww.⟩ **0.1** ***boeten voor*** ⇒*boete doen voor, goedmaken, redresseren*.

ex·pi·a·tion ['ekspi'eɪʃn]⟨zn.⟩
I ⟨telb.zn.⟩ **0.1** ***vergoeding*** ⇒*compensatie, voldoening, verzoening, vergelding;*
II ⟨n.-telb.zn.⟩ **0.1** ***boete(doening)*** ⇒*(uit)boeting* ◆ **3.1** make ~ for *boeten voor* **6.1** **in ~ of** *als boete(doening) voor*.

ex·pi·a·tor ['ekspieɪtə‖-eɪṭər]⟨telb.zn.⟩ **0.1** ***boeteling***.

ex·pi·a·to·ry ['ekspɪətri‖-təri]⟨bn.⟩ **0.1** ***boetend*** ⇒*boete-, als boete, verzoenend* ◆ **1.1** ~ attempt *verzoeningspoging;* ~ sacrifice *zoenoffer* **6.1** ~ **for/of** *als boete/vergoeding voor*.

ex·pi·ra·tion ['ekspɪ'reɪʃn]⟨f1⟩⟨telb. en n.-telb.zn.⟩ **0.1** ***expiratie*** ⇒*uitademing* **0.2** ***expiratie*** ⇒*verloop, afloop, vervaltijd* **0.3** ⟨vero.⟩ ***dood*** ⇒*laatste adem, expiratie, einde*.

ex·pir·a·to·ry [ɪk'spaɪrətri‖-təri]⟨bn., attr.⟩ **0.1** ***uitademings-*** ⇒*uitademend, adem-* ◆ **1.1** ~ muscles *uitademingsspieren*.

ex·pire [ɪk'spaɪə‖-ər]⟨f2⟩⟨ww.⟩
I ⟨onov.ww.⟩ **0.1** ***verlopen*** ⇒*verstrijken, aflopen, vervallen, expireren* **0.2** ⟨schr.⟩ ***sterven*** ⇒*de geest geven, zijn laatste adem uitblazen* ◆ **1.1** patent ~s *patent verloopt;* period ~s *periode verstrijkt;* ticket ~s *kaart wordt ongeldig;* your title ~s today *uw titel bestaat vanaf vandaag niet meer;*
II ⟨onov. en ov.ww.⟩ **0.1** ***uitademen*** ⇒*expireren, uitblazen* ◆ **6.1** ~ air **from** the lungs *lucht uit de longen uitademen / blazen.*

ex·pi·ry [ɪk'spaɪəri]⟨f1⟩⟨telb. en n.-telb.zn.; →mv. 2⟩ **0.1** ***dood*** ⇒*einde* **0.2** ***einde*** ⇒*verval(dag), afloop, expiratie* ◆ **1.2** ~ of the empire *ondergang v.h. rijk.*

ex'piry date ⟨telb.zn.⟩ **0.1** ***vervaldatum*** ⇒*vervaldag; versheidsdatum* ⟨v. levensmiddelen⟩.

ex·plain [ɪk'spleɪn]⟨f4⟩⟨ww.⟩
I ⟨onov.ww.⟩ **0.1** ***een verklaring geven;***
II ⟨ov.ww.⟩ **0.1** ***(nader) verklaren*** ⇒*uitleggen, uiteenzetten, toelichten, ophelderen, expliceren* **0.2** ***verklaren*** ⇒*redenen geven voor, verantwoorden, rechtvaardigen* ◆ **1.1** ~ a difficulty *een moeilijkheid uitleggen* **1.2** this ~s his funny behaviour *dit verklaart zijn merkwaardige gedrag;* ~ one's conduct *zijn gedrag verantwoorden / rechtvaardigen* **4.2** ~ o.s. *zich nader verklaren, zich rechtvaardigen, zijn gedrag verklaren* **5.2** ~ **away** *wegredeneren, goedpraten, wegpraten.*

ex·plain·a·ble [ɪk'spleɪnəbl]⟨bn.⟩ **0.1** ***verklaarbaar*** ⇒*te verklaren, te verantwoorden.*

ex·plain·er [ɪk'spleɪnə‖-ər]⟨telb.zn.⟩ **0.1** ***verklaarder*** ⇒*uitlegger, explicateur.*

ex·pla·na·tion ['eksplə'neɪʃn]⟨f3⟩⟨zn.⟩
I ⟨telb.zn.⟩ **0.1** ***vergelijk*** ⇒*overeenkomst, verzoening;*
II ⟨telb. en n.-telb.zn.⟩ **0.1** ***verklaring*** ⇒*uitleg(ging), toelichting, opheldering, explicatie* ◆ **2.1** ready ~ *onmiddellijke verklaring* **6.1** **in** ~ **of** *ter verklaring van.*

ex·plan·a·to·ry [ɪk'splænətri‖-tɔri], **ex·plan·a·tive** [-nət̬ɪv]⟨f1⟩⟨bn.; -ly; →bijw. 3⟩ **0.1** ***verklarend*** ⇒*verhelderend* ◆ **1.1** ~ remarks *verklarende opmerkingen.*

ex·plant[1] ['ekspla:nt‖'eksplænt]⟨telb.zn.⟩⟨biol.⟩ **0.1** ***in cultuurmilieu overgeplant weefsel / orgaan.***

explant[2] [eks'pla:nt‖eks'plænt]⟨ov.ww.⟩⟨biol.⟩ **0.1** ***overbrengen / overplanten in cultuurmilieu*** ⟨levend weefsel⟩.

ex·plan·ta·tion ['ekspla:n'teɪʃn‖-plæn-]⟨telb. en n.-telb.zn.⟩⟨biol.⟩ **0.1** ***weefseloverbrenging / overplanting in cultuurmilieu.***

ex·ple·tive[1] [ɪk'spli:tɪv‖'eksplət̬ɪv]⟨telb.zn.⟩ **0.1** ***(op)vulsel*** ⇒*opvulling* **0.2** ***krachtterm*** ⇒*vloek, verwensing* **0.3** ⟨taalk.⟩ ***expletief woord.***

expletive[2], **ex·ple·to·ry** [ɪk'spli:t(ə)ri‖'eksplətɔri]⟨bn.⟩ **0.1** ***opvullend*** **0.2** ***vol krachttermen*** **0.3** ⟨taalk.⟩ ***expletief.***

ex·pli·ca·ble ['eksplɪkəbl‖ek'splɪ-]⟨f1⟩⟨bn.; -ly; →bijw. 3⟩ **0.1** ***verklaarbaar*** ⇒*te verklaren.*

ex·pli·cate ['eksplɪkeɪt]⟨ov.ww.⟩ **0.1** ***expliceren*** ⇒*uitleggen, (gedetailleerd) verklaren, uiteenzetten, ontvouwen* ◆ **1.1** ~ the principles *de principes uiteenzetten;* ~ the hypotheses of the theory *de hypothesen v.d. theorie formuleren.*

ex·pli·ca·tion ['eksplɪ'keɪʃn]⟨telb.zn.⟩ **0.1** ***explicatie*** ⇒*uiteenzetting, opheldering, (omstandige) verklaring* ◆ **1.1** ~ of a novel *interpretatie / analyse v.e. roman.*

ex·pli·ca·tive [ek'splɪkət̬ɪv], **ex·pli·ca·to·ry** [-tri‖-tɔri]⟨bn.; explicatively⟩ **0.1** ***verklarend*** ⇒*verhelderend.*

ex·plic·it[1] ['eksplɪsɪt‖'eksplәkɪt]⟨telb.zn.⟩ **0.1** ***explicit*** ⇒*laatste woorden* ⟨ook fig.⟩; *eind(aanduiding)* ⟨in boek / manuscript, vroeger gebruikt door scriba⟩.

explicit[2] [ɪk'splɪsɪt]⟨f2⟩⟨bn.; -ly; -ness⟩ **0.1** ***expliciet*** ⇒*duidelijk, uitvoerig, gedetailleerd, nauwkeurig bepaald* **0.2** ***expliciet*** ⇒*uitgesproken, uitdrukkelijk, beslist, open(hartig)* ◆ **1.¶** ~ faith *onvoorwaardelijk geloof.*

ex·plode [ɪk'sploʊd]⟨f3⟩⟨ww.⟩
I ⟨onov.ww.⟩ **0.1** ***exploderen*** ⇒*ontploffen, (uiteen)barsten, (in de lucht) springen, afgaan, openbarsten* **0.2** ***uitbarsten*** ⇒*uitvallen, opvliegen* **0.3** ***snel / plots stijgen*** ◆ **1.3** ~d population *snel gestegen bevolkingsaantal* **6.2** ~ **in / with** fury *in woede uitbarsten;* ~ **in / with** laughter *in lachen uitbarsten;*
II ⟨ov.ww.⟩ **0.1** ***tot ontploffing brengen*** ⇒*in de lucht doen springen, laten afgaan, opblazen* **0.2** ***ontzenuwen*** ⇒*verwerpen, vernietigen, in diskrediet brengen* **0.3** ⟨taalk.⟩ ***als plofklank / explosief uitspreken*** ◆ **1.2** ~d ideas *achterhaalde ideeën.*

ex·ploit[1] ['eksplɔɪt]⟨f1⟩⟨telb.zn.⟩ **0.1** ***(helden)daad*** ⇒*toer, prestatie, wapenfeit.*

exploit[2] [ɪk'splɔɪt]⟨f3⟩⟨ov.ww.⟩ **0.1** ***exploiteren*** ⇒*ontginnen, bewerken, cultiveren* **0.2** ***benutten*** ⇒*gebruik maken / profiteren van, (nuttig) gebruiken* **0.3** ***exploiteren*** ⇒*uitbuiten* ◆ **1.1** ~ a mine *een mijn ontginnen* **1.2** ~ an advantage *van een voordeel profiteren* **1.3** ~ migrant workers *gastarbeiders uitbuiten.*

ex·ploit·a·ble [ɪk'splɔɪt̬əbl]⟨bn.⟩ **0.1** ***exploitabel*** ⇒*exploiteerbaar, ontginbaar, winstgevend, produktief, vruchtbaar.*

ex·ploi·ta·tion ['eksplɔɪ'teɪʃn]⟨f2⟩⟨n.-telb.zn.⟩ **0.1** ***exploitatie*** ⇒*gebruik, ontginning, cultivering* **0.2** ***exploitatie*** ⇒*uitbuiting* **0.3** ***publiciteit*** ⇒*reclame* ◆ **1.1** uncontrolled ~ of the soil *ongecontroleerde uitputting v.d. bodem.*

ex·ploit·a·tive [ɪk'splɔɪt̬ət̬ɪv], **ex·ploit·ive** [ɪk'splɔɪt̬ɪv], **ex·ploit·a·to·ry** [-tətri‖-t̬ətɔri]⟨bn.; exploitatively⟩ **0.1** ***exploiterend*** ⇒*exploitatie-, ontginnings-* **0.2** ***exploiterend*** ⇒*uitbuitend* ◆ **1.1** different ~ techniques *verschillende exploitatievormen* **1.2** ~ capitalism *uitbuitend kapitalisme.*

ex·ploit·er [ɪk'splɔɪtə‖ɪk'splɔɪt̬ər]⟨telb.zn.⟩ **0.1** ***exploitant*** **0.2** ***uitbuiter.***

ex·plo·ra·tion ['eksplə'reɪʃn]⟨f3⟩⟨telb. en n.-telb.zn.⟩ **0.1** ***exploratie*** ⇒*onderzoek, studie, verkenning(sreis), expeditie* **0.2** ⟨med.⟩ ***observatieonderzoek*** ⇒⟨i.h.b.⟩ *sondering* ◆ **1.1** journey of ~ *verkenningsreis, expeditie;* ~ of ore *opsporing v. erts.*

ex·plor·a·to·ry [ɪk'splɒrətri‖ɪk'splɔrətɔri], **ex·plor·a·tive** [-rət̬ɪv]⟨f1⟩⟨bn.; exploratively⟩ **0.1** ***onderzoekend*** ⇒*verkennend, explorerend, oriënterend, voorbereidend* ◆ **1.1** ~ course *oriënterende cursus;* ~ drilling *proefboring;* ~ expedition *ontdekkingsreis, expeditie;* ~ surgery *proefoperatie;* ~ talks *inleidende / informatieve gesprekken.*

ex·plore [ɪk'splɔ:‖ɪk'splɔr]⟨f3⟩⟨ww.⟩
I ⟨onov.ww.⟩ **0.1** ***een (degelijk) onderzoek instellen / doen*** ⇒*vorsen* ◆ **6.1** ~ **for** coal *naar steenkool zoeken;*
II ⟨ov.ww.⟩ **0.1** ***onderzoeken*** ⇒*bestuderen, navorsen, nasporen, nauwkeurig bekijken* **0.2** ***exploreren*** ⇒*verkennen* **0.3** ⟨med.⟩ ***onderzoeken*** ⟨voor diagnose⟩ ⇒*sonderen* ⟨wonde⟩ ◆ **1.1** ~ all possibilities *alle mogelijkheden onderzoeken* **1.2** ~ the jungle *de jungle verkennen.*

ex·plo·rer [ɪk'splɔ:rə‖-ər]⟨f2⟩⟨telb.zn.⟩ **0.1** ***explorator*** ⇒*explorateur, ontdekkingsreiziger, onderzoeker* **0.2** ⟨med.⟩ ***sonde*** ⇒*peilstift* **0.3** ⟨AE⟩ ***verkenner*** ⟨bij de scouts⟩.

ex·plo·sion [ɪk'sploʊʒn]⟨f3⟩⟨telb.zn.⟩ **0.1** ***explosie*** ⇒*ontploffing, uitbarsting, detonatie, knal* **0.2** ***uitbarsting*** ⇒*losbarsting, uitval* **0.3** ***explosie*** ⇒*boom* **0.4** ⟨taalk.⟩ ***plof(je)*** ⟨bij plofklank⟩ **0.5** ⟨fig.⟩ ***ineenstorting*** ◆ **1.2** ~ of anger *uitval v. woede* **1.3** ~ of wages *loonexplosie* **1.5** ~ of a theory *ineenstorting v.e. theorie.*

ex·plo·sive[1] [ɪk'sploʊsɪv]⟨f1⟩⟨zn.⟩
I ⟨telb.zn.⟩ **0.1** ***explosief*** ⇒*ontplofbare stof, springstof, ontploffingsmiddel* **0.2** ⟨taalk.⟩ ***explosief*** ⇒*plofklank;*
II ⟨mv.; ~s⟩ **0.1** ***explosieven*** ⇒*springstoffen* ◆ **2.1** high ~s *brisante / snel ontploffende explosieven.*

explosive[2] ⟨f2⟩⟨bn.; -ly; -ness⟩ **0.1** ***explosief*** ⇒*(gemakkelijk) ontploffend, ontplofbaar, explosie-, knal-, slag-, spring-* **0.2** ***opvliegend*** ⇒*oplopend, driftig* **0.3** ***explosief*** ⇒*gevaarlijk, controversieel* **0.4** ⟨taalk.⟩ ***explosief*** ⇒*plof-* ⟨v. klank⟩ ◆ **1.1** ~ charge *springlading;* ~ cigar *klapsigaar;* ~ engine *explosie / ontploffingsmotor;* ~ population increase *enorme bevolkingsgroei* **1.3** ~ issue *controversiële kwestie.*

ex·po ['ekspoʊ]⟨f1⟩⟨telb.zn.; ook E-⟩ **0.1** ***expo(sitie)*** ⇒*wereldtentoonstelling.*

ex·po·nent [ɪk'spoʊnənt]⟨f2⟩⟨telb.zn.⟩ **0.1** ***verklaarder*** ⇒*vertolker, uitvoerder* **0.2** ***exponent*** ⇒*vertegenwoordiger, voorbeeld, type, voorstander* **0.3** ***exponent*** ⇒*machtsgetal* ◆ **1.1** ~ of Mozart *vertolker v. Mozart* **1.2** ~ of a principle *drager v.e. principe.*

ex·po·nen·tial ['ekspə'nenʃl]⟨f2⟩⟨bn.; -ly⟩⟨wisk.⟩ **0.1** ***exponentieel*** ◆ **1.1** ~ equation *exponentiële vergelijking;* ~ function *exponentiële functie;* ~ increase *exponentiële groei.*

ex·port[1] ['ekspɔ:t‖'eksport]⟨f3⟩⟨zn.⟩
I ⟨telb.zn.⟩ **0.1** ***uitvoerartikel*** ⇒*exportartikel;*
II ⟨n.-telb.zn.⟩ **0.1** ***export*** ⇒*uitvoer(handel);*
III ⟨mv.; ~s⟩ **0.1** ***exportcijfer*** ⇒*gezamenlijke uitvoer* ◆ **3.1** growing ~s *groeiend exportcijfer.*

export[2] [ɪk'spɔ:t‖ɪk'spɔrt]⟨f2⟩⟨onov. en ov.ww.⟩ **0.1** ***exporteren*** ⇒*uitvoeren.*

ex·port·a·ble [ɪk'spɔ:təbl‖ɪk'spɔrt̬əbl]⟨bn.⟩ **0.1** ***uitvoerbaar*** ⇒*te exporteren.*

ex·por·ta·tion ['ekspɔ:'teɪʃn‖-spɔr-]⟨zn.⟩
I ⟨telb.zn.⟩ **0.1** ***uitvoerartikel;***
II ⟨n.-telb.zn.⟩ **0.1** ***export(handel)*** ⇒*uitvoer.*

'export duty ⟨telb. en n.-telb.zn.; →mv. 2⟩ **0.1** ***uitvoerrecht.***

ex·port·er [ɪk'spɔ:tə‖ɪk'spɔrt̬ər]⟨f1⟩⟨telb.zn.⟩ **0.1** ***exporteur*** ⇒*uitvoerder.*

'export 'reject ⟨n.-telb.zn.⟩ **0.1** ***geweigerde export*** ⇒*tweedekeusartikelen.*

'export trade ⟨f1⟩⟨n.-telb.zn.⟩ **0.1** ***exporthandel*** ⇒*uitvoerhandel.*

ex·pose [ɪk'spoʊz]⟨f3⟩⟨ov.ww.⟩ →exposed **0.1** ***blootstellen*** ⇒*blootgeven, introduceren aan* **0.2** ***tentoonstellen*** ⇒*exposeren, uitstallen, blootleggen, (ver)tonen, uiteenzetten* **0.3** ***onthullen*** ⇒*ontmas-*

keren, openbaren, bekend maken, verraden, aan het licht brengen **0.4** ⟨gesch.⟩ ***te vondeling leggen*** **0.5** ⟨foto.⟩ ***belichten*** ◆ **1.1** ~ the soldiers *de soldaten blootgeven* **1.2** ~ the goods *de waren uitstallen;* ~ for sale *te koop aanbieden;* ~ one's views *zijn mening uiteenzetten;* ⟨relig.⟩ ~ the host *het Allerheiligste uitstellen* **1.3** ~ the crook *de bandiet verraden/ontmaskeren;* ~ the secret *het geheim onthullen* **4.¶** ~ o.s. *zich exhibitionistisch gedragen* **6.1** ~ (o.s.) **to** ridicule *(zich) (tot) een voorwerp v. spot maken, belachelijk maken;* ~ **to** bad weather *aan slecht weer blootstellen;* ~ **to** classical music from very young *van jongs af met klassieke muziek in contact brengen.*

ex·po·sé [ek'spoʊzeɪ||'ekspoʊ'zeɪ]⟨telb.zn.⟩ **0.1** ***onthulling*** ⇒*ontmaskering* **0.2** ***exposé*** ⇒*overzicht, uiteenzetting.*

ex·posed [ɪk'spoʊzd]⟨f3⟩⟨bn.; volt. deelw. v. expose; -ness⟩ **0.1** ***open*** ⇒*vrij, blootliggend* **0.2** ***blootgesteld*** ⇒*onbeschut, kwetsbaar, overgeleverd, bedreigd* ◆ **1.2** ~ pipes *slecht geïsoleerde leidingen* **6.1** ~ **to** the east *blootliggend op het oosten* **6.2** be ~ **to** *blootstaan aan* **6.¶** be ~ **to** *in aanraking komen met, te maken krijgen met.*

ex·pos·er [ɪk'spoʊzə||-ər]⟨telb.zn.⟩ **0.1** ***exposant*** ⇒*tentoonsteller* **0.2** ***onthuller.***

ex·po·si·tion ['ekspə'zɪʃn]⟨f1⟩⟨zn.⟩
I ⟨telb.zn.⟩ **0.1** ***expositie*** ⇒*tentoonstelling, show* **0.2** ⟨muz.⟩ ***expositie*** ⟨eerste deel v. sonate/fuga⟩ **0.3** ⟨dram.⟩ ***expositie*** ⇒*inleiding, opening* ⟨introductie v. thema/karakters⟩;
II ⟨telb. en n.-telb.zn.⟩ **0.1** ***uiteenzetting*** ⇒*verklaring, expositie, commentaar* **0.2** ⟨relig.⟩ ***uitstelling*** ⇒*expositie* ⟨v.h. Allerheiligste⟩ ◆ **1.1** ~ of the scheme *uiteenzetting v.h. plan;*
III ⟨n.-telb.zn.⟩ **0.1** ***blootlegging*** ⇒*blootstelling, tentoonstelling* **0.2** ⟨gesch.⟩ ***het te vondeling leggen*** **0.3** ⟨foto.⟩ ***belichting.***

ex·pos·i·tive [ek'spɒzətɪv||ek'spɑzət̬ɪv]⟨bn.; -ly⟩ **0.1** ***beschrijvend*** ⇒*verklarend, verhelderend.*

ex·pos·i·tor [ɪk'spɒzɪtə||ɪk'spɑzɪt̬ər]⟨telb.zn.⟩ **0.1** ***verklaarder*** ⇒*uitlegger, commentator.*

ex·pos·i·to·ry [ɪk'spɒzətri||ɪk'spɑzətɔri]⟨bn.; -ly; →bijw. 3⟩ **0.1** ***verklarend*** ⇒*uiteenzettend, commentariërend, verhelderend.*

ex post fac·to ['eks poʊst 'fæktoʊ]⟨bn.; bw.⟩⟨vnl. jur.⟩ **0.1** ***na de feiten*** ⇒*met terugwerkende kracht* ◆ **1.1** ~ law *wet met terugwerkende kracht.*

ex·pos·tu·late [ɪk'spɒstʃʊleɪt||ɪk'spɑstʃəleɪt]⟨onov.ww.⟩ **0.1** ***protesteren*** ⇒*tegenwerpingen maken* **0.2** ***de les lezen*** ⇒*vermanen, ter verantwoording roepen, terechtwijzen, verwijten maken* ◆ **6.2** ~ **with** s.o. **about/on** *iem. onderhouden over.*

ex·pos·tu·la·tion [ɪk'spɒstʃʊ'leɪʃn||ɪk'spɑstʃə'leɪʃn]⟨telb. en n.-telb.zn.⟩ **0.1** ***vermaning*** ⇒*protest(en), klacht(en), verwijt.*

ex·pos·tu·la·to·ry [ɪk'spɒstʃʊlətri||ɪk'spɑstʃələtɔri], **ex·pos·tu·la·tive** [-lət̬ɪv]⟨bn.⟩ **0.1** ***vermanend*** ⇒*protesterend, bezwaren makend.*

ex·po·sure [ɪk'spoʊʒə||-ər]⟨f2⟩⟨zn.⟩
I ⟨telb.zn.⟩ **0.1** ⟨foto.⟩ ***belichting*** **0.2** ⟨foto.⟩ ***opname*** ⇒*foto, stuk filmband, filmstrook* **0.3** ***richting*** ⟨waarin bv. een huis gebouwd is⟩ ⇒*ligging* ◆ **2.2** instantaneous ~ *momentopname* **2.3** have a northern ~ *een ligging op het noorden hebben;*
II ⟨telb. en n.-telb.zn.⟩ **0.1** ***blootstelling*** ⟨aan licht⟩ **0.2** ***bekendmaking*** ⇒*het aan het licht brengen, het publiek maken, uiteenzetting, onthulling, ontmaskering* **0.3** ***blootlegging*** **0.4** ***ontbloting*** ⇒*ontkleding* ◆ **1.2** the ~ of his crimes *de bekendmaking/onthulling v. zijn misdaden;* the ~ of this criminal *de ontmaskering v. deze misdadiger* **2.4** indecent ~ *exhibitionisme, schennis der eerbaarheid;*
III ⟨n.-telb.zn.⟩ **0.1** ***blootstelling*** ⟨bv. aan weer, gevaar⟩ ⇒*het onbeschermd zijn, onbeschutte ligging/toestand, kou* **0.2** ***publiciteit*** **0.3** ***uitstalling*** ⇒*tentoonspreiding* ⟨v. artikelen⟩ **0.4** ***het te vondeling leggen*** ◆ **3.2** his new film has been given a lot of ~ *zijn nieuwe film heeft veel aandacht gehad in de media* **6.1** death **by** ~ *dood door blootstelling aan kou;* ~ **to** the heat *blootstelling aan de hitte.*

ex'posure lever ⟨telb.zn.⟩⟨foto.⟩ **0.1** ***ontspanner.***

ex'posure meter ⟨telb.zn.⟩⟨foto.⟩ **0.1** ***belichtingsmeter.***

ex·pound [ɪk'spaʊnd]⟨f2⟩⟨ww.⟩
I ⟨onov.ww.⟩ **0.1** ***een uiteenzetting geven*** ◆ **6.1** he ~ed **on** his new theory *hij lichtte zijn nieuwe theorie uitgebreid toe;*
II ⟨ov.ww.⟩ **0.1** ***uiteenzetten*** ⇒*verklaren, uitleggen, toelichten, vertolken* ◆ **1.1** a diplomat ~s the opinion of his government *een diplomaat vertolkt de mening v. zijn regering;* he ~ed his view *hij zette zijn mening uiteen.*

ex·pound·er [ɪk'spaʊndə||-ər]⟨telb.zn.⟩ **0.1** ***uiteenzetter*** ⇒*uitlegger, vertolker, toelichter.*

ex·press[1] [ɪk'spres]⟨f3⟩⟨telb. en n.-telb.zn.⟩ **0.1** ***sneltrein/bus*** ⇒*exprestrein* **0.2** ⟨BE⟩⟨ben. voor⟩ ***expresse(stuk)*** ⇒*spoedbericht; snel(post)dienst; bijzondere boodschapper* **0.3** ⟨AE⟩ ***expeditiebedrijf*** **0.4** ***ijlbode*** ◆ **6.1** send it **by** ~ *stuur het per expresse;* the ~ **to** Glasgow *de sneltrein naar Glasgow.*

express[2] ⟨f3⟩⟨bn., attr.⟩ **0.1** ***uitdrukkelijk*** ⇒*duidelijk (kenbaar gemaakt), nadrukkelijk, expliciet* **0.2** ***snel(gaand)*** ⇒*expres-, ijl-, snel-, met spoed* **0.3** ***precies*** ⟨v. gelijkenis⟩ ⇒*nauwkeurig, exact, geheel en al* **0.4** ***speciaal*** ⇒*bijzonder, opzettelijk, expres* ◆ **1.1** it was his ~ wish it should be done *het was zijn uitdrukkelijke wens dat het gedaan werd* **1.2** an ~ courier/messenger *een ijlbode;* an ~ delivery *een expresse-bestelling;* an ~ delivery letter *een expresbrief;* an ~ message *een spoedbericht;* ⟨AE⟩ ~ traffic *snelverkeer;* an ~ train *een sneltrein* **1.3** she is an ~ copy of her mother *ze is het evenbeeld v. haar moeder* **1.4** his ~ meaning became clear to me then *zijn speciale bedoeling werd me toen duidelijk;* his ~ silence on this matter *zijn opzettelijke stilzwijgen over deze zaak.*

express[3] ⟨f4⟩⟨ov.ww.⟩ **0.1** ***uitdrukken*** ⇒*laten zien, betuigen, onder woorden brengen, duidelijk maken* **0.2** ⟨BE⟩ ***per expresse sturen*** ⇒*per snel(post)dienst zenden, door een speciale koerier laten bezorgen* **0.3** ⟨AE⟩ ***d.m.v. een expeditiebedrijf verzenden*** **0.4** ***uitpersen*** ⇒*uitknijpen; (af)kolven* ⟨moedermelk⟩ ◆ **1.1** he ~ed his concern *hij toonde/uitte zijn bezorgdheid;* I cannot ~ my feelings *ik kan mijn gevoelens niet onder woorden brengen* **1.2** ~ an urgent message *een dringende boodschap per expresse sturen* **1.3** ~ goods *goederen via een expeditiekantoor verzenden* **1.4** he ~es the juice from oranges *hij perst het sap uit de sinaasappelen* **4.1** the deaf man ~es himself by means of sign language *de dove man drukt zich uit d.m.v. gebarentaal;* you must ~ yourself more clearly *je moet je duidelijker uitdrukken.*

express[4] ⟨f1⟩⟨bw.⟩ **0.1** ***met grote snelheid*** ⇒*met spoed* **0.2** ***per expresse*** ⇒*per speciale koerier/bezorging, met snelpost* **0.3** ***speciaal*** ◆ **3.2** send it ~ *het per expresse sturen.*

ex·press·age [ɪk'spresɪdʒ]⟨telb. en n.-telb.zn.⟩⟨AE⟩ **0.1** ***expresbestelling/vervoer*** ⟨v. goederen⟩ **0.2** ***exprestarief.***

ex·press·i·ble [ɪk'spresəbl]⟨bn.⟩ **0.1** ***uit te drukken*** ⇒*weer te geven, onder woorden te brengen.*

ex·pres·sion [ɪk'spreʃn]⟨f3⟩⟨zn.⟩
I ⟨telb.zn.⟩ **0.1** ***uitdrukking*** ⇒*zegswijze, dictie, bewoording* **0.2** ***(gelaats)uitdrukking*** ⇒*blik* **0.3** ⟨wisk.⟩ ***(hoeveelheids)uitdrukking*** ⇒*symbool, symbolen(verzameling)* ◆ **2.1** a famous ~ *een beroemde uitdrukking, een gevleugeld woord;*
II ⟨n.-telb.zn.⟩ **0.1** ***het uitdrukken*** ⇒*het onder woorden brengen, het tonen/uiten* **0.2** ***expressie*** ⇒*uitdrukkingskracht, sprekendheid* ◆ **3.1** these ideas find ~ in his last novel *deze ideeën komen tot uitdrukking in zijn laatste roman;* give ~ to one's sympathy *zijn medeleven tonen* **3.2** she laid so much ~ in her performance of this piece of music *ze legde zoveel gevoelsuitdrukking in haar uitvoering v. dit muziekstuk* **6.1** that's **beyond/past** ~ *dat is onuitsprekelijk, daar zijn geen woorden voor.*

ex·pres·sion·al [ɪk'spreʃnəl]⟨bn.⟩ **0.1** ***uitdrukkings-*** ⇒*v./m.b.t. een uitdrukking, expressie-.*

ex·pres·sion·ism [ɪk'spreʃənɪzm]⟨f1⟩⟨n.-telb.zn.⟩⟨beeld. k., muz.⟩ **0.1** ***expressionisme.***

ex·pres·sion·ist[1] [ɪk'spreʃənɪst]⟨f1⟩⟨telb.zn.⟩ **0.1** ***expressionist*** ⇒*expressionistisch kunstenaar.*

expressionist[2] ⟨bn., attr.⟩ **0.1** ***expressionistisch*** ◆ **1.1** an ~ painting *een expressionistisch schilderij.*

ex·pres·sion·is·tic [ɪk'spreʃə'nɪstɪk]⟨f1⟩⟨bn.⟩ **0.1** ***expressionistisch*** ◆ **1.1** an ~ piece of music *een stuk expressionistische muziek.*

ex·pres·sion·less [ɪk'spreʃnləs]⟨f1⟩⟨bn.; -ly⟩ **0.1** ***wezenloos*** ⇒*uitdrukkingsloos, zonder uitdrukking* ◆ **1.1** an ~ look *een wezenloze blik.*

ex·pres·sive [ɪk'spresɪv]⟨f2⟩⟨bn.; -ly; -ness⟩ **0.1** ***expressief*** ⇒*vol uitdrukking(skracht), betekenisvol, veelzeggend, krachtig* ◆ **1.1** an ~ face *een expressief gezicht;* an ~ gesture *een veelzeggend gebaar* **6.1** this poem is ~ **of** great sorrow *dit gedicht drukt groot verdriet uit.*

ex·pres·siv·i·ty ['ekspre'sɪvət̬i]⟨f1⟩⟨n.-telb.zn.⟩ **0.1** ***expressiviteit.***

ex·press·ly [ɪk'spresli]⟨f1⟩⟨bw.⟩ **0.1** →express **0.2** ***uitdrukkelijk*** ⇒*duidelijk, met nadruk, expliciet, met zoveel woorden* **0.3** ***expres*** ⇒*speciaal, met opzet, in het bijzonder, juist* ◆ **3.1** I told him ~ it was a confidential matter *ik vertelde hem nadrukkelijk dat het een vertrouwelijke zaak was* **6.3** it seemed as if this poem had been written ~ **for** her *het leek alsof dit gedicht speciaal voor haar was geschreven.*

ex'press·way ⟨f2⟩⟨telb.zn.⟩⟨AE⟩ **0.1** ***snelweg.***

ex-pris·on·er ['eks'prɪznə||-ər]⟨f1⟩⟨telb.zn.⟩ **0.1** ***ex-gevangene.***

ex·pro·ba·tion ['eksproʊ'breɪʃn]⟨telb.zn.⟩ **0.1** ***verwijt.***

ex·pro·pri·ate [ek'sproʊprieɪt]⟨f1⟩⟨ov.ww.⟩⟨jur.⟩ **0.1** ***onteigenen*** ⇒*expropriëren, afnemen, confisqueren, beslag leggen op* ◆ **1.1** the State ~d these dissidents *de staat nam de bezittingen v. deze dissidenten in beslag;* all her jewels were ~d at the border *al haar juwelen werden aan de grens geconfisqueerd* **6.1** ~ **from** *ontzetten van.*

ex·pro·pri·a·tion [ek'sproupri'eɪʃn]⟨telb. en n.-telb.zn.⟩⟨jur.⟩ **0.1** ***onteigening*** *⇒gerechtelijke inbeslagneming, confiscatie, verbeurdverklaring, expropriatie.*

ex·pro·pri·a·tor [ek'sprouprieɪtə‖-eɪṭər]⟨telb.zn.⟩⟨jur.⟩ **0.1** ***beslaglegger*** *⇒iem. die onteigent.*

ex·pul·sion [ɪk'spʌlʃn]⟨f1⟩⟨telb. en n.-telb.zn.⟩ **0.1** ***verdrijving*** *⇒verbanning, uitwijzing, expulsie* ◆ **1.1** the ~ of that member of the club *het royement v. dat lid v.d. club.*

ex'pulsion order ⟨telb.zn.⟩ **0.1** ***uitwijzingsbevel*** *⇒bevel tot uitzetting.*

ex·pul·sive [ɪk'spʌlsɪv]⟨bn.⟩ **0.1** ***verdrijvend*** *⇒verjagend, uitwijzend, v./mbt. expulsie.*

ex·punc·tion [ɪk'spʌŋ(k)ʃn]⟨telb. en n.-telb.zn.⟩ **0.1** ***uitwissing*** *⇒verwijdering, het uitvegen/schrappen, het onzichtbaar maken.*

ex·punge [ɪk'spʌndʒ]⟨ov.ww.⟩⟨schr.; ook fig.⟩ **0.1** ***verwijderen*** *⇒expungeren, uitwissen, onzichtbaar maken, schrappen* ◆ **1.1** his guilt cannot be ~d *zijn schuld kan niet worden uitgewist* **6.1** ~ an event **from** memory *een gebeurtenis uit de herinnering wegvagen;* ~ a word **from** a letter *een woord schrappen uit een brief.*

ex·pur·gate ['ekspəgeɪt‖-pər-]⟨f1⟩⟨ov.ww.⟩ **0.1** ***zuiveren*** *⇒reinigen, kuisen, castigeren* ◆ **1.1** the ~d edition of this book *de gekuiste/gecastigeerde uitgave v. dit boek.*

ex·pur·ga·tion ['ekspə'geɪʃn‖-pər-]⟨telb. en n.-telb.zn.⟩ **0.1** ***zuivering*** *⇒reiniging, het kuisen* ⟨v.e. boek⟩, *castigatie.*

ex·pur·ga·tor ['ekspəgeɪtə‖'ekspərgeɪṭər]⟨telb.zn.⟩ **0.1** ***zuiveraar*** *⇒iem. die,* ⟨bv. een boek⟩ *castigeert.*

ex·pur·ga·to·ry [ɪk'spɜ:gətri‖ɪk'spɜrgətɔri], **ex·pur·ga·to·ri·al** [-'tɔ:rɪəl]⟨bn.⟩ **0.1** ***zuiverend*** *⇒kuisend, reinigend, castigerend* ◆ **1.1** ⟨R.-K.⟩ Expurgatory Index *index* ⟨lijst v. verboden boeken⟩; ~ measures *zuiverende maatregelen.*

ex·qui·site[1] [ɪk'skwɪzɪt, 'ekskwɪzɪt]⟨telb.zn.⟩ **0.1** ***fat*** *⇒ijdeltuit, dandy.*

exquisite[2] ⟨f2⟩⟨bn.; -ly; -ness⟩ **0.1** ***uitstekend*** *⇒prachtig, verfijnd, exquis(iet), voortreffelijk* **0.2** ***zeer groot*** *⇒diepgevoeld, intens, hevig* ⟨v. pijn, plezier enz.⟩ **0.3** ***fijn*** *⇒teer, delicaat, subtiel* ⟨bv. v. gevoeligheid⟩ ◆ **1.1** an ~ antique clock *een prachtige antieke klok;* an ~ collection of poems *een uitgelezen gedichtenverzameling;* an ~ dinner *een exquis diner* **1.3** her ~ sensibility *haar (grote) fijngevoeligheid.*

exrx ⟨afk.⟩ executrix.

ex·san·gui·nate [ɪk'sæŋgwɪneɪt]⟨ov.ww.⟩ **0.1** ***bloed aftappen bij*** *⇒aderlaten.*

ex·san·guine [ɪk'sæŋgwɪn], **ex·san·gui·nous** [-nəs]⟨bn.⟩ **0.1** ***bloedarm*** *⇒met bloedarmoede, bloedeloos, anemisch.*

ex·scind [ek'sɪnd]⟨ov.ww.⟩ **0.1** ***uitsnijden*** *⇒uitroeien, uittrekken;* ⟨fig.⟩ *schrappen.*

ex·sert [ek'sɜ:t‖ek'sɜrt]⟨ov.ww.⟩⟨biol.⟩ **0.1** ***doen uitlopen*** *⇒doen uitsteken, naar buiten duwen.*

ex-ser·vice ['eks'sɜ:vɪs‖-'sɜr-]⟨f1⟩⟨bn., attr.⟩⟨vnl. BE; mil.⟩ **0.1** ***v./mbt. oudgediende(n)*** *⇒v./mbt. oud-soldaten, voormalige leger-* ◆ **1.1** ~ clothes *oude legerkleding.*

ex-ser·vice·man ['eks'sɜ:vɪsmən‖-'sɜr-]⟨f1⟩⟨telb.zn.⟩⟨vnl. BE; mil.⟩ **0.1** ***oudgediende*** *⇒oud-soldaat.*

ex·sic·cate ['eksɪkeɪt]⟨onov. en ov.ww.⟩ **0.1** ***uitdrogen/opdrogen*** *⇒droog maken/worden.*

ex·sic·ca·tion ['eksɪ'keɪʃn]⟨n.-telb.zn.⟩ **0.1** ***(op)droging*** *⇒uitdroging, het drogen.*

ex·sic·ca·tor ['eksɪkeɪtə‖-keɪṭər]⟨telb.zn.⟩⟨tech.⟩ **0.1** ***exsiccator*** *⇒(chemisch) droogtoestel, droogmachine.*

exstasy →ecstasy.

ext ⟨afk.⟩ extension, exterior, external(ly), extinct, extra, extract.

ex·tant [ek'stænt, 'ekstənt]⟨f1⟩⟨bn.⟩ **0.1** ***(nog) bestaand*** *⇒overgebleven, overlevend, aanwezig* ◆ **1.1** an ~ manuscript *een manuscript dat niet verloren gegaan is;* the ~ Old English poems *de (nog) bestaande Oudengelse gedichten;* ~ species of animals *niet uitgestorven diersoorten.*

ex·tem·po·rar·y [ɪk'stemprəri‖-pəreri]⟨bn.; -ly; -ness; →bijw. 3⟩ **0.1** ⟨vnl. v. rede⟩ ***onvoorbereid (uitgesproken)*** *⇒voor de vuist (gegeven), geïmproviseerd.*

ex·tem·po·re[1] [ɪk'stempəri], **ex·tem·po·ral** [-pərəl], **ex·tem·po·ra·ne·ous** [-pə'reɪnɪəs]⟨bn.; laatste variant -ly; -ness⟩ **0.1** ⟨vnl. v. rede⟩ ***onvoorbereid (uitgesproken)*** *⇒voor de vuist (uitgesproken), geïmproviseerd.*

extempore[2] ⟨bw.⟩ **0.1** ***ex-tempore*** *⇒voor de vuist, onvoorbereid, improviserend* ◆ **3.1** speak ~ *onvoorbereid spreken.*

ex·tem·po·ri·za·tion, -sa·tion [ɪk'stempəraɪ'zeɪʃn‖-pərə-]⟨telb. en n.-telb.zn.⟩ **0.1** ***extemporisatie*** *⇒improvisatie, het onvoorbereid spreken.*

ex·tem·po·rize, -rise [ɪk'stempəraɪz]⟨onov. en ov.ww.⟩ **0.1** ***extemporeren*** *⇒voor de vuist (uit)spreken, onvoorbereid zingen/spelen, improviseren.*

ex·tem·po·riz·er, -ris·er [ɪk'stempəraɪzə‖-ər]⟨telb.zn.⟩ **0.1** ***improvisator*** *⇒iem. die onvoorbereid spreekt/zingt/speelt, ex-tempore spreker.*

ex·tend [ɪk'stend]⟨f3⟩⟨ww.⟩ →extended

I ⟨onov.ww.⟩ **0.1** ***zich uitstrekken*** ⟨v. land/tijd⟩ *⇒reiken, voortduren, doorgaan, zich uitbreiden* ◆ **1.1** her uncertainty about it ~ed for months *haar onzekerheid daarover duurde maandenlang voort* **6.1** his fields ~ **to** the horizon *zijn velden reiken tot aan de horizon;*

II ⟨ov.ww.⟩ **0.1** ***(uitt)rekken*** *⇒langer/groter maken, uitbreiden, verlengen, vergroten* **0.2** ***uitwerken*** *⇒volledig uitschrijven, in detail weergeven* **0.3** ***uitstrekken*** *⇒uitsteken, aanreiken, toesteken, (volledig) gestrekt houden* ⟨bv. hand⟩ **0.4** ***(aan)bieden*** *⇒verlenen, betuigen, bewijzen, doen toekomen* **0.5** ⟨vnl. pass.⟩ ***(tot het uiterste) belasten*** *⇒het uiterste vergen van, uitbuiten, uitputten* **0.6** ⟨BE; jur.⟩ ***schatten*** *⇒taxeren, opnemen* ⟨vnl. land⟩ **0.7** ⟨BE; jur.⟩ ***beslag leggen op*** *⇒in beslag nemen, panden* ◆ **1.1** ~ your circle of acquaintances *je kennissenkring vergroten;* an ~ing ladder *schuifladder;* ~ his leave of absence *zijn verlof verlengen;* ~ing table *(uit)schuiftafel* **1.2** ~ shorthand notes *steno-aantekeningen uitwerken* **1.4** ~ credit to s.o. *iem. krediet verlenen;* ~ your friendship to s.o. *iem. vriendschap bewijzen;* ~ help to s.o. *iem. hulp verlenen/bieden;* ~ an invitation to s.o. *een uitnodiging aan iem. richten;* ~ a warm welcome to s.o. *iem. hartelijk welkom heten;* ~ words of thankfulness to s.o. *een dankwoord tot iem. richten* **1.5** the horse was fully ~ed *het paard werd tot het uiterste toe belast* **1.7** the land/property was ~ed *er werd beslag gelegd op het land/bezit.*

ex·tend·ed [ɪk'stendɪd]⟨f1⟩⟨bn.; oorspr. volt. deelw. v. extend⟩ **0.1** ***verspreid*** **0.2** ***verlengd*** **0.3** ⟨paardesport⟩ ***uitgestrekt*** ⟨v. draf, galop en stap⟩ ◆ **1.1** ⟨mil.⟩ move in ~ order *verspreid optrekken* **1.2** ~ play *verlengde speelduur;* ~ play record *(45-toeren)plaat met verlengde speelduur.*

ex·tend·i·bil·i·ty [ɪk'stendə'bɪləṭi], **ex·ten·si·bil·i·ty** [-sə'bɪləṭi]⟨n.-telb.zn.⟩ **0.1** ***(uitt)rekbaarheid*** *⇒uitzetbaarheid, uitschuifbaarheid.*

ex·tend·i·ble [ɪk'stendəbl], **ex·ten·si·ble** [-səbl], **ex·ten·sile** [-saɪl‖-sl]⟨bn.⟩ **0.1** ***(uit)trekbaar*** *⇒uitzetbaar, te vergroten, uit te breiden/schuiven, verlengbaar* ◆ **1.1** an ~ ladder *een schuifladder.*

ex·ten·sion [ɪk'stenʃn]⟨f3⟩⟨zn.⟩

I ⟨telb.zn.⟩ **0.1** ***aanvulling*** *⇒verlenging, toevoeging, aangebouwd/nieuw deel, uitbouwsel* **0.2** ***(extra) toestel(nummer)*** **0.3** ***uitstel(periode/verlenging)*** *⇒langer tijdvak,* ⟨bv. om schulden af te lossen⟩ *verlengperiode, toestemming voor uitstel* **0.4** ⟨sl.⟩ ***(maximaal)krediet*** ◆ **1.1** the ~ onto a house *de aanbouw aan een huis;* an ~ of his plans *een aanvulling op zijn plannen;* the two ~s of this table *de twee schuiven/uittrekbladen v. deze tafel* **1.2** one phone and two ~s *een telefoontoestel en twee extra-toestellen* **1.3** did the creditor grant him an ~? *verleende de schuldeiser hem uitstel v. betaling?* **3.2** ask for ~ 212 *vraag om toestel 212;*

II ⟨n.-telb.zn.⟩ **0.1** ***uitbreiding*** *⇒vergroting, verlenging, expansie, groei, toename* **0.2** ***uitgebreidheid*** *⇒omvang, reikwijdte, uitgestrektheid, grootte, extensie* **0.3** ⟨med.⟩ ***extensie*** *⇒strekking, uitrekking, uitgestrekte positie* ◆ **1.1** the ~ of a contract *de verlenging v.e. contract;* the ~ of the export of flowers *de groei/toename v.d. bloemenexport;* the ~ of your knowledge *de vergroting v. je kennis;* the ~ of their power *de expansie v. hun macht;* the ~ of this railway *het doortrekken v. deze spoorlijn* **1.2** the ~ of this area *de uitgestrektheid v. dit gebied;* the ~ of this map *het gebied dat deze kaart beslaat;* the ~ of the human mind *de reikwijdte v.d. menselijke geest;* the ~ of his success *de omvang v. zijn succes* **1.3** the ~ of my leg was not possible *ik kon mijn been niet helemaal strekken;*

III ⟨telb. en n.-telb.zn.⟩⟨logica, taalk.⟩ **0.1** ***extensie*** (klasse(n) v. entiteiten waarop begrip betrekking heeft).

ex·ten·sion·al [ɪk'stenʃnəl]⟨bn.; -ly⟩⟨logica, taalk.⟩ **0.1** ***extensioneel*** *⇒mbt. extensie.*

ex'tension ladder ⟨telb.zn.⟩ **0.1** ***schuifladder.***

ex'tension table ⟨telb.zn.⟩ **0.1** ***(uit)schuiftafel*** *⇒uittrektafel.*

ex·ten·sive [ɪk'stensɪv]⟨f3⟩⟨bn.; -ly; -ness⟩ **0.1** ***uitgestrekt*** *⇒groot, uitgebreid, veelomvattend, extensief* **0.2** ***extensief*** *⇒op grote schaal, met weinig kosten op groot terrein* ◆ **1.1** an ~ area *een uitgestrekt gebied;* his ~ interest *zijn diepgaande/grote belangstelling;* an ~ library *een veelomvattende bibliotheek* **1.2** ~ agriculture *extensieve landbouw.*

ex·ten·som·e·ter ['eksten'sɒmɪtə‖-'sɑmɪṭər]⟨telb.zn.⟩⟨tech.⟩ **0.1** ***extensometer*** *⇒rekmeter.*

ex·ten·sor [ɪk'stensə‖-ər], **ex'tensor muscle** ⟨telb.zn.⟩ **0.1** ***strekspier.***

ex·tent [ɪk'stent]⟨f3⟩⟨telb. en n.-telb.zn.⟩ **0.1** ***omvang*** *⇒grootte, reikwijdte, uitgestrektheid, omtrek* **0.2** ***mate*** *⇒graad, hoogte, uit-*

gebreidheid, hoeveelheid **0.3** ⟨BE; jur.⟩ ***schatting*** ⇒*taxatie* ⟨v. land, vnl. voor belasting⟩ **0.4** ⟨BE; jur.⟩ ***beslaglegging*** ⇒*panding* ◆ **1.1** test the ~ of his interest *de reikwijdte v. zijn belangstelling toetsen;* the full ~ of his knowledge *de volle omvang v. zijn kennis* **2.1** the enormous ~ of this territory *de enorme uitgestrektheid v. dit grondgebied* **6.2** 100 miles **in** ~ *100 mijl groot/lang;* **to** a certain ~ *tot op zekere hoogte;* **to** a great/large ~ *in belangrijke mate, grotendeels;* **to** the ~ **of** 100 dollars *ten bedrage v. 100 dollar;* **to** some ~ you're right *je hebt enigszins gelijk;* **to** such an ~ that I got frightened *zo/zozeer dat ik bang werd;* **to** what ~ *in hoeverre, in welke mate.*

ex·ten·u·ate [ɪk'stenjueɪt]⟨f1⟩⟨ov.ww.⟩ **0.1** ***verzachten*** ⇒*vergoelijken, afzwakken, goedpraten* **0.2** ⟨vero.⟩ ***verdunnen*** ⇒*verslappen, zwak/mager maken* ◆ **1.1** extenuating circumstances *verzachtende omstandigheden;* ~ his guilt *zijn schuld afzwakken;* ~ his misbehaviour *zijn wangedrag goedpraten.*

ex·ten·u·a·tion [ɪk'stenju'eɪʃn]⟨telb. en n.-telb.zn.⟩ **0.1** ***verzachting*** ⇒*afzwakking, verkleining, rechtvaardiging* ◆ **6.1 in** ~ **of** this crime *als excuus voor deze misdaad;* **in** ~ **of** his criticism *ter vergoelijking v. zijn kritiek.*

ex·ten·u·a·to·ry [ɪk'stenjuətri‖-tɔri]⟨bn.⟩ **0.1** ***verzachtend*** ⇒*afzwakkend, vergoelijkend.*

ex·te·ri·or[1] [ɪk'stɪərɪə‖ek'stɪrɪər]⟨f2⟩⟨telb.zn.⟩ **0.1** ***buitenkant*** ⇒*buitenzijde, oppervlakte, aanblik, uiterlijk* **0.2** ⟨film.⟩ ***buitenopname*** **0.3** ⟨beeld. k.⟩ ***buitentafereel*** ⇒*scène die zich buiten afspeelt* ◆ **2.1** a woman with a friendly ~ *een vrouw met een vriendelijk uiterlijk* **3.1** do not judge people by their ~s *je moet mensen niet op hun uiterlijk beoordelen.*

exterior[2] ⟨f1⟩⟨bn.; -ly⟩ **0.1** ***buiten-*** ⇒*aan/v.d. buitenkant, v. buiten, uiterlijk, uitwendig* **0.2** ***voor buiten geschikt*** **0.3** ⟨film.⟩ ***buiten-*** ◆ **1.1** an ~ appearance of friendliness *een uiterlijk v. vriendelijkheid;* the ~ circle *de buitenste cirkel;* ~ lighting *buitenverlichting;* the ~ walls *de buitenmuren* **1.2** an ~ paint *een buitenverf.*

ex·te·ri·or·i·ty [ɪk'stɪəri'ɒrəti‖ɪk'stɪri'ɔrəṭi]⟨n.-telb.zn.⟩ **0.1** ***uiterlijkheid*** ⇒*het opgaan in uiterlijkheden.*

ex·te·ri·or·i·za·tion, -sa·tion [ɪk'stɪərɪəraɪ'zeɪʃn‖ɪk'stɪrɪərə-]⟨telb. en n.-telb.zn.⟩ **0.1** ⟨med.⟩ ***exteriorisatie*** ⟨verplaatsing naar buiten het lichaam⟩ **0.2** ⟨psych.⟩ ***het naar de oppervlakte/buiten brengen*** ⇒*veruitwendiging.*

ex·te·ri·or·ize, -ise [ɪk'stɪərɪəraɪz‖-'stɪr-]⟨ov.ww.⟩ **0.1** ⟨med.⟩ ***naar buiten verplaatsen*** ⟨bv. orgaan tijdens operatie⟩ **0.2** ⟨psych.⟩ ***naar de oppervlakte/buiten brengen*** ⇒*veruitwendigen.*

ex·ter·mi·nate [ɪk'stɜ:mɪneɪt‖-'stɜr-]⟨f1⟩⟨ov.ww.⟩ **0.1** ***uitroeien*** ⇒*verdelgen, vernietigen, een einde maken aan, elimineren* ◆ **1.1** ~ ideas *ideeën uitroeien;* ~ rats *ratten verdelgen.*

ex·ter·mi·na·tion [ɪk'stɜ:mɪ'neɪʃn‖-'stɜr-]⟨telb. en n.-telb.zn.⟩ **0.1** ***uitroeiing*** ⇒*vernietiging, verdelging* ◆ **1.1** the ~ of these insects *de verdelging v. deze insekten;* the ~ of his power *de volkomen vernietiging v. zijn macht;* the ~ of this species *de uitroeiing v. deze soort.*

ex·ter·mi·na·tor [ɪk'stɜ:mɪneɪtə‖ɪk'stɜrmɪneɪṭər]⟨telb.zn.⟩ **0.1** ***uitroeier*** ⇒*(ongedierte)verdelger.*

ex·ter·mi·na·to·ry [ɪk'stɜ:mɪnətri‖ɪk'stɜrmənətɔri], **'ex·ter·mi·na·tive** [-nətɪv‖-neɪṭɪv]⟨bn.⟩ **0.1** ***uitroeiend*** ⇒*vernietigend, ter verdelging* ◆ **1.1** an ~ war *een verdelgingsoorlog.*

ex·ter·nal[1] [ɪk'stɜ:nl‖-'stɜr-]⟨telb.zn.⟩ **0.1** ⟨vaak mv.⟩ ***(uiterlijke) omstandigheid*** ⇒*uiterlijk(heid), bijkomstigheid* **0.2** ***uitwendig deel/oppervlak*** ◆ **3.1** don't judge by ~s *oordeel niet op grond v. uiterlijkheden.*

external[2] ⟨f3⟩⟨bn.; -ly⟩ **0.1** ***uiterlijk*** ⇒*aan de buitenkant, buiten-, extern* **0.2** ***oppervlakkig*** ⇒*ogenschijnlijk, voor het oog (lijkend), niet diepgaand* **0.3** ***(voor) uitwendig (gebruik)*** **0.4** ***buitenlands*** **0.5** ***mbt. een extraneus/nea*** **0.6** ***tot de wereld der verschijnselen behorend*** ⇒*met de zintuigen waarneembaar* ◆ **1.1** to all ~ appearances she was friendly *uiterlijk scheen zij vriendelijk;* ~ causes *externe oorzaken;* ~ pressure *druk v. buitenaf;* ~ signs *zichtbare tekenen* **1.2** her ~ happiness *haar ogenschijnlijke geluk* **1.3** the ~ ear *het uitwendige oor;* for ~ use only *alleen voor uitwendig gebruik* **1.4** ~ affairs *buitenlandse zaken;* ⟨hand.⟩ ~ balance *uitvoersaldo;* the ~ policy *het buitenlandse beleid* **1.5** an ~ student *een extraneus/nea* **1.6** the ~ world *de wereld der verschijnselen* **1.¶** ~ evidence *onafhankelijk bewijs, bewijs v. buitenaf;* ~ examination/examiner *examen/examinator v. buiten de school* **3.5** study ~ly *als extraneus/nea studeren.*

ex·ter·nal·ism [ɪk'stɜ:nəlɪzm‖-'stɜr-]⟨n.-telb.zn.⟩ **0.1** ***verering v. uiterlijkheden*** ⇒*toewijding tot vorm, (overdreven) aandacht voor uiterlijke dingen* **0.2** ⟨fil.⟩ ***externalisme.***

ex·ter·nal·ist [ɪk'stɜ:nəlɪst‖-'stɜr-]⟨telb.zn.⟩ **0.1** ***vereerder v. uiterlijkheden*** **0.2** ⟨fil.⟩ ***externalist.***

ex·ter·nal·i·ty ['ekstɜ:'næləti‖'ekstɜr'næləṭi]⟨zn.; →mv. 2⟩
I ⟨telb.zn.; vaak mv.⟩ **0.1** ***uiterlijkheid*** ⇒*uiterlijke eigenschap/kenmerken;*
II ⟨n.-telb.zn.⟩ **0.1** ***verering v. uiterlijkheden*** **0.2** ***uiterlijke omstandigheden.***

ex·ter·nal·i·za·tion, -sa·tion [ɪk'stɜ:nəlaɪ'zeɪʃn‖-'stɜrnələ-]⟨telb. en n.-telb.zn.⟩ **0.1** ***belichaming*** **0.2** ***rationalisering.***

ex·ter·nal·ize, -ise [ɪk'stɜ:nəlaɪz‖-'stɜr-]⟨ov.ww.⟩ **0.1** ***naar buiten brengen*** ⟨ook psych.⟩ ⇒*naar de oppervlakte krijgen, uiterlijk/extern maken, belichamen* **0.2** ***rationaliseren*** ◆ **1.1** spoken language ~s thought *gesproken taal geeft de gedachte uiterlijke vorm.*

ex·ter·o·cep·tive ['ekstəroʊ'septɪv]⟨bn.⟩⟨biol.⟩ **0.1** ***exteroceptief*** ⟨v. buiten het lichaam prikkels opnemend⟩.

ex·ter·ri·to·ri·al ['eksterɪ'tɔ:rɪəl]⟨bn.; -ly⟩ **0.1** ***ex(tra)territoriaal*** ⇒*buiten het staatsgebied vallend.*

ex·ter·ri·to·ri·al·i·ty ['eksterɪtɔ:ri'æləṭi]⟨n.-telb.zn.⟩ **0.1** ***exterritorialiteit.***

ex·tinct [ɪk'stɪŋkt]⟨f1⟩⟨bn.⟩ **0.1** ***uitgestorven*** **0.2** ***niet meer bestaand/voorkomend*** ⇒*afgeschaft* **0.3** ***overleden*** ⇒*gestorven, geweken* **0.4** ***uitgedoofd*** ⇒*niet meer werkzaam/actief, (uit)geblust* ⟨ook fig.⟩, *dood* **0.5** ⟨jur.⟩ ***vervallen*** ⇒*niet meer v. kracht* **0.6** ***verouderd*** ◆ **1.1** an ~ species *een uitgestorven ras;* ~ title *uitgestorven titel* **1.2** an ~ custom *een niet meer bestaande gewoonte* **1.3** ~ relatives *overleden verwanten* **1.4** the fire was ~ *het vuur was geblust/uit;* ⟨fig.⟩ an ~ passion *een gedoofde hartstocht;* an ~ volcano *een uitgedoofde vulkaan.*

ex·tinc·tion [ɪk'stɪŋkʃn]⟨f1⟩⟨n.-telb.zn.⟩ **0.1** ***het (doen) uitsterven*** ⇒*ondergang, uitroeiing* **0.2** ***vernietiging*** **0.3** ***opheffing*** ⟨bv. v. firma⟩ **0.4** ***uitblussing*** ⟨ook fig.⟩ ⇒*extinctie, doving, het uitmaken* **0.5** ***delging*** ⟨v. schuld⟩ ⇒*vereffening, verrekening* **0.6** ⟨nat.⟩ ***extinctie*** ⟨verzwakking v. straling⟩ **0.7** ⟨psych.⟩ ***verzwakking*** ⇒*uitdoving* ⟨v. reactie⟩ ◆ **1.2** the ~ of my hopes *de vernietiging v. mijn hoop* **1.5** the ~ of a mortgage *de delging v.e. hypotheek* **3.1** be threatened by/with complete ~ *bedreigd worden door totale uitroeiing.*

ex·tinc·tive [ɪk'stɪŋktɪv]⟨bn.⟩ **0.1** ***uitroeiend*** ⇒*vernietigend, verdelgend, verwoestend, destructief.*

ex·tin·guish [ɪk'stɪŋgwɪʃ]⟨f1⟩⟨ov.ww.⟩⟨→sprw. 370⟩ **0.1** ***doven*** ⇒*uitmaken, (uit)blussen* **0.2** ***vernietigen*** ⇒*beëindigen* **0.3** ***nietig verklaren*** ⇒*opheffen, afschaffen* **0.4** ***delgen*** ⟨schuld⟩ ⇒*vereffenen, betalen, verrekenen* **0.5** ***overschaduwen*** ⇒*in de schaduw stellen* **0.6** ***tot zwijgen brengen*** ◆ **1.1** ~ a cigarette *een sigaret doven;* ~ a fire *een brand blussen;* ~ the flames *de vlammen verstikken* **1.2** ~ feeling *het gevoel doden;* all hope was ~ed *alle hoop werd vernietigd;* that ~ed his trust in her *dat maakte een einde aan zijn vertrouwen in haar.*

ex·tin·guish·a·ble [ɪk'stɪŋgwɪʃəbl]⟨bn.⟩ **0.1** ***blusbaar*** ⇒*te doven* **0.2** ***te vernietigen.***

ex·tin·guish·er [ɪk'stɪŋgwɪʃə‖-ər]⟨f1⟩⟨telb.zn.⟩ **0.1** ***(brand)blusapparaat*** ⇒*brandblusser* **0.2** ***domper*** ⇒*kaarsendover.*

ex·tin·guish·ment [ɪk'stɪŋgwɪʃmənt]⟨n.-telb.zn.⟩ **0.1** ***(uit)blussing*** ⇒*doving* **0.2** ***vernietiging*** ⇒*beëindiging, verwoesting* **0.3** ***opheffing*** **0.4** ***delging*** ⟨v. schuld⟩ **0.5** ***het overschaduwen.***

ex·tir·pate ['ekstɜ:peɪt‖-stər-]⟨ov.ww.⟩⟨schr.⟩ **0.1** ***uitroeien*** ⇒*volledig vernietigen/uitbannen, verdelgen* **0.2** ***(met wortel en al) uittrekken*** ⇒*ontwortelen* **0.3** ⟨med.⟩ ***extirperen*** ⇒*langs operatieve weg verwijderen, wegnemen* ◆ **1.1** ~ this kind of discrimination *dit soort discriminatie totaal uitbannen* **1.2** ~ these weeds *dit onkruid uittrekken* **1.3** ~ a tumour *een tumor wegsnijden.*

ex·tir·pa·tion ['ekstɜ:peɪʃn‖-stər-]⟨telb. en n.-telb.zn.⟩ **0.1** ***uitroeiing*** ⇒*volledige vernietiging/uitbanning, verwoesting* **0.2** ***het uittrekken (met wortel en al)*** **0.3** ⟨med.⟩ ***extirpatie*** ⇒*algehele operatieve verwijdering.*

ex·tir·pa·tor ['ekstɜ:peɪtə‖-stərpeɪṭər]⟨telb.zn.⟩ **0.1** ***uitroeier*** ⇒*vernietiger, verwoester.*

ex·tol [ɪk'stoʊl]⟨ov.ww.; →ww. 7⟩⟨schr.⟩ **0.1** ***hoog prijzen*** ⇒*enthousiast loven, de loftrompet steken over, verheffen, ophemelen, verheerlijken* ◆ **1.1** ~ s.o.'s talents to the skies *iemands talent hemelhoog prijzen.*

ex·tort [ɪk'stɔ:t‖ɪk'stɔrt]⟨f1⟩⟨ov.ww.⟩ **0.1** ***afpersen*** ⇒*opeisen (d.m.v. dwang/intimidatie), loskrijgen met geweld/bedreiging* **0.2** ***met moeite onttrekken*** ◆ **6.1** ~ a confession **from** s.o. *iem. een bekentenis afdwingen;* ~ money **from** s.o. *iem. geld afpersen* **6.2** ~ a meaning **from** these words *met moeite een betekenis uit deze woorden halen.*

ex·tor·tion [ɪk'stɔ:ʃn‖-'stɔr-]⟨telb. en n.-telb.zn.⟩ **0.1** ***afpersing*** ⇒*knevelarij, het afdwingen, afzetterij.*

ex·tor·tion·ate [ɪk'stɔ:ʃnət‖-'stɔr-]⟨f1⟩⟨bn.; -ly⟩ **0.1** ***afpersers-*** ⇒*afdwingend, buitensporig (hoog)* ◆ **1.1** an ~ demand *een exorbitante/veel te vergaande eis.*

ex·tor·tion·er [ɪk'stɔ:ʃnə‖-'stɔrʃnər], **ex·tor·tion·ist** [-nɪst]⟨telb.zn.⟩ **0.1** ***afperser*** ⇒*afdreiger, knevelaar, afdwinger, uitbuiter, afzetter.*

ex·tor·tive [ɪk'stɔ:tɪv‖ɪk'stɔrṭɪv]⟨bn.⟩ **0.1** *mbt. afpersing* ⇒*d.m.v. afdreiging/knevelarij, buitensporig (hoog).*

ex·tra[1] ['ekstrə]⟨f2⟩⟨telb.zn.⟩ **0.1** ***niet (in de prijs) inbegrepen zaak*** ⇒*exclusief iets, bijkomend tarief* **0.2** ***figurant*** ⇒*dummy, (tijdelijk) acteur in ondergeschikte rol* **0.3** ***extra-editie*** ⟨v. krant⟩ ⇒*buitengewone editie, extra nummer, speciale uitgave* **0.4** ***iets bijzonder goeds/lekkers*** ⇒*extraatje, traktatie* **0.5** ⟨BE; cricket⟩ ***extra run*** ⟨gescoord punt zonder batslag⟩ ◆ **1.1** the cassette tape recorder of this car is an ~ *de cassetterecorder v. deze auto zit niet bij de prijs in;* use of the sauna is an ~ *gebruik v.d. sauna is niet bij de prijs inbegrepen* **2.4** this new cassette deck is a real ~ *dit nieuwe cassette deck is echt een geweldig ding* **3.3** the ~ was sold out in no time *de speciale uitgave was binnen de kortst mogelijke tijd uitverkocht.*

extra[2] ⟨f3⟩⟨bn.⟩
I ⟨bn., attr.⟩ **0.1** ***extra*** ⇒*bijkomend, bij-, over-, speciaal* **0.2** ***superieur*** ⇒*bijzonder goed, uitmuntend, voortreffelijk* ◆ **1.1** some ~ attention to that customer *wat meer dan normale aandacht voor die klant;* ~ buses for football-supporters *speciaal ingezette bussen voor voetbalsupporters;* ~ pay for ~ work *extra betaling voor overwerk;* he paid an ~ pound for this seat *hij betaalde een pond extra voor deze plaats* **1.2** the ~ quality of this wine *de superieure kwaliteit v. deze wijn;*
II ⟨bn., pred.⟩ **0.1** ***niet (bij de prijs) inbegrepen*** ⇒*bijkomend, exclusief* ◆ **1.1** use of bathroom and kitchen is ~ *gebruik v. badkamer en keuken wordt afzonderlijk berekend/komt erbij;*
III ⟨bn., post.⟩ **0.1** ***extra*** **0.2** ***exclusief*** ◆ **1.1** four pound ~ *vier pond extra* **1.2** V.A.T. ~ *exclusief B.T.W..*

extra[3] ⟨f2⟩⟨bw.⟩ **0.1** ***extra*** ⇒*buitengewoon, bijzonder (veel), speciaal* **0.2** ***buiten het gewone tarief*** ◆ **2.1** this is an ~ clever girl *dit is een buitengewoon slim meisje;* ~ good quality *speciale kwaliteit;* this sherry is ~ dry *deze sherry is extra droog* **3.2** pay ~ for postage *bijbetalen voor portokosten.*

ex·tra- ['ekstrə] **0.1** ***extra-*** ⇒*buiten-* ◆ ¶**.1** extra-atmospheric *buiten de dampkring (plaatsvindend/voorkomend);* extragalactic *extragalactisch.*

ex·tra·cor·po·re·al ['ekstrəkɔ:'pɔ:rɪəl‖-kɔr'pɔr-]⟨bn.⟩ **0.1** ***buiten het lichaam gelegen*** ⇒*extra-corporaal.*

ex·tra·cra·ni·al ['ekstrə'kreɪnɪəl]⟨bn.⟩ **0.1** ***buiten de schedel gelegen.***

ex·tract[1] ['ekstrækt]⟨f1⟩⟨zn.⟩
I ⟨telb.zn.⟩ **0.1** ***passage*** ⇒*fragment, extract, uittreksel, excerpt* ◆ **6.1** an ~ **from** his letter/book *een passage uit zijn brief/boek;*
II ⟨telb. en n.-telb.zn.⟩ **0.1** ***extract*** ⇒*aftreksel, afkooksel, concentraat* ◆ **1.1** ~ of meat *vleesextract;* ~ of vegetables *aftreksel v. groenten.*

extract[2] [ɪk'strækt]⟨f3⟩⟨ov.ww.⟩ **0.1** ***(uit)trekken*** ⇒*(uit)halen, verwijderen, losrukken;* ⟨fig.⟩ *afpersen, weten te ontlokken* **0.2** ⟨ben. voor⟩ ***(uit)halen*** ⟨(delf)stoffen e.d.⟩ ⇒*onttrekken, extraheren, afscheiden; uitlogen; winnen* **0.3** ***selecteren*** ⇒*uitlichten* ⟨fragment voor discussie/overname⟩ **0.4** ***overnemen*** ⟨passage⟩ ⇒*overschrijven, ontlenen, kopiëren* **0.5** ⟨wisk.⟩ ***trekken*** ⟨wortel⟩ ⇒*berekenen, bepalen, vaststellen* **0.6** ⟨vero.⟩ ***afleiden*** ◆ **1.1** ~ a confession *een bekentenis afdwingen;* ~ the right data from s.o. *iem. de juiste gegevens ontfutselen;* ~ secret information *geheime inlichtingen loskrijgen;* ~ pleasure from sth. *plezier in iets vinden;* ~ a tooth *een kies trekken* **1.2** ~ coal *kolen winnen;* ~ ore *erts afscheiden;* ~ sugar *suiker uitlogen* **1.3** ~ the first part of the poem *het eerste deel v.e. gedicht eruit lichten/halen* **6.6** ~ **from** *afleiden uit.*

ex·tract·a·ble, ex·tract·i·ble [ɪk'stræktəbl]⟨bn.⟩ **0.1** ***(uit)trekbaar*** ⇒*te verwijderen* **0.2** ***te extraheren*** **0.3** ***te kopiëren*** ⇒*overschrijfbaar.*

ex·trac·tion [ɪk'strækʃn]⟨f1⟩⟨zn.⟩
I ⟨telb. en n.-telb.zn.⟩ **0.1** ***extractie*** ⇒*trekking* **0.2** ***ontfutseling*** ⇒*afpersing, het loskrijgen* **0.3** ***extract*** ⇒*concentraat* ◆ **1.1** the ~ of a tooth *het trekken v.e. kies* **1.2** ~ of some extra money *het loskrijgen/ontfutselen v. wat extra geld* **3.1** I need two ~s *er moeten bij mij twee kiezen getrokken worden;*
II ⟨n.-telb.zn.⟩ **0.1** ***het onttrekken*** ⟨v. (delf)stoffen e.d.⟩ ⇒*afscheiding, winning, uitloging, extractie* **0.2** ***afkomst*** ⇒*oorsprong, afstamming, geslacht* **0.3** ⟨wisk.⟩ ***het trekken*** ⟨v. wortels⟩ ◆ **1.1** the ~ of coal *de steenkoolwinning;* ~ of sugar *het uitlogen v. suiker* **1.2** Americans of Polish and Irish ~ *Amerikanen v. Poolse en Ierse afkomst* **1.3** ~ of roots *het worteltrekken.*

ex·trac·tive[1] [ɪk'stræktɪv]⟨telb.zn.⟩ **0.1** ***extract*** ⇒*geëxtraheerde stof* **0.2** ***extractie-residu.***

extractive[2] ⟨bn.⟩ **0.1** ***extractief*** ⇒*uittrekkend, extractie-* **0.2** ***te onttrekken*** ⇒*winbaar, extraheerbaar* ◆ **1.1** ~ distillation *extractieve distillatie;* ~ industries *extractieve bedrijven* ⟨halen grondstoffen uit de bodem⟩.

ex·trac·tor [ɪk'stræktə‖-ər]⟨telb.zn.⟩ **0.1** ⟨ben. voor⟩ ***tang*** ⇒*extractietang* ⟨om kiezen te trekken⟩; *extractor, verlostang, chirurgische tang; spijkertrekker* **0.2** ***(uit)trekker*** ⇒*iem. die losrukt;* ⟨fig.⟩ *afperser* **0.3** ***iem. die extraheert*** ⇒*uitloger, centrifugist* **0.4** ***overschrijver*** **0.5** ***vruchtepers*** **0.6** ⟨AE; tech.⟩ ***centrifuge*** **0.7** ***ventilator*** ⇒*luchtververser.*

ex'tractor fan ⟨telb.zn.⟩ **0.1** ***luchtververser*** ⇒*ventilator.*

ex'tractor hood ⟨telb.zn.⟩ **0.1** ***afzuigkap*** ⇒⟨B.⟩ *dampkap.*

ex·tra·cur·ric·u·lar ['ekstrəkə'rɪkjʊlə‖-kjələr]⟨bn.⟩ **0.1** ***buitenschools*** ⇒*buiten de lessen vallend, buiten-universitair, buiten de colleges plaatsvindend, buiten het studieprogramma* **0.2** ***buiten het werk (plaatsvindend)*** ◆ **1.1** ~ activities *buitenschoolse activiteiten;* ⟨sl.; scherts.⟩ ~ activity *het vreemd gaan; pers. met wie men vreemd gaat.*

ex·tra·dit·a·ble ['ekstrə'daɪṭəbl]⟨bn.⟩ **0.1** ***uitlevering rechtvaardigend*** ⟨v.e. misdaad⟩ ⇒*aanleiding gevend tot uitlevering, met uitlevering als gevolg* **0.2** ***uitleverbaar*** ⇒*uit te leveren, in aanmerking komend voor uitlevering* ◆ **1.2** an ~ Nazi *een Nazi die uitgeleverd kan/gaat worden.*

ex·tra·dite ['ekstrədaɪt]⟨f1⟩⟨ov.ww.⟩ **0.1** ***uitleveren*** ⇒*(ter berechting) overleveren* **0.2** ***uitgeleverd krijgen*** ⇒*de uitlevering bewerkstelligen v.* ◆ **1.1** that Nazi was ~d to France *die Nazi werd uitgeleverd aan Frankrijk.*

ex·tra·di·tion ['ekstrə'dɪʃn]⟨f1⟩⟨telb. en n.-telb.zn.⟩ **0.1** ***uitlevering*** ⇒*overlevering (ter berechting).*

ex·tra·dos [ek'streɪdɒs‖-dɑs]⟨telb.zn.; ook extrados; →mv. 5⟩ ⟨bouwk.⟩ **0.1** ***buitenwelfvlak.***

ex·tra·ju·di·cial ['ekstrədʒu:'dɪʃl]⟨bn.; -ly⟩ **0.1** ***buitengerechtelijk*** ⇒*extrajudicieel, buiten rechtsgeding* **0.2** ***wederrechtelijk*** ⇒*buiten de wet om, onrechtmatig* ◆ **1.1** an ~ investigation *een buitengerechtelijk onderzoek* **1.2** an ~ punishment *een onrechtmatige straf.*

ex·tra·mar·i·tal ['ekstrə'mærɪṭl]⟨f1⟩⟨bn.⟩ **0.1** ***buitenechtelijk*** ⇒*buiten het huwelijk* ◆ **1.1** ~ relations *buitenechtelijke verhoudingen, overspel.*

ex·tra·mun·dane ['ekstrəmʌn'deɪn]⟨bn.⟩ **0.1** ***buitenwereldlijk*** ⇒*extramundaan.*

ex·tra·mu·ral ['ekstrə'mjʊərəl‖-'mjʊrəl]⟨f1⟩⟨bn., attr.⟩ **0.1** ***extramuraal*** ⇒*buiten de school/instelling/universiteit plaatshebbend* **0.2** ***buiten de stadsmuren/grenzen (plaatsvindend)*** **0.3** ⟨AE; sport⟩ ***interscolair*** ⇒*tussen verschillende scholen plaatsvindend* ◆ **1.1** ~ activities *buitenschoolse activiteiten;* ~ hospital care *extramurale gezondheidszorg; de zorg buiten het ziekenhuis* ⟨bv. in de wijk⟩; ~ lectures *buiten de universiteit gegeven colleges;* ~ students *studenten v. buiten de universiteit* **1.3** an ~ football tournament *een interscolair voetbaltoernooi.*

ex·tra·ne·ous [ɪk'streɪnɪəs]⟨f1⟩⟨bn.; -ly; -ness⟩ **0.1** ***v. buitenaf*** ⇒*v. buiten komend, buiten-, extern, vreemd* **0.2** ***irrelevant*** ⇒*niet v. belang, niet ter zake doende, onbeduidend, onbelangrijk* **0.3** ***geen deel uitmakend*** ⇒*vreemd, niet behorend bij* ◆ **1.1** ~ interference *tussenkomst v. buitenaf, externe bemoeienis* **1.2** ~ information *irrelevante informatie* **6.3** be ~ **to** *vreemd zijn aan, niet behoren bij, geen deel uitmaken v..*

ex·tra·of·fi·cial ['ekstrə·ə'fɪʃl]⟨bn.⟩ **0.1** ***buitenambtelijk*** ⇒*niet tot het ambt behorend.*

ex·traor·di·na·ry [ɪk'strɔ:dnri‖ɪk'strɔrdn·eri]⟨f3⟩⟨bn.; -ly; -ness; →bijw. 3⟩
I ⟨bn.⟩ **0.1** ***buitengewoon*** ⇒*bijzonder, uitzonderlijk, opmerkelijk, vreemd* ◆ **5.1** how ~! *wat vreemd!;*
II ⟨bn., attr.⟩ **0.1** ***extra*** ⇒*buitengewoon, speciaal* ◆ **1.1** an ~ session *een extra zitting;*
III ⟨bn., attr., bn., post.⟩ **0.1** ***in speciale dienst*** ⇒*buitengewoon* ◆ **1.1** an envoy ~ *een afgezant in speciale dienst.*

ex·tra·par·lia·men·ta·ry ['ekstrəpɑ:lə'mentri‖-pɑrlə'menṭəri]⟨bn.⟩ **0.1** ***extraparlementair*** ⇒*buitenparlementair.*

ex·tra·pa·ro·chi·al ['ekstrəpə'roʊkɪəl]⟨f1⟩⟨bn.⟩ **0.1** ***niet tot de parochie horend*** ⇒*buiten de parochie vallend.*

ex·trap·o·late [ɪk'stræpəleɪt]⟨f1⟩⟨onov. en ov.ww.⟩ **0.1** ***extrapoleren*** ⟨ook wisk.⟩ ⇒*afleiden.*

ex·trap·o·la·tion [ɪk'stræpə'leɪʃn]⟨f1⟩⟨telb. en n.-telb.zn.⟩ **0.1** ***extrapolatie*** ⟨ook wisk.⟩.

ex·tra·sen·so·ry ['ekstrə'sensri]⟨bn., attr.⟩ **0.1** ***buitenzintuiglijk*** **0.2** ***bovennatuurlijk*** ◆ **1.1** ~ perception *buitenzintuiglijke waarneming.*

ex·tra·sol·ar ['ekstrə'soʊlə‖-ər]⟨bn.⟩ **0.1** ***buiten ons zonnestelsel.***

ex·tra·ter·res·tri·al ['ekstrətə'restrɪəl]⟨f1⟩⟨bn.⟩ **0.1** ***buitenaards*** ◆ **7.1** an ~ *een buitenaards wezen.*

ex·tra·ter·ri·to·ri·al ['ekstrəterɪ'tɔ:rɪəl]⟨bn.⟩ **0.1** ***exterritoriaal*** ⇒*buiten het staatsgebied vallend;* ⟨i.h.b.⟩ *niet onderworpen aan de rechtspraak v.e. land* ◆ **1.1** diplomats have ~ rights *diplomaten zijn niet onderworpen aan de rechtspraak v.h. land waar zij verblijven.*

ex·tra·ter·ri·to·ri·al·i·ty ['ekstrəterɪtɔ:ri'æləṭi]⟨n.-telb.zn.⟩ **0.1** ***ex-territorialiteit.***

'extra 'time ⟨f1⟩⟨telb.zn.⟩⟨sport⟩ **0.1** ***verlenging*** ⇒*extra time.*

ex·trav·a·gance [ɪk'strævəgəns], **ex·trav·a·gan·cy** [-si]⟨f1⟩⟨zn.; →mv. 2⟩
I ⟨telb.zn.⟩ **0.1** ***ongerijmdheid*** ⇒*enormiteit;*
II ⟨telb. en n.-telb.zn.⟩ **0.1** ***buitensporigheid*** ⇒*extravagantie, mateloosheid, verkwisting, uitspatting.*

ex·trav·a·gant [ɪk'strævəgənt]⟨f2⟩⟨bn.; -ly⟩ **0.1** ***extravagant*** ⇒*buitensporig, mateloos, overdreven, exorbitant* **0.2** ***verkwistend*** ⇒*verspillend, kwistig* ◆ **1.1** an ~ growth *een al te weelderige plantengroei* **3.2** she is rather ~ *zij smijt met geld.*

ex·trav·a·gan·za [ɪk'strævə'gænzə]⟨telb.zn.⟩ **0.1** ***fantastisch stuk*** ⟨toneel, muziek⟩ ⇒⟨ong.⟩ *parodie, farce, burleske* **0.2** ***spectaculaire show*** **0.3** ***extravagant(e) taalgebruik/uitbarsting*** **0.4** ***extravagant optreden*** ⟨gedrag⟩.

ex·tra·va·gate [ɪk'strævəgeɪt]⟨onov.ww.⟩⟨vero.⟩ **0.1** ***dolen*** ⇒*(af)dwalen, zwerven* **0.2** ***zich te buiten gaan*** ◆ **6.1** ~ **from** the right course *v.h. juiste pad afdwalen.*

ex·trav·a·sate[1] [ɪk'strævəseɪt]⟨n.-telb.zn.⟩⟨med.⟩ **0.1** ***extravasaat.***

extravasate[2] ⟨ww.⟩
I ⟨onov.ww.⟩ **0.1** ***uitstromen*** ⟨v. bloed, lava⟩ ⇒*zich uitstorten* **0.2** ***uitbarsten*** ⟨v. vulkaan⟩;
II ⟨ov.ww.⟩ **0.1** ***naar buiten doen stromen*** ⟨bloed⟩ ⇒*uitstorten* **0.2** ***uitbraken*** ⟨lava⟩.

ex·trav·a·sa·tion [ɪk'strævə'seɪʃn]⟨telb. en n.-telb.zn.⟩ **0.1** ***uitstroming/barsting*** ⟨v. vulkaan⟩ ⇒*eruptie, effusie* **0.2** ***(bloed)uitstorting.***

ex·tra·ve·hic·u·lar ['ekstrəvə'hɪkjʊlə‖-vi:'hɪkjələr]⟨bn.⟩ **0.1** ***buiten het ruimteschip (plaatsvindend)*** **0.2** ***(geschikt voor gebruik) buiten het ruimteschip*** ◆ **1.1** ~ activities *activiteiten buiten het ruimteschip* ⟨in de ruimte⟩.

extravert →extrovert.

ex·treme[1] [ɪk'stri:m]⟨f3⟩⟨telb.zn.⟩⟨→sprw. 179⟩ **0.1** ⟨vaak mv.⟩ ***uiterste*** ⇒*extreem, extreem geval* **0.2** ⟨wisk.⟩ ***uiterste waarde*** ⇒*extreem* **0.3** ⟨logica⟩ ***extreem*** ⇒*minor-/major-term* ◆ **3.1** carry the matter to an ~ *de zaak op de spits drijven;* be driven to ~s *tot het uiterste gebracht/gedreven worden;* go to ~s, run to an ~ *tot het uiterste gaan;* go to the other ~ *in het andere uiterste vervallen;* go from one ~ to the other *v.h. ene uiterste in het andere (ver)vallen* **6.1** it is found **at** its ~ in the 14th century *het bereikt zijn hoogtepunt in de 14e eeuw;* **in** the ~ *uitermate, uiterst;* **to** such an ~ *in zo hoge mate.*

extreme[2] ⟨f3⟩⟨bn.; -ness⟩
I ⟨bn.⟩ **0.1** ***extreem*** ⇒*buitengewoon, uiterst strikt/streng, drastisch, radicaal* ◆ **1.1** take ~ action/measures *drastische maatregelen nemen;* ~ left *extreem links;* hold ~ opinions *er radicale/extreme ideeën op na houden;*
II ⟨bn., attr.⟩ **0.1** ***uiterst*** ⇒*verst* **0.2** ***laatst*** ⇒*uiterst* **0.3** ***grootst*** ⇒*hoogst, uiterst* ◆ **1.1** ⟨wisk.⟩ the ~ and mean ratio *de uiterste en middelste reden, de gulden snede* **1.2** Extreme Unction *het Heilig Oliesel* **1.3** an ~ case *een extreem geval;* ~ danger *grootste gevaar;* ~ penalty *hoogste/zwaarste straf.*

ex·treme·ly [ɪk'stri:mli]⟨f3⟩⟨bw.⟩ **0.1** ***uitermate*** ⇒*uiterst, buitengewoon.*

ex·trem·ism [ɪk'stri:mɪzm]⟨n.-telb.zn.⟩ **0.1** ***extremisme.***

ex·trem·ist[1] [ɪk'stri:mɪst]⟨f1⟩⟨telb.zn.⟩ **0.1** ***extremist.***

extremist[2] ⟨f1⟩⟨bn.⟩ **0.1** ***extremistisch.***

ex·trem·i·ty [ɪk'streməṭi]⟨f1⟩⟨zn.; →mv. 2⟩
I ⟨telb.zn.⟩ **0.1** ***uiteinde*** **0.2** ⟨g. mv.⟩ ***uiterste*** **0.3** ⟨vnl. mv.⟩ ***extreme maatregel*** **0.4** ⟨vnl. mv.⟩ ***lidmaat*** ◆ **1.2** in an ~ of anger *in uiterste woede* **2.4** the upper and lower extremities *armen en benen;*
II ⟨n.-telb.zn.⟩ **0.1** ***uiterste nood*** ⇒*extremiteit* ◆ **2.1** the last ~ *de alleruiterste nood/tegenspoed;*
III ⟨mv.; extremities⟩ **0.1** ***handen en voeten.***

ex·tri·ca·ble [ek'strɪkəbl]⟨bn.⟩ **0.1** ***ontwarbaar*** ⇒*los te maken, te bevrijden.*

ex·tri·cate ['ekstrɪ̣keɪt]⟨f1⟩⟨ov.ww.⟩ **0.1** ***halen uit*** ⇒*bevrijden, losmaken, redden* **0.2** ***ontwarren*** ⇒*uit de knoop halen* **0.3** ***onderscheiden*** ◆ **4.1** ~ o.s. from difficulties *zich uit de nesten redden* **6.1** ~ **from** the wreck *uit het wrak bevrijden;* he ~d a shirt **from** the tangled heap of laundry *hij trok een overhemd uit de verwarde berg wasgoed.*

ex·tri·ca·tion ['ekstrɪ̣'keɪʃn]⟨n.-telb.zn.⟩ **0.1** ***het losmaken*** ⇒*bevrijding, redding* **0.2** ***het ontwarren.***

ex·trin·sic [ek'strɪnsɪk]⟨bn.; -ally; →bijw. 3⟩ **0.1** ***extrinsiek*** ⇒*niet wezenlijk, bijkomend, toevallig* **0.2** ***extern*** ⇒*van buitenaf* ◆ **1.1** ~ value *extrinsieke waarde* **1.2** ~ pressure *druk van buitenaf* **6.1** that is ~ **to** my decision *dat vormt geen wezenlijk onderdeel v. mijn besluit.*

ex·tro·ver·sion, ex·tra·ver·sion ['ekstrə'vɜ:ʃn‖-'vɜrʒn]⟨n.-telb.zn.⟩⟨psych.⟩ **0.1** ***extraversie.***

ex·tro·vert[1], **ex·tra·vert** ['ekstrəvɜ:t‖-vɜrt]⟨f1⟩⟨telb.zn.⟩ **0.1** ***extravert.***

extrovert[2], **extravert, ex·tro·vert·ed** ['ekstrə'vɜ:tɪ̣d‖-'vɜrṭɪ̣d]⟨f1⟩⟨bn.⟩ **0.1** ***extravert*** ⇒*naar buiten georiënteerd.*

ex·trude [ɪk'stru:d]⟨f1⟩⟨ov.ww.⟩ **0.1** ***uitduwen/werpen*** ⇒*uitknijpen, uitdrijven, eruit werken* **0.2** ⟨tech.⟩ ***extruderen*** ⟨bv. metaal/plastic⟩ ⇒*in een extruder persen* ◆ **6.1** ~ him **from** the house *gooi hem het huis uit;* ~ toothpaste **from** the tube *tandpasta uit de tube knijpen.*

ex·tru·sion [ɪk'stru:ʒn]⟨zn.⟩
I ⟨telb. en n.-telb.zn.⟩ **0.1** ***uitwerping*** ⇒*uitdrijving, het naar buiten werken/duwen* **0.2** ***extrusie*** ⇒*uitpersing (door opening/mondstuk), uitstoting;*
II ⟨n.-telb.zn.⟩ **0.1** ***geëxtrudeerd materiaal.***

ex·tru·sive [ɪk'stru:sɪv]⟨bn.⟩ **0.1** ***uitduwend*** ⇒*uitknijpend, (uit)persend, uitdrijvend* **0.2** ⟨geol.⟩ ***door extrusie gevormd*** ⇒*extrusie-, uitvloeiings-* ⟨mbt. vulkanisme⟩ **0.3** ⟨tech.⟩ ***geëxtrudeerd.***

ex·u·ber·ance [ɪg'z(j)u:brəns‖ɪg'zu:-]⟨f1⟩⟨n.-telb.zn.⟩ **0.1** ***uitbundigheid*** ⇒*zeer goed humeur, groot enthousiasme, jubelende stemming, geestdrift* **0.2** ***overdaad*** ⇒*weelderigheid, overvloed.*

ex·u·ber·ant [ɪg'z(j)u:brənt‖ɪg'zu:-]⟨f2⟩⟨bn.; -ly⟩ **0.1** ***uitbundig*** ⇒*vol enthousiasme, geestdriftig* **0.2** ***overdadig*** ⇒*welig (groeiend), overvloedig* ◆ **1.1** an ~ man *een uitbundig man* **1.2** ~ growth *weelderige groei;* ~ language *overdreven rijke/overdadige taal.*

ex·u·ber·ate [ɪg'z(j)u:bəreɪt‖ɪg'zu:-]⟨onov.ww.⟩ **0.1** ***overvloedig zijn*** ⇒*welig groeien, overdadig zijn, overvloeien* **0.2** ***uitbundig zijn*** ⇒*overlopen (v. enthousiasme)* ◆ **6.¶** ~ **in** *helemaal opgaan in, zwelgen in.*

ex·u·date ['eksjʊdeɪt‖'eksə-]⟨n.-telb.zn.⟩ **0.1** ***zweet*** ⇒*uitgezwete stof* **0.2** ***afscheiding.***

ex·u·da·tion ['eksjʊ'deɪʃn‖'eksə-]⟨telb. en n.-telb.zn.⟩ **0.1** ***uitzweting*** ⇒*het (uit)zweten, afscheiding, het afgeven.*

ex·u·da·tive [ɪg'zju:dətɪv‖ɪg'zu:dəṭɪv]⟨bn.⟩ **0.1** ***uitzwetings-*** ⇒*v./mbt. uitzweting, afscheidings-.*

ex·ude [ɪg'zju:d‖ɪg'zu:d]⟨f1⟩⟨ww.⟩
I ⟨onov.ww.⟩ **0.1** ***zich afscheiden;***
II ⟨ov.ww.⟩ **0.1** ***afscheiden*** ⇒*afgeven, (geleidelijk) loslaten, uitzweten* **0.2** ***(uit)stralen*** ⇒*duidelijk tonen* ◆ **1.1** ~ moisture *vocht afgeven;* ~ sweat *zweet afscheiden* **1.2** ~ happiness *geluk uitstralen.*

ex·ult [ɪg'zʌlt]⟨f1⟩⟨onov.ww.⟩ **0.1** ***jubelen*** ⇒*dol v. vreugde zijn, juichen, dolblij zijn* ◆ **3.1** she ~ed to find that he had gone *zij was dolblij toen bleek dat hij vertrokken was* **6.1** ~ **at/in** a success *dolblij zijn met een succes;* ~ **at** his decision *zijn beslissing toejuichen;* ~ **over** *dolblij zijn met, uitgelaten/opgetogen zijn vanwege;* ~ **over** their misfortune *zich verlustigen in/genoegen scheppen in hun ongeluk* **6.¶** ~ **over** s.o. *triomferen over iem., een overwinning behalen op iem..*

ex·ul·tant [ɪg'zʌltənt]⟨f1⟩⟨bn.; -ly⟩ **0.1** ***jubelend*** ⇒*juichend, triomfantelijk, dolblij, zeer opgetogen/verheugd.*

ex·ul·ta·tion ['egzʌl'teɪʃn], **ex·ul·tan·cy** [ɪg'zʌltənsi], **ex·ul·tance** [-təns]⟨f1⟩⟨n.-telb.zn.⟩ **0.1** ***uitgelatenheid*** ⇒*verrukking, gejuich, gejubel, opgetogenheid* ◆ **6.1** his ~ **at** the news *zijn grote vreugde over dat nieuws.*

ex·urb ['eksɜ:b‖-sɜrb]⟨telb.zn.⟩ **0.1** ***groene buitenwijk*** ⇒*villawijk.*

ex·ur·ban·ite [ek'sɜ:bənaɪt‖-'sɜr-]⟨telb.zn.⟩ **0.1** ***inwoner v. (gegoede) buitenwijk*** ⇒*tuinstadbewoner, villabewoner.*

ex·ur·bi·a [ek'sɜ:bɪə‖-'sɜr-]⟨n.-telb.zn.⟩ **0.1** ***groene buitenwijken*** ⇒*villawijken, tuinsteden.*

ex·u·vi·ae [ɪg'zju:vii:‖ɪg'zu:-], **ex·u·vi·a** [-vɪə]⟨mv.⟩ **0.1** ***exuviën*** ⇒*afgeworpen omhulsels/aanhangsels v.h. lichaam, (afgeschudde) overblijfselen, afgegooide delen;* ⟨fig.⟩ *overblijfselen.*

ex·u·vi·al [ɪg'zju:vɪəl‖ɪg'zu:-]⟨bn.⟩ **0.1** ***exuviën-*** ⇒*v./mbt. exuviën, v. afgeworpen huid/schaal.*

ex·u·vi·ate [ɪg'zju:vieɪt‖ɪg'zu:-]⟨ww.⟩
I ⟨onov.ww.⟩ **0.1** ***exuviën afwerpen*** ⇒*huid/schaal afschudden, vervellen;*
II ⟨ov.ww.⟩ **0.1** ***afwerpen*** ⟨huid, vet; ook fig.⟩.

ex·u·vi·a·tion [ɪg'zju:vi'eɪʃn‖ɪg'zu:-]⟨n.-telb.zn.⟩ **0.1** ***het afschudden (v. exuviën)*** ⇒*afwerping (v. huid/schaal).*

ex vo·to[1] ['eks 'voʊṭoʊ]⟨telb.zn.⟩ **0.1** ***geloftegift/geschenk*** ⇒*votiefgeschenk, ex-voto.*

ex voto[2] ⟨bw.⟩ **0.1** ***vanwege een gedane gelofte*** ⇒*volgens een eed/votum/gelofte.*

exx ⟨afk.⟩ examples.

-ey →-y.

ey·as ['aɪəs]⟨telb.zn.⟩ **0.1** ***nesteling*** ⇒*nestvalk/havik, nog niet afgericht valkje, jonge valk/havik.*

eye[1] [aɪ]⟨f4⟩⟨telb.zn.⟩⟨→sprw. 41, 180, 281, 736⟩ **0.1** ⟨ben. voor⟩ ***oog*** ⇒*iris, gezichtszintuig;* ⟨ook mv.⟩ *gezichtsvermogen; blik, kijk* **0.2** ⟨ben. voor⟩ ***oogachtig iets*** ⇒*oog, opening* ⟨v. naald, bijl⟩; *oog, gat, holte* ⟨in brood, kaas⟩; *holte* ⟨aan onderkant v. appel, peer⟩; *(pauwe)oog; oog, ringetje* ⟨voor haakje⟩; *(vaste) bocht/lus, oog* ⟨in touw, koord⟩ **0.3** ***centrum*** ⇒*oog, middelpunt* ⟨v. storm⟩ **0.4** ⟨AE; inf.⟩ ***detective*** **0.5** ⟨bouwk.⟩ ***rond venster*** **0.6** ⟨plantk.⟩ ***kiem*** ⇒*oog* ⟨v. aardappel⟩, *knop* **0.7** ⟨scheep.⟩ ***kluisgat*** **0.8** ⟨scheep.⟩ ***wind(richting)*** ◆ **1.1** he has ~s in the back of his head *hij heeft ogen v. achteren en v. voren, hij ziet alles;* ⟨fig.⟩ the ~ of the day *het oog v.d. dag, de zon* **1.2** the ~ of an ax *het oog v.e. bijl* ⟨waar steel in zit⟩; the ~ of a needle *het oog v.e. naald* **1.3** the ~ of an hurricane *het oog v.e. orkaan* **1.8** in the ~ of the wind *vlak in de wind, in de windrichting, pal tegen wind* **2.1** as far as the ~ can reach *zo ver het oog reikt;* she has a good ~ for colour *zij heeft oog voor kleur;* her child has beautiful green ~s *haar kind heeft mooie groene ogen* **2.4** private ~ *privédetective* **3.1** not be able to believe one's ~s *je ogen niet kunnen geloven;* black s.o.'s ~ *iem. een blauw oog bezorgen/slaan;* cast/run an/one's ~ over *een (kritische) blik werpen op, eens even bekijken;* catch the/s.o.'s ~ *de/iemands aandacht trekken, in het oog springen;* close/shut one's ~s to *de ogen sluiten voor; oogluikend toestaan;* cry/weep one's ~s out *de ogen uithuilen;* ⟨inf.⟩ get the ~ *begluurd/aangestaard worden;* glance one's ~ at/over/through *even bekijken/inkijken/doorkijken;* have ~s for *belangstelling hebben voor;* they only had ~s for their own presents *zij waren alleen maar geïnteresseerd in hun eigen cadeaus;* have an ~ for *kijk hebben op;* have an ~ to/one's ~ on *een oogje hebben op; uit zijn op;* it hit me in the ~ *het viel mij meteen op;* ⟨fig.⟩ keep one's ~ in *een vinger in de pap houden;* keep an ~ on *in het oog/de gaten houden;* keep an ~ out for *letten op, in de gaten houden; uitkijken naar;* ⟨inf.⟩ keep your ~s open/⟨BE⟩ skinned ⟨AE⟩ peeled! *kijk goed uit je doppen!, let goed op!;* leap to the ~ *in het oog springen;* lift/raise one's ~s *de ogen opslaan;* look s.o. in the ~ *iem. recht aankijken;* lose an ~ *een oog verliezen;* make s.o. open his ~s *iem. verbaasd doen staan, iem. sprakeloos maken;* meet s.o.'s ~ *onder de ogen komen v. iem.; iemands blik opvangen/beantwoorden; iem. recht aankijken/in de ogen zien;* meet the ~/our ~s *zichtbaar zijn; opvallen;* there is more to it/in it than meets the ~ *er steekt/zit meer achter;* open one's ~s *grote ogen opzetten, verbaasd kijken, verstomd staan;* open s.o.'s ~s (to) *iem. de ogen openen (voor), iem. (iets) doen inzien;* pass one's ~ over *vluchtig lezen, een vluchtige blik werpen op;* pore one's ~s out *zijn ogen bederven;* set/lay/clap ~s on *onder de ogen krijgen, zien;* she couldn't take her ~s off the new house *zij kon haar ogen niet afhouden v.h. nieuwe huis, zij kon niet genoeg krijgen v.h. nieuwe huis;* wipe one's ~(s) *de tranen drogen* **3.¶** without batting an ~ *zonder een spier te vertrekken, zonder blikken of blozen,* ⟨B.⟩ *zonder te verpinken;* cock an/the/one's ~ *knipogen, gewiekst kijken;* do s.o. in the ~ *iem. een kool stoven, iem. belazeren;* dust s.o.'s ~s *iem. zand in de ogen strooien;* ⟨sport⟩ get one's ~ in ⟨schietsport; mil.⟩ *(zich) inschieten;* ⟨tennis enz.⟩ *zich inspelen;* ⟨sport⟩ I can't get my ~ in today *het (spelen/schieten ⟨enz.⟩) gaat vandaag niet;* give the ~ *uitnodigend aankijken;* give with the ~s *kijken naar; met een blik te kennen geven; beginnen; meedoen, bijdragen;* keep one's ~ on the ball *de aandacht erbij houden, bij de les blijven;* make ~s at *lonken naar;* ⟨BE; inf.⟩ mind your ~ *kijk uit, voorzichtig, pas op;* ⟨BE; inf.⟩ pipe one's ~ *grienen, janken, snotteren;* scratch s.o.'s ~s out *iem. de ogen uitkrabben;* see ~ to ~ (with s.o.) *het eens zijn (met iem.), hetzelfde erover denken (als iem.);* seeing ~ (dog) *blindengeleidehond;* with one's ~s shut *niet beseffend; met de ogen dicht, met het grootste gemak;* ⟨inf.⟩ wipe s.o.'s ~ *iem. de loef afsteken/vóór zijn/ertussen nemen* **4.¶** ⟨inf.⟩ that was one in the ~ for him *dat was een hele klap/slag voor hem* **5.1** ⟨mil.⟩ ~s front! *hoofd front!;* ~s left! *hoofd links!;* ~s right! *hoofd rechts!* **6.1** an ~ **for** an ~ *oog om oog;* **in/through** the ~s of, **in** s.o.'s ~s *in het oog v., in de ogen v., volgens;* **in** the ~(s) of the law *in het oog der wet;* **to** the ~ *blijkbaar;* **under/before** his very ~s *vlak voor/onder zijn ogen, waar hij bij stond;* **up to** the/one's ~s *tot over de oren;* **with** an ~ **to** *met het oog op;* **with** half an ~ *met een half oog;* **with** a jealous/friendly ~ *met een gevoel v. jaloezie/vriendschap* **7.1** all ~s *een en al oog, een en al aandacht;* if you had half an ~ *als je ook maar een beetje oplette;* ~s and no ~s *met zijn ogen in zijn zak* **7.¶** all my ~ (and Betty Martin)! *kom nou!, onzin!;* my ~! *kom nou!, onzin!; goeie genade!.*

eye[2] ⟨f2⟩⟨ov.ww.; ook eying⟩ **0.1** ***bekijken*** ⇒*aankijken, kijken naar* ◆ **5.1** ~ **up** *opnemen;* ⟨inf.⟩ *verlekkerd kijken naar/bekijken* ⟨bv. meisje⟩; *toelonken, lonken naar.*

'eye·ball[1] ⟨f1⟩⟨telb.zn.⟩ **0.1** ***oogappel*** ⇒*pupil, oogbal, oogbol,* ⟨bij uitbr.⟩ *oog* ◆ **3.¶** hang on by the/one's ~s *zich vastbijten, niet (willen) opgeven; aan een zijden draad hangen* **6.1** ⟨inf.⟩ ~ **to** ~ *vlak tegenover elkaar, van zeer nabij.*

eyeball[2] ⟨ov.ww.⟩⟨AE; inf.⟩ **0.1** ***aanstaren*** ⇒*aankijken, bekijken, kijken naar.*

'eye-bath ⟨telb.zn.⟩⟨BE⟩ **0.1** ***oogbadje.***

'eye·black ⟨n.-telb.zn.⟩ **0.1** ***mascara.***

'eye·bolt ⟨telb.zn.⟩ **0.1** ***oogbout.***

'eye·bright ⟨n.-telb.zn.⟩⟨plantk.⟩ **0.1** ***ogentroost*** ⟨genus Euphrasia⟩.

'eye·brow ⟨f2⟩⟨telb.zn.⟩ **0.1** ***wenkbrauw*** ◆ **3.1** raise an ~/one's ~s *de wenkbrauwen optrekken, verrast/verbaasd kijken* **3.¶** hang on by the/one's ~s *zich vastbijten, niet (willen) opgeven; aan een zijden draad hangen* **6.1** (be) **up to** one's ~s (in work) *tot over de oren (in het werk zitten), (het) razend druk (hebben).*

'eye-browed ⟨bn.⟩⟨dierk.⟩ ◆ **1.¶** ~ thrush *vale lijster* ⟨Turdus obscurus⟩.

'eyebrow pencil ⟨telb. en n.-telb.zn.⟩ **0.1** ***wenkbrauwpotlood/stift.***

'eye-catch·er ⟨f1⟩⟨telb.zn.⟩ **0.1** ***blikvanger.***

'eye-catch·ing ⟨bn.; -ly⟩ **0.1** ***opvallend*** ⇒*treffend, in het oog vallend, frappant.*

'eye contact ⟨n.-telb.zn.⟩ **0.1** ***oogcontact.***

'eye·cup ⟨telb.zn.⟩ **0.1** ***oogbadje*** ⟨ook als maat⟩.

-eyed [aɪd] **0.1** ***-ogig*** ◆ **¶.1** blue-eyed *blauwogig;* one-eyed *eenogig.*

'eye·drop·per ⟨telb.zn.⟩ **0.1** ***oogdruppelaar*** ⇒*oogdruppelbuisje.*

'eye drops ⟨mv.⟩ **0.1** ***oogdruppels.***

eye·ful ['aɪfʊl]⟨telb.zn.; g.mv.⟩⟨inf.⟩ **0.1** ***goede blik*** **0.2** ***lust voor het oog*** ⇒*brok, stuk, stoot* **0.3** ***beetje*** ⇒*oogbadje* ⟨genoeg voor een oog⟩ ◆ **1.2** his wife is quite an ~ *zijn vrouw is een echt stuk* **1.3** an ~ of clear water *een beetje/oogbadje schoon water* **3.1** get/have an ~ (of) *een goede blik kunnen werpen (op), heel wat te zien krijgen (v.).*

'eye·glass ⟨f1⟩⟨zn.⟩

I ⟨telb.zn.⟩ **0.1** ***monocle*** **0.2** ***ooglens/lenzen*** ⇒*oculair* **0.3** ***oogbadje;***

II ⟨mv.; ~es⟩ **0.1** ⟨ben. voor⟩ ***bril*** ⇒*(knijp)bril, lorgnet; face-à-main* ◆ **1.1** two pairs of ~es *twee brillen.*

'eye·hole ⟨telb.zn.⟩ **0.1** ***oogholte*** ⇒*oogkas* **0.2** ***kijkgat*** **0.3** ***oog*** ⟨voor haak e.d.⟩ ⇒*ring(etje).*

'eye·lash ⟨f1⟩⟨telb.zn.⟩ **0.1** ***wimper*** ⇒*ooghaartje* ◆ **3.¶** flutter one's ~es at *lonken naar, flirten met, uitnodigend/schalks aankijken;* hang on by the ~es *zich vastbijten, niet (willen) opgeven; aan een zijden draad hangen.*

eye·less ['aɪləs]⟨bn.⟩ **0.1** ***zonder ogen*** ⇒*blind.*

eye·let ['aɪlɪt], ⟨in bet. 0.4 ook⟩ **'eye·let-hole** ⟨f1⟩⟨telb.zn.⟩ **0.1** ***oogje*** **0.2** ***(ringetje v.) vetergaatje*** **0.3** ***(ringetje v.) reefgat*** **0.4** ***kijkgat/schietgat*** ⇒*opening.*

'eye-lev·el ⟨n.-telb.zn.⟩ **0.1** ***ooghoogte.***

'eye·lid ⟨f2⟩⟨telb.zn.⟩ **0.1** ***ooglid*** ◆ **3.1** ⟨vnl. fig.⟩ not stir an ~ *niet met de ogen knipperen* **3.¶** without batting an ~/eye *zonder een spier te vertrekken, zonder blikken of blozen,* ⟨B.⟩ *zonder te verpinken.*

'eye·lin·er ⟨f1⟩⟨n.-telb.zn.⟩ **0.1** ***eyeliner.***

'eye opener ⟨f1⟩⟨telb.zn.⟩⟨inf.⟩ **0.1** ***openbaring*** ⇒*verrassing* **0.2** ⟨AE⟩ ***opkikkertje*** ⟨na het ontwaken⟩ ⇒*hart(ver)sterking* ◆ **2.1** she is a real ~ *zij is erg aantrekkelijk* **4.1** it was an ~ to him *daar keek hij van op.*

'eye-o·pen·ing ⟨bn.⟩ **0.1** ***verbazingwekkend*** ◆ **1.1** an ~ increase in price *een ontnuchterende prijsstijging.*

'eye·piece ⟨telb.zn.⟩ **0.1** ***oculair*** ⇒*ooglens/lenzen.*

'eye·pit ⟨telb.zn.⟩ **0.1** ***oogholte*** ⇒*oogkas.*

'eye rhyme ⟨telb.zn.⟩⟨lit.⟩ **0.1** ***schijnbare/onzuiver rijm*** ⟨v. twee dezelfde klinkers die echter verschillend worden uitgesproken: gehaspel en naspel⟩.

'eye·shade ⟨telb.zn.⟩ **0.1** ***oogscherm.***

'eye shadow ⟨f1⟩⟨n.-telb.zn.⟩ **0.1** ***oogschaduw.***

'eye·shot ⟨n.-telb.zn.⟩ **0.1** ***gezicht*** ⇒*gezichtsveld* ◆ **6.1** **in/within** ~ *in het gezicht;* **beyond/out of** ~ *uit het gezicht.*

'eye·sight ⟨f2⟩⟨n.-telb.zn.⟩ **0.1** ***gezicht*** ⇒*gezichtsvermogen* **0.2** ***gezichtsveld*** ◆ **2.1** have good ~ *goede ogen hebben.*

eyes-'on·ly ⟨bn., attr.⟩⟨AE⟩ **0.1** ***strikt geheim/vertrouwelijk.***

'eye·sore ⟨f1⟩⟨telb.zn.⟩ **0.1** ***belediging voor het oog*** **0.2** ***doorn in het oog.***

'eye·stalk ⟨telb.zn.⟩⟨dierk.⟩ **0.1** ***oogvoeler*** ⇒*oogspriet.*

'eye·strain ⟨n.-telb.zn.⟩ **0.1** ***vermoeidheid v.h. oog/v.d. ogen.***

'eye·strings ⟨mv.⟩ **0.1** ***oogspieren.***

'eye test ⟨telb.zn.⟩ **0.1** ***oogtest*** ⇒*oogonderzoek.*

Eye·tie ['aɪtaɪ‖'aɪt̬i]⟨telb.zn.⟩⟨sl. pej.⟩ **0.1** ***spaghetti-vreter*** ⇒*Italiaan.*

'eye·tooth ⟨telb.zn.⟩ **0.1** ***oogtand*** ◆ **3.¶** cut one's eyeteeth *ervaring opdoen, wijzer worden;* I would give my eyeteeth *ik zou er alles voor over hebben.*

'eye·wash ⟨fɪ⟩⟨n.-telb.zn.⟩ **0.1** ***oogwater*** **0.2** ⟨inf.⟩ ***onzin*** ⇒*larie, smoesjes* **0.3** ⟨sl.⟩ ***geflikflooi***.
'eye·wa·ter ⟨n.-telb.zn.⟩ **0.1** ***tranen*** **0.2** ***oogwater*** **0.3** ***vocht*** ⟨in oogkamers⟩.
'eye·wit·ness¹ ⟨fɪ⟩⟨telb.zn.⟩ **0.1** ***ooggetuige***.
eyewitness² ⟨ov.ww.⟩ **0.1** ***ooggetuige zijn v.***.
ey·ot [eɪt, eɪət]⟨telb.zn.⟩⟨BE⟩ **0.1** ***eilandje in rivier***.
ey·ra ['eɪrə]⟨telb.zn.⟩⟨dierk.⟩ **0.1** ***rode jaguarundi/wezelkat*** ⟨Herpailurus yaguarundi in rode kleurfase⟩.
eyre [eə‖er]⟨telb.zn.⟩⟨gesch.⟩ **0.1** ***rondgang*** **0.2** ***rondgaande rechtbank***.
ey·rie, ey·ry ['aɪəri, 'ɪəri‖'ɪri, 'eri]⟨telb.zn.⟩ **0.1** ***nest v. roofvogel*** ⇒*arendsnest* **0.2** ***arendsnest*** ⟨fig.⟩ ⇒*hooggelegen woning/kasteel* **0.3** ***kroost*** ⇒*kinderschaar*.
Ezek ⟨afk.⟩ Ezekiel **0.1** ***Ez.***.

f¹, F [ef]⟨zn.; f's, F's, zelden fs, Fs⟩
I ⟨telb.zn.⟩ **0.1** ***(de letter) f, F*** **0.2** ⟨AE; school.⟩ ***F*** ⇒*onvoldoende;*
II ⟨telb. en n.-telb.zn.⟩⟨muz.⟩ **0.1** ***f, F*** ⇒*F-snaar/toets/*⟨enz.⟩; *fa*.
f² ⟨afk.⟩ femto-.
F ⟨afk.⟩ Fighter ⟨mil.⟩.
fa, fah [fɑː]⟨fɪ⟩⟨telb.zn.⟩⟨muz.⟩ **0.1** ***fa***.
Fa ⟨afk.⟩ Florida ⟨AE⟩.
FA ⟨afk.⟩ Fine Art; Football Association ⟨BE⟩.
FAA ⟨afk.⟩ Free of All Average.
fab [fæb]⟨fɪ⟩⟨bn.⟩⟨verk.⟩ fabulous ⟨inf.⟩ **0.1** ***gaaf*** ⇒*fantastisch, enorm, te gek*.
Fa·bi·an¹ ['feɪbɪən], **Fa·bi·an·ist** ['feɪbɪənɪst]⟨telb.zn.⟩⟨pol.⟩ **0.1** ***Fabianist*** ⟨lid v./sympathisant met de 'Fabian Society'⟩.
Fabian² ⟨bn.⟩ **0.1** ***aarzelend*** ⇒*omzichtig, voorzichtig, trainerend* ⟨volgens de tactiek v. Fabius Cunctator tegen Hannibal⟩ ◆ **1.1** ~policy *een politiek v. traineren;* ⟨BE⟩ ~Society *niet-revolutionaire socialistische groepering* ⟨opgericht in 1884⟩.
Fa·bi·an·ism ['feɪbɪənɪzm]⟨n.-telb.zn.⟩⟨pol.⟩ **0.1** ***Fabianisme*** ⟨doelstellingen v. d. 'Fabian Society'⟩.
fa·ble¹ ['feɪbl]⟨fɪ⟩⟨zn.⟩
I ⟨telb.zn.⟩ **0.1** ⟨lit.⟩ ***fabel*** **0.2** ⟨lit.⟩ ***mythe*** ⇒*legende* **0.3** ***verzinsel*** ⇒*leugen, fabeltje, praatje* **0.4** ⟨vero.⟩ ***handeling*** ⇒*plot, fabel, zakelijke inhoud* ⟨v. toneelstuk of boek⟩;
II ⟨n.-telb.zn.⟩ **0.1** ***mythen*** ⇒*legenden* **0.2** ***fictie*** ⇒*verzinsels, verdichtsels*.
fable² ⟨ww.⟩ →fabled
I ⟨onov.ww.⟩⟨vero.; schr.⟩ **0.1** ***fabels vertellen*** **0.2** ***fantaseren*** ⇒*verzinsels opdissen;*
II ⟨ov.ww.⟩ **0.1** ***een verhaal vertellen over*** ⇒*vertellen van* ◆ **1.1** ghosts are ~d to carry chains *in de verhalen dragen spoken altijd kettingen*.
fa·bled ['feɪbld]⟨fɪ⟩⟨bn., attr.; volt. deelw. v. fable⟩ **0.1** ***legendarisch*** ⇒*fabelachtig*.
fa·bler ['feɪblə‖-ər]⟨telb.zn.⟩ **0.1** ***fantast(e)*** ⇒*verzinner/ster, fabulant*.
fab·li·au ['fæblioʊ]⟨telb.zn.; fabliaux [-oʊz]; →mv. 5⟩⟨lit.⟩ **0.1** ***boerde*** ⇒*fabliau* ⟨Oudfranse, meestal erotische, vertelling op rijm⟩.
fab·ric ['fæbrɪk]⟨f2⟩⟨zn.⟩
I ⟨telb. en n.-telb.zn.⟩ **0.1** ***stof*** ⇒*materiaal, weefsel;*
II ⟨n.-telb.zn.⟩ **0.1** ***constructie*** ⇒*bouwsel, maaksel, structuur,*

frame; ⟨ook fig.⟩ *weefsel, stelsel, systeem* **0.2** ***bouw*** ⇒*constructie* **0.3** ⟨vero.⟩ ***gebouw*** ◆ **1.1** the ~ of human relations *het web van menselijke relaties*.

fab·ri·cate ['fæbrɪkeɪt]⟨f1⟩⟨ov.ww.⟩ **0.1** ***bouwen*** ⇒*construeren, vervaardigen, fabriceren* **0.2** ***verzinnen*** ⇒*uit de duim zuigen* ⟨verhaal⟩ **0.3** ***vervalsen*** ⇒*namaken* ⟨document⟩.

fab·ri·ca·tion ['fæbrɪ'keɪʃn]⟨f1⟩⟨zn.⟩
I ⟨telb.zn.⟩ **0.1** ***verzinsel*** ⇒*verdichtsel;*
II ⟨telb. en n.-telb.zn.⟩ **0.1** ***vervalsing*** ⇒*falsificatie* **0.2** ***fabricage*** ⇒*bouw, constructie*.

fab·ri·ca·tor ['fæbrɪkeɪtə‖-keɪt̬ər]⟨telb.zn.⟩ **0.1** ***maker/maakster*** ⇒*uitvinder/ster, verzinner/ster*.

'fabric softener ⟨telb.zn.⟩ **0.1** ***wasverzachter***.

fab·u·list ['fæbjəlɪst]⟨telb.zn.⟩ **0.1** ***fabeldichter(es)*** **0.2** ***babbelaar (ster)***.

fab·u·los·i·ty ['fæbjʊ'lɒsəti‖'fæbjə'lɑsət̬i]⟨n.-telb.zn.⟩ **0.1** ***fabelachtigheid***.

fab·u·lous ['fæbjələs]⟨f2⟩⟨bn.;-ly;-ness⟩ **0.1** ***legendarisch*** ⇒*befaamd uit verhalen* **0.2** ***mythisch*** ⇒*verzonnen, legendarisch* **0.3** ***ongelooflijk*** ⇒*absurd, onwerkelijk, ongeloofwaardig* **0.4** ⟨inf.⟩ ***fantastisch*** ⇒*enorm, geweldig, fabelachtig* ◆ **2.4** ~ly wealthy *fabelachtig rijk*.

fac ⟨afk.⟩ facsimile.

fa·çade, fa·cade [fə'sɑ:d]⟨f2⟩⟨telb.zn.⟩ **0.1** ***gevel*** ⇒*front, voorzijde* **0.2** ***front*** ⇒*schijn(vertoning), façade* ◆ **1.2** a ~ of friendliness *een façade v. vriendelijkheid*.

face[1] [feɪs]⟨f4⟩⟨zn.⟩(→sprw. 182)
I ⟨telb.zn.⟩ **0.1** ***gezicht*** ⇒*aangezicht, gelaat, snuit, facie* **0.2** ***(gezichts)uitdrukking*** ⇒*grimas, gezicht* **0.3** ⟨ben. voor⟩ ***(belangrijkste) zijde*** ⇒*oppervlak, bodem* ⟨aarde⟩; *front, gevel, voorzijde* ⟨gebouw, speelkaart, munt⟩; *kop, kruis* ⟨munt⟩; ⟨tech.⟩ *loopvlak, draagvlak; wijzerplaat* ⟨klok⟩; ⟨mijnw.⟩ *pijler, front; vlak* ⟨v. geometrische figuur⟩; *helling, kant, wand* ⟨berg⟩ **0.4** ***gedaante*** ⇒*gezicht, uiterlijk, aanzicht* **0.5** ⟨boek.⟩ ***lettertype*** ⇒*letter* **0.6** ⟨AE; sl.⟩ ***beroemdheid*** ⇒*ster* **0.7** ⟨AE; sl.⟩ ***persoon*** ⇒*type, figuur* **0.8** ⟨AE; sl.⟩ ***blanke*** **0.9** ⟨hockey⟩ ***platte kant*** ⟨v. hockeystick⟩ ◆ **1.1** Marilyn's ~ is her fortune *Marilyn moet het van haar gezicht hebben;* a smack in the ~ *een klap in het gezicht* ⟨ook fig.⟩ **3.1** bring two people ~ to ~ *twee mensen met elkaar confronteren;* come ~ to ~ with s.o. *iem. ontmoeten;* look s.o. in the ~ *iem. recht aankijken, iem. in de ogen kijken* ⟨ook fig.⟩; meet s.o. ~ to ~ *iem. onder ogen komen, iem. ontmoeten;* show one's ~ *zijn gezicht laten zien, verschijnen, aanwezig zijn* **3.2** fall on one's ~ *(plat) op zijn gezicht vallen;* ⟨ook fig.⟩ *zijn neus stoten;* laugh in s.o.'s ~ *iem. uitlachen;* have one's ~ lifted *een face-lift ondergaan;* make/pull ~s/a ~ at s.o. *een gezicht tegen iem. trekken;* put on/wear a stern/dark ~ *een streng/somber gezicht zetten* **3.¶** ⟨inf.⟩ do one's ~ *even iets op zijn gezicht smeren, zich opmaken;* ⟨sl.⟩ feed one's ~ *zich volproppen, kanen;* fly in the ~ of sth. *zich ergens niets van aantrekken, tegen iets in gaan;* ⟨inf.⟩ open one's ~ *zijn bek opendoen;* ⟨inf.⟩ put one's ~ on *even iets op zijn gezicht smeren, zich opmaken;* run/travel on one's ~ *op zijn eerlijke gezicht krediet krijgen;* set one's ~ *een strak gezicht zetten;* set one's ~ against sth. *ergens tegen gekant zijn;* throw sth. in s.o.'s ~ *iem. iets voor de voeten gooien/verwijten;* wipe sth. off the ~ of the earth *iets volkomen doen verdwijnen* **5.3** ~ **downwards/up** *dicht/open* ⟨v. neergelegde speelkaart⟩ **6.1** **before** one's ~ *voor iemands ogen;* **in** s.o.'s ~ *(recht) in iemands gezicht* ⟨uitlachen, gooien⟩; she shut the door **in** my ~ *ze gooide de deur (vlak) voor mijn neus dicht;* **in** (the) ~ **of** *voor, tegenover, wanneer geconfronteerd met;* **in** the ~ **of** *in de aanwezigheid van;* ~ **to** ~ *tegenover elkaar;* ~ **to** ~ **with** *tegenover;* **to** s.o.'s ~ *in iemands gezicht* ⟨iets zeggen⟩ **6.¶** **in** (the) ~ **of** *ondanks;* **on** the ~ **of** it *op het oog, op het eerste gezicht* **7.1** have two ~s *een janusgezicht hebben;*
II ⟨n.-telb.zn.⟩⟨vnl. in uitdrukkingen⟩ **0.1** ***aanzien*** ⇒*positie, reputatie, standing, goede naam* ◆ **3.1** lose (one's) ~ *zijn gezicht verliezen, afgaan;* save (one's) ~ *zijn figuur redden* **3.¶** have the ~ to *de brutaliteit hebben om*.

face[2] ⟨f4⟩⟨ww.⟩ →facing
I ⟨onov.ww.⟩ **0.1** ***uitzien*** ⇒*het gezicht/de voorkant toekeren, uitzicht hebben* **0.2** ⟨mil.⟩ ***omkeren*** ⇒*zich op de plaats omdraaien* **0.3** ***(het spel met een face-off) beginnen*** ⇒*face off nemen* ⟨bij ijshockey, lacrosse, enz.⟩ ◆ **5.1** ~ **away** (from) *zich afwenden (van), de rug toekeren (naar)* **5.2** ⟨AE; mil.⟩ About/Left/Right ~! *Rechtsomkeert/Linksom/Rechtsom!;* ~ **round** *zich omkeren* **5.3** ~ **off** *de wedstrijd beginnen* **6.1** the house ~s **onto/towards** the west *het huis ligt met de voorgevel op het westen;* ~ **up to** the truth *de waarheid onder ogen zien/accepteren;*
II ⟨ov.ww.⟩ **0.1** ***onder ogen zien*** ⇒*(moedig) tegemoet treden, aanvaarden, aandurven* **0.2** ***de aandacht eisen van*** ⇒*zich voordoen aan* **0.3** ***omdraaien*** ⇒*openleggen* ⟨speelkaart⟩ **0.4** ***staan tegenover*** ⇒*uitzien op* **0.5** ⟨mil.⟩ ***rechtsomkeert laten maken*** **0.6** ***nemen*** ⟨face-off bij ijshockey, enz.⟩ **0.7** ⟨ben. voor⟩ ***bekleden*** ⇒*afzetten* ⟨jurk, met biezen⟩, *beleg naaien tegen, uitmonsteren* ⟨uniform⟩; ⟨tech.⟩ *bedekken, bekleden* ⟨muur met pleister, leer met goudlaagje⟩ ◆ **1.2** Joe was ~d with many difficulties *Joe werd met vele moeilijkheden geconfronteerd* **1.4** ~ the engine *vooruit rijden* ⟨in trein⟩; the house ~s a prison *het huis kijkt uit op een gevangenis;* the picture facing the title page *de illustratie tegenover het titelblad* **4.1** let's ~ it *immers, wees nou even reëel, je bent het toch met me eens* **5.1** ~ sth. **out** *zich ergens met lef doorheen slaan* **5.5** the sergeant ~d his men **about** *de sergeant liet zijn mannen rechtsomkeert maken* **5.¶** ~ s.o. **down** *iem. overbluffen*.

'face-ache ⟨zn.⟩
I ⟨telb.zn.⟩⟨sl.⟩ **0.1** ***zuurpruim*** ⇒*azijndrinker;*
II ⟨telb. en n.-telb.zn.⟩⟨med.⟩ **0.1** ***aangezichtspijn*** ⇒*neuralgie*.

'face card ⟨telb.zn.⟩ **0.1** ***pop(kaart)*** ⟨v. kaartspel⟩ **0.2** ⟨AE; sl.⟩ ***hoge ome***.

'face cloth ⟨f1⟩⟨zn.⟩
I ⟨telb.zn.⟩ **0.1** ***waslap(je)*** ⇒*washandje* **0.2** ***aangezichtsdoek*** ⟨v. dode⟩;
II ⟨n.-telb.zn.⟩ **0.1** ***fijne wollen stof***.

'face cream ⟨telb. en n.-telb.zn.⟩ **0.1** ***gezichtscrème***.

-faced [feɪst] **0.1** ***-kijkend*** ⇒*met een -gezicht* ◆ **¶.1** sad-~ *droef kijkend;* toad-~ *met een paddegezicht*.

'face flannel ⟨telb.zn.⟩⟨BE⟩ **0.1** ***waslap(je)*** ⇒*washandje*.

'face fungus ⟨telb. en n.-telb.zn.⟩⟨scherts.⟩ **0.1** ***struikgewas*** ⇒*aangezichtsbeharing, baard*.

'face guard ⟨telb.zn.⟩ **0.1** ***masker*** ⟨bij lassen, sport, enz.⟩.

face·less ['feɪsləs]⟨f1⟩⟨bn.;-ness⟩ **0.1** ***gezichtsloos*** ⇒*anoniem* ⟨v. massa⟩.

'face-lift ⟨f1⟩⟨telb.zn.⟩ **0.1** ***face-lift*** ⟨ook fig.⟩ ⇒*rimpelverwijdering, opknapbeurt*.

face lifting →face-lift.

'face-los·ing ⟨bn.⟩ **0.1** ***vernederend*** ⇒*met gezichtsverlies gepaard gaand*.

'face-off ⟨telb.zn.⟩ **0.1** ***face-off*** ⟨bij lacrosse, ijshockey, enz.⟩ **0.2** ***confrontatie*** ⇒*treffen*.

'face-off spot ⟨telb.zn.⟩⟨ijshockey⟩ **0.1** ***face-offpunt*** ⟨blauwe/rode stip waarop spel begonnen/hervat wordt⟩.

'face pack ⟨telb.zn.⟩⟨cosmetica⟩ **0.1** ***gezichtsmasker***.

'face powder ⟨telb. en n.-telb.zn.⟩⟨cosmetica⟩ **0.1** ***(gezichts)poeder***.

fac·er ['feɪsə‖-ər]⟨telb.zn.⟩ **0.1** ***klap in het gezicht*** **0.2** ***onverwachte moeilijkheid*** ⇒*kink in de kabel* **0.3** ⟨inf.⟩ ***puzzel*** ⇒*moeilijk probleem* ◆ **7.2** that's a ~! *zitten we daar even mooi mee!*.

'face-sav·er ⟨telb.zn.⟩ **0.1** ***iets waar je je gezicht mee redt*** ⟨besluit, compromis⟩.

'face-sav·ing ⟨f1⟩⟨bn., attr.⟩ **0.1** ***de waardigheid bewarend*** ⇒*het gezicht reddend* ◆ **1.1** a ~ compromise *een compromis zonder gezichtsverlies*.

fac·et[1] ['fæsɪt]⟨f2⟩⟨telb.zn.⟩ **0.1** ***facet*** ⇒*vlak* ⟨v. edelsteen, tand, oog v. insekt⟩ **0.2** ***facet*** ⇒*aspect, zijde, kant* ⟨v. zaak⟩.

facet[2] ⟨ov.ww.⟩ **0.1** ***met/in facetten slijpen*** ⇒*facetteren*.

fa·ce·ti·ae [fə'si:ʃɪi:]⟨mv.⟩ **0.1** ***geestigheden*** ⇒*grapjes, scherts;* ⟨pej.⟩ *platte humor, grollen* **0.2** ⟨boek.⟩ ***erotisch-satirische werken***.

fa·ce·tious [fə'si:ʃəs]⟨f2⟩⟨bn.;-ly;-ness⟩⟨ook pej.⟩ **0.1** ***(ongepast) geestig*** ⇒*grappig, schertsend*.

'face towel ⟨telb.zn.⟩ **0.1** ***handdoek (voor het gezicht)***.

'face 'value ⟨f1⟩⟨zn.⟩
I ⟨telb. en n.-telb.zn.⟩ **0.1** ***nominale waarde;***
II ⟨n.-telb.zn.⟩ **0.1** ***ogenschijnlijke betekenis*** ⇒*eerste indruk* ◆ **3.1** take sth. at ~ *iets kritiekloos accepteren;* taken at ~ *op het oog*.

'face worker ⟨telb.zn.⟩⟨mijnw.⟩ **0.1** ***mijnwerker werkzaam in de pijler***.

fa·ci·a, ⟨ook⟩ **fas·ci·a** ['feɪʃə]⟨telb.zn.; ook fa(s)ciae ['feɪʃɪi:]; →mv. 5⟩ **0.1** ***naambord*** ⟨op winkelpui⟩ **0.2** ⟨BE⟩ ***dashboard*** **0.3** →fascia.

'facia board ⟨telb.zn.⟩⟨BE⟩ **0.1** ***dashboard***.

fa·cial[1] ['feɪʃl]⟨telb.zn.⟩⟨cosmetica⟩ **0.1** ***gezichtsbehandeling*** ⇒*schoonheidsbehandeling*.

facial[2] ⟨f2⟩⟨bn., attr.; -ly⟩ **0.1** ***gezichts-*** ⇒*gelaats-, v.h. gezicht* ◆ **1.1** ⟨antr.⟩ ~ angle *gelaatshoek;* ~ contortionist *gekkebekketrekker;* ⟨antr.⟩ ~ index *gelaatsindex;* ~ massage *gezichtsmassage*.

fa·cient ['feɪʃnt]⟨tech.⟩ **0.1** ⟨ong.⟩ ***-maker*** ⟨agens⟩ ◆ **¶.1** absorbefacient *absorptie bevorderend middel;* liquefacient *condensor;* somnifacient *slaapmiddel*.

fa·ci·es ['feɪʃi:z]⟨telb.zn.; facies; →mv. 4⟩ **0.1** ***beeld*** ⇒*uiterlijk, verschijning* **0.2** ⟨geol.⟩ ***facies*** ⇒*uiterlijk* ⟨v. gesteente⟩ **0.3** ⟨med.⟩ ***facies*** ⇒*gelaat*.

fac·ile ['fæsaɪl‖'fæsl]⟨f1⟩⟨bn.; -ly; -ness⟩⟨vaak pej.⟩

I ⟨bn.⟩ **0.1** ***oppervlakkig*** ⇒*luchtig, luchthartig;*
II ⟨bn., attr.⟩ **0.1** ***makkelijk*** ⇒*vlot* ⟨succes⟩, *meegaand* ⟨gedrag, karakter⟩ **0.2** ***vlot*** ⇒*vaardig* ⟨pen, hand v. schrijven⟩, *glad* ⟨tong⟩.

fa·cil·i·tate [fə'sɪlɪteɪt]⟨f1⟩⟨ov.ww.⟩ **0.1** ***vergemakkelijken*** ⇒*(vooruit) helpen, verlichten, bevorderen* ◆ **1.1** electric machines have greatly ~d typewriting *elektrische schrijfmachines hebben het typen een stuk makkelijker gemaakt.*

fa·cil·i·ta·tion [fə'sɪlɪ'teɪʃn]⟨telb. en n.-telb.zn.⟩ **0.1** ***verlichting*** ⇒*vergemakkelijking, gemak, steun.*

fa·cil·i·ty [fə'sɪləṭi]⟨f3⟩⟨zn.; →mv. 2⟩
I ⟨telb.zn.; vaak mv.⟩ **0.1** ⟨ben. voor⟩ ***voorziening*** ⇒*gelegenheid, faciliteit;* ⟨in mv.⟩ *inrichting, uitrusting, materiaal; gebouw; (militaire) basis* ◆ **2.1** military ~ *militaire installatie* **3.1** give/provide facilities for laundering *faciliteiten ter beschikking stellen om de was te doen;*
II ⟨telb. en n.-telb.zn.⟩ **0.1** ***gemak*** ⇒*handigheid, vaardigheid, talent* ◆ **1.1** a ~ in/with mathematics *(een) talent voor wiskunde* **3.1** speak with ~ *goed van de tongriem gesneden zijn* **6.1** ~ **with/in** *talent voor/handigheid in;*
III ⟨n.-telb.zn.⟩ **0.1** ***simpelheid*** ⇒*makkelijkheid* ⟨v. taak, opdracht, muziekstuk⟩ **0.2** ⟨vero.⟩ ***meegaandheid;***
IV ⟨mv.; the facilities⟩⟨euf.⟩ **0.1** ***toilet*** ◆ **7.1** where are the facilities? *waar kan ik even mijn handen wassen?.*

fa'cility trip ⟨telb.zn.⟩⟨BE⟩ **0.1** ***snoepreisje.***

fac·ing ['feɪsɪŋ]⟨f1⟩⟨zn.; oorspr. gerund v. face⟩
I ⟨telb.zn.⟩ **0.1** ⟨mil.⟩ ***wending*** ⇒*draai, zwenking* **0.2** ⟨mode⟩ ***stuk beleg*** ◆ **3.1** go through one's ~s *exerceren;* put s.o. through his ~s *iem. laten exerceren;*
II ⟨telb. en n.-telb.zn.⟩⟨tech.⟩ **0.1** ***bekleding*** ⇒*(aanbrenging v.) deklaag/buitenlaag* ⟨op muur, metaal enz.⟩;
III ⟨n.-telb.zn.⟩⟨mode⟩ **0.1** ***beleg;***
IV ⟨mv.; ~s⟩ **0.1** ***uitmonstering*** ⟨v. uniform: kraag en opslagen in afstekende kleur⟩.

'facing brick ⟨telb.zn.⟩⟨bouwk.⟩ **0.1** ***bekledingssteen.***

fac·sim·i·le[1] [fæk'sɪmɪli], **fax** [fæks]⟨f1⟩⟨zn.⟩
I ⟨telb.zn.⟩ **0.1** ***reproduktie*** ⇒*exacte kopie, duplicaat, facsimile* **0.2** ***facsimile*** ⟨telegrafisch overgeseind beeld⟩ ◆ **6.1** (reproduced) **in** ~ *gedupliceerd;*
II ⟨n.-telb.zn.⟩⟨radiotelegrafie⟩ **0.1** ***overdracht v. beelden.***

facsimile[2], **fax** ⟨ov.ww.⟩ **0.1** ***facsimileren*** ⇒*kopiëren, dupliceren, een kopie maken van* **0.2** ***een getrouwe kopie zijn van*** ⇒*kopiëren.*

fact [fækt]⟨f4⟩⟨zn.⟩
I ⟨telb.zn.⟩ **0.1** ***feit*** ⇒*waarheid, zekerheid* ◆ **1.1** ~s and figures *feiten en cijfers, alle details;* a ~ of life *een onontkoombaar feit, iets dat nu eenmaal zo is;* ⟨inf.; euf.⟩ the ~s of life *de bijtjes en de bloemetjes* **2.1** his ~s are shaky *zijn verhaal/mening mist een deugdelijke grond/is slecht onderbouwd* **3.1** know for a ~ *zeker weten* **8.1** it's a ~ that *het staat vast, dat;*
II ⟨n.-telb.zn.⟩ **0.1** ***werkelijkheid*** ⇒*realiteit* **0.2** ⟨the⟩⟨jur.⟩ ***(mis)daad*** ◆ **1.1** separate ~ from fiction *schijn en werkelijkheid uit elkaar houden;* the ~ of the matter *de ware toedracht* **2.1** in actual fact *in werkelijkheid* **6.1** **in** ~ *in feite, eigenlijk* **6.¶** **in** ~ *bovendien, zelf, en niet te vergeten.*

'fact finder ⟨telb.zn.⟩ **0.1** ***iem. die een onderzoek instelt*** ⇒*iem. die feiten verzamelt* **0.2** ***vademecum*** ⇒*opzoekboekje, handleidinkje.*

'fact-find·ing[1] ⟨f1⟩⟨n.-telb.zn.⟩ **0.1** ***het verzamelen van feiten*** ⇒*onderzoek/enquête naar de feiten.*

fact-finding[2] ⟨bn., attr.⟩ **0.1** ***onderzoeks-*** ⇒*feiten verzamelend* ◆ **1.1** ~ committee *enquêtecommissie, onderzoekscommissie;* he's on a ~ mission *hij is op onderzoeksreis om feitenmateriaal te verzamelen, hij is op inspectiereis.*

fac·tion ['fækʃn]⟨f2⟩⟨zn.⟩
I ⟨telb.zn.⟩ **0.1** ***factie*** ⇒*(pressie)groep* ⟨vnl. binnen pol. partij⟩;
II ⟨telb. en n.-telb.zn.⟩ **0.1** ***faction*** ⇒*factie, op feiten gebaseerde fictie;*
III ⟨n.-telb.zn.⟩ **0.1** ***partijruzie*** ⇒*strijd binnen partij, partijstrijd.*

fac·tion·al ['fækʃnəl], **fac·tion·ar·y** [-ʃənri‖-ʃəneri]⟨bn.⟩ **0.1** ***partijzuchtig*** ⇒*partij-, factie-.*

fac·tion·al·ism ['fækʃnəlɪzm]⟨n.-telb.zn.⟩ **0.1** ***partijzucht*** ⇒*partijschap, factiezucht.*

fac·tion·al·ize ['fækʃnəlaɪz]⟨ov.ww.⟩ **0.1** ***versplinteren*** ⇒*in kleine groepen/partijen verdelen.*

'fac·tion-rid·den ⟨bn.⟩ **0.1** ***door (politieke) partijen verscheurd.***

fac·tious ['fækʃəs]⟨f1⟩⟨bn.; -ly; -ness⟩ **0.1** ***partijzuchtig*** **0.2** ***opruiend*** ⇒*oproerig, (op)stokend, tot partijstrijd aanzettend.*

fac·ti·tious [fæk'tɪʃəs]⟨bn.; -ly; -ness⟩ **0.1** ***kunstmatig*** ⇒*onecht, oneigenlijk, geveinsd, artificieel* **0.2** ***conventioneel*** ⇒*standaard, doorsnee-.*

fac·ti·tive ['fæktəṭɪv]⟨bn.; -ly⟩⟨taalk.⟩ **0.1** ***factitief*** ⇒*met bepaling bij het lijdend voorwerp* ◆ **1.1** in "they elected him president", "elect" is used as a ~ verb *in 'zij kozen hem tot president' wordt 'kiezen' als factitief (werkwoord) gebruikt.*

fac·tor[1] ['fæktə‖-ər]⟨f3⟩⟨telb.zn.⟩ **0.1** ***factor*** ⇒*feit, omstandigheid, element* **0.2** ⟨ben. voor⟩ ***agent*** ⇒*vertegenwoordiger, zaakgelastigde, factoor; commissionair;* ⟨Sch. E.⟩ *rentmeester* **0.3** ⟨wisk.⟩ ***factor*** ⇒*coëfficiënt* **0.4** ⟨biol.⟩ ***gen*** ⇒*genetische factor, (erf)factor* ◆ **1.3** ⟨tech.⟩ ~ of safety *veiligheidscoëfficiënt/factor;* ⟨fig.⟩ *veiligheidsmarge* **2.1** unknown ~ *onbekende grootheid/factor.*

factor[2] ⟨ov.ww.⟩⟨wisk.⟩ **0.1** ***in factoren ontbinden*** ⇒*factoriseren.*

fac·tor·age ['fækt(ə)rɪdʒ]⟨n.-telb.zn.⟩⟨hand.⟩ **0.1** ***commissieloon*** ⇒*commissie.*

'factor analysis ⟨telb. en n.-telb.zn.⟩⟨stat.⟩ **0.1** ***factoranalyse.***

'factor cost ⟨telb.zn.; vaak mv.⟩⟨hand.⟩ **0.1** ***aanmaakkosten.***

fac·to·ri·al[1] [fæk'tɔ:rɪəl]⟨telb.zn.⟩⟨wisk.⟩ **0.1** ***faculteit*** ◆ **1.1** a formula written with ~s *een formule genoteerd in faculteiten* **4.1** ~ 4, 4 ~ *4 faculteit, 4!.*

factorial[2] ⟨bn., attr.⟩⟨wisk.⟩ **0.1** ***v.e. faculteit*** ⇒*v. faculteiten, v.e. factor, v. factoren.*

fac·tor·ing ['fækt(ə)rɪŋ]⟨n.-telb.zn.⟩⟨hand.⟩ **0.1** ***factoring*** ⇒*het factoreren.*

fac·tor·i·za·tion, -sa·tion ['fæktəraɪ'zeɪʃn‖-ə'zeɪʃn]⟨telb.zn., n.-telb.zn.⟩⟨wisk.⟩ **0.1** ***ontbinding in factoren*** ⇒*het ontbinden in factoren, het factoriseren.*

fac·tor·ize, -ise ['fækt(ə)raɪz]⟨ww.⟩⟨wisk.⟩
I ⟨onov.ww.⟩ **0.1** ***in factoren ontbindbaar zijn;***
II ⟨ov.ww.⟩ **0.1** ***in factoren ontbinden.***

fac·tor·ship ['fæktəʃɪp‖-tər-]⟨telb.zn., n.-telb.zn.⟩ **0.1** ***agentschap*** ⇒*het ambt v. zaakgelastigde/agent, factoor, periode waarin iem. factoor/agent/zaakgelastigde is.*

fac·to·ry ['fæktri]⟨f3⟩⟨telb.zn.; →mv. 2⟩ **0.1** ***fabriek*** ⇒*werkplaats* **0.2** ⟨gesch.⟩ ***factorij.***

'Factory Acts ⟨mv.⟩⟨BE⟩ **0.1** ***veiligheidswet.***

'factory farm ⟨telb.zn.⟩⟨veeteelt⟩ **0.1** ***loopstalboerderij.***

'factory farming ⟨n.-telb.zn.⟩ **0.1** ***gemechaniseerde veeteelt*** ⇒*intensieve veehouderij, bio-industrie.*

'fac·to·ry-'gate ⟨telb.zn.⟩ **0.1** ***fabriekspoort.***

'factory hand ⟨f1⟩⟨telb.zn.⟩ **0.1** ***fabrieksarbeider.***

'factory horn ⟨telb.zn.⟩ **0.1** ***fabriekssirene.***

'fac·to·ry-'made ⟨bn.⟩ **0.1** ***fabrieksmatig*** ⇒*fabrieks-.*

'factory ship ⟨telb.zn.⟩⟨BE; vis.⟩ **0.1** ***factorij*** ⇒*drijvende traanfabriek, fabrieksschip* ⟨walvisjacht⟩.

fac·to·tum [fæk'toʊṭəm]⟨telb.zn.⟩ **0.1** ***manusje van alles*** ⇒*factotum, duvelstoejager.*

'fact sheet ⟨telb.zn.⟩ **0.1** ***blad/brochure met concrete/praktische gegevens*** ⇒*informatie folder* ⟨bv. met gegevens/informatie uit radio/t.v.-programma⟩.

fac·tu·al ['fæktʃʊəl]⟨f2⟩⟨bn.; -ly; -ness⟩ **0.1** ***feitelijk*** ⇒*feiten-* ◆ **1.1** ~ consideration *overweging/beschouwing/bestudering v.d. feiten.*

fac·ture ['fæktʃə‖-ər]⟨n.-telb.zn.⟩ **0.1** ***factuur*** ⇒*makelij* ⟨i.h.b. v. schilderij⟩.

fa·cu·la ['fækjʊlə‖-kjələ]⟨telb.zn.; faculae [-li:]; →mv. 5⟩⟨ster.⟩ **0.1** ***fakkel*** ⇒*facula.*

fac·ul·ta·tive ['fækltətɪv‖-teɪṭɪv]⟨bn.; -ly⟩ **0.1** ***gelegenheid biedend*** ⇒*de mogelijkheid scheppend* ⟨wetgeving⟩ **0.2** ***facultatief*** ⇒*niet-verplicht* ⟨college, vak⟩ **0.3** ***incidenteel*** ⇒*toevallig, eventueel* **0.4** ⟨biol.⟩ ***facultatief*** ⟨parasiet⟩ **0.5** ⟨biol.⟩ ***functie-*** ⇒*mbt. de verstandelijke vermogens.*

fac·ul·ty ['fæklti]⟨f3⟩⟨zn.; →mv. 2⟩
I ⟨telb.zn.⟩ **0.1** ***gave*** ⇒*competentie, geschiktheid, talent* **0.2** ***(geest)vermogen*** ⇒*functie, zin(tuig);* ⟨mv.⟩ *verstandelijke vermogens* **0.3** ⟨school.⟩ ***(leden v.) faculteit*** **0.4** ***autorisatie*** ⇒*toestemming, recht;* ⟨kerk.⟩ *dispensatie* ◆ **1.2** the ~ of hearing/reason/speech *de gehoorzin/de rede/het spraakvermogen;* in full possession of all one's faculties *bij zijn volle verstand* **1.3** the Faculty of Law *de Juridische Faculteit;* ⟨B.⟩ *de Rechtsfaculteit* **3.1** have a ~ to do sth. *een talent voor iets hebben* **6.1** a ~ **for** languages *een talenknobbel;*
II ⟨verz.n.⟩ **0.1** ⟨AE; school.⟩ ***staf*** ⇒*wetenschappelijk personeel, docentencorps* **0.2** ***beroepsgroep*** ⇒*stand* ⟨i.h.b. de medische stand⟩.

fad [fæd]⟨f1⟩⟨telb.zn.⟩ **0.1** ***bevlieging*** ⇒*rage, gril, mode* **0.2** ***eigenzinnige opvatting*** ⇒*buitenissigheid, excentriek idee, stokpaardje* ◆ **1.2** ~s and fancies *nukken en grillen.*

fad·dish ['fædɪʃ]⟨bn.; -ly⟩ **0.1** ***voorbijgaand*** ⇒*modieus, buitenissig* **0.2** ***grillig*** ⇒*vol bevliegingen* **0.3** ***kieskeurig.***

fad·dist ['fædɪst]⟨telb.zn.⟩ **0.1** ***modegek.***

fad·dy ['fædi]⟨bn.; -ly; →bijw. 3⟩ **0.1** ***modieus*** **0.2** ***grillig*** **0.3** ***kieskeurig.***

fade[1] ['feɪd]⟨f1⟩⟨telb.zn.⟩ **0.1** ***verdwijning*** ⇒*fading, verflauwing, het wegsterven, het afnemen* **0.2** ⟨film⟩ ***fade(-in/-out)*** ⇒*in/uitvloeier* ◆ **3.1** ⟨sl.⟩ do a ~ *aftaaien.*

fade[2] ⟨f3⟩ ⟨ww.⟩ →fading
I ⟨onov.ww.⟩ **0.1** ***(langzaam) verdwijnen*** ⇒*afnemen, verflauwen* ⟨v. enthousiasme⟩; *wegkwijnen, vervagen* ⟨v. kleuren, herinneringen⟩; *verbleken, verschieten* ⟨v. kleuren⟩; *verwelken* ⟨v. planten⟩; *uitsterven* ⟨v. soort⟩ **0.2** ⟨tech.⟩ ***lossen*** ⟨v. rem⟩ **0.3** ⟨radio⟩ ***deinen*** **0.4** ⟨golf⟩ ***afdraaien*** ⇒*uit de koers raken* ⟨v. bal⟩ **0.5** ⟨AE; sl.⟩ ***vertrekken*** **0.6** ⟨atletiek⟩ ***terugvallen*** ⇒*verslappen* ◆ **1.1** ~d colours *fletse/vage kleuren* **5.1** →fade **away;** ⟨film⟩ ~ **in** *zichtbaar worden, geleidelijk verschijnen* ⟨beeld⟩; →fade **out;**
II ⟨ov.ww.⟩ **0.1** ***doen verdwijnen*** ⇒*laten wegsterven, laten vervagen* **0.2** ⟨film., radio⟩ ***(in/uit)faden*** **0.3** ⟨golf⟩ ***een fade make*** ⇒*laten afdraaien* ⟨v. bal⟩ **0.4** ⟨sl.⟩ ***meegaan*** ⟨met iemands bluf bij dobbelspel⟩ ◆ **5.2** ~ **in/up** *(in)faden, invloeien* ⟨v. beeld⟩; →fade **out** **6.2** ~ one image **into** another *het ene beeld in het andere laten overvloeien.*

'fade a'way ⟨f1⟩ ⟨onov.ww.⟩ **0.1** ***(geleidelijk) verdwijnen*** ⇒*afnemen* ⟨krachten⟩; *wegkwijnen, vervagen* ⟨kleuren⟩; *wegsterven* ⟨geluid⟩ **0.2** ⟨AE; sl.⟩ ***vertrekken.***

'fade-a·way ⟨telb.zn.⟩ **0.1** ***verdwijning*** ⇒*fading, vervaging, het wegsterven* ⟨ook radio, film⟩ **0.2** ⟨sl.; honkbal⟩ ***kromme/wegdraaiende bal*** ⇒*screwball.*

'fade-in ⟨telb.zn.⟩ ⟨film, radio⟩ **0.1** ***het infaden*** ⇒*het (laten) toenemen/verschijnen;* ⟨alleen film⟩ *invloeier, fade-in.*

fade·less ['feɪdləs] ⟨bn.; -ly⟩ **0.1** ***onvergankelijk*** ⇒*blijvend* ⟨kleuren⟩, *niet aflatend* ⟨enthousiasme⟩.

'fade 'out ⟨f1⟩ ⟨ww.⟩
I ⟨onov.ww.⟩ **0.1** ⟨radio⟩ ***langzaam wegsterven*** ⟨v. geluid⟩ **0.2** ⟨film⟩ ***geleidelijk vervagen*** ⟨v. beeld⟩ **0.3** ***verdwijnen*** ⇒*vervagen, verkwijnen;*
II ⟨ov.ww.⟩ ⟨film., radio⟩ **0.1** ***uitfaden*** ⇒*wegdraaien* ⟨v. geluid⟩.

'fade-out ⟨telb.zn.⟩ ⟨film., radio⟩ **0.1** ***het uitfaden*** ⇒*het (laten) afnemen/vervagen;* ⟨alleen film.⟩ *uitvloeier, fade-out* ⟨volume⟩ **0.2** ⟨radio⟩ ***het wegsterven*** ⇒*het afnemen* ⟨geluid⟩ **0.3** ⟨film.⟩ ***het (laten) vervagen*** ⟨beeld⟩.

fad·ing ['feɪdɪŋ] ⟨n.-telb.zn.; gerund v. fade⟩ **0.1** ***het verdwijnen*** ⇒*afname, vervaging, verbleking* **0.2** ⟨radio⟩ ***deining*** ⇒*sluiering, fading, sluiereffect.*

fa·do ['fɑːdoʊ‖'fɑːduː] ⟨telb.zn.⟩ **0.1** ***fado*** ⇒*Portugees lied.*

fae·cal, ⟨AE sp.⟩ **fe·cal** ['fiːkl] ⟨bn., attr.⟩ ⟨schr., biol.⟩ **0.1** ***faecaal*** ⇒*van/m.b.t. de ontlasting.*

fae·ces, ⟨AE sp.⟩ **fe·ces** ['fiːsiːz] ⟨mv.⟩ **0.1** ⟨schr., biol.⟩ ***faecaliën*** ⇒*faeces, ontlasting, uitwerpselen* **0.2** ⟨tech.⟩ ***bezinksel*** ⇒*drab.*

fa·er·ie[1], **fa·er·y** ['feəri‖'feri] ⟨zn.; →mv. 2⟩ ⟨vero.⟩
I ⟨telb.zn.⟩ **0.1** ***fee*** ⇒*elf;*
II ⟨n.-telb.zn.⟩ **0.1** ***het feeënrijk*** ⇒*de feeën(wereld).*

faerie[2], **faery** ⟨bn., attr.⟩ ⟨vero.⟩ **0.1** ***feeën-*** ⇒*(als) van feeën* **0.2** ***toverachtig*** ⇒*fantastisch, verbeeld, onwerkelijk.*

Fa(e)r·oe Islands ['feəroʊ aɪləndz‖'fæ-], **Fa(e)r·oe(s)** [-roʊz] ⟨eig.n.⟩ **0.1** ***de Faeröer*** ⇒*Faröerne* ⟨Deense eilandengroep⟩.

Fa(e)r·o·ese[1] ['feəroʊ:'iːz‖'fæ-] ⟨zn.; Fa(e)roese; →mv. 4⟩
I ⟨eig.n.⟩ **0.1** ***Faeröers*** ⇒*de taal van de Faeröer;*
II ⟨telb.zn.⟩ **0.1** ***Faeröerder.***

Fa(e)roese[2] ⟨bn.⟩ **0.1** ***Faeröers*** ⇒*v./mbt. de Faeröer.*

'faff a'bout, 'faff a'round [fæf] ⟨onov.ww.⟩ ⟨BE; inf.⟩ **0.1** ***zijn tijd verlummelen/verknoeien (aan bijkomstigheden)*** ⇒*onnodige drukte maken.*

fag[1] [fæg] ⟨f1⟩ ⟨zn.⟩
I ⟨telb.zn.⟩ **0.1** ⟨BE; school.⟩ ***knechtje*** ⇒*werkezel* ⟨jongerejaars die karweitjes moet doen voor ouderejaars⟩ **0.2** ⟨inf.⟩ ***saffie*** ⇒*sigaret* **0.3** ⟨sl.; bel.⟩ ***flikker*** ⇒*nicht, homo;*
II ⟨telb. en n.-telb.zn.; alleen enk.⟩ ⟨vnl. BE⟩ **0.1** ***vervelend/saai/eentonig/geestdodend werk*** ◆ **7.1** dictionary work is too much (of a) ~ *lexicografisch werk is veel te eentonig;*
III ⟨n.-telb.zn.⟩ ⟨vnl. BE⟩ **0.1** ***uitputting*** ⇒*afmatting, afstomping.*

fag[2] ⟨bn., attr.⟩ ⟨sl.⟩ **0.1** ***homo-.***

fag[3] ⟨f1⟩ ⟨ww.; →ww. 7⟩ →fagged
I ⟨onov.ww.⟩ **0.1** ***sloven*** ⇒*zich afmatten, hard werken* **0.2** ⟨BE; school.⟩ ***manusje-van-alles zijn*** ⟨voor oudere leerling⟩ ⇒*knechtje spelen* ◆ **5.1** ~ **away** at sth. *ergens op ploeteren* **6.2** Jones ~s **for** Collins *Jones knapt de klusjes op voor Collins;*
II ⟨ov.ww.⟩ **0.1** ***afmatten*** ⇒*vermoeien* **0.2** ⟨BE; school.⟩ ***voor zich laten werken*** ⇒*als knechtje/manusje-van-alles gebruiken* **0.3** ***rafelen*** ⟨touw, stof⟩ ◆ **1.1** ~ged rope *gesplitst touw* **5.1** ~ **out** *afmatten, uitputten.*

fag end ['fæg 'end ⟨in bet. 0.2⟩ 'fægend] ⟨f1⟩ ⟨telb.zn.⟩ **0.1** ***rest(je)*** ⇒*laatste eindje, waardeloos/onbruikbaar stuk* **0.2** ⟨inf.⟩ ***peuk*** **0.3** ***rafelkant*** ⟨v. stof of touw⟩.

fagged [fægd], **'fagged 'out** ⟨bn., pred.; volt. deelw. v. fag⟩ ⟨BE; inf.⟩ **0.1** ***afgepeigerd*** ⇒*doodmoe, kapot.*

fag·got[1], ⟨AE sp.⟩ **fag·ot** ['fægət] ⟨f1⟩ ⟨telb.zn.⟩ **0.1** ***takkenbos*** ⇒*bundel (aanmaak)houtjes, rijsbos* **0.2** ⟨tech.⟩ ***bundel smeedstalen staven*** **0.3** ***bos(je)*** ⇒*bundel* ⟨kruiden⟩ **0.4** ⟨vaak mv.⟩ ***bal gehakt*** ⟨met varkenslever⟩ **0.5** ***feeks*** ⇒*helleveeg* **0.6** ***slons*** **0.7** →faggot vote.

faggot[2] ⟨telb.zn.⟩ ⟨vnl. AE; sl., bel.⟩ **0.1** ***flikker*** ⇒*nicht, homo.*

faggot[3], ⟨AE sp.⟩ **fagot** ⟨ov.ww.⟩ **0.1** ***bundelen*** ⇒*samenbinden* **0.2** ⟨handwerken⟩ ***een ajourrand maken in*** ⟨stof⟩.

fag·got·ing, ⟨AE sp.⟩ **fag·ot·ing** ['fægət̬ɪŋ] ⟨n.-telb.zn.⟩ ⟨handwerken⟩ **0.1** ***Perzisch ajour(werk).***

fag·got·ry ['fægətri] ⟨n.-telb.zn.⟩ ⟨sl.⟩ **0.1** ***(mannelijke) homoseksualiteit.***

'faggot stitch ⟨telb.zn.⟩ ⟨handwerken⟩ **0.1** ***ajoursteek.***

fag·got·ty ['fægət̬i], **fag·gy** ['fægi] ⟨bn.⟩ ⟨sl.⟩ **0.1** ***homoseksueel*** **0.2** ***homo-achtig*** ⇒*verwijfd.*

'faggot vote ⟨telb.zn.⟩ ⟨BE; gesch.⟩ **0.1** ***stem verkregen door tijdelijke overdrachten v. eigendom*** ⟨in censuskiesrecht⟩.

'fag hag ⟨telb.zn.⟩ ⟨sl.⟩ **0.1** ***heterovrouw die het gezelschap van homofiele mannen zoekt.***

Fa·gin ['feɪgɪn] ⟨zn.⟩
I ⟨eig.n.⟩ **0.1** ***Fagin*** ⟨romanfiguur uit Dickens' Oliver Twist⟩;
II ⟨telb.zn.⟩ **0.1** ***opleider van kinderen tot dieven*** ⟨naar I 0.1⟩.

'fag joint ⟨telb.zn.⟩ ⟨sl.; pej.⟩ **0.1** ***flikkertent.***

fah →fa.

Fahr·en·heit ['færənhaɪt] ⟨f2⟩ ⟨n.-telb.zn.⟩ ⟨nat.⟩ **0.1** ***Fahrenheit*** ◆ **4.1** 32° Fahrenheit *32° Fahrenheit.*

'Fahrenheit scale ⟨n.-telb.zn.⟩ ⟨nat.⟩ **0.1** ***Fahrenheitschaal.***

fa·ience [faɪ'ɑːns,-'ɒns‖feɪ'ɑns] ⟨n.-telb.zn.⟩ **0.1** ***geglazuurd aardewerk*** ⇒*faïence.*

fail[1] [feil] ⟨f1⟩ ⟨zn.⟩
I ⟨telb.zn.⟩ ⟨school.⟩ **0.1** ***onvoldoende;***
II ⟨n.-telb.zn.⟩ **0.1** ***het falen/mankeren*** ◆ **6.1** ⟨in de uitdr.⟩ **without** ~ *zonder mankeren, stellig.*

fail[2] ⟨f3⟩ ⟨ww.⟩ →failing
I ⟨onov.ww.⟩ **0.1** ***ontbreken*** ⇒*afwezig zijn* **0.2** ***tekort schieten*** ⇒*onvoldoende/ontoereikend zijn* **0.3** ***afnemen*** ⇒*opraken, verzwakken* **0.4** ***het laten afweten*** ⇒*het begeven* ⟨v. motor⟩ **0.5** ***zakken*** ⇒*een onvoldoende halen* **0.6** ***mislukken*** ⇒*het niet halen, falen* **0.7** ***failliet gaan*** ◆ **1.1** his courage ~ed him *het ontbrak hem aan moed;* words ~ed me *ik kon geen woorden vinden* **1.2** the crops will ~ this year *de oogst zal dit jaar ontoereikend zijn* **1.3** her health is ~ing rapidly *haar gezondheid gaat snel achteruit* **6.2** Chris ~s in discipline *Chris heeft niet voldoende discipline* **6.6** our plan ~ed **of** its purpose *ons plan had niet het gewenste effect;*
II ⟨ov.ww.⟩ **0.1** ***nalaten*** ⇒*verzuimen, niet in staat zijn/er niet in slagen* **0.2** ***in de steek laten*** ⇒*teleurstellen, niet voldoende zijn voor* **0.3** ***zakken voor*** ⇒*niet halen* ⟨examen⟩ **0.4** ⟨school.⟩ ***laten zakken*** ⇒*onvoldoende achten* ◆ **3.1** I ~ to see your point *ik begrijp niet wat u bedoelt;* don't ~ to show me the pictures *vergeet niet me de foto's te laten zien.*

fail·ing[1] ['feɪlɪŋ] ⟨f1⟩ ⟨zn.; gerund v. fail⟩
I ⟨telb.zn.⟩ **0.1** ***tekortkoming*** ⇒*zwakheid, onvolmaaktheid* ⟨in karakter⟩, *fout* ⟨in constructie⟩;
II ⟨n.-telb.zn.⟩ **0.1** ***het mislukken*** ⇒*het tekort schieten/ontbreken/falen* **0.2** ⟨school.⟩ ***het zakken.***

failing[2] ⟨f1⟩ ⟨vz.; oorspr. teg. deelw. v. fail⟩ **0.1** ***bij ontstentenis v.*** ⇒*bij gebrek aan* ◆ **1.1** ~ instructions we'll just have to experiment *bij gebrek aan instructies zullen we dan maar moeten experimenteren.*

'fail-safe[1] ⟨bn.⟩ ⟨tech.⟩ **0.1** ***veilig falend*** ⇒*faalveilig.*

fail-safe[2] ⟨ov.ww.⟩ **0.1** ***zeker stellen*** ⇒*garanderen.*

fail·ure ['feɪljə‖-ər] ⟨f3⟩ ⟨zn.⟩
I ⟨telb.zn.⟩ **0.1** ***mislukking*** ⇒*fiasco, misser* **0.2** ⟨tech.⟩ ***storing*** ⇒*fout, ontregeling, breuk* ◆ **1.1** power ~ *stroomstoring/uitval;* Harry was a ~ as a singer *als zanger bracht Harry er niets van terecht;*
II ⟨telb. en n.-telb.zn.⟩ **0.1** ***nalatigheid*** ⇒*verzuim, onvermogen* **0.2** ***het uitblijven*** ⇒*mislukking* ⟨oogst⟩ **0.3** ⟨med.⟩ ***stilstand/insufficiëntie v. vitale functie*** ⟨hart, nieren⟩ **0.4** ***failliet*** ⇒*faillissement* ◆ **3.1** ~ to give due notice *het niet in acht nemen van de gebruikelijke opzegtermijn;* ~ to report thefts *nalatigheid in het aangeven van diefstallen;*
III ⟨n.-telb.zn.⟩ **0.1** ***het falen*** ⇒*mislukking, afgang* **0.2** ***gebrek*** ⇒*afwezigheid, gemis, tekort* **0.3** ***verzwakking*** ⇒*achteruitgang* ◆ **6.1** ~ in an examination *het zakken voor een examen* **6.2** ~ **of** new candidates resulted in the president's continuing his office *bij gebrek aan nieuwe kandidaten bleef de voorzitter aan.*

fain[1] [feɪn] ⟨bn., pred.⟩ ⟨vero.⟩ **0.1** ***bereid*** ⇒*verlangend, (ge)willig* **0.2** ***genoodzaakt*** ◆ **3.1** Clarissa was ~ to leave the room *Clarissa wilde de kamer verlaten* **3.2** at last we were ~ to eat the thin soup *tenslotte moesten we de waterige soep wel eten.*

fain[2] ⟨bw.⟩ ⟨vero.⟩ **0.1** ***gaarne*** ⇒*graag, bij voorkeur, liever* ◆ **3.1**

Clarissa would ~ leave the room *Clarissa zou gaarne de kamer verlaten*.

fai·né·ant[1] ['feɪnɪənt]⟨telb.zn.⟩ **0.1** ***nietsnut*** *⇒flierefluiter*.

fainéant[2] ⟨bn.⟩ **0.1** ***ledig*** *⇒lui, laks*.

faint[1] [feɪnt]⟨f1⟩⟨telb. en n.-telb.zn.⟩ **0.1** ***flauwte*** *⇒onmacht, bezwijming* ◆ **2.1** in a dead ~ *in zwijm, bewusteloos*.

faint[2], ⟨in bet. I 0.9 ook⟩ **feint** ⟨f3⟩⟨bn.; -er; -ly; -ness⟩⟨→sprw. 181⟩
I ⟨bn.⟩ **0.1** ***bedeesd*** *⇒timide, verlegen, bang* **0.2** ***halfhartig*** *⇒zwak, halfgemeend* ⟨loftuitingen, poging⟩ **0.3** ***laf*** **0.4** ***nauwelijks waarneembaar*** *⇒vaag, onduidelijk, zwak* ⟨geluid, stem⟩ **0.5** ***flets*** ⟨kleur⟩ **0.6** ***gering*** *⇒vaag, zwak* ⟨idee, hoop⟩ **0.7** ***zwak*** *⇒afnemend* ⟨adem, krachten⟩ **0.8** ⟨druk.⟩ ***flauw*** ◆ **1.2** damn with ~ praise *door karige lof afmaken, de grond/het graf in prijzen* **1.3** a ~ heart *een laffe inborst* **1.6** I haven't the ~est idea *ik heb geen flauw idee* **1.8** ~ lines *flauwlijnen* ⟨op briefpapier⟩ **3.8** ruled ~ *geflauwlijnd* ⟨mbt. briefpapier⟩;
II ⟨bn., pred.⟩ **0.1** ***flauw*** *⇒leeg, wee* **0.2** ***uitgeput*** *⇒verzwakt* ◆ **6.1** ~ **with** hunger *flauw v.d. honger*.

faint[3] ⟨f2⟩⟨onov.ww.⟩ →fainting **0.1** ***flauwvallen*** *⇒in zwijm vallen* **0.2** ***verzwakken*** *⇒verbleken, vervagen* ⟨geluid, kleur⟩ **0.3** ***uitgeput raken*** *⇒verzwakken* **0.4** ⟨vero.⟩ ***de moed verliezen*** *⇒het opgeven*.

'faint-heart ⟨telb.zn.⟩ **0.1** ***lafaard*** *⇒bangerik, schijterd*.

'faint-'heart·ed ⟨f1⟩⟨bn.; -ly; -ness⟩ **0.1** ***beschroomd*** *⇒bedeesd, verlegen* **0.2** ***laf***.

faint·ing ['feɪntɪŋ]⟨zn.; gerund v. faint⟩
I ⟨telb.zn.⟩ **0.1** ***flauwte*** *⇒bezwijming;*
II ⟨n.-telb.zn.⟩ **0.1** ***het flauwvallen*** **0.2** ***het verzwakken*** **0.3** ***het versagen***.

faints, feints ['feɪnts]⟨mv.⟩ **0.1** ***voor/naloop*** ⟨bij distilleren⟩.

fair[1] [feə||fer]⟨f1⟩⟨telb.zn.⟩ **0.1** ***markt*** *⇒bazaar* **0.2** ***beurs*** *⇒(jaar) markt, tentoonstelling* **0.3** ⟨BE⟩ ***kermis*** **0.4** ⟨vero.⟩ ***iets moois*** **0.5** ⟨vero.⟩ ***schone (vrouw)*** *⇒schoonheid* ◆ **6.2** ⟨fig.⟩ come a day **after** the ~ *te laat komen, de lol gemist hebben* **6.¶ through** ~ and foul/foul and ~ *door dik en dun*.

fair[2] ⟨f3⟩⟨bn.; -er; -ness⟩⟨→sprw. 14, 181, 182, 286, 297, 510⟩ **0.1** ***eerlijk*** *⇒fair, redelijk, rechtvaardig, geoorloofd* **0.2** ***behoorlijk*** *⇒bevredigend, vrij goed, redelijk, voldoende* **0.3** ***mooi*** ⟨weer⟩ *⇒helder* ⟨lucht, water⟩ **0.4** ***gunstig*** *⇒veelbelovend, voorspoedig* **0.5** ***vlekkeloos*** *⇒schoon, net(jes), verzorgd, (goed) afgewerkt;* ⟨fig.⟩ *onbevlekt* ⟨reputatie⟩ **0.6** ***blank*** *⇒licht(gekleurd), blond* ⟨haar, huid⟩ **0.7** ***schoon(schijnend)*** *⇒(uiterlijk) fraai, bedrieglijk* **0.8** ⟨Austr. E; inf.⟩ ***compleet*** *⇒zeker, vast, onbetwist* **0.9** ⟨vero.⟩ ***schoon*** *⇒mooi, fraai* **0.10** ⟨vero.⟩ ***goed(ertieren)*** *⇒goedgunstig, welwillend* ◆ **1.1** a ~ deal *een eerlijke overeenkomst;* ⟨inf.⟩ ~ dos /do's! *eerlijk delen!; wees nou eerlijk!, geef toe!;* a ~ field and no favour *iedereen gelijke kansen;* ~ game *wild waarop gejaagd mag worden;* ⟨fig.⟩ *gemakkelijke prooi* ⟨bv. voor kritiek⟩; get a ~ hearing *een eerlijk proces krijgen;* by ~ means *met eerlijke middelen, op een fatsoenlijke manier;* by ~ means or foul *met alle geoorloofde en ongeoorloofde middelen;* ~ play *fair play, eerlijk spel* ⟨ook fig.⟩; ⟨AE; sl.⟩ a ~ shake *een eerlijke overeenkomst/kans* **1.2** the goods were in ~ condition *de goederen waren in goede toestand;* a ~ heritage *een aanzienlijke erfenis;* his knowledge of French is ~ *zijn kennis v.h. Frans is behoorlijk* **1.3** ~ skies *heldere lucht;* ~ weather *mooi/helder weer* **1.4** ⟨AE; sl.⟩ ~ hell *uitschieter, succesvol persoon;* ⟨scheep.⟩ ~ sailing *open/vrije vaart;* be in a ~ way of business *goede zaken doen;* in a ~ way to succeed *hard op weg om te slagen;* ⟨scheep.⟩ ~ wind *gunstige wind* **1.5** make a ~ copy of a letter *een brief in het net overschrijven;* spoil one's ~ name *zijn goede naam verspillen* **1.6** a ~ complexion *een lichte gelaatskleur;* ~ hair *blond haar;* a ~ man *een blonde man* **1.7** ~ promises *mooie beloften;* ~ words *schone woorden* **1.8** a ~ treat *een hele traktatie;* ⟨fig.⟩ *een leuk/aantrekkelijk mens* **1.9** ~ maid *een schone maagd;* ~ manners *fijne manieren;* the ~ sex *het schone geslacht* **1.10** ~ sir! *goedertieren heer!* **1.¶** ⟨BE; inf.⟩ a ~ cop *een eerlijke/terechte arrestatie* ⟨bv. zonder verraad⟩; ⟨BE; inf.⟩ it's a ~ cop *ik ben erbij, dat is het risico v.h. vak* ⟨bv. gezegd door misdadiger die betrapt wordt⟩; ⟨BE; inf.⟩ a ~ crack of the whip *een eerlijke kans* **2.1** ~ and square *recht door zee, rechtlijnig; precies* **3.1** ~'s ~! *eerlijk is eerlijk!* **5.1** ⟨inf.⟩ ~ enough! *dat is niet onredelijk!, o.k.!* **6.8** ⟨AE⟩ **for** ~ *compleet*.

fair[3] ⟨ww.⟩ →fairing
I ⟨onov.ww.⟩ **0.1** ***opklaren*** *⇒helder/mooi worden* ⟨v.h. weer⟩;
II ⟨ov.ww.⟩ **0.1** ***in het net schrijven*** **0.2** ⟨tech.⟩ ***stroomlijnen*** *⇒glad maken, op/uitvullen*.

fair[4] ⟨f1⟩⟨bw.⟩⟨→sprw. 621⟩ **0.1** ***eerlijk*** *⇒rechtvaardig, oprecht* **0.2** ***beleefd*** *⇒hoffelijk, netjes* **0.3** ***netjes*** *⇒keurig* **0.4** ***gunstig*** **0.5** ***precies*** *⇒pal, net* ◆ **3.1** fight ~ *een eerlijke strijd voeren;* play ~ *eerlijk spelen, integer zijn* **3.2** speak s.o. ~ *iem. hoffelijk bejegenen* **3.3** write sth. out ~ *iets in het net schrijven* **3.5** hit s.o. ~ on the chin *iem. precies op de kin raken* **5.5** ~ and square *precies; fair, eerlijk; rechtuit, open(hartig);* ~ and square in the middle *precies in het midden*.

'fair-'faced ⟨bn.⟩ **0.1** ***met een mooi gezicht*** *⇒knap, schoon* **0.2** ⟨bouwk.⟩ ***ongepleisterd*** ◆ **1.1** ~ wall *schoon metselwerk*.

'fair ground ⟨telb.zn.; ook mv.⟩ **0.1** ***kermisterrein***.

'fair-'haired ⟨f1⟩⟨bn.⟩
I ⟨bn.⟩ **0.1** ***blond*** *⇒met blond haar;*
II ⟨bn., attr.⟩ **0.1** ***favoriet*** *⇒lievelings-* ◆ **1.1** ~ boy *lievelingetje, oogappel*.

fair·ing ['feərɪŋ||'ferɪŋ]⟨zn.; I 0.2 en II 0.1 gerund v. fair⟩
I ⟨telb.zn.⟩ **0.1** ***kermisgift*** *⇒kermisgeschenk* **0.2** ⟨tech.⟩ ***stroomlijnkap;***
II ⟨n.-telb.zn.⟩⟨tech.⟩ **0.1** ***het stroomlijnen***.

fair·ish ['feərɪʃ||'ferɪʃ]⟨bn.⟩ **0.1** ***middelmatig*** *⇒redelijk*.

fair·ly ['feərli||'ferli]⟨f3⟩⟨bw.⟩ **0.1** ***eerlijk*** *⇒billijk, redelijk, openlijk* **0.2** ***volkomen*** *⇒helemaal, finaal* **0.3** ***tamelijk*** *⇒redelijk, nogal* **0.4** ***werkelijk*** *⇒gewoon, letterlijk* ◆ **3.1** treat s.o. ~ *iem. rechtvaardig behandelen* **3.2** I was ~ stunned *ik stond compleet paf* **3.4** I was ~ crying with joy *ik zat gewoon te huilen van blijdschap* **5.1** ~ and squarely *zonder eromheen te draaien, eerlijk*.

'fair-'mind·ed ⟨bn.; -ness⟩ **0.1** ***rechtvaardig*** *⇒eerlijk, billijk* **0.2** ***onpartijdig*** *⇒onbevooroordeeld*.

'fair-'sized ⟨bn.⟩ **0.1** ***redelijk groot*** *⇒behoorlijk*.

'fair-'spo·ken ⟨bn.⟩ **0.1** ***beleefd*** *⇒keurig, net(jes), hoffelijk, innemend*.

'fair-to-'mid·dling ⟨bn.⟩ **0.1** ***redelijk*** *⇒(iets) beter/meer dan gemiddeld*.

'fair-'trade ⟨bn., attr.⟩⟨hand.⟩ **0.1** ***prijsbindings-*** ◆ **1.1** ~ agreement *prijsbinding(sovereenkomst)*.

'fair wa·ter ⟨telb.zn.⟩⟨scheep.⟩ **0.1** ***drinkwater***.

'fair·way ⟨telb.zn.⟩ **0.1** ⟨scheep.⟩ ***vaargeul*** *⇒vaarwater* **0.2** ⟨golf⟩ ***fairway*** ⟨geaccidenteerde, lange grasbaan tussen afslagplaats en de green⟩.

'fair-weath·er ⟨bn., attr.⟩ **0.1** ***mooi-weer-*** *⇒waar je niet van op aan kunt, onbetrouwbaar* ◆ **1.1** ~ friends *schijnvrienden*.

fair·y[1] ['feəri||'feri]⟨f3⟩⟨telb.zn.; →mv. 2⟩ **0.1** ***(tover)fee*** *⇒elf(je)* **0.2** ⟨sl.; bel.⟩ ***flikker*** *⇒nicht, homo*.

fairy[2] ⟨bn., attr.⟩ **0.1** ***feeën-*** *⇒tover-, toverachtig*.

'fairy circle ⟨telb.zn.⟩ **0.1** ***heksenkring*** ⟨v. paddestoelen⟩.

'fair·y-cy·cle ⟨telb.zn.⟩ **0.1** ***kinderfietsje***.

'fairy 'godmother ⟨telb.zn.⟩ **0.1** ***goede fee*** *⇒weldoenster*.

'fairy lamp, 'fairy light ⟨telb.zn.⟩ **0.1** ***lichtje v. feest/kerst(boom)verlichting***.

'fair·y·land ⟨f1⟩⟨zn.⟩
I ⟨eig.n.; ook F-⟩ **0.1** ***sprookjesland*** *⇒het feeënrijk;*
II ⟨telb.zn.⟩ **0.1** ***sprookjeswereld*** *⇒sprookjesland*.

'fair·y·like ['feərilaɪk||'feri-]⟨bn.⟩ **0.1** ***feeën-*** *⇒elfachtig;* ⟨fig.⟩ *feeëriek, toverachtig*.

'fairy tale, 'fairy story ⟨f1⟩⟨telb.zn.⟩ **0.1** ***sprookje*** **0.2** ***verzinsel*** *⇒sprookje*.

'fair·y-tale ⟨f1⟩⟨bn., attr.⟩ **0.1** ***sprookjesachtig*** *⇒sprookjes-* **0.2** ***verzonnen*** *⇒onwerkelijk, onecht* ◆ **1.1** a ~ dress *een droomjurk*.

fait ac·com·pli ['feɪt ə'kɒmpli:||-ækɑm'pli:]⟨telb.zn.; faits accomplis [-pli:z||-'pli:z]; →mv. 6⟩ **0.1** ***voldongen feit*** *⇒fait accompli*.

faith [feɪθ]⟨f3⟩⟨zn.⟩
I ⟨telb.zn.⟩ **0.1** ***geloof*** *⇒geloofsovertuiging, godsdienst, religie* ◆ **2.1** the Jewish and Muslim ~s *het Joodse en het Islamitische geloof;*
II ⟨n.-telb.zn.⟩ **0.1** ***geloof*** *⇒vertrouwen* ⟨in persoon, mogelijkheid e.d.⟩ **0.2** ***(ere)woord*** *⇒gelofte, belofte* **0.3** ***trouw*** *⇒oprechtheid, loyaliteit* **0.4** ⟨ook F-⟩⟨relig.⟩ ***geloof*** ◆ **3.1** pin one's ~ on/to, put one's ~ in *vertrouwen stellen in* **3.2** break ~ with *zijn woord breken jegens;* give/pledge one's ~ to *zijn woord geven aan;* keep ~ with *zijn woord houden jegens* **6.1** accept sth. **on** ~ *iets op gezag aannemen;* **on** the ~ **of** *vertrouwend op* **6.2** ⟨vero.⟩ **by** my ~/**in** ~ *voorwaar, op mijn woord, waarachtig* **7.4** the Faith *het ware geloof*.

'faith cure ⟨n.-telb.zn.⟩ **0.1** ***gebedsgenezing***.

'faith curer ⟨telb.zn.⟩ **0.1** ***gebedsgenezer*** *⇒gezondbidder*.

faith·ful ['feɪθfl]⟨f2⟩⟨bn.; -ness⟩ **0.1** ***gelovig*** *⇒godsdienstig* **0.2** ***trouw*** *⇒loyaal, getrouw* **0.3** ***getrouw*** *⇒accuraat, exact* ⟨kopie, beschrijving⟩ **0.4** ***betrouwbaar*** *⇒nauwgezet, serieus* ⟨werker, gids⟩ ◆ **7.1** the ~ *de gelovigen*.

faith·ful·ly ['feɪθfəli]⟨f2⟩⟨bw.⟩ **0.1** →faithful **0.2** ***met de hand op het hart*** *⇒eerlijk, oprecht* ⟨iets beloven⟩ ◆ **4.¶** yours ~ *hoogachtend*.

'faith healer ⟨telb.zn.⟩ **0.1** ***gebedsgenezer***.

'faith healing ⟨n.-telb.zn.⟩ **0.1** ***gebedsgenezing***.

faith·less ['feɪθləs]⟨bn.; -ly; -ness⟩ **0.1** ***ongelovig*** *⇒ongodsdienstig,* *godloochenend* **0.2** ***trouweloos*** *⇒ontrouw* **0.3** ***onbetrouwbaar*** *⇒vals.*

fake[1] [feɪk]⟨f2⟩⟨telb.zn.⟩ **0.1** ***vervalsing*** *⇒kopie* **0.2** ***oplichter*** *⇒bedrieger* **0.3** ***truc*** *⇒zwendel, oplichterij* **0.4** ⟨scheep.⟩ ***slag*** *⇒winding* ⟨v. touw⟩ **0.5** ⟨sport, i.h.b. basketbal⟩ ***schijnbeweging*** ◆ **1.1** that Rembrandt is a ~ *die Rembrandt is een vervalsing.*

fake[2] ⟨f1⟩⟨bn., attr.⟩ **0.1** ***namaak-*** *⇒vals, vervalst, nep, kunst-, pseudo-* ⟨wimpers, geld, schilderij⟩ ◆ **1.1** ~ arguments *schijnargumenten.*

fake[3] ⟨f2⟩⟨ww.⟩

I ⟨onov.ww.⟩ **0.1** ***doen alsof*** *⇒de boel voor de gek houden, bluffen;* ⟨sport⟩ *een schijnbeweging maken;*

II ⟨ov.ww.⟩ **0.1** ***voorwenden*** *⇒veinzen* ⟨ziekte, verbazing⟩ **0.2** ***namaken*** *⇒vervalsen, fingeren, kopiëren* ⟨schilderij, handtekening⟩ **0.3** ***oplappen*** *⇒mooi maken, opkloppen* ⟨verhaal, onderzoeksresultaten⟩ **0.4** ⟨inf.⟩ ***(zomaar) improviseren*** ⟨tekst, muziek⟩ **0.5** ⟨scheep.⟩ ***opschieten*** ⟨touw⟩ ◆ **1.1** a ~d robbery *een in scène gezette overval* **5.1** ⟨AE⟩ ~ **out** *bedotten, beduvelen, misleiden* **5.2** ~ **up** *vervalsen, namaken* ⟨schilderij, handtekening⟩ **5.¶** ~ **up** an excuse *een excuus verzinnen.*

fak·er ['feɪkə‖-ər]⟨telb.zn.⟩ **0.1** ***zwendelaar*** *⇒bedrieger* **0.2** ***(kunst) vervalser*** **0.3** ⟨AE⟩ ***venter.***

fak·er·y ['feɪkri]⟨telb. en n.-telb.zn.; →mv. 2⟩ **0.1** ***zwendelarij*** *⇒bedriegerij.*

fa·kir ['feɪkɪə, 'fæ-‖fə'kɪr]⟨telb.zn.⟩ **0.1** ***fakir*** *⇒goochelaar, slangenbezweerder* **0.2** ***fakir*** *⇒mohammedaanse bedelmonnik, (brahmaanse) yogi.*

fa·la·fel [fə'lɑ:fəl]⟨telb. en n.-telb.zn.⟩⟨cul.⟩ **0.1** ***falafel*** ⟨broodje met gekruide salade als vulling⟩.

Fa·lan·gist [fə'lændʒɪst]⟨telb.zn.⟩ **0.1** ***Falangist*** ⟨Spaans fascist⟩.

fal·ba·la ['fælbələ]⟨telb.zn.⟩⟨mode⟩ **0.1** ***falbala*** *⇒schulprand, boordsel.*

fal·cate ['fælkeɪt], **fal·ca·ted** [fæl'keɪtɪd‖'fælkeɪṭɪd]⟨bn.⟩⟨biol.⟩ **0.1** ***sikkelvormig.***

fal·chion ['fɔ:ltʃn]⟨telb.zn.⟩⟨gesch.⟩ **0.1** ***kromzwaard.***

fal·ci·form ['fælsɪfɔ:m‖-fɔrm]⟨bn.⟩⟨biol.⟩ **0.1** ***sikkelvormig.***

fal·con ['fɔ:lkən‖'fæl-]⟨f1⟩⟨telb.zn.⟩ **0.1** ***valk*** **0.2** ***wijfjesvalk*** ⟨bij valkeniers⟩ **0.3** ⟨gesch.⟩ ***valkenet*** *⇒klein kanon, falconet, veldslang.*

fal·con·er ['fɔ:lkənə‖'fælkənər]⟨telb.zn.⟩ **0.1** ***valkenier.***

fal·co·net ['fælkə'net]⟨telb.zn.⟩ **0.1** ⟨dierk.⟩ ***dwergvalk*** ⟨Microhierax⟩ **0.2** ⟨gesch.⟩ ***falconet*** *⇒klein kanon.*

fal·con·ry ['fɔ:lkənri‖'fæl-]⟨n.-telb.zn.⟩ **0.1** ***valkerij*** *⇒valkedressuur* **0.2** ***valkenjacht*** *⇒valkerij.*

fal·de·ral ['fældəræl‖'fældə'ræl], **fal·de·rol** [-rɒl‖-'rɑl], **fol·de·rol** ['fɒldərɒl‖'fɑldə'rɑl]⟨zn.⟩

I ⟨telb.zn.⟩ **0.1** ***prul*** *⇒snuisterij, bibelot, hebbedingetje;*

II ⟨n.-telb.zn.⟩⟨AE⟩ **0.1** ***onzin*** *⇒nonsens.*

fald·stool ['fɔ:ldstu:l]⟨telb.zn.⟩ **0.1** ***bisschopsstoel*** *⇒faldistorium* **0.2** ⟨BE⟩ ***bidstoel*** ⟨i.h.b. voor vorsten⟩ **0.3** ⟨BE⟩ ***lezenaar*** *⇒lessenaar, katheder* ⟨voor litanie⟩.

Fa·ler·ni·an [fə'lɜ:nɪən‖-'lɜr-]⟨telb. en n.-telb.zn.⟩ **0.1** ***falerner (wijn).***

fall[1] [fɔ:l]⟨f3⟩⟨telb.zn.⟩⟨→sprw. 275, 294, 576⟩ **0.1** ***val*** *⇒tuimeling, smak, het vallen;* ⟨fig.⟩ *ondergang, verderf* **0.2** ***neerslag*** *⇒regenval, pak* ⟨sneeuw⟩ **0.3** ***afname*** *⇒daling, verval* ⟨v. rivier⟩; *het zakken* ⟨v. prijzen, temperatuur⟩ **0.4** ***helling*** *⇒glooiing* ⟨v. land⟩ **0.5** ⟨vnl. mv.⟩ ***waterval*** **0.6** ⟨vaak F-⟩⟨AE⟩ ***herfst*** *⇒najaar* **0.7** ⟨worstelen⟩ ***touché*** *⇒schouderlegging;* ⟨fig.⟩ *worsteling* **0.8** ⟨judo⟩ ***(ippon gescoord door) worp op de rug*** **0.9** ⟨scheep.⟩ ***takeltouw*** *⇒loper* **0.10** ***worp*** ⟨i.h.b. v. lammeren⟩ **0.11** ***sluier*** *⇒lamfer* **0.12** ***(hoeveelheid) omgehakte bomen*** **0.13** ⟨sl.⟩ ***arrestatie*** *⇒aanhouding* ◆ **1.1** the ~ of the evening *het vallen v.d. avond;* ~ of the leaf *het vallen v.d. bla(de)ren, herfst;* rise and ~ *opkomst en ondergang* **1.3** ~ in purchasing power *koopkrachtdaling* **1.5** the ~s of Niagara *de Niagara waterval(len)* **1.6** ~ of life *herfst v.h. leven* **2.1** have a bad ~ *een flinke smak maken* **3.1** ride for a ~ *roekeloos rijden/handelen, zijn ondergang tegemoet gaan, het gevaar tarten/zoeken* **3.7** try a ~ with *worstelen met* ⟨ook fig.⟩; win/lose by/on a ~ *met/op (een) touché winnen/verliezen* **7.1** the Fall (of man) *de zondeval.*

fall[2] ⟨f4⟩⟨ww.; fell [fel], fallen ['fɔ:lən]⟩ →fallen ⟨→sprw. 25, 281, 318, 708⟩

I ⟨onov.ww.⟩ **0.1** ⟨ben. voor⟩ ***vallen*** *⇒om/neervallen, naar beneden komen, invallen* ⟨v. duisternis⟩; *uitvallen* ⟨v. haar⟩; *afnemen, minder worden, dalen, zakken* ⟨v. prijzen, barometer, stem⟩; *neergeslagen worden* ⟨v. ogen⟩; *aflopen, afhellen* ⟨v. land⟩; *instorten* ⟨v. huis⟩; *afhangen, vallen* ⟨v. haar, baard⟩ **0.2** ⟨ben. voor⟩ ***ten onder gaan*** *⇒vallen; in verval raken; sneuvelen; ingenomen worden* ⟨v. stad, fort⟩; *zijn (hoge) positie verliezen;* ⟨relig.⟩ *zondigen, onteerd worden* ⟨v. vrouw⟩ **0.3** ***uitmonden*** *⇒uitkomen* ⟨v. rivier⟩ **0.4** ***betrekken*** ⟨v. gezicht⟩ **0.5** ***terechtkomen*** *⇒neerkomen;* ⟨fig.⟩ *ten deel vallen* **0.6** ***raken*** **0.7** ***gebeuren*** *⇒plaatsvinden, vallen* **0.8** ***geboren worden*** ⟨v. lammeren⟩ **0.9** ⟨sl.⟩ ***(op)gepakt worden*** *⇒gearresteerd worden* **0.10** ⟨vero.⟩ ***beginnen*** ◆ **1.1** his eye fell on her *zijn oog viel op haar;* ~ (flat) on one's face *(plat) op zijn gezicht vallen;* ⟨fig.⟩ *zijn neus stoten;* ~ on one's feet *op zijn pootjes/goed terecht komen;* ~ to one's knees *op zijn knieën vallen;* ~ to pieces *in stukken/duigen vallen* ⟨ook fig.⟩; ~ a prey to *ten pròoi vallen aan;* ~ a sacrifice to *slachtoffer worden v.;* ~ing sickness *vallende ziekte, epilepsie;* my spirits fell *ik verloor de moed;* ~ing star *vallende ster, meteoor;* ~ on one's sword *zich op zijn zwaard storten;* it fell on my way *het kwam op mijn pad;* ⟨cricket⟩ six wickets fell in the first hour *in het eerste uur gingen er zes batsmen uit;* the wind fell *de wind nam af, ging liggen* **1.2** ~ in battle *sneuvelen;* ~ from power *de macht verliezen;* the town fell to the enemy *de stad viel in handen v.d. vijand* **1.4** Jack's face/jaw fell *Jack trok een lang gezicht* **1.7** Easter always ~s on a Sunday *Pasen valt altijd op zondag;* Nick's name fell *Nick's naam viel/werd genoemd* **3.10** ~ a-weeping *het op een schreien zetten* **5.1** ⟨inf.⟩ ~ **about** *omrollen/omvallen (v.h. lachen), schudden v.h. lachen;* ~ **about** laughing/with laughter *zich slap lachen;* ~ **apart** *uiteenvallen;* ⟨sl.⟩ *het niet meer hebben* ⟨bv. v. zenuwen⟩; *zijn zelfbeheersing verliezen; instorten;* →fall **away;** ~ **back** *achteruitgaan/wijken;* ⟨mil.⟩ *zich terugtrekken; achterop raken;* sth. to ~ **back** on *iets om op terug te vallen;* she fell badly *ze maakte een lelijke smak;* →fall **down;** →fall **in** (with); →fall **off;** →fall **out;** ~ **over** *omvallen;* ⟨inf.⟩ ~ **over backwards** *zich uitsloven, zich in allerlei bochten wringen; de vreemdste capriolen uithalen;* ~ overboard *overboord vallen;* →fall **to;** ~ **through** *mislukken;* ~ **together** *samenvallen* **5.6** ⟨scheep.⟩ ~ **astern** *achterraken;* ~ **behind** (with) *achteropraken/niet meekunnen met, niet volgen* ⟨ook fig.⟩ **5.¶** ⟨sl.⟩ ~ **by** *langsgaan/komen, een bezoekje brengen;* ~ flat *niet inslaan, mislukken;* ~ foul of *in aanvaring komen met, aanvaren;* ⟨fig.⟩ *in botsing komen met;* ~ short *te kort schieten, op raken; niet ver genoeg gaan/reiken* ⟨bv. v. raket⟩; ~ short (of) *te kort schieten (voor), niet voldoen (aan);* not/hardly ~ short of *niet/nauwelijks onderdoen voor* **6.1** ⟨fig.⟩ ~ **across** s.o. *iem. tegen het lijf lopen/toevallig treffen;* ~ **below** *lager uitkomen/zakken (dan);* bitter words fell **from** her lips *ze sprak bittere woorden;* →fall **into;** ~ **outside/within** a certain scope *buiten/binnen een bep. gebied vallen;* ⟨inf.⟩ ~ **over** o.s. *over zijn eigen benen struikelen; zich uitsloven;* ~ **under** the category of *vallen onder de categorie (v.);* ~ **(up)on** *zich werpen op, aanvallen op, een aanval doen op* ⟨vijand, eten⟩; *terechtkomen in, treffen* **6.2** ~ **for** *zich laten overtuigen door, zich laten meeslepen door; vallen op, verliefd worden op;* he fell **for** it *hij liep/trapte erin;* I fell **for** her in a big way *ik werd tot over m'n oren verliefd/smoorverliefd op haar;* two elephants fell **to** his gun *twee olifanten vielen door zijn schoten* **6.5** ~ **among** bad company *in slecht gezelschap verzeild raken;* it fell **to** my bid *mijn bod haalde het;* all profits ~ **to** the community *alle winst komt aan de gemeenschap;* these goods ~ **to** the Crown *deze goederen vervallen aan de kroon;* it fell **to** my lot to put the question *het was aan mij de vraag te stellen, ik moest de vraag stellen* **6.6** ~ aboard (of) a ship *in aanvaring komen met een schip;* ⟨fig.⟩ ~ aboard of s.o. *in botsing/conflict komen met iem.;* ~ **from** grace *uit de gratie raken;* ~ **from/out of** favour **(with)** *uit de gratie raken (bij);* ~ **in** love **(with)** *verliefd worden (op);* ~ **out of** sth. *ergens uit raken, iets verleren/opgeven/kwijtraken;* ~ **out of** love **with** s.o. *zijn liefde/sympathie voor iem. verliezen;* ~ **under** s.o.'s spell *onder iemands bekoring raken* **6.10** ~ **to** crying *beginnen te huilen;* ~ **to** work *aan het werk gaan;*

II ⟨ov.ww.⟩ **0.1** ⟨AE⟩ ***vellen*** *⇒omhakken* ◆ **5.¶** →fall **in;**

III ⟨kww.⟩ **0.1** ***worden*** ◆ **2.1** ~ asleep *in slaap vallen;* the rent ~s due the 16th *de huur moet de 16e betaald worden;* ~ ill *ziek worden;* ~ silent *stil worden/vallen.*

fal·la·cious [fə'leɪʃəs]⟨f1⟩⟨bn.; -ly; -ness⟩ **0.1** ***misleidend*** *⇒bedrieglijk* **0.2** ***vals*** *⇒schijn-, onecht* ◆ **1.2** ~ argument *drogreden.*

fal·la·cy ['fæləsi]⟨f1⟩⟨zn.; →mv. 2⟩

I ⟨telb.zn.⟩ **0.1** ***denkfout*** **0.2** ***misvatting*** *⇒dwaling, abuis* **0.3** ***bedrieglijkheid*** *⇒valsheid* ◆ **1.2** a popular ~ *een wijdverbreid misverstand;*

II ⟨telb. en n.-telb.zn.⟩ **0.1** ***ongeldige redenering*** *⇒sofisme, drogreden.*

fal·lal ['fæ'læl]⟨telb.zn.⟩⟨mode⟩ **0.1** ***tierelantijntje*** *⇒*⟨mv.⟩ *kwikken en strikken, opschik.*

'fall a'way ⟨f1⟩⟨onov.ww.⟩ **0.1** ***(steil) afhellen*** *⇒aflopen* ⟨v. land⟩ **0.2** ***zakken*** *⇒minder worden, vervallen, kelderen, dalen* ⟨v. prijzen, produktie⟩ **0.3** ***afvallen*** *⇒afvallig worden, de boel in de steek laten* **0.4** ***wegvallen*** *⇒op de achtergrond raken, verdwijnen* **0.5** ***achteruitgaan*** *⇒slechter worden* ⟨mbt. gezondheid⟩ **0.6** ***af-***

wijken ⇒afdrijven, uit de koers raken ◆ **6.2** prices fell away **to** an all-time low *de prijzen zakten tot een recorddieptepunt* **6.3** the president's supporters fell away **from** him *de president werd door zijn sympathisanten in de steek gelaten.*

'fall-back ⟨telb.zn.⟩ **0.1** ***uitwijkmogelijkheid*** *⇒reserve, iets dat men achter de hand heeft/waar men op kan terugvallen, noodvoorziening.*

'fall-back price ⟨telb.zn.⟩⟨hand.⟩ **0.1** ***minimumprijs*** *⇒bodemprijs;* ⟨in E.E.G.⟩ *interventieprijs.*

'fall 'down ⟨f1⟩⟨onov.ww.⟩ **0.1** ***(neer/om)vallen*** *⇒instorten, ten val komen* **0.2** ⟨inf.⟩ ***mislukken*** *⇒tekort schieten* **0.3** ⟨sl.⟩ ***een bezoekje brengen*** *⇒langsgaan/komen* ◆ **3.1** ⟨sl.⟩ ~ and go boom *(met veel lawaai) naar beneden kletteren/donderen* **3.2** ⟨sl.⟩ ~ and go boom *goed op zijn bek vallen, onderuit gaan* **6.2** ~ **on** sth. /the job *ergens/er niets van bakken.*

fall·en¹ ['fɔ:lən]⟨f1⟩⟨bn., attr.; volt. deelw. v. fall⟩ **0.1** ***gevallen*** **0.2** ***zondig*** *⇒onteerd, verdorven* **0.3** ***gesneuveld*** ◆ **1.2** ~ angel *gevallen engel;* ~ woman *gevallen/onkuise vrouw* **1.¶** ~ arches *doorgezakte voeten* **7.3** the ~ *zij die vielen.*

fallen² ⟨volt. deelw.⟩ →fall.

'fall guy ⟨telb.zn.⟩⟨AE; inf.⟩ **0.1** ***naïeveling*** *⇒onnozele hals, slachtoffer* **0.2** ***zondebok*** *⇒wrijfpaal.*

fal·li·bil·i·ty [fælə'bɪləṭi]⟨f1⟩⟨n.-telb.zn.⟩ **0.1** ***feilbaarheid.***

fal·li·ble ['fæləbl]⟨f1⟩⟨bn.; -ly; -ness; →bijw. 3⟩ **0.1** ***feilbaar*** *⇒onvolmaakt.*

'fall 'in ⟨f1⟩⟨ww.⟩

I ⟨onov.ww.⟩ **0.1** ***instorten*** *⇒invallen* ⟨v. dak, tunnel⟩ **0.2** ⟨vnl. mil.⟩ ***aantreden*** *⇒zich in het gelid opstellen* **0.3** ***vervallen*** ⟨v. schuld⟩ *⇒aflopen* ⟨v. huurcontract⟩ **0.4** ***beschikbaar komen*** ⟨v. land⟩ **0.5** ⟨sl.⟩ ***binnenvallen*** *⇒binnen komen vallen, bezoeken* ◆ **6.2** ~ **alongside/beside** *zich aansluiten bij, meelopen met;* →fall in **with;**

II ⟨ov.ww.⟩⟨mil.⟩ **0.1** ***laten aantreden*** ◆ **1.1** the commander fell his men in *de commandant liet zijn manschappen aantreden.*

'fall into ⟨f1⟩⟨onov.ww.⟩ **0.1** ***terechtkomen in*** *⇒verzeild raken in, vervallen tot* **0.2** ***uiteenvallen in*** *⇒verdeeld worden/zijn in* **0.3** ***beginnen met*** ◆ **1.1** ~ conversation with *in gesprek raken met;* ~ decay *in verval raken;* ~ decline *achteruitgaan;* ~ disrepair *vervallen* ⟨v. huis⟩; ~ disuse *in onbruik raken;* ~ place *op zijn plaats vallen, begrijpelijk worden;* ~ a rage *in woede ontsteken;* ~ step/line with *zich aansluiten bij, instemmen met, in de pas lopen met* **1.2** Gaul falls into three divisions *Gallië bestaat uit drie delen* **1.3** ~ a habit *een gewoonte aannemen.*

'fall 'in with ⟨onov.ww.⟩ **0.1** ***ontmoeten*** *⇒tegen het lijf lopen* **0.2** ***zich aansluiten/voegen bij*** **0.3** ***het eens zijn met*** *⇒bijvallen, (onder)steunen, toestemmen in* ⟨plan⟩*, meepraten met.*

'fall line ⟨telb.zn.⟩⟨AE⟩ **0.1** ⟨aardr.⟩ ***grens tussen hoog- en laagland*** **0.2** ***route tussen twee punten op een helling*** ⟨bij skiën⟩.

'fall money ⟨n.-telb.zn.⟩⟨sl.⟩ **0.1** ***omkoopgeld*** ⟨bij arrestatie⟩ **0.2** ***reservepotje*** ⟨voor borgsom/advocaat⟩.

'fall 'off ⟨f1⟩⟨onov.ww.⟩ **0.1** ***zich verwijderen*** *⇒zich terugtrekken* **0.2** ***afnemen*** *⇒dalen, zakken, verminderen* ⟨v. prijs, belangstelling⟩ **0.3** ***vervallen*** *⇒verslechteren* **0.4** ⟨inf.⟩ ***afvallen*** *⇒vermageren* **0.5** ⟨scheep.⟩ ***verlijeren*** *⇒uit de koers raken.*

'fall-off, 'fall·ing-'off ⟨telb. en n.-telb.zn.⟩ **0.1** ***achteruitgang*** *⇒daling, vermindering.*

Fal·lo·pi·an tube [fə'loupɪən 'tju:b‖-'tu:b]⟨telb.zn.⟩⟨anat.⟩ **0.1** ***eileider.***

'fall 'out ⟨f1⟩⟨onov.ww.⟩⟨→sprw. 745⟩ **0.1** ***ruzie maken/hebben*** *⇒twisten;* ⟨bij uitbr.⟩ *neerslag* ⟨v. allerlei stof⟩ **0.2** ***gebeuren*** *⇒terechtkomen, uitkomen* **0.3** ***uitvallen*** *⇒ophouden* **0.4** ***vertrekken*** ⇒⟨mil.⟩ *inrukken* **0.5** ⟨sl.⟩ ***het niet meer hebben*** ⟨v. zenuwen⟩ *⇒omrollen/omvallen (v.h. lachen), zich kapot lachen* **0.6** ⟨sl.⟩ ***de pijp uitgaan*** ◆ **5.2** everything fell out well *alles kwam op zijn pootjes terecht.*

'fall-out ⟨f1⟩⟨n.-telb.zn.⟩ **0.1** ***radioactieve neerslag*** *⇒fall-out* **0.2** ***bijprodukt*** *⇒bijverschijnselen, bijwerking* **0.3** ***het uitvallen*** *⇒het ophouden.*

'fall-out shelter ⟨telb.zn.⟩ **0.1** ***atoomschuilkelder.***

fal·low¹ ['fælou]⟨f1⟩⟨telb. en n.-telb.zn.⟩ **0.1** ***braakland*** *⇒braakakker, braak.*

fallow² ⟨f1⟩⟨bn.; -ness⟩ **0.1** ***bruinachtig*** *⇒geelbruin, roodbruin* **0.2** ⟨landb.⟩ ***braak*** *⇒onbewerkt* **0.3** ⟨veeteelt⟩ ***niet drachtig*** *⇒schier* ◆ **1.1** ⟨dierk.⟩ ~ deer *damhert* ⟨Dama dama⟩ **3.2** lie ~ *braak liggen* ⟨ook fig.⟩.

fallow³ ⟨ov.ww.⟩ **0.1** ***omploegen.***

'fall 'to ⟨onov.ww.⟩ **0.1** ***toetasten*** *⇒aanvallen, beginnen* **0.2** ***slaags raken*** **0.3** ***dichtvallen*** *⇒in het slot vallen* ◆ **1.1** John fell to as if he hadn't had anything for days *John viel op het eten aan alsof hij in geen dagen iets gehad had.*

'fall-trap ⟨telb.zn.⟩ **0.1** ***valluik*** *⇒valdeur.*

false¹ [fɔ:ls]⟨f3⟩⟨bn.; -er; -ly; -ness; →compar. 7⟩ **0.1** ***onjuist*** *⇒fout (ief), verkeerd, onwaar* **0.2** ***onecht*** *⇒kunstmatig, vals* **0.3** ***bedrieglijk*** *⇒vals, onbetrouwbaar, verraderlijk, leugenachtig, ontrouw* **0.4** ⟨biol.; tech.⟩ ***vals*** *⇒pseudo-* ◆ **1.1** ⟨taalk.⟩ ~ concord *gebrek aan congruentie;* ~ note *valse/onzuivere noot;* ~ position *scheve verhouding;* ~ pride *ongerechtvaardigde trots;* ~ shame *valse schaamte;* ~ start *valse start;* ~ step *misstap* ⟨ook fig.⟩; ~ syllogism *ongeldige redenering* **1.2** ~ coin *valse munt;* ⟨comp.⟩ ~ colour *(het gebruik v.) valse kleur(en);* ~ teeth *kunstgebit;* ⟨geol.⟩ ~ topaz *citrien, gele kwarts;* ~ window *blind raam* **1.3** ~ alarm *loos alarm;* ~ bottom *dubbele bodem;* ⟨kaartspel⟩ ~ card *misleidende kaart, misleidend/vals signaal;* ~ ceiling *zwevend plafond;* give a ~ colour to (an affair) *(een zaak) verdraaien;* sail under ~ colours *onder valse vlag varen* ⟨ook fig.⟩; ~ dawn *schijnbare dageraad;* under ~ pretences *onder valse voorwendsels;* ~ scent *dwaalspoor;* give ~ witness *meineed plegen* **1.4** ⟨plantk.⟩ ~ acacia *schijnacacia, witte acacia* ⟨Robinia pseudo-acacia⟩; ⟨scheep.⟩ ~ keel *loze kiel;* ~ rib *valse rib; zwevende rib* **1.¶** strike/sound a ~ note *een verkeerde toon aanslaan* **2.1** true or ~? *waar of onwaar?* **6.3** be ~ **to** one's friends *zijn vrienden in de steek laten, ontrouw zijn.*

false² ⟨bw.⟩ **0.1** ***bedrieglijk*** *⇒vals* ◆ **3.1** ⟨vnl. in de uitdr.⟩ ⟨vero.⟩ play s.o. ~, play ~ with s.o. *iem. bedriegen* ⟨vnl. in (liefdes)relatie⟩.

'false-'heart·ed ⟨bn.; -ly; -ness⟩ **0.1** ***trouweloos*** *⇒verraderlijk, vals.*

false·hood ['fɔ:lshʊd]⟨f1⟩⟨zn.⟩

I ⟨telb.zn.⟩ **0.1** ***onwaarheid*** *⇒leugen;*

II ⟨n.-telb.zn.⟩ **0.1** ***het liegen*** **0.2** ***leugens*** *⇒valsheid.*

fal·set·to [fɔ:l'seṭou]⟨f1⟩⟨zn.⟩⟨muz.⟩

I ⟨telb.zn.⟩ **0.1** ***mannelijke alt*** *⇒falset;*

II ⟨telb. en n.-telb.zn.⟩ **0.1** ***falset(stem)*** *⇒kopstem.*

false·work ['fɔ:lswɜ:k‖-wɜrk]⟨telb. en n.-telb.zn.⟩⟨bouwk.⟩ **0.1** ***bekisting*** *⇒formeel, steigerwerk.*

fal·sie ['fɔ:lsi]⟨zn.⟩⟨inf.⟩

I ⟨telb.zn.⟩ **0.1** ***iets dat vals/onecht is*** **0.2** ***voorgevormde beha*** **0.3** ***vulling*** ⟨in kleding rond schouders, heupen enz.⟩;

II ⟨mv.; ~s⟩ **0.1** ***vullingen*** ⟨in beha⟩ *⇒kunstborsten.*

fal·si·fi·a·ble ['fɔ:lsɪfaɪəbl, -'faɪəbl]⟨bn.⟩ **0.1** ***falsifi(c)eerbaar.***

fal·si·fi·ca·tion ['fɔ:lsɪfɪ'keɪʃn]⟨f1⟩⟨zn.⟩

I ⟨telb.zn.⟩ **0.1** ***vervalsing*** *⇒falsificatie* **0.2** ***leugen;***

II ⟨telb. en n.-telb.zn.⟩ **0.1** ***het vervalsen*** **0.2** ***weerlegging*** **0.3** ***schending*** *⇒het schenden* ⟨v. belofte⟩.

fal·si·fi·er ['fɔ:lsɪfaɪə‖-ər]⟨telb.zn.⟩ **0.1** ***vervalser*** *⇒falsificeerder.*

fal·si·fy ['fɔ:lsɪfaɪ]⟨f1⟩⟨ov.ww.; →ww. 7⟩ **0.1** ***vervalsen*** *⇒falsificeren* **0.2** ***verkeerd voorstellen*** ⟨gebeurtenis⟩ **0.3** ***weerleggen*** *⇒de onjuistheid aantonen van, logenstraffen* ⟨voorspelling⟩ **0.4** ***teleurstellen*** *⇒de bodem inslaan* ⟨hoop⟩*, schenden* ⟨belofte⟩.

fal·si·ty ['fɔ:lsəṭi]⟨f1⟩⟨telb.zn., n.-telb.zn.; →mv. 2⟩ **0.1** ***valsheid*** *⇒onwaarheid, leugen.*

Fal·staff·i·an [fɔ:l'stɑ:fɪən‖-'stæ-]⟨bn.⟩ **0.1** ***als/van/mbt. (een) Falstaff*** *⇒zwaarlijvig en joviaal* ⟨naar figuur in Shakespeare's 'Henry IV'⟩.

fal·ter ['fɔ:ltə‖-ər]⟨f2⟩⟨ww.⟩

I ⟨onov.ww.⟩ **0.1** ***wankelen*** *⇒waggelen, wiebelen* **0.2** ***aarzelen*** *⇒weifelen, de moed verliezen* **0.3** ***stotteren*** *⇒stamelen* **0.4** ***teruglopen*** ⟨v. zaken⟩ ◆ **1.1** the drunkard ~ed down the steps *de dronken man kwam onvast de trap af* **1.3** Vic's voice ~ed *Vics stem beefde;*

II ⟨ov.ww.⟩ **0.1** ***stamelen*** ◆ **5.1** ~ **out** an apology *een verontschuldiging stamelen.*

fal·ter·ing·ly ['fɔ:ltərɪŋli]⟨bw.⟩ **0.1** ***wankelend*** *⇒onvast* **0.2** ***weifelend*** *⇒aarzelend* **0.3** ***stamelend*** *⇒stotterend.*

fame¹ [feɪm]⟨f2⟩⟨n.-telb.zn.⟩ **0.1** ***roem*** *⇒bekendheid, faam, vermaardheid* **0.2** ***(goede) naam*** *⇒reputatie* **0.3** ⟨vero.⟩ ***mare*** *⇒gerucht, roep* ◆ **1.2** a house of ill ~ *een huis v. slechte reputatie, een bordeel* **2.2** ill ~ *slechte naam;* a man of local ~ *een plaatselijke beroemdheid.*

fame² ⟨ov.ww.⟩⟨vero.⟩ →famed **0.1** ***bekendheid geven aan.***

famed [feɪmd]⟨f2⟩⟨bn.; oorspr. volt. deelw. v. fame⟩ **0.1** ***beroemd*** *⇒befaamd, bekend, gerenommeerd* ◆ **6.1** ~ **for** sth. *beroemd om iets.*

fa·mil·ia [fə'mɪlɪə]⟨telb.zn.; familiae [-lɪi]; →mv. 5⟩⟨gesch., jur.⟩ **0.1** ***(Romeinse) familia.***

fa·mil·ial [fə'mɪlɪəl]⟨bn., attr.⟩ **0.1** ***familie-*** *⇒familiaal, overerfbaar* ◆ **1.1** ~ trait *familietrek.*

fa·mil·iar¹ [fə'mɪlɪə‖-ər]⟨telb.zn.⟩ **0.1** ***boezemvriend(in)*** *⇒intimus, intima* **0.2** ***huisbediende*** ⟨v. paus of bisschop⟩ **0.3** ***huisgeest*** *⇒beschermgeest, goede genius, beschermengel* **0.4** ⟨gesch.⟩ ***officier der Inquisitie.***

familiar² ⟨f3⟩⟨bn.; -ly⟩

I ⟨bn.⟩ **0.1** ***vertrouwd*** *⇒bekend, gewoon* **0.2** ***informeel*** *⇒onge-*

dwongen, gemeenzaam **0.3** ***vrijpostig*** ⇒*familiaar, gemeenzaam* ◆ **1.1** move on ~ ground *op vertrouwd terrein zijn* **1.¶** ~ spirit *beschermgeest, huisgeest* **6.1** doesn't that look ~ **to** you? *komt dat je niet bekend voor?;*

II ⟨bn., pred.⟩ **0.1** ***op de hoogte*** ⟨van, met⟩ ⇒*bekend* ⟨met⟩ ◆ **6.1** be ~ **with** sth. *iets goed kennen, goed thuis zijn in iets.*

fa·mil·i·ar·i·ty [fə'mɪli'ærəti]⟨f2⟩⟨zn.;→mv. 2⟩⟨→sprw. 183⟩

I ⟨telb.zn.; vaak mv.⟩ **0.1** ***vrijpostigheid*** ⇒*vrijheid* ◆ **1.1** Frank's familiarities became a nuisance *Franks avances/vrijpostigheden werden hinderlijk;*

II ⟨n.-telb.zn.⟩ **0.1** ***vertrouwdheid*** ⇒*bekendheid* **0.2** ***ongedwongenheid*** ⇒*informaliteit* **0.3** ***gemeenzaamheid*** ⇒*vrijpostigheid* ◆ **6.1** ~ **with** *bekendheid met, grondige kennis van.*

fa·mil·iar·i·za·tion, -sa·tion [fəmɪlıəraı'zeıʃn‖-ə'zeıʃn]⟨telb. en n.-telb.zn.⟩ **0.1** ***het vertrouwd maken/worden.***

fa·mil·iar·ize, -ise [fə'mɪlıəraız]⟨f1⟩⟨ov.ww.⟩ **0.1** ***bekend maken*** ⇒*vertrouwd/gewoon maken* ◆ **1.1** TV has ~d the sight of warfare *door de t.v. is iedereen vertrouwd met de aanblik van oorlogsgeweld* **6.1** ~ o.s. **with** *zich eigen maken, zich vertrouwd maken met.*

fam·i·ly ['fæm(ə)li]⟨f4⟩⟨zn.;→mv. 2⟩⟨→sprw. 3, 155, 653⟩

I ⟨telb.zn.⟩ **0.1** ***familie*** ⇒*geslacht* **0.2** ***familie*** ⇒*groep binnen maffia* **0.3** ⟨biol.⟩ ***familie;***

II ⟨telb. en n.-telb.zn.⟩ **0.1** ***gezin*** ⇒*kinderen* ◆ **1.1** wife and ~ *vrouw en kinderen* **3.1** start a ~ *een gezin stichten* **7.1** have you any ~? *hebt u kinderen?;*

III ⟨n.-telb.zn.⟩ **0.1** ***afkomst*** ⇒*afstamming, familie* ◆ **2.1** of good ~ *van goede familie;*

IV ⟨verz.n.⟩ **0.1** ***(huis)gezin*** ⇒*gezinsleden* **0.2** ***verwanten*** ⇒*familie(leden)* ◆ **2.1** our ~ is rather large *we hebben een vrij groot gezin;* a small ~ *een klein gezin, een gezin met weinig kinderen* **2.2** all our ~ are short *onze hele familie is klein van stuk* **3.2** run in the ~ *in de familie zitten* ⟨eigenschap, talent⟩.

'family affair ⟨telb.zn.⟩ **0.1** ***familieaangelegenheid.***

'family al'lowance ⟨f1⟩⟨telb. en n.-telb.zn.⟩⟨vero.⟩ **0.1** ***kinderbijslag.***

'family 'bible ⟨telb.zn.⟩ **0.1** ***huisbijbel*** ⇒*familiebijbel, trouwbijbel.*

'family 'car ⟨telb.zn.⟩ **0.1** ***gezinsauto.***

'family 'care ⟨n.-telb.zn.⟩ **0.1** ***gezinszorg.***

'family 'circle ⟨telb.zn.⟩ **0.1** ***familiekring.***

'Family Division ⟨eig.n.; the⟩⟨BE; jur.⟩ **0.1** ⟨ong.⟩ ***Burgerlijke Kamer*** ⟨v. Hoge Raad; rechtbank voor gezinsaangelegenheden⟩.

'family 'doctor, family practitioner ⟨f1⟩⟨telb.zn.⟩ **0.1** ***huisarts.***

'family hotel ⟨telb.zn.⟩ **0.1** ***familiepension*** ⇒*familiehotel.*

'family 'jewels ⟨mv.⟩⟨AE; sl.⟩ **0.1** ***kloten*** ⇒*ballen* **0.2** ⟨euf.⟩ ***vuile was*** ⇒*geheime schandalen.*

'family law ⟨n.-telb.zn.⟩ **0.1** ***familierecht.***

'family likeness ⟨telb. en n.-telb.zn.⟩ **0.1** ***familiegelijkenis*** ⇒*familietrekken.*

'family man ⟨telb.zn.⟩ **0.1** ***huisvader*** **0.2** ***huiselijk man.***

'family member ⟨telb.zn.⟩ **0.1** ***gezinslid.***

'family 'name ⟨telb.zn.⟩ **0.1** ***achternaam*** ⇒*familienaam, geslachtsnaam.*

'family 'planning ⟨f1⟩⟨n.-telb.zn.⟩ **0.1** ***geboortenregeling*** ⇒*gezinsplanning, geboortenbeperking.*

'family 'skeleton ⟨telb.zn.⟩⟨scherts.⟩ **0.1** ***familiegeheim.***

'family therapy ⟨n.-telb.zn.⟩ **0.1** ***gezinstherapie.***

'family 'tree ⟨f1⟩⟨telb.zn.⟩ **0.1** ***stamboom*** ⇒*genealogie.*

'family vault ⟨telb.zn.⟩ **0.1** ***familiegraf(kelder).***

'family way ⟨telb.zn.⟩ **0.1** ***ongedwongen manier*** ◆ **6.1** in a ~ *informeel, ongedwongen* **6.¶** ⟨inf.⟩ be **in** the/a ~ *in verwachting/zwanger zijn.*

fam·ine ['fæmɪn]⟨f2⟩⟨zn.⟩⟨→sprw. 188⟩

I ⟨telb.zn.⟩ **0.1** ***tekort*** ⇒*schaarste, gebrek, nood* ◆ **6.1** a ~ **of** coal *een tekort aan kolen;*

II ⟨telb. en n.-telb.zn.⟩ **0.1** ***hongersnood.***

'famine price ⟨telb.zn.; vnl. mv.⟩ **0.1** ***woekerprijs.***

fam·ish ['fæmɪʃ]⟨f1⟩⟨ww.⟩

I ⟨onov.ww.⟩ **0.1** ***uitgehongerd zijn*** ⇒*verhongeren* ◆ **6.1** ⟨inf.⟩ the boys were ~ing **for** food *de jongens snakten naar eten;*

II ⟨ov.ww.⟩ **0.1** ***laten verhongeren*** ⇒*uithongeren* ◆ **1.1** ⟨inf.⟩ the men were ~ed *de mannen waren uitgehongerd.*

fa·mous ['feɪməs]⟨f3⟩⟨bn.; -ly; -ness⟩ **0.1** ***beroemd*** ⇒*(wel)bekend, vermaard* **0.2** ⟨vero.; inf.⟩ ***reusachtig*** ⇒*schitterend, fantastisch* ◆ **2.1** famous ~ *beroemd/bekend persoon* **6.1** be ~ **for** *beroemd zijn om.*

fam·u·lus ['fæmjʊləs‖-mjə-]⟨telb.zn.; famuli [-laɪ];→mv. 5⟩ ⟨gesch.⟩ **0.1** ***dienaar*** ⇒*bediende, famulus* ⟨i.h.b. v. tovenaar of geleerde⟩.

fan[1] [fæn]⟨f3⟩⟨telb.zn.⟩ **0.1** ***waaier*** **0.2** ***ventilator*** ⇒*fan* **0.3** ***bewonderaar(ster)*** ⇒*enthousiast(e), liefhebber/ster, fan, dweper* **0.4** ***windvaan*** ⟨op windmolen⟩ **0.5** ⟨landb.⟩ ***wan*** **0.6** ⟨AE; mil.⟩ ***propeller*** **0.7** ⟨AE; mil.⟩ ***vliegtuigmotor*** ◆ **3.¶** ⟨AE; inf.⟩ hit the ~ *zich laten voelen, ellende veroorzaken.*

fan[2] ⟨f2⟩⟨ww.;→ww. 7⟩ →fanning

I ⟨onov.ww.⟩ **0.1** ***zich verspreiden*** ⇒*zich uitspreiden* **0.2** ⟨AE; inf.⟩ ***kletsen*** ⇒*roddelen* ◆ **5.1** ~ **out** *uitwaaieren, zich verspreiden* ⟨v. soldaten, jagers e.d.⟩;

II ⟨ov.ww.⟩ **0.1** ***(toe)waaien*** ⇒*waaieren, wuiven, blazen* ⟨lucht⟩ **0.2** ***toewuiven*** ⟨koelte⟩ **0.3** ***aanblazen*** ⇒*aanwakkeren* ⟨ook fig.⟩ **0.4** ***doen uitwaaieren*** ⇒*waaiervormig uitspreiden* ⟨kaarten⟩ **0.5** ⟨landb.⟩ ***wannen*** **0.6** ⟨honkbal⟩ ***uitslaan*** ⟨de slagman⟩ **0.7** ⟨AE; inf.⟩ ***een pak slaag geven*** **0.8** ⟨AE; inf.⟩ ***fouilleren*** ⇒*visiteren* ◆ **1.3** ~ the flames *het vuur aanwakkeren, olie op het vuur gieten;* ~ a passion *gevoelens aanwakkeren* **5.¶** ⟨AE; sport⟩ ~ **on** *missen* ⟨de bal⟩.

fa·nat·ic[1] [fə'nætɪk]⟨f1⟩⟨telb.zn.⟩ **0.1** ***fanaticus*** ⇒*fanatiekeling(e), doordraver, dweper, dweepster.*

fanatic[2], **fa·nat·i·cal** [fə'nætɪkl]⟨f2⟩⟨bn.; -(al)ly;→bijw. 3⟩ **0.1** ***fanatiek*** ⇒*dweepziek.*

fa·nat·i·cism [fə'nætɪsɪzm]⟨f1⟩⟨telb. en n.-telb.zn.⟩ **0.1** ***fanatisme*** ⇒*dweperij, doordraverij.*

fa·nat·i·cize, -cise [fə'nætɪsaɪz]⟨ww.⟩

I ⟨onov.ww.⟩ **0.1** ***dwepen*** ⇒*doordraven, fanatiek zijn;*

II ⟨ov.ww.⟩ **0.1** ***opzwepen*** ⇒*fanatiek maken.*

'fan belt ⟨telb.zn.⟩⟨tech.⟩ **0.1** ***ventilatorriem.***

fan·cied ['fænsid]⟨bn.; volt. deelw. v. fancy⟩ **0.1** ***denkbeeldig*** ⇒*verzonnen, imaginair, vermeend* **0.2** ***geliefd*** ⇒*favoriet, lievelings-* ◆ **1.1** ~ symptoms *ingebeelde symptomen.*

fan·ci·er ['fænsiə‖-ər]⟨telb.zn.; vnl. in samenstellingen⟩ **0.1** ***liefhebber*** ⇒*enthousiast* **0.2** ***fokker*** ⇒*kweker* ◆ **6.1** a ~ **of** horses *een paardenliefhebber.*

fan·ci·ful ['fænsifl]⟨f2⟩⟨bn.; -ly; -ness⟩ **0.1** ***fantasievol*** ⇒*verbeeldingsvol* ⟨stijl, schrijver⟩ **0.2** ***grillig*** ⇒*onberekenbaar, capricieus* **0.3** ***fantastisch*** ⇒*bizar, apart* ⟨kleren⟩ **0.4** ***denkbeeldig*** ⇒*verzonnen, ingebeeld, hersenschimmig.*

'fan club ⟨f1⟩⟨telb.zn.⟩ **0.1** ***fanclub.***

fan·cy[1] ['fænsi]⟨f2⟩⟨zn.;→mv. 2⟩

I ⟨telb.zn.⟩ **0.1** ***voorkeur*** ⇒*voorliefde, lust, zin, smaak* **0.2** ***gril*** ⇒*impuls, inval* **0.3** ***veronderstelling*** ⇒*idee, fantasie* **0.4** ***hersenschim*** ⇒*waanidee* **0.5** ⟨mv.⟩⟨inf.⟩ ***taartjes*** ⇒*gebakjes* ◆ **2.2** a passing/ranging ~ *een bevlieging* **3.1** catch/take the ~ of *in de smaak vallen bij;* take a ~ for/to *een voorliefde opvatten voor* **8.3** a ~ that sth. will happen *een gevoel dat er iets gaat gebeuren;*

II ⟨n.-telb.zn.⟩ **0.1** ***fantasie*** ⇒*verbeelding(skracht), inbeelding* **0.2** ⟨the⟩ ***(boks)liefhebbers*** **0.3** ⟨the⟩ ***de bokssport*** **0.4** ⟨the⟩ ***het fokken*** ⟨v. bijzondere rassen⟩ ◆ **1.1** the power of ~ *de kracht der verbeelding* **2.1** a lively ~ *een levendige fantasie.*

fancy[2] ⟨f2⟩⟨bn.; -er; -ly; -ness;→bijw. 3⟩

I ⟨bn.⟩ **0.1** ***versierd*** ⇒*decoratief, elegant* **0.2** ***kunstig*** ⇒*ingewikkeld* **0.3** ***verzonnen*** ⇒*denkbeeldig, uit de lucht gegrepen* ◆ **1.1** ~ (dress)ball *gekostumeerd bal;* ~ bread *luxebrood;* ~ cakes *taartjes, gebakjes;* ~ dress *kostuum;* ~ fair *bazaar;* ~ goods *tierelantijnen, snuisterijen* **1.2** ~ steps *ingewikkelde (dans)passen* **1.3** ~ notions *illusies;*

II ⟨bn., attr.⟩ **0.1** ***grillig*** ⇒*extravagant, buitensporig* ⟨prijzen⟩ **0.2** ***sier-*** ⇒*show-; veelkleurig* ⟨v. plant⟩ **0.3** ⟨AE⟩ ***extra fijn*** ⇒*luxe-, superieur* ⟨v. voedingswaren⟩ ◆ **1.1** ⟨gesch.⟩ ~ franchise *willekeurig (voor)recht* **1.2** ⟨plantk.⟩ ~ pansies *driekleurige viooltjes* ⟨Viola tricolor⟩ **1.3** Fancy Pink *extra fijne zalm.*

fancy[3] ⟨f2⟩⟨ov.ww.;→ww. 7⟩ →fancied **0.1** ***zich voorstellen*** ⇒*zich indenken* **0.2** ***vermoeden*** ⇒*geloven* **0.3** ***een voorliefde hebben voor*** ⇒*leuk vinden* **0.4** ***kweken*** ⇒*fokken* ⟨v. sierrassen⟩ ◆ **1.3** ~ a girl *op een meisje vallen;* ~ an idea *iets een leuk idee vinden;* ~ some peanuts? *wil je wat pinda's?* **3.1** ~ Ernest eating that! *stel je voor dat Ernst dat zou eten!* **3.2** I ~ I've been here before *ik heb het gevoel dat ik hier eerder geweest ben* **4.2** ~ that! *stel je voor!, niet te geloven!* **4.3** ~ o.s. (as) an actor *een hoge dunk van zichzelf als toneelspeler hebben.*

'fan·cy-'free ⟨bn.⟩ **0.1** ***ongebonden*** ⇒*niet verliefd, vrij.*

'fancy man ⟨telb.zn.⟩⟨sl.⟩ **0.1** ***minnaar*** ⇒*souteneur, pooier.*

'fancy pants ⟨telb.zn.; geen mv.⟩⟨AE; inf.⟩ **0.1** ***papkindje*** ⇒*moederskindje* **0.2** ***(overdreven) kieskeurig mens.***

'fancy woman ⟨telb.zn.⟩⟨sl.⟩ **0.1** ***minnares*** ⇒*demi-mondaine.*

'fan·cy·work ⟨n.-telb.zn.⟩ **0.1** ***fraaie handwerken*** ⇒*borduurwerk, haakwerk.*

'fan dance ⟨telb.zn.⟩ **0.1** ***waaierdans.***

fan·dan·gle [fæn'dæŋgl]⟨zn.⟩

I ⟨telb.zn.⟩ **0.1** ***tierelantijntje*** ⇒*frutseltje;*

II ⟨n.-telb.zn.⟩ **0.1** ***onzin*** ⇒*nonsens, malligheid.*

fan·dan·go [fæn'dæŋgoʊ]⟨telb.zn.; ook -es;→mv. 2⟩ **0.1** ***fandango*** ⟨Spaanse dans⟩ **0.2** ***aanstellerij*** ⇒*onzin, nonsens.*

fane [feɪn]⟨telb.zn.⟩⟨schr.⟩ **0.1** ***tempel***.

fan·fare ['fænfeə‖-fer]⟨zn.⟩
 I ⟨telb.zn.⟩⟨muz.⟩ **0.1** ***fanfare*** ⇒*trompetgeschal;*
 II ⟨telb. en n.-telb.zn.⟩ **0.1** ***drukte*** ⇒*ophef*.

fan·fa·ron·ade ['fænfərə'nɑ:d‖-færə'neɪd]⟨zn.⟩
 I ⟨telb.zn.⟩⟨muz.⟩ **0.1** ***fanfare;***
 II ⟨n.-telb.zn.⟩ **0.1** ***bluf*** ⇒*opschepperij*.

fang[1] [fæŋ]⟨f2⟩⟨telb.zn.⟩ **0.1** ***hoektand*** ⇒*snijtand* ⟨v. hond of wolf⟩, *giftand* ⟨v. slang⟩, *slagtand* **0.2** ***tandwortel*** **0.3** ⟨inf.⟩ ***tand*** **0.4** ⟨tech.⟩ ***grijptand*** ⇒*haak, klauw* ⟨v. gereedschap⟩.

fang[2] ⟨ov.ww.⟩ **0.1** ***bijten in*** ⇒*zijn tanden zetten in* **0.2** ***op gang brengen*** ⟨pomp e.d.⟩.

fanged [fæŋd]⟨bn., attr.⟩ **0.1** ***(als) met scherpe tanden***.

fang·less ['fæŋləs]⟨bn.⟩ **0.1** ***zonder (grijp)tanden***.

'fan heater ⟨telb.zn.⟩ **0.1** ***ventilatorkachel***.

'fan jet ⟨telb.zn.⟩⟨tech.⟩ **0.1** ***dubbelstroomstraalmotor***.

'fan light ⟨telb.zn.⟩⟨bouwk.⟩ **0.1** ***(waaiervormig) bovenlicht*** ⇒*waaiervenster*.

'fan mail ⟨f1⟩⟨n.-telb.zn.⟩ **0.1** ***fanmail*** ⇒*brieven van bewonderaars*.

fan·ner ['fænə‖-ər]⟨telb.zn.⟩⟨tech.⟩ **0.1** ***handventilator*** ⟨in mijnbouw⟩ **0.2** ***wanmachine***.

fan·ning ['fænɪŋ]⟨zn.; oorspr. gerund v. fan⟩
 I ⟨n.-telb.zn.⟩⟨landb.⟩ **0.1** ***het wannen;***
 II ⟨mv.; ~s⟩ **0.1** ***gruisthee***.

'fanning mill ⟨telb.zn.⟩⟨tech.⟩ **0.1** ***builmolen*** ⇒*wanmachine*.

fan·ny ['fæni]⟨f1⟩⟨telb.zn.; →mv. 2⟩ **0.1** ⟨BE; vulg.⟩ ***kut(je)*** ⇒*gleufje* **0.2** ⟨AE; inf.⟩ ***kont*** ⇒*achterwerk, achterste*.

Fanny Adams [-'ædəmz]⟨n.-telb.zn.⟩ **0.1** ⟨scheep.⟩ ***vlees in blik*** **0.2** ⟨sl.⟩ ***geen moer***.

'fan palm ⟨telb.zn.⟩⟨plantk.⟩ **0.1** ***waaierpalm*** ⇒*wijnpalm* ⟨Mauritia flexuosa⟩.

'fan·tail ⟨telb.zn.⟩ **0.1** ***waaiervormig(e) staart/uiteinde*** **0.2** ⟨tech.⟩ ***vleermuisbrander*** ⇒*rondstraalbrander* **0.3** ⟨scheep.⟩ ***scheg(bord)*** **0.4** ⟨dierk.⟩ ***pauwstaartduif*** ⟨Columba trennula⟩ **0.5** ⟨dierk.⟩ ***waaierstaart*** ⟨vliegenvanger, genus Rhipidura⟩ **0.6** ⟨BE⟩ ***kap*** ⟨v. kolensjouwer⟩.

'fan·tailed ⟨bn.⟩⟨dierk.⟩ ◆ **1.¶** ~ warbler *waaierstaartrietzanger* ⟨Cisticola juncidis⟩.

fan-tan ['fæntæn]⟨n.-telb.zn.⟩ **0.1** ***fan t'an*** ⟨Chinees gokspel⟩ **0.2** ***kaartspel***.

fan·ta·sia [fæn'teɪzɪə, 'fæntə'zɪə‖fæn'teɪʒə]⟨telb.zn.⟩ **0.1** ⟨vnl. muz.⟩ ***fantasie*** ⇒*fantasia, compositie in vrije vorm* **0.2** ⟨muz.⟩ ***fantasie*** ⇒*medley, potpourri* **0.3** ***fantasia*** ⇒*Arabisch ruiterfeest*.

fan·ta·sist [fæntəsɪst]⟨telb.zn.⟩ **0.1** ***fantast***.

fan·ta·size, -sise ['fæntəsaɪz]⟨f1⟩⟨onov. en ov.ww.⟩ **0.1** ***fantaseren***.

fan·tas·mo [fæn'tæzmoʊ]⟨bn.⟩⟨sl.⟩ **0.1** ***buitengewoon fantastisch***.

fan·tast ['fæntæst]⟨telb.zn.⟩ **0.1** ***dromer*** ⇒*ziener, fantast*.

fan·tas·tic [fæn'tæstɪk], **fan·tas·ti·cal** [-ɪkl]⟨f3⟩⟨bn.; -(al)ly; -ness; →bijw. 3⟩ **0.1** ***grillig*** ⇒*excentriek, bizar* **0.2** ***denkbeeldig*** **0.3** ⟨inf.⟩ ***enorm*** ⇒*fantastisch, buitengewoon* ◆ **1.1** ⟨scherts.⟩ the light ~ toe *het rondhopsen, het dansen*.

fan·tas·ti·cal·i·ty [fæn'tæstɪ'kæləti]⟨n.-telb.zn.⟩ **0.1** ***excentriciteit*** ⇒*grilligheid* **0.2** ***het buitengewone*** ⇒*uitzonderlijkheid* **0.3** ***denkbeeldigheid***.

fan·tas·ti·cate [fæn'tæstɪ'keɪt]⟨ww.⟩⟨schr.⟩
 I ⟨onov.ww.⟩ **0.1** ***fantaseren;***
 II ⟨ov.ww.⟩ **0.1** ***fantastisch(er)/bizar(der)/wonderlijk(er) maken***.

fan·ta·sy[1], **phan·ta·sy** ['fæntəsi]⟨f3⟩⟨zn.; →mv. 2⟩
 I ⟨telb.zn.⟩ **0.1** ***illusie*** ⇒*fantasie, visioen* **0.2** ***inval*** ⇒*gril, idee* **0.3** ***fantasiemunt*** **0.4** ⟨lit., muz.⟩ ***fantasia*** ⇒*improvisatie, fantasie;*
 II ⟨n.-telb.zn.⟩ **0.1** ***verbeelding*** ⇒*fantasie*.

fantasy[2], **phantasy** ⟨ov.ww.; ww. 7⟩ **0.1** ***fantaseren*** ⇒*dromen van*.

fan·toc·ci·ni ['fæntə'tʃi:ni‖'fɑn-]⟨mv.⟩ **0.1** ***marionetten*** **0.2** ***poppenspel*** ⇒*marionettentheater*.

fan·tod ['fæntɒd‖-tɑd]⟨zn.⟩
 I ⟨n.-telb.zn.⟩ **0.1** ***zenuwachtig/onberekenbaar gedrag;***
 II ⟨mv.; ~s⟩ **0.1** ***kriebels*** ⇒*zenuwen*.

'fan vaulting ⟨telb. en n.-telb.zn.⟩⟨bouwk.⟩ **0.1** ***waaiergewelf/gewelven***.

FAO ⟨eig.n.⟩⟨afk.⟩ Food and Agriculture Organization **0.1** ***F.A.O.*** ⟨Wereld Landbouw- en Voedselorganisatie⟩.

far[1] [fɑ:‖fɑr]⟨f4⟩⟨bn., attr.; farther ['fɑ:ðə‖'fɑrðər], further ['fɜ:ðə‖'fɜrðər], farthest ['fɑ:ðɪst‖'fɑr-], furthest ['fɜ:ðɪst‖'fɜr-]; →compar. 5⟩ →farther, further, farthest, furthest **0.1** ***ver*** ⇒*(ver)afgelegen, ver verwijderd* ◆ **1.1** your plum-pudding is a ~ cry from the real thing *jouw plumpudding is totaal niet wat hij zijn moet;* the Far East *het Verre Oosten;* ⟨voetbal⟩ ~ post *tweede paal;* at the ~ end of the room *aan het andere eind v.d. kamer;* to the ~ right *uiterst rechts* ⟨ook pol.⟩; the Far West *de Far-West, de Westkust v.d. U.S.A.*.

far[2] ⟨f4⟩⟨bw.; comparatie als far[ps]ɪ[pr]; →compar. 5⟩⟨→sprw. 25⟩ **0.1** ***ver*** **0.2** ***lang*** ⇒*ver* ⟨v. tijd⟩ **0.3** ***veel*** ⇒*verreweg* ◆ **2.3** ~ better *veel beter;* ~ too easy *veel te makkelijk* **3.1** carry/take sth. too ~ *iets te ver doordrijven/te ver laten komen;* go ~ *het ver brengen; veel waard zijn* ⟨v. geld⟩; a pound doesn't go very ~ these days *tegenwoordig kun je met een pond haast niets meer doen;* go too ~ *te ver gaan;* go ~ towards/to *in hoge mate bijdragen tot;* ~ gone *ver heen* **5.1** how ~ *hoe ver, in hoeverre;* ~ and **near** *overal;* ~ **off** *ver weg;* ~ **out** *ververwijderd, afgelegen;* ⟨fig.⟩ *uitstekend, extravagant, overdreven;* so ~ *(tot) zó ver, in zoverre;* so ~ from *in plaats van;* ~ and wide *wijd en zijd* **5.2** (few and) ~ **between** *sporadisch, zelden (voorkomend);* so ~ *tot nu toe;* so ~ so good *zover zijn we in elk geval, tot nu toe is alles nog goed gegaan* **5.3** ~ and **away** the best *verreweg het beste* **6.1** ~ **from** easy *verre van/allesbehalve makkelijk;* ~ **from** it *verre van dat;* ~ be it **from** me to criticize *het is verre van mij om kritiek te leveren;* **in** so/as ~ as *voor zover* **6.2** ~ **into** the afternoon *ver in de middag;* **until** ~ **into** the night *tot diep in de nacht* **6.3** that book is the better **by** ~ *dat is verreweg het beste boek* **7.3** sth. ~ other *iets totaal anders* **8.1** as/so ~ as *voor zover; tot aan, zover als;* as ~ as I can see *volgens mij*.

fa·rad ['færəd‖-ræd]⟨n.-telb.zn.⟩⟨elek.⟩ **0.1** ***farad*** ⟨eenheid v. capaciteit⟩.

far·a·da·ic ['færə'deɪɪk], **fa·rad·ic** [fə'rædɪk]⟨bn.⟩⟨elek.⟩ **0.1** ***faradisch*** ⇒*faraday-* ◆ **1.1** ~ current *inductiestroom*.

far·a·day ['færədeɪ, -di], **'Faraday's 'constant** ⟨n.-telb.zn.⟩⟨elek.⟩ **0.1** ***(getal/constante v.) Faraday***.

'Faraday cage ⟨telb.zn.⟩⟨elek.⟩ **0.1** ***kooi v. Faraday***.

'Faraday effect ⟨n.-telb.zn.⟩⟨elek.⟩ **0.1** ***Faradayeffect*** ⇒*Faradaydraaiing*.

far·an·dole ['færən'doʊl]⟨telb. en n.-telb.zn.⟩⟨dansk., muz.⟩ **0.1** ***farandole*** ⟨(muziek voor) Provençaalse dans in 6/8 maat⟩.

far·a·way ['fɑ:rə'weɪ]⟨f2⟩⟨bn., attr.⟩ **0.1** ***(ver)afgelegen*** ⇒*ver* **0.2** ***afwezig*** ⇒*dromerig, ver* ⟨v. blik⟩.

farce[1] [fɑ:s‖fɑrs]⟨f2⟩⟨zn.⟩
 I ⟨telb.zn.⟩ **0.1** ***schijnvertoning*** ⇒*zinloos gedoe, farce;*
 II ⟨telb. en n.-telb.zn.⟩⟨dram.⟩ **0.1** ***klucht*** ⇒*kluchtspel, farce*.

farce[2] ⟨ov.ww.⟩⟨vero.; cul.⟩ **0.1** ***vullen*** ⇒*farceren*.

far·ceur [fɑ:'sɜ:‖fɑr'sɜr]⟨telb.zn.⟩ **0.1** ***grappenmaker*** ⇒*lolbroek* **0.2** ***kluchtspeler*** **0.3** ***kluchtschrijver***.

far·ci·cal ['fɑ:sɪkl‖'fɑr-]⟨f1⟩⟨bn.; -ly; -ness⟩ **0.1** ***kluchtig*** ⇒*lachwekkend* **0.2** ***futiel*** ⇒*absurd, zinloos*.

far·cy ['fɑ:si‖'fɑrsi]⟨telb. en n.-telb.zn.; →mv. 2⟩⟨diergeneeskunde⟩ **0.1** ***(kwade) droes*** ⇒*malleus*.

'farcy bud, 'farcy button ⟨telb.zn.⟩⟨diergeneeskunde⟩ **0.1** ***droeszweer/zwelling***.

far·del ['fɑ:dl‖'fɑrdl]⟨telb.zn.⟩⟨vero.⟩ **0.1** ***pak*** ⇒*bundel* **0.2** ***last*** ⇒*vracht*.

fare[1] [feə‖fer]⟨f3⟩⟨zn.⟩
 I ⟨telb.zn.⟩ **0.1** ***vervoerprijs*** ⇒*vervoerskosten, (rit)prijs, tarief,* ⟨ong.⟩ *kaartje* **0.2** ***passagier*** ⇒*vrachtje* ⟨in taxi⟩ ◆ **2.1** flat ~ *vast tarief* ⟨i.p.v. zonetarief⟩ **3.1** bus ~s have risen *de bustarieven zijn gestegen;*
 II ⟨n.-telb.zn.⟩ **0.1** ***kost*** ⇒*voedsel, voer* ◆ **2.1** simple ~ *eenvoudige kost*.

fare[2] ⟨f1⟩⟨onov.ww.⟩⟨→sprw. 229⟩ **0.1** ⟨schr.⟩ ***zich begeven*** ⇒*trekken, gaan, reizen* **0.2** ⟨vero.⟩ ***gesteld zijn*** ⇒*toegaan, geschieden* **0.3** ⟨vero.⟩ ***varen*** ⇒*iets beleven, het goed/slecht maken* **0.4** ⟨vero.⟩ ***onthaald worden*** ⇒*de maaltijd gebruiken* ◆ **4.2** how ~s it with you? *hoe staat het met u?* **4.3** how did you ~? *hoe ben je gevaren?, hoe is het gegaan?* **5.1** ~ **forth** *zich op weg begeven* **5.3** ~ **ill** *het slecht treffen, geen geluk hebben;* it ~d **ill** with him *hij trof het slecht;* ~ **well** *succes hebben, het goed hebben* **5.4** ~ **well** *goed eten*.

'fare dodger ⟨telb.zn.⟩⟨inf.⟩ **0.1** ***zwartrijder***.

'fare-in·di·ca·tor, fare-met·er ⟨telb.zn.⟩ **0.1** ***taximeter***.

'fare-stage ⟨telb.zn.⟩ **0.1** ***zone(grens)*** ⟨bij openbaar vervoer⟩.

'fare'well[1] ⟨f1⟩⟨telb.zn.⟩⟨schr.⟩ **0.1** ***afscheid*** ⇒*vaarwel*.

farewell[2] ⟨f1⟩⟨tussenw.⟩⟨schr.⟩ **0.1** ***vaarwel*** ⇒*adieu, tot ziens* ◆ **6.1** ~ **to** John *exit John, dat was dan John*.

'farewell 'speech ⟨telb.zn.⟩ **0.1** ***afscheidsrede*** ⇒*zwanezang*.

'far-'famed ⟨bn.⟩ **0.1** ***wijdvermaard***.

'far-'fetched ⟨f1⟩⟨bn.⟩ **0.1** ***vergezocht*** ⇒*onwaarschijnlijk, gewrongen* ⟨voorbeeld, vergelijking⟩.

'far-'flung ⟨bn.⟩⟨schr.⟩ **0.1** ***wijdverbreid*** ⇒*vèrverspreid, wijdvertakt* ⟨netwerk, connecties⟩ **0.2** ***verafgelegen***.

fa·ri·na [fə'ri:nə]⟨n.-telb.zn.⟩ **0.1** ***meel*** ⇒*bloem* **0.2** ⟨plantk.⟩ ***stuifmeel*** ⇒*pollen* **0.3** ⟨BE⟩ ***(aardappel)zetmeel*** ⇒*bindmiddel, stijfsel*.

far·i·na·ceous ['færɪ'neɪʃəs]⟨bn.⟩ **0.1** ***zetmeelhoudend*** ⇒*melig, meel-* ◆ **1.1** ~ foods *meelprodukten*.

far·i·nose ['færɪnoʊs, -noʊz]⟨bn.⟩ **0.1** ***meelachtig*** ⇒*melig*.

farl [fɑ:l‖fɑrl]⟨telb.zn.⟩⟨Sch. E⟩ **0.1** ***(haver)koekje***.
'far'left ⟨bn.⟩ **0.1** ***uiterst/ultra links***.
farm[1] [fɑ:m‖fɑrm]⟨f3⟩⟨telb.zn.⟩ **0.1** ***boerderij*** ⇒*landbouwbedrijf, boerenbedrijf* **0.2** ***boerenhoeve*** ⇒*boerderij* **0.3** ***fokkerij*** ⟨v. vee, paarden⟩ ⇒*kwekerij* ⟨ook v. mosselen e.d.⟩ **0.4** ***(baby)tehuis*** ⇒*verzorgingshuis* **0.5** ***pacht*** ⇒*verpachting* ◆ **3.¶** ⟨sl.⟩ buy the ~ *erin stinken, zich laten vangen; de pijp uitgaan*.
farm[2] ⟨f2⟩⟨ww.⟩ →farming
I ⟨onov.ww.⟩ **0.1** ***boer zijn*** ⇒*boeren, een boerderij hebben;*
II ⟨ov.ww.⟩ **0.1** ***bewerken*** ⇒*bebouwen, cultiveren* ⟨grond⟩ **0.2** ***pachten*** **0.3** ***verpachten*** ⇒*verhuren* ⟨i.h.b. personeel⟩ **0.4** ***in de kost nemen*** ⟨kind⟩ ◆ **1.1** Fred ~s 1000 acres *Fred heeft 400 bunder landbouwgrond* **5.3** ~ **out** *uitbesteden* ⟨werk, kind⟩; *overdragen, afschuiven* ⟨verantwoordelijkheid⟩; ~ **out** land/taxes *land/belastingen verpachten*.
farm·er ['fɑ:mə‖'fɑrmər]⟨f3⟩⟨telb.zn.⟩⟨→sprw. 658⟩ **0.1** ***boer*** ⇒*landbouwer, agrariër* **0.2** ***pachter*** ⟨vnl. v. belastingen⟩.
'farm·er-'gen·er·al ⟨telb.zn.; farmers-general; →mv. 6⟩⟨gesch.⟩ **0.1** ***pachter v. belastingen*** ⟨in Frankrijk voor de Revolutie⟩.
'farm-hand ⟨f1⟩⟨telb.zn.⟩ **0.1** ***boerenknecht*** ⇒*landarbeider*.
'farm·house ⟨f2⟩⟨telb.zn.⟩ **0.1** ***(boeren)hoeve*** ⇒*hofste(d)e, boerderij*.
farm·ing[1] ['fɑ:mɪŋ‖'fɑr-]⟨f2⟩⟨n.-telb.zn.; gerund v. farm⟩ **0.1** ***het boeren*** ⇒*het boerenbedrijf* ◆ **3.1** mixed ~ *gemengd bedrijf*.
farming[2] ⟨bn., attr.; teg. deelw. v. farm⟩ **0.1** ***landbouw-*** ⇒*boeren-, agrarisch*.
'farm·land ⟨f1⟩⟨n.-telb.zn.⟩ **0.1** ***landbouwgrond***.
'farm·stead ⟨telb.zn.⟩ **0.1** ***boerenhoeve*** ⇒*boerderij*.
'farm worker ⟨f1⟩⟨telb.zn.⟩ **0.1** ***landarbeider***.
'farm·yard ⟨f1⟩⟨telb.zn.⟩ **0.1** ***(boeren)erf***.
far·o ['feəroʊ‖'fer-]⟨n.-telb.zn.⟩ **0.1** ***faro*** ⟨kaartspel⟩.
'far-'off ⟨f1⟩⟨bn.⟩ **0.1** ***ver(afgelegen)*** ⇒*ver weg, lang geleden*.
fa·rouche [fə'ru:ʃ]⟨bn.; -ly⟩ **0.1** ***stroef*** ⇒*nors, schuw* **0.2** ***wild*** ⇒*ongeregeld, onordelijk* ⟨huishouden e.d.⟩.
'far-'out ⟨f1⟩⟨bn.⟩ **0.1** ***afgelegen*** ⇒*ver weg* **0.2** ⟨inf.⟩ ***uitzonderlijk*** ⇒*uitheems, bizar* ⟨v. kleding, ideeën⟩ **0.3** ⟨inf.⟩ ***fantastisch*** ⇒*uitstekend*.
'far-'out·er ⟨telb.zn.⟩⟨inf.⟩ **0.1** ***nonconformist*** ⇒*progressieveling*.
far·rag·i·nous [fə'rædʒɪnəs]⟨bn.⟩ **0.1** ***gemêleerd*** ⇒*bont, gemengd*.
far·ra·go [fə'rɑ:goʊ‖-'reɪgoʊ]⟨telb.zn.; ook -es; →mv. 2⟩ **0.1** ***ratjetoe*** ⇒*allegaartje, mengelmoes*.
'far-'rang·ing ⟨bn.⟩ **0.1** ***verreikend***.
'far-'reach·ing ⟨f2⟩⟨bn.⟩ **0.1** ***verstrekkend*** ⇒*verreikend* ⟨v. gevolg, effect⟩.
far·ri·er ['færɪə‖-ər]⟨telb.zn.⟩⟨BE⟩ **0.1** ***hoefsmid***.
far·ri·er·y ['færɪəri]⟨zn.; →mv. 2⟩⟨BE⟩
I ⟨telb.zn.⟩ **0.1** ***hoefsmederij;***
II ⟨n.-telb.zn.⟩ **0.1** ***paardeartsenijkunde***.
'far'right ⟨bn.⟩ **0.1** ***uiterst/ultra rechts***.
far·row[1] ['færoʊ]⟨telb.zn.⟩ **0.1** ***worp*** ⇒*nest* ⟨v. biggen⟩ ◆ **6.1 with** ~ *drachtig*.
farrow[2] ⟨ww.⟩
I ⟨onov.ww.⟩ **0.1** ***biggen*** ⇒*jongen* ⟨v. zeug⟩;
II ⟨ov.ww.⟩ **0.1** ***werpen*** ⟨biggen⟩.
'far'see·ing ⟨bn.⟩ **0.1** ***vooruitziend*** ⇒*voorziend*.
Far·si [fɑ:si‖fɑrsi]⟨eig.n.⟩ **0.1** ***Farsi*** ⇒*de Perzische taal*.
'far-'sight·ed ⟨f1⟩⟨bn.⟩ **0.1** ***voorziend*** ⇒*vooruitziend* **0.2** ***verziend***.
fart[1] [fɑ:t‖fɑrt]⟨f1⟩⟨telb.zn.⟩⟨vulg.⟩ **0.1** ***scheet*** ⇒*wind* **0.2** ***lul*** ⇒*klootzak* ◆ **3.1** lay a ~ *een scheet laten*.
fart[2] ⟨f1⟩⟨onov.ww.⟩⟨vulg.⟩ **0.1** ***een scheet laten*** ◆ **5.¶** ~ **about/around** *aanklooien/rotzooien, rondlummelen*.
far·ther[1] ['fɑ:ðə‖'fɑrðər]⟨f1⟩⟨bn.; vergr. trap v. far⟩ →far ⟨→sprw. 128, 480⟩ **0.1** ***verder (weg)*** ◆ **1.1** ~ proof *meer bewijs;* the ~ side of the field *de overkant v.h. veld*.
farther[2] ⟨f1⟩⟨bw.⟩ **0.1** ***verder*** ⇒*door, vooruit* ◆ **3.1** you won't get much ~ with him that way *op die manier kom je niet verder met hem;* walk ~ *verder lopen* **5.1** ~ **away** *verder weg*.
far·ther·most ['fɑ:ðəmoʊst‖'fɑrðər-]⟨bn.⟩ **0.1** ***verst (weg)***.
far·thest[1] ['fɑ:ðɪst‖'fɑr-]⟨f1⟩⟨bn.; overtr. trap v. far⟩ →far **0.1** ***verst (weg)*** ◆ **6.1 at** (the) ~ *op z'n hoogst/laagst/meest/verst/laatst*.
farthest[2] ⟨f1⟩⟨bw.⟩ **0.1** ***het verst*** ◆ **3.1** for that picture I had to dig ~ into my memory *voor die foto moet ik het diepst in mijn herinnering graven;* who walked ~? *wie heeft het verst gelopen?*.
far·thing ['fɑ:ðɪŋ‖'fɑr-]⟨telb.zn.⟩⟨BE; gesch.⟩ **0.1** ***een vierde penny*** ⇒⟨ong.⟩ *duit* ⟨ook fig.⟩ ◆ **3.1** Fred doesn't care a ~ *het kan Fred geen cent/zier/klap schelen*.
far·thin·gale ['fɑ:ðɪŋgeɪl‖'fɑr-]⟨telb.zn.⟩⟨gesch.⟩ **0.1** ***hoepelrok*** ⇒*crinoline*.
fart·lek ['fɑ:tlek‖'fɑrt-]⟨telb. en n.-telb.zn.⟩⟨atletiek⟩ **0.1** ***fartlek*** ⇒*vaartspel* ⟨soort intervaltraining⟩.
fas ⟨afk.⟩ free alongside ship.

fas·ces ['fæsi:z]⟨mv.⟩⟨gesch.⟩ **0.1** ***fasces*** ⇒*bijlbundel* ⟨symbool v.d. Romeinse staatsmacht⟩.
fas·ci·a, ⟨ook⟩ **fa·ci·a** ['feɪʃə⟨in bet. 0.3.⟩'fæʃə‖'feɪʃə, 'fæʃə]⟨telb.zn.; ook fa(s)ciae [-ʃɪi:]; →mv. 5⟩ **0.1** ***band*** ⇒*strook, sjerp* **0.2** ⟨bouwk.⟩ ***fascia*** ⇒*fascie, band, streep* ⟨op gevel of fries⟩ **0.3** ⟨anat.⟩ ***fascia*** ⇒*fascie, band* ⟨bindweefselformatie⟩ **0.4** →facia.
fas·ci·ate ['fæʃieɪt], **fas·ci·at·ed** [-eɪtɪd]⟨bn.⟩ **0.1** ⟨plantk.⟩ ***vergroeid*** ⇒*samengegroeid;* ⟨ook⟩ *geplet, afgeplat* **0.2** ⟨dierk.⟩ ***gestreept***.
fas·ci·a·tion ['fæʃi'eɪʃn]⟨telb. en n.-telb.zn.⟩ **0.1** ⟨plantk.⟩ ***fasciatie*** ⇒*bandvormige verbreding* ⟨v. plantestengel⟩ **0.2** ***het zwachtelen***.
fas·ci·cle ['fæsɪkl], **fas·ci·cule** ['fæsɪkju:l]⟨telb.zn.⟩ **0.1** ***bundel*** ⇒*bos* **0.2** ***deel*** ⇒*fascikel, aflevering* ⟨v. boek, tijdschrift, reeks⟩ **0.3** ⟨anat.⟩ ***zenuwbundel/streng*** **0.4** ⟨plantk.⟩ ***fasciculus*** ⇒*tros*.
fas·ci·cled ['fæsɪkld], **fas·cic·u·lar** [fə'sɪkjʊlə‖-kjələr], **fas·cic·u·late** [-kjʊleɪt‖-kjə-], **fas·cic·u·lat·ed** [-leɪtɪd]⟨bn.⟩ **0.1** ***gebundeld*** ⇒*in bundels verdeeld* **0.2** ***bundelvormig*** ⇒*als een bundel*.
fas·cic·u·la·tion [fə'sɪkjʊ'leɪʃn‖-kjə-]⟨telb. en n.-telb.zn.⟩ **0.1** ***bundeling*** ⇒*het gebundeld zijn*.
fas·cic·u·lus [fə'sɪkjʊləs‖-kjə-]⟨telb.zn.; fasciculi [-laɪ]; →mv. 5⟩ **0.1** ***deel*** ⇒*fascikel, aflevering* ⟨v. boek, tijdschrift, reeks⟩ **0.2** ⟨anat.⟩ ***zenuwbundel*** ⇒*zenuwstreng*.
fas·ci·nate ['fæsɪneɪt]⟨f3⟩⟨ov.ww.⟩ →fascinating **0.1** ***boeien*** ⇒*fascineren* **0.2** ***bekoren*** ⇒*fixeren, hypnotiseren* ⟨v. slang⟩ ◆ **6.1** Fanny is ~d **by/with** photography *Fanny is helemaal in de ban v.d. fotografie*.
fas·ci·nat·ing ['fæsɪneɪtɪŋ]⟨f2⟩⟨bn.; teg. deelw. v. fascinate; -ly⟩ **0.1** ***boeiend*** ⇒*pakkend, fascinerend* **0.2** ***onweerstaanbaar*** ⇒*betoverend*.
fas·ci·na·tion ['fæsɪ'neɪʃn]⟨f2⟩⟨telb. en n.-telb.zn.⟩ **0.1** ***aantrekkelijkheid*** ⇒*charme, bekoring, aantrekkingskracht* **0.2** ***geboeidheid*** ⇒*fascinatie* ◆ **6.1** old-timers have always had a great ~ **for** Tim *Tim is altijd al gek geweest op oude auto's*.
fas·ci·na·tor ['fæsɪneɪtə‖-neɪtər]⟨telb.zn.⟩ **0.1** ***fascinerend iem./iets*** ⇒*charmeur* **0.2** ***(dun) sjaaltje*** ⇒*hoofddoek* ⟨vnl. v. vrouwen⟩.
fas·cine [fæ'si:n]⟨telb.zn.⟩⟨wwb.⟩ **0.1** ***takkenbos*** ⇒*rijsbos, fascine*.
fas·cism ['fæʃɪzm]⟨f1⟩⟨n.-telb.zn.; vaak F-⟩⟨pol.⟩ **0.1** ***fascisme***.
fas·cist[1] ['fæʃɪst]⟨f1⟩⟨telb.zn.; vaak F-⟩⟨pol.⟩ **0.1** ***fascist***.
fascist[2], **fas·cist·ic** [fæ'ʃɪstɪk]⟨f1⟩⟨bn.; vaak F-; fascistically; →bijw. 3⟩⟨pol.⟩ **0.1** ***fascistisch*** ⇒*fascistoïde*.
fash[1] [fæʃ]⟨telb. en n.-telb.zn.⟩⟨Sch. E⟩ **0.1** ***moeite*** ⇒*last, ongemak*.
fash[2] →fashionable.
fash[3] ⟨ww.⟩⟨Sch. E⟩
I ⟨onov.ww.⟩ **0.1** ***zich moeite geven*** ⇒*moeite doen, zich inspannen* ◆ **1.1** no need to ~ *doe maar kalm aan;*
II ⟨ov.ww.⟩ **0.1** ***lastig vallen*** ⇒*plagen, hinderen, ergeren* ◆ **4.1** ~ o.s. *zich moeite geven, moeite doen, zich ergeren*.
fash·ion[1] ['fæʃn]⟨f3⟩⟨zn.⟩
I ⟨telb.zn.⟩ **0.1** ***vorm*** ⇒*uiterlijk* **0.2** ***manier*** ⇒*stijl, trant, wijze* ◆ **1.1** the ~ of a coat *de snit v.e. jas* **6.2 after/in** a ~ *zo'n beetje;* did he change the nappies? yes, **after** a ~ *heeft hij de baby verschoond? ja, op zijn manier* ⟨d.w.z. niet perfect⟩; **after** the ~ **of** *in de stijl v.;*
II ⟨telb. en n.-telb.zn.⟩ **0.1** ***gebruik*** ⇒*mode, gewoonte* ◆ **3.1** ~s have changed *de mode is veranderd;* it's the ~ to do that *het is gebruikelijk (om) dat te doen;* follow (the) ~ *met de mode meedoen;* keep up with ~ *met de mode/zijn tijd meegaan;* set a ~ *een mode/rage/trend lanceren; de toon aangeven* **6.1** be **in** ~ *in de mode zijn;* come **into** ~ *in de mode raken;* go **out of** ~ *uit de mode raken* **6.¶** ⟨inf.⟩ like/as if it's going **out of** ~ *alsof je leven ervan afhangt, bij de wilde beesten af* **7.1** be all the ~ *erg in zijn;*
III ⟨n.-telb.zn.⟩ **0.1** ⟨ook attr.⟩ ***mode*** **0.2** ***de grote wereld*** ⇒*elite; de chic* ◆ **1.1** ~ shoes *modeschoenen, modieuze schoenen* **1.2** a man of ~ *een chic figuur; een man met stijl*.
fashion[2] ⟨f2⟩⟨ov.ww.⟩ **0.1** ***vormen*** ⇒*modelleren, maken* **0.2** ***veranderen*** ⇒*aanpassen* **0.3** ***fatsoeneren*** ◆ **6.1** ~ a sheet **into** a dress *van een laken een jurk fabrieken;* ~ sth. **from/out of** a piece of cloth *iets maken van een lap stof*.
-fash·ion [fæʃn] **0.1** ***op de manier v.*** ⇒*-gewijs* ◆ **¶.1** monkey-fashion *als een aap*.
fash·ion·a·ble[1] ['fæʃnəbl]⟨telb.zn.⟩ **0.1** ***chic persoon/figuur***.
fashionable[2] ⟨f2⟩⟨bn.; -ly; -ness; →bijw. 3⟩ **0.1** ***modieus*** ⇒*in de mode, in zwang, populair, in* **0.2** ***chic*** ⇒*stijlvol* ◆ **1.2** the ~ world *de beau monde, de grote wereld* **3.1** fashionably dressed *naar de laatste mode gekleed*.
'fash·ion-'con·scious ⟨bn.⟩ **0.1** ***modebewust***.
'fashion designer ⟨f1⟩⟨telb.zn.⟩ **0.1** ***modeontwerper***.
'fashion house ⟨telb.zn.⟩ **0.1** ***modehuis*** ⇒*mode-ontwerper, couturier*.

'fashion magazine ⟨f1⟩ ⟨telb.zn.⟩ **0.1** ***modeblad***.
'fash·ion·mon·ger ⟨telb.zn.⟩ **0.1** ***modegek*** ⇒*fat* **0.2** ***trendsetter***.
'fashion parade, 'fashion show ⟨telb.zn.⟩ **0.1** ***modeshow***.
'fashion plate ⟨telb.zn.⟩ **0.1** ***modeplaat*** ⟨ook fig.⟩ ⇒*modepop*.
'fashion scene ⟨telb.zn.⟩ **0.1** ***modewereldje***.
'fashion world ⟨telb.zn.; geen mv.⟩ **0.1** ***modewereld***.
fast[1] [fɑ:st‖fæst] ⟨f1⟩ ⟨telb.zn.⟩ **0.1** ***vasten(tijd)*** ◆ **3.¶** break one's ~ *ontbijten* **6.1** a ~ **of** seven days *zeven dagen vasten*.
fast[2] ⟨f3⟩ ⟨bn.; -er⟩ ⟨→sprw. 280⟩
I ⟨bn.⟩ **0.1** ***vast*** ⇒*stevig, hecht, duurzaam* **0.2** ***snel*** ⇒*vlug; gevoelig* ⟨film⟩ **0.3** ***lichtsterk*** ⟨lens⟩ **0.4** ⟨vero.⟩ ***losbandig*** ⇒*vrij, snel, los, makkelijk, zedeloos* ⟨meisje⟩ ◆ **1.1** ~ colours *wasechte kleuren;* a ~ friend *een onafscheidelijke vriend;* ~ friendship *hechte vriendschap;* take ~ hold of *stevig vastpakken* **1.2** ~ breeder *snelle kweekreactor;* ~ food *een snelle hap, snacks, eten uit de muur* ⟨hamburgers, patat, pizza's enz.⟩; ~ lane *linker rijbaan, inhaalstrook* ⟨v. autoweg⟩; ~ neutrons *snelle neutronen;* ~ reactor *snelle reactor;* ~ tennis-court *snelle baan* ⟨waarop bal hard stuit⟩; ~ train *sneltrein;* a ~ worker *een vlugge, iem. die er geen gras over laat groeien* ⟨i.h.b. in relaties met het andere geslacht⟩ **1.4** ~ company *lichtzinnig gezelschap* **1.¶** ⟨sl.⟩ make a ~ buck *snel geld verdienen;* ~ ice *landvast ijs;* ~ lane *snel uitbreidende branche;* ⟨inf.⟩ *snelle maar smalle / harde / gevaarlijke weg naar de top;* live in the ~ lane *een jachtig / hectisch leven leiden;* ⟨sl.⟩ ~ talk *gladde / mooie praatjes;* ⟨sl.⟩ ~ talker *gladde prater, charmeur;* ⟨inf.⟩ ~ tracker *snelle jongen, streber, hoogvlieger* **2.¶** ~ and furious *uitbundig* **3.1** make ~ *stevig vastmaken* **3.¶** ⟨sl.⟩ pull a ~ one on s.o. *met iem. een vuile streek uithalen, iem. afzetten;*
II ⟨bn., pred.⟩ **0.1** ***vóór*** ⟨v. klok⟩ ◆ **1.1** my watch is always 5 minutes ~ *mijn horloge loopt altijd vijf minuten voor*.
fast[3] ⟨f1⟩ ⟨onov.ww.⟩ **0.1** ***vasten***.
fast[4] ⟨f3⟩ ⟨bw.⟩ ⟨→sprw. 31, 565⟩ **0.1** ***stevig*** ⇒*vast* **0.2** ***snel*** ⇒*vlug, hard* **0.3** ⟨vero.⟩ ***dicht*** ⇒*vlak* ⟨naast, bij⟩ **0.4** ⟨vero.⟩ ***los*** ⇒*vrij, snel, losbandig, zedeloos* ◆ **1.1** ~ asleep *in diepe slaap* **3.1** hold ~ to sth. *iets stevig vasthouden;* live ~ *zeer actief zijn, snel leven;* play ~ and loose (with) *zich niets gelegen laten liggen (aan)* ⟨iemands gevoelens⟩; *het niet zo nauw nemen (met); spelen (met);* ~ shut *stevig dicht;* stand ~ *stand houden;* ⟨fig.⟩ *op zijn stuk staan, voet bij stuk houden;* stick ~ *stand houden, vastzitten* **3.2** go too ~ *te hard van stapel lopen* **3.4** live ~ *er maar op los leven*.
'fast·back ⟨telb.zn.⟩ ⟨AE⟩ **0.1** ***auto met schuin aflopende achterkant*** **0.2** ***schuin aflopende achterkant v.e. auto***.
'fast-'breed·er reactor ⟨telb.zn.⟩ ⟨kernfysica⟩ **0.1** ***snelle kweekreactor***.
'fast day ⟨telb.zn.⟩ **0.1** ***vastendag***.
'fast-'dyed ['fɑ:st'daɪd‖'fæst-] ⟨bn.⟩ **0.1** ***kleurecht***.
fas·ten ['fɑ:sn‖'fæsn] ⟨f2⟩ ⟨ww.⟩ →fastening
I ⟨onov.ww.⟩ **0.1** ***dichtgaan*** ⇒*sluiten* **0.2** ***vast gaan zitten*** ⇒*zich vasthechten* ⟨ook fig.⟩ ◆ **1.1** the jacket ~s in front *het jasje heeft de sluiting van voren* **1.2** the window won't ~ *het raam wil niet dicht blijven* **6.2** ~ **(up)on** an idea *een idee met beide handen aangrijpen, zich op een idee storten;* ~ **(up)on** s.o. **for** a nasty job *iem. voor een vervelend karweitje uitkiezen;*
II ⟨ov.ww.⟩ **0.1** ***vastmaken*** ⇒*bevestigen, vastzetten / binden* **0.2** ***vestigen*** ⇒*richten* ◆ **1.1** ~ one's teeth *zich vastbijten* **5.1** ~ **in** *insluiten;* ~ **off** a thread *een draad afhechten;* ~ some papers **together** *papieren bundelen;* ~ **up** one's coat *zijn jas dichtdoen* **5.2** ~ s.o. **down** on sth. *iem. ergens op vastpinnen* **6.1** ~ **to** *vastzetten aan;* ~ o.s. **(up)on** *zich opdringen aan* **6.2** ~ the blame **on** *de schuld schuiven op;* ~ one's eyes **on** *de ogen vestigen op;* ~ ones hopes **on** *zijn hoop vestigen op;* ~ a name **on** s.o. *iem. met een naam opzadelen;* ~ a name **to** sth. *iets een naam geven / een label opplakken*.
fas·ten·er ['fɑ:snə‖'fæsnər] ⟨f1⟩ ⟨telb.zn.⟩ **0.1** ⟨ben. voor⟩ ***bevestigingsmiddel*** ⇒*sluiting, haakje* ⟨v. jurk⟩; *clip, klem* ⟨voor papier⟩.
fast·en·ing ['fɑ:snɪŋ‖'fæ-] ⟨f1⟩ ⟨zn.; gerund v. fasten⟩
I ⟨telb.zn.⟩ **0.1** ***sluiting*** ⇒*slot, grendel, bevestiging;*
II ⟨n.-telb.zn.⟩ **0.1** ***het sluiten / dichtmaken***.
'fast-'food ⟨bn., attr.⟩ ⟨AE⟩ **0.1** ***snack-*** ◆ **1.1** ~ restaurant *snelbuffet*.
fas·tid·i·ous [fæ'stɪdɪəs] ⟨f1⟩ ⟨bn.; -ly; -ness⟩ **0.1** ***veeleisend*** ⇒*kritisch, kieskeurig* ◆ **6.1** ~ **about** *kritisch op*.
fas·tig·i·ate [fæ'stɪdʒɪət] ⟨bn.⟩ **0.1** ⟨plantk.⟩ ***met verticaal groeiende / recht omhooggaande takken*** ⇒*fastigiaat* **0.2** ⟨dierk.⟩ ***kegelvormig*** ⇒*schuin aflopend* ⟨orgaan⟩.
fast·ness ['fɑ:stnəs‖'fæst-] ⟨f1⟩ ⟨zn.⟩
I ⟨telb.zn.⟩ **0.1** ***bastion*** ⇒*bolwerk, fort;*
II ⟨n.-telb.zn.⟩ **0.1** ***stevigheid*** ⇒*vastheid* **0.2** ***kleurechtheid*** **0.3** ***snelheid***.
'fast-talk ⟨ov.ww.⟩ ⟨AE; inf.⟩ **0.1** ***omverpraten*** ⇒*omkletsen, met mooie praatjes overhalen* ◆ **6.1** ~ s.o. **into** sth. *iem. ergens toe overhalen*.
fat[1] [fæt] ⟨f3⟩ ⟨zn.⟩ ⟨→sprw. 184⟩
I ⟨telb. en n.-telb.zn.; in bet. 0.2 ook F-⟩ **0.1** ***vet*** ⟨ook schei.; cul.⟩ ⇒*bakvet, lichaamsvet* **0.2** ⟨inf.⟩ ***dikke(rd)*** ⇒*bolle* ◆ **1.¶** the ~ is in the fire *de boot is aan, de poppen zijn aan het dansen* **3.1** run to ~ *dik worden* **3.¶** ⟨sl.⟩ chew the ~ *kletsen, lullen;*
II ⟨n.-telb.zn.; the⟩ **0.1** ***beste*** ⇒*goede;* ⟨dram.⟩ *beste / dankbaarste rol* ◆ **1.1** live off / on the ~ of the land *van het goede der aarde genieten*.
fat[2] ⟨f3⟩ ⟨bn.; fatter; -ness; →compar. 7⟩ ⟨→sprw. 246, 378⟩ **0.1** ***dik*** ⇒*vet(gemest), weldoorvoed, corpulent, vlezig* **0.2** ***vettig*** ⇒*zwaar, vet* ⟨v. vlees, voedsel⟩ **0.3** ***vetgedrukt*** **0.4** ***rijk*** ⇒*vruchtbaar* ⟨v. land⟩, *vet* ⟨v. kolen, klei⟩; ⟨AE⟩ *harsig* ⟨v. hout⟩ **0.5** ***groot*** ⇒*dik, lijvig, vol* **0.6** ***dankbaar*** ⟨v. rol⟩ **0.7** ***suf*** ⇒*dom* ◆ **1.4** ⟨inf.⟩ ~ jobs *vette baantjes;* ~ purse *welgevulde beurs* **1.5** ⟨iron.⟩ a ~ chance *niet de minste / geen schijn v. kans;* ⟨sl.; iron.⟩ a ~ lot of good that'll do you *daar schiet je geen moer mee op;* ~ volumes *lijvige boekdelen* **1.¶** ⟨vnl. AE; inf.⟩ a ~ cat *rijke pief;* ⟨i.h.b.⟩ *(stille) financier* ⟨achter politicus, partij⟩; ⟨plantk.⟩ ~ hen *melganzevoet, witte ganzevoet* ⟨Chenopodium album⟩; *brave hendrik* ⟨Chenopodium bonus-henricus⟩.
fat[3] ⟨ww.; →ww. 7⟩
I ⟨onov.ww.⟩ **0.1** ***dik(ker) worden*** ⇒*aankomen;*
II ⟨ov.ww.⟩ **0.1** ***(vet)mesten*** ⇒*dikmaken*.
fa·tal ['feɪtl] ⟨f2⟩ ⟨bn.; -ness⟩ **0.1** ***onafwendbaar*** ⇒*onontkoombaar, onvermijdelijk* **0.2** ***voorbeschikt*** ⇒*noodlots-* **0.3** ***doorslaggevend*** **0.4** ***noodlottig*** ⇒*dodelijk, fataal* ⟨v. ziekte, ongeluk⟩ **0.5** ***rampzalig*** ⟨v. besluit⟩ ◆ **1.¶** ⟨mythologie⟩ Fatal Sisters *schikgodinnen;* ~ thread *levensdraad* **6.4** ~ **to** *noodlottig / fnuikend voor*.
fa·tal·ism ['feɪtlɪzm] ⟨f1⟩ ⟨n.-telb.zn.⟩ **0.1** ***fatalisme***.
fa·tal·ist ['feɪtlɪst] ⟨telb.zn.⟩ **0.1** ***fatalist(e)***.
fa·tal·is·tic ['feɪtl'ɪstɪk] ⟨f1⟩ ⟨bn.; -ally; →bijw. 3⟩ **0.1** ***fatalistisch***.
fa·tal·i·ty [fə'tæləti‖feɪ-] ⟨f1⟩ ⟨zn.; →mv. 2⟩
I ⟨telb.zn.⟩ **0.1** ***ramp*** ⇒*catastrofe, onheil, fataliteit* **0.2** ***gewelddadige dood*** ⇒*dodelijk ongeluk* ◆ **3.2** the drought caused many fatalities *de droogte maakte veel slachtoffers;*
II ⟨telb. en n.-telb.zn.⟩ **0.1** ***voorbeschiktheid*** ⇒*onafwendbaarheid, noodlottigheid, onontkoombaarheid* ◆ **6.1** there seems to be a ~ **about** our meetings *onze ontmoetingen schijnen voorbeschikt te zijn;*
III ⟨n.-telb.zn.⟩ **0.1** ***dodelijkheid*** ⇒*dodelijk verloop* ⟨v. ziekte, e.d.⟩.
fa·tal·ly ['feɪtli] ⟨f1⟩ ⟨bw.⟩ **0.1** →fatal **0.2** ***tot haar / zijn ongeluk*** ⇒*helaas* ◆ **3.1** ~ injured *dodelijk gewond* **3.2** she tried, ~, to cross the river *haar poging de rivier over te steken werd haar noodlottig*.
fa·ta mor·ga·na ['fɑ:tə mɔ:'gɑ:nə‖'fɑtə mɔr'gɑnə] ⟨telb.zn.⟩ **0.1** ***luchtspiegeling*** ⇒*fata morgana* **0.2** ***illusie*** ⇒*hersenschim, drogbeeld*.
'fat-cat ⟨bn., attr.⟩ ⟨vnl. AE; inf.⟩ **0.1** ***steenrijk***.
fate[1] [feɪt] ⟨f3⟩ ⟨zn.⟩
I ⟨telb.zn.⟩ **0.1** ***lot*** ⇒*bestemming* **0.2** ***dood*** ⇒*verderf, vernietiging* ◆ **3.1** decide / fix s.o.'s ~ *over iemands lot beschikken;* seal s.o.'s ~ *iemands lot bezegelen* **3.2** meet one's ~ *aan zijn eind komen;*
II ⟨n.-telb.zn.; vaak F-⟩ **0.1** ***het noodlot*** ⇒*fatum* ◆ **2.1** as sure as ~ *zo vast als een huis, daar kun je donder op zeggen* **3.1** tempt ~ *het lot tarten;*
III ⟨mv.; Fates; the⟩ ⟨mythologie⟩ **0.1** ***schikgodinnen***.
fate[2] ⟨f1⟩ ⟨ov.ww.; vnl. pass.⟩ **0.1** ***voorbestemmen*** ⇒*voorbeschikken* ◆ **1.1** the ~d city of Carthago *de verdoemde stad Carthago* **3.1** be ~d to *gedoemd / voorbestemd zijn om*.
fate·ful ['feɪtfl] ⟨f1⟩ ⟨bn.; -ly; -ness⟩ **0.1** ***beslissend*** ⇒*doorslaggevend* **0.2** ***voorbeschikt*** ⇒*voorbestemd* **0.3** ***profetisch*** ◆ **1.3** a ~ sign *een veeg teken*.
'fat farm ⟨telb.zn.⟩ ⟨inf.⟩ **0.1** ***vermageringsinstituut***.
'fat·head ⟨telb.zn.⟩ ⟨inf.⟩ **0.1** ***sufferd*** ⇒*stomkop, kluns*.
'fat-'head·ed ⟨bn.⟩ **0.1** ***dom*** ⇒*stom, onnozel*.
fa·ther[1] ['fɑ:ðə‖'fɑðər] ⟨f4⟩ ⟨telb.zn.⟩ ⟨→sprw. 77, 399, 753⟩ **0.1** ***vader*** ⇒*huisvader* **0.2** ⟨vnl. mv.⟩ ***voorvader*** ⇒*voorouder* **0.3** ⟨vaak F-⟩ ***grondlegger*** ⇒*stichter, leider, uitvinder* **0.4** ⟨vaak F-⟩ ⟨titel / ben. voor⟩ ***geestelijke*** ⇒*pasto(o)r, eerwaarde (heer / vader); dominee; pater; priester* **0.5** ⟨vaak F-⟩ ***oudste*** ⇒*nestor* **0.6** ⟨F-⟩ ***overste*** ⟨v. klooster⟩ **0.7** ⟨F-; vnl. mv.⟩ ***senator*** ⟨in het oude Rome⟩ ◆ **1.3** Fathers of the Church *kerkvaders;* the Father of History *de Vader der Geschiedenis* ⟨Herodotos⟩; the Father of Lies *de bron van alle kwaad, de duivel;* the Father of English poetry *de stamvader v.d. Engelse dichtkunst, Chaucer* **1.4** Father in God *(Anglicaans) (aarts)bisschop* **1.5** Father of the Chapel *voorzitter v. vereniging / vergadering v. drukkers;* ⟨BE⟩ Father of the House of Commons *nestor v.h. Lagerhuis;* ⟨AE⟩ the Father of Waters

de oudste der stromen, de Mississippi **1.¶** ⟨inf.⟩ the ~ and mother of a beating *een verschrikkelijk pak rammel* **2.1** adoptive ~ *adoptiefvader* **2.3** Apostolic Fathers *Apostolische Vaders, kerkvaders* **2.4** Holy Father *Heilige Vader, Paus* **3.¶** ⟨schr.; euf.⟩ be gathered to one's ~s *tot de vaderen vergaderd worden, sterven;* ⟨inf.⟩ there was some how's your ~ going on in the garden *ze waren aan het je-weet-wellen/dingesen in de tuin* **7.1** our/the Father *onze/de Vader, God.*

father² ⟨ov.ww.⟩ **0.1** ***verwekken*** **0.2** ***vader zijn van/voor*** **0.3** ***produceren*** ⇒*te voorschijn komen met, de bron zijn van* ⟨plan, boek enz.⟩ **0.4** ***aannemen*** ⟨als kind⟩ ⇒⟨fig.⟩ *de verantwoordelijkheid op zich nemen voor* ⟨artikel, idee enz.⟩ **0.5** ***aanwijzen als vader van*** ⟨ook fig.⟩ ⇒*toeschrijven* **0.6** ***vader noemen*** ◆ **6.5** ~ an article **(up)on** s.o. *een artikel aan iem. toeschrijven, iem. een artikel in de schoenen schuiven.*

'Father 'Christmas ⟨f2⟩ ⟨eig.n.⟩ **0.1** ***de Kerstman*** ⇒*het kerstmannetje.*

'father con'fessor ⟨telb.zn.⟩ **0.1** ***biechtvader.***

'father figure ⟨f1⟩ ⟨telb.zn.⟩ **0.1** ***vaderfiguur.***

fa·ther·hood ['fɑ:ðəhʊd‖'fɑðər-], **fa·ther·ship** [-ʃɪp] ⟨f1⟩ ⟨n.-telb.zn.⟩ **0.1** ***vaderschap.***

'fa·ther-in-law ⟨f1⟩ ⟨telb.zn.; 'fathers-in-law; →mv. 6⟩ **0.1** ***schoonvader.***

'fa·ther·land ⟨telb.zn.⟩ **0.1** ***vaderland.***

'fa·ther-lash·er ⟨telb.zn.⟩ ⟨dierk.⟩ **0.1** ***zeedonderpad*** ⟨Myoxocephalus scorpius⟩.

fa·ther·less ['fɑ:ðələs‖'fɑðər-] ⟨bn.⟩ **0.1** ***vaderloos.***

fa·ther·ly ['fɑ:ðəli‖'fɑðər-], **fa·ther·like** [-laɪk] ⟨f1⟩ ⟨bn.; fatherliness; →bijw. 3⟩ **0.1** ***vaderlijk.***

'Father's Day ⟨f1⟩ ⟨eig.n.⟩ **0.1** ***Vaderdag.***

'Father 'Thames ⟨eig.n.⟩ ⟨BE⟩ **0.1** ***Vadertje Theems.***

'Father 'Time ⟨eig.n.⟩ **0.1** ***Vadertje Tijd.***

fath·om¹ ['fæðəm] ⟨f1⟩ ⟨telb.zn.⟩ **0.1** ***vadem*** ⇒*vaam* ⟨1,82 m; →t1⟩.

fathom² ⟨f1⟩ ⟨ov.ww.⟩ **0.1** ***afvademen*** ⇒*peilen, afloden* ⟨diepte v. water⟩ **0.2** ***doorgronden*** ⇒*peilen, (be)vatten* ⟨betekenis⟩.

fath·om·a·ble ['fæðəməbl] ⟨bn.⟩ **0.1** ***peilbaar.***

Fa·thom·e·ter [fə'ðɒmɪtə‖'fæðəmi:t̬ər] ⟨telb.zn.⟩ **0.1** ***dieptemeter*** ⇒*echolood* ⟨merknaam⟩.

fath·om·less ['fæðəmləs] ⟨bn.⟩ **0.1** ***onpeilbaar*** ⇒*peilloos.*

'fathom line ⟨telb.zn.⟩ **0.1** ***dieptelijn.***

fa·tid·i·cal [feɪ'tɪdɪkl], **fa·tid·ic** [feɪ'tɪdɪk] ⟨bn.⟩ **0.1** ***profetisch*** ⇒*voorspellend.*

fa·tigue¹ [fə'ti:g] ⟨f2⟩ ⟨zn.⟩

I ⟨telb.zn., n.-telb.zn.⟩ **0.1** ***vermoeienis*** ⇒*inspanning* **0.2** ⟨mil.⟩ ***corvee*** ◆ **6.2** be **on** ~ *corvee hebben;*

II ⟨n.-telb.zn.⟩ **0.1** ***vermoeidheid*** ⇒*moeheid* ⟨ook v. metalen⟩;

III ⟨mv.; ~s⟩ ⟨mil.⟩ **0.1** ***werktenue.***

fatigue² ⟨f1⟩ ⟨ov.ww.⟩ **0.1** ***afmatten*** ⇒*vermoeien, uitputten.*

fa'tigue cap ⟨telb.zn.⟩ ⟨mil.⟩ **0.1** ***veldpet.***

fa'tigue clothes ⟨mv.⟩ ⟨mil.⟩ **0.1** ***werktenue.***

fa'tigue dress ⟨n.-telb.zn.⟩ ⟨mil.⟩ **0.1** ***werktenue.***

fa'tigue duty ⟨telb. en n.-telb.zn.⟩ ⟨mil.⟩ **0.1** ***corvee.***

fa'tigue party ⟨telb.zn.⟩ ⟨mil.⟩ **0.1** ***corveeploeg.***

fa'tigue test ⟨telb.zn.⟩ ⟨tech.⟩ **0.1** ***vermoeiingsproef*** ⇒*uithoudingstest.*

fa'tigue uniform ⟨telb.zn.⟩ ⟨AE; mil.⟩ **0.1** ***werktenue.***

fat·less ['fætləs] ⟨bn.⟩ **0.1** ***vetloos*** ⇒*zonder vet.*

fat·ling ['fætlɪŋ] ⟨telb.zn.⟩ **0.1** ***jong (vet)gemest dier.***

Fats ['fæts], **Fat·so** ['fætsoʊ] ⟨telb.zn.; Fatsoes; →mv. 2⟩ ⟨inf.; bel.⟩ **0.1** ***vetzak*** ⇒*dikke(rd), dikzak, bolle.*

'fat·stock ⟨f1⟩ ⟨n.-telb.zn.⟩ **0.1** ***slachtvee*** ⇒*slachtrijp vee.*

'fat-tailed ⟨bn., attr.⟩ ⟨dierk.⟩ **0.1** ***vetstaart-*** ◆ **1.1** ~ sheep *vetstaart (schaap).*

fat·ten ['fætn] ⟨f2⟩ ⟨ww.⟩

I ⟨onov.ww.⟩ **0.1** ***dik/vet worden*** **0.2** ***rijk(er) worden;***

II ⟨ov.ww.⟩ **0.1** ***(vet)mesten*** ⇒*dik(ker) maken* **0.2** ***bemesten*** ⟨grond⟩ ◆ **5.1** ~ **up** *(vet)mesten.*

fat·tish ['fæt̬ɪʃ] ⟨bn.; -ness⟩ **0.1** ***dikkig*** ⇒*mollig.*

fat·ty¹ ['fæt̬i] ⟨f1⟩ ⟨telb.zn.; vaak F-; →mv. 2⟩ ⟨inf.; bel.⟩ **0.1** ***vetzak*** ⇒*dikke(rd), dikzak, bolle.*

fatty² ⟨f1⟩ ⟨bn.; -er; -ly; -ness; →bijw. 3⟩ **0.1** ***vettig*** ⇒*vet(houdend)* ◆ **1.1** ⟨schei.⟩ ~ acid *vetzuur, carbonzuur;* ⟨schei.⟩ (un)saturated ~ acids *(on)verzadigde vetzuren;* ~ bacon *vet spek;* ⟨med.⟩ ~ degeneration *vervetting* ⟨v. hart, nieren⟩; ~ oil *vette/niet vluchtige olie;* ⟨med.⟩ ~ tumour *vetgezwel, lipoom.*

fa·tu·i·ty [fə'tʃʊət̬i] ⟨f1⟩ ⟨telb. en n.-telb.zn.⟩ **0.1** ***dwaasheid*** ⇒*stompzinnigheid.*

fat·u·ous ['fætʃʊəs] ⟨f1⟩ ⟨bn.; -ly; -ness⟩ **0.1** ***dom*** ⇒*dwaas, stompzinnig* **0.2** ***zinloos*** ⇒*leeg, ijdel, ongefundeerd.*

'fat-'wit·ted ⟨bn.⟩ **0.1** ***onnozel*** ⇒*dom, stom, schaapachtig.*

fau·bourg ['foʊbʊəg‖'foʊ'bʊr] ⟨telb.zn.⟩ ⟨Fr.⟩ **0.1** ***voorstad*** **0.2** ***(stads)wijk.***

fau·cal¹ [fɔ:kl] ⟨telb.zn.⟩ ⟨taalk.⟩ **0.1** ***keelklank.***

faucal² ⟨bn., attr.⟩ ⟨anat.⟩ **0.1** ***keel-*** ⇒*strot-.*

fau·ces ['fɔ:si:z] ⟨mv.; ww. vnl. enk.⟩ ⟨anat.⟩ **0.1** ***keelholte.***

fau·cet ['fɔ:sɪt‖'fɔ-,'fɑ-] ⟨f1⟩ ⟨telb.zn.⟩ **0.1** ***tapkraan(tje)*** **0.2** ⟨AE⟩ ***kraan.***

faugh [fɔ:] ⟨tussenw.⟩ **0.1** ***bah*** ⇒*tsss.*

fault¹ [fɔ:lt] ⟨f3⟩ ⟨zn.⟩ ⟨→sprw. 162, 185⟩

I ⟨telb.zn.⟩ **0.1** ***onvolkomenheid*** ⇒*defect, gebrek, tekortkoming, fout, storing* ⟨ook elek.⟩ **0.2** ***overtreding*** ⇒*fout, misstap* **0.3** ***foute service*** ⇒*fout* ⟨bij tennis enz.⟩ **0.4** ⟨jacht⟩ ***verlies v.h. spoor*** **0.5** ⟨geol.⟩ ***breuk*** ⇒*verschuiving* ◆ **3.1** find ~ with *iets aan te merken hebben op* **6.1** economical **to** a ~ *overdreven zuinig* **6.4** be **at** ~ *het spoor bijster zijn;* ⟨ook fig.⟩ *in het duister tasten* **7.1** with all ~s *voor eigen risico;*

II ⟨n.-telb.zn.⟩ **0.1** ***schuld*** ⇒*oorzaak* ◆ **3.1** the ~ lies with Lucy *het is Lucy's schuld* **6.1** **at**/⟨vero.⟩ **in** ~ *schuldig.*

fault² ⟨f1⟩ ⟨ww.⟩

I ⟨onov.ww.⟩ **0.1** ***een fout maken*** **0.2** ⟨geol.⟩ ***verschuiven;***

II ⟨ov.ww.⟩ **0.1** ***aanmerkingen maken op*** ⇒*bekritiseren, onvoldoende vinden, op de vingers tikken* **0.2** ⟨geol.⟩ ***doen verschuiven*** ◆ **1.1** nobody could ~ Bert's behaviour *er viel niets op Berts gedrag aan te merken* **1.2** ~ed plane *verschoven vlak.*

fault·find·er ['fɔ:ltfaɪndə‖-ər] ⟨f1⟩ ⟨telb.zn.⟩ **0.1** ***muggezifter*** ⇒*vitter* **0.2** ⟨tech.⟩ ***storingszoeker.***

fault·find·ing¹ ['fɔ:ltfaɪndɪŋ] ⟨f1⟩ ⟨n.-telb.zn.⟩ **0.1** ***muggezifterij*** ⇒*haarkloverij, vitterij* **0.2** ⟨tech.⟩ ***het zoeken v. storingen e.d..***

faultfinding² ⟨bn.⟩ **0.1** ***vitterig*** ⇒*muggezifterig.*

fault·less ['fɔ:ltləs] ⟨f1⟩ ⟨bn.; -ly; -ness⟩ **0.1** ***volmaakt*** ⇒*foutloos, perfect, onberispelijk.*

'fault line ⟨telb.zn.⟩ ⟨geol.⟩ **0.1** ***breuklijn.***

'fault-repair service ⟨telb.zn.⟩ **0.1** ***storingsdienst.***

fault·y ['fɔ:lti] ⟨f2⟩ ⟨bn.; -er; -ly; -ness; →bijw. 3⟩ **0.1** ***defect*** ⇒*onklaar* **0.2** ***onjuist*** ⇒*verkeerd* **0.3** ***onvolmaakt*** ⇒*onvolkomen, gebrekkig* ◆ **1.1** ~ wiring *defecte bedrading* **1.2** ~ arguments *drogredenen.*

faun [fɔ:n] ⟨telb.zn.⟩ **0.1** ***faun*** ⇒*bosgod.*

fau·na ['fɔ:nə] ⟨f1⟩ ⟨telb. en n.-telb.zn.; ook faunae [-ni:]; →mv. 5⟩ **0.1** ***fauna*** ⇒*dierenwereld.*

fau·nal ['fɔ:nl] ⟨bn., attr.⟩ **0.1** ***v./mbt. de fauna.***

faust [faʊst] ⟨bn.⟩ ⟨AE; sl.⟩ **0.1** ***lelijk*** ⇒*walgelijk, afschuwelijk.*

fau·teuil [foʊ'tɜ:i] ⟨telb.zn.⟩ **0.1** ***armstoel*** ⇒*leunstoel, fauteuil* **0.2** ⟨BE⟩ ***stalles(plaats)*** ⟨in theater⟩.

fau·vism ['fɔ:vɪzm] ⟨n.-telb.zn.⟩ **0.1** ***fauvisme*** ⟨richting v. Fr. schilderkunst⟩.

faux-naïf [fõnaɪf] ⟨bn.⟩ **0.1** ***gemaakt/gespeeld naïef.***

faux pas ['foʊ 'pɑ:] ⟨telb.zn.; faux pas; →mv. 5⟩ **0.1** ***blunder*** ⇒*misstap, indiscretie, faux pas.*

fave [feɪv] ⟨telb.zn.⟩ ⟨afk.⟩ favourite **0.1** ***favoriet (iets/iem.).***

fa·vel·la, fa·ve·la [fə'velə] ⟨telb.zn.⟩ **0.1** ***hutten/krottenwijk*** ⟨in Brazilië⟩.

fa·vo·ni·an [fə'voʊnɪən] ⟨bn.⟩ **0.1** ***v./mbt. de westenwind*** **0.2** ***mild*** ⇒*gunstig, zacht.*

fa·vour¹, ⟨AE sp.⟩ **fa·vor** ['feɪvə‖-ər] ⟨f3⟩ ⟨zn.⟩ ⟨→sprw. 207, 208⟩

I ⟨telb.zn.⟩ **0.1** ***gunst*** ⇒*attentie* **0.2** ⟨ong.⟩ ***insigne*** ⇒*strik, rozet, badge* ⟨v. team of partij⟩ ◆ **3.1** bestow one's ~s *zijn gunsten schenken* ⟨i.h.b. op seksueel gebied⟩; do s.o. a ~ *iem. een plezier doen;* return a ~ *een wederdienst bewijzen* **3.¶** do me a ~! *zeg, doe me een lol!;*

II ⟨n.-telb.zn.⟩ **0.1** ***genegenheid*** ⇒*sympathie, goedkeuring, instemming* **0.2** ***partijdigheid*** ⇒*voorkeur, voortrekkerij, protectie* **0.3** ***steun*** ⇒*hulp, bescherming, ondersteuning* **0.4** ***voordeel*** ⇒*profijt* **0.5** ⟨vero.⟩ ***permissie*** ⇒*toestemming* **0.6** ⟨vero.⟩ ***gelaat*** ⇒*uiterlijk, gezicht* ◆ **3.1** curry s.o.'s ~/~ with s.o. *bij iem. in de gunst proberen te komen;* find ~ in s.o.'s eyes, find ~ with s.o. *genade vinden in iemands ogen, iemands goedkeuring krijgen, iem. bevallen;* look with ~ on *iets met welgevallen bezien, iets goedkeuren;* lose ~ with s.o./in s.o.'s eyes *uit de gratie raken bij iem.* **6.1** fall **from/out of** ~ **(with)** *uit de gratie raken (bij);* be/stand high **in** s.o.'s ~ *bij iem. in een goed blaadje staan;* be **in/out of** ~ **with** *in de gunst/uit de gratie zijn bij* **6.3** **by** ~ **of** *(bezorgd) door welwillende bemiddeling van* ⟨op enveloppe⟩; vote **in** ~ **of** a motion *vóór een motie stemmen;* **under** ~ **of** *onder bescherming van* **6.4** a cheque **in** ~ **of** *een cheque ten name/ten faveure van;* **in** your ~ *te uwen gunste* **6.5** **by** your ~ *met uw permissie;* **under** ~ *met permissie.*

favour², ⟨AE sp.⟩ **favor** ⟨f3⟩ ⟨ov.ww.⟩ ⟨→sprw. 207, 208⟩ **0.1** ***gunstig gezind zijn*** ⇒*positief staan tegenover, goedkeuren* **0.2** ***van dienst zijn*** ⇒*dienen* **0.3** ***begunstigen*** ⇒*prefereren, bevoorrechten* **0.4** ***steunen*** ⇒*bevorderen, aanmoedigen* **0.5** ***ontzien*** ⇒*voorzichtig zijn met* ⟨blessure, enz.⟩ **0.6** ⟨inf.⟩ ***lijken op*** ◆ **1.1** father always ~ed bodily punishment *vader was altijd erg voor lijfstraffen*

1.3 mothers shouldn't ~ one child *moeders moeten geen kinderen voortrekken;* ⟨hand.⟩ most ~ed nation *meestbegunstigde natie* **1.6** the child ~s its mother *het kind lijkt op zijn moeder* **6.2** ~ s.o. **with** a smile *iem. een glimlach schenken;* she ~ed us **with** some songs *zij was zo vriendelijk enige liederen voor ons te zingen*.

fa·vour·a·ble, ⟨AE sp.⟩ **fa·vor·a·ble** ['feɪvrəbl]⟨f3⟩⟨bn.; -ly; -ness; →bijw. 3⟩ **0.1** ***welwillend*** *⇒goedgunstig* **0.2** ***geschikt*** *⇒bevorderlijk, voordelig, gunstig* **0.3** ***gunstig*** *⇒veelbelovend, positief* ◆ **1.2** a ~ balance of trade *positieve/gunstige handelsbalans* **3.3** be favourably impressed by sth. *een gunstige indruk hebben van iets* **6.1** is Paul ~ **to** the plan? *staat Paul positief tegenover het plan?* **6.2** the weather is ~ **to** us *het weer zit ons mee*.

-fa·voured, ⟨AE sp.⟩ **-fa·vored** ['feɪvəd‖-ərd] **0.1** ***eruitziend*** *⇒ogend, aandoend* ◆ ¶**.1** ill-favoured *ongunstig, lelijk;* well-favoured *mooi*.

fa·vour·ite[1], ⟨AE sp.⟩ **fa·vor·ite** ['feɪvrɪt]⟨f3⟩⟨telb.zn.⟩ **0.1** ***favoriet (e)*** ⟨ook sport⟩ **0.2** ***gunsteling(e)*** *⇒lieveling(e)* ◆ **3.1** the ~ finished third *de favoriet kwam als derde binnen*.

favourite[2], ⟨AE sp.⟩ **favorite** ⟨f3⟩⟨bn., attr.⟩ **0.1** ***favoriet*** *⇒lievelings-* ◆ **1.**¶ ⟨AE⟩ ~ son ⟨ong.⟩ *uitverkoren zoon* ⟨bv. presidentskandidaat, voorgedragen door delegatie v. zijn eigen staat⟩.

fa·vour·it·ism, ⟨AE sp.⟩ **fa·vor·it·ism** ['feɪvrɪtɪzm]⟨f1⟩⟨n.-telb.zn.⟩ **0.1** ***bevoorrechting*** *⇒voortrekkerij, vriendjespolitiek*.

fawn[1] [fɔ:n]⟨f1⟩⟨zn.⟩

I ⟨telb.zn.⟩ **0.1** ***reekalf*** *⇒jong hert(je)* ◆ **6.1** in ~ *drachtig* ⟨v. hinde⟩;

II ⟨n.-telb.zn.; ook attr.⟩ **0.1** ***licht geelbruin*** *⇒reebruin*.

fawn[2] ⟨f2⟩⟨ww.⟩

I ⟨onov.ww.⟩ **0.1** ***een jong werpen*** ⟨v. hinde⟩ **0.2** ***kwispelstaarten*** ⟨v. hond⟩ **0.3** ***kruiperig zijn*** *⇒stroopsmeren* ◆ **6.3** ~ **(up)on** *vleien, kruipen voor, een wit voetje willen/proberen te halen bij;*

II ⟨ov.ww.⟩ **0.1** ***werpen*** ⟨hertejong⟩.

'fawn-col·our ⟨n.-telb.zn.; ook attr.⟩ **0.1** ***licht/reebruin***.

'fawn-'col·our·ed ⟨bn.⟩ **0.1** ***licht/reebruin***.

fax[1] [fæks]⟨telb.zn.⟩⟨verk.⟩ facsimile **0.1** ***fax(apparaat)***.

fax[2] ⟨onov. en ov.ww.⟩⟨verk.⟩ facsimile **0.1** ***faxen***.

'fax·post ⟨n.-telb.zn.⟩ **0.1** ***faxpost***.

fay[1] [feɪ]⟨telb.zn.⟩⟨schr.⟩ **0.1** ***fee***.

fay[2] ⟨ww.⟩⟨AE⟩

I ⟨onov.ww.⟩ **0.1** ***(nauw/goed) aangesloten zijn*** *⇒passen;*

II ⟨ov.ww.⟩ **0.1** ***(nauw/goed) aansluiten***.

faze [feɪz]⟨ov.ww.⟩⟨vnl. AE; inf.⟩ **0.1** ***van streek maken*** *⇒in de war doen geraken*.

FBA ⟨afk.⟩ Fellow of the British Academy.

FBI ⟨afk.⟩⟨AE⟩ Federal Bureau of Investigation; ⟨BE⟩ Federation of British Industries.

FBS ⟨afk.⟩ Fellow of the Botanical Society.

FC ⟨afk.⟩ **0.1** ⟨Football Club⟩ *F.C.* **0.2** ⟨Free Church (of Scotland)⟩.

FCA ⟨afk.⟩ Fellow of the Society of Chartered Accountants ⟨BE⟩.

FCC ⟨afk.⟩ First-class Certificate; Federal Communications Commission ⟨AE⟩.

FCO ⟨afk.⟩ Foreign and Commonwealth Office.

fcp, fcap ⟨afk.⟩ foolscap.

FCP ⟨afk.⟩ Fellow of the College of Preceptors.

Fc & s ⟨afk.⟩ free of capture and seizure.

FCS ⟨afk.⟩ Fellow of the Chemical Society.

FD ⟨afk.⟩ Fidei Defensor ⟨verdediger des geloofs⟩.

FDA ⟨afk.⟩⟨AE⟩ Food and Drug Administration.

FDR ⟨afk.⟩ Franklin Delano Roosevelt.

fe·al·ty ['fi:(ə)lti]⟨zn.; →mv. 2⟩

I ⟨telb.zn.⟩⟨gesch.⟩ **0.1** ***eed v. trouw*** ⟨aan koning of leenheer⟩;

II ⟨n.-telb.zn.⟩ **0.1** ***steun*** *⇒loyaliteit, trouw* **0.2** ⟨gesch.⟩ ***trouw*** *⇒verbondenheid* ⟨aan koning, leenheer⟩ ◆ **1.1** take an oath of ~ *trouw zweren, een gelofte v. trouw afleggen* **3.1** swear ~ to one's country *trouw zweren aan zijn land*.

fear[1] [fɪə‖fɪr]⟨f3⟩⟨zn.⟩⟨→sprw. 186⟩

I ⟨telb.zn.⟩ **0.1** ***angst(gevoel)*** ◆ **3.1** allay s.o.'s ~s *iemands angst wegnemen;*

II ⟨n.-telb.zn.⟩ **0.1** ***vrees*** *⇒angst* **0.2** ***gevaar*** *⇒kans* **0.3** ***ontzag*** *⇒beduchtheid* ◆ **1.1** without ~ or favour *rechtvaardig, onpartijdig* **1.3** ~ of God *godvrezendheid* **3.1** in ~ and trembling *met angst en beven;* it has no ~s for me *het schrikt mij niet af, ik ben er niet bang voor* **3.**¶ put the ~ of God into s.o. *iem. goed bangmaken* **6.1** overcome **by/with** ~ *door schrik overmand;* **for** ~ **of** *uit vrees dat;* **in** ~ **of** *bang voor, bezorgd om* **6.2** there's some ~ **of** losing the match *er is wel een kans dat we de wedstrijd verliezen* **7.2** ⟨inf.⟩ no ~ *beslist niet, geen sprake van* **8.1** for ~ that/lest *uit vrees dat* **8.2** there's some ~ that we may lose the match *er is wel een kans dat we de wedstrijd verliezen*.

fear[2] ⟨f3⟩⟨ww.⟩⟨→sprw. 64, 187, 204, 275⟩

I ⟨onov.ww.⟩ **0.1** ***bang zijn*** *⇒angstig zijn* **0.2** ***bezorgd zijn*** ◆ **5.1** never ~ *daar hoef je niet bang voor te zijn* **6.2** ~ **for** sth. *bezorgd zijn om/over iets, vrezen voor iets;*

II ⟨ov.ww.⟩ **0.1** ***vrezen*** *⇒bang zijn voor, duchten* **0.2** ***vermoeden*** *⇒een voorgevoel hebben van, vrezen* **0.3** ***ontzien*** *⇒ontzag hebben voor, vrezen* ◆ **2.2** ~ the worst *het ergste vrezen* **4.1** I ~ it's too late *ik ben bang dat het te laat is* **5.2** I ~ not *ik ben bang van niet;* I ~ so *ik vrees van wel*.

fear·ful ['fɪəfl‖'fɪrfl]⟨f3⟩⟨bn.; -ly; -ness⟩ **0.1** ***vreselijk*** *⇒afschuwelijk, ontzettend;* ⟨inf.⟩ *afgrijselijk* **0.2** ***bang*** *⇒angstig, bevreesd* **0.3** ***aarzelend*** *⇒bang* **0.4** ***eerbiedig*** *⇒vol ontzag* ◆ **1.1** a ~ accident *een verschrikkelijk ongeluk* **2.1** ~ly bad weather *afgrijselijk slecht weer* **6.2** Fanny was ~ to disturb her *Fanny was bang dat ze haar zou storen;* ~ **of** losing *bang te verliezen* **8.2** ~ that/lest sth. should be lost *bang dat er iets zoek raakt*.

fear·less ['fɪələs‖'fɪr-]⟨f1⟩⟨bn.; -ly; -ness⟩ **0.1** ***onverschrokken*** *⇒onbevreesd, onvervaard* ◆ **6.1** ~ **of** the results *zonder angst voor de gevolgen*.

fear·nought, fear·naught ['fɪənɔ:t‖'fɪrnɔt]⟨zn.⟩

I ⟨telb.zn.⟩ **0.1** ***duffel(se jas);***

II ⟨n.-telb.zn.⟩ **0.1** ***duffel*** ⟨dikke wollen stof⟩.

fear·some ['fɪəsəm‖'fɪr-]⟨f1⟩⟨bn.; -ly; -ness⟩ **0.1** ***afschrikwekkend*** *⇒geducht, ontzaglijk* ⟨vaak scherts.⟩ **0.2** ***bang*** *⇒bevreesd*.

fea·si·bil·i·ty ['fi:zə'bɪləṭi]⟨f1⟩⟨n.-telb.zn.⟩ **0.1** ***uitvoerbaarheid*** *⇒mogelijkheid, haalbaarheid* **0.2** ***geschiktheid*** **0.3** ***waarschijnlijkheid*** *⇒aannemelijkheid*.

feasi'bility study ⟨telb.zn.⟩ **0.1** ***haalbaarheidsstudie/onderzoek***.

fea·si·ble ['fi:zəbl]⟨f2⟩⟨bn.; -ly; →bijw. 3⟩ **0.1** ***uitvoerbaar*** *⇒haalbaar, doenlijk, mogelijk* **0.2** ***geschikt*** *⇒handig, makkelijk, bruikbaar* **0.3** ***aannemelijk*** *⇒waarschijnlijk, geloofwaardig*.

feast[1] [fi:st]⟨f2⟩⟨telb.zn.⟩⟨→sprw. 143, 188⟩ **0.1** ***(kerkelijk) feest*** ⟨ook fig.⟩ **0.2** ***feestmaal*** *⇒banket* ◆ **1.1** a ~ of reason *intellectuele conversatie;* ⟨jud.⟩ Feast of Tabernacles *Loofhuttenfeest, Soekoth* **1.2** ~ for the gods *godenmaal(tijd);* ⟨fig.⟩ *iets goddelijks/verrukkelijks* **1.**¶ ⟨jud.⟩ ~ of weeks *Pinksteren, feest der eerstelingen, Sjevuoth, wekenfeest*.

feast[2] ⟨f1⟩⟨ww.⟩

I ⟨onov.ww.⟩ **0.1** ***feesten*** *⇒feestvieren* **0.2** ***zich te goed doen*** *⇒smullen* **0.3** ***zich verlustigen*** ◆ **6.2** ~ **on/upon** *een feestmaal maken van; genieten van* **6.3** ~ **on/upon** *genieten van;*

II ⟨ov.ww.⟩ **0.1** ***onthalen*** *⇒trakteren* ⟨ook fig.⟩ ◆ **1.1** ~ one's eyes (on) *zich verlustigen in de aanblik (van);* ~ one's friends (on) *zijn vrienden trakteren (op)* **4.1** ~ o.s. (on) *zich vergasten (aan)* **5.**¶ ~ **away** *feestend doorbrengen*.

'feast-day ⟨telb.zn.⟩ **0.1** ***feestdag***.

feast·er ['fi:stə‖-ər]⟨telb.zn.⟩ **0.1** ***feestvierder/ganger*** **0.2** ***aanzittende*** ⟨aan banket⟩.

feat[1] [fi:t]⟨f2⟩⟨telb.zn.⟩ **0.1** ***(helden)daad*** *⇒wapenfeit* **0.2** ***prestatie*** *⇒kunststuk, knap stuk werk, staaltje* ◆ **1.1** ~ of arms *wapenfeit* **1.2** a ~ of carpentry *een wonder v. timmerkunst* **3.2** it's quite a ~ to drive single-handed *het is een hele toer om met één hand te sturen*.

feat[2] ⟨bn.; -er; -ly⟩⟨vero.; BE⟩ **0.1** ***handig*** *⇒knap, bekwaam* **0.2** ***netjes*** *⇒beheerst*.

feath·er[1] ['feðə‖-ər]⟨f3⟩⟨zn.⟩⟨→sprw. 58, 191⟩

I ⟨telb.zn.⟩ **0.1** ***veer*** *⇒pluim* ⟨ook aan staart e.d.⟩, *veder* **0.2** ***baard*** ⟨v. pijl⟩ **0.3** ***schuimkop*** ⟨v. golf⟩ **0.4** ***vlek (op het oog)*** **0.5** ***veer*** *⇒barstje, insluitsel* ⟨in edelsteen⟩ ◆ **1.**¶ a ~ in one's cap *iets om trots op te zijn, een eer, een streep aan de balk* **2.1** as light as a ~ *zo licht als een veertje* **3.1** you could have knocked Kate down/over with a ~ *Kate was er volkomen ondersteboven van* **3.**¶ make the ~s fly *erop losgaan/timmeren, opschudding teweegbrengen;* ruffle s.o.'s ~s *iem. tegen de haren instrijken;* ⟨inf.⟩ be spitting ~s *vuur spuwen, uit je vel springen;*

II ⟨n.-telb.zn.⟩ **0.1** ***pluimvee*** **0.2** ***verenkleed*** *⇒pluimen* **0.3** ⟨roeisport⟩ ***(het) vlakdraaien/snijden*** ⟨v.d. riemen⟩.

feather[2] ⟨f2⟩⟨ww.⟩ →feathered, feathering

I ⟨onov.ww.⟩ **0.1** ***dwarrelen*** *⇒zweven* **0.2** ***wuiven*** *⇒waaien* **0.3** ***veervormig uitwaaieren*** ⟨v. rook⟩ **0.4** ⟨jacht⟩ ***markeren*** **0.5** ⟨lucht., scheep.⟩ ***de schroef/propeller in vaanstand zetten*** **0.6** ⟨roeisport⟩ ***de riemen vlakdraaien/snijden;***

II ⟨ov.ww.⟩ **0.1** ***met veren bekleden*** *⇒van veren voorzien* **0.2** ⟨roeisport⟩ ***vlakdraaien*** *⇒snijden* ⟨v. riemen⟩ **0.3** ⟨lucht., scheep.⟩ ***in vaanstand zetten*** ⟨schroef, propeller⟩ **0.4** ⟨jacht⟩ ***aanschieten*** ⟨vogel⟩ ◆ **1.1** ~ an arrow *een pijl bevederen*.

'feath·er·bed ⟨ww.; →ww. 7⟩⟨ec.⟩

I ⟨onov.ww.⟩ **0.1** ***onnodig werk creëren*** *⇒overtollig personeel aanhouden;*

II ⟨ov.ww.⟩ **0.1** ***in de watten leggen*** *⇒verwennen*.

'feather 'bed ⟨telb.zn.⟩ **0.1** ***veren bed.***
'feather 'boa ⟨telb.zn.⟩ ⟨mode⟩ **0.1** ***(veren)boa.***
'feath·er·brain, 'feath·er·head, 'feath·er·pate ⟨telb.zn.⟩ **0.1** ***leeghoofd*** ⇒*dwaas, stuk onbenul.*
'feath·er'brain·ed, 'feath·er·'head·ed, 'feath·er·'pa·ted ⟨bn.⟩ **0.1** ***onnozel*** ⇒*leeghoofdig, onbenullig.*
'feather duster ⟨telb.zn.⟩ **0.1** ***plumeau.***
feath·ered ['feðəd‖-ərd] ⟨bn.; volt. deelw. v. feather⟩ **0.1** ***bevederd*** ⇒*met veren, gevederd* **0.2** ***veervormig*** ⇒*uitwaaierend* **0.3** ***(als) gevleugeld*** ⇒*snel* **0.4** ⟨scheep., lucht.⟩ ***in vaanstand.***
'feath·er·edge ⟨telb.zn.⟩ **0.1** ***scherpe kant*** ⟨v. wig, enz.⟩.
'feath·er-'foot·ed ⟨bn.⟩ **0.1** ***lichtvoetig.***
'feather grass ⟨telb. en n.-telb.zn.⟩ ⟨plantk.⟩ **0.1** ***pluimgras*** ⇒*vedergras* ⟨genus Stipa⟩.
feath·er·ing ['feð(ə)rɪŋ] ⟨n.-telb.zn.; oorspr. gerund v. feather⟩ **0.1** ***verenkleed*** ⇒*gevederte, bevedering* **0.2** ***veervormige tekening / structuur.***
feath·er·less ['feðələs‖'feðər-] ⟨bn.⟩ **0.1** ***ongeve(d)erd*** ⇒*zonder veren.*
'feath·er·stitch ⟨telb. en n.-telb.zn.⟩ **0.1** ***taksteek.***
'feath·er·weight ⟨f1⟩ ⟨telb.zn.⟩ **0.1** ***zeer licht persoon*** ⇒⟨bokssport⟩ *vedergewicht* **0.2** ***licht dingetje*** ⇒*pluisje, veertje* **0.3** ***nul*** ⇒*leeghoofd* **0.4** ***kleinigheid*** **0.5** ***kleinste belasting*** ⟨bij handicaprace⟩.
feath·er·y ['feð(ə)ri] ⟨f1⟩ ⟨bn.; -ness; →bijw. 3⟩ **0.1** ***veerachtig*** ⇒*veervormig* **0.2** ***bevederd*** ⇒*bedekt met veren, veer-* **0.3** ***luchtig*** ⇒*vederlicht* ⟨deeg⟩.
fea·ture[1] ['fi:tʃə‖-ər] ⟨f3⟩ ⟨telb.zn.⟩ **0.1** ***(gelaats)trek*** ⇒⟨mv.⟩ *gezicht, gelaat* **0.2** ***(hoofd)kenmerk*** ⇒*hoofdtrek, karakteristiek, (typisch) element / aspect, (noodzakelijk) onderdeel* **0.3** ***hoogtepunt*** ⇒*specialiteit, hoofdnummer* **0.4** ***speelfilm*** ⇒*hoofdfilm* **0.5** ⟨hand.⟩ ***(speciale) attractie*** ⇒*aanbieding, stunt* **0.6** ⟨journalistiek⟩ ***speciaal onderwerp*** ⇒⟨krant⟩ *hoofdartikel;* ⟨radio⟩ *thema-uitzending, speciale reportage* ◆ **2.1** fine ~s *een fijn gezichtje* **2.2** climatological ~s *klimaat;* ⟨taalk.⟩ distinctive ~s *distinctieve kenmerken / eigenschappen* **6.3** make a ~ **of** *een prominente plaats geven, veel aandacht besteden aan* **7.5** an auction with many ~s *een veiling met veel interessante kavels.*
feature[2] ⟨f2⟩ ⟨ww.⟩ →featured
I ⟨onov.ww.⟩ **0.1** ***een (belangrijke) plaats innemen*** ⇒*prominent zijn, opvallen, een (hoofd)rol spelen, (veel) voorkomen* ◆ **6.1** rice ~s largely **in** the Asian diet *rijst is een belangrijk onderdeel v.h. Aziatische voedselpakket;*
II ⟨ov.ww.⟩ **0.1** ***karakteriseren*** ⇒*een belangrijke plaats bezetten in, kenmerken* **0.2** ***schetsen*** ⇒*beschrijven* **0.3** ***vertonen*** ⇒*als speciale attractie hebben* **0.4** ***brengen*** ⇒*speciale aandacht besteden aan, doen uitkomen* **0.5** ⟨inf.⟩ ***(ge)lijken op*** **0.6** ⟨inf.⟩ ***zich voorstellen / verbeelden*** **0.7** ⟨sl.⟩ ***snappen*** ⇒*vatten* ◆ **1.1** non-stop rain ~d our holiday *onafgebroken regen bepaalde het beeld v. onze vakantie* **1.3** a film featuring Greta Garbo *een film met Greta Garbo in de hoofdrol* **1.4** the shop ~s video-recorders this month *deze maand heeft de zaak een speciale aanbieding v. videorecorders.*
fea·tured ['fi:tʃəd‖-ərd] ⟨f1⟩ ⟨bn.; volt. deelw. v. feature⟩ **0.1** ***prominent*** ⇒*gevierd, befaamd; benadrukt, aangeprezen, zwaar opgemaakt* ⟨krantenartikel e.d.⟩ **0.2** ⟨vaak in samenstellingen⟩ ***getekend*** ⇒*gevormd* ⟨v. gelaatstrekken⟩ ◆ **2.2** a sharp-featured little man *een mannetje met een scherp getekend gezicht.*
'feature film ⟨telb.zn.⟩ **0.1** ***speelfilm*** ⇒*hoofdfilm.*
fea·ture·less ['fi:tʃələs‖-ər-] ⟨f1⟩ ⟨bn.; -ness⟩ **0.1** ***kleurloos*** ⇒*vlak, saai, onopvallend, oninteressant.*
'feature programme ⟨telb.zn.⟩ ⟨radio⟩ **0.1** ***thema-uitzending.***
fea·tur·ette ['fi:tʃə'ret] ⟨telb.zn.⟩ **0.1** ***korte speelfilm.***
Feb ⟨eig.n.⟩ ⟨afk.⟩ February **0.1** ***febr..***
fe·brif·u·gal [fɪ'brɪfjʊgl‖-jə-] ⟨bn.⟩ ⟨med.⟩ **0.1** ***koortsverdrijvend.***
feb·ri·fuge[1] ['febrɪfju:dʒ] ⟨telb.zn.⟩ ⟨med.⟩ **0.1** ***koortsverdrijvend middel*** ⇒*koortswerend middel.*
febrifuge[2] ⟨bn.⟩ ⟨med.⟩ **0.1** ***koortsverdrijvend*** ⇒*koortswerend.*
feb·rile ['fi:braɪl‖'febrəl] ⟨bn.⟩ ⟨med.⟩ **0.1** ***koortsig*** ⇒*koorts-, met koorts gepaard gaand;* ⟨schr., fig.⟩ *koortsachtig.*
Feb·ru·ar·y ['februəri, 'febjuəri‖-eri] ⟨f3⟩ ⟨eig.n.; Februaries, Februarys; →mv. 2⟩ **0.1** ***februari.***
'February 'fill-dike ⟨n.-telb.zn.⟩ **0.1** ***de regenmaand februari.***
fecal →faecal.
feces →faeces.
feck·less ['fekləs] ⟨bn.; -ly; -ness⟩ **0.1** ***lamlendig*** ⇒*futloos, zwak* **0.2** ***onhandig*** ⇒*inefficiënt, doelloos.*
fec·u·lence ['fekjʊləns‖-kjə-] ⟨n.-telb.zn.⟩ **0.1** ***drek*** ⇒*drabbigheid* **0.2** ***stank.***
fec·u·lent ['fekjʊlənt‖-kjə-] ⟨bn.⟩ **0.1** ***drekkig*** ⇒*drabbig, smerig* **0.2** ***stinkend.***
fe·cund ['fi:kənd] ⟨bn.⟩ **0.1** ***vruchtbaar*** ⇒*fertiel* **0.2** ***produktief*** ⟨v. schrijver⟩.
fe·cun·date ['fi:kəndeɪt, 'fe-] ⟨ov.ww.⟩ **0.1** ***vruchtbaar maken*** ⇒*fertiliseren, bemesten* **0.2** ***bevruchten*** ⇒*bestuiven* ⟨planten⟩.
fe·cun·da·tion ['fi:kən'deɪʃn, 'fe-] ⟨n.-telb.zn.⟩ **0.1** ***het vruchtbaar maken*** ⇒*bemesting* **0.2** ***bevruchting*** ⇒*bestuiving* ⟨v. planten⟩.
fe·cun·di·ty [fɪ'kʌndəṭi] ⟨n.-telb.zn.⟩ **0.1** ***vruchtbaarheid*** ⇒*fertiliteit* **0.2** ***produktiviteit*** ⇒*creativiteit.*
fed[1] ⟨verl. t. en volt. deelw.⟩ →feed.
fed[2] ⟨afk.⟩ federal, federated, federation.
Fed [fed] ⟨telb.zn.⟩ ⟨AE; sl.⟩ **0.1** ⟨verk.⟩ ⟨Federal Agent⟩ ***federaal ambtenaar*** ⇒⟨ong.⟩ *rijksambtenaar;* ⟨i.h.b.⟩ *FBI-agent* **0.2** ⟨the⟩ ⟨verk.⟩ ⟨Federal Government⟩ ***federale regering*** **0.3** ⟨the⟩ ⟨verk.⟩ ⟨Federal Reserve Board⟩ ⟨ong.⟩ ***Am. nationale bank.***
fe·da·yee [fe'dɑ:ji:] ⟨telb.zn.; fedayeen [-ji:n]; →mv. 5⟩ **0.1** ***Arabisch commando*** ⟨i.h.b. iem. die tegen Israël opereert⟩.
fed·er·al ['fedrəl] ⟨f2⟩ ⟨bn.; -ly; vaak F-⟩ **0.1** ***federaal*** ⇒*bonds-* **0.2** ⟨vnl. AE⟩ ***nationaal*** ⇒*lands-, regerings-* **0.3** ⟨AE; gesch.⟩ ***Federalistisch*** ⇒*v. / mbt. de Federalistische Partij* ◆ **1.1** ⟨AE⟩ Federal Bureau of Investigation *Federale Recherche, FBI* **1.2** the ~ city *de nationale hoofdstad* ⟨Washington⟩; ~ district / territory *regeringsgebied, zetel v.d. regering;* ~ government *centrale regering, landsregering;* ⟨geldw.⟩ ~ reserve *nationale reserve;* ~ spending *staats / overheidsuitgaven* **1.3** Federal Party *Federalistische Partij* ⟨1787-1825; voorstander v. sterk centraal gezag⟩; ~ forces *troepen v.d. Noordelijke staten* ⟨tijdens Burgeroorlog⟩ **1.¶** ⟨inf.⟩ make a ~ case of sth. *iets geweldig opblazen.*
fed·er·al·ism ['fedrəlɪzm] ⟨n.-telb.zn.⟩ **0.1** ***federalisme*** **0.2** ⟨F-⟩ ⟨AE; gesch.⟩ ***Federalisme.***
fed·er·al·ist[1] ['fedrəlɪst] ⟨telb.zn.⟩ **0.1** ***federalist*** **0.2** ⟨F-⟩ ⟨AE; gesch.⟩ ***Federalist*** ⇒*aanhanger v.d. Federalistische Partij.*
federalist[2], **fed·er·al·is·tic** ['fedrə'lɪstɪk] ⟨bn.⟩ **0.1** ***federaal*** **0.2** ⟨F-⟩ ⟨AE; gesch.⟩ ***Federalistisch*** ◆ **1.2** Federalist Party *Federalistische Partij.*
fed·er·al·ize, -ise ['fedrəlaɪz] ⟨ov.ww.⟩ **0.1** ***samenbrengen*** ⇒*federaliseren, verenigen, bundelen* ⟨in federatie⟩ **0.2** ⟨pol.⟩ ***onder federaal toezicht / centraal gezag stellen.***
fed·er·ate[1] ['fedrət] ⟨bn.⟩ **0.1** ***verbonden*** ⇒*verenigd, federatief, federatie-, gefederaliseerd, aangesloten.*
federate[2] ['fedəreɪt] ⟨f1⟩ ⟨ww.⟩
I ⟨onov.ww.⟩ **0.1** ***zich (tot een federatie) verenigen*** ⇒*zich aaneensluiten, een bond vormen;*
II ⟨ov.ww.⟩ **0.1** ***federaliseren*** ⇒*(in een federatie) samenbrengen.*
fed·er·a·tion ['fedə'reɪʃn] ⟨f2⟩ ⟨zn.⟩
I ⟨telb.zn.⟩ **0.1** ⟨pol.⟩ ***federatie*** ⇒*statenbond* **0.2** ***bond*** ⇒*federatie, overkoepelend orgaan;*
II ⟨n.-telb.zn.⟩ **0.1** ***federatievorming*** ⇒*éénwording, het samengaan.*
fed·er·a·tive ['fedərətɪv‖-eɪṭɪv] ⟨bn., attr.; -ly⟩ **0.1** ***bonds-*** ⇒*federatie-, federatief, federaal.*
fe·do·ra [fɪ'dɔ:rə] ⟨telb.zn.⟩ **0.1** ***gleufhoed.***
'fed 'up ⟨f1⟩ ⟨bn., pred.; volt. deelw. v. feed up⟩ ⟨inf.⟩ **0.1** ***(het) zat*** ⇒*ontevreden, (het) beu* ◆ **6.1** be ~ **about** sth. *van iets balen;* I'm ~ **with** Ned's nagging *Neds gezeur zit me tot hier* **8.1** Fanny's ~ that you didn't write *Fanny is kwaad dat je niet geschreven hebt.*
fee[1] [fi:] ⟨f3⟩ ⟨zn.⟩
I ⟨telb.zn.⟩ **0.1** ***honorarium*** ⟨v. arts, advocaat, enz.⟩ **0.2** ⟨sport⟩ ***transferbedrag*** **0.3** ***inschrijfgeld*** ⇒*toegangsgeld, lidmaatschapsgeld* **0.4** ⟨mv.⟩ ***schoolgeld*** ⇒*collegegeld* **0.5** ***tarief*** ⇒*vergoeding, fooi, kosten* **0.6** ⟨BE; gew.⟩ ***post*** ⇒*betaalde baan, betrekking* ⟨v. huispersoneel⟩ **0.7** ⟨gesch.⟩ ***leen(goed)*** ⇒*feodum* ◆ **2.5** late ~ *kosten / boete voor te late terugbezorging* ⟨in bibliotheek⟩; legal ~ *juridische kosten;*
II ⟨n.-telb.zn.⟩ ⟨jur.⟩ **0.1** ***erfgoed*** ⇒*erfdeel* ◆ **6.¶** hold **in** ~ (simple) *in onbeperkt eigendom hebben.*
fee[2] ⟨ov.ww.⟩ **0.1** ***honoreren*** ⇒*betalen, belonen* **0.2** ***engageren*** ⇒*(in dienst) nemen;* ⟨Sch. E.⟩ *huren* ⟨huispersoneel⟩.
feeb [fi:b] ⟨telb.zn.⟩ ⟨sl.⟩ **0.1** ***idioot*** ⇒*imbeciel.*
fee·ble ['fi:bl] ⟨f2⟩ ⟨bn.; -er; -ly; -ness; →bijw. 3⟩ **0.1** ***zwak*** ⇒*teer, fragiel, krachteloos* ⟨v. levende wezens⟩ **0.2** ***flauw*** ⇒*slap, zwak* ⟨v. excuus, grap, e.d.⟩ **0.3** ***onduidelijk*** ⇒*zwak, zacht* ⟨v. geluid, stem, e.d.⟩ ◆ **1.2** Chris has rather a ~ character *Chris heeft geen ruggegraat;* a ~ effort *een zwakke / halfhartige poging.*
'fee·ble-'mind·ed ⟨bn.; -ly; -ness⟩ **0.1** ***zwakzinnig*** ⇒*zwak begaafd* **0.2** ***dom*** ⇒*dwaas* **0.3** ⟨vero.⟩ ***onstabiel*** ⇒*besluiteloos.*
fee·bles ['fi:blz] ⟨mv.⟩ ⟨sl.⟩ **0.1** ***zenuwen*** ⇒*kriebels* **0.2** ***kater.***
feed[1] [fi:d] ⟨f3⟩ ⟨zn.⟩
I ⟨telb.zn.⟩ **0.1** ***voeding*** ⟨v. dier / baby⟩ ⇒*voedering;* ⟨scherts.⟩ *hap, portie, maal* **0.2** ⟨tech.⟩ ***toevoerkanaal*** ⇒*aanvoerweg / leiding; voeding,* ⟨v.e. draaibank, boormachine⟩ *toevoer, invoer* **0.3** ⟨sl.; dram.⟩ ***aangever*** **0.4** ⟨sl.⟩ ***poen*** ◆ **6.1** the baby is **on** five ~s a day *de baby krijgt vijf voedingen per dag;*
II ⟨n.-telb.zn.⟩ **0.1** ***(vee)voer*** ⇒*groenvoer* **0.2** ***het voeren*** ⇒*aan-*

voer, invoer, toevoer **0.3** ⟨tech.⟩ ***aangevoerde stof/hoeveelheid*** ⇒*voeding(ketel), materiaaltoevoer, lading* ⟨v. geweer⟩ ◆ **6.1** the cat is **off** its ~ *de kat wil niet eten;* be **on** the ~ *azen* ⟨v. vis⟩; out **at** ~ *in de wei* ⟨v. vee⟩ **6.¶ off** one's ~ *ziek, ongesteld; gedeprimeerd verdrietig.*

feed[2] ⟨f3⟩ ⟨ww.; fed, fed [fed]⟩ ⟨→sprw. 286⟩

I ⟨onov.ww.⟩ **0.1** ***eten*** ⇒*zich voeden* ⟨i.h.b. v. dieren en baby's⟩; *grazen, weiden;* ⟨scherts.⟩ *kanen, schranzen* ◆ **5.¶** →feed **back** **6.1** a camel can ~ **off** its hump *een kameel kan op zijn vetbult teren;* ⟨fig.⟩ the authors fed **off** new conceptions *de auteurs zijn door nieuwe opvattingen geïnspireerd;* ~ **off** wooden plates *van houten borden eten;* ~ **on** *leven van, zich voeden met, zich in leven/stand houden met* ⟨ook fig.⟩;

II ⟨ov.ww.⟩ **0.1** ***voeren*** ⇒*(te) eten geven, voederen, laten weiden* **0.2** ***voedsel geven aan*** ⇒⟨fig.⟩ *stimuleren, aanwakkeren* ⟨verbeelding⟩, *bevredigen* ⟨trots⟩ **0.3** ***tot voedsel dienen voor*** ⇒*voedzaam zijn voor, voldoende zijn voor* **0.4** ⟨meestal tech.⟩ ***aanvoeren*** ⟨grondstof enz.⟩ ⇒*toevoeren* ⟨materiaal⟩; *op peil houden, doorgeven aan; op gang houden* ⟨machine⟩ **0.5** ⟨sl.; dram.⟩ ***aangeven*** ⇒*aangever zijn voor* **0.6** ⟨sport⟩ ***aangeven*** ⇒*aanspelen* ◆ **1.3** one chicken barely ~s four people *een kip is nauwelijks genoeg voor vier personen* **1.4** two rivers ~ the lake *in het meer komen twee rivieren uit;* ~ the fire *het vuur onderhouden* **4.1** can the child ~ itself yet? *kan het kind al zelf eten?* **5.1** ~ bare/close/**down/off** *afweiden, (laten) afgrazen* ⟨land⟩; ~ **off/up** *vetmesten; volstoppen, extra voedsel geven (aan), verzadigen;* →fed **up** **5.¶** →feed **back** **6.1** poor mothers ~ing their children **on** rice only *arme moeders die hun kinderen alleen rijst te eten geven;* ~ the leftovers **to** the dog *de restjes aan de hond geven* **6.2** ⟨fig.⟩ the dictator fed the public **on** distorted facts *de dictator schotelde het publiek verdraaide feiten voor* **6.4** ⟨inf.⟩ ~ sth. **into** a computer *iets in de computer stoppen/invoeren;* ~ coins **into** the pay phone *munten in de telefoon stoppen;* ~ a wire **through** a pipe *een draad door een buis schuiven/halen;* ~ a vending machine **with** coins *munten in een automaat werpen.*

'feed·back ⟨f1⟩ ⟨n.-telb.zn.⟩ **0.1** ⟨tech.⟩ ***terugkoppeling*** **0.2** ⟨comp.⟩ ***feedback*** ⇒*terugkoppeling, respons* ◆ **6.2** there was no ~ **from** translator **to** author *de schrijver hoorde geen commentaar van de vertaler op zijn werk.*

'feed 'back ⟨ww.⟩

I ⟨onov.ww.⟩ ⟨com.⟩ **0.1** ***terugkomen*** ⇒*(als feedback) terugkeren* ◆ **6.1** no reactions from the viewers were feeding back **into** TV-programming *geen enkele reactie van de kijkers vond z'n weerslag in de t.v.-programma's;*

II ⟨ov.ww.⟩ ⟨tech.⟩ **0.1** ***terugkoppelen*** ⇒*doen terugstromen* ⟨signaal in apparaat, enz.⟩.

'feed·bag ⟨telb.zn.⟩ ⟨AE⟩ **0.1** ***haverzak*** ⟨v. paard⟩ **0.2** ⟨sl.⟩ ***maaltijd*** ◆ **3.2** put on the ~ *vreten, kanen.*

feed·er ['fi:də‖-ər] ⟨f1⟩ ⟨telb.zn.⟩ **0.1** ***eter*** **0.2** ***mestdier*** ⇒*vetweider* **0.3** ***zuigfles*** **0.4** ⟨vnl. BE⟩ ***slab(betje)*** **0.5** ⟨ben. voor⟩ ***toevoerinrichting*** ⇒*voedingskabel, hoofdleiding; aanvoerkanaal; vultrechter* **0.6** ⟨vaak attr.⟩ ⟨ben. voor⟩ ***aftakking*** ⇒*zijweg, aanvoerweg; plaatselijke (lucht- of spoor)verbinding; zijlijn* ⟨v. spoorweg⟩; *zijrivier, zijtak* ⟨enz.⟩ **0.7** ⟨sl.; dram.⟩ ***aangever*** **0.8** ***voederbak*** ◆ **2.1** ⟨scherts.⟩ George is a gross ~ *George is een vreetzak.*

'feeder line ⟨telb.zn.⟩ **0.1** ***zijlijn*** ⇒*zijtak, plaatselijke (lucht-, spoor- enz.) verbinding.*

'feeder road ⟨f1⟩ ⟨telb.zn.⟩ **0.1** ***zijweg*** ⇒*toeleidingsweg.*

'feed heater ⟨telb.zn.⟩ ⟨tech.⟩ **0.1** ***voedingswatervoorverwarmer.***

'feed·ing bottle ⟨f1⟩ ⟨telb.zn.⟩ **0.1** ***zuigfles.***

'feed·ing cake ⟨telb.zn.⟩ **0.1** ***veekoek.***

'feed·ing cup ⟨telb.zn.⟩ **0.1** ***tuitbeker.***

'feeding station ⟨telb.zn.⟩ ⟨sport, i.h.b. wielrennen⟩ **0.1** ***ravitailleringspost.***

'feed·ing stuff ⟨n.-telb.zn.⟩ **0.1** ***voer.***

'feed·ing time ⟨n.-telb.zn.⟩ **0.1** ***voedertijd*** ⇒⟨scherts.⟩ *etenstijd.*

'feed·lot ⟨telb.zn.⟩ **0.1** ***grasland*** ⇒*weidegrond* ⟨(kleine) weide voor het afmesten⟩.

'feed pipe ⟨telb.zn.⟩ ⟨tech.⟩ **0.1** ***aanvoerleiding*** ⇒*toevoerleiding, voedingsbuis.*

'feed pump ⟨telb.zn.⟩ ⟨tech.⟩ **0.1** ***voedingspomp*** ⇒*aanvoerpomp.*

'feed·stock ⟨n.-telb.zn.⟩ ⟨tech.⟩ **0.1** ***basismateriaal*** ⇒*toevoer, (te verwerken) materiaal.*

'feed-tank, 'feed-trough ⟨telb.zn.⟩ ⟨tech.⟩ **0.1** ***waterbak*** ⟨voor stoomlocomotief⟩.

'feed·wa·ter ⟨n.-telb.zn.⟩ ⟨tech.⟩ **0.1** ***voedingwater.***

'fee farm ⟨n.-telb.zn.⟩ **0.1** ***erfpacht(land).***

feel[1] [fi:l] ⟨f1⟩ ⟨zn.⟩

I ⟨telb.zn.; geen mv.⟩ **0.1** ***het voelen*** ⇒*betasting* **0.2** ***aanleg*** ⇒*gevoel, flair, feeling* ◆ **3.1** let me have a ~ *laat mij eens voelen* **6.2** a ~ **for** music *muzikaal gevoel, muzikaliteit;*

II ⟨n.-telb.zn.; the⟩ **0.1** ***gevoel*** ⇒*greep* ⟨v. stof⟩ **0.2** ***routine*** ◆ **3.2** get the ~ of sth. *iets in zijn vingers krijgen* **6.1** **by** the ~ *op het gevoel;* you can tell **by** the ~ that it's real wool *je kunt wel voelen dat het echte wol is;* it's cold **to** the ~ *het voelt koud aan.*

feel[2] ⟨f4⟩ ⟨ww.; felt, felt [felt]⟩ ⟨→sprw. 433⟩

I ⟨onov.ww.⟩ **0.1** ***(rond)tasten*** ⇒*(rond)zoeken* **0.2** ***voelen*** ⇒*gevoel/tastzin hebben* **0.3** ***gevoelens hebben*** ⇒*een mening hebben* ◆ **6.1** ~ (about) **after/for** sth. in one's pockets *in zijn zakken naar iets (rond)tasten/zoeken;* ⟨AE⟩ ~ **of** *betasten, voelen (aan)* **6.2** he doesn't ~ **in** his left hand *hij heeft geen gevoel in zijn linkerhand* **6.3** she felt strongly **about/on** it *ze had er een geprononceerde mening over;* what do you ~ **about** him *wat is je mening over hem?;* everybody felt **for** the poor boy *iedereen had te doen met de arme jongen;* I really felt **with** John *ik voelde echt mee met Jan;*

II ⟨ov.ww.⟩ **0.1** ***voelen*** ⇒*gewaarworden* **0.2** ***voelen (aan)*** ⇒*betasten* ⟨als sl. ook mbt. seks⟩ **0.3** ***(ge)voelen*** ⇒*gewaarworden, ondervinden; lijden (onder)* **0.4** ***(ge)voelen*** ⇒*aanvoelen, de indruk krijgen; beseffen, inzien* **0.5** ***vinden*** ⇒*houden voor, menen* ◆ **1.1** he suddenly felt a blow on his head *hij voelde plots een slag op zijn hoofd* **1.2** ~ s.o.'s pulse *iem. de pols voelen* ⟨ook fig.⟩; ~ one's way *op de tast zijn weg zoeken* ⟨ook fig.⟩ **1.3** ~ one's age *zich oud/afgepeigerd voelen;* the population felt the effects of the long drought *de bevolking leed onder de gevolgen v.d. lange droogte;* make one's presence felt *zijn aanwezigheid doen gevoelen;* you shall ~ my vengeance! *ik krijg je nog wel!* **1.4** a (long-) felt need *een sinds lang gevoelde/reële behoefte;* the actor couldn't ~ his role well *de acteur kon zijn rol niet goed aanvoelen* **4.3** poverty made itself felt in the big cities *de armoe werd voelbaar in de grote steden* **4.4** I ~ it necessary to deny that *ik moet dat ontkennen* **5.2** ⟨vulg.; sl.⟩ ~ **up** *betasten, strelen* ⟨geslachtsdelen⟩ **5.¶** ~ a situation **out** *voelen uit welke hoek de wind waait;* ~ s.o. **out** *iem. uithoren/aan de tand voelen* **8.1** he couldn't ~ if/whether his friend was still breathing *hij kon niet voelen of zijn vriend nog ademde* **8.4** he felt that he might have said sth. wrong *hij voelde dat hij misschien iets verkeerds gezegd had* **8.5** it was felt that ... *men was de mening toegedaan dat ...;*

III ⟨kww.⟩ **0.1** ***zich (ge)voelen*** **0.2** ***aanvoelen*** ⇒*een gevoel geven, voelen* ◆ **1.1** I felt such a fool *ik voelde me zo stom;* ~ on top of the world *zich in de zevende hemel voelen* **2.1** ~ angry *zich boos (ge)voelen, boos zijn;* ~ blue *zich neerslachtig voelen;* ⟨sl.⟩ ~ cheap *zich rot voelen* ⟨beschaamd, ziek⟩; ~ cold/warm *het koud/warm hebben;* ~ equal to one's job *zich tegen zijn werk opgewassen voelen;* ~ fine *zich lekker voelen;* ~ free to speak! *zeg ronduit je mening!;* ~ funny *zich raar/niet lekker voelen;* ~ good *zich goed voelen;* ⟨AE; sl.⟩ *tipsy zijn;* ~ hungry *honger/trek hebben;* ~ small *zich klein/nietig voelen* ⟨beschaamd⟩ **2.2** it ~s great to be in love *het is een heerlijk gevoel om verliefd te zijn;* her skin felt warm *haar huid voelde warm (aan)* **3.1** ~ bound to accept a gift *zich verplicht voelen een cadeau aan te nemen* **4.1** ~ (quite) (like) o.s. *geheel zichzelf zijn, zich zelfverzekerd/in goede conditie voelen* **5.1** ~ well *zich goed voelen* **6.1** ⟨inf.⟩ I ~ **like** sleeping *ik heb zin om te slapen;* I ~ **like** a walk *ik heb zin in een wandelingetje;* I really felt **out of** it/things at that party *ik voelde me niet goed op mijn plaats/niet goed thuis op dat feestje;* ~ **up to** one's task *zich tegen zijn taak opgewassen voelen* **6.2** it ~s **like** silk *het voelt zijdeachtig aan* **8.1** I ~ as if/as though I was 100 years old! *ik voel me alsof ik al 100 jaar oud ben!.*

feel·er ['fi:lə‖-ər] ⟨f1⟩ ⟨telb.zn.⟩ **0.1** ***voeler*** ⇒*iem. die voelt/denkt* ⟨enz.; zie feel[2]⟩ **0.2** ⟨biol.⟩ ***voel/tastorgaan*** ⇒*voelhoorn, voelspriet, voeler;* ⟨fig.⟩ *proefballonnetjes* **0.3** ⟨mil.⟩ ***verkenner*** ◆ **3.2** put/throw out ~s *een balletje opgooien, zijn voelhorens uitsteken, zijn licht opsteken.*

'feeler gauge ⟨telb.zn.⟩ ⟨tech.⟩ **0.1** ***voelermaat.***

feel·ing[1] ['fi:lɪŋ] ⟨f3⟩ ⟨zn.; (oorspr.) gerund v. feel⟩

I ⟨telb.zn.⟩ **0.1** ***gevoel*** ⇒*gewaarwording, sensatie, besef* **0.2** ***emotie*** ⇒*sentiment, gevoel;* ⟨vaak mv.⟩ *gevoelens, gevoeligheden* **0.3** ***idee*** ⇒*gevoel, indruk, intuïtie* **0.4** ⟨geen mv.⟩ ***aanleg*** ⇒*zin, gevoel, begrip, feeling* **0.5** ⟨geen mv.⟩ ***opinie*** ⇒*mening, geloof, gedachte, idee* ◆ **1.5** there's a considerable division of ~s on *de meningen over ... zijn erg verdeeld* **2.2** bad/ill ~ *bitterheid, wrok;* good ~ *sympathie;* no hard ~s *even goede vrienden, geen jaloezie;* I have no strong ~s either way *het is mij om het even* **2.5** the general ~ was against the plan *men was over het algemeen tegen het plan* **3.1** a sinking ~ *een benauwd/akelig gevoel* ⟨als er iets mis gaat/dreigt te gaan⟩ **3.2** hurt s.o.'s ~s *iem. ('s gevoelens) kwetsen, iem. op zijn tenen trappen;* mixed ~s *gemengde gevoelens* **6.1** a ~ **of** sorrow/security *een gevoel van droefheid/geborgenheid* **6.3** a ~ **of** danger *een gevoel dat er gevaar dreigt, een onbehaaglijk gevoel* **6.4** much ~ **for** colour *veel kleurgevoel* **8.3** there was a ~ that something was going to happen *men voelde dat er iets*

stond te gebeuren;
II ⟨telb. en n.-telb.zn.⟩ **0.1** ***opwinding*** ⇒⟨i.h.b.⟩ *ontstemming, wrok* ◆ **1.1** a demonstration of ~ *een blijk van goed/afkeuring* **3.1** the Prime Minister's behaviour elicited strong ~s *het gedrag v.d. premier bracht de gemoederen heftig in beweging;* ~s ran high *de gemoederen raakten verhit;*
III ⟨n.-telb.zn.⟩ **0.1** ***het voelen*** ⇒*het denken* ⟨enz.; zie feel[2]⟩ **0.2** ***gevoel*** ⟨als zintuig⟩ ⇒*tastzin* **0.3** ***begrip*** ⇒*medeleven, gevoel* ◆ **3.2** Lenny lost all ~ in his fingers *Lenny is alle gevoel in zijn vingers kwijt* **6.3** James plays the flute **with** ~ *James speelt gevoelig fluit.*

feeling[2] ⟨f1⟩⟨bn., attr.; (oorspr.) teg. deelw. v. feel; -ly⟩ **0.1** ***voelend*** ⇒*denkend* ⟨enz.; zie feel[2]⟩ **0.2** ***gevoelig*** ⇒*emotioneel, sentimenteel* **0.3** ***meelevend*** ⇒*vol sympathie, medelijdend* **0.4** ***gemoedvol*** ⇒*vol uitdrukking, doorvoeld, met overgave, vol overtuiging* ◆ **1.2** a ~ attitude *een emotionele houding* **3.3** write ~ly *met gevoel schrijven.*

feelth·y ['fi:lθi]⟨bn.⟩⟨sl.; scherts.⟩ **0.1** ***vies*** ⇒*smerig, goor, obsceen.*

feet [fi:t]⟨mv.⟩ →foot.

feign [feɪn]⟨f1⟩⟨ww.⟩
I ⟨onov.ww.⟩ **0.1** ***simuleren*** ⇒*doen alsof, veinzen, huichelen, liegen;*
II ⟨ov.ww.⟩ **0.1** ***veinzen*** ⇒*voorwenden, simuleren, pretenderen* **0.2** ***verzinnen*** ⇒*bedenken* ⟨smoes⟩, *opdissen* **0.3** ***vervalsen*** ⇒*namaken* ⟨document⟩, *naäpen, nabootsen* ◆ **1.1** ~ death *zich dood houden;* ~ed modesty *valse bescheidenheid;* ~ sleep *doen alsof men slaapt* **1.3** ~ed voice *verdraaide stem* **4.1** ~ o.s. ignorant *zich v.d. domme houden* **8.1** ~ that one is ill *zich ziek veinzen.*

feint[1] [feɪnt]⟨telb.zn.⟩ **0.1** ***schijnbeweging*** ⇒*schijnaanval, afleidingsmanoeuvre, list* **0.2** ***voorwendsel*** ⇒*smoes, pretentie* ◆ **3.2** make a ~ of being asleep *doen alsof men slaapt.*

feint[2] ⟨bn.⟩ **0.1** ***flauw*** ⟨v. lijn⟩.

feint[3] ⟨onov.ww.⟩ **0.1** ***een schijnbeweging maken*** ⇒*een afleidingsmanoeuvre uitvoeren* ◆ **6.1** ~ **against/at/upon** s.o. *een schijnbeweging naar iem. maken;* ~ **with** *een schijnaanval doen met.*

feis·ty ['faɪsti]⟨bn.; -er; -ness; →bijw. 3⟩⟨AE; inf.⟩ **0.1** ***uitbundig*** ⇒*speels; onrustig, rumoerig* **0.2** ***lichtgeraakt*** ⇒*opvliegend.*

fel·a·fel [fel'ɑ:fəl]⟨telb. en n.-telb.zn.⟩⟨cul.⟩ **0.1** ***falafel*** ⟨broodje met gekruide salade als vulling⟩.

feld·spar ['feldspɑ:||-spɑr], **fel·spar** ['felspɑ:||-spɑr]⟨telb. en n.-telb.zn.⟩⟨geol.⟩ **0.1** ***veldspaat*** ⟨mineraal⟩.

feld·spath·ic [feld'spæθɪk], **fel·spath·ic** [fel'spæθɪk]⟨bn.⟩⟨geol.⟩ **0.1** ***veldspaathoudend/achtig*** ⇒*veldspaat-.*

Fé·li·bre [feɪ'li:br(e)]⟨telb.zn.⟩ **0.1** ***félibre*** ⟨lid v.d. Félibrige, Provençaalse literaire school⟩.

fe·li·cif·ic ['fi:lɪ'sɪfɪk]⟨bn.⟩ **0.1** ***gelukkig makend.***

fe·lic·i·tate [fɪ'lɪsɪteɪt]⟨ov.ww.⟩⟨schr.⟩ **0.1** ***gelukwensen*** ⇒*feliciteren* ◆ **6.1** ~ **(up)on** *gelukwensen met.*

fe·lic·i·ta·tion [fɪ'lɪsɪ'teɪʃn]⟨telb.zn.; meestal mv.⟩ **0.1** ***gelukwens*** ⇒*felicitatie.*

fe·lic·i·tous [fɪ'lɪsɪtəs]⟨telb.zn.; -ly; -ness⟩⟨schr.⟩ **0.1** ***welgekozen*** ⇒*goed gevonden, treffend, gelukkig* ⟨woorden, vergelijking⟩.

fe·lic·i·ty [fɪ'lɪsəti]⟨f1⟩⟨zn.; →mv. 2⟩⟨schr.⟩
I ⟨telb.zn.⟩ **0.1** ***goedgekozen uitdrukking*** ⇒*vondst* **0.2** ***goede zet*** **0.3** ***zegen(ing)*** ⇒*weldaad, gelukkige omstandigheid* ◆ **1.1** felicities of expression *stilistische vondsten;*
II ⟨telb. en n.-telb.zn.⟩ **0.1** ***geluk(zaligheid)*** **0.2** ***toepasselijkheid*** ⇒*verzorgde woordkeus* ◆ **1.2** show little ~ of speech *zich nogal ongelukkig uitdrukken* **3.2** express o.s. with ~ *zijn woorden goed weten te kiezen.*

fe·line[1] ['fi:laɪn], **fe·lid** ['fi:lɪd]⟨telb.zn.⟩⟨dierk.⟩ **0.1** ***katachtige*** ⇒*kat* ⟨fam. Felidae⟩.

feline[2] ⟨f1⟩⟨bn.; -ly; -ness⟩ **0.1** ***katachtig*** ⇒*felien* **0.2** ***katte-*** ⇒*mbt./als/v.e. kat* ◆ **1.1** ~ movements *katachtige bewegingen.*

fe·lin·i·ty [fɪ'lɪnəti]⟨telb. en n.-telb.zn.⟩ **0.1** ***katachtigheid*** ⇒*katteëigenschap.*

fell[1] [fel]⟨telb.zn.⟩ **0.1** ***huid*** ⇒*vel, vacht, haarkleed* **0.2** ⟨in eigennamen⟩⟨BE⟩ ***berg*** ⇒*rots, heuvel* **0.3** ⟨BE⟩ ***hoogland*** ⇒*(kale) hoogvlakte, heide* **0.4** ***(partij) gehakt hout*** **0.5** ***platte naad/zoom*** ⇒*Engelse naad, kapnaad* ◆ **1.1** a ~ of hair *een wilde bos haar.*

fell[2] ⟨bn.; -ness⟩⟨schr.⟩ **0.1** ***meedogenloos*** ⇒*wreed, verschrikkelijk, verwoestend, verpletterend* ◆ **1.1** at one ~ swoop *in één (enkele) klap.*

fell[3] ⟨f2⟩⟨ov.ww.⟩⟨→sprw. 409⟩ **0.1** ***omhakken*** ⇒*kappen, vellen* **0.2** ⟨schr.⟩ ***(neer)vellen*** ⇒*neerslaan* **0.3** ***platstikken*** ⟨naad⟩ ◆ **1.2** he ~ed his opponent at a blow *hij velde zijn tegenstander met één klap.*

fell[4] ⟨verl. t.⟩ →fall.

fel·la(h) ['felə||-ər]⟨f1⟩⟨telb.zn.⟩⟨inf.⟩ **0.1** ***vent*** ⇒*gast, knaap, gozer.*

fel·lah ['felə, 'felɑ:||fə'lɑ]⟨telb.zn.; ook fellaheen, fellahin ['felə'hi:n]; →mv. 5⟩ **0.1** ***fellah*** ⇒*Arabische/,* ⟨i.h.b.⟩ *Egyptische boer.*

fel·late [fə'leɪt]⟨onov. en ov.ww.⟩⟨seksuologie⟩ **0.1** ***fellatie doen bij*** ⇒*pijpen, afzuigen.*

fel·la·ti·o [fə'leɪʃioʊ], **fel·la·tion** [fə'leɪʃn]⟨telb. en n.-telb.zn.⟩⟨seksuologie⟩ **0.1** ***fellatie*** ⇒*fellatio, het pijpen.*

fell·er[1] ['felə||-ər]⟨f1⟩⟨telb.zn.⟩ **0.1** ***hakker.***

fel·ler[2] ⟨f1⟩⟨telb.zn.⟩⟨inf.⟩ **0.1** ***vent*** ⇒*gast, knaap, gozer.*

'fel·ler-me-lad, 'fel·low-me-lad ⟨telb.zn.⟩⟨inf.⟩ **0.1** ***losbol*** ◆ **2.1** young ~ *pierewaaier, flierefluiter.*

'fell·mon·ger ⟨telb.zn.⟩⟨BE⟩ **0.1** ***leerlooier*** **0.2** ⟨vero.⟩ ***huidenkoper.***

fel·loe ['feloʊ], **fel·ly** ['feli]⟨telb.zn.; →mv. 2⟩⟨tech.⟩ **0.1** ***velg(segment).***

fel·low[1] ['feloʊ]⟨f3⟩⟨telb.zn.⟩ **0.1** ⟨inf.⟩ ***kerel*** ⇒*vent, man, jongen* **0.2** ***maat*** ⇒*kameraad, vriend* **0.3** ***wederhelft*** ⇒*andere helft, tweede* ⟨v. twee⟩ **0.4** ***gelijke*** ⇒*weerga, evenknie* **0.5** ⟨school.⟩ ***tijdgenoot*** ⇒*jaargenoot, studiegenoot, medestudent* **0.6** ⟨school.⟩ ***staflid*** **0.7** ⟨school.⟩ ***doctoraalassistent*** ⇒*onderzoeksassistent* **0.8** ⟨BE⟩ ***lid v. universiteitsbestuur*** **0.9** ***lid v. (wetenschappelijk) genootschap*** ◆ **2.1** my dear/good ~ *beste kerel;* old ~ *ouwe jongen;* poor ~ *arme kerel* **2.2** good ~ *prima vent* **3.1** a ~'s got to eat *een mens moet toch eten* **3.2** leave one's ~s *zijn vrienden in de steek laten* **4.3** a sock and its ~ *een sok en de bijbehorende sok* **7.4** in the structure of the novel, that chapter has no ~ *dat hoofdstuk heeft geen tegenhanger in de structuur van de roman.*

fellow[2] ⟨f3⟩⟨bn., attr.⟩ **0.1** ***mede-*** ⇒*collega, -genoot, -broeder* ◆ **1.1** ~ citizen *medeburger;* ~ countryman *landgenoot;* ~ craftsman *vakgenoot;* ~ creature *medemens, medeschepsel;* ~ feeling *sympathie, medeleven, hartelijkheid;* ~ man *medemens, naaste;* ~ traveller *medereiziger;* ⟨fig.⟩ *meeloper, sympathisant* ⟨i.h.b. v.d. communistische partij⟩; ~ worker *medearbeider.*

fellow[3] ⟨ov.ww.⟩⟨vero.⟩ **0.1** ***een equivalent vinden voor*** ⇒*iets passends zoeken bij* **0.2** ***gelijkstellen*** ⇒*op een lijn stellen.*

'fellow 'commoner ⟨telb.zn.⟩⟨BE; gesch.⟩ **0.1** ***disgenoot*** ⇒*student aan de staftafel* ⟨Oxford, Cambridge, Dublin⟩.

'fellow-my-lad →feller-me-lad.

fel·low·ship ['feloʊʃɪp]⟨f3⟩⟨zn.⟩
I ⟨telb.zn.⟩ **0.1** ***genootschap*** ⇒*gezelschap* **0.2** ***broederschap*** ⇒*verbond;*
II ⟨telb. en n.-telb.zn.⟩ **0.1** ***lidmaatschap*** ⟨v. wetenschappelijke staf/genootschap⟩ ⇒*ambt, betrekking* ⟨v. wetenschapper⟩ **0.2** ⟨school.⟩ ***beurs*** ⇒*toelage* ⟨v. doctoraalassistent⟩;
III ⟨n.-telb.zn.⟩ **0.1** ***omgang*** ⇒*gezelschap* **0.2** ***vriendschap*** ⇒*kameraadschap(pelijkheid)* ◆ **1.1** ~ of equals *het in gelijkwaardig gezelschap verkeren* **1.2** ~ in misfortune *vriendschap in tegenspoed.*

'fell runner ⟨telb.zn.⟩⟨BE; sport⟩ **0.1** ***(langeafstands)loper*** ⟨tegen berg op of af, of van bergtop tot bergtop⟩.

'fell running ⟨n.-telb.zn.⟩⟨BE; sport⟩ **0.1** ***(het)(langeafstands) hardlopen*** ⟨tegen bergen op of van berg tot berg⟩.

felly →felloe.

fe·lo de se ['feloʊdɪ'si:||-'seɪ]⟨telb.zn.; felones de se ['feloʊni:z-||fə'loʊni:z-], felos de se ['feloʊz-]; →mv. 5⟩⟨jur.⟩ **0.1** ***zelfdoding*** ⇒*zelfmoord, suicide* **0.2** ***zelfmoordenaar.***

fel·on[1] ['felən]⟨zn.⟩
I ⟨telb.zn.⟩⟨jur.⟩ **0.1** ***crimineel*** ⇒*misdadiger;*
II ⟨telb. en n.-telb.zn.⟩⟨med.⟩ **0.1** ***fijt.***

felon[2] ⟨bn., attr.⟩⟨vero.⟩ **0.1** ***snood*** ⇒*wreed, infaam.*

fe·lo·ni·ous [fə'loʊnɪəs]⟨bn.; -ly; -ness⟩ **0.1** ⟨jur.⟩ ***crimineel*** ⇒*misdadig* **0.2** ⟨vero.⟩ ***laaghartig*** ⇒*snood.*

fel·on·ry ['felənri]⟨n.-telb.zn.⟩ **0.1** ***de misdadigers*** ⇒*de veroordeelden.*

fel·o·ny ['feləni]⟨f1⟩⟨telb. en n.-telb.zn.; →mv. 2⟩⟨jur.⟩ **0.1** ***(ernstig) misdrijf*** ⇒*zware misdaad* ◆ **3.¶** compound the ~ *de zaak nog erger maken.*

fel·spar ['felspɑ:||-spɑr]⟨n.-telb.zn.⟩⟨geol.⟩ **0.1** ***veldspaat.***

felspathic →feldspathic.

felt[1] [felt]⟨f1⟩⟨zn.⟩
I ⟨telb.zn.⟩ **0.1** ***vilten hoed;***
II ⟨n.-telb.zn.⟩ **0.1** ***vilt*** ⇒*compacte (vezel)massa.*

felt[2] ⟨f1⟩⟨bn., attr.⟩ **0.1** ***vilten*** ⇒*vilt-* ◆ **1.1** ~ pen *viltstift;* ~ slippers *vilten pantoffels.*

felt[3] ⟨ww.⟩
I ⟨onov.ww.⟩ **0.1** ***vervilten;***
II ⟨ov.ww.⟩ **0.1** ***tot vilt maken*** ⇒*samenpersen* **0.2** ***met vilt bekleden.***

felt[4] ⟨verl. t. en volt. deelw.⟩ →feel.

'felt-'tip, 'felt(-tip) 'pen ⟨f1⟩⟨telb.zn.⟩ **0.1** ***viltstift.***

'felt-tipped ⟨bn., attr.⟩ **0.1** ***met vilten punt*** ◆ **1.1** ~ pen *viltstift.*

fe·luc·ca [fə'lʌkə||fə'lu:kə]⟨telb.zn.⟩ **0.1** ***feloek*** ⟨schip gebruikt in Middellandse Zeegebied⟩.

fem ⟨afk.⟩ female, feminine.

fe·male[1] ['fi:meɪl]⟨f3⟩⟨telb.zn.⟩ **0.1** ***vrouwelijk persoon*** ⇒*vrouw* **0.2** ⟨biol.⟩ ***wijfje*** ⇒*vrouwtje* **0.3** ⟨inf.⟩ ***vrouwspersoon*** ⇒*wijf, vrouwtje*.

female[2] ⟨f3⟩⟨bn.⟩ **0.1** ***vrouwelijk*** ⇒*-in, -es* ⟨enz.⟩; *wijfjes-* **0.2** ***vrouwen-*** ⇒*meisjes-* **0.3** ⟨tech.⟩ ***hol*** ⇒*binnen-* ◆ **1.1** ~ fern *wijfjesvaren;* ⟨lit.⟩ ~ rhyme *vrouwelijk/zwak/slepend rijm;* ~ slave *slavin* **1.2** ~ impersonator *travestiet;* ~ suffrage *vrouwenkiesrecht* **1.3** ~ die *holle stempel, matrijs;* ~ gauge *binnen/ringkaliber;* ~ plug *contrastekker;* ~ screw *moer;* ~ thread *binnenschroefdraad*.

feme [fem, fi:m]⟨telb.zn.⟩⟨jur.⟩ **0.1** ***vrouw*** **0.2** ***echtgenote***.

fem·i·nal·i·ty ['femɪ'næləṭi]⟨zn.⟩
I ⟨telb.zn.⟩ **0.1** ***prul*** ⇒*snuisterij;*
II ⟨n.-telb.zn.⟩ **0.1** ***vrouwelijkheid*** ⇒*vrouwelijke eigenschap/aard*.

fem·i·ne·i·ty ['femɪ'ni:əṭi]⟨n.-telb.zn.⟩ **0.1** ***vrouwelijkheid*** **0.2** ***verwijfdheid***.

fem·i·nine[1] ['femɪnɪn]⟨telb.zn.⟩⟨taalk.⟩ **0.1** ***femininum*** ⇒*vrouwelijk, vrouwelijk(e) vorm/genus/woord* ◆ **7.1** 'waitress' is the ~ of 'waiter' *'waitress' is de vrouwelijke vorm van 'waiter'*.

feminine[2] ⟨f2⟩⟨bn.; -ly; -ness⟩ **0.1** ⟨taalk.⟩ ***vrouwelijk*** **0.2** ***vrouwen-*** ⇒*vrouwelijk, verwijfd* ◆ **1.1** ~ caesura *cesuur na onbeklemtoonde lettergreep;* ~ ending *vrouwelijke uitgang; onbeklemtoonde laatste lettergreep;* ~ rhyme *vrouwelijk rijm* **1.2** ~ logic *vrouwenlogica;* have a ~ style of dressing *zich erg vrouwelijk kleden;* ~ virtues *vrouwelijke deugden*.

fem·i·nin·i·ty ['femɪ'nɪnəṭi], **fem·in·i·ty** [fe'mɪnəṭi]⟨f1⟩⟨n.-telb.zn.⟩ **0.1** ***vrouwelijkheid*** ⟨ook taalk.⟩ ⇒*vrouwelijke eigenschap/aard* **0.2** ***verwijfdheid*** **0.3** ***vrouwen*** ⇒*vrouwvolk*.

fem·i·nism ['femɪnɪzm]⟨f1⟩⟨n.-telb.zn.⟩ **0.1** ***feminisme*** ⇒*vrouwenbeweging*.

fem·i·nist[1] ['femɪnɪst]⟨f1⟩⟨telb.zn.⟩ **0.1** ***feministe***.

feminist[2] ⟨f1⟩⟨bn., attr.⟩ **0.1** ***feministisch***.

fem·i·nize, -nise ['femɪnaɪz]⟨ww.⟩
I ⟨onov.ww.⟩ **0.1** ***vrouwelijk worden*** ⇒*vervrouwelijken;*
II ⟨ov.ww.⟩ **0.1** ***vrouwelijk maken*** ◆ **1.1** a jacket ~d with frills *een colbertje dat met ruches een vrouwelijker aanzien heeft gekregen*.

fem(me) [fæm]⟨telb.zn.⟩⟨sl.⟩ **0.1** ***vrouwtje*** ⟨binnen lesbisch paar⟩.

femme fa·tale ['fæm fə'tɑ:l‖'fem-]⟨telb.zn.; femmes fatales [-fə'tɑlz]; →mv. 5⟩ **0.1** ***femme fatale*** ⇒*verleidster*.

fem·o·ral ['femərəl]⟨bn., attr.⟩⟨anat.⟩ **0.1** ***dij-*** ⇒*mbt./van het dijbeen*.

fem·to- ['femtoʊ] **0.1** ***één-quadriljoenste*** ◆ **¶.1** femtometre *één-quadriljoenste meter*.

fe·mur ['fi:mə‖-ər]⟨telb.zn.; ook femora ['femərə]; →mv. 5⟩ ⟨anat.⟩ **0.1** ***dij(been)*** ⇒*femur; dij* ⟨v. insekt⟩.

fen [fen]⟨f1⟩⟨zn.⟩
I ⟨telb.zn.; vaak mv.⟩ **0.1** ***moeras(land);***
II ⟨eig.n.; the Fens⟩ **0.1** ***de Fens*** ⟨drasland in Cambridgeshire⟩.

fenagle →finagle.

fen·ber·ry ['fenbri‖-beri]⟨telb.zn.; →mv. 2⟩ **0.1** ***veenbes***.

fence[1] [fens]⟨f3⟩⟨zn.⟩ (→sprw. 234, 425)
I ⟨telb.zn.⟩ **0.1** ***hek*** ⇒*omheining, afscheiding, afrastering* **0.2** ⟨tech.⟩ ***geleider*** ⇒*geleiding* **0.3** ***heler*** **0.4** ***helershuis*** **0.5** ⟨sport⟩ ***hindernis*** ◆ **3.1** ⟨fig.⟩ be/sit on the ~ *geen partij kiezen;* ⟨fig.⟩ mend one's ~s *een ruzie bijleggen* **3.¶** rush one's ~s *overijld handelen;*
II ⟨n.-telb.zn.⟩⟨vero.⟩ **0.1** ***het schermen*** ⇒*schermkunst*.

fence[2] ⟨f2⟩⟨ww.⟩ →fencing
I ⟨onov.ww.⟩ **0.1** ⟨sport⟩ ***schermen*** **0.2** ***springen*** ⇒*hindernissen nemen* ⟨v. paard, e.d.⟩ **0.3** ***heler zijn*** ⇒*helen* ◆ **6.1** ⟨fig.⟩ ~ **with** a question *een vraag pareren/ontwijken;*
II ⟨ov.ww.⟩ **0.1** ***beschermen*** ⇒*behoeden* **0.2** ***afweren*** ⇒*weghouden* **0.3** ***omheinen*** ⇒*insluiten, versterken* **0.4** ***heler zijn van*** ⇒*helen* ◆ **5.2** ~ **out** *buitensluiten* **5.3** the chimney was ~d **around** with barbed wire *er stond (een hek van) prikkeldraad om de schoorsteen;* ~ **in** *omheinen, afrasteren;* ⟨fig.⟩ *inperken, belemmeren;* ~ **up** *omheinen* **5.¶** →fence **off** **6.1** ~ **against/from** *beschermen tegen*.

'fence-hang·er ⟨telb.zn.⟩⟨sl.⟩ **0.1** ***weifelaar*** **0.2** ***kletskous***.

fence·less ['fensləs]⟨bn.⟩ **0.1** ***niet omheind*** **0.2** ⟨vero.; schr.⟩ ***weerloos*** ⇒*onbeschermd*.

'fence month, 'fence season, 'fence time ⟨n.-telb.zn.⟩ **0.1** ***gesloten (jacht)tijd***.

'fence 'off ⟨f1⟩⟨ov.ww.⟩ **0.1** ***afschermen*** ⇒*afscheiden* **0.2** ***afweren*** ⇒*buitensluiten* ◆ **6.1** the ditch was not properly fenced off **from** the road *er was geen behoorlijke afscheiding tussen de sloot en de weg*.

fenc·er ['fensə‖-ər]⟨f1⟩⟨telb.zn.⟩ **0.1** ⟨sport⟩ ***schermer*** **0.2** ***iem. die hekken zet/repareert***.

fenc·ing ['fensɪŋ]⟨f2⟩⟨n.-telb.zn.; (oorspr.) gerund v. fence⟩ **0.1** ⟨sport⟩ ***het schermen*** ⇒*schermkunst* **0.2** ***het omheinen*** ⇒*het afrasteren* **0.3** ***hekken*** ⇒*omheining* **0.4** ***onderdelen/materiaal voor hekken***.

'fencing foil ⟨telb.zn.⟩⟨sport⟩ **0.1** ***schermdegen***.

fend [fend]⟨f2⟩⟨ww.⟩
I ⟨onov.ww.⟩ **0.1** ***zich redden*** ◆ **6.1** ~ **for** oneself *voor zichzelf zorgen;*
II ⟨ov.ww.⟩ **0.1** ***afhouden*** ⇒*op een afstand houden* **0.2** ⟨vero.⟩ ***verdedigen*** ◆ **5.1** ~ **off** *afweren, ontwijken* ⟨slag, vraag⟩.

fend·er ['fendə‖-ər]⟨f2⟩⟨telb.zn.⟩ **0.1** ***stootrand*** ⇒*stootkussen, stootblok;* ⟨AE⟩ *bumper* **0.2** ⟨scheep.⟩ ***kurkenzak*** **0.3** ⟨AE⟩ ***spatbord*** ⟨v. auto⟩ **0.4** ***beschermkap*** **0.5** ***haardrand***.

'fender bender ⟨telb.zn.⟩⟨AE; inf.⟩ **0.1** ***lichte aanrijding***.

'fend·er-pile ⟨telb.zn.⟩⟨scheep.⟩ **0.1** ***remmingpaal***.

'fend·er-stool ⟨telb.zn.⟩ **0.1** ***haardbankje***.

fe·nes·tra [fɪ'nestrə]⟨telb.zn.; fenestrae [-stri:]; →mv. 5⟩ **0.1** ⟨anat.⟩ ***venster*** ⟨in het middenoor⟩ **0.2** ***venstervormige opening***.

fenestra o·val·is [- oʊ'vɑ:lɪs]⟨telb.zn.⟩⟨anat.⟩ **0.1** ***ovale venster*** ⟨in het middenoor⟩.

fenestra ro·tun·da [- roʊ'tʌndə]⟨telb.zn.⟩⟨anat.⟩ **0.1** ***ronde venster*** ⟨in het middenoor⟩.

fe·nes·trate ['fenɪstreɪt], **fe·nes·trat·ed** [-streɪṭɪd]⟨bn., attr.⟩⟨biol.⟩ **0.1** ***met venstervormige openingen/plekken***.

fe·nes·tra·tion ['fenɪ'streɪʃn]⟨telb. en n.-telb.zn.⟩ **0.1** ⟨bouwk.⟩ ***raam- en deurindeling*** ⇒*vensterindeling* **0.2** ⟨med.⟩ ***fenestratie***.

'fen-fire ⟨telb.zn.⟩ **0.1** ***dwaallicht*** ⇒*stalkaars*.

Fe·ni·an[1] ['fi:nɪən]⟨telb.zn.⟩⟨gesch.⟩ **0.1** ***Fenian*** ⟨lid v. Iers nationalistisch genootschap⟩.

Fenian[2] ⟨bn., attr.⟩ **0.1** ***van de Fenians*** ⇒*Fenian-*.

fenks [feŋks]⟨mv.⟩ **0.1** ***afval v. walvisspek***.

fen·man ['fenmən]⟨telb.zn.; fenmen [-mən]; →mv. 3⟩ **0.1** ***iem. uit de/inwoner v.d. Fens***.

fen·nec ['fenɪk]⟨telb.zn.⟩⟨dierk.⟩ **0.1** ***woestijnvos*** ⇒*fennek* ⟨Fennecus zerda⟩.

fen·nel ['fenl]⟨n.-telb.zn.⟩ **0.1** ***venkel***.

'fen·nel-flow·er ⟨telb.zn.⟩⟨plantk.⟩ **0.1** ***juffertje-in-'t-groen*** ⟨genus Nigella⟩.

fen·ny ['feni]⟨bn.⟩ **0.1** ***moerassig*** ⇒*drassig*.

'fen-pole ⟨telb.zn.⟩ **0.1** ⟨ong.⟩ ***polsstok***.

'fen-reeve ⟨telb.zn.⟩ **0.1** ***opzichter*** ⟨v.d. Fens⟩.

'fen-run·ners ⟨mv.⟩ **0.1** ***lange schaatsen*** ⇒*Friese doorlopers*.

fen·u·greek ['fenju:gri:k‖'fenjə-]⟨n.-telb.zn.⟩⟨plantk.⟩ **0.1** ***fenegriek*** ⟨Trigonella foenumgraecum⟩.

feoff →fief.

feoff·ee [fe'fi:]⟨telb.zn.⟩⟨gesch.⟩ **0.1** ⟨ong.⟩ ***leenman*** ◆ **6.1** ~ **in/of** trust ⟨ong.⟩ *gevolmachtigde*.

feof·fer, feof·for ['fefə‖-ər]⟨telb.zn.⟩⟨gesch.⟩ **0.1** ⟨ong.⟩ ***leenheer***.

feoff·ment ['fefmənt]⟨telb. en n.-telb.zn.⟩⟨gesch.⟩ **0.1** ***belening***.

fer →for.

fe·ral ['fɪərəl‖'fɪrəl], **fe·rine** [-raɪn]⟨bn.⟩ **0.1** ***wild*** ⇒*ongetemd, verwilderd* ⟨dier⟩ **0.2** ***woest*** ⇒*dierlijk*.

fer-de-lance ['feədə'lɑ:ns‖'ferdəlæns]⟨telb.zn.⟩⟨dierk.⟩ **0.1** ***lanspuntslang*** ⟨Zuidam. giftslang; Bothrops atrox⟩.

fer·e·to·ry ['ferɪtri‖-tɔri]⟨telb.zn.; →mv. 2⟩ **0.1** ⟨kerk.⟩ ***relikwieënkast(je)*** **0.2** ***kapel*** **0.3** ***lijkbaar***.

fe·ri·al ['fɪərɪəl‖'fɪr-]⟨bn.⟩⟨kerk.⟩ **0.1** ***gewoon*** ⇒*doordeweeks, week-* ⟨niet op/van een feestdag⟩.

fer·ma·ta [fə'mɑ:tə‖fər'mɑṭə]⟨telb.zn.; ook fermatae [-'mɑ:ti:]; →mv. 5⟩⟨muz.⟩ **0.1** ***fermate***.

fer·ment[1] ['fɜ:mənt‖'fɜr-]⟨f1⟩⟨zn.⟩
I ⟨telb.zn.⟩ **0.1** ***gist(middel)*** ⇒*ferment, enzym;*
II ⟨telb. en n.-telb.zn.⟩ **0.1** ***gisting(sproces)*** ⇒*het gisten;*
III ⟨n.-telb.zn.⟩ **0.1** ***onrust*** ⇒*agitatie, opwinding* ◆ **6.1** **in** (a state of) ~ *in beroering*.

ferment[2] [fə'ment‖fər-]⟨f1⟩⟨ww.⟩
I ⟨onov.ww.⟩ **0.1** ***gisten*** ⇒*fermenteren* **0.2** ***onrustig zijn*** ⇒*woelig zijn* ⟨volk⟩;
II ⟨ov.ww.⟩ **0.1** ***vergisten*** ⇒*doen gisten/fermenteren* **0.2** ***in beroering brengen*** ⇒*onrustig maken* ◆ **1.2** ~ trouble *onrust zaaien*.

fer·ment·a·ble [fə'mentəbl‖fər'menṭəbl]⟨bn.⟩ **0.1** ***fermenteerbaar*** ⇒*vergistbaar*.

fer·men·ta·tion ['fɜ:men'teɪʃn‖'fɜrmən-]⟨f1⟩⟨n.-telb.zn.⟩ **0.1** ***gisting*** ⇒*fermentatie(proces)* **0.2** ***beroering*** ⇒*onrust, tumult*.

fer·men·ta·tive [fə'mentətɪv‖fər'menṭəṭɪv]⟨bn.⟩⟨tech.⟩ **0.1** ***gist-*** ⇒*gistings-* **0.2** ***gistend*** ⇒*gistig* **0.3** ***gisting veroorzakend***.

fer·mi·on ['fɜ:mɪɒn‖'fɜrmiɑn]⟨telb.zn.⟩⟨kernfysica⟩ **0.1** ***fermion***.

fer·mi·um ['fɜ:mɪəm‖'fɜr-]⟨n.-telb.zn.⟩⟨schei.⟩ **0.1** ***fermium*** ⟨element 100⟩.

fern [fɜ:n‖fɜrn]⟨f2⟩⟨telb.zn.; ook fern; →mv. 4⟩ **0.1** ***varen*** ◆ **3.¶** ⟨plantk.⟩ flowering ~ *koningsvaren* ⟨Osmunda⟩.

fern·er·y ['fɜ:nəri||'fɜr-]⟨telb.zn.;→mv. 2⟩ **0.1** ***varenkas*** **0.2** ***varenbed.***
'fern-owl ⟨telb.zn.⟩⟨dierk.⟩ **0.1** ***nachtzwaluw*** ⟨Caprimulgus europaeus⟩.
fern·y ['fɜ:ni||'fɜr-]⟨bn.;-er;→compar. 7⟩ **0.1** ***rijk aan varens*** *⇒met varens begroeid* **0.2** ***varenachtig*** *⇒varen-.*
fe·ro·cious [fə'roʊʃəs]⟨f2⟩⟨bn.;-ly;-ness⟩ **0.1** ***woest*** *⇒ruw, wild, meedogenloos, barbaars* ◆ **1.1** ~ attack *felle/vinnige aanval;* a ~ heat *een moordende hitte;* a ~ dog *een woeste hond.*
fe·roc·i·ty [fə'rɒsəti||fə'rɑsəṭi]⟨f1⟩⟨zn.;→mv. 2⟩
I ⟨telb.zn.⟩ **0.1** ***gewelddaad*** *⇒wreedheid;*
II ⟨n.-telb.zn.⟩ **0.1** ***woestheid*** *⇒ruwheid, wildheid, gewelddadigheid.*
-fer·ous ['ferəs] **0.1** ⟨ong.⟩ ***-dragend*** *⇒-hebbend* ◆ **¶.1** odoriferous *geurverspreidend, geurend.*
fe·rox ['ferɒks||-rɑks]⟨telb.zn.⟩⟨dierk.⟩ **0.1** ***meerforel*** ⟨Salmo trutta lacustris⟩.
ferrate →ferrite.
fer·re·ous ['ferɪəs]⟨bn.⟩⟨geol., schei.⟩ **0.1** ***ijzerachtig*** *⇒ijzer-* **0.2** ***ijzerhoudend.***
fer·ret[1] ['ferɪt]⟨f1⟩⟨telb.zn.⟩ **0.1** ⟨dierk.⟩ ***fret*** ⟨fam. Mustela⟩ **0.2** ***onderzoeker*** *⇒speurder, detective* **0.3** ***zijden band.***
ferret[2] ⟨f1⟩⟨ww.⟩
I ⟨onov.ww.⟩ **0.1** ***met fretten jagen*** *⇒fretten* **0.2** ***rommelen*** *⇒snuffelen* ◆ **3.1** go ~ing *met fretten gaan jagen* **5.2** ~ **about/around** among s.o.'s papers *in iemands papieren rondsnuffelen* **6.2** ~ **for** details *bijzonderheden uitvissen;*
II ⟨ov.ww.⟩ **0.1** ***met fretten verjagen*** **0.2** ***uitzoeken*** *⇒nagaan* ◆ **5.1** ~ **out** rats *met fretten ratten vangen* **5.2** ~ **out** *uitvissen, uitvlooien* ⟨bv. de waarheid, intieme bijzonderheden⟩; ~ **out** a secret *achter een geheim komen.*
fer·ret·y ['ferəṭi]⟨bn.⟩ **0.1** ***fretachtig*** *⇒fret(ten)-.*
fer·ri- ['feri]⟨schei.⟩ **0.1** ***ferri-*** *⇒ijzer-* ◆ **¶.1** ferricyanide *ferricyanide.*
fer·ri·age ['ferɪdʒ]⟨zn.⟩
I ⟨telb.zn.⟩ **0.1** ***overvaart*** *⇒overtocht* **0.2** ***veerdienst;***
II ⟨telb. en n.-telb.zn.⟩ **0.1** ***veergeld*** *⇒veerloon.*
fer·ric ['ferɪk]⟨bn., attr.⟩⟨schei.⟩ **0.1** ***ijzer-*** **0.2** ***ferri-*** ◆ **1.1** ~ oxide *ijzeroxide.*
fer·ri·fer·ous [fə'rɪfərəs]⟨bn., attr.⟩⟨tech.⟩ **0.1** ***ijzerhoudend.***
Fer·ris wheel ['ferɪs wi:l||-hwi:l]⟨telb.zn.⟩ **0.1** ***reuzenrad.***
fer·rite ['feraɪt]⟨telb.zn.⟩⟨tech.⟩ **0.1** ***ferriet.***
fer·ro- ['feroʊ]⟨schei.⟩ **0.1** ***ferro-*** *⇒ijzer-.*
fer·ro·con·crete [-'kɒŋkri:t||-'kɑŋkri:t]⟨n.-telb.zn.⟩ **0.1** ***gewapend beton.***
fer·ro·e·lec·tric [-ɪ'lektrɪk]⟨bn.⟩⟨nat.⟩ **0.1** ***ferro-elektrisch.***
fer·ro·e·lec·tric·i·ty [-ɪlek'trɪsəṭi]⟨n.-telb.zn.⟩⟨nat.⟩ **0.1** ***ferro-elektriciteit.***
fer·ro·mag·net·ic [-mæg'neṭɪk]⟨bn.⟩⟨nat.⟩ **0.1** ***ferromagnetisch.***
fer·ro·mag·ne·tism [-'mægnətɪzm]⟨n.-telb.zn.⟩⟨nat.⟩ **0.1** ***ferromagnetisme.***
fer·ro·type [-taɪp]⟨telb. en n.-telb.zn.⟩⟨foto.⟩ **0.1** ***ferrotypie*** ⟨foto (procédé) op bladmetaal⟩.
fer·rous ['ferəs]⟨bn., attr.⟩⟨schei.⟩ **0.1** ***ijzerhoudend*** **0.2** ***ferro-.***
fer·ru·gi·nous [fe'ru:dʒɪnəs]⟨bn.⟩⟨geol.⟩ **0.1** ***ijzerhoudend*** *⇒ijzerachtig, ijzer-* **0.2** ***(ijzer)roestkleurig.***
fer·(r)ule ['feru:l], **fer·rel** ['ferəl]⟨telb.zn.⟩⟨tech.⟩ **0.1** ***metalen dop*** ⟨om stok enz.⟩ **0.2** ***beslagring*** **0.3** ***flensbusje*** *⇒draadoog.*
fer·ry[1] ['feri]⟨f3⟩⟨zn.;→mv. 2⟩
I ⟨telb.zn.⟩ **0.1** ***veer(boot)*** *⇒pont* **0.2** ***veerdienst*** *⇒veer* ⟨ook met hovercraft, vliegtuig⟩ **0.3** ***veer*** *⇒aanlegplaats* ⟨v. veerboot⟩ ◆ **6.3** there was nobody **at** the ~ *er was niemand bij het veer;*
II ⟨n.-telb.zn.⟩ **0.1** ***veerrecht*** *⇒recht v. overvaart.*
ferry[2] ⟨f1⟩⟨ww.;→ww. 7⟩
I ⟨onov.ww.⟩ **0.1** ***(water) oversteken*** *⇒overvaren;*
II ⟨ov.ww.⟩ **0.1** ***overzetten*** *⇒overvaren* **0.2** ***vervoeren*** **0.3** ***oversteken*** ⟨water⟩ ◆ **1.2** ~ children to and from a party *kinderen naar een feestje brengen en ophalen.*
'fer·ry·boat ⟨f1⟩⟨telb.zn.⟩ **0.1** ***veerboot.***
'ferry bridge ⟨telb.zn.⟩ **0.1** ***treinveerboot*** *⇒ferryboat* **0.2** ***aanlegplaats.***
'ferry line ⟨telb.zn.⟩ **0.1** ***veerdienst.***
fer·ry·man ['ferimən]⟨f1⟩⟨telb.zn.; ferrymen [-mən];→mv. 3⟩ **0.1** ***veerman.***
fer·tile ['fɜ:taɪl||'fɜrṭl]⟨f2⟩⟨bn.⟩ **0.1** ***vruchtbaar*** *⇒fertiel* ⟨ook kernfysica⟩ **0.2** ***rijk (voorzien)*** *⇒overvloedig, vruchtbaar* ◆ **1.1** ⟨aardr.⟩ Fertile Crescent *Vruchtbare Halve Maan* ⟨gebied v. Israel tot de Perzische Golf⟩; ~ soil *vruchtbare grond;* ⟨kernfysica⟩ ~ element *vruchtbaar element* **1.2** ~ imagination *rijke verbeelding;* ~ writer *produktief schrijver* **6.2** ~ **in/of** *rijk aan.*
fer·til·i·ty [fɜ:'tɪləti||fɜr'tɪləṭi]⟨f2⟩⟨n.-telb.zn.⟩ **0.1** ***vruchtbaarheid*** *⇒fertiliteit* **0.2** ***produktiviteit*** *⇒overvloed.*
fer'tility drug ⟨telb.zn.⟩ **0.1** ***vruchtbaarheidspreparaat.***
fer·til·iz·a·ble, -is·a·ble ['fɜ:ṭɪlaɪzəbl||'fɜrṭl-]⟨bn.⟩ **0.1** ***te bevruchten.***
fer·til·i·za·tion, -sa·tion ['fɜ:ṭɪlaɪ'zeɪʃn||'fɜrṭlə-]⟨f1⟩⟨telb. en n.-telb.zn.⟩ **0.1** ***bevruchting*** *⇒inseminatie* **0.2** ***het vruchtbaar maken*** ⇒⟨ook⟩ *het bemesten.*
fer·til·ize, -ise ['fɜ:ṭɪlaɪz||'fɜrṭlaɪz]⟨f2⟩⟨ov.ww.⟩ **0.1** ***bevruchten*** *⇒insemineren* **0.2** ***vruchtbaar maken*** *⇒bemesten.*
fer·til·iz·er, -is·er ['fɜ:ṭɪlaɪzə||'fɜrṭlaɪzər]⟨f2⟩⟨zn.⟩
I ⟨telb.zn.⟩ **0.1** ***bevruchter;***
II ⟨telb. en n.-telb.zn.⟩ **0.1** ***meststof*** *⇒kunstmest* ◆ **2.1** chemical ~ *kunstmest(stof).*
fer·ule[1] ['feru:l||'ferəl], ⟨in bet. 0.1 ook⟩ **fer·u·la** ['ferjələ||'ferələ] ⟨telb.zn.; tweede variant ook ferulae [-li:];→mv. 5⟩ **0.1** ***(school)plak*** ⟨om kinderen mee op de handen te slaan⟩ **0.2** →ferrule.
ferule[2] ⟨ov.ww.⟩ **0.1** ***(een slag) met de plak geven.***
fer·ven·cy ['fɜ:vnsi||'fɜr-]⟨n.-telb.zn.⟩ **0.1** ***gloed*** *⇒hitte* **0.2** ***vurigheid*** *⇒gloed, verve, vervoering.*
fer·vent ['fɜ:vnt||'fɜr-]⟨f2⟩⟨bn.;-ly⟩ **0.1** ***gloeiend*** *⇒heet, brandend* **0.2** ***vurig*** *⇒hartstochtelijk, gloedvol, fervent* ◆ **1.2** ~ admirer *vurig bewonderaar;* ~ desire *brandend verlangen;* ~ repulsion *hartgrondige afkeer.*
fer·vid ['fɜ:vɪd||'fɜr-]⟨bn.;-ly⟩ **0.1** ***heftig*** *⇒gloedvol, bezield* **0.2** ***brandend*** *⇒heet.*
fer·vour, ⟨AE sp.⟩ **fer·vor** ['fɜ:və||'fɜrvər]⟨f1⟩⟨n.-telb.zn.⟩ **0.1** ***hitte*** *⇒gloed* **0.2** ***heftigheid*** *⇒hartstocht, vurigheid.*
Fes·cen·nine ['fesɪnaɪn]⟨bn.⟩ **0.1** ***schunnig*** *⇒obsceen, plat, schuin.*
fes·cue ['feskju:]⟨zn.⟩
I ⟨telb.zn.⟩ **0.1** ***aanwijsstokje;***
II ⟨n.-telb.zn.⟩⟨plantk.⟩ **0.1** ***zwenkgras*** ⟨genus Festuca⟩.
fess [fes], **'fess 'up** ⟨onov. en ov.ww.⟩⟨sl.⟩ **0.1** ***opbiechten*** *⇒bekennen.*
fesse, ⟨AE sp.⟩ **fess** [fes]⟨telb.zn.⟩⟨heraldiek⟩ **0.1** ***faas*** *⇒dwarsbalk* ◆ **6.1** **in** ~ *horizontaal.*
-fest [fest]⟨AE⟩ **0.1** ***-feest*** *⇒-festival* ◆ **¶.1** filmfest *filmfestival.*
fes·tal ['festl]⟨bn.;-ly⟩⟨schr.⟩ **0.1** ***feestelijk*** *⇒vreugdevol, heuglijk* **0.2** ***feest-*** *⇒festival-.*
fes·ter[1] ['festə||-ər]⟨telb.zn.⟩ **0.1** ***zweer*** *⇒woekering.*
fester[2] ⟨f1⟩⟨ww.⟩
I ⟨onov.ww.⟩ **0.1** ***zweren*** *⇒etteren* **0.2** ***verrotten*** *⇒vergaan* ⟨weefsel, bloemen⟩ **0.3** ***knagen*** *⇒irriteren* ⟨opmerking e.d.⟩;
II ⟨ov.ww.⟩ **0.1** ***doen zweren*** *⇒doen etteren.*
fes·ti·val[1] ['festɪvl]⟨f3⟩⟨zn.⟩
I ⟨telb.zn.⟩ **0.1** ***(kerkelijke) feestdag*** **0.2** ***feest*** *⇒feestelijkheid, feesten* **0.3** ***muziekfeest*** *⇒festival* ◆ **1.1** ~ of lights *Chanoeka;*
II ⟨n.-telb.zn.⟩ **0.1** ***het feestvieren*** *⇒feestelijkheden* ◆ **1.1** there were several days of ~ *er werd dagenlang feestgevierd.*
festival[2] ⟨bn., attr.⟩ **0.1** ***feestelijk*** *⇒feest-* **0.2** ***festival-.***
fes·tive ['festɪv]⟨f1⟩⟨bn., attr.;-ly;-ness⟩ **0.1** ***feestelijk*** *⇒feest-, vreugdevol, blij* **0.2** ***festival-*** ◆ **1.1** ~ board *feestmaal;* ~ season *feestdagen.*
fes·tiv·i·ty [fe'stɪvəṭi]⟨f2⟩⟨zn.;→mv. 2⟩
I ⟨telb.zn.⟩ **0.1** ***vrolijkheid*** *⇒feestelijke stemming* **0.2** ⟨vaak mv.⟩ ***feestelijkheid*** *⇒festiviteit;*
II ⟨n.-telb.zn.⟩ **0.1** ***feestvreugde*** *⇒het feestvieren.*
fes·toon[1] [fe'stu:n]⟨f1⟩⟨telb.zn.⟩ **0.1** ***slinger*** *⇒guirlande, festoen.*
festoon[2] ⟨f1⟩⟨ov.ww.⟩ **0.1** ***met slingers versieren*** **0.2** ***slingers maken van*** **0.3** ***een slinger vormen om*** ◆ **3.1** ~ a wall with flowers *een muur met bloemslingers versieren* **3.2** ~ flowers round the window *bloemen in slingers rond het raam hangen.*
fes·toon·er·y [fe'stu:nəri]⟨zn.;→mv. 2⟩
I ⟨telb.zn.⟩ **0.1** ***guirlandeversiering;***
II ⟨n.-telb.zn.⟩ **0.1** ***slingers*** *⇒guirlandes.*
fest·schrift ['festʃrɪft]⟨telb.zn.; ook festschriften [-ʃrɪftn];→mv. 5⟩ **0.1** ***festschrift*** *⇒liber amicorum* ⟨aangeboden aan academicus bij bijzondere gelegenheid⟩.
FET ⟨afk.⟩ field-effect transistor.
fe·tal ['fi:ṭl]⟨bn.⟩ **0.1** ***foetaal.***
fetch[1] [fetʃ]⟨telb.zn.⟩ **0.1** ***haal*** *⇒ruk, hijs;* ⟨tech.⟩ *slagvolume* ⟨v. machine⟩ **0.2** ***truc*** *⇒kunstgreep, list* **0.3** ***(geest)verschijning*** ⟨v. nog levend persoon⟩ **0.4** ***dubbelganger*** ◆ **2.1** a long ~ *een hele zit* **3.2** a ~ to avoid discussion *een truc om discussie te vermijden.*
fetch[2] ⟨f2⟩⟨ww.⟩ →fetching
I ⟨onov.ww.⟩ **0.1** ***iets halen*** *⇒iets (mee)brengen; apporteren* ◆ **3.1** ~ and carry for s.o. *voor iem. slaven en draven* **5.¶** ~ **away** *losraken;* ~ **round** *bijkomen, er bovenop komen;* ~ **to** *bijkomen;* →fetch **up;**
II ⟨ov.ww.⟩ **0.1** ***halen*** *⇒brengen, afhalen* **0.2** ***te voorschijn brengen*** *⇒trekken* ⟨bloed⟩, *slaken* ⟨zucht⟩, *halen* ⟨adem⟩ **0.3** ***opbrengen*** ⟨geld⟩ **0.4** ***geven*** *⇒verkopen, uitdelen* ⟨klap⟩ **0.5** ***aantrekken*** *⇒interesseren, aantrekkelijk zijn voor* **0.6** ***bereiken*** ⟨bestemming⟩ ◆ **1.2** ~ a pump *een pomp aan de gang brengen;* the

story ~ed tears to Ted's eyes *Ted kreeg tranen in zijn ogen van het verhaal* **1.3** the painting ~ed £ 100 *het schilderij ging voor honderd pond weg* **1.5** the film ~ed millions of people *de film trok miljoenen kijkers* **4.1** ~ me my umbrella, please *breng me mijn paraplu, alsjeblieft* **5.1** one shot ~ed the bird **down** *de vogel werd met één schot neergehaald;* ~ sth. **in** *iets binnenhalen;* ~ **round / to** *bijbrengen* **5.¶** →fetch **up**.

fetch·ing ['fetʃɪŋ]⟨bn.; teg. deelw. v. fetch; -ly⟩⟨vero.; inf.⟩ **0.1** ***leuk*** *⇒aantrekkelijk, aardig* ◆ **1.1** a ~ little dress *een enig jurkje.*

'fetch 'up ⟨ww.⟩
I ⟨onov.ww.⟩ **0.1** ⟨inf.⟩ ***aankomen*** *⇒komen aanzakken* **0.2** ⟨inf.⟩ ***terechtkomen*** *⇒verzeild raken* **0.3** ***overgeven*** *⇒braken* ◆ **6.2** at last Fanny fetched up **in** Paris *uiteindelijk kwam Fanny in Parijs terecht;*
II ⟨ov.ww.⟩ **0.1** ***ophalen*** *⇒bovenhalen* ⟨bv. herinneringen⟩ **0.2** ***inhalen*** ⟨bv. verloren tijd⟩.

fête[1], **fete** [feɪt]⟨f1⟩⟨telb.zn.⟩ **0.1** ***feest*** *⇒festijn* **0.2** ⟨relig.⟩ ***naamdag*** ⟨v. heilige⟩ **0.3** ***bazar.***

fête[2], **fete** ⟨f1⟩⟨ov.ww.⟩ **0.1** ***huldigen*** *⇒fêteren, in de bloemetjes zetten.*

fête-cham·pê·tre ['feɪt ʃɑ:m'petr(ə)]⟨telb.zn.⟩ **0.1** ***tuinfeest.***

'fête-day ⟨telb.zn.⟩⟨relig.⟩ **0.1** ***naamdag*** ⟨v. heilige⟩.

fe·ti·cide, foe·ti·cide ['fi:tɪsaɪd]⟨telb. en n.-telb.zn.⟩ **0.1** ***foetusmoord*** *⇒het doden v.d. foetus / v. ongeboren leven.*

fet·id ['fet̬ɪd, 'fi:-], **foe·tid** ['fi:-]⟨f1⟩⟨bn.; -ly; -ness⟩ **0.1** ***stinkend*** *⇒(kwalijk) riekend.*

fet·ish, fet·ich ['fet̬ɪʃ, 'fi:-]⟨f1⟩⟨telb.zn.⟩ **0.1** ***fetisj.***

fet·ish·ism, fet·ich·ism ['fet̬ɪʃɪzm, 'fi:-]⟨n.-telb.zn.⟩ **0.1** ***fetisjisme.***

fet·ish·ist, fet·ich·ist ['fet̬ɪʃɪst, 'fi:-]⟨telb.zn.; vaak attr.⟩ **0.1** ***fetisjist.***

fet·ish·ist·ic, fet·ich·ist·ic ['fet̬ɪ'ʃɪstɪk, 'fi:]⟨bn.⟩ **0.1** ***fetisjistisch.***

fet·lock ['fetlɒk‖-lɑk]⟨telb.zn.⟩ **0.1** ***vetlok*** ⟨boven hoef v. paard⟩.

fe·to·log·ist [fi:'tɒlədʒɪst‖-'tɑ-]⟨telb.zn.⟩⟨med.⟩ **0.1** ***foetoloog.***

fe·to·lo·gy [fi:'tɒlədʒi‖-'tɑ-]⟨n.-telb.zn.⟩⟨med.⟩ **0.1** ***foetologie.***

fe·tor, foe·tor [fi:tə‖fi:t̬ər]⟨telb.zn.⟩ **0.1** ***stank*** *⇒(kwalijke, vieze) lucht.*

fet·ter[1] ['fetə‖'fet̬ər]⟨f1⟩⟨telb.zn.; vaak mv.⟩ **0.1** ***keten*** *⇒boei, ketting* **0.2** ***belemmering*** *⇒beperking* ◆ **6.1** **in** ~s *in de boeien;* ⟨fig.⟩ *vastgekluisterd, belemmerd.*

fetter[2] ⟨f1⟩⟨ov.ww.⟩ **0.1** ***boeien*** *⇒(vast)ketenen, kluisteren, binden* **0.2** ***belemmeren*** *⇒inperken, hinderen.*

fet·ter·less ['fetələs‖'fet̬ər-]⟨bn.⟩ **0.1** ***ongebonden*** *⇒onbeteugeld, ongebreideld* **0.2** ***niet geboeid.***

fet·ter·lock ['fetəlɒk‖'fet̬ərlɑk]⟨telb.zn.⟩⟨heraldiek⟩ **0.1** ***D-vormige beenkluister*** ⟨v. paard⟩.

fet·tle[1] ['fet̬l]⟨n.-telb.zn.⟩ **0.1** ***conditie*** *⇒humeur* ◆ **2.1** in fine ~ *in uitstekende conditie / in een prima humeur.*

fettle[2] ⟨ov.ww.⟩ **0.1** ***schoonkrabben*** *⇒gladmaken, trimmen* ⟨gietvorm of pot, vóór het bakken⟩.

fetus →foetus.

feu [fju:]⟨zn.⟩⟨Sch. E; jur.⟩
I ⟨telb.zn.⟩ **0.1** ***beklemd stuk land;***
II ⟨n.-telb.zn.⟩ **0.1** ***beklemming*** *⇒eeuwigdurende erfpacht.*

feu·ar ['fju:ə‖-ər]⟨telb.zn.⟩⟨Sch. E; jur.⟩ **0.1** ⟨ong.⟩ ***pachter*** *⇒beklemde meier.*

feud[1] [fju:d]⟨f1⟩⟨telb.zn.⟩ **0.1** ***vete*** *⇒twist, onenigheid, ruzie* **0.2** ***leen(goed)*** ◆ **6.1** be at ~ **with** *in onmin leven met.*

feud[2] ⟨f1⟩⟨onov.ww.⟩ **0.1** ***twisten*** *⇒onenigheid hebben, ruziën.*

feu·dal ['fju:dl]⟨f2⟩⟨bn.; -ly⟩ **0.1** ***feodaal*** *⇒leenroerig, leen-* **0.2** ⟨inf.⟩ ***onderdanig*** *⇒feodaal* ◆ **1.1** ~ lord *leenheer;* ~ system *leenstelsel;* ~ tenant *leenman* **1.2** Jeeves, the ~ spirit *Jeeves, de dienstbare geest.*

feu·dal·ism ['fju:dəlɪzm]⟨n.-telb.zn.⟩ **0.1** ***leenstelsel.***

feu·dal·ist ['fju:dəlɪst]⟨telb.zn.⟩ **0.1** ***aanhanger v.h. leenstelsel.***

feu·dal·ist·ic ['fju:də'lɪstɪk]⟨bn.⟩ **0.1** ***feodaal*** *⇒feodalistisch, (als) van het leenstelsel.*

feu·dal·i·ty [fju:'dælət̬i]⟨zn.; →mv. 2⟩
I ⟨telb.zn.⟩ **0.1** ***leen(goed);***
II ⟨n.-telb.zn.⟩ **0.1** ***leenstelsel.***

feu·dal·ize, ise ['fju:dəlaɪz]⟨ov.ww.⟩ **0.1** ***leenroerig maken*** *⇒een leenstelsel instellen in.*

feu·da·to·ry[1] ['fju:dətri‖-tɔri]⟨telb.zn.; →mv. 2⟩ **0.1** ***leenman.***

feudatory[2] ⟨bn.⟩ **0.1** ***leenplichtig*** *⇒ondergeschikt* **0.2** ***leenroerig*** ◆ **1.1** ~ state *vazalstaat.*

feuil·le·ton ['fɜɪtɒn‖'fʌɪ'tɔ̃]⟨telb.zn.⟩ **0.1** ***feuilleton*** ⟨in krant, enz.⟩ **0.2** ***boekenrubriek.***

fe·ver[1] ['fi:və‖-ər]⟨f3⟩⟨zn.⟩
I ⟨telb.zn.; meestal enk.⟩ **0.1** ***spanning*** *⇒agitatie, opwinding, onrust* ◆ **6.1** **in** a ~ **of** anticipation *in opgewonden afwachting;*
II ⟨telb. en n.-telb.zn.⟩ **0.1** ***koorts*** *⇒temperatuur, verhoging.*

fever[2] ⟨ov.ww.⟩ →fevered **0.1** ***koortsig maken.***

'fever blister ⟨telb.zn.⟩ **0.1** ***koortsblaasje*** *⇒*⟨mv.⟩ *koortsuitslag.*

'fever chart ⟨telb.zn.⟩ **0.1** ***temperatuurlijst*** *⇒koortsgrafiek.*

fe·vered ['fi:vəd‖-ərd]⟨bn.; volt. deelw. v. fever⟩ **0.1** ***koortsig*** *⇒gloeiend v. koorts* ⟨wangen⟩ **0.2** ***overspannen*** *⇒koortsachtig* ⟨opwinding, verbeelding⟩.

fe·ver·few ['fi:vəfju:‖-ər-]⟨n.-telb.zn.⟩⟨plantk.⟩ **0.1** ***moederkruid*** ⟨Chrysanthemum parthenium⟩.

'fever heat ⟨n.-telb.zn.⟩ **0.1** ***koortshitte*** **0.2** ***hevige opwinding.***

fe·ver·ish ['fi:vrɪʃ], ⟨in bet. 0.1 ook⟩ **fe·ver·ous** ['fi:vrəs]⟨f2⟩⟨bn.; -ly; -ness⟩ **0.1** ***koortsig*** *⇒koorts-* **0.2** ***opgewonden*** *⇒ongedurig, rusteloos* ◆ **1.1** ~ swamp *koortsmoeras* **1.2** ~ energy *koortsachtige bedrijvigheid.*

'fever pitch ⟨n.-telb.zn.⟩ **0.1** ***hoogtepunt*** *⇒climax* ◆ **6.1** emotions were **at / rose to** ~ *de gevoelens waren op / bereikten het kookpunt.*

'fever therapy ⟨n.-telb.zn.⟩ **0.1** ***koortstherapie*** ⟨ziektebestrijding d.m.v. kunstmatig opgewekte koorts⟩.

'fever trap ⟨telb.zn.⟩ **0.1** ***koortshol.***

few[1] [fju:]⟨f4⟩⟨onb.vnw.; -er, vergr. trap inf. ook less [les]; →onbepaald woord⟩ →less **0.1** ***weinige(n)*** *⇒weinig, enkele(n)* ◆ **1.1** ⟨schr.⟩ truly great men are ~ *waarlijk grote mensen zijn schaars* **2.1** a faithful ~ *een paar trouwe volgelingen* **2.¶** ⟨inf.⟩ there were a good ~ *er waren er nogal wat / vrij veel* **3.1** many are called but ~ are chosen *velen zijn geroepen, maar weinigen uitverkoren* **5.1** holidays are ~ and far between *feestdagen zijn er maar weinig;* no ~er than twenty *niet minder dan twintig, wel twintig;* there are so / very ~ *er zijn er maar / heel weinig* **5.¶** quite a ~, ⟨schr.⟩ not a ~ *nogal wat, vrij veel, ettelijke* **6.1** he was **among** the ~ who understood *hij was een v.d. weinigen die het begrepen;* a ~ **of** the chocolates *een paar chocolaatjes* **6.¶** ⟨vero.⟩ **in** ~ *in het kort* **7.1** a ~ *een paar, enkele(n);* a ~ more *nog enkele(n);* some ~ *(slechts) een paar* **7.¶** the ~ *de uitverkorenen, de happy few, een kleine minderheid.*

few[2] ⟨f4⟩⟨onb.det.; -er, vergr. trap inf. ook less; →onbepaald woord⟩ →less **0.1** ***weinig*** *⇒een paar, enkele* ◆ **1.1** the ~est mistakes *het kleinste aantal / de minste fouten;* a man of ~ words *een man v. weinig woorden* **2.¶** ⟨inf.⟩ a good ~ books *nogal wat / vrij veel / een flink aantal boeken* **5.¶** quite / not a ~ books *een flink aantal boeken* **7.1** a ~ words *een paar woorden;* every ~ days *om de zoveel dagen;* the last ~ hours *de laatste (paar) uren;* some ~ words *(maar) een paar woorden.*

few·ness ['fju:nəs]⟨telb.zn.⟩ **0.1** ***gering aantal*** *⇒*⟨inf.⟩ *kleine hoeveelheid* ◆ **6.1** the ~ **of** workers *het kleine getal der werklieden.*

fey [feɪ]⟨bn.; -ness⟩ **0.1** ⟨Sch. E⟩ ***ten dode opgeschreven*** *⇒stervend, veeg* **0.2** ***helderziend*** *⇒visionair* **0.3** ⟨inf.; soms pej.⟩ ***capricieus*** *⇒grillig, artistiekerig.*

fez [fez]⟨telb.zn.; vnl. fezzes⟩ **0.1** ***fez.***

ff ⟨afk.⟩ **0.1** ⟨folios⟩ **0.2** ⟨fortissimo⟩ ***ff*** **0.3** ⟨following⟩ ***e.v..***

FF ⟨afk.⟩ First Family.

FFA ⟨afk.⟩ Free From Alongside, Fellow of the Faculty of Actuaries.

FFPS ⟨afk.⟩ Fellow of the Faculty of Physicians and Surgeons.

FFV ⟨afk.⟩ First Families of Virginia.

fg ⟨afk.⟩ fully good.

fga ⟨afk.⟩ foreign general average, free of general average.

FGS ⟨afk.⟩ Fellow of the Geological Society.

FH ⟨afk.⟩ Fire Hydrant.

FHS ⟨afk.⟩ Fellow of the Horticultural Society ⟨AE⟩.

FIA ⟨afk.⟩ Fellow of the Institute of Actuaries ⟨BE⟩.

fi·a·cre [fi'ɑ:krə‖-'ɑkər]⟨telb.zn.⟩ **0.1** ***fiaker*** *⇒rijtuigje.*

fi·an·cé, ⟨vrl.⟩ **fi·an·cée** [fi'ɒnseɪ‖'fi:ɑn'seɪ]⟨f2⟩⟨telb.zn.⟩ **0.1** ***verloofde.***

fi·as·co [fi'æskoʊ]⟨f1⟩⟨telb.zn.; AE vnl. fiascoes; →mv. 2⟩ **0.1** ***mislukking*** *⇒fiasco, echec.*

fi·at[1] ['faɪæt, 'fi:-‖-ət]⟨f2⟩⟨telb.zn.⟩ **0.1** ***toestemming*** *⇒fiat, machtiging, autorisatie* **0.2** ***besluit*** *⇒beslissing* **0.3** ***bevel.***

fiat[2] ⟨ov.ww.; →ww. 7⟩ **0.1** ***goedkeuren*** *⇒zijn goedkeuring hechten aan, sanctioneren.*

'fiat money ⟨n.-telb.zn.⟩⟨AE⟩ **0.1** ***ongedekt papiergeld.***

fib[1] [fɪb]⟨f1⟩⟨telb.zn.⟩⟨inf.⟩ **0.1** ***leugentje*** *⇒smoes* ◆ **3.1** tell ~s *smoesjes verkopen.*

fib[2] ⟨f1⟩⟨onov.ww.; →ww. 7⟩⟨inf.⟩ **0.1** ***jokken*** *⇒leugens vertellen, smoesjes verzinnen.*

fib·ber ['fɪbə‖-ər]⟨telb.zn.⟩⟨inf.⟩ **0.1** ***jokkebrok*** *⇒leugenaar* ◆ **4.1** you ~! *liegbeest!.*

fi·bre, ⟨AE sp.⟩ **fi·ber** ['faɪbə‖-ər]⟨f2⟩⟨zn.⟩
I ⟨telb. en n.-telb.zn.⟩ **0.1** ***vezel*** *⇒*⟨anat. ook⟩ *fibril* **0.2** ***draad;***
II ⟨n.-telb.zn.⟩ **0.1** ***kwaliteit*** *⇒sterkte, karakter, aard* ◆ **2.1** a man of coarse ~ *een grofbesnaard man;* moral ~ *ruggegraat.*

'fi·bre·board ⟨f1⟩⟨n.-telb.zn.⟩ **0.1** ***(hout)vezelplaat.***

fi·bred, ⟨AE sp.⟩ **fi·ber·ed** ['faɪbəd‖-bərd]⟨bn.⟩ **0.1** ***uit vezels bestaand*** *⇒met vezels.*

-fi·bred, ⟨AE sp.⟩ **-fi·ber·ed** ['faɪbəd‖-bərd] **0.1** ⟨ong.⟩ ***geaard*** ◆ ¶.**1** coarse-fibred *grofbesnaard.*
'fi·bre·fill ⟨n.-telb.zn.⟩ ⟨textiel⟩ **0.1** ***fiberfill*** ⟨synthetisch vulmateriaal⟩.
'fi·bre·glass ⟨f1⟩ ⟨n.-telb.zn.⟩ **0.1** ***fiberglas*** ⇒*glasvezel, glaswol.*
fi·bre·less, ⟨AE sp.⟩ **fi·ber·less** ['faɪbələs‖-bər-] ⟨bn.⟩ **0.1** ***zonder vezels.***
'fi·bre'op·tic ⟨bn.⟩ ⟨tech.⟩ **0.1** ***vezeloptisch.***
'fibre 'optics ⟨n.-telb.zn.⟩ ⟨tech.⟩ **0.1** ***vezeloptica*** ⇒*vezeloptiek.*
fi·bri·form ['faɪbrɪfɔ:m‖-fɔrm] ⟨bn.⟩ **0.1** ***vezelvormig*** ⇒*vezelachtig.*
fi·bril ['faɪbrɪl, 'fɪ-] ⟨telb.zn.⟩ **0.1** ***vezeltje*** ⇒*fibril* **0.2** ⟨anat.⟩ ***trilhaar.***
fi·bril·lar ['faɪbrɪlə, 'fɪ-‖-ər], **fi·bril·lar·y** [-brɪləri‖-brɪleri] ⟨bn.⟩ **0.1** ***vezelachtig*** ⇒*fibrilachtig, met een vezelstructuur* **0.2** ⟨med.⟩ ***fibrillerend.***
fib·ril·la·tion ['fɪbrɪ'leɪʃn] ⟨telb. en n.-telb.zn.⟩ **0.1** ***vezelvorming*** **0.2** ⟨med.⟩ ***spiervezelspasmen*** ⇒*fibrillatie.*
fi·bril·lose ['faɪbrəloʊs, 'fɪ-] ⟨bn.⟩ **0.1** ***vezelig*** ⇒*met/van vezels, met een vezelstructuur.*
fi·brin ['faɪbrɪn] ⟨telb. en n.-telb.zn.⟩ ⟨biol.⟩ **0.1** ***fibrine*** ⟨onoplosbaar eiwit⟩ ⇒*bloed- of plantevezelstof.*
fi·brin·o·gen [faɪ'brɪnədʒɪn] ⟨telb. en n.-telb.zn.⟩ ⟨biol.⟩ **0.1** ***fibrinogeen*** ⟨oplosbaar eiwit⟩.
fi·bro- ['faɪbroʊ] **0.1** ***vezel-*** ◆ ¶.**1** ⟨BE⟩ fibrocement *asbestcement, eterniet.*
fi·broid[1] ['faɪbrɔɪd] ⟨telb.zn.⟩ ⟨med.⟩ **0.1** ***fibroom*** ⇒*bindweefselgezwel* ⟨i.h.b. in baarmoederwand⟩.
fibroid[2] ⟨bn.⟩ ⟨biol.⟩ **0.1** ***vezelachtig*** ⇒*vezelig.*
fi·bro·in ['faɪbroʊɪn] ⟨telb. en n.-telb.zn.⟩ ⟨schei.⟩ **0.1** ***fibroïne*** ⟨hoofdbestanddeel v. ruwe zijde⟩.
fi·bro·ma [faɪ'broʊmə] ⟨telb.zn.; ook fibromata [-mət̬ə]; →mv. 5⟩ ⟨med.⟩ **0.1** ***fibroom*** ⇒*bindweefselgezwel.*
fi·bro·sis [faɪ'broʊsɪs] ⟨telb. en n.-telb.zn.; fibroses [-si:z]; →mv. 5⟩ ⟨med.⟩ **0.1** ***fibrose*** ⇒*bindweefselvermeerdering.*
fi·bro·si·tis ['faɪbrə'saɪt̬ɪs] ⟨telb. en n.-telb.zn.⟩ ⟨med.⟩ **0.1** ***fibrositis*** ⇒*bindweefselontsteking.*
fi·brous ['faɪbrəs] ⟨f1⟩ ⟨bn.⟩ **0.1** ***vezelig*** ⇒*draderig, fibreus.*
fib·ster ['fɪbstə‖-ər] ⟨telb.zn.⟩ **0.1** ***jokkebrok*** ⇒*jokker/ster.*
fib·u·la ['fɪbjʊlə‖-bjə-] ⟨telb.zn.; ook fibulae [-li:]; →mv. 5⟩ **0.1** ⟨anat.⟩ ***kuitbeen*** ⇒*fibula* **0.2** ⟨gesch.⟩ ***speld*** ⇒*fibula* ⟨uit antieke oudheid⟩.
-fic [fɪk] **0.1** ⟨ong.⟩ ***-makend*** ⇒*-veroorzakend* ◆ ¶.**1** horrific *afschrikwekkend;* morbific *ziekmakend.*
FIC ⟨afk.⟩ Fellow of the Institute of Chemistry.
fi·celle [fə'sel] ⟨bn.⟩ **0.1** ***touwkleurig.***
fiche [fi:ʃ] ⟨telb.zn.⟩ **0.1** ***(micro)fiche.***
fi·chu ['fi:ʃu:] ⟨telb.zn.⟩ **0.1** ***fichu*** ⇒*omslagdoek, sjaal.*
fick·le ['fɪkl] ⟨f1⟩ ⟨bn.; -ly; -ness; →bijw. 3⟩ **0.1** ***onbestendig*** ⇒*wispelturig, grillig.*
fic·tile ['fɪktaɪl‖'fɪktl] ⟨bn.⟩ **0.1** ***aarden*** ⇒*v. klei, aardewerk(en)* **0.2** ***kneedbaar*** ⇒*vormbaar, plooibaar* **0.3** ***pottenbakkers-*** ◆ **1.3** ~ tools *pottenbakkersgereedschap.*
fic·tion ['fɪkʃn] ⟨f3⟩ ⟨zn.⟩ (→sprw. 699)
I ⟨telb.zn.⟩ **0.1** ***verzinsel*** ⇒*verdichtsel, fictie* ⟨ook jur.⟩, *leugen;*
II ⟨n.-telb.zn.⟩ **0.1** ***het verzinnen*** **0.2** ***fictie*** ⇒⟨bij uitbr. ook⟩ *romans* ◆ **1.2** truth is often more bizarre than ~ *de waarheid is vaak nog fantastischer dan wat men kan verzinnen;* works of ~ *romans.*
fic·tion·al ['fɪkʃnəl] ⟨bn.; -ly⟩ **0.1** ***roman-*** **0.2** ***verzonnen*** ⇒*gefingeerd, geromantiseerd* ◆ **1.1** ~ character *romanfiguur.*
fic·tion·al·i·za·tion, -sa·tion ['fɪkʃnəlaɪ'zeɪʃn‖-lə'zeɪʃn] ⟨telb. en n.-telb.zn.⟩ **0.1** ***romantisering*** ⟨v. gebeurtenis⟩.
fic·ti·tious [fɪk'tɪʃəs] ⟨f1⟩ ⟨bn.; -ly; -ness⟩ **0.1** ***nagemaakt*** ⇒*onecht* **0.2** ***verzonnen*** ⇒*bedacht* ⟨verhaal⟩, *gefingeerd* ⟨naam, adres⟩ **0.3** ***denkbeeldig*** ⇒*fictief* ⟨gebeurtenis⟩.
fic·tive ['fɪktɪv] ⟨bn.; -ly⟩ **0.1** ***creërend*** ⇒*scheppend, verzinnend* **0.2** ***verzonnen*** ⇒*fictief, gefingeerd* **0.3** ***voorgewend*** ⇒*onecht.*
fid [fɪd] ⟨telb.zn.⟩ ⟨scheep.⟩ **0.1** ***splitshoorn*** ⇒*marlpriem* **0.2** ***slothout.***
Fid Def ⟨afk.⟩ Fidei Defensor ⟨Defender of the Faith⟩.
fid·dle[1] ['fɪdl] ⟨f2⟩ ⟨zn.⟩ (→sprw. 656)
I ⟨telb.zn.⟩ **0.1** ⟨inf.⟩ ***fiedel*** ⇒*viool, vedel* **0.2** ⟨scheep.⟩ ***slingerlat*** **0.3** ⟨BE; inf.⟩ ***vuile streek*** ⇒*knoeierij, bedrog* **0.4** ⟨BE; inf.⟩ ***moeilijke klus*** ⇒*heksentoer* ◆ **3.1** saw at the ~ *op de viool krassen* **3.**¶ ⟨inf.⟩ play first ~ *de eerste viool spelen, de lakens uitdelen;* play second ~ (to) *in de schaduw staan (van), de tweede viool spelen (bij)* **6.3** be **at/on** the ~ *foezelen, ritselen, (met geld) knoeien;*
II ⟨n.-telb.zn.⟩ ⟨inf.⟩ **0.1** ***geklungel*** ◆ **7.1** we want action instead of all this ~! *laten we nu eens iets doen in plaats van dat rondlummelen!.*

fiddle[2] ⟨f1⟩ ⟨ww.⟩ →fiddling
I ⟨onov.ww.⟩ ⟨inf.⟩ **0.1** ***fiedelen*** ⇒*vioolspelen* **0.2** ***lummelen*** ⇒*keutelen* **0.3** ***friemelen*** ⇒*spelen* ◆ **5.2** ~ **about/around** *rondlummelen, aantutten* **6.3** ~ **at/with** *morrelen aan, spelen met;* the lock had been ~d **with** *er was aan het slot geknoeid;*
II ⟨ov.ww.⟩ **0.1** ⟨inf.⟩ ***spelen*** ⟨wijsje op viool⟩ **0.2** ⟨BE; sl.⟩ ***foezelen met*** ⇒*vervalsen, bedrog plegen met* ◆ **1.2** ~ one's taxes *met zijn belastingaangifte knoeien* **5.**¶ ~ **away** one's time *zijn tijd verlummelen.*
'fid·dle-back ⟨telb.zn.⟩ **0.1** ⟨ben. voor⟩ ***vioolvormig voorwerp*** ⇒*vioolvormige rug (v. stoel); vioolvormige kazuifel.*
'fid·dle·bow ⟨telb.zn.⟩ **0.1** ***strijkstok.***
'fid·dle·case ⟨telb.zn.⟩ **0.1** ***vioolkist.***
fid·dle-de-dee ['fɪdldi'di:] ⟨n.-telb.zn.⟩ ⟨inf.⟩ **0.1** ***larie*** ⇒*onzin, flauwekul, nonsens* ◆ ¶.¶ ~! *larie!, onzin!.*
fid·dle-fad·dle[1] ['fɪdlfædl‖'fɪdl'fædl] ⟨n.-telb.zn.⟩ ⟨inf.⟩ **0.1** ***larie*** ⇒*onzin, flauwekul, klets, nonsens* ◆ ¶.¶ ~! *larie!, onzin!.*
fiddle-faddle[2] ⟨bn.⟩ ⟨inf.⟩ **0.1** ***(zenuwachtig) druk*** ⇒*drukdoenerig.*
fiddle-faddle[3] ⟨onov.ww.⟩ ⟨inf.⟩ **0.1** ***beuzelen*** **0.2** ***(zenuwachtig) druk doen*** **0.3** ***lummelen*** ⇒*zijn tijd verlummelen.*
'fid·dle·head ⟨telb.zn.⟩ ⟨scheep.⟩ **0.1** ***vioolhals*** ⟨houtsnijwerk aan de boeg in de vorm v.e. vioolhals⟩.
fid·dler ['fɪdlə‖-ər] ⟨f1⟩ ⟨telb.zn.⟩ ⟨inf.⟩ **0.1** ***vioolspeler*** ⇒*fiedelaar, vedelaar* **0.2** ⟨BE⟩ ***knoeier*** ⇒*scharrelaar, oplichter* **0.3** ⟨verk.⟩ ⟨fiddler crab⟩.
'fiddler crab ⟨telb.zn.⟩ ⟨dierk.⟩ **0.1** ***wenkkrab*** ⟨genus Uca⟩.
'fid·dle·stick ⟨telb.zn.⟩ **0.1** ***strijkstok.***
'fid·dle·sticks ⟨tussenw.⟩ **0.1** ***larie*** ⇒*onzin, flauwekul, klets, nonsens.*
fid·dling ['fɪdlɪŋ] ⟨f1⟩ ⟨bn., attr.; teg. deelw. v. fiddle⟩ ⟨inf.⟩ **0.1** ***onbeduidend*** ⇒*futiel* **0.2** ***nietig*** ⇒*miezerig* ◆ **1.2** ~ little screws *pieterpeuterige schroefjes.*
fid·dly ['fɪdli] ⟨bn.; -er; →compar. 7⟩ ⟨inf.⟩ **0.1** ***vervelend, lastig, vermoeiend.***
fi·dei·com·mis·sum [fɪdiaɪkə'mɪsəm] ⟨telb.zn.; -missa [-mɪsə]; →mv. 5⟩ ⟨jur.⟩ **0.1** ***fideï-commis*** ⇒*erfstelling over de hand.*
Fi·de·i De·fen·sor ['faɪdiaɪ dɪ'fensɔ:‖-sər] ⟨telb.zn.⟩ ⟨Lat.⟩ **0.1** ***verdediger des geloofs*** ⟨titel v. Brits vorst⟩.
fi·de·ism ['fɪdeɪ'ɪzm] ⟨n.-telb.zn.⟩ ⟨relig.⟩ **0.1** ***fideïsme.***
fi·del·i·ty [fɪ'delət̬i] ⟨f1⟩ ⟨telb. en n.-telb.zn.; →mv. 2⟩ **0.1** ***(natuur) getrouwheid*** ⇒*precisie* **0.2** ***trouw*** ⇒*loyaliteit, verbondenheid* ◆ **6.2** ~ **to** one's partner *loyaliteit/trouw jegens zijn partner.*
fi'delity insurance ⟨telb.zn.⟩ **0.1** ***borgtochtverzekering.***
fidg·et[1] ['fɪdʒɪt] ⟨f1⟩ ⟨zn.⟩ ⟨inf.⟩
I ⟨telb.zn.⟩ **0.1** ***zenuwenlijder*** ⇒*iem. die niet stil kan zitten* **0.2** ***zenuwachtige toestand*** ◆ **6.2** (all) **in** a ~ *in de zenuwen/alle staten;*
II ⟨mv.; ~s; the⟩ **0.1** ***kriebels*** ⇒*zenuwen* ◆ **3.1** have the ~s *niet stil kunnen zitten, onrustig zijn.*
fidget[2] ⟨f2⟩ ⟨ww.⟩ ⟨inf.⟩
I ⟨onov.ww.⟩ **0.1** ***de kriebels hebben*** ⇒*niet stil kunnen zitten, druk bewegen* ◆ **1.1** the children were ~ing during the speech *de kinderen zaten steeds te wiebelen en te draaien tijdens de toespraak* **3.1** start to ~ *onrustig worden* **5.1** ~ **about** *niet stil kunnen zitten* **6.1** ~ **with** one's pen *zenuwachtig met zijn pen spelen, met een pen friemelen;*
II ⟨ov.ww.⟩ **0.1** ***dwars zitten*** ⇒*zenuwachtig maken* ◆ **4.1** what's ~ing her? *waarom is ze zo zenuwachtig?.*
fidg·et·er ['fɪdʒət̬ə‖-ər] ⟨telb.zn.⟩ ⟨inf.⟩ **0.1** ***friemelaar*** ⇒*wriemelaar, wiebelaar.*
fidg·et·y ['fɪdʒət̬i] ⟨bn.; -ness; →bijw. 3⟩ **0.1** ***onrustig*** ⇒*druk, zenuwachtig.*
fid·i·bus ['fɪdɪbəs] ⟨telb.zn.; ook fidibus; →mv. 5⟩ **0.1** ***fidibus*** ⟨opgerold stuk papier om pijp/sigaar mee aan te steken⟩.
fi·du·ci·al [fɪ'dju:ʃl‖-'du:-] ⟨bn., attr.; -ly⟩ **0.1** ***vol vertrouwen*** ⇒*vertrouwend* **0.2** ⟨jur.⟩ ***fiduciair*** ⇒*vertrouwens-* **0.3** ⟨tech.⟩ ***vast*** ⇒*ijk-* ◆ **1.1** ~ reliance on socialism *onvoorwaardelijk vertrouwen in het socialisme* **1.3** ~ line *meetlijn;* ~ point *vast punt.*
fi·du·ci·ar·y[1] [fɪ'dju:ʃəri‖-'du:ʃieri] ⟨telb.zn.; →mv. 2⟩ ⟨jur.⟩ **0.1** ***vertrouwensman*** **0.2** ***zaakwaarnemer.***
fiduciary[2] ⟨bn.⟩ ⟨jur.⟩ **0.1** ***fiduciair*** ⇒*vertrouwens-* ◆ **1.1** ~ money *fiduciair/chartaal geld;* ~ relation *fiduciaire rechtsverhouding.*
fie [faɪ] ⟨tussenw.⟩ ⟨vero.; scherts.⟩ **0.1** ***foei!*** ◆ **6.1** ~ **on/upon** you! *je moest je schamen!.*
fief, feoff [fi:f] ⟨telb.zn.⟩ ⟨gesch.⟩ **0.1** ***leengoed*** ⇒*leen.*
field[1] [fi:ld] ⟨f4⟩ ⟨zn.⟩
I ⟨telb.zn.⟩ **0.1** ⟨ben. voor⟩ ***veld*** ⇒*land, wei, akker, vlakte; sportveld, sportterrein; gebied* **0.2** ***slagveld*** ⇒⟨fig.⟩ *(veld)slag* **0.3** ***arbeidsveld*** ⇒*gebied, branche* **0.4** ⟨elek., nat.⟩ ***krachtveld*** ⇒*draagwijdte, invloedssfeer, reikwijdte* **0.5** ***ondergrond*** ⇒*fond, veld* **0.6** ⟨wisk.⟩ ***lichaam*** ◆ **1.1** ~ of corn *korenveld;* ~ of ice *ijsvlakte* **1.3** the ~ of music *'t gebied van de muziek;* ~ of study *onderwerp*

(van studie) **1.4** ⟨mil.⟩ ~ of fire *schootsveld;* ~ of vision *gezichtsveld* **2.4** magnetic ~ *magnetisch veld* **2.5** a red star on a yellow ~ *een rode ster op een gele ondergrond* **3.1** walk through the ~s *door het open land lopen* **3.2** hold the ~ (against) *zich staande houden (tegen);* keep the ~ *blijven strijden;* take the ~ *ten strijde trekken;* win the ~ *de slag winnen* **3.¶** pound the ~ *onneembaar zijn;* that hedge pounds the ~ *die heg is niet te nemen* **6.2 in** the ~ *op veldtocht, op campagne* **6.3 outside** one's ~ *buiten zijn terrein;*
II ⟨n.-telb.zn.; the⟩ **0.1** ***de praktijk*** ⇒*het veld* ◆ **6.1 in** the ~ *in het veld;*
III ⟨verz.n.; the⟩ ⟨sport⟩ **0.1** ***bezetting*** ⟨v. wedstrijd⟩ ⇒*veld, alle deelnemers;* ⟨i.h.b.⟩ *jachtpartij, jachtstoet* **0.2** ***concurrentie*** ⇒*veld, andere deelnemers* ⟨buiten de favoriet; i.h.b. bij paardenrennen⟩ **0.3** ***verdediging*** ⟨i.h.b. bij cricket⟩ ◆ **2.2** a good ~ *veel mededinging* **3.2** ⟨AE; inf.⟩ play the ~ *de kat uit de boom kijken, zich niet vastleggen* ⟨i.h.b. aan partner⟩; *fladderen, van de een naar de ander lopen.*

field[2] ⟨f2⟩ ⟨ww.⟩
I ⟨onov.ww.⟩ ⟨sport⟩ **0.1** ***veldspeler zijn*** ⇒*fielden* ◆ **5.1** we were ~ing all morning *we stonden de hele ochtend in het veld;*
II ⟨ov.ww.⟩ **0.1** ⟨sport⟩ ***terugspelen*** ⇒*fielden* ⟨bal⟩ **0.2** ⟨sport⟩ ***in het veld brengen*** ⇒*uitkomen met* ⟨team⟩ **0.3** ***afhandelen*** ⇒*pareren* ⟨vragen⟩ ◆ **5.1** well ~ed! *goed gevangen!.*

'field archery ⟨n.-telb.zn.⟩ ⟨sport⟩ **0.1** ***(het) veldboogschieten.***
'field artillery ⟨n.-telb.zn.⟩ ⟨mil.⟩ **0.1** ***veldartillerie.***
'field battery ⟨telb.zn.⟩ ⟨mil.⟩ **0.1** ***veldbatterij.***
'field bed ⟨telb.zn.⟩ **0.1** ***veldbed.***
'field book ⟨telb.zn.⟩ ⟨wwb.⟩ **0.1** ***veldboek*** ⟨v. landmeter⟩.
'field boot ⟨telb.zn.⟩ **0.1** ***hoge leren laars.***
'field cornet ⟨telb.zn.⟩ ⟨mil.⟩ **0.1** ***veldkornet*** ⇒*hoofd v.d. militie* ⟨in Zuid-Afrika⟩.
'field cricket ⟨telb.zn.⟩ **0.1** ***veldkrekel.***
'field day ⟨f1⟩ ⟨telb.zn.⟩ ⟨mil.⟩ **0.1** ***manoeuvre*** ⇒*oefening, show* **0.2** ***grote dag*** **0.3** ⟨AE⟩ ***sportdag*** ◆ **3.2** when the Prime Minister committed adultery, the papers had a ~ *het vreemdgaan v.d. premier was natuurlijk een buitenkansje voor de kranten.*
'field dressing ⟨telb.zn.⟩ ⟨mil.⟩ **0.1** ***noodverband.***
'field driver ⟨telb.zn.⟩ ⟨AE⟩ **0.1** ***schutmeester*** ⟨v. vee⟩.
'field-ef·fect tran'sistor ⟨telb.zn.⟩ ⟨tech.⟩ **0.1** ***veldeffecttransistor.***
'field engineer ⟨telb.zn.⟩ ⟨BE; mil.⟩ **0.1** ***geniesoldaat.***
field·er ['fi:ldə‖-ər] ⟨f1⟩ ⟨telb.zn.⟩ ⟨sport⟩ **0.1** ***veldspeler*** ⇒*verrevelder, fielder.*
'field event ⟨telb.zn.; vaak mv.⟩ ⟨atletiek⟩ **0.1** ***veldnummer*** ⇒⟨B.⟩ *kampnummer* ⟨tgo. baannummer⟩.
field·fare ['fi:ldfeə‖-fer] ⟨telb.zn.⟩ ⟨dierk.⟩ **0.1** ***kramsvogel*** ⟨Turdus pilaris⟩.
'field games ⟨mv.⟩ ⟨sport⟩ **0.1** ***veldsporten.***
'field general ⟨telb.zn.⟩ ⟨AE; inf.; sport, i.h.b. Am. voetbal⟩ **0.1** ***generaal*** ⇒*spelverdeler / maker, quarterback.*
'field glass ⟨f1⟩ ⟨telb.zn.; meestal mv.⟩ **0.1** ***veldkijker*** ⇒*verrekijker.*
'field goal ⟨telb.zn.⟩ ⟨Am. voetbal⟩ **0.1** ***field goal*** ⟨voor drie punten⟩.
'field gun ⟨telb.zn.⟩ ⟨mil.⟩ **0.1** ***veldkanon*** ⇒*veldstuk.*
'field hand ⟨telb.zn.⟩ ⟨AE⟩ **0.1** ***landarbeider*** ◆ **3.1** work like a ~ *keihard werken.*
'field hockey ⟨f1⟩ ⟨n.-telb.zn.⟩ ⟨AE⟩ **0.1** ***hockey.***
'field hospital ⟨telb.zn.⟩ ⟨mil.⟩ **0.1** ***veldhospitaal.***
'field judge ⟨telb.zn.⟩ ⟨Am. voetbal⟩ **0.1** ***veldscheidsrechter.***
'field kitchen ⟨telb.zn.⟩ ⟨mil.⟩ **0.1** ***veldkeuken.***
'Field 'Marshal ⟨f1⟩ ⟨telb.zn.⟩ ⟨BE; mil.⟩ **0.1** ***veldmaarschalk.***
'field mouse ⟨f1⟩ ⟨telb.zn.⟩ **0.1** ***veldmuis.***
'field mustard ⟨n.-telb.zn.⟩ ⟨plantk.⟩ **0.1** ***wilde mosterd*** ⇒*herik, krodde* ⟨Sinapis arvensis⟩.
'field night ⟨telb.zn.⟩ **0.1** ***grote avond.***
'field officer ⟨telb.zn.⟩ ⟨mil.⟩ **0.1** ***hoofdofficier.***
'field pack ⟨telb.zn.⟩ ⟨mil.⟩ **0.1** ***ransel.***
'field rank ⟨n.-telb.zn.⟩ ⟨mil.⟩ **0.1** ***(rang v.) hoofdofficier.***
fields·man ['fi:ldzmən] ⟨telb.zn.; fieldsmen [-mən]; →mv. 3⟩ ⟨sport⟩ **0.1** ***veldspeler*** ⇒*fielder, verrevelder.*
'field sports ⟨mv.⟩ **0.1** ***buitensport*** ⟨i.h.b. vissen en jagen⟩ **0.2** ⟨sport⟩ ***veldsporten.***
'field·stone ⟨telb. en n.-telb.zn.⟩ **0.1** ***veldsteen.***
'field telegraph ⟨telb.zn.⟩ ⟨mil.⟩ **0.1** ***veldtelegraaf.***
'field test ⟨telb.zn.⟩ **0.1** ***praktijktest.***
'field-test ⟨ov.ww.⟩ **0.1** ***aan de praktijk toetsen*** ⇒*in de praktijk testen* ◆ **1.1** the machine has been extensively ~ed *de machine is aan uitgebreide praktijktests onderworpen.*
'field theory ⟨n.-telb.zn.⟩ ⟨taalk.⟩ **0.1** ***woordveldtheorie.***
'field training ⟨n.-telb.zn.⟩ ⟨mil.⟩ **0.1** ***velddienstoefening.***
'field trial ⟨telb.zn.⟩ **0.1** ⟨jacht.⟩ ***hondentest*** **0.2** ⟨vaak mv.⟩ ***praktijkonderzoek.***

'field·work ⟨f1⟩ ⟨zn.⟩
I ⟨telb.zn.⟩ ⟨mil.⟩ **0.1** ***(veld)schans*** ⇒*redoute, veldwerk* ⟨tijdelijke fortificatie⟩;
II ⟨n.-telb.zn.⟩ **0.1** ***veldwerk*** ⇒*veldonderzoek, praktijk.*
'field-work·er ⟨telb.zn.⟩ **0.1** ***werker in het veld.***
fiend [fi:nd] ⟨f2⟩ ⟨zn.⟩
I ⟨eig.n.; the F-⟩ **0.1** ***de Duivel*** ⇒*Satan;*
II ⟨telb.zn.⟩ **0.1** ***duivel*** ⇒*demon, kwade geest* **0.2** ***wreedaard*** ⇒*beul* **0.3** ⟨in samenstellingen⟩ ***fanaat*** ⇒*maniak* ◆ **4.2** you ~! *onmens!.*
fiend·ish ['fi:ndɪʃ], **fiend·like** [-laɪk] ⟨f1⟩ ⟨bn.; fiendishness⟩ **0.1** ***duivels*** ⇒*demonisch* **0.2** ***wreed*** ⇒*gemeen.*
fiend·ish·ly ['fi:ndɪʃli] ⟨bw.⟩ ⟨inf.⟩ **0.1** →fiendish **0.2** ***vreselijk*** ◆ **2.2** a ~ difficult book *een waanzinnig moeilijk boek.*
fierce [fɪəs‖fɪrs] ⟨f1⟩ ⟨bn.; -r; -ly; -ness; →compar. 7⟩ **0.1** ***woest*** ⇒*wreed, kwaadaardig* **0.2** ***hevig*** ⇒*fel, vinnig* **0.3** ***heftig*** ⇒*vurig, extreem* **0.4** ⟨inf.⟩ ***rot*** ⇒*lam, verschrikkelijk* ◆ **1.1** ~ natives *woeste inboorlingen* **1.2** ~ winds *felle winden* **1.3** ~ dislike *intense afkeer.*
fi·e·ri fa·ci·as ['faɪəri 'feɪʃiæz‖'fi:əri 'fɑkiɑs] ⟨telb.zn.⟩ ⟨jur.⟩ **0.1** ***dwangbevel*** ⟨tegen schuldenaar⟩.
fier·y ['faɪəri] ⟨f1⟩ ⟨bn.; -er; -ly; -ness; →bijw. 3⟩ **0.1** ***brandend*** ⇒*vlammend, in brand* **0.2** ***vurig (gekleurd)*** **0.3** ***heet*** ⇒*branderig, gloeiend* **0.4** ***onstuimig*** ⇒*vurig, opvliegend, pittig* **0.5** ***licht ontvlambaar*** ⇒*brandbaar* ◆ **1.2** ~ glow *vuurrode gloed* **1.3** ~ gulash *hete goulash;* ~ pepper *scherpe peper* **1.4** ~ temperament *fel temperament* **1.¶** ⟨gesch.⟩ ~ cross *gedeeltelijk verkoold en soms met bloed besmeurd kruis* ⟨om Schotse clans ten strijde te roepen⟩; ⟨AE⟩ *brandend kruis* ⟨symbool v.d. Ku Klux Klan⟩.
fi·es·ta [fi'estə] ⟨telb.zn.⟩ **0.1** ***feest(dag)*** ⇒*festival* **0.2** ***feest*** ⇒*heiligedag.*
fife[1] [faɪf] ⟨telb.zn.⟩ ⟨muz.⟩ **0.1** ***fluit*** **0.2** ***fluitspeler.***
fife[2] ⟨ww.⟩
I ⟨onov.ww.⟩ **0.1** ***de fluit bespelen*** ⇒*pijpen;*
II ⟨ov.ww.⟩ **0.1** ***fluiten*** ⇒*op de fluit spelen,* ⟨wijsje⟩ *pijpen.*
fi·fer ['faɪfə‖-ər] ⟨telb.zn.⟩ **0.1** ***fluitspeler.***
'fife rail ⟨telb.zn.⟩ ⟨scheep.⟩ **0.1** ***nagelbank.***
FIFO ['faɪfoʊ] ⟨afk.⟩ first in, first out ⟨comp.⟩.
fif·teen ['fɪf'ti:n] ⟨f3⟩ ⟨telw.⟩ **0.1** ***vijftien*** ⇒⟨rugby⟩ *vijftiental, ploeg* ◆ **3.1** ⟨sport⟩ form a ~ *een vijftiental vormen* ⟨rugbyteam⟩ **7.1** ⟨gesch.⟩ the Fifteen *de eerste jacobitische opstand* ⟨1715⟩.
fift·eenth ['fɪf'ti:nθ] ⟨f2⟩ ⟨telw.⟩ **0.1** ***vijftiende.***
fifth [fɪfθ] ⟨f3⟩ ⟨telw.; -ly⟩ **0.1** ***vijfde*** ⇒⟨muz.⟩ *kwint;* ⟨AE⟩ *(fles v.) een vijfde gallon* ⟨i.h.b. sterke drank⟩ ◆ **1.1** ~ day *donderdag* **2.1** the ~ most beautiful girl *het op vier na mooiste meisje* **7.1** ⟨BE⟩ the ~ (of November) *Guy Fawkes Day;* ⟨AE⟩ the Fifth (Amendment) *het vijfde amendement* ⟨verbiedt afgedwongen getuigenis tegen zichzelf⟩; ⟨AE⟩ take the Fifth *zich op het vijfde amendement beroepen, weigeren te getuigen* ⟨tegen zichzelf⟩ **¶.1** ~(ly) *ten vijfde, in / op de vijfde plaats.*
'fifth 'monarchy man ⟨telb.zn.; vnl. mv.⟩ ⟨gesch.⟩ **0.1** ***aanhanger v.d. vijfde monarchie*** ⟨17e eeuwse sekte die geloofde dat het millennium nabij was en geen wereldlijk gezag erkende⟩.
fif·ti·eth ['fɪftiɪθ] ⟨f1⟩ ⟨telw.⟩ **0.1** ***vijftigste.***
fif·ty ['fɪfti] ⟨f3⟩ ⟨telw.⟩ **0.1** ***vijftig*** ⟨ook voorwerp / groep ter grootte / waarde v. vijftig⟩ ◆ **3.1** lend me a ~ *leen mij een briefje van vijftig;* scored a ~ *scoorde vijftig punten;* she takes a ~ *ze heeft maat vijftig* **6.1** a man **in** his fifties *een man van in de vijftig;* temperatures **in** the fifties *temperaturen boven de vijftig graden;* **in** the fifties *in de vijftiger jaren.*
'fif·ty-'fif·ty[1] ⟨f1⟩ ⟨bn.⟩ ⟨inf.⟩ **0.1** ***half om half*** ⇒*fifty-fifty* ◆ **1.1** on a ~ basis *half om half;* ~ chance *vijftig procent kans;* ~ split *verdeling in tweeën* **8.1** it's ~ that Will won't come *er is vijftig procent kans dat Will niet komt.*
fifty-fifty[2] ⟨f1⟩ ⟨bw.⟩ ⟨inf.⟩ **0.1** ***half om half*** ◆ **3.1** go ~ with s.o. *met iem. sam-sam doen;* it's split ~ *'t is in tweeën verdeeld.*
'fif·ty·fold ⟨bn.; bw.⟩ **0.1** ***vijftigvoudig.***
fig[1] [fɪg] ⟨f2⟩ ⟨zn.⟩
I ⟨telb.zn.⟩ **0.1** ***vijg*** **0.2** ***vijgeboom*** **0.3** ⟨inf.⟩ ***kledij*** ⇒*uitmonstering* **0.4** ***zier*** ⇒*beetje, snars* **0.5** ***pruim*** ⇒*stuk pruimtabak* ◆ **2.3** in full ~ *in vol ornaat, opgedoft* **3.4** not care / give a ~ (for) *geen bal geven (om);*
II ⟨n.-telb.zn.⟩ **0.1** ***conditie*** ⇒*toestand* ◆ **2.1** in good ~ *in uitstekende conditie.*
fig[2] ⟨ov.ww.; →ww. 7⟩ **0.1** →fig out **0.2** →fig up.
fig[3] ⟨afk.⟩ figure.
'fig-bird ⟨telb.zn.⟩ ⟨dierk.⟩ **0.1** ***Australische wielewaal*** ⟨genus Specotheres⟩.
'fig·eat·er, 'fig·peck·er ⟨telb.zn.⟩ ⟨dierk.⟩ **0.1** ***tuinfluiter*** ⟨Sylvia borin⟩.
fight[1] [faɪt] ⟨f4⟩ ⟨zn.⟩

I ⟨telb.zn.⟩ **0.1** ***gevecht*** *⇒strijd, worsteling, vechtpartij* **0.2** ***bokswedstrijd*** *⇒gevecht* **0.3** ***ruzie*** *⇒conflict* **0.4** ⟨sl.⟩ ***party*** *⇒feest* ◆ **3.1** make a ~ of it *weerstand bieden;* put up a brave/good/poor ~ *dapper/weinig weerstand bieden;* running ~ *achtervolging* **4.1** ⟨fig.⟩ it's not my ~ any more *dat is niet langer mijn zaak* **6.1** the ~ **against** ignorance *de strijd tegen onwetendheid;* a ~ **to** the finish *een gevecht tot het bittere einde;*

II ⟨n.-telb.zn.⟩ **0.1** ***vechtlust*** *⇒strijdlust* ◆ **1.1** Pauline has still got plenty of ~ in her *Pauline is haar vechtlust nog lang niet kwijt* **3.1** show ~ *zijn tanden laten zien.*

fight[2] ⟨f4⟩ ⟨ww.; fought, fought⟩ →fighting ⟨→sprw. 269, 285⟩

I ⟨onov.ww.⟩ **0.1** ***vechten*** *⇒strijden* **0.2** ***ruziën*** ◆ **1.1** ~ to a finish *tot het bittere eind doorvechten* **1.2** that couple is always ~ing *dat stel heeft altijd ruzie* **2.1** ~ shy of sth. *ergens met een boog omheen lopen* **5.1** ~ **back** *weerstand bieden;* ~ **on** *doorvechten* **6.1** ~ **for** peace *strijden voor vrede;*

II ⟨ov.ww.⟩ **0.1** ***bevechten*** *⇒bestrijden, strijden tegen, vechten/worstelen met* **0.2** ***laten vechten*** ⟨hanen⟩ **0.3** ***vechten in*** ⟨duel⟩ **0.4** ***door de strijd loodsen*** ⟨schip, paard⟩ ◆ **1.1** ~ disease/the French *vechten tegen ziekte/de Fransen;* ~ one's way back to respectability *met moeite zijn aanzien heroveren;* ~ one's way forward *zich vechtend naar voren werken;* ~ one's way out of a difficult situation *zich uit een benarde positie bevrijden* **1.4** ~ a battle *slag leveren* **5.1** ~ **down** one's anger *zijn boosheid onderdrukken;* ~ **off** sth. *iets afhouden, ergens weerstand tegen bieden;* ~ it **out** *het uitvechten.*

fight·er ['faɪtə||'faɪt̬ər] ⟨f3⟩ ⟨telb.zn.⟩ **0.1** ***vechter*** *⇒strijder, vechtersbaas* **0.2** ***bokser*** **0.3** →fighter plane.

'fight·er-'bomb·er ⟨telb.zn.⟩ ⟨mil.⟩ **0.1** ***gevechts/jachtbommenwerper.***

'fighter pilot ⟨f1⟩ ⟨telb.zn.⟩ **0.1** ***piloot v. e. gevechtsvliegtuig.***

'fighter plane ⟨f1⟩ ⟨telb.zn.⟩ ⟨mil.⟩ **0.1** ***gevechtstoestel*** *⇒gevechtsvliegtuig, jager, jachtvliegtuig.*

fight·ing[1] ['faɪt̬ɪŋ] ⟨f2⟩ ⟨n.-telb.zn.; gerund v. fight⟩ **0.1** ***het vechten*** *⇒het strijden; gevechten, gevechtshandelingen* ◆ **2.1** ~ fit *klaar voor de strijd, vol strijdlust, in prima conditie.*

fighting[2] ⟨f2⟩ ⟨bn.; -ly; oorspr. teg. deelw. v. fight⟩ **0.1** ***vechtend*** *⇒strijdend* **0.2** ***strijdbaar*** *⇒gevechtsklaar, uitgerust voor de strijd* **0.3** ***opruiend*** *⇒agressief, strijdbaar* ◆ **1.1** ~ cock *vechthaan, kemphaan* ⟨ook fig.⟩ **1.2** ~ spirit *vechtlust;* in ~ trim *uitgerust voor de strijd* **1.3** ~ words *opruiende woorden* **1.¶** he has a ~ chance *als hij alles op alles zet lukt het hem misschien;* ⟨BE⟩ live like ~ cocks *goed verzorgd worden.*

fighting[3] ⟨bw.; oorspr. teg. deelw. v. fight; vnl. in de gegeven uitdr.⟩ **0.1** ***vechtlustig*** ◆ **2.1** ~ drunk *agressief dronken, met een kwade dronk over zich;* ~ mad *in een toestand van blinde razernij.*

'fighting chair ⟨telb.zn.⟩ ⟨AE⟩ **0.1** ***verankerde vissersstoel*** ⟨op boot⟩.

'fighting fish ⟨n.-telb.zn.⟩ ⟨dierk.⟩ **0.1** ***vechtvis*** ⟨genus Betta⟩.

'fighting fund ⟨n.-telb.zn.⟩ **0.1** ***strijdkas/fonds*** ⟨voor pol. campagne⟩.

'fight·ing-top ⟨telb.zn.⟩ ⟨scheep.⟩ **0.1** ***mars*** ⟨soort platform op ondermast⟩.

'fig leaf ⟨f1⟩ ⟨telb.zn.⟩ **0.1** ***vijgeblad*** **0.2** ***bemanteling*** *⇒verhulling.*

fig·ment ['fɪgmənt] ⟨f1⟩ ⟨telb.zn.⟩ **0.1** ***verzinsel*** *⇒verdichtsel* ◆ **1.1** ~s of the/one's imagination *hersenspinsel, spook der verbeelding.*

'fig 'out ⟨ov.ww.⟩ ⟨inf.⟩ **0.1** ***opmonteren*** *⇒oppeppen, opkikkeren* ⟨paard⟩ **0.2** ***opdoffen*** *⇒uitdossen* ◆ **5.2** all figged out/up *in vol ornaat, pontificaal.*

'fig tree ⟨telb.zn.⟩ **0.1** ***vijgeboom.***

'fig 'up ⟨ov.ww.⟩ ⟨inf.⟩ **0.1** ***opdoffen*** *⇒uitdossen.*

fig·ur·al ['fɪgjərəl] ⟨bn.⟩ **0.1** ***figuraal*** *⇒versierings-* **0.2** ***versierd*** **0.3** ***figuratief.***

fig·u·rant ['fɪgjərənt||-rɑnt], **fig·u·rante** [-'rɒnt||-rɑnt] ⟨telb.zn.⟩ **0.1** ***figurant(e)*** ⟨i.h.b. bij ballet⟩.

fig·u·ra·tion ['fɪgjʊ'reɪʃn] ⟨zn.⟩

I ⟨telb.zn.⟩ **0.1** ***vorm*** *⇒contour, omtrek* **0.2** ***allegorische voorstelling*** *⇒symbolische representatie;*

II ⟨n.-telb.zn.⟩ **0.1** ***het vormen*** *⇒vorming* **0.2** ***het figureren*** *⇒het ornamenteren, het versieren, figuratie* ⟨i.h.b. in muziek⟩.

fig·ur·a·tive ['fɪgərətɪv||'fɪgjərət̬ɪv] ⟨f2⟩ ⟨bn.; -ly; -ness⟩ **0.1** ***symbolisch*** *⇒zinnebeeldig* **0.2** ***figuratief*** *⇒figuraal* ⟨schilderkunst⟩ **0.3** ***figuurlijk*** *⇒overdrachtelijk, metaforisch* ⟨uitdrukking⟩ **0.4** ***beeldrijk*** *⇒beeldsprakig, bloemrijk* ⟨taalgebruik⟩.

fig·ure[1] ['fɪgə||'fɪgjər] ⟨f3⟩ ⟨zn.⟩

I ⟨telb.zn.⟩ **0.1** ⟨ben. voor⟩ ***vorm*** *⇒contour, omtrek; gedaante, gestalte; (goede) lichaamsvorm, (goed) figuur* **0.2** ⟨ben. voor⟩ ***afbeelding*** *⇒*⟨wisk.⟩ *figuur; symbool, beeld; diagram, schema; motief* ⟨v. patroon⟩ **0.3** ***personage*** *⇒bekend persoon/figuur* **0.4** ***indruk*** *⇒verschijning* **0.5** ⟨ben. voor⟩ ***toer*** *⇒*⟨muz.⟩ *motief; dansfiguur; figuur bij schaatsen;* ⟨lit.⟩ *stijlfiguur* **0.6** ⟨logica⟩ ***figuur*** **0.7** ***cijfer*** **0.8** ***bedrag*** *⇒waarde, prijs* ◆ **1.3** ~ of fun *bizar persoon, risée, mikpunt v. plagerij* **1.5** ~ of speech *stijlfiguur* **1.¶** ~ in the carpet *onduidelijk/niet direct herkenbaar patroon* **2.1** a fine ~ of a boy *een mooi gebouwde jongen;* a pale ~ in the darkness *een bleke gedaante in het donker* **2.2** ⟨wisk.⟩ solid ~ *lichaam* ⟨3-D figuur⟩ **2.3** public ~ *(algemeen) bekend persoon* **2.4** cut a brilliant/poor/sorry ~ *een schitterend/armzalig figuur slaan* **2.7** double ~s *getal v. twee cijfers* **3.1** keep/lose one's ~ *zijn figuur houden/kwijtraken* **6.8** sell **at** a high ~ *voor een hoge prijs verkopen* **7.7** three ~s *bedragen/getallen v. drie cijfers;*

II ⟨mv.; ~s⟩ **0.1** ***cijferwerk*** *⇒het cijferen, reken/telwerk* ◆ **6.1** Fiona is good **at** ~s *Fiona kan goed rekenen.*

figure[2] ⟨f3⟩ ⟨ww.⟩ →figured

I ⟨onov.ww.⟩ **0.1** ***rekenen*** *⇒cijferen, sommen maken* **0.2** ***voorkomen*** *⇒een rol spelen, gezien worden, prominent zijn* **0.3** ***een dansfiguur uitvoeren*** **0.4** ⟨AE; inf.⟩ ***vanzelf spreken*** *⇒logisch zijn* **0.5** ⟨sl.⟩ ***behoren*** ◆ **3.5** the pup ~d to be in the room *de hond zou in de kamer moeten zijn;* he doesn't ~ to live long *naar verwachting leeft hij niet lang meer* **4.4** that ~s *dat ligt voor de hand* **6.1** ⟨vnl. AE⟩ ~ **(up)on** *rekenen op* **6.2** ~ **in** a book *in een boek voorkomen* **8.2** ~ as *de functie vervullen van;*

II ⟨ov.ww.⟩ **0.1** ***afbeelden*** *⇒weergeven* **0.2** ***zich voorstellen*** *⇒zich voor de geest halen* **0.3** ⟨AE; inf.⟩ ***denken*** *⇒menen, geloven* **0.4** ***versieren*** *⇒ornamenteren* ⟨ook muz.⟩ **0.5** ⟨muz.⟩ ***becijferen*** ⟨baspartij⟩ **0.6** ***prijzen*** ⟨artikelen in winkel⟩ **0.7** ***berekenen*** *⇒becijferen; in cijfers uitdrukken* **0.8** ***een indruk krijgen van*** *⇒zien als, aanzien voor* ◆ **1.1** the Trinity was ~d in a symbol *de Drieëenheid werd door een symbool weergegeven* **1.3** Freda ~s Fritz is just fed up with her *Freda denkt dat Fritz haar gewoon zat is* **5.2** →figure **out** **5.6** ~ **up** *optellen* **6.8** I ~d Fred **for** a crook *ik dacht dat Fred een oplichter was.*

fig·ured ['fɪgəd||'fɪgjərd] ⟨f1⟩ ⟨bn.; volt. deelw. v. figure⟩ **0.1** ***versierd*** *⇒met een patroon* **0.2** ⟨muz.⟩ ***becijferd*** ◆ **1.1** ~ velvet *gedessineerd fluweel* **1.2** ~ bass *becijferde bas.*

'fig·ure·head ⟨f1⟩ ⟨telb.zn.⟩ **0.1** ⟨scheep.⟩ ***boegbeeld*** **0.2** ***dummy*** *⇒hoofd in naam, stroman, zetbaas.*

'fig·ure-hug·ging ⟨bn., attr.⟩ **0.1** ***nauwsluitend.***

'figure of 'eight, ⟨AE⟩ **'figure 'eight** ⟨telb.zn.⟩ **0.1** ***acht*** ⟨figuur bij kunstrijden⟩ **0.2** ***achtknoop.***

'figure 'out ⟨f1⟩ ⟨ov.ww.⟩ **0.1** ***berekenen*** *⇒becijferen, uitwerken* **0.2** ⟨AE⟩ ***uitpuzzelen*** *⇒doorkrijgen, ontcijferen, uitzoeken* ◆ **1.1** ~ costs *de kosten berekenen;* ~ a problem *een probleem oplossen* **1.2** be unable to figure a person out *geen hoogte v. iem. kunnen krijgen.*

'figure skater ⟨telb.zn.⟩ ⟨sport⟩ **0.1** ***kunstrijder/ster.***

'figure skating ⟨n.-telb.zn.⟩ **0.1** ***kunstrijden.***

'figure ski ⟨telb.zn.⟩ ⟨waterskiën⟩ **0.1** ***figuurski.***

fig·u·rine ['fɪgjʊ'ri:n||'fɪgjə-] ⟨telb.zn.⟩ **0.1** ***beeldje*** *⇒figuurtje.*

fig·wort ['fɪgwɜ:t||-wɜrt] ⟨n.-telb.zn.⟩ **0.1** ***helmkruid.***

fike →fyke.

filagree →filigree.

fil·a·ment ['fɪləmənt] ⟨f1⟩ ⟨telb.zn.⟩ **0.1** ***fijne draad*** *⇒vezel, filament* **0.2** ⟨elek.⟩ ***gloeidraad*** ⟨in lamp⟩ **0.3** ⟨plantk.⟩ ***helmdraad.***

fil·a·men·ta·ry ['fɪlə'ment̬əri] ⟨bn.⟩ **0.1** ***draadvormig*** *⇒draad-.*

fil·a·men·tous ['fɪlə'ment̬əs] ⟨bn.⟩ **0.1** ***draderig*** *⇒vezelig.*

fi·lar·i·a [fɪ'leərɪə||-'ler-] ⟨telb.zn.; filariae [-rɪi:]; →mv. 5⟩ ⟨dierk.⟩ **0.1** ***draadworm.***

fi·lar·i·al [fɪ'leərɪəl||-'ler-] ⟨bn., attr.⟩ **0.1** ***van draad/rondwormen.***

fil·a·ri·a·sis ['fɪlə'raɪəsɪs] ⟨telb. en n.-telb.zn.; filariases [-si:z]; →mv. 5⟩ ⟨med.⟩ **0.1** ***filariasis.***

fil·a·ture ['fɪlətʃə||-ər] ⟨telb.zn.⟩ **0.1** ***zijdespinnerij.***

fil·bert ['fɪlbət||-ərt] ⟨telb.zn.⟩ **0.1** ***tamme hazelaar*** **0.2** ***hazelnoot*** **0.3** ⟨sl.⟩ ***enthousiasteling.***

filch [fɪltʃ] ⟨f1⟩ ⟨ov.ww.⟩ **0.1** ***jatten*** *⇒gappen, stelen.*

filch·er ['fɪltʃə||-ər] ⟨telb.zn.⟩ **0.1** ***kruimeldief.***

file[1] [faɪl] ⟨f3⟩ ⟨telb.zn.⟩ **0.1** ***vijl*** **0.2** ***lias(pen)*** **0.3** ***(dossier)map*** *⇒ordner, klapper* **0.4** ***dossier*** *⇒register, archief, legger* **0.5** ⟨comp.⟩ ***bestand*** **0.6** ***rij*** *⇒file;* ⟨mil.⟩ *rot* **0.7** ***(verticale) lijn*** *⇒kolom* ⟨op schaak/dambord⟩ **0.8** ⟨sl.⟩ ***linke jongen*** ◆ **2.6** in indian/single ~ *in ganzenmars* **6.4** keep a ~ **on** sth. *een dossier over iets bijhouden;* have sth. **on** ~ *iets geregistreerd hebben staan;* put a deed **on** ~ *een akte deponeren* **6.6** **in** ~ *op een rij, allemaal achter elkaar.*

file[2] ⟨f3⟩ ⟨ww.⟩

I ⟨onov.ww.⟩ **0.1** ***in een rij lopen*** *⇒achter elkaar lopen* ◆ **5.1** ~ **away/off** *in een rij weglopen* **6.1** the soldiers ~d **across** the river *de soldaten waadden achter elkaar door de rivier;*

II ⟨ov.ww.⟩ **0.1** ***vijlen*** *⇒bijvijlen, bijschaven, polijsten* ⟨ook fig.⟩ **0.2** ***opslaan*** *⇒in een archief bijzetten, invoegen* ⟨kaarten in bestand⟩, *registreren, liasseren* **0.3** ⟨jur.⟩ ***indienen*** *⇒deponeren* **0.4** ***inzenden*** *⇒*⟨i.h.b.⟩ *doorseinen, doorbellen* ⟨kopij voor krant⟩ ◆

1.3 ~ an application *een aanvraag indienen;* ~ a complaint *een klacht indienen* **2.1** ~ sth. smooth *iets gladvijlen* **5.1** ~ **away** *af/wegvijlen;* ~ **down** *afvijlen* **5.2** ~ **away** *opbergen, archiveren* **5.¶** ⟨mil.⟩ ~ **off** *in een rij laten afmarcheren.* **6.2** ~ **under** 'vocal music' *opbergen onder 'zang'* **6.3** ⟨met verzwegen object⟩ ~ **for** bankruptcy *faillissement aanvragen.*

'file card ⟨telb.zn.⟩ **0.1** ***systeemkaart*** ⇒*fiche* **0.2** ⟨tech.⟩ ***vijlborstel.***

'file-card holder ⟨telb.zn.⟩ **0.1** ***kaartenbak.***

'file clerck ⟨telb.zn.⟩⟨AE⟩ **0.1** ***archiefambtenaar*** ⇒*archiefbediende.*

'file-fish ⟨telb.zn.⟩⟨dierk.⟩ **0.1** ***vijlvis*** ⟨genus Balistidae⟩.

fil·e·mot ['fɪlɪmɒt‖-mɑt]⟨n.-telb.zn.; ook attr.⟩ **0.1** ***geelbruin.***

fi·let ['fɪlɪt]⟨zn.⟩

I ⟨telb.zn.⟩ **0.1** →fillet;

II ⟨n.-telb.zn.⟩ **0.1** ***filethaakwerk.***

fil·i·al ['fɪlɪəl]⟨f1⟩⟨bn.⟩ **0.1** ***kinderlijk*** ⇒*kinder-, filiaal* ◆ **1.1** ~ obedience *kinderlijke gehoorzaamheid;* ~ piety *respect voor de ouders.*

fil·i·a·tion ['fɪli'eɪʃn]⟨zn.⟩

I ⟨telb.zn.⟩ **0.1** ***afdeling*** ⇒*vertakking, onderdeel, tak;*

II ⟨n.-telb.zn.⟩ **0.1** ***zoon/dochterschap*** **0.2** ***afstamming*** ⇒*verwantschap* **0.3** ***het vertakken*** ◆ **6.2** ~ **from** *afstamming van, verwantschap met.*

fil·i·beg, phil·a·beg ['fɪlɪbeg]⟨telb.zn.⟩⟨Sch. E⟩ **0.1** ***kilt.***

fil·i·bus·ter[1] ['fɪlɪbʌstə‖-ər]⟨f1⟩⟨zn.⟩

I ⟨telb.zn.⟩ **0.1** ***vrijbuiter*** ⇒*avonturier* **0.2** →filibusterer;

II ⟨telb. en n.-telb.zn.⟩⟨AE⟩ **0.1** ***obstructie*** ⇒*vertragingstaktiek, filibuster* ⟨door lange redevoeringen in Congres, enz.⟩.

filibuster[2] ⟨onov.ww.⟩ **0.1** ***vrijbuiter zijn*** ⇒*vrijbuiteren* **0.2** ***obstructie voeren*** ⇒*dwarsliggen.*

fi·li·bus·ter·er ['fɪlɪbʌstərə‖-ər]⟨telb.zn.⟩⟨AE⟩ **0.1** ***obstructionist*** ⟨in het Congres e.d.⟩ ⇒*dwarsligger.*

fil·i·gree ['fɪlɪgri:], **fil·i·grane** ['fɪlɪgreɪn], **fil·a·gree** ['fɪləgri:]⟨n.-telb.zn.; vaak attr.⟩ **0.1** ***filigrein(werk)*** ⇒*filigrain.*

'filing cabinet ⟨f1⟩⟨telb.zn.⟩ **0.1** ***archiefkast*** ⇒*dossier/cartotheekkast.*

'filing clerk ⟨f1⟩⟨telb.zn.⟩ **0.1** ***archiefambtenaar*** ⇒*archiefbediende.*

fil·ings ['faɪlɪŋz]⟨f1⟩⟨mv.; enk. oorspr. gerund v. file⟩ **0.1** ***vijlsel.***

'filing system ⟨f1⟩⟨telb.zn.⟩ **0.1** ***opbergsysteem*** ⇒*archiefsysteem.*

Fil·i·pi·no[1] ['fɪlɪ'pi:noʊ]⟨f1⟩⟨telb.zn.⟩ **0.1** ***Filippino.***

Filipino[2] ⟨f1⟩⟨bn., attr.⟩ **0.1** ***Filippijns.***

fill[1] [fɪl]⟨f1⟩⟨telb.zn.⟩ **0.1** ***vulling*** ⇒*hele portie, volle maat* **0.2** ***aanaarding*** ⇒*wal, dam* ◆ **1.1** a ~ of petrol *een volle tank benzine;* a ~ of tabacco *een pijpje tabak* **3.1** eat one's ~ *zich rond eten* **3.¶** have one's ~ of s.o. *iem. grondig zat zijn, zijn bekomst v. iem. hebben;* weep one's ~ *eens lekker uithuilen.*

fill[2] ⟨f3⟩⟨ww.⟩ →filling ⟨→sprw. 404⟩

I ⟨onov.ww.⟩ **0.1** ***zich vullen*** ⇒*vol worden/raken, opbollen* ⟨v. zeilen⟩ ◆ **5.1** the hall ~ed slowly *de zaal liep langzaam vol* **5.¶** →fill **in;** →fill **out;** →fill **up;**

II ⟨ov.ww.⟩ **0.1** ***(op)vullen*** ⇒*vol maken, verzadigen, plomberen* ⟨kies⟩, *stoppen* ⟨pijp⟩ **0.2** ***passeren*** ⇒*vullen, vol maken* ⟨tijd⟩ **0.3** ***vervullen*** ⇒*bezetten, bekleden* **0.4** ***uitvoeren*** **0.5** ***beantwoorden aan*** **0.6** ***invullen*** **0.7** ***vervalsen*** ◆ **1.1** ~ a gap *een leemte opvullen* ⟨meestal fig.⟩; laughter ~ed the room *de kamer vulde zich met gelach* **1.3** ~ a part *een rol voor zijn rekening nemen;* ~ a vacancy *een vacature bezetten* **1.4** ~ an order *een bevel uitvoeren;* ~ a prescription *een doktersrecept klaarmaken* **1.5** ⟨inf.⟩ ~ the bill *precies aan het doel beantwoorden, net zijn wat men nodig heeft;* ~ the requirements *aan de eisen voldoen* **5.¶** →fill **in;** →fill **out;** →fill **up** **6.1** that ~s me **with** pleasure *dat doet me deugd.*

fille de joie ['fi:də'ʒwɑ:]⟨telb.zn.; filles de joie; →mv. 6⟩ **0.1** ***meisje van plezier*** ⇒*prostituée, hoertje.*

fill·er ['fɪlə‖-ər]⟨f1⟩⟨telb.zn.⟩ **0.1** ***iem./iets die/wat vult, schenkt, enz.*** **0.2** ***vulling*** ⇒*vulsel, vulstof, plamuur;* ⟨tech.⟩ *vulmateriaal, vulmiddel, lasmateriaal* **0.3** ***opvulling*** ⇒*vulsel, stopper* ⟨in krant, show⟩ **0.4** ***trechter*** **0.5** ***binnengoed*** ⟨v. sigaar⟩ **0.6** ***stopwoord.***

fil·let[1], ⟨in bet. 0.5 ook⟩ **fi·let** ['fɪlɪt]⟨f1⟩⟨telb.zn.⟩ **0.1** ***hoofdband*** ⇒*haarband* **0.2** ***verband*** **0.3** ***band*** ⇒*strook, strip* **0.4** ⟨bouwk.⟩ ***lijst*** **0.5** ***filet*** ⇒*lendestuk, haas* **0.6** ⟨boek.⟩ ***filet*** ⇒*bies, rand* **0.7** ⟨heraldiek⟩ ***dwarsbalk*** **0.8** →fairing I 0.2 ◆ **1.5** ~ of cod *kabeljauwfilet;* ~ of pork *varkenshaas;* ~ of veal *kalfsschijf.*

fillet[2], ⟨in bet. 0.2 ook⟩ **filet** ⟨ov.ww.⟩ **0.1** ***met een (hoofd/haar) band bijeenbinden*** ⇒*een (hoofd/haar) band doen om* ⟨haar⟩ **0.2** ***fileren*** ⇒*ontbenen, ontgraten* **0.3** ***omlijsten*** ⇒*een rand maken om;* ⟨boek.⟩ *met een filet versieren.*

'filleting knife ⟨telb.zn.⟩⟨hengelsport⟩ **0.1** ***fileermes.***

'fillet 'steak ⟨f1⟩⟨telb. en n.-telb.zn.⟩ **0.1** ***biefstuk v.d haas*** ⇒*lendebiefstuk, tournedos.*

'fill 'in ⟨f1⟩⟨ww.⟩

I ⟨onov.ww.⟩⟨inf.⟩ **0.1** ***invaller zijn*** ⇒*invallen; als plaatsvervanger werken* ◆ **6.1** Frank is filling in **for** Johnny tonight *Frank valt vanavond voor Johnny in;*

II ⟨ov.ww.⟩ **0.1** ***opvullen*** ⇒*vullen* **0.2** ***invullen*** ⟨formulier⟩ **0.3** ***passeren*** ⇒*korten* **0.4** ⟨inf.⟩ ***op de hoogte brengen*** ⇒*briefen* **0.5** ***dichtgooien*** ⇒*dempen* ◆ **1.1** ~ an outline *een schema invullen* **1.3** ~ time *de tijd doden* **6.4** ~ **on** *op de hoogte brengen van, details geven over.*

fil·ling[1] ['fɪlɪŋ]⟨f2⟩⟨telb.zn.; oorspr. gerund v. fill⟩ **0.1** ***vulling*** ⇒*vulsel; beleg* **0.2** ⟨AE; textiel⟩ ***inslag.***

filling[2] ⟨bn.; teg. deelw. v. fill⟩ **0.1** ***machtig*** ⇒*zwaar, voedzaam* ◆ **1.1** that pancake was rather ~ *die pannekoek lag nogal zwaar op de maag.*

'filling station ⟨f1⟩⟨telb.zn.⟩ **0.1** ***benzinestation*** ⇒*tank/pompstation* **0.2** ⟨sl.⟩ ***stadje*** ⇒*gehucht.*

fil·lip[1] ['fɪlɪp]⟨telb.zn.⟩ **0.1** ***knip*** ⟨met de vingers⟩ **0.2** ***prikkel*** ⇒*stoot, stimulans, aansporing, kick* **0.3** ***opfrissing*** ⇒*verfraaiing* ◆ **6.2** raising the wages proved a ~ **to** production *de loonsverhoging bleek gunstig te werken op de produktie.*

fillip[2] ⟨ww.⟩

I ⟨onov.ww.⟩ **0.1** ***met de vingers knippen;***

II ⟨ov.ww.⟩ **0.1** ***wegschieten*** ⟨knikker, munt⟩ **0.2** ***stimuleren*** ⇒*prikkelen, aansporen, een zetje geven; opfrissen* ⟨iemands geheugen⟩.

'fill 'out ⟨f1⟩⟨ww.⟩

I ⟨onov.ww.⟩ **0.1** ***dikker worden*** ⇒*aankomen;*

II ⟨ov.ww.⟩ **0.1** ***opvullen*** ⇒*groter/dikker/;* ⟨fig.⟩ *substantiëler maken* **0.2** ⟨AE⟩ ***invullen*** ⟨formulier⟩ **0.3** ⟨AE⟩ ***volmaken*** ⇒*uitdienen* ◆ **1.1** ~ a story *een verhaaltje uitbouwen* **1.3** ~ one's time *zijn tijd volmaken.*

'fill 'up ⟨f1⟩⟨ww.⟩

I ⟨onov.ww.⟩ **0.1** ***zich vullen*** ⇒*vollopen, dichtslibben* **0.2** ***benzine tanken;***

II ⟨ov.ww.⟩ **0.1** ***(op)vullen*** ⇒*vol doen* ⟨tank v. auto⟩, *inschenken* **0.2** ***dempen*** **0.3** ***aanvullen*** ⇒*bijvullen* **0.4** ⟨BE⟩ ***invullen*** ⟨formulier⟩ ◆ **4.1** fill'em up again! *nog een rondje!;* fill her up! *gooi 'm maar vol!.*

'fill-up ⟨telb.zn.⟩ **0.1** ***(op)vulling*** ⇒*vulsel* ⟨ook fig.⟩; *bladvulling.*

fil·ly ['fɪli]⟨f2⟩⟨telb.zn.; →mv. 2⟩ **0.1** ***merrieveulen*** **0.2** ⟨inf.⟩ ***spring-in-'t-veld.***

film[1] [fɪlm]⟨f3⟩⟨zn.⟩

I ⟨telb.zn.⟩ **0.1** ***(speel)film*** ⇒*(rol)prent* ◆ **7.1** the ~s *de filmindustrie;*

II ⟨telb. en n.-telb.zn.⟩ **0.1** ***dunne laag*** ⇒*vlies, vel, folie* **0.2** ***rolfilm*** ⇒*film* **0.3** ***waas*** ⇒*vlies;* ⟨op oog⟩ *staar* **0.4** ***draadweefsel*** ◆ **1.1** a ~ of dust *een dun laagje stof;* plastic ~ *dun plastic;*

III ⟨n.-telb.zn.; the⟩ **0.1** ***de filmindustrie*** ⇒*films.*

film[2] ⟨f2⟩⟨ww.⟩

I ⟨onov.ww.⟩ **0.1** ***met een waas/vlies bedekt worden*** **0.2** ***gefilmd/verfilmd kunnen worden*** ⇒*een film opleveren* ◆ **5.1** ~ **over** *wazig worden* **5.2** Gregory ~s badly *Gregory doet 't slecht op de film;*

II ⟨ov.ww.⟩ **0.1** ***met een waas/vlies bedekken*** **0.2** ***filmen*** ⇒*opnemen* ⟨scène⟩ **0.3** ***verfilmen*** ⇒*een film maken van.*

film·a·ble ['fɪlməbl]⟨bn.⟩ **0.1** ***geschikt voor film*** ⇒*goed te (ver) filmen, fotogeniek.*

'film commission ⟨verz.n.⟩ **0.1** ***filmkeuring(scommissie).***

'film crew ⟨telb., verz.n.⟩ **0.1** ***filmploeg.***

'film editor ⟨telb.zn.⟩ **0.1** ***filmeditor*** ⇒*montageleider.*

film·go·er ['fɪlmgoʊə‖-ər]⟨f1⟩⟨telb.zn.⟩ **0.1** ***bioscoopbezoeker.***

film·ic ['fɪlmɪk]⟨bn.⟩ **0.1** ***filmisch.***

film·let ['fɪlmlɪt]⟨telb.zn.⟩ **0.1** ***filmpje.***

'film library ⟨telb.zn.⟩ **0.1** ***filmotheek*** ⇒*filmarchief.*

'film·mak·er ⟨f1⟩⟨telb.zn.⟩ **0.1** ***filmer*** ⇒*cineast, filmregisseur.*

film·og·ra·phy [fɪl'mɒgrəfi‖-'mɑ-]⟨telb.zn.; →mv. 2⟩ **0.1** ***lijst v. films*** ⇒*filmografie.*

'film operator ⟨telb.zn.⟩ **0.1** ***cameraman*** ⇒*(film)operateur.*

'film première ⟨telb.zn.⟩ **0.1** ***(film)première.***

'film producer ⟨telb.zn.⟩ **0.1** ***filmproducent.***

'film rights ⟨mv.⟩ **0.1** ***filmrechten.***

'film·set ⟨telb.zn.⟩ **0.1** ***set*** ⇒*decor* ⟨v. film⟩.

'film setting ⟨n.-telb.zn.⟩⟨boek.⟩ **0.1** ***het fotografisch zetten.***

'film star ⟨f1⟩⟨telb.zn.⟩ **0.1** ***filmster*** ⇒*filmvedette.*

'film stock ⟨n.-telb.zn.⟩ **0.1** ***onbelichte film.***

'film strip ⟨telb.zn.⟩ **0.1** ***filmstrip.***

'film test ⟨telb.zn.⟩ **0.1** ***screentest.***

film·y ['fɪlmi]⟨bn.; -er; -ly; -ness; →bijw. 3⟩ **0.1** ***dun*** ⇒*doorzichtig, ragdun* ⟨laag⟩ **0.2** ***wazig*** ⇒*vaag.*

FILO ['faɪloʊ]⟨afk.⟩ first in, last out ⟨comp.⟩.

fi·lo·fax ['faɪloʊfæks]⟨telb.zn.⟩⟨(oorspr.) merknaam⟩ **0.1** ***dikke zakagenda voor yuppies, met ruimte voor rekenmachientje en creditcards.***

fil·o·selle ['fɪlə'sel]⟨n.-telb.zn.⟩ **0.1** ***flos/waszijde*** ⇒*filozel, floretzijde.*

fil·ter[1] ['fɪltə||-ər]⟨f2⟩⟨telb.zn.⟩ **0.1** ⟨ben. voor⟩ ***filter*** *⇒filtertoestel, filtreertoestel, filtreerinrichting;* ⟨foto.⟩ *kleur/lichtfilter;* ⟨radio⟩ *filter, frequentiezeef* **0.2** ⟨BE⟩ ***doorrijlicht*** ⟨groene pijl voor rechts/linksafslaand verkeer⟩.

filter[2] ⟨f2⟩⟨ww.⟩
I ⟨onov.ww.⟩ **0.1** ***filtreren*** *⇒filteren, (door)sijpelen, (door)schemeren* **0.2** ***uitlekken*** *⇒doorsijpelen, doorschemeren* **0.3** ***infiltreren*** *⇒naar binnen siepelen, tersluiks/langzaam binnendringen* **0.4** ⟨BE⟩ ***rechts/links afslaan*** ⟨terwijl het doorgaand verkeer voor het rode licht moet wachten⟩ ◆ **5.2** the news ~ed **out** *het nieuws lekte uit;* it had ~ed **through** to everybody *iedereen was het geleidelijk aan te weten gekomen* **6.1** the liquid ~ed **through** the charcoal **into** the vessel *de vloeistof filterde door de houtskool in het vat;* ⟨fig.⟩ the queue ~ed **into/out of** the building *de rij schoof langzaam het gebouw binnen/uit;* light ~s **through** our roof *licht schemert door ons dak;*
II ⟨ov.ww.⟩ **0.1** ***filtreren*** *⇒zeven, zuiveren* ◆ **5.1** ~ **out** a residue from a liquid *een residu uit een vloeistof filtreren.*

fil·ter·a·ble, fil·tra·ble ['fɪltrəbl]⟨bn.⟩ **0.1** ***filtreerbaar.***

'filter bed ⟨telb.zn.⟩ **0.1** ***filtreerlaag*** *⇒filterbed.*

'filter paper ⟨n.-telb.zn.⟩ **0.1** ***filtreerpapier.***

'filter 'tip ⟨f1⟩⟨telb.zn.⟩ **0.1** ***sigarettenfilter*** **0.2** ***filter(sigaret).***

'fil·ter-'tipped ⟨f1⟩⟨bn.⟩ **0.1** ***met (een) filter*** ◆ **1.1** ~ cigarettes *filtersigaretten.*

filth [fɪlθ]⟨f2⟩⟨n.-telb.zn.⟩ **0.1** ***vuiligheid*** *⇒vuil(heid), viezigheid* **0.2** ***vuile taal*** *⇒vieze praat, vieze woorden, smerige taal, schunnigheden* **0.3** ***smerige lectuur*** *⇒*⟨i.h.b.⟩ *pornografie* **0.4** ***obsceniteit*** *⇒verdorvenheid, corruptie* ◆ **3.2** talk/shout (a lot of) ~ *vuile taal/vieze praatjes uitslaan.*

filth·y[1] ['fɪlθi]⟨f2⟩⟨bn.;-er;-ly;-ness;→bijw.3⟩ **0.1** ***vies*** *⇒vuil, smerig* **0.2** ***laag*** *⇒verachtelijk, gemeen, slecht* **0.3** ***vuil*** *⇒obsceen, schunnig, smerig* **0.4** ***erg slecht*** ⟨v. weer⟩ *⇒vies* **0.5** ⟨AE;inf.⟩ ***stinkend rijk*** ◆ **1.2** ~ lucre *vuil gewin, oneerlijke winst;* ⟨scherts.⟩ *het slijk der aarde* ⟨Tit. 1:11⟩; ~ golfer *golfspeler v. niks* **1.4** ~ weather *hondeweer.*

filthy[2] ⟨bw.; vaak versterkend⟩⟨inf.; vaak pej.⟩ **0.1** ***vuil*** *⇒verachtelijk, smerig, laag, gemeen* ◆ **2.1** ~ dirty *gemeen vuil, ontzettend smerig;* ~ rich *walgelijk/stinkend rijk.*

filtrable →filterable.

fil·trate[1] ['fɪltreɪt]⟨telb. en n.-telb.zn.⟩ **0.1** ***filtraat*** *⇒gefiltreerde vloeistof.*

filtrate[2] ⟨onov. en ov.ww.⟩ **0.1** ***filtreren*** *⇒zuiveren, zeven, filteren.*

fil·tra·tion [fɪl'treɪʃn]⟨telb. en n.-telb.zn.⟩ **0.1** ***filtratie*** *⇒het filtreren, het zuiveren, filtrering.*

fim·bri·ate ['fɪmbrɪət], **fim·bri·at·ed** [-brieɪt̬ɪd]⟨bn.⟩ **0.1** ⟨biol.⟩ ***gewimperd*** *⇒gebaard, met haartjes* **0.2** ⟨heraldiek⟩ ***omvat*** *⇒met smalle rand.*

fin[1] [fɪn]⟨f2⟩⟨telb.zn.⟩ **0.1** ***vin*** **0.2** ⟨ben. voor⟩ ***vinvormig voorwerp*** *⇒zwemvlies; gietnaad; kielvlak, stabilisatievlak, stabilisator* ⟨v. vliegtuig, raket, auto⟩; *koelrib; ploegmes* **0.3** ⟨sl.⟩ ***poot*** *⇒fik, jat, klauw, tengel* **0.4** ⟨verk.⟩⟨AE;sl.⟩ ***briefje v. vijf dollar.***

fin[2] ⟨ww.;→ww.7⟩ →finned
I ⟨onov.ww.⟩ **0.1** ***onder water zwemmen*** **0.2** ***met de vinnen boven water komen;***
II ⟨ov.ww.⟩ **0.1** ***van vinnen voorzien*** **0.2** ***de vinnen afsnijden (v.)*** *⇒v.d. vinnen ontdoen.*

fin[3] ⟨afk.⟩ finance, financial, finish.

Fin ⟨afk.⟩ Finland, Finnish.

fin·a·ble, fine·a·ble ['faɪnəbl]⟨bn.⟩ **0.1** ***beboetbaar*** *⇒waarop een boete staat.*

fi·na·gle, fe·na·gle [fɪ'neɪgl]⟨ww.⟩⟨inf.⟩
I ⟨onov.ww.⟩ **0.1** ***knoeien*** *⇒trucjes/bedrieglijke/oneerlijke methodes gebruiken;*
II ⟨ov.ww.⟩ **0.1** ***aftroggelen*** *⇒ontfutselen, klaarspelen, loskrijgen* **0.2** ***bedriegen*** *⇒bedotten.*

fi·na·gler [fɪ'neɪglə||-ər], **fi·na·gler·er** [-glrə||-ər]⟨telb.zn.⟩⟨sl.⟩ **0.1** ***profiteur*** *⇒ontduiker* ⟨i.h.b. iem. die anderen voor de rekening laat opdraaien⟩.

fi·nal[1] ['faɪnl]⟨f3⟩⟨telb.zn.⟩ **0.1** ⟨vaak mv.⟩ ***finale*** *⇒eindwedstrijd* **0.2** ⟨vnl. mv.⟩ ***(laatste) eindexamen*** **0.3** ⟨inf.⟩ ***laatste editie*** ⟨v.e. krant⟩ **0.4** ⟨muz.⟩ ***finalis*** *⇒eindtoon* ⟨kerktoonaarden⟩ ◆ **3.1** play the ~(s)(in) *de finale spelen* **3.2** take one's ~s *eindexamen doen* ⟨in het hoger onderwijs⟩.

final[2] ⟨f3⟩⟨bn.⟩
I ⟨bn.⟩ **0.1** ***definitief*** *⇒finaal, beslissend, afdoend* ◆ **1.1** ⟨gesch.⟩ ~ solution *Endlösung;*
II ⟨bn., attr.⟩ **0.1** ***laatste*** *⇒eind-, slot-* **0.2** ***v. doel*** *⇒doel(s)-, doelaanwijzend* ◆ **1.1** ⟨hand.⟩ ~ application *laatste waarschuwing, aanmaning* ⟨tot betalen⟩; ⟨taalk.⟩ ~ constituent *eindconstituent;* ⟨tech.⟩ ~ drive *hoogste versnelling;* give/put the ~ touch(es) to *de laatste hand leggen aan* **1.2** ⟨fil.⟩ ~ cause *vormkracht, doeloorzaak, entelechie;* ⟨taalk.⟩ ~ clause *doelaanwijzende bijzin, doelzin.*

fi·na·le [fɪ'nɑ:li||fɪ'næli]⟨f1⟩⟨telb.zn.⟩⟨muz., dram.⟩ **0.1** ***finale*** *⇒slotstuk/deel/scène.*

fi·nal·ist ['faɪnəlɪst]⟨f1⟩⟨telb.zn.⟩ **0.1** ***finalist*** **0.2** ⟨fil.⟩ ***aanhanger v.d. doelmatigheidsleer.***

fi·nal·i·ty [faɪ'nælət̬i]⟨f1⟩⟨zn.;→mv.2⟩
I ⟨telb. en n.-telb.zn.⟩ **0.1** ***iets wat finaal is*** *⇒laatste daad/uiting/toestand/staat; finale beslissing;*
II ⟨n.-telb.zn.⟩ **0.1** ***beslistheid*** *⇒het afsluitend/beslissend/definitief zijn* **0.2** ***doelmatigheid*** *⇒afdoendheid* **0.3** ***finaliteit*** *⇒doeloorzaak, entelechie* ◆ **6.1 with** (an air of) ~ *op besliste toon, op een manier die geen tegenspraak duldde.*

fi·nal·ize, -ise ['faɪnl-aɪz]⟨f1⟩⟨ov.ww.⟩ **0.1** ***tot een einde brengen*** *⇒de laatste hand leggen aan, beëindigen, afronden.*

fi·nal·ly ['faɪnl-i]⟨f4⟩⟨bw.⟩ **0.1** →final **0.2** ***ten slotte*** *⇒ten laatste, op het eind, tot besluit, uiteindelijk* **0.3** ***afdoend*** *⇒definitief, helemaal, beslissend, voorgoed* ◆ **3.3** it was ~ decided *er werd definitief besloten.*

fi·nance[1] ['faɪnæns||fɪ'næns]⟨f3⟩⟨zn.⟩
I ⟨n.-telb.zn.⟩ **0.1** ***financieel beheer*** *⇒geldwezen, financiewezen, financiën;*
II ⟨mv.;~s⟩ **0.1** ***financiën*** *⇒financiële toestand* **0.2** ***geldmiddelen*** *⇒fondsen* ◆ **1.1** a country's/person's/company's (sound) ~s *de (goede/gezonde) financiële toestand v.e. land/persoon/maatschappij* **3.2** have the ~s for an undertaking *de (geld)middelen hebben voor een onderneming.*

finance[2] [faɪ'næns, fɪ-]⟨f3⟩⟨ww.⟩
I ⟨onov.ww.⟩ **0.1** ***financiën beheren*** *⇒geldzaken drijven;*
II ⟨ov.ww.⟩ **0.1** ***financieren*** *⇒v. geld/kapitaal voorzien, geld verschaffen (voor), geldelijk steunen* **0.2** ***het kapitaal beheren v.*** *⇒het financieel beheer voeren over.*

'finance act ⟨f1⟩⟨telb.zn.⟩ **0.1** ***belastingwet*** *⇒*⟨i.h.b., F- A-⟩ *middelenwet.*

'finance bill ⟨f1⟩⟨telb.zn.⟩ **0.1** ***belastingwetsvoorstel*** *⇒ontwerp-belastingwet;* ⟨i.h.b., F- B-⟩ *ontwerp-middelenwet.*

'finance company, 'finance house ⟨telb.zn.⟩ **0.1** ***financieringsbank/bedrijf/maatschappij.***

fi·nan·cial [fɪ'nænʃl]⟨f3⟩⟨bn.;-ly⟩
I ⟨bn.⟩⟨Austr. E⟩ **0.1** ***contributie betaald hebbend*** **0.2** ⟨sl.⟩ ***die/dat poen heeft*** *⇒met poen* ◆ **1.1** ~ member *lid dat bij is met betaling v. contributie/dat zijn contributie betaald heeft* ⟨v. club e.d.⟩;
II ⟨bn., attr.⟩ **0.1** ***financieel*** *⇒geldelijk, v. geld(zaken)* ◆ **1.1** ~ year *boekjaar;* ~ aid *financiële steun; (studie)toelage, beurs.*

fi·nan·cier[1] [fɪ'nænsɪə||'fɪnən'sɪr]⟨f1⟩⟨telb.zn.⟩ **0.1** ***financier*** *⇒geldman, financieel deskundige* **0.2** ***kapitalist.***

financier[2] ⟨ww.⟩
I ⟨onov.ww.⟩⟨vnl. bel.⟩ **0.1** ***zwendelen*** *⇒woekerwinst maken, sjoemelen;*
II ⟨ov.ww.⟩ **0.1** ***financieren*** **0.2** ***bedriegen*** *⇒door zwendel afhandig maken* ◆ **6.2** ~ s.o. **out of** his money *iem. geld aftroggelen.*

'fin·back ⟨telb.zn.⟩⟨dierk.⟩ **0.1** ***vinvis*** ⟨genus Balaenoptera⟩.

finch [fɪntʃ]⟨f1⟩⟨telb.zn.⟩⟨dierk.⟩ **0.1** ***vink*** ⟨genus Fringilla⟩.

find[1] [faɪnd]⟨f2⟩⟨telb.zn.⟩ **0.1** ***(goede) vondst*** **0.2** ⟨jacht⟩ ***het vinden v.d. vos.***

find[2] ⟨f4⟩⟨ww.; found, found ['faʊnd]⟩ →finding ⟨→sprw. 65, 106, 146, 274, 367, 517⟩
I ⟨onov. en ov.ww.⟩⟨jur.⟩ **0.1** ***oordelen*** *⇒verklaren, uitspreken* ◆ **1.1** the judge ~s it murder *de rechter oordeelt tot moord;* ~ a verdict of guilty *het schuldig uitspreken* **2.1** the jury found him not guilty *de gezworenen spraken het onschuldig over hem uit* **6.1** ~ **against** s.o. *iemands vordering afwijzen, iem. niet in het gelijk stellen;* ~ **for** s.o. *de vordering van iem. toewijzen;*
II ⟨ov.ww.⟩ **0.1** ***vinden*** *⇒ontdekken, aantreffen, terugvinden* **0.2** ***(gaan) zoeken*** *⇒gaan halen* **0.3** ***(be)vinden*** *⇒(be)oordelen (als), tot de bevinding/conclusie/ontdekking komen, ontdekken;* ⟨pass.⟩ *blijken* **0.4** ***de kosten dragen v.*** *⇒opdraaien voor de kosten v., bekostigen, zorgen voor* **0.5** ⟨sl.⟩ ***jatten*** *⇒stelen* ◆ **1.1** ⟨jacht⟩ ~ game *wild aantreffen;* ~ s.o. a place to stay *voor iem. een onderkomen vinden;* pumas are found in America *poema's komen voor in Amerika* **1.2** where does he ~ the courage? *waar haalt hij de moed vandaan?;* go and ~ your coat *ga je jas halen;* water ~s its own level *water zoekt zijn eigen peil* **1.3** the thing was found (to be) a ruse *het bleek een truukje te zijn* **1.4** pupils ~ their own books *leerlingen zorgen zelf voor (de aanschaf v.) hun boeken* **2.1** he was found dead *hij werd dood aangetroffen* **2.3** ~ s.o. attractive *iem. aantrekkelijk vinden* **3.3** he ~s it (to) pay *hij vindt dat het loont;* ⟨vnl. pass.⟩ be found wanting *niet voldoen, niet goed genoeg zijn* **4.3** he found himself lost *hij ontdekte dat hij verdwaald was* **4.4** ⟨wederk. ww.⟩ ~ o.s. *in zijn onderhoud*

voorzien; she gets 50 pounds per week and all found *ze krijgt 50 pond per week en kost en inwoning* **4.¶** ⟨wederk. ww.⟩ ~ o.s. *zich bewust worden van zijn/haar roeping/kracht, zichzelf vinden;* she could not ~ it in herself to leave him *ze kon het niet over haar hart verkrijgen hem te verlaten* **5.1** ~ s.o. **out** *iem. niet thuis aantreffen* **5.2** ⟨vnl. AE⟩ ~ **out** one's relatives in America *zijn familie in Amerika opsporen* **5.3** ~ **out** the answer *het antwoord vinden, achter het antwoord komen* **5.4** well found *goed uitgerust, van alles goed voorzien* **5.¶** ~ s.o. **out** *iem. betrappen;* be found **out** *door de mand vallen* **6.4** ~ s.o. **in** clothes *zorgen voor kleren voor iem., voor iem. zijn/haar kleren kopen.*

find·a·ble ['faɪndəbl]⟨bn.⟩ **0.1** ***vindbaar.***

find·er ['faɪndə‖-ər]⟨f1⟩⟨telb.zn.⟩⟨→sprw. 190,418⟩ **0.1** ***vinder*** **0.2** ⟨foto.; ster.⟩ ***zoeker*** ⇒⟨ster.⟩ *hulpkijker.*

'finder's fee ⟨telb.zn.⟩ **0.1** ***vindersrecht*** ⇒*vindloon.*

fin de siècle ['fæn də 'sjeklə]⟨bn.⟩ **0.1** ***fin de siècle*** ⇒*eind 19e-eeuws* **0.2** ***decadent.***

find·ing ['faɪndɪŋ]⟨f3⟩⟨zn.; oorspr. gerund v. find⟩⟨→sprw. 190⟩
I ⟨telb.zn.⟩ **0.1** ***vondst*** ⇒*bevinding* **0.2** ⟨vnl. mv.⟩⟨vnl. jur.⟩ ***bevinding*** ⇒*uitspraak, conclusie;*
II ⟨mv.; ~s⟩⟨AE⟩ **0.1** ***(eigen) handgereedschap*** ⇒*(eigen) materiaal* ⟨v. arbeider⟩.

fine[1] [faɪn]⟨f2⟩⟨telb.zn.⟩⟨→sprw. 586⟩ **0.1** ***(geld)boete*** **0.2** ⟨jur.⟩ ***schadeloosstelling*** ⇒*schadevergoeding* **0.3** ⟨gesch., jur.⟩ ***cijnspachtsom*** **0.4** ***mooi weer*** ◆ **6.¶** ⟨schr.⟩ **in** ~ *tenslotte, tot besluit; kortom.*

fi·ne[2] ['fi:neɪ]⟨telb.zn.⟩⟨muz.⟩ **0.1** ***fine*** ⇒*einde.*

fine[3] ⟨f4⟩⟨bn.; -ly⟩⟨→sprw. 191, 192,458⟩
I ⟨bn.⟩ **0.1** ***fijn*** ⇒*dun, scherp, smal, klein* **0.2** ⟨ook iron.⟩⟨ben. voor⟩ ***voortreffelijk*** ⇒*fijn, goed, mooi, prachtig, buitengewoon, schitterend, heerlijk, volmaakt; edel, hoogstaand* ⟨v. gedrag⟩ **0.3** ***delicaat*** ⇒*fijn, goed* **0.4** ⟨tech.⟩ ***zuiver*** ⇒*rein* ◆ **1.1** the ~ print *de kleine lettertjes* ⟨ook pej.⟩; ~ salt *fijn zout* **1.2** a ~ art *een der schone kunsten;* a ~ day for young ducks *een regenachtige dag;* ⟨in verhaal⟩ one ~ day *op een goede dag;* ⟨iron.⟩ a ~ excuse *een mooi excuus;* be in ~ feather *in prima conditie zijn; helemaal het heertje zijn;* ~ feathers *fraaie vederdos/kledij;* ⟨iron.⟩ a ~ friend you are! *(een) mooie vriend ben jij!;* a ~ gentleman/lady *een hele meneer/mevrouw;* ⟨geldw.⟩ ~ paper *eersteklas handelspapier;* ⟨iron.⟩ in a ~ state *in een vreselijke toestand;* ~ weather *mooi weer;* ⟨iron.⟩ ~ writing *mooischrijverij* **1.3** ~ workmanship *goed/technisch geraffineerd vakmanschap* **1.4** ~ chemicals *zuivere chemicaliën, gebruikt in kleine hoeveelheden;* ~ silver *zilver v. hoog gehalte* **1.¶** get/have sth. down to a ~ art *een grootmeester worden/zijn in iets, iets perfect (leren) beheersen;* ~ arts *beeldende kunsten;* ⟨B.⟩ *schone kunsten;* one of these ~ days *op een goeie dag, vandaag of morgen;* not to put too ~ an edge on it *zonder er doekjes om te winden;* a ~ kettle of fish *een mooie boel;* call sth. by ~ names *iets niet bij de naam durven noemen, eufemismen gebruiken;* come to/reach a ~ pass *in een lastig parket raken;* not to put too ~ a point on it *zonder er doekjes om te winden;* ⟨inf.⟩ have a ~ old time *een mieterse tijd hebben, zich goed amuseren;* ⟨inf.⟩ come on in, the water's ~ *doe net als ik, succes verzekerd* **2.2** ~ and dandy *o.k., prima;* that's all very ~ and large *alles goed en wel* **3.1** cut up the onions very ~ *de uien fijn/klein snipperen* **3.2** ~ly clothed *prachtig gekleed;* ~ly tuned recorders *perfect gestemde blokfluiten* **3.¶** ⟨inf.⟩ cut/run it ~ *zichzelf in (grote) tijdnood brengen;* you are cutting it ~ if you still want to catch that train *dat wordt erg krap als je die trein nog wil halen;* ⟨inf.⟩ draw it ~ *heel precies/secuur zijn* **4.2** that's all very ~ *allemaal goed en wel* **6.2** ~ **with** me *mij best;*
II ⟨bn., attr.⟩ **0.1** ***subtiel*** ⇒*verfijnd* ◆ **1.1** the ~ points of the argument *de subtiele punten v.d. redenering;*
III ⟨bn., pred.⟩⟨inf.⟩ **0.1** ***in orde*** ⇒*gezond* ◆ **1.1** Mary's ~, thanks *met Maria gaat het goed, dank je.*

fine[4] ⟨f2⟩⟨ww.⟩
I ⟨onov.ww.⟩ **0.1** ***zuiver/helder/schoon worden*** ⇒*klaren, zuiveren* **0.2** ***fijn(er) worden*** ⇒*fijn(er) uitlopen, geleidelijk verminderen* ◆ **1.1** wait till the liquid ~s (down) *wacht tot de vloeistof helder geworden is* **5.2** ~ **away/down/off** *fijn(er) uitlopen, geleidelijk verminderen;*
II ⟨ov.ww.⟩ **0.1** ***beboeten*** **0.2** ***zuiveren*** ⇒*klaren, louteren, zuiver (der)/schoon/helder maken, (r)affineren* **0.3** ***verminderen*** ⇒*minder/fijner maken* ◆ **1.2** ~ (down) beer *bier klaren* **5.2** ~ **away/down/off** *verfijnen/(r)affineren* **5.3** ~ **away/down/off** *verminderen* **6.1** be ~d £10 **for** smoking *£10 boete krijgen wegens roken.*

fine[5] ⟨bw.⟩⟨inf.⟩⟨→sprw. 458⟩ **0.1** ***fijn*** ⇒*goed, in orde* ◆ **3.1** it works ~ *het werkt goed;* it suits me ~ *ik vind het prima/mij goed.*

fineable →finable.

'fine-'cut ⟨bn.⟩ **0.1** ***fijn*** ⇒*in kleine deeltjes/snippertjes* ⟨bv. tabak⟩.

fine-draw ['faɪn'drɔ:]⟨ov.ww.; fine-drew [-'dru:]; fine-drawn [-'drɔ:n]⟩ →fine-drawn **0.1** ***blind naaien/stikken*** ⇒*onzichtbaar naaien/stoppen* **0.2** ***dun (uit)trekken*** ◆ **1.1** ~ the edges of a rent *de randen v.e. scheur onzichtbaar aan elkaar naaien* **1.2** ~ wire *dunne draad trekken.*

'fine-'drawn ⟨bn.⟩ **0.1** ***subtiel*** ⇒*verfijnd, goed uitgedacht* **0.2** ***dun*** ⇒*fijn* **0.3** ***spits*** ⇒⟨oneig.⟩ *aristocratisch* ⟨v. gezicht⟩.

fine·ness ['faɪnnəs]⟨telb. en n.-telb.zn.⟩ **0.1** ***fijn/dunheid*** **0.2** ***zuiverheid(sgraad)*** ⟨v. metaal⟩.

fin·er·y ['faɪnri]⟨f1⟩⟨zn.⟩
I ⟨telb.zn.⟩⟨tech.⟩ **0.1** ***frishaard*** ⇒*louteroven* ⟨ijzerveredeling⟩;
II ⟨n.-telb.zn.⟩⟨vaak licht iron.⟩ **0.1** ***opschik*** ⇒*opsmuk, mooie kleren.*

fines herbes ['fi:nz 'eəb‖-'erb]⟨mv.⟩ **0.1** ***(gemengde keuken)kruiden.***

'fine-'spo·ken ⟨bn.⟩ **0.1** ***glad v. tong.***

'fine-'spun ⟨bn.⟩ **0.1** ***delikaat*** ⇒*fijn/dun uitgesponnen* **0.2** ***oververfijnd*** ⇒*te subtiel, onpraktisch, te zeer uitgewerkt* ⟨v. theorie, argument enz.⟩.

fi·nesse[1] [fɪ'nes]⟨f1⟩⟨zn.⟩
I ⟨telb.zn.⟩ **0.1** ***list*** ⇒*truuk* **0.2** ⟨kaartspel⟩ ***snit;***
II ⟨n.-telb.zn.⟩ **0.1** ***finesse*** ⇒*tact, handigheid, onderscheidingsvermogen* **0.2** ***spitsvondigheid*** ⇒*sluwheid, listigheid.*

finesse[2] ⟨ww.⟩
I ⟨onov.ww.⟩ **0.1** ***met finesse handelen*** ⇒*met tact/handigheid optreden* **0.2** ⟨kaartspel⟩ ***snijden;***
II ⟨ov.ww.⟩ **0.1** ***met finesse behandelen*** ⇒*met tact/handigheid aanpakken/bereiken* **0.2** ⟨kaartspel⟩ ***snijden met.***

fin·est ['faɪnɪst]⟨telb., verz.n.⟩⟨AE; inf.⟩ **0.1** ***politiecorps (v. New York)*** **0.2** ***politieagent (in New York)*** ◆ **1.1** one of New York's ~ *een New Yorks politieagent.*

'fine-tooth 'comb, 'fine-toothed 'comb ⟨telb.zn.⟩ **0.1** ***stofkam*** ⇒*luizenkam* ◆ **6.1** ⟨fig.⟩ go over sth. **with** a ~ *met een stofkam door iets heengaan, iets grondig onderzoeken.*

'fine-'tune ⟨f1⟩⟨ov.ww.⟩ **0.1** ***(fijn) afstemmen*** ⇒*nauwkeurig regelen/instellen* ◆ **1.1** ~ the television picture *het (televisie)beeld goed instellen;* ~ a policy *een politiek precies afstemmen.*

'fine-'tuned ⟨bn.⟩ **0.1** ***verfijnd.***

'fin-fish ⟨telb.zn.⟩⟨dierk.⟩ **0.1** ***vis*** ⟨tgo. schelpdieren⟩ **0.2** ***vinvis*** ⟨genus Baleanoptera⟩.

'fin-'foot·ed ⟨bn.⟩ **0.1** ***met zwemvliezen.***

fin·ger[1] ['fɪŋgə‖-ər]⟨f3⟩⟨telb.zn.⟩⟨→sprw. 193⟩ **0.1** ***vinger*** **0.2** ⟨als maat⟩ ***vinger(breedte)*** ⇒*duimbreed;* ⟨i.h.b., inf.⟩ *vinger(tje)* ⟨sterke drank⟩ **0.3** ***landtong*** **0.4** ⟨tech.⟩ ***vingervormig onderdeel*** ⇒*vinger, haak, wijzer* **0.5** ⟨sl.⟩ ***smeris*** ⇒*politieagent* **0.6** ⟨sl.⟩ ***verlinker*** ⇒*stille verklikker* **0.7** ⟨sl.⟩ ***zakkenroller*** ◆ **1.1** have one's ~ on the trigger *de vinger aan de trekker hebben* **1.¶** ⟨inf.⟩ work one's ~s to the bone *zich kapot/de blaren werken;* ⟨inf.⟩ have a ~ in every pie *overal een vinger in de pap hebben;* one's ~s are all thumbs, be all ~s and thumbs *twee linkerhanden hebben, erg onhandig zijn;* feel all ~s and thumbs *zich erg onhandig voelen* **3.¶** burn one's ~s, get one's ~s burnt *zijn vingers branden;* ⟨inf.⟩ cross one's ~s, keep one's ~s crossed *duimen;* ⟨inf.⟩ he had only to crook his ~ *hij hoefde maar te kikken;* ⟨BE; inf.⟩ get/pull/take your ~ out! *laat je handen eens wapperen!;* ⟨AE; sl.⟩ give s.o. the ~ *de middelvinger opsteken naar iem.* ⟨obsceen gebaar met de betekenis dat de ander dood kan vallen⟩; *iem. de tyfus/pleuris toewensen;* ⟨AE; inf.⟩ give five ~s to s.o. *een lange neus trekken/maken tegen iem.;* have a ~ in sth. *ergens de hand in hebben;* ⟨inf.⟩ have one's ~s in the till *geld stelen uit de kas (v.d. winkel waar men werkt);* ⟨inf.⟩ one's ~s itch to do sth. *je vingers jeuken om iets te doen;* keep one's ~ on the pulse *de vinger a.d. pols houden;* ⟨inf.⟩ not be able to lay/put one's ~ on sth. *iets niet kunnen plaatsen/begrijpen/precies aangeven;* never/not lay a ~ on *met geen vinger aanraken;* not lift/move/raise/stir a ~ *geen vinger uitsteken;* place a/one's ~ to one's lips *sst zeggen;* ⟨sl.⟩ put the ~ on s.o. *iem. verlinken, iem. als slachtoffer aanwijzen;* shake/wag one's ~ at s.o. *de vinger tegen iem. opheffen/schudden;* ⟨inf.⟩ let slip through one's ~s *door de vingers laten glippen;* snap one's ~s at sth./s.o. *iets/iem. a. zijn laars lappen, zich v. iets/iem. niets aantrekken;* snap one's ~s at s.o. *iem. de laan uitsturen;* snap one's ~s in s.o.'s face *iem. een knip voor de neus geven;* not stir a ~ *geen vinger uitsteken, geen vin verroeren;* stick to s.o.'s ~s *verduisterd worden door iem.* ⟨v. geld⟩; ⟨inf.⟩ twist/wind s.o. round one's (little) ~ *iem. om zijn/haar vinger winden* **7.2** let the dress out two ~s *de jurk twee vingers uitleggen;* three ~s of whisky *drie vingers whisky* **7.¶** ⟨AE; sl.⟩ five ~s *vijf jaar gevangenisstraf; dief* **¶.1** index/middle/ring/little ~ *wijsvinger/middelvinger/ringvinger/pink.*

finger[2] ⟨f2⟩⟨ww.⟩ →fingering
I ⟨onov.ww.⟩ **0.1** ***iets met de vingers aanraken*** **0.2** ⟨muz.⟩ ***de vingers zetten*** ⇒*een (goede) vingertechniek/vingerzetting hebben* **0.3** ⟨muz.⟩ ***een bepaalde vingerzetting hebben*** ◆ **1.2** the cellist ~s

very well *de cellist heeft een erg goede vingertechniek* **1.3** a crumhorn ~s somewhat like a recorder *de vingerzetting van kromhoorn en blokfluit zijn bijna dezelfde* **6.1** ~ **at** sth. *friemelen met;*
II ⟨ov.ww.⟩ **0.1** ***betasten*** ⇒*(met de vingers) aanraken, (be)vingeren* **0.2** ⟨muz.⟩ ***(be)spelen*** ⟨met de vingers⟩ **0.3** ⟨muz.⟩ ***v. vingerzetting voorzien*** **0.4** ⟨inf.⟩ ***stelen*** ⇒*gappen, jatten* **0.5** ⟨sl.⟩ ***aanwijzen*** ⟨als slachtoffer, als buit⟩ ⇒⟨als schuldig, aan politie⟩ *verlinken, verraden* **0.6** ⟨vnl. wederk. ww.⟩ ⟨inf.⟩ ***vingeren*** ⇒*met de hand bevredigen* ◆ **1.1** he was ~ing a piece of string *hij zat te spelen/friemelen met/te frunniken aan een stukje touw* **4.6** ~ o.s. *masturberen.*

'finger alphabet ⟨telb.zn.⟩ **0.1** ***vingeralfabet*** ⇒*doofstommenalfabet.*

'fin·ger·board ⟨telb.zn.⟩ ⟨muz.⟩ **0.1** ***toets*** ⇒*hals, greepplank* ⟨v. snaarinstrument⟩ **0.2** ⟨AE⟩ ***klavier*** ⟨v. piano⟩.

'finger bowl, 'finger glass ⟨telb.zn.⟩ **0.1** ***vingerkom(metje).***

-fin·gered ['fɪŋgəd‖-ərd] **0.1** ***-vingerig*** ⇒*gevingerd, met... vingers* ◆ ¶.**1** short-~ *met korte vingers.*

'fin·ger-fish ⟨telb.zn.⟩ ⟨dierk.⟩ **0.1** ***zeester*** ⟨genus Asteroidea⟩.

'finger hole ⟨telb.zn.⟩ **0.1** ***vingergat/gaatje*** ⟨v. blaasinstrument, kiesschijf, in bowlingbal⟩.

fin·ger·ing ['fɪŋgrɪŋ] ⟨zn.; (oorspr.) gerund v. finger⟩
I ⟨telb.zn.⟩ **0.1** ⟨muz.⟩ ***vingerzetting*** **0.2** ⟨sl.⟩ ***aanwijzing*** ⟨als slachtoffer, aan beroepsmisdadiger; als buit, aan dieven⟩ ⇒⟨als schuldige, aan politie⟩ *verklikking, het verlinken, aanwijzen;*
II ⟨n.-telb.zn.⟩ **0.1** ***het betasten*** ⇒*het vingeren* **0.2** ⟨muz.⟩ ***vingertechniek*** **0.3** ***(soort) dunne breiwol.***

fin·ger·ling ['fɪŋgəlɪŋ‖-gər-] ⟨telb.zn.⟩ **0.1** ***jonge vis*** ⟨vnl. zalm, forel⟩ ⇒*broed* **0.2** ***duimelot*** ⇒*vingerling, iets kleins.*

'finger man ⟨telb.zn.⟩ ⟨AE; sl.⟩ **0.1** ***aanwijzer*** ⟨van buit/slachtoffers aan dieven, rovers⟩.

'fin·ger-mark ⟨f1⟩ ⟨telb.zn.⟩ **0.1** ***(vuile) vinger(afdruk).***

'finger mob ⟨telb.zn.⟩ ⟨AE; sl.⟩ **0.1** ***gangsterbende met politieprotectie*** ⟨in ruil voor informatie⟩.

'fin·ger·nail ⟨f2⟩ ⟨telb.zn.⟩ **0.1** ***(vinger)nagel*** ◆ **3.¶** hang on (to) by one's ~s *krampachtig vasthouden.*

'fin·ger-paint[1] ⟨telb.zn.⟩ **0.1** ***vingerverf.***

'finger-paint[2] ⟨onov. en ov.ww.⟩ →finger painting **0.1** ***met vingerverf schilderen*** ⇒*vingerverven.*

'finger painting ⟨zn.; (oorspr.) gerund v. finger-paint⟩
I ⟨telb.zn.⟩ **0.1** ***vingerverfschilderij;***
II ⟨n.-telb.zn.⟩ **0.1** ***het schilderen met vingerverf*** ⇒*het vingerverven.*

'finger plate ⟨telb.zn.⟩ **0.1** ***deurplaat*** ⇒*slotplaat.*

'fin·ger·point·ing ⟨n.-telb.zn.⟩ **0.1** ***verwijten*** ⇒*beschuldigingen, het met de vinger wijzen.*

'finger popper ⟨telb.zn.⟩ ⟨AE; inf.⟩ **0.1** ***jazzliefhebber*** ⟨die met zijn vingers het ritme meeknipt⟩.

'finger post ⟨telb.zn.⟩ **0.1** ***handwijzer*** ⇒*wegwijzer, bord.*

'fin·ger·print[1] ⟨f2⟩ ⟨telb.zn.⟩ **0.1** ***vingerafdruk*** **0.2** ***speciaal kenmerk*** ⇒*specialiteit, handtekening* **0.3** ⟨biol., nat., schei.⟩ ***spoor*** ⟨v. aanwezigheid v. stof⟩ ◆ **1.2** that twisted lock is the ~ of this thief *dat verwrongen slot is de handtekening van deze dief* **3.1** take s.o.'s ~s *iemands vingerafdrukken nemen.*

fingerprint[2] ⟨f1⟩ ⟨ov.ww.⟩ **0.1** ***de vingerafdrukken nemen v.*** **0.2** ***(aan een speciaal kenmerk) herkennen*** ◆ **1.2** ~ a chemical *een scheikundige stof identificeren/determineren.*

'fin·ger·stall ⟨telb.zn.⟩ **0.1** ***vingerling*** ⇒*sluifje* ⟨rubber/plastic vinger, ter bescherming⟩.

'finger tip ⟨f1⟩ ⟨telb.zn.⟩ **0.1** ***vingertop*** ◆ **6.¶** have sth. **at** one's ~s *iets in de vingers hebben;* **to** the/one's ~s *helemaal, op en top.*

'fin·ger-wrin·ger ⟨telb.zn.⟩ ⟨AE; sl.; dram.⟩ **0.1** ***pathetisch(e) acteur/actrice*** ⇒*schmierend(e) acteur/actrice.*

fin·i·al ['faɪnɪəl] ⟨telb.zn.⟩ ⟨bouwk.⟩ **0.1** ***fioel*** ⇒*finaal, kruisbloem, pinakel.*

fin·ick·y ['fɪnɪki], **fin·i·cal** ['fɪnɪkl], **fin·ick·ing** [-kɪŋ] ⟨bn.; finically; finickiness, finicalness⟩ **0.1** ***pietepeuterig*** ⇒*overdreven precies/kieskeurig, pietluttig;* ⟨v. zaak⟩ *nauw luisterend* **0.2** ⟨vero.⟩ ***te nauwgezet*** ⇒*te uitgebreid/ingewikkeld/doorwrocht.*

fi·nis ['fɪnɪs‖'faɪ-] ⟨n.-telb.zn.⟩ **0.1** ***einde*** ⇒*slot* ⟨bij eind v.e. boek of film; ook v.h. leven⟩.

fin·ish[1] ['fɪnɪʃ] ⟨f3⟩ ⟨zn.⟩
I ⟨telb.zn.⟩ **0.1** ***beëindiging*** ⇒*einde, voltooiing, afwerking;* ⟨jacht⟩ *dood v.d. vos* **0.2** ⟨sport⟩ ***finish*** ⇒*einde, eindstreep/punt, meet* ◆ **6.1** be in **at** the ~ ⟨jacht⟩ *aanwezig zijn bij de dood v.d. vos;* ⟨fig.⟩ *bij het einde/de eindoverwinning aanwezig zijn;* (fight) **to** the ~ *tot het bittere einde (doorvechten);*
II ⟨telb. en n.-telb.zn.⟩ ⟨tech.⟩ **0.1** ***afwerking*** ⇒⟨i.h.b.⟩ *glans, lak, vernis; appretuur* **0.2** ***afdronk*** ◆ **2.1** a piece of furniture with a beautiful ~ *een prachtig afgewerkt meubel;*
III ⟨n.-telb.zn.⟩ **0.1** ***beschaafdheid*** **0.2** ***fineer*** ◆ **6.1** he is **without** any social ~ *hij heeft geen benul v. omgangsvormen, hij is een ongelikte beer.*

finish[2] ⟨f4⟩ ⟨ww.⟩ →finished
I ⟨onov.ww.⟩ **0.1** ***eindigen*** ⇒*tot een einde komen, uit zijn* **0.2** ***finishen*** ⇒*het eindpunt bereiken, de eindstreep bereiken, de finish bereiken* **0.3** ***uiteindelijk terecht/uitkomen*** ⇒*belanden* ◆ **1.1** the film ~es at 11 p.m. *de film is om 11 uur afgelopen* **1.2** Tom ~ed second *Tom is tweede geworden* **5.1** the boys always ~ **off** with three cheers for/by shouting three cheers for the captain *de jongens eindigen altijd met drie hoeraatjes voor de aanvoerder;* ~ **up** with a glass of port *een glas port nemen om het af te ronden* **5.3** he will ~ **up** in jail *hij zal nog in de gevangenis belanden* **6.1** Grace must have ~ed **with** Jamie *Grace schijnt het uitgemaakt te hebben met Jamie;* thank God we have ~ed **with** *Goddank hebben we geen (zaken)relaties meer met;* I haven't ~ed **with** you yet, my girl *ik ben met jou nog niet klaar, meisje;* he has ~ed **with** your dictionary *hij heeft je woordenboek niet meer nodig;*
II ⟨ov.ww.⟩ **0.1** ⟨vaak ~ off⟩ ***beëindigen*** ⇒*het einde bereiken van, volbrengen, afmaken, doen ophouden met, een einde maken aan* **0.2** ⟨vaak ~ off, ~ up⟩ ***opgebruiken*** ⇒*opeten, opdrinken* **0.3** ***afwerken*** ⇒*voltooien, de laatste hand leggen aan* **0.4** ***appreteren*** ⇒*hoogglans geven aan, aflakken, finishen* **0.5** ***de opvoeding voltooien van*** **0.6** ***afmaken*** ⇒*doden, overwinnen, uitschakelen, kapot maken,* ⟨ook inf.; fig.⟩ *genoeg hebben van* ◆ **1.1** ~ (off) a book *een boek uitlezen;* ~ a race/course *een wedstrijd uitlopen* **1.2** ~ (off/up) the cake *de laatste plak cake opeten;* ~ (off/up) the wine *het staartje opdrinken* **1.3** ~ (off) a play *de laatste hand leggen aan een toneelstuk* **1.4** the furniture had been carefully ~ed *de meubels waren met zorg afgelakt/hadden een mooie hoogglans finish gekregen* **1.5** we might send her to Paris to ~ her *we zouden haar naar Parijs kunnen sturen ter afronding van haar opvoeding* **3.3** ~ (up) cleaning *ophouden met schoonmaken* **4.1** all that is ~ed *dat heeft alles afgedaan* **5.1** let's ~ **off** this argument *laten we deze ruzie bijleggen* **5.6** we had to ~ **off** our best horse *we moesten ons beste paard (laten) afmaken;* ⟨inf.⟩ the last lap nearly ~ed me **off** *de laatste ronde was mij bijna teveel.*

fin·ished ['fɪnɪʃt] ⟨f3⟩ ⟨bn.; volt. deelw. v. finish⟩
I ⟨bn., attr.⟩ **0.1** ***(goed) afgewerkt*** ⇒*verzorgd, kunstig* ◆ **1.1** the ~ article *het afgewerkte produkt;* a ~ speech/lecture *een goed verzorgde speech/lezing;*
II ⟨bn., pred.⟩ **0.1** ***klaar*** ⇒*af* **0.2** ***geruïneerd*** ⇒*uitgeput, hopeloos, verloren* ◆ **1.1** John's ~ *Jan is klaar/heeft het af* **1.2** the boss is finished: he's lost everything *de baas is geruïneerd: hij is alles kwijt* **4.1** I am ~ *ik ben klaar* **6.2** he's ~ **as** a politician *als politicus is hij er geweest/uitgerangeerd.*

fin·ish·er ['fɪnɪʃə‖-ər] ⟨zn.⟩
I ⟨telb.zn.⟩ **0.1** ⟨ben. voor⟩ ***pers./machine die/dat iets afwerkt*** ⇒*afwerker, afmaker, appretteur, appretuurmachine;*
II ⟨n.-telb.zn.⟩ **0.1** ***genadeslag*** ⇒*laatste slag, het einde* **0.2** ***doorslaand/afdoend argument.***

'fin·ish·ing coat ⟨n.-telb.zn.⟩ **0.1** ***toplaag (verf).***

'finishing line ⟨f1⟩ ⟨telb.zn.⟩ ⟨sport⟩ **0.1** ***eindstreep*** ⟨ook fig.⟩ ⇒*finishlijn.*

'fin·ish·ing school ⟨telb.zn.⟩ **0.1** ***school ter voltooiing v.d. opvoeding.***

'finishing 'touch ⟨f1⟩ ⟨telb.zn.⟩ **0.1** ***laatste hand*** ◆ **3.1** put the ~es to *de laatste hand leggen aan.*

'finish judge ⟨telb.zn.⟩ ⟨sport⟩ **0.1** ***finishrechter*** ⇒⟨B.⟩ *aankomstrechter.*

fi·nite ['faɪnaɪt] ⟨f2⟩ ⟨bn.; in bet. 0.1 -ly; -ness⟩ **0.1** ***eindig*** ⟨ook wisk.⟩ ⇒*begrensd, beperkt* **0.2** ⟨taalk.⟩ ***finiet*** ⇒*persoons-, vervoegd* ◆ **1.1** ~ series *eindige reeks* **1.2** ~ verb *persoonsvorm v. e. werkwoord.*

fink[1] [fɪŋk] ⟨f1⟩ ⟨telb.zn.⟩ **0.1** ⟨AE; sl.⟩ ***maffer*** ⇒*onderkruiper, stakingbreker* **0.2** ⟨AE; sl.⟩ ***(stille) verklikker*** ⇒*verlinker, lokvogel, spion* **0.3** ⟨AE; sl.⟩ ***(privé)detective*** ⇒*speurneus, speurder, (privé) bewaker/agent* **0.4** ⟨AE; sl.⟩ ***klier*** ⇒*lul, klootzak, rotzak* **0.5** ⟨AE; inf.⟩ ***lokkertje*** ⇒*reclameartikel, waardeloos speeltje* **0.6** ⟨Z. Afr. E; dierk.⟩ ***wevervogel*** ⟨fam. Ploceidae⟩.

fink[2] ⟨onov.ww.⟩ ⟨AE; sl.⟩ **0.1** ***doorslaan*** ⇒*onder druk toegeven* ◆ **6.1** ~ **on** s.o. *iem. verlinken/verklikken/erbij lappen.*

'fink 'out ⟨onov.ww.⟩ ⟨AE; sl.⟩ **0.1** ***terugkrabbelen*** ⇒*zich terugtrekken* **0.2** ***onbetrouwbaar worden*** **0.3** ***(jammerlijk) mislukken*** ⇒*falen, het niet halen* ◆ **6.1** ~ **on** sth. *zich terugtrekken uit iets, steun weigeren aan iets.*

Fin·land·er ['fɪnləndə‖-ər], **Finn** [fɪn] ⟨telb.zn.⟩ **0.1** ***Fin(se)*** ⇒*inwoner/woonster v. Finland.*

Fin·lan·di·za·tion, -sa·tion ['fɪnləndaɪ'zeɪʃn‖-ə'zeɪʃn] ⟨n.-telb.zn.⟩ ⟨pol.⟩ **0.1** ***finlandisering.***

Fin·land·ize, -ise ['fɪnləndaɪz] ⟨ov.ww.⟩ ⟨pol.⟩ **0.1** ***finlandiseren.***

fin·less ['fɪnləs] ⟨bn.⟩ **0.1** ***vinloos*** ⇒*zonder vinnen.*

fin·nan ['fɪnən], **'finnan 'haddock, finnan haddie** [-'hædi] ⟨telb. en n.-telb.zn.; ook finnan (haddock); →mv. 4⟩ **0.1** ***(soort) gerookte schelvis*** ⟨uit Schotland⟩.

finned [fɪnd]⟨bn.; volt. deelw. v. fin⟩ **0.1** ***gevind*** ⇒*met vin(nen)*.
fin·ner ['fɪnə‖-ər]⟨telb.zn.⟩⟨dierk.⟩ **0.1** ***vinvis*** ⟨genus Balaenoptera⟩.
Fin·nic →Finnish[2].
Fin·nish[1] ['fɪnɪʃ]⟨eig.n.⟩ **0.1** ***Fins*** ⇒*de Finse taal*.
Finnish[2], **Fin·nic** ⟨f1⟩⟨bn.⟩ **0.1** ***Fins*** ⇒*van/uit Finland*.
Fin·no-U·gric[1] ['fɪnoʊ'ju:grɪk], **Fin·no-U·gri·an** [-'ju:grɪən]⟨eig.n.⟩ **0.1** ***Fins-Oegrische taalgroep*** ⇒*Finoegrische taalgroep*.
Finno-Ugric[2], **Finno-Ugrian** ⟨bn.⟩ **0.1** ***Fins-Oegrisch*** ⇒*Finoegrisch*.
fin·ny ['fɪni]⟨bn.; volt. deelw. v. fin⟩ **0.1** ***gevind*** ⇒*met een vin/vinnen* **0.2** ***vinachtig*** ⇒*als (v.) een vin* **0.3** ⟨schr.⟩ ***(als) v. / mbt. een vis/vissen*** ◆ **1.3** the ~ waters *de visrijke wateren*.
fi·no ['fi:noʊ]⟨n.-telb.zn.⟩ **0.1** ***fino*** ⇒*zeer droge sherry;* ⟨oneig.⟩ *pale dry*.
'fin whale ⟨telb.zn.⟩⟨dierk.⟩ **0.1** →finner.
fiord ['fi:ɔ:d,fjɔ:d‖-ɔrd]⟨f1⟩ →fjord.
fip·ple ['fɪpl]⟨telb.zn.⟩⟨muz.⟩ **0.1** ***blok(je)*** ⟨in mondstuk v. fluit/orgelpijp⟩.
'fipple flute ⟨telb.zn.⟩⟨muz.⟩ **0.1** ***blokfluit*** ⇒*flageolet*.
fir [fɜ:‖fɜr], ⟨in bet. I ook⟩ **fir tree** ⟨f2⟩⟨zn.⟩
I ⟨telb.zn.⟩⟨plantk.⟩ **0.1** ***spar(reboom)*** ⟨genus Abies⟩;
II ⟨n.-telb.zn.⟩ **0.1** ***sparrehout*** ⇒*vurehout*.
'fir-cone ⟨f1⟩⟨telb.zn.⟩⟨plantk.⟩ **0.1** ***sparappel***.
fire[1] ['faɪə‖-ər]⟨f3⟩⟨zn.⟩⟨→sprw. 64, 184, 370, 568, 666⟩
I ⟨telb.zn.⟩ **0.1** ***haard(vuur)*** **0.2** ⟨BE⟩ ***kachel*** ⇒*gas-/elektrische kachel enz.* ◆ **3.¶** light the ~ *de haard/kachel aansteken;*
II ⟨telb. en n.-telb.zn.⟩ **0.1** ***vuur*** ⟨ook fig.⟩ **0.2** ***brand*** ⟨ook fig.⟩ **0.3** ***het vuren*** ⇒*vuur, schot, het schieten* ⟨v. vuurwapen⟩ **0.4** ***gloed*** ⇒*licht, glans* **0.5** ***hitte*** ⇒*koorts* ◆ **1.2** destroy by ~ and sword *te vuur en te zwaard verwoesten* **1.3** line of ~ *vuurlijn* **1.¶** have ~ in one's belly *vol pit zitten;* ~ and brimstone! *alle duivels!;* preach ~ and brimstone *hel en verdoemenis preken;* sit in ~ and brimstone *branden in de hel;* go through ~ and water *door het vuur gaan, alle gevaren trotseren* **2.1** be full of ~ *vol vuur/enthousiast zijn* **3.1** blow (up) a ~ *een vuur aanblazen;* catch ~, ⟨Sch. E, IE⟩ go on ~ *vuur vatten;* lay a ~ *een vuur aanleggen;* light/make a ~ *een vuur aansteken;* make up a ~ *een vuur opstoken;* mend the ~ *het vuur aanmaken;* strike ~ (from) *vuur slaan (uit);* take ~ *vlam vatten* **3.2** fight ~ with ~ *vuur met vuur bestrijden;* set on ~, set ~ to *in brand steken* **3.3** cease ~ *het vuur staken;* hang ~ *niet dadelijk afgaan;* ⟨fig.⟩ *talmen, te lang duren, hangende zijn, traineren;* miss ~ *niet afgaan, ketsen;* ⟨fig.⟩ *zijn doel niet bereiken;* open ~ *het vuur openen* ⟨ook fig., bv. vragen⟩; running ~ *kogelregen, vuurregen; spervuur* ⟨ook fig.⟩ **3.¶** pull sth. out of the ~ *iets uit het vuur slepen, een schijnbaar verloren zaak (bv. wedstrijd) weten te redden/winnen, iets voor de poorten v.d. hel weghalen;* play with ~ *met vuur spelen;* show sth. the ~ *iets even verhitten, iets even door de pan halen* **6.2 on** ~ *in brand;* ⟨fig.⟩ *in vuur (en vlam), opgewonden* **6.3 between** two ~s *tussen twee vuren* ⟨ook fig.⟩; *van twee kanten onder vuur genomen;* be **under** ~ *onder vuur liggen/genomen worden* ⟨ook fig.⟩ **6.¶** ⟨inf.⟩ the project is **on** the ~ *het plan is in behandeling* **¶.¶** ~! *brand!*.
fire[2] ⟨f3⟩⟨ww.⟩ →firing
I ⟨onov.ww.⟩ **0.1** ***ontvlammen*** ⟨ook fig.⟩ ⇒*vlam/vuur vatten, in brand/vuur raken, opgewonden raken/zijn* **0.2** ***aanslaan*** ⇒*ontsteken* ⟨v.e. motor⟩ **0.3** ***afgaan*** ⇒*schieten, vuren* ⟨v.e. vuurwapen⟩ **0.4** ***brand hebben*** ⟨graanziekte⟩ ◆ **5.1** this mixture ~s easily *dit mengsel is licht ontvlambaar;* ~ **up** *kwaad worden;*
II ⟨onov. en ov.ww.⟩ **0.1** ***stoken*** ⇒*aanvuren, brandend houden* **0.2** ***bakken*** ⟨aardewerk⟩ **0.3** ***schieten*** ⇒*(af)vuren* ⟨ook fig.⟩; ⟨inf.; fig.⟩ *gooien, werpen* ◆ **1.1** oil-~d furnace *olie/petroleumkachel* **1.2** ~ earthenware in a kiln *aardewerk bakken in een oven* **1.3** he ~d a hard ball at me *hij gooide een keiharde bal naar me;* ~ blanks *met losse flodders schieten;* ~ a gun *(met een geweer) schieten;* ~ questions *vragen afvuren* **5.2** this type of clay ~s beautifully *dit soort klei bakt prachtig* **5.3** ~ **away** *erop los schieten;* ⟨fig.⟩ ~ **away!** *brand maar los!* ⟨met het stellen v. vragen⟩; ~ **off** a joke *een mop vertellen;* ~ **off** a letter *een vlammende brief schrijven;* ~ **off** a speech *een speech afsteken;* have ~d **off** all questions *al zijn vragen afgevuurd hebben, geen vragen meer hebben* **6.3** ~ **at/(up)on** sth. *op iets schieten;* ~ **into** the crowd *op de menigte schieten;*
III ⟨ov.ww.⟩ **0.1** ***in brand steken*** ⇒*doen ontvlammen, in gloed zetten* ⟨ook fig.⟩ **0.2** ***drogen*** **0.3** ⟨inf.⟩ ***de laan uitsturen*** ⇒*ontslaan* **0.4** ⟨veeartsenij⟩ ***(uit)branden*** ◆ **1.1** ~ the imagination *de verbeelding sterk aanspreken* **1.2** ~ tea *thee drogen* **5.1** ~ sth. **up** *ergens de brand in steken* **6.1** it ~d him **with** enthusiasm *het zette hem in vuur en vlam*.
'fire alarm ⟨f1⟩⟨zn.⟩
I ⟨telb.zn.⟩ **0.1** ***brandalarm*** ⇒*brandmelder;*
II ⟨telb. en n.-telb.zn.⟩ **0.1** ***brandalarm*** ⇒*brandmelding*.
'fire·arm ⟨f1⟩⟨telb.zn.⟩ **0.1** ***vuurwapen***.
'fire back ⟨telb.zn.⟩ **0.1** ***haardplaat*** **0.2** ⟨dierk.⟩ ***vuurrugfazant*** ⟨genus Lophura⟩.
'fire·ball ⟨f1⟩⟨telb.zn.⟩ **0.1** ***vuurbol*** ⇒*grote meteoor;* ⟨fig.⟩ *energiek persoon, ambitieus iem.* **0.2** ⟨mil., gesch.⟩ ***brand/vuurkogel***.
'fire·bird ⟨f1⟩⟨telb.zn.⟩ **0.1** ⟨ben. voor vrijwel elk, vnl. Am.⟩ ***rood/oranje vogeltje***.
'fire blast ⟨n.-telb.zn.⟩⟨plantk.⟩ **0.1** ***brand(ziekte)*** ⟨bij hop⟩.
'fire blight ⟨n.-telb.zn.⟩⟨plantk.⟩ **0.1** ***brand(ziekte)*** ⟨bij appels en peren; Erwinia amylovora⟩.
'fire·boat ⟨telb.zn.⟩ **0.1** ***blusboot***.
'fire bomb[1] ⟨telb.zn.⟩ **0.1** ***brandbom***.
fire bomb[2] ⟨ov.ww.⟩ **0.1** ***met brandbommen aanvallen/beschieten/bombarderen*** **0.2** ***een brandbom werpen naar***.
'fire·box ⟨telb.zn.⟩ **0.1** ⟨tech.⟩ ***vlamkast*** ⇒*vuurkist* ⟨v. stoommachine⟩ **0.2** ⟨vero.⟩ ***tondeldoos*** **0.3** ⟨AE⟩ ***brandmelder***.
'fire·brand ⟨telb.zn.⟩ **0.1** ***brandhout*** ⟨brandend stuk hout⟩ ⇒⟨fig.⟩ *stokebrand*.
'fire·break, 'fire·guard ⟨telb.zn.⟩ **0.1** ***brandgang*** ⇒*brandweg, tra* **0.2** ***hiaat tussen conventionele en kernwapens***.
'fire-breath·ing ⟨bn.⟩ **0.1** ***vuurspuwend***.
'fire·brick ⟨telb.zn.⟩ **0.1** ***brandsteen*** ⇒*chamottesteen* ⟨vuurvaste steen⟩.
'fire brigade ⟨f1⟩⟨verz.n.⟩⟨BE⟩ **0.1** ***brandweer(korps)***.
'fire brush ⟨telb.zn.⟩ **0.1** ***haardveger***.
'fire·bug ⟨telb.zn.⟩ **0.1** ⟨inf.⟩ ***brandstichter*** ⇒*pyromaan* **0.2** ⟨AE, gew.; dierk.⟩ ***glimworm*** ⟨fam. der Lampyridae en Pyrophoridae⟩.
'fire call ⟨telb.zn.⟩ **0.1** ***brandalarm***.
'fire chief ⟨telb.zn.⟩ **0.1** ***brandweercommandant***.
'fire clay ⟨n.-telb.zn.⟩ **0.1** ***vuurvaste klei***.
'fire cock ⟨telb.zn.⟩ **0.1** ***brandkraan***.
'fire company ⟨verz.n.⟩ **0.1** ***brandweer(korps)*** **0.2** ***brandverzekeringsmaatschappij***.
'fire control ⟨n.-telb.zn.⟩ **0.1** ⟨mil.⟩ ***vuurleiding***.
'fire·crack·er ⟨f1⟩⟨telb.zn.⟩ **0.1** ***voetzoeker*** ⇒*(zeven)klapper* **0.2** ⟨AE; sl.; mil.⟩ ***bom*** ⇒*torpedo*.
'firecrest ⟨telb.zn.⟩⟨dierk.⟩ **0.1** ***vuurgoudhaantje*** ⟨Regulus ignacapilus⟩.
'fire curtain ⟨telb.zn.⟩ **0.1** ***brandscherm*** ⟨in theater⟩.
'fire·damp ⟨n.-telb.zn.⟩ **0.1** ***mijngas***.
'fire department ⟨f1⟩⟨verz.n.⟩⟨AE⟩ **0.1** ***brandweer(korps)***.
'fire divide ⟨telb.zn.⟩ **0.1** ***brandgeul*** ⇒*brandgang* ⟨in bos⟩.
'fire·dog ⟨telb.zn.⟩ **0.1** ***haardijzer*** ⇒*vuurijzer*.
'fire·drake ⟨telb.zn.⟩ **0.1** ***vuurspuwende draak***.
'fire drill ⟨telb.zn.⟩ **0.1** ***brandweeroefening*** **0.2** ***brandoefening*** **0.3** ⟨gesch.⟩ ***vuurboor***.
'fire-eat·er ⟨telb.zn.⟩ **0.1** ***vuurvreter*** ⇒*ijzervreter,* ⟨ook fig.⟩ *herrieschopper* **0.2** →firefighter.
'fire engine ⟨f1⟩⟨telb.zn.⟩ **0.1** ***brandspuit*** ⇒*brandweerauto*.
'fire escape ⟨f1⟩⟨telb.zn.⟩ **0.1** ***brandtrap*** ⇒*nooduitgang* **0.2** ***reddingstoestel bij brand*** **0.3** ***brandladder*** ⇒*magirusladder*.
'fire exit ⟨telb.zn.⟩ **0.1** ***nooduitgang*** ⇒*branddeur*.
'fire extinguisher ⟨f1⟩⟨telb.zn.⟩ **0.1** ***(brand)blusapparaat***.
'fire fighter ⟨telb.zn.⟩ **0.1** ***brandbestrijder*** ⟨vnl. v. bosbrand of in de oorlog⟩.
'fire-fight·ing ⟨f1⟩⟨bn., attr.⟩ **0.1** ***brandbestrijdings-*** ⇒*brandblus-*.
'fire·float ⟨telb.zn.⟩ **0.1** ***drijvende brandspuit***.
'fire·fly ⟨f1⟩⟨telb.zn.⟩⟨dierk.⟩ **0.1** ***glimworm*** ⟨fam. der Lampyridae en Pyrophoridae⟩.
'fire foam ⟨n.-telb.zn.⟩ **0.1** ***blusschuim***.
'fire·guard ⟨telb.zn.⟩ **0.1** ***vuurscherm*** **0.2** ⟨AE⟩ ***brandwacht*** **0.3** →fire break.
'fire-hose ⟨f1⟩⟨telb.zn.⟩ **0.1** ***brandslang***.
'fire hydrant ⟨telb.zn.⟩ **0.1** ***brandkraan***.
'fire insurance ⟨f1⟩⟨n.-telb.zn.⟩ **0.1** ***brandverzekering*** ⇒*brandassurantie*.
'fire irons ⟨mv.⟩ **0.1** ***haardstel*** ⇒*kachelgereedschap*.
'fire·light ⟨f1⟩⟨n.-telb.zn.⟩ **0.1** ***vuurgloed*** ⇒*vuurschijnsel*.
'fire·light·er ⟨telb. en n.-telb.zn.⟩ **0.1** ***vuurmaker*** ⇒*aanmaakblokje*.
'fire·lock ⟨telb.zn.⟩⟨gesch.⟩ **0.1** ***vuursteenslot*** **0.2** ***vuursteengeweer*** ⇒*snaphaan, vuurroer*.
fire·man ['faɪəmən‖'faɪər-]⟨f2⟩⟨telb.zn.; firemen [-mən]; →mv. 3⟩ **0.1** ***brandweerman*** **0.2** ***stoker*** **0.3** ⟨AE; inf.⟩ ***motorduivel*** ◆ **3.1** visiting ~ *belangrijke gast*.
'fire office ⟨telb.zn.⟩ **0.1** ***brandverzekeringskantoor***.
'fire opal ⟨telb. en n.-telb.zn.⟩ **0.1** ***vuuropaal*** ⇒*girasol*.
'fire·pan ⟨telb.zn.⟩ **0.1** ***komfoor*** ⇒*vuurtest*.
'fire·place ⟨f2⟩⟨telb.zn.⟩ **0.1** ***open haard*** **0.2** ***schoorsteen*** ⇒*schouw*.

'fire·plug ⟨telb.zn.⟩ **0.1** ***brandkraan***.
'fire policy ⟨telb.zn.⟩ **0.1** ***brandpolis***.
'fire power ⟨n.-telb.zn.⟩ ⟨mil.⟩ **0.1** ***vuurkracht***.
'fire practice ⟨telb. en n.-telb.zn.⟩ **0.1** ***brandoefening***.
'fire·proof[1] ⟨f1⟩ ⟨bn.⟩ **0.1** ***vuurvast*** ⇒*brandvrij, onbrandbaar*.
fireproof[2] ⟨ov.ww.⟩ **0.1** ***vuurvast/brandvrij maken***.
fir·er ['faɪərə‖-ər] ⟨telb.zn.⟩ **0.1** ***stoker*** **0.2** ***iem. die een vuur aanmaakt*** **0.3** ***vuurwapen*** ◆ **2.3** rapid ~ *snelvuurgeschut*.
'fire-rais·ing ⟨f1⟩ ⟨n.-telb.zn.⟩ **0.1** ***brandstichting***.
'fire risk ⟨telb.zn.⟩ **0.1** ***brandgevaarlijk iets*** ⇒*brandrisico*.
'fire safety ⟨n.-telb.zn.⟩ **0.1** ***brandveiligheid***.
'fire screen ⟨telb.zn.⟩ **0.1** ***vuurscherm***.
'Fire Service ⟨verz.n.; vnl. the⟩ **0.1** ***brandweer*** ⇒*brandweerkorps (en)*.
'fire ship ⟨telb.zn.⟩ ⟨gesch.; scheep.⟩ **0.1** ***brander*** ⇒*vuurschip*.
'fire·side[1] ⟨f1⟩ ⟨telb.zn.; vnl. enk.; the⟩ **0.1** ***(hoekje bij de) haard*** **0.2** ***het huiselijk leven*** ⇒*thuis*.
fireside[2] ⟨bn., attr.⟩ **0.1** ***intiem*** ⇒*knus, huiselijk* ◆ **1.1** a ~ chat *een gezellige babbel*.
'fire station ⟨f1⟩ ⟨telb.zn.⟩ **0.1** ***brandweerkazerne*** ⇒*brandweerpost*.
'fire step ⟨telb.zn.⟩ ⟨mil.⟩ **0.1** ***banket*** ⟨verhoging achter borstwering⟩.
'fire stone ⟨telb. en n.-telb.zn.⟩ **0.1** ***vuurvaste steen*** ⇒*brandvrije steen, chamottesteen* **0.2** ⟨AE⟩ ***vuursteen***.
'fire storm ⟨telb.zn.⟩ **0.1** ***vuurstorm*** ⇒⟨fig.⟩ *storm*.
'fire tile ⟨telb.zn.⟩ **0.1** ***vuurvaste tegel***.
'fire-trap ⟨telb.zn.⟩ **0.1** ***brandgevaarlijk gebouw***.
'fire tube ⟨telb.zn.⟩ **0.1** ***vlampijp/buis***.
'fire 'up ⟨ov.ww.⟩ **0.1** ***bezielen*** ⇒*stimuleren*.
'fire-walk·er ⟨telb.zn.⟩ ⟨vnl. relig.⟩ **0.1** ***iem. die over hete assen loopt***.
'fire-walk·ing ⟨n.-telb.zn.⟩ ⟨vnl. relig.⟩ **0.1** ***het door vuur lopen*** ⇒*het lopen over hete assen*.
'fire wall ⟨telb.zn.⟩ **0.1** ***brandmuur*** ⟨brandvrij(e) muur/schot⟩ ⇒*brandschot, brandscherm*.
'fire·war·den, 'fire·ward ⟨telb.zn.⟩ ⟨AE⟩ **0.1** ***brandwacht***.
'fire·watch·er ⟨telb.zn.⟩ ⟨BE⟩ **0.1** ***brandwacht*** ⟨i.h.b. bij bombardementen⟩.
'fire·watch·ing ⟨n.-telb.zn.⟩ ⟨BE⟩ **0.1** ***brandwacht*** ⟨i.h.b. bij bombardementen⟩.
'fire·wat·er ⟨n.-telb.zn.⟩ ⟨inf.; scherts.⟩ **0.1** ***vuurwater*** ⇒*sterke drank*.
'fire·weed ⟨telb. en n.-telb.zn.⟩ ⟨AE⟩ **0.1** ***(soort) wilgeroosje*** ⟨Epibolium angustifolium⟩.
'fire·wood ⟨n.-telb.zn.⟩ **0.1** ***brandhout***.
'fire·work ⟨f2⟩ ⟨zn.⟩
I ⟨telb.zn.⟩ **0.1** ***stuk vuurwerk***;
II ⟨mv.; ~s⟩ **0.1** ***vuurwerk*** ⟨ook fig.⟩ ⇒⟨i.h.b.⟩ *woedeuitbarsting* ◆ **1.1** ~s of wit *een regen v. geestigheden* ¶**.1** there'll be ~s if you do that *er zal iem. erg boos worden als je dat dat doet!*.
'fire worship ⟨n.-telb.zn.⟩ **0.1** ***vuuraanbidding*** **0.2** ⟨inf.⟩ ***Zoroastrisme*** ⇒*mazdaïsme*.
fir·ing ['faɪərɪŋ] ⟨zn.; (oorspr.) gerund v. fire⟩
I ⟨telb. en n.-telb.zn.⟩ **0.1** ***het vuren*** ⟨v. vuurwapen; potten in oven enz.⟩;
II ⟨n.-telb.zn.⟩ **0.1** ***brandstof***.
'firing line ⟨f1⟩ ⟨telb.zn.⟩ **0.1** ***vuurlinie/lijn*** ⟨ook fig.⟩ ◆ **6.1** **in**/⟨AE ook⟩ **on** the ~ *in de vuurlinie*.
'firing party, 'firing squad ⟨f1⟩ ⟨verz.n.⟩ **0.1** ***vuurpeloton***.
'firing pin ⟨telb.zn.⟩ ⟨tech.⟩ **0.1** ***slagpin***.
fir·kin ['fɜ:kɪn‖'fɜr-] ⟨telb.zn.⟩ **0.1** ***vaatje*** ⇒*tonnetje* **0.2** ***firkin*** ⟨inhoudsmaat; ong. negen gallons⟩.
firm[1] [fɜ:m‖fɜrm] ⟨f3⟩ ⟨zn.⟩
I ⟨telb.zn.⟩ **0.1** ***firmanaam***;
II ⟨verz.n.⟩ **0.1** ***firma*** **0.2** ***team*** ⟨i.h.b. van dokters en assistenten⟩.
firm[2] ⟨f3⟩ ⟨bn.; -er; -ly; -ness⟩ **0.1** ***vast*** ⇒*stevig, hard, hecht* **0.2** ⟨hand.⟩ ***stabiel*** ⇒*vast, waardevast* **0.3** ***zeker*** ⇒*vast, stabiel* **0.4** ***standvastig*** ⇒*vastberaden, overtuigd, volhardend, resoluut, ferm* **0.5** ***trouw*** ◆ **1.1** be on ~ ground *vaste grond onder de voeten hebben* ⟨ook fig.⟩; on ~ ground *goed onderbouwd* **1.2** a ~ order *een vaste order* ⟨zonder bevestiging uitvoerbaar; ook beursterm⟩; ~ prices *stabiele prijzen* **1.4** ~ decision *definitieve beslissing;* keep a ~ hand on *een vaste greep houden op, streng de hand houden aan;* keep a ~ grip/hold of s.o. *iem. goed/stevig vasthouden, iem. streng aanpakken;* take a ~ line *zich (kei)hard opstellen;* as ~ as a rock *muurvast, on(ver)wrikbaar* **3.2** the dollar stayed ~ against the pound *de dollar bleef stabiel t.o.v. het pond* **3.4** believe ~ly in sth. *een overtuigd aanhanger zijn v. iets, vast geloven in iets* **6.1** be ~ **on** one's feet *stevig op zijn benen staan* **6.4** be ~ **with** children *streng zijn tegen kinderen* **6.5** ~ **to** *trouw aan*.
firm[3] ⟨f1⟩ ⟨ww.⟩
I ⟨onov.ww.⟩ **0.1** ***stevig(er)/vast(er) worden*** ⇒*zetten, hecht(er)/hard(er) worden* ◆ **1.1** this paste ~s quickly *deze pasta wordt snel hard* **5.1** ⟨hand.⟩ ~ **up** *vaster worden, stabiliseren* ⟨v. prijzen⟩;
II ⟨ov.ww.⟩ **0.1** ***verstevigen*** ⇒*stevig(er)/vast(er) maken, stabiliseren, stabiel(er) maken* ◆ **5.1** ⟨hand.⟩ ~ **up** prices *prijzen stabiliseren*.
firm[4] ⟨f1⟩ ⟨bw.⟩ **0.1** ***stevig*** ⇒*standvastig, vast(beraden), volhardend* ◆ **3.1** hold ~ to one's belief *vast overtuigd blijven van zijn geloof/van iets, ergens standvastig bij blijven;* stand ~ *op zijn stuk blijven*.
fir·ma·ment ['fɜ:məmənt‖'fɜr-] ⟨telb.zn.; the⟩ ⟨schr.⟩ **0.1** ***firmament*** ⇒*hemelen, uitspansel, hemelgewelf*.
fir·man [fɜ:'mɑ:n‖fɜr-] ⟨telb.zn.⟩ **0.1** ***ferman*** ⇒*schriftelijk bevel, (handels)pas*.
'firm·ware ⟨n.-telb.zn.⟩ ⟨comp.⟩ **0.1** ***firmware*** ⇒*harde programmatuur*.
fir·ry ['fɜ:ri] ⟨bn., attr.⟩ **0.1** ***vol dennen/sparren*** ⟨v.e. bos enz.⟩.
first[1] [fɜ:st‖fɜrst] ⟨f4⟩ ⟨zn.⟩
I ⟨telb.zn.; niet te scheiden v.h. vnw.⟩ **0.1** ***eerste*** ⟨v.d. maand⟩ **0.2** ⟨muz.⟩ ***eerste stem*** ⇒*bovenstem* **0.3** ***eerste versnelling*** ⟨v. auto e.d.⟩ **0.4** ⟨sport⟩ ***eerste plaats*** ⇒*overwinning, winnaar* **0.5** ⟨BE; universiteit⟩ ***hoogste cijfer*** ⇒⟨ong.⟩ *summa cum laude* ⟨bij examen⟩ **0.6** ⟨school.⟩ ***eerste klas*** **0.7** ⟨ec.⟩ ***primawissel*** ◆ **1.7** ~ of exchange *primawissel* **2.2** the ~ was flat *de eerste stem zong onder de toon* **2.3** this car has a recalcitrant ~ *deze auto heeft een weerbarstige eerste versnelling* **3.4** a well-deserved ~ *een welverdiende overwinning* **7.1** ⟨BE; jacht.⟩ the First (of September) *begin v.d. patrijzejacht;*
II ⟨n.-telb.zn.⟩ **0.1** ***begin*** ◆ **6.1** **at** ~ *in het begin, aanvankelijk, eerst; vanaf het eerste ogenblik, (al) direct/dadelijk;* **from** the ~ *van in/bij het begin;* **from** ~ to last *van in/bij het begin tot op het einde, de hele tijd, altijd;* a disaster **from** ~ to last *een compleet fiasco;*
III ⟨mv.; ~s⟩ ⟨hand.⟩ **0.1** ***eerste-klas goederen*** ⇒*topkwaliteit*.
first[2] ⟨f4⟩ ⟨telw.; als vnw.⟩ **0.1** ***eerste*** ◆ **1.1** the ~ in the row *de voorste in de rij* **3.1** she came out ~ *ze behaalde de eerste plaats* ¶**.1** 'The Human Comedy' is Saroyan's best book, but not his ~ *'De menselijke comedie' is Saroyans beste boek, maar niet zijn eerste*.
first[3] ⟨f4⟩ ⟨bw.; -ly; →telwoord⟩ **0.1** ***eerst*** **0.2** ***liever*** ⇒*eerder* **0.3** ⟨verkeer⟩ ***(in) eerste klas*** **0.4** ⟨AE, gew.⟩ ***pas*** ⇒*net, juist* ◆ **3.1** when did you ~ meet? *wanneer hebben jullie elkaar voor het eerst ontmoet?;* he told her ~ *hij vertelde het eerst aan haar;* but ~ he told her *maar eerst/vooraf vertelde hij het aan haar* **3.2** she'd die ~ rather than give in *ze zou eerder sterven dan toe te geven* **3.3** travel ~ *(in) eerste klas reizen* **3.4** has she ~ come back? *is ze pas teruggekeerd?* **5.1** ~ and foremost *in de eerste plaats, bovenal, vooral;* ~ and last *alles samengenomen, over het algemeen;* ~ or last *vroeg of laat, ooit eens;* ~ **off** we visited Dover *om te beginnen bezochten wij Dover* ¶**.1** ~ of all *in de eerste plaats, bovenal, vooral;* ~(ly) *ten eerste, in/op de eerste plaats, primo*.
first[4] ⟨f4⟩ ⟨telw.; als det.⟩ **0.1** ***eerste*** ⇒⟨fig.⟩ *voornaamste, belangrijkste, grootste* ◆ **1.1** ~ approximation *eerste benadering;* ~ cause *voornaamste oorzaak, grondoorzaak;* ~ floor ⟨BE⟩ *eerste verdieping;* ⟨AE⟩ *begane grond, parterre;* ~ day *zondag;* in the ~ place *in de eerste plaats, ten eerste, om te beginnen;* the ~ rudiments/thing of maths *de allerelementairste begrippen van de wiskunde;* I'll take the ~ train *ik neem de eerstvolgende trein;* ~ violin *eerste viool;* ⟨BE, gew.⟩ Wednesday ~ *aanstaande woensdag*.
'first-'aid ⟨bn., attr.⟩ **0.1** ***eerstehulp-*** ⇒*EHBO-* ◆ **1.1** ~ box/kit *EHBO-doos;* ~ station *eerste hulppost*.
'first-'born[1] ⟨f1⟩ ⟨n.-telb.zn.⟩ **0.1** ***eerstgeborene*** ⇒*oudste kind*.
'first-born[2] ⟨f1⟩ ⟨bn., attr.⟩ **0.1** ***eerstgeboren***.
first-class[1] ⟨f2⟩ ⟨bn.⟩ **0.1** ***prima*** ⇒*eerste klas(se)* **0.2** ***eerste klas*** ◆ **1.1** a ~ row *een ruzie van jewelste* **1.2** ⟨BE⟩ a ~ (university) degree *hoogste universitaire graad;* ~ paper *eersteklas handelspapier;* ~ post/mail ⟨ong.⟩ *gewone post* ⟨in Engeland: sneller dan second-class⟩; ⟨U.S.A.⟩ *brievenpost*.
first-class[2] ⟨f2⟩ ⟨bw.⟩ **0.1** ***eerste klas*** ◆ **3.1** travel ~ *eerste klas reizen;* send letters ~ ⟨ong.⟩ *brieven first-class versturen* ⟨zie first-class[1]⟩.
'first-de'gree ⟨bn., attr.⟩ **0.1** ***eerstegraads*** ⇒⟨jur. ong.⟩ *zonder verzachtende omstandigheden* ◆ **1.1** ~ burns *eerstegraads brandwonden;* ⟨jur.⟩ ~ murder *moord met voorbedachten rade*.
'first-'foot[1], **'first-'foot·er** ⟨telb.zn.⟩ ⟨Sch.E⟩ **0.1** ***eerste bezoeker v.h. nieuwe jaar***.
first-foot[2] ⟨onov.ww.⟩ ⟨Sch.E⟩ **0.1** ***als eerste op bezoek komen in het nieuwe jaar***.
'first-'fruits ⟨mv.⟩ **0.1** ***primeurs*** ⇒⟨B.⟩ *eerstelingen* **0.2** ***eerste resultaten*** ⟨ook fig.⟩ ⇒*eerste produkten*.

'first'hand ⟨f1⟩⟨bn.⟩ **0.1** ***uit de eerste hand*** ◆ **3.1** get news ~ *nieuws uit de eerste hand krijgen.*
'first name ⟨f2⟩⟨telb.zn.⟩ **0.1** ***voornaam.***
'first-'night·er ⟨telb.zn.⟩⟨schr.⟩ **0.1** ***premièrebezoeker.***
'first-'rate ⟨f2⟩⟨bn.⟩⟨inf.⟩ **0.1** ***prima*** ⇒*eersterangs, uitmuntend, geweldig.*
'first school ⟨telb.zn.⟩ **0.1** ⟨ong.⟩ ***onderbouw*** ⟨v. Britse basisschool; groep I t/m IV, 5- tot 8/9-jarigen⟩.
'first-'string ⟨bn.⟩ **0.1** ⟨sport⟩ ***v./mbt. het basisteam*** ⇒*basis-* ⟨speler⟩; ⟨alg.⟩ *vast* ⟨bv. lid v. orkest⟩ **0.2** ⟨sport⟩ ***beste*** **0.3** ⟨inf.⟩ ***eersteklas/rangs*** ⇒*eerste keus.*
firth [fɜ:θ‖fɜrθ], **frith** [frɪθ]⟨telb.zn.⟩ **0.1** ***zeearm*** ⇒*riviermond* ⟨vnl. in Schotland⟩.
'fir·tree ⟨telb.zn.⟩ **0.1** →fir I.
fisc [fɪsk]⟨telb.zn.⟩ **0.1** ***fiscus*** ⇒*schatkist* ⟨vnl. v. Rome⟩.
fis·cal[1] ['fɪskl]⟨telb.zn.⟩ **0.1** ⟨Sch. E⟩⟨verk.⟩ ⟨procurator fiscal⟩ **0.2** ⟨vero.⟩ ***fiscaal*** ⇒*wetsdienaar.*
fiscal[2] ⟨f2⟩⟨bn., attr.; -ly⟩ **0.1** ***fiscaal*** ⇒*belasting(s)-* ◆ **1.1** ~ year *belastingjaar* **1.¶** ⟨Sch. E; jur.⟩ procurator ~ *officier v. justitie v.e. district.*
fish[1] [fɪʃ]⟨f3⟩⟨zn.; ook fish; →mv. 4⟩ ⟨→sprw. 15, 43, 198, 244, 646⟩
I ⟨eig.n.; Fishes; the; steeds mv.⟩⟨astr., ster.⟩ **0.1** ***Vissen*** ⇒*Pisces;*
II ⟨telb.zn.; vnl. enk.⟩⟨inf.⟩ **0.1** ***persoon*** ⇒*iemand, figuur* **0.2** ⟨AE⟩ ***groentje*** ⇒*nieuwkomer, beginneling; nieuw gedetineerde, inkomst* **0.3** ⟨AE; sl.⟩ ***(heteroseksuele) vrouw*** **0.4** ⟨AE; sl.⟩ ***dollar*** ⇒⟨ong.⟩ *piek, bal* ◆ **2.1** a cold/cool ~ *een kouwe kikker;* a poor ~ *een stumper;* a queer ~ *een rare vogel/snuiter/snijboon;*
III ⟨telb. en n.-telb.zn.⟩ **0.1** ***vis*** ⇒*zeedier* ◆ **1.1** ~ and chips *(gebakken) vis met patat;* ~, flesh and fowl *vlees, vis en gevogelte* **1.¶** neither ~, flesh, nor good red herring *geen vis en geen vlees;* ⟨B.⟩ *mossel noch vis;* make ~ of one and flesh of another *met twee maten meten;* all is ~ that comes to his net *alles is v. zijn gading;* like a ~ out of water *als een vis op het droge, niet in zijn element* **3.¶** ⟨inf.⟩ drink like a ~ *drinken als een tempelier;* feed the ~es *verdrinken; zeeziek zijn, overgeven;* have other ~ to fry *wel wat anders/belangrijkers te doen hebben, andere katten te meppen hebben;* cry stinking ~ *zijn eigen waar/familie enz. afkammen, het eigen nest bevuilen.*
fish[2] ⟨telb.zn.⟩ **0.1** ***fiche*** ⇒*speelschijfje* **0.2** ***las*** ⇒*verbindingsstuk, versterking.*
fish[3] ⟨f3⟩⟨ww.⟩ →fishing
I ⟨onov.ww.⟩ **0.1** ***vissen*** ⟨ook fig.⟩ ⇒*hengelen, raden, zoeken* ◆ **6.1** ~ **for** salmon *vissen op zalm;* ⟨inf.⟩ ~ **for** compliments/information *vissen naar complimentjes/informatie;*
II ⟨ov.ww.⟩ **0.1** ***(be)vissen*** **0.2** ***(vast)lassen*** ⇒*versterken met een las* ◆ **1.1** ~ a river *een rivier bevissen;* ~ trout *op forel vissen* **1.2** ~ rails *spoorstaven vastlassen* **5.1** ~ **out** a piece of paper from a bag *een papiertje uit een tas opdiepen;* ~ **out** a pool *een vijver leegvissen;* ~ **out** a secret (from s.o.) *(iem.) een geheim ontfutselen;* ~ **up** an old bike out of the water *een oude fiets uit het water opvissen* **6.1** ~ a man **out of** a stream *een man uit een rivier halen.*
fish·a·ble ['fɪʃəbl]⟨bn.⟩ **0.1** ***visrijk.***
'fish ball ⟨telb.zn.⟩ **0.1** ***viskoekje*** ⇒⟨ong.⟩ *viscroquetje.*
'fish basket ⟨telb.zn.⟩⟨hengelsport⟩ **0.1** ***vismand*** ⇒*viskorf.*
'fish bone ⟨f1⟩⟨telb.zn.⟩ **0.1** ***(vis)graat.***
'fish bowl ⟨telb.zn.⟩ **0.1** ***(goud)viskom*** **0.2** →fish tank.
'fish cake ⟨telb.zn.⟩ **0.1** ***viskoekje*** ⇒⟨ong.⟩ *viscroquetje.*
'fish carver ⟨telb.zn.⟩ **0.1** ***vismes.***
'fish culture ⟨n.-telb.zn.⟩ **0.1** ***visteelt.***
'fish eagle, 'fish hawk ⟨telb.zn.⟩⟨dierk.⟩ **0.1** ***visarend*** ⟨Pandion haliaëtus⟩.
'fish eaters ⟨mv.⟩⟨BE⟩ **0.1** ***viscouvert.***
fish·er ['fɪʃə‖-ər]⟨f2⟩⟨zn.⟩
I ⟨telb.zn.⟩ **0.1** ⟨dierk.⟩ ***vismarter*** ⟨Martes pennanti⟩ **0.2** ***pels v.d. vismarter*** **0.3** ⟨vero.⟩ ***visser*** ◆ **1.3** ~s of men *vissers v. mensen* ⟨Matth. 4:19⟩;
II ⟨n.-telb.zn.⟩ **0.1** ***bont v.d. vismarter.***
fish·er·man ['fɪʃəmən‖-ər-]⟨f2⟩⟨telb.zn.; fishermen [-mən]; →mv. 3⟩ **0.1** ***visser*** ⇒*sportvisser* **0.2** ***vissersboot/schuit.***
fish·er·y ['fɪʃəri]⟨f1⟩⟨telb.zn.; →mv. 2⟩ **0.1** ***visserij(industrie)*** **0.2** ⟨vnl. mv.⟩ ***visgrond/plaats*** **0.3** ***viskwekerij*** **0.4** ***visrecht.***
'fish·eye ⟨n.-telb.zn.; the⟩ **0.1** ***koele, starende blik*** ◆ **3.1** give s.o. the ~ *iem. een koele blik toewerpen.*
'fish-eye lens ⟨telb.zn.⟩⟨foto.⟩ **0.1** ***visooglens.***
'fish farm ⟨f1⟩⟨telb.zn.⟩ **0.1** ***viskwekerij.***
'fish 'finger ⟨telb.zn.⟩⟨vnl. BE⟩ **0.1** ***visstick.***
'fish flake ⟨telb.zn.⟩⟨AE⟩ **0.1** ***droogrek voor vis.***
'fish flour ⟨n.-telb.zn.⟩ **0.1** ***vismeel.***
'fish·garth ⟨telb.zn.⟩ **0.1** ***visweer.***
'fish·gig ⟨telb.zn.⟩ **0.1** ⟨ben. voor⟩ ***vork om vis mee te steken*** ⇒*elger, aalger, botprikker.*
'fish glue ⟨n.-telb.zn.⟩ **0.1** ***vislijm.***
'fish·hook ⟨telb.zn.⟩ **0.1** ***vishaak*** **0.2** ⟨AE; sl.⟩ ***vinger.***
fish·i·fy ['fɪʃɪfaɪ]⟨ov.ww.; →ww. 7⟩ **0.1** ***vullen met vis*** ⇒*vis uitzetten in* ⟨bv. vijver⟩.
fish·ing ['fɪʃɪŋ]⟨f1⟩⟨zn.; oorspr. gerund v. fish⟩
I ⟨telb.zn.⟩ **0.1** ***visplaats*** ⇒*stekkie;*
II ⟨n.-telb.zn.⟩ **0.1** ***het vissen*** ⇒*hengelsport* **0.2** ***visrecht.***
'fishing agreement ⟨telb.zn.⟩ **0.1** ***visserijakkoord.***
'fishing frog ⟨telb.zn.⟩⟨dierk.⟩ **0.1** ***zeeduivel*** ⟨Lophius piscatorius⟩.
'fishing ground ⟨telb.zn.; vnl. mv.⟩ **0.1** ***visgrond.***
'fishing line ⟨f1⟩⟨telb.zn.⟩ **0.1** ***vislijn*** ⇒*schietlijn.*
fishing net →fishnet.
'fishing pliers ⟨mv.⟩⟨hengelsport⟩ **0.1** ***vistang*** ⇒*hengelaarstang.*
fishing pole →fish pole.
'fishing rod ⟨f1⟩⟨telb.zn.⟩ **0.1** ***hengel.***
fishing story →fish story.
'fishing tackle ⟨n.-telb.zn.⟩ **0.1** ***vistuig*** ⇒⟨B.⟩ *visgerief.*
'fish knife ⟨telb.zn.⟩ **0.1** ***vismes.***
'fish ladder ⟨telb.zn.⟩⟨hengelsport⟩ **0.1** ***doortocht.***
'fish maw ⟨telb.zn.⟩ **0.1** ***zwemblaas*** ⟨v. vis⟩.
'fish·meal ⟨n.-telb.zn.⟩ **0.1** ***vismeel.***
'fish·mon·ger ⟨f1⟩⟨telb.zn.⟩⟨vnl. BE⟩ **0.1** ***vishandelaar*** ⇒*visboer.*
'fish moth ⟨telb.zn.⟩⟨dierk.⟩ **0.1** ***zilvervisje*** ⟨Depisma saccharina⟩.
'fish·net, 'fishing net ⟨telb.zn.⟩ **0.1** ***visnet.***
'fishnet stocking ⟨telb.zn.⟩ **0.1** ***netkous.***
'fish oil ⟨n.-telb.zn.⟩ **0.1** ***visolie*** ⇒*(vis)traan, walvistraan.*
'fish paste ⟨n.-telb.zn.⟩ **0.1** ***vispasta.***
'fish·plate ⟨telb.zn.⟩⟨tech.⟩ **0.1** ***lasplaat.***
'fish pole, 'fishing pole ⟨telb.zn.⟩⟨AE⟩ **0.1** ***hengel.***
'fish·pond, 'fish·pool ⟨f1⟩⟨telb.zn.⟩ **0.1** ***visvijver.***
'fish pot ⟨telb.zn.⟩ **0.1** ***tenen fuik*** ⟨voor paling, kreeft enz.⟩ ⇒*paling/aalfuik, palingkorf.*
'fish slice ⟨telb.zn.⟩⟨BE⟩ **0.1** ***vismes*** ⟨voorsnijmes⟩ **0.2** ***visschep.***
'fish sound ⟨telb.zn.⟩ **0.1** ***zwemblaas*** ⟨v. vis⟩.
'fish stick ⟨telb.zn.⟩⟨vnl. AE⟩ **0.1** ***visstick.***
'fish story, 'fishing story ⟨telb.zn.⟩ **0.1** ***ongeloofwaardig/onmogelijk verhaal*** ⇒*sterk verhaal, visserslatijn.*
'fish strainer ⟨telb.zn.⟩ **0.1** ***visplaat.***
'fish·tail[1] ⟨telb.zn.⟩ **0.1** ***vissestaart*** **0.2** ⟨AE; sl.⟩⟨ong.⟩ ***klokrok*** **0.3** ⟨AE; sl.⟩ ***vin*** ⟨aan achterzijde v. auto⟩.
fishtail[2] ⟨onov.ww.⟩⟨AE; sl.⟩ **0.1** ***slingeren*** ⇒*zwaaien, zwieren* ⟨v. voertuig, vliegtuig⟩.
'fishtail burner ⟨telb.zn.⟩ **0.1** ***vleermuisbrander.***
'fish tank ⟨telb.zn.⟩⟨AE; sl.⟩ **0.1** ***gevangenis*** ⇒⟨i.h.b.⟩ *dat deel v.d. gevangenis waar nieuw gedetineerden zich bevinden.*
'fish trap ⟨telb.zn.⟩ **0.1** ***(vis)fuik.***
'fish·weir ⟨telb.zn.⟩ **0.1** ***visweer.***
'fish·wife ⟨telb.zn.⟩ **0.1** ***visvrouw*** ⇒⟨bel.⟩ *viswijf.*
fish·y ['fɪʃi]⟨f1⟩⟨bn.; -er; -ly; -ness; →bijw. 3⟩
I ⟨bn.⟩ **0.1** ***visachtig*** **0.2** ⟨schr., scherts.⟩ ***visrijk*** **0.3** ⟨sl.⟩ ***verdacht*** ⇒*ongeloofwaardig* ◆ **1.3** a ~ story *een verhaal met een luchtje eraan;*
II ⟨bn., attr.⟩ **0.1** ***wezenloos*** ⇒*uitdrukkingsloos, koud* **0.2** ***vis(se)-*** ⇒*bestaande uit vis* ◆ **1.1** a ~ eye *een schelvisoog;* a ~ stare *een koude/wezenloze blik* **1.2** a ~ meal *een vismaaltijd.*
fisk [fɪsk]⟨n.-telb.zn.⟩⟨Sch. E⟩ **0.1** ***fiscus*** ⇒*schatkist.*
fis·sile ['fɪsaɪl‖'fɪsl]⟨bn.⟩ **0.1** ***splitsbaar*** ⇒*splijtbaar* ⟨ook v. atoom⟩.
fis·sil·i·ty [fɪ'sɪləti]⟨n.-telb.zn.⟩ **0.1** ***splijtbaarheid*** ⟨ook v. atoom⟩.
fis·sion ['fɪʃn]⟨f1⟩⟨telb. en n.-telb.zn.⟩ **0.1** ***splijting*** ⇒*splitsing, deling, het splitsen/splijten;* ⟨biol.⟩ *(cel)deling;* ⟨nat.⟩ *(atoom)splitsing* ◆ **2.1** nuclear ~ *atoomsplitsing.*
fis·sion·a·ble ['fɪʃnəbl]⟨bn.⟩ **0.1** ***splijtbaar*** ⟨ook v. atoom⟩ **0.2** ⟨biol.⟩ ***deelbaar*** ⇒*splitsbaar* ⟨v. cellen⟩.
'fission bomb ⟨telb.zn.⟩ **0.1** ***atoombom*** ⇒*kernbom.*
fis·sip·a·rous [fɪ'sɪpərəs]⟨bn.; -ness⟩⟨biol.⟩ **0.1** ***zich door (cel)deling voortplantend.***
fis·si·ped[1] ['fɪsɪped]⟨telb.zn.⟩⟨dierk.⟩ **0.1** ***spleetvoetig dier.***
fissiped[2] ⟨bn.⟩⟨dierk.⟩ **0.1** ***spleetvoetig.***
fis·sure[1] ['fɪʃə‖-ər]⟨f1⟩⟨zn.⟩
I ⟨telb.zn.⟩ **0.1** ***spleet*** ⇒*kloof* ⟨ook biol.⟩, *barst, scheur, fissuur;*
II ⟨n.-telb.zn.⟩ **0.1** ***splijting*** ⇒*deling, het splijten/delen.*
fissure[2] ⟨f1⟩⟨onov. en ov.ww.⟩ **0.1** ***splijten*** ⇒*scheuren, kloven, gespleten worden.*
fist[1] [fɪst]⟨f3⟩⟨telb.zn.⟩ **0.1** ***vuist*** **0.2** ⟨inf.⟩ ***greep*** ⇒*hand* **0.3** ⟨vnl. enk.⟩⟨scherts.⟩ ***de vijf*** ⇒*hand* **0.4** ⟨inf.⟩ ***gekrabbel*** ⇒*poot, hand (schrift)* ◆ **2.4** write a good ~ *een goed handschrift hebben* **3.1** shake one's ~ *de vuist ballen; razend zijn* **3.3** give us your ~ *geef me de vijf.*
fist[2] ⟨ov.ww.⟩ **0.1** ***met de vuist slaan*** ⇒*stompen* **0.2** ⟨scheep.⟩ ***aanpakken*** ⇒*vastpakken* ◆ **4.2** ~ it! *pak 'm beet!* **¶.¶** ⟨sl.⟩ ~ing *vuistneuken.*

'fist a'way ⟨ov.ww.⟩ ⟨sport, i.h.b. voetbal⟩ **0.1** ***wegstompen*** ⟨bal of voorzet⟩.

-fist·ed ['fɪstɪd] **0.1** ***met ... vuisten/handen*** ◆ **¶.1** strongfisted *met sterke knuisten.*

fist·ful ['fɪstfʊl]⟨f1⟩⟨telb.zn.⟩ **0.1** ***groot aantal*** ⇒*verzameling, handvol* **0.2** ⟨AE; sl.⟩ ***bom duiten*** **0.3** ⟨AE; sl.⟩ ***(gevangenisstraf v.) vijf jaar.***

fist·ic ['fɪstɪk], **fist·i·cal** [-ɪkl]⟨bn.⟩ **0.1** ***als/van het boksen*** ⇒*boks (ers)-, vuist(e)-.*

fist·i·cuffs ['fɪstɪkʌfs]⟨mv.⟩⟨vero., scherts.⟩ **0.1** ***kloppartij*** ⇒*vechtpartij* **0.2** ***het boksen*** ◆ **6.1** it came **to** ~ *het werd een kloppartij/matten geblazen.*

fis·tu·la ['fɪstjʊlə||-tʃələ]⟨telb.zn.⟩ **0.1** ⟨med.⟩ ***fistel*** ⟨ook kunstmatig⟩ ⇒*stoma* **0.2** ⟨dierk.⟩ ***buis*** ⇒*opening* ⟨bij insekten, walvissen enz.⟩.

fis·tu·lar ['fɪstjʊlə||-tʃələr], **fis·tu·lous** [-tjʊləs||-tʃələs]⟨bn.⟩ **0.1** ⟨med.⟩ ***fistelachtig*** ⇒*fistuleus, stomatisch* **0.2** ⟨dierk.⟩ ***buisvormig*** ⇒*rietvormig, hol* **0.3** ⟨dierk.⟩ ***met buizen*** ⇒*met buisvormige organen.*

fit[1] [fɪt]⟨f3⟩⟨zn.⟩

I ⟨telb.zn.⟩ **0.1** ***vlaag*** ⇒*opwelling, inval* **0.2** ***bui*** ⇒*gril, luim, kuur* **0.3** ⟨med.⟩ ***aanval*** **0.4** ⟨med.⟩ ***stuip*** ⇒*toeval, beroerte* ⟨ook fig.⟩ **0.5** ⟨vero.⟩ ***zang*** ⟨deel v.e. episch dichtwerk⟩ ◆ **1.1** a ~ of anger/devotion/energy *een vlaag v. woede/toewijding/energie* **1.3** a ~ of coughing *een hoestaanval/bui* **1.4** ~ of nerves *zenuwtoeval* **3.4** give s.o. a ~ *iem. de stuipen op het lijf jagen;* have a ~ *een beroerte krijgen;* have ~s *de stuipen/een toeval/een epileptische aanval hebben/krijgen* **6.1 by/in** ~s (and starts) *bij vlagen, zo nu en dan* **6.2** when the ~ was **on** him (for sth.) *als hij het op z'n heupen had* **6.4** keep s.o. **in** ~s (of laughter) *iem. zich gek/rot laten lachen;*

II ⟨telb. en n.-telb.zn.⟩ **0.1** ***het (goed) passen/zitten*** ⇒*pasvorm* ◆ **1.1** ⟨stat.⟩ goodness of ~ *aanpassingsgraad* **2.1** be a good ~ *goed zitten* ⟨v. kledingstuk⟩; ~ is as important as colour *de pasvorm is even belangrijk als de kleur;* be a tight ~ *(te) strak zitten* ⟨v. kledingstuk⟩; *te/erg nauw zijn, net gaan* ⟨v. doorgang⟩.

fit[2] ⟨f3⟩⟨bn.; fitter; -ly; →compar. 7⟩

I ⟨bn.⟩ **0.1** ***gepast*** ⇒*aangepast, geschikt, goed (genoeg), passend, juist* **0.2** ***gezond*** ⇒*fit, in (goede)* conditie, *lekker* ◆ **1.1** a ~ person to do sth. *de geschikte/juiste persoon om iets te doen* **1.2** as ~ as a fiddle *kiplekker, zo gezond als een vis* **3.1** ~ to print *drukklaar, geschikt om (af) te drukken* **3.2** feel/keep ~ *in conditie zijn/blijven* **6.1** a meal (that is) ~ **for** a king *een koningsmaal;* ~ **for** publication *publiceerbaar, geschikt om te publiceren;*

II ⟨bn., pred.⟩ **0.1** ***betamelijk*** ⇒*juist, gepast, behoorlijk* **0.2** ***waard*** ⇒*bekwaam* **0.3** ***op het punt*** ⇒*(zo) in de war/uitgeput/kwaad* ◆ **3.1** think/see ~ to do sth. *het juist/gepast achten (om) iets te doen, goeddunken;* not ~ to be seen *ontoonbaar* **3.2** he is not ~ to hold a candle to you *hij kan niet in je schaduw staan* **3.3** be so confused/angry to be ~ to burst out crying *zo in de war/boos zijn dat je in tranen zou kunnen uitbarsten;* work till you are ~ to drop (dead) *werken tot je erbij neervalt* **3.¶** ⟨inf.⟩ he was ~ to be tied *hij was des duivels/niet meer te houden* **4.1** it is not ~ (that) *het hoort niet (dat).*

fit[3] ⟨f3⟩⟨ww.; AE ook fit, fit; →ww. 7⟩ →fitted, fitting ⟨→sprw. 319⟩

I ⟨onov.ww.⟩ **0.1** ***geschikt/passend zijn*** ⇒*passen, goed zitten* ◆ **1.1** it ~s like a glove *het zit als gegoten* **5.1** →fit **in;**

II ⟨ov.ww.⟩ **0.1** ***passen*** ⇒*voegen* **0.2** ***(goed)geschikt/passend maken*** ⇒*aanpassen, bekwamen* **0.3** ***voorzien*** ⇒*uitrusten, inrichten* **0.4** ***aanbrengen*** ⇒*monteren, zetten, leggen* ◆ **1.2** make the punishment ~ the crime *(iem.) zijn verdiende loon geven, de strafmaat bepalen naar de misdaad* **3.4** have sth. ~ted *iets laten aanbrengen/monteren* **5.1** →fit **in;** ~ **on** *passen* ⟨kledingstuk⟩ **5.3** →fit **out;** →fit **up** **6.1** ~ sth. **into** sth. *iets ergens in plaatsen/passen* **6.2** ~ sth. **for** s.o. to use *iets passend maken voor gebruik door iem.;* ~ s.o. **for** the job *iem. bekwamen voor de baan* **6.3** ~ **with** *uitrusten met, voorzien van.*

fit[4] ⟨bw.⟩⟨inf.⟩ **0.1** ***op zo'n manier*** ⇒*in zo'n toestand* ◆ **3.1** be laughing ~ to burst *gieren van de lach, barsten van het lachen.*

fitch [fɪtʃ]⟨zn.⟩

I ⟨telb.zn.⟩ **0.1** ***bunzing*** **0.2** ***penseel uit bunzinghaar;***

II ⟨n.-telb.zn.⟩ **0.1** ***bunzingpels/haar.***

fitch·ew ['fɪtʃu:], **fitch·et** ['fɪtʃɪt]⟨zn.⟩

I ⟨telb.zn.⟩ **0.1** ***bunzing;***

II ⟨n.-telb.zn.⟩ **0.1** ***bunzingpels.***

fit·ful ['fɪtfl]⟨f1⟩⟨bn.; -ly; -ness⟩ **0.1** ***ongeregeld*** ⇒*bij vlagen, in buien, afwisselend, onbestendig* **0.2** ***grillig*** ⇒*nukkig* **0.3** ***rusteloos*** ⇒*ongedurig.*

'fit 'in ⟨f1⟩⟨ww.⟩

I ⟨onov.ww.⟩ **0.1** ***(goed) aangepast zijn*** ⇒*zich aanpassen aan* **0.2** ***kloppen*** ◆ **6.1** ~ **with** your ideas *in overeenstemming zijn met jouw ideeën;* ~ **with** people/a place *zich goed aanpassen/goed aangepast zijn aan personen/een omgeving* **6.2** ~ **with** the facts *kloppen/overeenstemmen met de feiten;*

II ⟨ov.ww.⟩ **0.1** ***inpassen*** ⇒*plaats/tijd vinden voor* **0.2** ***aanpassen*** ◆ **1.1** ~ more furniture *plaats vinden voor meer meubels;* ~ all one's patients *tijd vinden voor al zijn patiënten* **6.2** fit sth. in **with** sth. *iets ergens bij aanpassen.*

fit·ment ['fɪtmənt]⟨telb.zn.; vnl. mv.⟩ **0.1** ***onderdeel*** ⇒*uitrusting, installatie, accessoires, hulpstukken.*

fit·ness ['fɪtnəs]⟨f2⟩⟨n.-telb.zn.⟩ **0.1** ***het passend/geschikt/bekwaam zijn*** **0.2** ***(goede) conditie*** ◆ **1.1** the ~ of things *de fatsoenlijkheid v. zaken* **6.1** ~ **for** a job *bekwaamheid/geschiktheid voor een baan.*

'fit 'out ⟨f1⟩⟨ov.ww.⟩ **0.1** ***uitrusten*** ⇒*voorzien, inrichten* ◆ **1.1** ~ a ship/a platoon (for sth.) *een schip/een peloton uitrusten (voor iets).*

fit·ted ['fɪţɪd]⟨f2⟩⟨bn., attr.; volt. deelw. v. fit⟩ **0.1** ***(volledig) uitgerust*** ⇒*compleet* **0.2** ***vast*** **0.3** ***aangemeten*** ⇒*maat-* ⟨v. kleding⟩ ◆ **1.1** ~ dressing case *complete toiletnecessaire;* (fully) ~ kitchen *inbouwkeuken;* ~ wardrobe *ingebouwde (kleren)kast* **1.2** ~ basin *vaste wastafel;* ~ carpet *vast/kamerbreed tapijt* **1.3** a ~ coat *een jas naar maat* **1.¶** ~ sheet *hoeslaken* **6.1** ~ **with** *(uitgerust) met, voorzien van.*

fit·ter ['fɪtə||'fɪţər]⟨f1⟩⟨telb.zn.⟩ **0.1** ***coupeur*** ⇒*coupeuse, knipper* **0.2** ***monteur*** ⇒*gas/waterfitter, bankwerker* **0.3** ***gespecialiseerde leverancier*** ⟨v. gereedschap e.d.⟩.

fit·ting ['fɪţɪŋ]⟨f1⟩⟨zn.; (oorspr.) gerund v. fit⟩

I ⟨telb.zn.⟩ **0.1** ⟨vaak mv.⟩⟨tech.⟩ ***hulpstuk*** ⇒*accessoire, onderdeel;* ⟨elek., gas⟩ *fitting; montagestukken, armatuur* **0.2** ⟨mode⟩ ***pasbeurt*** **0.3** ⟨vnl. BE; mode⟩ ***maat;***

II ⟨telb. en n.-telb.zn.⟩ **0.1** ***inrichting*** ⇒*uitrusting* **0.2** ⟨tech.⟩ ***montage*** ⇒*installatie;*

III ⟨mv.; ~s⟩ **0.1** ⟨ben. voor⟩ ***toebehoren*** ⇒*armatuur; beslag, bekleding; opstand; opstal.*

'fitting shop ⟨telb.zn.⟩ **0.1** ***montageatelier/werkplaats.***

'fit 'up ⟨f1⟩⟨ov.ww.⟩ **0.1** ***toerusten*** ⇒*aanbrengen, monteren, installeren, voorzien* **0.2** ***inrichten*** ⇒*omvormen, in orde maken, opknappen* **0.3** ⟨inf.⟩ ***huisvesten*** ⇒*onderdak/logies verlenen* ◆ **6.1** ~ s.o. **with** glasses *iem. een bril aanmeten;* ~ a room **with** new wiring *nieuwe bedrading aanleggen in een kamer* **6.2** ~ a room **as** a bedroom *een kamer als slaapkamer inrichten* **6.3** fit s.o. up **with** a bed *iem. onderdak verlenen.*

fit-up ⟨telb.zn.⟩⟨dram.⟩ **0.1** ***provisorisch toneel/theater*** ⇒*demontabel toneel* **0.2** ***(klein) rondreizend toneelgezelschap.***

Fitz·Ger·ald-Lo·rentz contraction, FitzGerald effect ⟨telb.zn.⟩ ⟨nat.⟩ **0.1** ***lorentzcontractie.***

five [faɪv]⟨f4⟩⟨telw.⟩ **0.1** ***vijf*** ⟨ook voorwerp/groep ter waarde/grootte v. vijf⟩ ◆ **1.1** a ~ of clubs *een klavervijf;* ⟨AE; sl.⟩ *een vuist;* the figure ~ *het cijfer vijf;* ~ blind mice *vijf blinde muizen* **3.1** give me ~ *geef me er vijf (van);* she lost a ~ *ze is een briefje van vijf verloren;* ⟨sport⟩ they made up a ~ *ze vormden een vijftal* **3.¶** ⟨inf.; vnl. AE⟩ take ~ *eventjes pauzeren* **5.1** ~ o'clock *vijf uur* **6.1** arranged **by** ~s *per vijf geschikt;* **in** ~s *in groepjes van vijf.*

'five-and-'ten(-cent store), 'five-and-'dime ⟨telb.zn.⟩⟨AE⟩ **0.1** ***warenhuis*** ⟨met goedkope artikelen⟩.

'five-by-'five ⟨bn.⟩⟨AE; sl.⟩ **0.1** ***vet*** ⇒*dik.*

'five-case 'note ⟨telb.zn.⟩⟨AE; inf.⟩ **0.1** ***briefje v. vijf (dollar).***

'five-day 'week ⟨f1⟩⟨telb.zn.⟩ **0.1** ***vijfdaagse werkweek.***

'five-fin·ger ⟨telb.zn.⟩ **0.1** ⟨ben. voor⟩ ***plant met handvormig blad*** ⇒⟨i.h.b.⟩ *vijfvingerkruid* **0.2** ***(soort) zeester*** **0.3** ⟨AE; sl.⟩ ***dief*** ⇒*langvinger.*

'five-fin·ger 'exercise ⟨telb.zn.⟩ **0.1** ⟨muz.⟩ ***vijf-vingeroefening*** ⇒⟨fig.⟩ *peuleschil, makkie.*

'five·fold ⟨bn.⟩ **0.1** ***vijfdelig*** **0.2** ***vijfvoudig.***

five-o''clock shadow ⟨telb.zn.⟩⟨inf.; scherts.⟩ **0.1** ***late-middagbaard*** ⇒*Lubbersbaard.*

five·pence ['faɪvpəns]⟨f1⟩⟨mv.; →mv. 3; ww. enk.⟩⟨BE⟩ **0.1** ***(stuk v.) vijf pence.***

'fivepin 'bowling, five·pins ['faɪvpɪnz]⟨n.-telb.zn.⟩⟨sport⟩ **0.1** ***kegelspel*** ⟨met vijf kegels, vnl. in Canada⟩.

five-ply ['faɪvplaɪ]⟨n.-telb.zn.⟩ **0.1** ***multiplex*** ⇒*hechthout.*

fiv·er ['faɪvə||-ər]⟨f1⟩⟨telb.zn.⟩⟨BE; inf.⟩ **0.1** ***briefje v. vijf (pond/dollar/enz.).***

fives ⟨n.-telb.zn.⟩⟨BE⟩ **0.1** ⟨ben. voor⟩ ***kaatsspel*** ⟨bal met bat of hand tegen muur slaan⟩ ⇒⟨ong.⟩ *pelote.*

'five-spot ⟨telb.zn.⟩⟨AE; sl.⟩ **0.1** ***briefje v. vijf (dollar)*** **0.2** ***(gevangenisstraf v.) vijf jaar*** **0.3** ***vijf*** ⟨speelkaart⟩.

'five-star ⟨f1⟩⟨bn., attr.⟩ **0.1** ***vijfsterren-*** ⇒*(v.) topklasse.*

'five stones ⟨n.-telb.zn.⟩ **0.1** ***bikkelspel met vijf stenen.***

'Five-Year 'Plan ⟨fɪ⟩⟨telb.zn.⟩⟨ec.⟩ **0.1** *vijfjarenplan.*

fix[1] [fɪks]⟨fɪ⟩⟨telb.zn.⟩ **0.1** ***moeilijke situatie*** ⇒*knel, penarie* **0.2** ⟨inf.⟩ ***doorgestoken kaart*** ⇒*afgesproken zaak, samenzwering* **0.3** ⟨scheep., lucht.⟩ ***kruispeiling*** ⇒*positiebepaling* **0.4** ⟨sl.⟩ ***shot*** ⇒*dosis, (heroïne)spuit* **0.5** ⟨inf.⟩ ***oplossing*** **0.6** ⟨AE; inf.⟩ ***vaste plek*** ⇒*stek* ⟨v. agent, e.d.⟩ **0.7** ⟨AE; sl.⟩ ***omkoping*** ⟨vnl. mbt. politie/rechter⟩ ⇒*omkoperij, (het geven v.) smeergeld/steekpenningen* ◆ **1.2** the race/election was a ~ *de wedstrijd was/de verkiezingen waren doorgestoken kaart* **6.1** be **in/get** o.s. **into** a ~ *in de knel zitten/raken.*

fix[2] ⟨f3⟩⟨ww.⟩ →fixed

I ⟨onov.ww.⟩ **0.1** ***vast worden*** ⇒*verstevigen, (een) vaste vorm aannemen, stollen, zich concentreren, hard worden* **0.2** ⟨sl.⟩ ***spuiten*** ⟨met verdovende middelen⟩ **0.3** ⟨AE; inf. of gew.⟩ ***van plan zijn*** ⇒*plannen maken, zich gereed maken* ◆ **5.¶** →fix **up 6.3** I'm ~ing **on** getting married *ik ben van plan om te trouwen* **6.¶** ~ **(up)on** sth. *iets vaststellen/besluiten, kiezen voor iets;*

II ⟨ov.ww.⟩ **0.1** ***vastmaken*** ⇒*vastzetten/klemmen/hechten/leggen, bevestigen, fixeren* ⟨ook blik⟩ **0.2** ***vasthouden*** ⇒*trekken* ⟨aandacht⟩ **0.3** ***een vaste vorm geven aan*** ⇒*doen verstarren* **0.4** ***installeren*** ⇒*plaatsen, monteren* **0.5** ***plaatsen*** ⇒*thuisbrengen* ⟨persoon, gebeurtenis⟩ **0.6** ***vastleggen*** ⇒*bepalen, beslissen, afspreken* ⟨geldelijke verplichting, prijs, datum, plaats⟩ **0.7** ***opknappen*** ⇒*repareren, in orde brengen* **0.8** ***regelen*** ⇒*schikken, klaarmaken, bereiden* **0.9** ***omkopen*** **0.10** ***snijden*** ⇒*castreren, steriliseren* **0.11** ⟨pej.⟩ ***afspreken*** ⇒*vervalsen* **0.12** ⟨mil.⟩ ***bevestigen*** ⇒*opzetten* ⟨bajonet op geweer⟩ **0.13** ⟨schei.⟩ ***een vastere vorm doen aannemen*** ⇒*doen stollen, stremmen, bevriezen, concentreren* **0.14** ⟨plantk.⟩ ***assimileren*** ⇒*in zich opnemen* **0.15** ⟨biol., foto.⟩ ***fixeren*** **0.16** ⟨sl.⟩ ***koud maken*** ⇒*doden, voor zijn rekening nemen* **0.17** ⟨sl.⟩ ***inspuiten (met verdovende middelen)*** **0.18** ⟨sl.⟩ ***dope leveren aan*** ◆ **4.17** ~ s.o. *zich inspuiten (met verdovende middelen)* **4.¶** I'll ~ him (good)! *ik zàl hem!* **5.1** ~ sth. **on** *iets vastmaken/hechten* **5.8** ~ sth. **up** *iets klaarmaken* **5.¶** →fix **up 6.1** ~ sth. **in** the mind/memory *iets in de geest/in het geheugen prenten;* ~ the blame **on** s.o. *iem. de schuld geven;* ~ the crime **on** s.o. *de schuld v.d. misdaad op iem. schuiven;* ~ sth. **onto** sth. *iets ergens aan vastmaken;* ~ one's eyes/gaze/attention **(up)on** sth. *de blik/aandacht fixeren/vestigen op iets* **6.¶** ~ s.o. **with** a cold/hostile look/stare/glaze *iem. koud/vijandig/strak aankijken.*

fix·ate ['fɪkseɪt]⟨ww.⟩

I ⟨onov.ww.⟩ **0.1** ***de aandacht concentreren*** **0.2** ⟨psych.⟩ ***een fixatie vormen*** ⇒*gefixeerd zijn* **0.3** ⟨psych.⟩ ***stilstaan*** ⇒*blijven steken;*

II ⟨ov.ww.⟩ **0.1** ***vastzetten*** ⇒*vaststellen, vastleggen* **0.2** ***fixeren*** ⇒*aanstaren, zich concentreren op* **0.3** ⟨psych.⟩ ***doen stilstaan*** ⇒*fixeren* ⟨in psych. ontwikkeling⟩ ◆ **4.3** ~ o.s. *zich aan iets vastklemmen, een fixatie op iets hebben.*

fix·a·tion [fɪk'seɪʃn]⟨telb. en n.-telb.zn.⟩ **0.1** ***bevestiging*** ⇒*het vastmaken, het vastleggen, bepaling, vastlegging, het vastgemaakt zijn/worden* **0.2** ⟨foto.⟩ ***het fixeren*** **0.3** ⟨psych.⟩ ***fixatie*** ◆ **6.3** have a ~ **on** s.o. *op iem. gefixeerd zijn.*

fix·a·tive[1] ['fɪksət̬ɪv]⟨telb.zn.⟩ **0.1** ⟨ben. voor⟩ ***stof die fixeert/hecht*** ⇒*fixatief* ⟨verf, kleur, microscopisch preparaat⟩, *fixeermiddel* ⟨parfum e.d.⟩, *hechtmiddel* ⟨gebit, toupet, pruik⟩.

fixative[2] ⟨bn.⟩ **0.1** ***hecht-*** ⇒*hechtend, fixerend, bevestigend* **0.2** ***verstevigend*** ⇒*vast(er)makend.*

fix·a·ture ['fɪksətʃə||-ər]⟨telb.zn.⟩ **0.1** ***fixatief*** ⇒*(haar)pommade.*

fixed [fɪkst]⟨f3⟩⟨bn.; volt. deelw. v. fix; -ly ['fɪksɪdli]; -ness [-ɪdnəs]⟩

I ⟨bn.⟩ **0.1** ***vast*** ⇒*onbeweeglijk, onveranderlijk, constant* **0.2** ***vastgelegd*** ⇒*afgesproken* **0.3** ***afgesproken*** ⇒*uitgemaakt, oneerlijk* **0.4** ⟨schei.⟩ ***niet-vluchtig*** ⇒*vast, stabiel* ◆ **1.1** ~ capital *vast kapitaal;* ~charges *vaste kosten/lasten;* ~costs *vaste bedrijfskosten;* ⟨foto.⟩ ~ focus *vaste brandpuntsafstand;* ~ idea *idee-fixe;* ~ income *vast inkomen;* ⟨nat.⟩ ~ point *vast punt* ⟨v. temperatuur⟩; ⟨ook attr.⟩ ⟨comp.⟩ *vaste komma;* ~ star *vaste ster* **1.2** ~ odds *vastgelegde kansen* ⟨bij het wedden⟩ **1.3** a ~ race/election *een verkochte wedstrijd/verkiezing* **1.4** ~ oil *niet-vluchtige olie* **3.1** stare/gaze/look ~ly *met een onbeweeglijke blik staren/turen/kijken;*

II ⟨bn., pred.⟩ **0.1** ***voorzien van*** ⟨vnl. geld⟩ ◆ **5.1** be well ~ *er warmpjes bijzitten* **6.1** how are you ~ **for** beer? *heb je nog genoeg bier?.*

'fixed-'term ⟨bn.⟩ **0.1** ***voor bepaalde duur*** ◆ **1.1** ~ contract *tijdelijk contract.*

fix·er ['fɪksə||-ər]⟨telb.zn.⟩ **0.1** ⟨ben. voor⟩ ***iem. die (vast)maakt*** ⇒*reparateur, installateur, monteur, klusjesman* **0.2** ⟨ben. voor⟩ ***iets dat hecht/vastmaakt*** ⇒*stolvloeistof;* ⟨foto.⟩ *fixeer(zout)* **0.3** ***tussenpersoon*** ⟨vnl. voor onwettige zaken⟩ **0.4** ⟨AE; inf.⟩ ***advocaat v. kwade zaken*** **0.5** ⟨AE; sl.⟩ ***dopehandelaar*** ⇒*dealer.*

fix·ings ['fɪksɪŋz]⟨mv.⟩⟨AE; inf.⟩ **0.1** ***uitrusting*** ⇒*toebehoren* **0.2** ***garnering*** ⇒*versiering, garnituur* ⟨v. kleding, gerecht⟩.

fix·i·ty ['fɪksət̬i]⟨zn.; →mv. 2⟩

I ⟨telb.zn.⟩ **0.1** ***iets dat vast(gemaakt) is;***

II ⟨n.-telb.zn.⟩ **0.1** ***vastheid*** ⇒*stabiliteit, onveranderlijkheid, vastberadenheid.*

fix·ture ['fɪkstʃə||-ər]⟨f2⟩⟨telb.zn.⟩ **0.1** ***iets dat vast is*** ⇒*vast iets* **0.2** ⟨ben. voor⟩ ***iets dat/iem. die ergens vast bij hoort/altijd wordt aangetroffen*** ⇒*blijver, plakker; (vaste) gewoonte; leiding* ⟨in gebouw⟩, *sanitair;* ⟨fig.⟩ *winkeldochter, deel v.h. meubilair* **0.3** ***doorgestoken kaart*** ⇒*afgesproken zaak* ⟨v. wedstrijd⟩ **0.4** ⟨BE⟩ ***wedstrijd*** ⟨op vastgestelde datum⟩ ⇒*vaste datum* ⟨voor wedstrijd⟩ **0.5** ⟨vnl. mv.⟩⟨jur.⟩ ***roerend goed.***

'fix 'up ⟨fɪ⟩⟨ww.⟩

I ⟨onov.ww.⟩⟨AE⟩ **0.1** ***zich officieel/speciaal kleden*** ⇒*zich opdoffen;*

II ⟨ov.ww.⟩ **0.1** ***regelen*** ⇒*organiseren, voorzien van* **0.2** ***logies/onderdak geven aan*** **0.3** ⟨AE; sl.⟩ ***een meisje/hoertje regelen voor*** ◆ **1.1** ~ a meeting *een ontmoeting regelen* **4.1** ⟨inf.⟩ fix it/things up (with s.o.) *zorgen dat het voor elkaar komt (door met iem. te praten)* **4.¶** he is fixed up *hij is bezet* **6.1** ~ **with** *voorzien van, helpen aan;* fix s.o. up **with** a job *iem. aan een baan(tje) helpen/een baan(tje) bezorgen.*

fiz·gig ['fɪz gɪg], ⟨in bet. 0.2 ook⟩ **fish·gig** ['fɪʃ-]⟨telb.zn.⟩ **0.1** ***voetzoeker*** **0.2** ***elger*** ⇒*aalgeer, botprikker* ⟨visspeer⟩ **0.3** ⟨vero.⟩ ***wufte vrouw*** ⇒*koketterend/flirtend meisje, flirt.*

fizz[1] [fɪz]⟨fɪ⟩⟨zn.⟩

I ⟨telb.zn.; g.mv.⟩ **0.1** ***gebruis*** ⇒*gesis, gebobbel, geschuim;*

II ⟨n.-telb.zn.⟩⟨inf.⟩ **0.1** ***mousserende drank*** ⇒⟨i.h.b.⟩ *champagne.*

fizz[2] ⟨fɪ⟩⟨onov.ww.⟩ **0.1** ***sissen*** ⇒*(op)bruisen, mousseren, schuimen.*

fiz·zer ['fɪzə||-ər]⟨telb.zn.⟩ **0.1** ⟨inf.⟩ ***rotje dat/voetzoeker die niet afgaat*** **0.2** ⟨Austr. E; inf.⟩ ***sof*** ⇒*fiasco, zeperd.*

fiz·zle[1] ['fɪzl]⟨fɪ⟩⟨telb.zn.⟩ **0.1** ⟨g.mv.⟩ ***zacht gesis*** ⇒*zacht gebruis, gesputter* **0.2** ⟨inf.⟩ ***zeperd*** ⇒*fiasco, mislukking.*

fizzle[2] ⟨onov.ww.⟩ **0.1** ***(zachtjes) sissen*** ⇒*(zachtjes) bruisen/sputteren* ◆ **5.1** ⟨inf.⟩ ~ **out** *met een sisser aflopen, (zacht) wegsterven, als een nachtkaars uitgaan, mislukken.*

fiz·zy ['fɪzi]⟨bn.; -er; →compar. 7⟩ **0.1** ***bruisend*** ⇒*sissend, mousserend* ◆ **1.1** ⟨BE⟩ ~ lemonade *prik(limonade).*

fjord [fjɔ:d||fjɔrd], **fiord** [fi:'ɔ:d||-'ɔrd]⟨telb.zn.⟩ **0.1** ***fjord.***

fl, Fl ⟨afk.⟩ **0.1** ⟨florin⟩ *fl.* **0.2** ⟨floor⟩ **0.3** ⟨fluid⟩ **0.4** ⟨flourished⟩ **0.5** ⟨floruit⟩ **0.6** ⟨Florida⟩ **0.7** ⟨Flanders⟩ **0.8** ⟨Flemish⟩.

Fla ⟨afk.⟩ Florida.

flab [flæb]⟨n.-telb.zn.⟩ **0.1** ***spek*** ⟨bij mens⟩ ⇒*vet.*

flab·ber·gast ['flæbəgɑ:st||-bərgæst]⟨fɪ⟩⟨ov.ww.⟩⟨inf.⟩ **0.1** ***verstomd doen staan*** ⇒*verbijsteren, verbazen, ontzetten, overdonderen* ◆ **6.1** be ~ed **at/by** *verstomd staan van/door, stomverbaasd zijn door.*

flab·by ['flæbi]⟨fɪ⟩⟨bn.; -er; -ly; -ness; →bijw. 3⟩ **0.1** ***kwabbig*** ⇒*los, slap, flodderig, week* ⟨v. spieren, huid, vlees⟩ **0.2** ***slap*** ⇒*zwak, futloos, ondoeltreffend* ⟨v. karakter, taal⟩.

fla·bel·late [flə'belət, -leɪt||'flæbəleɪt], **fla·bel·li·form** [flə'belɪfɔ:m||-fɔrm]⟨bn.⟩⟨biol.⟩ **0.1** ***waaiervormig.***

flac·cid ['flæksɪd]⟨bn.; -ly; -ness⟩ **0.1** ***slap*** ⇒*zwak, zacht, buigzaam* **0.2** ***week*** **0.3** ***(door)hangend*** ⇒*lusteloos, ontspannen.*

flack, flak [flæk]⟨zn.⟩⟨AE; inf.⟩

I ⟨telb.zn.⟩ **0.1** ***reclameman*** ⇒*persagent;*

II ⟨n.-telb.zn.⟩ **0.1** ***(steeds herhaalde) reclame.***

flag[1] [flæg]⟨f3⟩⟨telb.zn.; in bet. 0.2 ook flag; →mv. 4⟩ **0.1** ***vlag*** ⇒*vaandel, vlaggetje* ⟨ook aan muzieknoot; v. taxi die vrij is⟩ **0.2** ***vlaggeschip*** **0.3** ***technische gegevens*** ⟨v. krant, blad⟩ **0.4** ⟨plantk.⟩ ***lis(achtige)*** ⇒*lisbloem, lisdodde, gele lis, iris* ⟨genus Iris⟩ **0.5** ⟨plantk.⟩ ***vlag*** ⇒*kroonblad* ⟨v. vlinderbloem⟩ **0.6** ⟨dierk.⟩ ***vaandel*** ⟨lange staartharen v. sommige honden; ook v. herten⟩ **0.7** ⟨AE; inf.⟩ ***valse naam*** **0.8** ⟨verk.⟩ ⟨flagstone⟩ **0.9** ⟨verk.⟩ ⟨flagfeather⟩ ◆ **1.1** ⟨scheep.⟩ ~ of convenience *goedkope vlag* ⟨die financiële voordelen biedt; vnl. v. Panama, Liberia⟩; ~ of truce *witte vlag* **3.1** ⟨autosport⟩ chequered ~ *zwart-wit geblokte vlag* ⟨ter aanduiding voor coureurs dat zij gefinisht zijn⟩; fly a ~ *een vlag voeren;* hoist the ~ *de vlag hijsen* ⟨als teken v. inbezitneming⟩; lower/strike one's ~ *de vlag strijken, zich overgeven;* ⟨fig.⟩ *zich gewonnen geven;* put the ~ out *de vlag uitsteken, iets vieren;* ⟨scheep.⟩ show the ~ *onder vaandel varen; officieel een haven binnenlopen/aandoen;* ⟨fig.⟩ *de aandacht op het eigen land vestigen; je gezicht laten zien* **3.¶** ⟨inf.⟩ keep the ~ flying *doorgaan met de strijd, volharden* **6.1** **under** the ~ **(of)** *onder de heerschappij/voogdij (van).*

flag[2] ⟨fɪ⟩⟨ww.; →ww. 7⟩

I ⟨onov.ww.⟩ **0.1** ***slap worden*** ⇒*verslappen, (slap neer)hangen* ⟨ook v. plant, bloem⟩, *afhangen* **0.2** ***verslappen*** ⇒*lusteloos worden, kwijnen* ⟨v. persoon, kracht⟩ **0.3** ***verflauwen*** ⇒*oninteressant*

worden, niet meer boeien;
II ⟨ov.ww.⟩ **0.1** ***met vlaggen versieren*** ⇒*pavoiseren* **0.2** ***met vlaggen aangeven/markeren*** **0.3** ***signaleren/meedelen/seinen met vlaggen*** ⇒⟨sport, i.h.b. voetbal⟩ *vlaggen* ⟨voor buitenspel enz.⟩ **0.4** ***doen stoppen (met zwaaibewegingen)*** ⇒*aanhouden, aanroepen* **0.5** ***plaveien*** ⟨met flagstones⟩ **0.6** ⟨sl.⟩ ***aanhouden*** ⇒*arresteren* **0.7** ⟨AE; inf.⟩ ***wegsturen*** ⇒*links laten liggen* ◆ **1.4** ~ (down) a taxi *een taxi aanroepen* **5.4** ~ **down** a train *een trein doen stoppen (door zwaaien).*
'flag-cap·tain ⟨telb.zn.⟩ **0.1** ***vlaggekapitein.***
'flag day ⟨zn.⟩
I ⟨eig.n.; F- D-⟩ ⟨AE⟩ **0.1** ***Flag Day*** ⟨14 juni, herdenking v.d. dag waarop Am. vlag gekozen werd⟩;
II ⟨telb.zn.⟩ ⟨BE⟩ **0.1** ***collectedag*** ⇒*speldjesdag.*
flag·el·lant[1] ['flædʒɪlənt] ⟨telb.zn.⟩ **0.1** ⟨gesch.⟩ ***geselbroeder*** ⇒*flagellant, geselmonnik* **0.2** ***flagellant*** ⇒*liefhebber v. erotische flagellatie.*
flagellant[2] ⟨bn.⟩ **0.1** ***geselend*** ⇒*gesel-* **0.2** ***als/van een gesel/zweep*** ⇒⟨fig.⟩ *vernietigend.*
flag·el·late[1] ['flædʒɪleɪt] ⟨telb.zn.⟩ ⟨dierk.⟩ **0.1** ***zweepdiertje.***
flagellate[2] ⟨bn.⟩ **0.1** ***voorzien van een zweephaar*** ⇒*met een flagel/gesel/zweepvormig orgaan* **0.2** ***geselvormig*** ⇒*zweepvormig.*
flagellate[3] ⟨ov.ww.⟩ **0.1** ***flagelleren*** ⇒*geselen, met een zweep slaan, kastijden.*
flag·el·la·tion ['flædʒɪ'leɪʃn] ⟨telb. en n.-telb.zn.⟩ **0.1** ***flagellatie*** ⇒*geseling, (zelf)kastijding.*
fla·gel·lum [flə'dʒeləm] ⟨telb.zn.; flagella [-lə]; →mv. 5⟩ **0.1** ⟨dierk.⟩ ***flagel*** ⇒*zweepdraad* **0.2** ⟨plantk.⟩ ***uitloper*** ⇒*wortelscheut.*
flag·eo·let ['flædʒə'let‖-'leɪ] ⟨telb.zn.⟩ **0.1** ⟨muz.⟩ ***flageolet*** ⇒*bekfluit* **0.2** ⟨muz.⟩ ***flageolet*** ⇒*fluitregister* ⟨orgelregister⟩ **0.3** ⟨plantk.⟩ ***flageolet*** ⇒*citroenboon, witte boon.*
'flag·feath·er ⟨telb.zn.⟩ **0.1** ***slagpen*** ⟨v. vogel⟩.
flag·gy ['flægi] ⟨bn., attr.⟩ **0.1** ***lisachtig*** ⇒*rietachtig, als/van een lis (bloem), als/van riet* **0.2** ***vol lissen*** ⇒*vol lisachtigen, vol riet* **0.3** ⟨vero.⟩ ***slap*** ⇒*hangend, lusteloos, kwijnend.*
'flag high →pin-high.
fla·gi·tious [flə'dʒɪʃəs] ⟨bn.; -ly; -ness⟩ **0.1** ***snood*** ⇒*misdadig, boosaardig, slecht, schandelijk* **0.2** ***schurkachtig*** ⇒*laag, gemeen.*
'flag lieu'tenant ⟨telb.zn.⟩ **0.1** ***adjudant v.e. admiraal.***
'flag list ⟨telb.zn.⟩ ⟨BE⟩ **0.1** ***lijst v. vlagofficieren.***
'flag·man ⟨telb.zn.; flagmen; →mv. 3⟩ **0.1** ***vlaggeman*** ⇒*vlaggenist* **0.2** ⟨AE⟩ ***baanwachter.***
'flag officer ⟨telb.zn.⟩ **0.1** ***vlagofficier.***
flag·on ['flægən] ⟨f1⟩ ⟨telb.zn.⟩ **0.1** ***schenkkan*** ⇒*flacon, (buik)fles* **0.2** ***kan*** ⇒*fles* ⟨inhoud⟩.
'flag·pole ⟨f1⟩ ⟨telb.zn.⟩ **0.1** ***vlaggestok/mast.***
fla·gran·cy ['fleɪgrənsi], **fla·gran·ce** [-grəns] ⟨n.-telb.zn.⟩ **0.1** ***het flagrant zijn*** ⇒*schandelijkheid, grofheid, het overduidelijk/schreeuwend/in het oog springend zijn.*
fla·grant ['fleɪgrənt] ⟨f2⟩ ⟨bn.; -ly⟩ **0.1** ***flagrant*** ⇒*schandelijk, overduidelijk, grof, schreeuwend, in het oog springend.*
'flag·ship ⟨telb.zn.⟩ **0.1** ***vlaggeschip*** ⇒⟨fig. ook⟩ *paradepaardje.*
'flag·staff ⟨f1⟩ ⟨telb.zn.⟩ **0.1** ***vlaggestok/mast.***
'flag station ⟨telb.zn.⟩ **0.1** ***halte op verzoek*** ⇒*facultatieve spoorweghalte.*
'flag·stone ⟨f1⟩ ⟨telb.zn.⟩ **0.1** ***flagstone*** ⇒*(soort) tuintegel, stapsteen.*
'flag-wag·ging ⟨n.-telb.zn.⟩ ⟨sl.⟩ **0.1** ***het seinen met vlaggen.***
'flag-wa·ver ⟨telb.zn.⟩ **0.1** ***politiek agitator*** **0.2** ***chauvinist*** **0.3** ⟨AE; inf.⟩ ***chauvinistisch boek/lied/toneelstuk.***
'flag-wa·ving ⟨n.-telb.zn.⟩ ⟨bel.⟩ **0.1** ***vlagvertoon*** ⇒*fanatiek nationalisme.*
flail[1] [fleɪl] ⟨f1⟩ ⟨telb.zn.⟩ **0.1** ***(dors)vlegel.***
flail[2] ⟨f1⟩ ⟨ww.⟩
I ⟨onov.ww.⟩ **0.1** ***dorsen*** **0.2** ***wild zwaaien/slaan;***
II ⟨ov.ww.⟩ **0.1** ***dorsen*** ⇒*vlegelen* **0.2** ***slaan*** ⇒*(af)ranselen* **0.3** ***zwaaien met*** ⟨bv. de armen⟩.
flair [fleə‖fler] ⟨f1⟩ ⟨telb.zn.; vnl. enk.⟩ **0.1** ***flair*** ⇒*feeling, fijne neus, bijzondere handigheid.*
flak [flæk] ⟨n.-telb.zn.⟩ ⟨mil.⟩ **0.1** ***luchtafweergeschut*** ⇒*luchtdoelartillerie* **0.2** ***granaten voor luchtafweergeschut*** ⇒⟨fig.⟩ *(regen v.) kritiek* **0.3** →flack.
flake[1] [fleɪk] ⟨f2⟩ ⟨zn.⟩
I ⟨telb.zn.⟩ **0.1** ***vlok*** ⇒*sneeuwvlok, schilfer, plakje* **0.2** ***vonk*** ⇒*vuursprankje* **0.3** ***vispartje*** ⇒*plakje, laagje, flentertje* ⟨v. vis⟩ **0.4** ***laag*** ⇒*(ijs)schots* **0.5** ***droogrek*** ⟨o.a. voor vis⟩ **0.6** ***gestreepte anjelier*** **0.7** ⟨gesch.⟩ ***steensplinter*** ⟨gebruikt als werktuig⟩ ⇒*vuistbijl* **0.8** ⟨scheep.⟩ ***(drijvende) steiger*** **0.9** ⟨AE; sl.⟩ ***mafferik*** ⇒*geschift iem., stomkop* **0.10** ⟨AE; sl.⟩ ***achterlijke*** ⇒*gek, mongool* **0.11** ***arrestatie (op valse gronden);***
II ⟨n.-telb.zn.⟩ ⟨AE; sl.⟩ **0.1** ***sneeuw*** ⟨cocaïne⟩.

flake[2] ⟨f1⟩ ⟨ww.⟩
I ⟨onov.ww.⟩ **0.1** ***vallen*** ⇒*neerdwarrelen* **0.2** ***(af)schilferen*** ⇒*pellen* ◆ **5.2** ~ **away/off** *afschilferen* **5.¶** ⟨inf.⟩ ~ **out** *neerploffen, doodvallen, omvallen van vermoeidheid; gaan slapen; flauwvallen; 'm smeren;*
II ⟨ov.ww.⟩ **0.1** ***(als met sneeuwvlokken) bedekken*** **0.2** ***doen (af) schilferen*** ⇒*doen pellen* **0.3** ⟨AE; sl.⟩ ***arresteren (op valse gronden)*** ⇒*valselijk beschuldigen.*
'flake 'white ⟨n.-telb.zn.⟩ **0.1** ***loodwit.***
flak·(e)y ['fleɪki] ⟨f1⟩ ⟨bn.; -er; -ly; -ness; →bijw. 3⟩ **0.1** ***vlokkig*** **0.2** ***schilferachtig*** **0.3** ⟨AE; inf.⟩ ***geschift*** **0.4** ⟨AE; inf.⟩ ***onstabiel*** ⇒*onbetrouwbaar, grillig, wisselvallig.*
'flak jacket ⟨telb.zn.⟩ **0.1** ***verstevigd jack*** ⟨v. piloot⟩ ⇒⟨ong.⟩ *kogelvrij vest.*
flak·o ['fleɪkoʊ] ⟨bn., pred.⟩ ⟨AE; sl.⟩ **0.1** ***(straal)bezopen*** ⇒*toeter.*
flam[1] [flæm] ⟨telb. en n.-telb.zn.⟩ ⟨inf.⟩ **0.1** ***verzinsel*** ⇒*leugen* **0.2** ***foefje*** ⇒*bedrog, misleiding, truc* **0.3** ***larie*** ⇒*nonsens, geleuter.*
flam[2] ⟨ov.ww.; →ww. 7⟩ ⟨inf.⟩ **0.1** ***bedriegen*** ⇒*misleiden, bedotten, iets wijsmaken.*
flam·beau ['flæmboʊ] ⟨telb.zn.; ook flambeaux [-oʊ(z)]; →mv. 5⟩ **0.1** ***flambouw*** ⇒*fakkel, toorts* **0.2** ***grote kandelaar.***
flam·bé(e) ['flɑ:mbeɪ‖flɑm'beɪ] ⟨bn.⟩ **0.1** ***geflambeerd.***
flam·boy·ance [flæm'bɔɪəns], **flam·boy·ancy** [-si] ⟨n.-telb.zn.⟩ **0.1** ***schittering*** **0.2** ***zwierigheid*** **0.3** ***opzichtigheid*** ⇒*uiterlijk vertoon, praal, pronkzucht.*
flam·boy·ant[1] [flæm'bɔɪənt] ⟨telb.zn.⟩ ⟨plantk.⟩ **0.1** ***flamboyant*** ⟨tropische sierboom; Poinciana regia⟩.
flamboyant[2] ⟨f1⟩ ⟨bn.; -ly⟩ **0.1** ***bloemrijk*** **0.2** ***schitterend*** ⇒*flamboyant, vlammend* **0.3** ***opzichtig*** ⇒*fel, kleurig, zwierig, pronkzuchtig* **0.4** ⟨bouwk.⟩ ***flamboyant*** ⇒*laat-gotisch.*
flame[1] [fleɪm] ⟨f3⟩ ⟨telb.zn.⟩ **0.1** ***vlam*** ⇒*gloed;* ⟨vaak mv.⟩ *vuur, hitte* **0.2** ***geliefde*** ⇒*liefde, passie* ◆ **2.2** ⟨inf.; scherts.⟩ an old ~ *oude vlam, vroegere geliefde* **3.2** fan the ~ *het vuur(tje)/de passie/liefde aanwakkeren* **3.¶** ⟨inf.⟩ shoot down in ~s *niets heel laten van* **6.1** **in** ~s *in vlammen, in vuur en vlam;* burst **into** ~(s) *in brand vliegen/schieten, vlam vatten* **7.1** the ~s *de vlammen, het vuur.*
flame[2] ⟨f2⟩ ⟨ww.⟩ →flaming
I ⟨onov.ww.⟩ **0.1** ***vlammen*** **0.2** ***ontvlammen*** ⇒*opvlammen* ⟨v. passie, liefde⟩ **0.3** ***opvliegen*** ⟨v. personen⟩ **0.4** ***schitteren*** ⇒*gloeien, vuurrood worden, blozen, een kleur krijgen* **0.5** ⟨schr.⟩ ***als een vlam wiegen*** ◆ **5.1** ~ **away/forth** *vlammen, branden;* ~ **out** *ontvlammen;* ~ **up** *opvlammen* **5.3** ~ **out/up** *(razend) opvliegen, opstuiven* ⟨v. personen⟩ **5.¶** ~ **out** *afslaan* ⟨v. straalmotor⟩;
II ⟨ov.ww.⟩ **0.1** ***doen vlammen*** ⇒*doen branden, vlam doen vatten, in brand steken* **0.2** ***door vlammen overbrengen*** ⇒*door vuur overbrengen* ⟨signalen, boodschap⟩ **0.3** ***flamberen.***
'flame·flow·er ⟨telb.zn.⟩ ⟨plantk.⟩ **0.1** ***vuurpijl*** ⟨Kniphofia aloides⟩.
'flame gun ⟨telb.zn.⟩ ⟨landb.⟩ **0.1** ***vlammenspuit.***
fla·men ['fleɪmən‖'flɑ-] ⟨telb.zn.⟩ ⟨gesch.⟩ **0.1** ***flamen*** ⇒*Romeinse priester.*
fla·men·co [flə'meŋkoʊ] ⟨telb. en n.-telb.zn.⟩ **0.1** ***flamenco(muziek/dans).***
'flame·out ⟨telb.zn.⟩ **0.1** ***het afslaan*** ⟨v. vliegtuigmotor⟩.
'flame-proof ⟨bn.⟩ **0.1** ***vuurvast.***
'flame-re·sis·tant ⟨bn.⟩ **0.1** ***vuurvast.***
'flame-throw·er, 'flame-pro·jec·tor ⟨telb.zn.⟩ **0.1** ***vlammenwerper.***
'flame-tree ⟨telb.zn.⟩ ⟨plantk.⟩ **0.1** ***Australische groenblijvende boom*** ⟨Nuystia floribunda⟩ **0.2** ***Australische boom met rode pluimen*** ⟨Brachychiton acerifolium⟩.
flam·ing ['fleɪmɪŋ] ⟨f1⟩ ⟨bn., attr.; teg. deelw. v. flame⟩ **0.1** ***heet*** ⇒*brandend* **0.2** ***schitterend*** ⇒*kleurig* **0.3** ⟨inf.⟩ ***hooglopend*** ⇒*hevig* **0.4** ⟨sl.⟩ ***verdomd*** ⇒*rot* ◆ **1.3** a ~ row *een hooglopende ruzie* **1.4** you ~ idiot! *stomme idioot!.*
fla·min·go [flə'mɪŋgoʊ] ⟨f1⟩ ⟨telb.zn.; ook -es; →mv. 2⟩ ⟨dierk.⟩ **0.1** ***flamingo*** ⟨fam. Phoenicopteridae⟩ ◆ **2.1** greater ~ *flamingo* ⟨Phoeniccopterus ruber⟩.
flam·ma·ble ['flæməbl] ⟨f1⟩ ⟨bn.⟩ ⟨AE; BE alleen tech.⟩ **0.1** ***brandbaar*** ⇒*explosief.*
flam·y ['fleɪmi] ⟨bn.; -er; →compar. 7⟩ **0.1** ***vlammend*** ⇒*schitterend, met vlammen.*
flan [flæn] ⟨f1⟩ ⟨telb.zn.⟩ **0.1** ⟨ong.⟩ ***kleine vla(ai)*** **0.2** ***muntplaatje.***
Flan·ders ['flɑ:ndəz‖'flændərz] ⟨eig.n.⟩ **0.1** ***Vlaanderen.***
'Flanders 'brick ⟨n.-telb.zn.⟩ **0.1** ***schuur/polijststeen.***
'Flanders 'poppy ⟨telb.zn.⟩ ⟨BE⟩ **0.1** ***klaproos*** ⟨op 11 november verkocht voor de oudstrijders⟩.
flâ·ne·rie [flɑ:n'ri:] ⟨n.-telb.zn.⟩ **0.1** ***het flaneren*** ⇒*het rondslenteren, het luieren.*
flâ·neur [flæ'nɜ:‖flɑ'nɜr] ⟨telb.zn.⟩ **0.1** ***flaneur*** ⇒*slenteraar, baliekluiver.*

flange[1] [flændʒ]⟨f1⟩⟨telb.zn.⟩ **0.1** ***flens*** ⇒*radkrans, opstaande rand.*

flange[2] ⟨ov.ww.⟩ **0.1** ***van een flens voorzien.***

flank[1] [flæŋk]⟨f2⟩⟨telb.zn.⟩ **0.1** ⟨ben. voor⟩ ***zijkant*** ⇒*flank* ⟨v. berg, leger, dier⟩, *zijde* ⟨v. persoon⟩, *zijkant, zijgevel* ⟨v. huis⟩ **0.2** ⟨cul.⟩ ***ribstuk*** ◆ **3.1** turn s.o.'s ~ *iem. te slim af zijn;* ⟨mil.⟩ turn the ~ of *een omtrekkende beweging maken, rond* **5.1** ⟨rugby⟩ a ~ forward *een halfback / speler* **6.1** ⟨mil.⟩ **in** ~ *in de flank.*

flank[2] ⟨f2⟩⟨ww.⟩

I ⟨onov.ww.⟩ **0.1** ***parallel staan / lopen*** **0.2** ***belendend zijn*** ⇒*aanliggend / aangrenzend zijn, zich ernaast bevinden;*

II ⟨ov.ww.⟩ **0.1** ***flankeren*** **0.2** ***in de flank aanvallen*** **0.3** ***de flank dekken / versterken*** **0.4** ⟨mil.⟩ ***enfileren*** ⇒*overlangs bestrijken, in de lengte beschieten* ◆ **6.1** ~ed **by / with** trees *met bomen erlangs / omzoomd.*

flank·er ['flæŋkə‖-ər]⟨telb.zn.⟩ **0.1** ***flankeur*** ⇒*vleugelman* **0.2** ***flankverdediging*** **0.3** ***flankstelling*** **0.4** ⟨rugby⟩ ***halfback*** ⇒*halfspeler* **0.5** ⟨sl.⟩ ***truc(je)*** ⇒*oplichterij* **0.6** ⟨AE; inf.⟩ ***lange sladood*** ⇒*lange vent.*

'flanker back ⟨telb.zn.⟩⟨Am. voetbal⟩ **0.1** ***flanker back*** ⟨speler die ver opzij staat om pass te ontvangen⟩.

'flank guard ⟨telb. en n.-telb.zn.⟩⟨mil.⟩ **0.1** ***flankdekking.***

flan·nel[1] ['flænl]⟨f1⟩⟨zn.⟩

I ⟨telb.zn.⟩⟨BE⟩ **0.1** ***(flanellen) doek(je)*** ⇒*washandje, waslapje; dweil; vod(je);*

II ⟨n.-telb.zn.⟩ **0.1** ***flanel*** **0.2** ⟨vnl. AE⟩ ***katoenflanel*** **0.3** ⟨vnl. BE; inf.⟩ ***mooi praatje*** ⇒*onzin, smoesjes, vleierij;*

III ⟨mv.; ~s⟩ **0.1** ***flanellen kleding*** ⇒*sportkleding, lange witte sportpantalon, cricketpantalon* ◆ **1.1** a pair of ~s *een witte flanellen (sport / cricket)pantalon.*

flannel[2] ⟨bn., attr.⟩ **0.1** ***flanellen*** ⇒*van flanel.*

flannel[3] ⟨ov.ww.; →ww. 7⟩ **0.1** ***poetsen / wassen / schoonmaken met een flanellen doekje / washandje / dweil*** **0.2** ***in flanel wikkelen*** **0.3** ⟨sl.⟩ ***stroop om de mond smeren*** ⇒*vleien* **0.4** ⟨vnl. BE; inf.⟩ ***zich ergens doorheen slaan met mooie praatjes.***

flan·nel·et(te) ['flænl'et]⟨n.-telb.zn.⟩ **0.1** ***katoenflanel.***

flan·nel·ly ['flænl·i]⟨bn.⟩ **0.1** ***flanelachtig*** ⇒*als / van flanel.*

flap[1] [flæp]⟨f2⟩⟨telb.zn.⟩ **0.1** ***tik*** ⇒*mep, klap, slag* **0.2** ⟨ben. voor⟩ ***breed, vlak en dun gedeelte v. iets dat afhangt*** ⇒*klep* ⟨v. enveloppe, pet, valdeur, jaszak⟩, *(neerslaand) blad, oor* ⟨v. tafel⟩, *(afhangende) rand* ⟨v. hoed⟩, *slip, pand* ⟨v. jas⟩, *kieuwdeksel, lel* **0.3** ***snelle beweging*** ⇒*geflapper, geklap* **0.4** ⟨lucht.⟩ ***vleugelklep*** ⇒*(evenwichts)klep, remklep* **0.5** ⟨inf.⟩ ***staat v. opwinding*** ⇒*paniek, consternatie* **0.6** ⟨AE; inf.⟩ ***fout*** ⇒*misslag, misstap* **0.7** ⟨AE; inf.; mil.⟩ ***luchtaanval*** ⇒*luchtalarm* **0.8** ***rel*** ⇒*opstootje; straatgevecht* ◆ **6.5** be **in** a ~ *in paniek / opgewonden zijn, ergens een drama v. maken;* get **into** a ~ *in paniek / opgewonden raken.*

flap[2] ⟨f2⟩⟨ww.; →ww. 7⟩

I ⟨onov.ww.⟩ **0.1** ***flapp(er)en*** ⇒*klapp(er)en, fladderen, spartelen* **0.2** ***vliegen*** **0.3** ***zich spitsen*** ⟨v. oren⟩ **0.4** ⟨inf.⟩ ***in paniek raken*** ⇒*opgewonden / in de war raken* ◆ **6.2** ~ **off** *wegvliegen;*

II ⟨ov.ww.⟩ **0.1** ***op en neer bewegen*** ⇒*flappe(re)n, slaan met* **0.2** ***klappen*** ⇒*slaan, meppen* **0.3** ***op en neer doen bewegen*** ⇒*doen flappe(re)n / slaan* **0.4** ⟨inf.⟩ ***neer / dichtklappen*** ◆ **5.2** ~ **away / off** flies *vliegen (weg)meppen.*

'flap·doo·dle ⟨n.-telb.zn.⟩⟨inf.⟩ **0.1** ***onzin*** ⇒*(ge)klets, larie(koek).*

'flap-eared ⟨bn.⟩ **0.1** ***met flaporen*** **0.2** ***met hangoren*** ⟨v. honden, enz.⟩.

'flap·jack ⟨telb.zn.⟩ **0.1** ***flensje*** ⇒*(stroperig) pannekoekje, drie-in-de-pan* **0.2** ***zoet haverkoekje*** **0.3** ***poederdoos(je).***

flap·per ['flæpə‖-ər]⟨telb.zn.⟩ **0.1** ***iets dat flapt / afhangt*** **0.2** ***vin*** ⇒*staart* ⟨v. schaaldier⟩ **0.3** ***vliegemepper*** ⇒*vliegeklap* **0.4** ***jonge wilde eend / patrijs*** **0.5** ⟨AE; sl.⟩ ***hand*** ⇒*jat, klauw* **0.6** ⟨vero.; sl.⟩ ***modieuze, vrijgevochten jonge vrouw*** ⟨uit jaren '20⟩.

'flap table ⟨telb.zn.⟩ **0.1** ***klaptafel.***

flare[1] [fleə‖fler]⟨f1⟩⟨zn.⟩

I ⟨telb.zn.⟩ **0.1** ***flakkerend licht*** ⇒*flakkering, flikkering, lichtflits* **0.2** ***opvlamming*** ⇒*gloed, het laaien* **0.3** ***opwelling*** ⟨v. woede, activiteit⟩ **0.4** ***signaalvlam*** ⇒*hellevlam, vuursignaal, seinvuur;* ⟨scheep.⟩ *lichtbaken, vuurbaak;* ⟨mil.⟩ *ernstvuurwerk* **0.5** ***zeeg*** ⟨v. schip⟩ ⇒*welving* **0.6** ⟨geen mv.⟩⟨ster.⟩ ***het (helder) opvlammen / flitsen*** ⟨v. ster⟩ **0.7** ⟨foto.⟩ ***lichtvlek;***

II ⟨n.-telb.zn.⟩ **0.1** ***het klokken*** ⇒*het welven, het uitwaaieren* ⟨v. rok, broekspijp, glas⟩;

III ⟨mv.; ~s⟩⟨inf.⟩ **0.1** ***broek met wijd uitlopende pijpen*** ◆ **1.1** a pair of ~ *een broek met wijd uitlopende pijpen.*

flare[2] ⟨f2⟩⟨ww.⟩ →flared

I ⟨onov.ww.⟩ **0.1** ***flakkeren*** ⇒*flikkeren, vlammen, schitteren, pinkelen* **0.2** ***opflakkeren*** ⇒*opvlammen, plotseling opkomen;* ⟨fig.⟩ *opstuiven* **0.3** ***een zeeg hebben*** ⇒*zich welven* ⟨v. schip⟩ **0.4** ***klokken*** ⇒*uitwaaieren* ⟨v. rok, broek, glas⟩ **0.5** ***zich opensperren*** ⟨v. neusgaten⟩ ◆ **5.1** ~ **away** *(staan te) flakkeren / vlammen;* ~ **out** *(plotseling) flakkeren / vlammen* **5.2** ⟨fig.⟩ ~ **out / up** *opstuiven, uitbarsten (in activiteit);* ~ **up** *opflakkeren* ⟨ook fig.⟩; *woest worden;*

II ⟨ov.ww.⟩ **0.1** ***doen flakkeren*** ⇒*doen flikkeren / vlammen / schitteren* **0.2** ***met vuursignalen (over)seinen*** **0.3** ***opensperren*** **0.4** ⟨ook ~ off⟩ ***affakkelen*** ⟨gas⟩ ◆ **1.3** with ~d nostrils *met (open)gesperde neusgaten* ⟨bv. v. woede⟩.

flared [fleəd‖flerd]⟨f1⟩⟨bn., attr.; oorspr. volt. deelw. v. flare⟩ **0.1** ***klokkend*** ⇒*wijd uitlopend, welvend* ⟨v. rok, broekspijp⟩.

'flare-path ⟨telb.zn.⟩⟨lucht.⟩ **0.1** ***verlichte landings / startstrip*** ⇒⟨vero.⟩ *verlichte landings / startbaan.*

'flare·stack ⟨telb.zn.⟩ **0.1** ***fakkel*** ⟨bij oliewinning e.d.⟩.

'flare star ⟨telb.zn.⟩⟨ster.⟩ **0.1** ***vlamster*** ⇒*flitsster.*

'flare-up ⟨f1⟩⟨telb.zn.⟩ **0.1** ***opflakkering*** ⇒*vlaag, uitbarsting, opflikkering, hevige ruzie.*

flash[1] [flæʃ]⟨f3⟩⟨zn.⟩

I ⟨telb.zn.⟩ **0.1** ***(licht)flits*** ⇒*(op)flakkering, vlam, (op)flikkering, schicht* **0.2** ***lichtsein*** ⇒*vlagsein* **0.3** ***oogopslag*** ⇒*(oog)wenk, korte tijd, flits* **0.4** ***flits(licht)*** ⇒*flitsapparaat* **0.5** ***kort (nieuws)bericht*** ⇒*nieuwsflits* **0.6** ***opwelling*** ⇒*plotselinge ingeving, inval, uitval* **0.7** ***(soort) sluis*** **0.8** ⟨film⟩ ***flash-back*** ⇒*(terug)blik* **0.9** ⟨sl.⟩ ***het openbaar uit de broek laten hangen*** ⇒*het potloodventen, het vaandelzwaaien* ⟨exhibitionisme⟩ **0.10** ⟨sl.⟩ ***snelle euforie*** ⟨door druggebruik⟩ **0.11** ⟨BE; mil.⟩ ***onderscheidingsteken*** ⇒*baton, (schouder)insigne* **0.12** ⟨AE; inf.⟩ ***niet constant persoon*** ⇒*gelegenheidsartiest* **0.13** ⟨AE; inf.⟩ ***lokkertje*** ◆ **1.1** ~es of lightning *bliksemschichten;* ~ in the pan *ketsschot, schampschot;* ⟨ong.⟩ *strovuur, fiasco, toevalstreffer, ééndagsvlieg* **1.6** a ~ of hope *een vleugje hoop;* a ~ of inspiration *een flits van inspiratie;* a ~ of wit *een geestige inval* **6.1** quick **as** a ~ *ad rem, snedig;* **in** a ~ *in een flits, in een wip;* **like** a ~ *(zo snel) als de bliksem, vliegensvlug, in een wip;*

II ⟨telb. en n.-telb.zn.⟩⟨tech.⟩ **0.1** ***giethoofd*** ⇒*gietrand, braam, naad;*

III ⟨n.-telb.zn.⟩ **0.1** ***het flitsen*** ⇒*flits(licht)* **0.2** ⟨inf.⟩ ***bargoens*** ⇒*dieventaal.*

flash[2] ⟨f1⟩⟨bn.⟩

I ⟨bn.⟩ **0.1** ***vals*** ⇒*vervalst, namaak* **0.2** ***als / in bargoens / dieventaal / slang*** **0.3** ***als / van dieven / landlopers*** **0.4** ⟨inf.⟩ ***opzichtig*** ⇒*poenig, fatt(er)ig* ◆ **1.1** ~ notes / money *valse bankjes / geld* **1.3** ~ language *bargoens, dieventaal;*

II ⟨bn., attr.⟩ **0.1** ***plotseling (opkomend)*** ⇒*vlug opkomend / stijgend* ◆ **1.1** ~ fire *plotselinge, korte, hevige brand;* ~ flood *plotselinge overstroming.*

flash[3] ⟨f3⟩⟨ww.⟩ →flashing

I ⟨onov.ww.⟩ **0.1** ***opvlammen*** ⇒*(plotseling) ontvlammen* ⟨ook fig.⟩ **0.2** ***plotseling opkomen*** ⇒*opeens / kortstondig zichtbaar / voelbaar worden* **0.3** ***flikkeren*** ⇒*flitsen, schitteren* ⟨v. juwelen, ogen⟩ **0.4** ***snel voorbijflitsen / langsflitsen*** ⇒*(voorbij)schieten, (voorbij)vliegen* **0.5** ***snel vloeien*** ⇒*snel stromen, snel opkomen / stijgen* ⟨v. water⟩ **0.6** ***seinen (met lichtflitsen)*** **0.7** ⟨sl.⟩ ***potloodventen*** ⇒*vaandelzwaaien* ⟨exhibitionisme⟩ **0.8** ⟨AE; sl.⟩ ***high zijn*** ◆ **1.1** a lighthouse ~ed *er flitste een vuurtorenlicht* **5.1** ~ **out / up** (at s.o.) *opvliegen (tegen iem.);* ⟨elek.⟩ ~ **over** *overslaan, een vonkbrug vormen* **5.2** →flash back **5.3** his brilliance ~es **out** *zijn talent springt in het oog* **5.4** time ~s **by** *de tijd vliegt;* ~ **past** *voorbijvliegen, voorbijflitsen* **6.1** ~ **in** the pan *ketsen, niet afgaan; een eenmalig succes behalen;* ~ **on** sth. *iets snel doorhebben; iets snel goed vinden / appreciëren* **6.2** ~ **into** view / sight *plotseling in het gezichtsveld verschijnen;* ~ **into** one's mind *plotseling in de gedachten opkomen* **6.4** a meteor ~ed **across** the sky *er flitste een meteoor langs de hemel;* an idea ~ed **across / through** his mind *er schoot hem een idee te binnen;*

II ⟨ov.ww.⟩ **0.1** ***(doen) flitsen*** ⇒*(doen) flikkeren / schitteren / blinken / vlammen* **0.2** ***(over)seinen*** ⇒*(met lichtsignalen) doorgeven, overbrengen* **0.3** ***plotseling / opvallend laten zien*** ⇒*pronken met, zwaaien met, te koop lopen met, geuren met* ⟨juwelen⟩ **0.4** ***plotseling met water vullen*** **0.5** ***van een beschermlaag voorzien*** ◆ **1.1** his face ~ed hatred *uit zijn gezicht sprak haat;* ~ the headlights (of a car) *met de koplampen flitsen / seinen;* ~ a torch in s.o.'s face *met een zaklantaarn in iemands gezicht schijnen* **5.3** ~ money **around** *te koop lopen met zijn geld* **6.1** ~ a look **at** s.o. *een blik op iem. werpen;* ~ a smile **at** s.o. *even naar iem. lachen* **6.3** ~ a bank note **at** s.o. *iem. een bankbiljet onder de neus houden.*

'flash·back ⟨f1⟩⟨telb. en n.-telb.zn.⟩⟨film., lit.⟩ **0.1** ***flash-back*** ⇒*terugblik* ⟨ook junkieslang voor het terugkeren v.e. hallucinatie⟩.

'flash 'back ⟨f1⟩⟨onov.ww.⟩ **0.1** ***een flashback gebruiken / toepassen*** **0.2** ***in een flits terugdenken*** ⇒*teruggaan in de tijd* ◆ **6.2** his mind flashed back **to** the accident *zijn gedachten gingen terug naar het ongeluk.*

'flash bulb ⟨telb.zn.⟩⟨foto.⟩ **0.1** ***flitslamp(je).***
'flash burn ⟨telb.zn.⟩ **0.1** ***brandwond*** ⟨vnl. door (atoom)straling⟩.
'flash card ⟨telb.zn.⟩ **0.1** ***(systeem)kaartje*** ⟨gebruikt bij het lesgeven⟩.
'flash-cook ⟨ov.ww.⟩ **0.1** ***in een snelkookpan bereiden/koken.***
'flash·cube ⟨telb.zn.⟩⟨foto.⟩ **0.1** ***flitsblokje.***
flash·er ['flæʃə‖-ər]⟨telb.zn.⟩ **0.1** ⟨ben. voor⟩ ***iets dat flitst*** ⇒*knipperlicht, flitslicht, flitser, flitssein* **0.2** ⟨sl.⟩ ***potloodventer*** ⇒*vaandelzwaaier* ⟨exhibitionist⟩ **0.3** ⟨elek.⟩ ***flasher*** ⟨schakelklok⟩.
'flash-'for·ward ⟨telb.zn.⟩⟨film., lit.⟩ **0.1** ***blik vooruit*** ⇒*voorafschaduwing, het op het verhaal vooruitlopen.*
'flash gun ⟨telb.zn.⟩⟨foto.⟩ **0.1** ***flitser*** ⇒*flitsapparaat.*
flash·ing ['flæʃɪŋ]⟨telb.zn.; oorspr. gerund v. flash⟩ **0.1** ***het doen ontstaan v.e. waterstroming in een bekken*** **0.2** ⟨bouwk.⟩ ***voeglood/zink.***
'flashing light ⟨telb.zn.⟩ **0.1** ***knipperlicht.***
'flash lamp ⟨telb.zn.⟩⟨foto.⟩ **0.1** ***flitslamp(je).***
'flash·light ⟨f1⟩⟨telb.zn.⟩ **0.1** ***flitslicht*** ⇒*lichtflits, straallicht, vuurtorenlicht, signaallicht* **0.2** ⟨foto.⟩ ***flits(er)*** **0.3** ⟨vnl. AE⟩ ***zaklantaarn.***
'flash·o·ver ⟨telb.zn.⟩ **0.1** ⟨elek.⟩ ***vonkbrug*** **0.2** ***ontvlamming*** ⟨vnl. v. dampen⟩ ⇒*ontbranding.*
'flash point, 'flashing point ⟨telb.zn.⟩ **0.1** ***vlampunt*** ⇒*ontvlammingspunt;* ⟨fig.⟩ *breekpunt, kookpunt* ⟨moment waarop woede e.d. losbarst⟩.
flash·y ['flæʃi]⟨f1⟩⟨bn.; -er; -ly; -ness; →bijw. 3⟩ **0.1** ***opzichtig*** ⇒*poenig, opvallend.*
flask [flɑ:sk‖flæsk]⟨f2⟩⟨telb.zn.⟩ **0.1** ***fles*** ⇒*flacon;* ⟨schei.⟩ *erlenmeyer, kolf; mandfles* ⟨wijn⟩ **0.2** ***veldfles*** ⇒*heupfles* **0.3** ***thermosfles*** **0.4** ⟨gesch.⟩ ***kruithoorn.***
flat[1] [flæt]⟨f3⟩⟨zn.⟩
I ⟨telb.zn.⟩ **0.1** ***plat(je)*** ⇒*terras, plat dak* **0.2** ⟨vnl. mv.⟩⟨ben. voor⟩ ***vlakte*** ⇒*vlak land, laagland, vlak terrein, wad, moeras, ondiepte, zandbank, kwelder, schor* **0.3** ***flat*** ⇒*etage, appartement* **0.4** ***platte kant*** ⇒*vlak, hand(palm)* **0.5** ***lage/platte goederenwagon*** **0.6** ***zaaibak/pan/kistje*** **0.7** ***platboomd vaartuig*** ⇒*aak, praam, vlet* **0.8** ⟨paardesport⟩ ***vlakkebaanren*** **0.9** ***platte mand*** **0.10** ***hoed met brede rand*** **0.11** ⟨vnl. AE⟩ ***lekke band*** **0.12** ⟨dram.⟩ ***decorvlak/stuk*** **0.13** ⟨muz.⟩ ***mol(teken)*** ⇒⟨B.⟩ *bémolteken* **0.14** ⟨sl.⟩ ***sul*** ⇒*sukkel* **0.15** ⟨vero.⟩ ***verdieping*** ◆ **1.3** ⟨BE⟩ a block of ~s *een flatgebouw* **1.4** the ~ of the hand *de handpalm, de vlakke hand;* the ~ of a sword *de vlakke/platte kant v.e. zwaard* **2.2** (the) salt ~s *(het) vlakke land bij de zee;* ⟨ong.⟩ *schorren, kwelders* **3.12** ⟨fig.⟩ join the ~s *ergens een samenhangend geheel van maken* **6.2** **on** the ~ *op vlak terrein, op de vlakte* ⟨ook fig.⟩ **7.8** the ~ *het seizoen v.d. vlakkebaanrennen;*
II ⟨mv.; ~s⟩ **0.1** ***flats*** ⇒*flatjes* ⟨damesschoenen met platte hak⟩.
flat[2] ⟨f3⟩⟨bn.; flatter; -ness; →compar. 7⟩
I ⟨bn.⟩ **0.1** ***vlak*** ⇒*plat, horizontaal, effen, uitgestrekt* **0.2** ***laag*** ⇒*niet hoog, plat* ⟨ook v. voeten⟩ **0.3** ***zonder prik*** ⇒*zonder koolzuur,* ⟨B.⟩ *plat* ⟨water⟩, *verschaald* ⟨bier⟩ **0.4** ***effen*** ⇒*gelijkmatig, zonder reliëf, eentonig, saai* ⟨kleur, verf⟩ **0.5** ***leeg*** ⇒*plat* ⟨band, batterij⟩ **0.6** ⟨ec.⟩ ***flauw*** ⇒*gedrukt* ⟨markt⟩ **0.7** ⟨hand.⟩ ***vast*** ⟨loon, tarief⟩ **0.8** ⟨AE; inf.⟩ ***blut*** ⇒*zonder centen* ◆ **1.1** ⟨bouwk.⟩ ~ arch *strekse boog, strek, hanekam;* ~ foot *platvoet;* ⟨lucht.⟩ ~ spin *vlakke spin/tolvlucht, vlakke vrille* **1.2** ~ hat *lage hoed* **1.¶** be in/go into a ~ spin *in de war/opgewonden/van de kaart zijn/raken;*
II ⟨bn., attr.⟩ **0.1** ***bot*** ⇒*vierkant, absoluut* ⟨ontkenning, weigering⟩, *compleet, volslagen* ⟨nonsens⟩;
III ⟨bn., pred.⟩ **0.1** ***saai*** ⇒*oninteressant, mat, eentonig; smaakloos, flauw* ⟨eten⟩ **0.2** ⟨muz.⟩ ***te laag*** ⇒*vals, te laag geïntoneerd* ◆ **3.1** fall ~ *mislukken, niet inslaan, geen resultaat boeken* **3.¶** ⟨inf.⟩ that's ~! *en daarmee uit!, en daarmee basta!;*
IV ⟨bn., attr., bn., post.⟩⟨inf.⟩ **0.1** ***rond*** ⇒*op de kop af, exact* ◆ **1.1** ten seconds ~ / a ~ ten seconds *op de kop af tien seconden;*
V ⟨bn., post.⟩⟨muz.⟩ **0.1** ***mol*** ⇒*mineur,* ⟨B.; vero.⟩ *bémol* ◆ **1.1** B/ti/si ~ *bes (grote terts), B mol;* ⟨B.⟩ *si (bé)mol* **4.1** ⟨scherts.⟩ in nothing ~ *in een mum v. tijd, in een vloek en een zucht.*
flat[3] ⟨ww.; →ww. 7⟩
I ⟨onov.ww.⟩⟨AE; muz.⟩ **0.1** ***detoneren*** ⇒*te laag/vals zingen;*
II ⟨ov.ww.⟩ **0.1** ***vlak maken*** ⇒*pletten, afplatten* **0.2** ⟨muz.⟩ ***een halve toon verlagen*** ⇒*een halve toon lager transponeren/zingen.*
flat[4] ⟨f1⟩⟨bw.⟩ **0.1** ***plat*** ⇒*vlak, uitgestrekt* **0.2** ⟨inf.⟩ ***helemaal*** **0.3** ⟨inf.⟩ ***botweg*** ⇒*ronduit, kordaat* **0.4** ⟨muz.⟩ ***(een halve toon) lager*** ⇒*te laag* **0.5** ⟨hand.⟩ ***zonder rente*** ◆ **3.1** knock s.o. ~ *iem. tegen de grond slaan* **3.2** ~ broke *helemaal platzak, aan de grond* **3.3** tell s.o. sth. ~ *iem. botweg iets zeggen* **5.2** ~ **out** (op) *volle kracht, met alle kracht* ⟨vooruitgaan, werken⟩; *ronduit, botweg, recht in 't gezicht* ⟨spreken, zeggen⟩; *uitgeput* ⟨liggen, zijn⟩.
'flatbed ⟨telb.zn.⟩ **0.1** ***dieplader*** ⟨vrachtauto⟩.

'flat·boat ⟨telb.zn.⟩⟨scheep.⟩ **0.1** ***platboomd vaartuig*** ⇒*platbodem, praam, aak, vlet.*
'flat-'bot·tomed ⟨f1⟩⟨bn.⟩⟨scheep.⟩ **0.1** ***platboomd.***
'flat-cap ⟨zn.⟩
I ⟨telb.zn.⟩ **0.1** →cloth cap;
II ⟨n.-telb.zn.⟩ **0.1** ***flat-cap*** ⟨Engels papierformaat, 35 × 43 cm⟩ ⇒⟨ong.⟩ *schrijfformaat.*
'flat·car ⟨telb.zn.⟩⟨AE⟩ **0.1** ***lage/platte goederenwagon.***
'flat-'earth·er ⟨telb.zn.⟩ **0.1** ***iem. die gelooft dat de aarde plat is.***
'flat·fish ⟨telb.zn.; ook flatfish; →mv. 4⟩⟨dierk.⟩ **0.1** ***platvis*** ⟨ordes Pleuronectiformes en Heterosomata⟩.
'flat·foot ⟨telb.zn.⟩ **0.1** ⟨inf.⟩ ***iem. met platvoeten*** **0.2** ⟨sl.; bel.⟩ ***smeris*** ⇒*bink, rus, kip,* ⟨B.⟩ *flik.*
'flat-'foot·ed ⟨bn.; -ly; -ness⟩ **0.1** ***platvoetig*** ⇒*met platvoeten* **0.2** ***stevig (op zijn poten) staand*** **0.3** ***onvoorbereid*** ⇒*onverwacht* **0.4** ***tam*** ⇒*onbezield, fantasieloos* **0.5** ⟨inf.⟩ ***bot*** ⇒*resoluut, vastberaden, kordaat.*
'flat·head[1] ⟨telb.zn.⟩ **0.1** ⟨dierk.⟩ ***haakneusslang*** ⟨genus Heterodon⟩ **0.2** ⟨sl.⟩ ***domoor*** ⇒*stommerd.*
flathead[2], **'flat-'head·ed** ⟨bn.⟩ **0.1** ***met platte kop*** ⟨spijker, enz.⟩.
'flat-i·ron ⟨telb.zn.⟩ **0.1** ***strijkijzer*** ⇒*strijkbout.*
flat·let ['flætlɪt]⟨telb.zn.⟩⟨BE⟩ **0.1** ***flatje*** ⇒*kleine flat/etage.*
flat·ly ['flætli]⟨f2⟩⟨bw.⟩ **0.1** ***uitdrukkingsloos*** ⇒*mat, dof* ⟨zeggen, spreken, enz.⟩ **0.2** ***botweg*** ⇒*kortaf, kordaat, ronduit, vastberaden* ⟨bv. weigeren⟩ **0.3** ***helemaal.***
'flat-'nosed ⟨bn.⟩ **0.1** ***met een platte neus.***
'flat race ⟨telb.zn.⟩⟨paardesport⟩ **0.1** ***vlakkebaanren*** ⟨tgo. hindernisren⟩.
'flat racing ⟨n.-telb.zn.⟩⟨paardesport⟩ **0.1** ***het vlakkebaanrennen.***
'flat rate ⟨f1⟩⟨telb.zn.⟩⟨hand.⟩ **0.1** ***uniform tarief*** ⇒*vast bedrag* ◆ **6.1** at/for a ~ *tegen een vast tarief.*
'flat-'rolled ⟨bn.⟩⟨tech.⟩ **0.1** ***platgewalst*** ◆ **1.1** ~ steel *platgewalst staal.*
'flat season ⟨telb.zn.; vnl. enk.; the⟩⟨paardesport⟩ **0.1** ***vlakkebaanrenseizoen.***
flat·ten ['flætn]⟨f2⟩⟨ww.⟩
I ⟨onov.ww.⟩ **0.1** ***plat(ter) worden*** ⇒*(meer) vlak/laag/effen worden* **0.2** ***verschalen*** ⟨v. bier⟩ **0.3** ***flauw worden*** ⇒*(meer) dof/mat/smaakloos/saai/eentonig worden* ◆ **5.1** ~ **out** *plat(ter) worden;* ⟨lucht.⟩ *horizontaal gaan liggen* ⟨v. vliegtuig⟩;
II ⟨ov.ww.⟩ **0.1** ***afplatten*** ⇒*pletten, effenen, afvlakken* **0.2** ***flauw(er) maken*** ⇒*(meer) dof/mat/smaakloos/saai maken* **0.3** ⟨muz.⟩ ***(een halve toon) lager zingen/spelen*** ⇒*verlagen* **0.4** ***vernederen*** ⇒*klein krijgen* **0.5** ⟨scheep.⟩ ***aanbrassen*** ◆ **5.1** ⟨scheep.⟩ ~ **in** *aanbrassen;* ~ **out** *pletten, afvlakken, afplatten, effenen;* ⟨lucht.⟩ *horizontaal trekken* ⟨vliegtuig⟩.
flat·ter[1] ['flætə‖'flæṭər]⟨telb.zn.⟩⟨tech.⟩ **0.1** ***plethamer*** ⇒*pletter* **0.2** ***soort treksteen*** ⟨voor plat draad⟩.
flatter[2] ⟨f2⟩⟨ww.⟩ →flattering
I ⟨onov.ww.⟩ **0.1** ***vleierij aanwenden;***
II ⟨ov.ww.⟩ **0.1** ***vleien*** **0.2** ***strelen*** ⟨oren, ogen⟩ **0.3** ***flatteren*** ⇒*mooier/beter maken/afschilderen* ◆ **1.3** the portrait ~s him *het portret is geflatteerd* **4.1** ~ o.s. *zich vleien, zichzelf te hoog aanslaan;* ~ o.s (that) one can do sth. *zich vleien dat men iets kan* **6.1** ~ s.o. **about/on** sth. *iem. vleien met lof over iets;* ~ s.o. **into** (doing) sth. *iem. door vleierij tot iets brengen;* ~ s.o. **out of** sth. *iem. iets afvleien, iem. om iets vleien.*
flat·ter·er ['flæt(ə)rə‖'flæṭərər]⟨f1⟩⟨telb.zn.⟩ **0.1** ***vleier.***
flat·ter·ing ['flæt(ə)rɪŋ‖'flæṭərɪŋ]⟨f2⟩⟨bn.; teg. deelw. v. flatter⟩ **0.1** ***vleiend*** ⇒*flatteus* **0.2** ***geflatteerd*** ⇒*flatteus* **0.3** ***strelend*** ◆ **1.1** a ~ description *een geflatteerde beschrijving.*
flat·ter·y ['flæt(ə)ri‖'flæṭəri]⟨f1⟩⟨zn.; →mv. 2⟩⟨→sprw. 333⟩
I ⟨telb.zn.⟩ **0.1** ***vleierij;***
II ⟨n.-telb.zn.⟩ **0.1** ***gevlei*** ⇒*vleitaal, vleiende woorden.*
flat·tie ['flæṭi]⟨telb.zn.⟩⟨inf.⟩ **0.1** ***flat(je)*** ⟨schoen met platte hak⟩ **0.2** ***platboomd vaartuig*** ⇒*aak, praam, vlet* **0.3** ***smeris*** ⇒*(politie)agent.*
'flatting hammer ⟨telb.zn.⟩⟨tech.⟩ **0.1** ***plethamer*** ⇒*vlak/bikkelhamer.*
'flatting mill ⟨telb.zn.⟩ **0.1** ***pletmolen.***
flat·tish ['flæṭɪʃ]⟨bn.⟩ **0.1** ***nogal/ietwat plat/vlak/effen/saai/eentonig.***
'flat·top ⟨telb.zn.⟩⟨AE; inf.⟩ **0.1** ***(Am.) vliegdekschip*** **0.2** ***crew cut*** ⇒*kortgeknipt kapsel.*
flat·u·lence ['flætjʊləns‖'flætʃə-], **flat·u·len·cy** [-lənsi]⟨f1⟩⟨telb. en n.-telb.zn.⟩ **0.1** ***flatulentie*** ⇒*winderigheid, opgeblazen gevoel, darmgassen;* ⟨fig.⟩ *hoogdravendheid, gewichtigheid.*
flat·u·lent ['flætjʊlənt‖'flætʃə-]⟨bn.; -ly⟩ **0.1** ***winderig*** ⇒*opblazend/opgeblazen;* ⟨fig.⟩ *snoevend, blufferig, gewichtig (doend), hoogdravend.*
fla·tus ['fleɪṭəs]⟨telb. en n.-telb.zn.⟩ **0.1** ***flatus*** ⇒*darmgas, wind.*

'flat·ware ⟨n.-telb.zn.⟩ ⟨AE⟩ **0.1** ***borden*** ⇒*tafelgerei, schotels* **0.2** ***bestek*** ⇒*tafelgerei* ⟨messen, vorken, lepels⟩.
flat·wise ['flætwaɪz], **flat·ways** [-weɪz] ⟨bw.⟩ **0.1** ***plat*** ⇒*vlak, met de vlakke/platte kant naar beneden/ertegen.*
'flat·worm ⟨telb.zn.⟩ **0.1** ***platworm.***
flaunt[1] [flɔ:nt‖flɔnt, flɑnt] ⟨telb. en n.-telb.zn.⟩ ⟨vero.⟩ **0.1** ***het pronken*** ⇒*gepraal, vertoon, pronkerij.*
flaunt[2] ⟨f1⟩ ⟨ww.⟩
I ⟨onov.ww.⟩ **0.1** ***(trots) wapperen*** ⇒*zwieren* ⟨v. vlag, vaandel⟩ **0.2** ***pronken*** ⇒*pralen;*
II ⟨ov.ww.; in bet. 0.2, 0.3 ook wederk. ww.⟩ **0.1** ***(trots) doen wapperen*** ⇒*vertonen, doen zwieren* ⟨vlag, vaandel⟩ **0.2** ***pronken met*** ⇒*pralen met, geuren met, uitstallen, ten toon spreiden* **0.3** ***doen opvallen*** ⇒*(zich) ostentatief uitdossen/gedragen* **0.4** →flout ◆ **4.2** ~ o.s. *paraderen* **4.3** ~ o.s. *pralen, pronken, geuren.*
flaunt·y ['flɔ:nti‖'flɔnṭi, 'flɑnṭi] ⟨bn.; -er; -ly; -ness; →bijw. 3⟩ **0.1** ***opzichtig*** ⇒*opvallend, pronkerig, pralend* **0.2** ***pronkziek*** ⇒*ijdel.*
flau·tist ['flɔ:tɪst], ⟨AE sp. vnl.⟩ **flu·tist** ['flu:ṭɪst] ⟨f1⟩ ⟨telb.zn.⟩ ⟨muz.⟩ **0.1** ***fluitist*** ⇒*fluitspeler.*
fla·ves·cent [flə'vesnt] ⟨bn.⟩ **0.1** ***geel wordend*** **0.2** ***geelachtig*** ⇒*gelig.*
fla·vin, fla·vine ['fleɪvɪn] ⟨n.-telb.zn.⟩ ⟨scheik.⟩ **0.1** ***flavon*** ⇒*quercitrine, gele kleurstof* **0.2** ***riboflavine*** **0.3** ***ontsmettingsmiddel afgeleid v. acridine.***
fla·vo·pro·tein ['fleɪvou'prouṭi:n] ⟨telb.zn.⟩ ⟨biol.⟩ **0.1** ***flavoproteïne.***
fla·vour[1], ⟨AE sp.⟩ **fla·vor** ['fleɪvə‖-ər] ⟨f2⟩ ⟨zn.⟩
I ⟨telb.zn.⟩ **0.1** ***aroma*** ⇒*smaak, geur,* ⟨fig.⟩ *tintje, vleugje, smaak(je)* **0.2** ***smaakstof*** ⇒*(kruiden)aroma, geur, aromatische stof* **0.3** ***het karakteristieke*** ⇒*het eigene, het typische* ◆ **1.1** a ~ of romance *een vleugje romantiek* **2.1** it has an unpleasant ~ *er zit een onaangename smaak aan;* ⟨fig.⟩ *er zit een luchtje aan;*
II ⟨n.-telb.zn.⟩ **0.1** ***smaak*** ⇒*geur, aroma* ◆ **1.¶** ~ of the month ⟨ong.⟩ *smaakmaker, spraakmakend onderwerp* **3.1** have little/much ~ *weinig/veel smaak hebben.*
flavour[2], ⟨AE sp.⟩ **flavor** ⟨f2⟩ ⟨ov.ww.⟩ →flavoured, flavouring **0.1** ***op smaak brengen*** ⇒*geur/smaak geven aan, smakelijk/geurig maken, kruiden* ◆ **6.1** ~ a cake **with** cinnamon *een cake met kaneel kruiden.*
fla·voured, ⟨AE sp.⟩ **fla·vored** ['fleɪvəd‖-vərd] ⟨f1⟩ ⟨bn.; oorspr. volt. deelw. v. flavour⟩ **0.1** ***gearomatiseerd*** ⇒*gekruid, met een smaak/geur v.* ◆ **5.1** highly ~ *sterk gekruid, met een sterk aroma.*
'flavour en'hancer ⟨telb.zn.⟩ **0.1** ***smaakverbeteraar.***
fla·vour·ful, ⟨AE sp.⟩ **fla·vor·ful** ['fleɪvəful‖-vər-] ⟨bn.; -ly⟩ **0.1** ***smakelijk*** ⇒*lekker, geurig, goed smakend/geurend, met veel aroma/kruiden.*
fla·vour·ing, ⟨AE sp.⟩ **fla·vor·ing** ['fleɪvrɪŋ] ⟨f1⟩ ⟨zn.; oorspr. gerund v. flavour⟩
I ⟨telb. en n.-telb.zn.⟩ **0.1** ***smaakstof*** ⇒*aroma, kruid(erij), specerijen;*
II ⟨n.-telb.zn.⟩ **0.1** ***het kruiden*** ⇒*het op smaak brengen, het geven v. e. smaak/geur.*
fla·vour·less, ⟨AE sp.⟩ **fla·vor·less** ['fleɪvələs‖-ərləs] ⟨bn.⟩ **0.1** ***smaakloos*** ⇒*geurloos, zonder smaak/geur.*
fla·vour·ous, ⟨AE sp.⟩ **fla·vor·ous** ['fleɪv(ə)rəs], **fla·vour·some,** ⟨AE sp.⟩ **fla·vor·some** ['fleɪvəsəm‖-ərsəm] ⟨bn.⟩ **0.1** ***smakelijk*** ⇒*geurig, lekker, goed smakend/geurend, met veel aroma/kruiden.*
flaw[1] [flɔ:] ⟨f2⟩ ⟨telb.zn.⟩ **0.1** ***barst(je)*** ⇒*breuk(je), scheur(tje)* **0.2** ***gebrek*** ⇒*fout, vlek, smet, zwakke plek* ⟨in juweel, steen, karakter, enz.⟩ **0.3** ⟨jur.⟩ ***nietigheid*** ⇒*vorm(fout)* ⟨in document, contract, enz.⟩ **0.4** ***windvlaag*** **0.5** ***storm/regenvlaag.***
flaw[2] ⟨ww.⟩
I ⟨onov.ww.⟩ **0.1** ***barsten*** ⇒*breken, scheuren* **0.2** ***lelijk worden;***
II ⟨ov.ww.⟩ **0.1** ***(doen) barsten*** ⇒*(doen) breken/scheuren* **0.2** ***ontsieren*** ⇒*bederven.*
flaw·less ['flɔ:ləs] ⟨f1⟩ ⟨bn.; -ly; -ness⟩ **0.1** ***gaaf*** ⇒*smetteloos, vlekkeloos, onberispelijk.*
flax [flæks] ⟨f1⟩ ⟨n.-telb.zn.⟩ **0.1** ***vlas*** ⟨plant, vezel⟩ ⟨Linum usitatissimum⟩ **0.2** ***op vlas lijkend gewas*** ⟨o. a. vlasleeuwebek⟩ **0.3** ***grijsgeel*** ⇒*grijsgele kleur* **0.4** ⟨vero.⟩ ***lijnwaad.***
'flax brake, 'flax·break, 'flax breaker ⟨telb.zn.⟩ ⟨ind.⟩ **0.1** ***vlasbraak/hamer.***
flax-bush →flax-lily.
'flax comb ⟨telb.zn.⟩ ⟨ind.⟩ **0.1** ***vlashekel/kam.***
'flax dodder ⟨telb.zn.⟩ ⟨plantk.⟩ **0.1** ***vlaswarkruid*** ⟨Cuscuta epilinum⟩.
flax·en ['flæksn] ⟨f1⟩ ⟨bn.⟩ **0.1** ***als/van vlas*** ⇒*vlasachtig, vlassig* **0.2** ***vlaskleurig*** ⇒*vlasblond, vlasachtig, lichtblond/geel* ◆ **1.2** ~ hair *vlashaar, vlasblond haar.*
'flax-lil·y ⟨telb.zn.⟩ ⟨plantk.⟩ **0.1** ***Nieuwzeelands vlas*** ⟨Phormium tenax⟩.
'flax·seed ⟨telb. en n.-telb.zn.⟩ **0.1** ***lijnzaad*** ⇒*vlaszaad.*
flax·y ['flæksi] ⟨bn.; -er; →compar. 7⟩ **0.1** ***vlasachtig*** ⇒*vlassig.*
flay [fleɪ] ⟨f1⟩ ⟨ov.ww.⟩ **0.1** ***villen*** ⇒*(af)stropen, ontvellen, afschaven, afsteken* **0.2** ***afranselen*** ⇒⟨fig.⟩ *hekelen, de les lezen* **0.3** ***plunderen*** ⇒*afzetten, villen.*
'F layer ⟨n.-telb.zn.⟩ ⟨nat.⟩ **0.1** ***F-laag*** ⇒*Appleton-laag, bovenste deel v.d. ionosfeer.*
flea [fli:] ⟨f2⟩ ⟨telb.zn.⟩ **0.1** ⟨dierk.⟩ ***vlo*** ⟨orde der Siphonaptera⟩ ⇒⟨bij uitbr. ook⟩ *watervlo; aardvlo* **0.2** ⟨sl.⟩ ***geitebreier*** ◆ **3.¶** go away/off with a ~ in his/her ear *v. e. koude kermis thuiskomen, er bekaaid af komen;* send s.o. away/off with a ~ in his/her ear *iem. met een standje/botte weigering afschepen.*
'flea-bag ⟨telb.zn.⟩ ⟨sl.⟩ **0.1** ***slaapzak*** ⇒*bed, matras, hangmat, brits* **0.2** ⟨vnl. AE⟩ ***goedkoop/vuil/goor hotel/bioscoop*** **0.3** ***luizebos*** ⇒*luiszak, stinkbeest.*
flea·bane ['fli:beɪn], **flea·wort** ['fli:wɜ:t‖-wɜrt] ⟨telb. en n.-telb.zn.⟩ ⟨plantk.⟩ **0.1** ***fijnstraal*** ⟨genus Erigeron⟩ **0.2** ***vlooienkruid*** ⟨genus Pulicaria⟩.
'flea-bee·tle ⟨telb.zn.⟩ ⟨dierk.⟩ **0.1** ***aardvlo*** ⟨genus Altica⟩.
'flea·bite ⟨f1⟩ ⟨telb.zn.⟩ **0.1** ***vlooiebeet*** ⇒⟨fig.⟩ *kleinigheid, speldeprik* **0.2** ***(kleur)spikkel*** ⟨in dierenvacht⟩ ⇒*rode/bruine/zwarte spikkel.*
'flea·bit·ten ⟨bn.⟩ **0.1** ***onder de vlooien/vlooiebeten (zittend)*** ⇒*door vlooien gebeten* **0.2** ***gespikkeld*** ⇒*roodgespikkeld, bruingespikkeld, zwartgespikkeld* ⟨dierenvacht, vnl. paard⟩ **0.3** ⟨inf.⟩ ***sjofel*** ⇒*armoedig.*
'flea-bug ⟨telb.zn.⟩ ⟨AE; dierk.⟩ **0.1** ***aardvlo*** ⟨genus Altica⟩.
'flea-cir·cus ⟨telb.zn.⟩ **0.1** ***vlooientheater.***
'flea collar ⟨telb.zn.⟩ **0.1** ***vlooienband.***
'flea-dock ⟨telb. en n.-telb.zn.⟩ ⟨plantk.⟩ **0.1** ***groot hoefblad*** ⟨Petasites hybridus⟩.
'flea-louse ⟨telb.zn.⟩ ⟨dierk.⟩ **0.1** ***bladvlo*** ⟨fam. der Psyllidae⟩.
fleam [fli:m] ⟨telb.zn.⟩ ⟨veeartsenij⟩ **0.1** ***laatmes*** ⇒*lancet, vlijm.*
'flea market ⟨f1⟩ ⟨telb.zn.⟩ ⟨scherts.⟩ **0.1** ***vlooienmarkt*** ⇒*rommelmarkt.*
'flea-pit ⟨f1⟩ ⟨telb.zn.⟩ ⟨sl.⟩ **0.1** ***gore/goedkope/vuile bioscoop/schouwburg.***
fleawort →fleabane.
flèche [fleɪʃ, fleʃ] ⟨telb.zn.⟩ ⟨bouwk.⟩ **0.1** ***dakruiter*** ⇒*kleine kerktoren.*
fleck[1] [flek] ⟨f1⟩ ⟨telb.zn.⟩ **0.1** ⟨ben. voor⟩ ***vlek(je)*** ⇒*sproet(je), plek(je), spikkel(tje), spatje, vlekje, plekje* **0.2** ***deeltje*** ◆ **1.2** a ~ of dust *een stofje.*
fleck[2] ⟨f1⟩ ⟨ov.ww.⟩ **0.1** ***(be)spikkelen*** ⇒*vlekken, stippen* **0.2** ***afwisseling brengen in*** ◆ **6.1** the ground was ~ed **with** leaves *de grond lag bezaaid met bladeren.*
fleck·er ['flekə‖-ər] ⟨ov.ww.⟩ **0.1** ***(be)spikkelen*** ⇒*vlekken, stippen* **0.2** ***afwisseling brengen in*** **0.3** ***rondstrooien.***
flection →flexion.
fledge [fledʒ] ⟨ww.⟩ →fledged
I ⟨onov.ww.⟩ **0.1** ***veren krijgen*** **0.2** ***volwassen worden*** ⇒*zelfstandig worden* ◆ **6.2** ~ **into** *zich ontwikkelen tot;*
II ⟨ov.ww.⟩ **0.1** ***v. veren voorzien*** ⟨vogel, pijl⟩ ⇒*van een baard voorzien* ⟨pijl⟩ **0.2** ***(als) met veren bedekken*** **0.3** ***grootbrengen*** ⟨vogels⟩ ⇒*vliegvlug maken.*
fledged [fledʒd] ⟨bn.; oorspr. volt. deelw. v. fledge⟩ **0.1** ***(vlieg)vlug*** ⟨vogel⟩ ⇒*kunnende vliegen* **0.2** ***volwassen*** ⇒*rijp, volleerd, zelfstandig.*
fledg(e)·ling ['fledʒlɪŋ] ⟨f1⟩ ⟨telb.zn.⟩ **0.1** ***(vliegvlugge) jonge vogel*** ⇒*jonge vogel die pas kan vliegen;* ⟨fig.⟩ *aankomeling, beginner, beginneling, onervaren persoon, melkmuil.*
flee [fli:] ⟨f2⟩ ⟨onov. en ov.ww.; fled, fled [fled]⟩ **0.1** ***vlieden*** ⇒*(ont)vluchten, ontvlieden.*
fleece[1] [fli:s] ⟨f1⟩ ⟨telb. en n.-telb.zn.⟩ **0.1** ***(schaaps)vacht*** ⇒*(schape)vacht* **0.2** ⟨heraldiek⟩ ***ramsvacht*** **0.3** ***vlies*** ⟨afgeschoren, samenhangende wollaag⟩ **0.4** ***(dikke) haardos*** ⟨als een schapevacht⟩ **0.5** ***schapewolkje(s)*** ⇒*schaapswolkje(s)* **0.6** ***vlokkige sneeuwval*** **0.7** ***(dikke) voering.***
fleece[2] ⟨ov.ww.⟩ **0.1** ***scheren*** ⟨schaap⟩ **0.2** ⟨inf.⟩ ***afzetten*** ⇒*het vel afstropen, plukken, het vel over de oren halen/trekken* ⟨persoon⟩ **0.3** ***(als)met een vacht bedekken*** ◆ **6.2** ~ s.o. **of** his money *iem. afzetten* **6.3** the sky was ~d **with** clouds *de lucht was met schapewolkjes bedekt.*
'fleece wool ⟨n.-telb.zn.⟩ **0.1** ***vlies*** ⟨afgeschoren, samenhangende wollaag⟩.
flee·y ['fli:si] ⟨bn.; -er; →compar. 7⟩ **0.1** ***wollig*** ⇒*wolachtig, vlokkig, schape-* ◆ **1.1** ~ clouds *schapewolkjes;* a ~ sky *een lucht vol schapewolkjes.*
fleer[1] [flɪə‖flɪr] ⟨telb.zn.⟩ **0.1** ***spotlach*** ⇒*spot, spotternij, hoonlach.*
fleer[2] ⟨ww.⟩
I ⟨onov.ww.⟩ **0.1** ***spotten*** ⇒*honend/smadelijk/spottend lachen;*
II ⟨ov.ww.⟩ **0.1** ***bespotten*** ⇒*honend/smadelijk/spottend uitlachen, honen.*

fleet[1] [fli:t]⟨f3⟩⟨zn.⟩
I ⟨eig.n.; F-; the⟩ **0.1** ***Fleet*** ⟨rivier(tje) in Londen, nu riool⟩ **0.2** ⟨gesch.⟩ ***Fleet gevangenis*** ⟨in Londen⟩;
II ⟨telb.zn.⟩ **0.1** ***vloot*** ⇒*marine, luchtvloot* **0.2** ***schare*** ⇒*verzameling, zwerm, groep* **0.3** ⟨BE; gew.⟩ ***kreek*** ⇒*inham* ◆ **1.2** a ~ of buses / lorries / taxis *bussen / vrachtwagens / taxi's (die aan één eigenaar toebehoren);* a ~ of cars / taxis *een wagen / autopark.*
fleet[2] ⟨bn.; in bet. 0.1 en 0.2 -ly; -ness⟩ **0.1** ⟨schr.⟩ ***rap*** ⇒*gezwind, snel, vlug* **0.2** ⟨schr.⟩ ***vergankelijk*** **0.3** ⟨BE; gew.⟩ ***ondiep*** ⟨water⟩ ◆ **1.1** ~ of foot *snelvoetig.*
fleet[3] ⟨ww.⟩ →fleeting
I ⟨onov.ww.⟩ **0.1** ***vlieden*** ⇒*voorbij / heensnellen, voorbijgaan, vliegen, verdwijnen* **0.2** ⟨vero.⟩ ***vlieten*** ⇒*stromen, vloeien* **0.3** ⟨BE; gew.⟩ ***drijven;***
II ⟨ov.ww.⟩ **0.1** ⟨vero.⟩ ***verdrijven*** ⇒*voorbij doen gaan* ⟨tijd⟩ **0.2** ⟨scheep.⟩ ***verplaatsen*** ⇒*verleggen.*
'Fleet 'Admiral ⟨telb.zn.⟩⟨AE⟩ **0.1** ***(opper)admiraal.***
'Fleet 'Air Arm ⟨eig.n.⟩⟨gesch.⟩ **0.1** ***Fleet Air Arm*** ⟨Britse Marineluchtvaartdienst⟩.
fleet·er ['fli:tə‖'fli:ṭər]⟨telb.zn.⟩ **0.1** ***vissersschip*** ◆ **7.¶** ⟨gesch.⟩ First Fleeter *balling die met de eerste vloot veroordeelden in Australië aankwam* ⟨1788⟩.
'fleet'foot·ed ⟨bn.⟩ **0.1** ***snelvoetig*** ⇒⟨fig.⟩ *snel, dynamisch.*
fleet·ing ['fli:ṭɪŋ]⟨f2⟩⟨bn.; oorspr. teg. deelw. v. fleet; -ly⟩ **0.1** ***vluchtig*** ⇒*snel voorbijgaand, vergankelijk* **0.2** ***kortstondig*** ⇒*vluchtig, vlug* ◆ **1.1** a ~ glance *een vluchtige blik;* a ~ visit *een bliksembezoek.*
'Fleet marriage ⟨telb.zn.⟩⟨gesch.⟩ **0.1** ***Fleethuwelijk*** ⟨gesloten door een dominee met een slechte reputatie in (de omgeving v.) de Fleet gevangenis⟩.
'Fleet parson ⟨telb.zn.⟩⟨gesch.⟩ **0.1** ***dominee met een slechte reputatie*** ⟨die Fleethuwelijken sloot⟩.
'Fleet Prison ⟨eig.n.⟩⟨gesch.⟩ **0.1** ***de Fleet gevangenis*** ⟨in Londen⟩.
'Fleet Street ⟨eig.n.⟩ **0.1** ***Fleet Street*** ⟨in Londen⟩ **0.2** ***de Londense pers*** **0.3** ***de macht / invloed v.d. pers.***
Flem·ing ['flemɪŋ]⟨f1⟩⟨telb.zn.⟩ **0.1** ***Vlaming.***
Flem·ish[1] ['flemɪʃ]⟨eig.n.⟩ **0.1** ***Vlaams*** ⇒*de Vlaamse taal.*
Flemish[2] ⟨f1⟩⟨bn.⟩ **0.1** ***Vlaams*** ⇒*(als) v. Vlaanderen / de Vlamingen / het Vlaams* ◆ **1.1** ⟨bouwk.⟩ ~ bond *Vlaams verband;* ~ brick *gele klinker* **4.1** the ~ *de Vlamingen.*
flench [flentʃ], **flense** [flens], **flinch** [flɪntʃ]⟨ov.ww.⟩ **0.1** ***flensen*** ⇒*het spek afsnijden* ⟨v. walvis, zeehond⟩ **0.2** ***villen*** ⟨zeehond⟩.
flesh[1] [fleʃ]⟨f3⟩⟨n.-telb.zn.⟩⟨→sprw. 625, 728⟩ **0.1** ***vlees*** ⇒⟨bijb.; the~⟩ *lichaam, mensheid, vleselijkheid* **0.2** ***vruchtvlees*** **0.3** ***huidkleur*** **0.4** ***vet*** **0.5** →flesh side ◆ **1.1** ~ and blood *de mens (heid), het lichaam, een mens(elijk wezen);* not a ghost but a ~ and blood man *geen spook maar een mens v. vlees en bloed, een levend mens;* one's own ~ and blood *je eigen vlees en bloed, je naaste verwanten / familie;* ~ and fell *met huid en haar;* the pleasures of the ~ *de vleselijke lusten;* sins of the ~ *onkuisheid* **3.1** lose ~ *mager worden;* make a person's ~ creep *iem. kippevel bezorgen, iem. de stuipen op het lijf jagen;* put on ~ *aankomen, dik(ker) worden* **3.¶** ⟨AE⟩ press (the) ~ *de hand drukken / schudden* **6.1** in the ~ *in levenden lijve; in leven;* he is **in** ~ *hij zit goed in zijn vlees* **7.1** all ~ *alle vlees, alle mensen;* one ~ *één vlees* ⟨Gen. 2:24⟩.
flesh[2] ⟨ww.⟩ →fleshings
I ⟨onov.ww.⟩ **0.1** ***aankomen*** ⇒*dik(ker) / vet(ter) worden* ◆ **5.1** ~ **out** *aankomen, dik(ker) / vet(ter) worden;* ⟨fig.⟩ *gewichtiger worden;*
II ⟨ov.ww.⟩ **0.1** ⟨jacht⟩ ***bloed laten ruiken / proeven*** ⟨(jacht) hond⟩ ⇒⟨fig.⟩ *ophitsen, aanvuren* **0.2** ⟨jacht⟩ ***vlees voeren*** ⟨jachthond, valk; als beloning / aanmoediging⟩ **0.3** ***inwijden (in het bloedvergieten)*** ⇒*gewennen (aan het jagen / doden)* **0.4** ***vetmesten*** ⇒*dikker / vetter doen worden* ⟨vee⟩ **0.5** ***opvullen*** **0.6** ***vlees raken*** ⟨met een wapen⟩ **0.7** ***(ont)vlezen*** ◆ **5.4** ~ **out** *dik(ker) / vet (ter) doen worden, vetmesten;* ⟨fig.⟩ *verder uitwerken, meer inhoud geven aan;* ⟨fig.⟩ ~ **out** general rules *algemene regels concretiseren / nader uitwerken.*
'flesh·brush ⟨telb.zn.⟩ **0.1** ***massageborstel.***
'flesh-col·our ⟨telb.zn.⟩ **0.1** ***vleeskleur.***
'flesh-col·oured ⟨bn.⟩ **0.1** ***vleeskleurig.***
flesh·er ['fleʃə‖-ər]⟨telb.zn.⟩ **0.1** ⟨Sch. E⟩ ***slager*** **0.2** ***vlezer*** ⟨arbeider die natte huiden ontvleest⟩ **0.3** ***gereedschap om te ontvlezen.***
'flesh fly ⟨telb.zn.⟩⟨dierk.⟩ **0.1** ⟨ben. voor⟩ ***aasvlieg*** ⇒*vleesvlieg, bromvlieg, (blauwe) vleesvlieg* ⟨Calliphora vicina⟩; *dambordvlieg, (grijze / grauwe) vleesvlieg* ⟨Sarcophaga carnaria⟩.
flesh·ings ['fleʃɪŋz]⟨mv.; enk. oorspr. gerund v. flesh⟩ **0.1** ⟨toneel, ballet⟩ ***vleeskleurig maillot / tricot*** **0.2** ***vleesrafels*** ⟨bij het ontvlezen losgekomen⟩.
flesh·ly ['fleʃli]⟨bn.; -er; -ness; →compar. 7⟩ **0.1** ***lichamelijk*** **0.2** ***vleselijk*** ⇒*lijfelijk, wellustig, zinnelijk, sensueel* **0.3** ***van alle vlees*** ⇒*sterfelijk, vergankelijk* **0.4** ***werelds*** ⇒*aards* **0.5** ***vlezig*** ⇒*dik, vet, mollig.*
'flesh·pot ⟨mv.; ~s⟩ **0.1** ***vleespotten (als) v. Egypte*** ⟨Ex. 16:3⟩ ⇒*vroegere tijden v. materiële welvaart* **0.2** ***luxueus restaurant / eethuis*** **0.3** ⟨sl.⟩ ***nachtclub*** ⇒*bordeel, stripteasetent* ⟨enz.⟩.
'flesh side ⟨n.-telb.zn.⟩ **0.1** ***vleeskant*** ⇒*binnenkant* ⟨v.e. huid⟩.
flesh-tights →fleshings.
'flesh tints ⟨mv.⟩ **0.1** ***vleeskleur*** ⇒*vleeskleurige tinten* ⟨verf⟩.
'flesh-wound ⟨f1⟩⟨telb.zn.⟩ **0.1** ***vleeswond.***
flesh·y ['fleʃi]⟨f1⟩⟨bn.; -er; -ness; →compar. 7⟩ **0.1** ***vlezig*** ⇒*als / van / uit vlees* **0.2** ***dik*** ⇒*vlezig, mollig, vet* **0.3** ***sappig*** ⇒*vlezig* ⟨fruit, plant⟩.
fletch [fletʃ]⟨ov.ww.⟩ →fletching **0.1** ***voorzien van veren / een baard*** ⟨pijl⟩.
fletch·er ['fletʃə‖-ər]⟨telb.zn.⟩ **0.1** ***pijlenmaker*** **0.2** ***pijlenverkoper.***
fletch·ing ['fletʃɪŋ]⟨telb.zn.; oorspr. gerund v. fletch; vaak mv.⟩ ⟨boogschieten⟩ **0.1** ***bevedering*** ⇒*veren* ⟨v. pijl⟩.
fleur-de-lis, fleur-de-lys ['flɜ:də'li:‖'flɜr-], ⟨vero.⟩ **flower-de-luce** ['flauə də 'lu:s‖'flauər-]⟨telb.zn.; fleurs-de-lis, fleurs-de-lys [-'li:(z)], flowers-de-luce; →mv. 6⟩ **0.1** ⟨wapenk.⟩ ***heraldische lelie*** ⇒⟨i.h.b.⟩ *Franse lelie,* ⟨enk. of mv.⟩ *Frans koninklijk wapen, (de) leliën* **0.2** ⟨plantk.⟩ ***lis(bloem)*** ⇒*iris* ⟨genus iris⟩.
fleur·y, flor·y ⟨bn.⟩⟨wapenk.⟩ **0.1** ***met heraldische lelies.***
flew ⟨verl. t.⟩ →fly.
flews [flu:z]⟨mv.⟩ **0.1** ***hanglippen*** ⟨v. bloedhond⟩.
flex[1] [fleks]⟨f1⟩⟨telb.zn.; →mv. 2⟩⟨BE⟩ **0.1** ***(elektrisch) snoer.***
flex[2] ⟨f1⟩⟨ov.ww.⟩ **0.1** ***buigen*** ⇒*rekken, spannen, samentrekken.*
flex·i·bil·i·ty ['fleksɪ'bɪləṭi]⟨f2⟩⟨n.-telb.zn.⟩ **0.1** ***buigzaamheid*** ⇒*buigbaarheid, soepelheid, flexibiliteit* **0.2** ***meegaandheid*** ⇒*plooibaarheid, gedweeheid, flexibiliteit, handelbaarheid.*
flex·i·ble ['fleksəbl]⟨f2⟩⟨bn.; -ly; -ness; →bijw. 3⟩ **0.1** ***buigzaam*** ⟨ook fig.⟩ ⇒*buigbaar, soepel, flexibel* **0.2** ***meegaand*** ⇒*plooibaar, gedwee, handelbaar* ◆ **1.1** ~ working hours *glijdende / variabele werktijd.*
flex·ile ['fleksaɪl‖'fleksl]⟨bn.⟩⟨vero.⟩ **0.1** ***buigzaam*** ⇒*beweeglijk, soepel* **0.2** ***meegaand*** ⇒*plooibaar.*
flex·ion, ⟨AE sp. ook⟩ **flec·tion** ['flekʃn]⟨telb.zn.⟩ **0.1** ***buiging*** ⇒*het gebogen zijn, kromming, bocht* **0.2** ⟨taalk.⟩ ***flexie*** ⇒*(ver)buiging of vervoeging.*
flex·ion·al ['flekʃnəl]⟨bn.⟩⟨taalk.⟩ **0.1** ***mbt. flexie*** ⇒*flexie-, verbuigings-, vervoegings-.*
flex·i·time ['fleksɪtaɪm], **flex·time** ['flekstaɪm]⟨n.-telb.zn.⟩ **0.1** ***glijdende / variabele werktijden / uren.***
flex·or ['fleksə‖-ər], **'flexor muscle** ⟨telb.zn.⟩⟨anat.⟩ **0.1** ***buigspier.***
flex·u·os·i·ty ['flekʃu'ɒsəti‖-'ɑsəṭi]⟨n.-telb.zn.⟩ **0.1** ***bochtigheid*** ⇒*kronkeligheid.*
flex·u·ous ['flekʃuəs], **flex·u·ose** [-ʃuous]⟨bn.; -ly⟩ **0.1** ***bochtig*** ⇒*kronkelig.*
flex·ur·al ['flekʃ(ə)rəl]⟨f1⟩⟨bn., attr.⟩ **0.1** ***buig(ings)-.***
flex·ure ['flekʃə‖-ər]⟨telb.zn.⟩ **0.1** ***buiging*** ⇒*het gebogen zijn, kromming, bocht.*
flib·ber·ti·gib·bet ['flɪbəti'dʒɪbɪt‖-bərṭi-]⟨telb.zn.⟩ **0.1** ***domme gans*** ⇒*warhoofd, kip zonder kop.*
flic-flac ['flɪkflæk]⟨telb.zn.⟩⟨gymnastiek⟩ **0.1** ***flick-flack*** ⇒*handstandoverslag achterover.*
flick[1] [flɪk]⟨f1⟩⟨zn.⟩
I ⟨telb.zn.⟩ **0.1** ***tik*** ⇒*mep, slag, tikje* ⟨tegen bal⟩ **0.2** ***ruk*** ⇒*schok* **0.3** ***knip*** ⇒*knippend geluid* **0.4** ***scheutje*** ⇒*spatje, drupje* **0.5** ⟨inf.⟩ ***film*** ⇒*bioscoopfilm* **0.6** ⟨hockey⟩ ***slingerslag*** ◆ **1.2** a ~ of the wrist *een snelle polsbeweging;*
II ⟨mv.; ~s; the⟩⟨inf.⟩ **0.1** ***bios*** ⇒*film, filmvoorstelling, bioscoop (voorstelling).*
flick[2] ⟨f2⟩⟨ww.⟩
I ⟨onov.ww.⟩ **0.1** ***trillen*** ⇒*schudden, (snel) heen en weer bewegen / schieten* ◆ **6.¶** ~ **through** a newspaper *een krant doorbladeren / doorkijken / (even) doornemen;*
II ⟨ov.ww.⟩ **0.1** ***even aanraken*** ⇒*(aan / weg)tikken, meppen, slaan, afschudden* ◆ **5.1** the horse ~ed the flies **away** with its tail *het paard joeg de vliegen weg met zijn staart;* ⟨voetbal⟩ ~ **on** *doorkoppen / tikken;* ~ **on** the TV *de t.v. aanzetten;* the frog ~ed **out** its tongue *de tong v.d. kikker schoot naar buiten* **6.1** ~ crumbs **from / off** the table-cloth *kruimels van het tafelkleed vegen.*
flick·er[1] ['flɪkə‖-ər]⟨telb.zn.⟩ **0.1** ***trilling*** ⇒*(op)flikkering* **0.2** ***sprankje*** ⇒*vleugje, straaltje* **0.3** ***flikkerend licht*** **0.4** ⟨dierk.⟩ ***ivoorsnavelspecht*** ⟨Campephilus colaptes⟩ **0.5** ⟨AE; sl.⟩ ***bedelaar die hongerflauwte voorwendt*** **0.6** ⟨AE; sl.⟩ ***film*** ⇒*bioscoopfilm* ◆ **1.2** a ~ of hope *een sprankje hoop;* without a ~ of interest *zonder enige / de minste interesse;* without a ~ of a smile *zonder zelfs maar een glimlach.*

flicker[2] ⟨f2⟩⟨ww.⟩
I ⟨onov.ww.⟩ **0.1** ***trillen*** ⇒*fladderen, wapperen, flakkeren, flikkeren* **0.2** ***heen en weer bewegen*** ⇒*heen en weer schieten* **0.3** ⟨AE; inf.⟩ ***flauwvallen*** ⇒*een voorgewende flauwte/appelflauwte krijgen* ◆ **1.¶** hope still ~ed within him *hij koesterde nog steeds hoop;*
II ⟨ov.ww.⟩ **0.1** ***doen trillen*** ⇒*doen fladderen/wapperen/flikkeren.*
'flick kick ⟨telb.zn.⟩⟨voetbal⟩ **0.1** ***tikje*** ⟨met de buitenkant voet⟩.
'flick knife ⟨telb.zn.⟩⟨BE⟩ **0.1** ***stiletto.***
'flick-on header ⟨telb.zn.⟩⟨voetbal⟩ **0.1** ***doorkopbal.***
flier →flyer.
flies [flaɪz]⟨f1⟩⟨mv.⟩⟨→sprw. 429⟩ **0.1** ***gulp*** **0.2** ⟨the⟩ ***toneeltoren*** ⇒*kap, rollenzolder.*
flight[1] [flaɪt]⟨f3⟩⟨zn.⟩
I ⟨telb. en n.-telb.zn.⟩ **0.1** ***vlucht*** ⇒*het vliegen, baan* ⟨v. projectiel, bal⟩, *het vluchten;* ⟨fig.⟩ *opwelling, uitbarsting* **0.2** ***zwerm*** ⇒*vlucht, troep, koppel* **0.3** ***trap*** **0.4** ***pijlstaart*** **0.5** ⟨mil.⟩ ***deel v.e. eskadron*** ⇒*peloton* ◆ **1.1** a ~ of imagination *ongebreidelde fantasie* **1.3** a ~ of stairs *een trap* **3.1** put to ~ *op de vlucht jagen;* take one's ~ *vliegen;* take (to) ~ *op de vlucht slaan, op de loop gaan* **6.1** a ~ **from** the dollar *een vlucht uit de dollar;* ~ **of** capital *kapitaalvlucht;* **in** ~ *vliegend, tijdens de vlucht* **7.1** ⟨BE⟩ she is in the ~ of *ze is één v./hoort bij de beste..., ze zit in de topklasse v.* **7.¶** in the first ~ *aan kop/de leiding;*
II ⟨n.-telb.zn.⟩ **0.1** ***het snel voorbijgaan*** ⇒*het vervliegen.*
flight[2] ⟨ww.⟩
I ⟨onov.ww.⟩ **0.1** ***in zwermen vliegen;***
II ⟨ov.ww.⟩ **0.1** ***afschieten (in de vlucht)*** **0.2** ***doen afbuigen*** ⟨cricketbal e.d.⟩ **0.3** ***van veren voorzien*** ⟨pijl e.d.⟩.
'flight at'tendant ⟨telb.zn.⟩ **0.1** ***steward(ess).***
'flight capital ⟨n.-telb.zn.⟩ **0.1** ***vluchtkapitaal.***
'flight control ⟨n.-telb.zn.⟩ **0.1** ***vluchtleiding.***
'flight deck ⟨telb.zn.⟩ **0.1** ***vliegdek*** **0.2** ***cockpit*** ⟨v. passagiersvliegtuig⟩.
'flight engi'neer ⟨telb.zn.⟩ **0.1** ***boordwerktuigkundige.***
'flight feather ⟨telb.zn.⟩ **0.1** ***slagpen*** ⇒*slagveer.*
flight·less ['flaɪtləs]⟨bn.⟩ **0.1** ***niet kunnende vliegen*** ◆ **1.1** ~birds *loopvogels.*
'flight lieu'tenant ⟨telb.zn.⟩⟨vaak F- L-⟩ **0.1** ***kapitein-vlieger.***
'flight officer ⟨telb.zn.⟩⟨vaak F- O-⟩ **0.1** ***kapitein bij de W.R.A.F.*** ⇒⟨ong.⟩ *kapitein LUVA* ⟨vrouwelijke luchtmachtkapitein⟩.
'flight path ⟨telb.zn.⟩ **0.1** ***vliegroute*** **0.2** ***baan*** ⟨v. satelliet⟩.
'flight recorder ⟨telb.zn.⟩ **0.1** ***vluchtrecorder*** ⇒*zwarte doos.*
'flight sergeant ⟨telb.zn.⟩ **0.1** ***sergeant-majoor-vlieger.***
'flight-test ⟨ov.ww.⟩ **0.1** ***proefvliegen*** ⇒*testvliegen.*
flight·y ['flaɪṭi]⟨f1⟩⟨bn.; -er; -ly; -ness; →bijw. 3⟩ **0.1** ***grillig*** ⇒*wispelturig, onberekenbaar* **0.2** ***getikt*** ⇒*gek, niet goed bij zijn/haar verstand.*
flim·flam[1] ['flɪmflæm]⟨n.-telb.zn.⟩ **0.1** ***kletspraat*** ⇒*nonsens, onzin* **0.2** ***bedrog*** ⇒*zwendel, verlakkerij.*
flimflam[2] ⟨ov.ww.; →ww. 7⟩ **0.1** ***bedonderen*** ⇒*bedriegen, bedotten.*
flim·sy[1] ['flɪmzi]⟨telb.zn.; →mv. 2⟩ **0.1** ***doorslagvel*** ⇒*doorslagpapier* **0.2** ***doorslag*** ⇒*duplicaat, kopie* **0.3** ***kopij*** ⇒*persbericht.*
flimsy[2] ⟨f1⟩⟨bn.; -er; -ly; -ness; →bijw. 3⟩ **0.1** ***broos*** ⇒*kwetsbaar, fragiel, dun* **0.2** ***onbenullig*** ⇒*onnozel, ondeugdelijk, oppervlakkig.*
flinch [flɪntʃ]⟨f1⟩⟨ww.⟩
I ⟨onov.ww.⟩ **0.1** ***terugwijken*** ⇒*achteruitdeinzen, ineenkrimpen, rillen* ⟨v. angst, pijn⟩ **0.2** ***terugdeinzen*** ⇒*versagen, terugschrikken* ◆ **6.1** **without** ~ing *zonder een spier te vertrekken* **6.2** not ~ **from** one's duty *zich niet onttrekken aan zijn plicht;*
II ⟨ov.ww.⟩ **0.1** →flench.
flin·ders ['flɪndəz‖-ərz]⟨mv.⟩ **0.1** ***brokstukken*** ⇒*flinters, splinters, stukjes.*
fling[1] [flɪŋ]⟨telb.zn.⟩ **0.1** ***worp*** ⇒*gooi, poging* **0.2** ***fling*** ⟨volksdans⟩ ⇒*dansfeestje, fuif, danspartijtje* **0.3** ***zwaai*** ⇒*slag, mep, ruk* **0.4** ***uitspatting*** ⇒⟨i.h.b.⟩ *korte, hevige affaire* **0.5** ***hatelijkheid*** ⇒*sarcastische/spottende opmerking* ◆ **3.¶** have one's/a ~ *uitspatten, boemelen, stappen, pierewaaien;* have a ~ (at) *het eens proberen, een poging wagen, een gooi doen (naar); uitvallen (tegen).*
fling[2] ⟨f3⟩⟨ww.; flung, flung [flʌŋ]⟩⟨→sprw. 200⟩
I ⟨onov.ww.⟩ **0.1** ***snel bewegen*** ⇒*wegrennen, wegstormen, (boos) weglopen/weggaan* **0.2** ***schoppen*** ⟨v. paard⟩ ◆ **5.1** ~ **away/off** in a rage *woedend weglopen* **5.2** the horse flung **out** *het paard trapte plotseling* **6.1** ~ **around** the house *door het huis (heen en weer) rennen;* ~ **from** the room *boos de kamer uitlopen;* ~ **out of** the house *boos weglopen van huis;*
II ⟨ov.ww.⟩ **0.1** ***gooien*** ⇒*weg/neer/open/eruitgooien, (af)werpen, (weg)smijten, uitspreiden* ◆ **5.1** ~good manners **away** *zich niets aantrekken van goede manieren;* ~ one's head **back** *zijn hoofd in de nek werpen;* ~ **down** a challenge *uitdagen;* ~ **off** one's clothes *uit zijn kleren schieten;* ~ **off** one's pursuers *zijn achtervolgers afschudden;* ~ **on** one's clothes *zijn kleren aanschieten;* ~ **up** one's hands/arms in horror *zijn handen/armen van afschuw/afgrijzen in de lucht gooien* **6.1** ~ troops **against/on** the enemy *troepen in het veld brengen/in de strijd werpen;* ~ an accusation **at** s.o. *iem. een beschuldiging naar het hoofd slingeren/iem. iets voor de voeten werpen;* ~ taunts **at** s.o. *iem. met hatelijkheden bestoken;* ~ the past **in** s.o.'s face/teeth *iem. fouten uit het verleden verwijten, met iemands verleden komen aandragen;* ~ the army **into** battle *het leger ten strijde laten trekken;* ~ o.s. **into** a chair *zich in een stoel laten vallen;* ~ s.o. **into** prison *iem. in de gevangenis gooien;* ~ o.s. **into** sth. *zich ergens op werpen;* ~ o.s. **on** s.o.'s compassion *een beroep doen op iemands medelijden;* ~ caution **to** the winds *alle voorzichtigheid laten varen.*
flint [flɪnt]⟨f2⟩⟨zn.⟩
I ⟨telb.zn.⟩ **0.1** ***stuk vuursteen*** **0.2** ***vuursteentje*** ◆ **1.1** set one's face like a ~ *een onverzettelijk gezicht trekken;* ~ and steel *vuurslag;*
II ⟨n.-telb.zn.⟩ **0.1** ***vuursteen*** **0.2** ***hardheid*** ⇒*onbuigzaamheid* ◆ **1.2** a heart of ~ *een hart v. graniet.*
'flint corn ⟨n.-telb.zn.⟩ **0.1** ***paardetandmais.***
'flint glass ⟨n.-telb.zn.⟩ **0.1** ***flintglas.***
'flint·lock ⟨telb.zn.⟩ **0.1** ***vuursteenslot*** **0.2** ***vuursteengeweer.***
flint·y ['flɪnṭi]⟨bn.; -er; -ly; -ness; →bijw. 3⟩ **0.1** ***vuursteenachtig*** **0.2** ***keihard*** ⇒*spijkerhard;* ⟨fig.⟩ *meedogenloos, wreed, ontoegeeflijk.*
flip[1] [flɪp]⟨f1⟩⟨telb.zn.⟩ **0.1** ***tik*** ⇒*mep, klap, (vinger)knip, ruk* **0.2** ***salto*** **0.3** ***uitstapje*** ⇒*reisje, tochtje* **0.4** ⟨inf.⟩ ***vliegreisje*** ⇒*vlucht* **0.5** ⟨AE; inf.⟩ ***gunst*** ⇒*genoegen, plezier, lol* **0.6** ⟨AE; inf.⟩ ***lachsucces*** ⇒*lacher, komisch nummer* **0.7** ⟨AE; inf.⟩ ***enthousiasteling*** ⇒*aanbidder, fan* **0.8** ⟨AE; bel.⟩ ***Filippijn*** **0.9** →eggnog.
flip[2] ⟨bn.; -ness⟩⟨inf.⟩ **0.1** ***glad*** ⇒*ongepast, brutaal.*
flip[3] ⟨f3⟩⟨ww.; →ww. 7⟩ →flipping
I ⟨onov.ww.⟩ **0.1** ***(vinger)knippen*** **0.2** ***schokkend bewegen*** ⇒*zwaaien* **0.3** ***klappen (met een zweep)*** ⇒*slaan, meppen* **0.4** ***een salto maken*** **0.5** ⟨sl.⟩ ***flippen*** ⇒*maf worden, door het dolle heen raken* **0.6** ⟨AE; sl.⟩ ***boos worden*** ⇒*door het lint gaan, flippen* ◆ **5.¶** ~ **back** *(snel) terugbladeren;* →flip **over** **8.5** they ~ped when they saw my new house *ze vonden mijn nieuwe huis helemaal te gek;*
II ⟨ov.ww.⟩ **0.1** ***wegtikken*** ⇒*wegknippen (met de vingers), wegschieten* **0.2** ***aantikken*** ⇒*(even) raken* **0.3** ***omdraaien*** **0.4** ⟨AE; inf.⟩ ***aan het lachen maken*** **0.5** ⟨AE; inf.⟩ ***overstelpen*** ⇒*platmaken, grote indruk maken* ◆ **1.1** ~ a coin *een muntstuk opgooien, tossen, kruis of munt gooien* **5.¶** →flip **over;** →flip **through.**
'flip-chart ⟨telb.zn.⟩ **0.1** ***flip-over*** ⇒*flap-over.*
'flip-flap[1] ⟨zn.⟩
I ⟨telb.zn.⟩ **0.1** ***(soort) draaimolen*** **0.2** ***salto;***
II ⟨n.-telb.zn.⟩ **0.1** ***geklepper*** ⇒*geklikklak.*
flip-flap[2] ⟨bw.⟩ **0.1** ***klepperend*** ⇒*klipklap.*
'flip-flop ⟨zn.⟩
I ⟨telb.zn.⟩ **0.1** ***(achterwaartse) salto*** ⇒*buiteling, radstandoverslag* **0.2** ⟨vnl. mv.⟩ ***(plastic/rubber) slipper*** ⇒*teenslipper, sandaal* **0.3** ⟨elek.⟩ ***wipschakeling*** ⇒*flipflop* **0.4** ⟨comp.⟩ ***flipflop*** ⟨bistabiele elektronische schakeling⟩ **0.5** ⟨AE⟩ ***koerswijziging*** ⇒*standpuntverandering, situatiewijziging;*
II ⟨n.-telb.zn.⟩ **0.1** ***geklepper*** ⇒*geklikklak.*
'flip 'over ⟨onov. en ov.ww.⟩ **0.1** ***omdraaien*** ⇒*kantelen* ◆ **1.1** ~ a pancake in the pan *een pannekoek in de pan omdraaien.*
flip·pan·cy ['flɪpənsi]⟨zn.; →mv. 2⟩
I ⟨telb.zn.⟩ **0.1** ***oneerbiedige/onserieuze opmerking*** ◆ **2.1** it was a mere ~ *het was eruit voor ik het wist;*
II ⟨n.-telb.zn.⟩ **0.1** ***oneerbiedigheid*** ⇒*luchthartigheid, spotternij.*
flip·pant ['flɪpənt]⟨f1⟩⟨bn.; -ly⟩ **0.1** ***oneerbiedig*** ⇒*luchthartig, spottend, niet ernstig.*
flip·per ['flɪpə‖-ər]⟨f1⟩⟨telb.zn.⟩ **0.1** ***vin*** ⇒*zwempoot* ⟨v. zeehond, zeeschildpad, enz.⟩ **0.2** ***zwemvlies*** ⟨v. kikvorsman⟩ **0.3** ⟨sl.⟩ ***poot*** ⇒*hand, arm* **0.4** ⟨AE; inf.⟩ ***katapult.***
flip·ping ['flɪpɪŋ]⟨bn., attr.; bw.; oorspr. teg. deelw. v. flip⟩⟨BE; sl.⟩ **0.1** ***verdomd*** ⇒*verdraaid, godvergeten.*
'flip side ⟨f1⟩⟨telb.zn.⟩ **0.1** ***B-kant (v. grammofoonplaat)*** ⇒*flipside;* ⟨fig.⟩ *keerzijde; minder bekend aspect.*
'flip 'through ⟨ov.ww.⟩ **0.1** ***doorbladeren*** ⇒*doorkijken, snel doorlezen.*
flirt[1] [flɜ:t‖flɜrt]⟨f1⟩⟨telb.zn.⟩ **0.1** ***flirt*** **0.2** ***ruk*** ⇒*schok, zwaai.*
flirt[2] ⟨f2⟩⟨ww.⟩
I ⟨onov.ww.⟩ **0.1** ***flirten*** ⇒*koketteren* **0.2** ***schokken*** ⇒*schudden, rukken, heen en weer schieten, fladderen* ◆ **6.1, 6.¶** →flirt **with;**
II ⟨ov.ww.⟩ **0.1** ***snel heen en weer bewegen*** ⇒*zwaaien, open en dicht doen* **0.2** ***wegschieten*** ⇒*opgooien* ◆ **1.1** the peacock ~s its tail *de pauw zet zijn staart op.*

flir·ta·tion [flɜː'teɪʃn‖flɜr-]⟨f1⟩⟨zn.⟩
I ⟨telb.zn.⟩ **0.1** ***flirt*** ⇒*flirtation* **0.2** ***kortstondige / vluchtige belangstelling*** **0.3** ***uitdaging*** ⇒*spel, flirt* ◆ **6.2** he had a ~ **with** linguistics *hij heeft zich korte tijd met de taalwetenschap beziggehouden* **6.3** a ~ **with** death *een spel met de dood;*
II ⟨n.-telb.zn.⟩ **0.1** ***het flirten*** ⇒*het koketteren.*
flir·ta·tious [flɜː'teɪʃəs‖flɜr-], **flirt·ish** ['flɜːtɪʃ‖'flɜrtɪʃ], **flirt·y** ['flɜːti‖'flɜrti]⟨f1⟩⟨bn.; -ly; -ness; 3e variant; →bijw. 3⟩ **0.1** ***geneigd tot flirten*** ⇒*flirtend, flirtziek.*
'flirt with ⟨onov.ww.⟩ **0.1** ***flirten met*** ⇒⟨fig.⟩ *spelen met, overwegen* **0.2** ***uitdagen*** ⇒*flirten met* ◆ **1.1** we ~ the idea of buying a new house *we spelen met de gedachte om een nieuw huis te kopen* **1.2** ~ danger *flirten met het gevaar, een gevaarlijk spel spelen.*
flit[1] [flɪt]⟨telb.zn.⟩ **0.1** ⟨BE; inf.⟩ ***snelle beweging*** **0.2** ⟨BE; inf.⟩ ***verhuizing*** **0.3** ⟨AE; sl.⟩ ***nicht*** ⇒*homo* ◆ **3.2** do a (moonlight) ~ *met de noorderzon vertrekken.*
flit[2] ⟨f1⟩⟨onov.ww.; →ww. 7⟩ **0.1** ***wegtrekken*** ⇒*vertrekken* **0.2** ⟨gew.⟩ ***verhuizen*** **0.3** ***snel heen en weer bewegen*** ⇒*zweven, fladderen, vliegen* ◆ **6.3** thoughts ~ted **through** his mind *gedachten schoten hem door het hoofd.*
flitch[1] [flɪtʃ]⟨telb.zn.; →mv. 2⟩ **0.1** ***zijdespek*** **0.2** ***snede*** ⇒*plak, tranche* **0.3** ***schaaldeel*** **0.4** →flitch plate ◆ **1.1** Dunmow ~ *zijde spek jaarlijks uitgereikt in Dunmow (G.B.) aan echtparen die (langdurig) in harmonie samenleven.*
flitch[2] ⟨ov.ww.⟩ **0.1** ***aan plakken snijden*** ⟨vis e.d.⟩ **0.2** ***in planken zagen*** ⟨ruw hout e.d.⟩.
'flitch beam ⟨telb.zn.⟩ **0.1** ***composietbalk.***
'flitch plate ⟨telb.zn.⟩ **0.1** ***(stalen) balkplaat.***
fliting →flyting.
flit·ter ['flɪtə‖'flɪtər]⟨onov.ww.⟩ **0.1** ***fladderen.***
'flit·ter·mouse ⟨telb.zn.⟩ **0.1** ***vleermuis.***
fliv·ver ['flɪvə‖-ər]⟨telb.zn.⟩⟨AE; sl.⟩ **0.1** ***rammelkast*** ⟨auto⟩ **0.2** ***(doods)kist*** ⟨vliegtuig⟩ **0.3** ***mislukking*** ⇒*flop.*
float[1] [flout]⟨f1⟩⟨telb.zn.⟩ **0.1** ***drijvend voorwerp*** ⇒*vlot, boei, redding(s)vest* **0.2** ***drijflichaam*** ⇒*drijver, vlotter* **0.3** ***schoep*** ⇒*schepbord* **0.4** ***kar*** ⇒*(praal)wagen, rijdend platform* **0.5** ***vijl (met enkele snede)*** **0.6** ***geldbedrag*** ⟨voor kleine, onverwachte uitgaven⟩ ⇒*contanten, kleingeld, kas* **0.7** ⟨ook ~s⟩ ***voetlicht*** **0.8** ⟨dierk.⟩ ***zwemblaas*** **0.9** ⟨amb.⟩ ***strijkbord*** ⟨v. stucadoor⟩.
float[2] ⟨f3⟩⟨ww.⟩ →floating
I ⟨onov.ww.⟩ **0.1** ***drijven*** ⇒*dobberen* **0.2** ***vlot komen*** ⟨v. schip⟩ **0.3** ***zweven*** **0.4** ***zwerven*** ⇒*zwalken, ronddolen* **0.5** ***wapperen*** ⟨v. vlag⟩ **0.6** ⟨AE; inf.⟩ ***lummelen*** ⇒*de lijn trekken* **0.7** ⟨AE; inf.⟩ ***in de wolken zijn*** ⇒*in de zevende hemel zijn, dolverliefd zijn* ◆ **5.¶** my pen must be ~ing **about / around** here somewhere *mijn pen moet hier ergens rondzwerven / liggen* **6.¶** the scene ~ed **before** my eye *het tafereel zweefde me voor de ogen, ik zag het tafereel (in gedachten) voor me;*
II ⟨ov.ww.⟩ **0.1** ***doen drijven*** **0.2** ***vlot maken*** ⟨schip, e.d.⟩ **0.3** ***doen zweven*** **0.4** ***onder water zetten*** ⇒*overstromen* **0.5** ***over water vervoeren*** **0.6** ***glad maken*** ⇒*gladstrijken* **0.7** ***in omloop brengen*** ⇒*voorstellen, opperen, rondvertellen, rondstrooien* **0.8** ⟨hand.⟩ ***uitgeven*** ⟨aandelen e.d.⟩ ⇒*emitteren, op de markt brengen* **0.9** ⟨hand.⟩ ***oprichten*** ⟨bv. bedrijf, door uitgifte v. aandelen⟩ **0.10** ⟨AE; inf.⟩ ***incasseren*** ⇒*verzilveren* **0.11** ⟨AE; inf.⟩ ***lenen*** ⇒*poffen* ◆ **1.3** ⟨ec.⟩ ~ the dollar *de dollar laten zweven* **1.7** ~ an idea *met een idee naar voren komen;* ~ a rumour *praatjes in de wereld brengen.*
float·a·ble ['floutəbl]⟨bn.⟩ **0.1** ***drijvend*** ⇒*dat / die kan drijven.*
floatage →flotage.
floatation →flotation.
'float·board ⟨telb.zn.⟩ **0.1** ***schoep*** ⇒*schepbord.*
float·er ['floutə‖'floutər]⟨telb.zn.⟩ **0.1** ***drijvend / zwevend voorwerp / persoon*** **0.2** ***zwerver*** **0.3** ***scharrelaar*** ⇒*iem. die steeds van werk verandert* **0.4** ***illegale kiezer*** ⟨die in meer dan één district stemt⟩ **0.5** ***zwevende kiezer*** **0.6** ⟨sl.⟩ ***flater*** ⇒*blunder* **0.7** ⟨BE; geldw.⟩ ***solide fonds*** **0.8** ⟨AE; verz.⟩ ***roerend goed-verzekering*** ⇒*kostbaarhedenverzekering, transportverzekering, reisbagageverzekering* **0.9** ⟨AE; inf.⟩ ***politiebevel*** ⟨om een stad te verlaten⟩ **0.10** ⟨AE; inf.⟩ ***onderhandse lening.***
'float glass ⟨n.-telb.zn.⟩ **0.1** ***floatglass.***
'float grass ⟨n.-telb.zn.⟩⟨plantk.⟩ **0.1** ***vlotgras*** ⟨Glyceria fluitans⟩.
float·ing ['floutɪŋ]⟨f2⟩⟨bn.; teg. deelw. v. float⟩ **0.1** ***drijvend*** **0.2** ***veranderlijk*** ⇒*variabel, wisselend, vlottend, zwevend, tijdelijk* **0.3** ⟨AE; sl.⟩ ***gelukzalig*** ⇒*boven Jan; bezopen, lam; high, stoned* ◆ **1.1** ~ anchor *drijfanker;* ~ bridge *pontonbrug, schipbrug, vlotbrug; kettingpont;* ~ dock *drijvend dok;* ⟨plantk.⟩ ~ grass *vlotgras* ⟨Glyceria fluitans⟩; ~ light *lichtschip; lichtboei* **1.2** ⟨hand.⟩ ~ capital *vlottend kapitaal;* ~ currency *zwevende valuta;* ⟨hand.⟩ ~ debt *vlottende schuld;* ⟨geldw.⟩ ~ exchange rate *vlottende wisselkoers;* ⟨geldw.⟩ floating-rate interest *vlottende rentevoet;* ~ kidney *wandelende nier;* ~ point *zwevend decimaalteken;* ~ rib *zwevende rib;* ~ vote *zwevende stemmen;* ~ voter *zwevende kiezer.*
'float·plane ⟨telb.zn.⟩ **0.1** ***watervliegtuig.***
'float process ⟨telb.zn.⟩ **0.1** ***floatglass methode*** ⟨glasfabricage met koeling boven vloeibaar tin⟩.
'float·stone ⟨n.-telb.zn.⟩⟨geol.⟩ **0.1** ***drijfsteen.***
floc [flɒk‖flɑk]⟨telb.zn.⟩ **0.1** ***vlok(je)*** ⇒*pluis(je).*
floc·cu·late ['flɒkjʊleɪt‖'flɑkjə-]⟨ww.⟩
I ⟨onov.ww.⟩ **0.1** ***uitvlokken*** ⇒*klonteren, pluizen, wollig / donzig worden;*
II ⟨ov.ww.⟩ **0.1** ***doen uitvlokken*** ⇒*doen klonteren, pluizig / wollig / donzig maken.*
floc·cu·la·tion ['flɒkjʊ'leɪʃn‖'flɑkjə-]⟨telb. en n.-telb.zn.⟩ **0.1** ***uitvlokking*** ⇒*pluis, wolligheid, vlokkigheid, donzigheid.*
floc·cule ['flɒkjuːl‖'flɑk-]⟨telb.zn.⟩ **0.1** ***vlokje*** ⇒*pluisje.*
floc·cu·lence ['flɒkjʊləns‖'flɑkjə-]⟨n.-telb.zn.⟩ **0.1** ***vlokkigheid*** ⇒*wollig / donzigheid.*
floc·cu·lent ['flɒkjʊlənt‖'flɑkjə-], **floc·cose** [-kous]⟨bn.; flocculently⟩ **0.1** ***vlokkig*** ⇒*wollig, donzig, pluizig.*
floc·cu·lus ['flɒkjʊləs‖'flɑkjə-]⟨telb.zn.; flocculi [-laɪ]; →mv. 5⟩ **0.1** ***vlokje*** **0.2** ⟨ster.⟩ ***zonnevlam*** ⇒*protuberantie* **0.3** ⟨anat.⟩ ***kleine hersenkwab.***
floc·cus ['flɒkəs‖'flɑ-]⟨telb.zn.; flocci [-kaɪ]; →mv. 5⟩ **0.1** ***(donzig) haarbosje*** ⇒*kuif.*
flock[1] [flɒk‖flɑk]⟨f2⟩⟨zn.⟩⟨→sprw. 199, 653⟩
I ⟨telb.zn.⟩ **0.1** ***bosje*** ⇒*vlokje, pluisje;*
II ⟨n.-telb.zn.⟩ **0.1** ***wolknipsel*** ⇒*kammeling;*
III ⟨verz.n.⟩ **0.1** ***troep*** ⇒*zwerm, vlucht, kudde* **0.2** ***kudde*** ⇒*(kerkelijke) gemeente* **0.3** ***menigte*** ⇒*schare* ◆ **1.1** ~s and herds *schapen en rundvee;*
IV ⟨mv.; ~s⟩ **0.1** ***beddevulsel*** **0.2** ⟨schei.⟩ ***vlokkige neerslag.***
flock[2] ⟨f2⟩⟨ww.⟩⟨→sprw. 58⟩
I ⟨onov.ww.⟩ **0.1** ***bijeenkomen*** ⇒*zich verzamelen, samenstromen* ◆ **1.1** people ~ed to the cities *men trok in grote groepen naar de steden* **5.1** the hotels couldn't cope with the tourists ~ing **in** *de hotels konden de toestromende toeristen niet aan;* ~ **together** *bijeenkomen* **6.1** large crowds ~ed **into** London to see the Cup Final *grote menigten trokken naar Londen om de bekerfinale te zien;*
II ⟨ov.ww.⟩ **0.1** ***vullen*** ⟨met kapok / beddevulsel⟩ **0.2** ***velouteren*** ◆ **1.2** ~ed paper *fluweelpapier, velouté-papier.*
'flock bed ⟨telb.zn.⟩ **0.1** ***kapokmatras.***
'flock·mas·ter ⟨telb.zn.⟩ **0.1** ***schapenhouder*** ⇒*schapenfokker.*
'flock mattress ⟨telb.zn.⟩ **0.1** ***kapokmatras.***
'flock paper ⟨telb. en n.-telb.zn.⟩ **0.1** ***fluweelpapier*** ⇒*velouté-papier.*
flock·y ['flɒki‖'flɑki]⟨bn.; -er; →compar. 7⟩ **0.1** ***vlokkig*** ⇒*pluizig, donzig.*
floe [flou]⟨f1⟩⟨telb.zn.⟩ **0.1** ***ijsschots*** ⇒*drijfijs.*
flog [flɒg‖flɑg]⟨f2⟩⟨ww.; →ww. 7⟩ →flogging
I ⟨onov.ww.⟩⟨sl.⟩ **0.1** ***(voort)ploeteren;***
II ⟨ov.ww.⟩ **0.1** ***slaan*** ⇒*afranselen, ervan langs / met de zweep geven, geselen* **0.2** ⟨sl.⟩ ***overtreffen*** ⇒*verslaan* **0.3** ⟨sl.⟩ ***verpatsen*** ⇒*aansmeren* **0.4** ⟨sl.⟩ ***jatten*** ⇒*gappen, pikken* ◆ **1.1** ⟨fig.⟩ ~ a river for fish *een rivier afhengelen* **6.1** ~ obedience **into** s.o. *bij iem. de gehoorzaamheid erin slaan;* ~ rebellion **out of** s.o. *bij iem. de opstandigheid eruit slaan.*
flog·ging ['flɒgɪŋ‖'flɑ-]⟨f1⟩⟨zn.; (oorspr.) gerund v. flog⟩
I ⟨telb.zn.⟩ **0.1** ***pak ransel*** ⇒*geseling;*
II ⟨n.-telb.zn.⟩ **0.1** ***het afranselen*** ⇒*het slaan, het geselen.*
flood[1] [flʌd]⟨f3⟩⟨telb.zn.⟩ **0.1** ***vloed*** **0.2** ***uitstorting*** ⇒*stroom, vloed* **0.3** ⟨vaak mv.⟩ ***overstroming*** **0.4** ⟨F-; the⟩ ***zondvloed*** ⟨Gen. 7⟩ **0.5** ⟨schr.⟩ ***water*** ⇒*stroom, rivier, zee* **0.6** ⟨inf.⟩ ***schijnwerper*** ◆ **1.2** ~ of anger *woedeuitbarsting;* ~ of light *zee v. licht;* ~ of rain *stortregen;* ~ of reactions *stortvloed v. reacties* **1.4** Noah's Flood *de zondvloed* **1.5** ~ and field *zee en land* **6.3** the river is **in** ~ *de rivier is buiten zijn oevers getreden.*
flood[2] ⟨f3⟩⟨ww.⟩ →flooding
I ⟨onov.ww.⟩ **0.1** ***stromen*** **0.2** ***overstromen*** **0.3** ***buiten zijn oevers treden*** **0.4** ⟨med.⟩ ***vloeien*** ◆ **1.1** emigrants ~ed from Ireland to America *emigranten stroomden uit Ierland naar Amerika* **5.1** donations ~ed **in** *de bijdragen stroomden binnen* **6.1** money ~ed **into** the country *geld stroomde het land binnen;*
II ⟨ov.ww.⟩ **0.1** ***(doen) overstromen*** ⇒*overspoelen; buiten zijn oevers doen treden* ⟨rivier, e.d.⟩ **0.2** ***bevloeien*** ⇒*onder water zetten* **0.3** ***verzuipen*** ⟨v. carburateur⟩ ◆ **1.1** large areas have been ~ed *een groot gebied is onder water gelopen;* ⟨fig.⟩ toys ~ed the floor *de vloer was bezaaid met speelgoed* **1.2** ~ a burning house *een brandend huis nat houden* **5.1** they were ~ed **out** *ze werden door het water (uit hun huis) verdreven;* ⟨fig.⟩ we were ~ed **out**

with applications *we werden overspoeld met sollicitaties* **6.1** we were ~ed **with** letters *we werden bedolven onder de brieven.*

'flood·board ⟨telb.zn.⟩ **0.1** ***vloedbord*** ⇒*vloedplank.*

'flood·gate ⟨f1⟩ ⟨telb.zn.⟩ **0.1** ***sluisdeur*** ⟨fig.⟩ ⇒*sluis* ◆ **3.1** open the ~s *de sluizen openzetten;* the new law opened the ~s of the people's bitterness *de nieuwe wet zette de sluizen v. volksverbittering wijd open.*

flood·ing ['flʌdiŋ] ⟨f1⟩ ⟨n.-telb.zn.⟩ **0.1** ***overstroming.***

flood·light[1] ⟨f1⟩ ⟨zn.⟩
I ⟨telb.zn.; vaak mv.⟩ **0.1** ***schijnwerper;***
II ⟨n.-telb.zn.⟩ **0.1** ***strijklicht*** ⇒*spotlicht, schijnwerperlicht.*

'floodlight[2] ⟨ov.ww.⟩ **0.1** ***verlichten met schijnwerpers/spots*** ⇒⟨fig.⟩ *in de schijnwerpers zetten, belichten, in het zonnetje zetten.*

'flood·mark ⟨telb.zn.⟩ **0.1** ***hoogwaterlijn*** ⇒*hoogwaterpeil.*

'flood·plain ⟨telb.zn.⟩ **0.1** ***verdronken land.***

'flood tide ⟨f1⟩ ⟨telb. en n.-telb.zn.⟩ **0.1** ***vloed*** ⇒*hoogtij.*

'flood·wood ⟨n.-telb.zn.⟩ ⟨AE⟩ **0.1** ***drijfhout*** **0.2** ***wrakhout.***

floor[1] [flɔ:‖flɔr] ⟨f4⟩ ⟨zn.⟩
I ⟨telb.zn.⟩ **0.1** ***vloer*** ⇒*grond* **0.2** ***verdieping*** ⇒*etage* **0.3** ***minimum*** ⇒*bodemprijs, minimumloon* **0.4** ***bodem*** ◆ **2.1** first ~ ⟨BE⟩ *eerste verdieping;* ⟨AE⟩ *begane grond, parterre;*
II ⟨n.-telb.zn.; the⟩ **0.1** ***vergaderzaal*** ⟨v.h. parlement⟩ **0.2** ***recht om het woord te voeren*** ◆ **3.2** get/have the ~ *het woord krijgen/hebben;* he was given the ~ *hem werd het woord verleend;* take the ~ *het woord nemen/voeren;* ⟨AE⟩ yield the ~ to *het woord gunnen aan* **3.¶** cross the ~ *overlopen, van partij/opinie veranderen* ⟨v. parlementslid⟩; take the ~ *(gaan) dansen;* ⟨inf.⟩ wipe/mop (up) the ~ with s.o. *de vloer met iem. aanvegen* **6.1** a motion **from** the ~ *een motie uit de zaal/vergadering.*

floor[2] ⟨f1⟩ ⟨ov.ww.⟩ →flooring **0.1** ***bevloeren*** ⇒*van een vloer voorzien* **0.2** ***bedekken*** ⇒*de bodem vormen van* **0.3** ***vloeren*** ⟨ook fig.⟩ ⇒*neerslaan, knock-out slaan* **0.4** ***van de wijs brengen*** ⇒*perplex doen staan, verwarren, verbijsteren* **0.5** ***verslaan*** ◆ **1.5** his arguments ~ed me *tegen zijn argumenten kon ik niet op;* I was ~ed by that question *die vraag was me te moeilijk.*

'floor·board ⟨f1⟩ ⟨telb.zn.⟩ **0.1** ***vloerplank*** **0.2** ***bodemplank.***

'floor·cloth ⟨telb.zn.⟩ **0.1** ***dweil*** ⇒*wrijfdoek, poetsdoek* **0.2** ***vloerbedekking*** ⇒*zeil.*

floor·er ['flɔ:rə‖-ər] ⟨telb.zn.⟩ **0.1** ***vloerenlegger*** ⇒*parketteur.*

'floor exercise ⟨telb.zn.; vaak mv.⟩ ⟨gymnastiek⟩ **0.1** ***grondoefening*** ⇒*vrije oefening.*

floor·ing ['flɔ:rɪŋ] ⟨telb. en n.-telb.zn.; oorspr. gerund v. floor⟩ **0.1** ***vloermateriaal.***

'floor lamp ⟨telb.zn.⟩ ⟨AE⟩ **0.1** ***staande lamp*** ⇒*schemerlamp.*

'floor leader ⟨telb.zn.⟩ ⟨AE; pol.⟩ **0.1** ***fractievoorzitter*** ⇒*fractieleider.*

'floor manager ⟨telb.zn.⟩ **0.1** ***floor manager*** ⇒*hoofd v. technische T.V.-ploeg* **0.2** ***afdelingschef*** ⟨in warenhuis⟩ **0.3** ⟨AE; pol.⟩ ⟨ong.⟩ ***fractievoorzitter.***

'floor mat ⟨telb.zn.⟩ **0.1** ***vloermat.***

'floor plan ⟨telb.zn.⟩ **0.1** ***grondplan*** ⇒*grondtekening, bouwtekening.*

'floor polish ⟨telb. en n.-telb.zn.⟩ **0.1** ***vloer/boenwas.***

'floor re·port·ing ⟨f1⟩ ⟨n.-telb.zn.⟩ **0.1** ***rechtstreekse verslaggeving/reportage.***

'floor show ⟨f1⟩ ⟨telb.zn.⟩ **0.1** ***floorshow*** ⇒*striptease, variété.*

'floor·walk·er ⟨telb.zn.⟩ **0.1** ***afdelingschef*** ⟨in warenhuis⟩.

floo·zy, floo·zie, floo·sy, floo·sie ['flu:zi] ⟨telb.zn.; →mv. 2⟩ ⟨sl.⟩ **0.1** ***hoertje*** ⇒*sletje, temeie.*

flop[1] [flɒp‖flɑp] ⟨f2⟩ ⟨telb.zn.⟩ **0.1** ***onhandige beweging*** ⇒*zwaai, gespartel* **0.2** ***smak*** ⇒*plof, bons, plons* **0.3** ⟨inf.⟩ ***flop*** ⇒*mislukking, mislukkeling, fiasco* **0.4** ⟨AE; inf.⟩ ***truc*** ⇒*oplichterij, bedrog* **0.5** ⟨AE; sl.⟩ ***goedkope slaapplaats*** ⇒*bed, nest; logement, luizig hotel* **0.6** ⟨atletiek⟩ ***flop*** ⇒*Fosbury flop* ⟨hoogtesprong met rug over de lat⟩.

flop[2] ⟨f2⟩ ⟨onov.ww.; →ww. 7⟩ **0.1** ***zwaaien*** ⇒*klappen, klapwieken, flapperen, spartelen* **0.2** ***smakken*** ⇒*ploffen, bonzen, plonzen* **0.3** ⟨inf.⟩ ***floppen*** ⇒*mislukken, zakken, bakken* ⟨bij examen⟩ **0.4** ⟨sl.⟩ ***(gaan) pitten*** ⇒*slapen, het nest induiken* ◆ **5.1** ~ **about** in the water *rondspartelen in het water;* ⟨fig.⟩ ~ **about/around** in a pair of sandals *rondsloffen op sandalen* **5.2** ~ **down** in a chair *neerploffen in een stoel.*

flop[3] ⟨bw.⟩ **0.1** ***met een smak/plof/bons/plons*** ⇒*pardoes.*

'flop·house ⟨telb.zn.⟩ **0.1** ***logement*** ⇒*luizig hotel, lijmkit.*

flop·(p)e·roo [flɒpə'ru:‖flɑp-] ⟨telb.zn.⟩ ⟨inf.; vnl. dram.⟩ **0.1** ***grote flop*** ⇒*miskleun* ⟨v. film, toneel, persoon e.d.⟩.

flop·py[1] ['flɒpi‖'flɑ-], **'floppy disk** ⟨telb.zn.; →mv. 2⟩ ⟨comp.⟩ **0.1** ***floppy (disk)*** ⇒*diskette, flop.*

flop·py[2] ⟨f1⟩ ⟨bn.; -er; -ly; -ness; →bijw. 3⟩ **0.1** ***slap*** ⇒*slaphangend* **0.2** ⟨inf.⟩ ***zwak.***

Flor ⟨afk.⟩ Florida.

flo·ra ['flɔ:rə] ⟨f1⟩ ⟨zn.; ook florae [-ri:]; →mv. 5⟩
I ⟨telb.zn.⟩ **0.1** ***flora*** ⇒*plantenencyclopedie;*
II ⟨telb. en n.-telb.zn.⟩ **0.1** ***flora*** ⇒*plantenwereld.*

flo·ral ['flɔ:rəl] ⟨f2⟩ ⟨bn.; -ly⟩ **0.1** ***gebloemd*** ⇒*bloem(en)-, bloemetjes-, floraal* **0.2** ***mbt. flora*** ⇒*plant(en)-* ◆ **1.1** ~ tribute *bloemenhulde.*

Flor·en·tine ['flɒrəntaɪn‖'flɔ-] ⟨f1⟩ ⟨bn.⟩ **0.1** ***Florentijns.***

flo·res·cence [flɒ'resns‖flɔ-] ⟨n.-telb.zn.⟩ **0.1** ***het bloeien*** ⇒*bloei, bloei(tijd/periode).*

flo·ret ['flɒrɪt‖'flɔrɪt] ⟨telb.zn.⟩ ⟨plantk.⟩ **0.1** ***bloempje*** ⟨v. composiet⟩ ◆ **1.1** ~ of the disc *schijfbloem;* ~ of the ray *lintbloem, randbloem.*

flo·ri·ate, flo·re·ate ['flɔ:rieɪt] ⟨ov.ww.⟩ **0.1** ***met een bloempatroon versieren.***

flo·ri·bun·da ['flɒrɪ'bʌndə‖'flɔ-] ⟨telb.zn.⟩ ⟨plantk.⟩ **0.1** ***rijkbloeiende plant*** ⇒⟨i.h.b.⟩ *polyantha(roos).*

flo·ri·cul·ture ['flɒrɪkʌltʃə‖'flɔrɪkʌltʃər] ⟨n.-telb.zn.⟩ **0.1** ***bloemkwekerij*** ⇒*bloementeelt, het bloemkweken.*

flo·ri·cul·tur·ist ['flɒrɪ'kʌltʃərɪst‖'flɔ-] ⟨telb.zn.⟩ **0.1** ***bloemkweker.***

flor·id ['flɒrɪd‖'flɔ-, 'flɑ-] ⟨f2⟩ ⟨bn.; -ly; -ness⟩ **0.1** ***bloemrijk*** ⇒*(overdreven) sierlijk, zwierig* **0.2** ***in het oog lopend*** ⇒*opzichtig, praalziek* **0.3** ***blozend*** ⇒*hoogrood.*

Flor·i·da water ['flɒrɪdə ˌwɔ:tə‖'flɒrɪdə ˌwɔtər, 'flɑ- ˌwɑ-] ⟨n.-telb.zn.⟩ **0.1** ***reukwater*** ⇒*soort eau de cologne.*

flo·rid·i·ty [flɒ'rɪdəti‖flə'rɪdəti] ⟨n.-telb.zn.⟩ **0.1** ***bloemrijkheid*** ⇒*(overdreven) sierlijkheid, zwierigheid* **0.2** ***opzichtigheid*** ⇒*praalzucht* **0.3** ***het rooskleurig zijn*** ⇒*blozing, blos.*

flo·rif·er·ous [flɒ'rɪfərəs‖flɔ-] ⟨bn.⟩ **0.1** ***bloemdragend*** ⇒*(rijk) bloeiend.*

flo·ri·le·gi·um ['flɒrɪ'li:dʒəm‖flɔ-] ⟨telb.zn.; ook florilegia [-dʒ(ɪ)ə]; →mv. 5⟩ **0.1** ***bloemlezing*** ⇒*anthologie, chrestomatie.*

flor·in ['flɒrɪn‖'flɔ-, 'flɑ-] ⟨f1⟩ ⟨telb.zn.⟩ **0.1** ***florijn*** ⇒*gulden* **0.2** ***florin*** ⟨Engelse munt v. 2 shilling; tot 1971⟩.

flo·rist ['flɒrɪst‖'flɔ-, 'flɑ-] ⟨f1⟩ ⟨telb.zn.⟩ **0.1** ***bloemist*** **0.2** ***bloemkweker*** ◆ **¶.1** ~'s *bloemenwinkel, bloemisterij.*

flo·ris·tic [flɒ'rɪstɪk‖flə-] ⟨bn.; -ally; →bijw. 3⟩ **0.1** ***floristisch*** ⇒*mbt. de floristiek.*

flo·ris·tics [flɒ'rɪstɪks‖flə-] ⟨mv.; ww. vnl. enk.⟩ **0.1** ***floristiek*** ⇒*plantenverspreidingsleer.*

flo·rist·ry ['flɒrɪstri‖'flɔ-, 'flɑ-] ⟨n.-telb.zn.⟩ **0.1** ***(het) bloemenvak*** ⇒*het bloemist zijn* **0.2** ***bloemkwekerij*** ⇒*het bloemkweken.*

-flo·rous [flərəs] ⟨plantk.⟩ **0.1** ***-bloemig*** ◆ **¶.1** uniflorous *eenbloemig.*

flo·ru·it ['flɒruɪt‖'flɔ-] ⟨n.-telb.zn.⟩ **0.1** ***fleur*** ⇒*actieve/creatieve periode* ⟨vnl. gesch.; mbt. iem. v. wie geboorte- en overlijdensdatum onbekend zijn⟩.

flory →fleury.

flos·cu·lar ['flɒskjʊlə‖'flɑskjələr], **flos·cu·lous** [-ləs] ⟨bn.⟩ **0.1** ***samengesteldbloemig.***

floss [flɒs‖flɔs, flɑs], **'floss silk** ⟨n.-telb.zn.⟩ **0.1** ***vloszijde*** ⇒*floretzijde* **0.2** ***borduurzijde*** ⇒*splitzijde* ◆ **2.1** dental ~ *tandzijde.*

floss·y ['flɒsi‖'flɔsi, 'flɑsi] ⟨bn.; -er; →compar. 7⟩ **0.1** ***zijdeachtig*** ⇒*zijde-, vlossig* **0.2** ⟨inf.⟩ ***opzichtig*** ⇒*patserig, poenig.*

flo·tage, float·age ['floutɪdʒ] ⟨zn.⟩
I ⟨telb.zn.⟩ **0.1** ***drijfvermogen*** **0.2** ***bovenschip;***
II ⟨n.-telb.zn.⟩ **0.1** ***het drijven*** **0.2** ***zeedrift*** ⇒*strandvond, wrakgoederen* **0.3** ***gezamenlijke vaartuigen op een rivier*** ⇒*vloot* **0.4** ***drijvende voorwerpen*** **0.5** ⟨BE⟩ ***strandrecht.***

flo·ta·tion, float·a·tion [flou'teɪʃn] ⟨zn.⟩
I ⟨telb. en n.-telb.zn.⟩ **0.1** ***oprichting*** ⟨v. bedrijf door uitgifte v. aandelen⟩ ⇒*eerste emissie* **0.2** ⟨tech.⟩ ***flotatie;***
II ⟨n.-telb.zn.⟩ **0.1** ***het drijven.***

flo·til·la [flə'tɪlə‖flou-] ⟨telb.zn.⟩ **0.1** ***flottielje*** ⇒*smaldeel* **0.2** ***vloot*** ⟨v. kleine schepen⟩.

flot·sam ['flɒtsəm‖'flɑt-] ⟨f1⟩ ⟨n.-telb.zn.⟩ **0.1** ***zeedrift*** ⇒*drijf/wrakhout* **0.2** ***rommel*** ⇒*rotzooi* ◆ **1.1** ⟨fig.⟩ ~ and jetsam *zwervers, thuislozen, uitgestotenen, (menselijk) wrakhout, rommel.*

flounce[1] [flauns] ⟨f1⟩ ⟨telb.zn.⟩ **0.1** ***zwaai*** ⇒*ruk, schok* **0.2** ***(gerimpelde) strook*** ⟨aan kledingstuk/gordijn⟩ ⇒*hoofdje, fons(el), schootje, ruche, oplegsel.*

flounce[2] ⟨f1⟩ ⟨ww.⟩
I ⟨onov.ww.⟩ **0.1** ***zwaaien*** ⟨v. lichaam⟩ ⇒*schokken, schudden, kronkelen, strompelen* **0.2** ***driftig/ongeduldig lopen*** ⇒*(weg)benen, stormen* ◆ **5.2** he ~d **out** in a temper *hij stormde driftig naar buiten* **6.2** ~ **about** the room *opgewonden door de kamer ijsberen;* ~ **out of** the house *naar buiten stuiven;*
II ⟨ov.ww.⟩ **0.1** ***met een strook/stroken afzetten.***

floun·der[1] ['flaundə‖-ər] ⟨telb. en n.-telb.zn.⟩ ⟨dierk.⟩ **0.1** ***bot*** ⟨platvis v.d. families Bothidae/Pleuronectidae⟩.

flounder[2] ⟨f2⟩ ⟨onov.ww.⟩ **0.1** ***ploeteren*** ⇒*kronkelen, zich wringen, spartelen, strompelen* **0.2** ***stuntelen*** ⇒*aarzelen, van zijn stuk ge-*

bracht worden **0.3** ***de draad kwijtraken*** ⇒*hakkelen, aarzelen* ◆ **5.1** a car ~ed **around** in the mud *een auto had zich vastgedraaid in de modder* **5.2** the question left him ~ing **about** for an answer *met horten en stoten probeerde hij een antwoord te vinden.*

flour[1] ['flaʊə‖-ər]⟨f2⟩⟨n.-telb.zn.⟩ **0.1** ***meel*** ⇒*(meel)bloem.*

flour[2] ⟨ov.ww.⟩ **0.1** ***met meel/bloem bestrooien*** **0.2** ⟨AE⟩ ***(ver)malen.***

'flour·box, 'flour·dredg·er ⟨telb.zn.⟩ **0.1** ***meelstrooier*** ⇒*bloemzeef.*

flour·ish[1] ['flʌrɪʃ‖'flɜrɪʃ]⟨telb.zn.⟩ **0.1** ***krul*** ⇒*krul/sierletter* **0.2** ***bloemrijke uitdrukking*** ⇒*stijlbloempje* **0.3** ***zwierig gebaar*** **0.4** ***fanfare*** ⇒*geschal, preludium* **0.5** ***bloeitijd*** ⇒*bloei, voorspoed* ◆ **1.4** welcome s.o. with a ~ of trumpets *iem. met trompetgeschal verwelkomen.*

flourish[2] ⟨f2⟩⟨ww.⟩ →flourishing

I ⟨onov.ww.⟩ **0.1** ***gedijen*** ⇒*bloeien* **0.2** ***floreren*** ⇒*tieren, succes hebben* **0.3** ***tot (volledige) ontplooiing komen*** ⇒*een bloeitijd meemaken* ◆ **1.2** the new business ~ed *het ging de nieuwe onderneming voor de wind;* his family were ~ing *het ging goed met zijn gezin* **1.3** Milton ~ed in the seventeenth century *Milton schreef zijn werken in de zeventiende eeuw;*

II ⟨ov.ww.⟩ **0.1** ***tonen*** ⇒*zwaaien/wuiven met, te koop lopen met* ◆ **1.1** he ~ed a letter in my face *hij zwaaide een brief onder mijn neus heen en weer.*

flour·ish·ing ['flʌrɪʃɪŋ‖'flɜr-]⟨f1⟩⟨bn.; teg. deelw. v. flourish; -ly⟩ **0.1** ***florerend*** ⇒*gedijend, tierend.*

'flour·mill ⟨telb.zn.⟩ **0.1** ***graanmolen*** ⇒*korenmolen, meelmolen.*

flour·y ['flaʊəri]⟨f1⟩⟨bn.; -er; →compar. 7⟩ **0.1** ***melig*** ⇒*bloemig, bedekt met meel/bloem* ◆ **1.1** her hands were ~ *haar handen zaten onder de bloem/het meel;* ~ potatoes *bloemige aardappelen.*

flout[1] [flaʊt]⟨telb.zn.⟩ **0.1** ***belediging*** ⇒*schimpscheut, hatelijkheid.*

flout[2], ⟨AE ook⟩ **flaunt** ⟨f1⟩⟨ww.⟩

I ⟨onov.ww.⟩ **0.1** ***honen*** ⇒*spotten, schimpen;*

II ⟨ov.ww.⟩ **0.1** ***beledigen*** ⇒*bespotten, beschimpen, honen* **0.2** ***afwijzen*** ⇒*in de wind slaan, negeren.*

flow[1] [floʊ]⟨f3⟩⟨zn.⟩⟨→sprw. 156⟩

I ⟨telb.zn.⟩ **0.1** ***stroom*** ⇒*stroming* **0.2** ***vloed*** ⇒*overvloed, stroom* **0.3** ***vloed*** ⇒*overstroming* **0.4** ***toevloed*** ⇒*toevoer* **0.5** ⟨inf.⟩ ***menstruatie*** **0.6** ⟨Sch. E⟩ ***moeras*** ◆ **1.2** he heard a ~ of distant melody *in de verte hoorde hij melodieuze klanken;* she kept up a cheerful ~ of conversation *ze bleef vrolijk doorbabbelen;* the ~ of her hair *haar golvende haar* **1.4** a ~ of capital *een toevloed v. kapitaal, een kapitaalstroom;* a ~ of one thousand litres per second *een toevoer v. duizend liter per seconde* **1.¶** ~ of soul *openhartig gesprek;* ~ of spirits *opgewektheid* **2.1** draperies in a graceful ~ *in sierlijke plooien hangende gordijnen* **2.2** his thoughts arose in a steady ~ *de ene gedachte na de andere kwam bij hem op;*

II ⟨n.-telb.zn.⟩ **0.1** ***het stromen*** **0.2** ***vloed*** ◆ **1.1** the ~ of the river *het stromen van de rivier* **1.2** ebb and ~ *eb en vloed.*

flow[2] ⟨f3⟩⟨onov.ww.⟩ →flowing **0.1** ***vloeien*** ⇒*stromen* **0.2** ***toevloeien*** ⇒*toestromen* **0.3** ***golven*** ⇒*loshangen* ⟨v. haar, kledingstuk⟩ **0.4** ***opkomen*** ⟨v. vloed⟩ ◆ **1.1** traffic ~ed in a steady stream *er was een constante verkeersstroom;* conversation began to ~ *men begon te praten, er werden gesprekken aangeknoopt* **3.4** swim with the ~ing tide *met de stroom meegaan* **6.1** the Rhine ~ed **over** its banks *de Rijn trad buiten zijn oevers* **6.¶** →flow **from;** →flow **over;** →flow **with.**

'flow chart, 'flow diagram ⟨telb.zn.⟩ **0.1** ***flow-chart*** ⇒*stroomschema.*

'flow country ⟨n.-telb.zn.⟩⟨Sch. E⟩ **0.1** ***moerasland.***

flow·er[1] ['flaʊə‖-ər]⟨f3⟩⟨zn.⟩

I ⟨telb.zn.⟩ **0.1** ***bloem*** ⇒*bloesem* ◆ **1.1** no ~s *geen bloemen* ⟨bij begrafenis⟩ **1.¶** ~s of speech *stijlfiguren, stijlbloempjes, bloemrijke taal;* ~s of sulphur *zwavelbloem;* ⟨plantk.⟩ ~s of tan *runbloei* ⟨Fuligo septica⟩; ~s of zinc *zinkbloem;*

II ⟨n.-telb.zn.; the⟩ **0.1** ***bloem*** ⇒*keur* **0.2** ***bloei*** ⇒⟨fig.⟩ *fleur* ◆ **1.1** the ~ of the nation *de bloem der natie* **1.2** he is in the ~ of his age *hij is in de bloei van zijn jaren/leven* **6.2** the tulips are **in** ~ *de tulpen staan in bloei.*

flower[2] ⟨f1⟩⟨ww.⟩ →flowered

I ⟨onov.ww.⟩ **0.1** ***bloeien*** ⇒*tot bloei komen/gekomen zijn, in bloei staan;*

II ⟨ov.ww.⟩ **0.1** ***doen bloeien*** **0.2** ***met bloemen/bloempatronen versieren.***

flow·er·age ['flaʊərɪdʒ]⟨telb. en n.-telb.zn.⟩ **0.1** ***bloemschat*** **0.2** ***bloeistaat*** ⇒*bloei.*

'flower arrangement ⟨n.-telb.zn.⟩ **0.1** ***het bloemschikken*** ⇒*bloemsierkunst.*

'flow·er·bed ⟨f1⟩⟨telb.zn.⟩ **0.1** ***bloembed*** ⇒*bloemperk.*

'flower box ⟨telb.zn.⟩ **0.1** ***plantenbak.***

'flower children ⟨mv.⟩ **0.1** ***bloemenkinderen*** ⇒*hippies.*

flow·er-de-luce →fleur-de-lis.

flow·ered ['flaʊəd‖'flaʊərd]⟨f1⟩⟨bn.; volt. deelw. v. flower⟩ **0.1** ***gebloemd.***

flow·er·er ['flaʊərə‖-ər]⟨telb.zn.⟩ **0.1** ***bloeier.***

flow·er·et ['flaʊərɪt]⟨telb.zn.⟩ **0.1** ***bloempje.***

'flower garden ⟨f1⟩⟨telb.zn.⟩ **0.1** ***bloementuin.***

'flower girl ⟨telb.zn.⟩ **0.1** ***bloemenmeisje/verkoopster.***

'flower head ⟨telb.zn.⟩⟨plantk.⟩ **0.1** ***bloemhoofdje.***

flow·er·less ['flaʊələs‖'flaʊər-]⟨bn.⟩ **0.1** ***bedektbloeiend*** ⇒*cryptogaam, bloemloos, geen bloemen/zaden voortbrengend* ◆ **1.1** ~ plants *bladplanten.*

'flow·er-peck·er ⟨telb.zn.⟩⟨dierk.⟩ **0.1** ***bastaardhoningvogel*** ⟨Dicaeum⟩.

'flower people ⟨verz.n.⟩ **0.1** ***bloemenkinderen*** ⇒*hippies.*

'flower piece ⟨telb.zn.⟩ **0.1** ***bloemstuk*** ⟨schilderij⟩.

'flow·er·pot ⟨f1⟩⟨telb.zn.⟩ **0.1** ***bloempot.***

'flower power ⟨n.-telb.zn.⟩ **0.1** ***flower-power*** ⟨beweging die liefde en geweldloosheid predikte⟩.

'flower show ⟨telb.zn.⟩ **0.1** ***bloemententoonstelling.***

'flower stalk ⟨telb.zn.⟩ **0.1** ***bloemstengel.***

flow·er·y ['flaʊəri]⟨f1⟩⟨bn.; ook -er; -ly; -ness; →bijw. 3⟩ **0.1** ***vol met bloemen*** ⇒*rijk aan bloemen* **0.2** ***bloemrijk*** **0.3** ***gebloemd*** ⇒*bloem(en)-.*

'flow from ⟨onov.ww.⟩ **0.1** ***voortvloeien/komen uit*** ⇒*het gevolg zijn van.*

flow·ing ['floʊɪŋ]⟨f1⟩⟨bn., attr.; teg. deelw. v. flow; -ly⟩ **0.1** ***vloeiend*** **0.2** ***loshangend*** ⇒*golvend.*

'flowing sheet ⟨telb.zn.⟩⟨scheep.⟩ **0.1** ***gevierde/losse schoot.***

flown ⟨volt. deelw.⟩ →fly.

'flow 'over ⟨onov.ww.⟩ **0.1** ***voorbijgaan aan*** ⇒*onberoerd laten.*

'flow sheet ⟨telb.zn.⟩ **0.1** ***flow-chart*** ⇒*stroomschema.*

'flow·stone ⟨n.-telb.zn.⟩ **0.1** ***druipsteen.***

'flow with ⟨onov.ww.⟩ **0.1** ***overvloeien van*** ⇒*overstromen van, rijkelijk voorzien zijn van* ◆ **1.1** a land flowing with milk and honey *een land, overvloeiend van melk en honing;* her heart flowed with gratitude *haar hart stroomde over van dankbaarheid;* a river flowing with fish *een visrijke rivier.*

FLS ⟨afk.⟩ Fellow of the Linnaean Society.

flu [flu:]⟨f2⟩⟨telb. en n.-telb.zn.⟩⟨verk.⟩ influenza ⟨inf.⟩ **0.1** ***griep*** ⇒***influenza.***

flub·dub ['flʌbdʌb]⟨n.-telb.zn.⟩⟨AE⟩ **0.1** ***gesnoef*** ⇒*opschepperij, kletspraat, onzin.*

fluc·tu·ate ['flʌktʃʊeɪt]⟨f1⟩⟨onov.ww.⟩ **0.1** ***fluctueren*** ⇒*schommelen, veranderen, variëren* ◆ **1.1** fluctuating temperatures *schommelingen in de temperatuur* **6.1** her feelings for him ~d **between** admiration and disgust *ze wist niet of ze hem moest bewonderen of verafschuwen.*

fluc·tu·a·tion ['flʌktʃʊ'eɪʃn]⟨f2⟩⟨telb.zn.⟩ **0.1** ***fluctuatie*** ⇒*schommeling, verandering, wijziging, verschil.*

flue [flu:]⟨f1⟩⟨zn.⟩

I ⟨telb.zn.⟩ **0.1** ***schoorsteenpijp*** ⇒*rookkanaal, verwarmingspijp, vlampijp* **0.2** ***flouw*** ⇒*schakelnet;*

II ⟨n.-telb.zn.⟩ **0.1** ***pluis*** ⇒*dons.*

'flue cure ⟨telb.zn.⟩ **0.1** ***flue cure*** ⟨het drogen v. tabak met verwarmde buizen⟩.

'flue gas ⟨n.-telb.zn.⟩ **0.1** ***rookgas.***

flu·ence ['flu:əns]⟨n.-telb.zn.⟩ **0.1** ***invloed*** ◆ **3.1** put the ~ on s.o. *iem. onder hypnose brengen.*

flu·en·cy ['flu:ənsi]⟨f1⟩⟨n.-telb.zn.⟩ **0.1** ***vloeiendheid*** ⇒*welbespraaktheid, beheersing* ⟨v.e. taal⟩.

flu·ent ['flu:ənt]⟨f1⟩⟨bn.; -ly⟩ **0.1** ***vloeiend*** **0.2** ***welbespraakt*** ⇒*vlot, vloeiend* ◆ **6.1** be ~ **in** English *vloeiend Engels spreken.*

'flue pipe ⟨telb.zn.⟩ **0.1** ***lippijp*** ⇒*labiaalpijp* ⟨v. orgel⟩.

fluff[1] [flʌf]⟨f1⟩⟨zn.⟩

I ⟨telb.zn.⟩ **0.1** ⟨inf.⟩ ***blunder*** ⇒*vergissing, verspreking;*

II ⟨n.-telb.zn.⟩ **0.1** ***pluis(jes)*** **0.2** ***dons.***

fluff[2] ⟨f1⟩⟨ww.⟩

I ⟨onov.ww.⟩ **0.1** ***donzig worden*** **0.2** ⟨inf.⟩ ***blunderen*** ⇒*zich verspreken, verhaspelen, een verkeerde zet doen* ⟨bij spel⟩;

II ⟨ov.ww.⟩ **0.1** ***donzig/zacht maken*** ⇒*pluizen* **0.2** ⟨inf.⟩ ***verhaspelen*** ⇒*blunderen, zich verspreken, zijn tekst kwijt zijn* ⟨op toneel⟩; *een verkeerde zet doen* ⟨bij spel⟩ ◆ **1.2** the player ~ed the catch *de speler liet de bal vallen/miste de bal* **5.¶** →fluff **out;** →fluff **up.**

'fluff 'out, 'fluff 'up ⟨ov.ww.⟩ **0.1** ***opschudden*** ⇒*opkloppen* **0.2** ***opzetten*** ⇒*laten uitstaan* ◆ **1.1** ~ the pillows *de kussens opschudden* **1.2** the birds ~ their feathers *de vogels zetten hun veren op.*

fluff·y ['flʌfi]⟨f1⟩⟨bn.; -er; -ly; -ness; →bijw. 3⟩ **0.1** ***donzig*** ⇒*pluizig.*

flu·gel·horn ['flu:glhɔ:n‖-hɔrn]⟨telb.zn.⟩⟨muz.⟩ **0.1** ***flügelhorn.***

flu·id[1] ['flu:ɪd]⟨f2⟩⟨telb. en n.-telb.zn.⟩ **0.1** ***vloeistof*** **0.2** ⟨nat.⟩ ***fluïdum*** ◆ **3.1** ⟨sl.⟩ embalming ~ *sterke koffie; whisky.*

fluid² ⟨f1⟩ ⟨bn.; -ly; -ness⟩ **0.1** ***vloeibaar*** ⇒*niet vast, vloeiend* **0.2** ***instabiel*** ⇒*veranderlijk* **0.3** ***plooibaar*** ⇒*veranderbaar* **0.4** ***soepel*** ⇒*gemakkelijk* ◆ **1.2** his opinions are still ~ *hij heeft zijn mening nog niet bepaald;* our plans are still ~ *onze plannen staan nog niet vast* **1.¶** ~ assets *liquide middelen;* ⟨BE⟩ ~ drachm *drachm (e), 60 druppels* ⟨3,55 ml; →t1⟩; ⟨AE⟩ ~ dram *drachme, dram, 60 druppels* ⟨3,70 ml; →t1⟩; ~ ounce *ounce, 8 drachmes* ⟨UK 28,41 ml; USA 29,57 ml; →t1⟩.

'fluid 'clutch, 'fluid 'coupling, 'fluid 'flywheel ⟨telb.zn.⟩ **0.1** ***vloeistofkoppeling***.

flu·id·ics [flu:'ɪdɪks] ⟨n.-telb.zn.⟩ **0.1** ***fluïdica*** ⇒*fluïdiek*.

flu·id·i·ty [flu:'ɪdət̬i] ⟨f1⟩ ⟨n.-telb.zn.⟩ **0.1** ***vloeibaarheid*** **0.2** ***instabiliteit*** ⇒*veranderlijkheid* **0.3** ***plooibaarheid*** ⇒*veranderbaarheid* **0.4** ***soepelheid*** ⇒*gemakkelijkheid*.

flu·id·ize, -ise ['flu:ɪdaɪz], **flu·id·i·fy** [flu:'ɪdɪfaɪ] ⟨ov.ww.; →ww.7⟩ **0.1** ***vloeibaar maken*** ⇒*fluïdiseren*.

'flu·id'ounce ⟨telb.zn.; samentr. v. fluid ounce⟩ ⟨AE⟩ **0.1** ***ounce*** ⇒*8 drachmes* ⟨29,57 ml; →t1⟩.

'flu·i'dram ⟨telb.zn.; samentr. v. fluid dram⟩ ⟨AE⟩ **0.1** ***drachme*** ⇒*dram, 60 druppels* ⟨3,70 ml; →t1⟩.

fluke¹ [flu:k] ⟨f1⟩ ⟨telb.zn.; voor 0.1 ook fluke; →mv.4⟩ **0.1** ⟨dierk.⟩ ***bot*** ⟨platvis; Pleuronectes flesus⟩ **0.2** ⟨dierk.⟩ ***(lever)bot*** ⟨Fasciola hepatica⟩ **0.3** ***ankerblad*** ⇒*ankerhand* **0.4** ***weerhaak*** ⟨van speer, pijl, harpoen⟩ **0.5** ***staartvin*** ⟨v. walvis⟩ **0.6** ⟨mv.⟩ ***walvisstaart*** **0.7** ***bof*** ⇒*meevaller, mazzel;* ⟨biljart⟩ *beest, bofstoot* **0.8** ⟨sl.⟩ ***mislukking*** **0.9** ⟨sl.⟩ ***nep*** ◆ **6.7** by a ~ *door stom geluk*.

fluke² ⟨ww.⟩

I ⟨onov.ww.⟩ **0.1** ***boffen*** ⇒*geluk hebben, mazzelen* **0.2** ⟨sl.⟩ ***mislukken;***

II ⟨ov.ww.⟩ **0.1** ***bij/door geluk maken/krijgen***.

fluk·y, fluk·ey ['flu:ki] ⟨bn.; voor 1e variant -er; →compar.7⟩ **0.1** ***geluks-*** ⇒*toevals-* **0.2** ***veranderlijk*** ⇒*wisselvallig, onzeker*.

flume¹ [flu:m] ⟨telb.zn.⟩ **0.1** ***goot*** ⇒*(afvoer)kanaal, waterloop* **0.2** ***(berg)kloof*** ⇒*ravijn*.

flume² ⟨ww.⟩

I ⟨onov.ww.⟩ **0.1** ***een goot/kanaal aanleggen;***

II ⟨ov.ww.⟩ **0.1** ***afleiden*** ⟨water, via goot⟩ **0.2** ***vervoeren*** ⇒*transporteren* ⟨via goot⟩.

flum·mer·y ['flʌməri] ⟨telb. en n.-telb.zn.; →mv.2⟩ **0.1** ⟨ong.⟩ ***meelpap*** **0.2** ⟨ong.⟩ ***blanc-manger*** **0.3** ***vleierij*** **0.4** ***bluf*** ⇒*onzin*.

flum·mox ['flʌməks] ⟨f1⟩ ⟨ov.ww.⟩ ⟨inf.⟩ **0.1** ***in verwarring brengen*** ⇒*van zijn stuk brengen, perplex doen staan*.

flump¹ [flʌmp] ⟨telb.zn.⟩ ⟨inf.⟩ **0.1** ***plof*** ⇒*smak*.

flump² ⟨ww.⟩ ⟨inf.⟩

I ⟨onov.ww.⟩ **0.1** ***(neer)ploffen*** ⇒*(neer)smakken* ◆ **5.1** he ~ed **down** in his chair *hij ging met een plof in zijn stoel zitten;*

II ⟨ov.ww.⟩ **0.1** ***(neer)smijten*** ⇒*(neer)smakken*.

flung [flʌŋ] ⟨verl. t. en verl. deelw.⟩ →fling.

flunk¹ [flʌŋk] ⟨telb.zn.⟩ ⟨AE; inf.⟩ **0.1** ***het zakken*** ⟨voor examen⟩ ⇒*fiasco* **0.2** ***niet gehaald examen***.

flunk² ⟨f1⟩ ⟨ww.⟩ ⟨AE; inf.⟩

I ⟨onov.ww.⟩ **0.1** ***stralen*** ⇒*zakken* ⟨voor examen⟩ ◆ **5.¶** →flunk out;

II ⟨ov.ww.⟩ **0.1** ***doen zakken*** ⇒*afwijzen* ⟨voor examen⟩ **0.2** ***zakken voor*** ⇒*niet halen*.

flun·key, flun·ky ['flʌŋki] ⟨telb.zn.; 2e variant; →mv.2⟩ ⟨vaak pej.⟩ **0.1** ***lakei*** **0.2** ***strooplikker*** ⇒*pluimstrijker, kruiper*.

'flunk 'out ⟨onov.ww.⟩ ⟨AE; inf.⟩ **0.1** ***weggestuurd worden*** ⟨v. school of universiteit⟩ ⇒*v. school gestuurd worden, een consilium abeundi krijgen*.

fluo·bo·ric acid ['flu:əbɔ:rɪk 'æsɪd] ⟨n.-telb.zn.⟩ ⟨schei.⟩ **0.1** ***boorfluorwaterstofzuur***.

flu·or ['flu:ɔ: ||-ɔr] ⟨n.-telb.zn.⟩ **0.1** ***vloeispaat*** ⇒*fluoriet, calciumfluoride*.

flu·o·resce [flʊə'res||flɔ'res] ⟨onov.ww.⟩ **0.1** ***fluoresceren***.

flu·o·res·cence [flʊə'resns||flɔ-] ⟨f1⟩ ⟨n.-telb.zn.⟩ **0.1** ***fluorescentie***.

flu·o·res·cent [flʊə'resnt||flɔ-] ⟨f1⟩ ⟨bn.⟩ **0.1** ***fluorescerend*** ⇒*fluorescent* ◆ **1.1** ~ lamp *TL-buis, fluorescentielamp;* ~ screen *fluorescerend scherm*.

flu·o·ri·date ['flʊərɪdeɪt||'flɔrɪ-] ⟨ov.ww.⟩ **0.1** ***fluorideren*** ⇒*fluoreren*.

flu·o·ri·da·tion ['flʊərɪ'deɪʃn||'flɔrɪ-] ⟨n.-telb.zn.⟩ **0.1** ***fluoridering*** ⇒*fluorering*.

flu·o·ride ['flʊəraɪd||'flɔr-] ⟨f1⟩ ⟨telb. en n.-telb.zn.⟩ **0.1** ***fluoride*** ⇒*fluorwaterstofzout*.

flu·o·rine ['flʊəri:n||'flʊr-] ⟨f1⟩ ⟨n.-telb.zn.⟩ ⟨schei.⟩ **0.1** ***fluor*** ⟨element 9⟩.

flu·o·rite ['flʊəraɪt||'flʊr-] ⟨n.-telb.zn.⟩ ⟨mijnw.⟩ **0.1** ***fluoriet*** ⇒*vloeispaat* ⟨mineraal⟩.

flu·o·ro- ['flʊəroʊ||'flʊroʊ], **flu·or-** ['flʊə||flʊr] **0.1** ***fluor-*** **0.2** ***fluorescentie-*** ⇒*fluori-* ◆ **¶.1** fluorosis *fluorvergiftiging* **¶.2** fluorometer *fluorimeter*.

flu·o·rom·e·ter [flʊə'rɒmɪtə||flʊ'rɑmɪt̬ər] ⟨telb.zn.⟩ **0.1** ***fluorimeter*** ⟨meet fluorescentie⟩.

flu·o·ro·scope ['flʊərəskoʊp||'flʊrə-] ⟨telb.zn.⟩ **0.1** ***fluorescoop*** ⇒*radioscoop, röntgentoestel*.

flu·o·ros·co·py [flʊə'rɒskəpi||flʊ'rɑ-] ⟨n.-telb.zn.⟩ **0.1** ***fluorescopie*** ⇒*radioscopie, (röntgen)doorlichting*.

flu·o·ro·sis [flʊə'roʊsɪs||flʊ-] ⟨telb. en n.-telb.zn.⟩ ⟨med.⟩ **0.1** ***fluorvergiftiging***.

flu·or·spar ['flʊəspɑ: ||'flʊrspɑr] ⟨n.-telb.zn.⟩ ⟨mijnw.⟩ **0.1** ***fluoriet*** ⇒*vloeispaat* ⟨mineraal⟩.

flur·ry¹ ['flʌri||'flɜri] ⟨f1⟩ ⟨telb.zn.; →mv.2⟩ **0.1** ***vlaag*** ⟨ook fig.⟩ ⇒*windvlaag/stoot, (korte) bui* **0.2** ***opwinding*** ⇒*verwarring, beroering, agitatie, drukte* **0.3** ***(plotselinge) opleving*** ⟨op effectenbeurs⟩ **0.4** ***doodsstrijd*** ⟨v. walvis⟩ ◆ **1.1** flurries of snow *sneeuwvlagen/buien;* in a ~ of excitement *in een vlaag v. opwinding* **6.2** be **in** a ~ *opgewonden/van de kook zijn, de kluts kwijt zijn;* put **in** a ~ *van de wijs brengen*.

flurry² ⟨ov.ww.; →ww.7⟩ **0.1** ***van de wijs brengen*** ⇒*verwarren, opwinden, zenuwachtig maken* ◆ **3.1** don't get flurried *maak je niet druk*.

flush¹ [flʌʃ] ⟨f2⟩ ⟨telb.zn.⟩ **0.1** ***vloed*** ⇒*(plotselinge) stroom, overstroming, vloedgolf, waterval* **0.2** ***(water)spoeling*** ⇒*het door/om/schoonspoelen* **0.3** ***(plotselinge) overvloed*** ⟨vnl. v. planten⟩ ⇒*weelderige groei, het opschieten/uitlopen* **0.4** ***opwelling*** ⇒*vlaag* **0.5** ***opwinding*** ⇒*uitgelatenheid, roes* **0.6** ***frisheid*** ⇒*bloei, kracht* **0.7** ***opvlieging*** ⟨bloedaandrang⟩ **0.8** ***gloed*** ⇒*blos, koorts(igheid/aanval)* **0.9** ⟨kaartspel⟩ ***flush*** ⟨serie kaarten v. zelfde kleur⟩ **0.10** ***(vlucht) opgejaagde vogel(s)*** **0.11** ⟨AE; sl.⟩ ***rijkaard*** ◆ **1.3** the rain brought a ~ of greenness to the barren land *de regen veranderde het dorre land in een groene vlakte* **3.2** give the teapot a ~ *spoel de theepot even om* **6.¶** ⟨inf.⟩ **in** a ~ *verward, verbijsterd* **7.5** in the first ~ of victory *in de overwinningsroes*.

flush² ⟨f1⟩ ⟨bn.; vnl. predikatief; -er⟩ **0.1** ***over/boordevol*** **0.2** ***overvloedig*** ⇒*in overvloed, plenty* **0.3** ***goed/rijkelijk voorzien*** ⇒⟨i.h.b.⟩ *goed bij kas, in goede doen, welvarend, rijk* **0.4** ***gelijk*** ⇒*vlak, niet uitstekend, effen* **0.5** ***blozend*** ⇒*met een gezonde kleur* **0.6** ***precies*** ⇒*vol, raak* ⟨v. klap⟩ **0.7** ⟨scheep.⟩ ***met een glad dek*** ◆ **6.2** ~ **with** money *kwistig met geld* **6.3** ~ **with** money *goed bij kas/in de slappe was* **6.4** ~ **with** the wall *gelijk met de muur*.

flush³ ⟨f3⟩ ⟨ww.⟩

I ⟨onov.ww.⟩ **0.1** ***(plotseling/onstuimig) stromen*** ⇒*zich storten, spoelen, spuiten* **0.2** ***uitlopen*** ⇒*uitbotten, opschieten* ⟨v. plant⟩ **0.3** ***doorspoelen*** ⇒*doortrekken* **0.4** ***gloeien*** **0.5** ***kleuren*** ⇒*blozen, rood worden/aanlopen* **0.6** ***naar het gezicht stijgen*** ⟨v. bloed⟩ ⇒*een opvlieging krijgen* **0.7** ***op/wegvliegen*** ◆ **1.3** the toilet won't ~ *het toilet trekt niet door* **5.5** ~ **up** *kleuren, blozen* **6.5** ~ **with** shame *rood worden van schaamte;*

II ⟨ov.ww.⟩ **0.1** ***(schoon)spoelen*** ⇒*om/uit/doorspoelen, doortrekken* **0.2** ***onder water zetten*** ⇒*doen onderlopen, blank doen staan* **0.3** ***doen gloeien*** **0.4** ***doen kleuren/blozen*** **0.5** ***opwinden*** ⇒*opgetogen maken, bezielen, aanvuren* **0.6** ***doen op/wegvliegen*** ⇒*opjagen, verjagen, doen (ont)vluchten* **0.7** ***gelijkmaken*** ⇒*voegen, opvullen* ◆ **1.2** ~ed meadows *weiden die blank staan* **5.1** ~ sth. **away/down** *iets wegspoelen* **6.4** ~d **with** exercise *met een rood hoofd van de inspanning* **6.5** ~d **with** happiness *dolgelukkig;* ~d **with** victory *in een overwinningsroes* **6.6** ~ s.o. **out of/from** his hiding place *iem. uit zijn schuilplaats verjagen*.

flush⁴ ⟨bw.⟩ **0.1** ***gelijk*** ⇒*vlak, zonder uit te steken* **0.2** ***precies*** ⇒*vol* ◆ **3.1** fit ~ into *gelijk vallen/zijn met, één vlak vormen met* **3.2** the ball hit him ~ on the face *hij kreeg de bal pal in zijn gezicht*.

flush-deck·er ['flʌʃ'dekə||-ər] ⟨telb.zn.⟩ ⟨scheep.⟩ **0.1** ***gladdekschip***.

Flush·ing ['flʌʃɪŋ] ⟨eig.n.⟩ ⟨gesch.⟩ **0.1** ***Vlissingen***.

flus·ter¹ ['flʌstə||-ər] ⟨telb.zn.; alleen enk.⟩ **0.1** ***opwinding*** ⇒*verwarring, zenuwachtigheid, drukte* ◆ **6.1** be **in** a ~ *opgewonden/in de war/zenuwachtig zijn*.

fluster² ⟨f1⟩ ⟨ww.⟩

I ⟨onov.ww.⟩ **0.1** ***in de war/opgewonden raken*** ⇒*zenuwachtig worden, geagiteerd zijn;*

II ⟨ov.ww.⟩ **0.1** ***van de wijs brengen*** ⇒*verwarren, opwinden, zenuwachtig maken* **0.2** ***(licht) dronken maken*** ⇒*benevelen, verhit maken* ◆ **3.2** be ~ed *aangeschoten zijn*.

flute¹ [flu:t] ⟨f2⟩ ⟨telb.zn.⟩ **0.1** ***fluit*** **0.2** ***fluitist(e)*** ⇒*fluitspeler/speelster* **0.3** ***fluitregister*** ⟨v. orgel⟩ **0.4** ⟨vero.⟩ ***fluit(glas)*** **0.5** ⟨bouwk.⟩ ***cannelure*** ⟨verticale groef in zuil⟩ **0.6** ***groef*** ⇒*gleuf, plooi* **0.7** ***stokbrood*** ◆ **3.1** play the ~ *fluit spelen*.

flute² ⟨f1⟩ ⟨ww.⟩ →fluting

I ⟨onov.ww.⟩ **0.1** ***fluit spelen;***

II ⟨onov. en ov.ww.⟩ **0.1** ***fluiten*** ⇒*op de fluit spelen* ⟨melodie⟩;

III ⟨ov.ww.⟩ **0.1** ***groeven*** ⇒*van groeven/gleuven/plooien/ribbels voorzien, plooien, canneleren* ◆ **1.1** ⟨bouwk.⟩ ~d pillars *gecanneleerde zuilen*.

flut·er ['flu:tə||'flu:ţər]⟨telb.zn.⟩ **0.1** ⟨sl.⟩ ***flikker, poot*** ⇒*homo* **0.2** ⟨vero.⟩ ***fluitist(e)***.

flut·ing ['flu:ţɪŋ]⟨n.-telb.zn.; gerund v. flute⟩ **0.1** ***groeven*** ⇒*gleuven, plooien, ribbels, cannelures* **0.2** ***het groeven*** ⇒*het plooien* **0.3** ***het fluitspel(en)***.

flut·ist ['flu:ţɪst]⟨telb.zn.⟩⟨AE⟩ **0.1** ***fluitist(e)*** ⇒*fluitspeler/speelster*.

flut·ter[1] ['flʌtə||'flʌţər]⟨f2⟩⟨zn.⟩

I ⟨telb.zn.⟩ **0.1** ***gefladder*** ⇒*geklapper, geflakker* **0.2** ***opwinding*** ⇒*drukte, verwarring, zenuwachtigheid* **0.3** ***opzien*** ⇒*sensatie* **0.4** ⟨med.⟩ ***het fibrilleren*** ⟨snelle samentrekking v. hartboezem⟩ **0.5** ⟨vnl. BE; inf.⟩ ***gokje*** ⇒*speculatie* ◆ **3.3** cause/make a ~ *opzien baren* **3.5** have/take a ~ *een gokje wagen* **4.2** ⟨inf.⟩ be all of a ~ *over zijn hele lichaam beven* **6.2** be **in** a ~ *opgewonden zijn, uit zijn doen/in de war zijn;*

II ⟨n.-telb.zn.⟩ **0.1** ⟨lucht.⟩ ***flutter*** ⇒*trillingsversterking* ⟨in vleugels, staartvlak⟩ **0.2** ***flutter*** ⟨geluidsvervorming tgv. foutieve opname⟩.

flutter[2] ⟨f2⟩⟨ww.⟩

I ⟨onov.ww.⟩ **0.1** ***fladderen*** ⇒*klapwieken* **0.2** ***dwarrelen*** ⟨v. blad⟩ **0.3** ***wapperen*** ⟨v. vlag⟩ ⇒*klapperen* **0.4** ***flakkeren*** ⇒*flikkeren* **0.5** ***zenuwachtig/opgewonden rondlopen*** ⇒*ijsberen* **0.6** ***snel/onregelmatig slaan*** ⇒*(snel) kloppen;* ⟨med.⟩ *fibrilleren* ⟨v. hart⟩ **0.7** ***trillen (van opwinding)*** ⇒*opgewonden/zenuwachtig zijn* ◆ **1.2** dead leaves ~ed down *dode bladeren dwarrelden naar beneden* **5.5** stop ~ing **about,** please *hou alsjeblieft op met dat heen en weer geloop* **6.1** the bird ~ed **about** the room *de vogel fladderde de kamer rond* **6.7** he ~ed **into** the room *opgewonden stormde hij de kamer binnen;*

II ⟨ov.ww.⟩ **0.1** ***fladderen met*** ⇒*klapwieken met* **0.2** ***snel (heen en weer) bewegen*** ⇒*doen klapperen/flakkeren/wapperen, wapperen met, doen trillen* **0.3** ***van de wijs brengen*** ⇒*verwarren, het hoofd op hol brengen, zenuwachtig maken* ◆ **1.2** ~ one's eyelids *met de ogen knipperen*.

'flutter kick ⟨telb.zn.⟩⟨zwemsport⟩ **0.1** ***sneldoorlopende beenslag***.

flut·ter·y ['flʌţəri]⟨f1⟩⟨bn.⟩ **0.1** ***fladderend*** ⇒*trillend, vibrerend, flikkerend, flakkerend*.

flut·y, flut·ey ['flu:ţi]⟨bn.; -er; →compar. 7⟩ **0.1** ***fluitachtig*** ⇒*helder, zacht* ⟨v. toon⟩.

flu·vi·al ['flu:vɪəl], **flu·vi·a·tile** ['flu:vɪətaɪl]⟨bn.⟩ **0.1** ***fluviatiel*** ⟨ook plantk.⟩ ⇒*rivier-, mbt./v. rivieren* ◆ **1.1** fluvial deposits *fluviatiele afzettingen*.

flu·vi·o- ['flu:vioʊ] **0.1** ***rivier-*** ⇒*fluvio-* ◆ **¶.1** fluviometer *fluviometer, peilschaal, stroomsnelheidsmeter*.

flux[1] [flʌks]⟨f2⟩⟨zn.⟩

I ⟨telb. en n.-telb.zn.⟩ **0.1** ***vloed*** ⇒*het vloeien/stromen, stroom* ⟨ook fig.⟩ **0.2** ⟨vero.; med.; ben. voor⟩ ***uitvloeiing uit lichaam*** ⇒*vloed, vloeiing; diarree, buikloop; bloeding; dysenterie* ◆ **1.1** ~ and reflux *eb en vloed* ⟨ook fig.⟩; a ~ of words *een woordenstroom* **2.2** bloody ~ *dysenterie;*

II ⟨n.-telb.zn.⟩ **0.1** ***voortdurende beweging/verandering*** ⇒*veranderlijkheid* **0.2** ⟨nat.⟩ ***flux*** **0.3** ⟨tech.⟩ ***vloeimiddel*** ⇒*smeltmiddel, verdunningsmiddel, toeslag* ◆ **1.1** everything was in a state of ~ *er waren steeds nieuwe ontwikkelingen*.

flux[2] ⟨ww.⟩

I ⟨onov.ww.⟩ **0.1** ***vloeien*** ⇒*(overvloedig) stromen;*

II ⟨onov. en ov.ww.⟩ **0.1** ***smelten*** ⇒*vloeibaar worden/maken;*

III ⟨ov.ww.⟩⟨tech.⟩ **0.1** ***met vloeimiddel behandelen***.

flux·ion ['flʌkʃn]⟨zn.⟩⟨vero.⟩

I ⟨n.-telb.zn.⟩ **0.1** ***vloeiing*** ⇒*het vloeien/stromen* **0.2** ***voortdurende beweging/verandering*** ⇒*veranderlijkheid* **0.3** ⟨wisk.⟩ ***fluxie*** ⇒*afgeleide, differentiaal;*

II ⟨mv.; ~s⟩⟨wisk.⟩ **0.1** ***fluxierekening*** ⇒*differentiaalrekening* ◆ **1.1** method of ~s *fluxie/differentiaalrekening*.

flux·ion·al ['flʌkʃnəl], **flux·ion·a·ry** [-ʃənri||-ʃəneri]⟨bn.⟩⟨vero.⟩ **0.1** ***onstabiel*** ⇒*veranderlijk* **0.2** ⟨wisk.⟩ ***mbt./v.d. fluxie/differentiaalrekening*** ⇒*differentiaal-*.

fly[1] [flaɪ]⟨f3⟩⟨zn.; →mv. 2⟩⟨→sprw. 429⟩

I ⟨telb.zn.⟩ **0.1** ***vlieg*** **0.2** ⟨hengelsport⟩ ***(kunst)vlieg*** **0.3** ⟨in samenstellingen⟩ ***gevleugeld/vliegachtig insekt*** **0.4** ***klep*** ⟨v. kledingstuk⟩ ⇒⟨i.h.b.⟩ *gulp* **0.5** ***tentdeur*** ⇒*flap* **0.6** ***buitentent*** **0.7** ***(losse) uiteinde v.e. vlag*** **0.8** ***vlaglengte*** **0.9** ***onrust*** ⟨in uurwerk⟩ **0.10** ***vliegwiel*** **0.11** ⟨druk.⟩ ***(losse helft v.) schutblad*** **0.12** ⟨AE; honkbal⟩ ***hoge bal*** ◆ **1.¶** a ~ in amber *een rariteit, een curiositeit;* a ~ in the ointment *een kleinigheid die het geheel bederft, één dode vlieg die de zalf doet stinken* ⟨naar Prediker 10:1⟩; ~ on the wall *luistervink, spion;* be a ~ on the (coach) wheel *denken dat je heel wat bent;* break/crush a ~ upon the wheel *met een kanon op een vlieg schieten, overdreven maatregelen nemen* **2.4** your ~ is undone! *je gulp staat open!* **3.1** die like flies *in groten getale omkomen;* not harm/hurt a ~ *geen vlieg kwaad doen* **3.¶** catch flies *vliegen afvangen;* ⟨dram.⟩ *(het spel/stuk) versjteren, schmieren; gapen v. verveling;* ⟨inf.⟩ there are no flies on her *ze is niet op haar achterhoofd gevallen;* ⟨sl.⟩ swat flies *op z'n gemak werken;*

II ⟨n.-telb.zn.⟩ **0.1** ***door vlieg(achtig insekt) veroorzaakte plante/dierenziekte*** ⇒*vlieg(jes); luis* **0.2** ***het vliegen*** ⇒*vlucht* ◆ **6.2 on** the ~ *in de lucht;* I have been **on** the ~ all day long *ik heb de hele dag lopen rennen en vliegen;*

III ⟨mv.; flies⟩ **0.1** ⟨dram.⟩ ***ruimte boven het toneel*** ⟨waar gordijn, decors enz. hangen⟩ ⇒*toneelzolder* **0.2** ⟨inf.⟩ ***gulp***.

fly[2] ⟨telb.zn.; soms flies; →mv. 2⟩⟨BE; gesch.⟩ **0.1** ***(huur)rijtuig*** ⟨met één paard⟩ ⇒*vigilante*.

fly[3] ⟨bn.⟩ **0.1** ⟨BE; inf.⟩ ***uitgeslapen*** ⇒*uitgekookt, gewiekst, niet van gisteren* **0.2** ⟨AE; sl.⟩ ***te gek*** ⇒*fantastisch, gaaf*.

fly[4] ⟨onov.ww.; →ww. 7⟩⟨AE; honkbal⟩ **0.1** ***een hoge bal slaan*** ◆ **5.1** ~ **out** *uitgevangen worden*.

fly[5] ⟨f4⟩⟨ww.; flew [flu:], flown [floʊn]⟩ →flying ⟨→sprw. 561, 565, 686⟩

I ⟨onov.ww.⟩ **0.1** ***vliegen*** ⟨v. vogel, vliegtuig, enz.⟩ **0.2** ***wapperen*** ⟨v. vlag, haar⟩ ⇒*fladderen, vliegen* **0.3** ⟨ben. voor⟩ ***zich snel voortbewegen*** ⇒*vliegen, (voorbij)snellen, (weg)rennen, schieten; vluchten; omvliegen* ⟨v. tijd⟩; *wegvliegen* ⟨v. geld⟩; *verdwijnen, optrekken* ⟨v. mist⟩; *uit elkaar springen, in het rond/in stukken/alle kanten op vliegen* ⟨v. glas⟩ **0.4** ⟨sl.⟩ ***overkomen*** ⇒*overtuigend zijn* **0.5** ⟨AE; sl.⟩ ***high zijn*** ◆ **1.3** ~ to arms *te wapen snellen;* bullets were ~ing thick *de kogels vlogen ons om de oren;* clouds ~ing fast across the sky *langs de hemel (voort)jagende wolken;* ~ to the help of s.o. *iem. te hulp snellen;* make the money ~ *geld als water uitgeven, met geld smijten;* the sailing ship was ~ing before the wind *het zeilschip liep voor de wind;* time flies like an arrow *de tijd vliegt snel* **3.3** let ~ *(af)schieten/vuren; laten schieten, vieren;* let ~ at *schieten/vuren op;* ⟨fig.⟩ *tekeer gaan/uitvallen/uitvaren tegen, ervanlangs geven;* ⟨inf.⟩ we're very late, we must ~ *we zijn erg laat, we moeten rennen;* send s.o. ~ing *iem. tegen de grond slaan* **5.1** ~ **away** *wegvliegen;* ⟨fig.⟩ *verdwijnen;* ~ blind *blind vliegen;* ~ **in/out** *aankomen/vertrekken per vliegtuig;* ~ **past** *(in formatie) over/voorbij vliegen* **5.3** the door flew open *de deur werd plots geopend* **5.¶** ~ high *hoog vliegen* ⟨fig.⟩;, *ambitieus zijn;* she's ~ing high *het gaat haar voor de wind, ze timmert aardig aan de weg;* ⟨inf.⟩ ~ right *eerlijk/fatsoenlijk zijn* **6.1** ~ **at** *aanvallen, zich storten op* ⟨vnl. v. vogel⟩; ⟨fig.⟩ *aanvliegen, tekeer gaan/uitvallen/uitvaren tegen;* ~ **into** *landen op* ⟨luchthaven⟩; ~ **over/across** the Channel *over het Kanaal vliegen* **6.3** ~ **into** a rage/passion/temper *in woede ontsteken, driftig worden, ontploffen;* ~ **over** a fence *over een schutting springen;* the glass flew **to** bits/**into** pieces *het glas spatte in stukjes uiteen;* the child flew **towards** its father *het kind vloog zijn vader tegemoet;* ~ **upon** s.o. *iem. aanvliegen, tekeer gaan/uitvallen/uitvaren tegen iem.;*

II ⟨ov.ww.⟩ **0.1** ***vliegen*** ⇒*besturen* **0.2** ***vliegen*** ⇒*per vliegtuig vervoeren* **0.3** ***vliegen (met)*** ⟨luchtvaartmaatschappij⟩ **0.4** ***vliegen over*** ⇒*bevliegen* **0.5** ***laten vliegen*** ⟨duif⟩ ⇒*oplaten* ⟨vlieger⟩ **0.6** ***voeren*** ⇒*laten wapperen* ⟨vlag⟩ **0.7** ***ontvluchten*** ⇒*uit de buurt blijven van, vermijden* ◆ **1.3** ~ PANAM *met PANAM vliegen* **1.4** ~ the Channel *over het Kanaal vliegen* **1.5** ~ a kite *vliegeren;* ⟨fig.⟩ *een balletje opgooien;* ⟨hand.⟩ *een accomodatiewissel trekken;* ⟨AE; inf.⟩ go ~ a kite *ga (buiten) spelen, ga weg* **1.7** ~ the country *uit het land vluchten* **5.1** ~ a plane **in** *een vliegtuig aan de grond zetten* **6.2** ~ sth. **into** *iets per vliegtuig aanvoeren in*.

'fly 'agaric, fly am·a·ni·ta [-æmə'naɪţə]⟨telb.zn.⟩⟨plantk.⟩ **0.1** ***vliegenzwam*** ⇒*vliegendood* ⟨Amanita muscaria⟩.

'fly ash ⟨n.-telb.zn.⟩ **0.1** ***vliegas*** ⟨fijne opvliegende asdeeltjes⟩.

'fly·a·way ⟨bn.⟩ **0.1** ***los(hangend)*** ⟨v. haar, kleren⟩ ⇒*luchtig, zwierig* **0.2** ***frivool*** ⇒*wuft, onberekenbaar*.

'fly-bait ⟨telb.zn.⟩⟨AE; sl.⟩ **0.1** ⟨scherts. of bel.⟩ ***lid v. Phi Beta Kappa*** ⟨Am. academisch genootschap⟩ **0.2** ***lijk***.

'fly ball ⟨telb.zn.⟩⟨AE⟩ **0.1** ⟨honkbal⟩ ***hoge bal*** **0.2** ⟨sl.⟩ ***mafkees*** **0.3** ⟨sl.⟩ ***flikker***.

fly·bane ['flaɪbeɪn]⟨telb.zn.⟩ **0.1** ***voor vliegen schadelijke plant*** ⇒*vliegenzwam/dood; silene*.

'fly·blow[1] ⟨telb.zn.⟩ **0.1** ***vliegeëi/larve*** ⟨in voedsel⟩.

flyblow[2] ⟨ov.ww.⟩ →flyblown **0.1** ***eieren leggen in*** ⟨door vlieg, in voedsel⟩ **0.2** ***bevuilen*** ⇒*besmetten, bezoedelen, besmeuren*.

'fly·blown ⟨bn.; volt. deelw. v. flyblow⟩ **0.1** ***door vliegeëieren/vliegen bevuild*** **0.2** ***besmet*** ⇒*bezoedeld, besmeurd, corrupt, vuil, versleten*.

'fly·boat ⟨telb.zn.⟩ **0.1** ***snel(le) boot/schip*** **0.2** ⟨gesch.⟩ ***vlieboot***.

'fly book ⟨telb.zn.⟩ **0.1** ***doosje voor kunstvliegen***.

'fly-boy, 'fly-guy ⟨telb.zn.⟩⟨inf.⟩ **0.1** ***piloot***.

'fly·by ⟨telb.zn.⟩ **0.1** ***dichte nadering*** ⇒*het rakelings passeren, het voorbijvliegen op geringe afstand* ⟨i.h.b. v. ruimtevaartuig langs planeet⟩ **0.2** ***luchtparade***.

'fly-by-night[1] ⟨telb.zn.⟩⟨inf.⟩ **0.1** ***onbetrouwbaar iem.*** ⇒⟨i.h.b.⟩ *de-*

biteur die met de noorderzon vertrekt **0.2** ***nachtvogel*** ⟨fig.⟩ ⇒*nachtbraker*.
fly-by-night[2] ⟨bn.⟩⟨inf.⟩ **0.1** ***onbetrouwbaar*** ⇒*dubieus, louche* **0.2** ***kortstondig*** ⇒*van korte duur, vergankelijk*.
'fly-by-wire ⟨n.-telb.zn.; ook attr.⟩⟨lucht.⟩ **0.1** ***elektronische besturing*** ⟨tgo. mechanisch⟩.
'fly·catch·er ⟨f1⟩⟨telb.zn.⟩ **0.1** ***vliegenvanger*** **0.2** ⟨dierk.⟩ ***vliegenvanger*** ⟨vogel; fam. Muscicapidae⟩ ◆ **3.2** spotted ~ *grauwe vliegenvanger* ⟨Muscicapa striata⟩.
'fly-cop ⟨telb.zn.⟩⟨AE; sl.⟩ **0.1** ***stille*** ⇒*rechercheur*.
fly·er, fli·er ['flaɪə‖-ər]⟨f1⟩⟨telb.zn.⟩ **0.1** ***vlieger*** ⟨vogel⟩ **0.2** ⟨inf.⟩ ***hoogvlieger*** ⇒*kei, crack* **0.3** ⟨ben. voor⟩ ***zeer snel iets/iem.*** ⇒⟨i.h.b. v. vervoermiddel⟩ *snel/exprestrein; snelbus; snel schip; renpaard* **0.4** ***vliegenier*** ⇒*piloot* **0.5** ***vliegtuig*** **0.6** ***vluchteling*** **0.7** ⟨AE⟩ ***vlugschrift*** ⇒*folder, pamflet, brochure, circulaire* **0.8** ⟨inf.⟩ ***vliegende start*** **0.9** ⟨inf.⟩ ***verre sprong*** ⇒*reuzensprong* **0.10** ⟨AE; inf.⟩ ***gokje*** ⇒*speculatie* **0.11** ***trede*** ⟨in rechtlopende trap⟩ **0.12** ***molenwiek*** **0.13** ⟨zwemsport⟩ ***te vroege starter*** ⟨in estafette⟩ **0.14** ⟨wielrennen⟩ ***demarrage*** ◆ **3.1** take a ~ *een gokje wagen*.
'fly-fish ⟨onov.ww.⟩ **0.1** ***vliegvissen*** ⇒*vissen met een kunstvlieg*.
'fly·flap, fly·flap·per ['flaɪ,flæpə‖-ər]⟨telb.zn.⟩ **0.1** ***vliegemepper/klap***.
'fly front ⟨telb.zn.⟩ **0.1** ***klep*** ⟨v. kleding⟩ ⇒*gulp*.
fly-guy →fly-boy.
'fly 'half ⟨telb.zn.⟩⟨rugby⟩ **0.1** ***fly half*** ⟨speler met positie tussen scrum half en driekwarten⟩.
fly·ing[1] ['flaɪɪŋ]⟨n.-telb.zn.; gerund v. fly⟩ **0.1** ***het vliegen***.
flying[2] ⟨f3⟩⟨bn., attr.; teg. deelw. v. fly⟩ **0.1** ***vliegend*** **0.2** ***(los)hangend*** ⇒*wapperend, fladderend* **0.3** ***(zeer) snel*** ⇒*zich snel verplaatsend/ontwikkelend, snel verplaatsbaar, mobiel, vliegend* **0.4** ***kortstondig*** ⇒*van korte duur, tijdelijk* **0.5** ⟨sl.⟩ ***high*** **0.6** ⟨sl.⟩ ***elders gestationeerd*** ◆ **1.1** ~ doctor *vliegende dokter* ⟨zich per vliegtuig verplaatsend⟩; ⟨dierk.⟩ ~ dragon/lizard *vliegende draak* ⟨genus Draco⟩; the Flying Dutchman *de Vliegende Hollander;* ~ fish *vliegende vis;* ⟨dierk.⟩ ~ fox *vleerhond/vos, vliegende hond, kalong* ⟨genus Pteropus⟩; ⟨dierk.⟩ ~ gurnard/robin *vliegende (knor)haan* ⟨fam. Dactylopteridae⟩; ~ jump/leap *sprong met aanloop;* ⟨dierk.⟩ ~ lemur *vliegende kat/maki* ⟨genus Cynocephalus⟩; ⟨dierk.⟩ ~ phalanger *vliegende buidelmuis* ⟨genus Acrobates⟩; ⟨dierk.⟩ ~ squirrel *vliegende eekhoorn* ⟨genus Pteromys⟩; *Canadees vlieghoorntje, assapan* ⟨genus Glaucomys⟩; *vliegende buidelmuis* ⟨genus Acrobates⟩; ~ saucer *vliegende schotel;* ⟨lucht.⟩ ~ wing *vliegende vleugel* **1.3** ~ bridge *vliegende brug;* ~ picket *vliegende/mobiele stakingsposten;* ~ start *vliegende start* ⟨ook fig.⟩ **1.4** ~ visit *bliksembezoek* **1.¶** ⟨bouwk.⟩ ~ buttress *luchtboog;* ⟨inf.⟩ with ~ colours *met vlag en wimpel, glansrijk;* ⟨scheep.⟩ ~ jib *buitenkluiver, vlieger* ⟨zeil⟩; ⟨worstelen⟩ ~ mare *bovenarmokselzwaai*.
'flying boat ⟨telb.zn.⟩ **0.1** ***vliegboot***.
'flying 'bomb ⟨telb.zn.⟩⟨mil.⟩ **0.1** ***vliegende bom*** ⇒*V-1*.
'flying 'column ⟨telb.zn.⟩⟨mil.⟩ **0.1** ***vliegende colonne***.
'flying field ⟨telb.zn.⟩ **0.1** ***vliegveld***.
'flying machine ⟨telb.zn.⟩ **0.1** ***vliegmachine***.
'flying officer ⟨telb.zn.⟩ **0.1** ***1e luitenant*** ⟨bij luchtmacht⟩.
'flying school ⟨telb.zn.⟩ **0.1** ***vliegschool***.
'flying squad, 'flying squadron ⟨verz.n.⟩ **0.1** ***vliegende brigade*** ⇒*mobiele eenheid*.
'fly·leaf ⟨f1⟩⟨telb.zn.⟩⟨druk.⟩ **0.1** ***(losse helft v.) schutblad***.
fly·man ['flaɪmən]⟨telb.zn.; flymen [-men]; →mv. 3⟩⟨dram.⟩ **0.1** ***toneelmeester***.
'fly net ⟨telb.zn.⟩ **0.1** ***vliegennet***.
'fly-o·ver ⟨f1⟩⟨telb.zn.⟩ **0.1** ⟨BE⟩ ***ongelijkvloerse/bovengrondse kruising*** ⇒*fly-over, viaduct* **0.2** ⟨AE⟩ ***luchtparade***.
'fly·pa·per ⟨n.-telb.zn.⟩ **0.1** ***vliegenpapier***.
'fly·past ⟨telb.zn.⟩⟨BE⟩ **0.1** ***luchtparade***.
'fly·post ⟨ov.ww.⟩⟨BE⟩ **0.1** ***(clandestien) beplakken/volplakken*** ⟨met aanplakbiljetten, muurkranten, stickers⟩.
'fly rod ⟨telb.zn.⟩ **0.1** ***hengel voor vliegvissen***.
'fly·sheet ⟨telb.zn.⟩ **0.1** ***(reclame)blaadje*** ⇒*folder, circulaire, pamflet* **0.2** ***informatieblad*** ⇒*instructiepagina, gebruiksaanwijzing* ⟨v. catalogus, boek⟩ **0.3** ***buitentent*** **0.4** ***tentdeur*** ⇒*flap*.
'fly·speck ⟨telb.zn.⟩ **0.1** ***vliegestrontje*** ⇒*vliegescheet;* ⟨fig.⟩ *spatje, stipje*.
'fly spray ⟨f1⟩⟨telb. en n.-telb.zn.⟩ **0.1** ***vliegendood*** ⇒*anti-vliegenspray*.
'fly·spring ⟨telb.zn.⟩⟨gymnastiek⟩ **0.1** ***zweefsprong***.
'fly strip ⟨f1⟩⟨telb.zn.⟩ **0.1** ***vliegenvanger***.
'fly swatter, 'fly swat ⟨telb.zn.⟩ **0.1** ***vliegemepper***.
flyt·ing, flit·ing ['flaɪṭɪŋ]⟨n.-telb.zn.⟩⟨Sch. E; gesch.⟩ **0.1** ***geschimp*** ⇒*scheldpartij;* ⟨i.h.b. in versvorm, tussen twee dichters⟩ *schimpdicht*.
'fly·trap ⟨telb.zn.⟩ **0.1** ***vliegenvanger*** **0.2** ⟨plantk.⟩ ***vleesetende plant*** ⇒⟨i.h.b.⟩ *venusvliegenvanger* ⟨Dionaea muscipula⟩; *vliegenvangertje, zonnedauw* ⟨genus Drosera⟩ **0.3** ⟨AE; sl.⟩ ***toet*** ⇒*mond*.
'fly-un·der ⟨telb.zn.⟩⟨BE⟩ **0.1** ***ongelijkvloerse/ondergrondse kruising*** ⇒*tunnel, onderdoorgang*.
'fly·way ⟨telb.zn.⟩ **0.1** ***vliegroute*** ⟨v. trekvogels⟩.
'fly·weight ⟨telb.zn.⟩⟨bokssport, worstelen⟩ **0.1** ***vlieggewicht***.
'fly·wheel ⟨f1⟩⟨telb.zn.⟩ **0.1** ***vliegwiel***.
'fly whisk ⟨telb.zn.⟩ **0.1** ***vliegemepper***.
fm ⟨afk.⟩ fathom(s), from.
FM ⟨afk.⟩ **0.1** ⟨frequency modulation⟩ ***F.M.*** **0.2** ⟨field marshal⟩.
f-num·ber ['efnʌmbə‖-ər]⟨telb.zn.⟩⟨foto.⟩ **0.1** ***f-getal*** ⟨aanduiding v. lichtsterkte v. lens⟩.
fo ⟨afk.⟩ folio **0.1** ***f.***.
FO ⟨afk.⟩ flying officer, field officer; Foreign Office ⟨gesch.⟩; full organ ⟨muz.⟩.
foal[1] [foʊl]⟨f2⟩⟨telb.zn.⟩ **0.1** ***veulen*** ◆ **6.1 in/with** ~ *drachtig*.
foal[2] ⟨ww.⟩
I ⟨onov.ww.⟩ **0.1** ***een veulen werpen*** ⇒*veulenen;*
II ⟨ov.ww.⟩ **0.1** ***werpen*** ⟨veulen⟩.
foam[1] [foʊm]⟨f2⟩⟨n.-telb.zn.⟩ **0.1** ***schuim*** **0.2** ***schuimrubber*** **0.3** ⟨schr.⟩ ***zilte schuim/nat*** ⇒*baren, zee*.
foam[2] ⟨f2⟩⟨ww.⟩ →foamed
I ⟨onov.ww.⟩ **0.1** ***schuimen*** **0.2** ***schuimbekken*** ⇒*schuimen* ◆ **1.2** ~ at the mouth *schuimbekken* ⟨ook fig.⟩ **6.2** ~ing **with** rage *schuimend van woede;*
II ⟨ov.ww.⟩ **0.1** ***doen schuimen*** **0.2** ***met schuim bedekken***.
foamed ['foʊmd]⟨bn.; volt. deelw. v. foam⟩ **0.1** ***schuim-*** ◆ **1.1** ~ concrete/plastic *schuimbeton/plastic*.
'foam extinguisher ⟨telb.zn.⟩ **0.1** ***schuimblusser*** ⇒*schuimblusapparaat/toestel*.
'foam 'plastic ⟨n.-telb.zn.⟩ **0.1** ***schuimplastic***.
'foam 'rubber ⟨f1⟩⟨n.-telb.zn.⟩ **0.1** ***schuimrubber***.
foam·y ['foʊmi]⟨f1⟩⟨bn.; -er; -ly; -ness; →bijw. 3⟩ **0.1** ***schuimig*** ⇒*schuim-, schuimachtig* **0.2** ***schuimend*** ⇒*vol schuim, met schuim bedekt*.
fob[1] [fɒb‖fɑb]⟨telb.zn.⟩ **0.1** ***horlogezakje*** ⟨vnl. in broek⟩ ⇒*vestzakje* **0.2** ***horlogeketting***.
fob[2] ⟨ov.ww.; →ww. 7⟩ **0.1** ***in zijn zak steken*** **0.2** ⟨vero.⟩ ***bedriegen*** ◆ **5.¶** →fob off.
fob[3] ⟨afk.⟩ free on board ⟨hand.⟩ **0.1** ***f.o.b.***.
'fob chain ⟨telb.zn.⟩ **0.1** ***horlogeketting***.
'fob 'off ⟨f1⟩⟨ov.ww.⟩ **0.1** ***wegwuiven*** ⇒*geen aandacht besteden aan, terzijde schuiven* **0.2** ***afschepen*** ⇒*zich afmaken van* **0.3** ***aansmeren*** ◆ **1.1** our criticism was fobbed off *onze kritiek werd weggewuifd* **3.2** we won't be fobbed off this time *deze keer laten we ons niet met een kluitje in het riet sturen* **6.2** ~ **with** *afschepen met, om de tuin leiden met* **6.3** the shop assistant fobbed the man off **with** the old model, the shop assistant fobbed the old model off **on(to)** the man *de verkoper smeerde de man het oude model aan*.
'fob pocket ⟨telb.zn.⟩ **0.1** ***horlogezakje*** ⟨vnl. in broek⟩ ⇒*vestzakje*.
'fob watch ⟨f1⟩⟨telb.zn.⟩ **0.1** ***zakhorloge***.
fo·cal ['foʊkl]⟨f1⟩⟨bn., attr.; -ly⟩ **0.1** ***mbt./v.h. brandpunt*** ⇒*brandpunts-, brand-* ◆ **1.1** ~ distance/length *brandpuntsafstand;* ~ plane *brandvlak, brandpuntsvlak, beeldvlak*.
fo·cal·ize, -ise ['foʊkəlaɪz]⟨ww.⟩
I ⟨onov.ww.⟩ **0.1** ***in een brandpunt samenkomen*** ⇒*convergeren* **0.2** ***zich concentreren*** **0.3** ⟨med.⟩ ***zich beperken*** ⟨v. ziekte, tot bepaald deel v. lichaam⟩;
II ⟨ov.ww.⟩ **0.1** ***in een brandpunt doen samenkomen/samenbrengen*** **0.2** ***concentreren*** **0.3** ***scherpstellen*** ⇒*instellen* **0.4** ⟨med.⟩ ***beperken***.
'focal 'point ⟨telb.zn.⟩ **0.1** ***brandpunt*** ⟨ook fig.⟩ ⇒*middelpunt*.
fo'c's'le ['foʊksl]⟨telb.zn.⟩⟨verk.⟩ forecastle ⟨scheep.⟩ **0.1** ***foksel***.
fo·cus[1] ['foʊkəs]⟨f3⟩⟨zn.; ook foci [-kaɪ, -saɪ], BE ook focusses; →mv. 5, 2⟩
I ⟨telb.zn.⟩ **0.1** ⟨nat., wisk.⟩ ***brandpunt*** ⇒*focus;* ⟨fig.⟩ *middelpunt, centrum, haard* ◆ **1.1** ~ of an earthquake *aardbevingshaard* **2.1** tuberculous ~ *tuberculeuze haard;*
II ⟨n.-telb.zn.⟩ **0.1** ***brandpuntsafstand*** **0.2** ***scherpte*** **0.3** ***scherpstelling*** ◆ **1.2** ⟨foto.⟩ depth of ~ *scherptediepte* **3.1** fixed ~ *vaste brandpuntsafstand* **6.2** **in(to)** ~ *scherp, duidelijk;* bring sth. **into** ~ *scherpstellen/instellen op iets, iets scherp in beeld brengen;* come **into** ~ *in het brandpunt komen* ⟨ook fig.⟩; *duidelijk in beeld komen* ⟨ook fig.⟩; ⟨fig.⟩ *duidelijk gedefinieerd worden;* **out of** ~ *onscherp, onduidelijk*.
focus[2] ⟨f3⟩⟨ww.; →ww. 7⟩
I ⟨onov.ww.⟩ **0.1** ***in een brandpunt samenkomen*** ⇒*convergeren* **0.2** ***zich concentreren*** **0.3** ***zich scherpstellen/instellen*** ⇒*scherp zien* ◆ **6.2** ~ **on** *zich concentreren/richten op;*

II ⟨ov.ww.⟩ 0.1 *in een brandpunt doen samenkomen/samenbrengen* ⇒*doen convergeren* 0.2 *concentreren* 0.3 *scherpstellen* ⇒*instellen (op), scherp in beeld brengen* ◆ 6.2 ~ one's attention **on** *zijn aandacht concentreren/richten/vestigen op.*

fod·der[1] ['fɒdə||'fɑdər]⟨f1⟩⟨n.-telb.zn.⟩ 0.1 *(droog) veevoeder* ⇒*voer* ⟨ook fig.⟩.

fodder[2] ⟨ov.ww.⟩ 0.1 *voe(de)ren* ⟨vee⟩.

foe [foʊ]⟨f2⟩⟨telb.zn.⟩⟨schr.⟩ 0.1 *vijand* ⇒*tegenstander.*

foehn →föhn.

foe·man ['foʊmən]⟨telb.zn.; foemen [-mən]; →mv. 3⟩⟨vero.; mil.⟩ 0.1 *vijand.*

foe·tal, fe·tal ['fi:tl]⟨bn., attr.⟩ 0.1 *foetaal* ⇒*mbt./v.d. foetus.*

foe·tid ['fi:tɪd], **fe·tid** ['fe-, 'fi:-]⟨bn.⟩ 0.1 *stinkend* ⇒*(kwalijk) riekend.*

foe·tor ['fi:tə||'fi:tər], **fe·tor** ['fe-, 'fi:-]⟨telb. en n.-telb.zn.⟩ 0.1 *stank* ⇒*(kwalijke/vieze) lucht.*

foe·tus, fe·tus ['fi:təs]⟨f1⟩⟨telb.zn.⟩ 0.1 *foetus.*

fog[1] [fɒg||fɑg, fɔg]⟨f3⟩⟨zn.⟩

I ⟨telb. en n.-telb.zn.⟩ 0.1 *mist* ⇒*nevel* ⟨ook fig.⟩, *onduidelijkheid, verwarring* 0.2 ⟨foto.⟩ *sluier* 0.3 ⟨inf.⟩ *damp* ◆ 6.1 be **in** a ~ *het spoor bijster zijn, in het duister tasten, er niets van snappen, de kluts kwijt zijn;*

II ⟨n.-telb.zn.⟩ 0.1 *nagras* ⇒*etgroen* ⟨gras dat na eerste maaiing opkomt⟩ 0.2 *lang/grof gras* ⟨gras dat 's winters blijft staan⟩ 0.3 ⟨plantk.⟩ *witbol* ⟨Holcus lanatus⟩.

fog[2] ⟨f1⟩⟨ww.; →ww. 7⟩

I ⟨onov.ww.⟩ 0.1 *in mist gehuld worden* 0.2 *beslaan* 0.3 ⟨foto.⟩ *sluieren* ⇒*met een sluier bedekt worden* 0.4 *verrotten* ⟨v. planten⟩ 0.5 ⟨BE; spoorwegen⟩ *mist/knalsignalen plaatsen* ◆ 5.2 my glasses ~ged **up** when I entered the warm room *mijn bril besloeg toen ik de warme kamer binnenkwam;*

II ⟨ov.ww.⟩ 0.1 *in mist/nevels hullen* ⟨ook fig.⟩ ⇒*onduidelijk maken, vertroebelen, verwarren, van de wijs brengen* 0.2 *doen beslaan* 0.3 ⟨foto.⟩ *met een sluier bedekken* 0.4 *het gras laten staan op* ⟨land⟩ 0.5 *met gras voeren* ⟨vee⟩ 0.6 ⟨AE; sl.⟩ *neerknallen* ⇒*neerschieten, doden* 0.7 ⟨AE; sl.⟩ *met grote snelheid gooien* ◆ 5.1 we are completely ~ged *we tasten helemaal in het duister, we zijn het spoor geheel bijster, we snappen er niets van.*

'fog bank ⟨f1⟩⟨telb.zn.⟩ 0.1 *mistbank.*

'fog·bound ⟨bn.⟩ 0.1 *door mist opgehouden* 0.2 *in mist gehuld.*

fog·bow ['fɒgboʊ||'fɑg-, 'fɔg-]⟨telb.zn.⟩ 0.1 *mistboog* ⇒*witte regenboog.*

fog·gy ['fɒgi||'fɑgi, 'fɔgi]⟨f2⟩⟨bn.; -er; -ly; -ness; →bijw. 3⟩ 0.1 *mistig* ⇒*(zeer) nevelig/dampig;* ⟨ook fig.⟩ *onduidelijk, vaag, verward, troebel, beneveld* 0.2 ⟨foto.⟩ *gesluierd* ◆ 1.¶ ⟨inf.; scherts.⟩ Foggy Bottom *Foggy Bottom* ⟨in Washington D.C. waar ministerie v. buitenlandse zaken ligt⟩; *(Ministerie v.) Buitenlandse Zaken* ⟨in U.S.A.⟩ 3.1 ⟨inf.⟩ I haven't the foggiest (idea) *(ik heb) geen flauw idee, ik zou het echt niet weten, al sla je me dood.*

'fog·horn ⟨f1⟩⟨telb.zn.⟩ 0.1 *misthoorn* 0.2 *schetter/tetterstem* ⇒*brulboei.*

'fog lamp, 'fog light ⟨f1⟩⟨telb.zn.⟩ 0.1 *mistlamp.*

'fog patches ⟨mv.⟩ 0.1 *mistbanken* ⇒*flarden mist.*

'fog signal ⟨telb.zn.⟩⟨BE; spoorwegen⟩ 0.1 *mistsignaal* ⇒*knalsignaal* ⟨dat afgaat als trein eroverheen rijdt⟩.

fo·gy, fo·gey, fo·gie ['foʊgi]⟨telb.zn.; →mv. 2⟩ 0.1 *ouderwets/bekrompen figuur* ⇒*ouwe zeur/sok, conservatieveling* ◆ 2.1 old ~ *ouderwets/bekrompen figuur.*

fo·gy·ish ['foʊgiɪʃ]⟨bn.⟩ 0.1 *ouderwets* ⇒*uit de tijd, achterhaald, bekrompen.*

föhn, foehn [fɜ:n||feɪn]⟨telb.zn.⟩⟨meteo.⟩ 0.1 *föhn* ⟨warme valwind⟩.

foi·ble ['fɔɪbl]⟨f1⟩⟨telb.zn.⟩ 0.1 *zwak* ⇒*zwakheid, zwak(ke) zijde/punt, (kleine) tekortkoming* 0.2 *gril* 0.3 ⟨schermen⟩ *faible* ⟨het zwak⟩ ◆ ¶.1 buying clothes is her ~ *kleren kopen is haar zwak.*

foie gras ['fwɑ: 'grɑ:]⟨n.-telb.zn.⟩⟨verk.⟩ pâté de foie gras ⟨inf.⟩ 0.1 *(ganze)leverpastei.*

foil[1] [fɔɪl]⟨f2⟩⟨zn.⟩

I ⟨telb.zn.⟩ 0.1 *(contrasterende) achtergrond* ⇒*contrast* 0.2 *floret* 0.3 *spoor* ⟨v. wild⟩ 0.4 ⟨bouwk.⟩ *(veel)pas* ⇒*drie/vier/vijfpas* ⟨i.h.b. in gotisch maaswerk⟩ 0.5 ⟨verk.⟩ ⟨hydrofoil⟩ *draagvleugel(boot)* ◆ 3.1 act/serve as a ~ to *als contrast dienen voor;* be a ~ to *beter doen uitkomen;*

II ⟨n.-telb.zn.⟩ 0.1 *foelie* ⇒*bladmetaal, folie, zilverpapier* 0.2 *folie* ⟨verpakkingsmateriaal⟩ ◆ 6.2 cook fish **in** ~ *vis in folie bereiden.*

foil[2] ⟨f1⟩⟨ov.ww.⟩ 0.1 *verijdelen* ⇒*verhinderen, voorkomen, een stokje steken voor, tegenhouden* 0.2 *afweren* ⇒*af/verslaan, terugdrijven/slaan, pareren* 0.3 ⟨jacht⟩ *uitwissen* ⇒*kruisen, vertrappen* ⟨spoor⟩ 0.4 *foeliën* ⇒*met foelie bedekken* 0.5 *als contrast dienen voor* ⇒*beter doen uitkomen* ◆ 1.1 ~ s.o.'s plans *iemands plannen dwarsbomen.*

foi·son ['fɔɪzn]⟨n.-telb.zn.⟩⟨vero.⟩ 0.1 *overvloed.*

foist [fɔɪst]⟨f1⟩⟨ov.ww.⟩ 0.1 *opdringen* 0.2 *aansmeren* 0.3 *toedichten* ⇒*in de schoenen schuiven* 0.4 *binnen/insmokkelen* ⇒*heimelijk inbrengen, op slinkse wijze opnemen* ◆ 5.2 he ~ed **off** the old model on the woman *hij smeerde de vrouw het oude model aan* 6.1 ~ one's company **(up)on** s.o. *iem. zijn gezelschap opdringen;* ~ o.s. **(up)on** s.o. *zich aan iem. opdringen* 6.3 ~ sth. **upon** s.o. *iem. iets in de schoenen schuiven* 6.4 ~ erroneous data **in/into** a report *foute gegevens in een rapport binnensmokkelen.*

fol ⟨afk.⟩ folio.

fold[1] [foʊld]⟨f2⟩⟨zn.⟩

I ⟨telb.zn.⟩ 0.1 *vouw* ⇒*plooi, kronkel(ing), ribbel, kreuk* 0.2 ⟨geol.⟩ *(aard)plooi* 0.3 ⟨vnl. BE⟩ *inzinking* ⟨in terrein⟩ ⇒*dal* 0.4 *schaapskooi* ⟨met verplaatsbare omheining⟩;

II ⟨n.-telb.zn.⟩ 0.1 *het vouwen;*

III ⟨verz.n.⟩ 0.1 *kudde* ⇒⟨fig.⟩ *kerk, gemeente* 0.2 *schapen* ⟨in schaapskooi⟩ ⇒*kooi* ◆ 3.1 return to the ~ *in de schoot der kerk/v. zijn familie terugkeren.*

fold[2] ⟨f3⟩⟨ww.⟩ →folding

I ⟨onov.ww.⟩ 0.1 *opvouwbaar zijn* ⇒*zich (laten) opvouwen* 0.2 ⟨inf.⟩ *op de fles gaan* ⇒*over de kop gaan* 0.3 ⟨inf.⟩ *het begeven* ⇒*bezwijken, instorten, het bijltje erbij neergooien* 0.4 ⟨geol.⟩ *plooien* ⇒*v. aardlagen* ◆ 5.1 ~ **out** *uitvouwbaar/uitklapbaar zijn* 5.¶ →fold up;

II ⟨ov.ww.⟩ 0.1 *(op)vouwen* 0.2 *(om)wikkelen* ⇒*(in)pakken* 0.3 *(om)sluiten* ⇒*omhelzen* 0.4 *hullen* ⟨in mist⟩ 0.5 *over elkaar leggen/doen* ⇒*kruisen* ⟨armen⟩; *intrekken* ⟨vleugels⟩ 0.6 ⟨cul.⟩ *(erdoor) spatelen* ⇒*(erdoor) scheppen* 0.7 *beëindigen* ⇒*ophouden met, sluiten* 0.8 *kooien* ⟨schapen⟩ 0.9 *door het kooien v. schapen bemesten* ⟨land⟩ ◆ 1.3 she ~ed her arms about/round me *ze sloeg haar armen om me heen;* ~ s.o. in one's arms *iem. in zijn armen sluiten;* ~ s.o. to one's breast *iem. aan zijn borst drukken* 5.1 ~ **away** *opvouwen, opklappen;* ~ **back** *terugslaan, omslaan, omvouwen* 5.6 ~ **in** *erdoor scheppen* 5.¶ →fold up 6.6 ~ **into** *scheppen/spatelen door, vermengen met.*

-fold [foʊld] 0.1 *-voudig* ◆ ¶.1 tenfold *tienvoudig.*

'fold·a·way, 'fold·up ⟨bn., attr.⟩ 0.1 *vouw-* ⇒*(op)klap-, opvouwbaar, opklapbaar.*

'fold·boat ⟨telb.zn.⟩ 0.1 *vouwboot.*

'fold-down ⟨bn., attr.⟩ 0.1 *neerklapbaar.*

fold·er ['foʊldə||-ər]⟨f2⟩⟨telb.zn.⟩ 0.1 *vouwer* ⇒*vouwmachine* 0.2 *folder* ⇒*(reclame)blaadje, circulaire* 0.3 *map(je).*

folderol →falderal.

fold·ing ['foʊldɪŋ]⟨f1⟩⟨bn., attr.; teg. deelw. v. fold⟩ 0.1 *vouw-* ⇒*opvouwbaar, opklapbaar, klap-* ◆ 1.1 ~ boat *vouwboot;* ~ door *vouwdeur, schuifdeur;* ~ partition *harmonikawand* 1.¶ ⟨AE; inf.⟩ ~ money *papiergeld.*

'fold·out →gatefold.

'fold 'up ⟨ww.⟩

I ⟨onov.ww.⟩ 0.1 *bezwijken* ⇒*het begeven, het opgeven, instorten* ⟨ook geestelijk⟩ 0.2 *failliet gaan* ⇒*over de kop gaan, sluiten, mislukken* 0.3 ⟨inf.⟩ *dubbelslaan* ⟨i.h.b. v.h. lachen⟩ ⇒*dubbel/in een deuk liggen;*

II ⟨ov.ww.⟩ 0.1 *opvouwen* ⇒*opklappen.*

fo·li·a·ceous ['foʊli'eɪʃəs]⟨bn.⟩ 0.1 *bladachtig/vormig* 0.2 *met bladeren* ⇒*bladerrijk, blad(er)-* 0.3 *gelaagd* ⟨v. gesteente⟩.

fo·li·age ['foʊlɪɪdʒ]⟨f2⟩⟨n.-telb.zn.⟩ 0.1 *gebladerte* ⇒*blad, loof (werk)* ⟨ook beeld. k.⟩.

'foliage leaf ⟨telb.zn.⟩ 0.1 *blad* ⟨bv. v. boom, tgo. bloemblad⟩.

'foliage plant ⟨telb.zn.⟩ 0.1 *bladplant.*

fo·li·ar ['foʊlɪə||-ər]⟨bn.⟩ 0.1 *blad(er)-* ⇒*mbt./v.(e.) blad(eren).*

fo·li·ate[1] ['foʊlɪət], **fo·li·at·ed** [-lieɪtɪd]⟨bn.⟩ 0.1 *bladachtig/vormig* 0.2 *met bladeren* ⇒*bladerrijk.*

foliate[2] ['foʊlieɪt]⟨ww.⟩

I ⟨onov.ww.⟩ 0.1 *uitlopen* ⇒*bladeren vormen/krijgen* 0.2 *zich in lagen splijten* ⟨gesteente⟩;

II ⟨ov.ww.⟩ 0.1 *met bladmotieven/loofwerk versieren* 0.2 *foliëren* ⇒*nummeren* ⟨bladen v. boek⟩ 0.3 *foeliën* ⇒*met (metaal)foelie bedekken, foliën* 0.4 *in lagen (doen) splijten* 0.5 *tot blad/foelie pletten* ⟨metaal⟩.

fo·lic acid ['foʊlɪk 'æsɪd]⟨n.-telb.zn.⟩ 0.1 *foliumzuur* ⇒*folinezuur* ⟨vitamine⟩.

fo·lie à deux ['foʊli ɑ: 'dɜ:||foʊ'li:-]⟨telb. en n.-telb.zn.; folies à deux ['foʊliz-||foʊ'li:z-]; →mv. 6⟩⟨psych.⟩ 0.1 *folie à deux* ⟨gelijktijdig optreden v. geestesstoornis bij twee mensen⟩.

fo·lie de gran·deur ['foʊli də grɑ:n'dɜ:||foʊ'li: də grɑn'dɜr]⟨telb. en n.-telb.zn.; folies de grandeur ['foʊliz-||foʊ'li:z-]; →mv. 6⟩⟨psych.⟩ 0.1 *grootheidswaan(zin).*

fo·li·o[1] ['foʊlioʊ]⟨zn.⟩

I ⟨telb.zn.⟩ **0.1** ***folio*** ⟨voor- en achterzijde v. bladzij, in koopmansboek linker en rechter bladzij, met samen één nummer⟩ **0.2** ***foliant*** ⟨boek in folioformaat⟩ **0.3** ***folionummer*** ⇒*bladzijdenummer* **0.4** ⟨druk.⟩ ***folioblad*** ⟨eenmaal gevouwen blad⟩;
II ⟨n.-telb.zn.⟩ **0.1** ***folio(formaat)*** **0.2** ⟨ben. voor⟩ ***bep. woordenaantal*** ⟨eenheid v. lengte v. document⟩ ⇒⟨BE⟩ *72/90 woorden;* ⟨AE⟩ *100 woorden* ◆ **6.1 in** ~ *in folio(formaat).*

folio[2] ⟨ov.ww.⟩ **0.1** ***foliëren*** ⇒*nummeren* ⟨blad v. boek⟩.

'folio edition ⟨telb.zn.⟩ **0.1** ***foliouitgave.***

fo·li·ole ['foulioul]⟨telb.zn.⟩ **0.1** ***blaadje*** ⟨v. samengesteld blad⟩.

fo·li·um ['foulıəm]⟨telb.zn.; folia [-lıə]; →mv. 5⟩ **0.1** ⟨geol.⟩ ***(dunne) laag*** **0.2** ⟨wisk.⟩ ***folium*** ⟨kromme⟩.

folk [fouk]⟨f3⟩⟨zn.⟩⟨→sprw. 110, 308, 672⟩
I ⟨telb.zn.⟩ **0.1** ***volk*** ⇒*ras, stam;*
II ⟨n.-telb.zn.⟩⟨verk.⟩ folk music ⟨inf.⟩ **0.1** ***folk*** ⇒*volksmuziek;*
III ⟨verz.n.⟩ **0.1** ***mensen*** ⇒*lieden, lui* **0.2** ⟨vero.⟩ ***familie*** ◆ **3.1** some ~ never learn *sommige mensen leren het nooit;*
IV ⟨mv.; ~s⟩⟨inf.⟩ **0.1** ***familie*** ⇒*gezin, oude lui, ouders, kinderen* **0.2** ***luitjes*** ⇒*jongens, mensen, volkje* **0.3** ⟨vnl. AE⟩ ***mensen*** ⇒*lieden, lui* ◆ **3.3** ~s say ... *ze zeggen dat* ... ¶**.2** well, ~s, what shall we do? *nou, jongens, wat doen we?.*

'folk dance ⟨f1⟩⟨telb.zn.⟩ **0.1** ***volksdans.***

'folk epic ⟨zn.⟩
I ⟨telb.zn.⟩ **0.1** ***volksepos;***
II ⟨n.-telb.zn.⟩ **0.1** ***volksepiek.***

'folk etymology ⟨telb. en n.-telb.zn.⟩ **0.1** ***volksetymologie.***

folk·ie, folk·y ['fouki]⟨telb.zn.; 2e variant; →mv. 2⟩⟨inf.⟩ **0.1** ***folkzanger(es)*** **0.2** ***folk-fan.***

folk·lore ['fouklɔ:||-lɔr]⟨f2⟩⟨n.-telb.zn.⟩ **0.1** ***folklore*** **0.2** ***volkskunde*** ⇒*folklore.*

folk·lor·ic [fouk'lɒrık||-'lɔ:rık]⟨bn.⟩ **0.1** ***folkloristisch*** ◆ **1.1** ~ costume *klederdracht.*

folk·lor·ist ['fouklɔ:rıst]⟨telb.zn.⟩ **0.1** ***folklorist*** ⟨kenner v. folklore⟩.

'folk music ⟨f1⟩⟨n.-telb.zn.⟩ **0.1** ***volksmuziek.***

'folk rock ⟨n.-telb.zn.⟩⟨muz.⟩ **0.1** ***folk rock.***

'folk singer ⟨f1⟩⟨telb.zn.⟩ **0.1** ***zanger(es) v. volksliedjes.***

'folk song ⟨f1⟩⟨telb.zn.⟩ **0.1** ***volkslied*** ⟨oud, overgeleverd lied⟩.

folk·ster ['foukstə||-stər]⟨telb.zn.⟩⟨AE⟩ **0.1** ***zanger(es) v. volksliedjes.***

folk·sy ['fouksi]⟨f1⟩⟨bn.; -er; -ness; →bijw. 3⟩⟨inf.⟩ **0.1** ***gewoon*** ⇒*informeel, eenvoudig;* ⟨pej.⟩ *(overdreven/gewild) populair* **0.2** ***vriendelijk*** ⇒*hartelijk, gezellig* **0.3** ***mbt./v. volkskunst*** ⇒*handwerk-, met de hand gemaakt.*

'folk tale, 'folk story ⟨f1⟩⟨telb.zn.⟩ **0.1** ***volksverhaal*** ⇒*sage, sprookje.*

'folk·way ⟨telb.zn.; vnl. mv.⟩ **0.1** ***traditioneel denk/gedragspatroon*** ⇒*traditionele levenswijze/gewoonte, traditioneel gebruik.*

fol·li·cle ['fɒlıkl||'fɑ-]⟨f1⟩⟨telb.zn.⟩ **0.1** ⟨med.⟩ ***zakje*** ⇒*blaasje, follikel* **0.2** ⟨plantk.⟩ ***kokervrucht.***

'fol·li·cle-stim·u·lat·ing ⟨bn.⟩ **0.1** ***follikelstimulerend*** ◆ **1.1** ~ hormone *follikelstimulerend hormoon.*

fol·lic·u·lar [fə'lıkjʊlə||-kjələr]⟨bn.⟩ **0.1** ⟨med.⟩ ***folliculair*** ⇒*mbt./als/met/v.(e.) follikel(s)* **0.2** ⟨plantk.⟩ ***mbt./als/met/v.(e.) kokervrucht(en).***

fol·lic·u·late [fə'lıkjʊlət||-kjə-], **fol·lic·u·lat·ed** [-leıt̬ıd]⟨bn.⟩ **0.1** ⟨med.⟩ ***met (een) follikel(s)*** **0.2** ⟨plantk.⟩ ***met (een) kokervrucht (en).***

fol·low[1] ['fɒloʊ||'fɑ-]⟨zn.⟩
I ⟨telb.zn.⟩⟨biljart⟩ **0.1** ***doorstoot;***
II ⟨n.-telb.zn.⟩ **0.1** ***het volgen.***

follow[2] ⟨f4⟩⟨ww.⟩ →following ⟨→sprw. 139, 201, 317⟩
I ⟨onov. en ov.ww.⟩ **0.1** ⟨ben. voor⟩ ***volgen*** ⇒*erachteraan/erna komen; achternalopen/gaan; aanhouden, gaan langs* ⟨weg, richting, rivier⟩; *achternazitten, achtervolgen; begeleiden, vergezellen; bijwonen; komen na, volgen op; opvolgen; aandacht schenken aan, in het oog/de gaten houden, gadeslaan, luisteren naar; begrijpen; zich op de hoogte houden van, bijhouden* ⟨nieuws⟩; *zich laten leiden door, handelen naar, opvolgen, gehoor geven aan, uitvoeren* ⟨bevel, advies⟩; *nadoen, imiteren, navolgen* ⟨voorbeeld⟩; *voortvloeien uit* ◆ **1.1** ~ a corpse (to the grave) *een lijk volgen;* ~ the fashion *de mode volgen;* ~ a football club *supporter v.e. voetbalclub zijn;* ~ the plough/sea *boer/zeeman zijn;* ~ the rules *zich aan de regels houden* **5.1** ~ s.o. **about/(a)round** *iem. overal volgen, aan iem. vastgekleefd zitten;* ~ s.o. close *iem. op de voet volgen;* ~ s.o. home *met iem. mee naar huis lopen/gaan;* ~ sth. home *iets helemaal uitwerken, iets afmaken;* ~ **on** *verder gaan, volgen* ⟨na onderbreking⟩; ⟨cricket⟩ *opnieuw batten* ⟨v. team, bij grote achterstand⟩; ~ **out** *(nauwkeurig) opvolgen/uitvoeren; afmaken, afwerken;* ~ **through** *(nauwkeurig) uitvoeren; afmaken;* ⟨sport⟩ *de slag afmaken, uitzwaaien;* ~ **up** *(op korte afstand) volgen, in de buurt blijven van; vervolgen, voortzetten, laten volgen, een vervolg maken op; uitbuiten, benutten, gebruik maken van; uitzoeken, nagaan, na/uitpluizen* **6.1** ~ **(up) on** *volgen op* **8.1** the outcome is as ~s *het resultaat is als volgt;* it ~s that I am in favour of the scheme *ik ben derhalve voor het plan, hieruit volgt dat ik voor het plan ben* ¶**.1** to ~ *als volgend(e) gang/gerecht;* would you like anything to ~? *wilt u nog iets toe?;*
II ⟨ov.ww.⟩ **0.1** ***uitoefenen*** ⇒*beoefenen, bedrijven* **0.2** ***streven naar*** ⇒*trachten te bereiken* **0.3** ***laten volgen op*** ◆ **1.1** ~ the law *advocaat zijn;* ~ the navy *bij de marine zijn;* ~ the trade of butcher *het slagersvak uitoefenen* **1.3** he ~ed his excellent article with an even better one *hij liet op zijn uitstekende artikel een nog beter volgen.*

fol·low·er ['fɒloʊə||'fɑloʊər]⟨f2⟩⟨telb.zn.⟩ **0.1** ***aanhanger*** ⇒*volgeling, discipel, supporter* **0.2** ***dienaar*** ⇒*bediende, ondergeschikte* **0.3** ***achtervolger*** **0.4** ⟨vero.⟩ ***vrijer*** ⟨v. dienstmeisje⟩ **0.5** ⟨Austr. voetbal⟩ ***volger*** ⟨een v.d. twee spelers die de rover de bal toespelen⟩.

fol·low·ing[1] ['fɒloʊıŋ||'fɑ-]⟨f3⟩⟨telb.zn.; oorspr. gerund v. follow⟩ **0.1** ***aanhang*** ⇒*volgelingen, supporters.*

following[2] ⟨f3⟩⟨bn., attr.; teg. deelw. v. follow⟩ **0.1** ***volgend*** **0.2** ***mee*** ⇒*in de rug, gunstig* ⟨wind⟩ ◆ **1.1** ⟨biljart⟩ a ~ stroke *een doorstoot* **7.1** the ~ *het volgende, de volgende(n).*

following[3] ⟨f2⟩⟨vz.; oorspr. teg. deelw. v. follow⟩ **0.1** ***na*** ⇒*volgende op* ◆ **1.1** ~ the meeting *na de vergadering.*

'fol·low-my-'lead·er, ⟨AE⟩ **'fol·low-the-'lead·er** ⟨n.-telb.zn.⟩ **0.1** ***(kinder)spel waarbij ieder de leider moet imiteren.***

'fol·low-'on ⟨n.-telb.zn.⟩⟨cricket⟩ **0.1** ***het opnieuw batten*** ⇒*tweede innings* ⟨onmiddellijk na eerste, bij grote achterstand⟩.

'fol·low-through ⟨telb.zn.⟩ **0.1** ⟨sport⟩ ***uitzwaai*** ⟨afmaken v.d. slag⟩ **0.2** ***voltooiing*** ⇒*afwerking* ◆ **3.1** he had no time to finish his ~ *hij had geen tijd om zijn slag af te maken.*

'fol·low-up ⟨f1⟩⟨telb. en n.-telb.zn.⟩ **0.1** ***vervolg*** ⇒*voortzetting, follow-up;* ⟨i.h.b.⟩ *tweede brief, vervolgbrief; tweede bezoek* **0.2** ⟨med.⟩ ***nazorg*** ⇒*follow up, nabehandeling.*

'fol·low-up care ⟨n.-telb.zn.⟩⟨med.⟩ **0.1** ***nazorg*** ⇒*follow up, nabehandeling.*

'fol·low-up letter ⟨telb.zn.⟩ **0.1** ***tweede brief*** ⇒*vervolgbrief.*

'follow-up milk ⟨n.-telb.zn.⟩ **0.1** ***opvolgvoeding.***

'fol·low-up order ⟨telb.zn.⟩⟨hand.⟩ **0.1** ***vervolgorder.***

fol·ly ['fɒli||'fɑli]⟨f2⟩⟨zn.; →mv. 2⟩⟨→sprw. 746⟩
I ⟨telb.zn.⟩ **0.1** ⟨ben. voor⟩ ***(buitensporig) duur en nutteloos iets*** ⇒⟨i.h.b.⟩ *extravagant gebouw;*
II ⟨telb. en n.-telb.zn.⟩ **0.1** ***dwaasheid*** ⇒*dwaas/dom/onverstandig gedrag, stommiteit;*
III ⟨mv.; follies; ww. ook enk.⟩⟨dram.⟩ **0.1** ***revue*** **0.2** ***revuemeisjes.***

fo·ment [foʊ'ment]⟨ov.ww.⟩ **0.1** ***met kompressen behandelen*** ⇒*met (vochtige) warmte behandelen, betten* **0.2** ***aanstoken*** ⇒*aanmoedigen, stimuleren.*

fo·men·ta·tion ['foumen'teıʃn]⟨zn.⟩
I ⟨telb.zn.⟩ **0.1** ***kompres*** ⇒*warme omslag;*
II ⟨telb. en n.-telb.zn.⟩ **0.1** ***behandeling met kompressen*** ⇒*warmtebehandeling* **0.2** ***aanmoediging*** ⇒*stimulering, instigatie.*

fond [fɒnd||fɑnd]⟨f3⟩⟨bn., attr.; -er; -ly⟩⟨→sprw. 1⟩ **0.1** ***liefhebbend*** ⇒*teder, innig* **0.2** ***dierbaar*** ⇒*lief* **0.3** ***al te lief*** ⇒*al te toegeeflijk/goed* **0.4** ***al te optimistisch*** ⇒*naïef, dwaas, onrealistisch, lichtgelovig* ◆ **1.2** his ~est wish *zijn liefste wens* **1.4** ~ trust *blind vertrouwen* **3.4** she ~ly imagines that se can learn it in a few weeks *ze denkt/is zo naïef te denken dat ze het wel even in een paar weken kan leren* **6.**¶ be ~ **of** *veel houden van, weg zijn van, dol/verzot/gek zijn op;* ⟨inf.⟩ *er de gewoonte op na houden om, er een handje van hebben te.*

fon·dant ['fɒndənt||'fɑn-]⟨telb. en n.-telb.zn.⟩ **0.1** ***fondant(je)*** ⟨suikergoed⟩.

fon·dle ['fɒndl||'fɑndl]⟨f2⟩⟨ww.⟩
I ⟨onov.ww.⟩ **0.1** ***lief zijn/doen*** ◆ **6.1** ~ **with** *spelen/stoeien met;*
II ⟨ov.ww.⟩ **0.1** ***liefkozen*** ⇒*strelen, aaien, vertroetelen.*

fond·ness ['fɒn(d)nəs||'fɑn(d)-]⟨f1⟩⟨telb. en n.-telb.zn.⟩ **0.1** ***tederheid*** ⇒*genegenheid, warmte* **0.2** ***voorliefde*** ⇒*hang* **0.3** ***al te groot optimisme*** ⇒*naïviteit, dwaasheid.*

fon·du(e) ['fɒndju:||fɑn'du:]⟨telb. en n.-telb.zn.⟩⟨cul.⟩ **0.1** ***fondue*** ⇒⟨i.h.b.⟩ *kaasfondue* **0.2** ***fonduepan.***

fons et o·ri·go ['fɒnz et 'ɒrıgoʊ||'founs et̬ ə'ri:gou]⟨n.-telb.zn.; the⟩ **0.1** ***fons et origo*** ⇒*bron en oorsprong.*

font [fɒnt||fɑnt]⟨telb.zn.⟩ **0.1** ***(doop)vont*** **0.2** ***wijwaterbak(je)*** **0.3** ***oliereservoir/houder*** ⟨v. lamp⟩ **0.4** ⟨vnl. AE; druk.⟩ ***letterfamilie*** **0.5** ⟨vero.⟩ ***bron.***

font·al ['fɒntl||'fɑnt̬l]⟨bn.⟩ **0.1** ***eerst*** ⇒*oer-, oorspronkelijk* **0.2** ***doop-.***

fon·ta·nelle, ⟨AE sp. vnl.⟩ **fon·ta·nel** ['fɒntə'nel||'fɑntn'el]⟨telb.zn.⟩ ⟨med.⟩ **0.1** ***fontanel*** ⇒*fontenel.*

'font name ⟨telb.zn.⟩ **0.1** ***doopnaam***.

food [fu:d]⟨f4⟩⟨zn.⟩
I ⟨telb.zn.⟩ **0.1** ***voedingsmiddel/artikel*** ⇒*levensmiddel, eetwaar* ◆ **2.1** sweet ~s *zoetigheid* **3.1** frozen ~s *diepvriesprodukten;*
II ⟨n.-telb.zn.⟩ **0.1** ***voedsel*** ⇒*eten, kost, voe(de)r, voeding* ⟨ook fig.⟩ ◆ **1.1** ~ for thought/reflection *stof tot nadenken* **1.¶** he is ~ for fishes *hij is verdronken;* ~ for powder *kanonnevlees/voer;* be ~ for worms *onder de (groene) zoden liggen* **3.1** is there any ~ left? *is er nog iets te eten?*.

'food additive ⟨telb.zn.⟩ **0.1** ***voedsel/voedingsadditief***.

'food chain ⟨telb.zn.⟩⟨ecologie⟩ **0.1** ***voedselketen***.

'food·grain ⟨n.-telb.zn.⟩ **0.1** ***voor consumptie bestemd graan***.

food·ie, food·y ['fu:di]⟨telb.zn.; 2e variant; →mv. 2⟩⟨inf.⟩ **0.1** ***lekkerbek*** ⇒*gourmet, fijnproever, smulpaap; kookfanaat*.

'food poisoning ⟨f1⟩⟨telb. en n.-telb.zn.⟩ **0.1** ***voedselvergiftiging***.

'food prices ⟨f1⟩⟨mv.⟩ **0.1** ***voedselprijzen***.

'food processor ⟨telb.zn.⟩ **0.1** ***keukenmachine*** ⇒⟨B.⟩ *keukenrobot*.

'food shortage ⟨f1⟩⟨telb. en n.-telb.zn.⟩ **0.1** ***voedselschaarste/tekort***.

'food stamp ⟨telb.zn.⟩ **0.1** ***voedselbon*** ⟨voor uitkeringstrekkers in U.S.A.⟩.

'food·stuff ⟨f2⟩⟨telb.zn.⟩ **0.1** ***levensmiddel*** ⇒*voedingsmiddel/artikel, eetwaar*.

'food value ⟨telb. en n.-telb.zn.⟩ **0.1** ***voedingswaarde***.

'food web ⟨telb.zn.⟩⟨ecologie⟩ **0.1** ***voedselweb***.

fool[1] [fu:l]⟨f3⟩⟨zn.⟩⟨→sprw. 48, 178, 202, 203, 204, 207, 294, 469, 659⟩
I ⟨telb.zn.⟩ **0.1** ***dwaas*** ⇒*gek, zot(skap), stommeling* **0.2** ⟨gesch.⟩ ***nar*** ⇒*zot* ◆ **1.¶** ~ for luck *geluksvogel;* be a ~ for one's pains *stank voor dank krijgen* **3.1** make a ~ of o.s. *zich belachelijk maken, zich aanstellen;* make a ~ of s.o. *iem. ertussen nemen, iem. voor de gek houden, iem. erin laten lopen* **3.2** act/play the ~ *gek doen, zich dwaas gedragen* **3.¶** be a ~ for *gek zijn op;* he is a ~ for stamp-collecting *hij is een enthousiast postzegelverzamelaar;* ⟨BE⟩ be a ~ to o.s. *zichzelf benadelen, er niets wijzer van worden, er niets voor kopen* **4.¶** he's nobody's/no ~ *hij is niet van gisteren, hij laat zich geen oor/niets aannaaien;* be enough of a ~ to *zo gek zijn om te* **7.1** be ~ enough to *zo dwaas zijn om te;*
II ⟨telb. en n.-telb.zn.⟩⟨cul.⟩ **0.1** ⟨ong.⟩ ***vruchtenmousse***.

fool[2] ⟨bn., attr.⟩⟨vnl. AE; inf.⟩ **0.1** ***dwaas*** ⇒*stom*.

fool[3] ⟨f2⟩⟨ww.⟩
I ⟨onov.ww.⟩ **0.1** ***gek doen*** ⇒*zich dwaas gedragen, grappen maken, schertsen, doen alsof* **0.2** ***lummelen*** ⇒*lanterfanten, rommelen* ◆ **3.1** stop ~ing, please *hou alsjeblieft op met die grappen (makerij)* **5.2** ~ **about,** ⟨AE⟩ ~ **around** *rondlummelen, rondhangen, aanrommelen;* ~ **along** *het kalm(pjes) aan doen, het op zijn dooie akkertje doen* **6.1** ~ (about/around) **with** *spelen met; flirten met;*
II ⟨ov.ww.⟩ **0.1** ***voor de gek houden*** ⇒*ertussen nemen, erin laten lopen, bedotten* **0.2** ***(aangenaam) verrassen*** ◆ **5.¶** →fool **away 6.1** he ~ed her **into** believing he's a guitarist *hij maakte haar wijs dat hij gitarist is;* ~ s.o. **out of** sth. *iem. iets afhandig maken/aftroggelen*.

'fool a'way ⟨f1⟩⟨ov.ww.⟩ **0.1** ***verdoen*** ⇒*verlummelen* ⟨tijd⟩ **0.2** ***verspillen*** ⇒*verkwisten, over de balk smijten* ⟨geld⟩.

fool·er·y ['fu:ləri]⟨telb. en n.-telb.zn.; →mv. 2⟩ **0.1** ***dwaasheid*** ⇒*dwaas gedoe, grappenmakerij*.

'fool·har·dy ⟨f1⟩⟨bn.; -er; -ly; -ness; →bijw. 3⟩ **0.1** ***onbezonnen*** ⇒*roekeloos, overmoedig*.

'fool hen ⟨telb.zn.⟩⟨AE⟩ **0.1** ***korhoen***.

fool·ish ['fu:lɪʃ]⟨f3⟩⟨bn.; -ly; -ness⟩⟨→sprw. 559⟩ **0.1** ***dwaas*** ⇒*dom, stom, belachelijk, absurd* **0.2** ***verbouwereerd*** ⇒*beteuterd, met zijn mond vol tanden* **0.3** ⟨vero.⟩ ***onbelangrijk*** ◆ **1.1** do a ~ thing *een dwaze streek uithalen*.

'fool·proof ⟨f1⟩⟨bn.⟩ **0.1** ***volkomen veilig/ongevaarlijk*** **0.2** ***kinderlijk eenvoudig*** ⇒*overduidelijk* **0.3** ***onfeilbaar*** ⇒*waterdicht, waar geen speld tussen te krijgen is* **0.4** ***bedrijfszeker*** ⇒*betrouwbaar, zonder stoornissen*.

fool's cap, ⟨in bet. II vnl.⟩ **fools·cap** ['fu:lskæp]⟨zn.⟩
I ⟨telb.zn.⟩ **0.1** ***narrenkap*** ⇒*zotskap;*
II ⟨n.-telb.zn.⟩ **0.1** ***klein-foliopapier*** ⟨ong. 33 × 20 of 40 cm.⟩.

'fool's 'errand ⟨telb.zn.; geen mv.⟩ **0.1** ***nodeloze/vruchteloze tocht/onderneming*** ◆ **3.1** go on a ~ *voor niks gaan;* send s.o. on a ~ *iem. voor niks laten gaan*.

'fool's 'gold ⟨n.-telb.zn.⟩ **0.1** ***pyriet*** ⇒*ijzerkies, zwavelkies* ⟨erts⟩.

'fool's 'mate ⟨telb. en n.-telb.zn.⟩⟨schaken⟩ **0.1** ***gekkenmat***.

'fool's 'paradise ⟨telb.zn.; geen mv.⟩ **0.1** ⟨ong.⟩ ***luilekkerland*** ⇒*rozegeur en maneschijn, droomwereld* ◆ **3.1** be/live in a ~ *zichzelf voor de gek houden*.

'fool's-'pars·ley ⟨telb. en n.-telb.zn.⟩⟨plantk.⟩ **0.1** ***hondspeterselie*** ⟨Aethusa cynapium⟩.

foot[1] [fʊt]⟨telb.zn.⟩ **0.1** ***bezinksel*** **0.2** ***ruwe suiker***.

foot[2] ⟨f4⟩⟨zn.; feet [fi:t]; →mv. 3⟩⟨→sprw. 491, 530, 658⟩
I ⟨telb.zn.⟩ **0.1** ***voet*** ⟨ook v. berg, bladzij, lamp, kous enz.⟩ **0.2** ***(vers)voet*** **0.3** ***poot*** ⟨v. tafel⟩ **0.4** ***voeteneinde*** ⟨v. bed⟩ **0.5** ***onderste/achterste/laatste deel*** ⇒*(uit)einde* **0.6** ***haarwortel*** ◆ **1.¶** have a ~ in both camps *geen partij kiezen, iedereen te vriend houden;* ⟨fig.⟩ feet of clay *lemen voeten, fundamentele zwakte* ⟨naar Daniël 2:33⟩; have a ~ in the door *een voet in de stijgbeugel hebben, de eerste stap gezet hebben;* have one ~ in the grave *met de ene voet/een been in het graf staan;* have/keep one's feet (set)(firmly) to/on the ground *met beide benen op de grond staan/blijven* **3.1** put one's feet up *(even) gaan zitten met de voeten omhoog, gaan liggen;* set ~ in/on *binnengaan, betreden;* I won't set ~ in that house *ik zet geen voet in dat huis, mij krijg je dat huis niet in;* stand on one's own feet *op eigen benen staan* **3.¶** carry/sweep s.o. off his feet *iem. meeslepen;* ⟨inf.⟩ change one's feet *andere schoenen aantrekken;* cloven ~ *gespleten hoef;* show the cloven ~ *z'n ware aard tonen;* drag one's feet *lijntrekken, de zaak traineren;* come to one's feet *opveren, opspringen;* dig in one's feet *z'n poot stijfhouden;* ⟨inf.⟩ fall/land on one's feet *mazzel hebben, op zijn pootjes/(altijd) goed terechtkomen;* feel one's feet *op eigen benen beginnen te staan, zijn eigen mogelijkheden ontdekken;* find one's feet *beginnen te staan/lopen* ⟨v. kind⟩; *zijn draai vinden, op eigen benen kunnen staan, ergens in thuis raken;* get to one's feet *opstaan;* ⟨inf.⟩ go home feet foremost/first *het loodje leggen, de pijp uit gaan;* jump to one's feet *opspringen;* keep (on) one's feet *overeind/op de been blijven;* put one's ~ down *streng/kordaat/krachtig optreden;* ⟨inf.⟩ *'m flink op zijn staart trappen, plankgas rijden;* put one's ~ down on sth. *ergens een eind aan maken;* ⟨inf.⟩ put one's ~ in it/one's mouth *een flater slaan, een blunder/stommiteit begaan;* not put/set a ~ wrong *geen fout maken, geen verkeerde dingen zeggen;* recover one's feet *weer overeind komen/krabbelen;* ⟨inf.⟩ run s.o. off his feet *iem. uitputten/doodmoe maken/afpeigeren;* ⟨inf.⟩ be run/rushed off one's feet *geen tijd hebben om adem te halen, zich uit de naad werken;* ⟨inf.⟩ rush s.o. off his feet *iem. opjagen/uitputten; iem. overrompelen/tot overijlde actie dwingen;* set on ~ *op poten/touw zetten, beginnen;* ⟨inf.⟩ think on your feet *je kans waarnemen/grijpen; je kop erbij hebben;* tread under ~ *onderdrukken, onder de voet houden* **6.1** ⟨fig.⟩ **at** s.o.'s feet *aan iemands voeten;* ~ **by** ~ *voet (je) voor voet(je);* **on** ~ *te voet; in de maak, op handen;* **on** one's feet *op de been, overeind, staand; er (weer) bovenop, beter; voor de vuist weg, onvoorbereid;* the cat landed **on** its feet *de kat kwam op zijn pootjes terecht;* put **on** one's feet *op de been/er bovenop helpen;* **under** ~ *op de grond;* keep **under** s.o.'s feet *iem. voor de voeten lopen* **6.¶** a mare with her foal **at** ~ *een merrie met haar veulen bij haar* **7.¶** my ~! *kom/ga/toe nou!, vergeet het maar!, larie!, nonsens!;*
II ⟨n.-telb.zn.⟩ **0.1** ***tred*** ⇒*gang, (voet)stap* ◆ **2.1** light of ~ *lichtvoetig, licht v. tred;* swift of ~ *vlug ter been* **3.¶** change ~ *de pas veranderen;*
III ⟨verz.n.⟩⟨BE; gesch.⟩ **0.1** ***voetvolk*** ⇒*infanterie*.

foot[3] ⟨f2⟩⟨telb.zn.; foot, feet; →mv. 3, 4⟩ **0.1** ***voet*** ⟨30,049 m; →t1⟩.

foot[4] ⟨f1⟩⟨ww.⟩ →footing
I ⟨onov.ww.⟩ →foot up;
II ⟨onov. en ov.ww.⟩ **0.1** ***dansen*** **0.2** ***lopen*** ⇒*te voet gaan, rennen, (be)wandelen* ◆ **4.1** ⟨inf.⟩ ~ it *dansen* **4.2** ⟨inf.⟩ ~ it *lopen, rennen, te voet/met de benenwagen gaan;*
III ⟨ov.ww.⟩ **0.1** ***een voet breien/maken aan*** ⟨kous, meubel⟩ **0.2** ***grijpen*** ⟨v. roofvogel⟩ **0.3** ***optellen*** **0.4** ⟨inf.⟩ ***dokken*** ⇒*opbrengen, opdraaien voor, vereffenen, betalen* ◆ **5.3** →foot **up**.

foot·age ['fʊtɪdʒ]⟨n.-telb.zn.⟩ **0.1** ***lengte (in voeten)*** **0.2** ***(stuk) film*** **0.3** ***meterakkoord*** ⇒*betaling per voet*.

'foot-and-'mouth, 'foot-and-'mouth disease ⟨f1⟩⟨telb. en n.-telb.zn.⟩ **0.1** ***mond- en klauwzeer***.

'foot·ball[1] ⟨f3⟩⟨zn.⟩
I ⟨telb.zn.⟩ **0.1** ***voetbal*** ⟨bal⟩ **0.2** ***rugbybal*** **0.3** ***speelbal*** ⟨fig.⟩;
II ⟨n.-telb.zn.⟩ **0.1** ⟨vnl. BE⟩ ***voetbal*** ⟨sport⟩ **0.2** ⟨BE; verk.⟩ ⟨rugby football⟩ ***rugby*** **0.3** ⟨AE⟩ ***Amerikaans voetbal***.

football[2] ⟨onov.ww.⟩ **0.1** ***voetballen*** **0.2** ***rugby spelen***.

'foot·ball·er ['fʊtbɔ:lə||-ər]⟨f1⟩⟨telb.zn.⟩ **0.1** ***voetballer/balster*** **0.2** ***rugbyspeler***.

'football knee ⟨telb.zn.⟩⟨Am. voetbal⟩ **0.1** ***voetbalknie*** ⇒*knietje, knieblessure*.

'football pool ⟨f1⟩⟨zn.⟩
I ⟨telb.zn.⟩ **0.1** ***voetbalpool;***
II ⟨mv.; ~s; the⟩ **0.1** ***voetbaltoto***.

'foot·bath ⟨telb.zn.⟩ **0.1** ***voetbad***.

'foot·board ⟨telb.zn.⟩ **0.1** ***treeplank*** ⇒*voettrede, opstap* ⟨v. rijtuig⟩ **0.2** ***voet(en)plank*** ⟨v. koetsier⟩ **0.3** ***(plank v.) voeteind*** ⇒*voeteneinde* ⟨v. bed⟩.

'foot·boy ⟨telb.zn.⟩ **0.1** *page* ⇒*livreiknechtje*.
'foot brake ⟨telb.zn.⟩ **0.1** *voetrem*.
'foot·bridge ⟨telb.zn.⟩ **0.1** *voet(gangers)brug*.
'foot'can·dle ⟨telb.zn.⟩ **0.1** *voetkaars* ⟨eenheid v. lichtsterkte⟩.
'foot dragging ⟨n.-telb.zn.⟩ **0.1** *getreuzel*.
-foot·ed ['fʊtɪd] **0.1** *met... voeten/poten* ⇒*-voetig* ◆ ¶**.1** flat-footed *met platvoeten*.
foot·er ['fʊtə‖'fʊtər]⟨telb.zn.⟩ **0.1** *voetganger* **0.2** ⟨BE; inf.⟩ *voetbal* **0.3** ⟨BE; inf.⟩ *rugby* **0.4** ⟨bowls⟩ *(ronde) voetmat*.
-foot·er ['fʊtə‖'fʊtər] **0.1** *iem. / iets v.... voet lang* ◆ ¶**.1** he is a seven-footer *hij is twee meter tien*.
'foot·fall ⟨f1⟩⟨telb.zn.⟩ **0.1** *(geluid v.) voetstap*.
'foot fault ⟨telb.zn.⟩⟨sport, i.h.b. tennis⟩ **0.1** *voetfout*.
'foot-fault ⟨onov.ww.⟩⟨sport, i.h.b. tennis⟩ **0.1** *een voetfout maken*.
'foot·gear ⟨n.-telb.zn.⟩ **0.1** *schoeisel*.
'Foot Guards ⟨mv.⟩⟨BE⟩ **0.1** *garderegimenten v. infanteristen* ⟨Grenadier, Coldstream, Scots, Irish en Welsh Guards⟩.
'foot·hill ⟨f1⟩⟨telb.zn.; vnl. mv.⟩ **0.1** *heuvel (aan de voet v.e. gebergte)* ◆ **1.1** the ~s of the Himalayas *de uitlopers v.d. Himalaja*.
'foot·hold ⟨f1⟩⟨telb.zn.⟩ **0.1** *steun(punt) voor de voet* ⇒*plaats om te staan* **0.2** *vaste voet* ⇒*steunpunt, zekere positie* ◆ **3.2** get a ~ *vaste voet krijgen, een been aan de grond krijgen*.
footie →footy.
foot·ing ['fʊtɪŋ]⟨f2⟩⟨telb.zn.; oorspr. gerund v. foot; vnl. enk.⟩ **0.1** *steun (voor de voet)* ⇒*steunpunt, plaats om te staan, houvast;* ⟨fig.⟩ *vaste voet, zekere positie* **0.2** *basis* ⇒*grond(slag)* **0.3** *voet* ⇒*grondslag, niveau, sterkte* **0.4** *voet* ⇒*verstandhouding, omgang* **0.5** *totaal* ⇒*optelling* **0.6** ⟨tech.⟩ *fundament* ⇒*sokkel, grondplaat* **0.7** ⟨vero.⟩ *entree(geld)* ◆ **2.1** be careful of your ~ *pas op waar je gaat staan* **2.4** they are on a friendly ~ *zij gaan vriendschappelijk met elkaar om;* on the same ~ *op gelijke/dezelfde voet* **3.1** gain/ get a ~ *vaste voet krijgen;* lose one's ~ *uit/wegglijden, zijn evenwicht verliezen*.
'foot-in-'mouth disease ⟨n.-telb.zn.⟩⟨scherts.⟩ **0.1** *flateritis* ⟨het voortdurend flaters begaan⟩.
foot·le[1] ['fu:tl]⟨telb. en n.-telb.zn.⟩⟨inf.⟩ **0.1** *dwaasheid* ⇒*onzin, nonsens*.
footle[2] ⟨onov.ww.⟩⟨inf.⟩ →footling **0.1** *onzin uitkramen* ⇒*leuteren, bazelen* **0.2** *dwaas doen* ⇒*voor gek spelen* ◆ **5.2** ~ **about/ around** *rondlummelen, rondhangen;* ~ **away** one's time *tijd verspillen, (zitten te) lanterfanten/lummelen*.
foot·less ['fʊtləs]⟨bn.; -ly; -ness⟩ **0.1** *zonder voet(en)* **0.2** *ongegrond* **0.3** *onbeholpen* ⇒*dwaas* **0.4** *nutteloos*.
'foot·lights ⟨f1⟩⟨mv.⟩ **0.1** *voetlicht* ⇒⟨bij uitbr.⟩ *(toneel)carrière*.
foot·ling ['fu:tlɪŋ]⟨bn.; oorspr. teg. deelw. v. footle⟩⟨inf.⟩ **0.1** *dwaas* ⇒*ongerijmd, stom* **0.2** *onbeduidend* ⇒*nietig, onbelangrijk, waardeloos* ◆ **1.2** dusting is a ~ job *afstoffen is een onbeduidend werkje*.
'foot·loose ⟨f1⟩⟨bn.⟩ **0.1** *vrij* ⇒*ongebonden, op drift* ◆ **2.1** she is ~ and fancyfree *ze is zo vrij als een vogel in de lucht*.
foot·man ['fʊtmən]⟨f1⟩⟨telb.zn.; footmen [-mən]; →mv. 3⟩ **0.1** *lakei* ⇒*livreiknecht* **0.2** *infanterist* **0.3** *treeft* ⇒*(hang)rooster* ⟨boven fornuis/vuur⟩.
'foot·mark ⟨telb.zn.⟩ **0.1** *voetafdruk* ⇒*spoor, voetstap*.
'foot·muff ⟨telb.zn.⟩ **0.1** *voet(en)zak*.
'foot·note[1] ⟨f1⟩⟨telb.zn.⟩ **0.1** *voetnoot* ⇒⟨fig.⟩ *kanttekening* ◆ **6.1** ~s **to** chapter three *voetnoten bij hoofdstuk drie*.
footnote[2] ⟨ov.ww.⟩ **0.1** *v. voetnoten voorzien*.
'foot·pace ⟨telb.zn.⟩ **0.1** *wandelgang* ⇒*wandelpas* **0.2** *verhoging* ⟨v. vloer⟩ ⇒*podium* **0.3** *overloop* ⟨v. trap⟩ ◆ **6.1** **at** a ~ *stapvoets*.
'foot·pad ⟨telb.zn.⟩⟨gesch.⟩ **0.1** *struikrover (te voet)*.
'foot·pas·sen·ger ⟨telb.zn.⟩ **0.1** *voetganger*.
'foot·path ⟨f1⟩⟨telb.zn.⟩ **0.1** *voetpad* **0.2** ⟨BE⟩ *trottoir* ⇒*stoep*.
'foot·plate ⟨telb.zn.⟩ **0.1** *staanplaats* ⟨op locomotief, v. machinist en stoker⟩.
'footplate worker ⟨telb.zn.⟩ **0.1** *machinist* **0.2** *stoker*.
'foot'pound ⟨telb.zn.⟩ **0.1** *voetpond* ⟨arbeidseenheid⟩.
'foot powder ⟨n.-telb.zn.⟩ **0.1** *voetpoeder*.
'foot·print ⟨f2⟩⟨telb.zn.⟩ **0.1** *voetafdruk* ⇒*voetspoor, voetstap*.
'foot·race ⟨telb.zn.⟩ **0.1** *wedloop*.
'foot reflexology ⟨n.-telb.zn.⟩⟨med.⟩ **0.1** *voetzoolmassage*.
'foot·rest ⟨telb.zn.⟩ **0.1** *voetsteun* ⇒*voetrust* **0.2** *voetbank* ⇒*voetenbankje*.
'foot·rope ⟨telb.zn.⟩⟨scheep.⟩ **0.1** *paard* ⟨touw waarop matrozen staan bij behandeling v. zeilen⟩ **0.2** *voetlijk* ⇒*onderlijk* ⟨v. zeil⟩.
'foot·rot ⟨telb. en n.-telb.zn.⟩ **0.1** *rot(kreupel)* ⟨ziekte v. hoeven bij schapen⟩ **0.2** *voetziekte* ⟨v. graan⟩.
'foot·rule ⟨telb.zn.⟩ **0.1** *maatstok* ⟨v. één voet⟩.
foots [fʊts]⟨mv.⟩ **0.1** *bezinksel* ⇒*neerslag, drab*.
'foot·scrap·er ⟨telb.zn.⟩ **0.1** *voetschraper* ⇒*voetenkrabber/schraper*.
foot·sie ['fʊtsi]⟨n.-telb.zn.⟩⟨inf.⟩ **0.1** *(het) voetjevrijen* ◆ **3.1** play ~ with s.o. *heimelijk met iemand flirten;* ⟨AE⟩ *stiekem samenwerken*.
foot·slog ['fʊtslɒg‖-slɑg]⟨onov.ww.; →ww. 7⟩⟨inf.⟩ **0.1** *(voort)sjokken* ⇒*sjouwen, klossen, marcheren*.
foot·slog·ger ['fʊtslɒgə‖-slɑgər]⟨telb.zn.⟩⟨inf.⟩ **0.1** *infanterist*.
'foot soldier ⟨f1⟩⟨telb.zn.⟩ **0.1** *infanterist*.
'foot·sore ⟨bn.; -ness⟩ **0.1** *met zere/pijnlijke voeten*.
'foot's pace ⟨telb.zn.⟩ **0.1** *wandelgang* ⇒*wandelpas*.
'foot·stalk ⟨telb.zn.⟩ **0.1** *(blad/bloem)steel* ⇒*stengel*.
'foot·stall ⟨telb.zn.⟩ **0.1** *stijgbeugel* ⟨v. dameszadel⟩ **0.2** *voetstuk* ⇒*plint* ⟨v. zuil⟩.
'foot·step ⟨f3⟩⟨telb.zn.⟩ **0.1** *voetstap* ⇒*voetafdruk, voetspoor* ⟨ook fig.⟩ **0.2** *pas* ⇒*stap* **0.3** *trede* ⟨v. trap⟩ ◆ **3.1** follow/tread in s.o.'s ~s *in iemands voetsporen treden, iemands voetspoor volgen/drukken*.
'foot·stool ⟨f1⟩⟨telb.zn.⟩ **0.1** *voetbank* ⇒*voetenbankje*.
'foot·sure ⟨bn.⟩ **0.1** *vast ter been* ⇒*stevig op de benen*.
'foot 'trap ⟨telb. en n.-telb.zn.⟩⟨voetbal⟩ **0.1** *het stoppen (v.d. bal) met de voet*.
'foot 'up ⟨ww.⟩
I ⟨onov.ww.⟩ **0.1** *bedragen* ◆ **6.1** ~ **to** *bedragen;*
II ⟨ov.ww.⟩ **0.1** *optellen*.
'foot·warm·er ⟨telb.zn.⟩ **0.1** *voet(en)warmer*.
'foot·way ⟨telb.zn.⟩ **0.1** *voetpad* **0.2** *trottoir* ⇒*stoep*.
'foot·wear ⟨f1⟩⟨n.-telb.zn.⟩ **0.1** *voetbekleding* ⇒*schoeisel, kousen, sokken*.
'foot·work ⟨f1⟩⟨n.-telb.zn.⟩ **0.1** ⟨sport; dans⟩ *voetenwerk* **0.2** *gemanoeuvreer* ⇒*manoeuvres*.
'foot·worn ⟨bn.⟩ **0.1** *met zere/pijnlijke voeten*.
foot·y, foot·ie ['fʊti]⟨n.-telb.zn.⟩⟨inf.⟩ **0.1** *(het) voetjevrijen* **0.2** ⟨Austr. E⟩ *voetbal*.
foo·zle[1] ['fu:zl]⟨telb.zn.⟩⟨inf.⟩ **0.1** *onhandige slag* ⟨bij golfen⟩.
foozle[2] ⟨ov.ww.⟩⟨inf.⟩ **0.1** *verknoeien* ⇒*verprutsen* ⟨i.h.b. bij golfen⟩.
fop [fɒp‖fɑp]⟨telb.zn.⟩ **0.1** *modegek* ⇒*dandy, fat*.
fop·per·y ['fɒpəri‖'fɑ-]⟨telb. en n.-telb.zn.; →mv. 2⟩ **0.1** *fatterigheid*.
fop·pish ['fɒpɪʃ‖'fɑ-]⟨bn.; -ly; -ness⟩ **0.1** *fatterig* ⇒*dandyachtig, kwastig* ◆ **1.1** a ~ costume *een fatterig pak*.
for[1] [fɔ:‖fɔr]⟨telb.zn.; vnl. mv.⟩ **0.1** *voorstemmer* ⇒*voorstander* ◆ **7.1** three ~s and one against *drie stemmen voor en één tegen*.
for[2], ⟨om inf. taalgebruik te suggereren soms gespeld⟩ **fer** [fə⟨sterk⟩fɔ:‖fər⟨sterk⟩fɔr]⟨f4⟩⟨vz.⟩ **0.1** ⟨doel of reden; ook fig.⟩ *voor* ⇒*om, gericht op, met het oog op, omwille van, wegens, bestemd voor, bedoeld om, ten behoeve van* **0.2** ⟨referentiebeperkend of vergelijkend⟩ *voor* ⇒*wat betreft, gezien, in verhouding met* **0.3** ⟨tgo. against⟩ *ten voordele van* ⇒*ten gunste van, vóór* **0.4** *in de plaats van* ⇒*tegenover, in ruil voor* **0.5** *als* ⇒*als zijnde* **0.6** ⟨naamgeving⟩ *naar* **0.7** ⟨omvang, tijd, afstand⟩ *over* ⇒*gedurende, sinds, ver, met een omvang/grootte* ⟨enz.⟩ **0.8** ⟨leidt een bijzin met onbep. w. met to in die een subjunctieve betekenis heeft; ook gebruikt als uitroep⟩ *dat... zou...* ⇒*dat... moet...* **0.9** ⟨leidt een bijzin van doel in met onbep. w. met to⟩ *opdat* ◆ **1.1** act ~ the best *handelen om bestwil;* send ~ the boy *stuur iemand om de jongen (te halen);* tools ~ carpenters *gereedschap voor timmerlui;* study ~ an exam *studeren voor een examen;* I'm ~ the 10.10 express *ik moet de expres-trein v. 10.10 u. hebben;* ~ fear of *uit angst voor;* medicine ~ a fever *medicijnen tegen de koorts;* ~ your own good *in je eigen belang;* long ~ home *verlangen naar huis;* write ~ information *schrijven om informatie;* do it ~ Jill *doe het omwille van/voor Jill;* shout ~ joy *schreeuwen van vreugde;* she could not speak ~ joy *ze kon niet spreken van vreugde;* she detested him ~ the liar he was *ze verafschuwde hem omdat hij zo'n leugenaar was;* work ~ one's living *werken om zijn brood te verdienen;* hungry ~ love *snakken naar liefde;* letters ~ May *brieven voor May (bestemd);* set out ~ Paris *vertrekken met bestemming Parijs;* ~ her sake *om harentwil;* it was all ~ the worse *het maakte alles erger* **1.2** clever ~ his age *verstandig voor zijn leeftijd;* ~ all his cheek he'll lose *ondanks al zijn brutaliteit zal hij verliezen;* a stickler ~ detail *een perfectionist;* good ~ John *goed voor John zijn doen;* an ear ~ music *een muzikaal gehoor* **1.3** fight ~ your country *vecht voor je vaderland;* vote ~ John *stem op John* **1.4** ~ each genius there are ten fools *voor elke genie zijn er tien dwazen;* my kingdom ~ a horse *mijn koninkrijk in ruil voor een paard;* gave her lemons ~ oranges *gaf haar citroenen in plaats v. sinaasappels;* repeat sth. word ~ word *iets woord voor woord herhalen* **1.5** she knew him ~ an artist *ze zag dat het een kunstenaar was;* know ~ a fact *weten als (zijnde) een feit;* pass ~ a lady *doorgaan als (zijnde) een dame;* dolls ~ presents *poppen als geschenk* **1.6** nicknamed 'shiny' ~ his bald-

ness *bijgenaamd 'shiny' om zijn kaalheid;* named ~ his father *genoemd naar zijn vader* **1.7** he waited ~ days *hij wachtte dagenlang;* he could see ~ miles *hij kon mijlenver in de omtrek zien;* a cheque ~ £50 *een cheque ter waarde van £50* **1.¶** anyone ~ coffee? *wil er iem. koffie?;* ~ a house! *had ik maar een huis!;* now ~ the story *en nu het verhaal* **2.5** left ~ dead *voor dood achtergelaten* **2.¶** good ~ John! *goed zo, John!* **3.1** thank you ~ coming *bedankt dat je gekomen bent;* tools ~ making furniture *gereedschap om meubelen te maken* **3.3** be ~ *voorstaan, instemmen met;* I am ~ leaving *ik stel voor te vertrekken* **3.8** ~ her to go to Germany would mean that ... *als zij naar Duitsland zou gaan, zou dat inhouden dat ...;* ~ her to leave us is impossible *het is onmogelijk dat zij ons zou verlaten;* ⟨gew.⟩ I want ~ you to go *ik wil dat je gaat;* ⟨gew.⟩ I would like ~ to see her *ik zou haar graag zien* **3.9** he called ~ all to hear *hij riep zodat allen het hoorden;* ~ this to work it is necessary to *wil dit lukken, dan is het nodig te* **4.1** now ~ it *en nu erop los;* you're ~ it! *er zwaait wat voor je!;* it is good ~ you *het zal je goed doen* **4.2** it's not ~ me to *het is niet aan mij, het ligt niet op mijn weg, ik voel me niet geroepen (om);* so much ~ that *dat is dat, tot daar;* ~ one, we have no money *om te beginnen hebben we geen geld;* ~ one thing we cannot, for another we will not *ten eerste kunnen we niet en ten tweede willen we niet;* I ~ one will not do it *ik zal het in elk geval niet doen;* John, ~ one, objects *John, onder anderen/bijvoorbeeld heeft bezwaren;* he did not protest, ~ all that *toch/desondanks protesteerde hij niet;* ⟨om een bijzin in te leiden⟩ ~ all (that) *niettegenstaande (dat), alhoewel;* ~ all (that) I know *voor zover ik weet;* ~ all he studies he will fail *al studeert hij hard, hij zal toch zakken;* ~ all I care, ~ all me *voor mijn part;* there's a champion ~ you *daar heb je nu nog eens een kampioen* **4.7** push ~ all you are worth *duw uit alle macht;* it was all ~ the worse *het maakte alles erger* **5.2** ~ once *voor een keer;* the better ~ us *des te beter voor ons* **5.7** it was not ~ long *het duurde niet lang* **6.3** ~ and against *voor en tegen.*

for[3] ⟨f4⟩ ⟨nevensch.vw.; reden of oorzaak⟩ ⟨schr.⟩ **0.1** ***want*** ⇒*daar, aangezien* ◆ **¶.1** I like her, ~ she is generous *ik mag haar graag want ze is vrijgevig.*

for[4] ⟨afk.⟩ foreign, forel, forest, forestry, free on rail.

for·age[1] ['fɒrɪdʒ‖'fɑ-, 'fɔ-] ⟨f1⟩ ⟨zn.⟩
I ⟨telb. en n.-telb.zn.⟩ **0.1** ***fouragering*** ⟨ook mil.⟩ ⇒*het op fourage uitgaan* **0.2** ***plundertocht*** ◆ **6.1 on** the ~ *op fourage uit;*
II ⟨n.-telb.zn.⟩ **0.1** ***veevoer*** ⇒*fourage.*

forage[2] ⟨f1⟩ ⟨ww.⟩
I ⟨onov.ww.⟩ **0.1** ***op fourage uitgaan*** ⟨ook mil.⟩ ⇒*naar voedsel zoeken, fourageren* **0.2** ***doorzoeken*** ⇒*op zoektocht gaan* ◆ **5.2** ~ **about** in s.o.'s bag *iemands tas doorsnuffelen, iemands tas overhoop halen* **6.2** ~ **for** branches *op takken uit gaan;*
II ⟨ov.ww.⟩ **0.1** ***voorzien v. fourage*** ⇒*voederen, levensmiddelen verschaffen aan* **0.2** ***door fourage verkrijgen*** ⇒*bemachtigen* **0.3** ⟨vero.⟩ ***afstropen*** ⇒*plunderen.*

'forage cap ⟨telb.zn.⟩ **0.1** ***soldatenmuts*** ⟨i.h.b. W.O. II⟩.

for·ag·er ['fɒrɪdʒə‖'fɑrɪdʒər, 'fɔ-] ⟨telb.zn.⟩ **0.1** ***fourageur*** ⇒*bevoorrader* **0.2** ***plunderaar.***

fo·ra·men [fə'reɪmɪn] ⟨telb.zn.; ook foramina [-'ræmɪnə]; →mv. 5⟩ ⟨biol.⟩ **0.1** ***opening*** ⇒*gat, doorgang.*

for·a·min·a·te [fə'ræmɪneɪt], **for·a·min·a·ted** [-neɪtɪd] ⟨bn.⟩ ⟨biol.⟩ **0.1** ***geperforeerd*** ⇒*doorboord, met een gat/gaten.*

fo·ram·i·nif·er·ous [fəræmɪ'nɪf(ə)rəs] ⟨bn.⟩ ⟨biol.⟩ **0.1** ***behorende tot de Foraminifera/krijtdiertjes/gaatjesdiertjes.***

for·ay[1] ['foreɪ‖'fɑ-, 'fɔ-] ⟨f1⟩ ⟨telb.zn.⟩ **0.1** ***(vijandelijke) inval*** ⇒*verovering* **0.2** ***strooptocht*** ⇒*plunder/rooftocht* **0.3** ⟨inf.⟩ ***uitstapje*** ◆ **3.2** go on a ~, make a ~ *op strooptocht gaan* **6.3** John's ~ **into** science failed *Johns poging zich op het gebied van de wetenschap te wagen mislukte.*

foray[2] ⟨ww.⟩
I ⟨onov.ww.⟩ **0.1** ***een (vijandelijke) inval doen*** ⇒⟨i.h.b.⟩ *een strooptocht maken;*
II ⟨ov.ww.⟩ **0.1** ***plunderen.***

for·bear[1], **fore·bear** ['fɔ:beə‖'fɔrber] ⟨telb.zn.; vaak mv.⟩ ⟨schr.⟩ **0.1** ***voorvader*** ⇒*voorzaat.*

forbear[2] [fɔ:'beə‖fɔr'ber] ⟨f1⟩ ⟨ww.; forbore [fɔ:'bɔ:‖fɔ'bɔr], forborne [fɔ:'bɔ:n‖fɔr'bɔrn]⟩ →forbearing
I ⟨onov.ww.⟩ **0.1** ***zich onthouden*** ⇒*zich inhouden, afzien, ophouden* **0.2** ***geduld hebben*** ◆ **6.1** the vicar should ~ **from** quarrels *de dominee moet zich verre houden van ruzies* **6.2** ~ **with** s.o.'s shortcomings *iemands tekortkomingen tolereren/verdragen;*
II ⟨ov.ww.⟩ **0.1** ***nalaten*** ⇒*zich onthouden van, laten schieten* **0.2** ⟨vero.⟩ ***verdragen*** ⇒*sparen* ◆ **3.1** ~ punishing s.o. *ervan afzien iem. te straffen;* he could not ~ to scream *hij kon niet nalaten te schreeuwen.*

for·bear·ance [fɔ:'beərəns‖fɔr'ber-] ⟨n.-telb.zn.⟩ **0.1** ***onthouding*** ⇒*verzuim, nalatigheid* **0.2** ***verdraagzaamheid*** ⇒*tolerantie, geduld, toegeeflijkheid.*

for·bear·ing [fɔ:'beərɪŋ‖fɔr'ber-] ⟨f1⟩ ⟨bn.; oorspr. teg. deelw. v. forbear⟩ **0.1** ***verdraagzaam*** ⇒*geduldig, tolerant, toegeeflijk.*

for·bid [fə'bɪd‖fər-] ⟨f3⟩ ⟨ov.ww.; forbade [-'beɪd‖-'bæd], forbidden [-'bɪdn]⟩ →forbidden, forbidding **0.1** ***verbieden*** ⇒*ontzeggen* **0.2** ***voorkomen*** ⇒*verhoeden, buitensluiten* ◆ **1.1** ~ s.o. one's house *iem. toegang weigeren tot zijn huis* **1.2** God ~! *God verhoede!;* the enemy's attitude ~s kindness *de houding v.d. vijand laat geen vriendelijkheid toe.*

for·bid·dance [fə'bɪdns‖fər-] ⟨n.-telb.zn.⟩ **0.1** ***verbod*** ⇒*ontzegging.*

for·bid·den [fə'bɪdn‖fər-] ⟨f1⟩ ⟨bn.; volt. deelw. v. forbid⟩ ⟨→sprw. 205⟩ **0.1** ***verboden*** ⇒*niet toegestaan* ◆ **1.1** ~ fruit *verboden vrucht* ⟨appel in Paradijs⟩; *heimelijke wens;* ~ ground *verboden terrein.*

for·bid·ding [fə'bɪdɪŋ‖fər-] ⟨f1⟩ ⟨bn.; (oorspr.) teg. deelw. v. forbid; -ly⟩ **0.1** ***afstotelijk*** ⇒*afschrikwekkend* **0.2** ***onheilspellend*** ⇒*dreigend, grimmig.*

for·by(e)[1] [fɔ:'baɪ‖fər-] ⟨bw.⟩ ⟨vnl. Sch. E⟩ **0.1** ***bovendien*** ⇒*op de koop toe* ◆ **3.1** a liar and a thief ~ *een leugenaar en een dief bovendien.*

forby(e)[2] ⟨vz.⟩ ⟨vero. of Sch. E⟩ **0.1** ***naast*** ⇒*behalve* ◆ **1.1** he had nothing ~ a coat *hij bezat niets behalve een jas.*

force[1] [fɔ:s‖fɔrs] ⟨f4⟩ ⟨zn.⟩
I ⟨telb.zn.⟩ **0.1** ***macht*** ⇒*strijdkracht, krijgsmacht, militaire eenheid, leger, politiemacht* **0.2** ***ploeg*** ⇒*groep, personeel* **0.3** ⟨gew., Sch. E⟩ ***waterval*** ◆ **7.1** ⟨inf.⟩ the ~ *de politie(macht/korps);*
II ⟨telb. en n.-telb.zn.⟩ **0.1** ***kracht*** ⇒*geweld, macht, gezag, dwang* **0.2** ⟨gew.⟩ ***menigte*** ⇒*grote hoeveelheid* ◆ **1.1** by ~ of arms *gewapenderhand;* by ~ of circumstances *door omstandigheden gedwongen;* the ~s of evil *kwade krachten;* the ~ of the explosion *de kracht v.d. ontploffing;* the ~ of gravity *de zwaartekracht;* the ~ of his words *de overtuigingskracht v. zijn woorden* **2.1** a powerful ~ in local politics *een invloedrijk persoon in de plaatselijke politiek* **3.1** join ~s (with) *zich verenigen (met), de krachten bundelen (met), samenwerken (met);* the machine was put in ~ *de machine werd in werking gesteld* **6.1 by** ~ *met geweld;* **by** ~ **of** *door middel van;* **by/from/out of** ~ **of** habit *uit gewoonte;*
III ⟨n.-telb.zn.⟩ **0.1** ⟨jur.⟩ ***(rechts)geldigheid*** ⇒*het van kracht zijn* **0.2** ***werkelijke betekenis*** ⇒*werkelijk effect, belang, gewicht, kracht* ◆ **1.2** the ~ of this poem is hard to grasp *de precieze betekenis v. dit gedicht is moeilijk te vatten* **3.1** a new law has come into ~/has been put into ~ *een nieuwe wet werd van kracht* **6.2** John could not see the ~ **of** studying *John zag het nut van studeren niet in* **6.¶ in** (great) ~ *in groten getale;*
IV ⟨mv.; Forces; the⟩ **0.1** ***strijdkrachten*** ⇒*strijd/krijgsmacht* ◆ **3.1** join the Forces *in militaire dienst gaan.*

force[2] ⟨f3⟩ ⟨ov.ww.⟩ →forced **0.1** ***dwingen*** ⇒*(door)drijven, forceren, afdwingen, het uiterste vergen van, geweld aandoen* **0.2** ***forceren*** ⇒*open/doorbreken* **0.3** ***trekken*** ⟨planten⟩ ⇒*forceren* **0.4** ***dwingen uit te komen*** ⟨kaartspeler⟩ **0.5** ***dwingen tot het spelen van*** ⟨kaart⟩ ◆ **1.1** the gambler ~d the bidding *de gokker joeg het bod op;* the conjurer ~d a card *de goochelaar liet iem. onbewust een kaart kiezen;* ~ a smile/one's voice *een glimlach/zijn stem forceren;* ~ one's will on s.o. *iem. zijn wil opleggen* **1.2** the burglar ~d an entry *de inbreker verschafte zich met geweld toegang;* we had to ~ our way through the crowd *we moesten ons een weg banen door de menigte* **1.3** ⟨fig.⟩ this teacher ~s the pupils *die leraar forceert de ontwikkeling v.d. leerlingen* **5.1** ~ **along** *meesleuren, voortdrijven;* ~ **back** *terugdrijven;* ~ sth. **down** *iets met moeite binnenkrijgen;* ~ a plane **down** *een vliegtuig dwingen tot landen;* ~ it **out** *het met moeite uitbrengen;* Government will ~ the prices **up** *de regering zal de prijzen opdrijven* **5.¶** ⟨AE; honkbal⟩ ~ s.o. **out** *iem. uitgooien* **6.1** he wants to ~ his ideas **down** our throats *hij wil zijn ideeën met geweld aan ons opdringen;* ~ sth. **from/out of** s.o. *iets v. iem. afdwingen;* ~ sth. **on/upon** s.o. *iem. iets opdringen.*

'force cup ⟨telb.zn.⟩ **0.1** ***zuiger*** ⟨v. pomp⟩ ⇒*dompelaar.*

forced [fɔ:st‖fɔrst] ⟨f3⟩ ⟨bn.; volt. deelw. v. force; -ly [-sɪdli]⟩ **0.1** ***gedwongen*** ⇒*onvrijwillig, geforceerd, gekunsteld* ◆ **1.1** ~ labour *dwangarbeid;* ~ landing *noodlanding;* ~ march *geforceerde mars;* ~ tomatoes *kastomaten.*

force de frappe ['fɔ:s də 'fræp‖'fɔrs-] ⟨telb.zn.⟩ **0.1** ***force de frappe*** ⇒*Franse kernstrijdmacht.*

'force feed ⟨telb. en n.-telb.zn.⟩ **0.1** ***smering onder druk.***

force-feed ['--‖'-'-] ⟨ov.ww.⟩ **0.1** ***dwingen te eten*** ⇒⟨i.h.b.⟩ *vloeibaar voedsel toedienen.*

'force field ⟨telb.zn.⟩ **0.1** ***krachtveld.***

force·ful ['fɔ:sfl‖'fɔrsfl] ⟨f2⟩ ⟨bn.; -ly; -ness⟩ **0.1** ***krachtig*** ⇒*sterk.*

'force-land ⟨ww.⟩
I ⟨onov.ww.⟩ **0.1** ***een noodlanding maken;***
II ⟨ov.ww.⟩ **0.1** ***dwingen tot landen.***

force ma·jeure ['fɔ:s mæ'ʒɜ:‖'fɔrs mɑ'ʒɜr]⟨n.-telb.zn.⟩ **0.1** ***force majeure*** ⇒*overmacht*.

'force·meat ⟨f1⟩⟨n.-telb.zn.⟩ **0.1** ***gehakt*** ⇒*vleesvulsel*.

'force-out ⟨telb.zn.⟩⟨AE⟩ **0.1** ***het aftikken*** ⟨bij baseball⟩.

'force play ⟨n.-telb.zn.⟩⟨honkbal⟩ **0.1** ***vrije/gedwongen loop***.

for·ceps ['fɔ:seps‖'fɔr-]⟨telb.zn.; mv. forceps, ook forcepses, forcipes; →mv. 4, 5⟩ **0.1** ***forceps*** ⇒*(verlos)tang* **0.2** ⟨biol.⟩ ***tangachtig orgaan*** ◆ **1.1** two pairs of ~ *twee tangen*.

'forceps delivery ⟨telb. en n.-telb.zn.⟩⟨med.⟩ **0.1** ***tangverlossing***.

'force pump, 'forc·ing pump ⟨telb.zn.⟩ **0.1** ***perspomp***.

for·ci·ble ['fɔ:səbl‖'fɔr-]⟨f2⟩⟨bn.; -ly; →bijw. 3⟩ **0.1** ***gewelddadig*** ⇒*gedwongen, krachtig* **0.2** ***indrukwekkend*** ⇒*overtuigend, overredend* ◆ **3.1** the girl reminds me forcibly of my sister *het meisje doet me zeer sterk aan mijn zus denken*.

'forc·ing bed ⟨telb.zn.⟩ **0.1** ***broeibak***.

'forcing ground ⟨telb.zn.⟩ **0.1** ***kassenterrein*** **0.2** ***broeinest***.

'forcing house ⟨telb.zn.⟩ **0.1** ***broeikas***.

forcing pump →force pump.

'for·course ⟨telb.zn.⟩ **0.1** ***voorzeil***.

ford[1] [fɔ:d‖fɔrd]⟨telb.zn.⟩ **0.1** ***wad*** ⇒*(door)waadbare plaats, voord(e)*.

ford[2] ⟨onov. en ov.ww.⟩ **0.1** ***doorwaden*** ⇒*oversteken* ⟨water⟩.

ford·a·ble ['fɔ:dəbl‖'fɔr-]⟨bn.⟩ **0.1** ***doorwaadbaar***.

for·do, fore·do [fɔ:'du:‖fɔr-]⟨ov.ww.⟩⟨vero.⟩ **0.1** ***vernietigen*** ⇒*doden, verwoesten, te gronde richten, uitputten*.

fore[1] [fɔ:‖fɔr]⟨f1⟩⟨telb.zn.⟩ **0.1** ***het voorste gedeelte*** **0.2** ⟨scheep.⟩ ***voorschip*** ⇒*boeg* ◆ **3.1** ⟨fig.⟩ come to the ~ *op de voorgrond treden, naam maken, opkomen* **6.1** ⟨fig.⟩ to the ~ *beschikbaar, aanwezig, in het oog lopend;* ⟨fig.⟩ pop music is **to** the ~ now *popmuziek staat nu in de belangstelling*.

fore[2] ⟨f1⟩⟨bn., attr.⟩ **0.1** ***voor-*** ⇒*voorste* **0.2** ***vorig*** ⇒*voorafgaand, vroeger* ◆ **1.1** ⟨scheep.⟩ ~ course *voorzeil;* the ~ part of the train *het voorste gedeelte v.d. trein*.

fore[3] ⟨bw.⟩⟨vnl. scheep.⟩ **0.1** ***vooraan*** ⇒*voor, naar voren* ◆ **3.1** he stepped ~ *hij kwam naar voren* **5.1** ⟨scheep.⟩ ~ and aft *langsscheeps; op/naar de boeg en op/naar de achtersteven, voor- en achterop;* ~ and aft rigged *langsscheeps getuigd*.

fore[4] ⟨vz.⟩ **0.1** ⟨vnl. in krachttermen⟩ ***bij*** ⇒*voor, ten overstaan v., in het bijzijn v.* ◆ **1.1** ~ God! *begot!*.

fore[5] ⟨tussenw.⟩⟨golf⟩ **0.1** ***fore*** ⟨uitroep ter waarschuwing dat bal geslagen wordt of eraan komt⟩ ⇒*vrij*.

fore- [fɔ:‖fɔr] **0.1** ***voor-*** ⇒*vroeger, vooraf* **0.2** ***voor-*** ⇒*vooraan* ◆ **¶.1** ~fathers *voorouders* **¶.2** ~head *voorhoofd*.

'fore-and-'aft ⟨bn., attr.⟩⟨scheep.⟩ **0.1** ***met (vnl.)/mbt. gaffelzeilen*** ⇒*gaffel-* ◆ **1.1** ~ sail *gaffelzeil* **1.¶** ~ cap *pet met voor- en achterklep*.

'fore·arm[1] ⟨f1⟩⟨telb.zn.⟩ **0.1** ***onderarm*** ⇒*voorarm*.

fore'arm[2] ⟨ov.ww.; vnl. pass.⟩⟨→sprw. 206⟩ **0.1** ***vooraf bewapenen*** ⇒*(op moeilijkheden) voorbereiden*.

forebear →forbear.

fore·bode [fɔ:'boud‖fɔr-]⟨f1⟩⟨ov.ww.⟩ →foreboding **0.1** ***voorspellen*** ⇒*aankondigen, profeteren* **0.2** ***een voorgevoel hebben van*** ◆ **1.1** father's face ~d trouble *vaders gezicht beloofde moeilijkheden*.

fore·bod·ing [fɔ:'boudɪŋ‖fɔr-]⟨f1⟩⟨telb. en n.-telb.zn.; (oorspr.) gerund v. forebode⟩ **0.1** ***voorteken*** ⇒*voorspelling, aankondiging, waarschuwing* **0.2** ***(akelig) voorgevoel***.

'fore·cab·in ⟨telb.zn.⟩ **0.1** ***voorkajuit***.

fore·cast[1] ['fɔ:kɑ:st‖'fɔrkæst]⟨f2⟩⟨telb.zn.⟩ **0.1** ***voorspelling*** ⇒*verwachting* ⟨i.h.b. v. weer⟩.

forecast[2] ⟨f2⟩⟨onov. en ov.ww.; ook forecast, forecast⟩ **0.1** ***voorspellen*** ⇒*verwachten, voorzien, aankondigen* **0.2** ⟨vero.⟩ ***beramen*** ⇒*voorbereiden*.

fore·cas·tle ['fouksl‖'fɔrkæsl], **fo·c·s·le** ['fouksl]⟨telb.zn.⟩⟨scheep.⟩ **0.1** ***vooronder*** ⇒*foksel, bak*.

fore·close [fɔ:'klouz‖fɔr-]⟨f1⟩⟨ww.⟩

I ⟨onov. en ov.ww.⟩⟨jur.⟩ **0.1** ***executeren*** ⟨i.h.b. hypotheek⟩ ◆ **6.1** the bank ~d **on** the mortgage *de bank executeerde de hypotheek;*

II ⟨ov.ww.⟩ **0.1** ⟨jur.⟩ ***uitsluiten*** ⟨van het recht alsnog achterstallige hypotheek af te lossen⟩ **0.2** ***uitsluiten*** ⇒*buitensluiten* **0.3** ***verhinderen*** ⇒*dwarsbomen, tegenwerken* **0.4** ***van te voren regelen*** ⇒*afdoen* ⟨twistpunt, e.d.⟩.

fore·clo·sure [fɔ:'klouʒə‖fɔr'klouʒər]⟨telb. en n.-telb.zn.⟩ **0.1** ⟨jur.⟩ ***executie*** ⟨i.h.b. v. hypotheek⟩ **0.2** ***uitsluiting*** ⇒*het buitensluiten* **0.3** ***verhindering*** ⇒*het dwarsbomen/tegenwerken* **0.4** ***regeling vooraf*** ⇒*het afdoen*.

'fore·court ⟨f1⟩⟨telb.zn.⟩ **0.1** ***voorhof*** ⇒*voorplein, voorterrein; veld tussen net en servicelijn* ⟨bij tennis⟩.

fore·date [fɔ:'deɪt‖fɔr-]⟨ov.ww.⟩ **0.1** ***antidateren*** ⇒*antedateren*.

'fore·deck ⟨telb.zn.⟩ **0.1** ***voordek***.

foredo →fordo.

fore·doom [fɔ:'du:m‖fɔr-]⟨ov.ww.⟩ **0.1** ***vooraf veroordelen*** ◆ **6.1** the expedition is ~ed **to** failure *de expeditie is tot mislukking gedoemd*.

'fore-edge ⟨telb.zn.⟩ **0.1** ***snijvlak*** ⇒*snijkant* ⟨v.e. bladzij⟩.

'fore-edge painting ⟨telb. en n.-telb.zn.⟩ **0.1** ***beschildering op de snede*** ⟨v.e. boek⟩.

'fore·fa·ther ⟨f1⟩⟨telb.zn.; vnl. mv.⟩ **0.1** ***voorvader*** ⇒*stamvader* ◆ **1.1** Forefathers Day *Forefathers' Day* ⟨21 december; herdenking v.d. komst v.d. eerste kolonisten naar Amerika⟩; Ben's ~s were farmers *Bens voorouders waren boeren*.

fore·feel [fɔ:'fi:l‖fɔr-]⟨ov.ww.⟩ **0.1** ***een voorgevoel hebben van***.

'fore·fin·ger ⟨f1⟩⟨telb.zn.⟩ **0.1** ***wijsvinger*** ⇒*voorvinger*.

'fore·foot ⟨telb.zn.⟩ **0.1** ***voorpoot*** **0.2** ⟨scheep.⟩ ***knie v. voorsteven***.

'fore·front ⟨f1⟩⟨telb. en n.-telb.zn.⟩ **0.1** ***voorste deel*** ⇒*voorste gelid/gelederen, front; voorgevel* ◆ **6.1** **in** the ~ of the fight *aan het gevechtsfront*.

foregather →forgather.

'fore·gift ⟨telb.zn., n.-telb.zn.⟩⟨BE⟩ **0.1** ***huurpremie***.

fore·go [fɔ:gou‖fɔr-]⟨f2⟩⟨ww.⟩ →foregoing

I ⟨onov. en ov.ww.⟩ **0.1** ***voorafgaan*** ⇒*antecederen, precederen* ◆ **1.¶** a foregone conclusion *een uitgemaakte zaak;*

II ⟨ov.ww.⟩ →forgo.

fore·go·ing ['fɔ:gouɪŋ‖'fɔr-]⟨f1⟩⟨bn., attr.; teg. deelw. v. forego⟩ **0.1** ***voorafgaand*** ⇒*voornoemd, voormeld, vorig*.

'fore·ground ⟨f2⟩⟨telb. en n.-telb.zn.⟩ **0.1** ***voorgrond*** ◆ **6.1** ⟨fig.⟩ Sue always keeps herself **in** the ~ *Sue dringt zich altijd op de voorgrond/is altijd het middelpunt van de belangstelling*.

'fore·hand[1] ⟨telb.zn.⟩ **0.1** ***voorhand*** ⟨v. paard⟩ **0.2** ⟨tennis⟩ ***forehand*** **0.3** ***voordelige positie***.

forehand[2] ⟨bn.⟩ **0.1** ⟨tennis⟩ ***forehand*** **0.2** ***voorste*** ⇒*leidende* **0.3** ***voorafgaand*** ◆ **1.2** the cyclist takes the ~ position *de fietser neemt een leidende positie in*.

'fore'hand·ed ⟨bn.; -ly; -ness⟩ **0.1** ⟨tennis⟩ ***met de forehand(slag)*** **0.2** ***vooruitziend*** **0.3** ***spaarzaam*** ⇒*zuinig* **0.4** ***welgesteld***.

fore·head ['fɒrɪd‖'fɔ-, 'fɑ-]⟨f3⟩⟨telb.zn.⟩ **0.1** ***voorhoofd***.

'fore·hold ⟨telb.zn.⟩⟨scheep.⟩ **0.1** ***voorruim***.

for·eign ['fɒrɪn‖'fɔ-, 'fɑ-]⟨f3⟩⟨bn.; -ness⟩ **0.1** ***buitenlands*** ⇒*van/met het buitenland* **0.2** ⟨ben. voor⟩ ***vreemd*** ⇒*ongewoon, oneigen, van buiten; niet ter zake doende, irrelevant; niet behorende bij/in* ◆ **1.1** ~ affairs *buitenlandse zaken;* ~ aid *ontwikkelingshulp;* ~ bills *deviezen;* ~ exchange *deviezen; monetaire handel met het buitenland;* (French) Foreign Legion *vreemdelingenlegioen;* Foreign Office *Ministerie v. Buitenlandse Zaken;* ⟨BE⟩ Foreign Minister/Secretary *Minister v. Buitenlandse Zaken;* ~ mission *buitenlandse missie/zending;* ~ policy *buitenlands beleid;* ~ trade *buitenlandse handel* **1.2** ~ body *vreemd lichaam, ding dat er niet hoort;* ~ substances were found in the blood *er werden vreemde stoffen in het bloed gevonden* **6.2** rudeness is ~ **to** her *grofheid is haar vreemd*.

'for·eign-af'fairs ⟨f1⟩⟨bn., attr.⟩ **0.1** ***v./mbt. (het ministerie v.) buitenlandse zaken*** ◆ **1.1** a ~ expert *een expert op het gebied v. buitenlandse zaken;* a ~ spokesman *een woordvoerder v.h. ministerie v. buitenlandse zaken*.

for·eign·er ['fɒrɪnə‖'fɔ-, 'fɑ-]⟨f3⟩⟨telb.zn.⟩ **0.1** ***vreemdeling*** ⇒*buitenlander; iets uit het buitenland*.

for·eign·ism ['fɒrɪnɪzm‖'fɔ-, 'fɑ-]⟨telb.zn.⟩ **0.1** ***buitenlandse eigenaardigheid*** ⇒*uitheems trekje* **0.2** ***vreemd woord***.

for·eign·ize ['fɒrɪnaɪz‖'fɔ-, 'fɑ-]⟨ov.ww.⟩ **0.1** ***een buitenlands karakter geven*** ◆ **1.1** the swindler ~d his speech *de oplichter gaf zijn spraak een buitenlands accent*.

'for·eign-'owned ⟨bn.⟩ **0.1** ***buitenlands*** ⇒*in buitenlandse handen*.

fore·judge, for·judge [fɔ:'dʒʌdʒ‖fɔr-]⟨ov.ww.⟩ **0.1** ***vooraf oordelen over*** ⇒*vooraf veroordelen/beoordelen, vooraf beslissen over*.

fore·know [fɔ:'nou‖fɔr-]⟨ov.ww.⟩ **0.1** ***vooraf weten*** ⇒*vooraf kennen, van te voren begrijpen/inzien, voorkennis hebben van*.

'fore·knowl·edge ⟨n.-telb.zn.⟩ **0.1** ***het vooruit weten*** ⇒*voorkennis, voorwetenschap*.

for·el ['fɒrəl‖'fɑ-]⟨n.-telb.zn.⟩ **0.1** ***perkament*** ⟨voor kaft v. boek⟩.

forelady →forewoman.

'fore·land ⟨telb.zn.⟩ **0.1** ***landtong*** ⇒*kaap, voorgebergte* **0.2** ***kuststreek*** ⇒*uiterwaard*.

'fore·leg ⟨f1⟩⟨telb.zn.⟩ **0.1** ***voorpoot***.

'fore·limb ⟨telb.zn.⟩ **0.1** ***voorlidmaat*** ⟨arm, vleugel, e.d.⟩.

'fore·lock[1] ⟨telb.zn.⟩ **0.1** ***voorlok*** ⇒*voorhaar* **0.2** ***spie*** ⇒*splitpen, stift* ◆ **3.1** touch one's ~ to s.o. *iem. (eerbiedig) groeten*.

forelock[2] ⟨ov.ww.⟩ **0.1** ***met een spie vastmaken***.

fore·man ['fɔ:mən‖'fɔr-]⟨f2⟩⟨telb.zn.; foremen [-mən]; →mv. 3⟩ **0.1** ***voorzitter v. jury*** **0.2** ***voorman*** ⇒*ploegbaas*.

'fore·mast ⟨telb.zn.⟩⟨scheep.⟩ **0.1** ***fokkemast***.

fore·mast·man ['fɔ:mɑ:stmən‖'fɔrmæstmən]⟨telb.zn.; foremastmen [-mən]; →mv. 3⟩ **0.1** ***matroos***.

'fore·mat·ter ⟨telb.zn.⟩ ⟨boek.⟩ **0.1** ***voorwerk***.
'fore·milk ⟨n.-telb.zn.⟩ **0.1** ***biest*** ⇒*eerste moedermelk, colostrum*.
fore·most[1] ['fɔ:moʊst‖'fɔr-]⟨f2⟩⟨bn.⟩ **0.1** ***voorste*** ⇒*eerste, aan het hoofd* **0.2** ***opmerkelijkst*** ⇒*leidend, vooraanstaand, prominent, belangrijkst* ◆ **1.1** head ~ *met het hoofd naar voren/naar beneden* **1.2** Turner is called the ~ painter of sea pieces *Turner wordt de belangrijkste schilder v. zeegezichten genoemd*.
foremost[2] ⟨f2⟩⟨bw.⟩ **0.1** ***voorop*** ⇒*als eerste/voorste*.
'fore·moth·er ⟨telb.zn.⟩ **0.1** ***stammoeder***.
'fore·name ⟨telb.zn.⟩⟨schr.⟩ **0.1** ***vóórnaam***.
'fore·noon ⟨n.-telb.zn.⟩⟨schr.⟩ **0.1** ***voormiddag*** ⇒*ochtend*.
fo·ren·sic [fə'rensɪk, -zɪk]⟨f1⟩⟨bn., attr.; -ally; →bijw.3⟩ **0.1** ***gerechtelijk*** ⇒*(ge)rechts-, forensisch* **0.2** ***retorisch*** ⇒*redekundig/kunstig* ◆ **1.1** ~ medicine *gerechtelijke geneeskunde* **1.2** ~ eloquence *redekundige welsprekendheid*.
fo·ren·sics [fə'rensɪks, -zɪks]⟨mv.; ww. ook enk.⟩ **0.1** ***studie/praktijk v.d. retorica*** ⇒*debatteerkunst, spreekvaardigheid*.
'fore·or'dain ⟨ov.ww.⟩ **0.1** ***voorbeschikken*** ⇒*voorbestemmen*.
'fore·or·di'na·tion ⟨n.-telb.zn.⟩ **0.1** ***voorbeschikking***.
'fore·part ⟨telb.zn.⟩ **0.1** ***voorste/eerste deel***.
'fore·peak ⟨telb.zn.⟩⟨scheep.⟩ **0.1** ***voorpiek***.
'fore·play ⟨f1⟩⟨n.-telb.zn.⟩ **0.1** ***voorspel***.
'fore-quar·ters ⟨mv.⟩ **0.1** ***voorhand*** ⟨v. paard, rund⟩.
'fore'reach ⟨onov. en ov.ww.⟩ **0.1** ***voorbij gaan*** ⇒*inhalen, winnen op* ⟨bij zeilen e.d.⟩, *op iem. inlopen, voorbijstreven, overtreffen* **0.2** ***uitvaren***.
'fore'run ⟨ov.ww.⟩ **0.1** ***voorgaan*** ⇒*vooraf/vooruit rennen* **0.2** ***aankondigen*** ⇒*de voorbode zijn van* **0.3** ***vóór zijn*** ⇒*voorkómen, verhinderen*.
'fore·run·ner ⟨f1⟩⟨telb.zn.⟩ **0.1** ***voorteken*** ⇒⟨fig.⟩ *voorbode* **0.2** ***voorloper*** **0.3** ***voorvader***.
'fore·sail ⟨telb.zn.⟩⟨scheep.⟩ **0.1** ***fok(kezeil)***.
fore'see ⟨f2⟩⟨ov.ww.⟩ **0.1** ***voorzien*** ⇒*verwachten, vooraf zien*.
fore·see·a·ble [fɔ:'si:əbl‖fɔr-]⟨f1⟩⟨bn.⟩ **0.1** ***te verwachten*** ⇒*te voorzien* **0.2** ***afzienbaar*** ⇒*nabij* ◆ **1.2** in the ~ future *in de nabije toekomst*.
'fore·shad·ow[1] ⟨telb.zn.⟩ **0.1** ***voorbode***.
fore'shadow[2] ⟨f1⟩⟨ov.ww.⟩ **0.1** ***aankondigen*** ⇒*voorspellen, de voorbode zijn van;* ⟨theol.⟩ *voorafschaduwen; prognosticeren, prefigureren*.
'fore·sheet ⟨telb.zn.⟩⟨scheep.⟩ **0.1** ***fokkeschoot***.
'fore·shore ⟨f1⟩⟨telb.zn.⟩ **0.1** ***strand*** ⟨tussen eb en vloed⟩ **0.2** ***waterkant***.
'fore'short·en ⟨ov.ww.⟩ **0.1** ***verkorten*** ⇒*verkleinen* **0.2** ***verkort/in perspectief tekenen***.
'fore'show ⟨ov.ww.⟩ **0.1** ***voorspellen*** ⇒*aankondigen, prognosticeren, prefigureren* **0.2** ***vooraf tonen***.
'fore·side ⟨telb. en n.-telb.zn.⟩ **0.1** ***voorkant*** **0.2** ***bovenkant***.
'fore·sight ⟨f2⟩⟨zn.⟩
I ⟨telb.zn.⟩⟨mil.⟩ **0.1** ***korrel*** ⇒*vizier(korrel);*
II ⟨n.-telb.zn.⟩ **0.1** ***vooruitziendheid*** ⇒*het vooruitzien* **0.2** ***toekomstplanning*** ⇒*voorzorg*.
'fore·skin ⟨telb.zn.⟩ **0.1** ***voorhuid***.
for·est[1] ['fɒrɪst‖'fɔ-, 'fɑ-]⟨f3⟩⟨telb. en n.-telb.zn.⟩ **0.1** ***woud*** ⟨ook fig.⟩ ⇒*bos* **0.2** ***jachtgebied*** ⇒*jachtdomein* ◆ **6.1** a ~ **of** flagpoles *een woud (v.) vlaggemasten*.
forest[2] ⟨ov.ww.⟩ **0.1** ***bebossen***.
fore·stall [fɔ:'stɔ:l‖fɔr-]⟨f1⟩⟨ov.ww.⟩ **0.1** ***vóór zijn*** **0.2** ***anticiperen*** ⇒*vooruitlopen op* **0.3** ***(ver)hinderen*** ⇒*dwarsbomen, belemmeren, voorkomen* **0.4** ***opkopen***.
'fore·stay ⟨telb.zn.⟩⟨scheep.⟩ **0.1** ***voorstag*** **0.2** ***fokkestag***.
for·est·er ['fɒrɪstə‖'fɔrɪstər, 'fɑ-]⟨f1⟩⟨telb.zn.⟩ **0.1** ***boswachter*** ⇒*houtvester* **0.2** ***bosbewoner*** **0.3** ***wouddier*** ⇒⟨i.h.b.⟩ *New Forest pony* **0.4** ⟨dierk.⟩ ***reuzenkangoeroe*** ⟨genus Macropus⟩ **0.5** ⟨dierk.⟩ ***sint-jansvlinder*** ⟨fam. Agaristidae en Zygaenidae⟩.
'forest fly ⟨telb.zn.⟩ **0.1** ***luisvlieg***.
'forest 'ranger ⟨telb.zn.⟩ **0.1** ***houtvester***.
for·est·ry ['fɒrɪstri‖'fɔ-, 'fɑ-]⟨f1⟩⟨n.-telb.zn.⟩ **0.1** ***woud/bosgebied*** ⇒*wouden, bossen* **0.2** ***houtvesterij*** ⇒*boswachterij* **0.3** ***bosbouw (kunde)***.
foreswear →forswear.
'fore·taste[1] ⟨f1⟩⟨telb.zn.⟩ **0.1** ***voorproef(je)*** ⇒*voorsmaak*.
foretaste[2] [fɔ:'teɪst‖fɔr-]⟨f1⟩⟨ov.ww.⟩ **0.1** ***voorproeven*** **0.2** ***vooraf ondervinden*** ⇒*een voorproefje nemen*.
fore·tell [fɔ:'tel‖fɔr-]⟨f1⟩⟨ov.ww.⟩ **0.1** ***voorspellen*** ⇒*profeteren, voorzéggen* ◆ **1.1** this attack ~s war *deze aanval belooft oorlog*.
'fore·thought[1] ⟨n.-telb.zn.⟩ **0.1** ***toekomstplanning*** ⇒*voorzorg, overleg, beraad* ◆ **3.1** have the ~ to save money *er van te voren aan denken om geld te sparen*.
forethought[2] ⟨bn.⟩ **0.1** ***voorbedacht*** ⇒*vooraf uitgekiend/beraamd, met opzet*.
'fore·time ⟨n.-telb.zn.⟩⟨vero.⟩ **0.1** ***verleden*** ⇒*oude tijd*.
'fore·to·ken[1] ⟨telb.zn.⟩ **0.1** ***voorteken*** ⇒*voorbode, voorspelling*.
fore'token[2] ⟨ov.ww.⟩ **0.1** ***voorspellen*** ⇒*aankondigen, profeteren, beduiden*.
'fore·top ⟨telb.zn.⟩⟨scheep.⟩ **0.1** ⟨AE⟩ ***voormars*** ⇒*fokkemars* **0.2** ***voortop*** ⇒*vlaggestok*.
fore·top·gal·lant·mast ['fɔ:tə'gæləntməst‖'fɔrt̬ə-]⟨telb.zn.⟩⟨scheep.⟩ **0.1** ***voorbramsteng*** ⇒*fokkebramsteng*.
fore·top·mast [fɔ:'tɒpməst‖fɔr'tɑp-]⟨telb.zn.⟩⟨scheep.⟩ **0.1** ***voormarssteng*** ⇒*fokkemarssteng*.
for·ev·er, ⟨BE vnl.⟩ **for ever** [fə'revə‖-ər]⟨f3⟩⟨bw.⟩ **0.1** ***(voor) eeuwig*** ⇒*voorgoed, (voor) altijd, immer* **0.2** ***onophoudelijk*** ⇒*aldoor* ◆ **8.1** ~ and ever *voor eeuwig (en altijd), tot in lengte v. dagen*.
for·ev·er·more [fə'revə'mɔ:‖fə'revər'mɔr]⟨f1⟩⟨bw.⟩ **0.1** ***voor eeuwig*** ⇒*voor altijd*.
fore'warn ⟨ov.ww.⟩⟨→sprw. 206⟩ **0.1** ***van te voren waarschuwen***.
fore·went ⟨verl. t.⟩ →forego.
'fore·wom·an, 'fore·la·dy ⟨telb.zn.⟩ **0.1** ***voorzitster/presidente v.e. jury*** **0.2** ***vrouwelijke opzichter/ploegbaas***.
'fore·word ⟨f1⟩⟨telb.zn.⟩ **0.1** ***voorwoord*** ⇒*woord vooraf, inleiding*.
foreworn →forwearied.
for·ex ['fɒreks‖'fɑ-]⟨afk.⟩ foreign exchange.
'fore·yard ⟨telb.zn.⟩⟨scheep.⟩ **0.1** ***fokkera***.
for·feit[1] ['fɔ:fɪt‖'fɔr-]⟨f1⟩⟨zn.⟩
I ⟨telb.zn.⟩ **0.1** ⟨ben. voor⟩ ***het verbeurde*** ⇒*boete, geldstraf, (onder)pand* ◆ **1.1** ⟨fig.⟩ divorce was the ~ he had to pay for his long absence *echtscheiding was de prijs die hij moest betalen voor zijn lange afwezigheid;*
II ⟨n.-telb.zn.⟩ **0.1** ***verbeuring;***
III ⟨mv.; ~s; ww. vnl. enk.⟩ **0.1** ***pandverbeuren*** ⟨spel⟩ ⇒*pandspel* ◆ **3.1** play (at) ~s *pandverbeuren*.
forfeit[2] ⟨f1⟩⟨bn., pred.⟩ **0.1** ***verbeurd*** ◆ **6.1** be ~ **to** the crown *verbeurd verklaard worden, geconfisqueerd worden*.
forfeit[3] ⟨f1⟩⟨ov.ww.⟩ **0.1** ***verbeuren*** ⇒*verspelen* ◆ **1.1** ~ one's reputation *zijn goede naam verliezen/verbeuren*.
for·feit·a·ble ['fɔ:fɪtəbl‖'fɔrfɪt̬əbl]⟨bn.⟩ **0.1** ***te verbeuren***.
for·fei·ture ['fɔ:fɪtʃə‖'fɔrfɪtʃər]⟨telb. en n.-telb.zn.⟩ **0.1** ***verbeuring*** ⇒*verlies, boete, verbeurdverklaring*.
for·fend, fore·fend [fɔ:'fend‖'fɔr-]⟨ov.ww.⟩ **0.1** ⟨vnl. AE⟩ ***beschermen*** ⇒*bewaren, verdedigen* **0.2** ⟨vero.⟩ ***verbieden*** ⇒*beletten*.
for·gath·er, fore·gath·er [fɔ:'gæðə‖fɔr'gæðər]⟨onov.ww.⟩ **0.1** ***bijeenkomen*** ⇒*samenkomen, (zich) verzamelen* **0.2** ***omgaan*** ◆ **6.2** ~ **with** *omgaan met* **6.¶** ~ **with** s.o. *iem. toevallig ontmoeten/tegen het lijf lopen*.
for·gave ⟨verl. t.⟩ →forgive.
forge[1] [fɔ:dʒ‖fɔrdʒ]⟨f1⟩⟨telb.zn.⟩ **0.1** ***smidse*** ⇒*smederij* **0.2** ***smidsvuur*** ⇒*smidse* **0.3** ***smelterij*** **0.4** ***smeltoven*** ⇒*vuurhaard*.
forge[2] ⟨f1⟩⟨ww.⟩ →forging
I ⟨onov.ww.⟩ **0.1** ***smidswerk verrichten*** ⇒*smeden* **0.2** ***vervalsing (en) maken*** ⇒*valsheid in geschrifte plegen* **0.3** ***vooruitkomen*** **0.4** ***vooruitschieten*** ⇒*de leidende positie innemen* ◆ **5.3** ~ **ahead** *gestadig vorderingen maken, zich baan breken* **6.4** Brian ~d **into** the lead during the last round *Brian schoot in de laatste ronde naar de leidende positie;*
II ⟨ov.ww.⟩ **0.1** ***smeden*** ⟨ook fig.⟩ ⇒*bedenken, uitdenken, beramen, scheppen, vormen* **0.2** ***vervalsen*** ⇒*falsificeren*.
forge·man ['fɔ:dʒmən‖'fɔr-]⟨telb.zn.; forgemen [-mən]; →mv. 3⟩ **0.1** ***smid*** ⇒*smeder, bankwerker*.
for·ger ['fɔ:dʒə‖-ər]⟨telb.zn.⟩ **0.1** ***smid*** ⇒*smeder, bankwerker* **0.2** ***vervalser*** ⇒*valsemunter, oplichter*.
for·ger·y ['fɔ:dʒəri‖'fɔr-]⟨f1⟩⟨zn.; →mv. 2⟩
I ⟨telb.zn.⟩ **0.1** ***vervalsing*** ⇒*falsificatie, namaak(sel);*
II ⟨telb. en n.-telb.zn.⟩ **0.1** ***vervalsing*** ⇒*het vervalsen/falsificeren, het plegen v. valsheid in geschrifte*.
for·get [fə'get‖fər-]⟨f4⟩⟨ww.; forgot [-'gɒt‖-'gɑt], forgotten [-'gɒtn‖-'gɑtn]; →⟩, ⟨AE/schr. ook⟩ forgot ⟨→sprw. 137, 207, 618, 711⟩
I ⟨onov. en ov.ww.⟩ **0.1** ***vergeten*** ⇒*niet denken aan, niet letten op, uit je hoofd zetten* ◆ **4.1** ⟨inf.⟩ ~ (about) it *vergeet het maar; laat maar, denk er maar niet meer aan; geeft niks;* ~ o.s. *zichzelf vergeten/verwaarlozen; zich onbehoorlijk gedragen, zijn zelfbeheersing verliezen* **5.1** not ~ting *en niet te vergeten, en ook, en bovendien* **6.1** the old man forgot (all) **about** his friends *de oude man was zijn vrienden (helemaal) vergeten;*
II ⟨ov.ww.⟩ **0.1** ***veronachtzamen*** ⇒*negeren, terzijde leggen* **0.2** ***verzuimen*** ⇒*nalaten, verwaarlozen* ◆ **3.2** ~ to do sth. *iets nalaten/vergeten te doen*.
for·get·ful [fə'getfl‖fər-]⟨f1⟩⟨bn.; -ly; -ness⟩ **0.1** ***vergeetachtig*** ⇒*verstrooid, afwezig* **0.2** ***nalatig*** ⇒*achteloos, onnadenkend* ◆ **3.1** this custom has fallen into ~ness *deze gewoonte is in vergetelheid geraakt* **6.2** Mary is often ~ **of** her duties *Mary is vaak nonchalant in haar werk*.

for'get-me-not ⟨f1⟩ ⟨telb.zn.⟩ ⟨plantk.⟩ **0.1** ***vergeet-mij-nietje*** ⟨genus Myosotis⟩.

for·get·ta·ble [fə'geṭəbl‖fər-] ⟨bn.⟩ **0.1** ***(maar beter) te vergeten*** ⇒*slecht* ⟨film, boek enz.⟩.

forg·ing ['fɔ:dʒɪŋ‖'fɔr-] ⟨zn.; (oorspr.) gerund v. forge⟩
I ⟨telb.zn.⟩ **0.1** ***smeedstuk;***
II ⟨n.-telb.zn.⟩ **0.1** ***het smeden*** ⇒*smeedwerk*.

for·giv·a·ble [fə'gɪvəbl‖fər-] ⟨bn.; -ly; →bijw. 3⟩ **0.1** ***vergeeflijk*** ⇒*verschoonbaar*.

for·give [fə'gɪv‖fər-] ⟨f3⟩ ⟨onov. en ov.ww.; forgave [-'geɪv], forgiven [-'gɪvn]⟩ →forgiving ⟨→sprw. 145⟩ **0.1** ***vergeven*** ⇒*vergiffenis schenken* **0.2** ***verschonen*** ⇒*absolveren, kwijtschelden* ◆ **1.2** Dick forgave his sister the money he had lent her *Dick schold zijn zus het geld kwijt dat hij haar geleend had*.

for·give·ness [fə'gɪvnəs‖fər-] ⟨f2⟩ ⟨n.-telb.zn.⟩ **0.1** ***vergiffenis*** ⇒*vergeving, pardon, kwijtschelding* **0.2** ***vergevensgezindheid***.

for·giv·ing [fə'gɪvɪŋ‖fər-] ⟨f1⟩ ⟨bn.; oorspr. teg. deelw. v. forgive; -ly⟩ **0.1** ***vergevensgezind***.

for·go, fore·go [fɔ:'goʊ‖fɔr-] ⟨f1⟩ ⟨onov. en ov.ww.⟩ →foregoing **0.1** ***zich onthouden van*** ⇒*afstand doen van, het zonder (iets) doen; laten varen, opgeven* ◆ **1.1** try to ~ sweets, if you want to slim *probeer van zoetigheid af te blijven, als je wil afslanken*.

fo·rint ['fɔ:rɪnt] ⟨telb.zn.⟩ **0.1** ***forint*** ⟨munteenheid in Hongarije⟩.

forjudge →forejudge.

fork[1] [fɔ:k‖fɔrk] ⟨f3⟩ ⟨telb.zn.⟩ ⟨→sprw. 193⟩ **0.1** ⟨ben. voor⟩ ***vork*** ⇒*gaffel, hooi/mestvork, enz.* **0.2** ***tweesprong*** ⇒*splitsing, vertakking* **0.3** ***tak*** ⇒*vertakking, zijweg* **0.4** ***zigzagbliksem*** **0.5** ***(voor)vork*** ⟨v. fiets⟩ **0.6** ⟨schaken⟩ ***vork*** **0.7** ⟨mv.⟩ ⟨sl.⟩ ***jatten*** ⇒*tengels* ⟨handen⟩ ◆ **2.3** the right ~ of the river *de rechter tak v.d. rivier*.

fork[2] ⟨f2⟩ ⟨ww.⟩ →forked ⟨→sprw. 193⟩
I ⟨onov.ww.⟩ **0.1** ***zich vertakken*** ⇒*zich splitsen, uiteengaan* **0.2** ***afslaan*** ⇒*een richting opgaan* ◆ **5.2** ~ right *rechtsaf slaan;*
II ⟨ov.ww.⟩ **0.1** ***dragen/tillen met een vork*** ⇒*opprikken/opsteken met een vork, vorken, op de vork nemen* **0.2** ***de vorm v.e. vork geven aan*** **0.3** ⟨schaken⟩ ***een vork geven*** ◆ **5.¶** ⟨inf.⟩ ~ **out/over/up** money *geld dokken/neertellen*.

fork·ed [fɔ:kt‖fɔrkt] ⟨f1⟩ ⟨bn.; volt. deelw. v. fork⟩ **0.1** ***gevorkt*** ⇒*vorkvormig* **0.2** ***vertakt*** ⇒*uiteenlopend* ◆ **1.1** ~ lightning *zigzagbliksem;* ~ tail *gevorkte staart;* ~ tongue *gespleten tong* **7.1** a three-~ tool *een drietandig stuk gereedschap*.

fork·ful ['fɔ:kfʊl‖'fɔrk-] ⟨telb.zn.⟩ **0.1** ***vorkvol*** ⇒*vork* ◆ **6.1** a ~ **of** rice *een vork (met) rijst*.

'fork·lift, 'forklift 'truck ⟨f1⟩ ⟨telb.zn.⟩ **0.1** ***vorkheftruck***.

'fork lunch, 'fork supper ⟨telb.zn.⟩ **0.1** ***lopend buffet*** ⇒*zelfbedieningsbuffet*.

for·lorn [fə'lɔ:n‖fər'lɔrn] ⟨f1⟩ ⟨bn.; -ly; -ness⟩ **0.1** ***verlaten*** ⇒*eenzaam* **0.2** ***hopeloos*** ⇒*troosteloos, wanhopig* **0.3** ***ellendig*** ⇒*ongelukkig* **0.4** ⟨schr.⟩ ***beroofd*** ⇒*ontbloot* ◆ **1.¶** ~ hope *hopeloze/wanhopige onderneming; laatste/flauwe hoop;* ⟨mil.⟩ *verloren post; stormtroep*.

form[1] [fɔ:m‖fɔrm] ⟨f4⟩ ⟨zn.⟩ ⟨→sprw. 333⟩
I ⟨telb.zn.⟩ **0.1** ***vorm*** ⇒*soort, systeem* **0.2** ***mal*** ⇒*(giet)vorm, matrijs, sjabloon* **0.3** ***formulier*** ⇒*voorgedrukt vel* **0.4** ⟨druk.⟩ ***(druk)vorm*** **0.5** ***lange schoolbank*** ⟨zonder leuning⟩ **0.6** ***leger*** ⟨v. haas⟩ **0.7** ***bekisting*** ⇒*formeel* ◆ **1.1** ~s of society *maatschappijvormen* **3.3** fill in/out/up a ~ *een formulier invullen;*
II ⟨telb. en n.-telb.zn.⟩ **0.1** ***(verschijnings)vorm*** ⇒⟨ook taalk.⟩ *gedaante, silhouet, uiterlijk* **0.2** ***formaliteit*** ⇒*voorgeschreven/juiste procedure, formule* **0.3** ***conventie*** ⇒*etiquette(regel), plichtbeweging, vorm* **0.4** ***wijze*** ⇒*vorm, manier* **0.5** ***vorm*** ⟨v. woord, gedicht⟩ ⇒*woordvorm* **0.6** ⟨fil.⟩ ***vorm*** ⇒*wezen* ◆ **1.2** a matter of ~ *slechts een routinezaak;* as a matter of ~ *bij wijze v. formaliteit* **1.3** ~s of address *aanspreekformules in brieven* ⟨adressering, aanhef, slotformule⟩ **2.2** common ~ *standaard procedure/werkwijze;* in due ~ *zoals voorgeschreven;* true to ~ *geheel in stijl, zoals gebruikelijk* **3.5** ⟨taalk.⟩ attested ~ *(werkelijk) aangetroffen/bestaande vorm* ⟨tgo. gereconstrueerde vorm⟩ **6.1** ⟨BE⟩ **on** present ~ *als het niet verandert, als het zo doorgaat;*
III ⟨n.-telb.zn.⟩ **0.1** ***gepastheid*** **0.2** ***samenstelling*** ⇒*vorm, opzet* **0.3** ***vorm*** ⇒*presentatiewijze* ⟨i.h.b. bij muziek⟩ **0.4** ⟨sport⟩ ***conditie*** ⇒*vorm* **0.5** ***stemming*** ⇒*humeur* **0.6** ⟨BE; inf.⟩ ***strafregister*** ◆ **2.1** cursing is bad ~ *vloeken is onbehoorlijk* **2.3** literary ~ *literaire vorm* **2.4** in bad ~ *in slechte conditie* **2.5** in great ~ *in een goede stemming* **6.4** **in** ~ *in vorm/goede conditie;* **off** ~ *in slechte conditie;* **on** ~ *in vorm;* be **on** ~, be great ~ *goed op dreef zijn;* **out of** ~ *in slechte conditie;*
IV ⟨verz.n.⟩ ⟨vnl. BE⟩ **0.1** ***klas*** ◆ **7.1** first ~ *eerste klas;* ⟨ong.⟩ *brugklas*.

form[2] ⟨f3⟩ ⟨ww.⟩
I ⟨onov.ww.⟩ **0.1** ***zich vormen*** ⇒*verschijnen, zich ontwikkelen* **0.2** ***gevormd worden*** **0.3** ⟨mil.⟩ ***zich opstellen*** ⇒*geformeerd zijn, aantreden* ◆ **5.3** ~ **up** *zich opstellen;*
II ⟨ov.ww.⟩ **0.1** ***vormen*** ⇒*modelleren, vorm geven* **0.2** ⟨vnl. mil.⟩ ***opleiden*** ⇒*vormen, drillen* **0.3** ***maken*** ⇒*opvatten* ⟨plan⟩, *construeren, samenstellen* **0.4** ⟨mil.⟩ ***(doen) opstellen*** ⇒*formeren, doen aantreden* **0.5** ⟨taalk.⟩ ***vormen*** ⟨woord, tijd enz.⟩ ⇒*maken* ◆ **1.3** ~ an alliance *een verbond aangaan;* ~ a club *een club organiseren/oprichten;* ~ an example to s.o. *iem. tot voorbeeld dienen;* ~ a habit *een gewoonte ontwikkelen/aannemen;* ~ an opinion *zich een oordeel vormen;* ~ (a) part of *deel uitmaken v.* **6.3** ~ **by/from** *samenstellen uit*.

-form [fɔ:m‖fɔrm] ⟨vormt bijv. nw.⟩ **0.1** ***-vormig*** ◆ **¶.1** cruciform *kruisvormig*.

for·mal[1] ['fɔ:ml‖'fɔr-] ⟨telb. en n.-telb.zn.⟩ ⟨AE⟩ **0.1** ***ceremonie*** ⇒*plechtige gebeurtenis (waarop formele kleding gedragen wordt)* **0.2** ***formele kleding*** ⇒*avondkleding*.

formal[2] ⟨f3⟩ ⟨bn.; -ly⟩ **0.1** ***formeel*** ⇒*officieel, plechtig, volgens de regels* **0.2** ***vormelijk*** ⇒*stijf, beleefdheids-* **0.3** ***uiterlijk*** ◆ **1.1** ~ dress *avondkleding* **1.2** ~ attitude *stijve houding;* ~ visit *beleefdheidsbezoek* **1.3** ~ resemblance *uiterlijke gelijkenis* **1.¶** ~ garden *geometrisch aangelegde tuin;* ~ grammar *formele grammatica;* ~ logic *formele logica*.

for·mal·de·hyde [fɔ:'mældɪhaɪd‖fɔr-] ⟨n.-telb.zn.⟩ ⟨schei.⟩ **0.1** ***formaldehyde*** ⇒*methanal*.

for·ma·lin ['fɔ:məlɪn‖'fɔr-] ⟨n.-telb.zn.⟩ ⟨schei.⟩ **0.1** ***formaline*** ⇒*formol*.

for·mal·ism ['fɔ:məlɪzm‖'fɔr-] ⟨f1⟩ ⟨n.-telb.zn.⟩ **0.1** ***formalisme*** ⇒*vormencultus* **0.2** ***vormelijkheid*** **0.3** ⟨wisk.⟩ ***formalisme*** **0.4** ⟨dram.⟩ ***symbolische, gestileerde voorstelling*** **0.5** ⟨nat., wisk.⟩ ***formalisering***.

for·mal·ist ['fɔ:məlɪst‖'fɔr-] ⟨telb.zn.⟩ **0.1** ***formalist***.

for·mal·is·tic ['fɔ:mə'lɪstɪk‖'fɔr-] ⟨bn.; -ally; →bijw. 3⟩ **0.1** ***formalistisch*** ⇒*vormelijk, volgens de etiquette*.

for·mal·i·ty [fɔ:'mæləti‖fɔr'mæləṭi] ⟨f2⟩ ⟨telb. en n.-telb.zn.; →mv. 2⟩ **0.1** ***vormelijkheid*** ⇒*stijfheid* **0.2** ***formaliteit*** ◆ **2.2** signing this paper is a mere ~ *de ondertekening v. dit document is zuiver een formaliteit*.

for·mal·i·za·tion, -sa·tion ['fɔ:məlaɪ'zeɪʃn‖'fɔrmələ-] ⟨telb. en n.-telb.zn.⟩ **0.1** ***formalisering*** **0.2** ***stilering***.

for·mal·ize, -ise ['fɔ:məlaɪz‖'fɔr-] ⟨ov.ww.⟩ **0.1** ***formaliseren*** ⇒*formeel maken* **0.2** ***stileren*** ⇒*de juiste vorm geven aan*.

for·mant ['fɔ:mənt‖'fɔr-] ⟨telb.zn.⟩ **0.1** ***formant*** ⟨vormend bestanddeel⟩ ⇒*affix* **0.2** ⟨taalk.⟩ ***formant*** ⟨geluidsfrequentie⟩.

for·mat[1] ['fɔ:mæt‖'fɔr-] ⟨f2⟩ ⟨telb.zn.⟩ **0.1** ***(boek)formaat*** ⇒*afmeting, grootte* **0.2** ***manier van samenstellen*** **0.3** ⟨comp.⟩ ***(beschrijving v.) opmaak*** ⇒*indeling* ⟨v. gegevens⟩ ◆ **2.2** the program was broadcasted in a new ~ *het programma werd in een nieuwe formule uitgezonden*.

format[2] ⟨ov.ww.⟩ **0.1** ⟨comp.⟩ ***formatteren*** ⇒*opmaken, indelen* ⟨gegevens e.d.⟩ **0.2** ⟨druk.⟩ ***formatteren***.

formate →formic.

for·ma·tion [fɔ:'meɪʃn‖fɔr-] ⟨f3⟩ ⟨zn.⟩
I ⟨telb.zn.⟩ **0.1** ***het gevormde*** ⇒*formatie;*
II ⟨telb. en n.-telb.zn.⟩ **0.1** ***formatie*** ⟨ook geol., mil.⟩ ⇒*opstelling, rangschikking, structuur* ◆ **3.1** fly in ~ *in formatie vliegen;*
III ⟨n.-telb.zn.⟩ **0.1** ***vorming*** ◆ **1.1** the ~ of a character *de vorming v.e. karakter;* the ~ of a company *de oprichting v.e. maatschappij*.

for·ma·tion·al [fɔ:'meɪʃnəl‖'fɔr-] ⟨bn.⟩ **0.1** ***formatieachtig*** ⇒*vormingsachtig*.

for'mation expenses ⟨mv.⟩ **0.1** ***oprichtingskosten*** ⟨v. vennootschap⟩.

for·ma·tive[1] ['fɔ:mətɪv‖'fɔrməṭɪv] ⟨telb.zn.⟩ ⟨taalk.⟩ **0.1** ***formans*** ⟨woordvormingselement⟩.

formative[2] ⟨f1⟩ ⟨bn.⟩ **0.1** ***vormend*** ⇒*vormings-* **0.2** ***verbuigings-*** ⇒*afleidings-* ◆ **1.1** the ~ years of his career *de beginjaren v. zijn loopbaan*.

for·mat·ting ['fɔ:mætɪŋ‖'fɔr-] ⟨n.-telb.zn.; gerund v. format⟩ ⟨comp.⟩ **0.1** ***het formatteren*** ⇒*opmaak*.

'form criticism ⟨telb. en n.-telb.zn.⟩ **0.1** ***historische/etymologische analyse v.e. tekst*** ⟨Bijbel enz.⟩.

forme [fɔ:m‖fɔrm] ⟨telb.zn.⟩ ⟨druk.⟩ **0.1** ***(druk)vorm***.

for·mer[1] ['fɔ:mə‖'fɔrmər] ⟨f2⟩ ⟨telb.zn.⟩ **0.1** ***vormer*** ⇒*schepper* **0.2** ***vorm*** ⇒*vormgereedschap* **0.3** ⟨tech.⟩ ***mal*** **0.4** ⟨elek.⟩ ***spoelkoker*** **0.5** ⟨in samenst.⟩ ***leerling*** ⟨v.e. bep. klas⟩ **0.6** ***(de/het) vorige*** ⇒*(de/het) oude* ◆ **7.5** ⟨BE⟩ second-~ *tweede-klasser*.

former[2] ⟨f3⟩ ⟨aanw.vnw.; the⟩ **0.1** ***eerste*** ⇒*eerstgenoemde* ⟨v. twee⟩ ◆ **4.1** we have coffee and tea; do you want the ~ or the latter? *we hebben koffie en thee; wil je het eerste of het tweede?* **6.1** Henry prefers the ~ of the two books *Henry geeft de voorkeur aan het eerstgenoemde boek*.

former[3] ⟨f3⟩ ⟨aanw.det.⟩ **0.1** ***vroeger*** ⇒*voorafgaand, vorig, voor-*

malig **0.2** ⟨the⟩ ***eerst*** ⇒*eerstgenoemd* ⟨v. twee⟩ ◆ **1.1** in ~ days *in vroeger dagen;* the ~ president *de vorige president;* Uncle seems to be his ~ self again *oom schijnt weer de oude te zijn*.

for·mer·ly ['fɔ:məli‖'fɔrmərli]⟨f3⟩⟨bw.⟩ **0.1** ***vroeger*** ⇒*eertijds, voorheen*.

'form feed ⟨n.-telb.zn.⟩⟨comp.⟩ **0.1** ***paginadoorvoer*** ⇒*formuliertoevoer*.

for·mic ['fɔ:mɪk‖'fɔrmɪk]⟨bn., attr.⟩ **0.1** ***miere(n)*** ◆ **1.1** ⟨schei.⟩ ~ acid *mierezuur, methaanzuur*.

for·mi·ca [fɔ:'maɪkə‖fɔr-]⟨n.-telb.zn.; ook F-⟩ **0.1** ***formica***.

for·mi·car·y ['fɔ:mɪkəri‖'fɔrməkeri]⟨telb.zn.; →mv. 2⟩ **0.1** ***mierennest*** ⇒*mierenhoop*.

for·mi·ca·tion ['fɔ:mɪ'keɪʃn‖'fɔr-]⟨telb. en n.-telb.zn.⟩ **0.1** ***kriebeling***.

for·mi·da·ble ['fɔ:mɪdəbl, fə'mɪ-‖'fɔr-]⟨f2⟩⟨bn.; -ly; -ness; →bijw. 3⟩ **0.1** ***ontzagwekkend*** ⇒*angstaanjagend, schrikbarend, gevreesd, geducht, alarmerend* **0.2** ***formidabel*** ⇒*geweldig* ◆ **3.1** look ~ *er vervaarlijk uitzien*.

form·less ['fɔ:mləs‖'fɔrm-]⟨f1⟩⟨bn.; -ly; -ness⟩ **0.1** ***vorm(e)loos*** ⇒*ongevormd, ongeordend, zonder structuur*.

'form letter ⟨telb.zn.⟩ **0.1** ***standaardbrief***.

'form-mas·ter ⟨telb.zn.⟩ **0.1** ***klasseleraar***.

for·mu·la ['fɔ:mjʊlə‖'fɔrmjələ]⟨f3⟩⟨telb.zn.; ook formulae [-li:]; →mv. 5⟩ **0.1** ***formule*** ⇒*formulering, formulier;* ⟨fig.⟩ *cliché* **0.2** ***formule*** ⇒*samenstelling, recept* **0.3** ***formule*** ⇒*middel, regeling* **0.4** ***flesvoeding*** **0.5** ⟨autosport⟩ ***formule*** ⟨duidt categorie v. racewagen aan⟩ ◆ **2.1** baptismal ~ *doopformulier* **7.5** Formula One *Formule Een*.

for·mu·la·ic ['fɔ:mjʊ'leɪɪk‖'fɔrmjə-]⟨bn., attr.⟩ **0.1** ***formulair*** ◆ **1.1** ~ expressions *formulaire uitdrukkingen*.

Formula-'1 racer ⟨telb.zn.⟩⟨autosport⟩ **0.1** ***formule-1-coureur/-rijder***.

'formula racing ⟨n.-telb.zn.⟩⟨autosport⟩ **0.1** ***(het) formule-racen*** ⇒*(het) formule-rijden*.

for·mu·lar·y[1] ['fɔ:mjʊləri‖'fɔrmjəleri]⟨telb.zn.; →mv. 2⟩ **0.1** ⟨ben. voor⟩ ***verzameling formules*** ⇒*formulierboek;* ⟨med.⟩ *formularium;* ⟨relig.⟩ *rituaal, rituale* **0.2** ***formule*** ⇒*formulier, formulering*.

formulary[2] ⟨bn.⟩ **0.1** ***formulair*** ⇒*voorgeschreven, ritueel* **0.2** ***vormelijk*** ⇒*formalistisch*.

for·mu·late ['fɔ:mjʊleɪt‖'fɔrmjə-], **for·mu·lar·ize, -ise** [-ləraɪz], **for·mu·lize, -lise** [-laɪz]⟨f2⟩⟨ov.ww.⟩ **0.1** ***formuleren*** **0.2** ***formaliseren*** **0.3** ***opstellen*** ⇒*ontwerpen* **0.4** ***samenstellen*** ⇒*bereiden* ⟨naar een formule⟩.

for·mu·la·tion ['fɔ:mjʊ'leɪʃn‖'fɔrmjə-], **for·mu·li·za·tion, -sa·tion** [-laɪ'zeɪʃn‖-lə'zeɪʃn]⟨f2⟩⟨telb. en n.-telb.zn.⟩ **0.1** ***formulering*** ⇒*het formuleren*.

for·mu·lism ['fɔ:mjʊlɪzm‖'fɔrmjə-]⟨n.-telb.zn.⟩ **0.1** ***het hechten aan formules*** ⇒*verbale vormelijkheid;* ⟨fig.⟩ *woordenkraam*.

'form·work ⟨n.-telb.zn.⟩ **0.1** ***bekisting*** ⇒*schotwerk* ⟨om beton in te gieten⟩.

for·ni·cate ['fɔ:nɪkeɪt‖'fɔr-]⟨f1⟩⟨onov.ww.⟩ **0.1** ⟨vnl. jur.⟩ ***overspel plegen*** ⇒*echtbreuk plegen* **0.2** ⟨bijb.⟩ ***ontucht plegen*** ⇒*hoereren*.

for·ni·ca·tion ['fɔ:nɪ'keɪʃn‖'fɔr-]⟨f1⟩⟨n.-telb.zn.⟩ **0.1** ⟨vnl. jur.⟩ ***overspel*** ⇒*echtbreuk* **0.2** ⟨bijb.⟩ ***ontucht*** ⇒*hoererij*.

for·ni·ca·tor ['fɔ:nɪkeɪtə‖'fɔrnɪkeɪtər]⟨telb.zn.⟩ **0.1** ⟨vnl. jur.⟩ ***overspelige*** ⇒*echtbreker* **0.2** ⟨bijb.⟩ ***ontuchtige*** ⇒*hoereerder*.

for·ra·der ['fɒrədə‖'fɑrədər]⟨bw.⟩⟨BE; inf.⟩ **0.1** ***vooruit*** ⟨vnl. fig.⟩ ◆ **3.1** he couldn't get any ~ *hij kon niet opschieten*.

for·sake [fə'seɪk‖fər-]⟨f1⟩⟨ov.ww.; forsook [-'sʊk], forsaken [-'seɪkən]⟩ **0.1** ***verzaken (aan)*** ⇒*verloochenen* **0.2** ***verlaten*** ⇒*in de steek laten* ◆ **1.2** a forsaken region *een doodse/verlaten streek*.

for·sooth [fə'su:θ‖fər-]⟨bw.⟩⟨vero.⟩ **0.1** ***voorwaar*** ⇒*wis en waarachtig*.

for·spent, fore·spent [fɔ:'spent‖fɔr-]⟨bn.⟩⟨vero.⟩ **0.1** ***afgetobd*** ⇒*uitgeput, afgesloofd, afgemat*.

for·swear, fore·swear [fɔ:'sweə‖fɔr'swer]⟨ww.⟩ →forsworn

I ⟨onov.ww.⟩ **0.1** ***een meineed doen/afleggen;***

II ⟨ov.ww.⟩ **0.1** ***afzweren*** ⇒*verzaken (aan), verloochenen* **0.2** ***desavoueren*** ⇒*plechtig ontkennen/verwerpen* ◆ **4.¶** ~ o.s. *een meineed doen/afleggen*.

for·sworn [fɔ:'swɔ:n‖fɔr'swɔrn]⟨bn.; volt. deelw. v. forswear⟩ **0.1** ***meinedig***.

for·syth·i·a [fɔ:'saɪθɪə‖fər'sɪ-]⟨telb. en n.-telb.zn.⟩⟨plantk.⟩ **0.1** ***forsythia*** ⟨genus Forsythia⟩.

fort [fɔ:t‖fɔrt]⟨f2⟩⟨telb.zn.⟩ **0.1** ***fort*** ⇒*vesting, sterkte;* ⟨fig.⟩ *bastion, bolwerk* **0.2** ⟨gesch.⟩ ***versterkte handelsnederzetting*** ◆ **3.¶** hold the ~ *de zaken waarnemen, op de winkel passen*.

for·ta·lice ['fɔ:təlɪs‖'fɔrṭələs]⟨telb.zn.⟩⟨vero.; mil.⟩ **0.1** ⟨ben. voor⟩ ***vesting*** ⇒*klein fort, buitenwerk, ravelijn*.

for·te[1] ['fɔ:teɪ‖'fɔr-]⟨f1⟩⟨telb.zn.⟩ **0.1** ***fort*** ⇒*sterke zijde* ⟨v. persoon⟩ **0.2** ⟨schermen⟩ ***forte*** ⇒*het sterk* **0.3** ⟨ook attr.⟩⟨muz.⟩ ***forte*** ⟨luide passage v. muziekstuk⟩.

forte[2] ⟨bw.⟩⟨muz.⟩ **0.1** ***forte*** ◆ **5.1** ~ piano *(afwisselend) forte (en) piano*.

forth[1] [fɔ:θ‖fɔrθ]⟨f3⟩⟨bw.⟩⟨vero., beh. in verbindingen⟩ **0.1** ⟨plaats⟩ ***vooruit*** ⇒*naar voren, voorwaarts* **0.2** ⟨tijd⟩ ***voort*** ⇒*... af (aan)* **0.3** ***voort*** ⇒*te voorschijn* **0.4** ***weg*** ⇒*uit, naar buiten* ◆ **1.2** from this time ~ *van nu af (aan)* **3.3** come ~ *te voorschijn komen;* show ~ *laten zien; verkondigen* **3.4** go ~ *weggaan, vertrekken* **5.1** back and ~ *heen en weer;* and so ~ *enzovoort(s)* **¶.2** from that day ~ *van die dag af*.

forth[2] ⟨vz.⟩⟨vero.⟩ **0.1** ***(tevoorschijn) uit*** ◆ **1.1** ~ a cloud *vanuit een wolk*.

forth·com·ing[1] [fɔ:θ'kʌmɪŋ‖fɔrθ-]⟨telb.zn.⟩ **0.1** ***verschijning*** ◆ **1.1** the Queen's ~ had not been expected *de verschijning v. d. Koningin was niet verwacht*.

forthcoming[2] ⟨f2⟩⟨bn.; -ness⟩

I ⟨bn.⟩ **0.1** ***aanstaand*** ⇒*verwacht, aangekondigd, naderend* **0.2** ***tegemoetkomend*** ⇒*behulpzaam, toeschietelijk* ◆ **1.1** ~ books *te verschijnen boeken;*

II ⟨bn., pred.; vaak met ontkenning⟩ **0.1** ***beschikbaar*** ⇒*ter beschikking* ◆ **5.1** an explanation was not ~ when asked for *een verklaring bleef uit toen ernaar gevraagd werd*.

'forthright[1] ['fɔ:θraɪt‖'fɔrθ-]⟨f1⟩⟨bn.; -ness⟩ **0.1** ***recht*** ⟨bv. v. weg⟩ **0.2** ***rechtuit*** ⇒*openhartig* **0.3** ***onwrikbaar*** ⇒*vastbesloten*.

'forth'right[2] ⟨bw.⟩ **0.1** ***rechtdoor*** ⇒*recht;* ⟨fig.⟩ *rechtuit, openhartig* **0.2** ⟨vero.⟩ ***onmiddellijk*** ⇒*meteen, op staande voet*.

forth·with[1] ['fɔ:θ'wɪθ‖'fɔrθwɪθ]⟨telb.zn.⟩⟨sl.⟩ **0.1** ***bevel dat direct opgevolgd moet worden***.

forthwith[2] ⟨f1⟩⟨bw.⟩ **0.1** ***onmiddellijk*** ⇒*meteen, op staande voet*.

for·ti·eth[1] ['fɔ:tɪəθ‖'fɔrṭɪəθ]⟨telb.zn.⟩ **0.1** ***veertigste*** ⟨ook in breuken⟩.

for·ti·eth[2] ['fɔ:tɪɪθ‖'fɔrṭɪɪθ]⟨f1⟩⟨telw.⟩ **0.1** ***veertigste***.

for·ti·fi·able ['fɔ:tɪfaɪəbl‖'fɔrṭɪ-]⟨bn.⟩ **0.1** ***versterkbaar***.

for·ti·fi·ca·tion ['fɔ:tɪfɪ'keɪʃn‖'fɔrṭɪ-]⟨f1⟩⟨zn.⟩

I ⟨telb.zn.; vnl. mv.⟩⟨mil.⟩ **0.1** ***fortificatie*** ⇒*versterking, vestingwerk;*

II ⟨n.-telb.zn.⟩ **0.1** ***versterking*** ⇒*het versterken* **0.2** ***alcoholisatie*** ⇒*versnijding met alcohol* ⟨mbt. wijn⟩ **0.3** ⟨mil.⟩ ***fortificatie*** ⇒*versterking* **0.4** ⟨mil.⟩ ***versterkingskunst***.

for·ti·fy ['fɔ:tɪfaɪ‖'fɔrṭɪ-]⟨f2⟩⟨ww.; →ww. 7⟩

I ⟨onov.ww.⟩ **0.1** ***fortificaties/vestingwerken/versterkingen bouwen;***

II ⟨ov.ww.⟩ **0.1** ***versterken*** ⇒*verstevigen* **0.2** ***aanmoedigen*** ⇒*moed/vertrouwen inspreken, oppeppemn, sterken* **0.3** ***verrijken*** ⟨voedsel⟩ **0.4** ***alcoholiseren*** ⇒*met alcohol versnijden* ⟨wijn⟩ **0.5** ⟨vero.⟩ ***bekrachtigen*** ⇒*bevestigen* ⟨verklaring⟩ **0.6** ⟨mil.⟩ ***versterken*** ⇒*fortificeren* ◆ **1.3** fortified food *verrijkt voedsel* **1.4** fortified wine *gealcoholiseerde wijn* **6.2** ⟨relig.⟩ fortified **with** the rites of the Church *gesterkt door de sacramenten* **6.6** they fortified the isles **against** an invasion *zij versterkten de eilanden tegen een invasie*.

for·tis·si·mo[1] [fɔ:'tɪsɪmoʊ‖fɔr-]⟨telb.zn.; ook fortissimi; →mv. 5; ook attr.⟩⟨muz.⟩ **0.1** ***fortissimo***.

fortissimo[2] ⟨bw.⟩⟨muz.⟩ **0.1** ***fortissimo***.

for·ti·tude ['fɔ:tɪtju:d‖'fɔrṭɪtu:d]⟨f1⟩⟨n.-telb.zn.⟩ **0.1** ***standvastigheid*** ⇒*vastberadenheid, zelfbeheersing*.

fort·night ['fɔ:tnaɪt‖'fɔrt-]⟨f2⟩⟨telb.zn.⟩ **0.1** ***veertien dagen*** ⇒*twee weken* ◆ **1.1** a ~'s holiday *een vakantie van veertien dagen;* in a ~'s time *over veertien dagen;* a ~ on Monday *maandag over veertien dagen; maandag veertien dagen geleden* **5.1** a ~ (from) today, today ~ *vandaag over veertien dagen; vandaag veertien dagen geleden* **6.1** **in** a ~ *over veertien dagen*.

fort·night·ly[1] ['fɔ:tnaɪtli‖'fɔrt-]⟨telb.zn.; →mv. 2⟩ **0.1** ***veertiendaags tijdschrift***.

fortnightly[2] ⟨bn., attr.⟩ **0.1** ***veertiendaags***.

fortnightly[3] ⟨bw.⟩ **0.1** ***om de veertien dagen***.

FOR·TRAN, For·tran ['fɔ:træn‖'fɔr-]⟨eig.n.⟩⟨afk.⟩ Formula Translation ⟨comp.⟩ **0.1** ***Fortran*** ⟨computertaal⟩.

for·tress[1] ['fɔ:trɪs‖'fɔr-]⟨f2⟩⟨telb.zn.⟩ **0.1** ***vesting*** ⇒*versterkte stad, fort* **0.2** ***toevluchtsoord*** ⇒*schuilplaats, bolwerk* ⟨vnl. fig.⟩.

fortress[2] ⟨ov.ww.⟩⟨vero.⟩ **0.1** ***versterken*** ⇒*fortificeren* ⟨ook fig.⟩.

for·tu·i·tism [fɔ:'tju:ətɪzm‖fɔr'tu:əṭɪzm]⟨n.-telb.zn.⟩ **0.1** ***toevalsleer*** ⟨bv. mbt. evolutietheorie⟩.

for·tu·i·tist [fɔ:'tju:ətɪst‖fɔr'tu:əṭɪst]⟨telb.zn.⟩ **0.1** ***aanhanger v.d. toevalsleer***.

for·tu·i·tous [fɔ:'tju:ətəs‖fɔr'tu:əṭəs]⟨f2⟩⟨bn.; -ly; -ness⟩ **0.1** ***toevallig*** ⇒*onvoorzien, accidenteel* **0.2** ⟨inf.⟩ ***gelukkig*** ◆ **1.2** this is a ~ occasion *dit is een gelukkige omstandigheid/gelukkig toeval*.

for·tu·i·ty [fɔ:'tju:əti‖fɔr'tu:əṭi]⟨telb. en n.-telb.zn.⟩ **0.1** ***toeval(ligheid)***.

for·tu·nate ['fɔ:tʃnət||'fɔr-]⟨f3⟩⟨bn.⟩ **0.1** ***gelukkig*** *⇒fortuinlijk, voorspoedig, welvarend* **0.2** ***gelukkig*** *⇒gunstig* ◆ **1.2** ~ circumstances *gunstige omstandigheden* **3.1** be ~ enough not to be ill *het geluk hebben niet ziek te zijn.*

for·tu·nate·ly ['fɔ:tʃnətli||'fɔr-]⟨f3⟩⟨bw.⟩ **0.1** →fortunate **0.2** ***gelukkig*** *⇒gelukkigerwijs, bij geluk.*

for·tune[1] ['fɔ:tʃn, -tʃu:n||'fɔr-]⟨f3⟩⟨zn.⟩⟨→sprw. 207, 208, 209, 273⟩
I ⟨eig.n.; F-⟩ **0.1** ***Fortuna*** *⇒lots/geluksgodin;*
II ⟨telb.zn.⟩ **0.1** ***lotgeval*** *⇒(toekomstige) belevenis* **0.2** ***fortuin*** *⇒vermogen, rijkdom* ◆ **1.1** the ~s of war *de oorlogslotgevallen* **2.2** a small ~ *een klein fortuin;* ⟨fig.⟩ *een bom geld* **3.1** tell ~s *de toekomst voorspellen* **3.2** come into a ~ *een fortuin erven;* make a ~ *fortuin maken;*
III ⟨n.-telb.zn.⟩ **0.1** ***fortuin*** *⇒lot* **0.2** ***lotsbeschikking*** *⇒lot, bestemming, toekomst* **0.3** ***fortuin*** *⇒geluk, voorspoed* ◆ **1.3** soldier of ~ *huursoldaat, avonturier* **2.1** by good ~ *gelukkig;* have the good ~ to be healthy *het geluk hebben gezond te zijn* **3.2** tell s.o. his/her ~ *iem. de toekomst voorspellen* **3.3** make one's ~ *zijn fortuin maken;* seek one's ~ *zijn geluk (elders) zoeken;* try one's ~ *zijn geluk beproeven, zijn kans wagen.*

fortune[2] ⟨onov.ww.⟩⟨vero., schr.⟩ **0.1** ***gebeuren*** *⇒zich voordoen* ◆ **6.¶** ~ **upon** *(toevallig) tegenkomen.*

'fortune cooky, 'fortune cookie ⟨telb.zn.⟩⟨AE⟩ **0.1** ***koekje waarin voorspelling of spreuk gebakken is.***

'fortune hunter ⟨telb.zn.⟩ **0.1** ***fortuinzoeker/zoekster*** *⇒gelukzoeker/zoekster* ⟨vnl. door rijk huwelijk⟩.

'Fortune's 'wheel ⟨eig.n.⟩ **0.1** ***het rad v. avontuur/der fortuin.***

'for·tune-tell·er ⟨f1⟩⟨telb.zn.⟩ **0.1** ***waarzegger/zegster.***

'for·tune-tell·ing ⟨n.-telb.zn.⟩ **0.1** ***waarzeggerij.***

for·ty ['fɔ:ti||'fɔrṭi]⟨f3⟩⟨telw.⟩ **0.1** ***veertig*** ⟨ook voorwerp/groep ter waarde/grootte v. veertig⟩ ◆ **1.1** she was number ~ *ze was nummer veertig* **3.¶** ⟨scheep.⟩ roaring forties *roaring forties* ⟨ca. 40°-60° zuiderbreedte; stormachtig gebied⟩ **6.1** a man **in** his forties *een man van in de veertig;* **in** the forties *in de jaren veertig;* temperatures **in** the forties *temperaturen boven de veertig (graden)* **7.¶** ⟨BE⟩ the Forties *de zee tussen N.-O. Schotland en Z.-W. Noorwegen* ⟨min. 40 vadem diep⟩.

'forty-'five[1] ['fɔ:ti'faɪv||'fɔrṭi-]⟨f1⟩⟨zn.⟩
I ⟨eig.n.; F-; the⟩⟨gesch.⟩ **0.1** ***jakobitische opstand v. 1745 in Engeland;***
II ⟨telb.zn.⟩⟨inf.⟩ **0.1** ***(pistool v.) kaliber 45*** **0.2** ***45-toerenplaat.***

forty-five[2] ⟨telw.⟩ **0.1** ***vijfenveertig.***

for·ty·ish ['fɔ:tiɪʃ||'fɔrṭiɪʃ]⟨f1⟩⟨bn.⟩ **0.1** ***ongeveer/zo'n veertig jaar oud.***

for·ty-'lev·en ['fɔ:ti'levn||'fɔrṭi-]⟨telw.⟩⟨inf.⟩ **0.1** ⟨ong.⟩ ***duizend en één*** *⇒(oneindig) groot aantal.*

for·ty-nin·er ['fɔ:ti'naɪnə||'fɔrṭi'naɪnər]⟨telb.zn.⟩⟨AE⟩ **0.1** ***goudzoeker*** ⟨i.h.b. in Californië, 1849⟩.

'for·ty-rod ⟨n.-telb.zn.⟩⟨AE; gew.⟩ **0.1** ***sterke, goedkope whisky.***

fo·rum ['fɔ:rəm]⟨f2⟩⟨telb.zn.; ook fora ['fɔ:rə]; →mv. 5⟩ **0.1** ***forum*** *⇒markt, plein* **0.2** ***openbare discussie(gelegenheid)*** *⇒forum* **0.3** ***rechtbank*** ◆ **1.2** TV can be a ~ for public discussion *de t.v. kan een forum voor openbare discussie zijn.*

for·ward[1] ['fɔ:wəd||'fɔrwərd]⟨telb.zn.⟩⟨sport⟩ **0.1** ***voorspeler*** **0.2** ***vooruitgeschoven positie.***

forward[2] ⟨f3⟩⟨bn.; -ly; -ness⟩
I ⟨bn.⟩ **0.1** ***voortijdig*** *⇒vroegtijdig, vroeg, prematuur* **0.2** ***vroegrijp*** *⇒voorlijk* **0.3** ***arrogant*** *⇒brutaal, onbeschaamd* **0.4** ***vooruitstrevend*** *⇒progressief, modern* ◆ **1.1** a ~ spring *een vroege lente* **1.2** a ~ girl *een vroegrijp meisje* **1.3** a ~ remark *een brutale opmerking* **1.4** a ~ concept *een progressieve opvatting;*
II ⟨bn., attr.⟩ **0.1** ***voorwaarts*** *⇒naar voren (gericht)* **0.2** ***voorst*** *⇒vooraan gelegen* **0.3** ⟨ec.⟩ ***termijn-*** *⇒op termijn* ◆ **1.1** a ~ move *een voorwaartse zet;* ⟨sport, vnl. rugby⟩ a ~ pass *een voorwaartse pass* ⟨tegen de spelregels⟩ **1.2** the ~ part of a ship *het voorste gedeelte v.e. schip* **1.3** ~ delivery *termijnlevering;* ~ contract *termijncontract;* ~ prices *prijzen op levering, termijnprijzen;* ~ sale *termijn/voorverkoop;* ~ planning *toekomstplanning;*
III ⟨bn., pred.⟩ **0.1** ***bereid*** *⇒klaar* **0.2** ***gevorderd*** *⇒opgeschoten* ◆ **3.1** he is ~ to help *hij is bereid te helpen* **6.1** she is ~ **with** help *zij staat altijd klaar om te helpen* **6.2** he was not far ~ **with** his study *hij was niet erg opgeschoten met zijn studie.*

forward[3] ⟨f2⟩⟨ov.ww.⟩ →forwarding **0.1** ***bevorderen*** *⇒vooruithelpen, bespoedigen* **0.2** ***doorzenden/sturen*** *⇒opsturen, nazenden/sturen* ⟨post⟩ **0.3** ***zenden*** *⇒sturen, verzenden/sturen, afzenden, expediëren* ⟨goederen⟩ **0.4** ***vervroegen*** *⇒trekken, forceren* ⟨groei v. planten⟩ **0.5** ⟨boek.⟩ ***van een papieren omslag voorzien.***

forward[4] ['fɔrəd||'fɔrərd]⟨bw.⟩⟨scheep., lucht.⟩ **0.1** ***vooraan*** *⇒voorin* **0.2** ***naar voren*** *⇒naar de voorkant.*

forward[5], ⟨in bet. 0.1 ook⟩ **for·wards** ['fɔ:wədz||'fɔrwərdz]⟨f4⟩⟨bw.⟩ **0.1** ***voorwaarts*** *⇒vooruit, naar voren* ⟨in de ruimte; ook fig.⟩ **0.2** ***vooruit*** *⇒vooraf, op termijn* ⟨in de tijd⟩ ◆ **3.1** come ~ *naar voren komen, zich aanmelden/aanbieden;* go ~ *vooruitgaan, vorderen, opschieten;* send s.o. ~ *iem. vooruitzenden* **3.2** buy ~ *op termijn kopen;* date ~ *postdateren* **3.¶** →bring forward; →carry forward; →look forward; →put forward; →set forward **5.1** backward(s) and ~ *vooruit en achteruit; heen en weer* **6.2** **from** today ~ *vanaf heden.*

for·ward·er[1] ['fɔ:wədə||'fɔrwərdər]⟨telb.zn.⟩ **0.1** ***expediteur*** *⇒verzender.*

forwarder[2] ⟨bw.; vnl. in verbindingen⟩ **0.1** ***vooruit*** *⇒verder* ◆ **3.1** we could not get any ~ *we konden niet meer opschieten/geen vorderingen meer maken.*

for·ward·ing ['fɔ:wədɪŋ||'fɔrwər-]⟨n.-telb.zn.; gerund v. forward⟩⟨hand.⟩ **0.1** ***expeditie.***

'forwarding agent ⟨telb.zn.⟩⟨hand.⟩ **0.1** ***expediteur.***

forwarding book ⟨telb.zn.⟩⟨hand.⟩ **0.1** ***expeditiebrief.***

forwarding business ⟨telb.zn.⟩⟨hand.⟩ **0.1** ***expeditiebedrijf/zaak.***

'forwarding note ⟨telb.zn.⟩⟨AE; hand.⟩ **0.1** ***vrachtbrief.***

'for·ward-look·ing ⟨bn.⟩ **0.1** ***vooruitziend*** *⇒op de toekomst gericht.*

'forward pike dive ⟨telb.zn.⟩⟨schoonspringen⟩ **0.1** ***gehoekte sprong voorwaarts.***

for·wea·ri·ed [fə'wɪərid||-'wɪr-], **for(e)·worn** [fə'wɔ:n||fər-]⟨bn.⟩⟨vero.⟩ **0.1** ***uitgeput*** *⇒doodmoe.*

forwent, forewent ⟨verl. t.⟩ →forgo.

forworn →forwearied.

'Fos·bur·y flop ['fɒzb(ə)ri||'fɑz-]⟨telb.zn.⟩⟨atletiek⟩ **0.1** ***(fosbury-) flop.***

fos·sa ['fɒsə||'fɑsə], ⟨soms⟩ **foss(e)** [fɒs||fɑs]⟨telb.zn.; fossae [-si:]; →mv. 5⟩⟨anat.⟩ **0.1** ***fossa*** *⇒ondiepe verlaging, holte, groef.*

foss(e) [fɒs||fɑs]⟨telb.zn.⟩ **0.1** ***gracht*** *⇒slot/vestingsgracht* **0.2** →fossa.

fos·sick ['fɒsɪk||'fɑ-]⟨ww.⟩⟨vnl. Austr. E⟩
I ⟨onov.ww.⟩ **0.1** ***prospecteren*** *⇒zoeken naar goud/edelstenen, snuffelen* ⟨in verlaten mijnen, afvalhopen, droge beddingen⟩ **0.2** ⟨sl.⟩ ***snuffelen*** *⇒zoeken, (rond)scharrelen* ◆ **5.2** ~ **about** *rondsnuffelen/scharrelen;*
II ⟨ov.ww.⟩⟨sl.⟩ **0.1** ***zoeken naar*** *⇒snuffelen naar* ◆ **5.1** ~ **up** *opscharrelen.*

fos·sil[1] ['fɒsl||'fɑsl]⟨f2⟩⟨telb.zn.⟩ **0.1** ⟨geol.⟩ ***fossiel*** **0.2** ⟨bel.⟩ ***fossiel*** *⇒ouderwets persoon, conservatief mens* **0.3** ⟨taalk.⟩ ***fossiel*** *⇒versteende vorm, overblijfsel* **0.4** ⟨AE; sl.⟩ ***oud mens*** *⇒ouwe zak, ouwe trut* ◆ **2.2** the headmaster is just an old ~ *de bovenmeester/het schoolhoofd is een ouwe zak* **2.3** a lot of idioms contain lexical ~s *heel wat uitdrukkingen bevatten lexicale fossielen/fossiele woorden.*

fossil[2] ⟨f1⟩⟨bn., attr.⟩⟨vnl. geol.⟩ **0.1** ***fossiel*** *⇒versteend; ouderwets* ⟨ook fig.⟩ ◆ **1.1** ~ expressions *taalfossielen;* ~ fuel *fossiele brandstof;* ~ ivory *fossiel ivoor* ⟨v. mammoetstanden⟩.

fos·sil·if·er·ous ['fɒsḷ'ɪf(ə)rəs||'fɑ-]⟨bn.⟩ **0.1** ***fossielhoudend.***

fos·sil·i·za·tion, -sa·tion ['fɒsḷaɪ'zeɪʃn||'fɑsḷə'zeɪʃn]⟨n.-telb.zn.⟩ **0.1** ***verstening*** **0.2** ***verstarring.***

fos·sil·ize, -ise ['fɒsḷaɪz||'fɑ-]⟨f1⟩⟨ww.⟩
I ⟨onov.ww.⟩ **0.1** ***verstenen*** **0.2** ***verstarren*** *⇒in onbruik raken, verouderen;*
II ⟨ov.ww.⟩ **0.1** ***doen verstenen*** **0.2** ***doen verstarren*** *⇒verouderen.*

fos·so·ri·al [fɒ'sɔ:rɪəl||fɑ'sɔr-], **fos·so·ri·ous** [-rɪəs]⟨bn.⟩⟨dierk.⟩ **0.1** ***graaf-*** *⇒(aangepast/uitgerust) om te graven* ◆ **1.1** ~ leg *graafpoot;* ~ wasp *graafwesp.*

fos·ter ['fɒstə||'fɒstər, 'fɑ-]⟨f2⟩⟨ov.ww.⟩ **0.1** ***voeden*** *⇒opvoeden, kweken* **0.2** ***koesteren*** *⇒verplegen, onderhouden, (liefderijk) verzorgen* **0.3** ***koesteren*** *⇒aanmoedigen, cultiveren,* ⟨fig.⟩ *voeden* **0.4** ***opnemen in het gezin*** *⇒als pleegkind opnemen, opvoeden (als een eigen kind)* ⟨zonder adoptie⟩ ◆ **1.2** ~ the sick *zieken verplegen/verzorgen;* the viper I ~ed in my bosom *de adder die ik aan mijn boezem gekoesterd heb* **1.3** his musical talents were ~ed by frequent visits to concerts *zijn muzikale talenten werden gecultiveerd door regelmatig concertbezoek;* he ~ed evil thoughts *hij koesterde slechte gedachten.*

fos·ter·age ['fɒstərɪdʒ||'fɔ-, 'fɑ-]⟨n.-telb.zn.⟩ **0.1** ***voeding*** *⇒opvoeding, koestering, verzorging* **0.2** ***gewoonte om voedsters te gebruiken.***

'foster brother ⟨f1⟩⟨telb.zn.⟩ **0.1** ***pleegbroe(de)r.***

'foster care ⟨n.-telb.zn.⟩ **0.1** ***wezenzorg*** *⇒sociale zorg, welzijnszorg, zorg voor minder-validen, reclassering, delinquentenzorg.*

'foster child ⟨f1⟩⟨telb.zn.⟩ **0.1** ***pleegkind*** **0.2** ***protégé.***

'foster daughter ⟨f1⟩⟨telb.zn.⟩ **0.1** ***pleegdochter.***

'foster father ⟨f1⟩⟨telb.zn.⟩ **0.1** ***pleegvader.***

'foster home ⟨telb.zn.⟩ **0.1** ***pleeggezin.***

fos·ter·ling ['fɒstəlɪŋ||'fɒstər-, 'fɑ-]⟨telb.zn.⟩ **0.1** ***pleegkind*** ⇒⟨fig.⟩ *protégé.*

'foster mother ⟨f1⟩ ⟨telb.zn.⟩ **0.1** ***pleegmoeder*** ⇒*voedster, min, zoogster* **0.2** ⟨BE⟩ ***couveuse*** ⟨voor uitbroeden v. eieren, kweken v. bacillen, enz.⟩ ⇒*kunstmoeder, broedmachine.*

'foster parent ⟨f1⟩ ⟨telb.zn.⟩ **0.1** ***pleegouder.***

'foster parents plan ⟨telb.zn.⟩ **0.1** ***foster parents plan.***

'foster sister ⟨f1⟩ ⟨telb.zn.⟩ **0.1** ***pleegzuster.***

'foster son ⟨f1⟩ ⟨telb.zn.⟩ **0.1** ***pleegzoon.***

fot ⟨afk.⟩ free on truck, free of tax.

Fou·cault current [fu:'koʊ ˌkʌrənt‖- ˌkɜrənt] ⟨telb.zn.⟩ ⟨tech.⟩ **0.1** ***wervelstroom*** ⇒*stroom v. Foucault, Foucaultstroom.*

fou·gasse ⟨telb.zn.⟩ **0.1** ***floddermijn*** ⇒*lichte landmijn.*

fought ⟨verl. t. en volt. deelw.⟩ →fight.

foul[1] [faʊl] ⟨f1⟩ ⟨telb.zn.⟩ **0.1** ⟨sport⟩ ***overtreding*** ⇒*fout, ongeoorloofde slag/trap;* ⟨honkbal⟩ *foutbal, uitbal, foutslag* **0.2** ⟨scheep.⟩ ***aanvaring*** **0.3** ⟨vnl. zeilvaart en vis.⟩ ***verwarring*** ⇒*knoop, verstrengeling* **0.4** ***verstopping*** ◆ **1.¶** through ~ and fair / fair and ~ *door dik en dun.*

foul[2] ⟨f2⟩ ⟨bn.; -er; -ly; -ness⟩ (→sprw. 182) **0.1** ***vuil*** ⇒*stinkend, rot, bedorven, smerig, walgelijk* **0.2** ***vuil*** ⇒*smerig, immoreel, obsceen, vulgair* **0.3** ⟨sport⟩ ***onsportief*** ⇒*oneerlijk, unfair, onreglementair, vuil* **0.4** ⟨sl.⟩ ***beroerd*** ⇒*vals, verschrikkelijk, bar slecht* **0.5** ***vuil*** ⇒*klad* **0.6** ***onklaar*** ⇒*verward* **0.7** ⟨scheep.⟩ ***vuil*** ⇒*gevaarlijk, ongunstig* **0.8** ***verstopt*** ⇒*geblokkeerd* **0.9** ⟨honkbal⟩ ***fout*** ⇒*uit* ◆ **1.1** ~ air *bedorven lucht;* it is a ~ day *het is smerig weer vandaag;* a ~ smell *een vieze lucht;* ~ weather *vies/stormachtig/verraderlijk weer* **1.2** a ~ deed *een gemene/immorele daad;* a ~ murder *een laffe moord;* a ~ tongue *een vuile bek;* a ~ temper *een vreselijk/slecht humeur;* ~ language *onbehoorlijke/obscene taal;* the ~ fiend *de boze, Satan, de duivel* **1.3** ⟨vaak fig.⟩ ~ play *vuil/onsportief/vals spel, boze/kwade opzet, misdaad;* does the police suspect ~ play? *meent de politie dat er opzet in het spel is?;* a ~ blow *een gemene stoot, een stoot onder de gordel* ⟨ook fig.⟩; by fair means and ~ *met alle middelen* **1.4** a ~ performance *een beroerde opvoering/slechte uitvoering* **1.5** a posthumous edition based on his ~ papers *een op zijn ongecorrigeerde notities gebaseerde posthume uitgave;* ~ copy *eerste versie; ongecorrigeerde proef;* ~ proof *vuile (druk)proef* **1.6** the chain is ~ *de ketting is onklaar;* a ~ anchor *een onklaar geraakt anker* **1.7** a ~ ship *een vuil schip* ⟨met schelpen enz. begroeid⟩; a ~ coast *een gevaarlijke kust* ⟨door klippen, rotsen enz.⟩; ~ ground *vuile grond* ⟨met veel rotsen, of waarin het anker krabt⟩; make ~ water *in ondiep water varen, de grond raken;* ~ wind *tegenwind* **1.8** a ~ exhaust pipe *een verstopte uitlaat* **1.9** a ~ ball *een uitbal* **1.¶** ⟨AE; sl.⟩ a ~ ball *een slechte beroepsbokser/worstelaar; een lummel/niksnut; een excentriekeling/zonderling;* ⟨hand.⟩ ~ bill of lading *niet schoon connossement* **3.¶** fall ~ (of) *in aanvaring komen (met); in conflict komen (met), slaags raken (met), botsen (met);* run ~ of *stoten op* ⟨rots⟩; *in conflict komen met.*

foul[3] ⟨f2⟩ ⟨ww.⟩

I ⟨onov.ww.⟩ **0.1** ***vuil worden*** ⇒*rotten, (beginnen te) stinken* **0.2** ⟨sport⟩ ***een overtreding begaan*** ⇒*in de fout gaan, een fout begaan* **0.3** ⟨honkbal⟩ ***uitgevangen worden*** ⟨op een foutslag⟩ **0.4** ***in de war (ge)raken*** ⇒*blijven haperen, onklaar (ge)raken* **0.5** ***verstopt (ge)raken*** ⇒*verstoppen* **0.6** ⟨scheep.⟩ ***in aanvaring komen*** ⇒*botsen* ◆ **1.4** the anchor ~ed *het anker raakte onklaar* **5.¶** →foul **out;** →foul **up** **6.4** the chain ~ed **on** the rock *de ketting bleef achter de rots hangen;*

II ⟨ov.ww.⟩ **0.1** ***bevuilen*** **0.2** ***bekladden*** ⇒*zwart maken, teniet doen* **0.3** ⟨sport⟩ ***een fout/overtreding begaan tegenover*** **0.4** ⟨scheep.⟩ ***aanvaren*** ⇒*botsen op* **0.5** ***versperren*** ⇒*blokkeren* ◆ **1.2** ~ s.o.'s reputation *iemands reputatie bekladden* **1.3** ~ an opponent *een overtreding begaan tegenover een tegenspeler* **1.4** the ship ~ed the pier *het schip kwam in aanvaring met de pier* **5.¶** →foul **up.**

foul[4] ⟨bw.⟩ **0.1** ***op een vuile manier*** ⇒*vuil* ◆ **3.1** he hit him ~ *hij bracht hem een onreglementaire slag toe/sloeg hem onder de gordel.*

fou·lard [fu:'lɑ:‖-'lɑrd] ⟨zn.⟩

I ⟨telb.zn.⟩ **0.1** ***foulard*** ⇒*halsdoek* ⟨v. foulardzijde⟩;

II ⟨n.-telb.zn.⟩ **0.1** ***foulard(zijde).***

'foul brood ⟨n.-telb.zn.⟩ **0.1** ***vuilbroed*** ⇒*broedrot, broedpest* ⟨infectieziekte v. bijelarven⟩.

'foul line ⟨telb.zn.⟩ ⟨sport⟩ **0.1** ***grenslijn*** **0.2** ⟨honkbal⟩ ***foutlijn*** **0.3** ⟨vnl. AE, Can. E; basketbal⟩ ***vrije worplijn*** **0.4** ⟨bowling⟩ ***werplijn.***

'foul-'mouthed, 'foul-'spo·ken, 'foul-'tongued ⟨bn.⟩ **0.1** ***ruw in de mond.***

'foul 'out ⟨onov.ww.⟩ **0.1** ⟨sport⟩ ***uitgesloten worden*** ⟨door fouten⟩ ⇒*een rode kaart krijgen* **0.2** ⟨honkbal⟩ ***uitgevangen worden*** ⟨op een foutslag⟩.

'foul 'shot ⟨telb.zn.⟩ ⟨vnl. AE, Can. E; basketbal⟩ **0.1** ***vrije worp*** ⇒*strafworp.*

'foul 'throw ⟨telb.zn.⟩ ⟨voetbal⟩ **0.1** ***verkeerde/foute/foutieve ingooi.***

'foul 'up ⟨f1⟩ ⟨ww.⟩ ⟨inf.⟩

I ⟨onov.ww.⟩ **0.1** ***onklaar raken*** ⇒*in de war/verstopt raken, verstoppen, blokkeren* ◆ **1.1** the lines fouled up *het touwwerk raakte in de war;*

II ⟨ov.ww.⟩ **0.1** ***verknoeien*** ⇒*verprutsen, in de war sturen, een puinhoop maken van* **0.2** ***vuil maken*** ⇒*bevuilen* ◆ **1.1** he will come and foul things up *hij zal wel weer komen en alles verknoeien/in de war sturen.*

'foul-up ⟨f1⟩ ⟨telb.zn.⟩ ⟨inf.⟩ **0.1** ***verwarring*** ⇒*onderbreking* **0.2** ***blokkering*** ⇒*mechanisch defect* **0.3** ⟨AE; sl.⟩ ***blunderaar*** ⇒*klungel, kluns* ◆ **¶.1** I hope there won't be any ~s in carrying out our plans *ik hoop maar dat er bij de uitvoering v. onze plannen niets tussenkomt/geen kink in de kabel komt.*

fou·mart ['fu:mɑ:t‖-mərt] ⟨telb.zn.⟩ ⟨dierk.⟩ **0.1** ***bunzing*** ⟨Putorius foetidus⟩.

found[1] [faʊnd] ⟨f3⟩ ⟨ww.⟩

I ⟨onov.ww.⟩ **0.1** ***gebaseerd zijn*** ⇒*gronden* ◆ **6.1** all knowledge must ~ **(up)on** experience *alle kennis moet op ervaring gebaseerd zijn;*

II ⟨ov.ww.; vaak pass.⟩ **0.1** ***grondvesten*** ⇒*de grondvesten leggen van* ⟨ook fig.⟩ **0.2** ***stichten*** ⇒*oprichten, tot stand brengen* **0.3** ***de basis zijn van*** ⇒*gronden, baseren, funderen* **0.4** ***gieten*** ⟨metaal⟩ ◆ **1.1** the Romans ~ed a lot of cities *de Romeinen hebben de grondvesten v. heel wat steden gelegd* **1.2** his business was ~ed in 1703 *zijn zaak werd in 1703 opgericht;* the orphanage was ~ed by a rich benefactor *het weeshuis werd door een rijke weldoener gesticht* **1.3** the acceptance of evil ~s his theory *aanvaarding v.h. kwaad is de basis v. zijn theorie* **1.4** the bells were ~ed in London *de klokken werden in Londen gegoten* **5.3** an ill ~ed story *een ongegrond verhaal;* well ~ed *gegrond* **6.1** the castle was ~ed **on** solid rock *het kasteel was op een stevige rotsbodem gegrondvest* **6.3** his theory was ~ed **(up)on/in** the acceptance of evil *zijn theorie was gebaseerd op de aanvaarding v.h. kwaad.*

found[2] ⟨verl. t. en volt. deelw.⟩ →find.

foun·da·tion [faʊn'deɪʃn] ⟨f3⟩ ⟨zn.⟩

I ⟨telb.zn.⟩ **0.1** ***stichting*** ⇒*fonds* **0.2** ⟨vaak mv.⟩ ***fundering*** ⟨ook fig.⟩ ⇒*fundament, basis, grondslag(en), grondbeginsel* **0.3** →foundation garment ◆ **1.2** the ~s of English grammar *de grondslagen/grondbeginselen v.d. Engelse grammatica* **2.1** this school is a very old ~ *deze school is heel lang geleden gesticht* **3.1** the Foundation helps retired service men *het Fonds/de Stichting steunt gepensioneerde militairen* **3.2** the workmen are laying the ~s of the new church *de arbeiders leggen de funderingen v.d. nieuwe kerk* **6.1** ⟨BE⟩ be **on** the ~ *gesteund worden (door het fonds/de stichting), een beurs hebben;*

II ⟨telb. en n.-telb.zn.⟩ **0.1** ***oprichting*** ⇒*stichting* **0.2** ***grond*** ⟨fig.⟩ ⇒*fundering* **0.3** →foundation cream ◆ **1.1** the ~ of the university *de oprichting/stichting v.d. universiteit* **1.2** the story is completely without ~ *het verhaal is totaal ongegrond.*

foun'dation course ⟨telb.zn.⟩ **0.1** ***basiscursus*** ⇒*voorbereidende cursus.*

foun'dation cream ⟨f1⟩ ⟨telb. en n.-telb.zn.⟩ **0.1** ***foundation*** ⇒*basiscrème, fond* ⟨make-up⟩.

foun·da·tion·er [faʊn'deɪʃənə‖-ər] ⟨telb.zn.⟩ ⟨BE⟩ **0.1** ***beursstudent.***

foun'dation garment ⟨telb.zn.⟩ **0.1** ***foundation*** ⇒*lingerie.*

foun'dation school ⟨telb.zn.⟩ **0.1** ***gesubsidiëerde school.***

foun'dation stone ⟨f1⟩ ⟨telb.zn.⟩ **0.1** ***eerste steen*** **0.2** ***grondslag*** ⇒*basis.*

foun·der[1] ['faʊndə‖-ər] ⟨f2⟩ ⟨zn.⟩

I ⟨telb.zn.⟩ **0.1** ***stichter*** ⇒*oprichter, grondlegger* **0.2** ***(metaal)gieter;***

II ⟨telb. en n.-telb.zn.⟩ **0.1** ***hoefontsteking*** ⇒*laminitis* **0.2** ***borstreumatiek*** ⟨bij paarden⟩.

founder[2] ⟨f1⟩ ⟨ww.⟩

I ⟨onov.ww.⟩ **0.1** ***invallen*** ⇒*instorten, afkalven, verzakken, verzinken* **0.2** ***kreupel lopen*** ⇒*struikelen, neerstorten, vallen* **0.3** ***struikelen*** ⇒*blijven steken, vast(ge)raken* **0.4** ***zinken*** ⇒*vergaan* **0.5** ***mislukken*** ⇒*(ten)ondergaan, schipbreuk lijden* ⟨fig.⟩ **0.6** ***kreupel worden*** ⟨v. paarden⟩ ⇒*laminitis krijgen* ⟨door overspanning/training of verkeerde voeding⟩ ◆ **1.1** large parts of the building ~ed *grote delen v.h. gebouw verzakten* **1.2** the horse ~ed *het paard struikelde/ging kreupel;* horse and driver ~ed *paard en ruiter vielen* **1.3** the sheep ~ed in the deep snow *de schapen bleven steken in de diepe sneeuw* **1.4** the ship ~ed in the storm *het schip verging in de storm* **6.5** the project ~ed **on** the ill will of the government *het project mislukte door de onwil v.d. regering;*

II ⟨ov.ww.⟩ **0.1** ***kreupel rijden*** ⟨v. paarden⟩ ⇒*doen struikelen,* *kreupel doen worden* ⟨door overspanning/training of verkeerde voeding⟩ **0.2** ***zinken*** ⇒*doen zinken, doen vergaan* **0.3** ***doen mislukken*** ◆ **1.3** we ~ed progress in order to save some principles *we offerden de vooruitgang op om enkele principes te redden*.

'founder 'member ⟨f1⟩⟨telb.zn.⟩ **0.1** ***mede-oprichter*** ⇒⟨B.⟩ *stichtend lid*.

'founder's binding ⟨telb.zn.⟩⟨druk.⟩ **0.1** ***originele band*** ⟨v. telkens heruitgegeven naslagwerk⟩ ⇒*eerste druk*.

'founder's 'kin ⟨verz.n.⟩ **0.1** ***verwanten/nazaten v.d. stichter*** ⟨met bepaalde privileges⟩.

'found·ing 'father ⟨f1⟩⟨telb.zn.; vnl. mv.⟩ **0.1** ⟨vaak F- F-⟩ ***stichter*** ⟨vnl. mbt. staatslieden v.d. Am. revolutie⟩ ⇒*oprichter* **0.2** ***grondlegger*** ⇒*vader* ⟨fig.⟩ ◆ **1.2** he was one of the ~s of modern mathematics *hij was een v.d. grondleggers v.d. moderne wiskunde*.

found·ling ['faʊndlɪŋ]⟨f1⟩⟨telb.zn.⟩ **0.1** ***vondeling***.

found·ress ['faʊndrɪs]⟨telb.zn.⟩ **0.1** ***stichtster*** ⇒*oprichtster, grondlegster*.

foun·dry ['faʊndri]⟨f1⟩⟨telb.zn.; →mv. 2⟩ **0.1** ***(metaal)gieterij***.

fount[1] [faʊnt]⟨telb.zn.⟩ **0.1** ***reservoir*** ⇒⟨vnl.⟩ *oliereservoir* ⟨in lamp.⟩, *inktreservoir* ⟨in pen⟩, *inktpot* **0.2** ⟨schr.⟩ ***bron*** ⇒*fontein, schatkamer* ⟨fig.⟩.

fount[2], ⟨vnl. AE sp. ook⟩ **font** [fɒnt‖fɑnt]⟨telb.zn.⟩⟨druk.⟩ **0.1** ***lettersoort***.

foun·tain[1] ['faʊntɪn‖'faʊntn]⟨f3⟩⟨telb.zn.⟩ **0.1** ***fontein*** **0.2** ***bron*** ⟨ook fig.⟩ **0.3** ***drinkkraan*** ⇒*drinkfonteintje* **0.4** ***reservoir*** ⟨in lamp, vulpen, drukpers, enz.⟩ **0.5** ***spuitwater- en ijsautomaat***.

fountain[2] ⟨ww.⟩

I ⟨onov.ww.⟩ **0.1** ***spuiten (als een fontein)*** ⇒*omhoog/opspuiten*;

II ⟨ov.ww.⟩ **0.1** ***doen spuiten (als een fontein)***.

'foun·tain·head ⟨telb.zn.⟩ **0.1** ***bron*** ⇒*rivierbron* **0.2** ⟨schr.⟩ ***bron*** ⇒*diepe oorsprong* ◆ **1.2** the ~ of his imagination is his love of animals *zijn grote inspiratiebron is zijn dierenliefde*.

'fountain pen ⟨f1⟩⟨telb.zn.⟩ **0.1** ***vulpen***.

four [fɔː‖fɔr]⟨f4⟩⟨telw.⟩ **0.1** ***vier*** ⟨ook voorwerp/groep ter waarde/grootte v. vier⟩ ⇒⟨i.h.b.⟩ *viertal; vierspan; (bemanning v.e.) vierriemsboot;* ⟨vnl. mv.⟩ *(wedstrijd voor) vier (roeiers)* ◆ **1.1** ~ times *viermaal* **3.1** I got a ~ for maths *ik heb een vier voor wiskunde* **6.¶** be/go **on** all ~s *op handen en voeten lopen;* ⟨fig.⟩ *helemaal kloppen, kloppen tot in de details;* ⟨fig.⟩ not be/go **on** all ~s *mank lopen*.

'four ale ⟨n.-telb.zn.⟩⟨BE; gesch.⟩ **0.1** ***lekbier*** ⇒*goedkoop bier*.

'four-and-'one ⟨telb.zn.⟩⟨AE; sl.⟩ **0.1** ***vrijdag*** ⇒*betaaldag, Sint-Salarius*.

four-bag·ger ['fɔːbægə‖'fɔrbægər]⟨telb.zn.⟩⟨AE; sl.; honkbal⟩ **0.1** ***vierhonkslag*** ⇒*homerun*.

'four-ball, four-ball match ⟨telb.zn.⟩⟨golf⟩ **0.1** ⟨twee tegen twee, waarbij iedere speler zijn eigen bal heeft⟩.

'four-bit ⟨bn.⟩⟨AE; inf.⟩ **0.1** ***vijftig (dollar)cent***.

'four-by-'four ⟨telb.zn.⟩⟨AE; sl.⟩ **0.1** ***truck met vierwielaandrijving***.

four·chette [fʊə'ʃet‖fʊr-]⟨telb.zn.⟩ **0.1** ⟨anat.⟩ ***achterste slijmvlies v.d. vulva*** **0.2** ***vorkbeen*** ⟨v. vogel⟩ **0.3** ***hoornstraal*** ⟨paardehoef⟩ **0.4** ***vorkstukje*** ⟨tussen vingers v. handschoenen⟩.

Four-Club ['fɔːklʌb‖'fɔr-], **four-H club** ⟨telb.zn.⟩⟨AE⟩ **0.1** ⟨ong.⟩ ***plattelandsjeugdvereniging*** ⟨U.S.A.⟩.

'four-cy·cle ⟨bn., attr.⟩⟨vnl. AE⟩ **0.1** ***viertakt-*** ◆ **1.1** a ~ engine *een viertaktmotor*.

four-di·men·sion·al ⟨bn.⟩ **0.1** ***vierdimensionaal***.

'four-eyes ⟨telb.zn.⟩⟨inf.; scherts.⟩ **0.1** ***brilleman(s)*** ⇒*brillenjood*.

'four-flush[1] ⟨telb.zn.⟩⟨AE; poker⟩ **0.1** ***vierkaart*** ⇒*carré* ⟨4 kaarten v. dezelfde kleur⟩.

four-flush[2] ⟨onov.ww.⟩⟨AE⟩ **0.1** ⟨poker⟩ ***bluffen*** ⟨met een vierkaart⟩ **0.2** ⟨sl.⟩ ***bluffen*** ⇒*ophakken* **0.3** ⟨sl.⟩ ***z'n schulden niet betalen***.

four-flush·er ['fɔːflʌʃə‖'fɔrflʌʃər]⟨telb.zn.⟩⟨AE; sl.⟩ **0.1** ***bluffer*** ⇒*grootspreker* **0.2** ***iem. die z'n schulden niet betaalt*** ⇒*zwendelaar, oplichter*.

'four-'foot·ed ⟨f1⟩⟨bn.⟩ **0.1** ***viervoetig***.

four·gon [fʊə'gɔ̃‖fʊr-]⟨telb.zn.; fourgons [-'gɔ̃]; →mv. 5⟩ **0.1** ***bagagewagen***.

'four'hand·ed ⟨bn.; -ly⟩ **0.1** ***vierhandig*** ⇒*met vier handen* **0.2** ⟨muz.⟩ ***vierhandig*** ⇒*à quatre mains, voor twee spelers* **0.3** ⟨kaartspel⟩ ***voor vier spelers***.

'four 'hundred ⟨verz.n.; the; vaak hoofdletter⟩⟨AE⟩ **0.1** ⟨ong.⟩ ***notabelen*** ⇒*bovenlaag, elite, crème de la crème, haute volée*.

'four-in-'hand ⟨telb.zn.⟩ **0.1** ***vierspan*** ⇒*rijtuig met vier paarden* **0.2** ⟨AE⟩ ***(strop)das***.

four-leaf clover ⟨telb.zn.⟩ **0.1** ***klavertjevier***.

'four-leaved ⟨bn.⟩ **0.1** ***vierbladig*** ◆ **1.1** ~ clover *klavertjevier*.

'four 'letter man ⟨telb.zn.⟩⟨AE; sl.⟩ **0.1** ***stomme man*** ⇒*uilskuiken* ⟨naar de vier letters van DUMB⟩ **0.2** ***zak*** ⇒*lul, klootzak* ⟨naar de vier letters van SHIT⟩.

'four-let·ter 'word ⟨f1⟩⟨telb.zn.⟩⟨euf.⟩ **0.1** ***schuttingwoord*** ⇒*drieletterwoord*.

'four o''clock ⟨telb.zn.⟩⟨plantk.⟩ **0.1** ***wonderbloem*** ⇒*nachtschone* ⟨vnl. Mirabilis jalapa⟩.

'four-part ⟨bn., attr.⟩⟨muz.⟩ **0.1** ***vierstemmig***.

four-pence ['fɔːp(ə)ns‖'fɔr-]⟨f1⟩⟨telb.zn.⟩⟨BE⟩ **0.1** ***(som van) vier pence*** ⇒*vier stuivers* ⟨van vóór de decimalisatie⟩, *vier (nieuwe) pennies/pence* ⟨van na de decimalisatie⟩.

four·pen·ny ['fɔːp(ə)ni‖'fɔrpeni]⟨bn., attr.⟩⟨BE⟩ **0.1** ***vier stuivers/pence kostend*** ◆ **1.1** ~ stamp *postzegel v. vier pence* **4.¶** ⟨sl.⟩ a ~ one *een opdoffer/opdonder*.

'four-'post·er, 'four-post·er 'bed ⟨telb.zn.⟩ **0.1** ***hemelbed***.

'four-'pound·er ⟨telb.zn.⟩ **0.1** ***vierponder*** ⇒*vierpondskanon*.

'four'score ⟨telw.⟩⟨vero.⟩ **0.1** ***tachtig***.

four·some[1] ['fɔːsəm‖'fɔr-]⟨telb.zn.⟩ **0.1** ⟨sport, vnl. golf⟩ ***foursome*** ⟨twee tegen twee, waarbij elk paar met 1 bal speelt⟩ **0.2** ***viertal*** ⇒*kwartet*.

foursome[2] ⟨bn.⟩ **0.1** ***voor vier personen***.

'four'square[1] ⟨telb.zn.⟩⟨vero.⟩ **0.1** ***vierkant***.

foursquare[2] ⟨bn.⟩ **0.1** ***vierkant*** ⇒*vierkantig* **0.2** ***vierkant*** ⇒*massief, solide, breed en hoekig* **0.3** ***vierkant*** ⇒*openhartig, ronduit, voor de vuist weg, resoluut*.

foursquare[3] ⟨bw.⟩ **0.1** ***massief*** ⇒*solide, als een blok, breed en hoekig* **0.2** ***vierkant*** ⇒*ronduit, resoluut* ◆ **3.1** the house stood ~ in the lawn *als een massief blok stond het huis in het gazon*.

'four-star, ⟨soms⟩ **'four-starred** ⟨f1⟩⟨bn., attr.⟩ **0.1** ***vier-sterren-*** ⇒*uitstekend, voortreffelijk* **0.2** ⟨mil.⟩ ***met vier sterren*** ⇒*admiraals-, generaals-* ◆ **1.1** ⟨BE⟩ ~ petrol *super* ⟨benzine⟩.

four-strip·er ['fɔː'straɪpə‖'fɔr'straɪpər]⟨telb.zn.⟩⟨AE; sl.⟩ **0.1** ***(marine-)kapitein***.

'four-stroke ⟨bn., attr.⟩ **0.1** ***viertakt-*** ◆ **1.1** a ~ engine *een viertaktmotor*.

four·teen ['fɔː'tiːn‖'fɔr-]⟨f3⟩⟨telw.⟩ **0.1** ***veertien***.

four·teen·er ['fɔː'tiːnə‖'fɔr'tiːnər]⟨telb.zn.⟩⟨lit.⟩ **0.1** ***regel met veertien lettergrepen***.

four·teenth ['fɔː'tiːnθ‖'fɔr-]⟨f2⟩⟨telw.⟩ **0.1** ***veertiende***.

fourth [fɔːθ‖fɔrθ]⟨f3⟩⟨telw.⟩ **0.1** ***vierde*** ⇒*kwart* ◆ **1.1** ~ day *woensdag* **3.1** we need a ~ to play bridge *we hebben een vierde man nodig om bridge te kunnen spelen* **5.1** ⟨muz.⟩ **up** a ~ *een kwart hoger* **5.¶** the ~ richest man *de vierde rijkste man* **6.1** **in** ~ (gear) *in de vierde (versnelling)* **7.1** ⟨AE⟩ the Fourth (of July) *onafhankelijkheidsdag, de nationale feestdag;* ⟨in Eton⟩ the Fourth (of June) *gedenkdag* **¶.1** ~(ly) *ten vierde, in/op de vierde plaats*.

fourth·rate ⟨bn.⟩ **0.1** ***vierderangs*** ⇒*minderwaardig, slecht*.

'four time, 'four-time 'loser ⟨telb.zn.⟩⟨AE; sl.⟩ **0.1** ***recidivist*** ⇒*wanhopige misdadiger*.

'four'wall ⟨ov.ww.⟩⟨AE⟩ **0.1** ***afhuren*** ⟨theater, voor zolang een film loopt⟩.

'four-wheel ⟨bn., attr.⟩ **0.1** ***vierwielig*** ⇒*met/op vier wielen* ◆ **1.1** ~ drive *vierwielaandrijving*.

'four-'wheel·er ⟨telb.zn.⟩⟨gesch.⟩ **0.1** ***karos*** ⇒*vigilante*.

'four-year ⟨f1⟩⟨bn., attr.⟩ **0.1** ***vierjarig*** ⇒*v. vier jaar*.

fowl[1] [faʊl]⟨f1⟩⟨zn.⟩

I ⟨telb.zn.; ook fowl; →mv. 4⟩ **0.1** ***kip*** ⇒*hoen, haan* **0.2** ⟨vero. of jacht⟩ ***(jacht)vogel*** ◆ **1.2** the ~s of the air *de vogelen in de lucht* **3.1** they keep a lot of ~ *ze houden veel pluimvee* **3.2** they went shooting ~ in Scotland *ze gingen op vogeljacht in Schotland;*

II ⟨n.-telb.zn.⟩ **0.1** ***gevogelte*** ◆ **1.1** fish, flesh and ~ *vis, vlees en gevogelte*.

fowl[2] ⟨onov.ww.⟩ →fowling **0.1** ***vogels vangen/schieten/jagen***.

'fowl cholera ⟨telb. en n.-telb.zn.⟩ **0.1** ***hoendercholera***.

fowl·er ['faʊlə‖-ər]⟨telb.zn.⟩ **0.1** ***vogelaar*** ⇒*vogelvanger*.

fowl·ing ['faʊlɪŋ]⟨n.-telb.zn.; gerund v. fowl⟩ **0.1** ***vogeljacht/vangst***.

'fowling piece ⟨telb.zn.⟩ **0.1** ***ganzenroer*** ⇒*jachtvogelroer*.

'fowl pest, 'fowl plague, 'fowl pox ⟨telb. en n.-telb.zn.⟩ **0.1** ***hoenderpest***.

'fowl run ⟨telb.zn.⟩ **0.1** ***kippenren*** ⇒*hoenderren*.

fox[1] [fɒks‖fɑks]⟨f3⟩⟨zn.⟩

I ⟨telb.zn.⟩ **0.1** ***vos*** ⟨ook fig.⟩ **0.2** ⟨AE; sl.⟩ ***(lekker) stuk*** ⇒*mooie vrouw* ◆ **2.1** our landlord is a sly old ~ *onze huisbaas is een sluwe oude vos;*

II ⟨n.-telb.zn.⟩ **0.1** ***vos*** ⇒*vossepels, vossebont*.

fox[2] ⟨f1⟩⟨ww.⟩ →foxing

I ⟨onov.ww.⟩ **0.1** ***doen alsof*** ⇒*veinzen* **0.2** ***zuur worden*** ⟨v. bier⟩ ◆ **¶.1** is he asleep?; he's just ~ing *slaapt hij?; hij doet maar alsof;*

II ⟨ov.ww.⟩ **0.1** ⟨inf.⟩ ***beetnemen*** ⇒*bedriegen, te slim/te vlug af zijn* **0.2** ⟨inf.⟩ ***in de war brengen*** ⇒*uit het lood slaan* **0.3** ***(vocht) vlekken laten krijgen*** **0.4** ***zuur laten worden*** ⟨bier⟩ **0.5** ***nieuwe voorschoen/neus zetten aan*** ⟨schoen⟩ **0.6** ⟨vero.⟩ ***dronken maken***

◆ **1.2** people were completely ~ed by the accident *de mensen waren helemaal uit het lood geslagen door het ongeluk* **1.3** the old documents were all ~ed *de oude documenten zaten vol vochtvlekken* **1.5** we'll have your shoes ~ed *we zullen de neuzen v. je schoenen laten vernieuwen* **6.1** we have to ~ him **into** signing that contract *we moeten hem zover krijgen dat hij het contract ondertekent.*

'fox bat ⟨telb.zn.⟩⟨dierk.⟩ **0.1** ***vliegende hond*** ⟨soort grote vleermuis; fam. der Pteropodidae⟩.

'fox chase ⟨telb.zn.⟩ **0.1** ***vossejacht.***

fox-earth ⟨telb.zn.⟩ **0.1** ***vossehol.***

'fox·fire ⟨n.-telb.zn.⟩⟨AE⟩ **0.1** ***fosforescerend licht*** ⟨op rottend hout⟩.

'fox·glove ⟨telb. en n.-telb.zn.⟩⟨plantk.⟩ **0.1** ***vingerhoedskruid*** ⟨vnl. Digitalis purpurea⟩.

'fox grape ⟨telb.zn.⟩⟨plantk.⟩ **0.1** ***vosdruif*** ⟨Am. druivensoort; Vitis labrusca⟩.

'fox·hole ⟨telb.zn.⟩ **0.1** ⟨mil.⟩ ***schuttersputje*** **0.2** ***schuilplaats.***

'fox·hound ⟨f1⟩⟨telb.zn.⟩⟨jacht⟩ **0.1** ***voor de vossejacht getrainde hond*** ⇒*jachthond.*

'fox-hunt[1] ⟨f1⟩⟨telb.zn.⟩ **0.1** ***vossejacht*** ⟨ook fig. in radiotelefonie⟩.

fox-hunt[2] ⟨onov.ww.⟩ →fox-hunting **0.1** ***op vossejacht gaan*** ⇒*vossen jagen.*

fox-hun·ter ['fɒkshʌntə‖'fɑkshʌn̩tər]⟨f1⟩⟨telb.zn.⟩ **0.1** ***vossejager.***

fox-hunt·ing ['fɒkshʌntɪŋ‖'fɑkshʌn̩tɪŋ]⟨f1⟩⟨n.-telb.zn.; gerund v. fox-hunt⟩ **0.1** ***vossejacht.***

fox·ing ['fɒksɪŋ‖'fɑk-]⟨n.-telb.zn.; gerund v. fox⟩ **0.1** ***verkleuring*** ⇒*roestbruine verkleuring* ⟨v. papier, door vocht⟩.

fox·like ⟨bn.⟩ **0.1** ***vosachtig.***

'fox mark ⟨telb.zn.⟩ **0.1** ***vochtvlek*** ⇒*verkleuring* ⟨v. papier⟩.

'fox shark ⟨telb.zn.⟩⟨dierk.⟩ **0.1** ***voshaai*** ⟨Alopias vulpinus⟩.

'fox·tail ⟨zn.⟩
I ⟨telb.zn.⟩ **0.1** ***vossestaart;***
II ⟨n.-telb.zn.⟩ **0.1** →foxtail grass.

'foxtail grass ⟨n.-telb.zn.⟩⟨plantk.⟩ **0.1** ***vossestaart*** ⟨soort staartgras, vnl. genus Alopecurus⟩.

'fox 'terrier ⟨f1⟩⟨telb.zn.⟩ **0.1** ***fox-terrier.***

'fox·trot[1] ⟨telb.zn.⟩ **0.1** ***foxtrot*** ⟨snelle salondans⟩ **0.2** ***sukkeldraf.***

foxtrot[2] ⟨onov.ww.; →ww. 7⟩ **0.1** ***foxtrotten*** ⇒*de foxtrot dansen.*

fox·y ['fɒksi‖'fɑk-]⟨f1⟩⟨bn.; -ly; -ness; →bijw. 3⟩ **0.1** ***vosachtig*** ⇒*(er) sluw (uitziend)* **0.2** ***vosachtig*** ⇒*roodbruin* **0.3** ***gevlekt*** ⇒*schimmelig, schimmelachtig* **0.4** ***zuur*** ⇒*gezuurd* ⟨bier⟩ **0.5** ⟨vnl. AE; inf.⟩ ***aantrekkelijk*** ⇒*sexy* **0.6** ***ruikend naar vosdruiven*** ⟨wijn⟩ ◆ **1.5** ~ lady *lekker stuk, mokkel.*

foy·er ['fɔɪeɪ‖'fɔɪər]⟨f1⟩⟨telb.zn.⟩ **0.1** ***foyer*** ⇒*koffiekamer* ⟨in schouwburg⟩ **0.2** ***lounge*** ⇒*hal,* ⟨B.⟩ *inkom* ⟨vnl. in bioskoop of hotel⟩ **0.3** ***centrum*** ⟨ook fig.⟩.

fp[1] ⟨afk.⟩ foolscap, foot-pound, forte-piano, forward pass, freezing-point.

fp[2], **FP** ⟨afk.⟩ former pupil, forward pass, freezing point, fully paid.

FPA ⟨afk.⟩⟨BE⟩ Family Planning Association; free of particular average.

fps, FPS ⟨afk.⟩ foot-pound-second, feet per second, Fellow of the Philological Society, frames per second.

fr ⟨afk.⟩ folio recto ⟨rechterzijde v.h. blad⟩.

Fr ⟨afk.⟩ Father, franc(s), France, frater, French.

Fra [frɑ:]⟨telb.zn.; geplaatst voor naam v. ordebroeders⟩ **0.1** ***fra*** ⇒*broeder, frater.*

frab·jous ['fræbjəs]⟨bn.; -ly; maakwoord v. Lewis Caroll⟩ **0.1** ***kosteleuk*** ⇒*vurrukkuluk, fantastelijk.*

fra·cas ['frækɑ:‖'freɪkəs]⟨f1⟩⟨telb.zn.; fracas ['frækɑ:z], AE fracases ['freɪkəsɪz]; →mv. 5⟩ **0.1** ***ruzie*** ⇒*herrie, vechtpartij, opstootje.*

frac·tion ['frækʃn]⟨f3⟩⟨zn.⟩
I ⟨telb.zn.⟩ **0.1** ***breuk*** ⇒*gebroken getal* **0.2** ***fractie*** ⇒*(zeer) klein onderdeel, fragment, stukje* **0.3** ***fractie*** ⇒*onderdeel, deel, stuk* **0.4** ⟨schei.⟩ ***fractie*** ◆ **1.2** a ~ of a second *een fractie v.e. seconde* **2.1** common ~ *(gewone) breuk* **2.3** a considerable ~ of *een groot deel van;*
II ⟨n.-telb.zn.; vaak F-⟩⟨relig.⟩ **0.1** ***breken v.h. brood.***

frac·tion·al ['frækʃnəl]⟨f1⟩⟨bn.; -ly⟩ **0.1** ***verwaarloosbaar*** ⇒*fractioneel, miniem, uiterst klein* **0.2** ⟨wisk.⟩ ***gebroken*** ⇒*bestaande uit breuken, door een breuk weer te geven* **0.3** ***gebroken*** ⇒*gedeeltelijk, gefragmenteerd, fragmentarisch* **0.4** ⟨schei.⟩ ***gefractioneerd*** ◆ **1.1** a ~ difference *een miniem verschil* **1.4** ~ crystallisation *gefractioneerde kristallisatie;* ~ distillation *gefractioneerde distillatie* **1.¶** ~ currency *kleingeld.*

frac·tion·al·ize ['frækʃnəlaɪz], **frac·tion·ize** [-ʃənaɪz]⟨ov.ww.⟩ **0.1** ***opdelen*** ⇒*fractioneren, verdelen.*

frac·tion·ar·y ['frækʃənri‖-neri]⟨bn.⟩ **0.1** ***fractioneel*** **0.2** ***gefragmenteerd*** ⇒*in stukken uitgevoerd, gefractioneerd.*

frac·tion·ate ['frækʃəneɪt]⟨ov.ww.⟩ **0.1** ***opdelen*** ⇒*fractioneren, splitsen in fracties, verdelen* **0.2** ⟨schei.⟩ ***fractioneren*** ⇒*gefractioneerd distilleren.*

frac·tion·a·tion ['frækʃə'neɪʃn]⟨n.-telb.zn.⟩ **0.1** ***opdeling*** ⇒*fractionering, splitsing in fracties* **0.2** ⟨schei.⟩ ***gefractioneerde distillatie*** ⇒*fractionering.*

frac·tious ['frækʃəs]⟨f1⟩⟨bn.; -ly; -ness⟩ **0.1** ***onhandelbaar*** ⇒*dwars, ongehoorzaam, nukkig, lastig* **0.2** ***humeurig*** ⇒*kribbig, gemelijk, knorrig* ◆ **1.1** a ~ horse *een onwillig paard;* the rocket is too ~ to be tested now *de werking v.d. raket is (nog) te onvoorspelbaar om hem nu te testen* **1.2** the delays made the tourists ~ and ill-tempered *door de vertragingen hadden de toeristen een slecht humeur.*

frac·ture[1] ['frækt∫ə‖-ər]⟨f1⟩⟨zn.⟩
I ⟨telb.zn.⟩ **0.1** ***breuk*** ⇒*barst, kloof, scheur* **0.2** ⟨mineralogie⟩ ***breuk(vlak)*** **0.3** ⟨vero.; taalk.⟩ ***breking*** ◆ **2.2** the mineral had a sugarlike ~ *het mineraal had een suikerachtig breukvlak;*
II ⟨telb. en n.-telb.zn.⟩⟨med.⟩ **0.1** ***fractuur*** ⇒*(bot)breuk, beenbreuk* ◆ **2.1** compound ~ *gecompliceerde breuk;* simple ~ *eenvoudige breuk/fractuur, gesloten fractuur* **3.1** closed ~ *gesloten fractuur;* comminuted ~ *splinterbreuk/fractuur, verbrijzeling;* impacted ~ *inhamering v.h. ene botstuk in het andere, impactio;*
III ⟨n.-telb.zn.⟩ **0.1** ***breking.***

fracture[2] ⟨f2⟩⟨ww.⟩ →fractured
I ⟨onov. en ov.ww.⟩⟨vnl. schr. of med.⟩ **0.1** ***breken*** ⇒*scheuren;*
II ⟨ov.ww.⟩⟨AE; sl.⟩ **0.1** ***doen schaterlachen*** **0.2** ⟨iron.⟩ ***boos/verdrietig maken*** ⇒*doen walgen.*

frac·tur·ed ['frækt∫əd‖-ərd]⟨bn.⟩⟨AE; sl.⟩ **0.1** ***stomdronken*** ⇒*teut, lazarus, kachel.*

fr(a)e·num ['fri:nəm]⟨telb.zn.; fr(a)ena [-nə]; →mv. 5⟩⟨med.⟩ **0.1** ***ligament*** ⇒*(sluit)bandje* ⟨dat beweging v.e. orgaan beperkt⟩ ◆ **1.1** ~ of the tongue *tongriem.*

frag [fræg]⟨ov.ww.; →ww. 7⟩⟨AE; sl.; sold.⟩ **0.1** ***afmaken*** ⇒*in de rug/neerschieten* ⟨vooral v. eigen manschappen of officieren, vaak met scherf/fragmentatiegranaat⟩.

frag·ile ['frædʒaɪl‖-dʒl]⟨f2⟩⟨bn.; -ly; -ness⟩ **0.1** ***fragiel*** ⇒*breekbaar, teer, broos, zwak* ◆ **1.1** a ~ claim to his fortune *een zwakke/moeilijk te verdedigen aanspraak op zijn vermogen;* her health was rather ~ *ze had een zwakke gezondheid* **3.1** ⟨scherts.⟩ I'm feeling rather ~ *ik voel me nogal gammel.*

fra·gil·i·ty [frə'dʒɪlət̬i]⟨n.-telb.zn.⟩ **0.1** ***breekbaarheid*** ⇒*broosheid, kwetsbaarheid.*

frag·ment[1] ['frægmənt]⟨f3⟩⟨telb.zn.⟩ **0.1** ***fragment*** ⇒*deel, (brok) stuk, overblijfsel, scherf* ◆ **1.1** ~s of their conversation *flarden v. hun gesprek;* ~s of an unfinished opera by Verdi *fragmenten v.e. onvoltooide opera v. Verdi;* the ~s of an antique vase *de scherven v.e. antieke vaas.*

fragment[2] [fræg'ment‖'frægment]⟨f2⟩⟨onov. en ov.ww.⟩ **0.1** ***versplinteren*** ⇒*fragmenteren, in stukken (doen) breken* ◆ **1.1** a ~ed account of the event *een onsamenhangend/fragmentarisch verslag v.h. voorval.*

frag·men·tal [fræg'ment̬l], **frag·men·tar·y** ['frægməntri‖-teri]⟨f1⟩⟨bn.; -ly; fragmentariness; →bijw. 3⟩ **0.1** ***fragmentarisch*** ⇒*in stukken, versplinterd* **0.2** ⟨geol.⟩ ***afbrekings-*** ⇒*afbrokkelings-* ◆ **1.2** ~ rock *brecciën, agglomeraat, morene (puin).*

frag·men·tate ['frægmənteɪt]⟨onov. en ov.ww.⟩ **0.1** ***(ver)splinteren*** ⇒*fragmenteren.*

frag·men·ta·tion ['frægmən'teɪʃn, -men-]⟨f1⟩⟨n.-telb.zn.⟩ **0.1** ***versplintering*** ⇒*fragmentatie* **0.2** ⟨mil.⟩ ***scherfwerking.***

fragmen'tation bomb ⟨telb.zn.⟩ **0.1** ***fragmentatiebom.***

fragmen'tation grenade ⟨telb.zn.⟩ **0.1** ***scherfgranaat*** ⇒*fragmentatiegranaat, granaatkartets.*

frag·ment·ize, -ise ['frægməntaɪz]⟨onov. en ov.ww.⟩ **0.1** ***(ver)splinteren*** ⇒*fragmenteren, in stukken (doen) breken.*

fra·grance ['freɪgrəns], **fra·gran·cy** [-nsi]⟨f1⟩⟨telb. en n.-telb.zn.; →mv. 2⟩ **0.1** ***geur*** ⇒*(zoete) geurigheid, parfum, essence, aroma* ◆ **1.1** the fragrances of roses and violets *rozengeur en viooltjesgeur* **2.1** the cool ~ of the afternoon *de zoetgeurende koelte v.d. namiddag.*

fra·grant ['freɪgrənt]⟨f1⟩⟨bn.; -ly⟩ **0.1** ***geurig*** ⇒*geparfumeerd, welriekend, aromatisch* **0.2** ***aangenaam*** ⇒*zoet* ◆ **1.2** ~ memories *zoete herinneringen.*

'fraid [freɪd], **'frai·dy** [-di]⟨bn.⟩⟨inf., in samenstelling met cat; anders gew.⟩ **0.1** ***bang*** ◆ **1.¶** ⟨ook in één woord⟩ ~ cat *bangerd, angsthaas, schijtlijster.*

frail[1] [freɪl]⟨telb.zn.⟩ **0.1** ***(biezen) mand*** ⇒*(vijgen)mand* **0.2** ***mand (vol)*** ⟨tussen 32 en 75 pond⟩ **0.3** ⟨AE; sl.⟩ ***leuke meid*** ⇒*lekker mokkel.*

frail[2] ⟨f2⟩⟨bn.; -ness⟩ **0.1** ***frêle*** ⇒*tenger, zwak, broos, teer, fragiel* **0.2** ***mager*** ⟨fig.⟩ **0.3** ***zwak*** ⇒⟨vero. en euf.⟩ *zondig, onkuis* ⟨v. vrouw⟩ ◆ **1.1** their happiness was but ~ *hun geluk was maar* *broos;* that stool is too ~ to support you *dat krukje is niet sterk genoeg om jou te dragen* **1.2** a ~ excuse *een zwak/mager excuus.*

frail·ty ['freɪlti]⟨f1⟩⟨zn.; →mv. 2⟩

I ⟨telb.zn.; meestal mv.⟩ **0.1** ***zwakheid*** ⇒*zwakke plek, fout(je)* ◆ **3.1** we all have our frailties *we hebben allemaal onze tekortkomingen;*

II ⟨n.-telb.zn.⟩ **0.1** ***zwakheid*** ⇒*broosheid.*

fraise [freɪz]⟨telb.zn.⟩ **0.1** ⟨tech.⟩ ***frees*** **0.2** ⟨gesch.⟩ ***frees*** ⇒*fraise* ⟨geplooide halskraag uit de 16e eeuw⟩ **0.3** ⟨mil.⟩ ***fraisering*** ⇒*rij fraises/stormpalen.*

frak·tur [fræk'tʊə||frɑk'tʊr]⟨n.-telb.zn.; vaak F~⟩ **0.1** ***fractuur*** ⇒*Gotische drukletter.*

fram·able, frame·able ['freɪməbl]⟨bn.⟩ **0.1** ***construeerbaar*** ⇒*ontwerpbaar, indenkbaar.*

fram·boe·sia, ⟨AE sp.⟩ **fram·be·sia** [fræm'bi:ʒə]⟨telb. en n.-telb.zn.⟩ **0.1** ***framboesia*** ⟨tropische huidziekte met framboosachtige gezwellen⟩.

frame[1] [freɪm]⟨f3⟩⟨zn.⟩

I ⟨telb.zn.⟩ **0.1** ⟨ben. voor⟩ ***(het dragende) geraamte*** ⟨v.e. constructie⟩ ⇒*skelet* ⟨houtbouw⟩; *frame* ⟨v. fiets⟩; ⟨B.⟩ *(fiets)kader; raam, raamwerk, chassis, gestel, draagstel* **0.2** ⟨ben. voor⟩ ***omlijsting*** ⇒*kader, lijst, kozijn, rand; montuur* ⟨v. bril⟩; *raam* ⟨v. venster, weeftoestel, bijenkast, e.d.⟩; *lijstwerk;* ⟨snookerbiljart⟩ *frame* ⟨driehoekig raam om rode ballen op te zetten⟩; *de (met een frame opgezette) rode ballen; frame* ⟨speelronde⟩ **0.3** ***kader*** ⇒*omgeving, achtergrond, omlijsting* **0.4** ***lichaam*** ⇒*lijf, gestel, bouw, torso;* ⟨AE; sl.⟩ *borsten, tietenwerk* **0.5** ⟨vaak fig.⟩ ***(gestructureerd) geheel*** ⇒*orde, opbouw, structuur, opzet, plan, schema* **0.6** ***(tuinbouw)bak*** **0.7** ⟨sport⟩ ***(spel) beurt*** ⇒*inning, ronde, helft;* ⟨snookerbiljart⟩ *frame, rangschikking* ⟨v. ballen⟩ **0.8** ***stap*** ⟨in geprogrammeerde instructie⟩ **0.9** ***gesteldheid*** **0.10** ⟨film, televisie⟩ ***kader*** ⇒*beeld(je), beeldraam* **0.11** →frame-up **0.12** ⟨AE; sl.⟩ ***relnicht*** ⇒*schandknaap* ◆ **1.1** only the bare ~ of the building *alleen het kale geraamte v.h. gebouw* **1.5** ~ of reference *referentiekader;* the ~ of the monarchy state *de structuur v.d. monarchie* **1.9** ~ of mind *gemoedsgesteldheid* **2.4** a man of colossal ~ *een man met een kolossale bouw* **3.3** the flowers made an agreeable ~ to the statue *de bloemen vormden een aangename omlijsting voor het standbeeld* **3.4** her ~ shook with sobs *haar lichaam schokte v.h. snikken;*

II ⟨mv.⟩ **0.1** ***montuur*** ⇒*bril.*

frame[2] ⟨ww.⟩

I ⟨onov.ww.⟩ ⟨vero.⟩ **0.1** ***zich (goed) ontwikkelen*** ⇒*zich aanpassen* ◆ **1.1** the boy ~s well as a swimmer *de jongen is een veelbelovend zwemmer;*

II ⟨ov.ww.⟩ **0.1** ⟨ben. voor⟩ ***vorm geven aan*** ⇒*plannen, ontwerpen, uitdenken, opzetten, schetsen, samenstellen, op touw zetten; formuleren, uitdrukken; vormen, vervaardigen, maken; uitvinden, verzinnen, zich voorstellen* **0.2** ***aanpassen*** **0.3** ***het geraamte in elkaar zetten van*** ⇒*bouwen, construeren* **0.4** ***articuleren*** **0.5** ***inlijsten*** ⇒*omlijsten, als achtergrond dienen voor* **0.6** ⟨inf.⟩ ***bedriegen*** ⇒*in de val laten lopen, een complot smeden tegen, (opzettelijk) vals beschuldigen, erin luizen* **0.7** ⟨inf.⟩ ***vervalsen*** ⇒*zwendelen* ◆ **1.1** the government ~d a plan for fighting inflation *de regering ontwierp een plan voor de inflatiebestrijding;* ~ a plot for a novel *een plot voor een roman bedenken;* we ~d the answer in the same spirit as their question *we stelden het antwoord op in de geest van hun vraag;* poverty, violence and crime ~d his life *armoede, geweld en misdaad bepaalden zijn leven;* I can't ~ the house (in my mind) from his vague description *op basis van zijn vage beschrijving kan ik mij geen voorstelling maken van het huis;* the prosecutor ~d a case against the swindlers *de aanklager maakte tegen de zwendelaars een zaak aanhangig* **1.4** she ~d the words, but never uttered a sound *ze vormde de woorden met haar lippen maar bracht geen enkel geluid voort* **1.5** I had this picture ~d *ik heb dat schilderij laten inlijsten;* the fountain was ~d in beds of white flowers *de fontein was omgeven door perken vol witte bloemen* **1.6** the swindlers were ~d *de zwendelaars werden in de val gelokt* **1.7** the results of the contest were ~d *de uitslag v.d. wedstrijd was doorgestoken kaart* **5.6** ~ **up** *bedriegen* **5.7** ~ **up** *vervalsen* **6.1** he ~d the clay **into** the required form *hij gaf de klei de vereiste vorm* **6.2** we ~d the answer **to** the tone of the question *we stemden het antwoord af op de toon v.d. vraag.*

'frame aerial ⟨telb.zn.⟩ **0.1** ***raamantenne.***

'frame house ⟨telb.zn.⟩ **0.1** ***huis met houtskelet*** ⇒*houten huis, huis in vakwerk.*

frame·less ['freɪmləs]⟨bn.⟩ **0.1** ***zonder lijst/raam/geraamte*** ⇒*oningelijst, ongeconstrueerd, ongestructureerd.*

fram·er ⟨telb.zn.⟩ **0.1** ***ontwerper*** **0.2** ***bouwer*** ⇒*constructeur.*

'frame saw ⟨telb.zn.⟩ **0.1** ***spanzaag*** ⇒*figuurzaag.*

'frame-tim·ber ⟨telb.zn.; vnl. mv.⟩ ⟨scheep.⟩ **0.1** ***spant*** ⇒*inhout.*

'frame-up ⟨telb.zn.⟩ ⟨inf.⟩ **0.1** ***complot*** ⇒*gearrangeerde beschuldiging, valstrik* **0.2** ⟨AE⟩ ***uitstalling v. standwerker*** ⇒*marktkraam.*

'frame·work ⟨f2⟩⟨telb.zn.⟩ **0.1** ***geraamte*** ⇒*raam, frame onderstel, gestel, vakwerk* **0.2** ***stelling*** **0.3** ***structuur*** ⇒*plan, schema, kader.*

franc [fræŋk]⟨f2⟩⟨telb.zn.⟩ **0.1** ***frank.***

France [frɑ:ns||fræns]⟨eig.n.⟩ **0.1** ***Frankrijk.***

fran·chise[1] ['fræntʃaɪz]⟨f1⟩⟨zn.⟩

I ⟨telb.zn.⟩ **0.1** ***recht*** ⟨verleend door overheid⟩ ⇒*privilegie, burgerrecht/schap* **0.2** ⟨gesch.⟩ ***vrijdom*** ⇒*vrijstelling, exemptie, ontheffing, immuniteit, vrijheid* **0.3** ⟨hand.⟩ ***concessie*** **0.4** ⟨hand.⟩ ***systeemlicentie*** **0.5** ⟨verz.⟩ ***franchise*** ⟨percentage v.d. waarde waarvoor de verzekeraar geen borg staat⟩ ◆ **1.3** the sale of ~s for public transport *de verlening van concessies voor openbaar vervoer;*

II ⟨n.-telb.zn.; vnl. the⟩ **0.1** ***stemrecht*** ⇒*burgerrecht.*

franchise[2] ⟨ov.ww.⟩ **0.1** ⟨hand.; vooral AE⟩ ***concessie verlenen aan*** **0.2** ⟨vero.⟩ →enfranchise.

fran·chi·see ['fræntʃaɪ'zi:]⟨telb.zn.⟩ ⟨hand.⟩ **0.1** ***concessionaris.***

Fran·cis·can[1] [fræn'sɪskən]⟨f1⟩⟨telb.zn.⟩ **0.1** ***franciscaan*** ⇒*minderbroeder, minoriet.*

Franciscan[2] ⟨f1⟩⟨bn.⟩ **0.1** ***franciscaans*** ⇒*franciscaner.*

fran·ci·um ['frænsɪəm]⟨n.-telb.zn.⟩ ⟨schei.⟩ **0.1** ***francium*** ⟨element 87⟩.

fran·co ['frænkoʊ]⟨bw.⟩ ⟨hand.⟩ **0.1** ***franco*** ⇒*vrij* ◆ **1.1** ~ à bord *franco aan boord;* ~ domicile/dom(icilium) *franco (t)huis;* ~ frontier *franco grens;* ~ quay *franco langs boord;* ~ wagon *franco spoor/wagon.*

Fran·co- ['fræŋkoʊ] **0.1** ***Franco-*** ⇒*Frans-* ◆ ¶**.1** ~mania *francofilie;* ~phobe *francofoob, franshater;* ~-German *Frans-Duits.*

fran·co·lin ['fræŋkoʊlɪn]⟨telb.zn.⟩ ⟨dierk.⟩ **0.1** ***frankolijn*** ⟨hoenderachtige v.h. genus Francolinus⟩ ⇒*halsbandfrankolijn* ⟨Francolinus francolinus⟩.

Fran·co·ni·a [fræŋ'koʊnɪə]⟨eig.n.⟩ **0.1** ***Frankenland.***

fran·co·phile[1] ['fræŋkəfaɪl], **fran·co·phil** [-fɪl]⟨telb.zn.; vaak F-⟩ **0.1** ***francofiel.***

francophile[2], **francophil** ⟨bn.⟩ **0.1** ***francofiel.***

fran·co·phone[1] ['fræŋkəfoʊn]⟨telb.zn.; vaak F-⟩ **0.1** ***francofoon*** ⇒*Franstalig, Frans sprekend.*

francophone[2] ⟨bn.⟩ **0.1** ***franstalig*** ⇒*francofoon.*

franc ti·reur ['frɑ̃ ti:'rɜ:||-'rɜr]⟨telb.zn.; francs tireurs [-'rɜ:(z)||-'rɜr(z)]⟩ **0.1** ***franc-tireur*** ⇒*vrijschutter, partizaan, guerrilla(strijder).*

fran·gi·bil·i·ty ['frændʒɪ'bɪləṭi]⟨n.-telb.zn.⟩ **0.1** ***breekbaarheid*** ⇒*broosheid.*

fran·gi·ble ['frændʒəbl]⟨bn.; -ness⟩ **0.1** ***breekbaar*** ⇒*broos, bros.*

fran·gi·pane ['frændʒɪpeɪn]⟨zn.⟩

I ⟨telb.zn.⟩ →frangipani I;

II ⟨n.-telb.zn.⟩ **0.1** →frangipani II **0.2** ***amandelgebak*** ⇒*frangipane.*

fran·gi·pan·i ['frændʒɪ'pɑ:ni]⟨zn.; ook frangipani; →mv. 4⟩

I ⟨telb.zn.⟩ ⟨plantk.⟩ **0.1** ***Westindische rode jasmijn*** ⟨Plumeria rubra⟩;

II ⟨n.-telb.zn.⟩ **0.1** ***jasmijnolie.***

Fran·glais ['frɑ:ŋgleɪ||-'gleɪ]⟨eig.n.⟩ **0.1** ***Frangels*** ⇒*Frengels* ⟨met Engels doorspekt Frans⟩.

frank[1] [fræŋk]⟨telb.zn.⟩ **0.1** ***frankeerstempel*** ⇒*handtekening die geldt als frankering* **0.2** ***portvrije brief*** **0.3** ⟨AE; inf.⟩ ***Frankfurter worstje*** **0.4** ⟨F-⟩ ***Frank*** ⟨lid v.e. Germaanse volksstam⟩ **0.5** ⟨F-⟩ ⟨in de Levant⟩ ***Westerling.***

frank[2] ⟨f3⟩⟨bn.; -er; -ly; -ness⟩ **0.1** ***openhartig*** ⇒*frank, oprecht, onbeschroomd, eerlijk, rechtuit* **0.2** ⟨med.⟩ ***manifest*** **0.3** ⟨vero.⟩ ***vrijgevig*** ◆ **1.1** a ~ smile *een vrijmoedige glimlach;* ~ admiration *openlijke bewondering* **6.1** he was quite ~ **with** me about it *hij was er erg openhartig over tegen me* ¶**.1** ~ly, I don't give a damn *eerlijk gezegd kan het me geen barst schelen.*

frank[3] ⟨ov.ww.⟩ **0.1** ***frankeren*** **0.2** ***vrijstellen*** **0.3** ⟨vero.⟩ ***het komen en gaan vergemakkelijken van*** ⇒*(vrij) toegang verschaffen* **0.4** ⟨gesch.⟩ ***met een handtekening frankeren*** ⇒*portvrij versturen* ◆ **1.3** the premier's letters of introduction ~ed him throughout the country *de aanbevelingsbrieven v.d. premier openden voor hem alle deuren in het land* **6.2** ~ **against/from** *vrijstellen van.*

Fran·ken·stein ['fræŋkənstaɪn], **'Frankenstein's 'monster** ⟨eig.n., telb.zn.⟩ **0.1** ***Frankenstein*** ⇒*het monster v. Frankenstein.*

frank·furt·er, ⟨AE ook⟩ **frank·fort·er** ['fræŋkfɜ:tə||-fɜrṭər], **frank·furt, frank·fort** ['fræŋkfət, -fɔ:t||-fərt]⟨f1⟩⟨telb.zn.⟩ **0.1** ***Frankfurter worstje.***

frank·in·cense ['fræŋkɪnsens]⟨n.-telb.zn.⟩ **0.1** ***wierook(hars)*** ⇒*olibanum.*

'frank·ing·ma·chine ⟨telb.zn.⟩ ⟨BE⟩ **0.1** ***frankeermachine.***

Frank·ish ['fræŋkɪʃ]⟨bn.⟩ **0.1** ***Frankisch*** ⇒*v.d. Franken.*

frank·lin ['fræŋklɪn]⟨telb.zn.⟩ ⟨gesch.⟩ **0.1** ***vrije landeigenaar*** ⟨in Engeland in 14de, 15de eeuw⟩.

'Franklin, Franklin stove ⟨telb.zn.⟩ **0.1** ***(gietijzeren) open houtkachel*** ⟨naar B. Franklin⟩.

'frank-pledge ⟨zn.⟩ ⟨gesch.⟩
I ⟨telb.zn.⟩ **0.1** ***tiendgemeenschap*** ⟨juridische eenheid v. tien huishoudens⟩ **0.2** ***lid van tiendgemeenschap*** *⇒tiender;*
II ⟨n.-telb.zn.⟩ **0.1** ***vervangende aansprakelijkheid binnen tiendgemeenschap.***

fran·tic ['fræntɪk]⟨f3⟩⟨bn.; -(al)ly⟩ **0.1** ***dol/uitzinnig*** *⇒buiten zichzelf, gek, razend, over z'n toeren* **0.2** ⟨inf.⟩ ***verwoed*** *⇒extreem, onbesuisd* **0.3** ⟨AE; sl.⟩ ***te gek*** *⇒fantastisch, uniek, geweldig* **0.4** ⟨AE; sl.⟩ ***burgerlijk*** *⇒materialistisch* **0.5** ⟨vero.⟩ ***krankzinnig*** ◆ **1.2** ~ efforts *verwoede pogingen* **3.1** the noise drove me ~ *het lawaai maakte me hoorndol* **5.1** ~ **with** joy *buiten zichzelf v. vreugde;* ~ **with** pain *gek v.d. pijn.*

frap [fræp]⟨ov.ww.; →ww. 7⟩ ⟨scheep.⟩ **0.1** ***sjorren*** **0.2** ***doorzetten*** ⟨van tros of schoot⟩ *⇒de loos eruit halen.*

frap·pé[1] ['fræpeɪ||fræ'peɪ]⟨telb. en n.-telb.zn.⟩ **0.1** ***(soort) sorbet*** **0.2** ***milkshake*** **0.3** ***likeur op ijs.***

frappé[2] ⟨bn., pred.⟩ **0.1** ***gefrappeerd*** *⇒ijsgekoeld.*

FRAS ⟨afk.⟩ Fellow of the Royal Asiatic Society, Fellow of the Royal Astronomical Society.

frass [fræs]⟨n.-telb.zn.⟩ **0.1** ***larve-uitwerpselen*** **0.2** ***houtpoeder*** ⟨afval v. houtborende insekten⟩.

frat[1] [fræt]⟨zn.⟩
I ⟨telb.zn.⟩ **0.1** ⟨AE; inf.; stud.⟩ ⟨verk.⟩ ⟨fraternity⟩ ***(studenten) corps*** **0.2** ⟨AE; inf.; stud.⟩ ***corpsbal*** **0.3** ⟨sl.; sold.⟩ ***soldatenliefje;***
II ⟨n.-telb.zn.⟩ ⟨verk.⟩ fraternization ⟨sl.; sold.⟩ **0.1** ***verbroedering.***

frat[2] ⟨onov.ww.; →ww. 7⟩ ⟨sold.⟩ **0.1** ***verbroederen.***

fratch·y ['frætʃi]⟨bn.; -er; -ly; →bijw. 3⟩ ⟨BE; inf.⟩ **0.1** ***gemelijk*** *⇒knorrig.*

frate ['frɑ:teɪ]⟨telb.zn.; frati ['frɑ:ti]; →mv. 5⟩ ⟨relig.⟩ **0.1** ***frater*** *⇒broeder* ⟨vnl. in Italiaanse context⟩.

fra·ter ['freɪtə||'freɪtər]⟨telb.zn.⟩ **0.1** ***frater*** *⇒broeder* **0.2** ⟨gesch.⟩ ***refter*** *⇒refectorium.*

fra·ter·nal [frə'tɜ:nl||-'tɜr-]⟨f1⟩⟨bn.; -ly⟩ **0.1** ***broederlijk*** ⟨ook fig.⟩ *⇒broeder-, sociëteits-* ◆ **1.1** ~ love *broederliefde, broederlijke liefde;* ⟨AE⟩ ~ order *broederschap, gilde* **1.¶** ~ twins *twee-eiige tweelingen.*

fra·ter·ni·ty [frə'tɜ:nəti||-'tɜrnəti]⟨f2⟩⟨zn.; →mv. 2⟩
I ⟨n.-telb.zn.⟩ **0.1** ***broederlijkheid*** *⇒broederschap, het broeder zijn;*
II ⟨verz.n.⟩ **0.1** ***fraterniteit*** *⇒kloostergemeenschap, broederschap, kloosterorde v. broeders* **0.2** ***gilde*** *⇒broederschap, vereniging, genootschap* **0.3** ⟨AE⟩ ***studentencorps*** *⇒studentenclub/sociëteit* ⟨voor mannen⟩ ◆ **1.2** the legal ~ *het gilde der advocaten, de juridische stand;* the medical ~ *het doktersgilde, de medische stand.*

fra·ter·ni·za·tion, -sa·tion ['frætənaɪ'zeɪʃn||'frætərnə-]⟨n.-telb.zn.⟩ **0.1** ***verbroedering.***

frat·er·nize, -nise ['frætənaɪz||'frætər-]⟨f1⟩⟨onov.ww.⟩ **0.1** ***zich verbroederen*** *⇒fraterniseren* **0.2** ⟨AE; sl.; sold.⟩ ***naaien met vrouwen uit vijandelijk/bezet gebied*** ◆ **6.1** ~ **with** the local population *zich met de plaatselijke bevolking verbroederen.*

frat·ri·ci·dal [frætrɪ'saɪdl]⟨bn.⟩ **0.1** ***als/v. een broedermoord*** ◆ **1.1** the most ~ war in the nation's history *de grootste broedermoord in de geschiedenis v.d. natie.*

frat·ri·cide ['frætrɪsaɪd]⟨zn.⟩
I ⟨telb.zn.⟩ **0.1** ***broeder/zustermoordenaar;***
II ⟨telb. en n.-telb.zn.⟩ **0.1** ***broeder/zustermoord.***

Frau [frau]⟨telb.zn.; Frauen [-ən]; →mv. 5⟩ **0.1** ***Frau*** *⇒(Duitse) mevrouw* **0.2** ⟨sl.; vaak bel.⟩ ***vrouw*** *⇒wijf; moeder de vrouw.*

fraud [frɔ:d]⟨f2⟩⟨zn.⟩
I ⟨telb.zn.⟩ **0.1** ***bedrieger*** *⇒oplichter, fraudeur* **0.2** ***vervalsing*** *⇒bedriegerij, oplichterij* ◆ **1.1** this new shampoo is a ~; my hair is still falling out *die nieuwe shampoo is puur boerenbedrog: mijn haar valt nog steeds uit;*
II ⟨telb. en n.-telb.zn.⟩ **0.1** ***bedrog*** *⇒bedriegerij, fraude, oplichterij.*

'fraud squad ⟨telb.zn.⟩ **0.1** ***(afdeling) fraudebestrijding*** ⟨bij politie⟩.

fraud·ster ['frɔ:dstə||-ər]⟨telb.zn.⟩ **0.1** ***zwendelaar*** *⇒oplichter, bedrieger, flessetrekker.*

fraud·u·lence ['frɔ:djʊləns||-dʒə-]⟨n.-telb.zn.⟩ **0.1** ***bedrog*** *⇒bedrieglijkheid, valsheid.*

fraud·u·lent ['frɔ:djʊlənt||-dʒə-]⟨f1⟩⟨bn.; -ly⟩ **0.1** ***bedrieglijk*** *⇒frauduleus, vals.*

fraught [frɔ:t]⟨f1⟩⟨bn.⟩ **0.1** ***vol*** *⇒beladen* **0.2** ⟨inf.⟩ ***bezorgd*** ◆ **6.1** the journey was ~ **with** danger *het was een reis vol gevaren;* the atmosphere was ~ **with** violence *de atmosfeer was bezwangerd met dreigend geweld.*

Fräu·lein, Frau·lein ['frɔɪlaɪn, 'frau-||'frɔɪ-]⟨telb.zn.; soms f-; ook Fräulein; →mv. 5⟩ **0.1** ***Fräulein*** *⇒(Duitse) juffrouw* **0.2** ⟨vnl. BE⟩ ***Fräulein*** *⇒(Duitse) gouvernante.*

frax·i·nel·la ['fræksɪ'nelə]⟨telb.zn.⟩ ⟨plantk.⟩ **0.1** ***vuurwerkplant*** *⇒essenkruid* ⟨Dictamnus albus⟩.

fray[1] [freɪ]⟨n.-telb.zn.; vnl. the⟩ **0.1** ***strijd*** *⇒gekrakeel, gevecht, twist* ◆ **2.1** eager for the ~ *strijdlustig;* ready for the ~ *klaar voor de strijd, slagvaardig* **3.1** enter the ~ *het strijdperk betreden, de strijd aanbinden;* they rushed into the ~ *ze wierpen zich in de strijd.*

fray[2] ⟨f2⟩⟨ww.⟩
I ⟨onov.ww.⟩ **0.1** ***rafelen*** *⇒uitrafelen, in rafels uiteenvallen, verslijten* **0.2** ⟨vero.⟩ ***strijden*** *⇒vechten* ◆ **1.1** ~ed cuffs *gerafelde manchetten* **5.1** ~ **out** *(uit)rafelen;* our civilisation is ~ing **out** *onze beschaving begint te rafelen/slijten;*
II ⟨ov.ww.⟩ **0.1** ***rafelen*** *⇒uitrafelen, in rafels uiteenhalen* **0.2** ***verzwakken*** *⇒uitputten* **0.3** ***wrijven*** *⇒(af)schaven* **0.4** ⟨vero.⟩ ***verschrikken*** *⇒schrik aanjagen* ◆ **1.2** his gratitude became ~ed in the end *zijn dankbaarheid raakte uiteindelijk uitgeput;* ~ed nerves *uitgeputte zenuwen;* the quarrel ~ed their relations *de ruzie verstoorde hun betrekkingen;* a ~ed temper *een geprikkeld humeur* **1.3** the deer ~ their antlers against this oak *de herten vegen hun gewei tegen deze eik.*

fraz·zle[1] ['fræzl]⟨telb.zn.; zelden mv.⟩ ⟨inf.⟩ **0.1** ***flard*** *⇒rafel* ◆ **6.¶** **to** a ~ *tot op het bot, compleet, door en door;* beaten **to** a ~ *tot pulp/moes geslagen, murw geslagen;* burnt **to** a ~ *helemaal uit/opgebrand;* worn **to** a ~ *tot op de draad versleten.*

frazzle[2] ⟨onov. en ov.ww.⟩ ⟨inf.⟩ →frazzled **0.1** ***verzwakken*** *⇒uitputten, verslijten, uitgeput (doen) geraken, uitrafelen* ◆ **1.1** the ~d banner of democracy *het gerafelde/gehavende banier der democratie* **5.1** completely ~d **out** *helemaal uitgeput, doodop.*

fraz·zled ['fræzld]⟨bn.; volt. deelw. v. frazzle⟩ ⟨AE; sl.⟩ **0.1** ***zat*** *⇒dronken.*

FRB ⟨afk.⟩ Federal Reserve Board.

FRCP ⟨afk.⟩ Fellow of the Royal College of Physicians.

FRCS ⟨afk.⟩ Fellow of the Royal College of Surgeons.

freak[1] [fri:k]⟨f2⟩⟨telb.zn.⟩ **0.1** ***gril*** *⇒kuur, nuk* **0.2** ***rariteit*** *⇒uitzonderlijk/abnormaal verschijnsel* **0.3** ***misvormd dier*** *⇒wangedrocht, monster* **0.4** ***zonderling*** *⇒excentriekeling, hippie* **0.5** ⟨inf.⟩ ***fan(aticus)*** *⇒freak, fanaat, fervent aanhanger/voorstander* **0.6** ⟨inf.⟩ ***freak*** *⇒gebruiker v. hard drugs, verslaafde, junkie* **0.7** ⟨AE; inf.⟩ ***nicht*** *⇒flikker, homo* **0.8** ⟨schr.⟩ ***(kleurige) vlek*** *⇒kleurige streep* ◆ **1.3** the calf was a ~ (of nature): it had two heads *het kalf was een wangedrocht: het had twee koppen;* a ~ of nature *een speling der natuur, een misvormd dier/mens/plant/wezen* **1.4** her eldest son was a bit of a ~ *haar oudste zoon was een beetje een zonderling.*

freak[2] ⟨f1⟩⟨bn., attr.⟩ **0.1** ***buitenissig*** *⇒uitzonderlijk, ongewoon, abnormaal* ◆ **1.1** a ~ storm *een hevige storm.*

freak[3], ⟨in bet. I en II 0.1 vnl.⟩ **'freak 'out** ⟨f1⟩⟨ww.⟩ →freaked
I ⟨onov.ww.⟩ ⟨inf.⟩ **0.1** ***opgewonden geraken (onder invloed van drugs)*** *⇒hallucinaties krijgen, psychisch vervreemden, zich opwinden, uitfrieken* **0.2** ***breken met het gevestigde*** *⇒de alternatieve toer opgaan* ◆ **1.1** the pop star thought that the audience did not ~ enough *de popster meende dat het publiek niet wild genoeg werd* **6.1** he is freaking out **on** drugs *hij gaat de drugtoer op;*
II ⟨ov.ww.⟩ **0.1** ⟨inf.⟩ ***onder invloed van drugs brengen*** *⇒hysterisch maken, in staat van opwinding brengen* **0.2** ⟨schr.⟩ ***kleuren (in vlekken of strepen)*** ◆ **1.1** the pop star freaked out the audience *de popster bracht het publiek tot hysterie* **6.1** she freaks him out **on** drugs *ze brengt hem onder de invloed v. drugs.*

freaked [fri:kt]⟨bn.; volt. deelw. v. freak⟩ **0.1** ***grillig gevlekt/gestreept*** ◆ **6.1** its colour was yellow ~ **with** blue *het was geel van kleur met blauwe vlekken doorschoten.*

freak·ish ['fri:kɪʃ]⟨bn.; -ly; -ness⟩ **0.1** ***excentriek*** *⇒bizar, ongewoon, grillig.*

'freak-out ⟨telb.zn.⟩ ⟨inf.⟩ **0.1** ***trip*** *⇒opwinding, psychische vervreemding* **0.2** ***drugverslaafde*** *⇒junkie, psychisch vervreemde.*

freak·y ['fri:ki]⟨bn.; -er; →compar. 7⟩ **0.1** ***excentriek*** *⇒bizar, ongewoon, grillig.*

freck·le[1] ['frekl]⟨f1⟩⟨zn.⟩
I ⟨telb.zn.⟩ **0.1** ***sproet*** *⇒zomersproet* **0.2** ***(sproetachtig) vlekje;***
II ⟨mv.; ~s⟩ ⟨AE; sl.⟩ **0.1** ***shagtabak.***

freckle[2] ⟨f1⟩⟨ww.⟩
I ⟨onov.ww.⟩ **0.1** ***sproeten krijgen*** *⇒sproeterig worden, sproeten* ◆ **1.1** a ~d nose *een sproeterige neus, neus vol sproeten;*
II ⟨ov.ww.⟩ **0.1** ***sproeten doen krijgen.***

freck·ly ['frekli]⟨bn.⟩ **0.1** ***sproeterig*** *⇒vol sproeten* **0.2** ***gespikkeld.***

free[1] [fri:]⟨f4⟩⟨bn.; -er; -ly; →compar. 7⟩ ⟨→sprw. 515⟩ **0.1** ***vrij*** *⇒onafhankelijk, onbelemmerd, ongedwongen, spontaan, vrijwillig, onbeperkt* **0.2** ***vrij*** *⇒niet letterlijk* **0.3** ***vrij*** *⇒gratis, kosteloos, belastingvrij,* ⟨B.⟩ *taksvrij; openbaar, publiek, (door de over-*

heid) gesubsidieerd **0.4** ***vrij*** *⇒niet van staatswege, zonder staatsinmenging* **0.5** ***vrij*** *⇒niet bezet, niet ingenomen, niet in gebruik; niet vast, los; leeg;* ⟨schei.; nat.⟩ *vrij, in vrije toestand, ongebonden* **0.6** ***vrijmoedig*** *⇒frank, vrijpostig; pikant, grof* **0.7** ***vrijgevig*** *⇒gul, royaal, overvloedig* **0.8** ⟨scheep.⟩ ***gunstig*** ⟨v. wind⟩ **0.9** ⟨taalk.⟩ ***vrij*** *⇒niet-gebonden* **0.10** ⟨taalk.⟩ ***niet-gedekt*** ◆ **1.1** I have ~ access to his library *ik heb vrije toegang tot zijn bibliotheek;* a ~ agent *iem. die vrij/onafhankelijk kan handelen;* as ~ as air *vrij als een vogel(tje in de lucht);* ⟨psych.⟩ ~ association *vrije associatie;* ~ city *vrije stad, vrijstad, stadstaat;* Free Church *kerk zonder staatsinmenging, nonconformistische Kerk;* Free Church of Scotland *Onafhankelijke Kerk v. Schotland* ⟨v.d. Presbyteriaanse afgescheiden in 1834⟩; it's a ~ country *we leven (toch) in een vrij land;* ~ fall *vrije val* ⟨zonder parachute⟩; ~ fight *algemeen gevecht;* give/allow s.o. a ~ hand *iem. de vrije hand laten/laten begaan;* have a ~ hand *de vrije hand hebben;* to have one's hands ~ *de handen vrij hebben, de vrije hand hebben;* ⟨BE⟩ ~ house *niet aan een brouwerij gebonden café;* ⟨voetbal⟩ ~ kick *vrije schop/trap;* ~ labour *vrije arbeid* ⟨niet door slaven⟩; *arbeid door niet-vakbondsleden;* ~ love *vrije liefde;* the ~ passage of ships *de vrije/onbelemmerde doorgang v. schepen;* the poet has given ~ play to his fancy *de dichter heeft zijn fantasie de vrije loop gelaten;* give ~ rein(s) to *de vrije teugel laten aan;* ~ speech *vrijheid v. meningsuiting;* ~ state ⟨USA⟩ *vrije staat* ⟨waar slavernij verboden was⟩; ~ thought *vrijdenkerij, onorthodoxe gedachte;* ⟨sport, i.h.b. basketbal⟩ ~ throw *vrije worp;* ⟨Am. voetbal⟩ ~ safety *vrije verdediger;* ⟨AE; sl.; honkbal⟩ ~ ticket/transportation *vier wijd, vrije loop;* ~ university *gedemocratiseerde universiteit* ⟨zonder onderscheid tussen docenten en studenten⟩; ~ verse *vrij vers;* ~ vote *vrije stemming* ⟨niet onderworpen aan partijstandpunt⟩; ⟨tech.⟩ ~ wheel *free-wheel, vrijloop;* ~ will *vrije wil, wilsvrijheid;* ~ world *vrije wereld, niet-communistische landen* **1.2** ~ translation *vrije vertaling* **1.3** ~ allowance *toegestane hoeveelheid bagage* ⟨op vliegtuig e.d.⟩; ~ education *kosteloos onderwijs;* a ~ gift *een gratis geschenk/cadeau* ⟨vooral als reclame⟩; ⟨BE⟩ ~ library *openbare bibliotheek* ⟨waar men gratis boeken uitleent⟩; ~ list *lijst v. bezitters v. vrijkaartjes; lijst v. goederen/personen met belastingvrijdom;* ⟨AE; sl.⟩ ~ load *gratis maal/drank, iets v.h. huis;* a ~ patient *een ziekenfondspatiënt, een buspatiënt;* a ~ pass *een vrijbiljet/vrij reisbiljet/gratis toegangsbewijs/vrijkaartje;* the goods will be sent post ~ *de goederen worden portvrij verstuurd;* ~ on rail *franco wagon;* it's a ~ ride *het kost je niets/geen moeite;* ~ school *kosteloze school;* ~ alongside ship *vrij/franco langs boord* **1.4** ~ enterprise *(de) vrije onderneming;* the ~ market *de vrije markt;* ~ trade *(de) vrije handel, (de) vrijhandel* **1.5** a ~ afternoon *een vrije middag;* the bathroom is not ~ now *de badkamer is nu niet vrij/bezet;* ~ capital *beschikbaar/nog niet geïnvesteerd kapitaal;* the ~ end of the rope *het vrije uiteinde van het touw;* ~ hydrogen *waterstof in vrije ongebonden toestand;* ⟨schei.⟩ ~ radical *vrij radicaal;* is this seat ~? *is deze plaats vrij?* **1.6** ~ talk *pikante/brutale praat(jes)* **1.8** ⟨scheep.⟩ the wind was ~ *de wind zat in de goede hoek* **1.9** ~ morpheme *vrij/ongebonden morfeem* **1.10** ~ vowel *vrije/ongedekte/open klinker* **1.¶** ⟨atletiek⟩ ~ distance *ruimtewinst* ⟨bij estafette in wisselvak⟩; ~ lunch *iets dat gratis lijkt* ⟨maar het niet is⟩; ~ pardon *gratie (verlening), kwijtschelding (v. straf)* **2.5** ~ and clear/unencumbered *vrij en onbezwaard* ⟨zonder hypotheek e.d.⟩ **2.6** ~ and easy *los, zonder plichtplegingen* **3.1** you are ~ to do what you like *je mag doen wat je wil, het staat je vrij te doen wat je wil;* feel ~ to do sth. *iets met een gerust hart kunnen doen;* make s.o. ~ of sth. *iem. het gebruik van iets geven, iets delen met iem.;* set ~ *vrijlaten, in vrijheid stellen* **3.6** make ~ with *losjes/royaal omspringen met, te vrij/schaamteloos gebruik maken van, (te) vrij omgaan met;* he's made ~ with my car while I was abroad *terwijl ik op reis was heeft hij zonder mij iets te vragen gebruik gemaakt van mijn wagen;* he makes too ~ with the girls in his class *hij gaat wat te vrijpostig om met de meisjes van zijn klas;* he worked himself ~ of the chains *hij wist zich uit zijn ketenen te bevrijden* **3.¶** ~ to confess that *bereid toe te geven dat;* make ~ of a company *lid maken van een genootschap;* make ~ of a city *tot (ere)burger maken* **5.3** ⟨hand.⟩ ~ overside *boordvrij* **6.1** ~ **from** care *vrij van zorgen, onbekommerd;* ~ **of** *vrij van, onbelemmerd door, verwijderd van, -vrij;* ⟨schr.⟩ *vrij tot zijn beschikking hebbend, vrij kunnende beschikken over;* ~ **of** charge *gratis, kosteloos;* ~ **of** tax *belastingvrij;* ⟨B.⟩ *taksvrij* **6.3** ⟨AE; inf.⟩ **for** ~ *gratis, voor niets* **6.7** he is ~ **with/of** his money *hij is vrijgevig met zijn geld/springt kwistig met zijn geld om/strooit met zijn geld/laat zijn geld rollen.*

free[2] ⟨f3⟩ ⟨ov.ww.⟩ **0.1** ***bevrijden*** *⇒in vrijheid stellen, vrijlaten, de vrijheid geven aan, verlossen* **0.2** ***verlossen*** *⇒losmaken, bevrijden, vrijstellen, vrijmaken, ontslaan* ◆ **1.1** the hostages were ~d *de gijzelaars werden bevrijd* **1.2** just let him ~ his mind *laat hem zijn hart maar eens uitstorten* **6.2** ~ **from/of** *bevrijden van/uit, verlossen van;* the grant ~d him **from** all financial worries *de toelage verloste hem van al zijn financiële zorgen;* he ~d the bird **from** its cage *hij bevrijdde de vogel uit zijn kooi;* he ~d the dog **of** its collar *hij bevrijdde de hond van zijn halsband.*

free[3] ⟨f1⟩ ⟨bw.⟩ **0.1** ***vrij*** *⇒los, ongehinderd, ongedwongen* **0.2** ***gratis*** **0.3** ⟨hand.⟩ ***franco*** *⇒vrij* **0.4** ⟨scheep.⟩ ***vrij*** ⟨uit de valse wind/luwte⟩ ◆ **1.3** ~ alongside ship/steamer *franco/vrij langs boord;* ~ delivered *franco (t)huis;* ~ on board *franco aan boord;* ~ on rail/truck *franco spoor/wagon* **3.1** the dogs ran ~ *de honden liepen los* **3.2** students enter ~ *studenten mogen gratis binnen* **3.4** the bark sailed ~ from the lee of the jetty *de barkas zeilde vrij van de luwte van de pier.*

-free [fri:] **0.1** ***-vrij*** ◆ **¶.1** tax~ *belastingvrij;* ⟨B.⟩ *taksvrij.*

'free-and-'eas·y ⟨telb.zn.; →mv. 2⟩ ⟨AE; sl.⟩ **0.1** ***kroeg*** *⇒tent, bar.*

'free-as'so·ci·ate ⟨onov.ww.⟩ ⟨vnl. psych.⟩ **0.1** ***vrij associëren*** *⇒losweg/associatief praten.*

free·base[1] ['fri:beɪs] ⟨telb.zn.⟩ ⟨sl.⟩ **0.1** ***freebase*** *⇒gezuiverde cocaïne.*

freebase[2] ⟨ww.⟩

I ⟨onov.ww.⟩ ⟨sl.⟩ **0.1** ***freebasen*** ⟨gezuiverde cocaïne roken⟩;

II ⟨ov.ww.⟩ **0.1** ***zuiveren*** ⟨cocaïne d.m.v. ether of ammonia⟩.

free·bee, free·bie ['fri:bi:] ⟨telb.zn.⟩ ⟨AE; inf.⟩ **0.1** ***weggevertje*** *⇒krijgertje, rondje v.h. huis/de zaak, vrijkaartje* **0.2** ***iem. die iets gratis krijgt of geeft*** *⇒gratis klant.*

free·board ['fri:bɔ:d‖-bɔrd] ⟨n.-telb.zn.⟩ ⟨scheep.⟩ **0.1** ***vrijboord*** *⇒uitwatering* ⟨afstand tussen waterlijn en bovenste dek⟩.

free·boot ['fri:bu:t] ⟨onov.ww.⟩ **0.1** ***vrijbuiten*** ⟨vaak fig.⟩ *⇒op rooftocht/kaapvaart (uit)gaan.*

free·boot·er ['fri:bu:tə‖-bu:ţər] ⟨telb.zn.⟩ **0.1** ***vrijbuiter*** ⟨vaak fig.⟩ *⇒kaper, boekanier.*

'free·born ⟨bn.⟩ **0.1** ***vrijgeboren.***

freed·man ['fri:dmən] ⟨telb.zn.; freedmen [-mən]; →mv. 3⟩ ⟨gesch.⟩ **0.1** ***vrijgemaakte (slaaf).***

free·dom ['fri:dəm] ⟨f3⟩ ⟨zn.⟩

I ⟨telb.zn.⟩ **0.1** ***vrijheid*** *⇒voorrecht, privilege, recht;*

II ⟨telb. en n.-telb.zn.⟩ **0.1** ***vrijheid*** *⇒onafhankelijkheid* **0.2** ***vrijheid*** *⇒vrijdom, voorrecht(en), privilege(s), lidmaatschap* **0.3** ***vrijdom*** *⇒ontheffing, vrijstelling, vrij zijn, vrijwaring* **0.4** ***vrijmoedigheid*** *⇒vrijpostigheid, vlotheid, gemakkelijkheid* ◆ **1.1** ~ of conscience *gewetensvrijheid;* the ~ of the press *de persvrijheid;* the ~ of the seas *de vrijheid der zeeën;* ~ of speech *vrijheid v. meningsuiting;* ~ of religion/worship *godsdienstvrijheid* **1.2** the ~ of a company *het lidmaatschap v.e. maatschappij;* he was given the ~ of the city *hij verkreeg de burgerrechten/het ereburgerschap v.d. stad;* I enjoy the ~ of his library *ik kan vrij van zijn bibliotheek gebruik maken* **1.3** ~ of taxation *belastingvrijdom* **6.3** obtain s.o.'s ~ *iemands vrijlating verkrijgen;* ~ **from** fear *vrij zijn van angst;* ~ **from** want *vrij zijn v. gebrek.*

'freedom fighter ⟨telb.zn.⟩ **0.1** ***vrijheidsstrijder.***

'free-'fire zone ⟨telb.zn.⟩ ⟨mil.⟩ **0.1** ***vuurlijn*** *⇒gevechtsterrein, vuurlinie, bombardementszone.*

'free-'float·ing ⟨f1⟩ ⟨bn.⟩ **0.1** ***vlottend*** *⇒vrij bewegend* **0.2** ***zich vrij bewegend*** *⇒vrij rondzwervend* **0.3** ***vaag*** *⇒onbeslist, besluiteloos, zweverig* **0.4** ***onverklaarbaar*** *⇒ongegrond* ◆ **1.3** ~ politicians *zweverige/partijloze politici;* ~ fear *vage/niet door iets gemotiveerde angst.*

free·fone, free·phone ['fri:foun] ⟨n.-telb.zn.; vaak F-⟩ ⟨BE⟩ **0.1** ***het gratis bellen*** ⟨bv. naar 06 nummer⟩.

free-for-all ['fri:fərɔ:l] ⟨telb.zn.⟩ ⟨inf.⟩ **0.1** ***algemene twist/ruzie*** *⇒algemeen gevecht.*

free-for-all·er ['fri:fərɔ:lə‖-ər] ⟨telb.zn.⟩ ⟨BE; sl.⟩ **0.1** ***vrijbuiter*** *⇒profiteur.*

'free·hand ⟨f1⟩ ⟨bn., attr.; bw.⟩ **0.1** ***uit de vrije hand*** *⇒uit de losse pols;* ⟨B.⟩ *met de losse hand* ◆ **3.1** I can't draw ~ *ik kan niet uit de vrije hand tekenen.*

'free'hand·ed ⟨bn.; -ly; -ness⟩ **0.1** ***vrijgevig*** *⇒royaal, genereus, met gulle hand.*

'free-'heart·ed ⟨bn.⟩ **0.1** ***open(hartig)*** *⇒vrijmoedig, spontaan* **0.2** ***gul*** *⇒vrijgevig, grootmoedig.*

'free hit ⟨telb.zn.⟩ ⟨hockey⟩ **0.1** ***vrije slag.***

free·hold[1] ['fri:hould] ⟨f1⟩ ⟨zn.⟩

I ⟨telb.zn.⟩ **0.1** ***volledig eigendomsrecht*** **0.2** ***vrij goed*** *⇒goed waarvan men de volledige eigendomsrechten bezit, pachtvrij/onbelast goed, vrij bezit, (onvervreemdbaar) eigendom;*

II ⟨n.-telb.zn.⟩ **0.1** ***volledige eigendom*** ⟨voor onbepaalde duur en zonder voorwaarden⟩.

freehold[2] ⟨f1⟩ ⟨bn., attr.⟩ **0.1** ***in volledige eigendom*** ◆ **1.1** ~ estate *eigendom in volledig bezit, onvervreemdbaar/vrij eigendom.*

free·hold·er ['fri:houldə‖-ər] ⟨telb.zn.⟩ **0.1** ***(vrije/volledige) eigenaar.***

free lance ['fri:lɑ:ns‖-læns], ⟨in bet. 0.1 vnl.⟩ **free-lanc·er** [-sə‖-sər] ⟨f1⟩ ⟨telb.zn.⟩ **0.1** ***freelance*** ⇒*zelfstandig/onafhankelijk journalist/auteur/ontwerper, vrije beroeper, los medewerker,* ⟨B.⟩ *occasioneel medewerker* **0.2** ***onafhankelijk politicus*** ⟨niet aan een partij gebonden⟩ ⇒*politiek vrijschutter* **0.3** ⟨gesch.⟩ ***huurling*** ⇒*vrijschutter.*

free-lance[1] ⟨f1⟩ ⟨bn., attr.⟩ **0.1** ***freelance*** ⇒*onafhankelijk, zelfstandig.*

free-lance[2] ⟨f1⟩ ⟨ww.⟩
I ⟨onov.ww.⟩ **0.1** ***freelance werken;***
II ⟨ov.ww.⟩ **0.1** ***als freelancer doen/schrijven/maken*** ⟨enz.⟩.

free-liv·er ['fri:'lɪvə‖-ər] ⟨telb.zn.⟩ **0.1** ***levensgenieter*** ⇒*bonvivant, smulpaap,* ⟨B.⟩ *pallieter.*

'free-'liv·ing ⟨bn., attr.⟩ **0.1** ***van het leven genietend/houdend.***

free·load ['fri:loʊd] ⟨onov.ww.⟩ ⟨sl.⟩ **0.1** ***klaplopen*** ⇒*bietsen,* ⟨B.⟩ *de profiteur uithangen.*

free·load·er ['fri:loʊdə‖-ər] ⟨telb.zn.⟩ ⟨sl.⟩ **0.1** ***tafelschuimer*** ⇒*klaploper, profiteur, bietser* **0.2** ***iem. met onkostenrekening*** ⇒*iem. die consumeert 'op de zaak'* **0.3** ***open-huis-party.***

free·ly ⟨bw.⟩ ⟨→sprw. 515⟩ **0.1** ***vrij(elijk)*** ⇒*openlijk* **0.2** ***volmondig*** **0.3** ***overvloedig*** ⇒*erg* ◆ **3.3** bleed ~ *erg bloeden;* give ~ *mild geven.*

free·man ['fri:mən] ⟨f2⟩ ⟨telb.zn.; freemen [-mən]; →mv. 3⟩ **0.1** ***vrij man*** **0.2** ***(vrije) burger*** ⇒*iem. die burgerrechten geniet* ⟨in een stad of land⟩.

'free·mar·tin ⟨telb.zn.⟩ **0.1** ***monstrum-kalf*** ⟨samen met stierkalf geboren hermafrodiet tweelingzusje⟩.

'free'ma·son ⟨f1⟩ ⟨telb.zn.; vaak F-⟩ **0.1** ***vrijmetselaar.***

'free'ma·son·ry ⟨n.-telb.zn.⟩ **0.1** ⟨vaak F-⟩ ***vrijmetselarij*** **0.2** ***saamhorigheid(sbesef)*** ⇒*kameraadschap.*

'free·phone →freefone.

'free port ⟨telb.zn.⟩ **0.1** ***vrijhaven*** ⇒*vrije haven.*

'free·post ⟨n.-telb.zn.; vaak F-⟩ ⟨BE⟩ **0.1** ***antwoordnummer*** ◆ **1.¶** ~ no. IIII *antwoordnummer IIII.*

'free-range ⟨bn., attr.⟩ **0.1** ***scharrel-*** ◆ **1.1** ~ hens *scharrelkippen;* ~ eggs *scharreleieren.*

'free-'rid·er ⟨telb.zn.⟩ ⟨AE; inf.⟩ **0.1** ***werker die geen vakbondslid is*** ⇒⟨bij uitbr.⟩ *profiteur.*

'free school ⟨telb.zn.⟩ **0.1** ***vrije school*** ⇒*school op antroposofische grondslag.*

free·si·a ['fri:zɪə‖-ʒə] ⟨telb.zn.⟩ ⟨plantk.⟩ **0.1** ***fre(e)sia*** ⟨fam. Iridaceae⟩.

'free skating ⟨n.-telb.zn.⟩ ⟨sport⟩ **0.1** ***(het) vrijrijden.***

'free 'speecher ⟨telb.zn.⟩ ⟨AE⟩ **0.1** ***radicaal (student)*** ⟨tegen de gevestigde orde⟩.

'free-'spo·ken ⟨bn.; -ness⟩ **0.1** ***vrijmoedig*** ⇒*rechtuit, frank.*

'free'stand·ing ⟨bn.⟩ **0.1** ***vrijstaand*** ⇒*vrij, losstaand.*

'free state ⟨telb.zn.⟩ **0.1** ***vrijstaat.***

'free·stone ⟨zn.⟩
I ⟨telb.zn.⟩ **0.1** ***vrucht met losse pit*** ⇒⟨i.h.b.⟩ *perzik (met losse pit);*
II ⟨n.-telb.zn.⟩ **0.1** ***(soort) zandsteen*** ⇒*kalksteen* **0.2** ***fruit met losse pit.***

'free·style ⟨n.-telb.zn.; vaak attr.⟩ **0.1** ⟨zwemsport⟩ ***vrije slag*** ⇒*(borst)crawl* **0.2** ⟨worstelen e.d.⟩ ***vrije stijl*** **0.3** ⟨schaatssport⟩ ***(vrije) kür.***

'freestyle relay ⟨telb.zn.⟩ ⟨zwemsport⟩ **0.1** ***vrije-slagestaffette.***

'free'think·er ⟨f1⟩ ⟨telb.zn.⟩ **0.1** ***vrijdenker.***

'free'think·ing ⟨n.-telb.zn.⟩ **0.1** ***vrijdenkerij.***

'free-'throw line ⟨telb.zn.⟩ ⟨sport, i.h.b. basketbal⟩ **0.1** ***vrije-worplijn.***

'free·way ⟨f2⟩ ⟨telb.zn.⟩ ⟨AE⟩ **0.1** ***snelweg*** ⇒*autoweg,* ⟨B.⟩ *autostrade.*

'free'wheel ⟨f1⟩ ⟨onov.ww.⟩ **0.1** ***freewheelen*** ⇒*fietsen zonder te trappen, uitrijden* **0.2** ⟨inf.⟩ ***het kalmpjes aan doen*** ⇒*zich niet druk maken* ⟨om regels, tijd e.d.⟩ **0.3** ⟨AE; inf.⟩ ***met geld strooien.***

'free·will ⟨bn., attr.⟩ **0.1** ***vrijwillig*** ◆ **1.1** a ~ offering *een vrijwillige bijdrage.*

freeze[1] [fri:z] ⟨f1⟩ ⟨telb.zn.⟩ **0.1** ***vorst*** ⇒*vorstperiode, vriesweer* **0.2** ⟨vaak als tweede lid v. samenstellingen⟩ ***bevriezing*** ⇒*blokkering, stabilisering, opschorting* **0.3** ⟨AE; inf.⟩ ***koelkast*** ⇒*vrieskast* **0.4** ⟨AE; inf.⟩ ***ijzige behandeling*** ◆ **2.1** the big ~ *de strenge vorst* **3.4** put the ~ on s.o. *iem. op zijn nummer zetten.*

freeze[2] ⟨f3⟩ ⟨ww.; froze [froʊz], frozen ['froʊzn]⟩ →freezing
I ⟨onov.ww.; onpersoonlijk⟩ **0.1** ***vriezen*** ◆ **4.1** it will ~ tonight *het gaat vannacht vriezen;* it is freezing in here *het is hier om te bevriezen, het is hier ijskoud;*
II ⟨onov. en ov.ww.⟩ **0.1** ***bevriezen*** ⇒*door vorst onklaar (doen) (ge)raken, vastvriezen/raken* **0.2** ⟨ben. voor⟩ ***bevriezen*** ⟨ook fig.⟩ ⇒*dood/kapotvriezen, verkillen, verstijven, ijzig behandelen/reageren, verstarren, verlammen* **0.3** ⟨vaak met over/up⟩ ***bevriezen*** ⇒*dichtvriezen, toevriezen* **0.4** ***invriezen*** ◆ **1.1** all pipes are/have frozen (up) *alle leidingen zijn bevroren;* freezing rain *onder (ge)koelde regen* **1.2** with freezing accuracy *met ijzige nauwkeurigheid;* the bird froze for some time *de vogel bleef even doodstil/onbeweeglijk zitten;* ~ one's blood, make one's blood ~ *het bloed in de aderen doen stollen;* because of the icy wind, all bulbs had frozen, the icy wind had frozen all bulbs *door de ijzige wind waren alle bloembollen kapotgevroren;* ~ to death *doodvriezen;* a freezing/frozen look *een kille/ijzige blik;* she froze (up) at the remark *ze verstijfde bij het horen v.d. opmerking;* the remark froze her (up) *de opmerking deed haar verstijven/verkillen* **1.3** the Thames does not ~ (over/up) any more *de Theems vriest niet meer dicht;* the strong Eastern wind froze (over/up) the garden pond *door de sterke oostenwind vroor het tuinvijvertje dicht* **1.4** frozen foods *ingevroren voedsel, diepvriesprodukten;* do strawberries ~ well? *kun je aardbeien makkelijk invriezen?* **3.2** ~ and wait *stilzitten/zich muisstil houden en afwachten, blijf zitten waar je zit en verroer je niet* **4.4** I am freezing/I am frozen *ik zie blauw v.d. kou* **5.1** ~ **in/up** *vast (doen) vriezen in het ijs* **5.2** ~ **out** *dood/kapotvriezen;* ⟨AE; inf.⟩ *uitsluiten, boycotten;* ⟨AE; inf.⟩ be frozen **out** *door de vorst verhinderd/afgelast worden;* his business is being frozen **out** by his bigger competitors *zijn grotere concurrenten drukken zijn zaak eruit/kapot;* the actors froze **up** *de acteurs waren verlamd (v.d. zenuwen)* **6.1** ⟨sl.⟩ ~ **on to** sth. *aan iets vastklitten;* the clothes are/have frozen **to** the line *de kleren zijn aan de waslijn vastgevroren;* the driver froze **to** the wheel *de bestuurder zat als (vast)gekluisterd aan het stuur;* terror froze him **to** the wheel *angst kluisterde hem aan het stuur;* frozen **with** fear *verstijfd v. angst;*
III ⟨ov.ww.⟩ **0.1** ⟨ec.⟩ ***bevriezen*** ⇒*stabiliseren, blokkeren, opschorten* **0.2** ⟨sport⟩ ***bevriezen*** **0.3** ***koel behandelen*** ⇒*afschrikken* ◆ **1.1** the government froze all contracts *de regering bevroor alle contracten/schortte alle contracten op* **1.2** ~ the game *het spel bevriezen, de bal in eigen kamp houden* **5.3** ~ **off** students *studenten afschrikken* **6.3** ~ an actor **off** the stage *de acteur zo'n koele ontvangst geven dat hij prompt van het toneel verdwijnt.*

'freeze-'dry ⟨ov.ww.; →ww. 7⟩ **0.1** ***vriesdrogen.***

'freeze-frame ⟨telb.zn.⟩ **0.1** ***stilstaand beeld*** ⇒*filmfoto* **0.2** ***mogelijkheid om het beeld stil te zetten*** ⟨op video⟩.

freez·er ['fri:zə‖-ər] ⟨f2⟩ ⟨telb.zn.⟩ **0.1** ***diepvries*** ⇒*diepvriezer* **0.2** ***vriesvak*** **0.3** ***ijsmachine*** **0.4** ⟨AE⟩ ***koelwagon*** **0.5** ***voorstander v. kernwapenstop*** ◆ **3.1** ⟨fig.⟩ put sth. in the ~ *iets in de ijskast zetten.*

'freeze-up ⟨telb.zn.⟩ **0.1** ***vorstperiode*** **0.2** ⟨AE⟩ ***dichtvriezen van meren en rivieren*** ⟨in het vorstseizoen⟩.

freez·ing[1] ['fri:zɪŋ] ⟨n.-telb.zn.; oorspr. gerund v. freeze⟩ ⟨inf.⟩ **0.1** ***vriespunt*** ⇒*0° C, 32° F* ◆ **6.1** six degrees **below** ~ *zes graden onder het vriespunt/nul.*

freezing[2] ⟨bn.; teg. deelw. v. freeze⟩ **0.1** ***ijzig*** ⇒*ijskoud, kil* ⟨ook fig⟩.

'freezing compartment ⟨f1⟩ ⟨telb.zn.⟩ **0.1** ***vriesvak.***

'freez·ing-ma·chine ⟨telb.zn.⟩ **0.1** ***ijsmachine.***

'freezing mixture ⟨telb. en n.-telb.zn.⟩ ⟨schei.⟩ **0.1** ***koudmakend mengsel.***

'freezing point ⟨f1⟩ ⟨zn.⟩
I ⟨telb.zn.⟩ **0.1** ***stollingspunt;***
II ⟨n.-telb.zn.⟩ **0.1** ***vriespunt*** ⇒*0° C, 32° F* ◆ **3.1** the temperature has dropped to ~ *de temperatuur is tot het vries/nulpunt gezakt.*

'freezing works ⟨mv.; ww. vaak enk.⟩ ⟨vnl. Austr. E⟩ **0.1** ***slachterij (met diepvriesinstallatie)*** ⇒*diepvriesvleesfabriek.*

freight[1] [freɪt], ⟨in bet. II, III ook⟩ **freight·age** ['freɪṭɪdʒ] ⟨f2⟩ ⟨zn.⟩
I ⟨telb.zn.⟩ ⟨AE⟩ **0.1** ***goederentrein*** ◆ **6.1** **by** ~ *per (gewone) goederentrein* ⟨niet per express⟩;
II ⟨telb. en n.-telb.zn.⟩ **0.1** ***vracht(goed/goederen)*** ⇒⟨vnl. BE⟩ *cargo, scheepslading* **0.2** ***vracht(loon/prijs)*** ⇒*vrachtgeld/penningen, vervoerloon* **0.3** ***last*** ◆ **2.2** ~ forward/⟨AE⟩ collect *vrachtgeld te betalen ter bestemming, vracht na te nemen* **3.2** ~ paid *franco; vrachtvrij, portvrij* **3.¶** ⟨AE; inf.⟩ drag/pull one's ~ *er van tussen gaan, 'm smeren, pleite gaan;*
III ⟨n.-telb.zn.⟩ **0.1** ***vrachtvervoer*** ⟨BE per schip/vliegtuig; AE ook over land⟩.

freight[2] ⟨ov.ww.⟩ **0.1** ***bevrachten*** ⇒*vervrachten, laden;* ⟨fig.⟩ *beladen, belasten* **0.2** ***als vracht verzenden.***

'freight car ⟨telb.zn.⟩ ⟨AE⟩ **0.1** ***goederenwagon*** **0.2** ⟨mv.⟩ ***goederenmaterieel.***

'freight carrier ⟨telb.zn.⟩ **0.1** ***vrachtvliegtuig.***

'freight charges ⟨mv.⟩ **0.1** ***vervoerkosten*** ⇒*transportkosten.*

freight·er ['freɪtə‖'freɪṭər] ⟨f1⟩ ⟨telb.zn.⟩ **0.1** ***vervrachter*** ⇒*bevrachter, vrachtvervoerder* **0.2** ***vrachtschip*** **0.3** ***vrachtvliegtuig*** **0.4** ⟨AE⟩ ***goederenwagon.***

'freight·lin·er ⟨telb.zn.⟩ **0.1** ***(vracht)containertrein.***

'freight ton ⟨telb.zn.⟩ **0.1** ***scheepston*** ⇒*vrachtton* ⟨1 ton, 40 kub. voet, 1m³⟩.

'freight·train ⟨telb.zn.⟩⟨AE⟩ **0.1** ***goederentrein.***

French[1] [frentʃ]⟨f3⟩⟨zn.⟩

I ⟨eig.n.⟩ **0.1** ***Frans*** ⇒*de Franse taal;* ⟨fig.⟩ *taaltje, grofheid* ◆ **3.¶** excuse/pardon my ~ *excusez le mot, sorry voor mijn taalgebruik;*

II ⟨n.-telb.zn.⟩ **0.1** ***droge vermout*** **0.2** ⟨sl.⟩ ***het pijpen*** ⇒*het afzuigen, fellatio* **0.3** ⟨sl.⟩ ***het beffen*** ⇒*het likken, cunnilingus* ◆ **1.1** gin and ~ *gin met vermout.*

French[2] ⟨f3⟩⟨bn.⟩ **0.1** ***Frans*** **0.2** ⟨AE; inf.⟩ ***slank*** ⟨v. vrouwenbeen⟩ **0.3** ⟨sl.⟩ ***mbt. pijpen/beffen*** ◆ **1.1** ~ bread/loaf *stokbrood;* ⟨BE⟩ ~ mustard *Franse/gele mosterd, Dijon mosterd;* ~ Revolution *Franse Revolutie* ⟨1789⟩ **1.¶** ⟨BE⟩ ~ bean *snij/sperzie/sla/prinsesseboon;* ~ chalk *Wener kalk, kleermakerskrijt, speksteenpoeder* ⟨als smeermiddel en om vlekken te verwijderen⟩; ~ cricket *informeel cricket;* ~ cuff *dubbele manchet;* ~ curve *tekenmal;* ~ drain *zinkput, zakput;* ⟨AE⟩ ~ doors *openslaande (tuin/balcon)deuren;* ~ dressing *slasaus* ⟨met olie en azijn⟩; ⟨AE⟩ ~ fried potatoes, ⟨inf.⟩ ~ fries *patat, (patates) frites;* ⟨B.⟩ *frieten;* ~ grey *groen/blauwgrijs;* ~ horn *(ventiel)hoorn;* ~ kiss *tongzoen;* ~ knickers *damesbroekje/directoire met brede pijpen;* take ~ leave *er tussenuit knijpen, met stille trom vertrekken;* ⟨AE; inf.; mil.⟩ *drossen, zonder permissie passagieren;* ⟨BE; inf.⟩ ~ letter *condoom, kapotje;* ~ Morocco *inferieur marokijnleder;* ~ polish *(Wener) politoer;* ⟨AE; sl.⟩ ~ postcard *pornofoto, pornoplaatje;* ~ roof *mansardedak;* ~ sash *openslaand raam;* ~ seam *ingeslagen zoom;* ~ toast *Franse toast* ⟨eerst beboterd, daarna geroosterd⟩; ⟨ong.⟩ *wentelteefje;* ~ vermouth *droge vermout;* ⟨AE; sl.⟩ give s.o. the ~ walk *iem. bij kop en kont eruit smijten;* ~ windows *openslaande (tuin/balcon/terras)deuren* **7.1** the ~ *de Fransen.*

French[3] ⟨ov.ww.; vaak f-⟩ **0.1** ⟨AE⟩ ***in reepjes snijden*** **0.2** ⟨sl.⟩ ***pijpen*** ⇒*afzuigen, fellatio bedrijven met* **0.3** ⟨sl.⟩ ***beffen*** ⇒*likken, cunnilingus bedrijven met.*

French·i·fy ['frentʃɪfaɪ]⟨onov. en ov.ww.; →ww. 7⟩ **0.1** ***verfransen.***

'French-in'hale ⟨n.-telb.zn.⟩⟨inf.⟩ **0.1** ***dubbele inhalering*** ⟨v. rook, uitgeblazen en via neus weer ingezogen⟩.

French·man ['frentʃmən]⟨f2⟩⟨telb.zn.; Frenchmen [-mən]; →mv. 3⟩ **0.1** ***Fransman*** **0.2** ***Frans schip*** **0.3** ⟨BE; dierk.⟩ ***rode patrijs*** ⟨Caccabis rufa⟩.

'French-'pol·ish ⟨ov.ww.⟩ **0.1** ***politoeren*** ⇒⟨oneig.⟩ *vernissen, (blank)lakken.*

'French·wo·man ⟨telb.zn.⟩ **0.1** ***Française*** ⇒*Franse.*

Fren·chy[1] ['frentʃi]⟨telb.zn.; →mv. 2⟩⟨sl.⟩ **0.1** ***Fransoos.***

Frenchy[2] ⟨bn.; -er; →compar. 7⟩ **0.1** ***Frans*** ⇒*Franserig, Fransachtig.*

fre·net·ic, phre·net·ic [frɪ'neṭɪk]⟨f1⟩⟨bn.; -(al)ly; -ness; →bijw. 3⟩ **0.1** ***dol*** ⇒*razend, woest, als een bezetene, krampachtig* **0.2** ***hypernerveus*** ⇒*gespannen, jachtig* ◆ **1.1** a ~ attempt to save the company *een krampachtige/verwoede poging om de firma te redden* **1.2** a skinny and ~ woman *een broodmagere en hypernerveuze vrouw.*

frenum →fr(a)enum.

fren·zi·ed ['frenzid]⟨bn.; volt. deelw. v. frenzy; -ly⟩ **0.1** ***waanzinnig*** ⇒*krankzinnig, opgewonden, heftig, bezeten* ◆ **1.1** a ~ attack on government policy *een heftige aanval op de regeringspolitiek;* the ~ days before the elections *de waanzinnige/jachtige dagen voor de verkiezingen;* ~ rage *dolle woede;* ~ shouts of joy *wild-enthousiaste/uitzinnige vreugdekreten.*

fren·zy[1], ⟨zelden ook⟩ **phren·zy** ['frenzi]⟨f2⟩⟨zn.; →mv. 2⟩

I ⟨telb.zn.⟩ **0.1** ***vlaag (van waanzin)*** ⇒*razernij, staat van opwinding* **0.2** ***manie*** ⇒*rage* ◆ **1.1** a ~ of despair *een vlaag v. wanhoop;* in a ~ of delight *dol/uitzinnig v. vreugde;* in a ~ of hate *in een plotselinge opwelling v. haat* **3.1** the audience was roused to a ~ of enthusiasm *het publiek werd tot een waanzinnig enthousiasme opgezweept* **6.2** he had a ~ **for** always doing the wrong thing *hij had het uitgesproken talent steeds het verkeerde te doen;*

II ⟨n.-telb.zn.⟩ **0.1** ***waanzin*** ⇒*razernij* ◆ **1.1** fits of ~ *aanvallen v. razernij.*

frenzy[2] ⟨ov.ww.; →ww. 7⟩ →frenzied **0.1** ***dol maken*** ⇒*uitzinnig maken.*

fre·on ['fri:ɒn‖-ɑn]⟨n.-telb.zn.; ook F-⟩ **0.1** ***freon*** ⟨o.m. gebruikt als drijfgas in spuitbussen⟩.

fre·quen·cy ['fri:kwənsi], ⟨soms ook⟩ **fre·quence** ['fri:kwəns]⟨f2⟩⟨zn.; →mv. 2⟩

I ⟨telb.zn.⟩ **0.1** ⟨nat.⟩ ***frequentie*** ⇒*trillingsgetal, periodental* **0.2** ⟨radio⟩ ***frequentie*** ⇒*golflengte* **0.3** ⟨stat.⟩ ***frequentie*** ◆ **2.3** the absolute and relative frequencies of these phenomena *de absolute en relatieve frequenties van die verschijnselen;*

II ⟨telb. en n.-telb.zn.⟩ **0.1** ***frequentie*** ⇒*menigvuldigheid, (herhaald) voorkomen, aantal, ritme* ◆ **1.1** the ~ of his pulse seems normal *het ritme/de snelheid v. zijn pols(slag) lijkt normaal, zijn pols lijkt normaal.*

'frequency band ⟨telb.zn.⟩⟨radio⟩ **0.1** ***frequentieband*** ⇒*frequentiegebied/bereik.*

'frequency distribution ⟨telb.zn.⟩⟨stat.⟩ **0.1** ***frequentieverdeling.***

'frequency modulation ⟨n.-telb.zn.⟩⟨radio⟩ **0.1** ***frequentiemodulatie*** ⇒*F.M.*

'frequency response ⟨telb.zn.⟩ **0.1** ⟨radio⟩ ***weergavekarakteristiek*** **0.2** ⟨comp.⟩ ***frequentiekarakteristiek.***

fre·quent[1] ['fri:kwənt]⟨f3⟩⟨bn.; -ly⟩ **0.1** ***frequent*** ⇒*herhaaldelijk/vaak voorkomend, herhaald, veelvuldig, regelmatig* ◆ **1.1** a ~ caller *een regelmatig bezoeker;* service stations are very ~ on this motorway *er zijn langs deze snelweg veel benzinestations;* ~ visits to the oculist *veelvuldige bezoeken aan de oogarts.*

frequent[2] [fri'kwent‖'fri:kwənt]⟨f2⟩⟨ov.ww.⟩ **0.1** ***frequenteren*** ⇒*regelmatig/vaak bezoeken.*

fre·quen·ta·tion ['fri:kwen'teɪʃn]⟨telb. en n.-telb.zn.⟩ **0.1** ***(herhaald) bezoek*** ⇒*(veelvuldige) omgang.*

fre·quen·ta·tive[1] [fri'kwenṭəṭɪv]⟨telb.zn.⟩⟨taalk.⟩ **0.1** ***frequentatief*** ⇒*iteratief, werkwoord v. herhaling.*

frequentative[2] ⟨bn.⟩⟨taalk.⟩ **0.1** ***frequentatief*** ⇒*iteratief, herhalend* ◆ **1.1** hobble is a ~ verb *hobbelen is een iteratief werkwoord.*

fre·quent·er [fri'kwentə‖'fri:kwənṭər]⟨telb.zn.⟩ **0.1** ***regelmatig bezoeker*** ⇒*vaste klant, stamgast.*

fres·co[1] ['freskoʊ]⟨f1⟩⟨telb. en n.-telb.zn.; ook -es; →mv. 2⟩ **0.1** ***fresco*** ⇒*(de) techniek v.h. fresco, frescoschilderij, muurschildering* ◆ **6.1 in** ~ *in/al fresco, op verse, natte kalk geschilderd.*

fresco[2] ⟨ov.ww.⟩ **0.1** ***met fresco's beschilderen.***

fresh[1] [freʃ]⟨zn.⟩

I ⟨telb.zn.⟩ →freshet;

II ⟨n.-telb.zn.⟩ **0.1** ***koelte*** ⇒*frisheid, begin, aanvang, (prille) jeugd* ◆ **1.1** the ~ of the day *de nog jonge dag;* in the ~ of the morning *in de prille morgen.*

fresh[2] ⟨telb.zn.; fresh; →mv. 4⟩⟨AE; inf.⟩ **0.1** ***eerstejaars(student)*** ⇒*groen, feut,* ⟨B.⟩ *schacht.*

fresh[3] ⟨f3⟩⟨bn.; -er; -ly; -ness⟩ **0.1** ***vers*** ⇒*pas gebakken, pas geoogst, vers geplukt* **0.2** ***nieuw*** ⇒*ander, bijkomend, meer, vers, recent, origineel* **0.3** ***vers*** ⇒*zoet, niet brak* **0.4** ***zuiver*** ⇒*helder, fris, levendig* **0.5** ***fris*** ⇒*koel, nogal koud* **0.6** ***gezond*** ⇒*fris, fit, levenslustig* **0.7** ***onervaren*** ⇒*nieuw, groen, nieuwbakken* **0.8** ⟨inf.⟩ ***brutaal*** ⇒*voortvarend, flirterig* **0.9** ⟨BE; gew.⟩ ***aangeschoten*** ◆ **1.1** ~ bread *vers brood;* ~ butter *verse/ongezouten boter;* ⟨vnl. AE⟩ a ~ cow *een verse koe* ⟨die pas gekalfd heeft⟩; ~ paint! *nat!; pas op voor de verf!;* a ~ pot of tea *een pot versgezette thee;* ~ vegetables *verse groenten;* a ~ wound *een verse wond* **1.2** a ~ attempt *een hernieuwde poging;* begin a ~ chapter *een nieuw hoofdstuk beginnen;* a ~ metaphor *een nieuwe/originele metafoor;* there's been no ~ news of the elections *er is geen recent nieuws over de verkiezingen;* a ~ start *een nieuwe start;* ~ troops *nieuwe/uitgeruste troepen* **1.3** some fish can only be found in ~ water *sommige vissoorten vind je alleen in zoet water;* ~ water for the flowers *vers water voor de bloemen* **1.4** ~ air *zuivere/frisse lucht;* the colours were still ~ *de kleuren waren nog helder;* a ~ complexion *een frisse/heldere teint;* ~ memories *levendige herinneringen, herinneringen die nog vers in het geheugen liggen;* a ~ morning *een frisse/koele ochtend* **1.5** ⟨meteo.⟩ a ~ breeze *een frisse bries* ⟨windkracht 5⟩ **1.6** as ~ as paint/a daisy *zo fris als een hoentje* **1.¶** ⟨meteo.⟩ a ~ gale *stormachtige wind* ⟨windkracht 8⟩; break ~ ground ⟨lett.⟩ *op een nieuw terrein/nieuwe grond beginnen;* ⟨fig.⟩ *baanbrekend werk verrichten* **3.1** ~ly cut flowers *vers geplukte bloemen;* the meat was kept ~ in large refrigerators *het vlees werd in grote koelkasten bewaard;* ~ly mown grass *pas gemaaid gras* **3.5** keep ~ *koel bewaren* **3.6** I never felt ~er *ik heb me nog nooit zo fit gevoeld;* she always looks ~ even after a hard day's work *ze ziet er altijd even fris uit, zelfs na een zware dag* **4.5** it's a bit ~ today *het is wat frisjes vandaag* **4.¶** ⟨AE; inf.⟩ a ~ one *een nieuwbakken celgenoot/medegevangene; een nieuwe/verse borrel* **6.1** ~ **from** the oven *zo uit de oven, ovenvers;* the book came ~ **from/off** the press *het boek kwam vers v.d. pers;* ~ **out of** college *zo v.d. universiteit* **6.7** he is ~ **to** the job *hij is nieuw in het vak* **6.8** she was reprimanded for being ~ **with** het mother *ze kreeg een standje over haar brutaliteit tegen haar moeder;* the young doctor was ~ **with** the nurses *de jonge dokter kon de verpleegsters niet met rust laten.*

fresh[4] ⟨f1⟩⟨bw.; vormt bijv. nw. met volt. deelw.⟩ **0.1** ***pas*** ⇒*vers* ◆ **3.1** ~-caught fish *versgevangen vis;* ~-run *kuitrijp, paairijp* ⟨v. zalm die uit zee de paairivier opkomt⟩.

fresh·en ['freʃn]⟨f1⟩⟨ww.⟩

I ⟨onov.ww.⟩ **0.1** ⟨vaak met up⟩ ***frisser worden*** **0.2** ⟨meteo.⟩ ***in kracht toenemen*** ⇒*aanwakkeren* **0.3** ***minder zilt/zout worden***

⇒*zoeter worden* **0.4** ⟨vaak met up⟩ ***er frisser gaan uitzien*** ⇒*opfleuren, herleven* **0.5** ⟨vnl. met up⟩ ***zich verfrissen*** ◆ **1.2** the wind ~ed from the north quarter *de wind nam in kracht toe vanuit het noorden, wakkerde uit het noorden aan* **1.3** the river ~s upstream *de rivier wordt stroomopwaarts minder zilt/zoeter* **1.4** the flowers ~ed (up) after some watering *na wat sproeien, fleurden de bloemen weer op* **1.5** ~ up before a party *zich voor een feestje nog even opfrissen;*
II ⟨ov.ww.⟩ **0.1** ⟨vaak met up⟩ ***opfrissen*** ⇒*(doen) opfleuren, verfrissen* **0.2** ***ontzilten*** ⇒*ontzouten* **0.3** ⟨wederk. ww.⟩ ⟨vnl. met up⟩ ***zich opfrissen*** ⇒*zich verfrissen.*

fresh·en·er ['freʃnə‖-ər] ⟨telb.zn.⟩ **0.1** ***opkikker*** ⇒*verfrissing.*

'freshen 'up ⟨telb.zn.⟩ ⟨inf.⟩ **0.1** ***opfrissing*** ⇒*bad, douche* ◆ **¶.1** there's time for a quick ~ *er is tijd voor een vlug bad/om je vlug wat te wassen en op te knappen.*

fresh·er ['freʃə‖-ər], ⟨AE⟩ **fresh·ie** ['freʃi] ⟨telb.zn.⟩ ⟨inf.⟩ **0.1** ***eerstejaars(student)*** ⇒*groene,* ⟨B.⟩ *schacht.*

fresh·et ['freʃɪt] ⟨telb.zn.⟩ **0.1** ***zoetwaterstroom*** ⇒*zoetwaterstroming* ⟨in zee uitmondend⟩ **0.2** ***overstroming*** ⟨door plotselinge dooi of regenval⟩ **0.3** ⟨schr.⟩ ***helder riviertje*** ⇒*stroompje.*

'fresh-'faced ⟨bn.⟩ **0.1** ***met een fris gezicht*** ⇒*fris.*

fresh·man ['freʃmən] ⟨f2⟩ ⟨telb.zn.; freshmen [-mən]; →mv. 3⟩ **0.1** ***eerstejaars(student)*** ⇒*groene, feut,* ⟨B.⟩ *schacht.*

'fresh·wa·ter ⟨f1⟩ ⟨bn., attr.⟩ **0.1** ***zoetwater-*** **0.2** ⟨vnl. AE⟩ ***provinciaals*** ◆ **1.1** ~ fish *zoetwatervissen;* ~ sailor *zoetwatermatroos, onervaren matroos* **1.2** ~ college *provincie-universiteit(je).*

fret[1] [fret] ⟨f1⟩ ⟨telb.zn.⟩ **0.1** ***lijstwerk*** ⇒*sierwerk, traliewerk* **0.2** ⟨inf.⟩ ***(staat v.) ongerustheid*** ⇒*paniek* **0.3** ⟨muz.⟩ ***fret*** ⟨strip op hals v. snaarinstrument⟩ **0.4** ⟨heraldiek⟩ ***fret*** ⟨herautstuk v. malie waardoorheen dunne band en baar⟩ ◆ **6.2** Mom gets **in** a ~ whenever Dad's late *moeder raakt altijd in alle staten als vader laat thuiskomt.*

fret[2] ⟨f2⟩ ⟨ww.; →ww. 7⟩
I ⟨onov.ww.⟩ **0.1** ***zich ergeren*** ⇒*zich opvreten (van ergernis), piekeren, zich zorgen maken, tobben* **0.2** ***invreten*** ⇒*knagen* ⟨ook fig.⟩ **0.3** ***geïrriteerd worden*** ⇒*stukgewreven worden* **0.4** ***afslijten*** ⇒*afkalven, uitgevreten/weggevreten worden, uithollen* **0.5** ***rimpelen*** ⇒*kabbelen* **0.6** ⟨muz.⟩ ***de snaren op de fretten drukken*** ◆ **3.1** ~ and fume *koken v. woede* **5.4** the river banks are ~ting away *de oevers v.d. rivier kalven af* **6.1** what's he ~ting **about?** *waar zit hij over te kniezen?;* the youngsters ~ted **against** their parents' refusal *de jongelui mokten over de weigering v. hun ouders;* she ~s **at** the slightest mishap *ze ergert zich aan de minste tegenslag;* the child is ~ting **for** its mother *het kind zit om z'n moeder te zeuren;* what's he ~ting **over?** *waar zit hij over te kniezen?* **6.2** the noise ~ted **at** his nerves *het geluid vrat aan z'n zenuwen/werkte op z'n zenuwen;* the reproach ~ted **in** his mind for days *het verwijt zat hem dagenlang dwars;*
II ⟨ov.ww.⟩ **0.1** ⟨wederk. ww.⟩ ***zich ergeren*** ⇒*zich opvreten, kniezen, mokken, piekeren, zich zorgen maken, tobben* **0.2** ***ergeren*** ⇒*irriteren, ongerust maken, aanvreten* **0.3** ⟨ben. voor⟩ ***invreten (op)*** ⇒*verteren, uitvreten, corroderen, inbijten op, uithollen* **0.4** ***openschuren*** ⇒*stukwrijven* **0.5** ***(doen) rimpelen*** ⇒*in beweging brengen* **0.6** ***versieren met snijwerk/geometrische motieven*** **0.7** ⟨muz.⟩ ***op de fretten drukken*** ⟨snaren⟩ ◆ **1.2** the noise ~ted his nerves *het geluid vrat aan zijn zenuwen;* financial troubles ~ted him *hij werd door financiële problemen geplaagd* **1.3** the acid ~ted the metal *het zuur vrat in op het metaal;* the river ~s the left bank *de rivier ondermijnt de linkeroever* **1.4** the collar ~ted the dog's neck *de band schuurde de nek van de hond open* **1.5** the breeze ~ted the surface of the lake *de wind rimpelde het oppervlak v.h. meer* **5.¶** he ~ted **away/out** the hours before the verdict *de uren voor de uitspraak vrat hij zich op* **6.1** don't you ~ yourself **about/for/over** me *zit over mij maar niet in, maak je om mij maar geen zorgen.*

fret·ful ['fretfl] ⟨bn.; -ly; -ness⟩ **0.1** ***kribbig*** ⇒*gemelijk, geïrriteerd, zeurderig* **0.2** ***bewogen*** ⇒*(aan)golvend, (aan)stormend* **0.3** ***stormachtig*** ⟨v. wind⟩ ◆ **1.2** the ~ waters of the river *de aangolvende/stuwende vloed v.d. rivier.*

fret·saw ['fretsɔ:] ⟨f1⟩ ⟨telb.zn.⟩ **0.1** ***figuurzaag.***

fret·ty ['freṭi] ⟨bn.; -er; →compar. 7⟩ **0.1** ***kribbig*** ⇒*gemelijk, geïrriteerd, kniezend* **0.2** ⟨vnl. heraldiek⟩ ***getralied.***

fret·work ['fretwɜ:k‖-wɜrk] ⟨zn.⟩
I ⟨telb. en n.-telb.zn.⟩ **0.1** ***netwerk;***
II ⟨n.-telb.zn.⟩ **0.1** ***sierzaagwerk*** ⇒*figuurzaagwerk.*

Freu·di·an[1] ['frɔɪdɪən] ⟨telb.zn.⟩ **0.1** ***Freudiaan*** ⇒*volgeling v. Freud.*

Freudian[2] ⟨f1⟩ ⟨bn.⟩ **0.1** ***Freudiaans*** ◆ **1.1** a ~ slip *een Freudiaanse verspreking.*

FRG ⟨afk.⟩ Federal Republic Germany **0.1** ***B.R.D.*.**

FRGS ⟨afk.⟩ Fellow of the Royal Geographical Society.

Fri ⟨afk.⟩ Friday.

fri·a·bil·i·ty [ˈfraɪəˈbɪləṭi] ⟨n.-telb.zn.⟩ **0.1** ***brosheid*** ⇒*brokkeligheid, kruimeligheid.*

fri·a·ble ['fraɪəbl] ⟨bn.; -ness⟩ **0.1** ***bros*** ⇒*brokkelig, kruimelig* ◆ **1.1** ~ soil *rulle grond.*

fri·ar ['fraɪə‖-ər] ⟨f1⟩ ⟨telb.zn.⟩ **0.1** ***monnik*** ⇒*frater, bedelmonnik, broeder* **0.2** →friarbird.

'fri·ar·bird ⟨telb.zn.⟩ **0.1** ***Australische monniksvogel*** ⟨Philemon corniculatus⟩.

fri·ar·ly ['fraɪəli‖-ər-] ⟨bn.⟩ **0.1** ***(als) v.e. monnik*** ⇒*broederlijk.*

'friar's 'balsam, 'friars' 'balsam ⟨n.-telb.zn.⟩ **0.1** ***kloosterbalsem.***

'fri·ar's-cowl ⟨telb.zn.⟩ ⟨plantk.⟩ **0.1** ***(soort) aronskelk*** ⟨Arisarum vulgare⟩ **0.2** ***gevlekte aronskelk*** ⟨Arum maculatum⟩ **0.3** ***monnikskap*** ⟨genus Aconitum⟩ ⇒ ⟨i.h.b.⟩ *blauwe monnikskap* ⟨A. napellus⟩.

'friar's 'lantern ⟨telb.zn.⟩ **0.1** ***dwaallicht*** ⇒*stalkaarsje.*

fri·ar·y ['fraɪəri] ⟨zn.; →mv. 2⟩
I ⟨telb.zn.⟩ **0.1** ***(monniken)klooster;***
II ⟨verz.n.⟩ **0.1** ***kloostergemeenschap*** ⇒*fraterniteit.*

frib·ble[1] ['frɪbl] ⟨telb.zn.⟩ **0.1** ***beuzelaar*** **0.2** ***beuzelarij*** ⇒*frivoliteit.*

fribble[2] ⟨bn.⟩ **0.1** ***wuft*** ⇒*frivool, beuzelachtig.*

fribble[3] ⟨ww.⟩
I ⟨onov.ww.⟩ **0.1** ***beuzelen*** ⇒*zijn tijd verdoen, zich frivool gedragen;*
II ⟨ov.ww.⟩ **0.1** ***verspillen*** ⟨tijd⟩.

frib·bler ['frɪblə‖-ər] ⟨telb.zn.⟩ **0.1** ***beuzelaar*** ⇒*wuft/frivool iem..*

fric·an·deau[1] ['frɪkəndou] ⟨telb. en n.-telb.zn.; fricandeaux [-douz]; →mv. 5⟩ ⟨cul.⟩ **0.1** ***fricandeau.***

fricandeau[2] ⟨ov.ww.⟩ ⟨cul.⟩ **0.1** ***fricandeau maken van.***

fric·as·see[1] ['frɪkəsi:, 'frɪkə'si:] ⟨telb. en n.-telb.zn.⟩ ⟨cul.⟩ **0.1** ***fricassee.***

fricassee[2] ⟨ov.ww.⟩ ⟨cul.⟩ **0.1** ***fricassee maken van.***

fric·a·tive[1] ['frɪkəṭɪv] ⟨telb.zn.⟩ ⟨taalk.⟩ **0.1** ***fricatief*** ⇒*spirant, wrijfklank.*

fricative[2] ⟨bn.⟩ ⟨taalk.⟩ **0.1** ***fricatief*** ⇒*wrijf-.*

fric·tion ['frɪkʃn] ⟨f2⟩ ⟨zn.⟩
I ⟨telb. en n.-telb.zn.⟩ **0.1** ***wrijving*** ⟨ook fig.⟩ ⇒*frictie, geschil, onenigheid* **0.2** ***frictie*** ⇒*hoofdmassage* **0.3** ***friction*** ⇒*haarlotion* ◆ **1.1** the angle of ~ *de wrijvingshoek;*
II ⟨n.-telb.zn.⟩ ⟨taalk.⟩ **0.1** ***frictie*** ⇒*wrijving.*

fric·tion·al ['frɪkʃnəl] ⟨bn.; -ly⟩ **0.1** ***wrijvings-*** ⇒*wrijvend, (ontstaan) door wrijving* ◆ **1.1** ⟨ec.⟩ ~ unemployment *frictiewerkloosheid.*

'fric·tion-ball ⟨telb.zn.⟩ **0.1** ***kogel*** ⟨in kogellagers⟩.

'friction clutch ⟨telb.zn.⟩ **0.1** ***frictiekoppeling*** ⇒*wrijvingskoppeling.*

'friction cone ⟨telb.zn.⟩ **0.1** ***wrijvingskegel.***

'friction coupling ⟨telb.zn.⟩ **0.1** ***frictiekoppeling*** ⇒*wrijvingskoppeling.*

'friction disc ⟨telb.zn.⟩ **0.1** ***frictieschijf*** ⇒*frictieplaat.*

'friction gear, 'friction gearing ⟨n.-telb.zn.⟩ **0.1** ***frictiekoppeling*** ⇒*wrijvingsdrijfwerk/koppeling.*

fric·tion·ize ['frɪkʃənaɪz] ⟨ov.ww.⟩ **0.1** ***wrijven (op)*** ⇒*opwrijven.*

fric·tion·less ['frɪkʃənləs] ⟨bn.⟩ **0.1** ***wrijvingsvrij*** ⇒*zonder wrijving/frictie.*

'friction match ⟨telb.zn.⟩ **0.1** ***fosforlucifer.***

'friction tape ⟨telb. en n.-telb.zn.⟩ ⟨AE⟩ **0.1** ***isolatieband.***

Fri·day ['fraɪdi, -deɪ] ⟨f3⟩ ⟨eig.n., telb.zn.⟩ **0.1** ***vrijdag*** ◆ **3.1** he arrives (on) ~ *hij komt (op/a.s.) vrijdag aan;* ⟨vnl. AE⟩ he works ~s *hij werkt vrijdags/op vrijdag/elke vrijdag* **6.1 on** ~(s) *vrijdags, op vrijdag, de vrijdag(en), elke vrijdag* **7.1** ⟨BE⟩ he arrived on the ~ *hij kwam (de) vrijdag/op vrijdag aan.*

fridge [frɪdʒ] ⟨f1⟩ ⟨telb.zn.⟩ ⟨verk.⟩ refrigerator ⟨BE; inf.⟩ **0.1** ***ijskast*** ⇒*koelkast.*

fried[1] [fraɪd] ⟨f1⟩ ⟨bn.; volt. deelw. v. fry⟩ **0.1** ***gebakken*** ⟨enz.⟩ **0.2** ⟨sl.⟩ ***bezopen*** ⇒*teut* ◆ **1.1** ~ egg *spiegelei* **1.¶** ⟨AE; sl.⟩ ~ shirt *hemd met stijve boord, gesteven overhemd.*

fried[2] ⟨verl. t. en volt. deelw.⟩ →fry.

friend[1] [frend] ⟨f4⟩ ⟨telb.zn.⟩ ⟨→sprw. 45, 211, 212, 271, 383, 447, 523⟩ **0.1** ***vriend(in)*** ⇒*kameraad, kennis, collega* ⟨voor iem. wiens naam men niet kent/wil gebruiken⟩ **0.2** ***vriend(in)*** ⇒*steun, voorstander/ster, liefhebber/ster* **0.3** ⟨vaak F-⟩ ***quaker/kwaker*** ⇒*Vriend* **0.4** ***secondant*** ⟨in duel⟩ ◆ **1.1** deserted by ~ and foe alike *door vriend en vijand in de steek gelaten;* ~s in high places *goede relaties* **1.3** the Society of Friends *de Quakers, Het Genootschap der Vrienden* **1.¶** have a ~ at court *een invloedrijke vriend hebben;* Friends of the Earth *Vrienden der Aarde* ⟨milieugroepering⟩ **2.1** Max and Mary are bad ~s *Max en Marie kunnen niet met elkaar opschieten;* Max and Suzy are close/good ~s *Max en Suzie zijn goeie/dikke/intieme vrienden;* my learned/honourable ~ *geachte collega, confrater* **3.1** she never tried to make a ~ of her daughter *ze heeft nooit geprobeerd op vriend-*

schappelijke voet met haar dochter te geraken; make ~s *vrienden maken;* not long after their quarrel they made ~s again *niet lang na hun ruzie legden ze het weer bij/werden ze weer vrienden/sloten ze weer vriendschap;* make ~s with s.o. *vriendschap sluiten met, bevriend raken met* **6.1** he is a close ~ **of** Mary's *hij is een goeie vriend v. Marie, hij is dik/goed bevriend met Marie* **6.2** he is no ~ **of/to** the fine arts *hij draagt de schone kunsten geen goed hart toe;* he's been a good ~ **to** us *hij is een goede vriend/grote steun voor ons geweest* **7.1** our good ~ Mrs Smith will certainly be present *ons aller mevrouw Smith zal zeker ook v.d. partij zijn;* your ~ with the funny hat *die vriend(in) van je met die malle hoed.*

friend[2] ⟨ov.ww.⟩ ⟨vero.⟩ **0.1** ***tot vriend maken.***

friend·less ['fren(d)ləs] ⟨bn.; -ness⟩ **0.1** ***zonder vrienden.***

friend·ly[1] ['fren(d)li] ⟨telb.zn.; →mv. 2⟩ ⟨inf.⟩ **0.1** ***vriendje*** ⇒*medestander, gunstig gezinde inboorling;* ⟨oneig.⟩ *collaborateur* **0.2** ***vriendschappelijke wedstrijd.***

friendly[2] ⟨f3⟩ ⟨bn.; -er; zelden -ly; -ness; →bijw. 3⟩ **0.1** ***vriendelijk*** ⇒*schappelijk, welwillend, aardig* **0.2** ***vriendschappelijk*** ⇒*op vriendschappelijke voet, bevriend, gunstig gezind* ◆ **1.2** ~ match *vriendschappelijke wedstrijd;* ⟨B.⟩ *vriendenmatch;* ~ nations *bevriende naties;* he accepted the advice in a ~ spirit *hij aanvaardde de raad in een geest v. vriendschappelijkheid* **1.¶** ⟨jur.⟩ ~ action *minnelijke schikking;* Friendly Islands *Vriendschapseilanden, Tonga(eilanden)* **6.1** he's always very ~ **to** his guests *hij is altijd erg aardig voor zijn gasten* **6.2** he was never ~ **to** change *hij is nooit erg op verandering gesteld geweest;* John was very ~ **with** his neighbours *Jan kon heel goed met zijn buren opschieten, Jan ging erg vriendschappelijk met zijn buren om* **¶.1** that's not very ~ of you *dat is niet erg aardig v. je* **¶.2** they had a row yesterday, but they're ~ again today *ze hadden gisteren ruzie, maar ze hebben het vandaag weer bijgelegd.*

friendly[3] ⟨bw.⟩ **0.1** ***vriendelijk*** ⇒*gunstig, vriendschappelijk* ◆ **2.1** they are ~ disposed to the Chinese *ze zijn de Chinezen gunstig gezind.*

'friendly society ⟨telb.zn.; vaak F- S-⟩ ⟨vnl. BE⟩ **0.1** ***vereniging voor onderlinge bijstand*** ⟨bij ziekte e.d.⟩.

friend·ship ['fren(d)ʃɪp] ⟨f3⟩ ⟨telb. en n.-telb.zn.⟩ ⟨→sprw. 261⟩ **0.1** ***vriendschap*** **0.2** ***vriendschappelijkheid.***

frier →fryer.

Frie·sian ['fri:ʒn] ⟨telb.zn.⟩ ⟨BE⟩ **0.1** ***Friese (stamboek)koe*** **0.2** →Frisian.

frieze ['fri:z] ⟨f1⟩ ⟨zn.⟩
I ⟨telb.zn.⟩ ⟨bouwk.⟩ **0.1** ***fries*** ⟨vlak tussen architraaf en kroonlijst⟩ **0.2** ***fries*** ⟨versierde strook tegen plafond, op vaas e.d.⟩;
II ⟨n.-telb.zn.⟩ **0.1** ***fries*** ⟨grove wollen stof⟩.

frig[1] [frɪdʒ] ⟨telb.zn.⟩ ⟨BE; inf.⟩ **0.1** ***koelkast*** ⇒*ijskast.*

frig[2] [frɪg] ⟨ww.⟩ →frigging
I ⟨onov.ww.⟩ ⟨vulg.⟩ **0.1** ***neuken*** ⇒*naaien, vozen, van bil gaan* **0.2** ⟨vnl. BE⟩ ***zich aftrekken*** ⇒*(af)rukken* ◆ **5.¶** ~ **about/around** *rondlummelen, aanrommelen, zijn tijd verdoen;* ~ **off!** *maak dat je wegkomt!, smeer 'm!;*
II ⟨ov.ww.⟩ **0.1** ⟨vulg.⟩ ***neuken (met)*** ⇒*naaien/vozen met* **0.2** ⟨vnl. BE; vulg.⟩ ***aftrekken*** ⇒*rukken* **0.3** ⟨AE⟩ ***belazeren*** ⇒*besodemieteren, bedriegen.*

frig·ate ['frɪgət] ⟨f1⟩ ⟨telb.zn.⟩ **0.1** ⟨ook gesch.⟩ ***fregat*** **0.2** →frigate bird.

'frigate bird ⟨telb.zn.⟩ ⟨dierk.⟩ **0.1** ***fregatvogel*** ⟨genus Fregata⟩.

frig·ging ['frɪgɪŋ] ⟨bn., attr.; oorspr. teg. deelw. v. frig⟩ ⟨sl.⟩ **0.1** ***verdomd*** ⇒*verrekt, klote-* ◆ **1.1** you ~ bastard! *vuile klootzak!.*

fright[1] [fraɪt] ⟨f2⟩ ⟨zn.⟩
I ⟨telb.zn.⟩ ⟨inf.⟩ **0.1** ***iets/iem. om bang van te worden*** ⇒⟨fig.⟩ *vogelverschrikker, iets belachelijks/grotesks* ◆ **3.1** you look a ~ with that hat on *je ziet er met die hoed uit als een vogelverschrikker;*
II ⟨telb. en n.-telb.zn.⟩ **0.1** ***angst*** ⇒*vrees, schrik* ◆ **3.1** get (a) ~ *(opeens) bang worden;* give a ~ *doen schrikken, de schrik op 't lijf jagen;* have a ~ *bang zijn, schrikken;* take ~ *(opeens) bang worden* **6.1** he took ~ **at** the sight of the officer *de schrik sloeg hem om 't hart toen hij de politieagent zag.*

fright[2] ⟨ov.ww.⟩ ⟨schr.⟩ **0.1** ***vrees inboezemen*** ⇒*bevreesd/bang maken.*

fright·en ['fraɪtn] ⟨f3⟩ ⟨ov.ww.⟩ →frightening **0.1** ***bang maken*** ⇒*doen schrikken, schrik aanjagen* ◆ **1.1** ⟨vnl. pass.⟩ ~ s.o. to death *iem. doodsbang maken, iem. de stuipen op het lijf jagen;* we were ~ed to death *we schrokken ons dood/een ongeluk* **3.1** he was ~ed to go alone *hij was bang om alleen te gaan* **5.1** ~ **away/off** *afschrikken, wegjagen* **6.1** be ~ed **at** the thought *bang bij de gedachte worden;* the shopkeepers were ~ed **into** paying protection money *de winkeliers werden zo bang gemaakt dat ze 'beschermingsgeld' betaalden/door vrees ertoe gebracht 'beschermingsgeld' te betalen;* be ~ed **of** snakes *bang voor slangen zijn;* the girls ~ed the boys **out of** the room *de meisjes joegen de jongens de kamer uit (door ze bang te maken);* be ~ed **out of** one's wits *buiten zichzelf v. angst zijn.*

fright·en·ing ['fraɪtnɪŋ] ⟨f2⟩ ⟨bn.; teg. deelw. v. frighten; -ly⟩ **0.1** ***angstaanjagend*** ⇒*vreselijk, beangstigend, angstwekkend.*

fright·ful ['fraɪtfl] ⟨f2⟩ ⟨bn.; -ly; -ness⟩ **0.1** ***angstaanjagend*** ⇒*vreselijk, verschrikkelijk, afschuwelijk, beangstigend* **0.2** ⟨inf.⟩ ***afschuwelijk*** ⇒*lelijk, moeilijk, slecht, vreselijk* ◆ **1.1** a ~ experience *een vreselijke ervaring;* ~ scenes of war *angstaanjagende oorlogsscènes* **1.2** he's a ~ drinker *hij drinkt afschuwelijk veel;* ~ weather *vreselijk weer, hondeweer* **2.2** I am ~ly late *ik ben vreselijk laat.*

frig·id ['frɪdʒɪd] ⟨f1⟩ ⟨bn.; -ly; -ness⟩ **0.1** ***koud*** ⟨ook fig.⟩ ⇒*ijzig, kil, koel, onvriendelijk, zielloos* **0.2** ***frigide*** ◆ **1.1** a ~ welcome *een kille begroeting;* the poles are called the ~ zones *de polen worden de koude zones genoemd.*

fri·gid·i·ty [frɪ'dʒɪdət̬i] ⟨n.-telb.zn.⟩ **0.1** ***kou(de)*** ⟨ook fig.⟩ ⇒*ijzigheid, kilte, zielloosheid* **0.2** ***frigiditeit.***

fri·joles [frɪ'kouli:z] ⟨mv.⟩ **0.1** ***(soort) bonen.***

frill[1] [frɪl] ⟨f1⟩ ⟨telb.zn.⟩ **0.1** ***volant*** ⇒*(sier)strook, jabot* **0.2** ***manchet*** ⟨ter garnering v. wildbout, e.d.⟩ **0.3** ⟨dierk.⟩ ***kraag*** ⇒*krans v. veren/haar* ⟨rond hals⟩ **0.4** ⟨vnl. mv.⟩ ***franje*** ⟨ook fig.⟩ ⇒*fraaiigheden, kouwe drukte,* ⟨B.⟩ *oogverblinding, tierlantijntjes* **0.5** ⟨foto.⟩ ***rimpeling*** ⟨v.d. gevoelige laag⟩ **0.6** ***weivlies*** ⇒*darmscheel* **0.7** ⟨sl.⟩ ***mokkel(tje)*** ⇒*wijf* ◆ **3.4** put on ~s *veel kouwe drukte maken, zich airs geven.*

frill[2] ⟨f1⟩ ⟨ww.⟩ →frilling
I ⟨onov.ww.⟩ ⟨foto.⟩ **0.1** ***rimpelen*** ⟨v.d. gevoelige laag⟩;
II ⟨ov.ww.⟩ **0.1** ***(losse) plooien leggen in*** **0.2** ***met volants/(sier) stroken versieren*** ◆ **1.2** a ~led dress *een jurk met volants* **1.¶** ~led lizard, frill lizard *kraaghagedis* ⟨Chlamydosaurus Kingi⟩.

fril·ler·y ['frɪləri] ⟨n.-telb.zn.⟩ **0.1** ***franje*** ⇒*volants, (sier)strookjes.*

fril·ling ['frɪlɪŋ] ⟨telb. en n.-telb.zn.; oorspr. gerund v. frill⟩ **0.1** ***volant(s)*** ⇒*(sier)strook, franje.*

'frill lizard, 'frilled 'lizard ⟨telb.zn.⟩ ⟨dierk.⟩ **0.1** ***kraaghagedis*** ⟨Chlamydosaurus Kingi⟩.

fril·ly ['frɪli] ⟨f1⟩ ⟨bn.; -er; -ness; →compar. 7⟩ **0.1** ***met (veel) volants/kantjes/(sier)strookjes*** **0.2** ⟨inf.⟩ ***met (overdadig) veel tierlantijntjes*** ⇒*met veel liflafjes, onbenullig,* ⟨B.⟩ *frullerig.*

fringe[1] [frɪndʒ] ⟨f2⟩ ⟨telb.zn.⟩ **0.1** ***franje*** **0.2** ***rand*** ⇒*(buiten)kant, zoom, randgebied, periferie* **0.3** ⟨vaak attr.⟩ ***rand*** ⇒*marginale groep, zelfkant, niet-erkende groep, randverschijnsel* **0.4** ***pony*** ⇒*ponyhaar,* ⟨B.⟩ *frou-frou* **0.5** ⟨nat.⟩ ***randbuigingsband*** ◆ **1.2** there was a ~ of trees round the pond *de vijver was door bomen omgeven;* the house stood on the ~s of the forest *het huis stond aan de rand v.h. bos* **1.3** the party could not foresee how its ~ would react *de partij kon niet voorzien hoe de extreme groepen binnen de partij zouden reageren;* the ~s of society *de zelfkant v.d. maatschappij* **3.3** as a young actor he was very active in the ~/in ~ companies *als jong acteur was hij erg actief in alternatieve theatergroepen.*

fringe[2] ⟨f2⟩ ⟨ov.ww.⟩ →fringing **0.1** ***met franjes versieren*** **0.2** ***omzomen*** ◆ **6.2** a pond ~d **with** rosebeds *een vijver met rozenperken omzoomd/omgeven.*

'fringe area ⟨telb.zn.⟩ ⟨radio⟩ **0.1** ***randgebied*** ⟨v. zendbereik⟩.

'fringe benefit ⟨telb.zn.; vnl. mv.⟩ **0.1** ***secundaire arbeidsvoorwaarde*** ⇒*emolumenten, extraatjes.*

'fringe theatre ⟨zn.⟩
I ⟨telb.zn.⟩ **0.1** ***experimenteel/alternatief theater(gezelschap);***
II ⟨n.-telb.zn.⟩ **0.1** ***experimenteel/avant-garde toneel.***

fring·ing ['frɪndʒɪŋ] ⟨telb. en n.-telb.zn.; oorspr. gerund v. fringe⟩ **0.1** ***franje*** ⇒*rand.*

'fringing reef ⟨telb.zn.⟩ **0.1** ***kastrif*** ⇒*franjerif.*

fring·y ['frɪndʒi] ⟨bn.; -er; →compar. 7⟩ **0.1** ***franje-achtig*** **0.2** ***met franjes versierd.***

frip·per·y ['frɪpəri] ⟨zn.; →mv. 2⟩
I ⟨telb.zn.; vaak mv.⟩ **0.1** ***snuisterij*** ⇒*prul, franje,* ⟨B.⟩ *frulletje;*
II ⟨n.-telb.zn.⟩ **0.1** ***(overdreven) opschik*** **0.2** ***praalzucht.***

frip·pet ['frɪpɪt] ⟨telb.zn.⟩ ⟨sl.⟩ **0.1** ***meid*** ⇒*opzichtige jonge vrouw* ◆ **1.1** a (nice) bit of ~ *een lekker stuk.*

fris·bee, fris·by ['frɪzbi] ⟨f1⟩ ⟨telb.zn.; ook F-⟩ **0.1** ***frisbee.***

Fris·co ['frɪskou] ⟨eig.n.⟩ ⟨verk.⟩ San Francisco ⟨AE; inf.⟩ **0.1** ***San Francisco*** ⟨U.S.A.⟩.

Fri·sian[1], **Frie·sian** ['frɪzɪən‖'fri:ʒn] ⟨zn.⟩
I ⟨eig.n.⟩ **0.1** ***Fries*** ⇒*de Friese taal;*
II ⟨telb.zn.⟩ **0.1** ***Fries*** **0.2** ⟨vnl. BE⟩ ***zwart-bonte (koe).***

Frisian[2], **Friesian** ⟨bn.⟩ **0.1** ***Fries.***

frisk[1] [frɪsk] ⟨telb.zn.⟩ **0.1** ***bokkesprong*** ⇒*dartele sprong, sprongetje* **0.2** ***pretje*** ⇒*gril* **0.3** ⟨inf.⟩ ***fouillering*** **0.4** ⟨inf.⟩ ***huiszoeking*** ◆ **3.1** the dogs are having a ~ on the lawn *de honden ravotten op het gazon.*

frisk[2] ⟨ww.⟩
I ⟨onov.ww.⟩ **0.1** ***dartelen*** ⇒*huppelen, springen;*
II ⟨ov.ww.⟩ **0.1** ⟨inf.⟩ ***fouilleren*** **0.2** ***zwaaien met*** ⇒*kwispelen met* **0.3** ***bestelen*** ⇒*gappen, zakkenrollen* ◆ **6.3** he was ~ed **of** all his money *al zijn geld werd gegapt (door een zakkenroller).*

fris·ket ['frɪskɪt]⟨telb.zn.⟩⟨boek.⟩ **0.1** ***frisket*** ⇒*verschet.*

frisk·y ['frɪski]⟨bn.; -er; -ly; -ness; →bijw. 3⟩ **0.1** ***dartel*** ⇒*vrolijk, speels.*

fris·son ['fri:sɔ̃||fri:'sɔ̃]⟨telb.zn.⟩ **0.1** ***(koude) rilling*** ⇒*huiver(ing)* ⟨v. emotie, ed.⟩.

frit[1] [frɪt]⟨n.-telb.zn.⟩ **0.1** ⟨tech.⟩ ***frit(te)*** ⇒*halfgesmolten glasmassa, glazuur* **0.2** ⟨sl.⟩ ***homo*** ⇒*flikker.*

frit[2] ⟨ov.ww.; →ww. 7⟩⟨tech.⟩ **0.1** ***fritten.***

'frit·fly ⟨telb.zn.; →mv. 2⟩ **0.1** ***fritvlieg*** ⇒*gele halmvlieg, korenvlieg* ⟨Oscinis frit⟩.

frith →firth.

frit·il·lar·y [frɪ'tɪləri||'frɪṭleri]⟨telb.zn.; →mv. 2⟩ **0.1** ⟨dierk.⟩ ***paarlemoervlinder*** ⟨genus Argynnis⟩ **0.2** ⟨plantk.⟩ ***kievitsbloem*** ⟨Fritillaria meleagris⟩ **0.3** ⟨plantk.⟩ ***keizerskroon*** ⟨Fritillaria imperialis⟩.

frit·ter[1] ['frɪtə||'frɪṭər]⟨f1⟩⟨telb.zn.⟩ **0.1** ***beignet.***

fritter[2] ⟨ov.ww.⟩⟨vero.⟩ **0.1** ***versnipperen*** ◆ **5.¶** →fritter **away**.

'fritter a'way ⟨f1⟩⟨ov.ww.⟩ **0.1** ***verkwisten*** ⇒*verspillen, verbeuzelen.*

fritz[1] [frɪts]⟨telb.zn.; vaak F-⟩⟨vero.; AE; sl.; bel.⟩ **0.1** ***mof*** ⇒*Duitser.*

fritz[2] ⟨ov.ww.⟩⟨sl.⟩ **0.1** ***mollen*** ⇒*buiten werking stellen.*

friv·ol ['frɪvl]⟨onov.ww.; →ww. 7⟩ **0.1** ***zich frivool gedragen*** ⇒*zich lichtzinnig gedragen* ◆ **5.1** →frivol **away**.

'frivol a'way ⟨ov.ww.⟩ **0.1** ***verkwisten*** ⇒*verspillen.*

fri·vol·i·ty [frɪ'vɒləti||-'vɑləṭi]⟨f1⟩⟨telb. en n.-telb.zn.; →mv. 2⟩ **0.1** ***frivoliteit*** ⇒*lichtzinnigheid, wuftheid* **0.2** ***onnozele opmerking/daad*** ◆ **1.1** the ~ of his behaviour *de lichtzinnigheid v. zijn gedrag* **2.1** a book full of frivolities *een boek vol onnozelheden.*

friv·o·lous ['frɪv(ə)ləs]⟨f2⟩⟨bn.; -ly; -ness⟩ **0.1** ***onbelangrijk*** ⇒*nietig, pietluttig, onnozel* **0.2** ***frivool*** ⇒*lichtzinnig, wuft, werelds.*

frizz[1], **friz** [frɪz]⟨telb.zn.⟩⟨inf.⟩ **0.1** ***kroeskop*** ⇒*kroeshaar, krul(len)* ◆ **1.1** a ~ of black hair *een zwarte kroeskop.*

frizz[2], **friz** ⟨f1⟩⟨ww.; 2e variant; →ww. 7⟩
I ⟨onov.ww.⟩ **0.1** ***kroezen*** ⇒*kroes worden* **0.2** ***sissen*** ⇒*knetteren* ◆ **1.2** the bacon frizzed in the pan *het spek lag te sissen in de pan;*
II ⟨ov.ww.⟩ **0.1** ***friseren*** ⇒*kroezen, kroes maken, doen krullen* **0.2** ***laten sissen*** ⇒*laten knetteren* ⟨in de pan⟩ ◆ **5.1** frizzed **up** hair *gefriseerd haar* **5.2** frizzed **up** bacon *verpieterd spek.*

friz·zle[1] ['frɪzl]⟨telb.zn.⟩ **0.1** ***kroeskop*** ⇒*kroeshaar, krul(len).*

frizzle[2] ⟨f1⟩⟨ww.⟩
I ⟨onov.ww.⟩ **0.1** ***krullen*** ⇒*kroezen, kroes worden* **0.2** ***sissen*** ⇒*knetteren* ⟨in de pan⟩;
II ⟨ov.ww.⟩ **0.1** ***friseren*** ⇒*kroezen, kroes maken, doen krullen* **0.2** ***laten sissen*** ⇒*laten knetteren* ⟨in de pan⟩, *braden, bakken* ◆ **5.1** ~ **up** *friseren.*

friz·zly ['frɪzli], **friz·zy** ['frɪzi]⟨bn.; -er; →compar. 7⟩ **0.1** ***gekroesd*** ⇒*sterk gekruld.*

Frl ⟨afk.⟩ Fräulein.

fro [froʊ]⟨f2⟩ →to.

'fro ⟨telb.zn.⟩⟨verk.⟩ Afro.

frock[1] [frɒk||frɑk]⟨f2⟩⟨telb.zn.⟩ **0.1** ***jurk*** ⇒*japon* **0.2** ***pij*** ⟨ook fig.⟩ ⇒*habijt, toga, priesterambt* **0.3** ***kiel*** **0.4** ***schipperstrui*** ⇒*jekker* **0.5** →frock coat ◆ **1.2** a lack of respect for the ~ *gebrek aan respect voor het priesterambt.*

frock[2] ⟨ov.ww.⟩ **0.1** ***met een jas/jurk/kiel kleden*** **0.2** ***met het priesterambt bekleden.***

'frock coat ⟨telb.zn.⟩⟨gesch.⟩ **0.1** ***geklede jas*** **0.2** ***militaire overjas.***

frog [frɒg||frɑg, frɔg]⟨f2⟩⟨telb.zn.⟩ **0.1** ***kikker*** ⇒*kikvors* **0.2** ⟨bel.⟩ ***Fransoos*** ⇒*Fransman* **0.3** ***(hoorn)straal*** ⟨in paardehoef⟩ **0.4** ⟨mv.⟩ ***brandebourgs*** ⟨knoopluss en v. galon⟩ **0.5** ***hanger*** ⟨voor zwaard/degen aan riem⟩ **0.6** ***kruisstuk*** ⇒*puntstuk, hartstuk* ⟨bij spoorwegwissel⟩ **0.7** ***bloemenprikker*** **0.8** ⟨sl.⟩ ***zeikerd*** ◆ **3.¶** have a ~ in one's throat *een kikker in de keel hebben, schor/hees zijn.*

'frog·bit ⟨telb. en n.-telb.zn.⟩⟨plantk.⟩ **0.1** ***kikkerbeet*** ⇒*duitblad* ⟨Hydroarchis morsus ranae⟩.

'frog-eat·er ⟨telb.zn.⟩⟨bel.⟩ **0.1** ***Fransoos*** ⇒*Fransman.*

'frog-eat·ing ⟨bn.⟩⟨sl.⟩ **0.1** ***Frans.***

'frog·fish ⟨telb.zn.; ook frogfish; →mv. 4⟩⟨dierk.⟩ **0.1** ***voelsprietvis*** ⟨fam. der Antennariidae⟩ **0.2** ***zeeduivel*** ⟨Lophius piscatorius⟩.

frogged [frɒgd||frɑgd, frɔgd]⟨bn.⟩ **0.1** ***met brandebourgs*** ⟨v. uniform⟩.

frog·gy[1] ['frɒgi||'frɑgi, 'frɔgi]⟨telb.zn.; →mv. 2⟩ **0.1** ***kikker*** ⇒*kikvors* **0.2** ⟨bel.⟩ ***Fransoos*** ⇒*Fransman.*

froggy[2] ⟨bn.; -er; →compar. 7⟩ **0.1** ***kikkerachtig*** ⇒*kikker-;* ⟨fig.⟩ *koud/koel als een kikker* **0.2** ***vol (met) kikkers*** **0.3** ⟨bel.⟩ ***Frans.***

'frog·hop·per ⟨telb.zn.⟩⟨dierk.⟩ **0.1** ***schuimbeestje*** ⇒*schuimcicade* ⟨Philaenus spumarius⟩.

frog·man ['frɒgmən||'frɑgmən, 'frɔg-]⟨f1⟩⟨telb.zn.; frogmen [-mən]; →mv. 3⟩ **0.1** ***kikvorsman.***

'frog-march[1], **'frog's-march** ⟨n.-telb.zn.⟩ **0.1** ***het bij armen en benen voortslepen*** ⟨met het gezicht naar beneden v.e. gevangene⟩.

'frog-march[2] ⟨ov.ww.⟩ **0.1** ***(met vier man) bij armen en benen pakken en voortslepen*** ⟨met het gezicht naar beneden: een gevangene⟩ **0.2** ***bij de armen pakken en voortduwen.***

'frog position ⟨telb.zn.⟩⟨parachutespringen⟩ **0.1** ***kikkerhouding.***

'frog·skin ⟨telb.zn.⟩⟨sl.⟩ **0.1** ***dollarbiljet.***

'frog·spawn, 'frog·spit, 'frog·spit·tle ⟨f1⟩⟨n.-telb.zn.⟩ **0.1** ***kikkerdril*** ⇒*kikkerrit, kikkerkuit, kikvorseschot* **0.2** ***kikkerspog*** ⇒*koekkoeksspog, lenteschuim* **0.3** ***verzameling algen*** ⇒*op algen lijkende pudding* ⟨op wateroppervlak⟩.

'frog·stick·er ⟨telb.zn.⟩⟨sl.⟩ **0.1** ***lang mes*** **0.2** ***zakmes.***

frol·ic[1] ['frɒlɪk||'frɑ-]⟨f1⟩⟨zn.⟩
I ⟨telb.zn.⟩ **0.1** ***pretje*** ⇒*lolletje, pleziertje, gekheid, stoeipartij* **0.2** ***fuif*** ⇒*partij* ◆ **1.1** the little boys were having a ~ *de jongetjes waren aan het stoeien;*
II ⟨n.-telb.zn.⟩ **0.1** ***plezier*** ⇒*lol, gekheid, vrolijkheid* ◆ **1.1** he had no sense for fun or ~ *hij had geen gevoel voor grappen en grollen.*

frolic[2] ⟨bn.⟩⟨vero.⟩ **0.1** ***vrolijk*** ⇒*speels, dartel.*

frolic[3] ⟨f1⟩⟨onov.ww.; →ww. 7⟩ **0.1** ***(rond)dartelen*** ⇒*rondhossen* **0.2** ***pret/plezier maken.***

frol·ic·some ['frɒlɪksəm||'frɑ-]⟨bn.⟩ **0.1** ***vrolijk*** ⇒*speels, dartel.*

from [frəm⟨sterk⟩frɒm||frəm⟨sterk⟩frɑm, frʌm]⟨f4⟩⟨vz.⟩ **0.1** ⟨begin- of vertrekpunt; ook fig., bv. oorzaak of oorsprong⟩ ***van*** ⇒*vanaf, vanuit, uit, vanwege, door, wegens* **0.2** ⟨afstand of verwijdering; ook fig.⟩ ***(weg) van*** ⇒*van ... vandaan, van ... weg* ◆ **1.1** people ~ America *mensen uit Amerika;* ~ her appearance *te oordelen naar haar uiterlijk;* switch ~ attack to defense *van aanval op verdediging overgaan;* choose ~ several candidates *kiezen uit verschillende kandidaten;* ~ childhood *van kindsbeen af;* generalize ~ conditions here *veralgemenen op basis van plaatselijke toestanden;* two years ~ that day *twee jaren vanaf die dag (gerekend);* ~ one day to the next *van de ene dag op de andere;* ~ door to door *van deur tot deur;* ~ his foolishness *wegens/door zijn dwaasheid;* descend ~ kings *van koningen afstammen;* I heard ~ Mary *ik heb bericht gekregen van Mary;* a visit ~ Mary *bezoek van Mary;* recite ~ memory *uit het geheugen opzeggen;* paint ~ nature *schilderen naar de natuur;* he took something ~ his pocket *hij haalde iets uit zijn zak;* prices range ~ 1 to 5 pounds *prijzen schommelen tussen 1 en 5 pond;* fall ~ the roof *van het dak vallen;* take lessons ~ Mr Smith *les volgen bij Mr Smith* **1.2** exclude somebody ~ the group *iemand uit de groep sluiten;* five points ~ winning *vijf punten te weinig om te winnen* **2.1** ~ cold to hot *van koud naar warm* **2.2** free ~ *vrij van* **3.2** differ ~ *verschillen van* **4.1** tell her this ~ me *zeg haar dit namens mij* **4.2** put something ~ one *iets van zich afzetten* **5.1** come ~ afar *van verre komen;* ~ far and near *van heinde en verre;* (in) a week ~ now *over een week;* ~ now on, as ~ now *van nu af aan;* ⟨schr.⟩ ~ on high *van boven (uit);* as ~ today *vanaf vandaag, met ingang v. heden* **5.2** be ~ home *van thuis weg zijn* **6.1** ⟨inf.⟩ ~ **off** the table *van de tafel af;* ~ **out of** the woods *vanuit de bossen.*

frond [frɒnd||frɑnd]⟨telb.zn.⟩ **0.1** ***varenblad*** ⇒*(varen)ve(d)er, geveerd blad, blad v.e. varenpalm/banaan enz.* **0.2** ⟨plantk.⟩ ***op blad lijkende thallus*** ⟨plant zonder wortel, stengel en blad⟩.

fron·dage ['frɒndɪdʒ||'frɑ-]⟨zn.⟩
I ⟨telb. en n.-telb.zn.⟩ **0.1** ***loof*** ⇒*blad(eren), gebladerte;*
II ⟨mv.; ~s⟩ **0.1** ***loof*** ⇒*blad(eren), gebladerte.*

fron·des·cence ['frɒn'desns||'frɑn-]⟨n.-telb.zn.⟩ **0.1** ***het uitlopen*** ⇒*het uitbotten, het uitspruiten* **0.2** ***loof*** ⇒*blad(eren), gebladerte.*

fron·des·cent ['frɒn'desnt||'frɑn-]⟨bn.⟩ **0.1** ***uitlopend*** ⇒*uitbottend, uitspruitend.*

fron·deur [frɒn'dɜ:||frɑn'dɜr]⟨telb.zn.; ook frondeurs [-'dɜ:z||-'dɜrz]; →mv. 5⟩ **0.1** ***frondeur*** ⇒*politiek rebel, (principieel) oppositievoerder.*

fron·dose ['frɒndoʊs||'frɑn-]⟨bn.⟩ **0.1** ***met geveerde bladeren*** ⇒*met varenbladeren* **0.2** ***varenbladachtig*** ⇒*geveerd.*

front[1] [frʌnt]⟨f4⟩⟨telb.zn.⟩ **0.1** ***voorkant*** ⇒*voorzijde, voorste gedeelte, front, (voor)gevel, façade* **0.2** ⟨mil.⟩ ***front*** ⟨ook fig.⟩ ⇒*gevechtslinie* **0.3** ***façade*** ⟨ook fig.⟩ ⇒*schijn, voorkomen; dekmantel, stroman* **0.4** ***(strand)boulevard*** ⇒*promenade langs het strand/de rivier, zeedijk, zeekant, rivierkant, rand* **0.5** ***lef*** ⇒*brutaliteit* **0.6** ⟨meteo.⟩ ***front*** **0.7** ***front(je)*** ⇒*halfhemdje, das* **0.8** ⟨vero.⟩ ***voorhoofd*** **0.9** ***toer*** ⇒*vals haarstuk* **0.10** ***schouwburg(zaal)*** ◆ **1.1** the ~ of the postcard shows the church *op de voorkant v.d. briefkaart staat de kerk;* the ~ of the church *de voorgevel v.d. kerk;* two of the four ~s of the house *twee v.d. vier gevels v.h. huis;* the ~ of the tongue *het tongblad* **2.3** show / put on a bold ~ *zich moedig voordoen* **2.4** they walked along the busy ~ *ze wandelden langs de drukke zeedijk* **3.1** look to the ~! *kijk voor je!;* come to the ~ *naar voren komen, opvallen, bekend worden* **3.2** go to the ~ *naar het front gaan;* to change ~ ⟨ook fig.⟩ *v. front / richting veranderen, volte face maken, het over een andere boeg gooien* **3.3** he has to maintain a ~ *hij moet een façade / de schijn ophouden* **3.5** he had the ~ to propose to her *hij had het lef om / was zo brutaal haar ten huwelijk te vragen* **3.6** an occluded ~ *een occlusiefront* **6.1** the dress fastens **at** the ~ *de jurk sluit aan de voorkant;* the fountain stands **in** the ~ **of** the garden *de fontein staat vooraan in de tuin;* **in** ~ *vooraan;* the driver sits **in** (the) ~ *de bestuurder zit voorin;* the children sat **in** the ~ **of** the train *de kinderen zaten vooraan in / in het voorste gedeelte v.d. trein;* **in** ~ **of** *voor, in aanwezigheid van;* the car stopped just **in** ~ **of** the house *de auto stopte net voor het huis;* **in** ~ **of** the children *waar de kinderen bij zijn* **6.2** the various parties formed a united ~ **against** the government *de verschillende partijen vormden (een) gemeenschappelijk front tegen de regering* **6.3** the restaurant serves as a ~ **for** drug-trafficking *het restaurant dient als façade / dekmantel voor handel in drugs;* he had no ~ **for** a king *hij had niet het voorkomen v.e. koning* **7.2** on all ~s *op alle fronten, in alle opzichten.*

front[2] ⟨f2⟩ ⟨bn., attr.⟩ **0.1** ***voorst*** ⇒*eerst, voor-, frontaal, front-* **0.2** ⟨taalk.⟩ ***met de tongpunt vooraan*** ⇒*voor-* **0.3** ***façade-*** ⇒*camouflage-, mantel-* ◆ **1.1** ~ box *frontloge;* the ~ cover of the book *het schutblad v.h. boek;* ~ garden *voortuin;* ⟨sl.⟩ ~ gee *smoesje, voorwendsel* ⟨bij zakkenrollen⟩; ⟨boek.⟩ ~ matter *voorwerk;* ⟨AE; sl.⟩ ~ name *voornaam;* ~ office *hoofdkantoor, directie, bestuur;* ⟨sl.⟩ *echtgenote;* ⟨BE; inf.⟩ ~ passage *vagina;* ~ runner *koploper;* be in the ~ rank *op de eerste rij zitten, belangrijk zijn;* ~ seat *plaats vooraan / op de eerste rij;* have a ~ view of everything *alles duidelijk kunnen zien;* ⟨AE⟩ ~ yard *voortuin;* ⟨BE⟩ ~ bench *voorste bank* ⟨in parlement, voor regeringsleden of voor prominenten v.d. oppositiepartij⟩ **1.3** ~ organisation *mantelorganisatie* **1.¶** have all one's goods in the ~ window *gemaakt / oppervlakkig zijn* **5.¶** **up** ~ *openhartig, eerlijk, rechtdoorzee, ongedwongen.*

front[3] ⟨f1⟩ ⟨ww.⟩

I ⟨onov.ww.⟩ **0.1** ***uitzien*** **0.2** ***als façade dienen*** ⇒*als stroman dienen;* ⟨vnl. AE⟩ *zijn naam lenen* **0.3** ⟨mil.⟩ ***front maken*** **0.4** ⟨Austr. E; inf.⟩ ⟨vaak met up⟩ ***komen opdagen*** ⇒*verschijnen* ◆ **5.1** a house ~ing north *een huis dat (met zijn voorgevel) op het noorden ligt* **5.4** ~ **about** *z. omkeren* **6.1** the hotel ~s **on / onto** the main road *het hotel ligt aan de hoofdweg;* a house ~ing **upon / towards** the valley *een huis met uitzicht op het dal* **6.2** he ~s **for** the interests of industry *hij fungeert als spreekbuis voor de belangen v.d. industrie;* McKenzie ~ed **for** Scott to allow publication of his work *McKenzie leende zijn naam aan Scott om hem in staat te stellen zijn werk te publiceren* **¶.¶** ⟨sl.⟩ ~ and center *kom hier!;*

II ⟨ov.ww.⟩ **0.1** ***liggen tegenover*** ⇒*liggen voor, uitzien op* **0.2** ⟨vero.⟩ ***confronteren*** ⇒*het hoofd bieden aan* **0.3** ***de eerste viool spelen in*** ⇒*concertmeester zijn van, leiden* **0.4** ***bekleden*** ⇒*de voorkant versieren van, bezetten* **0.5** ⟨mil.⟩ ***front laten maken*** **0.6** ⟨AE; sl.⟩ ***op de pof leveren*** ⟨i.h.b. drugs⟩ ◆ **1.1** the inn ~s the customs house *de herberg ligt tegenover het douanegebouw* **6.4** the house was ~ed **with** marble *de voorgevel v.h. huis was met marmer bekleed.*

front[4] ⟨f1⟩ ⟨bw.⟩ **0.1** ***vooraan*** ⇒*van voren, in het voorste gedeelte* ◆ **5.1** ⟨inf.⟩ **up** ~ *helemaal vooraan; op voorhand, van tevoren;* those who play **up** ~ score all the goals *zij die helemaal vooraan spelen, maken alle doelpunten;* ⟨inf.⟩ **out** ~ *vooraan; in de zaal* ⟨v.h. theater⟩.

front·age ['frʌntɪdʒ] ⟨f1⟩ ⟨telb.zn.⟩ **0.1** ***front*** ⇒*voorkant, straatkant, waterkant, voorgevel* **0.2** ***frontbreedte*** **0.3** ***voorterrein*** ⇒*voortuin (tje), voorplaats* **0.4** ***uitzicht*** ⇒*ligging.*

'frontage road ⟨telb.zn.⟩ ⟨AE⟩ **0.1** ***ventweg*** ⇒*parallelweg.*

fron·tal[1] ['frʌntl] ⟨telb.zn.⟩ **0.1** ***frontaal*** ⇒*antependium, altaardoek* **0.2** ***façade*** ⇒*voorgevel, voorzijde, voorkant.*

frontal[2] ⟨f1⟩ ⟨bn., attr.; -ly⟩ **0.1** ***frontaal*** ⇒*voor-, front-* ⟨ook meteo.⟩ **0.2** ⟨med.⟩ ***voorhoofds-*** ⇒*frontaal* ◆ **1.1** ~ area *frontoppervlak* ⟨v. vliegtuig⟩; ~ attack *frontaanval, frontale aanval;* ~ fire *frontvuur, frontaal vuur;* ~ side *voorzijde* **1.2** ~ artery *voorhoofdsader;* ~ crest *voorhoofdskam;* ~ lobe *voorhoofdskwab / hersenen.*

'front 'bench·er ⟨telb.zn.⟩ ⟨BE⟩ **0.1** ***minister*** **0.2** ***prominent oppositielid.***

'front crawl ⟨n.-telb.zn.⟩ ⟨zwemsport⟩ **0.1** ***borstcrawl.***

'front'door ⟨bn.⟩ ⟨sl.⟩ **0.1** ***respectabel*** ⇒*eerlijk.*

front door ⟨telb.zn.⟩ **0.1** ***voordeur.***

fron·tier ['frʌn,tɪə||'frʌn'tɪr] ⟨f2⟩ ⟨telb.zn.⟩ **0.1** ***grens*** ⟨ook fig.⟩ ⇒*grensgebied* **0.2** ⟨the⟩ ⟨AE; gesch.⟩ ***beschavingsgrens*** ⇒*kolonisatiegrens; het Westen* ◆ **1.1** the ~s of knowledge *de onontgonnen gebieden der wetenschap.*

fron·tiers·man ['frʌntɪəzmən||frʌn'tɪrz-] ⟨f1⟩ ⟨telb.zn.; frontiersmen [-mən]; →mv. 3⟩ **0.1** ***grensbewoner*** **0.2** ⟨AE; gesch.⟩ ***pionier*** ⇒*kolonist* ⟨in grensgebied⟩.

'frontier tech'nology ⟨n.-telb.zn.⟩ **0.1** ***speerpunttechnologie.***

fron·tis·piece ['frʌntɪspi:s] ⟨telb.zn.⟩ **0.1** ⟨boek.⟩ ***frontispice*** ⇒*titelplaat / prent,* ⟨vero.⟩ *titelblad* **0.2** ⟨bouwk.⟩ ***frontispice*** ⇒*voorgevel, fronton* **0.3** ⟨scherts.⟩ ***bakkes.***

front·let ['frʌntlɪt] ⟨telb.zn.⟩ **0.1** ***voorhoofdsband*** ⇒*hoofdband,* ⟨jud.⟩ *fylacterion, gebedsriem* **0.2** ***voorhoofd*** ⟨v. dier⟩ **0.3** ***frontaalboord*** ⟨versierde rand v. altaardoek⟩.

'front'line ⟨f1⟩ ⟨telb.zn.⟩ **0.1** ***frontlijn*** ⇒*frontlinie, vuurlijn* ⟨ook fig.⟩.

'front-line state ⟨telb.zn.⟩ ⟨pol.⟩ **0.1** ***frontlijnstaat*** ⟨vnl. mbt. Zuid-Afrika⟩.

'front-load·er ⟨telb.zn.⟩ **0.1** ***voorlader*** ⟨bv. cassetterecorder, wasmachine⟩.

'front-load·ing ⟨bn., attr.⟩ **0.1** ***aan de voorkant geladen wordend*** ◆ **1.1** ~ washing-machine *voorlader.*

front man ['frʌntmən] ⟨telb.zn.; front men [-mən]; →mv. 3⟩ **0.1** ***leider-in-naam*** ⇒*stroman, zetbaas; vertegenwoordiger, woordvoerder* **0.2** ***leider*** ⟨v.e. popgroep⟩ ⇒*leadzanger(es)* ⟨tgo. sideman⟩ **0.3** ***radio / t.v.-presentator.***

'front nine ⟨n.-telb.zn.⟩ ⟨golf⟩ **0.1** ***eerste negen*** ⟨holes v.e. 18-holesbaan⟩.

fron·to- ['frʌntou] **0.1** ***fronto-*** ⇒*front-* ◆ **¶.1** ⟨meteo.⟩ frontogenesis *frontogenese, frontvorming.*

'front-'office ⟨bn., post.⟩ ⟨sl.⟩ **0.1** ***definitief*** **0.2** ***autoritair*** **0.3** ***gevormd door bestuur of directie.***

fron·ton ['frʌntɒn||'frɑn'toun] ⟨telb.zn.⟩ **0.1** ***fronton*** ⇒*frontispice, geveldriehoek.*

'front-'page ⟨f1⟩ ⟨telb.zn.⟩ **0.1** ***voorpagina*** ⟨v. krant⟩.

'front-page 'news ⟨n.-telb.zn.⟩ **0.1** ***voorpaginanieuws*** ⇒*(zeer) belangrijk / sensationeel nieuws.*

'front-run·ner ⟨telb.zn.⟩ ⟨atletiek⟩ **0.1** ***koploper*** ⇒*tempoloper.*

'front-run·ning ⟨n.-telb.zn.⟩ ⟨atletiek⟩ **0.1** ***(het) op kop lopen.***

'front su'spension ⟨telb. en n.-telb.zn.⟩ **0.1** ***voorwielophanging.***

front·ward ['frʌntwəd||-wərd], **front·wards** [-wədz||-wərdz] ⟨bw.⟩ **0.1** ***vooruit*** ⇒*frontwaarts, naar het front.*

'front-wheel-'drive ⟨telb. en n.-telb.zn.; ook attr.⟩ **0.1** ***voorwielaandrijving*** ◆ **1.1** a ~ car *een auto met voorwielaandrijving.*

frore [frɔ:||frɔr] ⟨bn.⟩ ⟨vero.⟩ **0.1** ***ijskoud*** ⇒*vorstig, bevroren.*

frost[1] [frɒst||frɔst] ⟨f2⟩ ⟨zn.⟩

I ⟨telb.zn.⟩ **0.1** ⟨inf.⟩ ***flop*** ⇒*mislukking, fiasco;*

II ⟨telb. en n.-telb.zn.⟩ **0.1** ***vorst*** ⇒*bevriezing* ◆ **1.1** there was five degrees of ~ *het vroor vijf graden* **2.1** a late ~ *een late vorstperiode;*

III ⟨n.-telb.zn.⟩ **0.1** ***rijp*** ⇒*rijm, ijsbloemen* **0.2** ***koelheid*** ⇒*afstandelijkheid.*

frost[2] ⟨f2⟩ ⟨ww.⟩ →frosted, frosting

I ⟨onov.ww.⟩ **0.1** ***met rijp bedekt worden*** ◆ **5.1** ~ **over** *met rijp bedekt worden;*

II ⟨ov.ww.⟩ **0.1** ***berijpen*** ⇒*berijmen* **0.2** ***doen grijzen*** **0.3** ***bevriezen*** ⟨plant enz.⟩ **0.4** ⟨cul.⟩ ***glaceren*** ⟨cake⟩ **0.5** ***matteren*** ⟨glas, metaal⟩ **0.6** ***scherpen*** ⇒*scherp beslaan / zetten* ⟨paard⟩ ◆ **1.5** ~ed glass *ijs / mat / melk / rookglas;* ~ed lamp *matte (gloei)lamp;* ~ed silver *mat zilver* **5.1** ~ **over** *met rijp / ijsbloemen bedekken;* ~ed **over** *berijpt.*

'frost·bite ⟨f1⟩ ⟨n.-telb.zn.⟩ **0.1** ***bevriezing.***

'frost·bit·ten ⟨bn.⟩ **0.1** ***bevroren*** ⟨ook fig.⟩ ⇒*(ijs)koud, frigide.*

'frost·bound ⟨bn.⟩ **0.1** ***bevroren*** ⟨v. grond; ook fig.⟩ ⇒*ijzig, (ijs) koud.*

frost·ed ['frɒstɪd||'frɔs-] ⟨telb.zn.; oorspr. volt. deelw. v. frost⟩ **0.1** ***milk shake*** ⟨met roomijs⟩.

'frost·fish ⟨telb.zn.⟩ ⟨dierk.⟩ **0.1** ***kousebandvis*** ⟨Lepidopus caudatus⟩.

'frost flower ⟨telb.zn.⟩ **0.1** ***bloemvormige ijskristal.***

frost·ing ['frɒstɪŋ||'frɔs-] ⟨f1⟩ ⟨telb. en n.-telb.zn.; oorspr. gerund v. frost⟩ **0.1** ***mattering*** ⇒*mat oppervlak* **0.2** ⟨cul.⟩ ***suikerglazuur*** ⇒*glaceersel.*

'frost·proof ⟨bn.⟩ **0.1** ***vorstvrij*** ⇒*bestand / beveiligd tegen vorst.*

'frost·work ⟨n.-telb.zn.⟩ **0.1** ***ijsbloemen*** **0.2** ***ijsbloemenpatroon / versiering*** ⟨op glazen e.d.⟩.

fros·ty ['frɒsti||'frɔsti] ⟨f2⟩ ⟨bn.; -er; -ly; -ness; →bijw. 3⟩ **0.1** ***vorstig*** ⇒*vries-, vriezend, (vries)koud;* ⟨fig.⟩ *ijzig, ijskoud, afstandelijk, onvriendelijk* **0.2** ***bevroren*** **0.3** ***berijpt*** ⇒*wit, grijs* ◆ **1.1** ~ looks *ijzige blik;* ~ welcome *koele verwelkoming.*

froth[1] [frɒθ||frɔθ] ⟨f1⟩ ⟨n.-telb.zn.⟩ **0.1** ***schuim*** **0.2** ***oppervlakkigheid*** ⇒*zeepbel, wuftheid, onbeduidendheid* **0.3** ***gebazel*** ⇒*druktemakerij.*

froth[2] ⟨f1⟩⟨ww.⟩
I ⟨onov.ww.⟩ 0.1 ***schuimen*** ⇒*schuimbekken* ⟨ook v. woede⟩ ◆ 1.1 ~ at the mouth *schuimbekken;*
II ⟨ov.ww.⟩ 0.1 ***doen schuimen*** ⇒⟨fig.⟩ *opsmukken* ◆ 5.1 ~ **up** *doen schuimen;* ⟨fig.⟩ *opsmukken.*
'froth blower ⟨telb.zn.⟩⟨BE; scherts.⟩ 0.1 ***bierdrinker.***
froth·y ['frɒθi‖'frɔθi]⟨bn.; -er; -ly; -ness; →bijw. 3⟩ 0.1 ***schuimig*** ⇒*schuimend, luchtig* 0.2 ***frivool*** ⇒*wuft, speels, oppervlakkig, luchtig.*
frot·tage ['frɒtɑ:ʒ‖frɔ'tɑʒ]⟨zn.⟩
I ⟨telb.zn.⟩⟨kunst⟩ 0.1 ***frotteercompositie;***
II ⟨n.-telb.zn.⟩ 0.1 ***het frotteren*** ⇒*het (in)wrijven* 0.2 ⟨kunst⟩ ***frotteertechniek.***
frou-frou ['fru:fru:]⟨telb. en n.-telb.zn.⟩ 0.1 ***frou-frou*** ⇒*geritsel* ⟨v. japon, zijde enz.⟩ 0.2 ***vertoon*** ⟨v. kleren⟩ ⇒*goedkope opschik.*
frow [fraʊ]⟨telb.zn.⟩ 0.1 ***Hollandse/Duitse*** ⇒*(huis)vrouw.*
fro·ward ['froʊəd‖-ərd]⟨bn.; -ly; -ness⟩⟨vero.⟩ 0.1 ***weerspannig*** ⇒*dwars, weerbarstig, koppig, onhandelbaar.*
frown[1] [fraʊn]⟨f1⟩⟨telb.zn.⟩ 0.1 ***frons*** ⇒*fronsende/ontevreden/strenge/nadenkende blik, afkeuring* ◆ 6.1 ⟨fig.⟩ **under** the ~ of *in ongenade bij.*
frown[2] ⟨f3⟩⟨ww.⟩ →frowning
I ⟨onov.ww.⟩ 0.1 ***de wenkbrauwen/het voorhoofd fronsen*** ⇒*dreigend/streng/bedenkelijk/verwonderd/aandachtig kijken, turen* 0.2 ***er dreigend uitzien*** ◆ 5.2 he felt the trees ~ **down** on him *hij voelde de bomen dreigend op hem neerkijken* 6.1 ⟨fig.⟩ ~ **at/(up) on** *afkeuren(d staan tegenover);*
II ⟨ov.ww.⟩ 0.1 ***afkeuren(d bekijken)*** ⇒*met een afkeurende blik/met gefronst voorhoofd bekijken* ◆ 5.1 ~ **away** *met dreigende blik verjagen, wegkijken;* ~ **down** *intimideren, de ogen doen neerslaan* 6.1 ~ **into** silence *met de ogen/een dreigende blik het zwijgen opleggen.*
frown·ing ['fraʊnɪŋ]⟨bn.; -ly; teg. deelw. v. frown⟩ 0.1 ***fronsend*** ⇒*somber, dreigend, streng, afkeurend.*
frowst[1] [fraʊst]⟨telb.zn.; g.mv.⟩⟨vnl. BE; inf.⟩ 0.1 ***broeierigheid*** ⇒*mufheid, benauwde lucht* ⟨in kamer⟩ ◆ 2.1 there is a terrible ~ in here *het is hier om te stikken.*
frowst[2], **froust** [fraʊst]⟨onov.ww.⟩⟨vnl. BE; inf.⟩ 0.1 ***liggen/zitten (te) broeien*** ⟨vnl. in een warme ruimte⟩ ◆ 1.1 he had been ~ing in the office all day *hij had de hele dag in het benauwde kantoor gezeten.*
frowst·y, frous·ty ['fraʊsti]⟨bn.; -er; -ness; →bijw. 3⟩⟨vnl. BE⟩ 0.1 ***broeierig warm*** ⇒*muf, benauwd, bedompt, duf.*
frow·zy, frou·zy, frow·sy ['fraʊzi]⟨bn.; -er; -ness; →bijw. 3⟩ 0.1 ***muf*** ⇒*duf, onfris* 0.2 ***vies*** ⇒*vuil, goor, slordig.*
froze ⟨verl. t.⟩ →freeze.
fro·zen ['froʊzn]⟨f3⟩⟨bn.; -ly; -ness; volt. deelw. v. freeze⟩ 0.1 ***bevroren*** ⇒*vast/dood/dichtgevroren* 0.2 ***(ijs)koud*** ⟨ook fig.⟩ ⇒*ijzig, hard* 0.3 ***diepvries-*** ⇒*ingevroren, koel-, vries-* 0.4 ***star*** ⟨v. blik, systeem⟩ ⇒*(ver)stijf(d), verlamd* 0.5 ⟨ec.⟩ ***bevroren*** ⇒*vastgelegd, oninbaar, geblokkeerd* 0.6 ⟨biljart⟩ ***vastliggend*** ◆ 1.1 ~ plants *doodgevroren planten;* ~ rain *ijzel* 1.2 ~ facts *keiharde feiten* 1.3 ~ food *diepvriesvoedsel/produkten* 1.4 ~ shoulder *stijve schouder* 1.5 ~ assets *bevroren tegoed;* ~ money *vastliggend geld* 1.6 ~ balls *vastliggende ballen* 1.¶ ⟨inf.⟩ that is the ~ limit! *dat is het toppunt!;* ⟨AE; sl.⟩ get the ~ mitt *koel ontvangen worden;* ⟨sl.⟩ give/get the ~ mitten *de zak geven/krijgen* 5.1 ~ **over** *dicht/toegevroren.*
FRS ⟨afk.⟩ Fellow of the Royal Society.
FRSE ⟨afk.⟩ Fellow of the Royal Society of Edinburgh.
FRSL ⟨afk.⟩ Fellow of the Royal Society of Literature.
fruc·tif·er·ous [frʌk'tɪfərəs]⟨bn.; -ly⟩ 0.1 ***vruchtdragend.***
fruc·ti·fi·ca·tion ['frʌktɪfɪ'keɪʃn]⟨zn.⟩
I ⟨telb.zn.⟩ 0.1 ***vruchtlichaam*** ⇒*sporenvrucht, sporocarpium* ⟨vnl. v. varens, mossen⟩;
II ⟨n.-telb.zn.⟩ 0.1 ***bevruchting*** 0.2 ***vruchtvorming*** ⇒*het vruchten dragen* ⟨ook fig.⟩.
fruc·ti·fy ['frʌktɪfaɪ]⟨ww.; →ww. 7⟩
I ⟨onov.ww.⟩ 0.1 ***vrucht(en) dragen*** ⟨ook fig.⟩ ⇒*fructifiëren, vruchtbaar worden, bloeien;*
II ⟨ov.ww.⟩ 0.1 ***bevruchten*** ⟨ook fig.⟩ ⇒*vruchtbaar maken, doen bloeien.*
fruc·tose ['frʌktoʊz, -oʊs]⟨n.-telb.zn.⟩⟨schei.⟩ 0.1 ***fructose*** ⇒*vruchtesuiker, laevulose.*
fruc·tu·ous ['frʌktʃʊəs]⟨bn.; -ly; -ness⟩ 0.1 ***vruchtbaar*** ⟨ook fig.⟩ ⇒*vruchtdragend, produktief, voordelig.*
fru·gal ['fru:gl]⟨f1⟩⟨bn.; -ly; -ness⟩ 0.1 ***zuinig*** ⇒*spaarzaam* 0.2 ***schraal*** ⇒*karig, schaars, sober, matig* 0.3 ***goedkoop*** ◆ 6.1 ~ **of** *zuinig met.*
fru·gal·i·ty [fru:'gæləṱi]⟨telb. en n.-telb.zn.; →mv. 2⟩ 0.1 ***zuinigheid*** ⇒*soberheid, matigheid* 0.2 ***schraalheid*** ⇒*schaarste* 0.3 ***goedkoopheid*** ⇒*goedkoopte* ◆ 1.2 the frugalities of his farm house living *zijn schrale bestaan op de boerderij.*
fru·giv·o·rous [fru:'dʒɪvərəs]⟨bn.⟩ 0.1 ***vruchtenetend.***
fruit[1] [fru:t]⟨f3⟩⟨zn.; in bet. I 0.1 ook fruit; →mv. 4⟩⟨→sprw. 205, 697⟩
I ⟨telb.zn.⟩ 0.1 ***vrucht*** ⇒*stuk fruit* 0.2 ⟨vaak mv.⟩ ***opbrengst*** ⇒*resultaat, uitkomst, voordeel* 0.3 ⟨vnl. bijb.⟩ ***vrucht*** ⇒*nakomeling(en), kind(eren)* 0.4 ⟨vnl. AE; sl.⟩ ***mietje*** ⇒*nicht, flikker, homo* 0.5 ⟨vero.; BE; sl.⟩ ***kerel*** ⇒*rare vent/snuiter* ◆ 1.3 the ~ of her body/loins/womb *de vrucht van haar schoot* 2.5 old ~ *ouwe jongen;*
II ⟨n.-telb.zn.⟩ 0.1 ***fruit*** ⇒*vruchten* ◆ 3.1 ⟨plantk.⟩ set ~ *vruchten vormen.*
fruit[2] ⟨ww.⟩ →fruited
I ⟨onov.ww.⟩ 0.1 ***vrucht(en) dragen*** ⟨ook fig.⟩;
II ⟨ov.ww.⟩ 0.1 ***vrucht(en) doen dragen*** ⟨ook fig.⟩.
fruit·age ['fru:ṱɪdʒ]⟨n.-telb.zn.⟩ 0.1 ***het vruchten dragen*** 0.2 ***fruit*** ⇒*ooft* 0.3 ***oogst*** ⟨ook fig.⟩ ⇒*vruchten, resultaat, opbrengst.*
fruit·ar·i·an [fru:'teərɪən‖-'ter-]⟨telb.zn.⟩ 0.1 ***vruchteneter*** ⇒*fruiteter.*
'fruit bat ⟨telb.zn.⟩⟨dierk.⟩ 0.1 ***vleerhond*** ⇒*vliegende hond* ⟨fam. Pteropidae⟩.
'fruit bearer ⟨telb.zn.⟩ 0.1 ***dragende vruchtboom.***
'fruit·body, 'fruiting body ⟨telb.zn.⟩⟨plantk.⟩ 0.1 ***vruchtlichaam*** ⟨v. zwam ed.⟩.
fruit·cake ['fru:tkeɪk]⟨f1⟩⟨telb.zn., n.-telb.zn.⟩ 0.1 ***vruchtencake*** 0.2 ⟨vnl. BE; sl.⟩ ***mafkees*** ⇒*dwaas, gek* ◆ 2.¶ as nutty as a ~ *stapelgek/mesjokke.*
'fruit 'cocktail ⟨telb.zn.; vnl. AE⟩ 0.1 ***vruchtencocktail*** ⇒*vruchtenslaatje.*
'fruit cup ⟨telb.zn.⟩ 0.1 ***vruchtenslaatje.***
'fruit drop ⟨telb.zn.⟩ 0.1 ***vruchtenbonbon*** ⇒*vruchtensnoepje.*
fruit·ed ['fru:ṱɪd]⟨bn.; volt. deelw. v. fruit⟩ 0.1 ***vruchten dragend*** ⇒*(zwaar) beladen* 0.2 ***met vruchten.***
fruit·er ['fru:tə‖'fru:ṱər]⟨telb.zn.⟩ 0.1 ***vruchtboom*** ⇒*fruitboom, vruchtdragende boom* 0.2 ⟨BE⟩ ***fruitkweker*** ⇒*vruchtenkweker, fruitteler* 0.3 ***fruitschip.***
fruit·er·er ['fru:trə‖'fru:ṱərər]⟨f1⟩⟨telb.zn.⟩⟨vnl. BE⟩ 0.1 ***fruithandelaar*** ⇒*fruitkoopman/venter.*
'fruit farm ⟨telb.zn.⟩ 0.1 ***fruitkwekerij.***
'fruit fly ⟨telb.zn.⟩⟨dierk.⟩ 0.1 ***boorvlieg*** ⟨fam. Trypetidae⟩ 0.2 ***fruitvlieg*** ⟨fam. Drosophilidae⟩ ⇒⟨i.h.b.⟩ *bananevlieg* ⟨Drosophila melanogaster⟩.
fruit·ful ['fru:tfl]⟨f2⟩⟨bn.; soms -er; -ly; -ness; →compar. 7⟩ 0.1 ***vruchtbaar*** ⟨ook fig.⟩ ⇒*produktief, vruchtdragend, lonend, winstgevend.*
'fruiting body →fruitbody.
fru·i·tion [fru:'ɪʃn]⟨f1⟩⟨n.-telb.zn.⟩ 0.1 ***genot*** ⇒*het genieten, genoegen, plezier* 0.2 ***vervulling*** ⇒*verwezenlijking, voleinding, realisatie* 0.3 ***bloei*** ⇒*rijpheid* ◆ 3.2 bring/come to ~ *in vervulling doen gaan;* crowned with ~ *vervuld, gerealiseerd.*
'fruit 'jelly ⟨telb. en n.-telb.zn.⟩ 0.1 ***vruchtengelei.***
'fruit juice ⟨f1⟩⟨telb. en n.-telb.zn.⟩ 0.1 ***vruchtesap.***
'fruit knife ⟨telb.zn.⟩ 0.1 ***fruitmesje*** ⇒*vruchtemesje.*
fruit·less ['fru:tləs]⟨f1⟩⟨bn.; -ly; -ness⟩ 0.1 ***onvruchtbaar*** ⇒*geen vruchten dragend* 0.2 ***vruchteloos*** ⇒*vergeefs, nutteloos, niets opleverend.*
fruit·let ['fru:tlɪt]⟨telb.zn.⟩ 0.1 ***vruchtje*** ⇒⟨ook⟩ *(deel)vruchtje* ⟨v. braam, framboos, e.d.⟩.
'fruit machine ⟨telb.zn.⟩⟨BE⟩ 0.1 ***fruitautomaat*** ⇒*(soort) gokautomaat.*
'fruit piece ⟨telb.zn.⟩ 0.1 ***vruchtstuk*** ⇒*fruitstuk, vruchtenstilleven.*
'fruit 'salad ⟨f1⟩⟨telb. en n.-telb.zn.⟩ 0.1 ***fruitsalade*** ⇒*vruchtensalade* 0.2 ⟨sl.; mil.⟩ ***kerstboomversiering*** ⇒*medailles, decoraties.*
'fruit stand ⟨telb.zn.⟩ 0.1 ***vruchtenschaal*** 0.2 ***fruitstalletje.***
'fruit sugar ⟨n.-telb.zn.⟩ 0.1 ***vruchtesuiker.***
'fruit syrup ⟨n.-telb.zn.⟩ 0.1 ***vruchtestroop*** ⇒*vruchtensiroop.*
'fruit tree ⟨telb.zn.⟩ 0.1 ***vruchtboom*** ⇒*fruit/ooftboom.*
'fruit·wood ⟨n.-telb.zn.⟩ 0.1 ***vruchtbomenhout*** ⟨i.h.b. voor meubelen⟩.
fruit·y ['fru:ṱi]⟨f1⟩⟨bn.; -er; -ness; →compar. 7⟩ 0.1 ***fruitig*** ⇒*fruitachtig, vruchtachtig, vrucht-, fruit-* 0.2 ***geurig*** ⇒*pittig* 0.3 ⟨inf.⟩ ***pikant*** ⇒*sappig, pittig, gewaagd* 0.4 ⟨inf.⟩ ***vol*** ⇒*vettig, stroperig* ⟨v. stem⟩ 0.5 ⟨sl.⟩ ***dwaas*** ⇒*idioot, getikt* 0.6 ⟨sl.⟩ ***nichten-*** ⇒*homo-* ◆ 1.4 a ~ laugh *een vette lach.*
fru·men·ty ['fru:mənti], **fur·men·ty** ['fɜ:mənti‖'fɜrmənṱi], **fur·me·ty, fur·mi·ty** [-məṱi]⟨n.-telb.zn.⟩⟨BE⟩ 0.1 ***tarwepap.***
frump [frʌmp]⟨telb.zn.⟩⟨bel.⟩ 0.1 ***slons*** ⇒*trut(je), tut(je).*
frump·ish ['frʌmpɪʃ], **frump·y** [-pi]⟨bn.; -ly; -ness; →bijw. 3⟩ 0.1 ***slonzig*** ⇒*t(r)uttig, slordig (gekleed).*
frus·trate[1] ['frʌ'streɪt‖'frʌstreɪt]⟨bn.⟩⟨vero.⟩ 0.1 ***gedwarsboomd*** ⇒*teleurgesteld, gefrustreerd.*

frustrate[2] ⟨f3⟩ ⟨ov.ww.⟩ **0.1** ***frustreren*** ⇒*verijdelen, teleurstellen, dwarsbomen* ◆ **1.1** ~ s.o. in his plans, ~ s.o.'s plans *iemands plannen dwarsbomen*.
frus·tra·tion ['frʌstreɪʃn] ⟨f2⟩ ⟨telb. en n.-telb.zn.⟩ **0.1** ***frustratie*** ⇒*teleurstelling* **0.2** ***frustratie*** ⇒*verijdeling, dwarsboming*.
frus·tule ['frʌstju:l] ⟨telb.zn.⟩ ⟨plantk.⟩ **0.1** ***diatomeeënschelp***.
frus·tum ['frʌstəm] ⟨telb.zn.; ook frusta ['frʌstə]; →mv. 5⟩ **0.1** ***afgeknotte piramide / kegel*** **0.2** ***blok*** ⇒*sectie* ⟨v. zuilschacht⟩ ◆ **1.1** ~ of a cone *afgeknotte kegel;* ~ of a pyramid *afgeknotte piramide*.
fru·tes·cent ['fru:'tesnt], **fru·ti·cose** ['fru:ţɪkoʊs] ⟨bn.⟩ **0.1** ***heesterachtig*** ⇒*struikachtig*.
fru·tex ['fru:ţeks] ⟨telb.zn.; frutices [-ţsi:z]; →mv. 5⟩ **0.1** ***heester*** ⇒*struik*.
fry[1] [fraɪ] ⟨telb.zn.; →mv. 2⟩ **0.1** ***gebraden gerecht*** ⇒*frituur, gebraden hart / longen / lever, braadschotel* **0.2** ⟨vnl. AE⟩ ***barbecue*** **0.3** ***opwinding*** ◆ **2.3** be in an awful ~ *in alle staten / erg opgewonden zijn*.
fry[2] ⟨telb.zn.; vaak mv.; fry; →mv. 4⟩ **0.1** ***jong(e vis)*** ⟨i.h.b. éénjarige zalm⟩ ⇒*broed(sel);* ⟨fig.⟩ *kleintje, jonkie*.
fry[3] ⟨f2⟩ ⟨ww.; →ww. 7⟩ →fried
I ⟨onov.ww.⟩ **0.1** ⟨inf.⟩ ***verbranden*** ⟨v. huid in de zon⟩ **0.2** ⟨sl.⟩ ***geëlektrokuteerd worden*** ⟨op elektrische stoel⟩;
II ⟨onov. en ov.ww.⟩ **0.1** ***braden*** ⇒*bakken, fruiten, frituren* ◆ **1.1** fried egg *spiegelei* **5.1** ~ **up** *(op) warmen / bakken;*
III ⟨ov.ww.⟩ ⟨sl.⟩ **0.1** ***elektrokuteren*** ⟨op de elektrische stoel⟩ **0.2** ***onder handen nemen*** ⇒*een pak slaag geven, pesten, het leven zuur maken*.
fry·er, fri·er ['fraɪə‖-ər] ⟨telb.zn.⟩ **0.1** ***brader / braadster*** **0.2** ***braadpan*** **0.3** ***braadstuk*** ⇒*gebraad, (jonge) braadkip, bakvis*.
'frying pan ⟨f1⟩ ⟨telb.zn.⟩ **0.1** ***braadpan*** ⇒*koekepan* ◆ **1.¶** from / out of the ~ into the fire *van de wal in de sloot, van de regen in de drup*.
'fry-up ⟨telb.zn.⟩ ⟨inf.⟩ **0.1** ***het snel even iets (op)bakken*** ⟨eieren, worstjes, aardappelen enz.⟩ **0.2** ***snel opgebakken maaltje / gerecht***.
FS ⟨afk.⟩ Fleet Surgeon, Forest Service.
FSA ⟨afk.⟩ Fellow of the Society of Antiquaries, Federal Security Agency.
FSE ⟨afk.⟩ Fellow of the Society of Engineers.
FSS ⟨afk.⟩ Fellow of the Statistical Society.
FSSU ⟨afk.⟩ Federated Superannuation Scheme for Universities.
ft ⟨afk.⟩ foot, feet **0.1** ***ft.***.
FTC ⟨afk.⟩ Federal Trade Commission ⟨AE⟩.
fth, fthm ⟨afk.⟩ fathom.
fub·sy ['fʌbsi] ⟨bn.; -er; →compar. 7⟩ ⟨vnl. BE; gew.⟩ **0.1** ***mollig***.
fuch·sia ['fju:ʃə] ⟨zn.⟩
I ⟨telb.zn.⟩ ⟨plantk.⟩ **0.1** ***fuchsia*** ⟨genus Fuchsia⟩;
II ⟨n.-telb.zn.; vaak attr.⟩ **0.1** ***fuchsiapaars / rood***.
fuch·sin(e) ['fu:ksi:n‖'fju:-] ⟨n.-telb.zn.⟩ **0.1** ***fuchsine*** ⟨kleurstof⟩.
fuck[1] [fʌk] ⟨f2⟩ ⟨telb.zn.⟩ ⟨vulg.⟩ **0.1** ***neukpartij*** **0.2** ***neuker*** ◆ **2.2** be a good ~ *lekker kunnen neuken, goed in bed zijn* **3.¶** I don't care / give a (flying) ~ *het kan me geen zak / moer / zier / lor / donder schelen* **7.¶** what the ~ is going on here? *wat is hier verdomme aan de hand?* **¶.¶** Fuck! *verdomme!, verrek!, barst!, klote!, kut!*.
fuck[2] ⟨f2⟩ ⟨ww.⟩ ⟨vulg.⟩ →fucking
I ⟨onov. en ov.ww.⟩ **0.1** ***neuken*** ⇒*naaien, wippen, vogelen,* ⟨B.⟩ *poepen* ◆ **5.¶** ~ed **out** *uitgekakt, uitgeteld, bekaf;* →fuck **about / around;** →fuck **off;** →fuck **up** **6.¶** →fuck **with;**
II ⟨ov.ww.⟩ **0.1** ***verdommen*** ⇒*vervloeken* **0.2** ***naaien*** ⇒*bedonderen, besodemieteren, belazeren* ◆ **4.1** ~ 'em! *ze kunnen de pot op!;* ~ it! *verrek!, krijg de klere!; hou op;* ~ you (Charley)! *loop naar de verdommenis!* **4.2** (go) ~ yourself! *neem jezelf in de maling!*.
'fuck a'bout, 'fuck a'round ⟨f1⟩ ⟨ww.⟩ ⟨vulg.⟩
I ⟨onov.ww.⟩ **0.1** ***(aan)rotzooien*** ⇒*(aan)klooien, prutsen* ◆ **6.1** ~ **with** *rotzooien met;*
II ⟨ov.ww.⟩ **0.1** ***belazeren*** ⇒*beduvelen, smerig behandelen, voor de gek houden*.
'fuck-all ⟨n.-telb.zn.; ook attr.⟩ ⟨inf.⟩ **0.1** ***geen reet / kloot*** ◆ **1.1** that's ~ use *daar heb je geen kloot aan* **3.1** he knows ~ about it *hij weet er geen reet van af*.
fuck·er ['fʌkə‖-ər] ⟨telb.zn.⟩ ⟨vulg.⟩ **0.1** ***neuker*** **0.2** ***kloot(zak)*** ⇒*smeerlap, stommeling, idioot*.
fuck·ing ['fʌkɪŋ] ⟨f2⟩ ⟨bn., attr.; bw.; oorspr. teg. deelw. v. fuck⟩ ⟨vulg.⟩ **0.1** ***verdomd*** ⇒*verdraaid, verrek* ◆ **1.1** ~ a ⟨euf. voor fucking asshole⟩ *kloot(zak), smeerlap, idioot;* that's none of your ~ business *dat gaat je geen kloot / moer aan;* you ~ fool *stomme klootzak;* ~ hell! *verrek!, godver!*.
'fuck 'off ⟨f1⟩ ⟨onov.ww.; in bet. 0.1, 0.2 vaak geb. w.⟩ ⟨vulg.⟩ **0.1** ***opsodemieteren*** ⇒*opdonderen, opkrassen* **0.2** ***ermee kappen*** ⇒*ermee ophouden* **0.3** ⟨AE⟩ ***lummelen*** ⇒*(aan)klooien*.
'fuck-off ⟨telb.zn.⟩ ⟨AE; inf.⟩ **0.1** ***luie donder*** ⇒*luiwammes*.
'fuck 'up ⟨f1⟩ ⟨ov.ww.⟩ ⟨vulg.⟩ **0.1** ***verkloten*** ⇒*verpesten, naar de kloten / zijn moer helpen*.
'fuck-up ⟨telb.zn.⟩ ⟨inf.⟩ **0.1** ***iets dat verknoeid / verknald is*** ⇒*knoeiboel, puinhoop* **0.2** ⟨AE⟩ ***flater*** ⇒*miskleun, blunder* **0.3** ⟨AE⟩ ***knoeier*** ⇒*prutser, klungelaar* ◆ **2.1** she made a right ~ of it *zij heeft het mooi verknald*.
'fuck with ⟨onov.ww.⟩ ⟨vulg.⟩ **0.1** ***zich bemoeien met***.
fu·cus ['fju:kəs] ⟨telb.zn.; fuci ['fju:saɪ]; →mv. 5⟩ ⟨plantk.⟩ **0.1** ***fucus*** ⟨genus v. bruinwieren⟩.
fud·dle[1] ['fʌdl] ⟨telb.zn.; geen mv.⟩ **0.1** ***dronkenschap*** ⇒*roes, bedwelming* **0.2** ***verwarring*** ◆ **3.2** get in a ~ *in de war raken, de kluts kwijtraken* **6.¶** ⟨BE⟩ **on** the ~ *aan de zwier / rol*.
fuddle[2] ⟨ww.⟩
I ⟨onov.ww.⟩ **0.1** ***(zich be)drinken*** ⇒*zuipen;*
II ⟨ov.ww.⟩ **0.1** ***benevelen*** ⇒*dronken maken, bedwelmen, verwarren, in de war brengen* ◆ **1.1** in a ~d state *in kennelijke staat*.
fud·dy-dud·dy[1] ['fʌdidʌdi] ⟨telb.zn.; →mv. 2⟩ ⟨inf.⟩ **0.1** ***ouwe sok*** **0.2** ***pietlut*** ⇒*vitter*.
fuddy-duddy[2] ⟨bn.⟩ ⟨inf.⟩ **0.1** ***ouderwets*** **0.2** ***pietluttig***.
fudge[1] [fʌdʒ] ⟨f1⟩ ⟨telb. en n.-telb.zn.⟩ **0.1** ***onzin*** ⇒*larie, nonsens, humbug* **0.2** ***(soort) zachte toffee*** **0.3** ***laatste nieuws*** ⇒*inlassing* ⟨in krant⟩ ◆ **¶.¶** Fudge! *Kom / ga nou!*.
fudge[2] ⟨f1⟩ ⟨ww.⟩
I ⟨onov.ww.⟩ **0.1** ***knoeien*** **0.2** ***er omheen draaien;***
II ⟨ov.ww.⟩ **0.1** ***in elkaar / samenflansen*** **0.2** ***vervalsen*** ⇒*knoeien met* **0.3** ***ontwijken*** ◆ **5.1** ~ **up** *in elkaar / samenflansen*.
fueh·rer, füh·rer ['fjʊərə‖'fjʊrər] ⟨telb.zn.; vaak F-⟩ **0.1** ***führer*** ⇒*leider*.
fu·el[1] ['fjʊəl‖'fju:əl] ⟨f2⟩ ⟨telb. en n.-telb.zn.⟩ **0.1** ⟨ben. voor⟩ ***brandstof*** ⇒*motorbrandstof, dieselolie, benzine, autogas; stookmiddel / olie / gas / hout, kolen, turf;* ⟨fig.⟩ *voedsel* **0.2** ***splijtstof*** ⟨v. kernreactor⟩ ◆ **1.1** ~ for dissension *stof tot onenigheid* **1.¶** add ~ to the fire / flames *olie op het vuur gieten*.
fuel[2] ⟨f1⟩ ⟨ww.; →ww. 7⟩
I ⟨onov.ww.⟩ **0.1** ***tanken*** ⇒*bunkeren;*
II ⟨ov.ww.⟩ **0.1** ***van brandstof voorzien*** ⇒*bijvullen* ⟨tank⟩, *voeden* ⟨vuur, oven, enz.⟩.
'fuel cap ⟨telb.zn.⟩ **0.1** ***benzinedop***.
'fuel cell ⟨telb.zn.⟩ **0.1** ***brandstofcel***.
'fu·el-ef·fi·cient ⟨bn.⟩ **0.1** ***zuinig*** ⟨met brandstof⟩.
'fuel element ⟨telb.zn.⟩ **0.1** ***brandstofelement*** ⇒*splijtstofelement* ⟨voor kerncentrale⟩.
'fuel gauge ⟨telb.zn.⟩ **0.1** ***benzinemeter***.
'fuel injection ⟨telb.zn.⟩ **0.1** ***brandstofinspuiting / injectie***.
fu·el·ish ['fjʊəlɪʃ‖'fju:-] ⟨bn.⟩ **0.1** ***energieverkwistend***.
'fuel oil ⟨n.-telb.zn.⟩ **0.1** ***stookolie*** ⇒*huisbrandolie*.
'fuel-sav·ing ⟨bn.⟩ **0.1** ***brandstofbesparend*** ⇒*benzinebesparend*.
'fuel tank ⟨f1⟩ ⟨telb.zn.⟩ **0.1** ***brandstoftank*** ⇒*benzinetank*.
'fuel value ⟨telb.zn.⟩ **0.1** ***brandstofwaarde***.
fug[1] [fʌg] ⟨f1⟩ ⟨telb.zn.; geen mv.⟩ ⟨inf.⟩ **0.1** ***bedomptheid*** ⇒*mufheid* ◆ **7.1** there is a ~ in here *het is hier erg benauwd*.
fug[2] ⟨ww.; →ww. 7⟩ ⟨inf.⟩
I ⟨onov.ww.⟩ **0.1** ***in de stank zitten*** ⟨in bedompt vertrek⟩;
II ⟨ov.ww.⟩ **0.1** ***benauwd maken***.
fu·ga·cious [fju:'geɪʃəs] ⟨bn.; -ly; -ness⟩ **0.1** ***vluchtig*** ⇒*voorbijgaand, kortstondig, vergankelijk* **0.2** ⟨plantk.⟩ ***vroeg afvallend / verwelkend***.
fu·gac·i·ty [fju:'gæsəţi] ⟨n.-telb.zn.⟩ **0.1** ***vluchtigheid*** ⇒*kortstondigheid, vergankelijkheid*.
fu·gal ['fju:gl] ⟨bn.; -ly⟩ **0.1** ***fugatisch*** ⇒*fuga-, in fugastijl*.
-fuge [fju:dʒ] ⟨vormt bijv. nw. en nw.⟩ **0.1** ***-fuge*** ⇒*-verdrijvend (middel)* ◆ **¶.1** centrifuge *centrifuge;* vermifuge *(anti)wormmiddel*.
fug·gy ['fʌgi] ⟨bn.; ook -er; →compar. 7⟩ ⟨inf.⟩ **0.1** ***bedompt*** ⇒*muf, duf, benauwd*.
fu·gi·tive[1] ['fju:dʒəţɪv] ⟨f1⟩ ⟨telb.zn.⟩ **0.1** ***vluchteling*** ⇒*voortvluchtige, uitgewekene, refugié* ◆ **1.1** ~ from justice / the law *voortvluchtige*.
fugitive[2] ⟨f1⟩ ⟨bn.; -ly; -ness⟩
I ⟨bn.⟩ **0.1** ***vluchtig*** ⇒*kortstondig, voorbijgaand, vergankelijk* **0.2** ***onecht*** ⟨v. kleuren⟩;
II ⟨bn., attr.⟩ **0.1** ***vluchtend*** ⇒*voortvluchtig, uitgeweken*.
fu·gle·man ['fju:glmən], **flu·gel·man** ['flu:gl-] ⟨telb.zn.; -men [-mən]; →mv. 3⟩ **0.1** ⟨gesch., mil.⟩ ***vóórwerker*** ⇒*vleugelman* **0.2** ***leider*** ⇒*woordvoerder, organisator*.
fugue[1] [fju:g] ⟨zn.⟩
I ⟨telb.zn.⟩ **0.1** ⟨muz.⟩ ***fuga*** **0.2** ⟨psych.⟩ ***fugue*** ⟨tijdelijke schemertoestand⟩;
II ⟨n.-telb.zn.⟩ ⟨muz.⟩ **0.1** ***het schrijven van fuga's*** ◆ **1.1** the art of ~ *de fugakunst*.

fugue[2] ⟨onov.ww.⟩ ⟨muz.⟩ →fugued, fuguing **0.1** ***een fuga componeren/uitvoeren.***
fugued ['fju:gd], **fugu·ing** ['fju:gɪŋ] ⟨bn.; volt./teg. deelw. v. fugue⟩ **0.1** ***fugatisch.***
fugu·ist ['fju:gɪst] ⟨telb.zn.⟩ **0.1** ***fugacomponist*** **0.2** ***fugaspeler.***
führer →fuehrer.
-ful [fl] **0.1** ⟨vormt bijv. nw.⟩ ***-achtig*** ⇒*-lijk, -baar* **0.2** ⟨vormt nw.⟩ ***-vol*** ◆ ¶.1 forgetful *vergeetachtig;* grateful *dankbaar* ¶.2 handful *handvol;* mouthful *mondvol.*
ful·crum ['fʊlkrəm, 'fʌl-] ⟨f1⟩ ⟨telb.zn.; ook fulcra [-krə]; →mv.5⟩ **0.1** ***draaipunt*** ⟨v. hefboom⟩ ⇒⟨fig.⟩ *steun(punt)* **0.2** ⟨plantk.⟩ ***fulcrum*** ⇒*aanhangsel.*
ful·fil, ⟨AE sp. ook⟩ **ful·fill** [fʊl'fɪl] ⟨f3⟩ ⟨ov.ww.; →ww.7⟩ **0.1** ⟨ben. voor⟩ ***volbrengen*** ⇒*uit/doorvoeren, vervullen, voltrekken, verrichten, ten uitvoer brengen, voldoen aan, beantwoorden aan, bevredigen, inwilligen, nakomen, voltooien* **0.2** ⟨vero.⟩ ***voorzien in*** ◆ **1.1** ~ a command *een bevel uitvoeren;* ~ a condition *aan een voorwaarde voldoen;* ~ a demand *een vraag inwilligen;* ~ a purpose *aan een doel beantwoorden;* ~ a want *in een behoefte voorzien;* ~ a work *een werk voltooien* **4.1** ~ o.s. *zich waarmaken.*
ful·fil·ment, ⟨AE sp. ook⟩ **ful·fill·ment** [fʊl'fɪlmənt] ⟨f2⟩ ⟨n.-telb.zn.⟩ **0.1** ***vervulling*** ⇒*uitvoering, inwilliging, voltooiing, voltrekking* **0.2** ***voldoening*** ⇒*bevrediging* ◆ **1.2** a sense of ~ *een gevoel v. voldoening.*
ful·gence ['fʌldʒəns], **ful·gen·cy** [-dʒənsi] ⟨n.-telb.zn.⟩ ⟨schr.⟩ **0.1** ***glans*** ⇒*schittering.*
ful·gent ['fʌldʒənt] ⟨bn.; -ly⟩ ⟨schr.⟩ **0.1** ***schitterend*** ⇒*stralend.*
ful·gu·rant ['fʌlgjʊrənt] ⟨bn.⟩ **0.1** ***flitsend*** ⇒*bliksemend, verblindend.*
ful·gu·rate ['fʌlgjʊreɪt] ⟨ww.⟩
I ⟨onov.ww.⟩ **0.1** ***flitsen*** ⇒*bliksemen;*
II ⟨ov.ww.⟩ ⟨med.⟩ **0.1** ***wegschroeien*** ⟨d.m.v. elektrodessicatie⟩.
ful·gu·ra·tion ['fʌlgjʊ'reɪʃn] ⟨zn.⟩
I ⟨telb.zn.⟩ ⟨med.⟩ **0.1** ***fulguratie*** ⇒*elektrodessicatie;*
II ⟨telb. en n.-telb.zn.⟩ **0.1** ***flits*** ⇒*fonkeling, schittering, glans* **0.2** ***bliksem(schicht)*** ⇒*weerlicht.*
ful·gu·rite ['fʌlgjʊraɪt] ⟨telb.zn.⟩ **0.1** ***fulguriet*** ⇒*bliksempijp, dondersteen.*
ful·gu·rous ['fʌlgjʊrəs] ⟨bn.⟩ **0.1** ***bliksemend*** ⇒*flitsend.*
ful·ham ['fʊləm] ⟨zn.⟩
I ⟨eig.n.; F-⟩ **0.1** ***Fulham*** ⟨Londense wijk⟩;
II ⟨telb.zn.⟩ **0.1** ***valse dobbelsteen.***
fu·lig·i·nous [fju:'lɪdʒɪnəs] ⟨bn.; -ly⟩ **0.1** ***roetachtig*** ⇒*roetkleurig, troebel, donker.*
full[1] [fʊl] ⟨f2⟩ ⟨n.-telb.zn.⟩ **0.1** ***totaal*** ⇒*geheel* **0.2** ***toppunt*** ⇒*hoogtepunt* ◆ **1.2** the ~ of the season *het hoogseizoen* **3.1** tell the ~ of it *er het fijne van vertellen* **6.1** turn on **at** ~ *geheel opendraaien;* **in** ~ *volledig, voluit;* pay **in** ~ *tot de laatste cent betalen;* **to** the ~ *ten volle, geheel* **6.2** the moon is **at** the/its ~ *het is volle maan.*
full[2] ⟨f4⟩ ⟨bn.; -er⟩ (→sprw.214, 271) **0.1** ⟨ben. voor⟩ ***vol*** ⇒*gevuld, volledig, voltallig, heel; uitverkocht; verzadigd; wijd, breed* **0.2** ⟨sl.⟩ ***zat*** ⇒*bezopen* ◆ **1.1** ~ age *meerderjarigheid, volwassenheid;* of ~ age *meerderjarig, volwassen;* ⟨sl.⟩ ~ of hot air *niet op de hoogte; overdreven;* ⟨inf.⟩ ~ of beans/hops/prunes *met pit, energiek; overdreven;* ~ blood *zuivere afkomst, volbloed;* in ~ bloom *in volle bloei;* ~ board *volledig pension;* wine with a ~ body *volle/gecorseerde wijn;* ⟨autosport⟩ ~ bore/chat *voluit, volgas;* ⟨fig.⟩ ~ bottom *allongepruik;* ~ to the brim *boordevol;* in ~ career *in volle vaart/actie;* come ~ circle *weer terugkomen bij het begin, een volledige omwenteling maken;* ~ colour *volle kleur;* ~ cousin *volle neef;* his cup is ~ *hij kan zijn geluk niet op/zijn verdriet niet meer aan;* ~ day *drukke dag, volle dag(taak), etmaal;* ~ daylight *het volle daglicht;* ~ details *alle bijzonderheden;* in ~ drag *met alles erop en eraan, in vol ornaat;* ~ draperies *brede gordijnen;* ~ dress *avondkledij/toilet, galakostuum;* ⟨mil.⟩ *ceremonieel/groot tenue, full-dress;* ~ employment *volledige tewerkstelling/werkgelegenheid;* in ~ feather *met alles erop en eraan, in vol ornaat;* ⟨euf.⟩ ~ figure *een vol/rond figuur;* at ~ fling *in volle vaart;* ⟨schoonspringen⟩ ~ gainer *voorwaartse sprong met salto achterover gehurkt;* ⟨poker⟩ ~ hand *full hand/house;* have one's hands ~ *zijn handen vol hebben (aan);* a ~ hour *een vol uur;* ~ house ⟨theater e.d.⟩ *volle zaal;* ⟨poker⟩ *full house;* ~ of the joys of spring *uitgelaten;* ~ leather binding *heel leren band;* at ~ length *in zijn volle lengte;* lead a ~ life *een druk leven leiden;* ~ lock *volle draai* ⟨v. stuur v. voertuig⟩; ~ marks! *en een zoen van de juffrouw!;* ~ marks for effort *een tien voor vlijt;* ⟨fig.⟩ give ~ marks for sth. *iets hoog aanslaan/erkennen;* ~ meal *volledige maaltijd;* ~ measure *volle maat, aangegeven hoeveelheid;* ~ member *volwaardig lid;* ~ moon *volle maan;* come ~ mouth on s.o. *iem. met luide stem overrompelen;* ~ name and address *volledige naam en adres;* ⟨worstelen⟩ ~ nelson *dubbele nelson/okselnekgreep;* be ~ of the news *vol zijn van het nieuws;* ~ page *hele pagina;* ~ pay *het volle loon;* (at) ~ pelt *in allerijl;* ⟨sl.⟩ ~ of (piss and) vinegar *levendig, energiek; onderhoudend, interessant;* ⟨cricket⟩ ~ pitch *full pitch* ⟨bal die slagman bereikt zonder te stuiten⟩; ~ point *punt* ⟨leesteken⟩; ~ powers *carte blanche, volmacht;* ~ professor *gewoon hoogleraar;* give ~ rein to *de vrije teugel laten;* ~ report *omstandig verslag;* ~ rhyme *zuiver rijm;* ⟨muz.⟩ ~ score *volledig partituur;* ⟨relig.⟩ ~ service *plechtige gezongen dienst;* ⟨R.-K.⟩ *hoogmis;* ~ sister *volle zuster;* ~ size bed *dubbel bed;* ~ skirt *wijde rok;* (at) ~ speed *(in) volle vaart, (met) volle kracht;* ~ steam ahead *(met) volle kracht vooruit;* ~ stomach *volle maag;* ~ stop *punt* ⟨leesteken⟩; come to a ~ stop *(plotseling) tot stilstand komen;* be ~ of one's subject *in zijn onderwerp opgaan;* ~ summer *volle zomer, midden in de zomer;* in ~ swing *in volle gang;* ~ term *volledige termijn/zwangerschap;* the child was born at ~ term *het was een voldragen kind;* at ~ throttle *(met) vol gas;* (at) ~ tilt *in volle vaart, met volle kracht;* ~ time *volledige termijn/match enz.;* ⟨sport, vnl. voetbal⟩ ~ time score *stand na de officiële speeltijd, einduitslag;* ⟨cricket⟩ ~ toss *bal die de slagman bereikt zonder te stuiten;* ⟨inf.⟩ the ~ treatment *de gepaste behandeling;* the ~ truth *de volle waarheid;* in ~ view *open en bloot;* ~ of vitality *barstend v. vitaliteit;* in ~ voice *luidop;* ~ of water *vol water;* ⟨bijb.⟩ ~ of years *der dagen zat, hoogbejaard* **1.2** ⟨sl.⟩ ~ as an egg *straalbezopen, ladderzat* **1.¶** ⟨inf.⟩ at ~ cock *helemaal klaar;* ⟨inf.⟩ be ~ to the scuppers *vol zitten, ploffen* ⟨na maaltijd⟩; ⟨inf.⟩ you're ~ of shit/crap/bull *je lult;* ⟨inf.⟩ politicians are ~ of shit/crap/bull *politici zijn klootzakken/hufters* **4.1** ~ of o.s. *vol v. zichzelf* **5.1** ~ **up** *helemaal vol, volgeboekt;* ⟨inf.⟩ *balend, verveeld; op het punt in tranen uit te barsten* **6.1** he was ~ **of** it *hij was er vol van, hij praatte nergens anders meer over;* the book is very ~ **on** *het boek geeft een gedetailleerd beeld van.*
full[3] ⟨ww.⟩
I ⟨onov.ww.⟩ **0.1** ***wassen*** ⟨v.d. maan⟩;
II ⟨ov.ww.⟩ **0.1** ***vollen*** ⟨textiel⟩.
full[4] ⟨bw.⟩ **0.1** ***volledig*** ⇒*helemaal, ten volle, in alle opzichten* **0.2** ***zeer*** ⇒*heel* **0.3** ***vlak*** ⇒*recht* **0.4** ***ruim*** ⇒*meer dan genoeg* ◆ **2.1** ~ ripe *helemaal rijp* **3.3** hit s.o. ~ on the nose *iem. recht op zijn neus slaan;* look s.o. ~ in the face *iem. recht in de ogen kijken* **5.1** ⟨scheep.⟩ ~ and by *vol en bij, niet te scherp aan de wind* **5.2** know sth. ~ well *iets zeer goed weten;* ⟨schr.⟩ ~ often *zeer dikwijls* **5.4** ~ early *ruim op tijd.*
'full-au·to'mat·ic ⟨f1⟩ ⟨bn.⟩ **0.1** ***volautomatisch.***
'full·back ⟨f1⟩ ⟨telb.zn.⟩ **0.1** ⟨voetbal⟩ ***vleugelverdediger*** **0.2** ⟨Am. voetbal⟩ ***full-back*** ⇒*achterspeler.*
'full-'blast[1] ⟨bn.⟩ ⟨sl.⟩ **0.1** ***volledig*** **0.2** ***op grote schaal*** **0.3** ***intens.***
full-blast[2] ⟨bw.⟩ ⟨sl.⟩ **0.1** ***met maximum snelheid/doelmatigheid/intensiteit.***
'full-'blood·ed ⟨bn.⟩ **0.1** ***volbloed*** ⇒*raszuiver, rasecht* **0.2** ***volbloedig*** ⇒*heetbloedig, energiek, fors, viriel.*
full-blood·ed·ness ['fʊl'blʌdɪdnəs] ⟨n.-telb.zn.⟩ **0.1** ***raszuiverheid*** **0.2** ***heetbloedigheid*** ⇒*viriliteit.*
'full-'blown ⟨bn.⟩ **0.1** ***in volle bloei*** **0.2** ***goed ontwikkeld*** ⇒*volledig, volslagen* ◆ **1.2** ~ war *regelrechte oorlog.*
'full-'bod·ied ⟨bn.⟩ **0.1** ***zwaar*** ⇒*stevig, sterk, rijk;* ⟨v. wijn⟩ *gecorseerd.*
'full-'bos·omed ⟨bn.⟩ **0.1** ***met flink ontwikkelde boezem.***
'full-'bot·tomed ⟨bn.⟩ **0.1** ***lang*** ⟨v. pruik⟩ **0.2** ***met groot ruim*** ⟨v. schip⟩.
'full-col·our ⟨bn., attr.⟩ ⟨graf.⟩ **0.1** ***(vier)kleuren-*** ⇒*kleur-, in kleur.*
'full-contact ka'rate ⟨n.-telb.zn.⟩ ⟨vechtsport⟩ **0.1** ***full-contactkarate*** ⟨Am. mengvorm v. boksen en karate⟩.
'full-court press ⟨telb.zn.⟩ ⟨basketbal⟩ **0.1** ***full-court press*** ⟨actieve press verdediging over het gehele veld om in balbezit te komen⟩.
'full-cream ⟨f1⟩ ⟨bn., attr.⟩ **0.1** ***(gemaakt) v. volle melk*** ◆ **1.1** ~ cheese *volvette kaas.*
'full-'dress ⟨bn., attr.⟩ **0.1** ***full-dress*** ⇒*groot opgezet, in optima forma, in groot tenue, gala-* ◆ **1.1** ~ debate *full-dress debat;* ~ rehearsal *generale repetitie.*
ful·ler[1] ['fʊlə‖'fʊlər] ⟨telb.zn.⟩ **0.1** ***(laken) voller*** ⇒*volder* **0.2** ***zethamer.***
fuller[2] ⟨ov.ww.⟩ **0.1** ***met de zethamer bewerken.***
'ful·ler·board ⟨n.-telb.zn.⟩ **0.1** ***geperst karton voor isolatie.***
'fuller's 'earth ⟨n.-telb.zn.⟩ **0.1** ***vol(lers)aarde*** ⇒*bleekaarde.*
'fuller's teasel ⟨telb.zn.⟩ ⟨plantk.⟩ **0.1** ***weverskaarde(bol)*** ⇒*wilde kaardebol* ⟨Dipsacus fullonum⟩.
'full·face ⟨n.-telb.zn.⟩ **0.1** ***vette letter.***
'full-'face ⟨bn.; bw.⟩ **0.1** ***en face.***
'full-'faced ⟨bn.⟩ **0.1** ***met vol/rond gezicht*** **0.2** ***en face*** **0.3** ***met vette letters.***

full-fashioned →fully-fashioned.
'full-'fed ⟨bn.⟩ **0.1** ***goed doorvoed*** ⇒*welgedaan*.
'full-'fla·voured, ⟨AE sp.⟩ **'full-'fla·vored** ⟨bn.⟩ **0.1** ***geurig***.
full-fledged →fully-fledged.
'full-'fleeced ⟨bn.⟩ **0.1** ***met volle vacht***.
'full-'grown, ⟨vnl. BE ook⟩ **'fully-'grown** ⟨f1⟩ ⟨bn.⟩ **0.1** ***volwassen*** ⇒*volgroeid*.
'full'heart·ed ⟨bn.; -ly; -ness⟩ **0.1** ***onverdeeld*** **0.2** ***gevoelvol*** **0.3** ***dapper*** ⇒*moedig* ◆ **¶.1** ~ly *van ganser harte*.
fulling mill ['fʊlɪŋ mɪl] ⟨telb.zn.⟩ **0.1** ***vol(lers)molen***.
'full-'length ⟨f1⟩ ⟨bn., attr.⟩ **0.1** ***van gemiddelde lengte*** ⟨v. boek, e.d.⟩ **0.2** ***avondvullend*** ⟨v. theatervoorstelling⟩ **0.3** ***ten voeten uit*** ⟨v. portret⟩ **0.4** ***tot aan de grond*** ⇒*tot op de enkels* ⟨v. kleding⟩ **0.5** ***manshoog*** ⟨v. spiegel⟩ ◆ **1.5** ~ mirror *passpiegel*.
'full'mouthed ⟨bn.⟩ **0.1** ***met volledig gebit*** ⟨v. vee⟩ **0.2** ***luid blaffend*** ⟨v. hond⟩ **0.3** ***luid(ruchtig)*** ⇒*heftig* ⟨v. gesprek enz.⟩.
full·ness, ful·ness ['fʊlnəs] ⟨f2⟩ ⟨n.-telb.zn.⟩ **0.1** ***vol(ledig)heid*** ◆ **1.1** ⟨bijb.⟩ the ~ of the heart *de volheid des gemoeds* **1.¶** ⟨schr.⟩ in the ~ of time *op den duur, mettertijd; uiteindelijk*.
'full-out ⟨bn., attr.⟩ **0.1** ***volledig*** ⇒*met alle kracht* **0.2** ***met ruime marge*** ◆ **1.1** ~ war effort *totale oorlogsinspanning*.
'full-page ⟨bn., attr.⟩ **0.1** ***een volle pagina in beslag nemend*** ⇒*over een hele pagina*.
'full-'pro ⟨telb.zn.⟩ ⟨sport⟩ **0.1** ***full-prof***.
'full-rank·ing ⟨bn., attr.⟩ **0.1** ***eersterangs*** ⇒*top-*.
'full-'ride ⟨bn.⟩ ⟨sl.⟩ **0.1** ***met alle onkosten vergoed***.
'full-scale ⟨f1⟩ ⟨bn., attr.⟩ **0.1** ***volledig*** ⇒*totaal, levensgroot*.
'full-'term ⟨bn.⟩ **0.1** ***voldragen*** ⟨v. kind⟩.
'full-'throat·ed ⟨bn.⟩ **0.1** ***uit volle borst*** ⇒*luidkeels*.
'full-'time ⟨f2⟩ ⟨bn.⟩ **0.1** ***full-time*** ⇒*volledig, voltijds, met volledige dagtaak*.
full-tim·er ['fʊl'taɪmə‖-ər] ⟨telb.zn.⟩ **0.1** ***full-timer*** ⇒*iem. die hele dagen werkt/studeert* ⟨enz.⟩.
ful·ly ['fʊli] ⟨f3⟩ ⟨bw.⟩ **0.1** ***volledig*** ⇒*helemaal, geheel, ten volle* **0.2** ***minstens*** ⇒*ten minste* ◆ **1.2** ~ an hour *minstens een uur* **2.1** ~ automatic *volautomatisch* **3.1** ~ paid *volledig betaald;* ~ trained *met een volledige opleiding*.
'ful·ly-'fash·ioned, ⟨vnl. AE ook⟩ **'full-'fash·ioned** ⟨bn.⟩ **0.1** ***nauwsluitend*** ⇒*getailleerd, aansluitend*.
'ful·ly-'fledged, ⟨vnl. AE ook⟩ **'full-'fledged** ⟨f1⟩ ⟨bn.⟩ **0.1** ***geheel bevederd*** ⟨v. vogel⟩ **0.2** ***volwassen*** ⇒*ten volle ontwikkeld* **0.3** ***(ras) echt*** ⇒*volleerd, volslagen*.
fully-grown →full-grown.
'ful·ly-'paid ⟨bn.⟩ ⟨geldw.⟩ **0.1** ***volgestort*** ◆ **1.1** ~ share *volgestort aandeel*.
ful·mar ['fʊlmə‖-ər], **'fulmar petrel** ⟨telb.zn.⟩ ⟨dierk.⟩ **0.1** ***noordse stormvogel*** ⟨Fulmarus glacialis⟩.
ful·mi·nant ['fʊlmɪnənt, 'fʌl-] ⟨bn.⟩ **0.1** ***ontploffend*** ⇒*bliksemend, knallend, donderend* **0.2** ***fulminant*** ⇒*heftig uitvarend, tierend* **0.3** ⟨med.⟩ ***foudroyant*** ⇒*flitsend, plots optredend, zich snel uitbreidend* ⟨v. ziekte, pijn⟩.
ful·mi·nate¹ ['fʊlmɪneɪt, fʌl-] ⟨telb. en n.-telb.zn.⟩ **0.1** ***fulminaat*** ⇒*knalsas, slagsas, knalzuurzout* ◆ **1.1** ~ of mercury *knalkwik, slagkwik*.
fulminate² ⟨ww.⟩ →fulminating
I ⟨onov.ww.⟩ **0.1** ***fulmineren*** ⇒*heftig uitvaren, foeteren* **0.2** ***ontploffen*** ⇒*exploderen, knallen, detoneren* **0.3** ⟨med.⟩ ***plots optreden*** ⇒*zich snel uitbreiden* ⟨v. ziekte, pijn⟩ ◆ **6.1** ~ against *uitvaren tegen, schelden op;*
II ⟨ov.ww.⟩ **0.1** ***uitbulderen*** ⇒*(naar het hoofd) slingeren* ⟨verwijten, scheldwoorden, banvloek, enz.⟩ **0.2** ***opblazen*** ⇒*doen ontploffen/exploderen/detoneren*.
ful·mi·na·ting ['fʊlmɪneɪtɪŋ, 'fʌl-] ⟨bn.; teg. deelw. v. fulminate+2⟩ **0.1** ***ontploffend*** ⇒*bliksemend, ontploffend, knallend, donderend* **0.2** ***fulminant*** ⇒*heftig uitvarend, tierend* **0.3** ⟨med.⟩ ***foudroyant*** ⇒*fulminans, flitsend, plots optredend, zich snel uitbreidend* ⟨v. ziekte, pijn⟩ ◆ **1.1** ~ gas *knalgas;* ~ gold *knalgoud;* ~ mercury *knalkwik, slagkwik;* ~ powder *knalpoeder;* ~ silver *knalzilver*.
ful·mi·na·tion ['fʊlmɪ'neɪʃn, 'fʌl-] ⟨telb. en n.-telb.zn.⟩ **0.1** ***ontploffing*** ⇒*knal, explosie, uitbarsting* **0.2** ***fulminatie*** ⇒*scheldpartij*.
ful·mi·na·to·ry ['fʊlmɪ'neɪtəri, 'fʊl-] ⟨bn.⟩ **0.1** ***ontploffend*** ⇒*knallend, donderend* **0.2** ***fulminant*** ⇒*heftig uitvarend, tierend*.
ful·min·ic [fʊl'mɪnɪk] ⟨bn., attr.⟩ **0.1** ***knal-*** ◆ **1.1** ~ acid *knalzuur*.
fulness →fullness.
ful·some ['fʊlsəm] ⟨bn.; -ly; -ness⟩ **0.1** ***overdreven*** ⇒*hinderlijk, walgelijk* **0.2** ***kruiperig***.
ful·ves·cent [fʊl'vesnt] ⟨bn.⟩ **0.1** ***taankleurachtig***.
ful·vous ['fʊlvəs] ⟨bn.⟩ **0.1** ***taankleurig*** ⇒*kaneelkleurig*.
fu·ma·role, fu·me·role ['fju:məroʊl] ⟨telb.zn.⟩ **0.1** ***fumarole*** ⇒*damp/gasbron*.
fu·ma·rol·ic ['fju:mə'rɒlɪk‖-'roʊlɪk] ⟨bn.⟩ **0.1** ***fumarole-***.
fum·ble¹ ['fʌmbl] ⟨telb.zn.⟩ **0.1** ***onhandige poging*** **0.2** ⟨balsport⟩ ***fumble*** ⇒*knoeibal, glipbal* ⟨vnl. mbt. vangen v. bal⟩.
fumble² ⟨f2⟩ ⟨ww.⟩ →fumbling
I ⟨onov.ww.⟩ **0.1** ***struikelen*** ⇒*hakkelen, stamelen, knoeien, klunzen;*
II ⟨onov. en ov.ww.⟩ **0.1** ***tasten*** ⇒*morrelen (aan), rommelen (in), knoeien (met)* **0.2** ⟨balsport⟩ ***fumbelen*** ⇒*verknoeien, (uit zijn handen) laten glippen* ⟨bal onzuiver stoppen⟩ ◆ **1.1** ~ one's way *zich tastend een weg banen* **5.1** ~ **about** *rondtasten;* ~ **up** *verfrommelen* **6.1** ~ **at/with** *morrelen aan;* ~ **after/for** *tasten/zoeken naar*.
fum·bler ['fʌmblə‖-ər] ⟨f1⟩ ⟨telb.zn.⟩ **0.1** ***knoeier*** ⇒*prutser*.
fum·bling ['fʌmblɪŋ] ⟨f1⟩ ⟨bn.; teg. deelw. v. fumble⟩ **0.1** ***onhandig*** ⇒*sukkelachtig, klungelig*.
fume¹ [fju:m] ⟨f2⟩ ⟨telb.zn.; vaak mv.⟩ **0.1** ***(onwelriekende/giftige) uitwaseming*** ⇒*damp, rook, gas, nevel, stank, reuk, geur, lucht* **0.2** ⟨fig.⟩ ***vlaag*** ⇒*bui, uitbarsting* ⟨v. woede⟩ ◆ **6.2** be **in** a ~ *woedend zijn;* be **in** a ~ of impatience *branden van ongeduld*.
fume² ⟨f1⟩ ⟨ww.⟩
I ⟨onov.ww.⟩ **0.1** ***uitwasemen*** ⇒*dampen, roken* **0.2** ***opstijgen*** ⟨v. damp⟩ **0.3** ⟨fig.⟩ ***koken*** ⟨v. woede⟩ ⇒*branden* ◆ **3.3** ~ and fret *koken/zieden v. woede* **6.3** ~ **at** *verbolgen zijn over;* ~ **with** annoyance *zich dood ergeren;*
II ⟨ov.ww.⟩ **0.1** ***fumigeren*** ⇒*uitroken, zuiveren, ontsmetten, uitzwavelen* **0.2** ***bewieroken*** **0.3** ***met ammoniadampen donker tinten*** ⟨eikehout, enz.⟩.
'fume chamber, 'fume closet, 'fume cupboard ⟨telb.zn.⟩ **0.1** ***zuurkast***.
fu·mi·gant ['fju:mɪgənt] ⟨telb.zn.⟩ **0.1** ***ontsmettingsmiddel***.
fu·mi·gate ['fju:mɪgeɪt] ⟨ov.ww.⟩ **0.1** ***fumigeren*** ⇒*uitroken, zuiveren, ontsmetten, uitzwavelen*.
fu·mi·ga·tion ['fju:mɪ'geɪʃn] ⟨telb. en n.-telb.zn.⟩ **0.1** ***fumigatie*** ⇒*ontsmetting, uitzwaveling*.
fu·mi·ga·tor ['fju:mɪgeɪtə‖-geɪtər] ⟨telb.zn.⟩ **0.1** ***zuiveringstoestel*** ⇒*ontsmettingstoestel* **0.2** ***ontsmettingsmiddel*** **0.3** ***ontsmetter***.
fu·mi·to·ry ['fju:mɪtri‖-təri] ⟨telb.zn.; →mv. 2⟩ ⟨plantk.⟩ **0.1** ***duivekervel*** ⟨Fumaria officinalis⟩.
fum·y ['fju:mi] ⟨bn.; -er; →compar. 7⟩ **0.1** ***rokerig*** ⇒*dampig*.
fun¹ [fʌn] ⟨f3⟩ ⟨n.-telb.zn.⟩ **0.1** ***pret*** ⇒*vermaak, plezier, genot, grap (pigheid), gekheid* ◆ **1.1** figure of ~ *groteske figuur, schertsfiguur;* ⟨inf.⟩ ~ and games *pretmakerij, iets leuks; voorspel; rotklus;* ⟨inf.; euf.⟩ have ~ and games with s.o. *zich vermaken met iem., vrijen met iem.* **2.1** be full of ~ *erg speels zijn, een echte grapjas/lolbroek zijn;* be good/great ~ *erg amusant/prettig zijn* **3.1** then the ~ began *toen begon de pret, daar had je de poppen aan het dansen;* get ~ out of sth. *ergens plezier v. hebben;* have ~ *zich amuseren, zich vermaken; vrijen;* make ~ of, poke ~ at *voor de gek houden, de draak steken met, op de hak nemen* **4.1** what ~! *wat leuk!* **6.1** **for/in** ~ *voor de grap;* **for** ~, **for** the ~ of it/the thing *voor de aardigheid;* **like** ~ *als een gek, dat het een aard heeft;* ⟨iron.; sl.⟩ *absoluut niet*.
fun² ⟨f2⟩ ⟨bn., attr.⟩ ⟨vnl. AE⟩ **0.1** ***prettig*** ⇒*amusant, gezellig, leuk, aardig* ◆ **1.1** ⟨inf.⟩ Fun City *grote stad* ⟨i.h.b. New York⟩; a ~ party *een gezellig feest;* a ~ person *een aardige man/vrouw;* a ~ group of people *een stelletje lolbroeken;* ⟨inf.⟩ ~ run *trimloopje;* ⟨inf.⟩ ~ runner *trimmer*.
fun³ ⟨onov.ww.; →ww. 7⟩ **0.1** ***grappen maken*** ⇒*gekscheren*.
fu·nam·bu·list [fju:'næmbjʊlɪst‖-bjə-] ⟨telb.zn.⟩ **0.1** ***koorddanser***.
func·tion¹ ['fʌŋ(k)ʃn] ⟨f3⟩ ⟨telb.zn.⟩ **0.1** ***functie*** ⇒*taak, rol, plicht, werking, ambt, beroep* **0.2** ***plechtigheid*** ⇒*ceremonie, viering, feest (elijkheid), partij* **0.3** ⟨comp.⟩ ***functie*** ⟨ook wisk., taalk.⟩.
function² ⟨f3⟩ ⟨onov.ww.⟩ **0.1** ***functioneren*** ⇒*werken* ◆ **6.1** ~ **as** *fungeren als*.
func·tion·al ['fʌŋ(k)ʃnəl] ⟨f2⟩ ⟨bn.; -ly⟩ **0.1** ***functioneel*** ⟨ook biol., med.⟩ ⇒*doelmatig, bruikbaar;* ⟨bouwk.⟩ *functionalistisch* **0.2** ***ambtelijk*** ⇒*officieel* ◆ **1.1** ~ architecture *functionalistische bouwkunst, zakelijke bouwstijl;* ~ design *functioneel ontwerp;* ⟨taalk.⟩ ~ grammar *functionele grammatica;* ~ illiterate *functioneel analfabeet*.
func·tion·al·ism ['fʌŋ(k)ʃnəlɪzm] ⟨n.-telb.zn.⟩ **0.1** ***functionalisme*** ⇒*doelmatigheid* **0.2** ***nieuwzakelijkheid***.
func·tion·al·ist ['fʌŋ(k)ʃnəlɪst] ⟨telb.zn.⟩ **0.1** ***functionalist***.
func·tion·ar·y¹ ['fʌŋ(k)ʃənri‖-ʃəneri] ⟨f1⟩ ⟨telb.zn.; →mv. 2⟩ **0.1** ***functionaris*** ⇒*beambte, ambtenaar*.
functionary² ⟨bn.⟩ **0.1** ***functioneel***.
func·tion·ate ['fʌŋ(k)ʃəneɪt] ⟨ov.ww.⟩ **0.1** ***functioneren*** ⇒*fungeren*.
'function key ⟨telb.zn.⟩ ⟨comp.⟩ **0.1** ***functietoets***.
'function word ⟨telb.zn.⟩ ⟨taalk.⟩ **0.1** ***functiewoord***.
fund¹ [fʌnd] ⟨f3⟩ ⟨zn.⟩
I ⟨telb.zn.⟩ **0.1** ***fonds*** ⇒*voorraad, bron, schat, stichting* ◆ **1.1** a ~ of common sense *een bron v. gezond verstand;* a ~ of knowledge

een schat aan kennis **3.¶** ⟨BE; ec.⟩ Consolidated Fund *fonds waaruit bep. staatsuitgaven betaald worden* ⟨o.a. voor het leger, administratie en rente op staatsschuld⟩;
II ⟨mv.; ~s⟩ **0.1** ***fondsen*** *⇒geld, kapitaal, contanten* **0.2** ⟨ec.⟩ ***bedrijfskapitaal*** *⇒werkkapitaal* ◆ **1.1** lack of ~s *gebrek aan contanten* **2.1** public ~s *staatsfondsen;* short of ~s *slecht bij kas* **3.1** place/put in ~s *fondsen bezorgen* **6.1** **in** ~s *in contanten;* be **in** ~s *goed bij kas zijn* **7.1** ⟨BE⟩ the ~s *de staatsfondsen, de staatsschulden, de staatspapieren;* ⟨hand.⟩ no ~s *geen fondsen aanwezig.*

fund[2] ⟨f1⟩ ⟨ov.ww.⟩ **0.1** ***funderen*** *⇒consolideren* ⟨schulden⟩ **0.2** ***financieren*** *⇒fondsen bezorgen voor* **0.3** ***(in een fonds) bijeen brengen*** *⇒verzamelen* **0.4** ⟨BE⟩ ***in staatspapieren beleggen*** ◆ **1.1** ~ed debt *gefundeerde/geconsolideerde schuld.*

fun·da·ment ['fʌndəmənt] ⟨telb.zn.⟩ **0.1** ⟨vero.; bouwk.⟩ ***fundament*** *⇒* ⟨fig.⟩ *grondslag, grondbeginsel, fundament, basis* **0.2** ⟨euf.⟩ ***fondament*** *⇒achterste, zitvlak.*

fun·da·men·tal[1] ['fʌndə'mentl] ⟨f2⟩ ⟨telb.zn.⟩ **0.1** ⟨vnl. mv.⟩ ***(grond)beginsel*** *⇒grondslag, fundament, grondregel, basis* **0.2** ⟨muz.⟩ ***grondtoon*** *⇒grondakkoord* ◆ **3.1** get down to ~s *ter zake komen.*

fundamental[2] ⟨f3⟩ ⟨bn.⟩ **0.1** ***fundamenteel*** *⇒oorspronkelijk, essentieel, elementair, grond-, basis-* ◆ **1.1** ~ particle *elementair deeltje;* ⟨muz.⟩ ~ note *grondnoot;* ⟨muz.⟩ ~ tone *grondtoon.*

fun·da·men·tal·ism ['fʌndə'mentəlɪzm] ⟨n.-telb.zn.⟩ ⟨relig.⟩ **0.1** ***fundamentalisme.***

fun·da·men·tal·ist ['fʌndə'mentəlɪst] ⟨telb.zn.⟩ ⟨relig.⟩ **0.1** ***fundamentalist.***

fun·da·men·tal·ly ['fʌndə'mentəli] ⟨f1⟩ ⟨bw.⟩ **0.1** ***fundamenteel*** *⇒in de grond, eigenlijk.*

'fund·holder ⟨telb.zn.⟩ **0.1** ***houder v. staatspapieren*** **0.2** ***houder v. effecten.***

'fund-rais·ing ⟨n.-telb.zn.⟩ **0.1** ***geldinzameling.***

fun·dus ['fʌndəs] ⟨telb.zn.; fundi [-daɪ]; →mv. 5⟩ ⟨anat.⟩ **0.1** ***fundus.***

fu·ne·bri·al [fju:'ni:brɪəl] ⟨bn.⟩ **0.1** ***funerair*** *⇒begrafenis-, treur-;* ⟨fig.⟩ *somber, akelig, triest.*

fu·ne·ral ['fju:nrəl] ⟨f3⟩ ⟨telb.zn.⟩ **0.1** ***begrafenis(plechtigheid)*** *⇒teraardebestelling* **0.2** ⟨vnl. AE⟩ ***rouwdienst*** **0.3** ⟨vnl. AE⟩ ***begrafenisstoet*** *⇒lijkstoet* **0.4** ⟨sl.⟩ ***zorg*** *⇒zaak* ◆ **7.4** that is your (own) ~ *je moet het zelf weten.*

'funeral contractor, 'funeral director, 'funeral furnisher ⟨telb.zn.⟩ **0.1** ***begrafenisondernemer.***

'funeral honours, ⟨AE sp.⟩ **'funeral honors** ⟨mv.⟩ **0.1** ***laatste eer.***

'funeral march ⟨telb.zn.⟩ **0.1** ***dodenmars*** *⇒treurmars.*

'funeral oration ⟨telb.zn.⟩ **0.1** ***lijkrede.***

'funeral parlour, ⟨AE sp.⟩ **'funeral parlor,** ⟨AE ook⟩ **'funeral home** ⟨telb.zn.⟩ **0.1** ***rouwkamer.***

'funeral pile, 'funeral pyre ⟨telb.zn.⟩ **0.1** ***lijkstapel*** *⇒brandstapel* ⟨voor lijkverbranding⟩.

'funeral procession, 'funeral train ⟨f1⟩ ⟨telb.zn.⟩ **0.1** ***lijkstoet*** *⇒begrafenisstoet.*

'funeral sermon ⟨telb.zn.⟩ **0.1** ***lijkrede.***

'funeral service ⟨telb.zn.⟩ **0.1** ***rouwdienst.***

'funeral urn ⟨telb.zn.⟩ **0.1** ***urn.***

'funeral vault ⟨telb.zn.⟩ **0.1** ***grafkelder.***

fu·ner·ar·y ['fju:nrəri‖-nəreri] ⟨f1⟩ ⟨bn., attr.⟩ **0.1** ***begrafenis-*** *⇒lijk-, doods-, sterf-* ◆ **1.1** ~ urn *urn.*

fu·ne·re·al [fjʊ'nɪərɪəl‖-'nɪr-] ⟨f1⟩ ⟨bn.; -ly⟩ **0.1** ***begrafenis-*** *⇒treur-, lijk-, doden-, graf-* **0.2** ***akelig*** *⇒somber, treurig, droevig, triest* ◆ **1.1** ~ wreath *grafkrans* **1.2** a ~ expression *een begrafenisgezicht.*

'fun-fair ⟨f1⟩ ⟨telb.zn.⟩ ⟨BE⟩ **0.1** ***lunapark*** *⇒pretpark* **0.2** ***reizende kermis.***

'fun fur ⟨telb. en n.-telb.zn.⟩ **0.1** ***namaakbont.***

fun·gi ⟨mv.⟩ →fungus.

fun·gi·bil·i·ty ['fʌndʒɪ'bɪləti] ⟨n.-telb.zn.⟩ **0.1** ***fungibiliteit*** *⇒verwisselbaarheid.*

fun·gi·ble[1] ['fʌndʒəbl] ⟨telb.zn.; vnl. mv.⟩ ⟨ec., jur.⟩ **0.1** ***fungibele zaak.***

fungible[2] ⟨bn.⟩ ⟨ec., jur.⟩ **0.1** ***fungibel*** *⇒verwisselbaar, (onderling) vervangbaar.*

fun·gi·ci·dal ['fʌndʒɪ'saɪdl] ⟨bn.; -ly⟩ **0.1** ***fungicide*** *⇒schimmel/zwammendodend.*

fun·gi·cide ['fʌndʒɪsaɪd] ⟨telb. en n.-telb.zn.⟩ **0.1** ***fungicide*** *⇒schimmel/zwammendodend middel.*

fun·gi·form ['fʌndʒɪfɔ:m‖-fɔrm] ⟨bn.⟩ **0.1** ***zwamvormig*** *⇒paddestoelvormig.*

fun·gi·lore ['fʌndʒɪlɔ:‖-lɔr] ⟨n.-telb.zn.⟩ **0.1** ***fungilore*** ⟨folklore mbt. paddestoelen⟩.

fun·gi·stat·ic ['fʌndʒɪ'stætɪk] ⟨bn.; -ally; →bijw. 3⟩ **0.1** ***schimmel/zwamvorming belemmerend.***

fun·giv·o·rous [fʌn'dʒɪvərəs] ⟨bn.⟩ **0.1** ***zwammenetend*** *⇒fungivoor.*

fun·goid[1] ['fʌŋgɔɪd] ⟨telb.zn.⟩ **0.1** ***zwamachtige plant.***

fungoid[2] ⟨bn.⟩ **0.1** ***zwamachtig*** *⇒schimmelachtig.*

fun·gous ['fʌŋgəs] ⟨bn.⟩ **0.1** →fungoid **0.2** ***door een fungus veroorzaakt*** ◆ **1.2** a ~ disease *een schimmelziekte.*

fun·gus ['fʌŋgəs] ⟨f1⟩ ⟨telb. en n.-telb.zn.; ook fungi [-gaɪ, 'fʌndʒaɪ]; →mv. 5⟩ **0.1** ***fungus*** *⇒zwam, paddestoel, schimmel* **0.2** ***schimmel (vorming)*** *⇒mycose, schimmelziekte* ⟨o.m. bij zoetwatervissen⟩ **0.3** ⟨med.⟩ ***sponsachtige uitwas*** **0.4** ***wildgroei*** **0.5** ⟨sl.⟩ ***struikgewas*** *⇒gezichtshaar, (bakke)baard, snorretje* ◆ **1.4** a ~ of apartment buildings *flatgebouwen die als paddestoelen uit de grond schieten.*

'fun house ⟨telb.zn.⟩ ⟨AE⟩ **0.1** ***lachpaleis*** *⇒spiegeldoolhof* ⟨met lachspiegels e.d.⟩ **0.2** ***automatenhal.***

fu·nic·u·lar[1] [fjʊ'nɪkjʊlə‖-kjələr], **fu·nic·u·laire** [-'leə‖-'ler] ⟨telb.zn.⟩ **0.1** ***kabelspoor(weg)*** *⇒funiculaire, kabelbaan.*

funicular[2] ⟨bn., attr.⟩ **0.1** ***kabel-*** *⇒touw-* **0.2** ***funiculus-*** *⇒streng-* ◆ **1.1** ~ railway *kabelspoorweg.*

fu·nic·u·lus [fjʊ'nɪkjʊləs‖-kjələs], **fu·ni·cle** ['fju:nɪkl] ⟨telb.zn.; funiculi [fju:'nɪkjʊlaɪ‖-kjəlaɪ]; →mv. 5⟩ **0.1** ⟨anat.⟩ ***funiculus*** *⇒zenuwstreng/-bundel, navelstreng* **0.2** ⟨plantk.⟩ ***funiculus*** *⇒zaadstreng.*

funk[1] [fʌŋk] ⟨zn.⟩
I ⟨telb.zn.⟩ ⟨vnl. BE; sl.⟩ **0.1** ***bangerd*** *⇒bangerik, lafbek, schijter (d)* **0.2** ***schrik*** *⇒angst, depressie* ◆ **2.2** a blue ~ *een paniektoestand* **6.2** be **in** a (blue) ~ *in de rats zitten;*
II ⟨n.-telb.zn.⟩ **0.1** ***funk*** ⟨muziekstijl⟩ **0.2** ⟨AE; sl.⟩ ***ongewoonheid*** *⇒eigenaardigheid.*

funk[2] ⟨ww.⟩ ⟨vnl. BE; sl.⟩
I ⟨onov.ww.⟩ **0.1** ***bang/laf zijn;***
II ⟨ov.ww.⟩ **0.1** ***bang zijn voor/om*** *⇒niet (aan)durven, (trachten te) ontvluchten* **0.2** ***bang maken*** ◆ **3.1** ~ telling the truth *de waarheid niet durven vertellen.*

'funk hole ⟨telb.zn.⟩ ⟨vnl. BE; sl.⟩ **0.1** ***schuilplaats*** *⇒schuilkelder, vluchtgat* ⟨vnl. in loopgraaf⟩ **0.2** ***baantje waarmee men dienstplicht ontloopt*** *⇒uitvlucht.*

fun·kia ['fʌŋkɪə] ⟨telb.zn.⟩ ⟨plantk.⟩ **0.1** ***funkia*** ⟨lelieachtige, genus Hosta⟩.

funk·y ['fʌŋki] ⟨f1⟩ ⟨bn.; -er; →compar. 7⟩ **0.1** ⟨vnl. BE; sl.⟩ ***bang*** *⇒laf, paniekerig* **0.2** ⟨vnl. AE; sl.⟩ ***stinkend*** **0.3** ⟨vnl. AE; sl.⟩ ***funky*** *⇒eenvoudig, gevoelsmatig* ⟨v. jazz⟩ **0.4** ⟨vnl. AE; sl.⟩ ***mieters*** *⇒heerlijk, fijn* **0.5** ⟨AE; sl.⟩ ***ouderwets*** *⇒nostalgisch* **0.6** ⟨AE; sl.⟩ ***raar*** *⇒vreemd, excentriek, buitenissig* ◆ **1.4** a ~ party *een reuzefuif, een lekker feestje.*

fun·nel[1] ['fʌnl] ⟨f1⟩ ⟨telb.zn.⟩ **0.1** ***trechter*** *⇒rookvang, schoorsteenboezem;* ⟨gieterij⟩ *gietgat;* ⟨textiel⟩ *wiektrechter* **0.2** ***koker*** *⇒lucht-/lichtkoker, pijp; schoorsteen(pijp)* ⟨vnl. v. stoomschip⟩.

funnel[2] ⟨f1⟩ ⟨onov. en ov.ww.; →ww. 7⟩ **0.1** ***trechtervormig (doen) worden*** **0.2** ***(als) door een trechter (doen) stromen*** ◆ **1.1** ~ one's hands *de handen als een trechter aan de mond zetten* **6.2** a crowd ~ing **through/out of** the gates *een menigte die door de poorten (naar buiten) stroomt;* ~ **off** *doen afvloeien;* ~ **off** money *kapitaal laten vluchten/onderduiken.*

fun·ni·ment ['fʌnimənt] ⟨telb. en n.-telb.zn.⟩ **0.1** ***grap(pigheid)*** *⇒streek, snakerij.*

fun·ni·o·si·ty ['fʌni'ɒsəti‖-'ɑsəti] ⟨telb. en n.-telb.zn.; →mv. 2⟩ ⟨scherts.⟩ **0.1** ***iets koddigs*** *⇒grapje.*

fun·ny[1] ['fʌni] ⟨telb.zn.; →mv. 2⟩ ⟨inf.⟩ **0.1** ***grap*** *⇒geintje* **0.2** ⟨vnl. mv.⟩ ***stripverhaal*** *⇒beeldverhaal, strippagina, strips* ⟨in dagblad⟩ **0.3** ***scull(er)*** *⇒skiff* ⟨soort roeiboot⟩.

funny[2] ⟨f3⟩ ⟨bn.; -er; -ly; -ness; →bijw. 3⟩ ⟨→sprw. 594⟩ **0.1** ***grappig*** *⇒leuk, komisch, gek,* ⟨B.⟩ *plezant* **0.2** ***vreemd*** *⇒raar, ongewoon, gek, onverwacht* **0.3** ⟨inf.⟩ ***niet in orde*** *⇒niet pluis* **0.4** ⟨inf.⟩ ***misselijk*** *⇒onwel* **0.5** ⟨inf.; euf.⟩ ***zwakhoofdig*** *⇒gek, krankzinnig* **0.6** ⟨inf.⟩ ***slinks*** *⇒oneerlijk, bedrieglijk* ◆ **3.4** feel ~ *zich onwel voelen* **3.5** go ~ *gek worden* **6.3** there is sth. ~ **about** *er is iets niet pluis met* **6.6** get ~ **with** s.o. *iem. bedotten* **¶.¶** do you mean ~ haha or ~ peculiar? *bedoel je gek als grappig of gek als ongewoon?.*

'funny bone ⟨f1⟩ ⟨telb.zn.⟩ ⟨inf.⟩ **0.1** ***telefoonbotje*** ⟨in elleboog⟩ **0.2** ***gevoel voor humor.***

'funny business ⟨n.-telb.zn.⟩ ⟨inf.⟩ **0.1** ***grappenmakerij*** **0.2** ***bedriegerij*** *⇒geen zuivere koffie.*

'fun·ny·face ⟨telb.zn.⟩ ⟨inf.; scherts.⟩ **0.1** ***pretoog*** ⟨aanspreekvorm⟩.

'fun·ny-ha-'ha ⟨bn., pred.⟩ ⟨inf.⟩ **0.1** ***leuk*** *⇒gek, grappig.*

'funny house, 'funny farm ⟨telb.zn.⟩ ⟨vnl. AE; sl.⟩ **0.1** ***gekkenhuis*** **0.2** ***ontwenningskliniek*** ⟨voor alcoholisten⟩.

'fun·ny·man ⟨telb.zn.; 'funnymen; →mv. 3⟩ **0.1** ***komiek*** *⇒clown.*

'funny paper ⟨telb.zn.⟩ **0.1** ***stripverhalensectie*** ⟨v. krant⟩.

'fun run ⟨telb.zn.⟩ ⟨sport⟩ **0.1** ***trimloop*** *⇒recreatieloop.*

'fun runner ⟨telb.zn.⟩ ⟨sport⟩ **0.1** ***trimloper*** *⇒trimmer, recreatieloper.*

fur ⟨afk.⟩ furlong(s).
fur[1] [fɜ:‖fɜr]⟨f3⟩⟨zn.⟩
I ⟨telb.zn.⟩ **0.1** ***vacht;***
II ⟨telb. en n.-telb.zn.⟩ **0.1** ⟨ook attr.⟩ ***bont*** ⇒*pels(werk), bontjas, bontwerk, pelterij* **0.2** ***aanslag*** ⇒*beslag, (wijn)aanzetsel, dépôt, ketelsteen, beslag (op tong)* ◆ **3.¶** ⟨inf.⟩ make the ~ fly *een conflict uitlokken, de kat de bel aanbinden;*
III ⟨n.-telb.zn.⟩ **0.1** ***pelsdieren*** ◆ **1.1** ⟨schr.⟩ ~, fin and feather *wild, vis en gevogelte;*
IV ⟨mv.; ~s⟩ **0.1** ***bont(werk)*** ⇒*pelterij, pelswerk.*
fur[2] ⟨f2⟩⟨bn., attr.⟩ **0.1** ***bonten*** ⇒*bont-, pels-* ◆ **1.1** ~ coat *bontmantel, bontjas;* ~ felt *haarvilt.*
fur[3] ⟨f1⟩⟨ww.; →ww. 7⟩ →furring
I ⟨onov.ww.⟩ **0.1** ***aanslaan*** ⇒*beslaan, aanzetten* ◆ **5.1** ~ **up** *aanslaan, beslaan, aanzetten;*
II ⟨ov.ww.⟩ **0.1** ***met bont bekleden*** ⇒*met bont voeren* **0.2** ***met bont kleden*** ⇒*van bontkledij voorzien* **0.3** ***doen aanslaan*** ⇒*doen aanzetten* ◆ **1.3** a ~red tongue *een beslagen tong.*
fur·be·low[1] ['fɜ:bɪloʊ‖'fɜr-]⟨zn.⟩
I ⟨telb.zn.⟩ **0.1** ***geplooide zoom/rand*** ⟨aan (onder)rok⟩ **0.2** ⟨vnl. mv.⟩ ***(overtollige) versiering*** ⇒*franje, opschik* ◆ **1.2** frills and ~s *kwikjes en strikjes;*
II ⟨n.-telb.zn.⟩⟨BE; gew.⟩ **0.1** ***(soort) zeewier*** ⇒*bruinwier* ⟨Laminaria (bulbosa)⟩.
furbelow[2] ⟨ov.ww.⟩ **0.1** ***opsieren (met kwikjes en strikjes).***
fur·bish ['fɜ:bɪʃ‖'fɜr-]⟨f1⟩⟨ov.ww.⟩ **0.1** ***oppoetsen*** ⟨ook fig.⟩ ⇒*bruineren, polijsten, ontroesten* **0.2** ***opknappen*** ⇒*oplappen, restaureren* ◆ **6.1** ~ **up** one's French *zijn Frans oppoetsen/bijwerken* **6.2** ~ **up** a house *een huis opknappen.*
fur·cate[1] ['fɜ:keɪt‖'fɜr-]⟨bn.⟩ **0.1** ***gevorkt*** ⇒*gesplitst, vertakt.*
furcate[2] ⟨onov.ww.⟩ **0.1** ***zich splitsen*** ⇒*vertakken, gevorkt zijn.*
fur·ca·tion [fɜ:'keɪʃn‖fɜr-]⟨telb. en n.-telb.zn.⟩ **0.1** ***vertakking*** ⇒*het vertakken, het gevorkt zijn, vork.*
fur·cu·la ['fɜ:kjʊlə‖'fɜrkjələ]⟨telb.zn.; furculae [-li:]; →mv. 5⟩ **0.1** ***vork*** ⇒*vorkbeen* ⟨v. vogels⟩.
fur·cu·lum ['fɜ:kjʊləm‖'fɜrkjə-]⟨telb.zn.; furcula [-lə]; →mv. 5⟩ **0.1** ***vork*** ⇒*vorkbeen.*
fur·fur ['fɜ:fɜ:‖'fɜrfɜr]⟨telb. en n.-telb.zn.; furfures ['fɜ:fjʊri:z, -fəri:z‖'fɜrfəri:z]; →mv. 5⟩ **0.1** ***huidschilfer(s)*** ⇒*roos (op het hoofd).*
fur·fur·a·ceous [fɜ:fə'reɪʃəs‖'fɜr-]⟨bn.⟩ **0.1** ***schilferig*** ⇒*roosachtig.*
fur·fur·al ['fɜ:fərəl‖'fɜr-]⟨n.-telb.zn.⟩⟨schei.⟩ **0.1** ***furfural*** ⇒*furol.*
fu·ri·bund ['fjʊəribʌnd‖'fjʊrə-]⟨bn.⟩ **0.1** ***furieus*** ⇒*razend, uitzinnig.*
fu·ri·o·so [fjʊəri'oʊsoʊ‖fjʊri-]⟨bn., attr.; bw.⟩⟨muz.⟩ **0.1** ***furioso*** ⇒*wild.*
fu·ri·ous ['fjʊəriəs‖'fjʊr-]⟨f3⟩⟨bn.; -ly; -ness⟩ **0.1** ***woedend*** ⇒*razend, dol, furieus, woest* **0.2** ***fel*** ⇒*verwoed, krachtig, heftig* **0.3** ***onstuimig*** ⇒*wild* ◆ **1.2** a ~ blow *een harde klap;* a ~ quarrel *een felle twist* **1.3** a ~ temper *een onstuimig temperament;* a ~ rate *een snelle/wilde vaart* **2.3** fast and ~ *uitbundig* **3.2** ~ knocking at the door *verwoed geklop op de deur* **6.1** ~ **at** sth. *razend om iets;* ~ **with** s.o. *woest op iem.* **¶.2** the news gave him ~ly to think *het nieuws zette hem heftig aan het denken.*
furl[1] [fɜ:l‖fɜrl]⟨zn.⟩
I ⟨telb.zn.⟩ **0.1** ***rol;***
II ⟨n.-telb.zn.⟩ **0.1** ***het oprollen*** ⇒*het opdoeken.*
furl[2] ⟨f1⟩⟨ww.⟩
I ⟨onov. en ov.ww.⟩ **0.1** ***(zich laten) oprollen*** ⇒*beslaan, opdoeken* ⟨zeil⟩, *vastmaken, opvouwen* ⟨paraplu enz.⟩, *opschuiven* ⟨gordijn⟩, *dichtvouwen* ⟨waaier, vleugels⟩ ◆ **5.1** the clouds ~ed **away** *de wolken trokken op;*
II ⟨ov.ww.⟩ **0.1** ***opgeven*** ⟨bv. hoop⟩.
fur·long ['fɜ:lɒŋ‖'fɜrlɔŋ]⟨f1⟩⟨telb.zn.⟩ **0.1** ***furlong*** ⟨201,16 m; →t1⟩.
fur·lough[1] ['fɜ:loʊ‖'fɜr-]⟨f1⟩⟨telb. en n.-telb.zn.⟩ **0.1** ***verlof(tijd)*** **0.2** ***verlofbrief*** ◆ **6.1 on** ~ *met verlof.*
furlough[2] ⟨ww.⟩⟨vnl. AE⟩
I ⟨onov.ww.⟩ **0.1** ***met verlof zijn*** ⇒*zijn verlof doorbrengen;*
II ⟨ov.ww.⟩ **0.1** ***verlof toestaan*** **0.2** ***tijdelijk gedaan geven*** ⟨aan arbeiders⟩.
furmenty, furmety, furmity →frumenty.
fur·nace[1] ['fɜ:nɪs‖'fɜr-]⟨f2⟩⟨telb.zn.⟩ **0.1** ***oven*** ⇒*smeltoven, hoogoven; vuurhaard; vuurgang; verwarmingsketel* **0.2** ***oven*** ⇒*(te) hete ruimte;* ⟨fig.⟩ *vuurproef* ◆ **3.2** try in the ~ *aan de vuurproef onderwerpen, beproeven.*
furnace[2] ⟨ov.ww.⟩ **0.1** ***verhitten*** ⟨in oven⟩.
'furnace oil ⟨n.-telb.zn.⟩ **0.1** ***huisbrandolie*** ⇒*stookolie.*
fur·nish ['fɜ:nɪʃ‖'fɜr-]⟨f3⟩⟨ov.ww.⟩ **0.1** ***verschaffen*** ⇒*bezorgen, leveren, voorzien van* **0.2** ***uitrusten*** ⇒*meubileren, inrichten* ◆ **1.2** a ~ed house *een gemeubileerd huis* **6.1** ~ sth. **to** s.o. *iets leveren aan iem.;* ~ s.o. **with** sth. *iem. van iets voorzien.*
fur·nish·er ['fɜ:nɪʃə‖'fɜrnɪʃər]⟨telb.zn.⟩ **0.1** ***handelaar in herenmodeartikelen*** **0.2** ***meubelhandelaar*** ⇒*meubelmaker.*
fur·nish·ing ['fɜ:nɪʃɪŋ‖'fɜr-]⟨f2⟩⟨zn.⟩
I ⟨telb.zn.⟩ **0.1** ***gebruiks/luxeartikel;***
II ⟨n.-telb.zn.⟩⟨vero.⟩ **0.1** ***het uitrusten*** ⇒*meubilering;*
III ⟨mv.; ~s⟩ **0.1** ***woninginrichting*** ⇒*meubilering, meubilair* **0.2** ***herenmodeartikelen*** ◆ **2.1** soft ~ *woningtextiel.*
fur·nish·ment ['fɜ:nɪʃmənt‖'fɜr-]⟨n.-telb.zn.⟩ **0.1** ***het uitrusten*** ⇒*meubilering.*
fur·ni·ture ['fɜ:nɪtʃə‖'fɜrnɪtʃər]⟨f3⟩⟨n.-telb.zn.⟩ **0.1** ***meubilair*** ⇒*meubels, meubilering, huisraad* **0.2** ***uitrusting*** ⇒*benodigdheden, tuig, tuigage; (meubel)beslag, hang- en sluitwerk; montering* **0.3** ⟨druk.⟩ ***(formaat)wit*** ⇒*holwit* ◆ **1.1** an impressive piece of ~ *een indrukwekkend meubelstuk.*
'furniture beetle, 'furniture borer ⟨telb.zn.⟩⟨dierk.⟩ **0.1** ***doodsklopertje*** ⟨Anobium punctatum⟩.
'furniture fabric ⟨telb. en n.-telb.zn.⟩ **0.1** ***meubelstof.***
'furniture polish ⟨telb. en n.-telb.zn.⟩ **0.1** ***meubelwas*** ⇒*boenwas.*
'furniture van ⟨telb.zn.⟩ **0.1** ***verhuiswagen*** ⇒*meubelwagen.*
fu·rore [fju:'rɔ:ri], ⟨AE vnl.⟩ **fu·ror** ['fjʊrɔ:‖-rɔr]⟨telb.zn.; geen mv.⟩ **0.1** ***furore*** ⇒*opwinding* **0.2** ***razernij*** ⇒*uitbarsting van woede/verontwaardiging* ◆ **3.1** create a ~ *furore maken, grote opgang maken.*
furp[1] [fɜ:p‖fɜrp]⟨telb.zn.⟩⟨AE; inf.⟩ **0.1** ***knecht*** ⇒*bediende, handlanger.*
furp[2] ⟨onov.ww.⟩⟨AE; inf.⟩ **0.1** ***met een meisje uitgaan*** ⇒*een afspraakje hebben* ◆ **5.¶** →furp **up**.
fur·phy ['fɜ:fi‖'fɜr-]⟨telb.zn.; →mv. 2⟩⟨Austr. E; sl.⟩ **0.1** ***gerucht*** ⇒*praatje.*
'furp 'up ⟨ov.ww.⟩⟨AE; inf.⟩ **0.1** ***opsnorren*** ⇒*opduiken, opscharrelen, aan het licht brengen.*
fur·ri·er ['fʌrɪə‖'fɜrɪər]⟨telb.zn.⟩ **0.1** ***bontwerker*** ⇒*pelsmaker* **0.2** ***bonthandelaar.***
fur·ri·er·y ['fʌrɪəri‖'fɜr-]⟨zn.; →mv. 2⟩
I ⟨telb. en n.-telb.zn.⟩ **0.1** ***bonthandel*** ⇒*pelshandel;*
II ⟨n.-telb.zn.⟩ **0.1** ***bontwerk*** ⇒*pelswerk, pelterij* **0.2** ***het bontwerken*** ⇒*bontbewerking.*
fur·ri·ner ['fʌrɪnə‖-ər]⟨telb.zn.⟩⟨gew., scherts.⟩ **0.1** ***vreemdeling.***
fur·ring ['fʌrɪŋ‖'fɜrɪŋ]⟨zn.; oorspr. gerund v. fur⟩
I ⟨telb.zn.⟩ **0.1** ***(houten) belegstuk;***
II ⟨telb. en n.-telb.zn.⟩ **0.1** ***bontwerk*** **0.2** ***bontvoering*** **0.3** ***aanzetting*** ⇒*ketelsteenafzetting* **0.4** ***beslag*** ⟨op tong⟩ **0.5** ***stucwerk (op latten)*** ⟨v. muur⟩ **0.6** ⟨scheep.⟩ ***spijkerhuid.***
fur·row[1] ['fʌroʊ‖'fɜroʊ]⟨f1⟩⟨telb.zn.⟩ **0.1** ***voor*** ⇒*ploegsnede, greppel, spoor, kerf, gleuf, groef, rimpel* **0.2** ***zog*** ⇒*spoor* ⟨v. schip⟩.
furrow[2] ⟨f1⟩⟨ww.⟩
I ⟨onov.ww.⟩ **0.1** ***doorploegd worden*** ⇒*rimpelen;*
II ⟨ov.ww.⟩ **0.1** ***doorploegen*** ⇒*sporen maken in, groeven, rimpelen.*
'furrow drain ⟨telb.zn.⟩ **0.1** ***afvoergreppel/geul.***
'fur·row-faced ⟨bn.⟩ **0.1** ***met rimpelig gelaat*** ⇒*gerimpeld.*
'furrow irrigation ⟨n.-telb.zn.⟩ **0.1** ***bevloeiing*** ⟨d.m.v. greppels⟩.
fur·row·less ['fʌroʊləs‖'fɜr-]⟨bn.⟩ **0.1** ***rimpelloos*** ⇒*glad.*
'furrow slice ⟨telb.zn.⟩ **0.1** ***ploegsnede*** ⇒*(ploeg)voor.*
fur·row·y ['fʌroʊi‖'fɜr-]⟨bn.⟩ **0.1** ***rimpelig*** ⇒*gerimpeld.*
fur·ry ['fɜ:ri]⟨f1⟩⟨bn.; -er; -ness; →compar. 7⟩ **0.1** ***bonten*** ⇒*bont-* **0.2** ***bontachtig*** ⇒*harig, zacht* **0.3** ***met bont bekleed/gevoerd*** **0.4** ***in bont gekleed*** **0.5** ***gevoileerd*** ⟨v. stem⟩ **0.6** ⟨AE⟩ ***vreselijk*** ◆ **1.6** ~ fear *verschrikking die de haren ten berge doet rijzen.*
'fur 'seal ⟨telb.zn.⟩⟨dierk.⟩ **0.1** ***pelsrob*** ⟨genera Arctocephalus en Gallorhinus⟩.
fur·ther[1] ['fɜ:ðə‖'fɜrðər]⟨f3⟩⟨bn., attr.; vergr. trap v. far⟩ →far **0.1** ***verder*** ⇒*later, nader, meer* ◆ **1.1** on ~ consideration *bij nader inzien;* ⟨BE⟩ ~ education ⟨ong.⟩ *voortgezet onderwijs* ⟨voor mensen die van school af zijn⟩, *onderwijs voor volwassenen, volwasseneneducatie;* Further India *Achter-Indië;* till ~ notice/orders *tot nader order/nadere kennisgeving, voorlopig;* ~ particulars *nadere gegevens;* on the ~ side *aan de overkant.*
further[2] ⟨f2⟩⟨ov.ww.⟩ **0.1** ***bevorderen*** ⇒*in de hand werken, stimuleren, vooruithelpen* ◆ **1.1** ~ s.o.'s interests *iemands belangen behartigen.*
further[3] ⟨f2⟩⟨bw.⟩⟨→sprw. 229⟩ **0.1** ***verder*** ⇒*nader, meer, elders* **0.2** ⟨euf.⟩ ***in de hel*** ◆ **3.1** go ~ *verder gaan, meer doen;* inquire ~ *nadere inlichtingen inwinnen;* look ~ *elders zoeken;* proceed ~ *verdergaan* **3.2** wish s.o. ~ *iem. naar de maan wensen* **6.1** ~ **from** *verder van/naast;* nothing is ~ **from** my mind *ik denk er niet aan, ik pieker er niet over* **¶.2** I'll see you ~ (first) *geen haar op mijn hoofd dat eraan denkt.*
fur·ther·ance ['fɜ:ðrəns‖'fɜr-]⟨n.-telb.zn.⟩ **0.1** ***bevordering*** ⇒*ontwikkeling, voortzetting, behartiging, hulp* ◆ **6.1 for** the ~ of, **in** ~ of *ter bevordering van.*

fur·ther·er ['fɜ:ðrə||'fɜrðərər]⟨telb.zn.⟩ **0.1** ***bevorderaar*** ⇒*helper, verdediger.*

fur·ther·more ['fɜ:ðə'mɔ:||'fɜrðər'mɔr]⟨f3⟩⟨bw.⟩ **0.1** ***verder*** ⇒*voorts, daarbij, bovendien.*

fur·ther·most ['fɜ:ðəmoust||'fɜrðər-]⟨bn.⟩ **0.1** ***verst (verwijderd)*** ◆ **1.1** the ~ corner *de verste hoek;* the corner ~ from the fire *de hoek die het verst van de haard gelegen is.*

fur·thest ['fɜ:ðɪst||'fɜr-]⟨f1⟩⟨bn.; bw.; overtr. trap v. far⟩ →far **0.1** ***verst*** ⇒*vroegst, laatst, meest* ◆ **6.1 at** (the) ~ *op zijn verst, ten vroegste, ten laatste, hoogstens.*

fur·tive ['fɜ:tɪv||'fɜrṭɪv]⟨f2⟩⟨bn.; -ly; -ness⟩ **0.1** ***steels*** ⇒*heimelijk, bedekt, sluiks, clandestien* **0.2** ***gestolen*** ⇒*ontvreemd* ◆ **1.1** a ~ glance/movement *een steelse blik/beweging.*

fu·run·cle ['fjʊərʌŋkl||'fjʊr-]⟨telb.zn.⟩ **0.1** ***steenpuist*** ⇒*furunkel, bloedvin.*

fu·run·cu·lar [fjʊə'rʌŋkjʊlə||fjʊ'rʌŋkjələr], **fu·run·cu·lous** [-ləs] ⟨bn.⟩ **0.1** ***steenpuist-*** ⇒*met/vol steenpuisten.*

fu·run·cu·lo·sis [-lousɪs]⟨telb. en n.-telb.zn.; furunculoses [-lousi:z]; →mv. 5⟩⟨med.⟩ **0.1** ***furunkulose.***

fu·ry ['fjʊəri||'fjʊri]⟨f2⟩⟨zn.; →mv. 2⟩
I ⟨telb.zn.⟩ **0.1** ⟨inf.⟩ ***feeks*** ⇒*kenau, helleveeg* **0.2** ⟨vnl. mv.; vaak F-⟩ ***furie*** ⇒*wraakgodin;* ⟨fig.⟩ *wraakgeest, gewetenskwelling;*
II ⟨telb. en n.-telb.zn.⟩ **0.1** ***woede(aanval)*** ⇒*furie, razernij, toorn* ◆ **1.1** ⟨fig.⟩ in the ~ of the battle *in het heetst v.d. strijd;* ⟨fig.⟩ be in a ~ of impatience *branden van ongeduld* **6.1 in** a ~ *razend, furieus;* ⟨inf.⟩ **like** ~ *als de bliksem, als gek.*

furze [fɜ:z||fɜrz]⟨telb.zn.⟩⟨plantk.⟩ **0.1** ***gaspeldoorn*** ⇒*Franse brem, stekelbrem, genst, doornstruik* ⟨vnl. Ulex europaeus⟩.

furz·y ['fɜ:zi||'fɜrzi]⟨bn.; -er; →compar. 7⟩ **0.1** ***gaspeldoornachtig*** ⇒⟨bij uitbr.⟩ *stekelig, ruwbehaard* **0.2** ***met gaspeldoorn begroeid.***

fu·sain [fju:'zeɪn||'fju:zeɪn]⟨zn.⟩
I ⟨telb.zn.⟩ **0.1** ***fusain*** ⇒*houtskoolschets;*
II ⟨n.-telb.zn.⟩ **0.1** ***(soort) houtskool*** ⟨gemaakt v. kardinaalsmuts (heester)⟩.

fus·cous ['fʌskəs]⟨bn.⟩ **0.1** ***donker*** ⇒*somber.*

fuse[1], ⟨AE sp. in bet. 0.2 vnl.⟩ **fuze** [fju:z]⟨f2⟩⟨telb.zn.⟩ **0.1** ***lont*** **0.2** ***(schok)buis*** ⇒*ontsteker, detonator* **0.3** ⟨elek.⟩ ***zekering*** ⇒*stop, smeltveiligheid/patroon* **0.4** ***kortsluiting*** ⇒*storing, overbelasting* ◆ **3.3** a ~ has blown *er is een zekering gesprongen* **3.¶** ⟨AE; inf.⟩ blow a ~ *woest worden, uit z'n vel springen.*

fuse[2], ⟨AE sp. in bet. II 0.1 ook⟩ **fuze** ⟨f2⟩⟨ww.⟩
I ⟨onov. en ov.ww.⟩ **0.1** ***(doen) smelten*** ⟨zekering enz.⟩ **0.2** ***(doen) ineensmelten*** ⟨metalen enz.⟩ ⇒*(doen) samensmelten, (doen) fuseren* ⟨instellingen enz.⟩ **0.3** ***(doen) uitvallen*** ⟨elektrisch apparaat⟩;
II ⟨ov.ww.⟩ **0.1** ***van een lont/buis voorzien*** **0.2** ***van zekeringen voorzien.***

'fuse board ⟨telb.zn.⟩⟨elek.⟩ **0.1** ***zekeringenpaneel.***

'fuse box, 'fuse cabinet ⟨telb.zn.⟩⟨elek.⟩ **0.1** ***zekeringkast*** ⇒*stoppenkast, verdeelkast.*

fu·see, ⟨AE sp. ook⟩ **fu·zee** [fju:'zi:]⟨telb.zn.⟩ **0.1** ***snek*** ⟨in horloge⟩ **0.2** ***(schok)buis*** ⇒*ontsteker, detonator* **0.3** ***windlucifer*** **0.4** ⟨AE⟩ ***signaalvlam*** ⟨bij spoorwegen⟩.

fu'see wheel ⟨telb.zn.⟩ **0.1** ***snekrad*** ⟨uurwerk⟩.

fu·se·lage ['fju:zɪlɑ:ʒ||-sə-]⟨f1⟩⟨telb.zn.⟩ **0.1** ***vliegtuigromp*** ⇒*fuselage.*

fu·sel oil ['fju:zl·ɔɪl]⟨n.-telb.zn.⟩ **0.1** ***foezelolie.***

'fuse pin ⟨telb.zn.⟩ **0.1** ***slagpin.***

'fuse wire ⟨telb. en n.-telb.zn.⟩⟨elek.⟩ **0.1** ***smeltdraad.***

fu·si·bil·i·ty ['fju:zə'bɪləṭi]⟨telb. en n.-telb.zn.; →mv. 2⟩ **0.1** ***smeltbaarheid.***

fu·si·ble ['fju:zəbl]⟨bn.; -ness⟩ **0.1** ***smeltbaar.***

fu·si·form ['fju:zɪfɔ:m||-fɔrm]⟨bn.⟩ **0.1** ⟨biol., med.⟩ ***spoelvormig.***

fu·sil[1] ['fju:zɪl]⟨telb.zn.⟩ **0.1** ⟨heraldiek⟩ ***(gerekte) ruit*** **0.2** ***vuursteengeweer*** ⇒*musket.*

fusil[2], **fu·sile** ['fju:saɪl||-zaɪl]⟨bn.⟩ **0.1** ***gesmolten*** ⇒*gegoten, giet-* **0.2** ***smeltbaar.***

fu·si·lier, ⟨AE sp. ook⟩ **fu·si·leer** ['fju:zə'lɪə||-'lɪr]⟨telb.zn.⟩ ⟨gesch.⟩ **0.1** ***fuselier*** ⇒*musketier* **0.2** ⟨mv.; vaak F-⟩⟨BE⟩ ***Fuseliers.***

fu·sil·lade[1] ['fju:zɪ'leɪd||-sɪlɑd]⟨telb.zn.⟩ **0.1** ***fusillade*** ⇒*geweervuur, salvo* **0.2** ***(massale) fusillering*** ⇒*executie (door vuurpeloton)* **0.3** ***stroom*** ⇒*lawine, spervuur* **0.4** ***vuurpeloton*** ◆ **1.3** a ~ of insults *een lawine v. beledigingen.*

fusillade[2] ⟨ov.ww.⟩ **0.1** ***beschieten*** ⇒*bestoken* **0.2** ***neerschieten*** ⇒*fusilleren, executeren.*

fu·sion ['fju:ʒn]⟨f1⟩⟨telb. en n.-telb.zn.⟩ **0.1** ***fusie(proces)*** ⇒*(ineen-/samen-/ver)smelting, mengeling; coalitie; (metaal)gieting; kernfusie, kernversmelting* **0.2** ***gesmolten massa*** ◆ **1.1** a ~ of races *een mengeling v. rassen;* a ~ of political parties *een coalitie v. politieke partijen* **2.1** nuclear ~ *kernfusie, kernversmelting.*

'fusion bomb ⟨telb.zn.⟩ **0.1** ***waterstofbom.***

fu·sion·ism ['fju:ʒənɪzm]⟨n.-telb.zn.⟩ **0.1** ***fusionisme.***

fu·sion·ist ['fju:ʒənɪst]⟨telb.zn.⟩ **0.1** ***fusionist.***

'fusion point ⟨telb.zn.⟩ **0.1** ***smeltpunt.***

'fusion welding ⟨n.-telb.zn.⟩ **0.1** ***het smeltlassen.***

fuss[1] [fʌs]⟨f2⟩⟨telb. en n.-telb.zn.⟩ **0.1** ***(nodeloze) drukte*** ⇒*opwinding, omhaal, ophef, poeha, opschudding* ◆ **1.1** ~ and feathers *veel omhaal/nodeloos vertoon* **3.1** get into a ~ *opgewonden raken;* kick up/make a ~ *heibel maken, luidruchtig protesteren* **4.¶** what's the ~? *wat is er (aan de hand)?* **6.1** make a ~ **of/over** *overdreven aandacht schenken aan.*

fuss[2] ⟨f2⟩⟨ww.⟩ →fussed
I ⟨onov.ww.⟩ **0.1** ***zich druk maken*** ⇒*drukte maken, zich opwinden* ◆ **3.1** ~ and fume *zich dik maken* **5.1** ~ **about,** ~ **up** and **down** *zenuwachtig rondlopen, ijsberen* **5.¶** ⟨AE; gew.⟩ ~ **up** *zich opdirken* **6.1** ~ **about** sth. *zich druk maken om iets;* ~ **over** s.o. *overdreven aandacht schenken aan iem., iem. betuttelen;*
II ⟨onov. en ov.ww.⟩⟨sl.⟩ **0.1** ***uitgaan (met)*** ⇒*een afspraakje maken (met)* **0.2** ***vrijen*** ⇒*verliefd zijn/doen;*
III ⟨ov.ww.⟩ **0.1** ***zenuwachtig maken*** ⇒*opwinden* ◆ **5.¶** ~ s.o. **about** *overdreven aandacht schenken aan iem., iem. betuttelen;* ⟨AE; gew.⟩ ~ **up** *volproppen; versieren;* ⟨AE; gew.⟩ ~ed **up** *verlegen, opgedirkt.*

'fuss·box, 'fuss·budg·et, 'fuss·pot ⟨telb.zn.⟩⟨inf.⟩ **0.1** ***druktemaker*** ⇒*zenuwpees, bemoeial, pietlut.*

fussed [fʌst]⟨bn.; volt. deelw. v. fuss⟩ **0.1** ***druk*** ⇒*zenuwachtig, gejaagd* ◆ **5.1** ⟨BE; inf.⟩ I'm not ~ *het is mij om het even* **6.1** ⟨BE; inf.⟩ not be ~ **about** sth. *niet veel geven om iets.*

fuss·er ['fʌsə||-ər]⟨telb.zn.⟩ **0.1** ***(overdreven) druk persoon*** ⇒*zenuwpees, bemoeial.*

fuss·y ['fʌsi]⟨f2⟩⟨bn.; -er; -ly; -ness; →bijw. 3⟩ **0.1** ***(overdreven) druk*** ⇒*zenuwachtig, bemoeiziek* **0.2** ***pietluttig*** ⇒*overdreven, precies, moeilijk* **0.3** ***(overdreven) versierd*** ⇒*opgedirkt, opgesmukt, overladen* ◆ **5.2** ⟨BE; inf.⟩ I'm not ~ *het is mij om het even* **6.1** be ~ **about** sth. *zich druk maken om iets* **6.2** she's very ~ **about** … *ze doet altijd erg moeilijk over* ….

fus·ta·nel·la ['fʌstə'nelə]⟨telb.zn.⟩ **0.1** ***fustanella*** ⟨Albanese of Griekse mannenrok⟩.

fus·tian[1] ['fʌstɪən||-tʃən]⟨n.-telb.zn.⟩ **0.1** ***fustein*** ⇒*bombazijn* **0.2** ***bombast*** ⇒*hoogdravende taal.*

fustian[2] ⟨bn.⟩ **0.1** ***bombazijnen*** ⇒*fustein-* **0.2** ***bombastisch*** ⇒*hoogdravend, gezwollen, opgeblazen.*

fus·tic ['fʌstɪk]⟨zn.⟩
I ⟨telb.zn.⟩ **0.1** ***(soort) moerbeiboom*** ⟨Chlorafora tinctoria⟩;
II ⟨n.-telb.zn.⟩ **0.1** ***fustiek(hout)*** ⇒*geelhout, cubahout, citroenhout* **0.2** ***gele verfstof*** ⇒*fustiekgeel, citroengeel.*

fus·ti·gate ['fʌstɪgeɪt]⟨ov.ww.⟩⟨scherts.⟩ **0.1** ***afrossen*** ⇒*afranselen, knuppelen.*

fus·ti·ga·tion ['fʌstɪ'geɪʃn]⟨telb. en n.-telb.zn.⟩ **0.1** ***afranseling*** ⇒*afrossing, (een pak) rammel.*

fus·ti·ga·tor ['fʌstɪgeɪtə||-geɪṭər]⟨telb.zn.⟩ **0.1** ***afranselaar*** ⇒*afrosser.*

fus·ty ['fʌsti]⟨f1⟩⟨bn.; -er; -ly; -ness; →bijw. 3⟩ **0.1** ***duf*** ⇒*muf;* ⟨fig.⟩ *ouderwets, bekrompen, saai.*

fut ⟨afk.⟩ future.

fu·thark, fu·tharc ['fu:θɑ:k||-θɑrk], **fu·thorc, fu·thork** [-θɔ:k||-θɔrk] ⟨telb.zn.⟩ **0.1** ***futhark*** ⇒*runenalfabet.*

fu·tile ['fju:taɪl||'fju:ṭl]⟨f2⟩⟨bn.; -ly; -ness⟩ **0.1** ***futiel*** ⇒*nutteloos, vergeefs, doelloos* **0.2** ***nietig*** ⇒*armzalig, nietswaardig* ◆ **1.1** a ~ attempt *een vruchteloze poging;* a ~ question *een zinloze vraag* **1.2** a ~ person *een nietig ventje.*

fu·til·i·tar·i·an[1] [fju:'tɪlɪ'teərɪən||-'terɪən]⟨telb.zn.⟩ **0.1** ***negativist*** ⇒*aanhanger v.d. leer dat alle menselijk handelen zinloos is* **0.2** ***beuzelaar*** ⇒*prutser.*

futilitarian[2] ⟨bn.⟩ **0.1** ***negativistisch.***

fu·til·i·tar·i·an·ism [fju:'tɪlɪ'teərɪənɪsm||-'ter-]⟨n.-telb.zn.⟩ **0.1** ***negativisme*** **0.2** ***beuzelarij.***

fu·til·i·ty [fju:'tɪləṭi]⟨f2⟩⟨zn.⟩
I ⟨telb.zn.⟩ **0.1** ***futiliteit*** ⇒*bagatel, wissewasje;*
II ⟨n.-telb.zn.⟩ **0.1** ***nutteloosheid*** ⇒*nietigheid, doelloosheid, futiliteit.*

fu·ton [fu:'tɒn||-'tɑn]⟨telb.zn.⟩ **0.1** ***futon*** ⟨Japanse gewatteerde deken als matras⟩.

fut·tock ['fʌṭək]⟨telb.zn.⟩⟨scheep.⟩ **0.1** ***oplanger.***

'futtock plate ⟨telb.zn.; vnl. mv.⟩⟨scheep.⟩ **0.1** ***putting(ijzer).***

'futtock shroud ⟨telb.zn.; vnl. mv.⟩⟨scheep.⟩ **0.1** ***putting(want).***

fu·ture[1] ['fju:tʃə||-ər]⟨f3⟩⟨zn.⟩
I ⟨telb.zn.⟩⟨taalk.⟩ **0.1** ***toekomende tijd*** ⇒*futurum;*
II ⟨telb. en n.-telb.zn.; vaak the⟩ **0.1** ***toekomst*** **0.2** ⟨sl.⟩ ***verloofde*** **0.3** ⟨sl.⟩ ***scrotum*** ◆ **2.1** in the distant ~ *in de verre toekomst, op lange termijn;* in the near ~ *in de nabije toekomst, spoedig* **3.1**

have a ~ *een toekomst/goede vooruitzichten hebben* **6.1 for** the/**in** ~ *voortaan, in 't vervolg;* provide **for** the ~ *zijn toekomst veilig stellen;* **in** the ~ *in de toekomst;*
III ⟨mv.; ~s⟩ **0.1** ***termijnzaken***.
future[2] ⟨f2⟩ ⟨bn., attr.⟩ **0.1** ***toekomstig*** ⇒*toekomend, aanstaande* **0.2** ***na de dood*** ◆ **1.1** ⟨taalk.⟩ ~ perfect *voltooid toekomende tijd;* ⟨taalk.⟩ ~ tense *futurum, toekomende tijd;* ~ wife *aanstaande, verloofde* **1.2** ~ life/state *het hiernamaals*.
fu·ture·less ['fju:tʃələs‖-ər-] ⟨bn.⟩ **0.1** ***uitzichtloos*** ⇒*zonder toekomst*.
'future shock ⟨n.-telb.zn.⟩ **0.1** ***toekomstshock***.
'futures market ⟨telb.zn.⟩ **0.1** ***termijnmarkt***.
fu·tur·ism ['fju:tʃərɪzm] ⟨n.-telb.zn.⟩ **0.1** ***futurisme***.
fu·tur·ist[1] ['fju:tʃərɪst] ⟨telb.zn.⟩ **0.1** ***futurist***.
futurist[2], **fu·tur·ist·ic** ['fju:tʃə'rɪstɪk] ⟨bn.; -(ic)ally; → bijw. 3⟩ **0.1** ***futuristisch***.
fu·tu·ri·ty [fju:'tʃʊərəti‖-'tʊrəṭi] ⟨zn.; → mv. 2⟩
I ⟨telb.zn.⟩ **0.1** ⟨vaak mv.⟩ ***toekomstige gebeurtenis*** **0.2** ⟨AE; paardesport⟩ ***wedren in de toekomst;***
II ⟨n.-telb.zn.⟩ **0.1** ***toekomst*** **0.2** ***hiernamaals***.
fu·tu·ro·log·i·cal ['fju:tʃərə'lɒdʒɪkl‖-'lɑ-] ⟨bn.; -ly⟩ **0.1** ***futurologisch***.
fu·tu·rol·o·gist ['fju:tʃə'rɒlədʒɪst‖-'rɑ-] ⟨telb.zn.⟩ **0.1** ***futuroloog***.
fu·tu·rol·o·gy ['fju:tʃə'rɒlədʒi‖-'rɑ-] ⟨n.-telb.zn.⟩ **0.1** ***futurologie***.
fuze → fuse.
fuzee → fusee.
fuzz[1] [fʌz] ⟨f1⟩ ⟨zn.⟩
I ⟨telb.zn.⟩ ⟨sl.⟩ **0.1** ***smeris*** ⟨politieagent⟩ ⇒*klabak,* ⟨B.⟩ *flik;*
II ⟨telb. en n.-telb.zn.⟩ ⟨inf.⟩ **0.1** ***dons*** ⇒*pluis, donzig haar;*
III ⟨verz.n.; the⟩ ⟨sl.⟩ **0.1** ***de smerissen*** ⟨de politie⟩ ⇒*de russen,* ⟨B.⟩ *de flikken*.
fuzz[2] ⟨onov. en ov.ww.⟩ **0.1** ***uitrafelen*** ⇒*pluizig worden/maken*.
'fuzz·ball ⟨telb.zn.⟩ ⟨vnl. BE; plantk.⟩ **0.1** ***stuifzwam*** ⟨fam. Lycoperdaceae⟩.
'fuzz·box ⟨telb.zn.; vaak attr.⟩ **0.1** ***fuzz-box*** ⟨vervormt geluid⟩.
'fuzz·word ⟨telb.zn.⟩ **0.1** ***wollige term***.
fuzz·y ['fʌzi] ⟨f2⟩ ⟨bn.; -er; -ly; -ness; → bijw. 3⟩ **0.1** ***donzig*** ⇒*pluizig, vlokkig* **0.2** ***kroes*** ⇒*krullig, ruig* **0.3** ***vaag*** ⇒*beneveld, doezelig* **0.4** ***verward***.
fuzz·y-wuzz·y ['fʌziwʌzi] ⟨telb.zn.; → mv. 2⟩ **0.1** ⟨sl.⟩ ***kroeskop*** ⇒*inboorling* **0.2** ⟨bel.⟩ ***Soedanees soldaat***.
fv ⟨afk.⟩ folio verso.
FWA ⟨afk.⟩ Federal Works Agency.
fwd ⟨afk.⟩ forward, front-wheel drive, four-wheel drive.
fy, FY ⟨afk.⟩ fiscal year ⟨AE⟩.
-fy [faɪ] ⟨vormt ww.⟩ **0.1** ⟨ong.⟩ ***-ficeren*** ⇒*-fiëren* ◆ **¶.1** modify *modificeren, wijzigen;* terrify *doen schrikken*.
f y i ⟨afk.⟩ for your information.
fyke, fike [faɪk] ⟨telb.zn.⟩ **0.1** ***fuik***.
'fyke net, 'fike net ⟨telb.zn.⟩ **0.1** ***fuiknet*** **0.2** ***fuik***.
fyl·fot ['fɪlfɒt‖-fɑt] ⟨telb.zn.⟩ **0.1** ***hakenkruis*** ⇒*swastika*.
FZS ⟨afk.⟩ Fellow of the Zoological Society.

g[1], **G** [dʒi:] ⟨zn.; g's, G's, zelden gs, Gs⟩
I ⟨telb.zn.⟩ **0.1** ***(de letter) g, G;***
II ⟨telb. en n.-telb.zn.⟩ ⟨muz.⟩ **0.1** ***G*** ⇒*G-snaar/toets/*⟨enz.⟩; *sol*.
g[2], **G** ⟨afk.⟩ **0.1** ⟨genitive⟩ ***gen.*** **0.2** ⟨gelding, gender, guide⟩ **0.3** ⟨guilder⟩ ***fl.*** ⇒*gld.* **0.4** ⟨gourde, guinea, gulf⟩ **0.5** ⟨general⟩ ⟨AE; film⟩ ***AL*** ⇒*voor allen/alle leeftijden* **0.6** ⟨grand⟩ ⟨AE; sl.⟩.
Ga ⟨afk.⟩ Georgia.
GA ⟨afk.⟩ general assembly, general average, golfing association.
gab[1] [gæb] ⟨f1⟩ ⟨zn.⟩
I ⟨telb.zn.⟩ ⟨vnl. Sch. E⟩ **0.1** ***mond;***
II ⟨telb. en n.-telb.zn.⟩ ⟨verk.⟩ gabardine **0.1** ***gabardine;***
III ⟨n.-telb.zn.⟩ ⟨inf.⟩ **0.1** ***gesnater*** ⇒*gebabbel, geschetter* ◆ **1.1** have the gift of the ~ *kunnen praten als Brugman, goed v.d. tongriem gesneden zijn* **3.1** stop your ~! *hou je snater/kwebbel!*.
gab[2] ⟨f1⟩ ⟨onov.ww.; → ww. 7⟩ **0.1** ***snateren*** ⇒*babbelen, kakelen, kletsen*.
gab·ar·dine, gab·er·dine ['gæbə'di:n‖'gæbərdi:n] ⟨zn.⟩
I ⟨telb.zn.⟩ **0.1** ⟨gesch.⟩ ***kaftan*** ⇒*(joods) opperkleed* **0.2** ⟨BE⟩ ***(arbeiders)kiel;***
II ⟨telb. en n.-telb.zn.⟩ **0.1** ***gabardine***.
gab·bard ['gæbəd‖-ərd], **gab·bart** [-bət‖-bərt] ⟨telb.zn.⟩ ⟨Sch. E; scheep.⟩ **0.1** ***lichter***.
gab·ble[1] ['gæbl] ⟨f1⟩ ⟨n.-telb.zn.⟩ **0.1** ***geraffel*** **0.2** ***gekakel*** ⇒*gesnater, gekwebbel*.
gabble[2] ⟨f1⟩ ⟨ww.⟩
I ⟨onov.ww.⟩ **0.1** ***kakelen*** ⇒*snateren, kwebbelen, kletsen* ◆ **5.1** ~ **away** *(blijven) kakelen, erop los kletsen;*
II ⟨onov. en ov.ww.⟩ **0.1** ***(af)raffelen*** ⇒*opdreunen* ◆ **5.1** ~ **away** *(blijven) afraffelen*.
gab·bro ['gæbroʊ] ⟨telb. en n.-telb.zn.⟩ ⟨geol.⟩ **0.1** ***gabbro***.
gab·by ['gæbi] ⟨bn.; -er; → compar. 7⟩ ⟨inf.⟩ **0.1** ***praatziek*** ⇒*babbelachtig* ◆ **1.1** ~ person *kletskous, kletsmajoor*.
ga·belle [gæ'bel‖gə-] ⟨telb.zn.⟩ ⟨gesch.⟩ **0.1** ***gabel(le)*** ⇒*(zout)accijns*.
gab·er·lun·zie ['gæbə'lʌnzi‖'gæbər-] ⟨telb.zn.⟩ ⟨Sch. E⟩ **0.1** ***(rondtrekkend) bedelaar*** **0.2** ***landloper*** ⇒*zwerver*.
gab·fest ['gæbfest] ⟨telb.zn.⟩ ⟨AE; inf.⟩ **0.1** ***kletscollege*** ⇒*praatavond, roddeluurtje*.
ga·bi·on ['geɪbɪən] ⟨telb.zn.⟩ **0.1** ***zinkstuk*** **0.2** ⟨mil.⟩ ***schanskorf***.
ga·bi·on·(n)ade ['geɪbɪə'neɪd] ⟨telb.zn.⟩ **0.1** ***borstwering v. schanskorven***.
ga·ble ['geɪbl] ⟨f1⟩ ⟨telb.zn.⟩ **0.1** ***gevelspits*** ⇒*geveltop* **0.2** ***puntgevel***

⇒*topgevel* **0.3** ***fronton*** ⇒*geveldriehoek* ◆ **2.1** stepped ~ *trapgevel.*

ga·bled ['geɪbld]⟨bn.⟩ **0.1** ***met gevelspits/puntgevel/fronton*** ◆ **1.1** ~ house *huis met puntgevel(s);* ~ roof *puntdak, zadeldak;* ~ window *Saksisch venster* ⟨met spitse nok⟩.

'gable 'end ⟨telb.zn.⟩ **0.1** ***puntgevel*** ⇒*topgevel.*

'gable 'roof ⟨telb.zn.⟩ **0.1** ***puntdak*** ⇒*zadeldak.*

ga·blet ['geɪblɪt]⟨telb.zn.⟩ **0.1** ***geveltje*** ⟨boven nis, tabernakel, enz.⟩.

'gable 'window ⟨telb.zn.⟩ **0.1** ***raam in puntgevel*** **0.2** ***raam met driehoekige bovenkant.***

ga·by ['geɪbi]⟨telb.zn.; →mv. 2⟩⟨vero.; BE, gew.⟩ **0.1** ***sul*** ⇒*sukkel, (onnozele) hals, stumper.*

gad[1] [gæd]⟨zn.⟩
I ⟨telb.zn.⟩ **0.1** ⟨mijnw.⟩ ***houweel*** ⇒*pik; punt/steekbeitel* **0.2** ***prikkel*** ⟨om dieren voort te drijven⟩ **0.3** ⟨AE⟩ ***spoor;***
II ⟨n.-telb.zn.; the⟩ **0.1** ***het rondzwerven*** ◆ **6.1** **(up)on** the ~ *op pad/stap.*

gad[2] ⟨f1⟩⟨ww.; →ww. 7⟩
I ⟨onov.ww.⟩ **0.1** ***(rond)dolen*** ⇒*(rond/om)zwerven, ronddwalen, op stap zijn, flaneren* **0.2** ⟨plantk.⟩ ***verspreid groeien*** ◆ **5.1** ~ **about/abroad/around/out** *ronddolen* **6.1** ~ **about** Europe *rondzwerven in Europa;*
II ⟨ov.ww.⟩ **0.1** ⟨mijnw.⟩ ***loshakken*** **0.2** ***drijven*** ⟨vee⟩ **0.3** ⟨AE⟩ ***aansporen*** ⇒*de sporen geven.*

gad[3] ⟨tussenw.⟩ **0.1** ***verduiveld*** ⇒*waarachtig,* ⟨B.⟩ *begot* ◆ **6.1** **by** ~! *wel verduiveld!.*

gad·a·bout[1] ['gædəbaʊt]⟨telb.zn.⟩ **0.1** ***straatslijp(st)er*** ⇒*zwerver, uithuizig persoon.*

gadabout[2] ⟨bn., attr.⟩ **0.1** ***uithuizig.***

Gad·a·rene[1] ['gædə'ri:n]⟨telb.zn.⟩ **0.1** ***Gadareen*** ⟨inwoner v. Gadara in Noord-Palestina⟩.

Gadarene[2] ⟨bn.⟩ **0.1** ***Gadareens*** ⇒*v. Gadara;* ⟨fig.⟩ *overijld, haastig.*

gad·di [gə'di:]⟨zn.; ook gaddi; →mv. 4⟩
I ⟨telb.zn.⟩ **0.1** ***gaddi*** ⟨(kussen v.) troon v. Indisch heerser⟩;
II ⟨n.-telb.zn.⟩ **0.1** ***heerschappij*** ⇒*soevereiniteit.*

'gad·fly ⟨f1⟩⟨telb.zn.⟩ **0.1** ***horzel*** **0.2** ***brems*** ⇒*daas, paardevlieg* **0.3** ⟨fig.⟩ ***horzel*** ⇒*rustverstoorder, spelbreker.*

gadg·et ['gædʒɪt]⟨f2⟩⟨telb.zn.⟩ **0.1** ***gadget*** ⇒*uitvindsel, instrumentje, apparaatje, snufje, ding(etje)* **0.2** ⟨sl.⟩ ***overbodige versiering*** ⟨kleren, auto⟩.

gadg·e·teer ['gædʒɪ'tɪə‖-'tɪr]⟨telb.zn.⟩ **0.1** ***prullenmaker*** **0.2** ***gadgetmaniak*** ⇒*liefhebber v. apparaatjes.*

gadg·et·ry ['gædʒɪtri]⟨n.-telb.zn.⟩ **0.1** ***snufjes*** **0.2** ***het bedenken/maken v. gadgets.***

gadg·e·ty ['gædʒɪṭi]⟨bn.⟩ **0.1** ***met snufjes.***

Ga·dhel·ic[1], **Gae·dhel·ic** [gæ'delɪk‖gə-], **Goi·del·ic** [gɔɪ'delɪk] ⟨eig.n.⟩ **0.1** ***Gaëlisch*** ⇒*Goidelisch* ⟨Schots, Iers en Manx Keltisch⟩.

Gadhelic[2], **Gaedhelic, Goidelic** ⟨bn.⟩ **0.1** ***Gaëlisch*** ⇒*Goidelisch.*

ga·doid[1] ['geɪdɔɪd], **ga·did** ['geɪdɪd]⟨telb.zn.⟩⟨dierk.⟩ **0.1** ***kabeljauwachtige (vis)*** ⟨fam. Gadidae⟩.

gadoid[2], **gadid** ⟨bn.⟩ **0.1** ***kabeljauwachtig.***

gad·o·lin·ite ['gædəlɪnaɪt]⟨telb. en n.-telb.zn.⟩⟨geol.⟩ **0.1** ***gadoliniet.***

gad·o·lin·i·um ['gædə'lɪnɪəm]⟨n.-telb.zn.⟩⟨schei.⟩ **0.1** ***gadolinium*** ⟨element 64⟩.

ga·droon [gə'dru:n]⟨telb.zn.⟩ **0.1** ***sierlijst*** ⟨op gebouw, zilverwerk enz.⟩ ⇒*eierlijst, cannelering.*

gad·wall ['gædwɔ:l], **gad·wale** [-weɪl], **gad·well** [-wel]⟨telb.zn.; ook gadwall; →mv. 4⟩⟨dierk.⟩ **0.1** ***krakeend*** ⟨Anas strepera⟩.

gad·zooks [gæd'zu:ks]⟨tussenw.⟩⟨vero.⟩ **0.1** ***gossiemijne.***

Gael [geɪl]⟨telb.zn.⟩ **0.1** ***Hooglander*** **0.2** ***spreker v.h. Gaëlisch*** ⟨Schots, Iers of Manx Keltisch⟩.

Gael·ic[1] ['geɪlɪk]⟨eig.n.⟩ **0.1** ***Gaëlisch*** ⟨Schots, Iers en Manx Keltisch⟩.

Gaelic[2] ⟨bn.⟩ **0.1** ***Gaëlisch*** ◆ **1.1** ⟨sport⟩ ~ football *Keltisch voetbal* ⟨mengvorm v. voetbal en rugby⟩.

gaff[1] [gæf]⟨zn.⟩
I ⟨telb.zn.⟩ **0.1** ***visspeer*** **0.2** ***hijshaak*** ⟨om vis uit water te lichten⟩ **0.3** ***(ijzeren) spoor*** ⟨v. kemphaan⟩ **0.4** ⟨scheep.⟩ ***gaffel*** **0.5** ⟨vero.; BE; sl.⟩ ***(derderangs)theater*** **0.6** →gaffe ◆ **1.5** penny ~ *derderangs schouwburg;*
II ⟨telb. en n.-telb.zn.⟩ **0.1** ⟨sl.⟩ ***kletspraat(je)*** ⇒*larie, lulkoek* **0.2** ⟨AE; sl.⟩ ***mishandeling*** ⇒*getreiter, judasserij* **0.3** ⟨AE; sl.⟩ ***(slimme/geheime) truc*** ⟨i.h.b. goochelen, gokken⟩ ◆ **3.1** ⟨sl.⟩ blow the ~ (on s.o./sth.) *(iem. ver)klikken, (iets) doen uitlekken (over iem./iets)* **3.2** stand the ~ *doorbijten, veel verduren, de vuurproef doorstaan.*

gaff[2] ⟨ww.⟩
I ⟨onov.ww.⟩⟨BE; sl.⟩ **0.1** ***gokken*** ⟨vnl. met munten⟩;
II ⟨ov.ww.⟩ **0.1** ***vangen*** ⟨met visspeer⟩ **0.2** ***binnenhalen*** ⟨vis, met hijshaak⟩ **0.3** ***sporen*** ⇒*van sporen voorzien* ⟨kemphaan⟩ **0.4** ⟨AE; sl.⟩ ***bedriegen*** ⟨door verborgen truc, door te weinig wisselgeld terug te geven⟩ **0.5** ⟨AE; sl.⟩ ***vervalsen*** ⟨dobbelstenen enz.⟩.

gaffe [gæf]⟨f1⟩⟨telb.zn.⟩ **0.1** ***blunder*** ⇒*flater, stommiteit.*

gaf·fer ['gæfə‖-ər]⟨f1⟩⟨telb.zn.⟩ **0.1** ⟨gew.⟩ ***opa*** ⇒*oude man* **0.2** ⟨BE; inf.⟩ ***ouwe*** ⇒*(ploeg)baas, meesterknecht* **0.3** ⟨inf.⟩ ***cheftechnicus*** ⟨bij t.v.- of filmopnames⟩.

'gaff rig ⟨telb.zn.⟩⟨scheep.⟩ **0.1** ***gaffeltuig.***

'gaff-'rigged ⟨bn.⟩⟨scheep.⟩ **0.1** ***met gaffel(tuig).***

gaff·sail ['gæfsl, -seɪl]⟨telb.zn.⟩⟨scheep.⟩ **0.1** ***gaffelzeil.***

gaff-top·sail ['gæf'tɒpsl, -seɪl‖-'tɑp-]⟨telb.zn.⟩⟨scheep.⟩ **0.1** ***gaffeltopzeil.***

gag[1] [gæg]⟨f1⟩⟨telb.zn.⟩ **0.1** ***(mond)prop*** ⇒⟨fig.⟩ *muilband* **0.2** ⟨med.⟩ ***prop*** ⇒*knevel, klem;* ⟨hengelsport⟩ *bekklem* **0.3** ***(soort v.) bit*** ⟨v. paard⟩ **0.4** ⟨Parlement⟩ ***beperking (v.d. debattijd)*** ⇒*afsluiting (v.h. debat)* **0.5** ⟨dram.⟩ ***gag*** ⇒*tussenvoegsel* ⟨door acteur⟩, *(zorgvuldig voorbereid) komisch effect* **0.6** ⟨inf.⟩ ***gag*** ⇒*kwinkslag, grap, mop, gekke situatie* **0.7** ⟨inf.⟩ ***leugen(tje)*** ⇒*truc* ◆ **3.6** pull a ~ *een grap uithalen.*

gag[2] ⟨f2⟩⟨ww.⟩
I ⟨onov.ww.⟩ **0.1** ⟨vnl. AE⟩ ***kokhalzen*** ⇒*braken* **0.2** ⟨dram.⟩ ***gags inlassen*** **0.3** ⟨inf.⟩ ***een grap uithalen*** ⇒*grappen* **0.4** ⟨inf.⟩ ***een leugen(tje) debiteren*** ◆ **6.1** ~ **at** sth. *kokhalzen van, afkerig worden/zijn van;* ~ **on** sth. *van iets kokhalzen, zich in iets verslikken* **6.¶** ⟨inf.⟩ ~ **on** s.o. *iem. verlinken;*
II ⟨ov.ww.⟩ **0.1** ***een prop in de mond stoppen*** ⇒⟨fig.⟩ *muilbanden, knevelen, de mond snoeren* **0.2** ⟨med.⟩ ***van prop/klem voorzien*** **0.3** ***doen kokhalzen*** **0.4** ***verstoppen*** ⟨buis enz.⟩ **0.5** ***bitten*** ⟨paard⟩ **0.6** ⟨inf.⟩ ***in de luren leggen*** ⇒*bedriegen.*

ga·ga ['gɑ:gɑ:]⟨bn.⟩⟨sl.⟩
I ⟨bn.⟩ **0.1** ***gaga*** ⇒*kierewiet, halfwijs, kinds* ◆ **1.1** ~ comedian *zotskop* **3.1** go ~ *kierewiet worden;* ⟨B.⟩ *een vijs kwijtraken;*
II ⟨bn., pred.⟩ **0.1** ***stapel*** ◆ **6.1** be ~ **about** *stapel zijn op;* go ~ **over** *vallen voor/op.*

'gag bit ⟨telb.zn.⟩ **0.1** ***(extra sterk) bit*** ⟨v. paard⟩.

gage[1] [geɪdʒ]⟨f1⟩⟨zn.⟩
I ⟨telb.zn.⟩ **0.1** ***(onder)pand*** **0.2** ***uitdaging*** ⇒*handschoen* **0.3** →gauge **0.4** ⟨verk.⟩ ⟨greengage⟩ ◆ **3.2** throw down the ~ *de handschoen toewerpen, uitdagen;*
II ⟨telb. en n.-telb.zn.⟩⟨sl.⟩ **0.1** ***(goedkope) drank*** **0.2** ***(goedkope) tabak*** **0.3** ⟨vnl. AE⟩ ***marihuana(sigaret).***

gage[2] ⟨ov.ww.⟩⟨vero.⟩ **0.1** ***verpanden*** **0.2** ***inzetten*** ⇒*op het spel zetten.*

gager →gauger.

gag·gle[1] ['gægl]⟨zn.⟩
I ⟨telb.zn.⟩ **0.1** ***vlucht (ganzen)*** **0.2** ***(snaterend) gezelschap*** **0.3** ***troep*** ◆ **1.2** a ~ of girls *een stel snaterende meisjes;*
II ⟨n.-telb.zn.⟩ **0.1** ***gegaggel*** ⇒*gesnater, gekwaak.*

gaggle[2] ⟨onov.ww.⟩ **0.1** ***gaggelen*** ⇒*snateren, kwaken.*

'gag law, 'gag regulation, 'gag rule ⟨telb.zn.⟩⟨AE⟩ **0.1** ***persbreidel*** ⇒*censuurwet* **0.2** ***regeling/wet ter beperking v.d. debattijd.***

'gag·man ⟨telb.zn.; gagmen; →mv. 3⟩⟨dram.⟩ **0.1** ***gagman*** ⟨ontwerper v. gags⟩.

'gag rein ⟨telb.zn.⟩ **0.1** ***teugel (voor gebruik met bit).***

gag·ster ['gægstə‖-ər]⟨telb.zn.⟩ **0.1** ⟨dram.⟩ ***gagman*** **0.2** ***grappenmaker.***

gai·e·ty, ⟨AE sp. ook⟩ **gay·e·ty** ['geɪəṭi]⟨f2⟩⟨zn.; →mv. 2⟩
I ⟨n.-telb.zn.⟩ **0.1** ***vrolijkheid*** ⇒*pret, joligheid, opgewektheid* **0.2** ***opschik*** ⇒*tooi, vertoon, kleurigheid;*
II ⟨mv.; gaieties, gayeties; zelden enk.⟩ **0.1** ***festiviteiten*** ⇒*feestelijkheden.*

gail·lar·di·a [geɪ'lɑ:dɪə‖gə'lɑr-]⟨telb.zn.⟩⟨plantk.⟩ **0.1** ***gaillardia*** ⟨genus Gaillardia⟩.

gai·ly →gay[2].

gain[1] [geɪn]⟨f3⟩⟨zn.⟩⟨→sprw. 330, 498⟩
I ⟨telb.zn.⟩ **0.1** ***aanwinst*** **0.2** ***groei*** ⇒*stijging, verhoging* **0.3** ⟨vaak mv.⟩ ***winst*** ⇒*opbrengst, baat, profijt, voordeel* **0.4** ⟨elek.⟩ ***versterking(sfactor)*** ◆ **1.2** a ~ in weight *een gewichtstoename* **1.3** the love of ~ *winstbejag* **2.3** ill-gotten ~s *woekerwinsten, gestolen goed;*
II ⟨n.-telb.zn.⟩ **0.1** ***het winnen*** ⇒*het winst maken* **0.2** ***het voorlopen*** ⟨v. uurwerk⟩ ◆ **6.1** do sth. **for** ~ *iets uit winstbejag doen.*

gain[2] ⟨f3⟩⟨ww.⟩ →gainings ⟨→sprw. 522, 558⟩
I ⟨onov.ww.⟩ **0.1** ***winst maken*** **0.2** ***winnen*** **0.3** ***groeien*** ⇒*toenemen, stijgen, verhogen* ◆ **6.2** ~ **over** *het winnen van;* ~ **(up)on** *het winnen van, veld/terrein winnen op, inhalen, naderen, invloed krijgen bij;* ~ **upon** the shore *land wegvreten/afknabbelen* **6.3** ~ **in** power *aan kracht winnen/in kracht toenemen;* ~ **in** weight

verzwaren; ~ **in** wisdom *wijzer worden;*
II ⟨ov.ww.⟩ **0.1** ***winnen*** ⇒*verkrijgen, verwerven, verdienen, behalen* **0.2** ***doen verkrijgen*** ⇒*bezorgen* **0.3** ***bereiken*** **0.4** ***overhalen*** ⇒*overreden, bepraten* **0.5** ***voorlopen*** ⟨v. uurwerk⟩ ◆ **1.1** ~ a livelihood *de kost verdienen;* ~ recognition *erkenning krijgen;* ~ speed *versnellen;* ~ time *tijd winnen;* ~ the victory / the day *de overwinning behalen;* ~ weight *aankomen* **1.3** ~ the river *de rivier bereiken* **1.5** my watch ~s (three minutes a day) *mijn horloge loopt (drie minuten per dag) voor* **5.4** ~ s.o. **over** *iem. bepraten* **¶.2** what ~ed him this reputation? *wat heeft hem deze reputatie bezorgd?.*

gain·a·ble ['geɪnəbl]⟨bn.⟩ **0.1** ***haalbaar.***

gain·er ['geɪnə‖-ər]⟨telb.zn.⟩ **0.1** ***winnaar*** **0.2** ⟨schoonspringen⟩ ***voorwaartse sprong met salto achterover gehurkt*** ⇒*(volledige) achterwaartse salto* ◆ **3.1** be the ~ (by sth.) *er(gens) profijt van trekken, er(gens) wel bij varen.*

gain·ful ['geɪnfl]⟨bn.; -ly; -ness⟩ **0.1** ***winstgevend*** ⇒*lucratief* **0.2** ***bezoldigd*** ⇒*betaald* **0.3** ***winstzoekend*** ◆ **1.3** he's a ~ sort of man *hij wil overal een slaatje uit slaan.*

gain·ings ['geɪnɪŋz]⟨mv.; oorspr. gerund v. gain⟩ **0.1** ***winst*** ⇒*opbrengst.*

gain·less ['geɪnləs]⟨bn.; -ly; -ness⟩ **0.1** ***winstdervend*** ⇒*zonder profijt.*

gain·ly ['geɪnli]⟨bn.; -ness; →bijw. 3⟩ **0.1** ***bevallig*** ⇒*gracieus* **0.2** ⟨vnl. gew.⟩ ***gepast.***

gain·say ['geɪn'seɪ]⟨f1⟩⟨ov.ww.; gainsaid, gainsaid [-'sed]⟩⟨schr.⟩ **0.1** ***tegenspreken*** ⇒*ontkennen, loochenen, betwisten.*

gain·say·er ['geɪn'seɪə‖-ər]⟨telb.zn.⟩ **0.1** ***tegenspreker*** ⇒*betwister, ontkenner.*

'gainst →against.

gait[1] [geɪt]⟨f1⟩⟨telb.zn.⟩ **0.1** ***gang*** ⇒*pas, loop* ◆ **2.1** walk with an unsteady ~ *(ietwat) wankelend lopen* **3.1** go one's (own) ~ *zijn (eigen) gang gaan.*

gait[2] ⟨ov.ww.⟩ **0.1** ***dresseren*** ⇒*een gang / gangen aanleren* ⟨paard⟩.

gait·ed ['geɪt̬ɪd]⟨bn.⟩
I ⟨bn.⟩ **0.1** ***met een gang / gangen*** ◆ **1.1** a slow ~ life *een gezapig leven;* a three-~ mare *een merrie getraind in drie gangen;*
II ⟨bn., pred.⟩ **0.1** ***(aan)gepast*** ⇒*geschikt* ◆ **6.1** ~ **for / to** *aangepast aan, geschikt voor.*

gai·ter ['geɪtə‖'geɪt̬ər]⟨f1⟩⟨telb.zn.⟩ **0.1** ***beenkap*** ⇒*slobkous* **0.2** ***(soort) overschoen.***

gai·tered ['geɪtəd‖'geɪt̬ərd]⟨bn.⟩ **0.1** ***met beenkap(pen).***

'gaiting strap ⟨telb.zn.⟩⟨paardesport⟩ **0.1** ***loopriem*** ⟨aan sulky⟩.

gal[1] [gæl]⟨f2⟩⟨telb.zn.⟩ **0.1** ⟨inf.⟩ ***griet*** **0.2** ⟨geofysica⟩ ***gal*** ⟨eenheid v. versnelling⟩.

gal[2] ⟨afk.⟩ gallon(s).

Gal ⟨afk.⟩ Galatians ⟨bijb.⟩ **0.1** ***Gal.*.**

ga·la ['gɑ:lə‖'geɪlə, 'gælə]⟨f1⟩⟨telb.zn.⟩ **0.1** ***gala*** **0.2** ⟨BE⟩ ***sportfeest*** ◆ **6.1** **in** ~ *in gala(kledij).*

ga·lact- [gə'lækt], **ga·lac·to-** [gə'læktou] **0.1** ***galact(o)-*** ⇒*melk-* ◆ **¶.1** galactometer *galactometer, melkmeter.*

ga·lac·ta·gogue [gə'læktəgɒg‖-gɑg]⟨telb.zn.⟩ **0.1** ***stuwingsmiddel.***

ga·lac·tic [gə'læktɪk]⟨bn.⟩ **0.1** ***galactisch*** ⇒*v. een / de melkweg* ◆ **1.1** ~ equator *galactische evenaar;* ~ nebula *galactische nevel.*

gal·ac·toph·o·rous ['gælæk'tɒfrəs‖-'tɑ-]⟨bn.⟩ **0.1** ***melkhoudend.***

ga·lac·tose [gə'læktous, -touz]⟨telb. en n.-telb.zn.⟩ **0.1** ***galactose*** ⇒*melksuiker.*

'gala dress ⟨telb.zn.⟩ **0.1** ***galakleed*** ⇒*staatsiekleed.*

gal·a·go [gə'lɑ:gou]⟨telb.zn.⟩⟨dierk.⟩ **0.1** ***galago*** ⟨genus Galago⟩.

ga·lah [gə'lɑ:]⟨telb.zn.⟩⟨Austr. E⟩ **0.1** ⟨dierk.⟩ ***rosékakatoe*** ⟨Cacatua roseicapilla⟩ **0.2** ⟨sl.⟩ ***sul*** ⇒*(onnozele) hals / bloed, dwaas.*

Gal·a·had ['gæləhæd]⟨zn.⟩
I ⟨eig.n.⟩ **0.1** ***Galahad*** ⟨ridder v.d. Tafelronde⟩;
II ⟨telb.zn.⟩ **0.1** ***ridder*** ⇒*ridderlijke man.*

galangal →galingale.

'gala night ⟨telb.zn.⟩ **0.1** ***gala-avond.***

gal·an·tine ['gælənti:n]⟨telb. en n.-telb.zn.⟩⟨cul.⟩ **0.1** ***galantine.***

ga·lan·ty show [gə'lænt̬i ʃou]⟨telb.zn.⟩ **0.1** ***schimmenspel.***

'gala party ⟨telb.zn.⟩ **0.1** ***galafeest.***

Ga·la·tian [gə'leɪʃn]⟨zn.⟩
I ⟨telb.zn.⟩⟨gesch.⟩ **0.1** ***Galatiër;***
II ⟨mv.; ~s⟩⟨bijb.⟩ **0.1** ***(Brief aan de) Galaten.***

galavant →gallivant.

gal·ax·y ['gæləksi]⟨f2⟩⟨zn.; →mv. 2⟩
I ⟨eig.n.; G-; the⟩ **0.1** ***de Melkweg;***
II ⟨telb.zn.⟩ **0.1** ***melkweg*** ⇒⟨fig.⟩ *sterren (schare), uitgelezen gezelschap* ◆ **6.1** ⟨fig.⟩ a ~ **of** stars *een plejade sterren.*

gal·ba·num ['gælbənəm]⟨n.-telb.zn.⟩ **0.1** ***galbanum*** ⇒*moederhars.*

gale [geɪl]⟨f2⟩⟨telb.zn.⟩ **0.1** ***storm*** ⇒*harde wind* ⟨ook meteo., windkracht 7-10⟩ **0.2** ⟨vnl. mv.⟩ ***uitbarsting*** ⟨v. lachen enz.⟩ **0.3** ⟨schr.⟩ ***bries(je)*** **0.4** ⟨plantk.⟩ ***gagel*** ⇒*pos(t), posse(m), Brabantse mirt, luiskruid* ⟨Myrica gale⟩ **0.5** ⟨BE⟩ ***termijnhuur*** ◆ **3.5** hanging ~ *achterstallige huur.*

ga·le·a ['geɪlɪə]⟨telb.zn.; ook galeae [-lɪi:]; →mv. 5⟩⟨biol.⟩ **0.1** ***helmvormig deel.***

ga·le·ate ['geɪlieɪt], **ga·le·at·ed** [-eɪt̬ɪd]⟨bn.⟩⟨biol.⟩ **0.1** ***gehelmd*** ⇒*met een galea* **0.2** ***helmvormig.***

ga·lee·ny [gə'li:ni]⟨telb.zn.; →mv. 2⟩⟨BE; gew.⟩ **0.1** ***parelhoen*** ⇒*poelepetaat.*

ga·le·na [gə'li:nə]⟨n.-telb.zn.⟩⟨geol.⟩ **0.1** ***galeniet*** ⇒*loodglans, zwavellood.*

ga·len·ic [gə'lenɪk], **ga·len·i·cal** [-ɪkl]⟨bn.; ook G-⟩ **0.1** ***Galenisch*** ⟨van / volgens de leer v. Galenus⟩ ◆ **1.1** a ~ medicine *een Galenisch / plantaardig geneesmiddel.*

ga·lère [gæ'leə‖gə'ler]⟨telb.zn.⟩ **0.1** ***coterie*** ⇒*kliek* **0.2** ***(onaangename) verrassing / situatie.***

gal·ette [gə'let]⟨telb.zn.⟩⟨cul.⟩ **0.1** ⟨ong.⟩ ***driekoningenbrood.***

Gal·i·le·an[1], **Gal·i·lae·an** ['gælɪ'li:ən]⟨telb.zn.⟩ **0.1** ***Galileeër*** **0.2** ***christen*** ◆ **7.1** ⟨bel.⟩ the ~ *de Galileeër, Christus.*

Galilean[2], ⟨in bet. 0.1 ook⟩ **Galilaean** ⟨bn.⟩ **0.1** ***Galilees*** ⇒*van Galilea* **0.2** ***(volgens de leer) van Galileï*** ◆ **1.2** ~ satellites *Galileïsche manen* ⟨v. Jupiter⟩; ~ telescope *kijker v. Galileï.*

gal·i·lee ['gælɪli:]⟨zn.⟩
I ⟨eig.n.; G-⟩ **0.1** ***Galilea;***
II ⟨telb.zn.⟩⟨bouwk.⟩ **0.1** ***galilea*** ⇒*voorkerk / portaal / kapel.*

gal·i·ma·ti·as ['gælɪ'meɪʃɪəs]⟨n.-telb.zn.⟩ **0.1** ***gewauwel*** ⇒*geklets, lulkoek.*

gal·in·gale ['gælɪŋgeɪl], **gal·an·gal** [gɔ:'læŋgəl]⟨telb.zn.⟩⟨plantk.⟩ **0.1** ***galangawortel*** ⟨v. Oostindische plant; genus Alpinia⟩ **0.2** ***cypergras*** ⇒*galigaan(gras)* ⟨genus Cyperus, i.h.b. C. longus⟩.

galiot →galliot.

gal·i·pot ['gælɪpɒt‖-pɑt]⟨n.-telb.zn.⟩ **0.1** ***pijnhars.***

gall[1] [gɔ:l]⟨f2⟩⟨zn.⟩
I ⟨telb.zn.⟩ **0.1** ***gal(blaas)*** **0.2** ***gal*** ⇒*galnoot / appel* **0.3** ***schaafwond / plek*** ⇒⟨fig.⟩ *irritatie, bittere pil* **0.4** ***open / kale plek*** ⟨in bos, veld enz.⟩;
II ⟨n.-telb.zn.⟩ **0.1** ***gal*** ⟨ook fig.⟩ ⇒*bitterheid, gramschap, rancune, ergernis* **0.2** ⟨sl.⟩ ***brutaliteit*** ◆ **3.2** he did not have the ~ to kiss her *hij had niet het lef om haar te kussen* **3.¶** write in ~ *zijn pen / woorden in gal dopen.*

gall[2] ⟨f2⟩⟨ww.⟩
I ⟨onov.ww.⟩ **0.1** ***gekwetst worden*** ⟨ook fig.⟩ ⇒*geïrriteerd raken;*
II ⟨ov.ww.⟩ **0.1** ***kwetsen*** ⇒*beschadigen, bezeren, schaven* **0.2** ***(mateloos) irriteren*** ⇒*razend maken* **0.3** ***bestoken*** ⇒*beschieten* ◆ **1.3** ~ing fire *moordend vuur* **3.2** it really ~s me to see that happen *ik word er razend van dat te zien gebeuren.*

gall[3] ⟨afk.⟩ gallon(s).

gal·lant[1] ['gælənt, gə'lænt‖gə'lɑnt]⟨telb.zn.⟩⟨schr.⟩ **0.1** ***(mode)fat*** ⇒*dandy* **0.2** ***galant heer*** ⇒*cavalier, charmeur.*

gallant[2] ['gælənt⟨in bet. 0.4⟩gə'lænt⟨in bet. 0.4⟩][gə'lɑnt]⟨f2⟩⟨bn.; -ly⟩ **0.1** ***dapper*** ⇒*stout, fier* **0.2** ***statig*** ⇒*indrukwekkend, schitterend, prachtig* ⟨v. schip, paard, enz.⟩ **0.3** ***modieus*** ⇒*opvallend, pronkerig* **0.4** ***galant*** ⇒*hoffelijk* **0.5** ***flirtziek*** ⇒*amoureus* ◆ **1.1** ~ deed *moedige / krijgshaftige daad* **1.3** a ~ hat *een zwierige hoed* **1.¶** ⟨plantk.⟩ ~ soldier *(klein) knopkruid* ⟨Galinsoga parviflora⟩.

gallant[3] [gə'lænt‖gə'lɑnt]⟨ww.⟩
I ⟨onov.ww.⟩ **0.1** ***galant zijn*** ⇒*het heertje spelen / zijn* **0.2** ***flirten*** ◆ **6.2** ~ **with** *flirten / vrijen met;*
II ⟨ov.ww.⟩ **0.1** ***escorteren*** ⇒*begeleiden* **0.2** ***flirten met*** ⇒*het hof maken.*

gal·lant·ry ['gæləntri]⟨f1⟩⟨zn.; →mv. 2⟩
I ⟨telb.zn.⟩ **0.1** ***moedige daad*** ⇒*huzarenstukje* **0.2** ***(amoureus) avontuurtje;***
II ⟨n.-telb.zn.⟩ **0.1** ***moed*** ⇒*dapperheid, bravoure* **0.2** ***galanterie*** ⇒*koketterie, hoffelijkheid.*

'gall·blad·der ⟨telb.zn.⟩ **0.1** ***galblaas.***

gal·le·on ['gælɪən]⟨f1⟩⟨telb.zn.⟩⟨gesch.⟩ **0.1** ***galjoen.***

gal·ler·y[1] ['gæləri]⟨f3⟩⟨zn.; →mv. 2⟩
I ⟨telb.zn.⟩ **0.1** ***galerij*** ⇒*portiek, (zuilen)gang* **0.2** ***galerij*** ⇒*tribune, balkon, schellinkje, engelenbak* **0.3** ***museum(zaal)*** **0.4** ***(kunst) galerie*** **0.5** ***schietzaal*** ⇒*(overdekte) schietbaan* **0.6** ⟨AE; gew.⟩ ***veranda*** **0.7** ⟨mil.⟩ ***galerij*** **0.8** ⟨mijnw.⟩ ***galerij*** ⇒*mijngang;*
II ⟨verz.n.⟩ **0.1** ***galerij(publiek)*** ⇒*engelenbak* **0.2** ***toeschouwers*** ◆ **3.1** ⟨fig.⟩ play to the ~ *voor de galerij / op het publiek spelen, effect najagen, commercieel zijn.*

gallery[2] ⟨ov.ww.⟩ **0.1** ***v. galerijen voorzien.***

'gallery forest ⟨telb.zn.⟩ **0.1** ***strook bos*** ⟨langs rivier in overigens open landschap⟩.

'gal·ler·y·go·er ⟨telb.zn.⟩ **0.1** ***museumbezoeker*** ⇒*tentoonstellingbezoeker.*

'gallery tray ⟨telb.zn.⟩ **0.1** ***(zilveren) plateau.***

gal·ley ['gæli]⟨f2⟩⟨telb.zn.⟩ **0.1** ⟨gesch.⟩ *galei* **0.2** *(kapiteins)sloep* **0.3** *kombuis* ⇒*pantry* **0.4** ⟨druk.⟩ *galei* **0.5** ⟨druk.⟩ *strokenproef* ◆ **6.¶ in** this ~ *in deze eigenaardige situatie*.

'**galley proof** ⟨f1⟩⟨telb.zn.; vnl. mv.⟩⟨druk.⟩ **0.1** *strokenproef* ⇒*drukproef, galeiproef*.

'**galley slave** ⟨f1⟩⟨telb.zn.⟩ **0.1** *galeislaaf* **0.2** *werkpaard* ⟨fig.⟩ ⇒*sloof*.

'**gal·ley-'west** ⟨bw.⟩⟨AE; inf.⟩ **0.1** *met geweld* ◆ **3.1** knock ~ *in puin/total loss/buiten westen slaan, uitschakelen*.

'**galley worm** ⟨telb.zn.⟩⟨dierk.⟩ **0.1** *(soort) duizendpoot* ⟨genus Myriapoda⟩.

'**gall·fly** ⟨telb.zn.⟩⟨dierk.⟩ **0.1** *galvlieg* ⟨fam. Cecidomyiidae⟩.

gal·li·am·bic[1] ['gæli'æmbɪk]⟨telb.zn.⟩ **0.1** *galliambe* ⟨versvoet⟩.

galliambic[2] ⟨bn.⟩ **0.1** *galliambisch*.

gal·liard ['gæliɑ:d‖-jərd]⟨zn.⟩
I ⟨telb.zn.⟩⟨dansk.⟩ **0.1** *gaillarde;*
II ⟨n.-telb.zn.⟩ **0.1** *gaillardemuziek*.

gal·lic ['gælɪk]⟨bn.⟩
I ⟨bn.; G-⟩ **0.1** *Gallisch* ⇒⟨vaak scherts.⟩ *Frans;*
II ⟨bn., attr.⟩⟨schei.⟩ **0.1** *gallus-* ◆ **1.1** ~ acid *galluszuur*.

Gal·li·can[1] ['gælɪkən]⟨telb.zn.⟩⟨gesch.⟩ **0.1** *gallicaan*.

Gallican[2] ⟨bn.⟩ **0.1** ⟨gesch.⟩ *gallicaans* **0.2** *Gallisch*.

Gal·li·can·ism ['gælɪkənɪzm]⟨n.-telb.zn.⟩⟨gesch.⟩ **0.1** *gallicanisme*.

Gal·li·can·ist ['gælɪkənɪst]⟨telb.zn.⟩⟨gesch.⟩ **0.1** *gallicaan*.

gal·li·ce ['gælɪsi]⟨bw.⟩⟨schr.⟩ **0.1** *in het Frans*.

gal·li·cism ['gælɪsɪzm]⟨telb.zn.; vaak G-⟩ **0.1** *gallicisme*.

gal·li·cize ['gælɪsaɪz]⟨onov. en ov.ww.; vaak G-⟩ **0.1** *verfransen*.

gal·li·gas·kins, gal·ly·gas·kins ['gælɪ'gæskɪnz]⟨mv.⟩ **0.1** ⟨gesch.; nu scherts.⟩ *(wijde) broek* **0.2** ⟨vnl. Sch. E⟩ *beenkappen*.

gal·li·mau·fry ['gælɪ'mɔ:fri]⟨telb.zn.; →mv. 2⟩ **0.1** *mengelmoes(je)* ⇒*allegaartje, warwinkel, ratjetoe*.

gal·li·na·ceous ['gælɪ'neɪʃəs]⟨bn.⟩ **0.1** *hoenderachtig*.

gal·li·nule ['gælɪnju:l‖-nu:l]⟨telb.zn.⟩⟨dierk.⟩ **0.1** ⟨AE⟩ *waterhoen* ⟨genus Gallinula, i.h.b. G. chloropus en G. galatea⟩ **0.2** *koet* ⟨genera Porphyrio en Porphyrula⟩.

Gal·li·o ['gæliou]⟨telb.zn.⟩ **0.1** *onverschillig persoon*.

ga(l)·li·ot ['gæliət]⟨telb.zn.⟩⟨scheep.⟩ **0.1** *galjoot*.

gal·li·pot ['gælɪpɒt‖-pɑt]⟨telb.zn.⟩ **0.1** *zalfpot(je)* ⇒*medicijn/zalfkruikje* **0.2** ⟨scherts.⟩ *pillendraaier* ⇒*apotheker*.

gal·li·um ['gæliəm]⟨n.-telb.zn.⟩⟨schei.⟩ **0.1** *gallium* ⟨element 31⟩.

gal·li·vant, gal·a·vant ['gælɪvænt]⟨f1⟩⟨onov.ww.⟩⟨inf.⟩ **0.1** *boemelen* ⇒*op stap zijn, stappen* **0.2** *flirten* ◆ **5.1** ~ **about** *(zorgeloos) boemelen*.

gal·li·wasp, gal·ly·wasp ['gælɪwɒsp‖-wɑsp]⟨telb.zn.⟩⟨dierk.⟩ **0.1** *(soort) hagedis* ⟨Diploglossus monotropis⟩.

'**gall mite** ⟨telb.zn.⟩⟨dierk.⟩ **0.1** *galmijt* ⟨fam. Eriophyidae⟩.

'**gall·nut** ⟨telb.zn.⟩ **0.1** *gal(noot)*.

Gal·lo- ['gælou] **0.1** *Gallo-* ⇒*Frans(en)-, Gallisch* ◆ **¶.1** Gallo-Romance *Gallo-Romaans*.

Gal·lo·ma·ni·a ['gælou'meɪnɪə]⟨n.-telb.zn.⟩ **0.1** *gallomanie*.

Gal·lo·ma·ni·ac ['gælou'meɪniæk]⟨telb.zn.⟩ **0.1** *gallomaan*.

gal·lon ['gælən]⟨f2⟩⟨telb.zn.⟩ **0.1** *gallon* ⟨voor vloeistof, UK 4,546 l, USA 3,785 l; voor droge waren 4,405 l; →t1⟩ ⇒⟨in mv.⟩⟨inf.; fig.⟩ *massa's, liters, bosjes*.

gal·lon·age ['gælənɪdʒ]⟨telb.zn.⟩ **0.1** *inhoud in gallons*.

gal·loon [gə'lu:n]⟨telb.zn.⟩ **0.1** *galon* ⇒*boordsel, (boord)lint*.

gal·(l)oot [gə'lu:t]⟨telb.zn.⟩⟨inf.⟩ **0.1** *pummel* ⇒*lummel, klungel*.

gal·lop[1] ['gæləp]⟨f2⟩⟨telb.zn.; geen mv.⟩ **0.1** *galop* **0.2** *galoppade* **0.3** *galoppeerterrein* ◆ **2.1** full ~ *volle galop* **6.1 at** a ~ *in galop;* ⟨fig.⟩ *op een holletje, haastig*.

gallop[2] ⟨f2⟩⟨ww.⟩
I ⟨onov.ww.⟩ **0.1** *galopperen* ⇒⟨fig.⟩ *zich haasten, vliegen* ◆ **1.¶** ⟨sl.⟩ ~ing dominoes *dobbelstenen* **5.1** ~ **off** *weggalopperen, zich uit de voeten maken* **6.1** ~ **over/through** sth. *iets afraffelen;*
II ⟨ov.ww.⟩ **0.1** *doen galopperen* ⇒*in (de) galop brengen* **0.2** *(als) in galop vervoeren*.

gal·lop·er ['gæləpə‖-ər]⟨telb.zn.⟩ **0.1** *galopperend paard/persoon*.

Gal·lo·phil[1] ['gæləfɪl], **Gal·lo·phile** [-faɪl]⟨telb.zn.⟩ **0.1** *gallofiel* ⇒*Fransgezinde*.

Gallophil[2], **Gallophile** ⟨bn.⟩ **0.1** *gallofiel* ⇒*Fransgezind*.

Gal·lo·phobe[1] ['gæləfoub]⟨telb.zn.⟩ **0.1** *gallofoob* ⇒*Fransenhater*.

Gallophobe[2] ⟨bn.⟩ **0.1** *gallofoob* ⇒*Fransenhater*.

Gal·lo·pho·bi·a ['gælou'foubɪə]⟨n.-telb.zn.⟩ **0.1** *gallofobie* ⇒*Fransenhaat* ⟨afkeer v. al wat Frans is⟩.

Gal·lo-Ro·man[1] ['gælou'roumən], ⟨in bet. I ook⟩ **Gal·lo-Ro·mance** ['gælourou'mæns]⟨zn.⟩
I ⟨eig.n.⟩ **0.1** *Gallo-Romaans;*
II ⟨telb.zn.⟩ **0.1** *Gallo-Romein*.

Gallo-Roman[2] ⟨bn.⟩ **0.1** *Gallo-Romeins*.

Gal·lo·way ['gæləweɪ]⟨zn.⟩
I ⟨eig.n.⟩ **0.1** *Galloway* ⟨Schots district⟩;
II ⟨telb.zn.⟩ **0.1** *gallowaypaard(je)* **0.2** *gallowayrund*.

gal·low·glass ['gælougla:s]⟨telb.zn.⟩⟨gesch.⟩ **0.1** *Iers (huur)soldaat*.

gal·lows ['gælouz]⟨f1⟩⟨telb.zn.; mv. vnl. gallows, soms gallowses; →mv. 4⟩ **0.1** *galg* **0.2** *galgenaas* ⇒*galgebrok* **0.3** ⟨vnl. mv.⟩⟨AE, Sch.E, gew.⟩ *galg* ⇒*bretel* ◆ **3.1** end up on the ~ *aan de galg komen;* ⟨fig.⟩ you'll end up on the ~ *jij groeit op voor galg en rad;* send s.o. to the ~ *iem. tot de strop veroordelen*.

'**gallows bird** ⟨telb.zn.⟩⟨vero.⟩ **0.1** *galgenaas* ⇒*galgebrok*.

'**gallows bitt,** '**gallows frame** ⟨telb.zn.⟩⟨scheep.⟩ **0.1** *galg*.

'**gallows face** ⟨telb.zn.⟩ **0.1** *galgetronie* ⇒*boeventronie*.

'**gallows humour** ⟨f1⟩⟨n.-telb.zn.⟩ **0.1** *galgehumor*.

'**gallows tree** ⟨telb.zn.⟩ **0.1** *galg*.

'**gall·stone** ⟨telb.zn.⟩ **0.1** *galsteen*.

ga(l)·lumph [gə'lʌm(p)f]⟨onov.ww.⟩⟨inf.⟩ **0.1** *rondhossen* ⇒*triomfantelijk rond/opspringen* **0.2** *(rond/voort)sjokken*.

Gal·lup poll ['gæləp poul]⟨f1⟩⟨telb.zn.⟩ **0.1** *Gallup-enquête* ⇒*opinieonderzoek/peiling*.

gal·lus·es ['gæləsɪz]⟨mv.⟩⟨AE; gew.⟩ **0.1** *bretels*.

'**gall wasp** ⟨telb.zn.⟩⟨dierk.⟩ **0.1** *galwesp* ⟨fam. Cynipidae⟩.

gallygaskins →galligaskins.

gallywasp →galliwasp.

galoot →galloot.

gal·op[1] ['gæləp], **gal·(l)o·pade** [-'peɪd]⟨telb.zn.⟩ **0.1** ⟨dansk.⟩ *galop* ⇒*galoppade* **0.2** ⟨muz.⟩ *galop(muziek)*.

galop[2], **gal(l)opade** ⟨onov.ww.⟩⟨dansk.⟩ **0.1** *galopperen* ⇒*de galop dansen*.

ga·lore [gə'lɔ:‖gə'lɔr]⟨f1⟩⟨bn., post.⟩ **0.1** *in overvloed* ⇒*plenty, genoeg* ◆ **1.1** money ~ *geld zat;* whisky ~ *whisky bij het vat*.

ga·losh(e), ⟨BE sp. ook⟩ **go·losh** [gə'lɒʃ‖gə'lɑʃ]⟨f1⟩⟨telb.zn.; vnl. mv.⟩ **0.1** *galoche* ⇒*overschoen*.

ga·loshed [gə'lɒʃt‖gə'lɑʃt]⟨bn.⟩ **0.1** *met overschoenen*.

galumph →gallumph.

gal·van·ic [gæl'vænɪk]⟨f1⟩⟨bn.; -ally; →bijw. 3⟩ **0.1** *galvanisch* ⟨ook fig.⟩ ⇒*geladen, opwindend, opzienbarend* ◆ **1.1** ~ battery/cell/pile *galvanisch element;* ~ electricity *galvanische elektriciteit;* a ~ performance *een wervelend optreden*.

gal·va·nism ['gælvənɪzm]⟨n.-telb.zn.⟩ **0.1** *galvanisme* ⇒*galvanische elektriciteit*.

gal·va·ni·za·tion, -sa·tion ['gælvənaɪ'zeɪʃn‖-ə'zeɪʃn]⟨telb. en n.-telb.zn.⟩ **0.1** *galvanisatie*.

gal·va·nize, -nise ['gælvənaɪz]⟨f1⟩⟨ov.ww.⟩ **0.1** *galvaniseren* ⟨ook fig.⟩ ⇒*opladen, prikkelen, opwekken, opzwepen* **0.2** *galvaniseren* ⇒*verzinken* ◆ **1.2** ~d iron *gegalvaniseerd/verzinkt ijzer* **6.1** ~ s.o. **into** action/activity *iem. tot actie aansporen*.

'**gal·va·ni·zer, -ser** ['gælvənaɪzə‖-ər]⟨telb.zn.⟩ **0.1** *galvaniseur*.

gal·va·nom·e·ter ['gælvə'nɒmɪtə‖-'nɑmɪtər]⟨telb.zn.⟩ **0.1** *galvanometer*.

gal·vo ['gælvou]⟨telb.zn.⟩⟨verk.⟩ galvanometer ⟨inf.⟩ **0.1** *galvanometer*.

gam [gæm]⟨zn.⟩
I ⟨telb.zn.⟩ **0.1** *school walvissen* **0.2** *bezoek(je)* ⇒*visite, bijeenkomst, gesprek, babbel(tje);*
II ⟨mv.; ~s⟩⟨AE; inf.⟩ **0.1** *(vrouwen)benen*.

gam·ba ['gæmbə]⟨telb.zn.⟩⟨muz.⟩ **0.1** *gamba* ⟨8-voets orgelregister⟩ **0.2** ⟨vero.⟩ *viola da gamba* ⇒*knieviool*.

gam·bade [gæm'beɪd], **gam·ba·do** [-'beɪdou]⟨telb.zn.; ook gambadoes; →mv. 2⟩ **0.1** *gambade* ⇒*luchtsprong, kuitenflikker;* ⟨fig.⟩ *bokkesprong*.

gam·be·son ['gæmbɪsn]⟨telb.zn.⟩⟨gesch.⟩ **0.1** *(leren) kolder* ⇒*(mouwloos) wambuis*.

gam·bi(e)r ['gæmbɪə‖-ər]⟨telb. en n.-telb.zn.⟩ **0.1** *gambir* ⟨verf-, geneesmiddel⟩.

gam·bist ['gæmbɪst]⟨telb.zn.⟩ **0.1** *gambaspeler*.

gam·bit ['gæmbɪt]⟨f1⟩⟨telb.zn.⟩ **0.1** ⟨schaken⟩ *gambiet* ⟨soort opening⟩ **0.2** *(slimme) openingszet* ⇒*tactische zet*.

gam·ble[1] ['gæmbl]⟨f1⟩⟨telb.zn.; vnl. enk.⟩ **0.1** *gok(je)* ⟨ook fig.⟩ ⇒*riskante zaak, speculatie* ◆ **3.1** have a ~ (on) *gokken (op), speculeren (op);* take a ~ (on) *een gokje wagen (op)* **6.1 on** the ~ *aan het gokken, goklustig* **¶.1** it is a ~ *het is een gok*.

gamble[2] ⟨f2⟩⟨ww.⟩ →gambling
I ⟨onov.ww.⟩ **0.1** *gokken* ⇒*spelen, dobbelen, wedden* **0.2** *speculeren* ◆ **6.1** ~ **at** cards *kaarten om geld;* ~ **on** *gokken/rekenen op* **6.2** ~ **in** oil shares *speculeren in olieaandelen;* ~ **on** *speculeren op;*
II ⟨ov.ww.⟩ **0.1** *op het spel zetten* ⇒*inzetten* ◆ **5.1** ~ **away** *vergokken, vergooien, verspelen*.

gam·bler ['gæmblə‖-ər]⟨f2⟩⟨telb.zn.⟩ **0.1** *gokker* ⇒*speler, dobbelaar*.

gam·bling ['gæmblɪŋ]⟨f2⟩⟨n.-telb.zn.; gerund v. gamble⟩ **0.1** *gokkerij* ⇒*het gokken*.

'**gambling debt** ⟨telb.zn.⟩ **0.1** *speelschuld*.

'gambling den, 'gambling hell, 'gambling house ⟨f1⟩ ⟨telb.zn.⟩ **0.1** ***goktent*** ⇒*speelhol.*

gam·boge [gæm'boʊdʒ] ⟨n.-telb.zn.⟩ **0.1** ***guttegom*** ⟨verfstof, geneesmiddel⟩.

gam·bol[1] ['gæmbl] ⟨f1⟩ ⟨telb.zn.; vnl. mv.⟩ **0.1** ***capriool*** ⇒*luchtsprong, bokkesprong, kuitenflikker.*

gambol[2] ⟨f1⟩ ⟨onov.ww.; →ww. 7⟩ **0.1** ***dartelen*** ⇒*huppelen.*

gam·brel ['gæmbrəl] ⟨telb.zn.⟩ **0.1** ***hak(gewricht)*** ⟨v. paard⟩ **0.2** ***slachtershaak.***

'gambrel roof ⟨telb.zn.⟩ **0.1** ***gebroken dak*** ⇒*mansardedak.*

game[1] [geɪm] ⟨f4⟩ ⟨zn.⟩ ⟨→sprw. 215, 417⟩
I ⟨telb.zn.⟩ **0.1** ***spel*** ⟨ook fig.⟩ ⇒*wedstrijd, partij* **0.2** ***spel*** ⇒*spelbenodigdheden* **0.3** ***spel(letje)*** ⇒*tijdverdrijf, ontspanning* **0.4** ⟨tennis⟩ ***game*** **0.5** ⟨kaartspel⟩ ***manche*** **0.6** ***score*** ⇒*stand* **0.7** ***speelwijze*** ⇒*speeltrant, spel* **0.8** ***plan(netje)*** ⇒*spel(letje), toeleg, opzet, truc(je)* **0.9** ***kudde (zwanen)*** **0.10** ***jachtdier*** ⇒*prooi* ⟨ook fig.⟩ ◆ **1.1** ~ of cat and mouse *kat-en-muisspelletje;* ~ of chance *kansspel* **1.¶** ~ and ~ *gelijk(e stand);* ⟨inf.⟩ have a ~ on ice *een wedstrijd in je zak hebben, niet meer stuk kunnen* **2.1** play a good / poor ~ *goed / slecht spelen* **2.7** his ~ is superior *zijn spel is ongeëvenaard* **2.8** a deep ~ *een ondoorgrondelijk / mysterieus spel (letje);* so that's your little ~ *dus dat voer jij in je schild* **2.¶** beat / play s.o. at his own ~ *iem. op zijn eigen terrein verslaan, iem. een koekje v. eigen deeg geven* **3.1** force the ~ *het spel forceren* ⟨om snel te scoren⟩; have the ~ in one's hands *het spel in handen hebben;* play a losing ~ *de (wed)strijd verliezen, het onderspit delven;* play the ~ *eerlijk (spel) spelen, zich aan de regels houden;* play a waiting ~ *een afwachtende houding aannemen;* play a winning ~ *de (wed)strijd winnen, de bovenhand krijgen* **3.8** give the ~ away *het plan(netje) verklappen, zich in de kaart laten kijken;* play s.o.'s ~ *iem. in de kaart spelen;* two can play (at) that ~ *dat spelletje kan ik ook spelen;* spoil the ~ *een spaak in het wiel steken* **4.4** (one) ~ all *gelijk(e stand)* **4.6** the ~ is love three *de stand is nul drie* **4.8** none of your ~s! *geen kunstjes!* **4.¶** it's your ~ *jij wint, jij hebt gewonnen* **5.8** the ~ is **up** *het spel is uit, wij / jullie zijn erbij, nu hangen wij / jullie* **6.1** it's all **in** the ~ *het hoort er (allemaal) bij;* it's not **in** the ~ *het zit er niet in;* be **off** one's ~ *uit vorm / niet op dreef zijn;* be **on** one's ~ *in vorm / op dreef zijn* **6.8** be **in** the ~ *meedoen (aan het spelletje);* be up **to** some ~ *iets in zijn schild voeren* **7.¶** what a ~! *wat een komedie!* **8.4** ~ and (set) *game en set;*
II ⟨telb. en n.-telb.zn.⟩ **0.1** ***grap(je)*** ⇒*geintje, pret(je), spel(letje)* **0.2** ***bedrijf*** ⇒*gebeuren, -wezen* ◆ **3.1** have / play a ~ with s.o. *iem. voor de gek / mal houden;* make ~ of *belachelijk maken, plagen, voor de gek houden;* the ~ was to tell how many *het was de kunst / het ging erom te zeggen hoe veel* **3.2** publishing ~ *uitgeversbedrijf* **7.¶** ⟨sl.⟩ the ~ *de prostitutie; dieverij;* be on the ~ *in het leven zijn; v. diefstal leven;*
III ⟨n.-telb.zn.⟩ **0.1** ***wild*** ⟨ook cul.⟩ **0.2** ***winnende score*** ◆ **1.2** 21 points is ~ *wie 21 punten heeft, wint;*
IV ⟨mv.; ~s⟩ **0.1** ***spelen*** ⟨ook gesch.⟩ ⇒*(atletiek)wedstrijden* **0.2** ***gym(nastiek)*** ⇒*sport* ⟨op school⟩.

game[2] ⟨bn.; -er; -ly; -ness; →compar. 7⟩
I ⟨bn.⟩ **0.1** ***dapper*** ⇒*moedig, kranig, flink* ◆ **3.1** die ~ *sterven als een man / held; strijdend ten ondergaan;*
II ⟨bn., pred.⟩ **0.1** ***bereid(willig)*** ⇒*enthousiast* ◆ **3.1** be ~ to do sth. *bereid / in staat zijn om iets te doen, iets (aan)durven;* he is ~ enough to go alone *hij is moeig genoeg om alleen te gaan* **4.1** I am ~ *ik doe mee* **6.1** be ~ **for** sth. *tot iets bereid zijn, iets (aan)durven, ergens zin in hebben, ergens voor in zijn.*

game[3], ⟨BE; inf. ook⟩ **gam·my** ['gæmi] ⟨bn.; ook -er; →compar. 7⟩ **0.1** ***lam*** ⇒*kreupel* ⟨v. arm, been⟩.

game[4] ⟨onov.ww.⟩ →gaming **0.1** ***gokken*** ⇒*spelen, dobbelen.*

'game act, 'game law ⟨telb.zn.; vaak mv.⟩ **0.1** ***jachtwet.***

'game bag ⟨telb.zn.⟩ **0.1** ***weitas*** ⇒*jagerstas.*

'game ball ⟨telb. en n.-telb.zn.⟩ **0.1** ⟨tennis⟩ ***game bal(l)*** ⇒*beslissende bal* ⟨voor winst v. game⟩ **0.2** ⟨AE⟩ ***wedstrijdbal*** ⟨ook als ereteken of erepalm⟩ ⇒⟨fig.⟩ *eerbewijs.*

'game-break·er ⟨telb.zn.⟩ ⟨Am. voetbal⟩ **0.1** ***wat / iem. die (het resultaat v.) een match bepaalt.***

'game certificate ⟨telb.zn.⟩ **0.1** ***jachtakte / bewijs.***

'game chips ⟨mv.⟩ **0.1** ***gebakken aardappelen*** ⟨bij wild⟩.

'game clock ⟨telb.zn.⟩ ⟨sport⟩ **0.1** ***wedstrijdklok.***

'game·cock ⟨telb.zn.⟩ **0.1** ***kemphaan*** ⟨ook fig.⟩ ⇒*vechthaan; twistzoeker.*

'game day ⟨telb.zn.⟩ ⟨sport⟩ **0.1** ***speeldag.***

'game fish ⟨telb. en n.-telb.zn.⟩ ⟨BE; sportvisserij⟩ **0.1** ***'edele' sportvis*** ⟨zalm en forel; tgo. coarse fish⟩.

'game-fix·er ⟨telb.zn.⟩ ⟨sport⟩ **0.1** ***iem. die een wedstrijd 'koopt' / manipuleert.***

'game fowl ⟨zn.⟩
I ⟨telb.zn.⟩ **0.1** ***vechthaan*** ⇒*kemphaan;*
II ⟨verz.n.⟩ **0.1** ***gevleugeld wild.***

'game·keep·er ⟨f1⟩ ⟨telb.zn.⟩ **0.1** ***jachtopziener / opzichter*** ⇒⟨B.⟩ *jachtwachter.*

gam·e·lan ['gæmɪ̣læn] ⟨telb.zn.⟩ ⟨muz.⟩ **0.1** ***gamelan*** ⟨Javaans orkest⟩.

game law →game act.

'game licence ⟨telb.zn.⟩ **0.1** ***jachtakte / bewijs*** ⇒⟨B.⟩ *jachtverlof.*

'game park ⟨telb.zn.⟩ **0.1** ***wildpark.***

'game plan ⟨telb.zn.⟩ **0.1** ***strategie*** ⇒⟨Am. voetbal⟩ *strategisch plan; speeltactiek.*

'game point ⟨telb. en n.-telb.zn.⟩ ⟨tennis⟩ **0.1** ***game point*** ⇒*beslissend punt* ⟨voor winst v. game⟩.

'game preserve ⟨telb.zn.⟩ **0.1** ***wildreservaat*** ⇒*wildpark.*

'game preserver ⟨telb.zn.⟩ **0.1** ***wildbeschermer*** ⇒⟨ong.⟩ *jachtopziener.*

gam·er ['gæmə‖-ər] ⟨telb.zn.⟩ ⟨AE; sport⟩ **0.1** ***performer.***

'games computer ⟨telb.zn.⟩ ⟨comp.⟩ **0.1** ***spelcomputer.***

'game show ⟨telb.zn.⟩ **0.1** ⟨ong.⟩ ***spelprogramma*** ⟨op t.v.⟩.

games·man ['geɪmzmən] ⟨telb.zn.; gamesmen [-mən]; →mv. 3⟩ **0.1** ⟨sport⟩ ***slimme tacticus.***

games·man·ship ['geɪmzmənʃɪp] ⟨n.-telb.zn.⟩ ⟨sport⟩ **0.1** ***(slimme) speltactiek*** ⟨om tegenstander te demoraliseren⟩.

'games master ⟨telb.zn.⟩ ⟨BE⟩ **0.1** ***sportleraar*** ⇒*gymleraar.*

'games mistress ⟨telb.zn.⟩ ⟨BE⟩ **0.1** ***sportlerares*** ⇒*gymlerares.*

'game·some ['geɪmsəm] ⟨bn.; -ly; -ness⟩ **0.1** ***speels*** ⇒*levendig, vrolijk, dartel.*

game·ster ['geɪmstə‖-ər] ⟨telb.zn.⟩ **0.1** ***gokker*** ⇒*speler, dobbelaar.*

gam·e·tan·gi·um [gæmɪ̣'tændʒɪəm] ⟨telb.zn.; gametangia [-dʒɪə]; →mv. 5⟩ ⟨plantk.⟩ **0.1** ***gametangium*** ⟨orgaan waar geslachtscellen gevormd worden⟩.

gam·ete ['gæmi:t, gə'mi:t] ⟨telb.zn.⟩ ⟨biol.⟩ **0.1** ***gameet*** ⇒*geslachtscel, voortplantingscel.*

'game tenant ⟨telb.zn.⟩ **0.1** ***huurder v. jacht / visterrein.***

'game theory, 'games theory ⟨n.-telb.zn.⟩ **0.1** ***speltheorie.***

ga·met·ic [gə'meṭɪk] ⟨bn.; -ally; →bijw. 3⟩ **0.1** ***gametisch*** ⇒*gameet-.*

ga·me·to·phyte [gə'mi:ṭoufaɪt] ⟨telb.zn.⟩ ⟨plantk.⟩ **0.1** ***gametofyt*** ⟨gameten vormend organisme⟩.

gam·e·to·phyt·ic ['gæmɪtoʊ'fɪtɪk‖gə'mi:ṭə'fɪṭɪk] ⟨bn.⟩ ⟨plantk.⟩ **0.1** ***gametofyt-.***

'game warden ⟨telb.zn.⟩ **0.1** ***jachtopziener.***

gamey →gamy.

gam·ic ['gæmɪk] ⟨bn.⟩ **0.1** ***geslachtelijk*** ◆ **1.1** ~ reproduction *geslachtelijke voortplanting.*

gam·in ['gæmɪ̣n] ⟨telb.zn.⟩ **0.1** ***gamin*** ⇒*kwajongen, straatjongen* **0.2** ***jongenskopje*** ⟨kapsel⟩.

ga·mine [gæ'mi:n] ⟨telb.zn.⟩ **0.1** ***gamine*** ⇒*wildebras.*

gam·ing ['geɪmɪŋ] ⟨n.-telb.zn.; gerund v. game⟩ **0.1** ***het gokken.***

'gaming debt ⟨telb.zn.⟩ **0.1** ***speelschuld.***

'gaming house ⟨telb.zn.⟩ **0.1** ***speelhuis*** ⇒*goktent.*

'gaming room ⟨telb.zn.⟩ **0.1** ***goklokaal*** ⇒*speellokaal.*

'gaming table ⟨telb.zn.⟩ **0.1** ***goktafel*** ⇒*speeltafel.*

gam·ma ['gæmə] ⟨f1⟩ ⟨telb.zn.⟩ **0.1** ***gamma*** ⟨3e letter v.h. Griekse alfabet⟩ **0.2** ***gamma*** ⟨graad, cijfer v. test / examen⟩ **0.3** ⟨ster.⟩ ***gamma*** ⟨op twee na helderste ster v.e. sterrebeeld⟩ **0.4** ⟨verk.⟩ ⟨gamma moth⟩ **0.5** ⟨verk.⟩ ⟨gamma ray⟩.

gam·ma·di·on [gæ'meɪdɪən‖gə'meɪdɪɑn], **gam·ma·ti·on** [gæ'meɪtɪən‖gə'mæṭɪɑn] ⟨telb.zn.; ook gammadia [-dɪə], gammatia [-tɪə]; →mv. 5⟩ **0.1** ***hakenkruis*** ⇒*swastika* **0.2** ***hol Grieks kruis.***

'gamma 'globulin ⟨n.-telb.zn.⟩ ⟨med.⟩ **0.1** ***gammaglobuline.***

'gamma moth ⟨telb.zn.⟩ ⟨dierk.⟩ **0.1** ***pistooltje*** ⟨vlinder; Autographa gamma⟩.

'gamma radiation ⟨telb. en n.-telb.zn.⟩ **0.1** ***gammastraling.***

'gamma ray ⟨zn.⟩
I ⟨telb.zn.; vnl. mv.⟩ **0.1** ***gammastraal;***
II ⟨telb. en n.-telb.zn.⟩ **0.1** ***gammastraling.***

gam·mer ['gæmə‖-ər] ⟨telb.zn.⟩ ⟨vero., beh. gew.⟩ **0.1** ***(groot)moedertje*** ⇒*oud vrouwtje.*

gam·mon[1] ['gæmən] ⟨f1⟩ ⟨zn.⟩
I ⟨telb.zn.⟩ **0.1** ***achterham*** **0.2** ⟨backgammon⟩ ***gammon*** ⇒*dubbele score* **0.3** ⟨scheep.⟩ ***(boegspriet)sjorring;***
II ⟨n.-telb.zn.⟩ **0.1** ***gerookte ham*** ⟨om te bakken⟩ **0.2** ⟨BE; inf.⟩ ***onzin*** ⇒*larie, bedriegerij* ◆ **¶.2** ~! *onzin!.*

gammon[2] ⟨ww.⟩ →gammoning
I ⟨onov.ww.⟩ ⟨BE; inf.⟩ **0.1** ***mooi praten*** **0.2** ***doen alsof*** ⇒*huichelen, komedie spelen;*
II ⟨ov.ww.⟩ **0.1** ***(zouten en) roken*** ⟨ham⟩ **0.2** ⟨BE; inf.⟩ ***bedotten*** ⇒*bedriegen* **0.3** ⟨backgammon⟩ ***(met een gammon) verslaan*** **0.4** ⟨scheep.⟩ ***sjorren*** ⟨boegspriet⟩.

gam·mon·ing ['gæmənɪŋ] ⟨telb.zn.; oorspr. gerund v. gammon⟩ ⟨scheep.⟩ **0.1** ***(boegspriet)sjorring.***

gammy →game[3].
gam·o·gen·e·sis ['gæmoʊ'dʒenɪsɪs]⟨n.-telb.zn.⟩⟨biol.⟩ **0.1** ***gamogenese*** ⇒*gamogonie* ⟨geslachtelijke voortplanting⟩.
-ga·mous [gəməs] **0.1** ***-gamisch/gaam*** ◆ **¶.1** bigamous *bigamisch;* monogamous *monogaam.*
gamp ['gæmp]⟨telb.zn.⟩⟨BE; inf., scherts.⟩ **0.1** ***spuit*** ⇒*(grote slordige) paraplu.*
gam·ut ['gæmət]⟨f1⟩⟨telb.zn.⟩ **0.1** ⟨muz.⟩ ***gamma*** ⟨ook fig.⟩ ⇒*gamme, toonladder; scala, reeks* **0.2** ***toonomvang*** ⇒*register* ◆ **1.1** the whole ~ of human experience *het hele gamma/register v. menselijke ervaringen* **3.1** run up and down the ~ *het hele gamma doorlopen.*
gam·y, gam·ey ['geɪmi]⟨f1⟩⟨bn.; gamier; gamily; -ness; →bijw. 3⟩ **0.1** ***wildachtig*** ⇒*naar wild smakend/ruikend* **0.2** ***adellijk (ruikend/smakend)*** ⟨v. wild⟩ ⇒*onwelriekend* **0.3** ***wildrijk*** **0.4** ***dapper*** ⇒*kranig* **0.5** ⟨AE⟩ ***pikant*** ⇒*schandelijk* ◆ **1.1** ~ flavour *wildsmaak* **1.5** ~ details *pikante bijzonderheden.*
-ga·my [gəmi] **0.1** ***-gamie*** ◆ **¶.1** allogamy *allogamie;* bigamy *bigamie.*
gan·der[1] ['gændə||-ər]⟨f1⟩⟨telb.zn.⟩⟨→sprw. 731⟩ **0.1** ***gander*** ⇒*gent, mannetjesgans, ganzerik* **0.2** ⟨inf.⟩ ***(domme) gans*** ⇒*sul, uilskuiken* **0.3** ⟨inf.⟩ ***blik*** ⇒*kijkje* ◆ **3.3** have/take a ~ **at** *een kijkje nemen* **6.3** have/take a ~ **at** *een blik werpen op.*
gander[2] ⟨onov.ww.⟩⟨inf.⟩ **0.1** ***(vluchtig) kijken.***
gan·dy danc·er ['gændi dɑ:nsə||-dænsər]⟨telb.zn.⟩⟨sl.⟩ **0.1** ***spoorwegarbeider*** **0.2** ***seizoenarbeider.***
ganef →goniff.
gang[1] [gæŋ]⟨f3⟩⟨zn.⟩
I ⟨telb.zn.⟩ **0.1** ⟨ben. voor⟩ ***groep mensen*** ⇒*gang, (boeven/gangster)bende; troep;* ⟨inf.⟩ *kliek, coterie, (vrienden)kring; ploeg* ⟨arbeiders⟩ **0.2** ⟨ben. voor⟩ ***groep dieren*** ⇒*troep* ⟨wolven, wilde honden⟩; *kudde* ⟨buffels, wapitiherten⟩ **0.3** ***(gereedschaps) set*** ⇒*(samen)stel* ◆ **4.1** the Gang of Four *de Bende v. vier;*
II ⟨n.-telb.zn.⟩ →gangue.
gang[2] ⟨f2⟩⟨ww.⟩
I ⟨onov.ww.⟩ **0.1** ***een bende/groep vormen*** ⇒*(samen)klieken* ◆ **5.1** →gang **up** **6.1** ~ **with** *optrekken met; heulen met;*
II ⟨onov. en ov.ww.⟩⟨Sch. E⟩ **0.1** ***gaan*** ◆ **1.1** ~ your gate/gait *ga je gang* **5.1** ~ agley *mislukken, mislopen* ⟨v. plan enz.⟩;
III ⟨ov.ww.⟩ **0.1** ***verenigen*** ⇒*opstellen* ⟨in groep⟩ **0.2** ⟨inf.⟩ ***aanvallen*** ⟨als bende⟩ **0.3** ***coördineren*** ⟨werktuigen enz.⟩ ◆ **5.1** →gang **up**.
'gang bang, 'gang shag, 'gang shay ⟨telb.zn.⟩⟨sl.⟩ **0.1** ***neukpartij*** ⟨aantal mannen met één vrouw⟩ ⇒*volgnummertje.*
gangboard →gangplank.
'gang·bus·ter ⟨telb.zn.⟩⟨sl.⟩ **0.1** ***bendebestrijder.***
'gang cask ⟨telb.zn.⟩⟨scheep.⟩ **0.1** ***watervat*** ⇒*klein fust.*
gange [gændʒ], **kange** [kændʒ]⟨telb.zn.⟩⟨sl.; bel.⟩ **0.1** ***roetmop*** ⇒*nikker.*
gang·er ['gæŋə||-ər]⟨telb.zn.⟩⟨vnl. BE⟩ **0.1** ***ploegbaas.***
Gan·get·ic [gæn'dʒeṭɪk]⟨bn.⟩ **0.1** ***mbt./v.d. Ganges.***
gang·ey ['gændʒi], **kang·ey** ['kændʒi]⟨bn.⟩⟨sl.; bel.⟩ **0.1** ***nikker-.***
gang·gang, gan·gan ['gæŋ gæŋ], **gan·ga** ['gæŋgə]⟨telb.zn.⟩⟨dierk.⟩ **0.1** ***helm/roodkopkaketoe*** ⟨Callocephalon fimbriatum⟩.
'gang·land ⟨n.-telb.zn.⟩ **0.1** ***onderwereld.***
gan·gle ['gæŋgl]⟨onov.ww.⟩ →gangling **0.1** ***slungelen.***
'gang-lead·er ⟨telb.zn.⟩ **0.1** ***bendeleider.***
gan·gli·ate ['gæŋglieɪt], **gan·gli·at·ed** [-eɪṭɪd], **gan·gli·on·ate** ['gæŋglɪəneɪt], **gan·gli·on·at·ed** [-eɪṭɪd]⟨bn.⟩⟨med.⟩ **0.1** ***met gangliën*** ⇒*gangliën-.*
gan·gli·form ['gæŋglɪfɔ:m||-fɔrm]⟨bn.⟩⟨med.⟩ **0.1** ***ganglionvormig.***
gan·gling ['gæŋglɪŋ], **gang·ly** ['gæŋgli]⟨bn.; 1e variant teg. deelw. v. gangle; ganglier; →compar. 7⟩ **0.1** ***slungelig.***
gan·gli·on ['gæŋglɪən]⟨telb.zn.; ook ganglia [-glɪə]; →mv. 5⟩ **0.1** ⟨med.⟩ ***ganglion*** ⇒*zenuwknoop* **0.2** ⟨med.⟩ ***ganglion*** ⇒*peesknoop* **0.3** ***(zenuw)centrum*** ⇒*knooppunt, middelpunt* ⟨v. macht, activiteit, enz.⟩.
gan·gli·on·ic [gæŋgli'ɒnɪk||-'ɑnɪk]⟨bn.⟩⟨med.⟩ **0.1** ***met gangliën*** ⇒*gangliën-* **0.2** ***mbt./v. gangliën.***
'gang·plank, 'gang·board ⟨f1⟩⟨telb.zn.⟩⟨scheep.⟩ **0.1** ***loopplank.***
'gang rape ⟨telb.zn.⟩ **0.1** ***groepsverkrachting.***
gan·grel ['gæŋgrəl]⟨telb.zn.⟩⟨Sch. E⟩ **0.1** ***landloper*** ⇒*vagebond, zwerver.*
gan·grene[1] ['gæŋgri:n]⟨f1⟩⟨telb. en n.-telb.zn.⟩ **0.1** ***gangreen*** ⇒*koudvuur* **0.2** ***verrotting*** ⟨fig.⟩ ⇒*corruptie, verdorvenheid, kanker.*
gangrene[2] ⟨ww.⟩
I ⟨onov.ww.⟩ **0.1** ***gangreen krijgen*** ⇒*door koudvuur aangetast worden* **0.2** ***woekeren*** ⇒*rotten;*
II ⟨ov.ww.⟩ **0.1** ***gangreen doen krijgen*** ⇒*met koudvuur aantasten* **0.2** ***aantasten*** ⇒*corrumperen.*
gan·gre·nous ['gæŋgrɪnəs]⟨bn.⟩ **0.1** ***gangreneus*** ⇒*door gangreen aangetast* **0.2** ***gangreneus*** ⇒*gangreenachtig* **0.3** ***aangetast*** ⇒*rot(tend).*
gang shag →gang bang.
gangs·man ['gæŋzmən]⟨telb.zn.; gangsmen [-mən]; →mv. 3⟩ **0.1** ***ploegbaas.***
gang·ster ['gæŋstə||-ər]⟨f1⟩⟨telb.zn.⟩ **0.1** ***gangster*** ⇒*bendelid.*
gang·ster·ism ['gæŋstərɪzm]⟨n.-telb.zn.⟩ **0.1** ***gangsterdom*** ⇒*onderwereld.*
gangue [gæŋ]⟨n.-telb.zn.⟩⟨mijnw.⟩ **0.1** ***ganggesteente.***
'gang 'up ⟨f1⟩⟨ww.⟩
I ⟨onov.ww.⟩ **0.1** ***een bende/groep vormen*** ⇒*(samen)klieken, samenkomen, zich verenigen* ◆ **6.1** ⟨inf.⟩ ~ **against/on** *samenspannen tegen, aanvallen* ⟨als bende⟩; ~ **with** *zich aansluiten bij, samenspannen met;*
II ⟨ov.ww.⟩ **0.1** ***verenigen*** ⇒*rangschikken* ⟨in een groep⟩.
'gang-up ⟨telb.zn.⟩⟨inf.⟩ **0.1** ***bende/groepsvorming.***
'gang war ⟨telb.zn.⟩ **0.1** ***bendenoorlog.***
gang·way ['gæŋweɪ]⟨f1⟩⟨telb.zn.⟩ **0.1** ***doorgang*** **0.2** ⟨BE⟩ ***(gang) pad*** ⟨in kerk, schouwburg enz.⟩ ⇒⟨i.h.b.⟩ *dwarspad* ⟨in Lagerhuis⟩ **0.3** ⟨scheep.⟩ ***gangboord*** ⇒*walegang* **0.4** ⟨scheep.⟩ ***valreep*** **0.5** ⟨scheep.⟩ ***loopplank*** **0.6** ***loopplank*** ⇒*kruiplank* ⟨in de bouw⟩ ◆ **6.2** ⟨fig.⟩ **above** (the) ~ *partijgebonden* ⟨v. parlementsleden⟩; ⟨fig.⟩ **below** (the) ~ *onafhankelijk* ⟨v. parlementsleden⟩ **¶.¶** ~! *uit de weg!.*
gan·is·ter, gan·nis·ter ['gænɪstə||-ər]⟨n.-telb.zn.⟩ **0.1** ***(soort) silicasteen.***
gan·ja(h) ['gɑ:ndʒə, -dʒɑ:], **gun·ja(h)** ['gʌndʒə]⟨n.-telb.zn.⟩ **0.1** ***marihuana*** ⇒*hasjiesj.*
gan·net ['gænɪt]⟨telb.zn.; ook gannet; →mv. 4⟩ **0.1** ⟨dierk.⟩ ***jan-van-gent*** ⟨fam. Sulidae, i.h.b. Morus bassanus⟩ **0.2** ⟨sl.⟩ ***hebberd.***
gan·net·ry ['gænɪtri]⟨telb.zn.; →mv. 2⟩ **0.1** ***jan-van-gentenkolonie.***
ganof →goniff.
gan·oid[1] ['gænɔɪd]⟨telb.zn.⟩ **0.1** ***glansschubbige vis*** ⟨bv. steur, beensnoek⟩.
ganoid[2] ⟨bn.⟩ **0.1** ***glanzig*** ⇒*glimmend, ganoïd* ⟨v. schubben⟩ **0.2** ***glansschubbig.***
ganoph →goniff.
gantlet →gauntlet.
gant·line ['gæntlaɪn]⟨telb.zn.⟩⟨scheep.⟩ **0.1** ***jolletouw*** ⇒*wipper.*
gan·try ['gæntri], ⟨in bet. 0.1 ook⟩ **gaun·try** ['gɔ:ntri]⟨f1⟩⟨telb.zn.; →mv. 2⟩ **0.1** ***schraag*** ⟨voor vaten⟩ **0.2** ***stelling*** ⇒*stellage, onderstel* **0.3** ***rijbrug*** ⟨v. loopkraan⟩ **0.4** ⟨spoorwegen⟩ ***portaal*** **0.5** ***lanceertoren*** ⟨v. raket⟩ **0.6** ***flessenwand*** ⟨in bar⟩ ⇒*voorraad sterke drank.*
'gantry crane ⟨telb.zn.⟩ **0.1** ***(rij)brugkraan*** ⇒*portaalkraan.*
Gan·y·mede ['gænɪmi:d]⟨eig.n., telb.zn.⟩ **0.1** ***Ganymedes*** ⇒*schenker.*
GAO ⟨afk.⟩ General Accounting Office.
gaol →jail.
gaoler →jailer.
gap[1] [gæp]⟨f3⟩⟨telb.zn.⟩ **0.1** ⟨ben. voor⟩ ***(tussen)ruimte*** ⇒*opening, gat, bres, breuk; kloof, barst, spleet; interval; afstand; bergengte, ravijn, pas; stilte; leemte, hiaat; tekort* **0.2** ⟨verk.⟩ ⟨spark gap⟩ ◆ **3.1** bridge/close/fill/stop a ~ *een kloof overbruggen, een hiaat vullen, een tekort aanvullen/bijpassen;* discover a ~ in the market *een gat in de markt ontdekken.*
gap[2] ⟨ww.⟩ →gapped
I ⟨onov.ww.⟩ **0.1** ***barsten*** ⇒*kloven* **0.2** ⟨sl.⟩ ***getuige zijn v.e. misdrijf;***
II ⟨ov.ww.⟩ **0.1** ***doen barsten*** ⇒*kloven.*
gape[1] [geɪp]⟨zn.⟩
I ⟨telb.zn.⟩ **0.1** ***geeuw*** ⇒*gaap* **0.2** ***opening*** ⇒*scheur, bres;* ⟨dierk.⟩ *muil/bekopening;*
II ⟨mv.; the ~s⟩ **0.1** ***gaapziekte*** ⇒*snapziekte* ⟨v. kanaries⟩ **0.2** ⟨scherts.⟩ ***geeuwbui.***
gape[2] ⟨f2⟩⟨ww.⟩
I ⟨onov.ww.⟩ **0.1** ***gapen*** ⇒*geeuwen* **0.2** ***geopend/gebarsten/gespleten zijn*** ⇒*gapen* **0.3** ***staren*** ◆ **1.2** gaping wound *gapende wonde* **3.¶** make s.o. ~ *iem. versteld doen staan* **5.2** ~ open *gapen, open staan* **6.3** ~ **at** *aangapen/staren;*
II ⟨ov.ww.⟩ **0.1** ***doen scheuren/barsten/gapen.***
gap·er ['geɪpə||-ər]⟨telb.zn.⟩ **0.1** ***gaper*** ⇒*gaapster, geeuwer, geeuwster* **0.2** ***gaper(schelp)*** ⇒*gaapschelp, strandgaper* **0.3** ⟨dierk.⟩ ***(soort) zeebaars*** ⟨Serranus cabrilla⟩.
'gape·seed ⟨telb.zn.⟩⟨BE; gew.⟩ **0.1** ***iets/iem. waarnaar men gaapt.***
'gape·worm ⟨telb.zn.⟩⟨dierk.⟩ **0.1** ***(soort) rondworm*** ⟨veroorzaakt gaapziekte; Syngamus trachea⟩.
gap·ped [gæpt], **gap·py** ['gæpi]⟨bn.; 1e variant volt. deelw. v. gap; gappier; →compar. 7⟩ **0.1** ***gebarsten*** ⇒*gekloofd, met gaten.*
'gap-toothed ⟨bn.⟩ **0.1** ***met uiteenstaande tanden.***

gap·y ['geɪpi]⟨bn.⟩ **0.1** ***aan gaapziekte lijdend.***

gar[1] [gɑ:‖gɑr]⟨telb.zn.⟩⟨verk.⟩ garfish, garpike ⟨dierk.⟩ **0.1** ***geep*** ⟨Belone vulgaris⟩.

gar[2] ⟨ov.ww.;→ww. 7⟩⟨vnl. Sch. E⟩ **0.1** ***veroorzaken.***

gar[3] ⟨tussenw.⟩ **0.1** ***verdomd!*** *⇒jeminee!.*

gar[4] ⟨afk.⟩ garage.

GAR ⟨afk.⟩ Grand Army of the Republic.

ga·rage[1] ['gærɑ:ʒ, -ɪdʒ‖gə'rɑʒ]⟨f3⟩⟨telb.zn.⟩ **0.1** ***garage*** *⇒autostalling, garagebedrijf, benzinestation.*

garage[2] ⟨f1⟩⟨ov.ww.⟩ **0.1** ***stallen*** *⇒binnen zetten/houden* **0.2** ***naar de garage brengen.***

ga'rage sale ⟨telb.zn.⟩⟨AE⟩ **0.1** ***garage sale*** *⇒(uit)verkoop* ⟨v. persoonlijke goederen bij eigenaar thuis⟩.

garb[1] [gɑ:b‖gɑrb]⟨f1⟩⟨n.-telb.zn.⟩ **0.1** ***dracht*** *⇒kledij, kostuum, gewaad* ◆ **2.1** in clerical ~ *in habijt.*

garb[2] ⟨f1⟩⟨ov.ww.; vnl. pass.⟩ **0.1** ***kleden*** ◆ **1.1** ~ed in black *in het zwart;* ~ed in motley *bont gekleed.*

gar·bage ['gɑ:bɪdʒ‖'gɑr-]⟨f2⟩⟨n.-telb.zn.⟩ **0.1** ***(keuken)afval*** *⇒huisvuil, vuilnis* **0.2** ***rommel*** *⇒rotzooi, vuil, uitschot; onzin, gelul* **0.3** ⟨comp.⟩ ***rommel*** *⇒onbruikbare/foute gegevens* **0.4** ⟨sl.; cul.⟩ ***garnering.***

'garbage barrel ⟨telb.zn.⟩⟨AE⟩ **0.1** ***vuilnisbak.***

'garbage can ⟨f1⟩⟨telb.zn.⟩⟨AE⟩ **0.1** ***vuilnisbak*** **0.2** ⟨sl.⟩ ***oude torpedojager*** **0.3** ⟨sl.⟩ ***microgolf relaiszender.***

'garbage collector, 'garbage man ⟨f1⟩⟨telb.zn.⟩⟨AE⟩ **0.1** ***vuilnisman.***

'garbage dump ⟨telb.zn.⟩⟨AE⟩ **0.1** ***vuilnisbelt.***

'garbage furniture ⟨n.-telb.zn.⟩⟨sl.⟩ **0.1** ***gevonden meubilair.***

'garbage goal ⟨telb.zn.⟩⟨Can. E; ijshockey⟩ **0.1** ***frommelgoal*** *⇒*⟨B.⟩ *floddergoal.*

'garbage truck ⟨f1⟩⟨telb.zn.⟩⟨AE⟩ **0.1** ***vuilniswagen.***

gar·ban·zo [gɑ:'bænzoʊ‖gɑr-], **gar·ban·za** [-zə], **gar·van·zo** [-'væn-] ⟨telb.zn.⟩ **0.1** ***keker*** *⇒Spaanse erwt, kikkererwt.*

gar·ble[1] ['gɑ:bl‖'gɑrbl]⟨telb. en n.-telb.zn.⟩ **0.1** ***knoeierij.***

garble[2] ⟨f1⟩⟨ov.ww.⟩ **0.1** ***knoeien met*** *⇒verkeerd voorstellen, verdraaien, verwarren, verminken* **0.2** ⟨vero.⟩ ***uitzoeken*** *⇒sorteren* ◆ **1.1** ~d account *verdraaide/misleidende voorstelling;* ~d report *misleidend verslag;* ~d voice *vervormde stem.*

gar·bler ['gɑ:blə‖'gɑrblər]⟨telb.zn.⟩ **0.1** ***knoeier.***

gar·bo ['gɑ:boʊ‖'gɑr-]⟨telb.zn.⟩⟨Austr. E; inf.⟩ **0.1** ***vuilnisman.***

gar·board ['gɑ:bɔ:d‖'gɑrbɔrd], **'garboard strake** ⟨telb.zn.⟩ ⟨scheep.⟩ **0.1** ***kielgang*** *⇒zandstrook, gaarbord, bodemgang.*

'garboard plate ⟨telb.zn.⟩⟨scheep.⟩ **0.1** ***kielgangsplaat.***

gar·bol·o·gy [gɑ:'bɒlədʒi‖gɑr'bɑ-]⟨n.-telb.zn.⟩ **0.1** ***studie v. afvalverwerking.***

gar·çon [gɑ:'sɔ̃‖gɑr'sɔ̃]⟨telb.zn.; gar+c8ons [-'sɔ̃z];→mv. 5⟩ **0.1** ***kelner*** *⇒ober,* ⟨B.⟩ *garçon.*

gar·da ['gɑ:də]⟨zn.; gardaí [-di:]⟩
 I ⟨telb.zn.⟩ **0.1** ***politieman*** ⟨in Ierland⟩;
 II ⟨verz.n.⟩ **0.1** ***politie*** ⟨in Ierland⟩.

gardant →guardant.

gar·den[1] ['gɑ:dn‖'gɑrdn]⟨f3⟩⟨zn.⟩⟨→sprw. 435, 660⟩
 I ⟨telb. en n.-telb.zn.⟩ **0.1** ***tuin*** ⟨ook fig.⟩ *⇒groenten/bloementuin, hof; vruchtbare streek* **0.2** ⟨vnl. mv.⟩ ***park*** *⇒lusthof* **0.3** ⟨vnl. mv., met voorafgaande naam⟩⟨BE⟩ ***straat*** *⇒plein* **0.4** ⟨AE⟩ ***hal*** **0.5** ⟨sl.⟩ ***boksring*** ◆ **1.1** the ~ of England *de tuin v. Engeland* ⟨bijzonder vruchtbare streken in Engeland: Kent, Evesham enz.⟩; the ~ of Eden *de hof v. Eden, het (Aards) Paradijs* **2.2** botanical ~(s) *botanische tuin;* zoological ~(s) *zoo, dierentuin* **3.1** ⟨inf.⟩ lead up the ~ (path) *om de tuin leiden* **7.1** have much ~ *een grote tuin hebben;*
 II ⟨n.-telb.zn.; G-; the⟩ **0.1** ***leer/school v. Epicurus*** **0.2** ⟨verk.⟩ ⟨Covent Garden⟩.

garden[2] ⟨f2⟩⟨onov.ww.⟩ →gardening **0.1** ***tuinieren.***

'garden balsam ⟨telb.zn.⟩⟨plantk.⟩ **0.1** ***balsemien*** *⇒springzaad* ⟨Impatiens balsamina⟩.

'garden centre, ⟨AE sp. vnl.⟩ **'garden center** ⟨f1⟩⟨telb.zn.⟩ **0.1** ***tuincentrum.***

'garden chafer ⟨telb.zn.⟩⟨dierk.⟩ **0.1** ***rozekevertje*** ⟨Phyllopertha horticola⟩.

'garden chair ⟨telb.zn.⟩ **0.1** ***tuinstoel.***

'garden 'city, ⟨BE⟩ **'garden 'suburb** ⟨telb.zn.⟩ **0.1** ***tuinstad.***

'garden cress, 'garden 'pepper cress, 'garden 'peppergrass ⟨n.-telb.zn.⟩⟨plantk.⟩ **0.1** ***tuinkers*** *⇒bitterkers, sterkers* ⟨Lepidium sativum⟩.

'garden engine ⟨telb.zn.⟩ **0.1** ***tuinsproeier.***

gar·den·er ['gɑ:dnə‖'gɑrdnər]⟨f2⟩⟨telb.zn.⟩ **0.1** ***tuinman*** *⇒hovenier, tuinier* **0.2** ⟨sl.; honkbal⟩ ***verrevelder.***

'gardener bird ⟨telb.zn.⟩⟨dierk.⟩ **0.1** ***tuiniervogel*** ⟨Amblyornis⟩.

'gardener's 'garters ⟨mv.⟩ **0.1** ***rietgras.***

gar·den·esque ['gɑ:dn'esk‖'gɑrdn-]⟨bn.⟩ **0.1** ***tuin-*** *⇒tuinachtig.*

'garden frame ⟨telb.zn.⟩ **0.1** ***broeibak*** *⇒plantenkas.*

'gar·den-'fresh ⟨bn.⟩ **0.1** ***vers geoogst*** *⇒vers uit de tuin, plukvers.*

'garden glass ⟨zn.⟩
 I ⟨telb.zn.⟩ **0.1** ***glasstolp*** ⟨voor planten⟩;
 II ⟨n.-telb.zn.⟩ **0.1** ***tuindersglas.***

'garden 'gnome ⟨telb.zn.⟩ **0.1** ***tuinkabouter.***

'garden heliotrope ⟨telb.zn.⟩⟨plantk.⟩ **0.1** ***tuinheliotroop*** ⟨Heliotropium arborescens⟩ **0.2** ***valeriaan*** ⟨Valeriana officinalis⟩.

gar·de·ni·a [gɑ:'di:nɪə‖gɑr-]⟨telb.zn.⟩⟨plantk.⟩ **0.1** ***gardenia*** ⟨genus Gardenia⟩.

gar·den·ing ['gɑ:dnɪŋ‖'gɑr-]⟨f1⟩⟨n.-telb.zn.; gerund v. garden⟩ **0.1** ***het tuinieren.***

'garden mint ⟨telb.zn.⟩ **0.1** ***groene munt.***

'garden mould, ⟨AE sp.⟩ **'garden mold** ⟨n.-telb.zn.⟩ **0.1** ***tuin/teelaarde.***

'garden party ⟨f1⟩⟨telb.zn.⟩ **0.1** ***tuinfeest*** *⇒tuinpartij.*

'garden 'path ⟨telb.zn.; ook attr.⟩ **0.1** ***tuinpad*** ◆ **1.1** ⟨fig.⟩ ~ sentence *misleidende/ambiguë zin* **3.1** ⟨inf.⟩ lead s.o. up the ~ *iem. om de tuin leiden.*

'garden path sentence ⟨telb.zn.⟩⟨taalk.⟩ **0.1** ***intuinzin.***

'garden pea ⟨telb.zn.⟩ **0.1** ***doperwt.***

'garden plant ⟨telb.zn.⟩ **0.1** ***tuinplant.***

'garden plot ⟨telb.zn.⟩ **0.1** ***tuin(tje).***

'garden roller ⟨telb.zn.⟩ **0.1** ***tuinwals.***

'garden seat ⟨telb.zn.⟩ **0.1** ***tuinbank.***

'garden spider ⟨telb.zn.⟩ **0.1** ***tuinspin.***

'Garden 'State ⟨eig.n.⟩⟨AE⟩ **0.1** ***Tuinstaat*** *⇒New Jersey.*

'garden stuff, ⟨AE ook⟩ **'garden sauce, 'garden sars, 'garden sass, 'garden truck** ⟨verz.n.⟩ **0.1** ***groenten*** *⇒tuingewassen.*

'garden va'riety ⟨telb.zn.⟩⟨inf.⟩ **0.1** ***gewone soort*** ◆ **2.1** common or ~ *huis-, tuin- en keukensoort.*

'garden 'village ⟨telb.zn.⟩⟨BE⟩ **0.1** ***tuindorp.***

'garden warbler ⟨telb.zn.⟩⟨dierk.⟩ **0.1** ***tuinfluiter*** ⟨Sylvia borin⟩.

'garden white ⟨telb.zn.⟩⟨dierk.⟩ **0.1** ***koolwitje*** ⟨genus Pieris⟩.

garde·robe ['gɑ:droʊb‖'gɑrdroʊb]⟨telb.zn.⟩⟨vero.⟩ **0.1** ***garderobe*** *⇒kleerkast.*

gare·fowl ['geəfaʊl‖'gær-]⟨telb.zn.; ook garefowl;→mv. 4⟩ **0.1** ***grote alk.***

gar·fish ['gɑ:fɪʃ‖'gɑr-]⟨telb.zn.; ook garfish;→mv. 4⟩⟨dierk.⟩ **0.1** ***geep*** ⟨Belone vulgaris⟩.

gar·ga·ney ['gɑ:gəni‖'gɑr-]⟨telb.zn.⟩⟨dierk.⟩ **0.1** ***zomertaling*** ⟨Anas querquedula⟩.

gar·gan·tu·an [gɑ:'gæntʃʊən‖gɑr-]⟨bn.⟩ **0.1** ***gigantisch*** *⇒reusachtig.*

gar·get ['gɑ:gɪt‖'gɑr-]⟨zn.⟩
 I ⟨telb.zn.⟩ **0.1** ⟨AE; plantk.⟩ ***karmozijnbes*** ⟨Phytolacca⟩;
 II ⟨telb. en n.-telb.zn.⟩⟨diergeneeskunde⟩ **0.1** ***mastitis*** *⇒uierontsteking* **0.2** ⟨vero.⟩ ***keelontsteking.***

'garget plant, 'garget root ⟨telb.zn.⟩⟨AE; plantk.⟩ **0.1** ***karmozijnbes.***

gar·gle[1] ['gɑ:gl‖'gɑrgl]⟨telb.zn.⟩ **0.1** ***gorgeldrank*** **0.2** ***gorgelgeluid*** **0.3** ⟨sl.⟩ ***pils*** *⇒drank.*

gargle[2] ⟨f1⟩⟨onov. en ov.ww.⟩ **0.1** ***gorgelen.***

'gar·gle-fac·to·ry ⟨telb.zn.⟩⟨sl.⟩ **0.1** ***kroeg*** *⇒tent, bar.*

gar·goyle ['gɑ:gɔɪl‖'gɑr-]⟨f1⟩⟨telb.zn.⟩ **0.1** ***gargouille*** *⇒waterspuwer.*

gar·i·bal·di ['gærɪ'bɔ:ldi]⟨zn.⟩
 I ⟨eig.n.; G-⟩ **0.1** ***Garibaldi*** ⟨Italiaans vrijheidsheld⟩;
 II ⟨telb.zn.⟩ **0.1** ***garibaldi(hemd)*** **0.2** ⟨BE⟩ ***(soort) krentenkoekje*** **0.3** ⟨AE; dierk.⟩ ***Californische goudvis*** ⟨Hypsipops rubicundus⟩.

gar·ish ['geərɪʃ‖'gerɪʃ]⟨f1⟩⟨bn.; -ly; -ness⟩ **0.1** ***hel*** *⇒schel, fel* **0.2** ***opgesmukt*** *⇒opzichtig, bont, opvallend.*

gar·land[1] ['gɑ:lənd‖'gɑr-]⟨f1⟩⟨telb.zn.⟩ **0.1** ***guirlande*** *⇒slinger, (bloem)festoen, (bloemen)krans* **0.2** ***lauwer(krans)*** *⇒erepalm, prijs, bekroning* **0.3** ***bloemlezing*** *⇒anthologie.*

garland[2] ⟨ov.ww.⟩ **0.1** ***omkransen*** *⇒bekransen* **0.2** ***bekronen*** **0.3** ***een krans maken v..***

gar·lic ['gɑ:lɪk‖'gɑr-]⟨f2⟩⟨zn.⟩
 I ⟨telb.zn.⟩ **0.1** ***knoflookbol;***
 II ⟨n.-telb.zn.⟩ **0.1** ***knoflook*** ◆ **1.1** a clove of ~ *een teentje knoflook.*

gar·lick·y ['gɑ:lɪki‖'gɑr-]⟨bn.⟩ **0.1** ***(te) knoflookachtig.***

'garlic 'mustard ⟨telb.zn.⟩⟨plantk.⟩ **0.1** ***look-zonder-look*** ⟨Alliaria petiolata⟩.

gar·ment[1] ['gɑ:mənt‖'gɑr-]⟨f3⟩⟨telb.zn.⟩ **0.1** ***kledingstuk*** *⇒*⟨mv.⟩ *kleren, gewaad.*

garment[2] ⟨ov.ww.⟩⟨schr.⟩ **0.1** ***kleden*** *⇒(uit)dossen, tooien.*

garn [gɑ:n‖gɑrn]⟨tussenw.⟩⟨inf.⟩ **0.1** ***kom nou!*** *⇒nee toch!, loop heen!.*

gar·ner[1] ['gɑ:nə‖'gɑrnər]⟨telb.zn.⟩⟨schr.⟩ **0.1** ***(graan)schuur*** *⇒graanzolder.*

garner[2] ⟨ov.ww.⟩⟨schr.⟩ **0.1** ***opslaan*** ⇒*opbergen, verzamelen, vergaren, oogsten* ◆ **5.1** ~ **in/up** *opslaan, binnenhalen*.
gar·net ['gɑ:nɪt||'gɑr-]⟨f2⟩⟨zn.⟩
I ⟨telb.zn.⟩ **0.1** ***granaat*** ⟨mineraalgroep⟩;
II ⟨n.-telb.zn.⟩ **0.1** ***granaat(rood)***.
gar·nish[1] ['gɑ:nɪʃ||'gɑr-]⟨telb.zn.⟩ **0.1** ***garnering*** ⇒*versiering* **0.2** ⟨sl.⟩ ***fooi*** ⟨door cipier afgeperst v. nieuwe gevangene⟩.
garnish[2] ⟨f1⟩⟨ov.ww.⟩ →garnishing **0.1** ***garneren*** ⇒*verfraaien, versieren, tooien* **0.2** ⟨jur.⟩ ***dagvaarden*** **0.3** ⟨jur.⟩ ***(conservatoir) beslag leggen op*** ◆ **6.1** ~ **with** *versieren met, voorzien v.*.
gar·nish·ee[1] ['gɑ:nɪ'ʃi:||'gɑr-]⟨telb.zn.⟩⟨jur.⟩ **0.1** ***gedaagde*** ⇒*gedagvaarde* **0.2** ***beslagene*** ⇒*betrokken derde (bij conservatoir beslag)*.
garnishee[2] ⟨ov.ww.⟩⟨jur.⟩ **0.1** ***dagvaarden*** ⇒*voor de rechter dagen* **0.2** ***(conservatoir) beslag leggen op*** ⇒*in belag nemen*.
gar·nish·ing ['gɑ:nɪʃɪŋ||'gɑr-]⟨telb.zn.; oorspr. gerund v. garnish⟩ **0.1** ***garnering*** ⇒*versiering*.
gar·nish·ment ['gɑ:nɪʃmənt||'gɑr-]⟨telb.zn.⟩ **0.1** ***sieraad*** ⇒*versiersel, versiering* **0.2** ⟨jur.⟩ ***dagvaarding*** **0.3** ⟨jur.⟩ ***beslaglegging*** ⇒*in beslagneming* **0.4** ⟨jur.⟩ ***aanzegging v. beslag*** ⟨v. betrokken derde⟩.
gar·ni·ture ['gɑ:nɪtʃə||'gɑrnɪtʃər]⟨telb.zn.⟩ **0.1** ***garnituur*** ⇒*versiering, sieraad, garnering* **0.2** ***toebehoren***.
ga·rotte[1], **gar·rotte**, ⟨AE ook⟩ **gar·rote** [gə'rɒt||gə'rɑt]⟨telb.zn.⟩ **0.1** ***garotte*** ⇒*wurgpaal* **0.2** ***wurgijzer*** ⇒*wurghalsijzer, wurgtouw* ⟨met spanstok⟩ **0.3** ***verwurging***.
garotte[2], **garrotte**, ⟨AE ook⟩ **garrote** ⟨ov.ww.; →ww. 7⟩ **0.1** ***verwurgen*** ⟨als executie aan wurgpaal, met wurgijzer/touw enz., of bij roofoverval⟩ ⇒*garrotteren*.
ga·rot·ter, gar·rot·ter, ⟨AE ook⟩ **gar·rot·er** [gə'rɒtə||gə'rɑṭər] ⟨telb.zn.⟩ **0.1** ***wurger***.
gar·pike ['gɑ:paɪk||'gɑr-]⟨telb.zn.⟩⟨dierk.⟩ **0.1** ***kaaimansnoek*** ⟨genus Lepisosteus⟩ **0.2** ***geep*** ⟨Belone belone⟩.
gar·ret ['gærɪt]⟨f1⟩⟨telb.zn.⟩ **0.1** ***zolder(kamertje)*** ⇒*dakkamertje*.
gar·ret·eer ['gærɪ'tɪə||-'tɪr]⟨telb.zn.⟩ **0.1** ***zolderkamerbewoner*** ⇒⟨vnl.⟩ *zolderkamerartiest, arm broodschrijver*.
gar·ri·son[1] ['gærɪsn]⟨f2⟩⟨zn.⟩⟨mil.⟩
I ⟨telb.zn.⟩ **0.1** ***garnizoen*** ⇒*fort, vesting, garnizoensplaats*;
II ⟨verz.n.⟩ **0.1** ***garnizoen***.
garrison[2] ⟨ov.ww.⟩ **0.1** ***bezetten (met een garnizoen)*** ⇒*een garnizoen leggen in* **0.2** ***in garnizoen leggen***.
'garrison cap ⟨telb.zn.⟩ **0.1** ***kwartiermuts*** ⇒*vechtpet*.
'garrison finish →garrison victory.
'garrison state ⟨telb.zn.⟩⟨AE⟩ **0.1** ***door dictator/junta bestuurd land***.
'garrison town ⟨telb.zn.⟩ **0.1** ***garnizoensstad*** ⇒*garnizoensplaats*.
'garrison victory ⟨telb.zn.⟩⟨sport⟩ **0.1** ***nipte overwinning***.
gar·ru·li·ty [gə'ru:ləṭi], **gar·ru·lous·ness** ['gærələsnəs]⟨n.-telb.zn.⟩ **0.1** ***kletserigheid*** ⇒*praatzucht, babbelziekte* **0.2** ***langdradigheid*** ⇒*omslachtigheid*.
gar·ru·lous ['gærələs]⟨f1⟩⟨bn.; -ly; -ness⟩ **0.1** ***kletserig*** ⇒*praatziek, loslippig, babbelziek* **0.2** ***woordenrijk*** ⇒*langdradig, wijdlopig, omstandig, omslachtig* **0.3** ***snaterend*** ⟨v. vogel⟩ ⇒*kwetterend, krijsend* **0.4** ***kabbelend*** ⟨v. water⟩.
gar·ter[1] ['gɑ:tə||'gɑrṭər]⟨f2⟩⟨telb.zn.⟩ **0.1** ***kouseband*** ⇒⟨AE ook⟩ *jar(re)tel(le), sokophouder* **0.2** ⟨AE⟩ ***mouwophouder*** ⇒*mouwelastiek* **0.3** ⟨the G-⟩ ***(Orde van de) Kouseband*** **0.4** ⟨G-; ook Garter King of Arms⟩ ***Wapenkoning (v.d. Orde v.d. Kouseband)*** **0.5** ***lidmaatschap v.d. Orde v.d. Kouseband***.
garter[2] ⟨ov.ww.⟩ **0.1** ***vastmaken/bevestigen met een kouseband***.
'garter belt ⟨f1⟩⟨telb.zn.⟩⟨vnl. AE⟩ **0.1** ***jar(re)tel(le)gordel***.
'garter snake ⟨telb.zn.⟩⟨dierk.⟩ **0.1** ***kousebandslang*** ⟨Noordamerikaanse slang v. genus Thamnophis⟩ **0.2** ***Afrikaanse bandkoraalslang*** ⟨Zuidafrikaanse slang v. genus Elaps⟩.
'garter stitch ⟨telb. en n.-telb.zn.⟩ **0.1** ***kousebandsteek*** ⟨breisteek⟩.
garth [gɑ:θ||gɑrθ]⟨telb.zn.⟩⟨vnl. BE⟩ **0.1** ***binnenplaats*** ⟨v. klooster⟩ **0.2** ⟨vero. of gew.⟩ ***hof(je)*** ⇒*erf, tuin, gaard(e)*.
gas[1] [gæs]⟨f3⟩⟨zn.; AE ook gasses; →mv. 2⟩
I ⟨telb.zn.⟩ **0.1** ⟨vnl. enk.⟩⟨vnl. AE; sl.⟩ ***uitschieter*** ⇒*succes (nummer), prachtexemplaar*;
II ⟨telb. en n.-telb.zn.⟩ **0.1** ***gas*** ⇒*gifgas, lachgas, lichtgas, mijngas* ◆ **2.1** natural ~ *aardgas* **3.1** turn off/on the ~ *het gas uitdraaien/aansteken*;
III ⟨n.-telb.zn.⟩ **0.1** ⟨AE⟩ ***benzine*** **0.2** ⟨inf.⟩ ***gezwam*** ⇒*gelul, geouwehoer, geklets* **0.3** ⟨AE; sl.⟩ ***spiritus*** ⇒*industriealcohol* ⟨als substituut voor jenever⟩ ◆ **3.1** step on the ~ *gas geven, er vaart achter zetten, zich haasten*.
gas[2] ⟨f2⟩⟨ww.; 3e enk. AE soms gases; →ww. 7⟩ →gassed
I ⟨onov.ww.⟩ **0.1** ***gas afgeven/afscheiden/verliezen*** **0.2** ⟨inf.⟩ ***leuteren*** ⇒*ouwehoeren, zwammen, opsnijden*;
II ⟨onov. en ov.ww.⟩⟨vnl. AE; inf.⟩ **0.1** ***tanken*** ⇒*vol/bijtanken* ◆ **5.1** ~ **up** the car *de wagen voltanken/bijtanken*;
III ⟨ov.ww.⟩ **0.1** ***van gas voorzien*** ⇒*met gas verlichten/vullen* **0.2** ***met gas behandelen*** ⇒*bedwelmen/ontsmetten/uitzwavelen/beroken* **0.3** ***schroeien met gasvlam*** ⟨v. draad of kant⟩ ⇒*(af)zengen, afbranden* **0.4** ***(ver)gassen*** **0.5** ⟨AE; sl.⟩ ***goede indruk maken op*** ⇒*imponeren* **0.6** ⟨AE; sl.⟩ ***slechte indruk maken op*** ⇒*teleurstellen* ◆ **5.¶** ⟨AE; sl.⟩ ~ **up** *oppeppen*; gassed **up** *vergast*; ⟨sl.⟩ *zat, dronken*.
'gas attack ⟨telb.zn.⟩⟨mil.⟩ **0.1** ***gasaanval***.
'gas·bag ⟨telb.zn.⟩ **0.1** ***gascel*** ⟨v. luchtschip⟩ ⇒*gaszak, ballonnet* **0.2** ⟨inf.⟩ ***windbuil*** ⇒*zwamneus, kletsmeier*.
'gas bracket ⟨telb.zn.⟩ **0.1** ***gasarm***.
'gas buoy ⟨telb.zn.⟩ **0.1** ***gasboei***.
'gas burner ⟨telb.zn.⟩ **0.1** ***gasbrander*** **0.2** ***gaskomfoor*** ⇒*gasstel/fornuis/kachel*.
'gas chamber ⟨f1⟩⟨telb.zn.⟩ **0.1** ***gaskamer***.
'gas chroma'tography ⟨n.-telb.zn.⟩ **0.1** ***gaschromatografie*** ⟨scheiden v. stoffen d.m.v. gas⟩.
'gas company ⟨telb.zn.⟩ **0.1** ***gasbedrijf***.
Gas·con[1] ['gæskən]⟨zn.⟩
I ⟨eig.n.⟩ **0.1** ***Gascons*** ⇒*het Gascons dialect*;
II ⟨telb.zn.⟩ **0.1** ***Gascogner*** **0.2** ⟨vnl. g-⟩ ***bluffer*** ⇒*opschepper*.
Gascon[2] ⟨bn.⟩ **0.1** ***Gascons*** ⇒*v. Gascogne/de Gascogners* **0.2** ⟨vnl. g-⟩ ***blufferig*** ⇒*opschepperij, snoevend*.
gas·con·ade[1] ['gæskə'neɪd]⟨telb.zn.⟩ **0.1** ***gasconnade*** ⇒*grootspraak, opschepperij, bluf*.
gasconade[2] ⟨onov.ww.⟩ **0.1** ***bluffen*** ⇒*pochen, opscheppen*.
'gas condenser ⟨telb.zn.⟩ **0.1** ***gasverdichter*** ⇒*gascondensor*.
Gas·co·ny ['gæskəni]⟨eig.n.⟩ **0.1** ***Gascogne***.
'gas cooker ⟨f1⟩⟨telb.zn.⟩ **0.1** ***gaskomfoor*** ⇒*gasstel, gasfornuis*.
'gas-cooled ⟨bn.⟩ **0.1** ***met gaskoeling***.
'gas deposit ⟨telb.zn.⟩ **0.1** ***gasafzetting***.
'gas drum ⟨telb.zn.⟩⟨AE⟩ **0.1** ***benzinevat***.
gas·e·i·ty [gæ'si:əṭi]⟨n.-telb.zn.⟩ **0.1** ***gasachtigheid*** ⇒*gastoestand, gasvormigheid*.
gas·e·lier, gas·o·lier ['gæsə'lɪə||-'lɪr]⟨telb.zn.⟩ **0.1** ***gaskroon***.
'gas engine, 'gas motor ⟨telb.zn.⟩ **0.1** ***gasmotor*** ⇒*l.p.g.-motor* **0.2** ⟨AE⟩ ***benzinemotor***.
gas·e·ous ['gæsɪəs]⟨f1⟩⟨bn.; -ness⟩ **0.1** ***gasachtig*** ⇒*gasvormig, gas-* **0.2** ***vluchtig*** ⇒*dun, ijl, vaag, onbeduidend*.
'gas·field ⟨telb.zn.⟩ **0.1** ***gasveld***.
'gas fire ⟨telb.zn.⟩ **0.1** ***gashaard*** ⇒*gaskachel*.
'gas-fired ⟨bn., attr.⟩ **0.1** ***gasgestookt*** ◆ **1.1** ~ central heating *gasgestookte centrale verwarming, gas-c.v.*.
'gas fitter ⟨telb.zn.⟩ **0.1** ***gasfitter*** ⇒*gasinstallateur*.
'gas fitting ⟨zn.⟩
I ⟨telb.zn.⟩ **0.1** ***gaspijp/kraan/meter*** ⟨enz.⟩;
II ⟨n.-telb.zn.⟩ **0.1** ***gasaanleg***.
'gas·fix·ture ⟨telb.zn.⟩ **0.1** ***gasarmatuur***.
'gas gangrene ⟨n.-telb.zn.⟩⟨med.⟩ **0.1** ***gasgangreen***.
'gas guzzler ⟨telb.zn.⟩⟨inf.⟩ **0.1** ***benzineslokop***.
'gas-guz·zling ⟨bn.⟩ **0.1** ***benzine verslindend***.
gash[1] [gæʃ]⟨f1⟩⟨telb.zn.⟩ **0.1** ***houw*** ⇒*jaap, gapende/diepe wonde, fikse sne(d)e* **0.2** ***kloof*** ⇒*breuk* **0.3** ⟨vulg.⟩ ***kut*** ⇒*gleuf, stuk* **0.4** ⟨vulg.⟩ ***nummertje*** **0.5** ⟨AE; sl.⟩ ***opsteker*** ⇒*meevaller*.
gash[2] ⟨bn., attr.; -er⟩⟨vnl. BE; sl.⟩ **0.1** ***overtollig*** ⇒*te veel, extra*.
gash[3] ⟨f1⟩⟨ww.⟩
I ⟨onov.ww.⟩ **0.1** ***japen*** ⇒*houwen, snijden, kerven*;
II ⟨ov.ww.⟩ **0.1** ***een jaap toedienen*** ⇒*openrijten, opensnijden, een houw geven*.
'gas helmet ⟨telb.zn.⟩ **0.1** ***gasmasker***.
'gas·hold·er ⟨telb.zn.⟩ **0.1** ***gashouder*** ⇒*gasreservoir, gasketel*.
'gas hound ⟨telb.zn.⟩⟨AE; sl.⟩ **0.1** ***spiritusdrinker***.
'gas house ⟨telb.zn.⟩⟨AE; sl.⟩ **0.1** ***bierhuis*** ⇒*kroeg*.
gas·i·fi·ca·tion ['gæsɪfɪ'keɪʃn]⟨n.-telb.zn.⟩ **0.1** ***vergassing*** ⇒*gasvorming*.
gas·i·form ['gæsɪfɔ:m||-fɔrm]⟨bn.⟩ **0.1** ***gasvormig*** ⇒*gas-*.
gas·i·fy ['gæsɪfaɪ]⟨onov. en ov.ww.; →ww. 7⟩ **0.1** ***vergassen*** ⇒*tot gas (doen) worden*.
'gas jet ⟨telb.zn.⟩ **0.1** ***gasbrander*** ⇒*gaspit* **0.2** ***gasvlam*** ⇒*gaspit*.
gas·ket ['gæskɪt]⟨f1⟩⟨telb.zn.⟩ **0.1** ***pakking*** **0.2** ⟨scheep.⟩ ***zeilband (je)*** ◆ **3.¶** ⟨sl.⟩ blow a ~ *ontploffen, uit zijn vel springen*.
'gasket ring ⟨telb.zn.⟩ **0.1** ***pakkingring***.
gas·kin ['gæskɪn]⟨telb.zn.⟩ **0.1** ***schenkel*** ⟨v. paard⟩.
'gas lamp ⟨telb.zn.⟩ **0.1** ***gaslamp*** ⇒*gaslantaarn*.
'gas·light ⟨zn.⟩
I ⟨telb.zn.⟩ **0.1** ***gaslamp*** ⇒*gaslantaarn, gaskroon* **0.2** ***gasbrander*** ⇒*gaspit*;
II ⟨n.-telb.zn.⟩ **0.1** ***gaslicht***.
'gas lighter ⟨telb.zn.⟩ **0.1** ***gasaansteker*** ⇒*gasontsteker* **0.2** ***(gas)aansteker*** ⟨voor sigar(ett)en⟩.

'gas main ⟨telb.zn.⟩ **0.1** ***hoofd(gas)leiding.***
'gas·man ⟨f1⟩ ⟨telb.zn.; gasmen; →mv. 3⟩ **0.1** ***meteropnemer*** ⇒*gasman* **0.2** ***gasfitter.***
'gas mantle ⟨telb.zn.⟩ **0.1** ***gasgloeikous*** ⇒*gaskousje, gloeikousje.*
'gas mask ⟨f1⟩ ⟨telb.zn.⟩ **0.1** ***gasmasker.***
'gas·me·ter ⟨f1⟩ ⟨telb.zn.⟩ **0.1** ***gasmeter.***
'gasmeter reader ⟨telb.zn.⟩ **0.1** ***meteropnemer*** ⇒*gasopnemer.*
'gas mileage ⟨telb. en n.-telb.zn.⟩ **0.1** ***benzineverbruik (per mijl)*** ◆ **2.1** better ~ *voordeliger benzineverbruik.*
gas motor →gas engine.
gas·o·gene ['gæsədʒi:n], **gaz·o·gene** ['gæzə-], **gas·o·gen** ['gæsədʒən] ⟨telb.zn.⟩ **0.1** ***spuitwatersifon.***
gas·o·hol ['gæsəhɒl‖-hɔl] ⟨n.-telb.zn.⟩ ⟨AE⟩ **0.1** ***gasohol*** ⟨mengsel v. benzine en alcohol, gebruikt als brandstof⟩ ⇒*alcoholbenzine.*
gasolier →gaselier.
gas·o·line, gas·o·lene ['gæsə'li:n] ⟨f2⟩ ⟨n.-telb.zn.⟩ **0.1** ***gasoline*** ⇒*petroleumether, gasbenzine* **0.2** ⟨vnl. AE⟩ ***benzine.***
gas·om·e·ter [gæ'sɒmɪtə‖-'sɑmɪtər] ⟨telb.zn.⟩ **0.1** ***gashouder*** ⇒*gasreservoir* **0.2** ***gasmeter.***
'gas oven ⟨telb.zn.⟩ **0.1** ***gasoven*** ⇒*gasfornuis* **0.2** ***gaskamer.***
gasp[1] [gɑ:sp‖gæsp] ⟨f2⟩ ⟨telb.zn.⟩ **0.1** ***snik*** ⇒*het snakken naar adem, het stokken v.d. adem* ◆ **6.1 at** one's last ~ *bij de laatste ademtocht/snik; stervend, zieltogend;* **with** a ~ *met een snik, met stokkende adem.*
gasp[2] ⟨f3⟩ ⟨ww.⟩
I ⟨onov.ww.⟩ **0.1** ***(naar adem) snakken*** ⇒*naar lucht happen* **0.2** ***hijgen*** ⇒*puffen, snuiven* ◆ **6.1** ~ **after/for** breath *naar adem snakken;* ~ **at** sth. *paf staan v. iets;* he ~ed **in/with** rage/surprise *zijn adem stokte v. woede/verbazing;*
II ⟨ov.ww.⟩ **0.1** ***haperend/hijgend uitbrengen*** ◆ **1.1** ~ a denial *er (met moeite) een ontkenning uitbrengen;* ~ one's life away/out *zijn laatste adem uitblazen* **5.1** ~ **away/forth/out** *uitstoten, hijgend/hortend zeggen/uitbrengen.*
gasp·er ['gɑ:spə‖'gæspər] ⟨telb.zn.⟩ ⟨vnl. BE; vero; sl.⟩ **0.1** ***(goedkope) sigaret*** ⇒*stinkstok.*
'gas·pipe ⟨telb.zn.⟩ **0.1** ***gasbuis*** ⇒*gaspijp* **0.2** ⟨inf.⟩ ***spuit*** ⇒*(enkelloops) geweer.*
'gas plant ⟨telb.zn.⟩ **0.1** ***gasfabriek*** **0.2** ⟨plant.⟩ ***vuurwerkplant*** ⟨Dictamnus albus⟩.
'gas poker ⟨telb.zn.⟩ **0.1** ***gaspook.***
'gas·proof ⟨bn.⟩ **0.1** ***gasdicht*** ⇒*gasvrij.*
'gas·range ⟨telb.zn.⟩ **0.1** ***gasfornuis.***
'gas ring ⟨telb.zn.⟩ **0.1** ***gasbek*** ⇒*gaspit, gasje.*
gassed [gæst] ⟨bn.; volt. deelw. v. gas⟩ ⟨AE; sl.⟩ **0.1** ***zwaar onder de indruk*** ⇒*verbijsterd, overweldigd, geïmponeerd* **0.2** ***lazarus*** ⇒*stom dronken.*
gas·ser ['gæsə‖-ər] ⟨telb.zn.⟩ **0.1** ***gasput*** **0.2** ⟨inf.⟩ ***zwetser*** ⇒*bluffer, pocher, opsnijder* **0.3** ⟨vnl. AE; sl.⟩ ***uitschieter*** ⇒*succes(nummer), prachtexemplaar, moordvent/wijf* **0.4** ⟨AE; sl⟩ ***iets ouderwets*** ⇒*iets dat achterhaald/stom/slecht is* **0.5** ⟨AE; sl.⟩ ***moordgrap*** ⇒*giller.*
'gas·shell ⟨telb.zn.⟩ **0.1** ***gasbom.***
'gas station ⟨f1⟩ ⟨telb.zn.; vnl. AE en Can. E⟩ **0.1** ***benzinestation*** ⇒*tank/pompstation.*
'gas stove ⟨telb.zn.⟩ **0.1** ***gaskomfoor*** ⇒*gasstel/fornuis/kachel.*
'gas supply ⟨telb.zn.⟩ **0.1** ***gasvoorziening*** ⇒*gastoevoer/aanvoer/distributie.*
gas·sy ['gæsi] ⟨bn.; -er; -ness; →bijw. 3⟩ **0.1** ***gasachtig*** ⇒*gas-, gasvormig, gashoudend* **0.2** ***gezwollen*** ⇒*breedsprakig, opgeblazen, verwaand.*
'gas·tank ⟨f1⟩ ⟨telb.zn.⟩ **0.1** ***gashouder*** **0.2** ⟨AE⟩ ***benzinetank.***
'gas tap ⟨f1⟩ ⟨telb.zn.⟩ **0.1** ***gaskraan.***
'gas throttle ⟨telb.zn.⟩ **0.1** ***gashendel*** ⇒*gasmanet(te).*
'gas·tight ⟨bn.; -ness⟩ **0.1** ***gasdicht.***
gas·tric ['gæstrɪk] ⟨f1⟩ ⟨bn.⟩ **0.1** ***maag-*** ⇒*gastrisch* ◆ **1.1** ~ juices *maagsap(pen);* ~ ulcer *maagzweer;* ~ fever *gastrische koorts.*
gas·tri·tis [gæ'straɪtɪs] ⟨telb. en n.-telb.zn.; gastrites [-ti:z]; →mv. 5⟩ **0.1** ***gastritis*** ⇒*maag(slijmvlies)ontsteking, maagcatarre.*
gas·tr(o)- ['gæstrou] **0.1** ***gastro-*** ⇒*maag-, buik-, darm-.*
gas·tro·en·ter·i·tis ['gæstrouentə'raɪtɪs] ⟨telb. en n.-telb.zn.; gastroenterites [-'raɪti:z]; →mv. 5⟩ **0.1** ***gastro-enteritis*** ⇒*maagdarmcatarre, buikgriep.*
gas·trol·o·gy [gæ'strɒlədʒi‖-'strɑ-] ⟨n.-telb.zn.⟩ **0.1** ⟨med.⟩ ***gastrologie*** **0.2** ***gastronomie*** ⇒*hogere kookkunst.*
gas·tro·nome ['gæstrənoum], **gas·tron·o·mer** [gæ'strɒnəmə‖-'strɑnəmər], **gas·tron·o·mist** [-mɪst] ⟨telb.zn.⟩ **0.1** ***gastronoom*** ⇒*fijnproever, lekkerbek.*
gas·tro·nom·ic ['gæstrə'nɒmɪk‖-'nɑ-], **gas·tro·nom·i·cal** [-ɪkl] ⟨f1⟩ ⟨bn.; -(al)ly; →bijw. 3⟩ **0.1** ***gastronomisch.***
gas·tron·o·my [gæ'strɒnəmi‖gæ'strɑ-] ⟨f1⟩ ⟨n.-telb.zn.⟩ **0.1** ***gastronomie*** ⇒*fijnproeverij, hogere kookkunst.*
gas·tro·pod[1], **gas·ter·o·pod** ['gæstrəpɒd‖-pɑd] ⟨telb.zn.⟩ ⟨dierk.⟩ **0.1** ***gastropode*** ⇒*buikpotig (week)dier, buikpotige.*
gastropod[2], **gasteropod, gas·trop·o·dous** [gæ'strɒpədəs‖-'strɑ-], **gas·trop·o·dan** [-dən] ⟨bn.⟩ ⟨dierk.⟩ **0.1** ***buikpotig.***
gas·tro·scope ['gæstrəskoup] ⟨telb.zn.⟩ ⟨med.⟩ **0.1** ***gastroscoop.***
gas·tros·co·py [gæ'strɒskəpi‖-'strɑ-] ⟨telb. en n.-telb.zn.⟩ ⟨med.⟩ **0.1** ***gastroscopie.***
gas·trot·o·my [gæ'strɒtəmi‖-'strɑtə-] ⟨telb.zn.; →mv. 2⟩ **0.1** ***gastrotomie*** ⇒*maagoperatie.*
gas·tru·la ['gæstrulə‖-trə-] ⟨telb.zn.; ook gastrulae [-li:]; →mv. 5⟩ ⟨dierk.⟩ **0.1** ***gastrula*** ⟨vroeg embryonaal stadium⟩.
'gas tube ⟨telb.zn.⟩ **0.1** ***gasslang*** **0.2** ***gasbuis.***
'gas 'turbine ⟨telb.zn.⟩ **0.1** ***gasturbine.***
'gas water heater ⟨telb.zn.⟩ ⟨vnl. AE⟩ **0.1** ***geiser.***
'gas·works ⟨f1⟩ ⟨mv.; vnl. met ww. in enk.⟩ **0.1** ***gasfabriek*** ⇒*gasbedrijf.*
gat [gæt] ⟨telb.zn.⟩ **0.1** ***zeegat*** **0.2** ⟨AE; sl.⟩ ***blaffer*** ⇒*pistool, revolver.*
gate[1] [geɪt] ⟨f3⟩ ⟨telb.zn.⟩ ⟨→sprw. 91⟩ **0.1** ⟨ben. voor⟩ ***poort*** ⇒*deur, hek; toegang, ingang; doorgang, poortje* ⟨bij slalom⟩; *(berg)pas;* ⟨vaak mv.⟩ *slagboom, spoorboom;* ⟨vaak mv.⟩ *sluis (deur), schuif, klep, ventiel; uitgang* ⟨op luchthaven⟩, *perron* **0.2** ⟨sl.⟩ ***schuurdeur*** ⇒*muil, mond, bek* **0.3** ⟨gieterij⟩ ***gietkanaal*** **0.4** ⟨film⟩ ***beeldvenster*** **0.5** ⟨auto⟩ ***transmissieschuif*** **0.6** ⟨comp.⟩ ***poort(schakeling)*** ⇒*logica-element* **0.7** ⟨sport⟩ ***publiek*** ⟨aantal betalende toeschouwers⟩ **0.8** ⟨sport⟩ ***entreegelden*** ⇒*recette* **0.9** ⟨Sch.E en Noord-Engeland; vero.⟩ ***straat*** ⇒*weg* **0.10** ⟨AE; sl.⟩ ***swinger*** ⟨goed jazzmuzikant⟩ **0.11** ⟨AE; sl.⟩ ***schnabbel*** ⟨eenmalig optreden voor muzikant⟩ ◆ **1.¶** ⟨Griekse mythol.⟩ ~ of ivory/horn *ivoren/hoornen poort* ⟨waardoor de onware/ware dromen komen⟩ **3.1** ⟨vnl. AE; sl.⟩ give the ~ to *ontslaan, afwijzen, aan de dijk zetten, de bons/de zak geven* **7.7** a ~ of 2000 *2000 man publiek.*
gate[2] ⟨ov.ww.⟩ **0.1** ⟨BE⟩ ***school/campusarrest geven*** ⇒*uitgaansverbod/beperking opleggen* ⟨aan student⟩ **0.2** ⟨AE; sl.⟩ ***de laan uitsturen*** ⇒*aan de dijk zetten.*
-gate [geɪt] **0.1** ***-schandaal*** ◆ **¶.1** agrogate *landbouwschandaal;* Irangate *Iran-wapenschandaal;* Watergate *Watergate(schandaal).*
ga·teau ['gætou‖gɑ'tou] ⟨telb. en n.-telb.zn.; ook gateaux ['gætouz‖gɑ'touz]; →mv. 5⟩ **0.1** ***taart*** ⇒*gebak.*
'gate·crash ⟨f1⟩ ⟨ww.⟩ ⟨inf.⟩
I ⟨onov.ww.⟩ **0.1** ***(onuitgenodigd) binnenvallen*** ⟨op een feestje enz.⟩;
II ⟨ov.ww.⟩ **0.1** ***(onuitgenodigd) binnenvallen, op/bezoeken.***
'gate·crash·er ⟨telb.zn.⟩ ⟨inf.⟩ **0.1** ***onuitgenodigde/onwelkome gast/bezoeker*** ⇒*indringer.*
gat·ed ['geɪtɪd] ⟨bn.⟩ **0.1** ***voorzien van een poort/poorten.***
'gate·fold ⟨telb.zn.⟩ **0.1** ***uitklappagina*** ⇒*uitslaande pagina* ⟨in boek bv.⟩.
'gate·house ⟨telb.zn.⟩ **0.1** ***poortgebouw*** ⇒*poorthuis, poortkamer, portierswoning;* ⟨gesch.⟩ *gevangenpoort.*
'gate·keep·er, 'gate·man ⟨telb.zn.⟩ **0.1** ***portier*** ⇒*deur/poortwachter* **0.2** ***baanwachter*** ⇒*overwegwachter.*
'gate·leg ⟨telb.zn.⟩ **0.1** ***inklappoot*** ⟨v. hangoortafel⟩.
'gate·legged ⟨bn.⟩ **0.1** ***met inklappoot*** ◆ **1.1** ~ table *hangoor(tafel), klaptafel.*
'gateleg 'table ⟨telb.zn.⟩ **0.1** ***hangoor(tafel)*** ⇒*klaptafel.*
'gate meeting ⟨telb.zn.⟩ **0.1** ***wedstrijd/manifestatie tegen entree.***
'gate money ⟨n.-telb.zn.⟩ ⟨sport⟩ **0.1** ***entreegelden*** ⇒*recette.*
'gate·mouth ⟨telb.zn.⟩ ⟨AE; sl.⟩ **0.1** ***flapuit*** ⇒*ouwehoer, roddelaar.*
'gate·post ⟨f1⟩ ⟨telb.zn.⟩ **0.1** ***deurpost*** ⇒*deurstijl, hekpaal* ◆ **4.¶** ⟨inf.⟩ between you and me and the ~ *onder ons gezegd en gezwegen.*
'gate·way ⟨f1⟩ ⟨telb.zn.⟩ **0.1** ***poort*** ⇒*in/uit/doorgang, in/uitrit* ◆ **1.1** the ~ to success *de poort tot succes.*
Gath [gæθ] ⟨eig.n.⟩ ⟨bijb.⟩ **0.1** ***Gath*** ◆ **3.¶** ⟨vnl. scherts⟩ tell it not in ~ *verkondig het niet te Gath* ⟨2 Sam. 1:20⟩; *laat het de vijand niet ter ore komen; zwijg erover.*
gath·er[1] ['gæðə‖-ər] ⟨telb.zn.⟩ **0.1** ***verzameling*** ⇒*massa, op(een)hoping* **0.2** ⟨vaak mv.⟩ ***plooi*** ⇒*frons, hoofdje;* ⟨mv.⟩ *plooisel, smokwerk.*
gather[2] ⟨f3⟩ ⟨ww.⟩ →gathering ⟨→sprw. 216, 597⟩
I ⟨onov.ww.⟩ **0.1** ***zich verzamelen*** ⇒*samenkomen, bijeenkomen, vergaderen, samenscholen* **0.2** ***zich op(een)hopen*** ⇒*zich op(een) stapelen* **0.3** ***toenemen*** ⇒*(aan)groeien, vergroten, stijgen, oplopen* **0.4** ***rijpen*** ⟨v. zweer⟩ ⇒*etteren, zweren* **0.5** ***fronsen*** ⇒*plooien, rimpelen* ◆ **1.2** there is a storm ~ing *er komt een bui opzetten* **5.1** ~ **round** *bijeenkomen* ⟨v. familie enz.⟩ **6.1** ~ **round** s.o./sth. *zich rond iem./iets scharen;*
II ⟨ov.ww.⟩ **0.1** ⟨ben. voor⟩ ***verzamelen*** ⇒*samenbrengen, bijeen-*

roepen, oproepen, verenigen, samendrijven; op(een)hopen, op (een)stapelen; vergaren, inzamelen; plukken, oogsten, binnenhalen; oprapen **0.2** ***doen toenemen*** *⇒vergroten, doen groeien/stijgen/oplopen* **0.3** ***fronsen*** *⇒innemen, rimpelen* **0.4** ***omslaan*** *⇒wikkelen om, (zich) hullen (in), om zich heen trekken* **0.5** ⟨boek.⟩ ***vergaren*** **0.6** ***opmaken*** *⇒besluiten, de indruk krijgen, afleiden, concluderen* **0.7** ***opsommen*** ◆ **1.1** ~ breath *op adem komen;* ~ colour *weer kleur krijgen;* ~ courage *zich vermannen;* ~ ears *aren lezen;* ~ head *in kracht toenemen; rijpen/rijp worden* ⟨v. zweer⟩; ~ strength *op krachten komen;* ~ weight *aan gewicht/kracht winnen;* ~ wood *hout sprokkelen* **1.2** ~ speed *op snelheid komen, vaart krijgen, versnellen, optrekken;* ~ way *vaart krijgen;* ⟨scheep.⟩ *afvaren* **1.3** ~ one's brows *zijn wenkbrauwen/voorhoofd fronsen;* ~ a skirt *een rok rimpelen/plooien* **1.7** ~ the facts *de feiten opsommen/op een rijtje zetten* **4.6** he's gone to work, I ~? *hij is naar z'n werk, begrijp ik?* **5.1** ~ **in** *binnenhalen, oogsten; opstrijken;* ~ **together** *verzamelen, bijeenroepen;* ~ **up** *opnemen, oprapen, bij elkaar nemen, optrekken* ⟨benen⟩; *samentrekken, opsteken* ⟨haar⟩; *verzamelen* ⟨gedachten⟩; ~ o.s. **up/together** *zich oprichten/vermannen* **6.1** ~ o.s. **for** sth. *zich voor iets gereed maken;* ~ s.o. **in** one's arms *iem. in zijn armen nemen/sluiten* **6.6** ~ **from** *afleiden/opmaken uit* **8.6** I ~ that *ik krijg de indruk dat;* as far as I can ~ *voor zover ik kan nagaan.*

gath·er·er [ˈgæðərə‖-ər]⟨telb.zn.⟩ **0.1** ***verzamelaar*** *⇒compilator* **0.2** ⟨boek.⟩ ***vergaarder.***

gath·er·ing [ˈgæðrɪŋ]⟨f2⟩⟨zn.; (oorspr.) gerund v. gather⟩
I ⟨telb.zn.⟩ **0.1** ***bijeenkomst*** *⇒vergadering, meeting, oploop, samenscholing, gezelschap* **0.2** ***verzameling*** *⇒op(een)stapeling, op (een)hoping, hoop, stapel* **0.3** ***inzameling*** *⇒collecte* **0.4** ***plooisel*** *⇒smokwerk, inneming, frons, hoofdje* **0.5** ***ettergezwel*** *⇒zweer, steenpuist, abces* **0.6** ⟨boek.⟩ ***katern;***
II ⟨n.-telb.zn.⟩ **0.1** ***het verga(de)ren/verzamelen*** ⟨enz.⟩.

'gathering coal ⟨telb.zn.⟩ **0.1** ***briket*** *⇒stuk kool om vuur 's nachts aan te houden.*

Gat·ling (gun) [ˈgætlɪŋ]⟨telb.zn.⟩ **0.1** ***machinegeweer*** ⟨met revolverende lopen⟩.

'ga·tor [ˈgeɪtə‖ˈgeɪtər]⟨telb.zn.⟩⟨verk.⟩ alligator ⟨vnl. AE; inf.⟩ **0.1** ***alligator*** *⇒kaaiman, Amerikaanse krokodil.*

GATT [gæt]⟨eig.n.⟩⟨afk.⟩ General Agreement on Tariffs and Trade **0.1** ***G.A.T.T.***.

gauche [gouʃ]⟨f1⟩⟨bn.; ook -er; -ly; -ness; →compar. 7⟩ **0.1** ***onhandig*** *⇒onbeholpen, (p)lomp, links, tactloos* **0.2** ***krom*** *⇒scheef, schuin* **0.3** ***links*** ⟨voor gebruik met linkerhand⟩.

gau·che·rie [ˈgouʃəri]⟨telb. en n.-telb.zn.⟩ **0.1** ***linksheid*** *⇒onhandigheid, (p)lompheid, gebrek aan tact/manieren.*

gau·cho [ˈgautʃou], **gua·cho** [ˈgwaːtʃou]⟨telb.zn.⟩ **0.1** ***gaucho*** ⟨Zuidamerikaanse veehoeder⟩.

gaud [gɔːd]⟨telb.zn.⟩ **0.1** ***(pronk)sieraad*** *⇒opschik, snuisterij, prul, versiersel* **0.2** ⟨mv.⟩ ***(ijdele) pronk*** *⇒(loze) pracht/praal, (lege) staatsie, (ijdel) vertoon.*

gaud·er·y [ˈgɔːdri]⟨zn.; →mv. 2⟩
I ⟨n.-telb.zn.⟩ **0.1** ***opsmuk*** *⇒opschik;*
II ⟨mv.; gauderies⟩ **0.1** ***snuisterijen*** *⇒versieringen.*

gaud·y[1] [ˈgɔːdi]⟨telb.zn.; →mv. 2⟩⟨BE; vnl. universiteit⟩ **0.1** ***jaarfeest*** *⇒reünie.*

gaudy[2] ⟨f1⟩⟨bn.; -er; -ly; -ness; →bijw. 3⟩ **0.1** ***opzichtig*** *⇒schel, bont, protserig.*

gauffer →goffer.

gauge[1], ⟨in bet. 0.3 vaak, en AE ook⟩ **gage** [geɪdʒ]⟨f2⟩⟨telb.zn.⟩ **0.1** ⟨ben. voor⟩ ***(standaard/ijk)maat*** *⇒vermogen, capaciteit, inhoud; binnenwerkse maat* ⟨v. pijp, buis, enz.⟩, *kaliber* ⟨ook v. vuurwapens⟩, *middellijn; dikte* ⟨v. glas, plaatijzer, enz.⟩; *peil; dosis gips* ⟨in pleisterkalk⟩; *spoorbreedte/wijdte* ⟨ook v. wagen⟩; *radstand; gauge* ⟨hoeveelheid draden per cm^2⟩, *kruismaat; diepgang* ⟨v. schip⟩ **0.2** ⟨ben. voor⟩ ***meetinstrument*** *⇒maat, meter; mal, kaliber; peil, peilglas/schaal/stok; maatstok, duimstok; manometer, drukniveaumeter; graadmeter, gradenboog; speermaat; kruishout, ritshout; regenmeter; windmeter* **0.3** ***criterium*** *⇒maatstaf* ◆ **3.1** take the ~ of *schatten, taxeren, beoordelen, opnemen.*

gauge[2], ⟨vnl. AE ook⟩ **gage** ⟨f1⟩⟨ov.ww.⟩ **0.1** ***meten*** *⇒uit/af/opmeten, peilen, roeien* ⟨v. vat enz.⟩ **0.2** ***op maat brengen*** *⇒ijken, kalibreren, normaliseren, standaardiseren* **0.3** ***schatten*** *⇒taxeren, ramen, peilen, opnemen.*

gauge·able [ˈgeɪdʒəbl]⟨bn.⟩ **0.1** ***meetbaar*** *⇒peilbaar.*

'gauge·glass ⟨telb.zn.⟩ **0.1** ***peilglas.***

'gauge pressure ⟨telb.zn.⟩ **0.1** ***overdruk.***

gaug·er, ⟨vnl. AE ook⟩ **gag·er** [ˈgeɪdʒə‖-ər]⟨telb.zn.⟩ **0.1** ***(op)meter*** *⇒peiler, ijker, roeier, schatter, essayeur, scheepsmeter* **0.2** ⟨vnl. BE⟩ ***commies*** *⇒douane, tolbeambte.*

'gaug·ing-rod, 'gaug·ing-rule ⟨telb.zn.⟩ **0.1** ***peilstok*** *⇒roeistok.*

Gaul [gɔːl]⟨zn.⟩
I ⟨eig.n.⟩ **0.1** ***Gallië;***
II ⟨telb.zn.⟩ **0.1** ***Galliër*** **0.2** ***Fransman.***

gau·lei·ter [ˈgaulaɪtə‖-laɪtər]⟨telb.zn.⟩⟨gesch.⟩ **0.1** ***gauleiter*** *⇒gouwleider* ⟨v. Nazipartij⟩; ⟨fig.⟩ *(dorps)tiran.*

Gaul·ish[1] [ˈgɔːlɪʃ]⟨eig.n.⟩ **0.1** ***Gallisch*** *⇒de Gallische taal.*

Gaulish[2] ⟨bn.⟩ **0.1** ***Gallisch*** **0.2** ⟨inf.⟩ ***Frans.***

Gaull·ism [ˈgɔːlɪzm, ˈgou-]⟨n.-telb.zn.⟩ **0.1** ***gaullisme.***

Gaull·ist [ˈgɔːlɪst, ˈgou-]⟨telb.zn.⟩ **0.1** ***gaullist.***

gault, galt [gɔːlt]⟨zn.⟩⟨geol.⟩
I ⟨eig.n.; G-; the⟩ **0.1** ***Gault;***
II ⟨n.-telb.zn.⟩ **0.1** ***Gaultklei*** ⟨krijtachtige kleisoort in Zuid-England⟩.

gaum [gɔːm]⟨ov.ww.⟩⟨gew.⟩ **0.1** ***(be/in)smeren*** *⇒bekladde(re)n, besmeuren.*

gaumless →gormless.

gaunt [gɔːnt]⟨f2⟩⟨bn.; -er; -ly; -ness⟩ **0.1** ***uitgemergeld*** *⇒mager tot op het bot, vel over been* **0.2** ***somber*** *⇒grimmig, naar(geestig), verlaten* ◆ **1.2** a ~ room *een hol vertrek;* a ~ leafless tree *een dorre, bladerloze boom.*

gaunt·let [ˈgɔːntlɪt], ⟨AE sp. ook⟩ **gant·let** [ˈgæntlɪt]⟨f1⟩⟨zn.⟩
I ⟨telb.zn.⟩ **0.1** ***kaphandschoen*** *⇒rij/scherm/motor/sport/werkhandschoen, lange dameshandschoen* **0.2** ***kap*** ⟨v. handschoen⟩ **0.3** ⟨gesch.⟩ ***pantserhandschoen*** ◆ **3.2** fling/throw down the ~ *de handschoen toewerpen, iem. uitdagen;* pick/take up the ~ *de handschoen opnemen, de uitdaging aanvaarden;*
II ⟨telb. en n.-telb.zn.; vaak the⟩ **0.1** ***spitsroeden*** *⇒spervuur, vuurproef, test* ◆ **3.1** run the ~ *spitsroeden (moeten) lopen, gehekeld/vernederd worden;* run s.o. through a ~ of questions *iem. het vuur na aan de schenen leggen.*

'gauntlet glove ⟨telb.zn.⟩ **0.1** ***kaphandschoen*** *⇒lange dameshandschoen.*

gauntry →gantry.

gaup, gawp [gɔːp]⟨onov.ww.⟩⟨gew.⟩ **0.1** ***gapen.***

gaur [ˈgauə‖-ər]⟨telb.zn.; ook gaur; →mv. 4⟩⟨dierk.⟩ **0.1** ***gaur*** ⟨Aziatisch wild rund; Bibos gaurus⟩.

gauss [gaus]⟨telb.zn.; ook gauss; →mv. 4⟩ **0.1** ***gauss*** ⟨eenheid v. magnetische inductie⟩.

gauze [ˈgɔːz]⟨f1⟩⟨n.-telb.zn.⟩ **0.1** ***gaas*** *⇒verbandgaas, muggengaas, metaalgaas* **0.2** ***waas*** *⇒nevel, mist* **0.3** ⟨AE; inf.⟩ ***bewusteloosheid*** *⇒flauwte* ◆ **1.1** wire ~ *metaalgaas.*

gauz·y [gɔːzi]⟨bn.; -er; -ly; -ness; →bijw. 3⟩ **0.1** ***gaasachtig*** **0.2** ***wazig*** *⇒nevelig, mistig.*

gave ⟨verl. t.⟩ →give.

gav·el[1] [ˈgævl]⟨telb.zn.⟩ **0.1** ***(voorzitters/afslagers)hamer*** **0.2** ***metselaarshamer*** **0.3** ⟨gesch.⟩ ***cijns*** *⇒schatting, tribuut, belasting.*

gavel[2] ⟨onov. en ov.ww.; →ww. 7⟩ **0.1** ***hameren*** *⇒de (voorzitters) hamer gebruiken* ◆ **1.1** ~ the meeting into silence *met de hamer de vergadering tot stilte manen.*

'gav·el·kind ⟨n.-telb.zn.⟩⟨gesch.⟩ **0.1** ***gelijkdelend erfrecht*** ⟨vnl. in Kent⟩.

ga·vi·al [ˈgeɪvɪəl], **gha·ri·al** [ˈgærɪəl‖ˈgʌrɪəl]⟨telb.zn.⟩⟨dierk.⟩ **0.1** ***gaviaal*** ⟨krokodil; Gavialis gangeticus⟩.

ga·vot(te) [gəˈvɒt‖-ˈvɑt]⟨telb.zn.⟩ **0.1** ***gavotte*** ⟨dans⟩.

gawd [gɔːd]⟨f1⟩⟨eig.n.; vnl. in uitroepen⟩⟨inf.⟩ **0.1** ***god*** ◆ **3.1** ~ help us! *god sta me bij!* **¶.1** ~! *god allemachtig!*.

gawk[1] [gɔːk]⟨telb.zn.⟩⟨inf.⟩ **0.1** ***lummel*** *⇒pummel, slungel, sul.*

gawk[2] ⟨onov.ww.⟩⟨inf.⟩ **0.1** ***gapen*** ◆ **6.1** ~ **at** sth. *naar iets staan gapen.*

gawk·y [ˈgɔːki], **gawk·ish** [-kɪʃ]⟨bn.; 1e variant -er; -ly; →bijw. 3⟩ ⟨inf.⟩ **0.1** ***klungelig*** *⇒onnozel, onhandig.*

gawp →gaup.

gay[1] [geɪ]⟨f1⟩⟨telb.zn.⟩ **0.1** ***homo(fiel)*** *⇒nicht, lesbienne, poot, pot.*

gay[2] ⟨f3⟩⟨bn.; -er; gaily; -ness; →bijw. 3⟩ **0.1** ***homoseksueel*** *⇒homofiel* **0.2** ***vrolijk*** *⇒opgewekt, uitbundig, lustig* **0.3** ***luchtig*** *⇒nonchalant* **0.4** ***schitterend*** *⇒helder, licht, fleurig, bont* **0.5** ⟨euf.⟩ ***los (bandig)*** *⇒liederlijk* **0.6** ⟨AE⟩ ***brutaal*** ◆ **1.1** ~ lib *flikkerfront* **1.2** a ~ old time *een heerlijke tijd;* a ~ voice *een vrolijke stem* **1.3** a ~, carefree girl *een nonchalante, zorgeloze meid* **1.4** ~ colours *bonte kleuren* **1.5** lead a ~ life *een losbandig leven leiden* **1.¶** ⟨AE; sl.⟩ ~ deceiver *valse borst, rubber tiet* **3.6** don't get ~ with me! *niet brutaal worden, hè!* **6.4** the room was ~ **with** flowers *de kamer was met bloemen opgevrolijkt.*

ga·yal [gəˈjɑːl]⟨telb.zn.; ook gayal; →mv. 4⟩⟨dierk.⟩ **0.1** ***gayal*** ⟨halfwild Indisch rund; Bibos frontalis⟩.

'gay bar ⟨telb.zn.⟩ **0.1** ***homofielencafé*** *⇒nichtentent, flikkerkit.*

'gay 'cat ⟨telb.zn.⟩⟨AE; sl.⟩ **0.1** ***zwerver*** *⇒clochard, landloper,* ⟨i.h.b.⟩ *onervaren zwerver* **0.2** ***homoseksuele jongen*** *⇒* ⟨i.h.b.⟩ *schandknaap* **0.3** ***vrolijke Frans*** *⇒versierder.*

gayety →gaiety.

gay·o·la [geɪˈoulə]⟨n.-telb.zn.⟩ **0.1** ***flikkersmeergeld*** ⟨betaald door etablissementen voor homofielen⟩.

gaz ⟨afk.⟩ gazette, gazetteer.
ga·za·bo [gə'zeɪbou], **ga·ze·bo** [gə'zi:bou‖gə'zeɪbou]⟨telb.zn.; ook -es; →mv. 2⟩ ⟨vnl. AE; sl.⟩ **0.1** ***kerel*** ⇒*vent, gozer*.
ga·zar [gə'zɑ:‖-'zɑr]⟨n.-telb.zn.⟩ **0.1** ***gazar*** ⟨gaasachtige zijden (glitter)stof⟩ ⇒*lycra*.
gaze[1] [geɪz]⟨f2⟩⟨telb. en n.-telb.zn.⟩ **0.1** ***starende/strakke blik*** ◆ **3.1** stand at ~ *(staan) aangapen, staren, met open mond staan* **6.1** **at** ~ *met starende blik;* ⟨wapenkunde⟩ *en face*.
gaze[2] ⟨f3⟩⟨onov.ww.⟩ **0.1** ***staren*** ⇒*turen, starogen, aangapen* ◆ **6.1** ~ **at/on** *aankijken, aanstaren;* ~ **(up)on** *zijn blikken laten rusten op*.
ga·ze·bo [gə'zi:bou‖gə'zeɪbou]⟨telb.zn.; ook -es; →mv. 2⟩ **0.1** ***bel-véd'ere*** ⇒*torentje, balkon, koepel, erker* **0.2** ***zomerhuisje*** ⇒*tuinhuisje, vakantiehuisje*.
ga·zelle [gə'zel]⟨f1⟩⟨telb.zn.⟩ **0.1** ***gazel(le)*** ⇒*antilope*.
gaz·er ['geɪzə‖-ər]⟨telb.zn.⟩ **0.1** ***tuurder*** ⇒*iem. die staart* **0.2** ⟨AE; sl.⟩ ***agent v. drugsteam***.
ga·zette[1] [gə'zet]⟨f2⟩⟨telb.zn.⟩ **0.1** ***krant*** ⇒*dagblad, nieuwsblad,* ⟨B.⟩ *gazet* **0.2** ***Staatscourant*** ⇒*staatsblad* **0.3** ⟨BE⟩ ***aankondiging in de Staatscourant*** ◆ **3.2** get into the ~ *failliet verklaard worden*.
gazette[2] ⟨ov.ww.; vnl. pass.⟩⟨vnl. BE⟩ **0.1** ***in de Staatscourant publiceren*** ◆ **3.1** be ~d *in de Staatscourant staan* ⟨als failliet, bevorderd e.d.⟩; be ~d out (of) the army *eervol ontslag krijgen (als officier);* be ~d to a regiment *tot officier benoemd worden bij een regiment*.
gaz·et·teer ['gæzə'tɪə‖-'tɪr]⟨telb.zn.⟩ **0.1** ***geografisch woordenboek*** ⇒*geografische index/gids* **0.2** ⟨vero.⟩ ***dagbladschrijver*** ⇒*journalist*.
gazogene →gasogene.
ga·zoo·n(e)y [gə'zu:ni]⟨telb.zn.⟩⟨AE; sl.⟩ **0.1** ***schandknaap*** ⇒*flikkertje* **0.2** ⟨scheep.⟩ ***groentje*** ⇒*zoetwatermatroos*.
gaz·pa·cho [gæ'spɑ:tʃou]⟨n.-telb.zn.⟩⟨cul.⟩ **0.1** ***gazpacho*** ⟨Spaanse koude groentensoep⟩.
ga·zump[1] [gə'zʌmp]⟨n.-telb.zn.⟩⟨BE⟩ **0.1** ***oplichting*** ⇒*oplichterij* ⟨vnl. door prijs v. huis te verhogen na bod aanvaard te hebben⟩.
gazump[2] ⟨onov. en ov.ww.; vaak pass.⟩⟨BE⟩ **0.1** ***oplichten***.
GB ⟨afk.⟩ Great Britain.
GBE ⟨afk.⟩ Dame/Knight Grand Cross (of the Order) of the British Empire.
GBH ⟨afk.⟩ grievous bodily harm ⟨BE⟩.
GBS ⟨afk.⟩ George Bernard Shaw.
GCA ⟨afk.⟩ General Claim Agent, Ground Control Approach.
GCB ⟨afk.⟩ Dame/Knight Grand Cross (of the Order) of the Bath.
gcd, GCD ⟨afk.⟩ greatest common divisor.
GCE ⟨afk.⟩ General Certificate of Education ⟨BE⟩.
gcf, GCF ⟨afk.⟩ greatest common factor.
GCHQ ⟨afk.⟩ Government Communications Headquarters ⟨in Eng.⟩.
GCI ⟨afk.⟩ Ground Control Intercept.
GCIE ⟨afk.⟩ Knight Grand Commander (of the Order) of the Indian Empire.
G clef ['dʒi: klef]⟨telb.zn.⟩⟨muz.⟩ **0.1** ***g-sleutel*** ⇒*vioolsleutel*.
GCM ⟨afk.⟩ General Court-martial, Greatest Common Measure, Good Conduct Medal.
GCMG ⟨afk.⟩ Dame/Knight Grand Cross (of the Order) of St. Michael & St. George.
GCSE ⟨telb.zn.⟩⟨afk.⟩ General Certificate of Secondary Education ⟨BE⟩ **0.1** ***einddiploma***.
GCS'E-e'xam ⟨telb.zn.⟩⟨BE⟩ **0.1** ***eindexamen***.
GCSI ⟨afk.⟩ Knight Grand Commander (of the Order) of the Star of India.
GCT, Gct ⟨afk.⟩ Greenwich civil time.
GCVO ⟨afk.⟩ Dame/Knight Grand Cross of the Royal Victorian Order.
gd ⟨afk.⟩⟨inf.⟩ god-damned.
GD ⟨afk.⟩ Grand Duke/Duchess/Duchy.
gde ⟨afk.⟩ gourde.
Gdn(s) ⟨afk.⟩ Garden(s).
GDP ⟨afk.⟩ Gross Domestic Product.
GDR ⟨afk.⟩ German Democratic Republic **0.1** ***D.D.R.***.
gds ⟨afk.⟩ goods.
gean [dʒi:n]⟨telb.zn.⟩⟨vnl. BE; plantk.⟩ **0.1** ***zoete kers*** ⇒*kriek* ⟨Prunus avium⟩.
gear[1] [gɪə‖gɪr]⟨f3⟩⟨zn.⟩
I ⟨telb.zn.⟩ **0.1** ***toestel*** ⇒*mechanisme, apparaat, inrichting, werktuig* ◆ **3.1** landing ~ *landingsgestel, onderstel;* steering ~ *stuurinrichting;*
II ⟨telb. en n.-telb.zn.⟩ **0.1** ⟨ben. voor⟩ ***drijfwerk*** ⇒*overbrenging (sinrichting), raderwerk; transmissie, koppeling; versnelling* ⟨v. auto⟩; *gearing, versnelling* ⟨v. fiets⟩; *takel* ◆ **2.1** bottom/low ~ *laagste/eerste versnelling;* reverse ~ *achteruit;* top/high ~ *hoogste/grootste versnelling* **3.1** change ~ *(over)schakelen;* put in/throw into ~ *in (de) versnelling zetten/gooien;* throw out of ~ *debrayeren, ontkoppelen, in de vrijloop/in z'n vrij zetten;* ⟨fig.⟩ *in de war sturen* **6.1** **in** ~ *ingeschakeld, in de versnelling;* **out of** ~ *uitgeschakeld;* ⟨fig.⟩ *in de war, ontredderd;*
III ⟨n.-telb.zn.⟩ **0.1** ***uitrusting*** ⇒*gereedschap, kledij, bagage, spullen* **0.2** ***tuig*** ⟨v.e. rijdier⟩ ⇒*gareel* **0.3** ***(scheeps)tuig(age)*** ⇒*want* **0.4** ***huisraad*** **0.5** ⟨BE; inf.⟩ ***stijl*** ⇒*klasse* ◆ **3.1** hunting ~ *jagersuitrusting, jachttuig, jagersplunje* **3.5** that woman has ~ *die vrouw heeft klasse*.
gear[2] ⟨f2⟩⟨ww.⟩ →gearing
I ⟨onov.ww.⟩ **0.1** ***in een versnelling (komen te) zitten*** **0.2** ***overeenkomen*** ⇒*(aan)passen, samengaan* **0.3** ***(ineen)grijpen*** ⟨v. tandwerk⟩ ⇒*vertanden* ◆ **5.¶** ~ **up** *over/opschakelen* ⟨naar hogere versnelling⟩; ~ **up** (for) *zich aanpassen (aan)* **6.2** a production schedule ~ing **with** consumer needs *een produktieschema aangepast aan de behoeften v.d. consument* **6.3** ~ **into** *grijpen in* ⟨v. tandwiel⟩;
II ⟨ov.ww.⟩ **0.1** ***(op)tuigen*** ⇒*inspannen, aanspannen* **0.2** ***voorzien van een versnelling/gearing*** **0.3** ***(over)schakelen*** ⇒*in (een) versnelling zetten* ◆ **5.1** ~ **up** *(op)tuigen, inspannen, aanspannen* **5.3** ~ **down** *terugschakelen, vertragen, verminderen, doen afnemen;* ~ **up** *versnellen, vergroten, opvoeren* **6.¶** →**gear to**.
'gear·box, 'gear·case ⟨f1⟩⟨telb.zn.⟩ **0.1** ***versnellingsbak*** ⟨v. auto⟩ ⇒*wisselbak* **0.2** ***tandwielkast*** ⇒*kettingkast*.
'gear change ⟨telb.zn.⟩ **0.1** ***gangwissel*** ⇒*transmissie, overbrenging*.
gear·ing ['gɪərɪŋ‖'gɪrɪŋ]⟨f1⟩⟨n.-telb.zn.; oorspr. gerund v. gear⟩ **0.1** ***tandwieloverbrenging*** ⇒*drijfwerk, transmissie, versnelling* **0.2** ***het voorzien van tandwieloverbrenging*** **0.3** ⟨geldw., ec.⟩ ***het lenen v. geld om hogere opbrengsten te verwerven*** **0.4** ⟨geldw., ec.⟩ ***verhouding geleend kapitaal - aandelenkapitaal***.
'gear jammer ⟨telb.zn.⟩⟨AE; inf.⟩ **0.1** ***vrachtwagenchauffeur*** **0.2** ***buschauffeur***.
'gear·lev·er, 'gear·stick, ⟨vnl. AE⟩ **'gear·shift** ⟨f1⟩⟨telb.zn.⟩ **0.1** ***schakelhandel*** ⇒*versnellings(pook)/hefboom*.
'gear to ⟨f1⟩⟨ov.ww.⟩ **0.1** ***afstemmen op*** ⇒*in/afstellen op, aanpassen aan* ◆ **3.1** be geared to *ingesteld zijn op, berekend zijn op*.
'gear·wheel, 'gear wheel ⟨telb.zn.⟩ **0.1** ***tandwiel*** ⇒*tandrad, kam/ketting/wisselwiel*.
'gear work ⟨n.-telb.zn.⟩ **0.1** ***raderwerk*** ⇒*drijfwerk, overbrenging, transmissie*.
geck·o, gec·co ['gekou]⟨telb.zn.; ook -es; →mv. 2⟩⟨dierk.⟩ **0.1** ***gekko*** ⟨kleine hagedis; fam. der Gekkonidae⟩.
ged·dit ['geṭɪt]⟨tussenw.; inf. spellinguitspraak v. get it⟩⟨BE; inf.⟩ **0.1** ***gesnopen*** ⇒*snap je*.
ge·dunk ['gi:dʌŋk], **g'dong** [gə'dɒŋ‖-'dɔŋ]⟨telb.zn.⟩⟨AE; sl.; scheep.⟩ **0.1** ***toetje***.
gee[1] [dʒi:], ⟨in bet. I 0.1 ook⟩ **'gee-gee** ⟨telb.zn.⟩ **0.1** ⟨BE; kind.⟩ ***paard(je)*** ⇒⟨B.⟩ *juju* **0.2** ⟨AE; sl.⟩ ***(slecht) renpaard*** **0.3** ⟨AE; sl.⟩ ⟨oneig.⟩ ***ton*** ⟨1000 dollar⟩ ⇒*poen, pegulanten* **0.4** ⟨vnl. AE; sl.⟩ ***gozer*** ⇒*kerel, vent* **0.5** ***g*** ⇒*de letter g* **0.6** ⟨AE; sl.⟩ ***agressief en/of invloedrijk gevangene*** ⇒*aanvoerder* **0.7** ⟨AE; sl.⟩ ***een gallon wiskey***.
gee[2] ⟨ww.⟩
I ⟨onov.ww.⟩ **0.1** ***hortsik/vort/ju roepen*** **0.2** ***het bevel hortsik/ju opvolgen*** **0.3** ⟨gew. of inf.⟩ ***overeenstemmen/-komen*** ⇒*passen;*
II ⟨ov.ww.⟩ →gee up.
gee[3], **gee whil·li·kins** ['dʒi:'wɪlɪkənz‖-'hwɪ-], **gee whil·li·kers** [-'wɪlɪkəz‖-'hwɪ-], **gee whiz(z)** ['dʒi:'wɪz‖-'hwɪz], **jee** [dʒi:], ⟨in bet. 0.2 ook⟩ **gee-ho** ['dʒi:'hou], **gee-(h)up** ['dʒi:'ʌp]⟨f2⟩⟨tussenw.⟩⟨vnl. AE; inf.⟩ **0.1** ***jee(tje)!*** ⇒*gossie(mijne)!, jeminee!* **0.2** ***vort!*** ⇒*hortsik!, ju!, hu!;* ⟨soms⟩ *rechtsaf* ◆ **5.2** ~ **up!** *vort!, vooruit!, hortsik!*.
geed up ['dʒi:'dʌp], **geez·ed up** ['gi:z'dʌp]⟨bn.⟩⟨AE; sl.⟩ **0.1** ***mank*** ⇒*kreupel* **0.2** ***versleten*** ⇒*afgesleten* ⟨v. muntstuk⟩ **0.3** ***onder de dope*** ⇒*stoned*.
geek[1] [gi:k]⟨telb.zn.⟩⟨AE; inf.⟩ **0.1** ***(slecht) kermisartiest*** ⇒*(slecht) circusartiest* **0.2** ***slangenbezweerder*** **0.3** ***gedegenereerde*** ⇒*smeerlap, ontaard mens* ⟨die alles doet voor geld⟩ **0.4** ***zuiplap*** ⇒*dronkelap*.
geek[2] ⟨ov.ww.⟩⟨AE; inf.⟩ **0.1** ***verpesten*** ⇒*verknallen, verliezen, ten onder gaan*.
geep [gi:p]⟨telb.zn.; ook geep; →mv. 4⟩⟨samentr. sheep, goat⟩ **0.1** ***jong v. geit en schaap*** ⇒*scheit, gaap*.
gee·po ['dʒi:pou]⟨telb.zn.⟩⟨AE; sl.⟩ **0.1** ***(stille) verklikker*** ⇒*politiespion*.
geese [gi:s]⟨mv.⟩ →goose.
gee-string →G-string.
'gee 'up ⟨ov.ww.⟩ **0.1** ***voortdrijven*** ⇒*aanjagen* ⟨vnl. paarden⟩; ⟨fig.⟩ *opjagen, opjutten*.
gee·zer ['gi:zə‖-ər]⟨f1⟩⟨telb.zn.⟩⟨sl.⟩ **0.1** ***(ouwe) vent/kerel/gozer***

0.2 ⟨AE⟩ ***stevige borrel*** **0.3** ⟨AE⟩ ***shot*** ⟨drugs⟩ ◆ **2.1** old ~ *ouwe sok, ouwe lul.*

gee·zo ['gi:zoʊ]⟨telb.zn.⟩⟨AE; sl.⟩ **0.1** ***langgestrafte*** *⇒oudgediende.*

ge·fil·te fish, ge·fill·te fish, ge·füll·te fish [gə'fɪltə 'fɪʃ]⟨n.-telb.zn.⟩ **0.1** ***gefillte Fisch*** *⇒gevulde karper.*

Ge·hen·na [gɪ'henə]⟨eig.n.⟩ **0.1** ***Gehenna*** *⇒hel, martelplaats.*

Gei·ger ['gaɪgə‖-ər], **'Geiger counter, Geiger-Müller counter** ['gaɪgə'mʊlə kaʊntə‖'gaɪgər'mju:lər kaʊn̩tər]⟨telb.zn.⟩⟨nat.⟩ **0.1** ***geiger(-müller)teller.***

'Geiger tube ⟨telb.zn.⟩⟨nat.⟩ **0.1** ***geigertelbuis.***

gei·sha ['geɪʃə‖'gi:ʃə], **'geisha girl** ⟨telb.zn.; ook geisha; →mv. 4⟩ **0.1** ***geisha.***

Geiss·ler ['gaɪslə‖-ər], **'Geissler tube** ⟨telb.zn.⟩⟨nat.⟩ **0.1** ***geisslerse buis*** *⇒buis v. Geissler.*

gel[1] [gel]⟨telb.zn.; spelling voor upperclass uitspraak v. girl⟩ **0.1** ***meis-je.***

gel[2] [dʒel], ⟨in niet-technische bet. ook⟩ **jel** ⟨telb. en n.-telb.zn.⟩ ⟨schei.⟩ **0.1** ***gel*** ⟨ook alg.⟩.

gel[3], ⟨behalve in technische bet. ook⟩ **jel** ⟨f1⟩⟨onov.ww.; →ww.7⟩ **0.1** ***gel(ei)achtig worden*** *⇒geleren, gelatineren, stollen* **0.2** ⟨vnl. BE⟩ ***vorm krijgen*** ⟨v. ideeën e.d.⟩ *⇒lukken.*

ge·la·da ['dʒelədə, dʒɪ'lɑ:də]⟨telb.zn.⟩⟨dierk.⟩ **0.1** ***gelada(baviaan)*** ⟨Theropithecus Papia gelada⟩.

gel·a·tin ['dʒelətɪn‖-lətn], **gel·a·tine** ['dʒeləti:n‖-lətn]⟨f1⟩⟨n.-telb.zn.⟩ **0.1** ***gelatine(achtige stof)*** *⇒agar-agar, glutine, gluton, beenderlijm, gelei, gelatinepudding* **0.2** ***(gelatine)dynamiet*** ◆ **3.2** blasting ~ *(gelatine)dynamiet.*

'gelatine(e) paper ⟨n.-telb.zn.⟩⟨foto.⟩ **0.1** ***gelatinepapier*** *⇒gelatineplaat.*

ge·lat·i·nize [dʒə'lætɪnaɪz‖-'lætn·aɪz]⟨ww.⟩
I ⟨onov.ww.⟩ **0.1** ***geleren*** *⇒gelatineren, gelatine(achtig) worden;*
II ⟨ov.ww.⟩ **0.1** ***doen/laten geleren/gelatineren*** **0.2** ***gelatineren*** *⇒bedekken/behandelen met gelatine.*

ge·lat·i·nous [dʒɪ'lætɪnəs‖-'lætn·əs], **ge·lat·i·noid** [-ɔɪd]⟨bn.; gelatinously; gelatinousness⟩ **0.1** ***gelatineachtig*** *⇒geleiachtig.*

ge·la·tion [dʒɪ'leɪʃn]⟨telb. en n.-telb.zn.⟩ **0.1** ***gelatinering*** *⇒gelatinevormig* **0.2** ***bevriezing.***

geld [geld]⟨ov.ww.; ook gelt, gelt [gelt]⟩ →gelding **0.1** ***snijden*** *⇒castreren, ontmannen, steriliseren, lubben* **0.2** ***snoeien*** **0.3** ***beroven*** *⇒ontzeggen* **0.4** ***kuisen*** ⟨boek⟩ *⇒censureren, zuiveren, schrappen.*

geld·ing ['geldɪŋ]⟨f1⟩⟨telb.zn.; oorspr. teg. deelw. v. geld⟩ **0.1** ***castraat*** ⇒⟨i.h.b.⟩ *ruin,* ⟨soms⟩ *eunuch.*

gel·id ['dʒelɪd]⟨bn.; -ly; -ness⟩ **0.1** ***ijskoud*** *⇒ijzig, bevroren* **0.2** ***kil*** *⇒koel, fris.*

ge·lid·i·ty [dʒɪ'lɪdəti]⟨n.-telb.zn.⟩ **0.1** ***ijzige kou*** **0.2** ***kilte.***

gel·ig·nite ['dʒelɪgnaɪt]⟨n.-telb.zn.⟩ **0.1** ***geligniet*** *⇒(soort) gelatinedynamiet.*

gelly ['dʒeli]⟨n.-telb.zn.⟩⟨verk.⟩ gelignite ⟨sl.⟩ **0.1** ***geligniet.***

gelt[1] [gelt]⟨n.-telb.zn.⟩⟨sl.⟩ **0.1** ***poen*** *⇒duiten, pegulanten.*

gelt[2] ⟨verl. t. en volt. deelw.⟩ →geld.

gem[1] [dʒem]⟨f2⟩⟨telb.zn.⟩ **0.1** ***edelsteen*** *⇒gemme, juweel* **0.2** ***kleinood*** *⇒juweeltje, pracht(exemplaar), pronkstuk* **0.3** ⟨AE⟩ ***(soort) (koffie)broodje*** *⇒(thee)gebak(je).*

gem[2] ⟨ov.ww.; →ww. 7⟩ **0.1** ***met edelstenen tooien/versieren/bezetten.***

gem·i·nate[1] ['dʒemɪneɪt]⟨telb.zn.⟩⟨taalk.⟩ **0.1** ***geminaat*** *⇒(ver)dubbel(d)e vocaal/consonant.*

geminate[2] ⟨bn.; -ly⟩ **0.1** ***gepaard*** *⇒dubbel, paarsgewijs* **0.2** ⟨taalk.⟩ ***gegemineerd.***

geminate[3] ⟨ww.⟩
I ⟨onov.ww.⟩ **0.1** ***zich verdubbelen*** *⇒in paren voorkomen;*
II ⟨ov.ww.⟩ **0.1** ***verdubbelen*** *⇒in paren plaatsen, gemineren.*

gem·i·na·tion [dʒemɪ'neɪʃn]⟨telb. en n.-telb.zn.⟩ **0.1** ***verdubbeling*** *⇒herhaling* **0.2** ⟨taalk.⟩ ***geminatie*** *⇒(consonanten/vocaal)verdubbeling.*

Gem·i·ni ['dʒemɪnaɪ‖-ni]⟨zn.⟩
I ⟨eig.n.⟩⟨astr., ster.⟩ **0.1** ***Tweelingen*** *⇒Gemini;*
II ⟨telb.zn.⟩⟨astr.⟩ **0.1** ***Tweeling*** ⟨iem. geboren onder I⟩.

gem·ma ['dʒemə]⟨telb.zn.; gemmae [-i:]; →mv.5⟩⟨plantk.⟩ **0.1** ***gemma*** *⇒broedknop.*

gem·ma·ce·ous [dʒe'meɪʃəs]⟨bn.⟩⟨plantk.⟩ **0.1** ***mbt./v. gemma's/broedknoppen.***

gem·mate[1] ['dʒemeɪt]⟨bn.⟩⟨plantk.⟩ **0.1** ***zich door gemmavorming/ongeslachtelijk voortplantend*** **0.2** ***gemmadragend*** *⇒met broedknoppen.*

gemmate[2] ⟨onov.ww.⟩⟨plantk.⟩ **0.1** ***zich door gemmavorming/ongeslachtelijk voortplanten*** **0.2** ***gemma's krijgen/dragen/vormen*** *⇒broedknoppen krijgen/dragen.*

gem·ma·tion [dʒe'meɪʃn]⟨telb. en n.-telb.zn.⟩⟨plantk.⟩ **0.1** ***gemmavoortplanting*** *⇒broedknopvoortplanting, geslachtloze voortplanting.*

gem·mif·er·ous [dʒe'mɪfərəs]⟨bn.⟩ **0.1** ***edelgesteenten bevattend*** **0.2** ⟨plantk.⟩ ***gemmadragend*** *⇒zich door broedknoppen voortplantend.*

gem·mip·a·rous [dʒe'mɪpərəs]⟨bn.; -ly⟩⟨plantk.⟩ **0.1** ***zich door gemma's/broedknoppen voortplantend*** **0.2** ***gemmadragend*** *⇒broedknopdragend.*

gem·mol·o·gist, ⟨AE sp. ook⟩ **gem·ol·o·gist** [dʒe'mɒlədʒɪst‖-'mɑ-]⟨telb.zn.⟩ **0.1** ***edelsteenkundige.***

gem·mol·o·gy, ⟨AE sp. ook⟩ **gem·ol·o·gy** [dʒe'mɒlədʒi‖-'mɑ-]⟨n.-telb.zn.⟩ **0.1** ***edelsteenkunde.***

gem·mule ['dʒemju:l]⟨telb.zn.⟩ **0.1** ⟨plantk.⟩ ***pluimpje*** ⟨groeipunt⟩ **0.2** ⟨plantk.⟩ ***spoor*** *⇒kiemcel* ⟨v. sporeplanten⟩ **0.3** ⟨dierk.⟩ ***gemmula*** *⇒archaeocyte.*

gem·my ['dʒemi]⟨bn.; -er; →compar. 7⟩ **0.1** ***vol/bezet met edelstenen*** **0.2** ***fonkelend*** *⇒schitterend, glanzend.*

gems·bok ['gemzbɒk‖-bɑk], **gems·buck** [-bʌk]⟨telb.zn.; ook gemsbok, gemsbuck; →mv. 4⟩⟨dierk.⟩ **0.1** ***gemsbok(antilope)*** ⟨Oryx gazella⟩.

'gem·stone ⟨telb.zn.⟩ **0.1** ***(besneden)(half)edelsteen*** *⇒gemme, camee.*

ge·müt·lich [gə'mu:tlɪk, -'mju:-]⟨bn.⟩ **0.1** ***vrolijk*** *⇒opgeruimd, opgewekt* **0.2** ***gezellig*** *⇒knus, prettig, warm* **0.3** ***hartelijk*** *⇒vriendelijk, sympathiek, joviaal.*

gen[1] [dʒen]⟨n.-telb.zn.; the⟩⟨BE; inf.⟩ **0.1** ***(juiste en volledige) informatie*** *⇒nieuws, inlichtingen* ◆ **6.1** give me all the ~ **on** their plans *geef me alle details over hun plannen.*

gen[2] ⟨afk.⟩ gender, general, generally, generator, generic, genitive, genus.

-gen [dʒən], **-gene** [dʒi:n]⟨plantk., schei.⟩ **0.1** ***-geen*** ⟨vormt nw.⟩ ◆ ¶**.1** endogen/exogen *endogeen/exogeen weefsel;* halogen *halogeen;* hydrogen *waterstof, hydrogeen;* nitrogen *stikstof;* oxygen *zuurstof.*

Gen ⟨afk.⟩ General, Genesis.

ge·nappe [dʒə'næp]⟨telb. en n.-telb.zn.⟩ **0.1** ***(soort) sajet*** *⇒breigaren.*

gen·darme ['ʒɒndɑ:m‖'ʒɑndɑrm]⟨f1⟩⟨telb.zn.; gendarmes [-dɑ:m‖-darm]; →mv. 5⟩ **0.1** ***gendarme*** *⇒marechaussee,* ⟨B.⟩ *rijkswachter,* ⟨inf.⟩ *politieman* **0.2** ***rotspunt (die de doorgang verspert).***

gen·darm·e·rie, gen·dar·me·ry [ʒɒn'dɑ:məri‖ʒɑn'dɑr-]⟨telb. en n.-telb.zn.; →mv.2⟩ **0.1** ***gendarmerie*** *⇒marechaussee,* ⟨B.⟩ *rijkswacht.*

gen·der ['dʒendə‖-ər]⟨f2⟩⟨telb. en n.-telb.zn.⟩ **0.1** ⟨taalk.⟩ ***(grammaticaal) geslacht*** *⇒genus* **0.2** ⟨scherts.⟩ ***geslacht*** *⇒sekse.*

'gen·der-'ben·der ⟨telb.zn.⟩⟨inf.⟩ **0.1** ***androgyn type*** *⇒unisekser.*

'gender gap ⟨telb.zn.⟩ **0.1** ***verschil in benadering*** ⟨v. politieke vraagstukken e.d. tussen mannen en vrouwen⟩.

gene ['dʒi:n]⟨f2⟩⟨telb.zn.⟩⟨biol.⟩ **0.1** ***gen*** *⇒geen, determinant.*

ge·ne·a·log·i·cal ['dʒi:nɪə'lɒdʒɪkl‖-'lɑ-]⟨f1⟩⟨bn.; -ly⟩ **0.1** ***genealogisch*** *⇒geslachtsrekenkundig* ◆ **1.1** ~ tree *stamboom.*

ge·ne·al·o·gist ['dʒi:ni'ælədʒɪst]⟨telb.zn.⟩ **0.1** ***genealoog*** *⇒geslachtkundige.*

ge·ne·al·o·gize ['dʒi:ni'ælədʒaɪz]⟨ww.⟩
I ⟨onov.ww.⟩ **0.1** ***de genealogie onderzoeken/opstellen;***
II ⟨ov.ww.⟩ **0.1** ***de genealogie onderzoeken/opstellen van.***

ge·ne·al·o·gy ['dʒi:ni'ælədʒi]⟨f1⟩⟨telb. en n.-telb.zn.; →mv. 2⟩ **0.1** ***genealogie*** *⇒gelachts(reken)kunde, familiekunde, geslachtslijst, stamboom.*

'gene bank ⟨telb.zn.⟩ **0.1** ***genenbank.***

gen·e·ra ['dʒenərə]⟨mv.⟩ →genus.

gen·er·al[1] ['dʒenrəl]⟨f3⟩⟨zn.⟩
I ⟨telb.zn.⟩ **0.1** ⟨mil.⟩ ***generaal*** *⇒opperofficier, veldheer, krijgsoverste* **0.2** ⟨R.-K.⟩ ***generaal*** *⇒generale overste* ⟨v. geestelijke orde, enz.⟩ **0.3** ⟨BE; inf.⟩ ***hoofdpostkantoor*** **0.4** ⟨BE; inf.⟩ ***meisje/knecht voor alle werk*** **0.5** ⟨AE; inf.⟩ ***baas*** *⇒directeur* ◆ **1.1** ⟨AE⟩ General of the Army *veldmaarschalk;*
II ⟨n.-telb.zn.⟩ **0.1** ***algemeenheid*** *⇒'t algemeen* **0.2** ⟨the⟩⟨vero.⟩ ***de massa*** *⇒het grote publiek, het gemeen* ◆ **6.1 in** ~ *in/over 't algemeen, globaal* **7.1** spend too much time on the ~ *te veel tijd besteden aan de algemene aspekten (v.d. zaak).*

general[2] ⟨f4⟩⟨bn.; -ness⟩
I ⟨bn.⟩ **0.1** ***algemeen*** *⇒algeheel, totaal, gewoon, onbepaald, hoofd-* ◆ **1.1** General American *(Algemeen) Amerikaans (Engels);* ~ anaesthetic *algehele verdoving, narcose;* a subject of ~ anxiety *een onderwerp v. algemene bekommernis;* ~ assembly *algemene vergadering* ⟨i.h.b. wetgevende vergadering v. Am. staat⟩; ~ confession *gezamenlijke/generale biecht;* ~ degree *niet-gespecialiseerde universitaire graad;* ~ education *algemene opleiding;* ~ election *algemene verkiezingen;* ~ headquarters *centraal hoofdkwartier;* ~ hospital *algemeen ziekenhuis;* ~ inspector

hoofdinspecteur, inspecteur-generaal; in the ~ interest *in het openbaar/algemeen belang;* ~ knowledge *algemene kennis/ontwikkeling;* ~ meeting *algemene vergadering;* General Post Office *hoofdpostkantoor;* the ~ public *het grote publiek;* the ~ reader *de gemiddelde lezer, het ruime lezerspubliek;* as a ~ rule *in/over 't algemeen, doorgaans;* ~ staff *generale staf;* ~ strike *algemene staking;* General Synod *Algemene Synode* ⟨hoogste orgaan v. vele kerken⟩; in ~ terms *in algemene bewoordingen;* in ~ use *algemeen gebruikt;* in a ~ way *gewoonlijk, doorgaans, in algemene zin* **1.¶** ⟨verz.⟩ ~ average *averij-grosse, gemene averij;* ~ cargo *gemengde lading;* ~ bass *basso continuo, doorlopende bas;* General Certificate of Education ⟨oneig.⟩ *einddiploma v.d. middelbare school;* ⟨B.⟩ *maturiteitsdiploma;* ~ dealer *handelaar in allerlei artikelen;* ⟨AE⟩ ~ delivery *poste restante;* ~ officer *opperofficier;* ~ post *eerste ochtendbestelling; (soort) blindemannetje* ⟨waarbij spelers van plaats verwisselen⟩; ⟨vnl. BE; fig.⟩ *stuivertjewisselen;* ~ practice *huisartsenpraktijk;* ~ practitioner/physician *huisarts;* ~ quarters *manschappenverblijf;* ~ servant *meisje/knecht voor alle werk;* ~ shop/store *warenhuis, bazaar;*
II ⟨bn., post.⟩ **0.1** ***hoofd-*** ◆ **1.1** postmaster ~ *Directeur-generaal der Posterijen;* ⟨BE⟩ procurator ~ *hoofd v.d. juridische afdeling v.h. Ministerie v. Financiën.*

general[3] ⟨ov.ww.⟩ **0.1** ***aanvoeren*** ⇒*als generaal optreden van.*

gen·er·al·cy ['dʒenrəlsi] ⟨n.-telb.zn.⟩ **0.1** ***generaalschap*** ⇒*generaalsrang/plaats, waardigheid v. generaal.*

gen·er·al·ism ['dʒenrəlɪzm] ⟨telb.zn.⟩ **0.1** ***generalisatie*** ⇒*algemeenheid* **0.2** ***algemene uitspraak*** ⇒*platitude, alledaagsheid.*

gen·er·al·is·si·mo ['dʒenrə'lɪsɪmoʊ] ⟨telb.zn.⟩ ⟨mil.⟩ **0.1** ***generalissimus*** ⇒*opperbevelhebber, generalissimo* ⟨in bep. landen⟩.

gen·er·al·ist ['dʒenrəlɪst] ⟨telb.zn.⟩ **0.1** ***generalist*** ⇒*algemeen deskundige.*

gen·er·al·i·ty [dʒenə'ræləṭi] ⟨f1⟩ ⟨zn.⟩
I ⟨telb. en n.-telb.zn.⟩ **0.1** ***algemeenheid*** ⇒*generaliteit, onbepaaldheid, veralgemening* ◆ **2.1** a rule of great ~ *een regel zonder enige uitzondering* **3.1** move from generalities to the particular difficulties *van algemeenheden overstappen op de feitelijke problemen;*
II ⟨verz.n.; ww. vnl. mv.; the⟩ **0.1** ***meerderheid*** ⇒*gros, grootste deel, merendeel* ◆ **1.1** the ~ of the people are in favour *de meeste mensen/de overgrote meerderheid zijn/is voor.*

gen·er·al·i·za·tion, -i·sa·tion ['dʒenrəlaɪ'zeɪʃn‖-lə'zeɪʃn] ⟨f2⟩ ⟨telb. en n.-telb.zn.⟩ **0.1** ***generalisatie*** ⇒*veralgemening* ◆ **2.1** hasty ~ *overhaaste generalisatie.*

gen·er·al·ize, -ise ['dʒenrəlaɪz] ⟨f2⟩ ⟨ww.⟩
I ⟨onov.ww.⟩ **0.1** ***zich verspreiden*** ⟨v. aandoening⟩ ⇒*uitzaaien, zich uitbreiden;*
II ⟨onov. en ov.ww.⟩ **0.1** ***generaliseren*** ⟨ook fil., wisk.⟩ ⇒*veralgemenen, (zich) vaag uitdrukken, in het vage blijven* ◆ **6.1** ~ from sth. *algemene conclusies trekken uit iets;*
III ⟨ov.ww.⟩ **0.1** ***verbreiden*** ⇒*in omloop brengen, populariseren.*

gen·er·al·iz·er, -is·er ['dʒenrəlaɪzə‖-ər] ⟨telb.zn.⟩ **0.1** ***iemand die (gemakkelijk) generaliseert.***

gen·er·al·ly ['dʒenrəli] ⟨f3⟩ ⟨bw.⟩ **0.1** ***gewoonlijk*** ⇒*doorgaans, meestal* **0.2** ***algemeen*** **0.3** ***in/over 't algemeen*** ⇒*ruwweg* ◆ **3.2** the plan was ~ approved *het plan werd algemeen goedgekeurd;* ~ known *algemeen bekend* **3.3** ~ speaking *in/over 't algemeen, globaal genomen, ruwweg.*

'gen·er·al-'pur·pose ⟨f1⟩ ⟨bn., attr.⟩ **0.1** ***voor algemeen gebruik*** ⇒*universeel.*

'general's car ⟨telb.zn.⟩ ⟨inf.; mil.⟩ **0.1** ***kruiwagen.***

gen·er·al·ship ['dʒenrəlʃɪp] ⟨n.-telb.zn.⟩ **0.1** ***generaalschap*** ⇒*generaalsrang/-plaats, waardigheid v. generaal* **0.2** ***veldheerskunst/bekwaamheid*** ⇒*strategisch inzicht* **0.3** ***(kundig) beleid*** ⇒*leiding, beheer, diplomatie.*

gen·er·ate ['dʒenəreɪt] ⟨f3⟩ ⟨ww.⟩
I ⟨onov.ww.⟩ **0.1** ***zich voortplanten*** **0.2** ***ontstaan;***
II ⟨ov.ww.⟩ **0.1** ***genereren*** ⟨ook wisk.⟩ ⇒*doen ontstaan, ver/opwekken, voortbrengen, produceren* ◆ **1.1** ~ electricity *elektriciteit opwekken;* ~ heat *warmte ontwikkelen.*

'generating station ⟨telb.zn.⟩ **0.1** ***krachtcentrale*** ⇒*elektrische centrale.*

gen·er·a·tion ['dʒenə'reɪʃn] ⟨f3⟩ ⟨zn.⟩
I ⟨telb.zn.⟩ **0.1** ***generatie*** ⇒*(mensen)geslacht, mensenleven, tijdgenoten(groep)* ◆ **1.1** ~ of vipers *adderen(ge)broed* **7.1** first ~ Americans *Amerikanen v.d. eerste generatie* ⟨van wie de ouders (nog) geen Amerikanen zijn⟩;
II ⟨n.-telb.zn.⟩ **0.1** ***generatie*** ⇒*voortplanting, ontwikkeling, ver/opwekking, produktie, vorming* **0.2** ***generatie*** ⇒*ontstaan, wording.*

gene'ration gap ⟨f1⟩ ⟨telb.zn.⟩ **0.1** ***generatiekloof.***

gen·er·a·tive ['dʒenrətɪv‖'dʒenəreɪṭɪv] ⟨bn.; -ly⟩ **0.1** ***generatief*** ⇒*geslachtelijk, geslachts-, vruchtbaar* **0.2** ***genererend*** ⇒*voortbrengend, voortplantend, produktief, producerend* **0.3** ⟨taalk.⟩ ***generatief*** ◆ **1.3** ~ grammar *generatieve grammatica.*

gen·er·a·ti·vist ['dʒenrətɪvɪst] ⟨telb.zn.⟩ ⟨taalk.⟩ **0.1** ***generativist*** ⇒*aanhanger v.d. generatieve grammatica, TGG-er.*

gen·er·a·tor ['dʒenəreɪtə‖-reɪṭər] ⟨f2⟩ ⟨telb.zn.⟩ **0.1** ***generator*** ⇒*voortbrenger/ster* **0.2** ***generator*** ⇒*aggregaat, stoomketel, dynamo* **0.3** ⟨wisk.⟩ ***beschrijvende generatrice*** **0.4** ⟨muz.⟩ ***grondtoon.***

gen·er·a·trix ['dʒenəreɪtrɪks] ⟨telb.zn.; generatrices [-trəsi:z]; →mv. 5⟩ ⟨wisk.⟩ **0.1** ***beschrijvende generatrice.***

ge·ner·ic[1] [dʒɪ'nerɪk] ⟨telb.zn.⟩ **0.1** ***generisch/merkloos geneesmiddel*** ⟨waarop geen patentrecht meer rust⟩.

generic[2], ⟨vero.⟩ **ge·ner·i·cal** [-ɪkl] ⟨f1⟩ ⟨bn.; -(al)ly; →bijw. 3⟩ **0.1** ***generisch*** ⇒*generiek, geslachts-* **0.2** ***algemeen*** **0.3** ***merkloos*** ⇒*zonder merknaam* ◆ **1.3** ~ drugs *merkloze geneesmiddelen* ⟨waarop geen patentrecht meer rust⟩.

gen·er·os·i·ty ['dʒenə'rɒsəti‖-'rɑsəṭi] ⟨f2⟩ ⟨zn.; →mv. 2⟩
I ⟨telb.zn.; vaak mv.⟩ **0.1** ***weldaad*** ⇒*genereuze daad;*
II ⟨n.-telb.zn.⟩ **0.1** ***generositeit*** ⇒*grootmoedigheid, ruimhartigheid, edelmoedigheid, mildheid* **0.2** ***vrijgevigheid*** ⇒*gulheid, royaliteit* **0.3** ***overvloed.***

gen·er·ous ['dʒenrəs] ⟨f3⟩ ⟨bn.; -ly; -ness⟩ ⟨→sprw. 38⟩ **0.1** ***grootmoedig*** ⇒*genereus, mild, edel(moedig)* **0.2** ***vrijgevig*** ⇒*royaal, gul* **0.3** ***overvloedig*** ⇒*rijk(elijk), copieus* **0.4** ***vol*** ⇒*krachtig, edel, pittig* ⟨v. wijn⟩ **0.5** ***vruchtbaar*** ⟨v. land⟩ ◆ **1.3** a ~ meal *een rijkelijk maal.*

gen·e·sis ['dʒenɪsɪs] ⟨f1⟩ ⟨zn.; geneses [-si:z]; →mv. 5⟩
I ⟨eig.n.; G-⟩ **0.1** ***(het (bijbel)boek) Genesis;***
II ⟨telb.zn.⟩ **0.1** ***genese*** ⇒*ontstaan, wording, oorsprong.*

'gene splic·ing ⟨n.-telb.zn.⟩ **0.1** ***recombinatie v. genen*** ⇒*genetische manipulatie.*

gen·et[1] ['dʒenɪt], **ge·nette** [dʒɪ'net] ⟨zn.⟩
I ⟨telb.zn.⟩ ⟨dierk.⟩ **0.1** ***genetkat*** ⟨genus Genetta⟩;
II ⟨telb. en n.-telb.zn.⟩ **0.1** ***(bont/pels van) genetkat.***

genet[2] →jennet.

'gene therapy ⟨telb. en n.-telb.zn.⟩ ⟨med.⟩ **0.1** ***gentherapie.***

ge·net·ic [dʒɪ'neṭɪk], **ge·net·i·cal** [-ɪkl] ⟨f2⟩ ⟨bn.; -(al)ly; →bijw. 3⟩ **0.1** ***genetisch*** ⇒*ontstaans-, wordings-, genen-, erfelijk* ◆ **1.1** ~ code *genetische code;* ~ engineer *genetische ingenieur;* ~ engineering *genetische biologie, genetische manipulatie;* ~ fingerprinting *DNA-vingerafdruk-techniek;* ⟨biol.⟩ ~ marker *dominant gen/kenmerk.*

ge·net·i·cist [dʒɪ'neṭɪsɪst] ⟨telb.zn.⟩ **0.1** ***geneticus.***

ge·net·ics [dʒɪ'neṭɪks] ⟨n.-telb.zn.⟩ **0.1** ***genetica*** ⇒*erfelijkheidsleer* **0.2** ***genetische opbouw*** ⟨v.e. organisme, type, groep, enz.⟩ **0.3** ***genese*** ⇒*oorsprong, herkomst, ontwikkeling* ◆ **2.3** the meteorological ~ of clouds *de meteorologische genese v. wolken.*

Ge·ne·va [dʒɪ'ni:və] ⟨zn.⟩
I ⟨eig.n.⟩ **0.1** ***Genève;***
II ⟨n.-telb.zn.; g-⟩ **0.1** ***(Hollandse) jenever*** ⇒⟨AE⟩ *gin.*

Ge'neva 'bands ⟨mv.⟩ **0.1** ***bef v. (calvinistisch) predikant.***

Ge'neva 'cross ⟨eig.n., telb.zn.⟩ **0.1** ***(kenteken v.) het Rode Kruis.***

Ge'neva 'gown ⟨telb.zn.⟩ **0.1** ***toga v. (calvinistisch) predikant.***

Ge·ne·van[1] [dʒɪ'ni:vən], **Gen·e·vese** ['dʒenɪ'vi:z] ⟨telb.zn.; Genevese; →mv. 4⟩ **0.1** ***inwoner v. Genève*** **0.2** ⟨gesch.⟩ ***calvinist*** ◆ **7.1** the Genevese *de inwoners v. Genève.*

Genevan[2], **Genevese** ⟨bn.⟩ **0.1** ***Geneefs*** ⇒*v. Genève* **0.2** ⟨gesch.⟩ ***calvinistisch*** ⇒*protestants.*

ge·ni·al[1] ['dʒi:nɪəl] ⟨bn.⟩ ⟨anat.⟩ **0.1** ***kin-*** ⇒*v.d. kin, genio-.*

gen·ial[2] ⟨f2⟩ ⟨bn.; -ly; -ness⟩ **0.1** ***groeizaam*** ⇒*gunstig, mild, zacht, aangenaam* ⟨v. weer/klimaat/lucht enz.⟩ **0.2** ***opwekkend*** ⇒*weldoend, levenwekkend* **0.3** ***vriendelijk*** ⇒*sympathiek, joviaal, hartelijk, gul* **0.4** ***opgewekt*** **0.5** ⟨zelden⟩ ***geniaal.***

ge·ni·al·i·ty ['dʒi:ni'æləṭi] ⟨zn.⟩
I ⟨telb.zn.⟩ **0.1** ⟨vnl. mv.⟩ ***betuiging van vriendschap/hartelijkheid enz.;***
II ⟨n.-telb.zn.⟩ **0.1** ***hartelijkheid*** ⇒*sympathie, vriendelijkheid, gulheid, jovialiteit.*

ge·ni·al·ize ['dʒi:nɪəlaɪz] ⟨ov.ww.⟩ **0.1** ***hartelijk(er) maken*** ⇒*vriendelijk(er) maken, vervrolijken.*

gen·ic ['dʒenɪk] ⟨bn.; -ally⟩ **0.1** ***genen-*** ⇒*genetisch.*

-gen·ic ['dʒenɪk] **0.1** ***-geen, -geniek*** ⟨vormt bijv. nw.⟩ ◆ **¶.1** carcinogenic *carcinogeen, kankerverwekkend;* pathogenic *pathogeen, ziekteverwekkend;* photogenic *fotogeniek;* radiogenic *radiogeen.*

ge·nic·u·late [dʒɪ'nɪkjʊlət, -leɪt‖-kjə-], **ge·nic·u·lat·ed** [-leɪṭɪd] ⟨bn.; -ly⟩ **0.1** ***knievormig (gebogen)*** ⇒*geknikt.*

ge·nic·u·la·tion [dʒɪ'nɪkjʊ'leɪʃn‖-kjə-] ⟨n.-telb.zn.⟩ **0.1** ***knievormigheid.***

ge·nie ['dʒi:ni], **djinn** [dʒɪn], **jinn** [dʒɪn] ⟨telb.zn.; vnl. genii ['dʒi:nɪaɪ‖'dʒi:nɪi:]; →mv. 5⟩ **0.1** ***djinn*** ⇒*genius, geest* ⟨in Arabische vertellingen⟩.

ge·nis·ta [dʒɪ'nɪstə]⟨n.-telb.zn.⟩⟨plantk.⟩ **0.1** ***heidebrem*** ⟨genus Genista⟩ ⇒⟨i.h.b.⟩ *verfbrem* ⟨G. tinctoria⟩.

gen·i·tal ['dʒenɪtl]⟨f1⟩⟨bn.; -ly⟩ **0.1** ***genitaal*** *⇒geslachts-, voortplantings-.*

gen·i·ta·li·a ['dʒenɪ'teɪlɪə], **gen·i·tals** ['dʒenɪtlz]⟨f1⟩⟨mv.⟩ **0.1** ***genitaliën*** *⇒geslachtsdelen/organen.*

gen·i·ti·val ['dʒenɪ'taɪvl]⟨bn.; -ly⟩⟨taalk.⟩ **0.1** ***genitief*** *⇒v./mbt./in de/een genitief.*

gen·i·tive[1] ['dʒenətɪv]⟨f1⟩⟨telb.zn.⟩⟨taalk.⟩ **0.1** ***genitief*** *⇒tweede naamval, genitiefvorm/constructie.*

genitive[2] ⟨f1⟩⟨bn., attr.⟩⟨taalk.⟩ **0.1** ***genitief-*** ◆ **1.1** ~ case *genitief, tweede naamval.*

gen·i·tor ['dʒenɪtə||'dʒenɪtər]⟨telb.zn.⟩ **0.1** ***(natuurlijke) vader.***

gen·i·to·u·ri·nar·y ['dʒenɪtoʊ'jʊərɪnri||'dʒenɪtoʊ'jʊrɪneri]⟨bn.⟩⟨med.⟩ **0.1** ***genito-urinair.***

gen·ius[1] ['dʒi:nɪəs]⟨f3⟩⟨zn.; ook genii ['dʒi:niaɪ||'dʒi:nɪi:]; →mv. 5⟩
I ⟨telb.zn.⟩ **0.1** ⟨vnl. enk.⟩ ***karakter*** *⇒geest, aard, het kenmerkende/eigene* **0.2** ⟨mv. -es⟩ ***genie*** ⟨persoon⟩ **0.3** ⟨vnl. enk.⟩ ***talent*** *⇒aanleg, instelling, handigheid* **0.4** ***incarnatie*** *⇒belichaming, verpersoonlijking* ◆ **1.1** the ~ of this century *de geest v. deze eeuw* **6.1** be a ~ **at** *geniaal zijn in* **6.3** have a ~ **for** *aanleg hebben voor/om;*
II ⟨n.-telb.zn.⟩ **0.1** ***genie*** *⇒genialiteit, begaafdheid* ◆ **1.1** a woman of ~ *een geniale vrouw* **3.1** have ~ *geniaal zijn.*

genius[2] ⟨telb.zn.; genii; →mv. 5⟩ **0.1** ***geest*** *⇒genius, schutsengel, engelbewaarder, demon* ◆ **2.1** evil ~ *kwade genius, aanstichter;* good ~ *schutsengel.*

genius lo·ci ['dʒi:nɪəs 'loʊsaɪ]⟨telb.zn.; genii loci ['dʒi:niaɪ 'loʊsaɪ||'dʒi:nɪi:'loʊsaɪ]; →mv. 5⟩ **0.1** ***Genius Loci*** *⇒plaatselijke beschermgod;* ⟨fig.⟩ *heersende geest in gemeenschap* **0.2** ⟨vnl. enk.⟩ ***karakter*** *⇒geest, (atmo)sfeer.*

ge·ni·zah [gə'ni:zə||gə'ni:zɑ]⟨telb.zn.; ook genizot(h)[gə'ni:zoʊθ]; →mv. 5⟩⟨jud.⟩ **0.1** ***geniza*** ⟨bewaarplaats in/bij een synagoge voor onbruikbare boeken en rituele voorwerpen⟩.

Gen·o·a[1] ['dʒenoʊə]⟨zn.⟩
I ⟨eig.n.⟩ **0.1** ***Genua*** ⟨stad in Italië⟩;
II ⟨telb.zn.; vaak g-⟩ **0.1** ***genua(fok)/botterfok*** **0.2** ⟨cul.⟩ ***génoise (taart).***

Genoa[2] ⟨bn., attr.⟩ **0.1** ***Genuees*** *⇒v./mbt. Genua.*

'Genoa cake ⟨telb.zn.⟩ **0.1** ⟨cul.⟩ ***génoise(taart).***

'Genoa jib ⟨telb.zn.⟩ **0.1** ***genua(fok)*** *⇒botterfok.*

gen·o·ci·dal ['dʒenə'saɪdl]⟨bn.⟩ **0.1** ***genocide-*** *⇒uitroeiings-.*

gen·o·cide ['dʒenəsaɪd]⟨telb. en n.-telb.zn.⟩ **0.1** ***genocide*** *⇒volkerenmoord, rassenmoord.*

Gen·o·ese[1] ['dʒenoʊ'i:z]⟨telb.zn.; Genoese; →mv. 4⟩ **0.1** ***Genuees/Genuese*** *⇒inwoner/inwoonster v. Genua.*

Genoese[2] ⟨bn.⟩ **0.1** ***Genuees*** *⇒v./mbt. Genua.*

ge·nome ['dʒi:noʊm], **ge·nom** ['dʒi:nɒm||-nɑm]⟨telb.zn.⟩⟨biol.⟩ **0.1** ***genoom*** ⟨het geheel v. alle genen⟩.

gen·o·type ['dʒenoʊtaɪp]⟨telb.zn.⟩ **0.1** ***genotype*** *⇒erfelijke bepaaldheid, biotype.*

gen·o·typ·ic ['dʒenoʊ'tɪpɪk], **gen·o·typ·i·cal** [-ɪkl]⟨bn.; -(al)ly; →bijw. 3⟩ **0.1** ***genotypisch*** *⇒v./mbt. de erfelijke bepaaldheid.*

-gen·ous ['dʒənəs] **0.1** ***-geen*** ⟨vormt bijv. nw.⟩ ◆ **¶.1** androgenous *androgeen;* endogenous *endogeen.*

gen·re ['ʒɒnrə||'ʒɑnrə]⟨f2⟩⟨zn.⟩
I ⟨telb.zn.⟩ **0.1** ***genre*** *⇒soort, type, categorie, klasse, aard;*
II ⟨n.-telb.zn.⟩ **0.1** ***genre*** *⇒genre(schilder)kunst* ◆ **1.1** his paitings are pure ~ *zijn schilderijen zijn pure genrestukjes.*

'genre painting ⟨zn.⟩
I ⟨telb.zn.⟩ **0.1** ***genrestuk;***
II ⟨n.-telb.zn.⟩ **0.1** ***genre*** *⇒genre(schilder)kunst.*

gens [dʒenz]⟨telb.zn.; gentes ['dʒenti:z]; →mv. 5⟩ **0.1** ***gens*** ⟨in het oude Rome, groep v. families met één stamvader⟩ *⇒stam, geslacht, clan* **0.2** ***patrilineale afstammingslijn*** **0.3** ⟨biol.⟩ ***groep verwante organismen.***

gent [dʒent]⟨f1⟩⟨telb.zn.⟩⟨inf. of scherts.⟩ **0.1** ***gentleman*** *⇒heer, man* ◆ **7.¶** ⟨BE; inf.⟩ the Gents *het herentoilet, de 'Heren'.*

gen·teel [dʒen'ti:l]⟨f1⟩⟨bn.; soms -er; -ly; -ness⟩ **0.1** ⟨vaak iron.⟩ ***chic*** *⇒elegant, gracieus, verfijnd* **0.2** ***geaffecteerd*** *⇒aanstellerig* **0.3** ⟨vero. of iron.⟩ ***deftig*** *⇒voornaam, welopgevoed, keurig, beleefd.*

gen·teel·ism [dʒen'ti:lɪzm]⟨telb.zn.⟩ **0.1** ***deftige/geaffecteerde uitdrukking.***

gen·tian ['dʒenʃən]⟨zn.⟩
I ⟨telb. en n.-telb.zn.⟩ **0.1** ⟨plantk.⟩ ***gentiaan*** ⟨genus Gentiana⟩ **0.2** →gentian root;
II ⟨n.-telb.zn.⟩ →gentian bitter.

'gentian 'bitter ⟨n.-telb.zn.⟩ **0.1** ***gentiaan(likeur)*** *⇒gentiaanbitter.*

'gentian root ⟨telb. en n.-telb.zn.⟩ **0.1** ***gentiaan(wortel)*** *⇒bitterwortel* ⟨vnl. v. Gentiana Lutea⟩.

'gentian 'violet ⟨n.-telb.zn.; vaak G- V-⟩ **0.1** ***gentiaanviolet*** ⟨ook med.⟩.

gen·tile[1] ['dʒentaɪl]⟨f2⟩⟨telb.zn.⟩ **0.1** ⟨ook G-⟩ ***niet-Jood*** *⇒christen, heiden, ongelovige, niet-Mormoon* ⟨onder Mormonen⟩ **0.2** ⟨gesch.⟩ ***lid v.e. gens*** **0.3** ***woord dat nationaliteit/ras/land aanduidt.***

gentile[2] ⟨f1⟩⟨bn.⟩ **0.1** ⟨ook G-⟩ ***niet-joods*** *⇒christelijk, ongelovig, heidens, niet-mormoons* ⟨onder Mormonen⟩ **0.2** ⟨gesch.⟩ ***tot een gens behorend*** **0.3** ***nationaliteit/ras/land aanduidend.***

gen·ti·li·tial ['dʒentɪ'lɪʃl]⟨bn.⟩ **0.1** ***v./mbt. een volk/gens*** **0.2** ***adellijk*** *⇒van adel.*

gen·til·i·ty [dʒen'tɪləti]⟨f1⟩⟨zn.⟩
I ⟨n.-telb.zn.⟩ **0.1** ***deftigheid*** *⇒voornaamheid, beleefdheid, welopgevoedheid, welgemanierdheid* **0.2** ***elegantie*** *⇒gratie, verfijndheid, noblesse* **0.3** ⟨vero.⟩ ***voorname afkomst*** *⇒hoge geboorte;*
II ⟨verz.n.⟩⟨vero.⟩ **0.1** ***adel(stand).***

gen·tle[1] ['dʒentl]⟨telb.zn.⟩ **0.1** ***made*** ⟨als visaas⟩ **0.2** ⟨vero.⟩ ***edele heer/vrouwe.***

gentle[2] ⟨f3⟩⟨bn.; -er; -ly; -ness; →bijw. 3⟩ **0.1** ***voornaam*** *⇒v. goede afkomst/familie, v. hoge geboorte, edel, achtenswaardig* **0.2** ***zacht*** *⇒licht, (ge)matig(d), langzaam, voorzichtig* **0.3** ***zacht(aardig)*** *⇒teder, goed(aardig), beminnelijk* **0.4** ***kalm*** *⇒bedaard, mak, tam, rustig, gedwee* **0.5** ⟨vero.⟩ ***edel*** *⇒ridderlijk, nobel, hoffelijk* ◆ **1.1** a person of ~ birth *iem. v. hoge geboorte* **1.2** ⟨meteo.⟩ ~ breeze *lichte koelte, zachte/matige wind* ⟨windkracht 3⟩; ~ heat *aangename warmte;* ~ hint *zachte wenk;* ~ medicine *licht/zacht werkend medicament;* ~ slope *zachte helling* **1.3** ~ satire *milde satire;* the ~ sex *het zwakke geslacht* **1.4** ~ reader *welwillende lezer* ⟨aanspreekvorm in geschreven tekst⟩ **1.¶** the ~ art/craft *de edele kunst* ⟨bv. hengelen, dichten, luieren⟩; ⟨iron.⟩ *iets wat brute kracht vergt* **3.1** gently born *v. hoge geboorte, v. adellijke huize* **3.2** hold it gently *hou het voorzichtig vast;* speak gently *spreek zachtjes.*

gentle[3] ⟨ov.ww.⟩ **0.1** ***verzachten*** *⇒kalmeren, bedaren* **0.2** ***temmen*** *⇒dresseren, africhten* **0.3** ⟨vero.⟩ ***adelen*** *⇒in de adelstand verheffen.*

'gen·tle·folk ⟨verz.n.⟩ **0.1** ***adel(stand)*** *⇒mensen v. goede familie/hoge geboorte.*

'gen·tle·folks ⟨mv.⟩ **0.1** ***adel(stand).***

'gen·tle·hood ['dʒentlhʊd]⟨n.-telb.zn.⟩ **0.1** ***hoge afkomst*** *⇒beschaving.*

gen·tle·man ['dʒentlmən]⟨f3⟩⟨telb.zn.; gentlemen [-mən]; →mv. 3⟩ **0.1** ***gentleman*** *⇒(beschaafd/achtenswaardig/eervol) heer, fatsoenlijk man* **0.2** ***edelman*** *⇒hoveling* **0.3** ⟨AE⟩ ***afgevaardigde*** **0.4** ⟨jur. of gesch.⟩ ***onafhankelijk/welgesteld man*** *⇒ambteloos burger, rentenier* **0.5** ⟨vero.; euf.⟩ ***smokkelaar*** **0.6** ⟨vero.⟩ ***(heren) knecht*** *⇒kamerheer, huisknecht, bediende* ◆ **1.1** Ladies and Gentlemen! *Dames en Heren!;* ~ of fortune *avonturier, gelukzoeker, fortuinzoeker;* ~ of leisure *welgesteld man, ambteloos burger, rentenier* **1.2** ~ in waiting *kamerheer* **1.3** the gentlemen from Michigan *de afgevaardigden v. Michigan* **1.4** ~ at large *rentenier; iem. zonder bezigheden* **2.1** the old ~ *de heer der duisternis, de duivel* **3.1** walking ~ *figurant* **¶.1** ⟨BE⟩ the Gentlemen's *het herentoilet, de 'Heren';* ⟨AE⟩ Gentlemen: *Mijne Heren,* ⟨aanhef brief⟩.

'gen·tle·man-at-'arms ⟨telb.zn.; gentlemen-at-arms; →mv. 6⟩ **0.1** ***lid der koninklijke lijfwacht.***

'gen·tle·man-'com·mon·er ⟨telb.zn.; gentlemen-commoners; →mv. 6⟩⟨gesch.⟩ **0.1** ⟨oneig.⟩ ***niet-beursstudent*** ⟨v. hogere klasse, die meer moest betalen in Oxford en Cambridge⟩.

'gentleman 'farmer ⟨f1⟩⟨telb.zn.; gentlemen farmers; →mv. 6⟩ **0.1** ***hereboer.***

gen·tle·man·like ['dʒentlmənlaɪk], **gen·tle·man·ly** ['dʒentlmənli]⟨bn.; gentlemanlikeness, gentlemanliness; →bijw. 3⟩ **0.1** ***voornaam*** *⇒beschaafd, als een (echte) heer (betaamt), fatsoenlijk, gentlemanlike.*

'gentleman 'player ⟨telb.zn.; gentlemen players; →mv. 6⟩⟨BE⟩ **0.1** ***amateur.***

'gen·tle·man-'rank·er ⟨telb.zn.; gentlemen-rankers; →mv. 6⟩⟨BE⟩ **0.1** ***gewoon soldaat v. betere afkomst.***

'gentleman 'rider ⟨telb.zn.; gentlemen riders; →mv. 6⟩ **0.1** ***heerrijder*** *⇒eigenaar (be)rijder.*

'gentleman's a'greement, 'gentlemen's a'greement ⟨f1⟩⟨telb.zn.⟩ **0.1** ***gentleman's/gentlemen's agreement*** *⇒herenakkoord.*

'gentleman's 'gentleman ⟨telb.zn.⟩ **0.1** ***kamerheer*** ⇒⟨vero.⟩ *(heren)knecht.*

gentleman's psalm ['dʒentlmənz 'sɑ:m]⟨telb.zn.⟩ **0.1** ***psalm XV.***

'gen·tle·man-'ush·er ⟨telb.zn.; gentleman-ushers; →mv. 6⟩ **0.1** ***kamerheer.***

'gen·tle·wom·an ⟨telb.zn.; gentlewomen; →mv. 3⟩⟨vero.⟩ **0.1** ***lady*** *⇒(adellijke/beschaafde) dame, vrouwe* **0.2** ***gezelschapsdame*** *⇒hofdame, kamenier, kamermeisje.*

gen·too ['dʒentu:], ⟨in bet. 0.1 ook⟩ **'gentoo penguin** ⟨telb.zn.⟩ **0.1** ⟨dierk.⟩ *ezelspinguin* ⟨Pygoscelis papua⟩ **0.2** ⟨vnl. G-⟩ ⟨vero.⟩ *Hindoe.*

gen·tri·fi·ca·tion ['dʒentrɪfɪ'keɪʃn] ⟨n.-telb.zn.⟩ **0.1** *verbetering* ⟨v. woonwijk door nieuwe bewoners uit beter milieu⟩ ⇒*omgekeerde verpaupering, Jordaaneffect.*

gen·try ['dʒentri] ⟨f2⟩ ⟨verz.n.; vnl. the⟩ **0.1** *gentry* ⇒*lage(re) adel, voorname/betere stand* **0.2** ⟨iron.⟩ *heerschappen* ◆ **2.1** landed ~ *(groot)grondbezitters, lage landadel* **7.2** these ~ *deze heerschappen/heertjes.*

gen·u·al ['dʒenjʊəl] ⟨bn., attr.⟩ **0.1** *knie-* ⇒*aan/v.d. knie.*

gen·u·flect ['dʒenjʊflekt‖-njə-] ⟨onov.ww.⟩ **0.1** *knielen* ⇒*de knie(ën) buigen* ⟨uit eerbied⟩ **0.2** *buigen* ⇒*zich onderwerpen, knielen.*

gen·u·flec·tion, ⟨vnl. BE⟩ **gen·u·flex·ion** ['dʒenjʊ'flekʃn‖-njə-] ⟨telb.zn.⟩ **0.1** *kniebuiging* ⇒*knieling, knieval.*

gen·u·flec·to·ry ['dʒenjʊ'flektri‖-njə-] ⟨bn.⟩ **0.1** *onderdanig* ⇒*kruiperig.*

gen·u·ine ['dʒenjʊɪn] ⟨f3⟩ ⟨bn.; -ly; -ness⟩ **0.1** *echt* ⇒*zuiver, authentiek, onvervalst* **0.2** *oprecht* ⇒*ongeveinsd, eerlijk, waar.*

'gen 'up ⟨ww.; →ww. 7⟩ ⟨BE; inf.⟩
I ⟨onov.ww.⟩ **0.1** *zich informeren* ⇒*inlichtingen inwinnen/verstrekken* ◆ **6.1** ~ **about/on** sth. *z. grondig laten informeren over iets;*
II ⟨ov.ww.⟩ **0.1** *informeren* ⇒*inlichtingen inwinnen/verstrekken over* ◆ **6.1** gen s.o. up **about/on** *iem. grondig informeren over, iem. op de hoogte brengen van.*

ge·nus ['dʒi:nəs] ⟨f1⟩ ⟨telb.zn.; genera ['dʒenərə]; →mv. 5⟩ **0.1** *soort* ⇒*genre, klasse* **0.2** ⟨biol.⟩ *genus* ⇒*geslacht* **0.3** ⟨logica⟩ *geslacht* ◆ **1.1** ~ Homo *de mensheid, de menselijke soort.*

-gen·y [dʒəni] ⟨vormt nw.⟩ **0.1** *-genie* ◆ **¶.1** anthropogeny *antropogenie;* pathogeny *pathogenie.*

ge·o- ['dʒi:oʊ] **0.1** *geo-.*

ge·o·bot·a·ny [-'bɒtəni‖-'bɑt-ni] ⟨n.-telb.zn.⟩ **0.1** *geobotanie* ⇒*plantengeografie* ⟨in relatie tot bodemgesteldheid⟩.

ge·o·cen·tric [-'sentrɪk] ⟨bn.; -ally; →bijw. 3⟩ **0.1** *geocentrisch* ◆ **1.1** ~ latitude *geocentrische breedte.*

ge·o·chem·i·cal [-'kemɪkl] ⟨bn.; -ly⟩ **0.1** *geochemisch.*

ge·o·chem·ist [-'kemɪst] ⟨telb.zn.⟩ **0.1** *geochemicus.*

ge·o·chem·is·try [-'kemɪstri] ⟨n.-telb.zn.⟩ **0.1** *geochemie.*

ge·o·chro·nol·o·gy [-krə'nɒlədʒi‖-'nɑ-] ⟨n.-telb.zn.⟩ **0.1** *geochronologie.*

ge·ode ['dʒi:oʊd] ⟨telb.zn.⟩ ⟨geol.⟩ **0.1** *geode* ⇒*(met kristallen bezette) holte* ⟨in gesteente⟩.

ge·o·des·ic[1] ['dʒi:oʊ'desɪk] ⟨telb.zn.⟩ **0.1** *geodeet* ⇒*geodetische lijn* ⟨in meetkunde⟩.

geodesic[2], **ge·o·des·i·cal** [-'desɪkl], **ge·o·det·ic** [-'detɪk], **ge·o·det·i·cal** [-'detɪkl] ⟨bn.; -(al)ly; →bijw. 3⟩ **0.1** *geodetisch* ⇒*aardmeetkundig; landmeetkundig* ◆ **1.1** ~ dome *geodetisch gewelf;* ~ line *geodeet, geodetische lijn.*

ge·od·e·sist [dʒi'ɒdəsɪst‖-'ɑdə-] ⟨telb.zn.⟩ **0.1** *geodeet* ⟨beoefenaar v.d. geodesie⟩.

ge·od·e·sy [dʒi'ɒdɪsi‖-'ɑd-] ⟨n.-telb.zn.⟩ **0.1** *geodesie* ⇒*aardmeetkunde, landmeetkunde.*

ge·od·ic [dʒi'ɒdɪk‖-'ɑdɪk], **ge·o·dal** [-'oʊdl] ⟨bn.⟩ **0.1** *mbt./als/v.e. geode* ⇒*geodeachtig.*

geo·duck, go·e·duck, go·ey·duc, goo·ey·duck, gwe·duc ['gu:ɪdʌk] ⟨telb.zn.⟩ ⟨dierk.⟩ **0.1** *(grote, noordamerikaanse) mossel* ⟨Panope generosa⟩.

geog ⟨afk.⟩ geographer, geographic, geography.

ge·og·no·sy [dʒi'ɒgnəsi‖-'ɑg-] ⟨n.-telb.zn.⟩ **0.1** *aardkunde* ⇒*geognosie.*

ge·og·ra·pher [dʒi'ɒgrəfə‖-'ɑgrəfər] ⟨f1⟩ ⟨telb.zn.⟩ **0.1** *geograaf* ⇒*aardrijkskundige.*

ge·o·graph·ic ['dʒɪə'græfɪk], **ge·o·graph·i·cal** [-ɪkl] ⟨f2⟩ ⟨bn.; -(al)ly; →bijw. 3⟩ **0.1** *geografisch* ⇒*aardrijkskundig* ◆ **1.1** ~ latitude *geografische breedte;* ~ longitude *geografische lengte;* ~ mile *zeemijl* ⟨ong. 1850 meter⟩.

ge·og·ra·phy [dʒi'ɒgrəfi‖-'ɑgrəfi] ⟨f2⟩ ⟨zn.; →mv. 2⟩
I ⟨telb.zn.⟩ **0.1** *geografische verhandeling* ⇒*aardrijkskundig opstel/boek;*
II ⟨n.-telb.zn.⟩ **0.1** *geografie* ⇒*aardrijkskunde* ◆ **1.1** ⟨inf.⟩ the ~ of the house *de indeling v.h. huis* **2.1** political ~ *politieke geografie.*

ge·oid ['dʒi:ɔɪd] ⟨telb.zn.⟩ **0.1** *geoïde* ⇒*hypothetisch oppervlak v.d. aarde* ⟨op gemiddeld zeeniveau⟩.

geol ⟨afk.⟩ geologic, geologist, geology.

ge·o·log·ic ['dʒɪə'lɒdʒɪk‖-'lɑdʒɪk], **ge·o·log·i·cal** [-ɪkl] ⟨f2⟩ ⟨bn.; -(al)ly; →bijw. 3⟩ **0.1** *geologisch.*

ge·ol·o·gist [dʒi'ɒlədʒɪst‖-'ɑlə-], **ge·ol·o·ger** [-dʒə‖-dʒər], **ge·o·lo·gian** ['dʒɪə'loʊdʒən] ⟨f2⟩ ⟨telb.zn.⟩ **0.1** *geoloog.*

ge·ol·o·gize, -gise [dʒi'ɒlədʒaɪz‖-'ɑlə-] ⟨ww.⟩
I ⟨onov.ww.⟩ **0.1** *aan geologie doen;*
II ⟨ov.ww.⟩ **0.1** *geologisch onderzoeken.*

ge·ol·o·gy [dʒi'ɒlədʒi‖-'ɑlədʒi] ⟨f1⟩ ⟨zn.; →mv. 2⟩
I ⟨telb.zn.⟩ **0.1** *geologische verhandeling;*
II ⟨telb. en n.-telb.zn.⟩ **0.1** *geologie.*

ge·o·mag·net·ic ['dʒi:oʊmæg'netɪk] ⟨bn.; -ally; →bijw. 3⟩ **0.1** *geomagnetisch.*

ge·o·mag·ne·tism [-'mægnətɪzm] ⟨n.-telb.zn.⟩ **0.1** *(studie v.) geomagnetisme* ⇒*(studie v.) aardmagnetisme.*

ge·o·man·cy ['dʒɪəmænsi] ⟨n.-telb.zn.⟩ **0.1** *geomantiek* ⇒*waarzeggerij* ⟨op basis v. aardse lijnen en figuren⟩.

ge·om·e·ter [dʒi'ɒmɪtə‖-'ɑmɪtər], ⟨in bet. 0.1 ook⟩ **ge·om·e·tri·cian** ['dʒɪəmə'trɪʃn] ⟨telb.zn.⟩ **0.1** *meetkundige* **0.2** ⟨dierk.⟩ *landmeter* ⇒*spanner* ⟨spanrups(vlinder); fam. Geometridae⟩.

ge·o·met·ric ['dʒɪə'metrɪk], **ge·o·met·ri·cal** [-ɪkl] ⟨f2⟩ ⟨bn.; -(al)ly; →bijw. 3⟩ **0.1** *geometrisch* ⇒*meetkundig* ◆ **1.1** geometrical architecture *geometrische architectuur;* geometrical drawing *lijntekening;* geometric mean *meetkundig gemiddelde;* Geometric pottery *geometrisch aardewerk* ⟨v.h. oude Griekenland⟩; geometric(al) progression/series *meetkundige reeks;* geometric spider *spin die een radvormig web heeft/weeft;* geometric tracery *geometrisch(e) tracering/maaswerk.*

ge·om·e·trize, -trise [dʒi'ɒmɪtraɪz‖-'ɑmɪ'traɪz] ⟨ov.ww.⟩ **0.1** *geometrische methoden/principes toepassen op* **0.2** *geometrisch voorstellen.*

ge·om·e·try [dʒi'ɒmɪtri‖-'ɑmɪtri] ⟨f2⟩ ⟨zn.; →mv. 2⟩
I ⟨telb.zn.⟩ **0.1** *configuratie* ⇒*(geometrische) vorm;*
II ⟨n.-telb.zn.⟩ **0.1** *geometrie* ⇒*meetkunde.*

ge·o·mor·phic ['dʒi:oʊ'mɔ:fɪk‖-'mɔrfɪk] ⟨bn.⟩ ⟨aardr., geol.⟩ **0.1** *geomorf.*

ge·o·mor·pho·log·ic [-mɔ:fə'lɒdʒɪk‖-mɔrfə'lɑ-], **ge·o·mor·pho·log·i·cal** [-ɪkl] ⟨bn.; -(al)ly; →bijw. 3⟩ ⟨aardr., geol.⟩ **0.1** *geomorfologisch.*

ge·o·mor·phol·o·gy ['dʒi:oʊmɔ:'fɒlədʒi‖-mɔr'fɑ-] ⟨n.-telb.zn.⟩ ⟨aardr., geol.⟩ **0.1** *geomorfologie* ⟨(verklarende) beschrijving v. aardvormen⟩.

ge·oph·a·gist [dʒi'ɒfədʒɪst‖-'ɑfə-] ⟨telb.zn.⟩ **0.1** *geofaag* ⇒*aardeter.*

ge·oph·a·gy [dʒi'ɒfədʒi‖-'ɑfədʒi], **ge·oph·a·gism** [-dʒɪzm] ⟨n.-telb.zn.⟩ **0.1** *geofagie* ⇒*het aardeten, het klei eten.*

ge·o·phone ['dʒi:oʊfoʊn] ⟨telb.zn.⟩ **0.1** *geofoon* ⇒*trillingsmeter, seismometer.*

ge·o·phys·i·cal [-'fɪzɪkl] ⟨bn.⟩ ⟨geol.⟩ **0.1** *geofysisch.*

ge·o·phys·i·cist [-'fɪzɪsɪst] ⟨telb.zn.⟩ ⟨geol.⟩ **0.1** *geofysicus.*

ge·o·phys·ics [-'fɪzɪks] ⟨n.-telb.zn.⟩ ⟨geol.⟩ **0.1** *geofysica.*

ge·o·phyte [-faɪt] ⟨telb.zn.⟩ ⟨plantk.⟩ **0.1** *geofyt* ⇒*overblijvende plant.*

ge·o·po·lit·i·cal [-pə'lɪtɪkl] ⟨bn.⟩ **0.1** *geopolitiek.*

ge·o·pol·i·tics [-'pɒlɪtɪks‖-'pɑlɪtɪks] ⟨n.-telb.zn.⟩ **0.1** *geopolitiek.*

ge·o·pon·ic [-'pɒnɪk‖-'pɑnɪk], **ge·o·pon·i·cal** [-ɪkl] ⟨bn.; -(al)ly; →bijw. 3⟩ **0.1** *landbouwkundig* **0.2** *landelijk* ⇒*rustiek.*

ge·o·pon·ics [-'pɒnɪks‖-'pɑnɪks] ⟨n.-telb.zn.⟩ **0.1** *landbouwkunde.*

Geor·die ['dʒɔ:di‖'dʒɔrdi] ⟨zn.⟩ ⟨vnl. Noordengels; inf.⟩
I ⟨eig.n.⟩ **0.1** ⟨verkleinwoord v.⟩ *George;*
II ⟨telb.zn.⟩ **0.1** *inwoner v. Tyneside* ⟨bij uitbr., v. Noord-Engeland en Schotland⟩ **0.2** *mijnwerker.*

George[1] [dʒɔ:dʒ‖dʒɔrdʒ] ⟨zn.⟩
I ⟨eig.n.⟩ **0.1** *George(s)* ⇒*Joris* ◆ **1.1** St. ~ *Sint-Joris* ⟨patroonheilige v. Engeland⟩ **3.¶** ⟨AE; inf.⟩ let ~ do it *dat is mijn zaak niet, dat is niet mijn pakkie an* **6.¶** **by** ~ *alle duivels, drommels;*
II ⟨telb.zn.⟩ **0.1** *George* ⟨beeltenis v. St.-Joris en de draak, als insigne v.d. ridders v.d. kouseband⟩ **0.2** *George* ⟨munt met de beeltenis v. St.-Joris⟩ **0.3** ⟨vero., inf.; lucht.⟩ *automatische piloot* ⇒*stuurautomaat* **0.4** ⟨AE; sl.⟩ *(theater) suppoost.*

George[2] ⟨bn.; ook g-⟩ ⟨AE; inf.⟩ **0.1** *prima* ⇒*geweldig, fijn, mieters* **0.2** *slim* ⇒*wijs, handig, sluw, uitgekookt.*

'George 'Cross ⟨eig.n.⟩ **0.1** *George Kruis* ⟨hoogste Britse civiele dapperheidsonderscheiding⟩.

geor·gette ['dʒɔ:'dʒet‖'dʒɔr-], **'georgette 'crepe** ⟨n.-telb.zn.⟩ **0.1** *crêpe georgette* ⟨stof⟩.

Geor·gia ['dʒɔ:dʒə‖'dʒɔrdʒə] ⟨eig.n.⟩ **0.1** *Georgia* ⟨U.S.A.⟩ **0.2** *Georgië* ⟨U.S.S.R.⟩.

Geor·gian[1] ['dʒɔ:dʒən‖'dʒɔr-] ⟨zn.⟩
I ⟨eig.n.⟩ **0.1** *Georgisch* ⟨taal v. Georgië⟩;
II ⟨telb.zn.⟩ **0.1** *inwoner v. Georgia* ⟨U.S.A.⟩ **0.2** *Georgiër* ⟨inwoner v. Georgië, U.S.S.R.⟩.

Georgian[2] ⟨f2⟩ ⟨bn.⟩ **0.1** *Georgisch* ⟨v. Georgia of Georgië⟩ **0.2** *Georgian* ⟨mbt. de tijd v. George I tot IV of George V en VI⟩.

geor·gic[1] ['dʒɔ:dʒɪk‖'dʒɔr-] ⟨zn.⟩
I ⟨telb.zn.⟩ **0.1** *bucolisch gedicht* ⇒*arcadisch gedicht, pastorale,*

herderszang;
II ⟨mv.; Georgics; the⟩ **0.1** ***Georgica*** ⟨dichtwerk v. Vergilius⟩.
georgic[2], **geor·gi·cal** ['dʒɔ:dʒɪkl‖'dʒɔr-]⟨bn.; -(al)ly; →bijw. 3⟩ **0.1** ***bucolisch*** *⇒arcadisch, herderlijk, pastoraal.*
ge·o·sphere ['dʒi:oʊsfɪə‖-sfɪr]⟨telb.zn.⟩ **0.1** ***geosfeer*** *⇒aardatmosfeer.*
ge·o·sta·tion·a·ry [-'steɪʃənri‖-ʃəneri]⟨bn.⟩⟨ruim.⟩ **0.1** ***geostationair*** ⟨v. satelliet; met vaste positie boven aarde⟩.
ge·o·stroph·ic [-'strɒfɪk‖-'strɑfɪk]⟨bn.⟩⟨meteo.⟩ **0.1** ***geostrofisch*** ⟨afhankelijk v.h. draaien v.d. aarde⟩.
ge·o·syn·cline [-'sɪŋklaɪn]⟨telb.zn.⟩⟨geol.⟩ **0.1** ***geosynclinale*** ⟨aardkorstgedeelte dat aan daling onderhevig geweest is⟩.
ge·o·tec·ton·ic [-tek'tɒnɪk‖-'tɑ-]⟨bn.⟩⟨geol.⟩ **0.1** ***geotektonisch*** ⟨mbt. het breken en deformeren v.d. aardkorst⟩.
ge·o·ther·mal [-'θɜ:ml‖-'θɜrml], **ge·o·ther·mic** [-mɪk], **ge·o·therm·i·cal** [-mɪkl]⟨bn.⟩ **0.1** ***geotherm(isch)*** ⟨mbt. de aardwarmte⟩.
ge·o·trop·ic [-'trɒpɪk‖-'trɑpɪk]⟨bn.; -ally; →bijw. 3⟩⟨biol.⟩ **0.1** ***geotropisch*** *⇒geotroop.*
ge·ot·ro·pism [dʒi'ɒtrəpɪzm‖-'ɑt-]⟨n.-telb.zn.⟩⟨biol.⟩ **0.1** ***geotropie*** *⇒geotropisme* ⟨stand v. plantedelen mbt. zwaartekracht⟩.
ger ⟨afk.⟩ gerund, gerundial, gerundive.
Ger ⟨afk.⟩ German, Germany.
ge·ra·ni·al [dʒɪ'reɪnɪəl]⟨n.-telb.zn.⟩⟨schei.⟩ **0.1** ***citral*** *⇒geranial.*
ge·ra·ni·um [dʒɪ'reɪnɪəm]⟨f2⟩⟨zn.⟩
I ⟨telb.zn.⟩⟨plantk.⟩ **0.1** ***geranium*** *⇒ooievaarsbek* ⟨genus Geranium⟩ **0.2** ***pelargonium*** *⇒geranium* ⟨Pelargonium zonale⟩;
II ⟨n.-telb.zn.; vaak attr.⟩ **0.1** ***helderrood*** *⇒scharlakenrood.*
ger·bil, ger·bille, jer·bil ['dʒɜ:bɪl‖'dʒɜr-]⟨telb.zn.⟩⟨dierk.⟩ **0.1** ***woestijnrat*** ⟨onderfam. der Gerbillinae⟩.
gerfalcon →gyrfalcon.
ger·i·at·ric[1] [dʒeri'ætrɪk]⟨telb.zn.⟩ **0.1** ***geriatrisch patiënt*** ⇒⟨alg.⟩ *bejaarde* **0.2** ⟨bel.⟩ ***seniel oudje.***
geriatric[2] ⟨bn., attr.⟩ **0.1** ***geriatrisch*** *⇒ouderdoms-* **0.2** ⟨scherts.; bel.⟩ ***aftands*** *⇒oud, versleten, seniel, nutteloos.*
ger·i·a·tri·cian [dʒerɪə'trɪʃn], **ger·i·at·rist** [dʒeri'ætrɪst]⟨telb.zn.⟩ **0.1** ***geriater*** ⟨specialist voor bejaarden⟩.
ger·i·at·rics [dʒeri'ætrɪks]⟨f1⟩⟨n.-telb.zn.⟩ **0.1** ***geriatrie*** *⇒ouderdomszorg.*
germ[1] [dʒɜ:m‖dʒɜrm]⟨f2⟩⟨telb.zn.⟩ **0.1** ⟨biol.⟩ ***kiem*** *⇒geslachtscel, (broed)knop;* ⟨fig.⟩ *oorsprong, begin* **0.2** ⟨med.⟩ ***ziektekiem*** *⇒bacil, microbe, bacterie* ◆ **6.1 in** ~ *embryonaal.*
germ[2] ⟨onov.ww.⟩⟨fig.⟩ **0.1** ***(ont)kiemen*** *⇒ontspruiten, germineren.*
Ger·man[1] ['dʒɜ:mən‖'dʒɜr-]⟨f3⟩⟨zn.⟩
I ⟨eig.n.⟩ **0.1** ***Duits;***
II ⟨telb.zn.⟩ **0.1** ***Duitse(r)*** **0.2** ⟨vaak g-⟩ ***cotillon*** ⟨figuurdans⟩ **0.3** ⟨vaak g-⟩ ***danspartij*** ⟨waarop cotillon gedanst wordt⟩.
German[2] ⟨f3⟩⟨bn.⟩
I ⟨bn.⟩ **0.1** ***Duits*** **0.2** ⟨g-⟩⟨vero.⟩ ***verwant*** *⇒pertinent, relevant* ◆ **1.1** ⟨taalk.⟩ ~ consonant shift *Duitse/tweede klankverschuiving;* ~ Democratic Republic *Duitse Democratische Republiek;* ~ Federal Republic *Duitse Bondsrepubliek;* ⟨vnl. AE⟩ ~ shepherd *Duitse herder(shond);* ⟨vero.⟩ ~ Ocean *Noordzee* **1.¶** ~ band *hoempaorkest;* ~ black *(plaat)drukkerszwart;* ~ clock *koekoeksklok;* ~ cotillion *cottillon* ⟨figuurdans⟩; ~ flute *dwarsfluit;* ⟨AE; sl.⟩ ~ goiter *bierbuik;* ~ measles *rodehond, rubella;* ~ sausage *met/braadworst;* ~ silver *Berlijns zilver;* ~ text *gotisch schrift;* ~ tinder *tondel* ⟨licht ontvlambare stof afkomstig v. tondelzwam⟩;
II ⟨bn., post.; g-⟩ **0.1** ***vol*** *⇒eigen, germain.*
ger·man·der [dʒɜ:'mændə‖dʒɜr'mændər]⟨telb.zn.⟩⟨plantk.⟩ **0.1** ***gamander*** *⇒wilde salie* ⟨genus Teucrium⟩ **0.2** →germander speedwell.
ger'mander 'speedwell, germander ⟨telb.zn.⟩⟨plantk.⟩ **0.1** ***ereprijs*** ⟨genus Veronica⟩.
ger·mane [dʒɜ:'meɪn‖dʒɜr-]⟨f2⟩⟨bn., pred.; -ly⟩ **0.1** ***relevant*** *⇒pertinent* ◆ **6.1** ~ **to** *in nauw verband met, relevant voor, van toepassing op.*
Ger·ma·ni·a [dʒɜ:'meɪnɪə‖dʒɜr-]⟨eig.n.⟩⟨gesch.⟩ **0.1** ***Germanië.***
Ger·man·ic[1] [dʒɜ:'mænɪk‖dʒɜr-]⟨eig.n.⟩ **0.1** ***Germaans*** ⟨tak v.d. Indo-Europese/Indogermaanse taalfam.⟩.
Germanic[2] ⟨f1⟩⟨bn.⟩ **0.1** ***Germaans*** **0.2** ***Duits*** **0.3** ⟨g-⟩⟨schei.⟩ ***mbt. germanium*** *⇒germanium bevattend* ⟨in vierwaardige toestand⟩ ◆ **1.1** ⟨taalk.⟩ ~ consonant shift *Germaanse/eerste klankverschuiving.*
Ger·man·ism ['dʒɜ:mənɪzm‖'dʒɜr-]⟨zn.⟩
I ⟨telb.zn.⟩ **0.1** ***germanisme;***
II ⟨n.-telb.zn.⟩ **0.1** ***Duitsgezindheid.***
Ger·man·ist ['dʒɜ:mənɪst‖'dʒɜr-]⟨telb.zn.⟩ **0.1** ***germanist.***
Ger·man·i·ty [dʒɜ:'mænəti‖dʒɜr'mænəṭi]⟨n.-telb.zn.⟩ **0.1** ***germaansheid*** *⇒Germaans/Duits karakter.*
ger·ma·ni·um [dʒɜ:'meɪnɪəm‖dʒɜr-]⟨n.-telb.zn.⟩⟨schei.⟩ **0.1** ***germanium*** ⟨element 32⟩.
Ger·man·i·za·tion ['dʒɜ:mənaɪ'zeɪʃn‖'dʒɜrmənə-]⟨n.-telb.zn.⟩ **0.1** ***germanisatie*** *⇒verduitsing.*
Ger·man·ize ['dʒɜ:mənaɪz‖'dʒɜr-]⟨onov. en ov.ww.⟩ **0.1** ***germaniseren*** *⇒Duits maken/worden, verduitsen.*
Ger·man·iz·er ['dʒɜ:mənaɪzə‖'dʒɜrmənaɪzər]⟨telb.zn.⟩ **0.1** ***vertaler-Duits.***
ger·man·o·ma·ni·a [dʒɜ:'mænə'meɪnɪə‖dʒɜr-]⟨n.-telb.zn.; ook G-⟩ **0.1** ***germanomanie.***
Ger·man·o·phil[1] [dʒɜ:'mænəfɪl‖dʒɜr-], **Ger·man·o·phile** [-faɪl] ⟨telb.zn.⟩ **0.1** ***germanofiel*** *⇒Duitsgezinde.*
Germanophil[2], **Germanophile** ⟨bn.⟩ **0.1** ***germanofiel*** *⇒Duitsgezind.*
Ger·man·o·phobe[1] [dʒɜ:'mænəfoʊb‖dʒɜr-]⟨telb.zn.⟩ **0.1** ***germanofoob*** *⇒Duitshater.*
Germanophobe[2] ⟨bn.⟩ **0.1** ***germanofoob*** *⇒bevreesd voor/afkerig van al wat Duits is, anti-Duits.*
Ger·man·o·pho·bi·a [dʒɜ:'mænə'foʊbɪə‖dʒɜr-]⟨n.-telb.zn.⟩ **0.1** ***germanofobie*** *⇒anti-Duitsgezindheid.*
ger·ma·nous ['dʒɜ:mənəs‖'dʒɜr-]⟨bn.⟩⟨schei.⟩ **0.1** ***mbt. germanium*** *⇒germanium bevattend* ⟨in tweewaardige toestand⟩.
Ger·ma·ny ['dʒɜ:m(ə)ni‖dʒɜr-]⟨eig.n.⟩ **0.1** ***Duitsland.***
'germ carrier ⟨telb.zn.⟩ **0.1** ***bacillendrager*** *⇒kiemdrager.*
'germ cell ⟨telb.zn.⟩⟨biol.⟩ **0.1** ***kiemcel*** *⇒geslachtscel.*
ger·men ['dʒɜ:mən‖'dʒɜr-]⟨telb.zn.; ook germina [-mɪnə]; →mv. 5⟩ ⟨vero.; plantk.⟩ **0.1** ***kiem*** *⇒knop, bot, scheut.*
'germ'free ⟨bn.⟩ **0.1** ***kiemvrij.***
ger·mi·ci·dal ['dʒɜ:mɪ'saɪdl‖'dʒɜr-]⟨bn.⟩ **0.1** ***kiemdodend.***
ger·mi·cide ['dʒɜ:mɪsaɪd‖'dʒɜr-]⟨telb. en n.-telb.zn.⟩ **0.1** ***germicide*** *⇒kiemdodend middel.*
ger·mi·na·bil·i·ty ['dʒɜ:mɪnə'bɪləti‖'dʒɜrmɪnə'bɪləṭi]⟨n.-telb.zn.⟩ **0.1** ***kiemvermogen*** *⇒kiemkracht.*
ger·mi·na·ble ['dʒɜ:mɪnəbl‖'dʒɜr-]⟨bn.⟩ **0.1** ***kiemkrachtig.***
ger·mi·nal ['dʒɜ:mɪnl‖'dʒɜr-]⟨bn.; -ly⟩ **0.1** ***germinaal*** *⇒mbt. geslachtscel, mbt. ontkieming, kiem* **0.2** ***embryonaal*** ⟨ook fig.⟩ **0.3** ***produktief*** ⟨alleen fig.⟩.
ger·mi·nant ['dʒɜ:mɪnənt‖'dʒɜr-]⟨bn.⟩⟨vnl. fig.⟩ **0.1** ***(ont)kiemend*** *⇒ontluikend.*
ger·mi·nate ['dʒɜ:mɪneɪt‖'dʒɜr-]⟨f1⟩⟨ww.⟩⟨ook fig.⟩
I ⟨onov.ww.⟩ **0.1** ***ontkiemen*** *⇒ontspruiten, uitbotten, germineren* ◆ **1.1** the idea ~d with him *het idee kwam bij hem op;*
II ⟨ov.ww.⟩ **0.1** ***doen ontkiemen*** *⇒doen ontspruiten, ontwikkelen.*
ger·mi·na·tion ['dʒɜ:mɪ'neɪʃn‖'dʒɜr-]⟨telb. en n.-telb.zn.⟩ **0.1** ***germinatie*** *⇒(ont)kieming.*
ger·mi·na·tive ['dʒɜ:mɪnətɪv‖'dʒɜrmɪneɪṭɪv]⟨bn.⟩ **0.1** ***mbt. ontkieming*** *⇒ontkiemings-* **0.2** ***kiemkrachtig.***
ger·mi·na·tor ['dʒɜ:mɪneɪtə‖'dʒɜrmɪneɪṭər]⟨telb.zn.⟩ **0.1** ***kiemkast*** *⇒kiemklokje* **0.2** ***zaadkweker*** *⇒kiemkweker.*
ger·mon ['dʒɜ:mən‖ʒer'mɔ̃]⟨telb.zn.⟩⟨dierk.⟩ **0.1** ***witte tonijn*** ⟨Thunnus alalunga⟩.
'germ plasm ⟨n.-telb.zn.⟩ **0.1** ***kiemplasma.***
'germ theory ⟨n.-telb.zn.⟩ **0.1** ***infectietheorie.***
'germ 'warfare ⟨n.-telb.zn.⟩ **0.1** ***biologische oorlogvoering.***
germ·y ['dʒɜ:mi‖'dʒɜrmi]⟨bn.; ook -er; →compar. 7⟩ **0.1** ***vol ziektekiemen*** *⇒besmet.*
ger·on·toc·ra·cy ['dʒerɒn'tɒkrəsi‖-rən'tɑ-]⟨telb. en n.-telb.zn.; →mv. 2⟩ **0.1** ***gerontocratie*** *⇒oudstenregering.*
ger·on·to·crat·ic [dʒə'rɒntə'krætɪk‖-'rɑnṭə'kræṭɪk]⟨bn.⟩ **0.1** ***gerontocratisch*** *⇒door oudsten geregeerd.*
ger·on·to·log·i·cal [dʒə'rɒntə'lɒdʒɪkl‖-'rɑnṭə'lɑ-]⟨bn.⟩ **0.1** ***gerontologisch.***
ger·on·tol·o·gist ['dʒerɒn'tɒlədʒɪst‖-rən'tɑ-]⟨telb.zn.⟩ **0.1** ***gerontoloog.***
ger·on·tol·o·gy ['dʒerɒn'tɒlədʒi‖-rən'tɑ-]⟨n.-telb.zn.⟩ **0.1** ***gerontologie*** *⇒ouderdomskunde.*
ger·on·to·phil[1] [dʒə'rɒntəfɪl‖-'rɑnṭə-], **ger·on·to·phile** [-faɪl] ⟨telb.zn.⟩ **0.1** ***gerontofiel.***
gerontophil[2], **gerontophile, ger·on·to·phil·ic** [dʒə'rɒntə'fɪlɪk‖-'rɑnṭə-]⟨bn.⟩ **0.1** ***gerontofiel.***
ger·on·to·phil·i·a [dʒə'ræntə'fɪlɪə‖-'rɑnṭə-], **ger·on·to·phil·y** ['dʒerɒn'tɒfɪli‖-rən'tɑ-]⟨n.-telb.zn.⟩ **0.1** ***gerontofilie*** ⟨liefde voor veel oudere partners⟩.
-ge·rous [dʒ(ə)rəs]⟨vormt bijv. nw.⟩ **0.1** ***-dragend*** *⇒-ig* ◆ **¶.1** lanigerous *woldragend, wollig;* setigerous *borstelig.*
ger·ry·man·der[1] ['dʒeri'mændə]⟨telb. en n.-telb.zn.⟩ **0.1** ***knoeierij*** ⟨vnl. mbt. indeling in kiesdistricten⟩.
gerrymander[2] ⟨ww.⟩
I ⟨onov.ww.⟩ **0.1** ***knoeien (met de indeling in kiesdistricten);***
II ⟨ov.ww.⟩ **0.1** ***op partijdige manier indelen (in kiesdistricten).***

ger·tcha ['gɜ:tʃə‖'gɜrtʃə], **ger·tcher** [-tʃə‖-tʃər]⟨tussenw.⟩⟨sl.⟩ **0.1** ***loop heen*** ⇒*ga nou* ⟨uitdrukking v. ongeloof, spot⟩.

ger·trude ['gɜ:tru:d‖'gɜr-]⟨telb.zn.⟩ **0.1** ***onderjurkje*** ⟨voor zuigelingen/kleuters⟩.

ger·und ['dʒerənd]⟨f1⟩⟨telb.zn.⟩⟨taalk.⟩ **0.1** ***gerundium*** ⇒⟨in het Eng.⟩ *gerund* ⟨zelfstandige ww.-vorm, in het Eng. op -ing⟩.

ge·run·di·al [dʒɪ'rʌndɪəl]⟨bn.⟩⟨taalk.⟩ **0.1** ***gerundiaal*** ⇒*gerund(ium)-, v./mbt. het gerund(ium).*

ge·run·di·val ['dʒerən'daɪvl]⟨bn.⟩⟨taalk.⟩ **0.1** ***gerundivum-*** ⇒*v./mbt. het gerundivum.*

ge·run·dive[1] [dʒɪ'rʌndɪv]⟨telb.zn.⟩⟨taalk.⟩ **0.1** ***gerundivum*** ⟨Latijns verbaaladjectief afgeleid v. gerundiumstam⟩.

gerundive[2] ⟨bn.; -ly⟩⟨taalk.⟩ **0.1** ***gerundium-*** ⇒*mbt. het gerundium.*

ges·so ['dʒesoʊ]⟨zn.; -es; →mv. 2⟩

I ⟨telb.zn.⟩ **0.1** ***kalkonderlaag*** ⟨v. schilderwerk⟩;

II ⟨n.-telb.zn.⟩ **0.1** ***Parijse kalk*** ⇒*plaster of Paris, kalkmortel, stucgips.*

ges·ta·gen, ges·to·gen ['dʒestədʒen‖-dʒən]⟨n.-telb.zn.⟩⟨med.⟩ **0.1** ***gestageen*** ⟨zwangerschapsbevorderende stof⟩.

Ge·stalt [gə'ʃtɑ:lt]⟨telb.zn.; vaak g-; ook Gestalten; →mv. 5⟩ ⟨psych.⟩ **0.1** ***gestalt.***

Ge·stalt·ism [gə'ʃtɑ:ltɪzm], **ge'stalt psychology** ⟨n.-telb.zn.; vaak g-⟩ **0.1** ***gestaltpsychologie.***

Ge·stalt·ist [gə'ʃtɑ:ltɪst], **Ge'stalt psychologist** ⟨telb.zn.; vaak g-⟩ **0.1** ***gestaltpsycholoog.***

Ge·sta·po [ge'stɑ:poʊ, gə-]⟨verz.n.; the; soms g-⟩ **0.1** ***Gestapo.***

ges·tate ['dʒesteɪt]⟨ww.⟩

I ⟨onov.ww.⟩ **0.1** ***dragen*** ⇒*drachtig/zwanger zijn;*

II ⟨ov.ww.⟩⟨ook fig.⟩ **0.1** ***dragen*** ⇒*zwanger zijn van* ◆ **1.1** how long has he been gestating that idea? *hoe lang loopt hij nu al rond met dat idee?* **5.1** half ~d *half voldragen.*

ges·ta·tion [dʒe'steɪʃn]⟨f1⟩⟨zn.⟩

I ⟨telb.zn.⟩ **0.1** ***dracht(tijd)*** ⇒*zwangerschap(speriode);* ⟨fig.⟩ *incubatie(tijd);*

II ⟨n.-telb.zn.⟩ **0.1** ***zwangerschap*** ⇒*dracht* ◆ **6.1** **in** ~ *zwanger, drachtig;* ⟨fig.⟩ *in wording.*

ges'tation period ⟨telb.zn.⟩ **0.1** ***drachttijd*** ⇒*zwangerschapsperiode;* ⟨fig.⟩ *incubatietijd.*

ges·ta·to·ri·al ['dʒestə'tɔ:rɪəl]⟨bn.⟩ **0.1** ***dragend*** ◆ **1.1** ~ chair *pauselijke draagstoel, sedes gestatoria.*

ges·tic·u·late [dʒe'stɪkjʊleɪt‖-kjə-]⟨f1⟩⟨ww.⟩

I ⟨onov.ww.⟩ **0.1** ***gesticuleren*** ⇒*gebaren;*

II ⟨ov.ww.⟩ **0.1** ***(met gebaren) te kennen geven.***

ges·tic·u·la·tion [dʒe'stɪkjʊ'leɪʃn‖-kjə-]⟨f1⟩⟨telb. en n.-telb.zn.⟩ **0.1** ***gesticulatie*** ⇒*gebaar, gebarenspel/taal, het gesticuleren.*

ges·tic·u·la·tive [dʒe'stɪkjʊlətɪv‖-kjəleɪt̬ɪv], **ges·tic·u·la·to·ry** [-tri‖-tɔri]⟨bn.; -ly; →bijw. 3⟩ **0.1** ***gebaren-*** ⇒*met gebaren, gesticulerend.*

ges·tic·u·la·tor [dʒe'stɪkjʊleɪtə‖-kjəleɪt̬ər]⟨telb.zn.⟩ **0.1** ***gebarenmaker.***

ges·tur·al ['dʒestʃərəl]⟨bn.⟩ **0.1** ***mbt. gebaren(taal)*** ◆ **1.1** ~ communication *communicatie d.m.v. gebarentaal.*

ges·ture[1] ['dʒestʃə‖-ər]⟨f3⟩⟨zn.⟩

I ⟨telb.zn.⟩ **0.1** ***gebaar*** ⇒*beweging, gesticulatie;* ⟨fig.⟩ *geste, teken* ◆ **1.1** a ~ of friendship *een vriendschappelijk gebaar;*

II ⟨n.-telb.zn.⟩ **0.1** ***het gebaren*** ⇒*gesticulatie* ◆ **3.1** use much ~ *heftig gesticuleren.*

gesture[2] ⟨f2⟩⟨ww.⟩

I ⟨onov.ww.⟩ **0.1** ***gesticuleren*** ⇒*gebaren;*

II ⟨ov.ww.⟩ **0.1** ***(met gebaren) te kennen geven.***

ges·tur·er ['dʒestʃərə‖-ər]⟨telb.zn.⟩ **0.1** ***gebarenmaker.***

get[1] [get]⟨zn.⟩

I ⟨telb.zn.⟩⟨sl.⟩ **0.1** ***idioot*** ⇒*rund;*

II ⟨telb. en n.-telb.zn.⟩ **0.1** ***jong(en)*** ⟨v. dieren⟩ ⇒*worp* **0.2** ***nakomelingschap;***

III ⟨n.-telb.zn.⟩ **0.1** ***het werpen*** ⇒*het voortbrengen* ⟨v. jongen⟩.

get[2] ⟨f4⟩⟨ww.; got, got [gɒt‖gɑt], ⟨vero., beh. in AE of in BE in vaste verbindingen⟩ gotten ['gɒtn‖'gɑtn]; →ww. 7⟩ →getting, have got (to) ⟨→sprw. 201, 765⟩

I ⟨onov.ww.⟩ **0.1** ***(ge)raken*** ⇒*(ertoe) komen, gaan, bereiken* **0.2** ***beginnen*** ⇒*aanvangen* **0.3** ***worden*** ⇒*(ge)raken* ⟨ook met volt. deelw. v.e. ander ww. ter vorming v.e. inchoatief pass.⟩ **0.4** ⟨inf., gew.⟩ ***er vandoor gaan*** ⇒*zijn biezen pakken* **0.5** ***(geld) verdienen*** ◆ **1.3** ⟨BE⟩ he's ~ting an old man *hij wordt een oude man* **2.1** ~ clear/quit/rid of sth. *zich v. iets ontdoen;* ~ ready *zich klaarmaken* **2.3** ~ better/well *aan de beterende hand zijn, genezen;* ~ drunk *dronken worden, zich bedrinken;* ~ hot *het heet krijgen, heet worden* **3.1** ⟨AE⟩ ~ to do sth. *ertoe komen iets te doen;* ~ done with *afmaken, korte metten maken met;* ⟨vnl. AE⟩ he never ~s to drive the car *hij krijgt nooit de kans om met de auto te rijden;* ~ lost *verdwalen;* ⟨AE⟩ ~ lost! *loop naar de maan!;* ~ to see s.o. *iem. te zien krijgen* **3.2** ⟨inf.⟩ ~ cracking *aan de slag gaan;* ~ going/moving! *vooruit!, schiet op!;* ~ going *op dreef komen* ⟨v. persoon⟩; *op gang komen* ⟨v. feestje, project, machine e.d.⟩; ~ to know s.o. *iem. leren kennen;* ~ to like sth. *ergens de smaak v. te pakken krijgen;* ~ talking *beginnen te praten, een gesprek aanknopen* **3.3** he's ~ting to be an old man *hij wordt een oude man;* ~ caught *erinlopen, betrapt worden;* ~ caught in the rain *door de regen verrast worden;* ~ excited *zich opwinden;* don't ~ excited! *kalmpjes aan!;* ~ married *trouwen;* ⟨inf.⟩ ~ told off *een standje krijgen;* ~ used to *wennen aan, gewend worden aan;* ~ wounded *gewond raken* **3.5** he spent his life ~ting and spending *hij bracht zijn leven door met geld verdienen en het weer opmaken* **3.¶** ⟨inf.⟩ ~ left *in de steek gelaten worden; het af moeten leggen;* ⟨inf.⟩ ~ stuffed! *val dood!, stik!, loop naar de duivel!;* ⟨inf.⟩ ~ weaving *haast maken, opschieten; aan de slag gaan, v. start gaan* ⟨na ziekte⟩; *zich verspreiden, de ronde doen* ⟨v. nieuws⟩ **5.1** ~ **ahead** *vooruitkomen, succes boeken, uit de schulden geraken;* ~ **ahead** of *achter zich laten;* ~ **behind/behindhand** *achterop geraken, achterstand oplopen;* ~ **behind** with the payments *de betalingen niet tijdig verrichten;* ~ as far as *komen tot bij;* ~ here *(tot) hier komen;* ~ home *thuiskomen;* ⟨sport⟩ *(als eerste) finishen;* ~ home to *doordringen tot;* ⟨inf.; fig.⟩ ~ nowhere *niets bereiken, niet vooruit komen;* ⟨sl.⟩ ~ there *er komen, succes boeken; het snappen;* ⟨sl.⟩ ~ there with both feet *het 'm prachtig leveren, het klaarspelen;* ⟨inf.⟩ ~ **together** *bijeenkomen;* ⟨AE⟩ *het eens worden;* ⟨inf.⟩ ~ back **together** *zich verzoenen;* →get **across;** →get **back;** →get **by;** →get **down;** →get **in;** →get **out;** →get **round;** →get **through** **5.2** →get **back;** →get **down;** →get **round** **5.¶** →get **across;** →get **(a)round;** →get **along;** →get **away;** →get **off;** →get **on;** →get **over;** →get **up** **6.1** ~ **above** o.s. *heel wat v. zichzelf denken, verwaand zijn;* ~ abreast of *inhalen, op gelijke hoogte komen met;* ~ **across** sth. *iets oversteken;* ~ **across** the footlights *succes hebben, inslaan;* ⟨vnl. BE; inf.⟩ ~ **across** s.o. *iem. ergeren, vervelen, op de zenuwen werken;* ⟨inf.⟩ ~ **after** s.o. *iem. achter de vodden zitten; iem. berispen/een standje geven;* ~ **among** *verzeild raken tussen;* ⟨AE⟩ ~ **(a)round** sth. *iets ontwijken, vermijden;* ~ **around** a difficulty *een moeilijkheid omzeilen/overwinnen;* ⟨AE⟩ ~ **(a)round** s.o. *iem. bepraten/overhalen;* ~ **at** *bereiken, te pakken krijgen, komen aan/achter/bij;* ⟨inf.⟩ *bedoelen; bekritiseren; knoeien met; omkopen; ertussen nemen;* stop ~ting **at** me! *laat me met rust!;* what are you ~ting **at?** *wat bedoel je daarmee?;* who are you ~ting **at?** *op wie heb je het eigenlijk gemunt?;* ~ **at** the truth *de waarheid achterhalen;* what I am trying to ~ **at** is whether *ik zou willen weten of;* the witness had been got **at** *de getuige was omgekocht;* ⟨AE⟩ ~ **behind** s.o. *iem. steunen;* ⟨inf.⟩ ~ **behind** sth. *ergens achter komen;* ~ **by** sth. *iets passeren, ergens langs gaan;* ~ **down** a ladder *een ladder afdalen;* ~ **from** *weg geraken v.;* ~ **in** contact/touch **with** *contact opnemen met, benaderen;* ~ **into** sth. *ergens in (verzeild) raken;* ~ **into** the car *in de auto stappen;* ~ **into** debt *schulden maken;* ~ **into** a habit *een gewoonte aankweken;* the alcohol got **into** his head *de alcohol steeg hem naar het hoofd;* ~ **into** the library *toegang krijgen tot de bibliotheek;* ~ **into** a school *toegelaten worden tot een school;* ~ **into** shape *in conditie komen;* ⟨inf.⟩ ~ **into** one's shoes *zijn schoenen aantrekken;* ~ **into** a temper *driftig worden;* ~ **into** trouble *in moeilijkheden geraken;* ~ **into** the way of things *eraan wennen;* ~ **into** yoga *yoga gaan beoefenen, aan yoga gaan doen;* what's got **into** you? *wat bezielt je eigenlijk?, wat heb je?;* ~ **off** *afstijgen v.* ⟨paard⟩; *ontheven worden v.* ⟨verplichting⟩; *afstappen v.* ⟨fiets; stoep, grasveld enz.⟩; ~ **off** the bus *uit de bus stappen;* ~ **off** the grass! *v. dat gras af!;* ~ **off** the ground *v.d. grond raken/komen;* I got **off** work late *ik was pas laat met mijn werk klaar;* ~ **on** *stappen/klimmen op* ⟨fiets, rots, enz.⟩; *bestijgen* ⟨paard⟩; ~ **on** the move *in beweging komen;* ~ **on** s.o.'s nerves *iem. op de zenuwen werken;* ⟨inf.⟩ ~ **on(to)** s.o. *iem. te pakken krijgen/contacteren;* ⟨inf.⟩ ~ **on(to)** sth. *iets ontdekken, lucht krijgen v. iets;* ~ **onto** the council *tot raadslid gekozen worden;* ~ **on(to)** the plane *op het vliegtuig stappen;* ~ **on(to)** one's bike *op zijn fiets stappen;* ~ **on(to)** a subject *bij een onderwerp belanden;* ~ **out of** sth. *ergens uitraken, zich ergens uit redden, aan iets ontsnappen;* ~ **out of** bed *uit bed komen;* ~ **out of** the groove/rut *uit de dagelijkse sleur geraken;* ~ **out of** a habit *een gewoonte ontwennen;* ~ **out of** it! *kom nou!, verkoop geen onzin!;* ~ **out of** sight *verdwijnen;* ~ **out of** s.o.'s sight *uit iemands ogen verdwijnen;* ~ **out of** the way *uit de weg gaan, plaats maken;* ⟨sl.⟩ ~ **outside (of)** *opeten, naar binnen werken;* ~ **over** sth. *ergens over(heen) geraken/klimmen;* ⟨fig.⟩ ~ **over** *overwinnen* ⟨moeilijkheid⟩; *weerleggen* ⟨argument⟩; *genezen v., te boven komen* ⟨ziekte⟩; *overbruggen, afleggen* ⟨afstand⟩; *volbrengen, afmaken* ⟨taak⟩; ~ **over** s.o. *iem. (kunnen) vergeten;* ⟨sl.⟩ ~ **over** s.o. *iem. bedotten;* I can't ~ **over**

it *ik begrijp het nog altijd niet;* ~ **round** sth. *iets ontwijken/vermijden/ontduiken, aan iets ontkomen;* ~ **round** s.o. *iem. bepraten/overhalen/overtuigen; iem. bedotten;* ~ **round** the table *rond de tafel gaan zitten, besprekingen voeren;* ~ **through** *heengeraken door; slagen voor* ⟨examen⟩; *goedgekeurd worden door* ⟨wetsvoorstel⟩; *passeren, doorbrengen* ⟨tijd⟩; *opmaken* ⟨geld⟩; ~ **to** *bereiken, kunnen beginnen aan, toekomen aan;* where has he got **to?** *waar is hij naartoe?, wat is er v. hem geworden?;* ~ **to** bed *naar bed gaan;* ~ **to** the point *terzake komen;* ~ **to** the top (of the ladder/tree) *de top bereiken;* ~ **to** work on time *op tijd op zijn werk komen;* ~ **to** words *woorden krijgen;* ~ **to** s.o. *iem. aangrijpen; iem. vervelen, iem. ergeren;* ~ **under** way *op gang komen;* ⟨sl.⟩ ~ **with** it *erbij zijn, alert/aandachtig zijn;* ~ **within** range of *binnen het bereik komen v.* **6.2** ~ **at** the garden *aan de tuin beginnen;* he got **to** wondering ... *hij begon zich af te vragen ...* **¶.4** now, ~! *eruit!, scheer je weg!;*

II ⟨ov.ww.⟩ **0.1** ***(ver)krijgen*** ⇒*verwerven, winnen, verdienen* **0.2** ***(zich) aanschaffen*** ⇒*kopen* **0.3** ***bezorgen*** ⇒*verschaffen, voorzien; halen* **0.4** ***doen geraken*** ⇒*doen komen/gaan/bereiken; brengen; krijgen; doen* **0.5** ***maken*** ⇒*doen worden, bereiden, klaarmaken* **0.6** ***nemen*** ⇒*(op/ont)vangen, grijpen, vatten; (binnen)halen* **0.7** ***overhalen*** ⇒*ertoe/zover krijgen* **0.8** ⟨inf.⟩ ***hebben*** ⇒*krijgen* **0.9** ⟨inf.⟩ ***te pakken krijgen*** ⇒*de baas worden, te grazen nemen; raken, treffen* **0.10** ⟨inf.⟩ ***aantrekken*** ⇒*lokken, boeien, obsederen; pakken, bekoren* **0.11** ⟨inf.⟩ ***vervelen*** ⇒*ergeren* **0.12** ⟨inf.⟩ ***snappen*** ⇒*begrijpen; verstaan* **0.13** ***leren*** **0.14** ⟨vero.⟩ ***verwekken*** ⇒*voortbrengen* ⟨vnl. v. dieren⟩ ◆ **1.1** ~ access to *toegang krijgen tot;* ~ a blow on the head *een klap op zijn kop krijgen;* ~ coal (from a mine) *steenkool winnen;* ~ fame *beroemd worden;* ~ the feel of *de slag te pakken krijgen v.;* ~ flu *griep krijgen;* ~ the giggles *de slappe lach krijgen;* ~ a glimpse of *vluchtig te zien krijgen, eventjes zien;* ~ a grip on *de slag te pakken krijgen v.;* ~ one's hands on *te pakken krijgen;* ~ knowledge of *lucht krijgen v., te weten komen;* ~ leave *verlof krijgen;* ~ a letter *een brief ontvangen;* ~ a living *de kost verdienen, aan de kost komen;* ~ a look at *te zien krijgen;* ~ measles *de mazelen krijgen;* ~ one year in prison *tot één jaar gevangenisstraf veroordeeld worden, één jaar krijgen;* ~ possession of *in zijn bezit krijgen;* ~ rest *rust krijgen, kunnen (uit)rusten;* ~ (a) sight of *te zien krijgen;* ~ what's coming to one *krijgen wat men verdient* **1.2** ~ a hat *zich een hoed aanschaffen* **1.3** ⟨sl.⟩ ~ s.o. a fix *iem. aan drugs helpen;* ~ s.o. some food *iem. te eten geven;* ~ s.o. a place *iem. onderdak verlenen/bezorgen* **1.4** ~ the ship under way *v. wal steken* **1.5** ~ dinner (ready) *het avondmaal bereiden* **1.6** ~ the crop *de oogst binnenhalen;* ~ dinner *dineren;* ~ Peking on the radio *radio Peking ontvangen;* ~ the six o'clock train *de trein v. zes uur nemen* **1.8** in Arabic you ~ a lot of guttural sounds *in het Arabisch heb je veel keelklanken;* as soon as I ~ time *zodra ik tijd heb* **1.9** the bullet got the soldier in the leg *de kogel trof de soldaat in zijn been;* they got the speaker with a tomato *ze raakten de spreker met een tomaat* **1.10** her behaviour ~s me *haar gedrag intrigeert me* **1.12** I don't ~ your meaning *ik kan je niet volgen;* he's finally got the message *hij heeft het eindelijk door;* ⟨B.⟩ *zijn frank is eindelijk gevallen* **1.13** ~ by heart/rote *uit het hoofd/v. buiten leren* **2.1** ~ little by sth. *ergens weinig baat bij vinden* **2.5** let me ~ this clear/straight *laat me dit even duidelijk stellen;* ~ ready *klaarmaken;* ~ the sum right *de juiste uitkomst krijgen* **2.12** ~ s.o./sth. right/wrong *iem./iets goed/verkeerd begrijpen;* don't ~ me wrong *begrijp me goed* **3.4** ~ sth. going *iets op gang krijgen, iets op dreef helpen;* ~ the car going/started *de wagen gestart krijgen;* ~ s.o. talking *iem. aan de praat krijgen* **3.5** ~ one's hair cut *zijn haar laten knippen;* ~ one's elbow dislocated *zijn elleboog ontwrichten;* ~ sth. done *iets gedaan krijgen;* I'll just ~ the dishes done and then *ik doe nog even de afwas en dan;* ~ o.s. elected *de verkiezing winnen;* I got my car smashed up *ze hebben mijn wagen in de prak gereden, mijn auto ligt in de prak* **3.6** ~ sth. to eat *een hapje eten;* go and ~ your breakfast! *ga maar ontbijten!* **3.7** ~ s.o. to do sth. *iem. ertoe krijgen iets te doen, iem. iets laten doen;* ~ the car to start *de wagen gestart krijgen;* ~ s.o. to talk *iem. aan de praat krijgen;* ~ s.o. to understand sth. *iem. iets aan het verstand brengen, iem. iets doen inzien* **4.1** ⟨sl.⟩ she'll ~ hers *ze gaat er aan;* ~ it (hot) *ervan langs krijgen, zijn verdiende loon krijgen;* the soldier got it in the leg *de soldaat werd aan zijn been gewond;* we ~ nine as the average *onze gemiddelde uitkomst is negen* **4.6** I'll ~ it *ik neem wel op* ⟨telefoon⟩; ~ s.o. (at home/at the office) *iem. (thuis/op kantoor) aan de lijn krijgen* **4.8** in Africa you ~ quite different cultures *in Afrika heb/vind je/zijn er heel verschillende culturen* **4.9** ~ s.o. (where it hurts) *iem. op de gevoelige plek raken;* what has got him? *wat is er met hem gebeurd?, wat bezielt hem?* **4.11** it really ~s me when he says these stupid things *ik erger me dood wanneer hij zulke domme dingen zegt* **4.12** ~ it? *gesnapt?;* I don't ~ it *ik snap er niets van;* I don't ~ you *ik begrijp je niet, je bent me een raadsel;* you've got it! *je hebt het geraden!* **5.1** →get **back 5.4** →get **away;** ~ sth. home *iets doen doordringen;* ⟨inf.; fig.⟩ ~ nowhere *niet bereiken, niets opleveren;* it ~s you nowhere *je bereikt er niets mee, het levert je niets op;* flattery will ~ you nowhere *met vleierij kom je nergens;* ~ **together** *bijeenbrengen, verzamelen, inzamelen;* ⟨inf.⟩ ~ o.s. **together** *zich beheersen;* ~ it **together** *het klaarspelen, slagen, het goed doen;* ~ **under** *bedwingen* ⟨vuur⟩; →get **across;** →get **back;** →get **down;** →get **in;** →get **out;** →get **round;** →get **through 5.7** →get **(a)round 5.¶** →get **across;** →get **off;** →get **on;** →get **over;** ~ sth./s.o. wrong *iets/iem. verkeerd begrijpen;* →get **up 6.1** ~ **from/out of** *krijgen v.;* ~ sth. **out of** s.o. *iets aan iem. ontlokken, iets v. iem. loskrijgen;* ~ sth. **out of** sth. *ergens iets aan hebben;* what does he ~ **out of** it? *wat heeft hij eraan?, wat baat het hem?;* ~ the best/most/utmost **out of** *het beste maken v.* **6.3** ~ sth. **for** s.o. *iem. iets bezorgen, iem. v. iets voorzien* **6.4** ⟨inf.⟩ ~ o.s. **into** a fix *in een lastig parket geraken;* ~ sth. **into** one's head *zich iets in het hoofd halen;* ~ it **into** one's head that *zich sterk maken dat;* ~ this **into** your head *wees hier maar v. overtuigd, prent je dit goed in;* ~ sth. **into** s.o.'s head *iets tot iem. laten doordringen, iets aan iem. duidelijk maken;* ~ sth. **into** a room *iets in een kamer binnenkrijgen;* ~ o.s. **into** trouble *in moeilijkheden raken;* ~ s.o. **into** trouble *iem. in moeilijkheden/verlegenheid brengen;* ⟨inf.⟩ ~ a woman **into** trouble *een vrouw zwanger maken;* ~ s.o./sth. **off** one's hands *zich v. iem./iets ontdoen;* ~ s.o. **out of** sth. *iem. aan iets helpen ontsnappen;* ~ sth. **out of** one's head/mind *iets uit zijn hoofd zetten;* ~ sth. **out of** a room *iets een kamer uitkrijgen;* ~ the truth **out of** s.o. *de waarheid aan iem. ontlokken;* ~ the two sides **round** the table *de twee partijen met elkaar confronteren/hun geschillen doen bespreken;* ~ sth. **through** the door *iets door de deur krijgen;* ~ sth. **under** control *iets onder controle krijgen;*

III ⟨kww.; →lijdende vorm⟩ **0.1** ***(ge)raken*** ⇒*worden* ◆ **2.1** ~ better *beter worden* **3.1** ~ excited *zich opwinden;* ~ used to *wennen aan* **5.1** ~ even with s.o. *het iem. betaald zetten;*

IV ⟨hww.; →lijdende vorm⟩ **0.1** ***worden*** ◆ **3.1** ~ killed (in an accident) *omkomen (bij een ongeluk);* ~ married *trouwen;* ~ punished *gestraft worden;* ~ wounded *gewond raken.*

ge·ta ['geta:]⟨telb.zn.; ook geta; →mv. 4⟩ **0.1** ***geta*** ⟨Japans schoeisel⟩.

get·a·ble, get·ta·ble ['geṭəbl]⟨bn.⟩ **0.1** ***verkrijgbaar.***

'get-ac'quaint·ed ⟨bn., attr.⟩ **0.1** ***kennismakings-*** ◆ **1.1** a ~ visit *een bezoek ter kennismaking.*

'get a'cross ⟨f1⟩⟨ww.⟩

I ⟨onov.ww.⟩ **0.1** ***oversteken*** ⇒*aan de overkant komen* **0.2** ***begrepen worden*** ⇒*aanslaan* ⟨v. idee, enz.⟩, *succes hebben, inslaan, overkomen* **0.3** ***overkomen*** ⟨v. pers.⟩ ⇒*bereiken, begrepen worden* ◆ **6.3** ~ **to** the audience *zijn gehoor weten te boeien;*

II ⟨ov.ww.⟩ **0.1** ***overbrengen*** ⇒*naar de overkant brengen/halen* **0.2** ⟨inf.⟩ ***doen begrijpen*** ⇒*overbrengen* **0.3** ⟨inf.⟩ ***gedaan krijgen*** ◆ **6.2** get one's thoughts across **to** s.o. *zijn gedachten aan iem. duidelijk maken.*

'get a'long ⟨f1⟩⟨onov.ww.⟩ **0.1** ***vertrekken*** ⇒*voortmaken, weggaan* **0.2** ***opschieten*** ⇒*vorderingen maken, succes boeken* **0.3** ***(zich) redden*** ⇒*het stellen, het maken* **0.4** ***opschieten*** ⇒*overweg kunnen* ◆ **1.2** how is your work getting along? *hoe vordert je werk?* **5.3** they'll ~ somehow *ze redden zich wel;* they are getting along very well *ze maken het heel goed* **5.4** they ~ very well *ze kunnen het goed met elkaar vinden* **6.1** ⟨inf.⟩ ~ **with** you! *maak dat je wegkomt!, pak je weg!;* ⟨fig.⟩ *onzin!, loop heen!* **6.3** ~ **without** sth. *het zonder iets kunnen stellen;* we can ~ **without** your help *we kunnen je hulp best missen* **6.4** ~ **with** *goed opschieten met.*

'get (a)'round ⟨onov.ww.⟩ **0.1** ***op de been zijn*** ⟨v. persoon; na ziekte⟩ **0.2** ***zich verspreiden*** ⇒*de ronde doen* ⟨v. nieuws⟩ **0.3** ***gelegenheid hebben*** ⇒*toekomen* **0.4** ⟨inf.⟩ ***rondtrekken*** ⇒*rondreizen, overal komen* ◆ **6.2** ~ **to** s.o. *iem. ter ore komen* **6.3** ~ **to** sth. *aan iets kunnen beginnen, aan iets toekomen; ergens de tijd voor vinden.*

get·at·a·ble, get-at-a·ble ['geṭ'æṭəbl]⟨bn.⟩ **0.1** ***bereikbaar*** ⇒*toegankelijk, binnen het bereik.*

'get·a·way ⟨f1⟩⟨zn.⟩

I ⟨telb.zn.⟩⟨inf.⟩ **0.1** ***ontsnapping*** ◆ **3.1** make one's ~ *ontsnappen, vluchten, ervandoor gaan;*

II ⟨n.-telb.zn.⟩ **0.1** ***het heengaan*** ⇒*vertrek* **0.2** ***het uitvaren*** ⟨v. wild⟩ **0.3** ***start(snelheid)*** ⇒*afrit.*

'get a'way ⟨f1⟩⟨ww.⟩

I ⟨onov.ww.⟩ **0.1** ***wegkomen*** ⇒*weggaan* **0.2** ***ontsnappen*** ⇒*ontkomen* ◆ **3.¶** did you manage to ~ this summer? *heb je deze zomer wat vakantie kunnen nemen?* **4.¶** ⟨inf.⟩ the one that got away *iemands gemiste kans* **5.1** I just can't ~ right now *ik kan nu heus niet weg* **6.1** ⟨inf.⟩ ~ **with** you! *maak dat je wegkomt!;* ⟨fig.⟩ *on-*

zin! **6.2** ~ **from** *ontsnappen aan, te veel worden voor;* you can't ~ **from** this *hier kun je niet onderuit, dit kun je niet (meer) ontkennen;* ~ **with** *er vandoor gaan met* **6.¶** ~ **from** it all *er eens uit gaan / breken, vakantie nemen;* ~ **with** it *'t hem lappen / flikken, erin slagen;* commit a crime and ~ **with** it *ongestraft een misdaad bedrijven;* the things he gets away with! *wat hij niet allemaal kan maken / flikken!* **¶.1** ⟨inf.⟩ ~! *maak dat je weg komt!;* ⟨fig.⟩ *onzin!, loop heen!;*

II ⟨ov.ww.⟩ **0.1** ***weghalen*** ⇒*verwijderen, wegbrengen* **0.2** ***(er) vandaan halen*** ⇒*wegkrijgen, loskrijgen, terugkrijgen* ◆ **1.1** your father should be got away for a while *je vader zou er eens een poosje uit moeten;* please get those trunks away! *haal alsjeblieft die koffers weg!* **6.2** we'll never get that stuff away **from** them *we krijgen die spullen vast nooit meer v. ze terug.*

'getaway car ⟨telb.zn.⟩ ⟨inf.⟩ **0.1** ***ontsnappingswagen.***

'get 'back ⟨f1⟩ ⟨ww.⟩

I ⟨onov.ww.⟩ **0.1** ***terugkomen / gaan*** ⇒*thuiskomen; veld herwinnen, weer aan de macht komen* ⟨v. politieke partij⟩ ◆ **6.1** ~ **into** circulation *weer onder de mensen komen;* ⟨fig.⟩ ~ **on** sth. *op iets terugkomen* **6.¶** ~ **at / on** s.o. *het iem. betaald zetten;* ~ **to** one's books *zijn studies hervatten* **¶.1** ~! *terug!, naar buiten!;*

II ⟨ov.ww.⟩ **0.1** ***terugkrijgen*** ⇒*terugvinden* **0.2** ***terugbrengen*** ⇒*terughalen, naar huis brengen / halen* ◆ **4.¶** ⟨sl.⟩ get (some of) one's own back (on s.o.) *zich (op iem.) wreken, het iem. betaald zetten.*

'get 'by ⟨onov.ww.⟩ **0.1** ***er voorbij komen / gaan*** **0.2** ⟨inf.⟩ ***zich er doorheen slaan*** ⇒*zich redden, het stellen, het maken* **0.3** ***(net) voldoen*** ⇒*er (net) mee door kunnen* ◆ **3.1** may I ~? *mag ik er even langs?* **6.2** ⟨inf.⟩ ~ **(up)on** *leven v., zich redden met;* ⟨inf.⟩ ~ **without** sth. *het zonder iets kunnen stellen.*

'get 'down ⟨f1⟩ ⟨ww.⟩

I ⟨onov.ww.⟩ **0.1** ***dalen*** ⇒*naar beneden gaan / komen, afstappen, uitstappen; v. tafel gaan* ⟨v. kinderen⟩ **0.2** ⟨AE; sl.⟩ ***geld / fiches inzetten*** ⇒*wedden* ◆ **6.1** ~ **from** one's horse *v. zijn paard afstijgen;* ~ **on** one's knees *op zijn knieën gaan zitten, neerknielen* **6.2** ~ **on** a card *wedden / inzetten op een kaart* **6.¶** ~ **to** sth. *aan iets kunnen beginnen, aan iets toekomen;* ~ **to** business *ter zake komen;* ~ **to** work *aan het werk gaan;*

II ⟨ov.ww.⟩ **0.1** ***doen dalen*** ⇒*naar beneden krijgen / brengen, naar binnen krijgen* ⟨voedsel⟩ **0.2** ***neerschrijven*** ⇒*optekenen* **0.3** ⟨inf.⟩ ***deprimeren*** ⇒*ontmoedigen* ◆ **1.1** ~ your drink *drink je glas leeg* **6.2** ~ **on** paper *optekenen.*

'get 'in ⟨f2⟩ ⟨ww.⟩

I ⟨onov.ww.⟩ **0.1** ***binnenkomen*** ⇒*toegelaten worden, verkozen worden* **0.2** ***aankomen*** ⟨v. vliegtuig, enz.⟩ **0.3** ***instappen*** ⟨in voertuig⟩ ◆ **5.¶** ~ bad / ⟨vnl. AE⟩ wrong with s.o. *het aan de stok krijgen met iem., niet in de smaak vallen bij iem., iem. tegen zich innemen* **6.1** ~ **at** the start *v. het begin af meedoen;* ~ **on** sth. *aan iets meedoen;* ⟨inf.⟩ ~ **on** the act *mogen meedoen;* ⟨inf.⟩ ~ **on** the ground floor *bij het begin beginnen, op de laagste trap beginnen;* ⟨inf.⟩ ~ **with** *vriendschap sluiten met, aanpappen met, intiem worden met;*

II ⟨ov.ww.⟩ **0.1** ***binnenbrengen*** ⇒*binnenhalen* ⟨oogst⟩; *inzamelen* ⟨geld⟩ **0.2** ***toedienen*** ⟨opstopper⟩ **0.3** ***inleveren*** ⟨formulier, suggesties⟩ ⇒*opsturen* ◆ **1.1** get the doctor in *de dokter ontbieden;* why don't you get a plumber in? *haal er een loodgieter bij;* may I get a word in? *mag ik ook eens wat zeggen?;* I couldn't get a word in (edgeways) *ik kon er geen speld tussen krijgen* **1.2** get a blow in *een klap toedienen* **5.¶** get s.o. in wrong *iem. in diskrediet brengen, iem. een slechte naam bezorgen.*

'get·off ⟨telb.zn.⟩ ⟨sl.; muz.⟩ **0.1** ***geïmproviseerde solo*** ⟨swing⟩.

'get 'off ⟨f2⟩ ⟨ww.⟩

I ⟨onov.ww.⟩ **0.1** ***ontsnappen*** ⇒*ontkomen* **0.2** ***afstappen*** ⇒*uitstappen* **0.3** ***klaar zijn (met werk)*** **0.4** ***kwijt raken*** **0.5** ***vertrekken*** ⇒*beginnen* **0.6** ***in slaap vallen*** **0.7** ***vrijkomen*** ⇒*er goed afkomen* **0.8** ***trouwen*** **0.9** ⟨inf.⟩ ***high worden*** **0.10** ⟨inf.⟩ ***(seksueel) klaarkomen*** **0.11** ⟨inf.⟩ ***opgewonden / enthousiast raken*** **0.12** ⟨sl.; muz.⟩ ***improviseren*** ◆ **3.¶** ⟨inf.⟩ tell s.o. where he / she gets / can ~, tell s.o. where to ~ *iem. op zijn nummer zetten* **5.3** ~ early *vroeg klaar zijn* **5.5** ~ early *vroeg vertrekken* **5.7** ~ cheaply / lightly *er makkelijk v. afkomen* **6.5** get off **on** the right / wrong foot *goed / slecht v. start gaan;* ~ **to** a good start *flink v. start gaan* **6.7** ~ **with / for** two months (in prison) *er met twee maanden (gevangenis) afkomen* **6.¶** ⟨vnl. BE; inf.⟩ ~ **with** *aanpappen met;*

II ⟨ov.ww.⟩ **0.1** ***doen vertrekken*** ⇒*doen beginnen* **0.2** ***in slaap doen vallen*** **0.3** ***doen vrijkomen*** ⇒*er goed doen afkomen, vrijspraak krijgen voor* **0.4** ***doen trouwen*** **0.5** ⟨inf.⟩ ***verdoven*** ⟨door drugs⟩ **0.6** ⟨inf.⟩ ***seksueel doen klaarkomen*** **0.7** ***opwinden*** **0.8** ***(op) sturen*** ⟨brief enz.⟩ ⇒*wegsturen* **0.9** ***eraf krijgen*** **0.10** ***uittrekken*** ⇒*afnemen* **0.11** ***leren*** ⇒*instuderen* **0.12** ***vertellen*** **0.13** ***v.d. hand doen*** ⇒*verkopen* ◆ **1.4** get one's daughters off *zijn dochters aan de man brengen* **1.9** I can't get the lid off *ik krijg het deksel er niet af* **1.12** ~ jokes *moppen tappen* **3.2** get a baby off to sleep *een baby te slapen leggen* **6.3** he got me off **with** a fine *hij zorgde ervoor dat ik er met een bon af kwam* **6.11** get sth. off by heart *iets uit het hoofd leren* **6.¶** get s.o. off **to** school *iem. naar / op school sturen;* ⟨vnl. BE; inf.⟩ get s.o. off **with** *iem. koppelen aan / in contact brengen met.*

'get 'on ⟨f2⟩ ⟨ww.⟩

I ⟨onov.ww.⟩ **0.1** ***vooruitkomen*** ⇒*voortmaken, opschieten; vorderingen maken* **0.2** ***wel varen*** ⇒*floreren* **0.3** ***zich redden*** **0.4** ***opschieten*** ⇒*overweg kunnen* **0.5** ***oud / laat worden*** **0.6** ***opstappen*** ⇒*opstijgen* ⟨mbt. paard, fiets⟩; *instappen* ⟨mbt. bus, vliegtuig⟩ ◆ **1.1** time is getting on *de tijd staat niet stil* **6.1** ~ **to** *overstappen naar;* ~ **with** one's work *goed opschieten met zijn werk;* ~ **with** it! *opschieten!, vooruit!* **6.3** ~ **without** sth. *het zonder iets kunnen stellen* **6.4** ~ **with** s.o. *goed (kunnen) opschieten met iem.* **6.5** he's getting on **for** fifty *hij loopt tegen de vijftig;* it's getting on **for** ten *het is bijna tien uur* **6.¶** ~ **to** sth. *iets door hebben, zich ergens v. bewust worden; iets op het spoor komen;* ~ **to** s.o. *met iem. praten, iem. contacteren; iem. op het spoor komen;* ~ **with** one's work *verdergaan met zijn werk* **¶.5** he's getting on (in years) *hij wordt oud* **¶.¶** ⟨inf.⟩ ~! *onzin!, loop heen!;*

II ⟨ov.ww.⟩ **0.1** ***vertonen*** ⇒*aan de dag leggen* **0.2** ***aantrekken*** ⇒*opzetten* **0.3** ***erop krijgen*** ◆ **1.2** get one's hat and coat on *zijn hoed opzetten en zijn jas aantrekken* **1.3** I can't get the lid on *ik krijg het deksel er niet op* **4.¶** get it on *wild enthousiast worden, intens / enthousiast bezig zijn;* ⟨inf.⟩ *seksueel opgewonden raken;* ⟨inf.⟩ get it on (with) *slapen / vrijen / het doen (met).*

'get 'out ⟨f2⟩ ⟨ww.⟩

I ⟨onov.ww.⟩ **0.1** ***uitlekken*** ⇒*ruchtbaar / bekend worden* **0.2** ***naar buiten gaan*** ⇒*weggaan, eruit komen* **0.3** ***ontkomen*** ⇒*ontsnappen, maken dat je wegkomt* **0.4** ***afstappen*** ⇒*uitstappen* ◆ **¶.2** ~! *pak je weg!;* ⟨fig.⟩ *onzin!, loop heen!;*

II ⟨ov.ww.⟩ **0.1** ***eruit halen*** ⇒*krijgen, ontvangen, beloond worden met* **0.2** ***uitbrengen*** ⇒*op de markt brengen, uitgeven, publiceren* **0.3** ***uitbrengen*** ⇒*stamelen, hakkelen* **0.4** ***oplossen*** ⇒*beantwoorden* **0.5** ***ontlokken*** ◆ **1.2** ~ a book *een boek publiceren;* ~ a new car *een nieuwe wagen op de markt brengen* **1.3** ~ a few words *een paar woordjes stamelen* **1.4** get the problem out *het probleem opgelost krijgen* **4.1** ⟨fig.⟩ you only ~ what you put in *je krijgt alleen dat terug wat je erin stopt.*

'get-out ⟨telb.zn.⟩ ⟨AE; inf.⟩ **0.1** ***uitvlucht*** ⇒*smoesje, ontduiking, ontwijking, uitweg* ◆ **5.¶** ⟨sl.⟩ as / for / like all ~ *met alle kracht, v. heb ik jou daar.*

'get 'over ⟨f2⟩ ⟨ww.⟩

I ⟨onov.ww.⟩ **0.1** ***begrepen worden*** ⟨v. grap, komiek⟩ **0.2** ***overkomen*** ◆ **3.2** I don't think we will ~ at Xmas *ik denk niet dat het ons lukt met Kerstmis over te komen;*

II ⟨ov.ww.⟩ **0.1** ***overbrengen*** ⟨bedoeling e.d.⟩ ⇒*duidelijk maken, doen begrijpen, aan de man brengen* ◆ **¶.¶** get sth. over (with), get sth. over and done with *iets afmaken, ergens een eind aan maken; doorzetten, door de zure appel heen bijten.*

'get-rich-'quick ⟨bn., attr.⟩ **0.1** ***geldzuchtig*** ⇒*opportunistisch* **0.2** ***onscrupuleus*** ⇒*oneerlijk, frauduleus.*

get round →get around.

get·ter[1] ['getə||'getər] ⟨telb. en n.-telb.zn.⟩ ⟨nat.⟩ **0.1** ***vangstof*** ⇒*gasbinder.*

getter[2] ⟨ov.ww.⟩ ⟨nat.⟩ **0.1** ***met vangstof verwijderen*** ⟨gas⟩.

'get·ter-'up ⟨telb.zn.; getters-up; →mv. 6⟩ **0.1** ***voorbereider*** ⇒*aanstichter.*

'get 'through ⟨ww.⟩

I ⟨onov.ww.⟩ **0.1** ***(er)doorkomen*** ⇒*zijn bestemming bereiken; goedgekeurd worden* ⟨v. wetsvoorstel⟩; *aansluiting / verbinding krijgen* ⟨per telefoon, enz.⟩; *begrepen worden* ◆ **6.1** ~ **to** *bereiken, doordringen tot; begrepen worden door; contact krijgen met;* once I've got through **with** her *wanneer ik eenmaal met haar heb afgerekend;* ~ **with** *afmaken, afronden, completeren;* ⟨B.⟩ *komaf maken met;*

II ⟨ov.ww.⟩ **0.1** ***zijn bestemming doen bereiken*** ⇒*laten goedkeuren, erdoor krijgen* ⟨ook i.v.m. examens⟩ **0.2** ***duidelijk maken*** ⇒*aan zijn verstand brengen.*

get·ting ['geṭɪŋ] ⟨zn.; oorspr. gerund v. get⟩

I ⟨n.-telb.zn.⟩ **0.1** ***uitgraving*** **0.2** ⟨mijnw.⟩ ***het winnen*** ⇒*winning;*

II ⟨mv.; ~s; ww. ook enk.⟩ **0.1** ***opbrengst*** ⇒*winst.*

'get-to-geth·er ⟨f1⟩ ⟨telb.zn.⟩ ⟨inf.⟩ **0.1** ***bijeenkomst.***

'get-together party ⟨telb.zn.⟩ **0.1** ***gezellig samenzijn.***

'get-'tough ⟨bn., attr.⟩ **0.1** ***verstrakkend*** ⟨v. politiek, enz.⟩.

'get·up ⟨f1⟩ ⟨zn.⟩

I ⟨telb.zn.⟩ **0.1** ***uitrusting*** ⇒*kostuum* **0.2** ***uitvoering*** ⇒*formaat* **0.3** ***aankleding*** ⇒*decor* **0.4** ***doorgestoken kaart;***

II ⟨n.-telb.zn.⟩ ⟨AE⟩ **0.1** ***pit*** ⇒*fut, energie.*

'get 'up ⟨f2⟩⟨ww.⟩ →got-up
I ⟨onov.ww.⟩ **0.1** ***opstaan*** ⇒*recht (gaan) staan* **0.2** ***opstijgen*** **0.3** ***opsteken*** ⟨v. wind, storm enz.⟩ **0.4** ***uitvaren*** ⟨v. wild⟩ ⇒*te voorschijn komen* **0.5** ⟨cricket⟩ ***omhoogschieten*** ⟨v. bal⟩ ◆ **3.1** ⟨AE⟩ ~ and dig / dust *aan de slag gaan* **5.¶** ⟨AE⟩ ~ and **up** *zijn biezen pakken, ervandoor gaan* **6.2** ~ **to** a level / a standard *een niveau bereiken / aan een kriterium voldoen* **6.¶** ~ **against** *het aan de stok krijgen met;* ~ **to** *bereiken; gaan naar, benaderen;* ⟨fig.⟩ *zich inlaten met;* ~ **to** date with *bijwerken;* what is he getting up **to** now? *wat voert hij nu weer in zijn schild?;* she has been getting up **to** mischief / no good again *ze heeft weer kattekwaad uitgehaald;*
II ⟨ov.ww.⟩ **0.1** ***doen opstaan*** ⇒*doen rijzen / stijgen* **0.2** ***organiseren*** ⇒*arrangeren, op touw zetten; monteren* ⟨toneelstuk⟩ **0.3** ***opmaken*** ⇒*op / aankleden, opsmukken* **0.4** ***maken*** ⇒*ontwikkelen, produceren; uitvoeren* ⟨boek⟩ **0.5** ⟨BE⟩ ***instuderen*** ⇒*bestuderen* ◆ **1.4** ~ speed *versnellen;* ~ a(n) / one's appetite / thirst *honger / dorst krijgen* **4.1** ⟨inf.⟩ he couldn't get it up! *hij kreeg 'm niet overeind / omhoog!* ⟨erectie⟩ **4.3** get o.s. up *zich opmaken;* get o.s. / s.o. up as *zich / iem. verkleden als* **4.4** get one up on s.o. *iem. de loef afsteken* **5.4** nicely got up *mooi uitgevoerd* **6.¶** ~ **to** *doen bereiken.*

'get-up-and-'get, 'get-up-and-'go ⟨n.-telb.zn.⟩⟨AE⟩ **0.1** ***pit*** ⇒*fut, energie.*

ge·um ['dʒi:əm]⟨telb. en n.-telb.zn.⟩⟨plantk.⟩ **0.1** ***nagelkruid*** ⟨genus Geum⟩.

GeV ⟨afk.⟩ gigaelectron-volt.

gew·gaw ['gju:gɔ:]⟨telb.zn.⟩ **0.1** ***snuisterij*** ⇒*(aardig) prulletje, speeltje, hebbedingetje.*

gey[1] [geɪ]⟨bn., attr.⟩⟨Sch. E⟩ **0.1** ***aanzienlijk*** ⇒*belangrijk, tamelijk.*

gey[2], **gey·an(d)** ['geɪ·ən(d)]⟨bw.⟩⟨Sch. E⟩ **0.1** ***tamelijk*** ⇒*heel wat, vrij, nogal.*

gey·ser[1] ['gi:zə‖'gaɪzər]⟨f1⟩⟨telb.zn.⟩ **0.1** ***geiser*** ⇒*(warme) springbron.*

geyser[2] ⟨telb.zn.⟩⟨BE⟩ **0.1** ***(gas)geiser*** ⇒*waterverwarmingstoestel.*

'geyser power ⟨n.-telb.zn.⟩ **0.1** ***geyserenergie.***

GG ⟨afk.⟩ **0.1** ⟨Girl Guides⟩ **0.2** ⟨Governor-General⟩ ***G.G.*** **0.3** ⟨Grenadier Guards⟩.

Gha·na·ian[1] [gɑ:'neɪən‖'gɑnɪən]⟨telb.zn.⟩ **0.1** ***Ghanees*** ⇒*bewoner v. Ghana.*

Ghanaian[2] ⟨bn.⟩ **0.1** ***Ghanees*** ⇒*uit / van Ghana.*

gha·ri·al ['geərɪəl‖'gʌrɪəl]⟨telb.zn.⟩⟨dierk.⟩ **0.1** ***gaviaal*** ⟨krokodil; Gavialis gangeticus⟩.

ghar·ry ['gæri]⟨telb.zn.; →mv. 2⟩⟨Ind. E⟩ **0.1** ***aapje*** ⇒*huurkoetsje / rijtuig.*

ghast·ly[1] ['gɑ:stli‖'gæstli]⟨f2⟩⟨bn.; ook -er; -ness; →bijw. 3⟩ **0.1** ***verschrikkelijk*** ⇒*afschuwelijk, afgrijselijk, gruwelijk* **0.2** ***(doods)bleek*** ⇒*ziekelijk, akelig, spookachtig* **0.3** ⟨inf.⟩ ***vreselijk*** ⇒*zeer slecht, afstotelijk* ◆ **1.1** ~ accident *afschuwelijk ongeluk* **1.2** ~ face *akelig gezicht* **1.¶** ~ smile *flauw / gedwongen lachje.*

ghastly[2], ⟨zelden⟩ **ghast·i·ly** ['gɑ:stɪli‖'gæ-]⟨f1⟩⟨bw.⟩ **0.1** ***verschrikkelijk*** ⇒*afgrijselijk* **0.2** ***(doods)bleek*** **0.3** ⟨inf.⟩ ***vreselijk*** ⇒*onaangenaam* ◆ **2.2** ~ pale *doodsbleek, lijkbleek.*

gha(u)t [gɔ:t]⟨telb.zn.⟩⟨Ind. E⟩ **0.1** ***oevertrap*** ⇒*afdaling* ⟨naar rivier⟩ **0.2** ***aanlandingsplaats*** ⇒*kade* **0.3** ***bergpas*** ⇒*bergengte* ◆ **3.¶** burning ~s *(rituele) lijkverbrandingsplaats* ⟨in India⟩.

g(h)a·zi ['gɑ:zi]⟨telb.zn.; ook -es; →mv. 2; vaak G-⟩ **0.1** ***ghazi*** ⇒*Mohammedaans strijder* ⟨tegen ongelovigen⟩.

ghee, ghi [gi:]⟨n.-telb.zn.⟩ **0.1** ***(half) vloeibare boter*** ⟨vnl. v. buffelmelk, in India⟩.

Ghent [gent]⟨eig.n.⟩ **0.1** ***Gent.***

ghe·rao [ge'raʊ]⟨telb.zn.⟩ **0.1** ***gijseling*** ⇒*insluiting* ⟨v. werkgever in arbeidsconflict, India⟩.

gher·kin ['gɜ:kɪn‖'gɜr-]⟨f1⟩⟨telb.zn.⟩ **0.1** ***augurk.***

ghet·to[1] ['getoʊ]⟨f2⟩⟨telb.zn.; AE ook -es; →mv. 2⟩ **0.1** ***getto*** ⇒*joodse wijk, jodenbuurt* **0.2** ***getto*** ⇒*achterbuurt* ◆ **1.2** Harlem is a notorious negro ~ *Harlem is een beruchte negerwijk.*

ghetto[2] ⟨ov.ww.⟩ **0.1** ***(als) in een getto isoleren.***

'ghetto blaster ⟨telb.zn.⟩ **0.1** ***gettoblaster*** ⟨grote, draagbare radiocassetterecorder⟩.

ghi →ghee.

Ghib·el·line ['gɪbɪlaɪn]⟨telb.zn.⟩⟨gesch.⟩ **0.1** ***Ghibellijn*** ◆ **1.1** Guelphs and ~s *Welfen en Ghibellijnen.*

ghillie →gillie.

ghost[1] [goʊst]⟨f3⟩⟨zn.⟩
I ⟨telb.zn.⟩ **0.1** ***geest*** ⇒*spook(verschijning), schim, boze geest* **0.2** ***spookbeeld*** **0.3** ***zweem*** ⇒*spoor, greintje, schijn* **0.4** ***spook (beeld)*** ⇒*fata morgana* **0.5** ***dubbelbeeld*** ⇒*beeldschaduw* ⟨op t.v.⟩ **0.6** ⟨AE; sl.; dram.⟩ ***boekhouder*** ⇒*penningmeester* ⟨v. schouwburg of toneelgezelschap⟩ **0.7** →ghost writer **0.8** ⟨boek.⟩ ***loze vermelding*** ⟨v. niet-bestaand boek in bibliografie e.d.⟩ ⇒*bibliografisch spook* ◆ **1.2** the ~ of World War III *het spookbeeld v.d. derde wereldoorlog* **1.3** not have the ~ of a chance *geen schijn van kans hebben;* a ~ of a smile *een zweem v.e. glimlach* **3.1** do you believe in ~s? *geloof jij in spoken?;* lay a ~ *een geest bezweren* **3.¶** ⟨sl.; dram.⟩ the ~ walks *betaaldag vandaag, het is Sint Salarius;*
II ⟨n.-telb.zn.⟩⟨vero.⟩ **0.1** ***geest*** ⇒*ziel, levensbeginsel* ◆ **3.1** give / yield up the ~ *de geest geven, sterven.*

ghost[2] ⟨ww.⟩
I ⟨onov.ww.⟩ **0.1** ***(rond)spoken*** ⇒*rondwaren, dolen (als een spook)* **0.2** →ghostwrite;
II ⟨ov.ww.⟩ **0.1** ***achtervolgen*** ⇒*rondwaren in* **0.2** →ghostwrite.

'ghost·bust·er ⟨telb.zn.⟩ **0.1** ***spokenjager.***

'ghost image ⟨telb.zn.⟩ **0.1** ***dubbelbeeld*** ⇒*beeldschaduw.*

ghost·like ['goʊs(t)laɪk]⟨bn.; bw.⟩ **0.1** ***spookachtig.***

ghost·ly ['goʊs(t)li]⟨f1⟩⟨bn.; ook -er; -ness; →bijw. 3⟩
I ⟨bn.⟩ **0.1** ***spookachtig*** ⇒*spook-* ◆ **1.1** ~ hour *spookuur;*
II ⟨bn., attr.⟩⟨vero.⟩ **0.1** ***geestelijk*** ⇒*religieus* ◆ **1.1** ~ adviser *geestelijk leidsman;* ~ father *biechtvader.*

'ghost moth ⟨telb.zn.⟩⟨dierk.⟩ **0.1** ***hopvlinder*** ⟨Hepialus humuli⟩.

'ghost name, 'ghost word ⟨telb.zn.⟩ **0.1** ***spookwoord*** ⟨ingeburgerde fout, bv. ontstaan door drukfout⟩.

'ghost town ⟨f1⟩⟨telb.zn.⟩ **0.1** ***spookstad*** ⇒*uitgestorven stad.*

'ghost·write, ⟨inf.⟩ **ghost** ⟨onov. en ov.ww.⟩ **0.1** ***als ghost-writer schrijven*** ⇒*spookschrijver zijn (van), voor andermans naam schrijven.*

'ghost·writ·er, ⟨inf.⟩ **ghost** ⟨f1⟩⟨telb.zn.⟩ **0.1** ***ghost-writer*** ⇒*spookschrijver* ⟨anoniem schrijver in opdracht van een ander⟩.

ghoul [gu:l]⟨f1⟩⟨telb.zn.⟩ **0.1** ***lijkenetende geest*** ⟨in Islamitische legenden⟩ ⇒⟨fig.⟩ *demon, grafschenner, gruwel, engerd, monster.*

ghoul·ish [gu:lɪʃ]⟨bn.; -ly; -ness⟩ **0.1** ***van / mbt. een lijkenetende geest*** ⇒⟨fig.⟩ *demonisch, walgelijk, gruwelijk.*

GHQ ⟨afk.⟩ General Headquarters.

ghyll →gill.

GI[1] ['dʒi:'aɪ]⟨f2⟩⟨telb.zn.; ook GI's⟩⟨AE; inf.⟩ **0.1** ***soldaat*** ⇒*dienstplichtige.*

GI[2] ⟨bn.⟩⟨AE; inf.⟩ **0.1** ***soldaten-*** ⇒*dienst-, leger-* ◆ **1.1** ~ bride *oorlogsbruid* ⟨buitenlandse vrouw v. Am. soldaat⟩; ~ can *vuilnisvat;* ~ haircut *borstelkop;* ~ Joe *Jan Soldaat, de gewone soldaat* **5.¶** ⟨leger⟩ that's perfectly ~ *dat is geheel volgens de regels;* it's so ~ *het is zo rot.*

GI[3] ⟨ov.ww.⟩⟨AE; inf.; leger⟩ **0.1** ***boenen*** ⇒*poetsen, schoonmaken, uit de war halen.*

GI[4] ⟨afk.⟩ galvanised iron, gastrointestinal, general issue, Government Issue.

gi·ant ['dʒaɪənt]⟨f3⟩⟨telb.zn.⟩⟨→sprw. 128⟩ **0.1** ***reus*** ⟨legendarische figuur⟩ **0.2** ⟨ook attr.⟩ ***reus*** ⇒*kolos* **0.3** ***meester*** ⇒*reus, grote, uitblinker* **0.4** ⟨ster.⟩ ***reuzenster*** ◆ **1.1** Tom Thumb and the ~ *Klein Duimpje en de reus* **1.3** Steinbeck is a ~ among novelists *Steinbeck is één van de grote romanschrijvers* **¶.3** there were ~s in those days *in die tijd werd er nog gepresteerd, toen had je nog uitblinkers.*

gi·ant·ess ['dʒaɪəntɪs]⟨telb.zn.⟩ **0.1** ***reuzin.***

gi·ant·ism ['dʒaɪəntɪzm]⟨n.-telb.zn.⟩ **0.1** ***reusachtigheid*** **0.2** ⟨med.⟩ ***gigantisme*** ⇒*reuzengroei.*

'giant killer ⟨telb.zn.⟩ **0.1** ***reuzendoder*** ⟨persoon, team e.d. die / dat kampioen verslaat⟩.

'Giant 'Mountains ⟨mv.; the⟩ **0.1** ***Reuzengebergte.***

'giant 'panda ⟨telb.zn.⟩⟨dierk.⟩ **0.1** ***reuzenpanda*** ⟨Ailuropoda melanoleuca⟩.

'gi·ant-pow·der ⟨n.-telb.zn.⟩ **0.1** ***(soort) dynamiet.***

'giant star ⟨telb.zn.⟩ **0.1** ***reuzenster.***

'giant stride, 'giant's stride ⟨telb.zn.⟩ **0.1** ***zweefmolen.***

'giant swing, 'giant's turn ⟨telb.zn.⟩⟨gymnastiek⟩ **0.1** ***reuzenzwaai.***

giaour ['dʒaʊə‖-ər]⟨telb.zn.⟩ **0.1** ***giaur*** ⇒*ongelovige* ⟨Turkse scheldnaam, i.h.b. voor christen⟩.

gib[1] [gɪb]⟨telb.zn.⟩ **0.1** ⟨tech.⟩ ***spie*** ⇒*wig, bout, pen, contraspie* **0.2** ***(gecastreerde) kater*** ◆ **1.1** ~ and cotter *spie en contraspie.*

gib[2] ⟨ww.; →ww. 7⟩
I ⟨onov.ww.⟩ **0.1** ***weigeren*** ⇒*schichtig worden* ⟨v. paard⟩; ⟨fig.⟩ *aarzelen, ontwijken, protesteren* ◆ **6.1** ~ **at** *bezwaren maken tegen;*
II ⟨ov.ww.⟩ **0.1** ⟨tech.⟩ ***spieën*** ⇒*met een spie vastzetten* **0.2** ***schoonmaken*** ⟨vis⟩.

Gib [dʒɪb]⟨eig.n.⟩⟨verk.⟩ Gibraltar ⟨inf.⟩ **0.1** ***Gibraltar.***

gib·ber[1] ['dʒɪbə‖-ər]⟨f1⟩⟨zn.⟩
I ⟨telb.zn.⟩⟨Austr. E⟩ **0.1** ***rolsteen*** ⇒*grote steen, kei;*
II ⟨n.-telb.zn.⟩ **0.1** ***gebrabbel*** ⇒*gebazel, gesnater, gezwam.*

gibber[2] ⟨f1⟩⟨onov.ww.⟩ **0.1** ***brabbelen*** ⇒*bazelen, snateren, kletsen* ◆ **1.1** ~ing women *kakelende vrouwen, kletskousen.*

gib·ber·el·lin ['dʒɪbə'relɪn]⟨telb.zn.⟩ **0.1** ***gibberelline*** ⟨plantehormoon⟩.

gib·ber·ish ['dʒɪbərɪʃ]⟨f1⟩⟨n.-telb.zn.⟩ **0.1** ***gebrabbel*** ⇒*kromtaal, koeterwaals, gebazel.*
gib·bet[1] ['dʒɪbɪt]⟨f1⟩⟨telb.zn.⟩ **0.1** ***galg*** **0.2** ***kraanarm*** ⇒*giek* ◆ **2.1** crime worthy of the ~ *misdaad die de galg verdient.*
gibbet[2] ⟨ov.ww.⟩ **0.1** ***opknopen*** ⇒*((als) aan een galg) ophangen* **0.2** ***belachelijk maken*** ⇒*aan de kaak stellen.*
gib·bon ['gɪbən]⟨f1⟩⟨telb.zn.⟩⟨dierk.⟩ **0.1** ***gibbon*** ⟨genera Hylobates en Symphalangus⟩.
gib·bos·i·ty [gɪ'bɒsəti‖-'bɑsəṭi]⟨zn.;→mv.2⟩
I ⟨telb.zn.⟩ **0.1** ***uitpuiling*** ⇒*gezwel, knobbel, bochel;*
II ⟨n.-telb.zn.⟩ **0.1** ***bolheid*** ⇒*gezwollenheid* **0.2** ***gebocheldheid.***
gib·bous ['gɪbəs]⟨bn.;-ly;-ness⟩
I ⟨bn.⟩ **0.1** ***bolrond*** ⇒*convex, uitpuilend, gezwollen* **0.2** ***gebocheld*** ⇒*bultig;*
II ⟨bn., attr.⟩ **0.1** ***tussen half en vol*** ⟨v. maan⟩.
'gib-cat ⟨telb.zn.⟩ **0.1** ***(gecastreerde) kater.***
gibe[1], ⟨soms⟩ **jibe** [dʒaɪb]⟨f1⟩⟨telb.zn.⟩ **0.1** ***spottende opmerking*** ⇒*schimpscheut, geschimp, spot(ternij).*
gibe[2], ⟨soms⟩ **jibe** ⟨f1⟩⟨ww.⟩
I ⟨onov.ww.⟩ **0.1** ***spotten*** ⇒*schimpen* ◆ **6.1** ~ **at** *spotten met, schimpen op, de draak steken met;*
II ⟨ov.ww.⟩ **0.1** ***bespotten*** ⇒*tarten, honen, hekelen.*
Gib·e·on·ite ['gɪbɪənaɪt]⟨telb.zn.⟩⟨bijb.⟩ **0.1** ***Gibeoniet.***
gib·er, jib·er ['dʒaɪbə‖-ər]⟨telb.zn.⟩ **0.1** ***spotter*** ⇒*schimper.*
gib·ing·ly, jib·ing·ly ['dʒaɪbɪŋli]⟨bw.⟩ **0.1** ***spottend*** ⇒*honend, hekelend.*
gib·let ['dʒɪblɪt]⟨f1⟩⟨telb.zn.; vnl. mv.⟩ **0.1** ***(eetbaar) inwendig orgaan*** ⟨v. gevogelte: hart, lever, maag⟩.
Gi·bral·tar [dʒɪ'brɔ:ltə‖-ər]⟨eig.n., telb.zn.⟩ **0.1** ***Gibraltar*** ⇒*bolwerk.*
Gib·son ['gɪbsn]⟨telb.zn.⟩ **0.1** ***Gibson cocktail*** ⟨v. droge vermouth en gin⟩.
'Gibson girl ⟨telb.zn.⟩ **0.1** ***Gibson girl*** ⟨typisch Am. jongensachtig meisje uit 1890 zoals getekend door C.D. Gibson⟩.
gi·bus ['dʒaɪbəs], **'gibus hat** ⟨telb.zn.⟩ **0.1** ***klak(hoed)*** ⇒*gibus.*
gid [gɪd]⟨telb. en n.-telb.zn.⟩ **0.1** ***draaiziekte*** ⟨bij schapen⟩.
gid·dap [gɪ'dæp], **gid·dy·ap** [gɪdi'æp], **gid·dy·up** [-'ʌp]⟨tussenw.⟩ **0.1** ***ju*** ⇒*vort* ⟨aansporing v. paard⟩.
gid·dy[1] ['gɪdi]⟨f1⟩⟨bn.;-er;-ly;-ness;→bijw.3⟩ **0.1** ***duizelig*** ⇒*draaierig, misselijk* **0.2** ***duizelingwekkend*** ⇒*duizelig makend* **0.3** ***rondtollend*** **0.4** ***frivool*** ⇒*wispelturig, onstandvastig, lichtzinnig, wuft* **0.5** ***impulsief*** ⇒*onbezonnen* ◆ **1.2** ~ height *duizelingwekkende hoogte* **1.¶** play the ~ goat / ox *zot / gek doen;* my ~ aunt! *asjemenou!* **6.1** ~ **with** success *duizelig v.h. succes.*
giddy[2] ⟨ww.;→ww.7⟩
I ⟨onov.ww.⟩ **0.1** ***duizelen*** ⇒*duizelig worden / zijn;*
II ⟨ov.ww.⟩ **0.1** ***duizelig maken.***
Gid·e·on ['gɪdɪən]⟨zn.⟩
I ⟨eig.n.⟩ **0.1** ***Gideon;***
II ⟨telb.zn.⟩ **0.1** ***Gideon*** ⇒*lid v. organisatie die bijbels in hotelkamers plaatst.*
gid·get ['gɪdʒɪt]⟨telb.zn.⟩⟨sl.⟩ **0.1** ***ding(etje)*** ⇒*frutseltje, grapje, apparaatje.*
gift[1] [gɪft]⟨f3⟩⟨zn.⟩⟨→sprw. 187⟩
I ⟨telb.zn.⟩ **0.1** ***gift*** ⇒*cadeau, geschenk, gave;* ⟨jur.⟩ *schenking, donatie* **0.2** ***gave*** ⇒*talent, aanleg, begaafdheid* ◆ **1.1** ~s of bread and wine *gaven v. brood en wijn* **1.2** ~ of tongues *het in tongen spreken;* have the ~ of (the) gab *welbespraakt / rad v. tong zijn, kunnen praten als Brugman; praatziek zijn* **1.¶** ~ from the Gods *gelukje, buitenkans, bof* **2.1** free ~ *gratis geschenk* ⟨als reclame⟩; it came to me by free ~ *het werd aan mij geschonken* **6.1** I wouldn't have it **as / at** a ~ *ik wil het niet eens gratis, je mag het houden* **6.2** have a ~ **for** sth. *aanleg / talent voor iets hebben;*
II ⟨n.-telb.zn.⟩ **0.1** ***begevingsrecht*** ◆ **6.1** that office is not **in** his ~ *hij kan dat ambt niet vergeven.*
gift[2] ⟨ov.ww.⟩ →gifted **0.1** ***schenken*** ⇒*cadeau / ten geschenke geven* **0.2** ***begiftigen*** ⇒*bekleden* ◆ **5.1** ~ **away** one's estate to the poor *zijn bezit aan de armen wegschenken* **6.1** ~ s.o. **with** sth. *iem. iets schenken / ten geschenke geven, iem. zegenen met iets* **6.2** ~ s.o. **with** an office *iem. met een ambt begiftigen / bekleden.*
'gift·book ⟨telb.zn.⟩ **0.1** ***geschenkboek*** ⇒*cadeauboek.*
'gift coupon, ⟨AE ook⟩ **'gift certificate** ⟨telb.zn.⟩ **0.1** ***geschenkbon*** ⇒*cadeaubon.*
'gift department ⟨telb.zn.⟩ **0.1** ***(de) afdeling geschenken.***
gift·ed ['gɪftɪd]⟨f3⟩⟨bn.; oorspr. volt. deelw. v. gift;-ly;-ness⟩ **0.1** ***begaafd*** ⇒*talentvol, intelligent, begiftigd, gezegend* **0.2** ***uitstekend*** ⇒*opmerkelijk.*
'gift-horse ⟨telb.zn.⟩ **0.1** ***gegeven paard*** ⟨fig.⟩ ⇒*geschenk* ◆ **1.1** don't look a ~ in the mouth *je moet een gegeven paard niet in de bek zien.*
gift·ie ['gɪfti]⟨n.-telb.zn.⟩⟨Sch. E⟩ **0.1** ***vermogen*** ⇒*talent, gave.*
'gift shop ⟨f1⟩⟨telb.zn.⟩ **0.1** ***cadeauwinkel(tje).***
'gift tax ⟨telb. en n.-telb.zn.⟩ **0.1** ***overdrachttaks*** ⇒⟨ong.⟩ *schenkingsrecht.*
'gift voucher, 'gift token ⟨telb.zn.⟩ **0.1** ***geschenkbon*** ⇒*cadeaubon.*
'gift·ware ⟨n.-telb.zn.⟩ **0.1** ***geschenk / cadeau-artikelen.***
'gift·wrap ⟨ov.ww.⟩ **0.1** ***als cadeautje inpakken.***
gift-wrap·ping ['gɪftræpɪŋ]⟨telb. en n.-telb.zn.⟩ **0.1** ***geschenkverpakking.***
gig[1] [gɪg], ⟨in bet. 0.5 AE ook⟩ **jig** [dʒɪg]⟨f1⟩⟨telb.zn.⟩ **0.1** ***sjees*** ⇒*gig* **0.2** ⟨scheep., zeilsport⟩ ***giek*** ⇒*gig, lichte / snelle sloep* **0.3** ***harpoen*** **0.4** ***(aal)elger*** ⇒*aalgeer, trekelger, aalschaar* **0.5** ⟨inf.; muz.⟩ ***(eenmalig) optreden / concert*** ⟨v. popgroep, jazzband⟩ ⇒⟨i.h.b.⟩ *schnabbel* ⟨als bijverdienste⟩ **0.6** ⟨inf., muz.⟩ ***jamsessie*** **0.7** ⟨inf.⟩ ***baantje*** **0.8** ⟨sl.; vnl. mil.⟩ ***reprimande*** ⇒*berisping* **0.9** →gig mill **0.10** ⟨AE; sl.; euf.⟩ ***gat*** ⇒*kont(je), billen, achterwerk* ◆ **1.2** the captain's ~ *de kapiteinssloep* **3.5** he had a few ~s playing in a band *hij schnabbelde af en toe in een orkestje.*
gig[2] ⟨ww.;→ww.7⟩
I ⟨onov.ww.⟩ **0.1** ***in een sjees / cabriolet / gig rijden*** ⇒*met de sjees rijden* **0.2** ⟨inf.; muz.⟩ ***jammen*** ⇒*deelnemen aan jamsession, (mee)spelen, pieren, schnabbelen* **0.3** ⟨inf., muz.⟩ ***optreden*** ⇒*een concert geven, een optreden hebben;*
II ⟨onov. en ov.ww.⟩ **0.1** ***aalprikken*** ⇒*aalsteken, aalstekelen, harpoeneren;*
III ⟨ov.ww.⟩ **0.1** ⟨textiel⟩ ***kaarden*** **0.2** ⟨sl.; vnl. mil.⟩ ***blameren*** ⇒*berispen.*
gi·ga- ['dʒɪgə, 'gɪgə, 'gaɪgə] **0.1** ***giga-*** ⟨factor van 10^9⟩ ◆ **¶.1** ⟨informatica⟩ gigabit *één miljard bits;* gigametre *gigameter.*
gi·gan·te·an ['dʒaɪgæn'ti:ən], **gi·gan·tesque** [-'tesk]⟨bn.⟩ **0.1** ***reusachtig*** ⇒*gigantisch, enorm (groot), reuze(n)-.*
gi·gan·tic [dʒaɪ'gænṭɪk]⟨f3⟩⟨bn.;-ally;-ness;→bijw.3⟩ **0.1** ***gigantisch*** ⇒*reusachtig (groot), enorm, kolossaal, reuze(n)-.*
gi·gan·tism [dʒaɪ'gænṭɪzm]⟨zn.⟩
I ⟨telb. en n.-telb.zn.⟩⟨med.⟩ **0.1** ***gigantisme*** ⇒*reuzengroei;*
II ⟨n.-telb.zn.⟩ **0.1** ***reusachtigheid.***
gig·gle[1] ['gɪgl]⟨f2⟩⟨telb.zn.; vaak mv.⟩ **0.1** ***gegiechel*** ⇒*giechelende lach, giechelbui* ◆ **3.1** have the ~s *de slappe lach hebben* **6.1** do something **for** a ~ *een grap(je) uithalen.*
giggle[2] ⟨f3⟩⟨ww.⟩
I ⟨onov.ww.⟩ **0.1** ***giechelen;***
II ⟨ov.ww.⟩ **0.1** ***giechelen van*** ◆ **1.1** she ~d her joy *zij giechelde van plezier.*
gig·gler ['gɪglə‖-ər]⟨telb.zn.⟩ **0.1** ***giechel(aar).***
gig·gly ['gɪgli]⟨bn.;-er;→compar.7⟩ **0.1** ***lachlustig*** ⇒*lachziek.*
'gig lamp ⟨telb.zn.⟩ **0.1** ***rijtuiglantaarn*** ⇒*koetslantaarn.*
gig·let, gig·lot ['gɪglɪt]⟨telb.zn.⟩ **0.1** ***giechel*** ⟨meisje⟩.
'gig·man ⟨telb.zn.; 'gigmen;→mv.3⟩ **0.1** ***bezitter v. sjees / gig*** **0.2** ***filister*** ⇒*burger, kruidenier.*
gig·man·i·ty [gɪg'mænəṭi]⟨n.-telb.zn.⟩ **0.1** ***filisterij*** ⇒*bekrompenheid, filisterdom, kleinburgerlijkheid.*
'gig mill, gig ⟨telb.zn.⟩⟨textiel⟩ **0.1** ***kaardmachine / werktuig*** ⇒*kaarderij.*
GIGO ['gaɪgoʊ]⟨afk.⟩ garbage in, garbage out ⟨comp.⟩.
gig·o·lo ['ʒɪgəloʊ, 'dʒɪ-]⟨f1⟩⟨telb.zn.⟩ **0.1** ***gigolo*** ⇒*betaalde minnaar* ⟨v. oudere vrouw⟩; ⟨vero.⟩ *betaalde (mannelijke) danspartner.*
gig·ot ['dʒɪgət]⟨telb.zn.⟩ **0.1** ***(lams)bout*** ⇒*schapebout* **0.2** →gigot sleeve.
'gigot sleeve, gigot ⟨telb.zn.⟩ **0.1** ***pofmouw.***
gigue [ʒi:g]⟨telb.zn.⟩ **0.1** ***gigue*** ⇒*jig* ⟨dans in trippelmaat⟩.
Gi·la monster ['hi:lə ˌmɒnstə‖-ˌmɑnstər]⟨telb.zn.⟩⟨dierk.⟩ **0.1** ***Gilamonster*** ⟨hagedis; Heloderma suspectum⟩.
gil·bert ['gɪlbət‖-ərt]⟨telb.zn.⟩⟨elek., nat.⟩ **0.1** ***gilbert*** ⟨eenheid v. magnetomotorische kracht⟩.
Gil·bert·ian [gɪl'bɜ:tɪən‖-'bɜrṭɪən]⟨bn.⟩ **0.1** ***kluchtig*** ⇒*paradoxaal, verbijsterend, warrig* ⟨naar de operettes v. Gilbert en Sullivan⟩ ◆ **1.1** a ~ situation *een ongerijmde situatie.*
gild[1] →guild.
gild[2] [gɪld]⟨f2⟩⟨ov.ww.; ook gilt, gilt [gɪlt]⟩ →gilded, gilding **0.1** ***vergulden*** ⇒⟨fig.⟩ *versieren, opsmukken, verfraaien* **0.2** ***verdoezelen*** ⇒*goedpraten, verbloemen* ◆ **1.1** the sunlight ~s the leaves *het zonlicht doet de bladeren blinken.*
gild·ed ['gɪldɪd]⟨f2⟩⟨bn.; volt. deelw. v. gild⟩ **0.1** ***verguld*** ⇒⟨fig.⟩ *versierd, sierlijk, uiterlijk mooi* **0.2** ***rijk*** ⇒*welvarend, luxueus* ◆ **1.1** ⟨BE⟩ Gilded Chamber *Hogerhuis;* ~ nobility *opgesmukte adel* **1.2** today's ~ youth *de rijkeluisjeugd van deze tijd.*
gild·er ['gɪldə‖-ər]⟨telb.zn.⟩ **0.1** ***vergulder.***
gild·ing ['gɪldɪŋ]⟨telb. en n.-telb.zn.; oorspr. gerund v. gild+2⟩ **0.1** ***vergulding*** ⇒*het vergulden* **0.2** ***verguldsel.***
Giles [dʒaɪlz]⟨eig.n.⟩ **0.1** ***Gilles.***
gil·guy ['gɪlgaɪ]⟨telb.zn.⟩⟨AE; sl.⟩ **0.1** ***dinges*** ⇒*je-weet-wel.*

gil·hoo·ley [gɪl'hu:li]⟨telb.zn.⟩⟨AE; sl.⟩ **0.1** ***dinges*** ⇒*hoe-heet-ie-ook-weer*.

gill[1], ⟨in bet. 0.3 ook⟩ **jill** [dʒɪl]⟨f1⟩⟨telb.zn.⟩ **0.1** ***gill*** ⟨UK 0,142 l; USA 0,118 l; →t1⟩ **0.2** ⟨BE; gew.⟩ ***kwart pint*** ⟨1/8 liter⟩ **0.3** ⟨ook G-⟩⟨vaak pej.⟩ ***griet*** ⇒*meisje, liefje* **0.4** ⟨inf.; dierk.⟩ ***(vrouwtjes) fret*** ⟨Putorius furo⟩.

gill[2], ⟨in bet. I 0.4, 0.5 ook⟩ **ghyll** [gɪl]⟨f2⟩⟨zn.⟩
I ⟨telb.zn.⟩ **0.1** ***kieuw*** **0.2** ***lel*** ⟨bij gevogelte⟩ **0.3** ⟨plantk.⟩ ***lamel (le)*** ⇒*plaatje* **0.4** ⟨BE⟩ ***(bebost) ravijn*** **0.5** ⟨BE⟩ ***smalle bergstroom;***
II ⟨mv.; ~s⟩⟨inf.⟩ **0.1** ***halskwab*** ⇒*onderkin* **0.2** ⟨scherts.⟩ ***vadermoorde(naa)rs*** ⇒*stijve boord* **0.3** ⟨AE; inf.⟩ ***mond*** ◆ **6.¶ to the** ~s *tot de rand toe vol, tjokvol*.

gill[3] [gɪl]⟨ov.ww.⟩ **0.1** ***uithalen*** ⇒*grommen, schoonmaken* ⟨vis⟩ **0.2** ***vissen***.

gill cleft ['gɪl kleft]⟨telb.zn.⟩ **0.1** ***kieuwopening***.

gill cover ['gɪl ˌkʌvə‖-ər]⟨telb.zn.⟩ **0.1** ***kieuwdeksel***.

gilled [gɪld]⟨bn.⟩ **0.1** ***met/voorzien v. kieuwen***.

gill fungus ['gɪl ˌfʌŋgəs]⟨telb.zn.⟩⟨plantk.⟩ **0.1** ***plaatzwam*** ⇒*plaatjeszwam* ⟨Agaricacae⟩.

gil·lie, gil·ly, ghil·lie ['gɪli]⟨telb.zn.; →mv. 2⟩⟨Sch. E⟩ **0.1** ***gids*** ⇒*helper, drijver* ⟨bij jagen/vissen⟩ **0.2** ⟨gesch.⟩ ***adjunct*** ⟨v. clanhoofd⟩.

gil·lion ['dʒɪlɪən, 'gɪ-]⟨telb.zn.⟩⟨BE⟩ **0.1** ***miljard*** **0.2** ***gigantisch veel***.

gill net ['gɪl net]⟨telb.zn.⟩⟨vis.⟩ **0.1** ***zeeg*** ⇒*haringnet*.

gil·ly ['gɪli]⟨telb.zn.; →mv. 2⟩⟨AE; inf.⟩ **0.1** ***(klein, reizend) circus*** **0.2** ***gehuurde vrachtauto*** ⟨voor theatertransport⟩.

gil·ly·flow·er, gil·li·flow·er ['dʒɪliˌflaʊə‖-ər]⟨telb.zn.⟩⟨plantk.⟩ **0.1** ***anjelier*** ⇒*anjer* ⟨genus Dianthus⟩ **0.2** ***muurbloem*** ⟨Cheiranthus cheiri⟩ **0.3** ***violier*** ⟨genus Matthiola⟩.

gilt[1] [gɪlt]⟨f2⟩⟨zn.⟩
I ⟨telb.zn.⟩ **0.1** ⟨geldw.⟩ ***goudgerande schuldbrief*** ⇒*staatspapier/fonds* ⟨i.h.b. met garantie v.d. Britse regering⟩ **0.2** ***jonge zeug;***
II ⟨n.-telb.zn.⟩ **0.1** ***verguldsel*** **0.2** ***glans*** ⇒*(vals) geschitter, klatergoud* ◆ **1.2** the ~ of the twenties *de glans v.d. twintiger jaren* **1.¶** take the ~ off the gingerbread *het aantrekkelijke van iets wegnemen, de room eraf scheppen*.

gilt[2] ⟨bn.; volt. deelw. v. gild⟩⟨schr.⟩ **0.1** ***verguld*** ⇒*gulden;* ⟨fig.⟩ *sierlijk, opgesmukt, opzichtig* ◆ **1.1** ⟨gesch.⟩ ~ spurs *gulden sporen* **1.¶** the (three) ~ balls *de lommerd, Ome Jan*.

gilt[3] [gɪlt]⟨verl. t. en volt. deelw.⟩ →gild.

'gilt-'edged ⟨f1⟩⟨bn.⟩ **0.1** ***goudgerand*** ⇒*verguld op snee* **0.2** ⟨geldw.⟩ ***solide*** ⇒*betrouwbaar, waardevol;* ⟨i.h.b.⟩ *met rijksgarantie,* ⟨B.⟩ *met staatswaarborg* ◆ **1.2** ~ shares/stocks/securities *goudgerande/solide aandelen/fondsen/effecten/beleggingen*.

'gimbal ring ⟨telb.zn.⟩⟨tech.⟩ **0.1** ***cardanusring*** ⇒*(kompas)beugel, cardanische beugel/ring*.

gim·bals ['dʒɪmblz, 'gɪmblz]⟨mv.⟩⟨tech.⟩ **0.1** ***cardanusring*** ⇒*(kompas)beugel, cardanische beugel/ring*.

gim·crack[1] ['dʒɪmkræk]⟨telb.zn.⟩ **0.1** ***prul*** ⇒*kermiswaar, kramerij, snuisterij, waardeloos sieraad* ◆ **2.1** children are fond of ~s *kinderen zijn gek op dingetjes-van-niks*.

gimcrack[2] ⟨bn.⟩ **0.1** ***prullerig*** ⇒*ondegelijk, waardeloos, ordinair*.

gim·crack·er·y ['dʒɪmkrækəri]⟨n.-telb.zn.⟩ **0.1** ***prulleboel*** ⇒*prullerij, rommel, kermisgoed*.

gim·crack·y ['dʒɪmkræki]⟨bn.⟩ **0.1** ***prullerig*** ⇒*waardeloos, prutserig*.

gim·let[1] ['gɪmlɪt]⟨telb.zn.⟩ **0.1** ***fretboor*** ⇒*spits/hout/handboor* **0.2** ***cocktail*** ⟨met gin en lime⟩.

gimlet[2] ⟨onov.ww.⟩ **0.1** ***doorboren*** ⟨ook fig.⟩.

'gimlet 'eye ⟨telb.zn.⟩ **0.1** ***scherpe blik*** ⇒*borende blik, waakzaam oog* ◆ **1.1** the teacher's ~s *de doordringende blik v.d. leraar*.

gim·me[1], **gim·mie** ['gɪmi]⟨telb.zn.⟩⟨samentr. v. give me⟩⟨inf.⟩ **0.1** ***makkie***.

gimme[2] ⟨f1⟩⟨samentr. v. give me⟩⟨inf.⟩ **0.1** ***geef mij*** ⇒*(toe) nou, kom op nou*.

gim·mick[1] ['gɪmɪk]⟨f1⟩⟨telb.zn.⟩⟨inf.⟩ **0.1** ***gimmick*** ⇒*truc(je), vondst, foefje, list,* ⟨AE⟩ *mechanisch trucagemiddel* ⟨bij goochelen/gokken⟩ **0.2** ***zelfzuchtig motief*** ⇒*eigenbelang* **0.3** ⟨AE; sl.⟩ ***(overbodige) versiering*** ⇒*franje* ◆ **3.1** watch out for ~s in a contract *pas op voor slimmigheidjes in een contract*.

gimmick[2] ⟨ov.ww.⟩⟨inf.⟩ **0.1** ***handig inkleden*** ⇒*versieren, opfokken* ◆ **5.1** ~ **up** a dress *een japon met kraaltjes en lovertjes versieren*.

gim·mick·(e)ry ['gɪmɪkri]⟨n.-telb.zn.⟩⟨inf.⟩ **0.1** ***prulleboel*** ⇒*foefjes, handigheidjes, prutserijen, spiegeltjes en kraaltjes*.

gim·mick·y ['gɪmɪki]⟨bn.⟩⟨inf.⟩ **0.1** ***op effect/publiciteit gericht*** ⟨v. produkten⟩.

gim·mies ['gɪmiz]⟨mv.; the⟩⟨AE; inf.⟩ **0.1** ***hebzuchtigheid*** ⇒*zelfzuchtigheid*.

gimp[1] [gɪmp]⟨zn.⟩
I ⟨telb.zn.⟩ **0.1** ⟨AE; inf.⟩ ***mankpoot*** ⇒*kreupele, hinkepink* **0.2** ⟨AE; inf.⟩ ***kreupele gang*** **0.3** ***hals/borstdoek*** ⟨v. non⟩ ◆ **3.2** walk with a ~ *mank lopen;*
II ⟨telb.zn., n.-telb.zn.⟩ **0.1** ***zijden vislijn*** ⟨met metaal versterkt⟩ **0.2** ***passement(koord)*** ⇒*boordsel* **0.3** ***contourdraad*** ⇒*sierdraad* ⟨v. kant⟩;
III ⟨n.-telb.zn.⟩⟨inf.⟩ **0.1** ***moed*** ⇒*spirit, fut, ambitie*.

gimp[2] ⟨ww.⟩
I ⟨onov.ww.⟩⟨AE; sl.⟩ **0.1** ***mank lopen*** ⇒*hinken, hobbelen;*
II ⟨ov.ww.⟩ **0.1** ***met passement omzomen/versieren***.

gim·per ['gɪmpə‖-ər]⟨telb.zn.⟩⟨AE; inf.: mil.⟩ **0.1** ***(bekwaam) luchtmachtsoldaat*** ⇒*goed vlieger*.

'gimp stick ⟨telb.zn.⟩⟨AE; inf.⟩ **0.1** ***kruk*** ⇒*wandelstok*.

gimp·y ['gɪmpi]⟨bn.; -er; -ly; →bijw. 3⟩⟨AE; sl.⟩ **0.1** ***kreupel*** ⇒*mank*.

gin[1] [dʒɪn]⟨f2⟩⟨zn.⟩
I ⟨telb.zn.⟩ **0.1** ***val*** ⇒*net, strik, valstrik* **0.2** ⟨tech.⟩⟨ben. voor⟩ ***hijsinrichting*** ⇒*lier, windas; bok; rammelschijf* **0.3** ***egreneermachine*** ⇒*ontkorrelmachine* ⟨voor katoen⟩ **0.4** ⟨Austr. E⟩ ***inlandse (vrouw)*** ⇒*inboorlinge;*
II ⟨telb. en n.-telb.zn.⟩ **0.1** ***gin*** ⇒*sterke drank, jenever* ◆ **1.1** ⟨BE; inf.⟩ ~ and it *gin-vermouth, martini-gin;*
III ⟨n.-telb.zn.⟩⟨kaartspel⟩ **0.1** ⟨verk. v.⟩ ⟨gin rummy⟩.

gin[2] ⟨ov.ww.⟩ **0.1** ***egreneren*** ⇒*ontkorrelen, ontpitten* ⟨katoen⟩ **0.2** ***strikken*** ⇒*in de val lokken*.

gin·ger[1] ['dʒɪndʒə‖-ər]⟨f2⟩⟨zn.⟩
I ⟨telb. en n.-telb.zn.⟩⟨plantk.⟩ **0.1** ***gember(plant)*** ⟨genus Zingiber⟩;
II ⟨n.-telb.zn.⟩ **0.1** ***gember*** **0.2** ***geestdrift*** ⇒*fut, enthousiasme, energie, prikkel* **0.3** ⟨vaak attr.⟩ ***roodachtig bruin/geel*** ⇒*rossig* ◆ **2.1** black ~ *zwarte gember;* white ~ *witte gember* **¶.3** hey ~! *hé rooie!*.

ginger[2] ⟨ov.ww.⟩ **0.1** ***met gember kruiden*** **0.2** ***stimuleren*** ⇒*opvrolijken, oppeppen, kruiden* ◆ **5.2** ~ **up** a boring party *een vervelend feestje wat animeren*.

gin·ger·ade ['dʒɪndʒə'reɪd]⟨telb. en n.-telb.zn.⟩⟨BE⟩ **0.1** ***gemberdrank*** ⇒*gemberbier*.

ginger ale, ginger beer ['- '-‖'- -]⟨f1⟩⟨telb. en n.-telb.zn.⟩ **0.1** ***gemberbier***.

'ginger 'brandy, 'ginger 'cordial ⟨telb. en n.-telb.zn.⟩ **0.1** ***gemberlikeur***.

'gin·ger·bread ⟨f1⟩⟨n.-telb.zn.⟩ **0.1** ***gembercake*** ⇒*gemberkoek, peperkoek* **0.2** ⟨vaak attr.⟩ ***opzichtige versiering*** ⇒*opschik* ⟨vnl. bouwk.⟩.

'gin·ger·cake ⟨n.-telb.zn.⟩ **0.1** ***peperkoek***.

'ginger group ⟨verz.n.⟩⟨BE⟩ **0.1** ***pressiegroep*** ⟨in pol. partij, parlement⟩ ⇒*actiegroep*.

'ginger 'hair ⟨n.-telb.zn.⟩ **0.1** ***rood(achtig) haar***.

gin·ger·ly ['dʒɪndʒəli‖-ər-]⟨f1⟩⟨bn.; -ness; →bijw. 3⟩ **0.1** ***(uiterst) voorzichtig*** ⇒*behoedzaam, tastend, proberend*.

'ginger nut, 'gingerbread nut ⟨telb.zn.⟩ **0.1** ***gemberkoekje***.

'ginger 'pop ⟨telb. en n.-telb.zn.⟩⟨inf.⟩ **0.1** ***gemberbier***.

'ginger race ⟨telb. en n.-telb.zn.⟩ **0.1** ***gemberwortel***.

'gin·ger·snap ⟨telb.zn.⟩ **0.1** ***gemberkoekje***.

'ginger 'wine ⟨telb. en n.-telb.zn.⟩ **0.1** ***gemberwijn***.

gin·ger·y ['dʒɪndʒəri]⟨bn.⟩ **0.1** ***met gember gekruid*** ⇒*kruidig, gember-* **0.2** ***scherp*** ⇒*bijtend* **0.3** ***geestdriftig*** ⇒*energiek, temperamentvol* **0.4** ***roodachtig geel/bruin*** ⇒*rossig* ◆ **1.2** ~ remark *bijtende opmerking*.

ging·ham ['gɪŋəm]⟨n.-telb.zn.⟩ **0.1** ***gingang*** ⟨gekleurd weefsel⟩.

gin·gi·li ['dʒɪndʒɪli]⟨n.-telb.zn.⟩ **0.1** ***sesam(olie)***.

gin·gi·val [dʒɪn'dʒaɪvl]⟨bn.⟩ **0.1** ***mbt./v.h. tandvlees*** ⇒*tandvlees-* **0.2** ⟨taalk.⟩ ***alveolair***.

gin·gi·vi·tis ['dʒɪndʒɪ'vaɪtɪs]⟨telb. en n.-telb.zn.⟩ **0.1** ***tandvleesontsteking*** ⇒*gingivitis*.

gin·gly·mus ['dʒɪŋglɪməs]⟨telb.zn.; ginglymi [-maɪ]; →mv. 5⟩ ⟨anat.⟩ **0.1** ***scharniergewricht***.

'gin·head ⟨telb.zn.⟩⟨sl.⟩ **0.1** ***zuiplap***.

'gin·house ⟨telb.zn.⟩ **0.1** ***egreneerloods*** ⇒*ontkorrelgebouw* ⟨voor katoen⟩.

gink [gɪŋk]⟨telb.zn.⟩⟨sl.; vnl. pej.⟩ **0.1** ***kerel*** ⇒*gast/(slordige) vent, rare kwast/snuiter, goof*.

gink·go, ging·ko ['gɪŋkoʊ]⟨telb.zn.; ook -es; →mv. 2⟩⟨plantk.⟩ **0.1** ***ginkgo*** ⟨boom met waaiervormige blaren; Gingkgo biloba⟩.

'gin mill ⟨telb.zn.⟩⟨AE; inf.⟩ **0.1** ***kroeg*** ⇒*café, drankhuis, herberg, bar*.

gin·ner·y ['dʒɪnəri]⟨telb.zn.; →mv. 2⟩ **0.1** ***egreneerderij*** ⇒*ontkorrelbedrijf* ⟨voor katoen⟩.

gin·ny ['dʒɪni]⟨bn.⟩ **0.1** ***v./mbt. gin*** ⇒*naar gin ruikend*.

'gin palace ⟨telb.zn.⟩⟨inf.⟩ **0.1** ***ballentent*** ⇒*quasi chique kroeg*.

'gin 'rummy ⟨n.-telb.zn.⟩ **0.1** ***gin rummy*** ⟨kaartspel⟩.

gin·seng ['dʒɪnseŋ]⟨zn.⟩
I ⟨telb.zn.⟩⟨plantk.⟩ **0.1** ***ginsengplant*** ⟨genus Panax⟩;
II ⟨n.-telb.zn.⟩ **0.1** ***ginseng*** ⟨wortel/drank uit de plant⟩.
'gin shop ⟨telb.zn.⟩ **0.1** ***kroeg*** ⇒*café, tent, knijp*.
'gin 'sling ⟨telb.zn.⟩⟨AE⟩ **0.1** ***gin sling*** ⇒*longdrink met gin*.
'gin trap ⟨telb.zn.⟩ **0.1** ***strik*** ⇒*klem*.
gin·zo, guin·zo ['gɪnzoʊ]⟨telb.zn.⟩⟨sl.⟩ **0.1** ***buitenlander*** ⇒⟨i.h.b.⟩ *spaghettivreter, Italiaan* **0.2** ***vent*** ⇒*gast, kerel*.
Gio·con·da [dʒoʊ'kɒndə‖-'kɑn-]⟨bn., attr.⟩ **0.1** ***raadselachtig*** ⇒*enigmatisch* ⟨v. glimlach; naar La Gioconda of de Mona Lisa v. da Vinci⟩.
gip [gɪp], **gib** [gɪb]⟨ov.ww.⟩ **0.1** ***uithalen*** ⇒*schoonmaken* ⟨vis⟩.
gip·po ['dʒɪpoʊ]⟨telb.zn.⟩⟨sl.⟩ **0.1** ***zigeuner(in)***.
gip·py ['dʒɪpi]⟨telb.zn.; →mv. 2⟩⟨sl.⟩ **0.1** ⟨vaak attr.⟩⟨ben. voor⟩ ***Egyptisch pers. of zaak*** ⇒*Egyptenaar; Egyptisch soldaat; Egyptische sigaret* **0.2** ***zigeuner(in)***.
'gippy 'tummy ⟨telb.zn.⟩ **0.1** ***diarree*** ⟨door warm klimaat⟩.
gip·sy, ⟨AE sp. ook⟩ **gyp·sy** ['dʒɪpsi]⟨f2⟩⟨zn.; →mv. 2⟩
I ⟨eig.n.; G-⟩ **0.1** ***zigeunertaal;***
II ⟨telb.zn.⟩ **0.1** ⟨vaak G-⟩ ***zigeuner(in)*** **0.2** ***zwerver*** ⇒*bohemer* **0.3** ⟨inf.; scherts⟩ ***kleine heks*** ⇒*heks v.e. meid*.
'gipsy bonnet, 'gipsy hat ⟨telb.zn.⟩ **0.1** ***breedgerande hoed***.
'gipsy cart, 'gipsy van, 'gipsy wagon ⟨f1⟩⟨telb.zn.⟩ **0.1** ***zigeunerwagen*** ⇒*woonwagen*.
gip·sy·dom, ⟨AE sp. ook⟩ **gyp·sy·dom** ['dʒɪpsidəm]⟨zn.⟩
I ⟨n.-telb.zn.⟩ **0.1** ***zigeunerleven;***
II ⟨verz.n.⟩ **0.1** ***zigeuners***.
gip·sy·fy, ⟨AE sp. ook⟩ **gyp·sy·fy** ['dʒɪpsɪfaɪ]⟨ov.ww.; →ww. 7⟩ **0.1** ***er als een zigeuner doen uitzien***.
'gipsy herb ⟨telb. en n.-telb.zn.⟩⟨plantk.⟩ **0.1** ***wolfspoot*** ⟨Lycopus europaeus⟩.
gip·sy·hood ['dʒɪpsihʊd]⟨zn.⟩
I ⟨n.-telb.zn.⟩ **0.1** ***zigeunerleven;***
II ⟨verz.n.⟩ **0.1** ***zigeuners***.
gip·sy·ish, ⟨AE sp. ook⟩ **gyp·sy·ish** ['dʒɪpsiɪʃ]⟨bn.⟩ **0.1** ***zigeunerachtig*** ⇒*zigeuns, zigeuner-*.
gip·sy·ism, ⟨AE sp. ook⟩ **gyp·sy·ism** ['dʒɪpsiɪzm]⟨n.-telb.zn.⟩ **0.1** ***zigeunerleven*** ⇒*zigeunergewoonten*.
'gipsy 'moth ⟨telb.zn.⟩⟨dierk.⟩ **0.1** ***plakker*** ⟨vlinder; Lymantria dispar⟩.
'gipsy 'rose ⟨telb. en n.-telb.zn.⟩⟨plantk.⟩ **0.1** ***schurftkruid*** ⟨genus Scabiosa⟩.
'gipsy's 'warning ⟨telb.zn.⟩ **0.1** ***cryptische/sinistere waarschuwing***.
'gipsy table ⟨telb.zn.⟩ **0.1** ***rond tafeltje op een driepoot***.
'gipsy wort ⟨telb. en n.-telb.zn.⟩⟨plantk.⟩ **0.1** ***wolfspoot*** ⟨Lycopus europaeus⟩.
gi·raffe [dʒɪ'rɑ:f‖-'ræf]⟨f1⟩⟨telb.zn.⟩⟨dierk.⟩ **0.1** ***giraf(fe)*** ⟨Giraffa camelopardalis⟩.
gir·an·dole ['dʒɪrəndoʊl]⟨telb.zn.⟩ **0.1** ***girande*** ⇒*draaiend vuurwerk, springfontein* **0.2** ***armkandelaar*** ⇒*kandelaber* **0.3** ***girandole*** ⟨oorsierraad⟩.
gir·a·sol(e), gir·o·sol ['dʒɪrəsoʊl, -sɒl‖-sɑl]⟨telb. en n.-telb.zn.; ook attr.⟩ **0.1** ***girasol*** ⇒*maansteen, wateropaal, adulaar*.
gird[1] [gɜ:d‖gɜrd]⟨telb.zn.⟩⟨BE; gew. of vero.⟩ **0.1** ***hatelijke opmerking*** ⇒*steek onder water, schimpscheut*.
gird[2], ⟨in bet. II 0.1, 0.4 ook⟩ **girt** ⟨ww.; ook girt, girt [gɜ:t‖gɜrt]⟩
I ⟨onov.ww.⟩⟨BE; vero. of gew.⟩ **0.1** ***spotten*** ⇒*schimpen* ◆ **6.1** ~ **at** s.o. *de spot drijven met iem.;*
II ⟨ov.ww.⟩⟨schr.⟩ **0.1** ***(om)gorden*** ⇒*aangorden, om de heup vastbinden* **0.2** ***bekleden*** ⇒*begiftigen, uitrusten* **0.3** ***omringen*** ⇒*insluiten, omsluiten, omsingelen, omgeven* **0.4** ***voorbereiden*** ⇒*klaarmaken* ⟨vnl. voor de strijd⟩ **0.5** ⟨BE; vero. of gew.⟩ ***spotten met*** ⇒*honen, hekelen* ◆ **1.3** a lake girt with beeches *een met berken omzoomd meer* **1.4** ~ o.s. for the final blow *zich op de genadeslag voorbereiden* **5.1** ~ **on** the sword (to/(up)on s.o.) *(iem.) het zwaard aangorden;* ~ **up** one's skirt *de rok opschorten* **5.4** ~ o.s. **up** *zich aangorden, zich vermannen, zich gereed maken*.
gird·er ['gɜ:də‖'gɜrdər]⟨f1⟩⟨telb.zn.⟩ **0.1** ***steunbalk*** ⇒*draagbalk, dwarsbalk, ligger*.
gir·dle[1] ['gɜ:dl‖'gɜrdl]⟨f1⟩⟨telb.zn.⟩ **0.1** ⟨ben. voor⟩ ***gordel*** ⇒*band, (buik)riem; koppel; korset;* ⟨fig.⟩ *kring, krans* **0.2** ***invatting*** ⇒*zetting* ⟨v. edelsteen⟩ **0.3** ⟨relig.⟩ ***singel*** ⟨ceintuur gedragen door priester⟩ **0.4** ⟨med.⟩ ***gordel*** **0.5** ***(boom)manchet*** ⟨door ontschorsing⟩ **0.6** ⟨vnl. Sch. E⟩ ***(cirkelvormige)(bak)plaat*** ◆ **2.4** pelvic ~ *bekkengordel*.
girdle[2] ⟨ov.ww.⟩ **0.1** ***omgorden*** ⇒*insluiten, omringen* **0.2** ***(ringvormig) ontschorsen*** ⇒*ringen* ⟨vnl. v. kurkeik, of bij boomziekten⟩ ◆ **5.1** town ~d **about/around** with a river *stad door een rivier omringd*.
gird·ler ['gɜ:dlə‖'gɜrdlər]⟨telb.zn.⟩ **0.1** ***gordelmaker*** ⇒*riemenmaker*.
'gir·dle scone, 'gird·le·cake ⟨telb.zn.⟩⟨vnl. Sch. E⟩ **0.1** ***plaatkoek*** ⇒*pannekoek*.
girl [gɜ:l‖gɜrl]⟨f4⟩⟨telb.zn.⟩ **0.1** ***meisje*** ⇒*dochter,* ⟨inf.⟩ *vrouw(tje)* **0.2** ***dienstmeisje*** **0.3** ***liefje*** ⇒*vriendinnetje* **0.4** ⟨AE; inf.⟩ ⟨kaartspel⟩ ***vrouw*** ⇒*koningin* ◆ **3.2** ⟨AE⟩ hired ~ *hulp in de huishouding*.
'girl 'Friday ⟨telb.zn.⟩ **0.1** ***secretaresse*** ⇒⟨ong.⟩ *meisje voor alle werk*.
'girl friend ⟨f2⟩⟨telb.zn.⟩ **0.1** ***vriendin(netje)*** ⇒*liefje, meisje*.
'Girl 'Guide ⟨f1⟩⟨telb.zn.; ook g- g-⟩⟨vnl. BE⟩ **0.1** ***padvindster*** ⇒*gids*.
girl·hood ['gɜ:lhʊd‖'gɜrl-]⟨n.-telb.zn.⟩ **0.1** ***meisjesjaren*** ⇒*jeugd* **0.2** ***meisjes***.
girl·ie[1] ['gɜ:li‖'gɜrli]⟨telb.zn.⟩ **0.1** ***klein meisje*** ⟨uitdrukking v. vertedering⟩ **0.2** ⟨AE; inf.⟩ ***balletmeisje*** ⇒*koriste*.
girlie[2], **gir·ly** ⟨bn., attr.⟩⟨inf.⟩ **0.1** ***met veel naakt*** ⇒*naakt-* ◆ **1.1** ~ magazine *seksblad;* ~ show *naaktrevue*.
girl·ish ['gɜ:lɪʃ‖'gɜr-]⟨f1⟩⟨bn.; -ly; -ness⟩ **0.1** ***meisjesachtig*** ⇒*meisjes-*.
'Girl Scout ⟨f1⟩⟨telb.zn.; ook g- s-⟩⟨AE⟩ **0.1** ***padvindster*** ⇒*gids*.
gi·ro ['dʒaɪərоʊ]⟨zn.⟩
I ⟨telb.zn.⟩ **0.1** ***giro(afschrift/overschrijving)*** **0.2** ***girocheque*** ⇒⟨i.h.b.⟩ *(per girocheque betaalde) uitkering* **0.3** ⟨AE; lucht.⟩ ***autogiro;***
II ⟨n.-telb.zn.⟩⟨geldw.⟩ **0.1** ***giro(dienst)*** ◆ **2.1** National Giro *postgiro* ⟨in Groot-Brittannië⟩.
'giro account ⟨telb.zn.⟩ **0.1** ***girorekening***.
'gi·ro·cheque ⟨telb.zn.⟩ **0.1** ***girocheque*** ⇒*giro(betaal)kaart*.
Gi·ron·dist [dʒɪ'rɒndɪst‖-'rɑn-]⟨telb.zn.; ook attr.⟩ **0.1** ***Girondijn*** ◆ **1.1** a ~ leader *een Girondijns voorman*.
girosol →girasol(e).
girt[1] [gɜ:t‖gɜrt]⟨telb. en n.-telb.zn.⟩ **0.1** ***omtrek*** ⇒*omvang*.
girt[2] ⟨ww.⟩
I ⟨onov.ww.⟩ **0.1** ***(in omtrek/omvang) meten;***
II ⟨ov.ww.⟩ **0.1** →gird **0.2** ***omgeven*** ⇒*omvatten* **0.3** ***singelen*** ⇒*de buikriem omdoen* **0.4** ***de omtrek/omvang meten van***.
girt[3] ⟨verl. t., volt. deelw.⟩ →gird.
girth[1] [gɜ:θ‖gɜrθ]⟨f1⟩⟨zn.⟩
I ⟨telb.zn.⟩ **0.1** ***buikriem*** ⇒*buikgordel, singel, koppel(riem), zadelriem;*
II ⟨telb. en n.-telb.zn.⟩ **0.1** ***omtrek*** ⇒*omvang,* ⟨i.h.b.⟩ *taille* ◆ **3.1** my ~ increases *ik word dikker, ik krijg een buikje* **6.1** one metre **in** ~ *met een omtrek van één meter*.
girth[2] ⟨ww.⟩
I ⟨onov.ww.⟩ **0.1** ***(in omtrek/omvang) meten;***
II ⟨ov.ww.⟩ **0.1** ***omgeven*** ⇒*omvatten* **0.2** ***singelen*** ⇒*de buikriem omdoen, met een singel vastmaken* **0.3** ***de omtrek/omvang meten van*** ◆ **5.2** ~ **on/up** the saddle *het zadel vastgespen*.
gis·mo, giz·mo ['gɪzmoʊ]⟨telb.zn.⟩⟨vnl. AE; sl.⟩ **0.1** ***spul*** ⇒*ding(etje), gadget, prull(etje), hoe-heet-het, apparaatje* **0.2** ***dinges*** ⇒*hoe-heet-ie-ook-weer* **0.3** ***truc*** ⇒*foefje*.
gist [dʒɪst]⟨f2⟩⟨n.-telb.zn.; the⟩ **0.1** ***hoofdgedachte*** ⇒*essentie, kern* **0.2** ⟨jur.⟩ ***grond(slag)*** ⇒*basis* ⟨v. aanklacht⟩.
git [gɪt]⟨f1⟩⟨telb.zn.⟩⟨BE; sl.⟩ **0.1** ***sukkel*** ⇒*klootzak, sul, lul* **0.2** ***bastaard***.
git·tern ['gɪtɜ:n‖'gɪtərn]⟨telb.zn.⟩⟨muz.⟩ **0.1** ***citola*** ⟨antiek tokkelinstrument⟩.
giv·a·ble, give·a·ble ['gɪvəbl]⟨bn.⟩ **0.1** ***te geven*** ⇒*overhandigbaar*.
give[1] [gɪv]⟨f1⟩⟨n.-telb.zn.⟩ **0.1** ***het meegeven*** ⇒*elasticiteit, buigzaamheid, veerkracht, souplesse* ◆ **¶.1** there is no ~ in him *hij is niet erg soepel*.
give[2] ⟨f4⟩⟨ww.; gave [geɪv], given ['gɪvn]⟩ →given ⟨→sprw. 103, 136, 186, 217-221, 262, 273, 286, 515, 612⟩
I ⟨onov.ww.⟩ **0.1** ***(aalmoezen) geven*** ⇒*schenkingen doen* **0.2** ***meegeven*** ⇒*in(een)zakken, bezwijken, (door)buigen, verzakken, verslappen, het begeven, toegeven, meegaan, wijken, plaats maken, openspringen* **0.3** ***uitzicht geven*** ⇒*uitzien, toegang verlenen* ◆ **1.2** the frost is giving *de vorst neemt af, 't begint te dooien;* at last the weather gave *eindelijk werd het weer wat zachter;* the wood ~s *het hout trekt (krom)* **5.¶** →give **away;** →give **back;** →give **in;** →give **out;** →give **over;** →give **up** **6.3** ~ **on(to)** *uitzien op, uitgeven op, uitkomen op, toegang geven/verlenen tot* **¶.¶** ⟨inf.⟩ what ~s? *wat is er gaande?;*
II ⟨ov.ww.⟩ **0.1** ***geven*** ⇒*schenken, overhandigen, aanreiken, toevertrouwen, betalen* **0.2** ***geven*** ⇒*verlenen, schenken, verschaffen, bezorgen, gunnen, toegeven, toekennen, toeschrijven* **0.3** ***geven*** ⇒*opofferen, wijden* **0.4** ***geven*** ⇒*uiten, toebrengen, houden, maken, uitbrengen, slaken* **0.5** ***geven*** ⇒*aanbieden, ten beste geven* **0.6** ***(op)geven*** ⇒*meedelen, verstrekken, (ver)noemen, aangeven, tonen, bekend maken* **0.7** ***geven*** ⇒*produceren, voortbrengen, opleveren, afgeven* **0.8** ***toasten op*** ◆ **1.1** ~ one's estate to *zijn land-*

goed vermaken aan; ~ medicine *geneesmiddelen toedienen;* I ~ you Mr Campbell *ik verbind u door met Mr Campbell;* what price did you ~? *hoeveel heb je betaald?;* ~ him my best wishes *doe hem de groeten van mij* **1.2** ~ authority *gezag/macht verlenen;* ~ s.o. one's blessing *iem. zijn zegen geven;* he gave me his cold *hij heeft me aangestoken met zijn verkoudheid;* ~ confidence *vertrouwen schenken;* ~ me the good old days *geef mij maar de goeie ouwe tijd;* for obstinacy ~ me a donkey *er is niets zo koppig als een ezel;* ~ a favour *een dienst bewijzen;* ~n health I will finish it by December *bij leven en welzijn ben ik tegen december klaar;* ~ one's heart to s.o. *een warm hart voor iem. hebben;* ~ one's honour *zijn woord v. eer geven;* ~ s.o. the name of X *iem. X noemen;* ~ the novel to Dickens *de roman aan Dickens toeschrijven;* it's ~n me much pain *het heeft me veel pijn gedaan, ik heb er erg onder geleden;* ~ pleasure *erg aangenaam zijn;* 3 points are ~n *3 punten zijn verondersteld/gegeven;* ~ a prize *een prijs toekennen;* ~ him some rest *gun hem wat rust;* we were ~n three hours' rest *we kregen drie uur rust;* ~ s.o. a room *iem. een kamer toewijzen;* ~ s.o. a title *iem. een titel toekennen;* ~ trouble *last bezorgen;* ~ one's word *zijn woord geven;* he's been ~n two years *hij heeft twee jaar (gevangenisstraf) gekregen* **1.3** ~ one's life for one's country *zijn leven opofferen voor zijn vaderland* **1.4** ~ a beating *een pak slaag geven;* ~ a cheer *hoera roepen;* ~ a cough *kuchen, (opzettelijk) hoesten;* ~ a cry *een kreet slaken;* ~ a jump *(verrast) opspringen;* ~ a kick *een trap geven, schoppen;* ~ a laugh *lachen;* ~ s.o. a sly look *iem. een sluwe blik toewerpen;* ~ orders *bevelen geven;* ~ proof of one's courage *zijn moed tonen;* ~ a ring *opbellen, telefoneren;* ~ sentence *een vonnis vellen;* ~ a shrug of the shoulders *zijn schouders ophalen;* ~ no sign of life *geen teken v. leven vertonen;* ~ a whistle *fluiten* **1.5** ~ one's arm *zijn arm aanbieden;* ~ a dinner *een diner aanbieden;* ~ a lecture *een lezing geven;* ~ a play *een toneelstuk opvoeren;* ~ a song *een liedje ten beste geven* **1.6** the teacher gave us three exercises (to do) *de onderwijzer heeft ons drie oefeningen opgegeven (als huiswerk);* ~ several explanations *verschillende verklaringen (aan)geven/aanreiken;* ~ the facts *de feiten tonen;* ~ information *informatie verstrekken;* ~ surprising news *verrassend nieuws meedelen;* ~ a picture/description *een beeld tonen;* the thermometer ~s 20° *de thermometer wijst 20° aan* **1.7** the analysis gave bad results *de analyse leverde slechte resultaten op;* ~ a smell *een reuk afgeven* **1.8** gentlemen, I ~ you the Queen! *mijne Heren, (laten we drinken) op Hare Majesteit!* **3.2** ~ s.o. to understand/know *iem. te verstaan/kennen geven* **3.¶** ~ and legate *nalaten, vermaken;* ~ and take *geven en nemen; over en weer praten, toegevingen doen, een compromis/vergelijk sluiten;* ~ or take 5 minutes *5 minuutjes meer of minder* **4.1** ~ o.s. *zich helemaal overgeven* ⟨aan iem.⟩ **4.2** I'll ~ you that *dat geef ik toe* **4.5** I ~ you the chairman *laten we drinken op de voorzitter* **4.¶** I wouldn't ~ that for it *ik geef er geen cent voor, het is niets waard;* ⟨inf.⟩ what are you giving me? *wat bedoel je daar nou mee?* **5.6** ~ **about** *rondstrooien, verspreiden, uitstrooien, rondvertellen;* ⟨voetbal⟩ the centre forward was ~n offside *de centrumspits werd buitenspel gegeven;* ⟨cricket⟩ the umpire gave the batsman out *de scheidsrechter gaf de batsman 'uit'* **5.7** ~ **off** *(af)geven, verspreiden, uitstralen, maken, produceren* **5.¶** ~ as good as one gets *met gelijke munt betalen;* →give **away;** →give **back;** →give **forth;** ~ it s.o. hot (and strong), ~ it s.o. straight *iem. er flink v. langs geven;* →give **in;** →give **out;** →give **over;** →give **up** **6.1** ~ a daughter **in** marriage *een dochter ten huwelijk schenken;* ~ s.o. **into** custody *iem. aan de politie overleveren* **6.3** ~ one's life **to** *zijn leven geven aan/voor* **6.¶** ~ it/~ the case **against/for** s.o. *ten nadele/voordele v. iemand beslissen* **¶.¶** don't ~ me that *(hou op met die) onzin;* that'll ~ her something to cry for *nu heeft ze tenminste iets om over te huilen;* ⟨sl.⟩ ~ s.o. what for *iem. flink op zijn donder geven.*

'give-and-'go ⟨telb.zn.⟩ ⟨voetbal⟩ **0.1** ***één-twee(tje).***

'give-and-'take ⟨f1⟩ ⟨n.-telb.zn.; ook attr.⟩ **0.1** ***geven en nemen*** ⇒*compromis, vergelijk, uitwisseling v. ideeën, discussie, woordenstrijd.*

'give·a·way ⟨f1⟩ ⟨telb.zn.⟩ ⟨inf.⟩ **0.1** ⟨ook attr.⟩ ***cadeautje*** ⇒*geschenk, toegift* **0.2** ***onthulling*** ⇒*(ongewild) verraad* **0.3** ⟨AE⟩ ***prijzenshow*** ◆ **2.2** her eyes were a dead ~ *haar ogen verrieden alles.*

'give a'way ⟨f2⟩ ⟨ww.⟩
I ⟨onov.ww.⟩ **0.1** ***meegeven*** ⇒*ineenzakken, toegeven, wijken;*
II ⟨ov.ww.⟩ **0.1** ***wegeven*** ⇒*(weg)schenken, cadeau doen* **0.2** ***uitdelen*** ⟨prijzen⟩ **0.3** ***verraden*** ⇒*onthullen, verklikken, verklappen* **0.4** ***verkijken*** ⇒*laten voorbijgaan, weggooien* ⟨kans⟩ **0.5** ***ten huwelijk geven*** **0.6** ***voorgeven*** ⟨in wedstrijd⟩.

'give·a·way price ⟨telb.zn.⟩ **0.1** ***weggeefprijs*** ⇒*spotprijs(je).*

'give 'back ⟨f2⟩ ⟨ov.ww.⟩ **0.1** ***teruggeven*** ⇒*weergeven, terugbezorgen* **0.2** ***weerkaatsen*** ⇒*echoën* ◆ **1.1** ~ with interest *met int(e)rest terugbetalen;* ⟨fig.⟩ *dubbel en dik/dwars betaald zetten.*

'give 'forth ⟨ov.ww.⟩ **0.1** ***geven*** ⇒*afgeven, uiten, produceren, maken* **0.2** ***bekend maken*** ⇒*publiceren, verspreiden* ◆ **1.1** ~ a ghastly smell *een kwalijke geur verspreiden.*

'give 'in ⟨f2⟩ ⟨ww.⟩
I ⟨onov.ww.⟩ **0.1** ***toegeven*** ⇒*zich gewonnen geven, bezwijken, zwichten* ◆ **1.1** my luck gave in *mijn geluk liet mij in de steek* **6.1** she wouldn't ~ **to** him any longer *ze wou niet meer aan hem toegeven;*
II ⟨ov.ww.⟩ **0.1** ***inleveren*** ⇒*voorleggen, aanbieden, opgeven* **0.2** ***(formeel) verklaren*** ⇒*bekend maken* **0.3** ***erbij geven/voegen*** ◆ **1.1** who's given in my name? *wie heeft mijn naam opgegeven?* **1.2** ~ adherence to freedom *getrouwheid aan de vrijheid betuigen.*

giv·en[1] ['gɪvn] ⟨telb.zn.; oorspr. volt. deelw. v. give⟩ **0.1** ***(vaststaand/aanvaard) gegeven.***

given[2] ⟨f3⟩ ⟨bn.; (oorspr.) volt. deelw. v. give; -ness⟩
I ⟨bn.⟩ **0.1** ***gegeven*** ⇒*gekregen, geschonken, overhandigd, verleend,* ⟨fil.⟩ *bekend* **0.2** ***gegeven*** ⟨ook wisk.⟩ ⇒*(wel) bepaald, vastgesteld* **0.3** ***gedateerd*** ◆ **1.2** at a ~ time *op een bepaald ogenblik;* at any ~ time *om het even wanneer, op elk (willekeurig) moment* **1.3** ~ May 10th *gedaan op de tiende mei;*
II ⟨bn., pred.⟩ **0.1** ***geneigd*** ⇒*vatbaar, overgeleverd, gewoon* ◆ **5.1** piously ~ *vroom v. aard* **6.1** ~ **to** drinking *verslaafd aan de drank;* he is ~ **to** boasting *hij pocht graag* **¶.1** I am not ~ that way *dat is mijn aard niet.*

given[3] ⟨vz.; oorspr. volt. deelw. v. give⟩ **0.1** ***gezien*** ⇒*gegeven* ◆ **1.1** ~ your experience *gezien je ervaring, je ervaring in aanmerking genomen;* ~ the present situation *in het licht v. de huidige situatie.*

given[4] ⟨ondersch.vw.; vaak +that⟩ **0.1** ***aangezien*** ◆ **¶.1** ~ (that) you don't like it *aangezien je het niet leuk vindt.*

'given name ⟨telb.zn.⟩ ⟨AE⟩ **0.1** ***voornaam*** ⇒*doopnaam.*

'give 'out ⟨f2⟩ ⟨ww.⟩
I ⟨onov.ww.⟩ **0.1** ***uitgeput raken*** ⇒*bezwijken, verzwakken, opraken, defect raken* ◆ **1.1** the candles ~ *de kaarsen gaan uit;*
II ⟨ov.ww.⟩ **0.1** ***aankondigen*** ⇒*meedelen, bekend maken, publiceren* **0.2** ***afgeven*** ⇒*verspreiden, maken* **0.3** ***verdelen*** ⇒*uitdelen, uitreiken, ronddelen* ◆ **1.1** ~ the words of a hymn *de woorden v.e. hymne voorlezen* **4.1** give o.s. out to be a doctor *zich voor dokter uitgeven.*

'give 'over ⟨f1⟩ ⟨ww.⟩
I ⟨onov.ww.⟩ ⟨BE; inf.⟩ **0.1** ***ophouden*** ⇒*stoppen;*
II ⟨ov.ww.⟩ **0.1** ⟨BE; inf.⟩ ***afzien van*** ⇒*stoppen, afstappen van, opgeven* **0.2** ***overhandigen*** ⇒*toevertrouwen, overleveren* **0.3** ***overgeven*** ⇒*(toe)wijden, gebruiken, reserveren* ◆ **1.1** ~ one's pride *zijn trots prijsgeven* **3.1** ~ interfering *hou je erbuiten* **6.2** ~ **to** the police *overleveren aan de politie* **6.3** give o.s. over **to** gambling *zich overgeven aan het gokken.*

giv·er ['gɪvə‖-ər] ⟨f1⟩ ⟨telb.zn.⟩ **0.1** ***gever/geefster*** ⇒*schenker.*

'give 'up ⟨f3⟩ ⟨ww.⟩
I ⟨onov.ww.⟩ **0.1** ***(het) opgeven*** ⇒*zich gewonnen geven* ◆ **6.1** ~ **on** *geen hoop meer hebben voor;* I ~ **on** you *je bent hopeloos;*
II ⟨ov.ww.⟩ **0.1** ⟨ben. voor⟩ ***opgeven*** ⇒*afstand doen v., afgeven, prijsgeven; niet langer verwachten; alle hoop opgeven voor* ⟨ook med.⟩; ⟨inf.⟩ *laten zitten* **0.2** ***opgeven*** ⇒*ophouden, (na)laten, stoppen* **0.3** ***overgeven*** ⇒*overleveren, (toe)wijden, besteden, reserveren* **0.4** ***onthullen*** ⇒*verraden, openbaar/bekend maken* ◆ **1.1** the aircraft has been given up *het vliegtuig wordt als verloren beschouwd;* ~ all hope *alle hoop opgeven;* ~ one's seat *zijn zitplaats afstaan* **1.2** ~ the fight *het gevecht opgeven* **1.4** ~ the name of the culprit *de naam v.d. dader noemen* **2.1** ~ for dead/lost *als dood/verloren beschouwen* ⟨ook fig.⟩ **3.1** ~ smoking *het roken laten/stoppen met roken* **4.3** give o.s. up *zich gevangen geven, zich melden.*

'give-up ⟨telb.zn.⟩ ⟨geldw.⟩ **0.1** ***beursorder waarvan commissieloon gedeeld wordt.***

gizmo →gismo.

giz·zard ['gɪzəd‖-ərd] ⟨telb.zn.⟩ **0.1** ***spiermaag*** ⟨bij vogels, vissen⟩ ⇒⟨bij uitbr.⟩ *krop, voormaag, kauwmaag* ⟨bij ongewervelde dieren⟩ **0.2** ***keel*** ⇒*strot* **0.3** ⟨inf.⟩ ***maag*** ⇒*ingewanden, binnenste* ◆ **3.¶** it sticks in my ~ *het zit mij dwars, het ligt mij zwaar op de maag.*

Gk ⟨afk.⟩ Greek.

gl ⟨afk.⟩ gloss.

gla·bel·la [glə'belə] ⟨telb.zn.; glabellae [-li:]; →mv. 5⟩ ⟨anat.⟩ **0.1** ***glabella.***

gla·brous ['gleɪbrəs] ⟨bn.; -ness⟩ ⟨biol.⟩ **0.1** ***onbehaard*** ⇒*kaal, glad.*

gla·cé[1] ['glæseɪ‖glæ'seɪ] ⟨bn.⟩ **0.1** ***geglansd*** ⇒*glanzend, blinkend, zacht* **0.2** ***geglaceerd*** ⇒*met een suikerlaagje (bedekt), gekonfijt.*

glacé[2] ⟨ov.ww.⟩ **0.1** ***glaceren*** *⇒konfijten.*

gla·cial [ˈgleɪʃl]⟨f1⟩⟨bn.; -ly⟩ **0.1** ***ijs-*** ⟨ook fig.⟩ *⇒ijzig, ijskoud* **0.2** ⟨geol.⟩ ***glaciaal*** *⇒ijstijd-, gletsjer-* **0.3** ***langzaam*** **0.4** ⟨schei.⟩ ***ijs-*** *⇒gekristalliseerd* ◆ **1.1** ~ stare *ijzige blik* **1.2** ~ detritus *gletsjerpuin;* ~ epoch/era/period *ijstijd(vak)* **1.4** ~ acetic acid *ijsazijnzuur.*

gla·ci·at·ed [ˈglæsieɪtɪd‖ˈgleɪsieɪṭɪd]⟨bn.⟩ **0.1** ***met ijs bedekt*** *⇒vergletsjerd* **0.2** ***gletsjer-*** *⇒aan gletsjerwerking onderworpen, door gletsjers uitgeschuurd.*

gla·ci·a·tion [ˈglæsiˈeɪʃn‖ˈgleɪ-]⟨n.-telb.zn.⟩ **0.1** ***ijsvorming*** *⇒gletsjerwerking, ijstijd(vak).*

gla·cier [ˈglæsɪə‖ˈgleɪʃər]⟨f1⟩⟨telb.zn.⟩ **0.1** ***gletsjer.***

gla·ci·o·log·ic [ˈglæsɪəˈlɒdʒɪk‖ˈgleɪsɪəˈlɑdʒɪk], **gla·ci·o·log·i·cal** [-ɪkl] ⟨bn.; -(al)ly; →bijw. 3⟩ **0.1** ***glaciologisch.***

gla·ci·ol·o·gist [ˈglæsiˈɒlədʒɪst‖ˈgleɪsiˈɑlədʒɪst]⟨telb.zn.⟩ **0.1** ***glacioloog.***

gla·ci·ol·o·gy [-ˈɒlədʒi‖-ˈɑlədʒi]⟨n.-telb.zn.⟩ **0.1** ***glaciologie.***

gla·cis [ˈglæsi]⟨telb.zn.; meestal glacis [-siz]; →mv. 4⟩⟨mil.⟩ **0.1** ***glacis*** ⇒⟨bij uitbr.⟩ *glooiing.*

glad[1] [glæd]⟨telb.zn.⟩⟨verk.; vnl. mv.⟩ gladiolus ⟨inf.⟩ **0.1** ***gladiool.***

glad[2] ⟨f3⟩⟨bn.; gladder; -ness; →compar. 7⟩ **0.1** ***blij*** *⇒vreugdevol, gelukkig, verheugd, opgeruimd, vrolijk, verblijdend* ◆ **1.1** be ~ to see the back of s.o. *iem. gaarne zien vertrekken, blij zijn v. iem. af te zijn;* ~ tidings *verheugend nieuws* **1.¶** ~ eye *vriendelijke/verliefde blik;* give s.o. the ~ eye *naar iem. lonken;* ~ hand *vriendelijke handdruk, hartelijk welkom;* give s.o. the ~ hand *iem. hartelijk de hand drukken* **3.1** I'd be ~ to! *met plezier!;* I'll be ~ to help *ik wil je graag/met plezier helpen* ⟨ook iron.⟩ **6.1** ~ **about/at/of** *blij om, verheugd om/over.*

glad[3] ⟨ov.ww.; →ww. 7⟩⟨vero.⟩ **0.1** ***blij maken*** *⇒verheugen, verblijden* ◆ **1.1** it ~s the heart to see you again *het doet me vreugd je weer te zien.*

glad·den [ˈglædn]⟨ov.ww.⟩ **0.1** ***blij maken*** *⇒verheugen, verblijden.*

glade [gleɪd]⟨f1⟩⟨telb.zn.⟩ **0.1** ***open plek*** ⟨in het bos⟩ **0.2** ⟨AE⟩ ***moerassig gebied*** ⟨vnl. in zuiden v. U.S.A.⟩.

ˈglad-ˈhand ⟨ov.ww.⟩ **0.1** ***hartelijk de hand drukken*** *⇒vriendelijk begroeten/verwelkomen.*

glad-hand·er [ˈglædˈhændə‖-ər]⟨telb.zn.⟩ **0.1** ***(overdreven) vriendelijk pers.*** ⇒⟨pej.⟩ *handjesschudder.*

glad·i·a·tor [ˈglædieɪtə‖-eɪṭər]⟨f1⟩⟨telb.zn.⟩⟨gesch.⟩ **0.1** ***gladiator*** *⇒zwaardvechter, kampvechter* **0.2** ***disputant*** *⇒redetwister, polemist.*

glad·i·a·tori·al [ˈglædɪəˈtɔːrɪəl]⟨bn.⟩ **0.1** ***gladiatoren-*** **0.2** ***polemisch*** *⇒twistziek* ◆ **1.1** ~ combats *gladiatorengevechten.*

glad·i·o·lus [ˈglædiˈoʊləs]⟨telb.zn.; ook gladioli [-laɪ]; →mv. 5⟩ **0.1** ***gladiolus*** *⇒gladiool,* ⟨i.h.b.⟩ *zwaardlelie.*

glad·ly [ˈglædli]⟨f2⟩⟨bw.⟩ **0.1** →glad **0.2** ***graag*** *⇒gaarne, met (alle) plezier/genoegen.*

ˈglad rags ⟨mv.⟩⟨inf.⟩ **0.1** ***mooie/zondagse plunje/kloffie*** **0.2** ***(officiële) avondkleding.***

glad·some [ˈglædsəm]⟨bn.; -ly; -ness⟩⟨schr.⟩ **0.1** ***blij(de)*** *⇒verheugd, opgewekt.*

Glad·stone [ˈglædstən‖-stoʊn]⟨zn.⟩

I ⟨eig.n.⟩ **0.1** ***Gladstone*** ⟨Brits staatsman⟩;

II ⟨telb.zn.⟩ **0.1** ***(lichte, tweepersoons) koets*** **0.2** ⟨verk.⟩ ⟨Gladstone bag⟩.

ˈGladstone bag ⟨telb.zn.⟩ **0.1** ***tweedelig valies.***

Glag·o·lit·ic [ˈglægəˈlɪṭɪk], **Glag·o·lith·ic** [-ˈlɪθɪk]⟨bn.⟩ **0.1** ***glagolitisch*** ⟨v. schrift⟩.

glair(e)[1] [ˈgleə‖ˈgler]⟨n.-telb.zn.⟩ **0.1** ***eiwit(achtige stof)*** *⇒eiwitlijm, eiwitglazuur.*

glair(e)[2] ⟨ov.ww.⟩ **0.1** ***met eiwit(lijm) bestrijken.***

glair·e·ous [ˈgleərɪəs‖ˈgler-]⟨bn.⟩ **0.1** ***eiwitachtig*** *⇒eiwit-, kleverig, slijmerig* **0.2** ***met eiwit(lijm) bedekt.***

glair·y [ˈgleəri‖ˈgleri]⟨bn.; -er; -ness; →bijw. 3⟩ **0.1** ***eiwitachtig*** *⇒eiwit-, kleverig, slijmerig* **0.2** ***met eiwit(lijm) bedekt.***

glaive [gleɪv]⟨telb.zn.⟩⟨vero.⟩ **0.1** ***(slag)zwaard.***

Glam ⟨afk.⟩ Glamorgan(shire).

glam·or·i·za·tion, -sa·tion [ˈglæməraɪˈzeɪʃn‖-mərə-]⟨n.-telb.zn.⟩ **0.1** ***het aantrekkelijk maken*** *⇒idealisering, verheerlijking.*

glam·or·ize, -ise, glam·our·ize [ˈglæməraɪz]⟨ov.ww.⟩ **0.1** ***(zeer) aantrekkelijk/aanlokkelijk maken*** *⇒idealiseren, romantiseren, verheerlijken.*

glam·or·ous, glam·our·ous [ˈglæmrəs]⟨f1⟩⟨bn.; -ly; -ness⟩ **0.1** ***(zeer) aantrekkelijk*** *⇒aanlokkelijk, bekoorlijk, betoverend (mooi), met (veel) sex-appeal, charmant.*

glam·our[1], ⟨AE sp. ook⟩ **glam·or** [ˈglæmə‖-ər]⟨f2⟩⟨telb. en n.-telb.zn.; ook attr.⟩ **0.1** ***betovering*** *⇒bekoring, aanlokkelijkheid, aantrekkingskracht, verlokkende charme/schoonheid, sex-appeal; schone schijn, glamour* ◆ **1.1** ~ girl *glamourgirl* **3.1** cast a ~ over *betoveren, bekoren.*

glamour[2] ⟨ov.ww.⟩ **0.1** ***betoveren*** *⇒bekoren* **0.2** ***(zeer) aantrekkelijk/aanlokkelijk maken*** *⇒idealiseren, romantiseren.*

glance[1] [glɑːns‖glæns]⟨f3⟩⟨zn.⟩

I ⟨telb.zn.⟩ **0.1** ***(vluchtige) blik*** *⇒oogopslag, kijkje* **0.2** ***flits*** *⇒flikkering, glinstering, straal* **0.3** ***afschamping*** *⇒afstuiting, schampschot;* ⟨cricket⟩ *schampslag* **0.4** ***toespeling*** *⇒zinspeling, vluchtige vermelding* ◆ **3.1** shoot a ~ at *een snelle blik werpen op;* steal a ~ at *een snelle (onopvallende) blik werpen op, tersluiks bekijken* **6.1** **at** a ~ *met één oogopslag, onmiddellijk;*

II ⟨n.-telb.zn.⟩⟨mijnw.⟩ **0.1** ***glans*** *⇒blende.*

glance[2] ⟨f3⟩⟨ww.⟩ →glancing

I ⟨onov.ww.⟩ **0.1** ***(vluchtig) kijken*** *⇒een (vluchtige) blik werpen* **0.2** ***flikkeren*** *⇒schitteren, glinsteren, flitsen* **0.3** ***(af)schampen*** *⇒afstuiten, afglijden, ricocheren, aanslaan, stipstappen* ◆ **5.1** ~ **down** *een blik naar beneden werpen, (even) naar beneden kijken;* ~ **round** *rondkijken;* ~ **up** *een blik naar boven werpen, (even) naar boven kijken* **5.3** ~ **aside/off** *afschampen, afstuiten* **6.1** ~ **at** *vluchtig/even bekijken, een blik werpen op;* ~ **round** *(even) rondkijken in;* ~ **over/through** *(even) inkijken/bekijken, doorkijken* **6.3** ~ **from/off** one's subject *v. zijn onderwerp afwijken;* ~ **off** *afschampen op, afglijden v.* ⟨ook fig.⟩ **6.¶** ~ **at** *zinspelen op, insinueren, (even) aanroeren;*

II ⟨ov.ww.⟩ **0.1** ***afschampen op*** *⇒afglijden v.* **0.2** ***doen afschampen*** *⇒keilen, doen afstuiten* **0.3** ***zinspelen op*** *⇒(even) vermelden, aanroeren, insinueren.*

ˈglance coal ⟨n.-telb.zn.⟩ **0.1** ***antraciet.***

glanc·ing [ˈglɑːnsɪŋ‖ˈglæn-]⟨bn., attr.; teg. deelw. v. glance; -ly⟩ **0.1** ***afschampend*** *⇒schamp-* **0.2** ***terloops*** *⇒oppervlakkig, indirect, vluchtig.*

gland [glænd]⟨f2⟩⟨telb.zn.⟩ **0.1** ***klier*** ⟨ook plantk.⟩ **0.2** ⟨tech.⟩ ***pakkingdrukker*** *⇒pakkingbus.*

glan·der·ed [ˈglændəd‖-dərd], **glan·der·ous** [ˈglænd(ə)rəs]⟨bn.⟩ **0.1** ***droezig*** *⇒met droes besmet* ⟨v. paard⟩.

glan·ders [ˈglændəz‖-dərz]⟨mv.; ww. ook enk.⟩ **0.1** ***kwade droes.***

glan·des ⟨mv.⟩ →glans.

glan·di·fer·ous [glænˈdɪfrəs]⟨bn.⟩ **0.1** ***eikeldragend.***

glan·di·form [ˈglændɪfɔːm‖-fɔrm]⟨bn.⟩ **0.1** ***kliervormig*** *⇒klierachtig* **0.2** ***eikelvormig.***

glan·du·lar [ˈglændjʊlə‖-dʒələr]⟨f1⟩⟨bn.; -ly⟩ **0.1** ***klierachtig*** *⇒glanduleus, klier-* **0.2** ***ingeboren*** *⇒instinctief* **0.3** ***lichamelijk*** *⇒sexueel* ◆ **1.1** ~ fever *klierkoorts, ziekte v. Pfeiffer.*

glan·dule [ˈglændjuːl‖-dʒʊl]⟨telb.zn.⟩ **0.1** ***klier(tje).***

glan·du·lous [ˈglændjʊləs‖-dʒələs]⟨bn.; -ly; -ness⟩ **0.1** ***klierachtig*** *⇒glanduleus, klier-.*

glans [ˈglænz]⟨telb.zn.; glandes [ˈglændiːz]; →mv. 5⟩⟨anat.⟩ **0.1** ***glans*** ⟨eikel v. penis/clitoris⟩.

glare[1] [gleə‖gler]⟨f1⟩⟨zn.⟩

I ⟨telb.zn.⟩ **0.1** ***woeste/boze/dreigende blik;***

II ⟨telb. en n.-telb.zn.⟩ **0.1** ***hel/verblindend licht*** ⟨ook fig.⟩ *⇒(felle) glans, schittering, gloed* **0.2** ***(vals) geschitter*** *⇒opzichtigheid, vertoon* **0.3** ⟨AE⟩ ***dun laagje ijs*** *⇒ijzel.*

glare[2] ⟨f2⟩⟨ww.⟩ →glaring

I ⟨onov.ww.⟩ **0.1** ***fel schijnen*** *⇒blinken, schitteren, verblinden* **0.2** ***(erg) opvallen*** *⇒zich opdringen* **0.3** ***boos kijken*** *⇒woest/dreigend kijken* ◆ **5.1** the sun ~d **down** on our backs *de zon brandde (fel) op onze rug* **6.3** ~ **at/upon** *woedend/dreigend/boos aankijken;*

II ⟨ov.ww.⟩ **0.1** ***door een dreigende blik uitdrukken*** ⟨vnl. woede, haat⟩ ◆ **1.1** she ~d hate *haar ogen vonkten v. haat* **6.1** they ~d defiance **at** each other *ze keken elkaar tartend aan.*

glar·ing [ˈgleərɪŋ‖ˈglerɪŋ]⟨f2⟩⟨bn.; teg. deelw. v. glare; -ly; -ness⟩ **0.1** ***verblindend*** *⇒schitterend, fel* **0.2** ***dreigend*** *⇒woest, boos* **0.3** ***opvallend*** *⇒flagrant, schandelijk* ◆ **1.1** ~ colours *schreeuwende kleuren* **1.2** ~ eyes *vlammende ogen* **1.3** ~ error *grove fout/vergissing.*

glar·y [ˈgleəri‖ˈgleri]⟨bn.; -er; →compar. 7⟩ **0.1** ***verblindend*** *⇒hel, schitterend.*

Glas·gow [ˈglɑːzgoʊ]⟨eig.n.⟩ **0.1** ***Glasgow.***

ˈglas·nost [ˈglæznɒst‖ˈglɑsnoʊst]⟨n.-telb.zn.⟩⟨pol.⟩ **0.1** ***glasnost*** ⟨Russisch voor ruchtbaarheid/openheid⟩.

glas·phalt [ˈglɑːsfælt‖ˈglæsfɔlt]⟨n.-telb.zn.⟩ **0.1** ***glasfalt*** ⟨wegbedekking⟩.

glass[1] [glɑːs‖glæs]⟨f4⟩⟨zn.⟩⟨→sprw. 683⟩

I ⟨telb.zn.⟩ **0.1** ⟨ben. voor⟩ ***glas*** *⇒(drink)glas; (uur)glas, zandloper; horlogeglas; lampeglas; brilleglas; monocle; (weer)glas, barometer; stolp, klok; spiegel; ruit, glasplaat* **0.2** ⟨ben. voor⟩ ***lens*** *⇒vergrootglas;* ⟨bij uitbr.⟩ *(verre)kijker; telescoop; microscoop* **0.3** ***glas*** *⇒glaasje* ⟨drank⟩ ◆ **3.3** he has had a ~ too much *hij heeft een glaasje teveel op;* raise one's ~ to *het glas heffen/proosten op;* touch ~es *klinken;*

II ⟨n.-telb.zn.⟩ **0.1** ***glas*** **0.2** ***glas(werk)*** **0.3** ***glas*** *⇒(broei)kassen,*

ruiten **0.4** ⟨sl.⟩ *glas* ⇒*nepjuwelen/edelstenen* ◆ **3.1** broken (pieces of) ~ *glasscherven;* ground ~ *matglas* ⟨ook foto.⟩; spun ~ *gesponnen glas, glasvezel/wol/draad* **6.3** grown **under** ~ *onder glas gekweekt;*
III ⟨mv.; ~es⟩ **0.1** *bril* ⇒*lorgnet* **0.2** *(verre/toneel)kijker* ◆ **1.1** two pairs of ~es *twee brillen.*

glass² ⟨ov.ww.⟩ **0.1** *beglazen* ⇒*in glas zetten, ruiten zetten in, verglazen, in glas verpakken* **0.2** *weerspiegelen* ⇒*reflecteren, weerkaatsen* **0.3** *(met een verrekijker) afspeuren* ◆ **5.1** ~ **in** *beglazen, in glas zetten.*

'glass arm ⟨telb.zn.⟩ **0.1** *werpersarm* ⟨bij basketbalspelers e.d.⟩.

'glass 'bell ⟨telb.zn.⟩ **0.1** *stolp* ⇒*glazen klok.*

'glass·blow·er ⟨telb.zn.⟩ **0.1** *glasblazer.*

'glass 'case ⟨telb.zn.⟩ **0.1** *vitrine.*

'glass cloth ⟨zn.⟩
I ⟨telb.zn.⟩ **0.1** *glazendoek;*
II ⟨n.-telb.zn.⟩ ⟨tech.⟩ **0.1** *glaslinnen* **0.2** *glasweefsel.*

'glass culture ⟨telb. en n.-telb.zn.⟩ ⟨landb.⟩ **0.1** *glasteelt* ⇒*glascultuur.*

'glass cutter ⟨telb.zn.⟩ **0.1** *glasbewerker* ⇒*glasslijper, glassnijder* ⟨pers.⟩ **0.2** *glassnijder* ⟨werktuig⟩.

'glass dust ⟨n.-telb.zn.⟩ **0.1** *glaspoeder.*

'glass 'eye ⟨telb.zn.⟩ **0.1** *glazen oog* **0.2** ⟨med.⟩ *glasoog* ⟨bij paarden⟩.

'glass-'ey·ed ⟨bn.⟩ **0.1** *met een glazen oog/glasoog.*

'glass 'fibre ⟨telb.zn.⟩ **0.1** *glasvezel* ⇒*glasdraad.*

glass·ful ['glɑ:sfʊl‖'glæs-] ⟨telb.zn.⟩ **0.1** *glas* ⇒*glaasje* ⟨drank⟩.

'glass furnace ⟨telb.zn.⟩ **0.1** *glasoven* ⇒*smeltoven.*

'glass gall ⟨n.-telb.zn.⟩ ⟨tech.⟩ **0.1** *glasgal* ⇒*glaszout, glasschuim.*

'glass grinder ⟨telb.zn.⟩ **0.1** *glasslijper.*

'glass harmonica ⟨telb.zn.⟩ ⟨muz.⟩ **0.1** *glasharmonika.*

'glass·house ⟨f1⟩ ⟨zn.⟩
I ⟨telb.zn.⟩ **0.1** *glasfabriek* **0.2** ⟨BE⟩ *serre* ⇒*broeikas* **0.3** *atelier v.e. fotograaf;*
II ⟨n.-telb.zn.; the⟩ ⟨BE; sl.⟩ **0.1** *doos* ⇒*bak, nor, lik.*

glass·ine ['glæsi:n‖glæ'si:n] ⟨n.-telb.zn.⟩ **0.1** *cellofaan.*

'glass 'jaw ⟨telb.zn.⟩ ⟨inf.⟩ **0.1** *kwetsbare kaak* ⟨vnl. v. bokser⟩.

'glass·mak·ing ⟨n.-telb.zn.⟩ **0.1** *glasfabricage.*

'glass painting ⟨zn.⟩
I ⟨telb.zn.⟩ **0.1** *glasschilderij;*
II ⟨n.-telb.zn.⟩ **0.1** *glasschilderkunst.*

'glass paper ⟨f1⟩ ⟨n.-telb.zn.⟩ **0.1** *schuurpapier* ⇒*glaspapier.*

'glass 'silk ⟨n.-telb.zn.⟩ **0.1** *glaszij(de)* ⟨soort glasvezel⟩.

'glass snake ⟨telb.zn.⟩ ⟨dierk.⟩ **0.1** *glasslang* ⟨genus Ophisaurus⟩.

'glass·ware ⟨f1⟩ ⟨n.-telb.zn.⟩ **0.1** *glaswerk.*

'glass 'wool ⟨f1⟩ ⟨n.-telb.zn.⟩ **0.1** *glaswol.*

'glass·work ⟨f1⟩ ⟨zn.⟩
I ⟨n.-telb.zn.⟩ **0.1** *glasfabricage* ⇒*glasbewerking, het glazenmaken* **0.2** *glaswerk;*
II ⟨mv.; ~s⟩ **0.1** *glasfabriek* ⇒*glasblazerij.*

glass·wort ['glɑ:swɜ:t‖'glæswɜrt] ⟨telb. en n.-telb.zn.⟩ ⟨plantk.⟩ **0.1** *zeekraal* ⟨genus Salicornia⟩ **0.2** *loogkruid* ⟨Salsola kali⟩.

glass·y ['glɑ:si‖'glæsi] ⟨f1⟩ ⟨bn.; -er; -ly; -ness; →bijw. 3⟩ **0.1** *glasachtig* ⇒*glazig, (spiegel)glad, glanzend, doorschijnend* **0.2** *wezenloos* ⇒*apathisch, glazig* **0.3** *onverzettelijk* ⇒*star, strak* **0.4** *(glas)hard* ⇒*ijzig.*

'glass·(y)-'ey·ed ⟨bn.⟩ **0.1** *met glazige ogen* **0.2** ⟨sl.⟩ *bezopen.*

Glas·we·gian¹ [glæz'wi:dʒən] ⟨telb.zn.⟩ **0.1** *inwoner v. Glasgow.*

Glaswegian² ⟨bn.⟩ **0.1** *uit/v. Glasgow.*

Glau·ber's salts ['glɔ:bəz sɒlts‖-bərz sɔlts], **'Glauber's salt** ⟨n.-telb.zn.⟩ **0.1** *glauberzout* ⟨laxeerzout⟩.

glau·co·ma [glɔ:'koʊmə] ⟨telb. en n.-telb.zn.⟩ ⟨med.⟩ **0.1** *glaucoom* ⇒*groene staar* ⟨oogziekte⟩.

glau·co·ma·tous [glɔ:'koʊmət̬əs] ⟨bn.⟩ ⟨med.⟩ **0.1** *mbt./v./aangetast door glaucoom.*

glau·co·nite ['glɔ:kənaɪt] ⟨n.-telb.zn.⟩ **0.1** *glauconiet* ⟨groen mineraal⟩.

glau·cous ['glɔ:kəs] ⟨bn.; -ness⟩ **0.1** *grijsgroen* ⇒*zeegroen, grijsblauw* **0.2** *met glans/waas bedekt* ⟨v. druiven, pruimen⟩ ◆ **1.¶** ⟨dierk.⟩ ~ gull *grote burgemeester* ⟨Larus hyperboreus⟩.

glaze¹ [gleɪz] ⟨f2⟩ ⟨telb. en n.-telb.zn.⟩ **0.1** *glazuur(laag)* ⇒*glaceersel, gelatine, vernis, glans* **0.2** *waas* ⟨voor ogen⟩ **0.3** ⟨AE⟩ *dun laagje ijs* ⇒*ijzel.*

glaze² ⟨f2⟩ ⟨ww.⟩ →glazed, glazing
I ⟨onov.ww.⟩ **0.1** *glazig worden* ⇒*breken* ⟨v. ogen⟩ **0.2** *een glazuurlaag/ijslaag vormen;*
II ⟨ov.ww.⟩ **0.1** *beglazen* ⇒*in glas zetten, ruiten zetten in* **0.2** *verglazen* ⇒*glazuren, glaceren, vernissen* **0.3** *(doen) glanzen* ⇒*polijsten, satineren* **0.4** *glazig/dof maken* ⟨ogen⟩ **0.5** ⟨AE⟩ *met een laag(je) ijs bedekken* ◆ **5.1** ~ **in** *beglazen, in glas zetten.*

glaz·ed ['gleɪzd] ⟨f1⟩ ⟨bn.; volt. deelw. v. glaze⟩ **0.1** *glazen* ⇒*met glas* **0.2** *verglaasd* ⇒*geglazuurd, geglaceerd, geglansd, gepolijst* **0.3** *glazig* ⇒*dof, wezenloos, strak* ◆ **1.1** ~ bookcase *boekenkast met glazen deuren;* double-glazed windows *dubbele ramen* **1.2** ~ leather *glacé;* ~ paper *glanspapier;* ~ photo *geglansde foto* **1.3** ~ eyes *starre ogen, wezenloze blik* **1.¶** ⟨BE⟩ ~ frost *ijzel.*

'glaze ice ⟨n.-telb.zn.⟩ ⟨AE⟩ **0.1** *ijzel.*

'glaze kiln ⟨telb.zn.⟩ **0.1** *verglaasoven.*

glaz·er ['gleɪzə‖-ər] ⟨telb.zn.⟩ **0.1** *verglazer* ⇒*polijster, glanzer* **0.2** ⟨tech.⟩ *polijststeen* ⇒*polijstschijf.*

gla·zier ['gleɪzɪə‖-ʒər] ⟨f1⟩ ⟨telb.zn.⟩ **0.1** *glazenmaker.*

gla·zier·y ['gleɪʒəri] ⟨n.-telb.zn.⟩ **0.1** *glasfabricage* ⇒*glasbewerking* **0.2** *glaswerk.*

glaz·ing ['gleɪzɪŋ] ⟨f1⟩ ⟨zn.; (oorspr.) gerund v. glaze⟩
I ⟨telb. en n.-telb.zn.⟩ **0.1** *glazuur(laag)* ⇒*glaceersel, gelatine, vernis, glans;*
II ⟨n.-telb.zn.⟩ **0.1** *glaswerk* ⇒*ruiten, ramen* **0.2** *beglazing* **0.3** *glasfabricage* ⇒*glasbewerking* **0.4** *verglazing* ⇒*polijsting, het glaceren, het glanzen* ◆ **2.1** double ~ *dubbele ramen.*

glaz·y ['gleɪzi] ⟨f1⟩ ⟨bn.; -er; -ly; -ness; →bijw. 3⟩ **0.1** *verglaasd* ⇒*gepolijst, geglazuurd, glazuurachtig* **0.2** *glanzend* ⇒*glimmend, blinkend* **0.3** *glazig* ⇒*wezenloos, strak, star.*

GLC ⟨afk.⟩ Greater London Council ⟨BE⟩.

gld ⟨afk.⟩ guilder **0.1** *gld.*.

gleam¹ [gli:m] ⟨f2⟩ ⟨telb.zn.⟩ **0.1** *(zwak) schijnsel* ⇒*glans, schittering, straal(tje)* ⟨ook fig.⟩ ◆ **1.1** not a ~ of hope *geen straaltje/sprankje hoop;* not a ~ of humour *geen greintje humor.*

gleam² ⟨f2⟩ ⟨onov.ww.⟩ **0.1** *(zwak) schijnen* ⇒*glanzen, blinken, schitteren, fonkelen.*

gleam·er ['gli:mə‖-ər] ⟨n.-telb.zn.⟩ **0.1** *glans* ⟨make-up⟩.

gleam·y ['gli:mi] ⟨bn.; -er; →compar. 7⟩ **0.1** *(zwak) schijnend* ⇒*glanzend, schitterend, fonkelend.*

glean [gli:n] ⟨f1⟩ ⟨ww.⟩
I ⟨onov.ww.⟩ **0.1** *aren lezen/verzamelen;*
II ⟨ov.ww.⟩ **0.1** *verzamelen* ⇒*oprapen, vergaren* ⟨aren⟩; *nalezen, schoonmaken* ⟨veld⟩ **0.2** *moeizaam vergaren* ⇒*beetje bij beetje verzamelen, (bijeen) sprokkelen* ⟨informatie⟩; *afleiden, opmaken* ◆ **1.2** ~ ideas from everywhere *overal ideetjes vandaan halen.*

glean·er ['gli:nə‖-ər] ⟨telb.zn.⟩ **0.1** *arenlezer* ⇒*sprokkelaar* **0.2** *verzamelaar.*

glean·ings ['gli:nɪŋz] ⟨mv.⟩ **0.1** *verzamelde/opgeraapte aren* **0.2** *(moeizaam) verzamelde gegevens/informatie* ◆ **1.2** the ~ of years of research *het moeizame resultaat v. jaren onderzoek.*

glebe [gli:b] ⟨telb.zn.⟩ **0.1** *pastorieland* **0.2** ⟨schr.⟩ *akker* ⇒*land, grond.*

'glebe house ⟨telb.zn.⟩ ⟨IE⟩ **0.1** *pastorie.*

'glebe land ⟨telb.zn.⟩ **0.1** *pastorieland.*

glede [gli:d], **gled** [gled] ⟨telb.zn.⟩ ⟨BE; dierk.⟩ **0.1** *(rode) wouw* ⟨Milvus milvus⟩.

glee [gli:] ⟨f1⟩ ⟨zn.⟩
I ⟨telb.zn.⟩ **0.1** *driestemmig/meerstemmig lied;*
II ⟨n.-telb.zn.⟩ **0.1** *vreugde* ⇒*opgewektheid, vrolijkheid, blijdschap.*

'glee club ⟨telb.zn.⟩ **0.1** *zangvereniging.*

glee·ful ['gli:fʊl] ⟨f1⟩ ⟨bn.; -ly; -ness⟩ **0.1** *blij* ⇒*opgewekt, vrolijk.*

glee·man ['gli:mən] ⟨telb.zn.; gleemen [-mən]; →mv. 3⟩ ⟨gesch.⟩ **0.1** *minstreel* ⇒*speelman, troubadour.*

gleet¹ [gli:t] ⟨zn.⟩
I ⟨telb. en n.-telb.zn.⟩ **0.1** *urethritis* ⇒*ontsteking v.d. urethra;*
II ⟨n.-telb.zn.⟩ **0.1** *slijmige etter.*

gleet² ⟨onov.ww.⟩ **0.1** *etteren.*

gleet·y ['gli:t̬i] ⟨bn.; -er; →compar. 7⟩ **0.1** *etterig* ⇒*etterachtig.*

glen [glen] ⟨f1⟩ ⟨telb.zn.⟩ **0.1** *nauwe vallei* ⟨vnl. in Schotland, Ierland⟩.

glen·gar·ry ['glen'gæri] ⟨telb.zn.; ook G-⟩ **0.1** *Hooglandse muts* ⟨puntig aan voorkant, met linten aan achterkant⟩.

gley [gleɪ] ⟨telb. en n.-telb.zn.⟩ **0.1** *gley(bodem)* ⟨kleilaag⟩.

gli·a ['glaɪə] ⟨n.-telb.zn.⟩ ⟨anat.⟩ **0.1** *(neuro)glia.*

glib [glɪb] ⟨f1⟩ ⟨bn.; glibber; -ly; -ness; →compar. 7⟩ **0.1** *welbespraakt* ⇒*vlot, rad v. tong;* ⟨pej.⟩ *glad, handig* **0.2** *ondoordacht* ⇒*lichtvaardig, oppervlakkig, licht(zinnig)* **0.3** *ongedwongen* ⇒*gemakkelijk, nonchalant* ◆ **1.1** have a ~ tongue *rad v. tong zijn.*

glide¹ [glaɪd] ⟨f1⟩ ⟨telb.zn.⟩ **0.1** *glijdende beweging* ⇒*het glijden/schuiven, het (ongemerkt) voorbijgaan* **0.2** ⟨lucht.⟩ *zweefvlucht* ⇒*glijvlucht* **0.3** ⟨muz.⟩ *portamento* ⇒*glissando* **0.4** ⟨taalk.⟩ *overgangsklank* ⇒*halfvocaal* **0.5** ⟨cricket⟩ *schampslag* **0.6** ⟨dansk.⟩ *glissade* ⇒*sleeppas, glijpas* **0.7** *glijspijker* ⇒*glijdop* ⟨onder stoelpoot, enz.⟩.

glide² ⟨f2⟩ ⟨ww.⟩ →gliding
I ⟨onov.ww.⟩ **0.1** *glijden* ⇒*schuiven, sluipen, zweven, ongemerkt voorbijgaan* **0.2** ⟨lucht.⟩ *zweven* ⇒*planeren, een glijvlucht ma-*

ken ◆ **5.1** ~ **along** *voortglijden;* ~ **away/off** *wegglijden, ontglippen* **6.1** ~ **across** the room *door de kamer zweven/sluipen;* ~ **along** *schuiven/zweven/glijden langs;* ~ **down** *naar beneden glijden/zweven;* ~ **into** *ongemerkt overgaan in;* ~ **out of** *wegsluipen uit;*
II ⟨ov.ww.⟩ **0.1** ***doen glijden*** ⇒*schuiven* **0.2** ***(als) in een zweefvliegtuig oversteken*** ◆ **5.1** ~ **down** the plane *het vliegtuig naar beneden laten zweven.*

'glide path ⟨telb.zn.⟩ ⟨lucht.⟩ **0.1** ***dalingsweg.***

glid·er ['glaɪdə‖-ər] ⟨f1⟩ ⟨telb.zn.⟩ **0.1** ***glijder*** **0.2** ***glijspijker*** ⇒*glijdop* ⟨onder stoelpoot enz.⟩ **0.3** ***zweefvliegtuig*** **0.4** ***zweefvlieger.***

glid·ing ['glaɪdɪŋ] ⟨f1⟩ ⟨n.-telb.zn.; gerund v. glide⟩ **0.1** ***het zweefvliegen*** ⇒*zweef(vlieg)sport* **0.2** ***het glijden.***

glim [glɪm] ⟨zn.⟩
I ⟨telb.zn.⟩ **0.1** ***schijnsel*** ⇒*zwak licht* **0.2** ***straaltje*** ⟨fig.⟩ **0.3** ⟨Sch. E⟩ ***vluchtige blik*** **0.4** ⟨vero.; sl.⟩ ***oog*** **0.5** ⟨vero.; sl.⟩ ***licht(bron)*** ⇒*verlichting, kaars, lantaarn* ◆ **1.2** not a ~ of humour *geen greintje humor;*
II ⟨mv.; ~s⟩ ⟨sl.⟩ **0.1** ***fok*** ⇒*bril.*

glim·mer[1] ['glɪmə‖-ər], ⟨in bet. I ook⟩ **glim·mer·ing** ['glɪmərɪŋ] ⟨f2⟩ ⟨zn.⟩
I ⟨telb.zn.⟩ **0.1** ***zwak licht/schijnsel*** ⇒*glinstering, flikkering* **0.2** ***straaltje*** ⟨fig.⟩ **0.3** ***vaag begrip/vermoeden*** **0.4** ***glimp*** ◆ **1.2** ~ of hope *sprankje/zweempje hoop;* not a ~ of understanding *geen flauw benul;*
II ⟨n.-telb.zn.⟩ ⟨mijnw.⟩ **0.1** ***mica*** ⇒*glimmer;*
III ⟨mv.; ~s⟩ ⟨sl.⟩ **0.1** ***ogen*** **0.2** ***koplampen.***

glimmer[2] ⟨f1⟩ ⟨onov.ww.⟩ **0.1** ***zwak schijnen*** ⇒*glimmen, zacht schitteren, flikkeren, schemeren.*

glimpse[1] [glɪmps] ⟨f3⟩ ⟨telb.zn.⟩ **0.1** ***glimp*** ⇒*vluchtige blik, kijkje, vage indruk* **0.2** ⟨vero.⟩ ***zwak schijnsel*** ◆ **3.1** catch/get a ~ of *eventjes zien, een glimp opvangen v..*

glimpse[2] ⟨f2⟩ ⟨ww.⟩
I ⟨onov.ww.⟩ **0.1** ***vluchtig kijken*** **0.2** ⟨schr.⟩ ***zwak schijnen*** ⇒*schemeren* ◆ **6.1** ~ **at** *eventjes/vluchtig bekijken;*
II ⟨ov.ww.⟩ **0.1** ***een glimp opvangen v.*** ⇒*eventjes/vluchtig zien.*

glint[1] [glɪnt] ⟨f1⟩ ⟨telb.zn.⟩ **0.1** ***schittering*** ⇒*geflikker, gefonkel, flits, straal(tje); sprankje* ⟨ook fig.⟩ **0.2** ⟨vero.⟩ ***vluchtige blik*** ⇒*glimp* ◆ **2.1** have a mean ~ in one's eye *een gemene blik in zijn ogen hebben.*

glint[2] ⟨f1⟩ ⟨ww.⟩
I ⟨onov.ww.⟩ **0.1** ***schitteren*** ⇒*fonkelen, glinsteren, glanzen;*
II ⟨onov. en ov.ww.⟩ **0.1** ***reflecteren;***
III ⟨ov.ww.⟩ **0.1** ***doen schitteren.***

gli·o·ma [gli:'oʊmə] ⟨telb.zn.; ook gliomata [-oʊmətə]; →mv. 5⟩ ⟨med.⟩ **0.1** ***glioom.***

glis·sade[1] [glɪ'sɑ:d‖-'seɪd] ⟨telb.zn.⟩ **0.1** ***glijbeweging*** ⇒*het glijden* ⟨langs sneeuwhelling, zonder ski's⟩ **0.2** ***glijbaan*** **0.3** ⟨dansk.⟩ ***glissade*** ⇒*glijpas, sleeppas* **0.4** ⟨muz.⟩ ***glissando.***

glissade[2] ⟨onov.ww.⟩ **0.1** ***glijden*** ⟨i.h.b. langs sneeuwhelling⟩ ⇒*schuiven* **0.2** ⟨dansk.⟩ ***een glissade maken.***

glis·san·do [glɪ'sændoʊ‖-'sɑn-] ⟨telb.zn.; ook glissandi [-di:]; →mv. 5⟩ ⟨muz.⟩ **0.1** ***glissando*** ⇒*portamento.*

glis·sé [glɪ'seɪ] ⟨telb.zn.⟩ ⟨dansk.⟩ **0.1** ***glissade*** ⇒*glijpas, sleeppas.*

glis·ten[1] ['glɪsn] ⟨f1⟩ ⟨telb.zn.⟩ **0.1** ***geschitter*** ⇒*glinstering, glans, geglim.*

glisten[2] ⟨f2⟩ ⟨onov.ww.⟩ **0.1** ***schitteren*** ⇒*glinsteren, glanzen, glimmen.*

glis·ter[1] ['glɪstə‖-ər] ⟨telb.zn.⟩ ⟨vero.⟩ **0.1** ***geschitter*** ⇒*glans.*

glister[2] ⟨onov.ww.⟩ ⟨vero.⟩ ⟨→sprw. 20⟩ **0.1** ***schitteren*** ⇒*glanzen, blinken.*

glitch [glɪtʃ] ⟨telb.zn.⟩ ⟨sl.⟩ **0.1** ***storing*** ⇒*probleempje, ongelukje.*

glit·ter[1] ['glɪtə‖'glɪt̬ər] ⟨f2⟩ ⟨zn.⟩
I ⟨telb.zn.⟩ **0.1** ***geschitter*** ⇒*glans, glinstering;*
II ⟨n.-telb.zn.⟩ **0.1** ***aantrekkelijkheid*** ⇒*aantrekkingskracht, charme, betovering, aanlokkelijkheid, glamour* **0.2** ***glitter*** ⟨decoratiemiddel⟩.

glitter[2] ⟨f2⟩ ⟨onov.ww.⟩ →glittering **0.1** ***schitteren*** ⇒*blinken, glinsteren, glanzen* **0.2** ***aanlokkelijk/aantrekkelijk zijn*** ⇒*bekoren* ◆ **6.1** ~ **with** *schitteren/blinken v..*

glitt·e·ra·ti ['glɪt̬ə'rɑ:t̬i] ⟨mv.⟩ **0.1** ***beau monde.***

glit·ter·ing ['glɪtrɪŋ‖'glɪt̬ərɪŋ] ⟨bn.; teg. deelw. v. glitter; -ly⟩ **0.1** ***schitterend*** ⇒*glinsterend, blinkend* **0.2** ***prachtig*** ⇒*betoverend, charmant, luisterrijk.*

glitz[1] [glɪts] ⟨n.-telb.zn.⟩ ⟨inf.⟩ **0.1** ***glitter*** ⇒*oppervlakkige praal, pracht, glamour, klatergoud.*

glitz[2] ⟨ov.ww.; vaak met up⟩ ⟨inf.⟩ **0.1** ***opdirken*** ⇒*optutten.*

glitz·y ['glɪtsi] ⟨bn.; -er; →compar. 7⟩ ⟨inf.⟩ **0.1** ***blits*** ⇒*opzichtig, opvallend, schitterend.*

gloam·ing ['gloʊmɪŋ] ⟨n.-telb.zn.; the⟩ ⟨schr.⟩ **0.1** ***(avond)schemering*** ⇒*avondgloed.*

gloat[1] [gloʊt] ⟨telb. en n.-telb.zn.⟩ **0.1** ***verlustiging*** ⇒*begerige wellustige/kwaadaardige blik* ◆ **3.1** he enjoyed ~ over his opponent's bad luck *hij verkneukelde zich in de pech v. zijn tegenstander.*

gloat[2] ⟨f1⟩ ⟨onov.ww.⟩ **0.1** ***wellustig staren*** ⇒*begerig kijken* **0.2** ***zich verlustigen*** ⇒*zich vergenoegen, zich verkneukelen, zich in de handen wrijven* ◆ **6.1** ~ **at** *wellustig/begerig/handen wrijvend bekijken, met de ogen verslinden* **6.2** ~ **over/(up)on** *zich verkneukelen in, (kwaadaardig) genoegen scheppen in.*

gloat·ing·ly ['gloʊt̬ɪŋli] ⟨bw.⟩ **0.1** ***wellustig*** ⇒*begerig, handenwrijvend, kwaadaardig.*

glob [glɒb‖glɑb] ⟨telb.zn.⟩ ⟨inf.⟩ **0.1** ***klont*** ⇒*klodder, kluit, kwak, klomp, brok* **0.2** ***druppel.***

glob·al ['gloʊbl] ⟨f2⟩ ⟨bn.; -ly⟩ **0.1** ***sferisch*** ⇒*bolvormig, bolrond* **0.2** ***wereldomvattend*** ⇒*wereld-, mondiaal, over de hele wereld (verspreid)* **0.3** ***algemeen*** ⇒*allesomvattend, totaal-, universeel, globaal* **0.4** ***eenvormig*** ⇒*homogeen* ◆ **1.2** ~ traveller *globetrotter, wereldreiziger* **1.¶** ⟨geol.⟩ ~ tectonics *schollen/plaattektoniek.*

glo·bal·ism ['gloʊbəlɪzm] ⟨n.-telb.zn.⟩ **0.1** ***aanpak/beleid*** ⟨enz.⟩ ***op wereldvlak.***

globe[1] [gloʊb] ⟨f2⟩ ⟨telb.zn.⟩ **0.1** ***bol(vormig voorwerp)*** ⇒*kogel, bal* **0.2** ⟨ben. voor⟩ ***hemellichaam*** ⇒⟨vaak the⟩ *aarde, wereldbol; planeet, asteroïde, ster; zon* **0.3** ***(aard/hemel)globe*** **0.4** ***rijksappel*** **0.5** ***oog(bol)*** ⇒*oogbal, oogappel* **0.6** ⟨ben. voor⟩ ***glazen vat/houder*** ⇒*lampekap, (lamp)ballon; viskom/glas; stolp, klok* **0.7** ⟨vnl. mv.⟩ ⟨AE; inf.⟩ ***(fraaie) borst*** ⇒*lekkere tiet, mooie jongen.*

globe[2] ⟨ww.⟩
I ⟨onov.ww.⟩ **0.1** ***bolvormig worden;***
II ⟨ov.ww.⟩ **0.1** ***bolvormig maken.***

'globe 'artichoke ⟨f1⟩ ⟨telb.zn.⟩ **0.1** ***artisjok*** ⟨vnl. de vruchtbodem en de vlezige bloemschubben⟩.

'globe 'daisy ⟨telb.zn.⟩ ⟨plantk.⟩ **0.1** ***kogelbloem*** ⟨genus Globularia⟩.

'globe·fish ⟨telb.zn.⟩ ⟨dierk.⟩ **0.1** ***kogelvis*** ⟨fam. Tetraodontidae⟩.

'globe·flow·er ⟨telb.zn.⟩ ⟨plantk.⟩ **0.1** ***trollius*** ⇒*globebloem* ⟨genus Trollius⟩.

'globe-girdl·ing ⟨bn.⟩ **0.1** ***wereldomvattend.***

'globe 'lightning ⟨n.-telb.zn.⟩ **0.1** ***bolbliksem.***

'globe·trot·ter ⟨f1⟩ ⟨telb.zn.⟩ **0.1** ***globetrotter*** ⇒*wereldreiziger.*

'globe·trot·ting ⟨n.-telb.zn.⟩ **0.1** ***het globetrotten.***

'globe valve ⟨telb.zn.⟩ ⟨tech.⟩ **0.1** ***bolafsluiter*** ⇒*bolklep, bolkraan* **0.2** ***kogelklep.***

glo·bin ['gloʊbɪn] ⟨n.-telb.zn.⟩ ⟨bioch.⟩ **0.1** ***globine*** ⟨eiwitlichaampje⟩.

glo·boid[1] ['gloʊbɔɪd] ⟨telb.zn.⟩ **0.1** ***sferoïde*** ⇒*afgeplatte bol.*

globoid[2] ⟨bn.⟩ **0.1** ***sferoïdaal*** ⇒*afgeplat bolvormig.*

glo·bose ['gloʊboʊs], ⟨AE sp. ook⟩ **glo·bous** ['gloʊbəs] ⟨bn.; -ly; -ness⟩ **0.1** ***bolvormig*** ⇒*sferisch.*

glo·bos·i·ty [gloʊ'bɒsəti‖-'bɑsət̬i] ⟨n.-telb.zn.⟩ **0.1** ***bolvormigheid.***

glob·u·lar ['glɒbjʊlə‖'glɑbjələr] ⟨f1⟩ ⟨bn.; -ly; -ness⟩ **0.1** ***bolvormig*** ⇒*sferisch, bol/kogelrond, kogelvormig* **0.2** ***globuleus*** ⟨uit kleine bolletjes/druppeltjes bestaand⟩ **0.3** ***wereldwijd.***

glob·u·lar·i·ty ['glɒbjʊ'lærəti‖'glɑbjə'lærət̬i] ⟨n.-telb.zn.⟩ **0.1** ***bolvormigheid.***

glob·ule ['glɒbju:l‖'glɑ-] ⟨f1⟩ ⟨telb.zn.⟩ **0.1** ***druppeltje*** ⇒*bolletje* **0.2** ***(homeopathisch) pilletje.***

glob·u·lin ['glɒbjʊlɪn‖'glɑbjə-] ⟨telb. en n.-telb.zn.⟩ ⟨bioch.⟩ **0.1** ***globuline.***

glock·en·spiel ['glɒkənspi:l, -ʃpi:l‖'glɑ-] ⟨telb.zn.⟩ ⟨muz.⟩ **0.1** ***klokkenspel.***

glom[1] [glɒm‖glɑm] ⟨telb.zn.⟩ ⟨AE; sl.⟩ **0.1** ***jat*** ⇒*grijphand, klauw, kluif* **0.2** ***blik*** ⇒*kijkje* ◆ **3.2** have a ~ at sth. *iets bekijken.*

glom[2] ⟨onov. en ov.ww.; →ww. 7⟩ ⟨AE; sl.⟩ **0.1** ***jatten*** ⇒*gappen, klauwen, grissen, grijpen* **0.2** ***in de kraag grijpen*** ⇒*oppakken, arresteren* **0.3** ***kijken naar*** ⇒*bekijken* ◆ **6.1** ~ **on to** sth. *iets jatten/pikken, beslag leggen op iets.*

glom·er·ate ['glɒmərət‖'glɑ-], **glo·mer·u·late** [glɒ'merʊlət‖glɑ'merə-] ⟨bn.⟩ ⟨anat., plantk.⟩ **0.1** ***kluwenvormig.***

glo·mer·u·lar [glɒ'merʊlə‖glɑ'mərələr] ⟨bn.⟩ ⟨anat.⟩ **0.1** ***met een wondernet*** **0.2** ***kluwenvormig.***

glom·er·ule ['glɒməru:l‖'glɑ-] ⟨telb.zn.⟩ **0.1** ⟨plantk.⟩ ***bloemkluwen*** **0.2** ⟨anat.⟩ ***wondernet*** ⇒*glomerules, haarvatenstelsel/net.*

glo·mer·u·lus [glɒ'merʊləs‖glɑ'merə-] ⟨telb.zn.; glomeruli [-li:]; →mv. 5⟩ ⟨anat.⟩ **0.1** ***wondernet*** ⇒*glomerulus, haarvatenstelsel/net* **0.2** ***weefselkluwen*** **0.3** ***kluwenvormig einde v.e. kluwenklier.***

glom·mer ['glɒmə‖'glɑmər] ⟨telb.zn.⟩ ⟨AE; sl.⟩ **0.1** ***grijphand*** ⇒*klauw, jat* **0.2** ***(fruit)plukker*** ⇒*seizoenarbeider.*

gloom[1] [glu:m] ⟨f2⟩ ⟨zn.⟩
I ⟨telb.zn.⟩ **0.1** ***zwaarmoedig persoon*** ⇒*melancholicus, zwartkijker* **0.2** ⟨schr.⟩ ***(half)duistere plaats;***

II ⟨telb. en n.-telb.zn.⟩ **0.1** ***duisternis*** ⇒*donkerte, halfduister, neveling* **0.2** ***mistroostigheid*** ⇒*zwaarmoedigheid, somberheid, spleen, droefgeestigheid, melancholie, treurigheid* **0.3** ***hopeloosheid*** ⇒*wanhoop*.

gloom[2] ⟨ww.⟩
I ⟨ov.ww.⟩ **0.1** ***halfduister worden/zijn*** **0.2** ***mistroostig worden/zijn*** ⇒*treuren, er somber uitzien;*
II ⟨ov.ww.⟩ **0.1** ***(half)duister maken*** ⇒*verdonkeren, verduisteren* **0.2** ***mistroostig maken*** ⇒*bedroeven, versomberen*.

gloom·y ['glu:mi]⟨f2⟩⟨bn.; -er; -ly; -ness; →bijw. 3⟩ **0.1** ***duister*** ⇒*(half)donker, nevelig* **0.2** ***mistroostig*** ⇒*zwaarmoedig, somber, droefgeestig, melancholisch, treurig* **0.3** ***hopeloos*** ⇒*weinig hoopgevend, wanhopig*.

glop [glɒp||glɑp]⟨n.-telb.zn.⟩⟨AE; sl.⟩ **0.1** ***smurrie*** ⇒*brij, rotzooi* **0.2** ***smartlapperij*** ⇒*sentimentaliteit*.

glo·ri·a ['glɔ:rɪə]⟨f1⟩⟨zn.⟩
I ⟨telb.zn.⟩ **0.1** ⟨G-⟩⟨R.-K.⟩ ***gloria*** ⟨2de deel v.h. Ordinarium v.d. mis⟩ **0.2** ***glorie*** ⇒*aureool, nimbus, stralenkrans, glorieol;*
II ⟨n.-telb.zn.⟩ **0.1** ***gloriazijde***.

glo·ri·fi·ca·tion ['glɔ:rɪfɪ'keɪʃn]⟨f1⟩⟨telb. en n.-telb.zn.⟩ **0.1** ***verheerlijking*** ⇒*glorificatie, glorie* **0.2** ***sublimering*** ⇒*verbloeming, verfraaiing*.

glo·ri·fy ['glɔ:rɪfaɪ]⟨f2⟩⟨ov.ww.; →ww. 7⟩ **0.1** ***verheerlijken*** ⇒*vereren, dankzeggen, loven, aanbidden* **0.2** ***ophemelen*** **0.3** ***roemen*** ⇒*loven, prijzen* **0.4** ***sublimeren*** ⇒*verfraaien, mooier voorstellen, verheffen* ◆ **1.2** ⟨scherts.⟩ this isn't a country house but a glorified hut *dit is geen landhuis, maar een veredeld soort hut*.

glo·ri·ole ['glɔ:rioul]⟨telb.zn.⟩ **0.1** ***glorieol*** ⇒*glorie, aureool, nimbus, stralenkrans*.

glo·ri·ous ['glɔ:rɪəs]⟨f3⟩⟨bn.; -ly; -ness⟩ **0.1** ***roem/glorierijk*** ⇒*glorieus, luisterrijk, illuster, eervol, glorievol* **0.2** ***prachtvol*** ⇒*groots, prachtig, schitterend, heerlijk, magnifiek* **0.3** ⟨inf.⟩ ***alleraangenaamst*** ⇒*prettig, genotrijk* **0.4** ⟨iron.⟩ ***vreselijk*** ⇒*ontzaglijk* ◆ **1.1** the ~ deeds of war heroes *de roemrijke daden van oorlogshelden* **1.2** what a ~ season! *wat een schitterend seizoen!* **1.3** our neighbours had ~ fun in Paris *onze buren hebben dolle pret beleefd in Parijs* **1.4** my life is a ~ muddle *mijn leven is één grote modderpoel* **1.¶** Glorious Revolution *verdrijving v. Jacobus II v. Engeland* ⟨1688⟩; the ~ 12th *opening v.h. jachtseizoen (korhoen) op 12 augustus*.

glo·ry[1] ['glɔ:ri]⟨f3⟩⟨zn.; →mv. 2⟩
I ⟨telb.zn.⟩ **0.1** ***glorie*** ⇒*trots, gloriedaad, roemvol/prachtig iets* **0.2** ***aureool*** ⇒*glorie, nimbus, stralenkrans* **0.3** ⟨AE; sl.; spoorwegen⟩ ***lege goederentrein*** ◆ **1.1** this rare book is the ~ of our library *dit zeldzame boek is de trots v. onze bibliotheek;* the glories of Rome *de gloriën/glories v. Rome;*
II ⟨n.-telb.zn.⟩ **0.1** ***glorie*** ⇒*eer, grote faam, roem, vermaardheid* **0.2** ***lof*** ⇒*dankzegging, ereprijs, eerbetoning/betuiging* **0.3** ***luister*** ⇒*glorie, majesteit, praal, pracht* **0.4** ***(hemelse) glorie*** ⇒*gelukzaligheid, (hemelse) heerlijkheid, eeuwig heil, zaligheid* ◆ **1.2** ~ to the Father *eer aan de Vader* **1.3** the ~ of a blossoming tree *de pracht v.e. bloesemende boom* **3.1** covered in/crowned with ~ *met roem overladen* **3.4** ⟨inf.⟩ go to ~ *het tijdelijke met het eeuwige verwisselen;* ⟨inf.⟩ send to ~ *naar de andere wereld helpen* **¶.2** ~ (be)! *goddank!; lieve hemel!, asjemenou!*.

glory[2] ⟨onov.ww.; →ww. 7⟩ **0.1** ***gloriëren*** ⇒*pralen, roemen* **0.2** ⟨vero.⟩ ***bluffen*** ⇒*opscheppen, pochen* ◆ **6.¶** →glory **in**.

'glory box ⟨telb.zn.⟩⟨Austr. E⟩ **0.1** ***bruidskorf*** ⇒*(huwelijks)uitzet*.

'glory hole ⟨telb.zn.⟩ **0.1** ⟨inf.⟩ ***rommelberging*** ⇒*rommelkast/lade/kamer, bergkast* **0.2** ⟨scheep.⟩ ***(tussendeks) proviandhok*** **0.3** ⟨scheep.⟩ ***slaapgelegenheid voor bemanning*** **0.4** ⟨glasfabricage⟩ ***herverhittingsoven*** ⇒*hulpoven*.

'glory in ⟨f2⟩⟨onov.ww.⟩ **0.1** ***zich verheugen in*** ⇒*blij zijn met, verheugd zijn om* **0.2** ***trots zijn op*** ⇒*prat gaan op* **0.3** ⟨iron.⟩ ***gezegend zijn met*** ◆ **1.2** she gloried in her wit *zij ging prat op haar scherpzinnigheid*.

'glo·ry-of-the-'snow ⟨telb.zn.⟩⟨plantk.⟩ **0.1** ***sneeuwroem*** ⟨Chionodoxa luciliae⟩.

Glos ⟨afk.⟩ Gloucestershire.

gloss[1] [glɒs||glɑs]⟨f2⟩⟨zn.⟩
I ⟨telb.zn.⟩ **0.1** ***glos(se)*** ⇒*verklarende aantekening* **0.2** ***glos(se)*** ⇒*commentaar, glossarium, interpretatie, parafrase, toelichting, voetnoten* **0.3** ***woordverdraaiing*** ⇒*foute interpretatie, valse uitleg* **0.4** ***lipgloss*** ⇒*lippenglans* ◆ **3.1** add a ~ to *een aantekening maken bij* **3.2** write ~es on *een commentaar schrijven bij* **6.2** Chaucer's language can not be understood without a ~ *de taal van Chaucer is onbegrijpelijk zonder toelichting;*
II ⟨telb. en n.-telb.zn.⟩ **0.1** ***glamour*** ⇒*bedrieglijke luister, klatergoud, schone schijn* ◆ **6.1** he hides his insecurity **under** a ~ of self-complacency *hij verbergt zijn onzekerheid achter een masker van zelfingenomenheid;*
III ⟨n.-telb.zn.⟩ **0.1** ***glans***.

gloss[2] ⟨f1⟩⟨ww.⟩
I ⟨onov.ww.⟩ **0.1** ***glanzend worden*** ⇒*glimmend/blinkend worden* **0.2** ***glossen maken*** ⇒*aantekeningen maken, een commentaar geven* **0.3** ***glossen maken*** ⇒*aanmerkingen/stekelige opmerkingen maken;*
II ⟨ov.ww.⟩ **0.1** ***doen glanzen*** ⇒*glanzend maken, polijsten* **0.2** ***persglans geven*** ⟨bv. aan een laken⟩ ⇒*kalanderen* **0.3** ***glosseren*** ⇒*van aantekeningen voorzien* **0.4** ***verbloemen*** ⇒*goedpraten, met de mantel der liefde bedekken, stilzwijgend voorbijgaan, verdoezelen* ◆ **6.4** ~ **over** s.o.'s errors *iemands fouten verbloemen/verdoezelen*.

glos·sal ['glɒsl||'glɑsl]⟨bn., attr.⟩ **0.1** ***linguaal*** ⇒*tong-, v.d. tong*.

glos·sar·i·al [glɒ'seərɪəl||glɑ'serɪəl]⟨bn.; -ly⟩ **0.1** ***verklarend***.

glossarist →glossographer.

glos·sa·ry ['glɒs(ə)ri||'glɑ-]⟨f2⟩⟨telb.zn.; →mv. 2⟩ **0.1** ***glossarium*** ⇒*verklarende woordenlijst*.

glos·sa·tor ['glɒseɪtə||'glɑseɪtər]⟨telb.zn.⟩ **0.1** ***glossator*** ⟨vnl. v. middeleeuwse wetteksten⟩ ⇒*glossenmaker/maakster, commentator*.

gloss·e·mat·ics ['glɒsə'mætɪks||'glɑsə'mætɪks]⟨mv.; ww. vnl. enk.⟩ ⟨taalk.⟩ **0.1** ***glossematica*** ⟨taaltheorie v. Hjelmslev⟩.

gloss·eme ['glɒsi:m||'glɑ-]⟨telb.zn.⟩⟨taalk.⟩ **0.1** ***glosseem*** ⇒*kleinste betekeniseenheid*.

glos·si·tis [glɒ'saɪtɪs||glɑ'saɪtɪs]⟨telb. en n.-telb.zn.⟩⟨med.⟩ **0.1** ***glossitis*** ⇒*tongontsteking*.

glos·so- ['glɒsou||'glɑsou], ⟨voor vocaal⟩ **gloss-** ['glɒs||'glɑs] **0.1** ***gloss-*** ⇒*linguaal-, tong-* **0.2** ***glossen-*** ⇒*glossarium-* ◆ **¶.1** glossolaryngal *linguaal-laryngaal;* glossopharyngeal *glossopharyngaal*.

glos·sog·ra·pher [glɒ'sɒgrəfə||glɑ'sɑgrəfər], **glos·sa·rist** ['glɒsərɪst||'glɑ-]⟨telb.zn.⟩ **0.1** ***glossenschrijver/schrijfster*** ⇒*commentator, connotator* **0.2** ***glossariumschrijver/schrijfster***.

glos·so·la·li·a ['glɒsou'leɪlɪə||'glɑ-]⟨n.-telb.zn.⟩ **0.1** ***glossolalie*** ⇒*wartaal* ⟨mbt. bep. schizofreniesyndromen⟩ **0.2** ***glossolalie*** ⇒*het met andere tongen spreken* ⟨naar Hand. 2:4⟩, *extatisch spreken*.

glos·sol·o·gy [glɒ'sɒlədʒi||glɑ'sɑ-]⟨n.-telb.zn.⟩⟨vero.⟩ **0.1** ***terminologie*** **0.2** ***taalkunde*** ⇒*linguïstiek*.

'gloss 'paint ⟨n.-telb.zn.⟩ **0.1** ***(hoog)glansverf***.

gloss·y[1] ['glɒsi||'glɑsi]⟨f1⟩⟨telb.zn.; →mv. 2⟩ **0.1** ⟨foto.⟩ ***gesatineerde/glanzende foto*** **0.2** ***duur(der)/chic blad*** ⟨gedrukt op glanspapier met mooie kleurenfoto's over mode, tuinen, landhuizen enz.⟩ ⇒*luxeblad*.

glossy[2] ⟨f1⟩⟨bn.; -er; -ly; -ness; →bijw. 3⟩ **0.1** ***glanzend*** ⇒*blinkend, glad, glimmend, fijn geglansd* **0.2** ***schijnschoon*** ◆ **1.1** ~ paper *gesatineerd papier;* ~ (photographic) print *glanzende foto* **1.¶** ⟨dierk.⟩ ~ ibis *zwarte ibi* ⟨Plegadis falcinellus⟩; ~ magazine/periodical *populair (roddel/mode)blad*.

glost [glɒst||glɔst, glɑst]⟨n.-telb.zn.⟩⟨keramiek⟩ **0.1** ***loodglazuur*** **0.2** ***verglaasde keramiek***.

glot·tal ['glɒtl||'glɑtl], ⟨zelden⟩ **glot·tic** ['glɒtɪk||'glɑtɪk]⟨bn.⟩ **0.1** ***glottis-*** ⇒*mbt. de stemspleet* **0.2** ⟨taalk.⟩ ***uitgesproken in/met de stemspleet*** ◆ **1.2** ⟨taalk.⟩ ~ catch/stop *glottisslag, harde steminzet*.

Glouces·ter ['glɒstə||'glɑstər]⟨f1⟩⟨zn.⟩
I ⟨eig.n.⟩ **0.1** ***Gloucester;***
II ⟨n.-telb.zn.⟩ **0.1** ***Gloucesterkaas*** ⟨harde kaassoort⟩ ◆ **2.1** double ~ *volvette Gloucesterkaas;* single ~ *halfvette Gloucesterkaas*.

glove[1] [glʌv]⟨f3⟩⟨telb.zn.⟩ **0.1** ***handschoen*** ⇒*boks/honkbal/pantser/werkhandschoen* ◆ **3.1** your dress fits like a ~ *je jurk zit als gegoten* **3.¶** handle s.o. without ~s *iem. hard aanpakken;* take off the ~s to s.o. *iem. zonder handschoentjes/hard aanpakken;* take up the ~s *de handschoen opnemen, de strijd aanvaarden;* throw down the ~s *de handschoen toewerpen* **5.¶** the ~s are **off** *de poppen gaan aan het dansen, het wordt menens;* they were talking with the ~s **off** *ze spraken onverbloemde taal*.

glove[2] ⟨f1⟩⟨ov.ww.⟩ **0.1** ***van handschoenen voorzien*** **0.2** ***bedekken (als) met een handschoen***.

'glove box ⟨telb.zn.⟩ **0.1** ***handschoen(en)doos*** **0.2** →glove compartment **0.3** ⟨kernenergie⟩ ***handschoenkast***.

'glove compartment, 'glove box, 'glove locker ⟨telb.zn.⟩ **0.1** ***handschoen(en)kastje*** ⟨in auto⟩.

'glove puppet ⟨telb.zn.⟩ **0.1** ***handpop***.

glov·er ['glʌvə||-ər]⟨telb.zn.⟩ **0.1** ***handschoen(en)maker*** **0.2** ***handschoen(en)verkoper***.

glow[1] [glou]⟨f2⟩⟨telb.zn.⟩ **0.1** ***gloed*** ⇒⟨fig.⟩ *bezieling, gloed, enthousiasme, hartstocht, ijver, kracht, vuur* **0.2** ***kleurenpracht*** **0.3** ***blos*** ⇒*(schaam)rood* **0.4** ***drift*** ⇒*toorn* **0.5** ***glimlicht*** **0.6** ⟨AE; inf.⟩ ***lichte roes*** ◆ **1.3** the ~ of health *een gezonde blos/(rode) kleur* **3.6** have a ~ on *aangeschoten/een beetje teut zijn* **6.1** (all) **in** a ~ *gloeiend, opgewonden*.

glow[2] ⟨f2⟩⟨onov.ww.⟩ →glowing **0.1** ***gloeien*** ⇒*glimmen* **0.2** ***bezield***

zijn ⇒*een grote ijver aan de dag leggen, enthousiast zijn, glimmen* **0.3** ***veelkleurig zijn*** ⇒*kleurenpracht vertonen* **0.4** ***blozen*** ⇒⟨fig.⟩ *beschaamd zijn, verlegen zijn* **0.5** ***rood/paars aanlopen*** ⇒*purper worden van woede, vertoornd zijn* **0.6** ***trots zijn*** ⇒*fier zijn* ◆ **6.6** ~ing **with** pride *zo trots als een pauw.*

'glow discharge ⟨telb.zn.⟩ ⟨elek.⟩ **0.1** ***glimontlading.***

glow·er[1] ['glauə‖-ər] ⟨telb.zn.⟩ **0.1** ***norse/sombere blik.***

glower[2] ⟨f1⟩ ⟨onov.ww.⟩ **0.1** ***dreigend kijken*** ⇒*boos/kwaad kijken* **0.2** ***uitdagend aankijken*** ⇒*tartend aankijken* **0.3** ***bang kijken*** ⇒*met angstogen aanstaren* **0.4** ***staren*** ◆ **6.1** ~ **at** s.o. *iem. kwaad aankijken.*

glow·er·ing·ly ['glauərıŋli] ⟨bw.⟩ **0.1** ***met boze blik*** ⇒*dreigend kijkend* **0.2** ***met angstogen.***

glow·ing ['glouıŋ] ⟨f1⟩ ⟨bn.; teg. deelw. v. glow; -ly⟩ **0.1** ***gloeiend*** ⇒*stralend* **0.2** ***gloedvol*** ⇒*levendig, geestdriftig, schilderachtig* ◆ **1.1** ~ cheeks *blozende wangen* **1.2** give a ~ account of *een enthousiast/gunstig/positief verslag uitbrengen over.*

'glow lamp ⟨telb.zn.⟩ **0.1** ***gloeilamp.***

'glow plug ⟨telb.zn.⟩ **0.1** ***gloeipatroon*** ⟨in dieselmotor⟩.

'glow·worm ⟨f1⟩ ⟨telb.zn.⟩ **0.1** ***glimworm*** ⇒*glimkever* **0.2** ⟨AE; inf.⟩ ***amateurfotograaf.***

glox·in·i·a [glɒk'sınıə‖glɑk-] ⟨telb.zn.⟩ ⟨plantk.⟩ **0.1** ***gloxinia*** ⟨tropische sierplant; Sinningia speciosa⟩.

gloze[1] [glouz] ⟨n.-telb.zn.⟩ ⟨vero.⟩ **0.1** ***vleierij*** ⇒*geflikflooi* **0.2** ***glosse*** **0.3** ***valse uitlegging.***

gloze[2] ⟨ww.⟩
I ⟨onov.ww.⟩ ⟨vero.⟩ **0.1** ***opmerkingen maken*** ⇒*(be)commentariëren* ◆ **6.1** ~ **(up)on** *(be)commentariëren, uitleggen;*
II ⟨ov.ww.⟩ **0.1** ***verbloemen*** ⇒*vergoelijken, flatteren* **0.2** ***minimaliseren*** **0.3** ***van aantekeningen voorzien*** ⇒*glosseren* **0.4** ***vleien*** ⇒*naar de mond praten* ◆ **5.2** ~ **over** *verbloemen, vergoelijken.*

glub[1] [glʌb] ⟨f1⟩ ⟨telb.zn.⟩ **0.1** ***blub*** ⇒*klok* ◆ ¶.**1** ⟨als tussenw.⟩ ~, ~, ~! *klok, klok, klok!.*

glub[2] ⟨onov.ww.⟩ **0.1** ***klokken*** ⇒*een klokkend geluid maken.*

glu·ca·gon ['glu:kəgɒn‖-gɑn] ⟨n.-telb.zn.⟩ ⟨bioch.⟩ **0.1** ***glucagon*** ⟨hormoon v.d. alvleesklier⟩.

glu·cose ['glu:kous] ⟨f2⟩ ⟨n.-telb.zn.⟩ **0.1** ***glucose*** ⇒*druivesuiker.*

glu·co·side ['glu:kəsaıd] ⟨telb.zn.⟩ ⟨schei.⟩ **0.1** ***glucoside*** ⇒*glycoside.*

glu·co·sid·ic ['glu:kə'sıdık] ⟨bn.⟩ ⟨schei.⟩ **0.1** ***glucoside-.***

glue[1] [glu:] ⟨f2⟩ ⟨n.-telb.zn.⟩ **0.1** ***lijm*** ⇒*caseïnelijm, houtlijm, gom* **0.2** ***glutinelijm*** ⇒*vislijm, vleeslijm* **0.3** ⟨AE; inf.⟩ ***poen.***

glue[2] ⟨f2⟩ ⟨ov.ww.; teg. deelw. ook gluing⟩ **0.1** ***lijmen*** ⇒*plakken, vastkleven, hechten* **0.2** ***persen tegen*** ⇒*dichtbij houden/blijven, vestigen op* ◆ **6.1** ⟨fig.⟩ his eyes were ~d **to** the girl *hij kon zijn ogen niet van het meisje afhouden* **6.2** my son stayed ~d **to** my side *mijn zoon week niet van mijn zijde* **6.¶** ~ o.s. **to** sth. *zich vastbijten in iets, iets alle aandacht geven.*

'glue-pot ⟨telb.zn.⟩ **0.1** ***lijmpot*** ⇒*gompot* **0.2** ***modderpoel*** **0.3** ⟨AE; inf.⟩ ***renpaard.***

'glue-sniff·ing ⟨n.-telb.zn.⟩ **0.1** ***lijm/solutie-snuiven.***

glue·y ['glu:i] ⟨f1⟩ ⟨bn.; gluier, gluiest⟩ **0.1** ***kleverig*** ⇒*plakkerig, plakkend, lijmachtig* **0.2** ***met lijm bedekt.***

glug [glʌg] ⟨onov.ww.; →ww. 7⟩ **0.1** ***klokken*** ⟨v. fles⟩.

glum [glʌm] ⟨f1⟩ ⟨bn.; -er; -ly; -ness; →compar. 7⟩ **0.1** ***mistroostig*** ⇒*sip, verdrietig, terneergeslagen, zwaarmoedig* **0.2** ***ontstemd*** ⇒*nors.*

glu·ma·ceous [glu:'meıʃəs], **glum·ose** ['glu:mous] ⟨bn.⟩ ⟨plantk.⟩ **0.1** ***kafjes dragend.***

glume [glu:m] ⟨telb.zn.⟩ ⟨plantk.⟩ **0.1** ***kafje*** ⇒*kelkkafje* ⟨v. aar⟩, *kroonkafje* ⟨v. bloem⟩.

glut[1] [glʌt] ⟨f1⟩ ⟨telb.zn.; vnl. enk.⟩ **0.1** ***overvloed*** **0.2** ⟨ec.⟩ ***(over) verzadiging*** ⇒*overlading, overschot, overvoering, (over)saturatie* ◆ **1.2** there is a ~ of science fiction novels on the market *de markt wordt overspoeld/overvoerd met science fiction romans.*

glut[2] ⟨f1⟩ ⟨ww.; →ww. 7⟩
I ⟨onov.ww.⟩ **0.1** ***zich volstoppen*** ⇒*zijn buik dik eten;*
II ⟨ov.ww.⟩ **0.1** ***volstoppen*** ⇒*volledig bevredigen* ⟨honger⟩, *vullen* ⟨maag⟩ **0.2** ***(over)verzadigen*** ⇒*overladen, overvoeren, satureren* ⟨markt⟩ ◆ **1.1** ~ one's eyes with *met de ogen verslinden* **4.1** ~ o.s. with *al te gulzig opeten, opschrokken, zich volstoppen met.*

glu·ta·mate ['glu:ṭəmeıt] ⟨n.-telb.zn.⟩ ⟨bioch.⟩ **0.1** ***natriumzout (v. glutaminezuur).***

glu·tam·ic [glu:'tæmık] ⟨bn.⟩ ⟨bioch.⟩ **0.1** ***glutamine-.***

glu·ta·mine ['glu:ṭəmi:n, -mın] ⟨n.-telb.zn.⟩ ⟨bioch.⟩ **0.1** ***glutamine.***

glu·tar·al·de·hyde ['glu:ṭə'rældəhaıd] ⟨n.-telb.zn.⟩ ⟨schei.⟩ **0.1** ***glutaraldehyde.***

glu·te·al ['glu:ṭıəl] ⟨bn.⟩ ⟨anat.⟩ **0.1** ***gluteaal*** ⇒*mbt. de bilspier(en).*

glu·ten ['glu:tn] ⟨n.-telb.zn.⟩ **0.1** ***kleefstof*** ⟨uit graan⟩ ⇒*gluten, stijfsel, (behangers)plakmeel, gluton* **0.2** ***kleverige afscheiding*** ⟨v. dieren⟩.

'gluten bread ⟨telb.zn.⟩ **0.1** ***glutenbrood*** ⇒*dieetbrood.*

glu·te·nous, glu·ti·nous ['glu:tınəs‖'glu:tn·əs] ⟨f1⟩ ⟨bn.; -ly; -ness⟩ **0.1** ***glutineus*** ⇒*kleverig, lijmerig, plakkerig, lijmbevattend.*

glu·te·us ['glu:ṭıəs] ⟨telb.zn.; glutei ['glu:ṭiaı]; →mv. 5⟩ ⟨anat.⟩ **0.1** ***gluteus*** ⇒*bilspier* ◆ **2.1** ~ maximus *grote bilspier;* ~ medius *middelste bilspier;* ~ minimus *kleinste bilspier.*

glu·ti·nos·i·ty ['glu:tı'nɒsəti‖'glu:tn'ɑsəṭi] ⟨n.-telb.zn.⟩ **0.1** ***kleverigheid*** ⇒*plakkerigheid.*

glut·ton ['glʌtn] ⟨f1⟩ ⟨telb.zn.⟩ **0.1** ***slokop*** ⇒*gulzigaard, (veel)vraat* **0.2** ⟨dierk.⟩ ***veelvraat*** ⇒*warg* ⟨Gulo gulo⟩ ◆ **1.1** a ~ of books *een boekenvreter, een verslinder v. boeken;* he keeps going to the office; he's a real ~ for punishment *hij gaat steeds maar weer naar het kantoor; hij heeft het graag zwaar;* a ~ for work *een werkezel.*

glut·ton·ous ['glʌtn·əs] ⟨f1⟩ ⟨bn.; -ly⟩ **0.1** ***gulzig*** ⇒*vraatzuchtig, schrokkig.*

glut·to·ny ['glʌtn·i] ⟨f1⟩ ⟨n.-telb.zn.⟩ ⟨→sprw. 222⟩ **0.1** ***gulzigheid*** ⇒*vraatzucht, schrokkerij.*

glyc- [glıs, glaıs], **gly·co-** ['glaıkou] ⟨bioch.⟩ **0.1** ***glyc(o)-*** ⇒*suiker-* ◆ ¶.**1** glycine *glycine;* glycogen *glycogeen.*

glyc·er·ic [glı'serık] ⟨bn., attr.⟩ ⟨schei.⟩ **0.1** ***glycerine-.***

glyc·er·ide ['glıs(ə)raıd] ⟨n.-telb.zn.⟩ ⟨schei.⟩ **0.1** ***glyceride.***

glyc·er·in·ate ['glıs(ə)rıneıt] ⟨ov.ww.⟩ ⟨schei.⟩ **0.1** ***met glycerine behandelen.***

glyc·er·ol ['glıs(ə)rɒl‖-rɔl], **gly·cer·ine,** ⟨AE sp. ook⟩ **gly·cer·in** [-ri:n, -rın‖-rın] ⟨n.-telb.zn.⟩ ⟨schei.⟩ **0.1** ***glycerol*** ⇒*glycerine.*

glyc·er·yl ['glıs(ə)rıl] ⟨n.-telb.zn.⟩ ⟨bioch.⟩ **0.1** ***glyceroltrinitraat.***

gly·cine ['glaısi:n], ⟨AE sp. ook⟩ **gly·cin** [-sın] ⟨n.-telb.zn.⟩ ⟨bioch.⟩ **0.1** ***glycine.***

gly·co·gen ['glaıkədʒen] ⟨telb. en n.-telb.zn.⟩ ⟨bioch.⟩ **0.1** ***glycogeen*** ⇒*spiersuiker, dierlijk zetmeel.*

gly·co·gen·e·sis [-'dʒenısıs] ⟨n.-telb.zn.⟩ ⟨bioch.⟩ **0.1** ***glycogeenvorming*** ⟨uit glucose⟩ **0.2** ***glucosevorming*** ⟨uit glycogeen⟩.

gly·co·gen·ic [-'dʒenık] ⟨bn.⟩ ⟨bioch.⟩ **0.1** ***glycogeen-.***

gly·col ['glaıkɒl‖-kɔl] ⟨zn.⟩ ⟨schei.⟩
I ⟨telb. en n.-telb.zn.⟩ **0.1** ***glycol*** ⇒*alkaandiol;*
II ⟨n.-telb.zn.⟩ **0.1** ***glycol*** ⇒*ethaandiol, etheenglycol.*

gly·col·(l)ic [glaı'kɒlık‖-'kɑ-] ⟨bn., attr.⟩ ⟨schei.⟩ **0.1** ***glycol-*** ◆ **1.1** ~ acid *glycolzuur, (hydr)oxy-azijnzuur.*

gly·co·ly·sis [glaı'kɒlısıs‖-'kɑ-] ⟨telb.zn.; glycolyses [-si:z]; →mv. 5⟩ ⟨bioch.⟩ **0.1** ***glycolyse.***

gly·co·side ['glaıkəsaıd] ⟨telb.zn.⟩ ⟨bioch.⟩ **0.1** ***glycoside.***

gly·co·su·ri·a ['glaıkou'sjuəriə‖-'surıə] ⟨telb. en n.-telb.zn.⟩ ⟨med.⟩ **0.1** ***glycosurie*** ⇒*melliturie.*

gly·co·su·ric [-'sjuərık‖-'surık] ⟨bn.⟩ ⟨med.⟩ **0.1** ***glycosurisch.***

glyph [glıf] ⟨telb.zn.⟩ **0.1** ***groef*** ⇒*cannelure* ⟨in zuil⟩, *verticale siersleuf/groef* **0.2** ***reliëffiguur*** ⇒*reliëfdecoratie/tekening* **0.3** ***teken*** ⟨zoals een pijl op een verkeersbord⟩ ⇒*symbool* **0.4** ⟨vero.⟩ ***(ingebeiteld) schriftteken*** ⇒*hiëroglief.*

glyph·ic ['glıfık], **glyp·tic** ['glıptık] ⟨bn.⟩
I ⟨bn.⟩ **0.1** ***gegraveerd;***
II ⟨bn., attr.⟩ **0.1** ***graveer-*** ⇒*mbt. het graveren* ◆ **1.1** ~ art *graveerkunst, glyptiek.*

glyp·to·don ['glıptədɒn‖-dɑn] ⟨telb.zn.⟩ **0.1** ***glyptodon(t)*** ⇒*reuzengordeldier* ⟨prehistorisch⟩.

glyp·tog·ra·phy [glıp'tɒgrəfi‖-'tɑ-] ⟨n.-telb.zn.⟩ **0.1** ***glyptiek*** ⇒*steensnijkunst.*

gm ⟨afk.⟩ gram **0.1** ***g(r).***

GM ⟨afk.⟩ general manager; George Medal ⟨BE⟩; grand master.

'G-man ⟨telb.zn.⟩ **0.1** ⟨AE; inf.⟩ ***F.B.I.-agent*** **0.2** ⟨IE⟩ ***detective*** **0.3** ⟨verk.⟩ ⟨garbage man⟩ ⟨AE; inf.⟩ ***vuilnisman.***

G'M counter ⟨telb.zn.⟩ **0.1** ***geigerteller.***

GMT, Gmt ⟨eig.n.⟩ ⟨afk.⟩ Greenwich Mean Time **0.1** ***GT*** ⇒*Greenwichtijd.*

gnarl[1] [nɑ:l‖nɑrl] ⟨telb.zn.⟩ **0.1** ***knoest*** ⇒*kwast, noest.*

gnarl[2] ⟨ww.⟩ →gnarled
I ⟨onov.ww.⟩ **0.1** ***grommen*** ⇒*knorren, brommen, grollen;*
II ⟨ov.ww.⟩ **0.1** ***knoestig maken*** **0.2** ***verdraaien*** ⇒*verwringen, vervormen.*

gnarled [nɑ:ld‖nɑrld], **gnarl·y** ['nɑ:li‖'nɑrli] ⟨f1⟩ ⟨bn.; 1ste variant volt. deelw. v. gnarl⟩ **0.1** ***knoestig*** ⇒*knokig, ruw, verweerd* **0.2** ***misvormd*** **0.3** ***knorrig*** ⇒*brommig, kribbig* ◆ **1.1** my grandfather has ~ hands *mijn grootvader heeft verweerde handen.*

gnar(r) [nɑ:‖nɑr] ⟨onov.ww.; →ww. 7⟩ **0.1** ***grommen*** ⇒*knorren, brommen, grollen.*

gnash[1] [næʃ] ⟨n.-telb.zn.⟩ **0.1** ***tand(en)geknars*** ⇒*tandgeklapper.*

gnash[2] ⟨f1⟩ ⟨ww.⟩
I ⟨onov.ww.⟩ **0.1** ***knarsetanden*** ⇒*tandenknarsen;*
II ⟨ov.ww.⟩ **0.1** ***knarsen op/met*** ◆ **1.1** ~ one's teeth (at/over) *tandenknarsen (over).*

gnat [næt] ⟨f1⟩ ⟨telb.zn.⟩ ⟨→sprw. 454⟩ **0.1** ***mug*** ⇒*muskiet* ◆ **3.¶**

strain at a ~ (and swallow a camel) *de mug uitziften (en de kameel doorzwelgen)* ⟨naar Matt. 23:24⟩; *muggeziften.*

gnath·ic ['næθɪk]⟨bn.⟩ **0.1** ***kaak(s)-*** ⇒*mbt. de kaak.*

gnat's eyebrows ['næts 'aɪbraʊz]⟨mv., the⟩⟨AE; inf.⟩ **0.1** ***neusje v.d. zalm.***

'gnat's 'heel ⟨n.-telb.zn.; the⟩⟨AE; inf.⟩ **0.1** ***ietsiepietsie*** ⇒*speldeknop.*

'gnat strainer ⟨telb.zn.⟩⟨vaak pej.⟩ **0.1** ***muggezifter*** ⟨naar Matt. 23:24⟩.

'gnat's 'whistle ⟨n.-telb.zn.; the⟩⟨AE; inf.⟩ **0.1** ***neusje v.d. zalm.***

'gnat worm ⟨telb.zn.⟩ **0.1** ***larve v. mug.***

gnaw [nɔ:]⟨f2⟩⟨ww.; volt. deelw. ook gnawn [nɔ:n]⟩ →gnawing
I ⟨onov.ww.⟩ **0.1** ***knagen*** ⟨ook fig.⟩ ⇒*knabbelen; smart veroorzaken, pijn doen* **0.2** ***invreten*** ⇒*corrosie veroorzaken* ◆ **6.1** ~ (away) **at** *knagen aan, wegknagen* ⟨ook fig.⟩; sorrow ~ed **at** him *leed kwelde hem;*
II ⟨ov.ww.⟩ **0.1** ***knagen aan*** ⟨ook fig.⟩ ⇒*kwellen, beklemmen, benauwen* **0.2** ***(uit)knagen*** **0.3** ***afknagen*** **0.4** ***eroderen*** ◆ **1.1** despair ~s my heart *wanhoop beklemt mijn hart* **1.2** the mice have ~n a small hole *de muizen hebben een holletje uitgeknaagd* **1.4** the current ~ed the bank *de stroming deed de oever afkalven* **5.3** →gnaw **away**; ~**off** *afknagen* **6.2** ~ **in** two *in tweeën bijten.*

'gnaw a'way ⟨f1⟩⟨ov.ww.⟩ **0.1** ***wegknagen*** ⟨ook fig.⟩ ⇒*(door pijn) verteren* **0.2** ***eroderen*** ◆ **1.1** a series of desillusions had gnawed away his hope *een reeks desillusies hadden zijn hoop ondermijnd.*

gnaw·ing ['nɔ:ɪŋ]⟨f1⟩⟨bn., attr.; teg. deelw. v. gnaw⟩ **0.1** ***knagend*** ⇒*kwellend, nijpend* ◆ **1.1** ~ hunger *nijpende honger.*

gneiss ['naɪs]⟨telb. en n.-telb.zn.⟩⟨geol.⟩ **0.1** ***gneis*** ⟨gesteente⟩.

gneiss·ic ['naɪsɪk], **gneiss·oid** [-sɔɪd], **gneiss·ose** [-soʊs]⟨bn.⟩ **0.1** ***gneisachtig.***

gnoc·chi ['nɒki||'nɑki]⟨mv.; ww. ook enk.⟩⟨cul.⟩ **0.1** ***gnocchi.***

gnome [noʊm]⟨f1⟩⟨telb.zn.⟩ **0.1** ***gnoom*** ⇒*aardgeest, aardmannetje, kabouter, dwerg* **0.2** ***tuinkabouter*** **0.3** ***ouwelijk mannetje*** **0.4** ⟨vaak mv.⟩⟨inf.⟩ ***(invloedrijk) financier/bankier*** ⇒*geldmagnaat* **0.5** ***gnome*** ⇒*aforisme, maxime, leerspreuk* ◆ **1.4** the ~s of Zurich *de grote Zwitserse bankiers.*

gno·mic ['noʊmɪk]⟨bn.; -ally; →bijw. 3⟩ **0.1** ***gnomisch*** ⇒*aforistisch, zinspreukig, spreukvormig, vol spreuken.*

gnom·ish ['noʊmɪʃ]⟨bn.⟩ **0.1** ***dwergachtig.***

gno·mon ['noʊmɒn||-mɑn]⟨telb.zn.⟩ **0.1** ***gnomon*** ⟨(verticale stijl v.) zonnewijzer⟩ **0.2** ⟨wisk.⟩ ***gnomon.***

gno·sis ['noʊsɪs]⟨telb.zn.; gnoses ['noʊsi:z]; →mv. 5⟩ **0.1** ***gnosis*** ⟨kennis die boven het gewone kennen uitgaat⟩.

-gno·sis ['noʊsɪs] **0.1** ***-gnose*** ◆ **¶.1** prognosis *prognose.*

gnos·tic[1] ['nɒstɪk||'nɑs-]⟨telb.zn.; vnl. G-⟩ **0.1** ***gnosticus.***

gnostic[2] ⟨bn.; -ally; →bijw. 3⟩ **0.1** ***gnostisch*** ⇒*cognitief, mbt. kennis* **0.2** ⟨vaak G-⟩ ***gnostisch*** ⇒*mbt. gnosis/gnosticisme* **0.3** ***mystisch*** ⇒*occult, verborgen.*

Gnos·ti·cism ['nɒstɪsɪzm||'nɑs-]⟨n.-telb.zn.⟩⟨theol.⟩ **0.1** ***gnosticisme.***

GNP ⟨afk.⟩ gross national product **0.1** ***BNP.***

gns ⟨afk.⟩ guineas.

gnu [nu:]⟨telb.zn.; ook gnu; →mv. 4⟩⟨dierk.⟩ **0.1** ***gnoe*** ⟨genus Connochaetes⟩.

go[1] [goʊ]⟨f2⟩⟨zn.; -es; →mv. 2⟩
I ⟨telb.zn.⟩⟨inf.⟩ **0.1** ***poging*** **0.2** ***beurt*** ⇒*keer* **0.3** ***aanval*** ⇒*toeval* **0.4** ***portie*** ⇒*glas, hoeveelheid* **0.5** ***snufje*** ⇒*rage, modesnufje, nieuwigheid* **0.6** ***succes*** **0.7** ⟨BE⟩ ***miskleun*** ⇒*ongelukkige wending, tegenvaller* **0.8** ***go*** ⟨Japans bordspel⟩ ◆ **1.3** a ~ of fever *een koortsaanval* **1.4** the beer is 50p a ~ *de pils is 50p per glas* **2.7** a rum ~ *een raar/vreemd geval* **3.1** have a ~ at sth. *iets pogen/proberen te doen, iets uitproberen, iets proberen te doen, eens iets proberen;* have a ~ doing sth. *iets pogen/proberen te doen* **3.2** score eight at one ~ *er acht in een klap/een beurt scoren* **3.3** have a ~ at *een uitval doen naar, een aanval doen op; uitvallen tegen, v. leer trekken tegen* **3.4** have a ~ at sth. *iets aanspreken, aan iets gaan* **3.5** be all the ~ *in de mode zijn, erg in trek zijn* **3.6** make a ~ of it *er een succes v. maken* **3.¶** give a ~ *de toestemming/zijn fiat geven* **6.2** **at** one ~ *in één klap, in één beurt, in één keer* **7.6** it's no ~ *het lukt/gaat niet* **7.7** what a ~! *dat is me een tegenvaller!;*
II ⟨n.-telb.zn.⟩ **0.1** ***het gaan*** **0.2** ⟨inf.⟩ ***vuur*** ⇒*temperament, energie, fut, dynamiek, veerkracht* **0.3** ⟨inf.⟩ ***bezieling*** ⇒*gang, animo, zwier* **0.4** ⟨inf.⟩ ***drukte*** ⇒*leven, affaire, gewoel* ◆ **1.2** have plenty of ~ *veel energie hebben* **2.2** be full of ~ *vol leven/heel energiek zijn* **5.4** it 's **all** ~ *het is één beroering/een drukte v. jewelste* **6.4** **(up)on** the ~ *in de weer, in volle actie; in maatschappelijk opzicht actief* **6.¶** have sth. **on** the ~ *bezig zijn aan/met iets, iets onder handen hebben* **7.1** it's a ~! *top!, akkoord!;* it 's no ~ *het kan niet, het lukt nooit* **7.3** there turned out to be no ~ in it *er bleek helemaal geen bezieling v. uit te gaan.*

go[2] ⟨f1⟩⟨bn.⟩⟨inf.⟩ **0.1** ***goed functionerend*** ⇒*in orde, klaar* **0.2** ***modieus*** **0.3** ***progressief*** ⇒*vooruitstrevend, hip* ◆ **1.1** be in a ~ condition *klaar zijn voor iets;* ⟨ruim.⟩ all systems (are) ~ *(we zijn) startklaar.*

go[3] ⟨f4⟩⟨ww.; went [went], gone [gɒn||gɔn]⟩ →going, be going to, gone ⟨→sprw. 10, 84, 229, 265, 315, 320, 386, 397, 562, 576, 721, 750⟩
I ⟨onov.ww.⟩ **0.1** ***gaan*** ⇒*starten, vertrekken, in beweging komen, bewegen, zich voortbewegen; beginnen, aanvatten, aanvangen* **0.2** ***gaan*** ⇒*voortgaan, vooruitgaan, lopen, reizen* **0.3** ***gaan (naar)*** ⇒*in de richting gaan (v.), wijzen (naar/op), leiden (naar), voeren (naar)* ⟨ook fig.⟩ **0.4** ***voortgaan (op)*** ⇒*zich baseren (op), zich laten leiden (door)* **0.5** ***gaan*** ⇒*(voortdurend) zijn* ⟨in een bep. toestand⟩ **0.6** ***gaan*** ⇒*in orde zijn, lopen, draaien, werken, functioneren* ⟨v. toestel, systeem, fabriek enz.⟩ **0.7** ***gaan*** ⇒*afgaan* ⟨v. geweer⟩; *aflopen, luiden* ⟨v. klok e.d.⟩ **0.8** ***verstrijken*** ⇒*(voorbij) gaan, verlopen* ⟨v. tijd⟩ **0.9** ***gaan*** ⇒*afleggen* ⟨mbt. afstand⟩ **0.10** ***gaan*** ⇒*luiden* ⟨v. gedicht, verhaal⟩; *klinken* ⟨v. wijsje⟩ **0.11** ***aflopen*** ⇒*gaan, uitvallen* **0.12** ***doorgaan*** ⇒*gebeuren, plaatshebben, doorgang vinden* **0.13** ***vooruitgaan*** ⇒*vorderen, opschieten* **0.14** ***gelden*** ⇒*gangbaar zijn* ⟨v. geld⟩; *bekend zijn/staan* ⟨v. pers.⟩; *gezaghebbend zijn, gezag hebben* ⟨v. oordeel, pers.⟩ **0.15** ***wegkomen*** ⇒*ontkomen, er onderuitkomen, er vanaf komen* **0.16** ***(weg) gaan*** ⇒*verkocht worden, de deur uit gaan* ⟨v. koopwaar⟩ **0.17** ***gaan*** ⇒*besteed worden, gespendeerd worden* ⟨v. geld, tijd⟩ **0.18** ***verdwijnen*** ⇒*verloren gaan* **0.19** ***verdwijnen*** ⇒*wijken, achtergelaten worden, verlaten worden, verboden worden, afgeschaft worden, afgevoerd worden* **0.20** ***weggaan*** ⇒*vertrekken, heengaan* ⟨ook fig.⟩; *sterven, doodgaan* **0.21** ***bezwijken*** ⇒*mislukken, falen, bezwijken, eronderdoor gaan, (ver)slijten, stuk gaan, inzakken, instorten* **0.22** ***(door)gaan*** ⟨tot op zekere hoogte⟩ ⇒*volhouden, verduren, doorstaan* **0.23** ***gaan*** ⇒*passen, thuishoren* **0.24** ***toegekend worden*** ⇒*gaan* ⟨v. prijs, promotie, enz.⟩ **0.25** ***reiken*** ⇒*zich uitstrekken* **0.26** ***dienen*** ⇒*helpen, nuttig zijn, bijdragen* **0.27** ***gaan*** ⇒*geplaatst worden, zijn plaats vinden* **0.28** ***beschikbaar/voorhanden zijn*** **0.29** ***slecht worden*** ⇒*bederven* ⟨v. voedsel⟩ **0.30** ⟨sl.⟩ ***naar achteren gaan*** ⇒*zich ontlasten* ◆ **1.1** (right) from the word ~ *vanaf het begin, vanaf de start/het startsein, van meet/het eerste begin af aan* **1.2** ~ by air *vliegen, met het vliegtuig reizen;* ~ on an errand *een boodschap (gaan) doen;* ~ on a journey *op reis gaan;* ~ on an outing *een uitstapje maken;* ~ on the spree *aan de boemel/rol gaan;* ~ on tour *op tournee gaan;* ~ by train *sporen, met de trein reizen;* ~ on a trip *een trip maken;* ~ for a walk *een wandeling maken* **1.4** a good rule to ~ by *een goede stelregel* **1.5** be a good actor as actors ~ nowadays *in vergelijking een goed acteur zijn, een goed acteur zijn vergeleken met de andere acteurs;* ~ in fear of one's life *voor zijn leven vrezen;* ~ in rags *in lompen gekleed gaan;* as things ~ *in vergelijking, over/in het algemeen* **1.6** the clock does not ~ *de klok doet het niet* **1.8** ten days to ~ to/before Easter *nog tien dagen (te gaan) en dan is het Pasen* **1.9** five miles to ~ *nog vijf mijl af te leggen* **1.10** the story ~es *het verhaal doet de ronde;* the tune ~es like this *het wijsje klinkt als volgt;* as far as the weather ~es *wat het weer betreft/aangaat* **1.11** how did the exam ~? *hoe ging het examen?;* ~ in s.o.'s favour *in iemands voordeel uitvallen* **1.13** how is the work ~ing? *hoe vordert het (met het) werk?* **1.14** those coins ~ anywhere *die munten gelden overal/zijn overal gangbaar* **1.16** ~ under the hammer *onder de hamer komen, publiek verkocht worden* **1.18** my sight is ~ing *mijn gezichtsvermogen laat me wat in de steek, ik zie niet meer zo goed* **1.19** my car must ~ *mijn auto moet v.d. hand, mijn auto moet weg;* the cook must ~ *de kok moet gaan;* ⟨jur.⟩ ~ by default *bij verstek verdaagd/afgevoerd worden* ⟨v. rechtszaak⟩ **1.23** the forks ~ in the top drawer *de vorken horen in de bovenste la* **1.24** promotion often ~es by favour *een bevordering gebeurt vaak met voorspraak/door bemiddeling* **1.25** the valley goes from east to west *de vallei loopt v.h. oosten naar het westen* **1.27** where do you want this cupboard to ~? *waar wil je deze kast hebben?* **1.28** plus any cash that was ~ing *plus wat voor geld er maar beschikbaar was* **2.3** ~ from bad to worse *v. kwaad tot erger vervallen* **2.15** ~ clear/free *vrijuit gaan;* ~ scot-free *vrijuit gaan;* ~ unchallenged *zonder protest voorbijgaan/passeren;* ~ unpunished *ongestraft wegkomen* **2.16** ~ cheap *goedkoop verkocht worden* **2.18** my complaints went unnoticed *mijn klachten werden niet gehoord* **2.22** ~ as/so far as to *zover gaan (om) te, het zo ver drijven (om) te;* ~ as high as 100 pounds *tot 100 pond gaan/bieden;* ~ as low as 1 pound *tot 1 pond dalen* ⟨v. prijs⟩ **2.25** be true as/so far as it goes *op zichzelf (wel) waar zijn* **3.1** ~ doing sth. *iets gaan doen, aanstalten maken om iets te doen;* ~ fetch! *halen!, zoek!, apporte!* ⟨tegen hond⟩; ~ to find s.o. *iem. gaan zoeken;* ~ fishing *uit vissen gaan, gaan vissen;* get ~ing *aan de slag gaan, de handen aan de ploeg slaan; op gang komen;* ⟨sl.⟩ *op de hoogte/hip zijn;*

leave ~ of *loslaten, laten gaan;* let ~ *laten gaan, vrijlaten, loslaten;* ⟨fig.⟩ *niet meer aan denken, laten vallen* ⟨v. gedachte⟩; let's ~ *kom, laten we gaan;* look where you are ~ing *kijk uit waar je loopt!, kijk uit je doppen!, kijk waar je loopt!;* ⟨inf.⟩ don't ~ making her angry/sad *maak haar toch niet kwaad/verdrietig;* ⟨inf.⟩ don't ~ saying that! *zeg dat nou toch niet!;* ~ shopping *uit winkelen gaan, gaan winkelen, inkopen gaan doen* **3.5** ~ armed *gewapend zijn* **3.6** set the clock ~ing *de klok laten lopen* **3.12** what he says ~es *wat hij zegt, gebeurt ook/wordt ook uitgevoerd* **3.20** we must be ~ing *we moeten vertrekken/ervandoor;* he paid as he went *hij betaalde direct* **3.21** let o.s. ~ *zich laten gaan; even doorzakken, zich ontspannen; zijn emoties de vrije loop laten, zijn hart luchten* **3.26** this ~es to prove I'm right *dit bewijst dat ik gelijk heb;* ~ hang *naar de duivel/drommel lopen;* it only ~es to show *zo zie je maar* **3.¶** ~ (a-)begging *geen aftrek vinden, niet gewild zijn, blijven liggen;* if these things are ~ing begging I'll take them *als niemand (anders) ze wil, neem ik ze wel;* jobs that ~ begging *banen waar niemand voor te vinden is/die niet erg gewild zijn;* ⟨BE; inf.⟩ ~ and do sth. *zo dwaas zijn iets te doen; iets gaan doen; zo maar even iets doen;* ⟨BE; inf.⟩ ~ and get sth. *iets gaan halen;* let o.s. go *zich laten gaan, zich ontspannen; zich verwaarlozen* **4.¶** anything ~es *alles is toegestaan, alles kan erdoor;* who ~es there? *wie daar?, werda?* ⟨vraag naar wachtwoord⟩; he kept ~ing like this *hij deed telkens zo* **5.1** ~ **across** *oversteken;* I'm ~ing **across** to the shop *ik ga eens naar de winkel aan de overkant;* ~ **aside** *opzij gaan, zich even terugtrekken, even terzijde gaan;* ⟨fig.⟩ I wouldn't ~ so **far** as to say that *dat zou ik niet durven zeggen;* ~ near (to) *dicht komen (bij), naderen;* ~ near to do/doing sth. *iets bijna doen, op het punt staan iets te doen;* →go overboard **5.2** ~ aboard *aan boord gaan;* ~ abroad *naar het buitenland gaan, buiten(s)lands gaan;* ~ astray *v.h. rechte pad afdwalen* ⟨ook fig.⟩; →go **away;** ⟨scheep.⟩ ~ **below** *onder het dek/benedendeks gaan;* →go **forward;** ~ straight *rechtop lopen* **5.3** →go aground **5.5** ~ badly *slecht gaan* ⟨v. werk, gebeurtenissen⟩; it will ~ hard with him *het zal erg moeilijk voor hem worden, het zal een hele klus voor hem zijn;* how ~es it? *hoe gaat het?, hoe maak je het?;* how are things ~ing? *hoe staan de zaken ervoor?, hoe gaat het ermee?;* how is work ~ing? *hoe staat het met het werk?, vordert het werk?;* ~ well *goed gaan* **5.6** ~ slow *een langzaam-aan-actie houden;* ~ well *goed werken/functioneren* **5.7** ~ bang *'bang' zeggen;* ~ crack *'krak' zeggen* **5.8** →go **by** **5.20** ⟨sl.⟩ ~ aloft *de pijp uitgaan* **5.22** →go **ahead;** we cannot ~ (any) further *verder kunnen we niet* **5.25** the difference ~es deep *het verschil is erg groot/diepgaand* **5.¶** →go **about;** →go **along;** →go **(a) round;** →go **back;** ~ before *voorafgaan* ⟨in de tijd⟩; ~ one better *(één) meer bieden;* ⟨fig.⟩ *meer te bieden hebben, het beter doen, overtreffen, de loef afsteken;* who ~es better? *wie biedt meer?;* ~ carefully *heel bedachtzaam/behoedzaam te werk gaan;* →go **down;** ~ easy *makkelijk gaan, eenvoudig zijn; minder hard (gaan) werken, het rustig(er) aan (gaan) doen;* ⟨inf.⟩ ~ easy, mate! *hé, kalm aan/beheers je 'n beetje, vriend!;* ⟨inf.⟩ ~ easy on *geen druk uitoefenen op; geen haast maken met; matig/voorzichtig zijn met, rustig aan doen met;* ~ easy with *zacht behandelen, aardig/vriendelijk zijn tegen;* →go far; ~ too far *te ver gaan* ⟨ook fig.⟩; →go **forth;** ~ hence *heengaan, overlijden;* ⟨inf.⟩ here ~es! *daar gaat ie (dan)!;* ⟨inf.⟩ here we ~ again *daar gaan we weer, daar heb je het weer;* →go **in;** →go **off;** →go **on;** ⟨AE; inf.⟩ ~ one-to-one (with s.o.) *in de clinch gaan (met iem.);* →go **out;** →go **over;** →go **round;** ⟨sl.⟩ ~ south with *er vandoor gaan met, verdonkeremanen, stelen, verdwijnen met;* there it ~es *weg, verdwenen, naar de maan, foetsie; kapot;* there you ~ *asjeblieft; daar heb je het (al), zie je nu wel;* ~ **through** *erdoor gaan; aangenomen worden, fiat krijgen, gefiatteerd worden; doorgaan* ⟨v. afspraak⟩; ~ **through** with *doorgaan met, doorzetten;* ~ **to!** *ga (toch) weg!, ach, loop heen!, kom nou! toe, vooruit!;* →go **together;** →go **under;** →go **up;** ⟨sl.⟩ ~ west *buiten westen geraken; naar de verdommenis gaan, mislukken, naar de maan gaan; verloren raken; aan lager wal geraken; het hoekje omgaan;* ~ wrong *een fout maken, het fout doen, zich vergissen; slecht aflopen, fout/mis gaan, de mist in gaan;* ⟨inf.⟩ *stuk gaan, het begeven; het verkeerde pad opgaan* **6.1** ~ **about** *aanvatten, aanpakken, beginnen, ter hand nemen;* ~ **on** *gaan op/met* ⟨vakantie, safari⟩; *teren op;* ~ **on** an errand *een boodschap (gaan) doen;* ~ **on** the pill *aan de pil gaan;* ~ **on** the stage *bij het toneel gaan;* ~ **up** *opklimmen (tegen), beklimmen* ⟨ladder, boom, enz.⟩ **6.2** →go **across;** →go **after;** ~ **along** that way *die weg nemen/volgen;* ⟨scheep.⟩ ~ **below** decks *onder het dek/benedendeks gaan;* ~ **by** *gaan/passeren langs/voorbij; lopen op* ⟨ster, kaart, kompas⟩; ⟨fig.⟩ *zich richten naar, zich laten leiden door, afgaan op;* ~ **by** the book *volgens het boekje/de regels handelen;* ~ **on** a journey *op reis gaan;* ~ **on** an outing *een uitstapje maken;* ~ **on** pilgrimage *op pelgrimstocht/ter bedevaart gaan, een bedevaart doen;* ~ **on** tour *op tournee gaan;* ~ **on** the spree *aan de boemel/rol gaan;* ~ **on** a trip *een trip maken;* ~ **round** *omlopen/een omweg maken voor, gaan om; een rondgang doen door/in;* ⟨fig.⟩ his words keep ~ing **round** my head *zijn woorden blijven mij door het hoofd malen/spelen* **6.3** ~ **before** *(moeten) verschijnen voor; voorgelegd worden aan* ⟨ter beoordeling⟩ **6.4** ~ **by/on** *zich baseren op, zich laten leiden door;* nothing to ~ **by/on** *niets om op voort te gaan, niets om zich op te baseren;* ~ **upon** *voortgaan op, handelen volgens* **6.14** ~ **by/under** the name of *bekend zijn/staan onder de naam (v.)* **6.16** →go **for;** ~ing **to** the man in the black hat! *voor/toegewezen aan de man met de zwarte hoed!* **6.17** ~ **on** *besteed worden/gespendeerd worden aan* **6.23** ~ **around** *gaan/passen rond;* ~ **between** *gaan/passen tussen;* ~ **in** *gaan/passen in* **6.27** ~ **on** the dole *in de steun/bijstand komen;* ~ **on** social security *in de sociale verzekering terechtkomen* **6.¶** ~ **about** *aanpakken, ter hand nemen; zich bezighouden met;* →go **against;** →go **at;** →go **behind;** →go **beyond;** →go **for;** →go **into;** ~ **off** *afgaan/afstappen v., verzaken aan, geen interesse meer tonen voor;* ~ing **on** fifteen *bijna vijftien (jaar), naar de vijftien toe;* ~ **over** *doorlopen, doorlezen, doornemen* ⟨tekst⟩; *overschrijden, overtreffen, te buiten gaan* ⟨budget, e.d.⟩; *herhalen* ⟨uitleg⟩; *repeteren* ⟨rol, les⟩; *fouilleren* ⟨verdachte⟩; *doorzoeken* ⟨bagage⟩; *natrekken, checken, nagaan* ⟨beweringen, e.d.⟩; *afkijken, bestuderen, grondig bekijken* ⟨ruimte⟩; *bijwerken, retoucheren; een beurt geven, schoonmaken;* ~ **round** everbody *rondkomen/toekomen/voldoende hebben voor iedereen;* →go **through;** →go **to;** →go **towards;** →go **with;** →go **without** **9.1** ready, steady, ~! *klaar voor de start? af!* **¶.1** ~! *start!, af!* **¶.16** ~ing! *verkocht!;* ~ing!, ~ing!, ~ne! *eenmaal! andermaal! verkocht!* **¶.¶** to ~ *om mee te nemen* ⟨bv. warme gerechten⟩;

II ⟨ov.ww.⟩ **0.1** ***zich stellen*** ⇒*fungeren als, optreden als* ⟨borg⟩ **0.2** ***bieden*** ⇒*spelen voor* ⟨vnl. in kaartspel⟩ **0.3** ***maken*** ⇒*gaan maken* ⟨reis enz.⟩ **0.4** ***afleggen*** ⇒*gaan* **0.5** ⟨vnl. in mondeling verhaal⟩ ***zeggen*** ◆ **1.1** ~ bail (for) *zich borg stellen (voor)* **1.2** ~ nap *het maximum aantal (= vijf) slagen bieden;* ~ two spades *voor twee schoppen spelen;* ~ two, no trumps *twee slagen bieden, niet in de troefkaart* **1.4** ~ miles round *mijlen omlopen;* ~ the same way *dezelfde weg opgaan, dezelfde weg nemen, dezelfde kant opgaan;* ~ the shortest way *de kortste weg nemen* **4.¶** ⟨inf.⟩ ~ it *er tegenaan gaan, flink aanpakken; overdrijven, het er dik op leggen; flierefluiten, er de kantjes aflopen, erop los leven; het geld over de balk gooien;* ~ it! *hup! zet 'm op!;* ~ it alone *iets/het helemaal alleen doen;* ~ it strong *er hard tegenaan gaan; overdrijven, het er dik op leggen; flierefluiten, erop los leven; het geld over de balk gooien;*

III ⟨kww.⟩ **0.1** ***worden*** ⇒*gaan* ◆ **1.1** ⟨pol.⟩ Liverpool went Labour *Liverpool ging over naar/werd Labour* **2.1** ~ absent *afwezig blijven;* ~ bad *slecht worden, bederven, niet heilzaam zijn voor iem.;* ~ blind *blind worden, zijn gezichtsvermogen verliezen;* ~ broke *al zijn geld kwijtraken, op zwart zaad komen te zitten;* ~ brown *bruinen, bruin worden;* ~ dry *droog gelegd worden, een drankverbod opgelegd krijgen;* ~ grey *grijs worden, vergrijzen* ⟨ook fig.⟩; ~ hard *moeilijk worden;* ~ hard with s.o. *in iemands nadeel uitvallen;* ~ hot and cold *het (afwisselend) warm en koud krijgen;* ~ hungry *honger krijgen, hongerig worden;* ~ ill *ziek worden;* ~ independent *onafhankelijk worden, vrij worden, zijn eigen weg gaan;* ~ mad *gek worden* **4.1** ~ing fifteen *bijna vijftien (jaar), naar de vijftien toe* **5.1** ~ well *goed komen, goed aflopen, goed uitdraaien* **¶.1** and I ~ "you're right" *en ik zeg 'je hebt gelijk'.*

'go a'bout ⟨f1⟩ ⟨onov.ww.⟩ **0.1** ***rondlopen*** ⇒*rondgaan, rondwandelen, her- en derwaarts lopen* **0.2** ***(rond)reizen*** **0.3** ***de ronde doen*** ⇒*rondgaan* ⟨v. gerucht, praatje⟩ **0.4** ⟨scheep.⟩ ***v. koers veranderen*** ⇒*een andere koers nemen, wenden, overstag gaan* **0.5** ***omgang hebben*** ⇒*verkering hebben* ◆ **6.5** ~ **with** s.o. *verkering hebben/zich ophouden met iem.*

'go a'cross ⟨onov.ww.⟩ **0.1** ***oversteken*** ⇒*overgaan, gaan over* ◆ **1.1** ~ the bridge *de brug oversteken/overgaan;* ~ the Channel to France *Het Kanaal oversteken naar Frankrijk.*

goad[1] [goud] ⟨f1⟩ ⟨telb.zn.⟩ **0.1** ***prikkel*** ⇒*prikstok* ⟨v. veedrijver⟩ **0.2** ***prikkel*** ⇒*drijfveer, stimulans, aansporing, spoorslag.*

goad[2] ⟨f2⟩ ⟨ov.ww.⟩ **0.1** ***drijven*** ⇒⟨fig.⟩ *aanzetten, aansporen, prikkelen, aanmanen, opstoken, ophitsen* **0.2** ***prikkelen*** ⇒*ontstemmen, irriteren, ergeren* ◆ **3.1** she ~ed him to leave *ze spoorde hem aan te vertrekken* **5.1** she ~ed him **on** to take revenge *ze stookte hem op wraak te nemen/tot wraak;* the accused declared he was ~ed **on** by his need for/of drugs *de beklaagde verklaarde dat hij gedreven werd door zijn behoefte aan drugs* **6.1** he ~ed her **into** killing her husband *hij bracht haar ertoe haar man te doden;* his sharp remarks ~ed her **to** fury *zijn stekelige opmerkingen deden haar in woede ontsteken.*

'go 'after ⟨f1⟩⟨onov.ww.⟩ **0.1** ***(achter)nalopen*** ⇒*achtervolgen, nazitten* **0.2** ***nastreven*** ⇒*najagen, azen op, vlassen op*.

'go against ⟨f1⟩⟨onov.ww.⟩ **0.1** ***ingaan tegen*** ⇒*zich verzetten tegen* **0.2** ***indruisen tegen*** ⇒*in strijd zijn met, onverenigbaar zijn met* **0.3** ***nadelig aflopen voor*** ⇒*slecht uitdraaien voor, nadelig uitvallen voor*.

'go a'ground ⟨onov.ww.⟩⟨scheep.⟩ **0.1** ***vastlopen*** ⇒*vastraken, stranden*.

'go a'head ⟨f2⟩⟨onov.ww.⟩ **0.1** ***vooragaan*** ⇒*voorgaan, vooruitgaan* **0.2** ***zijn gang gaan*** ⇒*beginnen, aanvangen* **0.3** ***zijn gang gaan*** ⇒*voortgaan, vervolgen* **0.4** ***vooruitgaan*** ⇒*vorderen, vordering maken, vooruitgang boeken* ◆ **6.1** Peter went ahead **of** the procession *Peter liep voor de stoet uit* **6.2** we went ahead **with** our task *we begonnen aan onze taak* **6.3** we went ahead **with** our task *we gingen voort met onze taak* **¶.2** ~! *ga je gang!, begin maar!, ga voort!* **¶.¶** he just went ahead and did it *hij ging het gewoon doen*.

'go-a·head[1] ⟨f1⟩⟨telb.zn.; vaak the⟩⟨inf.⟩ **0.1** ***toestemming*** ⇒*startsein, groen licht* ◆ **3.1** give the ~ *het startsein/zijn fiat geven*.

go-ahead[2] ⟨f1⟩⟨bn., attr.⟩⟨inf.⟩ **0.1** ***voortvarend*** ⇒*ondernemend*.

go-a·head·ism ['goʊə'hedɪzm]⟨n.-telb.zn.⟩ **0.1** ***ondernemingsgeest***.

goal [goʊl]⟨f3⟩⟨telb.zn.⟩ **0.1** ***doel*** ⇒*oogmerk, bedoeling* **0.2** ***(eind) bestemming*** ⇒*eindpaal, eindstreep* **0.3** ⟨sport⟩ ***doel*** ⇒*goal* **0.4** ⟨sport⟩ ***doelpunt*** ⇒*goal* ◆ **1.1** one's ~ in life *iemands levensdoel* **3.3** keep ~ *het doel verdedigen, keepen* **3.4** kick/make/score a ~ *een goal/doelpunt maken/scoren*.

'goal area ⟨telb.zn.⟩⟨sport, i.h.b. voetbal⟩ **0.1** ***doelgebied***.

'goal average ⟨telb.zn.⟩⟨sport, i.h.b. voetbal⟩ **0.1** ***doelgemiddelde***.

'goal circle ⟨telb.zn.⟩⟨netbal⟩ **0.1** ***doelcirkel***.

'goal crease ⟨telb.zn.⟩⟨ijshockey⟩ **0.1** ***doelmondcirkel***.

'goal difference ⟨telb. en n.-telb.zn.⟩⟨voetbal⟩ **0.1** ***doelsaldo***.

'goal feast ⟨telb.zn.⟩ **0.1** ***regen v. doelpunten*** ⇒*doelpuntenkermis*.

goal-get·ter ['goʊlgetə‖-geṭər], **'goal-scor·er** ⟨f1⟩⟨telb.zn.⟩ **0.1** ***goal-getter*** ⇒*schutter, iem. die (veel) doelpunten maakt*.

'goal-get·ting ⟨n.-telb.zn.⟩ **0.1** ***het maken v. doelpunten***.

'goal hanger ⟨telb.zn.⟩ **0.1** ***iem. die in doelgebied van tegenstander blijft hangen*** ⇒⟨fig.⟩ *opportunist*.

'goal judge ⟨telb.zn.⟩⟨sport⟩ **0.1** ***doelrechter***.

'goal·keep·er, ⟨inf.⟩ **goal·ie** ['gouli], ⟨AE⟩ **'goal·tend·er** ⟨f1⟩⟨telb.zn.⟩⟨sport⟩ **0.1** ***keeper*** ⇒*doelman, doelwachter, doelverdediger*.

'goal kick ⟨f1⟩⟨telb.zn.⟩ **0.1** ⟨voetbal⟩ ***doeltrap*** ⇒*uittrap, doelschop* **0.2** ⟨rugby⟩ ***doelschot***.

goal·less ['goʊlləs]⟨bn.⟩⟨sport⟩ **0.1** ***doelpuntloos***.

'goal line ⟨f1⟩⟨telb.zn.⟩⟨sport⟩ **0.1** ***doellijn***.

'goal·mouth ⟨f1⟩⟨telb.zn.⟩⟨sport, i.h.b. voetbal⟩ **0.1** ***doelmond***.

'go a'long ⟨f1⟩⟨onov.ww.⟩ **0.1** ***voortgaan (met)*** ⇒*doorgaan (met), voortzetten, vervolgen* **0.2** ***me(d)egaan*** **0.3** ***vorderen*** ⇒*vooruitgaan* **0.4** ***samenwerken*** ◆ **3.1** they went along talking *zij gingen door/voort met praten* **6.¶** →go along **with**.

'go a'long with ⟨onov.ww.⟩ **0.1** ***meegaan met*** ⟨ook fig.⟩ ⇒*het eens zijn met, akkoord gaan met, bijvallen* **0.2** ***samenwerken met*** ⇒*terzijde staan* **0.3** ***deel uitmaken van*** ⇒*behoren tot, horen bij* ◆ **4.¶** ⟨inf.⟩ ~ you! *ga nou!, loop heen!*.

'goal post ⟨f1⟩⟨telb.zn.⟩⟨sport, i.h.b. voetbal⟩ **0.1** ***(doel)paal*** ⇒*goalpaal* ◆ **3.1** ⟨BE; inf.; fig.⟩ move/shift the ~s *de spelregels wijzigen*.

'goal square ⟨telb.zn.⟩⟨Austr. voetbal⟩ **0.1** ***doelvierkant*** ⇒*uittrapvierkant*.

'goal·ten·der ⟨telb.zn.⟩⟨sport, i.h.b. ijshockey⟩ **0.1** ***doelman*** ⇒*keeper*.

'goal third ⟨telb.zn.⟩⟨netbal⟩ **0.1** ***doelderde*** ⇒*doelvak*.

'go (a)'round ⟨f1⟩⟨onov.ww.⟩ **0.1** ***rondgaan*** ⇒*rondlopen, (rond) reizen; de ronde doen* ⟨v. gerucht, e.d.⟩; *zich verspreiden, woekeren* ⟨v. ziekte⟩ ◆ **3.1** you can't ~ complaining all of the time! *je kan toch niet de hele tijd lopen mokken* **5.1** ⟨sl.⟩ ~ **together** *met elkaar gaan* **6.1** ~ **with** s.o. *met iem. gaan, zich met iem. ophouden*.

'go-as-you-'please ⟨f1⟩⟨bn., attr.⟩ **0.1** ***luilekker-*** ⇒*laat-maar-waaien* **0.2** ***vrij*** ⇒*ongebonden, ongenormeerd, niet aan regels gebonden* ◆ **1.1** a ~ atmosphere *een vanavond-is-alles-goed sfeer* **1.¶** ~ ticket *algemeen abonnement, passe-partout*.

goat [goʊt]⟨f2⟩⟨zn.⟩

I ⟨eig.n.; G-; the⟩⟨astr., ster.⟩ **0.1** ***(de) Steenbok*** ⇒*Capricornus*;

II ⟨telb.zn.⟩ **0.1** ***geit*** ⇒⟨inf.; fig.⟩ *domme gans* **0.2** ⟨inf.; fig.⟩ ***bok*** ⇒*ezel, lomperd, stomkop* **0.3** ⟨dierk.⟩ ***sneeuwgeit*** ⟨Oreamnos americanus⟩ **0.4** ⟨sl.⟩ ***(oude) bok*** ⇒*rokkenjager, wellusteling, losbol* **0.5** ⟨verk.⟩ ⟨scapegoat⟩ ⟨AE⟩ ***zondebok*** **0.6** ⟨AE; sl.⟩ ***rammelkast*** ⇒*oude kar/auto* **0.7** ⟨AE; sl.⟩ ***rangeerlokomotief*** **0.8** ⟨AE; sl.⟩ ***(slecht) renpaard*** ◆ **1.1** separate the sheep from the ~s *de bokken van de schapen scheiden* ⟨naar Matth. 25:32⟩ **3.¶** act/play the (giddy) ~ *gek doen*; ⟨inf.⟩ get s.o.'s ~ *iem. ergeren/woest maken/dwars zitten*.

'go at ⟨f1⟩⟨onov.ww.⟩ **0.1** ***aanvallen*** ⇒*losvliegen op, te lijf gaan*; ⟨fig.⟩ *v. leer trekken/te keer gaan tegen* **0.2** ***aanvallen op*** ⟨eten⟩ **0.3** ***aanpakken*** ⇒*ter hand nemen* ⟨taak⟩ **0.4** ***verkocht worden voor*** ⇒*gaan voor* ◆ **4.1** ~ it *(rede)twisten* **5.1** go hard at it *er hard tegenaan gaan*.

'goat antelope ⟨telb.zn.⟩⟨dierk.⟩ **0.1** ***geitgazelle*** ⟨genus Rupicapra⟩.

goat·ee [goʊ'ti:]⟨telb.zn.⟩ **0.1** ***sik*** ⇒*geitebaard, geitesik*.

'goat-god ⟨telb.zn.⟩⟨mythologie⟩ **0.1** ***Pan*** ⇒*herdersgod*.

'goat·herd ⟨telb.zn.⟩ **0.1** ***geitenherder*** ⇒*geitenhoeder/ster*.

goat·ish ['goʊṭɪʃ]⟨bn.⟩ **0.1** ***geitachtig*** **0.2** ***geil*** ⇒*wellustig, wulps*.

goat·ling ['goʊtlɪŋ]⟨telb.zn.⟩ **0.1** ***geitje***.

'goats·beard, 'goat's-beard ⟨telb.zn.⟩⟨plantk.⟩ **0.1** ***moerasspirea*** ⟨Filipendula ulmaria⟩ **0.2** ***boksbaard*** ⟨genus Tragopogon⟩ ⇒*gele morgenster* ⟨T. pratensis⟩ **0.3** ***geitebaard*** ⟨Aruncus silvester/dioicus/vulgaris⟩.

'goat·skin ⟨zn.⟩

I ⟨telb.zn.⟩ **0.1** ***geitevel*** ⟨ook als kledingstuk⟩;

II ⟨n.-telb.zn.⟩ **0.1** ***geitele(d)er***.

'goat·suck·er ⟨telb.zn.⟩⟨dierk.⟩ **0.1** ***nachtzwaluw*** ⟨Caprimulgus europaeus⟩.

goat·y ['goʊṭi]⟨bn.; -er; →compar. 7⟩ **0.1** ***geitachtig*** **0.2** ***geil*** ⇒*wellustig, wulps*.

'go a'way ⟨f1⟩⟨onov.ww.⟩ →going-away **0.1** ***heengaan*** ⇒*weggaan, vertrekken* **0.2** ***op huwelijksreis gaan*** ⟨v.e. bruid⟩ ◆ **6.1** ~ **with** s.o. *ervandoor gaan/weggaan met iem.*; ~ **with** sth. *er tussenuit knijpen/ervandoor gaan met iets* **¶.¶** ~! *scheer je weg!, loop heen!*; ⟨inf.; fig.⟩ *ga weg!, dwaasheid!*; ⟨jacht⟩ gone away! *de achtervolging v.d. vos is ingezet!* ⟨uitroep v. jager⟩.

gob[1] [gɒb‖gɑb]⟨telb.zn.⟩ **0.1** ⟨vulg.⟩ ***kwak*** ⇒*slijmerige prop* **0.2** ⟨vulg.⟩ ***rochel*** ⇒*fluim* **0.3** ⟨vnl. mv.⟩ ⟨AE; inf.⟩ ***bom*** ⇒*hele hoop* ⟨geld⟩ **0.4** ⟨mijnw.⟩ ***vulsteen*** **0.5** ⟨mijnw.⟩ ***oudeman*** ⇒*verlaten/uitgeputte deel van een mijngang/kolenlaag* **0.6** ⟨inf.⟩ ***smoel*** ⇒*mond, bek, bakkes* **0.7** ⟨AE; sl.⟩ ***matroos*** ⟨vnl. bij de Am. marine⟩ ◆ **1.3** ~s of money *een bom duiten* **3.6** shut your ~! *houd je waffel!*.

gob[2] ⟨onov.ww.; →ww. 7⟩ →gobbing **0.1** ***spugen*** ⇒*spuwen*.

'go 'back ⟨f2⟩⟨onov.ww.⟩ **0.1** ***teruggaan*** ⇒*terugkeren* **0.2** ***teruggaan*** ⇒*zijn oorsprong vinden, dateren, dagtekenen* **0.3** ***teruggrijpen*** ⇒*terugkeren* **0.4** ***teruggedraaid worden*** ⇒*teruggezet worden* ⟨v. klok, horloge⟩ **0.5** ***kwijnen*** ⇒*niet groeien* ⟨v. planten⟩ ◆ **6.2** this tradition goes back **to** the Middle Ages *deze traditie gaat terug tot/vindt haar oorsprong in/dateert v./dagtekent uit de middeleeuwen* **6.¶** →go back **on**.

'go 'back on ⟨onov.ww.⟩ **0.1** ***terugnemen*** ⇒*intrekken, herroepen, terugkomen op, breken* ⟨woord(en), e.d.⟩ **0.2** ***verloochenen*** ⇒*ontrouw worden, afvallig worden v., verraden*.

go·bang ['goʊ'bæŋ], **go·ban** ['goʊ'bæn]⟨n.-telb.zn.⟩⟨sport⟩ **0.1** ***goban(g)*** ⟨Japans damspel⟩.

gob·bet ['gɒbɪt‖'gɑ-]⟨f1⟩⟨telb.zn.⟩ **0.1** ***homp*** ⟨i.h.b. rauw vlees⟩ ⇒*brok, stuk, klomp, kluit* **0.2** ***mondvol*** ⇒*mondjesmaat, mondjevol, hap* **0.3** ***scheut(je)*** ⇒*teug(je), slok(je)* **0.4** ***brok*** ⇒*fragment, stuk*.

gob·bing ['gɒbɪŋ‖'gɑbɪŋ]⟨n.-telb.zn.⟩⟨mijnw.⟩ **0.1** ***vulsteen***.

gob·ble[1] ['gɒbl‖'gɑbl]⟨telb.zn.⟩ **0.1** ⟨g.mv.⟩ ***geklok*** ⇒*gesnater, geschreeuw*.

gobble[2] ⟨f1⟩⟨ww.⟩

I ⟨onov.ww.⟩ **0.1** ***schrokken*** ⇒*slokken, schransen, slempen* **0.2** ***klokken*** ⇒*snateren, schreeuwen* **0.3** ***tieren*** ⇒*razen, schreeuwen*;

II ⟨ov.ww.⟩ **0.1** ***opschrokken*** ⇒*opslokken, naar binnen werken* **0.2** ⟨AE⟩ ***vangen*** ⟨bal, bij honkbal⟩ ◆ **5.1** ~ **down/up** *opslokken, opslorpen, naar binnen schrokken*.

gob·ble·dy·gook, gob·ble·de·gook ['gɒbldigu:k‖'gɑbldiguk]⟨n.-telb.zn.⟩ **0.1** ***stadhuistaal*** **0.2** ***jargon***.

gob·bler ['gɒblə‖'gɑblər]⟨telb.zn.⟩ **0.1** ***slok op*** ⇒*(veel)vraat, schrokker* **0.2** ***kalkoen*** ⟨mannetjesdier⟩ **0.3** ⟨AE; vulg.⟩ ***flikker*** ⇒*mie(tje), nicht*.

'gobble stitch ⟨telb.zn.⟩ **0.1** ***grove steek*** ⟨haastig gedaan⟩.

'go be'hind ⟨f1⟩⟨onov.ww.⟩ **0.1** ***gaan achter*** **0.2** ***uitpluizen*** ⇒*de achtergrond onderzoeken* **0.3** ***terugkomen op*** ⇒*zich onttrekken aan, ingaan tegen* ◆ **1.1** ~ s.o.'s back *iem. heimelijk belasteren, achter iemands rug handelen* **1.2** ~ s.o.'s words *iets zoeken achter iemands woorden*.

Gob·e·lin ['goubəlɪn], **'Gobelin 'tapestry** ⟨telb.zn.⟩ **0.1** ***gobelin***.

'go-be·tween ⟨f1⟩⟨telb.zn.⟩ **0.1** ***tussenpersoon*** ⇒*bemiddelaar, middelaar*.

'go beyond ⟨f1⟩⟨onov.ww.⟩ **0.1** ***gaan boven*** ⇒*overschrijden, overtreffen, te buiten gaan* ◆ **1.1** ~ one's duty *buiten zijn boekje gaan, zijn bevoegdheid overschrijden, meer dan zijn zuivere plicht* *doen;* your teasing is going beyond a joke *je geplaag is geen grapje meer.*

gob·let ['gɒblɪt‖'gɑ-]⟨f1⟩⟨telb.zn.⟩ **0.1** ***bokaal*** ⇒*drinkglas* ⟨op voet⟩, *(metalen) drinkbeker.*

gob·lin ['gɒblɪn‖'gɑ-]⟨telb.zn.⟩ **0.1** ***kobold*** ⇒*(boze) kabouter, kwelgeest.*

go·bo ['goʊboʊ]⟨telb.zn.; ook -es; →mv. 2⟩⟨AE; film.⟩ **0.1** ***zonnekap*** ⟨scherm om lens tegen hinderlijke schittering⟩.

go·boon, ga·boon [gɒ'bu:n‖gɑ-]⟨telb.zn.⟩⟨AE; inf.⟩ **0.1** ***kwispedoor*** ⇒*spuwbak.*

'gob·smack ⟨ov.ww.⟩⟨BE; inf.⟩ **0.1** ***met de mond vol tanden doen staan*** ⇒*overweldigen, verpletteren.*

'gob·stick ⟨telb.zn.⟩⟨AE; sl.⟩ **0.1** ***klarinet.***

go·by ['goʊbi]⟨telb.zn.; ook goby; →mv. 2,4⟩⟨dierk.⟩ **0.1** ***grondel*** ⟨zeevis; fam. Gobiidae⟩.

'go 'by ⟨f1⟩⟨onov.ww.⟩ **0.1** ***voorbijgaan*** ⟨ook fig.⟩ ⇒*passeren* **0.2** ***verstrijken*** ⇒*verlopen, aflopen* ◆ **1.1** your chance has gone by *uw kans is verkeken.*

'go-by ⟨f1⟩⟨n.-telb.zn.; vnl. in vaste uitdr.⟩⟨BE; inf.⟩ **0.1** ***het nakijken*** ◆ **3.1** give s.o. the ~ *iem. het nakijken geven, iem. achter zich laten;* ⟨fig.⟩ *iem. overklassen/overtreffen/overvleugelen; iem. negeren/links laten liggen; iem. ontwijken* **6.1** give the ~ **to** *het nakijken geven aan, achter zich laten;* ⟨fig.⟩ *overklassen, overtreffen, overvleugelen; ontwijken, ontsnappen aan; links laten liggen, veronachtzamen, negeren; naast zich leggen, terzijde leggen; laten schieten, weglaten, afvoeren, afwijzen, couperen* ⟨tekstfragment, e.d.⟩; *(na)laten, afleren.*

'go-cart ⟨f1⟩⟨telb.zn.⟩ **0.1** ⟨vnl. AE⟩ ***loopwagentje*** ⟨voor kind⟩ **0.2** ⟨vnl. AE⟩ ***(opvouwbaar) wandelwagentje*** **0.3** ***handkar*** **0.4** ***karretje*** ⟨speelgoed voor kinderen⟩ **0.5** ⟨inf.⟩ ***skelter*** ⇒*(go-)kart.*

GOC (-in-C) ⟨afk.⟩ General Officer Commanding (-in-Chief).

god[1] [gɒd‖gɑd]⟨f4⟩⟨zn.⟩⟨→sprw. 84, 161, 223-228, 432, 436, 447, 458, 480, 684⟩

I ⟨eig.n.; G-⟩ **0.1** ***God*** ◆ **1.1** God the Father *God de Vader;* God the Holy Ghost *God de Heilige Geest;* God in Heaven! *Heer/God in de hemel!;* in God 's name! *in godsnaam!;* for God 's sake! *in godsnaam!;* God the Son *God de Zoon* **1.¶** God save the mark! *Godbeware! Godbetert!;* God Save the Queen/King *God Save the Queen/King* ⟨het Britse volkslied⟩ **3.1** God bless you! *God zegene U;* ⟨fig.⟩ *gezondheid!* ⟨na niezen⟩; God damn him *moge God hem vervloeken;* God forbid *God verhoede;* God grant that they'll return in good health *God geve dat ze gezond terugkeren;* God help you! *God sta je/U bij, God helpe U;* so help me God *zo waarlijk helpe mij God almachtig;* God knows I am telling the truth *God weet dat ik de waarheid spreek;* God (alone) knows where I left my wallet! *God weet/mag weten waar ik mijn portefeuille heb gelaten!;* play God *doen alsof je God bent, almachtig willen zijn;* thank God! *Goddank!, God zij dank!;* God willing *zo God het wil* **3.¶** God bless me/you/my soul! *lieve hemel!, sakkerloot!;* wrestle with God *worstelen met God, vurig bidden* **6.1** **under** God *naast God;* he is **with** God now *hij is nu bij God/in de hemel* **6.¶** **by** God! *bij God!* **7.¶** my God! *mijn God!* **9.¶** oh God! *O/och God!, och gut!* **¶.¶** God! *bij God (almachtig)!* ⟨vaak als vloek⟩;

II ⟨telb.zn.⟩ **0.1** ***(af)god*** ⇒⟨fig.⟩ *invloedrijk persoon, idool, godje* **0.2** ***afgodsbeeld*** ◆ **1.1** make a ~ of one's belly *van zijn buik zijn (af)god maken* ⟨naar Filip. 3:19⟩; ~ from machine *deus ex machina* **4.¶** ye ~s (and little fishes)! *o (grote) goden!;*

III ⟨mv.; ~s; the⟩ **0.1** ***engelenbak*** ⇒*schellinkje,* ⟨B.⟩ *paradijs;* ⟨bij uitbr.⟩ *toeschouwers v.d. engelenbak.*

god[2] ⟨ov.ww.; →ww. 7⟩ **0.1** ***vergoddelijken*** ⇒*verafgoden, vergoden* ◆ **4.1** ~ oneself *zich een god voelen.*

'God Al'mighty ⟨tussenw.⟩⟨vulg.⟩ **0.1** ***(wel) God allemachtig.***

'god-'aw·ful ⟨bn.; -ness⟩⟨inf.⟩ **0.1** ***godsgruwelijk*** ⇒*gruwelijk, abominabel.*

'god box ⟨telb.zn.⟩⟨AE; inf.⟩ **0.1** ***orgel*** ⇒*harmonium* **0.2** ***kerk.***

'god·child ⟨f1⟩⟨telb.zn.⟩ **0.1** ***petekind.***

'God'damn, 'god·'dam(n), 'god·'damned ⟨f2⟩⟨bn., attr.; bw.⟩ **0.1** ***verdomd*** ⇒*vervloekt, verrekt* ◆ **¶.1** ~! *godverdomme!.*

'god·daugh·ter ⟨telb.zn.⟩ **0.1** ***peetdochter.***

god·dess ['gɒdɪs‖'gɑd-]⟨f2⟩⟨telb.zn.⟩ **0.1** ***godin*** ⇒*godes(se).*

go·det [goʊ'det]⟨telb.zn.⟩ **0.1** ***geer*** ⟨in kledingstuk⟩.

go·de·tia [goʊ'di:ʃə]⟨telb.zn.⟩⟨plantk.⟩ **0.1** ***godetia*** ⇒*zomerazalea* ⟨fam. Onagraceae⟩.

'go-dev·il ⟨telb.zn.⟩⟨AE; tech.⟩ **0.1** ***houtslede*** **0.2** ***spoorwagentje voor materiaal/arbeiders*** **0.3** ***schraper voor het reinigen v. pijpleidingen*** **0.4** ***gewicht dat explosieven in boorgat tot ontploffing brengt.***

'god·fa·ther[1] ⟨f1⟩⟨telb.zn.⟩⟨ook fig.⟩ **0.1** ***peetvader*** ⇒*peter, peetoom, doopvader* ◆ **7.¶** ⟨euf.⟩ my ~s! *mijn God!.*

godfather[2] ⟨ov.ww.⟩ **0.1** ***(als) peet/peter staan over*** **0.2** ***peetvader zijn van*** ⇒*zijn naam geven aan* ⟨een systeem, idee, verwezenlijking, enz.⟩ **0.3** ***patroneren*** ⇒*onder zijn hoede nemen.*

'god-fear·ing ⟨bn.⟩ **0.1** ***godvrezend*** ⇒*godvruchtig, vroom, devoot.*

god·fer ['gɒdfə‖'gɑdfər]⟨telb.zn.⟩⟨AE; sl.⟩ **0.1** ***koter*** ⇒*spruit, (klein)kind.*

'god·for·sak·en ⟨bn.; ook G-⟩ **0.1** ***(van)godverlaten*** ⇒*ontaard, niets ontziend, verdorven* ⟨v. personen⟩, *desolaat* ⟨v. plaats⟩ **0.2** ***triest*** ⇒*ellendig, hopeloos.*

'God-'giv·en ⟨f1⟩⟨bn.; soms g- g-⟩ **0.1** ***door God gegeven/gezonden.***

god·head ['gɒdhed‖'gɑd-]⟨zn.⟩

I ⟨eig.n.; G-; the⟩ **0.1** ***God*** ⇒*Godheid, opperwezen;*

II ⟨telb. en n.-telb.zn.⟩ **0.1** ***godheid*** ⇒*goddelijkheid, goddelijke natuur, god.*

god·hood ['gɒdhʊd‖'gɑd-], **god·ship** [-ʃɪp]⟨n.-telb.zn.⟩ **0.1** ***goddelijkheid*** ⇒*godheid, goddelijke natuur.*

god·less ['gɒdləs‖'gɑd-]⟨f1⟩⟨bn.; -ly; -ness⟩ **0.1** ***goddeloos*** ⇒*verdorven* **0.2** ***god(de)loos*** ⇒*zonder god(en), niet (in god) gelovend.*

god·like ['gɒdlaɪk‖'gɑd-]⟨f1⟩⟨bn.; -ness⟩ **0.1** ***goddelijk.***

god·ling ['gɒdlɪŋ‖'gɑd-]⟨telb.zn.⟩ **0.1** ***godje*** ⟨minder belangrijk en/of plaatselijk⟩ **0.2** ***godje*** ⟨(af)godsbeeldje⟩.

god·ly ['gɒdli‖'gɑd-]⟨bn.; -er; -ness; →bijw. 3⟩⟨→sprw. 80⟩ **0.1** ***vroom*** ⇒*godvruchtig, godvrezend, devoot* **0.2** ***goddelijk.***

God·man ['gɒd'mæn‖'gɑd-]⟨eig.n.⟩ **0.1** ***Godmens*** ⇒*Godsman, Christus.*

'god·moth·er ⟨f1⟩⟨telb.zn.⟩ **0.1** ***meter*** ⇒*peettante, doopmoeder.*

go·down ['goʊdaʊn]⟨telb.zn.⟩ **0.1** ***goedang*** ⇒*opslagplaats, magazijn, pakhuis, provisiekamer* ⟨in Oost-Azië, vnl. India⟩ **0.2** ⟨AE; inf.⟩ ***souterrain*** ⇒*kelderappartement/vertrek.*

'go 'down ⟨f2⟩⟨onov.ww.⟩⟨→sprw. 386⟩ **0.1** ***naar beneden gaan/leiden*** **0.2** ***dalen*** ⟨v. prijs, temperatuur⟩ **0.3** ***zinken*** ⇒*ondergaan* **0.4** ***ondergaan*** ⟨v. zon, e.d.⟩ **0.5** ⟨ben. voor⟩ *afnemen* ⇒*gaan liggen* ⟨v. wind⟩; *uitdoven, verglimmen* ⟨v. vuur⟩; *minderen* ⟨v. hoeveelheid⟩; *slinken,* ⟨B.⟩ *ontzwellen* ⟨v. gezwel⟩ **0.6** ***leeglopen*** ⟨v. (fiets)band⟩ **0.7** ***vervallen*** ⇒*verslechteren, tanen, verarmen, verpauperen* **0.8** ***vallen*** ⇒⟨fig.⟩ *verslagen worden, vernietigd worden* ⟨v.e. stad, enz.⟩ **0.9** ***erin gaan*** ⇒*doorgeslikt worden* ⟨v. eten⟩ **0.10** ***in de smaak vallen*** ⇒*ingang vinden, gehoor vinden* **0.11** ***te boek gesteld worden*** ⇒*geboekstaafd worden* **0.12** ***gebeuren*** **0.13** ⟨BE⟩ ***de universiteit verlaten*** ⟨tijdelijk of voorgoed⟩ **0.14** ⟨inf.⟩ ***de nor ingaan*** ◆ **1.10** ⟨inf.⟩ ~ like a bomb *grote bijval vinden, enthousiast ontvangen worden* **3.8** I'll do it or I'll ~ trying *ik zal het doen, al wordt het m'n dood* **6.1** ~ **to** the country *naar het platteland afzakken;* ~ **to** the sea *naar zee gaan* **6.7** ~ **with** measles *de mazelen krijgen* **6.8** ~ **before** the enemy *verslagen worden door de vijand;* ~ **on** one's knees *op de knieën vallen, zich onderwerpen;* ~ **to** *verslagen worden door, geveld worden door, ten onder gaan aan* **6.10** ~ **with** *in de smaak vallen bij, ingang vinden bij, gehoor vinden bij, aanvaard worden door* **6.11** ~ **in** history/posterity *de geschiedenis ingaan, overgeleverd worden* **6.¶** ⟨AE; sl.⟩ ~ **on** s.o. (and do tricks) *(iem.) beffen/likken; iem. pijpen;* this book only goes down **to** World War I *dit boek gaat maar tot de Eerste Wereldoorlog.*

'god·par·ent ⟨telb.zn.⟩ **0.1** ***peet*** ⇒*doopgetuige.*

'God's 'acre ⟨telb.zn.⟩⟨vero.⟩ **0.1** ***godsakker*** ⇒*akker Gods, kerkhof.*

'God's 'book ⟨n.-telb.zn.⟩ **0.1** ***Boek Gods*** ⇒*Bijbel.*

'God's 'country, 'God's own 'country ⟨n.-telb.zn.⟩ **0.1** ***(aardse) paradijs*** ⇒*Hof v. Eden;* ⟨fig.⟩ *Verenigde Staten.*

'God's 'earth ⟨n.-telb.zn.⟩ **0.1** ***ondermaanse.***

'god·send ⟨f1⟩⟨telb.zn.⟩ **0.1** ***meevaller*** ⇒*buitenkansje.*

'God's eye ⟨telb.zn.⟩ **0.1** ***Gods oog*** ⟨decoratiepatroon als talisman in truien e.d.⟩.

'God's 'gift ⟨telb.zn.⟩ **0.1** ***meevaller*** ⇒*buitenkansje.*

'God slot ⟨telb.zn.⟩⟨BE; sl.⟩ **0.1** ⟨ong.⟩ ***kerkuitzending*** ⟨op radio of t.v.⟩.

'god·son ⟨telb.zn.⟩ **0.1** ***peetzoon*** ⇒*doopzoon.*

god·speed ['gɒd'spi:d‖'gɑd-]⟨telb. en n.-telb.zn.⟩ **0.1** ***veel geluk*** ⇒*succes, Gods zegen, goede reis* ⟨als wens⟩ ◆ **3.1** bid/wish s.o. ~ *iem. veel geluk/succes/Gods zegen/een goede reis toewensen.*

'God's 'plenty, 'God's 'quantity ⟨n.-telb.zn.⟩ **0.1** ***overvloed.***

'God's 'truth ⟨n.-telb.zn.⟩ **0.1** ***zuivere waarheid.***

God·ward[1] ['gɒdwəd‖'gɑdwərd]⟨bn.⟩ **0.1** ***tot God gericht*** **0.2** ***godgezind*** ⇒*godgewijd, vroom.*

Godward[2], **God·wards** ['gɒdwədz‖'gɑdwərdz]⟨bw.⟩ **0.1** ***naar God*** **0.2** ***mbt. God.***

god·wit ['gɒdwɪt‖'gɑd-]⟨telb.zn.⟩⟨dierk.⟩ **0.1** ***grutto*** ⟨genus Limosa⟩.

goeduck, goeyduc, gooeyduck →geoduck.

go·er ['goʊə‖'goʊər]⟨f1⟩⟨telb.zn.⟩ **0.1** ***iem. die/iets dat gaat*** ⇒*(hard)loper* ⟨vnl. paard⟩ **0.2** ***echte liefhebber*** ⟨v. seks⟩ ◆ **2.1** a good/slow ~ *een goede/langzame draver* ⟨paard⟩; *een gelijklopend/achterlopend horloge.*

-go·er ['gouə||'gouər] **0.1** ***-ganger*** ⇒*-bezoeker* ◆ **¶.1** churchgoer *kerkganger;* theatregoer *schouwburgbezoeker.*
'go 'far ⟨onov.ww.⟩ **0.1** ***het ver schoppen*** ⇒*het ver brengen* **0.2** ***ver komen met*** ⇒*veruit volstaan/toereiken* **0.3** ***lang meegaan*** ⇒*lang vers blijven* **0.4** ***veel waard zijn*** ◆ **1.2** these vegetables won't go (very) far *met deze groenten zal ik niet ver komen* **6.2** ~ **to (wards)** solving the problem *veel bijdragen tot het oplossen v. h. probleem* **¶.¶** far gone *ver heen.*
go·fer ['goufə||-ər]⟨telb.zn.⟩ **0.1** ⟨vnl. AE; fig.⟩ ***boodschappenjongen*** ⇒*loopjongen, krullenjongen* **0.2** ⟨gew.⟩ ***wafel.***
gof·fer[1], **gauf·fer** ['goufə||'gɑfər]⟨telb.zn.⟩ **0.1** ***plooiijzer*** ⇒*plooischaar, plooitang* **0.2** ***plissé*** ⇒*plooisel.*
goffer[2], **gauffer** ⟨ov.ww.⟩ →goffering, gauffering **0.1** ***gaufreren*** ⇒*wafelen, een wafelmotief aanbrengen op/in* **0.2** ***plooien*** ⇒*(pijp)plooien maken in* **0.3** ***buigen.***
gof·fer·ing, gauf·fer·ing ['goufrɪŋ||'gɑ-]⟨telb.zn.; oorspr. gerund v. goffer, gauffer⟩ **0.1** ***plooisel.***
'go for ⟨f1⟩⟨onov.ww.⟩ **0.1** ***gaan om*** ⇒*(gaan) halen, gaan naar* **0.2** ***gelden voor*** ⇒*v. toepassing zijn op, betrekking hebben op* **0.3** ***nastreven*** ⇒*azen op, vlassen op, najagen, nalopen* **0.4** ***(ver)kiezen*** ⇒*aangetrokken worden door, prachtig vinden* **0.5** ***verkocht worden voor*** ⇒*gaan voor* **0.6** ***doorgaan voor*** ⇒*gehouden worden voor* **0.7** ***goed aflopen voor*** ⇒*meevallen voor* **0.8** ***aanvallen*** ⇒*lostrekken, te lijf gaan, toestormen op* **0.9** ***aanvallen*** ⇒*v. leer trekken tegen, te keer gaan tegen, (gaan) twisten met* ◆ **1.1** ~ a walk *een wandeling maken* **1.5** ~ for a song *voor een prikje v.d. hand gaan* **3.7** be going for s.o. *meezitten/in het voordeel zijn v. iem.* **4.1** ~ them! *pak ze!* ⟨tegen hond⟩ **4.5** ~ nothing *niet (mee)tellen, v. nul en gener waarde zijn* **4.6** ~ nothing/little (with s.o.) *niet/weinig gelden/tellen (bij iem.)* **4.¶** ~ (very) little *(erg) weinig uithalen;* ~ naught/nothing *niets uithalen, op niets uitlopen, mislukken;* ⟨cricket⟩ next wicket went for nothing *de volgende wicket ging zomaar verloren.*
'go 'forth ⟨onov.ww.⟩⟨schr.⟩ **0.1** ***uitgevaardigd/afgekondigd worden*** **0.2** ***uitgezonden/uitgestuurd worden*** ⇒*vertrekken* ◆ **1.1** an edict went forth from the palace *er werd vanuit het paleis een edict afgekondigd* **1.2** a mighty fleet went forth from the harbour *een machtige vloot voer de haven uit.*
'go 'forward ⟨onov.ww.⟩ **0.1** ***vooruitgaan*** ⟨ook fig.⟩ ⇒*vorderen, vooruitgang boeken, vordering(en) maken* **0.2** ***zijn gang gaan*** ⇒*voortgaan, vervolgen* ◆ **6.2** ~ **with** sth. *voortgaan met iets.*
Gog [gɒg||gɑg]⟨eig.n.⟩⟨bijb.⟩ **0.1** ***Gog*** ⟨Ez. 38, Rev. 20:8-10⟩ ◆ **1.¶** ~ and Magog *twee beelden in de Guildhall v. Londen.*
'go-get·ter ⟨telb.zn.⟩⟨inf.⟩ **0.1** ***doorzetter*** ⇒*aanhouder, streber, een man/vrouw met karakter.*
gog·gle[1] ['gɒgl||'gɑgl]⟨f1⟩⟨zn.⟩
I ⟨telb.zn.⟩ **0.1** ***starende blik*** ⇒*(door) borende blik, gestaar* **0.2** ***ongure blik*** ⇒*sluwe/geile blik, geloer* ◆ **7.¶** ⟨BE; sl.⟩ the ~ *de buis, de kijkkast, de t.v.;*
II ⟨mv.; ~s⟩ **0.1** ***(beschermende) bril*** ⇒*zonnebril, sneeuwbril, stofbril, schutbril, duikbril, vliegbril, oogscherm;* ⟨fig.⟩ *oogkleppen* **0.2** ***draaiziekte*** ⟨v. schapen⟩ **0.3** ⟨BE; sl.⟩ ***ogen*** **0.4** ⟨BE; sl.⟩ ***fok*** ⇒*uilebril.*
goggle[2] ⟨bn.; -ly; →bijw. 3⟩ **0.1** ***uitpuilend*** ⟨v. ogen⟩ **0.2** ***rollend*** ⟨v. ogen⟩.
goggle[3] ⟨f1⟩⟨ww.⟩
I ⟨onov.ww.⟩ **0.1** ***staren*** ⇒*turen, gapen, starogen* **0.2** ***scheel kijken*** **0.3** ***rondstaren*** ⇒*met de ogen rollen* **0.4** ***uitpuilen*** ◆ **6.1** ~ **at** *aangapen, aanstaren;*
II ⟨ov.ww.⟩ **0.1** ***rollen*** ⟨met de ogen⟩.
'goggle box ⟨telb.zn.⟩⟨BE; sl.⟩ **0.1** ***kijkkas(t)*** ⇒*buis, t.v..*
'gog·gle-'eyed ⟨bn.⟩ **0.1** ***met (uit)puil(ende) ogen*** **0.2** ***met rollende ogen.***
gog·let ['gɒglɪt||'gɑg-]⟨telb.zn.⟩ **0.1** ***(poreuze) waterkruik*** ⟨vnl. in India⟩.
'go-go[1] ⟨zn.⟩
I ⟨telb.zn.⟩⟨verk.⟩ go-go fund **0.1** ***speculatief beleggingsfonds;***
II ⟨n.-telb.zn.⟩ **0.1** ***go-go*** ⇒*het disco-dansen.*
go-go[2] ⟨f1⟩⟨bn., attr.⟩ **0.1** ***energiek*** ⇒*onbeteugeld, vurig, temperamentvol* **0.2** ***doortastend*** ⇒*snel, bijdehand* **0.3** ***go-go*** ⇒*disco-* **0.4** ***speculatief*** ◆ **1.3** ~ girl/dancer *go-go girl/danseres, disco-girl/danseres* **1.4** ~ fund *speculatief beleggingsfonds.*
'go 'home ⟨onov.ww.⟩ **0.1** ***naar huis gaan*** **0.2** ⟨euf.⟩ ***naar het vaderhuis gaan*** ⇒*sterven* **0.3** ***zitten*** ⇒*treffen, raak zijn, stevig aankomen* ⟨v. stekelige opmerking⟩ ◆ **1.3** that remark went home *die zat, die opmerking was raak* **¶.¶** ⟨sl.⟩ ~! *hou je mond!.*
Goi·del·ic[1] ['gɔɪ'delɪk], **Ga·dhel·ic** [gæ'delɪk]⟨eig.n.⟩ **0.1** ***Goidelisch.***
Goidelic[2], **Gadhelic** ⟨bn.⟩ **0.1** ***Goidelisch*** ⇒*Keltisch.*
'go 'in ⟨f2⟩⟨ww.⟩
I ⟨onov.ww.⟩ **0.1** ***naar binnen gaan*** **0.2** ***erin gaan*** ⇒*(erin) passen* **0.3** ***wegkruipen*** ⇒*schuilgaan, zich verbergen, zich verschuilen* ⟨v. zon, maan enz.⟩ **0.4** ***zich laten begrijpen*** ⇒*er grif ingaan* ⟨v. redenering, probleem⟩ **0.5** ***meedoen*** ⇒*me(d)edingen, deelnemen* **0.6** ⟨cricket⟩ ***aan slag gaan*** ◆ **3.5** ~ and win! *er op los!, zet hem op!, hup(sakee)!* **5.1** ~ and **out** *naar binnen en buiten gaan; aan en uit flikkeren* **6.¶** →go in **for;**
II ⟨ov.ww.⟩ **0.1** ***binnengaan*** ⇒*binnentreden, ingaan.*
'go 'in for ⟨f1⟩⟨onov.ww.⟩ **0.1** ***(gaan) deelnemen aan*** ⟨een test, wedstrijd enz.⟩ **0.2** ***opgaan voor*** ⇒*gaan afleggen, zich aangeven/aanmelden voor* **0.3** ***(gaan) studeren voor*** **0.4** ***(gaan) doen aan*** ⇒*een gewoonte maken v.* **0.5** ***zich inzetten voor*** ⇒*ijveren voor, nastreven* **0.6** ***gekenmerkt worden door*** ◆ **1.6** the new car goes in for the lower, aerodynamic appearance *de nieuwe auto wordt gekenmerkt door een lager, aerodynamisch uiterlijk.*
go·ing[1] ['gouɪŋ]⟨f2⟩⟨n.-telb.zn.; oorspr. gerund v. go⟩ **0.1** ***het gaan*** **0.2** ***toestand*** ⟨v. renbaan, pad, terrein e.d.⟩ **0.3** ***het vooruitkomen*** ⇒*het vorderen, vordering* **0.4** ***vertrek*** ⇒*afreis* **0.5** ***afscheid*** ⇒*scheiding* **0.6** ***overlijden*** ⇒*dood* **0.7** ***gang*** ⇒*tempo, snelheid* **0.8** ***het reizen*** **0.9** ***trapwijdte*** ◆ **1.4** comings and ~s *komen en gaan* ⟨ook fig.⟩ **2.3** while the ~ is good *nu het nog kan, nu de voorwaarden nog gunstig zijn;* be heavy ~ *moeilijk zijn, een hele klus zijn; moeilijk/slecht begrijpbaar zijn; traag vooruitgaan, slechts kleine vorderingen maken.*
going[2] ⟨f2⟩⟨bn.; oorspr. teg. deelw. v. go⟩
I ⟨bn., attr.⟩ **0.1** ***(goed) werkend*** ⇒*succesrijk* **0.2** ***gangbaar*** ⇒*geldend, vigerend* ◆ **1.1** a ~ concern *een goed draaiend bedrijf, een gevestigde zaak* **1.2** the ~ rate *het gangbare tarief;*
II ⟨bn., post.⟩ **0.1** ***voorhanden*** ⇒*in circulatie, in omloop* ◆ **1.1** there still is some meat ~ *er is nog wat vlees voorhanden;* we have got the best car ~ *wij hebben de beste auto die er bestaat;* there was a good job ~ *er was een goede betrekking/plaats vacant;* the greatest singer ~ *de grootste zanger die er is.*
'go·ing-a'way[1] ⟨telb.zn.; gerund v. go away⟩ **0.1** ***begin v.d. huwelijksreis.***
going-away[2] ⟨bn., attr.; teg. deelw. v. go away⟩ **0.1** ***(huwelijks)reis-*** ◆ **1.1** ~ present *huwelijksreiscadeau.*
'go·ing-'o·ver ⟨telb.zn.; oorspr. gerund v. go over; goings-over ['gouɪŋz 'ouvə||-ər]; →mv. 6⟩⟨inf.⟩ **0.1** ***ontleding*** ⇒*onderzoek, analyse* **0.2** ***nazicht*** ⇒*revisie* **0.3** ***controle*** **0.4** ***uitbrander*** **0.5** ⟨sl.⟩ ***pak slaag.***
'go·ings-'on ⟨f1⟩⟨mv.; ww. soms enk.⟩⟨inf.⟩ **0.1** ***gedrag*** ⇒*handelwijze, optreden* **0.2** ***voorvallen*** ⇒*gebeurtenissen, dingen* ◆ **1.2** there was all sorts of ~ *er gebeurde van alles* **2.1** queer ~ *vreemd gedrag* **2.2** fine ~! *een fraaie boel!.*
'go into ⟨f2⟩⟨onov.ww.⟩ **0.1** ***binnengaan (in)*** ⇒*binnentreden (in), ingaan* **0.2** ***rammen*** ⇒*aanrijden* ⟨v. voertuig⟩ **0.3** ***gaan in*** ⇒*zich begeven in, zich aansluiten bij, vervoegen, lid worden v.* **0.4** ***deelnemen aan*** **0.5** ***komen/(ge)raken in*** ⟨bep. toestand⟩ ⇒*krijgen* **0.6** ***(nader) ingaan op*** ⇒*zich verdiepen in, behandelen, onderzoeken, beschouwen* **0.7** ***(gaan) dragen*** ⟨mbt. kleren⟩ **0.8** ***besteed worden aan*** ⇒*gespendeerd worden aan* ⟨v. geld, tijd⟩ **0.9** ***nodig zijn voor*** **0.10** ***gaan in*** ⟨v. getallen, voorwerpen⟩ ◆ **1.1** somebody has gone into the drawers of my desk *iem. heeft in de laden v. mijn bureau zitten rommelen;* ~ a room *(in) een kamer binnengaan, een kamer ingaan;* ⟨fig.⟩ ~ service/use *in gebruik genomen worden* **1.3** ~ digs *een kamer huren, op kamers gaan wonen;* ~ hospital *in het ziekenhuis opgenomen worden* **1.4** ~ business *zakenman worden* **1.5** ~ a coma *in coma raken, bewusteloos worden;* ~ fits of laughter *in lachen uitbarsten;* ~ liquidation *bankroet/failliet gaan;* ~ retirement *met pensioen gaan;* ~ a (flat) spin *in een vrille/tolvlucht (ge)raken;* ⟨fig.⟩ *afknappen;* ~ a trance *in trance (ge)raken* **1.6** ~ (the) details *in detail treden;* ~ particulars *in detail treden* **1.7** ~ mourning *de rouw aannemen* **1.10** 5 goes into 11 twice/5 into 11 goes twice, and 1 left *5 op de 11 is 2, rest 1.*
goi·tre, ⟨AE sp.⟩ **goi·ter** ['gɔɪtə||'gɔɪṭər]⟨zn.⟩
I ⟨telb.zn.⟩⟨AE; sl.⟩ **0.1** ***bierbuik;***
II ⟨telb. en n.-telb.zn.⟩⟨med.⟩ **0.1** ***krop*** ⇒*kropgezwel.*
goi·tred, ⟨AE sp.⟩ **goi·tered** ['gɔɪtəd||'gɔɪṭərd]⟨bn.⟩ **0.1** ***met kropgezwel*** ⇒*kroplijdend.*
goi·trous ['gɔɪtrəs]⟨bn.⟩ **0.1** ***met kropgezwel*** **0.2** ***kropachtig.***
'go-kart ⟨f1⟩⟨telb.zn.⟩⟨BE; sport⟩ →go-karting **0.1** ***(go-)kart*** ⇒*skelter.*
'go-kart·ing ⟨n.-telb.zn.; oorspr. gerund v. go-kart⟩⟨sport⟩ **0.1** ***(go-)karting.***
Gol·con·da [gɒl'kɒndə||gɑl'kɑndə]⟨zn.⟩
I ⟨eig.n.⟩ **0.1** ***Golconda*** ⟨stad(sruïne) in India⟩;
II ⟨telb.zn.⟩⟨ook fig.⟩ **0.1** ***goudmijn*** ⇒*schatkamer, onuitputtelijke bron.*
gold [gould]⟨f3⟩⟨zn.⟩⟨→sprw. 20⟩
I ⟨telb.zn.⟩ **0.1** ***roos*** ⟨v.e. schietschijf⟩ ◆ **3.1** make a ~ *in de roos schieten;*
II ⟨n.-telb.zn.⟩ **0.1** ⟨ook schei.⟩ ***goud*** ⟨element 79⟩⟨ook fig.⟩

0.2 ***goud(stukken)*** ⇒*gouden munt(en), schatten, rijkdom* **0.3** ***goud(kleur)*** **0.4** ***goud(en medaille)*** **0.5** ⟨geldw.⟩ ***goud(en standaard)*** ◆ **1.1** a voice of ~ *een gouden stem* **1.3** the ~ of her hair is a lust to the eye *het goud v. haar haren is een lust voor het oog* **3.5** go off ~ *van de gouden standaard afgaan*.

'gold a'malgam ⟨telb. en n.-telb.zn.⟩ **0.1** ***goudamalgaam***.

gol·darn[1] ['gɒldɑ:n‖'gɑldɑrn], **gol·durn** ['gɒldɜ:n‖'gɑldɜrn] ⟨bn., attr.; bw.⟩ ⟨AE; euf.⟩ **0.1** ***verdomd*** ⇒*vervloekt, verrek*.

gol'darn[2], **'goldurn** ⟨ov.ww.⟩ ⟨AE; euf.⟩ **0.1** ***verdommen*** ⇒*vervloeken*.

'gold backing ⟨n.-telb.zn.⟩ **0.1** ***gouddekking***.

'gold·beat·er ⟨telb.zn.⟩ **0.1** ***goudslager*** ⇒*goudpletter*.

'goldbeater's skin ⟨telb.zn.⟩ **0.1** ***goudslagershuidje*** ⇒*goudslagersvlies*.

'gold·bloc ⟨telb.zn.⟩ **0.1** ***goudblok*** ⟨groep staten die aan gouden standaard vasthoudt⟩.

'gold bond ⟨telb.zn.⟩ ⟨geldw.⟩ **0.1** ***obligatie met een gouden rand*** ⇒*goudclausule*.

'gold·brick[1], ⟨in bet. 0.2 ook⟩ **gold·brick·er** ['goʊl(d)brɪkə‖-ər] ⟨telb.zn.⟩ ⟨inf.⟩ **0.1** ***nepartikel*** ⇒*klatergoud* **0.2** ⟨AE⟩ ***lijntrekker***.

goldbrick[2] ⟨ww.⟩ ⟨AE; inf.⟩
 I ⟨onov.ww.⟩ **0.1** ***lijntrekken*** ⇒*'m drukken;*
 II ⟨ov.ww.⟩ **0.1** ***bezwendelen*** ⇒*bedriegen, uitbuiten*.

'gold bug ⟨telb.zn.⟩ ⟨AE; inf.⟩ **0.1** ***miljonair*** **0.2** ⟨pol.⟩ ***voorstander v. gouden standaard***.

'gold 'cloth ⟨telb. en n.-telb.zn.⟩ **0.1** ***goudlaken*** ⇒*goudstof, goudbrokaat* **0.2** ***goud lamé***.

'gold·crest ⟨telb.zn.⟩ ⟨dierk.⟩ **0.1** ***goudhaantje*** ⟨Regulus regulus⟩.

'gold digger ⟨telb.zn.⟩ **0.1** ***goudzoeker/delver*** **0.2** ⟨sl.⟩ ***geldgeil wijf***.

'gold dust ⟨zn.⟩
 I ⟨telb.zn.⟩ ⟨plantk.⟩ **0.1** ***rotsschildzaad*** ⟨Alyssum saxatile⟩;
 II ⟨n.-telb.zn.⟩ **0.1** ***stofgoud*** ⇒*goudpoeder*.

gold·en ['goʊldən] ⟨f3⟩ ⟨bn.; -ly; -ness⟩ ⟨→sprw. 230, 231, 624⟩ **0.1** ***gouden*** ⇒*gulden, goud-;* ⟨ook fig.⟩ *uitnemend, kostelijk, waardevol, succesvol, belangrijk* **0.2** ***gouden*** ⇒*goudkleurig* ◆ **1.1** the Golden Age *de Gouden Eeuw;* a ~ age *een gouden tijdperk, een tijdperk v. bloei;* ~ anniversary *gouden jubileum/feest;* the ~ balls *de lommerd, de bank v. lening, de gouden bollen* ⟨uithangteken v.e. lommerd⟩; ~ calf *gouden kalf, Mammon, geld;* ~ disc *gouden plaat* ⟨voor recordaantal verkochte exemplaren 1.000.000 in U.S.A., 100.000 in Europa⟩; the Golden Fleece *het gulden vlies;* ~ handcuffs *gouden handboeien, blijf/behoudpremie, exorbitant salaris* ⟨om werknemer aan bedrijf te binden⟩; ~ handshake *gouden handdruk;* ~ hello *lokpremie, wegkooppremie, premie bij indiensttreding;* Golden Horde *Gouden Horde;* ~ jubilee *gouden jubileum(feest);* Golden Legend *Gulden Legende;* the ~ mean *de gulden middenweg;* ⟨wisk.⟩ *de gulden snede;* ~ number *gulden getal;* ~ oldie *gouwe ouwe* ⟨tophit uit vroeger jaren⟩; ~ opinions *grote waardering;* win ~ opinions *grote lof oogsten;* ~ opportunity *buitenkans;* ⟨plantk.⟩ ~ rain *goudenregen* ⟨Laburnum anagyroides⟩; ⟨R.-K.⟩ ~ rose *gouden roos, deugdroos* ⟨gewijde pauselijke roos v. Rozenzondag⟩; a ~ rule *een gulden regel* ⟨speciaal in Matth. 7:12⟩; ⟨wisk.⟩ the ~ rule *de gulden regel* ⟨de regel v. drieën⟩; ⟨wisk.⟩ ~ section *gulden snede* ⟨sectio aurea/divina⟩; ~ shoe *gouden schoen* ⟨voetballerstrofee⟩; ⟨AE⟩ the Golden State *de Gouden Staat* ⟨bijnaam voor Californië⟩; ~ wedding *gouden bruiloft* **1.¶** ⟨plantk.⟩ ~ aster *Amerikaanse gele aster* ⟨genus Chrysopsis⟩; ~ bough *maretak, vogellijm, mistletoe;* ~ boy *(snel stijgende) ster, succesvol man;* ⟨plantk.⟩ ~ chain *goudenregen* ⟨Laburnum anagyroides⟩; ⟨dierk.⟩ ~ eagle *steenarend* ⟨Aquila chrysaetos⟩; ~ girl *(snel stijgende) ster, succesvolle vrouw;* ⟨plantk.⟩ ~ glow *gele rudbeckia* ⟨Rudbeckia laciniata⟩; kill the goose that lays the ~ eggs *de kip met de gouden eieren slachten;* ⟨dierk.⟩ ~ hamster *goudhamster* ⟨Mesocricetus auratus⟩; ⟨dierk.⟩ ~ oriole *wielewaal* ⟨Oriolus oriolus⟩; ⟨dierk.⟩ ~ plover *goudplevier* ⟨Pluvialis adricaria⟩; ⟨dierk.⟩ ~ retriever *golden retriever* ⟨goudkleurige speurhond⟩; ⟨BE⟩ ~ syrup *(blonde) suikerstroop*.

gold·en·ag·er ['goʊldən'eɪdʒə‖-ər] ⟨telb.zn.⟩ **0.1** ***bejaarde*** ⇒⟨i.h.b.⟩ *gepensioneerde*.

'gol·den·eye ⟨telb.zn.⟩ ⟨dierk.⟩ **0.1** ***brilduiker*** ⟨Bucephala clangula⟩.

'gol·den-'mouthed ⟨bn.⟩ **0.1** ***eloquent*** ⇒*welbespraakt, welsprekend*.

'gol·den'rod ⟨telb.zn.⟩ ⟨plantk.⟩ **0.1** ***guldenroede*** ⟨genus Solidago⟩.

'gol·den-'tongued ⟨bn.⟩ **0.1** ***eloquent*** ⇒*welbespraakt* **0.2** ***overredend*** ⇒*overtuigend*.

'gold fever ⟨f1⟩ ⟨telb. en n.-telb.zn.⟩ **0.1** ***goudkoorts***.

'gold·field ⟨telb.zn.; vaak mv.⟩ **0.1** ***goudveld***.

'gold-'filled ⟨bn.⟩ **0.1** ***verguld***.

'gold·finch ⟨telb.zn.⟩ **0.1** ⟨dierk.⟩ ***Amerikaanse goudvink*** ⟨genus Spinus⟩ **0.2** ⟨dierk.⟩ ***putter*** ⇒*distelvink* ⟨genus Spinus, i.h.b. S. tristis⟩ **0.3** ⟨sl.⟩ ***goudvink*** ⇒*rijke pief*.

'gold·find·er ⟨telb.zn.⟩ **0.1** ***goudzoeker*** ⇒*gouddelver*.

'gold·fish ⟨f1⟩ ⟨telb.zn.⟩ **0.1** ***goudvis***.

'goldfish bowl ⟨telb.zn.⟩ **0.1** ***goudviskom*** ⇒*goudvisglas* **0.2** ***glazen huis*** ⇒*plaats zonder privacy*.

'gold 'foil ⟨n.-telb.zn.⟩ **0.1** ***goudfolie*** ⇒*bladgoud*.

'gold-ham·mer ⟨telb.zn.⟩ **0.1** ***goudplettershamer***.

gold·i·locks ['goʊldilɒks‖-lɑks] ⟨telb.zn.; goldilocks; →mv. 4⟩ **0.1** ⟨plantk.⟩ ***gulden boterbloem*** ⟨Ranunculus auricomus⟩ **0.2** ⟨plantk.⟩ ***kalkaster*** ⟨Aster linosyrus/Linosyrus vulgaris⟩ **0.3** ⟨inf.⟩ ***(knap) blondje*** ⇒*leuke blondine*.

'gold 'lace ⟨telb.zn.⟩ **0.1** ***goudgalon***.

'gold 'leaf ⟨f1⟩ ⟨n.-telb.zn.⟩ **0.1** ***bladgoud***.

'gold-lode ⟨telb.zn.⟩ **0.1** ***goudader***.

'gold 'medal ⟨telb.zn.⟩ **0.1** ***gouden medaille***.

'gold 'medal(l)ist ⟨telb.zn.⟩ **0.1** ***winnaar v. gouden medaille***.

'gold mine ⟨f1⟩ ⟨telb.zn.⟩ ⟨ook fig.⟩ **0.1** ***goudmijn*** ⇒*schatkamer, onuitputtelijke bron*.

'gold mining ⟨n.-telb.zn.⟩ **0.1** ***goudwinning***.

'gold-of-'pleas·ure ⟨telb.zn.⟩ ⟨plantk.⟩ **0.1** ***huttentut*** ⇒*vlasdodder, dederzaad* ⟨Camelina sativa⟩.

'gold ore ⟨n.-telb.zn.⟩ **0.1** ***gouderts***.

'gold parity ⟨n.-telb.zn.⟩ **0.1** ***goudpariteit***.

'gold 'plate ⟨n.-telb.zn.⟩ **0.1** ***gouden tafelgerei*** **0.2** ***goudpleet***.

gold-plate ⟨ov.ww.⟩ **0.1** ***vergulden***.

'gold point ⟨n.-telb.zn.; the⟩ **0.1** ⟨geldw.⟩ ***goudpunt*** **0.2** ⟨nat.⟩ ***smeltpunt v. goud*** ⟨1064,43 C°⟩.

'gold 'record ⟨telb.zn.⟩ **0.1** ***gouden plaat***.

'gold reserve ⟨telb.zn.⟩ **0.1** ***goudreserve***.

'gold rush ⟨telb.zn.⟩ **0.1** ***trek naar de goudvelden*** ⇒⟨fig.⟩ *goudkoorts*.

'gold·smith ⟨f1⟩ ⟨telb.zn.⟩ **0.1** ***goudsmid***.

'gold·smith(·e)·ry ⟨n.-telb.zn.⟩ **0.1** ***goudsmederij*** ⇒*het goudsmeden, goudsmidsvak* **0.2** ***goudsmidswerk***.

'gold standard ⟨telb.zn.⟩ **0.1** ***gouden standaard***.

'gold 'star ⟨telb.zn.⟩ ⟨AE; inf.⟩ **0.1** ***pluim*** ⇒*complimentje, hoog cijfer, tien met een griffel, prijs(je)*.

'Gold 'Stick ⟨telb.zn.; the⟩ ⟨BE⟩ **0.1** ***Gold Stick*** ⟨(drager v.d.) vergulde staf, bij plechtige gelegenheden vóór de koning(in) uit⟩.

'gold·thread ⟨telb.zn.⟩ ⟨plantk.⟩ **0.1** ***driebladig kankerkruid*** ⟨bosplant; Coptis trifolia⟩.

'gold 'thread ⟨telb. en n.-telb.zn.⟩ **0.1** ***gouddraad***.

'gold'tipped ⟨bn.⟩ **0.1** ***met verguld mondstuk*** ⟨v. sigaret⟩.

goldurn →goldarn.

'gold 'varnish ⟨n.-telb.zn.⟩ **0.1** ***goudlak*** ⇒*goudvernis*.

'gold vein ⟨telb.zn.⟩ **0.1** ***goudader***.

'gold washer ⟨telb.zn.⟩ **0.1** ***goudwasser***.

'gold 'wire ⟨n.-telb.zn.⟩ **0.1** ***gouddraad***.

go·lem ['goʊlem‖-ləm] ⟨telb.zn.⟩ **0.1** ⟨jud.⟩ ***golem*** **0.2** ***robot*** ⇒*automaat*.

golf[1] [gɒlf‖gɑlf, gɔlf] ⟨f3⟩ ⟨n.-telb.zn.⟩ ⟨sport⟩ **0.1** ***golf***.

golf[2] ⟨onov.ww.⟩ ⟨sport⟩ **0.1** ***golfen*** ⇒*golf spelen*.

'golf bag ⟨telb.zn.⟩ ⟨sport⟩ **0.1** ***golftas***.

'golf ball ⟨f1⟩ ⟨telb.zn.⟩ **0.1** ***golfbal*** **0.2** ⟨inf.⟩ ***bolletje*** ⟨v. schrijfmachine⟩ **0.3** ⟨AE; sl.⟩ ***rotje*** ⇒*zevenklapper*.

'golf club ⟨f1⟩ ⟨telb.zn.⟩ ⟨sport⟩ **0.1** ***golfclub*** ⟨vereniging⟩ **0.2** ***golfclub*** ⇒*golfstok*.

'golf course, 'golf links ⟨f1⟩ ⟨telb.zn.⟩ ⟨sport⟩ **0.1** ***golfbaan*** ⇒*golfveld*.

golf·dom ['gɒlfdəm‖'gɑlfdəm, 'gɔlfdəm] ⟨n.-telb.zn.⟩ ⟨golf⟩ **0.1** ***golfwezen*** ⇒*golfgebeuren*.

golf·er ['gɒlfə‖'gɑlfər, 'gɔlfər] ⟨f1⟩ ⟨telb.zn.⟩ **0.1** ***cardigan*** ⟨gebreid wollen vest⟩ **0.2** ⟨sport⟩ ***golfspeler***.

'golf shoe ⟨telb.zn.⟩ ⟨sport⟩ **0.1** ***golfschoen***.

'golf-trolley ⟨telb.zn.⟩ ⟨golf⟩ **0.1** ***golfwagentje*** ⇒*caddiewagentje*.

'golf widow ⟨telb.zn.⟩ ⟨inf.; golf⟩ **0.1** ***golfweduwe*** ⇒*groene weduwe*.

Gol·go·tha ['gɒlgəθə‖'gɑlgəθə] ⟨eig.n., telb.zn.⟩ **0.1** ***Golgotha*** ⇒*begraafplaats; martelaarsoord*.

gol·iard ['goʊljəd] ⟨telb.zn.⟩ **0.1** ***goliard*** ⇒*vagant*.

go·li·ath [gə'laɪəθ] ⟨f1⟩ ⟨zn.⟩
 I ⟨eig.n.; G-⟩ **0.1** ***Goliath*** ⟨1 Sam. 17:4-51⟩;
 II ⟨telb.zn.; soms G-⟩ **0.1** ***goliath*** ⇒*reus, bullebak, ongelikte beer* **0.2** →Goliath crane **0.3** →Goliath heron.

Go'liath beetle ⟨telb.zn.; ook g-⟩ ⟨dierk.⟩ **0.1** ***goliathkever*** ⟨Goliathus goliathus⟩.

Go'liath crane, Goliath ⟨telb.zn.; ook g-⟩ ⟨tech.⟩ **0.1** ***reuzenkraan*** ⟨voor zeer zware lasten⟩.

Go'liath heron, Goliath ⟨telb.zn.; ook g-⟩ ⟨dierk.⟩ **0.1** ***reuzenreiger*** ⟨Ardea goliath cretzschmar⟩.

gol·li·wog(g), gol·ly·wog(g) ['gɒliwɒg‖'gɑliwɑg], **gol·ly** ['gɒli‖'gɑli]

⟨f2⟩⟨telb.zn.;→mv. 2⟩ **0.1** ***lappen moriaan pop* 0.2 *potsierlijk uitgedost iem.*** ⇒*vogelverschrikker*.

gol·lop[1] ['gɒləp‖'gɑ-]⟨telb.zn.⟩⟨inf.⟩ **0.1** ***slok*** ⇒*teug*.

gol·lop[2] ⟨ov.ww.⟩⟨inf.⟩ **0.1** ***(in)slokken*** ⇒*opslorpen*.

gol·ly ['gɒli‖'gɑli]⟨tussenw.⟩⟨inf.⟩ **0.1** ***gossie(mijne)*** ◆ **6.¶** by ~ *waarachtig*.

golosh →galosh.

go·lup·ti·ous [gə'lʌpʃəs]⟨bn.⟩⟨scherts.⟩ **0.1** ***heerlijk*** ⇒*kostelijk, lekker*.

GOM ⟨afk.⟩ Grand Old Man ⟨oorspronkelijk mbt. Gladstone, door opponent Disraeli ironisch God's Only Mistake genoemd⟩.

gom·been [gɒm'bi:n‖gɑm-]⟨n.-telb.zn.⟩⟨IE⟩ **0.1** ***(ge)woeker***.

'gom·been-man ⟨telb.zn.; 'gombeen-men;→mv. 3⟩⟨IE⟩ **0.1** ***woekeraar*** ⇒*sjacheraar*.

gombo →gumbo.

gon [gɒn‖gɑn]⟨telb.zn.⟩⟨AE; sl.⟩ **0.1** ***dief*** **0.2** ⟨verk.⟩ ⟨gondola car⟩.

-gon [gən‖gɑn]⟨wisk.⟩ **0.1** ***-goon*** ⇒*-hoek* ◆ **¶.1** hexagon *hexagoon, zeshoek;* polygon *polygoon, veelhoek*.

go·nad ['gounæd]⟨telb.zn.⟩ **0.1** ***gonade*** ⇒*geslachtsklier*.

go·nad·al [gou'nædl], **go·nad·ic** [gou'nædɪk]⟨bn.⟩ **0.1** ***mbt. de geslachtsklier(en) / gonade(n)*** ⇒*geslachtsklier-*.

gon·a·do·troph·ic ['gɒnədə'trɒfɪk‖'gɑnədə'trɑ-], **gon·a·do·trop·ic** [-'trɒpɪk‖-'trɑpɪk]⟨bn.⟩ **0.1** ***de geslachtsklieren beïnvloedend*** ⇒*gonadotroop*.

gon·do·la ['gɒndələ‖'gɑn-, gɑn'doulə]⟨f1⟩⟨telb.zn.⟩ **0.1** ***gondel*** ⟨Venetiaans schuitje⟩ **0.2** ***gondel*** ⟨schuitje onder een luchtschip / ballon⟩ **0.3** ***hangstelling*** ⇒*vliegende steiger* **0.4** ***gondola*** ⇒*(hang) étagère, rek, hanger* ⟨met slechts één blad⟩ **0.5** ***liftcabine*** ⇒*liftbak* ⟨v. skilift⟩ **0.6** ⟨AE⟩ ***lichter*** ⇒*lichterschip* **0.7** ⟨AE⟩ ***open goederenwagen***.

'gondola car ⟨telb.zn.⟩ **0.1** ***open goederenwagen***.

gon·do·lier ['gɒndə'lɪə‖'gɑndə'lɪr]⟨telb.zn.⟩ **0.1** ***gondelier***.

gone [gɒn‖gən, gɑn]⟨f3⟩⟨bn.; (oorspr.) volt. deelw. v. go⟩⟨→sprw. 265⟩

I ⟨bn.⟩ **0.1** ***verloren*** ⇒*mislukt, aan lager wal (geraakt), geruïneerd;* ⟨fig.⟩ *op, kapot* ◆ **1.1** a ~ cause *een verloren / hopeloze zaak;* a ~ goose / gosling *een verloren man / vrouw;* ~ man *mislukkeling;*

II ⟨bn., pred.⟩ **0.1** ***voorbijgegaan*** ⇒*voorbij* **0.2** ***heengegaan*** ⇒*heen, weg, vertrokken;* ⟨fig.⟩ *dood* **0.3** ***in vervoering*** ⇒*geheel in beslag genomen* **0.4** ***in verwachting*** **0.5** ⟨sl.⟩ ***verliefd*** **0.6** ⟨sl.⟩ ***fantastisch*** ⇒*geweldig* ◆ **1.1** 10 years ~ Easter *Pasen tien jaar geleden* **1.4** be ~ with child *een kind verwachten, in verwachting zijn;* be three months ~ *in de derde maand zijn* **1.¶** be a ~ goose / gosling *verloren zijn; een afgeschreven zaak zijn* **2.2** dead and ~ *dood en begraven* **3.2** be ~ *heengaan;* ⟨inf.⟩ *afwezig zijn, wegblijven, niet opdagen;* be ~! *scheer je weg!, ga weg!, hoepel op!* **3.¶** ⟨inf.⟩ have been and ~ and done it *de mist in gegaan zijn, geblunderd hebben, een flater begaan hebben* **4.1** it is ~ three *het is over drieën;* be ~ fifty *de vijftig voorbij / gepasseerd zijn* **5.5** dead ~ *smoorverliefd* **5.¶** far ~ *vergevorderd, ver gekomen; ver heen / weg, sterk achteruitgegaan, doodziek; stapelgek; diep in de schulden* **6.5** be ~ **on** *(smoor)verliefd zijn op* **¶.¶** ~! *verkocht!*.

gonef →goniff.

gon·er ['gɒnə‖'gɔnər, 'gɑ-]⟨telb.zn.⟩⟨sl.⟩ **0.1** ***gedoemde*** ⇒*de klos* ◆ **3.1** you are a ~ *je gaat eraan*.

gon·fa·lon ['gɒnfələn‖'gɑnfələn]⟨telb.zn.⟩ **0.1** ***gonfalon*** ⇒*(kerk) banier, (kerk)vaan, lansvaantje* ⟨vaak een serie linten aan een dwarslat⟩ **0.2** ⟨gesch.⟩ ***standaard*** ⟨v. bep. middeleeuwse Italiaanse republieken⟩.

gon·fa·lon·ier ['gɒnfələ'nɪə‖'gɑnfələ'nɪr]⟨telb.zn.⟩ **0.1** ***gonfaloniere*** ⇒*banierdrager, vaandeldrager* **0.2** ⟨gesch.⟩ ***gonfaloniere*** ⇒*burgemeester, hoofdmagistraat* ⟨v. bep. middeleeuwse Italiaanse republieken⟩.

gong[1] [gɒŋ‖gɔŋ, gɑŋ], ⟨in bet. 0.3 en 0.4 ook⟩ **gong·er** ['gɒŋə‖'gɔŋər, 'gɑŋər]⟨f1⟩⟨telb.zn.⟩ **0.1** ***gong*** **0.2** ***bel*** ⇒*deurbel, schel* ⟨schotelvormig⟩ **0.3** ⟨BE; inf.⟩ ***medaille*** ⇒*decoratie* **0.4** ⟨AE; sl.⟩ ***opiumpijp*** ◆ **3.4** hit the ~, kick the ~ around *opium roken*.

gong[2] ⟨ov.ww.⟩ **0.1** ***gongen*** ⇒*op de gong slaan, de gong / sirene laten gaan* ⟨om overtreder tot stoppen te brengen⟩.

gonger →gong[1].

Gon·gor·ism ['gɒŋgərɪzm‖'gɑŋ-]⟨n.-telb.zn.; ook g-⟩ **0.1** ***gongorisme*** ⟨naar de dichter Luis de Gongora y Argote⟩.

Gon·go·ris·tic ['gɒŋgə'rɪstɪk‖'gɑŋ-]⟨bn.; ook g-⟩ **0.1** ***gongoristisch***.

go·nif ['gɒnɪf‖'gɑ-]⟨telb.zn.⟩⟨sl.⟩ **0.1** ***flikker*** **0.2** →goniff.

go·niff[1], **go·nef** ['gɒnɪf‖'gɑ-], **go·noph** [-nəf], **ga·nef** ['gænɪf], **ga·nof, ga·noph** [-nəf]⟨telb.zn.⟩⟨sl.⟩ **0.1** ***gannef*** ⇒*schurk, schelm, leperd*.

goniff[2], **gonef, gonoph, ganef, ganof, ganoph** ⟨ov.ww.⟩⟨sl.⟩ **0.1** ***jatten*** **0.2** ***belazeren***.

go·ni·om·e·ter ['gouni'ɒmɪtə‖-'ɑmɪtər]⟨telb.zn.⟩ **0.1** ***goniometer*** ⇒*hoekmeter*.

go·ni·om·e·tric ['gounɪə'metrɪk], **go·ni·om·e·tric·al** [-ɪkl]⟨bn.; -(al) ly;→bijw. 3⟩⟨wisk.⟩ **0.1** ***goniometrisch***.

go·ni·om·e·try ['gouni'ɒmətri‖-'ɑmətri]⟨n.-telb.zn.⟩⟨wisk.⟩ **0.1** ***goniometrie*** ⇒*hoekmeting, hoekmeetkunde*.

-go·ni·um ['gounɪəm] **0.1** ***-gonium*** ⟨mbt. voortplantingscel⟩ ◆ **¶.1** oogonium *oögonium*.

gonk[1] [gɒŋk‖gɑŋk]⟨telb.zn.⟩⟨sl.⟩ **0.1** ***kop*** ⇒*hoofd* **0.2** ***facie*** **0.3** ***gok*** ⇒*neus*.

gonk[2] ⟨ov.ww.⟩⟨sl.⟩ **0.1** ***een ram voor zijn kop geven*** **0.2** ⟨sport⟩ ***inmaken*** ⇒*afmaken*.

gon·na ['gənə⟨sterk⟩'gɒnə‖'gənə⟨sterk⟩'gɑnə]⟨hww.⟩⟨samentr. v. going to⟩⟨BE sl., AE ook inf.⟩.

gon·o·coc·cus ['gɒnou'kɒkəs‖'gɑnə'kɑkəs]⟨telb.zn.; gonococci [-'kɒksaɪ‖-'kɑkaɪ];→mv. 5⟩⟨biol.⟩ **0.1** ***gonococcus***.

gon·or·rhoe·a, ⟨AE sp. ook⟩ **gon·or·rhe·a** ['gɒnə'ri:ə‖'gɑ-]⟨telb. en n.-telb.zn.⟩ **0.1** ***gonorr(h)oe*** ⇒*gonorroea, druiper*.

gon·or·rhoe·al, ⟨AE sp. ook⟩ **gon·or·rhe·al** ['gɒnə'ri:əl‖'gɑnə-], **gon·or·rhoe·ic,** ⟨AE sp. ook⟩ **gon·or·rhe·ic** [-'ri:ɪk]⟨bn., attr.⟩ **0.1** ***gonorr(h)oe-*** ⇒*gonorroea-, druiper-*.

gon·sel ['gɒnsl‖'gɑnsl]⟨telb.zn.⟩⟨sl.⟩ **0.1** ***glibber*** **0.2** ***crimineel*** ⇒*dief*.

gon·zo ['gɒnzou‖'gɑn-]⟨bn.⟩ **0.1** ***krankzinnig*** ⇒*excentriek, bizar*.

goo [gu:]⟨n.-telb.zn.⟩ **0.1** ***drab*** ⇒*kleverige brij, viskeus goedje, slijm* **0.2** ***(overdreven) sentimentaliteit*** **0.3** ***residu*** ⇒*aanzetsel* ⟨in tabakspijp⟩.

good[1] [gud]⟨f4⟩⟨zn.⟩⟨→sprw. 403, 486⟩

I ⟨n.-telb.zn.⟩ **0.1** ***goed*** ⇒*welzijn, heil, voorspoed, prosperiteit* **0.2** ***nut*** ⇒*voordeel* **0.3** ***goed*** ⇒*weldaad, dienst, goed werk* **0.4** ***goedheid*** ⇒*verdienste, deugd(zaamheid)* ◆ **1.1** milk does you ~ *melk is goed voor u* **1.3** ~ and evil *goed en kwaad* **1.¶** do sth. not for the ~ of one's health *iets niet voor de lol / voor niets doen* **2.1** for the common ~ *voor het algemeen welzijn* **3.1** do s.o. ~ *iem. goed doen, goed voor iem. zijn, iem. baten, iem. te stade komen;* it will do him all the ~ in the world *hij zal er erg v. opknappen / opkikkeren* **3.2** come to (no) ~ *(geen) vruchten afwerpen, (niet) goed uitvallen; het er (niet) goed vanaf brengen;* he will come to no ~ *het zal slecht met hem aflopen;* it's no ~ (my) talking to her *het heeft geen zin met haar te praten* **3.3** do ~ *aardig zijn; goeddoen, weldoen* **4.2** what is the ~ of it? *wat is het nut ervan?, wat voor nut heeft het?* **5.2** be no ~ *v. geen nut zijn, niet baten / helpen, niet te stade komen; niet deugen* **6.1 for** (the) ~ *ten goede* ⟨v. invloed⟩; **for** his (own) ~ *om zijn eigen bestwil, in zijn eigen voordeel* **6.2 for** the ~ **of** *in het voordeel v., ten voordele / bate v.;* what is the ~ **of** punishing? *wat heeft het voor zin om te straffen?;* **to** the ~ (of) *in het voordeel (v.)* **6.3** be **after / up to** no ~ *niets goeds in de zin hebben;* do ~ **to** *aardig zijn tegen, goed bejegenen; goed / nuttig / voordelig zijn voor, te stade komen* **6.4** there's much ~ **in** him *hij heeft een goed hart* **6.¶ for** ~ (and all) *voorgoed, voor eeuwig (en altijd);* £10 **to** the ~ *tien pond te goed; tien pond over; tien pond extra; tien pond voordeel / winst* **7.2** be any ~ *v. enig nut zijn;* be much ~ *v. groot nut zijn, erg te stade komen;* ⟨iron.⟩ much ~ may it do you! *dat het je wel bekome!, geluk ermee!, dat het je te stade kome!;* be some ~ *v. enig nut zijn;*

II ⟨mv.; ~s⟩ **0.1** ***roerende goederen*** **0.2** ⟨ww. soms enk.⟩ ***(koop) waar*** ⇒*koopmansgoederen, handelsartikelen;* ⟨vnl. AE⟩ *goederen* ⟨textiel⟩ **0.3** ***bezittingen*** **0.4** ⟨vaak attr.⟩⟨vnl. BE⟩ ***goederen*** ⟨voor treinvervoer⟩ **0.5** ⟨vnl. AE⟩ ***vracht*** ⇒*lading* ◆ **1.3** ⟨jur.⟩ ~s and chattels *persoonlijke bezittingen* **1.¶** have all one's ~s in the (front / shop-)window *oppervlakkig zijn* **3.2** deliver the ~s *de goederen (af)leveren;* ⟨inf.; fig.⟩ *(het gewenste) resultaat bereiken, volledig aan de verwachtingen voldoen, zijn beloften waarmaken;* ⟨fig.⟩ *volledig aan de verwachtingen voldoen, zijn belofte vervullen* **3.¶** ⟨sl.⟩ be the ~s *de geknipte man zijn; een eerlijk persoon zijn;* ⟨BE; sl.⟩ have the ~s *de geknipte man zijn;* ⟨AE; sl.⟩ have the ~s on s.o. *belastend (bewijs)materiaal over iem. hebben / weten* **6.¶** by ~s *per / met de goederentrein* **7.¶** ⟨sl.⟩ the ~s *je ware; het beoogde;* ⟨AE; sl.⟩ *bewijs v. schuld;* ⟨AE; sl.⟩ *gestolen goederen;* ⟨AE; sl.⟩ *smokkelwaar;* ⟨sl.⟩ (she thinks he is) the ~s *(ze vindt hem) de ware Jacob*.

good[2] ⟨f4⟩⟨bn.; better ['betə‖'beṭər], best [best];→compar. 6⟩ →better, best ⟨→sprw. 13, 50, 73, 143, 232-240, 299, 339, 392, 460, 464, 507, 508, 513, 546, 572, 596, 646, 696⟩

I ⟨bn.⟩ **0.1** ***goed*** ⇒*kwaliteitsvol, hoogstaand* **0.2** ***goed*** ⇒*aanbevelenswaard(ig), prijzenswaardig, lofwaardig* **0.3** ***juist*** ⇒*correct, goed, geschikt, aangewezen, competent* **0.4** ***goed*** ⇒*fatsoenlijk, deugdzaam, eerbaar, betrouwbaar, edel* **0.5** ***aardig*** ⇒*goed, mild, welwillend, lief* **0.6** ***braaf*** ⇒*gehoorzaam, goed, zoet* ⟨v. kind⟩ **0.7** ***aangenaam*** ⇒*prettig, goed, fijn, voordelig, tot voordeel strekkend* **0.8** ***veilig*** ⇒*betrouwbaar, zeker, goed* **0.9** ***lekker*** ⇒*goed, vers,* *smakelijk* ⟨v. voedsel⟩ **0.10** ***knap*** ⇒*goed, kundig, onderlegd* **0.11** ***afdoend*** ⇒*geldig, goed* ◆ **1.1** your guess is as ~ as mine *ik weet het net zo min als jij, als jij het weet weet ik het ook;* fall into / on ~ ground *in goede aarde vallen;* ~ job *goede zaak;* ~ living *het goede leven;* a ~ looker *een knappe man / vrouw; een mooi iets;* ~ looks *knapheid, bekoorlijkheid, bevalligheid;* ~ soil *vruchtbare bodem / grond;* ~ theatre *voortreffelijk toneel;* the ~ town of Venice *het mooie Venetië* **1.2** ~ legs *mooie benen;* ~ works *goede werken, werken v. liefdadigheid* **1.3** the ~ cause *de goede zaak;* ~ English *mooi / correct / zuiver Engels;* be in ~ form *in goede vorm / conditie zijn;* ~ form *gepastheid, deugdzaamheid, correctheid;* in a ~ hour *te goeder ure;* a ~ quarrel *een gerechtvaardigde strijd;* my watch keeps ~ time *mijn horloge loopt gelijk;* all in ~ time *alles op zijn tijd* **1.4** ~ breeding *welgemanierdheid, beleefdheid, hoffelijkheid;* do one's ~ deed for the day *zijn dagelijkse goede daad doen;* (in) ~ faith *(te) goede(r) trouw;* of ~ family *v. aanzienlijke familie, v. hoge afkomst;* ~ fellow *jofele vent, aardige kerel;* ~ liver *deugdzaam / eerbaar mens; iem. v. het goede leven;* ~ style *zoals het hoort, volgens de normen* **1.5** with (a) ~ grace *(schijnbaar) bereidwillig; geredelijk, goedschiks;* ~ humour *opgeruimdheid, opgewektheid, goed humeur;* ~ nature *goedaardigheid, goedhartigheid, welgeaardheid, inschikkelijkheid;* ~ neighbour *goede buur;* have a ~ word for *een goed woord overhebben voor;* put in a ~ word for, say a ~ word for *een goed woordje doen voor, aanbevelen* **1.7** (make) a ~ bargain *een voordelig zaakje (doen);* ~ buy *koopje, voordeeltje;* be ~ eating *lekker smaken;* through the ~ offices of *door de goede diensten v., met behulp v., dankzij;* oil is ~ for burns *olie is goed / heilzaam tegen brandwonden;* as ~ as a play *reuze amusant, zeer leuk;* ~ things *lekkernij; weeldeartikelen, genotmiddelen;* have a ~ (⟨inf.⟩ old) time *een heerlijke / mieterse tijd hebben, zich amuseren;* ~ times *goede / voorspoedige tijden;* the weather is ~ *het is mooi (weer)* **1.8** ~ debts *veilige schulden;* a ~ risk *een berekend risico* **1.10** ~ sense *gezond verstand* **1.11** for ~ reasons *met (recht en) reden;* this rule holds ~ *deze regel is v. kracht / geldt (nog);* it's a ~ thing to *het is verstandig / je doet er goed aan (om)* **1.¶** give a ~ account of o.s. *een gunstige indruk geven; zich goed v. zijn taak kwijten;* the Good Book *de Bijbel;* be in s.o.'s ~ books *in een goed blaadje bij iem. staan;* there's a ~ boy / girl / fellow *wees nu eens lief, toe nou;* go in with ~ cards *met een sterke kaart beginnen;* be in ~ case *goed af zijn, er goed aan toe zijn;* make ~ copy *interessant zijn* ⟨voor krant e.d.⟩; ⟨sl.⟩ ~ deal *goede zaak; ja, okee, okido;* ⟨sl.⟩ ~ egg *een toffe vent;* put a ~ face on it *zich goed houden;* be in ~ feather *in een goed humeur; in goede conditie;* ~ feeling *sympathie;* ⟨sl.⟩ ~ fellow *stommeling, idioot;* ⟨inf.⟩ there's as ~ fish in the sea as ever came out of it *er zijn nog kansen te over, we zitten nog lang niet voor het blok;* make a ~ fist at / of *een goede poging doen om;* Good Friday *Goede Vrijdag;* ~ God! *goeie genade!, gossiemijne!;* as ~ as gold *erg braaf / lief* ⟨v. kind⟩; ⟨sl.⟩ ~ head *jofele kerel;* have a ~ head on one's shoulders *een goeie kop / goed verstand hebben;* in ~ heart *in goede conditie; vruchtbaar* ⟨v. grond⟩; *opgewekt;* ~ heavens! *goeie / lieve hemel!;* neither fish, flesh, nor ~ red herring *vlees noch vis;* keep ~ hours *op tijd naar bed gaan, het niet (te) laat maken;* ⟨sl.⟩ ~ Joe *jofele vent, gul type;* ⟨plantk.⟩ Good King Henry *brave hendrik* ⟨Chenopodium bonus-henricus⟩; it's not ~ law *het is niet volgens de wet / voorschriften;* make s.o. appear in a ~ light *iem. in een gunstig daglicht stellen;* ~ luck *(veel) geluk;* stroke of ~ luck *buitenkansje;* for ~ measure *op de koop toe, als extraatje, om het af te maken;* have a ~ mind to *veel zin hebben in, zich aangetrokken voelen tot;* pay ~ money for sth. *ergens goed geld voor neertellen / betalen;* ⟨inf.⟩ *hoog loon;* pour / throw ~ money after bad *goed geld naar kwaad geld gooien, het ene gat met het andere vullen;* have a ~ nose for sth. *een fijne neus voor iets hebben;* ⟨Austr. E⟩ the ~ oil *de ware feiten;* take in ~ part *goedschiks accepteren, zich niet beledigd voelen;* ⟨inf.⟩ ~ scout *fijne vent;* in ~ spirits *opgewekt, blij;* ~ thing *goede zaak; koopje; grappige uitspraak;* do you think higher wages a ~ thing? *vind jij hogere lonen een goede zaak?;* it's a ~ thing that *het is maar goed dat;* a ~ thing too! *maar goed ook!, het is maar gelukkig ook!;* too much of a ~ thing *teveel v.h. goede;* ⟨inf.⟩ be on to a ~ thing *goed / gebakken / gebeiteld zitten;* go the way of all ~ things *(onvermijdelijk) verloren gaan;* ⟨sl.⟩ ~ ticket *financieel succesvol;* ⟨sl.⟩ ~ time *aftrek (v. straf) wegens goed gedrag;* have a ~ time *er op los leven, erg v.h. leven genieten, zich misdragen;* make ~ time *goed / lekker opschieten;* do s.o. a ~ turn *iem. een dienst bewijzen;* ⟨scheep.⟩ make ~ weather of it *zich goed houden in storm;* have a ~ wind *veel uithoudingsvermogen / een goede conditie hebben* **2.2** ~ old Harry *(die) goeie ouwe Harry* **3.1** ⟨AE⟩ have it ~ *het goed stellen, het goed hebben;* see / think ~ to leave her *het geschikt oordelen / goed achten haar te verlaten* **3.3** make ~ *het er goed afbrengen, het maken, slagen* ⟨vnl. financieel⟩; *goedmaken; vergoeden, aanzuiveren, betalen* ⟨schulden⟩; *nakomen, gestand doen, vervullen* ⟨belofte⟩; *realiseren, uitvoeren, volbrengen, tot stand brengen; hard maken, bewijzen* ⟨bewering⟩; *verwerven, bekleden* ⟨positie⟩; *vergoeden, vervangen* ⟨verloren voorwerp⟩; *vergoeden, herstellen, repareren* ⟨schade⟩; make ~ one's escape *slagen in een ontsnapping* **3.5** be ~ enough (to) *wees zo vriendelijk, gelieve;* be so ~ as to *wees zo vriendelijk, gelieve* **3.7** feel ~ *zich lekker voelen, zich gezond voelen, goed in zijn vel zitten; lekker aanvoelen;* it is ~ to be alive *leve het leven, het leven is verrukkelijk* **3.9** keep ~ *goed / vers blijven* **4.2** ⟨sl.⟩ a ~ one *die is goed* ⟨v. grap, aperte leugen, enz.⟩ **4.5** how ~ of you *wat aardig v. je, goed v. je* **5.7** too ~ to be true *te mooi om waar te zijn* **5.¶** **as** ~ as *zo goed als, nagenoeg, feitelijk* **6.2** ~ **for** you, ⟨BE; gew.⟩ ~ **on** you *goed zo, knap (v. je)* **6.3** be ~ **for** a laugh *grappig zijn, een lachje waard zijn* **6.5** it's ~ **of** you to help him *het is aardig v. u om hem te helpen;* be ~ **to** s.o. *goed / lief zijn voor;* be a ~ wife **to** *een goede echtgenote zijn voor* **6.7** be ~ **for** *goed / heilzaam zijn voor* **6.8** ~ **for** (an amount) *goed voor, solvent, solvabel;* be ~ **for** (another month) *(nog een maand) geldig zijn / meegaan / goed zijn* **6.10** be ~ **at** *goed / knap zijn in* **6.¶** be ~ **for** *in staat zijn tot, aandurven* **7.¶** the ~ *het goede; de goeden* **¶.¶** ~! *goed (zo)!, daar ben ik blij om!;*

II ⟨bn., attr.⟩ **0.1** ***aanzienlijk*** ⇒*goed, stevig, fiks* **0.2** ***goed*** ⇒*niet minder dan, meer dan* **0.3** ⟨ook iron.⟩ ***waarde*** **0.4** ***goede(n)-*** ⟨in groet⟩ ◆ **1.1** give s.o. a ~ beating *iem. een goed pak slaag geven;* stand a ~ chance *een stevige kans maken;* ⟨→onbepaald woord 7, 14⟩ a ~ deal (of) *heel wat / veel, een hoop;* a ~ distance *een heel eind, een hele afstand;* a ~ few *menige, ettelijke, heel wat;* have a ~ look *goed (be)kijken;* a ~ many *een heleboel, een (hele) hoop;* give s.o. a ~ scolding *iem. de huid volschelden;* come a ~ way *(v.) (tamelijk) ver komen* **1.2** a ~ hour *een goed uur;* a ~ ten mile walk *een wandeling v. meer dan / dik tien mijl;* leave in ~ time *goed op tijd vertrekken* **1.3** ⟨iron.⟩ my ~ friend *mijn waarde (vriend);* my / your ~ lady *mijn / uw waarde echtgenote* ⟨ook iron.⟩; my ~ man! *mijn beste!, mijn waarde!; mijn lieve man!* ⟨verontwaardigd⟩; the ~ man *die waarde heer, de goede man* ⟨ook iron.⟩; my ~ sir *mijn beste, mijn waarde heer* ⟨ook iron.⟩ **1.4** ⟨vero.⟩ ~ day *goeiedag, goedendag;* ⟨vero.⟩ give you ~ day *(ik wens je) een prettige dag;* ~ morning *goedemorgen;* ~ night *goedenacht, welterusten;* ⟨sl.⟩ *goeie genade;* have a ~ night *goedenacht, slaap wel; goed slapen* **2.1** go a ~ round pace *er flink de pas inzetten* **2.¶** ~ gracious! *goeie genade!.*

good[3] ⟨f2⟩ ⟨bw.⟩ ⟨vnl. AE; inf.⟩ **0.1** ***goed*** ⇒*wel, terdege, bene, wonderwel* ◆ **3.1** be in ~ with *in een goed blaadje staan bij;* she is doing ~ *ze doet het goed, ze gaat lekker;* things are going ~ *het gaat goed* **5.¶** ~ and angry *erg boos;* it is raining ~ and hard *het regent pijpestelen.*

'good 'book ⟨n.-telb.zn.; vaak G- B-; the⟩ **0.1** ***(Heilige) Schrift*** ⇒*bijbel.*

good·bye[1], ⟨AE sp. ook⟩ **good·by** ['gʊd'baɪ] ⟨f3⟩ ⟨telb.zn.⟩ **0.1** ***afscheid*** ⇒*afscheidsgroet* ◆ **3.1** ⟨inf.; fig.⟩ you can kiss ~ to that *dat kan je wel vergeten, zeg maar dag met je handje;* have you said your ~s? *heb je gedag gezegd?.*

goodbye[2], ⟨AE sp. ook⟩ **goodby,** ⟨sl.⟩ **good-by-ee** [gʊd'baii:] ⟨f3⟩ ⟨tussenw.⟩ **0.1** ***vaarwel*** ⇒*adieu, tot (weer)ziens.*

good'by(e) kiss ⟨telb.zn.⟩ **0.1** ***afscheidszoen / kus.***

good'bye prèsent ⟨telb.zn.⟩ **0.1** ***afscheidsgeschenk.***

'good-'fel·low·ship ⟨n.-telb.zn.⟩ **0.1** ***kameraadschap*** ⇒*amicaliteit, vriendschappelijkheid.*

'good-for-noth·ing[1], **'good-for-naught, 'good-for-nought** ⟨f1⟩ ⟨telb.zn.⟩ **0.1** ***deugniet*** ⇒*bengel, schavuit.*

'good-for-nothing[2], **'good-for-naught, 'good-for-nought** ⟨f1⟩ ⟨bn., attr.⟩ **0.1** ***onnut*** ⇒*onwerkzaam, ongeschikt* **0.2** ***nietdeugend*** ⇒*nietswaardig.*

'good'heart·ed ⟨bn.; -ly; -ness⟩ **0.1** ***goedhartig*** ⇒*goedaardig, goedmoedig* ◆ **1.1** ~ efforts *goed bedoelde pogingen.*

'good-'hu·mour·ed, ⟨AE sp.⟩ **'good-'hu·mor·ed** ⟨f1⟩ ⟨bn.; ook better-humo(u)red; -ly; -ness; →compar. 7⟩ **0.1** ***goedgehumeurd*** ⇒*luchthartig, opgeruimd, opgewekt* ◆ **6.1** be ~ **about** sth. *goedgehumeurd zijn over iets.*

goodie →goody.

good·ish ['gʊdɪʃ] ⟨bn., attr.⟩ **0.1** ***tamelijk goed*** **0.2** ***behoorlijk*** ⇒*tamelijk groot / lang / ver / veel.*

'good-'look·ing ⟨f2⟩ ⟨bn.; better-looking; →compar. 7⟩ **0.1** ***knap*** ⇒*mooi, bekoorlijk* ◆ **1.1** a ~ man *een knappe man.*

'good 'luck charm ⟨telb.zn.⟩ **0.1** ***gelukshangertje*** ⇒*(geluks)amulet.*

good·ly ['gʊdli] ⟨bn., attr.; -er; -ness; →bijw. 3⟩ **0.1** ***aanzienlijk*** ⇒*fiks, stevig, flink* ⟨v. hoeveelheid⟩ **0.2** ⟨vaak schr.⟩ ***mooi*** ⇒*aardig, knap* ◆ **3.2** it made a ~ sight *het was een prachtig gezicht.*

good·man ['gʊdmən] ⟨telb.zn.; goodmen [-mən]; →mv. 3⟩ ⟨vero.;

vnl. BE⟩ **0.1** ***pater familias*** *⇒huisvader* **0.2** ***echtgenoot*** *⇒man* **0.3** ***waarde (heer)***.

'good-'na·tured ⟨f2⟩ ⟨bn.; ook better-natured; -ly; -ness; →compar. 7⟩ **0.1** ***goedaardig*** *⇒goedhartig, inschikkelijk* **0.2** ***blijmoedig*** *⇒opgewekt, blijgemoed, welgemoed.*

good-'neigh·bour·hood, ⟨AE sp.⟩ **good-'neigh·bor·hood, good-'neigh·bour·li·ness,** ⟨AE sp.⟩ **good-'neigh·bor·li·ness, good-'neigh·bour·ship,** ⟨AE sp.⟩ **good-'neigh·bor·ship** ⟨n.-telb.zn.⟩ **0.1** ***(goed) nabuurschap***.

good·ness ['gʊdnəs] ⟨f3⟩ ⟨n.-telb.zn.⟩ **0.1** ***goedheid*** **0.2** ***deugdzaamheid*** *⇒rechtgeaardheid, eerzaamheid* **0.3** ***welwillendheid*** **0.4** ***uitnemendheid*** *⇒voortreffelijkheid* **0.5** ***hartigheid*** *⇒kracht* ⟨in voedsel⟩ **0.6** ⟨euf.⟩ ***hemel*** ◆ **1.6** in the name of ~!, for ~' sake! *in 's hemelsnaam!* **2.¶** ~ gracious! *lieve hemel!, grote goedheid!* **3.3** have the ~ to answer, please *wees zo vriendelijk te antwoorden, a.u.b.* **3.6** ~ knows *de hemel weet, God weet;* thank ~! *goddank!;* I wish to ~ (that) *ik hoop ten zeerste (dat)* **4.6** ~ me! *wel, heb je (me) ooit!* **7.6** my ~! *wel heb je (me) ooit!; goeie genade!* **¶.6** ~! *goeie genade!.*

'good-'night ⟨f2⟩ ⟨telb.zn.⟩ **0.1** ***goede avond*** *⇒avondgroet.*

good-o(h) ['gʊdoʊ] ⟨bn.; bw.; ook als tussenw. gebruikt⟩ ⟨BE, Austr. E; inf.⟩ **0.1** ***prima*** *⇒uitstekend, o.k..*

'good people ⟨verz.n.; the⟩ **0.1** ***feeën***.

'good-'sized ⟨bn.⟩ **0.1** ***vrij groot***.

'goods station ⟨telb.zn.⟩ ⟨vnl. BE⟩ **0.1** ***goederenstation***.

'goods train ⟨f1⟩ ⟨telb.zn.⟩ ⟨vnl. BE⟩ **0.1** ***goederentrein***.

'goods van, 'goods wagon ⟨telb.zn.⟩ ⟨vnl. BE⟩ **0.1** ***goederenwagen***.

'goods yard ⟨telb.zn.⟩ ⟨vnl. BE⟩ **0.1** ***(goederen)emplacement***.

'good-'tem·pered ⟨f1⟩ ⟨bn.; better-tempered; -ly; -ness; →compar. 7⟩ **0.1** ***goedgehumeurd*** *⇒opgewekt, opgeruimd, luchthartig.*

'good-time ⟨bn., attr.⟩ **0.1** ***op amusement belust*** *⇒gezelligheids-, pret makend.*

'good·wife ⟨telb.zn.; goodwives; →mv. 3⟩ ⟨vero.⟩ **0.1** ***waarde (mevrouw)*** **0.2** ⟨vnl. Sch. E⟩ ***huisvrouw***.

'good'will, 'good 'will ⟨f2⟩ ⟨n.-telb.zn.⟩ **0.1** ***goodwill*** *⇒welwillendheid, inschikkelijkheid, goedwilligheid, hartelijkheid* **0.2** ***inzet*** *⇒ijver* **0.3** ⟨hand.⟩ ***goodwill*** ⟨deel v.d. activa⟩ **0.4** ⟨hand.⟩ ***cliëntele*** *⇒klanten, zakenrelaties* ◆ **1.1** ~ towards men *in mensen een welbehagen.*

good·y[1], ⟨sl.⟩ **good·ie** ['gʊdi] ⟨f1⟩ ⟨telb.zn.; →mv. 2⟩ **0.1** ⟨vnl. mv.⟩ ***lekkernij*** *⇒bonbon, snoepje* **0.2** ⟨inf.⟩ ***goeie*** ⟨v. filmheld⟩ **0.3** ***kwezel*** *⇒sul, schijnheilige* **0.4** ⟨vnl. mv.⟩ ⟨sl.; iron.⟩ ***verworvenheid v.d. moderne maatschappij*** *⇒luxe* **0.5** ⟨vero.⟩ ***moedertje***.

goody[2] ⟨bn.; -ness; →bijw. 3⟩ **0.1** ***schijnvroom*** *⇒fijnvroom* **0.2** ***kwezelachtig*** *⇒sullig.*

goody[3], goodie ⟨f1⟩ ⟨tussenw.⟩ ⟨kind.⟩ **0.1** ***jippie*** *⇒leuk.*

'good·y-'good·y[1] ⟨telb.zn.; →mv. 2⟩ **0.1** ***kwezel*** *⇒sul, schijnheilige.*

goody-goody[2] ⟨bn.; -ness; →bijw. 3⟩ **0.1** ***schijnvroom*** **0.2** ***kwezelachtig*** *⇒sullig* **0.3** ⟨sl.⟩ ***verwijfd*** **0.4** ⟨sl.⟩ ***buitengewoon goed***.

goo·ey[1] ['gu:i] ⟨telb. en n.-telb.zn.⟩ ⟨sl.⟩ **0.1** ***kleverig drab*** *⇒brij* **0.2** ***zoet mengsel***.

gooey[2] ⟨bn.; gooier; →compar. 7⟩ ⟨inf.⟩ **0.1** ***kleverig*** *⇒klef, slijmerig, brijachtig, viskeus* **0.2** ***overzoet*** **0.3** ***sentimenteel***.

goof[1] [gu:f], **goof·er** ['gu:fə‖-ər] ⟨f1⟩ ⟨telb.zn.⟩ ⟨inf.⟩ **0.1** ***sufkop*** *⇒idioot, uilskuiken* **0.2** ⟨vnl. AE⟩ ***miskleun*** *⇒misslag, flater, blunder.*

goof[2] ⟨f1⟩ ⟨ww.⟩ ⟨inf.⟩

I ⟨onov.ww.⟩ **0.1** ⟨vnl. AE⟩ ***miskleunen*** *⇒een flater begaan, blunderen, een bok schieten* **0.2** ⟨vaak goof off⟩ ***duimendraaien*** *⇒nietsdoen; de kantjes er aflopen* ◆ **6.¶** ~ **at** *te gek gaan op;*

II ⟨ov.ww.⟩ **0.1** ***verbroddelen*** *⇒verknoeien, verbruien, verbrodden* ◆ **5.1** ~ **up** *verbroddelen, verknoeien* **¶.¶** ~ed high ⟨v. drugs⟩.

'go 'off ⟨f2⟩ ⟨onov.ww.⟩ **0.1** ***heengaan*** ⟨ook fig.⟩ *⇒weggaan, (v.h. toneel) afgaan; sterven* **0.2** ***beginnen*** *⇒uitkomen* ⟨bv. in kaartspel⟩ **0.3** ***afgaan*** *⇒ontploffen, exploderen* ⟨v. geweer, enz.⟩; *losbarsten* ⟨ook fig.⟩ **0.4** ***afnemen*** ⟨v. pijn⟩ **0.5** ***in kwaliteit verminderen*** *⇒achteruit gaan, verslecht(er)en; verwelken* ⟨v. bloemen⟩; *(ver)zuren, zuur worden, goren, bederven* ⟨v. voedsel⟩ **0.6** ***in slaap vallen*** *⇒de slaap vatten* **0.7** ***flauwvallen*** *⇒het bewustzijn verliezen, bezwijmen, in onmacht vallen* **0.8** ***v.d. hand gaan*** *⇒verkocht worden, aan de man gebracht worden* **0.9** ***verlopen*** *⇒(af)lopen, uitdraaien* ⟨v. gebeurtenissen⟩ **0.10** ***plotseling gaan klinken*** *⇒aflopen* ⟨v. wekker⟩; *gaan* ⟨v. alarmschel, bel⟩ **0.11** ***de werking stopzetten*** *⇒afslaan* ⟨v. centrale verwarming⟩; *uitgaan, gedoofd worden* ⟨v. licht⟩; *afgesloten worden, uitvallen* ⟨v. elektriciteitstoevoer⟩ ◆ **1.1** ⟨dram.⟩ Othello goes off *Othello af* **1.2** ~ at half cock *voortijdig/onvoldoende voorbereid beginnen* **6.1** ~ **with** *ertussenuit knijpen/ervandoor gaan met* **6.3** ~ **into** scolding *in gescheld losbarsten.*

'go-off ⟨telb.zn.⟩ **0.1** ***start*** **0.2** ***poging***.

goof·i·ness ['gu:finəs] ⟨telb. en n.-telb.zn.⟩ ⟨sl.⟩ **0.1** ***sulligheid*** *⇒het halfgaar/getikt/bedonderd/belazerd zijn* **0.2** ***bespottelijkheid*** *⇒belachelijkheid, mafheid* **0.3** ***verliefdheid*** *⇒verkikkerdheid.*

'goof-off ⟨telb.zn.⟩ ⟨AE; sl.⟩ **0.1** ***luiwammes*** *⇒duimendraaier; lijntrekker, iem. die er de kantjes (bij) afloopt* **0.2** ***tijdje vrij(af)/ertussenuit*** *⇒tijdje niets doen.*

goof·us ['gu:fəs] ⟨telb.zn.⟩ ⟨sl.⟩ **0.1** ***dingetje***.

goof·y ['gu:fi] ⟨bn.; -er; -ly; -ness; →bijw. 3⟩ ⟨inf.⟩ **0.1** ***belazerd*** *⇒halfgaar, sullig, getikt, bedonderd, geschift* **0.2** ***mal*** *⇒belachelijk, bespottelijk* ⟨v. ding, situatie⟩ **0.3** ***verliefd*** *⇒verslingerd, verkikkerd* **0.4** ⟨BE⟩ ***vooruitstekend*** ⟨v. tanden⟩.

goog [gʊg] ⟨telb.zn.⟩ ⟨Austr. E; inf.⟩ **0.1** ***(tikken)ei*** ◆ **2.¶** full as a ~ *stomdronken.*

goo·gly ['gu:gli] ⟨telb.zn.; →mv. 2⟩ ⟨cricket⟩ **0.1** ***googly*** ⟨bal, schijnbaar naar leg, maar met effect naar off gebowld⟩.

goo·gol ['gu:gɑl, -gl‖-gɑl] ⟨telb.zn.⟩ ⟨wisk.⟩ **0.1** ***googol*** ⟨10^{100}⟩.

goo-goo ['gu:gu:] ⟨bn., attr.⟩ **0.1** ***verliefd*** *⇒smachtend, verleidend* ◆ **1.1** ~ eyes *verliefde blik.*

gook[1] [gu:k, gʊk] ⟨zn.⟩ ⟨AE; sl.⟩

I ⟨telb.zn.⟩ ⟨bel.⟩ **0.1** ***spleetoog;***

II ⟨n.-telb.zn.⟩ **0.1** ***vuil*** *⇒smurrie.*

gook[2] ⟨bn.⟩ ⟨AE; sl.⟩ **0.1** ***niet-Amerikaans*** *⇒buitenlands.*

gool[1] [gu:l] ⟨telb.zn.⟩ ⟨sl.⟩ **0.1** ***goal*** **0.2** ***botte klootzak***.

gool[2] ⟨ov.ww.⟩ ⟨sl.⟩ **0.1** ***groot applaus ontlokken***.

goon [gu:n] ⟨telb.zn.⟩ ⟨sl.⟩ **0.1** ***sufkop*** *⇒idioot, uilskuiken* **0.2** ⟨vnl. AE⟩ ***belager*** *⇒vervolger* ⟨ingehuurd om arbeiders te terroriseren⟩ **0.3** ⟨scherts.⟩ ***man*** **0.4** ***bullebak*** **0.5** ⟨Can. E; ijshockey⟩ ***rammer*** *⇒hakker, rauzer.*

'go 'on ⟨f3⟩ ⟨onov.ww.⟩ **0.1** ***voortgaan*** ⟨ook fig.⟩ *⇒doorgaan (met), voortzetten, vervolgen* **0.2** ***voor(af)gaan*** *⇒vooruitgaan/reizen* **0.3** ***voortduren*** *⇒blijven duren, aanhouden* ⟨v. weer, ruzie⟩ **0.4** ***vooruitgaan*** ⟨fig.⟩ *⇒vorderen* **0.5** ***verstrijken*** *⇒verlopen, voorbijgaan* **0.6** ***zaniken*** *⇒zagen* **0.7** ***gebeuren*** *⇒plaatsvinden/grijpen, zich afspelen* **0.8** ***zich gedragen*** **0.9** ***schelden*** *⇒schimpen, uitvaren, tieren, te keer gaan* **0.10** ***opkomen*** *⇒optreden* ⟨op toneel⟩ **0.11** ***passen*** *⇒zitten* ⟨v. kleding, e.d.⟩ **0.12** ***in werking komen*** *⇒aanslaan* ⟨v. centrale verwarming⟩; *aangaan* ⟨v. licht⟩ **0.13** ***goed (kunnen) opschieten (met)*** *⇒het goed (kunnen) vinden met, goed overweg kunnen met* **0.14** ***zich erdoor(heen) slaan*** *⇒zich weten te redden* ⟨mbt. financiers⟩ **0.15** ⟨cricket⟩ ***gaan bowlen*** ◆ **1.2** all clocks ~ an hour tonight *vannacht gaan alle klokken een uur vooruit* **3.1** the chairman went on to say *de voorzitter zei vervolgens/voegde er nog aan toe* **4.7** what's going on? *wat gebeurt er/is er aan de hand?;* what goes on? *wat scheelt je?, wat is er?* **5.¶** →go on **before** **6.6** ~ **about** *voortzaniken/blijven zagen over* **6.9** ~ **at** s.o. *op iem. vitten, tegen iem. uitvaren* **6.¶** be going on **for** eighty *tegen de tachtig lopen;* it's going on **for** three o'clock *het is al tegen drieën;* →go on **to;** →go on **with** **¶.¶** ~ (with you)! *ach man!, ga toch fietsen!.*

'go 'on be'fore ⟨onov.ww.⟩ **0.1** ***voorgaan*** *⇒voorafgaan* **0.2** ***op de eerste plaats komen*** *⇒toon(aan)gevend zijn.*

goonk [gu:ŋk] ⟨telb.zn.⟩ ⟨sl.⟩ **0.1** ***vettige substantie*** **0.2** ***rotzooi***.

'go 'on to ⟨onov.ww.⟩ **0.1** ***overgaan tot*** **0.2** ***overschakelen op*** ◆ **1.1** ~ a diet *een dieet (gaan) volgen;* ~ the pill *aan de pil gaan.*

'goon 'up ⟨onov.ww.⟩ ⟨Can. E; sl.; sport⟩ ◆ **4.¶** goon it up *de beuk erin gooien, erop los rammen, rauzen.*

'go 'on with ⟨f2⟩ ⟨onov.ww.⟩ **0.1** ***voortgaan met*** *⇒doorgaan met, voortzetten* **0.2** ***het doen met*** *⇒voortkunnen met, (voorlopig) rond/toekomen met* ◆ **4.2** enough/sth. to ~ *genoeg/iets om mee rond te komen* **4.¶** ⟨inf.⟩ ~ you! *ga door, jij! loop heen!.*

goon·y ['gu:ni] ⟨bn.; -er; →compar. 7⟩ ⟨sl.⟩ **0.1** ***dwaas*** *⇒stom, suf.*

goop [gu:p] ⟨zn.⟩

I ⟨telb.zn.⟩ ⟨sl.⟩ **0.1** ***sufkop*** *⇒idioot, uilskuiken* **0.2** ***kinkel*** *⇒(brutale) vlerk, proleet, prolurk;*

II ⟨n.-telb.zn.⟩ **0.1** ***gelul*** **0.2** ***kleverige substantie***.

goop·y ['gu:pi] ⟨bn.; -er; →compar. 7⟩ ⟨sl.⟩ **0.1** ***lomp*** *⇒bot, plomp, boers.*

goos·an·der [gu:'sændə‖-ər] ⟨telb.zn.⟩ ⟨dierk.⟩ **0.1** ***grote zaagbek*** ⟨watervogel; Mergus merganser⟩.

goose[1] [gu:s] ⟨f2⟩ ⟨zn.; geese [gi:s]; →mv. 3⟩ ⟨→sprw. 731⟩

I ⟨telb.zn.⟩ **0.1** ⟨dierk.⟩ ***gans*** **0.2** ***ganzegat*** *⇒garnaleverstand, gansje, onbenul* ◆ **1.¶** all his geese are swans *hij maakt alles altijd mooier dan het is* **3.¶** ⟨sl.⟩ cook s.o.'s ~ *iem. een spaak in het wiel steken;* get the ~ *afgaan, uitgefloten worden;* a gone ~ *een verloren/hopeloze zaak; een verloren/afgeschreven mens;* he/she cannot say boo to a ~ *hij/zij brengt nog geen muis aan het schrikken;*

II ⟨n.-telb.zn.⟩ **0.1** ***gans*** *⇒ganzevlees.*

goose[2] ⟨telb.zn.; mv. gooses⟩ **0.1** ***strijkijzer*** ⟨v.e. kleermaker⟩ **0.2** ⟨AE; sl.⟩ ***por tussen de billen*** ◆ **3.2** ⟨fig.⟩ give s.o. the ~ *iem. aansporen/opjutten, iem. achter zijn vodden zitten.*

goose[3] ⟨ov.ww.⟩ ⟨AE; sl.⟩ **0.1** ***tussen de billen porren*** **0.2** ***aansporen*** ⇒*opstoken, ophitsen* **0.3** ***alles halen uit*** ⟨motor, e.d.⟩.

goose·ber·ry ['gʊzbri‖'gu:sberi]⟨fɪ⟩⟨telb.zn.⟩ **0.1** ***kruisbes*** ⇒*klapbes / bezie* **0.2** ⟨plantk.⟩ ***kruisbes(sestruik)*** ⟨Ribes uva-crispa⟩ ◆ **3.¶** ⟨vnl. BE⟩ play ~ *chaperonneren, fâcheux troisième zijn, het vijfde rad / wiel aan de wagen zijn*.

'gooseberry bush ⟨telb.zn.⟩ **0.1** ***kruisbes(sestruik)*** ⇒*kruisbesse-boom, klapbessestruik, klapbesseboom* ◆ **3.¶** ⟨vero.; scherts.⟩ be found under a ~ *door de ooievaar gebracht zijn, uit de kool gekomen zijn*.

'gooseberry 'fool ⟨n.-telb.zn.⟩ ⟨BE⟩ **0.1** ***kruisbessenvla***.

'goose bumps ⟨mv.⟩ ⟨AE; fig.⟩ **0.1** ***kippevel***.

'goose-bump·y ⟨bn.⟩ ⟨sl.⟩ **0.1** ***bang*** **0.2** ***met kippevel***.

'goose egg[1] ⟨telb.zn.⟩ ⟨AE; sl.⟩ **0.1** ***nul*** ⇒*zero* ⟨score in spel⟩.

goose egg[2] ⟨ov.ww.⟩ ⟨sl.⟩ **0.1** ***verhinderen te scoren*** **0.2** ***een nul geven*** **0.3** ***niet betalen*** ⇒*geen fooi geven*.

'goose·fish ⟨telb.zn.⟩ ⟨dierk.⟩ **0.1** ***zeeduivel*** ⟨Lophius piscatorius⟩.

'goose flesh ⟨n.-telb.zn.⟩ ⟨fig.⟩ **0.1** ***kippevel***.

goose·foot ['gu:sfʊt]⟨telb.zn.; goosefoots ['gu:sfʊts]; →mv. 3⟩ ⟨plantk.⟩ **0.1** ***ganzevoet*** ⟨genus Chenopodium⟩.

goose·gog ['gʊzgɒg‖-gag]⟨telb.zn.⟩ ⟨BE; plantk.⟩ **0.1** ***kruisbes*** ⇒*klapbes, klapbezie* ⟨Ribes grossularia⟩.

'goose grass ⟨n.-telb.zn.⟩ ⟨plantk.⟩ **0.1** ***kleefkruid*** ⟨Galium aparine⟩.

'goose·herd ⟨telb.zn.⟩ **0.1** ***ganzenhoeder***.

'goose·neck ⟨telb.zn.⟩ **0.1** ***zwanehals*** ⟨v. buis, koker, enz.⟩.

'goose pimples ⟨mv.⟩ ⟨fig.⟩ **0.1** ***kippevel***.

'goose quill ⟨telb.zn.⟩ **0.1** ***ganzepen*** ⇒*ganzeveer*.

'goose·skin ⟨n.-telb.zn.⟩ ⟨fig.⟩ **0.1** ***kippevel***.

'goose step ⟨n.-telb.zn.; vnl. the⟩ **0.1** ***paradegang*** ⇒*paradepas* ⟨met één been telkens hooggeheven en strak rechtuit⟩.

'goose-step ⟨onov.ww.⟩ **0.1** ***in paradepas marcheren***.

goos·y, goos·ey ['gu:si]⟨bn.; -er; →compar. 7⟩ **0.1** ***ganze-*** ⇒***(als)*** *van een gans, gansachtig* **0.2** ***verdwaasd*** ⇒*mal, dazig* **0.3** ***simpel*** ⇒*argeloos, naief, onnozel* **0.4** ***met kippevel*** **0.5** ***gevoelig rond de anus***.

'go 'out ⟨f2⟩ ⟨onov.ww.⟩ (→sprw. 315) **0.1** ***uitgaan*** ⇒*naar buiten gaan, van huis gaan, afreizen* **0.2** ***duelleren*** **0.3** ***verspreid worden*** ⇒*uitgezonden worden* ⟨v. programma⟩ **0.4** ***uitgaan*** ⇒*uitdoven* ⟨v. vuur, licht⟩ **0.5** ***heengaan*** ⇒*zijn tijd uitgediend hebben* ⟨v. minister, regering e.d.⟩ **0.6** ***uit de mode raken*** ⇒*uit de mode gaan* **0.7** ***uitgaan*** ⟨voor zijn genoegen⟩ **0.8** ***in staking gaan*** **0.9** ***ten einde lopen*** ⇒*aflopen* ⟨v. periode⟩ **0.10** ***aflopen*** ⇒*ebben* ⟨v. zee⟩ **0.11** ***uit werken gaan*** ⟨v. vrouw⟩ **0.12** ⟨euf.⟩ ***heengaan*** ⇒*sterven* **0.13** ⟨AE; inf.⟩ ***van zijn stokje gaan / vallen*** ⇒*flauwvallen* ◆ **1.10** the tide is going out *het is laagtij / eb* **3.7** ~ dancing *uit dansen gaan* **5.1** he can ~ and **about** once more *hij kan weer de deur uit* **5.¶** ⟨inf.⟩ go all out *alles geven, alles op alles zetten, alle zeilen bijzetten* **6.1** ~ **for** some fresh air *een luchtje scheppen;* ~ **on** strike *in staking gaan;* ⟨inf.⟩ ~ **with** *uitgaan met, verkering hebben met* **6.¶** →go out **of;** go (all) out **for** sth. *zich volledig inzetten voor iets / om iets te bereiken;* →go out **to**.

'go 'out of ⟨fɪ⟩ ⟨onov.ww.⟩ **0.1** ***verlaten*** ⇒*uitgaan* **0.2** ***verdwijnen uit*** ◆ **1.1** ~ play *'uit' gaan* ⟨v. bal⟩ **1.2** ~ action *onklaar raken, het begeven;* ~ business *op de fles gaan, failliet gaan;* ~ focus *zijn scherpte verliezen, flou worden* ⟨v. microscoop⟩; ~ s.o.'s mind *vergeten worden;* ~ service *buiten gebruik / dienst raken;* ~ sight / view *uit het zicht verdwijnen;* ~ use *in onbruik raken, buiten gebruik raken*.

'go 'out to ⟨fɪ⟩ ⟨onov.ww.⟩ **0.1** ***(af)reizen naar*** ⇒*vertrekken naar, gaan naar* **0.2** ***uitgaan naar*** ⟨v. affectie⟩ ◆ **1.2** my thoughts ~ my best friend *mijn gedachten gaan uit naar mijn beste vriend*.

'go 'over ⟨fɪ⟩ ⟨onov.ww.⟩ →going-over **0.1** ***overlopen*** ⇒*overgaan* ⟨tot andere partij e.d.⟩ **0.2** ***lukken*** ⇒*succes hebben* **0.3** ***aanslaan*** ⇒*overkomen, in de smaak vallen, ingang vinden, gehoor vinden* ◆ **6.1** ~ **from** the Conservatives **to** Labour *v.d. Conservatieven naar Labour overstappen* **6.¶** →go over **to**.

go 'overboard ⟨onov.ww.⟩ **0.1** ***overboord gaan / slaan*** **0.2** ***gepassioneerd zijn door*** ◆ **6.2** ~ **about / for** *gepassioneerd zijn door, overstag gaan voor*.

'go 'over to ⟨onov.ww.⟩ **0.1** ***overlopen naar*** ⇒*overgaan tot* ⟨nieuwe partij, e.d.⟩ **0.2** ***(over)gaan naar*** ⇒*oversteken naar* **0.3** ***overschakelen op*** ⟨nieuwe bezigheid⟩ **0.4** ⟨com.⟩ ***overschakelen naar*** ◆ **1.2** the boat goes over to the island twice a day *de boot steekt tweemaal per dag over naar het eiland* **1.4** we now ~ our reporter on the spot *we schakelen nu over naar onze verslaggever ter plaatse*.

GOP ⟨afk.⟩ ⟨AE⟩ Grand Old Party ⟨Republikeinen⟩.

go·pher ['goʊfə‖-ər], ⟨in bet. II ook⟩ **'go·pher-wood** ⟨zn.⟩

I ⟨telb.zn.⟩ **0.1** ⟨dierk.⟩ ***wangzakrat*** ⟨fam. Geomyidae⟩ **0.2** ⟨dierk.⟩ ***grondeekhoorn*** ⇒*goffer* ⟨vnl. genus Citellus⟩ **0.3** ⟨dierk.⟩ ***gofferschildpad*** ⟨landschildpad v.h. genus Gopherus, vnl. G. polyphemus⟩ **0.4** ⟨sl.⟩ ***diefje*** ⇒*jonge schurk* **0.5** ⟨sl.⟩ ***slachtoffer*** ⇒*de lul* **0.6** →gofer;

II ⟨n.-telb.zn.⟩ **0.1** ⟨bijb.⟩ ***goferhout*** ⟨waarmee Noah volgens Gen. 6:14 zijn ark bouwde⟩ **0.2** ***geelachtig hout*** ⟨v. N-Am. boom, nl. Cladrastis lutea⟩.

'gopher snake ⟨telb.zn.⟩ ⟨dierk.⟩ **0.1** ***indigoringslang*** ⟨Drymarchon corais couperi⟩.

'Gopher State ⟨eig.n.⟩ ⟨AE⟩ **0.1** ⟨bijnaam voor⟩ ***Minnesota***.

go·ral ['gɔ:rəl]⟨telb.zn.⟩ ⟨dierk.⟩ **0.1** ***goral*** ⟨Aziatische antilope; genus Naemorhedus⟩.

gor·bli·mey [gɔ:'blaɪmi]⟨tussenw.⟩ ⟨BE; sl.⟩ **0.1** ***verdikke(me)***.

Gor·di·an ['gɔ:dɪən‖'gɔr-]⟨bn., attr.; alleen in vaste verbinding⟩ **0.1** ***Gordiaans*** ◆ **1.1** the ~ knot *de Gordiaanse knoop;* a ~ knot *een gordiaanse knoop;* cut the ~ knot *de (Gordiaanse) knoop doorhakken*.

Gor·don ['gɔ:dn‖'gɔrdn], **'Gordon 'setter** ⟨telb.zn.⟩ ⟨dierk.⟩ **0.1** ***Gordonsetter***.

'Gordon water ⟨telb.zn.⟩ ⟨sl.⟩ **0.1** ***gin***.

gore[1] [gɔ:‖gɔr]⟨zn.⟩

I ⟨telb.zn.⟩ **0.1** ***geer*** ⟨spits toelopend stuk doek⟩ **0.2** ***geerakker*** **0.3** ⟨aardr.⟩ ***meridiaanvlak*** ⟨boltweehoek tussen twee meridiaanbogen⟩;

II ⟨n.-telb.zn.⟩ ⟨schr.⟩ **0.1** ***geronnen bloed*** ⇒*bloedkoek, gestold bloed*.

gore[2] ⟨ov.ww.⟩ **0.1** ***geren*** **0.2** ***doorboren*** ⇒*spietsen, doorsteken* ⟨met slagtand / horens⟩ ◆ **1.1** ~ a dress *een jurk geren* **1.2** ~ s.o. to death *iem. verscheuren*.

gored [gɔ:d‖gɔrd]⟨bn.⟩ **0.1** ***gerend*** ⇒*met geren gemaakt / genaaid* **0.2** ***doorboord***.

gorge[1] [gɔ:dʒ‖gɔrdʒ]⟨fɪ⟩⟨zn.⟩

I ⟨telb.zn.⟩ **0.1** ***strot*** ⇒*keel* **0.2** ***(nauwe) achteringang*** ⟨toegang tot binnenruimte v. bastion / bolwerk⟩ **0.3** ***kloof*** ⇒*bergengte, smalle ravijn, spleet* **0.4** ***stroomengte*** ⇒*riviergeul, smalle stroombedding* **0.5** ***zwelgpartij*** ⇒*vreetpartij, slemperij* **0.6** ***havikskrop*** **0.7** ⟨AE⟩ ***klomp*** ⇒*blok, vaste massa* ⟨die een nauwe doorgang verspert⟩ **0.8** ***druipgroef*** ⟨onder muurkap⟩ ⇒*waterkol* **0.9** ***aas*** ⟨vast voorwerp als visaas⟩;

II ⟨n.-telb.zn.⟩ **0.1** ***maaginhoud*** ⇒*het ingeslikte* ◆ **3.1** cast the ~ at *walgen van, balen van;* make s.o.'s ~ rise at *iem. doen walgen van, iem. kotsmisselijk maken van;* raise s.o.'s ~ at *iem. doen walgen / balen van;* my ~ rises at *ik walg van, ik heb tabak van*.

gorge[2] ⟨fɪ⟩⟨ww.⟩

I ⟨onov.ww.⟩ **0.1** ***schrokken*** ⇒*schransen, slempen* ◆ **6.1** ~ **on** *opschrokken;*

II ⟨ov.ww.⟩ **0.1** ⟨wederk. ww.⟩ ***volproppen*** ⇒*volstoppen* **0.2** ***verzwelgen*** ⇒*opschrokken* ◆ **6.1** ~ o.s. **on** *zich volproppen met;* ~d **with** *(over)verzadigd van, volgepropt met*.

gor·geous ['gɔ:dʒəs‖'gɔr-]⟨f2⟩⟨bn.; -ly; -ness⟩ **0.1** ***schitterend*** ⇒*grandioos, prachtig, briljant* **0.2** ***betoverend*** ⇒*adembenemend* ⟨v. persoon⟩ **0.3** ⟨inf.⟩ ***fantastisch*** ⇒*verrukkelijk* ◆ **1.1** have a ~ time *zich kostelijk amuseren;* ~ weather *prachtweer*.

gor·get ['gɔ:dʒɪt‖'gɔr-]⟨telb.zn.⟩ **0.1** ***halsstuk*** ⟨v. wapenuitrusting / nonnenkap⟩ **0.2** ***sierkraag*** ⇒*halsboord* **0.3** ***halssieraad*** **0.4** ***halsvlek***.

'gor·get-patch ⟨telb.zn.⟩ ⟨mil.⟩ **0.1** ***(kraag)pat***.

gor·gio ['gɔ:dʒoʊ‖'gɔr-]⟨telb.zn.⟩ **0.1** ***niet-zigeuner*** ⟨in zigeunertaal⟩.

gor·gon ['gɔ:gən‖'gɔr-]⟨zn.⟩

I ⟨eig.n.; G-⟩ ⟨mythologie⟩ **0.1** ***Gorgo(ne);***

II ⟨telb.zn.⟩ **0.1** ***heks*** ⇒*del, lelijke vrouw*.

gor·go·ni·an [gɔ:'goʊnɪən‖gɔr-]⟨bn.⟩ **0.1** ***gorgonisch*** ⇒*ijzingwekkend*.

gor·gon·ize, -ise ['gɔ:gənaɪz‖'gɔr-]⟨ov.ww.⟩ **0.1** ***fixeren*** ⇒*met zijn blik doorboren, gorgonisch aanstaren*.

Gor·gon·zo·la ['gɔ:gən'zoʊlə‖'gɔr-]⟨fɪ⟩⟨n.-telb.zn.⟩ **0.1** ***Gorgonzola***.

go·ril·la[1] [gə'rɪlə], **go·rill** [gə'rɪl]⟨fɪ⟩⟨telb.zn.⟩ ⟨dierk.⟩ **0.1** ***gorilla*** ⟨Gorilla gorilla⟩ ⇒⟨fig.⟩ *lelijkerd, aangeklede aap, baviaan* **0.2** ***schurk*** **0.3** ***killer*** ⇒*huurmoordenaar*.

gorilla[2] ⟨onov.ww.⟩ ⟨sl.⟩ **0.1** ***roven*** **0.2** ***in elkaar slaan***.

gork [gɔ:k‖gɔrk]⟨telb.zn.⟩ ⟨sl.⟩ **0.1** ***hersendode*** ⇒*vegeterend persoon*.

gormand →gourmand.

gormandize[1] →gourmandise.

gor·mand·ize[2], **-ise** ['gɔ:məndaɪz‖'gɔr-]⟨ww.⟩

I ⟨onov.ww.⟩ **0.1** ***schrokken*** ⇒*schransen, slempen;*

II ⟨ov.ww.⟩ **0.1** ***verzwelgen*** ⇒*opschrokken*.

gor·mand·iz·er, -is·er ['gɔ:məndaɪzə‖'gɔrməndaɪzər]⟨telb.zn.⟩ **0.1** ***slokop*** ⇒*gulzigaard, veelvraat*.

gorm·less ['gɔ:mləs‖'gɔrm-], **gaum·less** ['gɔ:m-]⟨bn.; -ly; -ness⟩ ⟨BE; inf.⟩ **0.1** ***onhandig*** ⇒*dom, onnozel, stuntelig*.

'go 'round, ⟨AE vnl.⟩ **'go a'round** ⟨f1⟩ ⟨onov.ww.⟩ **0.1** ***rondkomen*** *⇒toekomen, voldoende hebben* **0.2** ***omlopen*** *⇒een omweg maken, omgaan* **0.3** ***een rondgang doen*** *⇒inspectie houden* **0.4** ***(rond)draaien*** ◆ **1.4** my head is going round *ik voel me draaierig, het duizelt me* **6.2** ~ **to** s.o. *bij iem. aan/langslopen, iem. bezoeken* **6.4** ⟨fig.⟩ that song keeps going round **in** my head *dat liedje blijft me door het hoofd spelen.*

gorp[1] [gɔ:p||gɔrp]⟨n.-telb.zn.⟩⟨AE⟩ **0.1** ***studentenhaver.***

gorp[2] ⟨onov.ww.⟩⟨sl.⟩ **0.1** ***gulzig eten*** *⇒vreten.*

gorse ['gɔ:s||'gɔrs]⟨n.-telb.zn.⟩⟨plantk.⟩ **0.1** ***gaspeldoorn/doren*** *⇒doornstruik, genst, ginst(er), steekbrem, Franse brem* ⟨vlinderbloemige doornheester; Ulex europaeus⟩.

gor·sy ['gɔ:si||'gɔrsi]⟨bn.;-er;→compar.7⟩ **0.1** ***ginst(er)achtig*** *⇒genstachtig, vol gaspeldoorn/doren.*

go·ry ['gɔ:ri]⟨bn.;-er;-ly;-ness;→bijw.3⟩ **0.1** ***bloederig*** *⇒bloedig* ◆ **1.1** a ~ battle *een bloedige slag;* a ~ film *een bloederige film/geweldfilm;* a ~ narrative *een bloederig verhaal.*

gosh [gɒʃ||gɑʃ]⟨f2⟩⟨tussenw.⟩ **0.1** ***jeetje*** *⇒verdorie.*

'gosh-'aw·ful ⟨bn.⟩⟨sl.;euf.⟩ **0.1** ***verschrikkelijk*** *⇒heel vreselijk.*

gos·hawk ['gɒshɔ:k||'gɑs-]⟨telb.zn.⟩⟨dierk.⟩ **0.1** ***havik*** ⟨Accipiter gentilis⟩.

gos·ling ['gɒzlɪŋ||'gɑz-]⟨f1⟩⟨telb.zn.⟩ **0.1** ***gansje*** **0.2** ***groentje.***

'go-'slow[1] ⟨f1⟩⟨telb.zn.⟩⟨BE⟩ **0.1** ***langzaam-aan-actie.***

go-slow[2] ⟨f1⟩⟨bn., attr.⟩⟨BE⟩ **0.1** ***langzaam-aan.***

gos·pel ['gɒspl||'gɑspl]⟨f2⟩⟨zn.⟩

I ⟨telb.zn.⟩ **0.1** ***evangelie*** ⟨ook fig.⟩ *⇒boodschap, waarheid, principe* ◆ **1.1** St. John's Gospel *het Evangelie v./naar Johannes;* the ~ of soap and water *principe v. zindelijkheid* **3.1** preach the ~ *het evangelie verkondigen;* read the ~ *uit het evangelie voorlezen* **6.1** take sth. **for** ~ *iets zonder meer aannemen/geloven;*

II ⟨telb. en n.-telb.zn.⟩ **0.1** ⟨verk.⟩ ⟨gospel song⟩;

III ⟨n.-telb.zn.⟩ **0.1** ⟨verk.⟩ ⟨gospel music⟩.

'gospel grinder, 'gospel pusher ⟨telb.zn.⟩⟨AE;sl.⟩ **0.1** ***(blikken) dominee.***

gos·pel·ler, ⟨AE sp.⟩ **gos·pel·er** ['gɒspələ||'gɑspələr]⟨telb.zn.⟩ **0.1** ***evangelist*** *⇒prediker, voorganger, predikant, ouderling* **0.2** ***evangelielezer*** **0.3** ***verkondiger v. goede boodschap*** ⟨ook in niet-bijb. zin⟩.

'gospel music ⟨f1⟩⟨n.-telb.zn.⟩ **0.1** ***gospelmuziek*** ⟨swingende religieuze muziek⟩.

'gospel 'oath ⟨telb.zn.⟩ **0.1** ***eed op de Bijbel.***

'Gospel side ⟨telb.zn.⟩ **0.1** ***evangeliezijde*** ⟨noordkant v.h. altaar⟩.

'gospel song ⟨f1⟩⟨telb. en n.-telb.zn.⟩ **0.1** ***gospel(song).***

'gospel 'truth ⟨f1⟩⟨n.-telb.zn.;the;ook G-⟩ **0.1** ***waarheid v.h. evangelie*** **0.2** ***onherroepelijke/absolute waarheid*** *⇒evangelie.*

gos·sa·mer[1] ['gɒsəmə||'gɑsəmər]⟨zn.⟩

I ⟨telb.zn.⟩ **0.1** ***lichte regenmantel*** **0.2** ***iets lichts en teders*** ◆ **1.2** the ~ of youthful innocence *de tedere sluier v. jeugdige onschuld/onschuld v.d. jeugd;*

II ⟨telb. en n.-telb.zn.⟩ **0.1** ***herfstdraad*** *⇒rag, licht web* **0.2** ***gaas*** *⇒fijn en licht weefsel* ◆ **2.1** light as ~ *ragfijn.*

gossamer[2], **gos·sa·mer·ed** ['gɒsəməd||'gɑsəmərd], **gos·sa·mer·y** [-mri]⟨bn.⟩ **0.1** ***ragfijn*** *⇒teder, vluchtig.*

gos·sip[1] ['gɒsɪp||'gɑ-]⟨f3⟩⟨zn.⟩

I ⟨telb.zn.⟩ **0.1** ***babbeltje*** *⇒kletspraatje, roddeltje* **0.2** ***roddelaar(ster)*** *⇒kletskous, kletsmeier, kwaadspreker/spreekster* **0.3** ⟨vero.;BE⟩ ***vriend(in);***

II ⟨n.-telb.zn.⟩ **0.1** ***roddel*** *⇒kletspraat, gebabbel, laster.*

gossip[2] ⟨f1⟩⟨onov.ww.;→ww.7⟩ **0.1** ***roddelen*** *⇒kletspraat verkopen, kwaadspreken* **0.2** ***keuvelen.***

'gossip column ⟨telb.zn.⟩ **0.1** ***rubriek met klein/plaatselijk nieuws*** *⇒allerlei, roddelrubriek.*

'gos·sip·mon·ger ⟨telb.zn.⟩ **0.1** ***roddelaar(ster)*** *⇒kwaadspreker/spreekster, kwebbelmadam, kletsmajoor.*

gos·sip·ry ['gɒsɪpri||'gɑ-]⟨n.-telb.zn.⟩ **0.1** ***roddel*** *⇒kletspraat, gebabbel.*

gos·sip·y ['gɒsɪpi||'gɑ-]⟨f1⟩⟨bn.;-ness;→bijw.3⟩ **0.1** ***praatziek*** *⇒babbelachtig* **0.2** ***vol roddel*** ◆ **1.2** a ~ conversation *een roddelgesprek.*

gos·soon [gɒ'su:n||gɑ-]⟨telb.zn.⟩⟨IE⟩ **0.1** ***jongen*** *⇒knaap* **0.2** ***knecht*** *⇒jonge dienstbode.*

go-stop →stop-go.

got [gɒt||gɑt]⟨verl. t en volt. deelw.⟩ →get.

got·cha ['gɒtʃə||'gɑt-]⟨telb.zn.⟩⟨inf.⟩ **0.1** ***vangst*** *⇒arrestatie* **0.2** ***wondje*** *⇒sneetje* ◆ **¶.¶** ~! *hebbes!; gelukt!; begrepen!, gesnopen!.*

Goth [gɒθ||gɑθ]⟨telb.zn.⟩ **0.1** ***Goot*** ⟨Germaan⟩ *⇒Wisigoot, Ostrogoot* **0.2** ***vandaal*** *⇒barbaar.*

Goth·am ['goʊtəm⟨in bet.0.2⟩'goʊθəm||'gɑθəm]⟨eig.n.⟩ **0.1** ***Gotham*** ⟨dorp in Nottinghamshire waarvan de bewoners de reputatie hadden zich dom voor te doen⟩ **0.2** ⟨AE;inf.⟩ ***New York City.***

Goth·am·ite ['gɒθəmaɪt||'gɑθə-]⟨telb.zn.⟩ **0.1** ***dwaas*** *⇒gek, malloot, onnozele hals* **0.2** ⟨AE;inf.⟩ ***inwoner v. New York*** *⇒New Yorker.*

Goth·ic[1] ['gɒθɪk||'gɑ-]⟨f1⟩⟨zn.⟩

I ⟨eig.n.⟩ **0.1** ***Gotisch*** *⇒de Gotische taal;*

II ⟨telb.zn.⟩ **0.1** ***griezelfilm/roman/verhaal/stuk;***

III ⟨n.-telb.zn.⟩ **0.1** ⟨bouwk.⟩ ***gotiek*** **0.2** ⟨ook g-⟩⟨druk.⟩ ***gotische letter*** *⇒Duitse letter, bijbelletter, fractuur* **0.3** ⟨ook g-⟩⟨druk.⟩ ***schreefloze letter*** *⇒grotesk(e letter)* **0.4** ⟨ook g-⟩ ***gotisch schrift*** ⟨handschrift⟩ ◆ **3.4** Decorated ~ *Engelse vlammende gotiek* **6.2** all printed **in** ~ *geheel in fractuur/Duitse letter gedrukt.*

Gothic[2] ⟨f2⟩⟨bn.;-ally;→bijw.3⟩ **0.1** ***Gotisch*** *⇒mbt. de Goten/Gotische taal* **0.2** ⟨bouwk.⟩ ***gotisch*** *⇒in spitsboogstijl* **0.3** ⟨ook g-⟩⟨druk.⟩ ***Duits*** *⇒bijbel-, gotische* ⟨v. letter⟩ **0.4** ⟨ook g-⟩⟨druk.⟩ ***schreefloos*** *⇒grotesk* **0.5** ⟨ook g-⟩ ***gotisch*** ⟨v. handschrift⟩ **0.6** ⟨lit.⟩ ***griezel*** **0.7** ⟨vero.⟩ ***barbaars*** *⇒ruw, onbeschaafd* ◆ **1.2** ~ arch/vault *spits/kruis/ogiefboog, gotisch gewelf;* ~ Revival *neogotiek;* ~ window *spitsboogvenster* **1.3** ~ letter *Duitse letter, gotiek, bijbelletter, fraktuur* **1.4** ~ letter *schreefloze letter, groteske letter.*

Goth·i·cism ['gɒθɪsɪzm||'gɑ-]⟨telb. en n.-telb.zn.⟩ **0.1** ***gebruik/imitatie/kenmerk v. gotische stijl*** **0.2** ***barbaarsheid*** *⇒onbeschoftheid.*

Goth·i·cize, -cise ['gɒθɪsaɪz||'gɑ-]⟨ov.ww.⟩ **0.1** ***gotisch maken.***

'go through ⟨f1⟩⟨onov.ww.⟩ **0.1** ***uitpraten*** *⇒ten einde praten* ⟨zaak⟩ **0.2** ***nauwkeurig onderzoeken*** *⇒fouilleren* ⟨verdachte⟩; *doorzoeken* ⟨bagage⟩; *nagaan, natrekken, checken, narekenen* ⟨bewering, e.d.⟩ **0.3** ***doormaken*** *⇒ondergaan, beleven, doorstaan, meemaken* **0.4** ***doornemen*** *⇒doorlopen* ⟨tekst⟩ **0.5** ***gaan door*** **0.6** ***opgebruiken*** **0.7** ***opmaken*** *⇒verteren* ⟨v. geld⟩ ◆ **1.1** the book went through five editions *er zijn vijf drukken v.h. boek verschenen* **1.5** ~ s.o.'s hands *door iemands handen gaan* ⟨ook fig.⟩ **2.5** ~ (the) proper channels *via de geijkte kanalen gaan* **6.¶** ~ **with** sth. *iets doorzetten.*

'go to ⟨f4⟩⟨onov.ww.⟩⟨→sprw. 10, 320, 562, 721⟩ **0.1** ***gaan naar*** *⇒gaan in de richting v.; toegekend worden aan* ⟨v. prijs, e.d.⟩; *nagelaten worden aan* ⟨v. erfenis⟩; *zich wenden tot* **0.2** ***zich getroosten*** **0.3** ***(gelijk) zijn*** *⇒evenveel zijn als* ⟨v. hoeveelheid⟩ **0.4** ***bijdragen tot*** **0.5** ***aangewend worden voor*** **0.6** ***reiken tot*** *⇒lopen naar* ⟨v. weg⟩; *doordringen tot* **0.7** ***nodig zijn voor*** **0.8** ***overgaan naar/tot*** *⇒overschakelen op* **0.9** ***klinken als*** ⟨v. melodie⟩ ◆ **1.1** ~ bed *naar bed gaan, gaan slapen;* ~ blazes! *loop naar de hel!;* ~ the block *voor de bijl gaan, zijn hoofd op het blok (moeten) verliezen;* ~ the bottom *naar de bodem zakken, de diepte ingaan;* ~ church *naar de kerk/ter kerke gaan;* ~ college *college lopen, naar de universiteit gaan;* ⟨BE⟩ ~ the country *het land ingaan, het volk/de kiezers raadplegen;* ~ the devil! *loop naar de duivel!;* ~ earth/ground *zich ingraven* ⟨v. dieren⟩; *onderduiken* ⟨v. mensen⟩; ~ hell/⟨vero.;scherts.⟩ Hades/⟨vero.;scherts.⟩ Jericho! *loop naar de hel!;* ~ hospital *in het ziekenhuis opgenomen worden;* ~ law against s.o. *iem. een proces aandoen, een proces aanspannen tegen;* ~ the polls *zijn stem gaan uitbrengen, gaan stemmen;* ~ press *ter perse gaan;* ~ school *naar school gaan;* ~ sea *naar zee gaan; zeeman worden;* ~ the stake *op de brandstapel moeten;* ~ trial *voor de rechtbank verschijnen;* ~ university *naar de universiteit gaan* **1.2** ~ great/considerable expense *er heel wat geld tegenaan gooien;* ~ any/all lengths *zich de grootste moeite getroosten;* ~ great/considerable/some lengths *zich veel moeite getroosten;* ~ great pain(s) *zich veel moeite getroosten, heel wat inspanningen doen;* ~ great trouble *zich veel moeite getroosten* **1.3** 3 feet ~ 1 yard *3 voet is 1 yard* **1.6** ~ one's head *naar het hoofd stijgen* ⟨v. alcohol, roem⟩; ~ the heart of *doordringen tot de kern v.;* ~ one's heart *tot het hart spreken, aangrijpen* **1.8** ~ extremes *tot uitersten vervallen;* go (from the one) to the other/another extreme *(van het ene uiterste) in het andere (uiterste) (ver)vallen;* ~ fighting *gaan vechten/strijden;* ⟨sl.⟩ ~ pot *in de vernieling gaan, waardeloos worden;* ~ sleep *in slaap vallen, gaan slapen;* ~ war *ten strijde trekken, een oorlog ontketenen, naar de wapenen grijpen;* ~ waste *verloren gaan, slecht worden;* ~ work *aan het werk gaan;* ~ a better world *tot een beter leven overgaan, naar betere oorden verhuizen* **1.9** ~ the tune of *klinken als, gezongen/gespeeld worden op de wijs v.* **4.¶** ~ it *aan de slag gaan;* ~ it! *zet 'm op!;* ~ naught *mislukken, op niets uitlopen, de mist ingaan.*

'go to'gether ⟨f1⟩⟨onov.ww.⟩ **0.1** ***samengaan*** *⇒samen voorkomen, gepaard gaan* **0.2** ***bijeen passen*** **0.3** ***verkering hebben*** *⇒met elkaar gaan.*

'go-to-'meet·ing ⟨bn., attr.⟩ **0.1** ***paasbest*** *⇒zondags-* ⟨v. kleren⟩.

'go towards ⟨onov.ww.⟩ **0.1** ***gaan naar*** ⟨ook fig.⟩ *⇒ten goede komen aan* **0.2** ***leiden tot*** *⇒bijdragen tot* **0.3** ***besteed worden aan.***

got·ta ['gɒtə||'gɑtə]⟨hww.⟩⟨samentr. v. (have) got a, (have) got to⟩.

got·ten ['gɒtn‖'gɑtn]⟨volt. deelw.⟩⟨AE⟩ →get.
Göt·ter·däm·me·rung [gɜ:tə'deməruŋ‖'gʌṭər'dæmərəŋ]⟨telb.zn.; Götterdämmerungen [-ən]; →mv. 5; ook g-⟩ **0.1** ***godenschemering*** **0.2** ***ondergang*** ⟨v. regime, wereld, e.d.⟩.
'got-'up ⟨bn.; oorspr. volt. deelw. v. get up⟩ **0.1** ***opgeprikt*** ⇒*opgesmukt* **0.2** ***geforceerd*** ⇒*opgepept* ◆ **1.¶** ~ affair *doorgestoken kaart*.
gouache [gʊ'ɑ:ʃ]⟨zn.⟩
I ⟨telb.zn.⟩ **0.1** ***gouache*** ⟨prent⟩;
II ⟨n.-telb.zn.⟩ **0.1** ***gouache*** ⇒*plakkaatverf* **0.2** ***gouachetechniek***.
Gou·da ['gaʊdə]⟨telb. en n.-telb.zn.⟩ **0.1** ***Goudse kaas***.
gouge[1] [gaʊdʒ]⟨f1⟩⟨zn.⟩
I ⟨telb.zn.⟩ **0.1** ***guts(beitel)*** ⇒*holle beitel* **0.2** ***groef;***
II ⟨telb. en n.-telb.zn.⟩⟨AE; inf.⟩ **0.1** ***zwendel*** ⇒*woeker, bedrog*.
gouge[2] ⟨f2⟩⟨ww.⟩
I ⟨onov.ww.⟩⟨Austr. E⟩ **0.1** ***naar opaal delven;***
II ⟨ov.ww.⟩ **0.1** ***(uit)gutsen*** ⇒*uitsteken, uitdiepen, uithollen* **0.2** ***groeven*** **0.3** ⟨AE; inf.⟩ ***afpersen*** ⇒*afzetten* ◆ **5.1** ~ **out** s.o.'s eyes *iem. de ogen uitsteken* **6.3** ~ s.o. **of** his fortune *iem. zijn kapitaal afhandig maken / van zijn fortuin beroven*.
gou·lash ['gu:læʃ‖-lɑʃ]⟨f1⟩⟨telb. en n.-telb.zn.⟩ **0.1** ***goelasj***.
'goulash communism ⟨n.-telb.zn.⟩⟨scherts.⟩ **0.1** ***goelasjcommunisme*** ⟨egoistisch-materialisme⟩.
'goulash communist ⟨telb.zn.⟩ **0.1** ***broodcommunist***.
'go 'under ⟨f1⟩⟨onov.ww.⟩ **0.1** ***ondergaan*** ⇒*zinken;* ⟨fig.⟩ *te gronde gaan, ten onder gaan, bezwijken* **0.2** ***failliet gaan*** ⇒*bankroet gaan* ◆ **6.1** ~ **to** a disease *bezwijken aan een ziekte;* ~ **to** *het afleggen tegen*.
'go 'up ⟨f2⟩⟨onov.ww.⟩ **0.1** ***opgaan*** ⇒*naar boven gaan, klimmen* **0.2** ***opgaan*** ⟨naar hoger niveau⟩ **0.3** ***stijgen*** ⇒*opgaan, omhooggaan* ⟨v. prijs, temperatuur, e.d.⟩ **0.4** ***ontploffen*** ⇒*in de lucht vliegen* **0.5** ***opbranden*** **0.6** ***gebouwd worden*** ⇒*oprijzen, opgetrokken worden* ⟨v. gebouw⟩ **0.7** ⟨BE⟩ ***gaan*** ⇒*reizen, trekken* ⟨naar Londen / het noorden / de universiteit⟩ ◆ **1.1** the curtain goes up *het doek / gordijn gaat op;* ~ in the world *in de wereld vooruitkomen* **1.5** ~ in flames *in vlammen opgaan;* ~ in smoke *in rook opgaan*.
gou·ra·mi ['gʊərəmi‖gu:'rɑmi]⟨telb.zn.⟩⟨dierk.⟩ **0.1** ***goerami*** ⟨i.h.b. Z.-O. Aziatische zoetwatervis; Osphronemus goramy; ook aquariumvissen v. fam. Anabantidae⟩ ◆ **3.1** kissing ~ *zoenvis, knorrende goerami* ⟨Helostoma temmincki⟩.
gourd [gʊəd‖gɔrd, gʊrd]⟨f1⟩⟨telb.zn.⟩ **0.1** ***kalebas*** **0.2** ***kalebasfles*** **0.3** ***pompoen*** **0.4** ***pronkappel*** ⇒*sierkalebas, kolokwint* **0.5** ⟨AE; inf.⟩ ***kop*** ⇒*knikker*.
gour·mand[1], ⟨AE sp. ook⟩ **gor·mand** ['gʊəmənd, 'gɔ:-‖'gʊr-]⟨telb.zn.⟩ **0.1** ***gourmand*** ⇒*gulzigaard, vreter* **0.2** ***lekkerbek*** ⇒*snoeper*.
gourmand[2], ⟨AE sp. ook⟩ **gormand** ⟨bn.⟩ **0.1** ***gulzig*** ⇒*gretig* **0.2** ***van lekker eten houdend*** ⇒*snoepgraag*.
gour·mand·ise, ⟨AE sp. zelden⟩ **gor·mand·ize** ['gʊəməndaɪz, 'gɔ:-‖'gʊr-]⟨n.-telb.zn.⟩ **0.1** ***lekkerbekkerij*** ⇒*smaak voor lekker eten* **0.2** ***gulzigheid*** ⇒*snoeplust*.
gour·met ['gʊəmeɪ, 'gɔ:-‖gʊr'meɪ]⟨f1⟩⟨telb.zn.⟩ **0.1** ***gourmet*** ⇒*fijnproever, lekkerbek*.
gout [gaʊt]⟨f2⟩⟨zn.⟩
I ⟨telb.zn.⟩ **0.1** ***druppel*** ⇒*bloeddruppel, (bloed)spat* **0.2** ***klodder*** ⇒*klonter* **0.3** ***guts*** ⇒*straal, plens, gulp;*
II ⟨telb. en n.-telb.zn.⟩ **0.1** ⟨med.⟩ ***jicht*** ⇒*podagra, pootje* **0.2** ⟨landb.⟩ ***kafjesbruin*** ⟨tarweziekte, veroorzaakt door halmvlieg⟩.
'gout-fly ⟨telb.zn.⟩⟨dierk.⟩ **0.1** ***gele halmvlieg*** ⟨Chlorops (pumilionis)⟩ ⇒*korenvlieg* ⟨C. taeniopus⟩, *fritvlieg* ⟨Oscinis frit⟩.
gout·y ['gaʊṭi]⟨bn.; -er; -ly; →bijw. 3⟩ **0.1** ***jichtig*** ⇒*podagreus*.
Gov ⟨afk.⟩ Government, Governor.
gov·ern ['gʌvn‖-ərn]⟨f3⟩⟨ww.⟩
I ⟨onov.ww.⟩ **0.1** ***regeren*** ◆ **1.1** the Queen reigns, but the ministers ~ *de Koningin heerst, maar de ministers regeren;*
II ⟨ov.ww.⟩ **0.1** ***regeren*** ⇒*besturen, beheren, leiden* **0.2** ***bepalen*** ⇒*regelen* **0.3** ⟨taalk.⟩ ***regeren*** ⇒*vereisen;* ⟨inf.⟩ *krijgen* ◆ **1.1** ~ing body *bestuurslichaam, raad van beheer* **1.2** money ~s all his actions *het geld bepaalt al zijn handelingen;* the tides are ~ed by the moon *de getijden worden door de maan bepaald / beheerst;* the regulations ~ing these exchanges *de bepalingen waaraan deze uitwisselingen onderworpen zijn* **1.3** the verb ~s the object *het werkwoord regeert het lijdend voorw.*.
gov·ern·a·ble ['gʌvnəbl‖-vər-]⟨bn.⟩ **0.1** ***bestuurbaar*** ⇒*handelbaar*.
gov·ern·ance ['gʌvnəns‖-vər-]⟨n.-telb.zn.⟩⟨vero.⟩ **0.1** ***bestuur*** ⇒*beheer, beheersing* **0.2** ***heerschappij*** ⇒*macht, invloed*.
gov·ern·ess ['gʌvənɪs‖-vər-]⟨f2⟩⟨telb.zn.⟩ **0.1** ***regentes*** **0.2** ***gouvernante***.
'governess car, 'governess cart ⟨telb.zn.⟩⟨BE; gesch.⟩ **0.1** ***sjees*** ⇒*tweewielige brik*.
gov·ern·ment ['gʌv(n)mənt‖'gʌvərn-]⟨f4⟩⟨zn.⟩
I ⟨n.-telb.zn.⟩⟨ook taalk.⟩ **0.1** ***regering*** ⇒*(staats)bestuur* **0.2** ***het regeren*** ◆ **1.1** ⟨taalk.⟩ ~ and binding *regeer- en bindtheorie;* democracy and other forms of ~ *democratie en andere vormen van staatsbestuur* **6.2** democracy means ~ of, by and for the people *democratie betekent het regeren van, door en voor het volk;*
II ⟨verz.n.⟩ **0.1** ***regering*** ⇒*kabinet, bestuur, ministerie* ◆ **3.1** the Government has / have accepted the proposal *de regering heeft het voorstel aanvaard;* form a ~ *een kabinet formeren*.
'government agent, 'government of'ficial ⟨telb.zn.⟩ **0.1** ***regeringsambtenaar***.
gov·ern·ment·al ['gʌvn'mentl‖'gʌvərn'menṭl]⟨f2⟩⟨bn.; -ly⟩ **0.1** ***regerings-*** ⇒*bestuurs-, rijks-, overheids-*.
'government con'trol ⟨n.-telb.zn.⟩ **0.1** ***overheidstoezicht***.
'go·vern·ment-con'trolled ⟨bn.⟩ **0.1** ***onder staatstoezicht***.
'Government 'House ⟨telb.zn.⟩ **0.1** ***gouverneurshuis***.
'Government 'Issue ⟨n.-telb.zn.⟩⟨AE⟩ **0.1** ***door de staat uitgereikt materiaal*** ⇒*staatseigendom* ⟨i.h.b. legeruitrusting⟩.
'government 'leader ⟨telb.zn.⟩ **0.1** ***regeringsleider***.
'government 'measure ⟨telb.zn.⟩ **0.1** ***regeringsmaatregel***.
'government 'paper ⟨telb. en n.-telb.zn.⟩ **0.1** ***staatspapier***.
'Government 'Printing Office ⟨telb.zn.⟩⟨AE⟩ **0.1** ⟨ong.⟩ ***staatsdrukkerij***.
'government repre'sentative ⟨telb.zn.⟩ **0.1** ***regeringsvertegenwoordiger*** ⇒*regeringsafgevaardigde / woordvoerder*.
'government se'curities ⟨mv.⟩ **0.1** ***staatsfondsen***.
'government 'spending ⟨n.-telb.zn.⟩ **0.1** ***overheidsuitgaven***.
'government 'troops ⟨mv.⟩ **0.1** ***regeringstroepen***.
gov·er·nor ['gʌvnə‖-ər]⟨f3⟩⟨telb.zn.⟩ **0.1** ***gouverneur*** ⇒*landvoogd* **0.2** ***bestuurder*** ⇒*president* ⟨v. bank⟩, *directeur,* ⟨v. gevangenis⟩ *commandant* ⟨v. garnizoen⟩ **0.3** ***gouverneur*** ⟨v. Am. staat⟩ **0.4** ⟨inf.⟩⟨aanspreekvorm⟩ ***ouwe*** ⇒*ouwe heer, baas* **0.5** ⟨tech.⟩ ***regelaar*** ⇒*regulateur, toerenregelaar*.
'Gov·er·nor-'Gen·er·al ⟨f1⟩⟨telb.zn.; ook Governors-General; →mv. 6⟩ **0.1** ***Gouverneur-Generaal***.
gov·er·nor·ship ['gʌvnəʃɪp‖'gʌvnər-]⟨telb. en n.-telb.zn.⟩ **0.1** ***gouverneurschap***.
govt ⟨afk.⟩ government.
gow [gaʊ]⟨n.-telb.zn.⟩⟨AE; sl.⟩ **0.1** ***pin-up foto's***.
gow·an ['gaʊən]⟨telb.zn.⟩⟨Sch. E⟩ **0.1** ***madeliefje***.
'go with ⟨f1⟩⟨onov.ww.⟩ **0.1** ***meegaan met*** ⟨ook fig.⟩ ⇒*het eens zijn met, akkoord gaan met, bijvallen* **0.2** ***samengaan*** ⇒*gepaard gaan met* **0.3** ***(be)horen bij*** **0.4** ***passen bij*** **0.5** ⟨inf.⟩ ***omgaan met*** ⇒*lopen met* **0.6** ⟨vnl. AE⟩ ***opteren voor*** ◆ **1.1** ~ the crowd / stream / times / tide *met de stroom meegaan;* ~ one's party *het partijstandpunt aanhangen* **3.¶** ⟨sl.⟩ let ~ *afschieten; uitschelden; gaan uitvaren; spugen; pissen*.
'go with'out ⟨f1⟩⟨onov.ww.⟩ **0.1** ***het stellen zonder*** ⇒*missen, ontberen, niet hebben* ◆ **3.¶** it goes without saying *het spreekt vanzelf*.
gowk [gaʊk]⟨telb.zn.⟩⟨Sch. E, gew.⟩ **0.1** ***koekoek*** **0.2** ***domoor*** ⇒*halve gare*.
gown[1] [gaʊn]⟨f2⟩⟨telb.zn.⟩ **0.1** ***toga*** ⇒*tabbaard* **0.2** ⟨ben. voor⟩ ***lang kledingstuk*** ⇒*nachthemd; ochtendjas; schort; operatieschort* **0.3** ⟨schr. beh. in AE⟩ ***lange jurk*** ⇒*avondjapon* ◆ **1.1** cap and ~ *toga en baret* ⟨ceremoniekleding op universiteiten⟩ **3.¶** wear the ~ *lid v.d. balie zijn*.
gown[2] ⟨f1⟩⟨ov.ww.⟩ **0.1** ***kleden in een toga / lange jurk / lang kledingstuk*** ◆ **1.1** beautifully ~ed ladies *dames in prachtige lange japonnen* **3.1** capped and ~ed *gekleed in toga en baret*.
gowns·man ['gaʊnzmən]⟨telb.zn.; gownsmen [-mən]; →mv. 3⟩ **0.1** ***drager v.e. toga*** ⇒*universitair, academielid, lid v. clerus*.
goy [gɔɪ]⟨telb.zn.; ook goyim ['gɔɪɪm]; →mv. 5⟩ **0.1** ***goj*** ⇒*niet-jood*.
GP ⟨telb.zn.⟩⟨afk.⟩ General Practitioner, Grand Prix.
GPA ⟨afk.⟩ grade-point average.
GPM ⟨afk.⟩ Graduated Payment Mortgage.
GPO ⟨telb.zn.⟩⟨afk.⟩ General Post Office; ⟨AE⟩ Government Printing Office.
GPU ⟨afk.⟩ Gosudarstvennove Politicheskoye Upravlenie ⟨Russisch⟩ **0.1** ***G.P.Oe*** ⇒*Gepoe* ⟨vroegere naam v.d. staatspolitie in Sovjet-Rusland⟩.
GQ ⟨afk.⟩ General Quarters.
gr ⟨afk.⟩ **0.1** ⟨gram⟩ ***gr.*** **0.2** ⟨grain⟩ **0.3** ⟨gross⟩.
GR ⟨afk.⟩ General Reserve, Georgius Rex ⟨King George⟩.
Graaf·i·an follicle ['grɑ:fɪən 'fɒlɪkl‖-'fɑ-], **Graafian vesicle** [-'vesɪkl]⟨telb.zn.⟩⟨anat.⟩ **0.1** ***Graafse follikel***.
grab[1] [græb]⟨f2⟩⟨zn.⟩
I ⟨telb.zn.⟩ **0.1** ***greep*** ⇒*graai* **0.2** ***roof*** **0.3** ⟨tech.⟩ ***grijper*** ◆ **6.1** make a ~ **at / for** sth. *ergens naar grijpen / graaien;* ⟨inf.⟩ **up for** ~s *voor het grijpen / pakken;*
II ⟨n.-telb.zn.⟩ **0.1** ***kaartspel waarbij kaarten v.d. tafel worden gegraaid***.

grab[2] ⟨f3⟩⟨ww.;→ww. 7⟩
I ⟨onov.ww.⟩ 0.1 *graaien* ⇒*grijpen, pakken* 0.2 *schokken* ⟨v. remmen⟩ ◆ 6.1 ~ **at/for** sth. *ergens naar grijpen/graaien;* ~ **at** your chance *grijp je kans, neem je kans waar;*
II ⟨ov.ww.⟩ 0.1 *grijpen* ⇒*vastpakken, inrekenen* 0.2 *bemachtigen* ⇒*in de wacht slepen, naar zich toehalen* 0.3 *naar zich toe/tot zich trekken* ⟨belangstelling⟩ 0.4 ⟨inf.⟩ *indruk maken op* ⇒*boeien* ◆ 1.1 ~ hold of *stevig vastpakken* 1.2 ~ s.o.'s seat *iemands plaats inpikken* 1.3 try to ~ the general attention *proberen de algemene aandacht op zich te vestigen* 1.4 ~ the audience *het publiek boeien* 4.4 ⟨inf.⟩ how does that ~ you? *wat denk je daarvan?* ¶.1 ⟨inf.⟩ ~! *pak 'm beet!; hand erop!.*

'grab·all ⟨telb.zn.⟩⟨Austr. E⟩ 0.1 *vast net voor kustvisserij.*

'grab-bag, 'grab-box ⟨telb.zn.⟩ 0.1 *grabbelton* 0.2 *allerlei* ⇒*mengelmoes.*

grab·ber ['græbə||-ər]⟨telb.zn.⟩ 0.1 *hebberig iem.* ⇒*hebzuchtig/inhalig pers., graaier.*

grab·ble ['græbl]⟨f1⟩⟨onov.ww.⟩ 0.1 *grabbelen* 0.2 *rondtasten* 0.3 *spartelen* ◆ 5.2 he ~d **about** in the dark *hij tastte rond in het donker.*

grab·by ['græbi]⟨bn.;-er;→compar. 7⟩ 0.1 *hebberig* ⇒*inhalig.*

gra·ben ['grɑ:bən]⟨telb.zn.; ook graben;→mv. 4⟩⟨geol.⟩ 0.1 *slenk.*

'grab·han·dle, 'grab·rail ⟨telb.zn.⟩ 0.1 *handgreep* ⟨in voertuig⟩.

'grab start ⟨telb.zn.⟩⟨zwemsport⟩ 0.1 *greepstart* ⟨v. rugslagzwemmers⟩.

grace[1] [greɪs]⟨f3⟩⟨zn.⟩
I ⟨telb.zn.⟩ 0.1 *deugd* ⇒*aangenaam gedrag, gunstig kenmerk* 0.2 ⟨G-; vaak mv.⟩⟨mythologie⟩ *gratie* 0.3 ⟨G-⟩ *Excellentie* ⟨aanspreekvorm v. aartsbisschop, hertog⟩ ◆ 3.1 his smile is his saving ~ *zijn glimlach maakt al het overige goed* 7.2 the three Graces *de drie gratiën* 7.3 His Grace the Archbishop of Canterbury *Zijne Hoogwaardige Excellentie/Zijne Hoogwaardigheid de Aartsbisschop v. Canterbury;* Your Grace *Monseigneur;*
II ⟨telb. en n.-telb.zn.⟩ 0.1 *gunst* ⇒*goedgunstigheid* 0.2 ⟨ook G-⟩ *genade* ⇒*goedertierenheid* ⟨vnl. v. God⟩ 0.3 *dankgebed* ⟨voor of na maaltijd⟩ 0.4 ⟨muz.⟩ *versiering* ⇒*omspeling, voorslag, dubbelslag, triller, naslag* ◆ 1.1 act of ~ *gunst, voorrecht* ⟨waarop men geen wettelijke aanspraak heeft⟩; ~ and favour *privilege* ⟨toegestaan door vorst, e.d.⟩ 1.2 state of ~ *toestand v. genade;* by the ~ of God *bij de gratie/genade Gods;* the year of ~ *het jaar Onzes Heren* 2.1 be in s.o.'s good ~s *bij iem. in de gratie staan* 3.2 ~s allotted by God *door God geschonken talenten/zegeningen/voorspoed;* fall/lapse from ~ *tot zonde vervallen;* ⟨fig.⟩ *uit de gratie raken* 3.3 say ~ *bidden, danken* 6.1 obtain sth. by right, not **by** ~ *iets niet als gunst, maar als recht verkrijgen* 6.2 sinners saved **by** ~ and faith *door genade en geloof geredde zondaars;*
III ⟨n.-telb.zn.⟩ 0.1 *bevalligheid* ⇒*gratie, charme, sierlijkheid, elegantie* 0.2 *goedheid* ⇒*vriendelijkheid, gepastheid, netheid, fatsoen* 0.3 *genade* ⇒*respijt, uitstel* 0.4 ⟨BE⟩ *toelating tot promotie* ⟨v. senaat v. universiteit⟩ ◆ 1.1 the ~ of youth *de charme/bevalligheid v.d. jeugd* 1.3 act of ~ *daad v. genade, gratie* ⟨door Parlement toegekend⟩; days of ~ *termijn na vervaldag;* give s.o. a week's ~ *iem. een week uitstel v. betaling toekennen* 1.4 by the ~ of the Senate *volgens Senaatsbesluit* 2.2 with (a) bad/(an) ill ~ *(uiterst) onvriendelijk, met tegenzin;* with (a) good ~ *(uiterst) vriendelijk* 3.2 he had the ~ to say he was sorry *hij had het fatsoen/was zo beleefd te zeggen dat het hem speet;*
IV ⟨mv.; ~s; the⟩ 0.1 *jeu de grâces.*

grace[2] ⟨ov.ww.⟩ 0.1 *opluisteren* ⇒*sieren* ⟨ook fig.⟩ 0.2 *vereren* ⇒*begunstigen* ◆ 1.1 a character ~d by virtues *een met deugden gesierd karakter* 1.2 the painters who ~d the 17th century *de schilders die de trots v.d. 17e eeuw waren* 6.2 the Queen ~d us **with** her presence *de Koningin vereerde ons met haar aanwezigheid.*

'grace cup ⟨telb.zn.⟩ 0.1 *afscheidsdronk* ⟨na het dankgebed aan eind v. maaltijd⟩ 0.2 *afscheidstoast.*

grace·ful ['greɪsfl]⟨f3⟩⟨bn.;-ly;-ness⟩ 0.1 *gracieus* ⇒*bevallig, elegant* 0.2 *aangenaam* ⇒*correct, fatsoenlijk, beleefd* ◆ 1.1 the ~ movements of the dancer *de gracieuze bewegingen v.d. danseres;* a ~ girl *een bevallig meisje* 3.2 he expressed himself ~ly *hij drukte zich elegant uit.*

grace·less ['greɪsləs]⟨f1⟩⟨bn.;-ly;-ness⟩ 0.1 *onelegant* ⇒*lomp* 0.2 *onbevallig* ⇒*banaal, alledaags, lelijk* 0.3 *onbeschaamd* ⇒*grof, vulgair* 0.4 ⟨vero. of scherts.⟩ *verdorven* ⇒*goddeloos, gemeen* ◆ 1.1 he stood there in a ~ pose *hij stond daar in een onelegante houding;* a ~ style/translation *een lompe stijl/stijve, stroeve vertaling* 1.2 s.o. as ~ as a bathtub *iem. zo elegant als een kamerolifant* 1.3 a ~ and rude remark *een grove en onbeschofte opmerking* 1.4 a ~ rogue *een gemene boef.*

'grace note ⟨telb.zn.; vaak mv.⟩⟨muz.⟩ 0.1 *versiering* ⇒*omspeling, voorslag, dubbelslag, triller, naslag,* ⟨mv.⟩ *fiorituren.*

grac·ile ['græsaɪl||'græsl]⟨bn.⟩ 0.1 *slank* ⇒*dun, licht gebouwd* 0.2 *gracieus* ⇒*elegant.*

gra·cil·i·ty [grə'sɪləṭi]⟨n.-telb.zn.⟩ 0.1 *slankheid* 0.2 *gratie* ⇒*elegantie, sierlijkheid, bevalligheid* 0.3 ⟨lit.⟩ *ongekunsteldheid* ⇒*eenvoud.*

gra·cious ['greɪʃəs]⟨f3⟩⟨bn.;-ly;-ness⟩
I ⟨bn.⟩ 0.1 *minzaam* ⇒*hoffelijk, vriendelijk* 0.2 *genadig* ⟨vnl. mbt. God⟩ ◆ 6.2 Lord be ~ **unto** him *Heer wees hem genadig;*
II ⟨bn., attr.⟩ 0.1 *goedgunstig* ⟨vnl. mbt. tot leden v.h. koningshuis⟩ 0.2 *verfijnd* ⇒*hoffelijk* 0.3 ⟨inf.; in uitroepen⟩⟨ong.⟩ *allemachtig* ◆ 1.1 Her Gracious Majesty *Hare goedgunstige Majesteit* 1.2 ~ living *verfijnde levensstijl* 1.3 goodness ~!/~ goodness! *lieve hemel!, allemachtig!* 2.3 good ~! *goeie genade!* 3.1 be ~ly pleased to accept *genadiglijk/welwillend aanvaarden om* 4.3 my ~! *lieve hemel!.*

grack·le ['grækl]⟨telb.zn.⟩⟨dierk.⟩ 0.1 *bootstaart* ⟨genus Quiscalus⟩ 0.2 *beo* ⟨genus Gracula⟩.

grad [græd]⟨f2⟩⟨telb.zn.⟩⟨verk.⟩ graduate ⟨inf.⟩ 0.1 *afgestudeerde* ⇒*gegradueerde,* ⟨AE⟩ *gediplomeerde* 0.2 ⟨AE⟩ *student(e).*

gra·date [grə'deɪt||'greɪdeɪt]⟨ww.⟩
I ⟨onov.ww.⟩ 0.1 *onmerkbaar overgaan* ◆ 6.1 shades gradating **from** dark red **(in)to** bright yellow *kleurnuances die geleidelijk van donkerrood naar lichtgeel overgaan;*
II ⟨ov.ww.⟩ 0.1 *onmerkbaar doen overgaan in* ⟨kleuren, e.d.⟩ ⇒*schakeren, versmelten* 0.2 *trapsgewijs/rangsgewijs schikken* ⇒*rangschikken* ◆ 1.1 ~d colours *geschakeerde kleuren.*

gra·da·tion [grə'deɪʃn]⟨f1⟩⟨telb. en n.-telb.zn.⟩ 0.1 *(geleidelijke) overgang* ⇒*trapsgewijze opklimming/afdaling, gradatie, schakering, verloop, overvloeiing* 0.2 *nuancering* ⇒*stadium in overgang, stap, trede* 0.3 ⟨taalk.⟩ *ablaut* ⇒*klinkerwisseling* ◆ 1.1 the ~ or progress from plant to animal life *de geleidelijke overgang of evolutie van plantaardig naar dierlijk leven* 1.2 many ~s of red *vele nuances/gradaties rood* 1.3 vowel ~ *ablaut.*

gra·da·tion·al [grə'deɪʃnəl]⟨bn.;-ly⟩ 0.1 *trapsgewijs.*

grade[1] [greɪd]⟨f3⟩⟨telb.zn.⟩ 0.1 *rang* ⇒*stand, klas* 0.2 *kwaliteit* ⇒*waarde, keus, klas* 0.3 *stadium* ⇒*stap, trap, trede, fase* 0.4 ⟨AE⟩ *klas* ⟨op lagere school⟩ 0.5 ⟨AE⟩ *cijfer* ⟨als beoordeling v. schoolwerk⟩ 0.6 ⟨vnl. AE⟩ *gradiënt* ⇒*helling, hellingshoek, verval* ⟨v. rivier⟩ 0.7 ⟨dierk.⟩ *door kruising geselecteerde/veredelde vee/diersoort* 0.8 *centigraad* ⟨vierhonderdste deel v.e. cirkel⟩ 0.9 ⟨taalk.⟩ *trap* ⇒*graad* 0.10 *niveau* ◆ 1.2 ~ A milk *melk v.d. hoogste kwaliteit* 2.2 high-~ ore *erts met hoog gehalte;* a very low ~ of potatoes *aardappelen v. lage kwaliteit;* prime-~ beef *eerste klas rundvlees* 2.3 the highest ~ of development *de hoogste graad v. ontwikkeling* 3.5 make the ~ *slagen, aan de eisen beantwoorden/voldoen, carrière maken* 3.9 reduced ~ *reductietrap* 4.4 she teaches (in) sixth ~ *ze geeft les in de zesde klas* 5.6 business is on the **up/down** ~ *de zaken gaan erop vooruit/achteruit* 6.3 he stands a few ~s **above** me in the hierarchy *hij staat in de hiërarchie een paar trapjes hoger dan ik* 6.10 **at** ~ *op hetzelfde niveau; gelijkwaardig* 7.4 teach in the ~s *op de lagere school les geven.*

grade[2] ⟨f2⟩⟨ww.⟩
I ⟨onov.ww.⟩ 0.1 *geleidelijk overgaan* ⇒*schakeren, mengen, overvloeien* 0.2 *hellen* 0.3 *in een klasse/categorie vallen* ⇒*op een bepaald niveau staan* ◆ 5.3 he ~s very low in my esteem *ik heb heel weinig waardering voor hem* 6.1 colours grading **into** each other *kleuren die in elkaar overvloeien;*
II ⟨ov.ww.⟩ 0.1 *graderen* ⇒*rangschikken, sorteren* ⟨naar grootte, kwaliteit, e.d.⟩ 0.2 *schakeren* ⇒*doen overgaan/overvloeien* 0.3 *nivelleren* ⟨weg⟩ 0.4 *veredelen* 0.5 ⟨AE⟩ *een cijfer geven* ⇒*beoordelen,* ⟨B.⟩ *coteren* ◆ 1.1 ~d eggs *gesorteerde eieren* 1.4 ~ (up) cattle *vee veredelen* 1.5 ~ the exams/students *de examens/studenten beoordelen/een cijfer geven* 5.¶ →grade **down;** →grade **up.**

'grade-'B ⟨bn., attr.⟩ 0.1 *tweederangs* ◆ 1.1 a ~ movie *een tweederangs film, bijfilm.*

'grade crossing ⟨f1⟩⟨telb.zn.⟩⟨AE⟩ 0.1 *gelijkvloerse kruising* 0.2 *overweg.*

'grade 'down ⟨f1⟩⟨ov.ww.⟩ 0.1 *verminderen* ⇒*naar beneden halen, degraderen* ◆ 1.1 the petrol prices encourage us to ~ our fuel consumption *de olieprijzen zetten ons ertoe aan ons brandstofverbruik te verminderen/beperken.*

grade·ly ['greɪdli]⟨bn.⟩⟨gew.⟩ 0.1 *uitstekend* 0.2 *bevallig* ⇒*knap* 0.3 *gezond* 0.4 *behoorlijk* ⇒*passend* 0.5 *waar* ⇒*echt* ◆ 1.5 a ~ nuisance *een ware last.*

'grade point ⟨telb.zn.⟩ 0.1 *cijferwaardering* ⟨v. schoolwerk, met A, B, C enz.⟩.

grad·er ['greɪdə||-ər]⟨f1⟩⟨telb.zn.⟩ 0.1 ⟨steeds met rangtelwoord⟩ ⟨AE; school.⟩ *leerling uit de... klas* ⇒*...jaars* 0.2 ⟨AE; school.⟩ *iem. die cijfers geeft* 0.3 *sorteerder* 0.4 *sorteermachine* 0.5 ⟨wwb.⟩ *nivelleerder* 0.6 ⟨wwb.⟩ *nivelleermachine* ⇒*bulldozer* ◆ 2.2 he's a strict ~ *hij geeft lage cijfers, hij corrigeert/normeert streng* **7.1** fourth ~ *leerling uit de vierde klas.*

'grade school ⟨telb.zn.⟩⟨AE⟩ **0.1** ***lagere school*** *⇒basisschool.*

'grade 'up ⟨f1⟩⟨ov.ww.⟩ **0.1** ***verbeteren*** *⇒verhogen, naar boven halen* **0.2** ***veredelen*** ⟨dieren⟩ ◆ **1.1** we must ~ the quality *we moeten de kwaliteit verbeteren.*

Grad·grind ['grædgraɪnd]⟨eig.n., telb.zn.⟩ **0.1** ***keiharde duitendief*** *⇒ongevoelig, materialistisch persoon* ⟨naar personage bij Dickens⟩.

'gra·di·ent ['greɪdɪənt]⟨f1⟩⟨telb.zn.⟩ **0.1** ***helling*** *⇒stijging, hellingshoek* **0.2** ⟨nat.⟩ ***gradiënt*** **0.3** ***daling/stijging*** ⟨v. druk, temperatuur e.d.⟩ **0.4** ⟨wisk.⟩ ***helling*** *⇒richtingscoëfficiënt.*

gra·din ['greɪdɪn], **gra·dine** [grə'di:n]⟨telb.zn.⟩ **0.1** ⟨vaak mv.⟩ ***gradinen*** **0.2** ⟨R.-K.⟩ ***gradino*** ⟨verhoging achter altaar⟩ **0.3** ***getande beitel.***

gra·di·om·e·ter ['greɪdi'ɒmɪtə‖-'ɑmɪṭər]⟨telb.zn.⟩ **0.1** ***hellingmeter.***

grad·u·al[1] ['grædʒʊəl]⟨telb.zn.⟩⟨R.-K.⟩ **0.1** ***graduale*** *⇒trapzang, koorboek, misgezangenboek.*

gradual[2] ⟨f3⟩⟨bn.; -ness⟩ **0.1** ***geleidelijk*** *⇒progressief, trapsgewijs* **0.2** ***flauw*** ⟨v. helling⟩.

grad·u·al·ism ['grædʒʊəlɪzm]⟨n.-telb.zn.⟩ **0.1** ***geleidelijkheid.***

grad·u·al·ly ['grædʒəli]⟨f3⟩⟨bw.⟩ **0.1** ***langzamerhand*** *⇒geleidelijk aan, progressief.*

'gradual psalm ⟨telb.zn.⟩ **0.1** ***trappsalm*** ⟨psalm 120 - 134⟩.

grad·u·ate[1] ['grædʒʊət]⟨f3⟩⟨telb.zn.⟩ **0.1** ***gegradueerde*** *⇒afgestudeerde, academicus* **0.2** ⟨AE⟩ ***gediplomeerde*** ⟨bv. v. middelbare school⟩ **0.3** ⟨AE⟩ ***maatglas*** *⇒maatbeker.*

grad·u·ate[2] ['grædʒʊeɪt]⟨f3⟩⟨ww.⟩

I ⟨onov.ww.⟩ **0.1** ***een bul/diploma behalen*** ⇒⟨AE ook⟩ *afstuderen, een getuigschrift behalen* **0.2** ⟨zelden⟩ ***promoveren*** **0.3** ***zich bekwamen*** **0.4** ***geleidelijk overgaan*** ◆ **5.4** ~ **away** *geleidelijk verminderen* **6.1** he has ~d **in** law **from** Yale *hij heeft in Yale een titel /bul in de rechten behaald;* ⟨fig.⟩ he ~d **in** crime **from** the slums *zijn jeugd in de sloppen maakte hem tot misdadiger* **6.2** ~ **to** a higher position *tot een hogere positie promoveren/opklimmen* **6.4** his grief ~d **into** anger *zijn verdriet sloeg geleidelijk om in/ maakte langzamerhand plaats voor woede;*

II ⟨ov.ww.⟩ **0.1** ***gradueren*** *⇒diplomeren,* ⟨AE ook⟩ *getuigschrift uitreiken aan* **0.2** ⟨zelden⟩ ***promoveren*** **0.3** ***als bekwaam erkennen*** **0.4** ***gradueren*** *⇒v.e. (schaal)verdeling voorzien* **0.5** ***graderen*** *⇒concentreren, gehalte verhogen van* **0.6** ***kalibreren*** *⇒trapsgewijs rangschikken* **0.7** ***volgens een schaal aanpassen*** ⟨belasting, e.d.⟩ ◆ **1.4** ~d arc *gradenboog;* ~d cylinder *maatglas;* ~d ruler *meetlat* **1.6** ~d release *het trapsgewijs lossen* ⟨v. rem⟩; ~d release valve *gradueerklep* ⟨v. rem⟩ **1.7** ~d tax *progressieve belasting;* teaching ~d to the pupils' level *aan het niveau v.d. leerlingen aangepast onderwijs* **3.1** the school must ~ more linguists *de school/faculteit moet meer taalkundigen afleveren/diplomeren* **6.2** ~ a pupil **from** fifth to sixth grade *een leerling van de vijfde naar de zesde klas laten overgaan.*

'graduate 'nurse ⟨f1⟩⟨telb.zn.⟩⟨AE⟩ **0.1** ***gediplomeerd verpleegster*** *⇒verpleegkundige.*

'graduate school ⟨f1⟩⟨telb.zn.⟩⟨AE⟩ **0.1** ***(hoge)school waar diploma's boven de 'bachelor's degree' behaald kunnen worden.***

'graduate student ⟨f1⟩⟨telb.zn.⟩⟨AE⟩ **0.1** ***post-doctoraal student*** ⟨aan 'graduate school'⟩ *⇒promovendus, doctorandus.*

grad·u·a·tion ['grædʒʊ'eɪʃn]⟨f2⟩⟨telb. en n.-telb.zn.⟩ **0.1** ***graduatie*** *⇒schaalverdeling, maatstreep* **0.2** ***uitreiking/overhandiging v. diploma*** *⇒het afstuderen, graduatie;* ⟨zelden⟩ *promotie(feest)* **0.3** ***trap(sgewijze rangschikking)*** *⇒kalibrering* **0.4** ***gradering*** **0.5** ***progressie.***

grad·u·a·tor ['grædʒʊeɪtə‖-eɪṭər]⟨telb.zn.⟩ **0.1** ***graadmeter*** **0.2** ***lijnverdeler*** **0.3** ***gradeertoestel.***

gra·dus ['greɪdəs]⟨telb.zn.⟩ **0.1** ***woordenboek voor Latijnse letterkunde*** ⟨naar het boek Gradus ad Parnassum⟩.

Grae·cism, Gre·cism ['gri:sɪzm]⟨telb. en n.-telb.zn.⟩ **0.1** ***graecisme*** *⇒hellenisme, (uiting v.) griekse stijl/geest, Grieks idioom.*

Grae·cize, -cise, Gre·cize, -cise ['gri:saɪz]⟨ov.ww.⟩ **0.1** ***gr(a)eciseren*** *⇒vergrieksen, helleniseren.*

Grae·co-, Gre·co- ['gri:koʊ, 'gre-] **0.1** ***graeco-*** ◆ ¶**.1** Graecophile *graecofiel;* Graecomania *graecomanie;* Graeco-Roman *Grieks-Romeins;* ⟨sport⟩ Gr(a)eco-Roman wrestling *Grieks-Romeins worstelen.*

graf·fi·to [grə'fi:ṭoʊ]⟨f1⟩⟨telb.zn.; graffiti [grə'fi:ṭi]; →mv. 5; vnl. mv.⟩ **0.1** ***graffito*** *⇒muurkrabbel, muurtekening* **0.2** ⟨kunst⟩ ***(s) graffito*** *⇒inkrastechniek* ◆ **2.1** the walls of the synagogue were defaced by anti-semitic ~ *de muren van de synagoge waren bekrast/beklad met antisemitische opschriften.*

graft[1] [grɑ:ft‖græft]⟨f1⟩⟨zn.⟩

I ⟨telb.zn.⟩ **0.1** ***ent*** *⇒griffel;* ⟨med.⟩ *transplantaat* **0.2** ***enting*** ⇒⟨med.⟩ *transplantatie* **0.3** ***entspleet*** **0.4** ⟨BE⟩ ***spadesteek*** **0.5** ⟨BE; gew.⟩ ***vak*** *⇒beroep;*

II ⟨n.-telb.zn.⟩ **0.1** ⟨vnl. AE; inf.⟩ ***(politiek) geknoei*** *⇒omkoperij* **0.2** ⟨vnl. AE; inf.⟩ ***oneerlijk voordeel*** **0.3** ⟨vnl. AE; inf.⟩ ***smeergeld*** **0.4** ⟨BE; gew.⟩ ***hard werk*** ◆ **1.1** ~ and corruption *knoeierij en corruptie* **3.3** pay ~ to the local politicians *de plaatselijke politici omkopen.*

graft[2] ⟨f1⟩⟨ww.⟩

I ⟨onov.ww.⟩ **0.1** ***enten*** **0.2** ⟨vnl. AE⟩ ***corruptie bedrijven*** *⇒smeergeld ontvangen/betalen* **0.3** ⟨inf.⟩ ***hard werken*** *⇒pezen, buffelen;*

II ⟨ov.ww.⟩ **0.1** ***enten*** *⇒samenbinden* **0.2** ***verenigen*** *⇒aan elkaar voegen* **0.3** ***samennaaien*** *⇒aaneenmazen* **0.4** ⟨vnl. AE⟩ ***door corruptie verkrijgen*** **0.5** ⟨vnl. AE; med.⟩ ***transplanteren*** ◆ **1.1** ~ an old tree with young scions *jonge loten op een oude boom enten* **5.5** the surgeon ~ed **in** a new artery *de chirurg plantte een nieuwe slagader in* **6.1** ~ white roses **in/into/on/onto/upon** the red rose tree *witte rozen enten op de rode rozenboom* **6.2** a sad ending ~ed **onto** a happy story *een droef einde toegevoegd aan een blij verhaal.*

graft·er ['grɑ:ftə‖'græftər]⟨telb.zn.⟩ **0.1** ***enter*** *⇒iem. die bomen ent* **0.2** ⟨vnl. AE⟩ ***iem.*** ⟨i.h.b. een politicus⟩ ***die corruptie bedrijft*** **0.3** ⟨BE; inf.⟩ ***zwoeger*** *⇒buffelaar, harde werker.*

'graft·ing clay, 'graft·ing wax ⟨n.-telb.zn.⟩ **0.1** ***entwas.***

gra·ham ['greɪəm]⟨bn., attr.⟩⟨AE⟩ **0.1** ***volkoren*** ◆ **1.1** ~ flour *ongebuild meel;* ~ bread *Graham brood* ⟨ongegist en ongebuild⟩; ~ cracker *volkorenwafel/koek.*

Grail [greɪl]⟨eig.n., telb.zn.; the⟩ **0.1** ***Graal*** ⇒⟨fig.⟩ *(heilig) ideaal, wensdroom, utopie.*

grain[1] [greɪn]⟨f3⟩⟨zn.⟩⟨→sprw. 121⟩

I ⟨telb.zn.⟩ **0.1** ***graankorrel*** **0.2** ***graansoort*** *⇒graangewas* **0.3** ***korrel*** *⇒korreltje* ⟨zout, zand⟩; ⟨fig.⟩ *greintje, zier* **0.4** ***grein*** ⟨0,0648 g; →t1⟩ ◆ **1.3** a ~ of mustard seed *een mosterdzaadje* ⟨Matth. 13:31⟩; a ~ of sand *een zandkorrel;* ⟨fig.⟩ take his words with a ~ of salt/ ⟨vero.⟩ with a ~ of snuff *neem wat hij zegt met een korreltje zout/cum grano salis;* ⟨fig.⟩ he hasn't got a ~ of sense *hij heeft geen greintje verstand;*

II ⟨n.-telb.zn.⟩ **0.1** ***graan*** *⇒koren* **0.2** ⟨ben. voor⟩ ***textuur*** *⇒weefsel; vezelrichting, draad, vlam, nerf* ⟨in hout⟩; *korrel* ⟨v. film, metaal⟩; *nerf* ⟨v. leer⟩; *structuur* ⟨v. gesteente⟩ **0.3** ***aard*** *⇒natuur* **0.4** ***kruitlading*** *⇒kruitkorrel* ⟨raket⟩ **0.5** ⟨schr.⟩ ***kleur*** **0.6** ⟨vero.⟩ ***karmozijn*** *⇒karmijn, kermes, cochenille, konzenielje, scharlaken* ◆ **2.2** coarse ~ sandpaper *ruw schuurpapier/met grove korrel* **3.6** dye in ~ *karmijn verven; door en door kleuren* **4.2** that negative shows too much ~ *er zit te veel korrel in dat negatief* **6.2** cut **across** the ~ *kops gezaagd;* go **against** the ~ *tegen de draad in gaan* ⟨ook fig.⟩ **6.3** go **against** s.o.'s ~ *tegen iemands wil in gaan;* it goes **against** the ~ with me *het stuit me tegen de borst;* he is a criminal **in** ~ *hij is een misdadiger v. nature;*

III ⟨mv.⟩ **0.1** ⟨ind.⟩ ***afgewerkte mout*** ◆ **1.**¶ ⟨plantk.⟩ ~s of Paradise *paradijskorrels* ⟨zaad v. Afromomum melegueta, gebruikt als drug en specerij⟩.

grain[2] ⟨ww.⟩

I ⟨onov.ww.⟩ **0.1** ***korrelen*** *⇒korrels vormen, granuleren;*

II ⟨ov.ww.⟩ **0.1** ***korrelen*** *⇒verkorrelen* **0.2** ***vlammen*** *⇒marmeren, aderen; de nerf ophalen v.* ⟨leder⟩ **0.3** ***ontharen*** ⟨leder⟩ **0.4** ***karmijn kleuren.***

'grain alcohol ⟨n.-telb.zn.⟩ **0.1** ***ethanol*** *⇒ethylalkohol.*

grain·er ['greɪnə‖-ər]⟨telb.zn.⟩ **0.1** ***werkman die nerf v. leer ophaalt*** **0.2** ***kwastje voor het vlammen v. verf*** **0.3** ⟨leerlooierij⟩ ***ontharingsmes.***

'grain harvest ⟨telb.zn.⟩ **0.1** ***graanoogst.***

'grain·sick ⟨n.-telb.zn.⟩ **0.1** ***grasbuik*** *⇒hooibuik* ⟨veeziekte⟩.

'grain side ⟨telb.zn.⟩ **0.1** ***nerfzijde*** ⟨v. leer⟩.

grain·y ['greɪni]⟨bn.; -er; →compar. 7⟩ **0.1** ***korrelig*** *⇒ruw* **0.2** ***geaderd.***

gral·la·to·ri·al ['grælə'tɔ:rɪəl]⟨bn., attr.⟩⟨dierk.⟩ **0.1** ***mbt. gralatores /wadvogels*** ◆ **1.1** ~ bird *steltloper.*

gral·loch[1] ['grælək]⟨n.-telb.zn.⟩⟨jacht⟩ **0.1** ***ingewanden v. dood hert.***

gral·loch[2] ⟨ov.ww.⟩⟨jacht⟩ **0.1** ***ontweien*** *⇒v. ingewanden ontdoen.*

gram, ⟨in bet. I 0.1 ook⟩ **gramme** [græm]⟨f1⟩⟨zn.⟩

I ⟨telb.zn.⟩ **0.1** ***gram*** **0.2** ⟨ben. voor⟩ ***peulvrucht*** ⇒⟨i.h.b.⟩ *keker* ⟨Cicer arietinum⟩, *mungboon* ⟨Phaseolus mungo⟩;

II ⟨n.-telb.zn.⟩ **0.1** ***peulvruchten*** ⟨als paardenvoer⟩.

-gram [græm] **0.1** ***-gram*** ⟨mbt. tot geschrevene of getekende⟩ ◆ ¶**.1** diagram *diagram;* tetragram *tetragram.*

gram·a·rye ['græməri]⟨n.-telb.zn.⟩⟨vero.⟩ **0.1** ***magie*** *⇒zwarte kunst.*

'gram-'at·om ⟨telb.zn.⟩ **0.1** ***gramatoom.***

'gram 'calorie ⟨telb.zn.⟩ **0.1** ***gramcalorie.***

gra·mer·cy [grə'mɜ:si‖-'mɜr-]⟨tussenw.⟩⟨vero.⟩ **0.1** ***sapperloot!***.

gra·min·e·ous [grə'mɪnɪəs], **gra·mi·na·ceous** ['græmɪ'neɪʃəs]⟨bn.⟩ **0.1** ***grasachtig***.

gram·i·niv·or·ous ['græmɪ'nɪvərəs]⟨bn.⟩ **0.1** ***grasetend***.

gra(m)·ma ['græmə, 'grɑ:mə], **'gram(m)a grass** ⟨n.-telb.zn.⟩ ⟨plantk.⟩ **0.1** ***Amerikaans weidegras*** ⟨genus Bouteloua⟩.

gram·mar ['græmə‖-ər]⟨f3⟩⟨zn.⟩
I ⟨telb.zn.⟩ **0.1** ***grammatica*** ⟨boek⟩ **0.2** ***grammatica*** ⇒*taalsysteem;*
II ⟨n.-telb.zn.⟩ **0.1** ***spraakkunst*** ⇒*grammatica* **0.2** ***(correct) taalgebruik*** **0.3** ***basisbegrippen*** ⟨v. kunst, e.d.⟩ ◆ **1.3** teach s.o. the ~ of painting *iem. de eerste beginselen v.d. schilderkunst bijbrengen* **2.2** it is bad ~ to say that *het is slecht taalgebruik, dat zó te zeggen* **3.2** correct s.o.'s ~ *iemands taal corrigeren / verbeteren*.

gram·mar·ian [grə'meərɪən‖-'merɪən]⟨telb.zn.⟩ **0.1** ***grammaticus*** ⇒*spraakkundige, spraakkunstenaar, taalkundige, linguïst, filoloog*.

'grammar school ⟨f1⟩⟨telb. en n.-telb.zn.⟩ **0.1** ⟨BE⟩⟨ong.⟩ ***atheneum*** ⇒⟨vroeger ook⟩⟨in België ong.⟩ *gymnasium; (moderne / klassieke) humaniora* **0.2** ⟨AE⟩ ***voortgezet lagere school*** ⇒⟨ong.⟩ *mavo*.

gram·mat·i·cal [grə'mætɪkl]⟨f2⟩⟨bn.; -ly; -ness⟩ **0.1** ***grammaticaal*** ⇒*grammatisch, spraakkunstig, spraakkundig* **0.2** ***grammaticaal*** ⇒*overeenkomstig de taalregels* ◆ **1.1** ~ gender *genus, taalkundig geslacht* **1.2** the proposition "green ideas sleep furiously" makes ~ sense *de bewering 'groene ideeën slapen verwoed' is grammaticaal wel in orde / mogelijk*.

gram·mat·i·cal·i·ty [grə'mætɪ'kæləti]⟨n.-telb.zn.⟩⟨taalk.⟩ **0.1** ***grammaticaliteit*** ⇒*grammaticale welgevormdheid*.

gram·mat·i·cal·ize, -ise [grə'mætɪkəlaɪz]⟨ov.ww.⟩ **0.1** ***grammaticaal juist / zuiver / aanvaardbaar maken***.

gram·mat·i·cize, -cise [grə'mætɪsaɪz]⟨ww.⟩
I ⟨onov.ww.⟩ **0.1** ***grammatica bespreken*** ⇒*aan spraakkunst doen;*
II ⟨ov.ww.⟩ **0.1** ***grammaticaal maken***.

gramme →gram.

'gram 'molecule ⟨telb.zn.⟩ **0.1** ***grammolecule***.

Gram·my ['græmi]⟨f1⟩⟨telb.zn.; ook Grammies; →mv. 2⟩⟨AE⟩ **0.1** ***gouden (grammofoon)plaat*** ⇒⟨ong.⟩ *Edison*.

gram·o·phone ['græməfoun]⟨f2⟩⟨telb.zn.⟩ **0.1** ***grammofoon*** ⇒*platenspeler*.

gramps [græmps]⟨telb.zn.⟩⟨AE; inf.⟩ **0.1** ***opa*** **0.2** ***ouwe kerel***.

gram·pus ['græmpəs]⟨telb.zn.⟩ **0.1** ⟨dierk.⟩ ***gramper*** ⟨soort dolfijn; Grampus griseus⟩ **0.2** ⟨dierk.⟩ ***orka*** ⟨Orcinus orca⟩ **0.3** ⟨scherts.⟩ ***puffend en hijgend iemand*** ◆ **3.¶** wheeze like a ~ *hijgen als een postpaard*.

gran [græn]⟨f2⟩⟨telb.zn.; vnl. aanspreekvorm⟩⟨BE; kind.⟩ **0.1** ***oma***.

gran·a·dil·la ['grænə'dɪlə], **gren·a·dil·la** ['gre-]⟨telb.zn.⟩⟨plantk.⟩ **0.1** ***passiebloem*** ⟨fam. Passiflora⟩ **0.2** ***passievrucht***.

gran·a·ry ['grænəri‖'greɪ-]⟨f1⟩⟨telb.zn.⟩ **0.1** ***graanschuur*** ⟨ook fig.⟩ **0.2** ***graanzolder*** ◆ **1.1** the Ukraine used to be called the ~ of Russia *de Oekraïne werd indertijd de graanschuur v. Rusland genoemd*.

grand[1] [grænd]⟨f1⟩⟨telb.zn.; in bet. 0.2 en 0.3 grand; →mv. 4⟩ **0.1** ⟨inf.⟩ ***vleugel(piano)*** **0.2** ⟨BE; inf.⟩ ***duizend pond*** ⇒⟨ong.⟩ *mille* **0.3** ⟨AE; sl.⟩ ***duizend dollar*** ⇒⟨ong.⟩ *mille, rug*.

grand[2] ⟨f3⟩⟨bn.; -er; -ly, -ness⟩
I ⟨bn.⟩ **0.1** ***voornaam*** ⇒*hoog, edel, verheven, toonaangevend* **0.2** ***plechtig*** ⇒*plechtstatig* **0.3** ***gewichtig*** ⇒*verwaand, zelfingenomen* **0.4** ***grootmoedig*** ⇒*groothartig* **0.5** ***weids*** ⇒*prachtig, indrukwekkend* **0.6** ⟨inf.⟩ ***reusachtig*** ⇒*fantastisch* ◆ **1.1** all the (noble and) ~ people were there *alle (adellijke en) voorname mensen waren aanwezig, de hele spraakmakende gemeente was present;* ~ manner / style *voorname manier(en) / verheven stijl;* live in ~ style *op grote voet leven, een luxe-leventje leiden* **1.2** a ~ celebration *een gala, een plechtige / grootse viering* **1.3** ~ air *verwaand gedrag* **1.4** thank you for your ~ gesture *dank u voor uw grootmoedig gebaar / grootmoedige geste* **1.5** a ~ view of the mountains *een weids (uit- / ge)zicht op de bergen* **1.6** we had a ~ time at the party *wij hebben ons fantastisch geamuseerd op het feestje* **3.3** do the ~ *de grote meneer uithangen;*
II ⟨bn., attr.⟩ **0.1** ***hoofd-*** ⇒*opper-, hoogste, belangrijkste, voornaamste;* ⟨in titels⟩ *groot-* **0.2** ***belangrijk*** ⇒*groot, beduidend* **0.3** ***volledig*** ⇒*uiteindelijk, totaal, finaal* ◆ **1.1** Grand Architect of the Universe *Groot Bouwmeester v.h. Heelal* ⟨ben. v. God bij deïsten⟩; ~ climacteric *63e / 81e levensjaar;* Grand Cross *grootkruis;* ~ duchess *groothertogin;* ~ duchy *groothertogdom;* ~ duke *groothertog;* the ~ entrance *de monumentale toegangspoort;* ⟨gesch.; jur.⟩ ~ / great inquest *kamer v. inbeschuldigingsstelling;* ⟨BE⟩ ~ inquest of the nation *Lagerhuis;* Grand inquisitor *grootinquisiteur;* ⟨vrijmetselarij⟩ Grand Lodge *grootloge, grootoosten;* ⟨schaken, dammen, bridge⟩ ~ master *grootmeester;* ⟨vrijmetselarij⟩ Grand Master *Grootmeester;* ~ staircase *staatsietrap;* Grand S(e)ignor *Grote Heer* ⟨sultan v. Turkije⟩; Grand Turk *Grote Turk* ⟨sultan v. Turkije⟩; ~ vizier *grootvizier* **1.2** ~ mistake *zware / erge fout;* ~(e) passion *grande passion, grote / onstuimige liefde(saffaire);* the ~ question *dè grote vraag* **1.3** ~ choir / orchestra *groot koor / orkest;* the ~ total *totaal generaal, algemeen totaal* **1.¶** ⟨AE of gesch.; jur.⟩ ~ jury *kamer v. inbeschuldigingsstelling;* ⟨jur.⟩ ~ larceny *kapitale diefstal;* Grand Monarch *Lodewijk XIV;* ⟨BE⟩ Grand National *jaarlijkse hindernisren voor paarden te Aintree* ⟨bij Liverpool⟩; ~ opera *opera zonder gesproken dialogen;* ~ piano *vleugel(piano);* make a ~ slam ⟨kaartspel⟩ *groot slem maken;* ⟨sport⟩ *een grand slam maken* ⟨tennis: de 4 hoofdtoernooien winnen; honkbal: 4 punten scoren d.m.v. homerunslag met alle honken bezet⟩; ⟨sport⟩ *alle wedstrijden in een reeks winnen;* ⟨vero.⟩ ~ tour *Grand Tour* ⟨rondreis door Europa als voltooiing v. opvoeding⟩ **2.¶** ~ old man *nestor;* the Grand Old Man *Gladstone; Churchill;* ⟨AE⟩ the Grand Old Party *de Republikeinse Partij*.

grand[3] [grɑ:n]⟨bn., attr.⟩ **0.1** ***groot*** ◆ **1.1** ⟨med.⟩ ~ mal *grand mal* ⟨zware vorm v. epilepsie⟩; Grand Prix ⟨autosport⟩ *Grand Prix(-wedstrijd), Grote Prijs* ⟨(titel v. / wedstrijd voor) Formule I wereldkampioenschap⟩; ⟨paardesport⟩ *Grand Prix* ⟨wedstrijd voor driejarigen in Maison Lafitte bij Parijs⟩; ⟨vaak iron.⟩ ~ seigneur *grand-seigneur, groot heer, aanzienlijk persoon*.

grand- [grænd]⟨in familieverhouding⟩ **0.1** ***groot-*** **0.2** ***klein-*** **0.3** ***oud-*** **0.4** ***achter-*** ◆ **¶.1** grandmother *grootmoeder* **¶.2** grandchildren *kleinkinderen* **¶.3** grandaunt *oudtante* **¶.4** grandnephew *achterneef*.

gran·dad, grand·dad ['grændæd], **grand·dad·dy** [-dædi]⟨telb.zn.⟩ **0.1** ***opa*** ⇒*grootvader*.

'grand·aunt ⟨telb.zn.⟩ **0.1** ***oudtante***.

grand·child ['græntʃaɪld]⟨telb.zn.⟩ **0.1** ***kleinkind***.

grand·daugh·ter ['grændɔ:tə‖-dɔtər]⟨f2⟩⟨telb.zn.⟩ **0.1** ***kleindochter***.

grande [grɑ:nd]⟨bn., attr.⟩ **0.1** ***groot*** ◆ **1.1** ~ passion *grande passion, grote / onstuimige liefde(saffaire);* ~ tenue *vol ornaat, groot gala*.

gran·dee [græn'di:]⟨telb.zn.⟩ **0.1** ***grande*** ⟨Spaans of Portugees edelman⟩ ⇒*rijksgrote* **0.2** ***edelman***.

gran·deur ['grændʒə‖-ər]⟨f2⟩⟨n.-telb.zn.⟩ **0.1** ***grootsheid*** ⇒*pracht* ◆ **1.1** the ~ of the Alps *de indrukwekkende pracht v.d. Alpen;* the mansion still had an air of ~ of ages long gone *het herenhuis had nog iets van de pracht en praal van vergane tijden*.

grand·fa·ther ['græn(d)fɑ:ðə‖-fɑðər]⟨f3⟩⟨telb.zn.⟩ **0.1** ***grootvader*** **0.2** ***oude vent*** **0.3** ⟨AE; stud.⟩ ***ouderejaars***.

'grandfather clause ⟨telb.zn.⟩⟨AE; inf.⟩ **0.1** ***uitzonderingsclausule*** ⟨die bestaande toestanden beschermt tegen terugwerkende kracht v. reglement of wet⟩ ◆ **3.1** ~s that exempt existent buildings from the stringent fire codes *clausules die bestaande gebouwen vrijstellen v.d. strikte brandveiligheidsvoorschriften*.

'grandfather 'clock, 'grandfather's 'clock ⟨f1⟩⟨telb.zn.⟩ **0.1** ***staand horloge*** ⇒*grootvaders klok*.

'grand·fa·ther·ly ⟨bn.; bw.⟩ **0.1** ***grootvaderlijk*** **0.2** ***grootvaderachtig*** ⇒*goedhartig, toegeeflijk*.

gran·dil·o·quence [græn'dɪləkwəns]⟨n.-telb.zn.⟩ **0.1** ***grootspraak*** ⇒*bombast, hoogdravendheid, snoeverij*.

gran·dil·o·quent [græn'dɪləkwənt]⟨bn.; -ly⟩ **0.1** ***grootsprakerig*** ⇒*bombastisch, hoogdravend*.

gran·di·ose ['grændious]⟨f1⟩⟨bn.; -ly; -ness⟩ **0.1** ***grandioos*** ⇒*groots, weids, prachtig* **0.2** ⟨pej.⟩ ***pompeus*** ⇒*hoogdravend*.

grandi·os·i·ty ['grændi'ɒsəti‖-'ɑsəti]⟨n.-telb.zn.⟩ **0.1** ***grandioosheid*** **0.2** ***pompeusheid***.

Gran·di·so·ni·an ['grændɪ'sounɪən]⟨bn.⟩ **0.1** ***ridderlijk*** ⇒*statig, groothartig* ⟨naar Grandison, personage bij Samuel Richardson⟩.

grand·ma ['grænmɑ:], **grand·ma·ma** [-məmɑ:]⟨f2⟩⟨telb.zn.⟩ **0.1** ***oma*** ⇒*grootmoeder, grootje, opoe* **0.2** ⟨AE; sl.⟩ ***laagste versnelling***.

'grand'mas·ter ⟨telb.zn.⟩⟨schaken, dammen, bridge⟩ **0.1** ***grootmeester***.

'grand·moth·er ⟨telb.zn.⟩ **0.1** ***grootmoeder*** ⇒*grootje* ◆ **1.¶** ⟨inf.⟩ teach your ~ to suck eggs *mij kun je niks leren / wijsmaken;* ⟨in familie ook⟩ *het ei wil wijzer zijn dan de kip*.

'grand·moth·er·ly ⟨bn., 5⟩ **0.1** ***grootmoederlijk*** **0.2** ***grootmoederachtig*** ⇒*bemoeiziek, bedillerig*.

'grand·niece ⟨telb.zn.⟩ **0.1** ***achternicht***.

grand·pa ['grænpɑ:], **grand·pa·pa** [-pəpɑ:]⟨f2⟩⟨telb.zn.⟩ **0.1** ***opa*** ⇒*grootpapa, grootvader*.

'grand·par·ent ⟨f2⟩⟨telb.zn.⟩ **0.1** ***grootouder***.

'grand·sire ⟨telb.zn.⟩ **0.1** ***grootvader*** ⟨v. dier, i.h.b. v. paard⟩ **0.2** ⟨vero.⟩ ***voorvader*** **0.3** ⟨vero.⟩ ***grootvader*** **0.4** ⟨vero.⟩ ***oude man***.

grand·son ['græn(d)sʌn]⟨f2⟩⟨telb.zn.⟩ **0.1** ***kleinzoon***.

'grand·stand[1] ⟨f1⟩⟨telb., verz.n.⟩ **0.1** ***(hoofd/ere)tribune***.

grandstand[2] ⟨bn., attr.⟩ **0.1** ***tribune-*** ⇒*voor (de toeschouwers op) de tribune;* ⟨fig.⟩ *spectaculair* ◆ **1.1** ~ finish *spectaculaire finish;* ⟨AE⟩ ~ play *het op het publiek spelen;* ~ view of *uitstekend zicht op*.

grandstand[3] ⟨onov.ww.⟩⟨AE⟩ **0.1** ***voor de tribune/op het publiek spelen***.

grand·stand·er ['græn(d)stændə‖-ər]⟨telb.zn.⟩⟨AE; inf.⟩ **0.1** ***showjongen*** ⇒*druktemaker, dikdoener*.

'grand 'touring car ⟨telb.zn.⟩ **0.1** ***snelle (tweepersoons) coupé***.

'grand·un·cle ⟨telb.zn.⟩ **0.1** ***oudoom***.

grange [greɪndʒ]⟨f1⟩⟨zn.⟩
I ⟨eig.n.; G-; the⟩⟨AE⟩ **0.1** ***Grange*** ⟨Am. boerenbond⟩;
II ⟨telb.zn.⟩ **0.1** ***landhuis*** ⟨vaak met boerderij⟩ **0.2** ⟨vero.⟩ ***schuur***.

grang·er ['greɪndʒə‖-ər]⟨telb.zn.; AE; ook G-⟩ **0.1** ***granger*** ⇒*lid v.d. Grange* **0.2** ***spoorlijn voor graantransport***.

grang·er·ism ['greɪndʒərɪzm]⟨zn.⟩
I ⟨telb. en n.-telb.zn.⟩ **0.1** ***illustratiewerk met uitgeknipte plaatjes;***
II ⟨n.-telb.zn.⟩⟨AE⟩ **0.1** ***politiek v.d. Grange***.

grang·er·i·za·tion, -sa·tion ['greɪndʒəraɪ'zeɪʃn‖-dʒərə-]⟨telb. en n.-telb.zn.⟩ **0.1** ***illustratiewerk met uitgeknipte plaatjes***.

grang·er·ize, -ise ['greɪndʒəraɪz]⟨ov.ww.⟩ **0.1** ***illustreren met elders uitgeknipte plaatjes e.d.*** ⟨naar Biographical History v. J. Granger⟩ **0.2** ***plaatjes knippen uit*** ⇒*beschadigen* ⟨een boek⟩.

grang·er·iz·er, -is·er ['greɪndʒəraɪzə‖-ər]⟨telb.zn.⟩ **0.1** ***iem. die illustreert met uitgeknipte plaatjes***.

gra·nif·er·ous [grə'nɪfərəs]⟨bn.⟩⟨plantk.⟩ **0.1** ***graanachtig*** ⇒*behorend tot de graninze, graan-*.

gran·i·form ['grænɪfɔ:m‖-fɔrm]⟨bn.⟩ **0.1** ***korrelvormig*** ⇒*korrelig, gegranuleerd*.

gran·ite[1] ['grænɪt]⟨f2⟩⟨n.-telb.zn.⟩ **0.1** ⟨geol.⟩ ***graniet*** ⟨ook fig.⟩ ⇒*on(ver)wrikbaarheid, vastberadenheid* ◆ **3.¶** bite on ~ *tegen de bierkaai vechten*.

granite[2] ⟨f2⟩⟨bn.⟩ **0.1** ⟨geol.⟩ ***granieten*** ⟨ook fig.⟩ ⇒*on(ver)wrikbaar, standvastig* ◆ **1.¶** the ~ city *Aberdeen*.

'gran·ite·ware ⟨n.-telb.zn.⟩ **0.1** ***gespikkeld aardewerk*** ⟨in namaakgraniet⟩ **0.2** ***gespikkeld geëmailleerde potten en pannen***.

gra·nit·ic [grə'nɪtɪk], **gran·it·oid** ['grænɪtɔɪd]⟨bn.⟩ **0.1** ***granietachtig***.

gra·niv·o·rous [grə'nɪvərəs]⟨bn.⟩ **0.1** ***graanetend***.

gran·ny, gran·nie ['græni]⟨f2⟩⟨telb.zn.; →mv. 2⟩ **0.1** ⟨inf.⟩ ***oma*** ⇒*opoe, grootje* **0.2** ⟨inf.⟩ ***oud vrouwtje*** **0.3** ⟨gew.⟩ ***vroedvrouw*** **0.4** ⟨verk.⟩ ⟨granny knot⟩.

'granny bashing, 'granny battering ⟨n.-telb.zn.⟩⟨inf.⟩ **0.1** ***bejaardenmishandeling*** ⇒*geweld tegen ouderen*.

'granny dress ⟨telb.zn.⟩ **0.1** ***omajurk*** ⇒*opoejurk* ⟨lang, met volantjes⟩.

'granny flat, 'granny annexe ⟨telb.zn.⟩⟨inf.⟩ **0.1** ***bejaardenflat*** ⟨voor inwonende bejaarde ouder(s)⟩.

'granny glasses ⟨mv.⟩ **0.1** ***opoebrilletje*** ⇒*ziekenfondsbril, dienstfiets* ◆ **1.1** a steel-rimmed pair of ~ *een ouderwets stalen brilletje*.

'granny knot, granny's bend ['græniz bend]⟨telb.zn.⟩⟨scheep.⟩ **0.1** ***oudewijvenknoop*** ⇒*oud wijf, boerenknoop*.

gra·no·la [grə'noulə]⟨n.-telb.zn.⟩ **0.1** ***granola*** ⟨(geroosterde) muesli⟩.

gran·o·lith ['grænəlɪθ]⟨n.-telb.zn.⟩ **0.1** ***granito*** ⇒*terazzo*.

gran·o·lith·ic ['grænə'lɪθɪk]⟨bn.⟩ **0.1** ***granito-*** ⇒*terazzo-*.

grant[1] [grɑ:nt‖grænt]⟨f3⟩⟨telb.zn.⟩ **0.1** ***subsidie*** ⇒*toelage, beurs* **0.2** ***concessie*** ⇒*octrooi, vergunning* **0.3** ⟨jur.⟩ ***overdracht*** ⇒*cessie* **0.4** ⟨vero.⟩ ***toekenning*** ⇒*toegeving* ◆ **3.3** that property lies in ~ *dat eigendom kan uitsluitend door overdracht vervreemd worden* **6.1** **on** a ~ *met een beurs*.

grant[2] ⟨f3⟩⟨ov.ww.⟩ **0.1** ***toekennen*** ⇒*inwilligen, verlenen, toestaan, (ver)gunnen* **0.2** ***toegeven*** ⇒*erkennen* **0.3** ***aannemen*** ⇒*veronderstellen, stellen* **0.4** ***overmaken*** ⇒*toewijzen* ◆ **1.1** God ~ it! *God geve het!;* ~ a favour *een gunst verlenen;* ~ a request *een verzoek inwilligen* **3.1** you take too much for ~ed *je denkt maar dat alles mag/je toegestaan is;* don't take me for ~ed *hou een beetje rekening met mij* **3.¶** take sth. for ~ed *iets als (te) vanzelfsprekend/zeker beschouwen;* take the details/the rest for ~ed *de kleinigheden laten voor wat ze zijn/de rest over het hoofd zien/schenken* **8.3** ~ed/~ing that *aangenomen dat* **¶.2** ~ed; but... *akkoord; maar...* **¶.3** I must ~ you that *dat moet ik je toegeven*.

grant·a·ble ['grɑ:ntəbl‖'græntəbl]⟨bn.⟩ **0.1** ***toekenbaar*** ⇒*inwilligbaar* **0.2** ***toestembaar*** **0.3** ***toegeefbaar*** ◆ **1.1** a right only ~ with the consent of court *een recht dat slechts met rechterlijk goedvinden toegekend kan worden*.

grant-aid·ed ['grɑ:nteɪdɪd‖'grænt-]⟨telb.zn.⟩⟨BE⟩ **0.1** ***door de overheid gesubsidiëerd*** ⟨v. school⟩.

grant·ee [grɑ:n'ti:‖græn'ti:]⟨telb.zn.⟩ **0.1** ***begiftigde*** ⇒*begunstigde* ⟨v.e. toestemming of subsidie⟩ **0.2** ***concessionaris*** ⇒*(con)cessiehouder*.

grant·er ['grɑ:ntə‖'græntər]⟨telb.zn.⟩ **0.1** ***verlener*** ⟨v. toestemming, subsidie, concessie e.d.⟩ ⇒*subsidiënt*.

'grant-in-'aid ⟨telb.zn.; grants-in-aid; →mv. 6⟩ **0.1** ***(overheids)subsidie***.

grant·or ['grɑ:ntɔ:‖'græntər]⟨telb.zn.⟩⟨jur.⟩ **0.1** ***overdrager*** ⇒*cedent, schenker, verlener*.

grants·man ['grɑ:ntsmən‖'grænts-]⟨telb.zn.; grantsmen [-mən]; →mv. 3⟩ **0.1** ***specialist in het verkrijgen v. subsidies*** ⟨voor research, e.d.⟩ ⇒*subsidiejager*.

grants·man·ship ['grɑ:ntsmənʃɪp‖'grænts-]⟨n.-telb.zn.⟩ **0.1** ***bekwaamheid in het verwerven v. subsidies***.

gran tu·ris·mo ['græn tʊə'rɪzmou‖-tʊ'rɪz-]⟨telb.zn.⟩ **0.1** ***gran turismo*** ⟨racewagen⟩ **0.2** ***tot g.t. opgevoerde personenauto***.

gran·u·lar ['grænjʊlə‖-jələr]⟨f1⟩⟨bn.; -ly⟩ **0.1** ***korrelig*** ⇒*gekorreld, granuleus, korrelachtig* ◆ **1.1** ~ ore *ertsgrind, grof gebroken erts;* ~ snow *motsneeuw*.

gran·u·lar·i·ty ['grænjʊ'lærəti‖-jə'lærəti]⟨n.-telb.zn.⟩ **0.1** ***korreligheid*** ⇒*gegranuleerdheid*.

gran·u·late ['grænjʊleɪt‖-jə-]⟨f1⟩⟨ww.⟩
I ⟨onov. en ov.ww.⟩ **0.1** ***korrelen*** ⇒*granuleren, greineren* ◆ **1.1** ~d fracture *korrelige breuk;* ~d sugar *kristalsuiker;*
II ⟨ov.ww.⟩⟨tech.⟩ **0.1** ***boucharderen*** ⇒*grotten, stokken*.

gran·u·la·tion ['grænjʊ'leɪʃn‖-jə-]⟨n.-telb.zn.⟩ **0.1** ***korreling*** ⇒*het in korrelvorm brengen* **0.2** ⟨med.⟩ ***granulatie*** ⟨v. wonde⟩.

gran·u·la·tor ['grænjʊleɪtə‖-jəleɪtər]⟨telb.zn.⟩ **0.1** ***granulator*** ⇒*korrelmachine*.

gran·ule ['grænju:l]⟨f1⟩⟨telb.zn.⟩ **0.1** ***korreltje*** **0.2** ***lichtvlekje in fotosfeer v.d. zon***.

gran·u·lo·cyte ['grænjʊləsaɪt]⟨telb.zn.⟩⟨biol.⟩ **0.1** ***granulocyt***.

gran·u·lous ['grænjʊləs‖-jə-]⟨bn.⟩ **0.1** ***korrelachtig*** ⇒*korrelig, granuleus*.

grape [greɪp]⟨f3⟩⟨zn.⟩(→sprw. 121)
I ⟨telb.zn.⟩ **0.1** ***druif*** **0.2** ⟨gesch.⟩ ***druif*** ⟨knop achter op kanon⟩ ◆ **1.1** a bunch of ~ *een tros druiven;* juice of the ~s *druivenat, wijn* **1.¶** never mix ~s with grains *bier op wijn is groot venijn;*
II ⟨n.-telb.zn.⟩ **0.1** ⟨vaak attr.⟩ ***donkerblauw paars*** **0.2** ⟨AE; inf.⟩ ***wijn*** ⇒⟨i.h.b.⟩ *champagne* **0.3** ⟨verk.⟩ ⟨grape-shot⟩;
III ⟨mv.; ~s⟩ **0.1** ⟨the⟩⟨AE; inf.⟩ ***champagne*** **0.2** ***kootgezwel*** ⇒*kootzweer* ⟨bij paard⟩.

'grape-bran·dy ⟨n.-telb.zn.⟩ **0.1** ⟨ong.⟩ ***cognac***.

'grape cure ⟨telb.zn.⟩ **0.1** ***druivenkuur***.

'grape·fruit ⟨f1⟩⟨telb.zn.⟩⟨plantk.⟩ **0.1** ***grapefruit*** ⟨Citrus paradisi⟩ ⇒*pompelmoes* ⟨Citrus decumana⟩.

'grape-house ⟨telb.zn.⟩ **0.1** ***druivenkas*** ⇒*serre*.

'grape 'hyacinth ⟨telb.zn.⟩⟨plantk.⟩ **0.1** ***druifhyacint*** ⟨genus Muscari⟩ ⇒⟨i.h.b.⟩ *blauwe druifjes* ⟨Muscari botryoides⟩.

'grap·er·y ⟨telb.zn.; →mv. 2⟩ **0.1** ***druivenkwekerij*** **0.2** ***druivenkas*** ⇒*serre*.

'grape·shot ⟨n.-telb.zn.⟩⟨gesch.⟩ **0.1** ***kartets*** ⇒*schroot*.

'grape·stone ⟨telb.zn.⟩ **0.1** ***druivepit***.

'grape sugar ⟨n.-telb.zn.⟩ **0.1** ***druivesuiker*** ⇒*dextrose*.

'grape·vine ⟨f1⟩⟨telb.zn.⟩ **0.1** ⟨plantk.⟩ ***wijnstok*** ⇒*wingerd* ⟨i.h.b. Vitis vinifera⟩ **0.2** ***bep. kunstschaatsfiguur*** **0.3** ***gerucht*** ⇒*canard, officieuze informatie* **0.4** ⟨the⟩ ***officieuze/geheime informatieverspreiding*** ⇒*geruchtenmolen, (de) tamtam* ◆ **6.4** hear sth. **on/through/via** the ~ *iets bij geruchte/langs officieuze weg vernemen*.

graph[1] [grɑ:f‖græf]⟨f2⟩⟨telb.zn.⟩ **0.1** ***grafiek*** ⇒*diagram, grafische voorstelling* **0.2** ⟨taalk.⟩ →grapheme.

graph[2] ⟨f1⟩⟨ov.ww.⟩ **0.1** ***grafisch voorstellen*** ◆ **5.1** ~ sth. **out** *iets in grafiek brengen*.

-graph [grɑ:f‖græf]⟨vormt nw. of ww.⟩ **0.1** ***-grafie*** ⇒*-gram* **0.2** ***-graaf*** ⟨toestel⟩ **0.3** ***-graferen*** ◆ **¶.1** lithograph *lithografie;* hectograph *hectogram* **¶.2** telegraph *telegraaf;* phonograph *grammofoon* **¶.3** photograph *fotograferen;* telegraph *telegraferen*.

graph·eme ['græfi:m]⟨telb.zn.⟩⟨taalk.⟩ **0.1** ***grafeem*** ⟨letter(combinatie) die foneem voorstelt⟩.

gra·phe·mic [grə'fi:mɪk]⟨bn.; -ally⟩ **0.1** ***grafemisch***.

-graph·er [grəfə‖-ər]⟨vormt nw. die pers. aanduiden⟩ **0.1** ***-graaf*** ◆ **¶.1** photographer *fotograaf;* stenographer *stenograaf*.

graph·ic[1] ['græfɪk]⟨f1⟩⟨zn.⟩
I ⟨telb.zn.⟩ **0.1** ⟨vaak mv.⟩⟨ook comp.⟩ ***grafische voorstelling*** ⇒*grafiek, diagram, tekening* **0.2** ***grafisch kunstwerk*** **0.3** ***grafisch symbool;***
II ⟨n.-telb.zn.⟩ **0.1** ⟨ook wisk., comp.⟩ ***het werken met/maken v. grafieken*** **0.2** ***grafiek*** ⇒*grafische kunst, media* **0.3** ***studie v.h./v.e.***

schrift;
III ⟨mv.; ww. soms enk.⟩ ⟨comp.⟩ **0.1** ***graphics*** ⇒*grafische mogelijkheden.*
graphic[2], **graph·i·cal** ['græfɪkl] ⟨f2⟩ ⟨bn.; ~(al)ly; graphicness; →bijw. 3⟩ **0.1** ***grafisch*** ⇒*mbt. tekenen, schrijven, drukken* ⟨enz.⟩ **0.2** ***treffend*** ⇒*als getekend, levendig, aanschouwelijk* **0.3** ⟨geol.⟩ ***schrift-*** ⇒*met op schrift lijkende textuur* ⟨door oriëntatie v.d. kristallen in het gesteente⟩ ◆ **1.1** the ~ arts *de grafische kunsten;* chart the evolution in ~ fashion *de vooruitgang grafisch/in een grafiek voorstellen;* the ~ system of the Goths *het schrift/schrijfsysteem v.d. Goten* **1.2** her ~ descriptions of rural life *haar levendige beschrijvingen van het boerenleven;* a ~ contrast *een opvallend/treffend verschil/contrast* **1.3** ~ tellurium *schrifterts, sylvaniet;* ~ granite *pegmatiet, schriftgraniet.*
-graph·ic ['græfɪk], ⟨soms⟩ **-graph·i·cal** [-ɪkl] ⟨vormt bijv. nw.⟩ **0.1** ***-grafisch*** ◆ **¶.1** hectographic *hectografisch.*
-graph·i·call·y ['græfɪkli] ⟨vormt bijw.⟩ **0.1** ***-grafisch*** ⇒*op -grafische wijze* ◆ **¶.1** photographically *fotografisch.*
graph·ite ['græfaɪt] ⟨f1⟩ ⟨n.-telb.zn.⟩ **0.1** ***grafiet.***
'graphite brush ⟨telb.zn.⟩ **0.1** ***koolborstel.***
gra·phit·ic [grə'fɪṭɪk] ⟨bn.⟩ **0.1** ***grafiet-*** **0.2** ***grafietachtig*** ◆ **1.1** ~ coal *grafietkool.*
graph·i·tize, -tise ['græfɨtaɪz] ⟨ww.⟩ ⟨tech.⟩
I ⟨onov.ww.⟩ **0.1** ***tot grafiet worden;***
II ⟨ov.ww.⟩ **0.1** ***grafiet vormen*** **0.2** ***met grafiet behandelen/impregneren.***
graph·ol·o·gist [grə'fɒlədʒɪst‖-'fɑ-] ⟨f1⟩ ⟨telb.zn.⟩ **0.1** ***grafoloog.***
graph·ol·o·gy [grə'fɒlədʒi‖-'fɑ-] ⟨f1⟩ ⟨n.-telb.zn.⟩ **0.1** ***grafologie.***
graph·o·scope ['græfəskoʊp] ⟨telb.zn.⟩ ⟨comp.⟩ **0.1** ***grafoscoop.***
graph·o·ther·a·py ['græfə'θerəpi] ⟨n.-telb.zn.⟩ **0.1** ***grafotherapie*** ⟨vaststellen en behandelen v. geestesproblemen door handschrift⟩.
'graph paper ⟨f1⟩ ⟨n.-telb.zn.⟩ **0.1** ***millimeterpapier.***
-gra·phy [grəfi] ⟨vormt abstr. nw.⟩ **0.1** ***-grafie*** ◆ **¶.1** photography *fotografie.*
grap·nel ['græpnl] ⟨telb.zn.⟩ ⟨scheep.⟩ **0.1** ***dreg(anker)*** ⇒*werpanker* **0.2** ***enterhaak.***
grap·pa ['græpə‖'grɑpɑ] ⟨n.-telb.zn.⟩ **0.1** ***grappa*** ⟨Italiaanse brandewijn uit restanten v. geperste druiven⟩.
grap·ple[1] ['græpl] ⟨telb.zn.⟩ **0.1** ***enterhaak*** **0.2** ***worsteling*** ⟨ook fig.⟩ ⇒*houdgreep* ◆ **6.2** one of his many ~s **with** the authorities *een van zijn talrijke geschillen/worstelingen met de overheid.*
grapple[2] ⟨f2⟩ ⟨ww.⟩
I ⟨onov.ww.⟩ **0.1** ***worstelen*** ⟨ook fig.⟩ ⇒*handgemeen worden, slaags geraken* ◆ **6.1** ~ **with** a difficult situation *een moeilijke situatie aanpakken/trachten meester te worden;*
II ⟨ov.ww.⟩ **0.1** ***vastgrijpen*** ⇒*vastklampen, vastklemmen, overmeesteren* **0.2** ***enteren*** **0.3** ⟨bouwk.⟩ ***verankeren.***
'grap·pling hook, 'grap·pling i·ron ⟨telb.zn.⟩ ⟨scheep.⟩ **0.1** ***dreg(anker)*** ⇒*werpanker* **0.2** ***enterhaak.***
grap·po ['græpoʊ] ⟨n.-telb.zn.⟩ ⟨AE; sl.⟩ **0.1** ***wijn.***
grap·y ['greɪpi] ⟨telb.zn.; -er; →compar. 7⟩ **0.1** ***druifachtig*** ⇒*druiven-.*
GRAS [grɑ:s‖græs] ⟨afk.⟩ Generally Recognized as Safe ⟨AE⟩.
grasp[1] [grɑ:sp‖græsp] ⟨f2⟩ ⟨telb.zn.⟩ **0.1** ***greep*** ⟨ook fig.⟩ ⇒*macht* **0.2** ***houvast*** **0.3** ***bereik*** **0.4** ***begrip*** ⇒*bevatting, beheersing* ◆ **2.1** hold in a firm ~ *in een flinke/vaste greep houden* **3.1** ⟨fig.⟩ take a ~ on o.s. *zich vermannen/beheersen* **6.1** to be **in** s.o.'s ~ *in iemands greep/macht zijn* **6.3** **within** my ~ *binnen mijn bereik/bij de hand* **6.4** that is **beyond** my ~ *dat gaat mijn petje te boven.*
grasp[2] ⟨f3⟩ ⟨ww.⟩ →grasping ⟨→sprw. 242⟩
I ⟨onov.ww.⟩ **0.1** ***grijpen*** ⇒*graaien* ◆ **6.1** ~ **at** a chance/an opportunity *een kans/gelegenheid (aan)grijpen;*
II ⟨ov.ww.⟩ **0.1** ***grijpen*** ⇒*vastgrijpen, vastpakken, aanvatten* **0.2** ***(aan)grijpen*** ⇒*waarnemen* **0.3** ***vatten*** ⇒*begrijpen, omvatten* ◆ **1.2** ~ your chances *neem je kans waar* **3.3** I failed to ~ half of what he said *de helft van wat hij gezegd heeft heb ik niet gesnapt/is mij ontgaan* **4.¶** ~ too much *te veel hooi op zijn vork nemen.*
grasp·ing ['grɑ:spɪŋ‖'græ-] ⟨f2⟩ ⟨bn.; teg. deelw. v. grasp; -ly; -ness⟩ **0.1** ***hebberig*** ⇒*inhalig, gretig, grijpgraag.*
grass[1] [grɑ:s‖græs] ⟨f3⟩ ⟨zn.⟩
I ⟨telb.zn.⟩ **0.1** ***grassoort*** **0.2** ⟨BE; sl.⟩ ***tipgever*** ⇒*verklikker;*
II ⟨n.-telb.zn.⟩ **0.1** ***gras*** **0.2** ***grasland*** ⇒*weiland, grasperk* **0.3** ⟨mijnw.⟩ ***dag*** ⇒*oppervlakte, bovengrond* **0.4** ⟨sl.⟩ ***marihuana*** ⇒*weed, wiet, stuff* **0.5** ⟨sl.⟩ ***asperges*** **0.6** ⟨sl.⟩ ***sla*** ◆ **3.¶** ⟨sl.⟩ ok, come off the ~! ⟨ong.⟩ *ja, zo kan-ie wel weer!; overdrijf niet zo!;* cut the ~ from under s.o.'s feet *iem. het gras voor de voeten wegmaaien;* not let the ~ grow under one's feet *er geen gras over laten groeien;* he can hear the ~ grow *hij kan het gras horen groeien, hij denkt dat hij een hele piet is* **6.2** be **at** ~ *in de wei zijn;* keep **off** the ~ *verboden het gras te betreden;* go **to** ~ *de wei ingaan;* put/send/turn out the cattle **to** ~ *het vee de wei insturen* **6.¶** to be **at** ~ *zonder werk zitten; met vakantie zijn;* keep **off** the ~ *bemoei je d'r niet mee;* go **to** ~ *met pensioen gaan; op vakantie gaan, er eens uittrekken;* put s.o./send s.o./turn s.o. out **to** ~ *iem. de wei insturen; iem. eruit gooien/sturen.*
grass[2] ⟨f1⟩ ⟨ww.⟩
I ⟨onov.ww.⟩ **0.1** ***met gras bedekt worden*** **0.2** ***grazen*** **0.3** ⟨BE; sl.⟩ ***klikken*** ⟨bij de politie⟩ ◆ **6.3** ~ **on** s.o. *iem. verraden/aangeven;*
II ⟨ov.ww.⟩ **0.1** ***met gras bedekken/bezaaien*** **0.2** ***met gras voederen*** ⇒*laten grazen* **0.3** ***op het droge brengen*** ⟨vis⟩ **0.4** ***neerschieten*** ⟨vogel⟩ **0.5** ***tegen de grond slaan*** ⇒*te grazen nemen* ◆ **5.1** ~ **over** a field *een stuk land aan gras leggen.*
'grass-blade ⟨f1⟩ ⟨telb.zn.⟩ **0.1** ***grasspriet(je).***
'grass carp ⟨telb.zn.⟩ ⟨dierk.⟩ **0.1** ***graskarper*** ⟨Ctenopharyngodon idella⟩.
'grass court ⟨telb.zn.⟩ ⟨tennis⟩ **0.1** ***grasbaan.***
'grass cutter ⟨telb.zn.⟩ **0.1** ***grasmaaier*** ⇒*maaimachine.*
'grass-'green ⟨f1⟩ ⟨bn.; ook als nw.⟩ **0.1** ***grasgroen.***
'grass hand ⟨zn.⟩
I ⟨telb.zn.⟩ **0.1** ***noodletterzetter*** ⇒*voorlopige letterzetter;*
II ⟨n.-telb.zn.⟩ **0.1** ***cursief/lopend Chinees of Japans handschrift.***
grass·hop·per ['grɑ:shɒpə‖'græshɑpər] ⟨f2⟩ ⟨telb.zn.⟩ **0.1** ⟨dierk.⟩ ***sprinkhaan*** ⟨onderorde Saltatoria⟩ **0.2** ⟨AE; inf.; landb.⟩ ***sproeivliegtuigje*** **0.3** ⟨cul.⟩ ***cocktail v. crème de menthe, crème de cacao en room*** ◆ **2.¶** knee-high to a ~ *een turf/twee turven hoog.*
'grasshopper 'warbler ⟨telb.zn.⟩ ⟨dierk.⟩ **0.1** ***sprinkhaanrietzanger*** ⟨Locustella naevia⟩.
'grass·land ⟨f2⟩ ⟨n.-telb.zn.⟩ **0.1** ***grasland*** ⇒*weide.*
grass·less ['grɑ:sləs‖'græs-] ⟨bn.⟩ **0.1** ***zonder gras*** ⇒*naakt, dor, bar.*
'grass'plot ⟨telb.zn.⟩ **0.1** ***graslandje*** ⇒*(gras)veld.*
'grass'roots[1] ⟨f1⟩ ⟨mv.; ww. vnl. enk.⟩ **0.1** ***gewone mensen*** ⇒*de basis, de (zwevende) kiezers* **0.2** ***basisfeiten*** ⇒*fundamenten* ◆ **3.2** go back to ~ *van voren af aan beginnen.*
'grassroots[2] ⟨f1⟩ ⟨bn., attr.⟩ **0.1** ***van gewone mensen*** ⇒*aan/uit de basis* **0.2** ***fundamenteel*** ◆ **1.1** the ~ opinion *de publieke/algemene opinie.*
'grass ski·ing ⟨n.-telb.zn.⟩ **0.1** ***skiën op gras*** ⟨met speciale skis of schaatsen⟩ ⇒*droogskiën.*
'grass snake ⟨telb.zn.⟩ **0.1** ***ringslang*** ⟨Natrix natrix⟩ **0.2** ⟨AE⟩ ***gladde grasslang*** ⟨Opheodrys vernalis⟩.
'grass-track racing ⟨n.-telb.zn.⟩ ⟨motorsport⟩ **0.1** ***(het) grasbaanracen.***
'grass tree ⟨telb.zn.⟩ ⟨plantk.⟩ **0.1** ***(Australische) grasboom*** ⟨genus Xanthorrhoea⟩.
'grass 'widow ⟨f1⟩ ⟨telb.zn.⟩ **0.1** ***onbestorven weduwe*** ⇒*groene weduwe* **0.2** ***gescheiden vrouw*** **0.3** ***ongetrouwde moeder.***
'grass 'widower ⟨telb.zn.⟩ **0.1** ***onbestorven weduwnaar.***
'grass·work ⟨n.-telb.zn.⟩ **0.1** ***vlechtwerk*** ⟨v. gras e.d.⟩ **0.2** ⟨BE; gew.; mijnw.⟩ ***werk in de open lucht*** ⇒*bovengronds werk.*
'grass·wrack ⟨n.-telb.zn.⟩ **0.1** ***zeegras*** ⟨fam. Zostera⟩.
grass·y ['grɑ:si‖'græsi] ⟨f1⟩ ⟨bn.; er; →compar. 7⟩ **0.1** ***grassig*** ⇒*grazig, grasrijk* **0.2** ***grasachtig.***
grate[1] [greɪt] ⟨f2⟩ ⟨telb.zn.⟩ **0.1** ***rooster*** ⇒*haardrooster, haardijzers* **0.2** ***traliewerk*** ⇒*roosterwerk* **0.3** ***haard.***
grate[2] ⟨f1⟩ ⟨ww.⟩ →grating
I ⟨onov.ww.⟩ **0.1** ***knarsen*** ⇒*krassen* **0.2** ***irriterend werken*** ◆ **1.1** a ~ing hinge *een knarsend scharnier* **6.1** the chalk ~d **on** the blackboard *het krijt knarste over het bord* **6.2** the noise ~d **on** my nerves *het lawaai werkte op mijn zenuwen;*
II ⟨ov.ww.⟩ **0.1** ***raspen*** **0.2** ***knarsen met*** **0.3** ***van traliewerk voorzien*** ◆ **1.1** ~d cheese *geraspte kaas.*
grate·ful ['greɪtfl] ⟨f3⟩ ⟨bn.; -ly; -ness⟩ **0.1** ***dankbaar*** **0.2** ***aangenaam*** ⇒*weldadig* ◆ **1.1** a ~ soil *een dankbare grond/bodem* **1.2** the ~ shade *de weldadige schaduw* **4.1** ⟨als besluit v. dankbrief⟩ I remain yours ~ly, *u dankend/met dank verblijf ik,...* **6.1** I am ~ **to** you **for** your help *ik ben u dankbaar voor uw hulp.*
grat·er ['greɪtə‖'greɪṭər] ⟨telb.zn.⟩ **0.1** ***rasp.***
grat·i·cule ['græṭɪkju:l] ⟨telb.zn.⟩ **0.1** ***raster*** ⟨i.h.b. in optische instrumenten of op millimeterpapier⟩.
grat·i·fi·ca·tion ['græṭɪfɪ'keɪʃn] ⟨f2⟩ ⟨zn.⟩
I ⟨telb.zn.⟩ **0.1** ***voldoening*** **0.2** ⟨vero.⟩ ***gratificatie*** ⇒*geschenk, beloning* ⟨in geld⟩ ◆ **2.1** his success is a great ~ to me *zijn succes schenkt mij grote voldoening* **2.2** all employees were granted an exceptional ~ at the end of the year *aan alle werknemers werd een uitzonderlijke nieuwjaarsgratificatie toegekend;*
II ⟨n.-telb.zn.⟩ **0.1** ***voldoening*** ⇒*bevrediging* ◆ **1.1** he only thinks of the ~ of his senses/desires *hij denkt uitsluitend aan de bevrediging van zijn lusten/begeerten* **2.1** there is great ~ in a harmonious relationship *een harmonische verhouding schenkt grote voldoening.*
grat·i·fy ['græṭɪfaɪ] ⟨f2⟩ ⟨ov.ww.; →ww. 7⟩ →gratifying **0.1** ***behagen***

⇒*genoegen doen, strelen* **0.2** ***voldoen*** ⇒*bevredigen* **0.3** ⟨vero.⟩ ***belonen*** ⟨i.h.b. in geld⟩ ◆ **1.1** that remark gratifies my vanity *die opmerking streelt mijn ijdelheid/vleit mij* **1.2** ~ a wish/desire *aan een wens voldoen, een begeerte bevredigen* **6.1** we are gratified **with/at** your results *wij zijn blij/tevreden met je resultaten.*

grat·i·fy·ing ['grætɪfaɪŋ]⟨f1⟩⟨bn.; oorspr. teg. deelw. v. gratify; -ly⟩ **0.1** ***bevredigend*** ⇒*behaaglijk, prettig, aangenaam* ◆ **1.1** a ~ experience *een prettige ervaring* **3.1** it is ~ to learn that... *het is aangenaam/doet (mij) genoegen te vernemen dat....*

gra·tin ['grætẽ‖'grætn]⟨telb.zn.⟩ **0.1** ***gegratineerd gerecht*** ◆ **¶.1** au ~ *gegratineerd.*

grat·ing[1] ['greɪṭɪŋ]⟨f1⟩⟨telb.zn.; oorspr. gerund v. grate⟩ **0.1** ***rooster*** ⇒*traliewerk* **0.2** ***raster*** **0.3** ⟨nat.⟩ ***buigingsrooster.***

grating[2] ⟨f1⟩⟨bn.; teg. deelw. v. grate; -ly⟩ **0.1** ***schurend*** ⇒*raspend* **0.2** ***irriterend*** ⇒*op de zenuwen werkend.*

'grating beam ⟨telb.zn.⟩ **0.1** ⟨bouwk.⟩ ***kloosterhout*** ⇒*schuifhout.*

gra·tis ['grætɪs, 'greɪṭɪs]⟨bn.; bw.⟩ **0.1** ***gratis*** ⇒*voor niets, kosteloos.*

grat·i·tude ['grætɪtju:d‖'grætɪtu:d]⟨f2⟩⟨n.-telb.zn.⟩ **0.1** ***dankbaarheid*** ⇒*dank* ◆ **6.1** I owe much ~ **to** you **for** your kind assistance *ik ben u veel dank verschuldigd voor uw welwillende hulp/medewerking.*

gra·tu·i·tous [grə'tju:ətəs‖-'tu:əṭəs]⟨f1⟩⟨bn.; -ly; -ness⟩ **0.1** ***gratis*** ⇒*kosteloos* **0.2** ***ongegrond*** ⇒*gratuit, niet te rechtvaardigen, onnodig, nodeloos, niet gemotiveerd* ◆ **2.2** he was ~ly rude *hij was onnodig/ongerechtvaardigd grof.*

gra·tu·i·ty [grə'tju:əti‖-'tu:əṭi]⟨f1⟩⟨telb.zn.; →mv. 2⟩ **0.1** ***gift*** ⟨in geld⟩ ⇒*fooi, drinkgeld* **0.2** ⟨BE⟩ ***speciale premie*** ⟨bij verlaten v. werk of (leger)dienst⟩ ⇒*gratificatie.*

grat·u·late ['grætʃʊleɪt‖-tʃə-]⟨ov.ww.⟩⟨vero.⟩ **0.1** ***begroeten*** ⇒*verwelkomen* **0.2** ***feliciteren*** ⇒*gelukwensen.*

grat·u·la·tion ['grætʃʊ'leɪʃn‖-tʃə-]⟨telb.zn.; vaak mv.⟩⟨vero.⟩ **0.1** ***felicitatie*** ⇒*gelukwens* **0.2** ***uitdrukking v. behagen/voldoening.***

graum [grɔ:m, grɑʊm]⟨onov.ww.⟩⟨AE; sl.⟩ **0.1** ***zich zorgen maken.***

gra·va·men [grə'veɪmen]⟨telb.zn.; vnl. gravamina [-'væmɪnə]; →mv. 5⟩ **0.1** ***grief*** **0.2** ***memorie v. grieven*** ⟨i.h.b. v. Lagerhuis tot Hogerhuis⟩ ⇒*bezwaarschrift* **0.3** ***zwaartepunt*** ⇒*doorslaggevend argument/element* ⟨in beschuldiging⟩.

grave[1] [greɪv ⟨in bet. 0.2⟩ grɑ:v]⟨f3⟩⟨telb.zn.⟩ **0.1** ***graf*** ⇒*grafkuil;* ⟨fig.⟩ *dood, ondergang* **0.2** ⟨taalk.⟩ ***gravis*** ⟨accent⟩ ⇒*accent grave* **0.3** ⟨BE; gesch.⟩ ***stadsgraaf*** ⟨in Yorkshire en Lincolnshire⟩ ◆ **1.1** from the cradle to the ~ *van de wieg tot het graf;* that place was the ~ of many a reputation *op die plaats ging menige goede naam te gronde* **2.1** silent as the ~ *zwijgend/stil als het graf* **3.1** dig one's own ~ *zichzelf te gronde richten;* dig the ~ of s.o./sth. *iemands graf graven, iets te gronde richten;* rise from the ~ *herrijzen, uit de dood opstaan* **3.¶** turn in one's ~ *zich in zijn graf omkeren;* s.o. is walking on/over my ~ *er loopt iem. /een hond over mijn graf* **6.1** life **beyond** the ~ *leven na de dood/aan gene zijde/in het hiernamaals.*

grave[2] ⟨f3⟩⟨bn.; -er; -ly; -ness; →compar. 7⟩ **0.1** ***belangrijk*** ⇒*gewichtig, ernstig* **0.2** ***ernstig*** ⇒*zwaar, erg* **0.3** ***ernstig*** ⇒*plechtig, deftig, statig* **0.4** ***somber*** ⇒*donker* **0.5** ***diep*** ⟨v. toon, geluid⟩ ◆ **1.1** ~ issue *ernstige zaak, belangrijk probleem* **1.3** a ~ look on his face *een ernstige/sombere uitdrukking op zijn gezicht* **2.1** ~ error *zware fout;* ~ illness *ernstige ziekte;* ~ risk *zwaar risico.*

grave[3] ['grɑ:vi‖-veɪ]⟨bn.; bw.⟩ **0.1** ⟨muz.⟩ ***grave*** ⇒*langzaam en plechtig* **0.2** ⟨taalk.⟩ ***grave*** ⇒*gravis.*

grave[4] [greɪv]⟨ov.ww.; in bet. 0.1 en 0.2 volt. deelw. ook graven ['greɪvn]⟩ **0.1** ***graveren*** ⇒*griffen* **0.2** ***beitelen*** ⇒*beeldhouwen, snijden* **0.3** ***schoonmaken*** ⇒*knippen en scheren* ⟨romp v. schip, in droogdok⟩ ◆ **1.2** thou shalt not make any ~n image *gij zult u geen gesneden beeld maken* ⟨Exod. 20:4⟩; ~n image *afgodsbeeld, fetisj, idool* **6.1** ⟨schr.⟩ ~n **in/on** my memory *in mijn geheugen geprent/gegrift.*

'grave·clothes ⟨mv.⟩ **0.1** ***doodskleren*** ⇒*lijkwa(de).*

'grave·digger ⟨telb.zn.⟩ **0.1** ***doodgraver*** **0.2** ⟨dierk.⟩ ***doodgraver*** ⟨kever; Necrophorus vespillo⟩.

grav·el[1] ['grævl]⟨f2⟩⟨zn.⟩

I ⟨telb.zn.⟩⟨mijnw.⟩ **0.1** ***kiezellaag*** ⟨vnl. goudhoudend⟩;

II ⟨n.-telb.zn.⟩ **0.1** ***grind*** ⇒*kiezel* **0.2** ***kiezelzand*** ⇒*grof zand* **0.3** ⟨med.⟩ ***niergruis*** ⇒*graveel(zand)* ◆ **1.1** a load of ~ *een lading grint.*

gravel[2] ⟨ov.ww.; →ww. 7⟩ **0.1** ***begrinten*** **0.2** ***verwarren*** ⇒*verlegen maken, van zijn stuk brengen* **0.3** ⟨inf.⟩ ***irriteren*** ⇒*prikkelen* ◆ **1.1** ~led path *grindpad* **6.2** be ~led **for** words *om woorden verlegen zijn, met zijn mond vol tanden staan.*

'grav·el-blind ⟨bn.⟩ **0.1** ***(bijna) stekeblind.***

grave·less ['greɪvləs]⟨bn.⟩ **0.1** ***onbegraven*** ⇒*zonder graf/graven.*

grav·el·ly ['grævəli]⟨bn.⟩ **0.1** ***grintachtig*** **0.2** ***grinthoudend*** **0.3** ***met grint bedekt*** **0.4** ***knarsend*** ⟨v. stem⟩.

'grav·el-pit ⟨telb.zn.⟩ **0.1** ***grintgroeve*** ⇒*grintkuil, grintafgraverij.*

'grav·el-rash ⟨telb. en n.-telb.zn.⟩ **0.1** ***ontvelling*** ⇒*schaafwond.*

'grave-mound ⟨telb.zn.⟩ **0.1** ***grafheuvel*** ⇒*grafterp.*

grav·er ['greɪvə‖-ər]⟨telb.zn.⟩ **0.1** ***graveur*** **0.2** ***graveernaald/stift.***

'grave·side ⟨telb.zn.⟩ **0.1** ***grafrand*** ◆ **6.1** the family gathered at the ~ *de familie schaarde zich rond het graf.*

'grave·stone ⟨f1⟩⟨telb.zn.⟩ **0.1** ***grafzerk*** ⇒*grafsteen.*

grave·ward[1] ['greɪvwəd‖-wərd]⟨bn.⟩ **0.1** ***grafwaarts.***

graveward[2], **grave·wards** ['greɪvwədz‖-wərds]⟨bw.⟩ **0.1** ***grafwaarts.***

'grave·yard ⟨f1⟩⟨telb.zn.⟩ **0.1** ***kerkhof*** ⇒*begraafplaats.*

'graveyard 'cough ⟨telb.zn.⟩ **0.1** ***kerkhofhoest.***

'graveyard shift ⟨telb.zn.⟩⟨inf.⟩ **0.1** ***nachtploeg.***

'graveyard watch ⟨telb.zn.⟩⟨AE; inf.⟩ **0.1** ***hondewacht.***

grav·id ['grævɪd]⟨bn.; -ness⟩ **0.1** ***zwanger*** ⇒*zwaar.*

gra·vim·e·ter [grə'vɪmɪtə‖-mɪṭər]⟨telb.zn.⟩ **0.1** ***gravimeter*** ⇒*zwaartekrachtmeter.*

grav·i·met·ric ['grævɪ'metrɪk], **grav·i·met·ric·al** [-ɪkl]⟨bn.; -(al)ly; →bijw. 3⟩ **0.1** ***gravimetrisch*** ◆ **1.1** ~ analysis *gewichtsanalyse, gravimetrie.*

gra·vim·e·try [grə'vɪmɪtri]⟨n.-telb.zn.⟩ **0.1** ***gravimetrie.***

'grav·ing dock ⟨telb.zn.⟩ **0.1** ***droogdok.***

grav·i·sphere ['grævɪsfɪə‖-sfɪr]⟨telb.zn.⟩ **0.1** ***zwaarteveld*** ⇒*gravisfeer* ⟨veld der zwaartekracht uitgeoefend door een hemellichaam⟩.

grav·i·tas ['grævɪtæs]⟨n.-telb.zn.⟩⟨schr.⟩ **0.1** ***plechtstatigheid*** ⇒*ernst.*

grav·i·tate ['grævɪteɪt]⟨f1⟩⟨onov.ww.⟩ **0.1** ***graviteren*** ⇒*zich in een bepaalde richting voortbewegen, vallen, (be)zinken* **0.2** ***aangetrokken worden*** ⇒*neigen, overhellen* ◆ **6.1** a heavy deposit ~d **to** the bottom of the test-tube *een zware neerslag zonk naar de bodem v.d. reageerbuis* **6.2** the rural populations ~ **towards** the cities *de plattelands bevolking wordt aangetrokken door de stedelijke centra;* the discussion ~d **towards** a leftist critique *de discussie neigde naar linkse kritiek.*

grav·i·ta·tion ['grævɪ'teɪʃn]⟨f1⟩⟨telb. en n.-telb.zn.⟩ **0.1** ***gravitatie*** ⇒*zwaartekracht, aantrekkingskracht* **0.2** ***het graviteren*** ⇒*het aangetrokken worden* ◆ **1.1** law of ~ *wet v.d. zwaartekracht, gravitatiewet.*

grav·i·ta·tion·al ['grævɪ'teɪʃnəl]⟨f1⟩⟨bn.; -ly⟩ **0.1** ***gravitatie-*** ◆ **1.1** ⟨ster.⟩ ~ collapse *gravitatiecollaps;* ⟨nat.⟩ ~ field *gravitatieveld;* ⟨nat.⟩ ~ mass *zware massa;* ⟨nat.⟩ ~ wave *gravitatiegolf.*

grav·i·ta·tive ['grævɪteɪṭɪv]⟨bn.⟩ **0.1** ***gravitatie-.***

grav·i·ton ['grævɪtɒn‖-tɑn]⟨telb.zn.⟩⟨nat.⟩ **0.1** ***graviton*** ⟨niet waarneembaar quantum v.h. gravitatieveld⟩.

grav·i·ty ['grævəti]⟨f2⟩⟨n.-telb.zn.⟩ **0.1** ***ernst*** ⇒*graviteit, serieusheid, plechtstatigheid* **0.2** ***zwaarte*** ⇒*gewicht, dichtheid* **0.3** ***zwaartekracht*** ◆ **1.1** the ~ of his illness/situation *de ernst v. zijn ziekte/toestand* **1.2** centre of ~ *zwaartepunt* ⟨ook fig.⟩ **3.1** behave with ~ *zich ernstig/plechtstatig gedragen.*

'gravity feed ⟨n.-telb.zn.⟩ **0.1** ***lading door zwaartekracht.***

'gravity incline ⟨telb.zn.⟩⟨spoorweg⟩ **0.1** ***afloophelling.***

'gravity wave ⟨telb.zn.⟩ **0.1** ***gravitatiegolf*** **0.2** ***door gravitatie veroorzaakte golving*** ⟨v. vloeistof⟩.

gra·vure [grə'vjʊə‖-'vjʊr]⟨zn.⟩

I ⟨telb.zn.⟩ **0.1** ***gravure*** ⇒*ets, gegraveerde prent* ⟨i.h.b. fotogravure⟩;

II ⟨n.-telb.zn.⟩ **0.1** ***het graveren*** ⇒*gravure* ⟨i.h.b. fotogravure⟩.

gra·vy ['greɪvi]⟨f2⟩⟨n.-telb.zn.⟩ **0.1** ***jus*** ⇒*vleessaus* **0.2** ⟨sl.⟩ ***gemakkelijk verdiend geld*** ⇒*opsteker, Oostenrijker, voordeeltje, mazzeltje* ◆ **6.2** be **in** the ~ *goed in de slappe was zitten.*

'gravy boat ⟨f1⟩⟨telb.zn.⟩ **0.1** ***juskom*** ⟨met 1 of 2 schenktuiten⟩ **0.2** →gravy train.

'gravy ride ⟨telb.zn.⟩⟨sl.⟩ **0.1** ***voordeeltje*** ⇒*mazzeltje.*

'gravy train ⟨telb.zn.⟩⟨sl.⟩ **0.1** ***bron v. gemakkelijk voordeel*** **0.2** ***fluwelen baantje*** ⇒*sinecure* ⟨i.h.b. in politiek/openbaar ambt⟩ ◆ **3.1** get ride on the ~ *aan een voordelig/winstgevend zaakje meedoen, zonder moeite zijn zakken vullen, gemakkelijk geld verdienen;* ride the ~ *gemakkelijk verdienen.*

gray[1] [greɪ]⟨telb.zn.⟩ **0.1** →grey[1] **0.2** ⟨nat.⟩ ***gray*** ⟨eenheid v. radioactieve straling⟩.

gray[2] →grey.

'gray-'col·lar ⟨bn.⟩ **0.1** ***v./mbt. technici.***

gray·ling ['greɪlɪŋ]⟨telb.zn.; vnl. in bet. 0.1 ook grayling; →mv. 4⟩ ⟨dierk.⟩ **0.1** ***vlagzalm*** ⟨genus Thymallus⟩ **0.2** ***zandoogje*** ⟨vlinder; fam. Satyridae⟩ ⇒⟨i.h.b.⟩ *heidevlinder* ⟨Hipparchia semele⟩.

graze[1] [greɪz]⟨zn.⟩

I ⟨telb.zn.⟩ **0.1** ***schampschot*** **0.2** ***schaafwond*** ⇒*ontvelling, schram;*

II ⟨n.-telb.zn.⟩ **0.1** ***het grazen*** ◆ **6.1** cattle **at** ~ *grazend vee.*

graze[2] ⟨f2⟩⟨ww.⟩ →grazing

I ⟨onov.ww.⟩ **0.1** ***grazen*** *⇒weiden* **0.2** ***rakelings gaan*** *⇒schampen, schuren* **0.3** ⟨mil.⟩ ***bestrijken*** ◆ **1.3** ~ing fire *spervuur, gordijnvuur* **6.2** the plane ~d **across/against/along** the treetops *het vliegtuig vloog/scheerde rakelings over/langs de boomtoppen;*
II ⟨ov.ww.⟩ **0.1** ***laten grazen*** *⇒weiden, hoeden* **0.2** ***licht(jes) aanraken*** *⇒schampen, schuren* ◆ **1.2** the bullet ~d his head *de kogel ging rakelings langs/schampte zijn hoofd* **6.2** he ~d his arm **against** the wall *hij schuurde/schaafde het vel v. zijn arm tegen de muur.*

gra·zier ['greɪzɪə||'greɪʒər]⟨telb.zn.⟩ **0.1** ***vetweider*** *⇒veeboer* **0.2** ⟨Austr. E⟩ ***vee/schapenfokker.***

graz·ing ['greɪzɪŋ]⟨zn.; (oorspr.) gerund v. graze⟩
I ⟨telb.zn.⟩ **0.1** ***weide*** *⇒grasland;*
II ⟨n.-telb.zn.⟩ **0.1** ***het grazen*** *⇒het weiden* ◆ **2.1** intensive ~ *intensieve begrazing.*

'grazing land →grazing I.

grease[1] [gri:s]⟨f2⟩⟨n.-telb.zn.⟩ **0.1** ***vet*** *⇒smeer* **0.2** ***pommade*** *⇒brillantine* **0.3** ***vet*** ⟨v. wild⟩ **0.4** ⟨AE; sl.⟩ ***smeergeld*** **0.5** ⟨AE; sl.⟩ ***kruiwagen*** *⇒macht, invloed* ◆ **3.1** wash the ~ off the plates *het vet van de borden afwassen* **6.¶** **in** (pride/prime of) ~ *jachtrijp, dik/groot genoeg om gejaagd/geschoten te worden.*

grease[2] [gri:s, gri:z]⟨f1⟩⟨ov.ww.⟩ **0.1** ***invetten*** *⇒oliën, smeren* **0.2** ***pommaderen*** **0.3** ⟨AE; sl.⟩ ***smeergeld geven*** *⇒omkopen* **0.4** ⟨AE; sl.⟩ ***neerknallen*** ◆ **1.1** ~ a bakingplate *een bakplaat invetten.*

'grease ball, greaser ⟨telb.zn.⟩⟨AE; sl.; bel.⟩ **0.1** ⟨ben. voor⟩ ***(zwartharige) buitenlander*** *⇒Italiaan, spaghettivreter, Mexicaan, gastarbeider, Zuidamerikaan.*

'grease box ⟨telb.zn.⟩ **0.1** ***smeerpot*** ⟨v. locomotief⟩.

'grease burner ⟨telb.zn.⟩⟨inf.⟩ **0.1** ***kok.***

'grease crayon ⟨telb. en n.-telb.zn.⟩ **0.1** ***vet/waskrijt.***

'grease cup ⟨telb.zn.⟩ **0.1** ***vetpot*** ⟨v. auto⟩.

'grease gun ⟨telb.zn.⟩ **0.1** ***vetspuit.***

'grease joint ⟨telb.zn.⟩⟨sl.⟩ **0.1** ***(goedkope) eettent*** *⇒patatkraam, broodjeszaak, hamburgertent.*

'grease monkey ⟨telb.zn.⟩⟨sl.⟩ **0.1** ***mecanicien*** *⇒doorsmeerder, automonteur.*

'grease paint ⟨n.-telb.zn.⟩ **0.1** ***schmink*** *⇒make-up.*

'grease·proof ⟨bn.⟩ **0.1** ***vetvrij*** ◆ **1.1** ~ paper *vetvrij papier, boterhammenpapier.*

greas·er ['gri:sə, -zə||-ər]⟨telb.zn.⟩ **0.1** ***smeerder*** **0.2** ⟨sl.⟩ ***smeerlap*** **0.3** ⟨sl.⟩ ***lid v. bende motorrijders*** *⇒vetkuif* **0.4** →grease ball 0.1.

'grease trap ⟨telb.zn.⟩ **0.1** ***vetvanger*** ⟨in riolering e.d.⟩.

greas·y ['gri:si, -zi]⟨f1⟩⟨bn.; -er; -ly, -ness; →bijw. 3⟩ **0.1** ***vettig*** *⇒vet* **0.2** ***glibberig*** **0.3** ⟨inf.⟩ ***sluw*** *⇒geslepen, glibberig* ◆ **1.1** ~ food *vet eten;* ~ hair *vet(tig) haar;* ~ pole *ingesmeerde klimmast/loopaal* ⟨bij volksspelen⟩; ~ wool *zweetwol, nog vette wol* **1.¶** ⟨inf.; pej.⟩ ~ grind *blokker, studiehoofd;* ⟨sl.⟩ ~ spoon *goedkope (eet)tent.*

great[1] [greɪt]⟨f2⟩⟨zn.⟩
I ⟨telb.zn.⟩ **0.1** ***grote*** *⇒vooraanstaande/prominente figuur, coryfee, ster, vedette* ◆ **1.1** the ~s of industry *de groten v.d. industrie;*
II ⟨verz.n.; the⟩ **0.1** ***groten*** *⇒vooraanstaande/prominente figuren* ◆ **1.1** the ~ of the earth *de groten der aarde;* ~ and small *iedereen, uit alle lagen v.d. bevolking, klein en groot;*
III ⟨mv.; Greats⟩ **0.1** ***eindexamen (voor Bachelor of Arts)*** ⟨in Oxford, i.h.b. in klassieke letteren en wijsbegeerte⟩.

great[2] ⟨f4⟩⟨bn.; -er; -ness⟩⟨→sprw. 99, 243-245, 270, 294, 377, 409, 592, 688⟩
I ⟨bn.⟩ **0.1** ***groot*** *⇒nobel, edel(moedig), uitmuntend* ⟨personen⟩ **0.2** ⟨inf.⟩ ***geweldig*** *⇒fantastisch, tof, prima, heerlijk* ◆ **1.1** a ~ man *een groot/nobel man* **1.2** a ~ idea *een fantastisch/geweldig idee;* a ~ record *een geweldige plaat/opname;* have a ~ time *zich geweldig amuseren* **7.2** I'm the ~est! *ik ben de allergrootste/beste/beroemdste!;*
II ⟨bn., attr.⟩ **0.1** ***groot*** *⇒belangrijk, hoofd-, prominent, vooraanstaand, machtig* **0.2** ***verheven*** *⇒groot* ⟨ideeën⟩ **0.3** ***buitengewoon*** *⇒groot, ernstig, zwaar* ⟨gevoelens, toestanden e.d.⟩ **0.4** ***groot*** *⇒aanzienlijk, hoog* ⟨aantal⟩ **0.5** ***lang*** *⇒hoog* ⟨(leef)tijd⟩ **0.6** ***groot*** *⇒ijverig, enthousiast* **0.7** ⟨vaak vóór bijv. nw.⟩⟨inf.⟩ ***omvangrijk*** *⇒dik, reuze-, enorm* ◆ **1.1** ⟨ster.⟩ Great Bear *Grote Beer;* Great Britain *Groot-Brittannië;* ~ circle *grote cirkel, meridiaan(cirkel);* ~est common divisor/measure *grootste gemene deler;* a ~ family *een vooraanstaande familie;* the Great Fire of London *de grote brand v. Londen* ⟨1666⟩; ~ house *hoofdgebouw* ⟨bv. op landgoed⟩; the Great Lakes *de Grote Meren;* Great Leap Forward *Grote Sprong Voorwaarts* ⟨economisch ontwikkelingsprogramma in China omstreeks 1960⟩; Greater London *Groot Londen;* ⟨gesch.⟩ Great Mogul *grootmogol, grote mogol* ⟨Mongools keizer⟩; Greater New York *Groot New York;* a ~ occasion *een belangrijke gelegenheid;* ~ organ *hoofdmanuaal* ⟨v. meerklaviersorgel⟩; the Great Powers *de grote mogendheden;* Great Seal *grootzegel, rijkszegel;* ~ toe *grote teen;* ~ vassal *grootvazal;* the Great Wall of China *de Chinese Muur* **1.2** ~ thoughts *verheven gedachten* **1.3** take ~ care! *pas bijzonder goed op!;* a ~ crisis *een ernstige crisis;* to a ~ extent *in hoge mate;* ~ friends *dikke vrienden;* a ~ loss *een zwaar verlies* **1.4** ⟨→onbepaald woord 7, 14⟩ a ~ deal (of) *heel wat/veel, een hoop;* the ~ majority *de overgrote meerderheid, het merendeel* **1.5** live to a ~ age *een hoge leeftijd bereiken;* a ~ while ago *heel lang geleden* **1.6** a ~ believer in/defender of human rights *een groot/overtuigd voorstander/voorvechter v.d. mensenrechten;* a ~ lover of dogs *een groot/enthousiast hondenliefhebber;* a ~ reader *een verwoed lezer;* a ~ talker *een echte prater/kletsmajoor* **1.¶** the ~ account *de dag des oordeels;* the Great Assize *het laatste oordeel;* the ~ beyond *het hiernamaals;* Great Bible *Bijbel(vertaling) v. Coverdale* ⟨1539⟩; ⟨plantk.⟩ ~er celandine *stinkende gouwe* ⟨Chelidonium majus⟩; ⟨gesch.⟩ Great Charter *Magna Charta;* Great Dane *Deense Dog;* Great Divide *hoofdwaterscheiding* ⟨vnl. in Rotsgebergte⟩; ⟨fig.⟩ *grens tussen leven en dood;* the ~ game ⟨sport⟩ *golf; spionage;* Great God!/Caesar!/Scott! *goeie genade!;* ~ gross *twaalf gros;* ~ hundred *honderd twintig;* blow ~ guns *te keer gaan, razen en tieren* ⟨v. wind⟩; ⟨sl.⟩ go ~ guns *veel succes hebben, als een trein lopen;* ~ inquest *laatste oordeel;* ⟨gesch., jur.⟩ *jury;* at ~ length *uitvoerig;* go to ~ lengths *erg ver gaan, erg zijn best doen;* have a ~ mind to *veel zin hebben om;* ⟨scherts.⟩ (all) ~ minds think alike *(alle) grote geesten zijn het met elkaar eens;* make ~ play with *schermen met, uitbuiten, goede sier maken met;* ⟨druk.⟩ ~ primer ⟨ong.⟩ *paragon, 18-punts;* Great Rebellion *Engelse Burgeroorlog* ⟨1642-1649⟩; Great Russian *Rus; Russisch;* Great Society *(programma voor) ideale (welvaarts) maatschappij* ⟨v. Am. president Johnson⟩; no ~ shakes *niets bijzonders, middelmaat, niet iets om over naar huis te schrijven;* be in ~ spirits *opgewekt zijn;* set ~ store by/on *grote waarde hechten aan;* live in ~ style *op grote voet leven, een luxe-leventje leiden;* the ~est thing since sliced bread *iets fantastisch;* ⟨BE; scherts.⟩ the ~ unpaid *de onbezoldigde (politie)rechters;* the ~ unwashed *het plebs, de meute;* the Great War *de Eerste Wereldoorlog;* Great White Way *theaterwijk v. Broadway* ⟨New York⟩; the ~ wen *Londen;* the ~ world *de grote wereld;* ⟨gesch., ster.⟩ ~ year *platonisch jaar* ⟨± 26.000 jaar⟩ **2.7** a ~ big tree *een woudreus, een kanjer v.e. boom;* I hate his ~ big head *ik haat die dikke vette kop van 'm* **4.4** a ~ many *heel wat, een heleboel* **¶.1** ⟨inf.⟩ play the ~ I am *hoog van de toren blazen, de grote baas/jongen uithangen;*
III ⟨bn., pred.⟩ **0.1** ***goed*** *⇒bedreven, handig* **0.2** ***geïnteresseerd*** *⇒onderlegd* ◆ **6.1** he is ~ **at** golf *hij is een geweldige golfer* **6.2** be ~ **on** *erg veel weten over; enthousiast zijn over* **6.¶** ⟨vero.⟩ ~ **with** child *zwanger.*

great[3] ⟨f2⟩⟨bw.⟩⟨inf.⟩ **0.1** ***uitstekend*** *⇒heel goed* ◆ **3.1** she sings ~ *zij zingt geweldig/fantastisch.*

great- [greɪt]⟨vormt verwantschapswoorden⟩ **0.1** ***over-*** **0.2** ***achter-*** **0.3** ***oud-*** ◆ **¶.1** great-great-grandfather *betovergrootvader* **¶.2** great-grandchild *achterkleinkind* **¶.3** great-aunt *oudtante.*

'great-'aunt ⟨telb.zn.⟩ **0.1** ***oudtante.***

'great·coat ⟨f1⟩⟨telb.zn.⟩ **0.1** ***(zware)(heren)overjas.***

great·en ['greɪtn]⟨onov. en ov.ww.⟩⟨vero.⟩ **0.1** ***vergroten.***

'great-'grand·aunt ⟨telb.zn.⟩ **0.1** ***overoudtante.***

'great-'grand·fa·ther ⟨telb.zn.⟩ **0.1** ***overgrootvader.***

'great-'grand·son ⟨telb.zn.⟩ **0.1** ***achterkleinzoon.***

great·ly ['greɪtli]⟨f3⟩⟨bw.⟩ **0.1** →great **0.2** ***zeer*** *⇒erg, buitengewoon.*

'great-'un·cle ⟨telb.zn.⟩ **0.1** ***oudoom.***

greave [gri:v]⟨zn.⟩
I ⟨telb.zn.; vaak mv.⟩ **0.1** ***scheenplaat*** ⟨v. harnas⟩ *⇒beenplaat;*
II ⟨mv.; ~s⟩ **0.1** ***kanen*** *⇒kaantjes.*

grebe ['gri:b]⟨telb.zn.⟩⟨dierk.⟩ **0.1** ***fuut*** ⟨fam. Podicipedidae⟩ ◆ **2.1** little ~ *dodaars* ⟨Podiceps ruficollis⟩.

Gre·cian[1] ['gri:ʃn]⟨telb.zn.⟩ **0.1** ***hellenist*** *⇒graecus* **0.2** ⟨BE⟩ ***leerling in de hoogste klas*** **0.3** ***Griek.***

Grecian[2] ⟨bn.⟩ **0.1** ***Grieks*** ⟨in stijl e.d.⟩ ◆ **1.1** ⟨BE⟩ ~ knot *(Griekse)halsvlecht;* ~ nose *Grieks profiel, Griekse neus* **1.¶** ⟨BE⟩ ~ bend *houding v. modieuze vrouwen aan het eind v.d. 19e eeuw;* ~ gift *verraderlijk geschenk, Paard v. Troje.*

Grecise →Graecize.

Grecism →Graecism.

Greco- →Graeco-.

Greece [gri:s]⟨eig.n.⟩ **0.1** ***Griekenland.***

greed [gri:d]⟨f1⟩⟨n.-telb.zn.⟩ **0.1** ***hebzucht*** *⇒hebberigheid, begeerigheid* **0.2** ***gulzigheid*** **0.3** ***gierigheid.***

greed·y ['gri:di]⟨f2⟩⟨bn.; -er; -ly, -ness; →bijw. 3⟩ **0.1** ***gulzig*** **0.2** ***hebzuchtig*** *⇒begerig* **0.3** ***gretig*** *⇒geestdriftig* ◆ **1.1** ~ eyes *gulzige blikken* **3.3** be ~ to participate *ernaar hunkeren, mee te (mo-*

gen) doen **6.2** ~ **for / of** money / honours *geldzuchtig / eerzuchtig;* ~ **of** *begerig naar.*

'greed·y-guts ⟨telb.zn.⟩ ⟨BE; vulg.⟩ **0.1** ***slokop*** ⇒*(veel)vraat, vreetzak.*

gree·gree, gri·gri, gris-gris ['gri:gri:] ⟨telb.zn.⟩ **0.1** ***Afrikaanse fetisj*** ⇒*talisman, amulet.*

Greek[1] [gri:k] ⟨f3⟩ ⟨zn.⟩ ⟨→sprw. 187, 737⟩
I ⟨eig.n.⟩ **0.1** ***Grieks*** ⇒*de Griekse taal* ◆ **6.1** ⟨fig.⟩ that is ~ **to** me *dat is Grieks voor me, daar snap ik geen syllabe / fluit van, dat gaat mijn pet te boven;*
II ⟨telb.zn.⟩ **0.1** ***Griek*** **0.2** ***lid v. Grieks-Orthodoxe kerk*** ◆ **3.¶** ~ meets ~ *de een is de ander waard, ze zijn aan elkaar gewaagd / tegen elkaar opgewassen.*

Greek[2] ⟨f3⟩ ⟨bn.⟩ **0.1** ***Grieks*** ◆ **1.1** the ~ Church *de Grieks-Orthodoxe kerk;* ~ cross *Grieks kruis* ⟨met vier gelijke armen⟩; the ~ Fathers *de Griekse Kerkvaders;* ~ fire *Grieks vuur* **1.¶** at / on the ~ calends *met sint-juttemis, ad calendas graecas;* ~ fret / key *Griekse golven, meanderrand, Griekse rand* ⟨versiering⟩; ~ gift *verraderlijk geschenk, paard v. Troje;* ~ god *adonis, jonge god, mooie man.*

green[1] [gri:n] ⟨f2⟩ ⟨zn.⟩
I ⟨telb.zn.⟩ **0.1** ***grasveld*** ⇒*brink, dorpsplein* **0.2** ⟨golf⟩ ***green*** ⟨putting oppervlak⟩ **0.3** ⟨biljart⟩ ***groene bal*** ◆ **6.¶** ⟨golf⟩ **through** the ~ *over de fairway;*
II ⟨n.-telb.zn.⟩ **0.1** ***groen*** **0.2** ***groene kleding*** **0.3** ***jeugd*** ⇒*kracht, jeugdigheid, forsheid* **0.4** ***loof*** ⇒*groen gewas* **0.5** ⟨sl.⟩ ***poen*** ⇒*(papier)geld* **0.6** ⟨sl.⟩ ***slechte marihuana*** ◆ **1.¶** do you see any ~ in my eye *waar zie je me voor aan?* **3.2** dressed in ~ *in het groen gekleed* **6.¶ in** the ~ *in de bloei der jaren;*
III ⟨mv.; ~s⟩ **0.1** ***(blad)groenten*** **0.2** ⟨G-; the⟩ ⟨pol.⟩ ***(de) Groenen*** ⇒*(de) milieupartij* **0.3** ⟨AE⟩ ***groen*** ⇒*groene takken* **0.4** ⟨AE⟩ ***groen uniform*** **0.5** ⟨sl., vulg.⟩ ***neukpartij*** ⇒*naaien, vozen.*

green[2] ⟨f3⟩ ⟨bn.; -er; -ly; -ness⟩ ⟨→sprw. 246, 261⟩
I ⟨bn.⟩ **0.1** ***groen*** **0.2** ***groen*** ⇒*met gras / loof begroeid* **0.3** ***groen*** ⇒*plantaardig, planten-, groenten-* **0.4** ***groen*** ⇒*onrijp;* ⟨fig.⟩ *onervaren, naïef, goedgelovig* **0.5** ⟨pol.⟩ ***groen*** ⇒*milieu-* **0.6** ***vers*** ⇒*fris, ongezouten, ongerookt* **0.7** ***bleek*** ⇒*ziekelijk* **0.8** ***jeugdig*** ⇒*levendig* ◆ **1.1** ~ cheese *groene kaas;* ~ cloth *biljart(laken);* ~ earth *groenaarde* ⟨mineraal⟩; ~ pastures *grazige weiden;* ~ tea *groene thee;* ~ turtle *groene schildpad* ⟨vnl. cul.⟩ **1.2** the Green Isle *het Groene eiland* ⟨Ierland⟩; ⟨AE⟩ the Green Mountain State *Vermont* **1.3** ~ crop *groenvoer;* ~ food *groenten;* ~ manure *groenbemesting;* ~ pepper *groene paprika;* ~ vegetables *bladgroenten* **1.4** ~ apples *groene / zure appels;* ~ goose *jonge gans* ⟨vnl. cul.⟩; ~ wood *groen hout* **1.5** the ~ party *de Groenen* **1.6** ~ bacon *ongezouten spek;* ~ cheese *jonge kaas; meikaas;* ~ herring *groene / ongezouten haring;* ~ pelts *ongelooide huiden* **1.¶** ~ beans *sperziebonen, prinsessenbonen;* ⟨inf.⟩ Green Beret *commando(soldaat);* bice ~, ~ bice *malachietgroen;* ~ card *groene kaart* ⟨internationaal motorrijtuigenverzekeringsbewijs⟩; ⟨BE⟩ *groene kaart* ⟨registratiebewijs voor invaliden voor de WW, geeft recht op speciale diensten⟩; ⟨AE⟩ *permanente verblijfsvergunning;* make s.o. believe that the moon is made of ~ cheese *iem. knollen voor citroenen verkopen;* a ~ Christmas *een groene Kerst* ⟨tgo. een witte Kerst⟩; ⟨BE⟩ Board of the Green Cloth *afdeling v. Koninklijke hofhouding onder de Lord Steward;* ⟨dierk.⟩ ~ cod *koolvis* ⟨Pollachius virens⟩; ~ currencies *groene munten* ⟨rekeneenheden in Europese landbouwpolitiek⟩; ~ drake *eendagsvlieg;* have ~ fingers / a ~ thumb *groene vingers hebben, talent hebben voor plantenverzorging;* ⟨AE; sl.⟩ *makkelijk geld verdienen, een neus voor succes hebben;* be ~ about the gills *er ziek uitzien, wit om de neus zijn;* ⟨AE; sl.⟩ ~ goods *valse bankbiljetten;* ⟨cul.⟩ ~ goddess dressing *slasaus v. mayonaise, room, ansjovis, peterselie, e.d.;* the grass is ~er on the other side (of the hill / fence) *het gras is daar / bij de buren groener, het is daar beter;* give s.o. the ~ light *iem. het groene licht geven, iem. zijn gang laten gaan;* ⟨dierk.⟩ ~ linnet *groenling* ⟨Carduelis chloris⟩; ⟨BE⟩ ~ meat *groenvoer, groenten;* ~ onion *bosuitje, lenteuitje, nieuwe ui;* ⟨BE⟩ Green Paper *discussiestuk, document waarin een voorstel ter discussie wordt voorgedragen;* ~ peas *doperwten;* ⟨dierk.⟩ ~ plover *kievit* ⟨Vanellus vanellus⟩; ~ power *macht v.h. geld;* ~ revolution *groene revolutie* ⟨programma voor het verhogen v. landbouwproduktie in ontwikkelingslanden⟩; ⟨dierk.⟩ ~ sandpiper *witgatje* ⟨Tringa ochropus⟩; ⟨schei.⟩ ~ vitriol *groene vitriool, ferrosulfaat, melanteriet;* a ~ winter *een zachte winter;* ⟨dierk.⟩ ~ woodpecker *groene specht* ⟨Picus viridis⟩ **2.7** live to a ~ old age *oud worden maar jong v. hart blijven* **2.¶** ⟨inf.⟩ be not as ~ as one is cabbage-looking *niet zo naïef / dom zijn als je er uitziet* **3.7** keep s.o.'s memory ~ *iem. niet vergeten* **6.4** ~ **at** his job *een groentje / een beginneling in zijn werk;*
II ⟨bn., pred.⟩ **0.1** ***jaloers*** ⇒*afgunstig* ◆ **1.1** ~ with envy *groen en geel / scheel v. afgunst.*

green[3] ⟨ww.⟩ →greening
I ⟨onov.ww.⟩ **0.1** ***groen worden*** ⇒*groenen* **0.2** ***milieubewust worden;***
II ⟨ov.ww.⟩ **0.1** ***groen maken*** ⇒*groenen* **0.2** ***milieubewust maken*** **0.3** ⟨AE⟩ ***verjongen*** **0.4** ⟨sl.⟩ ***belazeren.***

'green·back ⟨telb.zn.⟩ ⟨AE⟩ **0.1** ⟨inf.⟩ ***(Am.) bankbiljet*** **0.2** ***dier met groene rug*** ⇒⟨i.h.b.⟩ *kikker, geep.*

'green·belt ⟨telb. en n.-telb.zn.⟩ **0.1** ***groengordel*** ⇒*groenstrook, groene zone.*

'green-blind ⟨bn.⟩ **0.1** ***(kleuren)blind voor groen.***

green-card·er ['gri:n'kɑ:də‖-'kɑrdər] ⟨telb.zn.⟩ ⟨AE⟩ **0.1** ***Mexicaans gastarbeider.***

green·er·y ['gri:nəri] ⟨zn.; →mv. 2⟩
I ⟨telb.zn.⟩ **0.1** ***plantentuin*** **0.2** ***serre*** ⇒*oranjerie;*
II ⟨n.-telb.zn.⟩ **0.1** ***groen*** ⇒*loof / bladeren en groene takken.*

'green-'eyed ⟨bn.⟩ **0.1** ***groenogig*** **0.2** ***jaloers*** ⇒*afgunstig* ◆ **1.2** ⟨lit.⟩ the ~ monster *het monster v.d. afgunst / nijd* ⟨naar Shakespeare⟩.

'green·field(s) ⟨bn., attr.⟩ **0.1** ***onbebouwd*** ⇒*ongerept* ◆ **1.1** a ~ area *een onbebouwd gebied.*

'green·finch ⟨telb.zn.⟩ ⟨dierk.⟩ **0.1** ***groenling*** ⟨Carduelis chloris⟩.

'green·fly ⟨f1⟩ ⟨telb.zn.; vaak greenfly; →mv. 4⟩ **0.1** ***bladluis.***

'green·gage ['gri:ŋgeɪdʒ] ⟨f1⟩ ⟨telb.zn.⟩ **0.1** ***reine-claude*** ⟨groene pruim⟩.

'green·gro·cer ⟨f1⟩ ⟨telb.zn.⟩ ⟨vnl. BE⟩ **0.1** ***groenteboer.***

'green·gro·cer·y ⟨f1⟩ ⟨telb.zn.⟩ ⟨vnl. BE.⟩ **0.1** ***groentewinkel.***

'green·head ⟨telb.zn.⟩ ⟨dierk.⟩ **0.1** ***wilde eend*** ⇒⟨i.h.b.⟩ *woerd* **0.2** ***daas*** ⇒*paardevlieg* ⟨fam. Tabanidae⟩.

'green·heart ⟨zn.⟩
I ⟨telb.zn.⟩ ⟨plantk.⟩ **0.1** ***groenhart(boom)*** ⟨Ocotea / Nectandra rodiaei⟩;
II ⟨n.-telb.zn.⟩ **0.1** ***(demerara) groenhart(hout).***

'green·horn ⟨telb.zn.⟩ **0.1** ***groentje*** ⇒*beginneling* **0.2** ***sul*** ⇒*boerelul* **0.3** ⟨vnl. AE.⟩ ***nieuw aangekomen immigrant.***

'green·house ⟨f2⟩ ⟨telb.zn.⟩ **0.1** ***serre*** ⇒*broeikas, orangerie.*

'greenhouse effect ⟨telb.zn.; vaak the⟩ **0.1** ***broeikaseffect*** ⟨verwarming v.d. dampkring door infrarode straling⟩.

green·ing ['gri:nɪŋ] ⟨zn.; (oorspr.) gerund v. green⟩
I ⟨telb.zn.⟩ **0.1** ***groening*** ⟨groene appel⟩;
II ⟨n.-telb.zn.⟩ **0.1** ***het groenen*** **0.2** ***wederopleving*** ⇒*wedergeboorte* ◆ **1.2** the ~ of America *de herleving / vernieuwing / wedergeboorte van Amerika* ⟨boek v. Ch. Reich⟩.

green·ish ['gri:nɪʃ] ⟨f1⟩ ⟨bn.; -ness⟩ **0.1** ***groenachtig*** ◆ **1.1** ~ yellow *groenachtig geel, groengeel* **1.¶** ⟨dierk.⟩ ~ warbler *grauwe fitis* ⟨Phylloscopus trochiloides⟩.

'green-keep·er ⟨telb.zn.⟩ **0.1** ***terreinknecht*** ⟨op golfbaan, e.d.⟩.

'Green·land ⟨eig.n.⟩ **0.1** ***Groenland.***

Green·land·ic[1] ['gri:n'lændɪk] ⟨eig.n.⟩ **0.1** ***Groenlands*** ⇒*de Groenlandse taal.*

Greenlandic[2] ⟨bn.⟩ **0.1** ***Groenlands.***

Greenland whale ['gri:nlənd 'weɪl‖-'hweɪl] ⟨telb.zn.⟩ ⟨dierk.⟩ **0.1** ***Groenlandse walvis*** ⟨Balaena mysticetus⟩.

green·let ['gri:nlɪt] ⟨telb.zn.⟩ ⟨dierk.⟩ **0.1** ***vireo*** ⟨vogel; fam. Vireonidae⟩.

'green·light ⟨ov.ww.⟩ **0.1** ***het groene licht geven*** ⇒*goedkeuren.*

'green·mail ⟨n.-telb.zn.⟩ ⟨geldw.⟩ **0.1** ***greenmail*** ⟨het opkopen v.e. groot aantal aandelen v.e. bedrijf schijnbaar met de bedoeling om het over te nemen, maar meestal om het bedreigde bedrijf te dwingen tot wederinkoop tegen een hogere prijs⟩.

'green-peak ⟨telb.zn.⟩ ⟨BE; dierk.⟩ **0.1** ***groene specht*** ⟨Picus viridis⟩.

'green·room ⟨telb.zn.⟩ ⟨dram.⟩ **0.1** ***artiestenfoyer.***

'green·sand ⟨n.-telb.zn.⟩ **0.1** ⟨geol.⟩ ***groenzand(steen)*** **0.2** ⟨gieterij⟩ ***vormzand.***

'green·shank ⟨telb.zn.⟩ ⟨dierk.⟩ **0.1** ***groenpootruiter*** ⟨waadvogel; Tringa nebularia⟩.

'green·sick ⟨bn.; -ness⟩ ⟨med.⟩ **0.1** ***bleekzuchtig*** ⇒*anemisch.*

'green·stone ⟨telb. en n.-telb.zn.⟩ ⟨geol.⟩ **0.1** ***groensteen*** ⇒*dioriet.*

'green·stuff ⟨n.-telb.zn.⟩ **0.1** ***groen*** ⇒*groente* **0.2** ⟨sl.⟩ ***poen*** ⇒*(papier)geld.*

'green·sward ⟨telb. en n.-telb.zn.⟩ **0.1** ***grasland*** ⇒*grasveld.*

greenth [gri:nθ] ⟨n.-telb.zn.⟩ **0.1** ***loof*** ⇒*gebladerte.*

'green time ⟨n.-telb.zn.⟩ ⟨verkeer⟩ **0.1** ***groene golf.***

'green·weed, 'greenwood ⟨telb. en n.-telb.zn.⟩ ⟨plantk.⟩ **0.1** ***verfbrem*** ⟨Genista tinctoria⟩.

Green·wich Mean Time ['grɪnɪdʒ 'mi:n taɪm], **'Greenwich 'Civil Time, 'Greenwich Time** ⟨f2⟩ ⟨n.-telb.zn.⟩ **0.1** ***Greenwich-tijd.***

'green·wood ⟨telb. en n.-telb.zn.⟩ **0.1** ***groen woud*** **0.2** →greenweed.

green·y ['gri:ni] ⟨bn.; -er; -ly; →bijw. 3⟩ **0.1** ***groenachtig.***

'green·yard ⟨telb.zn.⟩ **0.1** ⟨BE⟩ ***schutstal*** **0.2** ⟨AE⟩ ***met gras begroeid erf.***

greet [gri:t]⟨f3⟩⟨ww.⟩ →greeting
I ⟨onov.ww.⟩⟨Sch. E⟩ **0.1** ***huilen*** ⇒*jammeren, weeklagen;*
II ⟨ov.ww.⟩ **0.1** ***begroeten*** ⇒*groeten* **0.2** ***onthalen*** ⇒*begroeten* **0.3** ***komen tot*** ⇒*bereiken* ◆ **1.3** a cold air ~ed us *een vlaag koude lucht kwam ons tegemoet;* the noise of the party ~ed our ears at a mile's distance *het rumoer v.h. feestje bereikte onze oren op een kilometer afstand* **6.2** the proposal was ~ed **with** enthusiasm / laughter *het voorstel werd met enthousiasme begroet / op gelach onthaald.*

greet·ing ['gri:ṭɪŋ]⟨f2⟩⟨telb.zn.; oorspr. gerund v. greet⟩ **0.1** ***groet*** ⇒*begroeting, wens* **0.2** ⟨AE⟩ ***aanhef*** ⟨v.e. brief⟩ ◆ **3.1** exchange ~s *elkaar begroeten* **3.2** the ~ said: Dear Sir *de aanhef luidde: Geachte Heer.*

gref·fi·er ['grefieɪ]⟨telb.zn.⟩ **0.1** ***griffier.***

gre·gar·i·ous [grɪ'geərɪəs‖-'ger-]⟨f1⟩⟨bn.; -ly; -ness⟩ **0.1** ⟨dierk.⟩ ***in kudde(n) / kolonie(s) levend*** **0.2** ⟨plantk.⟩ ***in trossen / bosjes groeiend*** **0.3** ***kudde-*** ⇒*groeps-* **0.4** ***van gezelschap / groepsleven houdend*** ⇒*sociabel, graag met anderen zijnd* ◆ **1.1** a ~ animal *een kuddedier* **1.3** ~ behaviour *groepsgedrag.*

Gre·go·ri·an[1] [grɪ'gɔ:rɪən]⟨n.-telb.zn.⟩ **0.1** ***Gregoriaans (gezang).***

Gregorian[2] ⟨bn.⟩ **0.1** ***Gregoriaans*** ⟨mbt. Paus Gregorius I of XIII⟩ **0.2** ***mbt. / v. J. Gregory*** ⟨Schots geleerde⟩ ◆ **1.1** ~ calendar *Gregoriaanse kalender;* ~ chant *Gregoriaans kerkgezang;* ~ tones *Gregoriaanse psalmodieën* **1.2** ~ telescope *telescoop v. Gregory.*

grem·lin ['gremlɪn]⟨telb.zn.; vnl. mv.⟩⟨inf.⟩ **0.1** ***pechduiveltje*** ⇒*zetduivel* **0.2** ***kwelgeest*** ⇒*lastpak* ◆ **3.1** the ~s have struck again *we worden door (technische) pech achtervolgd.*

gre·nade [grɪ'neɪd]⟨f2⟩⟨telb.zn.⟩ **0.1** ***granaat*** ⇒*(hand)granaat* **0.2** ***brandblusgranaat*** ⟨glazen projectiel dat in het vuur stukgegooid wordt en dan blussende chemicaliën vrijgeeft⟩.

gre'nade launcher ⟨telb.zn.⟩ **0.1** ***granaatwerper.***

gren·a·dier ['grenə'dɪə‖-'dɪr]⟨f1⟩⟨telb.zn.⟩ **0.1** ***grenadier.***

'Grenadier 'Guards ⟨mv.⟩⟨BE⟩ **0.1** ***Koninklijk Infanterieregiment.***

Gresh·am's law ['greʃəmz 'lɔ:]⟨n.-telb.zn.⟩⟨ec.⟩ **0.1** ***wet v. Gresham*** ⟨geld met lage intrinsieke waarde verdrijft geld met hoge⟩.

gres·so·ri·al [gre'sɔ:rɪəl]⟨bn.⟩⟨dierk.⟩ **0.1** ***loop-*** ⇒*mbt. / aangepast aan het lopen* ◆ **1.1** ~ limbs *ledematen, dienend voor de voortbeweging;* ~ muscles *loopspieren.*

Gretna Green marriage ['gretnə 'gri:n mærɪdʒ]⟨telb.zn.⟩ **0.1** ***huwelijk zonder ouderlijke toestemming*** ⟨oorspr. in Gretna Green, gehucht net over Schotse grens⟩.

grew ⟨verl. t.⟩ →grow.

grewsome →gruesome.

grey[1], ⟨AE sp.⟩ **gray** [greɪ]⟨f1⟩⟨zn.⟩
I ⟨telb.zn.⟩ **0.1** ***schimmel*** ⟨paard⟩ **0.2** ⟨AE; sl.; bel.⟩ ***blanke;***
II ⟨telb. en n.-telb.zn.⟩ **0.1** ***grijs*** ⇒*grijze kleur / tint* ◆ **6.1** dressed **in** ~ *in het grijs (gekleed);* a picture **in** ~s and browns *een schilderij in grijze en bruine tinten;*
III ⟨n.-telb.zn.⟩ **0.1** ***grauw licht*** ⇒*grauwheid;*
IV ⟨mv.; Greys; the⟩⟨BE⟩ **0.1** ***tweede regiment dragonders.***

grey[2], ⟨AE sp.⟩ **gray** ⟨f3⟩⟨bn.; -er; -ly; -ness⟩ ⟨→sprw. 12⟩ **0.1** ***grijs*** ⇒*grijskleurig* **0.2** ***grijs*** ⇒*bewolkt, grauw, somber* **0.3** ***grijs*** ⇒*grijsharig;* ⟨fig.⟩ *ervaren, oud* **0.4** ***somber*** ⇒*treurig, akelig, triest* **0.5** ***saai*** ⇒*kleurloos* **0.6** ***grijs*** ⇒*vaag, onduidelijk, twijfelachtig* **0.7** ***naamloos*** ⇒*anoniem* ⟨personen⟩ **0.8** ***grijs*** ⟨minder illegaal dan zwart⟩ ◆ **1.1** ~ cells / matter *grijze cellen / stof, hersenen / verstand;* ⟨inf.; fig.⟩ get ~ hair over sth. *ergens grijze haren van krijgen, ergens van wakker liggen;* ~ horse *schimmel* **1.3** the ~ past *het grijze verleden;* ~ wisdom *de wijsheid der ouden* **1.5** a ~ life *een saai / onopvallend / eentonig leven* **1.6** a ~ area *een grijze zone* **1.7** the ~ masses *de grauwe / anonieme massa / menigte* **1.8** the ~ market *sluik / woekerhandel die niet uitdrukkelijk illegaal is* **1.¶** ⟨BE⟩ ~ area *gebied met hoge werkloosheid (maar niet in aanmerking komend voor bijzondere staatshulp);* ⟨dierk.⟩ ~ crow *bonte kraai* ⟨Corvus cornix⟩; ~ eminence *grijze eminentie, eminence grise;* Grey Friar *franciscaan;* ⟨dierk.⟩ ~ goose *grauwe gans* ⟨Anser anser⟩; *Canadese gans* ⟨Branta canadensis⟩; ⟨dierk.⟩ ~ heron *blauwe reiger* ⟨Ardea cinerea⟩; ~ iron *grijs gietijzer;* ~ mare *vrouw die de broek aanheeft;* ~ monk *cisterciënzer;* ⟨dierk.⟩ great ~ owl *Laplanduil* ⟨Strix nebulosa⟩; ⟨dierk.⟩ ~ phalarope *rosse franjepoot* ⟨Phalaropus fulicarius⟩; ⟨dierk.⟩ ~ plover *zilverplevier* ⟨Pluvialis squatarola⟩; ⟨dierk.⟩ great ~ shrike *klapekster* ⟨Lanius excubitor⟩; ⟨dierk.⟩ lesser ~ shrike *kleine klapekster / klauwier* ⟨Lanius minor⟩; ~ sister *franciscanes;* ⟨dierk.⟩ ~ squirrel *grijze eekhoorn* ⟨Sciurus carolinencis⟩; ⟨dierk.⟩ ~ wagtail *grote gele kwikstaart* ⟨Motacilla cinerea⟩ **3.1** his face turned ~ *zijn gezicht werd (as)grauw* **3.3** go ~ over sth. *ergens grijze haren van krijgen* **6.4** ~ **with** age *grijs v.d. ouderdom;* ⟨fig.⟩ *verouderd.*

grey[3], ⟨AE sp.⟩ **gray** ⟨f2⟩⟨ww.⟩
I ⟨onov.ww.⟩ **0.1** ***grijs worden*** ⇒*(ver)grijzen* ⟨ook v. bevolking e.d.⟩;
II ⟨ov.ww.⟩ **0.1** ***grijs maken.***

'grey·back, ⟨AE sp.⟩ **'gray·back** ⟨telb.zn.⟩ **0.1** ***dier met grijze rug*** **0.2** ⟨AE⟩ ***soldaat v.d. Zuidelijke Staten*** ⟨in Am. burgeroorlog⟩.

'grey·beard, ⟨AE sp.⟩ **'gray·beard** ⟨telb.zn.⟩ **0.1** ***grijsaard*** **0.2** ***stenen kruik*** **0.3** ⟨plantk.⟩ ***clematis.***

'grey-'faced ⟨bn.⟩ **0.1** ***lijkbleek.***

'grey-'haired, 'grey-'head·ed ⟨f1⟩⟨bn.⟩ **0.1** ***grijs*** ⇒*vergrijsd* ◆ **1.¶** ⟨dierk.⟩ grey-headed wagtail *noordse gele kwikstaart* ⟨Motacilla flava⟩; ⟨dierk.⟩ grey-headed woodpecker *grijskopspecht* ⟨Picus canus⟩ **3.1** go ~ over sth. *ergens grijze haren van krijgen.*

'grey-hen ⟨telb.zn.⟩ **0.1** ***korhen.***

'grey·hound ⟨f2⟩⟨telb.zn.⟩ **0.1** ***hazewind*** ⇒*windhond* **0.2** ⟨AE⟩ ***Greyhoundbus*** ⟨grote bus voor lange-afstandsreizen⟩.

'greyhound racing ⟨n.-telb.zn.⟩ **0.1** ***het windhondenrennen.***

grey·ish, ⟨AE sp.⟩ **gray·ish** ['greɪɪʃ]⟨f1⟩⟨bn.⟩ **0.1** ***grijsachtig.***

grey·lag ['greɪlæg], **'greylag goose,** ⟨AE sp. ook⟩ **'graylag (goose)** ⟨telb.zn.⟩⟨dierk.⟩ **0.1** ***grauwe gans*** ⟨Anser anser⟩.

'grey·wacke ⟨n.-telb.zn.⟩⟨geol.⟩ **0.1** ***grauwacke*** ⇒*grauwak* ⟨donker klastisch afzettingsgesteente⟩.

grid [grɪd]⟨f1⟩⟨telb.zn.⟩ **0.1** ***rooster*** ⇒*traliewerk* **0.2** ***zeefrooster*** **0.3** ***roosterplaat*** ⟨in accu, e.d.⟩ **0.4** ***raster*** ⇒*coördinatenstelsel / net* ⟨v. landkaart⟩ **0.5** ***netwerk*** ⇒*hoogspanningsnet, koppelnet, radio / telefoonnet* **0.6** ⟨autosport⟩ ***startplaats*** ⟨met tijdsnelsten vooraan⟩ ⇒*startopstelling* **0.7** ***wildrooster*** **0.8** ⟨elek.⟩ ***rooster*** **0.9** ***rek*** ⇒*bagagerek, bagagedrager* **0.10** ⟨AE⟩ ***voetbalveld*** ◆ **2.5** ⟨BE⟩ the national ~ *het nationale elektriciteitsnet.*

'grid bias ⟨n.-telb.zn.⟩⟨elek.⟩ **0.1** ***roosterspanning*** ⇒*roostervoorspanning.*

grid·der ['grɪdə‖-ər]⟨telb.zn.⟩⟨AE; inf.; sport⟩ **0.1** ***(Amerikaans-) voetballer*** ⟨iem. die Am. voetbal speelt⟩.

grid·dle[1] ['grɪdl]⟨f1⟩⟨telb.zn.⟩ **0.1** ***kookplaat*** ⇒*bakplaat* ⟨v. kachel, fornuis⟩ **0.2** ***zeef*** ⟨met rooster v. metaalgas⟩ ◆ **6.1** ⟨fig.⟩ be **on** the ~ *aan de tand gevoeld worden; op hete kolen zitten.*

griddle[2] ⟨ov.ww.⟩ **0.1** ***op een plaat bakken*** **0.2** ***door metaalgaas zeven.***

'griddle cake ⟨telb.zn.⟩ **0.1** ***dikke pannekoek.***

gride[1] [graɪd]⟨telb. en n.-telb.zn.⟩ **0.1** ***geknars*** ⇒*gekras.*

gride[2] ⟨onov.ww.⟩ **0.1** ***schrapen*** ⇒*knarsen, krassen.*

'grid·i·ron ⟨f1⟩⟨telb.zn.⟩ **0.1** ***rooster*** ⇒*grillrooster* **0.2** ⟨dram.⟩ ***hersen*** ⇒⟨t.v.⟩ *lampenzolder* **0.3** ⟨AE⟩ ***voetbalveld*** **0.4** ⟨bouwk.⟩ ***lineaalbouw*** ⇒*recht-toe, recht aan-bouw* **0.5** ***compensatieslinger.***

'gridiron pendulum ⟨telb.zn.⟩ **0.1** ***compensatieslinger.***

'grid leak ⟨telb.zn.⟩⟨elek.⟩ **0.1** ***roosterlek*** ⇒*lekweerstand.*

'grid line ⟨telb.zn.; vaak mv.⟩ **0.1** ***rasterlijn.***

'grid·lock ⟨telb.zn.⟩ **0.1** ***blokkering*** ⟨vnl. v. verkeer; ook fig.⟩ ⇒⟨fig. ook⟩ *ineenstorting, dysfunctie.*

grief [gri:f]⟨f3⟩⟨zn.⟩
I ⟨telb.zn.⟩ **0.1** ***grote zorg*** ⇒*bron v. leed, kwelling;*
II ⟨n.-telb.zn.⟩ **0.1** ***leed*** ⇒*verdriet, smart, droefheid* ◆ **2.¶** good / great ~! *lieve hemel!* **3.1** bring s.o. to ~ *iem. in het ongeluk storten, iem. een ongeluk bezorgen;* come to ~ *verongelukken, een ongeluk krijgen, schipbreuk lijden* ⟨ook fig.⟩; *mislukken, falen; vallen;* die of ~ *sterven v. verdriet* **¶.1** ~-stricken *(door leed) getroffen.*

griev·ance ['gri:vns]⟨f2⟩⟨telb.zn.⟩ **0.1** ***grief*** ⇒*klacht, reden tot misnoegdheid* **0.2** ***wrok*** ⇒*bitter gevoel* ◆ **3.1** the union voiced the workers' ~s *de vakbond vertolkte de grieven v.d. arbeiders* **3.2** nurse / cherish a ~ against s.o. *wrok tegen iem. koesteren.*

grieve[1] [gri:v]⟨telb.zn.⟩⟨Sch. E⟩ **0.1** ***opzichter*** ⟨op boerderij⟩.

grieve[2] ⟨f2⟩⟨ww.⟩ ⟨→sprw. 736⟩
I ⟨onov.ww.⟩ **0.1** ***treuren*** ⇒*verdriet hebben* ◆ **6.1** ~ **for** s.o. / **about / over** s.o.'s death *treuren om iemands dood;* ~ **over** the good old days *de goede oude tijd betreuren;* ~ **at** sth. *ergens spijt / verdriet over hebben;*
II ⟨ov.ww.⟩ **0.1** ***bedroeven*** ⇒*verdriet veroorzaken* ◆ **4.1** it ~s me to hear that *ik vind het triest / het spijt mij, dat te horen* **6.1** I am ~d **for** you *het spijt me voor jou / ik heb erg met je te doen.*

griev·ous ['gri:vəs]⟨f1⟩⟨bn.; -ly; -ness⟩ **0.1** ***erg*** ⇒*zwaar, ernstig* **0.2** ***pijnlijk*** ⇒*smartelijk* **0.3** ***verschrikkelijk*** ⇒*afschuwelijk, snood* ◆ **1.1** ⟨jur.⟩ ~ bodily harm *zwaar lichamelijk letsel;* it was a ~ fault, And ~ly hath Caesar answered it *het was een zware fout, en Caesar heeft hem duur betaald;* a ~ wound *een ernstige wond.*

griff [grɪf]⟨telb.zn.⟩⟨BE; sl.⟩ **0.1** ***nieuwtje uit betrouwbare bron*** ⇒*wenk, tip.*

grif·fin ['grɪfɪn], ⟨in bet. 0.1 ook⟩ **gry·phon** ['grɪfən‖-fɑn]⟨telb.zn.⟩ **0.1** ***griffioen*** ⇒*grijpvogel* **0.2** →griff.

grif·fon ['grɪfən‖-fɑn]⟨telb.zn.⟩ **0.1** ***griffon*** ⇒*smousbaard* ⟨ruige jachthond⟩ **0.2** ***griffioen*** ⇒*grijpvogel* **0.3** ***vale gier*** ⟨Gyps fulvus⟩.

'griffon vulture ⟨telb.zn.⟩⟨dierk.⟩ **0.1** ***vale gier*** ⟨Gyps fulvus⟩.

grift[1] [grɪft]⟨zn.⟩⟨AE; sl.⟩

I ⟨telb. en n.-telb.zn.; vaak the⟩ **0.1** ***zwendel*** ⇒*zwendelarij;*
II ⟨n.-telb.zn.⟩ **0.1** ***zwendelarij*** ⇒*geknoei* **0.2** ***oneerlijk verdiend geld.***
grift[2] ⟨onov.ww.⟩ ⟨AE; sl.⟩ **0.1** ***zwendelen*** ⇒*op oneerlijke manier geld verdienen.*
grig [grɪg] ⟨telb.zn.⟩ **0.1** ***smelt*** ⇒*zandaal, zandspiering* **0.2** ***krekel (tje)*** **0.3** ***sprinkhaan*** ◆ **2.2** cheerful / lively / merry as a ~ *zo vrij als een vogeltje / dartel als een veulentje.*
grigri →greegree.
grill[1] [grɪl] ⟨f2⟩ ⟨telb.zn.⟩ **0.1** ***grill*** ⇒*rooster, vleesrooster* **0.2** ***geroosterd (vlees)gerecht*** **0.3** →grille **0.4** ⟨verk.⟩ ⟨grill-room⟩ ◆ **3.2** mixed ~ *verschillende vleessoorten v.d. grill, mixed grill.*
grill[2] ⟨f1⟩ ⟨ww.⟩
I ⟨onov. en ov.ww.⟩ **0.1** ***roosteren*** ⇒*grillen, grilleren, braden;* ⟨fig.⟩ *bakken* ◆ **1.1** tourists ~ing (themselves) on the beach *toeristen die op het strand liggen te bakken;*
II ⟨ov.ww.⟩ **0.1** ***verhoren*** ⇒*aan een kruisverhoor onderwerpen* **0.2** ⟨vnl. volt. deelw.⟩ ***van rooster / traliewerk voorzien*** **0.3** ***roosten*** ⟨erts⟩ ◆ **1.2** a heavily ~ed window *een zwaar getralied venster.*
gril·lage ['grɪlɪdʒ] ⟨telb.zn.⟩ **0.1** ***rasterwerk*** ⟨als fundering⟩ **0.2** ***traliewerk.***
grille, grill [grɪl] ⟨f1⟩ ⟨telb.zn.⟩ **0.1** ***traliewerk*** ⇒*rooster, rasterwerk* **0.2** ⟨ben. voor⟩ ***traliehek(je)*** ⇒*koorhek* ⟨klooster⟩; *judas, kijkraampje* ⟨deur⟩; *loket; kijkgat in muur v. gesloten tennisbaan* **0.3** ***radiatorscherm*** ⟨v. auto⟩ ⇒*sierscherm, grille.*
'grill-room, grill ⟨f1⟩ ⟨telb.zn.⟩ **0.1** ***grill-room*** ⇒*grill-bar, grill-restaurant.*
grilse [grɪls] ⟨telb.zn.; grilse; →mv. 4⟩ **0.1** ***jakobszalm*** ⟨2 jaar oud⟩.
grim [grɪm] ⟨f3⟩ ⟨bn.; -er; -ly; -ness; →bijw. 3⟩ **0.1** ***onverbiddelijk*** ⇒*meedogenloos, wreed, bars* **0.2** ***akelig*** ⇒*beroerd, naar, makaber, luguber* ◆ **1.1** ~ determination *onwrikbare vastberadenheid;* the ~ reality / truth *de harde werkelijkheid / waarheid* **1.2** life is (rather) ~ *het leven is geen lolletje;* ~ prospects *ongunstige vooruitzichten;* ~ weather *dreigend weer* **1.¶** hang / hold on (to sth.) like ~ death *zich ergens wanhopig aan vastklampen, hardnekkig doorzetten; niet ophangen* ⟨telefoon⟩ **3.2** feel ~ *zich ontmoedigd / gedeprimeerd voelen.*
gri·mace[1] [grɪ'meɪs‖'grɪməs] ⟨f1⟩ ⟨zn.⟩
I ⟨telb.zn.⟩ **0.1** ***grimas*** ⇒*gezicht, smoel, grijns* ◆ **3.1** make ~s *smoelen / gezichten trekken;*
II ⟨telb. en n.-telb.zn.⟩ **0.1** ***gekunsteldheid*** ⇒*gemaaktheid.*
grimace[2] ⟨f1⟩ ⟨onov.ww.⟩ **0.1** ***een (lelijk) gezicht trekken*** ⇒*grimassen* ◆ **6.1** ~ **at** the sight of sth. *een scheef gezicht trekken bij het zien v. iets;* ~ **from** disgust / **with** pain *vertrekken van afkeer / van de pijn.*
gri·mal·kin [grɪ'mælkɪn] ⟨telb.zn.⟩ **0.1** ***oude poes*** **0.2** ⟨bel.⟩ ***oud wijf.***
grime[1] [graɪm] ⟨f2⟩ ⟨n.-telb.zn.⟩ **0.1** ***vuil*** ⇒*roet* ⟨vnl. als laag op (huid)oppervlakte⟩ ◆ **1.1** covered with ~ *onder het roet.*
grime[2] ⟨ov.ww.⟩ **0.1** ***vuilmaken*** ⇒*bevuilen, bezoedelen.*
Grimm's law ['grɪmz 'lɔ:] ⟨n.-telb.zn.; ook G- L-⟩ ⟨taalk.⟩ **0.1** ***wet v. Grimm*** ⇒*eerste / Germaanse klankverschuiving.*
grim·y ['graɪmi] ⟨f1⟩ ⟨bn.; -er; -ly; -ness; →bijw. 3⟩ **0.1** ***vuil*** ⇒*groezelig, goor, zwart* **0.2** ***goor*** ⇒*wansmakelijk* ⟨persoon, taal⟩ ◆ **1.2** a ~ bloke *een gore vent* **6.1** curtains ~ **with** dust *gordijnen goor / grijs v.h. stof.*
grin[1] [grɪn] ⟨f2⟩ ⟨telb.zn.⟩ **0.1** ***brede glimlach*** **0.2** ***grijns*** ⇒*grimas* ⟨met alle tanden bloot⟩ ◆ **1.1** wipe the ~ off s.o.'s face *iem. het lachen doen vergaan* **3.2** take / wipe that (silly) ~ off your face! *sta niet (zo dom) te grijnzen / te grinniken!.*
grin[2] ⟨f3⟩ ⟨ww.; →ww. 7⟩
I ⟨onov.ww.⟩ **0.1** ***grijnzen*** ⇒*grinniken, glimlachen* **0.2** ***een grimas maken*** ⇒*grijnzen* ◆ **1.1** ~ like an ape / a Cheshire cat / from ear to ear *breed grijnzen, een brede glimlach tonen* **1.2** ~ through a horsecollar *bekkentrekken* ⟨als onderdeel v.e. oud volksvermaak⟩ **3.1** ~ and bear it *zich stoer / flink houden, op zijn tanden bijten* **6.2** ~ **with** disgust *een gezicht vol walging tonen;*
II ⟨ov.ww.⟩ **0.1** ***door een glimlach te kennen geven / uitdrukken*** ◆ **1.1** he ~ned his approval / satisfaction *hij gaf door / met een glimlach zijn goedkeuring / tevredenheid te kennen.*
grind[1] [graɪnd] ⟨f1⟩ ⟨telb.zn.⟩ **0.1** ***maling*** ⇒*manier v. malen, grofheidsgraad* ⟨v. maalsel⟩ **0.2** ***slijping*** **0.3** ***geknars*** ⇒*schurend / knarsend geluid* **0.4** ⟨geen mv.⟩ ⟨inf.⟩ ***inspanning*** ⇒*(vervelend) karwei, klus, kluif, opgaaf* ⟨ook wedstrijd e.d.⟩ **0.5** ***heupwieging*** ⟨vnl. in striptease⟩ **0.6** ⟨sl.⟩ ***neukpartij*** ⇒*naaien* **0.7** ⟨AE; inf.⟩ ***blokker*** ◆ **1.2** the ~ of those lenses is incorrect *die lenzen zijn verkeerd geslepen;* those scissors need another ~ *die schaar moet nog eens geslepen worden* **2.1** coffee of a coarse / fine ~ *grofgemalen / fijne koffie* **2.4** the dull daily ~ *de (saaie) dagelijkse sleur / routine;* that job was a dreadful ~ *dat werk was een enorm karwei / een hele kluif* **6.4** be **on** the ~ *ingespannen bezig zijn* **7.4** learning English is no ~ *er is niets moeilijks / vervelends aan Engels leren.*
grind[2] ⟨f3⟩ ⟨ww.; ground, ground [graʊnd]⟩ ⟨→sprw. 457, 458⟩
I ⟨onov.ww.⟩ **0.1** ***zich laten malen*** ⇒*zich (goed) tot malen lenen* **0.2** ⟨inf.⟩ ***blokken*** ⇒*ploeteren* **0.3** ⟨sl.⟩ ***kronkelen*** ⇒*(heup)wiegen* **0.4** ⟨sl.⟩ ***wippen*** ⇒*neuken* ◆ **5.1** this wheat ~s **down** to a good flour *dit koren laat zich (gemakkelijk) tot goed meel malen* **5.2** he is ~ing **away** at his maths *hij zit op zijn wiskunde te blokken;*
II ⟨onov. en ov.ww.⟩ **0.1** ***knarsen*** ⇒*schuren, krassen* ◆ **1.1** ~ one's teeth *tandenknarsen;* ~ to a halt *tot stilstand komen* ⟨ook fig.⟩ **6.1** the ship is ~ing **against / on** the iceberg *het schip schuurt / knarst langs de ijsberg;*
III ⟨ov.ww.⟩ **0.1** ***verbrijzelen*** ⇒*(ver)malen, verpletteren;* ⟨fig.⟩ *onderdrukken* **0.2** ***(uit)trappen*** ⟨met draaiende beweging v. voet / hiel⟩ ⟨ook fig.⟩ **0.3** ***slijpen*** **0.4** ***(doen) draaien*** ⟨(koffie)molen, draaiorgel e.d.⟩ ◆ **1.1** ~ coffee *koffie malen;* ~ing poverty *nijpende / schrijnende armoede* **1.2** ~ one's cigarette into the rug *zijn sigaret in het tapijt (uit)trappen;* ~ one's foot into s.o.'s stomach *met zijn voet in iemands maag trappen* **1.3** ground glass *matglas* ⟨ook foto.⟩; ~ a knife *een mes slijpen* **5.1** people ground **down** by taxes / tyranny *mensen verpletterd onder de belastingdruk / onderdrukt door tirannie* **5.¶** →grind **out** **6.1** ~ **into** pieces / dust *tot gruis / stof verpletteren / verbrijzelen* **6.2** ~ the grammar **into** the students' heads *de grammatica in de hoofden v.d. studenten hameren / drillen.*
grind·er ['graɪndə‖-ər] ⟨f1⟩ ⟨telb.zn.⟩ **0.1** ***molen*** **0.2** ***slijper*** **0.3** ***slijpmachine*** **0.4** ***maalsteen*** ⇒*wrijfsteen* ⟨bovenste molensteen⟩ **0.5** ***kies*** **0.6** ⟨AE; inf.⟩ ***blokker.***
'grind 'out ⟨ov.ww.⟩ **0.1** ***uitbrengen*** ⇒*voortbrengen, opdreunen* ⟨voortdurend en machinaal⟩ **0.2** ***tussen de tanden grommen*** ◆ **1.1** the juke-box ground out old tunes *de juke-box draaide oude deuntjes af;* the assembly line grinds out six thousand sets a day *de lopende band produceert (zonder moeite) zesduizend toestellen per dag.*
'grind·stone ⟨f1⟩ ⟨telb.zn.⟩ **0.1** ***slijpsteen*** ◆ **3.¶** get back to the ~ *weer aan het werk gaan, weer aan de slag gaan.*
grin·go ['grɪŋgoʊ] ⟨telb.zn.⟩ ⟨vaak bel.⟩ **0.1** ***vreemdeling*** ⟨vnl. Amerikaan of Engelsman in Latijns-Amerika⟩.
grip[1] [grɪp] ⟨f3⟩ ⟨telb.zn.⟩ **0.1** ***greep*** ⇒*houvast, vat, manier v. vasthouden* **0.2** ***beheersing*** ⇒*macht, meesterschap;* ⟨fig.⟩ *begrip, vat* **0.3** ***greep*** ⇒*handvat* **0.4** ***klem*** ⇒*klamp* **0.5** ⟨AE⟩ ***toneelknecht*** **0.6** ⟨BE; gew.⟩ ***greppel*** **0.7** →grippe **0.8** →gripsack ◆ **2.1** keep a tight ~ on *stevig vasthouden* **2.2** he has a firm ~ on his children *hij heeft zijn kinderen goed in de hand;* have a good ~ of a subject / language *een onderwerp / taal goed beheersen* **3.1** be at / come / get to ~s with s.o. *met iem. handgemeen worden / beginnen te vechten;* let go / relax one's ~ *loslaten* **3.2** get / come to ~s with a problem *worstelen met een probleem, een probleem aanpakken;* lose one's ~ of sth. *iets niet meer kunnen bevatten;* ⟨inf.⟩ keep / take a ~ on oneself *zich beheersen, zichzelf in de hand houden, zich vermannen* **6.2** get **into** s.o.'s ~ *in iemands handen vallen, in iemands greep komen.*
grip[2] ⟨f2⟩ ⟨ww.; →ww. 7⟩
I ⟨onov.ww.⟩ **0.1** ***pakken*** ⟨v. rem e.d.⟩ ⇒*grijpen* ⟨v. anker⟩;
II ⟨ov.ww.⟩ **0.1** ***vastpakken*** ⇒*grijpen, vasthouden;* ⟨fig.⟩ *pakken, boeien, treffen, vat hebben op* ◆ **1.1** ~ s.o.'s attention *iemands aandacht vasthouden / in beslag nemen;* a ~ping story *een pakkend verhaal.*
'grip-brake ⟨telb.zn.⟩ **0.1** ***handrem.***
gripe[1] [graɪp] ⟨f1⟩ ⟨zn.⟩
I ⟨telb.zn.⟩ **0.1** ***greep*** ⇒*houvast, vat* **0.2** ***greep*** ⇒*handvat, gevest* **0.3** ***knaging*** ⇒*kwelling, het nijpen, kneep* **0.4** ⟨inf.⟩ ***zeurpiet*** ⇒*klager, zeikerd* **0.5** ⟨inf.⟩ ***klacht*** ⇒*bezwaar, kritiek* ◆ **1.3** the ~ of hunger / poverty *het knagen v.d. honger / nijpen v.d. armoede;*
II ⟨mv.; ~s⟩ **0.1** ⟨vaak the⟩ ***kolieken*** ⇒*buikkramp(en)* **0.2** ⟨scheep.⟩ ***sjorring.***
gripe[2] ⟨f1⟩ ⟨ww.⟩
I ⟨onov.ww.⟩ **0.1** ***knagen*** ⇒*krimpen, aan kramp lijden* **0.2** ⟨inf.⟩ ***klagen*** ⇒*mopperen, opspelen* **0.3** ⟨scheep.⟩ ***loeven*** ⇒*loefgierig zijn* ◆ **1.1** a griping stomach *een knagende maag* **6.2** ~ **about** sth. / **at** s.o. *over iets / tegen iem. mopperen;*
II ⟨onov. en ov.ww.⟩ ⟨vero.⟩ **0.1** ***grijpen;***
III ⟨ov.ww.⟩ **0.1** ***kramp / koliek veroorzaken bij*** **0.2** ⟨inf.⟩ ***kwellen*** ⇒*ergeren, vervelen, benauwen, pijnigen* **0.3** ⟨scheep.⟩ ***(vast)sjorren*** **0.4** ***onderdrukken*** ⇒*uitbuiten* ◆ **3.1** be ~d *koliek krijgen.*
'gripe-wa·ter ⟨n.-telb.zn.⟩ ⟨med.⟩ **0.1** ***carminatief*** ⇒*windverdrijvend drankje* ⟨i.h.b. voor babies⟩.
'grip fastening ⟨telb.zn.⟩ **0.1** ***klitbandsluiting.***
grippe, grip [grɪp] ⟨telb.zn.; vaak the⟩ **0.1** ***griep*** ⇒*influenza.*
'grip·sack, grip ⟨telb.zn.⟩ ⟨AE⟩ **0.1** ***koffer*** ⇒*valies.*

gri·saille [grɪ'zeɪl||grɪ'zaɪ]⟨telb. en n.-telb.zn.⟩ **0.1** ***grisaille*** ⇒*schilderij in grijze tinten; grisailletechniek.*

gris·e·ous ['grɪsɪəs||'grɪzɪəs]⟨bn.⟩ **0.1** ***grijsachtig.***

gri·sette [grɪ'zet]⟨telb.zn.⟩ **0.1** ***grisette*** ⟨Frans meisje v.d. arbeidersklasse, i.h.b. naaistertje⟩.

gris-gris →greegree.

gris·kin ['grɪskɪn]⟨telb.zn.⟩⟨BE⟩ **0.1** ***varkenslapje*** ⇒*mager lendestuk, varkenskotelet.*

gris·ly[1] ['grɪzli]⟨telb.zn.⟩⟨AE; sl.; tieners⟩ **0.1** ***aap*** ⇒*toppunt v. lelijkheid, zeer onaantrekkelijke jongen.*

grisly[2] ⟨f1⟩⟨bn.; -er; -ness; →bijw. 3⟩ **0.1** ***griezelig*** ⇒*akelig* **0.2** ***weerzinwekkend*** ⇒*verschrikkelijk.*

gri·son ['graɪsn||'grɪzn]⟨telb.zn.⟩⟨dierk.⟩ **0.1** ***grison*** ⟨marterachtige; genus Grison, i.h.b. G. vittatus⟩.

grist [grɪst]⟨f1⟩⟨zn.⟩⟨→sprw. 16⟩
I ⟨telb.zn.⟩⟨AE⟩ **0.1** ***(normale) portie*** ⇒*(vereiste) hoeveelheid, produktie, (verwachte) opbrengst, pak, dosis* ◆ **1.1** journalists producing their daily ~ of copy *journalisten die hun dagelijkse dosis kopij produceren;* a whole ~ of washing *een hele stapel wasgoed;*
II ⟨n.-telb.zn.⟩ **0.1** ***maalkoren*** **0.2** ***mout*** **0.3** ***dikte*** ⟨v. touw, garen⟩ **0.4** ⟨AE⟩⟨inf.⟩ ***materiaal*** ⟨voor verhaal, artikel e.d.⟩ ◆ **1.¶** it brings ~ to the mill *het brengt iets op, het zet zoden aan de dijk;* it 's all ~ (that comes) to s.o.'s mill *het is allemaal koren op zijn molen.*

gris·tle ['grɪsl]⟨f1⟩⟨n.-telb.zn.⟩ **0.1** ***kraakbeen*** ⟨vnl. in vlees⟩ ◆ **6.1** **in** the ~ *onvolgroeid.*

gris·tly ['grɪsli]⟨bn.; -er; →compar. 7⟩ **0.1** ***kraakbeenachtig.***

grit[1] [grɪt]⟨f2⟩⟨zn.⟩
I ⟨telb.zn.⟩ **0.1** ***zandkorrel*** **0.2** ⟨G-⟩ ***radicaal*** ⇒*liberaal* ⟨in Canadese pol.⟩;
II ⟨n.-telb.zn.⟩ **0.1** ***gruis*** ⇒*zand, grit, grind, kiezel* **0.2** ***korrel*** ⟨v. steen⟩ ⇒*structuur, textuur* **0.3** ***zandsteen*** **0.4** ⟨inf.⟩ ***lef*** ⇒*durf, flinkheid* ◆ **3.¶** ⟨AE; inf.⟩ hit the ~ *eruit gegooid worden; op reis gaan; wandelen, lopen;*
III ⟨mv.; ~s; ww. ook enk.⟩ **0.1** ***gort*** ⇒*grutten.*

grit[2] ⟨f1⟩⟨ww.; →ww. 7⟩
I ⟨onov. en ov.ww.⟩ **0.1** ***knarsen*** ◆ **1.1** the sand ~ted under his boots *het zand knarste onder zijn laarzen;* ~ one's teeth *knarsetanden;*
II ⟨ov.ww.⟩ **0.1** ***met zand bestrooien*** ◆ **1.1** ~ the icy roads *de gladde wegen met zand/grind bestrooien.*

'grit·stone ⟨n.-telb.zn.⟩ **0.1** ***grove zandsteen.***

grit·ty ['grɪti]⟨bn.; -er; -ness; →bijw. 3⟩ **0.1** ***zanderig*** ⇒*korrelig* **0.2** ***kranig*** ⇒*moedig, flink.*

griz·zle[1] ['grɪzl]⟨zn.⟩
I ⟨telb.zn.⟩ **0.1** ***grijs/voskleurig dier*** ⇒⟨i.h.b.⟩ *vos(schimmel), bruinschimmel, roodschimmel;*
II ⟨n.-telb.zn.⟩ **0.1** ***vos(kleur)*** ⇒*grijsachtig rood* **0.2** ⟨vero.⟩ ***grijs haar.***

griz·zle[2] ⟨ww.⟩
I ⟨onov.ww.⟩ **0.1** ⟨BE; inf.⟩ ***janken*** ⟨v. kind⟩ ⇒*grienen, jengelen, dreinen, drenzen* **0.2** ⟨BE; inf.⟩ ***zaniken*** ⇒*mopperen* **0.3** ***grijs worden;***
II ⟨ov.ww.⟩ **0.1** ***grijs maken.***

griz·zled ['grɪzld]⟨bn.⟩ **0.1** ***grijs*** ⇒*grauw* **0.2** ***grijsharig.***

griz·zly[1] ['grɪzli], **'grizzly 'bear** ⟨f1⟩⟨telb.zn.; →mv. 2⟩⟨dierk.⟩ **0.1** ***grizzly(beer)*** ⟨Ursus arctos horribilis⟩.

grizzly[2] ⟨bn.; -er; →compar. 7⟩ **0.1** ***grijs*** ⇒*grauw* **0.2** ***grijsharig.***

groan[1] [groun]⟨f2⟩⟨telb.zn.⟩ **0.1** ***(ge)kreun*** ⇒*gekerm, gesteun* **0.2** ***afkeurend gegrom*** **0.3** ***gekraak*** ⟨v. hout onder zware last⟩.

groan[2] ⟨f2⟩⟨ww.⟩
I ⟨onov.ww.⟩ **0.1** ***kreunen*** ⇒*kermen, steunen* **0.2** ***grommen*** ⇒*brommen* **0.3** ***hunkeren*** ⇒*hijgen* **0.4** ***gebukt gaan*** ⟨onder last⟩ ⇒*bijna bezwijken, zuchten* ◆ **3.1** ~ and moan *zuchten en steunen* **5.4** ~ inwardly *wanhopig zijn* **6.1** ~ **with** pain *kreunen v.d. pijn* **6.2** ~ **at** s.o. *afkeurend brommen tegen iem.* **6.3** ~ **for** one's beloved *naar zijn beminde hunkeren* **6.4** the people ~ed **under** the yoke of injustice *het volk ging gebukt/kreunde onder het juk der onrechtvaardigheid;* the table ~ed **with** all the good things *de tafel bezweek bijna onder al het lekkers;*
II ⟨ov.ww.⟩ **0.1** ***al kreunend uiten*** ⇒*steunen* **0.2** ***door (ontstemd) gebrom tot zwijgen brengen*** ◆ **5.1** the dying man ~ed **out** a prayer *de stervende uitte kreunend nog een gebed* **5.2** the audience ~ed **down** the speaker *het publiek bracht de spreker met afkeurend gemompel/gebrom tot zwijgen.*

groat [grout]⟨zn.⟩
I ⟨telb.zn.⟩ **0.1** ***groot*** ⟨oud (zilveren) vierstuiverstuk⟩;
II ⟨mv.; ~s; ww. ook enk.⟩ **0.1** ***grutten*** ⇒*havergort.*

Gro·bi·an ['groubɪən]⟨telb.zn.; ook g-⟩ **0.1** ***lomperik*** ⇒*boer.*

gro·cer ['grousə||-ər]⟨f2⟩⟨telb.zn.⟩ **0.1** ***kruidenier.***

gro·cer·y ['grousri]⟨f3⟩⟨zn.; →mv. 2⟩
I ⟨telb.zn.⟩ **0.1** ***kruidenierswinkel*** ⇒*kruidenierszaak;*
II ⟨n.-telb.zn.⟩ **0.1** ***kruideniersbedrijf*** ⇒*kruideniersvak* **0.2** ⟨BE⟩ ***kruidenierswaren;***
III ⟨mv.; groceries⟩ **0.1** ***kruidenierswaren*** ⇒*grutterswaren* **0.2** ⟨AE; inf.⟩ ***maaltijd*** ⇒*eten, voer* **0.3** ⟨AE; inf.⟩ ***belangrijk iets*** ⇒*belangrijke opdracht, goed resultaat* ◆ **3.¶** ⟨inf.⟩ bring home the groceries *de centjes verdienen; een klus opknappen; het 'm flikken.*

gro·ce·te·ria ['grousə'tɪərɪə||-'tɪrɪə]⟨telb.zn.⟩⟨AE⟩ **0.1** ***zelfbedieningszaak (voor levensmiddelen).***

grog[1] [grɒg||grɑg]⟨f1⟩⟨n.-telb.zn.⟩ **0.1** ***grog*** ⇒*grok* **0.2** ⟨vnl. Austr. E; inf.⟩ ***(alcoholhoudende) drank*** ⇒⟨i.h.b.⟩ *sterke drank.*

grog[2] ⟨ww.; →ww. 7⟩
I ⟨onov.ww.⟩ **0.1** ***grog drinken;***
II ⟨ov.ww.⟩ **0.1** ***met heet water spoelen*** ⟨alcoholvat⟩.

'grog-blos·som ⟨telb.zn.⟩ **0.1** ***drankneus*** ⇒*jeneverneus, rode neus.*

grog·ger·y ['grɒgəri||'grɑ-]⟨telb.zn.; →mv. 2⟩⟨AE⟩ **0.1** ***kroeg*** **0.2** ***slijterij.***

grog·gy ['grɒgi||'grɑgi]⟨f1⟩⟨bn.; -er; -ly; -ness; →bijw. 3⟩ **0.1** ***onvast op de benen*** ⇒*wankel, zwak* **0.2** ***suf*** ⇒*versuft, verdoofd, verdwaasd, groggy* **0.3** ⟨vero.⟩ ***dronken*** ◆ **1.1** that table is ~ *die tafel staat wankel op zijn poten.*

grog·ram ['grɒgrəm||'grɑ-]⟨n.-telb.zn.⟩ **0.1** ***grofgrein*** ⟨weefsel⟩.

groin[1] [grɔɪn]⟨f2⟩⟨telb.zn.⟩ **0.1** ***lies*** **0.2** ⟨bouwk.⟩ ***graat(rib)*** ⟨v. kruisgewelf⟩ ⇒*graatrib* **0.3** ***golfbreker*** ⇒*pier, stroomdam.*

groin[2] ⟨ov.ww.⟩⟨bouwk.⟩ **0.1** ***met graatrib bouwen*** **0.2** →groyne ◆ **1.1** ~ed vault *kruisgewelf.*

grok [grɒk||grɑk]⟨ww.; →ww. 7⟩⟨AE; sl.⟩
I ⟨onov.ww.⟩ **0.1** ***diepzinnig v. gedachten wisselen*** ⇒*(samen) filosoferen;*
II ⟨ov.ww.⟩ **0.1** ***aanvoelen*** ⇒*begrijpen, zich invoelen in* **0.2** ***begrijpen*** ⇒*snappen.*

grommet →grummet.

grom·well ['grɒmwəl||'grɑm-]⟨telb. en n.-telb.zn.⟩⟨plantk.⟩ **0.1** ***parelzaad*** ⇒*parelkruid, steenzaad* ⟨genus Lithospermum⟩.

groom[1] [gru:m, grʊm]⟨f2⟩⟨telb.zn.⟩ **0.1** ***stalknecht*** ⇒*palfrenier* **0.2** ***bruidegom*** **0.3** ⟨BE⟩ ***kamerheer*** ⟨bij koninklijke hofhouding⟩ **0.4** ⟨vero.⟩ ***kamerdienaar*** ⇒*lakei* ◆ **1.3** ~ of the stole *opperkamerheer.*

groom[2] ⟨f2⟩⟨ov.ww.⟩ **0.1** ***verzorgen*** ⟨vnl. paarden⟩ ⇒*roskammen* **0.2** ***een keurig uiterlijk geven*** ⇒*opknappen, fatsoeneren* ⟨persoon⟩ **0.3** ***voorbereiden*** ⟨op politieke loopbaan e.d.⟩ ◆ **6.3** ~ a candidate **for** the Presidency *een kandidaat voorbereiden op het presidentsschap.*

grooms·man ['gru:mzmən]⟨telb.zn.; groomsmen [-mən]; →mv. 3⟩ **0.1** ***bruidsjonker.***

groove[1] [gru:v]⟨f2⟩⟨telb.zn.⟩ **0.1** ***groef*** ⇒*gleuf, voor, sponning; trek* ⟨in loop v. vuurwapen⟩; *rimpel* ⟨in voorhoofd⟩ **0.2** ***routine*** ⇒*sleur* **0.3** ⟨sl.⟩ ***iets mieters*** ⇒*iets fijns/machtigs* **0.4** ⟨inf.⟩ ***swingende jazz*** **0.5** ⟨BE; gew.⟩ ***mijnschacht*** ⇒*mijn* ◆ **1.1** ~ and tongue *messing en groef* **3.2** fall into/get into/be stuck in the ~ *in een sleur raken/zitten;* find one's ~ *zijn draai vinden;* get out of the ~ *uit de sleur geraken* **6.¶** ⟨vero.; sl.⟩ **in** the ~ *in topconditie, uitstekend.*

groove[2] ⟨f1⟩⟨ww.⟩
I ⟨onov.ww.⟩ **0.1** ***in de sleur/dagelijkse routine zitten*** **0.2** ***passen*** ⟨v. onderdelen, stukken; ook fig.⟩ **0.3** ***rimpelen*** ⟨v. huid⟩ **0.4** ⟨sl.⟩ ***zich amuseren*** ⇒*zich lekker/goed voelen* **0.5** ⟨sl.⟩ ***fijn/prettig/te gek zijn*** **0.6** ⟨sl.⟩ ***zich verbonden voelen*** ⇒*gevoelens delen, verbroederen* ◆ **1.3** his eyes ~d when he smiled *hij had lachrimpeltjes bij z'n ogen* **5.1** he ~s **along** in his job *hij doet zijn werk machinaal/mechanisch/zonder fantasie* **5.2** ⟨sl.⟩ ~ **together** *met elkaar (kunnen) opschieten* **6.2** pieces grooving **into** each other *in elkaar passende stukken* **6.6** armchair socialists grooving **with** the working classes *salonsocialisten die zich solidair voelen/verklaren met de arbeidersklasse;*
II ⟨ov.ww.⟩ **0.1** ***groeven*** ⇒*canneleren, ploegen* ⟨hout⟩ **0.2** ***op de plaat zetten*** ⟨liedje e.d.⟩ **0.3** ⟨sl.⟩ ***genoegen bezorgen*** ⇒*een lekker/goed gevoel geven, op gang brengen* **0.4** ⟨sl.⟩ ***op prijs stellen.***

groov·er ['gru:və||-ər]⟨telb.zn.⟩⟨sl.⟩ **0.1** ***hippe vogel*** ⇒*te gekke vogel, iem. die het helemaal is.*

groov·y ['gru:vi]⟨f1⟩⟨bn.; -er; →compar. 7⟩⟨vero.; sl.⟩ **0.1** ***hip*** ⇒*te gek, prima.*

grope[1] [group]⟨telb.zn.⟩ **0.1** ***tastbeweging*** ⇒*tast.*

grope[2] ⟨f3⟩⟨ww.⟩
I ⟨onov.ww.⟩ **0.1** ***tasten*** ⇒*rondtasten;* ⟨fig.⟩ *zoeken* ◆ **6.1** ~ **after** the meaning of life *naar de zin v.h. leven zoeken/tasten;* ~ **for** an answer *onzeker naar een antwoord zoeken;* ~ **for** the door-handle in the dark *in het donker naar de deurknop (rond)tasten;*
II ⟨ov.ww.⟩ **0.1** ***al tastend zoeken*** **0.2** ***betasten*** ⟨vnl. met seksuele

bedoelingen⟩ ⇒*bevingeren, voelen,* ⟨B.⟩ *bepotelen* ◆ **1.1** ~ one's way *zijn weg op de tast/al tastend vinden/zoeken.*

grop·ing·ly ['groupɪŋli]⟨f1⟩⟨bw.⟩ **0.1** ***tastend*** ⇒*op de tast;* ⟨fig.⟩ *weifelend, onzeker.*

gro·schen ['grouʃn]⟨telb.zn.; groschen; →mv. 4⟩ **0.1** ***groschen*** ⇒⟨ong.⟩ *cent* ⟨kleinste Oostenrijkse munt⟩; ⟨inf.; ong.⟩ *duppie.*

gros·grain ['grougreɪn]⟨n.-telb.zn.⟩ **0.1** ***gros(grain)*** ⟨zijden stof met ribstructuur⟩.

gros point ['grou pɔɪnt]⟨n.-telb.zn.⟩ **0.1** ***kruissteek*** **0.2** ***borduurwerk in kruissteek.***

gross[1] [grous]⟨f1⟩⟨telb.zn.; vaak gross; →mv. 4⟩ **0.1** ***gros*** ⇒*12 dozijn, 144* ◆ **2.1** great gross *twaalf gros* **6.1** by the ~ *bij dozijnen, bij het gros.*

gross[2] ⟨f3⟩⟨bn.; -er; -ly; -ness⟩ **0.1** ***grof*** ⇒*dik, vet, lomp, massief* **0.2** ***grof*** ⇒*erg, flagrant, uitgesproken* **0.3** ***bruto*** ⇒*totaal* **0.4** ***dicht*** ⇒*zwaar, dik* ⟨mist, wolk⟩, *dicht groeiend, overvloedig* ⟨planten, onkruid⟩ **0.5** ***vet*** ⇒*niet smakelijk, weinig verfijnd* ⟨eten⟩ **0.6** ***grof*** ⇒*vulgair, plat, gemeen* **0.7** ***grof*** ⇒*algemeen, oppervlakkig, in grote lijnen* **0.8** ⟨AE; inf.⟩ ***walgelijk*** ⇒*afschuwelijk* **0.9** ⟨med.⟩ ***met het blote oog waarneembaar*** ⇒*macroscopisch* ◆ **1.2** ~ error *grove vergissing;* ~ injustice *uitgesproken/grote onrechtvaardigheid;* ~ negligence *grove nalatigheid* **1.3** ~ domestic product *bruto binnenlands produkt;* ~ national product *bruto nationaal produkt;* ~ profit/earnings *brutowinst/ontvangsten;* ~ weight *bruto gewicht* **1.5** ~ feeder *iem. die slecht/vet eten nuttigt, alleseter* **1.6** ~ language *ruwe taal* **1.¶** ~ ton *Eng. ton* ⟨1016 kg⟩ **6.7** in (the) ~ *in grote trekken, over het algemeen.*

gross[3] ⟨ov.ww.⟩ **0.1** ***een bruto winst hebben van*** ⇒*in totaal verdienen/opbrengen* ◆ **5.1** ~ **up** *de brutowaarde berekenen van* ⟨een nettobedrag⟩ **5.¶** ⟨AE; inf.⟩ ~ **out** *doen walgen, met walging vervullen, choqueren;* he really ~ me **out** the way he looks *walgelijk/gat!, zoals ie er uitziet.*

gros(s)·beak ['grousbi:k]⟨telb.zn.⟩⟨dierk.⟩ **0.1** ***haakbek*** ⟨Pinicola enucleator⟩ **0.2** ***appelvink*** ⟨Coccothraustes coccothraustes⟩.

gross-'out[1] ⟨telb.zn.⟩⟨AE; sl.⟩ **0.1** ***walgelijk/oervervelend iem./iets.***

gross-out[2] ⟨bn.⟩⟨AE; sl.⟩ **0.1** ***walgelijk*** ⇒*oervervelend, afschuwelijk.*

gro·tesque[1] [grou'tesk]⟨zn.⟩

I ⟨telb.zn.⟩ **0.1** ***groteske figuur*** ⇒*komisch misvormde tekening;*

II ⟨telb. en n.-telb.zn.⟩⟨kunst⟩ **0.1** ***groteske.***

grotesque[2] ⟨f3⟩⟨bn.; soms -er; -ly; →compar. 7⟩ **0.1** ***grotesk*** ⇒*grillig, buitensporig, zonderling, belachelijk.*

gro·tesque·ness [grou'tesknəs], **gro·tes·que·rie** [-kəri]⟨telb. en n.-telb.zn.⟩ **0.1** ***het groteske*** ⇒*grotesk figuur/ontwerp.*

grot·to ['grɒtou‖'grɑt̬ou], ⟨schr.⟩ **grot** [grɒt‖grɑt]⟨f1⟩⟨telb.zn.; ook grottoes; →mv. 2⟩ **0.1** ***grot*** ⟨vnl. kunstmatig, als tuinhuisje e.d.⟩.

grot·toed ['grɒtoud‖'grɑt̬oud]⟨bn.⟩ **0.1** ***v.e. grot voorzien*** ⇒*grot-.*

grot·ty ['grɒti‖'grɑt̬i]⟨f1⟩⟨bn.; -er; -ness; →bijw. 3⟩⟨sl.⟩ **0.1** ***rottig*** ⇒*vies, lelijk, klote* **0.2** ***beroerd*** ⇒*lamlendig, ellendig.*

grouch[1] [grautʃ]⟨telb.zn.⟩ **0.1** ⟨vnl. AE⟩ ***mopperpot*** ⇒*brombeer* **0.2** ***reden tot mopperen*** **0.3** ***mopperbui*** ⇒*knorrige bui* ◆ **6.2** he always has a ~ **about** sth. *hij vindt altijd wel iets om over te mopperen* **6.3** he is **in** an awful ~ today *hij heeft vandaag de bokkepruik op, hij is met het verkeerde been uit bed gestapt.*

grouch[2] ⟨onov.ww.⟩ **0.1** ***mopperen*** ⇒*mokken, morren.*

grouch·y ['grautʃi]⟨bn.; -er; -ly; -ness; →bijw. 3⟩ **0.1** ***mopperig*** ⇒*humeurig, ontevreden.*

ground[1] [graund]⟨f4⟩⟨zn.⟩

I ⟨telb.zn.⟩ **0.1** ***terrein*** ⟨vnl. in samenstellingen⟩ **0.2** ***grond*** ⇒*reden, verantwoording* ⟨v. handeling⟩, *uitgangspunt, basis* ⟨v. redenering⟩ **0.3** ***grondlaag*** ⇒*ondergrond, achtergrond, grondverf, grondkleur* **0.4** ⟨BE⟩ ***vloer*** **0.5** ⟨muz.⟩ ***grondtoon*** ◆ **1.2** on ~s of health *om gezondheidsredenen* **2.2** on religious ~s *uit godsdienstige overwegingen* **6.2** **on** ~s/the ~ **of** *op grond van* **7.2** no ~s *niet verantwoord, geen termen aanwezig;*

II ⟨telb. en n.-telb.zn.⟩⟨AE; elek.⟩ **0.1** ***aarde*** ⇒*aardleiding, aarding;*

III ⟨n.-telb.zn.⟩ **0.1** ⟨vaak the⟩ ***grond*** ⇒*aardbodem, aarde, bodem* ⟨ook fig.⟩ **0.2** ***zeebodem*** ⇒*rivierbodem* **0.3** ***gebied*** ⟨vnl. fig.⟩ ⇒*grondgebied, afstand;* ⟨cricket⟩ *grond/slagperk v. batsman* ◆ **1.¶** cut the ~ from under s.o.'s feet *iem. het gras voor de voeten wegmaaien;* ⟨theol.⟩ Ground of Being *Grond v.h. Bestaan* ⟨ben. v. God bij de filosoof-theoloog Tillich⟩ **3.1** bring sth. to the ~ *iets te gronde richten;* fall/be dashed to the ~ *falen, in duigen vallen, verijdeld zijn/worden;* go to ~ *zich in een hol verschuilen* ⟨v. dier⟩; *onderduiken; een ondergronds/verborgen leven gaan leiden* ⟨v. persoon⟩; raze to the ~ *met de grond gelijkmaken;* till the ~ *de aarde/grond bewerken/bebouwen;* rivet to the ~ *aan de grond nagelen;* touch ~ *vaste grond onder de voeten krijgen* **3.2** run to ~ *aan de grond raken, vastlopen* ⟨v. schip⟩ **3.3** break (new/fresh) ~ *nieuw terrein betreden/ontginnen, pionierswerk verrichten;* cover much ~ *een lange afstand afleggen; veel terrein bestrijken;* cover the ~ *niets over het hoofd zien, een onderwerp volledig/uitputtend behandelen;* forbidden ~ *taboe, verboden terrein;* gain/make ~ *veld winnen; erop vooruit gaan;* give/lose ~ *terrein verliezen, wijken;* hold/keep/stand one's ~ *standhouden, voet bij stuk houden;* know the ~ one walks on *met kennis v. zaken handelen, wegwijs zijn;* meet s.o. on his own ~ *aan iemands voorwaarden tegemoetkomen;* shift one's ~ *van argument/mening veranderen* **3.¶** fall to the ~ *mislukken, verlaten worden* ⟨v. plan⟩; feel the ~ *poolshoogte nemen;* kiss the ~ *in het stof bijten, sneuvelen; zich in het stof werpen/onderwerpen, zijn nederlaag erkennen;* lay the ~ for *het terrein voorbereiden/de fundamenten leggen voor;* open ~ *een begin/aanvang maken;* wipe the ~ with s.o. *iem. kloppen/verslaan* **5.¶** **down** to the ~, ⟨AE ook⟩ from the ~ **up** *helemaal, compleet, absoluut;* it suits him **down** to the ~ *dat komt hem uitstekend v. pas, dat komt in zijn kraam te pas* **6.1** **above** ~ *boven de grond, levend;* lie **at** ~ *in zijn hol liggen* ⟨vos⟩; **below** ~ *dood en begraven, onder de groene zoden;* run sth. **into** the ~ *iets tot vervelens toe doen/herhalen;* run o.s. **into** the ~ *zich uitputten;* get **off** the ~ *van de grond/op gang komen* **6.3** **in** one's ~ *op zijn plaats;* **out of** one's ~ *niet op zijn plaats;* ⟨cricket⟩ be **out of** one's ~ *geen grondcontact hebben met het slagperk* ⟨met voet of bal⟩ **6.¶** see what sth. is worth **on** the ~ *zien wat iets in de praktijk waard is;*

IV ⟨mv.; ~s⟩ **0.1** ***gronden*** ⇒*domein, park* ⟨rondom gebouw⟩ **0.2** ***bezinksel*** ⇒*koffiedik, droesem, grondsop* ◆ **1.1** a house standing in its own ~s *een huis, geheel door eigen grond omgeven.*

ground[2] ⟨f2⟩⟨ww.⟩ →grounding

I ⟨onov.ww.⟩ **0.1** ***op de grond terecht komen*** ⇒*de grond raken* **0.2** ⟨scheep.⟩ ***aan de grond lopen*** ⇒*vastlopen, stranden* **0.3** ⟨honkbal⟩ ***een grondbal slaan*** ⇒*een bal over de grond slaan* ◆ **6.¶** →ground (up)on;

II ⟨ov.ww.⟩ **0.1** ***gronden*** ⇒*baseren, onderbouwen* **0.2** ⟨vnl. pass.⟩ ***onderleggen*** ⇒*voorbereiden, toerusten* **0.3** ⟨mil.⟩ ***op de grond leggen*** ⟨wapens⟩ **0.4** ***aan de grond houden*** ⟨vliegtuig, vliegenier⟩ **0.5** ***laten stranden*** ⟨schip⟩ ⇒*aan de grond zetten, wegbrengen* **0.6** ***een grondlaag aanbrengen*** ⇒*gronden, v. grondverf voorzien* **0.7** ⟨AE; elek.⟩ ***aarden*** ⇒*v.e. aardleiding voorzien* ◆ **1.4** the planes have been ~ed by the fog *de vliegtuigen moeten door mist aan de grond blijven* **6.1** ~ one's theories **on** observation *zijn theorieën op waarneming(en) baseren* **6.2** be well ~ed **in** Latin *een goede kennis v.h. Latijn hebben.*

ground[3] ⟨verl. t. en volt. deelw.⟩ →grind.

ground·age ['graundɪdʒ]⟨n.-telb.zn.⟩⟨BE; scheep.⟩ **0.1** ***havengeld.***

'ground 'ash ⟨telb.zn.⟩ **0.1** ***jonge es*** **0.2** ***wandelstok v. jonge es.***

'ground attack ⟨telb.zn.⟩ **0.1** ***grondaanval.***

'ground bait ⟨n.-telb.zn.⟩ **0.1** ***lokaas*** ⟨voor vis, op bodem⟩.

'ground 'bass ⟨telb.zn.⟩⟨muz.⟩ **0.1** ***basso ostinato.***

'ground beetle ⟨telb.zn.⟩⟨dierk.⟩ **0.1** ***loopkever*** ⟨fam. Carabidae⟩.

'ground 'cherry ⟨telb.zn.⟩⟨plantk.⟩ **0.1** ***dwergkers*** ⟨Prunus fruticosa⟩ **0.2** ***jodenkers*** ⟨genus Physalis⟩.

'ground cloth ⟨telb.zn.⟩ **0.1** ***grondzeil.***

'ground-col·our ⟨telb. en n.-telb.zn.⟩ **0.1** ***grondverf*** ⇒*grondlaag.*

'ground-'combat troops, 'ground troops ⟨mv.⟩ **0.1** ***grondstrijdkrachten.***

'ground control ⟨telb. en n.-telb.zn.; ww. enk. of mv.⟩⟨lucht., ruim.⟩ **0.1** ***vluchtleiding.***

'ground crew ⟨verz.n.⟩ **0.1** ***grondpersoneel*** ⟨op luchthaven⟩.

'ground effect machine ⟨telb.zn.⟩ **0.1** ***luchtkussenvoertuig*** ⇒*Hovercraft.*

'ground 'elder ⟨telb. en n.-telb.zn.⟩⟨plantk.⟩ **0.1** ***zevenblad*** ⟨Aegopodium podagraria⟩.

'ground·fish ⟨telb. en n.-telb.zn.⟩ **0.1** ***bodemvis.***

'ground-fish·ing ⟨n.-telb.zn.⟩ **0.1** ***bodemvisserij.***

'ground 'floor ⟨f1⟩⟨telb.zn.⟩ **0.1** ***benedenverdieping*** ⇒*parterre;* ⟨B.⟩ *gelijkvloers* ◆ **3.¶** ⟨inf.⟩ be/come/get in on the ~ *op de onderste sport v.d. ladder beginnen; ergens van meet af aan/het begin af aan meedoen/meewerken; dezelfde rechten genieten als de oprichters* ⟨v. firma e.d.⟩.

'ground fog ⟨n.-telb.zn.⟩ **0.1** ***grondmist.***

'ground forces ⟨mv.⟩ **0.1** ***grondstrijdkrachten.***

'ground frost ⟨telb. en n.-telb.zn.⟩ **0.1** ***vorst aan/in de grond*** ⇒⟨ong.⟩ *nachtvorst.*

'ground game ⟨n.-telb.zn.⟩⟨BE⟩ **0.1** ***klein wild*** ⟨konijnen, hazen⟩.

'ground·hog ⟨telb.zn.⟩⟨dierk.⟩ **0.1** ***aardvarken*** **0.2** ***bosmarmot*** ⟨Marmota monax⟩.

'Groundhog 'Day ⟨eig.n.⟩⟨AE⟩ **0.1** ***2 februari*** ⟨dag waarop zonneschijn voortzetting v. koude winter zou aanduiden⟩.

'ground ice ⟨n.-telb.zn.⟩ **0.1** ***grondijs.***

ground·ing ['graundɪŋ]⟨telb.zn.; oorspr. gerund v. ground⟩ **0.1** ***scholing*** ⇒*training, basisvorming.*

'ground 'ivy ⟨telb. en n.-telb.zn.⟩ ⟨plantk.⟩ **0.1** ***hondsdraf*** ⟨Glechoma hederacea⟩.
'ground landlord ⟨telb.zn.⟩ **0.1** ***grondeigenaar*** ⇒*grondheer, pachtheer.*
ground·less ['graʊndləs] ⟨f1⟩ ⟨bn.; -ly; -ness⟩ **0.1** ***ongegrond*** ⇒*zonder grond, zonder (enige) basis.*
'ground level ⟨n.-telb.zn.⟩ **0.1** ***grondniveau*** **0.2** ***(gewone) arbeiders*** ⇒*basis* ⟨tgo. hoger personeel⟩ **0.3** ⟨nat.⟩ ***grondniveau*** ⟨v. atoom⟩ ◆ **6.1 at** ~ *bij de grond, op de begane grond.*
ground·ling ['graʊndlɪŋ] ⟨telb.zn.⟩ **0.1** ***grondel*** ⇒*grondeling* **0.2** ***bodemvis*** **0.3** ***kruipplant*** ⇒*dwergplant* **0.4** ⟨pej.⟩ ***botterik*** ⇒*iem. zonder smaak/kunstgevoel, cultuurbarbaar,* ⟨oorspr.⟩ *toeschouwer op goedkope plaats* ⟨parterre, in theater⟩.
'ground·nee·dle ⟨telb.zn.⟩ ⟨plantk.⟩ **0.1** ***muskusreigersbek*** ⟨Erodium moschatum⟩.
'ground note ⟨telb.zn.⟩ ⟨muz.⟩ **0.1** ***grondtoon.***
'ground·nut ⟨telb.zn.⟩ ⟨BE⟩ **0.1** ***aardnoot*** ⇒*grondnoot, apenoot, pinda.*
'ground pine ⟨telb. en n.-telb.zn.⟩ ⟨plantk.⟩ **0.1** ***akkerzenegroen*** ⟨Ajuga chamaepitys⟩ **0.2** ***wolfsklauw*** ⟨genus Lycopodium⟩.
'ground plan ⟨f1⟩ ⟨telb.zn.⟩ **0.1** ***plattegrond*** ⇒*grondplan;* ⟨fig.⟩ *ontwerp, blauwdruk.*
'ground plate ⟨telb.zn.⟩ ⟨elek.⟩ **0.1** ***aardingsplaat*** ⇒*grondplaat.*
'ground pollution ⟨n.-telb.zn.⟩ **0.1** ***bodemverontreiniging*** ⇒*bodemvervuiling.*
'ground rent ⟨telb. en n.-telb.zn.⟩ **0.1** ***grondpacht*** ⇒*grondrente, grondcijns, erfpacht.*
'ground rule ⟨telb.zn.; vaak mv.⟩ **0.1** ***grondbeginsel*** ⇒*grondregel* **0.2** ⟨vnl. AE.⟩ ***terreinreglement.***
'ground sea ⟨telb.zn.⟩ **0.1** ***grondzee*** ⇒ ⟨fig.⟩ *golf, vloedgolf* ◆ **1.1** a ~ of protest *een (plotselinge) golf/opwelling van protest.*
ground·sel ['graʊn(d)sl] ⟨zn.⟩
I ⟨telb.zn.⟩ **0.1** ***grondbalk*** ⇒*grondplaat, drempel, grondslag;*
II ⟨telb. en n.-telb.zn.⟩ ⟨plantk.⟩ **0.1** ***kruiskruid*** ⟨genus Senecio⟩.
'ground·sheet ⟨telb.zn.⟩ **0.1** ***grondzeil.***
'ground·sill ⟨telb.zn.⟩ **0.1** ***grondbalk*** ⇒*grondplaat, drempel, grondslag.*
grounds·man ['graʊn(d)zmən], **ground·man** ['graʊn(d)mən] ⟨telb.zn.; groundsmen [-mən], groundmen [-mən]; →mv. 3⟩ ⟨vnl. BE⟩ **0.1** ***terreinknecht*** ⟨vnl. op cricketveld⟩ **0.2** ***tuinman.***
'ground speed ⟨n.-telb.zn.⟩ **0.1** ***snelheid t.o.v. grond*** ⟨v. vliegtuig⟩.
'ground squirrel ⟨telb.zn.⟩ ⟨dierk.⟩ **0.1** ***grondeekhoorn*** ⟨genus Citellus⟩.
'ground staff ⟨verz.n.⟩ ⟨BE⟩ **0.1** ***grondpersoneel*** ⟨op luchthaven/basis⟩ **0.2** ***terreinpersoneel*** ⟨op sportveld⟩.
'ground state ⟨telb.zn.⟩ ⟨nat.⟩ **0.1** ***grondtoestand.***
'ground swell ⟨zn.⟩
I ⟨telb.zn.⟩ **0.1** ***grondzee*** **0.2** ***vloedgolf*** ⟨v. opinie e.d.⟩;
II ⟨telb. en n.-telb.zn.⟩ **0.1** ***zware golving*** ⇒*na-deining.*
'ground tackle, 'ground tackling ⟨n.-telb.zn.⟩ ⟨scheep.⟩ **0.1** ***grondtakel*** ⇒*ankergerei.*
'ground tier ⟨telb.zn.⟩ **0.1** ⟨scheep.⟩ ***onderste ladinglaag*** ⟨in scheepsruim⟩ **0.2** ***parterreloges*** ⟨theater⟩.
'ground-to-'air ⟨bn., attr.⟩ ⟨mil.⟩ **0.1** ***grond-lucht.***
'ground-to-'air missile, ground to air ⟨telb.zn.⟩ ⟨mil.⟩ **0.1** ***grond-lucht-wapen.***
'ground-to-'ground ⟨bn., attr.⟩ ⟨mil.⟩ **0.1** ***grond-grond.***
'ground-to-'ground missile, ground-to-ground ⟨telb.zn.⟩ ⟨mil.⟩ **0.1** ***grond-grond-wapen.***
'ground transpor'tation ⟨n.-telb.zn.⟩ **0.1** ***trein- en busverbindingen.***
'ground (up)on ⟨onov.ww.⟩ **0.1** ***(be)rusten op*** ⇒*gebaseerd zijn op.*
'ground·wa·ter ⟨f1⟩ ⟨n.-telb.zn.⟩ **0.1** ***grondwater.***
'groundwater table, table ⟨telb.zn.⟩ **0.1** ***grondwaterpeil/spiegel.***
'ground·work ⟨f1⟩ ⟨n.-telb.zn.; the⟩ **0.1** ***grondslag*** ⇒*basis, hoofdbestanddeel, fundamentele begrippen.*
group[1] [gru:p] ⟨f4⟩ ⟨zn.⟩
I ⟨telb.zn.⟩ **0.1** ***groep*** ⇒*geheel,* ⟨aardr., schei., wis.⟩ *verzameling, klasse,* ⟨plantk., taalk.⟩ *familie;* ⟨mil., pol.⟩ *afdeling, onderdeel;*
II ⟨verz.n.⟩ **0.1** ***groep*** ⟨mensen⟩ **0.2** ***(pop)groep*** ◆ **3.1** the ~ expresses its concern *de groep spreekt als geheel haar bezorgdheid uit;* the ~ are divided, the ~ disagree *de leden v.d. groep zijn verdeeld/het oneens.*
group[2] ⟨f3⟩ ⟨ww.⟩
I ⟨onov.ww.⟩ **0.1** ***zich groeperen*** ⇒*groepen, aaneenscharen, samenscholen;*
II ⟨ov.ww.⟩ **0.1** ***groeperen*** ⇒*in groepen plaatsen/verdelen/samenbrengen, op één hoop gooien* ◆ **4.1** we ~ed ourselves round the guide *we gingen in een groep rond de gids staan* **5.1** you cannot ~ all foreigners **together** *je kunt niet alle buitenlanders/vreemdelingen over één kam scheren.*

group·age ['gru:pɪdʒ] ⟨n.-telb.zn.⟩ ⟨scheep.⟩ **0.1** ***groepage.***
'group 'captain, ⟨sl.⟩ **groupie** ⟨telb.zn.⟩ ⟨BE; mil.⟩ **0.1** ***kolonel*** ⟨v. luchtmacht⟩ ⇒*kolonel-vlieger.*
group·er ['gru:pə‖-ər] ⟨telb.zn.; ook grouper; →mv. 4⟩ ⟨dierk.⟩ **0.1** ***tandbaars*** ⟨genus Epinephelus⟩ **0.2** ***zaagbaars*** ⟨fam. Serranidae⟩.
group·ie ['gru:pi] ⟨telb.zn.⟩ ⟨sl.⟩ **0.1** ***groepie*** ⟨meisje dat idool op toernee volgt⟩ **0.2** →group captain.
group·ing ['gru:pɪŋ] ⟨f2⟩ ⟨telb.zn.; vaak enk.⟩ **0.1** ***groepering.***
'group in'surance ⟨telb. en n.-telb.zn.⟩ **0.1** ***groepsverzekering.***
'group jump ⟨telb.zn.⟩ ⟨parachutespringen⟩ **0.1** ***groepsprecisiesprong.***
'group 'practice ⟨telb.zn.⟩ **0.1** ***groepspraktijk.***
'group 'sex ⟨n.-telb.zn.⟩ **0.1** ***groepsseks.***
'group 'therapy ⟨n.-telb.zn.⟩ **0.1** ***groepstherapie.***
grouse[1] [graʊs] ⟨f2⟩ ⟨telb.zn.; vnl. grouse; →mv. 4⟩ ⟨dierk.⟩ **0.1** ***korhoen*** ⟨Tetraanidae⟩ ⇒*Schotse sneeuwhoen* ⟨Lagopus scoticus⟩.
grouse[2] ⟨telb.zn.⟩ ⟨inf.⟩ **0.1** ***klacht*** ⇒*aanmerking.*
grouse[3] ⟨f1⟩ ⟨onov.ww.⟩ **0.1** ***op (Schotse) sneeuwhoenders/korhoenders jagen*** **0.2** ⟨inf.⟩ ***mopperen*** ⇒*morren, kankeren, klagen, vitten, bedillen.*
grous·er ['graʊsə‖-ər] ⟨telb.zn.⟩ **0.1** ***mopperaar*** ⇒*kankeraar, klager.*
grout[1] [graʊt] ⟨zn.⟩
I ⟨n.-telb.zn.⟩ **0.1** ***dunne mortel*** ⇒*voegspecie/mortel/middel; voegwit* **0.2** ***(sier)pleister*** ⇒*stuc, witkalk* **0.3** ⟨vnl. BE⟩ ***bezinksel*** ⇒*droesem, sediment* **0.4** ⟨vero.⟩ ***meelpap;***
II ⟨mv.; ~s⟩ **0.1** ***grutten*** **0.2** ⟨vnl. BE⟩ ***bezinksel*** ⇒*droesem, sediment, grondsop.*
grout[2] ⟨ww.⟩
I ⟨onov.ww.⟩ ⟨BE⟩ **0.1** ***woelen*** ⇒*wroeten* ⟨ook fig.⟩;
II ⟨ov.ww.⟩ **0.1** ***voegen*** ⇒*vullen met dunne mortel* **0.2** ***stukadoren*** ⇒*(be)pleisteren, witten* **0.3** ⟨BE⟩ ***omwoelen*** ⇒*omwroeten, omhoogwroeten* ⟨ook fig.⟩ ◆ **5.1** ~ **in** brickwork *metselwerk voegen.*
grout·y ['graʊṭi] ⟨bn.; -er; →compar. 7⟩ **0.1** ⟨Sch. E⟩ ***onbeschaafd*** ⇒*ruw, grof, lomp* **0.2** ⟨Sch. E⟩ ***drabbig*** ⇒*modderig, vuil* **0.3** ⟨AE⟩ ***knorrig*** ⇒*nors.*
grove [groʊv] ⟨f2⟩ ⟨telb.zn.⟩ **0.1** ***bosje*** ⇒*groepje bomen* **0.2** ⟨vnl. gesch.⟩ ***heilig bos (v.d. Germanen)*** ◆ **1.¶** ⟨schr.; fig.⟩ ~(s) of Academe *academische/universitaire omgeving.*
grov·el ['grɒvl‖'grʌvl, 'grɑvl] ⟨f2⟩ ⟨onov.ww.; →ww. 7⟩ →grovelling **0.1** ***kruipen*** ⟨vnl. fig.⟩ ⇒*zich vernederen, zich verlagen* ◆ **6.1** ~ **before** s.o. *voor iem. kruipen;* ~ **in** *zwelgen in.*
grov·el·ler, ⟨AE sp.⟩ **grov·el·er** ['grɒvlə‖'grʌvlər, 'grɑvlər] ⟨telb.zn.⟩ **0.1** ***kruiper.***
grov·el·ling, ⟨AE sp.⟩ **grov·el·ing** ['grɒvlɪŋ‖'grʌ-, 'grɑ-] ⟨bn.; (oorspr.) teg. deelw. v. grovel; -ly⟩ **0.1** ***kruipend*** ⇒*kruiperig, laag, onderworpen, verachtelijk, gemeen.*
grow [groʊ] ⟨f4⟩ ⟨ww.; grew [gru:], grown [groʊn]⟩ →growing, grown ⟨→sprw. 1, 245, 247, 332, 379⟩
I ⟨onov.ww.⟩ **0.1** ***groeien*** ⇒*opgroeien, wassen, ontkiemen, ontspruiten, ontstaan, opkomen, uitlopen* **0.2** ***aangroeien*** ⇒*toenemen, vergroten, verhogen, uitbreiden, zich ontwikkelen, gedijen, bloeien, sterker/aantrekkelijker worden* ◆ **2.1** ~ wild *in het wild groeien* **3.2** ~ to become *uitgroeien tot* **5.1** ⟨fig.⟩ ~ **away** from s.o. *v. iem. vervreemden;* the potatoes have ~n **out** *de aardappelen zijn uitgelopen;* ~ **together** *samengroeien, in elkaar groeien, zich verenigen, één worden;* a warm friendship grew **up** between them *er groeide een warme vriendschap tussen hen;* ~ **up** *opgroeien, volwassen worden; ontstaan, zich ontwikkelen;* ~ **up** into *opgroeien/zich ontwikkelen tot, worden* **5.2** ~ downwards *zich naar beneden uitbreiden;* ⟨fig.⟩ *verminderen, afnemen* **5.¶** ~ **up!** *doe niet zo kinderachtig/naïef!;* why don't you ~ **up!** *word toch eens volwassen!* **6.1** he'll ~ **into** his coat *zijn jas is op de groei gekocht/gemaakt;* ⟨fig.⟩ ~ **into** a job *ingewerkt raken, zijn draai vinden;* ~ **into** one *samengroeien, in elkaar groeien, zich verenigen, één worden;* do tomatoes ~ **on** trees? *groeien tomaten aan bomen?;* ~ **out of** *groeien/ontstaan/voortkomen uit; ontgroeien;* ~ **out of** one's clothes *uit zijn kleren groeien;* he's ~n **out of** that bad habit *hij heeft die slechte gewoonte afgeleerd;* Tom has ~n **out of** his shoes *Toms schoenen zijn te klein geworden* **6.2** ~ **into** sth. big *tot iets groots uitgroeien;* classical music starts to ~ **on** me *ik begin v. klassieke muziek te houden;* this picture will ~ **(up)on** you *dit schilderij zal je meer en meer gaan boeien;* bad habits will ~ **(up)on** a man *slechte gewoonten worden met de tijd erger;* ~ **upon** s.o. *vat krijgen op iem.;*
II ⟨ov.ww.⟩ **0.1** ***kweken*** ⇒*voortbrengen, verbouwen, telen, ontwikkelen, krijgen* **0.2** ***laten staan/groeien*** ⟨baard⟩ **0.3** ***laten begroeien*** ⇒*bedekken* ◆ **1.1** ~ a new skin *een nieuwe huid krijgen;* ~ vegetables *groenten kweken* **1.2** ~ a beard *zijn baard laten*

staan **5.3** ~n **up/over** with weeds/moss *met onkruid/mos begroeid, vol onkruid/mos;*
III ⟨kww.⟩ **0.1** ***worden*** ⇒*gaan* ◆ **1.1** she's ~n (into) a woman *ze is een volwassen vrouw geworden* **2.1** ~ cold/dark/old/rich *koud/donker/oud/rijk worden* **3.1** you will ~ to be like her *je zult op haar gaan lijken;* you will ~ to like him *je zult wel v. hem leren houden.*

grow·er ['groʊə||-ər]⟨f2⟩⟨telb.zn.⟩ **0.1** ***kweker*** ⇒*teler, verbouwer* **0.2** ***groeiende plant*** ◆ **2.2** slow/fast ~ *langzaam/vlug groeiende plant.*

grow·ing[1] ['groʊɪŋ]⟨f1⟩⟨n.-telb.zn.; gerund v. grow⟩ **0.1** ***het groeien*** **0.2** ***het kweken*** ⇒*verbouw.*

growing[2] ⟨f1⟩⟨bn.; (oorspr.) teg. deelw. v. grow⟩ **0.1** ***groeiend*** **0.2** ***groeizaam*** ◆ **1.2** ~ weather *groeizaam weer.*

'growing pains ⟨mv.⟩ **0.1** ***groeistuipen/pijnen*** **0.2** ***kinderziekten.***

'growing point ⟨telb.zn.⟩ **0.1** ***groeipunt*** ⟨ook fig.⟩ ⇒*vegetatiepunt.*

'growing season ⟨telb.zn.⟩ **0.1** ***groeitijd*** ⇒*groeiseizoen.*

growl[1] [graʊl]⟨f2⟩⟨telb.zn.⟩ **0.1** ***gegrom*** ⇒*gebrom, geknor* **0.2** ***snauw*** ⇒*grauw, nors antwoord* **0.3** ***gerommel*** ⟨v. donder⟩ **0.4** ⟨sl.⟩ ***spiekbriefje.***

growl[2] ⟨f2⟩⟨ww.⟩
I ⟨onov.ww.⟩ **0.1** ***grommen*** ⇒*brommen, knorren* **0.2** ***rommelen*** ⟨v. donder⟩;
II ⟨onov. en ov.ww.⟩ **0.1** ***snauwen*** ⇒*brommen, grauwen, nors antwoorden, klagen* ◆ **5.1** ~ **out** sth. *iets (toe)snauwen.*

growl·er ['graʊlə||-ər]⟨telb.zn.⟩ **0.1** ***brompot*** ⇒*knorrepot, brombeer* **0.2** ***kleine ijsberg*** ⇒*ijsschots* **0.3** ⟨BE; sl.; gesch.⟩ ***clarence*** ⟨4-wielig huurrijtuig⟩ **0.4** ⟨AE; sl.⟩ ***(bier)kan.***

'growl·er-rush·ing ⟨n.-telb.zn.⟩⟨sl.⟩ **0.1** ***het zuipen*** ⇒*zuippartij.*

grown [groʊn]⟨f1⟩⟨bn.; volt. deelw. v. grow⟩
I ⟨bn.; vnl. als suffix⟩ **0.1** ***gekweekt*** ⇒*geteeld* **0.2** ***begroeid*** ◆ **¶.1** home-~ vegetables *zelfgekweekte groenten* **¶.2** moss-~ *met mos begroeid;*
II ⟨bn., attr.⟩ **0.1** ***volgroeid*** ⇒*rijp, volwassen, groot.*

'grown-up[1] ⟨f2⟩⟨telb.zn.⟩ **0.1** ***volwassene.***

'grown-'up[2] ⟨f2⟩⟨bn.⟩ **0.1** ***volwassen.***

growth [groʊθ]⟨f3⟩⟨zn.⟩
I ⟨telb.zn.⟩ **0.1** ***gewas*** ⇒*produkt* **0.2** ***gezwel*** ⇒*uitwas, tumor* **0.3** ***groeisel*** **0.4** ***begroeiing*** **0.5** ⟨BE⟩ ***druivenoogst;***
II ⟨telb. en n.-telb.zn.⟩ **0.1** ***groei*** ⇒*wasdom, ontwikkeling, groeiproces* **0.2** ***toename*** ⇒*aangroei, uitbreiding, aanwas;*
III ⟨n.-telb.zn.⟩ **0.1** ***grootte*** ⇒*omvang* **0.2** ***rijpheid*** ⇒*volle ontwikkeling, wasdom* **0.3** ***kweek*** ⇒*produktie, verbouw, herkomst, oorsprong* ◆ **2.2** reach full ~ *volgroeid zijn* **6.3** **of** one's own ~ *zelf gekweekt;* tomatoes **of** foreign ~ *tomaten uit het buitenland/v. vreemde bodem.*

'growth area ⟨telb.zn.⟩ **0.1** ***groeisector*** ⇒*expansieve bedrijfstak.*

'growth center ⟨telb.zn.⟩⟨AE⟩ **0.1** ***centrum/instituut voor persoonlijkheidsvorming*** ⇒*(psycho)therapeutisch centrum/instituut.*

'growth curve ⟨telb.zn.⟩ **0.1** ***groeikromme/curve.***

'growth factor ⟨telb.zn.⟩ **0.1** ***groeifactor.***

'growth hormone ⟨telb.zn.⟩ **0.1** ***groeihormoon.***

'growth 'industry ⟨telb.zn.⟩ **0.1** ***groei-industrie.***

'growth rate ⟨telb.zn.⟩ **0.1** ***groeitempo.***

'growth ring ⟨telb.zn.⟩ **0.1** ***jaarring*** ⇒*groeiring.*

'growth shares ⟨mv.⟩ **0.1** ***groeifondsen.***

'growth stock ⟨n.-telb.zn.⟩ **0.1** ***groeifondsen.***

'growth substance ⟨telb.zn.⟩ **0.1** ***groeimiddel*** ⟨i.h.b. voor planten⟩.

groyne[1], ⟨AE sp.⟩ **groin** [grɔɪn]⟨telb.zn.⟩ **0.1** ***golfbreker*** ⇒*(paal)hoofd, pier, krib, stroomdam.*

groyne[2], ⟨AE sp.⟩ **groin** ⟨ov.ww.⟩ **0.1** ***v. golfbrekers voorzien*** ⟨strand⟩.

grub[1] [grʌb]⟨f2⟩⟨zn.⟩
I ⟨telb.zn.⟩ **0.1** ***larve*** ⇒*made, rups, kwatworm* **0.2** ⟨AE⟩ ***stobbe*** ⇒*wortelstronk* **0.3** ⟨BE; inf.⟩ ***viespeuk*** ⇒*viezerdje* **0.4** ⟨vero.⟩ ***werkezel*** ⇒*slaaf, zwoeger; broodschrijver;*
II ⟨n.-telb.zn.⟩⟨sl.⟩ **0.1** ***eten*** ⇒*kost, voer, bikken, hap.*

grub[2] ⟨f1⟩⟨ww.; →ww. 7⟩
I ⟨onov.ww.⟩ **0.1** ***wroeten*** ⇒*graven, woelen, scharrelen, rondwurmen* ⟨ook fig.⟩ **0.2** ***zwoegen*** ⇒*(zich af)sloven, ploeteren* **0.3** ⟨sl.⟩ ***schransen*** ⇒*bikken, (vr)eten, kanen* ◆ **5.1** ~ **about** *rondscharrelen, rondwoelen* **5.2** ~ **along** *voortploeteren* **5.¶** ⟨sl.⟩ ~ **out** *bikken, (vr)eten; zwoegen, ploeteren;*
II ⟨ov.ww.⟩ **0.1** ***rooien*** ⇒*ontwortelen, omwroeten, wieden* **0.2** ***opgraven*** ⇒*opdelven, uitgraven* **0.3** ***opscharrelen*** ⇒*oprakelen, voor de dag halen, erachter komen, uitvissen* **0.4** ⟨sl.⟩ ***de kost geven*** ⇒*te (vr)eten geven* **0.5** ⟨vnl. AE; sl.⟩ ***gappen*** ◆ **5.2** ~ **out/up** *uitgraven, opdelven.*

'grub·axe ⟨telb.zn.⟩ **0.1** ***rooibijl*** ⇒*klein houweel.*

grub·ber ['grʌbə||-ər]⟨telb.zn.⟩ **0.1** ***graver*** ⇒*wroeter* **0.2** ***zwoeger*** ⇒*uitslover, ploeteraar* **0.3** ***rooihak*** ⇒*schoffel* **0.4** ⟨BE; landb.⟩ ***rooier*** ⇒*cultivator.*

grub·by ['grʌbi]⟨f1⟩⟨bn.; -er; -ly; -ness; →bijw. 3⟩ **0.1** ***vol maden*** ⇒*vergeven v.d. maden/larven* **0.2** ***vuil*** ⇒*vies, smerig, goor, groezelig, slonzig, slordig* **0.3** ***verachtelijk*** ⇒*armoedig, armetierig.*

'grub·hoe, 'grub·hook ⟨telb.zn.⟩ **0.1** ***rooihak*** ⇒*schoffel.*

'grub-hunt·er ⟨telb.zn.⟩⟨sl.⟩ **0.1** ***natuurkenner*** ⇒*bioloog.*

'grub·screw ⟨telb.zn.⟩⟨tech.⟩ **0.1** ***schroef zonder kop.***

'grub-stake[1] ⟨telb. en n.-telb.zn.⟩⟨AE; sl.⟩ **0.1** ***kapitaal/uitrusting/proviandering (verstrekt in ruil voor een aandeel in de winst)*** ⟨oorspr. aan een prospector⟩ ⇒*materiële steun.*

grub-stake[2] ⟨ov.ww.⟩⟨AE; inf.⟩ **0.1** ***kapitaal/uitrusting/proviandering voorzien (in ruil voor een aandeel in de winst)*** ⇒*materieel steunen.*

'grub-street ⟨bn.; ook G-s-⟩ **0.1** ***broodschrijvers-*** ⇒*prullig, inferieur, voddig, nietig, waardeloos* ◆ **1.1** ~ hack *prulschrijver;* ~ novel *flut roman.*

'Grub Street ⟨verz.n.⟩⟨BE⟩ **0.1** ***broodschrijvers*** ⇒*prulschrijvers, scribenten,* ⟨B.⟩ *schrijvelaars* ⟨oorspr. naar een straat in Londen (nu Milton Street) bewoond door broodschrijvers⟩ ◆ **3.¶** live on ~ *broodschrijver zijn.*

grudge[1] [grʌdʒ]⟨f2⟩⟨telb.zn.⟩ **0.1** ***wrok*** ⇒*rancune, grief, verbolgenheid, wrevel, haat, tegenzin* ◆ **3.1** have/⟨AE⟩ hold a ~/~s against s.o., bear/owe s.o. a ~ *een wrok tegen iem. hebben* **3.¶** pay off an old ~ *een oude rekening vereffenen.*

grudge[2] ⟨f1⟩⟨ov.ww.⟩ →grudging **0.1** ***misgunnen*** ⇒*niet gunnen, benijden* **0.2** ***met tegenzin doen/geven/toestaan*** ◆ **3.2** ~ paying £50 *met tegenzin £50 betalen.*

grudg·ing ['grʌdʒɪŋ]⟨f1⟩⟨bn.; oorspr. teg. deelw. v. grudge⟩ **0.1** ***onwillig*** ⇒*knarsetandend/schoorvoetend/ongaarne gegeven/toegestaan* **0.2** ***spaarzaam*** ⇒*zuinig, terughoudend, niet kwistig.*

grudg·ing·ly ['grʌdʒɪŋli]⟨f1⟩⟨bw.⟩ **0.1** →grudging **0.2** ***met tegenzin*** ⇒*node, ongaarne, onwillig, met pijn en moeite.*

gru·el[1] ['gru:əl]⟨f1⟩⟨n.-telb.zn.⟩ **0.1** ***watergruwel*** ⇒*(dunne) havergort/haverpap/brij.*

gruel[2] ⟨ov.ww.; →ww. 7⟩⟨BE⟩ →gruelling **0.1** ***buiten gevecht stellen*** **0.2** ***zijn vet geven*** ⇒*afstraffen, op zijn falie geven.*

gru·el·ling[1], ⟨AE sp.⟩ **gru·el·ing** ['gru:əlɪŋ]⟨f1⟩⟨telb. en n.-telb.zn.; (oorspr.) gerund v. gruel⟩⟨BE⟩ **0.1** ***aframmeling*** ⇒*afstraffing, pak rammel, dreun.*

gruelling[2], ⟨AE sp.⟩ **grueling** ⟨f1⟩⟨bn.; oorspr. teg. deelw. v. gruel; -ly⟩ **0.1** ***afmattend*** ⇒*vermoeiend, zwaar, hard, slopend.*

grue·some, grew·some ['gru:səm]⟨f2⟩⟨bn.; -ly; -ness⟩ **0.1** ***gruwelijk*** ⇒*afschuwelijk, afgrijselijk, ijselijk, ijzingwekkend, verschrikkelijk, akelig, griezelig, walglijk, stuitend* ◆ **1.¶** ⟨sl.; scherts.⟩ ~ twosome *stel(letje), koppel, paar(tje).*

gruff [grʌf]⟨f2⟩⟨bn.; -er; -ly; -ness⟩ **0.1** ***nors*** ⇒*bars, bruusk, kortaf, knorrig, korzelig, gemelijk* ◆ **1.1** as ~ as a bear *zo nors als een beer.*

gruff·ish ['grʌfɪʃ]⟨bn.⟩ **0.1** ***vrij nors/bars*** ⇒*tamelijk bruusk/kortaf.*

grum [grʌm]⟨bn.; grummer; -ly; -ness; →compar. 7⟩ **0.1** ***gemelijk*** ⇒*knorrig, nors, stuurs, mopperig.*

grum·ble[1] ['grʌmbl]⟨f1⟩⟨telb.zn.⟩ **0.1** ***gemor*** ⇒*gemopper, geknor, gegrom, gebrom, gemompel* **0.2** ***gerommel*** ⟨donder⟩ ◆ **2.1** full of ~s *bijzonder slechtgeluimd, in een zeer knorrige bui.*

grumble[2] ⟨f2⟩⟨ww.⟩ →grumbling
I ⟨onov.ww.⟩ **0.1** ***rommelen*** ⟨v. donder⟩;
II ⟨onov. en ov.ww.⟩ **0.1** ***morren*** ⇒*mopperen, knorren, grommen, brommen, mompelen* ◆ **5.1** ~ **out** sth. *wat/iets brommen* **6.1** ~ **about/at/over** sth. *over iets mopperen.*

'grum·ble-guts ⟨mv.⟩⟨sl.⟩ **0.1** ***knorrepot*** ⇒*brombeer, brompot.*

grum·bler ['grʌmblə||-ər]⟨f1⟩⟨telb.zn.⟩ **0.1** ***knorrepot*** ⇒*mopperaar, brompot, brombeer, kankeraar.*

grum·bling[1] ['grʌmblɪŋ]⟨f1⟩⟨telb. en n.-telb.zn.; (oorspr.) gerund v. grumble⟩ **0.1** ***gemopper*** ⇒*geknor, gegrom, gebrom, gemompel* **0.2** ***gerommel*** ⟨donder⟩.

grumbling[2] ⟨f1⟩⟨bn.; oorspr. teg. deelw. v. grumble⟩⟨inf.⟩ **0.1** ***pijnlijk*** ⇒*ongemakken veroorzakend* ⟨v. blindedarm⟩.

grum·bly ['grʌmbli]⟨bn.; -er; →compar. 7⟩ **0.1** ***knorrig*** ⇒*mopperig, brommerig.*

grume [gru:m]⟨zn.⟩
I ⟨telb.zn.⟩ **0.1** ***klonter bloed;***
II ⟨n.-telb.zn.⟩ **0.1** ***slijm*** ⇒*fluim.*

grum·met ['grʌmɪt], **grom·met** ['grɒmɪt||'grɑ-]⟨telb.zn.⟩ **0.1** ***(metalen) oog(je)*** ⇒*vetergat, nestelgaatje* **0.2** ⟨tech.⟩ ***pakkingring*** ⇒*pakkingmateriaal* **0.3** ⟨scheep.⟩ ***leuver*** **0.4** ⟨scheep.⟩ ***(roei)dolgat.***

gru·mous ['gru:məs], **gru·mose** [-moʊs]⟨bn.⟩ **0.1** ***slijmerig*** ⇒*kleverig* **0.2** ***klonterig*** ⟨v. bloed⟩ **0.3** ⟨plantk.⟩ ***granuleus*** ⇒*korrelig.*

grump[1] [grʌmp]⟨zn.⟩⟨inf.⟩
I ⟨telb.zn.⟩ **0.1** ***knorrepot*** ⇒*brompot, brombeer;*
II ⟨mv.; ~s⟩ **0.1** ***knorrige bui*** ⇒*knorrigheid* ◆ **3.1** have the ~s *in een knorrige bui zijn.*

grump[2] ⟨onov.ww.⟩ **0.1** ***morren*** ⇒*mopperen, knorren, grommen, brommen.*
grump·ish ['grʌmpɪʃ]⟨bn.⟩ **0.1** ***knorrig*** ⇒*mopperig, brommerig, verdrietig.*
grump·y[1] ['grʌmpi]⟨telb.zn.; →mv. 2⟩ **0.1** ***knorrepot*** ⇒*mopperaar, brompot, brombeer, kankeraar.*
grumpy[2] ⟨f1⟩⟨bn.; -er; -ly; -ness; →bijw. 3⟩ **0.1** ***knorrig*** ⇒*mopperig, brommerig, gemelijk, prikkelbaar, humeurig, nukkig.*
Grun·dy ['grʌndi]⟨telb.zn.; →mv. 2⟩ **0.1** ***preuts/bekrompen persoon.***
Grun·dy·ism ['grʌndiɪzm]⟨n.-telb.zn.⟩ **0.1** ***bekrompenheid*** ⇒*fatsoen, preutsheid.*
grunge [grʌndʒ]⟨n.-telb.zn.⟩⟨AE; sl.⟩ **0.1** ***troep*** ⇒*rotzooi, tinnef, rommel.*
grun·gy ['grʌndʒi]⟨bn.⟩⟨AE; sl.⟩ **0.1** ***slecht*** ⇒*inferieur, lelijk, armoedig, smerig, versleten.*
grunt[1] [grʌnt]⟨f1⟩⟨zn.⟩
I ⟨telb.zn.⟩ **0.1** ***(ge)knor*** ⇒*gebrom, gegrom* **0.2** ⟨dierk.⟩ ***knorvis*** ⟨tropische vis die knorrend geluid maakt als hij gevangen wordt; genus Haemulon⟩ **0.3** ⟨sl.⟩ ***rekening*** **0.4** ⟨sl.⟩ ***worstelaar*** **0.5** ⟨AE; sl.⟩ ***infanterist*** ⟨in Vietnam⟩ **0.6** ⟨AE; sl.⟩ ***nieuweling*** ⇒*beginneling* **0.7** ⟨AE; sl.⟩ ***werkezel/paard*** ⇒*zwoeger;*
II ⟨n.-telb.zn.⟩⟨sl.⟩ **0.1** ***het worstelen*** ⇒*worstelsport.*
grunt[2] ⟨f2⟩⟨onov. en ov.ww.⟩ **0.1** ***knorren*** ⇒*brommen, grommen* ◆ **5.1** ~ **out** sth. *iets/wat brommen.*
grunt·er ['grʌntə‖'grʌn̡tər]⟨telb.zn.⟩ **0.1** ***knorder*** ⇒*knorrepot, brompot, brombeer* **0.2** ***varken*** **0.3** ⟨dierk.⟩ ***knorvis*** ⟨Cottus scorpius⟩ **0.4** ⟨sl.⟩ ***worstelaar.***
grun·tle ['grʌn̡tl]⟨ww.⟩
I ⟨onov.ww.⟩⟨BE; gew.⟩ **0.1** ***knorren*** ⇒*brommen;*
II ⟨ov.ww.⟩⟨inf.⟩ **0.1** ***tevredenstellen*** ⇒*gelukkig maken, sussen, gunstig stemmen.*
grut [grʌt]⟨telb.zn.⟩⟨sl.⟩ **0.1** ***saai figuur*** **0.2** ***viezerik*** ⇒*smeerlap, goorling* **0.3** ***rotzooi*** ⇒*troep* **0.4** ***geslachtsziekte.***
gru·yère ['gru:jeə‖-'jer]⟨telb. en n.-telb.zn.; ook G-⟩ **0.1** ***gruyère (kaas).***
Gruziya →Georgia.
gr wt ⟨afk.⟩ gross weight.
gryphon →griffin.
grys·bok ['graɪsbɒk‖'greɪsbak]⟨telb.zn.; ook grysbok; →mv. 4⟩ ⟨dierk.⟩ **0.1** ***grijsbokantilope*** ⟨genus Nesotragus⟩.
gs ⟨afk.⟩ guineas ⟨BE⟩.
GS ⟨afk.⟩ **0.1** ⟨general staff⟩ ***g.s.*** **0.2** ⟨general service⟩ **0.3** ⟨gold standard⟩ **0.4** ⟨grammar school⟩.
GSC ⟨afk.⟩ general staff corps.
GSO ⟨afk.⟩ general staff officer.
G-string ['dʒi:strɪŋ]⟨telb.zn.⟩ **0.1** ***G-strings*** ⟨soort tangaslip⟩ **0.2** ***schaamdoek/gordel*** ⇒*lendendoek, cache-sexe, schaamschortje* **0.3** ⟨muz.⟩ ***g-snaar.***
G-suit ['dʒi:su:t]⟨telb.zn.⟩⟨lucht.⟩ **0.1** ***G-pak*** ⟨om versnelling te kunnen weerstaan⟩.
gt ⟨afk.⟩ great **0.1** ***gr..***
GT ⟨afk.⟩ gran turismo.
GTC ⟨afk.⟩ good till cancelled.
gtd ⟨afk.⟩ guaranteed.
GU ⟨afk.⟩ Guam ⟨met postcode⟩.
gua·cha·ro ['gwa:tʃəroʊ]⟨telb.zn.⟩⟨dierk.⟩ **0.1** ***vetvogel*** ⟨Steatornis cripensis⟩.
guacho →gaucho.
guai·a·cum, guai·o·cum ['gwaɪəkəm], ⟨in bet. II ook⟩ **guai·ac** ['gwaɪæk]⟨zn.⟩
I ⟨telb.zn.⟩⟨plantk.⟩ **0.1** ***pokhoutboom*** ⟨genus Guaiacum⟩;
II ⟨n.-telb.zn.⟩ **0.1** ***pokhout*** ⇒*guajakhout* **0.2** ***pokhouthars.***
guan [gwa:n]⟨telb.zn.⟩⟨dierk.⟩ **0.1** ***goean*** ⟨soort hoen; fam. Cracidae⟩.
gua·na ['gwa:nə]⟨telb.zn.; ook guana; →mv. 4⟩⟨dierk.⟩ **0.1** ***leguaan*** ⟨fam. Iguanidae⟩.
gua·na·co [gwa:'na:koʊ‖gwə-], **hua·na·co** [wə-]⟨telb.zn.; ook guanaco, huanaco; →mv. 4⟩⟨dierk.⟩ **0.1** ***guanaco*** ⟨soort lama; Lama guanicoe⟩.
gua·nine ['gwa:ni:n]⟨n.-telb.zn.⟩⟨schei.⟩ **0.1** ***guanine.***
gua·no[1] ['gwa:noʊ]⟨n.-telb.zn.⟩ **0.1** ***guano*** ⟨zeevogelmest⟩.
guano[2] ⟨ov.ww.⟩ **0.1** ***met guano bemesten.***
guar ⟨afk.⟩ guaranteed.
gua·ra·ni ['gwa:rə'ni:]⟨zn.; ook guarani; →mv. 4⟩
I ⟨eig.n.; G-⟩ **0.1** ***Guarani*** ⟨taal der Guaranis⟩;
II ⟨telb.zn.⟩ **0.1** ⟨G-⟩ ***Guarani*** ⟨Zuidam. Indiaan⟩ **0.2** ***guarani*** ⟨munteenheid in Paraguay⟩.
guar·an·tee[1] ['gærən'ti:], ⟨jur.⟩ **guar·an·ty** ['gærənti]⟨f2⟩⟨telb.zn.; →mv. 2⟩ **0.1** ***borg*** ⇒*garant, avalist* **0.2** ***waarborg*** ⇒***garantie(bewijs)*** ⟨inf. ook fig.⟩; *zekerheid, belofte, cautie, onderpand, borgtocht, borgstelling* **0.3** ***aval*** ⇒*wisselborgtocht* **0.4** ***aan wie iets gewaarborgd wordt.***
guarantee[2], ⟨jur.⟩ **guaranty** ⟨f3⟩⟨ov.ww.; →ww. 7⟩ **0.1** ***garanderen*** ⇒*waarborgen, borg staan voor, instaan voor; avaleren* ⟨wissel⟩ **0.2** ***vrijwaren*** **0.3** ⟨inf.⟩ ***verzekeren*** ⇒*garanderen, beloven, uitdrukkelijk verklaren* ◆ **1.1** ~d (annual) income *gewaarborgd (jaar)inkomen* **6.1** ~ s.o. **in** the possession of sth. *iem. in het bezit v. iets waarborgen* **6.2** ~ **against/from** sth. *vrijwaren/waarborgen tegen.*
guaran'tee fund ⟨telb.zn.⟩ **0.1** ***garantiefonds.***
guar·an·tor ['gærən'tɔ:‖-'tɔr]⟨telb.zn.⟩⟨jur.⟩ **0.1** ***borg*** ⇒*garant, avalist.*
guard[1] [ga:d‖gard]⟨f3⟩⟨zn.⟩
I ⟨telb.zn.⟩ **0.1** ***bewaker*** ⇒*wachter, waker, wacht, garde, beschermer, verdediger, schildwacht;* ⟨AE⟩ *cipier, gevangenbewaarder;* ⟨sport, i.h.b. basketbal⟩ *verdediger* **0.2** ⟨BE⟩ ***conducteur*** ⟨op trein⟩ **0.3** ⟨vaak G-⟩⟨BE⟩ ***lid v.e. garderegiment*** **0.4** ⟨ben. voor⟩ ***beveiliging/bescherming(smiddel)*** ⇒*beschermingsplaat, scherm, kap; borg, beugel* ⟨v. sabel, geweer⟩; *kom/coquille* ⟨v. schermdegen⟩; *beschermer* ⟨v. enkel, been⟩; *horlogeketting; veiligheidsketting; veiligheidsring; reling* ⟨v. schip⟩; *baanschuiver, baanruimer* ⟨v. locomotief⟩ **0.5** ⟨boekbinderij⟩ ***(verstevigings)strook(je)*** **0.6** ⟨basketbal⟩ ***spelverdeler*** ◆ **3.1** change the ~s *de wacht aflossen;*
II ⟨n.-telb.zn.⟩ **0.1** ***wacht*** ⇒*bewaking, het waken, waakzaamheid, hoede* **0.2** ⟨sport⟩ ***verdediging*** ⇒⟨bokssport⟩ *dekking;* ⟨honkbal⟩ *verdedigingspositie;* ⟨cricket⟩ *defensieve positie, afweerhouding* ⟨v. bat⟩ ◆ **3.1** be on/keep/stand ~ *de wacht houden, op wacht staan;* change/relieve ~ *de wacht aflossen;* the changing of the ~ *het aflossen v.d. wacht;* mount ~ *de wacht betrekken* **3.2** ⟨cricket⟩ give ~ *de juiste (defensieve) positie aangeven (aan de batsman)* ⟨door umpire⟩; ⟨cricket⟩ take ~ *de juiste (defensieve) positie innemen* ⟨v. batsman⟩ **5.2** his ~ was **down** *hij had zijn dekking laten zakken;* ⟨fig.⟩ *hij was niet op zijn hoede, hij kon zich niet beheersen;* he kept his ~ **up** *hij hield zijn dekking in stand;* ⟨fig.⟩ *hij bleef op zijn hoede, hij beheerste zich* **6.1** **off** (one's) ~ *niet op zijn hoede;* catch s.o. **off** (his) ~ *iem. verrassen, iem. overrompelen;* **on** (one's) ~ *op zijn hoede;* be **on** (one's) ~ **against** *bedacht zijn op, zich hoeden voor* **6.2** **on** ~ *in de gevechtspositie;* get in **under** s.o.'s ~ *door iemands verdediging/dekking heenbreken;* ⟨fig.⟩ *iemands zwakke plek vinden;*
III ⟨verz.n.⟩ **0.1** ***garde*** ⇒*(lijf)wacht, escorte* **0.2** ***erewacht*** ◆ **1.1** ~ of honour *erewacht* **2.1** under armed ~ *onder gewapende escorte/begeleiding;* ⟨fig.⟩ the old ~ *de oude garde* **3.1** turn out the ~ *de wacht in 't geweer doen komen/oproepen;*
IV ⟨mv.; Guards⟩⟨vnl. BE⟩ **0.1** ***garderegiment*** ⇒*gardetroepen.*
guard[2] ⟨f3⟩⟨ww.⟩ →guarded
I ⟨onov.ww.⟩ **0.1** ***(zich) verdedigen*** ⇒*zich dekken* **0.2** ***zich hoeden*** ⇒*zich in acht nemen, zijn voorzorgen nemen* **0.3** ***op wacht staan*** ◆ **6.2** ~ **against** sth. *zich voor iets hoeden, op iets bedacht zijn;*
II ⟨ov.ww.⟩ **0.1** ***bewaken*** ⇒*behoeden, waken over, beveiligen; bewaren* ⟨geheim⟩ **0.2** ***beschermen*** ⇒*beschutten, verdedigen, verzekeren* **0.3** ***bedwingen*** ⇒*beteugelen, intomen, matigen, in bedwang houden* ⟨gedachten, tong⟩ **0.4** ⟨sport⟩ ***afschermen*** ⟨in bowling⟩ **0.5** ⟨sport⟩ ***dekken*** ⇒*beschermen* ⟨kaart, schaakstuk⟩ **0.6** ⟨boekbinderij⟩ ***v.e. strook voorzien*** **0.7** ⟨tech.⟩ ***v.e. beveiliging voorzien.***
guar·dant, gar·dant ['ga:dnt‖'gar-]⟨bn., post.⟩⟨heraldiek⟩ **0.1** ***aanziend.***
'guard boat ⟨telb.zn.⟩ **0.1** ***patrouilleboot.***
'guard book ⟨telb.zn.⟩⟨BE⟩ **0.1** ***plakboek*** ⇒*album.*
'guard chain ⟨telb.zn.⟩ **0.1** ***veiligheidsketting.***
'guard dog ⟨telb.zn.⟩ **0.1** ***waakhond.***
'guard duty ⟨n.-telb.zn.⟩⟨mil.⟩ **0.1** ***wachtdienst.***
guard·ed ['ga:dɪd‖'gar-]⟨f1⟩⟨bn.; (oorspr.) volt. deelw. v. guard; -ly; -ness⟩ **0.1** ***bewaakt*** ⇒*beschermd, verdedigd, gedekt* **0.2** ***voorzichtig*** ⇒*omzichtig, behoedzaam; bedekt* ⟨termen⟩; *ingehouden.*
guard·ee [ga:'di:‖'gardi:]⟨telb.zn.⟩⟨BE; inf.⟩ **0.1** ***(knappe/elegante) gardesoldaat.***
'guard·house, 'guard·room ⟨f1⟩⟨telb.zn.⟩⟨mil.⟩ **0.1** ***wachthuis(je)*** ⇒*schilderhuis, wachtlokaal* **0.2** ***arrestantenlokaal.***
'guardhouse 'lawyer ⟨telb.zn.⟩⟨sl.⟩ **0.1** ***betweter*** ⇒*(zogenaamd) expert* ⟨ongehinderd door kennis⟩.
guard·ian ['ga:dɪən‖'gar-]⟨f3⟩⟨telb.zn.⟩ **0.1** ***bewaker*** ⇒*bewaarder, wachter, opziener, oppasser, hoeder* **0.2** ***verdediger*** ⇒*beschermer* **0.3** ***voogd(es)*** ⇒*curator* **0.4** ***gardiaan*** ⟨overste v. franciscanerklooster⟩ **0.5** ⟨BE; gesch.⟩ ***armvoogd*** ◆ **1.3** ⟨BE; gesch.⟩ ~s of the poor *armvoogden.*
'guardian 'angel ⟨f1⟩⟨telb.zn.⟩ **0.1** ***beschermengel*** ⇒*engelbewaarder, beschermgeest, behoeder.*

guard·i·an·ship ['gɑ:dɪənʃɪp‖'gɑr-]⟨telb. en n.-telb.zn.⟩ 0.1 ***bewaking*** ⇒*hoede, bescherming* 0.2 ***voogdij(schap)***.
guard·less ['gɑ:dləs‖'gɑr-]⟨bn.⟩ 0.1 ***zonder verweer*** ⇒*onbeschermd* 0.2 ***onvoorzichtig*** ⇒*niet op zijn hoede* 0.3 ***zonder beveiliging***.
'guard mount, 'guard mounting ⟨n.-telb.zn.⟩ 0.1 ***het betrekken v.d. wacht*** 0.2 ***wachtdienst***.
'guard·rail ⟨telb.zn.⟩ 0.1 ***leuning*** ⇒*reling* 0.2 ***vangrail*** ⇒*veiligheidsrail* 0.3 ⟨spoorwegen⟩ ***contrarail***.
'guard ring ⟨telb.zn.⟩ 0.1 ***veiligheidsring***.
'guard ship ⟨telb.zn.⟩⟨mil.⟩ 0.1 ***wachtschip*** ⟨ter bescherming v. haven⟩.
guards·man ['gɑ:dzmən‖'gɑr-]⟨f1⟩⟨telb.zn.; guardsmen [-mən]; →mv. 3⟩ 0.1 ***gardesoldaat*** ⇒*gardeofficier, lid v.e. garderegiment*.
'guard's van ⟨telb.zn.⟩⟨BE; spoorwegen⟩ 0.1 ***conducteurswagen***.
'guard·tent ⟨telb.zn.⟩⟨mil.⟩ 0.1 ***wachttent***.
Guar·ne·ri·us [gwɑ:'nɪərɪəs‖gwɑr'nɪrɪəs]⟨telb.zn.⟩ 0.1 ***Guarnerius*** ⟨viool⟩.
gua·va ['gwɑ:və]⟨telb.zn.⟩⟨plantk.⟩ 0.1 ***guave*** ⟨vrucht en boom; Psidium guajava⟩.
gua·yu·le [gwə'ju:li‖gwaɪ'u:li]⟨telb.zn.⟩⟨plantk.⟩ 0.1 ***guayule*** ⟨plant met rubberhoudend melksap; Parthenium argentatum⟩.
gub [gʌb]⟨telb.zn.⟩⟨sl.⟩ 0.1 ***(grote) hoeveelheid*** ⇒*stoot, berg* 0.2 ***(Am.) marineman***.
gub·bins ['gʌbɪnz]⟨mv.; ww. ook enk.⟩⟨BE; inf.⟩ 0.1 ***dinges*** ⇒*dingetje, prul, bocht, spul* 0.2 ***idioot*** ⇒*dwaas*.
gu·ber·na·to·ri·al ['gu:bənə'tɔ:rɪəl‖-bər-]⟨bn., attr.⟩⟨schr.⟩ 0.1 ***gouverneurs-*** 0.2 ***regerings-***.
gu·ber·ni·(y)a [gu:'bɜ:nɪə‖-'bɜr-]⟨telb.zn.⟩⟨gesch.⟩ 0.1 ***provincie*** ⟨in Rusland; vóór 1917⟩.
guck [gʌk]⟨n.-telb.zn.⟩⟨AE; sl.⟩ 0.1 ***slijmerig/kliederig goedje*** ⇒*kliederboel, troep*.
gud·dle ['gʌdl]⟨ww.⟩
I ⟨onov.ww.⟩ 0.1 ***met de handen vissen;***
II ⟨ov.ww.⟩ 0.1 ***met de handen vangen*** ⟨vis⟩.
gude ⟨bn.⟩⟨Sch. E⟩ 0.1 ***goed***.
gudg·eon[1] ['gʌdʒən]⟨telb.zn.⟩ 0.1 ⟨dierk.⟩ ***riviergrondel*** ⟨Gobio gobio⟩ 0.2 ***lokmiddel*** ⇒*(lok)aas* 0.3 ⟨inf.⟩ ***sul*** ⇒*lichtgelovige, onnozele hals* 0.4 ⟨tech.⟩ ***tap*** ⇒*hals* 0.5 ⟨tech.⟩ ***pin*** ⇒*piston/zuigerpen, kruiskop* 0.6 ⟨tech.⟩ ***spil*** 0.7 ⟨scheep.⟩ ***vingerling***.
gudgeon[2] ⟨ov.ww.⟩⟨vero.; sl.⟩ 0.1 ***foppen*** ⇒*beetnemen, beduvelen*.
'gudgeon pin ⟨telb.zn.⟩⟨BE; tech.⟩ 0.1 ***pistonpen*** ⇒*zuigerpen* ⟨v. auto⟩ 0.2 ***kruiskop***.
guel·der rose ['geldə 'roʊz‖-dər-]⟨telb.zn.⟩⟨plantk.⟩ 0.1 ***Gelderse roos*** ⇒*sneeuwbal* ⟨Viburnum opulus⟩.
Guel·ders ['geldəz‖-dərz]⟨eig.n.⟩ 0.1 ***Gelderland***.
Guelph, Guelf [gwelf]⟨telb.zn.⟩⟨Italiaanse gesch.⟩ 0.1 ***Welf*** ⇒*Guelf* ⟨medestander v.d. paus⟩.
gue·non [gə'nɒn‖gə'nɑn]⟨telb.zn.⟩⟨dierk.⟩ 0.1 ***meerkat*** ⟨genus Cercopithecus⟩.
guer·don[1] ['gɜ:dn‖'gɜrdn]⟨telb.zn.⟩⟨schr.⟩ 0.1 ***beloning*** ⇒*vergelding*.
guerdon[2] ⟨ov.ww.⟩⟨schr.⟩ 0.1 ***belonen*** ⇒*vergelden, lonen*.
gue·ri·don ['geridɒn‖'geɪri'dɔ̃]⟨telb.zn.⟩ 0.1 ***gueridon*** ⟨tafeltje op één poot⟩.
'guerilla 'theater ⟨n.-telb.zn.⟩⟨AE⟩ 0.1 ***(anti-militaristisch) straattoneel***.
guern·sey ['gɜ:nzi‖'gɜrnzi]⟨zn.⟩
I ⟨telb.zn.⟩ 0.1 ***(zeemans)trui*** 0.2 ⟨Austr. E⟩ ***voetbalshirt*** 0.3 ⟨G-⟩ ***Guernsey-koe;***
II ⟨n.-telb.zn.; G-⟩ 0.1 ***Guernsey-ras***.
'Guernsey 'lily ⟨telb.zn.⟩⟨plantk.⟩ 0.1 ***(soort) amaryllis*** ⟨Nerine sarniensis⟩.
'Guernsey 'partridge ⟨telb.zn.⟩⟨dierk.⟩ 0.1 ***rode patrijs*** ⟨Alectoris rufa⟩.
gue(r)·ril·la [gə'rɪlə]⟨f2⟩⟨telb.zn.⟩ 0.1 ***guerrilla(strijder)*** 0.2 ⟨vero.⟩ ***guerrilla(oorlog)***.
gue(r)'ril·la·ar·my ⟨telb.zn.⟩ 0.1 ***guerrillaleger***.
gue'r(r)illa war, gue'r(r)illa warfare ⟨f1⟩⟨telb.zn.⟩ 0.1 ***guerrillaoorlog*** ⇒*guerrillastrijd*.
guer·(r)il·le·ro [gerə'ljeroʊ]⟨f1⟩⟨telb.zn.⟩ 0.1 ***guerrillero***.
guess[1] [ges]⟨f3⟩⟨telb.zn.⟩ 0.1 ***gis*** ⇒*gissing, ruwe schatting, vermoeden, veronderstelling, hypothese* ◆ **2.1** ⟨inf.⟩ your ~ is as good as mine *ik weet het net zo min als jij, als jij het weet weet ik het ook* **3.1** have another ~ coming *zich vergissen;* make/have a ~ (at sth.) *(naar iets) raden;* ⟨AE⟩ miss one's ~ *een verkeerde veronderstelling maken, de plank misslaan* **4.1** it's anybody's/anyone's ~ *dat is niet te zeggen, dat weet geen mens* **6.1 at** a ~ *naar schatting;* **at** a ~ I should say there are 50 marbles in the bottle *ik schat dat er 50 knikkers in de fles zitten;* **by** ~, **by** ~ and by God (frey)/Gosh/Golly *gissenderwijs, op de gis (af), op goed geluk (af)* **7.1** my ~ is *volgens mij*.
guess[2] ⟨f3⟩⟨ww.⟩
I ⟨onov. en ov.ww.⟩ 0.1 ***gissen*** ⇒*schatten, raden* 0.2 ***raden*** ⇒*oplossen* ◆ **3.1** I can't ~ when she will come *ik heb geen idee wanneer ze komt;* ⟨inf.⟩ keep s.o. ~ing *iem. in het ongewisse laten* **5.1** you've ~ed right *je hebt het (goed) geraden, je hebt het bij het rechte eind* **6.1** ~ **at** sth. *naar iets gissen;*
II ⟨ov.ww.⟩⟨AE; inf.⟩ 0.1 ***veronderstellen*** ⇒*denken, vermoeden, geloven, menen* ◆ **8.1** I ~ you're right *je zal wel gelijk hebben*.
guess·er ['gesə‖-ər]⟨f1⟩⟨telb.zn.⟩ 0.1 ***rader*** ⇒*gisser, oplosser* ◆ **2.1** I am a good ~ *ik kan goed raden/schatten, ik heb het meestal bij het rechte eind*.
guess-rope →guest rope.
gues(s)·ti·mate[1] ['gestɪmət]⟨telb.zn.⟩⟨inf.⟩ 0.1 ***schatting*** ⇒*raming* ⟨op de gis af⟩.
gues(s)timate[2] ['gestɪmeɪt]⟨ov.ww.⟩⟨inf.⟩ 0.1 ***schatten*** ⇒*ramen*.
'guess·work ⟨f1⟩⟨n.-telb.zn.⟩ 0.1 ***giswerk*** ⇒*gissing, gegis, veronderstelling, het raden*.
guest[1] [gest]⟨f3⟩⟨telb.zn.⟩⟨→sprw. 88⟩ 0.1 ***gast*** ⇒*logé* 0.2 ***genodigde*** ⇒*introducé* 0.3 ⟨dierk.⟩ ***parasiet*** ⇒*commensaal, gast* ◆ **1.1** ~ of honour *eregast* **3.1** paying ~ *betalende logé* **3.¶** ⟨inf.⟩ be my ~! *ga je gang!, asjeblieft!*.
guest[2] ⟨ww.⟩
I ⟨onov.ww.⟩⟨vnl. AE⟩ 0.1 ***gasteren*** ⇒*een gastrol vervullen, als gast optreden;*
II ⟨ov.ww.⟩ 0.1 ***onderbrengen*** ⇒*logies verschaffen*.
'guest appearance ⟨telb.zn.⟩ 0.1 ***gastoptreden***.
'guest·cham·ber, 'guest room ⟨f1⟩⟨telb.zn.⟩ 0.1 ***logeerkamer***.
'guest-con'duct ⟨ov.ww.⟩ 0.1 ***gastdirigent zijn van*** ⇒*als gast dirigeren*.
'guest·house ⟨f1⟩⟨telb.zn.⟩ 0.1 ***pension*** 0.2 ⟨gesch.⟩ ***hospitium*** ⇒*gastenverblijf* ⟨in klooster⟩.
'guest night ⟨telb.zn.⟩ 0.1 ***avond voor introducés*** ⟨v. club enz.⟩.
'guest rope, 'guess-rope ⟨telb.zn.⟩⟨scheep.⟩ 0.1 ***(extra) sleeptouw***.
'guest speaker ⟨f1⟩⟨telb.zn.⟩ 0.1 ***gastspreker***.
'guest star ⟨telb.zn.⟩ 0.1 ***gastster***.
'guest worker ⟨f1⟩⟨telb.zn.⟩ 0.1 ***gastarbeider***.
guff[1] [gʌf]⟨n.-telb.zn.⟩⟨sl.⟩ 0.1 ***klets*** ⇒*geleuter, larie, onzin*.
guff[2] ⟨ww.⟩⟨sl.⟩
I ⟨onov.ww.⟩ 0.1 ***onzin uitkramen;***
II ⟨ov.ww.⟩ 0.1 ***belazeren***.
guf·faw[1] [gə'fɔ:]⟨f1⟩⟨telb.zn.⟩ 0.1 ***bulderende/ruwe lach***.
guffaw[2] ⟨f1⟩⟨ww.⟩
I ⟨onov.ww.⟩ 0.1 ***bulderen v.h. lachen*** ⇒*ruw lachen;*
II ⟨ov.ww.⟩ 0.1 ***met een bulderende/ruwe lach zeggen***.
guggle →gurgle.
guid [gɪd]⟨bn.⟩⟨Sch. E⟩ 0.1 ***goed***.
guid·a·ble ['gaɪdəbl]⟨bn.⟩ 0.1 ***volgzaam*** ⇒*meegaand, handelbaar* 0.2 ***bestuurbaar***.
gui·dance ['gaɪdns]⟨f3⟩⟨n.-telb.zn.⟩ 0.1 ***leiding*** ⇒*geleide, het gidsen, leidraad, richtsnoer* 0.2 ***raad*** ⇒*advies, hulp, begeleiding* 0.3 ***geleiding*** ⟨v. projectielen⟩ ◆ **2.2** vocational ~ *beroepsvoorlichting*.
guide[1] [gaɪd]⟨f3⟩⟨telb.zn.⟩ 0.1 ***gids*** ⇒*cicerone, leidsman, berggids* 0.2 ⟨mil.⟩ ***guide*** ⇒*vleugelman, richtman; voertuig waar men zich op richt* 0.3 ***leidraad*** ⇒*gids, raadgever, richtsnoer, voorbeeld* 0.4 ⟨G-⟩⟨BE⟩ ***padvindster*** ⇒*gids* 0.5 ***wegwijzer*** ⟨ook fig.⟩ 0.6 ⟨verk.⟩ ⟨guidebook⟩ 0.7 ⟨verk.⟩ ⟨guide card⟩ 0.8 ⟨tech.⟩ ***geleider*** ⇒*geleibaan, leirol*.
guide[2] ⟨f3⟩⟨ww.⟩ →guiding
I ⟨onov.ww.⟩ 0.1 ***(als) gids (werkzaam) zijn;***
II ⟨ov.ww.⟩ 0.1 ***leiden*** ⇒*gidsen, de weg wijzen, (be)geleiden, loodsen* 0.2 ***als leidraad/richtsnoer dienen voor*** 0.3 ***besturen*** ⇒*leiden* ◆ **1.1** ~d missile *geleid projectiel/wapen;* ~d tour *begeleide reis; rondleiding* **1.2** he was ~d by *hij liet zich leiden door*.
'guide·board ⟨telb.zn.⟩ 0.1 ***wegwijzer***.
'guide·book ⟨f1⟩⟨telb.zn.⟩ 0.1 ***handleiding*** ⇒*wegwijzer, inleiding* 0.2 ***(reis)gids*** ⇒*wegwijzer*.
'guide card ⟨telb.zn.⟩ 0.1 ***tabkaart*** ⇒*geleidekaart* ⟨in kaartsysteem⟩.
'guide dog ⟨telb.zn.⟩ 0.1 ***geleidehond***.
'guide·line ⟨f1⟩⟨telb.zn.⟩ 0.1 ***richtlijn*** ⇒*richtsnoer*.
'guide·post ⟨telb.zn.⟩ 0.1 ***handwijzer*** ⇒*wegwijzer*.
'guide price ⟨telb.zn.⟩ 0.1 ***vaste richtprijs*** ⟨i.h.b. voor EG-landbouwprodukten⟩.
Guid·er ['gaɪdə‖-ər]⟨telb.zn.⟩⟨BE⟩ 0.1 ***akela*** ⇒*leidster*.
'guide·rope ⟨telb.zn.⟩ 0.1 ***keertalie*** ⟨bij het hijsen⟩ 0.2 ***sleeptouw*** ⟨v. luchtballon⟩ 0.3 ***ankertouw*** ⟨v. luchtschip⟩.
'guide·way ⟨telb.zn.⟩⟨tech.⟩ 0.1 ***leisponning*** ⇒*leibaan, groef, spoor*.
guid·ing ['gaɪdɪŋ]⟨bn.; teg. deelw. v. guide⟩ 0.1 ***leidend*** ◆ **1.1** he needs a ~ hand from time to time *hij moet af en toe op de juiste*

weg geholpen worden; ~ light *leidstar/ster;* ~ principle *leidend beginsel.*

gui·don ['gaɪdn]⟨telb.zn.⟩⟨mil.⟩ **0.1** ***vaandel*** *⇒standaard, ruitervaan, richtvlag* **0.2** ***vaandeldrager.***

Guig·nol [gi:n'jɒl‖-'jɔl]⟨n.-telb.zn.⟩⟨dram.⟩ **0.1** ***Grand Guignol*** *⇒horrordrama* **0.2** ***poppenkast.***

guild, gild [gɪld]⟨f2⟩⟨telb.zn.⟩ **0.1** ***gilde*** *⇒broederschap, ambachtsgild, vereniging.*

guil·der ['gɪldə‖-ər], **gul·den** ⟨telb.zn.⟩ **0.1** ***gulden*** **0.2** ⟨gesch.⟩ ***(goud)gulden.***

guild·hall ['-'-‖'--]⟨zn.; vaak G-⟩
I ⟨eig.n.; the⟩⟨BE⟩ **0.1** ***Guildhall*** ⟨stadhuis v. Londen-City⟩;
II ⟨telb.zn.⟩ **0.1** ***gildehuis*** **0.2** ***raadhuis*** *⇒stadhuis.*

'guild 'socialism ⟨n.-telb.zn.⟩ **0.1** ***gildensocialisme*** ⟨soort arbeiderszelfbestuur voor en na de Eerste Wereldoorlog⟩.

guile [gaɪl]⟨f1⟩⟨n.-telb.zn.⟩ **0.1** ***slinksheid*** *⇒verraderlijkheid, bedrog, valsheid* ◆ **2.1** he is full of ~ *hij zit vol trucjes, hij is niet te vertrouwen.*

guile·ful ['gaɪlfʊl]⟨bn.; -ly; -ness⟩ **0.1** ***slinks*** *⇒verraderlijk, vals, arglistig.*

guile·less ['gaɪlləs]⟨bn.; -ly; -ness⟩ **0.1** ***argeloos*** *⇒onschuldig, naïef, eenvoudig, ongekunsteld.*

guil·le·mot ['gɪləmɒt‖-mɑt]⟨telb.zn.⟩⟨dierk.⟩ **0.1** ***zeekoet*** ⟨genus Uria/Cepphus⟩.

guil·loche [gɪ'lɒʃ‖-'loʊʃ]⟨telb.zn.⟩ **0.1** ***guilloche*** ⟨versiering v. dooreengevlochten lijnen⟩.

guil·lo·tine[1] ['gɪləti:n]⟨f1⟩⟨telb.zn.⟩ **0.1** ***guillotine*** *⇒valbijl* **0.2** ***papiersnijmachine*** **0.3** ***guillotineschaar*** ⟨voor metalen platen⟩ **0.4** ⟨BE; pol.⟩ ***vaststelling v.e. tijd voor de stemming over (onderdelen v.) een wetsontwerp*** ⟨om obstructie te voorkomen⟩ *⇒tijdslimiet voor de behandeling v.e. wetsontwerp* ◆ **6.4** the bill is to pass **under** a ~ by 4.30 *om (uiterlijk) half vijf moet er over het wetsontwerp gestemd worden.*

guillotine[2] ⟨ov.ww.⟩ **0.1** ***guillotineren*** **0.2** ***afkappen*** *⇒een eind maken aan* **0.3** ⟨BE; pol.⟩ ***een tijd v. stemming bepalen voor*** *⇒erdoor jagen* ⟨wetsontwerp⟩ ◆ **1.3** ~ a bill *de behandeling v. (onderdelen v.) een wetsontwerp aan een tijdslimiet onderwerpen.*

guilt [gɪlt]⟨f3⟩⟨n.-telb.zn.⟩ **0.1** ***schuld*** *⇒schuldigheid* **0.2** ***misdaad*** **0.3** ***schuldgevoel.***

'guilt complex ⟨telb.zn.⟩⟨psych.⟩ **0.1** ***schuldcomplex.***

guilt·less ['gɪltləs]⟨bn.; -ly; -ness⟩
I ⟨bn.⟩ **0.1** ***schuldeloos*** *⇒onschuldig* ◆ **6.1** ~ **of** *niet schuldig aan;*
II ⟨bn., pred.⟩ **0.1** ***onbekend*** *⇒geen weet hebbend* ◆ **6.1** the house was long ~ **of** paint *het huis had al lang geen verfkwast meer gezien.*

guilt·y ['gɪlti]⟨f3⟩⟨bn.; -er; -ly; -ness; →bijw. 3⟩ **0.1** ***schuldig*** *⇒schuld hebbend, schuldbewust* ◆ **1.1** a ~ conscience *een slecht geweten* **3.1** ⟨jur.⟩ plead ~ *schuld bekennen;* ⟨jur.⟩ plead not ~ *schuld ontkennen* **6.1** ⟨jur.⟩ find ~ **of** a crime *schuldig bevinden aan een misdaad.*

guimp →gimp.

guin·ea, ⟨in bet. 0.2 ook⟩ **Gin·ney, Gin·nee, ginee, guinie** ['gɪni]⟨f2⟩⟨telb.zn.⟩ **0.1** ***gienje*** *⇒guinje* ⟨oude munt⟩ **0.2** ⟨AE; sl.; pej.⟩ ***spaghettivreter*** *⇒Italiaan.*

'guinea corn ⟨n.-telb.zn.⟩⟨plantk.⟩ **0.1** ***negerkoren*** *⇒kafferkoren, zwarte gierst* ⟨Sorghum vulgare⟩.

'guinea football ⟨telb.zn.⟩⟨sl.⟩ **0.1** ***kleine, met de hand gemaakte bom.***

'guinea fowl ⟨telb.zn.; →mv. 4⟩⟨dierk.⟩ **0.1** ***parelhoen*** *⇒*⟨i.h.b.⟩ *helmparelhoen* ⟨Numida meleagris⟩.

'Guinea grains ⟨mv.⟩⟨cul.⟩ **0.1** ***paradijskorrels*** ⟨soort peper⟩.

'guinea hen ⟨telb.zn.; →mv. 4⟩ **0.1** ***(vrouwtje v.h.) parelhoen.***

'guinea pig ⟨f1⟩⟨telb.zn.⟩ **0.1** ⟨dierk.⟩ ***cavia*** ⟨genus Cavia⟩ **0.2** ***proefkonijn.***

'Guinea worm ⟨telb.zn.⟩⟨dierk.⟩ **0.1** ***Guinea-worm*** ⟨parasitaire draadworm; Dracunculus medinensis⟩.

guin·zo ['gɪnzoʊ]⟨telb.zn.⟩⟨sl.⟩ **0.1** ***buitenlander*** **0.2** ***spaghettivreter*** *⇒Italiaan* **0.3** ***man*** *⇒kerel.*

gui·pure [gɪ'pjʊə‖-'pjʊr]⟨n.-telb.zn.⟩ **0.1** ***guipurekant.***

guise [gaɪz]⟨f1⟩⟨zn.⟩
I ⟨telb.zn.⟩ **0.1** ***uiterlijk*** *⇒voorkomen, gedaante, schijn;*
II ⟨n.-telb.zn.⟩ **0.1** ***kleding*** *⇒kledij* **0.2** ***mom*** *⇒voorwendsel* ◆ **6.1** **in** the ~ **of** a clown *uitgedost als clown* **6.2** **in/under** the ~ **of** *onder het mom v..*

guis·er ['gaɪzə‖-ər]⟨telb.zn.⟩⟨Sch. E⟩ **0.1** ***iem. in vermomming.***

gui·tar[1] [gɪ'tɑ:‖gɪ'tɑr]⟨f2⟩⟨telb.zn.⟩ **0.1** ***gitaar.***

guitar[2] ⟨onov.ww.; →ww. 7⟩ **0.1** ***gitaar spelen.***

gui·tar·ist [gɪ'tɑ:rɪst]⟨f1⟩⟨telb.zn.⟩ **0.1** ***gitaarspeler/speelster*** *⇒gitarist(e).*

Gu·lag ['gu:læg, -lɑ:g]⟨telb.zn.; ook g-⟩ **0.1** ***goelag.***

gul·ar [gju:lə, gu:lə‖-ər]⟨bn., attr.⟩ **0.1** ***keel-*** *⇒slokdarm-.*

gulch [gʌltʃ]⟨f1⟩⟨telb.zn.⟩⟨AE⟩ **0.1** ***ravijn*** *⇒geul* ⟨i.h.b. een ravijn waar een bergstroom doorheen loopt⟩.

gulden →guilder.

gules[1] [gju:lz]⟨n.-telb.zn.⟩⟨wapenkunde⟩ **0.1** ***keel*** *⇒rode kleur.*

gules[2] ⟨bn., post.⟩⟨wapenkunde⟩ **0.1** ***keel*** *⇒rood.*

gulf[1] [gʌlf]⟨f2⟩⟨telb.zn.⟩ **0.1** ***golf*** *⇒zeeboezem, wijde baai* **0.2** ***afgrond*** *⇒kloof* ⟨ook fig.⟩; ⟨schr.⟩ *peilloze diepte* **0.3** ***draaikolk.***

gulf[2] ⟨ov.ww.⟩ **0.1** ***verzwelgen*** *⇒verslinden, opslokken.*

'gulf state ⟨telb.zn.; vaak the Gulf States⟩ **0.1** ***golfstaat*** ⟨aan Perzische Golf of Golf v. Mexico⟩.

'Gulf stream ⟨eig.n.; the⟩ **0.1** ***Golfstroom.***

'gulf·weed ⟨n.-telb.zn.⟩⟨plantk.⟩ **0.1** ***sargassum*** ⟨Sargassum bacciferum⟩.

gull[1] [gʌl]⟨f2⟩⟨telb.zn.⟩ **0.1** ***meeuw*** **0.2** ***onnozele hals*** *⇒eend, sul* ◆ **2.¶** ⟨dierk.⟩ common ~ *stormmeeuw* ⟨Larus canus⟩; ⟨dierk.⟩ little ~ *dwergmeeuw* ⟨Larus minutus⟩.

gull[2] ⟨f1⟩⟨ov.ww.⟩ **0.1** ***beetnemen*** *⇒bedotten, belazeren* ◆ **6.1** ~ s.o. **out of** all his money *iem. al het geld uit de zak kloppen.*

'gull-'billed ⟨bn.⟩⟨dierk.⟩ ◆ **1.¶** ~ tern *lachstern* ⟨Gelochelidon nilotica⟩.

gul·let ['gʌlɪt]⟨f1⟩⟨telb.zn.⟩ **0.1** ***slokdarm*** *⇒keel(gat), strot* **0.2** ⟨AE⟩ ***ravijn*** *⇒(water)geul* ◆ **3.¶** stick in s.o.'s ~ *onverteerbaar zijn voor iem..*

gul·li·bil·i·ty ['gʌləbɪləţi]⟨n.-telb.zn.⟩ **0.1** ***lichtgelovigheid*** *⇒onnozelheid.*

gul·li·ble ['gʌləbl]⟨f1⟩⟨bn.; -ly; →bijw. 3⟩ **0.1** ***makkelijk beet te nemen*** *⇒lichtgelovig, onnozel.*

gul·lie ['gʌli]⟨telb.zn.⟩⟨inf.; onderwaterhockey⟩ **0.1** ***puck.***

gul·lish ['gʌlɪʃ]⟨bn.⟩ **0.1** ***stom*** *⇒onnozel, dwaas.*

gul·ly[1], ⟨in bet. I 0.1-0.3 en II ook⟩ **gul·ley** ['gʌli]⟨f2⟩⟨zn.; →mv. 2⟩
I ⟨telb.zn.⟩ **0.1** ***geul*** *⇒ravijn, goot, greppel, watervoor* **0.2** ***vallei*** ⟨door regenwater uitgesleten⟩ **0.3** ⟨cricket⟩ ***gull(e)y*** ⟨veldspeler tussen slip en point⟩ **0.4** ⟨verk.⟩ ⟨gully knife⟩;
II ⟨n.-telb.zn.⟩⟨cricket⟩ **0.1** ***gull(e)y*** ⟨positie tussen slip en point⟩.

gully[2] ⟨ov.ww.⟩ **0.1** ***een geul maken in*** *⇒uithollen.*

'gully drain ⟨telb.zn.⟩ **0.1** ***rioolbuis.***

'gul·ly-hole ⟨telb.zn.⟩ **0.1** ***rioolgat*** *⇒straatholte.*

'gully knife ⟨telb.zn.⟩⟨BE; gew.⟩ **0.1** ***groot mes*** *⇒slagersmes, vleesmes.*

'gully trap ⟨telb.zn.⟩ **0.1** ***stankafsluiter.***

gulp[1] [gʌlp]⟨f1⟩⟨telb.zn.⟩ **0.1** ***teug*** *⇒slok, gulp, hap* **0.2** ***slikbeweging.***

gulp[2] ⟨f2⟩⟨ww.⟩
I ⟨onov.ww.⟩ **0.1** ***naar adem snakken*** **0.2** ***slikken;***
II ⟨onov. en ov.ww.⟩ **0.1** ***schrokken*** *⇒slokken, slikken* ◆ **5.1** he ~ed **down** his drink and left *hij sloeg zijn borrel achterover en vertrok;* they ~ed the meal **down** *zij schrokten het eten naar binnen* **5.¶** ~ **back/down** *inslikken, onderdrukken;* I tried to ~ **back** my sobs *ik probeerde mijn snikken te onderdrukken.*

gum[1] [gʌm]⟨f2⟩⟨zn.⟩
I ⟨telb.zn.⟩ **0.1** ⟨vnl. mv.⟩ ***tandvlees*** **0.2** ***gombal*** **0.3** ⟨verk.⟩ ⟨gum tree⟩ **0.4** ⟨AE⟩ ***overschoen*** ◆ **3.¶** ⟨sl.⟩ slap one's ~s *kletsen, lullen, ouwehoeren, zwammen;*
II ⟨n.-telb.zn.⟩ **0.1** ***gom*** *⇒gomhars* **0.2** ***slaap*** ⟨afscheiding v.d. oogleden⟩ **0.3** ⟨AE⟩ ***kauwgum*** **0.4** ***zijdelijm*** **0.5** ***gum*** ⟨neerslag v. benzine⟩ **0.6** ***Arabische gom*** **0.7** ⟨verk.⟩ ⟨gum wood⟩ ◆ **6.¶** by ~ *drommels!* **¶.¶** ~! *drommels!.*

gum[2] ⟨f1⟩⟨ww.; →ww. 7⟩
I ⟨onov.ww.⟩ **0.1** ***gommen*** *⇒gom afscheiden, plakken* **0.2** ⟨AE; sl.⟩ ***lullen*** *⇒ouwehoeren, kletsen, roddelen;*
II ⟨ov.ww.⟩ **0.1** ***gommen*** *⇒plakken* **0.2** ⟨inf.⟩ ***verknoeien*** ◆ **5.1** ~ **down** a stamp *een postzegel vastplakken* **5.2** ~ **up,** ~ **up** the works *de boel verpesten/verziek en; een spaak in het wiel steken.*

'gum 'arabic ⟨n.-telb.zn.⟩ **0.1** ***Arabische gom.***

'gum-beat·er ⟨telb.zn.⟩⟨AE; sl.⟩ **0.1** ***ouwehoer*** *⇒opschepper, blaaskaak.*

'gum-beat·ing ⟨telb.zn.⟩⟨AE; sl.⟩ **0.1** ***praatje*** **0.2** ***gelul.***

gum·bo, gom·bo ['gʌmboʊ]⟨n.-telb.zn.⟩⟨AE⟩ **0.1** ***okra*** ⟨peulvrucht⟩ **0.2** ***soep gemaakt v. okra*** **0.3** ⟨G-⟩ ***volkstaal v. negers en Creolen in Louisiana*** **0.4** ***gumbo*** ⟨kleverige modder⟩.

gum·boil ['gʌmbɔɪl]⟨telb.zn.⟩ **0.1** ***abces op het tandvlees.***

'gum·boot[1], **'gum boot** ⟨f1⟩⟨telb.zn.⟩ **0.1** ***rubberlaars*** **0.2** ⟨AE; sl.⟩ ***detective*** **0.3** ⟨AE; sl.⟩ ***politieman.***

gumboot[2] →gumshoe[2].

'gum 'dragon ⟨n.-telb.zn.⟩ **0.1** ***dragant*** *⇒tragant* ⟨gom⟩.

'gum·drop ⟨telb.zn.⟩⟨AE⟩ **0.1** ***gombal.***

'gum-foot ⟨telb.zn.⟩⟨AE; sl.⟩ **0.1** ***detective*** *⇒stille.*

gum·heel[1] →gum-foot.

'gumheel[2] ⟨onov.ww.⟩⟨AE; sl.⟩ **0.1** ***als detective werken.***

'gum 'juniper ⟨telb. en n.-telb.zn.⟩ ⟨plantk.⟩ **0.1** ***sandrakboom*** ⟨Callitris quadrivalvis⟩.

gum·ma ['gʌmə] ⟨telb.zn.; gummata ['gʌmət̬ə]; →mv. 5⟩ ⟨med.⟩ **0.1** ***gumma*** ⟨gezwel dat voorkomt in de derde fase v. syfilis⟩.

gum·ma·tous ['gʌmət̬əs] ⟨bn.⟩ ⟨med.⟩ **0.1** ***gumma-achtig*** *⇒rubberachtig.*

gum·mix·ed up, gum·mox·ed up ['gʌməkst 'ʌp] ⟨bn.⟩ ⟨AE; sl.⟩ **0.1** ***in de war.***

gum·my[1] ['gʌmi] ⟨telb.zn.⟩ ⟨AE; sl.⟩ **0.1** ***lijm*** **0.2** ***kleverig goedje.***

gummy[2] ⟨bn.; -er; →compar. 7⟩ **0.1** ***kleverig*** *⇒lijmerig, stroperig, viskeus* **0.2** ***gommig*** *⇒gomachtig, vol gom* **0.3** ***opgezet*** *⇒opgezwollen, dik* **0.4** ⟨AE; sl.⟩ ***vervelend*** *⇒onplezierig, oninteressant* **0.5** ⟨AE; sl.⟩ ***(al te) sentimenteel*** ◆ **1.3** ~ legs *opgezette benen.*

gump [gʌmp] ⟨telb.zn.⟩ ⟨vnl. gew.⟩ **0.1** ***sul*** *⇒onnozele hals, sukkel.*

gump·tion ['gʌm(p)ʃn] ⟨n.-telb.zn.⟩ ⟨inf.⟩ **0.1** ***initiatief*** *⇒ondernemingslust, vindingrijkheid* **0.2** ***gewiekstheid*** *⇒pienterheid.*

'gum resin ⟨n.-telb.zn.⟩ **0.1** ***gomhars.***

'gum shield ⟨telb.zn.⟩ ⟨bokssport⟩ **0.1** ***gebitsbeschermer*** *⇒tandbeschermer;* ⟨inf.⟩ *bit(je).*

'gum·shoe[1], ⟨in bet. 0.3 ook⟩ **gumshoe man** ⟨telb.zn.⟩ **0.1** ***overschoen*** **0.2** ***gympje*** **0.3** ⟨AE; sl.⟩ ***stille*** *⇒smeris, detective.*

gum·shoe[2] ⟨ww.⟩ ⟨AE; sl.⟩
I ⟨onov.ww.⟩ **0.1** ***rustig lopen*** *⇒sluipen, de ronde doen* **0.2** ***als detective werken;***
II ⟨ov.ww.⟩ **0.1** ***rustig lopen in*** *⇒sluipen in/door, de ronde doen in.*

'gum·suck·er ⟨telb.zn.⟩ ⟨sl.⟩ **0.1** ***Australiër.***

'gum tree ⟨telb.zn.⟩ **0.1** ***gomboom*** ◆ **6.¶ up** a ~ *in de nesten, in de knoei.*

'gum·wood ⟨n.-telb.zn.⟩ **0.1** ***hout v.d. gomboom.***

gun[1] [gʌn] ⟨f4⟩ ⟨telb.zn.⟩ **0.1** ***stuk geschut*** *⇒kanon* **0.2** ***vuurwapen*** *⇒(jacht)geweer, karabijn, buks, pistool, revolver* **0.3** ***startpistool*** **0.4** ***spuitpistool*** *⇒revolverspuit* **0.5** ***jager*** *⇒geweer* ⟨i.t.t. drijver⟩ **0.6** →gunman **0.7** ⟨Be; inf.; scheep.⟩ ***konstabel*** ⟨onderofficier belast met de zorg voor het geschut⟩ **0.8** ⟨sl.⟩ ***dief*** *⇒*⟨i.h.b.⟩ *zakkenroller* **0.9** ⟨sl.⟩ ***gas(pedaal)*** **0.10** ⟨sl.⟩ ***hoge piet*** **0.11** ⟨sl.⟩ ***(vluchtige) blik*** **0.12** ⟨AE; sl.⟩ ***spuit*** *⇒injectienaald* **0.13** ⟨AE; sl.⟩ ***lul*** *⇒pik* ⟨penis⟩ ◆ **3.4** beat/jump the ~ *te vroeg v. start gaan;* ⟨fig.⟩ *op de zaak vooruitlopen* **3.9** ⟨inf.⟩ give the ~ *op zijn staart trappen; een dot gas geven* **3.¶** spike s.o.'s ~s *iem. de wind uit de zeilen nemen; een spaak in het wiel steken; iets de grond in boren;* stick to one's ~s *voet bij stuk houden* **¶.7** ~s *konstabel.*

gun[2] ⟨f2⟩ ⟨ww.; →ww. 7⟩ →gunned, gunning
I ⟨onov.ww.⟩ **0.1** ***jagen*** *⇒op jacht zijn* ◆ **6.1** ~ **for** *jacht maken op;* ⟨fig.⟩ *uit zijn op, het gemunt hebben op;*
II ⟨ov.ww.⟩ **0.1** ***neerschieten*** *⇒doodschieten* **0.2** ***een dot gas geven*** ◆ **1.2** he ~ned the engine *hij gaf gas, hij liet de motor razen* **5.1** ~ **down** *neerknallen/maaien.*

'gun barrel ⟨telb.zn.⟩ **0.1** ***loop*** ⟨v. vuurwapen⟩.

'gun·boat ⟨zn.⟩
I ⟨telb.zn.⟩ **0.1** ***kanonneerboot*** **0.2** ⟨sl.⟩ ***leeg blik*** ⟨v.e. gallon⟩;
II ⟨mv.; ~s⟩ ⟨AE; sl.; scherts.⟩ **0.1** ***schuiten*** ⟨grote schoenen⟩ **0.2** ***voeten.***

'gunboat di'plomacy ⟨n.-telb.zn.⟩ **0.1** ***machtspolitiek*** ⟨militair machtsvertoon gebruiken als instrument v.h. buitenlands beleid⟩.

'gun carriage ⟨telb.zn.⟩ **0.1** ***affuit.***

'gun case ⟨telb.zn.⟩ **0.1** ***foedraal v. jachtgeweer.***

'gun·cot·ton ⟨n.-telb.zn.⟩ **0.1** ***schietkatoen.***

'gun·crew ⟨verz.n.⟩ ⟨mil.⟩ **0.1** ***bediening*** ⟨manschappen die een stuk geschut bedienen⟩.

'gun dog ⟨telb.zn.⟩ **0.1** ***jachthond.***

'gun·fight ⟨f1⟩ ⟨telb.zn.⟩ **0.1** ***vuurgevecht.***

'gun·fire ⟨f1⟩ ⟨n.-telb.zn.⟩ **0.1** ***kanonvuur*** *⇒geschutvuur* **0.2** ⟨mil.⟩ ***morgenschot*** **0.3** ⟨mil.⟩ ***avondschot.***

gunge [gʌndʒ] ⟨n.-telb.zn.⟩ ⟨BE; inf.⟩ **0.1** ***smurrie*** *⇒kleeftroep.*

gunged up ['gʌndʒd 'ʌp] ⟨bn.⟩ ⟨BE; inf.⟩ **0.1** ***vol met troep.***

gung ho ['gʌŋ 'hoʊ] ⟨bn.⟩ ⟨inf.⟩ **0.1** ***enthousiast*** *⇒geestdriftig, ijverig* **0.2** ***emotioneel.***

'gun harpoon ⟨telb.zn.⟩ **0.1** ***harpoen*** ⟨afgeschoten door kanon⟩.

'gun·house ⟨telb.zn.⟩ **0.1** ***afdekking v.e. kanon*** ⟨als bescherming tegen het weer en rondvliegende granaatsplinters⟩.

gunja(h) →ganja.

gunk [gʌŋk] ⟨n.-telb.zn.⟩ ⟨sl.⟩ **0.1** ***smurrie*** *⇒smeerboel, kleeftroep* **0.2** ***make-up.***

'gun·lay·er ⟨telb.zn.⟩ ⟨BE; mil.⟩ **0.1** ***richter.***

'gun licence ⟨telb.zn.⟩ **0.1** ***wapenvergunning.***

'gun·lock ⟨telb.zn.⟩ **0.1** ***grendel*** ⟨v. geweer⟩.

gun·man ['gʌnmən], ⟨AE; sl.⟩ **'gun·poke** ⟨f1⟩ ⟨telb.zn.; gunmen [-mən]; →mv. 3⟩ **0.1** ***iem. met een vuurwapen*** *⇒gewapende overvaller, gangster* ⟨i.h.b. beroepsdoder⟩ ◆ **¶.1** three gunmen entered the bank *drie gewapende mannen gingen de bank binnen.*

'gun·met·al ⟨zn.⟩
I ⟨telb. en n.-telb.zn.⟩ **0.1** ⟨ong.⟩ ***staalgrijs;***
II ⟨n.-telb.zn.⟩ **0.1** ***kanonmetaal*** *⇒geschutbrons.*

'gun moll ⟨telb.zn.⟩ ⟨AE; sl.⟩ **0.1** ***gangsterliefje*** *⇒vrouwelijk bendelid* **0.2** ***dievegge*** *⇒misdadigster.*

gun·ned ['gʌnd] ⟨bn.; oorspr. volt. deelw. v. gun⟩ **0.1** ***met geschut*** ◆ **5.1** heavily ~ *met zwaar geschut.*

gun·nel ['gʌnl] ⟨telb.zn.⟩ **0.1** ⟨dierk.⟩ ***botervis*** ⟨Pholis gunnellus⟩ **0.2** →gunwale.

gun·ner ['gʌnə‖-ər] ⟨f2⟩ ⟨telb.zn.⟩ **0.1** ***artillerist*** *⇒kanonnier* **0.2** ***boordschutter*** **0.3** ***jager*** **0.4** ⟨AE; scheep.⟩ ***konstabel*** **0.5** ⟨ijshockey⟩ ***schutter(skoning).***

'gunner's 'daughter ⟨n.-telb.zn.; the⟩ ⟨BE; scheep.; scherts.⟩ **0.1** ***kanon waaraan de schepelingen vastgebonden werden om zweepslagen te krijgen*** ◆ **3.1** kiss/marry the ~ *gegeseld/met de zweep afgeranseld worden.*

gun·ner·y ['gʌnəri] ⟨n.-telb.zn.⟩ **0.1** ***artillerie*** ⟨tak v.d. krijgswetenschap die zich met de artillerie bezighoudt⟩ **0.2** ***het gebruik v. artillerie.***

'gunnery lieu'tenant ⟨telb.zn.⟩ ⟨scheep.⟩ **0.1** ***luitenant v.d. artillerie.***

gun·ning ['gʌnɪŋ] ⟨n.-telb.zn.; gerund v. gun⟩ **0.1** ***het schieten*** *⇒het jagen, het neerschieten.*

gun·ny ['gʌni] ⟨n.-telb.zn.⟩ **0.1** ***gonje*** *⇒goeni, jute.*

'gunny sack ⟨telb.zn.⟩ **0.1** ***jutezak*** *⇒gonjezak.*

'gun·pit ⟨telb.zn.⟩ ⟨mil.⟩ **0.1** ***(uitgegraven) geschutstelling.***

'gun·play ⟨n.-telb.zn.⟩ **0.1** ***het schieten*** *⇒vuurgevecht* ◆ **1.1** there was a lot of ~ *er werd heel wat geschoten.*

'gun·point ⟨telb.zn.⟩ **0.1** ***uiteinde v.e. geweer/pistool*** ◆ **6.1 at** ~ *onder bedreiging v.e. vuurwapen, onder schot.*

gunpoke →gunman.

'gun·port ⟨telb.zn.⟩ **0.1** ***geschutpoort*** *⇒geschutgat.*

'gun·pow·der ⟨f2⟩ ⟨n.-telb.zn.⟩ **0.1** ***buskruit*** **0.2** ⟨verk.⟩ ⟨gunpowder tea⟩.

'Gunpowder Plot ⟨eig.n.; the⟩ ⟨gesch.⟩ **0.1** ***het Buskruitverraad*** ⟨samenzwering v. Guy Fawkes om het Parlement op te blazen in 1605⟩.

'gunpowder 'tea ⟨n.-telb.zn.⟩ **0.1** ***buskruitthee*** *⇒parelthee, joosjesthee.*

'gun·pow·er ⟨telb.zn.⟩ **0.1** ***vuurkracht.***

'gun·room ⟨telb.zn.⟩ ⟨BE⟩ **0.1** ***wapenkamer*** **0.2** ⟨gesch.; scheep.⟩ ***konstabelkamer*** **0.3** ⟨scheep.⟩ ***messroom voor adelborsten en officieren v. lagere rang.***

'gun·run·ner ⟨telb.zn.⟩ **0.1** ***wapensmokkelaar.***

'gun·run·ning ⟨f1⟩ ⟨n.-telb.zn.⟩ **0.1** ***wapensmokkel.***

gun·sel, gon·zil, gon·sil, gun·cel, gunt·zel ['gʌnsl] ⟨telb.zn.⟩ ⟨sl.⟩ **0.1** ***bedrieger*** **0.2** ***dief*** *⇒misdadiger, onderwereldfiguur.*

'gun·ship ⟨telb.zn.⟩ **0.1** ***bewapende helikopter.***

'gun·shot ⟨f1⟩ ⟨zn.⟩
I ⟨telb.zn.⟩ **0.1** ***schot*** *⇒geweerschot, pistoolschot* ◆ **1.1** a ~ wound *een kogelwond/schotwond;*
II ⟨n.-telb.zn.⟩ **0.1** ***hagel*** **0.2** ***schootsafstand*** *⇒dracht, draagwijdte.*

'gun-shy ⟨bn.⟩ **0.1** ***bang voor een geweerschot*** ⟨v. jachthond⟩.

'gun site ⟨telb.zn.; vnl. mv.⟩ ⟨mil.⟩ **0.1** ***geschutstelling.***

'gun·sling·er ⟨telb.zn.⟩ **0.1** ***gewapend iem.*** *⇒gangster, revolverheld* **0.2** ⟨sl.⟩ ***huurmoordenaar*** *⇒killer.*

'gun·smith ⟨telb.zn.⟩ **0.1** ***geweermaker*** *⇒wapensmid.*

'gun·stock ⟨telb.zn.⟩ **0.1** ***geweerlade*** *⇒geweerkolf.*

'gun tackle ⟨telb.zn.⟩ **0.1** ***geschuttalie.***

gun·ter ['gʌntə‖'gʌnt̬ər] ⟨telb.zn.⟩ ⟨scheep.⟩ **0.1** ***ezelshoofd*** ⟨bovenste steunpunt voor een steng aan de top v.e. mast⟩ **0.2** ***steng*** *⇒topmast* **0.3** ***stengstagzeil.***

'Gunter's chain ⟨telb.zn.⟩ **0.1** ***(bep.) landmetersketting*** ⟨66 voet en 10 schakels = 20,1 m⟩.

'gun turret ⟨telb.zn.⟩ ⟨mil.⟩ **0.1** ***geschuttoren.***

gun·wale ['gʌnl] ⟨telb.zn.⟩ ⟨scheep.⟩ **0.1** ***dolboord*** **0.2** ***potdeksel*** ⟨bedekking om inwatering te voorkomen⟩ ◆ **6.¶** full/packed **to** the ~s *tjokvol.*

gup·pie ['gʌpi] ⟨telb.zn.⟩ **0.1** ⟨samentr. v. gay yuppie⟩ ***homo-yuppie*** **0.2** ⟨samentr. v. green yuppie⟩ ***eco-yuppie.***

gup·py ['gʌpi] ⟨telb.zn.; →mv. 2⟩ **0.1** ***gup(pie)*** *⇒missionarisvisje, miljoen(en)visje* ⟨Lebistes reticulatus⟩ **0.2** ***gestroomlijnde onderzeeër met snuiver.***

gur·gi·ta·tion ['gɜ:dʒɪ'teɪʃn‖'gɜr-] ⟨n.-telb.zn.⟩ **0.1** ***het borrelen*** *⇒het koken, het bruisen, gebruis, opborreling.*

gur·gle[1] ['gɜ:gl‖'gɜrgl], **gug·gle** ['gʌgl] ⟨telb.zn.⟩ **0.1** ***gekir*** ⟨v. baby⟩ **0.2** ***geklok*** *⇒geklater, het gorgelen* **0.3** ***gemurmel.***

gurgle[2], **guggle** ⟨f1⟩ ⟨ww.⟩
I ⟨onov.ww.⟩ **0.1** ***kirren*** **0.2** ***klokken*** *⇒klateren, gorgelen* **0.3** ***murmelen;***
II ⟨ov.ww.⟩ **0.1** ***kirrend zeggen*** **0.2** ***murmelend zeggen.***

gur·jun ['gɜ:dʒən‖'gɜr-]⟨telb.zn.⟩⟨plantk.⟩ **0.1** ***gurjun*** ⟨Dipterocarpus alatus⟩.
'gurjun balsam ⟨n.-telb.zn.⟩ **0.1** ***gurjunbalsem***.
Gur·kha ['gɜ:kə‖'gɜrkə]⟨telb.zn.⟩ **0.1** ***Gurkha***.
gur·nard ['gɜ:nəd‖'gɜrnərd], **gur·net** ['gɜ:nɪt‖'gɜr-]⟨telb.zn.; ook gurnard, gurnet; →mv. 4⟩⟨dierk.⟩ **0.1** ***poon*** ⟨genus Trigla⟩.
gu·ru ['gʊru:]⟨telb.zn.⟩ **0.1** ***goeroe*** **0.2** ⟨sl.⟩ ***psychiater***.
gush[1] [gʌʃ]⟨f1⟩⟨zn.⟩
I ⟨telb.zn.; vnl. enk.⟩ **0.1** ***stroom*** ⟨ook fig.⟩ ⇒*vloed, gulp; vlaag, uitbarsting;*
II ⟨n.-telb.zn.⟩ **0.1** ***uitbundigheid*** ⇒*overdrevenheid* **0.2** ***dweperij*** ⇒*sentimentaliteit*.
gush[2] ⟨f2⟩⟨ww.⟩
I ⟨onov.ww.⟩ **0.1** ***stromen*** ⇒*gutsen* **0.2** ***dwepen*** ⇒*overdreven doen* ◆ **6.2** ~ **over** *dwepen met, overdreven doen over/tegen;*
II ⟨ov.ww.⟩ **0.1** ***spuiten*** ⇒*uitstorten, doen stromen*.
gush·er ['gʌʃə‖-ər]⟨telb.zn.⟩ **0.1** ***dweper*** ⇒*iem. die overdreven doet* **0.2** ***spuiter*** ⟨oliebron⟩.
gush·ing ['gʌʃɪŋ]⟨bn.⟩
I ⟨bn.; -ly⟩ **0.1** ***dweperig*** ⇒*overdreven;*
II ⟨bn., attr.⟩ **0.1** ***spuitend*** ⇒*gutsend*.
gush·y ['gʌʃi]⟨bn.; -er; -ly; -ness; →bijw. 3⟩ **0.1** ***dweperig*** ⇒*overdreven*.
gus·set ['gʌsɪt]⟨telb.zn.⟩ **0.1** ***geer*** ⇒*tong, inzetstuk, spie* **0.2** ***okselstuk*** **0.3** ⟨tech.⟩ ***hoekplaat***.
gus·set·ed ['gʌsɪṭɪd]⟨bn.⟩ **0.1** ***met een geer*** ⇒*met een tong/inzetstuk/spie* **0.2** ***met okselstukken*** **0.3** ***met een hoekplaat*** ⇒*met hoekplaten*.
gus·si·ed up ['gʌsid 'ʌp]⟨bn.⟩⟨sl.⟩ **0.1** ***opgedirkt*** ⇒*op zijn paasbest*.
gust[1] [gʌst]⟨f2⟩⟨telb.zn.⟩ **0.1** ***(wind)vlaag*** ⇒*windstoot, bui, rookwolk, het oplaaien v. vlammen* **0.2** ***uitbarsting*** ◆ **1.2** in a ~ of anger *in een woedeuitbarsting;* a ~ of laughter *een lachsalvo*.
gust[2] ⟨onov.ww.⟩ **0.1** ***met vlagen waaien***.
gus·ta·tion [gʌ'steɪʃn]⟨n.-telb.zn.⟩ **0.1** ***smaak*** ⇒*smaakvermogen, het proeven*.
gus·ta·tive ['gʌstəṭɪv], **gus·ta·to·ry** ['gʌstətri‖-tori]⟨bn.⟩ **0.1** ***v./mbt. de smaak*** ⇒*smaak-*.
gus·to ['gʌstoʊ]⟨f1⟩⟨telb. en n.-telb.zn.⟩ **0.1** ***animo*** ⇒*vuur, geestdrift, plezier* **0.2** ***smaak*** ⇒*waardering, genot* ◆ **6.1** **with** (great) ~ *enthousiast* **6.2** have a ~ **for** *houden v., genoegen scheppen in*.
gust·y ['gʌsti]⟨bn.; -er; -ly; -ness; →bijw. 3⟩ **0.1** ***vlagerig*** ⇒*met windstoten, stormachtig* **0.2** ***enthousiast*** ⇒*geestdriftig, vol animo* **0.3** ⟨vnl. Sch. E⟩ ***smakelijk*** ⇒*lekker*.
gut[1] [gʌt]⟨f2⟩⟨zn.⟩
I ⟨telb.zn.⟩ **0.1** ***engte*** ⇒*zeegat, nauw, pas* **0.2** ⟨verk.⟩ ⟨gut course⟩;
II ⟨telb. en n.-telb.zn.⟩ **0.1** ***darmkanaal*** **0.2** ***darm*** ⇒*catgut* ◆ **3.¶** ⟨sl.⟩ bust a ~ *zich suf piekeren; zich uit de naad werken;*
III ⟨n.-telb.zn.⟩ **0.1** ***vissersgaren;***
IV ⟨mv.; ~s⟩ **0.1** ***ingewanden*** ⇒*geweide, visgrom* **0.2** ***kern*** ⇒*essentie, binnenste, het waardevolle* **0.3** ⟨vulg.⟩ ***pens*** ⇒*buik* **0.4** ⟨inf.⟩ ***lef*** ⇒*durf, moed* ◆ **3.2** it has no ~s in it *er zit niets achter, het is leeg gepraat* **3.¶** ⟨inf.⟩ hate s.o.'s ~s *de pest hebben aan iem.;* ⟨sl.⟩ spill one's ~s *doorslaan, alles vertellen wat men weet; verklikken;* ⟨inf.⟩ sweat/work one's ~s out *zich een ongeluk werken*.
gut[2] ⟨bn., attr.⟩ **0.1** ***instinctief*** ⇒*onberedeneerd* **0.2** ***fundamenteel*** ⇒*essentieel* **0.3** ⟨sl.⟩ ***gemakkelijk*** ◆ **1.1** ~ feeling *diepgeworteld gevoel, intuïtie, diepste overtuiging;* a ~ reaction *een spontane/(zuiver) gevoelsmatige/instinctieve/natuurlijke reactie* **1.2** a ~ problem *een fundamenteel probleem*.
gut[3] ⟨f1⟩⟨ov.ww.; →ww. 7⟩ **0.1** ***ontweien*** ⇒*uithalen, grommen, wammen* **0.2** ***plunderen*** ⇒*leeghalen* **0.3** ***uithollen*** ⟨fig.⟩ **0.4** ⟨vnl. pass.⟩ ***uitbranden*** ⟨gebouw⟩ **0.5** ***uitbreken*** ⟨gebouw⟩ **0.6** ***excerperen*** ◆ **5.¶** ~ it **out** *(dapper/koppig) blijven volhouden*.
'gut bucket ⟨telb.zn.⟩⟨sl.⟩ **0.1** ***goedkope kroeg*** ⟨met muzikanten die spelen voor de bijdragen v.d. klanten⟩ **0.2** ***goedkoop gokhuis***.
'gut course ⟨telb.zn.⟩⟨AE; sl.⟩ **0.1** ***makkie*** ⇒*gemakkelijke cursus*.
gut·less ['gʌtləs]⟨bn.; -ness⟩ **0.1** ***laf*** ⇒*zonder durf* **0.2** ***waardeloos***.
'gut-lev·el ⟨bn., attr.⟩ **0.1** ***aan de basis*** ⇒*met de achterban* ◆ **1.1** ~ talks *gesprekken aan de basis/met de achterban*.
gut-rot →rotgut.
guts [gʌts]⟨onov.ww.⟩⟨inf.⟩ **0.1** ***gulzig eten*** ⇒*schrokken, zwelgen*.
gut·ser ['gʌtsə‖-ər]⟨telb.zn.⟩⟨Austr. E; inf.⟩ **0.1** ***schrok(op)*** ◆ **3.¶** come a ~ *een flinke val (op de grond) maken, neersmakken; miskleunen*.
gut·sy ['gʌtsi]⟨f1⟩⟨bn.; -er; -ly; -ness; →bijw. 3⟩⟨inf.⟩ **0.1** ⟨BE⟩ ***gulzig*** **0.2** ***dapper*** ⇒*flink, met lef* **0.3** ***pittig*** ⇒*attractief*.
gut·ta·per·cha ['gʌtə'pɜ:tʃə‖'gʌṭə'pɜrtʃə]⟨n.-telb.zn.⟩ **0.1** ***guttapercha*** ⟨soort plastic⟩.
gut·tate ['gʌṭeɪt], **gut·tat·ed** [-eɪṭɪd]⟨bn.⟩⟨biol.⟩ **0.1** ***gespikkeld***.
gut·ter[1] ['gʌtə‖'gʌṭər]⟨f1⟩⟨telb.zn.⟩ **0.1** ***goot*** ⟨ook fig.⟩ ⇒*geul, watervoor, greppel, gleuf, afvoerkanaal; dakgoot, gootpijp; overloopgoot* ⟨v. zwembassin⟩ **0.2** ⟨druk.⟩ ***rugmarge*** **0.3** ⟨sl.⟩ ***buiklanding*** ⟨bij duiken⟩ ◆ **6.1** ⟨sl.⟩ **in** the ~ *als een dronken schooier; zonder geld, respect of hoop; met smerige gedachten* **7.2** taken / picked up out of the ~ *uit de goot opgeraapt*.
gutter[2] ⟨f1⟩⟨bn., attr.⟩ **0.1** ***straat-*** ⇒*riool-, gemeen, laag, vuil*.
gutter[3] ⟨f1⟩⟨ww.⟩ →guttering
I ⟨onov.ww.⟩ **0.1** ***stromen*** ⇒*vloeien* **0.2** ***druipen*** ⇒*aflopen* ⟨v. kaars⟩;
II ⟨ov.ww.⟩ **0.1** ***geulen maken in*** **0.2** ***v.e. goot voorzien***.
gut·ter·ing ['gʌṭərɪŋ]⟨n.-telb.zn.; oorspr. gerund v. gutter⟩ **0.1** ***gootmateriaal*** **0.2** ***gootwerk***.
'gutter 'press ⟨f1⟩⟨n.-telb.zn.; the⟩ **0.1** ***schandaalpers*** ⇒*roddelpers*.
'gut·ter·pup ⟨telb.zn.⟩⟨sl.⟩ **0.1** ***schooier***.
gut·ter·snipe ['gʌtəsnaɪp‖'gʌṭər-]⟨telb.zn.⟩ **0.1** ***straatjongen*** ⇒*schoffie* **0.2** ⟨AE⟩ ***beunhaas*** ⟨effectenmakelaar die geen lid is v.d. beurs⟩.
'gutter term ⟨telb.zn.⟩ **0.1** ***schuttingwoord***.
gut·tle ['gʌṭl]⟨ww.⟩
I ⟨onov.ww.⟩ **0.1** ***schrokken*** ⇒*zwelgen;*
II ⟨ov.ww.⟩ **0.1** ***opschrokken***.
gut·tur·al[1] ['gʌṭərəl]⟨f1⟩⟨telb.zn.⟩⟨taalk.⟩ **0.1** ***gutturaal*** ⇒*keelklank*.
guttural[2] ⟨f1⟩⟨bn.⟩ **0.1** ***gutturaal*** ⟨ook taalk.⟩ ⇒*keel-;* ⟨pej.⟩ *schraperig*.
gut·tur·al·ize ['gʌṭərəlaɪz]⟨ov.ww.⟩ **0.1** ***gutturaal maken*** ⇒*met een keelklank uitspreken*.
gut·ty[1] ['gʌṭi]⟨telb.zn.; →mv. 2⟩ **0.1** ***gutty*** ⟨golfbal v. guttapercha⟩.
gutty[2] ⟨bn.⟩⟨sl.⟩ **0.1** ***zeer emotioneel*** **0.2** ***fundamenteel*** **0.3** ***krachtig***.
guv [gʌv], **guv·nor, guv'nor** ['gʌvnə‖-ər]⟨f1⟩⟨telb.zn.⟩⟨BE; sl.⟩ **0.1** ***baas*** ⟨werkgever⟩ **0.2** ***ouwe heer*** ⟨vader⟩ **0.3** ***meneer***.
guy[1] [gaɪ]⟨f3⟩⟨telb.zn.⟩ **0.1** ⟨inf.⟩ ***kerel*** ⇒*vent, man, knaap, gozer* **0.2** ⟨vnl. AE; inf.⟩ ***mens*** ⇒⟨mv.⟩ *lui, jongens, mensen* ⟨ook wel onvertaald; slaat op jongens en meisjes⟩ **0.3** ⟨BE⟩ ***Guy Fawkes-pop*** **0.4** ⟨BE⟩ ***vogelverschrikker*** ⇒*iem. die er grotesk uitziet* **0.5** ⟨verk.⟩ ⟨guy rope⟩ **0.6** ⟨inf.⟩ ***overhaast vertrek*** ◆ **2.1** a great ~ *een geweldige kerel* **3.6** do a ~ *er tussenuit knijpen;* give the ~ to *ontsnappen aan* **4.2** where are you ~s going? *waar gaan jullie naar toe* **7.2** you and the other ~s *jij en de anderen/de rest v.d. groep* **9.2** hi ~s *hallo lui/jongens*.
guy[2] ⟨ov.ww.⟩ **0.1** ***tuien*** ⇒*vastzetten met een stormlijn/borg/topreep* **0.2** ***in effigie vertonen*** **0.3** ***belachelijk maken*** ⇒*bespottelijk voorstellen, ridiculiseren, de draak steken met*.
'Guy 'Fawkes Night ⟨eig.n.⟩ **0.1** ***Guy Fawkes-avond*** ⟨5 november, viering v.h. Buskruitverraad⟩.
'guy rope ⟨telb.zn.⟩ **0.1** ***keertalie*** **0.2** ***stormlijn*** **0.3** ***tui*** ⇒*borg, topreep, gei*.
Guy's [gaɪz]⟨eig.n.⟩⟨verk.; ww. vaak mv.⟩ Guy's hospital ⟨inf.⟩ **0.1** ***Guy's ziekenhuis*** ⟨in Londen⟩.
guz·zle[1] ['gʌzl]⟨telb.zn.⟩⟨AE; sl.⟩ **0.1** ***keel***.
guzzle[2] ⟨f1⟩⟨onov. en ov.ww.⟩ →guzzled **0.1** ***zwelgen*** ⇒*(ver)brassen, (op)zuipen, (ver)zuipen, (op)schrokken*.
guz·zled ['gʌzld]⟨bn.; volt. deelw. v. guzzle⟩⟨AE; sl.⟩ **0.1** ***bezopen***.
guz·zler ['gʌzlə‖-ər]⟨telb.zn.⟩ **0.1** ***zwelger/ster*** ⇒*brasser, zuiper/ster, schrokker/ster* **0.2** ***verbrasser***.
'guzzle shop ⟨telb.zn.⟩⟨AE; sl.⟩ **0.1** ***bar***.
gweduc →geoduck.
gwyn·i·ad ['gwɪniæd]⟨telb.zn.; ook gwyniad; →mv. 4⟩⟨dierk.⟩ **0.1** ***(soort) houting*** ⟨Corregonus pennantii⟩.
gybe[1], ⟨AE sp. vnl.⟩ **jibe** [dʒaɪb]⟨telb. en n.-telb.zn.⟩⟨scheep.⟩ **0.1** ***gijp*** ⇒*het gijpen* **0.2** ***het overstag gaan***.
gybe[2], ⟨AE sp. vnl.⟩ **jibe** ⟨ww.⟩⟨scheep.⟩
I ⟨onov.ww.⟩ **0.1** ***gijpen*** **0.2** ***overstag gaan*** ⇒*wenden, overgaan;*
II ⟨ov.ww.⟩ **0.1** ***doen gijpen*** **0.2** ***overstag doen gaan***.
gyle [gaɪl]⟨zn.⟩
I ⟨telb.zn.⟩ **0.1** ***brouwsel*** ⟨hoeveelheid bier die ineens gebrouwen wordt⟩ **0.2** ***gistkuip;***
II ⟨n.-telb.zn.⟩ **0.1** ***wort*** ⟨aftreksel v. mout⟩.
gym [dʒɪm]⟨f2⟩⟨zn.⟩⟨inf.⟩
I ⟨telb.zn.⟩ **0.1** ***gymlokaal*** ⇒*fitness-centrum, sportschool;*
II ⟨n.-telb.zn.⟩ **0.1** ***gym*** ⇒*gymnastiek(les)*.
gym·kha·na [dʒɪm'kɑ:nə]⟨f1⟩⟨telb.zn.⟩ **0.1** ***sportterrein*** **0.2** ***atletiekwedstrijd*** **0.3** ***gymkana*** ⇒*sportfeest, behendigheidswedstrijd*.
gym·na·si·um [dʒɪm'neɪzɪəm]⟨f1⟩⟨telb.zn.; ook gymnasia [-zɪə]; →mv. 5⟩ **0.1** ***gymnastieklokaal*** ⇒*gymnastiekschool* **0.2** ***gymnasium*** ⟨buiten Engeland⟩.
gym·nast ['dʒɪmnæst]⟨f1⟩⟨telb.zn.⟩ **0.1** ***gymnast*** ⇒*turner/ster*.
gym·nas·tic[1] [dʒɪm'næstɪk]⟨f1⟩⟨zn.⟩
I ⟨telb.zn.⟩ **0.1** ***oefening*** ⇒*voorbereiding* **0.2** ***gymnastische toer;***
II ⟨n.-telb.zn.; ~s⟩ **0.1** ***gymnastiek*** ⇒*lichamelijke oefening;*
III ⟨mv.; ~s⟩ **0.1** ***turnen***.

gymnastic[2] ⟨f1⟩⟨bn., attr.; -ally; →bijw. 3⟩ **0.1** ***gymnastiek-*** ⇒*gymnastisch, oefen-*.
gym·nos·o·phist [dʒɪm'nɒsəfɪst‖-'nɑ-]⟨telb.zn.⟩ **0.1** ***gymnosofist*** ⟨Indische asceet⟩.
gym·no·sperm ['dʒɪmnoʊspɜ:m‖-spɜrm]⟨telb.zn.⟩⟨plantk.⟩ **0.1** ***naaktzadige plant*** ⇒*gymnosperm*.
gym·no·sperm·ous ['dʒɪmnoʊ'spɜ:məs‖-'spɜrməs]⟨bn.⟩⟨plantk.⟩ **0.1** ***naaktzadig***.
gym·no·tus [dʒɪm'noʊṭəs]⟨telb.zn.; gymnotus [-'noʊṭəs]; →mv. 5⟩ ⟨dierk.⟩ **0.1** ***sidderaal*** ⟨Gymnotus electricus⟩.
'gym shoe ⟨telb.zn.⟩ **0.1** ***gymschoen***.
'gym·slip, 'gym·tun·ic ⟨telb.zn.⟩⟨BE⟩ **0.1** ***overgooier*** ⟨met ceintuur⟩ ⇒*tuniek* ⟨deel v.h. schooluniform⟩.
gyn- [dʒɪn], **gy·no-** [gaɪnoʊ] **0.1** ***gyn(o)-*** ⟨ook plantk.⟩ ◆ **¶.1** ⟨plantk.⟩ gynophore *gynofoor*.
gy·nae·ce·um ['dʒaɪnɪ'si:əm]⟨telb.zn.; gynaecea [-'sɪə]; →mv. 5⟩ **0.1** ***gynaecum*** ⇒*vrouwenverblijf, harem* **0.2** →gynoecium.
gy·nae·co- ['gaɪnɪkoʊ] **0.1** ***gynaeco-*** ⇒*vrouwen-*.
gy·nae·coc·ra·cy, ⟨AE sp.⟩ **gy·ne·coc·ra·cy** ['dʒaɪnɪ'kɒkrəsi, 'gaɪ-‖-'kɑ-]⟨telb.zn.; →mv. 2⟩ **0.1** ***vrouwenheerschappij***.
gy·nae·co·log·i·cal, ⟨AE sp.⟩ **gy·ne·co·log·i·cal** ['gaɪnɪkə'lɒdʒɪkl, 'dʒaɪ-‖-'lɑ-]⟨f1⟩⟨bn.⟩ **0.1** ***gynaecologisch***.
gy·nae·col·o·gist, ⟨AE sp.⟩ **gy·ne·col·o·gist** ['gaɪnɪ'kɒlədʒɪst, 'dʒaɪ-‖-'kɑ-]⟨f2⟩⟨telb.zn.⟩ **0.1** ***gynaecoloog*** ⇒*vrouwenarts*.
gy·nae·col·o·gy, ⟨AE sp.⟩ **gy·ne·col·o·gy** ['gaɪnɪ'kɒlədʒi, 'dʒaɪ-‖-'kɑ-]⟨f1⟩⟨n.-telb.zn.⟩ **0.1** ***gynaecologie***.
gy·nae·co·mas·ti·a, ⟨AE sp.⟩ **gy·ne·co·mas·ti·a** ['gaɪnɪkoʊ'mæstɪə, 'dʒaɪ-]⟨telb. en n.-telb.zn.⟩ **0.1** ***gynaecomastie*** ⟨ontwikkeling v.d. borstklieren bij de man⟩.
gy·nan·dro·morph [dʒaɪ'nændrəmɔ:f‖dʒɪ'nændrəmɔrf]⟨bn.⟩ ⟨biol.⟩ **0.1** ***gynandromorf*** ⟨met vrouwelijke en mannelijke kenmerken⟩.
gy·nan·drous [dʒaɪ'nændrəs‖dʒɪ-]⟨bn.⟩⟨plantk.⟩ **0.1** ***gynandrus*** ⇒*helmstijlig* ⟨met vergroeide stampers en meeldraden⟩.
gy·n(o)e·ci·um, gy·nae·ce·um [dʒaɪ'ni:sɪəm]⟨telb.zn.; gyn(o)ecia, gynaecea [-sɪə]; →mv. 5⟩⟨plantk.⟩ **0.1** ***gynaecium*** ⟨het geheel v. stamper of stampers met inbegrip v. stijl(en)⟩.
-gy·nous [dʒɪnəs]⟨vormt bijv. nw.⟩ **0.1** ***-gyn*** ⟨ook plantk.⟩ ◆ **¶.1** androgynous *tweeslachtig*.
gyp[1] [dʒɪp]⟨f1⟩⟨zn.⟩
I ⟨telb.zn.⟩ **0.1** ⟨BE⟩ ***bediende*** ⇒*oppasser* ⟨universiteit v. Cambridge en Durham⟩ **0.2** ⟨AE⟩ ***bedrieger*** ⇒*zwendelaar, oplichter* **0.3** ⟨sl.⟩ ***pep*** **0.4** ⟨sl.⟩ ***teef*** ⟨bij hondenrennen⟩;
II ⟨telb. en n.-telb.zn.⟩⟨inf.⟩ **0.1** ***bedrog*** ⇒*zwendel, oplichterij;*
III ⟨n.-telb.zn.⟩⟨inf.⟩ **0.1** ***(zware) straf*** **0.2** ***hevige pijn*** ◆ **3.1** give s.o. ~ *iem. ervan langs geven, iem. op zijn duvel/lazerij geven* **3.2** give s.o. ~ *iem. pijnigen;* my back's giving me ~ again *ik heb weer eens last van mijn rug*.
gyp[2] ⟨bn.⟩⟨sl.⟩ **0.1** ***oneerlijk***.
gyp[3] ⟨f1⟩⟨ov.ww.; →ww. 7⟩ **0.1** ***beduvelen*** ⇒*bedriegen, oplichten*.
'gyp artist ⟨telb.zn.⟩⟨sl.⟩ **0.1** ***gepatenteerd oplichter***.
'gyp joint ⟨telb.zn.⟩⟨sl.⟩ **0.1** ***oplichterstent***.
gyp·per ['dʒɪpə‖-ər]⟨telb.zn.⟩ **0.1** ***oplichter*** ⇒*zwendelaar, bedrieger*.
gyp·po[1] ['dʒɪpoʊ]⟨telb.zn.⟩⟨sl.⟩ **0.1** ***stukwerker*** **0.2** ***bedrijf dat stukwerkers in dienst neemt***.
gyppo[2] →gyp[3].
gyp·se·ous ['dʒɪpsɪəs]⟨bn.⟩ **0.1** ***gipsachtig*** ⇒*gips-*.
gyp·sif·er·ous [dʒɪp'sɪfrəs]⟨bn.⟩ **0.1** ***gipshoudend*** ⇒*gips-*.
gyp·soph·i·la [dʒɪp'sɒfɪlə‖-'sɑ-]⟨telb.zn.⟩⟨plantk.⟩ **0.1** ***gipskruid*** ⟨Gypsophila⟩.
gyp·ster ['dʒɪpstə‖-ər]⟨telb.zn.⟩ **0.1** ***oplichtster*** ⇒*zwendelaarster*.
gyp·sum ['dʒɪpsəm]⟨f1⟩⟨n.-telb.zn.⟩ **0.1** ***gips***.
'gypsum board ⟨telb. en n.-telb.zn.⟩ **0.1** ***gipsplaat***.
'gypsum plaster ⟨n.-telb.zn.⟩ **0.1** ***pleister(kalk)*** ⇒*gipsmortel*.
gypsy →gipsy.
gyr- →gyro-.
gy·rate[1] [dʒaɪ'reɪt‖'dʒaɪreɪt]⟨bn.⟩⟨plantk.⟩ **0.1** ***(k)ring/spiraalvormig***.
gyrate[2], ⟨schr.⟩ **gyre** ['dʒaɪə‖-ər]⟨onov.ww.⟩ **0.1** ***(rond)tollen*** ⇒*(rond)draaien, wentelen* **0.2** ***spiralen***.
gy·ra·tion [dʒaɪ'reɪʃn], ⟨schr.⟩ **gyre** ⟨zn.⟩
I ⟨telb.zn.; vaak mv.⟩ **0.1** ***winding*** ⇒*draai, krullijn* **0.2** ***spiraalwinding*** ⇒*schroeflijn, spiraalbaan;*
II ⟨n.-telb.zn.⟩ **0.1** ***(om)wenteling*** **0.2** ***spiraalbeweging***.
gy·ra·tor·y ['dʒaɪrətri‖-tɔri]⟨bn.⟩ **0.1** ***tollend*** ⇒*(rond)draaiend* ◆ **1.¶** ⟨BE⟩ ~ traffic *rondgaand verkeer*.
gy·rene ['dʒaɪ'ri:n]⟨telb.zn.⟩⟨AE; sl.⟩ **0.1** ***marinier***.
gyr·fal·con, ger·fal·con ['dʒɜ:fɔ:lkən‖'dʒɜrfælkən]⟨telb.zn.⟩ ⟨dierk.⟩ **0.1** ***giervalk*** ⟨Falco rusticolus⟩.
gy·ri ⟨mv.⟩ →gyrus.
gy·ro ['dʒaɪroʊ]⟨telb.zn.⟩⟨verk.⟩⟨inf.⟩ **0.1** ⟨gyrocompass⟩ ***tolkompas*** **0.2** ⟨gyroscope⟩ ***gyroscoop***.
gy·ro- ['dʒaɪroʊ], **gyr-** [dʒaɪr] **0.1** ***gyro-*** ⇒*draai-* ◆ **¶.1** gyrograph *toerenteller;* gyrostat *gyroscoop, gyrostaat*.
gy·ro·mag·net·ic ['dʒaɪroʊmæg'neṭɪk]⟨bn.⟩ **0.1** ***gyromagnetisch*** ◆ **1.1** ⟨nat.⟩ ~ ratio *gyromagnetische verhouding*.
gy·ro·plane ['dʒaɪroʊpleɪn]⟨telb.zn.⟩ **0.1** ***autogiro*** ⇒*gyrovliegtuig, gyrodyne, molenvliegtuig*.
gy·ro·scope ['dʒaɪrəskoʊp]⟨telb.zn.⟩ **0.1** ***gyroscoop***.
gy·ro·scop·ic ['dʒaɪrə'skɒpɪk‖-'skɑ-]⟨bn.; -ally; →bijw. 3⟩ **0.1** ***gyroscopisch*** ◆ **1.1** ~ compass *gyroscopisch kompas, tolkompas*.
gy·rose ['dʒaɪroʊz‖-roʊs]⟨bn.⟩⟨plantk.⟩ **0.1** ***gegolfd*** ⇒*golvend*.
'gy·ro'sta·bi·liz·er ⟨telb.zn.⟩ **0.1** ***gyroscopische stabilisator*** ⟨in vliegtuig/schip⟩ ⇒*scheepsgyroscoop*.
gy·rus ['dʒaɪrəs]⟨telb.zn.; gyri ['dʒaɪraɪ]; →mv. 5⟩⟨med.⟩ **0.1** ***plooi*** ⟨i.h.b. in de hersenen⟩ ⇒*(hersen)winding*.
gyt·tja ['dʒɪtjæ‖'jɪtʃɑ]⟨n.-telb.zn.⟩⟨geol.⟩ **0.1** ***gyttja*** ⟨zwarte, organische afzetting in meer⟩.
gyve[1] [dʒaɪv]⟨telb.zn.⟩ **0.1** ⟨vero.⟩⟨vaak mv.⟩ ***beenijzer*** ⇒*(voet)boei, keten* **0.2** ⟨sl.⟩ ***stickie***.
gyve[2] ⟨ov.ww.⟩⟨vero.⟩ **0.1** ***ketenen*** ⇒*boeien, in de boeien slaan*.

h

h[1], **H** [eɪtʃ]⟨telb.zn.; h's, H's, zelden hs, Hs⟩ **0.1** ***h, H*** **0.2** ***H-vorm(ig iets/voorwerp)*** ◆ **3.1** drop one's ~'s *(doorgaans) de h niet uitspreken* ⟨bv. 'ouse i.p.v. house⟩.
h[2] ⟨afk.⟩ **0.1** ⟨ook H⟩ ⟨hard(ness)⟩ ***H*** ⟨op potlood⟩ **0.2** ⟨hecto-⟩ ***h*** **0.3** ⟨ook H⟩ ⟨height⟩ ***h*** **0.4** ⟨heroin⟩ ⟨sl.⟩ **0.5** ⟨horse⟩ **0.6** ⟨hot⟩ **0.7** ⟨hour(s)⟩ **0.8** ⟨hundred⟩ **0.9** ⟨ook H.⟩ ⟨husband⟩ **0.10** ***h*** ⟨nat.; symbool voor de constante v. Planck⟩.
H ⟨afk.⟩ **0.1** ⟨henry(s)⟩ ***H*** ⟨nat.⟩ **0.2** ⟨Hungary⟩ ***H*** ⟨op auto⟩.
ha[1] →ha(h).
ha[2] ⟨afk.⟩ **0.1** ⟨hectare(s)⟩ ***ha*** **0.2** ⟨hoc anno⟩ ***h.a.*** **0.3** ⟨huius anni⟩ ***h.a.***.
HA ⟨afk.⟩ Horse Artillery.
haar [hɑː‖hɑr]⟨telb.zn.⟩ **0.1** ***(koude) zeemist*** ⇒*nevel*.
Hab ⟨afk.⟩ Habakuk.
ha·ba·ne·ra ['hæbə'njeərə‖'hɑbə'nerə]⟨telb.zn.⟩ **0.1** ***habanera*** ⟨Cubaanse dans⟩.
hab corp ⟨afk.⟩ habeas corpus.
hab·dabs ['hæbdæbz], **ab·dabs** ['æbdæbz]⟨mv.; the⟩ ⟨inf.; scherts.⟩ **0.1** ***kriebels*** ⇒*zenuwen* ◆ **3.1** give/get the (screaming) ~ *de zenuwen geven/krijgen*.
ha·be·as cor·pus ['heɪbɪəs 'kɔːpəs‖-'kɔr-]⟨telb. en n.-telb.zn.⟩ ⟨jur.⟩ **0.1** ***Habeas Corpus*** ⇒*bevel(schrift) tot voorleiding* ◆ **1.1** writ of ~ *bevel(schrift)*.
hab·er·dash·er ['hæbədæʃə‖'hæbərdæʃər]⟨f1⟩⟨telb.zn.⟩ **0.1** ⟨BE⟩ ***fourniturenhandelaar*** ⇒*handelaar in garen en band* **0.2** ⟨AE⟩ ***verkoper v. herenmode(artikelen)***.
hab·er·dash·er·y ['hæbədæʃəri‖-bər-]⟨f1⟩⟨zn.; →mv. 2⟩
I ⟨telb.zn.⟩ **0.1** ⟨BE⟩ ***fourniturenwinkel/afdeling*** ⇒*zaak in garen en band* **0.2** ⟨AE⟩ ***herenmodezaak/afdeling;***
II ⟨n.-telb.zn.⟩ **0.1** ⟨BE⟩ ***fournituur*** ⇒*fournituren, garen, band, kant, knopen* **0.2** ⟨AE⟩ ***herenmode(artikelen)***.
hab·er·geon ['hæbədʒən‖-bər-], **hau·ber·geon** ['hɔː-]⟨telb.zn.⟩ ⟨gesch.⟩ **0.1** ***maliënhemd/kolder*** ⟨zonder mouwen⟩.
hab·ile ['hæbiːl‖'hæbɪl]⟨bn.⟩⟨schr.⟩ **0.1** ***bedreven*** ⇒*kundig, bekwaam, vaardig, handig*.
ha·bil·i·ment [hə'bɪlɪmənt]⟨telb.zn.; meestal mv.⟩ **0.1** ***(gelegenheids)kleding*** ⟨ook scherts.⟩ ⇒*ambtskleding, net pak, gewaad* **0.2** ⟨vero.⟩ ***uitrusting***.
ha·bil·i·tate [hə'bɪlɪteɪt]⟨ww.⟩
I ⟨onov.ww.⟩ **0.1** ***zich habiliteren*** ⟨i.h.b. voor post aan Duitse universiteit⟩;
II ⟨ov.ww.⟩ **0.1** ⟨AE⟩ ***toerusten*** ⇒*financieren* ⟨i.h.b. mijnen⟩ **0.2** ⟨zelden⟩ ***kleden***.
ha·bil·i·ta·tion [hə'bɪlɪ'teɪʃn]⟨telb. en n.-telb.zn.⟩ **0.1** ***kwalificatie*** ⇒*habilitatie* **0.2** ***financiering***.
ha·bil·i·ty [hə'bɪləti]⟨telb.zn.; →mv. 2⟩ **0.1** ***bedrevenheid*** ⇒*bekwaamheid, habiliteit, vaardigheid, kundigheid*.
hab·it[1] ['hæbɪt]⟨f3⟩⟨zn.⟩
I ⟨telb.zn.⟩ **0.1** ***habijt*** ⇒*ordekleed* **0.2** ***rijkleed/kleding*** **0.3** ⟨vero.⟩ ***kledingstuk*** ⇒*gewaad* ◆ **3.2** riding ~ *rijkleding;*
II ⟨telb. en n.-telb.zn.⟩ **0.1** ***gewoonte*** ⇒*hebbelijkheid, aanwensel* **0.2** ⟨inf.⟩ ***verslaving*** **0.3** ⟨psych.⟩ ***gewoonte(reactie/vorming)*** **0.4** ***habitus*** ⇒*uiterlijk* ◆ **1.1** creature of ~ *gewoontedier/mens;* ~ of mind *geestesgesteldheid;* cheerful ~ of mind *opgewektheid* **1.4** ~ of body *habitus* **3.1** fall/get into the ~ of doing sth. *de gewoonte aannemen om iets te doen;* get s.o. into the ~ of doing sth. *iem. eraan wennen iets te doen;* get out of/⟨inf.⟩ kick the ~ of doing sth. *(de gewoonte) afleren om iets te doen;* make a ~ of sth. *ergens een gewoonte v. maken, iets regelmatig doen* **6.1** **from** (force of) ~ *uit gewoonte;* be **in** the ~ **of** doing sth. *de gewoonte hebben/gewoon zijn iets te doen* **6.2** ⟨sl.⟩ **off** the ~ *afgekickt; niet meer onder invloed v. drugs*.
habit[2] ⟨ov.ww.⟩ **0.1** ⟨vnl. volt. deelw.⟩ ***kleden*** **0.2** ⟨vero.⟩ ***bewonen***.
hab·i·ta·bil·i·ty ['hæbɪtə'bɪləti]⟨n.-telb.zn.⟩ **0.1** ***bewoonbaarheid***.
hab·it·a·ble ['hæbɪtəbl]⟨f1⟩⟨bn.; -ly; -ness; →bijw. 3⟩ **0.1** ***bewoonbaar***.
hab·i·tant[1], **ha·bi·tan** ['(h)æbɪtã‖-'tã]⟨telb.zn.⟩ **0.1** ***Franse Canadees*** **0.2** ***bewoner v. Louisiana*** ⟨v. Fr. afkomst⟩.
habitant[2] ['hæbɪtənt]⟨telb.zn.⟩ **0.1** ***bewoner***.
hab·i·tat ['hæbɪtæt]⟨f2⟩⟨telb.zn.⟩ **0.1** ***natuurlijke omgeving*** ⟨v. plant/dier⟩ ⇒*habitat* **0.2** ***woongebied*** ⇒*woonplaats*.
hab·i·ta·tion ['hæbɪ'teɪʃn]⟨f1⟩⟨zn.⟩
I ⟨telb.zn.⟩ **0.1** ***woning*** ⇒*woonruimte, woonplaats;*
II ⟨n.-telb.zn.⟩ **0.1** ***bewoning*** ◆ **2.1** fit for ~ *bewoonbaar*.
'hab·it-form·ing ⟨bn.⟩ **0.1** ***gewoonte wordend*** **0.2** ***verslavend***.
ha·bit·u·al[1] [hə'bɪtʃʊəl]⟨telb.zn.⟩ **0.1** ***stamgast*** ⇒*vaste klant/bezoeker, habitué*.
habitual[2] ⟨f2⟩⟨bn.; -ness⟩
I ⟨bn.⟩ **0.1** ***gewoon(lijk)*** ⇒*gebruikelijk;*
II ⟨bn., attr.⟩ **0.1** ***gewoonte-*** ◆ **1.1** ~ criminal *recidivist*.
ha·bit·u·al·ly [hə'bɪtʃʊəli]⟨f2⟩⟨bw.⟩ **0.1** →habitual **0.2** ***doorgaans*** ⇒*gemeenlijk* **0.3** ***uit gewoonte***.
ha·bit·u·ate [hə'bɪtʃʊeɪt]⟨ov.ww.; vaak pass.⟩⟨schr.⟩ **0.1** ***(ge)wennen*** ◆ **4.1** ~ o.s. to *zich wennen aan* **6.1** ~ **to** *wennen aan* **¶.1** habituating drug *verslavend (genees)middel*.
ha·bit·u·a·tion [hə'bɪtʃʊ'eɪʃn]⟨n.-telb.zn.⟩ **0.1** ***gewenning*** ⇒*het (ge)wennen* **0.2** ⟨med.⟩ ***tolerantie*** ◆ **6.1** ~ **to** *gewenning aan*.
hab·i·tude ['hæbɪtjuːd‖-tuːd]⟨telb.zn.⟩ **0.1** ***gesteldheid*** ⇒*aard, karakter* **0.2** ***gewoonte*** ⇒*hebbelijkheid, aanwensel*.
ha·bit·u·é [hə'bɪtʃʊeɪ]⟨telb.zn.⟩ **0.1** ***stamgast*** ⇒*habitué, vaste klant/bezoeker* **0.2** ***verslaafde*** ◆ **6.1** ~ **of** *vaste klant v.*.
ha·bu·tai ['hɑːbʊ'taɪ‖'hɑbə-]⟨n.-telb.zn.⟩ **0.1** ***Japanse zijde***.
HAC ⟨afk.⟩ Hounourable Artillery Company ⟨BE⟩.
ha·chure [hæ'ʃʊə‖-'ʃʊr]⟨telb.zn.; vaak mv.⟩ **0.1** ***arceerlijn*** ◆ **¶.1** ~s *arcering;* ⟨i.h.b.⟩ *bergtekening*.
ha·ci·en·da ['hæsi'endə]⟨telb.zn.⟩ **0.1** ***haciënda*** ⇒*landgoed, hoeve*.
hack[1] [hæk]⟨f1⟩⟨zn.⟩
I ⟨telb.zn.⟩ **0.1** ***hak*** ⇒*houweel, pikhouweel, pik* **0.2** ***huurpaard*** ⇒*rijpaard, knol* **0.3** ***broodschrijver*** ⇒*loonslaaf, zwoeger, werkezel* **0.4** ***droogrek*** **0.5** ***ruif*** ⇒*voederplank* ⟨voor valken⟩ **0.6** ***haag*** ⟨tas ongebakken stenen om te drogen⟩ **0.7** ⟨BE⟩ ***ritje te paard*** **0.8** ⟨AE⟩ ***taxi*** ⇒*aapje, huurrijtuig* **0.9** ⟨AE⟩ ***droge hoest*** **0.10** ⟨AE; sl.⟩ ***middelmatig werker*** ⇒*zwoeger* **0.11** ⟨inf.⟩ ***computerkraak*** **0.12** ⟨AE; sl.⟩ ***cipier*** ◆ **6.5** keep at ~ *niet volledig vrij laten* ⟨v. jonge valk⟩;
II ⟨telb. en n.-telb.zn.⟩ **0.1** ***houw*** ⇒*snede, kerf, jaap; trapwond* **0.2** ⟨rugby, voetbal⟩ ***(onreglementaire) schop tegen de schenen*** **0.3** ⟨basketbal⟩ ***(onregelmatige) slag tegen de armen*** **0.4** ⟨tennis⟩ ***(onhandige) uithaal*** ⇒*slecht geslagen bal* ◆ **3.1** make a ~ at sth. *iets een houw geven* **6.¶** ⟨AE; sl.⟩ stake a ~ at sth. *iets proberen (te doen)*.
hack[2] ⟨bn., attr.⟩ **0.1** ***huur-*** ⇒*loon-* **0.2** ***afgezaagd*** ⇒*banaal, middelmatig, zonder inspiratie, alledaags, routine-, commercieel* ◆ **1.1** ~ writer *broodschrijver*.
hack[3] ⟨f2⟩⟨ww.⟩
I ⟨onov.ww.⟩ **0.1** ⟨comp.⟩ ***kraken*** **0.2** ⟨comp.⟩ ***fanatiek met zijn computer spelen/bezig zijn*** **0.3** ***kuchen*** **0.4** ***zwoegen*** ⇒*loondienst verrichten* **0.5** ***(paard)rijden*** ⇒*een wandelrit maken* **0.6** ⟨AE⟩ ***een taxi besturen;***
II ⟨onov. en ov.ww.⟩ **0.1** ***hakken*** ⇒*houwen, kerven, een jaap geven, een snijwonde toebrengen* **0.2** ***afhakken*** ⇒*afkappen* **0.3** ***fijnhakken*** ⇒*bewerken, losmaken* ⟨aarde⟩ **0.4** ***kraken*** ⇒*een computerkraak plegen* ◆ **5.1** ~ **down** a tree *een boom omhakken* **5.2** ~ **off** a branch *een tak afkappen* **6.1** ~ **at** sth. *in iets hakken, op iets*

in houwen **6.¶** ⟨AE; sl.⟩ ~ at sth. *iets proberen; ergens niet zo goed in zijn;*
III ⟨ov.ww.⟩ **0.1** ***misbruiken*** *⇒(dikwijls) gebruiken, tot vervelens toe herhalen, afgezaagd maken, verslijten* **0.2** ***(op een rek) laten drogen*** ⟨stenen⟩ **0.3** ***verknoeien*** *⇒mutileren, couperen* ⟨verhaal, film, boek, e.d.⟩ **0.4** ***verhuren*** ⟨paard⟩ **0.5** ***berijden*** ⟨paard, in wandelrit⟩ **0.6** ***niet volledig vrij laten*** ⟨valken⟩ **0.7** ⟨voetbal, rugby⟩ ***tegen het scheenbeen schoppen*** **0.8** ⟨basketbal⟩ ***tegen de armen slaan*** **0.9** ⟨tennis⟩ ***onhandig uithalen (naar de bal)*** **0.10** ⟨AE; sl.⟩ ***aanpakken*** *⇒aankunnen* ◆ **4.¶** ⟨AE; inf.⟩ ~ it *het bolwerken.*
hack·a·more ['hækəmɔ:‖-mɔr]⟨telb.zn.⟩⟨AE⟩ **0.1** ***teugel*** *⇒breidel.*
hack·ber·ry ['hækbri‖-beri]⟨telb.zn.⟩⟨plantk.⟩ **0.1** ***hackberry*** ⟨boom, struik; genus Celtis⟩.
hack·but ['hækbʌt], **hag·but** ['hægbʌt]⟨telb.zn.⟩ **0.1** ***haakbus.***
hack·er ['hækə‖-ər]⟨telb.zn.⟩ **0.1** ***(computer)kraker*** **0.2** ***computermaniak/fanaat*** **0.3** ⟨sl.; sport⟩ ***schopper*** *⇒rammer, hakker, rauzer.*
hack·er·y ['hækəri]⟨telb.zn.; →mv. 2⟩⟨Ind. E⟩ **0.1** ***ossewagen.***
hack·ie ['hæki]⟨telb.zn.⟩⟨AE; sl.⟩ **0.1** ***taxichauffeur*** *⇒aapjeskoetsier.*
'hack·ing coat, 'hack·ing jacket ⟨telb.zn.⟩ **0.1** ***rijjas.***
hack·ing cough ['hækɪŋ 'kɒf‖-'kɔf]⟨n.-telb.zn.⟩ **0.1** ***kuchhoest*** *⇒droge hoest.*
'hack·ing pocket ⟨telb.zn.⟩ **0.1** ***steekzak met klep.***
hack·le[1] ['hækl]⟨zn.⟩
I ⟨telb.zn.⟩ **0.1** ***hekel*** ⟨werktuig⟩ **0.2** ***nekveer*** *⇒nekhaar* **0.3** ***kunstvlieg (met veer)*** **0.4** ***veer op Schotse mannenmuts;***
II ⟨mv.; ~s⟩ **0.1** ***nekveren*** *⇒nekharen* ◆ **3.¶** have one's ~s up *met alle stekels overeind staan, met al z'n haren recht overeind staan, vechtensklaar staan;* get s.o.'s ~s up, make the ~s rise, raise s.o.'s ~s *iem. razend/woest maken, iem. ophitsen;* my ~s rose *de haren rezen mij te berge* **6.¶** **with** one's ~s up/rising *vechtlustig, woedend.*
hackle[2] ⟨ww.⟩
I ⟨onov.ww.⟩⟨vero.⟩ **0.1** ***hakken*** *⇒houwen;*
II ⟨ov.ww.⟩ **0.1** ***hekelen*** ⟨vlas⟩ **0.2** ***van een veer voorzien*** ⟨kunstvlieg⟩ **0.3** ⟨vero.⟩ ***stukhakken*** *⇒fijnhakken, verminken.*
'hackle fly ⟨telb.zn.⟩ **0.1** ***kunstvlieg*** ⟨met veer⟩.
hack·ly ['hækli]⟨bn.⟩ **0.1** ***ruw*** *⇒hoekig, puntig.*
hack·man ['hækmən]⟨telb.zn.; hackmen [-mən]; →mv. 3⟩⟨AE⟩ **0.1** ***taxichauffeur*** *⇒chauffeur v. huurrijtuig.*
hack·ma·tack ['hækmətæk]⟨telb. en n.-telb.zn.⟩⟨plantk.⟩ **0.1** ***(hout v.) Am. lork.***
hack·ney[1] ['hækni]⟨telb.zn.⟩ **0.1** ***huurpaard*** *⇒gewoon paard* **0.2** ***huurrijtuig*** **0.3** ⟨H~⟩ ***Hackney(paard)*** *⇒concourspaard.*
hackney[2] ⟨bn., attr.⟩ **0.1** ***banaal*** *⇒afgezaagd* **0.2** ***huur-.***
hackney[3] ⟨f1⟩⟨ov.ww.⟩ **0.1** ***misbruiken*** *⇒(dikwijls) gebruiken, afgezaagd maken, tot vervelens toe herhalen, verslijten* ◆ **1.1** ~ed clichés *banale clichés.*
'hackney cab, 'hackney carriage, 'hackney coach ⟨telb.zn.⟩ **0.1** ***taxi*** *⇒huurrijtuig, aapje.*
'hack·saw ⟨f1⟩⟨telb.zn.⟩ **0.1** ***ijzerzaag*** *⇒metaalzaag, beugelzaag.*
'hack·work ⟨n.-telb.zn.⟩ **0.1** ***broodschrijverij.***
had [d, (h)əd⟨sterk⟩hæd]⟨verl. t., aant. en aanv. w. en volt. deelw.; →t2⟩ →have.
ha·dal ['heɪdl]⟨bn., attr.⟩⟨geol.⟩ **0.1** ***diepzee-*** ⟨dieper dan 6500 m⟩.
had·dock ['hædək], ⟨Sch.E⟩ **had·die** ['hædi]⟨f1⟩⟨telb. en n.-telb.zn.; ook haddock; →mv. 4⟩ **0.1** ***schelvis.***
hade[1] [heɪd]⟨n.-telb.zn.⟩⟨geol.; mijnw.⟩ **0.1** ***hellingshoek.***
hade[2] ⟨onov.ww.⟩⟨geol.; mijnw.⟩ **0.1** ***hellen*** ⟨v. ader/breuk⟩.
Ha·des ['heɪdi:z]⟨eig.n.⟩ **0.1** ***Hades*** ⟨god v.d. onderwereld⟩ **0.2** ***Hades*** *⇒onderwereld, schimmenrijk, dodenrijk* **0.3** ⟨h-⟩⟨euf.⟩ ***hel.***
hadj, haj(j) [hædʒ]⟨telb.zn.⟩ **0.1** ***hadj*** *⇒pelgrimstocht, bedevaart (naar Mekka).*
hadj·i ['hædʒi], **'haj(j)i, haj(j)** ⟨telb.zn.⟩ **0.1** ***hadji*** ⟨eretitel voor Mekkaganger; Grieks of Armeens christen die ter bedevaart naar Jeruzalem is geweest⟩.
hadn't ['hædnt]⟨→t2⟩⟨samentr. v. had not⟩ →have.
hadst [(h)ədst⟨sterk⟩hædst]⟨2e pers. enk. verl. t., vero. of relig.; →t2⟩ →have.
hae ⟨Sch.E⟩ →have.
haem-, heme [hi:m, hem]⟨telb.zn.⟩⟨med.⟩ **0.1** ***haem*** *⇒heme* ⟨groep uit hemoglobine-molecuul⟩.
hae·ma-, ⟨AE sp.⟩ **he·ma-** ['hi:mə, 'hemə] **0.1** ***hema-*** *⇒bloed* ◆ **¶.1** haematite *hematiet, bloedsteen.*
hae·mal, ⟨AE sp.⟩ **he·mal** ['hi:ml]⟨bn., attr.⟩⟨med.⟩ **0.1** ***bloed-*** *⇒v.h. bloed, bloedvaten-, v.d. bloedvaten* **0.2** ***aan de borst/buikzijde gelegen.***
hae·mat·ic[1], ⟨AE sp.⟩ **he·mat·ic** [hi:'mæṭɪk]⟨telb.zn.⟩⟨med.⟩ **0.1** ***bloedvorming bevorderend middel.***
haematic[2], ⟨AE sp.⟩ **hematic** ⟨bn., attr.⟩⟨med.⟩ **0.1** ***bloed-*** *⇒bloed bevattend, bloedvormend.*
haem·a·tin, ⟨AE sp.⟩ **hem·a·tin** ['hemət̬ɪn]⟨n.-telb.zn.⟩ **0.1** ***hematine*** ⟨ijzerhoudende stof in hemoglobine⟩.
haem·a·tite, ⟨AE sp.⟩ **hem·a·tite** ['hemətaɪt, 'hi:-]⟨n.-telb.zn.⟩ **0.1** ***hematiet*** *⇒bloedsteen, roodijzersteen, rode glaskop* ⟨mineraal⟩.
hae·ma·to-, ⟨AE sp.⟩ **he·ma·to-** **0.1** ***hemato-*** *⇒bloed-* ◆ **¶.1** haematocele *hematocele.*
hae·ma·tol·o·gy, ⟨AE sp.⟩ **he·ma·tol·o·gy** ['hi:mə'tɒlədʒi, 'hemə-‖-'tɑlədʒi]⟨n.-telb.zn.⟩ **0.1** ***hematologie*** ⟨leer v.h. bloed/v.d. bloedziekten⟩.
haem·a·tu·ri·a, ⟨AE sp.⟩ **hem·a·tu·ri·a** ['hi:mə'tʃʊərɪə, 'hemə-‖-'tʊrɪə]⟨n.-telb.zn.⟩⟨med.⟩ **0.1** ***hematurie*** *⇒het bloedwateren.*
-haemia →-aemia.
hae·mo-, ⟨AE sp.⟩ **he·mo-** **0.1** ***hemo-*** *⇒bloed-.*
hae·mo·cy·a·nin, ⟨AE sp.⟩ **he·mo·cy·a·nin** ['hi:moʊ'saɪənɪn, 'hemə-]⟨n.-telb.zn.⟩ **0.1** ***hemocyanine*** ⟨koperhoudende stof in bloed⟩.
hae·mo·cyte, ⟨AE sp.⟩ **he·mo·cyte** ['hi:moʊsaɪt, 'hem-]⟨telb.zn.⟩ **0.1** ***bloedcel.***
hae·mo·glo·bin, ⟨AE sp.⟩ **he·mo·glo·bin** ['hi:mə'gloʊbɪn, 'hemə-‖'--]⟨n.-telb.zn.⟩⟨biochem.⟩ **0.1** ***hemoglobine*** *⇒rode bloedkleurstof.*
hae·mol·y·sis, ⟨AE sp.⟩ **he·mol·y·sis** [hɪ'mɒlɪsɪs‖-'mɑ-]⟨telb. en n.-telb.zn.; h(a)emolyses [-si:z]; →mv. 5⟩ **0.1** ***hemolyse*** ⟨oplossing v. hemoglobine door uiteenvallen v. rode bloedlichaampjes⟩.
hae·mo·phil·i·a, ⟨AE sp.⟩ **he·mo·phil·i·a** ['hi:mə'fɪlɪə, 'hemə-‖'--]⟨n.-telb.zn.⟩⟨med.⟩ **0.1** ***hemofilie*** *⇒bloederziekte.*
hae·mo·phil·i·ac, ⟨AE sp.⟩ **he·mo·phil·i·ac** ['hi:mə'fɪliæk, 'hemə-]⟨telb.zn.⟩⟨med.⟩ **0.1** ***hemofiliepatiënt*** *⇒bloeder.*
haem·or·rhage[1], ⟨AE sp.⟩ **hem·or·rhage** ['hemərɪdʒ]⟨f1⟩⟨telb. en n.-telb.zn.⟩⟨med.⟩ **0.1** ***bloeding*** *⇒hemorragie, bloedvloeiing;* ⟨fig.⟩ *aderlating, zwaar verlies.*
haemorrhage[2], ⟨AE sp.⟩ **hemorrhage** ⟨onov.ww.⟩⟨med.⟩ **0.1** ***bloeden*** ⟨ook fig.⟩ *⇒leegbloeden* ◆ **6.1** ~ **to** death *doodbloeden.*
haem·or·rhoids, ⟨AE sp.⟩ **hem·or·rhoids** ['hemərɔɪdz]⟨f1⟩⟨mv.⟩⟨med.⟩ **0.1** ***hemorroïden*** *⇒aambeien.*
hae·mo·sta·sis, ⟨AE sp.⟩ **he·mo·sta·sis** ['hi:moʊ'steɪsɪs, 'he-]⟨telb. en n.-telb.zn.; h(a)emostases [-si:z]; →mv. 5⟩⟨med.⟩ **0.1** ***hemostase*** *⇒bloedstolling.*
ha·e·re·mai ['haɪrəmaɪ]⟨tussenw.⟩⟨Nieuwzeelands E⟩ **0.1** ***welkom.***
ha·fiz ['hɑ:fɪz]⟨telb.zn.⟩ **0.1** ***hafiz*** ⟨moslim die de Koran van buiten kent⟩.
haf·ni·um ['hæfnɪəm]⟨n.-telb.zn.⟩⟨schei.⟩ **0.1** ***hafnium*** ⟨element 72⟩.
haft[1] [hɑ:ft‖hæft]⟨f1⟩⟨telb.zn.⟩ **0.1** ***handvat*** *⇒heft, hecht, kruk* **0.2** ⟨Sch. E⟩ ***woon/verblijfplaats.***
haft[2] ⟨ov.ww.⟩ **0.1** ***van een handvat voorzien.***
hag [hæg]⟨f1⟩⟨telb.zn.⟩ **0.1** ***helleveeg*** *⇒feeks, heks, toverkol, oud wijf* **0.2** ⟨verk.⟩ ⟨hagfish⟩ **0.3** ⟨Sch. E; gew.⟩ ***zachte plek in de heide*** **0.4** ⟨Sch. E; gew.⟩ ***harde plek in moeras.***
Hag ⟨afk.⟩ Haggai ⟨boek in O.T.⟩ **0.1** ***Hag.***.
Ha·ga·rene ['heɪgəri:n]⟨telb.zn.⟩ **0.1** ***nakomeling v. Hagar*** ⟨Genesis⟩ *⇒Arabier.*
hagbut →hackbut.
'hag·fish ⟨telb.zn.⟩⟨dierk.⟩ **0.1** ***slijmprik*** ⟨vis; Myxine glutinosa⟩.
Hag·ga·da(h) [hə'gɑ:də]⟨eig.n.; Haggadoth; →mv. 5⟩⟨jud.⟩ **0.1** ***Hag(g)ada*** ⟨liturgie v.d. 1e avond v. joods pasen⟩.
hag·gard[1] ['hægəd‖-ərd]⟨telb.zn.⟩ **0.1** ***ongetemde havik/valk.***
haggard[2] ⟨f1⟩⟨bn.; -ly; -ness⟩ **0.1** ***verwilderd uitziend*** *⇒wild* ⟨v. blik⟩, *hologig, afgetobd, inwendig verscheurd, gekweld* **0.2** ***wild*** *⇒woest, onhandelbaar* **0.3** ***ongetemd*** *⇒onhandelbaar* ⟨v. valk⟩.
hag·gis ['hægɪs]⟨f1⟩⟨telb. en n.-telb.zn.; ook haggis; →mv. 4⟩⟨BE; cul.⟩ **0.1** ***haggis*** ⟨Schots gerecht⟩.
hag·gish ['hægɪʃ]⟨bn.; -ly; -ness⟩ **0.1** ***heksachtig.***
hag·gle[1] ['hægl]⟨f1⟩⟨telb.zn.⟩ **0.1** ***gekibbel*** *⇒gekijf, gekrakeel, getwist* **0.2** ***gemarchandeer.***
haggle[2] ⟨f1⟩⟨ww.⟩
I ⟨onov.ww.⟩ **0.1** ***kibbelen*** **0.2** ***knibbelen*** *⇒pingelen, afdingen, marchanderen* ◆ **6.2** ~ **with** s.o. **about/over** sth. *met iem. over iets marchanderen/kibbelen;*
II ⟨ov.ww.⟩ **0.1** ***hakken*** *⇒houwen, kerven.*
hag·gler ['hæglə‖-ər]⟨telb.zn.⟩ **0.1** ***kibbelaar*** **0.2** ***(be)knibbelaar*** *⇒pingelaar, afdinger.*
hag·gy ['hægi]⟨bn.⟩⟨AE; inf.⟩ **0.1** ***lelijk.***
hag·i·ar·chy ['hægiɑ:ki‖'heɪdʒiɑrki], **hag·i·oc·ra·cy** ['hægi'ɒkrəsi‖'heɪdʒi'ɑ-]⟨telb. en n.-telb.zn.; →mv. 2⟩ **0.1** ***hagiocratie*** ⟨regering v. heiligen, staat met dergelijke regering⟩.
hag·i·o- ['hægioʊ‖'heɪdʒioʊ], **hagi-** ['hægi‖'heɪdʒi] **0.1** ***hagio-*** *⇒heiligen-* ◆ **¶.1** hagiography *hagiografie, heiligenleven.*
Hag·i·og·ra·pha ['hægi'ɒgrəfə‖'heɪdʒi'ɑ-]⟨mv.⟩⟨bijb.⟩ **0.1** ***hagiografen*** ⟨naam voor deel v.h. O.T.⟩.

hag·i·og·raph·er ['hægi'ɒgrəfə‖'heɪdʒi'ɑgrəfər]⟨telb.zn.⟩ **0.1** ***hagiograaf*** ⟨schrijver v. heiligenlevens⟩.
hag·i·o·graph·ic ['hægɪə'græfɪk‖'heɪdʒɪə-], **hag·i·o·graph·i·cal** [-ɪkl] ⟨bn.; (al)ly; →bijw. 3⟩ **0.1** ***hagiografisch***.
hag·i·og·ra·phy ['hægi'ɒgrəfi‖'heɪdʒi'ɑ-]⟨telb. en n.-telb.zn.; →mv. 2⟩ **0.1** ***hagiografie*** ⇒⟨fig.⟩ *idealiserende biografie*.
hag·i·ol·a·try ['hægi'ɒlətri‖'heɪdʒi'ɑ-]⟨n.-telb.zn.⟩ **0.1** ***heiligenverering*** ⇒*aanbidding v. heiligen*.
hag·i·ol·o·gist ['hægi'ɒlədʒɪst‖'heɪdʒi'ɑ-]⟨telb.zn.⟩ **0.1** ***hagioloog*** ⟨kenner/schrijver v. heiligenlevens⟩.
hag·i·ol·o·gy ['hægi'ɒlədʒi‖'heɪdʒi'ɑ-]⟨zn.; →mv. 2⟩
I ⟨telb.zn.⟩ **0.1** ***heiligenleven*** **0.2** ***canon*** ⇒*heiligenlijst;*
II ⟨n.-telb.zn.⟩ **0.1** ***hagiologie*** ⟨literatuur mbt./geschiedenis v. heiligen of gewijde geschriften⟩.
hag·i·o·scope ['hægɪəskoʊp‖'heɪdʒɪə-]⟨telb.zn.⟩⟨bouwk.⟩ **0.1** ***hagioscoop*** ⟨kijkgat in een wand v.h. kerkkoor, met uitzicht op het altaar⟩.
'hag·rid·den ⟨bn.⟩⟨schr.⟩ **0.1** ***gekweld*** ⇒*bezocht, bezeten, (als door een nachtmerrie) achtervolgd*.
Hague [heɪg]⟨eig.n.; The⟩ **0.1** ***Den Haag*** ⇒*'s-Gravenhage*.
ha(h)[1] [hɑ:]⟨f3⟩⟨telb.zn.; ha's of hahs⟩ **0.1** ***kuch(je)*** ⇒*ha* ◆ **¶.¶** ~! *a(hum); (a)ha!; hoezo?*.
ha(h)[2] ⟨onov.ww.⟩ **0.1** ***kuchen*** ⇒*licht hoesten*.
ha-ha[1] ['hɑ:hɑ:], ⟨in bet. 0.1 ook⟩ **haw-haw** ['hɔ:hɔ:]⟨telb.zn.⟩ **0.1** ***onopvallende afzetting*** ⇒*(droge) sloot, gracht, singel* ⟨rond park, tuin, e.d.⟩ **0.2** ⟨AE; inf.⟩ ***grap*** ⇒*mop, geintje*.
ha-ha[2] ['hɑ:'hɑ:], **haw-haw** ⟨f1⟩⟨tussenw.⟩ **0.1** ***haha***.
hahn·i·um ['hɑ:niəm]⟨n.-telb.zn.⟩⟨schei.⟩ **0.1** ***hahnium*** ⟨element 105⟩.
hai(c)k [haɪk]⟨telb.zn.⟩ **0.1** ***haik*** ⟨overkleed v. oosterse vrouwen⟩.
hai·ku ['haɪku:]⟨telb.zn.; haiku; →mv. 4⟩ **0.1** ***haiku*** ⇒*haikoe* ⟨17-lettergrepig Japans gedicht⟩.
hail[1] [heɪl]⟨f2⟩⟨zn.⟩
I ⟨telb.zn.⟩ **0.1** ***hagelsteen*** **0.2** ⟨vero. of meteo.⟩ ***hagelstorm;***
II ⟨telb. en n.-telb.zn.⟩ **0.1** ***hagel*** ⇒⟨fig.⟩ *regen, stortvloed* **0.2** ***groet*** ⇒*begroeting, aanroep, welkomstgroet* ◆ **1.1** a ~ of bullets *een regen/hagel v. kogels;* a ~ of curses *een stortvloed v. verwensingen* **6.2** ⟨vnl. v. schepen⟩ **within** ~ *binnen gehoorafstand/hoorbereik, te beroepen, met de stem te bereiken* **7.2** all ~! *gegroet!;* ⟨schr.⟩ all ~ to Caesar! *heil en voorspoed aan Caesar!* **¶.2** ~ to you! *gegroet!, saluut!*.
hail[2] ⟨f2⟩⟨ww.⟩
I ⟨onov.ww.⟩ **0.1** ***hagelen*** ⟨ook fig.⟩ ⇒*neerkomen (als hagel)* ◆ **4.1** it ~s/is ~ing *het hagelt* **5.1** blows ~ed **down** (up)on the boy's back *het regende slagen op de rug v.d. jongen* **6.¶** →hail **from;**
II ⟨ov.ww.⟩ **0.1** ***(doen) hagelen*** ⟨alleen fig.⟩ ⇒*doen neerkomen (als hagel)* **0.2** ***begroeten*** ⇒*verwelkomen* **0.3** ***erkennen*** ⇒*begroeten als* **0.4** ***aanroepen*** ⇒⟨scheep.⟩ *praaien* ◆ **1.1** ~ curses on s.o. *verwensingen naar iemands hoofd slingeren* **1.3** the people ~ed him (as) king *het volk haalde hem als koning in/riep hem tot koning uit* **1.4** ~ a taxi *een taxi (aan)roepen*.
Hail Columbia ⟨n.-telb.zn.⟩⟨AE; inf.⟩ **0.1** ***een pak slaag*** ⟨fig.⟩ ◆ **3.1** give s.o. ~ *iem. er flink van langs/flink op zijn donder geven*.
hail·er ['heɪlə‖-ər]⟨telb.zn.⟩⟨scheep.⟩ **0.1** ***megafoon*** ⇒*scheepsroeper*.
'hail-fel·low[1], **'hail-fellow-well-'met** ⟨telb.zn.; hail-fellows-well-met; →mv. 6⟩ **0.1** ***dikke vriend*** ⇒*vrolijke kornuit*.
hail-fellow[2], **hail-fellow-well-met** ⟨bn.⟩ **0.1** ***zeer kameraadschappelijk*** ⇒*familiair* ◆ **6.1** be ~ **with** everyone *met iedereen dikke vrienden/goede maatjes zijn*.
'hail from ⟨onov.ww.⟩ **0.1** ***komen uit*** ⇒*afkomstig zijn van*.
Hail Mary ⟨telb.zn.⟩⟨R.-K.⟩ **0.1** ***weesgegroet***.
'hail·stone ⟨f1⟩⟨telb.zn.⟩ **0.1** ***hagelsteen*** ⇒*hagelkorrel*.
'hail·storm ⟨f1⟩⟨telb.zn.⟩ **0.1** ***hagelbui*** ⇒*hagelslag, hagelstorm*.
hail·y ['heɪli]⟨bn.⟩ **0.1** ***hagelachtig***.
Hai·naut, Hai·nault ['heɪnɔ:(l)t]⟨eig.n.⟩ **0.1** ***Henegouwen*** ⟨Belgische provincie⟩.
hair[1] [heə‖her]⟨f4⟩⟨telb. en n.-telb.zn.⟩ **0.1** ***haar*** ⇒*haren, hoofdhaar* ◆ **1.¶** a ~ of the dog (that bit one) *een glaasje tegen de kater/nadorst* **3.1** do one's ~ *zijn haar kammen;* let one's ~ down *het haar los/naar beneden dragen;* ⟨inf.; fig.⟩ *zich laten gaan, uit de plooi komen, zijn reserves laten varen;* lose one's ~ *kaal worden;* ⟨fig.⟩ *zijn kalmte verliezen, opstuiven;* put up one's ~ *het haar opsteken* **3.¶** ⟨inf.⟩ curl s.o.'s ~/make s.o.'s ~ curl/make s.o.'s ~ stand on end *iem. de haren te berge doen rijzen;* ⟨inf.⟩ get in s.o.'s ~ *iem. ergeren/in de haren zitten;* ⟨inf.⟩ get in each other's ~ *elkaar in de haren zitten;* hang by a ~ *aan een zijden draadje hangen;* not harm a ~ on s.o.'s head *iem. geen haar krenken;* ⟨inf.⟩ keep your ~ on! *kalmpjes aan!, maak je niet dik!;* with one's ~s rising *met z'n haren recht overend;* split ~s *haarkloven;* tear one's ~ (out) *zich de haren uit het hoofd trekken;* ⟨inf.⟩ without turning a ~ *zonder een spier te vertrekken* **6.¶** **against** the ~ *tegen de draad in;* he won **by** a ~ *hij won met een neuslengte, het scheelde maar een haar of hij verloor;* **to** a ~ *tot op een haar*.
hair[2] ⟨ov.ww.⟩ →haired **0.1** ***ontharen*** **0.2** ***beharen***.
'hair bag ⟨telb.zn.⟩⟨AE; sl.⟩ **0.1** ***kletser*** ⇒*babbelaar, leuteraar* ⟨vnl. iem. die oude koeien uit de sloot haalt⟩.
'hair band ⟨telb.zn.⟩ **0.1** ***haarband***.
'hair'breadth, 'hairs·'breadth, 'hair's 'breadth ⟨telb.zn.⟩ **0.1** ***haarbreed(te)*** ◆ **6.¶** not **by** a ~ *geen haarbreed;* escape death **by** a ~ *op het nippertje aan de dood ontsnappen*.
'hairbreadth e'scape ⟨telb.zn.⟩ **0.1** ***ontsnapping op het nippertje*** ◆ **3.1** have a ~ *ternauwernood ontsnappen, er op een haar na bij zijn*.
'hair·brush ⟨f1⟩⟨telb.zn.⟩ **0.1** ***haarborstel***.
'hair(cap) moss ⟨n.-telb.zn.⟩⟨plantk.⟩ **0.1** ***haarmos*** ⟨genus Polytrichum⟩.
'hair·cloth ⟨telb. en n.-telb.zn.⟩ **0.1** ***haardoek*** ⇒*haarweefsel*.
'hair conditioner →conditioner 0.4.
'hair·crack ⟨telb.zn.⟩⟨tech.⟩ **0.1** ***haarscheur(tje)***.
'hair curler ⟨telb.zn.⟩ **0.1** ***krulijzer/tang***.
'hair·cut ⟨f2⟩⟨telb.zn.⟩ **0.1** ***het knippen*** ⟨v. haar⟩ **0.2** ***haarsnit*** ⇒*kapsel* ◆ **1.1** ~ and shave: £ 1 *knippen en scheren: £ 1* **3.1** have a ~ *zijn haar laten knippen*.
'hair·do ⟨f1⟩⟨telb.zn.⟩⟨inf.⟩ **0.1** ***kapsel*** ⇒*coiffure*.
'hair·dress·er ⟨f1⟩⟨telb.zn.⟩ **0.1** ***kapper, kapster*** **0.2** ⟨AE⟩ ***dameskapper/kapster*** ⇒*schoonheidsspecialist(e)*.
'hair·dress·ing ⟨n.-telb.zn.⟩ **0.1** ***het kappen*** ⇒*het knippen, het haar opmaken*.
'hair drier, 'hair dryer ⟨f1⟩⟨telb.zn.⟩ **0.1** ***haardroger***.
'hair-dye ⟨telb. en n.-telb.zn.⟩ **0.1** ***haarverf*** ⇒*haarkleurmiddel*.
haired [heəd‖herd]⟨bn.; volt. deelw. v. hair⟩ **0.1** ***behaard*** ⇒*harig*.
-haired [heəd‖herd] **0.1** ***-harig*** ◆ **¶.1** red-haired *roodharig*.
'hair gel ⟨n.-telb.zn.⟩ **0.1** ***gel***.
'hair·grass ⟨n.-telb.zn.⟩⟨plantk.⟩ **0.1** ***haargras*** ⟨genera Deschampsia, Muhlenbergia, Aira⟩.
'hair·grip ⟨telb.zn.⟩ **0.1** ***haarspeld***.
'hair implant ⟨zn.⟩
I ⟨telb.zn.⟩ **0.1** ***haarimplantaat;***
II ⟨telb. en n.-telb.zn.⟩ **0.1** ***haarimplantatie***.
hair·less ['heələs‖'her-]⟨bn.⟩ **0.1** ***onbehaard*** ⇒*kaal*.
hair·let ['heəlɪt‖'her-]⟨telb.zn.⟩ **0.1** ***haartje***.
hair·like ['heəlaɪk‖'her-]⟨bn.⟩ **0.1** ***haarachtig***.
'hair·line ⟨telb.zn.⟩ **0.1** ***snoer/lijn v. haar*** **0.2** ***ophaal*** ⟨met de pen⟩ **0.3** ***haargrens*** **0.4** ***haarstreep*** ⇒*streepjespatroon* **0.5** ***fijngestreepte stof*** **0.6** ⟨typografie⟩ ***haarlijn*** **0.7** ⟨verk.⟩ ⟨hairline crack⟩ ◆ **6.¶** **to** a ~ *tot op een haar*.
'hairline 'crack ⟨telb.zn.⟩ **0.1** ***haarscheur(tje)***.
'hair moss →hair(cap) moss.
'hair·net ⟨telb.zn.⟩ **0.1** ***haarnet(je)***.
'hair 'pie ⟨telb.zn.⟩⟨AE; vulg.⟩ **0.1** ***kut*** ⇒*flamoes*.
'hair·piece ⟨f1⟩⟨telb.zn.⟩ **0.1** ***haarstuk(je)*** ⇒*toupet*.
'hair·pin ⟨f1⟩⟨telb.zn.⟩ **0.1** ***haarspeld*** **0.2** ⟨verk.⟩ ⟨hairpin bend⟩.
'hairpin 'bend, 'hairpin 'curve ⟨telb.zn.⟩ **0.1** ***haarspeldbocht***.
'hair-rais·er ⟨telb.zn.⟩⟨inf.⟩ **0.1** ***iets huiveringwekkends*** ⇒*griezelverhaal/film, thriller*.
'hair-rais·ing ⟨bn.⟩⟨inf.⟩ **0.1** ***huiveringwekkend*** ⇒*schrikaanjagend*.
'hair-restorer ⟨telb.zn.⟩ **0.1** ***haargroeimiddel*** ⇒*haarmiddel*.
'hair sac ⟨telb.zn.⟩ **0.1** ***haarzak(je)*** ⟨in de huid⟩.
hairsbreadth, hair's breadth →hairbreadth.
'hair shirt ⟨telb.zn.⟩ **0.1** ***haren boetekleed/hemd***.
'hair sieve ⟨telb.zn.⟩ **0.1** ***haarzeef*** ⇒*paardeharen zeef*.
'hair slide ⟨telb.zn.⟩⟨BE⟩ **0.1** ***haarspeldje***.
'hair space ⟨telb.zn.⟩⟨typografie⟩ **0.1** ***vliesspatie*** ⇒*haarspatie, vliesje*.
'hair·split·ter ⟨telb.zn.⟩ **0.1** ***haarklover***.
'hair·split·ting[1] ⟨n.-telb.zn.⟩ **0.1** ***haarkloverij***.
hairsplitting[2] ⟨bn.⟩ **0.1** ***haarklovend*** ⇒*spitsvondig*.
'hair spray ⟨f1⟩⟨telb. en n.-telb.zn.⟩ **0.1** ***haarlak***.
'hair·spring ⟨telb.zn.⟩⟨tech.⟩ **0.1** ***spiraalveer*** ⟨v. meetinstrument⟩ **0.2** ***balansveer*** ⟨v. uurwerk⟩ ⇒*spiraal*.
'hair·streak ⟨telb.zn.⟩⟨dierk.⟩ **0.1** ***kleine page*** ⟨vlinder; onderfam. Theclinae⟩.
'hair stroke ⟨telb.zn.⟩ **0.1** ***ophaal*** ⟨met de pen⟩.
'hair style ⟨telb.zn.⟩ **0.1** ***kapsel*** ⇒*coiffure*.
'hair stylist ⟨telb.zn.⟩ **0.1** ***(dames)kapper***.
'hair tonic ⟨f1⟩⟨telb.zn.⟩ **0.1** ***haarmiddel***.
'hair transplant ⟨zn.⟩
I ⟨telb.zn.⟩ **0.1** ***haartransplantaat;***
II ⟨n.-telb.zn.⟩ **0.1** ***haartransplantatie***.
'hair 'trigger ⟨telb.zn.⟩ **0.1** ***zeer gevoelige trekker/haan*** ⟨v. wapen⟩.
'hair-trig·ger ⟨bn., attr.⟩ **0.1** ***overgevoelig*** ⇒*lichtgeraakt*.

'hair·weav·ing ⟨n.-telb.zn.⟩ 0.1 ***hairweaving*** ⟨het weven v. kunsthaar tussen natuurlijk haar⟩.
'hair·worm ⟨telb.zn.⟩⟨dierk.⟩ 0.1 ***haarworm*** ⟨Trichinella spiralis⟩.
hair·y ['heəri‖'heri]⟨f2⟩⟨bn.; -er; -ness; →compar. 7⟩ **0.1** ***harig*** ⇒*behaard* **0.2** ***haarachtig*** **0.3** ⟨sl.⟩ ***hachelijk*** ⇒*gewaagd, naar, gevaarlijk, riskant* **0.4** ⟨sl.⟩ ***voortreffelijk*** ⇒*ontzagwekkend* **0.5** ⟨AE; sl.⟩ ***passé*** ⇒*met (een) baard*.
'hair·y-'heeled ⟨bn.⟩⟨sl.⟩ **0.1** ***onopgevoed*** ⇒*lomp*.
haj, hajj →hadj.
haji, hajji →hadji.
hake [heɪk]⟨zn.⟩
I ⟨telb.zn.⟩ **0.1** ***droogrek*** ⟨voor stenen, vis, kaas⟩;
II ⟨telb. en n.-telb.zn.; ook hake; →mv. 4⟩⟨dierk.⟩ **0.1** ***heek*** ⟨genus Merluccius⟩ **0.2** ***Westatlantische gaffelkabeljauw*** ⟨genus Urophycis⟩.
ha·kim, ⟨in bet. 0.1 ook⟩ **ha·keem** ['hɑ:ki:m, hə'ki:m]⟨telb.zn.; in bet. 0.2 ook hakim; →mv. 4⟩ **0.1** ***dokter*** ⟨in India en mohammedaanse landen⟩ **0.2** ***rechter*** ⇒*heerser, gouverneur* ⟨in India en mohammedaanse landen⟩.
Ha·la·cha(h), Ha·la·kah ['hɑ:lə'xɑ:‖hɑ'lɑxɑ]⟨eig.n.; ook Halachoth, Halakoth [-xoʊθ]; →mv. 5⟩⟨jud.⟩ **0.1** ***Halacha*** ⟨voorschrift(en) voor levenswandel⟩.
ha·la·tion [hə'leɪʃn]⟨n.-telb.zn.⟩⟨foto.⟩ **0.1** ***halatie*** ⇒*sluiering*.
hal·berd ['hælbəd‖-bərd], **hal·bert** [-bət‖-bərt]⟨telb.zn.⟩⟨mil.; gesch.⟩ **0.1** ***hellebaard***.
hal·ber·dier ['hælbə'dɪə‖-bər'dɪr]⟨telb.zn.⟩⟨mil.; gesch.⟩ **0.1** ***hellebaardier***.
hal·cy·on[1] ['hælsɪən]⟨telb.zn.⟩ **0.1** ⟨dierk.⟩ ***ijsvogel*** ⟨orde Halcyones⟩ **0.2** ***Alcyone*** ⟨mythologische vogel die nest in open zee zou bouwen⟩.
halcyon[2] ⟨bn., attr.⟩⟨schr.⟩ **0.1** ***kalm*** ⇒*vredig, rustig* **0.2** ***voorspoedig*** ⇒*gelukkig* ◆ **1.1** ~ days *vredige tijden;* ~ weather *rustig weer* **1.2** ~ years *gouden jaren*.
hale[1] [heɪl]⟨bn.; -er; -ness; →compar. 7⟩⟨schr.⟩ **0.1** ***gezond*** ⇒*kloek, kras, flink* ⟨vnl. v. oude mensen⟩ ◆ **2.1** ~ and hearty *fris en gezond*.
hale[2] ⟨ov.ww.⟩⟨schr.; ook fig.⟩ **0.1** ***trekken*** ⇒*sleuren, slepen, halen* ◆ **1.1** ~ s.o. into court *iem. voor de rechter slepen*.
half[1] [hɑ:f‖hæf]⟨f4⟩⟨telb.zn.; mv. in bet. 0.1 alleen halves [hɑ:vz‖hævz], in bet. 0.2 en 0.4 ook regelmatig; →mv. 3, onbepaald woord⟩⟨→sprw. 249⟩ **0.1** ⟨soms moeilijk te scheiden v.h. vnw.⟩ ***helft*** ⇒*half(je)* **0.2** ⟨vnl. verk.⟩⟨ben. voor⟩ ***een half/halve*** ⇒*halve pint* ⟨ong. 0,28 l⟩; ⟨sport⟩ *speelhelft;* ⟨sport⟩ *halve mijl; kaartje voor half geld; halve dollar, half pond* ⟨enz.⟩; *halflaarsje; halve vrije dag;* ⟨AE; muz.⟩ *halve noot* ⟨enz.⟩ **0.3** ⟨sport⟩ ***rust*** ⇒*pauze* **0.4** ⟨sport⟩ ***halfback*** ◆ **3.¶** cry halves *'de helft is voor/van mij!/eerlijk delen!/allebei de helft!' roepen;* ⟨inf.⟩ go halves with s.o. in sth. *de kosten v. iets met iem. samsam delen* **4.1** two and a ~ *tweeënhalf* **5.¶** not the ~ of *maar een klein gedeelte v.* **6.1** cut **in** ~/into halves *in twee(ën) snijden, halveren* **6.¶** he's too clever **by** ~ *hij is veel te sluw/sluwer dan goed voor hem is;* do sth. **by** halves *iets maar half doen, iets tegen z'n zin doen;* my brother never does things **by** halves *mijn broer houdt niet van halve maatregelen/half werk* **7.1** one/a ~ *de/een helft* **8.¶** ⟨inf.⟩ that was a game and a ~ *en wat voor een wedstrijd, dat was me nog eens een wedstrijd*.
half[2] ⟨f4⟩⟨onb.vnw.; ww. enk. of mv.; soms moeilijk te scheiden v.h. zn.⟩⟨→sprw. 249⟩ **0.1** ***de helft*** ◆ **3.1** ~ of it was spoilt, ~ of them were spoilt *de helft was bedorven* **6.1** ~ **of** six is three *de helft v. zes is drie*.
half[3] ⟨f4⟩⟨bw.; vaak als eerste deel v. samenst. met bijv. nw. of deelw.⟩⟨→sprw. 185⟩ **0.1** ***half*** ⇒⟨inf.⟩ *bijna* ◆ **2.1** ~ dead *half dood, bijna dood* **3.1** only ~ cooked *maar half gaar;* I ~ wish *ik zou bijna willen* **4.1** ~ as much/many again *anderhalf maal zoveel;* ⟨BE⟩ ~ seven *halfacht* **4.¶** ⟨scheep.⟩ ~ three *drieënhalf vadem* **5.1** he didn't do ~ as badly as we'd thought *hij deed het niet half zo slecht/lang zo slecht niet als we gedacht hadden* **5.¶** ⟨vnl. BE; inf.⟩ he didn't ~ get mad *hij werd razend kwaad/des duivels, hij werd kwaad, en nog niet zo zuinig ook;* ⟨vnl. BE; inf.⟩ not ~ bad *lang niet kwaad* ⟨= schitterend; understatement⟩; not ~ strong enough *lang niet sterk genoeg* **6.1** ~ **past/after** one *halftwee* **8.1** ~ and ~ *half en/om half* ⟨ook fig.⟩.
half[4] ⟨f4⟩⟨onb.det., predet.; →onbepaald woord; vaak in samenst. met zn.⟩⟨→sprw. 194, 248, 249⟩ **0.1** ***half*** ⇒*de helft v.* ◆ **1.1** ~ an hour, a ~ hour *een half uur;* ⟨boek.⟩ ~ leather *halfleder;* ~ the profits *de helft v.d. winst*.
'half-ape ⟨f1⟩⟨telb.zn.⟩ **0.1** ***halfaap***.
'half·back, half ⟨f1⟩⟨telb.zn.⟩⟨sport⟩ **0.1** ***halfback*** ⇒*halfspeler*.
'half-'baked ⟨f1⟩⟨bn.⟩ **0.1** ***halfbakken*** ⇒⟨fig.⟩ *halfgaar, gebrekkig, stumperig*.
'half-ball, 'half-ball stroke ⟨n.-telb.zn.⟩⟨biljart⟩ **0.1** ***halfbal***.
'half-bar·ri·er ⟨telb.zn.⟩ **0.1** ***halve slagboom***.
'half·beak ⟨telb.zn.⟩⟨dierk.⟩ **0.1** ***halfbek*** ⟨vis, fam. Hemiramphidae⟩.
'half binding ⟨telb.zn.⟩⟨druk.⟩ **0.1** ***halfleren band*** ⇒*leren rug*.
'half blood ⟨zn.⟩
I ⟨telb.zn.⟩ **0.1** ***halfbroer*** ⇒*halfzuster* **0.2** ***halfbloed;***
II ⟨n.-telb.zn.⟩ **0.1** ***halfbroederschap***.
'half-blood, 'half-'blood·ed ⟨bn., attr.⟩ **0.1** ***halfbloed***.
'half-blue ⟨telb.zn.⟩⟨BE; sport⟩ **0.1** ***half-blue*** ⟨sportman die reserve staat voor Oxford/Cambridge, of Oxford/Cambridge bij kleinere sporten vertegenwoordigt⟩.
'half-'board ⟨n.-telb.zn.; vaak attr.⟩ **0.1** ***half pension***.
'half boot ⟨telb.zn.⟩ **0.1** ***halflaarsje***.
'half-bound ⟨bn.⟩ **0.1** ***in halfleren band*** ⇒*met leren rug*.
'half-bred[1] ⟨telb.zn.⟩ **0.1** ***halfbloed*** ⟨dier⟩.
'half-bred[2] ⟨bn., attr.⟩ **0.1** ***halfbloed*** ⇒*v. half ras*.
'half-breed[1] ⟨f1⟩⟨telb.zn.⟩ **0.1** ***halfbloed***.
'half-breed[2] ⟨f1⟩⟨bn., attr.⟩ **0.1** ***halfbloed*** ⇒*v. gemengd ras, bastaard-* ⟨soms pej.⟩.
'half brother ⟨f1⟩⟨telb.zn.⟩ **0.1** ***halfbroer***.
'half-'burnt ⟨bn.⟩⟨→sprw. 758⟩ **0.1** ***half-verbrand***.
'half-caste[1] ⟨f1⟩⟨telb.zn.⟩ **0.1** ***halfbloed*** ⇒⟨i.h.b.⟩ *indo, Indische jongen*.
half-caste[2] ⟨f1⟩⟨bn., attr.⟩ **0.1** ***halfbloed*** ⇒*v. gemengd ras, bastaard-, indo-* ⟨soms pej.⟩.
'half-'cock ⟨ov.ww.⟩ **0.1** ***aanslaan*** ⇒*half overhalen* ⟨haan⟩.
'half-'cocked[1] ⟨bn.⟩ **0.1** ***in de aanslag*** ⟨v. geweer⟩ **0.2** ⟨AE; inf.⟩ ***slecht voorbereid*** ⇒*als een kip zonder kop* **0.3** ⟨sl.⟩ ***aangeschoten*** ⇒*half om, teut*.
half-cocked[2] ⟨bw.⟩⟨AE; inf.⟩ **0.1** ***vroegtijdig*** ⇒*te vroeg* **0.2** ***overijld*** ⇒*overhaast* **0.3** ***slecht voorbereid*** ⇒*slordig* ◆ **3.2** go off ~ *mislukken (door overijld handelen), zich de nek breken (met)*.
'half-'cut ⟨bn.⟩⟨sl.⟩ **0.1** ***aangeschoten*** ⇒*half om, teut*.
'half deck ⟨telb.zn.⟩⟨scheep.⟩ **0.1** ***halfdek***.
'half-'dime ⟨telb.zn.⟩ **0.1** ***oud Am. zilveren vijfcentstuk*** ⇒⟨ong.⟩ *zilveren stuiver*.
'half-'dol·lar ⟨zn.⟩⟨AE⟩
I ⟨telb.zn.⟩ **0.1** ***halfdollarstuk;***
II ⟨n.-telb.zn.⟩ **0.1** ***halve dollar***.
'half-'done ⟨bn.⟩⟨→sprw. 724⟩ **0.1** ***half-af*** ⇒*half gedaan*.
'half-'eagle ⟨telb.zn.⟩ **0.1** ***oud Am. gouden vijfdollarstuk*** ⇒⟨ong.⟩ *gouden vijfje*.
'half-faced ⟨bn., attr.⟩ **0.1** ***in profiel*** ⇒*en profil*.
'half-'har·dy ⟨bn.⟩ **0.1** ***half winterhard*** ⟨mbt. planten⟩.
'half'heart·ed ⟨f1⟩⟨bn.; -ly; -ness⟩ **0.1** ***halfhartig*** ⇒*niet van (ganser) harte, halfslachtig, lauw, weifelend* ◆ **6.1** be ~ **about** (doing) sth. *iets niet met volle overgave/overtuiging doen*.
'half hitch ⟨telb.zn.⟩⟨scheep.⟩ **0.1** ***halve steek***.
'half-'hol·i·day ⟨f1⟩⟨telb.zn.⟩ **0.1** ***halve vrije dag*** ⇒*vrije middag*.
'half-hope ⟨n.-telb.zn.⟩ **0.1** ***halve hoop*** ◆ **6.1** in the ~ *half hopend*.
'half hose ⟨telb.zn.⟩ **0.1** ***sok(ken)***.
'half-'hour, 'half-'hour·ly ⟨f2⟩⟨bn., attr.⟩ **0.1** ***halfuurs-*** ⇒*v.e. halfuur, een half uur durend*.
half-hour·ly ⟨bw.⟩ **0.1** ***om het half uur***.
'half hunter ⟨telb.zn.⟩ **0.1** ***savonet(horloge)*** ⟨met deksel⟩.
'half-'inch ⟨ov.ww.⟩⟨sl.⟩ **0.1** ***gappen*** ⇒*jatten*.
'half-in·te·gral ⟨bn., attr.⟩⟨wisk.⟩ **0.1** ***halfintegraal***.
'half-land·ing ⟨telb.zn.⟩ **0.1** ***trapbordes***.
'half lap ⟨telb.zn.⟩ **0.1** ***halfhout dwarsverbinding*** ⇒*rechte liplas, lapnaad*.
'half larks ⟨mv.⟩⟨sl.⟩ **0.1** ***trucs*** ⇒*kuiperijen*.
'half-'length[1] ⟨telb.zn.⟩ **0.1** ***kniestuk*** ⟨portret tot aan de knie⟩.
'half-length[2] ⟨bn.⟩ **0.1** ***tot aan de knieën*** ⟨mbt. portret⟩.
'half-life ⟨n.-telb.zn.⟩⟨nat.⟩ **0.1** ***halveringstijd*** ⇒*halfwaardetijd*.
'half-light ⟨n.-telb.zn.⟩ **0.1** ***schemering*** ⇒*schemerlicht, halflicht*.
half·lin[1] ['hɑ:flɪn‖'hæf-], **half·ling** [-lɪŋ]⟨telb.zn.⟩⟨Sch.E⟩ **0.1** ***halfwas***.
halflin[2], **halfling** ⟨bn., attr.⟩⟨Sch.E⟩ **0.1** ***halfwassen***.
'half-'mar·a·thon ⟨telb.zn.⟩⟨atletiek⟩ **0.1** ***halve marathon***.
'half-'mast[1] ⟨f1⟩⟨n.-telb.zn.⟩ **0.1** ***halfstok*** ◆ **2.1** ~ high *halfstok* **6.1** at ~ *halfstok;* ⟨scherts.⟩ *op hoog water* ⟨v. pantalon⟩; *; afgezakt* ⟨v. sok⟩.
half-mast[2] ⟨f1⟩⟨ov.ww.⟩ **0.1** ***halfstok hangen***.
'half-meas·ure ⟨telb.zn.⟩ **0.1** ***halve maatregel*** ◆ **6.1** they don't do things **by** ~s *zij nemen geen halve maatregelen, zij pakken het grondig aan*.
'half-'mil·er ⟨telb.zn.⟩ **0.1** ***halvemijlloper***.
'half-'moon ⟨telb.zn.⟩ **0.1** ***halvemaan***.
half-moon 'spectacles, 'half-moon 'specs ⟨mv.⟩ **0.1** ***half leesbrilletje***.
'half 'mourning ⟨n.-telb.zn.⟩ **0.1** ***halve/lichte rouw*** **0.2** ⟨sl.⟩ ***blauw oog***.

'half-'nelson[1] ⟨telb.zn.⟩ ⟨worstelen⟩ **0.1** ***halve nelson(greep)/okselnekgreep*** ◆ **3.¶** get a ~ on s.o. *iem. in zijn greep krijgen; iem. volledig in zijn macht krijgen.*
half-nelson[2] ⟨bn., attr.⟩ ⟨sl.⟩ **0.1** ***aangeschoten*** ⇒*half om, teut.*
half·ness ['hɑ:fnəs‖'hæf-]⟨f1⟩ ⟨n.-telb.zn.⟩ **0.1** ***halfheid.***
'half note ⟨telb.zn.⟩ ⟨AE; muz.⟩ **0.1** ***halve noot.***
'half-'pay[1] ⟨n.-telb.zn.⟩ ⟨BE⟩ **0.1** ***halve salaris*** ⇒*halfgeld* **0.2** ⟨mil.⟩ ***non-activiteit*** ⇒*wachtgeld, non-activiteitstraktement* ◆ **6.2 on ~** *op wachtgeld.*
'half-'pay[2] ⟨bn.⟩ ⟨BE⟩ **0.1** ***halfgeld-*** **0.2** ⟨mil.⟩ ***non-actief.***
half·pen·ny ['heɪpni]⟨f1⟩ ⟨telb. en n.-telb.zn.; ook halfpence ['heɪpəns]; →mv. 3⟩ **0.1** ***halve penny*** ⇒*Engelse halve stuiver* ◆ **1.¶** ⟨BE; inf.⟩ get more kicks than halfpence *meer slaag dan eten krijgen* **3.¶** not have two halfpennies to rub together *geen spijker hebben om zijn hoed aan op te hangen;* turn up like a bad ~ *steeds weer opduiken* **7.¶** a few halfpence *wat kleingeld, een paar centen.*
half·pen·ny·worth, hap'orth ['heɪpəθ] ⟨n.-telb.zn.⟩ **0.1** ***(iets ter) waarde v.e. halve stuiver*** ◆ **6.1** a ~ **of** sweets *voor een halve stuiver snoep.*
'half-pint ⟨telb.zn.⟩ ⟨sl.⟩ **0.1** ***halfwas*** ⇒*krielhaan, onderdeurtje.*
'half-plate ⟨telb.zn.⟩ ⟨BE; foto.⟩ **0.1** ***halve plaat.***
'half-'price ⟨f1⟩ ⟨bw.⟩ **0.1** ***tegen halve prijs.***
'half re'lief ⟨telb.zn.⟩ **0.1** ***halfreliëf.***
'half-rhyme ⟨telb.zn.⟩ ⟨lit.⟩ **0.1** ***onzuiver rijm*** ⇒*kreupelrijm* ⟨met niet-identieke klinkers⟩.
'half-'right ⟨bn.⟩ **0.1** ***gedeeltelijk juist*** ◆ **3.1** be ~ *gedeeltelijk gelijk hebben.*
'half-'screwed, 'half-'slewed ⟨bn.⟩ ⟨sl.⟩ **0.1** ***aangeschoten*** ⇒*teut.*
'half-seas 'over ⟨bn., pred.⟩ ⟨sl.⟩ **0.1** ***aangeschoten*** ⇒*teut.*
'half shell ⟨telb.zn.⟩ **0.1** ***halve schelp*** ⟨oester⟩.
'half shot ⟨telb.zn.⟩ ⟨golf⟩ **0.1** ***slag met halve zwaai.***
'half sister ⟨f1⟩ ⟨telb.zn.⟩ **0.1** ***halfzuster.***
'half-'size ⟨bn.⟩ **0.1** ***halvemaats-.***
'half-slip ⟨telb.zn.⟩ **0.1** ***onderrok.***
'half sole ⟨telb.zn.⟩ **0.1** ***halve zool.***
'half-'sole ⟨ov.ww.⟩ **0.1** ***halvezolen.***
'half-'sovereign ⟨telb.zn.⟩ **0.1** ***oud Brits gouden tienshillingsstuk.***
'half-'staff ⟨bw.⟩ ⟨AE⟩ **0.1** ***halfstok.***
'half step ⟨telb.zn.⟩ ⟨muz.⟩ **0.1** ***halve toon.***
'half-'term ⟨telb.zn.⟩ ⟨BE⟩ **0.1** ***korte vakantie*** ⇒*krokus/herfstvakantie.*
'half 'tide ⟨telb.zn.⟩ **0.1** ***halftij.***
'half-'tim·bered, 'half 'timber ⟨bn.⟩ ⟨bouwk.⟩ **0.1** ***vakwerk-*** ◆ **1.1** a ~ Tudor house *een huis in Tudorstijl met vakwerkgevel.*
'half-'time[1] ⟨f2⟩ ⟨n.-telb.zn.⟩ ⟨sport⟩ **0.1** ***rust*** ⇒*thee, pauze* **0.2** ***halve werktijd*** ⇒*deeltijdarbeid* ◆ **6.2** be **on** ~ *in deeltijdarbeid werken; een deeltijdbaan/halve baan hebben.*
'half-time[2] ⟨f2⟩ ⟨bn.; bw.⟩ **0.1** ***deeltijd-*** ⇒*voor de halve (werk)tijd.*
half-time[3] ⟨tussenw.⟩ ⟨sl.⟩ **0.1** ***halt!*** ⇒*stop!, pauze!.*
'half-'tim·er ⟨telb.zn.⟩ **0.1** ***iem. die een halve dag werkt/naar school gaat*** **0.2** ⟨sl.⟩ ***(spek)bokking*** ⇒*bokkum.*
'half title ⟨telb.zn.⟩ ⟨boek.⟩ **0.1** ***Franse titel.***
'half·tone ⟨telb.zn.; vaak attr.⟩ **0.1** ⟨beeld.k.⟩ ***halftint*** **0.2** ⟨AE; muz.⟩ ***halve toon*** **0.3** ⟨boek.⟩ ***autotypie*** ⇒*hoogdrukreproduktie.*
'half-track[1] ⟨telb.zn.⟩ ⟨mil.⟩ **0.1** ***halftrack*** ⇒*halfrupsvoertuig.*
half-track[2], **'half-tracked** ⟨bn.⟩ ⟨mil.⟩ **0.1** ***halftrack-*** ⇒*halfrups-.*
'half-truth ⟨telb.zn.⟩ **0.1** ***halve waarheid.***
'half-'volley ⟨telb.zn.⟩ ⟨sport⟩ **0.1** ***halfvolley*** ⇒*halve volley.*
half·way[1] ['hɑ:f'weɪ‖'hæf-]⟨f3⟩ ⟨bn.⟩ **0.1** ***in het midden*** **0.2** ***half*** ⇒*halfslachtig, gedeeltelijk* ◆ **1.2** ~ measures *halve maatregelen.*
halfway[2] ⟨f3⟩ ⟨bw.⟩ ⟨→sprw. 120⟩ **0.1** ***halverwege*** ⇒*halfweg.*
'halfway 'house ⟨telb.zn.⟩ **0.1** ***pleisterplaats*** ⇒*huis ten halve* **0.2** ***rehabilitatiecentrum*** ⇒*reclasseringscentrum* **0.3** ⟨scherts.⟩ ***compromis.***
'halfway line ⟨telb.zn.⟩ ⟨sport⟩ **0.1** ***middenlijn.***
'half-wit ⟨f1⟩ ⟨telb.zn.⟩ ⟨vaak pej.⟩ **0.1** ***halve gare.***
'half-'wit·ted ⟨f1⟩ ⟨bn.; -ly; -ness⟩ ⟨vaak pej.⟩ **0.1** ***halfwijs*** ⇒*dom.*
'half-'year·ly ⟨bn., attr.; bw.⟩ **0.1** ***halfjaarlijks*** ⇒*om de zes maanden, per semester.*
hal·i·but ['hælɪbət]⟨f1⟩ ⟨telb. en n.-telb.zn.; ook halibut; →mv. 4⟩ ⟨dierk.⟩ **0.1** ***heilbot*** ⟨platvis; Hippoglossus vulgaris⟩.
hal·i·dom ['hælɪdəm]⟨zn.⟩ ⟨vero.⟩
I ⟨telb.zn.⟩ **0.1** ***heiligdom*** ⇒*relikwie* ◆ **6.¶ by** my ~ *bij al wat me heilig is;*
II ⟨n.-telb.zn.⟩ **0.1** ***heiligheid.***
hal·i·eu·tic ['hæli'u:tɪk], **hal·i·eu·ti·cal** [-ɪkl] ⟨bn., attr.; -(al)ly; →bijw. 3⟩ **0.1** ***v.d. visvangst*** ⇒*visserij-, vissers-.*
hal·i·eu·tics ['hæli'u:tɪks]⟨mv.⟩ **0.1** ***kunst v.h. vissen*** ⇒*het vissen.*
hal·ite ['hælaɪt]⟨n.-telb.zn.⟩ ⟨geol.⟩ **0.1** ***haliet*** ⇒*steenzout.*
hal·i·to·sis ['hælɪ'toʊsɪs]⟨telb.zn.; halitoses [-si:z]; →mv. 5⟩ ⟨med.⟩ **0.1** ***onwelriekende adem.***

hall [hɔ:l]⟨f4⟩ ⟨telb.zn.⟩ **0.1** ***zaal*** ⇒*binnenzaal, ridderzaal* **0.2** ***openbaar gebouw*** ⇒*paleis* **0.3** ***groot herenhuis*** **0.4** ***gildehuis*** **0.5** ***vestibule*** ⇒*hal, voorportaal* **0.6** ⟨AE⟩ ***gang*** ⇒*corridor* **0.7** ⟨BE⟩ ***studenten(te)huis*** ⇒*instituut, klein 'college',* ⟨in Oxford en Cambridge⟩ *(maaltijd in) eetzaal/refter/kantine* ◆ **1.2** the Hall of Justice *het paleis v. justitie* **1.7** ⟨BE⟩ ~ of residence *studentenhuis* **1.¶** ⟨AE⟩ Hall of Fame ⟨gebouw waar beroemdheden worden herdacht⟩ ⟨ong.⟩ *eregalerij;* ⟨BE⟩ Hall of Mirrors *lachpaleis, spiegeldoolhof* ⟨met lachspiegels e.d.⟩ **3.7** ⟨BE⟩ dine in ~ *de maaltijd in de kantine/eetzaal gebruiken* **6.7** ⟨BE⟩ **in** ~ *in de kantine.*
ha·l(l)al [hɑ:'lɑ:l]⟨n.-telb.zn.⟩ **0.1** ***ritueel (Islam) geslacht vlees.***
'hall bedroom ⟨telb.zn.⟩ ⟨AE⟩ **0.1** ***kleine slaapkamer.***
hallelujah →alleluia.
halliard →halyard.
'hall·mark[1] ⟨f1⟩ ⟨telb.zn.⟩ **0.1** ***stempel*** ⟨ook fig.⟩ ⇒*gehaltemerk, keur, waarborgstempel* ⟨op goud of zilver⟩, *waarmerk, kenmerk.*
hallmark[2] ⟨f1⟩ ⟨ov.ww.⟩ **0.1** ***stempelen*** ⇒*waarmerken, van een gehaltemerk voorzien, waarborgen, kenmerken.*
hal·lo[1] [hə'loʊ], **hal·lo·a** [-'loʊə], **hal·loo** [-'lu:]⟨telb.zn.⟩ **0.1** ***hallo*** ⇒*hallogeroep.*
hallo[2], **halloa, halloo** ⟨ww.⟩
I ⟨onov.ww.⟩ **0.1** ***(hallo) roepen*** ⇒*schreeuwen;*
II ⟨ov.ww.⟩ **0.1** ***aanhitsen*** ⇒*aansporen* ⟨honden op de jacht⟩ **0.2** ***roepen*** ⇒*schreeuwen, gillen.*
hallo[3], **halloa, halloo, hil·lo(a)** ⟨f1⟩ ⟨tussenw.⟩ **0.1** ***hallo!*** ⇒*hola!, hela!.*
hal·low[1] ['hæloʊ]⟨telb.zn.⟩ ⟨vero.⟩ ◆ **7.¶** ⟨relig.⟩ All Hallows *Allerheiligen.*
hallow[2] ⟨f1⟩ ⟨ov.ww.⟩ →hallowed **0.1** ***heiligen*** ⇒*wijden* **0.2** ***vereren*** ⇒*aanbidden* **0.3** →hallo.
hal·lowed ['hæloʊd]⟨bn.; volt. deelw. v. hallow⟩ **0.1** ***geheiligd*** **0.2** ***gewijd*** ⇒*heilig.*
Hal·low·een, Hal·low·e'en ['hæloʊ'i:n]⟨f2⟩ ⟨eig.n.⟩ ⟨AE; Sch.E⟩ **0.1** ***avond voor Allerheiligen*** ⟨waarop kinderen zich verkleden⟩.
Hal·low·mas(s) ['hæloʊmæs]⟨eig.n.⟩ ⟨vero.⟩ **0.1** ***Allerheiligen.***
'hall 'porter ⟨telb.zn.⟩ ⟨BE⟩ **0.1** ***portier.***
'hall·stand, 'hall tree ⟨telb.zn.⟩ **0.1** ***staande kapstok.***
hal·lu·ci·nant[1] [hə'lu:sɪnənt]⟨telb.zn.⟩ **0.1** ***hallucinogeen (middel).***
hallucinant[2] ⟨bn.⟩ **0.1** ***hallucinerend.***
hal·lu·ci·nate [hə'lu:sɪneɪt]⟨ww.⟩
I ⟨onov.ww.⟩ **0.1** ***hallucineren*** ⇒*hallucinaties hebben;*
II ⟨ov.ww.⟩ **0.1** ***hallucineren*** ⇒*begoochelen, verbijsteren* **0.2** ***als hallucinatie gewaarworden*** ⇒*zich voorstellen, verzinnen, fantaseren.*
hal·lu·ci·na·tion [hə'lu:sɪ'neɪʃn]⟨f1⟩ ⟨telb. en n.-telb.zn.⟩ **0.1** ***hallucinatie*** ⇒*zinsbegoocheling, zinsbedrog.*
hal·lu·ci·na·to·ry [hə'lu:sɪnətri‖-tɔri]⟨bn.⟩ **0.1** ***hallucinatorisch*** ⇒*hallucinair.*
hal·lu·cin·o·gen [hə'lu:sɪnədʒen], **hal·lu·cin·o·gen·ic** [-'dʒenɪk] ⟨telb. en n.-telb.zn.⟩ **0.1** ***hallucinogeen.***
hal·lu·cin·o·gen·ic ⟨bn.⟩ **0.1** ***hallucinogeen.***
hal·lux ['hæləks]⟨telb.zn.; halluces ['hæləsi:z]; →mv. 5⟩ ⟨biol.⟩ **0.1** ***grote teen.***
'hall·way ⟨f2⟩ ⟨telb.zn.⟩ **0.1** ***portaal*** ⇒*hal, vestibule, gang, corridor.*
halm →haulm.
hal·ma ['hælmə]⟨n.-telb.zn.⟩ **0.1** ***halma*** ⟨bordspel⟩.
ha·lo[1] ['heɪloʊ]⟨f2⟩ ⟨telb.zn.; ook haloes; →mv. 2⟩ **0.1** ***halo*** ⟨lichtende kring om hemellichaam⟩ ⇒*kring, ring* **0.2** ***stralenkrans*** ⇒*heiligenkrans, nimbus, aureool;* ⟨fig.⟩ *glans, luister.*
halo[2] ⟨ww.⟩
I ⟨onov.ww.⟩ **0.1** ***een halo vormen;***
II ⟨ov.ww.⟩ **0.1** ***met een halo omgeven.***
hal·o- ['hæloʊ], **hal-** [hæl] **0.1** ***halo-*** ◆ **¶.1** halophyte *halofyt.*
hal·o·gen ['hælədʒen]⟨telb.zn.⟩ ⟨schei.⟩ **0.1** ***halogeen.***
hal·o·gen·a·tion ['hælədʒə'neɪʃn]⟨n.-telb.zn.⟩ ⟨schei.⟩ **0.1** ***halogenering.***
'halo hat ⟨telb.zn.⟩ **0.1** ***breedgerande dameshoed*** ⇒⟨scherts.⟩ *wagenwiel.*
halt[1] [hɔ:lt]⟨f2⟩ ⟨zn.⟩
I ⟨telb.zn.⟩ ⟨inf.⟩ **0.1** ***(bus)halte*** ⇒*stopplaats;* ⟨BE⟩ *stationnetje;*
II ⟨telb. en n.-telb.zn.; g.mv.⟩ **0.1** ***halt*** ⇒*stilstand, rust, pauze* **0.2** ⟨vero.⟩ ***kreupelheid*** ⇒*lamheid* ◆ **3.1** bring to a ~ *stilleggen, tot stilstand brengen;* ⟨mil.⟩ call a ~ *halt gebieden/commanderen;* call a ~ to terrorism *het terrorisme een halt toeroepen;* come to a ~ *tot stilstand komen;* make a ~ *halt houden;* grind to a ~ *ten einde lopen* **6.1 at** a ~ *tot stilstand gekomen.*
halt[2] ⟨bn.⟩ ⟨vero.⟩ **0.1** ***kreupel*** ⇒*lam* ◆ **7.1** the ~ and the poor *de kreupelen en de armen.*
halt[3] ⟨f3⟩ ⟨ww.⟩ →halting
I ⟨onov.ww.⟩ **0.1** ***halt houden*** ⇒*tot stilstand komen, tot staan ko-*

men, stoppen, pauzeren **0.2** *weifelen* ⇒*twijfelen, aarzelen, aarzelend lopen* **0.3** ⟨fig.⟩ *mank gaan* ⇒*te kort schieten, stokken* ⟨gesprek⟩, *haperen* ◆ **6.2** ~ **between** two opinions *op twee gedachten hinken;*
II ⟨ov.ww.⟩ **0.1** *halt doen houden* ⇒*tot stilstand brengen, doen stoppen, stilhouden.*

hal·ter[1] ['hɔ:ltə‖-ər]⟨f1⟩⟨zn.⟩
I ⟨telb.zn.⟩ **0.1** *halster* **0.2** *strop* **0.3** *plastron* ⇒*topje* ⟨damesmode⟩;
II ⟨n.-telb.zn.⟩ **0.1** *galg* ⇒*doodstraf door ophanging, dood door de strop.*

halter[2] ⟨ov.ww.⟩ **0.1** *halsteren* ⇒*de halster aandoen* **0.2** *opknopen* ⇒*ophangen* ⟨aan de galg⟩.

'hal·ter·break ⟨ov.ww.⟩ **0.1** *aan de halster gewennen* ⇒*halsteren.*

hal·teres [hæl'tɪəri:z‖-'tɪri:z]⟨mv.⟩⟨biol.⟩ **0.1** *halters* ⟨evenwichtsorgaan v. tweevleugelige insekten⟩.

'hal·ter·neck ⟨bn.⟩ **0.1** *in halterlijn* ⟨damesmode⟩.

halt·ing ['hɔ:ltɪŋ]⟨f1⟩⟨bn.; teg. deelw. v. halt; -ly⟩ **0.1** *weifelend* ⇒*aarzelend, stokkend, hokkend, haperend, onzeker, langzaam* **0.2** *kreupel* ⇒*lam;* ⟨ook fig.⟩ *mank, gebrekkig, onvolkomen* ◆ **1.1** a ~ voice *een haperende/stokkende stem.*

halve [hɑ:v‖hæv]⟨f2⟩⟨ww.⟩
I ⟨onov.ww.⟩ **0.1** *twee gelijke delen vormen;*
II ⟨ov.ww.⟩ **0.1** *halveren* ⇒*in tweeën delen, gelijk verdelen, tot de helft reduceren* **0.2** *half inkepen* ⟨hout⟩ **0.3** *gelijkspelen* ⟨golf⟩.

halves ⟨mv.⟩ →half.

hal·yard, hal·liard, haul·yard ['hæljəd‖-ərd]⟨telb.zn.⟩⟨scheep.⟩ **0.1** *(zeil)val* ⇒*grootval, fokkeval* **0.2** *vlaggelijn* ⇒*vlaggetouw.*

ham[1] [hæm]⟨f3⟩⟨zn.⟩
I ⟨telb.zn.⟩ **0.1** *dij* ⇒*bil* **0.2** ⟨vero.⟩ *knieboog* **0.3** ⟨inf.⟩ *amateur* ⇒*dilettant* **0.4** ⟨inf.⟩ *derderangs acteur* **0.5** ⟨inf.⟩ *zendamateur;*
II ⟨telb. en n.-telb.zn.⟩ **0.1** *ham* ◆ **1.1** ⟨AE⟩ ~ and eggs *eieren met spek;* ⟨sl.⟩ *benen;*
III ⟨mv.; ~s⟩ **0.1** *achterste.*

ham[2] ⟨onov. en ov.ww.; →ww. 7⟩⟨sl.⟩ **0.1** *overacteren* ⇒*slecht acteren, overdrijven* ◆ **5.1** ~ **up** *overacteren, zich aanstellen.*

'ham actor ⟨telb.zn.⟩ **0.1** *acteur die overacteert* ⇒*derderangs acteur.*

ham·a·dry·ad ['hæmə'draɪəd], ⟨in bet. 0.3 ook⟩ **ham·a·dry·as** [-'draɪəs]⟨telb.zn.; ook hamadryades [-'draɪədi:z]; →mv. 5⟩ **0.1** ⟨Griekse mythol.⟩ *hamadryade* ⇒*boomnimf* **0.2** ⟨dierk.⟩ *koningscobra* ⟨Ophiophagus hannah⟩ **0.3** ⟨dierk.⟩ *mantelbaviaan* ⟨Papio hamadryas⟩.

ha·mate ['heɪmət‖-meɪt]⟨bn.⟩ **0.1** *haakvormig.*

ham·burg·er ['hæmbɜ:gə‖-bɜrgər], **ham·burg** [-bɜ:g‖-bɜrg]⟨f2⟩ ⟨telb.zn.⟩ **0.1** *hamburger* ⟨ook met broodje⟩ **0.2** ⟨zelden⟩ *Duitse biefstuk* **0.3** ⟨AE; sl.; skateboarding⟩ *schaafwond.*

hames [heɪmz]⟨mv.⟩ **0.1** *haam* ⇒*gareel, borsttuig.*

'ham'fist·ed, 'ham·'hand·ed ⟨bn.⟩ **0.1** *onhandig* ⇒*links, met twee linkerhanden.*

'ham-han·dling ⟨n.-telb.zn.⟩ **0.1** *onhandige aanpak.*

Ha·mit·ic [hæ'mɪtɪk]⟨bn.⟩ **0.1** *Hamitisch.*

ham·let ['hæmlɪt]⟨f1⟩⟨telb.zn.⟩ **0.1** *gehucht.*

'ham·loaf ⟨telb.zn.⟩ **0.1** *brood v. ham(gehakt).*

ham·mer[1] ['hæmə‖-ər]⟨f3⟩⟨zn.⟩
I ⟨telb.zn.⟩ **0.1** *hamer* **0.2** *haan* ⟨v.e. geweer⟩ **0.3** ⟨atletiek⟩ *slingerkogel* ⇒⟨B.⟩ *hamer* **0.4** ⟨AE; sl.⟩ *gaspedaal* ◆ **1.1** ~ and sickle *hamer en sikkel* ⟨zinnebeeld v.h. communisme⟩ **1.¶** be/go at it ~ and tongs *er uit alle macht op losgaan* **3.1** bring sth. under the ~ *iets onder de hamer brengen, veilen;* fall/go/come under the ~ *onder de hamer komen, geveild worden* **3.3** throwing the ~ *kogelslingeren*/⟨B.⟩ *hamerslingeren* **3.4** drop the ~ *een flinke dot gas geven, 'm op z'n staart trappen;*
II ⟨n.-telb.zn.⟩ **0.1** ⟨atletiek⟩ *(het) kogelslingeren* ⇒⟨B.⟩ *hamerslingeren.*

hammer[2] ⟨f2⟩⟨ww.⟩ →hammered
I ⟨onov.ww.⟩ **0.1** *hameren* ⇒*kloppen, slaan* **0.2** ⟨inf.⟩ *zwoegen* ⇒*hard werken* ◆ **6.1** ~ (away) **at** *er op loshameren/losbeuken;* ~ **at** the keys *op de piano rammelen* **6.2** ~ (away) **at** sth. *op iets zwoegen, hard/onverdroten werken aan iets;*
II ⟨ov.ww.⟩ **0.1** *hameren* ⇒*kloppen, slaan, smeden* **0.2** ⟨geldw.⟩ *(doen) kelderen* ⟨aandelen, markt⟩ **0.3** ⟨inf.⟩ *verslaan* ⇒*inmaken, een zware nederlaag toebrengen* **0.4** ⟨geldw., tot 1970⟩ *insolvent verklaren* ⟨op effectenbeurs⟩ ◆ **1.1** ~ a nail home *een spijker er vast inslaan;* ~ a nail into the wall *een spijker in de muur slaan;* ⟨fig.⟩ ~ ideas into s.o.'s head *ideeën in iemands hoofd hameren* **5.1** ~ **down** a lid *een deksel ergens opspijkeren;* ~ **out** a dent *ergens een bluts uithameren* **5.¶** ~ **out** a compromise solution *(moeizaam) een compromis uitwerken* **6.1** ~ sth. **on/onto** sth. *iets ergens op spijkeren.*

'hammer axe ⟨telb.zn.⟩⟨bergsport⟩ **0.1** *bijlhamer* ⇒*ijsbijl met hamerkop.*

'hammer beam ⟨telb.zn.⟩⟨bouwk.⟩ **0.1** *steekbalk* ⇒*bintbalk.*

'ham·mer·blow ⟨telb.zn.⟩ **0.1** *hamerslag.*

'ham·mer·cloth ⟨telb.zn.⟩ **0.1** *bokkleed* ⟨v. rijtuig⟩.

'ham·mered ['hæməd‖'hæmərd]⟨bn.; volt.deelw. v. hammer⟩ **0.1** *gehamerd* ⇒*gedreven, gesmeed* ◆ **1.1** ~ gold *gedreven goud.*

'ham·mer·head ⟨telb.zn.⟩ **0.1** *hamerkop* **0.2** ⟨dierk.⟩ *hamerhaai* ⟨Sphyrna zygaena⟩ **0.3** ⟨dierk.⟩ *hamerkop* ⟨vogel; Scopus umbretta⟩ **0.4** ⟨AE⟩ *domkop* ⇒*sufferd.*

'ham·mer·lock ⟨telb.zn.⟩⟨worstelen⟩ **0.1** *hamergreep.*

ham·mer·man ['hæməmæn, -mən‖'hæmər-], **'ham·mer·smith** ⟨telb.zn.⟩ **0.1** *voorslaander* ⇒*voorslager* ⟨smid⟩ **0.2** ⟨AE⟩ *baas* ⇒*voorman.*

'hammer throw, 'hammer throwing ⟨n.-telb.zn.⟩⟨atletiek⟩ **0.1** *(het) kogelslingeren* ⇒⟨B.⟩ *hamerslingeren.*

'hammer thrower ⟨telb.zn.⟩⟨atletiek⟩ **0.1** *kogelslingeraar* ⇒⟨B.⟩ *hamerslingeraar.*

'ham·mer·toe ⟨telb.zn.⟩ **0.1** *hamerteen.*

'ham·mer-weld ⟨ov.ww.⟩⟨tech.⟩ **0.1** *vuurlassen.*

ham·mock ['hæmək]⟨f1⟩⟨telb.zn.⟩ **0.1** *hangmat.*

ham·my ['hæmi]⟨bn.; -er; →compar. 7⟩ **0.1** *hamachtig* ⇒*(smakend) als ham, met ham* **0.2** ⟨sl.⟩ *slecht/overdreven acterend* ⇒*theatraal.*

ham·per[1] ['hæmpə‖-ər]⟨f1⟩⟨zn.⟩
I ⟨telb.zn.⟩ **0.1** *(grote) sluitmand* ⇒*pakmand* ⟨vnl. voor voedingsmiddelen⟩ **0.2** ⟨AE⟩ *wasmand* ◆ **1.1** a Christmas ~ *een kerstpakket;*
II ⟨n.-telb.zn.⟩⟨scheep.⟩ **0.1** *waarloos* ⟨reserve-uitrusting⟩.

hamper[2] ⟨f2⟩⟨ov.ww.⟩ **0.1** *belemmeren* ⇒*storen;* ⟨fig.⟩ *hinderen* **0.2** ⟨BE⟩ *in een mand doen.*

ham·shack·le ['hæmʃækl]⟨ov.ww.⟩ **0.1** *kluisteren* ⇒*een kluister aanleggen* ⟨bij paard of rund⟩; ⟨fig.⟩ *tegenhouden, hinderen.*

ham·ster ['hæmstə‖-ər]⟨f1⟩⟨telb.zn.⟩ **0.1** *hamster* ◆ **2.1** ⟨dierk.⟩ golden ~ *goudhamster* ⟨Mesocricetus⟩; *Syrische goudhamster* ⟨Mesocricetus auratus⟩.

'ham·string[1] ⟨f1⟩⟨telb.zn.⟩ **0.1** *kniepees* **0.2** *hakpees* ⇒*achillespees.*

hamstring[2] ⟨f1⟩⟨ov.ww.; ook hamstrung, hamstrung⟩ **0.1** *de achillespees doorsnijden van/bij* ⇒*kreupel maken;* ⟨fig.⟩ *verlammen, fnuiken, verijdelen, frustreren.*

hand[1] [hænd]⟨f4⟩⟨zn.⟩⟨→sprw. 57, 83, 106, 251, 387, 439, 541⟩
I ⟨telb.zn.⟩ **0.1** *hand* **0.2** *voorpoot* **0.3** *arbeider* ⇒*werkman; matroos, bemanningslid* **0.4** *deelnemer* ⟨aan een activiteit⟩ ⇒*persoon* ⟨als informatiebron⟩ **0.5** *vakman* ⇒*kracht, specialist, kunstenaar* **0.6** *(kaart)speler* **0.7** *wijzer* ⟨v. klok⟩ ⇒*naald* ⟨v. meter⟩; ⟨boek.⟩ *index, handje* **0.8** *kaart(en)* ⟨aan een speler toebedeeld⟩ ⇒*hand, partijtje, potje, spel, het geven, beurt* **0.9** *handbreed(te)* ⟨ca. 10 cm⟩ **0.10** *kant* ⇒*zijde, richting* **0.11** *tros* ⟨bananen⟩ ⇒*bundel* ⟨tabaksbladen⟩, *vijf stuks* ⟨sinaasappelen⟩ **0.12** *schouderstuk* ⟨v. varken⟩ **0.13** ⟨badminton⟩ *hand* ⇒*(voordeel v.) serveerbeurt* ◆ **1.1** bind/tie s.o. ~ and foot *iem. aan handen en voeten binden* ⟨ook fig.⟩ **1.4** fight ~ to ~ *man tegen man vechten* **1.8** a ~ of poker *een spelletje poker* **1.11** a ~ of bananas *een kam bananen* **1.¶** wait on/serve s.o. ~ and foot *iem. slaafs dienen/op zijn wenken bedienen;* ~ of glory *alruinamulet;* be ~ in/and glove with s.o. *dikke vrienden/de beste maatjes zijn met iem., nauw samenwerken met iem.;* they are ~ in glove *ze zijn twee handen op een buik;* put/dip one's ~ in one's pocket *geld uitgeven;* have one's ~ in the till *de kas lichter maken, je baas bestelen;* never do a ~'s turn *nooit een vinger uitsteken* **2.1** with bare ~s *met de blote hand;* my ~s are full *ik heb de handen vol* ⟨ook fig.⟩ **2.5** a good/bad ~ *een goede/slechte vakman;* an old ~ *een ouwe rot;* be a poor ~/no ~ at sth. *geen slag van iets hebben;* that picture must be by the same ~ *dat schilderij moet van dezelfde hand zijn/door dezelfde kunstenaar gemaakt zijn* **2.6** the elder/eldest ~ *de voorhand, de eerste speler;* the younger/youngest ~ *de achterhand, de tweede, de derde speler* ⟨enz.⟩ **2.8** have a good/bad/poor ~ *goeie/slechte kaarten hebben;* play a good/bad ~ *goed/slecht spelen* **3.1** change ~s *van hand verwisselen;* ⟨fig.⟩ he has a fine ~ for painting *hij is knap in schilderen;* hold/join ~s *de hand geven/reiken;* kiss one's ~ to *een kushand toewerpen;* kiss ~s/the ~ *de hand kussen;* read a person's ~ *iem. de hand lezen;* shake s.o.'s ~/shake ~s with s.o./shake s.o. by the ~ *iem. de hand drukken/geven/schudden;* stick/put one's ~s up *de hand opsteken, de handen omhoogsteken;* ⟨fig.⟩ *zich overgeven;* wring one's ~s *zich de handen wringen, ten einde raad zijn;* wring s.o.'s ~ *iem. stevig de hand drukken, iem. in de hand knijpen* **3.3** ~s needed *arbeidskrachten gevraagd* **3.8** overplay one's ~ *zijn hand kaarten overspelen; te veel wagen, te ver gaan;* ⟨schr.⟩ play (for) one's own ~ *alleen zijn eigen belangen dienen;* play into s.o.'s ~s/into the ~s of s.o. *iem. in de kaart spelen;* show/reveal one's ~ *zijn kaarten op tafel leggen;* ⟨fig.⟩ *zijn macht laten blijken, zijn plannen ontvouwen;* take a ~ at whist/bridge *een partijtje whist/bridge*

meespelen; ⟨fig.⟩ underplay one's ~ *niet het achterste v. zijn tong laten zien* **3.¶** be / go ~ in ~ *hand in hand gaan, samengaan, gepaard gaan;* he has bitten the ~ that fed him *hij beet in de hand die hem voedde, hij bevuilde het eigen nest;* come to ~ *aankomen, terechtkomen;* cross s.o.'s ~ with silver ⟨vaak scherts.⟩ *iem. omkopen, iem. smeergeld toestoppen;* not do a ~'s turn, not lift a ~, ⟨vero.⟩ not turn a ~ *geen hand uitsteken, niet de minste inspanning verrichten;* force s.o.'s ~ *iem. tot handelen dwingen;* grease / oil s.o.'s ~ *iem. omkopen;* hold one's ~ *zich inhouden, zich er (voorlopig) niet in mengen / mee bemoeien;* hold s.o.'s ~ ⟨fig.⟩ *iem. de hand vasthouden / ondersteunen / helpen;* keep your ~s off it! *hou je handen thuis!;* lay ~s on *de handen opleggen* ⟨bv. bij zegening⟩; lay / put one's ~ on *vinden, aantreffen, de hand weten te leggen op;* ⟨inf.⟩ never / not lay a ~ on *nooit een haar krenken, nooit slaan;* lay ~s on oneself *de hand aan zichzelf slaan;* lift / raise a / one's ~ to / against s.o. *de hand opheffen tegen iem., iem. bedreigen;* sit on one's ~s *niets doen, niet applaudisseren;* I wouldn't soil / dirty my ~s on that *daar zou ik mijn handen niet aan vuilmaken;* stay one's ~ ⟨vero.⟩ *zich inhouden, een handeling stopzetten / uitstellen;* strengthen one's ~ *zijn positie versterken / verbeteren;* strengthen s.o.'s ~ *iem. aanmoedigen, iem. een hart onder de riem steken;* take / carry one's life in one's ~s *zijn leven riskeren / op het spel zetten;* throw in one's ~, throw one's ~ in *zich gewonnen geven;* throw up one's ~s, throw one's ~s up in the air *de armen (in vertwijfeling) heffen, het opgeven, toegeven;* have s.o.'s ~s tied *iem. machteloos maken;* my ~s are tied *ik ben machteloos / gekortwiekt;* tip one's ~ *iets bekendmaken / verraden / onthullen zonder het te weten, zich in de kaart laten kijken;* turn / set / put one's ~ to sth. *de hand slaan aan iets, iets ondernemen / gaan beginnen, zich toeleggen op iets;* ⟨euf.⟩ where can I wash my ~s? *waar is het toilet?;* wash one's ~s of sth. *zijn handen van iets aftrekken* **5.1** ~s **off!** *handen af, thuis!, bemoei je er niet mee!;* ~s **up!** *handen omhoog!, geef je over!, steek de handen op!* **5.¶** win ~s **down** *op één been winnen* **6.1** (near) **at** ~ *bij de hand, dichtbij;* ⟨fig.⟩ *op handen;* close / near **at** ~ *heel dichtbij;* **by** ~ *met de hand (geschreven); in handen, per bode* ⟨brief⟩; go **from** ~ **to** ~ *van hand tot hand gaan;* **in** ~ *in de hand;* ⟨fig.⟩ *voorhanden; in voorbereiding;* Ajax has a game **in** ~ *Ajax heeft een wedstrijd minder gespeeld;* ~ **in** ~ *hand in / aan hand, samen;* ~ **over** ~ *hand over hand;* ⟨fig.⟩ *heel vlug en met succes, gestadig;* make / earn money ~ **over** fist *geld als water verdienen, heel vlug zeer veel geld verdienen* **6.5** be an old / good / clever ~ **at** sth. *knap zijn in iets* **6.10 at** my left ~ *aan mijn linkerhand;* **on** every ~, **on** all ~s *aan / van alle kanten, in alle richtingen;* **on** the one / other ~ *aan de ene / andere kant* **6.¶ at** the ~s of s.o., **at** s.o.'s ~s *uit de handen v. iem., van(wege) / door iem.;* suffer **at** s.o.'s ~s *onder iemands handen lijden;* bring up a baby / calf / kitten **by** ~ *een baby / kalf / katje met de fles grootbrengen;* **for** one's own ~ *voor eigen rekening, voor zichzelf;* live **from** ~ **to** mouth *van de hand in de tand leven;* have money **in** ~ *geld ter beschikking / in reserve / over hebben;* cash **in** ~ *contanten in kas;* the work is well **in** ~ *het werk schiet goed op;* we have plenty of time **in** ~ *we hebben nog tijd zat;* he has a new novel **in** ~ *hij werkt aan / is begonnen aan een nieuwe roman;* the matter **in** ~ *de lopende zaak; de zaak die in behandeling is;* hold o.s. **in** ~ *zich beheersen;* work a week **in** ~ *een eerste week werken zonder loonuitkering* ⟨uitbetaling vindt plaats bij ontslag⟩; be **on** ~ *beschikbaar / aanwezig / voorhanden zijn;* there's trouble **on** ~ *er zijn moeilijkheden op til / op handen;* the goods **on** ~ *de voorhanden zijnde goederen, de goederen in voorraad;* **on** one's ~ *opgescheept met, opgezadeld met;* **out of** ~ *voor de vuist weg, onvoorbereid, direct, op staande voet; over, afgedaan; ongevraagd, tactloos, ongepast, indiscreet;* refuse sth. **out of** ~ *iets botweg weigeren;* eat / feed **out of** s.o.'s ~ *uit iemands hand eten, volledig afhankelijk zijn v. iemand;* have s.o. eating **out of** one's ~ *iem. volledig in zijn macht hebben / afhankelijk gemaakt hebben;* **to** ~ *bij de hand, dichtbij; verkrijgbaar, ter beschikking; in bezit, aangekomen;* ready **to** ~ *kant en klaar;* come **to** ~ *in het bezit komen, aankomen; duidelijk worden; gebeuren;* your letter is **to** ~ *uw brief is aangekomen;* a ~**-to-mouth** existence *een leven van dag tot dag;* ⟨ong.⟩ *te veel om dood te gaan, te weinig om van te leven;* **with** one ~ (tied) behind one's back *zonder enige moeite* **7.3** all ~s on deck! *alle hens aan dek!;* all ~s to the pumps! *iedereen aan het werk!* **7.4** (at) first / second ~ *uit de eerste / tweede hand, rechtstreeks / niet rechtstreeks* **7.8** we need a fourth ~ for bridge *we missen een vierde man om te bridgen;*

II ⟨telb. en n.-telb.zn.⟩ **0.1** ***handschrift*** ⇒*schrijftrant, schrijfkunst, wijze v. schrijven;* ⟨schr.⟩ *handtekening* **0.2** ***hulp*** ⇒*steun, bijstand* **0.3** ***controle*** ⇒*beheersing, bedwang* **0.4** ***toestemming*** ⇒*(huwelijks)belofte, (ere)woord, (handels)akkoord* ⟨met handdruk⟩ **0.5** ***invloed*** ⇒*werking, tussenkomst, aandeel, beurt* **0.6** ***(hand)vaardigheid*** ⇒*bekwaamheid* **0.7** ⟨inf.⟩ ***applaus*** ⇒*handgeklap, bijval, toejuichingen* ◆ **1.5** in this was the ~ of the enemy, the enemy had a ~ in this *hier had de vijand de hand in;* my teacher's ~ in this matter *het aandeel v. mijn leraar in deze zaak* **2.7** the actress got a big / good ~ *de actrice kreeg een daverend applaus;* give a good / big ~ to s.o. *iem. een daverend applaus geven* **3.1** set / put one's ~ to a document *zijn hand(tekening) onder een dokument plaatsen;* write a good / legible ~ *een leesbaar handschrift hebben* **3.2** give / lend / ⟨vero.⟩ bear s.o. a (helping) ~ *iem. een handje helpen;* let him have a ~ now *laat hem nu eens* **3.4** he asked for my ~ *hij vroeg mij ten huwelijk;* give s.o. one's ~ on a bargain *iem. de hand op een koop / overeenkomst geven, een koop op handslag bezegelen;* she gave her ~ to him *ze schonk hem haar hand;* you have / here's my ~ (up)on it! *mijn hand erop!;* join ~s *handelspartners / vennoten worden, trouwen;* win a woman's ~ *de liefde v.e. vrouw winnen* **3.5** have a ~ in sth. *de hand hebben in iets, bij iets betrokken zijn;* keep one's ~ in *een vinger in de pap houden;* take a ~ (in) *een handje toesteken (bij), helpen (bij); een rol spelen (in)* **3.6** try one's ~ at (doing) sth. *iets proberen;* it didn't take him long to get his ~ in at poker *hij had het pokeren zo onder de knie;* have / keep one's ~ in *onderhouden, bijhouden* ⟨om iets niet te verleren⟩ **6.1** given **under** his ~ and seal *door hem eigenhandig geschreven en bezegeld* **6.3 in** ~ *onder controle;* have / take the situation well **in** ~ *de toestand goed in handen hebben / nemen;* he can't keep the children **in** ~ *hij kan de kinderen niet in de hand houden;* take **in** ~ *onder handen nemen, aanpakken; ondernemen; pogen, trachten, zich inspannen;* get **out of** ~ *uit de hand lopen;* bring **to** ~ *onder controle brengen* **6.5** he died **by** his own ~ *hij sloeg de hand aan zichzelf;*

III ⟨mv.; ~s⟩ **0.1** ***macht*** ⇒*beschikking, gezag, autoriteit, verantwoordelijkheid, bezit, zorg, hoede, rechtsbevoegdheid* **0.2** ⟨ww. steeds enk.⟩ ⟨voetbal⟩ ***hands*** ⇒*handsbal* ⟨door veldspeler⟩ ◆ **2.1** in good ~s *in goede handen* **3.1** his house has changed ~s *zijn huis is in andere handen overgegaan / van eigenaar veranderd / verkocht;* put / lay (one's) ~s on sth. *de hand leggen op iets, iets vinden;* I can't lay / put my ~s on it *ik kan het niet vinden* **6.1** the matter is completely **in** your ~s now *u hebt de zaak nu volledig in eigen hand;* the matter is **in** the ~s of the police *de zaak is in handen v.d. politie;* fall / come **into** the ~s of the enemy *in de handen v.d. vijand vallen;* have sth. **on** one's ~s *verantwoordelijkheid dragen voor iets;* have / get time **on** one's ~s *tijd zat hebben / krijgen;* the matter is **(up)on / off** my ~s *de zaak is in / uit mijn handen;* the children are **off** my ~s *de kinderen zijn de deur uit;* take sth. **off / out of** s.o.'s ~s *iem. iets uit handen nemen;* keep **out of** his ~s! *blijf uit zijn handen!.*

hand[2] ⟨f3⟩ ⟨ov.ww.⟩ **0.1** ***overhandigen*** ⇒*aanreiken, (aan)geven, overreiken, ter hand stellen, overbrengen, aanbieden, overmaken, doen toekomen* **0.2** ***helpen*** ⇒*een handje helpen, geleiden* **0.3** ⟨scheep.⟩ ***aanslaan*** ⇒*vastmaken* ⟨zeil⟩ ◆ **1.1** ~ s.o. a letter, ~ a letter to s.o. *iem. een brief overhandigen* **5.1** ~ **round** *ronddienen, presenteren, ronddelen;* ~ **back** *teruggeven* **5.¶** →hand **down;** →hand **in;** →hand **off;** →hand **on;** →hand **out;** →hand **over** **6.2** ~ s.o. **into / out of** a bus *iem. een bus in / uithelpen* **6.¶** ⟨inf.⟩ you have to ~ it **to** her *dat moet je haar nageven.*

'hand·bag ⟨f2⟩ ⟨telb.zn.⟩ **0.1** ***handtas(je)*** ⇒*damestas(je), reistas(je), reiszak(je).*

'hand-bag·gage ⟨n.-telb.zn.⟩ **0.1** ***handbagage.***

'hand·ball ⟨f1⟩ ⟨n.-telb.zn.⟩ **0.1** ⟨sport⟩ ***handbal*** **0.2** ⟨voetbal⟩ ***handsbal*** **0.3** ⟨Austr. voetbal⟩ ***handbal*** ⟨het wegstompen of slaan v.d. bal uit de hand⟩.

'hand·bar·row ⟨telb.zn.⟩ **0.1** ***draagbaar*** ⇒*handberrie* **0.2** ***handkarretje.***

'hand·bell ⟨telb.zn.⟩ **0.1** ***handbel.***

'hand·bill ⟨telb.zn.⟩ **0.1** ***strooibiljet*** ⇒*circulaire, affiche.*

'hand·book ⟨f2⟩ ⟨telb.zn.⟩ **0.1** ***handboek*** ⇒*beknopte verhandeling* **0.2** ***handleiding*** ⇒*(reis)gids* **0.3** ***adresboekje*** **0.4** ⟨AE⟩ ***weddenschapsboekje*** ⟨v. bookmaker⟩ **0.5** ⟨AE⟩ ***plaats waar weddenschappen kunnen worden afgesloten*** **0.6** ⟨AE; sl.⟩ ***bookmaker.***

'hand·brake ⟨f1⟩ ⟨telb.zn.⟩ **0.1** ***handrem.***

'hand-breadth, 'hand's-breadth ⟨telb.zn.⟩ **0.1** ***handbreed(te).***

'h and 'c ⟨afk.⟩ hot and cold (water).

'hand·car ⟨telb.zn.⟩ ⟨AE⟩ **0.1** ***(spoorweg)lorrie.***

'hand·cart ⟨telb.zn.⟩ **0.1** ***handkar.***

'hand·clap ⟨n.-telb.zn.⟩ **0.1** ***handgeklap.***

'hand·clasp ⟨telb.zn.⟩ **0.1** ***handdruk.***

'hand·craft[1] ⟨telb.zn.⟩ **0.1** ***handvaardigheid*** ⇒*handwerk, handenarbeid.*

handcraft[2] ⟨ov.ww.⟩ **0.1** ***met de hand(en) vervaardigen.***

'hand cream ⟨f1⟩ ⟨telb. en n.-telb.zn.⟩ **0.1** ***handcrème.***

'handcuff ⟨ov.ww.⟩ **0.1** ***de handboeien aanleggen / omdoen.***

'hand·cuffs ⟨fɪ⟩⟨mv.; zelden enk.⟩ **0.1** ***handboeien.***
'hand 'down ⟨fɪ⟩⟨ov.ww.⟩ **0.1** ⟨vaak pass.⟩ ***overleveren*** ⟨traditie, enz.⟩ ⇒*overgaan* ⟨bezit⟩ **0.2** ***aangeven*** **0.3** ⟨jur.⟩ ***uitspreken*** ⟨oordeel, straf⟩ **0.4** ⟨AE⟩ ***bekendmaken*** ⇒*verkondigen, afkondigen* ◆ **6.1** this ballad has been handed down **to** us from the fifteenth century *deze ballade is ons overgeleverd uit de vijftiende eeuw.*
hand-down →hand-me-down.
'hand drill ⟨telb.zn.⟩ **0.1** ***handboor.***
hand·ed ['hændɪd]⟨bn.; -ness⟩ **0.1** ***met handen.***
-hand·ed [-'hændɪd] **0.1** ***-handig*** ◆ **¶.1** left-handed *linkshandig;* four-handed *voor vier spelers* ⟨kaartspel⟩.
'hand-'feed ⟨ov.ww.⟩ **0.1** ***uit de hand voeren.***
hand·ful ['hændfʊl]⟨f3⟩⟨telb.zn.⟩ **0.1** ***handvol*** ⇒*handjevol* **0.2** ⟨inf.⟩ ***hand vol*** ⇒*lastig kind, lastpost, lastig karwei, onhandelbaar ding* **0.3** ⟨AE; sl.⟩ ***vijf jaar brommen*** ◆ **1.2** that child is a ~ *ik heb mijn handen vol aan dat kind* **5.2** be **quite** a ~ *een (hele) lastpost zijn.*
'hand-gal·lop ⟨n.-telb.zn.⟩ **0.1** ***handgalop*** ⇒*korte en rustige galop.*
'hand glass ⟨telb.zn.⟩ **0.1** ***handloep*** **0.2** ***handspiegel*** **0.3** ⟨scheep.⟩ ***zandglas*** ⇒*zandloper.*
'hand·grasp ⟨telb.zn.⟩ **0.1** ***handgreep*** ⇒*handvat.*
'hand-gre·nade ⟨fɪ⟩⟨telb.zn.⟩ **0.1** ***handgranaat.***
'hand·grip ⟨telb.zn.⟩ **0.1** ***handgreep*** ⇒*handdruk, handvat* ◆ **3.¶** come to ~s *handgemeen worden.*
'hand·guard ⟨telb.zn.⟩ **0.1** ***handbeschermer*** ⟨v. wapen⟩.
'hand-gun ⟨fɪ⟩⟨telb.zn.⟩ **0.1** ***pistool*** ⇒*revolver.*
'hand-held ⟨bn., attr.⟩ **0.1** ***handbediend.***
'hand·hold ⟨telb.zn.⟩ **0.1** ***houvast.***
hand·i·cap[1] ['hændikæp]⟨f2⟩⟨telb.zn.⟩ **0.1** ***handicap*** ⇒*nadeel, belemmering, hindernis* **0.2** ⟨sport⟩ ***handicap*** ⇒*(wedren met) voorgift.*
handicap[2] ⟨f2⟩⟨ov.ww.; →ww. 7⟩ →handicapped **0.1** ***handicappen*** ⇒*benadelen, achterstellen, belemmeren, hinderen* **0.2** ⟨sport⟩ ***de voorgift bepalen / toekennen voor*** ◆ **1.2** ~ the horses *de handicap voor de paarden vaststellen, de kansen v.d. paarden door voorgift compenseren.*
hand·i·capped ⟨f2⟩⟨bn.; volt. deelw. v. handicap⟩ **0.1** ***gehandicapt*** ⇒*invalide* **0.2** ***zwakzinnig*** ⇒*geestelijk gehandicapped* **0.3** ⟨sport⟩ ***op handicap*** ⇒*met een handicap* ◆ **7.1** the ~ *de gehandicapten.*
hand·i·cap·per ['hændikæpə‖-ər]⟨telb.zn.⟩⟨sport⟩ **0.1** ***handicapper.***
hand·i·craft ['hændikrɑ:ft‖-kræft]⟨fɪ⟩⟨telb.zn.⟩ **0.1** ***handvaardigheid*** ⇒*handenarbeid, handwerk, ambacht.*
hand·i·crafts·man ['hændikrɑ:ftsmən‖-kræfts-]⟨telb.zn.; handicraftsmen [-mən]; →mv. 3⟩ **0.1** ***handwerksman*** ⇒*ambachtsman.*
hand·i·ly ['hændɪli]⟨bw.⟩ **0.1** →handy **0.2** ***gemakkelijk*** ◆ **3.2** win ~ *moeiteloos / met gemak winnen.*
'hand 'in ⟨ov.ww.⟩ **0.1** ***inleveren*** **0.2** ***voorleggen*** ⇒*aanbieden, indienen* ◆ **1.2** ~ one's resignation *zijn ontslag indienen.*
hand·i·work ['hændiwɜ:k‖-wɜrk]⟨fɪ⟩⟨telb. en n.-telb.zn.⟩ **0.1** ***handwerk*** ⇒*werk* ◆ **¶.1** whose ~ is this? *wie heeft dit geflikt?.*
'hand·job ⟨telb.zn.⟩⟨vulg.⟩ **0.1** ***het aftrekken*** ⇒*bevrediging met de hand.*
hand·ker·chief ['hæŋkətʃɪf, -tʃi:f‖-kər-]⟨f3⟩⟨telb.zn.; ook handkerchieves [-tʃi:vz]; →mv. 3⟩ **0.1** ***zakdoek.***
'hand-'knit·ted, 'hand-'knit ⟨bn.⟩ **0.1** ***met de hand gebreid.***
'hand-'knit·ting ⟨telb. en n.-telb.zn.⟩ **0.1** ***handbreiwerk*** ⇒*handbreisel.*
'hand language ⟨n.-telb.zn.⟩ **0.1** ***vingertaal*** ⇒*handspraak, vingerspraak.*
'hand-'laun·der ⟨ov.ww.⟩ **0.1** ***op / met de hand wassen.***
han·dle[1] ['hændl]⟨f3⟩⟨zn.⟩
I ⟨telb.zn.⟩ **0.1** ***handvat*** ⇒*hendel, handgreep, steel* **0.2** ***knop*** ⇒*kruk, klink, zwengel* **0.3** ***gevest*** ⇒*heft, hecht, greep* **0.4** ***oor*** ⇒*hengsel* **0.5** ⟨fig.⟩ ***(gunstige) gelegenheid*** ⇒*kans, middel, wapen, reden, voorwendsel, uitvlucht* **0.6** ⟨sl.⟩ ***naam*** ⇒*titel, pseudoniem, alias, bijnaam* **0.7** ⟨AE; sl.⟩ ***bruto opbrengst*** ⇒*winst* ⟨v. sportwedstrijd of eenmalige (illegale) handel⟩ ◆ **3.5** give s.o. a ~ for complaint *iem. een gelegenheid tot klagen geven;* don't give your enemies a ~ against you *laat je vijanden geen vat op je krijgen* **3.6** have a ~ to one's name *een titel (voor zijn naam) hebben* **3.¶** ⟨inf.⟩ fly off the ~ *opvliegen, opstuiven, zijn zelfbeheersing verliezen;* ⟨AE⟩ get a ~ on sth. *greep krijgen op iets, iets onder de knie krijgen;* have a ~ on sth. *greep hebben op iets;*
II ⟨n.-telb.zn.⟩ **0.1** ***het aanvoelen*** ⇒*gevoel, kwaliteit* ⟨v. textiel⟩.
handle[2] ⟨f3⟩⟨ww.⟩ →handling ⟨→sprw. 287⟩
I ⟨onov.ww.⟩ **0.1** ***zich laten hanteren / bedienen*** ⟨auto, boot⟩ ⇒*functioneren* ◆ **5.1** this car ~s beautifully in bends *deze auto ligt prachtig in de bocht;*
II ⟨ov.ww.⟩ **0.1** ***aanraken*** ⇒*betasten, bevoelen, oprapen* ⟨met de handen⟩; *hands(bal) maken* **0.2** ***hanteren*** ⇒*bedienen, manipuleren* **0.3** ***leiden*** ⇒*besturen, beheren, verantwoordelijk zijn voor, trainen* ⟨bokser⟩, *vertegenwoordigen* **0.4** ***behandelen*** ⇒*omgaan met* **0.5** ***verwerken*** ⇒*afhandelen* **0.6** ***aanpakken*** ⇒*bespreken, oplossen* ⟨probleem⟩ **0.7** ***verhandelen*** ⇒*handelen in, handel drijven in* ◆ **1.1** he ~d the ball *hij maakte hands(bal)* **1.6** can he ~ that situation? *kan hij die situatie aan?.*
han·dle·able ['hændləbl]⟨bn.⟩ **0.1** ***hanteerbaar.***
hand-lead ['hændled]⟨telb.zn.⟩⟨scheep.⟩ **0.1** ***handlood.***
'han·dle·bar ⟨telb.zn.; vaak mv.⟩ **0.1** ***stuur*** ⟨v. fiets⟩ **0.2** ⟨scherts.⟩ ***krulsnor.***
'handlebar moustache ⟨telb.zn.⟩ **0.1** ***krulsnor.***
han·dler ['hændlə‖-ər]⟨fɪ⟩⟨telb.zn.⟩ **0.1** ***hanteerder*** **0.2** ***africhter*** ⟨v. honden⟩ **0.3** ***trainer*** ⟨v. bokser⟩ **0.4** ***manager*** ⇒⟨i.h.b.⟩ *publiciteitsagent;* ⟨pol.⟩ *(verkiezings)campagneleider.*
hand·less ['hæn(d)ləs]⟨bn.⟩ **0.1** ***zonder handen*** ⇒⟨fig.⟩ *onhandig.*
'hand-'let·tered ⟨bn.⟩ **0.1** ***met de hand geschreven.***
'hand·line ⟨telb.zn.⟩ **0.1** ***(hand)lijn*** ⇒*vislijn met vele haken.*
han·dling ['hændlɪŋ]⟨f2⟩⟨n.-telb.zn.; gerund v. handle+2⟩ **0.1** ***aanraking*** ⇒*voeling, betasting* **0.2** ***behandeling*** ⇒*hantering, bewerking; rijgedrag* ⟨v. auto⟩ **0.3** ***beheer*** ⇒*bestuur, leiding* **0.4** ***transport*** **0.5** ***heling*** **0.6** ⟨voetbal⟩ ***hands*** ⇒*handsbal* ⟨door veldspeler⟩.
'hand·ling 'char·ges ⟨mv.⟩ **0.1** ***verpakkings- en verzendings / vervoerkosten.***
'hand·list ⟨telb.zn.⟩ **0.1** ***lijstje.***
'hand·loom ⟨telb.zn.⟩ **0.1** ***hand(weef)getouw.***
'hand-lug·gage ⟨fɪ⟩⟨n.-telb.zn.⟩ **0.1** ***handbagage.***
'hand'made ⟨fɪ⟩⟨bn.⟩ **0.1** ***met de hand gemaakt.***
'hand·maid·en, 'hand·maid ⟨telb.zn.⟩⟨vero.⟩ **0.1** ***dienstmaagd*** **0.2** ⟨fig.⟩ ***dienares.***
'hand-me-down[1], **'hand-down** ⟨telb.zn.; vaak mv.⟩⟨AE⟩ **0.1** ***afdankertje*** ⇒*afleggertje), erfstuk.*
hand-me-down[2] ⟨bn., attr.⟩⟨AE⟩ **0.1** ***tweedehands*** ⇒*afgedragen, sjofel.*
'hand-mill ⟨telb.zn.⟩ **0.1** ***handmolen.***
'hand-mir·ror ⟨telb.zn.⟩ **0.1** ***handspiegel.***
'hand net ⟨telb.zn.⟩⟨hengelsport⟩ **0.1** ***schepnet.***
'hand 'off ⟨ov.ww.⟩⟨rugby⟩ **0.1** ***met de hand van zich afduwen.***
'hand 'on ⟨fɪ⟩⟨ov.ww.⟩ **0.1** ***doorgeven*** ⇒*verder geven* **0.2** ***overleveren*** ⟨traditie, enz.⟩ ⇒*overdragen* ⟨bevel, enz.⟩.
'hand organ ⟨telb.zn.⟩ **0.1** ***draaiorgel.***
'hand·out ⟨fɪ⟩⟨telb.zn.⟩ **0.1** ***gift*** ⇒*aalmoes* **0.2** ***(pers)communiqué*** **0.3** ***stencil*** ⇒*folder; handout.*
'hand 'out ⟨fɪ⟩⟨ov.ww.⟩ **0.1** ***uitdelen*** ⇒*distribueren, ronddelen, aanreiken* **0.2** ***als aalmoes geven*** ⇒*vrij uitdelen* ◆ **4.¶** ⟨inf.⟩ hand it out *duchtig afranselen.*
'hand·o·ver ⟨telb.zn.⟩ **0.1** ***teruggave*** **0.2** ***transfer.***
'hand 'over ⟨fɪ⟩⟨ov.ww.⟩ **0.1** ***overhandigen*** ⟨vnl. geld⟩ ⇒*overleveren, overdragen* ◆ **6.1** ~ s.o. / hand s.o. over **to** the police *iem. aan de politie overleveren;* ~ power **to** s.o. *aan iem. de macht overdragen.*
'hand-'paint·ed ⟨fɪ⟩⟨bn.⟩ **0.1** ***met de hand ge / beschilderd.***
'hand-'pick ⟨ov.ww.⟩ →hand-picked **0.1** ***verzamelen / plukken met de hand*** **0.2** ***zorgvuldig uitkiezen / selecteren.***
'hand-'picked ⟨bn.; volt. deelw. v. hand-pick⟩ **0.1** ***uitgelezen*** ⇒*zorgvuldig uitgekozen.*
'hand-press ⟨telb.zn.⟩ **0.1** ***handpers.***
'hand·print ⟨telb.zn.⟩ **0.1** ***handafdruk.***
'hand-pump ⟨telb.zn.⟩ **0.1** ***handpomp.***
'hand·rail, 'hand·rail·ing ⟨fɪ⟩⟨telb.zn.⟩ **0.1** ***leuning.***
'hand sail ⟨telb.zn.⟩⟨schaatssport⟩ **0.1** ***handzeil*** ⟨voor schaatszeiler⟩.
'hand·saw ⟨telb.zn.⟩ **0.1** ***handzaag.***
han(d)·sel[1] ['hænsl]⟨telb.zn.⟩⟨BE⟩ **0.1** ***nieuwjaarsgift*** ⇒*(welkomst) geschenk, cadeau* ⟨bv. bij indiensttreding⟩ **0.2** ***handgeld*** ⇒*handgift, handpenning* **0.3** ***voorsmaak*** ⇒*voorproefje.*
han(d)sel[2] ⟨ov.ww.; →ww. 7⟩⟨BE⟩ **0.1** ***een (nieuwjaars)geschenk / handgeld geven*** **0.2** ***inwijden*** ⇒*inaugureren* **0.3** ***als eerste doen / proberen.***
'hand·set ⟨telb.zn.⟩ **0.1** ***telefoonhoorn.***
'hand-'sewn ⟨bn.⟩ **0.1** ***met de hand genaaid.***
'hand·shake ⟨fɪ⟩⟨telb.zn.⟩ **0.1** ***handdruk.***
'hand·shak·er ⟨telb.zn.⟩⟨AE; inf.⟩ **0.1** ***aanpapper*** ⇒*vleier, stroopsmeerder.*
'hands-'off ⟨bn., attr.⟩ **0.1** ***zonder manuele tussenkomst*** ⇒*machinaal* **0.2** ***zonder interventie / tussenkomst*** ⇒*vrij, tolerant.*
hand·some ['hæn(t)səm]⟨f3⟩⟨bn.; ook -er; -ness; →compar. 7⟩ ⟨→sprw. 250⟩ **0.1** ***mooi*** ⇒*schoon, knap* ⟨man⟩, *elegant, struis, pront, statig* ⟨vrouw⟩, *goed gebouwd* ⟨dieren⟩, *goed van proporties* ⟨huis⟩, *indrukwekkend, loffelijk* ⟨compliment⟩ **0.2** ***royaal***

⇒*mild, gul, grootmoedig, vrijgevig, flink* ⟨beloning, prijs⟩, *overvloedig, aanzienlijk, ruim* **0.3** ⟨AE⟩ ***handig*** ⇒*bekwaam, vaardig, bedreven, behendig* **0.4** ⟨AE⟩ ***geschikt*** ⇒*passend, aangepast* ◆ **1.2** ⟨AE; inf.⟩ ~ ransom *bom duiten* **3.2** do s.o. ~ / ⟨sl.⟩ do the ~ (thing) *iem. royaal/mooi behandelen* **3.¶** come down ~(ly) *flink over de brug komen.*

hand·some·ly ['hæn(t)səmli]⟨bw.⟩ **0.1** →handsome **0.2** ⟨scheep.⟩ ***langzaam en voorzichtig.***

'hands-on ⟨bn., attr.⟩ **0.1** ***praktisch*** ⇒*praktijk-, handen-; doe-het-zelf* ◆ **1.1** ~ training *praktische/praktijkgerichte training.*

'hand·spike ⟨telb.zn.⟩ **0.1** ***handspaak.***

'hand·spring ⟨telb.zn.⟩⟨gymnastiek⟩ **0.1** ***handstandoverslag.***

'hand·stand ⟨f1⟩⟨telb.zn.⟩⟨gymnastiek; schoonspringen⟩ **0.1** ***handstand.***

'hand-time ⟨telb.zn.⟩⟨sport, i.h.b. atletiek⟩ **0.1** ***handgestopte tijd.***

'hand-tow·el ⟨telb.zn.⟩ **0.1** ***kleine handdoek.***

'hand·truck ⟨telb.zn.⟩ **0.1** ***steekwagen*** ⇒*lorrie.*

'hand-wheel ⟨telb.zn.⟩ **0.1** ***handwiel.***

'hand·work ⟨n.-telb.zn.⟩ **0.1** ***handwerk*** ⇒*handenarbeid.*

'hand-wring·ing ⟨n.-telb.zn.⟩ **0.1** ***het handen wringen*** **0.2** ***het krachtig de hand drukken.***

'hand·writ·ing ⟨f2⟩⟨n.-telb.zn.⟩ **0.1** ***(hand)schrift.***

'hand'writ·ten ⟨f1⟩⟨bn.⟩ **0.1** ***met de hand geschreven.***

hand·y ['hændi]⟨f3⟩⟨bn.; -er; -ly; -ness; →bijw. 3⟩ **0.1** ***bij de hand*** ⇒*dichtbij, binnen bereik* **0.2** ***handig*** ⇒*praktisch* ◆ **3.2** come in ~ *van pas komen.*

'hand·y-'dan·dy ⟨n.-telb.zn.⟩ **0.1** ***ra, ra, ra, in welke hand?*** ⟨kinderspel⟩.

'hand·y·man ⟨f1⟩⟨telb.zn.⟩ **0.1** ***klusjesman*** ⇒*manusje-van-alles.*

hang[1] [hæŋ]⟨zn.⟩
I ⟨telb.zn.⟩ **0.1** ***wijze v. ophangen*** ⟨v. schilderijen op een tentoonstelling⟩ ⇒*presentatie;*
II ⟨n.-telb.zn.⟩ **0.1** ***het vallen*** ⇒*val* ⟨v. stof⟩, *het zitten* ⟨v. kleding⟩ **0.2** ***helling (naar beneden)*** **0.3** ***betekenis*** ⇒*bedoeling, zin* **0.4** ***aarzeling*** ⇒*vertraging, het inhouden* **0.5** ⟨the⟩⟨atletiek⟩ ***hangtechniek*** ⟨verspringtechniek⟩ ◆ **3.¶** ⟨inf.⟩ get (into)/have the ~ of sth. *de slag van iets krijgen/hebben, met iets vertrouwd geraken/zijn;* ⟨inf.⟩ I don't give/care a ~ *ik geef er geen zier om;* lose/get out of the ~ of sth. *iets verleren, de routine van iets kwijtraken.*

hang[2] ⟨f4⟩⟨ww.; hung, hung [hʌŋ], ⟨in bet. I 0.2 en II 0.2 en vero.⟩ hanged, hanged⟩ →hanging ⟨→sprw. 91, 217, 218, 537, 649⟩
I ⟨onov.ww.⟩ **0.1** ***hangen*** **0.2** ***hangen*** ⇒*opgehangen zijn/worden, sterven door ophanging* **0.3** ***zweven*** ⇒*blijven hangen* **0.4** ***aanhangen*** ⇒*aankleven, in nauw contact blijven, zich vastklemmen, zich vastmaken, vast (blijven) zitten* **0.5** ***afhellen*** **0.6** ***afhangen*** ⇒*zitten* ⟨kleding⟩, *(neer)vallen* ⟨stof⟩ **0.7** ***onbeslist/onzeker zijn*** ⇒*hangende zijn/blijven, traineren, talmen, toeven, dralen, rondhangen, weifelen;* ⟨AE⟩ *niet tot eenstemmigheid komen* ⟨jury⟩ ◆ **1.4** ⟨fig.⟩ time hung heavy on her hands *de tijd viel haar lang* **1.7** ~ in the balance *(nog) onbeslist zijn* **2.1** ~ loose *loshangen* **5.6** this dress ~s badly *deze jurk valt niet mooi* **5.¶** ~ **behind** *achterblijven;* ~ **in** (there) *volhouden, het niet opgeven, doorbijten;* →hang **together;** →hang **(a)round/about;** →hang **back;** →hang **on;** →hang **out;** →hang **over;** →hang **up** **6.3** a punishment ~s **over** his head *er hangt hem een straf boven het hoofd* **6.¶** don't ~ **about/(a)round** me *hang niet zo om me heen;* she hung **on/onto/upon** his every word *zij was één en al oor, zij luisterde vol aandacht naar zijn woorden;* ~ **(up)on** s.o.'s lips *aan iemands lippen hangen;* much ~s **(up)on** your decision *veel hangt af van uw beslissing;* ~ **on** sth. *op iets steunen;* ~ **onto** sth. *proberen te (be)houden; steun/troost vinden in; zich aan iets vastklampen;* ~ **over** *bedreigen;* ~ **over** one's head *iem. boven het hoofd hangen* **¶.¶** ⟨inf.⟩ hang! *verdomme!;*
II ⟨ov.ww.⟩ **0.1** ***(op)hangen*** **0.2** ***ophangen*** ⟨straf⟩ **0.3** ***behangen*** ⇒*tooien, versieren* ⟨kamer⟩ **0.4** ***laten hangen*** **0.5** ***adellijk laten worden*** ⟨wild⟩ ⇒*verduurzamen, laten drogen* ⟨vlees⟩ **0.6** ***veranderen*** ⇒*aanpassen* ⟨zoom⟩ **0.7** ***tentoonstellen*** ⟨schilderij⟩ **0.8** ⟨AE⟩ ***verhinderen tot een uitspraak te komen*** ⟨jury⟩ ◆ **1.1** ~ wallpaper *behangen* **1.2** ~ s.o. for murder *iem. wegens moord ophangen* **1.3** ~ a room *een kamer behangen* **1.4** ~ one's head (in shame/guilt) *het hoofd (vol schaamte/schuldbewust) laten hangen, beschaamd zijn* **1.5** hung beef *gedroogd rundvlees;* ~ game *adellijk wild* **4.2** he ~ed himself *hij verhing zich* **4.¶** ⟨inf.⟩ I'll be ~ed if... *ik mag hangen als...;* ⟨inf.⟩ ~ it (all)! *naar de hel ermee!;* ⟨inf.⟩ well, I'm ~ed! *wel, verdomme!;* ⟨inf.⟩ ~ed if I will! *ik mag hangen als ik dat doe!, onder geen beding!* **6.¶** ~ sth. **on** s.o. *iem. de schuld van iets geven;* ⟨sl.⟩ ~ one **on** s.o. *iem. een opdonder geven.*

han·gar ['hæŋə‖-ər]⟨f1⟩⟨telb.zn.⟩ **0.1** ***hanga(a)r*** ⇒*vliegtuigloods.*

han·gar·age ['hæŋərɪdʒ]⟨verz.n.⟩⟨BE⟩ **0.1** ***hanga(a)rs*** ⇒*hanga(a)rruimte.*

'hang (a)'round, ⟨BE⟩ **hang a'bout** ⟨f1⟩⟨onov.ww.⟩⟨inf.⟩ **0.1** ***rondhangen*** ⇒*rondslenteren* **0.2** ***talmen*** ⇒*treuzelen* **0.3** ***wachten.***

'hang 'back ⟨f1⟩⟨onov.ww.⟩ **0.1** ***zich afzijdig houden*** ⇒*aarzelen, dralen, achterblijven, afkerig zijn* ◆ **6.1** ~ **in** fear *zich uit vrees afzijdig houden;* ~ **from** doing sth. *aarzelen iets te doen.*

'hang·bird ⟨telb.zn.⟩⟨dierk.⟩ **0.1** ***hangnestvogel*** ⟨Icteridae⟩.

'hang·dog[1] ⟨telb.zn.⟩ **0.1** ***gluiperd*** ⇒*galgebrok, valsaard.*

hangdog[2] ⟨bn., attr.⟩ **0.1** ***gluiperig*** ⇒*gemeen, vals, loos* **0.2** ***beschaamd*** ⇒*schuldbewust* **0.3** ***bang*** ⇒*vreesachtig, geïntimideerd, neerslachtig* ◆ **1.1** a ~ look *een armezondaarsgezicht, een deemoedige blik.*

hang·er ['hæŋə‖-ər]⟨f1⟩⟨telb.zn.⟩ **0.1** ***kleerhanger*** **0.2** ***bos op steile helling*** ⇒*beboste helling* **0.3** ***hanger*** **0.4** ***lus*** **0.5** ***pothaak*** ⇒*haal, heugel* **0.6** ***hartsvanger*** **0.7** ***hangertje*** ⟨op kledingstuk of muur⟩ **0.8** ***ophangkabel.***

'hang·er-'on ⟨f1⟩⟨telb.zn.; hangers-on; →mv. 6⟩⟨pej.⟩ **0.1** ***aanhanger*** ⇒*leegloper, klaploper, parasiet, lage vleier, slaafse volgeling.*

'hang-glide ⟨onov.ww.⟩⟨sport⟩ **0.1** ***deltavliegen*** ⇒*zeilvliegen.*

'hang·glid·er ⟨telb.zn.⟩⟨sport⟩ **0.1** ***deltavlieger*** ⟨zowel toestel als gebruiker⟩ ⇒*zeilvlieger, hangglider.*

'hang gliding ⟨n.-telb.zn.⟩⟨sport⟩ **0.1** ***het deltavliegen*** ⇒*het zeilvliegen.*

hang·ing[1] ['hæŋɪŋ]⟨f2⟩⟨zn.; oorspr. gerund v. hang⟩
I ⟨telb.zn.⟩ **0.1** ⟨meestal mv.⟩ ***wandtapijt*** ⇒*draperie, behangsel, wandbekleding* **0.2** ***neergaande helling;***
II ⟨telb. en n.-telb.zn.⟩ **0.1** ***ophanging*** ⇒*het ophangen.*

hanging[2] ⟨bn., attr.; teg. deelw. v. hang⟩ **0.1** ***hangend*** ⇒*overhangende, hang-* ◆ **1.1** ~ gardens *hangende tuinen;* ~ wardrobe *hangkast.*

'hanging committee ⟨verz.n.⟩ **0.1** ***selectie commissie.***

'hanging crime, 'hanging affair, 'hanging matter ⟨telb.zn.⟩ **0.1** ***halszaak.***

'hanging judge ⟨telb.zn.⟩ **0.1** ***rechter met bevoegdheid om de doodstraf door ophanging uit te spreken.***

'hang-'loose ⟨bn., attr.⟩ **0.1** ***los*** ⇒*ongedwongen, ongegeneerd, nonchalant, losbandig; zonder model, hobbezakkerig* ⟨japon⟩.

hang·man ['hæŋmən]⟨f1⟩⟨telb.zn.; hangmen [-mən]; →mv. 2⟩ **0.1** ***beul.***

'hang·nail ⟨telb.zn.⟩ **0.1** ***nij(d)nagel.***

'hang 'on ⟨f1⟩⟨onov.ww.⟩⟨inf.⟩ **0.1** ***zich (stevig) vasthouden*** ⇒*zich vastklemmen, niet loslaten, blijven (hangen)* **0.2** ***volhouden*** ⇒*het niet opgeven, volharden, doorzetten* **0.3** ***even wachten*** ⇒*aan de lijn blijven* ⟨telefoon⟩ ◆ **1.3** ~ (a minute)! *wacht even!, ogenblikje!* **5.1** ~ tight! *hou (je) stevig vast!* **6.1** ~ **to** *zich vasthouden aan; (vast)houden, niet laten schieten;* ~ **to** your hat! *hou (je) stevig vast!.*

'hang·out ⟨telb.zn.⟩⟨AE; inf.⟩ **0.1** ***pleisterplaats*** ⇒*verblijf, stamkroeg, hol, ontmoetingsplaats* ⟨i.h.b. dorpsplein e.d.⟩.

'hang 'out ⟨f1⟩⟨ww.⟩
I ⟨onov.ww.⟩⟨sl.⟩ **0.1** ***uithangen*** ⇒*zich ophouden, zich bevinden, zijn* ◆ **4.1** where were you hanging out? *waar heb jij uitgehangen?* **6.¶** ⟨sl.⟩ ~ **for** sth. *op iets aandringen;*
II ⟨ov.ww.⟩ **0.1** ***uithangen*** ⇒*ophangen* ⟨was⟩, *uitsteken* ⟨vlag⟩ ◆ **1.1** hang the flags out *de vlag uitsteken, zich bijzonder verheugd tonen* **3.¶** ⟨sl.⟩ let it all ~ *zichzelf zijn; doen waar men goed in is/zin in heeft; alles onthullen; zonder zorgen/remmingen zijn; het haar losjes laten hangen.*

hang·over ['hæŋoʊvə‖-ər]⟨f1⟩⟨telb.zn.⟩ **0.1** ***kater*** ⇒*houten kop, katterigheid* **0.2** ***overblijfsel*** **0.3** ***ontnuchtering*** ⇒*ontgoocheling* **0.4** ⟨AE; scherts.⟩ ***hangbillen*** ⇒*dikke kont* ◆ **3.1** wake up with a ~ *met een spijker in zijn kop opstaan.*

'hang 'over ⟨onov.ww.⟩ →hung over **0.1** ***overgeleverd zijn*** ⇒*overblijven* ⟨traditie, gewoonte⟩.

'hang to'gether ⟨f1⟩⟨onov.ww.⟩ **0.1** ***(blijven) samenwerken*** ⇒*elkaar trouw blijven, één lijn trekken* **0.2** ***samenhangen*** ⇒*een logisch/samenhangend geheel vormen, coherent zijn; kloppen, overeenstemmen* ◆ **1.2** the story doesn't ~ *het verhaal is onsamenhangend/zit onlogisch in elkaar.*

'hang-up ⟨f1⟩⟨telb.zn.⟩⟨sl.⟩ **0.1** ***complex*** ⇒*obsessie, dwangvoorstelling, frustratie* **0.2** ***hindernis*** ⇒*beletsel, ongerief, ongemak* **0.3** ⟨comp.⟩ ***programmastop.***

'hang 'up ⟨f1⟩⟨ww.⟩
I ⟨onov.ww.⟩ **0.1** ***een telefoongesprek afbreken*** ⇒*ophangen* ⟨telefoon⟩ **0.2** ***vastlopen*** ◆ **6.1** and then she hung up **on** me *en toen gooide ze de hoorn op de haak;*
II ⟨ov.ww.⟩ **0.1** ***ophangen*** **0.2** ***uitstellen*** ⇒*verdagen, opschorten, op de lange baan schuiven, terzijde leggen* **0.3** ***tegenhouden*** ⇒*ophouden, doen vastlopen* **0.4** ⟨Austr. E⟩ ***vastbinden*** ⟨paard⟩ ◆ **6.¶** ⟨sl.⟩ be hung up **on/about** sth. *complexen hebben over iets, geobsedeerd zijn door iets.*

hank [hæŋk]⟨f2⟩⟨telb.zn.⟩ **0.1** ***streng*** ⟨garen⟩ **0.2** ⟨scheep.⟩ ***leuver.***

han·ker ['hæŋkə‖-ər]⟨f2⟩⟨onov.ww.⟩ →hankering **0.1** ***hunkeren*** ◆ **6.1** ~ **after/for** *hunkeren naar*.
han·ker·er ['hæŋkərə‖-ər]⟨telb.zn.⟩ **0.1** ***hunkeraar***.
han·ker·ing ['hæŋkərɪŋ]⟨telb.zn.; oorspr. gerund v. hanker⟩ **0.1** ***hunkering*** ⇒*vurig verlangen* ◆ **6.1** a ~ **for/after** success and fame *een hunkering naar succes en roem*.
han·ky, han·kie ['hæŋki]⟨f1⟩⟨telb.zn.; →mv. 2⟩⟨inf.⟩ **0.1** ***zakdoek***.
han·ky-pan·ky ['hæŋki'pæŋki]⟨n.-telb.zn.⟩⟨inf.⟩ **0.1** ***hocus-pocus*** ⇒*bedriegerij, bedotterij* **0.2** ***knoeierij*** ⇒*onderhands gerommel, handjeplak/klap* **0.3** ***flauwe kul*** ⇒*zottenklap, geleuter, geklets* **0.4** ***gescharrel*** ⇒*overspel*.
Han·sard ['hænsɑ:d‖-sɑrd]⟨eig.n.⟩ **0.1** ***de Handelingen v.h. Britse en Canadese Parlement***.
hanse [hæns]⟨telb.zn.⟩⟨gesch.⟩ **0.1** ***hanze*** ⇒*koopmansgilde* **0.2** ***entreegeld voor hanze*** **0.3** ⟨H-⟩ ***hanzestad*** **0.4** ⟨H-⟩ ***de Hanze***.
Han·se·at·ic[1] ['hænsi'æṭɪk]⟨telb.zn.⟩ **0.1** ***Hanzeaat***.
Hanseatic[2] ⟨bn.; ook h-⟩ **0.1** ***hanzeatisch*** ⇒*Hanze-*.
hansel →handsel.
han·som ['hænsəm], **'hansom cab** ⟨telb.zn.⟩ **0.1** ***hansom*** ⟨tweewielig huurrijtuig met koetsier achterop⟩ ⇒⟨oneig.⟩ *aapje*.
han·tei [hɑn'taɪ]⟨n.-telb.zn.⟩⟨vechtsport, i.h.b. judo⟩ **0.1** ***hantei*** ⟨verzoek v. hoofdscheidsrechter aan 4 hulpscheidsrechters om beslissing (=hantei) t.a.v. winnaar v.h. gevecht⟩.
Hants [hænts]⟨afk.⟩ Hampshire.
Ha·nuk·kah, Cha·nuk·ah ['hɑ:nəkə, 'hɑ:nʊ'kɑ:]⟨eig.n.⟩ **0.1** ***Chanoeka*** ⟨Joods feest⟩.
hap[1] [hæp]⟨n.-telb.zn.⟩⟨vero.⟩ **0.1** ***geluk*** ⇒*fortuin, lot* **0.2** ***toeval***.
hap[2] ⟨onov.ww.; →ww. 7⟩⟨vero.⟩ **0.1** ***(toevallig) gebeuren***.
hapax legomenon ['hæpæks lɪ'gɒmənɒn‖- lɪ'gɑmənɑn]⟨telb.zn.; hapax legomena; →mv. 5⟩ **0.1** ***hapax*** ⟨slechts eenmaal aangetroffen/op zichzelf staand woord⟩.
ha'penny →halfpenny.
hap·haz·ard[1] ['hæp'hæzəd‖-ərd]⟨f1⟩⟨telb.zn.⟩ **0.1** ***toeval*** ◆ **6.1 at/by** ~ *op goed geluk af, lukraak*.
haphazard[2] ⟨bn.; -ly; -ness⟩ **0.1** ***toevallig*** ⇒*op goed geluk, lukraak*.
haphazard[3] ⟨bw.⟩ **0.1** ***toevallig*** ⇒*op goed geluk af, lukraak*.
hap·ki·do [hæp'ki:doʊ]⟨n.-telb.zn.⟩⟨vechtsport⟩ **0.1** ***hapkido*** ⟨Koreaanse vechtsport⟩.
hap·less ['hæpləs]⟨bn.; -ly; -ness⟩⟨vero.; schr.⟩ **0.1** ***ongelukkig***.
hap·log·ra·phy [hæp'lɒgrəfi‖-'lɑ-]⟨n.-telb.zn.⟩ **0.1** ***haplografie*** ⟨schrijffout⟩.
hap·lol·o·gy [hæp'lɒlədʒi‖-'lɑ-]⟨n.-telb.zn.⟩ **0.1** ***haplologie*** ⟨weglating van één letter/lettergreep bij opeenvolging van twee gelijke letters/lettergrepen⟩.
hap·ly ['hæpli]⟨bw.⟩⟨vero.⟩ **0.1** ***bij toeval*** **0.2** ***misschien*** ⇒*mogelijk*.
ha'p'orth ['heɪpəθ‖-ərθ]⟨telb.zn.⟩⟨BE; inf.⟩ **0.1** →halfpennyworth **0.2** ***ziertje*** ⇒*beetje, kleine hoeveelheid* ◆ **1.2** ⟨inf.⟩ a ~ of difference *praktisch geen verschil*.
hap·pen[1] ['hæpən]⟨f4⟩⟨onov.ww.⟩ →happening ⟨→sprw. 3, 762⟩ **0.1** ***(toevallig) gebeuren*** ⇒*(toevallig) plaatshebben* **0.2** ***toevallig verschijnen*** ⇒*toevallig komen/gaan/zijn* ◆ **3.¶** if you ~ to see him *mocht u hem zien* **4.1** as it ~s/~ed *toevallig, het geval wilde dat, zoals het nu eenmaal gaat/ging;* it (so) ~ed that we heard it *toevallig hoorden we het* **5.2** ⟨vnl. AE; inf.⟩ ~ **along/by/in/past** *toevallig binnenkomen, langs komen, aanwippen, binnenvallen* **6.1** should anything ~ **to** him *mocht hem iets overkomen* **6.2** ⟨vnl. AE; inf.⟩ ~ **into** a room *(zomaar) een kamer binnenkomen* **6.¶** I ~ed **(up)on** it *ik trof het toevallig aan/stuitte erop*.
happen[2] ⟨bw.⟩⟨gew.⟩ **0.1** ***misschien*** ⇒*mogelijk*.
hap·pen·ing ['hæpənɪŋ]⟨f2⟩⟨telb.zn.; oorspr. gerund v. happen⟩ **0.1** ⟨vaak mv.⟩ ***gebeurtenis*** **0.2** ⟨AE; inf.⟩ ***happening*** ⇒*geïmproviseerde/spontane manifestatie/activiteit*.
hap·pen·stance ['hæpənstɑ:ns‖-stæns], **hap·pen·chance** [-tʃɑ:ns‖-tʃæns]⟨telb.zn.⟩⟨AE⟩ **0.1** ***toeval*** ⇒*toevalligheid*.
hap·pi·ly ['hæpɪli]⟨bw.⟩ **0.1** →happy **0.2** ***gelukkigerwijs***.
hap·py ['hæpi]⟨f4⟩⟨bn.; -er; -ly; -ness; →bijw. 3⟩⟨→sprw. 66, 252⟩
I ⟨bn.⟩ **0.1** ***gelukkig*** ⇒*blij, tevreden* **0.2** ***gepast*** ⇒*voortreffelijk, passend* ⟨taal, gedrag, suggestie⟩ ◆ **1.1** as ~ as the day is long/a king/a lark/Larry/a sandboy *overgelukkig, dolgelukkig, zo gelukkig als een kind* **1.2** a ~ thought! *goed gevonden!;*
II ⟨bn., attr.⟩ **0.1** ***voorspoedig*** ⇒*gelukkig, fortuinlijk, vrolijk* ◆ **1.1** Happy Birthday *proficiat/hartelijk gefeliciteerd met je verjaardag;* ⟨B.⟩ *gelukkige verjaardag;* Happy Christmas *Vrolijk Kerstfeest;* Happy New Year *Gelukkig Nieuwjaar* **1.¶** ⟨inf.⟩ ~ days/landings! *gezondheid!, 't beste!;* ⟨scherts.⟩ ~ dispatch *harakiri;* ⟨euf.⟩ ~ event *blijde gebeurtenis, geboorte, bevalling;* ~ hour *borreluur(tje);* during ~ hour *tijdens het borreluur;* a ~ hunting-ground *een plaats die geluk brengt;* the ~ hunting-ground(s) *de eeuwige jachtvelden;* ~ land *hemel;* (strike) the ~ medium *de gulden middenweg (inslaan);* ⟨inf.⟩ ~ pill *kalmerend middel;* ~ release *zachte dood;* many ~ returns (of the day)! *nog vele jaren!;* ~ ship *schip met eensgezinde bemanning;* ⟨fig.⟩ *organisatie met solidaire leden;*
III ⟨bn., pred.⟩ **0.1** ***blij*** ⇒*verheugd* ⟨in beleefdheidsformules⟩ **0.2** ⟨inf.⟩ ***geestelijk verheugd*** **0.3** ***lichtjes aangeschoten*** ◆ **3.1** I'll be ~ to accept your kind invitation *ik neem uw uitnodiging graag aan*.
-hap·py ['hæpi] **0.1** ⟨ong.⟩ ***bezeten door*** ⇒*geobsedeerd door* ◆ **¶.1** bargain-happy *tuk op koopjes;* trigger-happy *schietgraag*.
'happy-go-'lucky ⟨f1⟩⟨bn.⟩ **0.1** ***zorgeloos*** ⇒*onbezorgd*.
hap·tic ['hæptɪk], **hap·ti·cal** [-ɪkl]⟨bn.⟩ **0.1** ***haptisch*** ⟨de tastzin betreffende⟩.
ha·ra·ki·ri ['hærə'kɪri]⟨n.-telb.zn.⟩ **0.1** ***harakiri***.
haram →harem.
ha·rangue[1] [hə'ræŋ]⟨f1⟩⟨telb.zn.⟩ **0.1** ***plechtige (meestal lange) redevoering*** ⇒*toespraak* **0.2** ***heftige rede*** ⇒*donderpreek, tirade*.
harangue[2] ⟨f1⟩⟨ww.⟩
I ⟨onov.ww.⟩ **0.1** ***een (heftige) toespraak houden;***
II ⟨ov.ww.⟩ **0.1** ***harangeren*** ⇒*(heftig) toespreken, een (heftige) toespraak/rede houden tot*.
har·ass ['hærəs‖hə'ræs]⟨f2⟩⟨ov.ww.⟩ **0.1** ***kwellen*** ⇒*irriteren, treiteren* **0.2** ***afmatten*** **0.3** ***teisteren*** ⇒*voortdurend bestoken, aanvallen*.
har·ass·ment ['hærəsmənt‖hə'ræs-]⟨n.-telb.zn.⟩ **0.1** ***kwelling*** ⇒*pesterij*.
har·bin·ger[1] ['hɑ:bɪndʒə‖'hɑrbɪndʒər]⟨telb.zn.⟩⟨schr.⟩ **0.1** ***voorbode*** ⇒*voorloper* **0.2** ⟨vero.⟩ ***kwartiermaker***.
harbinger[2] ⟨ov.ww.⟩⟨schr.⟩ **0.1** ***aankondigen***.
har·bour[1], ⟨AE sp.⟩ **har·bor** ['hɑ:bə‖'hɑrbər]⟨f2⟩⟨telb. en n.-telb.zn.⟩ **0.1** ***haven*** **0.2** ***schuilplaats***.
harbour[2] ⟨f2⟩⟨ww.⟩
I ⟨onov.ww.⟩ **0.1** ***ankeren (in een haven)*** ⇒*afmeren;*
II ⟨ov.ww.⟩ **0.1** ***herbergen*** ⇒*huisvesten, beschermen, verbergen, onderdak verlenen* ⟨misdadiger⟩ **0.2** ***koesteren*** ⟨gevoelens, ideeën⟩ ◆ **1.1** ~ vermin *ongedierte hebben* **1.2** ~ a grudge *wrok koesteren;* ~ suspicions *verdenking koesteren*.
har·bour·age, ⟨AE sp.⟩ **har·bor·age** ['hɑ:bərɪdʒ‖'hɑr-]⟨telb. en n.-telb.zn.⟩ **0.1** ***toevlucht*** ⇒*toevluchtsoord, schuilplaats, onderdak, onderkomen, (vlucht)haven*.
'harbour dues ⟨mv.⟩ **0.1** ***havengeld*** ⇒*havenkosten, havenrechten*.
har·bour·less, ⟨AE sp.⟩ **har·bor·less** ['hɑ:bələs‖'hɑrbər-]⟨bn.⟩ **0.1** ***havenloos*** ⇒*zonder haven/onderdak/toevlucht*.
'har·bour-mas·ter ⟨telb.zn.⟩ **0.1** ***havenmeester***.
'harbour radar ⟨telb.zn.⟩ **0.1** ***havenradar***.
'harbour seal ⟨telb.zn.⟩⟨AE; dierk.⟩ **0.1** ***gewone zeehond*** ⟨Phoca vitulina⟩.
hard[1] [hɑ:d‖hɑrd]⟨n.-telb.zn.⟩ **0.1** ⟨BE⟩ ***landingsplaats*** ⇒*verharde waterkant, hard/berijdbaar deel v. strand* **0.2** ⟨BE; sl.⟩ ***dwangarbeid*** **0.3** ⟨vulg.; sl.⟩ ***stijve*** ⇒*paal*.
hard[2] ⟨f4⟩⟨bn.⟩⟨→sprw. 253⟩
I ⟨bn.⟩ **0.1** ***hard*** ⇒*vast; vaststaand; intensief, sterk, krachtig; taai, robuust* **0.2** ***hard*** ⟨gedrag, karakter⟩ ⇒*hardvochtig, onbuigzaam; nors, streng, wreed; vrekkig* **0.3** ***moeilijk*** ⇒*hard, vermoeiend, zwaar, lastig* **0.4** ⟨ben. voor⟩ ***articulatorisch kenmerk v. medeklinkers*** ⇒*occlusief* ⟨als 'c' in 'cat' of 'g' in 'goose'⟩; *scherp, stemloos* ⟨p, t, k⟩; *hard, niet-palataal* ⟨in Slavische talen⟩ ◆ **1.1** a ~ copy *een duurzame kopie;* ~ court ⟨BE⟩ *gravelbaan,* ⟨AE⟩ *asfaltbaan, betonbaan;* ~ cover *(boek)band;* ⟨vaak attr.⟩ *gebonden editie;* ~ currency *hard geld, harde valuta;* ~ data *harde cijfers, onweerlegbare gegevens;* ~ drink/liquor *sterkedrank;* ~ drug *hard-drug;* ~ facts *harde/naakte/nuchtere feiten;* ~ frost *strenge vorst;* take some ~ knocks *harde klappen krijgen, het zwaar te verduren hebben;* ~ market *vaste markt;* ~ merchandise *duurzame waar;* ~ palate *hard verhemelte;* ~ price *hoge prijs;* ~ radiation *harde/sterk doordringende straling;* as ~ as rock/a stone *zo hard als steen;* ~ rubber *hardrubber, eboniet;* ~ sauce *taartcrême;* ~ soap *harde zeep, natriumzeep, sodazeep;* ~ solder *hardsoldeer;* ⟨sl.⟩ the ~ stuff *sterke drank;* ~ water *hard water;* ~ wheat *harde tarwe* ⟨met hoog glutengehalte⟩; a ~ winter *een felle/strenge winter* **1.2** drive a ~ bargain *keihard onderhandelen;* a ~ case *een onverbeterlijk/moeilijk geval;* ⟨Austr. E⟩ *komiek;* ~ discipline *ijzeren tucht;* take a ~ line *een harde lijn volgen, een onverzoenlijk standpunt innemen;* ⟨AE; inf.⟩ ~ sell *harde/agressieve verkoopmethode/techniek;* do/learn/discover/find out sth. the ~ way *door bittere ervaring leren, een harde leerschool doorlopen; iets moeilijks alleen afhandelen;* ~ words *harde/bittere woorden* **1.3** ~ labour *dwangarbeid;* a ~ row to hoe *een moeilijke taak/zwaar karwei;* she gave him a ~ time *hij kreeg het zwaar te verduren van haar;* he has a ~ time *hij heeft het moeilijk;* (fall on) ~ times *moeilijke tijden (beleven);* ~ words *moeilijke woorden;* make ~ work of sth. *iets moeilijker maken dan het is* **1.¶** ~ cash *baar geld, klinkende munt;* ⟨BE; sl.⟩ ~ cheddar/cheese *pech, te-*

genslag; ⟨AE⟩ ~ cider *cider, appelwijn;* ~ coal *antraciet;* ⟨comp.⟩ they preferred ~ copy to soft copy *zij verkozen uitdraai boven beeldschermtekst;* ⟨vaak pej.⟩ ~ core *harde kern* ⟨v. vereniging e.d.⟩; ⟨BE⟩ *steenslag, steengruis; harde porno;* ~ feelings *wrok (gevoelens), rancune;* no ~ feelings? *vergeten en vergeven?, sans rancune?, even goede vrienden?;* ~ goods *duurzame (consumptie)goederen;* ~ hat *dophoed, bolhoed; helm* ⟨honkbal, werk⟩; ⟨fig.⟩ *reactionair;* be ~ on s.o.'s heel(s)/track/trail *iem. op de hielen zitten/na op het spoor zijn;* ~ luck/⟨BE⟩ lines *pech, tegenslag;* as ~ as nails *in topvorm; ongevoelig, onverzoenlijk, meedogenloos;* a ~ nut to crack *een harde noot (om te kraken), een moeilijk probleem; een stug persoon;* ~ pad *(soort) hondeziekte;* between a rock and a ~ place *tussen Scylla en Charybdis;* ⟨inf.⟩ ~ porn *harde porno;* ~ roe *viskuit;* ~ science *exacte wetenschap;* ~ scientist *exacte wetenschapper;* ⟨BE⟩ ~ shoulder *vluchtstrook;* ⟨euf.⟩ ~ swearing *schaamteloze meineed* **2.1** ~ and fast rule/line *vaste regel, stalen wet, wet v. Meden en Perzen* **2.¶** ~ and fast *veilig in de haven* ⟨schip⟩ **3.3** ~ to believe *moeilijk te geloven;* ~ to come by *moeilijk te (ver)krijgen;* ~ of hearing *hardhorend;* ~ to please *moeilijk te bevredigen/voldoen;* it's ~ to say *het is moeilijk te zeggen* **3.¶** play ~ to get *moeilijk doen, tegenstribbelen, zich ongenaakbaar opstellen, opzettelijk koel doen* **5.¶** ~ **by** *vlakbij;* ~ **up** *slecht bij kas, in geldnood;* be ~ **up** for sth. *grote behoefte aan iets hebben;* be ~ **up** for words *niets te zeggen weten* **6.2** be ~ **(up) on** s.o. *onaardig/streng zijn tegen iem.* **6.¶** be ~ **at** it *hard werken;* be ~ **on** sth. *iets vlug verslijten;*

II ⟨bn., attr.⟩ **0.1** ***hard*** ⇒*ijverig, energiek, krachtig* ◆ **1.1** a ~ drinker *een stevige/zware drinker;* a ~ worker *een harde werker.*

hard[3] ⟨f3⟩ ⟨bw.⟩ **0.1** ***hard*** ⇒*energiek, krachtig, inspannend, zwaar* **0.2** ***met moeite*** ⇒*moeizaam* **0.3** ***dicht(bij)*** ◆ **3.1** it comes ~ *het valt zwaar;* be ~ done by *te kort gedaan/benadeeld zijn;* be ~ hit *zwaar getroffen zijn;* ⟨sl.⟩ *financieel aan de grond zitten;* ⟨sl.⟩ *tot over de oren verliefd zijn;* drink ~ *zwaar/stevig drinken;* look ~ *aandachtig kijken, turen;* play ~ *het hard spelen;* think ~ *diep nadenken;* try ~ *zich sterk inspannen, flink/hard zijn best doen* **3.2** traditions die ~ *tradities verdwijnen niet gauw;* it will go ~ with him *hij zal het zwaar te verduren krijgen;* it shall go ~ but I will find it *ik zal het vinden, koste wat het kost;* be ~ put to (do sth.) *het moeilijk vinden (om iets te doen);* take it ~ *het zwaar opnemen, zwaar lijden onder iets* **3.3** run s.o. ~ *iem. op de hielen zitten* **6.3** follow ~ **after/behind/by/upon** s.o. *iem. dicht op de hielen zitten.*

'hard-back[1] ⟨f1⟩ ⟨telb.zn.⟩ **0.1** ***(in)gebonden boek.***

hard-back[2], **'hard-'backed, 'hard-'bound, 'hard-cover, 'hard-'cov·ered** ⟨bn.⟩ **0.1** ***(in)gebonden*** ⟨boek⟩.

'hard-bake ⟨telb.zn.⟩ **0.1** ***amandeltoffee.***

'hard-'baked ⟨bn.⟩ **0.1** ***hard(ge/door)bakken*** **0.2** ⟨BE⟩ ***verhard*** ⇒*ongevoelig, verstokt* **0.3** ***zakelijk*** ⇒*nuchter, prozaïsch* **0.4** ***sluw.***

'hard ball ⟨n.-telb.zn.; vaak attr.⟩ **0.1** ***keihard optreden*** ◆ **1.1** ~ propaganda *keiharde/agressieve propaganda* **3.1** play ~ *het keihard spelen.*

'hard-'bit·ten ⟨bn.⟩ **0.1** ***verbeten*** ⇒*verstokt, hardnekkig, taai.*

'hard-board ⟨f1⟩ ⟨n.-telb.zn.⟩ **0.1** ***(hard)board*** ⇒*houtvezelplaat.*

'hard-'boiled ⟨f1⟩ ⟨bn.⟩ **0.1** ***hardgekookt*** **0.2** ***hard*** ⇒*ongevoelig, cynisch, verstokt, streng, stug* ◆ **1.2** ⟨AE; inf.⟩ a ~ egg *een keiharde, een vrek.*

'hard copy ⟨n.-telb.zn.⟩ ⟨comp.⟩ **0.1** ***(computer)uitdraai*** ⇒*afdruk.*

'hard disk ⟨telb.zn.⟩ ⟨comp.⟩ **0.1** ***harde schijf*** ⇒*vaste schijf, hard disk, Winchester.*

'hard dock ⟨telb.zn.⟩ ⟨ruim.⟩ **0.1** ***mechanische koppeling.***

'hard-dock ⟨onov.ww.⟩ ⟨ruim.⟩ **0.1** ***een mechanische koppeling uitvoeren.***

'hard-'earned ⟨bn.⟩ **0.1** ***dik/zuur verdiend.***

hard·en ['hɑ:dn‖'hɑrdn] ⟨f2⟩ ⟨ww.⟩ →hardening

I ⟨onov.ww.⟩ **0.1** ***verharden*** ⇒*hard/ongevoelig/gevoelloos worden, een vaste vorm aannemen; veld winnen* ⟨mening, oppositie⟩; ⟨mil.⟩ *met gewapend beton versterken* **0.2** ***stijgen*** ⇒*zich stabiliseren, vaster worden* ⟨markt, prijzen⟩ ◆ **1.1** a ~ed criminal *een gewetenloze/verstokte/door de wol geverfde misdadiger;*

II ⟨ov.ww.⟩ **0.1** ***harden*** ⇒*hard/ongevoelig maken, verharden, een vaste vorm geven* **0.2** ***gewennen*** ◆ **1.1** this ~ed her in her determination *dit stijfde haar in haar vastberadenheid* **3.2** become ~ed to sth. *aan iets wennen* **5.1** ~ **up** *hard maken* ⟨fig.⟩ **5.2** ~ **off** a plant **to** cold *een plant harden.*

hard·en·er ['hɑ:dnə‖'hɑrdnər] ⟨n.-telb.zn.⟩ **0.1** ***verharder*** ⇒*hardingsmiddel.*

hard·en·ing ['hɑ:dnɪŋ‖'hɑrd-] ⟨zn.; (oorspr.) gerund v. harden⟩

I ⟨telb.zn.⟩ ⟨tech.⟩ **0.1** ***hardingsmiddel;***

II ⟨n.-telb.zn.⟩ ⟨tech.⟩ **0.1** ***(ver)harding*** ⇒*het harden.*

'hard-'fa·voured, 'hard-'fea·tured ⟨bn.⟩ **0.1** ***hard*** ⇒*streng, afstotelijk.*

'hard-'fist·ed, 'hard-'hand·ed ⟨bn.⟩ **0.1** ***met harde knuisten*** ⇒*hardhandig* **0.2** ***vrekkig*** ⇒*gierig, schriel.*

'hard-hat ⟨telb.zn.⟩ **0.1** ***helm*** ⟨ter bescherming⟩ **0.2** ⟨inf.⟩ ***bouwvakker*** **0.3** ⟨sl.⟩ ***stille*** ⇒*detective.*

'hard·head ⟨telb.zn.⟩ **0.1** ***nuchterling*** **0.2** ***domkop*** ⇒*stijfkop, koppigaard* **0.3** ⟨AE; bel.⟩ ***nikker*** **0.4** ⟨AE; bel.⟩ ***blanke.***

'hard-'head·ed ⟨f1⟩ ⟨bn.; -ly; -ness⟩ **0.1** ***praktisch*** ⇒*nuchter, zakelijk, onaandoenlijk, ongevoelig.*

'hard·heads ⟨telb.zn.; hardheads; →mv. 4⟩ ⟨plantk.⟩ **0.1** ***zwart knoopkruid*** ⟨Centaurea nigra⟩.

'hard-'heart·ed ⟨f1⟩ ⟨bn.; -ly; -ness⟩ **0.1** ***hardvochtig.***

'hard-'hit·ting ⟨bn.⟩ **0.1** ***energiek*** ⇒*krachtig, sterk, direct.*

hardie →hardy.

har·di·hood ['hɑ:dihʊd‖'hɑr-] ⟨n.-telb.zn.⟩ **0.1** ***stoutmoedigheid*** ⇒*vermetelheid, onversaagdheid, gehardheid, onbeschaamdheid.*

hard·ish ['hɑ:dɪʃ‖'hɑr-] ⟨bn.⟩ **0.1** ***vrij hard.***

'hard-'laid ⟨bn.⟩ **0.1** ***stevig/krap geweven/gevlochten*** ⟨weefsel, touw⟩.

'hard-'line ⟨f1⟩ ⟨bn., attr.; harder-line⟩ **0.1** ***keihard*** ⇒*onbuigzaam, een politiek v.d. harde lijn voerend, harde actie voerend.*

'hard-'lin·er ⟨telb.zn.⟩ **0.1** ***aanhanger/voorstander v.d. harde lijn.***

hard·ly ['hɑ:dli‖'hɑrdli] ⟨f3⟩ ⟨bw.⟩ **0.1** ***nauwelijks*** ⇒*amper, bijna niet/nooit, eigenlijk niet, pas* **0.2** ***hard*** ⇒*ruw* **0.3** ***moeizaam*** ⇒*met moeite* ◆ **3.1** we had ~ arrived when it began to rain *we waren er nog maar net toen het begon te regenen;* I could ~ move *ik kon me haast niet bewegen* **4.1** ~ anything *bijna niets;* ~ anybody *vrijwel niemand* **5.1** ~ ever *bijna/praktisch nooit.*

'hard-'mouthed ⟨bn.⟩ **0.1** ***hard in de bek*** ⇒*onhandelbaar* ⟨paard⟩ **0.2** ***koppig*** ⇒*obstinaat.*

hard·ness ['hɑ:dnəs‖'hɑrd-] ⟨f2⟩ ⟨n.-telb.zn.⟩ **0.1** ***hardheid.***

'hard-'nose, 'hard-'nosed ⟨bn.⟩ ⟨inf.⟩ **0.1** ***verstokt*** ⇒*onvermurwbaar, onverzoenlijk, halsstarrig, verbeten* **0.2** ***praktisch*** ⇒*nuchter, zakelijk, onaandoenlijk, ongevoelig.*

'hard-on ⟨telb.zn.⟩ ⟨vulg.; sl.⟩ **0.1** ***stijve*** ⇒*paal* ◆ **3.1** have/get a ~ *een stijve hebben/krijgen, palen.*

'hard·pan ⟨telb. en n.-telb.zn.⟩ **0.1** ***harde ondergrond*** ⇒*harde/vaste grond, gesteentelaag, oerbank, grondlaag* **0.2** ⟨fig.⟩ ***essentie*** ⇒*kern* ◆ **1.2** the ~ of the matter *het wezenlijke v.d. zaak.*

'hard-'pressed ⟨bn., pred.⟩ **0.1** ***in moeilijkheden*** ⇒*erg in 't nauw, op de hielen gezeten, fel bestookt, sterk onder druk* ◆ **6.1** be ~ **for** time *in tijdnood zitten;* be ~ **for** money *in geldnood verkeren.*

'hard rock ⟨n.-telb.zn.⟩ ⟨muz.⟩ **0.1** ***hardrock*** ⟨soort harde rockmuziek⟩.

hards [hɑ:dz‖hɑrdz] ⟨mv.⟩ **0.1** ***hede*** ⇒*hee* ⟨hennep- en vlasafval⟩.

'hard-scrab·ble[1] ⟨n.-telb.zn.⟩ ⟨AE⟩ **0.1** ***schrale/uitgeputte/nauwelijks rendabele (landbouw)grond.***

hard-scrabble[2] ⟨bn., attr.⟩ ⟨AE⟩ **0.1** ***schraal*** ⇒*uitgeput, amper rendabel* ⟨grond⟩; ⟨fig.⟩ *marginaal.*

'hard'set ⟨bn.⟩ **0.1** ***stijf*** ⇒*gestold, stijfgeworden* **0.2** ***in verlegenheid*** ⇒*in het nauw, in moeilijkheden, in een netelige positie, in een lastig parket* **0.3** ***hongerig*** **0.4** ***koppig*** ⇒*star, onbuigzaam.*

'hard-shell[1] ⟨telb.zn.⟩ **0.1** ***steil calvinist*** ⇒*aartsconservatief* **0.2** ⟨dierk.⟩ ***blauwe krab*** ⟨Callinectes sapidus⟩ **0.3** ⟨dierk.⟩ ***eetbare mossel*** ⇒*kreukel* ⟨Venus mercenaria⟩.

'hard-'shell[2], **'hard-'shelled** ⟨bn.⟩ **0.1** ***met harde schaal*** **0.2** ⟨AE; fig.⟩ ***steil*** ⇒*orthodox, onverzoenlijk, onbuigzaam* ◆ **1.1** ⟨dierk.⟩ ~ clam *eetbare mossel, kreukel* ⟨Venus mercenaria⟩; ⟨dierk.⟩ ~ crab *blauwe krab* ⟨Callinectes sapidus⟩.

hard·ship ['hɑ:dʃɪp‖'hɑrd-] ⟨f2⟩ ⟨telb. en n.-telb.zn.⟩ **0.1** ***ontbering*** ⇒*tegenspoed, lijden, ongemak, last, moeilijkheid* **0.2** ⟨AE; sport, i.h.b. basketbal⟩ ***dispensatie.***

'hard·stand, ⟨zelden⟩ **'hard·stand·ing** ⟨telb.zn.⟩ ⟨lucht.⟩ **0.1** ***parkeerplaats op het platform.***

'hard·stuff ⟨n.-telb.zn.⟩ ⟨inf.⟩ **0.1** ***verslavende drugs*** **0.2** ⟨AE⟩ ***zweetgeld*** ⇒*moeilijk verkregen geld.*

'hard·tack ⟨n.-telb.zn.⟩ **0.1** ***scheepsbeschuit.***

'hard-to-'get ⟨bn.⟩ **0.1** ***moeilijk te krijgen.***

'hard·top, ⟨in bet. 0.1 ook⟩ **'hardtop con'vertible** ⟨telb.zn.⟩ **0.1** ***hardtop*** ⟨auto met metalen dak zonder vensterstijlen⟩ **0.2** ⟨AE; inf.⟩ ***stijfkop*** ⇒*doordouwer.*

'hard·ware ⟨f2⟩ ⟨n.-telb.zn.⟩ **0.1** ***ijzerwaren*** ⇒*(huis)gereedschap* **0.2** ⟨inf.; mil.⟩ ***wapens*** ⇒*uitrusting* **0.3** ⟨tech.⟩ ***apparatuur*** ⟨ook v. computer⟩ ⇒*hardware, bouwelementen* **0.4** ⟨AE; sl.⟩ ***identiteitsplaatjes.***

'hardware store ⟨f1⟩ ⟨telb.zn.⟩ **0.1** ***ijzerwinkel/handel.***

'hard-'wear·ing ⟨bn.⟩ ⟨BE⟩ **0.1** ***duurzaam*** ⇒*sterk, solide* ⟨schoenen, e.d.⟩.

'hard·wood ⟨n.-telb.zn.; vaak attr.⟩ **0.1** ***hardhout.***

'hard-'work·ing ⟨f2⟩ ⟨bn.⟩ **0.1** ***ijverig*** ⇒*vlijtig.*

har·dy[1], **har·die** ['hɑ:di‖'hɑrdi] ⟨telb.zn.; →mv. 2⟩ **0.1** ***zethamer.***

hardy[2] ⟨f3⟩ ⟨bn.; -er; -ly; -ness; →bijw. 3⟩ **0.1** ***stout*** ⇒*stoutmoedig,* *dapper, kloekmoedig, koen, flink, vermetel, driest, onverschrokken, onversaagd* **0.2** ***sterk*** ⇒*stoer, gehard, robuust* **0.3** ***heethoofdig*** **0.4** ***wintervast*** ⇒*winterhard* ⟨planten⟩ ◆ **1.4** ~ annual *wintervaste plant;* ⟨fig.; scherts.⟩ *onderwerp dat regelmatig aan de orde komt, oude bekende.*

hare[1] [heə‖her]⟨f2⟩⟨telb.zn.; ook hare; →mv. 4⟩⟨→sprw. 195, 326⟩ **0.1** ***haas*** ◆ **1.¶** ~ and hounds *snipperjacht; spoorzoekertje;* ~ and tortoise *spel v. haas en schildpad, overwinning door volharding* **3.¶** hold/run with the ~ and run/hunt with the hounds *de kool en de geit willen sparen, beide partijen te vriend willen houden;* ⟨inf.⟩ make a ~ of s.o. *iem. voor de gek houden;* start a ~ *van het onderwerp afwijken, op een zijspoor gaan zitten.*

hare[2]**, hair** ⟨onov.ww.⟩⟨BE; inf.⟩ **0.1** ***hard rennen*** ◆ **5.1** ~ **off** *hard wegrennen.*

'hare·bell ⟨telb.zn.⟩⟨plantk.⟩ **0.1** ***grasklokje*** ⟨Campanula rotundifolia⟩ **0.2** ***wilde hyacint*** ⟨Scilla nonscripta⟩.

'hare-brained ⟨bn.⟩ **0.1** ***onbezonnen*** ⇒*onbesuisd, wild.*

'hare'lip ⟨f1⟩⟨telb.zn.⟩ **0.1** ***hazelip.***

'hare'lipped ⟨bn.⟩ **0.1** ***met een hazelip.***

har·em ['heərəm‖'herəm], **har·eem** [hɑ:'ri:m]⟨f1⟩⟨telb.zn.⟩ **0.1** ***harem.***

'hare's-ear ⟨telb. en n.-telb.zn.⟩⟨plantk.⟩ **0.1** ***doorwas*** ⟨Bupleurum rotundifolium⟩.

'hare's-foot ⟨telb.zn.; mv. hare's-foots⟩⟨plantk.⟩ **0.1** ***hazepootje*** ⇒*ruige klaver* ⟨Trifolium arvense⟩.

har·i·cot ['hærɪkoʊ], ⟨in bet. I ook⟩ **'haricot 'bean** ⟨f1⟩⟨zn.⟩
I ⟨telb.zn.⟩ **0.1** ***snijboon*** ⇒*witte boon* ⟨Phaseolus vulgaris⟩;
II ⟨n.-telb.zn.⟩ **0.1** ***ragoût*** ⇒*lamsragoût.*

hark [hɑ:k‖hɑrk]⟨f2⟩⟨onov.ww.⟩⟨schr.⟩ **0.1** ***luisteren*** ◆ **5.¶** ⟨BE⟩ ~ **away/forward/off!** *vooruit!, weg!* ⟨tegen jachthonden⟩; →hark **back 6.1** ⟨BE; inf.⟩ ~ **at/to** him! *hoor hem 's aan!.*

'hark 'back ⟨ww.⟩⟨schr.⟩
I ⟨onov.ww.⟩ **0.1** ***terugkeren om het spoor te vinden*** ⟨v. jachthonden⟩ ◆ **6.1** ⟨fig.⟩ ~ **to** *dateren van;* ⟨fig.⟩ ~ **to** a subject *op een onderwerp terugkomen, de draad weer opnemen van;* ⟨inf.⟩ ~ **to** the past *het verleden weer ophalen/oproepen;*
II ⟨ov.ww.⟩ **0.1** ***terugroepen*** ⟨jachthonden⟩ **0.2** ***weer naspeuren.***

'hark-back ⟨telb.zn.⟩⟨fig.⟩ **0.1** ***terugkeer.***

harken →hearken.

harl[1], ⟨in bet. I ook⟩ **harle** [hɑ:l‖hɑrl], **herl** [hɜ:l‖hɜrl]⟨zn.⟩
I ⟨telb.zn.⟩ **0.1** ***vezel*** **0.2** ***baardje*** ⟨schachtveertje⟩;
II ⟨n.-telb.zn.⟩⟨Sch. E⟩ **0.1** ***ruwe pleisterkalk.***

harl[2] ⟨ww.⟩⟨Sch. E⟩
I ⟨onov.ww.⟩ **0.1** ***zich voortsleuren;***
II ⟨ov.ww.⟩ **0.1** ***sleuren*** ⇒*zeulen, slepen* **0.2** ***berapen*** ⇒*pleisteren.*

har·le·quin[1] ['hɑ:lɪ̣kwɪ̣n‖'hɑr-], ⟨in bet. 0.2 ook⟩ **'harlequin 'duck** ⟨f1⟩⟨telb.zn.⟩ **0.1** ***harlekijn*** ⇒*clown, nar, hansworst* **0.2** ⟨dierk.⟩ ***harlekijneend*** ⟨Histrionicus histrionicus⟩.

harlequin[2] ⟨bn., attr.⟩ **0.1** ***bont*** ⇒*veelkleurig.*

har·le·quin·ade ['hɑ:lɪ̣kwɪ̣'neɪd‖'hɑr-]⟨telb.zn.⟩ **0.1** ***harlekinade*** ⇒*dwaze vertoning.*

har·lot ['hɑ:lət‖'hɑr-]⟨telb.zn.⟩⟨vero.⟩ **0.1** ***hoer*** ⇒⟨pej.⟩ *slet, snol.*

har·lot·ry ['hɑ:lətri‖'hɑr-]⟨n.-telb.zn.⟩⟨vero.⟩ **0.1** ***hoererij.***

harm[1] [hɑ:m‖hɑrm]⟨f3⟩⟨n.-telb.zn.⟩ **0.1** ***kwaad*** ⇒*schade, letsel, nadeel, onrecht* ◆ **3.1** be no ~ *geen kwaad kunnen;* she came to no ~ / no ~ came to her *er overkwam/geschiedde haar geen kwaad;* it will do him no ~ *het zal hem geen kwaad doen;* no ~ done *niets verloren, het is niets, geen nood;* there is no ~ in it *het kan geen kwaad;* he means no ~ *hij bedoelt het niet verkeerd;* ⟨vero.⟩ think no ~ *zich v. geen kwaad bewust zijn, geen kwaad vermoeden* **6.1** **in** ~'s way *in gevaar;* **out of** ~'s way *in veiligheid.*

harm[2] ⟨f2⟩⟨ov.ww.⟩ **0.1** ***kwaad doen*** ⇒*schade berokkenen, letsel toebrengen, deren, benadelen, beschadigen* ◆ **1.1** he wouldn't ~ a fly *hij zou nog geen vlieg kwaad doen;* not ~ a hair on s.o.'s head *iem. geen haar op zijn hoofd krenken.*

har·mat·tan [hɑ:'mætn‖'hɑrmə'tæn]⟨telb.zn.⟩ **0.1** ***harmattan*** ⟨verschroeiende wind op de Westafrikaanse kust⟩.

harm·ful ['hɑ:mfl‖'hɑrm-]⟨f2⟩⟨bn.; -ly; -ness⟩ **0.1** ***schadelijk*** ⇒*nadelig.*

harm·less ['hɑ:mləs‖hɑrm-]⟨f2⟩⟨bn.; -ly; -ness⟩ **0.1** ***onschadelijk*** ⇒*ongevaarlijk* **0.2** ***onschuldig*** ⇒*argeloos, schuldeloos, zonder erg* ◆ **1.2** as ~ as a dove/kitten *zo onschuldig als een pasgeboren kind* **3.¶** save/hold s.o. ~ against sth. *iem. tegen/voor iets vrijwaren.*

har·mon·ic[1] [hɑ:'mɒnɪk‖hɑr'mɑ-]⟨telb.zn.⟩⟨muz., nat.⟩ **0.1** ***harmonische*** ⇒*harmonische toon, boventoon, flageolettoon.*

harmonic[2] ⟨bn.; -ally; →bijw. 3⟩ **0.1** ***harmonisch*** ⇒*harmonie-* ◆ **1.1** ⟨wisk.⟩ ~ analysis *harmonische analyse, analyse v. Fourier;* ⟨wisk.⟩ ~ function *harmonische functie;* ⟨muz.⟩ ~ minor (scale) *harmonische kleine-tertstoonladder;* ⟨nat.⟩ (simple) ~ motion *eenvoudige harmonische beweging, sinusbeweging;* ⟨wisk.⟩ ~ progression *harmonische reeks;* ~ tone ⟨muz., nat.⟩ *harmonische (toon), flageolettoon, boventoon.*

har·mon·i·ca [hɑ:'mɒnɪkə‖hɑr'mɑ-]⟨telb.zn.⟩ **0.1** ***harmonica*** ⇒*glasharmonica; mondharmonica.*

har·mon·ics [hɑ:'mɒnɪks‖hɑr'mɑ-]⟨n.-telb.zn.⟩⟨muz.⟩ **0.1** ***harmonieleer.***

har·mo·ni·ous [hɑ:'moʊnɪəs‖hɑr-]⟨f2⟩⟨bn.; -ly; -ness⟩ **0.1** ***harmonisch*** **0.2** ***eensgezind*** ⇒*eenstemmig* **0.3** ***harmonieus*** ⇒*welluidend.*

har·mon·ist ['hɑ:mənɪst‖'hɑr-]⟨telb.zn.⟩ **0.1** ***collationeerder*** ⇒⟨i.h.b.⟩ *harmonist* ⟨mbt. bijbelteksten⟩ **0.2** ⟨muz.⟩ ***harmoniseerder*** ⇒*arrangeur.*

har·mo·nis·tic ['hɑ:mə'nɪstɪk‖'hɑr-]⟨bn.; -ally; →bijw. 3⟩ **0.1** ***harmonistisch*** ⟨mbt. tekstcollatie⟩.

har·mo·ni·um [hɑ:'moʊnɪəm‖hɑr-]⟨f1⟩⟨telb.zn.⟩ **0.1** ***harmonium.***

har·mo·ni·za·tion, ⟨BE sp. ook⟩ **-sa·tion** ['hɑ:mənaɪ'zeɪʃn‖'hɑrmənə-]⟨n.-telb.zn.⟩ **0.1** ***harmonisatie*** ⇒*harmonisering.*

har·mo·nize, ⟨BE sp. ook⟩ **-ise** ['hɑ:mənaɪz‖'hɑr-]⟨f1⟩⟨ww.⟩
I ⟨onov.ww.⟩ **0.1** ***harmoniëren*** ⇒*overeenstemmen, bij elkaar passen, in harmonie/overeenstemming zijn* **0.2** ⟨muz.⟩ ***meerstemmig samenzingen/spelen*** ◆ **6.1** ~ **with** *harmoniëren met, passen bij;*
II ⟨ov.ww.⟩ **0.1** ***harmoniseren*** ⇒*doen harmoniëren/overeenstemmen, tot eenstemmigheid brengen, verzoenen* **0.2** ⟨muz.⟩ ***harmoniseren*** ⇒*meerstemmig maken, arrangeren, van een begeleiding voorzien.*

har·mo·ny ['hɑ:məni‖'hɑr-]⟨f2⟩⟨telb. en n.-telb.zn.; →mv. 2⟩ **0.1** ***harmonie*** ⇒*eensgezindheid, overeenstemming* **0.2** ***goede verstandhouding*** ⇒*eendracht* **0.3** ***harmonieleer*** **0.4** ***(bijbel)collatie*** **0.5** ⟨vero.⟩ ***muziek*** ◆ **1.1** ~ of the spheres *harmonie der sferen* **6.2** be **in** ~ **with** *in overeenstemming zijn met;* live **in/out of** ~ *in goede/slechte verstandhouding leven.*

har·ness[1] ['hɑ:nɪ̣s‖'hɑr-]⟨f1⟩⟨telb.zn.⟩ **0.1** ***gareel*** ⇒*paardetuig, tuig;* ⟨fig.⟩ *werkuitrusting;* ⟨bergsport⟩ *klimgordel* **0.2** ⟨ind.⟩ ***harnas*** ⇒*broek* ⟨weefgetouw⟩ **0.3** ⟨gesch.⟩ ***harnas*** ⇒*wapenrusting* **0.4** ⟨AE; inf.⟩ ***pakkie*** ⇒*uniform* ⟨v. politie, enz.⟩ ◆ **3.¶** die in ~ *in het harnas/midden in zijn taak sterven;* get back into ~ *weer aan het werk gaan;* keep in ~ *aan het werk houden* **6.¶** **in** ~ *in de sleur (v.h. dagelijkse leven);* work **in** ~ **with** s.o. *met iem. samenwerken;* **out of** ~ *zonder werk.*

harness[2] ⟨f2⟩⟨ov.ww.⟩ **0.1** ***optuigen*** ⇒*inspannen* ⟨paard⟩; *in het gareel brengen* **0.2** ***aanwenden*** ⇒*gebruiken, bruikbaar maken* ⟨(natuurlijke) energiebronnen⟩; *temmen, onder controle brengen* ⟨atoombom⟩ **0.3** ***harnassen*** ⇒*uitrusten, strijdvaardig maken* ◆ **6.1** ~ a horse **to** a cart *een paard voor de wagen spannen.*

'har·ness-cask, 'har·ness-tub ⟨telb.zn.⟩ **0.1** ⟨scheep.⟩ ***pekelvleesvat.***

'har·ness-racing ⟨n.-telb.zn.⟩ **0.1** ***(hard)draverij.***

ha·roosh [hə'ru:ʃ]⟨telb. en n.-telb.zn.⟩⟨sl.⟩ **0.1** ***beroering.***

harp[1] [hɑ:p‖hɑrp]⟨f1⟩⟨telb.zn.⟩ **0.1** ***harp*** **0.2** ⟨AE; sl.; pej.⟩ ***Ier*** ⟨naar de harp in de Ierse vlag⟩ ◆ **3.¶** hang one's ~ on the willows *zijn lier aan de wilgen hangen.*

harp[2] ⟨f1⟩⟨ww.⟩
I ⟨onov.ww.⟩ **0.1** ***(op de) harp spelen*** ⇒*harpen* **0.2** ***zaniken*** ⇒*zeuren* ◆ **5.2** ~ **on** (about) *doorzeuren (over)* **6.2** ~ **(up)on** the same string *steeds op hetzelfde aanbeeld slaan;*
II ⟨ov.ww.⟩⟨vero.⟩ **0.1** ***uitdrukking geven aan.***

harp·er ['hɑ:pə‖'hɑrpər], **harp·ist** [-pɪst]⟨f1⟩⟨telb.zn.⟩ **0.1** ***harpspeler*** ⇒*harpist(e), harpenist(e).*

har·pins ['hɑ:pɪ̣nz‖'hɑr-], **har·pings** [-pɪŋz]⟨mv.⟩⟨scheep.⟩ **0.1** ***berghout(en).***

har·poon[1] ['hɑ:'pu:n‖'hɑr-]⟨f1⟩⟨telb.zn.⟩ **0.1** ***harpoen.***

harpoon[2] ⟨f1⟩⟨ov.ww.⟩ **0.1** ***harpoeneren.***

har·poon·er [hɑ:'pu:nə‖hɑr'pu:nər], **har·poon·eer** ['hɑ:pu:'nɪə‖'hɑrpu:'nɪr]⟨telb.zn.⟩ **0.1** ***harpoenier.***

har'poon gun ⟨telb.zn.⟩ **0.1** ***harpoenkanon.***

harp·si·chord ['hɑ:psɪkɔ:d‖'hɑrpsɪkɔrd]⟨f1⟩⟨telb.zn.⟩ **0.1** ***klavecimbel*** ⇒*cembalo.*

harp·si·chord·ist ['hɑ:psɪ'kɔ:dɪst‖'hɑrpsɪ'kɔrdɪst]⟨telb.zn.⟩ **0.1** ***klavecinist*** ⇒*cembalist, klavecimbelspeler.*

har·py ['hɑ:pi‖'hɑrpi], ⟨in bet. 0.2 ook⟩ **'harpy-eagle** ⟨telb.zn.; →mv. 2⟩ **0.1** ***harpij*** ⇒⟨fig.⟩ *kenau* **0.2** ⟨dierk.⟩ ***harpij*** ⟨Harpia harpyja⟩.

har·que·bus, ar·que·bus ['(h)ɑ:kwɪ̣bəs‖'(h)ɑr-]⟨telb.zn.⟩⟨gesch.⟩ **0.1** ***haakbus*** ⟨vuurwapen⟩.

har·ri·dan ['hærɪd(ə)n]⟨telb.zn.⟩ **0.1** ***oude feeks*** ⇒*helleveeg, tang.*

har·ri·er ['hærɪə‖-ər]⟨zn.⟩
I ⟨telb.zn.⟩ **0.1** ***plunderaar*** ⇒*verwoester* **0.2** ***kweller*** **0.3** ***brak*** ⇒*drijfhond* **0.4** ***veldloper*** **0.5** ⟨dierk.⟩ ***kiekendief*** ⟨genus Circus⟩;
II ⟨mv.; ~s⟩ **0.1** ***jachtgezelschap met meute.***

Har·ris Tweed ['hærɪ̣s 'twi:d]⟨f1⟩⟨n.-telb.zn.⟩ **0.1** ***Harristweed*** ⟨handgeweven wollen stof van de Hebriden⟩.

Har·ro·vi·an[1] [hə'rouvɪən]⟨telb.zn.⟩ **0.1** ***leerling/oud-leerling v. Harrow School*** **0.2** ***inwoner v. Harrow***.
Harrovian[2] ⟨bn.⟩ **0.1** ***van/mbt. Harrow School*** ⇒*Harrow-* **0.2** ***van/mbt. Harrow*** ⇒*Harrow-*.
har·row[1] ['hæroʊ]⟨telb.zn.⟩ **0.1** ***eg*** ⇒*egge* ◆ **6.¶ under** the ~ *diep bedroefd; in nood, in gevaar*.
harrow[2] ⟨ov.ww.⟩ →harrowing **0.1** ***eggen*** **0.2** ***openrijten*** ⇒*openscheuren, scheuren, wonden* **0.3** ***diep bedroeven*** ⇒*verdriet doen, kwellen, pijnigen, beangstigen* **0.4** ***plunderen*** ⇒*beroven* ◆ **1.4** ⟨bijb.⟩ ~ hell *de hel plunderen, zielen redden*.
harrowing ['hærouɪŋ]⟨f1⟩⟨bn.; teg. deelw. v. harrow⟩ **0.1** ***aangrijpend*** ◆ **1.1** a ~ experience *een schokkende belevenis*.
har·rumph[1] [hə'rʌmf]⟨n.-telb.zn.⟩⟨AE⟩ **0.1** ***geschraap*** ⟨v.d. keel⟩.
harrumph[2] [hə'rʌm(p)f]⟨onov.ww.⟩⟨AE⟩ **0.1** ***zijn keel schrapen*** **0.2** ***protesteren***.
har·ry[1] ['hæri]⟨f1⟩⟨telb.zn.; →mv. 2⟩ **0.1** ***verwoesting*** **0.2** ***zorg*** ⇒*beslommering* ◆ **1.2** the hurries and harries of every day *de dagelijkse beslommeringen*.
harry[2] ⟨ov.ww.⟩ **0.1** ***plunderen*** ⇒*verwoesten, afstropen* ⟨land⟩ **0.2** ***bestoken*** ⇒*lastig vallen, verontrusten* **0.3** ***beroven*** ⟨persoon⟩ **0.4** ***kwellen*** ⇒*martelen, teisteren* **0.5** ⟨Sch. E⟩ ***uithalen*** ⟨nest⟩.
harsh [hɑ:ʃ‖hɑrʃ]⟨f3⟩⟨bn.; -ly; -ness⟩ **0.1** ***ruw*** ⇒*wrang, scherp, hard; irriterend, verblindend* ⟨licht⟩; *krassend* ⟨geluid⟩ **0.2** ***weerzinwekkend*** **0.3** ***wreed*** ⇒*hardvochtig, nors, ongevoelig, cru*.
harsh·en ['hɑ:ʃn‖'hɑrʃn]⟨ww.⟩
I ⟨onov.ww.⟩ **0.1** ***ruw worden*** ⇒*verruwen, verharden;*
II ⟨ov.ww.⟩ **0.1** ***ruw maken*** ⇒*verscherpen, verharden*.
hart [hɑ:t‖hɑrt]⟨f1⟩⟨telb.zn.; ook hart; →mv. 4⟩⟨vnl. BE⟩ **0.1** ***mannetjeshert*** ⟨vnl. ouder dan 5 jaar⟩ ◆ **4.¶** ~ of ten *tienender, tienerhert*.
har·tal ['hɑ:tɑ:l‖'hɑrtɑl]⟨telb.zn.⟩ **0.1** ***winkelsluiting*** ⇒*staking, boycot* ⟨in India⟩.
har·te·beest ['hɑ:tɪbi:st‖'hɑrtɪ-], **hart·beest** ['hɑ:tbi:st‖'hɑrt-] ⟨telb.zn.; ook hart(e)beest; →mv. 4⟩⟨dierk.⟩ **0.1** ***hartebeest*** ⟨antilope; Alcelaphus buselaphus⟩.
harts·horn ['hɑ:tshɔ:n‖'hɑrtshɔrn]⟨n.-telb.zn.⟩ **0.1** ***hertshoorn*** ◆ **1.1** ⟨vero.⟩ spirit of ~ *geest v. hertshoorn, ammonia*.
'hart's-tongue ⟨telb. en n.-telb.zn.⟩⟨plantk.⟩ **0.1** ***hertstong*** ⇒*tongvaren* ⟨Phyllitis scolopendrium⟩.
har·um-scar·um[1] ['heərəm'skeərəm‖'herəm'skerəm]⟨zn.⟩⟨inf.⟩
I ⟨telb.zn.⟩ **0.1** ***onbesuisd/onbezonnen persoon*** ⇒*wildebras;*
II ⟨n.-telb.zn.⟩ **0.1** ***onbesuisdheid*** ⇒*onbezonnenheid*.
harum-scarum[2] ⟨bn.; bw.⟩ **0.1** ***onbesuisd*** ⇒*onbezonnen, roekeloos*.
ha·rus·pex, a·rus·pex [(h)ə'rʌspeks]⟨telb.zn.; (h)aruspices; →mv. 5⟩ **0.1** ***wichelaar*** ⇒*haruspex*.
har·vest[1] ['hɑ:vɪst‖'hɑr-]⟨f2⟩⟨telb. en n.-telb.zn.⟩ **0.1** ***oogst*** ⇒*oogsttijd* ◆ **3.¶** reap the ~ of one's work *oogsten wat men gezaaid heeft, de vruchten van zijn werk plukken*.
harvest[2] ⟨f2⟩⟨ww.⟩
I ⟨onov.ww.⟩ **0.1** ***de oogst binnenhalen*** ⇒*oogsten;*
II ⟨ov.ww.⟩ **0.1** ***oogsten*** ⇒*verzamelen, vergaren* **0.2** ***verkrijgen*** ⇒*verwerven, behalen (wat men verdient)* **0.3** ***sparen*** ⇒*zuinig beheren*.
'harvest bug, 'harvest mite, 'harvest tick ⟨telb.zn.⟩⟨dierk.⟩ **0.1** ***oogstmijt*** ⟨genius Trombidiidae⟩.
har·vest·er ['hɑ:vɪstə‖'hɑrvɪstər]⟨f1⟩⟨telb.zn.⟩ **0.1** ***oogster*** **0.2** ***oogstmachine***.
'harvest 'festival ⟨telb.zn.⟩ **0.1** ***oogstdienst***.
'harvest fly ⟨telb.zn.⟩⟨dierk.⟩ **0.1** ***cicade*** ⟨genus Tibicen⟩.
'harvest 'home ⟨telb. en n.-telb.zn.⟩⟨BE⟩ **0.1** ***einde v.d. oogsttijd*** **0.2** ***oogstfeest*** ⇒*oogstkermis* **0.3** ***oogstlied***.
har·vest·man ['hɑ:vɪs(t)mən]⟨telb.zn.; harvestmen [mən]; →mv. 3⟩ **0.1** ***oogster*** **0.2** →harvest spider.
'harvest 'moon ⟨telb.zn.⟩ **0.1** ***volle maan rond 22 september***.
'harvest mouse ⟨telb.zn.⟩⟨dierk.⟩ **0.1** ***dwergmuis*** ⟨Micromys minutus⟩.
'harvest spider ⟨telb.zn.⟩⟨dierk.⟩ **0.1** ***hooiwagen*** ⟨spinachtige v.h. genus Phalangida⟩.
has [z, (h)əz, s⟨sterk⟩hæz]⟨3e pers. enk. teg. t. aant. w.; →t2⟩ → have.
has-been ['hæzbɪn]⟨f1⟩⟨telb.zn.; have-beens⟩⟨inf.⟩ **0.1** ***iem. die/iets dat heeft afgedaan/zijn tijd heeft gehad*** ⇒*achterhaald iets/iem.*.
hash[1] [hæʃ]⟨f2⟩⟨zn.⟩
I ⟨telb. en n.-telb.zn.⟩ **0.1** ***hachee*** **0.2** ***mengelmoes*** ⇒*mengeling, warboel, knoeiboel, poespas, hutspot* **0.3** ⟨fig.⟩ ***opgewarmde kost*** ⇒*kliek(je)* **0.4** ⟨sl.⟩ ***zware fout*** **0.5** ⟨com.⟩ ***hekje*** ⟨het symbool [−]⟩ ◆ **3.¶** make a ~ of it/s.o. *de boel verknoeien/iem. in de pan hakken;* ⟨inf.⟩ settle/fix s.o.'s ~ *zich voorgoed v. iem. afmaken, iem. zijn vet geven;*
II ⟨n.-telb.zn.⟩⟨sl.⟩ **0.1** ***hasj(iesj)***.
hash[2] ⟨ww.⟩
I ⟨onov.ww.⟩⟨AE; inf.⟩ **0.1** ***kelneren*** ⇒*als (hulp)kelner werken;*
II ⟨ov.ww.⟩ **0.1** ***hakken*** ⇒*fijn hakken/maken, klein hakken* **0.2** ⟨inf.⟩ ***verknoeien*** **0.3** ⟨inf.⟩ ***door/bespreken*** ⇒*goed doorpraten/bediscussiëren, nauwkeurig onderzoeken* ◆ **5.2** ⟨sl.⟩ ~ **up** *verknoeien* **5.3** ⟨inf.⟩ ~ **out** a problem *een probleem bespreken/regelen/uitspreken;* ~ **over** plans *plannen bespreken;* ⟨inf.⟩ ~ **up** *oprakelen*.
'hash browns ⟨mv.⟩⟨inf.⟩ **0.1** ⟨ong.⟩ ***opgebakken aardappels*** ⟨met uitjes⟩.
'hash·head ⟨telb.zn.⟩⟨sl.⟩ **0.1** ***verslaafde*** ⇒*junkie*.
'hash house, hash·er·y ['hæʃərɪ]⟨telb.zn.; →mv. 2⟩⟨AE; sl.⟩ **0.1** ***eetkroeg*** ⇒*goedkoop restaurant*.
hash·ish ['hæʃɪʃ], **hash·eesh** [-'ʃi:ʃ]⟨f1⟩⟨n.-telb.zn.⟩ **0.1** ***hasjiesj***.
'hash mark ⟨telb.zn.⟩ **0.1** ⟨sl.; mil.⟩ ***dienst/jaarstreep*** **0.2** ⟨Am. voetbal⟩ ***hakstreep***.
'hash slinger, hash·er ['hæʃə‖-ər]⟨telb.zn.⟩⟨AE; sl.⟩ **0.1** ***ober*** ⇒*kelner, kelnerin, dienster* **0.2** ***kok*** ⇒*keukenhulp*.
'hash-up ⟨telb.zn.⟩⟨BE; sl.⟩ **0.1** ***kliek(je)*** ⇒*opgewarmde kost*.
has·let ['hæzlɪt‖'hæs-], **hars·let** ['hɑ:s-‖'hɑrs-]⟨n.-telb.zn.⟩⟨cul.⟩ **0.1** ***orgaanvlees*** ⇒*hart, longen, lever* ⟨v. varken⟩, *verse waar*.
hasp[1] [hæsp]⟨telb.zn.⟩ **0.1** ***grendel*** ⇒*beugel, gesp, knip, klamp, klink, sluitijzer, overval, wervel, spagnolet* **0.2** ***streng garen/draad/zijde***.
hasp[2] ⟨ov.ww.⟩ **0.1** ***op de knip doen*** ⇒*vergrendelen, vastmaken*.
Ha(s)sid →Chassid.
Ha(s)sidim →Chassid.
has·sle[1] ['hæsl]⟨f1⟩⟨telb.zn.⟩⟨inf.⟩ **0.1** ***ruzie*** ⇒*twist, herrie, strijd* **0.2** ***moeilijkheid*** ⇒*probleem* ◆ **3.2** parking ~ *parkeerproblemen*.
hassle[2] ⟨f1⟩⟨ww.⟩⟨inf.⟩
I ⟨onov.ww.⟩ **0.1** ***ruzie maken/hebben*** ⇒*twisten, kijven;*
II ⟨ov.ww.⟩ **0.1** ***uitschelden*** ⇒*beschimpen, kwellen, lastig vallen*.
has·sock ['hæsək]⟨telb.zn.⟩ **0.1** ***knielkussen*** **0.2** ***poef*** ⇒*zitkussen, voetenkussen* **0.3** ***bosje*** ⇒*pol* ⟨gras⟩ **0.4** ⟨BE⟩ ***zachte tuf/zandsteen***.
hast [(h)əst⟨sterk⟩hæst]⟨2e pers. enk. teg. t., vero. of relig.; →t2⟩ →have.
has·tate ['hæsteɪt]⟨bn.⟩⟨plantk.⟩ **0.1** ***lancetvormig*** ⟨mbt. bladvorm⟩.
haste[1] [heɪst]⟨f2⟩⟨n.-telb.zn.⟩⟨→sprw. 254, 255, 427, 446, 468⟩ **0.1** ***haast*** ⇒*spoed* **0.2** ***overhaasting*** ⇒*overijling* **0.3** ***hoogdringendheid*** ◆ **3.1** make ~ *haast maken, zich haasten, opschieten;* make ~ slowly *haast je langzaam* **6.1 in** (great) ~ *vlug, inderhaast, met (grote) spoed*.
haste[2] ⟨ww.⟩⟨schr.⟩
I ⟨onov.ww.⟩ **0.1** ***zich reppen*** ⇒*zich haasten;*
II ⟨ov.ww.⟩ **0.1** ***verhaasten*** ⇒*bespoedigen, versnellen*.
has·ten ['heɪsn]⟨f2⟩⟨ww.⟩
I ⟨onov.ww.⟩ **0.1** ***zich haasten*** ⇒*zich reppen, snellen;*
II ⟨ov.ww.⟩ **0.1** ***verhaasten*** ⇒*versnellen, bespoedigen*.
has·ty ['heɪsti]⟨f3⟩⟨bn.; -er; -ly; -ness; →bijw. 3⟩ **0.1** ***haastig*** ⇒*gehaast* **0.2** ***overhaast*** ⇒*overijld* **0.3** ***onbezonnen*** ⇒*onbesuisd* **0.4** ***opvliegend*** ⇒*driftig* ◆ **1.¶** ~ pudding ⟨BE⟩ *meelpap;* ⟨AE⟩ *maïspap*.
hat[1] [hæt]⟨f3⟩⟨zn.⟩
I ⟨telb.zn.⟩ **0.1** ***hoed*** ⇒*hoofddeksel,* ⟨sl.⟩ *helm, uniformpet* **0.2** ⟨AE⟩ ***kardinaalshoed*** **0.3** ⟨fig.⟩ ***functie*** ⇒*ambt, waardigheid* ◆ **1.1** at the drop of a ~ *in een wip, dadelijk, bij de minste aanleiding;* ~ in hand *met de hoed in de hand, zeer onderdanig, deemoedig, kruiperig* **3.1** cocked ~ *steek, punthoed* **3.¶** beat/knock into a cocked ~ *gehakt maken v., helemaal inmaken; in duigen doen vallen;* I'll eat my ~ if that is so *ik mag doodvallen als dat zo is;* ⟨inf.; fig.⟩ get one's ~ *zich klaarmaken om te vertrekken;* hang up one's ~ *de jas aan de kapstok hangen, zich installeren;* ⟨inf.; scherts.⟩ hang/hold on to your ~! *hou je vast aan de takken van de bomen!;* somewhere/a place to hang one's ~ *een plaats waar men zich thuis voelt;* keep sth. under one's ~ *iets geheim houden;* knock s.o. into a cocked ~ *iem. in de pan hakken;* pass/send/take the ~ (round) *met de pet rondgaan, geld inzamelen, een collecte houden;* ⟨fig.⟩ take off one's ~/take one's ~ off to s.o./raise one's ~ to s.o. *zijn pet(je) afnemen voor iem., iem. bewonderen/gelukwensen;* ⟨sl.⟩ talk through one's ~ *overdrijven, bluffen, nonsens verkopen, praten als een kip zonder kop;* throw/toss/have one's ~/a ~/~s in(to) the ring *zich in de (verkiezings)strijd werpen;* throw one's ~ in the air *huizehoog springen;* tip one's ~ to sth./s.o. *voor iets/iem. respect tonen;* wear one's political ~ *als politicus spreken/optreden;* wear two ~s *op twee stoelen zitten, een dubbele functie vervullen* **5.¶** ~s **off** to you! *gefeliciteerd!, gelukgewenst!* **6.¶ out of** a ~ *willekeurig; als bij toverslag;* I've got it **under** my ~ *ik heb het goed in mijn hoofd/gesnopen* **7.¶** my ~! *nou breekt mijn klomp!; nonsens!;*
II ⟨n.-telb.zn.; the⟩⟨AE; sl.⟩ **0.1** ***omkoopgeld***.

hat[2] ⟨ww.⟩
I ⟨onov.ww.⟩ **0.1** ***hoeden maken;***
II ⟨ov.ww.⟩ **0.1** ***een hoed opzetten.***
'hat·band ⟨telb.zn.⟩ **0.1** ***hoedelint*** ⇒*hoedeband.*
'hat block ⟨telb.zn.⟩ **0.1** ***hoedvorm.***
'hat·box ⟨telb.zn.⟩ **0.1** ***hoededoos.***
hatch[1] [hætʃ]⟨f2⟩⟨zn.⟩
I ⟨telb.zn.⟩ **0.1** ***onderdeur*** ⇒*deurtje,* ⟨B.⟩ *halfdeur* **0.2** ***luik*** ⇒*dienluikje, loket* **0.3** ***sluisdeur*** ⇒*sluispoort* **0.4** ⟨scheep.⟩ ***luikgat*** ⇒*luikopening, luikdeksel, (waterdicht) ruim* **0.5** ***arceerlijn*** ◆ **1.¶** ~, match and dispatch *geboorte, huwelijk en sterven;* ~es, matches and dispatches *geboorte-, huwelijks- en sterfberichten* **6.4 under** ~es *onderdeks* **6.¶** ⟨vero.; sl.⟩ **down** the ~ *door het keelgat, ad fundum* ⟨bij het drinken⟩; **under** ~es *uit het gezicht; aan lagerwal; opgesloten, gevangen gezet; uitgeteld, uit de weg geruimd, dood;*
II ⟨n.-telb.zn.⟩ **0.1** ***het broeden*** ⇒*broedsel.*
hatch[2] ⟨f2⟩⟨ww.⟩ →hatching
I ⟨onov.ww.⟩ **0.1** ***jongen uitbroeden*** ⇒*uitkomen, uit het ei komen* ◆ **5.1** ~ **out** *uitkomen, uit het ei komen, openbreken* ⟨v. schaal⟩;
II ⟨ov.ww.⟩ **0.1** ***uitbroeden*** ⇒*broeden* **0.2** ***smeden*** ⟨plan⟩ ⇒*beramen, verzinnen* **0.3** ***arceren*** ◆ **3.¶** ~ed, matched, and despatched *afgewerkt, in kannen en kruiken, voor de bakker, kant en klaar* **5.1** ~ **out** *uitbroeden* **5.2** ~ **up** a plan *een plan smeden.*
hatch·back ['hætʃbæk]⟨f1⟩⟨telb.zn.⟩ **0.1** ***(opklapbare) vijfde deur*** ⟨auto⟩ **0.2** ***vijfdeurs(auto).***
hatch·el[1] ['hætʃl]⟨telb.zn.⟩ **0.1** ***hekel.***
hatchel[2] ⟨ov.ww.; →mv. 7⟩ **0.1** ***hekelen.***
hatch·er ['hætʃə‖-ər]⟨telb.zn.⟩ **0.1** ***broedhen*** ⇒*broedvogel* **0.2** ***broedmachine*** ⇒*incubator.*
hatch·er·y ['hætʃəri]⟨f1⟩⟨telb.zn.; →mv. 2⟩ **0.1** ***broedplaats*** ⇒*kwekerij* ⟨vnl. voor vis⟩.
hatch·et ['hætʃɪt]⟨f1⟩⟨telb.zn.⟩ **0.1** ***bijltje*** ⇒*(hand)bijl, hakmes* **0.2** ***tomahawk*** ⇒*strijdbijl* ◆ **3.¶** ⟨inf.⟩ bury the ~ *de strijdbijl begraven, vrede sluiten;* dig up/take up the ~ *de strijdbijl opgraven, de wapens opnemen.*
'hatchet face ⟨telb.zn.⟩ **0.1** ***scherp gezicht.***
'hatchet job ⟨telb.zn.⟩⟨vnl. AE⟩ **0.1** ***eerrovende daad*** ⇒*lasterlijke/boosaardige/vernietigende aanval.*
'hatchet man ⟨telb.zn.⟩⟨vnl. AE⟩ **0.1** ***huurmoordenaar*** ⇒*gangster* **0.2** ⟨pej.⟩ ***handlanger*** ⇒*trawant;* ⟨bij uitbr.⟩ *waakhond, ordehandhaver* **0.3** ***riooljournalist*** ⇒*rioolrat* **0.4** ***ongenadig criticus*** **0.5** ⟨AE, Can. E; sport⟩ ***beul*** ⇒*rammer, hakker.*
hatch·ing ['hætʃɪŋ]⟨n.-telb.zn.; gerund v. hatch⟩ **0.1** ***arcering.***
hatch·ling ['hætʃlɪŋ]⟨telb.zn.⟩ **0.1** ***pas uitgekomen jong.***
hatch·ment ['hætʃmənt]⟨telb.zn.⟩⟨heraldiek⟩ **0.1** ***(ruitvormig) wapenschild v. overledene.***
'hatch·way ⟨f1⟩⟨telb.zn.⟩ **0.1** ***luikgat*** ⇒*luik, ladder in luikgat.*
hate[1] [heɪt]⟨f2⟩⟨zn.⟩
I ⟨telb.zn.⟩⟨inf.⟩ **0.1** ***gehate persoon*** ⇒*gehaat iets;*
II ⟨telb. en n.-telb.zn.⟩ **0.1** ***haat.***
hate[2] ⟨f3⟩⟨ww.⟩
I ⟨onov.ww.⟩ **0.1** ***haat voelen;***
II ⟨ov.ww.⟩ **0.1** ***haten*** ⇒*grondig verafschuwen, een hekel/het land hebben aan* **0.2** ⟨inf.⟩ ***het jammer vinden*** ◆ **3.2** I ~ having to tell you ... *tot mijn spijt moet ik u zeggen ....*
hat(e)·a·ble ['heɪtəbl]⟨bn.⟩ **0.1** ***verfoeilijk*** ⇒*afschuwelijk.*
hate·ful ['heɪtfl]⟨f2⟩⟨bn.; -ly; -ness⟩ **0.1** ***hatelijk*** ⇒*gehaat, verfoeilijk, verachtelijk, weerzinwekkend* **0.2** ***onsympathiek*** ⇒*onaangenaam, lastig, vervelend* **0.3** ⟨vero.⟩ ***haatdragend*** ⇒*kwaad/boosaardig.*
'hate mail ⟨n.-telb.zn.⟩ **0.1** ***schimp/scheldbrieven*** ⇒*brieven v. vijanden/(felle) tegenstanders.*
hat·er ['heɪtə‖'heɪtər]⟨f1⟩⟨telb.zn.⟩ **0.1** ***hater.***
hat·ful ['hætfʊl]⟨telb.zn.; ook hatsful; →mv. 6⟩ **0.1** ***hoedvol*** ⇒⟨fig.⟩ *aanzienlijk aantal, heleboel.*
hath [(h)əθ⟨sterk⟩hæθ]⟨3e pers. enk. teg. t., vero. of relig.; →t2⟩ →have.
hat·less ['hætləs]⟨bn.⟩ **0.1** ***zonder hoed*** ⇒*blootshoofds.*
'hat-peg ⟨telb.zn.⟩ **0.1** ***(hoede)kapstok.***
'hat-pin ⟨telb.zn.⟩ **0.1** ***hoedespeld*** ⇒*hoedepen.*
'hat rack, 'hat·stand, ⟨AE⟩ **'hat tree** ⟨telb.zn.⟩ **0.1** ***(hoede)kapstok.***
ha·tred ['heɪtrɪd]⟨f3⟩⟨telb. en n.-telb.zn.⟩ **0.1** ***haat*** ⇒*afschuw* **0.2** ***vijandschap*** **0.3** ***wrok.***
hat·ter ['hætə‖'hætər]⟨f1⟩⟨telb.zn.⟩ **0.1** ***hoedenmaker*** ⇒*hoedenmaakster, hoedenkoopman* **0.2** ***eenzaam mens*** ⇒*eenzame mijnwerker* ⟨in Australië⟩.
'hat trick ⟨f1⟩⟨telb.zn.⟩ **0.1** ***goocheltruc uit de hoge hoed*** **0.2** ***handige manoeuvre*** ⇒*slimme zet* **0.3** ⟨sport⟩ ***hattrick*** ⟨score v. 3 doelpunten⟩ ◆ **2.3** pure ~ *'zuivere' hattrick* ⟨3 (doel)punten achter elkaar door dezelfde speler⟩.
haubergeon →habergeon.
hau·berk ['hɔ:bɜ:k‖-bɜrk]⟨telb.zn.⟩ **0.1** ***maliënkolder.***
haugh [hɔ:]⟨telb.zn.⟩⟨Sch. E⟩ **0.1** ***laagwei*** ⇒*uiterwaard.*
haugh·ty ['hɔ:ṭi]⟨f2⟩⟨bn.; -er; -ly; -ness; →bijw. 3⟩ **0.1** ***trots*** ⇒*hooghartig, hautain, arrogant, minachtend* **0.2** ***zelfvoldaan*** **0.3** ***verheven*** ⇒*indrukwekkend* **0.4** ⟨vero.⟩ ***waardig*** ⇒*deftig.*
haul[1] [hɔ:l]⟨f2⟩⟨zn.⟩
I ⟨telb.zn.⟩ **0.1** ***haal*** ⇒*trek* **0.2** ***vangst*** ⇒*winst, buit* **0.3** ***afstand*** ⇒*traject, eind, rek* **0.4** ***lading*** ⇒*vracht* ◆ **1.3** a four-mile ~ *een traject v. vier mijl* **6.3 in/over** the long ~ *in de toekomst, op lange termijn;*
II ⟨n.-telb.zn.⟩ **0.1** ***het ophalen*** ⇒*het halen, het trekken, het slepen.*
haul[2] ⟨f2⟩⟨ww.⟩
I ⟨onov.ww.⟩ **0.1** ***trekken*** ⇒*hijsen, rukken* **0.2** ***vissen*** ⟨met sleepnet⟩ **0.3** ⟨scheep.⟩ ***van koers veranderen*** ⇒*oploeven, opsteken, hoger aan de wind gaan liggen;* ⟨fig.⟩ *van gedachte veranderen, zich bedenken* **0.4** ⟨scheep.⟩ ***koers zetten*** ⇒*varen, zeilen* ◆ **3.2** go ~ing *ter visvangst gaan* **5.3** ~ north *koers zetten naar het noorden* **5.¶** →haul **off;** →haul **up** **6.1** ~ **at/(up)on** a rope *aan een touw trekken/rukken;* ~ **to/(up)on** the wind *bij de wind brassen, oploeven, opsteken;*
II ⟨ov.ww.⟩ **0.1** ***halen*** ⇒*ophalen, inhalen, slepen* **0.2** ***vervoeren*** **0.3** ***slepen*** ⟨voor de rechter⟩ **0.4** ⟨scheep.⟩ ***aanhalen*** ◆ **5.1** ~ **down** the flag *de vlag strijken/neerhalen;* ~ **down** one's flag/colours *zich overgeven, de vlag strijken;* ~ **in** the net *het net binnenhalen;* ⟨AE; inf.⟩ ~ **in** *inrekenen, in de kraag vatten;* ~ **out** *voor de dag halen;* ⟨scheep.⟩ *uithalen* **5.¶** →haul **up.**
haul·age ['hɔ:lɪdʒ]⟨n.-telb.zn.⟩ **0.1** ***het slepen*** ⇒*het trekken* **0.2** ***vervoer*** ⇒*transport* **0.3** ***transportkosten*** ⇒*sleeploon* **0.4** ***trekkracht.***
haul·er ['hɔ:lə‖-ər], ⟨BE vnl.⟩ **haul·ier** ['hɔ:lɪə‖-ər]⟨telb.zn.⟩ **0.1** ***vrachtrijder*** ⇒*vervoerder* **0.2** ***sleper*** ⟨vnl. in kolenmijn⟩.
ha(u)lm [hɔ:m]⟨zn.⟩⟨BE⟩
I ⟨telb.zn.⟩ **0.1** ***halm*** ⇒*stengel;*
II ⟨n.-telb.zn.⟩ **0.1** ***halmen*** ⇒*stengels* ⟨v. erwten, bonen, enz.⟩; *loof* ⟨v. aardappelen⟩.
'haul 'off ⟨ww.⟩
I ⟨onov.ww.⟩ **0.1** ***teruggaan*** ⇒*terugtrekken, terugwijken* **0.2** ⟨AE; sl.⟩ ***uithalen*** ⟨naar iem.⟩ ◆ **6.2** ⟨AE; sl.⟩ ~ **on** s.o. *iem. slaan;*
II ⟨ov.ww.⟩ **0.1** ⟨scheep.⟩ ***afhouden*** ⟨v.d. kust e.d.⟩.
'haul 'up ⟨ww.⟩
I ⟨onov.ww.⟩ **0.1** ***stilstaan*** ⇒*tot stilstand komen, stoppen* **0.2** ***oploeven*** ⇒*hoger aan de wind koersen;*
II ⟨ov.ww.⟩ **0.1** ***ophalen*** ⇒*inhalen, binnen boord halen, geien* **0.2** ***slepen*** ⟨voor de rechter⟩ **0.3** ***vervoeren*** ⟨met geweld⟩ ⇒*verplaatsen* ⟨ondanks verzet⟩ **0.4** ⟨inf.⟩ ***een standje geven*** ⇒*berispen.*
haulyard →halyard.
haunch [hɔ:ntʃ]⟨f2⟩⟨zn.⟩
I ⟨telb.zn.⟩ **0.1** ⟨vaak mv.⟩ ***lende*** ⇒*heup, bil, dij* **0.2** ⟨bouwk.⟩ ***booghelft*** ⇒*boogschenkel* ◆ **6.1 on** one's ~es *op zijn hurken;*
II ⟨telb. en n.-telb.zn.⟩⟨cul.⟩ **0.1** ***lendestuk*** ⇒*bout.*
haunt[1] [hɔ:nt]⟨f2⟩⟨telb.zn.⟩ **0.1** ***veelbezochte/geliefkoosde/gewone (verblijf)plaats*** ⇒*trefpunt;* ⟨pej.⟩ *hol* **0.2** ***hol*** ⇒*schuilplaats* ⟨v. dieren⟩ **0.3** ***voederplaats*** **0.4** ⟨gew.⟩ ***spook*** ⇒*geest.*
haunt[2] ⟨f3⟩⟨ww.⟩
I ⟨onov.ww.⟩ **0.1** ***vaak aanwezig zijn*** ⇒*zich altijd ophouden, (voortdurend) rondhangen, rondspoken, rondwaren* ⟨v. spook⟩ ◆ **6.1** ~ **with** s.o. *altijd bij iem. zijn, altijd om iem. heendraaien;*
II ⟨ov.ww.⟩ **0.1** ***vaak aanwezig zijn in*** ⇒*zich altijd ophouden in, regelmatig bezoeken/komen naar* **0.2** ***rondspoken in*** ⇒*rondwaren in* **0.3** ***regelmatig opzoeken*** ⇒*(achter)nalopen, zich altijd ophouden met* **0.4** ***achtervolgen*** ⇒*obsederen, kwellen, plagen, lastig vallen* ◆ **1.1** he ~s that place *daar is hij altijd te vinden* **1.2** that castle is ~ed *in dat slot spookt het;* ~ed castle *spookkasteel/slot* **1.3** ~ rich men *rijke mannen achternazitten* **1.4** that tune has been ~ing me all afternoon *dat deuntje speelt de hele middag al door mijn kop.*
Hau(s)·sa ['haʊsə]⟨zn.; ook Haus(s)a; →mv. 4⟩
I ⟨eig.n.⟩ **0.1** ***Haussa*** ⟨Westafrikaanse Hamitische taal⟩;
II ⟨telb.zn.⟩ **0.1** ***Haussa*** ⟨lid v. negerstam⟩.
haut·boy ['oʊbɔɪ, 'hoʊbɔɪ]⟨telb.zn.⟩ **0.1** ⟨plantk.⟩ ***(soort) tuinaardbei*** ⟨Fragaria moschata⟩ **0.2** ⟨vero.; muz.⟩ ***hautbois*** ⇒*hobo.*
haute cou·ture ['oʊt ku:'tjʊə‖-'tʊr]⟨n.-telb.zn.⟩⟨mode⟩ **0.1** ***haute-couture.***
haute cui·sine ['oʊt kwɪ'zi:n]⟨n.-telb.zn.⟩⟨cul.⟩ **0.1** ***haute cuisine*** ⇒*(Franse) driesterrenkeuken.*
haute é·cole ['oʊt eɪ'kɒl‖'oʊṭ eɪ'kɔl]⟨n.-telb.zn.⟩⟨paardesport⟩ **0.1** ***hogeschoolrijden*** ⇒*hogeschoolgangen;* ⟨fig.⟩ *virtuositeit* ⟨in het alg.⟩.
hau·teur [oʊ'tɜ:‖hoʊ'tɜr]⟨n.-telb.zn.⟩⟨schr.⟩ **0.1** ***hooghartigheid*** ⇒*hoogmoed, arrogantie.*

Ha·van·a [hə'vænə]⟨f1⟩⟨zn.⟩
I ⟨eig.n.⟩ **0.1** ***Havana*** ⟨hoofdstad van Cuba⟩;
II ⟨telb.zn.; soms h-⟩ **0.1** ***havanna(sigaar)***.

have[1] [hæv]⟨f2⟩⟨telb.zn.⟩ **0.1** ⟨vnl. mv.⟩ ***bezitter*** ⇒*rijke, iem. / een natie / een groep die rijkdom kent* **0.2** ⟨BE; sl.⟩ ***zwendel*** ⇒*fopperij* ◆ **1.1** the ~s and the have-nots *de haves en de have-nots, de rijken en de armen, de rijke stinkerds en de arme drommels*.

have[2], ⟨in bet. II 0.1-0.3, 0.5, 0.6, 0.9, 0.11, 0.13, 0.16, en 0.17 inf. ook⟩ **have got,** ⟨Sch. E⟩ **hae** ⟨f4⟩ ⟨zn.; →t2 voor onregelmatige vormen; →do-operator⟩ ⟨→sprw. 151, 392, 472, 473, 476, 488, 529, 682⟩
I ⟨onov.ww.⟩ ◆ **¶.¶** ~ at s.o. *iem. aanvallen;* ⟨in geb. w.⟩ ~ at you! *neem u in acht!;*
II ⟨ov.ww.⟩ **0.1** ⟨→do-operator⟩ ***hebben*** ⇒*bezitten, beschikken over, houden* ⟨bezit, mentale houding, eigenschap, gelegenheid, plaats en t., verwanten en kennissen, iets dat toegezegd is⟩ **0.2** ***hebben*** ⟨als onderdeel⟩ ⇒*bevatten, bestaan uit* **0.3** ***krijgen*** ⇒*ontvangen* **0.4** ***nemen*** ⇒*pakken, genieten, gebruiken* ⟨eten, drinken, genotmiddelen⟩ **0.5** ***hebben*** ⇒*genieten v., lijden aan* ⟨ervaring⟩ **0.6** ***hebben*** ⇒*laten liggen, plaatsen, leggen, zetten* **0.7** ⟨met nw. dat een activiteit uitdrukt; vnl. te vertalen, samen met dat nw., d.m.v. een ww.⟩ ⟨inf.⟩ ***hebben*** ⇒*maken, nemen, ondernemen, wagen* ⟨enz.⟩ **0.8** ⟨alleen in niet-finiete werkwoordsvormen⟩ ***toelaten*** ⇒*dulden, aanvaarden, uitstaan, pikken* **0.9** ⟨met nw. en onbep. w. met to⟩ ***hebben te*** **0.10** ⟨met nw. en onbep. w. of volt. deelw.⟩ ***laten*** ⇒*doen, opdracht geven te* **0.11** ⟨met nw. en complement v.h. voorwerp⟩ ***zover krijgen dat*** ⇒*aan het... krijgen, maken dat* **0.12** ⟨met nw. en onbep. w. of volt. deelw.⟩ ***het moeten beleven dat*** ⇒*overkomt / overkwam (enz.) dat* **0.13** ***in huis hebben*** ⇒*uitnodigen, vragen, te gast hebben* **0.14** ***krijgen*** ⇒*baren, het leven schenken aan* **0.15** ***vrijen / slapen met*** **0.16** ***zorgen voor*** **0.17** ⟨inf.⟩ ***te pakken hebben*** ⇒*het winnen v.* **0.18** ⟨BE; sl.⟩ ***bedriegen*** ⇒*bij de neus nemen, te grazen / pakken nemen* ◆ **1.1** ~ blood on one's hands *bloed aan z'n handen hebben* ⟨ook fig.⟩; you can ~ that old car if you want *je mag die oude kar houden als je wil;* ~ all the cards *alle kaarten in handen hebben* ⟨ook fig.⟩; ⟨fig.⟩ ~ clean hands *schone handen hebben;* ⟨fig.⟩ ~ a free hand *de vrije hand hebben;* he has an excellent memory *hij beschikt over een voortreffelijk geheugen;* you ~ my word *je hebt mijn woord, mijn woord erop* **1.2** the book has six chapters *het boek heeft / bevat / bestaat uit zes hoofdstukken* **1.3** this book is nowhere to be had *dit boek is nergens te krijgen;* may I ~ this dance from you? *mag ik deze dans v. u?;* he had a splendid funeral *hij kreeg een schitterende begrafenis* **1.4** ~ breakfast *ontbijten, het ontbijt gebruiken;* ~ a cigarette *een sigaret nemen / roken;* ~ another drink! *neem er nog eentje!* **1.5** I don't ~ the pleasure to know you *ik heb niet het genoegen u te kennen;* ~ a good time *het naar zijn zin hebben, zich amuseren* **1.6** we've got Malta on our left *Malta ligt links v. ons;* let's ~ the rug in the hall *laten we het tapijt in de hal leggen* **1.7** ~ a bath *een bad nemen;* ~ a discussion *discussiëren, een discussie hebben;* ~ a try *(het) proberen, een poging ondernemen / wagen;* ~ a walk *een wandeling maken* **1.8** I won't ~ such conduct *ik duld zulk gedrag niet* **1.9** I've still got quite a bit of work to do *ik heb nog heel wat te doen, er ligt nog heel wat werk op me te wachten* **1.10** ~ one's hair cut *zijn haar laten knippen* **1.11** he finally had his audience laughing *eindelijk kreeg hij zijn publiek aan het lachen;* presently the fire brigade had the kitten down *na korte tijd kreeg de brandweer het katje naar beneden;* he soon had his opponent squirming *hij kreeg zijn tegenstander al gauw zo ver dat die niet wist waar hij het zoeken moest* **1.13** we can't ~ people here *we kunnen hier geen mensen ontvangen* **1.14** Joan's just had a baby *Joan heeft net een kindje gekregen* **1.15** he's never had a woman *hij is nog nooit met een vrouw naar bed geweest* **1.16** can you ~ the children tonight? *kun jij vanavond voor de kinderen zorgen?* **1.18** John's been had *ze hebben John beetgenomen* **2.1** ⟨fig.⟩ ~ one's hands full *zijn handen vol hebben* **3.8** I won't ~ you say such things *ik duld niet dat u zoiets zegt* **3.10** he's finally had it done *hij heeft het eindelijk laten doen;* I would ~ you know this *ik attendeer u erop;* I've had the garage replace the battery *ik heb de garage opdracht gegeven de accu te vervangen* **3.12** he's had his friends desert him *hij heeft het moeten meemaken dat zijn vrienden hem in de steek lieten;* I had my wallet stolen in Rome *in Rome werd mijn portefeuille gestolen* **3.¶** he had it coming to him *hij kreeg zijn verdiende loon* **4.1** I've got it *ik heb het, ik weet het (weer);* ⟨inf.⟩ he has it in him (to do a thing like that) *hij is ertoe in staat (zoiets te doen);* you ~ sth. there *daar zeg je (me) wat, daar zit wat in, dat is nog zo gek nog niet* **4.5** you ~ it badly *je hebt het lelijk te pakken* **4.8** I'm not having any *ik pik het niet, ik pieker er niet over* **4.17** you've got me there *jij wint; geen idee, daar vraag je me wat* **4.¶** ~ it *zeggen, beweren; vernomen hebben, weten, gehoord hebben;* as the Bible has it *zoals het in de bijbel staat;* rumour has it that... *het gerucht gaat dat...;* he has it from John himself *hij heeft het v. John zelf (vernomen);* ⟨inf.⟩ ~ had it *tegenslag hebben, hangen, het te pakken hebben, niet meer de oude zijn, dood zijn; te ver gegaan zijn; het beu zijn, er de brui aan geven;* ⟨BE; sl.⟩ ~ it away / off (with s.o.) *neuken (met iem.);* ~ it in for s.o. *een hekel hebben aan iem., de pik hebben op iem.;* ~ it on / over s.o. *iem. de baas zijn;* ~ it out with s.o. *het uitvechten / uitpraten met iem.;* ⟨inf.⟩ ~ nothing on *niet kunnen tippen aan* **5.1** he wouldn't ~ his wife **back** *hij wou zijn vrouw niet terug (hebben);* do you ~ enough wine **in?** *heb je genoeg wijn in huis?* **5.3** you can ~ it **back** tomorrow *je kunt het morgen terugkrijgen* **5.10** ~ a tooth **out** *een tand laten trekken* **5.13** ~ s.o. **(a)round / in / over** *iem. (eens) uitnodigen* ⟨vnl. voor avondje of korte tijd⟩; ~ s.o. **down** *iem. uitnodigen* ⟨i.h.b. v. boven, uit het noorden of uit de stad⟩; we are having the painters **in** next week *volgende week zijn de schilders bij ons in huis aan het werk;* ~ s.o. **up** *iem. uitnodigen* ⟨i.h.b. v. beneden, uit het zuiden of v.h. platteland⟩ **5.¶** ⟨niet vero.⟩ ~ sth. **off** *iets uit het hoofd / v. buiten kennen;* →have (got) **on;** ~ the matter **out** with s.o. *het (probleem) uitpraten / uitvechten met iem.;* ⟨BE⟩ ~ s.o. **up** (for sth.) *iem. voor de rechtbank brengen (wegens iets)* **6.1** ~ sth. **about / on** one *iets bij zich hebben;* what does she ~ **against** me? *wat heeft ze tegen mij?* **6.14** ~ a child **by** *een kind hebben v.* **6.¶** ⟨inf.⟩ ~ nothing **on** sth., ~ not got anything **on** sth. *het niet halen bij;* ~ a pound **on** Lucky *een pond ingezet hebben op Lucky;* ~ sth. **on** s.o. *belastend materiaal tegen iem. hebben;* you ~ nothing **on** me *je kunt me niks maken;* ~ sth. **on / over** *iets meer hebben dan, beter zijn dan, een streepje voor hebben op;*
III ⟨hww.⟩ **0.1** ⟨→perfectieve vorm, →verbale constituent, →volt. teg. t., →volt. toek. t., →volt. verl. t.⟩ ***hebben*** ⇒*zijn* **0.2** ⟨→voorwaarde; alleen in aanv. w. verl. t.⟩ ⟨schr.⟩ ***had(den) / was / waren*** ⇒*zouden... hebben / zijn, indien / als... zou(den) hebben / zijn* ◆ **3.1** I ~ worked *ik heb gewerkt;* he has died *hij is gestorven* **3.2** had he claimed that, he would have been mistaken *had hij dat beweerd, dan zou hij zich vergist hebben* **5.2** ⟨→gebod 5, verbod 2⟩ I had better / best forget it *ik moest dat maar vergeten, het zou beter / het beste zijn als ik dat vergat;* they had rather / sooner make war *ze zouden liever oorlog voeren;* I'd just as soon / ⟨vero.⟩ lief die *ik zou net zo lief doodgaan* **¶.¶** →have to.

have-beens ⟨mv.⟩ →has-been.

have got ⟨f4⟩ →have[2].

have got on →have on.

have got to →have to.

have·lock ['hævlɒk‖-lɑk]⟨telb.zn.⟩⟨AE⟩ **0.1** ***mutsovertrek die de nek tegen de zon beschut***.

ha·ven ['heɪvn]⟨f1⟩⟨telb.zn.⟩ **0.1** ***(beschutte / veilige) haven*** ⟨ook fig.⟩ ⇒*toevluchtsoord*.

'have-'not ⟨f2⟩⟨telb.zn.; vnl. mv.⟩ **0.1** ***have-not*** ⇒*arme drommel*.

haven't ['hævnt]⟨→t2⟩⟨samentr. v. have not⟩ →have.

'have 'on, ⟨in bet. 0.1 en 0.2 inf. ook⟩ **'have got 'on** ⟨f3⟩⟨ov.ww.⟩ **0.1** ***aanhebben*** ⇒*dragen* ⟨kleren⟩; *ophebben* ⟨hoed⟩ **0.2** ***gepland hebben*** ⇒*op zijn agenda hebben* **0.3** ⟨inf.⟩ ***voor de gek / 't lapje houden*** ⇒*wijs maken, een loopje nemen met* ◆ **4.2** I've got nothing on tonight *vanavond ben ik vrij*.

ha·ver[1] ['heɪvə‖-ər]⟨telb.zn.; meestal mv.⟩⟨Sch. E⟩ **0.1** ***kletspraat*** ⇒*geklets, gebazel, gezever*.

haver[2] ⟨onov.ww.⟩ **0.1** ⟨BE⟩ ***treuzelen*** **0.2** ⟨Sch. E⟩ ***kletsen***.

hav·er·sack ['hævəsæk‖-vər-]⟨telb.zn.⟩⟨vnl. mil.⟩ **0.1** ***broodzak*** ⇒*proviandtas*.

'have to, ⟨inf. ook⟩ **have 'got to** ⟨f4⟩⟨hww.; →modale hulpwerkwoorden, onderstelling, verplichting en noodzakelijkheid⟩ **0.1** ***moeten*** ⇒*verplicht / gedwongen zijn om te, (be)hoeven* ◆ **3.1** he didn't ~ do that *dat had hij niet hoeven doen;* we ~ go now *we moeten nu weg*.

hav·il·dar ['hævɪldɑː‖-dɑr]⟨telb.zn.⟩⟨Ind. E; mil.⟩ **0.1** ***Indisch sergeant***.

hav·ings ['hævɪŋz]⟨f1⟩⟨mv.⟩ **0.1** ***bezittingen*** ⇒*eigendom* ◆ **7.1** all my ~ *mijn hele hebben en houden, mijn have en goed*.

hav·oc[1] ['hævək]⟨f2⟩⟨n.-telb.zn.⟩ **0.1** ***verwoesting*** ⇒*vernieling, ravage;* ⟨fig.⟩ *verwarring* ◆ **3.1** cry ~ ⟨vero.; mil.⟩ *het signaal geven tot plundering over te gaan;* ⟨fig.⟩ *oproepen niets of niemand te ontzien;* play ~ among / with, make ~ of, wreak ~ on *totaal verwoesten / vernielen, in de vernieling helpen, grondig in de war sturen, een puinhoop maken v., helemaal overhoop halen*.

havoc[2] ⟨onov. en ov.ww.⟩ **0.1** ***vernielen*** ⇒*verwoesten*.

haw[1] [hɔː]⟨telb.zn.⟩ **0.1** ***hm*** ⇒*hum, hem* **0.2** ⟨plantk.⟩ ***haagdoorn*** ⇒*meidoorn* ⟨genus Crataegus⟩; ⟨i.h.b.⟩ *tweestijlige meidoorn* ⟨C. oxyacantha of C. laevigata⟩ **0.3** ⟨plantk.⟩ ***bes v.d. haagdoorn*** **0.4** ⟨dierk.⟩ ***knipvlies*** ⇒⟨i.h.b.⟩ *ontstoken knipvlies* ⟨derde ooglid v. sommige dieren⟩.

haw[2] ⟨f1⟩⟨onov.ww.⟩ **0.1** ***hm zeggen*** ⇒*zijn keel schrapen* **0.2** ***hortend spreken***.
haw[3] ⟨tussenw.⟩ **0.1** ***hm*** ⇒*hum, hem* **0.2** ⟨AE of gew.⟩ ***haar*** ⟨bevel aan een paard naar links te gaan⟩.
Ha·wai·ian[1] [hə'waɪən]⟨f1⟩⟨zn.⟩
I ⟨eig.n.⟩ **0.1** ***Hawaïaans*** ⇒*de Hawaïaanse taal;*
II ⟨telb.zn.⟩ **0.1** ***bewoner v. Hawaï***.
Hawaiian[2] ⟨f1⟩⟨bn.⟩ **0.1** ***Hawaïaans***.
haw·finch ['hɔ:fɪntʃ]⟨telb.zn.⟩⟨dierk.⟩ **0.1** ***appelvink*** ⟨Coccothraustes coccothraustes⟩.
'haw-'haw[1] ⟨onov.ww.⟩ **0.1** ***luid/uitbundig/bulderend lachen***.
haw-haw[2] ⟨tussenw.⟩ **0.1** ***ha-ha***.
hawk[1] [hɔ:k]⟨f2⟩⟨telb.zn.⟩ **0.1** ⟨dierk.⟩ ***havik*** ⟨genus Accipiter⟩ **0.2** ⟨AE; dierk.⟩ ***(kleinere) roofvogel*** ⟨fam. Falconiformes⟩ **0.3** ***havik*** ⟨fig.⟩ ⇒*oorlogszuchtig/agressief persoon* **0.4** ***hebzuchtig/inhalig persoon*** ⇒*haai* **0.5** ***schraping*** ⇒*gerochel* **0.6** ***kalkbord*** ⇒*pleisterplank* ⟨v. stukadoor⟩ ◆ **1.3** there are both ~s and doves *er zijn zowel voorstanders v.e. agressieve als v.e. verzoeningsgezinde politiek* **1.¶** know a ~ from a hand-saw *goed bij (de tijd) zijn, zijn weetje weten* **3.1** watch like a ~ *zeer nauwlettend in de gaten houden*.
hawk[2] ⟨f1⟩⟨ww.⟩ →hawking
I ⟨onov.ww.⟩ **0.1** ***(zijn keel) schrapen*** ⇒*rochelen, hoesten, luid kuchen* **0.2** ***met valken jagen*** ⇒*op roof uit zijn* **0.3** ***oorlogszuchtig zijn*** ◆ **6.2** this bird ~s **at** insects *deze vogel jaagt (als een havik) op insekten* **6.3** be ~ing **on** war *op oorlog bedacht/uit zijn;*
II ⟨ov.ww.⟩ **0.1** ***venten (met)*** ⇒*langs de deur verkopen, op straat aan de man brengen* **0.2** ***verspreiden*** ⇒*rondvertellen, rondstrooien, te koop lopen met* **0.3** ***ophoesten*** ⇒*door schrapen omhoog doen komen* **0.4** ***aanvallen (als een havik)*** ⇒*(haviks)aanval doen op* ◆ **1.1** ~ stolen goods *gestolen waar venten* **1.2** he ~ed this rumour *hij verspreidde dit gerucht* **5.3** ~ **up** phlegm *slijm ophoesten*.
hawk·er ['hɔ:kə‖-ər]⟨f1⟩⟨telb.zn.⟩ **0.1** ***(straat)venter*** ⇒*huis-aan-huis verkoper, marskramer, straathandelaar* **0.2** ***valkenier***.
'hawk'eyed ⟨bn.⟩ **0.1** ***met haviksogen*** ⇒*scherpziend, met adelaarsblik*.
hawk·ing ['hɔ:kɪŋ]⟨n.-telb.zn.; (oorspr.) gerund v. hawk⟩ **0.1** ***valkejacht*** **0.2** ***het venten*** ⇒*straathandel, huis-aan-huis verkoop*.
hawk·ish ['hɔ:kɪʃ]⟨bn.; -ness⟩ **0.1** ***havikachtig*** ⇒*als een havik* **0.2** ***oorlogszuchtig*** ⇒*met een agressieve (politieke) houding, als een havik*.
hawk·ism ['hɔ:kɪzm]⟨n.-telb.zn.⟩ **0.1** ***havikenmentaliteit*** ⇒*oorlogszuchtige/agressieve mentaliteit*.
'hawk-moth ⟨telb.zn.⟩⟨dierk.⟩ **0.1** ***pijlstaart*** ⟨vlinder v. fam. Sphingidae⟩.
'hawk-'nosed ⟨bn.⟩ **0.1** ***met een haviksneus***.
'hawk 'owl ⟨telb.zn.⟩⟨dierk.⟩ **0.1** ***sperweruil*** ⟨Surnia ulula⟩.
hawk's-bill (turtle) ['hɔ:ksbɪl]⟨telb.zn.⟩⟨dierk.⟩ **0.1** ***karetschildpad*** ⟨Eretmochelys imbricata⟩.
'hawk·weed ⟨telb.zn.⟩ **0.1** ***havikskruid*** ⟨genus Hieracium⟩.
hawse [hɔ:z]⟨telb.zn.⟩⟨scheep.⟩ **0.1** ***kluis*** ⇒*ankerkluis, kluisgat*.
'hawse·hole ⟨telb.zn.⟩⟨scheep.⟩ **0.1** ***kluisgat*** ⇒*kabelgat*.
'hawse·pipe ⟨telb.zn.⟩⟨scheep.⟩ **0.1** ***kluispijp*** ⇒*kluislood*.
haw·ser ['hɔ:zə‖-ər]⟨f1⟩⟨telb.zn.⟩⟨scheep.⟩ **0.1** ***kabeltouw*** ⇒*tros*.
haw·thorn ['hɔ:θɔ:n‖-θɔrn]⟨f1⟩⟨telb.zn.⟩⟨plantk.⟩ **0.1** ***haagdoorn*** ⇒*meidoorn* ⟨genus Crataegus⟩.
hay[1] [heɪ]⟨f3⟩⟨zn.⟩⟨→sprw. 428⟩
I ⟨telb.zn.⟩ **0.1** ***boerendans;***
II ⟨n.-telb.zn.⟩ **0.1** ***hooi*** **0.2** ⟨sl.⟩ ***bed*** ⇒⟨fig.⟩ *slaap; bewusteloosheid* ◆ **3.1** make ~ *hooien, hooi winnen* **3.2** hit the ~ *platgaan, zich plat maken, gaan pitten;* roll in the ~ *in bed liggen rollen, de liefde bedrijven* **3.¶** ⟨sl.⟩ make ~ *volledig profiteren;* make ~ of sth. *ergens verwarring in brengen, iets in de war schoppen, ergens mee hooien* **5.¶** ⟨AE; inf.⟩ that ain't ~ *dat is een mep geld;* ⟨AE; inf.⟩ **not** ~ *geen klein bedrag, heel veel geld*.
hay[2] ⟨onov. en ov.ww.⟩ **0.1** ***hooien*** ⇒*(gras) maaien en drogen, hooi winnen (v./uit); tot hooi(land) maken* ◆ **1.1** ~ land *land als hooiland gebruiken*.
'hay·bag ⟨telb.zn.⟩⟨AE; sl.⟩ **0.1** ***dikke/verlopen oude vrouw***.
'hay-barn ⟨telb.zn.⟩ **0.1** ***hooischuur***.
'hay·box ⟨telb.zn.⟩ **0.1** ***hooikist*** ⟨voor voedsel(bereiding)⟩.
'hay·cock ⟨telb.zn.⟩ **0.1** ***hooiopper*** ⇒*stapel hooi (in hooiland)*.
'hay fever ⟨f1⟩⟨telb. en n.-telb.zn.⟩ **0.1** ***hooikoorts***.
'hay·field ⟨telb.zn.⟩ **0.1** ***hooiland***.
'hay fork ⟨telb.zn.⟩ **0.1** ***hooivork***.
'hay knife ⟨telb.zn.⟩ **0.1** ***hooizaag***.
'hay·loft ⟨telb.zn.⟩ **0.1** ***hooizolder***.
'hay·mak·er ⟨telb.zn.⟩ **0.1** ***hooier*** **0.2** ***hooimachine*** **0.3** ⟨AE; sl.⟩ ***vuistslag*** ⇒*stomp, muilpeer* **0.4** ⟨AE; sl.⟩ ***verpletterende/definitieve slag*** ⇒*verpletterend nieuws* **0.5** ⟨AE; sl.⟩ ***klapper*** ⇒*klapstuk*.
'hay·mak·ing ⟨n.-telb.zn.⟩ **0.1** ***het hooien*** ⇒*het hooi winnen, hooibouw*.
'hay-mow ⟨telb.zn.⟩ **0.1** ***(het hooi op een) hooizolder*** **0.2** ***hooiberg***.
'hay·ride ⟨telb.zn.⟩ **0.1** ***(nachtelijk) plezierritje*** ⟨i.h.b. op open wagen⟩.
'hay·seed[1] ⟨zn.⟩
I ⟨telb.zn.⟩⟨AE; inf.⟩ **0.1** ***boer(enpummel)*** ⇒*(boeren)kinkel, boerenknul;*
II ⟨n.-telb.zn.⟩ **0.1** ***hooizaad***.
hayseed[2] ⟨bn., attr.⟩⟨AE; inf.⟩ **0.1** ***plattelands-*** ⇒*landelijk, rustiek*.
'hay-stack, 'hay-rick ⟨f1⟩⟨telb.zn.⟩ **0.1** ***hooiberg***.
hay·ted·der ['heɪtedə‖-ər]⟨telb.zn.⟩ **0.1** ***hooischudder***.
hay·ward ['heɪwɔ:d‖-wɔrd]⟨telb.zn.⟩⟨gesch.⟩ **0.1** ***schutmeester*** ⇒*opzichter v. omheiningen/vee*.
'hay·wire[1] ⟨n.-telb.zn.⟩ **0.1** ***in de war***.
haywire[2] ⟨f1⟩⟨bn., pred.⟩⟨inf.⟩ **0.1** ***in de was*** ⇒*door elkaar, in wanorde, ongeorganiseerd, v.d. wijs, v. slag af* ◆ **3.1** my plans go ~ because of the strike *mijn plannen lopen in het honderd vanwege de staking;* he went ~ when he heard this *hij raakte de kluts kwijt/hij raakte v.d. wijs/kook toen hij dit hoorde*.
haz·ard[1] ['hæzəd‖-ərd]⟨f2⟩⟨zn.⟩
I ⟨telb.zn.⟩ **0.1** ⟨real tennis⟩ ***opening*** ⟨waar de bal doorheen geslagen moet worden om punten te krijgen⟩ **0.2** ⟨real tennis⟩ ***speelhelft v.d. ontvanger*** **0.3** ⟨golf⟩ ***(terrein)hindernis*** **0.4** ⟨IE⟩ ***taxistandplaats*** **0.5** ⟨biljart⟩ ***(puntenscore door) in de zak gestoten bal*** ◆ **3.5** losing ~ *(puntenscore door) in de zak gestoten speelbal;* winning ~ *(puntenscore door) in de zak gestoten, aangespeelde bal;*
II ⟨telb. en n.-telb.zn.⟩ **0.1** ***gevaar*** ⇒*risico* **0.2** ***kans*** ⇒*mogelijkheid, eventualiteit, toeval, hazard* ◆ **6.1** **at** the ~ **of** his life *met gevaar voor eigen leven;* be **at/in** ~ *op het spel staan;* a ~ **to** all travellers *een gevaar voor alle reizigers* **6.2** **at/by** ~ *op goed geluk;* **at** all ~s *wat er ook gebeure;*
III ⟨n.-telb.zn.⟩ **0.1** ***hazardspel*** ⇒*kansspel, gokspel*.
hazard[2] ⟨f1⟩⟨ov.ww.⟩ **0.1** ***in de waagschaal stellen*** ⇒*wagen, riskeren, op het spel zetten, in gevaar brengen* **0.2** ***zich wagen aan*** ⇒*wagen* ◆ **1.1** she ~ed all her savings *zij zette al haar spaargeld op het spel* **1.2** ~ a guess *een gokje wagen;* ~ a prophecy *zich wagen aan een voorspelling;* may I ~ a remark? *mag ik misschien even iets opmerken?*.
haz·ard·ous ['hæzədəs‖-zər-]⟨f2⟩⟨bn.; -ly; -ness⟩ **0.1** ***gevaarlijk*** ⇒*gewaagd, hachelijk, riskant* **0.2** ***toevallig*** ⇒*onzeker*.
'hazard 'warning light ⟨telb.zn.; vnl. mv.⟩ **0.1** ***waarschuwingsknipperlicht(en)***.
haz·chem ['hæzkem]⟨n.-telb.zn.; vnl. als opschrift⟩⟨BE⟩ **0.1** ***gevaarlijke chemicaliën/(chemische) stoffen***.
haze[1] [heɪz]⟨f2⟩⟨telb. en n.-telb.zn.⟩ **0.1** ***nevel*** ⇒*heïgheid, damp, waas, nevelsluier;* ⟨fig.⟩ *wazigheid, vaagheid, verwardheid* ◆ **6.1** **in** a ~ *in verwarring/onzekerheid;* **in** a ~ of tiredness *in een waas v. vermoeidheid*.
haze[2] ⟨ww.⟩
I ⟨onov.ww.⟩ **0.1** ***nevelig worden*** ⇒*wazig/heiig/mistig worden* ◆ **5.1** ~ **over** *nevelig/wazig worden;*
II ⟨ov.ww.⟩ **0.1** ***nevelig maken*** ⇒*wazig/mistig/heiig maken, in nevelen hullen* **0.2** ⟨scheep.⟩ ***het leven zuur maken*** ⇒*met vervelende karweitjes opzadelen* **0.3** ⟨AE⟩ ***koeioneren*** ⇒*pesten, treiteren, ontgroenen, van zijn stuk trachten te brengen*.
ha·zel ['heɪzl]⟨f2⟩⟨zn.⟩
I ⟨telb.zn.⟩⟨plantk.⟩ **0.1** ***hazelaar*** ⇒*hazelnotestruik* ⟨Corylus avellana⟩ **0.2** ***hazelaar(tak)*** ⇒*twijg/roede v.d. hazelaar* **0.3** ***hazelnoot;***
II ⟨n.-telb.zn.⟩ **0.1** ***hazelaarshout*** ⇒*hazelnotehout* **0.2** ⟨vaak attr.⟩ ***hazelnootbruin*** ⇒*lichtbruin, roodbruin, geelbruin, groenbruin*.
'ha·zel-'eyed ⟨bn.⟩ **0.1** ***met lichtbruine ogen***.
'hazel grouse, 'hazel hen ⟨telb.zn.⟩⟨dierk.⟩ **0.1** ***hazelhoen*** ⟨Tetrastes bonasia⟩.
'ha·zel·nut ⟨f1⟩⟨telb.zn.⟩ **0.1** ***hazelnoot***.
haz·y ['heɪzi]⟨f1⟩⟨bn.; -er; -ly; -ness; →bijw. 3⟩ **0.1** ***nevelig*** ⇒*wazig, heiig, dampig, mistig* **0.2** ***vaag*** ⇒*wazig, onduidelijk, onzeker, warrig* ◆ **1.2** a ~ idea *een vaag idee* **6.2** she was a bit ~ **about** the date *zij was wat vaag over de datum*.
Hb ⟨telb.zn.⟩⟨afk.⟩ haemoglobin **0.1** ***Hb*** ⟨hemoglobine, rode bloedkleurstof⟩.
HB ⟨bn.⟩⟨afk.⟩ hard black **0.1** ***HB*** ⟨v. potlood⟩.
'H-block ⟨n.-telb.zn.; the⟩ **0.1** ***H-blok*** ⟨afdeling v.d. Maze-gevangenis⟩.
HBM ⟨afk.⟩ His/Her Britannic Majesty('s).
'H-bomb ⟨f1⟩⟨telb.zn.⟩ **0.1** ***H-bom*** ⇒*waterstofbom*.
hc ⟨bn., post.⟩⟨afk.⟩ honoris causa **0.1** ***h.c.***.
HC ⟨afk.⟩ Holy Communion, House of Commons, High Church.

hcf ⟨telb.zn.; afk.⟩ **0.1** ⟨highest common factor⟩ ***g.g.d.*** ⟨grootste gemene deler⟩ **0.2** ⟨Honorary Chaplain of the Forces⟩ ⟨BE⟩.

HDTV ⟨afk.⟩ high-definition TV.

he[1] [hi:]⟨f2⟩⟨zn.⟩
I ⟨telb.zn.⟩ **0.1** ***hij*** ⇒*man(netje), jongen; mannetjesdier* ◆ **7.1** is his budgie a ~ or a she? *is zijn parkiet een mannetje of een vrouwtje?;*
II ⟨n.-telb.zn.⟩⟨BE⟩ **0.1** ***tikkertje*** ⟨kinderspelletje⟩.

he[2] [(h)i⟨sterk⟩hi:]⟨f4⟩⟨p.vnw.; →genus, naamval⟩ →him, himself **0.1** ***hij*** ⇒⟨in sommige constructies⟩ *die, dat, het* **0.2** ⟨schr.⟩ ***degene*** ⇒*de persoon, hij* **0.3** ⟨verwijst terug naar one⟩⟨vnl. AE⟩ ***men*** **0.4** ⟨als accusatief gebruikt⟩⟨vnl. substandaard⟩ ***hem*** ◆ **1.1** ⟨inf.⟩ John, ~ could not sing *Jan, hij/die kon niet zingen* **4.1** 'Who is he?' 'He's John' *'Wie is dat?' 'Dat/Het is Jan';* ⟨schr.⟩ it is ~ *hij is het* **4.2** it is ~ whom you seek *hij is het/degene die gij zoekt* **4.3** though one works hard ~ still may fail *hoewel men hard werkt, kan men nog mislukken* **6.4** a secret between you and ~ *een geheim tussen jou en hem.*

he[3] [hi:], **he-he** ⟨tussenw.⟩ **0.1** ***ha (ha)*** ⇒*hihi* ⟨uitroep v. vermaak of hoon⟩.

he- [hi:] **0.1** ***mannetjes-*** ◆ **¶.1** a he-dog *een mannetjeshond/reu.*

HE ⟨afk.⟩ **0.1** ⟨His Eminence⟩ ***Z.Em.*** ⟨Zijne Eminentie⟩ **0.2** ⟨His/Her Excellency⟩ ***Z./H.Exc.*** ⟨Zijne/Hare Excellentie⟩ **0.3** ⟨high explosive⟩.

head[1] [hed]⟨f4⟩⟨telb.zn.; in bet. 0.27 head; →mv. 4⟩ ⟨→sprw. 52, 627, 703, 707, 769⟩ **0.1** ***hoofd*** ⇒*kop, hoofdlengte;* ⟨fig.⟩ *leven* **0.2** ***hoofd*** ⇒*verstand, aanleg, talent, zelfbeheersing* **0.3** ⟨inf.⟩ ***hoofdpijn*** ⇒*haarpijn, katterigheid* **0.4** ***kop*** ⇒*afbeelding v.e. hoofd;* ⟨vnl. mv.⟩ *kruis, beeldenaar* **0.5** ***gewei*** ⇒*kroon* **0.6** ***persoon*** ⇒*hoofd* **0.7** ⟨sl.⟩ ***junkie*** ⇒*verslaafde* **0.8** ⟨ben. voor⟩ ***uiteinde*** ⇒*kop* ⟨v. puist, spijker, speld, cilinder⟩; *kop, kruin* ⟨v. hamer⟩; *blad* ⟨v. bijl, golfstok, racket, riem⟩; *boven/onderkant* ⟨v. vat⟩; *punt* ⟨v. pijl⟩; *ovaal gedeelte* ⟨v. muzieknoot⟩; *helm* ⟨v. distilleerkolf⟩; ⟨BE⟩ *dak* ⟨v. auto⟩ **0.9** ⟨plantk.⟩ ***hoofdje*** ⇒*korfje, bladrozet, kroon, kruin, krop, stronk, hart, aar* **0.10** ***schuim(kraag)*** ⇒*kop* ⟨op bier⟩, *room* ⟨op de melk⟩; ⟨vnl. mv.⟩ *voorloop* ⟨eerste distillatieprodukt⟩ **0.11** ***top*** ⇒*bovenkant;* ⟨scheep.⟩ *hijs* **0.12** ***(opname/wis)kop*** ⟨v. band/videorecorder⟩ **0.13** ***breekpunt*** ⇒*crisis* **0.14** ***boveneinde*** ⇒*hoofd(einde), bovenloop, oorsprong, bron* **0.15** ***opschrift*** ⇒*hoofd, kop* **0.16** ***voorkant*** ⇒*kop, spits, hoofd* ⟨ook v. ploeg⟩; ⟨scheep.⟩ *kop, voorsteven* **0.17** ⟨inf.⟩ ***koplamp*** **0.18** ***hoofdpunt*** ⇒*categorie, rubriek* **0.19** ⟨vnl. in namen⟩ ***kaap*** ⇒*voorgebergte, uitstekende landtong* **0.20** ***meerdere*** ⇒*leider, hoofd, voorzitter, aanvoerder, directeur, chef* **0.21** ***mijngang*** **0.22** ***waterreservoir*** **0.23** ***vloeistofdruk*** ⇒*(stoom)druk; verval* **0.24** ⟨inf.⟩ ***w.c.*** ⇒*plee* ⟨vnl. op schepen⟩ **0.25** ⟨sl.⟩ ***(makkelijk) meisje/grietje*** **0.26** ⟨sl.⟩ ***eikel*** ⇒*stijve (lul)* **0.27** ***stuk (vee)*** ⇒⟨BE⟩ *kudde, aantal dieren* ◆ **1.1** a beautiful ~ of hair *een prachtige kop met haar;* ~ and shoulders above *met kop en schouders er bovenuit;* ⟨fig.⟩ *verreweg de beste* **1.4** ~s or tails? *kruis of munt?* **1.20** ~ of state *staatshoofd* **1.23** get up a ~ of steam *stoom maken, de ketels opstoken* **1.27** 50 ~ of cattle *50 stuks vee;* a large ~ of game *veel wild, een grote kudde wild* **1.¶** have one's ~ in the air/clouds *met het hoofd in de wolken lopen;* bang/run one's ~ against a brick wall *met het hoofd tegen de muur lopen;* ~ over ears/heels, over ~ and ears *tot over zijn oren, volkomen;* from ~ to foot *van top tot teen;* the ~ and front of sth. *de hoofdzaak/quintessens/leider/aanvoerder v. iets;* leave ~ over heels *hals over kop vertrekken;* send ~ over heels *ondersteboven slaan/doen vallen;* have a ~ for heights *geen (last van) hoogtevrees hebben;* place one's ~ in the lion's mouth *zich in het hol v.d. leeuw wagen;* put one's ~ in a noose *zijn eigen ondergang bewerken;* ⟨BE⟩ ~ of the river *koploper in een roeiwedstrijd;* bury one's ~ in the sand *de kop in het zand steken;* drag in by the ~ and shoulders *met de haren erbij slepen;* I could not make ~ or tail of it *ik kon er geen touw aan vastknopen, ik kon er niet wijs uit worden;* keep one's ~ above water *het hoofd boven water houden* **2.2** be weak in the ~ *niet goed bij het hoofd zijn, niet erg snugger zijn* **3.1** count ~s *hoofden tellen;* have sth. hanging over one's ~ *iets boven het hoofd hebben hangen* ⟨ook fig.⟩; knock their ~s together *met de koppen tegen elkaar slaan* ⟨ook fig.⟩; lift one's ~ up *zijn hoofd rechten;* ⟨fig.⟩ ~s will roll *er gaan/er zullen wel een paar koppen rollen;* scratch one's ~ *in zijn haar krabben;* shake one's ~ *zijn hoofd schudden;* can you stand on your ~? *kun jij op je hoofd staan?* **3.2** it never entered/came into his ~ *het kwam niet bij hem op;* get sth. into one's ~ *zich iets in het hoofd zetten;* the success has gone to his ~ *het succes is hem naar het hoofd gestegen;* we laid/put our ~s together *wij staken de koppen bij elkaar;* put sth. into s.o.'s ~ *iem. iets suggereren;* you can put that out of your ~ *dat kun je wel vergeten, dat kun je wel uit je hoofd zetten;* she took it into her ~ to go for a walk *zij kreeg het in haar hoofd om te gaan wandelen* **3.6** a crowned ~ *een gekroond hoofd* **3.13** that brought the matter to a ~ *daarmee werd de zaak op de spits gedreven;* come to a ~ *een kritiek punt bereiken; rijp worden* ⟨v. puist⟩ **3.¶** beat/knock s.o.'s ~ off *iem. totaal verslaan;* bite s.o.'s ~ off *snauwen tegen iem., iem. kortaf antwoorden;* ⟨sl.⟩ do one's ~ *zich suf piekeren; razend kwaad zijn;* eat one's ~ off *eten als een wolf/dijker/dijkwerker; meer eten dan het waard is* ⟨v. dier⟩; ⟨inf.⟩ get one's ~ down *gaan slapen;* give s.o. his ~, let s.o. have his ~ *iem. de vrije teugel geven;* ⟨sl.⟩ give s.o. ~ *iem. pijpen/afzuigen; iem. beffen/(klaar)likken;* go off one's ~ *gek worden;* hang one's ~ *het hoofd buigen (v. schaamte);* hold one's ~ high *z'n hoofd niet laten hangen;* she can still hold up her ~ *zij hoeft zich nergens voor te schamen;* ⟨inf.⟩ hold your ~! *hou je kop!;* keep one's ~ *zijn kalmte bewaren;* keep one's ~ down *zich gedekt houden; zich niet laten afleiden;* knock one's ~ against *in botsing komen met;* ⟨BE⟩ knock on the ~ *een spaak in het wiel steken, iets verijdelen;* laugh one's ~ off *zich kapot/een ongeluk/een breuk lachen;* lose one's ~ *onthoofd worden;* ⟨fig.⟩ *het hoofd verliezen;* she lost her ~ over him *ze werd dolverliefd op hem;* make ~ *vooruitkomen, opschieten;* make ~ against *weerstand bieden aan;* scream one's ~ off *vreselijk tekeer gaan;* have one's ~ screwed on straight *verstandig zijn, niet gek zijn;* snap s.o.'s ~ off *iem. afsnauwen;* she could do it standing on her ~ *ze kon het met haar ogen dicht doen, het was voor haar een fluitje v.e. cent;* stuff s.o.'s ~ with *iemands hoofd volproppen met;* ⟨inf.⟩ swelled/swollen ~ *verwaandheid, opgeblazenheid, dikdoenerigheid;* ⟨B.⟩ *dikke nek;* turn s.o.'s ~ *iem. verwaand maken, iem. naar het hoofd stijgen, iem. het hoofd op hol brengen* **5.1** ~ first/foremost *voorover;* one's ~ **off** *heel veel, heel erg, heel hard* **5.¶** ⟨scheep.⟩ ~ below! *van onderen!* **6.1** taller **by** a ~ *een kop groter;* the horse won **by** a ~ *het paard won met een hoofdlengte (verschil);* **on** one's ~ *op zijn hoofd;* ⟨inf.⟩ *op zijn sloffen;* **on** your ~ *op jouw verantwoordelijkheid* **6.2** that is **above/over** my ~ *dat gaat boven mijn pet;* **in** one's ~ *uit het hoofd;* a ~ **for** mathematics *een wiskundeknobbel;* **off/out of** one's ~ *gek, niet goed bij zijn verstand;* did that come **out of** his ~? *heeft hij dat zelf bedacht?;* the appointment had gone clean **out of** my ~ *de afspraak was mij helemaal door het hoofd geschoten/geheel ontschoten* **6.14 at** the ~ *bovenaan, aan het hoofd* **6.16** ⟨scheep.⟩ (down) **by** the ~ *voorlastig;* ⟨scheep.⟩ **trim by** the ~ *koplast geven* **6.18 (up)on** that ~ *op dat punt* **6.¶ over** s.o.'s ~ *te moeilijk; met voorbijgang v. iem., zonder iem. er in te kennen;* they were promoted **over** your ~ *zij werden bevorderd, en jij werd daarbij gepasseerd* **7.6** £ 1 a ~ *£ 1 per persoon.*

head[2] ⟨f3⟩ ⟨ww.⟩ →headed, heading
I ⟨onov.ww.⟩ **0.1** ***gaan*** ⇒*gericht zijn, koers zetten* **0.2** ⟨plantk.⟩ ***kroppen*** ⇒*een krop vormen* **0.3** ⟨AE⟩ ***ontspringen*** ⟨v. rivier, beek⟩ ◆ **5.1** we ~ed **back** *wij gingen terug;* the plane ~ed north *het vliegtuig zette koers naar het noorden* **6.1** →head **for;**
II ⟨ov.ww.⟩ **0.1** ***voorzien v.e. kop*** ⟨enz., zie head[1]⟩ **0.2** ***aftoppen*** ⇒*snoeien* **0.3** ***aan het hoofd staan*** ⇒*het hoofd zijn van, leiden, aanvoeren, voorop lopen, de eerste zijn, vooraf gaan* **0.4** ***bovenaan plaatsen*** ⇒*bovenaan staan op* **0.5** ***overtreffen*** ⇒*voorbijstreven, de kop nemen* **0.6** ***zich aan het hoofd stellen van*** **0.7** ***bovenlangs trekken*** ⟨rivier, meer⟩ ⇒*omtrekken* **0.8** ⟨voetbal⟩ ***koppen*** **0.9** ***richten*** ⇒*sturen, in een richting leiden* ◆ **1.3** who ~s the committee? *wie is de voorzitter v.h. comité?;* the general ~ed the revolt *de generaal leidde de opstand;* the procession was ~ed by the mounted police *de stoet werd voorafgegaan door de bereden politie, de bereden politie reed aan het hoofd v.d. stoet* **1.4** his name ~ed the list *zijn naam stond bovenaan de lijst* **1.5** he ~s all records *hij slaat alle records* **5.2** ~ **down** *(af)toppen, snoeien* **5.6** ⟨AE⟩ ~ **up** *zich aan het hoofd stellen van, aan het hoofd staan van* **5.9** ~ **back** *terugsturen* **5.¶** →head off.

-head [hed] **0.1** ***-heid*** ◆ **¶.1** godhead *godheid.*

'head·ache ⟨f3⟩ ⟨telb. en n.-telb.zn.⟩ **0.1** ***hoofdpijn*** **0.2** ⟨inf.⟩ ***probleem*** ⇒*vervelende kwestie.*

head·ach·y ['hedeɪki]⟨bn.; ook -er; →compar. 7⟩ **0.1** ***hoofdpijn hebbend*** **0.2** ***hoofdpijn veroorzakend.***

'headage payment ⟨telb.zn.⟩ **0.1** ***subsidiebedrag per stuk vee*** ⟨in EG-verband⟩.

'head·band ⟨telb.zn.⟩ **0.1** ***hoofdband*** **0.2** ***kapitaalbandje*** ⟨v. boek⟩ ⇒*besteeksel, besteekband.*

'head-bang·er ⟨telb.zn.⟩ ⟨sl.⟩ **0.1** ***headbanger*** ⟨iem. die (het hoofd) woest beweegt op keiharde muziek⟩ **0.2** ***idioot*** ⇒*malloot.*

'head·board ⟨f1⟩ ⟨telb.zn.⟩ **0.1** ***(plank aan het) hoofdeinde*** ⟨v. bed⟩.

'head 'boy ⟨telb.zn.⟩ **0.1** ***hoofdmonitor*** ⟨v. school⟩.

'head butt ⟨telb.zn.⟩ **0.1** ***kopstoot.***

'head·cheese ⟨n.-telb.zn.⟩⟨AE⟩ **0.1** ***hoofdkaas.***

'head 'clerk ⟨telb.zn.⟩ **0.1** ***bureauchef.***

'head cloth ⟨telb.zn.⟩ **0.1** ***hoofddoek.***

'head cold ⟨telb.zn.⟩ **0.1** ***verkoudheid***.
'head 'cook ⟨telb.zn.⟩ **0.1** ***chefkok***.
'head count ⟨telb.zn.⟩ **0.1** ***personeelsbezetting***.
'head·dress ⟨f1⟩⟨telb.zn.⟩ **0.1** ***hoofdtooi*** **0.2** ***kapsel***.
head·ed ['hedɪd]⟨bn.; volt. deelw. v. head+2⟩ **0.1** ***met een hoofd/kop***.
-head·ed ['hedɪd] **0.1** ***-hoofdig*** ⇒*koppig* **0.2** ***-harig*** ◆ ¶.1 four-headed *vierkoppig* ¶.2 fair-headed *blond*.
head·er ['hedə‖-ər]⟨f1⟩⟨telb.zn.⟩ **0.1** ***iem. die iets v.e. kop voorziet*** **0.2** ***(koren)maaier*** **0.3** ⟨bouwk.⟩ ***kopsteen*** ⇒*sluitsteen* **0.4** ⟨voetbal⟩ ***kopbal*** **0.5** ***duikeling*** ⇒*buiteling, duik, snoekduik* ◆ **3.5** take a ~ *een duikeling maken*.
'head·fast[1] ⟨telb.zn.⟩⟨scheep.⟩ **0.1** ***boegtouw***.
headfast[2] ⟨ov.ww.⟩⟨scheep.⟩ **0.1** ***met een boegtouw afmeren***.
'head'first ⟨bn.; bw.⟩ **0.1** ***met het hoofd vooruit*** ⇒*voorover* **0.2** ***onbesuisd*** ⇒*onstuimig, roekeloos, plotseling, hals over kop*.
'head for ⟨f2⟩⟨onov.ww.⟩ **0.1** ***afgaan op*** ⇒*koers zetten naar, afstevenen op* ◆ **1.1** he headed straight for the bar *hij stevende direct op de bar af;* she was headed for disaster *zij ging haar ondergang tegemoet;* you are heading for trouble *als jij zo doorgaat krijg je narigheid*.
'head·gear ⟨zn.⟩
I ⟨telb. en n.-telb.zn.; vnl. enk.⟩ **0.1** ***hoofddeksel*** ⇒*hoed, pet, muts, helm, kepie* **0.2** ***paardehoofdstel*** **0.3** ⟨boksen⟩ ***hoofdbeschermer;***
II ⟨n.-telb.zn.⟩⟨mijnw.⟩ **0.1** ***schachtbok/toren***.
'head·guard ⟨telb.zn.⟩⟨bokssport⟩ **0.1** ***hoofdbeschermer***.
'head·hunt·er ⟨f1⟩⟨telb.zn.⟩ **0.1** ***koppensneller*** **0.2** ***headhunter*** ⇒*breinronselaar* ⟨iem. die topfunctionarissen tracht over te halen naar een andere werkgever over te stappen⟩; *coryfeeënplakker, sterrenlikker* ⟨iem. die graag gezien wordt in het gezelschap v. vooraanstaande personen⟩ **0.3** ⟨AE; sport⟩ ***beul*** ⇒*slager, rammer*.
'head-hunt·ing ⟨n.-telb.zn.⟩ **0.1** ***(het) koppensnellen*** **0.2** ***headhunting*** ⟨werven v. topfunctionarissen vnl. bij andere bedrijven⟩.
head·ing ['hedɪŋ]⟨f2⟩⟨zn.; oorspr. gerund v. head[2]⟩
I ⟨telb.zn.⟩ **0.1** ⟨ook lucht., scheep.⟩ ***koers*** **0.2** ***opschrift*** ⇒*titel, kop* **0.3** ⟨mijnw.⟩ ***tunnel*** ⇒*steengang, mijngang, galerij;*
II ⟨n.-telb.zn.⟩ **0.1** ***afsluitmateriaal*** ⇒*bodem, deksel*.
'head·lamp ⟨telb.zn.⟩ **0.1** ***koplamp*** **0.2** ***voorhoofdlamp*** ⟨v. arts, mijnwerker enz.⟩.
head·land ['hedlənd]⟨f2⟩⟨telb.zn.⟩ **0.1** ***kaap*** ⇒*landtong* **0.2** ***wendakker***.
head·less ['hedləs]⟨f1⟩⟨bn.; -ness⟩ **0.1** ***zonder hoofd*** ⇒*zonder kop, zonder aanvoerder;* ⟨fig.⟩ *stom* **0.2** ***onthoofd***.
'head·light ⟨f1⟩⟨telb.zn.⟩ **0.1** ***koplamp*** **0.2** ⟨vnl. mv.⟩⟨sl.⟩ ***tiet*** ⇒*bal*.
'head·line[1] ⟨f2⟩⟨telb.zn.⟩ **0.1** ***(krante)kop*** ⇒*opschrift* **0.2** ⟨scheep.⟩ ***ra*** ◆ **3.1** make/hit the ~s *volop in het nieuws komen, in het brandpunt v.d. belangstelling staan* **7.1** the ~s *hoofdpunten v.h. nieuws*.
headline[2] ⟨ov.ww.⟩ **0.1** ***voorzien v.e. titel*** **0.2** ***met vette koppen aankondigen*** **0.3** ***de hoofdattractie vormen in/van***.
'head·lin·er ⟨telb.zn.⟩⟨AE⟩ **0.1** ***ster*** ⇒*hoofdrolspeler*.
'head·lock ⟨telb.zn.⟩⟨worstelen⟩ **0.1** ***hoofdgreep***.
'head·long ⟨f1⟩⟨bn.; bw.⟩ **0.1** ***voorover*** ⇒*met het hoofd voorover* **0.2** ***overijld*** ⇒*haastig, hals over kop* **0.3** ***onstuimig*** ⇒*onbesuisd, roekeloos* **0.4** ⟨vero.⟩ ***steil*** ◆ **1.1** a ~ fall *een val voorover*.
'head·man ['hedmən]⟨f1⟩⟨telb.zn.; headmen [-mən]; →mv. 3⟩ **0.1** ***dorpshoofd*** ⇒*stamhoofd* **0.2** ***voorman*** ⇒*opzichter, ploegbaas*.
'head'mas·ter ⟨f2⟩⟨telb.zn.⟩ **0.1** ***schoolhoofd*** ⇒*directeur, rector*.
'head'mis·tress ⟨f1⟩⟨telb.zn.⟩ **0.1** ***schoolhoofd*** ⇒*directrice, rectrix*.
'head money ⟨n.-telb.zn.⟩ **0.1** ***hoofdelijke omslag/som*** ⇒*hoofdgeld* **0.2** ***beloning*** ⇒*premie, prijs*.
'head·most ⟨bn.⟩ **0.1** ***voorst*** ⇒*eerst*.
'head·note ⟨telb.zn.⟩ **0.1** ***noot aan het begin v. hoofdstuk/bladzijde***.
'head 'off ⟨ov.ww.⟩ **0.1** ***onderscheppen*** ⇒*de pas afsnijden, van richting doen veranderen* **0.2** ***verhoeden*** ⇒*voorkomen, verhinderen;* ⟨fig.⟩ *couperen*.
'head-'on ⟨f1⟩⟨bn.; bw.⟩ **0.1** ***frontaal*** ⇒*van voren* **0.2** ***onverzoenlijk*** ⇒*lijnrecht tegenover* ◆ **1.1** a ~ collision *een frontale botsing*.
'head·phone ⟨f1⟩⟨zn.⟩
I ⟨telb.zn.⟩ **0.1** ***oortelefoon;***
II ⟨mv.; ~s⟩ **0.1** ***hoofdtelefoon*** ⇒*koptelefoon*.
'head·piece ⟨telb.zn.⟩ **0.1** ***helm*** ⇒*helmhoed, stormhoed* **0.2** ***hoofddeksel*** ⇒*hoed, pet, muts, hoofdijzer* **0.3** ***kopstuk*** ⟨v. paardehoofdstel⟩ **0.4** ⟨inf.⟩ ***verstand*** ⇒*hersens, knappe kop* **0.5** ***vignet*** ⇒*titelvignet*.
'head·pin ⟨telb.zn.⟩⟨bowling⟩ **0.1** ***voorste/eerste kegel*** ⇒*pin 1*.
'head pole ⟨telb.zn.⟩⟨paardesport⟩ **0.1** ***hoofdstang*** ⟨om hoofd v. harddraver recht te houden⟩.
'head-'quar·tered ⟨bn., attr.⟩⟨vnl. AE; inf.⟩ **0.1** ***het hoofdbureau/*** ⟨mil.⟩ ***hoofdkwartier hebbend*** ◆ **6.1** ~ **in** B. *met hoofdzetel in B.*.
'head'quar·ters ⟨f2⟩⟨mv.; ww. vnl. enk.⟩ **0.1** ***hoofdbureau*** ⇒*hoofdkantoor, hoofdzetel;* ⟨mil.⟩ *hoofdkwartier, staf(kwartier)*.
'head·race ⟨telb.zn.⟩ **0.1** ***aanvoerkanaal*** ⟨v. watermolen⟩.
'head rest, 'head restraint ⟨f1⟩⟨telb.zn.⟩ **0.1** ***hoofdsteun*** ⟨in auto⟩.
'head·room ⟨n.-telb.zn.⟩ **0.1** ***vrije hoogte*** ⇒*doorrijhoogte, doorvaarthoogte, stahoogte* **0.2** ***hoofdruimte*** ⟨in auto⟩.
head·sail ['hedseɪl⟨scheep.⟩'hedsl]⟨telb.zn.⟩ **0.1** ***voorzeil***.
'head·scarf ⟨telb.zn.⟩ **0.1** ***hoofddoek***.
'head sea ⟨telb. en n.-telb.zn.⟩ **0.1** ***kopzee***.
'head·set ⟨f1⟩⟨telb.zn.⟩⟨vnl. AE⟩ **0.1** ***hoofdband met oortelefoon en microfoon*** **0.2** ***koptelefoon***.
'headset radio ⟨telb.zn.⟩ **0.1** ***walkman***.
'head shake ⟨telb.zn.⟩ **0.1** ***hoofdschudding*** ⇒*het hoofd schudden, het nee-schudden*.
head·ship ['hedʃɪp]⟨zn.⟩
I ⟨telb.zn.⟩ **0.1** ***functie/ambtsperiode v. hoofd/leider/aanvoerder/directeur*** ⇒*aanvoerderschap, leiderschap;*
II ⟨n.-telb.zn.⟩ **0.1** ***leiding*** ⇒*aanvoering*.
'head shop ⟨telb.zn.⟩⟨vnl. AE; sl.⟩ **0.1** ***winkel met spullen voor druggebruik(ers)***.
'head·shrink·er ⟨telb.zn.⟩ **0.1** ***koppensneller*** ⟨die de schedelbeenderen verwijdert en de gekrompen kop bewaart⟩ **0.2** ⟨sl.⟩ ***zieleknijper***.
heads·man ['hedzmən]⟨telb.zn.; headsmen [-mən]; →mv. 3⟩ **0.1** ***beul*** ⇒*scherprechter* **0.2** ***kapitein v. walvisvaarder***.
'head·spring ⟨telb.zn.⟩ **0.1** ***(hoofd)bron*** ⟨ook fig.⟩ ⇒*oorsprong* **0.2** ⟨gymnastiek⟩ ***kopkip*** ⇒*kopoverslag*.
'head·square ⟨telb.zn.⟩ **0.1** ***hoofddoek***.
'head·stall ⟨telb.zn.⟩ **0.1** ***kopstuk*** ⟨riem v. paardehoofdstel⟩.
'head·stand ⟨telb.zn.⟩ **0.1** ***kopstand*** ⇒*stand op het hoofd* ◆ **3.1** do a ~ *op zijn hoofd (gaan) staan*.
'head'start ⟨telb.zn.⟩ **0.1** ***voorsprong*** ⟨ook fig.⟩ ⇒*goede uitgangspositie, goed begin* ◆ **6.1** he has a 5 minute ~ **on/over** you *hij heeft 5 minuten voorsprong op jou*.
'head·stock ⟨telb.zn.⟩⟨tech.⟩ **0.1** ***vaste kop*** ⟨v. draaibank⟩ ⇒*drijfwerk*.
'head·stone ⟨telb.zn.⟩ **0.1** ***grafsteen*** **0.2** ***hoeksteen*** ⟨ook fig.⟩.
'head·stream ⟨telb.zn.⟩ **0.1** ***bovenloop*** ⇒*bron* ⟨v. rivier⟩.
'head·strong ⟨f1⟩⟨bn.⟩ **0.1** ***koppig*** ⇒*eigenzinnig, halstarrig*.
'head·tax ⟨n.-telb.zn.⟩⟨AE⟩ **0.1** ***hoofdelijke omslag*** ⇒*hoofdgeld*.
'head voice ⟨telb.zn.⟩⟨muz.⟩ **0.1** ***falset*** ⇒*kopstem*.
'head'wait·er ⟨telb.zn.⟩ **0.1** ***eerste kelner*** ⇒*ober*.
'head·ward ['hedwəd‖-wərd]⟨bn.; bw.⟩ **0.1** ***naar het hoofd/boveneinde toelopend*** ⇒*in de richting v.h. hoofd/boveneinde* **0.2** ***aan/bij het hoofd plaatsvindend***.
'head·wa·ters ⟨mv.⟩ **0.1** ***bovenloop*** ⇒*bronnen*.
'head·way ⟨f1⟩⟨n.-telb.zn.⟩ **0.1** ***voortgang*** ⇒*vooruitgang, vaart* ⟨v.e. schip⟩ **0.2** ***vrije hoogte*** ⇒*doorrijhoogte, doorvaarthoogte, stahoogte* **0.3** ***tussentijd/ruimte*** ⇒*onderlinge afstand* ⟨tussen twee voertuigen op dezelfde route⟩ ◆ **3.1** ⟨fig.⟩ make ~ *vooruitgang boeken*.
'head wind ⟨f1⟩⟨telb. en n.-telb.zn.⟩ **0.1** ***tegenwind***.
'head·word ⟨telb.zn.⟩ **0.1** ***(hoofd)ingang*** ⇒*tref/titelwoord, lemma* ⟨in catalogus, woordenboek⟩ **0.2** ⟨taalk.⟩ ***hoofdwoord*** ⟨v. constituent of samenstelling⟩ **0.3** ***eerste woord v. hoofdstuk/paragraaf*** ⟨vaak vet gezet⟩.
'head·work ⟨n.-telb.zn.⟩ **0.1** ***hoofdwerk*** ⇒*denkwerk, hersenwerk*.
head·y ['hedi]⟨f1⟩⟨bn.; -er; -ly; -ness; →bijw. 3⟩ **0.1** ***onstuimig*** ⇒*heftig, wild, woest* **0.2** ***bedwelmend*** ⇒*dronken makend, koppig* ⟨wijn⟩ **0.3** ***dronken*** ⇒*in een roes, zweverig, licht in het hoofd*.
heal [hi:l]⟨f3⟩⟨ww.⟩⟨→sprw. 560⟩
I ⟨onov. en ov.ww.⟩ **0.1** ***genezen*** ⇒*(doen) herstellen, gezond maken/worden, beter maken/worden, dichtgaan* ⟨v. wond⟩; ⟨fig.⟩ *bijleggen, vereffenen, beslechten* ◆ **5.1** ~ **over** *dichtgaan* ⟨v. wond⟩; *genezen, (doen) herstellen, beslechten, beslecht worden;* ~ **up** *genezen, (doen) herstellen;*
II ⟨ov.ww.⟩⟨BE; gew.⟩ **0.1** ***met aarde bedekken*** ⇒*planten, poten*.
'heal-all ⟨telb.zn.; ook heals-alls; →mv. 6⟩ **0.1** ***heelkruid*** ⇒*geneeskrachtige plant* ⟨i.h.b. brunel⟩ **0.2** ***panacee*** ⇒*middel tegen alle kwalen, wondermiddel*.
heald [hi:ld]⟨telb.zn.⟩⟨vnl. BE⟩ **0.1** ***hevel*** ⟨v. weefgetouw⟩.
'heal·er ['hi:lə‖-ər]⟨f1⟩⟨telb.zn.⟩⟨→sprw. 688⟩ **0.1** ***genezer*** ⟨i.h.b. die alternatieve geneeswijze toepast⟩.
health [helθ]⟨f3⟩⟨zn.⟩⟨→sprw. 256⟩
I ⟨telb. en n.-telb.zn.⟩ **0.1** ***toost*** ⇒*heildronk, gezondheid* ◆ **3.1** drink s.o.'s ~ *op iemands gezondheid drinken* **4.1** your ~! *op je gezondheid!* **6.1** they drank a ~ **to** *zij brachten een toost uit op;*
II ⟨n.-telb.zn.⟩ **0.1** ***gezondheid*** ⇒*lichamelijk welzijn, gezondheidstoestand* ◆ **2.1** he is in poor ~ *zijn gezondheid laat te wensen over* **3.1** have/be in/enjoy good ~ *een goede gezondheid genieten* **5.1** be **down** in ~ *zich minder goed voelen* **6.1** he moved to

the south **for** his ~ *hij is naar het zuiden verhuisd omwille van zijn gezondheid;* ⟨fig.⟩ I am not here **for** my ~ *ik zit hier niet om vliegen te vangen;* my mother is **out of** ~ *mijn moeder is niet helemaal in orde.*

'health authority ⟨telb.zn.⟩ **0.1** ***gezondheidsdienst.***

'health care ⟨f1⟩ ⟨n.-telb.zn.⟩ **0.1** ***gezondheidszorg.***

'health centre ⟨telb.zn.⟩ **0.1** ***gezondheidscentrum*** ⇒*consultatiebureau.*

'health certificate ⟨telb.zn.⟩ **0.1** ***gezondheidsattest*** ⇒*gezondheidscertificaat, gezondheidspas.*

'health club ⟨telb.zn.⟩ **0.1** ***fitness club / vereniging*** **0.2** ***fitness-center.***

'health farm ⟨telb.zn.⟩ **0.1** ***gezondheidsboerderij.***

'health food ⟨n.-telb.zn.⟩ **0.1** ***gezonde, natuurlijke voeding.***

'health food shop, ⟨AE⟩ **health food store** ⟨telb.zn.⟩ **0.1** ***reformwinkel*** ⇒*reformhuis.*

health·ful ['helθfʊl] ⟨f1⟩ ⟨bn.; -ly; -ness⟩ **0.1** ***gezond*** ⇒*heilzaam.*

'health insurance ⟨telb. en n.-telb.zn.⟩ **0.1** ***ziektekostenverzekering.***

'health officer ⟨telb.zn.⟩ **0.1** ***inspekteur / ambtenaar v.d. gezondheidsdienst.***

'health resort ⟨telb.zn.⟩ **0.1** ***gezondheidsoord*** ⇒*kuuroord.*

'health salts ⟨mv.⟩ **0.1** ***laxeerzout*** ⇒*mild laxeermiddel.*

'health service ⟨telb.zn.⟩ **0.1** ***gezondheidsdienst.***

'health spa ⟨telb.zn.⟩ **0.1** ***sauna en gym*** ⟨vnl. voor vermageringskuur⟩.

'health visitor ⟨telb.zn.⟩ ⟨BE⟩ **0.1** ***verpleegkundige die huisbezoeken aflegt*** ⇒⟨ong.⟩ *wijkverpleegster.*

health·y ['helθi] ⟨f3⟩ ⟨bn.; -er; -ly; -ness; →bijw. 3⟩ ⟨→sprw. 132⟩ **0.1** ***gezond*** ⇒*heilzaam, goed, bevorderlijk voor de gezondheid, flink, stevig, natuurlijk* ◆ **1.1** she has a ~ colour *zij heeft een gezonde kleur;* a ~ curiosity *een gezonde nieuwsgierigheid;* not a ~ place *niet zo'n veilige plaats;* he has a ~ respect for my father *hij heeft een groot ontzag / heilig respect voor mijn vader;* a ~ walk *een gezonde wandeling.*

heap¹ [hi:p] ⟨f3⟩ ⟨telb.zn.⟩ **0.1** ***hoop*** ⇒*stapel, berg* **0.2** ⟨inf.⟩ ***boel*** ⇒*massa, hoop, menigte* **0.3** ⟨inf.⟩ ***oude brik*** ⇒*oude auto, oud kavalje, (oud) lijk* ◆ **1.2** we've got ~s of time *we hebben nog zeeën van tijd;* a ~ of schoolboys *een horde schooljongens;* I've heard that story ~s of times *ik heb dat verhaal al zo vaak gehoord* **2.2** it was ~s better than last week *het was stukken beter dan verleden week* **3.¶** ⟨inf.⟩ knock / strike all of a ~ *paf doen staan, verbijsteren.*

heap² ⟨f2⟩ ⟨ov.ww.⟩ →heaping **0.1** ***ophopen*** ⇒*(op)stapelen, samenhopen* **0.2** ***vol laden*** ⇒*opladen* **0.3** ***overladen*** ⇒*overstelpen* ◆ **5.1** she ~ed **together** all the toys *zij gooide al het speelgoed op een hoop;* ~ **up** bricks *stenen op een hoop gooien;* the old miser had ~ed **up** enormous riches *de oude vrek had enorme rijkdommen vergaard* **6.1** they ~ed rocks **(up)on** the grave *zij stapelden stenen op het graf* **6.2** a table ~ed **with** delicious food *een tafel volgeladen met heerlijke spijzen* **6.3** gifts were ~ed **(up)on** them *zij werden met geschenken overladen;* she ~ed reproaches **(up)on** her mother *zij overstelpte haar moeder met verwijten.*

heap·ing ['hi:pɪŋ] ⟨bn.; oorspr. teg. deelw. v. heap⟩ ⟨AE⟩ **0.1** ***opgehoopt*** ⇒*overvol.*

hear [hɪə‖hɪr] ⟨f4⟩ ⟨ww.; heard [hɜ:d‖hɜrd], heard [hɜ:d‖hɜrd]⟩ →hearing ⟨→sprw. 78, 149, 150, 257, 403, 662, 725⟩

I ⟨onov. en ov.ww.⟩ **0.1** ***horen*** ◆ **3.1** ⟨vero.⟩ I've heard say / tell that he has been in prison *ik heb gehoord / horen zeggen dat hij in de gevangenis heeft gezeten* **6.1** I have heard **about** her, but I have never met her *ik heb over haar gehoord, maar ik heb haar nooit ontmoet;* ~ **from** *bericht krijgen van, horen van;* ~ **of** *horen van* **¶.¶** hear! hear! *bravo!;*

II ⟨ov.ww.⟩ **0.1** ***luisteren naar*** ⇒⟨jur.⟩ *(ver)horen, behandelen; verhoren* ⟨gebed⟩, *overhoren, gehoorzamen, gehoor geven aan* **0.2** ***vernemen*** ⇒*kennisnemen van, horen* ◆ **1.1** ~ mass *de mis bijwonen;* his case will not be heard until next month *zijn zaak wordt pas volgende maand behandeld;* both parties were heard *beide partijen werden gehoord* **5.1** we will ~ him **out** *wij zullen hem laten uitspreken* **6.2** ~ quite a lot **of** s.o. *veel over iem. horen.*

hear·er ['hɪərə‖'hɪrər] ⟨f1⟩ ⟨telb.zn.⟩ **0.1** ***(toe)hoorder.***

hear·ing ['hɪərɪŋ‖'hɪrɪŋ] ⟨f2⟩ ⟨zn.; (oorspr.) gerund v. hear⟩

I ⟨telb.zn.⟩ **0.1** ***gehoor*** ⇒*het horen, hearing, hoorzitting, audiëntie* **0.2** ⟨jur.⟩ ***behandeling*** ⟨v.e. zaak⟩ **0.3** ⟨AE; jur.⟩ ***verhoor*** ◆ **2.1** a fair ~ *het onbevooroordeeld luisteren naar;* a public ~ *een openbare hoorzitting* **3.1** gain / get a ~ with s.o. *een onderhoud hebben met iem.* **7.1** you need a second ~ to appreciate this kind of music *deze muziek moet je een tweede keer horen om ze te kunnen waarderen;* he would not even give us a ~ *hij wilde zelfs niet eens naar ons luisteren;*

II ⟨n.-telb.zn.⟩ **0.1** ***het luisteren (naar)*** ⇒*het (ver)horen, het vernemen, het behandelen, het overhoren, het gehoorzamen* **0.2** ***gehoor*** **0.3** ***gehoorsafstand*** ◆ **2.2** she is hard of ~ *zij is hardhorend* **6.3** you had better guard your speech **in** her ~ *je moet op je woorden letten, als zij je kan horen;* **out of** ~ *buiten gehoorsafstand;* **within** ~ *binnen gehoorsafstand.*

'hearing aid ⟨f1⟩ ⟨telb.zn.⟩ **0.1** ***(ge)hoorapparaat.***

'hear·ing-im·paired ⟨bn.⟩ **0.1** ***slechthorend*** ◆ **7.1** the ~ *de slechthorenden.*

'hearing room ⟨telb.zn.⟩ **0.1** ***zaal waar hoorzitting wordt gehouden.***

heark·en, harken ['hɑ:kən‖'hɑr-] ⟨onov.ww.⟩ ⟨vero.⟩ **0.1** ***luisteren.***

'hear·say ⟨f1⟩ ⟨n.-telb.zn.⟩ **0.1** ***praatjes*** ⇒*geruchten* ◆ **6.1** I know it **from** ~ *ik weet het van horen zeggen.*

hearse [hɜ:s‖hɜrs] ⟨f1⟩ ⟨telb.zn.⟩ **0.1** ***lijkwagen*** ⇒*lijkkoets.*

'hearse cloth ⟨telb.zn.⟩ **0.1** ***baarkleed*** ⇒*lijkkleed, lijkwade.*

heart¹ [hɑ:t‖hɑrt] ⟨f4⟩ ⟨zn.⟩ ⟨→sprw. 1, 83, 181, 182, 259, 298, 302, 314, 369, 396, 718, 736⟩

I ⟨telb.zn.⟩ **0.1** ***hart(spier)*** **0.2** ***boezem*** ⇒*borst* **0.3** ***hartje*** ⇒*liefje* **0.4** ***dappere / stoere kerel*** ⇒*jongen v. Jan de Witt, Jan Stavast* **0.5** ***kern*** ⇒*hart, essentie* **0.6** ***hart*** ⇒*hartvormig voorwerp;* ⟨kaartspel⟩ *harten(kaart)* **0.7** ⟨sl.⟩ ***eikel*** ⟨v. penis⟩ **0.8** ⟨sl.⟩ ***stijve*** ⇒*erectie* ◆ **1.1** my ~ was in / leapt into my mouth *mijn hart klopte in mijn keel* **1.5** the ~ of a cabbage *het hart v.e. kool;* the ~ of the matter *de kern v.d. zaak* **1.7** ~ of oak *kerneikehout;* ⟨fig.⟩ *man van stavast, jongen v. Jan de Witt, ferme kerel* **2.1** my ~ stood still *mijn hart stond stil* **3.2** she pressed her son to her ~ *zij drukte haar zoon aan haar boezem / tegen het hart* **3.¶** my ~ bleeds (for you) *ik ben diep bedroefd;* ⟨iron.⟩ *oh jee, wat heb ik een medelijden (met jou);* she said that we could use her car, bless her ~! *ze zei dat we haar auto mochten gebruiken, de schat / de lieverd!;* bless my ~! *goeie genade!;* bless your ~ *je bent een schat;* ⟨inf.⟩ cross my ~ *dat zweer ik, op mijn woord, erewoord;* cross one's ~ (and hope to die) *plechtig beloven;* cry one's ~ out *tranen met tuiten huilen;* eat one's ~ out *wegkwijnen (v. verdriet / verlangen);* not find it in one's ~ *het niet over zijn hart kunnen verkrijgen;* ⟨inf.⟩ have a ~ *strijk eens (met de hand) over je hart, wees eens aardig;* ⟨inf.⟩ heave one's ~ up *zijn hart uit zijn lijf braken;* tear s.o.'s ~ out *iem. op het hart trappen / een steek in het hart geven* **7.¶** ⟨inf.⟩ she has a ~ *zij heeft het aan haar hart;*

II ⟨telb. en n.-telb.zn.⟩ **0.1** ***geest*** ⇒*verstand, gedachten, herinnering* **0.2** ***hart*** ⇒*binnenste, gevoel, gemoed, innerlijk* ◆ **1.1** a change of ~ *verandering v. gedachten* **1.2** from / to the bottom of my ~ *uit de grond v. mijn hart;* to his ~'s content *naar hartelust;* a ~ of gold *een hart v. goud;* that does my ~ good *dat doet mijn hart goed;* win the ~s and minds of the people *de sympathie v.h. volk veroveren;* his ~ is in the right place *hij heeft het hart op de juiste plaats;* wear one's ~ on one's sleeve *zijn hart op de tong dragen;* ~ and soul *met hart en ziel* **3.2** bare one's ~ *zijn hart openleggen / luchten;* he broke his ~ over her death *haar dood brak zijn hart;* cut to the ~ *kwetsen;* give one's ~ to *zijn hart schenken aan;* go to s.o.'s / the ~ *het hart treffen;* she had his health at ~ *zijn gezondheid ging haar ter harte;* they have their own interests at ~ *zij hebben hun eigen belangen voor ogen;* lift (up) one's ~ *zijn hart opheffen, bidden;* lose one's ~ (to) *zijn hart verliezen (aan);* he put his ~ (and soul) into his work *hij legde zich met hart en ziel op zijn werk toe;* he has set his ~ on that red bike *hij heeft zijn zinnen op die rode fiets gezet;* she has set her ~ on going to that party *zij wil dolgraag naar dat feestje;* set s.o.'s ~ at rest / ease *iem. geruststellen;* steal s.o.'s ~ *iemands hart stelen;* she took it to ~ *zij trok het zich aan, zij nam het ter harte;* wear s.o. in one's ~ *iem. in zijn hart dragen;* weep one's ~ out *tranen met tuiten wenen;* her ~ went out to the victims *haar hart ging uit naar de slachtoffers* **3.¶** lay to ~ *ernstig overdenken* **5.2** one's ~ **out** *met heel zijn hart, met alles wat men in zich heeft* **6.1** (learn) **by** ~ *uit het hoofd (leren)* **6.2** **after** my own ~ *naar mijn hart;* **at** ~ *in zijn hart, eigenlijk;* **from** the / one's ~ *oprecht;* **in** one's ~ *in zijn hart;* **in** one's ~ of ~s *in het diepst v. zijn hart;* **near** one's ~ *na aan het hart;* **nearest** one's ~ *het naast aan het hart;* **with** all one's ~ *van ganser harte* **6.¶** **in** ~ *opgewekt;* **out of** ~ *in slechte conditie* ⟨grond⟩; *terneergeslagen;*

III ⟨n.-telb.zn.⟩ **0.1** ***moed*** ⇒*durf, dapperheid* **0.2** ⟨vnl. BE⟩ ***vruchtbaarheid*** ⟨v.d. bodem⟩ ◆ **1.1** he had his ~ in his boots *het hart zonk hem in de schoenen* **1.¶** take ~ of grace *moed bijeen schrapen* **3.1** not have the ~ *de moed niet hebben, het hart niet hebben;* lose ~ *de moed verliezen;* pluck up one's ~ *moed bijeen schrapen;* take ~ *moed vatten, zich vermannen;*

IV ⟨mv.; ~s; ww. vnl. enk.⟩ ⟨kaartspel⟩ **0.1** ***hartenjagen.***

heart² ⟨onov.ww.⟩ **0.1** ***kroppen*** ⇒*een krop vormen* ⟨v. kool, sla⟩.

'heart·ache ⟨f1⟩ ⟨n.-telb.zn.⟩ **0.1** ***hartzeer*** ⇒*zielesmart, innig verdriet.*

'heart attack ⟨f1⟩ ⟨telb.zn.⟩ **0.1** ***hartaanval*** ⇒*hartinfarct.*

'heart·beat ⟨f2⟩ ⟨zn.⟩

I ⟨telb.zn.⟩ **0.1** ***hartslag*** ⇒*hartklopping;*

II ⟨n.-telb.zn.⟩ **0.1** ***het kloppen / slaan v.h. hart*** ⇒ ⟨fig.⟩ *emotie, ontroering, gemoedsbeweging, (gevoels)aandoening.*

'heart block ⟨telb. en n.-telb.zn.⟩⟨med.⟩ **0.1** ***hartblok***.
'heart·break ⟨f2⟩⟨n.-telb.zn.⟩ **0.1** ***hartzeer*** ⇒*diepe teleurstelling*.
'heart·break·er ⟨telb.zn.⟩ **0.1** ***hartenbreker/breekster***.
'heart·break·ing ⟨f1⟩⟨bn.;-ly⟩ **0.1** ***hartbrekend*** ⇒*jammerlijk, hartverscheurend* **0.2** ***frustrerend*** ⟨werk⟩.
'heart·bro·ken ⟨f1⟩⟨bn.;-ly;-ness⟩ **0.1** ***met een gebroken hart*** ⇒*overweldigd/overmand door verdriet, diepbedroefd*.
'heart·burn ⟨f1⟩⟨n.-telb.zn.⟩ **0.1** ***het zuur*** ⇒*pyrosis, overmaat aan maagsap* **0.2** →heartburning.
'heart·burn·ing ⟨n.-telb.zn.⟩ **0.1** ***jaloersheid*** ⇒*afgunst, naijver, nijd* **0.2** ***ergernis*** ⇒*ontstemming*.
'heart cherry ⟨telb.zn.⟩ **0.1** ***zoete kers*** ⟨met hartvormig blad⟩.
'heart condition ⟨f1⟩⟨telb.zn.⟩ **0.1** ***hartkwaal*** ⇒*hartziekte/aandoening* ◆ **3.1** have a ~ *hartpatiënt(e) zijn*.
'heart disease ⟨f1⟩⟨telb.zn.⟩ **0.1** ***hartkwaal*** ⇒*hartaandoening/ziekte*.
-heart·ed ['hɑ:tɪd||'hɑrtɪd] **0.1** ***-hartig*** ◆ **¶.1** kind-hearted *goedhartig*.
heart·en ['hɑ:tn||'hɑrtn]⟨f1⟩⟨ww.⟩
I ⟨onov.ww.⟩ **0.1** ***moed vatten*** ⇒*moed scheppen;*
II ⟨ov.ww.⟩ **0.1** ***bemoedigen*** ⇒*moed geven, opbeuren*.
'heart failure ⟨f1⟩⟨telb.en n.-telb.zn.⟩ **0.1** ***hartverlamming***.
'heart·felt ⟨f1⟩⟨bn.⟩ **0.1** ***hartgrondig*** ⇒*oprecht, innig, diep* ◆ **1.1** ~ sympathy *oprecht meeleven, innige deelneming*.
'heart-'free ⟨bn.⟩ **0.1** ***(nog) vrij*** ⇒*niet gebonden, niet verliefd, vrijgezel*.
hearth [hɑ:θ||hɑrθ]⟨f2⟩⟨telb.zn.⟩ **0.1** ***haard*** ⇒*haardstede;* ⟨fig.⟩ *huis, woning* ◆ **1.1** ~ and home *huis en haard*.
'hearth money ⟨n.-telb.zn.⟩⟨gesch.⟩ **0.1** ***haardgeld*** ⟨belasting op de haardsteden in Engeland en Wales in de 17e eeuw⟩.
'hearth·rug ⟨telb.zn.⟩ **0.1** ***haardkleedje***.
'hearth·stone ⟨zn.⟩
I ⟨telb.zn.⟩ **0.1** ***haardsteen*** ⇒⟨fig.⟩ *haard, huis;*
II ⟨telb. en n.-telb.zn.⟩ **0.1** ***schuursteen*** ⇒*schuurmiddel*.
heart·i·ly ['hɑ:tɪli||'hɑrtɪ-]⟨f2⟩⟨bw.⟩ **0.1** ***van harte*** ⇒*oprecht, vriendelijk, met vuur, enthousiast* **0.2** ***flink*** ⇒*hartig, stevig, krachtig* **0.3** ***hartgrondig*** ⇒*erg, zeer* ◆ **3.2** eat ~ *stevig eten* **3.3** I ~ dislike that fellow *ik heb een hartgrondige hekel aan die vent*.
heart·i·ness ['hɑ:tinəs||'hɑrtɪ-]⟨n.-telb.zn.⟩ **0.1** ***hartelijkheid*** ⇒*vriendelijkheid* **0.2** ***vuur*** ⇒*geestdrift, enthousiasme, ijver* **0.3** ***kracht*** ⇒*sterkte, energie*.
'heart·land ⟨telb.zn.⟩ **0.1** ***centrum*** ⇒*centraal gebied, kern, hart*.
heart·less ['hɑ:tləs||'hɑrt-]⟨f1⟩⟨bn.;-ly;-ness⟩ **0.1** ***harteloos*** ⇒*hardvochtig, meedogenloos, wreed* **0.2** ***moedeloos*** ⇒*futloos*.
'heart-'lung machine ⟨telb.zn.⟩⟨med.⟩ **0.1** ***hart-longmachine***.
'heart-lung transplant ⟨telb.zn.⟩ **0.1** ***hart- en longtransplantatie***.
'heart murmur ⟨telb. en n.-telb.zn.⟩⟨med.⟩ **0.1** ***hartgeruis***.
'heart palpitation ⟨telb.zn.⟩ **0.1** ***hartklopping***.
'heart patient ⟨telb.zn.⟩ **0.1** ***hartpatiënt(e)***.
'heart pump ⟨telb.zn.⟩ **0.1** ***hartpomp***.
'heart rate ⟨telb.zn.⟩ **0.1** ***hartslag***.
'heart·rend·ing ⟨f1⟩⟨bn.;-ly⟩ **0.1** ***hartverscheurend*** ⇒*navrant, smartelijk*.
'heart's blood ⟨n.-telb.zn.⟩ **0.1** ***hartebloed*** ⇒⟨fig.⟩ *leven*.
'heart·search·ing ⟨telb. en n.-telb.zn.⟩ **0.1** ***zelfonderzoek*** ⇒*gewetensonderzoek, diep nadenken*.
hearts·ease, heart's-ease ['hɑ:tsi:z||'hɑrts-]⟨zn.⟩
I ⟨telb.zn.⟩⟨plantk.⟩ **0.1** ***driekleurig viooltje*** ⟨Viola tricolor⟩;
II ⟨n.-telb.zn.⟩⟨AE⟩ **0.1** ***gemoedsrust***.
'heart-shaped ⟨bn.⟩ **0.1** ***hartvormig***.
'heart·sick ⟨bn.;-ness⟩ **0.1** ***neerslachtig*** ⇒*terneergeslagen, ontmoedigd*.
'heart·sore ⟨bn.⟩ **0.1** ***diepbedroefd***.
'heart-strick·en, 'heart·struck ⟨bn.⟩ **0.1** ***overmand door verdriet/berouw*** ⇒*tot in de ziel getroffen*.
'heart string ⟨mv.;~s⟩ **0.1** ***diepste gevoelens*** ⇒⟨iron.⟩ *sentimentele gevoelens, sentimentaliteit* ◆ **3.1** pluck (at) s.o.'s ~s *op iemands gemoed werken, een gevoelige snaar raken;* that passage tore/tugged at the ~ *die passage was zeer (ont)roerend/erg sentimenteel*.
'heart surgeon ⟨telb.zn.⟩ **0.1** ***hartchirurg***.
'heart·throb ⟨f1⟩⟨telb.zn.⟩ **0.1** ***hartslag*** **0.2** ⟨sl.⟩ ***liefje***.
'heart-to-'heart[1] ⟨telb.zn.⟩ **0.1** ***openhartig gesprek***.
heart-to-heart[2] ⟨bn.⟩ **0.1** ***openhartig*** ⇒*vrij(uit), frank, ongeremd*.
'heart transplant, 'heart transplant operation ⟨f1⟩⟨telb.zn.⟩ **0.1** ***harttransplantatie***.
'heart valve ⟨telb.zn.⟩ **0.1** ***hartklep***.
'heart·warm·ing ⟨bn.;-ly⟩ **0.1** ***hartverwarmend*** ⇒*bemoedigend*.
'heart-'whole ⟨bn.⟩ **0.1** ***onversaagd*** ⇒*onverschrokken* **0.2** ***niet verliefd*** ⇒*vrij* **0.3** ***oprecht*** ⇒*echt, welgemeend*.
'heart·wood ⟨n.-telb.zn.⟩ **0.1** ***kernhout***.
heart·y[1] ['hɑ:ti||'hɑrtɪi]⟨telb.zn.;→mv. 2⟩ **0.1** ***flinke kerel*** ⇒⟨scheep.⟩ *matroos* **0.2** ⟨BE⟩ ***sportman*** ⇒*sportfanaat* ⟨student, meer geïnteresseerd in sport dan in kunst⟩ ◆ **7.1** ⟨scheep.⟩ my hearties! *mannen!*.
hearty[2] ⟨f3⟩⟨bn.⟩ **0.1** ***hartelijk*** ⇒*vriendelijk, oprecht* **0.2** ***gezond*** ⇒*flink, stevig, hartig* **0.3** ⟨BE;inf.⟩ ***(al te) joviaal*** **0.4** ⟨vnl. BE⟩ ***vruchtbaar*** ◆ **1.1** ~ support *oprechte steun* **1.2** a ~ meal *een stevig maal* **1.4** ~ soil *goede grond* **2.2** hale and ~ *kerngezond*.
heat[1] [hi:t]⟨f3⟩⟨zn.⟩
I ⟨telb.zn.⟩ **0.1** ***voorwedstrijd*** ⇒*manche, serie, inning, ronde* ◆ **1.1** trial ~s *voorronden* **6.¶** **at** a ~ *achtereen, aan een stuk, zonder onderbreking/tussenpozen;*
II ⟨n.-telb.zn.⟩ **0.1** ***hitte*** ⇒*heetheid, temperatuur, gloed, warm weer* **0.2** ⟨nat.⟩ ***warmte*** ⇒*warmtehoeveelheid* **0.3** ***hoge lichaamstemperatuur*** ⇒*koortsgloed, koortshitte, koorts* **0.4** ***scherpte*** ⟨v. spijzen⟩ ⇒*heetheid* **0.5** ***brand*** ⇒*het branden/gloeien* ⟨v.d. huid⟩ **0.6** ***vuur*** ⇒*drift, heftigheid* **0.7** ⟨sl.⟩ ***druk*** ⇒*dwang, moeilijkheden, politieonderzoek, huiszoeking, achtervolging* ⟨door de politie⟩ **0.8** ⟨the⟩⟨sl.⟩ ***(de) klabakken*** ⇒*(de) politie* **0.9** ***loopsheid*** ⇒*tochtigheid, bronst* **0.10** ⟨AE;sl.⟩ ***blaffer*** ⇒*proppenschieter, pistool* ◆ **1.2** combined ~ and power *warmte-krachtkoppeling;* ~ of fusion *smeltwarmte* **2.2** latent ~ *latente warmte;* specific ~ *soortelijke warmte* **3.7** turn/put the ~ on s.o. *iem. onder druk zetten;* we'd better leave town, the ~ is on *we moeten de stad uit, de politie zit ons op de hielen* **6.6** **in** the ~ **of** the conversation *in het vuur v.h. gesprek* **6.9** ⟨BE⟩ **on**/⟨AE⟩ in ~ *loops, tochtig*.
heat[2] ⟨f2⟩⟨ww.⟩ →heated, heating
I ⟨onov.ww.⟩ **0.1** ***warm worden*** ⇒*warm lopen, heet worden, broeien* ⟨v. hooi⟩ **0.2** ***opgewonden worden*** ⇒*kwaad worden, in woede ontsteken* ◆ **5.1** ~ **up** *heet/warm worden;*
II ⟨ov.ww.⟩ **0.1** ***verhitten*** ⇒*verwarmen, heet/warm maken, doen gloeien* **0.2** ***opwinden*** ⇒*kwaad maken, in woede doen ontsteken* ◆ **5.1** ~ **up** *opwarmen;* I'll ~ **up** your dinner *ik zal je eten even opwarmen*.
'heat barrier ⟨telb.zn.⟩ **0.1** ***hittebarrière***.
'heat bump ⟨telb.zn.⟩ **0.1** ***hitteblaasje*** ⇒*hittepuistje*.
'heat capacity ⟨n.-telb.zn.⟩⟨nat.⟩ **0.1** ***warmtecapaciteit***.
heat·ed ['hi:tɪd]⟨f2⟩⟨bn.; oorspr. volt. deelw. v. heat;-ly⟩ **0.1** ***opgewonden*** ⇒*kwaad, heftig, driftig* ◆ **1.1** ~ discussion *verhitte discussie*.
'heat engine ⟨telb.zn.⟩⟨tech.⟩ **0.1** ***calorisch werktuig*** ⇒*warmtemotor*.
heat·er ['hi:tə||'hi:tər]⟨f2⟩⟨telb.zn.⟩ **0.1** ***verwarmer*** ⇒*verhitter, verwarming(stoestel), kachel, radiator, geiser* **0.2** ⟨sl.⟩ ***pistool*** ⇒*revolver, proppenschieter* **0.3** ⟨AE;sl.⟩ ***sigaar***.
'heat exchanger ⟨telb.zn.⟩⟨tech.⟩ **0.1** ***warmtewisselaar***.
'heat flash ⟨telb.zn.⟩ **0.1** ***hitteflits*** ⟨bij kernexplosie⟩.
heath [hi:θ]⟨f2⟩⟨zn.⟩
I ⟨telb.zn.⟩ **0.1** ***heideveld*** ⇒*open veld, onbebouwd stuk land* **0.2** ***vlinder(soort)*** ⇒*heidevlinder* ◆ **2.1** my native ~ *mijn geboortegrond;*
II ⟨n.-telb.zn.⟩ **0.1** ***erica*** ⇒*dopheide, dopjesheide*.
'heath bell ⟨telb.zn.⟩ **0.1** ***(bloempje v.d.) dopheide***.
'heath berry ⟨zn.⟩⟨plantk.⟩
I ⟨telb.zn.⟩ **0.1** ***bes v.d. blauwe bosbes;***
II ⟨n.-telb.zn.⟩ **0.1** ***blauwe bosbes*** ⟨Vaccinium myrtilum⟩ **0.2** ***kraaiheide*** ⟨Empetrum nigrum⟩.
'heath cock ⟨telb.zn.⟩ **0.1** ***korhaan***.
hea·then[1] ['hi:ðn]⟨f1⟩⟨telb.zn.; ook heathen;→mv. 4⟩ **0.1** ***heiden*** ⇒*ongelovige, paganist* **0.2** ***barbaar*** ⇒*heiden, onbeschaafd iem.* ◆ **7.1** the ~ *de heidenen, de heidense volkeren*.
heathen[2] ⟨f2⟩⟨bn.;-ly;-ness⟩ **0.1** ***heidens*** **0.2** ***barbaars*** ⇒*onbeschaafd*.
hea·then·dom ['hi:ðndəm]⟨f1⟩⟨n.-telb.zn.⟩ **0.1** ***heidendom*** ⇒*afgodendienst, heidense volkeren* **0.2** ***heidenwereld***.
hea·then·ish ['hi:ðənɪʃ]⟨bn.;-ly;-ness⟩ **0.1** ***heidens*** ⇒*paganistisch* **0.2** ***barbaars*** ⇒*onbeschaafd*.
hea·then·ism ['hi:ðənɪzm]⟨n.-telb.zn.⟩ **0.1** ***heidendom*** ⇒*afgodendienst*.
hea·then·ize ['hi:ðənaɪz]⟨ov.ww.⟩ **0.1** ***tot heiden maken*** **0.2** ***barbaars maken*** ⇒*onbeschaafd maken*.
hea·then·ry ['hi:ðənri]⟨n.-telb.zn.⟩ **0.1** ***heidendom*** ⇒*heidense volkeren*.
heath·er[1] ['heðə||-ər]⟨f2⟩⟨n.-telb.zn.⟩⟨plantk.⟩ **0.1** ***heide(kruid)*** ⇒*struikheide* ⟨Calluna vulgaris⟩, *erica, dopheide* ⟨Erica tetralix⟩ ◆ **3.¶** ⟨Sch. E; gesch.⟩ take to the ~ *een vogelvrije worden*.
heather[2] ⟨bn.⟩ **0.1** ***heidekleurig***.
'heather bell ⟨zn.⟩⟨plantk.⟩
I ⟨telb.zn.⟩ **0.1** ***bloempje v. dopheide;***
II ⟨n.-telb.zn.⟩ **0.1** ***dopheide*** ⟨Erica tetralix⟩.
'heath(er) grass ⟨n.-telb.zn.⟩⟨plantk.⟩ **0.1** ***tandjesgras*** ⟨Sieglingia decumbens⟩.

'heather mixture ⟨n.-telb.zn.⟩⟨BE⟩ **0.1** ***heidekleurige stof***.
heath·er·y ['heðəri]⟨bn.⟩ **0.1** ***heideachtig*** **0.2** ***met heide bedekt/begroeid***.
'heath-game ⟨telb.zn.⟩ **0.1** ***Schots sneeuwhoen***.
'heath hen ⟨telb.zn.⟩ **0.1** ***korhen***.
Heath Robinson ['hi:θ 'rɒbɪnsn‖-'rɑ-]⟨bn., attr.⟩⟨BE⟩ **0.1** ***zeer vernuftig maar onpraktisch*** ⟨naar W. Heath Robinson, Brits cartoonist⟩.
heath·y ['hi:θi]⟨bn.⟩ **0.1** ***heideachtig***.
heat·ing ['hi:ṭɪŋ]⟨f2⟩⟨n.-telb.zn.; gerund v. heat⟩ **0.1** ***verwarming*** **0.2** ***(hooi)broei***.
'heating oil ⟨n.-telb.zn.⟩ **0.1** ***lichte stookolie***.
'heat pump ⟨telb.zn.⟩⟨tech.⟩ **0.1** ***warmtepomp***.
'heat rash ⟨zn.⟩
I ⟨telb.zn.⟩ **0.1** ***hittepuistje*** ⇒*hittebuil, hitteblaar;*
II ⟨telb. en n.-telb.zn.⟩ **0.1** ***hittepuistjes*** ⇒*hitteuitslag*.
'heat re'sistant ⟨bn.⟩ **0.1** ***hittebestendig***.
'heat-sen·si·tive ⟨bn.⟩ **0.1** ***warmtegevoelig***.
'heat shield ⟨telb.zn.⟩⟨tech.⟩ **0.1** ***hitteschild***.
'heat sink ⟨telb.zn.⟩⟨tech.⟩ **0.1** ***warmteput*** ⇒*warmteopnemer*.
'heat spot ⟨telb.zn.⟩ **0.1** ***hittepuistje*** ⇒*hittebuil, hitteblaar, hitteblaasje*.
'heat stroke ⟨telb. en n.-telb.zn.⟩ **0.1** ***hitteberoerte*** ⇒*zonnesteek*.
'heat treatment ⟨telb.zn.⟩⟨tech.⟩ **0.1** ***warmtebehandeling*** ⇒*thermische behandeling*.
'heat wave ⟨f1⟩⟨telb.zn.⟩ **0.1** ***hittegolf***.
heave[1] [hi:v]⟨f1⟩⟨zn.⟩
I ⟨telb.zn.⟩ **0.1** ***hijs*** ⇒*het opheffen, het optillen* **0.2** ***ruk*** ⇒*het trekken, het sjorren* **0.3** ***worp*** ⇒*het gooien, het smijten* **0.4** ⟨geol.⟩ ***gaping*** ⟨afstand tussen lagen die door een breuk verplaatst zijn⟩ ◆ **1.1** the ~ of the sea *de deining v.d. zee, drift, trek* **2.2** he gave a mighty ~ *hij trok uit alle macht, hij gaf een enorme ruk;*
II ⟨mv.; ~s; ww. vnl. enk.⟩ **0.1** ⟨med.⟩ ***dampigheid*** ⟨v. paarden⟩ **0.2** ⟨the⟩⟨sl.⟩ ***gekots*** ◆ **3.2** he gives me the (dry) ~s *ik kots v. hem*.
heave[2] ⟨f2⟩⟨ww.; ook, vnl. scheep., hove, hove [houv]⟩
I ⟨onov.ww.⟩ **0.1** ***(op)zwellen*** ⇒*rijzen, omhooggaan* **0.2** ***op en neer gaan*** ⇒*rijzen en dalen, deinen, zwoegen* ⟨v. boezem⟩, *hijgen* **0.3** ***kokhalzen*** ⇒*braken, over de nek gaan, kotsen* **0.4** ***trekken*** ⇒*sjorren* **0.5** ⟨scheep.⟩ ***manoevreren*** ⟨schip⟩ ◆ **1.1** his stomach ~d *zijn maag draaide ervan om* **5.3** ⟨inf.⟩ ~ **up** *overgeven, braken* **5.5** ~ **about** *overstag gaan, door de wind gaan;* ~ **alongside** *langszij komen;* ~ **to** *bijdraaien, bij gaan liggen, met de kop in de wind gooien* **6.4** ~ **at/on** *trekken aan;*
II ⟨ov.ww.⟩ **0.1** ***opheffen*** ⇒*(op)hijsen, optillen;* ⟨scheep.⟩ *lichten, hieuwen* ⟨anker⟩; ⟨geol.⟩ *verplaatsen* **0.2** ***slaken*** ⇒*lozen, ontboezemen* **0.3** ⟨inf.; scheep.⟩ ***gooien*** ⇒*smijten, keilen* **0.4** ⟨scheep.⟩ ***hijsen*** ⇒*takelen, verhalen* ◆ **1.2** she ~d a groan *zij kreunde* **1.3** ⟨scheep.⟩ ~ the lead *peilen, loden;* ⟨scheep.⟩ ~ the log *loggen* **5.3** ~ **out** the sails *de zeilen losgooien/uithangen* **5.4** ~ **down** the sails *de zeilen strijken;* ~ **down** *kielen, krengen, kantelen*.
heave ho[1] ['hi:v 'hou]⟨n.-telb.zn.; the⟩⟨inf.⟩ **0.1** ***het afdanken*** ⇒*het aan de kant zetten* ◆ **3.1** he gave me the old ~ *hij zette mij aan de kant*.
heave ho[2] ⟨tussenw.⟩⟨scheep.⟩ **0.1** ***trekken!*** ⇒*hup!, pak aan!* **0.2** ***anker op!***.
heav·en ['hevn]⟨f3⟩⟨zn.⟩⟨→sprw. 258, 445⟩
I ⟨telb.zn.⟩ **0.1** ⟨vnl. mv.⟩ ***hemelgewelf*** ⇒*hemel(koepel), uitspansel, firmament, lucht(ruim)* **0.2** ⟨gesch.⟩ ***sfeer*** ⇒*bol* ◆ **3.1** the ~s opened *de hemelsluizen gingen open;*
II ⟨telb. en n.-telb.zn.⟩ **0.1** ***hemel*** ⇒*elysium, empyreum, godsstad;* ⟨fig.⟩ *gelukzaligheid, weelde* **0.2** ⟨vnl. H-⟩ ***hemel*** ⇒*Voorzienigheid, God* ◆ **1.1** move ~ and earth *hemel en aarde bewegen;* ~ of ~s *zevende hemel* ⟨bij mohammedanen en sommige joden⟩ **1.2** in Heaven's name, for Heaven's sake *in hemelsnaam, om godswil* **2.1** it was sheer ~ *het was zalig* **3.2** Heaven forbid/forfend! *de hemel verhoede het!;* Heaven only knows! *dat mag de hemel weten!;* thank ~(s)! *de hemel zij dank!* **5.¶** Heavens **above!** *goeie hemel, lieve help, goeie genade!* **6.¶ by** Heaven! *lieve hemel;* what **in** ~ made you change your mind? *waardoor ben jij in hemelsnaam van gedachten veranderd?;* where **under** ~ did he put my book? *waar heeft hij toch in hemelsnaam mijn boek gelaten?* **7.1** the seventh ~ *de zevende hemel* ⟨bij mohammedanen en sommige joden⟩; ⟨fig.⟩ be in seventh ~ *in de zevende hemel zijn*.
'heaven-'born ⟨bn.⟩ **0.1** ***hemels*** ⇒*goddelijk, bovenaards*.
heav·en·ly ['hevnli]⟨f2⟩⟨bn.; -ness; →bijw. 3⟩
I ⟨bn.⟩⟨inf.⟩ **0.1** ***zalig*** ⇒*heerlijk, verrukkelijk;*
II ⟨bn., attr.⟩ **0.1** ***hemels*** ⇒*goddelijk* **0.2** ***hemel-*** ⇒*mbt. het hemelruim* **0.3** ***bovenmenselijk*** ⇒*bovenaards* ◆ **1.1** the Heavenly City *het Paradijs;* the ~ host *het hemelheir* **1.2** ~ bodies *hemellichamen*.
'heaven-'sent ⟨bn.⟩ **0.1** ***door de hemel gezonden*** ⇒*providentieel*.
heav·en·ward ['hevnwəd‖-wərd], **heav·en·wards** [-wədz‖-wərdz] ⟨bn.; bw.⟩ **0.1** ***hemelwaarts*** ⇒*ten hemel (gericht)*.
heav·er ['hi:və‖-ər]⟨telb.zn.⟩ **0.1** ***heffer*** ⇒*losser, sjouwer*.
'heav·i·er-than-'air ⟨bn.⟩⟨lucht.⟩ **0.1** ***zwaarder dan lucht*** ◆ **1.1** a ~ aircraft *een aërodyne* ⟨luchtvaartuig zwaarder dan lucht, bijv. vliegtuig⟩.
Heav·i·side layer ['hevisaɪd ˌleɪə‖-ər]⟨n.-telb.zn.⟩ **0.1** ***Heaviside-laag*** ⇒*e-laag* ⟨v.d. ionosfeer⟩.
heav·y[1] ['hevi]⟨zn.; →mv. 2⟩
I ⟨telb.zn.⟩ **0.1** ⟨vero.; dram.⟩ ***serieuze mannenrol*** ⇒⟨i.h.b.⟩ *schurkenrol, schurk* **0.2** ⟨vnl. mv.⟩ ***zwaar voertuig*** **0.3** ⟨vnl. mv.⟩ ***serieuze krant*** **0.4** ⟨inf.⟩ ***zware jongen*** ⇒*misdadiger* **0.5** ⟨inf.⟩ ***zwaargewicht*** ⟨ook fig.⟩;
II ⟨mv.; heavies⟩⟨mil.⟩ **0.1** ***zware artillerie*** **0.2** ***zware cavalerie*** **0.3** ***zware bommenwerpers***.
heavy[2] ⟨f3⟩⟨bn.; -er; -ly; -ness; →bijw. 3⟩⟨→sprw. 157, 259, 396⟩ **0.1** ***zwaar*** ⟨ook mil., nat.⟩ ⇒*laag; dicht, dik; doordringend; veel wegend* **0.2** ***erg*** ⇒*ernstig; zwaar, hevig; groot, aanzienlijk; onstuimig* **0.3** ***moeilijk te verteren*** ⟨ook fig.⟩ ⇒*klef* ⟨v. brood⟩; *slecht begaanbaar* **0.4** ***(zwaar) bewolkt*** ⇒*somber* **0.5** ***log*** ⇒*onhandelbaar; traag (v. begrip), dom* **0.6** ***grof*** ⇒*zwaar* **0.7** ***saai*** ⇒*vervelend* **0.8** ***serieus*** ⟨krant, toneelrol⟩ ⇒*zwaar op de hand, zwaarwichtig* **0.9** ***streng*** ⇒*bars, repressief* **0.10** ***zwaar*** ⇒*drukkend* **0.11** ***zwaarmoedig*** ⇒*neerslachtig, treurig* ⟨nieuws⟩, *bezwaard* ⟨gemoed⟩ **0.12** ***loom*** ⇒*doezelig, slaperig* **0.13** ⟨sl.⟩ ***geil*** ⇒*heet, wulps, wellustig, gretig* **0.14** ⟨sl.⟩ ***link*** ⇒*dreigend, gevaarlijk* **0.15** ⟨AE; sl.⟩ ***belangrijk*** ⇒*vooraanstaand* ◆ **1.1** ⟨boksen⟩ ~ bag *zandzak, stootzak;* a ~ fog *een dichte/zware mist;* ⟨mil.⟩ ~ guns *zwaar geschut;* ⟨nat.⟩ ~ hydrogen *zware waterstof, deuterium;* ~ industry *zware industrie;* ~ metal ⟨mil.⟩ *zwaar geschut;* ⟨fig.⟩ *formidabele tegenstander;* ⟨nat.⟩ *zwaar metaal;* ⟨muz.⟩ *beton/hardrock;* a ~ odor *een doordringende geur;* ~ oil *zware olie;* ~ purse *goedgevulde/gespekte beurs;* ~ spar *zwaarspaat, bariet;* a ~ voice *een zware stem;* ⟨druk.⟩ ~ type *vette letter, vet;* ⟨nat.⟩ ~ water *zwaar water* **1.2** a ~ crop *een overvloedige oogst;* a ~ drinker *een zware drinker;* ~ necking/petting *stevige vrijpartij, onstuimig voorspel;* ~ odds *grote overmacht;* ~ seas *zware zeeën;* a ~ sleeper *een vaste/diepe slaper;* ~ traffic *druk/zwaar verkeer; vrachtverkeer;* a ~ turnout *een grote opkomst* **1.8** ⟨dram.⟩ the ~ villain *de schurkenrol, de marqué* **1.9** a ~ fate *een zwaar lot* **1.12** a ~ market *een lome markt* ⟨op beurs⟩; ~ breather *hijger* **1.¶** play the ~ father *een (donder)preek houden;* with a ~ hand *met ijzeren hand;* make ~ weather of sth. *moeilijk maken wat makkelijk is, iets zwaar opnemen, zwaar aan iets tillen* **3.3** I find it ~ going *ik schiet slecht op* **3.¶** come the ~ (hand) *als het erop aankomt* **6.1** it is a bit ~ **on** sugar *er zit nogal veel suiker in;* ~ **with** *zwaar beladen met;* ~ **with** child *hoogzwanger;* ~ **with** the smell of roses *doortrokken v.d. geur v. rozen;* ~ **with** sleep *zwaar van de slaap* **6.2** ~ **on** ideas *vol v. ideeën* **6.9** she was ~ **on** her pupils *zij was streng tegen haar leerlingen* **6.¶** ⟨inf.⟩ be ~ **on** *veel gebruiken* ⟨benzine, make-up⟩.
heavy[3] ⟨bn.; -er; →compar. 7⟩⟨med.⟩ **0.1** ***dampig*** ⟨v. paard⟩.
heavy[4] ⟨bw.⟩ **0.1** ***zwaar*** ◆ **3.1** time hung ~ on her hands *de tijd viel haar lang;* lie ~ *zwaar wegen/drukken*.
'heavy-'armed ⟨bn.⟩ **0.1** ***zwaar bewapend***.
'heav·y-'duty ⟨bn.⟩ **0.1** ***berekend op zwaar werk*** ⇒*voor zwaar gebruik*.
'heavy-'foot·ed ⟨bn.⟩ **0.1** ***log*** ⇒*met zware tred*.
'heavy-'hand·ed ⟨bn.; -ly; -ness⟩ **0.1** ***onhandig*** ⇒*log, onbeholpen* **0.2** ***tactloos*** **0.3** ***wreed*** ⇒*hard*.
'heavy-'head·ed ⟨bn.⟩ **0.1** ***met een volle aar*** ⟨koren⟩ **0.2** ***dom*** ⇒*stom, suf* **0.3** ***slaperig*** ⇒*doezelig, dommelig*.
'heavy-'heart·ed ⟨bn.; -ly; -ness⟩ **0.1** ***zwaarmoedig*** ⇒*neerslachtig, treurig*.
'heavy-'lad·en ⟨bn.⟩ **0.1** ***zwaar beladen*** **0.2** ***veel zorgen hebbend*** ⇒*onder zorgen gebukt gaand*.
'heav·y'set ⟨bn.⟩ **0.1** ***zwaargebouwd*** ⇒*gezet*.
'heav·y·weight ⟨f2⟩⟨telb.zn.⟩ **0.1** ***zwaar iem.*** **0.2** ⟨ook attr.⟩ ***zwaargewicht*** ⇒*worstelaar/bokser/jockey v.d. zwaargewichtklasse* **0.3** ***kopstuk*** ⇒*zwaargewicht, belangrijk iem.*.
Heb ⟨afk.⟩ Hebrew(s) **0.1** ***Hebr.***.
heb·do·mad ['hebdəmæd]⟨telb.zn.⟩ **0.1** ***week*** ⇒*periode v. zeven dagen*.
heb·dom·a·dal [heb'dɒmədl‖-'dɑ-]⟨bn.; -ly⟩ **0.1** ***wekelijks*** ◆ **1.1** ~ council *bestuur dat wekelijks vergadert* ⟨vnl. v.d. Universiteit v. Oxford⟩.
He·be ['hi:bi:]⟨eig.n., telb.zn.⟩ **0.1** ***Hebe*** ⇒*schenkster*.
heb·e·tate ['hebəteɪt]⟨ww.⟩⟨schr.⟩
I ⟨onov.ww.⟩ **0.1** ***stomp worden*** ⇒*afstompen, versuffen;*
II ⟨ov.ww.⟩ **0.1** ***stomp maken*** ⇒*suf maken, doen afstompen*.

heb·e·tude ['hebətju:d‖-tu:d]⟨n.-telb.zn.⟩⟨schr.⟩ **0.1** ***versuffing*** ⇒*sufheid, afgestomptheid, let(h)argie.*
He·bra·ic [hɪ'breɪɪk], **He·bra·i·cal** [-ɪkl]⟨bn.; -(al)ly; →bijw. 3⟩ **0.1** ***Hebreeuws.***
He·bra·ism [-ɪzm]⟨telb. en n.-telb.zn.⟩ **0.1** ***hebraïsme.***
He·bra·ist [-ɪst]⟨telb.zn.⟩ **0.1** ***hebraïst*** ⇒*hebraïcus.*
he·braize, -ise ['hɪbreɪ'aɪz, -aɪs]⟨ww.⟩
I ⟨onov.ww.⟩ **0.1** ***hebraïsmen gebruiken;***
II ⟨ov.ww.⟩ **0.1** ***hebraïsmen vormen van*** **0.2** ***verhebreeuwsen*** ⇒*hebreeuws maken.*
He·brew[1] ['hi:bru:]⟨f2⟩⟨zn.⟩
I ⟨eig.n.⟩ **0.1** ***Hebreeuws*** ⇒*Iwriet;* ⟨inf.; fig.⟩ *abracadabra, Chinees* ◆ **6.1** it was ~ **to** me *ik begreep er geen jota van;*
II ⟨telb.zn.⟩ **0.1** ***Hebreeër*** ⇒*Hebreeuwse, jood(se).*
Hebrew[2] ⟨f2⟩⟨bn.⟩ **0.1** ***Hebreeuws*** ⇒*joods.*
hec·a·tomb ['hekətu:m‖-toʊm]⟨telb.zn.⟩⟨gesch.⟩ **0.1** ***hecatombe*** ⇒*groot offer;* ⟨fig.⟩ *slachting, bloedbad.*
heck [hek]⟨f1⟩⟨telb.zn.⟩ **0.1** ⟨Sch. E⟩ ***visweer*** **0.2** ⟨vnl. Sch. E⟩ ***ruif*** **0.3** ⟨sl.; euf. voor hell⟩ ***donder*** ⇒*hel* ◆ **7.3** what the ~ are you doing here? *wat doe jij hier voor de donder?;* a ~ of a lot *ontzettend veel* **9.3** oh ~! I forgot *wel verdraaid, ik ben het vergeten* **¶.3** ~! *verdorie!, verdraaid!.*
heck·el·phone ['heklfoʊn]⟨telb.zn.⟩⟨muz.⟩ **0.1** ***heckelfoon*** ⇒*baritonhobo.*
heck·le [hekl]⟨f1⟩⟨ww.⟩
I ⟨onov.ww.⟩ **0.1** ***de orde verstoren (door de spreker steeds te onderbreken);***
II ⟨ov.ww.⟩ **0.1** ***steeds onderbreken*** ⟨spreker⟩ **0.2** ***hekelen*** ⇒*over de hekel halen* ⟨vlas, hennep⟩.
heck·ler ['heklə‖-ər]⟨telb.zn.⟩ **0.1** ***hekelaar*** ⇒*hekelaarster* **0.2** ***iem. die een spreker met lastige vragen bestookt, en die evt. daardoor de orde wil verstoren.***
hec·tare ['hektɑ:‖-tɑr]⟨telb.zn.⟩ **0.1** ***hectare.***
hec·tic[1] ['hektɪk]⟨telb.zn.⟩ **0.1** ***teringlijder*** **0.2** ***hectische koorts*** ⇒*teringkoorts* **0.3** ***hectische blos*** ⇒*teringblos.*
hectic[2] ⟨f2⟩⟨bn.; -ally; →bijw. 3⟩ **0.1** ***hectisch*** ⇒*teringachtig* **0.2** ***koortsachtig*** ⟨ook fig.⟩ ⇒*jachtig, gejaagd, opgewonden, opwindend, druk* ◆ **1.1** ~ fever *hectische koorts, teringkoorts.*
hec·to- ['hektoʊ] **0.1** ***hecto-.***
hec·to·gram(me) ['hektəgræm]⟨telb.zn.⟩ **0.1** ***hectogram.***
hec·to·graph[1] ['hektəgrɑ:f‖-græf]⟨telb.zn.⟩ **0.1** ***hectograaf.***
hectograph[2] ⟨ov.ww.⟩ **0.1** ***hectograferen.***
hec·to·li·ter, hec·to·li·tre ['hektəli:tə‖-li:ṭər]⟨telb.zn.⟩ **0.1** ***hectoliter.***
hec·to·me·ter, hec·to·me·tre ['hektəmi:tə‖-mi:ṭər]⟨telb.zn.⟩ **0.1** ***hectometer.***
hec·tor[1] ['hektə‖-ər]⟨telb.zn.⟩ **0.1** ***bullebak*** ⇒*bietebauw, boeman, pestkop* **0.2** ***snoever*** ⇒*blaaskaak, windbuil, opschepper.*
hector[2] ⟨ww.⟩
I ⟨onov.ww.⟩ **0.1** ***zich als een bullebak gedragen*** **0.2** ***snoeven*** ⇒*bluffen, brallen, opsnijden;*
II ⟨ov.ww.⟩ **0.1** ***koeioneren*** ⇒*intimideren, négeren, donderen.*
he'd [(h)id]⟨samentr. v. he would, he had⟩.
hed·dle ['hedl]⟨telb.zn.⟩ **0.1** ***hevel*** ⟨v. weefgetouw⟩.
hedge[1] [hedʒ]⟨f2⟩⟨telb.zn.⟩⟨→sprw. 261⟩ **0.1** ***heg*** ⇒*haag* **0.2** ***omheining*** ⇒*schutting, muur, palissade* **0.3** ***barrière*** ⟨ook fig.⟩ ⇒*versperring, belemmering, haag* **0.4** ***dekking*** ⟨tegen verliezen⟩ ⇒*waarborg, zekerheid* ◆ **3.¶** they don't grow on every ~ *die vind je niet zomaar op straat alle dagen* **6.4** a ~ **against** *een waarborg tegen.*
hedge[2] ⟨f2⟩⟨ww.⟩ →hedging
I ⟨onov.ww.⟩ **0.1** ***heggen maken*** ⇒*heggen planten / snoeien* **0.2** ***een slag om de arm houden*** ⇒*een achterdeurtje openlaten, ergens omheen draaien, besluiteloos zijn* **0.3** ***zich indekken*** ⇒*hedgen;*
II ⟨ov.ww.⟩ **0.1** ***omheinen*** ⇒*omtuinen, ommuren, afsluiten* **0.2** ***omringen*** ⇒*omsluiten, omsingelen* **0.3** ***belemmeren*** ⇒*versperren* **0.4** ⟨voetbal⟩ ***storen*** ⟨tegenstander⟩ **0.5** ***dekken*** ⟨weddenschappen, speculaties⟩ ◆ **5.1** ~ **off** *afpalen, afbakenen, afsluiten* **5.2** →hedge **in 6.2** ~ **about / around / in with** *omringen / omgeven met;* setting up a branch office is ~ed **around with** all sorts of problems *bij het opzetten van een bijkantoor komen er allerlei problemen om de hoek kijken.*
hedge·hog ['hedʒ(h)ɒg‖-hɔg, -hɑg]⟨f1⟩⟨telb.zn.⟩ **0.1** ***egel*** ⟨genus Erinaceus⟩ **0.2** ⟨ben. voor⟩ ***dier met stekels*** ⇒*stekelvarken; zeeëgel; egelvis* **0.3** ⟨mil.⟩ ***egelstelling*** **0.4** ⟨plantk.⟩ ***stekelig zaadhuisje*** **0.5** ***iem. die gauw al zijn stekels overeind zet*** ⇒*iem. die moeilijk in de omgang / snel geprikkeld is.*
hedge·hog·gy ['hedʒ(h)ɒgi‖-hɔgi, -hɑgi]⟨bn.⟩ **0.1** ***moeilijk in de omgang*** ⇒*snel geprikkeld.*
'hedge·hop ⟨onov.ww.⟩⟨lucht.⟩ **0.1** ***(erg) laag vliegen.***
'hedge·hop·per ⟨telb.zn.⟩⟨lucht.⟩ **0.1** ***vliegtuig dat (erg) laag vliegt*** ⟨i.h.b. een sproeivliegtuig⟩ **0.2** ***piloot die (onverantwoord) laag vliegt.***
'hedge hyssop ⟨telb. en n.-telb.zn.⟩⟨plantk.⟩ **0.1** ***genadekruid*** ⇒*galkruid* ⟨genus Gratiola⟩.
'hedge 'in ⟨ov.ww.⟩ **0.1** ***omheinen*** ⇒*omtuinen, ommuren* **0.2** ***omringen*** ⇒*omsingelen, belemmeren* ◆ **1.2** hedged in by rules and regulations *door regels en voorschriften omringd.*
'hedge parson, 'hedge priest ⟨telb.zn.⟩⟨BE; gesch.; pej.⟩ **0.1** ***hageprediker*** ⇒*ongeletterde priester.*
hedg·er ['hedʒə‖-ər]⟨telb.zn.⟩ **0.1** ***iem. die heggen plant / snoeit*** **0.2** ***man v.h. midden*** ⇒*lijntrekker, iem. die geen partij durft te kiezen.*
'hedge·row ⟨f1⟩⟨telb.zn.⟩ **0.1** ***haag*** ⇒*rij struiken die een haag vormen.*
'hedge school ⟨telb.zn.⟩⟨gesch.⟩ **0.1** ***inferieure school*** ⇒⟨oorspr.⟩ *openluchtschool, buitenschool* ⟨vnl. in Ierland⟩.
'hedge sparrow, 'hedge warbler ⟨telb.zn.⟩ **0.1** ***heggemus*** ⟨Prunella modularis⟩.
hedg·ing ['hedʒɪŋ]⟨n.-telb.zn.⟩⟨geldw.⟩ **0.1** ***hedging*** ⟨zich indekken door termijntransacties⟩.
he·don·ic [hɪ'dɒnɪk‖-'dɑ-]⟨bn.⟩ **0.1** ***prettig*** ⇒*genots-, aangenaam, fijn* **0.2** ⟨psych.⟩ ***v. / mbt. (on)aangename gevoelens*** ⇒*v. / mbt. lustgevoelens* **0.3** ***hedonistisch.***
he·don·ism ['hi:dn·ɪzm]⟨n.-telb.zn.⟩⟨fil.⟩ **0.1** ***hedonisme*** **0.2** ***hedonistisch gedrag.***
he·don·ist ['hi:dn·ɪst]⟨telb.zn.⟩⟨fil.⟩ **0.1** ***hedonist.***
he·don·is·tic ['hi:dn'ɪstɪk]⟨bn.; -ally; →bijw. 3⟩ **0.1** ***hedonistisch.***
-he·dron ['hi:drən, he-] **0.1** ***-vlak*** ◆ **¶.1** dodecahedron *twaalfvlak.*
hee·bie-jee·bies ['hi:bi'dʒi:biz]⟨f1⟩⟨mv.; the⟩⟨inf.⟩ **0.1** ***zenuwen*** ⇒*kriebels, rillingen* ◆ **3.1** that gives me the ~ *daar krijg ik de kriebels van.*
heed[1] [hi:d]⟨f1⟩⟨n.-telb.zn.⟩ **0.1** ***aandacht*** ⇒*acht, oplettendheid, zorg* ◆ **3.1** give / pay ~ to *aandacht schenken aan, zorg besteden aan, acht slaan op, letten op;* he paid no ~ to my warning *hij sloeg mijn waarschuwing in de wind;* take ~ *oppassen;* take ~ of *nota nemen van, acht slaan op, letten op.*
heed[2] ⟨f1⟩⟨ov.ww.⟩⟨→sprw. 7⟩ **0.1** ***acht slaan op*** ⇒*zorg / aandacht besteden aan, zich bekommeren om.*
heed·ful ['hɪ:dfʊl]⟨bn.; -ly; -ness⟩ **0.1** ***oplettend*** **0.2** ***behoedzaam*** ⇒*omzichtig, voorzichtig* ◆ **6.1** ~ **of** my warning *mijn waarschuwing indachtig;* be ~ **of** *letten op.*
heed·less ['hi:dləs]⟨f1⟩⟨bn.; -ly; -ness⟩ **0.1** ***achteloos*** ⇒*onoplettend, onopmerkzaam* **0.2** ***onvoorzichtig*** ⇒*onbehoedzaam* ◆ **6.1** ~ **of** *niet indachtig, geen acht slaand op;* be ~ **of** *niet letten op, in de wind slaan.*
hee·haw[1] ['hi:hɔ:]⟨telb.zn.⟩ **0.1** ***ia*** ⇒*gebalk* ⟨v. ezel⟩ **0.2** ***luide onbeschaamde lach*** ⇒*geblaf, gebrul.*
heehaw[2] ⟨onov.ww.⟩ **0.1** ***iaën*** ⇒*balken* **0.2** ***luid en onbeschaamd lachen*** ⇒*brullen van het lachen.*
heel[1] [hi:l]⟨f3⟩⟨telb.zn.⟩⟨→sprw. 255, 541⟩ **0.1** ***hiel*** ⇒*hak, spronggewricht, achtervoet* ⟨v. viervoeters⟩, *verzenen* **0.2** ***hiel*** ⟨v. kous⟩ ⇒*hak* ⟨v. schoen⟩ **0.3** ⟨ben. voor⟩ ***uiteinde*** ⇒*onderkant, slof* ⟨v. strijkstok⟩; *hak* ⟨v. golfstok⟩; *muis* ⟨v. hand⟩; *achterkant* ⟨v. ski⟩; *korst* ⟨v. kaas⟩; *kapje* ⟨v. brood⟩; ⟨plantk.⟩ *hieltje* **0.4** ⟨scheep.⟩ ***hiel*** ⟨v. roer, mast⟩ ⇒*voet, hieling* ⟨v. mast⟩ **0.5** ***(over) helling*** ⟨v. schip⟩ ⇒*slagzij* **0.6** ⟨sl.⟩ ***schoft*** ⇒*schurk, schobbejak, rotzak* **0.7** ⟨rugby⟩ ***hakje*** **0.8** ⟨inf.⟩ ***ontsnapping*** ⇒*ontvluchting* ◆ **3.¶** bring to ~ *kleinkrijgen, in het gareel brengen;* be carried (out) with the ~s foremost *met de neus omhoog / de voeten vooruit weggedragen worden, dood weggedragen worden;* come to ~ *in het gareel gaan lopen, zich onderwerpen;* she had to cool / kick her ~s for quite a while *zij moest een aardig tijdje wachten / duimen draaien;* dig one's ~s in *het been stijfhouden, niet tegemoetkomend zijn;* drag one's ~s *opzettelijk treuzelen;* kick up one's ~s *een luchtsprong / kuitenflikker maken;* ⟨fig.⟩ *zich amuseren;* ⟨vero. beh. AE⟩ lay / clap / set (fast) by the ~s *in de boeien slaan, gevangennemen; omverwerpen;* that set him back on his ~s *daar stond hij van te kijken, daar had hij niet van terug;* ⟨inf.⟩ stick one's ~s in *zich schrap zetten, zijn gat / kont tegen de krib zetten / gooien;* he took to his ~s *hij koos het hazepad;* turn on one's ~ *zich plotseling omdraaien;* ⟨inf.⟩ turn up one's ~s *het loodje leggen* **4.¶** ⟨kaartspel⟩ his ~s *twee punten voor degene die bij het delen de boer omdraait* **5.¶ down** at ~, ⟨AE⟩ **down** at the ~ *met scheve hakken, afgetrapt;* ⟨fig.⟩ *haveloos* **6.1** ⟨BE⟩ squat **in** one's ~s *neerhurken* **6.¶ at / to** ~! *achter!* ⟨tegen hond⟩; **at / on / upon** the ~s *op de hielen, vlak achter;* tread **on** the ~s of *onmiddellijk / op de voet volgen, op de hielen zitten / treden;* back **on** one's ~s *verward, verbaasd, verbijsterd;* **under** the ~ of a cruel tyrant *geknecht door / onder de laars v. een wrede tiran* **¶.¶** heel! *achter!* ⟨tegen hond⟩.
heel[2] ⟨f1⟩⟨ww.⟩ →heeled
I ⟨onov.ww.⟩ **0.1** ***de grond met de hielen raken*** **0.2** ***(over)hellen***

⇒*slagzij maken* ⟨v. schip⟩ 0.3 ***achter lopen*** ⟨v. hond⟩ 0.4 ⟨inf.⟩ ***ontsnappen*** ⇒*wegrennen* ◆ 5.2 the ship ~ed **over** to starboard *het schip helde/maakte slagzij naar stuurboord;*
II ⟨ov.ww.⟩ 0.1 ***hielen*** ⇒*hakken zetten op, hielen breien in, van sporen voorzien* ⟨een vechthaan⟩ 0.2 ***doen (over)hellen*** ⇒*hielen* ⟨schip⟩ 0.3 ⟨sport⟩ ***hakken*** ⇒⟨rugby⟩ *een hakje geven;* ⟨golf⟩ *met de hiel v.e. club raken* 0.4 ***op de hielen zitten*** ⇒*op de hielen volgen* 0.5 ⟨vnl. volt. deelw.⟩ ⟨inf.⟩ ***voorzien van geld/vuurwapen*** ⇒*bewapenen, geld geven* 0.6 ⟨sl.⟩ ***vleien*** ⇒*stroopsmeren, likken* 0.7 ***planten***.

'heel-and-'toe walking ⟨n.-telb.zn.⟩ ⟨vero.; atletiek⟩ 0.1 ***het snelwandelen***.

'heel·ball ⟨n.-telb.zn.⟩ 0.1 ***mengsel v. was en lampzwart*** ⇒⟨ong.⟩ *schoenpoets*.

'heel bone ⟨telb.zn.⟩ ⟨anat.⟩ 0.1 ***hielbeen***.

heeled ['hi:ld] ⟨f1⟩ ⟨bn.; volt. deelw. v. heel⟩ 0.1 ***met hakken/hielen*** 0.2 ⟨inf.⟩ ***voorzien*** ⇒*uitgerust* 0.3 ⟨inf.⟩ ***rijk*** ⇒*voorzien van geld* 0.4 ⟨inf.⟩ ***bewapend*** ⇒*gewapend* 0.5 ⟨inf.⟩ ***toeter*** ⇒*teut, dronken*.

heel·er ['hi:lə‖-ər] ⟨telb.zn.⟩ 0.1 ***iem. die schoenen van hakken voorziet*** 0.2 ⟨AE; inf.⟩ ***lokale medewerker v. politicus/politieke partij*** 0.3 ⟨sl.⟩ ***stroopsmeerder*** ⇒*vleier, likker* 0.4 ⟨sl.⟩ ***gluiper*** ⇒*smiecht*.

'heel·piece ⟨telb.zn.⟩ 0.1 ***hiel(stuk)*** ⇒*achterlap, hakstuk*.

'heel plate ⟨telb.zn.⟩ 0.1 ***hakbeschermer*** ⇒*ijzeren hakplaatje* 0.2 ***kolfplaat*** ⟨v. geweer⟩.

'heel·tap ⟨telb.zn.⟩ 0.1 ***hakstuk*** 0.2 ***bodempje*** ⟨drank⟩ ⇒*restje*.

'heel unit ⟨telb.zn.⟩ ⟨skiën⟩ 0.1 ***(automatisch) hakstuk*** ⇒*hakautomaat* ⟨v. skibinding⟩.

heft[1] [heft] ⟨n.-telb.zn.⟩ ⟨AE of gew.⟩ 0.1 ***gewicht*** ⇒*zwaarte* 0.2 ***(op)heffing***.

heft[2] ⟨ov.ww.⟩ 0.1 ***(optillen om te) wegen*** 0.2 ***opheffen*** ⇒*oplichten, ophijsen, opbeuren*.

heft·y ['hefti] ⟨f1⟩ ⟨bn.; -er; -ly; -ness; →bijw. 3⟩ 0.1 ***fors*** ⇒*potig, stevig* 0.2 ***zwaar*** ⇒*lijvig* 0.3 ***krachtig*** ⇒*fiks*.

He·ge·li·an[1] [heɪ'gi:lɪən‖-'geɪ-] ⟨telb.zn.⟩ ⟨fil.⟩ 0.1 ***Hegeliaan***.

Hegelian[2] ⟨bn.⟩ ⟨fil.⟩ 0.1 ***Hegeliaans***.

heg·e·mon·ic ['hegɪ'mɒnɪk‖'hedʒɪ'mɑ-] ⟨bn.⟩ 0.1 ***heersend*** ⇒*soeverein, (opper)machtig*.

he·gem·o·ny [hɪ'geməni‖-'dʒe-] ⟨f1⟩ ⟨n.-telb.zn.⟩ 0.1 ***hegemonie*** ⇒*overwicht* ⟨vnl. v. staat of partij⟩.

he·gi·ra, he·ji·ra ['hedʒɪrə, hɪ'dʒaɪrə] ⟨zn.⟩
I ⟨eig.n.; H-; the⟩ 0.1 ***hedsjra*** ⇒*hegira* 0.2 ***mohammedaanse tijdrekening;***
II ⟨telb.zn.⟩ 0.1 ***algehele uittocht*** ⇒*vlucht*.

'he-goat ⟨f1⟩ ⟨telb.zn.⟩ 0.1 ***bok***.

heh [eɪ] ⟨f1⟩ ⟨tussenw.⟩ 0.1 ***hè*** ⟨als vraag of uitdrukking v. verrassing⟩.

heif·er ['hefə‖-ər] ⟨f1⟩ ⟨telb.zn.⟩ 0.1 ***vaars*** ⇒*vaarskalf, koekalf* 0.2 ⟨sl.⟩ ***leuke griet*** ⇒*lekker stuk*.

heigh [heɪ] ⟨tussenw.⟩ 0.1 ***hé*** ⇒*hè* ⟨aanmoedigend of vragend⟩.

heigh-ho ['heɪ'hoʊ] ⟨tussenw.⟩ 0.1 ***hè*** ⟨uiting v. vermoeidheid of blijheid⟩.

height [haɪt] ⟨f3⟩ ⟨zn.⟩
I ⟨telb.zn.⟩ 0.1 ***top*** ⇒*piek, punt* 0.2 ***terreinverheffing*** ⇒*heuvel, hoogte, helling* ◆ 1.1 ⟨AE⟩ ~ of land *waterscheiding;*
II ⟨telb. en n.-telb.zn.⟩ 0.1 ***hoogte*** ⇒*lengte, peil, niveau* ◆ 6.1 it is only 4 feet **in** ~ *het is maar 4 voet hoog;*
III ⟨n.-telb.zn.⟩ 0.1 ***hoogtepunt*** ⇒*toppunt* ◆ 1.1 the ~ of summer *hartje v.d. zomer* 6.1 **at** its ~ *op zijn hoogtepunt;* **in** the ~ of fashion *naar de laatste mode, helemaal in de mode*.

height·en ['haɪtn] ⟨f2⟩ ⟨ww.⟩
I ⟨onov.ww.⟩ 0.1 ***hoger worden*** 0.2 ***toenemen*** ⇒*verhevigen, intensifiëren* ◆ 1.2 her colour ~ed *zij werd rood, zij kleurde;*
II ⟨ov.ww.⟩ 0.1 ***hoog/hoger maken*** ⇒*verhogen, ophogen* 0.2 ***intensiveren*** ⇒*versterken, doen toenemen, erger maken, aandikken*.

'height gain ⟨n.-telb.zn.⟩ ⟨lucht., i.h.b. zweefvliegen⟩ 0.1 ***hoogtewinst***.

heil [haɪl] ⟨tussenw.⟩ 0.1 ***heil***.

hei·nous ['heɪnəs, hi:-] ⟨bn.; -ly; -ness⟩ 0.1 ***gruwelijk*** ⇒*godvergeten, snood, afschuwelijk*.

heir [eə‖er] ⟨f2⟩ ⟨telb.zn.⟩ 0.1 ***erfgenaam*** ⇒*erfgerechtigde, begunstigde, gebeneficiëerde;* ⟨mv.⟩ *erven* 0.2 ***opvolger*** ◆ 1.1 ~ in tail *erfgenaam v.e. onvervreemdbare nalatenschap;* ~ of the/one's body *directe nakomeling* 6.1 ~ **to** the estate *ergenaam v.h. landgoed* 6.2 ~ **to** the throne *troonopvolger*.

'heir-at-'law ⟨telb.zn.; heirs-at-law; →mv. 6⟩ 0.1 ***erfgenaam bij versterf*** ⇒*wettige erfgenaam*.

heir·dom ['eədəm‖'er-] ⟨zn.⟩
I ⟨telb.zn.⟩ 0.1 ***erfenis*** ⇒*nalatenschap;*
II ⟨n.-telb.zn.⟩ 0.1 ***erfrecht*** ⇒*erfgerechtigheid*.

'heir·ess ['eərɪs‖'erɪs] ⟨f1⟩ ⟨telb.zn.⟩ 0.1 ***erfgename*** ⟨i.h.b. v.e. fortuin⟩.

'heir·less ['eələs‖'er-] ⟨bn., pred.⟩ 0.1 ***zonder erfgenaam***.

'heir·loom ['eəlu:m‖er-] ⟨f1⟩ ⟨telb.zn.⟩ 0.1 ***erfgoed*** 0.2 ***erfstuk*** ⇒*familiestuk* 0.3 ***familietrek***.

'heir·ship ['eəʃɪp‖'er-] ⟨n.-telb.zn.⟩ 0.1 ***erfgenaamschap*** 0.2 ***erfrecht***.

heist[1] [haɪst] ⟨telb.zn.⟩ ⟨AE; sl.⟩ 0.1 ***roof(overval)*** ⇒*diefstal, kraak*.

heist[2] ⟨ov.ww.⟩ ⟨AE; sl.⟩ 0.1 ***beroven*** ⇒*een roofoverval plegen op, kapen* ⟨vliegtuig e.d.⟩.

'heist man, 'hist man ⟨telb.zn.⟩ ⟨AE; sl.⟩ 0.1 ***rover*** ⇒*kaper, dief, bandiet*.

hejira →hegira.

held [held] ⟨verl. t. en volt. deelw.⟩ →hold.

he·li·a·cal [hɪ'laɪəkl] ⟨bn.; -ly⟩ 0.1 ***mbt./van de zon*** ⇒*zonne-* ◆ 1.1 ~ rising *heliakische opgang, schemeropkomst;* ~ setting *heliakische ondergang, schemeringsondergang*.

he·li·an·thus ['hi:li'ænθəs] ⟨telb.zn.⟩ 0.1 ***zonnebloem*** ⟨genus Helianthus⟩.

he·li·cal ['helɪkl] ⟨bn.; -ly⟩ 0.1 ***spiraalvormig*** ⇒*schroefvormig* ◆ 1.1 ~ line *schroeflijn*.

he·li·ces ⟨mv.⟩ →helix.

hel·i·con ['helɪkən‖'helɪkɑn] ⟨telb.zn.⟩ ⟨muz.⟩ 0.1 ***helicon***.

Hel·i·con ['helɪkən‖'helɪkɑn] ⟨eig.n.⟩ 0.1 ***de Helicon*** ⇒*zangberg; bron v. dichterlijke inspiratie*.

Hel·i·co·nian ['helɪ'koʊnɪən] ⟨bn.⟩ 0.1 ***van/mbt. de Helicon/zangberg***.

hel·i·cop·ter ['helɪkɒptə‖-kɑptər] ⟨f2⟩ ⟨telb.zn.⟩ 0.1 ***helicopter***.

hel·i·hop ['helihɒp‖-hɑp] ⟨onov.ww.⟩ ⟨inf.⟩ 0.1 ***(een) tochtje(s) per helikopter maken*** ⇒*(een) korte helivlucht(en) maken*.

he·li·o- [hi:lioʊ] 0.1 ***helio-*** ⇒*zonne-*.

he·li·o·cen·tric ['hi:lioʊ'sentrɪk] ⟨bn.⟩ 0.1 ***heliocentrisch*** ⇒*met de zon als middelpunt* ◆ 1.1 ~ parallax *jaarlijkse parallax*.

he·li·o·chromy ['hi:lioʊkroʊmi] ⟨n.-telb.zn.⟩ 0.1 ***kleurenfotografie***.

he·li·o·gram ['hi:lɪəgræm] ⟨telb.zn.⟩ 0.1 ***heliogram***.

he·li·o·graph[1] ['hi:lɪəgrɑ:f‖-græf] ⟨telb. en n.-telb.zn.⟩ ⟨vero.⟩ 0.1 ***heliogravure*** ⇒*fotogravure* 0.2 ***heliograaf*** 0.3 ***heliogram***.

heliograph[2] ⟨ov.ww.⟩ 0.1 ***heliograferen***.

he·li·o·gra·vure ['hi:lɪəgrə'vjʊə‖-'vjʊr] ⟨telb.zn.⟩ 0.1 ***heliogravure*** ⇒*fotogravure*.

he·li·o·lith·ic ['hi:lɪə'lɪθɪk] ⟨bn.⟩ 0.1 ***gekenmerkt door zonnecultus en megalieten*** ⟨bv. beschaving⟩.

he·li·om·e·ter ['hi:lɪ'ɒmɪtə‖-'ɑmɪtər] ⟨telb.zn.⟩ ⟨ster.⟩ 0.1 ***heliometer*** ⇒*zonnemeter*.

he·li·o·scope ['hi:lɪəskoʊp] ⟨telb.zn.⟩ 0.1 ***helioscoop*** ⇒*zonnekijker*.

he·li·o·stat ['hi:lɪəstæt] ⟨telb.zn.⟩ ⟨ster.⟩ 0.1 ***heliostaat***.

he·li·o·ther·a·py ['hi:lioʊ'θerəpi] ⟨n.-telb.zn.⟩ ⟨med.⟩ 0.1 ***heliotherapie*** ⇒*(hoogte)zontherapie*.

he·li·o·trope ['helɪətroʊp, 'hi:-] ⟨zn.⟩
I ⟨telb. en n.-telb.zn.⟩ 0.1 ⟨plantk.⟩ ***heliotroop*** ⟨Heliotropium peruvianum⟩ 0.2 ⟨min.⟩ ***heliotroop*** ⇒*(groene) jaspis;*
II ⟨n.-telb.zn.⟩ 0.1 ***paarse tint***.

he·li·o·trop·ic ['hi:lɪə'trɒpɪk‖-'trɑ-] ⟨bn.; -ally; →bijw. 3⟩ ⟨biol.⟩ 0.1 ***heliotropisch***.

he·li·o·trop·ism ['hi:li'ɒtrəpɪzm‖-'ɑ-] ⟨n.-telb.zn.⟩ ⟨biol.⟩ 0.1 ***heliotropisme***.

he·li·o·type ['hi:lɪətaɪp] ⟨telb.zn.⟩ ⟨typografie⟩ 0.1 ***lichtdruk*** ⇒*lijmdruk*.

hel·i·pad ['helɪpæd], **hel·i·port** ['helɪpɔ:t‖-pɔrt] ⟨telb.zn.⟩ 0.1 ***heliport*** ⇒*helihaven, heliplat(form)*.

he·li·um ['hi:lɪəm] ⟨f1⟩ ⟨n.-telb.zn.⟩ ⟨schei.⟩ 0.1 ***helium*** ⟨element 2⟩.

he·lix ['hi:lɪks] ⟨telb.zn.; ook helices ['helɪsi:z]; →mv. 5⟩ 0.1 ***helix*** ⇒*spiraal;* ⟨biol. ook⟩ *schroef;* ⟨wisk. ook⟩ *schroeflijn* 0.2 ⟨bouwk.⟩ ***spiraalvormig ornament*** ⇒*krul, voluut, volute* 0.3 ⟨anat.⟩ ***rand van de oorschelp*** 0.4 ⟨dierk.⟩ ***huisjesslak***.

hell[1] [hel] ⟨f3⟩ ⟨telb. en n.-telb.zn.⟩ ⟨→sprw. 596⟩ 0.1 ***hel*** ⟨ook fig.⟩ ⇒*onderwereld, inferno, gevangenis* ⟨in kinderspelletjes⟩, *speelhol* ◆ 1.1 she drove ~ for leather *zij reed in vliegende vaart;* not a hope in ~ *geen schijn van kans* 1.¶ ~'s bells! *verdorie!* 2.1 hot as ~ *verduiveld warm* 3.¶ be ~ (on) *erg onaangenaam/pijnlijk zijn (voor);* beat/knock the ~ out of s.o. *iem. halfdood slaan;* catch/get ~ *op zijn donder krijgen;* come ~ and/or high water *wat er zich ook voordoet;* give s.o. ~ *iem. op zijn donder/falie geven;* we had better get the ~ out of here *we moesten hier maar als de donder wegwezen;* go to ~ *loop naar de hel/duivel;* like all ~ let loose *alsof de hel was losgebroken;* there will be ~ to pay *dan heb je de poppen aan het dansen, dan zwaait er wat;* play (merry) ~ with *in het honderd schoppen* ⟨plannen⟩; raise ~ *stampei/ophef maken, de boel op stelten zetten; woest worden;* I'll see you in ~ first *over mijn lijk, geen haar op mijn hoofd, ik peins er niet* *over* **4.¶** what the ~, I'll just do it *ach wat, ik doe het gewoon;* who the ~ said that? *wie zei dat, verdomme?;* where in ~ have you been? *waar heb je in godsnaam gezeten?* **6.¶ for** the ~ of it *voor de gein, zomaar;* **like** ~ you will *om de donder niet;* he drove **like** ~ *hij reed als een dolleman / duivel;* I had to work **like** ~ *ik moest werken als een gek;* the / **to** ~ **with** it *barst maar!* **7.¶** a ~ of a guy, a helluva guy *een geweldige kerel, een ontzettend toffe gozer;* one ~ of a dirty trick / a helluva dirty trick *een smerige streek;* the ~ you say! *wat zeg je me nou!* **¶.¶** ~! *verdorie!, verdomme!.*

hell² ⟨onov.ww.⟩ ⟨inf.⟩ **0.1** ***donderjagen*** **0.2** ***scheuren*** ⟨snelheid⟩ ◆ **5.¶** →hell **(a)round**.

he'll [(h)il⟨sterk⟩hi:l] ⟨hww.⟩ ⟨samentr. v. he will, he shall⟩.

Hel·la·dic [he'lædɪk] ⟨bn.⟩ ⟨gesch.⟩ **0.1** ***Helladisch*** ⇒*Egeïsch* ⟨v. cultuur⟩.

'hell '(a)round ⟨onov.ww.⟩ ⟨AE; sl.⟩ **0.1** ***klaplopen*** ⇒*de beest uithangen, kroeglopen, rokken jagen, 'm van katoen geven.*

hell·bend·er ['helbendə‖-ər] ⟨telb.zn.⟩ ⟨AE⟩ **0.1** ⟨dierk.⟩ ***hellbender*** ⇒*(grote) salamander* ⟨Cryptobranchus alleganiensis⟩ **0.2** ***braspartij.***

'hell'bent ⟨bn., pred.⟩ ⟨inf.⟩ **0.1** ***vastbesloten*** ◆ **6.1** she was ~ **on / for** going *ze wilde met alle geweld gaan.*

'hell·box ⟨telb.zn.⟩ ⟨typografie⟩ **0.1** ***hel*** ⟨vakje voor onbruikbare letters⟩.

'hell·cat, 'hell·hag ⟨telb.zn.⟩ **0.1** ***boos en kwaadaardig mens*** ⟨i.h.b. vrouw⟩ ⇒*helleveeg, kenau, feeks, duiveling* **0.2** ⟨AE; sl.⟩ ***zorgeloze meid*** ⇒*lekker ding* **0.3** ⟨AE; mil.⟩ ***reveille-blazer*** ⇒*reveilletamboer.*

hel·le·bore ['helɪbɔ:‖-bɔr] ⟨n.-telb.zn.⟩ ⟨plantk.⟩ **0.1** ***oude naam voor plant die krankzinnigheid zou genezen*** ⟨Veratrum⟩ **0.2** ***nieskruid*** ⟨Helleborus⟩ **0.3** ***kerstroos*** ⟨Helleborus niger⟩.

Hel·lene ['heli:n] ⟨telb.zn.⟩ **0.1** ***Helleen*** ⇒*(oude) Griek.*

Hel·len·ic [he'lenɪk] ⟨bn.⟩ **0.1** ***Helleens*** ⇒*Grieks.*

Hel·le·nism ['helɪnɪzm] ⟨zn.⟩

I ⟨telb.zn.⟩ **0.1** ***gr(a)ecisme;***

II ⟨n.-telb.zn.⟩ **0.1** ***hellenisme*** ⇒*Griekse beschaving* **0.2** ***Griekse nationaliteit.***

Hel·le·nist ['helɪnɪst] ⟨telb.zn.⟩ ⟨gesch.⟩ **0.1** ***hellenist*** ⟨i.h.b. een gehelleniseerde jood⟩ **0.2** ***hellenist*** ⇒*hellenisant* ⟨geleerde⟩.

Hel·le·nis·tic ['helɪ'nɪstɪk], **Hel·le·nis·ti·cal** [-ɪkl] ⟨bn.; -(al)ly; →bijw. 3⟩ **0.1** ***hellenistisch.***

Hel·le·nize ['helɪnaɪz] ⟨onov. en ov.ww.⟩ **0.1** ***helleniseren*** ⇒*Helleens / Grieks maken / worden, vergrieksen.*

'hell-fire ⟨f1⟩ ⟨n.-telb.zn.⟩ **0.1** ***hellevuur.***

hell·gram·mite ['helgrəmaɪt] ⟨telb.zn.⟩ ⟨AE⟩ **0.1** ***vlieglarve*** ⟨v.d. Corydalus cornutus, gebruikt als visaas⟩.

hellhag →hellcat.

'hell·hole ⟨telb.zn.⟩ **0.1** ***hellepoel*** **0.2** ⟨inf.⟩ ***hel*** ⇒*afschuwelijk oord.*

'hell-hound ⟨telb.zn.⟩ **0.1** ***helhond*** **0.2** ***hellewicht*** ⇒*satanskind.*

hel·lion ['heliən], **he·ler** [helə‖-ər] ⟨telb.zn.⟩ ⟨AE; inf.⟩ **0.1** ***duvel*** ⇒*deugniet.*

hell·ish¹ ['helɪʃ] ⟨f1⟩ ⟨bn.; -ly; -ness⟩ **0.1** ***hels*** ⇒*satanisch, infernaal.*

hellish² ⟨f1⟩ ⟨bw.⟩ ⟨inf.⟩ **0.1** ***donders*** ⇒*drommels, zeer, vreselijk* ◆ **2.1** ~ expensive *vreselijk duur.*

hel·lo¹, hal·lo, hul·lo [hə'loʊ, 'he'loʊ] ⟨telb.zn.⟩ **0.1** ***hallo*** ⇒*hallogeroep.*

hello², hallo, hullo ⟨onov.ww.⟩ **0.1** ***hallo zeggen.***

hello³, hallo, hullo ⟨f3⟩ ⟨tussenw.⟩ **0.1** ***hallo*** **0.2** ***hé*** ⟨kreet v. verbazing⟩ ◆ **9.2** Hello hello hello! *Kijk eens aan!; Wat hebben we hier!.*

hel'lo girl ⟨telb.zn.⟩ **0.1** ***telefoniste.***

'hell rais·er ⟨telb.zn.⟩ ⟨AE; inf.⟩ **0.1** ***ruziezoeker*** ⇒*herrieschopper* **0.2** ***roekeloos mens*** ⇒*iem. die door roeien en ruiten gaat.*

'hell's 'angel ⟨telb.zn.⟩ **0.1** ***hell's angel.***

helluva ⟨samentr. v. hell of a⟩ ⟨inf.⟩ →hell¹.

'hell-weed ⟨telb. en n.-telb.zn.⟩ ⟨plantk.⟩ **0.1** ***warkruid*** ⇒*duivelsnaaigaren* ⟨Cuscuta⟩ **0.2** ***akkerboterbloem*** ⟨Ranunculus arvensis⟩.

helm¹ [helm] ⟨f1⟩ ⟨zn.⟩

I ⟨telb.zn.⟩ **0.1** ⟨vero.⟩ ***helm*** **0.2** ***helmstok*** ⇒*stuurrad, roer* **0.3** ⟨BE⟩ ⟨verk.⟩ ⟨helm cloud⟩ ◆ **2.2** lee ~ *met het roer aan lij;* weather ~ *met het roer te loevert* **3.2** feel the ~ *naar het roer luisteren;* right the ~ *het roer midscheeps leggen* **5.2 down** with the ~! *roer aan lij!;* **up** (with the) ~! *op je roer!* **6.2 at** the ~ *aan het roer;*

II ⟨n.-telb.zn.⟩ **0.1** ***roeruitslag*** **0.2** ***leiding*** ⇒*bestuur;* ⟨fig.⟩ *roer* ◆ **3.2** take the ~ *het roer in handen nemen.*

helm² ⟨ov.ww.⟩ **0.1** ***sturen*** ⟨vnl. fig.⟩ ⇒*richten.*

'helm cloud ⟨telb.zn.⟩ ⟨BE⟩ **0.1** ***wolk om bergtop.***

hel·met ['helmɪt] ⟨f2⟩ ⟨telb.zn.⟩ **0.1** ***helm*** ⇒*helmhoed, tropenhelm, zonnehelm, valhelm* **0.2** ⟨plantk.⟩ ***helm*** ⟨bovenste deel v.d. bloem v. orchissoorten⟩ **0.3** ***schelp v.d. Cassisschelp.***

hel·met·ed ['helmɪtɪd] ⟨bn.⟩ **0.1** ***gehelmd*** ⇒*met een helm.*

hel·minth ['helmɪnθ] ⟨telb.zn.⟩ **0.1** ***(ingewands)worm.***

hel·min·thi·a·sis ['helmɪn'θaɪəsɪs] ⟨n.-telb.zn.⟩ ⟨med.⟩ **0.1** ***wormziekte*** ⇒*heminthiasis.*

hel·min·thic [hel'mɪnθɪk] ⟨bn.⟩ **0.1** ***worm-*** ⇒*van / mbt. / veroorzaakt door een (ingewands)worm.*

hel·min·thoid [hel'mɪnθɔɪd, 'helmɪn-] ⟨bn.⟩ **0.1** ***wormachtig / vormig.***

hel·min·thol·o·gy ['helmɪn'θɒlədʒi‖-'θɑ-] ⟨n.-telb.zn.⟩ **0.1** ***leer der (ingewands)wormen.***

'helm order ⟨telb.zn.⟩ **0.1** ***roercommando.***

helms·man ['helmzmən] ⟨telb.zn.; helmsmen [-mən]; →mv. 3⟩ **0.1** ***roerganger*** ⇒*stuurman.*

helms·man·ship ['helmzmənʃɪp] ⟨n.-telb.zn.⟩ **0.1** ***stuurmanskunst.***

hel·ot ['helət] ⟨telb.zn.⟩ ⟨in bet. 0.1 ook H-⟩ **0.1** ⟨gesch.⟩ ***heloot*** ⇒*staatshorige* **0.2** ***slaaf*** ⇒*lijfeigene* ◆ **2.1** drunken Helot *dronken heloot* ⟨afschrikwekkend voorbeeld⟩.

hel·ot·ism ['helətɪzm] ⟨n.-telb.zn.⟩ **0.1** ***knechting*** ⇒*slavernij, onderdrukking.*

hel·ot·ry ['helətri] ⟨n.-telb.zn.⟩ **0.1** ***slavernij*** ⇒*lijfeigenschap* **0.2** ***de heloten.***

help¹ [help] ⟨f3⟩ ⟨zn.⟩ ⟨→sprw. 406⟩

I ⟨telb.zn.⟩ **0.1** ***hulp*** ⇒*steun* **0.2** ***help(st)er*** ⇒*dienstmeisje, werkster, knecht* **0.3** ***portie*** ⟨eten⟩ ◆ **2.1** the map was a great ~ *de plattegrond bewees goede diensten* **3.1** ~ wanted *dienstmeisje gevraagd;*

II ⟨n.-telb.zn.⟩ **0.1** ***hulp*** ⇒*het helpen, bijstand, assistentie, steun* **0.2** ***remedie*** ⇒*uitweg, oplossing* ◆ **3.1** can we be of any ~? *kunnen wij ergens mee helpen?;* fly to the ~ of *te hulp snellen;* it was not of much ~ to him *hij heeft er niet veel aan gehad, hij heeft er weinig baat bij gevonden* **6.1** he was **beyond** ~ *hem kon geen hulp meer baten* **7.2** there is no ~ for it *er is niets aan / tegen te doen;*

III ⟨verz.n.⟩ **0.1** ***huishoudelijk personeel.***

help² ⟨f4⟩ ⟨onov. en ov.ww.; ook vero. holp, holpen⟩ →helping ⟨→sprw. 160, 223, 224, 258⟩ **0.1** ***helpen*** ⇒*bijstaan, (onder)steunen, assisteren, hulp verlenen (aan), bijdragen (tot), bevorderen, van dienst zijn, baten* **0.2** ***opscheppen*** ⇒*bedienen, serveren, opdissen* **0.3** ***verhelpen*** ⇒*remediëren* **0.4** ***voorkomen*** ⇒*verhoeden* **0.5** ⟨met ontkenning⟩ ***nalaten*** ⇒*vermijden, zich weerhouden van* ◆ **1.1** so ~ me God *zo waarlijk helpe mij God;* a ~ing hand *een helpende hand; hulp* **1.3** it ~s the pain *het helpt tegen de pijn* **3.1** they ~ed her (to) clean / in cleaning the room *zij hielpen haar bij het schoonmaken van de kamer* **3.3** it can't be ~ed *er is niets aan te doen* **3.4** he will not stay there, if I can ~ it *als het aan mij ligt zal hij daar niet blijven;* they could not ~ her locking the door *zij konden niet voorkomen dat zij de deur op slot deed* **3.5** we could not ~ but smile *wij moesten wel glimlachen, of we wilden of niet* **4.2** he ~ed himself to the sherry *zonder te vragen schonk hij zich sherry in;* ~ yourself *ga je gang; neem maar, tast toe* **4.5** I had to ask, I could not ~ myself *ik moest het vragen, ik kon niet anders* **4.¶** he cannot ~ himself, that is the way he is *hij kan er niets aan doen, zo is hij nu eenmaal;* she ~ed herself to the silver and disappeared *zij gapte het zilver en verdween* **5.1** ~ **along / forward** *vooruithelpen, bevorderen;* ~ s.o. **off / on** with his coat *iem. uit / in zijn jas helpen;* my mother usually ~s **out** *mijn moeder springt meestal bij;* my grandmother ~ed me **out** more than once *mijn grootmoeder heeft mij meermalen uit de moeilijkheden geholpen / gered* **5.3** I tried to ~ **out** my income by working overtime *door overwerk probeerde ik mijn inkomen aan te vullen* **5.¶ more** than one can ~ *meer dan nodig is; zo min mogelijk* **6.2** may I ~ you to some sauce? *zal ik je een beetje saus geven?.*

help·able ['helpəbl] ⟨bn.⟩ **0.1** ***te helpen.***

help·er ['helpə‖-ər] ⟨f1⟩ ⟨telb.zn.⟩ **0.1** ***help(st)er*** ⇒*assistent(e), hulp.*

help·ful ['helpfl] ⟨f3⟩ ⟨bn.; -ly; -ness⟩ **0.1** ***nuttig*** ⇒*bruikbaar, dienstig* **0.2** ***behulpzaam*** ⇒*godsdienstig, hulpvaardig.*

help·ing¹ ['helpɪŋ] ⟨f1⟩ ⟨zn.; (oorspr.) gerund v. help²⟩

I ⟨telb.zn.⟩ **0.1** ***portie*** ◆ **3.1** have another ~ *schep nog eens op;*

II ⟨n.-telb.zn.⟩ **0.1** ***het helpen.***

helping² ⟨bn., attr.; teg. deelw. v. help+2⟩ **0.1** ***helpend*** ⇒*steunend* ◆ **1.1** lend a ~ hand *een handje helpen.*

help·less ['helpləs] ⟨f3⟩ ⟨bn.; -ly; -ness⟩ **0.1** ***verstoken van hulp*** **0.2** ***hulpeloos*** ⇒*machteloos, weerloos* **0.3** ***onbeholpen*** ⇒*onhandig* ◆ **6.2** ~ **with** laughter *slap van de lach.*

'help·line ⟨telb.zn.⟩ **0.1** ***telefonische hulp- en informatiedienst*** ⇒*informatielijn, hulplijn.*

help·mate ['helpmeɪt], **help·meet** [-mi:t] ⟨telb.zn.⟩ **0.1** ***help(st)er*** ⇒*levensgezel(lin), partner.*

hel·ter-skel·ter¹ ['heltə'skeltə‖'heltər'skeltər] ⟨f1⟩ ⟨zn.⟩

I ⟨telb.zn.⟩ **0.1** ⟨BE⟩ ***(spiraalvormige, lange) roetsjbaan*** ⇒*achtbaan* ⟨kermisattractie⟩;

II ⟨n.-telb.zn.⟩ **0.1** ***dolle haast*** ⇒*verwarring, chaos.*

helter-skelter[2] ⟨f1⟩ ⟨bn.⟩ **0.1** ***onbesuisd*** ⇒*dolzinnig, woest, wild* **0.2** ***wanordelijk*** ⇒*rommelig.*

helter-skelter[3] ⟨f1⟩ ⟨bw.⟩ **0.1** ***holderdebolder*** ⇒*hals over kop, kriskras.*

helve[1] [helv] ⟨telb.zn.⟩ **0.1** ***handvat*** ⇒*steel, greep, gevest* ◆ **3.¶** throw the ~ after the hatchet *goed geld naar kwaad geld gooien.*

helve[2] ⟨ov.ww.⟩ **0.1** ***van een handvat/steel voorzien.***

Hel·ve·tian[1] [hel'vi:ʃn] ⟨telb.zn.⟩ **0.1** ***Helvetiër*** **0.2** ***Zwitser.***

Helvetian[2] ⟨bn.⟩ **0.1** ***Helvetisch*** **0.2** ***Zwitsers.***

Hel·vet·ic[1] [hel'veṭɪk] ⟨telb.zn.⟩ **0.1** ***zwingliaan*** ⟨Zwitsers Protestant⟩.

Helvetic[2] ⟨bn.⟩ **0.1** ***Helvetisch*** **0.2** ***Zwitsers.***

hem[1] [hem] ⟨f1⟩ ⟨telb.zn.⟩ **0.1** ***boord*** ⇒*zoom, inslag* **0.2** ***kuchje*** ⇒*gekuch, gehem* ◆ **3.1** take the ~ up (of sth.) *(iets) korter maken/inkorten.*

hem[2] ⟨f2⟩ ⟨ww.; →ww. 7⟩
I ⟨onov.ww.⟩ **0.1** ***hummen*** ⇒*hemmen, kuchen, de keel schrapen* ◆ **3.1** ~ and ha(w) *hummen, hemmen, kuchen, aarzelen;*
II ⟨ov.ww.⟩ **0.1** ***(om)zomen*** ◆ **5.1** ~ **about/(a)round** *omringen, insluiten, omsluiten, omsingelen;* she felt ~med **in/up** from all sides *zij voelde zich van alle kanten ingekapseld.*

hem[3] [mhm] ⟨f2⟩ ⟨tussenw.⟩ **0.1** ***hum*** ⇒*(a)hem, h'm.*

hemal →haemal.

he-man ⟨f1⟩ ⟨telb.zn.⟩ **0.1** ***he-man*** ⇒*echte man, stoere kerel, mannetjesputter, macho.*

hemato- →haemato-.

heme →haem.

hem·i- ['hemi] **0.1** ***hemi-*** ⇒*half* ◆ **¶.1** hemisphere *hemisfeer, halve bol.*

hem·i·a·nop·si·a [hemɪə'nɒpsɪə‖-'nɑ-] ⟨telb. en n.-telb.zn.⟩ ⟨med.⟩ **0.1** ***hemianopsie*** ⟨blindheid voor de helft v.h. gezichtsveld⟩.

hem·i·cra·ni·a ['hemi'kreɪnɪə] ⟨telb. en n.-telb.zn.⟩ ⟨med.⟩ **0.1** ***migraine*** ⇒*schele hoofdpijn.*

hem·i·cy·cle ['hemɪsaɪkl] ⟨telb.zn.⟩ **0.1** ***hemicyclus*** ⇒*halve boog.*

hem·i·dem·i·sem·i·qua·ver ['hemidemi'semikwεɪvə‖-ər] ⟨telb.zn.⟩ ⟨vnl. BE⟩ ⟨muz.⟩ **0.1** ***vierenzestigste (deel v.e.) noot.***

hem·i·ple·gi·a ['hemi'pli:dʒə] ⟨telb. en n.-telb.zn.⟩ ⟨med.⟩ **0.1** ***hemiplegie*** ⇒*halfzijdige verlamming, verlamming v. één lichaamshelft.*

he·mi·po·de ['hemɪpoʊd] ⟨telb.zn.⟩ ⟨dierk.⟩ **0.1** ***vechtkwartel*** ⟨Turnix sylvatica⟩.

he·mip·ter·a [he'mɪptərə] ⟨mv.⟩ ⟨dierk.⟩ **0.1** ***halfvleugeligen.***

he·mip·ter·ous [he'mɪptrəs] ⟨bn.⟩ ⟨dierk.⟩ **0.1** ***halfvleugelig.***

hem·i·sphere ['hemɪ̣sfɪə‖-sfɪr] ⟨f1⟩ ⟨telb.zn.⟩ **0.1** ***hemisfeer*** ⇒*halve bol;* ⟨aardr.⟩ *halfrond, halve aardbol;* ⟨ster.⟩ *halve hemelbol;* ⟨anat.⟩ *helft v.d. grote hersenen* ◆ **1.1** Magdeburg ~s *Maagdenburger halve bollen.*

hem·i·spher·ic ['hemɪ̣'sferɪk], **hem·i·spher·i·cal** [-ɪkl] ⟨bn.; -(al)ly; →bijw. 3⟩ **0.1** ***hemisferisch*** ⇒*v.e. halve bol/halfrond.*

hem·i·stich ['hemɪstɪk] ⟨telb.zn.⟩ ⟨lit.⟩ **0.1** ***hemistiche*** ⇒*halve versregel.*

'hem·line ⟨f1⟩ ⟨telb.zn.⟩ **0.1** ***zoom*** ◆ **3.1** lower/raise the ~ *de roklengte langer/korter maken.*

hem·lock ['hemlɒk‖-lɑk] ⟨zn.⟩
I ⟨telb.zn.⟩ ⟨plantk.⟩ **0.1** ***dollekervel*** ⇒*dolle peterselie, pijpkruid* ⟨Conium maculatum⟩ **0.2** ⟨AE⟩ ***Canadese den*** ⟨genus Tsuga⟩;
II ⟨n.-telb.zn.⟩ **0.1** ***dollekervelgif.***

'hemlock fir, 'hemlock spruce ⟨telb.zn.⟩ ⟨AE⟩ ⟨plantk.⟩ **0.1** ***Canadese den*** ⟨genus Tsuga⟩.

hemo- →haemo-.

hemp [hemp] ⟨f1⟩ ⟨n.-telb.zn.⟩ **0.1** ***hennep*** ⇒*hennepvezel, bombayhennep, jutehennep, manillahennep* **0.2** ⟨scherts.⟩ ***strop*** ⇒*hennepen venster* **0.3** ***hennep*** ⇒*hasj(iesj), marihuana, cannabis.*

'hemp 'agrimony, 'hemp·weed ⟨telb. en n.-telb.zn.⟩ ⟨plantk.⟩ **0.1** ***leverkruid*** ⇒*gemene agrimonie* ⟨Eupatorium cannabinum⟩.

hemp·en ['hempən] ⟨bn.⟩ **0.1** ***hennepen*** ⇒*van hennep, hennep-.*

'hemp nettle ⟨telb.zn.⟩ ⟨plantk.⟩ **0.1** ***hennepnetel*** ⇒*raai* ⟨genus Galeopsis⟩.

'hemp·seed ⟨telb.zn.⟩ ⟨plantk.⟩ **0.1** ***hennepzaad.***

'hem·stitch[1] ⟨telb. en n.-telb.zn.⟩ **0.1** ***open zoomsteek.***

hemstitch[2] ⟨ov.ww.⟩ **0.1** ***met de open zoomsteek bewerken/omzomen.***

hen[1] [hen] ⟨f3⟩ ⟨telb.zn.⟩ ⟨→sprw. 47, 278⟩ **0.1** ***hoen*** ⇒*hen, kip* **0.2** ***pop*** ⟨v. vogel⟩ **0.3** ***wijfjeskrab/kreeft/zalm*** **0.4** ⟨sl.⟩ ***vrouw*** ⇒*wijf, roddeltante* ◆ **1.1** like a ~ with one chicken *zenuwachtig druk, zo druk als een klein baasje.*

hen[2] ⟨onov.ww.; →ww. 7⟩ ⟨inf.⟩ **0.1** ***kwebbelen*** ⇒*kletsen, roddelen.*

'hen-and-'chick·ens ⟨telb.zn.; 'hens-and-'chickens; →mv. 6⟩ ⟨plantk.⟩ **0.1** ***dubbele madelief*** ⟨Bellis perennis⟩ **0.2** ⟨AE⟩ ***gewone huislook*** ⟨Sempervivum tectorum⟩.

hen·bane ['henbeɪn] ⟨zn.⟩
I ⟨telb. en n.-telb.zn.⟩ ⟨plantk.⟩ **0.1** ***bilzekruid*** ⇒*malwillempjeskruid, dolkruid* ⟨Hyoscyamus niger⟩;
II ⟨n.-telb.zn.⟩ ⟨med.⟩ **0.1** ***bilzekruid(extract).***

hence [hens] ⟨f3⟩ ⟨bw.⟩ **0.1** ⟨vero.⟩ ***van hier*** ⇒*hier vandaan* **0.2** ***van nu (af)*** **0.3** ***vandaar*** ⇒*daarom, derhalve* ◆ **1.2** five years ~ *over vijf jaar* **3.1** ⟨fig.⟩ go ~ *heengaan, verscheiden, overlijden* **6.1** **from** ~ *van hier, hier vandaan;* ~ **with** it *weg ermee* **¶.1** ~! *gaat heen!.*

'hence'forth, 'hence·'for·ward ⟨f1⟩ ⟨bw.⟩ **0.1** ***van nu af aan*** ⇒*voortaan.*

hench·man ['hentʃmən] ⟨f1⟩ ⟨telb.zn.; henchmen [-mən]; →mv. 3⟩ **0.1** ⟨gesch.⟩ ***schildknaap*** ⇒*page* **0.2** ***voornaamste volgeling/bediende v.e. Highland chief*** **0.3** ***volgeling*** ⇒*aanhanger* **0.4** ***trawant*** ⇒*handlanger.*

'hen·coop ⟨telb.zn.⟩ **0.1** ***hoenderhok*** ⇒*kippenhok* **0.2** ***hoenderkorf.***

hen·dec·a·gon [hen'dekəgən‖-gɑn] ⟨telb.zn.⟩ ⟨wisk.⟩ **0.1** ***elfhoek.***

hen·dec·a·syl·lab·ic ['hendekəsɪ̣'læbɪk] ⟨bn.⟩ **0.1** ***elflettergrepig.***

hen·dec·a·syl·la·ble ['hendekə'sɪləbl] ⟨telb.zn.⟩ **0.1** ***elflettergrepig vers*** ⇒*hendecasyllabus.*

hen·di·a·dys [hen'daɪədɪs] ⟨telb.zn.⟩ ⟨taalk.⟩ **0.1** ***hendiadys.***

hen·e·quen, ⟨AE sp. ook⟩ **hen·e·quin** ['henɪ̣kɪn] ⟨zn.⟩
I ⟨telb.zn.⟩ ⟨plantk.⟩ **0.1** ***agave*** ⟨Agave fourcroydes⟩;
II ⟨n.-telb.zn.⟩ **0.1** ***henequén*** ⇒*sisal* ⟨vezels v. agave⟩.

'hen-fruit ⟨n.-telb.zn.⟩ ⟨AE; scherts.⟩ **0.1** ***eieren.***

'hen harrier ⟨telb.zn.⟩ ⟨dierk.⟩ **0.1** ***blauwe kiekendief*** ⟨Circus cyaneus⟩.

'hen hawk ⟨telb.zn.⟩ ⟨dierk.⟩ **0.1** ***roodstaartbuizerd*** ⟨genus Buteo⟩.

'hen'heart·ed ⟨bn.⟩ **0.1** ***bang*** ⇒*vreesachtig, laf(hartig).*

'hen·house ⟨f1⟩ ⟨telb.zn.⟩ **0.1** ***kippenhok*** ⇒*hoenderhok.*

hen·na[1] ['henə] ⟨n.-telb.zn.⟩ **0.1** ⟨plantk.⟩ ***henna*** ⟨struik; Lawsonia inermis⟩ **0.2** ***henna*** ⟨verfmiddel⟩.

henna[2] ⟨ov.ww.⟩ →hennaed **0.1** ***met henna verven.***

hen·naed ['henəd] ⟨bn.; oorspr. volt. deelw. v. henna⟩ **0.1** ***met henna geverfd*** ⇒*hennakleurig, oranjerood.*

hen·ner·y ['henəri] ⟨telb.zn.; →mv. 2⟩ **0.1** ***kippenfokkerij*** ⇒*hoenderfokkerij* **0.2** ***kippenren*** ⇒*kippenhok, hoenderhok* **0.3** ***hoenderhof.***

hen·ny[1] ['heni] ⟨telb.zn.; →mv. 2⟩ **0.1** ***haan met vederdos v.e. kip.***

henny[2] ⟨bn.⟩ **0.1** ***met vederdos v.e. kip*** ⇒*kipachtig.*

hen·o·the·ism ['henoʊθi:ɪzm] ⟨n.-telb.zn.⟩ ⟨theol.⟩ **0.1** ***henotheïsme.***

'hen·par·ty ⟨telb.zn.⟩ ⟨inf.; scherts.⟩ **0.1** ***dameskransje*** ⇒*kippenmarkt, geitenfuif.*

hen·peck ['henpek] ⟨ov.ww.⟩ →henpecked **0.1** ***op de kop zitten.***

'hen·pecked ⟨f1⟩ ⟨bn.; volt. deelw. v. henpeck⟩ **0.1** ***onder de plak (zittend)*** ◆ **1.1** a ~ husband *een pantoffelheld, een Jan Hen.*

'hen·roost ⟨telb.zn.⟩ **0.1** ***hoenderrek*** ⇒*nachthok.*

'hen·run ⟨telb.zn.⟩ **0.1** ***kippenren*** ⇒*hoenderren, kippenloop.*

hen·ry ['henri] ⟨zn.⟩
I ⟨eig.n.; H-⟩ **0.1** ***Hendrik*** ⇒*Henk;*
II ⟨telb.zn.; ook henries; →mv. 2⟩ ⟨elek., nat.⟩ **0.1** ***henry.***

'hen·wife ⟨telb.zn.⟩ **0.1** ***kippenhoudster.***

hep[1] [hep] ⟨telb.zn.⟩ **0.1** ***rozebottel.***

hep[2] ⟨bn.⟩ ⟨sl.⟩ **0.1** ***op de hoogte*** **0.2** ***bijdetijds*** ⇒*modern, in, hip* ◆ **6.1** ~ **to** *op de hoogte van, bekend met.*

hep·a·rin ['hepərɪ̣n] ⟨n.-telb.zn.⟩ **0.1** ***heparine*** ⟨bloedstolling remmende stof⟩.

he·pat·ic [hɪ'pæṭɪk] ⟨bn.⟩ **0.1** ***mbt. de lever*** ⇒*lever-* **0.2** ***donker roodbruin*** ⇒*leverkleurig.*

he·pat·i·ca [hɪ'pæṭɪkə] ⟨telb. en n.-telb.zn.⟩ ⟨plantk.⟩ **0.1** ***leverbloem*** ⇒*gulden/driebladig leverkruid* ⟨genus Hepatica⟩.

hep·a·ti·tis ['hepə'taɪṭɪs] ⟨telb. en n.-telb.zn.; hepatites [-'taɪṭi:z]; →mv. 5⟩ ⟨med.⟩ **0.1** ***hepatitis*** ⇒*leverontsteking, geelzucht.*

'hep·cat ⟨telb.zn.⟩ ⟨vero.; sl.⟩ **0.1** ***swinger*** ⇒*swingfanaat/musicus.*

Hep·ple·white ['heplwaɪt] ⟨telb. en n.-telb.zn.⟩ **0.1** ***Hepplewhite (meubel)*** ⟨naar G. Hepplewhite, Engels meubelmaker in de 18e eeuw⟩.

hep·ta- ['heptə] **0.1** ***hepta-*** ⇒*zeven-* ◆ **¶.1** heptameter *heptameter.*

hep·ta·chord ['heptəkɔ:d‖-kɔrd] ⟨telb.zn.⟩ ⟨muz.⟩ **0.1** ***zevensnarig instrument*** **0.2** ***(diatonische) toonladder met zeven noten.***

hep·tad ['heptæd] ⟨telb.zn.⟩ **0.1** ***zevental.***

hep·ta·glot[1] ['heptəglɒt‖-glɑt] ⟨telb.zn.⟩ **0.1** ***zeventalig boek.***

heptaglot[2] ⟨bn.⟩ **0.1** ***zeventalig.***

hep·ta·gon ['heptəgən‖-gɑn] ⟨telb.zn.⟩ ⟨wisk.⟩ **0.1** ***zevenhoek.***

hep·tag·o·nal [hep'tægənl] ⟨bn.⟩ ⟨wisk.⟩ **0.1** ***zevenhoekig.***

hep·ta·he·dral ['heptə'hi:drəl, -'hedrəl] ⟨bn.⟩ ⟨wisk.⟩ **0.1** ***met zeven vlakken*** ⇒*zevenvlakkig.*

hep·ta·he·dron ['heptə'hi:drən, -'hedrən] ⟨telb.zn.⟩ ⟨wisk.⟩ **0.1** ***zevenvlak.***

hep·tam·er·ous [hep'tæmərəs] ⟨bn.⟩ **0.1** ***zevendelig.***

hep·tam·e·ter [hep'tæmɪtə‖-mɪṭər]⟨telb.zn.⟩ 0.1 ***heptameter*** ⟨vers v. zeven voeten⟩.
hep·tane ['heptein]⟨n.-telb.zn.⟩⟨schei.⟩ 0.1 ***heptaan***.
hep·tan·gu·lar [hep'tæŋgjʊlə‖-gjələr]⟨bn.⟩⟨wisk.⟩ 0.1 ***zevenhoekig***.
hep·tar·chi·cal [hep'tɑ:kɪkl‖-'tɑr-]⟨bn.⟩ 0.1 ***mbt. een/de heptarchie***.
hep·tar·chy ['heptɑ:ki‖-tɑrki]⟨zn.;→mv. 2⟩
I ⟨telb.zn.⟩ 0.1 ***heptarchie*** ⟨regering v. zeven man⟩;
II ⟨n.-telb.zn.; vnl. H-; the⟩ 0.1 ***heptarchie*** ⟨de zeven Angelsaksische koninkrijken in de 7e en 8e eeuw⟩.
hep·ta·syl·lab·ic[1] ['heptəsɪ'læbɪk]⟨telb.zn.⟩ 0.1 ***zevenlettergrepig vers***.
heptasyllabic[2] ⟨bn.⟩ 0.1 ***zevenlettergrepig***.
Hep·ta·teuch ['heptətju:k‖-tu:k]⟨eig.n.; the⟩⟨bijb.⟩ 0.1 ***Heptateuch*** ⟨de eerste zeven boeken v.h. O.T.⟩.
hep·tath·lete [hep'tæθli:t]⟨telb.zn.⟩⟨atletiek⟩ 0.1 ***zevenkampster***.
hep·tath·lon [hep'tæθlən]⟨telb.zn.⟩⟨atletiek⟩ 0.1 ***zevenkamp*** ⇒*heptatlon*.
hep·ta·va·lent ['heptə'veɪlənt]⟨bn.⟩⟨schei.⟩ 0.1 ***zevenwaardig***.
her[1] [hɜ:‖hɜr]⟨f1⟩⟨telb.zn.⟩ 0.1 ***zij*** ⇒*vrouw, meisje* ◆ 3.1 Smith is not a he but a ~ *Smith is geen hij maar een zij*.
her[2] [(h)ə, ɜ:⟨sterk⟩hɜ:‖(h)ər, ɜr⟨sterk⟩hɜr]⟨f4⟩⟨vnw.;→naamval⟩ →she, herself
I ⟨p.vnw.⟩ 0.1 ***haar*** ⇒*aan/voor haar* 0.2 ⟨als nominatief gebruikt⟩⟨vnl. inf.⟩ ***zij*** ◆ 3.1 he gave ~ a watch *hij gaf haar een horloge;* he watched ~ *hij keek naar haar* 3.2 ~ and Bill ran away *zij en Bill liepen weg* 4.2 that's ~ *dat is ze;* it was ~ whom I meant *zij was het die ik bedoelde* 8.2 ~ and her holidays! *zij met haar vakanties!;* all alone and ~ such a pretty girl *helemaal alleen en dat voor zo'n mooi meisje;*
II ⟨wdk.vnw.⟩⟨inf. of gew.⟩ 0.1 ***zich(zelf)*** ⇒*haarzelf* ◆ 3.1 she bought ~ a brooch *ze kocht een broche voor zichzelf;* she laid ~ down to sleep *ze legde zich te rusten*.
her[3] ⟨f4⟩⟨bez.det.⟩ 0.1 ***haar*** ◆ 1.1 she did ~ best *ze deed haar best;* it's ~ day *het is haar grote dag/haar geluksdag*.
her·ald[1] ['herəld]⟨f2⟩⟨telb.zn.⟩ 0.1 ⟨gesch.⟩ ***heraut*** ⇒*gezant* 0.2 ***bode*** ⇒*boodschapper, aankondiger* 0.3 ***voorbode*** ⇒*voorloper* 0.4 ⟨BE⟩ ***functionaris v. Heralds' College*** ⇒*heraut van wapenen, wapenkoning/heraut*.
herald[2] ⟨f1⟩⟨ov.ww.⟩ 0.1 ***aankondigen*** ⇒*annonceren, inluiden* ◆ 5.1 ~ **in** *aankondigen, inluiden*.
he·ral·dic [he'rældɪk]⟨bn.; -ally;→bijw. 3⟩ 0.1 ***heraldisch*** ⇒*heraldiek, wapenkundig*.
her·ald·ist ['herəldɪst]⟨telb.zn.⟩ 0.1 ***wapenkundige*** ⇒*kenner v.d. heraldiek*.
her·ald·ry ['herəldri]⟨f1⟩⟨n.-telb.zn.⟩ 0.1 ***ambt v. heraut v. wapenen / wapenkoning*** 0.2 ***heraldiek*** ⇒*wapenkunde* 0.3 ***(heraldische) praal*** ⇒*ceremonieel* 0.4 ***wapen(en)*** ⇒*wapenschild, blazoen*.
'Heralds' 'College ⟨eig.n.⟩⟨BE⟩ 0.1 ***Heralds' College*** ⇒*Hoge Raad van Adel*.
herb [hɜ:b‖(h)ɜrb]⟨f2⟩⟨telb. en n.-telb.zn.⟩ 0.1 ***kruid*** ⟨niet-houtig gewas⟩ 0.2 ⟨AE; sl.⟩ ***hasj***.
her·ba·ceous [hə'beɪʃəs‖(h)ɜr-]⟨f1⟩⟨bn.⟩ 0.1 ***kruidachtig*** ◆ 1.1 ~ border *border v. overblijvende (bloeiende) planten;* ~ perennial *overblijvende plant*.
herb·age ['hɜ:bɪdʒ‖'(h)ɜrb-]⟨f1⟩⟨n.-telb.zn.⟩ 0.1 ***kruiden*** 0.2 ***gras*** ⇒*groenvoer* 0.3 ⟨jur.⟩ ***weiderecht***.
herb·al[1] ['hɜ:bl‖'(h)ɜrbl]⟨telb.zn.⟩ 0.1 ***kruidenboek*** ⇒*(kruiden)flora*.
herbal[2] ⟨bn.⟩ 0.1 ***kruiden-***.
herb·al·ist ['hɜ:bəlɪst‖'(h)ɜr-]⟨telb.zn.⟩ 0.1 ***kruidkundige*** ⇒*kruidenkenner, plantkundige, botanicus* 0.2 ***kruidenhandelaar*** 0.3 ***kruidengenezer***.
her·bar·i·um [hɜ:'beərɪəm‖(h)ər'berɪəm]⟨telb.zn.; ook herbaria [-rɪə];→mv. 5⟩ 0.1 ***herbarium*** ⇒*(ruimte voor) planten/kruidenverzameling*.
'herb beer ⟨telb. en n.-telb.zn.⟩ 0.1 ***kruidendrank***.
'herb 'bennet ⟨telb. en n.-telb.zn.; ook herbs bennet;→mv. 6⟩ ⟨plantk.⟩ 0.1 ***gewoon/knikkend nagelkruid*** ⟨Geum urbanum⟩.
herb Chris·to·pher ['hɜ:b 'krɪstəfə‖'(h)ɜrb 'krɪstəfər]⟨telb. en n.-telb.zn.; ook herbs Christopher;→mv. 6⟩⟨plantk.⟩ 0.1 ***christoffelkruid*** ⇒*zwarte gifbes* ⟨Actaea spicata⟩.
her·bert ['hɜ:bət‖'hɜrbərt]⟨zn.⟩
I ⟨eig.n.; H-⟩ 0.1 ***Herbert;***
II ⟨telb.zn.⟩⟨inf.⟩ 0.1 ***kerel*** ⇒*gast, gozer*.
herb Ge·rard ['hɜ:b 'dʒerɑ:d‖'(h)ɜrb dʒə'rɑrd]⟨telb. en n.-telb.zn.; ook herbs Gerard;→mv. 6⟩⟨plantk.⟩ 0.1 ***zevenblad*** ⟨Aegopodium podagraria⟩.
'herb-grace, 'herb-of-'grace ⟨telb. en n.-telb.zn.; herbs(-of-)grace; →mv. 6⟩⟨vero.; plantk.⟩ 0.1 ***wijnruit*** ⟨Ruta graveolens⟩.
her·bi·cide ['hɜ:bɪsaɪd‖'(h)ɜr-]⟨f1⟩⟨telb. en n.-telb.zn.⟩ 0.1 ***herbicide*** ⇒*onkruidverdelger/verdelgingsmiddel*.
her·bif·e·rous [hɜ:'bɪfrəs‖(h)ɜr-]⟨bn.⟩ 0.1 ***planten/kruiden voortbrengend***.
her·bi·vore ['hɜ:bɪvɔ:‖'(h)ɜrbɪvɔr]⟨telb.zn.⟩ 0.1 ***herbivoor*** ⇒*planteneter*.
her·biv·o·rous [hɜ:'bɪvrəs‖(h)ɜr-]⟨bn.⟩ 0.1 ***herbivoor*** ⇒*plantenetend*.
her·bo·rize ['hɜ:bəraɪz‖'(h)ɜr-]⟨onov.ww.⟩ 0.1 ***herboriseren*** ⇒*botaniseren, planten verzamelen*.
herb Paris ['hɜ:b 'pærɪs‖'(h)ɜrb-]⟨telb. en n.-telb.zn.; ook herbs Paris;→mv. 6⟩⟨plantk.⟩ 0.1 ***pariskruid*** ⇒*eenbes* ⟨Paris quadrifolia⟩.
herb Rob·ert ['hɜ:b 'rɒbət‖'(h)ɜrb 'rɑbərt]⟨telb. en n.-telb.zn.; ook herbs Robert;→mv. 6⟩⟨plantk.⟩ 0.1 ***rob(b)ertskruid*** ⟨Geranium robertianum⟩.
'herb 'tea, 'herb water ⟨f1⟩⟨telb. en n.-telb.zn.⟩ 0.1 ***kruidendrank*** ⇒*kruidenthee, kruidenaftreksel*.
'herb 'tobacco ⟨n.-telb.zn.⟩ 0.1 ***kruidentabak*** ⟨middel tegen hoest⟩.
herb·y ['hɜ:bi‖'(h)ɜrbi]⟨bn.; -er;→compar. 7⟩ 0.1 ***grasrijk*** 0.2 ***kruidenrijk*** 0.3 ***kruidachtig*** ⇒*kruiden-*.
Her·cu·le·an ['hɜ:kjʊ'li:ən‖hɜr'kju:lɪən]⟨bn.; ook h-⟩ 0.1 ***(als) v. Hercules*** ⇒*herculisch, erg groot, erg sterk, erg moeilijk*.
Her·cu·les ['hɜ:kjʊli:z‖'hɜrkjə-]⟨f1⟩⟨eig.n., telb.zn.⟩ 0.1 ***Hercules*** ⇒*sterke man, reus* 0.2 ⟨ster.⟩ ***Hercules*** ⟨sterrenbeeld⟩.
'Hercules beetle ⟨telb.zn.⟩⟨dierk.⟩ 0.1 ***herculeskever*** ⟨Dynastes hercules⟩.
herd[1] [hɜ:d‖hɜrd]⟨f2⟩⟨telb.zn.⟩ 0.1 ***kudde*** ⇒*troep, horde, groep;* ⟨pej.⟩ *massa* 0.2 ***hoeder*** ⇒*herder* ◆ 3.¶ ⟨AE⟩ ride ~ on *in de gaten/in het oog/onder controle houden* 7.1 the (common/vulgar) ~ *de massa, het gewone volk*.
herd[2] ⟨f1⟩⟨ww.⟩
I ⟨onov.ww.⟩ 0.1 ***in een kudde/groep leven*** 0.2 ***samendrommen*** ⇒*samenscholen, zich verenigen, bij elkaar hokken* ◆ 5.1 ~ **together** *samendrommen, hokken* 6.2 ~ **with** *omgaan met, zich verenigen met;*
II ⟨ov.ww.⟩ 0.1 ***hoeden*** ⇒*drijven, samendrijven*.
'herd·book ⟨telb.zn.⟩ 0.1 ***stamboek*** ⟨voor runderen, varkens, schapen⟩.
herd·er ['hɜ:də‖'hɜrdər]⟨f1⟩⟨telb.zn.⟩⟨AE⟩ 0.1 ***veehoeder*** ⇒*herder* 0.2 ***veehouder***.
'herd instinct ⟨n.-telb.zn.; the⟩ 0.1 ***kuddeinstinct***.
herds·man ['hɜ:dzmən‖'hɜrdz-]⟨f1⟩⟨telb.zn.; herdsmen [-mən]; →mv. 3⟩ 0.1 ***veehouder*** 0.2 ***veehoeder*** ⇒*herder*.
here[1] [hɪə‖hɪr]⟨telb. en n.-telb.zn.⟩ 0.1 ***hier*** ⇒*deze plaats, dit punt* ◆ 3.1 get out of ~! *maak dat je wegkomt!, smeer 'm!* 6.1 where do we go **from** ~? *hoe gaan/moeten we nu verder?;* **near** ~ *hier in de buurt;* **up to** ~ *tot hier*.
here[2] ⟨f4⟩⟨bw.⟩ 0.1 ***hier*** ⇒*alhier, op deze plaats, op dit punt, hierheen* ◆ 3.1 ⟨inf.⟩ ~ we are *daar zijn we dan; (zie)zo;* ⟨inf.⟩ ~ you are *hier, alsjeblieft;* ⟨inf.⟩ ~ we go again *daar gaan we weer, daar heb je het weer;* ~'s to you *daar ga je, op je gezondheid* 5.1 ~ **below** *hier op aarde;* ~ and now *nu meteen, op dit moment;* **over** ~ *hier(heen);* ~ and there *hier en daar;* ~, there and everywhere *overal;* ⟨fig.⟩ it is neither ~ nor there *het raakt kant nog wal, het slaat nergens op* 5.¶ ~ 's how! *proost!, op je gezondheid!, daar ga je!* ¶.¶ ~! *hé! zeg!; hier!* ⟨tegen hond⟩; *present!*.
'here·a'bouts, ⟨AE ook⟩ **'here·a·'bout** ⟨f1⟩⟨bw.⟩ 0.1 ***hier in de buurt*** ⇒*hieromtrent*.
'here'af·ter[1] ⟨f1⟩⟨telb. en n.-telb.zn.⟩ 0.1 ***toekomst*** 0.2 ***hiernamaals*** ⇒*leven na de dood*.
hereafter[2] ⟨f1⟩⟨bw.⟩ 0.1 ***hierna*** ⇒*later, in de toekomst, voortaan, verderop*.
'here'at ⟨bw.⟩⟨vero.⟩ 0.1 ***dientengevolge*** ⇒*hierdoor, hierbij*.
'here'by ⟨f1⟩⟨bw.⟩ 0.1 ***hierbij*** ⇒*hiernevens* 0.2 ***hierdoor***.
he·red·i·table [hɪ'redɪṭəbl]⟨bn.⟩ 0.1 ***erfelijk***.
her·e·dit·a·ment ['herɪ'dɪṭəmənt]⟨telb.zn.⟩⟨jur.⟩ 0.1 ***erfgoed*** ⇒*nalatenschap, erfenis* 0.2 ***onroerend goed***.
he·red·i·tar·y [hɪ'redɪtri‖-teri]⟨f2⟩⟨bn.; -ly; -ness;→bijw. 3⟩ 0.1 ***erfelijk*** ⇒*erf-, overgeërfd, aangeboren, overgeleverd* ◆ 1.1 ~ enemy *erfvijand;* ~ peer *hereditary peer* ⟨iem. v. adel wiens lidmaatschap v.h. Hogerhuis erfelijk is⟩.
he·red·i·ty [hɪ'redəṭi]⟨f2⟩⟨telb. en n.-telb.zn.;→mv. 2⟩ 0.1 ***erfelijkheid*** ⇒*herediteit* 0.2 ***overerving*** 0.3 ***erfmassa*** ⇒*geheel van erfelijke eigenschappen/factoren*.
Her·e·ford ['herɪfəd‖'hɜrfərd]⟨telb. en n.-telb.zn.⟩ 0.1 ***Hereford*** ⟨rund(vee)⟩.
'here'in ⟨bw.⟩⟨schr.⟩ 0.1 ***hierin***.
'here·in'af·ter ⟨bw.⟩⟨schr.⟩ 0.1 ***hieronder*** ⇒*hierna, in het navolgende*.
'here·in·be'fore ⟨bw.⟩⟨schr.⟩ 0.1 ***hierboven*** ⇒*in het bovenstaande*.
'here'of ⟨bw.⟩⟨schr.⟩ 0.1 ***hiervan*** ⇒*hierover*.
'here'on ⟨bw.⟩⟨schr.⟩ 0.1 ***hierop***.

he·re·si·arch [he'ri:ziɑ:k‖-ɑrk]⟨telb.zn.⟩ **0.1** ***heresiarch*** ⇒*aartsketter, ketterhoofd/leider.*

he·re·si·ol·o·gy [hə'ri:zi'ɒlədʒi‖-'ɑlədʒi]⟨zn.;→mv. 2⟩
I ⟨telb.zn.⟩ **0.1** ***verhandeling over ketterij;***
II ⟨n.-telb.zn.⟩ **0.1** ***studie v. ketterij.***

her·e·sy ['herɪsi]⟨f1⟩⟨telb. en n.-telb.zn.;→mv. 2⟩ **0.1** ***ketterij*** ⇒*heresie, dwaalleer, afwijking/dwaling v.d. leer.*

her·e·tic[1] ['herətɪk]⟨f1⟩⟨telb.zn.⟩ **0.1** ***ketter*** ⇒*apostaat, dwaalgeest, afvallige, geloofsverzaker.*

heretic[2], **he·ret·i·cal** [hɪ'retɪkl]⟨bn.;-(al)ly;→bijw. 3⟩ **0.1** ***ketters*** ⇒*onrechtzinnig, afwijkend, afvallig.*

'here'to ⟨bw.⟩⟨schr.⟩ **0.1** ***hiertoe*** ⇒*dit betreffend, met betrekking hierop.*

'here·to'fore ⟨bw.⟩⟨schr.⟩ **0.1** ***voorheen*** ⇒*tot nu (toe), eertijds.*

'here'un·der ⟨bw.⟩⟨schr.⟩ **0.1** ***hieronder*** ⇒*navolgend, hierbeneden, voorts, verderop* **0.2** ⟨jur.⟩ ***ingevolge hiervan*** ⇒*krachtens/overeenkomstig dit besluit.*

'here'un·to ⟨bw.⟩⟨schr.⟩ **0.1** ***hiertoe*** ⇒*dit betreffend.*

'here·up'on ⟨bw.⟩⟨schr.⟩ **0.1** ***hierop*** ⇒*hierna, navolgend, dientengevolge* **0.2** ***op dit punt.***

'here'with ⟨f1⟩⟨bw.⟩⟨schr.⟩ **0.1** ***hiermee*** **0.2** ***hierbij*** ⇒*hiernevens, bij deze(n)* **0.3** ***terstond*** ⇒*meteen, direct, onmiddellijk.*

her·i·ot ['herɪət]⟨telb.zn.⟩⟨BE;jur.⟩ **0.1** ***heergewaad*** ⟨schatplicht aan leenheer/landheer bij dood van leenman/pachter⟩.

her·i·ta·ble ['herɪtəbl]⟨bn.;-ly;→bijw. 3⟩ **0.1** ***erfelijk*** ⇒*erf-* **0.2** ***erfgerechtigd.***

her·i·tage ['herɪtɪdʒ]⟨f3⟩⟨zn.⟩
I ⟨telb.zn.; vnl. enk.⟩ **0.1** ***erfenis*** ⇒*nalatenschap, erfgoed* ⟨ook fig.⟩ **0.2** ***erfdeel*** **0.3** ⟨jur.⟩ ***onroerend goed;***
II ⟨n.-telb.zn.⟩⟨bijb.⟩ **0.1** ***uitverkoren volk*** ⇒*kerk.*

her·i·tor ['herɪtə‖-rɪtər]⟨telb.zn.⟩ **0.1** ***erfgenaam*** ⇒*erven, gebeneficiëerde.*

herl →harl.

herm [hɜ:m‖hɜrm], **her·ma** [-mə]⟨telb.zn.; hermae [-mi:], of hermai [-maɪ];→mv. 5⟩⟨bouwk.⟩ **0.1** ***herme*** ⟨stenen zuil met (Hermes)kop⟩.

Her·man ['hɜ:mən‖'hɜr-]⟨zn.⟩
I ⟨eig.n.⟩ **0.1** ***Herman;***
II ⟨telb.zn.⟩⟨AE;inf.⟩ **0.1** ***vent*** ⇒*gozer, gast, kerel.*

her·maph·ro·dite[1] [hɜ:'mæfrədaɪt‖hɜr-]⟨telb.zn.⟩ **0.1** ***hermafrodiet*** ⇒*tweeslachtig wezen, androgyn, interseks* **0.2** ***iem./iets met twee tegengestelde eigenschappen*** ⇒⟨i.h.b. scheep.⟩ *schip met kenmerken v. twee scheepstypen, kruising* **0.3** ⟨plantk.⟩ ***tweeslachtige/biseksuele plant.***

hermaphrodite[2], **her·maph·ro·dit·ic** [hɜ:'mæfrə'dɪtɪk‖hɜr'mæfrə'dɪtɪk], **her·maph·ro·dit·i·cal** [-ɪkl]⟨bn.; hermaphroditically;→bijw. 3⟩ **0.1** ***hermafrodiet*** ⇒*tweeslachtig.*

her·maph·ro·dit·ism [hɜ:'mæfrədaɪtɪzm‖hɜr'mæfrədaɪtɪzm], **her·maph·rod·ism** [-dɪzm]⟨n.-telb.zn.⟩ **0.1** ***hermafroditisme.***

her·me·neu·tic ['hɜ:mə'nju:tɪk‖'hɜrmə'nu:tɪk], **her·me·neu·tic·al** [-ɪkl]⟨bn.;-(al)ly;→bijw. 3⟩ **0.1** ***uitleggend*** ⇒*verklarend, exegetisch, hermeneutisch.*

her·me·neu·tics ['hɜ:mə'nju:tɪks‖'hɜrmə'nu:tɪks]⟨n.-telb.zn.⟩ **0.1** ***hermeneutiek*** ⟨theorie v.d. (bijbel)exegese⟩.

her·met·ic [hɜ:'metɪk‖hɜr'metɪk], **her·met·i·cal** [-ɪkl]⟨f1⟩⟨bn.;-(al)ly;→bijw. 3⟩ **0.1** ***hermetisch*** ⇒*luchtdicht;* ⟨fig.⟩ *afgesloten* ⟨v. invloeden v. buitenaf⟩ **0.2** ***esoterisch*** ⇒*geheim, diepzinnig, duister, verborgen* ◆ **1.1** ~ seal *hermetische sluiting* **1.2** ~ art *alchemie, hermetische kunst.*

her·me·tism ['hɜ:mətɪzm‖'hɜrmətɪzm]⟨n.-telb.zn.⟩ **0.1** ***(het aanhangen/in praktijk brengen v.e.) hermetische leer.***

her·mit ['hɜ:mɪt‖'hɜr-]⟨f1⟩⟨telb.zn.⟩ **0.1** ***kluizenaar*** ⇒*anachoreet, heremiet, solitair.*

her·mit·age ['hɜ:mɪtɪdʒ‖'hɜrmɪtɪdʒ]⟨telb.zn.⟩ **0.1** ***kluizenaarshut*** ⇒*(h)ermitage, kluis.*

'hermit crab ⟨telb.zn.⟩⟨dierk.⟩ **0.1** ***heremietkreeft*** ⟨fam. Paguridae⟩.

'hermit thrush ⟨telb.zn.⟩⟨dierk.⟩ **0.1** ***heremietlijster*** ⟨Hylocichla guttata faxoni⟩.

hern(e) →heron.

her·ni·a ['hɜ:nɪə‖'hɜr-]⟨telb. en n.-telb.zn.; ook herniae [-nɪi:];→mv. 5⟩⟨med.⟩ **0.1** ***hernia*** ⇒⟨i.h.b.⟩ *(ingewands)breuk.*

her·ni·al ['hɜ:nɪəl‖'hɜr-], **her·ni·ar·y** ['hɜ:nɪəri‖'hɜrnieri]⟨bn.⟩ **0.1** ***mbt. een hernia*** ⇒*breuk-.*

her·ni·at·ed ['hɜ:nieɪtɪd‖'hɜrnieɪtɪd]⟨bn.⟩ **0.1** ***uitpuilend*** ⟨door een abnormale lichaamsopening⟩.

her·ni·ot·o·my ['hɜ:ni'ɒtəmi‖'hɜrni'ɑtəmi]⟨telb.zn.;→mv. 2⟩ **0.1** ***breukoperatie.***

he·ro ['hɪərou‖'hɪrou]⟨f3⟩⟨telb.zn.;-es;→mv. 2⟩⟨→sprw. 46, 501⟩ **0.1** ***held*** ⇒*heros, halfgod, vooraanstaand iemand* **0.2** ***hoofdpersoon*** ⇒*hoofdrolspeler, protagonist* **0.3** ⟨ook H-⟩⟨AE;inf.⟩ ***Italiaanse sandwich*** ⟨stokbrood met koud vlees, salade⟩ ◆ **2.1** an unsung ~ *een miskende held.*

Her·od ['herəd]⟨eig.n.⟩ **0.1** ***Herodes.***

He·ro·di·an [hə'roudɪən]⟨telb.zn.⟩⟨gesch.⟩ **0.1** ***herodiaan.***

he·ro·ic [hɪ'rouɪk], **he·ro·i·cal** [-ɪkl]⟨f2⟩⟨bn.;-(al)ly;→bijw. 3⟩ **0.1** ***heroïsch*** ⇒*heldhaftig, dapper, (stout)moedig, heroïek* **0.2** ***helden-*** ⇒*mbt./(als) v. helden* **0.3** ***hoogdravend*** ⇒*bombastisch, gezwollen, opgeblazen* **0.4** ***groots*** ⇒*gedurfd, drastisch, straf, sterk* ◆ **1.2** ~ age *heldentijd;* ~ poem *heldendicht/zang, epos* **1.¶** ~ couplet *twee rijmende vijfvoetige jamben;* ~ verse *heroïsch vers* ⟨dactylische hexameter, vijfvoetige jamben, of alexandrijn⟩.

he·ro·ics [hɪ'rouɪks]⟨f1⟩⟨mv.⟩ **0.1** ***heroïsch vers*** **0.2** ***bombast*** ⇒*gezwollen/hoogdravende taal, ophef, melodramatisch gedrag.*

her·o·in ['herouɪn]⟨f1⟩⟨n.-telb.zn.⟩ **0.1** ***heroïne.***

her·o·ine ['herouɪn]⟨f2⟩⟨telb.zn.⟩ **0.1** ***heldin*** ⇒*halfgodin* **0.2** ***vrouwelijke hoofdpersoon*** ⇒*hoofdrolspeelster.*

her·o·ism ['herouɪzm]⟨f1⟩⟨zn.⟩
I ⟨telb.zn.⟩ **0.1** ***heldendaad;***
II ⟨n.-telb.zn.⟩ **0.1** ***heroïsme*** ⇒*heldenmoed, heldhaftigheid.*

hero·ize, ⟨BE sp. ook⟩ **-ise** ['hɪərouaɪz‖'hɪr-]⟨ww.⟩
I ⟨onov.ww.⟩ **0.1** ***de held spelen/uithangen;***
II ⟨ov.ww.⟩ **0.1** ***tot een held maken*** ⇒*heroïsch maken, heroïseren.*

he·ron ['herən], ⟨BE; schr.⟩ **hern(e)** [hɜ:n‖hɜrn]⟨f1⟩⟨telb.zn.⟩ **0.1** ***reiger.***

her·on·ry ['herənri]⟨telb.zn.;→mv. 2⟩ **0.1** ***reigerhut*** **0.2** ***reigerkolonie.***

'hero's 'welcome ⟨telb.zn.; vnl. enk.⟩ **0.1** ***heldenonthaal*** ◆ **3.1** he was given a ~ *hij werd ingehaald als een held.*

'hero worship ⟨n.-telb.zn.⟩ **0.1** ***heldenverering.***

'hero-wor·ship·per ⟨telb.zn.⟩ **0.1** ***heldenvereerder/-ster.***

her·pes ['hɜ:pi:z‖'hɜr-]⟨telb. en n.-telb.zn.⟩⟨med.⟩ **0.1** ***herpes.***

'herpes 'simplex [- 'sɪmpleks]⟨telb. en n.-telb.zn.⟩⟨med.⟩ **0.1** ***herpes simplex*** ⇒*koortsuitslag.*

'herpes 'zos·ter [- 'zɒstər‖- 'zɑstər]⟨telb. en n.-telb.zn.⟩⟨med.⟩ **0.1** ***herpes zoster*** ⇒*gordelroos.*

her·pet·ic [hɜ:'petɪk‖hɜr'petɪk]⟨bn.⟩⟨med.⟩ **0.1** ***herpes-*** ⇒*(als) v./mbt. herpes.*

her·pe·tol·o·gy ['hɜ:pə'tɒlədʒi‖'hɜrpə'tɑ-]⟨n.-telb.zn.⟩ **0.1** ***herpetologie*** ⇒*leer der kruipende dieren.*

Herr [heə‖her]⟨telb.zn.; Herren ['herən];→mv. 5⟩⟨Dui.⟩ **0.1** ***mijnheer*** **0.2** ***heer.***

Her·ren·volk ['herənfɒlk‖-fɔlk]⟨telb.zn.; Herrenvölker [-fɜ:lkə‖-fʌlkər];→mv. 5⟩⟨Dui.⟩ **0.1** ***Herrenvolk.***

her·ring ['herɪŋ]⟨f2⟩⟨telb.zn.; ook herring;→mv. 4⟩ **0.1** ***haring.***

'her·ring·bone[1] ⟨telb. en n.-telb.zn.⟩ **0.1** ***visgraatsteek*** **0.2** ***(stof met) visgraat(dessin)*** **0.3** ⟨skiën⟩ ⟨visgraatpas⟩ **0.4** ⟨verk.⟩ ⟨herringbone bond⟩.

herringbone[2] ⟨ww.⟩
I ⟨onov.ww.⟩ **0.1** ⟨skiën⟩ ***bergopwaarts lopen d.m.v. de visgraatpas;***
II ⟨ov.ww.⟩ **0.1** ***met de visgraatsteek bewerken*** **0.2** ***een visgraatmotief aanbrengen op*** **0.3** ⟨bouwk.⟩ ***in keperverband maken.***

'herringbone bond ⟨telb. en n.-telb.zn.⟩⟨bouwk.⟩ **0.1** ***keperverband*** ⇒*graat/vlechtverband.*

her·ring·er ['herɪŋə‖-ər]⟨telb.zn.⟩ **0.1** ***haringvisser.***

'herring gull ⟨telb.zn.⟩⟨dierk.⟩ **0.1** ***zilvermeeuw*** ⟨Larus argentatus⟩.

'herring pond ⟨telb.zn.⟩⟨scherts.⟩ **0.1** ***grote haringvijver*** ⇒*zee, oceaan* ⟨i.h.b. het noorden v.d. Atlantische Oceaan⟩.

Herrn·hut·er ['herənhu:tə‖-hu:tər]⟨telb.zn.⟩ **0.1** ***hernhutter*** ⇒*lid v.d. Moravische broeders.*

hers [hɜ:z‖hɜrz]⟨f3⟩⟨bez.vnw.;→naamval⟩ **0.1** ⟨predikatief gebruikt⟩ ***van haar*** ⇒*de/het hare* **0.2** ***het hare/de hare(n)*** ◆ **1.1** the ring was ~ *de ring was van haar* **3.2** protect her and ~ *bescherm haar en de haren;* my books and ~ were sold *mijn boeken en die van haar werden verkocht;* ~ were beauty and intelligence *zij bezat schoonheid en intelligentie* **6.2** a friend **of** ~ *een vriend van haar, één van haar vrienden.*

her·self [(h)ə'self, hɜ:-‖(h)ər'self, hɜr-]⟨f3⟩⟨wdk.vnw.; 3de pers. enk. vrouw.⟩ **0.1** ***zich*** ⇒*haarzelf, zichzelf* **0.2** ⟨→-self/-selves als nadrukwoord⟩ ***zelf*** **0.3** ⟨IE en Sch. E⟩ ***de vrouw*** ⇒*mevrouw* ◆ **1.2** Mary ~ told me *Mary zelf heeft het me gezegd;* ~ a mother she knows the problems of child rearing *zij is zelf moeder en kent de problemen van het opvoeden* **3.1** she saw ~ in the mirror *ze zag zichzelf in de spiegel* **3.2** Mary did it ~ *Mary deed het zelf/alleen;* ⟨vero. of gew.⟩ ~ would suffer for it *ze zou er zelf voor boeten* **3.3** can I speak to ~? *kan ik met de vrouw des huizes spreken?* **6.1** **beside** ~ with joy *uitzinnig van vreugde;* **by** ~ *alleen, afzonderlijk, op eigen houtje;* she came **to** ~ *ze kwam bij* **6.2** a girl as beautiful **as** ~ *een meisje even mooi als zijzelf;* **by** ~ *zelf;* I spoke **to** ~ *ik sprak met haar in eigen persoon.*

Herts [hɑ:ts‖hɑrts]⟨afk.⟩ Hertfordshire.
hertz [hɜ:ts‖hɜrts]⟨telb.zn.; hertz; →mv. 4⟩⟨vero.; nat.⟩ **0.1** ***hertz.***
Hertz·i·an wave ['hɜ:tsɪən 'weɪv‖'hɜr-]⟨telb.zn.⟩⟨elek., nat.⟩ **0.1** ***hertzgolf.***
he's [(h)iz⟨sterk⟩hi:z]⟨samentr. v. he is, he has⟩.
He·si·od ['hi:sɪɒd‖-ɑd]⟨eig.n.⟩ **0.1** ***Hesiodus*** ⟨Griekse dichter⟩.
hes·i·tance ['hezɪṭəns], **hes·i·tan·cy** ['hezɪṭənsi]⟨f1⟩⟨telb. en n.-telb.zn.; →mv. 2⟩ **0.1** ***aarzeling*** *⇒schroom, onzekerheid, twijfeling.*
hes·i·tant ['hezɪṭənt]⟨f2⟩⟨bn.; -ly⟩ **0.1** ***aarzelend*** *⇒onzeker, besluiteloos, onbeslist, weifelachtig* ◆ **6.1** be ~ **about** sth. *onzeker zijn over iets, ergens voor terugdeinzen.*
hes·i·tate ['hezɪteɪt]⟨f3⟩⟨onov.ww.⟩ →hesitating ⟨→sprw. 288⟩ **0.1** ***aarzelen*** *⇒talmen, weifelen, schromen, dubben, toeven* **0.2** ***stamelen*** *⇒stotteren, haperen* ◆ **6.1** ~ **about/over** *aarzelen over;* they ~ **at** nothing *zij schrikken nergens voor terug;* he ~d **to** leave her all by herself *hij durfde haar niet goed alleen te laten.*
hes·i·tat·ing ['hezɪteɪṭɪŋ]⟨f2⟩⟨bn.; -ly; teg. deelw. v. hesitate⟩ **0.1** ***aarzelend*** *⇒schromend, weifelend, dubbend, onzeker.*
hes·i·ta·tion ['hezɪ'teɪʃn]⟨f2⟩⟨zn.⟩
I ⟨telb.zn.⟩ **0.1** ***aarzeling*** *⇒schroom, twijfeling, weifeling* **0.2** ***stameling*** *⇒het haperen, het stotteren;*
II ⟨n.-telb.zn.⟩ **0.1** ***het aarzelen*** *⇒twijfel, het schromen, het weifelen, het talmen, onzekerheid* **0.2** ***het stamelen*** *⇒het haperen, het stotteren.*
hes·i·ta·tive ['hezɪtətɪv‖-teɪṭɪv]⟨bn.; -ly⟩ **0.1** ***aarzelend*** *⇒schromend, weifelend, dubbend, onzeker.*
Hes·pe·ri·a [he'spɪərɪə‖-'spɪr-]⟨eig.n.⟩ **0.1** ***Hesperië*** *⇒het avondland.*
Hes·pe·ri·an [he'spɪərɪən‖-'spɪr-]⟨bn.⟩ **0.1** ⟨schr.⟩ ***Hesperisch*** *⇒mbt. / van het avondland, van Hesperië, westelijk* **0.2** ***mbt. / van de Hesperiden.***
Hes·per·i·des [he'sperɪdi:z]⟨mv.⟩⟨mythologie⟩ **0.1** ***Hesperiden*** ⟨dochters v. Atlas⟩.
hes·per·id·i·um ['hespə'rɪdɪəm]⟨telb.zn.; hesperidia [-dɪə]; →mv. 5⟩ **0.1** ***citrusvrucht.***
Hes·per·us ['hesprəs], **Hes·per** ['hespə‖-ər]⟨eig.n.⟩⟨ster.⟩ **0.1** ***Venus*** *⇒de avondster.*
Hes·sian[1] ['hesɪən]⟨f1⟩⟨zn.⟩
I ⟨telb.zn.⟩ **0.1** ***Hes*** ⟨inwoner v. Hessen⟩ **0.2** ⟨AE⟩ ***huurling*** ⟨i.h.b. Duitse/Hessische huursoldaat in Britse dienst tijdens de Am. Revolutie⟩ **0.3** ⟨vnl. mv.; ook h-⟩ ***hoge mannenlaars met kwastjes;***
II ⟨n.-telb.zn.; h-⟩ **0.1** ***jute*** *⇒zakkengoed, zaklinnen.*
Hessian[2] ⟨bn.⟩ **0.1** ***Hessisch*** ◆ **1.1** ~ boot *hoge mannenlaars met kwastjes;* ⟨dierk.⟩ ~ fly *hessenmug, Hessische mug* ⟨Mayetiola destructor⟩.
hest [hest]⟨telb.zn.; vnl. enk.⟩⟨vero.⟩ **0.1** ***bevel*** *⇒order, dringend verzoek, gebod.*
he·tae·ra [hɪ'tɪərə‖-'tɪr-], **he·tai·ra** [-'taɪrə]⟨telb.zn.; ook hetaerae [-'tɪəri:‖-'tɪri:], ook hetairai [-'taɪraɪ]; →mv. 5⟩⟨gesch.⟩ **0.1** ***hetaere*** *⇒courtisane; maîtresse.*
he·tae·rism [hɪ'tɪərɪzm‖-'tɪr-], **he·tai·rism** [-'taɪ-]⟨n.-telb.zn.⟩ **0.1** ***concubinaat*** **0.2** ⟨antr.⟩ ***gemeenschapshuwelijk.***
het·er·o[1] ['het(ə)roʊ‖'heṭəroʊ]⟨f1⟩⟨telb.zn.⟩ **0.1** ***hetero(seksueel).***
hetero[2] ⟨f1⟩⟨bn.⟩ **0.1** ***heteroseksueel.***
het·er·o- ['het(ə)roʊ‖'heṭəroʊ] **0.1** ***hetero-*** *⇒ander, verschillend.*
het·er·o·chro·mat·ic [-krə'mæṭɪk]⟨bn.⟩ **0.1** ***veelkleurig*** *⇒met verschillende kleuren.*
het·er·o·clite[1] [-klaɪt]⟨telb.zn.⟩ **0.1** ***abnormaal mens*** **0.2** ***abnormaliteit*** *⇒afwijking* **0.3** ⟨taalk.⟩ ***onregelmatig verbogen / vervoegd woord.***
heteroclite[2] ⟨bn.⟩ **0.1** ***abnormaal*** *⇒afwijkend* **0.2** ⟨taalk.⟩ ***onregelmatig verbogen / vervoegd.***
het·er·o·cy·clic [-'saɪklɪk]⟨bn.⟩⟨schei.⟩ **0.1** ***heterocyclisch.***
het·er·o·dox [-dɒks‖-dɑks]⟨bn.⟩ **0.1** ***heterodox*** *⇒onrechtzinnig, afwijkend, ketters.*
het·er·o·dox·y [-dɒksi‖-dɑksi]⟨zn.; →mv. 2⟩
I ⟨telb.zn.⟩ **0.1** ***heterodoxe mening / stelling;***
II ⟨n.-telb.zn.⟩ **0.1** ***heterodoxie*** *⇒onrechtzinnigheid, ketterij.*
het·er·o·dyne[1] [-daɪn]⟨bn.⟩⟨elek., radio⟩ **0.1** ***heterodyne.***
heterodyne[2] ⟨onov.ww.⟩⟨elek., radio⟩ **0.1** ***superponeren.***
het·er·og·a·mous ['hetə'rɒgəməs‖'heṭə'rɑ-]⟨bn.⟩ **0.1** ⟨plantk.⟩ ***polygaam*** *⇒gemengdslachtig* **0.2** ⟨biol.⟩ ***cyclische voortplanting vertonend*** *⇒generatiewisseling vertonend.*
het·er·og·a·my ['hetə'rɒgəmi‖'heṭə'rɑ-]⟨n.-telb.zn.⟩⟨biol.⟩ **0.1** ***heterogamie*** *⇒anisogamie* ⟨bevruchting door geslachtscellen van ongelijke grootte⟩ **0.2** ***heterogenesis*** *⇒cyclische voortplanting, generatiewisseling.*
het·er·o·ge·ne·i·ty ['het(ə)roʊdʒɪ'ni:əti‖'heṭəroʊdʒɪ'ni:əṭi]⟨n.-telb.zn.⟩ **0.1** ***heterogeniteit*** *⇒ongelijksoortigheid.*
het·er·o·ge·ne·ous [-'dʒi:nɪəs]⟨f1⟩⟨bn.; -ly⟩ **0.1** ***heterogeen*** *⇒ongelijksoortig, verschillend.*
het·er·o·gen·e·sis [-'dʒenɪsɪs]⟨n.-telb.zn.⟩⟨biol.⟩ **0.1** ***heterogenesis*** *⇒cyclische voortplanting, generatiewisseling* **0.2** ***abiogenesis*** *⇒spontane generatie.*
het·er·o·ge·net·ic [-dʒɪ'netɪk]⟨bn.⟩⟨biol.⟩ **0.1** ***heterogenesis vertonend*** *⇒cyclische voortplanting vertonend* **0.2** ***abiogenesis vertonend.***
het·er·og·en·y ['hetə'rɒdʒəni‖'heṭə'rɑ-]⟨n.-telb.zn.⟩⟨biol.⟩ **0.1** ***heterogenesis*** *⇒cyclische voortplanting, generatiewisseling* **0.2** ***abiogenesis*** *⇒spontane generatie.*
het·er·og·o·ny [hetə'rɒgəni-‖'heṭə'rɑ-]⟨n.-telb.zn.⟩⟨biol.⟩ **0.1** ***heterogonie*** *⇒generatiewisseling.*
het·er·o·graft ['het(ə)roʊgrɑ:ft‖'heṭəroʊgræft]⟨telb.zn.⟩⟨med.⟩ **0.1** ***donortransplantaat*** *⇒heterotransplantaat.*
het·er·ol·o·gous ['hetə'rɒləgəs‖'heṭə'rɑ-]⟨bn.⟩ **0.1** ***heteroloog*** *⇒andersoortig, van andere herkomst* **0.2** ***afwijkend.***
het·er·om·er·ous ['hetə'rɒmərəs‖'heṭə'rɑ-]⟨bn.⟩⟨plantk.⟩ **0.1** ***anisomeer*** ⟨met bloemkransen met ongelijke aantallen elementen⟩.
het·er·o·mor·phic ['het(ə)roʊ'mɔ:fɪk‖'heṭəroʊ'mɔr-], **het·er·o·mor·phous** ⟨bn.⟩ **0.1** ***heteromorf*** *⇒v. verschillende gedaante.*
het·er·o·mor·phism [-'mɔ:fɪzm‖-'mɔr-]⟨n.-telb.zn.⟩ **0.1** ***het voorkomen in verschillende vormen*** ⇒⟨biol., schei.⟩ *heteromorfisme.*
het·er·on·o·mous ['hetə'rɒnəməs‖'heṭə'rɑ-]⟨bn.⟩ **0.1** ⟨biol.⟩ ***een verschillende ontwikkeling vertonend*** **0.2** ***heteronoom*** *⇒onzelfstandig.*
het·er·on·o·my ['hetə'rɒnəmi‖'hetə'rɑ-]⟨telb. en n.-telb.zn.; →mv. 2⟩ **0.1** ***heteronomie*** *⇒afhankelijkheid, onzelfstandigheid.*
het·er·o·path·ic ['het(ə)roʊ'pæθɪk‖'heṭə-]⟨bn.⟩ **0.1** ***allopathisch*** ⟨door medicijnen genezend⟩ **0.2** ***met een verschillend effect.***
het·er·oph·on·y ['hetə'rɒfəni‖'heṭə'rɑ-]⟨n.-telb.zn.⟩⟨muz.⟩ **0.1** ***heterofonie*** ⟨afwijking v.d. eenstemmigheid⟩.
het·er·o·phyl·lous [het(ə)roʊ'fɪləs‖'heṭə-]⟨bn.⟩⟨plantk.⟩ **0.1** ***heterofyllie vertonend*** *⇒met tweeërlei stengelbladeren.*
het·er·o·plas·tic [-'plæstɪk]⟨bn.⟩⟨med.⟩ **0.1** ***heteroplastisch*** *⇒mbt. donor / heterotransplantatie / donorplastiek.*
het·er·o·ploid [-plɔɪd]⟨bn.⟩⟨biol.⟩ **0.1** ***heteroploïde*** ⟨met een abnormaal aantal chromosomen⟩.
het·er·o·po·lar [-'poʊlə‖-ər]⟨bn.⟩ **0.1** ***met ongelijke polen*** ⇒⟨schei.⟩ *heteropolair* **0.2** ⟨elek.⟩ ***heteropolair*** *⇒met een anker dat beurtelings de twee magneetpolen passeert.*
he·te·ro'sex·ism ⟨n.-telb.zn.⟩ **0.1** ***heteroseksisme*** *⇒homodiscriminatie.*
he·te·ro'sex·ist ⟨telb.zn.⟩ **0.1** ***heteroseksist.***
het·er·o·sex·u·al[1] [-'sekʃʊəl]⟨f1⟩⟨telb.zn.⟩ **0.1** ***heteroseksueel.***
heterosexual[2] ⟨f1⟩⟨bn.; -ly⟩ **0.1** ***heteroseksueel.***
het·er·o·sis ['heṭə'roʊsɪs]⟨telb.zn.; heteroses [-si:z]; →mv. 5⟩⟨biol.⟩ **0.1** ***heterosis.***
het·er·o·tax·y ['het(ə)roʊtæksi‖'heṭə-]⟨n.-telb.zn.⟩⟨biol.⟩ **0.1** ***heterotaxie*** ⟨liggingsverandering v. organen e.d.⟩.
het·er·o·trans·plant [-trænsplɑ:nt‖-trænsplænt]⟨telb.zn.⟩⟨med.⟩ **0.1** ***donortransplantaat*** *⇒heterotransplantaat.*
het·er·o·troph·ic [-'trɒfɪk‖-'trɑfɪk]⟨bn.; -ally; →bijw. 3⟩⟨biol.⟩ **0.1** ***heterotroof.***
het·er·o·zy·gote [-'zaɪgoʊt]⟨telb.zn.⟩⟨biol.⟩ **0.1** ***heterozygoot*** *⇒hybride, bastaard* ⟨produkt van onderling verschillende geslachtscellen⟩.
het up ['heṭ'ʌp]⟨bn., pred.⟩⟨inf.⟩ **0.1** ***opgewonden*** *⇒overspannen, geïrriteerd, nijdig.*
heu·ris·tic [hjʊə'rɪstɪk‖(h)ju:-]⟨bn.; -ally; →bijw. 3⟩ **0.1** ***heuristisch*** *⇒mbt. methodisch onderzoek* ◆ **1.1** ~ method *heuristische methode / leervorm.*
heu·ris·tics [hjʊə'rɪstɪks‖(h)ju:-]⟨mv.; ww. vnl. enk.⟩ **0.1** ***heuristiek*** *⇒kunst van het methodisch onderzoek.*
hew [hju:‖(h)ju:]⟨f1⟩⟨ww.; volt. deelw. ook hewn [hju:n‖(h)ju:n]⟩ ⟨→sprw. 281⟩
I ⟨onov.ww.⟩⟨AE⟩ **0.1** ***zich conformeren*** *⇒zich voegen* ◆ **6.1** ~ **to** the line *niet afwijken van / zich houden aan de regels;*
II ⟨onov. en ov.ww.⟩ **0.1** ***houwen*** *⇒hakken, sabelen, (be)kappen* ◆ **1.1** ~ to pieces *aan mootjes hakken;* ~ one's way *zich een weg banen* **5.1** ~ **away** *weghakken, wegkappen;* ~ **down** *neersabelen, kappen, vellen, omhakken;* ~ **off** *afhakken, afhouwen;*
III ⟨ov.ww.⟩ **0.1** ***uithouwen*** *⇒uithakken, uitkappen, uitbeitelen* ◆ **5.¶** ~ **out** an important position for o.s. *met veel inspanning een belangrijke positie veroveren.*
HEW ⟨afk.⟩⟨AE⟩ Department of Health, Education, and Welfare.
hew·er ['hju:ə‖'(h)ju:ər]⟨telb.zn.⟩ **0.1** ***hakker*** *⇒houwer, mijnwerker* ◆ **1.1** ~s of wood and drawers of water *houthakkers en waterputters;* ⟨fig.⟩ *zwoegers* ⟨Jozua 9:21⟩.

hex[1] [heks]⟨telb.zn.⟩⟨AE⟩ **0.1** ***heks(enmeester)*** *⇒tovenaar/tovenares* **0.2** ***beheksing*** *⇒betovering, vloek.*

hex[2] ⟨ww.⟩⟨AE⟩
I ⟨onov.ww.⟩ **0.1** ***heksen*** *⇒toveren;*
II ⟨ov.ww.⟩ **0.1** ***beheksen*** *⇒betoveren.*

hex[3] ⟨afk.⟩ hexagon, hexagonal.

hex·a- ['heksə], **hex-** [heks] **0.1** ***hexa-/hex-*** *⇒zes-.*

hex·a·chord ['heksəkɔ:d‖-kɔrd]⟨telb.zn.⟩⟨muz.⟩ **0.1** ***hexachord*** ⟨systeem v. zes diatonische tonen⟩.

hex·ad ['heksæd]⟨telb.zn.⟩ **0.1** ***zestal.***

hex·a·dec·i·mal ['heksə'desɪml]⟨bn.⟩ **0.1** ***zestientallig*** ⟨ook wisk.⟩ *⇒hexadecimaal, zestiendelig.*

hex·a·gon ['heksəgən‖-gɑn]⟨f1⟩⟨telb.zn.⟩⟨wisk.⟩ **0.1** ***hexagon*** *⇒regelmatige zeshoek.*

hex·ag·o·nal [hek'sægənl]⟨f1⟩⟨telb.zn.⟩ **0.1** ⟨wisk.⟩ ***hexagonaal*** *⇒zeshoekig* **0.2** ⟨geol.⟩ ***hexagonaal*** ⟨kristalstelsel⟩.

hex·a·gram ['heksəgræm]⟨telb.zn.⟩⟨wisk.⟩ **0.1** ***hexagram*** *⇒zeshoek.*

hex·a·he·dral ['heksə'hi:drəl, -'he-]⟨bn.⟩⟨wisk.⟩ **0.1** ***zesvlakkig.***

hex·a·he·dron ['heksə'hi:drən, -'he-]⟨telb.zn.; ook hexahedra ['hi:drə, -'he-]; →mv. 5⟩⟨wisk.⟩ **0.1** ***hexaëder*** *⇒regelmatig zesvlak, kubus.*

hex·am·er·ous [hek'sæmərəs]⟨bn.⟩ **0.1** ***zesdelig.***

hex·am·e·ter [hek'sæmɪtə‖-mɪtər]⟨telb.zn.⟩ **0.1** ***hexameter*** *⇒zesvoetig vers* ◆ **2.1** dactylic ~ *dactylische hexameter.*

hex·a·met·ric ['heksə'metrɪk]⟨bn.⟩ **0.1** ***hexametrisch*** *⇒bestaande uit hexameters.*

hex·am·e·trist [hek'sæmətrɪst]⟨telb.zn.⟩ **0.1** ***schrijver v. hexameters.***

hex·ane ['heksein]⟨telb.zn.⟩⟨schei.⟩ **0.1** ***hexaan.***

hex·a·pod[1] ['heksəpɒd‖-pɑd]⟨telb.zn.⟩ **0.1** ***zespotig insekt.***

hexapod[2] ⟨bn.⟩ **0.1** ***zespotig*** *⇒zesvoetig.*

hex·ap·o·dy [hek'sæpədi]⟨telb.zn.; →mv. 2⟩ **0.1** ***zesvoetig vers.***

hex·a·style[1] ['heksəstaɪl]⟨telb.zn.⟩⟨bouwk.⟩ **0.1** ***zuilengang met zes zuilen.***

hexastyle[2] ⟨bn.⟩⟨bouwk.⟩ **0.1** ***zeszuilig*** *⇒met zes zuilen.*

hex·a·syl·lab·ic ['heksəsɪ'læbɪk]⟨bn.⟩ **0.1** ***zeslettergrepig.***

Hex·a·teuch ['heksətju:k‖-tu:k]⟨n.-telb.zn.; the⟩⟨bijb.⟩ **0.1** ***hexateuch*** ⟨eerste zes boeken v.h. O.T.⟩.

hex·a·va·lent ['heksə'veɪlənt]⟨bn.⟩⟨schei.⟩ **0.1** ***zeswaardig.***

hex·ose ['heksous]⟨telb.zn.⟩⟨schei.⟩ **0.1** ***hexose.***

hey[1] →hay.

hey[2] [heɪ]⟨f3⟩⟨tussenw.⟩ **0.1** ***hei*** *⇒hé, hoi, hè* ◆ **5.1** ~ presto *hocus pocus pilatus pas; pats boem.*

hey·day ['heɪdeɪ]⟨f1⟩⟨n.-telb.zn.⟩ **0.1** ***hoogtepunt*** *⇒toppunt, bloei, kracht, fleur, beste tijd* ◆ **6.1** **in** the ~ **of** *op het toppunt van.*

Hez·e·ki·ah ['hezɪ'kaɪə]⟨eig.n.⟩⟨bijb.⟩ **0.1** ***Hizkia.***

hf ⟨afk.⟩ half.

HF, hf ⟨afk.⟩ high frequency **0.1** ***h.f.***.

hg ⟨afk.⟩ hectogram **0.1** ***hg.***

HG ⟨afk.⟩ **0.1** ⟨Her Grace⟩ ***H.D.*** **0.2** ⟨His Grace⟩ ***Z.D.*** *⇒Z.H.Exc.* **0.3** ⟨High German⟩ ***Hd./Hgd.*** **0.4** ⟨Home Guard⟩.

HGV ⟨afk.⟩ heavy goods vehicle ⟨BE⟩.

HH ⟨afk.⟩ **0.1** ⟨Her Highness⟩ ***H.H.*** **0.2** ⟨His Highness⟩ ***Z.H.*** **0.3** ⟨His Holiness⟩ ***Z.H.***.

hhd ⟨afk.⟩ hogshead(s).

'H-hour ⟨f1⟩⟨n.-telb.zn.⟩⟨mil.⟩ **0.1** ***het uur U*** *⇒het uur nul.*

HHS ⟨afk.⟩ (Department of) Health and Human Services ⟨AE⟩.

hi [haɪ]⟨f3⟩⟨tussenw.⟩ **0.1** ⟨BE⟩ ***hé*** *⇒hédaar* **0.2** ⟨AE; inf.⟩ ***hallo*** *⇒hoi.*

HI ⟨afk.⟩⟨AE⟩ Hawaii ⟨ZIP-code⟩; Hawaiian Islands.

hi·a·tus [haɪ'eɪtəs]⟨f1⟩⟨telb.zn.; ook hiatus; →mv. 4⟩ **0.1** ***hiaat*** ⟨ook taalk.⟩ *⇒gaping, leemte, lacune, onvolledigheid, opening.*

hi'atus 'hernia, hi'a·tal 'hernia [haɪ'eɪtl]⟨telb. en n.-telb.zn.⟩⟨med.⟩ **0.1** ***maagbreuk*** *⇒hiatus hernia.*

hi·ber·nal [haɪ'bɜ:nl‖-'bɜr-]⟨bn.⟩ **0.1** ***winter-*** *⇒winters.*

hi·ber·nant ['haɪbənənt‖-bər-]⟨bn.⟩ **0.1** ***een/de winterslaap houdend.***

hi·ber·nate ['haɪbəneɪt‖-bər-]⟨f1⟩⟨onov.ww.⟩ **0.1** ***hiberneren*** *⇒overwinteren, een winterslaap houden* ⟨ook fig.⟩.

hi·ber·na·tion ['haɪbə'neɪʃn‖-bər-]⟨n.-telb.zn.⟩ **0.1** ***hibernatie*** *⇒winterslaap, overwintering.*

Hi·ber·ni·a [haɪ'bɜ:nɪə‖-'bɜr-]⟨eig.n.⟩ **0.1** ***Ierland.***

Hi·ber·ni·an[1] [haɪ'bɜ:nɪən‖-'bɜr]⟨telb.zn.⟩ **0.1** ***Ier.***

Hibernian[2] ⟨bn.⟩ **0.1** ***Iers.***

Hi·ber·ni·cism [haɪ'bɜ:nɪsɪzm‖-'bɜr-]⟨telb.zn.⟩ **0.1** ***Iers gezegde*** *⇒Ierse uitdrukking* **0.2** ***ongerijmdheid*** *⇒innerlijke tegenspraak bevattende geestige uitspraak.*

hi·bis·cus [hɪ'bɪskəs, haɪ-]⟨telb. en n.-telb.zn.⟩⟨plantk.⟩ **0.1** ***hibiscus*** *⇒chinese roos, heemstroos, althaeastruik* ⟨fam. Malvaceae⟩.

hic·cup[1], **hic·cough** ['hɪkʌp, -kəp]⟨f1⟩⟨zn.⟩
I ⟨telb.zn.⟩ **0.1** ***hik*** **0.2** ⟨inf.⟩ *probleempje;*
II ⟨mv.; ~s; ww. soms enk.; the⟩ **0.1** ***de hik.***

hiccup[2], **hiccough** ⟨f1⟩⟨ww.⟩
I ⟨onov.ww.⟩ **0.1** ***hikken*** *⇒de hik hebben;*
II ⟨ov.ww.⟩ **0.1** ***met horten en stoten uitbrengen.***

hick[1] [hɪk]⟨f1⟩⟨telb.zn.⟩⟨AE; inf.⟩ **0.1** ***provinciaal*** *⇒boertje van buten, heikneuter, pummel, (boeren)kinkel* **0.2** ***lijk*** *⇒dode.*

hick[2] ⟨bn.⟩⟨AE; sl.⟩ **0.1** ***boers*** *⇒provinciaal(s), achterlijk, stom.*

hick·ey ['hɪki]⟨telb.zn.⟩⟨AE; inf.⟩ **0.1** ***dingetje*** *⇒gevalletje, instrumentje* **0.2** ⟨AE; inf.⟩ ***puistje*** *⇒pukkeltje* **0.3** ***zuigzoen, zuigplek*** *⇒rode vlek* ⟨als gevolg v.e. zuigzoen⟩ **0.4** ⟨tech.⟩ ***pijpenbuiger*** *⇒buigijzer* **0.5** ⟨elek.⟩ ***fitting.***

hick·o·ry[1] ['hɪkəri]⟨f1⟩⟨zn.; →mv. 2⟩
I ⟨telb.zn.⟩ **0.1** ⟨plantk.⟩ ***bitternoot*** ⟨Carya; Am. noteboom⟩ **0.2** ***wandelstok van hickory(hout);***
II ⟨n.-telb.zn.⟩ **0.1** ***hickory(hout).***

hickory[2] ⟨bn.⟩ **0.1** ***van hickory(hout)*** **0.2** ***taai*** *⇒volhardend, onbuigbaar.*

'hick·town ⟨telb.zn.⟩⟨AE; inf.⟩ **0.1** ***provinciestadje*** *⇒negorij.*

hi·dal·go [hɪ'dælgou]⟨telb.zn.⟩ **0.1** ***hidalgo*** *⇒Spaans edelman.*

hid·den ['hɪdn]⟨f2⟩⟨bn.; (oorspr.) volt. deelw. v. hide; -ly; -ness⟩ **0.1** ***verborgen*** *⇒geheim* ◆ **1.1** the ~ persuaders *de verborgen verleiders;* ~ reserves *geheime reserves* **3.1** keep sth. ~ *iets geheim houden.*

hide[1] [haɪd]⟨f2⟩⟨telb.zn.⟩ **0.1** ⟨ook attr.⟩ ***(diere)huid*** *⇒vel;* ⟨scherts.⟩ *hachje, huid* **0.2** ⟨BE⟩ ***schuilhut*** ⟨v. jagers⟩ **0.3** ⟨BE⟩ ***oude oppervlaktemaat*** **0.4** ⟨AE; sl.⟩ ***honkbal*** ◆ **1.1** they could not find ~ (n)or hair of it *zij konden er geen spoor van ontdekken* **3.1** save one's (own) ~ *zijn eigen hachje redden;* ⟨inf.⟩ tan s.o.'s ~ *iemand een pak rammel geven.*

hide[2] ⟨f3⟩⟨ww.; in bet. I en II 0.1 hid [hɪd], hidden ['hɪdn]/⟨vero.⟩ hid [hɪd]⟩ →hidden, hiding ⟨→sprw. 34, 182, 274⟩
I ⟨onov.ww.⟩ **0.1** ***zich verbergen*** *⇒zich verstoppen* ◆ **5.1** ~ **away/out/**⟨AE⟩ **up** *zich schuil houden;*
II ⟨ov.ww.⟩ **0.1** ***verbergen*** *⇒verstoppen, wegstoppen, verschuilen, voor zich houden* **0.2** ⟨inf.⟩ ***aframmelen*** *⇒afrossen, afranselen* ◆ **1.1** ~ one's head *zich nauwelijks durven vertonen, van schaamte niet weten waar men zich moet bergen* **6.1** you're not hiding the truth **from** me? *je houdt de waarheid toch niet voor mij verborgen?;* ~ **from** view *aan het oog onttrekken, uit het zicht houden.*

'hide-and-'seek, ⟨AE ook⟩ **'hide-and-go-'seek** ⟨f1⟩⟨n.-telb.zn.⟩ **0.1** ***verstoppertje*** *⇒schuilevinkje.*

hide·a·way ['haɪdəweɪ]⟨telb.zn.⟩⟨inf.⟩ **0.1** ***schuilplaats*** *⇒stekkie* **0.2** ⟨AE⟩ ***verborgen plekje*** *⇒achterafgelegen restaurant/bar.*

hide·bound ['haɪdbaund]⟨f1⟩⟨bn.⟩ **0.1** ***met nauwsluitende huid of schors*** *⇒*⟨fig.⟩ *bekrompen, kleingeestig, vooringenomen.*

hid·e·ous ['hɪdɪəs]⟨f2⟩⟨bn.; -ly; -ness⟩ **0.1** ***afschuwelijk*** *⇒afgrijselijk, afzichtelijk, abominabel, affreus;* ⟨inf.⟩ *onaangenaam, akelig.*

'hide-out ⟨telb.zn.⟩⟨AE; inf.⟩ **0.1** ***schuilplaats*** *⇒stekkie.*

hid·(e)y-hole ['haɪdihoul]⟨telb.zn.⟩⟨inf.⟩ **0.1** ***schuilplaats*** *⇒onderduikadres* **0.2** ⟨AE⟩ ***verborgen plekje*** *⇒achterafgelegen restaurant/bar.*

hid·ing ['haɪdɪŋ]⟨f2⟩⟨zn.; (oorspr.) gerund v. hide[2]⟩
I ⟨telb.zn.⟩⟨inf.⟩ **0.1** ***pak rammel*** *⇒afranseling* ◆ **3.¶** ⟨vnl. BE; inf.⟩ be on a ~ to nothing *voor een onmogelijke taak/opdracht staan, kansloos zijn, geen schijn v. kans maken;*
II ⟨n.-telb.zn.⟩ **0.1** ***het verbergen*** *⇒het verstoppen, het verschuilen, het verhullen, het maskeren* **0.2** ***het verborgen zijn*** ◆ **3.2** be in ~ *zich schuilhouden, ondergedoken zijn;* come out of ~ *tevoorschijn komen;* go into ~ *zich verbergen, onderduiken.*

'hid·ing-place ⟨f1⟩⟨telb.zn.⟩ **0.1** ***schuilplaats*** *⇒geheime bergplaats.*

hi·dro·sis [haɪ'drousɪs]⟨telb. en n.-telb.zn.; hidroses [-si:z]; →mv. 5⟩⟨med.⟩ **0.1** ***(overmatige) transpiratie.***

hie [haɪ]⟨onov. en ov.ww.; teg. deelw. ook hying; wederk. ww.⟩⟨vero. of scherts.⟩ **0.1** ***zich reppen*** *⇒zich haasten.*

hi·er·arch ['haɪərɑ:k‖-rɑrk]⟨telb.zn.⟩ **0.1** ***hiërarch*** *⇒(opper)priester, kerkvoogd, aartsbisschop.*

hi·er·ar·chic [haɪə'rɑ:kɪk‖-'rɑrkɪk], **hi·er·ar·chi·cal** [-ɪkl]⟨f1⟩⟨bn.; -(al)ly; →bijw. 3⟩ **0.1** ***hiërarchisch*** *⇒hiërarchiek.*

hi·er·ar·chy ['haɪərɑ:ki‖-rɑr-]⟨f2⟩⟨zn.; →mv. 2⟩
I ⟨telb.zn.⟩ **0.1** ***hiërarchie*** *⇒rangorde* **0.2** ***elk der drie hoofdgroepen v. engelen;***
II ⟨verz.n.⟩ **0.1** ***hiërarchie*** *⇒hoogste gezag(sdragers)* **0.2** ***priesterregering*** **0.3** ***de engelen.***

hi·er·at·ic ['haɪə'rætɪk], **hi·er·at·i·cal** [-ɪkl]⟨bn.; -(al)ly; →bijw. 3⟩ **0.1** ***hiëratisch*** *⇒priesterlijk* ◆ **1.1** ~ writing *hiëratisch schrift.*

hi·er·o- ['haɪərou] **0.1** ***hiëro-*** *⇒hiër-, heilig* ◆ **¶.1** hierophant *hiërofant.*

hi·er·oc·ra·cy ['haɪə'rɒkrəsi‖-'rɑ-]⟨telb.zn.; →mv. 2⟩ **0.1** ***priesterregering*** *⇒kerkregering.*

hi·er·o·glyph ['haɪrəglɪf], **hi·er·o·glyph·ic** [-'glɪfɪk] ⟨f1⟩ ⟨zn.⟩
I ⟨telb.zn.⟩ **0.1** ***hiëroglief*** **0.2** ***raadselachtig teken;***
II ⟨mv.; ~s⟩ **0.1** ***hiërogliefen*** ⇒*hiëroglifisch schrift;* ⟨fig.⟩ *raadselachtig/onontcijferbaar schrift.*

hi·er·o·glyph·ic ['haɪrə'glɪfɪk], **hi·er·o·glyph·i·cal** [-ɪkl] ⟨f1⟩ ⟨bn.; -(al)ly; →bijw. 3⟩ **0.1** ***hiëroglifisch*** ⇒⟨fig.⟩ *symbolisch, raadselachtig, onontcijferbaar.*

hi·er·o·phant ['haɪrəfænt] ⟨telb.zn.⟩ **0.1** ***hiërofant*** ⇒*(opper)priester.*

hi-fi ['haɪ'faɪ] ⟨f1⟩ ⟨zn.⟩ ⟨verk.⟩ high fidelity
I ⟨telb.zn.⟩ **0.1** ***hi-fi geluidsinstallatie*** ⇒⟨oneig.⟩ *stereo;*
II ⟨n.-telb.zn.; vaak attr.⟩ **0.1** ***hi-fi*** ⇒*zeer getrouwe weergave, hoge kwaliteit.*

hig·gle ['hɪgl] ⟨onov.ww.⟩ **0.1** ***marchanderen*** ⇒*knibbelen, (af)dingen, sjacheren, pingelen* ◆ **1.1** the higgling of the market *de aanpassing v. vraag en aanod.*

hig·gle·dy-pig·gle·dy[1] ['hɪgldi'pɪgldi] ⟨telb.zn.⟩ **0.1** ***rommel*** ⇒*rotzooi, warwinkel, warboel.*

higgledy-piggledy[2] ⟨bn.; bw.⟩ **0.1** ***rommelig*** ⇒*verward, wanordelijk, schots en scheef, overhoop.*

hig·gler ['hɪglə‖-ər] ⟨telb.zn.⟩ **0.1** ***iemand die afdingt*** **0.2** ***venter*** ⇒*ventster, koopvrouw.*

high[1] [haɪ] ⟨f1⟩ ⟨zn.⟩
I ⟨telb.zn.⟩ **0.1** ***(hoogte)record*** ⇒*toppunt, hoogtepunt* **0.2** ⟨meteo.⟩ ***hogedrukgebied*** **0.3** ⟨sl.⟩ ***roes*** ⇒*euforie, het high zijn* ⟨door druggebruik⟩ **0.4** ⟨parachutespringen⟩ ***laatste springer*** ⟨bij groepssprong⟩ ◆ **3.1** hit a ~ *een hoogtepunt bereiken;*
II ⟨n.-telb.zn.⟩ **0.1** ***hoogste kaart*** **0.2** ***hoogste versnelling*** **0.3** ⟨AE; inf.⟩ ***middelbare school*** ◆ **3.2** move into ~ *in de hoogste versnelling zetten* **6.¶** how's that **for** ~? *wat zeg je me daarvan?;* **from on** ~ *uit de hoge, uit de hemel;* **on** ~ *in/naar de hemel, omhoog* **7.1** ⟨BE⟩ the High *the High* ⟨i.h.b. hoofdstraat in Oxford⟩.

high[2] ⟨f4⟩ ⟨bn.; -er; -ly⟩ ⟨→sprw. 294, 295⟩
I ⟨bn.⟩ **0.1** ***hoog*** ⇒*hooggeplaatst, aanzienlijk, machtig, hoogstaand, verheven* **0.2** ***luxe*** ⇒*luxueus, weelderig* **0.3** ***adellijk*** **0.4** ***intens*** ⇒*hevig, sterk, groot, hoog, schel, licht* **0.5** ***streng*** ⟨in de leer⟩ ⇒*extreem, ultra-* **0.6** ⟨taalk.⟩ ***gesloten*** ⟨bv. klinker⟩ **0.7** ***belangrijk*** ⇒*gewichtig* **0.8** ***vrolijk*** ⇒*opgetogen, uitgelaten* ◆ **1.1** High Admiral *opperadmiraal;* ~ altar *hoogaltaar;* ~ camp *intellectualistisch/geaffecteerd gedrag;* ~ circles *hogere kringen;* ~ command *opperbevel;* ~ comedy *blijspel op niveau, psychologische komedie;* High Commission *ambassade v.e. Gemenebestlid in een ander Gemenebestland;* High Commissioner *ambassadeur v.e. Gemenebestland in een ander Gemenebestland, Hoge Commissaris;* ⟨BE⟩ High Court (of Justice) *Hooggerechtshof;* High Court of Justiciary *Schots Hooggerechtshof voor strafzaken;* ~er court *hoger rechtscollege;* ~er criticism *literair-historische Bijbel-exegese;* ⟨BE⟩ Higher National Diploma ⟨ong.⟩ *HBO-diploma;* ~er education *hoger onderwijs;* ⟨med.⟩ ~ enema *klysma in de dikke darm;* ~ fashion *haute couture;* ⟨vaak attr.⟩ ~ fidelity *hi-fi, zeer getrouwe weergave;* ~ finance *haute finance;* ~ frequency *hoge frequentie* ⟨i.h.b. radiofrequentie⟩; fly at a ~er game *hoger mikken, hogere aspiraties hebben;* ~ hat *hoge hoed;* ~ kick *high kick, can-can;* at a ~ latitude *op een hoge breedtegraad;* ~er mammal *hoger zoogdier;* High Mass *hoogmis, hoogdienst;* ~er mathematics *hogere wiskunde;* ⟨vaak attr.⟩ ~ octane *hoog octaangehalte;* a ~ opinion of *een hoge dunk van;* ~ places *hogere functies, hoge kringen;* have friends in ~ places *een goede kruiwagen hebben;* ~er plant *hogere plant;* ~ pressure *hoge druk;* ⟨vaak attr.; inf.⟩ *agressiviteit* ⟨v. verkooptechniek, e.d.⟩; ~ priest *hogepriester, leider v.e. sekte;* ⟨bouwk.⟩ ~ relief *haut-reliëf, hoogreliëf;* ⟨BE⟩ High Sheriff *schout;* ~ society *de hogere kringen;* ⟨BE⟩ High Steward *ordecommissaris aan de universiteiten v. Oxford en Cambridge;* Lord High Steward of England *hoge ambtenaar die kroonplechtigheid voorzit;* ~ table *hoger gelegen tafel* ⟨voor eregasten of staf v.e. college⟩; ~ tide *hoogwater, vloed;* ⟨fig.⟩ *hoogtepunt;* ⟨gesch.⟩ Lord High Treasurer *Minister van Financiën;* ~ water *hoogwater, vloed;* ~ wire *het hoge koord;* ⟨attr. ook⟩ *gevaarlijk* **1.2** ~ living *luxe leven* **1.4** ~ colour *hoge/rode kleur;* ~ explosive(s) *brisante springstof;* ~ hopes *hoge verwachtingen;* ~ holiday *Joods Nieuwjaar; Grote Verzoendag;* in a ~ voice *met harde/schelle stem;* a ~ wind *een harde wind* **1.7** ⟨elek.⟩ ~ tension *hoogspanning;* ~ voltage *hoogspanning;* ~ point *hoogtepunt, toppunt;* ~ treason *hoogverraad;* ~ words *hoge woorden* **1.8** be in ~ feather *in een geweldig humeur zijn;* in ~ spirits *opgewekt, vrolijk* **1.¶** do things with a ~ hand *willekeurig/eigenmachtig optreden;* it smells/stinks to ~ heaven *het ruikt uren in de wind;* come hell or ~ water *wat er ook gebeurt;* be/get on one's ~ horse *hoog te paard (gaan) zitten, een air aannemen, een hoge toon aanslaan;* get off one's ~ horse *een toontje lager zingen;* ⟨AE; pej.⟩ ~ muckamuck *dikdoener, opgeblazen kikker;* *hoge piet, centraal figuur;* ⟨AE; inf.⟩ ~ roller *patser, iem. die met geld smijt, supergokker;* the ~ sea(s) *de volle zee, de vrije zee;* ⟨AE; inf.⟩ the ~ sign *seintje, teken, waarschuwend gebaar;* play for ~ stakes *het hoog spelen;* ⟨BE⟩ ~ tea *vroeg warm eten, vaak met thee;* ⟨inf.⟩ a ~ old time *een mieterse tijd;* ⟨AE; sl.⟩ ~ yellow/yeller *lichte neger, halfbloed* ⟨zonder negroïde trekken⟩; *mulat (tin)* ⟨i.h.b. seksueel aantrekkelijk⟩ **2.1** ⟨schei.⟩ ~ polymer *hoog polymeer* **2.¶** ~ and dry *gestrand, op het droge* ⟨v. schip⟩; ⟨fig.⟩ *hulpeloos, zonder middelen;* ~ and low *hoog en laag, van alle rangen en standen;* ~ and mighty *arrogant, uit de hoogte;* ~, wide and handsome *zorgeloos maar met stijl* **5.¶** ⟨AE; sl.⟩ yea ~ *zó hoog* ⟨met handgebaar⟩ **7.1** the Most High *de Allerhoogste;*
II ⟨bn., attr.⟩ **0.1** ***gevorderd*** ⇒*hoog, op een hoogtepunt* ◆ **1.1** ~ noon *midden op de dag;* ⟨fig.⟩ *hoogtepunt;* ~ Renaissance *het hoogtepunt v.d. Renaissance;* ~ season *hoogseizoen;* ~ summer *hoogzomer;* it's ~ time we went *het is hoog tijd dat we gaan, het is de hoogste tijd om te gaan* **1.¶** High Dutch *Nederlands, Hollands;* High German *Hoogduits;*
III ⟨bn., pred.⟩ ⟨inf.⟩ **0.1** ***aangeschoten*** ⇒*tipsy, zatjes, teut* **0.2** ***bedwelmd*** ⇒*high, onder de dope* ◆ **1.2** ~ as a kite *zo stoned als een garnaal* **6.2** he was ~ **on** coke *hij was high van cocaïne.*

high[3] ⟨f3⟩ ⟨bw.⟩ ⟨→sprw. 281⟩ **0.1** ***hoog*** ⇒*in hoge mate, zeer, tegen een hoge prijs* **0.2** ***schel*** ◆ **3.¶** hold one's head ~ *zijn hoofd niet laten hangen;* play ~ *grof spelen, het hoog spelen;* the sea ran ~ *er stond een sterke vloedstroom;* feelings ran ~ *de emoties liepen hoog op, de gemoederen raakten verhit;* ride ~ *succes hebben, populair zijn, hooggestemd zijn;* search ~ and low *in alle hoeken zoeken.*

-high **0.1** ***hoog*** ◆ **1.1** foot-high *ongeveer 30 cm hoog.*

'high-angle 'fire ⟨n.-telb.zn.⟩ ⟨mil.⟩ **0.1** ***krombaanvuur.***

high-'backed ⟨bn.⟩ **0.1** ***met hoge rug(leuning)*** ⟨stoel e.d.⟩.

'high·ball[1] ⟨f1⟩ ⟨telb.zn.⟩ ⟨AE⟩ **0.1** ***long drink*** ⇒*whiskysoda* **0.2** ⟨spoorwegen⟩ ***veilig sein*** **0.3** ***expresse*** ⇒*sneltrein.*

highball[2] ⟨ww.⟩ ⟨AE⟩
I ⟨onov.ww.⟩ **0.1** ***snel rijden*** ⇒*denderen* ⟨trein, e.d.⟩;
II ⟨ov.ww.⟩ **0.1** ***opjagen*** ⇒*opjutten, versnellen.*

'high bar ⟨telb.zn.⟩ ⟨gymnastiek⟩ **0.1** ***rekstok*** ⇒*hoge rek.*

high·bind·er ['haɪbaɪndə‖-ər] ⟨telb.zn.⟩ ⟨AE⟩ **0.1** ***gangster*** ⇒*bendelid* **0.2** ***huurmoordenaar*** **0.3** ***oplichter*** ⇒*zwendelaar, bedrieger,* ⟨i.h.b.⟩ *corrupte politicus.*

'highboard diving ⟨n.-telb.zn.⟩ ⟨sport⟩ **0.1** ***(het) torenspringen.***

'high'born ⟨bn.⟩ **0.1** ***van adellijke geboorte.***

'high·boy ⟨telb.zn.⟩ ⟨AE⟩ **0.1** ***hoge ladenkast (op poten).***

'high'bred ⟨bn.⟩ **0.1** ***van edel ras*** ⇒*van adellijke geboorte* **0.2** ***voornaam.***

'high·brow[1] ⟨f1⟩ ⟨telb.zn.⟩ ⟨inf.⟩ **0.1** ***(semi-)intellectueel*** ⇒⟨pej.⟩ *snob.*

highbrow[2], **'high·browed** ⟨f1⟩ ⟨bn.⟩ ⟨inf.⟩ **0.1** ***geleerd*** ⇒*intellectueel, zwaar, snobistisch* **0.2** ⟨AE⟩ ***zweverig*** ⇒*niet realistisch* ◆ **3.1** it is too ~ for him *het gaat boven zijn pet.*

highbrow[3] ⟨ov.ww.⟩ ⟨AE; inf.⟩ **0.1** ***iem. intellectueel overtroeven*** ⇒*een geleerde indruk maken op.*

'high·chair ⟨telb.zn.⟩ **0.1** ***hoge kinderstoel.***

'High 'Church ⟨f1⟩ ⟨bn.⟩ **0.1** ***High Church*** ⟨horend tot dat deel v.d. Anglicaanse Kerk dat het rituele en sacramentele sterk benadrukt⟩.

High-Church·man ['haɪ'tʃɜ:tʃmən‖-'tʃɜrtʃ-] ⟨telb.zn.⟩ **0.1** ***iem. die tot de High Church hoort.***

'high-'class ⟨f1⟩ ⟨bn.; ook higher-class⟩ **0.1** ***eersteklas*** ⇒*prima, uitstekend, bijzonder goed; eerlijk, betrouwbaar* **0.2** ***hooggeplaatst*** ⇒*vooraanstaand, voornaam* **0.3** ***welgemanierd.***

'high-'col·oured ⟨bn.⟩ **0.1** ***(hoog)rood*** ⟨blos, gezicht enz.⟩ **0.2** ***overdreven*** ⇒*gekleurd* ⟨beschrijving enz.⟩.

'high-com'pres·sion engine ⟨telb.zn.⟩ **0.1** ***hogedrukmotor.***

'high day ⟨telb.zn.⟩ **0.1** ***hoogtijdag*** ⇒*feestdag,* ⟨B.⟩ *hoogdag.*

high-'den·si·ty ⟨bn., attr.⟩ **0.1** ***met hoge dichtheid*** ⇒*intensief* ◆ **1.1** ~ clouds *zware bewolking;* ~ traffic *intensief verkeer.*

'high-end ⟨bn., attr.⟩ **0.1** ***van hoge kwaliteit*** ⇒*zeer duur.*

High·er [haɪə‖-ər] ⟨telb.zn.⟩ ⟨Schotland; school.⟩ **0.1** ⟨ong.⟩ ***VWO-eindexamen*** **0.2** ⟨ong.⟩ ***VWO-eindexamenvak.***

high·er-ups ['haɪə'rʌps] ⟨mv.⟩ ⟨inf.⟩ **0.1** ***bazen*** ⇒*hoge pieten, hoge omes/heren, leiders.*

high·fa·lu·tin[1] ['haɪfə'lu:tɪn‖-'lu:tn], **high·fa·lu·ting** [-'lu:ṭɪŋ] ⟨n.-telb.zn.⟩ ⟨inf.⟩ **0.1** ***bombast*** ⇒*hoogdravende taal, gezwam.*

highfalutin[2], **highfaluting** ⟨bn.⟩ ⟨inf.⟩ **0.1** ***hoogdravend*** ⇒*pompeus, pretentieus, bombastisch.*

'high-fi'del·i·ty ⟨f1⟩ ⟨bn., attr.⟩ **0.1** ***hi-fi-*** ⇒⟨oneig.⟩ *stereo-.*

'high-'flown ⟨f1⟩ ⟨bn.⟩ **0.1** ***verheven*** ⇒*hoogdravend* **0.2** ***pretentieus*** ⇒*pompeus, bombastisch.*

'high'fly·er, 'high·'fli·er ⟨telb.zn.⟩ **0.1** ***hoogvlieger*** ⇒*iem. met aspiraties, ambitieus iem.* **0.2** ⟨AE⟩ ***roekeloze onderneming/investering*** **0.3** ⟨AE⟩ ***snelstijgend aandeel.***

'high'fly·ing ⟨bn.⟩ **0.1** ***hoog (in de lucht)*** **0.2** ***ambitieus*** ⇒*eerzuchtig.*
'high'grade[1] ⟨bn.; ook higher-grade; →compar. 7⟩ **0.1** ***hoogwaardig*** ⇒*superieur.*
highgrade[2] ⟨ov.ww.⟩ ⟨AE; inf.⟩ **0.1** ***stelen*** ⇒*zich toeëigenen, gappen.*
'high'grad·er ⟨telb.zn.⟩ ⟨AE; inf.⟩ **0.1** ***dief*** ⇒*rover.*
'high-'gros·sing ⟨bn.⟩ **0.1** ***veel opbrengend*** ◆ **1.1** the highest-grossing films *de grootste kassuccessen.*
'high'hand·ed ⟨f1⟩ ⟨bn.; ook higherhanded; -ly; -ness⟩ **0.1** ***eigenmachtig*** ⇒*autoritair, aanmatigend, bazig, willekeurig.*
'high-'hat[1] ⟨telb.zn.⟩ **0.1** ***highhat*** ⇒*voetcymbaal* **0.2** ⟨vnl. AE; inf.⟩ ***snob.***
high-hat[2] ⟨bn., attr.⟩ ⟨vnl. AE; inf.⟩ **0.1** ***snobistisch*** ⇒*laatdunkend, verwaand, uit de hoogte, neerbuigend.*
high-hat[3] ⟨ww.⟩ ⟨vnl. AE; inf.⟩
 I ⟨onov.ww.⟩ **0.1** ***uit de hoogte doen*** ⇒*neerbuigend doen;*
 II ⟨ov.ww.⟩ **0.1** ***uit de hoogte behandelen*** ⇒*neerbuigend behandelen.*
'high-'heeled ⟨bn.⟩ **0.1** ***met hoge hakken.***
high·ish ['haɪɪʃ] ⟨bn.⟩ **0.1** ***nogal/vrij hoog.***
highjack →hijack.
'high 'jinks ⟨mv.⟩ **0.1** ***dolle pret*** ⇒*fuif, loltrapperij, pleziermakerij.*
'high jump ⟨f1⟩ ⟨n.-telb.zn.⟩ ⟨the⟩ **0.1** ***het hoogspringen*** **0.2** ***strenge straf*** ◆ **3.2** ⟨BE; inf.⟩ he'll be for the ~ *er zwaait wat voor hem; hij zal moeten hangen* ⟨voor moord⟩.
'high-'key ⟨bn., attr.⟩ ⟨foto.⟩ **0.1** ***high-key*** ⇒*licht (v. tint).*
high-keyed ['haɪki:d] ⟨bn.; ook higher-keyed⟩ **0.1** ***schril*** ⇒*schel* **0.2** ***opgewonden*** ⇒*nerveus.*
high·land ['haɪlənd] ⟨f2⟩ ⟨zn.⟩
 I ⟨telb.zn.⟩ **0.1** ***hoogland;***
 II ⟨mv.; ~s⟩ **0.1** ***hooglanden*** **0.2** ⟨H-; the⟩ ***de Schotse Hooglanden.***
'Highland 'cattle ⟨verz.n.⟩ **0.1** ***Schotse runderen*** ⟨met lange horens⟩.
'Highland 'dress ⟨telb.zn.⟩ **0.1** ***kilt.***
high·land·er ['haɪləndə‖-ər] ⟨telb.zn.⟩ **0.1** ***bewoner v.h. hoogland*** **0.2** ⟨H-⟩ ***bewoner v.d. Schotse Hooglanden*** **0.3** ⟨H-⟩ ***militair in een v.d. Schotse Highland regimenten.***
'Highland 'fling ⟨telb.zn.⟩ **0.1** ***Schotse volksdans/driepas.***
high·land·man ['haɪləndmən] ⟨telb.zn.⟩ **0.1** ***bewoner v.h. hoogland*** **0.2** ⟨H-⟩ ***bewoner v.d. schotse Hooglanden.***
'high-level ⟨bn., attr.; ook higher-level⟩ **0.1** ***op/van hoog niveau.***
'high-level language ⟨telb.zn.⟩ ⟨comp.⟩ **0.1** ***hogere programmeertaal.***
'high life ⟨f1⟩ ⟨n.-telb.zn.⟩ **0.1** ***beau monde*** ⇒*(leven in) hoogste kringen* **0.2** ***high life*** ⟨populaire muziek en dans in West-Afrika⟩.
'high·light[1] ⟨f2⟩ ⟨telb.zn.⟩ **0.1** ⟨foto., schilderkunst⟩ ***hoogsel*** ⇒*lichtste deel;* ⟨fig.⟩ *in het oog springend detail, opvallend kenmerk* **0.2** ***glanspunt*** ⇒*hoogtepunt* **0.3** ⟨vaak mv.⟩ ***coupe soleil*** ⟨geblondeerde plukjes haar⟩ ◆ **7.1** ⟨foto.⟩ the ~s *de lichten.*
highlight[2] ⟨f1⟩ ⟨ov.ww.⟩ **0.1** ***naar voren halen*** ⇒*doen uitkomen, de nadruk leggen op;* ⟨schilderkunst⟩ *hogen.*
high·ly ['haɪli] ⟨f3⟩ ⟨bw.⟩ **0.1** →high **0.2** ***zeer*** ⇒*erg, hooglijk, hogelijk, in hoge mate, hoogst* **0.3** ***met lof*** ⇒*met goedkeuring* ◆ **1.1** ~ paid officials *hoogbetaalde ambtenaren* **3.3** speak ~ of *loven, roemen;* think ~ of *een hoge dunk hebben van.*
highly-strung →high-strung.
'high-'mind·ed ⟨f1⟩ ⟨bn.; -ly; -ness⟩ **0.1** ***hoogstaand*** ⇒*verheven, edel* **0.2** ⟨vero.⟩ ***hovaardig*** ⇒*hoogmoedig, trots.*
'high-'necked ⟨bn.⟩ **0.1** ***hooggesloten*** ⟨japon enz.⟩.
high·ness [haɪnəs] ⟨f2⟩ ⟨zn.⟩
 I ⟨telb.zn.; H-⟩ **0.1** ***hoogheid*** ◆ **2.1** Her Royal Highness *Hare Koninklijke Hoogheid;*
 II ⟨n.-telb.zn.⟩ **0.1** ***hoogte*** ⇒*verhevenheid, hoogstaandheid.*
'high-'oc·tane ⟨bn.⟩ **0.1** ***met hoog octaangehalte.***
'high-'pitched ⟨f2⟩ ⟨bn.⟩ **0.1** ***hoog*** ⇒*schel, hoog gestemd* **0.2** ***steil*** ⟨dak⟩ **0.3** ***verheven*** ⇒*hooggestemd.*
'high pock·ets ⟨telb.zn.⟩ ⟨AE; inf.⟩ **0.1** ***lange sladood*** ⇒*aspergesliert, koud boven, reus v.e. vent.*
'high-'pow·ered ⟨f1⟩ ⟨bn.; ook higher-powered⟩ **0.1** ***krachtig*** ⇒*met groot vermogen* ⟨motor⟩, *energiek, machtig, sterk, doortastend* ◆ **1.1** a ~ car *een auto met een krachtige motor;* a ~ manager *een dynamische manager, een topmanager;* a ~ telescope *een sterk vergrotende telescoop.*
'high-'pres·sure[1] ⟨bn., attr.⟩ **0.1** ***hogedruk-*** ⟨gebied, cilinder⟩ **0.2** ⟨inf.⟩ ***opdringerig*** ⟨verkoper⟩ ⇒*agressief* ⟨verkooptechniek⟩; *overtuigend, overredend* **0.3** ***met veel spanning/stress*** ⇒*zwaar* ⟨baan⟩.
high-pressure[2] ⟨ov.ww.⟩ ⟨inf.⟩ **0.1** ***onder druk zetten.***
'high-'priced ⟨bn.⟩ **0.1** ***duur*** ⇒*prijzig.*
'high-'prin·ci·pled ⟨bn.⟩ **0.1** ***met hoogstaande principes*** ⇒*hoogstaand.*
'high-'proof ⟨bn.⟩ **0.1** ***sterk alcoholisch.***
'high-qual·i·ty ⟨bn., attr.⟩ **0.1** ***van grote kwaliteit.***
'high-'rank·ing ⟨bn., attr.; ook higher-ranking⟩ **0.1** ***hoog/hoger*** ⟨in rang⟩.
'high-rise[1] ⟨telb.zn.⟩ ⟨vnl. AE⟩ **0.1** ***hoogbouw(gebouw).***
high-rise[2] ⟨bn., attr.⟩ ⟨vnl. AE⟩ **0.1** ***hoog*** ◆ **1.1** ~ buildings *hoogbouw;* ~ flats *torenflats.*
'high-'risk ⟨bn., attr.⟩ **0.1** ***met verhoogd risico*** ◆ **1.1** ~ groups *verhoogde risicogroepen.*
'high·road ⟨f1⟩ ⟨telb.zn.⟩ **0.1** ⟨vnl. BE⟩ ***hoofdweg*** ⇒*grote weg;* ⟨fig.⟩ *(directe) weg.*
'high school ⟨f1⟩ ⟨telb. en n.-telb.zn.⟩ ⟨AE⟩ **0.1** ***middelbare school*** ⇒*h.a.v.o., atheneum, gymnasium.*
'high-'sound·ing ⟨bn.⟩ **0.1** ***hoogdravend*** ⇒*imposant, bombastisch, klinkend* ⟨v. titel enz.⟩.
'high-'speed ⟨f2⟩ ⟨bn.⟩ **0.1** ***snel*** ⇒*snellopend, met grote snelheid* ◆ **1.1** ~ gas *aardgas;* ⟨tech.⟩ ~ steel *sneldraaistaal.*
'high-'spir·it·ed ⟨f1⟩ ⟨bn.; ook higher-spirited⟩ **0.1** ***levendig*** ⇒*dartel, speels, vurig* ⟨v. paard enz.⟩ **0.2** ***ondernemend*** ⇒*stoutmoedig.*
'high spot ⟨telb.zn.⟩ **0.1** ***hoogtepunt*** ⇒*toppunt.*
'high-stakes ⟨bn., attr.⟩ **0.1** ***met grote inzet*** ◆ **1.1** a ~ power play *een machtsstrijd waarbij veel op het spel staat.*
'high-'step·per ⟨telb.zn.⟩ **0.1** ***paard met hoge gang*** ⇒⟨fig.⟩ ⟨vnl. BE⟩ *statig/deftig iem.*
'high-stick ⟨ov.ww.⟩ ⟨ijshockey⟩ **0.1** ***met een high stick slaan*** ⟨als overtreding⟩.
'high street ⟨f1⟩ ⟨telb.zn.; ook H- S-⟩ ⟨vnl. BE⟩ **0.1** ***hoofdstraat*** **0.2** ⟨ook attr.⟩ ***het grote publiek*** ⟨als markt⟩ ◆ **1.2** High-Street fashion *mode voor het grote publiek.*
'high-'strung, 'high·ly-'strung ⟨f1⟩ ⟨bn.; 1e variant ook higher-strung⟩ **0.1** ***nerveus*** ⇒*zenuwachtig, overgevoelig, fijnbesnaard.*
'high-'studded ⟨bn.⟩ ⟨AE⟩ **0.1** ***met een hoog plafond*** ⟨v. kamer⟩.
hight [haɪt] ⟨bn., pred.⟩ ⟨schr., scherts.⟩ **0.1** ***geheten*** ⇒*genaamd.*
'high·tail ⟨ww.⟩ ⟨AE; inf.⟩
 I ⟨onov.ww.⟩ **0.1** ***er vandoor gaan*** ⇒*'m smeren* **0.2** ***zich haasten*** ⇒*opschieten; snel reizen* ◆ **4.1** ~ it (out of somewhere) *'m smeren;*
 II ⟨ov.ww.⟩ **0.1** ***iem. op de bumper zitten*** ⇒*pal achter iem. rijden.*
high-tech, hi-tech ['haɪtek] ⟨f1⟩ ⟨bn., attr.⟩ **0.1** ***geavanceerd technisch.***
high-tech·er [haɪ'tekə‖-ər] ⟨telb.zn.⟩ **0.1** ***voorstander v. gebruik v. geavanceerde technologie/speerpunttechnologie*** ⇒⟨B.⟩ *spitstechnoloog.*
'high-tech'nol·o·gy ⟨n.-telb.zn.; ook attr.⟩ **0.1** ***speerpunttechnologie*** ⇒⟨B.⟩ *spitstechnologie; geavanceerde technologie.*
'high-'ten·sile ⟨bn.⟩ ⟨tech.⟩ **0.1** ***hoogwaardig*** ⟨met grote treksterkte⟩.
'high-'ten·sion ⟨bn.⟩ ⟨elek.⟩ **0.1** ***hoogspannings-*** ⇒*met hoge spanning.*
'high-'toned ⟨bn.⟩ **0.1** ***stijlvol*** ⇒*waardig, statig, voornaam, chic, edel, verheven;* ⟨AE ook⟩ *hoogdravend.*
'high-'up[1] ⟨telb.zn.⟩ ⟨inf.⟩ **0.1** ***hoge piet*** ⇒*hoge ome.*
high-up[2] ⟨bn.⟩ ⟨inf.⟩ **0.1** ***hoog*** ⟨in rang⟩.
'high-'water mark ⟨telb.zn.⟩ **0.1** ***hoogwaterpeil*** ⇒*hoogwaterlijn;* ⟨fig.⟩ *toppunt, hoogtepunt.*
'high·way ⟨f2⟩ ⟨telb.zn.⟩ **0.1** ***straatweg*** ⇒*grote weg, hoofdweg, verkeersweg;* ⟨BE; fig.⟩ *(directe) weg.*
'Highway 'Code ⟨telb.zn.⟩ **0.1** ***verkeersreglement/voorschriften.***
high·way·man ['haɪweɪmən] ⟨f1⟩ ⟨telb.zn.; highwaymen [-mən]; →mv. 3⟩ **0.1** ***struikrover.***
'high'wrought ⟨bn.⟩ **0.1** ***fijn bewerkt*** ⇒*kunstig* **0.2** ***fel*** ⇒*bewogen, hooggespannen.*
'high-'yield·ing ⟨bn.⟩ **0.1** ***zeer vruchtbaar.***
hig·o·rant ['hɪgərənt] ⟨bn.; verbastering v. ignorant⟩ ⟨BE; scherts.; sl.⟩ **0.1** ***oliedom*** ⇒*zo stom als het achtereind v.e. varken.*
HIH ⟨afk.⟩ **0.1** ⟨Her Imperial Highness⟩ **0.2** ⟨His Imperial Highness⟩ ***Z.K.H.***
hi·jack[1]**, high·jack** ['haɪdʒæk] ⟨telb.zn.⟩ **0.1** ***kaping*** ⇒*overval, beroving.*
hijack[2]**, high·jack** ⟨f1⟩ ⟨ov.ww.⟩ →hijacking **0.1** ***kapen*** ⇒*roven, stelen* ⟨bv. smokkelwaar⟩ ◆ **6.1** the plane was ~ed to Cuba *de kapers dwongen het vliegtuig naar Cuba te vliegen.*
hi·jack·er ['haɪdʒækə‖-ər] ⟨f1⟩ ⟨telb.zn.⟩ **0.1** ***kaper*** ⇒*rover.*
hi·jack·ing ['haɪdʒækɪŋ] ⟨f1⟩ ⟨telb. en n.-telb.zn.; (oorspr.) gerund v. hijack+2⟩ **0.1** ***kaping*** ⇒*overval, beroving.*
hijra(h) →hegira.
hike[1] [haɪk] ⟨f2⟩ ⟨telb.zn.⟩ **0.1** ***lange wandeling*** ⇒*trektocht, voetreis* **0.2** ⟨vnl. AE⟩ ***verhoging*** ⇒*stijging* ⟨bv. prijzen⟩.
hike[2] ⟨f1⟩ ⟨ww.⟩ →hiking

I ⟨onov.ww.⟩ **0.1** ***lopen*** ⇒*wandelen, trekken, een tektocht houden* **0.2** ⟨vnl. AE⟩ ***omhooggaan*** ⇒*stijgen* **0.3** ***opkruipen*** ⇒*omhoog gaan zitten* ⟨v. kledingstuk⟩;
II ⟨ov.ww.⟩ **0.1** ***ophijsen*** ⇒*optrekken, duwen* **0.2** ⟨vnl. AE⟩ ***verhogen*** ⇒*doen stijgen, optrekken* ◆ **5.1** ~ **up** *optillen* ⟨in één ruk⟩; *ophijsen*.

hik·er ['haɪkə‖-ər]⟨telb.zn.⟩ **0.1** ***wandelaar*** ⇒*trekker*.

hik·ing ['haɪkɪŋ]⟨n.-telb.zn.; gerund v. hike+2⟩ **0.1** ***het lopen*** ⇒*het wandelen, het trekken*.

hi·lar·i·ous [hɪ'leərɪəs‖-'ler-]⟨f2⟩⟨bn.; -ly; -ness⟩ **0.1** ***vrolijk*** ⇒*uitgelaten, jolig*.

hi·lar·i·ty [hɪ'lærət̬i]⟨f1⟩⟨n.-telb.zn.⟩ **0.1** ***hilariteit*** ⇒*vrolijkheid, lol, pret*.

Hil·a·ry term ['hɪləri tɜ:m‖-tɜrm]⟨n.-telb.zn.⟩⟨BE⟩ **0.1** ***kwartaal tussen Nieuwjaar en Pasen*** ⟨v. universiteit of rechtbank⟩.

hill[1] [hɪl]⟨f3⟩⟨zn.⟩
I ⟨eig.n.; H-; the⟩⟨AE⟩ **0.1** ***Capitol Hill*** ⇒*het Capitool;*
II ⟨telb.zn.⟩ **0.1** ***heuvel*** ⇒*helling, berg* **0.2** ***hoop*** ⇒*heuveltje, stapeltje* **0.3** ⟨honkbal⟩ ***werpheuvel*** ◆ **1.¶** ~ and dale *met een onregelmatige groef* ⟨grammofoonplaat⟩ **6.¶** ⟨vnl. AE⟩ **over** the ~ *over zijn hoogtepunt heen, op zijn retour;* it is **up** ~ and down dale *het gaat heuvelop, heuvelaf; je moet het maar nemen zoals het komt* **7.1** ⟨Ind. E⟩ the ~s *(voormalig) gezondheidsoord* ⟨in de heuvels v. Noord-India⟩;
III ⟨n.-telb.zn.; the⟩⟨AE⟩ **0.1** ***het Congres*** ⟨op Capitol Hill⟩.

hill[2] ⟨ov.ww.⟩ **0.1** ***ophogen*** ⇒*aanaarden* ⟨v. planten⟩.

hill·bil·ly ['hɪlbɪli]⟨telb.zn.; →mv. 2⟩⟨AE; vnl. pej.⟩ **0.1** ***(boeren) kinkel*** ⇒*heikneuter, pummel* ⟨oorspr. iem. uit het zuidoosten v.d. U.S.A.⟩ **0.2** ***volksliedje*** ⟨uit het zuidoosten v.d. U.S.A.⟩.

'hill climb ⟨telb.zn.⟩ **0.1** ⟨autosport⟩ ***heuvelklim*** ⟨tijdrit tegen/door zeer steile heuvel(s)⟩ **0.2** ⟨wielrennen⟩ ***klimtijdrit*** ⇒*bergtijdrit*.

'hill fort ⟨telb.zn.⟩ **0.1** ***fort op een heuvel***.

'hillman ['hɪlmən]⟨telb.zn.; hillmen [-mən]; →mv. 3⟩ **0.1** ***iem. afkomstig uit de bergen/heuvels***.

hillo →hallo.

hill·ock ['hɪlək]⟨f1⟩⟨telb.zn.⟩ **0.1** ***heuveltje*** ⇒*kopje* **0.2** ***bergje*** ⇒*hoopje* ⟨aarde⟩.

'hill·side ⟨f2⟩⟨telb.zn.⟩ **0.1** ***helling*** ⟨v. heuvel⟩.

'hill station ⟨telb.zn.⟩⟨BE⟩ **0.1** ***(voormalige Britse) regeringspost in Noord-India***.

'hill·top ⟨f1⟩⟨telb.zn.⟩ **0.1** ***heuveltop*** ⇒*heuvelkruin*.

hill·y ['hɪli]⟨f1⟩⟨bn.; -er; →compar. 7⟩ **0.1** ***heuvelig*** ⇒*heuvelachtig, bergachtig, glooiend, vol heuvels*.

hilt[1] [hɪlt]⟨f1⟩⟨telb.zn.⟩ **0.1** ***handvat*** ⇒*gevest, greep, hecht, steel* ◆ **3.¶** ⟨vaak scherts.⟩ armed to the ~ *tot de tanden gewapend* **6.¶** (up)to the ~ *volkomen, geheel, ten volle, tot over de oren* ⟨bv. in de schulden⟩; *zonneklaar* ⟨bv. iets bewijzen⟩.

hilt[2] ⟨ov.ww.⟩ **0.1** ***v.e. handvat voorzien*** ⇒*v.e. gevest/greep/hecht/steel voorzien*.

hi·lum ['haɪləm]⟨telb.zn.; hila ['haɪlə]; →mv. 5⟩ **0.1** ⟨plantk.⟩ ***(zaad)navel*** **0.2** ⟨biol.⟩ ***hilus*** ⟨poort, navel of steel v.e. orgaan⟩.

him[1] [hɪm]⟨f1⟩⟨telb.zn.⟩ **0.1** ***hij*** ⇒*man, jongen* ◆ **3.1** is it a ~ or a her? *is het een jongen of een meisje?*.

him[2] [(h)ɪm(sterk)hɪm]⟨f4⟩⟨vnw.⟩ →he, himself
I ⟨p.vnw.; →naamval⟩ **0.1** ***hem*** ⇒*aan/voor hem* **0.2** ⟨als nominatief gebruikt⟩ ***hij*** ⟨vnl. inf.⟩ ◆ **1.2** ~ and Sheila are a fine pair *hij en Sheila zijn een mooi paar* **3.2** I knew it was/to be ~ *ik wist dat hij het was;* ~ being ill, I called on Sheila *daar hij ziek was ging ik bij Sheila langs;* ⟨inf.⟩ he lost, and ~ having trained so hard *hij verloor, terwijl hij zo hard had getraind* **4.2** look, it's ~ *kijk daar is hij* **6.1** I can cook better **than** ~ *ik kan beter koken dan hij* **8.2** ~ and his jokes *hij met zijn grappen;*
II ⟨wdk.vnw.⟩⟨inf. of gew.⟩ **0.1** ***(voor) zich(zelf)*** ◆ **3.1** he built ~ a tower *hij bouwde zich een toren;* he laid ~ down to sleep *hij legde zich te slapen*.

HIM ⟨afk.⟩ **0.1** ⟨Her Imperial Majesty⟩ ***H.K.H.*** **0.2** ⟨His Imperial Majesty⟩ ***Z.K.H.***.

Hi·ma·la·yan ['hɪmə'leɪən]⟨bn.⟩ **0.1** ***v.d. Himalaya*** ⇒⟨fig.⟩ *kolossaal, reusachtig, enorm*.

Hi·ma·la·yas ['hɪmə'leɪəz]⟨eig.n.; the⟩ **0.1** ***Himalaya*** ⇒*Himalayagebergte*.

hi·mat·i·on [hɪ'mætɪən‖-'mæt̬ɪɑn]⟨telb.zn.; himatia [-'mæt̬ɪə]; →mv. 5⟩ **0.1** ***himation*** ⟨wollen omslagdoek bij oude Grieken⟩.

him·self [(h)ɪm'self]⟨f4⟩⟨wdk.vnw.; 3e pers. enk. mann.⟩ **0.1** ***zich*** ⇒*zichzelf* **0.2** ⟨→self/-selves als nadrukwoord⟩ ***zelf*** ⇒*hemzelf* **0.3** ⟨IE en Sch. E⟩ ***de baas*** ⇒*meneer* ◆ **1.2** Jack told me ~ *Jack heeft het me zelf verteld;* I saw John ~ *ik zag John in eigen persoon;* ~ a good scholar he would always help others *hij was zelf een goede student en hielp steeds de anderen* **3.1** he hates ~ *hij haat zichzelf;* he is not ~ *hij is zichzelf niet* **3.2** Jack did it ~ *Jack deed het zelf/alleen;* ⟨vero. en gew.⟩ ~ had seen it *hij zelf had het gezien* **3.3** ~ has gone out *de baas/meneer is er niet* **4.2** he ~ had done it *hij zelf had het gedaan* **6.1** **beside** ~ with joy *uitzinnig van vreugde;* **by** ~ *op eigen houtje, alleen, in zijn eentje;* he talks **to** ~ *hij praat tegen zichzelf* **6.2** **by** ~ *zelf;* he met a man as strong **as** ~ *hij ontmoette een man even sterk als hij* **8.2** he could do nothing and ~ a cripple *hij kon niets doen daar hij zelf kreupel was*.

Hi·na·ya·na ['hi:nə'jɑ:nə]⟨n.-telb.zn.⟩ **0.1** ***Hinayana*** ⟨richting in het Boeddhisme⟩.

hind[1] [haɪnd]⟨f1⟩⟨telb.zn.⟩ **0.1** ***hinde*** **0.2** ⟨BE, Sch. E⟩ ***boerenknecht*** **0.3** ⟨BE⟩ ***rentmeester*** **0.4** ⟨BE⟩ ***boer*** ⇒*kinkel, pummel*.

hind[2] ⟨f2⟩⟨bn., attr.⟩ **0.1** ***achterst*** ⇒*achter-* ◆ **1.¶** ⟨inf.⟩ get on one's ~ legs *het woord nemen;* talk the ~ leg(s) off a donkey *iem. de oren v.h. hoofd kletsen* **6.1** ⟨scherts.⟩ **on** one's ~ legs *staand;* ⟨fig.⟩ *op zijn achterste benen, verontwaardigd*.

hin·der[1] ['haɪndə‖-ər]⟨bn., attr.⟩ **0.1** ***achterst*** ⇒*achter-*.

hinder[2] ['hɪndə‖-ər]⟨f2⟩⟨ov.ww.⟩ **0.1** ***belemmeren*** ⇒*hinderen* **0.2** ***beletten*** ⇒*verhinderen, tegenhouden* ◆ **6.2** ~ **from** *beletten te*.

Hin·di[1] ['hɪndi]⟨eig.n.⟩ **0.1** ***Hindi*** ⟨groep talen v. Noord-India⟩.

Hindi[2] ⟨bn.⟩ **0.1** ***v.h. Hindi*** **0.2** ***van Noord-India***.

hind·most ['haɪn(d)moʊst]⟨bn.⟩ **0.1** ***achterst*** ⇒*laatst, verst* ◆ **1.¶** devil take the ~ *ieder voor zich, redde wie zich kan, sauve-qui-peut*.

'hind'quar·ter ⟨f1⟩⟨zn.⟩
I ⟨telb.zn.⟩ **0.1** ***achterbout;***
II ⟨mv.; ~s⟩ **0.1** ***achterdeel*** ⇒*achterlijf, achterhand* ⟨v. paard⟩.

hin·drance ['hɪndrəns]⟨f1⟩⟨zn.⟩
I ⟨telb.zn.⟩ **0.1** ***belemmering*** ⇒*hindernis, obstakel, remming* **0.2** ***beletsel*** ⇒*verhindering* ◆ **6.1** a ~ **to** *een belemmering van/voor;*
II ⟨n.-telb.zn.⟩ **0.1** ***het belemmeren*** ⇒*het hinderen* **0.2** ***het beletten*** ⇒*het verhinderen, het tegenhouden*.

hind·sight ['haɪn(d)saɪt]⟨f1⟩⟨zn.⟩
I ⟨telb.zn.⟩ **0.1** ***(achterste richtmiddel v.) vizier*** ⟨v. vuurwapen⟩;
II ⟨n.-telb.zn.⟩ **0.1** ***wijsheid achteraf*** ◆ **6.1** **with** ~ *achteraf gezien*.

Hin·du[1], ⟨vero.⟩ **Hin·doo** ['hɪndu:]⟨f2⟩⟨telb.zn.⟩ **0.1** ***Hindoe*** ⇒*aanhanger v.h. hindoeïsme, Indiër*.

Hindu[2], ⟨vero.⟩ **Hindoo** ⟨f1⟩⟨bn.⟩ **0.1** ***Hindoes*** ⇒*Indiaas* **0.2** ***v.h. hindoeïsme***.

Hin·du·ism ['hɪndu:ɪzm]⟨f1⟩⟨n.-telb.zn.⟩ **0.1** ***hindoeïsme***.

hin·du·ize ['hɪndu:aɪz]⟨ov.ww.⟩ **0.1** ***hindoeïstisch maken*** ⇒*in overeenstemming brengen met het hindoeïsme*.

Hin·du·sta·ni[1] ['hɪndʊ'stɑ:ni, -stæni]⟨eig.n.⟩ **0.1** ***Hindoestani*** ⟨voertaal in het grootste deel v. India⟩ **0.2** ⟨vero.⟩ ***Oerdoe*** ⟨Indiase taal⟩.

Hindustani[2] ⟨bn.⟩ **0.1** ***Hindoestaans*** ⇒*van Hindoestan* **0.2** ***v.h. Hindoestani***.

'hind·wheel ⟨telb.zn.⟩ **0.1** ***achterwiel***.

hinge[1] [hɪndʒ]⟨f2⟩⟨telb.zn.⟩ **0.1** ***scharnier*** ⇒*hengsel, gewricht tussen schalen v.e. dubbele schelp;* ⟨fig.⟩ *spil, draaipunt* **0.2** ***gomstrookje*** ⇒*plakkertje* ◆ **6.1** take a door **off** its ~s *een deur uit zijn scharnieren lichten* **6.¶** **off** the ~s *in de war*.

hinge[2] ⟨f2⟩⟨ww.⟩ →hinged
I ⟨onov.ww.⟩ **0.1** ***scharnieren*** ⇒*om een scharnier draaien* ◆ **6.1** ⟨fig.⟩ ~ **on/upon** *draaien om, rusten op, afhangen van;*
II ⟨ov.ww.⟩ **0.1** ***v.e. scharnier voorzien*** ⇒*d.m.v. een scharnier verbinden*.

hinged ['hɪndʒd]⟨bn.; volt. deelw. v. hinge⟩ **0.1** ***scharnierend*** ⇒*met (een) scharnier(en)*.

hin·ny[1] ['hɪni]⟨telb.zn.; →mv. 2⟩ **0.1** ***muilezel*** **0.2** ⟨Sch. E, gew.⟩ ***schatje*** ⇒*liefje* ◆ **3.¶** ⟨Sch. E, gew.⟩ singing ~ *krentencake*.

hinny[2] ⟨onov.ww.; →mv. 7⟩ **0.1** ***hinniken***.

hint[1] [hɪnt]⟨f3⟩⟨telb.zn.⟩ **0.1** ***wenk*** ⇒*aanwijzing, tip, hint* **0.2** ***vleugje*** ⇒*zweem, spoor* ◆ **3.1** drop/give a ~ *een hint geven;* take a ~ *een wenk ter harte nemen;* she can take a ~ *zij heeft maar een half woord nodig* **6.2** **with** a ~ of mockery *met een vleugje spot, licht spottend*.

hint[2] ⟨f2⟩⟨ww.⟩
I ⟨onov.ww.⟩ **0.1** ***aanwijzingen geven*** ◆ **6.1** ~ **at** *zinspelen op, duiden op;*
II ⟨ov.ww.⟩ **0.1** ***laten doorschemeren*** ⇒*doen vermoeden, aanduiden, bedekt te kennen geven*.

hin·ter·land ['hɪntəlænd‖'hɪnt̬ər-]⟨f1⟩⟨telb. en n.-telb.zn.⟩ **0.1** ***achterland*** ⇒*binnenland* **0.2** ***randgebied*** ⇒*periferie*.

hip[1] [hɪp], ⟨voor 0.3 ook⟩ **hep** [hep]⟨f2⟩⟨telb.zn.⟩ **0.1** ***heup*** ⇒*schonk* **0.2** ⟨bouwk.⟩ ***graatspar*** ⇒*hoekkeper* ⟨v. schilddak⟩ **0.3** ***rozebottel*** ◆ **3.1** smite ~ and thigh *de schenkel en de heup slaan* ⟨Richt. 15:8⟩; ⟨fig.⟩ *ongenadig straffen* **3.¶** that is ~s for him *dat is pech voor hem;* ⟨AE; sl.⟩ shoot from the ~ *ondoordacht/impulsief reageren* **6.¶** **on** the ~ *in het nadeel, in een ongunstige positie*.

hip[2], **hep** ⟨f1⟩⟨bn.; 1e variant hipper; -ness; →compar. 7⟩⟨sl.⟩ **0.1** ***op de hoogte*** **0.2** ***hip*** ⇒*bijdetijds, in, modern* ◆ **6.1** ~ **to** *bekend met*.
hip[3] ⟨ov.ww.⟩ **0.1** ***met graatsparren bouwen*** ⟨schilddak⟩.
hip[4] ⟨f2⟩⟨tussenw.⟩ **0.1** ***hiep*** ◆ **9.1** ~, ~, hurrah! *hiep, hiep, hoera!*.
'hip bath ⟨telb.zn.⟩ **0.1** ***zitbad***.
'hip·bone ⟨telb.zn.⟩ **0.1** ***heupbeen*** ⟨i.h.b. darmbeen⟩.
'hip·cat, 'hep·cat ⟨telb.zn.⟩ **0.1** ***hippe vogel*** **0.2** ***swingenthousiast*** ⇒*swingmusicus, swingliefhebber*.
'hip disease ⟨telb.zn.⟩ **0.1** ***heupziekte***.
'hip flask ⟨telb.zn.⟩ **0.1** ***heupfles*** ⇒*zakflacon*.
'hip gout ⟨n.-telb.zn.⟩⟨med.⟩ **0.1** ***heupjicht***.
hip-hop ['hɪphɒp‖-hɑp]⟨n.-telb.zn.; ook attr.⟩⟨vnl. AE; inf.; muz.⟩ **0.1** ***hiphop*** ⟨jeugdcultuur met als kenmerken o.a. rapmuziek, graffiti en breakdansen⟩.
'hip-hug·gers ⟨mv.⟩⟨AE; inf.⟩ **0.1** ***strakke heupbroek***.
'hip joint ⟨telb.zn.⟩ **0.1** ***heupgewricht***.
'hip·length ⟨bn.⟩ **0.1** ***tot op de heup (vallend)***.
hipped [hɪpt]⟨bn.⟩
I ⟨bn.⟩ **0.1** ***geheupt*** ◆ **2.1** broad-hipped *met brede heupen;*
II ⟨bn., attr.⟩⟨bouwk.⟩ **0.1** ***met een graatspar*** ◆ **1.1** a ~ roof *een schilddak;*
III ⟨bn., pred.⟩ **0.1** ***geobsedeerd*** ⇒*hevig geïnteresseerd* ◆ **6.1** ~ **on** *gek op, geobsedeerd door, volkomen op de hoogte van*.
hip·pie, hip·py [hɪpi]⟨f2⟩⟨telb.zn.; →mv. 2⟩ **0.1** ***hippie*** ⇒*hippe jongen/meid* **0.2** ***swingenthousiast*** ⇒*swingmusicus*.
hip·po ['hɪpoʊ]⟨f1⟩⟨telb.zn.⟩⟨inf.⟩ **0.1** ***nijlpaard***.
hip·po- ['hɪpoʊ] **0.1** ***hippo-*** ⇒*paarden-* ◆ ¶.1 hippophobia *angst voor paarden*.
hip·po·cam·pus ['hɪpoʊ'kæmpəs]⟨telb.zn.; hippocampi; →mv. 5⟩ **0.1** ***zeepaardje*** **0.2** ***hippocampus*** ⟨sikkelvormige verhevenheid in de wand v.d. laterale hersenkamers⟩ ◆ **2.2** ~ major *grote hippocampus;* ~ minor *kleine hippocampus*.
hip·po·cen·taur ['hɪpə'sentɔ:‖-tɔr]⟨telb.zn.⟩ **0.1** ***centaur***.
'hip pocket ⟨telb.zn.⟩ **0.1** ***heupzak*** **0.2** ***achterzak***.
hip·po·cras ['hɪpəkræs]⟨n.-telb.zn.⟩ **0.1** ***hipocras*** ⟨wijn⟩.
Hip·po·crat·ic ['hɪpəkrætɪk]⟨bn., attr.⟩ **0.1** ***van Hippocrates*** ◆ **1.1** ~ oath *eed van Hippocrates*.
Hip·po·crene ['hɪpəkri:n]⟨eig.n.⟩⟨mythologie⟩ **0.1** ***Hippocrene/creen*** ⇒*hengstebron* ⟨bron v. dichterlijke inspiratie⟩.
hip·po·drome ['hɪpədroʊm]⟨f1⟩⟨zn.⟩
I ⟨eig.n.; H-⟩ **0.1** ***Hippodrome*** ⟨naam v. theater⟩;
II ⟨telb.zn.⟩ **0.1** ***hippodroom*** ⇒*renbaan* **0.2** ***ruimte voor manifestaties met paarden*** ⇒*circus* **0.3** ***theater voor variété*** **0.4** ⟨AE⟩ ***sportwedstrijd waarvan de uitslag al van te voren vaststaat***.
hip·poed ['hɪpoʊd]⟨bn.⟩⟨sl.⟩ **0.1** ***bedrogen*** **0.2** ***overdonderd***.
hip·po·griff, hip·po·gryph ['hɪpəgrɪf]⟨telb.zn.⟩ **0.1** ***hippogrief*** ⟨gevleugeld paard met de kop v.e. griffioen⟩.
hip·poph·a·gy [hɪ'pɒfədʒi‖-'pɑ-]⟨n.-telb.zn.⟩ **0.1** ***het eten v. paardevlees***.
hip·po·pot·a·mic ['hɪpəpə'tæmɪk]⟨bn.⟩ **0.1** ***(als) van/mbt. een nijlpaard*** ⇒*zwaar, log, lomp*.
hip·po·pot·a·mus ['hɪpə'pɒtəməs‖-'pɑṭə-]⟨f2⟩⟨telb.zn.; ook hippopotami; →mv. 5⟩ **0.1** ***nijlpaard***.
hippy[1] →hippie.
hip·py[2] ['hɪpi]⟨bn.⟩ **0.1** ***met zware heupen*** ⇒*met brede heupen*.
'hip roof ⟨telb.zn.⟩⟨bouwk.⟩ **0.1** ***schilddak***.
'hip-shoot·er ⟨telb.zn.⟩ **0.1** ***iem. die direct vanaf de heup schiet*** ⇒⟨fig.⟩ *iem. die onbesuisd/impulsief te werk gaat*.
'hip-shoot·ing ⟨bn.⟩ **0.1** ***lukraak*** ⇒*roekeloos, impulsief, ondoordacht, onbesuisd*.
'hip·shot ⟨bn., pred.⟩ **0.1** ***met ontwrichte heup***.
hip·ster[1] ['hɪpstə‖-ər]⟨telb.zn.⟩⟨sl.⟩ **0.1** ***hippe vogel*** ⇒*hippie* **0.2** ***swingenthousiast*** ⇒*swingmusicus, swingliefhebber*.
hipster[2] ⟨bn., attr.⟩⟨BE⟩ **0.1** ***heup-*** ◆ **1.1** ~ trousers *heupbroek*.
'hip tree ⟨telb.zn.⟩⟨plantk.⟩ **0.1** ***hondsroos*** ⟨Rosa canina⟩.
hi·ra·ga·na ['hɪrə'gɑ:nə]⟨n.-telb.zn.⟩ **0.1** ***hiragana*** ⟨Japans lettergreepschrift⟩.
hir·cine ['hɜ:saɪn‖'hɜr-]⟨bn.⟩ **0.1** ***bokkig*** ⇒*stinkend, geil*.
hire[1] ['haɪə‖-ər]⟨f1⟩⟨n.-telb.zn.⟩⟨→sprw. 373⟩ **0.1** ***huur*** ⇒*betaling, (dienst)loon;* ⟨fig.⟩ *beloning* **0.2** ***het in dienst nemen*** ⇒*het aannemen* ◆ **6.1 for/on** ~ *te huur, vrij*.
hire[2] ⟨f3⟩⟨ov.ww.⟩ **0.1** ***huren*** **0.2** ⟨vnl. BE⟩ ***inhuren*** ⇒*(tijdelijk) in dienst nemen* ◆ **5.1** ~ **out** *verhuren*.
hire·a·ble, ⟨AE sp.⟩ **hir·a·ble** ['haɪərəbl]⟨bn.⟩ **0.1** ***te huur*** ⇒*vrij*.
'hire car ⟨telb.zn.⟩ **0.1** ***huurauto***.
hire·ling ['haɪəlɪŋ‖'haɪər-]⟨f1⟩⟨telb.zn.; ook attr.⟩⟨vnl. pej.⟩ **0.1** ***huurling*** ⇒*mercenair, huursoldaat*.
'hire 'purchase, 'hire 'purchase system ⟨f1⟩⟨n.-telb.zn.⟩⟨vnl. BE⟩ **0.1** ***huurkoop*** ⇒*het kopen op afbetaling* ◆ **6.1 on** ~ *op afbetaling*.

hir·er ['haɪərə‖-ər]⟨telb.zn.⟩ **0.1** ***(ver)huurder/ster***.
'H-i·ron ⟨telb.zn.⟩ **0.1** ***H-ijzer***.
hir·sute ['hɜ:s(j)u:t‖'hɜrsu:t]⟨f1⟩⟨bn.; -ness⟩ **0.1** ***harig*** ⇒*behaard, ruig* **0.2** ⟨scherts.⟩ ***langharig***.
hir·sut·ism ['hɜ:s(j)u:tɪzm‖'hɜrsu:tɪzm]⟨n.-telb.zn.⟩⟨med.⟩ **0.1** ***hirsutisme*** ⇒*hirsuties, overmatige beharing*.
his[1] [(h)ɪz⟨sterk⟩hɪz]⟨f4⟩⟨bez.vnw.; →naamval⟩ **0.1** ⟨predikatief gebruikt⟩ ***van hem*** ⇒*het/de zijne* **0.2** ***het zijne, de zijne(n)*** ◆ **1.1** these boots are ~ *deze laarzen zijn van hem;* the victory was ~ *de overwinning viel hem ten deel* **1.2** ~ was a head of beautiful curls *hij had een prachtige krullenkop* **3.2** John's marbles and ~ were stolen *de knikkers van John en die van hem werden gestolen* **4.2** he and ~ *hij en de zijnen* **6.2** a hobby **of** ~ *een hobby v. hem, een v. zijn hobbies*.
his[2] ⟨f4⟩⟨bez.det.⟩ **0.1** ***zijn*** ◆ **1.1** it was ~ day *het was zijn grote dag /zijn geluksdag* **3.1** ~ having awakened her *het feit dat hij haar had gewekt*.
His·pan·ic[1] [hɪ'spænɪk]⟨telb.zn.⟩ **0.1** ***Hispanic*** ⇒*Amerikaan v. Latijns-Amerikaanse/Portugese/Spaanse afkomst*.
Hispanic[2] ⟨bn.⟩ **0.1** ***Iberisch*** ⇒*Spaans, van/mbt. Spanje (en Portugal)* **0.2** ***Latijns-Amerikaans***.
his·pid ['hɪspɪd]⟨bn.⟩⟨biol.⟩ **0.1** ***harig*** ⇒*ruwharig, stekelig, borstelig*.
hiss[1] [hɪs]⟨f1⟩⟨telb.zn.⟩ **0.1** ***sissend geluid*** ⇒*gesis, het sissen* **0.2** ***sisklank***.
hiss[2] ⟨f2⟩⟨ww.⟩
I ⟨onov. en ov.ww.⟩ **0.1** ***sissen*** ⇒*kissen, een sissend geluid maken, toesissen;*
II ⟨ov.ww.⟩ **0.1** ***uitfluiten*** ⇒*aanfluiten, siffleren* ◆ **5.1** ~ **off/away/down** *van het podium fluiten, wegfluiten*.
hist [ssst, hɪst]⟨tussenw.⟩ **0.1** ***st!*** **0.2** ***pst!***.
his·ta·mine ['hɪstəmi:n]⟨n.-telb.zn.⟩⟨schei.⟩ **0.1** ***histamine***.
hist man →heist man.
his·to- ['hɪstoʊ]⟨biol., schei.⟩ **0.1** ***histo-*** ◆ ¶.1 histology *histologie*.
his·to·gen·e·sis ['hɪstə'dʒenɪsɪs], **his·tog·e·ny** [hɪ'stɒdʒəni‖-'stɑ-]⟨n.-telb.zn.⟩⟨biol.⟩ **0.1** ***hist(i)ogenesis*** ⇒*het ontstaan/vormen v. weefsel*.
his·to·ge·net·ic ['hɪstədʒɪ'neṭɪk]⟨bn.; -ally; →bijw. 3⟩⟨biol.⟩ **0.1** ***weefselvormend*** ⇒*mbt. het ontstaan v. weefsel*.
his·to·gram ['hɪstəgræm]⟨telb.zn.⟩⟨stat.⟩ **0.1** ***histogram*** ⇒*frequentiekolomdiagram, kolommendiagram*.
his·tol·o·gy [hɪ'stɒlədʒi‖-'stɑ-]⟨n.-telb.zn.⟩⟨biol.⟩ **0.1** ***histologie*** ⇒*weefselleer*.
his·tol·y·sis [hɪ'stɒləsɪs‖-'stɑ-]⟨n.-telb.zn.⟩⟨biol.⟩ **0.1** ***histolyse*** ⇒*afbraak v. weefsel*.
his·to·pa·thol·o·gy ['hɪstoʊpə'θɒlədʒi‖-'θɑ-]⟨n.-telb.zn.⟩⟨biol., med.⟩ **0.1** ***histopatologie*** ⟨leer v.d. ziekelijke vervormingen v. weefsel⟩.
his·to·ri·an [hɪ'stɔ:rɪən]⟨f2⟩⟨telb.zn.⟩ **0.1** ***historicus*** ⇒*geschiedschrijver, geschiedkundige, student in de geschiedenis* ◆ **2.1** ancient ~ *historicus/student die zich met oude geschiedenis bezighoudt;* English ~ *historicus/student die zich met de Engelse geschiedenis bezighoudt*.
his·to·ri·at·ed [hɪ'stɔ:rieɪṭɪd]⟨bn.⟩ **0.1** ***gehistorieerd***.
his·tor·ic [hɪ'stɒrɪk‖-'stɑ-], **his·tor·i·cal** [hɪ'stɒrɪkl‖-'stɑ-]⟨f3⟩⟨bn.; -(al)ly; historicalness⟩ **0.1** ⟨vnl. historical⟩ ***historisch*** ⇒*geschiedkundig, werkelijk gebeurd, niet verdicht* **0.2** ⟨vnl. historic⟩ ***historisch*** ⇒*bekend uit de geschiedenis, beroemd* **0.3** ⟨vnl. historical⟩ ⟨taalk.⟩ ***historisch*** ⇒*diachroon* ◆ **1.3** ~ grammar *historische grammatica* **1.¶** ⟨lit., taalk.⟩ historic infinitive *infinitivus historicus* ⟨i.p.v. vervoegde vorm, met verl. bet.⟩; ⟨lit., taalk.⟩ historic(al) present *praesens historicum* ⟨met verl. bet.⟩.
his·tor·i·cism [hɪ'stɒrɪsɪzm‖-'stɑ-]⟨n.-telb.zn.⟩ **0.1** ***historisme*** ⟨neiging om alles historisch te verklaren⟩ **0.2** ***historicisme*** ⟨geloof in een onontkoombare historische wetmatigheid⟩ **0.3** ***overdreven eerbied voor het verleden/voor tradities***.
his·to·ric·i·ty ['hɪstə'rɪsəṭi]⟨n.-telb.zn.⟩ **0.1** ***historiciteit*** ⇒*het historisch-zijn, het waar-gebeurd-zijn, juistheid, waarachtigheid*.
his·to·ri·og·ra·pher ['hɪstɔ:ri'ɒgrəfə‖hɪ'stɔri'ɑgrəfər]⟨telb.zn.⟩ **0.1** ***historiograaf*** ⇒*geschiedschrijver*.
his·to·ri·o·graph·ic [hɪ'stɒrɪə'græfɪk‖-'stɑ-], **his·to·ri·o·graph·i·cal** ⟨bn.; -(al)ly; →bijw. 3⟩ **0.1** ***historiografisch***.
his·to·ri·og·ra·phy ['hɪstɔ:ri'ɒgrəfi‖-'ɑgrəfi]⟨n.-telb.zn.⟩ **0.1** ***historiografie*** ⇒*geschiedschrijving*.
his·to·ry ['hɪstri]⟨f4⟩⟨zn.; →mv. 2⟩⟨→sprw. 252, 296⟩
I ⟨telb.zn.⟩ **0.1** ***historisch verhaal*** ⇒*geschiedverhaal, geschiedenis, historie* **0.2** ***historisch toneelstuk*** ⇒*historiestuk* **0.3** ***beschrijving v.d. voortbrengselen der natuur*** **0.4** ***ziektegeschiedenis*** ⇒*anamnese;*
II ⟨n.-telb.zn.⟩ **0.1** ***geschiedenis*** ⇒*historie, verleden* ◆ **2.1** that is ancient/past ~ *dat is verleden tijd;* medieval ~ *geschiedenis v.d.*

Middeleeuwen; modern ~ *moderne geschiedenis;* natural ~ *natuurlijke historie* **3.1** make ~ *geschiedenis maken, een daad v. historisch belang stellen* **7.1** in its ~ *in zijn bestaan.*

his·tri·on ['hɪstriɒn||-ɑn]⟨telb.zn.⟩ **0.1** ***acteur*** ⇒*toneelspeler, komediant* ⟨ook fig.⟩.

his·tri·on·ic[1] ['hɪstri'ɒnɪk||-'ɑnɪk]⟨zn.⟩
I ⟨telb.zn.⟩ **0.1** ***acteur*** ⇒*toneelspeler, komediant;*
II ⟨mv.; ~s⟩ **0.1** ***komedie*** ⇒*aanstellerij, vertoning, theatraal gedoe* **0.2** ***toneelkunst.***

histrionic[2] ⟨bn.; -ally; →bijw. 3⟩ **0.1** ***mbt. acteurs/acteren*** ⇒*toneel-* **0.2** ***histrionisch*** ⇒*komedianterig, theatraal, hypocriet, huichelachtig.*

his·tri·o·nism ['hɪstrɪənɪzm], **his·tri·o·nic·ism** [-'ɒnɪsɪzm||-'ɑnɪsɪzm] ⟨n.-telb.zn.⟩ **0.1** ***komedie*** ⇒*aanstellerij, vertoning, theatraal gedoe.*

hit[1] [hɪt]⟨f2⟩⟨telb.zn.⟩ **0.1** ***klap*** ⇒*slag, dreun* **0.2** ***treffer*** ⇒*raakschot* **0.3** ***hit*** ⇒*succes(nummer)* **0.4** ***steek (onder water)*** ⇒*sarcastische opmerking* **0.5** ***buitenkansje*** ⇒*treffer, gelukje* **0.6** ***goede zet*** **0.7** ⟨sl.⟩ ***(geplande) moord*** **0.8** ⟨sl.⟩ ***(drug) dosis*** ⇒*shot* ◆ **3.3** make a ~ (with) *succes hebben (bij), populair zijn (bij)* **6.4** a ~ **at** the opposition *een uithaal naar/aanval op de oppositie.*

hit[2] ⟨bn.⟩⟨inf.⟩ **0.1** ***beroemd (door succes).***

hit[3] ⟨f4⟩⟨ww.; hit, hit [hɪt]; →ww. 7⟩
I ⟨onov.ww.⟩⟨AE⟩ **0.1** ***aanvallen*** **0.2** ⟨sl.⟩ ***bedelen*** **0.3** ⟨sl.⟩ ***slagen*** ⇒*winnen* **0.4** ⟨sl.⟩ ***hard aankomen*** ◆ **6.¶** ⟨sl.⟩ ~ **for** *vertrekken naar;*
II ⟨onov. en ov.ww.⟩ **0.1** ***slaan*** ⇒*meppen, geven* ⟨een klap⟩ **0.2** ***stoten (op)*** ⇒*botsen (tegen)* ◆ **1.1** ~ below the belt *onder de gordel slaan* ⟨ook fig.⟩; ~ a blow *een dreun geven/uitdelen;* ⟨fig.⟩ ~ a man when he is down *iem. een trap nageven;* ⟨fig.⟩ ~ the (right) nail on the head *de spijker op de kop slaan;* ~ and run *doorrijden na aanrijding; (iem.) overvallen en wegrennen/rijden* **5.¶** →hit back; →hit out **6.1** ~ **at** *slaan naar* **6.¶** →hit (up)on;
III ⟨ov.ww.⟩ **0.1** ***treffen*** ⟨ook fig.⟩ ⇒*raken* **0.2** ***bereiken*** ⇒*vinden, aantreffen, tegenkomen, halen* **0.3** ***precies weergeven*** **0.4** ***stroken met*** ⇒*passen bij, overeenkomen met* **0.5** ⟨cricket⟩ ***raken*** ⟨bal⟩ ⇒*maken* ⟨een run⟩, *scoren* **0.6** ⟨honkbal⟩ ***maken*** ⟨een honkslag⟩ **0.7** ***zich te buiten gaan aan*** ⇒*hem raken met* **0.8** ⟨sl.⟩ ***bijwonen*** ⟨college, feest, vergadering enz.⟩ **0.9** ⟨sl.⟩ ***bedelen van*** ⇒*aanklampen* ⟨om geld of gunst⟩ **0.10** ⟨sl.⟩ ***overvallen*** ⇒*overstelpen* **0.11** ⟨sl.⟩ ***een voorstel doen aan*** **0.12** ⟨sl.⟩ ***drugs toedienen*** **0.13** ⟨sl.; poker⟩ ***een kaart geven*** **0.14** ⟨sl.⟩ ***een borrel geven*** ⇒*weer inschenken* ◆ **1.2** ~ (the) town *de stad bereiken* **1.7** ~ the bottle *aan de drank gaan, het op een zuipen zetten* **4.3** ~ it *het raden;* ⟨sl.; muz.⟩ *(beginnen te) spelen* **4.¶** ⟨BE⟩ ~ for six *volkomen overvallen, geheel verslaan* **5.1** be hard hit *zwaar getroffen zijn* **5.3** ~ **off** *precies weergeven* **5.¶** ~ **off** *juist raden; improviseren;* ⟨inf.⟩ ~ it **off** *het (samen) goed kunnen vinden; acceptabel zijn; zich aanpassen; slagen;* ~ it **off** with *goed kunnen opschieten met, goed overweg kunnen met;* ⟨cricket⟩ ~ **up** *achter elkaar halen* ⟨punten⟩.

'hit-and-'run ⟨bn., attr.⟩ **0.1** ***mbt. het doorrijden*** ⟨na een aanrijding⟩ **0.2** ⟨mil.⟩ ***bliksem-*** ⇒*verrassings-* ⟨mbt. aanval gevolgd door onmiddellijke terugtocht⟩ **0.3** ⟨honkbal⟩ ***mbt. het stelen v.e. honk.***

'hit 'back ⟨onov.ww.⟩ **0.1** ***terugslaan*** ⇒*een tegenaanval inzetten,* ⟨fig.⟩ *scherp antwoorden, van zich afbijten* ◆ **6.1** ~ **at** *een tegenaanval inzetten op.*

hitch[1] [hɪtʃ]⟨f1⟩⟨telb.zn.⟩ **0.1** ***ruk*** ⇒*zet, duw, stoot; steek* **0.2** ***storing*** ⇒*hapering, kink, oponthoud, belemmering* **0.3** ⟨scheep.⟩ ***knoop*** **0.4** ⟨AE⟩ ***strompelende gang*** ⇒*het hinken* **0.5** ⟨AE; sl.⟩ ***diensttijd*** **0.6** ⟨sl.⟩ ***rit(je)*** ◆ **2.3** a half ~ *een halve steek* **6.2** it went off **without** a ~ *het verliep vlot.*

hitch[2] ⟨f2⟩⟨ww.⟩
I ⟨onov.ww.⟩ **0.1** ***vastgemaakt worden*** ⇒*vastgehaakt/vastgebonden/vastgekoppeld/aangespannen worden* **0.2** ***blijven steken*** ⇒*haperen, blijven haken* **0.3** ⟨sl.⟩ ***het boterbriefje halen*** ⇒*trouwen* **0.4** ⟨AE⟩ ***strompelen*** ⇒*hinken, mank lopen* **0.5** ⟨inf.⟩ ***liften*** **0.6** ***goed met elkaar kunnen opschieten;***
II ⟨ov.ww.⟩ **0.1** ***met een ruk bewegen*** ⇒*trekken, rukken, sjorren* **0.2** ***verschuiven*** ⇒*verplaatsen* **0.3** ***vastmaken*** ⇒*vasthaken, vastbinden, vastkoppelen* **0.4** ***te pas brengen*** ⟨in een literair werk⟩ ⇒*ter sprake brengen, introduceren* **0.5** ⟨inf.⟩ ***trouwen*** **0.6** ⟨AE⟩ ***vragen*** ⟨een lift⟩ ⇒*liften* ◆ **1.6** ⟨sl.⟩ ~ a ride *liften; in andermans auto rijden* **3.5** get ~ed *trouwen* **5.¶** ~ **up** *ophijsen, optrekken* **6.3** ~ a horse **to** a cart *een paard voor een wagen spannen.*

hitch·er ['hɪtʃə||-ər]⟨telb.zn.⟩ **0.1** ***haak*** ⇒*boothaak.*

hitch·hike ['hɪtʃhaɪk]⟨f1⟩⟨onov.ww.⟩ **0.1** ***liften.***

hitch·hik·er ['hɪtʃhaɪkə||-ər]⟨f1⟩⟨telb.zn.⟩ **0.1** ***lifter/liftster.***

hitch·ing post ['hɪtʃɪŋ poʊst]⟨telb.zn.⟩ **0.1** ***paal*** ⟨om paard e.d. aan vast te binden⟩.

'hitch·kick ⟨n.-telb.zn.; the⟩⟨atletiek⟩ **0.1** ***loopsprong*** ⇒*hitch-kick-techniek* ⟨doorlopen v. benen tijdens zweeffase bij vertesprong⟩.

'hitch kick ⟨telb.zn.⟩⟨voetbal⟩ **0.1** ***achterwaartse omhaal*** ⇒*omhaal achterover.*

hitch·y ['hɪtʃi]⟨bn.⟩⟨inf.⟩ **0.1** ***zenuwachtig*** ⇒*bang, bevend.*

hit·fest ['hɪtfest]⟨telb.zn.⟩⟨sl.⟩ **0.1** ***honkbalwedstrijd met veel slagen.***

hith·er[1] ['hɪðə||-ər]⟨bn., attr.⟩⟨vero.⟩ **0.1** ***aan deze kant*** ⇒*dichtstbijzijnd.*

hither[2] ⟨f1⟩⟨bw.⟩⟨schr.⟩ **0.1** ***herwaarts*** ⇒*hier(heen)* ◆ **5.1** ~ and thither, ~ and yon *her en der, in alle richtingen.*

'hither and 'thither ⟨onov.ww.⟩ **0.1** ***door elkaar bewegen*** ⇒*krioelen* **0.2** ***heen en weer gaan*** ⇒*op en neer lopen, weifelen.*

hith·er·most ['hɪðəmoʊst||'hɪðər-]⟨bn., attr.⟩⟨vero.⟩ **0.1** ***dichtstbijzijnd.***

hith·er·to ['hɪðə'tuː||'hɪðər-]⟨f1⟩⟨bw.⟩⟨schr.⟩ **0.1** ***tot nu toe*** ⇒*tot dusver.*

hith·er·ward ['hɪðəwəd||'hɪðərwərd], **hith·er·wards** [-wədz||-wərdz] ⟨bw.⟩⟨vero.⟩ **0.1** ***herwaarts*** ⇒*hierheen.*

'hit list ⟨telb.zn.⟩⟨sl.⟩ **0.1** ⟨ong.⟩ ***zwarte lijst*** ⟨v. personen of zaken die geëlimineerd moeten worden of waartegen geageerd moet worden⟩.

'hit·man ⟨f1⟩⟨telb.zn.; 'hitmen; →mv. 3⟩⟨AE; inf.⟩ **0.1** ***huurmoordenaar*** ⇒*killer.*

'hit-or-'miss ⟨bn.⟩ **0.1** ***lukraak*** ⇒*nonchalant, in het wilde weg.*

'hit 'out ⟨onov.ww.⟩ **0.1** ***krachtig slaan*** **0.2** ***aanvallen*** ◆ **6.¶** ~ **at** *uithalen naar, een aanval doen op.*

'hit parade ⟨f1⟩⟨telb.zn.⟩ **0.1** ***hitparade.***

'hit squad ⟨telb.zn.⟩ **0.1** ***moordcommando.***

hit·ter ['hɪtə||'hɪtər]⟨f1⟩⟨telb.zn.⟩⟨AE⟩ **0.1** ***huurmoordenaar.***

Hit·tite[1] ['hɪtaɪt]⟨zn.⟩
I ⟨telb.zn.⟩ **0.1** ***Hettiet*** ⇒*Hittiet;*
II ⟨n.-telb.zn.⟩ **0.1** ***Hettitisch*** ⇒*de Hittitische taal.*

Hittite[2] ⟨bn.⟩ **0.1** ***Hettitisch*** ⇒*Hittitisch.*

'hit (up)on ⟨onov.ww.⟩ **0.1** ***bedenken*** ⇒*komen op* ⟨een idee⟩, *bij toeval ontdekken, stoten op, aantreffen* ◆ **1.1** ~ a solution *ineens een oplossing hebben.*

HIV ⟨telb. en n.-telb.zn.⟩⟨afk.⟩ human immunodeficiency virus **0.1** ***HIV(-virus)*** ⟨veroorzaakt AIDS⟩.

hive[1] [haɪv]⟨f2⟩⟨zn.⟩
I ⟨telb.zn.⟩ **0.1** ***bijenkorf*** ⇒*bijenkast, bijenvolk;* ⟨fig.⟩ *drukke, roezige plaats, centrum* **0.2** ***zwerm*** ⇒⟨fig.⟩ *menigte* **0.3** ***voorwerp met de vorm v.e. bijenkorf*** ◆ **1.¶** what a ~ of industry! *wat een drukte/nijverheid!;*
II ⟨mv.; ~s⟩⟨med.⟩ **0.1** ***netelroos*** ⇒*galbulten* **0.2** ***kroep.***

hive[2] ⟨ww.⟩
I ⟨onov.ww.⟩ **0.1** ***de korf opzoeken*** **0.2** ***samenwonen*** ⇒*opeengepakt wonen* ◆ **5.¶** →hive off;
II ⟨ov.ww.⟩ **0.1** ***korven*** ⇒*inkorven, in een korf brengen* **0.2** ***huisvesten*** ⇒*herbergen, een (knus) onderkomen verschaffen* **0.3** ***vergaren*** ⇒*verzamelen* ◆ **5.3** ~ **up** *oppotten, hamsteren* **5.¶** →hive off.

'hive 'off ⟨ww.⟩
I ⟨onov.ww.⟩ **0.1** ***uitzwermen*** ⇒⟨fig.⟩ *zich afscheiden;*
II ⟨ov.ww.⟩⟨BE⟩ **0.1** ***afstoten*** ⟨werk⟩ ⇒*overhevelen.*

hiv·er ['haɪvə||-ər]⟨telb.zn.⟩ **0.1** ***imker.***

HK ⟨afk.⟩ Hong Kong, House of Keys ⟨BE⟩.

hl ⟨afk.⟩ hectolitre **0.1** ***hl.***

HL ⟨afk.⟩ House of Lords.

hm ⟨afk.⟩ hectometre **0.1** ***hm.***

h'm →hem.

HM ⟨afk.⟩ **0.1** ⟨headmaster⟩ **0.2** ⟨headmistress⟩ **0.3** ⟨Her Majesty⟩ ***H.M.*** **0.4** ⟨His Majesty⟩ ***Z.M.***

HMAS ⟨afk.⟩ Her/His Majesty's Australian Ship.

HMI ⟨afk.⟩ Her/His Majesty's Inspector (of Schools) ⟨BE⟩.

HMNZS ⟨afk.⟩ Her/His Majesty's New Zealand Ship.

HMO ⟨afk.⟩ health maintenance organization.

HMS ⟨afk.⟩ Her/His Majesty's Ship ⟨BE⟩.

HMSO ⟨afk.⟩ Her/His Majesty's Stationery Office ⟨BE⟩.

HND ⟨afk.⟩ Higher National Diploma ⟨BE⟩.

ho[1] [hɔː]⟨telb.zn.⟩⟨AE; sl.⟩ **0.1** ***hoer.***

ho[2] [hoʊ]⟨f2⟩⟨tussenw.⟩ **0.1** ***hé*** ⇒*hallo, hoi, ha, hè.*

ho[3] ⟨afk.⟩ house.

HO ⟨afk.⟩ **0.1** ⟨head office⟩ **0.2** ⟨BE⟩ ⟨Home Office⟩ ***Biza.***

hoar[1] [hɔː||hɔr]⟨n.-telb.zn.⟩ **0.1** ***grijsheid*** ⇒*grauwheid, grijsharigheid* **0.2** ***rijp*** ⇒*rijm.*

hoar[2] ⟨bn.⟩ **0.1** ***grijsharig*** ⇒*wit(harig), grijs* ⟨v. ouderdom⟩ **0.2** ***grauw*** ⇒*vaalwit, grijswit.*

hoard[1] [hɔːd||hɔrd]⟨f1⟩⟨telb.zn.⟩ **0.1** ***(geheime) voorraad*** ⇒*spaarpot, schat* **0.2** ***opeenhoping*** ⇒*verzameling* **0.3** ⟨archeologie⟩ ***geheime bewaarplaats.***

hoard[2] ⟨f1⟩⟨ww.⟩ →hoarding
I ⟨onov. en ov.ww.⟩ **0.1** ***hamsteren*** ⇒*een voorraad aanleggen, oppotten, opsparen, verzamelen* ◆ **5.1** ~ **up** *oppotten, hamsteren;*
II ⟨ov.ww.⟩ **0.1** ***koesteren*** ⟨een verlangen, enz.⟩.
hoard·er ['hɔ:də‖'hɔrdər]⟨telb.zn.⟩ **0.1** ***hamsteraar*** ⇒*verzamelaar.*
hoard·ing ['hɔ:dɪŋ‖'hɔr-]⟨f1⟩⟨zn.; (oorspr.) gerund v. hoard⟩
I ⟨telb.zn.⟩ **0.1** ***(tijdelijke) schutting*** ⇒*heining* **0.2** ⟨BE⟩ ***reclamebord*** ⇒*aanplakbord, reclamezuil;*
II ⟨n.-telb.zn.⟩ **0.1** ***het hamsteren*** ⇒*het oppotten, het opsparen, het verzamelen* **0.2** ***het opslaan*** ⇒*het in het geheugen bewaren.*
'hoar·frost ⟨f1⟩⟨n.-telb.zn.⟩ **0.1** ***rijp*** ⇒*rijm.*
hoarhound →horehound.
hoarse [hɔ:s‖hɔrs]⟨f2⟩⟨bn.; -er; -ly; -ness⟩ **0.1** ***hees*** ⇒*schor, krassend, krakend* **0.2** ***met een hese stem*** ⇒*met een schorre/krassende stem.*
hoars·en ['hɔ:sn‖'hɔrsn]⟨onov. en ov.ww.⟩ **0.1** ***hees (doen) worden*** ⇒*schor/krassend/krakend worden/maken.*
'hoar·stone ⟨telb.zn.⟩⟨BE⟩ **0.1** ***grenssteen*** **0.2** ***gedenksteen.***
hoar·y ['hɔ:ri]⟨f1⟩⟨bn.; -er; -ness; →compar. 7⟩ **0.1** ***grijs*** ⇒*wit* ⟨v. haar⟩ **0.2** ***grijs/witharig*** ⇒*met grijze/witte haren* **0.3** ***(al)oud*** ⇒*eerbiedwaardig;* ⟨scherts.⟩ *afgezaagd, oud* **0.4** ⟨biol.⟩ ***behaard*** ⇒*harig* ◆ **1.3** a ~ joke *een mop met een baard, ouwe bak.*
'hoary-'eyed ⟨bn.⟩⟨sl.⟩ **0.1** ***bezopen*** ⇒*lam, teut.*
ho·at·zin [hoʊ'ætsɪn‖wɑt'si:n]⟨telb.zn.⟩⟨dierk.⟩ **0.1** ***stinkvogel*** ⟨Opisthocomus hoazin⟩.
hoax[1] [hoʊks]⟨f1⟩⟨telb.zn.⟩ **0.1** ***bedrog*** ⇒*bedotterij, grap, mop, mystificatie* ◆ **1.1** the bombscare turned out to be a ~ *de bommelding bleek vals (alarm);* the painting was a ~ *het schilderij was een vervalsing* **3.1** play a ~ on s.o. *iem. een poets bakken, iem. voor de gek houden.*
hoax[2] ⟨f1⟩⟨ov.ww.⟩ **0.1** ***om de tuin leiden*** ⇒*foppen, beetnemen* ◆ **6.1** ~ s.o. **into** believing sth. *iem. laten geloven dat ....*
hoax·er ['hoʊksə‖-ər]⟨f1⟩⟨telb.zn.⟩ **0.1** ***fopper*** ⇒*bedrieger, bedotter, grappenmaker.*
hob [hɒb‖hɑb]⟨f2⟩⟨telb.zn.⟩ **0.1** ***kookplaat*** **0.2** ***zijplaat v.d. haard*** ⟨gebruikt als verwarmingsplaat⟩ **0.3** ***kobold*** ⇒*gnoom, kabouter* **0.4** ***boeman*** ⇒*spook, schrikbeeld* **0.5** ***pin*** ⟨gebruikt bij het ringwerpen⟩ **0.6** ***schoenspijker*** **0.7** ⟨dierk.⟩ ***mannetje v.d. fret*** ◆ **3.¶** ⟨AE⟩ play/raise ~ *alles in de war sturen, kattekwaad uithalen.*
Hobb·ism ['hɒbɪzm‖'hɑ-]⟨n.-telb.zn.⟩ **0.1** ***theorie v. Hobbes*** ⟨Eng. filosoof⟩.
hob·ble[1] ['hɒbl‖'hɑbl]⟨f1⟩⟨telb.zn.⟩ **0.1** ***strompelende gang*** ⇒*gestrompel* **0.2** ⟨vero.⟩ ***netelige situatie*** **0.3** ***kluister*** ⇒*blok.*
hobble[2] ⟨f2⟩⟨ww.⟩
I ⟨onov.ww.⟩ **0.1** ***strompelen*** ⇒*hinken, mank lopen;* ⟨fig.⟩ *moeizaam voortgaan, haperend spreken;*
II ⟨ov.ww.⟩ **0.1** ***doen strompelen*** ⇒*doen hinken;* ⟨fig.⟩ *moeizaam doen voortgaan, haperend doen spreken* **0.2** ***kluisteren*** ⇒*aan elkaar binden* ⟨benen⟩ **0.3** ***belemmeren*** ⇒*hinderen.*
'hobble skirt ⟨telb.zn.⟩ **0.1** ***strompelrok*** ⟨zeer nauwe rok⟩.
hob·by ['hɒbi‖'hɑ-]⟨f2⟩⟨telb.zn.; →mv. 2⟩ **0.1** ***hobby*** ⇒*liefhebberij* **0.2** ⟨vero.⟩ ***hit*** ⇒*paardje* **0.3** ⟨gesch.⟩ ***draisine*** ⇒*loopmachine* ⟨voorloper v.d. fiets⟩ **0.4** ⟨dierk.⟩ ***boomvalk*** ⟨Falco subbuteo⟩ **0.5** ⟨sl.⟩ ***spiekvertaling.***
'hob·by·horse ⟨f1⟩⟨telb.zn.⟩ **0.1** ***hobbelpaard*** **0.2** ***rieten paard*** ⟨gebruikt bij volksdansen⟩ **0.3** ***stokpaardje*** ⟨ook fig.⟩ **0.4** ***draaimolenpaard.***
hob·by·ist ['hɒbiɪst‖hɑ-]⟨f1⟩⟨telb.zn.⟩ **0.1** ***hobbyist*** ⇒*knutselaar* **0.2** ***iem. die veel hobby's heeft.***
hob·gob·lin ['hɒbgɒblɪn‖'hɑbgɑb-]⟨f1⟩⟨telb.zn.⟩ **0.1** ***kobold*** ⇒*gnoom, kabouter* **0.2** ***boeman*** ⇒*spook, schrikbeeld.*
hob·nail ['hɒbneɪl‖'hɑb-]⟨telb.zn.⟩⟨ook attr.⟩ **0.1** ***schoenspijker*** ◆ **1.1** ~ boots *spijkerschoenen.*
hob·nailed ['hɒbneɪld‖'hɑb-]⟨bn.⟩ **0.1** ***met schoenspijkers.***
'hobnail(ed) 'liver ⟨telb.zn.⟩⟨med.⟩ **0.1** ***lever vol knobbeltjes*** ⟨veroorzaakt door cirrose⟩.
hob·nob ['hɒbnɒb‖'hɑbnɑb]⟨f1⟩⟨onov.ww.; →ww. 7⟩ **0.1** ***vriendschappelijk omgaan*** ◆ **6.1** ~ **with** *babbelen/kletsen met.*
ho·bo ['hoʊboʊ]⟨f1⟩⟨telb.zn.; ook -es; →mv. 2⟩⟨AE⟩ **0.1** ***hobo*** ⇒*zwerver, landloper, vagebond* **0.2** ***rondtrekkend (ongeschoold) arbeider.***
Hob·son's choice ['hɒbsnz 'tʃɔɪs‖'hɑb-]⟨n.-telb.zn.⟩ **0.1** ***het geen keus hebben*** ⇒*graag of niet* **0.2** ***het moeten kiezen of delen*** ⇒*het van twee kwaden het minst kiezen* ⟨naar stalhouder in Cambridge, wiens klanten het paard moesten nemen dat het dichtst bij stond⟩.
hock[1] [hɒk‖hɑk]⟨f1⟩⟨zn.⟩
I ⟨telb.zn.⟩ **0.1** ***spronggewricht*** ⇒*hak* **0.2** ***(varkens)kluif;***
II ⟨n.-telb.zn.⟩ **0.1** ⟨vnl. BE⟩ ***Duitse witte wijn*** ⇒*rijnwijn* **0.2** ⟨inf.⟩ ***het verpand zijn*** ⇒*het beleend zijn* ◆ **6.¶** ⟨inf.⟩ **in** ~ *in de lommerd; in de nor; in de schuld.*

hock[2] ⟨f1⟩⟨ov.ww.⟩ **0.1** ⟨inf.⟩ ***naar de lommerd brengen*** ⇒*verpanden, belenen* **0.2** ***de hakpees doorsnijden van*** ⇒*verlammen.*
hock·able ['hɒkəbl‖'hɑ-]⟨bn.⟩⟨sl.⟩ **0.1** ***te verpanden.***
hock·ey ['hɒki‖'hɑki]⟨f2⟩⟨n.-telb.zn.⟩ **0.1** ***hockey*** **0.2** ***ijshockey.***
'hockey stick ⟨telb.zn.⟩ **0.1** ***(ijs)hockeystick.***
'hock·shop ⟨telb.zn.⟩⟨inf.⟩ **0.1** ***lommerd*** ⇒*Ome Jan, pandjeshuis.*
hock·y ['hɒki‖'hɑki]⟨telb.zn.⟩⟨sl.⟩ **0.1** ***leugens*** ⇒*gelul* **0.2** ***overdrijving*** **0.3** ***geil*** ⇒*sperma* **0.4** ***vaginale afscheiding*** **0.5** ***onsmakelijk (uitziend) eten.***
ho·cus ['hoʊkəs]⟨ov.ww.; →ww. 7⟩ **0.1** ***beetnemen*** ⇒*bedotten, bedriegen* **0.2** ***knoeien met*** ⟨een drankje⟩ ⇒*een bedwelmend middel mengen door* ⟨een drankje⟩.
ho·cus-po·cus[1] ['hoʊkəs 'poʊkəs]⟨f1⟩⟨n.-telb.zn.⟩ **0.1** ***hocus-pocus*** ⇒*gegoochel, goochelarij, bedriegerij* ◆ **¶.¶** ~! *hocus, pocus, pas!.*
hocus-pocus[2] ⟨ww.; →ww. 7⟩
I ⟨onov.ww.⟩ **0.1** ***goochelen*** ⇒*bedrieglijke toeren uithalen;*
II ⟨ov.ww.⟩ **0.1** ***beetnemen*** ⇒*bedotten, bedriegen.*
hod [hɒd‖hɑd]⟨telb.zn.⟩ **0.1** ***aandraagbak*** ⟨voor bakstenen, enz.⟩ ⇒*kalkbak* **0.2** ***kolenbak*** ⇒*kolenemmer, kolenkit.*
ho·dad ['hoʊdæd], **ho·dad·dy** ['hoʊdædi]⟨telb.zn.⟩⟨sl.⟩ **0.1** ***(slimme) vogel.***
'hod carrier ⟨telb.zn.⟩ **0.1** ***opperman*** ⟨hulpje v.d. metselaar⟩.
hod·den ['hɒdn‖'hɑdn]⟨n.-telb.zn.⟩⟨Sch. E⟩ **0.1** ***grove wollen stof*** ◆ **2.¶** ⟨gew.⟩ ~ grey *grijze grove wollen stof, boerse soort kleding.*
Hodge [hɒdʒ‖hɑdʒ]⟨eig.n., telb.zn.⟩⟨BE⟩ **0.1** ***typische Engelse landarbeider.***
hodgepodge →hotchpotch.
Hodg·kin's disease ['hɒdʒkɪnz dɪˌsi:z‖'hɑdʒ-]⟨n.-telb.zn.⟩⟨med.⟩ **0.1** ***ziekte v. Hodgkin.***
ho·di·er·nal ['hoʊdi'ɜ:nl‖-'ɜr-]⟨bn.⟩ **0.1** ***van vandaag*** ⇒*huidig.*
hod·man ['hɒdmən‖'hɑd-]⟨telb.zn.; hodmen [-mən]; →mv. 3⟩ **0.1** ***opperman*** ⟨hulpje v.d. metselaar⟩ **0.2** ***iem. die machinaal werk verricht*** ⇒*loonslaaf, broodschrijver.*
hodometer →odometer.
hoe[1] [hoʊ]⟨f1⟩⟨telb.zn.⟩ **0.1** ***schoffel*** ◆ **2.1** Dutch ~ *duwschoffel.*
hoe[2] ⟨f1⟩⟨onov. en ov.ww.⟩ **0.1** ***schoffelen.***
'hoe·cake ⟨telb.zn.⟩⟨AE⟩ **0.1** ***maïskoek.***
'hoe-down ⟨telb.zn.⟩⟨AE⟩ **0.1** ***vrolijke dans*** ⟨i.h.b. quadrille⟩ **0.2** ***feestje waar vrolijk gedanst wordt*** **0.3** ⟨sl.⟩ ***luidruchtige ruzie*** **0.4** ⟨sl.⟩ ***levendige/gewelddadige gebeurtenis*** ⇒*pittige bokswedstrijd; rel.*
hog[1], (in bet. 0.3 ook) **hogg** [hɒg‖hɔg, hɑg]⟨f2⟩⟨telb.zn.⟩ **0.1** ***varken*** ⇒*barg* **0.2** ***zwijn*** ⟨ook fig.⟩ ⇒*lomperd, vuilak, veelvraat* **0.3** ⟨BE; gew.⟩ ***jong schaap dat nog nooit geschoren is*** **0.4** ⟨scheep.⟩ ***schrobber*** ⇒*varken* **0.5** ⟨sl.⟩ ***gevangene*** ⇒*bajesklant* **0.6** ⟨sl.⟩ ***dollar*** **0.7** ⟨sl.⟩ ***bak*** ⇒*grote auto* ⟨i.h.b. Cadillac⟩ ◆ **1.¶** a ~ in armour *iem. die slecht op zijn gemak is;* ⟨AE; inf.⟩ a ~ on ice *een onveilig iem.* **3.¶** ⟨sl.⟩ go the whole ~ *iets grondig doen;* ⟨AE⟩ live high on/off the ~ *een luxe leven leiden, het er van nemen.*
hog[2] ⟨f1⟩⟨ww.; →ww. 7⟩
I ⟨onov.ww.⟩ **0.1** ***naar boven krommen*** ⇒⟨scheep.⟩ *een katterug krijgen;*
II ⟨ov.ww.⟩ **0.1** ***doen krommen*** ⇒*krom buigen* **0.2** ***kort knippen*** ⟨manen⟩ **0.3** ⟨inf.⟩ ***inpikken*** ⇒*zich toeëigenen, beslag leggen op, opschrokken* **0.4** ⟨scheep.⟩ ***beren*** ⇒*schrobben* ◆ **1.3** ~ the road *de hele weg opeisen* **5.3** ~ **down** *naar binnen schrokken.*
ho·gan ['hoʊgən]⟨telb.zn.⟩ **0.1** ⟨ben. voor⟩ ***hut v.d. Navajo's.***
'hog·back, 'hog's-back ⟨telb.zn.⟩ **0.1** ***kromme rug*** **0.2** ***scherpe heuvelrug.***
'hog·backed ⟨bn.⟩ **0.1** ***met een kromme rug*** **0.2** ***met een scherpe heuvelrug.***
'hog cholera ⟨n.-telb.zn.⟩⟨AE⟩ **0.1** ***varkenskoorts*** ⇒*vlekziekte.*
'hog colt ⟨telb.zn.⟩ **0.1** ***jaarling*** ⇒*éénjarig veulen.*
'hog deer ⟨telb.zn.⟩ **0.1** ***hertzwijn.***
'hog·fish ⟨telb.zn.⟩⟨dierk.⟩ **0.1** ***Europees zeevarken*** ⟨Scorpaena scrofa⟩.
hog·ge·rel ['hɒgrəl‖'hɑ-]⟨telb.zn.⟩⟨BE⟩ **0.1** ***jong schaap dat nog nooit geschoren is.***
hog·ge·ry ['hɒgəri‖'hɔ-, 'hɑ-]⟨zn.; →mv. 2⟩
I ⟨telb.zn.⟩ **0.1** ***varkensschuur*** ⇒*varkensstal;*
II ⟨n.-telb.zn.⟩ **0.1** ***gulzigheid*** ⇒*begerigheid, inhaligheid.*
hog·get ['hɒgɪt‖'hɑ-]⟨telb.zn.⟩⟨BE⟩ **0.1** ***éénjarig schaap.***
hog·gin ['hɒgɪn‖'hɔgɪn, 'hɑ-]⟨n.-telb.zn.⟩ **0.1** ***mengsel v. zand en grind*** **0.2** ***gezeefd grind.***
hog·gish ['hɒgɪʃ‖'hɔ-, 'hɑ-]⟨bn.; -ly; -ness⟩ **0.1** ***zwijnachtig*** ⇒*liederlijk, vuil, gulzig, inhalig.*
hog-legg ['hɒgleg‖'hɔg-, 'hɑg-], **'hog's leg** ⟨telb.zn.⟩⟨sl.⟩ **0.1** ***blaffer*** ⇒*revolver.*
Hog·ma·nay ['hɒgməneɪ‖'hɑgməneɪ]⟨zn.⟩⟨Sch.E⟩

I ⟨telb.zn.⟩ **0.1** ***lekkernij die kinderen op Oudejaarsdag aan de deur komen vragen;***
II ⟨n.-telb.zn.⟩ **0.1** ***Oudejaarsdag.***
'hog·pen ⟨f1⟩ ⟨telb.zn.⟩ **0.1** ***varkenskot*** ⇒*varkenshok.*
hog's-back →hogback.
'hog's fennel ⟨n.-telb.zn.⟩ ⟨plantk.⟩ **0.1** ***varkenskervel*** ⟨Peucedanum⟩.
'hogs·head ['hɒgzhed‖'hɑgz-] ⟨telb.zn.⟩ **0.1** ***okshoofd*** ⇒*vat, ton* **0.2** ***okshoofd*** ⟨UK 238,5 of 245,5 l; USA 238,46 l; →t1⟩.
'hog-tie ⟨ov.ww.⟩ ⟨AE⟩ **0.1** ***de poten samenbinden van*** ⇒ ⟨fig.⟩ *aan handen en voeten binden, knevelen, kluisteren.*
'hog·wash ⟨n.-telb.zn.⟩ **0.1** ***rommel*** ⇒*rotzooi, larie, onzin, leugens* **0.2** ***varkensdraf*** ⇒*spoeling.*
'hog·weed ⟨n.-telb.zn.⟩ ⟨plantk.⟩ **0.1** ***varkensgras*** ⇒*bargegras, zwijnegras, mottegras* ⟨Polygonum aviculare⟩ **0.2** ***varkenskool*** ⇒*bereklauw* ⟨Heracleum sphondylium⟩.
'hog'wild ⟨bn., pred.⟩ ⟨sl.⟩ **0.1** ***dol*** ⇒*dwaas, door het dolle heen* **0.2** ***buitensporig*** ⇒*exorbitant.*
'hog-wret·tle ⟨n.-telb.zn.⟩ ⟨sl.⟩ **0.1** ***primitief/vulgair gedans.***
ho-hum ['hoʊ'hʌm] ⟨bn.⟩ ⟨sl.⟩ **0.1** ***saai*** ⇒*middelmatig.*
ho-hum·mer ['hoʊ'hʌmə‖-ər] ⟨telb.zn.⟩ **0.1** ***ongeïnteresseerde.***
hoick [hɔɪk] ⟨ov.ww.⟩ ⟨sl.⟩ **0.1** ***ophijsen*** ⇒*rukken, steil omhoog trekken* ⟨v. vliegtuig⟩.
hoicks →yoicks.
hoi pol·loi ['hɔɪ pə'lɔɪ], **pol·loi** ⟨mv.; the⟩ **0.1** ***het volk*** ⇒*het gepeupel, Jan met de pet, het plebs.*
hoist[1] [hɔɪst] ⟨f1⟩ ⟨telb.zn.⟩ **0.1** ***zet*** ⇒*duw, stoot* **0.2** ***hijs*** ⟨stokzijde v.d. vlag⟩ **0.3** ⟨scheep.⟩ ***reeks vlaggen*** ⟨als signaal⟩ **0.4** ***hijstoestel*** ⇒*takel;* ⟨vnl. BE⟩ *goederenlift* **0.5** ⟨sl.⟩ ***beroving*** ⇒*overval.*
hoist[2] →petard.
hoist[3] ⟨f2⟩ ⟨ww.⟩ ⟨→sprw. 297⟩
I ⟨onov.ww.⟩ ⟨sl.⟩ **0.1** ***stelen*** ⇒*roven;*
II ⟨ov.ww.⟩ **0.1** ***hijsen*** ⇒*takelen, optrekken* **0.2** ⟨sl.⟩ ***stelen*** ⇒*jatten, roven; beroven* **0.3** ⟨sl.⟩ ***ophangen*** ◆ **1.1** ~ one's flag *zijn vlag in top hijsen.*
hoi·ty-toi·ty[1] ['hɔɪṭi 'tɔɪṭi] ⟨n.-telb.zn.⟩ **0.1** ⟨AE⟩ ***hooghartigheid*** ⇒*arrogantie* ◆ **¶.¶** ~! *tut, tut!, ho, ho!, kalm aan een beetje!.*
hoity-toity[2] ⟨bn.⟩ **0.1** ***dartel*** ⇒*speels, uitgelaten, jolig* **0.2** ***hooghartig*** ⇒*arrogant, laatdunkend, uit de hoogte* **0.3** ***lichtgeraakt*** ⇒*prikkelbaar, kribbig* **0.4** ⟨AE⟩ ***lichtzinnig*** ⇒*onnadenkend, onattent.*
hoke [hoʊk] ⟨ov.ww.⟩ ⟨sl.⟩ **0.1** ***opsmukken*** ⇒*versieren* ◆ **5.¶** ~ **up** *in elkaar draaien.*
ho·key[1] ['hoʊki] ⟨telb.zn.⟩ ⟨sl.⟩ **0.1** ***acteur die op effectbejag uit is.***
hokey[2] ['hoʊki] ⟨bn.⟩ ⟨sl.⟩ **0.1** ***opgesmukt*** ⇒*op effect berekend, onecht.*
ho·key-po·key ['hoʊki 'poʊki] ⟨zn.⟩
I ⟨telb.zn.⟩ **0.1** ***goedkoop ijsje*** ⟨v.d. ijscoman⟩ **0.2** ⟨sl.⟩ ***ijscoman;***
II ⟨n.-telb.zn.⟩ ⟨sl.⟩ **0.1** ***hocus-pocus*** ⇒*gegoochel, goochelarij, bedriegerij* **0.2** ***effectbejag*** ⇒*klatergoud, toneeltruc* **0.3** ***humbug*** ⇒*larie, mooie praatjes.*
ho·kum ['hoʊkəm], ⟨sl.⟩ **hoke** [hoʊk] ⟨telb.zn.⟩ **0.1** ***goedkoop effect*** ⇒*effectbejag, onechtheid, mooidoenerij* **0.2** ***opgesmukt/waardeloos iets*** ⇒*klatergoud* **0.3** ⟨sl.⟩ ***onzin*** ⇒*klets* **0.4** ⟨sl.⟩ ***vleierij*** ⇒*onoprechtheid.*
hol·arc·tic [hɒ'lɑ:ktɪk‖hɑ'lɑrk-] ⟨bn.; ook H-⟩ ⟨biol.⟩ **0.1** ***holarctisch.***
hold[1] [hoʊld] ⟨f3⟩ ⟨zn.⟩
I ⟨telb.zn.⟩ **0.1** ***(scheeps)ruim*** **0.2** ***schuilplaats*** **0.3** ***gevangenis(cel)*** **0.4** ***(korte) onderbreking*** ⟨i.h.b. in aftelprocedure⟩ **0.5** ⟨vero.⟩ ***fort*** ⇒*bolwerk;*
II ⟨telb. en n.-telb.zn.⟩ **0.1** ***greep*** ⇒*worstelgreep, houvast, vat;* ⟨fig.⟩ *invloed, macht* ◆ **3.1** catch/clap/grab/take ~ of *(vast)grijpen, (vast)pakken, vatten;* get ~ of *te pakken krijgen, bereiken;* get a ~ on *vat krijgen op;* have a ~ over s.o. *iem. in zijn macht hebben, macht hebben over iem.;* have a ~ (up)on s.o./sth. *iem./iets beheersen;* lose ~ of *zijn houvast verliezen, zijn greep verliezen op;* keep ~ of *vasthouden;* leave/quit ~ of *loslaten;* take ~ *vastgrijpen, vat krijgen;* ⟨fig.⟩ *aanslaan, ingeburgerd raken* **3.¶** lay ~ of/on *pakken, vatten, grijpen, zijn voordeel doen met, gebruik maken van* **6.¶** **on** ~ *uitgesteld, vertraagd, in afwachting;* be/put **on** ~ *moeten wachten* ⟨bij telefoongesprek⟩; can I put you **on** ~? *wilt u wachten op de verbinding?;* put a programme **on** ~ *een programma opschorten* **7.¶** with no ~s barred *alle middelen zijn toegestaan.*
hold[2] ⟨f4⟩ ⟨ww.; held, held [held]/⟨ook vero.⟩ holden ['hoʊldən]⟩ →holding ⟨→sprw. 260, 499⟩
I ⟨onov.ww.⟩ **0.1** ***houden*** ⇒*het niet begeven, het uithouden, stand houden* **0.2** ***van kracht zijn*** ⇒*gelden, waar zijn, van toepassing zijn* **0.3** ***doorgaan*** ⇒*verdergaan, aanhouden; goed blijven* ⟨v. weer⟩ **0.4** ⟨vero.⟩ ***zich bedwingen*** ⇒*zich inhouden* **0.5** ***pakken*** ⟨bv. v. anker⟩ ◆ **1.5** ⟨scheep.⟩ ~ing ground *ankergrond* **2.2** ~ good/true for *gelden voor, van kracht zijn voor* **5.1** ~ **together** *bijeenblijven* **5.4** ~ hard! *stop!, wacht even!* **5.¶** →hold **aloof**; →hold **back**; →hold **forth**; →hold **off**; →hold **on**; →hold **out**; →hold **up** **6.1** ~ **by/to** *zich houden aan, trouw blijven aan, blijven bij* **6.3** ~ **on** one's course *de ingeslagen weg blijven volgen* **6.¶** →hold **on to**; →hold **with**;
II ⟨ov.ww.⟩ **0.1** ***vasthouden (aan)*** ⇒*houden, beethouden;* ⟨fig.⟩ *boeien, in beslag nemen* **0.2** ***(kunnen) bevatten*** ⇒*inhouden, plaats bieden aan* **0.3** ***hebben*** ⟨in eigendom, in pacht, te leen⟩ **0.4** ***bekleden*** ⟨bv. functie⟩ **0.5** ***doen plaatsvinden*** ⇒*beleggen, houden* **0.6** ***in bedwang houden*** ⇒*tegenhouden, ophouden, terughouden, weerhouden* **0.7** ⟨inf.⟩ ***ophouden met*** ⇒*stilleggen, stoppen* **0.8** ***menen*** ⇒*vinden, beschouwen als, geloven, voelen;* ⟨jur.⟩ *beslissen* **0.9** ⟨mil.⟩ ***bezet houden*** ⇒*niet prijsgeven* **0.10** ***in hechtenis houden*** ⇒*vasthouden* ◆ **1.1** ⟨sl.⟩ ~ the bag/sack *bedrogen uitkomen, de klos/sigaar zijn;* ~ course *koers houden;* will you ~ the line? *wilt u even aan het toestel blijven?;* ~ one's nose *zijn neus dichtknijpen;* ~ the road *vast op de weg liggen* **1.2** he cannot ~ his liquor *hij kan niet goed tegen drank, hij is gauw dronken* **1.3** ~ a title *een titel dragen/bezitten* **1.5** ~ a conversation *een gesprek voeren* **1.8** ~ in contempt *minachten;* ~ s.o. to be a fool/~ that s.o. is a fool *iem. dom vinden* **2.8** ~ sth. cheap *weinig waarde aan iets hechten;* ~ sth. dear *veel waarde aan iets hechten;* I ~ it good *het lijkt mij raadzaam/goed* **4.6** there is no ~ing her *zij is niet te stuiten, zij is niet te houden* **4.7** ~ everything! *stop!* **4.¶** ~ it! *houen zo!; stop!, wacht even!;* ~ one's own *zich handhaven, zich staande kunnen houden; het alleen aankunnen; niet achteruitgaan* ⟨v.e. zieke⟩; ~ one's own *standhouden, het (alleen) aankunnen, zich er doorheenslaan, zich uit de slag kunnen trekken;* ~ one's own with *kunnen concurreren met, opgewassen zijn tegen, het kunnen opnemen tegen;* ~ o.s. *zich houden, zich gedragen* **5.1** ~ **together** *bijeenhouden* **5.6** ~ **in** *inhouden, beteugelen, in bedwang houden;* ~ **under** *onderdrukken, in bedwang houden* **5.¶** →hold **aloof**; →hold **back**; →hold **down**; →hold **forth**; →hold **off**; →hold **on**; →hold **out**; →hold **over**; →hold **up** **6.1** ~ s.o. **to** his promise *iem. aan zijn belofte houden* **6.8** ~ sth. **against** s.o. *iem. iets verwijten/kwalijk nemen/aanrekenen* **6.10** ~ s.o. **against** a ransom *iem. gijzelen om een losgeld te krijgen* **6.¶** ~ sth. **over** s.o. *iem. dreigen/chanteren met iets;* ~ s.o.'s past **over** s.o. *iem. met zijn verleden achtervolgen.*
'hold·all ⟨f1⟩ ⟨telb.zn.⟩ **0.1** ***reistas*** ⇒*weekendtas, koffertje.*
'hold a'loof ⟨onov. en ov.ww.; wederk. ww.⟩ **0.1** ***zich afzijdig houden*** ⇒*afstand bewaren, op een afstand blijven* ◆ **6.1** hold (o.s.) aloof **from** making an offer *een aanbod achterwege laten, geen aanbod doen.*
'hold·back ⟨telb.zn.⟩ **0.1** ***belemmering*** ⇒*beletsel, hindernis.*
'hold 'back ⟨f1⟩ ⟨ww.⟩
I ⟨onov.ww.⟩ **0.1** ***aarzelen*** ⇒*schromen, zich gereserveerd tonen* ◆ **6.1** ~ **from** *zich weerhouden van;*
II ⟨ov.ww.⟩ **0.1** ***tegenhouden*** ⇒*inhouden, terughouden, weerhouden, in de weg staan* **0.2** ***achterhouden*** ⇒*voor zich houden, verzwijgen.*
'hold 'down ⟨f1⟩ ⟨ov.ww.⟩ **0.1** ***laag houden*** ⟨prijzen⟩ ⇒*aan banden leggen* **0.2** ***in bedwang houden*** ⇒*onderdrukken, eronder/klein houden* **0.3** ***(blijven) houden*** ◆ **1.3** ⟨inf.⟩ hold one's job down *zijn baan houden, op zijn stoel blijven zitten.*
hold·er ['hoʊldə‖-ər] ⟨f2⟩ ⟨telb.zn.⟩ **0.1** ***houder*** ⇒*bezitter, pachter, huurder, drager* ⟨v.e. titel⟩ **0.2** ***houder*** ⇒*klem, etui, sigarettepijpje* **0.3** ***bekleder*** ⟨v.e. ambt⟩.
'hold·er-'forth ⟨telb.zn.; holders-forth; →mv. 6⟩ **0.1** ***(langdradig) redenaar*** ⇒*prediker* **0.2** ***braller*** ⇒*schreeuwer.*
'hold·fast ⟨telb.zn.⟩ **0.1** ***houvast*** ⇒*balkhaak, kram* **0.2** ⟨biol.⟩ ***hechtorgaan*** ⟨v. algen⟩.
'hold 'forth ⟨ww.⟩
I ⟨onov.ww.⟩ **0.1** ***oreren*** ⇒*een betoog houden* ◆ **6.1** ~ **on** *uitweiden over;*
II ⟨ov.ww.⟩ **0.1** ***bieden*** ⇒*voorhouden, geven* ⟨hoop⟩.
hold·ing ['hoʊldɪŋ] ⟨f2⟩ ⟨zn.; (oorspr.) gerund v. hold⟩
I ⟨telb.zn.⟩ **0.1** ***grond in eigendom of pacht*** ⇒*pachtgoed* **0.2** ⟨vaak mv.⟩ ***bezit*** ⟨v. aandelen etc.⟩ ⇒*eigendom, voorraad* **0.3** ***greep*** ⇒*houvast, invloed* ◆ **2.1** small ~s *kleine boerenbedrijfjes;*
II ⟨n.-telb.zn.⟩ **0.1** ***het houden*** ⇒*het vasthouden, het standhouden, het in bezit hebben, het dragen* ⟨v.e. titel⟩ **0.2** ⟨paardesport⟩ ***grondcondities*** ⇒*toestand v.h. parcours.*
'holding company ⟨telb.zn.⟩ ⟨hand.⟩ **0.1** ***holding company*** ⇒*houdstermaatschappij.*
'holding operation ⟨telb.zn.⟩ **0.1** ***handhaving v.d. status quo.***
'hold 'off ⟨f1⟩ ⟨ww.⟩
I ⟨onov.ww.⟩ **0.1** ***uitblijven*** ⇒*wegblijven* **0.2** ***geen actie ondernemen;***
II ⟨ov.ww.⟩ **0.1** ***uitstellen*** **0.2** ***weerstaan*** ⇒*tegenstand bieden aan, op een afstand houden.*

'hold 'on ⟨f1⟩ ⟨ww.⟩
I ⟨onov.ww.⟩ **0.1** ***volhouden*** ⇒*niet opgeven* **0.2** ***zich vasthouden*** **0.3** ***aanhouden*** ⇒*doorgaan* **0.4** ⟨inf.⟩ ***wachten*** ⇒⟨i.h.b.⟩ *niet ophangen* ⟨telefoon⟩ ◆ **1.¶** ⟨inf.⟩ ~! *stop!, wacht 's even!;*
II ⟨ov.ww.⟩ **0.1** ***op zijn plaats houden*** ⇒*vasthouden*.

'hold 'on to ⟨onov.ww.⟩ **0.1** ***vasthouden*** ⇒*beethouden, niet loslaten* **0.2** ⟨inf.⟩ ***houden*** ⇒*niet verkopen* **0.3** ⟨inf.⟩ ***bewaren***.

'hold 'out ⟨f1⟩ ⟨ww.⟩
I ⟨onov.ww.⟩ **0.1** ***standhouden*** ⇒*volhouden, het uithouden, duren, toereikend zijn* ⟨v. voorraden⟩ **0.2** ***weigeren toe te geven*** ◆ **6.¶** ~ **for** *blijven eisen, aandringen op;* ~ **on** *weigeren toe te geven aan, iets geheim houden voor;*
II ⟨ov.ww.⟩ **0.1** ***bieden*** ⟨hoop⟩ ⇒*geven* **0.2** ***uitsteken*** ⟨hand⟩.

'hold-out ⟨telb.zn.⟩ ⟨sl.⟩ **0.1** ⟨ben. voor⟩ ***weigeraar*** ⇒*stijfkop/hoofd* **0.2** ⟨mv.⟩ ***kaarten die heimelijk uit het spel zijn gehaald***.

'hold·o·ver ⟨telb.zn.⟩ ⟨AE⟩ **0.1** ***overblijfsel*** ⇒*restant, het overgeblevene* **0.2** ***kater*** ⇒*haarpijn* **0.3** ***artiest wiens contract verlengd is*** **0.4** ***geprolongeerd optreden*** ⇒*verlenging*.

'hold 'over ⟨ov.ww.⟩ **0.1** ***aanhouden*** ⇒*verlengen* **0.2** ***verdagen*** ⇒*uitstellen*.

'hold·up ⟨f1⟩ ⟨telb.zn.⟩ **0.1** ***oponthoud*** ⇒*vertraging* **0.2** ***roofoverval*** ⇒⟨fig.⟩ *overval, chantage*.

'hold 'up ⟨f1⟩ ⟨ww.⟩
I ⟨onov.ww.⟩ **0.1** ***standhouden*** ⇒*het uithouden, het niet begeven, volhouden* **0.2** ⟨vero.⟩ ***goed blijven*** ⟨v.h. weer⟩;
II ⟨ov.ww.⟩ **0.1** ***(onder)steunen*** **0.2** ***omhoog houden*** ⇒*rechtop houden, opsteken* ⟨hand⟩ **0.3** ***ophouden*** ⇒*tegenhouden, vertragen, opschorten, stremmen* ⟨verkeer⟩ **0.4** ***overvallen*** ⇒*beroven* ◆ **1.2** ~ as an example *tot voorbeeld stellen;* ⟨fig.⟩ ~ one's head *moed houden;* ~ to ridicule/scorn *bespotten, belachelijk maken*.

'hold with ⟨onov.ww.; vnl. ontkennend⟩ ⟨sl.⟩ **0.1** ***goedkeuren*** ⇒*meegaan met* ◆ **1.1** she doesn't ~ these modern methods *zij wil niets weten/moet niets hebben van deze moderne methoden*.

hole[1] [hoʊl] ⟨f3⟩ ⟨telb.zn.⟩ ⟨→sprw. 291, 463, 473⟩ **0.1** ***gat*** ⟨ook nat.⟩ ⇒*holte, kuil;* ⟨nat.⟩ *gat* ⟨halfgeleider⟩ **0.2** ***gat*** ⇒*opening, bres, gaping;* ⟨fig.⟩ *zwak punt* **0.3** ***hol*** ⟨v. klein dier⟩ ⇒*leger* **0.4** ***hok*** ⇒*kot, krot;* ⟨AE⟩ *isoleercel* **0.5** ***penibele situatie*** ⇒*penarie, moeilijkheden* **0.6** ***kuiltje*** ⟨bij balspelen⟩ ⇒*knikkerpotje;* ⟨biljart⟩ *zak* **0.7** ⟨golf⟩ ***hole*** ⇒*punt, afstand van tee tot hole* **0.8** ⟨sl.⟩ ***hol*** ⇒*volle, smerige publieke plaats* **0.9** ⟨sl.⟩ ***stuk*** ⇒*stoot* ◆ **1.1** ⟨sl.⟩ a ~ in the/one's head/wig *een gaatje in zijn hoofd;* ⟨sl.⟩ I need it like a ~ in the head *ik kan het missen als kiespijn;* ⟨med.⟩ a ~ in the heart *een gat in de hartklep* **1.¶** a ~ in the wall *klein vuil hok* **3.2** make a ~ in *een gat slaan in, een bres slaan in;* ⟨fig.⟩ *duchtig aanspreken;* ⟨fig.⟩ pick ~s in *ondergraven* **6.1** **in** ~s *vol gaten, helemaal versleten* **6.4** **in** a ~ *in het nauw, in de schulden* **7.¶** ⟨scherts.⟩ the nineteenth ~ *de bar v.d. golfclub*.

hole[2] ⟨ww.⟩
I ⟨onov.ww.⟩ →hole up;
II ⟨onov. en ov.ww.⟩ **0.1** ***in een gat/opening brengen/plaatsen/slaan*** ◆ **5.1** ⟨golf⟩ ~ **out** in four *de bal met 4 slagen in de hole krijgen;*
III ⟨ov.ww.⟩ **0.1** ***een gat/opening maken in*** ⇒*een gat slaan in, doorboren, perforeren;* ⟨scheep.⟩ *lek slaan*.

'hole-and-'cor·ner, hole-in-the-corner ⟨bn., attr.⟩ **0.1** ***onderhands*** ⇒*geheim, steels, stiekem*.

'hole 'out ⟨onov.ww.⟩ ⟨golf⟩ ◆ **6.¶** ~ **in** four *de bal in vier keer in de hole krijgen*.

'hole 'up ⟨ww.⟩ ⟨AE; sl.⟩
I ⟨onov.ww.⟩ **0.1** ***zich schuilhouden*** ⇒*zijn toevlucht zoeken;*
II ⟨ov.ww.⟩ **0.1** ***verborgen houden***.

hol·ey ['hoʊli] ⟨bn.⟩ **0.1** ***met een gat*** **0.2** ***vol gaten***.

-hol·ic [hɒlɪk‖hɔlɪk, hɑ-] ⟨variant v. -aholic⟩ **0.1** ⟨ong.⟩ ***verslaafde*** ⇒*fan, freak* ◆ **¶.1** computerholic *computerfreak*.

hol·i·day[1] ['hɒlɪdi, -deɪ‖'hɑlɪdeɪ] ⟨f3⟩ ⟨telb.zn.⟩ **0.1** ***heiligedag*** ⇒*feestdag* **0.2** ***vakantiedag*** ⇒*vrije dag* **0.3** ⟨ook mv.⟩ ⟨vnl. BE⟩ ***vakantie*** ⇒⟨vaak attr.⟩ *vrije tijd, zorgeloosheid, vrolijkheid* ◆ **2.1** public ~ *officiële feestdag* **3.3** make ~/take a ~ *vrijaf nemen* **6.3** **on** ~/**on** one's ~s *op/met vakantie*.

holiday[2] ⟨onov.ww.⟩ **0.1** ***met/op vakantie zijn*** ◆ **6.1** ~ **in** *zijn vakantie doorbrengen in*.

'holiday camp ⟨telb. en n.-telb.zn.⟩ **0.1** ***bungalowpark***.

'holiday course ⟨telb.zn.⟩ **0.1** ***vakantiecursus***.

'hol·i·day-mak·er ⟨f1⟩ ⟨telb.zn.⟩ **0.1** ***vakantieganger***.

'holiday mood ⟨telb.zn.⟩ **0.1** ***vakantiestemming*** ⇒*zorgeloosheid, opgewektheid*.

'holiday pay ⟨n.-telb.zn.⟩ **0.1** ***vakantiegeld*** ⇒*vakantietoeslag*.

'holiday resort ⟨telb.zn.⟩ **0.1** ***vakantieoord*** ⇒*vakantieplaats*.

'holiday 'rush ⟨telb.zn.⟩ **0.1** ***vakantiedrukte*** ⇒*vakantie-uittocht*.

'holiday season ⟨telb.zn.⟩ **0.1** ***vakantietijd*** ⇒⟨vnl. AE⟩ ⟨i.h.b.⟩ *de kerstdagen*.

ho·li·ness ['hoʊlinəs] ⟨f2⟩ ⟨telb. en n.-telb.zn.⟩ **0.1** ***heiligheid*** ⇒*eerbiedwaardigheid, gewijdheid, zondeloosheid* ◆ **4.1** His Holiness *Zijne Heiligheid*.

ho·lism ['hoʊlɪzm] ⟨n.-telb.zn.⟩ ⟨fil.⟩ **0.1** ***holisme***.

ho·lis·tic [hoʊ'lɪstɪk] ⟨bn.; -ally; →bijw. 3⟩ ⟨fil.⟩ **0.1** ***holistisch***.

holla →hollo.

hol·land ['hɒlənd‖'hɑ-] ⟨zn.⟩
I ⟨eig.n.; H-⟩ **0.1** ***Holland*** ⇒*Nederland;*
II ⟨n.-telb.zn.⟩ **0.1** ***linnen*** ◆ **2.1** brown ~ *ongebleekt linnen*.

hol·lan·daise ['hɒlən'deɪz‖'hɑ-], **'hollandaise 'sauce** ⟨telb. en n.-telb.zn.⟩ ⟨cul.⟩ **0.1** ***hollandaise saus*** ⇒*Hollandse saus*.

Hol·land·er ['hɒləndə‖'hɑləndər] ⟨telb.zn.⟩ **0.1** ***Hollander*** ⇒*Nederlander* **0.2** ***Nederlands schip*** **0.3** ***hollander*** ⟨machine gebruikt bij de papierfabricage⟩ **0.4** ***gele klinker***.

hol·lan·di·tis [hɒlən'daɪtɪs‖hɑl-] ⟨n.-telb.zn.⟩ ⟨pol.⟩ **0.1** ***hollanditis***.

Hol·lands ['hɒləndz‖'hɑ-] ⟨n.-telb.zn.⟩ **0.1** ***jenever***.

hol·ler[1] ['hɒlə‖'hɑlər] ⟨f1⟩ ⟨telb.zn.⟩ ⟨AE⟩ **0.1** ***schreeuw*** ⇒*kreet, gil*.

holler[2] ⟨f2⟩ ⟨onov. en ov.ww.⟩ ⟨AE⟩ **0.1** ***schreeuwen*** ⇒*roepen, blèren* **0.2** ⟨sl.⟩ ***verlinken*** ⇒*verklikken*.

hol·lo[1] ['hɒloʊ‖'hɑ-], **hol·la** ['hɒlə‖'hɑlə], **hol·loa** ['hɒ'loʊ‖'hɑ-] ⟨telb.zn.⟩ **0.1** ***(de uitroep) hola/hallo/hé/hier*** ⇒*geroepen, geschreeuw*.

hollo[2], **holla, holloa** ⟨onov. en ov.ww.⟩ **0.1** ***schreeuwen*** ⇒*roepen;* ⟨i.h.b. jacht⟩ *naar de honden schreeuwen*.

hollo[3], **holla, holloa** ⟨tussenw.⟩ **0.1** ***hola*** ⇒*hallo, hé, hier*.

hol·low[1] ['hɒloʊ‖'hɑ-] ⟨f2⟩ ⟨telb.zn.⟩ **0.1** ***holte*** ⇒*uitholling, kom, kuil, pan* **0.2** ***leegte*** ⇒*gat, lege plaats* ◆ **1.1** in the ~ of one's hand *in de palm v. zijn hand;* ⟨fig.⟩ *volkomen in zijn macht*.

hollow[2] ⟨f2⟩ ⟨bn.; -er; -ly; -ness⟩ **0.1** ***hol*** ⇒*uitgehold, concaaf, ingevallen* **0.2** ***zonder inhoud*** ⇒*leeg, waardeloos, onoprecht* **0.3** ***hol*** ⟨v. klank⟩ ◆ **1.1** ⟨mil.⟩ a ~ square *een open carré* **1.¶** he has a ~ leg/has ~ legs *hij kan veel eten zonder dik te worden*.

hollow[3] ⟨f1⟩ ⟨ww.⟩
I ⟨onov. en ov.ww.⟩ →hollo[2];
II ⟨ov.ww.⟩ **0.1** ***uithollen*** ⇒*uitgraven, uitsteken, concaaf/hol maken* ◆ **5.1** ~ **out** *uithollen, uitsteken*.

hollow[4] ⟨bw.⟩ **0.1** ***volkomen*** ⇒*totaal*.

'hol·low-'cheeked ⟨bn.⟩ **0.1** ***met ingevallen wangen***.

'hol·low-'eyed ⟨bn.⟩ **0.1** ***hologig***.

'hollow foot ⟨telb.zn.⟩ **0.1** ***holvoet***.

'hollow glass 'rod ⟨telb.zn.⟩ ⟨hengelsport⟩ **0.1** ***holglashengel***.

'hol·low-'ground ⟨bn.⟩ **0.1** ***holgeslepen***.

'hol·low-'heart·ed ⟨bn.⟩ **0.1** ***vals*** ⇒*onoprecht*.

'hol·low·ware ⟨n.-telb.zn.⟩ **0.1** ***potten en pannen***.

hol·ly ['hɒli‖'hɑli] ⟨f1⟩ ⟨telb. en n.-telb.zn.; →mv. 2⟩ ⟨plantk.⟩ **0.1** ***hulst*** ⟨genus Ilex⟩ ⇒*hulstboom, hulststruik*.

'holly fern ⟨telb.zn.⟩ ⟨plantk.⟩ **0.1** ***hulstvaren*** ⟨Cyrtomium falcatum⟩ ⇒*ijzervaren, sikkelvaren*.

hol·ly·hock ['hɒlihɒk‖'hɑlihɑk] ⟨f1⟩ ⟨telb.zn.⟩ ⟨plantk.⟩ **0.1** ***stokroos*** ⟨Althaea rosa⟩.

'holly oak ⟨telb.zn.⟩ ⟨plantk.⟩ **0.1** ***steeneik*** ⟨Quercus ilex⟩.

Hol·ly·wood ['hɒliwʊd‖'hɑ-] ⟨f2⟩ ⟨zn.⟩
I ⟨eig.n.⟩ **0.1** ***Hollywood;***
II ⟨n.-telb.zn.⟩ **0.1** ***Am. filmindustrie*** **0.2** ***produktie v.d. Am. filmindustrie***.

holm, ⟨in bet. 0.1 en 0.2 ook⟩ **holme** [hoʊ(l)m] ⟨telb.zn.⟩ **0.1** ***riviereilandje*** **0.2** ***waard*** ⇒*uiterwaard* **0.3** →holm oak.

hol·mi·um ['hɒlmɪəm‖'hoʊl-] ⟨n.-telb.zn.⟩ ⟨schei.⟩ **0.1** ***holmium*** ⟨element 67⟩.

'holm oak ⟨telb.zn.⟩ ⟨plantk.⟩ **0.1** ***steeneik*** ⟨Quercus ilex⟩.

hol·o- ['hɒloʊ‖'hɑloʊ] **0.1** ***holo-*** ⇒*geheel* ◆ **¶.1** holograph *holograaf*.

hol·o·caust ['hɒləkɔ:st‖'hɑləkɔst] ⟨f1⟩ ⟨telb.zn.⟩ **0.1** ***holocaust*** ⇒*algemene slachting, vernietiging* **0.2** ⟨vero.⟩ ***brandoffer***.

Hol·o·cene [-si:n] ⟨eig.n.⟩ ⟨geol.⟩ **0.1** ***Holoceen***.

hol·o·gram [-græm] ⟨telb.zn.⟩ ⟨nat.⟩ **0.1** ***hologram*** ⇒*interferentiepatroon*.

hol·o·graph[1] [-grɑ:f‖-græf] ⟨telb.zn.⟩ **0.1** ***holograaf*** ⇒*eigenhandig geschreven stuk*.

holograph[2] ⟨ov.ww.⟩ ⟨nat.⟩ **0.1** ***een hologram maken van***.

hol·o·graph·ic ['hɒlə'græfɪk‖'hɑ-], **hol·o·graph·i·cal** [-ɪkl] ⟨bn.; -(al)ly; →bijw. 3⟩ **0.1** ***holografisch*** ⇒*mbt. een hologram, eigenhandig geschreven*.

ho·log·raph·y [hɒ'lɒgrəfi‖hə'lɑ-] ⟨n.-telb.zn.⟩ ⟨nat.⟩ **0.1** ***holografie***.

hol·o·he·dral [-'hi:drəl, -'he-] ⟨bn.⟩ ⟨schei.⟩ **0.1** ***holoëdrisch***.

hol·o·me·tab·o·lous [-mɪ'tæbələs] ⟨bn.⟩ **0.1** ***holometabolie vertonend*** ⇒*een volledige gedaanteverwisseling ondergaand* ⟨v. insekt⟩.

hol·o·thu·ri·an[1] [-'θjʊərɪən‖-'θʊrɪən] ⟨telb.zn.⟩ ⟨dierk.⟩ **0.1** ***zeekomkommer*** ⟨klasse der Holothuroidea⟩.

holothurian[2] ⟨bn.⟩ ⟨dierk.⟩ **0.1** ***tot de klasse der zeekomkommers horend***.

holp ⟨verl. t.⟩⟨vero.⟩ →help.
holpen ⟨volt. deelw.⟩⟨vero.⟩ →help.
hols [hɒlz‖hɑlz]⟨mv.; the⟩⟨verk.⟩ holidays ⟨BE; inf.⟩ **0.1** ***vakantie (periode)*** ⟨v. scholen, enz.⟩.
Hol·stein ['hɒlstaɪn‖'hoʊlstiːn]⟨telb.zn.; vaak attr.⟩⟨AE⟩ **0.1** ***Fries rund***.
hol·ster ['hoʊlstə‖-ər]⟨f2⟩⟨telb.zn.⟩ **0.1** ***holster*** ⇒*pistoolfoedraal*.
holt [hoʊlt]⟨telb.zn.⟩ **0.1** ⟨vero.⟩ ***bosschage*** ⇒*bosje, groepje bomen* **0.2** ⟨vero.⟩ ***beboste heuvel*** **0.3** ⟨gew.⟩ ***hol*** ⇒*leger* ⟨i.h.b. v. otter⟩.
hol·us-bol·us ['hoʊləs 'boʊləs]⟨bw.⟩ **0.1** ***in zijn geheel*** ⇒*helemaal, met huid en haar*.
ho·ly[1] ['hoʊli]⟨f1⟩⟨telb. en n.-telb.zn.; →mv. 2; ook H-⟩ **0.1** ***het heilige*** ◆ **7.1** the Holy of Holies *het heilige der heiligen*.
holy[2] ⟨f2⟩⟨bn.; -er; -ly; -ness; →bijw. 3; vaak H-⟩ **0.1** ***heilig*** ⇒*gewijd, geheiligd, sacraal; geestelijk volmaakt, zondeloos, vroom, godsdienstig* ◆ **1.1** ⟨jud.⟩ Holy Ark *Heilige Ark, Heiligdom;* the Holy City *de Heilige Stad, Jeruzalem;* ⟨fig.⟩ *het hemelrijk;* Holy Communion *Heilige Communie;* the ~ cross *het heilige kruis;* Holy Cross Day *feest v.d. Kruisverheffing;* a ~ day *een heilig(e) dag;* ⟨gesch.⟩ the Holy Roman Empire *het Heilige Roomse Rijk;* the Holy Family *de Heilige Familie;* ⟨R.-K.⟩ the Holy Father *de Heilige Vader, de paus;* the Holy Ghost / Spirit *de Heilige Geest;* God the Holy Ghost *God de Heilige Geest;* the Holy Grail *de heilige graal;* Holy Innocents Day *dag v.d. Onnozele Kinderen;* the Holy Land *het Heilige Land, Palestina;* ~ matrimony *sacrament des huwelijks;* the ~ name *de heilige naam v. Jezus;* ⟨R.-K.⟩ the Holy Office *het heilige officie;* the Holy One *de Heer, Christus;* ⟨R.-K.⟩ ~ orders *priesterwijding, geestelijke staat, hogere wijdingen;* clerk in ~ orders *geestelijke; lekepriester;* the ~ place *het heilige* ⟨ruimte gelegen vóór het heilige der heiligen⟩; ~ places *heilige plaatsen, pelgrimsoorden;* Holy Rood Day *feest v.d. Kruisverheffing;* the Holy Sacrament *het heilig sacrament;* ⟨fig.⟩ *de hostie;* Holy Saturday *Stille Zaterdag, Paaszaterdag;* the Holy Scripture / Writ *de Heilige Schrift;* ⟨R.-K.⟩ the Holy See *de Heilige Stoel;* the Holy Sepulchre *het heilig graf;* Holy Thursday *Witte Donderdag; Hemelvaartsdag* ⟨in de anglicaanse kerk⟩; the Holy Trinity *de Heilige Drievuldigheid / Drieëenheid;* a ~ war *een heilige oorlog;* ~ water *wijwater;* ⟨R.-K.⟩ the Holy Week *de Stille Week, de Goede Week;* ⟨R.-K.⟩ a Holy Year *een jubeljaar* **1.¶** ~ cow / mackerel / Moses / smoke! *lieve help!, verrek, goeie hemel!;* ⟨sl.⟩ Holy Joe *aal(moezenier); hemelpiloot; kwezel;* ⟨sl.⟩ a ~ row *een enorme heibel;* ⟨sl.⟩ ~ shit / fuck! *nondeju!, godver!;* a ~ terror *een vreeswekkend iem.; een vreselijk kind, een enfant terrible;* in ~ terror *in doodsangst;* a Holy Willie *een schijnheilige* **4.¶** a holier-than-thou attitude *een onuitstaanbare / superieure houding*.
'ho·ly·stone[1] ⟨telb. en n.-telb.zn.⟩ **0.1** ***schuursteen*** ⇒*puimsteen*.
holystone[2] ⟨ov.ww.⟩ **0.1** ***schuren met schuursteen***.
hom·age ['hɒmɪdʒ‖'hɑ-]⟨f1⟩⟨n.-telb.zn.⟩ **0.1** ***hulde*** ⇒*eerbetoon, huldeblijk* **0.2** ⟨gesch.⟩ ***manschap*** ⇒*hulde* ⟨aan leenheer⟩ ◆ **3.1** pay / do ~ to *eer / hulde bewijzen aan* **3.2** pay ~ to *manschap / hulde doen aan*.
hom·bre ['ɒmbreɪ‖'ɑm-]⟨f1⟩⟨telb.zn.⟩⟨AE; sl.⟩ **0.1** ***hombre*** ⇒*Spanjaard, Mexicaan* **0.2** ***man*** ⇒*kerel*.
Hom·burg ['hɒmbɜːg‖'hɑmbɜrg]⟨telb.zn.⟩ **0.1** ***slappe vilthoed***.
home[1] [hoʊm]⟨f4⟩⟨telb.zn.⟩⟨→sprw. 74, 142, 453⟩ **0.1** ***huis*** ⇒*woning, verblijf, honk;* ⟨AE, Austr. E, Can. E⟩ *woonhuis* **0.2** ***thuis*** ⇒*familiekring, gezin* **0.3** ***geboortegrond*** ⇒*geboorteplaats, vaderland* **0.4** ***woongebied*** ⇒*habitat, domein* **0.5** ***bakermat*** ⇒*land / plaats van herkomst, zetel, haard* **0.6** ***(te)huis*** ⇒*inrichting, gesticht, home* **0.7** ⟨sport, spel⟩ ***eindstreep*** ⇒*finish, (thuis)honk, buut(paal), goal;* ⟨lacrosse⟩ *(speler in) aanvalspositie* **0.8** ***thuiswedstrijd*** ⇒*overwinning op eigen veld* ◆ **3.2** leave ~ *het ouderlijk huis verlaten, uit huis gaan* **5.3** **back** ~ *bij ons* ⟨enz.⟩ *thuis, in mijn* ⟨enz.⟩ *geboortedorp / stad / streek / land* **6.2** **at** ~ *thuis;* Mrs Williams is not **at** ~ today *Mrs Williams ontvangt vandaag geen bezoek;* **at** ~ 9 to 11 *spreekuur van 9 tot 11;* ⟨fig.⟩ **at** ~ **in / on / with** *thuis / goed in, bekend met, ervaren in;* make yourself **at** ~ *doe alsof je thuis bent;* (away) **from** ~ *niet thuis, weg, van huis;* it's a ~ (away) **from** ~ *het is er zo goed als thuis / een tweede thuis;* **near** ~ *(dicht) bij huis;* ⟨fig.⟩ *iem. nauw rakend, gevoelig* **6.3** **at** ~ *in eigen land, in Engeland / de Verenigde Staten* ⟨enz.⟩; *bij ons* **6.¶** ⟨sport⟩ (be) **at** ~ **to** *thuis (spelen) tegen* **7.1** second ~ *tweede huis;* ⟨i.h.b.⟩ *buitenverblijf*.
home[2] ⟨f3⟩⟨bn., attr.⟩ **0.1** ***huis-*** ⇒*thuis-, zelf-, eigen* **0.2** ***huiselijk*** ⇒*intiem, gezins-* **0.3** ***lokaal*** ⇒*buurt-, bij het huis gelegen* **0.4** ⟨vaak H-⟩ ***binnenlands*** ⇒*inheems, nationaal, uit eigen land* **0.5** ***raak*** ⇒*doeltreffend, gevoelig, in de roos* ◆ **1.1** ⟨sport⟩ ~ audience *thuispubliek;* ~ base *(thuis)basis, thuishaven;* ⟨honkbal⟩ *thuishonk;* ⟨sport, spel⟩ *doel, buut, honk;* ~ brew *zelfgebrouwen bier(tje);* ~ computer *huiscomputer;* ~ cooking *Hollandse pot; eenvoudige kost;* ~ farm *boerderij die voorziet in de behoeften v.d. landheer / eigenaar zelf;* ~ economics *huishoudkunde;* ~ furnishings *woninginrichting;* ~ goal *thuisdoelpunt;* ⟨BE⟩ ~ help *gezinshulp;* ⟨golf⟩ ~ hole *laatste hole;* ~ industry *huisindustrie, huisvlijt;* ~ movie *zelf opgenomen film, amateurfilm;* ~ office *hoofdkantoor, hoofdzetel;* ~ perm *thuispermanent;* ⟨honkbal⟩ ~ plate *thuisplaat;* ~ port *thuishaven;* ~ remedy *huismiddel(tje);* ⟨honkbal⟩ ~ run *homerun* **1.2** ~ fire *huiselijke haard;* ~ life *het huiselijk leven* **1.3** ⟨vnl. jur.⟩ the Home Circuit *het arrondissement v. Londen;* ⟨BE⟩ the Home Counties *de graafschappen rondom Londen* **1.4** the ~ front *het thuisfront;* Home Guard *(lid v.d.) burgerwacht;* ⟨sl.⟩ *honkvaste werknemer, getrouwde zeeman;* ~ mission *inwendige zending;* ⟨BE⟩ the Home Office *het Ministerie v. Binnenlandse Zaken;* Home Rule *zelfbestuur;* ~ products *produkten v. eigen bodem;* ⟨BE⟩ the Home Secretary *de Minister v. Binnenlandse Zaken;* ~ trade *de binnenlandse handel* **1.5** a ~ question *een rake vraag;* a ~ thrust *een steek die doel treft;* a ~ truth *de harde waarheid* **1.¶** ~ economics *huishoudkunde;* ⟨spoorwegen⟩ ~ signal *inrijsein*.
home[3] ⟨ww.⟩ →homing
I ⟨onov.ww.⟩ **0.1** ***naar huis gaan*** ⇒*huiswaarts keren, teruggaan, naar huis vliegen* ⟨i.h.b. v. postduiven⟩ **0.2** ***geleid worden*** ⟨v. vliegtuig door baken, enz.⟩ **0.3** ***zijn thuis hebben*** ⇒*wonen* ◆ **6.2** ~ **on / onto / in on** *zich richten / oriënteren op; koersen op, aansturen op;*
II ⟨ov.ww.⟩ **0.1** ***naar huis geleiden*** **0.2** ***naar een doel leiden*** ⟨een projectiel⟩ **0.3** ***huisvesten*** ⇒*v.e. woning voorzien, onderbrengen* ◆ **6.2** ~ in **on** *richten op, koers doen zetten naar*.
home[4] ⟨f4⟩⟨bw.⟩⟨→sprw. 95, 133, 298, 415, 610, 664⟩ **0.1** ***naar huis*** ⇒*naar het vaderland* **0.2** ***(weer) thuis*** **0.3** ⟨vnl. AE⟩ ***thuis*** **0.4** ***naar het doel*** ⇒*naar de kern, raak* **0.5** ***zo ver mogelijk*** ⇒*(helemaal) dicht / vast* **0.6** ⟨scheep.⟩ ***naar het schip toe*** **0.7** ***naar de kust*** ◆ **3.1** go ~ *naar huis gaan* **3.2** arrive / come / get ~ *thuiskomen* **3.3** be ~ *thuis zijn* **3.4** at last it's come ~ to me how much I owe my parents *ineens drong het tot me door hoeveel ik mijn ouders verschuldigd ben;* hit / strike ~ *raak slaan / zijn, doel treffen, zitten* **3.5** drive a nail ~ *een spijker vast slaan* **3.6** haul an anchor ~ *een anker ophalen* **3.7** the wind was blowing ~ *de wind kwam van zee, de wind was aanlandig* **3.¶** be ~ and dry *het geklaard hebben, ergens hoog en droog zitten, safe zitten*.
'home address ⟨f1⟩⟨telb.zn.⟩ **0.1** ***thuisadres***.
'home'baked ⟨bn.⟩ **0.1** ***eigengebakken*** ⇒*zelf gebakken, huisbakken*.
'home banking ⟨n.-telb.zn.⟩ **0.1** ***(het) thuisbankieren***.
'home·bird, 'home·bod·y ⟨telb.zn.⟩⟨inf.⟩ **0.1** ***huismus*** ⇒⟨B.⟩ *huisduif*.
'home·born ⟨bn.⟩ **0.1** ***van eigen land*** ⇒*inheems, autochtoon*.
'home·bound ⟨bn.⟩ **0.1** ***aan huis gebonden*** **0.2** ***op de thuisreis*** ⇒*op weg naar huis*.
'home·boy ⟨telb.zn.⟩⟨AE⟩ **0.1** ***jongen uit de buurt*** ⇒*vriendje*.
'home'bred ⟨bn.⟩ **0.1** ***binnenslands gefokt / geteeld*** ⇒*inlands, binnenlands, autochtoon* **0.2** ***huisbakken*** ⟨fig.⟩ ⇒*ruw*.
'home-'brewed ⟨bn.⟩ **0.1** ***zelf gebrouwen***.
'home·build·er →homemaker 0.1.
'home club, 'home team ⟨telb.zn.⟩⟨sport⟩ **0.1** ***thuisclub***.
'home·com·er ⟨telb.zn.⟩ **0.1** ***remigrant***.
'home·com·ing ⟨f1⟩⟨telb.zn.⟩ **0.1** ***thuiskomst*** **0.2** ⟨AE; school.⟩ ***reünie***.
'home·craft ⟨n.-telb.zn.⟩ **0.1** ***huisvlijt*** ⇒⟨i.h.b.⟩ *het handwerken*.
'home delivery ⟨telb. en n.-telb.zn.⟩ **0.1** ***thuisbezorging***.
'home·felt ⟨bn., attr.⟩ **0.1** ***diep gevoeld*** ⇒*welgemeend, innig*.
'home 'free ⟨bn., pred.⟩⟨AE; inf.⟩ **0.1** ***zeker v. overwinning / succes*** ◆ **3.1** be ~ *gemakkelijk overwinnen / succes hebben*.
'home game, 'home match ⟨telb.zn.⟩⟨sport⟩ **0.1** ***thuiswedstrijd***.
'home-ground ⟨bn.⟩ **0.1** ***v. eigen bodem***.
'home'grown ⟨bn.⟩ **0.1** ***inlands*** ⇒*binnenlands, van eigen bodem*.
'home·land ⟨f2⟩⟨telb.zn.⟩ **0.1** ***geboorteland*** ⇒*vaderland* **0.2** ***thuisland***,
home·less ['hoʊmləs]⟨f1⟩⟨bn.; -ly; -ness⟩ **0.1** ***dakloos*** ⇒*thuisloos, ontheemd*.
home·like ['hoʊmlaɪk]⟨bn.⟩ **0.1** ***huiselijk*** ⇒*gezellig, intiem*.
'home loan ⟨telb.zn.⟩ **0.1** ***bouwlening*** ⇒*hypotheeklening*.
'home-lov·ing ⟨bn.⟩ **0.1** ***huiselijk***.
home·ly ['hoʊmli]⟨f2⟩⟨bn.; ook -er; -ness; →bijw. 3⟩ **0.1** ***eenvoudig*** ⇒*simpel, sober, pretentieloos, primitief* **0.2** ***alledaags*** ⇒*gewoon* **0.3** ⟨AE⟩ ***lelijk*** ⟨v. personen⟩ **0.4** ***huiselijk*** ⇒*gezellig, intiem*.
'home'made ⟨f2⟩⟨bn.⟩ **0.1** ***eigengemaakt*** ⇒*zelf vervaardigd / bereid / gebakken, huisbakken, geknutseld* **0.2** ***binnenlands*** ⇒*uit / van eigen land*.
'home·mak·er ⟨f1⟩⟨telb.zn.⟩⟨AE⟩ **0.1** ⟨ong.⟩ ***huismoeder*** ⇒*huisvrouw* **0.2** ***gezinshulp***.

'home·mak·ing ⟨n.-telb.zn.⟩ **0.1** ***het huiselijk maken*** ⇒*het gezellig-heid/sfeer scheppen, gezelligheid.*
home match →home game.
'home 'nursing, 'home nursing 'service ⟨n.-telb.zn.⟩ **0.1** ***thuisverpleging*** ⇒*thuis(gezondheids)zorg.*
'home-own·er ⟨f1⟩ ⟨telb.zn.⟩ **0.1** ***huiseigenaar.***
ho·mer[1] ['hoʊmə‖-ər] ⟨telb.zn.⟩ **0.1** ***postduif*** ⇒⟨B.⟩ *reisduif* **0.2** ⟨inf.; honkbal⟩ ***home-run*** **0.3** ⟨inf.; voetbal⟩ ***thuisfluiter.***
homer[2] ⟨onov.ww.⟩ ⟨AE; sl.; honkbal⟩ **0.1** ***een home-run slaan.***
Ho·mer ['hoʊmə‖-ər] ⟨eig.n.⟩ ⟨→sprw. 148⟩ **0.1** ***Homerus.***
Ho·mer·ic [hoʊ'merɪk], **Ho·me·ri·an** [-'mɪərɪən‖-'mɪrɪən], **Ho·mer·i·cal** [-'merɪkl] ⟨f1⟩ ⟨bn.; -(al)ly; →bijw. 3⟩ **0.1** ***homerisch*** **0.2** ***bovenmenselijk*** ⇒*gigantisch* ◆ **1.1** ~ laughter *homerisch/onbedaarlijk gelach;* the ~ question *de Homerische kwestie* ⟨v.h. auteurschap v.d. Ilias en de Odyssee⟩.
'homer ref(eree) ⟨telb.zn.⟩ ⟨voetbal⟩ **0.1** ***thuisfluiter.***
'home shopping ⟨n.-telb.zn.⟩ **0.1** ***(het) thuiswinkelen*** ⇒*(het) telewinkelen.*
'home·sick ⟨f1⟩ ⟨bn.⟩ **0.1** ***lijdend aan heimwee*** ◆ **3.1** be/feel ~ *heimwee hebben.*
home·sick·ness ['hoʊmsɪknəs] ⟨f1⟩ ⟨n.-telb.zn.⟩ **0.1** ***heimwee.***
'home side ⟨telb.zn.⟩ ⟨sport⟩ **0.1** ***thuisclub.***
'home·sit ⟨onov.ww.⟩ **0.1** ***op iemands huis passen*** ⇒*als homesitter fungeren.*
'home·sit·er ⟨telb.zn.⟩ **0.1** ***homesitter*** ⟨past op huis bij afwezigheid v. bewoner(s)⟩.
'home·spun[1] ⟨n.-telb.zn.⟩ **0.1** ***homespun*** ⟨grove wollen stof⟩ **0.2** ***iets eenvoudigs*** ⇒*iets alledaags/pretentieloos* **0.3** ***iets praktisch.***
homespun[2] ⟨bn.⟩ **0.1** ***zelf gesponnen*** **0.2** ***eenvoudig*** ⇒*alledaags, pretentieloos, huisbakken* **0.3** ***praktisch.***
home·stead ['hoʊmsted] ⟨f2⟩ ⟨telb.zn.⟩ **0.1** ***huis met erf en bijgebouwen*** **0.2** ***hofstede*** ⇒*hoeve, boerderij;* ⟨Austr. E⟩ *woning* ⟨v. schapenfokker⟩ **0.3** ⟨vnl. AE; gesch.⟩ ***stuk land.***
'home stretch, ⟨BE ook⟩ **'home straight** ⟨telb.zn.; the⟩ **0.1** ⟨paardesport⟩ ***laatste rechte eind/stuk*** **0.2** ***het slot*** ⇒*de laatste loodjes, de finish.*
home team →home club.
'home tie, 'home game ⟨telb.zn.⟩ ⟨sport⟩ **0.1** ***thuiswedstrijd in bekercompetitie.***
'home'town ⟨f1⟩ ⟨telb.zn.⟩ **0.1** ***geboorteplaats*** ⇒*plaats waar men zijn jeugd heeft doorgebracht* **0.2** ***woonplaats.***
'home 'unit ⟨telb.zn.⟩ ⟨Austr. E⟩ **0.1** ***appartement*** ⇒*wooneenheid.*
'home video ⟨telb.zn.⟩ **0.1** ***eigen video*** ⇒*eigen video-opname* **0.2** ***videofilm*** ⟨om thuis te bekijken⟩ ⇒*videootje.*
home·ward[1] ['hoʊmwəd‖-wərd] ⟨f1⟩ ⟨bn.⟩ **0.1** ***(op weg) naar huis*** ⇒*terugkerend, terug-, thuis-.*
homeward[2], **home·wards** ['hoʊmwədz‖-wərdz] ⟨f1⟩ ⟨bw.⟩ **0.1** ***huiswaarts*** ◆ **3.1** ~ bound *op de thuisreis, gereed voor de thuisreis.*
'home watch ⟨n.-telb.zn.⟩ **0.1** ***buurtpreventie/wacht*** ⇒*wijkbescherming.*
'home·work ⟨f2⟩ ⟨n.-telb.zn.⟩ **0.1** ***huiswerk*** ⇒⟨fig.⟩ *voorbereiding* **0.2** ⟨AE; sl.⟩ ***vrijpartij.***
homey →homy.
hom·i·ci·dal ['hɒmɪ'saɪdl‖'hɑ-] ⟨bn.; -ly⟩ **0.1** ***moorddadig*** ⇒*moordzuchtig, moord-* ◆ **1.1** ~ tendencies *moordneigingen.*
hom·i·cide ['hɒmɪsaɪd‖'hɑ-] ⟨f2⟩ ⟨zn.⟩
I ⟨telb.zn.⟩ **0.1** ***pleger v. doodslag*** ⇒*moordenaar;*
II ⟨telb. en n.-telb.zn.⟩ **0.1** ***doodslag*** ⇒*manslag, moord.*
hom·i·let·ic ['hɒmɪ'letɪk‖'hɑmɪ'leṭɪk], **hom·i·let·i·cal** [-ɪkl] ⟨bn.; -(al)ly; →bijw. 3⟩ **0.1** ***homiletisch*** ⇒*mbt. de homiletiek, preek-.*
hom·i·let·ics ['hɒmɪ'letɪks‖'hɑmɪ'leṭɪks] ⟨n.-telb.zn.⟩ **0.1** ***homiletiek*** ⇒*predikkunde.*
ho·mil·i·ary ['hɒmɪlɪəri‖hɑ'mɪliəri] ⟨telb.zn.; →mv. 2⟩ **0.1** ***prekenboek.***
hom·i·list ['hɒmɪlɪst‖'hɑ-] ⟨telb.zn.⟩ **0.1** ***homileet*** ⇒*kanselredenaar.*
hom·i·ly ['hɒmɪli‖'hɑ-] ⟨f1⟩ ⟨telb.zn.; →mv. 2⟩ **0.1** ***homilie*** ⇒*preek, predikatie* **0.2** ***zedenpreek*** ⇒*sermoen.*
hom·ing[1] ['hoʊmɪŋ] ⟨n.-telb.zn.; gerund v. home⟩ **0.1** ***het terugkeren*** ⟨v.e. dier naar hol of nest, i.h.b. v. duiven⟩ **0.2** ⟨lucht.⟩ ***het aanvliegen op een baken*** **0.3** ***geleiding*** ⟨v. moderne wapens⟩.
homing[2] ⟨bn., attr.; oorspr. teg. deelw. v. home⟩ **0.1** ***(naar huis) terugkerend*** **0.2** ***doelzoekend*** ⇒*geleid* ⟨v. projectiel⟩ **0.3** ⟨lucht.⟩ ***aanvlieg-*** ◆ **1.1** ~ pigeon *postduif;* ⟨B.⟩ *reisduif* **1.3** ~ beacon *aanvliegbaken.*
hom·i·nid[1] ['hɒmɪnɪd‖'hɑ-] ⟨telb.zn.⟩ ⟨biol.⟩ **0.1** ***hominide.***
hominid[2] ⟨bn.⟩ ⟨biol.⟩ **0.1** ***hominide*** ⇒*tot de hominiden behorend.*
hom·i·noid[1] ['hɒmɪnɔɪd‖'hɑ-] ⟨telb.zn.⟩ ⟨biol.⟩ **0.1** ***hominoïde*** ⇒*mensachtige.*
hominoid[2] ⟨bn.⟩ ⟨biol.⟩ **0.1** ***hominoïde*** ⇒*mensachtig, tot de hominoïden behorend.*

hom·i·ny ['hɒmɪni‖'hɑ-] ⟨n.-telb.zn.⟩ **0.1** ***grof maïsmeel*** **0.2** ***pap v. (gemalen en) gepelde maïskorrels.***
'hominy grits ⟨n.-telb.zn., mv.⟩ **0.1** ***gepelde maïskorrels.***
ho·mo[1] ['hoʊmoʊ] ⟨f1⟩ ⟨telb.zn.; in bet. 0.1 homines ['hɒmɪni:z‖'hɑ-]; →mv. 5⟩ **0.1** ***homo*** ⇒*mens* **0.2** ⟨inf.⟩ ***homo(fiel)*** ◆ **1.1** the genus ~ *het geslacht homo/mens* **2.1** ~ sapiens *homo sapiens.*
homo[2] ⟨bn., attr.⟩ ⟨inf.⟩ **0.1** ***homo(fiel).***
ho·mo- ['hoʊmoʊ] **0.1** ***homo-*** ⇒*gelijk, de/hetzelfde.*
ho·mo·cen·tric ['hoʊmoʊ'sentrɪk] ⟨bn.⟩ **0.1** ***homocentrisch*** ⇒*hetzelfde middelpunt hebbend.*
ho·mo·cy·clic [hoʊmoʊ'saɪklɪk] ⟨bn.⟩ ⟨schei.⟩ **0.1** ***homocyclisch.***
ho·moe·o·path, ⟨AE sp.⟩ **ho·me·o·path** ['hoʊmɪəpæθ] ⟨telb.zn.⟩ **0.1** ***homeopaat.***
ho·moe·o·path·ic, ⟨AE sp.⟩ **ho·me·o·path·ic** ['hoʊmɪə'pæθɪk] ⟨bn.; -ally; →bijw. 3⟩ **0.1** ***homeopat(h)isch*** **0.2** ⟨vaak scherts.⟩ ***heel weinig.***
ho·moe·op·a·thist, ⟨AE sp.⟩ **ho·me·op·a·thist** ['hoʊmi'ɒpəθɪst‖-'ɑpə-] ⟨telb.zn.⟩ **0.1** ***homeopaat.***
ho·moe·op·a·thy, ⟨AE sp.⟩ **ho·me·op·a·thy** ['hoʊmi'ɒpəθi‖-'ɑpə-] ⟨n.-telb.zn.⟩ **0.1** ***homeopat(h)ie.***
ho·moe·o·sta·sis, ⟨AE sp.⟩ **ho·me·o·sta·sis** ['hoʊmioʊ'steɪsɪs] ⟨telb.zn.; hom(o)eostases [-si:z]; →mv. 5⟩ ⟨biol.⟩ **0.1** ***homeostase*** ⇒*zelfregulering.*
ho·mog·a·mous [hoʊ'mɒgəməs‖-'mɑ-] ⟨bn.⟩ ⟨plantk.⟩ **0.1** ***homogaam*** ⇒*tweeslachtig* **0.2** ***niet polygaam.***
ho·mo·ge·ne·i·ty ['hoʊmədʒɪ'ni:əṭi] ⟨n.-telb.zn.⟩ **0.1** ***homogeniteit*** ⇒*gelijksoortigheid, het homogeen zijn.*
ho·mo·ge·ne·ous ['hoʊmə'dʒi:nɪəs] ⟨f1⟩ ⟨bn.; -ly; -ness⟩ **0.1** ***homogeen*** ⟨ook wisk.⟩ ⇒*gelijksoortig, van dezelfde aard/samenstelling.*
ho·mog·en·ize, -ise [hə'mɒdʒənaɪz‖-'mɑ-] ⟨ov.ww.⟩ **0.1** ***homogeniseren*** ⇒*homogeen maken* ⟨i.h.b. v. melk⟩.
ho·mog·e·ny [hə'mɒdʒəni‖-'mɑ-] ⟨n.-telb.zn.⟩ ⟨biol.⟩ **0.1** ***genetische verwantschap.***
ho·mo·graft ['hoʊmoʊgrɑ:ft‖-græft] ⟨telb.zn.⟩ ⟨med.⟩ **0.1** ***transplantaat/weefsel afkomstig v.e. donor v. dezelfde soort.***
hom·o·graph ['hɒməgrɑ:f‖'hɑməgræf] ⟨f1⟩ ⟨telb.zn.⟩ ⟨taalk.⟩ **0.1** ***homograaf*** ⟨woord dat hetzelfde gespeld wordt als een ander⟩.
ho·moi·o·ther·mic [hə'mɔɪoʊ'θɜ:mɪk‖hoʊ'mɔɪə'θɜrmɪk], **ho·moi·o·ther·mous** [-məs] ⟨bn.⟩ **0.1** ***warmbloedig.***
Ho·moi·ou·si·an ['hoʊmɔɪ'u:sɪən] ⟨telb.zn.⟩ ⟨relig.⟩ **0.1** ***Homoioesiaan*** ⇒*Homeeër, Ariaan.*
ho·mol·o·gate [hə'mɒləgeɪt‖-'mɑ-] ⟨ov.ww.⟩ **0.1** ***homologeren*** ⇒*erkennen, bekrachtigen, goedkeuren* ⟨i.h.b. in het Schots recht⟩.
ho·mol·o·ga·tion [hə'mɒlə'geɪʃn‖-'mɑ-] ⟨telb.zn.⟩ **0.1** ***homologatie*** ⇒*officiële/gerechtelijke erkenning/bekrachtiging.*
ho·mol·o·gize, -gise [hə'mɒlədʒaɪz‖-'mɑ-] ⟨ww.⟩
I ⟨onov.ww.⟩ **0.1** ***homoloog zijn*** ⇒*overeenstemmen;*
II ⟨ov.ww.⟩ **0.1** ***homoloog maken*** ⇒*doen overeenstemmen.*
ho·mol·o·gous [hə'mɒləgəs‖-'mɑ-] ⟨bn.⟩ **0.1** ***homoloog*** ⟨ook biol., schei., wisk.⟩ ⇒*overeenstemmend, gelijknamig, gelijksoortig;* ⟨wisk.⟩ *gelijkstandig.*
hom·o·logue, hom·o·log ['hɒməlɒg‖'hɑməlɔg, -lɑg] ⟨telb.zn.⟩ **0.1** ***homoloog iets*** ⇒*homoloog orgaan, homoloog chromosoom.*
ho·mol·o·gy [hə'mɒlədʒi‖-'mɑ-] ⟨telb. en n.-telb.zn.; →mv. 2⟩ **0.1** ***homologie*** ⟨ook biol., schei., wisk.⟩ ⇒*het homoloog zijn, overeenstemming, gelijknamigheid, gelijksoortigheid.*
ho·mo·mor·phic ['hɒmə'mɔ:fɪk‖'hoʊmə'mɔrfɪk], **ho·mo·mor·phous** [-fəs] ⟨bn.⟩ **0.1** ***homomorf*** ⇒*gelijkvormig.*
ho·mo·mor·phism ['hɒmə'mɔ:fɪzm‖'hoʊmə'mɔr-] ⟨n.-telb.zn.⟩ **0.1** ***gelijkvormigheid.***
hom·o·nym ['hɒmənɪm‖'hɑ-] ⟨f1⟩ ⟨telb.zn.⟩ **0.1** ⟨taalk.⟩ ***homoniem*** ⟨gelijkvormig woord met afwijkende betekenis⟩ ⇒*homograaf, homofoon* **0.2** ***naamgenoot.***
hom·o·nym·ic ['hɒmə'nɪmɪk‖-'hɑ-], **ho·mon·y·mous** [hə'mɒnɪməs‖-'mɑ-] ⟨bn.; homonymously⟩ **0.1** ⟨taalk.⟩ ***homoniem*** **0.2** ***gelijknamig*** ⇒*met dezelfde naam.*
Ho·mo·ou·si·an ['hoʊmoʊ'u:sɪən‖-mɑ-], **Ho·mou·si·an** [hə'mu:-] ⟨telb.zn.⟩ ⟨relig.⟩ **0.1** ***Homoesiaan*** ⇒*Niceër.*
ho·mo·phile[1] ['hoʊməfaɪl] ⟨telb.zn.⟩ **0.1** ***homofiel*** ⇒*homoseksueel.*
homophile[2] ⟨bn.⟩ **0.1** ***homofiel*** ⇒*homoseksueel, homo-.*
hom·o·phone ['hɒməfoʊn‖'hɑ-] ⟨f1⟩ ⟨telb.zn.⟩ ⟨taalk.⟩ **0.1** ***homofoon*** ⟨woord dat hetzelfde uitgesproken wordt als een ander⟩ **0.2** ***gelijkklinkend grafeem.***
hom·o·phon·ic ['hɒmə'fɒnɪk‖'hɑmə'fɑnɪk], **ho·moph·o·nous** [hə'mɒfənəs‖-'mɑ-] ⟨bn.⟩ **0.1** ***homofoon*** ⇒*gelijkklinkend, gelijkluidend.*
ho·moph·o·ny [hə'mɒfəni‖-'mɑ-] ⟨n.-telb.zn.⟩ **0.1** ***homofonie.***
ho·mo·plas·tic ['hoʊmoʊ'plæstɪk] ⟨bn.; -ally; →bijw. 3⟩ ⟨biol.⟩ **0.1** ***gelijksoortig (door gelijke evolutie).***
ho·mo·po·lar ['hoʊmoʊ'poʊlə‖-ər] ⟨bn.⟩ **0.1** ***met gelijke polen*** ⇒⟨elek., schei.⟩ *homopolair.*

ho·mop·ter·an [hoʊ'mɒptərən‖hoʊ'mɑ-], **ho·mop·ter·ous** [-tərəs] ⟨bn.⟩⟨dierk.⟩ **0.1** ***behorend tot/v.d. orde der Homoptera.***
ho·mo·sex ['hoʊməseks]⟨n.-telb.zn.⟩ **0.1** ***homoseks*** ⇒*homoseksualiteit, homofilie.*
ho·mo·sex·u·al[1] ['hoʊmə'sekʃʊəl]⟨f2⟩⟨telb.zn.⟩ **0.1** ***homoseksueel*** ⇒*homofiel.*
homosexual[2] ⟨f2⟩⟨bn.;-ly⟩ **0.1** ***homoseksueel*** ⇒*homofiel, homo-.*
ho·mo·sex·u·al·i·ty ['hoʊməsekʃʊ'æləṭi]⟨f1⟩⟨n.-telb.zn.⟩ **0.1** ***homoseksualiteit*** ⇒*homofilie.*
Homousian →Homoousian.
ho·mo·zy·gote ['hoʊmoʊ'zaɪgoʊt]⟨telb.zn.⟩⟨biol.⟩ **0.1** ***homozygoot.***
ho·mun·cu·le [hoʊ'mʌŋkju:l], **ho·mun·cu·lus** [-'mʌŋkjələs] ⟨telb.zn.; homunculi [-laɪ];→mv.5⟩ **0.1** ***homunculus*** ⇒*klein mensje, gedrocht.*
hom·y, ⟨vnl. AE sp.⟩ **hom·ey** ['hoʊmi]⟨f1⟩⟨bn.;-er;-ness;→bijw.3⟩ ⟨inf.⟩ **0.1** ***huiselijk*** ⇒*gezellig, knus.*
hon ⟨afk.⟩ honey.
Hon ⟨afk.⟩ Honorary, Hono(u)rable.
hon·cho ['hɒntʃoʊ‖'hɑn-]⟨telb.zn.⟩⟨vnl. AE; inf.⟩ **0.1** ***(partij)baas*** ⇒*bonze, (politiek) leider.*
hone[1] [hoʊn]⟨telb.zn.⟩ **0.1** ***oliesteen*** ⇒*slijpsteen, wetsteen.*
hone[2] ⟨ov.ww.⟩ **0.1** ***wetten*** ⇒*aanzetten, slijpen, scherp maken.*
hon·est[1] ['ɒnɪst‖'ɑnɪst]⟨telb.zn.⟩⟨sl.⟩ **0.1** ***betrouwbaar iemand.***
honest[2] ⟨f3⟩⟨bn.;-ly⟩⟨→sprw.299,745⟩ **0.1** ***eerlijk*** ⇒*oprecht, betrouwbaar* **0.2** ***braaf*** ⇒*rechtschapen, achtenswaard, eerzaam, billijk* **0.3** ***echt*** ⇒*onvervalst, werkelijk* **0.4** ***eenvoudig*** ⇒*sober, pretentieloos* **0.5** ⟨vero.⟩ ***kuis*** ⇒*deugdzaam* ◆ **1.1** earn/make/turn an ~ penny *een eerlijk stuk brood verdienen* **1.2** ~ brother/Joe *brave borst* **1.5** ⟨vero. of scherts.⟩ make an ~ woman of *trouwen met (een vrouw) na een seksuele relatie met haar te hebben gehad* **1.¶** ~ broker *bemiddelaar in internationale (industriële) geschillen;* ⟨inf.⟩ ~ Injun! *echt waar!, op mijn erewoord!* **¶.¶** ~! *echt waar!.*
hon·est·ly ['ɒnɪstli‖'ɑnɪ-]⟨bw.⟩ **0.1** →honest **0.2** ⟨versterkend⟩ ***echt*** ⇒*werkelijk, waarlijk, om de waarheid te zeggen* ◆ **¶.2** ~, did you believe him? *eerlijk, geloofde je hem?* **¶.¶** ~! *echt waar!.*
'hon·est-to-God[1], **'hon·est-to-good·ness** ⟨bn., attr.⟩⟨inf.⟩ **0.1** ***echt*** ⇒*onvervalst, zuiver, deugdelijk.*
'honest-to-'God[2], **'honest to 'goodness** ⟨tussenw.⟩⟨inf.⟩ **0.1** ***echt (waar)*** ⇒*werkelijk.*
hon·es·ty ['ɒnɪsti‖'ɑnɪ-]⟨f2⟩⟨n.-telb.zn.⟩⟨→sprw.300,301⟩ **0.1** ***eerlijkheid*** ⇒*oprechtheid, rechtschapenheid, integriteit* **0.2** ⟨vero.⟩ ***kuisheid*** ⇒*deugdzaamheid* **0.3** ⟨plantk.⟩ ***judaspenning*** ⟨Lunaria annua⟩.
hon·ey ['hʌni]⟨f3⟩⟨zn.⟩⟨→sprw.429⟩
I ⟨telb.zn.⟩ **0.1** ⟨inf.⟩ ***droom*** ⇒*iets geweldigs/fantastisch* **0.2** ⟨vnl. AE; inf.⟩ ***schat*** ⇒*liefje, snoes* **0.3** ⟨met nadruk⟩ ***lastig portret*** **0.4** ⟨met nadruk⟩ ***moeilijk probleem*** ⇒*lastig karwei;*
II ⟨n.-telb.zn.⟩ **0.1** ***honing*** ⇒*nectar;* ⟨fig.⟩ *zoetheid, liefelijkheid* **0.2** ⟨vaak attr.⟩ ***honingkleur.***
'honey badger ⟨telb.zn.⟩⟨dierk.⟩ **0.1** ***honingdas*** ⟨Mellivora capensis⟩.
'honey bag ⟨telb.zn.⟩⟨dierk.⟩ **0.1** ***honingmaag.***
'hon·ey·bee ⟨f1⟩⟨telb.zn.⟩⟨dierk.⟩ **0.1** ***honingbij*** ⟨Apis mellifera⟩.
'hon·ey buz·zard ⟨telb.zn.⟩⟨dierk.⟩ **0.1** ***wespendief*** ⟨Pernis apivorus⟩.
'hon·ey·comb[1] ⟨f1⟩⟨zn.⟩
I ⟨telb.zn.⟩ **0.1** ***honingraat*** ⇒*honingschijf* **0.2** ⟨dierk.⟩ ***netmaag*** ⇒*huif, muts* **0.3** ***gat*** ⟨in metaal⟩ **0.4** ***honingraatmotief*** ⇒*honingraatstructuur;*
II ⟨n.-telb.zn.⟩ **0.1** ***wafelstof.***
honeycomb[2] ⟨f1⟩⟨ov.ww.⟩ **0.1** ***doorboren*** ⇒*doorzeven* **0.2** ***doortrekken*** ⇒*doordringen* **0.3** ***ondermijnen*** ⟨ook fig.⟩ ⇒*ondergraven* **0.4** ***met een honingraatmotief bewerken*** ◆ **6.1** ~ed **with** *doorzeefd met, doortrokken van, vol.*
'hon·ey-cool·er ⟨telb.zn.⟩⟨sl.⟩ **0.1** ***charmeur*** ⇒*vleier.*
'hon·ey·dew, ⟨voor I ook⟩ **'honeydew 'melon** ⟨zn.⟩
I ⟨telb. en n.-telb.zn.⟩ **0.1** ***suikermeloen;***
II ⟨n.-telb.zn.⟩ **0.1** ***honingdauw*** ⟨ook fig.⟩ **0.2** ***met melasse gesauste tabak.***
'hon·ey·eat·er ⟨telb.zn.⟩⟨dierk.⟩ **0.1** ***honingzuiger*** ⟨Australische zangvogel, fam. Meliphagidae⟩.
hon·eyed, hon·ied ['hʌnid]⟨bn.;-ly;-ness⟩ **0.1** ***honingrijk*** ⇒*met honing gezoet* **0.2** ***zoet*** ⇒*honingzoet;* ⟨fig.⟩ *vleiend.*
'hon·ey·flow·er ⟨telb.zn.⟩ **0.1** ***honingbloem*** **0.2** ***bijenorchis.***
'hon·ey-fuck ⟨onov. en ov.ww.⟩⟨sl.⟩ **0.1** ***romantisch/idyllisch naaien*** **0.2** ***naaien met een heel jong meisje.***
'hon·ey·fun·gus ⟨telb.zn.⟩ **0.1** ***honingzwam*** ⇒*honingpaddestoel.*
'honey guide ⟨telb.zn.⟩ **0.1** ⟨dierk.⟩ ***honingwijzer*** ⟨vogel; Indicatoridae⟩ **0.2** ⟨plantk.⟩ ***honingmerk.***
'honey locust ⟨telb.zn.⟩⟨plantk.⟩ **0.1** ***(valse) Christusdoorn*** ⇒*driedoorn* ⟨Gleditsia triacanthos⟩.
'honey-man ⟨telb.zn.⟩⟨sl.⟩ **0.1** ***pooier*** ⇒*souteneur.*
'hon·ey·moon[1] ⟨f2⟩⟨telb.zn.⟩ **0.1** ***huwelijksreis*** **0.2** ***wittebroodsdagen /weken*** ⟨ook fig.⟩ ◆ **2.1** second ~ *tweede huwelijksreis.*
honeymoon[2] ⟨onov.ww.⟩ **0.1** ***op huwelijksreis zijn/gaan*** **0.2** ***de wittebroodsdagen/weken doorbrengen*** ◆ **6.1** ~ **in/at** *op huwelijksreis zijn/gaan naar, de wittebroodsdagen doorbrengen te.*
hon·ey·moon·ers ['hʌnimu:nəz‖-ərz]⟨mv.⟩ **0.1** ***echtpaar op huwelijksreis.***
'hon·ey'mouth·ed, 'hon·ey-'tongued ⟨bn.⟩ **0.1** ***honingzoet*** ⇒*vleiend, mooipratend, stroop smerend.*
'hon·ey·par·rot ⟨telb.zn.⟩⟨dierk.⟩ **0.1** ***lori*** ⇒*penseeltonglori* ⟨papegaaiachtige vogel; fam. Trichoglossinae⟩.
'hon·ey·pot ⟨zn.⟩
I ⟨telb.zn.⟩ **0.1** ***honingpot*** **0.2** ***voorraadmier*** ⇒*honingvat* **0.3** ⟨vulg.⟩ ***kutje;***
II ⟨n.-telb.zn.; the⟩ **0.1** ***kind dat op zijn handen zit.***
'hon·ey·sac ⟨telb.zn.⟩⟨dierk.⟩ **0.1** ***honingmaag.***
'hon·ey·suck·le ⟨f1⟩⟨telb. en n.-telb.zn.⟩⟨plantk.⟩ **0.1** ***kamperfoelie*** ⟨genus Lonicera⟩.
'hon·ey-'sweet ⟨bn.⟩ **0.1** ***honingzoet.***
hong [hɒŋ‖hɑŋ,hɔŋ]⟨telb.zn.⟩ **0.1** ***hong*** ⇒*factorij* ⟨in China⟩.
honied →honeyed.
Hon·i·ton ['hɒnɪtn‖'hɑ-], **'Honiton 'lace** ⟨n.-telb.zn.⟩ **0.1** ***Honiton kant.***
honk[1] [hɒŋk‖hɑŋk]⟨f1⟩⟨telb.zn.⟩ **0.1** ***schreeuw*** ⟨v. gans⟩ ⇒*gesnater* **0.2** ***getoeter*** ⇒*geluid v.e. claxon.*
honk[2] ⟨f1⟩⟨ww.⟩
I ⟨onov.ww.⟩ **0.1** ***schreeuwen*** ⟨v. gans⟩ ⇒*snateren, geluid maken als een gans* **0.2** ***toeteren*** ⇒*claxonneren, geluid maken als een misthoorn* **0.3** ⟨BE; sl.⟩ ***kotsen;***
II ⟨ov.ww.⟩ **0.1** ***doen toeteren*** ◆ **1.1** he ~ed the horn *hij toeterde.*
hon·ky, hon·kie ['hɒŋki‖'hɑŋki]⟨telb.zn.;→mv.2⟩⟨AE; sl.; bel.⟩ **0.1** ***bleekscheet*** ⇒*blanke.*
hon·ky-tonk[1] ['hɒŋkitɒŋk‖'hɑŋkitɑŋk]⟨telb.zn.; vaak attr.⟩⟨sl.⟩ **0.1** ***(ordinaire) kroeg*** ⇒*danshol, (ballen)tent* **0.2** ***goedkoop theatertje*** **0.3** ***bordeel.***
honky-tonk[2] ⟨bn., attr.⟩⟨sl.⟩ **0.1** ***honky-tonk*** ⟨gezegd v. gesyncopeerde, metalig klinkende pianomuziek⟩.
honor →honour.
honorable →honourable.
hon·o·rar·i·um ['ɒnə'reərɪəm‖'ɑnə'rerɪəm]⟨telb.zn.; ook honoraria [-rɪə];→mv.5⟩ **0.1** ***honorarium*** ⇒*vergoeding.*
hon·or·ar·y ['ɒnrəri‖'ɑnəreri]⟨f2⟩⟨bn.⟩ **0.1** ***honorair*** ⇒*ere-, onbezoldigd, vrijwillig* ◆ **1.1** ~ degree *eredoctoraat;* ~ obligation *ereplicht;* ~ secretary *eresecretaris;* ~ treasurer *erepenningmeester.*
hon·or·if·ic[1] ['ɒnə'rɪfɪk‖'ɑnə-]⟨telb.zn.⟩ **0.1** ***beleefdheidstitel*** **0.2** ***beleefdheidsvorm*** ⇒*beleefdheidswoord/uitdrukking.*
honorific[2], **hon·or·if·i·cal** ⟨bn.;-(al)ly;→bijw.3⟩ **0.1** ***beleefdheids-*** ⇒*ere-.*
hon·our[1], ⟨AE sp.⟩ **hon·or** ['ɒnə‖'ɑnər]⟨f3⟩⟨zn.⟩⟨→sprw.377,580, 655⟩
I ⟨telb.zn.⟩ **0.1** ***eer(bewijs)*** ⇒*ereblijk, ereteken, onderscheiding* ◆ **1.1** last/funeral ~s *de laatste eer;* military ~s *militaire eer;* ~s of war *krijgseer* **7.1** she's an ~ to her parents *zij strekt haar ouders tot eer;*
II ⟨n.-telb.zn.⟩ **0.1** ***eer*** ⇒*hulde, aanzien, reputatie, integriteit, eergevoel, kuisheid* ⟨v. vrouw⟩ **0.2** ⟨golf⟩ ***recht om als eerste te slaan*** ◆ **1.1** code/law of ~ *erecode;* debt of ~ *ereschuld* **2.1** ⟨inf.⟩ ~ bright *op mijn erewoord, dat zweer ik;* pay due ~ to a bill *een wissel honoreren* **3.1** do ~ to *eer aandoen;* do s.o. the ~ of *iem. vereren met;* do ~ to s.o. / do s.o. ~ *iem. eer bewijzen;* it does him ~ / it is to his ~ *het strekt hem tot eer;* have the ~ to/of *de eer hebben om, het voorrecht genieten om/van;* put s.o. on his ~ *iem. vertrouwen;* sell one's ~ dear(ly) *zijn eer duur verkopen* **6.1** **in** ~ **of** *ter ere van;* **in** ~ bound, **on** one's ~ *moreel verplicht;* **(up)on** my ~ *op mijn erewoord* **7.¶** Your/His Honour *Edelachtbare* ⟨aanspreekvorm voor rechters⟩; ⟨IE⟩ *mijnheer, heer;*
III ⟨mv.; ~s⟩ **0.1** ***honneurs*** ⇒*beleefdheden; hoge kaarten* **0.2** ⟨onderwijs⟩ ***lof*** ⇒*hoog judicium* **0.3** ⟨onderwijs⟩ ***zwaar/gespecialiseerd studieprogramma*** ◆ **2.1** ~s are even *de partijen zijn aan elkaar gewaagd* **3.1** do the ~s *de honneurs waarnemen* **3.2** graduate with ~s *cum laude slagen.*
honour[2], ⟨AE sp.⟩ **honor** ⟨f3⟩⟨ov.ww.⟩ **0.1** ***eren*** ⇒*in ere houden, eer bewijzen, eer aandoen* **0.2** ***respecteren*** ⇒*erkennen, nakomen* **0.3** ***honoreren*** ⟨wissel, e.d.⟩ ⇒*betalen, uitkeren* ◆ **6.1** ~ s.o. **with** *iem. vereren met.*
hon·our·a·ble, ⟨AE sp.⟩ **hon·or·a·ble** ['ɒnrəbl‖'ɑnə-]⟨f3⟩⟨bn.;-ly; -ness;→bijw.3⟩
I ⟨bn.⟩ **0.1** ***eerzaam*** ⇒*respectabel, achtenswaard* **0.2** ***eervol*** ⇒*honorabel, loffelijk* **0.3** ***eerbaar*** ⇒*integer, rechtschapen, fatsoenlijk* **0.4** ***illuster*** ⇒*roemrijk, glorieus* ◆ **1.2** ~ mention *eervolle vermel-*

ding **1.3** his intentions are ~ *hij heeft eerbare bedoelingen;*
II ⟨bn., attr.; H-⟩ **0.1** ⟨ong.⟩ ***hooggeboren*** ⇒*edelachtbaar* ◆ **2.¶** Most/Right Honourable *edel(hoog)achtbaar* ⟨in titels⟩.
'honours degree ⟨telb.zn.⟩ ⟨BE; onderwijs⟩ **0.1** ***gespecialiseerde eerste graad.***
'honours list ⟨telb.zn.⟩ ⟨BE⟩ **0.1** ***onderscheidingenlijst*** ⟨lijst v. personen die een koninklijke onderscheiding hebben gekregen⟩.
'honour system ⟨telb.zn.⟩ **0.1** ***erewoordsysteem*** ⟨bv. studenten bij examen, gevangenen in open gevangenis⟩.
'honour trick ⟨telb.zn.⟩ ⟨bridge⟩ **0.1** ***honneurtrek.***
HONS ⟨afk.⟩ Honours ⟨BE⟩.
hooch, hootch [hu:tʃ] ⟨zn.⟩ ⟨AE⟩
I ⟨telb.zn.⟩ **0.1** ***(Vietnamese) hut*** ⇒ ⟨bij uitbr.⟩ *woning, huis;*
II ⟨n.-telb.zn.⟩ ⟨sl.⟩ **0.1** ***jajem*** ⇒*slechte, illegaal gestookte alcohol.*
hood[1] [hʊd] ⟨f2⟩ ⟨telb.zn.⟩ **0.1** ***kap*** ⇒*capuchon, kaper, muts, huif* ⟨v. jachtvalk⟩, *kappa* ⟨v. toga⟩ **0.2** ***overkapping*** ⇒*vouwdak* ⟨v. auto⟩, *kap* ⟨v. rijtuig, kinderwagen⟩, *tent* ⟨v. gondel⟩ **0.3** ***beschermkap*** ⇒*schouw, wasemkap, schoorsteenkap* **0.4** ⟨AE⟩ ***motorkap*** **0.5** ⟨verk.; sl.⟩ ⟨hoodlum⟩ ***gangster*** ⇒*bendelid, crimineel, bajesklant* ⟨ook attr.⟩ **0.6** ⟨dierk.⟩ ***schild*** ⟨v. cobra⟩ ⇒*huidplooi* ⟨v. blaasrob⟩ **0.7** ⟨sl.⟩ ***non.***
hood[2] ⟨ov.ww.⟩ **0.1** ***van een kap voorzien*** ⇒*(met een kap) bedekken, beschermen.*
-hood [hʊd] **0.1** ⟨ong.⟩ ***-heid*** ◆ **¶.1** falsehood *onwaarheid;* brotherhood *broederschap.*
'hood·cap ⟨telb.zn.⟩ ⟨dierk.⟩ **0.1** ***klapmuts*** ⟨rob; Cystophora cristata⟩.
hood·ed ['hʊdɪd] ⟨f1⟩ ⟨bn.⟩ **0.1** ***met een kap*** ⇒*bedekt* ◆ **1.1** ~eyes *halfdichte ogen;* ⟨dierk.⟩ ~ crow *bonte kraai* ⟨Corvus cornix⟩; ~ seal *klapmuts, blaasrob* ⟨Cystophora cristata⟩.
hood·ie, hood·y ['hʊdi], **'hoodie crow** ⟨telb.zn.; →mv. 2⟩ ⟨dierk.⟩ **0.1** ***bonte kraai*** ⟨Corvus cornix⟩.
hood·lum ['hu:dləm] ⟨f1⟩ ⟨telb.zn.⟩ **0.1** ***gangster*** ⇒*bendelid* **0.2** ***(jonge) vandaal*** ⇒*schoelje, nozem.*
hood·lum·ism ['hu:dləmɪzm] ⟨n.-telb.zn.⟩ **0.1** ***vandalisme.***
'hood·mould ⟨telb.zn.⟩ ⟨bouwk.⟩ **0.1** ***druiplijst.***
hoo·doo[1] ['hu:du:] ⟨zn.⟩ ⟨vnl. AE⟩
I ⟨telb.zn.⟩ **0.1** ***ongeluksbode*** **0.2** ***beheksing*** ⇒*betovering, bezwering, ban;*
II ⟨n.-telb.zn.⟩ **0.1** ***voodoo*** ⇒*tovenarij* **0.2** ***ongeluk*** ⇒*onheil, rampspoed.*
hoodoo[2] ⟨ov.ww.⟩ ⟨AE⟩ **0.1** ***onheil brengen*** ⇒*ongelukkig maken* **0.2** ***beheksen*** ⇒*betoveren, een ban uitspreken over.*
hood·wink ['hʊdwɪŋk] ⟨f1⟩ ⟨ov.ww.⟩ **0.1** ***bedotten*** ⇒*neppen, om de tuin leiden.*
hoo·ey[1] ['hu:i] ⟨n.-telb.zn.⟩ ⟨sl.⟩ **0.1** ***onzin*** ⇒*nonsens, kletskoek.*
hooey[2] ⟨tussenw.⟩ ⟨sl.⟩ **0.1** ***nonsens*** ⇒*geklets.*
hoof[1] [hu:f‖hʊf] ⟨f2⟩ ⟨telb.zn.; ook hooves [hu:vz‖hʊvz]; →mv. 3⟩ **0.1** ***hoef*** ⇒*hoornschoen;* ⟨scherts.⟩ *voet* **0.2** ***stuk vee*** ◆ **3.1** pad the ~ *met de benenwagen gaan* **3.¶** cloven ~ *gespleten hoef;* ⟨fig.⟩ *bokkepoot, voet v.d. duivel/v. Pan;* show the cloven ~ *zijn ware aard/gedaante tonen* **6.1 on** the ~ *levend* ⟨v. slachtvee⟩ **6.¶ on** the ~ *geïmproviseerd, snel bedacht.*
hoof[2] ⟨ww.⟩
I ⟨onov. en ov.ww.⟩ ⟨sl.⟩ **0.1** ***lopen*** **0.2** ***dansen*** ◆ **4.1** we ~ed it all the way *wij zijn helemaal komen lopen* **4.2** ~ it *dansen, huppelen;*
II ⟨ov.ww.⟩ **0.1** ***trappen*** ⇒*schoppen, slaan* ⟨v. paard⟩ ◆ **5.¶** ⟨sl.⟩ he ~ed me **out** *hij heeft mij eruit getrapt.*
'hoof-and-'mouth disease ⟨f1⟩ ⟨n.-telb.zn.⟩ **0.1** ***mond- en klauwzeer.***
'hoof·beat ⟨n.-telb.zn.⟩ **0.1** ***hoefslag*** ⇒*hoefgetrappel.*
'hoof·bound ⟨telb. en n.-telb.zn.⟩ **0.1** ***klemhoef*** ⟨hoefziekte⟩.
hoofed [hu:ft‖hʊft] ⟨bn.⟩ **0.1** ***gehoefd.***
hoof·er ['hu:fə‖'hʊfər] ⟨telb.zn.⟩ ⟨sl.⟩ **0.1** ***beroepsdanser/danseres*** ⟨i.h.b. tapdanser⟩.
'hoof-pick ⟨telb.zn.⟩ **0.1** ***hoefkrabber.***
hoo-ha[1] ['hu:hɑ:] ⟨n.-telb.zn.⟩ ⟨inf.⟩ **0.1** ***herrie*** ⇒*drukte (om niets), trammelant, ophef, gekrakeel.*
'hoo-ha[2] ⟨tussenw.⟩ ⟨sl.⟩ **0.1** ***'t is niet waar*** ⇒*je meent het.*
hook[1] [hʊk] ⟨f3⟩ ⟨zn.⟩ ⟨→sprw. 34⟩
I ⟨telb.zn.⟩ **0.1** ***haak*** ⇒*telefoonhaak, kram, duim* **0.2** ***vishoek*** ⇒*vishaak;* ⟨fig.⟩ *val(strik), klem* **0.3** ***snoeimes*** ⇒*sikkel* **0.4** ***hoek*** ⇒*kaap, landtong, scherpe bocht* **0.5** ⟨golf, cricket⟩ ***hook*** ⟨golf: meestal niet-bedoelde curve naar links; cricket: met horizontaal gehouden bat geslagen bal aan de legside⟩ **0.6** ***pothaak*** ⇒ ⟨fig.⟩ *hanepoot* **0.7** ⟨muz.⟩ ***vlag*** **0.8** ***pakkend melodietje/zinnetje*** **0.9** ⟨sl.⟩ ***oplichter*** ⇒*zwendelaar* **0.10** ⟨bokssport⟩ ***hoekstoot*** **0.11** ⟨skiën⟩ ***sleepanker*** ⟨v. skilift⟩ ⇒*sleepbeugel* ◆ **1.1** ~ and eye *haak en oog* **1.4** the Hook (of Holland) *Hoek v. Holland* **1.¶** ⟨inf.⟩ ~, line and sinker *helemaal, van A tot Z* **3.¶** ⟨inf.⟩ get one's ~s into/on *aan de haak slaan, te pakken krijgen;* ⟨BE; sl.⟩ sling/take one's ~ *er vandoor gaan, 'm smeren* **6.1 off** the ~ *van de haak* ⟨telefoon⟩ **6.¶ by** ~ or by crook *hoe dan ook, op eerlijke of oneerlijke wijze;* get s.o. **off** the ~ *iem. uit de problemen helpen, iem. v. verdenking ontheffen;* ⟨sl.⟩ let s.o. **off** the ~ *iem. uit de puree/narigheid halen;* ⟨BE; sl.⟩ drop/slip **off** the ~s *het hoekje omgaan;* ⟨inf.⟩ **on** one's own ~ *op eigen houtje;* ⟨inf.⟩ **on** the ~ *in de nesten/puree;* ⟨sl.⟩ go **on** the ~ for s.o./sth. *zich voor iem./iets in de schuld steken, aan iem./iets verslingerd raken;*
II ⟨mv.; ~s⟩ ⟨inf.⟩ **0.1** ***vingers*** ⇒*tengels, klauwen.*
hook[2] ⟨f3⟩ ⟨ww.⟩ →hooking
I ⟨onov.ww.⟩ **0.1** ***vast gehaakt worden/zijn*** **0.2** ⟨sl.⟩ ***de hoer uithangen*** ◆ **5.1** this dress ~s **up** at the back *deze jurk gaat van achteren met haakjes dicht;*
II ⟨ov.ww.⟩ **0.1** ***vastgrijpen met een haak*** ⇒*(vast/aan)haken, vastmaken met een haak* **0.2** ***aan de haak slaan*** ⟨ook fig.⟩ ⇒*strikken, bemachtigen* **0.3** ⟨sl.⟩ ***gappen, achterover drukken*** **0.4** ⟨sl.⟩ ***afzetten*** **0.5** ⟨sport⟩ ***een bepaalde richting geven*** ⇒ ⟨cricket⟩ *met een hook slaan;* ⟨golf⟩ *een hook geven* ⟨als rechtshandige de bal hoog en hard naar links slaan; in cricket een goede slag, in golf geen goede slag⟩; ⟨rugby⟩ *de bal naar achteren schoppen* **0.6** ⟨bokssport⟩ ***een hoekstoot geven*** ◆ **4.¶** ⟨sl.⟩ ~ it *'m smeren, er vandoor gaan* **5.1** ~ **on** *vasthaken;* →hook **up** **6.¶** be ~ed **on** *verslaafd zijn aan, dol zijn op.*
hook·ah ['hʊkə] ⟨telb.zn.⟩ **0.1** ***oosterse waterpijp.***
'hook disgorger ⟨telb.zn.⟩ ⟨hengelsport⟩ **0.1** ***hakensteker.***
hooked [hʊkt] ⟨f2⟩ ⟨bn.; volt. deelw. v. hook; -ness⟩
I ⟨bn.⟩ **0.1** ***haakvormig*** ⇒*gehaakt, haaks, (ge)krom(d)* **0.2** ***met een haak/haken*** ⇒*hakig* **0.3** ***gehaakt*** ⟨v. kleedje enz.⟩ ◆ **1.1** a ~ nose *een haak/haviksneus;*
II ⟨bn., pred.⟩ **0.1** ***vast(gehaakt)*** ⇒*verstrikt, verward* **0.2** ⟨sl.⟩ ***verslaafd*** ⟨i.h.b. aan drugs⟩ ⇒*afhankelijk* **0.3** ⟨sl.⟩ ***aan de haak geslagen*** ⇒*getrouwd* ◆ **6.1** her skirt got ~ **on** a nail *ze bleef met haar rok achter een spijker haken* **6.2** ⟨fig.⟩ he's completely ~ **on** that girl *hij is helemaal bezeten van dat meisje.*
hook·er ['hʊkə‖-ər] ⟨f2⟩ ⟨telb.zn.⟩ **0.1** ⟨AE; sl.⟩ ***hoer*** ⇒*temeie(r)* **0.2** ⟨rugby⟩ ***hooker*** **0.3** ⟨AE; sl.⟩ ***glas pure sterkedrank/whisky*** ⇒*onversneden borrel, whisky puur* **0.4** ⟨scheep.⟩ ***hoeker*** ⇒*hoekwantvissersboot;* ⟨bij uitbr.⟩ *(ouwe) schuit* **0.5** ⟨AE; sl.⟩ ***uitzuiger*** ⇒*uitbuiter,* ⟨i.h.b.⟩ *drughandelaar, beroepspokeraar/kaarter* **0.6** ⟨AE; sl.⟩ ***addertje in het gras*** ⇒*voetangel* **0.7** ⟨AE; sl.⟩ ***iets verleidelijks*** ⇒*lokkertje.*
Hooke's coupling ['hʊks ˌkʌplɪŋ], **Hooke's joint** ['hʊks dʒɔɪnt] ⟨telb.zn.⟩ ⟨tech.⟩ **0.1** ***kruiskoppeling.***
'Hooke's law ⟨telb.zn.⟩ **0.1** ***wet v. Hooke*** ⟨elasticiteitswet⟩.
'hook grip ⟨telb.zn.⟩ ⟨gewichtheffen⟩ **0.1** ***hoekgreep*** ⟨duim onder wijsvinger⟩.
hook·ing ['hʊkɪŋ] ⟨n.-telb.zn.; gerund v. hook⟩ ⟨ijshockey⟩ **0.1** ***(het) haken*** ⟨als overtreding⟩.
'hook·nose ⟨telb.zn.⟩ **0.1** ***haak/haviksneus.***
'hook'nosed ⟨bn.⟩ **0.1** ***haakneuzig*** ⇒*met een haak/haviksneus.*
'hook 'up ⟨ov.ww.⟩ **0.1** ***aansluiten*** ⇒*verbinden* **0.2** ***aan/vasthaken*** ⇒*met een haak/haken bevestigen, vastkoppelen; inspannen* ⟨paard⟩ **0.3** ⟨inf.⟩ ***aan de haak slaan*** ⇒*trouwen* **0.4** ⟨inf.⟩ ***contact maken met*** ⇒*het aanleggen met.*
'hook-up ⟨f1⟩ ⟨telb.zn.⟩ **0.1** ***relaiscircuit/net*** ⇒ ⟨i.h.b.⟩ *(radio/televisie)zendercircuit/net* ◆ **2.1** a nationwide ~ *een landelijke zenderkoppeling, een uitzending over alle zenders.*
'hook·worm ⟨zn.⟩
I ⟨telb.zn.⟩ ⟨dierk.⟩ **0.1** ***mijnworm*** ⟨fam. Ancylostomatidae⟩;
II ⟨telb. en n.-telb.zn.⟩ **0.1** ⟨verk.⟩ ⟨hookworm disease⟩.
'hookworm disease ⟨telb. en n.-telb.zn.⟩ **0.1** ***mijnwormziekte*** ⇒*ankylostomiasis.*
hook·y[1], **hook·ey** ['hʊki] ⟨n.-telb.zn.⟩ ⟨AE; inf.⟩ **0.1** ***het spijbelen*** ◆ **3.1** play ~ *spijbelen, zich drukken.*
hooky[2] ⟨bn.; -er; →compar. 7⟩ **0.1** ***hakig*** ⇒*haakvormig, gehaakt.*
hoo·li·gan ['hu:lɪgən] ⟨f1⟩ ⟨telb.zn.⟩ **0.1** ***(jonge) vandaal*** ⇒*herrie/relschopper, ruziezoeker, nozem* **0.2** ⟨AE; sl.⟩ ***crimineel*** ⇒*gangster.*
hoo·li·gan·ism ['hu:lɪgənɪzm] ⟨n.-telb.zn.⟩ **0.1** ***vandalisme*** ⇒*straatterreur, wanordelijkheden* ◆ **1.1** football ~ *voetbalvandalisme/rellen.*
'hoo·li·van ['hu:livæn] ⟨telb.zn.⟩ **0.1** ***controlebus*** ⟨gebruikt door politie om voetbalvandalen in stadions te observeren⟩ ⇒*observatiebus.*
hoon [hu:n] ⟨telb.zn.⟩ ⟨Austr. E; inf.⟩ **0.1** ***(gemotoriseerde) herrieschopper*** ⇒*hooligan, vlegel* **0.2** ⟨vero.⟩ ***pooier.***
hoop[1] [hu:p] ⟨f2⟩ ⟨telb.zn.⟩ **0.1** ***hoepel*** ⇒*hoep, ring* **0.2** ⟨sport⟩ ***hoepel*** ⇒ ⟨croquet⟩ *hoop, (ijzeren) poortje;* ⟨basketbal⟩ *basket* **0.3** ⟨AE; inf.⟩ ***(vinger)ring*** **0.4** →whoop ◆ **3.¶** go/be put through the ~(s) *het zwaar te verduren hebben, door een hel gaan, op de huid*

gezeten worden; put s.o. through the ~(s) *iem. het leven zuur maken / het vuur na aan de schenen leggen / onder handen nemen.*

hoop[2] ⟨ww.⟩
I ⟨onov.ww.⟩ →whoop;
II ⟨ov.ww.⟩ **0.1** ***(een) hoepel(s) leggen om*** ⇒*(met hoepels) beslaan* **0.2** ***(als een hoepel) omringen*** ⇒*omsnoeren.*

hoop·er ['hu:pə||-ər]⟨telb.zn.⟩ **0.1** ***kuiper*** **0.2** ⟨verk.⟩ ⟨hooper swan⟩.

hoop·er-doop·er ['hu:pə'du:pə||'hu:pər'du:pər], **hoop·er-doo** [-'du:] ⟨telb.zn.⟩⟨AE; inf.⟩ **0.1** ***knaller*** ⇒*iets fantastisch* **0.2** ***hoge piet.***

'hooper swan ⟨telb.zn.⟩⟨dierk.⟩ **0.1** ***wilde zwaan*** ⟨Cygnus cygnus⟩.

'hoop iron ⟨n.-telb.zn.⟩ **0.1** ***hoepel / bandijzer.***

hoop·la ['hu:plɑ:, 'hʊ-]⟨n.-telb.zn.⟩ **0.1** ***ringwerpspel*** **0.2** ⟨sl.⟩ ***(kouwe) drukte*** ⇒*heisa, soesa, opschudding, omslag* **0.3** ⟨sl.⟩ ***gejuich*** ⇒*gejubel, opwinding* **0.4** ⟨sl.⟩ ***mooie praatjes*** ⇒*kletspraat, gezwam, lullificatie.*

hoop-man ['hu:pmən]⟨telb.zn.; hoop-men [-mən]; →mv. 3⟩⟨AE; inf.⟩ **0.1** ***basketballer.***

hoo·poe ['hu:pu:]⟨telb.zn.⟩⟨dierk.⟩ **0.1** ***hop*** ⟨vogel; Upupa epops⟩.

'hoop 'petticoat ⟨telb.zn.⟩ **0.1** ***hoepelpettycoat.***

'hoop 'skirt ⟨telb.zn.⟩ **0.1** ***hoepelrok*** ⇒*crinoline.*

hoo·ray, hoorah →hurray.

hoose·gow ['hu:sgaʊ]⟨telb.zn.⟩⟨AE; sl.⟩ **0.1** ***bak*** ⇒*bajes, cel, gevangenis.*

Hoo·sier ['hu:ʒə||-ər]⟨telb.zn.⟩⟨AE⟩ **0.1** ⟨bijnaam voor⟩ ***bewoner v. Indiana.***

hoot[1] [hu:t]⟨f1⟩⟨telb.zn.⟩ **0.1** ***krasgeluid*** ⇒*gekras, geblaas, geschreeuw* ⟨het geluid v.e. uil⟩ **0.2** ***toetgeluid*** ⇒*getoet, toet-toet, geloei, gefluit* **0.3** ***boe(geluid)*** ⇒*geboe, gejouw, geloei* **0.4** ⟨inf.⟩ ***giller*** **0.5** ⟨inf.⟩ ***jota*** ⇒*zier* ◆ **3.5** ⟨inf.⟩ he doesn't give / care a ~ / two ~s *het kan hem geen moer / lor / zier schelen* **¶.¶** ⟨Sch. E⟩ hoot(s)! *hè!, nou!, kom!* ⟨drukt irritatie of ongeduld uit⟩.

hoot[2] ⟨f2⟩⟨ww.⟩
I ⟨onov.ww.⟩ **0.1** ***krassen*** ⇒*blazen, schreeuwen* **0.2** ***toeteren*** ⇒*claxonneren, loeien, fluiten* **0.3** ***boe roepen*** ⇒*jouwen, loeien* **0.4** ⟨inf.⟩ ***schateren*** ⇒*bulderen / gillen v.h. lachen* ◆ **6.3** ~ **at** *uitjouwen;*
II ⟨ov.ww.⟩ **0.1** ***uitjouwen*** ⇒*wegboeën* **0.2** ***door gejouw uiten*** **0.3** ***toeteren met*** ◆ **5.1** ~ **down** a speaker *iem. door boegeroep het spreken onmogelijk maken, iem. wegfluiten* **6.1** the prime minister was ~ed **off** the stage *de premier moest onder boegeroep het podium verlaten.*

hootch →hooch.

hoot·chy-koot·chy, hoot·chie-koot·chie ['hu:tʃi'ku:tʃi]⟨telb.zn.; →mv. 2⟩ **0.1** ⟨dansk.⟩ ***hootchykootchy*** **0.2** ***hootchykootchy danseres.***

hoot·en·an·ny, hoot·nan·ny ['hu:tn'æni]⟨telb.zn.; →mv. 2⟩⟨AE⟩ **0.1** ***folkloristisch dans- en muziekfestijn*** ⇒⟨ong.⟩ *volksdansfestival* **0.2** ⟨inf.⟩ ***ding(es)*** ⇒*geval(letje).*

hoot·er ['hu:tə||'hu:ṭər]⟨f1⟩⟨telb.zn.⟩⟨vnl. BE⟩ **0.1** ***sirene*** ⇒⟨i.h.b.⟩ *fabrieksfluit / sirene* **0.2** ***claxon*** ⇒*toeter, hoorn* **0.3** ***stoomfluit*** **0.4** ⟨sl.⟩ ***gok*** ⇒*kokker(d), snufferd, neus.*

'hoot owl ⟨telb.zn.⟩ **0.1** ***(bos)uil*** **0.2** ⟨AE; sl.⟩ ***nachtdienst.***

hoo·ver[1] ['hu:və||-ər]⟨f1⟩⟨telb.zn.; ook H-⟩⟨vnl. BE; inf.⟩ **0.1** ***stofzuiger*** ⟨oorspr. v.h. merk Hoover⟩.

hoover[2] ⟨f1⟩⟨onov. en ov.ww.; ook H-⟩⟨vnl. BE; inf.⟩ **0.1** ***stofzuigen*** ◆ **5.¶** ~ **up** *opslorpen.*

Hoo·ver·ville ['hu:vəvɪl||-vər-]⟨telb.zn.⟩⟨gesch.⟩ **0.1** ***Hooverville*** ⇒*werklozenkamp, hutten / krottenwijk.*

hooves ⟨mv.⟩ →hoof.

hop[1] [hɒp||hɑp]⟨f1⟩⟨zn.⟩
I ⟨telb.zn.⟩ **0.1** ***hink(el)sprong(etje)*** ⇒*huppelsprong(etje)* **0.2** ⟨inf.⟩ ***dansje*** ⇒*dansfeest / avond, fuif* **0.3** ⟨inf.; lucht.⟩ ***sprongetje*** ⇒*korte afstand / vlucht, wipje, reisje, tripje, etappe* **0.4** ***ritje*** ⇒*lift* **0.5** ⟨plantk.⟩ ***hop(plant)*** ⇒*hoppe* ⟨Humulus lupulus⟩ **0.6** ⟨AE; inf.⟩ ***verwarring*** ⇒*verbijstering* **0.7** ⟨AE; sl.⟩ ***junk(ie)*** ⇒*verslaafde* ◆ **1.1** ⟨AE⟩ it's just a ~, skip, and (a) jump away *het is hier vlak in de buurt, het is maar een wipje, je bent er in een wip;* ⟨vero.; atletiek⟩ ~, skip / step, and jump *hink-stap-sprong* **1.3** a flight in three ~s *een vlucht in drie etappes, een vlucht met twee tussenlandingen* **3.¶** ⟨inf.⟩ catch s.o. on the ~ *iem. verrassen / overrompelen / onverwachts bezoeken; bij iem. binnenvallen;* ⟨inf.⟩ keep s.o. on the ~ *iem. geen rust gunnen / niet met rust laten / aan het werk houden* **6.¶** ⟨inf.⟩ **on** the ~ *druk in de weer / bezig, bedrijvig;*
II ⟨n.-telb.zn.⟩⟨sl.⟩ **0.1** ***bier*** ⇒*pils* **0.2** ⟨AE⟩ ***(hard)drug*** ⇒*opium, morfine, cocaïne, marihuana* **0.3** ⟨AE⟩ ***gelul*** ⇒*nonsens, onzin;*
III ⟨mv.; ~s⟩ **0.1** ***hopbellen*** ⇒*hop* **0.2** ⟨AE; sl.⟩ ***opium*** **0.3** ⟨AE; sl.⟩ ***bier.***

hop[2] ⟨f3⟩⟨ww.; →ww. 7⟩
I ⟨onov.ww.⟩ **0.1** ***hinkelen*** ⇒*huppen, wippen, springen, hinken* **0.2** ***een (vlieg)reisje maken*** **0.3** ⟨inf.⟩ ***aftaaien*** ⇒*nokken, vertrekken, weggaan* **0.4** ***hop(bellen) plukken / oogsten*** ◆ **1.1** a starling walks, but a blackbird ~s *een spreeuw loopt, maar een merel hupt* **5.1** ⟨inf.⟩ ~ **in / out** *in / uitstappen, in / uit zijn auto springen* **5.2** ⟨inf.⟩ ~ **off** *opstijgen* **5.3** ⟨sl.⟩ ~ **off!** *rot / lazer / flikker op!;*
II ⟨ov.ww.⟩ **0.1** ***overheen springen / wippen / huppen*** **0.2** ⟨inf.⟩ ***springen in / op*** ⟨een bus, trein⟩ **0.3** ***hoppen*** ⇒*hop toevoegen aan* ◆ **4.¶** ⟨BE; sl.⟩ ~ it! *smeer'em!, rot / donder / lazer / sodemieter op!.*

'hop back ⟨telb.zn.⟩ **0.1** ***hopzeef*** ⇒*klaringskuip.*

'hop·bine, 'hop·bind ⟨telb.zn.⟩ **0.1** ***hopstengel.***

'hop clover ⟨telb.zn.⟩⟨plantk.⟩ **0.1** ***akkerklaver*** ⇒*rode / witte klaver* ⟨genus Trifolium⟩.

hope[1] [hoʊp]⟨f4⟩⟨telb. en n.-telb.zn.⟩⟨→sprw. 302, 304, 314, 749⟩ **0.1** ***hoop(volle verwachting)*** ⇒*vertrouwen, betrouwen, hope* ◆ **1.¶** Band of Hope *vereniging v. geheelonthouders* **2.1** she's my only / last ~ *ze is mijn enige / laatste hoop* **3.1** hope against ~ *tegen beter weten in blijven hopen;* lay / set one's ~s on *zijn hoop vestigen op;* live in ~(s) *(blijven) hopen, de moed / hoop nog niet opgegeven hebben;* pin one's ~s on / to s.o. *zijn hoop op iem. vestigen;* raise s.o.'s ~(s) *iem. moed inspreken / opbeuren / nieuwe moed geven* **5.1** not a ~! *weinig kans!* **6.1** **beyond / past** ~ *mislukt, opgegeven, hopeloos;* I phoned **in** the ~ **of** warning you in time *in heb gebeld in de hoop je nog tijdig te kunnen waarschuwen* **7.1** the doctor could hold out little ~ of recovery *de dokter kon weinig hoop op herstel geven;* ⟨iron.⟩ some ~(s)! *weinig kans!.*

hope[2] ⟨f4⟩⟨onov. en ov.ww.⟩⟨→sprw. 303⟩ **0.1** ***hopen*** ◆ **1.1** ~ for the best *er het beste van hopen;* ~ against hope *tegen beter weten in blijven hopen* **6.1** ~ **for** *hopen op.*

'hope chest ⟨telb.zn.⟩⟨AE⟩ **0.1** ***uitzet*** **0.2** ⟨gesch.⟩ ***uitzetkast / kist.***

hope·ful[1] ['hoʊpfl]⟨telb.zn.⟩ **0.1** ***veelbelovend persoon*** ⇒*belofte, verwachtingsvol persoon, aspirant, kandidaat.*

hopeful[2] ⟨f3⟩⟨bn.; -ness⟩ **0.1** ***hoopvol*** ⇒*hoopgevend, veelbelovend; optimistisch, verwachtingsvol* ◆ **6.1** I'm not very ~ **of** success *ik heb niet veel hoop op een geslaagde afloop* **8.1** be ~ that *de verwachting hebben dat.*

hope·ful·ly ['hoʊpfli]⟨f2⟩⟨bw.⟩ **0.1** ***hoopvol*** ⇒*verwachtingsvol* **0.2** ***hopelijk*** ◆ **¶.2** ~, he will come *het is te hopen dat hij komt.*

hope·less ['hoʊpləs]⟨f3⟩⟨bn.; -ly; -ness⟩ **0.1** ***hopeloos*** ⇒*wanhopig, kans / uitzichtloos, onmogelijk* ◆ **6.1** be ~ **at** *hopeloos slecht zijn in.*

'hop·field, 'hop·yard, ⟨vnl. BE⟩ **'hop·gar·den** ⟨telb.zn.⟩ **0.1** ***hopakker / land / tuin / veld.***

'hop fly ⟨telb.zn.⟩⟨dierk.⟩ **0.1** ***hopbladluis*** ⟨Phorodon humuli⟩.

'hop·head ⟨telb.zn.⟩⟨AE; sl.⟩ **0.1** ***junk(ie)*** ⇒*gebruiker, drugverslaafde.*

'hop·joint ⟨telb.zn.⟩⟨AE; sl.⟩ **0.1** ***(bier)kroeg*** ⇒*volkscafé* **0.2** ***opiumkit / hol.***

hop·lite ['hɒplaɪt||'hɑp-]⟨telb.zn.⟩⟨gesch.⟩ **0.1** ***hopliet.***

hop-o'-my-thumb ['hɒpəmɪ'θʌm||'hɑ-]⟨telb.zn.⟩ **0.1** ***kleinduimpje*** ⇒*dwerg, lilliputter.*

hopped-up ['hɒpt 'ʌp||'hɑpt 'ʌp]⟨bn.⟩⟨vnl. AE⟩ **0.1** ⟨inf.⟩ ***opgevoerd*** ⟨v. motor⟩ **0.2** ⟨sl.⟩ ***opgepept*** ⇒*opgefokt, uitgelaten* ⟨ten gevolge v. druggebruik⟩.

hop·per ['hɒpə||'hɑpər]⟨f2⟩⟨telb.zn.⟩ **0.1** ⟨vnl. als 2e lid in samenst.⟩ ***springend beest / insekt*** ⇒⟨i.h.b.⟩ *vlo, sprinkhaan, kaasmijt* **0.2** →hoppicker **0.3** ***(graan / steenkool / brandstof / zand)hopper*** ⇒*voorraad / grondstofreservoir, vul / molentrechter* **0.4** ***hopper(schuit / wagen)*** **0.5** ⟨AE⟩ ***voorstellenbus*** ⇒*ideeënbus* ◆ **6.5** **in** the ~ *in de maak.*

'hop·pick·er ⟨telb.zn.⟩ **0.1** ***hopplukker / ster*** **0.2** ***hopplukmachine.***

'hop-pil·low ⟨telb.zn.⟩ **0.1** ***hopkussen*** ⟨als slaapmiddel⟩.

hop·ple[1] ['hɒpl||'hɑpl]⟨telb.zn.⟩ **0.1** ***(been)kluister.***

hopple[2] ⟨ov.ww.⟩ **0.1** ***kluisteren*** ⇒*(een) beenkluister(s) aandoen.*

'hop pole ⟨telb.zn.⟩ **0.1** ***hopstaak.***

'hop·sack·ing, 'hop·sack ⟨n.-telb.zn.; ook attr.⟩ **0.1** ***zakkengoed*** ⇒*jute.*

'hop·scotch ⟨f1⟩⟨n.-telb.zn.⟩ **0.1** ***hinkelspel*** ⇒*het hinkelen.*

'hop·toad, 'hop·py·toad ⟨telb.zn.⟩⟨AE; vnl. gew.⟩ **0.1** ***pad.***

'hop·vine ⟨telb.zn.⟩ **0.1** ***hopstengel*** **0.2** ***hopplant.***

hopyard →hopfield.

hor ⟨afk.⟩ horizontal.

ho·ral ['hɔ:rəl], **ho·ra·ry** [-rəri]⟨bn.⟩ **0.1** ***uur-*** ⇒*uurlijks.*

Ho·ra·tian [hə'reɪʃn]⟨bn.⟩ **0.1** ***Horatiaans*** ⇒*v. / mbt. (de poëzie v.) Horatius.*

horde[1] [hɔ:d||hɔrd]⟨f2⟩⟨telb.zn.⟩ **0.1** ***horde*** ⇒*nomadengroep / stam* **0.2** ***horde*** ⇒*meute, troep, zwerm.*

horde[2] ⟨onov.ww.⟩ **0.1** ***zich tot een horde verenigen*** **0.2** ***leven / rondtrekken in horden.***

hore·hound, hoar·hound ['hɔ:haʊnd‖'hɔr-]⟨telb. en n.-telb.zn.⟩ **0.1** ⟨plantk.⟩ ***malrove*** ⟨Marrubium vulgare⟩ **0.2** ***malrovepastille*** ⇒*malrovekruid* ⟨als hoestmiddel⟩ **0.3** ⟨plantk.⟩ ***(stinkende) ballote*** ⇒*stinknetel* ⟨Ballota nigra⟩.

ho·ri·zon[1] [hə'raɪzn]⟨f3⟩⟨telb.zn.⟩ **0.1** ***horizon*** ⇒*(gezichts)einder, kim, verschiet;* ⟨fig.⟩ *geestelijk(e) horizon/blikveld* **0.2** ⟨aardr.⟩ ***horizont*** **0.3** ⟨geol.⟩ ***herkenbaar isochroon vlak*** ◆ **6.1 on** the ~ *aan de horizon/einder, in het verschiet.*

horizon[2] ⟨ov.ww.⟩ **0.1** ***begrenzen met een horizon.***

hor·i·zon·tal[1] ['hɒrɪ'zɒntl‖'hɑrɪ'zɑntl]⟨telb.zn.⟩ **0.1** ***horizontaal vlak*** ⇒*horizontale lijn, horizon* **0.2** ***rekstok.***

horizontal[2] ⟨f2⟩⟨bn.;-ly⟩ **0.1** ***horizontaal*** ⇒*vlak, waterpas* ◆ **1.1** ~ bar *rekstok;* ~ integration *horizontale integratie/combinatie;* ~section *vlakke/horizontale/dwarsdoorsnede;* ~ union *categorale bond.*

hor·i·zon·tal·i·ty ['hɒrɪzɒn'tæləti‖'hɑrɪzɑn'tæləṭi]⟨n.-telb.zn.⟩ **0.1** ***horizontaliteit*** ⇒*horizontale stand.*

hor·me ['hɔ:mi‖'hɔrmi]⟨n.-telb.zn.⟩⟨psych.⟩ **0.1** ***horme*** ⇒*streefkracht.*

hor·mo·nal [hɔ:'moʊnl‖hɔr-], **hor·mon·ic** [-'mɒnɪk‖-'mɑnɪk]⟨bn.⟩ **0.1** ***hormonaal.***

hor·mone ['hɔ:moʊn‖'hɔr-]⟨f2⟩⟨telb.zn.⟩⟨biol.⟩ **0.1** ***hormoon.***

'hormone cream ⟨telb. en n.-telb.zn.⟩ **0.1** ***hormooncrème/preparaat.***

horn[1] [hɔ:n‖hɔrn]⟨f3⟩⟨zn.⟩

I ⟨telb.zn.⟩ **0.1** ⟨ben. voor⟩ ***hoorn(achtig iets)*** ⇒*horen; (koe/osse/runder/schape/boks)hoorn; beenknobbel; gewei; (voel)hoorn; oorpluim* ⟨v. uil⟩; *(olie/zaai/drink/kruit/vet)hoorn; hoorn des overvloeds; hoorn, punt* ⟨v. halve maan⟩; *speer(haak), hoorn* ⟨v. aambeeld⟩; ⟨AE⟩ *zadelknop; (gehoor)hoorn; geluidstrechter; (grammofoon)hoorn; hoorn(antenne); (blaas/jacht/post/wald/krom/alpen)hoorn; (auto)hoorn, toeter, claxon; (signaal/sein/mist)hoorn* **0.2** ***riviertak/arm*** ⇒*arm v. baai* **0.3** ⟨inf.⟩ ***toeter*** ⇒*trompet, trombone, saxofoon, klarinet* **0.4** ⟨AE;sl.⟩ ***gok*** ⇒*neus* **0.5** ⟨sl.⟩ ***stijve (lul)*** ⇒*erectie* ◆ **1.1** ~ of plenty *hoorn des overvloeds* ⟨ook zwam: Craterellus cornucopioides⟩ **1.¶** on the ~s of a dilemma *in een impasse, voor een dilemma* **3.1** blow/sound the/one's ~ *claxonneren, toeteren* **3.¶** blow/toot one's own ~ *hoog van de toren blazen, zijn eigen loftrompet steken, opscheppen, snoeven;* draw/pull/haul in one's ~s *terugtrekken/krabbelen, zijn belangstelling/enthousiasme verliezen; een eerder gedane uitspraak herroepen, op zijn woorden terugkomen; in zijn schulp kruipen;* ⟨BE⟩ *bezuinigen* **7.1** ⟨AE;sl.⟩ the ~ *de telefoon;* the Horn *Kaap Hoorn;*

II ⟨n.-telb.zn.⟩ **0.1** ***hoorn*** ⟨als stofnaam⟩ ◆ **3.1** horn-handled *met een hoornen heft;* horn-rimmed glasses *een hoornen bril.*

horn[2] ⟨ww.⟩ →horned

I ⟨onov.ww.⟩ →horn in;

II ⟨ov.ww.⟩ **0.1** ***(een) hoorn(s) bevestigen aan/op*** ⇒*voorzien v.e. hoorn* **0.2** ***een hoornvorm geven aan*** ⇒*de vorm v.e. hoorn geven, hoornvormig maken* **0.3** ***op de hoorns nemen*** ⇒*spietsen, verwonden met hoorn(s)* **0.4** ***af/bijzagen*** ⟨de hoorns v. vee⟩.

'horn·beam ⟨zn.⟩

I ⟨telb.zn.⟩⟨plantk.⟩ **0.1** ***haagbeuk*** ⟨genus Carpinus⟩;

II ⟨n.-telb.zn.⟩ **0.1** ***haagbeuken hout*** ⇒*steenbeuken/witbeuken hout.*

'horn·bill ⟨telb.zn.⟩⟨dierk.⟩ **0.1** ***neushoornvogel*** ⟨fam. Bucerotidae⟩.

'horn·blende ['hɔ:nblend‖'hɔrn-]⟨n.-telb.zn.⟩ **0.1** ***hoornblende.***

'horn·book ⟨telb.zn.⟩⟨gesch.⟩ **0.1** ***abecedarium*** ⟨bestaande uit één vel, met hoornplaat overtrokken⟩ ⇒⟨ong.⟩ *leesplankje.*

horned [hɔ:nd‖hɔrnd]⟨f1⟩⟨bn.; volt. deelw. v. horn⟩ **0.1** ***gehoornd*** ⟨ook v. maan⟩ ⇒*hoorn-, met hoornvormige uitwassen* **0.2** ⟨vero.⟩ ***gehoornd*** ⇒*(echtelijk) bedrogen* ◆ **1.1** ~ cattle *hoornvee;* ~ owl *hoornuil, ransuil, ooruil* **1.¶** ⟨dierk.⟩ ~ lark *strandleeuwerik* ⟨Eremophila alpestris⟩.

horn·er ['hɔ:nə‖'hɔrnər]⟨telb.zn.⟩ **0.1** ***hoornwerker*** ⇒*maker v. hoornen voorwerpen* **0.2** ***hoornblazer.***

hor·net ['hɔ:nɪt‖'hɔr-]⟨f1⟩⟨telb.zn.⟩⟨dierk.⟩ **0.1** ***horzel*** ⟨Vespa crabro⟩ **0.2** ***koekoekswesp*** ⟨Vespula austriaca⟩.

'hornet's nest, 'hornets' nest ⟨f1⟩⟨telb.zn.⟩ **0.1** ***wespennest*** ◆ **3.¶** bring a ~ about one's ears, stir up a ~ *zich in een wespennest steken, zich vijanden op de hals halen, een storm v. verontwaardiging tegen zich doen opsteken.*

'horn-honk·ing ⟨bn.⟩ **0.1** ***toeterend.***

'horn 'in ⟨onov.ww.⟩⟨sl.⟩ **0.1** ***zich opdringen*** ⇒*zich bemoeien, zich binnenwerken* ◆ **6.1** ~ **on** a conversation *een conversatie onderbreken.*

horn·ist ['hɔ:nɪst‖'hɔr-]⟨telb.zn.⟩ **0.1** ***hoornist*** ⇒*hoornblazer.*

horn·less ['hɔ:nləs‖'hɔrn-]⟨bn.⟩ **0.1** ***hoornloos*** ⇒*ongehoornd.*

horn·like ['hɔ:nlaɪk‖'hɔrn-]⟨bn.⟩ **0.1** ***hoornachtig/vormig*** ⇒*hoornig.*

'horn·pipe ⟨telb. en n.-telb.zn.⟩ **0.1** ***horlepijp*** ⇒*horlepiep.*

'horn'rimmed ⟨bn.⟩ **0.1** ***met hoornen rand/montuur*** ⇒*hoornen* ⟨v. bril⟩.

'horn·stone ⟨telb. en n.-telb.zn.⟩ **0.1** ***hoornsteen/kiezel*** ⟨soort kwarts⟩.

horn·swog·gle ['hɔ:nswɒgl‖'hɔrnswɑgl]⟨ov.ww.⟩⟨sl.⟩ **0.1** ***beetnemen*** ⇒*beduvelen, bedotten, bij de neus nemen, in de luren leggen.*

horn·y ['hɔ:ni‖'hɔrni]⟨f1⟩⟨bn.;-er;-ness;→compar. 7⟩ **0.1** ***met hoorns*** **0.2** ***hoornen*** ⇒*v. hoorn* **0.3** ***eeltig*** ⇒*vereelt, hoornachtig, ruw* **0.4** ⟨sl.⟩ ***geil*** ⇒*hitsig, heet, bronstig, bremstig, wellustig.*

hor·o·loge ['hɒrəlɒdʒ‖'hɔrəloʊdʒ]⟨telb.zn.⟩⟨vero.⟩ **0.1** ***uurwerk*** ⇒*klok.*

ho·rol·o·ger [hɒ'rɒlədʒə‖hə'rɑlədʒər], **ho·rol·o·gist** [-dʒɪst]⟨telb.zn.⟩ **0.1** ***tijdmeetkundige*** **0.2** ***uurwerk/horlogemaker*** ⇒*klokkenmaker.*

hor·o·log·ic ['hɒrə'lɒdʒɪk‖'hɔrə'lɑdʒɪk], **hor·o·log·i·cal** [-ɪkl]⟨bn.⟩ **0.1** ***mbt. tijdmeetkunde*** **0.2** ***mbt. uurwerkmakerskunst.***

ho·rol·o·gy [hɒ'rɒlədʒi‖hə'rɑ-]⟨n.-telb.zn.⟩ **0.1** ***tijdmeetkunde*** ⇒*chronometrie* **0.2** ***uurwerkmakerskunst.***

hor·o·scope ['hɒrəskoʊp‖'hɑrə-, 'hɔrə-]⟨f1⟩⟨telb.zn.⟩ **0.1** ***horoscoop*** ◆ **3.1** cast a ~ *een horoscoop trekken/opmaken.*

hor·o·scop·er ['hɒrəskoʊpə‖'hɑrəskoʊpər,'hɔrə-]⟨telb.zn.⟩ **0.1** ***horoscooptrekker*** ⇒*planeetkundige/lezer, astroloog.*

hor·o·scop·ic ['hɒrə'skɒpɪk‖'hɑrə'skɑpɪk,'hɔrə-]⟨bn.⟩ **0.1** ***horoscopisch*** ⇒*mbt. een horoscoop/het horoscooptrekken.*

ho·ros·co·py [hə'rɒskəpi‖hə'rɑ-]⟨zn.;→mv. 2⟩

I ⟨telb.zn.⟩ **0.1** ***horoscoop;***

II ⟨n.-telb.zn.⟩ **0.1** ***het horoscooptrekken*** ⇒*horoscoopkunde, horoscopie.*

hor·ren·dous [hə'rendəs]⟨bn.;-ly⟩⟨inf.⟩ **0.1** ***afgrijselijk*** ⇒*verschrikkelijk, afschuwelijk.*

hor·rent ['hɒrənt‖'hɔ-, 'hɑ-]⟨bn.⟩⟨schr.⟩ **0.1** ***borstelig*** ⇒*ruig, rechtopstaand* **0.2** ***huiverend*** ⇒*sidderend.*

hor·ri·ble ['hɒrəbl‖'hɔ-, 'hɑ-]⟨f3⟩⟨bn.;-ly;-ness;→bijw. 3⟩ **0.1** ***afschuwelijk*** ⇒*vreselijk, verschrikkelijk, gruwelijk* **0.2** ⟨inf.;pej.⟩ ***vreselijk*** ⇒*akelig, afzichtelijk* ◆ **1.1** a ~ accident *een vreselijk ongeval* **1.2** a ~ screech *een akelig gekras.*

hor·rid ['hɒrɪd‖'hɔ-, 'hɑ-]⟨f2⟩⟨bn.;-ly;-ness⟩ **0.1** ***vreselijk*** ⇒*verschrikkelijk, angstaanjagend* **0.2** ⟨inf.⟩ ***akelig.***

hor·rif·ic [hə'rɪfɪk‖hɔ-, hɑ-]⟨f1⟩⟨bn.;-ally;→bijw. 3⟩ **0.1** ***afschuw/weerzinwekkend*** ⇒*afschuwelijk.*

hor·ri·fy ['hɒrɪfaɪ‖'hɔ-, 'hɑ-]⟨f2⟩⟨ov.ww.;→ww. 7⟩ **0.1** ***met afschuw vervullen*** ⇒*schokken, ontzetten, ontstellen.*

hor·rip·i·la·tion [hə'rɪpɪ'leɪʃn]⟨n.-telb.zn.⟩⟨schr.⟩ **0.1** ***kippevel.***

hor·ror ['hɒrə‖'hɔrər, 'hɑ-]⟨f3⟩⟨zn.⟩

I ⟨telb. en n.-telb.zn.⟩ **0.1** ***(ver)schrik(king)*** ⇒*gruwel, ontzetting, afschuw, afgrijzen, ontsteltenis* ◆ **2.¶** you little ~! *klein kreng dat je bent!* **6.1** my sister-in-law has a ~ **of** cats and dogs *mijn schoonzuster gruwt van katten en honden;* the boy is a ~ **to** his parents *de jongen is een bezoeking voor zijn ouders* **¶.1** ~s! *afschuwelijk!, gruwelijk!;*

II ⟨mv.;~s;the⟩ **0.1** ***zenuwen*** **0.2** ***angstaanval*** ⟨i.h.b. bij een delirium⟩ ⇒⟨bij uitbr.⟩ *delirium (tremens)* ◆ **3.1** the mere idea gives me the ~s *ik krijg het al koud als ik er alleen maar aan denk.*

'horror comic ⟨telb.zn.⟩ **0.1** ***griezel/geweldstrip.***

'horror film ⟨f1⟩⟨telb.zn.⟩ **0.1** ***griezelfilm.***

'horror story ⟨telb.zn.⟩ **0.1** ***griezelverhaal*** ⇒*horrorverhaal.*

'hor·ror-strick·en, 'horror-struck ⟨bn.⟩ **0.1** ***van afgrijzen/afschuw/ontzetting vervuld*** ⇒*ontzet.*

hors [ɔ:‖ɔr]⟨vz.⟩⟨schr.⟩ **0.1** ***buiten*** ⇒*uitgesloten van* ◆ **1.1** ~ concours *buiten mededinging/wedstrijd/categorie;* ⟨fig.⟩ *niet te evenaren, superieur.*

hors con·cours ['ɔ: kɒŋ'kʊə‖'ɔr kɑŋ'kʊr]⟨bn., pred.; bw.⟩⟨schr.⟩ **0.1** ***hors concours*** ⇒*buiten mededinging.*

hors de com·bat ['ɔ: də 'kɒmbɑ:‖'ɔr də kɑm'bɑ]⟨bn., pred.; bw.⟩ **0.1** ***buiten gevecht*** ⇒*hors de combat.*

hors d'oeuvre ['ɔ:'dɜ:v(rə)‖'ɔr'dɜrv]⟨f1⟩⟨telb.zn.; hors d'oeuvre, hors d'oeuvres [-z];→mv. 4, 5⟩ **0.1** ***hors d'oeuvre*** ⇒*voorgerecht, voorafje;* ⟨fig.⟩ *bijzaak, randverschijnsel/probleem.*

horse[1] [hɔ:s‖hɔrs]⟨f3⟩⟨zn.⟩(→sprw. 18, 117, 157, 322, 323, 339, 489, 490, 509, 584, 764, 776)

I ⟨telb.zn.⟩ **0.1** ***paard*** ⇒*hengst, hobbelpaard* **0.2** ***(droog)rek*** ⇒*steun, bok, schraag, ezel* **0.3** ***bok*** ⟨gymnastiektoestel⟩ ⇒⟨soms⟩ *paard* **0.4** ⟨vnl. mv.⟩⟨inf.⟩ ***paardekracht*** **0.5** ⟨scheep.⟩ ***paard*** **0.6** ⟨AE;inf.⟩ ***rund*** ⇒*ezel, sufferd* **0.7** ⟨polo⟩ ***(houten) oefenpaard*** ◆ **1.1** ~ and cart *paard en wagen* **1.¶** a ~ of another/a different colour *een geheel andere kwestie;* ⟨inf.⟩ (straight) from the ~'s mouth *uit de eerste hand* **3.1** eat/work like a ~ *eten/werken als een paard;* give a ~ the rein(s) *een paard de vrije teu-*

gel geven; give a ~ his head *een paard de vrije teugel laten;* led ~ *reservepaard;* take ~ *opstijgen; uitrijden;* take the ~ *zich laten dekken* ⟨v. merrie⟩ **3.¶** ⟨inf.⟩ hold your ~s! *rustig aan!, niet te overhaast!;* swap/swop ~s *omzwaaien* ⟨v. studierichting, beroep enz. veranderen⟩; talk ~ *het over de paardenrennen hebben; opscheppen;* a willing ~ *een gewillig(e) werker/werkpaard;* ride a willing ~ to death, flog a willing ~ *het uiterste vergen van iemands goede wil* **6.1 to** ~! *opstijgen!, te paard!;*
II ⟨n.-telb.zn.⟩ ⟨inf.⟩ **0.1** ***horse*** ⇒*heroïne;*
III ⟨verz.n.⟩ **0.1** ***cavalerie*** ⇒*bereden troepen, paardenvolk, ruiterij, ruiters* ◆ **1.1** ~ and foot *cavalerie en infanterie* **7.1** a thousand ~ *duizend ruiters.*

horse[2] ⟨ww.⟩
I ⟨onov.ww.⟩ **0.1** ***paardrijden*** **0.2** ***paardig/tochtig zijn*** ◆ **5.¶** →horse **about/around;**
II ⟨ov.ww.⟩ **0.1** ***op een paard zetten*** **0.2** ***van (een) paard(en) voorzien*** **0.3** ***inspannen*** **0.4** ***sjorren*** ⇒*duwen, trekken, tillen* **0.5** ***binnenhalen/hijsen*** **0.6** ***dollen met*** ⇒*ravotten met* **0.7** ***dekken*** ⟨merrie⟩ **0.8** ***afranselen*** **0.9** ⟨AE; sl.⟩ ***neuken*** ⇒*naaien* **0.10** ⟨AE; sl.⟩ ***beetnemen*** ⇒*in de maling nemen, belazeren.*

'horse a'bout, 'horse a'round ⟨onov.ww.⟩ ⟨inf.⟩ **0.1** ***dollen*** ⇒*stoeien, ravotten, de beest uithangen, rotzooien.*

'horse-and-'bug·gy ⟨bn., attr.⟩ ⟨vnl. AE; inf.⟩ **0.1** ***daterend uit de tijd van de paard-en-wagens*** ⇒*van voor de auto, negentiende-eeuws, ouderwets, uit het jaar nul/grijze verleden, achterhaald.*

'horse artillery ⟨n.-telb.zn.⟩ **0.1** ***rijdende artillerie.***

'horse·back[1] ⟨f2⟩ ⟨telb. en n.-telb.zn.⟩ ⟨→sprw. 607⟩ **0.1** ***paarderug*** ◆ **6.1** three men **on** ~ *drie mannen te paard* **6.¶** the man **on** ~ *de sterke man.*

horseback[2] ⟨bw.⟩ ⟨AE⟩ **0.1** ***op een paard*** ⇒*te paard* **0.2** ⟨inf.⟩ ***snel*** ⇒*vlug* ◆ **3.1** ride ~ *paardrijden.*

'horse bean ⟨telb.zn.⟩ ⟨plantk.⟩ **0.1** ***paardeboon*** ⇒*tuinboon.*

'horse-bet·ting ⟨n.-telb.zn.⟩ **0.1** ***het wedden op paarden.***

'horse·block ⟨telb.zn.⟩ **0.1** ***stijgblok.***

'horse box ⟨telb.zn.⟩ ⟨BE⟩ **0.1** ***paardetrailer*** **0.2** ⟨scherts.⟩ ***grote kerkbank.***

'horse·boy ⟨telb.zn.⟩ ⟨BE⟩ **0.1** ***staljongen*** ⇒*paardeknecht/jongen.*

'horse brass ⟨telb.zn.⟩ **0.1** ***martingaalschildje*** ⟨sierstuk aan hulpbeugel⟩.

'horse·break·er ⟨telb.zn.⟩ **0.1** ***paardentemmer*** ⇒*paardendresseur.*

'horse·car ⟨telb.zn.⟩ ⟨AE⟩ **0.1** ***paardetram*** **0.2** ***veewagen.***

horse chestnut ['- '-||'- -] ⟨telb.zn.⟩ ⟨plantk.⟩ **0.1** ***paardekastanje*** ⟨Aesculus hippocastanum⟩.

'horse·cloth ⟨telb.zn.⟩ **0.1** ***paardedek.***

'horse·col·lar ⟨telb.zn.⟩ **0.1** ***gareel*** ⇒*haam* ◆ **3.¶** ⟨BE⟩ grin through a ~ *bekketrekken* ⟨als wedstrijd en vermaak op het platteland⟩.

'horse coper ⟨telb.zn.⟩ ⟨BE⟩ **0.1** ***(onbetrouwbaar) paardenhandelaar/koper.***

'horse courser ⟨telb.zn.⟩ **0.1** ***renpaardenhouder.***

'horse doctor ⟨telb.zn.⟩ **0.1** ***paardendokter*** ⇒*veearts.*

'horse fair ⟨telb.zn.⟩ **0.1** ***paardenmarkt.***

'horse·feath·ers ⟨mv.⟩ ⟨sl.⟩ **0.1** ***onzin*** ⇒*flauwekul.*

'horse·flesh ⟨f1⟩ ⟨n.-telb.zn.⟩ **0.1** ***paardevlees*** ⇒⟨bij uitbr.⟩ *paarden* ◆ **1.1** a good judge of ~ *een paardenkenner.*

'horse·fly ⟨f1⟩ ⟨telb.zn.⟩ ⟨dierk.⟩ **0.1** ***daas*** ⟨paardevlieg; genus Tabanus⟩.

'Horse Guards ⟨mv.; the⟩ ⟨BE⟩ **0.1** ***Horse Guards*** ⟨cavaleriebrigade v.d. koninklijke lijfwacht; (voormalig) hoofdkwartier hiervan in Whitehall⟩.

'horse·hair ⟨f1⟩ ⟨n.-telb.zn.⟩ **0.1** ***paardehaar*** ⇒*crin.*

'horse·hide ⟨zn.⟩
I ⟨telb.zn.⟩ **0.1** ***paardehuid*** **0.2** ⟨AE; inf.⟩ ***honkbalbal;***
II ⟨n.-telb.zn.⟩ **0.1** ***paardeleer.***

'horse knacker ⟨telb.zn.⟩ ⟨BE⟩ **0.1** ***(paarden)vilder.***

'horse latitudes ⟨mv.⟩ **0.1** ***paardebreedten.***

'horse·laugh ⟨telb.zn.⟩ **0.1** ***balkend gelach*** ⇒*(ruw) lachsalvo, gehinnik, hilariteit, treiter/spotlach, proestlach.*

'horse·leech ⟨telb.zn.⟩ ⟨dierk.⟩ **0.1** ***paardebloedzuiger*** ⟨Haemopis sanguisuga⟩ ⇒⟨fig.⟩ *bloedzuiger, uitbuiter, hebzuchtige.*

horse·less ['hɔ:sləs||'hɔrs-] ⟨bn.⟩ **0.1** ***paardloos*** ⇒*zonder paard.*

'horse litter ⟨zn.⟩
I ⟨telb.zn.⟩ ⟨gesch.⟩ **0.1** ***rosbaar*** ⟨draagstoel tussen 2 paarden⟩;
II ⟨n.-telb.zn.⟩ **0.1** ***paardestro.***

'horse mackerel ⟨telb.zn.⟩ ⟨dierk.⟩ **0.1** ***horsmakreel*** ⟨Trachurus trachurus⟩ **0.2** ***blauwvintonijn*** ⟨Thunnus thynnus⟩.

horse·man ['hɔ:smən||'hɔrs-] ⟨f2⟩ ⟨telb.zn.; horsemen [-mən]; →mv. 3⟩ **0.1** ***ruiter*** ⇒*paardrijder, cavalerist* **0.2** ***paardenfokker.***

horse·man·ship ['hɔ:smənʃɪp||'hɔrs-] ⟨n.-telb.zn.⟩ **0.1** ***ruiterkunst*** ⇒*paardrijderskunst.*

'horse marine ⟨telb.zn.⟩ **0.1** ***marinier-cavalerist*** **0.2** ***cavalerist-marinier*** **0.3** ***misbaksel*** ⇒*wanprodukt, buitenbeentje, vreemde eend in de bijt* ◆ **3.¶** ⟨inf.⟩ tell that to the ~s *maak dat de kat/je grootmoeder wijs.*

'horse·meat ⟨f1⟩ ⟨n.-telb.zn.⟩ **0.1** ***paardevlees.***

'horse mill ⟨telb.zn.⟩ **0.1** ***rosmolen*** ⇒*paardenmolen.*

'horse mushroom ⟨telb.zn.⟩ ⟨plantk.⟩ **0.1** ***akkerchampignon*** ⟨Psalliota arvensis⟩.

'horse·nap·ping ⟨n.-telb.zn.⟩ **0.1** ***(het) stelen v. (ren)paarden*** ⇒*paardendiefstal.*

'horse opera ⟨telb.zn.⟩ ⟨pej., scherts.⟩ **0.1** ***(goedkope) schietfilm*** ⇒*cowboyfilm, western.*

'horse pistol ⟨telb.zn.⟩ ⟨gesch.⟩ **0.1** ***ruiterpistool.***

'horse·play ⟨f1⟩ ⟨n.-telb.zn.⟩ **0.1** ***het dollen*** ⇒*het ravotten, luidruchtige lol(trapperij), lolbroekerij, onderbroekenlol.*

'horse·pond ⟨telb.zn.⟩ **0.1** ***(paarden)wed*** ⇒*drenkplaats.*

'horse·pow·er ⟨f1⟩ ⟨telb.zn.; horsepower; →mv. 4⟩ **0.1** ***paardekracht.***

'horse·race ⟨telb.zn.⟩ **0.1** ***(paarden)koers*** ⇒*paardenwedren.*

'horse racing ⟨f1⟩ ⟨n.-telb.zn.⟩ **0.1** ***paardenrennen.***

'horse·rad·ish ⟨zn.⟩
I ⟨telb.zn.⟩ ⟨plantk.⟩ **0.1** ***mierik(swortel)*** ⟨Armoracia rusticana⟩;
II ⟨n.-telb.zn.⟩ ⟨cul.⟩ **0.1** ***mierikswortel(saus).***

'horse rake ⟨telb.zn.⟩ **0.1** ***paardehark*** ⟨landbouwgereedschap⟩.

'horse rider ⟨telb.zn.⟩ **0.1** ***kunstrijder.***

'horse room, 'horse parlor ⟨telb.zn.⟩ ⟨AE; inf.⟩ **0.1** ***bookmakerskantoor.***

'horse sense ⟨f1⟩ ⟨n.-telb.zn.⟩ ⟨inf.⟩ **0.1** ***gezond verstand*** ⇒*boerenverstand.*

'horse·shit ⟨n.-telb.zn.⟩ ⟨vulg.⟩ **0.1** ***paardestront*** **0.2** ***gelul.***

horse·shoe[1] ['hɔ:ʃʃu:||'hɔrʃ-], ⟨in bet. II 0.1 ook⟩ **'horseshoe pitching** ⟨f1⟩ ⟨zn.⟩
I ⟨telb.zn.⟩ **0.1** ***(hoef)ijzer*** **0.2** ⟨ben. voor⟩ ***hoefijzervormig iets*** ⇒*hoefijzer(tafel); hoefijzerboog; hoef(ijzer)magneet;*
II ⟨mv.; ~s; ww. vnl. enk.⟩ ⟨sport⟩ **0.1** ***het hoefijzerwerpen.***

horseshoe[2] ⟨ov.ww.⟩ **0.1** ***beslaan.***

'horseshoe crab ⟨telb.zn.⟩ ⟨AE; dierk.⟩ **0.1** ***degenkrab*** ⟨Limulus polyphemus⟩.

'horseshoe grip ⟨telb.zn.⟩ ⟨atletiek⟩ **0.1** ***vorkgreep*** ⟨bij speerwerpen⟩.

'horseshoe magnet ⟨telb.zn.⟩ **0.1** ***hoef(ijzer)magneet.***

'horseshoe pitching ⟨n.-telb.zn.⟩ ⟨spel⟩ **0.1** ***(het) hoefijzerwerpen.***

'horse show ['hɔ:ʃʃoʊ||'hɔrʃ-] ⟨telb.zn.⟩ **0.1** ***paardententoonstelling.***

'horse soldier ⟨telb.zn.⟩ **0.1** ***bereden soldaat*** ⇒*cavalerist.*

'horse·tail ⟨f1⟩ ⟨telb.zn.⟩ **0.1** ***paardestaart*** ⟨ook de haardracht⟩ **0.2** ⟨plantk.⟩ ***paardestaart*** ⟨genus Equisetum⟩.

'horse trading ⟨n.-telb.zn.⟩ **0.1** ***gesjacher*** ⇒*(het) marchanderen, koehandel,* ⟨B.⟩ *zaakjes doen* **0.2** ***(het) handelen in paarden.***

'horse vault ⟨n.-telb.zn.⟩ ⟨gymnastiek⟩ **0.1** ***(het) paardspringen.***

'horse way ⟨telb.zn.⟩ **0.1** ***ruiterweg/pad.***

'horse·whip[1] ⟨telb.zn.⟩ **0.1** ***rijzweep.***

horsewhip[2] ⟨ov.ww.; →ww. 7⟩ **0.1** ***met een rijzweep afranselen/opjagen/er van langs geven.***

'horse·wom·an ⟨f1⟩ ⟨telb.zn.⟩ **0.1** ***amazone*** ⇒*paardrijdster* **0.2** ***paardenfokster.***

horst [hɔ:st||hɔrst] ⟨telb.zn.⟩ ⟨geol.⟩ **0.1** ***horst.***

hors·y, hors·ey ['hɔ:si||'hɔrsi] ⟨bn.; -er; -ly; -ness; →bijw. 3⟩ **0.1** ***paard(e)-*** ⇒*paardachtig* **0.2** ***paardesport minnend*** ⇒*hippisch, als ruiter uitgemonsterd* **0.3** ***als een paard*** ⇒*grof (gebouwd).*

hor·ta·tion [hɔ:'teɪʃn||hɔr-] ⟨telb. en n.-telb.zn.⟩ **0.1** ***aansporing.***

hor·ta·tive ['hɔ:tətɪv||'hɔrt̬ət̬ɪv], **hor·ta·to·ry** [-tri||-tɔri] ⟨bn.; -ly; →bijw. 3⟩ ⟨schr.⟩ **0.1** ***aan/bemoedigend*** ⇒*opbeurend, stimulerend.*

hor·ten·sia [hɔ:'tensɪə||hɔr-] ⟨telb.zn.⟩ ⟨plantk.⟩ **0.1** ***hortensia*** ⟨Hydrangea hortensia⟩.

hor·ti·cul·tur·al ['hɔ:tɪ'kʌltʃrəl||'hɔrt̬ɪ-] ⟨bn.; -ly⟩ **0.1** ***mbt. de tuinbouw*** **0.2** ***mbt. de hovenierskunst*** ◆ **1.2** a ~ show *een floralia, bloemententoonstelling.*

hor·ti·cul·ture ['hɔ:tɪkʌltʃə||'hɔrt̬ɪkʌltʃər] ⟨f1⟩ ⟨n.-telb.zn.⟩ **0.1** ***tuinbouw*** ⇒*horticultuur* **0.2** ***hovenierskunst*** ⇒*het tuinieren.*

hor·ti·cul·tur·ist ['hɔ:tɪ'kʌltʃrəlɪst||'hɔrt̬ɪ-] ⟨telb.zn.⟩ **0.1** ***tuinbouwer*** ⇒*tuinder* **0.2** ***hovenier*** ⇒*tuinier.*

hor·tus sic·cus ['hɔ:təs 'sɪkəs||'hɔrt̬əs-] ⟨telb.zn.; g.mv.⟩ **0.1** ***hortus siccus*** ⇒*verzameling gedroogde planten, herbarium* **0.2** ⟨fig.⟩ ***droge kost.***

Hos ⟨afk.⟩ Hosea ⟨O.T.⟩ **0.1** ***Hos.***

ho·san·na [hoʊ'zænə] ⟨telb.zn.⟩ **0.1** ***hosanna*** ⇒*gejubel, (ge)halleluja.*

hose[1] [hoʊz] ⟨f2⟩ ⟨zn.; in bet. I hose, vero. ook hosen ['hoʊzn]; →mv. 4⟩
I ⟨telb.zn.⟩ ⟨gesch.⟩ **0.1** ***pofbroek*** **0.2** ***(strakke) broek*** ⇒*maillot* ◆ **1.1** doublet and ~ *wambuis en pofbroek;*

II ⟨telb. en n.-telb.zn.⟩ **0.1** ***(brand/tuin)slang;***
III ⟨mv.; ww. mv.⟩ **0.1** ⟨verz. n. voor⟩ ***kousen, panty's, sokken*** ◆ **1.1** two pairs of ~ *twee paar kousen* **2.1** half ~ *sokken*.
hose² ⟨ov.ww.⟩ **0.1** ***(met een slang) bespuiten*** ⇒⟨i.h.b.⟩ *schoonspuiten* **0.2** ***voorzien v.e. slang*** ⇒*een slang aanbrengen/bevestigen aan*.
'hose-down ⟨telb.zn.⟩ **0.1** ***schoonmaakbeurt***.
hose·man ['hoʊzmən]⟨telb.zn.; hosemen [-mən]; →mv. 3⟩ **0.1** ***pijpleider/voerder*** ⇒*spuitgast*.
'hose·pipe ⟨telb. en n.-telb.zn.⟩ **0.1** ***(brand/tuin)slang***.
ho·sier ['hoʊzɪə‖'hoʊʒər]⟨f1⟩⟨telb.zn.⟩ **0.1** ***verkoper v. kousen/sokken en herenondergoed*** ⇒⟨ong.⟩ *manufacturier*.
ho·sier·y ['hoʊzɪəri‖'hoʊʒəri]⟨f1⟩⟨n.-telb.zn.⟩ **0.1** ***handel in kousen/sokken en herenondergoed*** ⇒⟨ong.⟩ *manufacturenhandel* **0.2** ***kousen/sokken en herenondergoed*** ⇒⟨ong.⟩ *manufacturen*.
hos·pice ['hɒspɪs‖'hɑ-]⟨telb.zn.⟩ **0.1** ***verpleeghuis voor terminale patiënten*** **0.2** ⟨AE⟩ ***wijkverpleger/verpleegster*** ⟨i.h.b. stervensbegeleider/ster⟩ **0.3** ***hospitium*** ⇒*gastenverblijf* ⟨i.h.b. in klooster⟩ **0.4** ⟨vnl. BE⟩ ***arm(en)huis***.
hos·pi·ta·ble ['hɒspɪtəbl, hə'spɪ-‖hɑ'spɪṭəbl, 'hɑspɪ-]⟨f2⟩⟨bn.; -ly; →bijw. 3⟩ **0.1** ***gastvrij*** ⇒*hartelijk, gul*.
hos·pi·tal ['hɒspɪtl‖'hɑspɪṭl]⟨f3⟩⟨telb. en n.-telb.zn.⟩ **0.1** ***ziekenhuis*** ⇒*hospitaal, gasthuis, verpleeginrichting, kliniek* **0.2** ⟨vero.⟩ ***godshuis*** ⇒*(liefdadigheids)gesticht, oudemannen/vrouwenhuis* ◆ **6.1** ⟨BE⟩ be **in** ~, ⟨AE⟩ be **in** the ~ *in het ziekenhuis liggen;* ⟨BE⟩ go **(in)to** ~, ⟨AE⟩ go **to** the ~ *naar het ziekenhuis gaan;* walk the ~s *medicijnen studeren*.
'hospital fever ⟨n.-telb.zn.⟩ **0.1** ***hospitaalkoorts***.
hos·pi·tal·ism ['hɒspɪtəlɪzm‖'hɑspɪṭl-]⟨n.-telb.zn.⟩ **0.1** ***hospitalisme*** ⇒*hospitaalziekte*.
hos·pi·tal·i·ty ['hɒspɪ'tæləti‖'hɑspɪ'tæləṭi]⟨f2⟩⟨n.-telb.zn.⟩ **0.1** ***gastvrijheid*** ⇒*hartelijkheid, gulheid* ◆ **3.1** partake of s.o.'s ~ *bij iem. gastvrijheid genieten*.
hospi'tality room, hospi'tality suite ⟨telb.zn.⟩ **0.1** ***ontvangstkamer***.
hos·pi·tal·i·za·tion, ⟨BE sp. ook⟩ **-sa·tion** ['hɒspɪtəlaɪ'zeɪʃn‖'hɑspɪṭl-]⟨telb. en n.-telb.zn.⟩ **0.1** ***ziekenhuisopname***.
hos·pi·tal·ize, ⟨BE sp. ook⟩ **-ise** ['hɒspɪtəlaɪz‖'hɑspɪṭl-]⟨f1⟩⟨ov.ww.; vnl. pass.⟩ **0.1** ***(laten) opnemen in een ziekenhuis*** ◆ **6.1** I've been ~d **for** a year now *ik lig nu al een jaar in het ziekenhuis*.
Hos·pi·tal·ler, ⟨AE sp. ook⟩ **Hos·pi·tal·er** ['hɒspɪtələ‖'hɑspɪṭlər]⟨telb.zn.⟩ **0.1** ***johannieter(ridder)*** ⇒*hospitaalridder, Maltezer ridder* **0.2** ⟨BE⟩ ***ziekenhuiskapelaan/geestelijke***.
'hospital ship ⟨telb.zn.⟩ **0.1** ***hospitaalschip***.
'hospital train ⟨telb.zn.⟩ **0.1** ***hospitaaltrein*** ⇒*ambulancetrein*.
hoss [hɒs‖hɔs]⟨telb.zn.⟩⟨vnl. AE; inf.⟩ **0.1** ***knol*** ⇒*paard*.
host¹ [hoʊst]⟨f3⟩⟨zn.⟩
I ⟨telb.zn.⟩ **0.1** ***gastheer*** ⟨ook biol.⟩ **0.2** ⟨BE⟩ ***waard*** ⇒*herbergier, kastelein* **0.3** ⟨ook H-⟩⟨relig.⟩ ***(heilige) hostie*** ⇒*offerbrood* **0.4** ⟨verk.⟩ ⟨host computer⟩ ◆ **3.1** act as ~, be ~ (to) *als gastheer optreden (voor), ontvangen* **3.¶** reckon without one's ~ *buiten de waard rekenen* **7.2** ⟨vero.⟩ mine ~ *de waard;*
II ⟨verz.n.⟩ **0.1** ***massa*** ⇒*menigte* ◆ **4.1** that man is a ~ in himself *die man telt/werkt voor drie* **6.1** ~s **of** tourists *horden/massa's toeristen*.
host² ⟨ov.ww.⟩ **0.1** ***ontvangen*** ⇒*onthalen, optreden als gastheer voor/bij/op, onderdak bieden aan* ◆ **1.1** ~ a television programme *een televisieprogramma presenteren*.
hos·ta ['hɒstə‖'hoʊstə]⟨telb.zn.⟩⟨plantk.⟩ **0.1** ***hosta*** ⇒*funkia* ⟨genus Hosta⟩.
hos·tage ['hɒstɪdʒ‖'hɑ-]⟨f1⟩⟨zn.⟩⟨→sprw. 273⟩
I ⟨telb.zn.⟩ **0.1** ***gijzelaar*** ⇒*gegijzelde* **0.2** ***(onder)pand*** ⇒*waarborg, garantie* ◆ **3.1** take s.o. ~ *iem. gijzelen* **3.¶** give ~s to fortune/time *de fortuin gijzelaars verschaffen* ⟨i.h.b. door het hebben van vrouw, kind⟩; ⟨ong.⟩ *zichzelf de handen binden, zich een blok aan het been binden, zich in een kwetsbare positie plaatsen;*
II ⟨n.-telb.zn.⟩ **0.1** ***gijzeling***.
hos·tage·ship ['hɒstɪdʒʃɪp‖'hɑ-]⟨n.-telb.zn.⟩ **0.1** ***gijzeling***.
'hostage taker ⟨telb.zn.⟩ **0.1** ***gijzelnemer***.
'host com'puter ⟨telb.zn.⟩⟨comp.⟩ **0.1** ***centrale computer*** ⇒*gastheercomputer*.
'host country ⟨telb.zn.⟩ **0.1** ***gastland***.
hos·tel¹ ['hɒstl‖'hɑstl]⟨f1⟩⟨telb.zn.⟩ **0.1** ⟨vnl. BE⟩ ***tehuis*** ⇒*studentenhuis, hospitium, pension* **0.2** ***jeugdherberg*** **0.3** ⟨vero.⟩ ***herberg***.
hostel² ⟨onov.ww.; →ww. 7⟩ **0.1** ***in jeugdherbergen overnachten*** ⇒*van jeugdherberg naar jeugdherberg trekken*.
hos·tel·ler, ⟨AE sp. ook⟩ **hos·tel·er** ['hɒstlə‖'hɑstlər]⟨telb.zn.⟩ **0.1** ***trekker*** ⇒*iem. die jeugdherbergen afreist* **0.2** ⟨vero.⟩ ***herbergier***.
hos·tel·ry ['hɒstlri‖'hɑ-]⟨telb.zn.; →mv. 2⟩⟨vero.⟩ **0.1** ***herberg***.
host·ess ['hoʊstɪs]⟨f2⟩⟨telb.zn.⟩ **0.1** ***gastvrouw*** **0.2** ***hostess*** ⇒*gastvrouw* **0.3** ⟨vnl. BE⟩ ***stewardess*** ◆ **3.1** act as ~ *als gastvrouw optreden, ontvangen*.
hos·tile¹ ['hɒstaɪl‖'hɑstl]⟨telb.zn.⟩ **0.1** ***vijand(ige)***.
hostile² ⟨f3⟩⟨bn.; -ly⟩ **0.1** ***vijandelijk*** **0.2** ***vijandig*** ⇒*onvriendelijk* ◆ **1.1** ~ forces *vijandelijke troepen* **1.2** a ~ reception *een kille ontvangst;* ~ witness *onwillige getuige* ⟨die vijandig staat tegen de partij die hem oproept⟩ **6.2** ~ **to** change *afkerig van verandering, conservatief*.
hos·til·i·ty [hɒ'stɪləti‖hɑ'stɪləṭi]⟨f2⟩⟨zn.; →mv. 2⟩
I ⟨telb.zn.⟩ **0.1** ***vijandelijkheid*** ⇒*vijandige daad;*
II ⟨n.-telb.zn.⟩ **0.1** ***vijandschap*** ⇒*vijandigheid, afkerigheid* ◆ **6.1** ~ **to** *afkerigheid van, vijandigheid tegenover;*
III ⟨mv.; hostilities⟩ **0.1** ***vijandelijkheden*** ⇒*gevecht(shandelingen)*.
hos·tler ['(h)ɒslə‖'(h)ɑslər]⟨telb.zn.⟩ **0.1** ***stalknecht*** ⟨v. herberg⟩ **0.2** ⟨AE⟩ ***remiseknecht/hulp*** **0.3** ⟨AE⟩ ***onderhoudsman/monteur***.
'host plant ⟨telb.zn.⟩ **0.1** ***gastheer(plant)***.
hot¹ [hɒt‖hɑt]⟨f4⟩⟨bn.; hotter; -ness; →compar. 7⟩ **0.1** ⟨ben. voor⟩ ***heet*** ⇒*warm, gloeiend; scherp(smakend/gekruid), pikant, gepeperd; vurig, gloedvol, hartstochtelijk; heetgebakerd, (licht) ontvlambaar;* ⟨inf.⟩ *geil, hitsig, opgewonden;* ⟨inf.⟩ *geil, pikant, levendig, opwindend; recent, vers, heet (v.d. naald)* ⟨v. nieuws⟩; ⟨inf.; tech.⟩ *radioactief* **0.2** ***vers*** ⟨v. spoor⟩ **0.3** ⟨sl.⟩ ***(pas) gestolen/gejat*** ⇒*link* ⟨want nog gezocht door de politie⟩ **0.4** ⟨sl.⟩ ***gezocht*** ⟨v. pers.⟩ **0.5** ***hot*** ⟨v. jazz⟩ ⇒*opwindend, swingend* **0.6** ⟨elek.⟩ ***onder spanning*** **0.7** ⟨sl.⟩ ***flitsend*** ⇒*(super)snel* **0.8** ⟨sl.⟩ ***gelukkig*** ⇒*succesvol, mazzelend, zwijnend* **0.9** ⟨sl.⟩ ***geweldig*** ⇒*fantastisch, te gek, prima* **0.10** ⟨BE; inf.⟩ ***net uitgegeven*** ⇒*nieuw* ⟨v. schatkistpromesse⟩ **0.11** ⟨sport⟩ ***moeilijk*** ⇒*lastig* ⟨v. bal⟩ ◆ **1.1** ~ blast *heteluchtstoot* ⟨in hoogoven⟩; ~ cross bun *(warm) kruisbroodje* ⟨gegeten op Goede Vrijdag⟩; ~ cathode *gloeikathode;* ⟨AE⟩ ~ cereal *(havermout)pap;* ⟨vnl. mv.⟩ ~ flush, ⟨vnl. AE⟩ ~ flash *opvlieger, opvlieging, vapeur;* ⟨sl.⟩ ~ number *hete meid/bliksem;* ~ off the press *vers v.d. pers;* ⟨jur., pol.⟩ ~ pursuit *hot pursuit* ⟨achtervolging tot over de grens⟩; a bankrobber with two policemen in ~ pursuit *een bankrover met twee agenten op zijn hielen/in een wilde achtervolging;* ~ spring *heet/warmwaterbron;* ~ well *warm/heetwaterbron;* ⟨tech.⟩ *condensaatbak* **1.9** ~ mamma *einde/moordwijf* **1.¶** ⟨inf.⟩ ~ air *blabla, gezwets, bluf;* he talks a lot of ~ air *hij zwetst enorm;* like a cat on ~ bricks *benauwd, niet op zijn gemak;* ~ cake *pannekoek;* those new shoes sell like ~ cakes *die nieuwe schoenen vliegen als warme broodjes de winkel uit/gaan grif van de hand;* ⟨inf.⟩ I've had more cars than you've had ~ dinners *ik had al een auto toen jij nog in de wieg lag;* ~ cockles ⟨ong.⟩ *blindemannetje;* get ~ under the collar *rood aanlopen, in drift/woede ontsteken, opvliegen;* ⟨mil.; pol.⟩ ~ corner *kritiek(e) plaats/gebied;* the ~ favourite *de grote favoriet, de gedoodverfde winnaar;* ~ gospeller *fanatieke puritein/propagandist, pilaarbijter;* be ~ on s.o.'s heels *iem. op de hielen zitten;* ⟨inf.⟩ ~ grease *(dreigende/verwachte) moeilijkheden;* strike while the iron is ~ *het ijzer smeden als het heet is;* ~ money *hot money, vluchtkapitaal, speculatiegeld;* a ~ potato *een heet hangijzer;* drop s.o./sth. like a ~ potato/coal *iem. als een baksteen laten vallen, iem. (plotseling) niet meer zien staan/haastig ergens de handen vanaf trekken, zich er ineens niet meer mee bemoeien;* ⟨AE⟩ like a cat on a ~ tin roof *benauwd, niet op zijn gemak;* ⟨jacht⟩ ~ scent *vers spoor;* ⟨inf.⟩ ~ stuff *expert, kei; lefgozer, bink; patser; eerste keus, topkwaliteit, prima spul; sensationeel/opwindend vermaak; (harde) porno; poet, buit, gestolen goed; stoot, stuk spetter;* ⟨sl.⟩ ~ tamale *hete meid/bliksem;* give s.o. a ~ time of it *iem. er flink van langs geven;* have a ~ time *het zwaar te verduren hebben;* be ~ on s.o.'s track/trail *iem. na op het spoor zijn/op de hielen zitten;* ~ tub *wervelbad;* ~ war *oorlog, een gewapende strijd* ⟨tgo. koude oorlog⟩; be in/get into ~ water *in moeilijkheden zijn/raken, in de problemen zitten/raken;* ⟨inf.⟩ ~ wire *(goed) nieuws* **2.1** ~ and cold *warm en koud (stromend water);* go ~ and cold *het (beurtelings) warm en koud krijgen* **3.1** ~ and bothered *geërgerd, geagiteerd, geprikkeld;* am I getting ~? *word ik warm?* ⟨al radend⟩ **3.¶** make it/the place/things (too) ~ for s.o. *iem. het leven zuur maken/het vuur na aan de schenen leggen* **4.¶** ⟨inf.⟩ ~ one *giller, dijenkletser;* that's a ~ one! *da's een goeie!* **5.9** not so ~ *niet zo goed/geweldig/flitsend* **6.1** ⟨sl.⟩ ~ **for** *geil op* **6.¶** ~ **for** change *gebrand op een verandering;* ~ **on** s.o. *streng tegen iem.;* ~ **on** theatre *gek op theater;* ~ **on** astrology *bedreven in astrologie*.
hot² ⟨bw.⟩ **0.1** ***heet*** **0.2** ***boos*** **0.3** ***verlangend*** ⇒*gretig* ◆ **3.¶** blow ~ and cold *nu eens voor dan weer tegen zijn;* give it s.o. ~ (and strong) *iem. er flink van langs geven*.
hot-'air balloon ⟨telb.zn.⟩ **0.1** ***heteluchtballon***.
'hot·bed ⟨f1⟩⟨telb.zn.⟩ **0.1** ***broeikas*** **0.2** ***broeinest***.
'hot'blood·ed ⟨f1⟩⟨bn.; ook hotterblooded; -ness; →compar. 7⟩ **0.1**

warmbloedig ⇒*vurig, hartstochtelijk* **0.2** ***opvliegend*** ⇒*heetgebakerd/hoofdig* **0.3** ***onbesuisd*** ⇒*overmoedig*.
'hot-bread shop ⟨telb.zn.⟩ **0.1** ***warme bakker***.
hotch·potch ['hɒtʃpɒtʃ||'hɑtʃpɑtʃ], ⟨in bet. 0.1 AE vnl.⟩ **hodge·podge** ['hɒdʒpɒdʒ||'hɑdʒpɑdʒ], ⟨in bet. 0.2 vnl.⟩ **hotch·pot** ['hɒtʃpɒt||'hɑtʃpɑt]⟨f1⟩⟨telb.zn.⟩ **0.1** ***hutspot*** ⇒*ratjetoe;* ⟨fig.⟩ *mengelmoes, warboel, allegaartje, rommeltje* **0.2** ⟨jur.⟩⟨ong.⟩ ***boedelvereniging*** ⇒*inbreng(ing)*.
'hot·dog ⟨ww.⟩ →hotdogging
I ⟨onov.ww.⟩ **0.1** ⟨skiën⟩ ***vrije stijl skiën*** **0.2** ⟨AE; sl.⟩ ***op de tribune/het publiek spelen;***
II ⟨ov.ww.⟩⟨AE; sl.⟩ **0.1** ***goed doen uitkomen*** ⇒*voordelig tonen*.
'hot dog ⟨f1⟩⟨telb.zn.⟩ **0.1** ***hotdog*** ⇒*worstbroodje* **0.2** ⟨AE; sl.⟩ ***(top/show/stunt)atleet*** ⇒*duivelskunstenaar* ◆ **¶.¶** ~! *prima!, schitterend!, te gek!, wauw!*.
'hot·dog·ger ⟨telb.zn.⟩⟨skiën⟩ **0.1** ***vrije-stijl-skiër***.
'hot·dog·ging ⟨n.-telb.zn.; gerund v. hotdog⟩⟨skiën⟩ **0.1** ***(het) vrije-stijl-skiën***.
ho·tel ['hoʊ'tel]⟨f3⟩⟨telb.zn.⟩ **0.1** ***hotel*** **0.2** ⟨Austr. E⟩ ***café*** ⇒*bar, pub, kroeg;* ⟨bij uitbr.⟩ *slijterij*.
ho'tel car ⟨telb.zn.⟩⟨AE⟩ **0.1** ***restauratiewagen***.
ho'tel chain ⟨f1⟩⟨telb.zn.⟩ **0.1** ***hotelketen***.
ho·tel·ier [hoʊ'telieɪ||-ɪər]⟨telb.zn.⟩⟨vnl. BE⟩ **0.1** ***hotelier***.
ho'tel·keep·er ⟨f1⟩⟨telb.zn.⟩ **0.1** ***hotelhouder*** ⇒*hotelier*.
'hot·foot[1] ⟨onov.ww.⟩ **0.1** ***zich haasten*** ⇒*(weg)rennen, stuiven, scheuren* ◆ **4.1** ~ it *zich haasten, (weg)rennen*.
'hot'foot[2] ⟨bw.⟩ **0.1** ***in grote haast*** ⇒*als de gesmeerde bliksem, hals over kop, spoorslags, vliegensvlug*.
'hot-'gos·pel·ler, ⟨AE sp.⟩ **'hot-'gos·pel·er** ⟨telb.zn.⟩⟨inf.⟩ **0.1** ***vurig evangelist*** ⇒*verwoede propagandist*.
'hot·head ⟨telb.zn.⟩ **0.1** ***heethoofd*** ⇒*driftkop*.
'hot'head·ed ⟨f1⟩⟨bn.; -ly; -ness⟩ **0.1** ***heethoofdig*** ⇒*onstuimig, opvliegend, driftig*.
'hot·house ⟨f1⟩⟨telb.zn.⟩ **0.1** ***(broei)kas***.
'hothouse effect ⟨telb.zn.⟩ **0.1** ***broeikaseffect***.
'hothouse plant ⟨telb.zn.⟩ **0.1** ***kasplant(je)*** ⟨vnl. fig.⟩.
hot iron →hot rod.
'hot·key ⟨telb.zn.⟩⟨comp.⟩ **0.1** ***hotkey*** ⇒*snelle toets* ⟨om ander programma tegelijkertijd te kunnen gebruiken⟩.
'hot line ⟨f1⟩⟨telb.zn.⟩ **0.1** ***hot line*** ⇒*directe (telefoon)verbinding* **0.2** ***telefonische hulpdienst***.
'hot·lin·er ⟨telb.zn.⟩⟨Can. E⟩ **0.1** ***presentator/trice v. opbelprogramma***.
hot·ly ['hɒtli||'hɑtli]⟨bw.⟩ **0.1** →hot **0.2** ***vurig*** ⇒*fel* **0.3** ***verhit***.
HOTOL [hoʊ'tɒl||-'tɔl, -'tɑl]⟨afk.⟩ Horizontal Take-off and Landing.
'hot pants ⟨mv.⟩ **0.1** ***hot pants*** **0.2** ⟨sl.⟩ ***geilheid*** **0.3** ⟨sl.⟩ ***seksmaniak***.
'hot 'pepper ⟨zn.⟩
I ⟨telb.zn.⟩⟨plantk.⟩ **0.1** ***tjabé rawit*** ⟨Capsicum frutescens⟩;
II ⟨n.-telb.zn.⟩⟨cul.⟩ **0.1** ***cayennepeper***.
'hot plate ⟨telb.zn.⟩ **0.1** ***kookplaat(je)*** ⇒*warmhoudplaat(je)*.
'hot·pot ⟨telb. en n.-telb.zn.⟩ **0.1** ***jachtschotel***.
'hot-press[1] ⟨telb.zn.⟩ **0.1** ***kalander*** ⇒*satineerkalander/pers* ⟨voor papier⟩, *glans/frictiekalander* ⟨voor textiel⟩.
hot-press[2] ⟨ov.ww.⟩ **0.1** ***kalanderen*** ⇒*satineren, glanzen*.
'hot rod, 'hot iron, ⟨in bet. 0.2 ook⟩ **hot rodder** ⟨telb.zn.⟩⟨AE; sl.⟩ **0.1** ***opgevoerde auto*** ⇒*scheurijzer, stock car* **0.2** ***bestuurder/liefhebber v. opgevoerde auto's***.
'hot-rod ⟨onov.ww.⟩ **0.1** ***met opgefokte motor rijden***.
hots [hɒts||hɑts]⟨mv.; the⟩⟨AE; inf.⟩ **0.1** ***verliefdheid*** **0.2** ***geilheid*** ⇒*zin* ◆ **3.1, 3.2** have got the ~ for *verkikkerd zijn op, houden van, vallen op; geilen op*.
'hot seat ⟨n.-telb.zn.; the⟩ **0.1** ⟨sl.⟩ ***elektrische stoel*** **0.2** ⟨sl.⟩ ***getuigenbank*** **0.3** ⟨inf.⟩ ***moeilijke/verantwoordelijke positie*** ⟨vanwaaruit belangrijke beslissingen moeten worden genomen⟩.
'hot-sel·ling ⟨bn.⟩ **0.1** ***als warme broodjes verkopend***.
'hot'short ⟨bn.⟩ **0.1** ***warmbros*** ⟨v. metaal⟩.
'hot·shot[1] ⟨f1⟩⟨telb.zn.⟩ **0.1** ⟨sl.⟩ ***uitblinker*** ⇒*crack, kei, kraan, succes, lefgozer, patser* **0.2** ***doorgaande vrachttrein*** ⇒*non-stopvrachttrein* **0.3** ⟨sl.⟩ ***(laatste) nieuws*** ⇒*nieuws/informatie heet v.d. naald*.
hotshot[2] ⟨bn.⟩⟨sl.⟩ **0.1** ***kundig*** ⇒*bekwaam* **0.2** ***verwaand*** ⇒*eigenwijs, onverantwoordelijk*.
'hot spot ⟨telb.zn.⟩ **0.1** ***kritiek(e) gebied/plek*** **0.2** ***netelige situatie*** **0.3** ⟨sl.⟩ ***(populaire) nachtclub***.
'hot·spur ⟨telb.zn.⟩ **0.1** ***heethoofd*** ⇒*driftkop*.
'hot-'tem·pered ⟨f1⟩⟨bn.; ook hotter-tempered; →compar. 7⟩ **0.1** ***heetgebakerd/hoofdig*** ⇒*kortaangebonden, opvliegend*.
Hot·ten·tot ['hɒtntɒt||'hɑtntɑt]⟨zn.; ook Hottentot; →mv. 4⟩
I ⟨eig.n.⟩ **0.1** ***Hottentots*** ⇒*de Hottentotse taal;*
II ⟨telb.zn.⟩ **0.1** ***Hottentot***.
'hot tray ⟨telb.zn.⟩ **0.1** ***(elektrisch) warmhoudplaat(je)*** ⇒*réchaud*.
'hot 'up ⟨ww.; →ww. 7⟩⟨vnl. BE; inf.⟩
I ⟨onov.ww.⟩ **0.1** ***warm(er)/hevig(er) worden*** ⇒*in een gevaarlijk/kritiek stadium komen, verergeren, verhit raken;*
II ⟨ov.ww.⟩ **0.1** ***verwarmen*** ⇒*intensiveren, verhevigen*.
hot-'wa·ter bottle, ⟨AE ook⟩ **hot-'wa·ter bag** ⟨f1⟩⟨telb.zn.⟩ **0.1** ***kruik*** ⇒*warmwaterzak*.
hot-'wa·ter heat·ing ⟨n.-telb.zn.⟩ **0.1** ***heetwaterverwarming***.
'hot-wire[1] ⟨bn., attr.⟩⟨tech.⟩ **0.1** ***hittedraad-*** ⟨meter⟩.
hot-wire[2] ⟨ov.ww.⟩⟨sl.⟩ **0.1** ***aan de praat krijgen*** ⟨auto; zonder contactsleutel⟩.
hou'ba·ra 'bustard [hu:'bɒrə||-'bɑrə]⟨telb.zn.⟩⟨dierk.⟩ **0.1** ***kraagtrap*** ⟨Chlamydotis undulata⟩.
houdah →howdah.
hough[1] [hɒk||hɑk]⟨telb.zn.⟩ **0.1** ***(stuk vlees v.) hak*** ⇒*spronggewricht*.
hough[2] ⟨ov.ww.⟩ **0.1** ***de hakpezen doorsnijden***.
hound[1] [haʊnd]⟨f3⟩⟨zn.⟩
I ⟨telb.zn.⟩ **0.1** ***(jacht)hond*** ⇒*brak, windhond* **0.2** ⟨pej.⟩ ***hond (svot)*** **0.3** ⟨in samenst.⟩ ***liefhebber*** ⇒*jager, fanaat* **0.4** ***doornhaai*** **0.5** ⟨scheep.⟩ ***(mast)wang*** ◆ **3.1** follow the/ride to ~s *jagen, op (vosse)jacht gaan/zijn;*
II ⟨mv.; ~s⟩ **0.1** ***troep jachthonden*** ⇒*meute* **0.2** ⟨AE; inf.⟩ ***kakkies*** ⇒*voeten, poten* ◆ **¶.¶** ⟨AE; inf.⟩ ~s! *schitterend!, geweldig!, prima!*.
hound[2] ⟨f1⟩⟨ov.ww.⟩ **0.1** ***(met jachthond(en)) jagen op*** ⇒⟨ook fig.⟩ *nazitten, najagen, achtervolgen* **0.2** ***opjagen*** ⇒*aandrijven, belagen, teisteren, niet met rust laten, lastigvallen* ◆ **5.2** ⟨inf.⟩ be ~ed **out** by envious colleagues *door jaloerse collega's weggewerkt/gewipt/weggetreiterd worden* **6.¶** ~ a detective **at** s.o. *iem. laten volgen/iemands gangen laten nagaan door een detective*.
'hound's-tongue ⟨telb.zn.⟩⟨plantk.⟩ **0.1** ***hondstong*** ⟨Cynoglossum officinale⟩.
'hound's-tooth, 'hound's-tooth 'check ⟨n.-telb.zn.⟩⟨conf.⟩ **0.1** ***pied de poule*** ⇒*pied de cocq*.
hour ['aʊə||'aʊər]⟨f4⟩⟨zn.⟩⟨→sprw. 97, 377, 565⟩
I ⟨telb.zn.⟩ **0.1** ***uur*** **0.2** ⟨ster.⟩ ***uur*** ⟨15°⟩ **0.3** ***moment*** ⇒*huidige tijd, periode* ◆ **1.3** the questions of the ~ *de vraagstukken v.h. moment, de huidige problemen* **2.1** a late ~ *(op een) laat (tijdstip), diep in de nacht* **3.3** the ~ has come *de tijd is gekomen, het is zover* **3.¶** improve each/the shining ~ *zijn tijd zo goed mogelijk gebruiken;* ⟨ong.⟩ *de tijd vliegt snel, gebruikt hem wel* **6.1** **after** ~s *na sluitings/kantoortijd;* 24 ~s **from** Tulsa *24 uur (reizen) van Tulsa;* **on** the ~ *op het hele uur/het heel/de hele uren;* **out of** ~s *buiten de normale uren/kantooruren* **7.1** at all ~s *de gehele tijd, voortdurend;* till all ~s *tot diep in de nacht;* at the eleventh ~ *ter elfder ure;* a half ~ *een half uur(tje);* the ~ *de tijd; het hele uur;* what is the ~? *hoe laat is het?;* the train leaves every ~ on the ~ *de trein gaat elk heel uur/op de hele uren;* 1500 ~s *15.00, drie uur ('s middags);*
II ⟨mv.; ~s⟩⟨relig.⟩ **0.1** ***(canonieke) uren*** ⇒*getijden* ◆ **1.1** book of ~s *getijdenboek*.
'hour angle ⟨telb.zn.⟩⟨ster.⟩ **0.1** ***uurhoek***.
'hour circle ⟨telb.zn.⟩⟨ster.⟩ **0.1** ***uurcirkel*** ⇒*declinatiecirkel*.
'hour·glass ⟨f1⟩⟨telb.zn.⟩ **0.1** ***uurglas*** ⇒*zandloper*.
'hour hand ⟨f1⟩⟨telb.zn.⟩ **0.1** ***kleine wijzer*** ⇒*uurwijzer*.
hou·ri ['hʊəri||'hʊri]⟨telb.zn.⟩⟨koran⟩ **0.1** ***hoeri*** ⇒*eeuwig jonge maagd*.
'hour-'long ⟨bn.; bw.⟩ **0.1** ***één uur (durend)***.
hour·ly[1] ['aʊəli||'aʊərli]⟨f1⟩⟨bn.⟩ **0.1** ***uurlijks*** ⇒*ieder uur (plaatsvindend)* **0.2** ***veelvuldig*** ⇒*frequent, herhaald, voortdurend, van uur tot uur* **0.3** ***uur-*** ⇒*per uur* ◆ **1.3** ~ pay *uurloon*.
hourly[2] ⟨f1⟩⟨bw.⟩ **0.1** ***uurlijks*** ⇒*ieder uur, eens in het uur* **0.2** ***veelvuldig*** ⇒*frequent, herhaald, voortdurend, van uur tot uur* **0.3** ***elk moment***.
'hour·ly-'paid ⟨bn.⟩ **0.1** ***per uur betaald***.
'hour wheel ⟨telb.zn.⟩ **0.1** ***uurrad***.
house[1] [haʊs]⟨f4⟩⟨zn.; houses ['haʊzɪz]; →mv. 3⟩⟨→sprw. 306, 453, 683⟩
I ⟨eig.n.; the⟩ **0.1** ***het Witte Huis;***
II ⟨telb.zn.⟩ **0.1** ⟨ben. voor⟩ ***huis*** ⇒*woning, behuizing; (handels)huis, zaak, firma; (studenten)huis; klooster, convent;* ⟨vnl. in samenstellingen⟩ *hok, stal, schuur, gebouw, (pak)huis, (eet/koffie/enz.) huis(je)* **0.2** ⟨ook H-⟩ ***(gebouw v.) volksvertegenwoordiging*** ⇒*kamer, huis, quorum* **0.3** ⟨ook H-⟩ ***raad*** ⇒*vergadering* **0.4** ⟨ook H-⟩ ***(vorstelijk/adellijk) geslacht*** ⇒*(konings/vorsten) huis, adellijke familie* **0.5** ***(bioscoop/schouwburg)zaal*** ⇒*voorstelling* **0.6** ⟨astr.⟩ ***huis*** ⇒*teken v.d. dierenriem, sterrenbeeld* **0.7** ***(afdeling v.) internaat*** ⇒*schoolafdeling* ⟨bij sportevenementen⟩ **0.8** ⟨AE; sl.⟩ ***bordeel*** ⇒*hoerenkast* **0.9** ⟨BE; gew.⟩ ***woonkamer/keuken*** ◆ **1.1** ~ of call *(huis v.) aanleg; huis v. aanloop; huis v. na-*

vraag; bodehuis; trefpunt; ~ of cards *kaartenhuis* ⟨ook fig.⟩; ⟨vero.; euf.⟩ ~ of correction *verbeteringsgesticht, verbeterhuis, gevangenis;* ~ of detention *huis v. bewaring;* ~ of God *godshuis, huis des Heren, kerk;* ~ and home *huis en haard/hof;* eat s.o. out of ~ and home *iem. de oren v.h. hoofd eten;* ~ of prayer *bedehuis, godshuis, kerk;* ~ of refuge *toevluchtsoord, tehuis;* ⟨i.h.b.⟩ *tehuis voor onbehuisden* **1.2** the House of Commons *het Lagerhuis, het Huis der Gemeenten;* the House of Keys *House of Keys, Lagerhuis (v.h. eiland Man);* the House of Lords *het Hogerhuis, het Huis der Lords;* the Houses of Parliament *het parlement; de parlementsgebouwen;* the House of Representatives *het Huis v. Afgevaardigden* **1.4** the House of Windsor *Het Huis Windsor, het Britse koningshuis;* the House of York *Het Huis York* ⟨Brits koningshuis v. Edward IV tot Richard III⟩ **1.5** is there a doctor in the ~? *is er een dokter in de zaal?* **1.6** the House of the Capricorn *het sterrenbeeld Steenbok* **1.¶** like a ~ on fire *krachtig; (vliegens)vlug; prima, uitstekend;* bow down in the ~ of Rimmon *inbinden, zijn overtuiging verloochenen* **2.5** the next ~ starts at eight o'clock *de volgende voorstelling begint om acht uur* **3.1** keep (to) the ~ *thuisblijven, binnen blijven, niet buiten de deur/de deur niet uit komen;* ⟨BE⟩ move ~ *verhuizen;* ⟨fig.⟩ put/set one's ~ in order *orde op zaken stellen, schoon schip maken;* set up ~ *op zichzelf/zelfstandig gaan wonen* **3.2** enter the House *parlementslid worden;* keep/make a House *het quorum bijeenhouden/brengen* **3.5** ⟨fig.⟩ bring down the ~/the ~ down *staande ovaties oogsten, furore maken, de zaal doen afbreken* **3.¶** count the House (of Commons) out *de zitting v.h. Lagerhuis verdagen* ⟨als het quorum van 40 niet aanwezig is⟩; keep ~ *(het) huishouden (doen);* play ~ *vadertje en moedertje spelen* **6.1 on** the ~ *v.h. huis, (rondje) v.d. zaak* **7.1** ⟨BE⟩ the House *Christ Church (College)* ⟨te Oxford⟩ **7.2** the House ⟨BE⟩ *het (Lager/Hoger)huis;* ⟨AE⟩ *het Huis (v. Afgevaardigden)* **7.¶** ⟨BE⟩ the House ⟨inf.⟩ *de (effecten)beurs;*

III ⟨n.-telb.zn.⟩ **0.1** ⟨BE; sl.⟩ ⟨soort⟩ ***kien/lottospel.***

house[2] [hauz] ⟨f3⟩ ⟨ww.⟩ → housing

I ⟨onov.ww.⟩ **0.1** ***wonen*** ⇒*huizen, verblijven* ◆ **6.¶** ⟨sl.⟩ ~ **around** *lummelen, rondslenteren;*

II ⟨ov.ww.⟩ **0.1** ***huisvesten*** ⇒*onderbrengen, herbergen, onderdak bieden aan* **0.2** ***(op)bergen*** ⇒*opslaan* **0.3** ***inlaten*** ⇒*in(elkaar) voegen.*

'house agent ⟨telb.zn.⟩ ⟨BE⟩ **0.1** ***makelaar (in onroerend goed)*** **0.2** ***huurophaler.***

'house arrest ⟨f1⟩ ⟨n.-telb.zn.⟩ **0.1** ***huisarrest.***

'house·boat ⟨telb.zn.⟩ **0.1** ***woonboot.***

'house·bod·y ⟨telb.zn.⟩ ⟨AE⟩ **0.1** ***huismus*** ⇒*huiselijk iem..*

'house·bound ⟨bn.⟩ **0.1** ***aan huis gebonden*** ⇒*thuiszittend.*

'house·boy ⟨telb.zn.⟩ **0.1** ***(huis)knecht.***

'house·break·er ⟨f1⟩ ⟨telb.zn.⟩ **0.1** ***inbreker*** ⇒*insluiper* ⟨i.h.b. bij daglicht⟩ **0.2** ⟨BE⟩ ***sloper.***

'house·break·ing ⟨n.-telb.zn.⟩ **0.1** ***(in)braak*** ⇒*het inbreken* **0.2** ***sloop.***

'house·bro·ken, 'house·broke ⟨bn.⟩ ⟨AE⟩ **0.1** ***zindelijk*** ⟨v. huisdier, baby⟩ ⇒ ⟨bij uitbr.⟩ *getemd, tam, aangepast, gedresseerd.*

house·carl(e) ['hauskɑ:l‖-karl] ⟨telb.zn.⟩ ⟨gesch.⟩ **0.1** ***lijfwacht.***

'house cleaning ⟨n.-telb.zn.⟩ ⟨sl.⟩ **0.1** ***grondige reorganisatie*** ⇒*grote schoonmaak* ⟨v. bedrijf, e.d.⟩.

'house·coat ⟨telb.zn.⟩ **0.1** ***ochtendjas*** ⇒*duster, peignoir.*

'house·craft ⟨n.-telb.zn.⟩ ⟨BE⟩ **0.1** ***huishoudkunde.***

'house cricket ⟨telb.zn.⟩ ⟨dierk.⟩ **0.1** ***huiskrekel*** ⟨Acheta domestica⟩.

'house·dog ⟨telb.zn.⟩ **0.1** ***waakhond*** ⇒*huishond.*

'house dove ⟨telb.zn.⟩ ⟨dierk.⟩ **0.1** ***huisduif*** ⟨Columba domestica⟩.

'house·fa·ther ⟨telb.zn.⟩ **0.1** ***(wees)huisvader.***

'house flag ⟨telb.zn.⟩ **0.1** ***kantoor/maatschappij/rederijvlag.***

'house·fly ⟨telb.zn.⟩ ⟨dierk.⟩ **0.1** ***(huis/kamer)vlieg*** ⟨Musca domestica⟩.

'house·frau ['hausfrau] ⟨telb.zn.⟩ ⟨sl.⟩ **0.1** ***(huis)sloof*** **0.2** ***goede/degelijke huisvrouw.***

house·ful ['hausful] ⟨telb.zn.⟩ **0.1** ***huis vol/met.***

'house·guest ⟨telb.zn.⟩ **0.1** ***logé(e).***

house·hold ['haushould] ⟨f3⟩ ⟨verz.n.⟩ **0.1** ***(de gezamenlijke) huisbewoners/genoten*** ⇒*huisgezin* ◆ **7.1** ⟨BE⟩ the ~ *de (koninklijke) hofhouding, het huis.*

'household 'arts ⟨mv.⟩ ⟨AE⟩ **0.1** ***huishoudkunde.***

'household bri'gade ⟨telb.zn.; vaak H- B-⟩ **0.1** ***(koninklijke) garde*** ⇒*lijfwacht.*

'household 'budget ⟨telb.zn.⟩ **0.1** ***huishoudbudget.***

house·hold·er ['haushouldə‖-ər] ⟨f1⟩ ⟨telb.zn.⟩ **0.1** ***gezinshoofd*** ⇒*huishouder.*

'household 'franchise, 'household 'suffrage ⟨n.-telb.zn.⟩ ⟨gesch.⟩ **0.1** ***huismanskiesrecht.***

'household 'gods ⟨mv.⟩ **0.1** ***huisgoden*** ⟨ook fig.⟩.

'household 'management ⟨n.-telb.zn.⟩ **0.1** ***huishoudkunde*** ⇒*huishouding.*

'household 'troops ⟨mv.⟩ **0.1** ***koninklijke garde*** ⇒*paleisgarde/wacht.*

'household 'word, 'household 'name ⟨f1⟩ ⟨telb.zn.⟩ **0.1** ***begrip*** ⇒*gangbare term/uitdrukking, bekend(e) woord/gezegde/naam* ◆ **3.1** it has become a ~ *het is een begrip geworden.*

'house·hunt·ing ⟨n.-telb.zn.⟩ **0.1** ***huizenjacht*** ⇒*het zoeken naar een huis.*

'house·hus·band ⟨telb.zn.⟩ ⟨AE⟩ **0.1** ***huisman*** ⇒*man die het huishouden doet.*

'house·keep ⟨onov.ww.⟩ ⟨inf.⟩ **0.1** ***(het) huishouden (doen).***

'house·keep·er ⟨f2⟩ ⟨telb.zn.⟩ **0.1** ***huishoudster*** ⇒*dienstbode* **0.2** ***beheerder/ster.***

'house·keep·ing ⟨f2⟩ ⟨n.-telb.zn.⟩ **0.1** ***huishouding*** ⇒*huishouden* ⟨ook fig., v. organisatie e.d.⟩ **0.2** ⟨verk.⟩ ⟨housekeeping money⟩.

'housekeeping money ⟨n.-telb.zn.⟩ **0.1** ***huishoudgeld.***

hou·sel[1] ['hauzl] ⟨n.-telb.zn.⟩ ⟨vero.⟩ **0.1** ***eucharistie*** ⇒*heilig sacrament.*

housel[2] ⟨ov.ww.⟩ ⟨vero.⟩ **0.1** ***heilig sacrament toedienen.***

house·leek ['hausli:k] ⟨telb.zn.⟩ ⟨plantk.⟩ **0.1** ***huislook*** ⟨genus Sempervivum⟩ ⇒*gewoon huislook* ⟨Sempervivum tectorum⟩.

house·less ['hausləs] ⟨bn.⟩ **0.1** ***dakloos*** ⇒*onbehuisd.*

'house·lights ⟨mv.⟩ **0.1** ***zaalverlichting.***

'house·line ⟨telb.zn.⟩ ⟨scheep.⟩ **0.1** ***huizing.***

'house magazine, 'house organ ⟨telb.zn.⟩ **0.1** ***huisorgaan*** ⇒*bedrijfsblad.*

'house·maid ⟨f1⟩ ⟨telb.zn.⟩ **0.1** ***dienstmeisje*** ⇒*werkster.*

'housemaid's 'knee ⟨telb. en n.-telb.zn.⟩ ⟨med.⟩ **0.1** ***kruipknie.***

house·man ['hausmən] ⟨f1⟩ ⟨telb.zn.; housemen [-mən]; →mv. 3⟩ **0.1** ⟨BE⟩ ***(intern) assistent-arts*** ⟨in ziekenhuis⟩ **0.2** ***(huis)knecht.***

'house martin ⟨telb.zn.⟩ ⟨dierk.⟩ **0.1** ***huiszwaluw*** ⟨Delichon urbica⟩.

'house·mas·ter ⟨telb.zn.⟩ **0.1** ***conrector*** ⇒*mentor, coördinator* ⟨v. (afdeling v.) internaat⟩.

'house·mate ⟨telb.zn.⟩ **0.1** ***huisgenoot.***

'house·mis·tress ⟨telb.zn.⟩ **0.1** ***vr. huismeester.***

'house moss ⟨n.-telb.zn.⟩ ⟨sl.⟩ **0.1** ***stofplukken*** ⟨onder bedden, enz.⟩.

'house·moth·er ⟨telb.zn.⟩ **0.1** ***(wees)moeder.***

'house officer ⟨telb.zn.⟩ ⟨BE⟩ **0.1** ***(intern) arts*** ⟨in ziekenhuis⟩.

'house organ ⟨telb.zn.⟩ **0.1** ***personeelsblad.***

'house painter ⟨telb.zn.⟩ **0.1** ***huisschilder.***

'house party ⟨zn.⟩

I ⟨telb.zn.⟩ **0.1** ***house party*** ⟨meerdaags onthaal op een landhuis⟩ ⇒*feestweekeinde;*

II ⟨verz.n.⟩ **0.1** ***logés*** ⟨v.e. house party⟩.

'house physician ⟨telb.zn.⟩ **0.1** ***intern/inwonend arts*** ⟨in ziekenhuis⟩ **0.2** ***bedrijfs/hotelarts.***

'house place ⟨telb.zn.⟩ ⟨BE; gew.⟩ **0.1** ***woonkamer/keuken*** ⇒*haard.*

'house·plant ⟨telb.zn.⟩ **0.1** ***kamerplant.***

'house-proud ⟨bn.⟩ ⟨ook pej.⟩ **0.1** ***(overdreven) proper*** ⇒*(overdreven) netjes/keurig/ordelijk* ⟨in huis⟩.

'house·room ⟨n.-telb.zn.⟩ **0.1** ***onderdak*** ⇒*(berg)ruimte* ◆ **3.1** ⟨fig.⟩ I wouldn't give such a chair ~ *ik zou zo'n stoel niet eens gratis/cadeau willen hebben.*

'house rules ⟨mv.⟩ **0.1** ***huisregels.***

'house-sit·ter ⟨telb.zn.⟩ ⟨vnl. AE⟩ **0.1** ***homesitter*** ⟨past op huis bij afwezigheid v. bewoner(s)⟩.

'house sparrow ⟨telb.zn.⟩ ⟨dierk.⟩ **0.1** ***huismus*** ⟨Passer domesticus⟩.

'house steward ⟨telb.zn.⟩ **0.1** ***huismeester*** ⇒*intendant, chef v.h. dienst/huispersoneel.*

'house style ⟨telb.zn.⟩ **0.1** ***huisregels*** ⟨v. drukkerij t.a.v. spelling⟩.

'house surgeon ⟨telb.zn.⟩ **0.1** ***intern/inwonend chirurg*** ⟨in ziekenhuis⟩.

'house-to-'house ⟨f1⟩ ⟨bn., attr.⟩ **0.1** ***huis-aan-huis*** ◆ **1.1** ~ advertising *huis-aan-huis reclame.*

'house·top ⟨telb.zn.⟩ **0.1** ***dak*** ◆ **3.1** ⟨fig.⟩ proclaim/shout from the ~s *van de daken verkondigen/schreeuwen.*

'house-trail·er ⟨telb.zn.⟩ **0.1** ***caravan*** ⇒*kampeerauto, camper.*

'house·trained ⟨bn.⟩ ⟨BE⟩ **0.1** ***zindelijk*** ⟨v. huisdieren, baby⟩ ⇒ ⟨bij uitbr.⟩ *getemd, tam, aangepast, gedresseerd* ⟨ook scherts. v. mensen⟩.

'house·warm·ing ⟨telb.zn.; ook attr.⟩ **0.1** ***inwijdingsfeest*** ⟨v.e. huis⟩ ⇒*housewarming, instuif* ⟨bij betrekking v. woning⟩.

'house·wife[1] ⟨f3⟩ ⟨telb.zn.⟩ **0.1** ***huisvrouw.***

house·wife[2] ['hʌzɪf] ⟨telb.zn.; ook housewives ['hʌzɪvz]; →mv. 3⟩ ⟨vnl. BE⟩ **0.1** ***naaidoos/garnituur.***

house·wife·ly ['haʊswaɪfli]⟨bn.⟩ **0.1** ***huisvrouwelijk*** *⇒huisvrouw-, huishoudelijk.*

house·wif·er·y ['haʊswɪfri‖-waɪ-]⟨n.-telb.zn.⟩ **0.1** ***huishouden*** *⇒huishouding, huishoudelijk werk* **0.2** ***huishoudkunde.***

'house wine ⟨telb. en n.-telb.zn.⟩ **0.1** ***wijn v.h. huis*** *⇒huiswijn.*

'house·work ⟨f2⟩⟨n.-telb.zn.⟩ **0.1** ***huishoudelijk werk.***

'house·work·er ⟨telb.zn.⟩ **0.1** ***huishoudster*** *⇒dienstbode.*

hou·sey, hou·sie ['haʊzi, 'haʊsi], **'housey-'housey, 'housie-'housie** ⟨telb. en n.-telb.zn.⟩⟨BE; sl.⟩ **0.1** ⟨soort⟩ ***kien/lottospel.***

hous·ing ['haʊzɪŋ]⟨f1⟩⟨zn.; oorspr. gerund v. house⟩

I ⟨telb.zn.⟩ **0.1** ***behuizing*** *⇒woning, woonruimte, huis(vesting)* **0.2** ⟨tech.⟩ ***huis*** *⇒wiel, kast, doos, omhulsel, ombouw, bus* **0.3** ***groef*** ⟨bij houtverbinding⟩ *⇒gat* **0.4** ***nis*** **0.5** ⟨scheep.⟩ ***deel v.e. mast onder dek/v.d. boegspriet binnen de voorsteven*** **0.6** ***(paarde) dek*** *⇒sjabrak;*

II ⟨n.-telb.zn.⟩ **0.1** ***huisvesting*** *⇒woonvoorziening, woonruimte, behuizing, woonomstandigheden* ◆ **1.1** ~ of immigrants will require more effort *de huisvesting/het huisvesten v. immigranten zal meer inspanning vergen* **2.1** most immigrants live in bad ~ *de meeste immigranten zijn slecht behuisd/gehuisvest/wonen in slechte huizen.*

'housing association ⟨telb.zn.⟩ **0.1** ***woningbouwvereniging/corporatie.***

'housing benefit ⟨telb.zn.⟩⟨BE⟩ **0.1** ***huursubsidie.***

'housing development, ⟨BE vnl.⟩ **'housing estate** ⟨f1⟩⟨telb.zn.⟩ **0.1** ***nieuw/woningbouwproject*** **0.2** ***woonwijk.***

'housing estate, ⟨AE, vnl.⟩ **'housing development, 'housing project** ⟨f1⟩⟨telb.zn.⟩ **0.1** ***nieuw/woningbouwproject*** **0.2** ***woonwijk.***

'housing law ⟨telb.zn.⟩ **0.1** ***woningwet.***

'housing list ⟨telb.zn.⟩ **0.1** ***wachtlijst voor woningzoekenden.***

'housing management ⟨n.-telb.zn.⟩ **0.1** ***huisvestingsbeheer.***

'housing market ⟨telb. en n.-telb.zn.⟩ **0.1** ***woningmarkt.***

'housing project ⟨telb.zn.⟩ **0.1** ***met gemeenschapsgeld gefinancierd woningbouwproject.***

'housing scheme ⟨telb.zn.⟩ **0.1** ***woningbouwprogramma*** **0.2** ***nieuwbouwproject*** *⇒woningbouwproject.*

'housing shortage ⟨telb.zn.⟩ **0.1** ***huizentekort*** *⇒woningnood.*

'housing unit ⟨telb.zn.⟩ **0.1** ***wooneenheid.***

hove [hoʊv]⟨verl. t. en volt. deelw.⟩⟨vnl. scheep.⟩ →heave.

hov·el [hɒvl‖hʌvl]⟨f1⟩⟨telb.zn.⟩ **0.1** ***krot*** *⇒bouwval, hut* **0.2** ***schuurtje*** *⇒afdak* **0.3** ***ovenschacht.***

hov·er[1] ['hɒvə‖'hʌvər]⟨telb. en n.-telb.zn.⟩ **0.1** ***zweving*** *⇒het zweven/hangen, zweeftoestand, zweefvlucht;* ⟨fig.⟩ *weifeling, twijfel.*

hover[2] ⟨f2⟩⟨onov.ww.⟩ **0.1** ***hangen (boven)*** *⇒(blijven) zweven, fladderen, bidden* ⟨v. vogels, enz.⟩ **0.2** ***rondhangen*** *⇒wachten, heen en weer drentelen, blijven hangen, zich heen en weer bewegen* **0.3** ***weifelen*** *⇒schommelen, aarzelen, balanceren* ◆ **6.1** a helicopter ~ing **over** the stadium *een boven het stadion hangende/cirkelende helikopter* **6.2** the child is always ~ing **about** its mother *het kind blijft steeds bij zijn moeder in de buurt/hangt altijd aan zijn moeders rokken* **6.3** ⟨fig.⟩ ~ **between** life and death *tussen leven en dood zweven, balanceren op de rand v.d. dood.*

'hov·er·craft ⟨f1⟩⟨telb.zn.⟩ **0.1** ***luchtkussenvaartuig/voertuig/boot*** *⇒hovercraft.*

'hover fly ⟨telb.zn.⟩⟨dierk.⟩ **0.1** ***zweefvlieg*** ⟨fam. Syrphidae⟩.

'hov·er·plane ⟨telb.zn.⟩⟨BE⟩ **0.1** ***helikopter*** *⇒wentelwiek.*

'hov·er·port ⟨telb.zn.⟩ **0.1** ***landingsplaats voor hovercraft*** *⇒hoverhaven.*

'ho·ver·train ⟨telb.zn.⟩ **0.1** ***luchtkussentrein*** *⇒zweeftrein.*

how[1] [haʊ]⟨telb.zn.⟩ **0.1** ***hoe*** *⇒vraag hoe, wijze, middel, methode* ◆ **3.1** the ~ of computer-building *de methode om computers te bouwen;* her many whys and ~s *haar vele vragen naar het hoe en waarom.*

how[2] ⟨f4⟩⟨bw.; leidt vragen, uitroepen, en afhankelijke bijzinnen in; echter; →betrekkelijk voornaamwoord 6; →vragend woord⟩ **0.1** ⟨wijze, middel enz.⟩ ***hoe*** *⇒op welke wijze, met welk middel, in welke zin* **0.2** ⟨graad, aantal enz.⟩ ***hoe*** *⇒hoeveel, hoever* **0.3** ⟨toestand, hoedanigheid⟩ ***hoe*** *⇒in welke staat* **0.4** ⟨reden, oorzaak⟩ ***hoe*** *⇒waardoor, waarom* ◆ **1.2** ⟨hand.⟩ ~'s copper? *hoe hoog staat/wat is de prijs v. koper?* **1.3** ~ is your wife? *hoe gaat het met je vrouw?* **2.2** ⟨inf.⟩ ~ idiotic can you get/be? *kan het nog gekker?, kun je ze nog bruiner bakken?;* ~ kind of you! *wat vriendelijk v. u!* **3.1** she knows ~ to cook *ze kan koken;* ~ did he react? *hoe reageerde hij?;* ~ did you say? *wat zei je?* **3.2** ~ do you like my hat? *wat vind je van mijn hoed?;* ~ he works! *wat werkt-ie hard!* **3.3** ~ do you do? *aangenaam, hoe maakt u het?;* ⟨gew.⟩ ~ do? *hoe gaat het?* **3.4** ~ can you do such a thing? *hoe kan je dat nu doen?* **4.2** ~ much he eats! *wat eet hij veel!* **4.3** ~ is it again? *hoe was het weer?, wat was dat weer?;* ⟨cricket⟩ ~'s that, umpire? *is de slagman uit of niet, scheidsrechter?;* ⟨inf.⟩ ~'s that for stupid/queer *wat vind je v. zoiets stoms/raars?, vind je dat nou niet stom/raar?;* ~ are you? *hoe gaat/is het?;* don't tell your friends about your indigestion: 'How are you' is a greeting, not a question *bespaar uw vrienden uw bedorven maag: 'Hoe is het' is een groet en niet een vraag* **4.¶** ⟨scherts.⟩ ~ much? *mag ik dat nog eens horen?, wablief?* **5.2** ~ far is it? *hoe ver is het?* **5.3** ~ is she off for clothes? *heeft ze genoeg kleren?* **5.4** ~ so? *hoezo?, wat bedoel je?;* I can't fix it. How so? *ik kan het niet gedaan krijgen. Hoe komt het?* **5.¶** ⟨vero.⟩ ~ now? *wat betekent dit (alles)?* **6.3** ~ **about** going home? *zouden we niet naar huis gaan?;* ~ **about** John? *wat voor nieuws is er v. John?, hoe stelt John het?; wat doe je (dan) met John?, hoe pak je John aan?* **6.¶** ~ **about** an ice-cream? *wat vind je van een ijsje?* **7.2** ~ much milk do you want? *hoeveel melk wil je?* **8.2** ⟨inf.⟩ and ~! *en hoe!, (nou) en of!, en niet zo'n beetje* **8.¶** ~ if I show you it? *en wat als ik het je laat zien?.*

how[3] ⟨f3⟩⟨ondersch.vw.⟩ **0.1** ***zoals*** **0.2** ⟨ter vervanging van that⟩ ⟨vero. of substandaard⟩ ***dat*** ◆ **¶.1** colour it ~ you like *kleur het zoals je wilt* **¶.2** she told him ~ she had bought a car *ze vertelde hem dat ze een auto had gekocht.*

how[4] ⟨tussenw.⟩⟨vnl. gew.⟩ **0.1** ***dag*** *⇒hoe gaat het* **0.2** ⟨als aansporing⟩ ***voort*** ◆ **1.1** ~ now brown cow! *dag bruine koe!* **1.2** ~ Blackie, catch him! *kom op, Blackie, vang hem!.*

how·be·it[1] ['haʊ'bi:ɪt]⟨bw.⟩⟨vero.⟩ **0.1** ***(desal)niettemin*** *⇒desniettegenstaande, desondanks, nochtans.*

howbeit[2] ⟨ondersch.vw.⟩⟨vero.⟩ **0.1** ***(of)schoon*** *⇒zij het dat.*

how·dah, hou·dah ['haʊdə]⟨telb.zn.⟩ **0.1** ***howdah*** *⇒olifantszadel (met baldakijn).*

how-do-you-do, how-d'ye-do ['haʊdʒə'du:‖'haʊdɪ'du:]⟨f1⟩ ⟨telb.zn.; g.mv.⟩⟨inf.⟩ **0.1** ***boel*** *⇒situatie, toestand* ◆ **2.1** ⟨iron.⟩ a fine/nice/pretty ~ *een mooie boel, een fraaie bedoening/vertoning.*

how·dy ['haʊdi]⟨tussenw.⟩⟨AE, gew.; inf.⟩ **0.1** ***hallo*** *⇒hé, hoi, goeiedag.*

how·ev·er [haʊ'evə‖-ər], ⟨in bet. 0.1 en 0.4 ook⟩ **'how·so·'ev·er** ⟨f4⟩ ⟨bw.⟩ **0.1** ***hoe... ook*** *⇒hoe dan ook, op welke wijze ook, in welke mate ook* **0.2** ***echter*** *⇒nochtans, desondanks* **0.3** ⟨inf.⟩ ***hoe (in 's hemelsnaam/toch)*** **0.4** ⟨betrekkelijk⟩⟨vero.⟩ ***op de wijze waarop*** *⇒zoals* ◆ **2.1** he enjoyed every holiday, ~ brief (it was) *hij genoot van elke vakantie, hoe kort die ook was* **3.1** ~ you travel, you will be tired *hoe je ook reist, je zult moe zijn* **3.3** ~ did you manage to come? *hoe ben je erin geslaagd te komen?* **5.1** ~ often I see her I cannot get used to her *hoe vaak ik haar ook zie, ik kan maar niet aan haar wennen* **¶.2** I wanted to buy it; ~, I decided not to *ik wilde het kopen, toch besloot ik het niet te doen;* this time, ~, he meant what he said *deze keer echter meende hij het* **¶.4** I'll do it ~ you please *ik zal het doen zoals je het wilt.*

how·it·zer ['haʊɪtsə‖-ər]⟨telb.zn.⟩⟨mil.⟩ **0.1** ***houwitser.***

howl[1] [haʊl]⟨f2⟩⟨telb.zn.⟩ **0.1** ***gehuil*** *⇒brul, gil, (gierende) uithaal, gejoel* **0.2** ⟨AE; sl.⟩ ***giller*** *⇒dijenkletser, absurditeit* **0.3** ⟨tech.⟩ ***jank/huil/fluittoon*** *⇒Mexicaanse hond* ◆ **1.1** ~s of derision *spot/hoongelach.*

howl[2] ⟨f2⟩⟨ww.⟩ →howling

I ⟨onov.ww.⟩ **0.1** ***huilen*** *⇒jammeren, krijsen, gieren, janken, balken, luidkeels klagen, joelen, brullen* ◆ **1.1** the wind ~ed *de wind gierde/loeide* **6.1** ~ **with** laughter *gieren van het lachen;*

II ⟨ov.ww.⟩ **0.1** ***huilend/jammerend/gierend uiting geven aan*** ◆ **1.1** the crowd ~ed (out) its protest *het publiek gaf luidkeels uiting aan zijn onvrede/hief woedende protesten aan* **5.1** the proposal/the speaker was ~ed **down** *het voorstel/de spreker werd weggehoond/overschreeuwd.*

howl·er ['haʊlə‖-ər], ⟨in bet. 0.3 ook⟩ **'howler monkey** ⟨telb.zn.⟩ **0.1** ***huiler*** *⇒janker, jammeraar, klager, huilebalk* **0.2** ⟨inf.⟩ ***blunder*** *⇒giller, flater* **0.3** ⟨dierk.⟩ ***brulaap*** ⟨genus Alouatta⟩.

howl·ing ['haʊlɪŋ]⟨f1⟩⟨bn.; teg. deelw. v. howl⟩ **0.1** ***huilend*** *⇒jankend, jammerend, (wee)klagend* **0.2** ⟨sl.⟩ ***gigantisch*** *⇒enorm* ◆ **1.2** a ~ shame *een grof/schrijnend schandaal;* a ~ success *een geweldig/zinderend/grandioos succes* **1.¶** ⟨bijb. of scherts.⟩ ~ wilderness *huilende wildernis, barre woestenij.*

howsoever →however.

howzat [haʊ'zæt]⟨tussenw.⟩⟨cricket⟩ **0.1** ***is de slagman uit of niet?.***

hoy[1] [hɔɪ]⟨telb.zn.⟩⟨scheep.⟩ **0.1** ***lichter.***

hoy[2] ⟨tussenw.⟩ **0.1** ***hé*** *⇒hallo, hela* **0.2** ***(t)sa*** *⇒hu(p).*

ho·ya ['hɔɪə]⟨telb.zn.⟩⟨plantk.⟩ **0.1** ***hoya*** *⇒wasbloem* ⟨genus Hoya⟩.

hoy·den[1] [hɔɪdn]⟨telb.zn.⟩ **0.1** ***wildebras*** *⇒robbedoes, spring-in-het-veld* ⟨v. meisje⟩.

hoyden[2] ⟨onov.ww.⟩ **0.1** ***wild/onstuimig zijn*** ⟨v. meisje⟩.

hoy·den·ish ['hɔɪd(ə)nɪʃ]⟨bn.⟩ **0.1** ***onbesuisd*** *⇒uitgelaten, druk, wild, onstuimig* ⟨v. meisje⟩.

Hoyle ['hɔɪl]⟨telb.zn.⟩ **0.1** ***handleiding voor het kaartspel*** ⟨samengesteld door E. Hoyle⟩ ◆ **6.1** **according to** ~ *volgens de regels v.h. spel, volgens het boekje; sportief, correct, fair.*

hp ⟨afk.⟩ **0.1** ⟨ook HP⟩ ⟨horsepower⟩ ***H.P.*** ⇒*pk* ⟨1 H.P. = 1,014 pk⟩ **0.2** ⟨hire purchase⟩ ⟨BE⟩ **0.3** ⟨high pressure⟩ **0.4** ⟨half pay⟩ ◆ **6.2 on** (the) ~ *op huurkoopbasis;* ⟨ong.⟩ *op afbetaling.*

HQ ⟨afk.⟩ headquarters.

HR ⟨afk.⟩ House of Representatives ⟨vnl. AE⟩.

HRH ⟨afk.⟩ Her/His Royal Highness **0.1** ***H.K.H./Z.K.H.*.**

hr(s) ⟨afk.⟩ hour(s).

HSH ⟨afk.⟩ Her/His Serene Highness **0.1** ***H.D./Z.D.*.**

ht ⟨afk.⟩ height **0.1** ***h.*.**

HT ⟨afk.⟩ high tension.

ht wt ⟨afk.⟩ hit wicket ⟨cricket⟩.

huanaco →guanaco.

hub [hʌb] ⟨f2⟩ ⟨telb.zn.⟩ **0.1** ***naaf*** **0.2** ***centrum*** ⇒*navel, brandpunt, middelpunt* ◆ **1.2** John thinks he is the ~ of the universe *John denkt dat alles/de wereld om hem draait* **6.2** ⟨AE⟩ **up to** the ~ *geheel en al, door en door* **7.¶** ⟨AE; inf.⟩ the Hub *Boston.*

hub·ble-bub·ble ['hʌblbʌbl] ⟨telb.zn.⟩ **0.1** ***waterpijp*** ⇒*nargileh* **0.2** ⟨g.mv.⟩ ***geborrel*** ⇒*gemurmel, blubblub* **0.3** ⟨g.mv.⟩ ***geroezemoes*** ⇒*geharrewar, gedruis.*

Hub·ble's constant ['hʌblz 'kɒnstənt‖'kɑn-] ⟨n.-telb.zn.⟩ ⟨ster.⟩ **0.1** ***constante v. Hubble.***

hub·bub ['hʌbʌb] ⟨f1⟩ ⟨telb.zn.; g. mv.⟩ **0.1** ***gedruis*** ⇒*rumoer, kabaal, herrie* **0.2** ***tumult*** ⇒*opschudding, consternatie, rel.*

hub·by ['hʌbi] ⟨telb.zn.; →mv. 2⟩ ⟨inf.⟩ **0.1** ***mannie*** ⇒*baasje, manlief.*

'hub·cap ⟨f1⟩ ⟨telb.zn.⟩ **0.1** ***naaf/wieldop.***

hu·bris ['hju:brɪs] ⟨n.-telb.zn.⟩ **0.1** ***hybris*** ⇒*overmoed, aanmatiging.*

hu·bris·tic [hju:'brɪstɪk] ⟨bn.; -ally; →bijw. 3⟩ **0.1** ***overmoedig.***

huck·a·back ['hʌkəbæk] ⟨n.-telb.zn.⟩ **0.1** ***badstof*** ⇒*ruwe katoen.*

huck·le ['hʌkl] ⟨telb.zn.⟩ **0.1** ***heup*** ⇒*lende.*

'huck·le·back ⟨telb.zn.⟩ **0.1** ***bochel.***

huck·le·back·ed ['hʌklbækt] ⟨bn.⟩ **0.1** ***gebocheld.***

huck·le·ber·ry ['hʌklbri‖-beri] ⟨telb.zn.; →mv. 2⟩ ⟨plantk.⟩ **0.1** ***huckleberry*** ⟨genus Gaylussacia⟩ ⇒*gewone/blauwe bosbes.*

'huck·le·bone ⟨telb.zn.⟩ **0.1** ***heupbeen*** **0.2** ***bikkel.***

huck·ster¹ ['hʌkstə‖-ər], ⟨vero.⟩ **huck·ster·er** [-stərə‖-stərər] ⟨telb.zn.⟩ **0.1** ***(straat)venter*** ⇒*kramer, verkoper* **0.2** ⟨AE; vnl. pej.⟩ ***reclameschrijver*** ⇒*advertentieboer.*

huckster² ⟨ww.⟩
I ⟨onov.ww.⟩ **0.1** ***pingelen*** ⇒*(af)dingen, onderhandelen over een prijs;*
II ⟨ov.ww.⟩ **0.1** ***venten*** ⇒*(in het klein) verkopen, doen/handelen in* **0.2** ***vervalsen*** **0.3** ***reclame maken voor*** ⇒*adverteren met* ⟨voor radio en t.v.⟩.

HUD ⟨afk.⟩ Housing and Urban Development ⟨AE⟩.

hud·dle¹ ['hʌdl] ⟨f1⟩ ⟨telb.zn.⟩ **0.1** ***(dicht opeengepakte) groep/massa*** ⇒*kluwen, ploeg, menigte, kluitje* **0.2** ⟨vnl. BE⟩ ***samenraapsel*** ⇒*bos, hoop, troep, wirwar* **0.3** ⟨Am. voetbal⟩ ***huddle*** ⇒*tactiekbespreking (in het veld)* **0.4** ⟨inf.⟩ ***(besloten/geheime) vergadering*** ⇒*(spoed)beraad* ◆ **2.2** a miserable ~ *een hoopje ellende* **3.4** go into a ~ *de koppen bij elkaar steken, onderling beraad houden.*

huddle² ⟨f2⟩ ⟨ww.⟩
I ⟨onov.ww.⟩ **0.1** ***bijeenkruipen*** **0.2** ***in elkaar kruipen/duiken*** ⇒*ineenduiken/krimpen* **0.3** ⟨Am. voetbal⟩ ***verzamelen (voor een tactiekbespreking)*** **0.4** ⟨inf.⟩ ***beraadslagen*** ⇒*samenkomen voor een vergadering, krijgsraad houden* ◆ **5.1** the shipwrecked huddled **together** on a raft *de schipbreukelingen zochten beschutting bij elkaar op een vlot;*
II ⟨ov.ww.⟩ **0.1** ***bijeenbrengen/voegen*** ⇒*bijeendrijven, samendringen/hopen, opeenpakken/stapelen/hopen* **0.2** ⟨vnl. BE⟩ ***bij elkaar proppen/gooien*** ⇒*op een hoop gooien* **0.3** ⟨vnl. BE⟩ ***haastig/slordig doen*** ◆ **5.1** ~ o.s. **up** *zich klein maken, in elkaar kruipen* **5.3** ~ one's clothes **on** *zijn kleren aanschieten, zich haastig aankleden;* ~ **over/up** a story *een verhaal afraffelen;* the ceremony was huddled **through** *de plechtigheid werd afgeraffeld.*

Hu·di·bras·tic ['hju:dɪ'bræstɪk] ⟨bn.; -ally; →bijw. 3⟩ **0.1** ***Hudibrastisch*** ⇒*à la Hudibras* ⟨komisch dichtwerk v. Samuel Butler⟩.

hue [hju:‖(h)ju:] ⟨f2⟩ ⟨telb.zn.⟩ **0.1** ***kleur(schakering)*** ⇒*tint* **0.2** ***aanblik*** ⇒*aanzicht, aanzien* ◆ **1.¶** ~ and cry *alarmkreet/geschreeuw* ⟨bv. 'houdt de dief'⟩; *misbaar; steekbrief; achtervolging;* raise a ~ and cry against a new measure *(luid) protesteren/verzet aantekenen/tekeergaan tegen een nieuwe maatregel.*

-hued [hju:d‖(h)ju:d] ⟨vormt bijv. nw.⟩ **0.1** ***getint.***

huff¹ [hʌf] ⟨f1⟩ ⟨zn.⟩
I ⟨telb.zn.⟩ **0.1** ***boze/slechte bui*** ◆ **3.1** go into a ~ *op zijn teentjes getrapt zijn, gepikeerd zijn;* take (a) ~ at *verontwaardigd zijn over* **6.1 in** a ~ *nijdig, beledigd;*
II ⟨n.-telb.zn.⟩ **0.1** ⟨dammen⟩ ***het blazen.***

huff² ⟨f1⟩ ⟨ww.⟩
I ⟨onov.ww.⟩ **0.1** ***snuiven*** ⇒*puffen, blazen* **0.2** ***hoog v.d. toren blazen*** ⇒*opspelen, blaffen, dreigen, (loze) dreigementen uiten* **0.3** ***beledigd/verongelijkt reageren*** ⇒*op zijn teentjes getrapt zijn, verontwaardigd zijn, in zijn wiek geschoten zijn;*
II ⟨ov.ww.⟩ **0.1** ***opblazen*** **0.2** ***ergeren*** ⇒*irriteren, op de kast jagen* **0.3** ⟨vero.⟩ ***een uitbrander geven*** ⇒*uitvaren/tieren/razen tegen* **0.4** ⟨dammen⟩ ***blazen.***

huff·ish ['hʌfɪʃ] ⟨bn.; -ly; -ness⟩ **0.1** ***humeurig*** ⇒*prikkelbaar* **0.2** ⟨vero.⟩ ***snoeverig*** ⇒*opschepperig, hooghartig.*

huff·y ['hʌfi] ⟨f1⟩ ⟨bn.; -er; -ly; -ness; →bijw. 3⟩ **0.1** ***humeurig*** ⇒*prikkelbaar, lichtgeraakt* **0.2** ***verontwaardigd*** ⇒*geërgerd* **0.3** ***snoeverig*** ⇒*opschepperig, hooghartig, opgeblazen.*

hug¹ [hʌg] ⟨f1⟩ ⟨telb.zn.⟩ **0.1** ***omhelzing*** ⇒*knuffel, liefkozing* **0.2** ***(knellende) omarming*** ⇒*omknelling, houdgreep.*

hug² ⟨f3⟩ ⟨ov.ww.; →ww. 7⟩ **0.1** ***omarmen*** ⇒*omhelzen, tegen zich aandrukken, omklemmen, omknellen* **0.2** ***tegen zich aanhouden*** ⇒*in zijn armen houden* **0.3** ***koesteren*** ⇒*(zich) vasthouden/vastklampen aan* **0.4** ***dicht in de buurt blijven van*** ◆ **1.2** he entered hugging a big box *hij kwam binnen met een grote doos tegen zijn borst geklemd* **1.3** he still ~s his old theory *hij koestert nog altijd zijn oude theorie* **1.4** ~ the fire *dicht op het vuur zitten;* ~ the shore *dicht bij/onder de kust blijven, dichtlangs land houden* **4.¶** ~ o.s. (for/on/over) *met zichzelf ingenomen zijn (vanwege/om), zich gelukwensen (met), zich verkneukelen (om).*

huge [hju:dʒ‖(h)ju:dʒ], ⟨vero. of scherts.⟩ **huge·ous** [-dʒəs] ⟨f3⟩ ⟨bn.; huger; -ly; -ness; →compar. 7⟩ **0.1** ***reusachtig*** ⇒*kolossaal, enorm, gigantisch, geweldig (groot), kapitaal* ◆ **3.1** his influence has been ~ly overrated *zijn invloed is ernstig/enorm/zwaar overschat.*

hug·ger·mug·ger¹ ['hʌgəmʌgə‖'hʌgərmʌgər] ⟨telb.zn.; g. mv.⟩ **0.1** ***wirwar*** ⇒*warboel, wanorde, rommel(tje), rotzooi* **0.2** ***geheimhouding*** ⇒*geheimzinnigheid, stilzwijgen, verzwijging.*

huggermugger² ⟨bn.; bw.⟩ **0.1** ***rommelig*** ⇒*wanordelijk, chaotisch, verward, warhoofdig* **0.2** ***geheim(zinnig)*** ⇒*stiekem, stilzwijgend, verborgen, verzwegen.*

huggermugger³ ⟨ww.⟩
I ⟨onov.ww.⟩ **0.1** ***rommelen*** ⇒*sjoemelen, knoeien* **0.2** ***heimelijk/steelsgewijs handelen;***
II ⟨ov.ww.⟩ **0.1** ***verborgen houden*** ⇒*geheimhouden, verzwijgen, in de doofpot stoppen, uit de openbaarheid/publiciteit houden.*

hug·ger-mug·ger·y ['hʌgəmʌgəri‖'hʌgər-] ⟨n.-telb.zn.⟩ ⟨sl.⟩ **0.1** ***bedrog*** ⇒*stiekem gedoe.*

'hug-me-tight ⟨telb.zn.⟩ **0.1** ***(mouwloos) vest*** ⟨voor vrouwen⟩.

Hu·gue·not ['hju:gənoʊ‖-nɑt] ⟨telb.zn.⟩ **0.1** ***hugenoot.***

huh [hə, hʌh] ⟨f3⟩ ⟨tussenw.⟩ ⟨vnl. AE⟩ **0.1** ***hè*** ⇒*hmm.*

hu·la¹ ['hu:lə], **'hu·la-'hu·la** ⟨telb.zn.⟩ **0.1** ***hoela(-hoela)*** ⇒*hoeladans/muziek.*

hula², hula-hula ⟨onov.ww.⟩ **0.1** ***de hoela(-hoela)dansen.***

hu·la-hoop ['hu:lə'hu:p] ⟨f1⟩ ⟨telb.zn.⟩ ⟨oorspr. handelsmerk⟩ **0.1** ***hoelahoep(el).***

'hula skirt ⟨telb.zn.⟩ **0.1** ***hoelarok(je).***

hulk¹ [hʌlk] ⟨f1⟩ ⟨telb.zn.⟩ **0.1** ***(scheeps)casco/romp*** ⇒*hulk, onttakeld schip* **0.2** ***kolos*** ⇒*gevaarte, bakbeest, joekel (v.e. schip)* **0.3** ***vleesklomp*** ⇒*hulk, kolos, gigant, beer* **0.4** ⟨vaak mv.⟩ ⟨gesch.⟩ ***gevangenisschip.***

hulk² ⟨onov.ww.⟩ →hulking **0.1** ***(dreigend/massaal/in zijn volle omvang) opdoemen/oprijzen.***

hulk·ing ['hʌlkɪŋ] ⟨f1⟩ ⟨bn.; teg. deelw. v. hulk⟩ **0.1** ***log*** ⇒*lomp, kolossaal, onbeholpen.*

hull¹ [hʌl] ⟨f2⟩ ⟨telb.zn.⟩ **0.1** ***(scheeps)romp*** **0.2** ***schil*** ⇒*peul(e)schil, schaal, bolster, dop;* ⟨fig.⟩ *omhulsel* ◆ **5.¶** ~ **down** *half achter de horizon* ⟨v. schip⟩; *verborgen op de (geschut)koepel na* ⟨v. tank⟩.

hull² ⟨ov.ww.⟩ **0.1** ***doppen*** ⇒*pellen, ontvliezen, schillen* **0.2** ***in de romp treffen.***

hul·la·ba(l)·loo ['hʌləbə'lu:] ⟨f1⟩ ⟨telb.zn.; vnl. enk.⟩ **0.1** ***kabaal*** ⇒*herrie, rumoer, tumult, drukte.*

hul·li·gan ['hʌlɪgən] ⟨telb.zn.⟩ ⟨sl.⟩ **0.1** ***buitenlander.***

hul·lo [hə'loʊ] ⟨f2⟩ ⟨tussenw.⟩ **0.1** ***hallo.***

hum¹ [hʌm] ⟨f1⟩ ⟨telb.zn.⟩ **0.1** ***zoem/bromgeluid*** ⇒*(ge)brom, gezoem, (ge)dreun, geroezemoes, gedruis* **0.2** ⟨BE; sl.⟩ ***luchtje*** ⇒*stank* ◆ **1.1** ⟨BE⟩ ~s and haws/ha's *ge-eh, ge-h'm, geaarzel, geweifel, gedub.*

hum² ⟨f3⟩ ⟨ww.; →ww. 7⟩
I ⟨onov.ww.⟩ **0.1** ***zoemen*** ⇒*brommen, gonzen, dreunen, snorren* **0.2** ***bruisen*** ⇒*(op volle toeren) draaien, vol in bedrijf zijn* **0.3** ⟨BE; sl.⟩ ***stinken*** ⇒*(vies) ruiken* **0.4** ⟨BE⟩ ***hemmen*** ⇒*hummen, weifelen, aarzelen* ◆ **3.2** things are beginning to ~ *er komt schot in* **3.4** ⟨BE⟩ ~ and haw/ha *hemmen, hummen, geen ja en geen nee zeggen* **6.2** ~ **with** activity *gonzen v.d. activiteit/bedrijvigheid;*
II ⟨onov. en ov.ww.⟩ **0.1** ***neuriën.***

hum[3] [mmm]⟨tussenw.⟩ **0.1** ***eh*** *⇒mmm* **0.2** ***hmm*** *⇒h'm, hum.*
hu·man[1] ['hju:mən‖'(h)ju:-]⟨f2⟩⟨telb.zn.⟩ **0.1** ***mens.***
human[2] ⟨f3⟩⟨bn.; -ly; -ness⟩⟨→sprw. 145,304⟩ **0.1** ***menselijk*** *⇒mensen-* ◆ **1.1** ~ being *mens;* ~ document *menselijk document;* ~ ecology *ecologie* ⟨tak v.d. sociale wetenschappen⟩; the ~ equation *de persoonlijke/menselijke factor, de persoonlijke fout;* ~ interest *het menselijk/persoonlijk element, de gevoelsinbreng, human interest* ⟨in kranteartikelen enz.⟩; the milk of ~ kindness *menselijke goed(aardig)heid;* ~ nature *de menselijke natuur, mensenaard, menselijkheid;* the ~ race *het menselijk ras, de mensheid;* ~ relations *(inter)menselijke relaties/betrekkingen;* ~ rights *rechten v.d. mens, mensenrechten;* a ~ treatment *een menselijke/menswaardige/humane behandeling* **1.¶** human(-factor) engineer *ergonoom, arbeidsanalyst;* human(-factor) engineering *ergonomie, arbeidsanalyse/leer, genetische manipulatie* **2.1** we've done all that's ~ly possible *we hebben al het menselijkerwijs mogelijke gedaan* **5.1** I'm only ~ *ik ben (ook) maar een mens.*
hu·mane [hju:'meɪn‖(h)ju:-]⟨f2⟩⟨bn.; -ly; -ness⟩ **0.1** ***humaan*** *⇒menselijk, menslievend, menswaardig, humanitair, genadig* **0.2** ***humanistisch*** *⇒de humaniora betreffende, beschavend, verheffend* ⟨v. studie(richting)⟩ ◆ **1.2** ~ studies *humaniora* **1.¶** ~ killer *schiet/slachtmasker* ⟨middel om dier pijnloos te doden⟩; Humane Society *reddingmaatschappij* ⟨v. drenkelingen⟩; *vereniging voor dierenbescherming.*
hu·man·ism ['hju:mənɪzm‖'(h)ju:-]⟨f1⟩⟨n.-telb.zn.⟩ **0.1** ⟨ook H-⟩ ***humanisme*** **0.2** ***menselijkheid*** *⇒mens-zijn, humanitas* **0.3** ***studie der humaniora*** *⇒geesteswetenschap.*
hu·man·ist ['hju:mənɪst‖'(h)ju:-]⟨f1⟩⟨telb.zn.⟩ **0.1** ⟨ook H-⟩ ***humanist*** **0.2** ***humanist*** ⇒⟨i.h.b.⟩ *classicus* **0.3** ***sociaaldenkend/voelend pers..***
hu·man·is·tic [-'nɪstɪk]⟨bn.; -ally; →bijw. 3⟩ **0.1** ***humanistisch.***
hu·man·i·tar·i·an[1] [hju:'mænɪ'teərɪən‖(h)ju:'mænɪ'ter-]⟨f1⟩⟨telb.zn.⟩ **0.1** ***filantroop*** *⇒sociaaldenkend/voelend pers., weldoener, mensenvriend, idealist, maatschappijhervormer.*
humanitarian[2] ⟨f1⟩⟨bn.⟩ **0.1** ***humanitair*** *⇒menslievend, sociaaldenkend/voelend.*
hu·man·i·tar·i·an·ism [-'teərɪənɪzm‖-'ter-]⟨n.-telb.zn.⟩ **0.1** ***filantropie*** *⇒humaniteit, menselijkheid, menslievendheid.*
hu·man·i·ty [hju:'mænəti‖(h)ju:'mænəṭi]⟨f3⟩⟨zn.; →mv. 2⟩
I ⟨telb.zn.; vaak mv.⟩ **0.1** ***menselijke trek/eigenschap;***
II ⟨n.-telb.zn.⟩ **0.1** ***mensdom*** *⇒mensheid, menselijk ras, mensen* **0.2** ***mens(elijk)heid*** *⇒mens-zijn* **0.3** ***menselijkheid*** *⇒humaniteit;*
III ⟨mv.; humanities; the⟩ **0.1** ***humaniora*** *⇒geesteswetenschappen; klassieke talen.*
hu·man·i·za·tion, -sa·tion ['hju:mənaɪ'zeɪʃn‖'(h)ju:mənə-]⟨telb. en n.-telb.zn.⟩ **0.1** ***vermenselijking*** **0.2** ***humanisering.***
hu·man·ize, -ise ['hju:mənaɪz‖'(h)ju:-]⟨ww.⟩
I ⟨onov.ww.⟩ **0.1** ***menselijk(er) worden*** *⇒vermenselijken* **0.2** ***humaan/beschaafd worden;***
II ⟨ov.ww.⟩ **0.1** ***menselijk(er) maken*** *⇒vermenselijken* **0.2** ***humaniseren*** *⇒beschaven, veredelen* ◆ **1.1** humanized milk *humanized milk* ⟨voor zuigelingen geschikt gemaakte koemelk⟩.
hu·man·kind ['hju:mən'kaɪnd‖'(h)ju:-]⟨verz.n.; g.mv.⟩⟨schr.⟩ **0.1** ***mensheid*** *⇒mensdom, menselijk ras.*
hu·man·oid[1] [-ɔɪd]⟨telb.zn.⟩ **0.1** ***mensachtige*** *⇒hominoïde, kunstmens.*
humanoid[2] ⟨bn.⟩ **0.1** ***mensachtig*** *⇒hominoïde.*
hum·ble[1] ['hʌmbl]⟨f2⟩⟨bn.; ook -er; -ly; -ness; →bijw. 3⟩ **0.1** ***bescheiden*** *⇒onderdanig, deemoedig, ootmoedig, gedwee* **0.2** ***nederig*** *⇒eenvoudig, onaanzienlijk, gering, ondergeschikt* ◆ **1.1** ⟨schr.⟩ your ~ servant *uw dienstwillige/onderdanige dienaar* ⟨beleefdheidsformule⟩ **1.2** my ~ apologies *mijn nederige excuses;* of ~ birth/extraction *van nederige/lage afkomst;* my ~ opinion *mijn bescheiden mening* **1.¶** eat ~ pie *een toontje lager zingen, inbinden, zoete broodjes bakken.*
humble[2] ⟨f1⟩⟨ov.ww.⟩ **0.1** ***vernederen*** *⇒deemoedigen, prestigeverlies toebrengen.*
hum·ble·bee ['hʌmblbi:]⟨telb.zn.⟩ **0.1** ***hommel.***
hum·bug[1] ['hʌmbʌg]⟨f1⟩⟨zn.⟩
I ⟨telb.zn.⟩ **0.1** ***bedrieger*** *⇒oplichter, charlatan, mooiprater* **0.2** ***valstrik*** *⇒list, misleiding, nep* **0.3** ⟨BE⟩ ***pepermuntballetje*** *⇒kussentje;*
II ⟨n.-telb.zn.⟩ **0.1** ***onzin*** *⇒nonsens, larie, flauwekul* **0.2** ***humbug*** *⇒bluf, (boeren)bedrog, (volks)verlakkerij.*
humbug[2] ⟨ww.; →ww. 7⟩
I ⟨onov.ww.⟩ **0.1** ***zwendelen*** *⇒kuipen, konkelen, malverseren;*
II ⟨ov.ww.⟩ **0.1** ***misleiden*** *⇒beetnemen, bedriegen, oplichten.*
hum·bug·ger·y ['hʌmbʌg(ə)ri]⟨n.-telb.zn.⟩ **0.1** ***bedriegerij*** *⇒zwendelarij, charlatanerie.*
hum·ding·er ['hʌmdɪŋə‖-ər]⟨telb.zn.⟩⟨AE; sl.⟩ **0.1** ***geweldenaar*** *⇒kraan, grootheid* **0.2** ***mirakel*** *⇒knaller, klapper.*
hum·drum[1] ['hʌmdrʌm]⟨telb.zn.; geen mv.⟩ **0.1** ***sleur*** *⇒eentonigheid, (alle)daagsheid, dufheid* **0.2** ***saaie piet*** *⇒slome duikelaar.*
humdrum[2] ⟨f1⟩⟨bn.⟩ **0.1** ***saai*** *⇒vervelend, eentonig, slaapverwekkend, doods, dor, duf.*
hu·mer·al[1] ['hju:m(ə)rəl‖'(h)ju:-]⟨telb.zn.⟩⟨R.-K.⟩ **0.1** ***humeraal.***
humeral[2] ⟨bn.⟩⟨ontleedkunde⟩ **0.1** ***het opperarmbeen betreffende*** *⇒opperarm-* **0.2** ***de schouder betreffende*** *⇒schouder-* ◆ **1.2** ⟨R.-K.⟩ ~ veil *humeraal, schoudervelum.*
hu·mer·us ['hju:m(ə)rəs‖'(h)ju:-]⟨telb.zn.; humeri [-məraɪ]; →mv. 5⟩⟨ontleedkunde⟩ **0.1** ***opperarmbeen*** *⇒humerus.*
hu·mic ['hju:mɪk‖'(h)ju:-]⟨bn.⟩ **0.1** ***humeus*** *⇒humusachtig, humus-.*
hu·mid ['hju:mɪd‖'(h)ju:-]⟨f1⟩⟨bn.; -ly⟩ **0.1** ***vochtig*** *⇒nat(tig), dampig, klam.*
hu·mid·i·fi·er [hju:'mɪdɪfaɪə‖(h)ju:'mɪdɪfaɪər]⟨telb.zn.⟩ **0.1** ***(lucht) bevochtiger*** *⇒bevochtigingsapparaat, nevelapparaat.*
hu·mid·i·fy [hju:'mɪdɪfaɪ‖(h)ju:-]⟨ov.ww.; →ww. 7⟩ **0.1** ***bevochtigen.***
hu·mid·i·stat [hju:'mɪdɪstæt‖(h)ju:-]⟨telb.zn.⟩ **0.1** ***hygrostaat*** *⇒vochtigheidsregelaar.*
hu·mid·i·ty [hju:'mɪdəṭi‖'(h)ju:-]⟨f1⟩⟨n.-telb.zn.⟩ **0.1** ***(lucht)vochtigheid*** *⇒vochtgehalte, vochtigheidsgraad, humiditeit* ◆ **2.1** relative ~ *relatieve vochtigheid.*
hu·mi·dor ['hju:mɪdɔ:‖'(h)ju:mɪdɔr]⟨telb.zn.⟩ **0.1** ***humidor.***
hu·mil·i·ate [hju:'mɪlieɪt‖(h)ju:-]⟨f2⟩⟨ov.ww.⟩ **0.1** ***vernederen*** *⇒krenken, deemoedigen, ontluisteren.*
hu·mil·i·a·tion [-li'eɪʃn]⟨f2⟩⟨telb. en n.-telb.zn.⟩ **0.1** ***vernedering*** *⇒krenking, deemoediging, ontluistering.*
hu·mil·i·ty [hju:'mɪləti‖(h)ju:'mɪləṭi]⟨f2⟩⟨zn.; →mv. 2⟩
I ⟨telb.zn.; vaak mv.⟩ **0.1** ***nederige daad;***
II ⟨n.-telb.zn.⟩ **0.1** ***nederigheid*** *⇒bescheidenheid, deemoed, onderdanigheid.*
hum·mer ['hʌmə‖-ər]⟨telb.zn.⟩ **0.1** ***gonzer*** *⇒zoemer, brommer;* ⟨i.h.b.⟩ *gonzend insekt; kolibrie.*
hum·ming·bird ['hʌmɪŋbɜ:d‖-bɜrd]⟨f1⟩⟨telb.zn.⟩⟨dierk.⟩ **0.1** ***kolibrie*** ⟨fam. Trochilidae⟩.
'hummingbird moth ⟨telb.zn.⟩⟨dierk.⟩ **0.1** ***pijlstaart*** ⟨vlinder; fam. Sphingidae⟩.
hum·ming·top ['hʌmɪŋtɒp‖-tɑp]⟨telb.zn.⟩ **0.1** ***bromtol.***
hum·mock ['hʌmək], ⟨in bet. 0.2 ook⟩ **ham·mock** ['hæmək]⟨f1⟩⟨telb.zn.⟩ **0.1** ***heuveltje*** *⇒bult, (lage) heuvelrug, wal* **0.2** ***hoogte*** *⇒verheffing, duin* ⟨i.h.b. in moeras⟩ **0.3** ***drukwal*** *⇒hummock, ijsveldrichel, ijshoop.*
hum·mock·y ['hʌməki]⟨bn.⟩ **0.1** ***oneffen*** *⇒bultig, bobbelig, heuvelig.*
hu·mon·gous [hju:'mʌŋgəs‖(h)ju:-]⟨bn.⟩⟨AE; inf.⟩ **0.1** ***kolossaal*** *⇒gigantisch, reusachtig.*
hu·mor·al ['hju:m(ə)rəl‖'(h)ju:-]⟨bn.⟩⟨med.⟩ **0.1** ***humoraal*** *⇒de lichaamsvochten betreffende* ◆ **1.1** ~ pathology *humorale pathologie.*
hu·mor·esque ['hju:mə'resk‖'(h)ju:-]⟨telb.zn.⟩⟨muz.⟩ **0.1** ***humoreske.***
hu·mor·ist ['hju:mərɪst‖'(h)ju:-]⟨f1⟩⟨telb.zn.⟩ **0.1** ***humorist*** *⇒komiek, grappenmaker.*
hu·mor·is·tic [-'rɪstɪk]⟨bn.⟩ **0.1** ***humoristisch*** *⇒komisch.*
hu·mor·ous [-rəs]⟨f2⟩⟨bn.; -ly; -ness⟩ **0.1** ***humoristisch*** *⇒grappig, komisch, geestig, koddig, leuk, komiek* **0.2** ⟨vero.⟩ ***grillig.***
hu·mour[1], ⟨AE sp.⟩ **hu·mor** ['hju:mə‖'(h)ju:mər]⟨f3⟩⟨zn.⟩
I ⟨telb.zn.⟩⟨gesch.⟩ **0.1** ***lichaamsvocht/sap;***
II ⟨telb. en n.-telb.zn.; vnl. enk.⟩ **0.1** ***humeur*** *⇒stemming, temperament, gemoedsgesteldheid, bui, luim* ◆ **2.1** in a bad ~ *slechtgeluimd, in een slechte bui* **6.1** not in the ~ **for** joking *niet in de stemming om grapjes te maken;* **out of** ~ *uit zijn hum(eur), chagrijnig;*
III ⟨n.-telb.zn.⟩ **0.1** ***humor*** *⇒geestigheid* ◆ **1.1** sense of ~ *gevoel voor humor.*
humour[2], ⟨AE sp.⟩ **humor** ⟨f2⟩⟨ov.ww.⟩ →-humoured **0.1** ***tegemoetkomen (aan)*** *⇒ter wille zijn, paaien, toegeven, toegeeflijk zijn, ontzien, naar de mond praten* **0.2** ***zich aanpassen aan*** *⇒zich voegen naar* ◆ **1.1** ~ a child *een kind zijn zin geven.*
-hu·mour·ed, ⟨AE sp.⟩ **-hu·mor·ed** ['hju:məd‖'(h)ju:mərd]⟨volt. deelw. v. humour⟩ **0.1** ***-gehumeurd*** *⇒-geluimd* ◆ **¶.1** good/ill-~ *goed/slechtgemutst.*
hu·mour·less, ⟨AE sp.⟩ **hu·mor·less** ['hju:mələs‖'(h)ju:mər-]⟨bn.; -ly; -ness⟩ **0.1** ***humorloos*** *⇒(dood)ernstig.*
hu·mour·some, ⟨AE sp.⟩ **hu·mor·some** [-səm]⟨bn.; -ness⟩ **0.1** ***wispelturig*** *⇒nukkig, humeurig.*
hump[1] [hʌmp]⟨f1⟩⟨zn.⟩
I ⟨telb.zn.⟩ **0.1** ***bult*** *⇒bochel* **0.2** ***heuveltje*** *⇒bult, hoop;* ⟨spoorwegen⟩ *(rangeer)heuvel* **0.3** ***verkeersdrempel*** ◆ **3.¶** live on one's ~ *zichzelf kunnen bedruipen, in eigen behoeften voorzien* **6.2**

⟨fig.⟩ be **over** the ~ *het ergste achter de rug hebben / gehad hebben; over de helft zijn;*
II ⟨n.-telb.zn.; the⟩ ⟨BE; sl.⟩ **0.1** ***landerigheid*** ⇒*depressie, baalbui* ◆ **3.1** it gives me the ~ *ik baal ervan / krijg er de balen van / word er beroerd van;* have the ~ *een baalbui hebben, de pest erin hebben, het niet meer zien zitten.*

hump[2] ⟨f1⟩ ⟨ww.⟩
I ⟨onov.ww.⟩ **0.1** ***bollen*** ⇒*bol gaan staan, bulten (vertonen), krom trekken, bochelen* **0.2** ⟨sl.⟩ ***ploeteren*** ⇒*zwoegen, zich uit de naad werken* **0.3** ⟨sl.; vulg.⟩ ***bonken*** ⇒*pompen, rammen, kezen, neuken* ◆ **1.1** ~ed cattle *bultrund(eren), zeboe(s);*
II ⟨ov.ww.⟩ **0.1** ***welven*** ⇒*bol / krom maken, ronden* **0.2** ⟨vnl. wederk. ww.⟩ ⟨sl.⟩ ***afbeulen*** ⇒*in het zweet werken* **0.3** ⟨sl.; vulg.⟩ ***naaien*** ⇒*een beurt / veeg geven, op de schroef nemen, neuken* **0.4** ⟨BE; inf.⟩ ***sjouwen*** ⇒*(mee)zeulen, torsen, dragen.*

'hump·back, ⟨in bet. 0.3 ook⟩ **'humpback 'whale** ⟨telb.zn.⟩ **0.1** ***bochel*** ⇒*bult* **0.2** ***gebochelde*** ⇒*bultenaar* **0.3** ⟨dierk.⟩ ***bultrug*** ⟨walvis; Megaptera novaeangliae⟩.

'hump·back·ed ⟨bn.⟩ **0.1** ***gebocheld.***

humph[1] [hʌmf] ⟨onov. en ov.ww.⟩ **0.1** ***hemmen*** ⇒*hummen, brommen, pruttelen, sputteren.*

humph[2] [pf, hm, hʌmf] ⟨tussenw.⟩ **0.1** ***h'm*** ⇒*hum, pff.*

hump·ty ['hʌm(p)ti] ⟨telb.zn.; →mv. 2⟩ ⟨BE⟩ **0.1** ***poef*** ⇒*zitkussen.*

Hump·ty Dump·ty ['hʌm(p)ti 'dʌm(p)ti] ⟨zn.; →mv. 2⟩
I ⟨eig.n.⟩ **0.1** ***Humpty Dumpty*** ⟨figuur uit kinderrijm in Lewis Carroll's Through the Looking-Glass⟩;
II ⟨telb.zn.⟩ **0.1** ***dikkertje*** ⇒*tonnetje.*

hump·y[1] ['hʌmpi] ⟨telb.zn.; →mv. 2⟩ **0.1** ***hut*** ⇒*humpy* ⟨in Australië⟩.

humpy[2] ⟨bn.; -er; →compar. 7⟩ **0.1** ***bultig*** ⇒*gebult* **0.2** ***bultachtig / vormig.***

hu·mus ['hju:məs‖'(h)ju:-] ⟨f1⟩ ⟨n.-telb.zn.⟩ **0.1** ***humus*** ⇒*teelaarde.*

Hun [hʌn] ⟨telb.zn.⟩ **0.1** ***Hun(nen)*** **0.2** ***vandaal*** ⇒*barbaar, woesteling* **0.3** ⟨inf.; pej.⟩ ***mof*** ◆ **7.1** the ~ is coming! *de Hunnen komen!.*

hunch[1] [hʌntʃ] ⟨f1⟩ ⟨telb.zn.⟩ **0.1** ***bult*** ⇒*bochel* **0.2** ***homp*** ⇒*klomp, brok, bonk* **0.3** ***voorgevoel*** ⇒*intuïtief / vaag idee, ingeving, gevoel* ◆ **3.3** I have a ~ there's going to be trouble *ik heb zo het idee / vermoeden dat er moeilijkheden komen;* play a / one's ~ *op zijn gevoel / intuïtie afgaan.*

hunch[2] ⟨f2⟩ ⟨ww.⟩
I ⟨onov.ww.⟩ ⟨AE⟩ **0.1** ***hurken*** ⇒*zich klein maken, ineenduiken, bukken* **0.2** ***zich voortslepen*** ⇒*stommelen, sjokken, sjouwen;*
II ⟨ov.ww.⟩ **0.1** ***krommen*** ⇒*optrekken* ⟨schouders⟩, *buigen, krombuigen* **0.2** ***duwen*** ⇒*schuiven, stoten, stuwen.*

'hunch·back ⟨f1⟩ ⟨telb.zn.⟩ **0.1** ***bochel*** ⇒*bult* **0.2** ***gebochelde*** ⇒*bultenaar.*

'hunch·back·ed ⟨bn.⟩ **0.1** ***gebocheld.***

hundred ['hʌndrɪd‖-drɪd, -ərd] ⟨f4⟩ ⟨telw.⟩ **0.1** ***honderd*** ⟨ook voorwerp / groep ter waarde / grootte v. honderd⟩ ⇒⟨i.h.b. BE; gesch.⟩ *hundred* ⟨deel v.e. graafschap met eigen rechtbank⟩; ⟨fig.⟩ *talloos* ◆ **1.1** five ~ people *vijfhonderd mensen;* there are still a ~ (and one) things to do *er zijn nog talloze / duizend en één dingen die moeten gebeuren* **1.¶** ⟨cul.⟩ ~s and thousands *gebakgarnering, suikerpareltjes / kraaltjes, chocoladekorrels* **3.1** she lost a ~ *ze verloor een briefje van honderd* **4.1** a ~ to one *honderd tegen één;* ⟨fig.⟩ *hoogstwaarschijnlijk* **6.1** arranged **by** ~s *in groepen van honderd gerangschikt;* **by** the ~s *met honderd(tall)en;* a mistake **in** the ~s *een fout in de honderdtallen* **7.1** the seventeen ~s *de jaren zeventienhonderd, de achttiende eeuw* **¶.1** a / one ~ per cent *honderd percent, geheel;* ⟨fig.; vnl. na ontkenning⟩ *weer helemaal de oude / opgeknapt / hersteld.*

hun·dred·fold ['hʌndrɪdfould‖'hʌn(d)ərd-] ⟨bn.; bw.⟩ **0.1** ***honderdvoud(ig).***

hun·dredth ['hʌndrɪdθ‖-drɪdθ, -ərdθ] ⟨f2⟩ ⟨telw.⟩ **0.1** ***honderdste.***

'hun·dred·weight ⟨f1⟩ ⟨telb.zn.; ook hundredweight; →mv. 4⟩ **0.1** ⟨BE⟩ ***hundredweight*** ⇒*Engelse centenaar* ⟨50,8 kg; →t1⟩ **0.2** ⟨AE⟩ ***hundredweight*** ⇒*Amerikaanse centenaar* ⟨45,36 kg; →t1⟩.

Hundred Years' 'War ⟨eig.n.; the⟩ ⟨gesch.⟩ **0.1** ***(de) Honderdjarige Oorlog.***

hung[1] [hʌŋ] ⟨bn.; oorspr. volt. deelw. v. hang⟩ ⟨sl.⟩ **0.1** ***katterig*** ⇒*beroerd, met een houten hoofd* **0.2** ***zwaar geschapen.***

hung[2] ⟨verl. t. en volt. deelw.⟩ →hang.

Hun·gar·i·an[1] [hʌŋ'geəriən‖-'ger-] ⟨f1⟩ ⟨zn.⟩
I ⟨eig.n.⟩ **0.1** ***Hongaars*** ⇒*de Hongaarse taal;*
II ⟨telb.zn.⟩ **0.1** ***Hongaar(se).***

Hungarian[2] ⟨f2⟩ ⟨bn.⟩ **0.1** ***Hongaars.***

Hun·ga·ry ['hʌŋgəri] ⟨eig.n.⟩ **0.1** ***Hongarije.***

hun·ger[1] ['hʌŋgə‖-ər] ⟨f3⟩ ⟨telb. en n.-telb.zn.; vnl. enk.⟩ ⟨→sprw. 307⟩ **0.1** ***honger(gevoel)*** ⇒*trek, eetlust;* ⟨fig.⟩ *hunkering, dorst, verlangen, drang* **0.2** ***verhongering*** ⇒*hongersnood, uitgehongerdheid* ◆ **6.1** a ~ **after / for** sth. *een hevig verlangen naar iets* **6.¶** ⟨AE; sl.⟩ **from** ~ *slecht, goedkoop; lelijk, het aankijken niet waard; niet intellectueel, voor het gewone volk.*

hunger[2] ⟨ww.⟩
I ⟨onov.ww.⟩ **0.1** ***hongeren*** ⇒*honger hebben;* ⟨fig.⟩ *hunkeren, dorsten* ◆ **6.1** ~ **for / after** *hongeren / dorsten / hunkeren naar;*
II ⟨ov.ww.⟩ **0.1** ***uithongeren*** ⇒*door uithongering dwingen, laten verhongeren, hongerig maken.*

'hunger march ⟨telb.zn.⟩ **0.1** ***protestmars / demonstratie*** ⟨i.h.b.v. werklozen⟩ ⇒*hongeroptocht, betoging.*

'hunger marcher ⟨telb.zn.⟩ **0.1** ***deelnemer aan een protestmars / hongeroptocht*** ⇒*betoger, demonstrant.*

'hunger strike ⟨f1⟩ ⟨telb.zn.⟩ **0.1** ***hongerstaking*** ◆ **6.1** be / go **on** (a) ~ *in hongerstaking zijn / gaan.*

'hunger striker ⟨f1⟩ ⟨telb.zn.⟩ **0.1** ***hongerstaker.***

'hung 'over ⟨bn., pred.⟩ ⟨sl.⟩ **0.1** ***katterig*** ⇒*met een houten hoofd / kater.*

hun·gry ['hʌŋgri] ⟨f3⟩ ⟨bn.; -er; -ly; -ness; →bijw. 3⟩ **0.1** ***hongerig*** ⇒*uitgehongerd;* ⟨fig.⟩ *dorstend, smachtend, hunkerend, verlangend* **0.2** ***hongerig makend*** ⇒*eetlust opwekkend* **0.3** ***schraal*** ⇒*dor, onvruchtbaar* ⟨v. grond⟩ ◆ **1.2** ~ work *werk waar je honger van krijgt* **1.¶** ⟨BE; gesch.⟩ Hungry Forties *Hungry Forties* ⟨periode v. verpaupering, 1840 - 1849⟩; ⟨plantk.⟩ ~ rice *(soort) gierst* ⟨Digitaria exilis⟩ **3.1** feel ~ *honger hebben;* I went ~ for three days *ik heb al drie dagen niets gegeten / al in geen drie dagen gegeten.*

'hung 'up ⟨bn., pred.⟩ ⟨sl.⟩ **0.1** ***opgefokt*** ⇒*verknipt* **0.2** ***gefrusteerd*** ⇒*balend* **0.3** ***opgehouden*** ⇒*vast gehouden* **0.4** ***suf*** ⇒*stoffig, ouderwets, conventioneel, niet hip, niet in* ◆ **6.¶** ~ **on** *geobsedeerd / gebiologeerd door, gefixeerd op, ingesneden op; stuk / kapot van, verslingerd aan.*

hunk [hʌŋk] ⟨f1⟩ ⟨telb.zn.⟩ **0.1** ***homp*** ⇒*brok, klont, klomp, bonk* **0.2** ⟨vnl. AE; sl.⟩ ***(lekker) stuk*** ⇒*stoot, moot, brok, spetter.*

hun·ker[1] ['hʌŋkə‖-ər] ⟨zn.⟩
I ⟨telb.zn.⟩ ⟨AE⟩ **0.1** ***conservatief*** ⇒*reactionair;*
II ⟨mv.; ~s⟩ ⟨inf.⟩ **0.1** ***dijen*** ⇒*hurken* ◆ **6.1** **on** one's ~s *gehurkt, op de hurken.*

hunker[2] ⟨onov.ww.⟩ ⟨AE⟩ **0.1** ***hurken*** ⇒*op de hurken zitten.*

hunks [hʌŋks] ⟨telb.zn.; hunks; →mv. 4⟩ **0.1** ***zuurpruim*** ⇒*nurks, chagrijn* **0.2** ***vrek*** ⇒*gierigaard* **0.3** ⟨sl.⟩ ***buitenlandse werknemer.***

hunk·y, hunk·ie ['hʌŋki] ⟨telb.zn.; →mv. 2⟩ ⟨AE; sl.; pej.⟩ **0.1** ***karpaat*** ⇒*karpatenkop, balkanist, Oosteuropeaan* **0.2** ***bleekscheet*** ⇒*blanke.*

hun·ky-do·ry ['hʌŋki'dɔ:ri] ⟨bn.⟩ ⟨AE; sl.⟩ **0.1** ***prima*** ⇒*kits, gebeiteld.*

Hun·nish[1] ['hʌnɪʃ] ⟨eig.n.⟩ **0.1** ***Huns*** ⇒*de Hunse taal.*

Hunnish[2] ⟨bn.⟩ **0.1** ***Huns*** **0.2** ⟨ook h-⟩ ***barbaars.***

hunt[1] [hʌnt] ⟨f2⟩ ⟨telb.zn.⟩ **0.1** ⟨vnl. enk.⟩ ***jacht(partij)*** ⇒⟨BE vnl.⟩ *vossejacht;* ⟨fig.⟩ *speur / zoektocht, achtervolging* **0.2** ***jachtgezelschap*** ⇒*jachtgevolg, jachtvereniging* **0.3** ***jachtgebied*** ⇒*jachtterrein, jachtveld* **0.4** ***schommelbeweging*** ◆ **6.1** the ~ is on **for** wild boar *de jacht op wilde zwijnen is open / begonnen.*

hunt[2] ⟨f3⟩ ⟨ww.⟩ →hunting
I ⟨onov.ww.⟩ **0.1** ***jagen*** ⇒*op (vosse)jacht zijn, de (lange) jacht bedrijven* **0.2** ***zoeken*** ⇒*speuren, een speurtocht houden* **0.3** ***schommelen*** ⟨v. controlewijzer, toerental enz.⟩ ⇒*op en neer gaan, oscilleren, (evenwicht) zoeken* ◆ **1.1** lions ~ at night *leeuwen gaan 's nachts op jacht* **3.1** go out ~ing *op jacht / uit jagen gaan* **5.2** I've ~ed high and low for that book *ik heb overal gezocht naar dat boek* **6.2** ~ **after / for** an address *speuren naar een adres;*
II ⟨ov.ww.⟩ **0.1** ***jagen op*** ⇒*achtervolgen, jacht maken op, nazetten, nazitten* **0.2** ***afjagen*** ⇒*jagend trekken door, doorzoeken, (rond)jagen in, bejagen* **0.3** ***bij de jacht gebruiken*** ⇒*jagen met* **0.4** ***verjagen*** ⇒*wegjagen* **0.5** ***opjagen*** ⇒*belagen* ◆ **1.1** ⟨AE⟩ ~ / ⟨BE⟩ shoot buffalo *buffels schieten, op buffels jagen* **1.2** ~ the county *het district / graafschap afjagen* **1.5** a ~ed look *een (op)gejaagde blik* **5.¶** →hunt **down;** →hunt **out;** →hunt **up** **6.4** ~ all crime **out of** town *alle misdaad de stad uit jagen.*

'hunt·a·way ⟨telb.zn.⟩ ⟨Austr. E⟩ **0.1** ***herdershond.***

'hunt 'ball ⟨telb.zn.⟩ **0.1** ***jachtbal*** ⇒*jagersbal, bal v.e. jachtvereniging.*

'hunt country ⟨telb.zn.⟩ **0.1** ***jachtgebied.***

'hunt 'down ⟨ov.ww.⟩ **0.1** ***opsporen*** ⇒*vangen, achtervolgen.*

hunt·er ['hʌntə‖'hʌnṭər] ⟨f2⟩ ⟨telb.zn.⟩ **0.1** ***jager*** ⟨ook fig.⟩ **0.2** ***jachthond*** **0.3** ***jachtpaard*** **0.4** ***savonet(horloge).***

'hunter's 'moon ⟨telb.zn.⟩ **0.1** ***volle maan in oktober.***

hunt·ing ['hʌnṭɪŋ] ⟨f1⟩ ⟨n.-telb.zn.; gerund v. hunt⟩ **0.1** ***(vosse) jacht.***

'hunting box ⟨telb.zn.⟩ ⟨vnl. BE⟩ **0.1** ***jachthuis(je).***

'hunting cat, 'hunting leopard ⟨telb.zn.⟩ **0.1** ***jachtluipaard*** ⇒*cheetah, gepard*.
'hunting crop ⟨telb.zn.⟩ **0.1** ***(korte) rijzweep***.
'hunting ground ⟨f1⟩ ⟨telb.zn.⟩ ⟨vnl. fig.⟩ **0.1** ***jachtgebied*** ⇒*jachtterrein, jachtterritorium, jachtveld*.
'hunting horn ⟨telb.zn.⟩ **0.1** ***jachthoorn***.
'hunting lodge ⟨telb.zn.⟩ **0.1** ***jachthuis*** ⇒*jachtverblijf*.
'hunting 'pink ⟨zn.⟩ ⟨vnl. BE⟩
I ⟨telb.zn.⟩ **0.1** ***(helderrood) jagersjasje;***
II ⟨telb. en n.-telb.zn.⟩ ⟨ook attr.⟩ **0.1** ***(scharlaken)rood***.
'hunting watch ⟨telb.zn.⟩ **0.1** ***savonet(horloge)***.
'hunt 'out ⟨ov.ww.⟩ **0.1** ***opdiepen*** ⇒*opsporen, naspeuringen doen naar*.
hunt·ress ['hʌntrɪs] ⟨telb.zn.⟩ **0.1** ***jageres***.
Hunts ⟨afk.⟩ Huntingdonshire.
hunts·man [hʌntsmən] ⟨f1⟩ ⟨telb.zn.; huntsmen [-mən]; →mv. 3⟩ **0.1** ***jager*** **0.2** ***jachtmeester*** ⇒*jagermeester, leider v.d. meute*.
'hunt 'up ⟨ov.ww.⟩ **0.1** ***opzoeken*** ⇒*navorsen, nazoeken, napluizen*.
hur·dle[1] ['hɜ:dl‖'hɜrdl] ⟨f2⟩ ⟨telb.zn.⟩ **0.1** ***horde*** ⇒*hindernis, obstakel* ⟨ook fig.⟩ **0.2** ⟨vnl. BE⟩ ***schot*** ⇒*horde, hek, schuttingdeel* **0.3** ⟨vnl. mv.⟩ ***horden(loop/ren)*** **0.4** ⟨gesch.⟩ ***draagbaar*** ⟨voor terdoodveroordeelden op weg naar het schavot⟩ **0.5** ⟨schoonspringen⟩ ***sluitsprong***.
hurdle[2] ⟨f2⟩ ⟨ww.⟩
I ⟨onov.ww.⟩ **0.1** ***hordenlopen*** ⇒*deelnemen aan een hordenloop/ren;*
II ⟨ov.ww.⟩ **0.1** ***springen over*** ⇒*nemen* ⟨een hindernis⟩; ⟨fig.⟩ *overwinnen, oplossen* **0.2** ***afschutten*** ⇒*omheinen, met horden omgeven*.
hur·dler ['hɜ:dlə‖'hɜrdlər] ⟨f1⟩ ⟨telb.zn.⟩ **0.1** ***hordenloper*** **0.2** ***hordenmaker*** **0.3** ⟨paardesport⟩ ***hordenruiter*** ⇒*hordenrenner*.
hur·dling ['hɜ:dlɪŋ‖'hɜrdɪŋ] ⟨n.-telb.zn.⟩ ⟨paardesport⟩ **0.1** ***(het) hordenrennen***.
hurds [hɜ:dz‖hɜrdz] ⟨mv.⟩ **0.1** ***he(d)e*** ⇒*scheven* ⟨grove hennep/vlasvezels⟩.
hur·dy-gur·dy ['hɜ:di'gɜ:di‖'hɜrdi'gɜrdi] ⟨telb.zn.; →mv. 2⟩ **0.1** ***(draai)lier*** **0.2** ⟨inf.⟩ ***buikorgel*** ⇒*draaiorgeltje*.
hurl[1] [hɜ:l‖hɜrl] ⟨telb.zn.⟩ **0.1** ***(krachtige) worp*** ⇒*gooi, slinger*.
hurl[2] ⟨f3⟩ ⟨zn.⟩ →hurling
I ⟨onov.ww.⟩ **0.1** ***stormen*** ⇒*razen, ijlen, snellen, zoeven;*
II ⟨ov.ww.⟩ **0.1** ***smijten*** ⇒*slingeren, keilen, gooien, werpen* ◆ **1.1** ~ reproaches at one another *elkaar verwijten naar het hoofd slingeren* **6.1** the dog ~ed itself **at/upon** the postman *de hond stortte zich op de postbode*.
hur·ley ['hɜ:li‖'hɜrli], ⟨in bet. I 0.1 ook⟩ **'hurley-stick** ⟨zn.⟩ ⟨sport⟩
I ⟨telb.zn.⟩ **0.1** ***hurley-stick;***
II ⟨n.-telb.zn.⟩ **0.1** ***hurling*** ⇒*hurley* ⟨Iers balspel⟩.
hurl·ing ['hɜ:lɪŋ‖'hɜr-] ⟨n.-telb.zn.; gerund v. hurl⟩ ⟨sport⟩ **0.1** ***hurling*** ⇒*hurley* ⟨Iers balspel⟩.
hur·ly-bur·ly ['hɜ:li'bɜ:li‖'hɜrli'bɜrli] ⟨f1⟩ ⟨telb. en n.-telb.zn.⟩ **0.1** ***kabaal*** ⇒*rumoer, herrie, gedruis, opschudding*.
hur·ray[1], **hoo·ray** [hʊ'reɪ], **hoo·rah, hur·rah** [hʊ'rɑ:] ⟨f2⟩ ⟨telb.zn.⟩ **0.1** ***hoera(atje)*** ⇒*hoezee, hoerageroep* ◆ **¶.¶** ~! *hoera!, hoezee!;* hip, hip, ~! *hiep, hiep, hoera!*.
hurray[2], **hooray, hoorah, hurrah** ⟨f1⟩ ⟨ww.⟩
I ⟨onov.ww.⟩ **0.1** ***hoera roepen*** ⇒*hoezeeën;*
II ⟨ov.ww.⟩ **0.1** ***toejuichen*** ⇒*bejubelen*.
hur·ri·cane ['hʌrɪkən‖'hɜrɪkeɪn] ⟨f2⟩ ⟨telb.zn.⟩ ⟨meteo.⟩ **0.1** ***orkaan*** ⇒*cycloon* ⟨windkracht 12 of meer⟩.
'hurricane bird ⟨telb.zn.⟩ **0.1** ***fregatvogel***.
'hurricane deck ⟨telb.zn.⟩ **0.1** ***stormdek***.
'hurricane lamp, 'hurricane lantern ⟨f1⟩ ⟨telb.zn.⟩ **0.1** ***stormlamp*** ⇒*stormlantaarn*.
hur·ried ['hʌrid‖'hɜrid] ⟨f2⟩ ⟨bn.; volt. deelw. v. hurry; -ly; -ness⟩ **0.1** ***haastig*** ⇒*gehaast, gejaagd, jachtig, gepresseerd, overhaast*.
hur·ry[1] ['hʌri‖'hɜri] ⟨f3⟩ ⟨telb. en n.-telb.zn.; →mv. 2; vnl. enk.⟩ **0.1** ***haast*** ⇒*haastigheid, gehaastheid, overhaastheid* ◆ **6.1** I'm **in** a ~ *ik heb haast;* he's **in** a ~ to get married *hij wil graag trouwen, hij popelt om te gaan trouwen;* ⟨inf.⟩ you won't find another job **in** a ~ *je zult niet zo gauw/gemakkelijk ander werk vinden;* ⟨inf.⟩ I won't invite him again **in** a ~ *hem zal ik niet gauw meer uitnodigen;* I'm **in** no ~ to *ik sta niet te popelen om*.
hurry[2] ⟨f3⟩ ⟨ww.; →ww. 7⟩ →hurried
I ⟨onov.ww.⟩ **0.1** ***zich haasten*** ⇒*haast maken, voortmaken, opschieten, jachten* ◆ **5.1** panting, he hurried **along** *hijgend ijlde/snelde hij voort;* ~ **up!** *schiet op!, vooruit!;*
II ⟨ov.ww.⟩ **0.1** ***tot haast aanzetten*** ⇒*opjagen, overhaasten* **0.2** ***verhaasten*** ⇒*bespoedigen, haast maken met, overhaasten* **0.3** ***haastig/ijlings vervoeren*** ⇒*jagen* ◆ **1.2** ~ one's pace *zijn pas versnellen* **5.1** can't you ~ him **up** a bit? *kun je hem niet een beetje haast doen maken?* **5.2** ~ **up** a job *haast maken met/vaart zetten achter een klus* **5.3** the firemen hurried the children **away** *de brandweerlieden brachten ijlings de kinderen in veiligheid*.
'hur·ry-'scur·ry[1], **'hur·ry-'skur·ry** ⟨telb.zn.; →mv. 2⟩ **0.1** ***paniek (toestand)*** ⇒*consternatie, verwarring, geren en gedraaf*.
hurry-scurry[2], **hurry-skurry** ⟨bn.⟩ **0.1** ***paniekerig*** ⇒*wanordelijk, overhaast*.
hurry-scurry[3], **hurry-skurry** ⟨onov.ww.; →ww. 7⟩ **0.1** ***jachten***.
hurry-scurry[4], **hurry-skurry** ⟨bw.⟩ **0.1** ***holderdebolder*** ⇒*hals over kop*.
hurst [hɜ:st‖hɜrst] ⟨telb.zn.⟩ **0.1** ***beboste hoogte/verhevenheid*** ⇒*horst, bosschage* **0.2** ***zandheuvel(tje)*** ⇒ ⟨i.h.b.⟩ *zandplaat/bank in rivier*.
hurt[1] [hɜ:t‖hɜrt] ⟨f2⟩ ⟨zn.⟩
I ⟨telb.zn.⟩ **0.1** ***pijn(lijke zaak)*** ⇒*kwelling, grief, marteling* **0.2** ***kwetsuur*** ⇒*letsel, wond, verwonding* **0.3** ***krenking*** ⇒*belediging;*
II ⟨n.-telb.zn.⟩ **0.1** ***schade*** ⇒*kwaad, nadeel, afbreuk* **0.2** ***leed*** ⇒*lijden, gekweldheid, geraaktheid*.
hurt[2] ⟨f3⟩ ⟨ww.; hurt [hɜ:t‖hɜrt], hurt⟩ ⟨→sprw. 119, 626⟩
I ⟨onov.ww.⟩ **0.1** ***pijn/zeer doen*** ⇒*pijnlijk aanvoelen* ◆ **1.1** my feet ~ *mijn voeten doen pijn;* this wage-cut ~s *deze loonsverlaging doet pijn/komt hard aan* **3.1** it won't ~ to cut down on spending *het kan geen kwaad om wat minder uit te geven;*
II ⟨ov.ww.⟩ **0.1** ***bezeren*** ⇒*verwonden, blesseren* **0.2** ***krenken*** ⇒*kwetsen, grieven, beledigen, deren* **0.3** ***schade toebrengen/afbreuk doen aan*** ⇒*beschadigen, benadelen* ◆ **1.1** I ~ my knee *ik heb mijn knie bezeerd* **1.3** ~ s.o.'s reputation *iemands reputatie schaden* **3.2** feel ~ *zich gekrenkt voelen*.
hurt·ful ['hɜ:tfl‖'hɜrtfl] ⟨f1⟩ ⟨bn.; -ly; -ness⟩ **0.1** ***schadelijk*** ⇒*nadelig* **0.2** ***grievend*** ⇒*kwetsend, krenkend, beledigend*.
hur·tle ['hɜ:tl‖'hɜrtl] ⟨f1⟩ ⟨ww.⟩
I ⟨onov.ww.⟩ **0.1** ***kletteren*** ⇒*razen, suizen, snorren, storten, denderen* **0.2** ***botsen*** ⇒*knallen, rammen;*
II ⟨ov.ww.⟩ **0.1** ***smijten*** ⇒*gooien, slingeren*.
hurt·less ['hɜ:tləs‖'hɜrt-] ⟨bn.; -ly; -ness⟩ **0.1** ***ongedeerd*** **0.2** ***onschadelijk*** ⇒*onschuldig*.
hus·band[1] ['hʌzbənd] ⟨f4⟩ ⟨telb.zn.⟩ ⟨→sprw. 235⟩ **0.1** ***echtgenoot*** ⇒*man* **0.2** ⟨vero.⟩ ***beheerder*** ⟨bv. v. huishouden⟩ ⇒*boekhouder* ◆ **1.1** ~ and wife *man en vrouw, echtpaar*.
husband[2] ⟨ov.ww.⟩ ⟨schr.⟩ **0.1** ***zuinig omspringen/omgaan met*** ⇒*woekeren met, sparen, in reserve houden* **0.2** ⟨vero.⟩ ***bebouwen*** ⟨land⟩ ⇒*verbouwen, kweken* **0.3** ⟨vero.⟩ ***uithuwelijken*** ⇒*aan de man brengen, echten* **0.4** ⟨vero.⟩ ***huwen*** ⇒*trouwen met*.
hus·band·man [hʌzbən(d)mən] ⟨telb.zn.; husbandmen [-mən]; →mv. 3⟩ ⟨vero.⟩ **0.1** ***huis/landman*** ⇒*boer*.
hus·band·ry ['hʌzbəndri] ⟨n.-telb.zn.⟩ **0.1** ***landbouw en veeteelt*** ⇒*het boerenbedrijf* **0.2** ***(zorgvuldig/zuinig) beheer*** ⇒*spaarzaamheid* ◆ **1.1** animal ~ *veehouderij, veeteelt, veefokkerij* **2.2** bad ~ *wanbeheer, verspilling*.
hush[1] [hʌʃ] ⟨f1⟩ ⟨telb. en n.-telb.zn.⟩ **0.1** ***stilte*** ⇒*rust, stilheid*.
hush[2] ⟨f2⟩ ⟨ww.⟩
I ⟨onov.ww.⟩ **0.1** ***verstommen*** ⇒*tot rust/stilte/bedaren komen, zwijgen* ◆ **¶.¶** ~! *still!, stt!;*
II ⟨ov.ww.⟩ **0.1** ***tot zwijgen brengen*** ⇒*doen verstommen* **0.2** ***tot bedaren brengen*** ⇒*sussen, kalmeren* ◆ **1.2** ~ a child to sleep *een kind in slaap sussen* **5.1** ~ **up** *verzwijgen, doodzwijgen, uit de openbaarheid/publiciteit houden, in de doofpot stoppen, verheimelijken*.
hush·a·by(e) ['hʌʃəbaɪ] ⟨tussenw.⟩ **0.1** *ssst* ⟨tegen kind⟩ ⇒*zoet/stil maar*.
'hush-'hush ⟨bn.⟩ ⟨inf.⟩ **0.1** ***(diep) geheim*** ⇒*bedekt, vertrouwelijk*.
'hush money ⟨f1⟩ ⟨n.-telb.zn.⟩ **0.1** ***zwijggeld***.
'hush·pup·py ⟨telb.zn.⟩ **0.1** ***hushpuppy*** ⟨oorspr. handelsmerk⟩ ⇒*lichte schoen* **0.2** ⟨AE⟩ ***maïskoekje***.
husk[1] [hʌsk] ⟨f1⟩ ⟨telb.zn.⟩ **0.1** ***schil(letje)*** ⇒*dop, bolster, kaf(je), (maïs)vlies, zemel* **0.2** ***(waardeloos) omhulsel*** ⇒*lege dop* **0.3** ⟨AE; inf.⟩ ***vent*** ⇒*stoere kerel* ◆ **1.1** rice in the ~ *ongepelde rijst*.
husk[2] ⟨ov.ww.⟩ **0.1** ***schillen*** ⇒*doppen, pellen*.
husk·er ['hʌskə‖-ər] ⟨telb.zn.⟩ **0.1** ***(maïs)ontvliesmachine*** ⇒*ontvliezer, pelmachine* **0.2** ***schiller*** ⇒*peller*.
hus·ky[1] ['hʌski] ⟨telb.zn.; →mv. 2⟩ **0.1** ***eskimohond*** ⇒*poolhond, husky* **0.2** ***mannetjesputter*** ⇒*stevige jongen*.
husky[2] ⟨f2⟩ ⟨bn.; -er; -ly; -ness; →bijw. 3⟩ **0.1** ***schor*** ⇒*hees, omfloerst* ⟨v. stem⟩ **0.2** ⟨inf.⟩ ***fors*** ⇒*stoer, stevig, potig, struis* **0.3** ***(kurk/gort)droog*** **0.4** ***vol schillen/kaf/zemelen***.
huss [hʌs] ⟨telb.zn.⟩ ⟨dierk.⟩ **0.1** ***hondshaai*** ⟨Scyliorhinus caniculus⟩.
hus·sar [hʊ'zɑ:‖hə'zɑr] ⟨f1⟩ ⟨telb.zn.⟩ ⟨gesch.⟩ **0.1** ***huzaar***.
Huss·ite ['hʌsaɪt] ⟨telb.zn.⟩ **0.1** ***hussiet***.
hus·sy ['hʌsi], **huz·zy** ['hʌzi] ⟨f1⟩ ⟨telb.zn.; →mv. 2⟩ **0.1** ***brutaaltje*** ⇒*ondeugd, vrijpostige/vrijgevochten meid* **0.2** ***del*** ⇒*slet, troel, sloerie* ◆ **2.1** brazen/shameless ~ *brutaal nest*.

hust·ings ['hʌstɪŋz]⟨mv.; ww. vnl. enk.⟩ **0.1** ***verkiezingscampagne/strijd*** **0.2** ⟨BE; gesch.⟩ ***hustings*** ⟨tribune vanwaaraf parlementskandidaten redevoeringen hielden⟩ **0.3** ***spreekgestoelte***.
hus·tle[1] ['hʌsl]⟨telb.zn.; g.mv.⟩ **0.1** ***gedrang*** ⇒*bedrijvigheid, drukte, gewoel* ◆ **1.1** ~ and bustle *drukte, rumoer, bedrijvigheid*.
hustle[2] ⟨f2⟩⟨ww.⟩
I ⟨onov.ww.⟩ **0.1** ***dringen*** ⇒*duwen, stoten* **0.2** ***zich haasten*** ⇒*hard werken, druk in de weer zijn, pezen* **0.3** ⟨vnl. AE; inf.⟩ ***sjoemelen*** ⇒*rommelen, sjacheren* **0.4** ⟨AE; inf.⟩ ***pezen*** ⇒*tippelen, als hoer werken;*
II ⟨ov.ww.⟩ **0.1** ***door elkaar gooien/schudden*** ⇒*porren* **0.2** ***proppen*** ⇒*(op)jagen, duwen, drukken, schuiven* **0.3** ⟨AE; inf.⟩ ***bewerken*** ⇒*onder druk zetten* ⟨klanten⟩ **0.4** ⟨AE; inf.⟩ ***bij elkaar scharrelen*** ⇒*versieren, ritselen, organiseren* **0.5** ⟨AE; inf.⟩ ***opdringen*** ⇒*aansmeren, in iemands maag splitsen* ◆ **1.2** she ~d the drunken man out of the house *ze werkte de dronken man het huis uit* **1.3** B-girls, hustling the customers for drinks *animeermeisjes die de klanten drankjes aftroggelen* **1.4** ~ a job *een baantje versieren;* she has to ~ some money every day *elke dag moet ze wat geld bij elkaar zien te scharrelen*.
hus·tler ['hʌslə||-ər]⟨telb.zn.⟩ **0.1** ***ondernemend iem.*** ⇒*harde werker, aanpakker, doordouwer* **0.2** ⟨AE; inf.⟩ ***ritselaar*** ⇒*rommelaar, sjacheraar, oplichter* **0.3** ⟨AE; inf.⟩ ***hoer*** ⇒*temeie*.
hut[1] [hʌt]⟨f3⟩⟨telb.zn.⟩ **0.1** ***hut(je)*** ⇒*huisje, keet* **0.2** ⟨mil.⟩ ***barak***.
hut[2] ⟨ww.; →ww. 7⟩
I ⟨onov.ww.⟩ **0.1** ***in een hut/barak verblijven;***
II ⟨ov.ww.⟩ **0.1** ***in een hut/in barakken onderbrengen*** **0.2** ***van barakken voorzien*** ◆ **1.2** a ~ted camp *een barakkenkamp*.
hutch ['hʌtʃ]⟨telb.zn.⟩ **0.1** ***(konijne)hok*** ⇒*kooi* **0.2** ⟨pej.⟩ ***hut*** ⇒*keet, krot, hok* **0.3** ***(voorraad)kist*** **0.4** ***bergkast*** ⟨met laden en planken⟩ **0.5** ***bak/mijnwagen*** **0.6** ***wastrog*** ⟨v. erts⟩ **0.7** ***trog*** ⇒*kneedbak*.
hutch·ie ['hʌtʃi]⟨telb.zn.⟩⟨Austr. E; inf.⟩ **0.1** ***primitief (éénpersoons)tentje*** ⟨stuk zeil over stok/boomtak⟩.
hut·ment ['hʌtmənt]⟨telb.zn.⟩ **0.1** ***barakkenkamp/dorp*** ⇒*kampement* **0.2** ***barak***.
Huy·gens' principle ['haɪgənz ˌprɪnsəpl]⟨telb.zn.; geen mv.⟩⟨nat.⟩ **0.1** ***beginsel v. Huygens*** ⟨golftheorie⟩.
huz·za(h)[1] [hʊ'zɑ:]⟨telb.zn.⟩⟨vero.⟩ **0.1** ***hoezee*** ⇒*hoerageroep*.
huzza(h)[2] ⟨ww.⟩⟨vero.⟩
I ⟨onov.ww.⟩ **0.1** ***hoezeeën*** ⇒*hoezee roepen;*
II ⟨ov.ww.⟩ **0.1** ***met hoezeegeroep begroeten*** ⇒*toejuichen, bejubelen*.
huzzy →hussy.
hw ⟨afk.⟩ hit wicket.
HW(M) ⟨afk.⟩ high water (mark).
hwyl ['hu:ɪl]⟨n.-telb.zn.⟩⟨vnl. BE⟩ **0.1** ***vervoering*** ⇒*bezieling*.
hy·a·cinth ['haɪəsɪnθ]⟨f1⟩⟨telb.zn.⟩ **0.1** ⟨plantk.⟩ ***hyacint*** ⇒*nageltak* ⟨genus Hyacinthus⟩ **0.2** ***hyacint*** ⟨mineraal⟩ **0.3** ⟨vaak attr.⟩ ***hyacint/paarsblauw***.
hy·a·cin·thine ['haɪə'sɪnθaɪn]⟨bn.⟩ **0.1** ***hyacintachtig/kleurig*** **0.2** ***met hyacinten getooid***.
Hy·a·des ['haɪədi:z], **Hy·ads** ['haɪædz]⟨mv.⟩⟨mythologie, ster.⟩ **0.1** ***hyaden***.
hyaena →hyena.
hy·a·line[1] ['haɪəlɪn]⟨telb.zn.; geen mv.⟩ **0.1** ***hyalien*** ⇒*glasachtig oppervlak* **0.2** ⟨schr.⟩⟨ben. voor⟩ ***glasachtig iets*** ⇒*gladde zee; heldere hemel*.
hyaline[2] ⟨bn.⟩ **0.1** ***hyalien*** ⇒*glasachtig* ◆ **1.1** ⟨med.⟩ ~ degeneration *hyaliene degeneratie* ⟨bindweefselafwijking⟩.
'hyaline 'membrane di'sease ⟨telb. en n.-telb.zn.⟩⟨med.⟩ **0.1** ***hyaliene membranenpneumonie*** ⟨longafwijking bij pasgeborenen⟩.
hy·a·lite ['haɪəlaɪt]⟨telb. en n.-telb.zn.⟩ **0.1** ***hyaliet*** ⇒*glasopaal/steen, Müllers glas*.
hy·a·loid ['haɪəlɔɪd]⟨bn.⟩ **0.1** ***hyaloideus*** ⇒*glasachtig* ◆ **1.1** ~ membrane *glasachtig vlies* ⟨v.h. oog⟩.
hy·brid[1] ['haɪbrɪd]⟨f1⟩⟨telb.zn.⟩ **0.1** ***kruising*** ⇒*bastaard(vorm), hybride, halfbloed* **0.2** ***hybridisch woord***.
hybrid[2] ⟨f1⟩⟨bn.⟩ **0.1** ***hybridisch*** ⇒*bastaard-, door kruising ontstaan, heterogeen* ◆ **1.1** ~ computer *hybride computer* ⟨combinatie v.e. analoge en digitale computer⟩; ~ vigour *heterosis*.
hy·brid·ism ['haɪbrɪdɪzm]⟨n.-telb.zn.⟩ **0.1** ***hibriditeit*** ⇒*hybridisch karakter* **0.2** ***versmoltenheid*** ⇒*versmelting*.
hy·brid·i·ty [haɪ'brɪdəṭi]⟨n.-telb.zn.⟩ **0.1** ***hybriditeit***.
hy·brid·i·za·tion, ⟨BE sp. ook⟩ **-sa·tion** ['haɪbrɪdaɪ'zeɪʃn||-də'zeɪʃn]⟨n.-telb.zn.⟩ **0.1** ***hybridisatie*** ⇒*bastaardering, kruising*.
hy·brid·ize, ⟨BE sp. ook⟩ **-ise** ['haɪbrɪdaɪz]⟨ww.⟩
I ⟨onov.ww.⟩ **0.1** ***zich door kruising vermenigvuldigen*** **0.2** ***bastaarden/hybriden voortbrengen;***
II ⟨ov.ww.⟩ **0.1** ***kruisen***.
hy·da·tid ['haɪdəṭɪd]⟨telb.zn.⟩ **0.1** ***vochtblaasje*** ⇒*hydatide* **0.2** ***blaasworm*** ⇒*vin, fin, cystericus*.
hyd·el ['haɪdel]⟨n.-telb.zn.⟩⟨verk.⟩ hydro-electricity **0.1** ***waterkracht*** ⇒*hydro-elektriciteit*.
hy·dra ['haɪdrə]⟨zn.; ook hydrae [-dri:]; →mv. 5⟩
I ⟨eig.n.; vnl. H-⟩ **0.1** ***Hydra*** ⇒*waterslang* ⟨mythologisch veelkoppig monster⟩ **0.2** ⟨ster.⟩ ***Hydra*** ⇒*Waterslang;*
II ⟨telb.zn.⟩ **0.1** ***hydra*** ⇒*veelvormig probleem* **0.2** ⟨dierk.⟩ ***hydra*** ⟨zoetwaterpoliep; genus Hydra⟩.
'hy·dra-'head·ed ⟨bn.⟩ **0.1** ***hydra-achtig*** ⇒*veelkoppig, wijdvertakt*.
hy·dran·ge·a [haɪ'dreɪndʒə]⟨bn.⟩⟨plantk.⟩ **0.1** ***hydrangea*** ⟨genus Hydrangea⟩ ⇒*waterstruik,* ⟨oneig.⟩ *hortensia*.
hy·drant ['haɪdrənt]⟨telb.zn.⟩ **0.1** ***brandkraan*** ⇒*hydrant, standpijp*.
hy·drate[1] ['haɪdreɪt]⟨telb.zn.⟩⟨schei.⟩ **0.1** ***hydraat***.
hydrate[2] ⟨ww.⟩
I ⟨onov.ww.⟩ **0.1** ***overgaan in een hydraat;***
II ⟨ov.ww.⟩ **0.1** ***hydrateren***.
hy·drau·lic [haɪ'drɒlɪk||-'drɔ-]⟨f1⟩⟨bn.; -ally; →bijw. 3⟩ **0.1** ***hydraulisch*** ◆ **1.1** ~ brake *hydraulische rem;* ~ cement *hydraulisch cement;* ~ engineer *waterbouwkundige;* ~ engineering *waterbouw(kunde);* ~ press *hydraulische pers;* ~ ram *hydraulische ram*.
hy·drau·lics [haɪ'drɒlɪks||-'drɔ-]⟨n.-telb.zn.⟩ **0.1** ***hydraulica***.
hy·dra·zine ['haɪdrəzi:n]⟨n.-telb.zn.⟩⟨schei.⟩ **0.1** ***hydrazine***.
hy·dric ['haɪdrɪk]⟨bn.⟩⟨schei.⟩ **0.1** ***waterstof betreffende*** ⇒*waterstof-* **0.2** ***mbt. water/vocht*** ⇒*water/vochthoudend*.
hy·dride ['haɪdraɪd,-drɪd]⟨telb.zn.⟩⟨schei.⟩ **0.1** ***hydride*** ⇒*waterstofverbinding*.
hy·dri·od·ic acid ['haɪdraɪɒdɪk 'æsɪd||-driɑdɪk]⟨n.-telb.zn.⟩⟨schei.⟩ **0.1** ***joodwaterstofzuur***.
hy·dro ['haɪdroʊ]⟨telb.zn.⟩⟨inf.⟩ **0.1** ⟨verk.⟩ ⟨hydropathic⟩ ***hydrotherapeutische/hydropathische instelling*** ⇒*kuurhotel/oord* **0.2** ⟨verk.⟩ ⟨hydroelectric⟩ ***waterkrachtcentrale*** **0.3** ⟨verk.⟩ ⟨hydroplane⟩ ***glijboot***.
hy·dr(o)- ['haɪdr(oʊ)] **0.1** ***hydr(o)-***.
hy·dro·bro·mic acid ['haɪdrəbrɒmɪk 'æsɪd||-broʊmɪk-]⟨n.-telb.zn.⟩⟨schei.⟩ **0.1** ***broomwaterstofzuur***.
hy·dro·car·bon [-'kɑ:bən||-'kɑr-]⟨telb. en n.-telb.zn.⟩⟨schei.⟩ **0.1** ***koolwaterstof***.
hy·dro·cele [-si:l]⟨telb. en n.-telb.zn.⟩⟨med.⟩ **0.1** ***waterbreuk*** ⇒*hydrocele*.
hy·dro·ce·phal·ic [-sɪ'fælɪk], **hy·dro·ceph·a·lous** [-'sefələs]⟨bn.⟩⟨med.⟩ **0.1** ***met een waterhoofd***.
hy·dro·ceph·a·lus [-'sefələs]⟨telb. en n.-telb.zn.⟩⟨med.⟩ **0.1** ***waterhoofd*** ⇒*hydrocephalus*.
hy·dro·chlo·ric acid [-klɒrɪk 'æsɪd||-klɔrɪk-]⟨n.-telb.zn.⟩⟨schei.⟩ **0.1** ***zoutzuur***.
hy·dro·chlo·ride [-'klɔ:raɪd]⟨telb.zn.⟩⟨schei.⟩ **0.1** ***waterstofchloride***.
hy·dro·cy·an·ic acid [-saɪænɪk 'æsɪd]⟨n.-telb.zn.⟩⟨schei.⟩ **0.1** ***cyaanwaterstofzuur*** ⇒*waterstofcyanide, blauwzuur, pruisisch-zuur*.
hy·dro·cycle [-saɪkl]⟨telb.zn.⟩ **0.1** ***waterfiets***.
hy·dro·dy·nam·ic [-daɪ'næmɪk], **hy·dro·dy·nam·i·cal** [-ɪkl]⟨bn.; -(al)ly; →bijw. 3⟩ **0.1** ***hydrodynamisch***.
hy·dro·dy·nam·ics [-daɪ'næmɪks]⟨n.-telb.zn.⟩ **0.1** ***hydrodynamica***.
hy·dro·e·lec·tric [-ɪ'lektrɪk]⟨bn.; -ally; →bijw. 3⟩ **0.1** ***hydro-elektrisch***.
hy·dro-e·lec·tric·i·ty [-ɪlek'trɪsəṭi]⟨n.-telb.zn.⟩ **0.1** ***waterkracht*** ⇒*hydro-elektriciteit*.
hy·dro·flu·or·ic acid [-flu:ɒrɪk 'æsɪd||-flu:ɔrɪk-]⟨n.-telb.zn.⟩⟨schei.⟩ **0.1** ***waterstoffluoride*** ⇒*fluorwaterstofzuur*.
hy·dro·foil [-fɔɪl]⟨f1⟩⟨telb.zn.⟩ **0.1** ***(draag)vleugelboot*** ⇒*hydrofoil* **0.2** ***draagvleugel*** ⇒*hydrofoil*.
hy·dro·gas·i·fi·ca·tion ['haɪdroʊ'gæsɪfɪ'keɪʃn]⟨n.-telb.zn.⟩ **0.1** ***steenkoolvergassing (met behulp van waterstof)***.
hy·dro·gas·i·fi·er [-'gæsɪfaɪə||-ər]⟨telb.zn.⟩ **0.1** ***steenkoolvergasser***.
hy·dro·gen ['haɪdrədʒən]⟨f1⟩⟨n.-telb.zn.⟩⟨schei.⟩ **0.1** ***waterstof*** ⟨element 1⟩.
hy·dro·gen·ate [haɪ'drɒdʒəneɪt||-'drɑ-]⟨ov.ww.⟩⟨schei.⟩ **0.1** ***hydrogeneren*** ⇒*hydreren*.
hy·dro·gen·a·tion [haɪdrɒdʒə'neɪʃn||-drɑ-]⟨telb. en n.-telb.zn.⟩⟨schei.⟩ **0.1** ***hydrogenatie***.
'hydrogen bomb ⟨f1⟩⟨telb.zn.⟩ **0.1** ***waterstofbom*** ⇒*H-bom*.
'hydrogen bond ⟨telb.zn.⟩⟨schei.⟩ **0.1** ***waterstofbrug*** ⇒*waterstofbinding*.
'hydrogen 'cyanide ⟨n.-telb.zn.⟩⟨schei.⟩ **0.1** ***waterstofcyanide***.
hy·drog·e·nous [haɪ'drɒdʒənəs||-'drɑ-]⟨bn.⟩ **0.1** ***waterstofachtig*** ⇒*waterstof-*.
'hydrogen pe'roxide ⟨n.-telb.zn.⟩⟨schei.⟩ **0.1** ***waterstofperoxide***.
'hydrogen 'sulphide ⟨n.-telb.zn.⟩⟨schei.⟩ **0.1** ***waterstofsulfide***.
hy·dro·ge·ol·o·gy ['haɪdrədʒi'ɒlədʒi||-'ɑlədʒi]⟨n.-telb.zn.⟩ **0.1** ***hydrogeologie*** ⇒*hydrologie*.
hy·drog·ra·pher [haɪ'drɒgrəfə||-'drɑgrəfər]⟨telb.zn.⟩ **0.1** ***hydrograaf***.

hy·dro·graph·ic ['haɪdroʊ'græfɪk], **hy·dro·graph·i·cal** [-ɪkl]⟨bn.; (-al)ly; →bijw. 3⟩ **0.1** ***hydrografisch.***
hy·drog·ra·phy [haɪ'drɒgrəfi‖-'drɑ-]⟨n.-telb.zn.⟩ **0.1** ***hydrografie.***
hy·droid ['haɪdrɔɪd]⟨telb.zn.⟩⟨dierk.⟩ **0.1** ***kwalpoliep.***
hy·drol·o·gy [haɪ'drɒlədʒi‖-'drɑ-]⟨n.-telb.zn.⟩ **0.1** ***hydrologie.***
hy·dro·lyse, ⟨AE sp.⟩ **hy·dro·lyze** ['haɪdrəlaɪz]⟨onov. en ov.ww.⟩ ⟨schei.⟩ **0.1** ***hydrolyseren.***
hy·drol·y·sis [haɪ'drɒlɪsɪs‖-'drɑ-]⟨n.-telb.zn.⟩⟨schei.⟩ **0.1** ***hydrolyse.***
hy·dro·ly·tic ['haɪdrə'lɪtɪk]⟨bn.⟩⟨schei.⟩ **0.1** ***hydrolytisch.***
hy·dro·mag·net·ic ['haɪdroʊmæg'netɪk]⟨bn.⟩ **0.1** ***hydromagnetisch.***
hy·dro·mag·net·ics [-mæg'netɪks]⟨n.-telb.zn.⟩ **0.1** ***hydromagnetica*** ⇒*magneto-hydrodynamica.*
hydromechanics [-mɪ'kænɪks]⟨n.-telb.zn.⟩ **0.1** ***hydromechanica.***
hy·dro·mel [-mel]⟨telb. en n.-telb.zn.⟩ **0.1** ***hydromel*** ⇒*honingdrank / water, mede.*
hy·drom·e·ter [haɪ'drɒmɪtə‖-'drɑmɪtər]⟨telb.zn.⟩ **0.1** ***hydrometer.***
hy·dro·met·ric ['haɪdroʊ'metrɪk], **hy·dro·met·ri·cal** [-ɪkl]⟨bn.; -(al)ly; →bijw. 3⟩ **0.1** ***hydrometrisch.***
hy·drom·e·try [haɪ'drɒmɪtri]⟨n.-telb.zn.⟩ **0.1** ***hydrometrie.***
hy·dro·path·ic ['haɪdrə'pæθɪk]⟨bn.⟩ **0.1** ***hydrotherapeutisch.***
hy·drop·a·thist [haɪ'drɒpəθɪst‖-'drɑ-]⟨telb.zn.⟩ **0.1** ***hydrotherapeut.***
hy·drop·a·thy [haɪ'drɒpəθi‖-'drɑ-]⟨n.-telb.zn.⟩ **0.1** ***hydrotherapie*** ⇒*hydropathie, watergeneeskunde.*
hy·dro·phane ['haɪdrəfeɪn]⟨telb. en n.-telb.zn.⟩ **0.1** ***hydrofaan*** ⟨soort opaal⟩.
hy·dro·phil·ic [-'fɪlɪk]⟨bn.⟩ **0.1** ***hydrofiel*** ⇒*vocht / water aantrekkend.*
hy·dro·pho·bi·a [-'foʊbɪə]⟨n.-telb.zn.⟩ **0.1** ***watervrees*** ⇒*hydrofobie* **0.2** ⟨med.⟩ ***watervrees*** ⇒*hondsdolheid, hydrofobie.*
hy·dro·phob·ic [-'foʊbɪk]⟨bn.⟩ **0.1** ***hydrofoob*** ⇒*waterafstotend* **0.2** ***lijdend aan watervrees*** **0.3** ***hondsdol.***
hy·dro·phone [-foʊn]⟨telb.zn.⟩ **0.1** ***hydrofoon*** ⟨luisterapparaat⟩.
hy·dro·phyte [-faɪt]⟨telb.zn.⟩ **0.1** ***hydrofiet*** ⇒*waterplant.*
hy·drop·ic [haɪ'drɒpɪk‖-'drɑ-]⟨bn.⟩⟨med.⟩ **0.1** ***waterzuchtig*** ⇒*hydropisch.*
hy·dro·plane[1] ['haɪdrəpleɪn]⟨telb.zn.⟩ **0.1** ***glijboot*** ⇒*hydroplaan, speedboat* **0.2** ***duik / hoogteroer*** ⟨v. onderzeeër⟩ **0.3** ⟨vero.⟩ ***watervliegtuig*** ⇒*drijfvervliegtuig, vliegboot* **0.4** →hydrofoil.
hydroplane[2] ⟨onov.ww.⟩ **0.1** ***zich per glijboot / watervliegtuig / vleugelboot voortbewegen*** **0.2** ***planeren*** ⇒*(over het water) scheren* **0.3** ***slippen.***
hy·dro·pon·ic [-'pɒnɪk‖-'pɑnɪk]⟨bn.⟩ **0.1** ***watercultureel*** ⇒*de / een watercultuur betreffende.*
hy·dro·pon·ics [-'pɒnɪks‖-'pɑnɪks]⟨n.-telb.zn.⟩ **0.1** ***hydrocultuur*** ⇒*watercultuur.*
hy·dro·pow·er [-paʊə‖-paʊər]⟨n.-telb.zn.⟩ **0.1** ***waterkracht.***
hy·dro·qui·none [-kwɪ'noʊn]⟨n.-telb.zn.⟩⟨schei.⟩ **0.1** ***hydrochinon*** ⟨ontwikkelaar⟩.
hy·dro·skim·mer [-skɪmə‖-ər]⟨telb.zn.⟩ **0.1** ***luchtkussenvaartuig.***
hy·dro·sphere [-sfɪə‖-sfɪr]⟨telb.zn.⟩ **0.1** ***hydrosfeer.***
hy·dro·stat·ic [-'stætɪk], **hy·dro·stat·i·cal** [-ɪkl]⟨bn.; -(al)ly; →bijw. 3⟩⟨nat.⟩ **0.1** ***hydrostatisch*** ◆ **1.1** ~ paradox *hydrostatische paradox;* ~ press *hydrostatische / hydraulische pers.*
hy·dro·stat·ics [-'stætɪks]⟨n.-telb.zn.⟩ **0.1** ***hydrostatica.***
hy·dro·ther·a·py [-'θerəpi]⟨telb. en n.-telb.zn.; →mv. 2⟩ **0.1** ***hydrotherapie*** ⇒*hydropathie, watergeneeskunde.*
hy·dro·ther·mal [-'θɜ:ml‖-θɜrml]⟨bn.⟩⟨geol.⟩ **0.1** ***hydrothermaal.***
hy·dro·tho·rax [-'θɔ:ræks]⟨telb. en n.-telb.zn.⟩⟨med.⟩ **0.1** ***hydrothorax*** ⇒*borstwaterzucht.*
hy·drot·ro·pism [haɪ'drɒtrəpɪzm‖-'drɑ-]⟨n.-telb.zn.⟩⟨biol.⟩ **0.1** ***hydrotropie*** ⇒*hydrotropisme* ⟨groeiverandering onder invloed v. water⟩.
hy·drous ['haɪdrəs]⟨bn.⟩⟨schei.⟩ **0.1** ***water bevattende.***
hy·drox·ide [haɪ'drɒksaɪd‖-'drɑk-]⟨telb. en n.-telb.zn.⟩⟨schei.⟩ **0.1** ***hydroxyde.***
hy·drox·yl [haɪ'drɒksɪl‖-'drɑk-]⟨telb.zn.⟩⟨schei.⟩ **0.1** ***hydroxyl.***
hy·dro·zo·an ['haɪdrə'zoʊən]⟨telb.zn.⟩⟨dierk.⟩ **0.1** ***kwalpoliep*** ⟨klasse Hydrozoa⟩.
hy·e·na, hy·ae·na [haɪ'i:nə]⟨f1⟩⟨telb.zn.⟩ **0.1** ***hyena*** ⇒⟨fig.⟩ *rat, gier, wreed / roofzuchtig iem.* **0.2** ⟨dierk.⟩ ***buidelwolf*** ⟨Thylacinus cynocephalus; op Tasmanië⟩ ◆ **3.1** laughing / spotted ~ *gevlekte hyena* ⟨Crocuta crocuta⟩.
hy'ena dog ⟨telb.zn.⟩⟨dierk.⟩ **0.1** ***hyenahond*** ⟨Lycaon pictus⟩.
hy·giene ['haɪdʒi:n]⟨f1⟩⟨n.-telb.zn.⟩ **0.1** ***hygiëne*** ⇒*gezondheidsleer / zorg;* ⟨bij uitbr.⟩ *properheid, zindelijkheid.*
hy·gi·en·ic ['haɪ'dʒi:nɪk‖-dʒ(i)'enɪk]⟨f1⟩⟨bn.; -ally; →bijw. 3⟩ **0.1** ***hygiënisch*** ⇒⟨bij uitbr.⟩ *proper, schoon, rein, zindelijk.*
hy·gi·en·ics [haɪ'dʒi:nɪks‖-dʒ(i)'enɪks]⟨n.-telb.zn.⟩ **0.1** ***hygiëne.***
hy·gien·ist [haɪ'dʒi:nɪst]⟨telb.zn.⟩ **0.1** ***hygiënist.***
hy·gro- ['haɪgroʊ] **0.1** ***hygro-*** ⇒*vocht-, vochtigheids-* ◆ ¶**.1** hygrometer *hygrometer, vocht(igheids)meter.*
hy·gro·graph ['haɪgrəgrɑ:f‖-græf]⟨telb.zn.⟩ **0.1** ***hygrograaf.***
hy·grol·o·gy [haɪ'grɒlədʒi‖-'grɑ-]⟨n.-telb.zn.⟩ **0.1** ***hygrologie*** ⇒*leer der luchtvochtigheid.*
hy·grom·e·ter [haɪ'grɒmɪtə‖-'grɑmɪtər]⟨telb.zn.⟩ **0.1** ***hygrometer*** ⇒*vocht(igheids)meter.*
hy·gro·met·ric ['haɪgrə'metrɪk]⟨bn.⟩ **0.1** ***hygrometrisch.***
hy·grom·e·try [haɪ'grɒmɪtri‖-'grɑ-]⟨n.-telb.zn.⟩ **0.1** ***hygrometrie*** ⇒*vochtmeting.*
hy·groph·i·lous [haɪ'grɒfɪləs‖-'grɑ-]⟨bn.⟩⟨plantk.⟩ **0.1** ***hygrofiel.***
hy·gro·phyte ['haɪgrəfaɪt]⟨telb.zn.⟩⟨plantk.⟩ **0.1** ***hygrofyt*** ⇒*vochtplant* **0.2** ***waterplant.***
hy·gro·scope ['haɪgrəskoʊp]⟨telb.zn.⟩ **0.1** ***hygroscoop.***
hy·gro·scop·ic ['haɪgrə'skɒpɪk‖-'skɑ-]⟨bn.⟩ **0.1** ***hygroscopisch*** ⇒*vochtaantrekkend.*
hying ⟨teg. deelw.⟩ →hie.
hy·lic ['haɪlɪk]⟨bn.⟩ **0.1** ***stoffelijk.***
hy·lo·mor·phism ['haɪlə'mɔ:fɪzm‖-'mɔr-]⟨n.-telb.zn.⟩⟨fil.⟩ **0.1** ***hylemorfisme.***
hy·lo·zo·ism ['haɪlə'zoʊɪzm]⟨n.-telb.zn.⟩⟨fil.⟩ **0.1** ***hylozoïsme.***
hy·men ['haɪmən]⟨telb.zn.⟩⟨ontleedkunde⟩ **0.1** ***hymen*** ⇒*maagdenvlies.*
hy·men·al ['haɪmənl]⟨bn.⟩ **0.1** ***mbt. het hymen / maagdenvlies.***
hy·me·ne·al[1] ['haɪmə'ni:əl]⟨telb.zn.⟩ **0.1** ***hymenaeus*** ⇒*bruiloftslied.*
hymeneal[2] ⟨bn., attr.⟩ **0.1** ***mbt. het huwelijk*** ⇒*huwelijks-.*
hy·me·ni·um [haɪ'mi:nɪəm]⟨telb.zn.; ook hymenia [-'mi:nɪə]; →mv. 5⟩⟨plantk.⟩ **0.1** ***hymenium*** ⟨sporenkapsel bij mycophyta⟩.
hy·men·op·ter·an[1] ['haɪmə'nɒptərən‖-'nɑp-], **hy·men·op·ter·on** [-tərən‖-tərɑn]⟨telb.zn.⟩⟨dierk.⟩ **0.1** ***vliesvleugelige*** ⟨orde Hymenoptera⟩.
hymenopteran[2], **hy·men·op·ter·ous** ['haɪmə'nɒptərəs‖-'nɑp-]⟨bn.⟩ **0.1** ***vliesvleugelig.***
hymn[1] [hɪm]⟨f3⟩⟨telb.zn.⟩ **0.1** ***hymne*** ⇒*lofzang, vreugdezang, jubelzang, kerkgezang.*
hymn[2] ⟨ww.⟩
I ⟨onov.ww.⟩ **0.1** ***hymnen zingen / aanheffen;***
II ⟨ov.ww.⟩ **0.1** ***lofprijzen (in een hymne)*** ⇒*(in hymnen) uitzingen.*
hym·nal[1] ['hɪmnəl], **'hymn·book** ⟨telb.zn.⟩ **0.1** ***gezangboek.***
hymnal[2], **hym·nic** ['hɪmnɪk]⟨bn.⟩ **0.1** ***hymnisch*** ⇒*hymne-achtig, lof-.*
hym·nist ['hɪmnɪst], **hym·no·dist** [-nədɪst]⟨telb.zn.⟩ **0.1** ***hymnendichter / zanger*** ⇒*hymnicus.*
hym·no·dy ['hɪmnədi]⟨zn.; →mv. 2⟩
I ⟨telb.zn.⟩ **0.1** ***hymnenverzameling*** ⇒*liederschat;*
II ⟨n.-telb.zn.⟩ **0.1** ***hymnodie*** ⇒*hymnenzang / compositie* **0.2** ***hymnologie*** ⇒*hymnenkennis / studie.*
hym·no·graph·er [hɪm'nɒgrəfə‖-'nɑgrəfər]⟨telb.zn.⟩ **0.1** ***hymnendichter.***
hym·nol·o·gy [hɪm'nɒlədʒi‖-'nɑ-]⟨zn.; →mv. 2⟩
I ⟨telb.zn.⟩ **0.1** ***hymnenverzameling*** ⇒*liederschat;*
II ⟨n.-telb.zn.⟩ **0.1** ***hymnologie*** ⇒*hymnenkennis / studie.*
hy·oid[1] ['haɪɔɪd], **'hyoid bone** ⟨telb.zn.⟩⟨ontleedkunde⟩ **0.1** ***tongbeen.***
hyoid[2], **hy·oid·e·an** ['haɪɔɪdɪən]⟨bn., attr.⟩⟨med.⟩ **0.1** ***mbt. het tongbeen.***
hy·os·cine ['haɪəsi:n]⟨n.-telb.zn.⟩⟨med.⟩ **0.1** ***hyoscine.***
hy·os·cy·a·mine ['haɪə'saɪəmi:n]⟨n.-telb.zn.⟩⟨med.⟩ **0.1** ***hyoscyamine*** ⟨kalmerend middel⟩.
hyp- [hɪp], **hy·po-** ['haɪpoʊ] **0.1** ***hypo-*** ⇒*onder-* ◆ ¶**.1** hypotaxis *onderschikking.*
hy·pae·thral, hy·pe·thral [haɪ'pi:θrəl]⟨bn.⟩ **0.1** ***hypaethraal*** ⇒*onoverdekt, dakloos* ⟨oorspr. v. tempel⟩.
hy·pal·la·ge [haɪ'pæləgi‖-dʒi]⟨telb. en n.-telb.zn.⟩ **0.1** ***hypallage*** ⟨stijlfiguur⟩.
hype[1] [haɪp]⟨zn.⟩⟨sl.⟩
I ⟨telb.zn.⟩ **0.1** ***kunstje*** ⇒*truc, geintje, slimmigheidje, list* **0.2** ***spuiter*** ⇒*(drugs)verslaafde, gebruiker* **0.3** ***(injectie)naald*** **0.4** ***injectie*** ⇒*shot* **0.5** ***opgeblazen persoon / zaak*** ⟨door media / reclame⟩;
II ⟨n.-telb.zn.⟩ **0.1** ***opgeklopte / opgeschroefde / schreeuwerige reclame / aanprijzing*** ⇒*halleluja / jubelcampagne.*
hype[2] ⟨ov.ww.⟩⟨vnl. AE; sl.⟩ **0.1** ***belazeren*** ⇒*besodemieteren, naaien, een kunstje flikken* **0.2** ***opschroeven*** ⇒*opkrikken, met veel tamtam omgeven, bejubelen* **0.3** ***opwarmen*** ⇒*enthousiasmeren, oppeppen, opzwepen* ◆ **5.3** ~ **up** an audience *een publiek opwarmen / opzwepen.*
hyp·ed-up ['haɪpt 'ʌp]⟨bn.⟩⟨vnl. AE; sl.⟩ **0.1** ***opgepept*** ⇒*high, onder invloed van drugs* **0.2** ***vals*** ⇒*vervalst, onecht, nep, bedrieglijk* **0.3** ***uitbundig*** ⇒*opgeschroefd, opgevoerd, opgeklopt.*

hy·per ['haɪpə‖-ər]⟨bn.⟩⟨inf.⟩ **0.1** ***erg/snel opgewonden.***
hy·per- **0.1** ***hyper-*** ◆ **¶.1** hypersensitive *hypergevoelig.*
hy·per·ae·mi·a, ⟨AE sp. vnl.⟩ **hy·per·e·mi·a** ['haɪpər'i:mɪə]⟨n.-telb.zn.⟩⟨med.⟩ **0.1** ***hyper(a)emie*** ⟨bloedophoping in bep. lichaamsdeel⟩.
hy·per·aes·the·sia, ⟨AE sp. vnl.⟩ **hy·per·es·the·sia** [-i:s'θi:zɪə‖-es'θi:ʒə]⟨n.-telb.zn.⟩⟨med.⟩ **0.1** ***hyperest(h)esie*** ⇒*(lichamelijke) overgevoeligheid.*
hy·per·aes·thet·ic, ⟨AE sp. vnl.⟩ **hy·per·es·thet·ic** [-i:s'θetɪk‖-es'θeṭɪk]⟨bn.⟩⟨med.⟩ **0.1** ***hyperest(h)etisch*** ⇒*(lichamelijk) overgevoelig.*
hy·per·bar·ic ['haɪpə'bærɪk‖-pər-]⟨bn.;-ally;→bijw. 3⟩ **0.1** ***hogedruk-.***
hy·per·ba·ton [haɪ'pɜ:bətɒn‖-'pɜrbətɑn]⟨telb. en n.-telb.zn.⟩⟨lit.⟩ **0.1** ***hyperbaton.***
hy·per·bo·la [haɪ'pɜ:bələ‖-'pɜr-]⟨telb.zn.; ook hyperbolae [-bə'li:]; →mv. 5⟩⟨wisk.⟩ **0.1** ***hyperbool.***
hy·per·bo·le [haɪ'pɜ:bəli‖-'pɜr-]⟨f1⟩⟨telb. en n.-telb.zn.⟩⟨lit.⟩ **0.1** ***hyperbool(gebruik)*** ⇒*overdrijving.*
hy·per·bol·ic ['haɪpə'bɒlɪk‖-pər'bɑ-], **hy·per·bol·i·cal** [-ɪkl]⟨f1⟩⟨bn.;-(al)ly;→bijw. 3⟩⟨lit., wisk.⟩ **0.1** ***hyperbolisch*** ◆ **1.1** ~ cosine *cosinus hyperbolicus;* ~ function *hyperbolische functie;* ~ geometry *hyperbolische meetkunde.*
hy·per·bo·lism [haɪ'pɜ:bəlɪzm‖-'pɜr-]⟨zn.⟩⟨lit.⟩
I ⟨telb.zn.⟩ **0.1** ***hyperbool;***
II ⟨n.-telb.zn.⟩ **0.1** ***hyperbolisme*** ⇒*het gebruik v. hyperbolen.*
hy·per·bo·lize, ⟨BE sp. ook⟩ **-lise** [haɪ'pɜ:bəlaɪz‖-'pɜr-]⟨onov. en ov.ww.⟩⟨lit.⟩ **0.1** ***hyperboliseren*** ⇒*overdrijven.*
hy·per·bo·loid [-bəlɔɪd]⟨telb.zn.⟩⟨wisk.⟩ **0.1** ***hyperboloïde.***
Hy·per·bo·re·an[1] ['haɪpə'bɔ:rɪən‖-pər-]⟨telb.zn.⟩⟨mythologie⟩ **0.1** ***Hyperboreeër*** ⇒⟨bij uitbr.⟩ *noordeling.*
Hy·per·bo·re·an[2] ⟨bn.; ook h-⟩ **0.1** ***hyperboreïsch*** ⇒*arctisch, mbt. het uiterste noorden;* ⟨fig.⟩ *koel, koud, ijzig.*
hy·per·cat·a·lec·tic ['haɪpəkætə'lektɪk‖-pərkæṭə-]⟨bn.⟩ **0.1** ***hypercatalectisch*** ⟨v. versregel⟩.
hy·per·cor·rec·tion ['haɪpəkə'rekʃn‖-pərkə'rek-]⟨telb. en n.-telb.zn.⟩⟨taalk.⟩ **0.1** ***hypercorrectie*** ⟨vermeende naar analogie gemaakte correctie⟩.
hy·per·crit·ic ['haɪpə'krɪtɪk‖-pər'krɪṭɪk]⟨telb.zn.⟩ **0.1** ***muggezifter*** ⇒*hypercriticus.*
hy·per·crit·i·cal [-'krɪṭɪkl]⟨bn.;-ly⟩ **0.1** ***hyper/overkritisch.***
hy·per·crit·i·cism [-'krɪṭɪsɪzm]⟨n.-telb.zn.⟩ **0.1** ***muggezifterij.***
hyperemia →hyperaemia.
hyperesthesia →hyperaesthesia.
hy·per·gol [-'gɒl‖-'gɑl]⟨n.-telb.zn.⟩⟨schei.⟩ **0.1** ***hypergol*** ⟨raketbrandstof⟩.
hy·per·gol·ic [-'gɒlɪk‖-'gɑlɪk]⟨bn.⟩⟨schei.⟩ **0.1** ***hypergool.***
hy·per·ki·net·ic [-kɪ'neṭɪk]⟨bn.⟩⟨med.⟩ **0.1** ***hyperkinetisch*** ⇒*overbeweeglijk.*
hy·per·mar·ket [-mɑ:kɪt‖-mɑr-]⟨f1⟩⟨telb.zn.⟩⟨BE⟩ **0.1** ***hypermarkt.***
hy·per·met·ric [-'metrɪk], **hy·per·met·ri·cal** [-ɪkl]⟨bn.⟩ **0.1** ***hypercatalectisch*** ⟨v. versregel⟩.
hy·per·me·tro·pi·a [-mɪ'troʊpɪə]⟨n.-telb.zn.⟩⟨med.⟩ **0.1** ***hypermetropie*** ⇒*verziendheid.*
hy·per·me·trop·ic [-mə'trɒpɪk‖-mə'trɑpɪk], **hy·per·me·trop·i·cal** [-ɪkl]⟨bn.⟩⟨med.⟩ **0.1** ***hypermetroop*** ⇒*verziend.*
hy·per·on ['haɪpərɒn‖-rɑn]⟨telb.zn.⟩⟨nat.⟩ **0.1** ***hyperon.***
hy·per·o·nym ['haɪpərənɪm]⟨telb.zn.⟩⟨taalk.⟩ **0.1** ***hyperoniem.***
hy·per·o·pi·a ['haɪpə'roʊpɪə]⟨n.-telb.zn.⟩⟨med.⟩ **0.1** ***hyperopie*** ⇒*verziendheid.*
hy·per·op·ic ['haɪpə'rɒpɪk‖-'rɑ-]⟨bn.⟩⟨med.⟩ **0.1** ***hypermetroop*** ⇒*verziend.*
hy·per·phys·i·cal ['haɪpə'fɪzɪkl‖'haɪpər-]⟨bn.⟩ **0.1** ***bovennatuurlijk.***
hy·per·re·al·ism [-'rɪəlɪzm]⟨n.-telb.zn.⟩⟨beeld.k.⟩ **0.1** ***hyperrealisme.***
hy·per·sen·si·tive [-'sensɪṭɪv]⟨bn.;-ness;→bijw. 3⟩ **0.1** ***hypergevoelig*** ⇒*hypersensitief.*
hy·per·sen·si·tiv·i·ty [-sensɪ'tɪvəṭi]⟨n.-telb.zn.⟩ **0.1** ***hypergevoeligheid.***
hy·per·son·ic [-'sɒnɪk‖-'sɑnɪk]⟨bn.;-ally;→bijw. 3⟩ **0.1** ***hypersoon*** ⟨v. geluid/snelheid⟩.
hy·per·sthene [-sθi:n]⟨telb. en n.-telb.zn.⟩ **0.1** ***hypersteen*** ⟨mineraal⟩.
hy·per·ten·sion [-'tenʃn]⟨n.-telb.zn.⟩ **0.1** ***hypertensie*** ⇒*verhoogde/(te) hoge bloeddruk* **0.2** ***(emotionele) hoogspanning*** ⇒*nerveuze druk.*
hy·per·ther·mi·a [-'θɜ:mɪə‖-'θɜrmɪə]⟨telb. en n.-telb.zn.⟩⟨med.⟩ **0.1** ***hypert(h)ermie*** ⇒*hoge koorts.*
hy·per·troph·ic ['haɪpə'trɒfɪk‖-pər'trɑ-]⟨bn.⟩ **0.1** ***hypertrofisch*** ⇒*(op)gezwollen.*
hy·per·tro·phy [haɪ'pɜ:trəfi‖-'pɜr-]⟨f1⟩⟨telb. en n.-telb.zn.;→mv. 2⟩⟨med.⟩ **0.1** ***hypertrofie*** ⇒*abnormale orgaangroei.*
hy·per·ven·ti·late ['haɪpə'ventɪleɪt‖'haɪpər'ventɪleɪt]⟨onov.ww.⟩⟨med.⟩ **0.1** ***hyperventileren.***
hy·per·ven·ti·la·tion ['haɪpəventɪ'leɪʃn‖'haɪpərvenṭɪ'leɪʃn]⟨n.-telb.zn.⟩⟨med.⟩ **0.1** ***hyperventilatie.***
hypethral →hypaethral.
hy·pha ['haɪfə]⟨telb.zn.; hyphae [-fi:]; →mv. 5⟩⟨plantk.⟩ **0.1** ***hyfe*** ⇒*zwamdraad.*
hy·phen[1] ['haɪfn]⟨f1⟩⟨telb.zn.⟩ **0.1** ***koppelteken*** ⇒*afbrekingsteken, koppeltje, divisie, (liggend) streepje, verbindingsstreepje.*
hyphen[2], **hy·phen·ate** ['haɪfəneɪt], **hy·phen·ize** [-naɪz]⟨f1⟩⟨ov.ww.⟩ →hyphenated **0.1** ***afbreken*** ⇒*door een koppelteken verbinden, door een afbrekingsteken scheiden.*
hy·phen·at·ed ['haɪfəneɪṭɪd]⟨f1⟩⟨bn.; volt. deelw. v. hyphenate⟩ **0.1** ***door een koppelteken verbonden*** ⇒*met een streepje* **0.2** ⟨inf.⟩ ***geïmporteerd*** ⇒*van buitenlandse afkomst* ◆ **1.2** ~ Americans *import-Amerikanen.*
hy·phen·a·tion ['haɪfə'neɪʃn]⟨f1⟩⟨n.-telb.zn.⟩ **0.1** ***woordafbreking/scheiding.***
hyp·na·gog·ic, hyp·no·gog·ic ['hɪpnə'gɒdʒɪk‖-'gɑ-]⟨bn., attr.⟩ **0.1** ***sluimer-*** ◆ **1.1** ~ state *sluimertoestand* ⟨voor het inslaapvallen⟩.
hyp·no- ['hɪpnoʊ-], **hypn-** ['hɪpn] **0.1** ***slaap-*** ⇒*hypno-* ◆ **¶.1** hypnogenetic *hypnogeen, slaapverwekkend.*
hyp·no·gen·e·sis ['hɪpnoʊ'dʒenɪsɪs]⟨n.-telb.zn.⟩ **0.1** ***hypnotisering*** ⇒*hypnose-opwekking.*
hyp·no·pae·di·a, hyp·no·pe·di·a [-'pi:dɪə]⟨n.-telb.zn.⟩ **0.1** ***hypnopedie*** ⇒*slaaponderricht.*
hyp·no·sis [hɪp'noʊsɪs]⟨f1⟩⟨telb. en n.-telb.zn.; hypnoses [-si:z]; →mv. 5⟩ **0.1** ***hypnose(toestand).***
hyp·no·ther·a·py ['hɪpnoʊ'θerəpi]⟨telb. en n.-telb.zn.⟩ **0.1** ***hypno/slaaptherapie.***
hyp·not·ic[1] [hɪp'nɒtɪk‖-'nɑṭɪk]⟨telb.zn.⟩ **0.1** ***hypnoticum*** ⇒*slaapmiddel* **0.2** ***gehypnotiseerde*** **0.3** ***hypnotiseerbaar iem..***
hypnotic[2] ⟨f1⟩⟨bn.;-ally;→bijw. 3⟩ **0.1** ***hypnotisch*** ⇒*hypnotiserend* **0.2** ***slaapopwekkend*** ◆ **1.1** ~ suggestion *hypnotische suggestie, suggestieve/hypnotische beïnvloeding.*
hyp·no·tism ['hɪpnətɪzm]⟨f1⟩⟨n.-telb.zn.⟩ **0.1** ***hypnotisme.***
hyp·no·tist ['hɪpnətɪst]⟨f1⟩⟨telb.zn.⟩ **0.1** ***hypnotiseur.***
hyp·no·tize, ⟨BE sp. ook⟩ **-tise** ['hɪpnətaɪz]⟨f1⟩⟨ov.ww.⟩ **0.1** ***hypnotiseren*** ⟨ook fig.⟩ ⇒*biologeren, fascineren.*
hy·po ['haɪpoʊ]⟨zn.⟩
I ⟨telb.zn.⟩⟨verk.⟩ hypodermic ⟨inf.⟩;
II ⟨n.-telb.zn.⟩⟨verk.⟩ hyposulphite ⟨foto.⟩ **0.1** ***hypo*** ⇒*fixeerzout.*
hypo- →hyp-.
hy·po·blast ['haɪpəblæst]⟨telb.zn.⟩⟨biol.⟩ **0.1** ***entoderm*** ⇒*binnenste kiemblad* ⟨v.h. embryo⟩, *vegetatief blad.*
hy·po·caust ['haɪpəkɔ:st]⟨telb.zn.⟩⟨bouwk., gesch.⟩ **0.1** ***hypocaustum.***
hy·po·chon·dri·a ['haɪpə'kɒndrɪə‖-'kɑn-]⟨n.-telb.zn.⟩ **0.1** ***hypochondrie*** ⇒⟨bij uitbr.⟩ *zwaarmoedigheid.*
hy·po·chon·dri·ac[1] [-'kɒndriæk‖-'kɑn-]⟨telb.zn.⟩ **0.1** ***hypochonder*** ⇒*lijder aan hypochondrie;* ⟨bij uitbr.⟩ *zwartkijker.*
hypochondriac[2], **hy·po·chon·dri·a·cal** [-kən'draɪəkl]⟨bn.;-(al)ly; →bijw. 3⟩ **0.1** ***hypochondrisch*** ⇒⟨bij uitbr.⟩ *zwaarmoedig.*
hy·po·co·ris·tic ['haɪpəkə'rɪstɪk], **hy·po·co·ris·ti·cal** [-ɪkl]⟨bn.;-(al)ly;→bijw. 3⟩ **0.1** ***hypocoristisch*** ⇒*een troetel/vleinaam(pje) betreffende.*
hy·po·cot·yl ['haɪpə'kɒtɪl‖-'kɑṭl]⟨telb.zn.⟩⟨plantk.⟩ **0.1** ***hypocotyl.***
hy·poc·ri·sy [hɪ'pɒkrəsi‖-'pɑ-]⟨f1⟩⟨telb. en n.-telb.zn.;→mv. 2⟩ **0.1** ***hypocrisie*** ⇒*schijnheiligheid, huichelarij.*
hyp·o·crite ['hɪpəkrɪt]⟨f2⟩⟨telb.zn.⟩ **0.1** ***hypocriet*** ⇒*huichelaar, schijnheilige, farizeeër.*
hyp·o·crit·i·cal ['hɪpə'krɪṭɪkl]⟨f2⟩⟨bn.;-ly⟩ **0.1** ***hypocriet*** ⇒*hypocritisch, schijnheilig, huichelachtig, farizeïsch.*
hy·po·cy·cloid ['haɪpə'saɪklɔɪd]⟨telb.zn.⟩⟨wisk.⟩ **0.1** ***hypocycloïde.***
hy·po·der·mic[1] [-'dɜ:mɪk‖-'dɜr-]⟨f1⟩⟨telb.zn.⟩ **0.1** ***(injectie)naald/spuit*** **0.2** ***injectie*** ⇒*prik, spuit.*
hypodermic[2] ⟨f1⟩⟨bn.;-ally;→bijw. 3⟩ **0.1** ***onderhuids*** ⇒*hypodermatisch* **0.2** ***mbt. de lederhuid*** ◆ **1.1** ~ injection *onderhuidse/subcutane injectie;* ~ needle *injectienaald;* ~ syringe *injectiespuit.*
hy·po·gas·tri·um [-'gæstrɪəm]⟨telb.zn.; hypogastria [-trɪə]; →mv. 5⟩⟨ontleedkunde⟩ **0.1** ***hypogastrium*** ⇒*onderbuik.*
hy·po·ge·al [-'dʒi:əl], **hy·po·ge·an** [-'dʒi:ən], **hy·po·ge·ous** [-'dʒi:əs]⟨bn.⟩ **0.1** ***hypogeïsch*** ⟨ook plantk.⟩ ⇒*onderaards, ondergronds.*
hyp·o·gene [-dʒi:n]⟨bn.⟩⟨geol.⟩ **0.1** ***onder het aardoppervlak ontstaan*** ⇒*onderaards/gronds (gevormd).*
hyp·o·ge·um [-'dʒi:əm]⟨telb.zn.; hypogea [-'dʒi:ə]; →mv. 5⟩ **0.1** ***hypogaeum*** ⇒*onderaardse ruimte;* ⟨i.h.b.⟩ *grafkelder.*
hy·po·ma·ni·a [-'meɪnɪə]⟨telb. en n.-telb.zn.⟩ **0.1** ***hypomanie.***

hy·po·nym [-nɪm]⟨telb.zn.⟩⟨taalk.⟩ **0.1** ***hyponiem***.
hy·poph·y·sis [haɪ'pɒfəsɪs‖-'pɑ-]⟨telb.zn.; hypophyses [-si:z]; →mv. 5⟩⟨ontleedkunde⟩ **0.1** ***hypofyse*** ⇒*hersenaanhangsel*.
hy·pos·ta·sis [haɪ'pɒstəsɪs‖-'pɑ-]⟨telb.zn.; hypostases [-si:z]; →mv. 5⟩⟨fil., med., theol.⟩ **0.1** ***hypostase***.
hy·po·stat·ic ['haɪpə'stæṭɪk], **hy·po·stat·i·cal** [-ɪkl]⟨bn., attr.; -(al)ly; →bijw. 3⟩⟨theol.⟩ **0.1** ***hypostatisch*** ◆ **1.1** ~ union *hypostatische vereniging* ⟨v. Christus' menselijke en goddelijke natuur⟩.
hy·pos·ta·tize [haɪ'pɒstətaɪz‖-'pɑ-]⟨ov.ww.⟩⟨fil.⟩ **0.1** ***hypostaseren*** ⟨abstractie tot zelfstandigheid verheffen⟩.
hyp·o·style ['haɪpəstaɪl]⟨bn.⟩⟨bouwk., gesch.⟩ **0.1** ***hypostyl*** ⇒*door zuilen geschraagd*.
hy·po·tac·tic [-'tæktɪk]⟨bn.⟩⟨taalk.⟩ **0.1** ***hypotactisch*** ⇒*onderschikkend*.
hy·po·tax·is [-'tæksɪs]⟨n.-telb.zn.⟩⟨taalk.⟩ **0.1** ***hypotaxis*** ⇒*onderschikking*.
hy·pot·e·nuse [haɪ'pɒtənju:z‖-'pɑtn-u:z], **hy·poth·e·nuse** [-'pɒθə‖'pɑθn-]⟨f1⟩⟨telb.zn.⟩⟨wisk.⟩ **0.1** ***hypotenusa*** ⇒*schuine zijde* ⟨v.e. rechthoekige driehoek⟩.
hy·po·thal·a·mus [-'θæləməs]⟨telb.zn.⟩⟨anat.⟩ **0.1** ***hypothalamus*** ⟨onderdeel v.d. tussenhersenen⟩.
hy·poth·ec [haɪ'pɒθɪk‖-'pɑ-]⟨telb.zn.⟩⟨jur.⟩ **0.1** ***hypotheek*** ⇒*onderpand*.
hy·poth·e·cate [haɪ'pɒθɪkeɪt‖-'pɑ-]⟨ov.ww.⟩ **0.1** ***hypot(h)ekeren*** ⇒*verhypot(h)ekeren, een hypotheek nemen op, verpanden*.
hy·poth·e·ca·tion [haɪ'pɒθɪ'keɪʃn‖-'pɑ-]⟨n.-telb.zn.⟩ **0.1** ***hypotheekname/stelling*** ⇒*verpanding, onderzetting*.
hy·po·ther·mi·a ['haɪpoʊ'θɜ:mɪə‖-'θɜr-]⟨telb. en n.-telb.zn.⟩⟨med.⟩ **0.1** ***hypot(h)ermie*** ⇒*onderkoeling*.
hy·poth·e·sis [haɪ'pɒθəsɪs‖-'pɑ-]⟨f2⟩⟨telb.zn.; hypotheses [-si:z]; →mv. 5⟩ **0.1** ***hypothese*** ⇒*veronderstelling, aanneming*.
hy'pothesis testing ⟨n.-telb.zn.⟩⟨stat.⟩ **0.1** ***hypothesetoetsing***.
hy·poth·e·size, ⟨BE sp. ook⟩ **-sise** [haɪ'pɒθəsaɪz‖-'pɑ-]⟨f1⟩⟨ww.⟩
I ⟨onov.ww.⟩ **0.1** ***een hypothese opstellen*** ⇒*met hypotheses werken*;
II ⟨ov.ww.⟩ **0.1** ***(als hypothese) aannemen*** ⇒*veronderstellen*.
hy·po·thet·i·cal ['haɪpə'θeṭɪkl], **hy·po·thet·ic** [-'θeṭɪk]⟨f2⟩⟨bn.; -(al)ly; →bijw. 3⟩ **0.1** ***hypothetisch*** ⇒*verondersteld, aangenomen* ◆ **1.1** ⟨fil.⟩ ~ imperative *hypothetische imperatief*.
hy·pox·i·a [haɪ'pɒksɪə‖-'pɑk-]⟨telb. en n.-telb.zn.⟩⟨med.⟩ **0.1** ***hypoxie*** ⟨verminderde zuurstofspanning in de weefsels⟩.
hypoxic [haɪ'pɒksɪk‖-'pɑk-]⟨bn., attr.⟩⟨sport⟩ **0.1** ***met/onder zuurstofschuld*** ◆ **1.1** ~ training *weerstandstraining* ⟨met zuurstofschuld⟩.
hyp·sog·ra·phy [hɪp'sɒgrəfi‖-'sɑ-]⟨telb. en n.-telb.zn.; →mv. 2⟩ **0.1** ***hypsografie*** ⇒*hoogtemeting, hypsografische beschrijving*.
hyp·som·e·ter [hɪp'sɒmɪtə‖-'sɑmɪṭər]⟨telb.zn.⟩ **0.1** ***hypsometer*** ⇒*hoogtemeter*.
hyp·som·e·try [hɪp'sɒmɪtri‖-'sɑ-]⟨n.-telb.zn.⟩ **0.1** ***hypsometrie*** ⇒*hoogtemeting*.
hy·rax ['haɪræks]⟨telb.zn.; ook hyraces [-rəsi:z]; →mv. 5⟩⟨dierk.⟩ **0.1** ***klipdas*** ⟨orde Hyracoidea⟩.
hy·son ['haɪsn]⟨n.-telb.zn.⟩ **0.1** ***hyson*** ⇒*Chinese groene thee*.
hys·sop ['hɪsəp]⟨telb. en n.-telb.zn.⟩⟨plantk.⟩ **0.1** ***hyssop*** ⟨Hyssopus officinalis⟩ **0.2** ⟨bijb.⟩ ***hysop*** ⟨eigenlijk: marjolein, Origanum maru⟩.
hys·ter·ec·to·my ['hɪstə'rektəmi]⟨telb. en n.-telb.zn.; →mv. 2⟩⟨med.⟩ **0.1** ***hysterectomie*** ⇒*baarmoederverwijdering*.
hys·ter·e·sis ['hɪstə'ri:sɪs]⟨telb. en n.-telb.zn.; hystereses [-si:z]; →mv. 5⟩⟨nat.⟩ **0.1** ***hysteresis***.
hys·ter·i·a [hɪ'stɪərɪə‖-'sterɪə, -'stɪrɪə]⟨f2⟩⟨n.-telb.zn.⟩ **0.1** ***hysterie***.
hys·ter·ic¹ [hɪ'sterɪk]⟨f1⟩⟨zn.⟩
I ⟨telb.zn.⟩ **0.1** ***hystericus/hysterica*** ⇒*lijd(st)er aan hysterie*;
II ⟨mv.; ~s; ww. vnl. enk.⟩ **0.1** ***hysterische aanval(len)*** ⇒*zenuwtoeval(len)* ◆ **3.1** go into ~s, have ~s *hysterische aanvallen krijgen*.
hysteric², **hys·ter·i·cal** [hɪ'sterɪkl]⟨f3⟩⟨bn.; -(al)ly; →bijw. 3⟩ **0.1** ***hysterisch***.
hys·ter·on prot·er·on ['hɪstərɒn 'prɒtərɒn‖'hɪstərɑn 'proʊṭərɑn]⟨telb.zn.⟩⟨lit., logica⟩ **0.1** ***hysteron/husteron proteron***.
hys·ter·ot·o·my ['hɪstə'rɒtəmi‖-'rɑṭəmi]⟨telb.zn.; →mv. 2⟩⟨med.⟩ **0.1** ***hysterotomie*** ⇒*baarmoederincisie/operatie*.
Hz ⟨afk.⟩ hertz **0.1** ***Hz***.

i, I [aɪ]⟨telb.zn.; i's, I's, zelden is, Is⟩ **0.1** ***(de letter) i, I*** **0.2** ***I*** ⟨Romeins cijfer 1⟩ **0.3** ***I-vorm(ig iets/voorwerp)*** **0.4** ⟨wisk.⟩ ***i*** ⟨imaginaire eenheid⟩ ◆ **1.¶** dot the/one's ~'s and cross the/one's t's *de puntjes op de i zetten, op de details letten*.
-i [aɪ⟨in bet. 0.2⟩i] **0.1** ***-i*** ⟨vormt mv. v. vnl. Latijnse woorden⟩ **0.2** ⟨vormt bijv. nw. v. geografische namen⟩ ◆ **¶.1** foci *foci* **¶.2** Iraqi *Iraaks;* Pakistani *Pakistaans*.
I¹ [aɪ]⟨f1⟩⟨telb.zn.⟩ **0.1** ***zelf*** ⇒*ik, eigen persoon, ego* **0.2** ***egoïst*** ◆ **1.2** Hanny is such an ~ *Hanny is altijd alleen met zichzelf bezig* **2.1** the other ~ *het andere ik* **3.1** getting to know my ~ *mijzelf leren kennen*.
I² ⟨f4⟩⟨p.vnw.; →naamval⟩ →me, myself **0.1** ***ik*** **0.2** ⟨uitzonderlijk als acc. gebruikt, vnl. substandaard⟩ ***mij*** ◆ **3.1** ~ like swimming *ik zwem graag* **4.1** ⟨schr.⟩ it is ~ who shouted *ik ben het die riep* **6.1** none but ~ saw it *behalve ik heeft niemand het gezien* **6.2** and what about poor ~? *en wat gebeurt er met mij ocharme;* he talked to Sean and ~ *hij praatte met Sean en mij* **8.1** ⟨schr.⟩ he sings more loudly than ~ *hij zingt harder dan ik*.
I³ ⟨afk.⟩ Idaho, Imperator/Imperatrix, Island(s), Isle(s).
-ia [ɪə] **0.1** ***-ie*** ⟨vormt abstracte nmw., vnl. v. medische aard⟩ **0.2** ***-ia*** ⇒*iums* ⟨vormt mv. v. Griekse en Latijnse naamwoorden⟩ **0.3** ***-ië*** ⟨suffix v. geografische namen⟩ ◆ **¶.1** diphteria *difterie;* phobia *fobie* **¶.2** stadia *stadia* **¶.3** India *Indië*.
Ia, IA ⟨afk.⟩ Iowa.
IAEA ⟨afk.⟩ International Atomic Energy Agency.
-ial [ɪəl]⟨vormt bijv. nw. v. nw.⟩ **0.1** ⟨ong.⟩ ***-iaal*** ⇒*-ieel* ◆ **¶.1** presidential *presidents-, presidentieel;* trivial *triviaal*.
i·amb ['aɪæm]⟨telb.zn.⟩⟨lit.⟩ **0.1** ***jambe*** ⇒*jambus*.
i·am·bic¹ [aɪ'æmbɪk]⟨telb.zn.⟩⟨lit.⟩ **0.1** ***jambe*** **0.2** ⟨vnl. mv.⟩ ***jambe*** ⇒*jambische regel, jambisch gedicht*.
iambic² ⟨bn.⟩⟨lit.⟩ **0.1** ***jambisch***.
i·am·bus [aɪ'æmbəs]⟨telb.zn.; ook iambi [-baɪ]; →mv. 5⟩⟨lit.⟩ **0.1** ***jambus*** ⇒*jambe*.
-ian [ɪən] **0.1** ⟨ong.⟩ ***-iaan(s)*** ◆ **¶.1** Brechtian *Brechtiaan(s);* Christian *christelijk, christen;* Victorian *Victoriaan(s)*.
IATA [aɪ'ɑ:ṭə]⟨eig.n.⟩⟨afk.⟩ International Air Transport Association **0.1** ***IATA***.
i·at·ro·gen·ic [aɪ'ætroʊ'dʒenɪk]⟨bn.⟩⟨med.⟩ **0.1** ***iatrogeen*** ⟨door behandeling ontstaan; v. ziekte⟩.
ib ⟨afk.⟩ ibidem **0.1** ***ib.***.
IB ⟨afk.⟩ Invoice Book.
IBA ⟨afk.⟩ Independent Broadcasting Authority ⟨commerciële t.v. in Groot-Brittannië⟩.

'I-beam ⟨telb.zn.⟩ **0.1** ***I-balk*** ⇒*dubbele-T-balk*.
I·be·ri·an[1] [aɪ'bɪərɪən‖-'bɪr-]⟨zn.⟩
I ⟨eig.n.⟩ **0.1** ***Iberisch*** ⇒*de Iberische taal;*
II ⟨telb.zn.⟩ **0.1** ***Iberiër***.
Iberian[2] ⟨f1⟩⟨bn.⟩ **0.1** ***Iberisch*** ◆ **1.1** ~ Peninsula *Iberisch schiereiland*.
i·bex ['aɪbeks]⟨telb.zn.⟩⟨dierk.⟩ **0.1** ***steenbok*** ⟨Capra ibex⟩.
ibid ['ɪbɪd]⟨afk.⟩ ibidem **0.1** ***ibid.***.
i·bi·dem ['ɪbɪdem]⟨bw.⟩ **0.1** ***ibidem*** ⇒*aldaar, ter zelfder plaatse*.
-i·bil·i·ty [ə'bɪləṭi]⟨vormt nw. v. bijv. nw. op -ible⟩ **0.1** ⟨ong.⟩ ***-ibiliteit*** ⇒*-lijkheid, -baarheid* ◆ **¶.1** plausibility *plausibiliteit, aannemelijkheid*.
i·bis ['aɪbɪs]⟨telb.zn.; ook ibis; →mv. 4⟩⟨dierk.⟩ **0.1** ***ibis*** ⟨fam. Threskiornithidae⟩ ◆ **2.1** sacred ~ *heilige ibis, nijlreiger* ⟨Threskiornis aethiopica; vereerd door de oude Egyptenaren⟩.
-i·ble [əbl]⟨vormt bv. nw.⟩ **0.1** ⟨ong.⟩ ***-ibel*** ⇒*-lijk, -baar* ◆ **¶.1** incompatible *incompatibel, onverenigbaar*.
I·bo ['i:boʊ]⟨zn.; ook Ibo; →mv. 4⟩
I ⟨eig.n.⟩ **0.1** ***Ibo*** ⇒*de taal der Ibo;*
II ⟨telb.zn.⟩ **0.1** ***Ibo*** ⇒*lid v.d. Ibo's* ⟨negerstam⟩.
i/c ⟨afk.⟩ in charge, internal combustion.
-ic [ɪk]⟨vormt nw. en bijv. nw.⟩ **0.1** ⟨ong.⟩ ***-isch*** ⇒*-iek* ◆ **¶.1** comic *komisch, komiek*.
IC ⟨afk.⟩ Immediate Constituent, Integrated Circuit.
ICA ⟨afk.⟩ Institute of Contemporary Arts.
-i·cal [ɪkl]⟨vormt bijv. nw.⟩ **0.1** ⟨ong.⟩ ***-isch*** ◆ **¶.1** patholigical *pathologisch*.
-i·cal·ly [ɪkli]⟨vormt bijw.⟩ **0.1** ⟨ong.⟩ ***-isch*** ◆ **¶.1** poetically *poëtisch*.
ICAO ⟨afk.⟩ International Civil Aviation Organization.
I·car·i·an [ɪ'keərɪən‖-'ker-]⟨bn.⟩ **0.1** ***Icarisch***.
ICBM ⟨afk.⟩ Intercontinental Ballistic Missile.
ICC ⟨afk.⟩ Indian Claims Commission, Interstate Commerce Commission ⟨AE⟩; International Chamber of Commerce.
ice[1] [aɪs]⟨f3⟩⟨zn.⟩
I ⟨telb. en n.-telb.zn.⟩ **0.1** ***vruchten/waterijs(je)*** ⇒*Italiaans ijs* **0.2** ⟨BE⟩ ***ijs(je)*** ⇒*melk/roomijs(je);*
II ⟨n.-telb.zn.⟩ **0.1** ***ijs*** **0.2** ⟨AE; sl.⟩ ***diamanten*** ⇒*juwelen* **0.3** ⟨AE; sl.⟩ ***winst*** ⟨op doorverkoop v. toegangskaarten⟩ **0.4** ⟨AE; sl.⟩ ***smeergeld*** ◆ **3.1** keep sth. on ~ *iets koel/in de koelkast bewaren;* ⟨fig.⟩ *iets op sterk water zetten/achter de hand/in reserve houden;* ⟨fig.⟩ put sth. on ~ *iets in de ijskast zetten/bergen, iets uitstellen* **3.¶** break the ~ *het ijs breken;* ⟨inf.⟩ cut no/not much ~ (with s.o.) *geen/weinig indruk maken (op iem.)* **6.1** **on** ~ *op (het) ijs, op de schaats*.
ice[2] ⟨f2⟩⟨ww.⟩ →icing
I ⟨onov.ww.⟩ **0.1** ***bevriezen*** ⇒*dichtvriezen, bedekt raken met ijs, opvriezen* ◆ **5.1** the roads ~ **over** during the night *'s nachts vriezen de wegen op;* the wings of the plane have ~d **up** *op de vleugels van het vliegtuig heeft zich ijs afgezet;*
II ⟨ov.ww.⟩ **0.1** ***met ijs bedekken*** **0.2** ***invriezen*** ⇒*bevriezen, (met ijs) koelen, koud maken* **0.3** ⟨cul.⟩ ***glaceren*** **0.4** ⟨inf.⟩ ***veilig stellen*** ⇒*beklinken, garanderen, verzekeren* ⟨succes, overwinning⟩ **0.5** ⟨ijshockey⟩ ***op het ijs brengen*** ⟨team⟩ **0.6** ⟨ijshockey⟩ ***een icing slaan/maken*** **0.7** ⟨sl.⟩ ***koud maken*** ⇒*afmaken, omleggen, vermoorden* ◆ **1.2** ~d drinks *(ijs)gekoelde dranken*.
ICE ⟨afk.⟩ Institution of Civil Engineers; Internal Combustion Engine ⟨BE⟩.
'ice age ⟨f1⟩⟨telb.zn.; ook I- A-⟩ **0.1** ***ijstijd***.
'ice axe ⟨telb.zn.⟩⟨bergsport⟩ **0.1** ***pickel*** ⇒*ijsbijl*.
'ice bag ⟨telb.zn.⟩⟨vnl. AE⟩ **0.1** ***ijsblaas*** ⇒*ijszak, ijskompres, koeltas*.
ice·berg ['aɪsbɜ:g‖-bɜrg]⟨f2⟩⟨telb.zn.⟩ **0.1** ***ijsberg*** **0.2** ⟨inf.⟩ ***ijsklomp*** ⇒*ijskonijn, koel/afstandelijk iem., een ijskouwe* ◆ **1.1** ⟨vnl. fig.⟩ the tip of the ~ *het topje v.d. ijsberg*.
'iceberg lettuce ⟨telb. en n.-telb.zn.⟩ **0.1** ***(krop) ijsbergsla***.
'ice bird ⟨telb.zn.⟩⟨dierk.⟩ **0.1** ***kleine alk*** ⟨Plautus alle⟩.
'ice·blink ⟨n.-telb.zn.⟩⟨meteo.⟩ **0.1** ***ijsblink***.
'ice-'blue ⟨bn.⟩ **0.1** ***ijsblauw*** ⇒*ijsachtig blauw*.
'ice·boat ⟨telb.zn.⟩ **0.1** ***ijsboot*** ⇒*boot op glijders* **0.2** ***ijsbreker***.
'ice·bound ⟨bn.⟩ **0.1** ***ingevroren*** ⇒*door ijs ingesloten/geblokkeerd*.
'ice·box ⟨f1⟩⟨telb.zn.⟩ **0.1** ***koelbox*** **0.2** ⟨AE⟩ ***ijskast*** ⇒*koelkast*.
'ice·break·er ⟨telb.zn.⟩ **0.1** ***ijsbreker*** ⟨ook schip⟩ **0.2** ***ijsbok***.
'ice bucket ⟨telb.zn.⟩ **0.1** ***ijsemmer***.
'ice cap ⟨telb.zn.⟩ **0.1** ***ijskap***.
'ice-'cold ⟨f1⟩⟨bn.⟩ **0.1** ***ijskoud***.
ice cream ['-'-‖'--]⟨f2⟩⟨telb. en n.-telb.zn.⟩ **0.1** ***ijs(je)*** ⇒*roomijs (je)*.
'ice-cream cone ⟨telb.zn.⟩ **0.1** ***(ijsco-)horentje***.
'ice-cream man ⟨telb.zn.⟩ **0.1** ***ijscoman*** ⇒*ijsventer*.
'ice-cream scoop ⟨telb.zn.⟩ **0.1** ***ijslepel/schep***.
'ice-cream 'soda ⟨telb.zn.⟩ **0.1** ***(soda)sorbet***.
'ice cube ⟨f1⟩⟨telb.zn.⟩ **0.1** ***ijsblokje***.
'ice dancing ⟨n.-telb.zn.⟩⟨sport⟩ **0.1** ***(het) ijsdansen***.
'ice-drome ⟨telb.zn.⟩ **0.1** ***kunstskibaan***.
'ice·fall ⟨telb.zn.⟩ **0.1** ***ijswand*** **0.2** ***ijslawine***.
'ice field ⟨telb.zn.⟩ **0.1** ***ijsveld*** ⇒*ijsvlakte*.
'ice floe ⟨telb.zn.⟩ **0.1** ***ijsschots*** ⇒*ijsschol*.
'ice foot ⟨telb.zn.⟩ **0.1** ***ijsbarrière*** ⇒*ijsgordel, schelfijs*.
'ice-free ⟨bn.⟩ **0.1** ***ijsvrij*** ⟨v. havens⟩.
'ice hockey ⟨f1⟩⟨n.-telb.zn.⟩ **0.1** ***ijshockey***.
'ice·house ⟨telb.zn.⟩ **0.1** ***ijshuisje*** ⇒*ijskelder*.
Ice·land·er ['aɪslændə‖-ər]⟨telb.zn.⟩ **0.1** ***IJslander***.
'Iceland 'gull ⟨telb.zn.⟩⟨dierk.⟩ **0.1** ***kleine burgemeester*** ⟨Larus glaucoides⟩.
Ice·land·ic[1] [aɪs'lændɪk]⟨eig.n.⟩ **0.1** ***IJslands*** ⇒*de IJslandse taal*.
Icelandic[2] ⟨f1⟩⟨bn.⟩ **0.1** ***IJslands***.
'Ice·land 'lichen, 'Iceland 'moss ⟨n.-telb.zn.⟩⟨plantk.⟩ **0.1** ***IJslands mos*** ⟨Cetraria islandica⟩.
'Iceland 'poppy ⟨telb.zn.⟩⟨plantk.⟩ **0.1** ***IJslandse papaver*** ⇒*naaktstengelige klaproos* ⟨Papaver nudicaule⟩.
'Iceland 'spar ⟨n.-telb.zn.⟩ **0.1** ***IJslands spaat*** ⇒*dubbelspaat*.
ice lolly ['-'-‖'--]⟨telb.zn.⟩ **0.1** ***ijslolly*** ⇒*waterijsje*.
'ice machine ⟨telb.zn.⟩ **0.1** ***ijsmachine***.
'ice·man ⟨f1⟩⟨telb.zn.; icemen; →mv. 3⟩ **0.1** ⟨vnl. AE⟩ ***ijshandelaar*** **0.2** ***ijsbaanverzorger*** **0.3** ***ijsgids*** ⇒*ijsloper*.
'ice needle ⟨telb.zn.⟩ **0.1** ***ijsnaald***.
'ice pack ⟨telb.zn.⟩ **0.1** ***pakijs(veld)*** ⇒*watervlakte met drijfijs* **0.2** ⟨vnl. BE⟩ ***ijsblaas*** ⇒*ijskompres, ijszak*.
'ice pantomime, 'ice show ⟨telb.zn.⟩ **0.1** ***ijsrevue*** ⇒*ijsshow*.
'ice 'pellets ⟨mv.⟩⟨meteo.⟩ **0.1** ***ijsregen*** ⇒*korrelhagel*.
'ice pick ⟨telb.zn.⟩ **0.1** ***ijspriem*** ⇒*ijsprikker*.
'ice plant ⟨telb.zn.⟩⟨plantk.⟩ **0.1** ***ijskruid*** ⇒*ijsplant(je)* ⟨Mesembryanthemum crystallinum⟩.
'ice plough ⟨telb.zn.⟩ **0.1** ***ijsploeg***.
'ice point ⟨telb.zn.⟩ **0.1** ***vriespunt***.
'ice racing ⟨n.-telb.zn.⟩⟨motorsport⟩ **0.1** ***ijsspeedway***.
'ice rink ⟨f1⟩⟨telb.zn.⟩ **0.1** ***(overdekte) ijsbaan***.
'ice sailing ⟨n.-telb.zn.⟩⟨sport⟩ **0.1** ***(het) ijszeilen***.
'ice screw ⟨telb.zn.⟩⟨bergsport⟩ **0.1** ***ijsschroef***.
'ice sheet ⟨telb.zn.⟩ **0.1** ***ijskap*** ⇒*ijsvlakte*.
'ice show ⟨telb.zn.⟩ **0.1** ***ijsrevue*** ⇒*ijsshow*.
'ice skate ⟨telb.zn.⟩ **0.1** ***schaats***.
'ice-skate ⟨onov.ww.⟩ **0.1** ***schaatsen***.
'ice skater ⟨telb.zn.⟩ **0.1** ***schaatser*** ⇒*schaatsenrijder/ster*.
'ice station ⟨telb.zn.⟩ **0.1** ***poolstation***.
'ice storm ⟨telb.zn.⟩ **0.1** ***ijsregen*** ⇒*ijzel(ing)*.
'ice surfer ⟨telb.zn.⟩⟨sport⟩ **0.1** ***ijssurfer***.
'ice surfing ⟨n.-telb.zn.⟩⟨sport⟩ **0.1** ***(het) ijssurfen***.
'ice tray ⟨telb.zn.⟩ **0.1** ***ijsla(atje)***.
'ice water ⟨n.-telb.zn.⟩ **0.1** ***ijswater***.
'ice·wool ⟨n.-telb.zn.⟩ **0.1** ***ijswol*** ⇒*zefierwol*.
'ice yacht ⟨telb.zn.⟩ **0.1** ***ijszeiler*** ⇒*ijszeiljacht*.
'ice yachting ⟨n.-telb.zn.⟩⟨sport⟩ **0.1** ***(het) ijszeilen***.
Ich·a·bod ['ɪkəbɒd‖-bɑd]⟨tussenw.⟩ **0.1** ***ikabod*** ⇒*helaas* ⟨uitroep v. spijt; 1 Sam. 4:21⟩.
i ching ['i:'tʃɪŋ]⟨n.-telb.zn.; the⟩ **0.1** ***I-tjing*** ⟨chinese leer⟩.
ich·neu·mon [ɪk'nju:mən‖-'nu:-]⟨telb.zn.⟩⟨dierk.⟩ **0.1** ***ichneumon*** ⟨genus Herpestes⟩ ⇒⟨i.h.b.⟩ *echte ichneumon, faraorat* ⟨Herpestes ichneumon⟩ **0.2** →ichneumon fly.
ich'neumon fly ⟨telb.zn.⟩⟨dierk.⟩ **0.1** ***ichneumon*** ⇒*sluipwesp* ⟨fam. Ichneumonidae⟩.
ich·nite ['ɪknaɪt]⟨telb.zn.⟩ **0.1** ***fossiele voetafdruk***.
i·chor ['aɪkɔ:‖'aɪkɔr]⟨n.-telb.zn.⟩ **0.1** ⟨mythologie⟩ ***ichor*** ⇒*godenbloed* **0.2** ⟨med.⟩ ***ichor*** ⇒*wondvocht*.
ich·thy·og·ra·pher ['ɪkθi'ɒgrəfə‖-'ɑgrəfər]⟨telb.zn.⟩ **0.1** ***ichtyograaf***.
ich·thy·og·ra·phy ['ɪkθi'ɒgrəfi‖-'ɑgrəfi]⟨telb. en n.-telb.zn.; →mv. 2⟩ **0.1** ***ichtyografie*** ⇒*visbeschrijving*.
ich·thy·oid[1] ['ɪkθiɔɪd]⟨telb.zn.⟩ **0.1** ***vis(achtige)***.
ichthyoid[2], **ich·thy·oid·al** ['ɪkθi'ɔɪdl]⟨bn.⟩ **0.1** ***visachtig*** ⇒*vis-*.
Ich·thy·ol ['ɪkθiɒl‖-ɔl]⟨n.-telb.zn.; ook i-⟩⟨med.⟩ **0.1** ***icht(h)yol***.
ich·thy·o·lite ['ɪkθɪəlaɪt]⟨telb.zn.⟩ **0.1** ***ichtyoliet*** ⇒*fossiele vis*.
ich·thy·o·log·ic ['ɪkθɪə'lɒdʒɪk‖-'lɑ-], **ich·thy·o·log·i·cal** [-ɪkl]⟨bn.⟩ **0.1** ***ichtyologisch*** ⇒*viskundig*.
ich·thy·ol·o·gist ['ɪkθi'ɒlədʒɪst‖-'ɑlə-]⟨telb.zn.⟩ **0.1** ***ichtyoloog***.
ich·thy·ol·o·gy ['ɪkθi'ɒlədʒi‖-'ɑlə-]⟨n.-telb.zn.⟩ **0.1** ***ichtyologie*** ⇒*viskunde*.
ich·thy·oph·a·gi ['ɪkθi'ɒfədʒaɪ‖-'ɑfədʒaɪ]⟨mv.⟩ **0.1** ***ichtyofagen*** ⇒*viseters*.
ich·thy·oph·a·gist ['ɪkθi'ɒfədʒɪst‖-'ɑfədʒɪst]⟨telb.zn.⟩ **0.1** ***ichtyofaag*** ⇒*viseter*.

ich·thy·oph·a·gous ['ɪkθi'ɒfəgəs||-'ɑfəgəs]⟨bn.⟩ **0.1** ***ichtyofaag***.
ich·thy·oph·a·gy ['ɪkθi'ɒfədʒi||-'ɑfədʒi]⟨n.-telb.zn.⟩ **0.1** ***ichtyografie***.
ich·thy·o·saur ['ɪkθɪəsɔ:||-sɔr], **ich·thy·o·saur·us** [-'sɔ:rəs]⟨telb.zn.⟩ **0.1** ***ichthyosaurus*** ⇒*vishagedis*.
ich·thy·o·sis ['ɪkθi'oʊsɪs]⟨telb. en n.-telb.zn.; ichthyoses [-si:z]; →mv. 5⟩⟨med.⟩ **0.1** ***ichthyosis*** ⇒*vis/schubhuid*.
ICI ⟨afk.⟩ Imperial Chemical Industries.
-i·cian [ɪʃn], **-i·cist** [ɪsɪst]⟨vormt persoonsaanduidend nw.⟩ **0.1** ⟨ong.⟩ ***-icus*** ◆ **¶.1** classicist *classicus;* politician *politicus*.
i·ci·cle ['aɪsɪkl]⟨f1⟩⟨telb.zn.⟩ **0.1** ***ijskegel*** ⇒*ijspegel*.
ic·ing ['aɪsɪŋ]⟨f1⟩⟨zn.; (oorspr.) gerund v. ice⟩
I ⟨telb. en n.-telb.zn.⟩⟨cul.⟩ **0.1** ***suikerglazuur*** ⇒*glaceersel* ◆ **1.¶** (the) ~ on the cake *tierelantijntje(s);*
II ⟨n.-telb.zn.⟩ **0.1** ***ijsafzetting*** **0.2** ***icing*** ⟨ijshockey⟩.
icing sugar ⟨f1⟩⟨n.-telb.zn.⟩⟨BE⟩ **0.1** ***poedersuiker***.
-ic·i·ty [ɪsət̬i]⟨vormt abstract nw.⟩ **0.1** ⟨ong.⟩ ***-iciteit*** ⇒*-heid* ◆ **¶.1** publicity *publiciteit*.
-ick →-ic.
i·con, i·kon ['aɪkɒn||-kɑn]⟨f1⟩⟨telb.zn.⟩ **0.1** ***ico(o)n*** **0.2** ***afbeelding*** ⇒*beeld* **0.3** ⟨comp.⟩ ***ikoon*** ⇒*icon*.
i·con·ic [aɪ'kɒnɪk||-'kɑ-]⟨bn.⟩ **0.1** ***iconisch*** ⇒*beeldend*.
i·con·ize, -ise ['aɪkənaɪz]⟨ov.ww.⟩ **0.1** ***verafgoden*** ⇒*blindelings vereren*.
i·con·o·clasm [aɪ'kɒnəklæzm||-'kɑ-]⟨n.-telb.zn.⟩ **0.1** ***iconoclasme*** ⇒*beeldenstorm*.
i·con·o·clast [aɪ'kɒnəklæst||-'kɑ-]⟨telb.zn.⟩ **0.1** ***iconoclast*** ⇒*beeldenstormer;* ⟨fig.⟩ *iem. die heilige huisjes omverschopt*.
i·con·o·clas·tic [aɪ'kɒnə'klæstɪk||-'kɑ-]⟨bn.⟩ **0.1** ***iconoclastisch***.
i·con·o·graph·ic [aɪ'kɒnə'græfɪk||-'kɑ-], **i·con·o·graph·i·cal** [-ɪkl]⟨bn.⟩ **0.1** ***iconografisch***.
i·co·nog·ra·phy ['aɪkə'nɒgrəfi||-'nɑ-]⟨telb. en n.-telb.zn.; →mv. 2⟩ **0.1** ***iconografie***.
i·co·nol·a·ter ['aɪkə'nɒlətə||-'nɑlət̬ər]⟨telb.zn.⟩ **0.1** ***beeldendienaar/vereerder***.
i·co·nol·a·try ['aɪkə'nɒlətri||-'nɑ-]⟨n.-telb.zn.⟩ **0.1** ***iconolatrie*** ⇒*beeldendienst/verering*.
i·co·nol·o·gy ['aɪkə'nɒlədʒi||-'nɑ-]⟨n.-telb.zn.⟩ **0.1** ***iconologie***.
i·co·nom·e·ter ['aɪkə'nɒmɪtə||-'nɑmɪt̬ər]⟨telb.zn.⟩⟨foto.⟩ **0.1** ***iconometer*** ⇒*raamzoeker*.
i·con·o·scope [aɪ'kɒnəskoʊp||-'kɑ-]⟨telb.zn.⟩ **0.1** ***iconoscoop*** ⇒*opneembuis* ⟨v. televisie⟩.
i·co·nos·ta·sis ['aɪkə'nɒstəsɪs||-'nɑ-]⟨telb.zn.; iconostases [-si:z]; →mv. 5⟩⟨kerk.⟩ **0.1** ***iconostase***.
i·co·sa·he·dron ['aɪkoʊsə'hi:drən, -'he-]⟨telb.zn.; ook icosahedra [-drə]; →mv. 5⟩⟨wisk.⟩ **0.1** ***icosaëder*** ⇒*twintigvlak*.
-ics [ɪks]⟨vormt nw. in enk. of mv.⟩ **0.1** ⟨ong.⟩ ***-iek*** ⇒*-ica, -ika* ◆ **¶.1** athletics *atletiek;* electronics *elektronika*.
ic·ter·ic [ɪk'terɪk]⟨bn.⟩⟨med.⟩ **0.1** ***icterisch*** ⇒*geelzuchtig*.
ic·ter·ine warbler ['ɪktəraɪn 'wɔ:blə||-'wɔrblər]⟨telb.zn.⟩⟨dierk.⟩ **0.1** ***spotvogel*** ⟨Hippolais icterina⟩.
ic·ter·us ['ɪktərəs]⟨telb. en n.-telb.zn.⟩⟨med.⟩ **0.1** ***geelzucht*** ⇒*icterus*.
ic·tus ['ɪktəs]⟨telb.zn.; ook ictus; →mv. 4⟩ **0.1** ***ictus*** ⇒*heffing, nadruk, accent* ⟨in vers, muziek⟩ **0.2** ⟨med.⟩ ***stoot*** ⇒*ictus, aanval, attaque, beroerte*.
ICU ⟨afk.⟩ Intensive Care Unit.
i·cy ['aɪsi]⟨f2⟩⟨bn.; -er; -ly; -ness; →bijw. 3⟩ **0.1** ***ijzig*** ⇒*ijskoud, ijsachtig* **0.2** ***met ijs bedekt*** ⇒*bevroren, glad* ◆ **1.1** ⟨fig.⟩ an ~ look *een ijzige blik* **1.2** an ~ road *een gladde weg*.
id[1] [ɪd]⟨telb.zn.⟩⟨psych.⟩ **0.1** ***es*** ⇒*id*.
id[2] ⟨afk.⟩ **0.1** ⟨idem⟩ ***id.*** **0.2** ⟨inner/inside diameter⟩.
-id [ɪd]⟨vormt nw.⟩⟨dierk.⟩ **0.1** ***-ide*** ⇒*-achtige* ◆ **¶.1** hominid *hominide, mensachtige*.
I'd [aɪd]⟨hww.⟩⟨samentr. v. I had, I would, I should⟩.
ID, Id ⟨afk.⟩ Idaho, identification.
IDA ⟨afk.⟩ International Development Association.
IDB ⟨afk.⟩ Illicit Diamond Buying.
ID card →identity card.
IDDD ⟨afk.⟩ International Direct Distance Dialling.
ide [aɪd]⟨telb.zn.⟩⟨dierk.⟩ **0.1** ***winde*** ⇒*windvoorn* ⟨Leuciscus idus⟩.
-ide [aɪd]⟨vormt nw.⟩⟨scheik.⟩ **0.1** ***-ide*** ◆ **¶.1** cyanide *cyanide*.
i·de·a [aɪ'dɪə]⟨f4⟩⟨telb.zn.⟩ **0.1** ***idee*** ⇒*denkbeeld, begrip, gedachte* ◆ **1.1** a man of ~s *een man met ideeën, een vindingrijk iem.* **2.1** one's political ~s *iem's politieke ideeën* **3.1** you're getting the ~ *je begint het te snappen;* get ~s into one's head *zich iets in z'n hoofd halen;* he's getting/having ~s *hij wordt/is brutaal, hij begint verbeelding te krijgen/krijgt verbeelding;* put ~s into s.o.'s head *iem. op (vreemde) gedachten brengen/illusies aanpraten* **6.1** **in** my ~ *naar mijn idee;* is this your ~ **of** a pleasant evening? *noem jij dit een gezellige avond?* **8.1** I have an ~ that *ik heb zo het idee/de indruk dat* **¶.1** what an ~!, the (very) ~! *wat een idee!, het idee (alleen al)!, hoe kom je erbij!*.
i·deaed, i·dea'd ['aɪdɪəd]⟨bn., attr.⟩ **0.1** ***rijk aan ideeën*** ⇒*met (veel/goede) ideeën, met een (goed) idee*.
i·de·al[1] ['aɪ'dɪəl]⟨f3⟩⟨telb.zn.⟩ **0.1** ***ideaal***.
ideal[2] ⟨f3⟩⟨bn.⟩ **0.1** ***ideaal*** **0.2** ***ideeël*** ⇒*denkbeeldig, ideaal* **0.3** ***idealistisch*** ◆ **1.¶** ⟨nat., schei.⟩ ~ gas *ideaal gas*.
i·de·al·ism ['aɪ'dɪəlɪzm]⟨f1⟩⟨n.-telb.zn.⟩ **0.1** ***idealisme*** ⟨ook beeld. k., lit., fil.⟩.
i·de·al·ist ['aɪ'dɪəlɪst]⟨f1⟩⟨telb.zn.⟩ **0.1** ***idealist*** ⟨ook beeld. k., lit., fil.⟩.
i·de·al·is·tic ['aɪdɪə'lɪstɪk]⟨f1⟩⟨bn.; -ally; →bijw. 3⟩ **0.1** ***idealistisch***.
i·de·al·i·ty ['aɪdi'ælət̬i]⟨telb. en n.-telb.zn.; →mv. 2⟩ **0.1** ***idealiteit***.
i·de·al·i·za·tion, -sa·tion [aɪ'dɪəlaɪ'zeɪʃn||-lə'zeɪʃn]⟨telb. en n.-telb.zn.⟩ **0.1** ***idealisering***.
i·de·al·ize, -ise [aɪ'dɪəlaɪz]⟨f1⟩⟨onov. en ov.ww.⟩ **0.1** ***idealiseren***.
i·de·al·ly [aɪ'dɪəli]⟨f3⟩⟨bw.⟩ **0.1** →ideal[2] **0.2** ***idealiter*** ⇒*ideaal (bezien/gesproken), in het gunstigste geval, (het) liefst, (het) best*.
i·de·ate ['aɪdieɪt]⟨ww.⟩
I ⟨onov.ww.⟩ **0.1** ***zich een voorstelling maken;***
II ⟨ov.ww.⟩ **0.1** ***zich een idee vormen v.***.
i·de·a·tion ['aɪdi'eɪʃn]⟨n.-telb.zn.⟩ **0.1** ***ideatie*** ⇒*idee(ën)vorming*.
i·dée fixe ['i:deɪ 'fi:ks]⟨telb.zn.; idées fixes; →mv. 5⟩ **0.1** ***idee-fixe*** ⇒*dwangvoorstelling*.
i·dem ['ɪdem, 'aɪdem]⟨f1⟩⟨bw.⟩ **0.1** ***idem***.
i·dem·po·tent ['aɪdəmpoʊtnt||-'poʊtnt]⟨bn.⟩⟨wisk.⟩ **0.1** ***idempotent***.
i·den·tic [aɪ'dent̬ɪk]⟨bn.⟩ **0.1** ***gelijkgestemd/luidend*** ⇒*identiek*.
i·den·ti·cal [aɪ'dent̬ɪkl]⟨f2⟩⟨bn.; -ly; -ness⟩ **0.1** ***identiek*** ⇒*gelijk(luidend/waardig), (geheel) het/dezelfde* ◆ **1.1** ⟨logica⟩ ~ proposition *identiteitsoordeel;* ~ rhyme *gelijk/rijk rijm;* ~ twins *identieke/eeneiige tweeling* **6.1** ~ **with/to** *identiek met/aan*.
i·den·ti·fi·a·ble [aɪ'dent̬ɪ'faɪəbl]⟨f1⟩⟨bn.; -ly; →bijw. 3⟩ **0.1** ***identificeerbaar*** ⇒*herkenbaar*.
i·den·ti·fi·ca·tion [aɪ'dent̬ɪfɪ'keɪʃn]⟨f2⟩⟨telb. en n.-telb.zn.⟩ **0.1** ***identificatie*** ⇒*identiteitsvaststelling, identiteitsbewijs, legitimatie;* ⟨psych.⟩ *vereenzelviging*.
identifi'cation card, identifi'cation disc, identifi'cation plate, identifi'cation tag ⟨telb.zn.⟩ **0.1** ***persoonskaart*** ⇒*legitimatiebewijs, identiteitsplaatje*.
identifi'cation parade ⟨telb.zn.⟩⟨BE⟩ **0.1** ***confrontatie(-opstelling)*** ⟨rij personen waaruit een verdachte moet worden aangewezen⟩.
i·den·ti·fy [aɪ'dent̬ɪfaɪ]⟨f3⟩⟨ww.; →ww. 7⟩
I ⟨onov.ww.⟩ **0.1** ***zich identificeren*** ⇒*zich vereenzelvigen* ◆ **6.1** ⟨vnl. AE⟩ ~ **with** the poor *zich met de armen identificeren;*
II ⟨ov.ww.⟩ **0.1** ***identificeren*** ⇒*de identiteit vaststellen v., thuisbrengen, gelijkstellen, in verband brengen, vereenzelvigen;* ⟨plantk.⟩ *determineren* **0.2** ***vaststellen*** ◆ **1.1** I can't ~ your accent *ik kan uw accent niet thuisbrengen* **1.2** ~ the fact that *constateren dat;* ~ a problem *een probleem vaststellen* **6.1** a hero one can ~ o.s. **with** *een held waarmee je je kunt identificeren/waarin je jezelf kunt herkennen;* s.o. who is identified **with** a fascist party *iem. die vereenzelvigd wordt met een fascistische partij*.
i·den·ti·kit [aɪ'dent̬ɪkɪt]⟨telb.zn.⟩⟨BE⟩ **0.1** ***compositietekening***.
i·den·ti·ty [aɪ'dent̬əti]⟨f3⟩⟨zn.; →mv. 2⟩
I ⟨telb. en n.-telb.zn.⟩ **0.1** ***identiteit*** ⇒*persoon(lijkheid)* ◆ **3.1** mistaken ~ *persoonsverwarring;* can you prove your ~? *kunt u zich legitimeren?;*
II ⟨n.-telb.zn.⟩ **0.1** ***volmaakte gelijkenis*** ⇒*het identiek zijn*.
i'dentity card, i'dentity cer'tificate, I'D card ⟨f1⟩⟨telb.zn.⟩ **0.1** ***legitimatie(bewijs)*** ⇒*identiteits/persoonsbewijs*.
i'dentity crisis ⟨telb.zn.⟩ **0.1** ***identiteitscrisis***.
id·e·o·gram ['ɪdɪəgræm], **id·e·o·graph** [-grɑ:f||-græf]⟨telb.zn.⟩ **0.1** ***ideogram*** ⇒*begripteken*.
id·e·o·graph·ic ['ɪdɪə'græfɪk]⟨bn.⟩ **0.1** ***ideografisch***.
id·e·og·ra·phy ['ɪdi'ɒgrəfi||-'ɑgrəfi]⟨n.-telb.zn.⟩ **0.1** ***ideografie*** ⇒*beeldschrift*.
i·de·o·log·i·cal ['aɪdɪə'lɒdʒɪkl||-'lɑ-], **i·de·o·log·ic** [-dʒɪk]⟨f2⟩⟨bn.; -(al)ly; →bijw. 3⟩ **0.1** ***ideologisch***.
i·de·ol·o·gist ['aɪdi'ɒlədʒɪst||-'ɑlə-], **i·de·o·logue** ['aɪdɪəlɒg||-lɑg]⟨f1⟩⟨telb.zn.⟩ **0.1** ***ideoloog*** **0.2** ***theoreticus***.
i·de·ol·o·gy ['aɪdi'ɒlədʒi||-'ɑlə-]⟨f2⟩⟨telb. en n.-telb.zn.; →mv. 2⟩ **0.1** ***ideologie***.
i·de·o·mo·tor ['aɪdɪə'moʊtə||-'moʊt̬ər]⟨bn.⟩ **0.1** ***ideomotorisch*** ⇒*psychomotorisch*.
ides [aɪdz]⟨mv.⟩ **0.1** ***iden*** ⇒*ides* ⟨in de Romeinse tijdrekening⟩.
id est ['ɪd'est]⟨nevensch.vw.⟩ **0.1** ***id est*** ⇒*dat wil zeggen*.
id·i·o·cy ['ɪdɪəsi]⟨f1⟩⟨telb. en n.-telb.zn.; →mv. 2⟩ **0.1** ***idiotie*** ⇒*idioterie, idiotisme, idiootheid, dwaasheid*.

id·i·o·lect ['ɪdɪəlekt]⟨telb.zn.⟩ **0.1** ***idiolect***.

id·i·om ['ɪdɪəm]⟨f2⟩⟨telb.zn.⟩ **0.1** ***idiomatische uitdrukking*** ⇒*vaste, niet doorzichtige woordverbinding* **0.2** ***idioom*** ⇒*taaleigen(aardigheid)* **0.3** ***streektaal*** ⇒*dialect* **0.4** ***vaktaal*** ⇒*jargon*.

id·i·o·mat·ic ['ɪdɪə'mæṭɪk]⟨f1⟩⟨bn.; -ally; →bijw. 3⟩ **0.1** ***idiomatisch*** **0.2** ***taalgebonden***.

id·i·o·mor·phic ['ɪdɪə'mɔ:fɪk‖-'mɔr-]⟨bn.⟩ **0.1** ***idiomorf*** ⟨v. kristallen⟩.

id·i·o·path·ic ['ɪdɪə'pæθɪk]⟨bn.⟩⟨med.⟩ **0.1** ***idiopathisch***.

id·i·op·a·thy ['ɪdi'ɒpəθi‖-'ɑpə-]⟨telb.zn.; →mv. 2⟩⟨med.⟩ **0.1** ***idiopathische ziekte***.

id·i·o·plasm ['ɪdɪəplæzm]⟨n.-telb.zn.⟩⟨med.⟩ **0.1** ***idioplasma***.

id·i·o·syn·cra·sy ['ɪdɪə'sɪŋkrəsi]⟨f1⟩⟨telb.zn.; →mv. 2⟩ **0.1** ***eigenaardigheid*** ⇒*typerend kenmerk, bijzondere eigenschap/(karakter)trek* **0.2** ⟨vnl. med.⟩ ***idiosyncrasie***.

id·i·o·syn·crat·ic ['ɪdɪəsɪŋ'kræṭɪk]⟨f1⟩⟨bn.; -ally; →bijw. 3⟩ **0.1** ***eigenaardig*** ⇒*persoonlijk, individueel* **0.2** ⟨vnl. med.⟩ ***idiosyncratisch***.

id·i·ot ['ɪdɪət]⟨f2⟩⟨telb.zn.⟩ **0.1** ***idioot***.

'idiot box, ⟨BE⟩ **'idiot's lantern** ⟨telb.zn.⟩⟨sl.⟩ **0.1** ***(kijk)kassie*** ⇒*televisie*.

id·i·ot·ic [ɪdi'ɒtɪk‖-'ɑṭɪk]⟨f1⟩⟨bn.; -ally; →bijw. 3⟩ **0.1** ***idioot***.

id·i·o·type ['ɪdɪətaɪp]⟨telb.zn.⟩⟨med.⟩ **0.1** ***idiotype***.

i·dle[1] ['aɪdl]⟨f2⟩⟨bn.; -er; -ly; -ness; →bijw. 3⟩⟨→sprw. 308⟩ **0.1** ***werkloos*** ⇒*inactief, nietsdoend, passief* **0.2** ***lui*** ⇒*laks, arbeidsschuw, gemakzuchtig* **0.3** ***doelloos*** ⇒*nutteloos, zinloos, vruchteloos, nietsbeduidend* **0.4** ***ongebruikt*** ⇒*onbenut, ledig, loos* ◆ **1.1** ~ wheel *tussenrad/wiel, overbrengingswiel* **1.3** ~ gossip *loze kletspraat, praatje voor de vaak* **1.4** ~ balances *dood/renteloos kapitaal;* ~ hours *met nietsdoen doorgebrachte/niet gewerkte uren, rustige/vrije uren;* ~ machines *stilstaande machines;* ~ time *tijd dat een machine buiten gebruik is/arbeider geen nuttige arbeid kan verrichten* ⟨in zijn job⟩ **3.3** remark idly *terloops opmerken*.

idle[2] ⟨f1⟩⟨ww.⟩

I ⟨onov.ww.⟩ **0.1** ***nietsdoen*** ⇒*niksen, niets uitvoeren, luieren* **0.2** ***stationair draaien/lopen*** ⟨v. motor⟩ ⇒*in zijn vrij staan/lopen* ◆ **5.1** ~ **about** *luieren, rondhangen;*

II ⟨ov.ww.⟩⟨vnl. AE⟩ **0.1** ***werkloos maken*** ⇒*op non-actief stellen, stil/lamleggen* ◆ **5.¶** →**idle away**.

'idle a'way ⟨ov.ww.⟩ **0.1** ***verdoen*** ⇒*verlummelen, verspillen* ⟨tijd⟩.

i·dler ['aɪdlə‖-ər]⟨telb.zn.⟩ **0.1** ***leegloper*** ⇒*lanterfant(er), slampamper* **0.2** ***tussenwiel/rad***.

i·dlesse ['aɪdlɪs]⟨n.-telb.zn.⟩⟨schr.⟩ **0.1** ***lediggang*** ⇒*ledigheid*.

i·dol ['aɪdl]⟨f2⟩⟨telb.zn.⟩ **0.1** ***afgodsbeeld*** ⇒*afgod, idool* **0.2** ***idool*** ⇒*favoriet, lieveling* **0.3** ***waandenkbeeld*** ⇒*drogbeeld*.

i·dol·a·ter [aɪ'dɒlətə‖-'dɑləṭər], **i·dol·a·tress** [-trɪs]⟨f1⟩⟨telb.zn.⟩ **0.1** ***afgodendienaar/afgodendienares*** **0.2** ***dweper/dweepster*** ⇒*aanbidder/aanbidster, fanatieke volgeling(e)*.

i·dol·a·trous [aɪ'dɒlətrəs‖-'dɑ-]⟨f1⟩⟨bn.; -ly; -ness⟩ **0.1** ***idolaat***.

i·dol·a·try [aɪ'dɒlətri‖-'dɑ-]⟨f1⟩⟨n.-telb.zn.⟩ **0.1** ***idolatrie*** ⇒*beelddienst, afgoderij, verafgoding, blinde verering*.

i·dol·i·za·tion, -sa·tion ['aɪdl·aɪ'zeɪʃn‖-ə'zeɪʃn]⟨n.-telb.zn.⟩ **0.1** ***verafgoding*** ⇒*idolisering*.

i·dol·ize, -ise ['aɪdl·aɪz], **i·dol·a·trize** [aɪ'dɒlətraɪz‖-'dɑ-]⟨f1⟩⟨ov.ww.⟩ **0.1** ***verafgoden*** ⇒*aanbidden, vereren, verheerlijken, idoliseren*.

i·dol·um [aɪ'doʊləm]⟨telb.zn.; idola [-lə]; →mv. 5⟩ **0.1** ***denkbeeld*** ⇒*idee* **0.2** ***misvatting*** ⇒*waandenkbeeld*.

i·dyl(l) ['ɪdl‖'aɪdl]⟨f1⟩⟨telb.zn.⟩ **0.1** ***idylle*** ⟨ook lit.⟩.

i·dyl·lic [ɪ'dɪlɪk‖aɪ]⟨f1⟩⟨bn.; -ally; →bijw. 3⟩ **0.1** ***idyllisch*** ⟨ook lit.⟩.

i·dyl·list ['ɪdɪlɪst‖'aɪdl·ɪst]⟨telb.zn.⟩ **0.1** ***idyllenschrijver***.

i.e. ⟨nevensch.vw.⟩⟨afk.⟩ id est **0.1** ***d.w.z.*** ⇒*i.e., dat wil zeggen*.

-ie →-y.

IE ⟨afk.⟩ Indo-European.

-i·er [ɪə‖ɪər]⟨comparatiefsuffix v. -y⟩ **0.1** ⟨ong.⟩ ***-er*** ◆ **¶.1** uglier *lelijker*.

-ies [iz] **0.1** ⟨meervoudssuffix v. -y⟩ ◆ **¶.1** babies *babies*.

-i·est [ɪɪst]⟨superlatiefsuffix v. -y⟩ **0.1** ⟨ong.⟩ ***-st*** ◆ **¶.1** ugliest *lelijkst*.

if[1] [ɪf]⟨telb.zn.⟩⟨→sprw. 313⟩ **0.1** ***onzekere factor*** ⇒*voorwaarde, mogelijkheid* ◆ **1.¶** ⟨inf.⟩ ~s and buts *maren, bedenkingen, tegenwerpingen, gemaar*.

if[2] ⟨f4⟩⟨vw.⟩

I ⟨ondersch.vw.⟩ **0.1** ⟨→voorwaarde⟩ ***indien*** ⇒*als, zo, op voorwaarde dat, stel dat, ingeval* **0.2** ⟨→tijd en voorwaarde⟩ ***telkens als*** ⇒*telkens wanneer* **0.3** ⟨leidt vragende lijdend voorwerpszin in⟩ ***of*** **0.4** ⟨toegeving; vnl. elliptisch⟩ ***zij het*** ⇒*(al)hoewel, al* ◆ **2.4** talented ~ arrogant *begaafd, zij het arrogant;* it's clear ~ difficult *het is duidelijk al is het/maar wel moeilijk* **4.1** look for insects and, ~ any, destroy them *let op insekten, en als er zijn, vernietig ze;* ~ anything *indien al iets, dan ...;* ~ anything this is even worse *dit is zo mogelijk nog slechter/erger;* ~ anything you ought to visit him *je zou hem op zijn minst moeten bezoeken;* ~ anything finish your exams first *wat je ook doet maak eerst je examens af;* ~ anything it rained even harder *integendeel, het ging eerder/zelfs nog harder regenen* **5.1** ~ not *zo niet/neen;* ⟨logica⟩ ~ and only ~ *dan en slechts dan als, desda, als en slechts als, asa;* ~ so *zo ja* **5.4** protest, ~ only to pester them *protesteer, al was/is het maar om hen te pesten* **¶.1** ~ she knew she'd kill him *als ze het wist zou ze hem vermoorden* **¶.2** ~ you have been had you must protest *telkens wanneer je bij de neus genomen bent, moet je protesteren* **¶.3** he asked ~ we were ready *hij vroeg of wij klaar waren* **¶.4** ~ we failed we did all we could *we hebben wel gefaald maar we hebben gedaan wat we konden;* you wouldn't want to ~ you got the chance *je zou het niet willen zelfs als je de kans kreeg;*

II ⟨vw.; onderschikkend en nevenschikkend⟩⟨wens⟩ ◆ **5.¶** ~ only I could whistle *kon ik maar fluiten;* ~ only she'd smile, I'd be happy *als ze maar eens wou glimlachen, dan zou ik gelukkig zijn;*

III ⟨nevensch.vw.; leidt uitroep v. verrassing in⟩ **0.1** ***warempel*** ⇒*zowaar, verhip* ◆ **¶.1** ~ that isn't Mr Smith! *als dat niet Mr Smith is!;* ~ the dog hasn't swiped the pudding! *verdraaid, de hond is er met de pudding vandoor!*.

IF, if ⟨afk.⟩ intermediate frequency.

IFC ⟨afk.⟩ International Finance Corporation.

iff [ɪf]⟨ondersch.vw.⟩⟨logica⟩ **0.1** ***desda*** ⇒*dan en slechts dan als, als en slechts als, asa*.

if·fy ['ɪfi], **if·fish** ['ɪfɪʃ]⟨f1⟩⟨bn.⟩⟨inf.⟩ **0.1** ***onzeker*** ⇒*dubieus, hachelijk, twijfelachtig*.

IFS ⟨afk.⟩ Independent Front Suspension.

ig·loo, ig·lu ['ɪglu:]⟨f1⟩⟨telb.zn.⟩ **0.1** ***iglo*** ⇒*eskimo/sneeuwhut*.

ig·ne·ous ['ɪgnɪəs]⟨bn.⟩ **0.1** ***vuur-*** ⇒*brand-, vurig* **0.2** ⟨geol.⟩ ***magmatisch*** ⇒*stollings-, door stolling gevormd* ◆ **1.2** ~ rocks *stollingsgesteenten*.

ig·nis fat·u·us ['ɪgnɪs 'fætʃʊs]⟨telb.zn.; ignes fatui ['ɪgni:z 'fætʃʊaɪ]; →mv. 5⟩⟨ook fig.⟩ **0.1** ***dwaallicht***.

ig·nit·a·ble, ig·nit·i·ble [ɪg'naɪṭəbl]⟨bn.⟩ **0.1** ***(ont)brandbaar*** ⇒*ontvlambaar*.

ig·nite [ɪg'naɪt]⟨ww.⟩

I ⟨onov.ww.⟩ **0.1** ***ontbranden*** ⇒*in brand vliegen/raken, ontvlammen, vlam vatten;*

II ⟨ov.ww.⟩ **0.1** ***in brand steken*** ⇒*aansteken, doen ontbranden* **0.2** ⟨schei.⟩ ***verhitten (tot ontbrandingstemperatuur)***.

ig·nit·er, ig·ni·tor [ɪg'naɪtə‖ɪg'naɪṭər]⟨telb.zn.⟩ **0.1** ***ontsteker*** ⇒*ontsteking(smechanisme)*.

ig·ni·tion [ɪg'nɪʃn]⟨f2⟩⟨zn.⟩

I ⟨telb.zn.⟩ **0.1** ***ontstekingsinrichting*** ⇒*ontsteking* ⟨v. auto⟩ **0.2** ***contactknop/handel(tje)*** ◆ **3.1** turn the ~, switch the ~ on *het contactsleuteltje omdraaien, starten;*

II ⟨telb. en n.-telb.zn.⟩ **0.1** ***ontbranding*** ⇒*ontsteking* **0.2** ⟨schei.⟩ ***verhitting (tot ontbrandingstemperatuur)***.

ig'nition coil ⟨telb.zn.⟩ **0.1** ***bobine*** ⇒*ontstekingsspoel* ⟨v. auto⟩.

ig'nition key ⟨telb.zn.⟩ **0.1** ***contactsleuteltje***.

ig'nition point ⟨telb.zn.⟩⟨schei.⟩ **0.1** ***ontbrandingspunt/temperatuur***.

ig·ni·tron [ɪg'naɪtrɒn‖-trɑn]⟨telb.zn.⟩⟨elek.⟩ **0.1** ***ignitron***.

ig·no·bil·i·ty ['ɪgnoʊ'bɪləṭi]⟨telb. en n.-telb.zn.; →mv. 2⟩ **0.1** ***laag(hartig)heid*** ⇒*eerloosheid, onwaardigheid, verachtelijkheid, schandelijkheid*.

ig·no·ble [ɪg'noʊbl]⟨f1⟩⟨bn.; ook -er; -ly; -ness; →bijw. 3⟩ **0.1** ***laag (hartig)*** ⇒*eerloos, onwaardig, verachtelijk, schandelijk*.

ig·no·min·i·ous ['ɪgnə'mɪnɪəs]⟨f1⟩⟨bn.; -ly; -ness⟩ **0.1** ***schandelijk*** ⇒*smadelijk, oneervol, beschamend, infaam*.

ig·no·min·y ['ɪgnəmɪni]⟨f1⟩⟨telb. en n.-telb.zn.; →mv. 2⟩ **0.1** ***schandelijkheid*** ⇒*schande, schanddaad, smaad, smadelijkheid, infamie*.

ig·no·ra·mus ['ɪgnə'reɪməs]⟨f1⟩⟨telb.zn.⟩ **0.1** ***onbenul*** ⇒*domkop, ignorant, weetniet, onnozele hals*.

ig·no·rance ['ɪgnərəns]⟨f3⟩⟨n.-telb.zn.⟩⟨→sprw. 746⟩ **0.1** ***onwetendheid*** ⇒*onkunde, onkundigheid, onnozelheid, domheid* ◆ **6.1** keep in ~ *in het ongewisse laten;* ~ **of** the law *onbekendheid met de wet*.

ig·no·rant ['ɪgnərənt]⟨f3⟩⟨bn.; -ly⟩ **0.1** ***onwetend*** ⇒*onkundig, onbekend, niet op de hoogte* **0.2** ***dom*** ⇒*onontwikkeld, onnozel;* ⟨bij uitbr.; inf.⟩ *achterlijk, lomp* ◆ **6.1** ~ **of** *onkundig van, onbekend met*.

ig·nore [ɪg'nɔ:‖ɪg'nɔr]⟨f3⟩⟨ov.ww.⟩ **0.1** ***negeren*** ⇒*ignoreren, veronachtzamen, niet willen kennen/weten/zien*.

i·gua·na [ɪ'gwɑ:nə]⟨telb.zn.⟩⟨dierk.⟩ **0.1** ***leguaan*** ⟨fam. Iguanidae⟩.

i·guan·o·don [ɪ'gwɑ:nədɒn‖-dɑn]⟨telb.zn.⟩ **0.1** ***iguanodon*** ⟨uitgestorven reptiel⟩.

ihp ⟨afk.⟩ indicated horsepower **0.1** ***I.P.K.***.

IHS ⟨eig.n.⟩⟨afk.⟩ IHSOUS **0.1** ***I.H.S.*** ⇒*Jezus.*

i·ke·ba·na ['i:kə'bɑ:nə]⟨n.-telb.zn.⟩ **0.1** ***ikebana*** ⇒*Japanse bloemsierkunst.*

ikon →icon.

IL ⟨afk.⟩ Illinois.

ilang-ilang →ylang-ylang.

il·e·um ['ɪlɪəm]⟨telb.zn.; ilea ['ɪlɪə]; →mv. 5⟩⟨anat.⟩ **0.1** ***kronkeldarm*** ⇒*ileum.*

il·e·us ['ɪlɪəs]⟨n.-telb.zn.⟩⟨med.⟩ **0.1** ***ileus*** ⇒*darmafsluiting.*

i·lex ['aɪleks]⟨telb.zn.⟩⟨plantk.⟩ **0.1** ***ilex*** ⟨genus Ilex⟩ ⇒⟨i.h.b.⟩ *hulst* ⟨Ilex aquifolium⟩ **0.2** ***steeneik*** ⟨Quercus ilex⟩.

il·i·ac ['ɪliæk]⟨bn., attr.⟩ **0.1** ***mbt./van het darmbeen*** ⇒*tot het darmbeen behorend.*

Il·i·ad ['ɪlɪəd]⟨eig.n., telb.zn.⟩ **0.1** ***Ilias*** ◆ **1.1** ⟨fig.⟩ an ~ of woes *een Ilias v. plagen, een litanie v. ellende.*

il·i·um ['ɪlɪəm]⟨telb.zn.; ilia ['ɪlɪə]; →mv. 5⟩⟨anat.⟩ **0.1** ***darmbeen.***

ilk[1] [ɪlk]⟨telb.zn.; geen mv.⟩⟨inf.; soms scherts. of pej.⟩ **0.1** ***soort*** ⇒*slag, type* ◆ **1.1** politicians of that ~ can't be trusted *dat soort politici is niet te vertrouwen* **6.¶** ⟨Sch. E⟩ **of** that ~ *uit de plaats/streek, enz. v. dezelfde naam;* Grant **of** that ~ *Grant of Grant, Grant uit Grant.*

ilk[2], **il·ka** ['ɪlkə]⟨bn., attr.⟩⟨Sch. E⟩ **0.1** ***elk*** ⇒*ieder.*

ill[1] [ɪl]⟨f2⟩⟨zn.⟩

I ⟨telb.zn.⟩⟨vaak mv.⟩ **0.1** ***tegenslag*** ⇒*tegenvaller, beproeving, bezoeking, plaag;*

II ⟨n.-telb.zn.⟩ **0.1** ***kwaad*** ⇒*onheil, vloek, ellende* ◆ **3.1** speak ~ of *kwaadspreken van, roddelen over.*

ill[2] ⟨f3⟩⟨bn.; worse [wɜ:s||wɜrs], worst [wɜ:st||wɜrst]; →compar. 6⟩ →worse, worst ⟨→sprw. 331, 332⟩

I ⟨bn.⟩ **0.1** ***ziek*** ⇒*beroerd, ongezond* **0.2** ⟨BE⟩ ***gewond*** ⇒*gekwetst* ◆ **3.¶** ⟨vero.⟩ she's ~ to please *ze is niet snel tevreden, het is moeilijk haar tevreden te stellen* **6.1** ⟨fig.⟩ ~ **with** anxiety *dodelijk ongerust;*

II ⟨bn., attr.⟩ **0.1** ***slecht*** ⇒*kwalijk* **0.2** ***schadelijk*** ⇒*nadelig, ongunstig* **0.3** ***vijandig*** ⇒*onvriendelijk, hatelijk* ◆ **1.1** ~ fame *slechte naam/reputatie;* house of ~ fame/repute *huis v. ontucht, publiek huis, bordeel;* with an ~ grace *wrevelig, met tegenzin, stuurs;* ~ health *slechte gezondheid;* ~ humour/temper *chagrijn, slecht humeur;* ~ management *wanbeheer;* ~ success *ongunstige afloop, mislukking, weinig/geen succes;* ~ taste *slechte smaak* **1.2** ~ effects *nadelige gevolgen;* ~ fortune/luck *tegenspoed, pech;* do an ~ turn to s.o. *iem. schade berokkenen/benadelen, iem. een rotstreek leveren* **1.3** ~ blood/feeling/will *haatdragendheid, kwaad bloed, kwaadwilligheid, vijandelijkheid, bitterheid, wrok;* ~ nature *norsheid, nijd, chagrijn, kwaadaardigheid* **3.1** fall/be taken ~ *ziek worden.*

ill[3] ⟨f3⟩⟨bw.⟩ **0.1** ***slecht*** ⇒*kwalijk, verkeerd* **0.2** ***nauwelijks*** ⇒*amper, onvoldoende, met moeite* ◆ **1.1** ~ at ease *slecht op zijn/haar gemak* **3.2** I can ~ afford the money *ik kan het geld eigenlijk niet missen;* it ~ becomes you to complain *het past je niet te klagen, jij hebt niets te klagen;* ~ provided with *onvoldoende voorzien van, met een tekort aan.*

Ill ⟨afk.⟩ Illinois.

I'll [aɪl]⟨hww.⟩⟨samentr. v. I will, I shall⟩.

'ill-ad'vised ⟨f1⟩⟨bn.; -ly⟩ **0.1** ***onverstandig*** ⇒*onberaden/bezonnen.*

'ill-af'fect·ed ⟨bn.⟩ **0.1** ***ongunstig/vijandig gezind.***

'ill-as'sort·ed, 'ill-'sort·ed ⟨bn.⟩ **0.1** ***slecht (bij elkaar) passend*** ⇒*disharmonisch, niet-harmoniërend.*

il·la·tion [ɪ'leɪʃn]⟨telb. en n.-telb.zn.⟩ **0.1** ***gevolgtrekking*** ⇒*concludering, conclusie.*

il·la·tive[1] [ɪ'leɪtɪv]⟨telb.zn.⟩⟨taalk.⟩ **0.1** ***illatief*** ⟨naamval, uitgang⟩.

illative[2] ⟨bn.; -ly⟩ ⟨ook taalk.⟩ **0.1** ***gevolgtrekkend*** ⇒*illatief, gevolgaanduidend.*

'ill-be'haved ⟨bn.⟩ **0.1** ***ongemanierd.***

'ill-'bod·ing ⟨bn.⟩ **0.1** ***onheilspellend.***

'ill-'bred ⟨f1⟩⟨bn.⟩ **0.1** ***onopgevoed*** ⇒*onbeleefd, ongemanierd, lomp.*

'ill-'breed·ing ⟨n.-telb.zn.⟩ **0.1** ***ongemanierdheid*** ⇒*onbeleefdheid.*

'ill-con'cealed ⟨bn.⟩ **0.1** ***slecht verborgen.***

'ill-con'di·tioned ⟨bn.⟩ **0.1** ***kwaad(aardig)*** ⇒*boos(aardig)* **0.2** ***in slechte conditie/staat.***

'ill-de'fined ⟨f1⟩⟨bn.⟩ **0.1** ***slecht gedefinieerd*** ⇒*nauwelijks omschreven.*

'ill-dis'posed ⟨f1⟩⟨bn.⟩ **0.1** ***kwaadgezind*** ⇒*kwaadwillig* **0.2** ***afkerig*** ⇒*onwillig* ◆ **6.2** ~ **towards** a plan *gekant tegen een plan.*

'ill-'dressed ⟨bn.⟩ **0.1** ***slecht gekleed.***

il·le·gal [ɪ'li:gl]⟨f2⟩⟨bn.; -ly⟩ **0.1** ***onwettig*** ⇒*illegaal, ongewettigd, onwettelijk, onrechtmatig.*

il·le·gal·i·ty ['ɪlɪ'gæləṭi]⟨f1⟩⟨telb. en n.-telb.zn.; →mv. 2⟩ **0.1** ***onwettigheid*** ⇒*onwettelijkheid, onrechtmatigheid, onwettige daad.*

il·le·gal·ize, -ise [ɪ'li:gəlaɪz]⟨ov.ww.⟩ **0.1** ***onwettig maken/verklaren*** ⇒*verbieden.*

il·leg·i·bil·i·ty ['ɪledʒə'bɪləṭi]⟨n.-telb.zn.⟩ **0.1** ***onleesbaarheid.***

il·leg·i·ble [ɪ'ledʒəbl]⟨f1⟩⟨bn.; -ly; →bijw. 3⟩ **0.1** ***onleesbaar*** ⇒*niet te lezen/ontcijferen.*

il·le·git·i·ma·cy ['ɪlɪ'dʒɪṭɪməsi]⟨f1⟩⟨n.-telb.zn.⟩ **0.1** ***onwettigheid*** ⇒*onrechtmatigheid;* ⟨i.h.b.⟩ *illegitimiteit, bastaardij, bastaardschap.*

il·le·git·i·mate[1] ['ɪlɪ'dʒɪṭɪmət]⟨telb.zn.⟩ **0.1** ***onwettige*** ⇒*illegale;* ⟨i.h.b.⟩ *onwettig/buitenechtelijk kind, bastaard.*

illegitimate[2] ⟨f2⟩⟨bn.; -ly⟩ **0.1** ***onrechtmatig*** ⇒*illegaal* **0.2** ***onwettig*** ⟨i.h.b. v. kind⟩ ⇒*illegitiem, buitenechtelijk* **0.3** ***ongewettigd*** ⇒*ongeldig.*

illegitimate[3] ['ɪlɪ'dʒɪṭɪmeɪt], **il·le·git·i·mat·ize** [-mətaɪz]⟨ov.ww.⟩ **0.1** ***onwettig/onecht verklaren.***

'ill-e'quipped ⟨f1⟩⟨bn.⟩ **0.1** ***slecht toegerust.***

'ill-'famed ⟨bn.⟩ **0.1** ***berucht*** ⇒*notoir, slecht bekend staand.*

'ill-'fat·ed ⟨f1⟩⟨bn.⟩ **0.1** ***gedoemd te mislukken*** ⇒*verdoemd* **0.2** ***noodlottig*** ⇒*rampzalig, onheilbrengend, onzalig.*

'ill-'fa·vou·red ⟨bn.⟩ **0.1** ***onaantrekkelijk*** ⇒*lelijk, onooglijk* **0.2** ***stuitend*** ⇒*weerzinwekkend.*

'ill-'found·ed ⟨bn.⟩ **0.1** ***ongegrond*** ⇒*onvoldoende onderbouwd.*

'ill-'got·ten ⟨f1⟩⟨bn.⟩⟨→sprw. 330⟩ **0.1** ***oneerlijk/onrechtmatig verkregen*** ⇒*gestolen* ◆ **1.1** ~ gains *vuil geld, gestolen goed.*

'ill-'hu·moured ⟨bn.⟩ **0.1** ***slechtgehumeurd*** ⇒*boos.*

il·lib·er·al [ɪ'lɪbrəl]⟨bn.; -ly; -ness⟩ **0.1** ***onvrijzinnig*** ⇒*onverdraagzaam, illiberaal* **0.2** ***bekrompen*** ⇒*kortzichtig, kleingeestig, enghartig* **0.3** ⟨vero. in AE⟩ ***onvrijgevig*** ⇒*gierig.*

il·lib·er·al·i·ty ['ɪlɪbə'ræləṭi]⟨n.-telb.zn.⟩ **0.1** ***onvrijzinnigheid*** **0.2** ***bekrompenheid*** **0.3** ⟨vero. in AE⟩ ***onvrijgevigheid.***

il·lic·it [ɪ'lɪsɪt]⟨f1⟩⟨bn.; -ly; -ness⟩ **0.1** ***onwettig*** ⇒*illegaal, ongeoorloofd, clandestien, illiciet.*

il·lim·it·a·bil·i·ty [ɪ'lɪmɪṭə'bɪləṭi]⟨n.-telb.zn.⟩ **0.1** ***grenzeloosheid*** ⇒*onmetelijkheid, onbegrensdheid.*

il·lim·it·a·ble [ɪ'lɪmɪṭəbl]⟨bn.; -ly; -ness; →bijw. 3⟩ **0.1** ***grenzeloos*** ⇒*onmetelijk, onbegrensd, onbegrensbaar.*

il·lit·er·a·cy [ɪ'lɪtrəsi||ɪ'lɪṭərəsi]⟨f1⟩⟨n.-telb.zn.⟩ **0.1** ***analfabetisme*** ⇒*ongeletterdheid.*

il·lit·er·ate[1] [ɪ'lɪtrət||ɪ'lɪṭərət]⟨f1⟩⟨telb.zn.⟩ **0.1** ***analfabeet*** ⇒*ongeletterde.*

illiterate[2] ⟨f1⟩⟨bn.; -ly; -ness⟩ **0.1** ***ongeletterd*** ⇒*analfabeet* ◆ **1.1** an ~ letter *een brief als v.e. analfabeet.*

'ill-'judged ⟨bn.⟩ **0.1** ***onverstandig*** ⇒*onberaden, onbezonnen.*

'ill-'kept ⟨bn.⟩ **0.1** ***slecht onderhouden.***

'ill-'man·nered ⟨f1⟩⟨bn.⟩ **0.1** ***ongemanierd*** ⇒*onbeleefd, lomp.*

'ill-'na·tured ⟨f1⟩⟨bn.; -ly⟩ **0.1** ***nors*** ⇒*nijdig, chagrijnig, slechtgehumeurd, onvriendelijk.*

ill·ness ['ɪlnəs]⟨f3⟩⟨telb. en n.-telb.zn.⟩ **0.1** ***ziekte*** ⇒*kwaal.*

il·lo·cu·tion [ɪlə'kju:ʃn]⟨telb.zn.⟩⟨taalk., fil.⟩ **0.1** ***illocutie*** ⟨handeling die in het spreken gebeurt⟩.

il·log·ic [ɪ'lɒdʒɪk||ɪ'lɑ-]⟨n.-telb.zn.⟩ **0.1** ***onlogica*** ⇒*gebrek aan logica.*

il·log·i·cal [ɪ'lɒdʒɪkl||ɪ'lɑ-]⟨f2⟩⟨bn.; -ly; -ness⟩ **0.1** ***onlogisch*** ⇒*niet logisch, ongerijmd, tegenstrijdig.*

il·log·i·cal·i·ty ['ɪlɒdʒɪ'kæləti||ɪlɑdʒɪ'kæləṭi]⟨n.-telb.zn.⟩ **0.1** ***het niet logisch-zijn*** ⇒*tegenstrijdigheid, gebrek aan logica.*

'ill-'o·mened ⟨bn.⟩ **0.1** ***door ongunstige voortekenen begeleid*** ⇒*onzalig, noodlottig, gedoemd te mislukken.*

'ill-pre'pared ⟨bn.⟩ **0.1** ***slecht voorbereid.***

'ill-re'ward·ed ⟨bn.⟩ **0.1** ***slecht beloond.***

ill-sorted →ill-assorted.

'ill-'starred ⟨bn.⟩⟨schr.⟩ **0.1** ***onder een ongelukkig gesternte geboren*** ⇒*ongelukkig, door tegenslag geteisterd.*

'ill-'tem·pered ⟨bn.⟩⟨schr.⟩ **0.1** ***slecht gehumeurd*** ⇒*humeurig, nors.*

'ill-'timed ⟨bn.⟩ **0.1** ***ontijdig*** ⇒*misplaatst, te kwader ure, op een ongeschikt ogenblik, slecht getimed.*

'ill-'treat ⟨ov.ww.⟩ **0.1** ***slecht behandelen*** ⇒*mishandelen, misbruiken.*

'ill-'treat·ment ⟨n.-telb.zn.⟩ **0.1** ***slechte behandeling*** ⇒*mishandeling, misbruik, verwaarlozing, wreedheid.*

il·lu·mi·nant[1] [ɪ'lu:mɪnənt]⟨telb.zn.⟩ **0.1** ***lichtbron.***

illuminant[2] ⟨bn.⟩ **0.1** ***verlichtend*** ⇒*lichtgevend.*

il·lumi·nate[1] [ɪ'lu:mɪnət], ⟨schr.⟩ **il·lume** [ɪ'l(j)u:m||ɪ'lu:m]⟨telb.zn.⟩ **0.1** ***verlichte.***

illuminate[2] [ɪ'lu:mɪneɪt]⟨f2⟩⟨ww.⟩ →illuminating

I ⟨onov.ww.⟩ **0.1** ***opgloeien*** ⇒*oplichten, helder(der) worden;*

II ⟨ov.ww.⟩ **0.1** ⟨ook fig.⟩ ***verlichten*** ⇒*belichten, licht werpen op* **0.2** ***illumineren*** ⇒*met feestverlichting versieren* **0.3** ⟨boek., gesch.⟩ ***illumineren*** ⇒*(met ornamenten) versieren, verluchten* **0.4** ***toelichten*** ⇒*licht werpen op, verhelderen, verklaren* **0.5** ***luister bijzetten aan*** ⇒*opluisteren.*

il·lu·mi·na·ti [ɪˈluːmɪˈnɑːti]⟨mv.; ook I-⟩⟨ook gesch.⟩ **0.1** ***verlichten*** ⇒*illuminaten*.
il·lu·mi·na·ting [ɪˈluːmɪneɪtɪŋ], **il·lu·mi·na·tive** [ɪˈluːmɪnətɪv‖-neɪtɪv]⟨f1⟩⟨bn.; eerste variant teg. deelw. v. illuminate⟩ **0.1** ***verhelderend*** ⇒*instructief, informatief*.
il·lu·mi·na·tion [ɪˈluːmɪˈneɪʃn]⟨f2⟩⟨zn.⟩
I ⟨telb.zn.⟩ **0.1** ***lichtbron;***
II ⟨telb. en n.-telb.zn.⟩⟨boek., gesch.⟩ **0.1** ***verluchting*** ⇒*illustratie, initiaal, ornament, miniatuur;*
III ⟨n.-telb.zn.⟩ **0.1** ***verlichting*** ⇒*belichting;* ⟨fig.⟩ *geestelijke verlichting* **0.2** ***verheldering*** ⇒*opheldering, verduidelijking;*
IV ⟨mv.; ~s⟩ **0.1** ***illuminatie*** ⇒*feestverlichting*.
il·lu·mi·na·tor [ɪˈluːmɪneɪtə‖-neɪtər]⟨telb.zn.⟩ **0.1** ***verlichter*** **0.2** ⟨boek., gesch.⟩ ***illuminator*** ⇒*(handschrift)verluchter* **0.3** ⟨elek.⟩ ***illuminator***.
il·lu·mine [ɪˈluːmɪn]⟨f1⟩⟨ov.ww.⟩⟨schr.; ook fig.⟩ **0.1** ***verlichten***.
ill-use[1] [ˈɪlˈjuːs], **ˈill-ˈus·age** ⟨n.-telb.zn.⟩ **0.1** ***slechte behandeling*** ⇒*mishandeling, misbruik, verwaarlozing, wreedheid*.
ill-use[2] [ˈɪlˈjuːz]⟨ov.ww.⟩ **0.1** ***slecht behandelen*** ⇒*mishandelen, misbruiken, verwaarlozen*.
il·lu·sion [ɪˈluːʒn]⟨f3⟩⟨zn.⟩
I ⟨telb.zn.⟩ **0.1** ***illusie*** ⇒*waandenkbeeld, waanvoorstelling, hersenschim* ◆ **2.1** optical ~ *optische illusie, gezichtsbedrog* **3.1** cherish the ~ that *de illusie koesteren dat* **6.1** have no ~s **about** *zich geen illusies maken omtrent;* be **under** an ~ *misleid zijn, het mis hebben;*
II ⟨n.-telb.zn.⟩ **0.1** ***(zins)begoocheling*** ⇒*zelfbedrog, inbeelding, het misleid zijn* **0.2** ***porseleintule***.
il·lu·sion·ism [ɪˈluːʒənɪzm]⟨n.-telb.zn.⟩⟨beeld. k., fil.⟩ **0.1** ***illusionisme***.
il·lu·sion·ist [ɪˈluːʒənɪst]⟨telb.zn.⟩ **0.1** ⟨beeld. k., fil.⟩ ***illusionist*** ⇒*aanhanger v.h. illusionisme* **0.2** ***goochelaar*** ⇒*illusionist*.
il·lu·so·ry [ɪˈluːsri], **il·lu·sive** [ɪˈluːsɪv]⟨f1⟩⟨bn.⟩ **0.1** ***illusoir*** ⇒*illusionair, denkbeeldig, bedrieglijk, misleidend*.
il·lus·trate [ˈɪləstreɪt]⟨f3⟩⟨ov.ww.⟩ **0.1** ***illustreren*** ⇒*verduidelijken, verhelderen, toelichten, kenschetsen*.
il·lus·tra·tion [ˈɪləˈstreɪʃn]⟨f2⟩⟨telb. en n.-telb.zn.⟩ **0.1** ***illustratie*** ⇒*toelichting, verheldering, afbeelding* ◆ **1.1** by way of ~ *bij wijze v. illustratie / voorbeeld*.
il·lus·tra·tive [ˈɪləstreɪtɪv‖ɪˈlʌstrətɪv]⟨f1⟩⟨bn.; -ly⟩ **0.1** ***illustratief*** ⇒*illustratie-*.
il·lus·tra·tor [ˈɪləstreɪtə‖-streɪtər]⟨f1⟩⟨telb.zn.⟩ **0.1** ***illustrator*** ⇒*illustratietekenaar*.
il·lus·tri·ous [ɪˈlʌstrɪəs]⟨f1⟩⟨bn.; -ly; -ness⟩ **0.1** ***illuster*** ⇒*vermaard, gerenommeerd, luisterrijk*.
il·ly [ˈɪli]⟨bw.⟩⟨AE⟩ **0.1** ***slecht*** ⇒*bezwaarlijk, kwalijk, met moeite* ◆ **3.1** ~ concealed anger *nauw verholen woede*.
Il·lyr·i·an[1] [ɪˈlɪərɪən‖-ˈlɪrn]⟨zn.⟩
I ⟨eig.n.⟩ **0.1** ***Illyrisch*** ⇒*de Illyrische taal;*
II ⟨telb.zn.⟩ **0.1** ***Illyriër***.
Illyrian[2] ⟨bn.⟩ **0.1** ***Illyrisch***.
ILO ⟨telb.zn.⟩⟨afk.⟩ International Labour Organisation **0.1** ***I.A.O.***.
ILP ⟨afk.⟩ Independent Labour Party ⟨BE⟩.
im- →in-.
I'm [aɪm]⟨kww.⟩⟨samentr. v. I am⟩.
im·age[1] [ˈɪmɪdʒ]⟨f3⟩⟨telb.zn.⟩ **0.1** ***beeld*** ⇒*afbeelding, beeltenis, voorstelling* **0.2** ***standbeeld*** **0.3** ***evenbeeld*** **0.4** ***imago*** ⇒*image, reputatie* **0.5** ***(toon)beeld*** ⇒*belichaming, verpersoonlijking, personificatie* **0.6** ***denkbeeld*** **0.7** ⟨lit.⟩ ***beeld*** ⇒*beeldspraak* ◆ **1.5** she's the ~ of cleanliness *ze is de properheid zelve* **6.3** he's the (very / spitting) ~ **of** his father *hij lijkt (sprekend / als twee druppels water) op zijn vader*.
image[2] ⟨ov.ww.⟩ **0.1** ***afbeelden*** **0.2** ***weerspiegelen*** **0.3** ***symboliseren*** ⇒*verzinnebeelden* **0.4** ***zich voorstellen / verbeelden*** ⇒*zich een voorstelling maken van, een beeld / herinnering oproepen van / aan* **0.5** ***(beeldend) beschrijven*** ⇒*schetsen, schilderen*.
ˈim·age-build·er ⟨telb.zn.⟩ **0.1** ***image-builder*** ⇒*imago-vormer*.
ˈim·age-build·ing ⟨f1⟩⟨n.-telb.zn.⟩ **0.1** ***image-building*** ⇒*het opbouwen v.e. imago, beeld / imagovorming*.
im·age·ry [ˈɪmɪdʒri]⟨f2⟩⟨n.-telb.zn.⟩ **0.1** ***beeldspraak*** **0.2** ***beeldwerk*** **0.3** ***voorstellingswereld***.
ˈimage scanner ⟨telb.zn.⟩⟨tech.⟩ **0.1** ***beeldscanner*** ⇒*beeldaftaster*.
ˈimage worship ⟨n.-telb.zn.⟩ **0.1** ***beeldendienst*** ⇒*idolatrie, beeldenverering, afgodendienst*.
im·ag·i·na·ble [ɪˈmædʒnəbl]⟨f1⟩⟨bn.; -ly; →bijw. 3⟩ **0.1** ***voorstelbaar*** ⇒*denkbaar, mogelijk*.
im·ag·i·nal [ɪˈmædʒɪnl]⟨bn.⟩ **0.1** ***mbt. / v. een beeld / beelden*** ⇒*beeld-* **0.2** ⟨dierk.⟩ ***imaginaal*** ⇒*imago-*.
im·ag·i·nar·ies [ɪˈmædʒənriz‖-neriz]⟨mv.⟩⟨wisk.⟩ **0.1** ***imaginaire getallen***.
im·ag·i·nar·y [ɪˈmædʒənri‖-neri]⟨f3⟩⟨bn.; -ly; →bijw. 3⟩ **0.1** ***denkbeeldig*** ⇒*onwerkelijk, imaginair, waan-, fantasie-* **0.2** ⟨wisk.⟩ ***imaginair*** ⇒*denkbeeldig* ◆ **1.2** ~ number *imaginair getal;* ~ unit *imaginaire eenheid / grootheid*.
im·ag·i·na·tion [ɪˈmædʒɪˈneɪʃn]⟨f3⟩⟨telb. en n.-telb.zn.⟩ **0.1** ***verbeelding(skracht)*** ⇒*voorstelling(svermogen), fantasie* ◆ **1.¶** ⟨inf.⟩ not have enough ~ to come in from / out of the rain *te dom zijn om voor de duivel te dansen*.
im·ag·i·na·tive [ɪˈmædʒɪnətɪv]⟨f2⟩⟨bn.; -ly; -ness⟩ **0.1** ***fantasierijk*** ⇒*verbeeldingsvol, vindingrijk, getuigend v. scheppingskracht* **0.2** ***fantastisch*** ⇒*fantasie-*.
im·ag·ine [ɪˈmædʒɪn]⟨f4⟩⟨ww.⟩
I ⟨onov.ww.⟩ **0.1** ***zijn verbeelding laten werken*** ⇒*fantaseren;*
II ⟨ov.ww.⟩ **0.1** ***zich verbeelden / voorstellen*** ⇒*voor de geest halen / stellen, zich indenken* **0.2** ***veronderstellen*** ⇒*aannemen, denken, zich verbeelden / voorstellen* ◆ **¶.1** just ~ that / it! *stel je voor!* **¶.¶** ~! *denk je eens in!*.
im·a·gism [ˈɪmɪdʒɪzm]⟨n.-telb.zn.⟩⟨gesch., lit.⟩ **0.1** ***imagism(e)*** ⟨poëtische beweging, 1912 - 1917, ijverend voor gewoon en concreet taalgebruik⟩.
i·ma·go [ɪˈmeɪgoʊ]⟨telb.zn.; -es, imagines [ɪˈmædʒəniːz]; →mv. 2, 5⟩ **0.1** ⟨psych.⟩ ***imago*** ⇒⟨ook⟩ *zelfbeeld* **0.2** ⟨dierk.⟩ ***imago*** ⟨volledig ontwikkeld insekt⟩.
i·mam, i·maum [ˈɪmɑːm, ˈɪmæm]⟨telb.zn.⟩ **0.1** ***imam***.
i·mam·ate [ɪˈmɑːmeɪt, ɪˈmæ-]⟨telb.zn.⟩ **0.1** ***imamaat***.
im·bal·ance [ɪmˈbæləns]⟨f1⟩⟨telb. en n.-telb.zn.⟩ **0.1** ***onevenwichtigheid*** ⇒*onbalans, wanverhouding*.
im·bal·anced [ɪmˈbælənst]⟨bn.⟩ **0.1** ***onevenwichtig*** ◆ **1.1** ~ schools *scholen met een onevenwichtige rassenverhouding*.
im·be·cile[1] [ˈɪmbəsiːl‖-səl]⟨f1⟩⟨telb.zn.⟩ **0.1** ***imbeciel*** ⇒*zwakzinnige, stommeling*.
imbecile[2], **im·be·cil·ic** [ˈɪmbəˈsɪlɪk]⟨bn.; -ly⟩ **0.1** ***imbeciel*** ⇒*zwakzinnig, dwaas*.
im·be·cil·i·ty [ˈɪmbəˈsɪləti]⟨f1⟩⟨telb. en n.-telb.zn.; →mv. 2⟩ **0.1** ***imbeciliteit*** ⇒*zwakzinnigheid, stommiteit, idioterie*.
imbed →embed.
im·bibe [ɪmˈbaɪb]⟨f1⟩⟨onov. en ov.ww.⟩⟨schr.⟩ **0.1** ***(op)drinken*** ⇒*opzuigen, tot zich nemen, zich eigen maken;* ⟨fig.⟩ *in zich opnemen, absorberen*.
im·bi·bi·tion [ˈɪmbɪˈbɪʃn]⟨n.-telb.zn.⟩⟨schr.⟩ **0.1** ***opneming*** ⇒*absorbering, absorptie, opzuiging;* ⟨tech.⟩ *imbibitie*.
im·bri·cate[1] [ˈɪmbrɪkət, -keɪt]⟨bn.⟩ **0.1** ***dakpansgewijs (liggend)*** ⇒*overlappend;* ⟨plantk.⟩ *imbricaat*.
imbricate[2] [ˈɪmbrɪkeɪt]⟨onov. en ov.ww.⟩ **0.1** ***dakpansgewijs liggen / leggen*** ⇒*overlappen*.
im·bri·ca·tion [ˈɪmbrɪˈkeɪʃn]⟨n.-telb.zn.⟩ **0.1** ***dakpansgewijze ligging*** ⇒*overlapping;* ⟨med.⟩ *imbricatio*.
im·bro·glio [ɪmˈbroʊlioʊ]⟨telb.zn.⟩ **0.1** ***imbroglio*** ⇒*tumultueuze / onoverzichtelijke situatie, wirwar, consternatie, chaos*.
im·brue, em·brue [ɪmˈbruː]⟨ov.ww.⟩ **0.1** ***(door)drenken*** **0.2** ***bezoedelen*** ⇒*bevlekken, besmetten*.
im·brute [ɪmˈbruːt]⟨onov. en ov.ww.⟩ **0.1** ***verdierlijken*** ⇒*verwilderen, verontmenselijken*.
im·bue [ɪmˈbjuː]⟨f1⟩⟨ov.ww.⟩ **0.1** ***(door)drenken*** ⟨ook fig.⟩ ⇒*verzadigen, doordringen, doortrekken, bezielen* **0.2** ***bezoedelen*** ⇒*bevlekken, besmetten* ◆ **6.1** ~d **with** hatred *van haat vervuld*.
IMF ⟨telb.zn.⟩⟨afk.⟩ International Monetary Fund **0.1** ***I.M.F.***.
im·ide [ˈɪmaɪd]⟨telb.zn.⟩⟨schei.⟩ **0.1** ***imide***.
im·i·ta·bil·i·ty [ˈɪmɪtəˈbɪləti]⟨n.-telb.zn.⟩ **0.1** ***imiteerbaarheid*** ⇒*navolgbaarheid*.
im·i·ta·ble [ˈɪmɪtəbl]⟨bn.⟩ **0.1** ***imiteerbaar*** ⇒*navolgbaar* **0.2** ***aanbevelenswaardig***.
im·i·tate [ˈɪmɪteɪt]⟨f2⟩⟨ov.ww.⟩ **0.1** ***nadoen*** ⇒*navolgen, imiteren, nabootsen, namaken* **0.2** ***lijken op*** ⇒*een nabootsing zijn van* ◆ **1.1** you should ~ your brother *neem een voorbeeld aan je broer* **1.2** it's wood, made to ~ marble *het is hout dat eruitziet als marmer*.
im·i·ta·tion [ˈɪmɪˈteɪʃn]⟨f2⟩⟨telb. en n.-telb.zn.; ook attr.⟩⟨→sprw. 334⟩ **0.1** ***imitatie*** ⟨ook muz.⟩ ⇒*navolging, nabootsing, namaak, nep, kopie* ◆ **1.1** ~ is the sincerest form of flattery *navolging is de meest oprechte vorm v. vleien;* ⟨attr.⟩ ~ leather *kunst / namaakleer* **3.1** beware of ~s *hoedt u voor namaak*.
im·i·ta·tive [ˈɪmɪtətɪv‖-teɪtɪv]⟨f1⟩⟨bn.; -ly; -ness⟩ **0.1** ***imiterend*** ⇒*nabootsend, navolgend, nagebootst, nagevolgd;* ⟨pej.⟩ *namaak-, nep-* **0.2** ***naäperig*** **0.3** ***onomatopeïsch*** ◆ **1.3** ~words *onomatopeïsche woorden* **1.¶** ~ arts *beeldende kunsten*.
im·i·ta·tor [ˈɪmɪteɪtə‖-teɪtər]⟨f1⟩⟨telb.zn.⟩ **0.1** ***imitator***.
im·mac·u·la·cy [ɪˈmækjʊləsi‖-kjə-]⟨n.-telb.zn.⟩ **0.1** ***ongereptheid*** ⇒*onbevlektheid, reinheid*.
im·mac·u·late [ɪˈmækjʊlət‖-kjə-]⟨f1⟩⟨bn.; -ly; -ness⟩ **0.1** ***vlekkeloos*** ⇒*onbevlekt, zuiver, ongerept, gaaf* **0.2** ***onberispelijk*** **0.3** ⟨biol.⟩

ongevlekt ◆ **1.1** ⟨R.-K.⟩ Immaculate Conception *Onbevlekte Ontvangenis*.

im·ma·nence ['ɪmənəns], **im·ma·nen·cy** [-si]⟨n.-telb.zn.⟩ **0.1** ***immanentie*** ⟨ook fil., theol.⟩ ⇒*immanent karakter*.

im·ma·nent ['ɪmənənt]⟨bn.; -ly⟩ **0.1** ***immanent*** ⟨ook fil., theol.⟩ ⇒*inherent, innerlijk*.

im·ma·nent·ism ['ɪmənəntɪzm]⟨n.-telb.zn.⟩⟨theol.⟩ **0.1** ***immanentisme***.

im·ma·te·ri·al ['ɪmə'tɪərɪəl‖-'tɪr-]⟨f2⟩⟨bn.; -ly; -ness⟩ **0.1** ***onstoffelijk*** ⇒*immaterieel* **0.2** ***onbelangrijk*** ⇒*irrelevant, van geen belang, onbetekenend* ◆ **6.2** all that is ~ **to** me *dat is mij allemaal om het even*.

im·ma·te·ri·al·ism ['ɪmə'tɪərɪəlɪzm‖-'tɪr-]⟨n.-telb.zn.⟩⟨fil.⟩ **0.1** ***immaterialisme***.

im·ma·te·ri·al·i·ty ['ɪmətɪəri'æləti‖-tɪri'æləṭi]⟨telb. en n.-telb.zn.; →mv. 2⟩ **0.1** ***onstoffelijkheid*** ⇒*immateriële entiteit*.

im·ma·te·ri·al·ize ['ɪmə'tɪərɪəlaɪz‖-'tɪr-]⟨ov.ww.⟩ **0.1** ***immaterieel/onstoffelijk maken***.

im·ma·ture ['ɪmə'tʃʊə‖-'tʊr]⟨f2⟩⟨bn.; -ly; -ness⟩ **0.1** ***onvolgroeid*** ⇒*pril, onrijp, onvolwassen*.

im·ma·tur·i·ty ['ɪmə'tʃʊərəti‖-'tʊrəṭi]⟨n.-telb.zn.⟩ **0.1** ***onvolgroeidheid*** ⇒*prilheid, onrijpheid, onvolwassenheid*.

im·meas·ur·a·bil·i·ty ['ɪmeʒrə'bɪləṭi]⟨n.-telb.zn.⟩ **0.1** ***onmetelijkheid*** ⇒*immense uitgestrektheid*.

im·meas·ur·a·ble [ɪ'meʒrəbl]⟨f1⟩⟨bn.; -ly; -ness; →bijw. 3⟩ **0.1** ***onmetelijk*** ⇒*onmeetbaar, immens, oneindig*.

im·me·di·a·cy [ɪ'mi:dɪəsi]⟨f1⟩⟨n.-telb.zn.⟩ **0.1** ***nabijheid*** **0.2** ***(in) dringendheid*** ⇒*urgentie, directheid* **0.3** ***directe/intuïtieve/onmiddellijke waarneming*** ⇒*aanschouwing*.

im·me·di·ate [ɪ'mi:dɪət]⟨f4⟩⟨bn.; -ly; -ness⟩ **0.1** ***direct*** ⇒*onmiddellijk, rechtstreeks* **0.2** ***nabij*** ⇒*dichtstbijzijnd, naast* ◆ **1.1** ⟨taalk.⟩ ~ constituent *directe constituent;* ~ inference *onmiddellijke gevolgtrekking* ⟨uit één premisse⟩; ~ information *informatie uit de eerste hand;* ~ knowledge *directe/intuïtieve kennis;* with ~ possession *direct te aanvaarden* ⟨v. huis⟩; an ~ reply *een onmiddellijk/om(me)gaand antwoord;* the ~ successor *de directe opvolger* **1.2** my ~ family *mijn naaste familie;* the ~ future *de naaste toekomst;* the ~ neighbours *de naaste buren;* the ~ vicinity *de directe/onmiddellijke omgeving*.

im·me·di·ate·ly[1] [ɪ'mi:dɪətli] →immediate.

immediately[2] ⟨ondersch.vw.⟩⟨vnl. BE⟩ **0.1** ***zodra*** ◆ **¶.1** ~ she opened the window there was a gust of icy air *zodra ze het raam opendeed was er een vlaag ijskoude lucht*.

im·med·i·ca·ble [ɪ'medɪkəbl]⟨bn.⟩ **0.1** ***ongeneeslijk***.

im·me·mo·ri·al ['ɪmɪ'mɔ:rɪəl]⟨f1⟩⟨bn.; -ly⟩ **0.1** ***onheuglijk*** ⇒*eeuwen/oeroud* ◆ **1.1** ⟨vero.⟩ for/from/since time ~ *sinds onheuglijke tijden, sinds mensenheugenis*.

im·mense [ɪ'mens]⟨f3⟩⟨bn.; -ly; -ness⟩ **0.1** ***immens*** ⇒*onmetelijk, oneindig, reusachtig* ◆ **3.1** enjoy o.s. ~ly *zich kostelijk amuseren*.

im·men·si·ty [ɪ'mensəṭi]⟨f1⟩⟨telb. en n.-telb.zn.; →mv. 2⟩ **0.1** ***onmetelijkheid*** ⇒*immensiteit, oneindigheid* ◆ **1.1** the immensities of space *de oneindige uitgestrektheid v.d. ruimte*.

im·men·sur·a·ble [ɪ'menʃərəbl]⟨bn.⟩ **0.1** ***onmetelijk***.

im·merge [ɪ'mɜ:dʒ‖ɪ'mɜrdʒ]⟨ww.⟩

I ⟨onov.ww.⟩ **0.1** ***ondergaan*** ⇒*(ver)zinken;*

II ⟨ov.ww.⟩ **0.1** ***(onder)dompelen***.

im·merse [ɪ'mɜ:s‖ɪ'mɜrs]⟨f1⟩⟨ov.ww.⟩ **0.1** ***(onder)dompelen*** ⇒*indopen, indompelen* **0.2** ***verdiepen*** ⇒*absorberen, verzinken* **0.3** ***inbedden*** ⇒*vervatten, insluiten* ◆ **6.2** ~d **in** debt *in schulden gedompeld, tot over zijn oren in de schuld;* he ~s himself completely **in** his work *hij gaat helemaal op in zijn werk*.

im·mer·sion [ɪ'mɜ:ʃn‖ɪ'mɜrʒn]⟨f1⟩⟨telb. en n.-telb.zn.⟩ **0.1** ***onderdompeling*** ⇒*indoping, immersie;* ⟨fig.⟩ *verdieptheid, verzonkenheid* **0.2** ***doop door onderdompeling*** **0.3** ⟨ster.⟩ ***immersie***.

im'mersion heater ⟨telb.zn.⟩ **0.1** ***dompelaar***.

im'mersion lens, im'mersion objective ⟨telb.zn.⟩ **0.1** ***immersie-objectief***.

immesh →enmesh.

im·mi·grant[1] ['ɪmɪgrənt]⟨f2⟩⟨telb.zn.⟩ **0.1** ***immigrant*** ⇒*landverhuizer* **0.2** ⟨biol.⟩ ***immigrant*** ⟨gezegd v. dier/plant⟩.

immigrant[2] ⟨f1⟩⟨bn.⟩ **0.1** ***immigrant(en)-*** ⇒*immigrerend*.

'immigrant 'worker ⟨f1⟩⟨telb.zn.⟩ **0.1** ***gastarbeider***.

im·mi·grate ['ɪmɪgreɪt]⟨f1⟩⟨ww.⟩

I ⟨onov.ww.⟩ **0.1** ***immigreren;***

II ⟨ov.ww.⟩ **0.1** ***als immigrant over laten komen*** ⇒*een land in brengen*.

im·mi·gra·tion ['ɪmɪ'greɪʃn]⟨f2⟩⟨telb. en n.-telb.zn.⟩ **0.1** ***immigratie***.

im·mi·nence ['ɪmɪnəns], **im·mi·nen·cy** [-si]⟨n.-telb.zn.⟩ **0.1** ***dreiging*** ⇒*dreigendheid, nabijheid, nadering* ⟨i.h.b. v. gevaar⟩.

im·mi·nent ['ɪmɪnənt]⟨f2⟩⟨bn.; -ly⟩ **0.1** ***dreigend*** ⇒*op handen zijnd, naderend, imminent* ◆ **1.1** a storm is ~ *er is onweer op komst*.

im·min·gle [ɪ'mɪŋgl]⟨ww.⟩

I ⟨onov.ww.⟩ **0.1** ***zich vermengen;***

II ⟨ov.ww.⟩ **0.1** ***vermengen*** ⇒*dooreenmengen*.

im·mis·ci·bil·i·ty ['ɪmɪsə'bɪləṭi]⟨n.-telb.zn.⟩ **0.1** ***on(ver)mengbaarheid***.

im·mis·ci·ble [ɪ'mɪsəbl]⟨bn.; -ly; →bijw. 3⟩ **0.1** ***on(ver)mengbaar***.

im·mit·i·ga·ble [ɪ'mɪṭɪgəbl]⟨bn.; -ly; →bijw. 3⟩ **0.1** ***onverschoonbaar*** ⇒*onvergeeflijk* **0.2** ***onverlichtbaar*** ⇒*onverzachtbaar*.

im·mix·ture [ɪ'mɪkstʃə‖-ər]⟨zn.⟩

I ⟨telb. en n.-telb.zn.⟩ **0.1** ***vermenging*** ⇒*dooreenmenging, mengsel;*

II ⟨n.-telb.zn.⟩ **0.1** ***betrokkenheid*** ⇒*verwevenheid, bemoeienis*.

im·mo·bile [ɪ'moʊbaɪl‖-bl]⟨f1⟩⟨bn.⟩ **0.1** ***onbeweeglijk*** ⇒*roerloos, bewegingloos, immobiel, onbeweegbaar*.

im·mo·bil·ism [ɪ'moʊbɪlɪzm]⟨n.-telb.zn.⟩⟨pol.⟩ **0.1** ***immobilisme***.

im·mo·bil·i·ty ['ɪmoʊ'bɪləṭi]⟨f1⟩⟨n.-telb.zn.⟩ **0.1** ***onbeweeglijkheid***.

im·mo·bi·li·za·tion, -sa·tion ['ɪmoʊbɪlaɪ'zeɪʃn‖-lə'zeɪʃn]⟨n.-telb.zn.⟩⟨med.⟩ **0.1** ***immobilisatie***.

im·mo·bi·lize, -lise [ɪ'moʊbɪlaɪz]⟨f1⟩⟨ov.ww.⟩ **0.1** ***onbeweeglijk maken*** ⇒*stil/stopzetten, stil/lamleggen, inactiveren* **0.2** ⟨med.⟩ ***immobiliseren*** **0.3** ***uit de omloop nemen*** ⟨munten⟩ **0.4** ***zijn bewegingsvrijheid ontnemen*** ◆ **1.1** the troops were ~d *de troepen liepen vast*.

im·mod·er·a·cy [ɪ'mɒdrəsi‖ɪ'mɑ-], **im·mod·er·a·tion** [-reɪʃn]⟨n.-telb.zn.⟩ **0.1** ***on/overmatigheid*** ⇒*buitensporigheid*.

im·mod·er·ate [ɪ'mɒdrət‖ɪ'mɑ-]⟨bn.; -ly; -ness⟩ **0.1** ***on/overmatig*** ⇒*buitensporig*.

im·mod·est [ɪ'mɒdɪst‖ɪ'mɑ-]⟨bn.; -ly⟩ **0.1** ***onbescheiden*** ⇒*arrogant* **0.2** ***onfatsoenlijk*** ⇒*indecent, onbetamelijk, ongepast*.

im·mod·es·ty [ɪ'mɒdɪsti‖ɪ'mɑ-]⟨telb. en n.-telb.zn.; →mv. 2⟩ **0.1** ***onbescheidenheid*** ⇒*arrogantie* **0.2** ***onfatsoenlijkheid*** ⇒*indecentie, onbetamelijkheid, ongepastheid, onbeschaamdheid*.

im·mo·late ['ɪməleɪt]⟨ov.ww.⟩⟨schr.⟩ **0.1** ***(op)offeren*** ⇒*slachtofferen*.

im·mo·la·tion ['ɪmə'leɪʃn]⟨telb. en n.-telb.zn.⟩ **0.1** ***(op)offering***.

im·mo·la·tor ['ɪməleɪtə‖-leɪṭər]⟨telb.zn.⟩ **0.1** ***offeraar***.

im·mor·al [ɪ'mɒrəl‖ɪ'mɔ-]⟨f2⟩⟨bn.; -ly⟩ **0.1** ***immoreel*** ⇒*onzedelijk, zedekwetsend, verdorven, verworden, liederlijk*.

im·mor·al·i·ty ['ɪmə'ræləṭi]⟨f1⟩⟨zn.⟩

I ⟨telb.zn.; vnl. mv.⟩ **0.1** ***verdorvenheid*** ⇒*zedeloze gedraging;*

II ⟨n.-telb.zn.⟩ **0.1** ***immoraliteit*** ⇒*onzedelijkheid, zedeloosheid*.

im·mor·tal[1] [ɪ'mɔ:tl‖ɪ'mɔrṭl]⟨telb.zn.⟩ **0.1** ***onsterfelijke*** ◆ **7.1** the ~s *de onsterfelijken, de goden uit de oudheid*.

immortal[2] ⟨f2⟩⟨bn.; -ly⟩ **0.1** ***onsterfelijk*** ⇒*onvergankelijk, blijvend, eeuwigdurend*.

im·mor·tal·i·ty ['ɪmɔ:'tæləti‖'ɪmɔr'tæləṭi]⟨f2⟩⟨n.-telb.zn.⟩ **0.1** ***onsterfelijkheid*** ⇒*onsterfelijke/onvergangelijke roem*.

im·mor·tal·i·za·tion [ɪ'mɔ:təlaɪ'zeɪʃn‖ɪ'mɔrṭlə-]⟨n.-telb.zn.⟩ **0.1** ***vereeuwiging***.

im·mor·tal·ize [ɪ'mɔ:təlaɪz‖ɪ'mɔrṭlaɪz]⟨ov.ww.⟩ **0.1** ***vereeuwigen*** ⇒*onsterfelijk maken, onvergankelijke roem verlenen*.

im·mor·telle ['ɪmɔ:'tel‖'ɪmɔr'tel]⟨telb.zn.⟩ **0.1** ***immortelle*** ⇒⟨bij uitbr.⟩ *strobloem*.

im·mov·a·bil·i·ty ['ɪmu:və'bɪləṭi]⟨n.-telb.zn.⟩ **0.1** ***onbeweeglijkheid***.

im·mov·a·ble [ɪ'mu:vəbl]⟨f1⟩⟨bn.; -ly; -ness; →bijw. 3⟩ **0.1** ***onbeweeglijk*** ⇒*onbeweegbaar, onverplaatsbaar, roerloos, stilstaand* **0.2** ***onwrikbaar*** ⇒*onvermurwbaar, onverzettelijk, vast* **0.3** ***onveranderlijk*** ⇒*onveranderbaar, vast* **0.4** ***onaandoenlijk*** ⇒*ongevoelig* ◆ **1.1** ~ property *onroerend/vast goed* **1.2** ~ feast *vaste feestdag*.

im·mov·a·bles [ɪ'mu:vəblz]⟨mv.⟩ **0.1** ***onroerend goed*** ⇒*onroerende goederen*.

im·mune [ɪ'mju:n]⟨f1⟩⟨bn.⟩ **0.1** ***immuun*** ⟨ook jur., med.⟩ ⇒*onvatbaar, ongevoelig, bestand, ontheven, onschendbaar, onaantastbaar* ◆ **1.1** ~ body *antilichaam/stof;* ~ response *immuniteitsreactie;* ~ system *immuunsysteem, afweerstelsel* **6.1** ~ **against/from/to** *immuun voor;* ~ **from** punishment *vrijgesteld/gevrijwaard v. straf*.

im'mune system ⟨telb.zn.⟩ **0.1** ***immuunsysteem*** ⇒*natuurlijke afweersysteem*.

im·mu·ni·ty [ɪ'mju:nəṭi]⟨f1⟩⟨n.-telb.zn.⟩ **0.1** ***immuniteit*** ⟨ook jur., med.⟩ ⇒*onvatbaarheid, ongevoeligheid, weerstand, ontheffing, onschendbaarheid, onaantastbaarheid* ◆ **6.1** ~ **from** taxation *belastingvrijdom, vrijstelling v. belasting*.

im'munity bath ⟨telb.zn.⟩⟨AE; jur.⟩ **0.1** ***volledige immuniteit tegen rechtsvervolging***.

im·mu·ni·za·tion, -sa·tion ['ɪmjʊnaɪ'zeɪʃn‖'ɪmjənə-]⟨n.-telb.zn.⟩⟨med.⟩ **0.1** ***immunisatie*** ⇒*immunisering*.

im·mu·nize, -nise ['ɪmjʊnaɪz‖'ɪmjə-]⟨f1⟩⟨ov.ww.⟩⟨med.⟩ **0.1** ***immuniseren*** *⇒immuun maken.*
im·mu·no- ['ɪmjʊnoʊ‖'ɪmjənoʊ] **0.1** ***immuno-*** ◆ **¶.1** immunogenic *immunogeen;* immunosuppressive *immunosuppressief;* immunotherapy *immunotherapie.*
im·mu·no·ge·net·ics [-dʒɪ'netɪks]⟨n.-telb.zn.⟩ **0.1** ***immunogenetica.***
im·mu·nol·o·gist ['ɪmjʊ'nɒlədʒɪst‖'ɪmjə'nɑ-]⟨telb.zn.⟩⟨med.⟩ **0.1** ***immunoloog.***
im·mu·nol·o·gy ['ɪmjʊ'nɒlədʒi‖'ɪmjə'nɑ-]⟨n.-telb.zn.⟩ **0.1** ***immunologie*** *⇒immuniteitsleer.*
im·mu·no·re·ac·tion ['ɪmjʊnoʊri'ækʃn‖'ɪmjʊnə-]⟨telb.zn.⟩ **0.1** ***immunoreactie*** *⇒immuunreactie, afweerreactie.*
im·mu·no·sup·pres·sant [-sə'presnt], **im·mu·no·sup·pres·sive** [-sə'presɪv]⟨bn.⟩⟨med.⟩ **0.1** ***immunosuppressief*** ⟨immuunsysteem onderdrukkend⟩.
im·mu·no·sup·pres·sion [-sə'preʃn]⟨n.-telb.zn.⟩⟨med.⟩ **0.1** ***immunosuppressie.***
im·mure [ɪ'mjʊə‖ɪ'mjʊr]⟨ov.ww.⟩⟨schr.⟩ **0.1** ***opsluiten*** *⇒gevangen zetten* **0.2** ***inmetselen.***
im·mure·ment [ɪ'mjʊəmənt‖ɪ'mjʊr-]⟨n.-telb.zn.⟩ **0.1** ***opsluiting*** **0.2** ***inmetseling.***
im·mu·ta·bil·i·ty [ɪ'mju:t̬ə'bɪlət̬i]⟨n.-telb.zn.⟩⟨schr.⟩ **0.1** ***onveranderlijkheid*** *⇒constantheid.*
im·mu·ta·ble [ɪ'mju:t̬əbl]⟨bn.; -ly; -ness; →bijw. 3⟩⟨schr.⟩ **0.1** ***onveranderbaar*** *⇒onveranderlijk, gelijk blijvend.*
imp[1] [ɪmp]⟨f1⟩⟨telb.zn.⟩ **0.1** ***duivelskind*** **0.2** ***duiveltje*** **0.3** ***deugniet*** *⇒ondeugd, donderhond/steen.*
imp[2] ⟨ov.ww.⟩ **0.1** ***aansteken*** *⇒toevoegen* ⟨veren aan de vleugel v.e. valk⟩.
im·pact[1] ['ɪmpækt]⟨f3⟩⟨telb.zn.⟩ **0.1** ***schok*** *⇒botsing, inslag, (aan)stoot* **0.2** ***impact*** *⇒schokeffect/kracht, (krachtige) invloed/inwerking* ◆ **6.1** on ~ *bij/op het moment v. een botsing.*
impact[2] [ɪm'pækt]⟨ww.⟩ →impacted
I ⟨onov.ww.⟩ **0.1** ***inslaan*** *⇒neerkomen* ⟨vnl. v. bom⟩ ◆ **6.1** ⟨fig.⟩ ~ **(up)on** *impact/invloed hebben op;*
II ⟨ov.ww.⟩ **0.1** ***(ineen/samen)persen*** *⇒samenballen/dringen/pakken, ineendrukken* **0.2** ***indrijven*** *⇒indrukken, inpersen* **0.3** ***(krachtig) raken/treffen.***
'impact crater ⟨telb.zn.⟩ **0.1** ***inslagkrater.***
im·pact·ed [ɪm'pæktɪd]⟨bn.; volt. deelw. v. impact⟩ **0.1** ***ingeklemd*** *⇒ingehamerd* ⟨v. botstukken⟩ **0.2** ***geblokkeerd*** *⇒ingeklemd, geïmpacteerd* ⟨v. kies⟩ **0.3** ⟨AE⟩ ***overbelast*** ⟨v. gebieden die door een toevloed v. nieuwe inwoners hoge onkosten voor sociale voorzieningen hebben⟩.
im·pact·ive [ɪm'pæktɪv]⟨bn.⟩ **0.1** ***indrukwekkend*** *⇒krachtig.*
'impact strength ⟨telb.zn.⟩ **0.1** ***schokweerstand.***
im·pair [ɪm'peə‖-'per]⟨f1⟩⟨ov.ww.⟩ →impaired **0.1** ***schaden*** *⇒afbreuk doen aan, geen goed doen, benadelen, verzwakken, verminderen, verslechteren* ◆ **1.1** ~ one's health *zijn gezondheid schaden.*
im·paired [ɪm'peəd‖-'perd]⟨bn.; oorspr. volt. deelw. v. impair⟩ **0.1** ***beschadigd*** *⇒verzwakt* **0.2** ⟨Can. E⟩ ***onder invloed*** ◆ **5.1** visually ~ *visueel gehandicapt.*
im·pair·ment [ɪm'peəmənt‖-'per-]⟨telb. en n.-telb.zn.⟩ **0.1** ***beschadiging*** *⇒afbreuk, verslechtering, verzwakking.*
im·pa·la [ɪm'pɑ:lə]⟨telb.zn.⟩⟨dierk.⟩ **0.1** ***impala*** ⟨Aepyceros melampus⟩.
im·pale [ɪm'peɪl]⟨f1⟩⟨ov.ww.⟩ **0.1** ***spietsen*** *⇒doorboren/steken, aan een spiets rijgen; vastpinnen* ⟨ook fig.⟩.
im·pale·ment [ɪm'peɪlmənt]⟨telb. en n.-telb.zn.⟩ **0.1** ***spietsing*** *⇒doorboring.*
im·pal·pa·bil·i·ty ['ɪmpælpə'bɪlət̬i]⟨n.-telb.zn.⟩ **0.1** ***onvoelbaarheid*** **0.2** ***ongrijpbaarheid.***
im·pal·pa·ble ['ɪm'pælpəbl]⟨f1⟩⟨bn.; -ly; →bijw. 3⟩ **0.1** ***ontastbaar*** *⇒onvoelbaar* **0.2** ***ongrijpbaar*** *⇒onvatbaar, ondoorgrondelijk.*
impanel →empanel.
im·par·a·dise [ɪm'pærədaɪs]⟨ov.ww.⟩ **0.1** ***in vervoering brengen*** *⇒verrukken, exalteren* **0.2** ***tot een paradijs maken*** *⇒in een paradijselijke staat brengen.*
im·par·i·ty [ɪm'pærət̬i]⟨telb. en n.-telb.zn.; →mv. 2⟩ **0.1** ***ongelijkheid*** *⇒(niveau)verschil.*
im·park [ɪm'pɑ:k‖-'pɑrk]⟨ov.ww.⟩ **0.1** ***opsluiten (in een reservaat/wildpark)*** *⇒inperken* **0.2** ***tot (wild)park bestemmen*** *⇒afbakenen, omheinen.*
im·par·ka·tion ['ɪmpɑ:'keɪʃn‖-pɑr-]⟨n.-telb.zn.⟩ **0.1** ***opsluiting*** **0.2** ***omheining.***
im·part [ɪm'pɑ:t‖-'pɑrt]⟨f2⟩⟨ov.ww.⟩⟨schr.⟩ **0.1** ***verlenen*** *⇒verschaffen, verstrekken, uit/verdelen, overbrengen op, schenken, geven* **0.2** ***meedelen*** *⇒onthullen, laten delen in.*
im·par·ta·tion ['ɪmpɑ:'teɪʃn‖-pɑr-], **im·part·ment** [-tmənt]⟨n.-telb.zn.⟩ **0.1** ***verlening*** **0.2** ***mededeling.***
im·par·ter [ɪm'pɑ:tə‖ɪm'pɑrt̬ər]⟨telb.zn.⟩ **0.1** ***mededeler.***
im·par·tial [ɪm'pɑ:ʃl‖-'pɑr-]⟨f1⟩⟨bn.; -ly; -ness⟩ **0.1** ***onpartijdig*** *⇒neutraal, onbevooroordeeld, onvooringenomen, rechtvaardig.*
im·par·ti·al·i·ty [ɪm'pɑ:ʃi'æləti‖ɪm'pɑrʃi'ælət̬i]⟨f1⟩⟨n.-telb.zn.⟩ **0.1** ***onpartijdigheid.***
im·part·i·ble ['ɪm'pɑ:təbl‖-'pɑrt̬əbl]⟨bn.; -ly⟩ **0.1** ***on(ver)deelbaar.***
im·pass·a·bil·i·ty ['ɪmpɑ:sə'bɪləti‖'ɪmpæsə'bɪləti]⟨n.-telb.zn.⟩ **0.1** ***onbegaanbaarheid.***
im·pass·a·ble ['ɪm'pɑ:səbl‖-'pæ-]⟨f1⟩⟨bn.; -ly; -ness; →bijw. 3⟩ **0.1** ***onbegaanbaar*** *⇒onberijdbaar, onoverschrijdbaar.*
im·passe [æm'pɑ:s‖'ɪmpæs]⟨f2⟩⟨telb.zn.; vnl. enk.⟩ **0.1** ***doodlopende straat/steeg*** **0.2** ***impasse*** *⇒dood spoor, patstelling, dilemma.*
im·pas·si·bil·i·ty ['ɪmpæsə'bɪlət̬i]⟨n.-telb.zn.⟩ **0.1** ***ongevoeligheid*** **0.2** ***onkwetsbaarheid.***
im·pas·si·ble ['ɪm'pæsəbl]⟨bn.; -ly; -ness; →bijw. 3⟩ **0.1** ***ongevoelig*** *⇒gevoelloos, onaandoenlijk, onbewogen* **0.2** ***onkwetsbaar.***
im·pas·sion [ɪm'pæʃn]⟨ov.ww.⟩ →impassioned **0.1** ***bezielen*** *⇒in vervoering brengen, meeslepen, enthousiast maken.*
im·pas·sioned [ɪm'pæʃnd]⟨f1⟩⟨bn.; volt. deelw. v. impassion⟩ **0.1** ***gloedvol*** *⇒bezield, hartstochtelijk.*
im·pas·sive [ɪm'pæsɪv]⟨f1⟩⟨bn.; -ly; -ness⟩ **0.1** ***ongevoelig*** *⇒gevoelloos, onaandoenlijk, onbewogen;* ⟨soms pej.⟩ *hardvochtig, kil* **0.2** ***uitdrukkingsloos*** *⇒ongeëmotioneerd, koel, onverstoorbaar* **0.3** ***(lichamelijk) gevoelloos*** **0.4** ***onbeweeglijk*** *⇒bewegingloos, stil, roerloos.*
im·pas·siv·i·ty ['ɪmpæ'sɪvət̬i]⟨n.-telb.zn.⟩ **0.1** ***ongevoeligheid*** **0.2** ***uitdrukkingsloosheid*** **0.3** ***gevoelloosheid*** **0.4** ***onbeweeglijkheid.***
im·paste [ɪm'peɪst]⟨ov.ww.⟩ **0.1** ***in een deegkorst doen*** **0.2** ***samenkneden*** *⇒deeg/pasta maken van* **0.3** ***een dikke laag verf aanbrengen op.***
im·pas·to [ɪm'pæstoʊ]⟨zn.⟩
I ⟨telb.zn.⟩ **0.1** ***dikke laag verf;***
II ⟨n.-telb.zn.⟩ **0.1** ***het schilderen in dikke lagen.***
im·pa·tience [ɪm'peɪʃns]⟨f2⟩⟨n.-telb.zn.⟩ **0.1** ***ongeduld(igheid)*** *⇒ergernis* **0.2** ***gretigheid*** *⇒rusteloos verlangen* **0.3** ***afkeer.***
im·pa·tiens [ɪm'peɪʃienz]⟨telb.zn.⟩⟨plantk.⟩ **0.1** ***impatiens*** ⟨genus Impatiens⟩.
im·pa·tient [ɪm'peɪʃnt]⟨f3⟩⟨bn.; -ly⟩ **0.1** ***ongeduldig*** *⇒geërgerd, onlijdzaam* **0.2** ***begerig*** *⇒gretig, smachtend, vol (ongeduldig) verlangen* ◆ **3.2** the child is ~ to see his mother *het kind popelt van ongeduld om zijn moeder te zien* **6.1** be ~ **of** delay *geen vertraging dulden* **6.2** ~ **for** the weekend *verlangend/uitziend naar het weekend.*
im·peach [ɪm'pi:tʃ]⟨f1⟩⟨ov.ww.⟩ **0.1** ⟨schr.⟩ ***in twijfel trekken*** *⇒betwijfelen, vragen opwerpen omtrent, verdacht maken* **0.2** ⟨jur.⟩ ***beschuldigen*** *⇒een aanklacht indienen tegen, in staat v. beschuldiging stellen* **0.3** ***een impeachment-procedure instellen tegen*** ⟨aanklagen wegens politiek misdrijf; in USA⟩.
im·peach·a·ble [ɪm'pi:tʃəbl]⟨bn.⟩ **0.1** ***betwijfelbaar*** *⇒twijfelachtig* **0.2** ***laakbaar*** **0.3** ***aanklaagbaar*** ◆ **1.3** is the president ~? *kan de president in staat v. beschuldiging worden gesteld?.*
im·peach·ment [ɪm'pi:tʃmənt]⟨f1⟩⟨telb. en n.-telb.zn.⟩ **0.1** ***(be)twijfel(ing)*** *⇒verdachtmaking* **0.2** ⟨jur.⟩ ***beschuldiging*** *⇒aanklagingsprocedure, vervolging* **0.3** ***impeachment*** ⟨aanklaging wegens politiek misdrijf; in USA⟩.
im·pearl [ɪm'pɜ:l‖ɪm'pɜrl]⟨ov.ww.⟩⟨schr.⟩ **0.1** ***parelen*** *⇒tot parels vormen* **0.2** ***be/omparelen*** *⇒tooien/versieren/omhangen met parels.*
im·pec·ca·ble [ɪm'pekəbl]⟨f1⟩⟨bn.; -ly; →bijw. 3⟩⟨schr.⟩ **0.1** ***foutloos*** *⇒feilloos, vlekkeloos* **0.2** ***onberispelijk*** *⇒onbevlekt, smetteloos.*
im·pe·cu·ni·os·i·ty ['ɪmpɪkju:ni'ɒsəti‖-'ɑsət̬i]⟨n.-telb.zn.⟩⟨schr.⟩ **0.1** ***onbemiddeldheid*** *⇒on/minvermogendheid, geldgebrek.*
im·pe·cu·ni·ous ['ɪmpɪ'kju:nɪəs]⟨bn.; -ly; -ness⟩⟨schr.⟩ **0.1** ***onbemiddeld*** *⇒ongegoed, geldeloos, on/minvermogend.*
im·pe·dance [ɪm'pi:dns]⟨telb.zn.⟩⟨elek., nat.⟩ **0.1** ***impedantie.***
im·pede [ɪm'pi:d]⟨f1⟩⟨ov.ww.⟩ **0.1** ***belemmeren*** *⇒(ver)hinderen, vertragen, beletten, weerhouden.*
im·ped·i·ment [ɪm'pedɪmənt]⟨f1⟩⟨telb.zn.⟩ **0.1** ***beletsel*** *⇒belemmering, hindernis, impediment* **0.2** ***(spraak)gebrek*** ◆ **1.1** ~s to a marriage *huwelijksbeletselen.*
im·ped·i·men·ta [ɪm'pedɪ'ment̬ə]⟨mv.⟩ **0.1** ***(bal)last*** *⇒(reis)bagage;* ⟨i.h.b.⟩ *legertros.*
im·ped·i·men·tal [ɪm'pedɪ'mentl], **im·ped·i·men·tar·y** [ɪm'pedɪ'ment̬əri]⟨bn.⟩ **0.1** ***belemmerend.***
im·pel [ɪm'pel]⟨f1⟩⟨ov.ww.; →ww. 7⟩ **0.1** ***aanzetten*** *⇒aanmoedigen, opwekken, dwingen, nopen* **0.2** ***voortdrijven.***
im·pel·lent[1] [ɪm'pelənt]⟨telb.zn.⟩ **0.1** ***drijf/stuwkracht*** *⇒drijfveer.*
impellent[2] ⟨bn.⟩ **0.1** ***drijvend*** *⇒stuwend, aanzettend.*
im·pel·ler [ɪm'pelə‖-ər]⟨telb.zn.⟩ **0.1** ***drijvende kracht*** *⇒aanmoediger/stichter/zetter* **0.2** ***rotor(blad)*** *⇒waaier* **0.3** ***voortstuwer*** *⇒voortstuwingsmechanisme.*

im·pend [ɪm'pend]⟨f1⟩⟨onov.ww.⟩ →impending **0.1** ***dreigen*** ⇒*op-handen zijn, voor de deur staan* ◆ **6.1** serious dangers ~ **over** us all *ons allen hangen grote gevaren boven het hoofd.*

im·pen·dence [ɪm'pendəns], **im·pen·den·cy** [-si]⟨n.-telb.zn.⟩ **0.1** ***dreiging*** ⇒*dreigendheid.*

im·pend·ing [ɪm'pendɪŋ], **im·pen·dent** [-dənt]⟨f2⟩⟨bn.; eerste variant teg. deelw. v. impend⟩ **0.1** ***dreigend*** ⇒*aanstaand, ophanden zijnd.*

im·pen·e·tra·bil·i·ty ['ɪmpenɪtrə'bɪləṭi]⟨n.-telb.zn.⟩ **0.1** ⟨ook nat.⟩ ***ondoordringbaarheid*** **0.2** ***ondoorgrondelijkheid*** **0.3** ***ontoegankelijkheid.***

im·pen·e·tra·ble ['ɪm'penɪtrəbl]⟨f1⟩⟨bn.; -ly; -ness; →bijw. 3⟩ **0.1** ⟨ook nat.⟩ ***ondoordringbaar*** ⇒*ontoegankelijk, impenetrabel* **0.2** ***ondoorgrondelijk*** ⇒*ondoorzichtig, onpeilbaar, onbevattelijk* **0.3** ***ontoegankelijk*** ⇒*onontvankelijk, onvatbaar* ◆ **6.3** ~ **to** reason *niet voor rede vatbaar.*

im·pen·e·trate [ɪm'penɪtreɪt]⟨ov.ww.⟩ **0.1** ***diep doordringen in.***

im·pen·i·tence [ɪm'penɪtəns], **im·pen·i·ten·cy** [-si]⟨n.-telb.zn.⟩ **0.1** ***onboetvaardigheid*** ⇒*verstoktheid.*

im·pen·i·tent[1] [ɪm'penɪtənt]⟨telb.zn.⟩⟨schr.⟩ **0.1** ***onboetvaardige.***

impenitent[2] ⟨bn.; -ly⟩⟨schr.⟩ **0.1** ***onboetvaardig*** ⇒*verstokt, zonder berouw, onbekeerd.*

im·per·a·tive[1] [ɪm'perəṭɪv]⟨telb.zn.⟩ **0.1** ⟨taalk.⟩ ***imperatief*** ⇒*gebiedende wijs/vorm* **0.2** ***bevel*** ⇒*order, gebod* **0.3** ***verplichting.***

imperative[2] ⟨f1⟩⟨bn.; -ly; -ness⟩ **0.1** ⟨taalk.⟩ ***gebiedend*** ⇒*imperatief* **0.2** ***noodzakelijk*** ⇒*vereist, onontkoombaar* **0.3** ***verplicht*** ⇒*dwingend* **0.4** ***gebiedend*** ⇒*autoritair, gezaghebbend, bevelvoerend.*

im·pe·ra·tor ['ɪmpə'rɑ:tɔ:‖'ɪmpə'reɪṭər]⟨telb.zn.⟩⟨gesch.⟩ **0.1** ***imperator*** ⇒⟨bij uitbr.⟩ *keizer.*

im·pe·ra·to·ri·al [ɪm'perə'tɔ:rɪəl]⟨bn.⟩ **0.1** ***keizerlijk.***

im·per·cep·ti·bil·i·ty ['ɪmpəseptə'bɪləti‖'ɪmpərseptə'bɪləṭi]⟨n.-telb.zn.⟩ **0.1** ***onwaarneembaarheid*** ⇒*onmerkbaarheid* **0.2** ***subtiliteit.***

im·per·cep·ti·ble ['ɪmpə'septəbl‖-pər-]⟨f1⟩⟨bn.; -ly; -ness; →bijw. 3⟩ **0.1** ***onwaarneembaar*** ⇒*onzichtbaar, onmerkbaar* **0.2** ***nauwelijks waarneembaar*** ⇒*haast onmerkbaar, subtiel.*

im·per·cep·tive ['ɪmpə'septɪv‖-pər-], **im·per·cip·i·ent** [-'sɪpɪənt]⟨bn.; imperceptiveness⟩ **0.1** ***onopmerkzaam*** ⇒*onoplettend, onontvankelijk.*

im·per·fect[1] [ɪm'pɜ:fɪkt‖'pɜr-]⟨telb.zn.⟩⟨taalk.⟩ **0.1** ***imperfect(um)*** ⇒*onvoltooid verleden tijd.*

imperfect[2] ⟨f2⟩⟨bn.; -ly; -ness⟩ **0.1** ***onvolmaakt*** ⇒*onvolkomen, gebrekkig, imperfect* **0.2** ⟨taalk.⟩ ***onvoltooid*** ◆ **1.1** ~ rhyme *onzuiver rijm* **1.2** the ~ tense *de onvoltooid verleden tijd, het imperfect (um).*

im·per·fec·tion ['ɪmpə'fekʃn‖-pər-]⟨f2⟩⟨telb. en n.-telb.zn.⟩ **0.1** ***onvolkomenheid*** ⇒*gebrek(kigheid), imperfectie, tekortkoming.*

im·per·fec·tive ['ɪmpə'fektɪv‖-pər-]⟨bn.⟩⟨taalk.⟩ **0.1** ***onvoltooid*** ⇒*imperfectief.*

im·per·fo·rate[1] [ɪm'pɜ:fərət‖-'pɜr-]⟨telb.zn.⟩ **0.1** ***ongeperforeerde postzegel.***

imperforate[2] ⟨bn.⟩ **0.1** ***ongeperforeerd*** ⇒*niet van perforatie voorzien* **0.2** ⟨med.⟩ ***imperforaat*** ⇒*zonder opening, ongeopend.*

im·pe·ri·al[1] [ɪm'pɪərɪəl‖-'pɪr-]⟨zn.⟩

I ⟨telb.zn.⟩ **0.1** ***napoleon*** ⇒*puntbaard, sik* **0.2** ***imperiaal*** ⇒*bagageruimte op koets/rijtuigdak* **0.3** ***keizer(in);***

II ⟨n.-telb.zn.⟩ **0.1** ***imperiaal*** ⟨groot papierformaat⟩.

imperial[2] ⟨f2⟩⟨bn.; -ly⟩ **0.1** ***imperiaal*** ⇒*mbt. een keizer(rijk), keizerlijk, rijks-;* ⟨gesch.⟩ *mbt. het Britse rijk;* ⟨bij uitbr.; fig.⟩ *vorstelijk, majesteitelijk, koninklijk* **0.2** ***Brits*** ⇒*Engels* ⟨v. maten en gewichten⟩ ◆ **1.1** ⟨gesch.⟩ ~ city *rijksstad; keizer(s)stad* **1.¶** ⟨plantk.⟩ crown ~ *keizerskroon* ⟨Fritillaria imperialis⟩; ⟨dierk.⟩ ~ eagle *keizerarend* ⟨Aquila heliaca⟩.

im·pe·ri·al·ism [ɪm'pɪərɪəlɪzm‖-'pɪr-]⟨f1⟩⟨n.-telb.zn.⟩ **0.1** ***keizermacht*** ⇒*keizerheerschappij, keizerregering* **0.2** ***imperialisme*** ⟨ook gesch., pej.⟩ ⇒*expansiedrang.*

im·pe·ri·al·ist[1] [ɪm'pɪərɪəlɪst‖-'pɪr-]⟨f1⟩⟨telb.zn.⟩ **0.1** ***imperialist*** ⟨ook pej.⟩ **0.2** ⟨gesch.⟩ ***keizersgezinde*** ⇒*aanhanger v.d. keizer* **0.3** ⟨vnl. gesch.⟩ ***aanhanger/voorstander v.h. Britse Rijk*** ⇒*kolonist.*

imperialist[2], **im·pe·ri·al·is·tic** [ɪm'pɪərɪə'lɪstɪk‖-'pɪr-]⟨bn.; imperialistically; →bijw. 3⟩ **0.1** ***imperialistisch*** ⟨ook pej.⟩ **0.2** ⟨gesch.⟩ ***keizersgezind*** **0.3** ⟨vnl. gesch.⟩ ***koloniaal.***

im·per·il [ɪm'perɪl]⟨ov.ww.; →ww. 7⟩⟨schr.⟩ **0.1** ***in gevaar brengen*** ⇒*aan gevaar blootstellen, op het spel zetten, in de waagschaal stellen.*

im·pe·ri·ous [ɪm'pɪərɪəs‖-'pɪr-]⟨f1⟩⟨bn.; -ly; -ness⟩⟨schr.⟩ **0.1** ***heerszuchtig*** ⇒*gebiedend, dominant, hooghartig, aanmatigend* **0.2** ***dwingend*** ⇒*dringend, onontkoombaar.*

im·per·ish·a·bil·i·ty ['ɪmperɪʃə'bɪləṭi]⟨n.-telb.zn.⟩ **0.1** ***onvergankelijkheid.***

im·per·ish·a·ble [ɪm'perɪʃəbl]⟨bn.; -ly; -ness; →bijw. 3⟩ **0.1** ***onvergankelijk*** ⇒*onverslijtbaar, onverwoestbaar, duurzaam.*

im·pe·ri·um [ɪm'pɪərɪəm‖-'pɪr-]⟨telb. en n.-telb.zn.; imperia [-rɪə]; →mv. 5⟩ **0.1** ***imperium*** ⇒*opperheerschappij/macht, keizer/wereldrijk* ◆ **¶.1** ~ in imperio *imperium in imperio, staat in de staat.*

im·per·ma·nence [ɪm'pɜ:mənəns‖-'pɜr-], **im·per·ma·nen·cy** [-si]⟨n.-telb.zn.⟩ **0.1** ***tijdelijkheid*** ⇒*voorbijgaande aard.*

im·per·ma·nent [ɪm'pɜ:mənənt‖-'pɜr-]⟨bn.⟩ **0.1** ***tijdelijk*** ⇒*niet-duurzaam, voorbijgaand, vergankelijk, onbestendig.*

im·per·me·a·bil·i·ty ['ɪmpɜ:mɪə'bɪləti‖-pɜrmɪə'bɪləṭi]⟨f1⟩⟨n.-telb.zn.⟩ **0.1** ***ondoordringbaarheid*** ⇒⟨i.h.b.⟩ *waterdichtheid.*

im·per·me·a·ble [ɪm'pɜ:mɪəbl‖-'pɜr-]⟨f1⟩⟨bn.; -ly; -ness; →bijw. 3⟩ **0.1** ***ondoordringbaar*** ⇒*ondoorlatend;* ⟨i.h.b.⟩ *waterdicht, impermeabel.*

im·per·mis·si·bil·i·ty ['ɪmpəmɪsə'bɪləti‖'ɪmpərmɪsə'bɪləṭi]⟨n.-telb.zn.⟩ **0.1** ***ontoelaatbaarheid.***

im·per·mis·si·ble ['ɪmpə'mɪsəbl‖-pər-]⟨bn.; -ly; →bijw. 3⟩ **0.1** ***ontoelaatbaar*** ⇒*ongeoorloofd.*

im·per·son·al [ɪm'pɜ:snl‖-'pɜr-]⟨f2⟩⟨bn.; -ly⟩ **0.1** ***onpersoonlijk*** ⇒*zakelijk* **0.2** ***niet menselijk/persoonlijk*** **0.3** ⟨taalk.⟩ ***onbepaald*** **0.4** ⟨taalk.⟩ ***onpersoonlijk*** ◆ **1.2** ~ forces *niet-menselijke krachten, natuurkrachten* **1.3** ~ pronoun *onbepaald voornaamwoord* **1.4** ~ verb *onpersoonlijk werkwoord.*

im·per·son·al·i·ty ['ɪmpɜ:sə'næləti‖'ɪmpɜrsə'næləṭi]⟨n.-telb.zn.⟩ **0.1** ***onpersoonlijkheid.***

im·per·son·ate [ɪm'pɜ:səneɪt‖-'pɜr-]⟨f1⟩⟨ov.ww.⟩ **0.1** ***vertolken*** ⇒*(de rol) spelen (v.), uiting/expressie geven aan* **0.2** ***nadoen*** ⇒*nabootsen, imiteren* **0.3** ***verpersoonlijken*** ⇒*belichamen, personifiëren, voorstellen* **0.4** ***zich uitgeven voor.***

im·per·son·a·tion [ɪm'pɜ:sə'neɪʃn‖-'pɜr-]⟨f1⟩⟨zn.⟩

I ⟨telb. en n.-telb.zn.⟩ **0.1** ***imitatie*** ⇒*nabootsing;*

II ⟨n.-telb.zn.⟩ **0.1** ***impersonatie.***

im·per·son·a·tor [ɪm'pɜ:səneɪtə‖ɪm'pɜrsəneɪṭər]⟨telb.zn.⟩ **0.1** ***imitator*** **0.2** ***oplichter*** ⇒*iem. die zich voor een ander uitgeeft.*

im·per·ti·nence [ɪm'pɜ:tɪnəns‖-'pɜrtn·əns], **im·per·ti·nen·cy** [-si]⟨f1⟩⟨zn.; →mv. 2⟩

I ⟨telb. en n.-telb.zn.⟩ **0.1** ***impertinentie*** ⇒*onbeschaamdheid;*

II ⟨n.-telb.zn.⟩⟨vnl. jur.⟩ **0.1** ***impertinentie*** ⇒*irrelevantie.*

im·per·ti·nent [ɪm'pɜ:tɪnənt‖-'pɜrtn·ənt]⟨f1⟩⟨bn.; -ly⟩ **0.1** ***impertinent*** ⇒*onbeschaamd, brutaal, vrijpostig* **0.2** ⟨vnl. jur.⟩ ***impertinent*** ⇒*irrelevant, niet aan de orde, niet ter zake* ◆ **1.1** an ~ remark *een misplaatste/ongepaste opmerking.*

im·per·turb·a·bil·i·ty ['ɪmpətɜ:bə'bɪləti‖'ɪmpərtɜrbə'bɪləṭi]⟨n.-telb.zn.⟩⟨schr.⟩ **0.1** ***onverstoorbaarheid*** ⇒*imperturbabiliteit.*

im·per·turb·a·ble ['ɪmpə'tɜ:bəbl‖-pər'tɜr-]⟨bn.; -ly; -ness; →bijw. 3⟩⟨schr.⟩ **0.1** ***onverstoorbaar*** ⇒*onwankelbaar, imperturbabel.*

im·per·vi·ous [ɪm'pɜ:vɪəs‖-'pɜr-]⟨f1⟩⟨bn.; -ly; -ness⟩ **0.1** ***ondoordringbaar*** ⇒*ondoorlatend* **0.2** ***onontvankelijk*** ⇒*onvatbaar, ongevoelig* ◆ **6.2** be ~ **to** *onvatbaar zijn voor, geen boodschap hebben aan.*

im·pe·ti·go ['ɪmpɪ'taɪgoʊ]⟨telb. en n.-telb.zn.⟩⟨med.⟩ **0.1** ***impetigo*** ⇒*krentenbaard, huiduitslag.*

im·pe·trate ['ɪmpɪtreɪt]⟨ov.ww.⟩ **0.1** ***(af)smeken.***

im·pet·u·os·i·ty [ɪm'petʃʊ'ɒsəti‖-'ɑsəṭi]⟨f1⟩⟨telb. en n.-telb.zn.; →mv. 2⟩ **0.1** ***onstuimigheid*** ⇒*dadendrang, opwelling.*

im·pet·u·ous [ɪm'petʃʊəs]⟨f1⟩⟨bn.; -ly⟩ **0.1** ***onstuimig*** ⇒*heetgebakerd/hoofdig, impulsief, overhaast, onbezonnen.*

im·pe·tus ['ɪmpɪtəs]⟨f1⟩⟨zn.⟩

I ⟨telb.zn.⟩ **0.1** ***impuls*** ⇒*stimulans, prikkel* **0.2** ***drijvende kracht*** ⇒*drijf/stuwkracht, drijfveer;*

II ⟨n.-telb.zn.⟩ **0.1** ***bewegingsenergie*** ⇒*vaart, gang, moment.*

im·pey·an ['ɪmpɪən 'feznt]⟨bn.⟩ **0.1** ***Impey-aans*** ⇒*mbt. (Sir) Impey* ◆ **1.¶** ⟨dierk.⟩ ~ pheasant *glansfazant, monal* ⟨Lophophorus impeyanus⟩.

im·pi ['ɪmpi]⟨telb.zn.; ook -es; →mv. 2⟩ **0.1** ***troep zoeloekrijgers.***

im·pi·e·ty [ɪm'paɪəṭi]⟨telb. en n.-telb.zn.; →mv. 2⟩ **0.1** ***goddeloosheid*** ⇒*ongodsdienstigheid, ongeloof, oneerbiedigheid, zondigheid.*

im·pinge·ment [ɪm'pɪndʒmənt]⟨telb. en n.-telb.zn.⟩ **0.1** ***botsing*** **0.2** ***beroering*** ⇒*invloed, beïnvloeding* **0.3** ***inbreuk.***

im·pinge (up)on [ɪm'pɪndʒ]⟨f1⟩⟨onov.ww.⟩⟨schr.⟩ **0.1** ***treffen*** ⇒*raken, botsen/stoten tegen, vallen op, inslaan in* **0.2** ***beroeren*** ⇒*v. invloed zijn op, beïnvloeden, aangaan* **0.3** ***inbreuk maken op.***

im·pi·ous ['ɪmpɪəs]⟨f1⟩⟨bn.; -ly; -ness⟩ **0.1** ***oneerbiedig*** ⇒*goddeloos, zondig, respectloos.*

imp·ish ['ɪmpɪʃ]⟨f1⟩⟨bn.; -ly; -ness⟩ **0.1** ***ondeugend*** ⇒*schelms, schalks, kwajongensachtig* **0.2** ***duivels*** ⇒*demonisch.*

im·pla·ca·bil·i·ty ['ɪmplækə'bɪləṭi]⟨n.-telb.zn.⟩ **0.1** ***onverbiddelijkheid.***

im·pla·ca·ble [ɪm'plækəbl]⟨f1⟩⟨bn.; -ly; -ness; →bijw. 3⟩ **0.1** ***onverbiddelijk*** ⇒*onverzoenlijk, onvermurwbaar, meedogenloos, genadeloos.*

im·plant[1] ['ɪmplɑ:nt‖-plænt]⟨telb.zn.⟩⟨vnl. med.⟩ **0.1** ***ingeplant(e) stof/weefsel*** ⇒*inplant, implantaat.*

implant[2] ['ɪm'plɑ:nt‖-'plænt]⟨f1⟩⟨ov.ww.⟩ **0.1** ***(in)planten*** ⇒*(in de grond) steken/zetten, ingraven, vastzetten* **0.2** ***inprenten*** ⇒*inplanten, inscherpen, inhameren* **0.3** ⟨med.⟩ ***implanteren*** ⇒*inplanten.*

im·plan·ta·tion ['ɪmplɑ:n'teɪʃn‖-plæn-]⟨n.-telb.zn.⟩ **0.1** ***implantatie*** ⟨ook med.⟩ ⇒*innesteling, inplanting.*

im·plau·si·bil·i·ty ['ɪmplɔ:zə'bɪləṭi]⟨n.-telb.zn.⟩ **0.1** ***onaannemelijkheid.***

im·plau·si·ble [ɪm'plɔ:zəbl]⟨bn.; -ly; -ness; →bijw. 3⟩ **0.1** ***onaannemelijk*** ⇒*niet plausibel, onwaarschijnlijk, ongeloofwaardig.*

im·plead [ɪm'pli:d]⟨ov.ww.⟩⟨jur.⟩ **0.1** ***vervolgen*** ⇒*een vervolging instellen tegen* **0.2** ***(bij een rechtszaak) betrekken.***

im·ple·ment[1] ['ɪmplɪ̣mənt]⟨f2⟩⟨telb.zn.⟩ **0.1** ***werktuig*** ⇒*gereedschap, gerei, (gebruiks)voorwerp* **0.2** ***instrument*** ⇒*(hulp)middel* **0.3** ⟨vnl. mv.⟩ ***kleding/meubel/uitrustingsstuk*** ⇒*benodigdheid, outillage.*

implement[2] ['ɪmplɪ̣ment]⟨f2⟩⟨ov.ww.⟩ **0.1** ***ten uitvoer brengen/leggen*** ⇒*uit/volvoeren, toepassen, verwezenlijken, in praktijk brengen, effectueren* **0.2** ***uitrusten*** ⇒*outilleren* **0.3** ***aan/opvullen*** ◆ **1.1** ~ a promise *een belofte nakomen, woorden omzetten in daden.*

im·ple·men·ta·tion ['ɪmplɪ̣men'teɪʃn]⟨f1⟩⟨n.-telb.zn.⟩ **0.1** ***tenuitvoerbrenging/legging*** ⇒*uitvoering* **0.2** ***uitrusting*** **0.3** ***aan/opvulling.***

im·pli·cate[1] ['ɪmplɪ̣kət]⟨telb.zn.⟩ **0.1** ***implicatie*** ⇒*wat geïmpliceerd is, voortvloeisel, afleiding.*

implicate[2] ['ɪmplɪ̣keɪt]⟨f2⟩⟨ov.ww.⟩ **0.1** ***betrekken*** ⇒*verwikkelen, impliceren, inwikkelen* **0.2** ***impliceren*** ⇒*met zich meebrengen, insluiten, inhouden, behelzen* **0.3** ⟨vero.⟩ ***verstrengelen*** ◆ **1.1** an implicating statement *een bezwarende verklaring.*

im·pli·ca·tion ['ɪmplɪ̣'keɪʃn]⟨zn.⟩

I ⟨telb. en n.-telb.zn.⟩ **0.1** ***implicatie*** ⇒*implicering, (onuitgesproken) suggestie, (stilzwijgende) gevolgtrekking, voortvloeisel* ◆ **6.1** by ~ *bij implicatie, als voortvloeisel;*

II ⟨n.-telb.zn.⟩ **0.1** ***verwikkeling*** ⇒*betrokkenheid, implicatie.*

im·pli·ca·tive [ɪm'plɪkətɪv‖'ɪmplɪ̣keɪṭɪv], **im·pli·ca·to·ry** [ɪm'plɪkətri‖'ɪmplɪ̣kətɔri]⟨bn.; implicatively⟩ **0.1** ***implicerend*** ⇒*insluitend.*

im·plic·it [ɪm'plɪsɪ̣t]⟨bn.; -ly; -ness⟩ **0.1** ***impliciet*** ⇒*onuitgesproken, stilzwijgend, besloten, geïmpliceerd* **0.2** ***onvoorwaardelijk*** **0.3** ⟨wisk.⟩ ***impliciet*** ◆ **1.2** ~ faith *onvoorwaardelijk geloof.*

im·plied [ɪm'plaɪd]⟨bn.; (oorspr.) volt. deelw. v. imply; -ly⟩ **0.1** ***geïmpliceerd*** ⇒*impliciet, onuitgesproken, stilzwijgend.*

im·plode [ɪmploʊd]⟨ww.⟩

I ⟨onov.ww.⟩ **0.1** ***imploderen*** ⇒*ineenklappen/ploffen;*

II ⟨ov.ww.⟩ **0.1** ***laten imploderen*** **0.2** ⟨taalk.⟩ ***met/als een implosief uitspreken.***

im·plore [ɪm'plɔ:‖-'plɔr]⟨f1⟩⟨onov. en ov.ww.⟩ **0.1** ***smeken*** ⇒*bedelen, dringend verzoeken, bidden (om), afsmeken, imploreren.*

im·plo·sion [ɪm'ploʊʒn]⟨telb. en n.-telb.zn.⟩⟨ook taalk.⟩ **0.1** ***implosie*** ⇒*ineenploffing.*

im·plo·sive[1] [ɪm'ploʊsɪv]⟨telb.zn.⟩⟨taalk.⟩ **0.1** ***implosief.***

implosive[2] ⟨bn.⟩⟨taalk.⟩ **0.1** ***implosief*** ⇒*door/met implosie uitgesproken.*

im·ply [ɪm'plaɪ]⟨f3⟩⟨ov.ww.; →ww. 7⟩ →implied **0.1** ***impliceren*** ⇒*met zich meebrengen, insluiten, inhouden* **0.2** ***suggereren*** ⇒*duiden/doelen op, betekenen, laten doorschemeren* ◆ **1.1** his refusal implies that... *uit zijn weigering blijkt dat....*

im·pol·der [ɪm'pɒldə‖-'pɑldər]⟨ov.ww.⟩⟨vnl. BE⟩ **0.1** ***inpolderen*** ⇒*droogleggen/maken/malen.*

im·pol·i·cy [ɪm'pɒləsi‖-'pɑ-]⟨n.-telb.zn.⟩ **0.1** ***onverstandigheid*** ⇒*ondoelmatigheid, ondoordachtheid.*

im·po·lite ['ɪmpə'laɪt]⟨f1⟩⟨bn.; -ly; -ness⟩ **0.1** ***onbeleefd*** ⇒*onhoffelijk, onwellevend, ongemanierd.*

im·pol·i·tic ['ɪm'pɒlɪ̣tɪk‖-'pɑ-]⟨bn.; -ly; -ness⟩ **0.1** ***ontaktisch*** ⇒*ondoelmatig, onverstandig, ondoordacht, ongeschikt, inadekwaat.*

im·pon·der·a·bil·ia [ɪm'pɒndrə'bɪlɪə‖-'pɑn-]⟨mv.⟩ **0.1** ***imponderabilia*** ⇒*imponderabiliën.*

im·pon·der·a·bil·i·ty [ɪm'pɒndrə'bɪləti‖-'pɑndrə'bɪləṭi]⟨n.-telb.zn.⟩ **0.1** ***onweegbaarheid*** ⇒*onberekenbaarheid, ontaxeerbaarheid.*

im·pon·der·a·ble[1] [ɪm'pɒndrəbl‖-'pɑn-]⟨f1⟩⟨telb.zn.; vnl. mv.⟩ **0.1** ***onweegbare zaak*** ⇒⟨bij uitbr.⟩ *onzekerheids/gevoelsfaktor, onvoorspelbaarheid, onberekenbare/ontaxeerbare grootheid.*

imponderable[2] ⟨f1⟩⟨bn.; -ly; -ness; →bijw. 3⟩ **0.1** ***onweegbaar*** ⇒⟨bij uitbr.⟩ *onberekenbaar, ontaxeerbaar, onvoorspelbaar.*

im·po·nent[1] [ɪm'poʊnənt]⟨telb.zn.⟩ **0.1** ***(belasting/straf)-oplegger.***

imponent[2] ⟨bn.⟩ **0.1** ***(belasting/straf) opleggend.***

im·port[1] ['ɪmpɔ:t‖-pɔrt]⟨f3⟩⟨zn.⟩

I ⟨telb.zn.⟩ **0.1** ⟨vnl. mv.⟩ ***invoerartikel*** ⇒*invoer, import* **0.2** ⟨sl.; sport⟩ ***import(speler)*** ⇒*buitenlander;*

II ⟨n.-telb.zn.⟩ **0.1** ***invoer*** ⇒*import* **0.2** ⟨the⟩⟨schr.⟩ ***portee*** ⇒*strekking, draagwijdte* **0.3** ⟨schr.⟩ ***belang*** ⇒*betekenis, gewicht.*

import[2] ['ɪm'pɔ:t‖-'pɔrt]⟨f2⟩⟨ww.⟩

I ⟨onov.ww.⟩ **0.1** ***v. belang zijn*** ⇒*ertoe doen, gewicht in de schaal leggen;*

II ⟨ov.ww.⟩ **0.1** ***invoeren*** ⇒*importeren* **0.2** ⟨schr.⟩ ***beduiden*** ⇒*betekenen, inhouden* **0.3** ⟨vero.⟩ ***importeren*** ⇒*v. belang zijn voor.*

im·port·a·bil·i·ty [ɪm'pɔ:tə'bɪləti‖ɪm'pɔrṭə'bɪləṭi]⟨n.-telb.zn.⟩ **0.1** ***importeer/invoerbaarheid.***

im·port·a·ble [ɪm'pɔ:təbl‖ɪm'pɔrṭəbl]⟨bn.⟩ **0.1** ***importeerbaar*** ⇒*in te voeren.*

im·por·tance [ɪm'pɔ:tns‖-'pɔr-]⟨f3⟩⟨n.-telb.zn.⟩ **0.1** ***belang(rijkheid)*** ⇒*gewicht(igheid), betekenis, importantie* ◆ **3.1** place no ~ on sth. *geen belang aan iets hechten.*

im·por·tant [ɪm'pɔ:tnt‖-'pɔr-]⟨f4⟩⟨bn.; -ly⟩ **0.1** ***belangrijk*** ⇒*gewichtig, beduidend, aanzienlijk, zwaarwegend/wichtig, importtant* ◆ **6.1** that is ~ **to** me *dat is belangrijk voor mij.*

im·por·ta·tion ['ɪmpɔ:'teɪʃn‖-pɔr-]⟨f1⟩⟨telb. en n.-telb.zn.⟩ **0.1** ***invoer(artikel)*** ⇒*import(goederen).*

im·port·er [ɪm'pɔ:tə‖ɪm'pɔrṭər]⟨f1⟩⟨telb.zn.⟩ **0.1** ***importeur*** ⇒*invoerder.*

im·por·tu·nate [ɪm'pɔ:tʃʊnət‖-'pɔrtʃə-]⟨f1⟩⟨bn.; -ly; -ness⟩ **0.1** ***aandringend*** ⇒*hardnekkig, halsstarrig, dwingerig, opdringerig* **0.2** ***dringend*** ⇒*spoedeisend, urgent.*

im·por·tune ['ɪmpə'tju:n‖'ɪmpər'tu:n]⟨ov.ww.⟩⟨schr.⟩ **0.1** ***aandringen bij*** ⇒*lastig vallen, dringend verzoeken, bedelen* **0.2** ***aanspreken*** ⟨prostituée⟩ ◆ **6.1** ~ **with** requests *bestoken met verzoeken.*

im·por·tu·ni·ty ['ɪmpə'tju:nəti‖'ɪmpər'tu:nəṭi]⟨f1⟩⟨zn.; →mv. 2⟩

I ⟨n.-telb.zn.⟩ **0.1** ***opdringerigheid*** ⇒*(hinderlijke) aandrang, halsstarrigheid, importuniteit;*

II ⟨mv.; importunities⟩ **0.1** ***lastige/aanhoudende vragen.***

im·pose [ɪm'poʊz]⟨f3⟩⟨zn.⟩ →imposing

I ⟨onov.ww.⟩ →impose (up)on;

II ⟨ov.ww.⟩ **0.1** ***opleggen*** ⇒*heffen, afdwingen, voorschrijven* **0.2** ***opdringen*** **0.3** ***debiteren*** ⇒*verkopen, aan de man brengen, slijten* **0.4** ⟨boek.⟩ ***opmaken*** ⇒⟨bij uitbr.⟩ *inslaan/sluiten* ◆ **1.1** ~ a task *een taak opleggen;* ~ a new tax *een nieuwe belasting heffen* **4.1** the man ~d himself as our leader *de man wierp zich op als/tot onze leider* **6.2** ~ o.s./one's company **(up)on** *zich/zijn gezelschap opdringen aan, zich ongevraagd mengen in/bemoeien met* **6.3** lies ~d **upon** the jury as evidence *leugens die de jury kreeg aangesmeerd als bewijsmateriaal.*

im'pose (up)on ⟨onov.ww.⟩ **0.1** ***gebruik/misbruik maken v.*** ⇒*tot last zijn, een beroep doen op.*

im·pos·ing [ɪm'poʊzɪŋ]⟨f2⟩⟨bn.; (oorspr.) teg. deelw. v. impose; -ly⟩ **0.1** ***imponerend*** ⇒*indruk/ontzagwekkend, imposant.*

im'posing stone, im'posing table ⟨telb.zn.⟩⟨boek.⟩ **0.1** ***opmaaktafel.***

im·po·si·tion ['ɪmpə'zɪʃn]⟨f1⟩⟨zn.⟩

I ⟨telb.zn.⟩ **0.1** ***heffing*** ⇒*belasting, impost* **0.2** ***(opgelegde) last*** ⇒*(zware) taak, druk* **0.3** ⟨vnl. BE⟩ ***straf(taak)*** ⇒*strafwerk* **0.4** ***valsheid*** ⇒*oplichting, oneerlijkheid, fraude, afzetting* ◆ **3.2** don't you think it an ~ to stay with them for four weeks? *lijkt het je niet te veel gevergd/gevraagd om vier weken bij ze te blijven logeren?;*

II ⟨n.-telb.zn.⟩ **0.1** ***oplegging*** ⇒*heffing, voorschrijving* **0.2** ***(hand)oplegging*** **0.3** ⟨boek.⟩ ***opmaak.***

im·pos·si·bil·i·ty ['ɪmpɒsə'bɪləti‖-pɑsə'bɪləṭi]⟨f1⟩⟨telb. en n.-telb.zn.; →mv. 2⟩ **0.1** ***onmogelijkheid.***

im·pos·si·ble [ɪm'pɒsəbl‖-'pɑ-]⟨f3⟩⟨bn.; -ly; →bijw. 3⟩ **0.1** ***onmogelijk*** ⇒*ondenkbaar, onbestaanbaar, ondoenlijk* **0.2** ***onmogelijk*** ⇒*hopeloos* **0.3** ⟨inf.⟩ ***onmogelijk*** ⇒*onuitstaanbaar, onverdraaglijk, ongenietbaar* ◆ **1.2** an ~ situation *een hopeloze situatie* **3.3** that chap is ~ to get along with *die gozer is onmogelijk om mee om te gaan* **6.1** ⟨schr.⟩ ~ **of** realization *niet te verwezenlijken.*

im·post ['ɪmpoʊst]⟨telb.zn.⟩ **0.1** ***impost*** ⇒*belasting, heffing, recht* **0.2** ***handicap*** ⟨v. renpaard⟩ **0.3** ⟨bouwk.⟩ ***impost.***

im·pos·tor [ɪm'pɒstə‖-'pɑstər]⟨f1⟩⟨telb.zn.⟩ **0.1** ***bedrieger*** ⇒*oplichter, misleider, iem. die zich voor een ander uitgeeft, poseur.*

im·pos·ture [ɪm'pɒstʃə‖-'pɑstʃər]⟨f1⟩⟨zn.⟩

I ⟨telb.zn.⟩ **0.1** ***oplichterspraktijk*** ⇒*daad v. misleiding;*

II ⟨n.-telb.zn.⟩ **0.1** ***bedrog*** ⇒*oplichting, misleiding, identiteitsvervalsing.*

im·po·tence ['ɪmpəṭəns], **im·po·ten·cy** [-si]⟨f1⟩⟨n.-telb.zn.⟩ **0.1** ***onvermogen*** ⇒*machteloosheid* **0.2** ***impotentie.***

im·po·tent ['ɪmpəṭənt]⟨f2⟩⟨bn.; -ly⟩ **0.1** ***machteloos*** ⇒*onmachtig, krachteloos, niet bij machte, onvermogend, zwak* **0.2** ***impotent.***

im·pound [ɪm'paʊnd]⟨f1⟩⟨ov.ww.⟩ **0.1** ***beslag leggen op*** ⇒*in beslag nemen, confisqueren, in bewaring nemen* **0.2** ***schutten*** ⟨vee⟩ ⇒*opsluiten* **0.3** ***(op)stuwen*** ⇒*opstoppen, opslaan* ⟨water⟩.

im·pound·age [ɪmˈpaʊndɪdʒ], **im·pound·ment** [-ˈpaʊn(d)mənt]⟨n.-telb.zn.⟩ **0.1** ***beslaglegging*** **0.2** ***schutting*** **0.3** ***(op)stuwing***.

im·pov·er·ish [ɪmˈpɒvərɪʃ‖-ˈpɑ-]⟨f2⟩⟨ov.ww.; vaak pass.⟩ **0.1** ***verarmen*** ⇒*verpauperen, tot armoede brengen, beroven* **0.2** ***uitputten*** ⇒*verarmen, uitmergelen, verzwakken, verlammen*.

im·pov·er·ish·ment [ɪmˈpɒvrɪʃmənt‖-ˈpɑ-]⟨n.-telb.zn.⟩ **0.1** ***verarming*** **0.2** ***uitputting***.

im·prac·ti·ca·bil·i·ty [ˈɪmpræktɪkəˈbɪləṭi]⟨n.-telb.zn.⟩ **0.1** ***onuitvoerbaarheid*** **0.2** ***onbegaanbaarheid*** **0.3** ⟨vero.⟩ ***onhandelbaarheid***.

im·prac·ti·ca·ble [ɪmˈpræktɪkəbl]⟨f1⟩⟨bn.; -ly; -ness; →bijw. 3⟩ **0.1** ***onuitvoerbaar*** ⇒*onrealiseerbaar, ondoenlijk, onmogelijk, impracticabel* **0.2** ***onbegaanbaar*** ⇒*onberijdbaar, impracticabel*.

im·prac·ti·cal [ɪmˈpræktɪkl]⟨f1⟩⟨bn.; -ly; -ness⟩⟨vnl. AE⟩ **0.1** ***onpraktisch*** ⇒*onhandig, ongeschikt, inefficiënt, verstrooid* **0.2** →impracticable.

im·pre·cate [ˈɪmprɪkeɪt]⟨ov.ww.⟩ **0.1** ***afroepen*** ⇒*afsmeken* ◆ **6.1** ~ evil **on/upon** s.o. *kwaad over iem. afroepen*.

im·pre·ca·tion [ˈɪmprɪˈkeɪʃn]⟨telb. en n.-telb.zn.⟩ **0.1** ***vloek*** ⇒*vervloeking, verwensing, imprecatie*.

im·pre·ca·to·ry [ˈɪmprɪkeɪtri‖ˈɪmprɪkətɔri]⟨bn.⟩ **0.1** ***vervloekend*** ⇒*verwensend*.

im·pre·cise [ˈɪmprɪˈsaɪs]⟨f1⟩⟨bn.; -ly⟩ **0.1** ***onnauwkeurig*** ⇒*niet precies*.

im·pre·ci·sion [ˈɪmprɪˈsɪʒn]⟨n.-telb.zn.⟩ **0.1** ***onnauwkeurigheid***.

im·preg·na·bil·i·ty [ˈɪmpregnəˈbɪləṭi]⟨n.-telb.zn.⟩ **0.1** ***onneembaarheid*** ⇒⟨fig.⟩ *onaanvechtbaarheid*.

im·preg·na·ble [ɪmˈpregnəbl]⟨f1⟩⟨bn.; -ly; →bijw. 3⟩ **0.1** ***onneembaar*** ⇒*onaantastbaar;* ⟨fig.⟩ *onaanvechtbaar, onbestrijdbaar, onweerlegbaar* **0.2** ***impregneerbaar*** ⇒⟨i.h.b.⟩ *bevruchtbaar*.

im·preg·nate¹ [ɪmˈpregnət]⟨bn.⟩ **0.1** ***geïmpregneerd*** ⇒*doordrenkt, doortrokken* **0.2** ***zwanger*** ⟨ook fig.⟩ ⇒*bezwangerd*.

impregnate² [ˈɪmpregneɪt‖ɪmˈpreg-]⟨f1⟩⟨ov.ww.⟩ **0.1** ***zwanger maken*** ⇒*bezwangeren* **0.2** ***bevruchten*** **0.3** ***(door)drenken*** ⇒*doortrekken, doordringen, verzadigen, impregneren* ◆ **6.3** ⟨fig.⟩ ~d **with** revolutionary ideas *v. revolutionaire ideeën doortrokken*.

im·preg·na·tion [ˈɪmpregˈneɪʃn]⟨n.-telb.zn.⟩ **0.1** ***bezwangering*** **0.2** ***bevruchting*** ⇒*impregnatie* **0.3** ***doordrenking*** ⇒*impregnatie*.

im·pre·sa·ri·o [ˈɪmprɪˈsɑːrioʊ]⟨f1⟩⟨telb.zn.; ook impresari [ˈɪmprɪˈsɑːri]; →mv. 5⟩ **0.1** ***impresario*** ⇒*zakelijk leider* **0.2** ***theateragent***.

im·pre·scrip·ti·ble [ˈɪmprɪˈskrɪptəbl]⟨bn.; -ly; →bijw. 3⟩ **0.1** ***onverjaarbaar*** **0.2** ***onvervreemdbaar***.

im·press¹ [ˈɪmpres]⟨zn.⟩

I ⟨telb.zn.⟩ **0.1** ***afdruk(sel)*** ⇒*stempel(afdruk), merk, zegel* **0.2** ***indruk*** ⇒*impressie, uitwerking;*

II ⟨n.-telb.zn.⟩ **0.1** ***stempeling*** ⇒*afdruk, indruk, indrukking* **0.2** →impressment.

impress² [ɪmˈpres]⟨f3⟩⟨ov.ww.⟩ **0.1** ***bedrukken*** ⇒*af/in/opdrukken, een stempel drukken op, bestempelen* **0.2** ***(een) indruk maken op*** ⇒*imponeren, beïnvloeden* **0.3** ***doordringen v.*** ⇒*inprenten, indrukken, voorhouden* **0.4** ⟨gesch.⟩ ***pressen*** ⇒*ronselen, vorderen; confisqueren* ⟨zaken⟩ ◆ **1.1** ~ed stamp *opgedrukte (post)zegel* **5.2** your new boy-friend ~es us unfavourably *je nieuwe vriendje maakt een ongunstige/geen beste indruk op ons* **6.2** ~ed **at/by/with** *geïmponeerd door/onder de indruk v.* **6.3** our first meeting was strongly ~ed **on** my memory *onze eerste ontmoeting heeft een diepe indruk bij mij achtergelaten/is mij in het geheugen gegrift;* ~ **(up)on** s.o./s.o. **with** the importance of being honest *iem. doordringen v. de noodzaak eerlijk te zijn*.

im·press·i·ble [ɪmˈpresəbl]⟨bn.; -ly⟩ **0.1** ***ontvankelijk*** ⇒*beïnvloedbaar, gevoelig*.

im·pres·sion [ɪmˈpreʃn]⟨f3⟩⟨zn.⟩

I ⟨telb.zn.⟩ **0.1** ***af/indruk*** **0.2** ***indruk*** ⇒*impressie* **0.3** ***impressie*** ⇒*imitatie, karikaturale uitbeelding* **0.4** ⟨boek.⟩ ***druk*** ⇒*oplage* ◆ **3.2** make an ~ (on) *indruk maken (op)* **6.2** **under** the ~ that… *onder de indruk/in de veronderstelling dat…* **7.4** he collects first ~s *hij verzamelt eerste drukken;* a second ~ of 10,000 copies *een tweede druk/herdruk van 10.000 exemplaren;*

II ⟨n.-telb.zn.⟩ **0.1** ***afdruk*** ⇒*indruk, indrukking*.

im·pres·sion·a·bil·i·ty [ɪmˈpreʃnəˈbɪləṭi]⟨n.-telb.zn.⟩ **0.1** ***ontvankelijkheid***.

im·pres·sion·a·ble [ɪmˈpreʃnəbl]⟨f1⟩⟨bn.; -ly; -ness⟩ **0.1** ***ontvankelijk*** ⇒*beïnvloedbaar, vatbaar (voor beïnvloeding), gevoelig*.

im·pres·sion·ism [ɪmˈpreʃənɪzm]⟨f1⟩⟨n.-telb.zn.; ook I-⟩⟨kunst⟩ **0.1** ***impressionisme***.

im·pres·sion·ist¹ [ɪmˈpreʃənɪst]⟨f1⟩⟨telb.zn.⟩ **0.1** ***imitator*** **0.2** ⟨ook I-⟩⟨kunst⟩ ***impressionist***.

impressionist² ⟨bn.; ook I-⟩⟨kunst⟩ **0.1** ***impressionistisch***.

im·pres·sion·ist·ic [ɪmˈpreʃəˈnɪstɪk]⟨f1⟩⟨bn.; -ally; →bijw. 3⟩ **0.1** ***impressionistisch*** ⇒*op indrukken gebaseerd, subjektief, gevoelsmatig* **0.2** →impressionist².

im·pres·sive [ɪmˈpresɪv]⟨f3⟩⟨bn.; -ly; -ness⟩ **0.1** ***indruk/ontzagwekkend*** ⇒*imponerend, imposant, roerend, aangrijpend, impressief*.

im·press·ment [ɪmˈpresmənt]⟨n.-telb.zn.⟩⟨gesch.⟩ **0.1** ***pressing*** ⇒*ronseling, confiscatie, rekwisitie*.

im·prest [ˈɪmprest]⟨telb.zn.⟩ **0.1** ***voorschot*** ⟨i.h.b. v. overheidsgeld aan iem. in staatsdienst⟩.

im·pri·ma·tur [ˈɪmprɪˈmeɪtə‖-ˈmɑṭər]⟨telb.zn.; vnl. enk.⟩ **0.1** ⟨vnl. R.-K⟩ ***imprimatur*** **0.2** ⟨soms scherts.⟩ ***fiat*** ⇒*(officiële) permissie, toestemming*.

im·pri·mis [ɪmˈpraɪmɪs]⟨bw.⟩⟨vero.⟩ **0.1** ***ten eerste*** ⇒*in/op de eerste plaats, eerstens*.

im·print¹ [ˈɪmprɪnt]⟨f1⟩⟨telb.zn.⟩ **0.1** ***af/indruk*** ⇒*spoor, stempel* **0.2** ⟨boek.⟩ ***impressum***.

imprint² [ɪmˈprɪnt]⟨f2⟩⟨ov.ww.⟩ **0.1** ***(af/in)drukken*** ⇒*stempelen;* ⟨fig.⟩ *griffen, inprenten* **0.2** ⟨biol.⟩ ***stempelen*** ⇒*imprinten* ⟨leervorm v. jonge dieren⟩.

im·pris·on [ɪmˈprɪzn]⟨f2⟩⟨ov.ww.⟩ **0.1** ***in de gevangenis zetten*** ⇒*gevangenzetten, in/opsluiten, gevangennemen*.

im·pris·on·ment [ɪmˈprɪznmənt]⟨f2⟩⟨n.-telb.zn.⟩ **0.1** ***gevangenneming*** ⇒*gevangenschap, gevangenisstraf, in/opsluiting*.

im·prob·a·bil·i·ty [ˈɪmprɒbəˈbɪləti‖-prɑbəˈbɪləṭi]⟨f1⟩⟨telb. en n.-telb.zn.; →mv. 2⟩ **0.1** ***onwaarschijnlijkheid***.

im·prob·a·ble [ɪmˈprɒbəbl‖-ˈprɑ-]⟨f2⟩⟨bn.; -ly; -ness; →bijw. 3⟩ **0.1** ***onwaarschijnlijk*** ⇒*onaannemelijk, improbabel*.

im·pro·bi·ty [ɪmˈproʊbəṭi]⟨n.-telb.zn.⟩ **0.1** ***onoprechtheid*** ⇒*oneerlijkheid, improbiteit*.

im·promp·tu¹ [ɪmˈprɒmptjuː‖-ˈprɑmptuː]⟨telb.zn.⟩⟨vnl. muz.⟩ **0.1** ***impromptu*** ⇒*ex-tempore, improvisatie*.

impromptu² ⟨f1⟩⟨bn.⟩ **0.1** ***onvoorbereid*** ⇒*geïmproviseerd, ongerepeteerd*.

impromptu³ ⟨f1⟩⟨bw.⟩ **0.1** ***voor de vuist (weg)*** ⇒*onvoorbereid, spontaan, à l'improviste, ex-tempore*.

im·prop·er [ɪmˈprɒpə‖-ˈprɑpər]⟨f2⟩⟨bn.; -ly; -ness⟩ **0.1** ***ongepast*** ⇒*onbehoorlijk, onbeleefd, misplaatst* **0.2** ***onjuist*** ⇒*incorrekt, foutief, ongeschikt* **0.3** ***onfatsoenlijk*** ⇒*onoirbaar, onbetamelijk, onwelvoeglijk* ◆ **1.3** an ~ suggestion *een oneerbaar voorstel* **1.¶** ~ fraction *onechte breuk*.

im·pro·pri·ate [ɪmˈproʊprieɪt]⟨ov.ww.⟩ **0.1** ***sekulariseren*** ⇒*onteigenen* ⟨kerkelijk bezit⟩.

im·pro·pri·a·tion [ɪmˈproʊpriˈeɪʃn]⟨telb. en n.-telb.zn.⟩ **0.1** ***sekularisatie*** ⇒*onteigening* ⟨v. kerkelijk bezit⟩.

im·pro·pri·a·tor [ɪmˈproʊprieɪtə‖-eɪṭər]⟨telb.zn.⟩ **0.1** ***(in)bezitnemer***.

im·pro·pri·e·ty [ˈɪmprəˈpraɪəṭi]⟨telb. en n.-telb.zn.⟩ **0.1** ***ongepastheid*** **0.2** ***onjuistheid*** ⇒⟨i.h.b.⟩ *taalfout, foutief taalgebruik* **0.3** ***onfatsoenlijkheid***.

im·prov·a·bil·i·ty [ɪmˈpruːvəˈbɪləṭi]⟨n.-telb.zn.⟩ **0.1** ***verbeterbaarheid***.

im·prov·a·ble [ɪmˈpruːvəbl]⟨bn.⟩ **0.1** ***verbeterbaar*** ⇒*verbeteringsvatbaar*.

im·prove [ɪmˈpruːv]⟨f3⟩⟨zn.⟩

I ⟨onov.ww.⟩ **0.1** ***vooruitgaan*** ⇒*beter worden, stijgen* ◆ **1.1** his health is improving *zijn gezondheid gaat vooruit* **6.¶** →improve **(up)on;**

II ⟨onov. en ov.ww.⟩ **0.1** ***verbeteren*** ⇒*doen stijgen, vergroten, verhogen/edelen, bevorderen, ontwikkelen* ◆ **1.1** our chances are improving *onze kansen worden beter/groter;* ~ the mind *zijn kennis verrijken, zich geestelijk ontplooien;* an improving sermon *een stichtelijke/opbouwende/verheffende preek* **6.1** you can't ~ a donkey **into** a racehorse *je kunt v. een ezel geen renpaard maken;*

III ⟨ov.ww.⟩ **0.1** ***benutten*** ⇒*(goed) gebruik maken v., munt slaan uit, te baat nemen* **0.2** ***verbeteren*** ⇒*de kwaliteit/waarde vermeerderen v.* ⟨land, bezit⟩ ◆ **1.1** ~ the opportunity *de gelegenheid te baat nemen*.

im·prove·ment [ɪmˈpruːvmənt]⟨f3⟩⟨zn.⟩

I ⟨telb. en n.-telb.zn.⟩ **0.1** ***verbetering*** ⇒*vooruitgang, bevordering, (waarde)vergroting/vermeerdering, beterschap* **0.2** ***bodemverbetering*** ⇒*grond/landverbetering* ◆ **6.1** an ~ **in** the weather *een weersverbetering;* do you think this is an ~ **on** our former situation? *vind je dit een verbetering ten opzichte v./een vooruitgang in vergelijking met onze vroegere situatie?;*

II ⟨n.-telb.zn.⟩ **0.1** ***(profijtelijke) aanwending/gebruikmaking*** ⇒*goed/nuttig gebruik*.

im·prov·er [ɪmˈpruːvə‖-ər]⟨telb.zn.⟩ **0.1** ***verbeteraar*** **0.2** ***(smaak) verbeteringsmiddel*** **0.3** ⟨BE⟩ ***volontair*** ⇒*stagiair(e), stage-loper, leerling-werknemer*.

imˈprove (up)on ⟨onov.ww.⟩ **0.1** ***overtreffen*** **0.2** ***corrigeren*** ⇒*verbeteren, verbeteringen aanbrengen aan/in* ◆ **1.1** ~ a previous performance *een eerdere prestatie overtreffen*.

im·prov·i·dence [ɪmˈprɒvɪd(ə)ns‖-ˈprɑ-]⟨n.-telb.zn.⟩ **0.1** ***zorgeloosheid*** **0.2** ***overhaasting***.

im·prov·i·dent [ɪm'prɒvɪd(ə)nt‖-'prɑ-]⟨bn.; -ly⟩ **0.1** ***zorgeloos*** ⇒*verkwistend, niet-spaarzaam* **0.2** ***overhaast*** ⇒*onachtzaam, onvoorzichtig, onbesuisd*.
im·pro·vi·sa·tion ['ɪmprəvaɪ'zeɪʃn‖'ɪmprəvə-]⟨f1⟩⟨telb. en n.-telb.zn.⟩ **0.1** ***improvisatie***.
im·prov·i·sa·tor [ɪm'prɒvɪzeɪtə‖ɪm'prɑvɪzeɪtər], **im·pro·vis·er** ['ɪmprəvaɪzə‖-ər]⟨telb.zn.⟩ **0.1** ***improvisator***.
im·pro·vi·sa·to·ry ['ɪmprəvaɪ'zeɪtri‖ɪm'prɑvɪzətɔri], **im·prov·i·sa·to·ri·al** [ɪm'prɒvɪzə'tɔ:rɪəl‖-'prɑ-]⟨bn.⟩ **0.1** ***improvisatorisch*** ⇒*geïmproviseerd*.
im·pro·vise ['ɪmprəvaɪz]⟨f2⟩⟨onov. en ov.ww.⟩ **0.1** ***improviseren*** ⇒*in elkaar draaien/flansen/knutselen*.
im·pru·dence [ɪm'pru:dns]⟨f1⟩⟨telb. en n.-telb.zn.⟩ **0.1** ***onvoorzichtigheid***.
im·pru·dent [ɪm'pru:dnt]⟨f1⟩⟨bn.; -ly⟩ **0.1** ***onvoorzichtig*** ⇒*ondoordacht, lichtvaardig, onnadenkend, onachtzaam*.
im·pu·dence ['ɪmpjʊd(ə)ns‖-pjə-], **im·pu·den·cy** [-si]⟨f1⟩⟨n.-telb.zn.⟩ **0.1** ***schaamteloosheid*** ⇒*onbeschaamdheid*.
im·pu·dent ['ɪmpjʊd(ə)nt‖-pjə-]⟨f1⟩⟨bn.; -ly⟩ **0.1** ***schaamteloos*** ⇒*brutaal, onbeschaamd, vrijpostig, ongegeneerd, onbeschoft*.
im·pu·dic·i·ty ['ɪmpjʊ'dɪsəti‖'ɪmpjə'dɪsəṭi]⟨telb.zn.⟩ **0.1** ***onbescheidenheid*** **0.2** ***schaamteloosheid***.
im·pugn [ɪm'pju:n]⟨ov.ww.⟩⟨schr.⟩ **0.1** ***betwisten*** ⇒*in twijfel trekken, aanvechten, bestrijden, tarten, weerspreken*.
im·pugn·a·ble [ɪm'pju:nəbl]⟨bn.⟩ **0.1** ***betwist/aanvechtbaar***.
im·pugn·ment [ɪm'pju:nmənt]⟨n.-telb.zn.⟩ **0.1** ***betwisting*** ⇒*bestrijding*.
im·pu·is·sance [ɪm'pju:ɪsns]⟨n.-telb.zn.⟩ **0.1** ***onmachtigheid*** ⇒*hulpeloosheid, machteloosheid*.
im·pu·is·sant [ɪm'pju:ɪsnt]⟨bn.⟩ **0.1** ***onmachtig*** ⇒*hulpeloos, machteloos*.
im·pulse[1] ['ɪmpʌls]⟨f3⟩⟨zn.⟩
I ⟨telb.zn.⟩ **0.1** ***impuls*** ⟨ook med., nat., tech.⟩ ⇒*puls, stroomstoot* **0.2** ***opwelling*** ⇒*inval, impuls* **0.3** ***drijfveer*** ⇒*beweegreden, aandrift, (aan)drang* **0.4** ***stimulans*** ⇒*impuls, prikkel;*
II ⟨n.-telb.zn.⟩ **0.1** ***impulsiviteit*** ◆ **6.1** a man **of** ~ *een impulsief man;* act **on** ~ *impulsief handelen/te werk gaan*.
impulse[2] ⟨ov.ww.⟩ **0.1** ***een impuls geven aan*** ⇒*stimuleren*.
'impulse buy, 'impulse purchase ⟨telb.zn.⟩ **0.1** ***impulsaankoop***.
'impulse buyer ⟨telb.zn.⟩ **0.1** ***impulsieve koper***.
'impulse buying ⟨n.-telb.zn.⟩ **0.1** ***impulsaankoop***.
'impulse turbine ⟨telb.zn.⟩ **0.1** ***aktie/impuls/drukturbine***.
im·pul·sion [ɪm'pʌlʃn]⟨zn.⟩
I ⟨telb.zn.⟩ **0.1** ***impuls*** ⇒*aandrang;*
II ⟨n.-telb.zn.⟩ **0.1** ***(voort)stuwing*** **0.2** ***vaart*** ⇒*gang*.
im·pul·sive [ɪm'pʌlsɪv]⟨f1⟩⟨bn.; -ly; -ness⟩ **0.1** ***impulsief*** **0.2** ***(voort) stuwend*** ⇒*(aan)drijvend* **0.3** ***pulserend*** ⇒*pulsgewijs*.
im·pu·ni·ty [ɪm'pju:nəṭi]⟨f1⟩⟨n.-telb.zn.⟩ **0.1** ***strafvrijstelling*** **0.2** ***straffeloosheid*** ◆ **6.2 with** ~ *straffeloos, ongestraft*.
im·pure [ɪm'pjʊə‖-'pjʊr]⟨f1⟩⟨bn.; ook -er; -ly; -ness; →bijw. 3⟩ **0.1** ***onzuiver*** ⇒*verontreinigd, aangelengd, versneden, ongezuiverd, vuil, vervuild, onrein* **0.2** ***onzuiver*** ⇒*oneerbaar, onzedig, onkuis* ◆ **1.1** ~ colour *mengkleur*.
im·pu·ri·ty [ɪm'pjʊərəti‖ɪm'pjʊrəṭi]⟨f2⟩⟨telb. en n.-telb.zn.; →mv. 2⟩ **0.1** ***onzuiverheid*** ⇒*verontreiniging, vuilheid*.
im·put·a·ble [ɪm'pju:ṭəbl]⟨bn.; -ly; →bijw. 3⟩ **0.1** ***toeschrijfbaar*** ⇒*te wijten*.
im·pu·ta·tion ['ɪmpju:'teɪʃn‖-pjə-]⟨telb. en n.-telb.zn.⟩ **0.1** ***toeschrijving*** ⇒*aantijging, insinuatie, beschuldiging, tenlastelegging, verdachtmaking*.
im·pu·ta·tive [ɪm'pju:ṭəṭɪv]⟨bn.; -ly⟩ **0.1** ***toegeschreven*** **0.2** ***insinuerend*** ⇒*beschuldigend*.
im·pute [ɪm'pju:t]⟨ov.ww.⟩ **0.1** ***toeschrijven*** ⇒*wijten, toedichten/rekenen, ten laste leggen, aanwrijven*.
in[1] [ɪn]⟨f2⟩⟨zn.⟩
I ⟨telb.zn.⟩⟨inf.⟩ **0.1** ***(speciaal) contact*** ⇒*wit voetje, relatie;*
II ⟨mv.; ~s⟩ **0.1** ***regeringspartij*** ⇒⟨bij uitbr.⟩ *machthebbers* ◆ **1.1** the ~s and the outs *de regeringspartij(en) en de oppositie* **1.¶** the ~s and outs *de fijne kneepjes (v.h. vak), de finesses;* the ~s and outs of politics *de politiek in al haar facetten, het politieke reilen en zeilen, het politiek métier*.
in[2] ⟨f2⟩⟨bn., attr.; als attr. bijv. nw. heeft 'in' het karakter v.e. prefix; zie de samenstellingen⟩ **0.1** ***intern*** ⇒*inwonend, binnen-* **0.2** ⟨inf.⟩ ***populair*** ⇒*modieus, in* **0.3** ***exclusief*** ⇒*afgestemd op een kleine groep/elite* **0.4** ***voor/met ingekomen post*** ◆ **1.4** ~ box/tray *brievenbak met/voor ingekomen post* **¶.3** in-crowd *kliekje, wereldje, kringetje*.
in[3] [ɪn]⟨f4⟩⟨bw.; bet. 0.2 t/m 0.4 vaak predikatief gebruikt⟩ **0.1** ⟨beweging of richting⟩ ***binnen*** ⇒*naar binnen, erheen, naderbij, erbij, erin, in-* **0.2** ⟨plaats of ligging⟩ ***binnen*** ⇒*in* **0.3** ⟨het referentiepunt is een persoon of groep⟩ ***geaccepteerd*** ⇒*erbij, aanvaard, opgenomen,* ⟨v. dingen ook⟩ *in (de mode)* **0.4** ***in gebruik*** ⇒*in werking* ◆ **3.1** called ~ for a meeting *voor een vergadering opgeroepen;* close ~ *insluiten, de cirkel dichter trekken;* she drove ~ *ze is erheen gereden;* fit something ~ *iets (er)in passen;* have a charwoman ~ *een schoonmaakster in huis halen;* mix the flour ~ *meng de bloem erbij;* the police moved ~ *de politie kwam tussenbeide;* ⟨sport⟩ play ~ *naar het doel toe spelen;* shut somebody ~ *iemand binnensluiten;* snowed ~ *ingesneeuwd* **3.2** have friends ~ *vrienden (thuis) ontvangen* **3.4** pears are ~ *het is perentijd;* ⟨landb.⟩ have five fields ~ *vijf velden in bebouwing hebben;* have three years ~ as a teacher *drie jaar ervaring hebben als leerkracht* **5.2** ~ **between** *er tussen (in)* **5.¶** from there **on** ~ *van dan af;* know somebody ~ and **out** *iemand door en door kennen* **6.1** turn ~ **to** a sidestreet *een zijstraat inslaan* **6.2** ~ **between** *tussen* **¶.4** ~ by birth *door geboorte lid (v.e. sociale klasse)*.
in[4] ⟨f4⟩⟨vz.⟩ **0.1** ⟨plaats of ligging; ook fig.⟩ ***in*** **0.2** ⟨richting; ook fig.⟩ ***in*** ⇒*naar, ter* **0.3** ⟨met abstr. nw. dat handeling of toestand uitdrukt; vnl. idiomatisch te vertalen⟩ ***-ende*** ⇒*in, be-, ver-, ge-* **0.4** ⟨tijd⟩ ***in*** ⇒*binnen* **0.5** ⟨betrokkenheid, activiteit, beroep⟩ ***wat betreft*** ⇒*in, op het gebied v.* **0.6** ⟨medium⟩ ***in*** **0.7** ⟨verhouding, maat, graad⟩ ***in*** ⇒*op, uit* **0.8** ⟨in de vorm van⟩ ***als*** **0.9** ⟨leidt bijwoordelijke bijzin in beginnend met that of met een gerund⟩ ***in zover dat*** ⇒*in, met betrekking tot, doordat, omdat* ◆ **1.1** talent surprising ~ a child so young *verrassend talent voor zo'n jong kind;* my brothers ~ Christ *mijn broeders in Christus;* deaf ~ one ear *doof in een oor;* ⟨muz.⟩ a piece ~ F *een stuk in de fa-sleutel;* travel ~ France *in Frankrijk rondreizen;* ~ the house *in het huis;* wounded ~ the leg *aan het been gewond;* ~ my opinion *naar mijn mening;* play ~ the street *op straat spelen* **1.2** ~ aid of *ten voordele van;* place your trust ~ God *stel je vertrouwen in God;* ~ payment of *ter betaling v.;* ~ pound notes *in bankbiljetten v. één pond;* throw it ~ the river *gooi het in de rivier* **1.3** ~ bloom *in bloei;* be ~ cash *geld op zak hebben;* he was ~ charge (of) *hij had toezicht (op), hij was verantwoordelijk (voor);* ~ farewell *ten afscheid;* be ~ luck *geluk hebben;* be ~ the money *goed in zijn geld zitten, veel geld hebben;* be ~ pain *pijn lijden;* ~ pursuit of *in (de) achtervolging van;* ~ search of *op zoek naar* **1.4** ~ his dreams *in zijn dromen;* ~ his hour of need *in zijn nood;* ~ a few minutes *over enkele minuten;* I have not been out ~ months *ik ben in geen maanden uit geweest;* ~ all those years *tijdens/gedurende al die jaren* **1.5** deal ~ cereals *handelen in granen;* they were happy ~ their children *ze troffen het met hun kinderen;* the latest thing ~ computers *het laatste snufje op het gebied van computers;* they are French ~ culture *op cultureel gebied zijn ze Frans;* something ~ evening dress *iets in de richting van avondkledij;* 2 feet ~ length *twee voet lang;* he is ~ oil *hij zit in de olie-industrie;* he is ~ the plot *hij is bij het complot betrokken;* equals ~ strength *gelijken wat kracht betreft;* rich ~ vitamins *rijk aan vitaminen;* take care ~ your work *let op je werk* **1.6** pay ~ cash *contant betalen;* written ~ ink *in inkt geschreven;* painted ~ red *roodgeverfd;* ~ Russian *in het Russisch;* built ~ stone *in steen opgetrokken* **1.7** ~ general/~ the main *in/over het algemeen;* not ~ the least *niet in het minst;* sell ~ ones *per stuk verkopen;* they came ~ their thousands *ze kwamen met duizenden* **1.8** ~ confidence *in vertrouwen;* you have a fine brother ~ Henry *je hebt aan Henry een fijne broer;* buy ~ instalments *op afbetaling kopen;* told ~ secret *als geheim verteld;* indebted ~ a large sum *voor een groot bedrag in de schuld staand;* £100 ~ taxes *£100 aan belastingen* **3.4** he hurt himself ~ falling *hij bezeerde zich bij het vallen;* it melts ~ heating *het smelt als het verwarmd wordt* **3.9** he resembles you ~ being short-tempered *hij lijkt op jou in zoverre dat hij opvliegend is* **4.1** he does not have it ~ him *hij heeft het niet in zich;* there is something ~ his story *er zit iets in zijn verhaal, er is iets van aan* **4.5** be ~ it *erachter zitten, erbij horen/betrokken zijn, meedoen;* he is not ~ it *hij komt niet in aanmerking;* compared with Bill's house, Jack's just isn't ~ it *Jacks huis is niets vergeleken met dat van Bill;* there's nothing ~ it *het heeft niets om het lijf, daar is niets van aan, het heeft geen belang, het maakt niet uit* **4.7** one ~ twenty *één op/uit twintig* **8.9** difficult ~ that it demands concentration *moeilijk omdat het concentratie vergt*.
in[5] ⟨afk.⟩ inch.
in- [ɪn], **il-** [ɪl], **im-** [ɪm], **ir-** [ɪr] **0.1** ***on-*** ⇒*in-, il-, im-, ir-* ◆ **¶.1** illegal *onwettig;* independent *onafhankelijk;* irrational *irrationeel*.
-in [ɪn] **0.1** ⟨verleent aan het gevormde nw. een groepsaspect⟩ ◆ **¶.1** sit-in *zitstaking;* teach-in *teach-in, protestvergadering*.
IN ⟨afk.⟩ Indiana.
in·a·bil·i·ty ['ɪnə'bɪləṭi]⟨f2⟩⟨n.-telb.zn.⟩ **0.1** ***onvermogen*** ⇒*onmacht, onbekwaamheid*.
in ab·sen·ti·a [ɪn æb'senʃə]⟨bw.⟩ **0.1** ***in absentia*** ⇒*bij afwezigheid* ◆ **3.1** condemned ~ *bij verstek veroordeeld*.
in·ac·ces·si·bil·i·ty ['ɪnəksesə'bɪləṭi]⟨n.-telb.zn.⟩ **0.1** ***ontoegankelijkheid***.

in·ac·ces·si·ble ['ɪnək'sesəbl]⟨f1⟩⟨bn.; -ly; →bijw. 3⟩ **0.1** ***ontoegankelijk*** *⇒onbereikbaar, onbenaderbaar, ongenaakbaar.*

in·ac·cu·ra·cy [ɪn'ækjʊrəsi‖-kjə-]⟨f1⟩⟨telb. en n.-telb.zn.; →mv. 2⟩ **0.1** ***onnauwkeurigheid*** *⇒fout.*

in·ac·cu·rate [ɪn'ækjʊrət‖-kjə-]⟨f2⟩⟨bn.; -ly; -ness⟩ **0.1** ***onnauwkeurig*** *⇒inaccuraat, onzorgvuldig, slordig* **0.2** ***foutief*** *⇒onjuist.*

in·ac·tion ['ɪn'ækʃn], **in·ac·tiv·i·ty** ['ɪnæk'tɪvət̬i]⟨f1⟩⟨n.-telb.zn.⟩ **0.1** ***inactiviteit*** *⇒gebrek aan/afwezigheid v. bedrijvigheid; werkeloosheid, dadeloosheid, laksheid, lijdelijkheid.*

in·ac·ti·vate ['ɪn'æktɪveɪt]⟨ov.ww.⟩ **0.1** ***inaktiveren*** *⇒onwerkzaam maken, buiten werking stellen, onschadelijk maken.*

in·ac·tive ['ɪn'æktɪv]⟨f1⟩⟨bn.; -ly; -ness⟩ **0.1** ***inaktief*** *⇒passief, werkeloos, dadeloos, lijdelijk* **0.2** ***ongebruikt*** *⇒buiten dienst/werking, stil* **0.3** ⟨hand.⟩ ***flauw*** ◆ **1.2** ~ money *dood/renteloos kapitaal.*

in·ad·e·qua·cy ['ɪn'ædɪ̣kwəsi]⟨f2⟩⟨telb. en n.-telb.zn.; →mv. 2⟩ **0.1** ***ontoereikendheid*** *⇒tekort(koming), gebrek, onvolkomenheid, ongeschiktheid, inadekwatie.*

in·ad·e·quate ['ɪn'ædɪ̣kwət]⟨f3⟩⟨bn.; -ly⟩ **0.1** ***ontoereikend*** *⇒onvoldoende, ongeschikt, ondeugdelijk, gebrekkig, onbekwaam, inadekwaat* **0.2** ***onaangepast*** *⇒asociaal, onmaatschappelijk* **0.3** ***onredzaam*** *⇒onbeholpen, onpraktisch.*

in·ad·mis·si·bil·i·ty ['ɪnədmɪsə'bɪlət̬i]⟨n.-telb.zn.⟩ **0.1** ***ontoelaatbaarheid.***

in·ad·mis·si·ble ['ɪnəd'mɪsəbl]⟨bn.; -ly; →bijw. 3⟩ **0.1** ***ontoelaatbaar*** *⇒ongeoorloofd, onduldbaar, onaanvaardbaar.*

in·ad·ver·tence ['ɪnəd'vɜ:tns‖-'vɜr-], **in·ad·ver·ten·cy** [-si]⟨telb. en n.-telb.zn.; →mv. 2⟩ **0.1** ***onoplettendheid*** *⇒slordigheid, nonchalance.*

in·ad·ver·tent ['ɪnəd'vɜ:tnt‖-'vɜr-]⟨f1⟩⟨bn.; -ly⟩ **0.1** ***onoplettend*** *⇒onachtzaam, achteloos, onopmerkzaam, nonchalant* **0.2** ***onopzettelijk*** *⇒onbedoeld, onwillekeurig* ◆ **3.2** I dropped it ~ly *ik heb het per ongeluk laten vallen.*

in·ad·vis·a·ble ['ɪnəd'vaɪzəbl]⟨bn.⟩ **0.1** ***onraadzaam*** *⇒ongeraden, niet aan te raden, onverstandig.*

in ae·ter·num [ɪn ɪ'tɜ:nəm‖-'tɜr-]⟨bw.⟩ **0.1** ***in aeternum*** *⇒(voor) eeuwig, tot in de eeuwigheid.*

in·al·ien·a·bil·i·ty ['ɪneɪlɪənə'bɪlət̬i]⟨n.-telb.zn.⟩ **0.1** ***onvervreemdbaarheid.***

in·al·ien·a·ble ['ɪn'eɪlɪənəbl]⟨f1⟩⟨bn.; -ly; →bijw. 3⟩ **0.1** ***onvervreemdbaar*** *⇒onoverdraagbaar, inaliënabel* ◆ **1.1** ~ rights *onvervreemdbare rechten.*

in·al·ter·a·bil·i·ty ['ɪnɔ:ltrə'bɪlət̬i]⟨n.-telb.zn.⟩ **0.1** ***onveranderbaarheid*** *⇒onveranderlijkheid.*

in·al·ter·a·ble ['ɪn'ɔ:ltrəbl]⟨bn.; -ly; →bijw. 3⟩ **0.1** ***onveranderbaar*** *⇒onveranderlijk, inalterabel.*

in·am·o·ra·ta [ɪ'næmɔ:'rɑ:t̬ə]⟨telb.zn.⟩ **0.1** ***geliefde (vrouw)*** *⇒minnares.*

in·am·o·ra·to [ɪ'næmɔ:'rɑ:t̬oʊ]⟨telb.zn.⟩ **0.1** ***minnaar*** *⇒vrijer, amant.*

'in·and'in ⟨bw.⟩ **0.1** ***in eigen ras*** ⟨v. fokmethode⟩ ◆ **1.1** ⟨attr.⟩ ~ breeding *verwantschapsteelt.*

in·ane [ɪ'neɪn]⟨f1⟩⟨bn.; -ly⟩ **0.1** ***leeg*** *⇒inhoudloos, zinloos, betekenisloos, hol* ◆ **7.1** ⟨vero.⟩ the ~ *het ledig, het niets.*

in·an·i·mate ['ɪn'ænɪ̣mət]⟨f1⟩⟨bn.; -ly; -ness⟩ **0.1** ***levenloos*** *⇒dood, onbezield* **0.2** ***bloedeloos*** *⇒onbezield, lusteloos, futloos* ◆ **1.1** ~ nature *de onbezielde/levenloze natuur* ⟨nl. de mineralen⟩.

in·a·ni·tion ['ɪnə'nɪʃn]⟨n.-telb.zn.⟩ **0.1** ***uitputting*** *⇒(toestand v.) verhongering/ondervoeding, ernstige verzwakking, uitmergeling, inanitie* **0.2** ***lethargie*** *⇒apathie.*

in·an·i·ty [ɪ'nænət̬i]⟨zn.; →mv. 2⟩
I ⟨telb.zn.; vnl. mv.⟩ **0.1** ***onnozelheid*** *⇒futiliteit;*
II ⟨n.-telb.zn.⟩ **0.1** ***leegheid*** *⇒leegte, betekenis/zinloosheid, oppervlakkigheid.*

in·ap·peas·a·ble ['ɪnə'pi:zəbl]⟨bn.⟩ **0.1** ***onverzoenlijk*** **0.2** ***onbedwingbaar.***

in·ap·pell·a·ble ['ɪnə'peləbl]⟨bn.⟩ **0.1** ***inappellabel*** *⇒niet vatbaar voor hoger beroep.*

in·ap·pe·tence ['ɪn'æpɪ̣t(ə)ns], **in·ap·pe·ten·cy** [-si]⟨n.-telb.zn.⟩ **0.1** ***gebrek aan eetlust*** *⇒lusteloosheid.*

in·ap·pe·tent [ɪn'æpɪ̣t(ə)nt]⟨bn.⟩ **0.1** ***zonder eetlust*** *⇒lusteloos.*

in·ap·pli·ca·bil·i·ty [ɪn'æplɪkə'bɪlət̬i, 'ɪnəplɪkə'bɪlət̬i]⟨n.-telb.zn.⟩ **0.1** ***ontoepasselijkheid*** *⇒onbruikbaarheid.*

in·ap·pli·ca·ble [ɪn'æplɪkəbl, 'ɪnə'plɪkəbl]⟨bn.; -ly; →bijw. 3⟩ **0.1** ***ontoepasselijk*** *⇒ontoepasbaar, niet v. toepassing, onbruikbaar.*

in·ap·po·site [ɪn'æpəzɪt]⟨bn.; -ly; -ness⟩ **0.1** ***misplaatst*** *⇒ongepast.*

in·ap·pre·ci·a·ble ['ɪnə'pri:ʃəbl]⟨bn.; -ly; →bijw. 3⟩ **0.1** ***on(be)merkbaar*** *⇒onwaarneembaar, verwaarloosbaar, niet noemenswaardig.*

in·ap·pre·ci·a·tion ['ɪnəpri:ʃi'eɪʃn]⟨n.-telb.zn.⟩ **0.1** ***onopmerkzaamheid*** *⇒gebrek aan waardering.*

in·ap·pre·ci·a·tive ['ɪnə'pri:ʃət̬ɪv]⟨bn.; -ly; -ness⟩ **0.1** ***onopmerkzaam*** *⇒onoordeelkundig, niet in staat tot een waardering.*

in·ap·pre·hen·si·ble ['ɪnæprɪ̣'hensəbl]⟨bn.⟩ **0.1** ***ongrijpbaar*** *⇒onbevattelijk, onbegrijpelijk.*

in·ap·proach·a·bil·i·ty ['ɪnəproʊtʃə'bɪlət̬i]⟨n.-telb.zn.⟩ **0.1** ***onbenaderbaarheid*** *⇒ongenaakbaarheid.*

in·ap·proach·a·ble ['ɪnə'proʊtʃəbl]⟨bn.; -ly; →bijw. 3⟩ **0.1** ***onbenaderbaar*** *⇒ongenaakbaar.*

in·ap·pro·pri·ate ['ɪnə'proʊprɪət]⟨f2⟩⟨bn.; -ly; -ness⟩ **0.1** ***ongepast*** *⇒ongeschikt, onbehoorlijk, ongelegen, misplaatst.*

in·apt ['ɪn'æpt]⟨f1⟩⟨bn.; ook -er; -ly; -ness⟩ **0.1** ***ontoepasselijk*** *⇒ongeschikt, onbruikbaar* **0.2** ***onbekwaam*** *⇒on(des)kundig, onhandig.*

in·ap·ti·tude [ɪn'æptɪ̣tju:d‖-tu:d]⟨n.-telb.zn.⟩ **0.1** ***onbekwaamheid*** *⇒ongeschiktheid, onhandigheid.*

in·arch [ɪ'nɑ:tʃ‖ɪ'nɑrtʃ]⟨ov.ww.⟩ **0.1** ***afzuigen*** *⇒zogen, zuigenten* ⟨enten door samenbinden⟩.

in·arm [ɪ'nɑ:m‖ɪ'nɑrm]⟨ov.ww.⟩⟨schr.⟩ **0.1** ***omhelzen*** *⇒omarmen.*

in·ar·tic·u·late ['ɪnɑ:'tɪkjʊlət‖'ɪnɑr'tɪkjələt]⟨f1⟩⟨bn.; -ly; -ness⟩ **0.1** ***onduidelijk (uitgesproken)*** *⇒onverstaanbaar, binnensmonds, ongeartikuleerd, onsamenhangend* **0.2** ***onduidelijk sprekend*** *⇒onwelsprekend, onbespraakt, hakkelend, slecht uit zijn woorden komend* **0.3** ***onverwoord(baar)*** *⇒onuitspreekbaar, onuitsprekelijk* **0.4** ***sprakeloos*** *⇒met stomheid geslagen, woord(e)loos, stom* **0.5** ⟨biol.⟩ ***ongeleed.***

in·ar·ti·fi·cial ['ɪnɑ:tɪ̣'fɪʃl‖-ɑrt̬ɪ̣-]⟨bn.; -ly⟩⟨vero.⟩ **0.1** ***ongekunsteld*** *⇒natuurlijk* **0.2** →inartistic.

in·ar·tis·tic ['ɪnɑ:'tɪstɪk‖-ɑr-]⟨bn.; -ally; →bijw. 3⟩ **0.1** ***onkunstzinnig*** *⇒onartistiek, niet kunstzinnig aangelegd, zonder gevoel voor kunst* **0.2** ***onartistiek*** *⇒niet v. aanleg/talent getuigend.*

'in·as'much as ⟨f2⟩⟨ondersch.vw.⟩ **0.1** ***aangezien*** *⇒omdat* **0.2** ⟨vero.⟩ ***voor zover.***

in·at·ten·tion ['ɪnə'tenʃn]⟨n.-telb.zn.⟩ **0.1** ***onoplettendheid*** *⇒inattentie.*

in·at·ten·tive ['ɪnə'tent̬ɪv]⟨bn.; -ly; -ness⟩ **0.1** ***onoplettend*** *⇒onaandachtig, onopmerkzaam, achteloos, onachtzaam, onattent.*

in·au·di·bil·i·ty ['ɪnɔ:də'bɪlət̬i]⟨n.-telb.zn.⟩ **0.1** ***onhoorbaarheid.***

in·au·di·ble ['ɪn'ɔ:dəbl]⟨f1⟩⟨bn.; -ly; →bijw. 3⟩ **0.1** ***onhoorbaar*** *⇒onverneembaar, onwaarneembaar.*

in·au·gu·ral[1] [ɪ'nɔ:gjʊrəl‖-gjə-]⟨telb.zn.⟩ **0.1** ***inaugurele rede*** *⇒inauguratie, intreerede.*

inaugural[2], **in·au·gu·ra·to·ry** [ɪ'nɔ:gjʊrətri‖-gjərətɔri]⟨f1⟩⟨bn., attr.⟩ **0.1** ***inaugureel*** *⇒inauguraal, openings-, intree-, inwijdings-* ◆ **1.1** the president's ~ address *de inaugurele rede v.d. president.*

in·au·gu·rate [ɪ'nɔ:gjʊreɪt‖-gjə-]⟨f1⟩⟨ov.ww.⟩ **0.1** ⟨vnl. pass.⟩ ***installeren*** *⇒inaugureren, (in een ambt/funktie) bevestigen, inhuldigen* **0.2** ***(feestelijk/plechtig) openen*** *⇒openstellen, in bedrijf/gebruik stellen, inwijden, initiëren* **0.3** ***inluiden*** *⇒aankondigen, het begin markeren v..*

in·au·gu·ra·tion [ɪ'nɔ:gjʊ'reɪʃn‖-gjə-]⟨f1⟩⟨telb.zn.⟩ **0.1** ***installatie (plechtigheid)*** *⇒inauguratie, inhuldiging* **0.2** ***openings/inwijdingsplechtigheid*** **0.3** ***introduktie*** *⇒invoering.*

Inaugu'ration Day ⟨eig.n.⟩ **0.1** ***inauguratiedag*** ⟨20 januari volgend op presidentsverkiezing⟩.

in·aus·pi·cious ['ɪnɔ:'spɪʃəs]⟨bn.; -ly; -ness⟩ **0.1** ***onheilspellend*** *⇒ongunstig, omineus, onzalig.*

'in-be'tween ⟨telb.zn.⟩ **0.1** ***tussenfiguur*** *⇒twijfelgeval, tussenoplossing.*

in·board[1] ['ɪnbɔ:d‖-bɔrd]⟨telb.zn.⟩ **0.1** ***binnenboordmotor*** *⇒ingebouwde motor.*

inboard[2] ⟨bn., attr.⟩ **0.1** ***binnenboords*** *⇒binnenboord-, binnen-* **0.2** ***(uitgerust) met een binnenboordmotor.***

inboard[3] [ɪn'bɔ:d‖-'bɔrd]⟨bw.⟩ **0.1** ***binnenboords*** *⇒aan boord* **0.2** ***binnenwaarts*** *⇒naar binnen gericht.*

in·born ['ɪn'bɔ:n‖-'bɔrn]⟨f1⟩⟨bn.⟩ **0.1** ***aan/ingeboren*** *⇒ingeschapen* **0.2** ***overgeërfd*** *⇒erfelijk.*

in·bound[1] ['ɪnbaʊnd]⟨bn.⟩⟨AE⟩ **0.1** ***binnen/thuiskomend*** *⇒huiswaarts (gaand/gericht), inkomend, binnenlopend.*

inbound[2] ⟨ov.ww.⟩⟨basketbal⟩ **0.1** ***inwerpen.***

in·bounds ['ɪnbaʊndz]⟨bn.⟩⟨Am. voetbal⟩ **0.1** ***in het veld*** *⇒binnen de lijnen.*

in·breathe ['ɪn'bri:ð]⟨ov.ww.⟩ **0.1** ***met de adem inbrengen*** *⇒inademen, inblazen* **0.2** ***inspireren.***

in·bred ['ɪn'bred]⟨f1⟩⟨bn.; (oorspr.) volt. deelw. v. inbreed⟩ **0.1** ***door inteelt voortgebracht*** *⇒uit inteelt voortgekomen* **0.2** ***ingebakken*** *⇒aangeboren, diepgeworteld, met de paplepel ingegoten.*

in·breed ['ɪn'bri:d]⟨ov.ww.⟩ →inbred, inbreeding **0.1** ***aan inteelt/verwantschapsteelt onderwerpen*** *⇒voortbrengen door inteelt/verwantschapsteelt.*

in·breed·ing ['ɪnbri:dɪŋ]⟨f1⟩⟨n.-telb.zn.; gerund v. inbreed⟩ **0.1** ***inteelt*** ⟨ook pej.⟩ **0.2** ***verwantschapsteelt*** *⇒familieteelt.*

'in'built ⟨bn.⟩ 0.1 ***ingebouwd.***
Inc, inc ⟨afk.⟩ Incorporated ⟨AE⟩ **0.1** ***N.V.***.
In·ca ['ɪŋkə]⟨telb.zn.; ook Inca;→mv.4⟩ **0.1** ***Inca*** ⇒*Inka*.
in·cal·cu·la·bil·i·ty [ɪn'kælkjʊlə'bɪləti‖-kjələ'bɪləṭi]⟨n.-telb.zn.⟩ **0.1** ***onberekenbaarheid.***
in·cal·cu·la·ble [ɪn'kælkjʊləbl‖-kjə-]⟨f1⟩⟨bn.; -ly; -ness; →bijw. 3⟩ **0.1** ***onberekenbaar*** ⇒*onmetelijk, ontelbaar, onnoemelijk* **0.2** ***onberekenbaar*** ⇒*onvoorspelbaar, veranderlijk.*
in cam·e·ra [ɪn 'kæm(ə)rə]⟨bw.⟩ **0.1** ***in camera*** ⇒*binnenskamers, privé* **0.2** ⟨jur.⟩ ***in raadkamer.***
in·can·desce ['ɪŋkæn'des‖-kən-]⟨onov. en ov.ww.⟩ **0.1** ***gloeien.***
in·can·des·cence ['ɪŋkæn'desns‖-kən-]⟨n.-telb.zn.⟩ **0.1** ***gloeiing*** ⇒*(hitte/licht)uitstraling, gloeihitte, gloed, fonkeling.*
in·can·des·cent ['ɪŋkæn'desnt‖-kən-]⟨f1⟩⟨bn.; -ly⟩ **0.1** ***gloeiend*** ⇒*rood/witgloeiend, lichtgevend, gloei-, uitstralend* **0.2** ***fonkelend*** ◆ **1.1** ~ filament *gloeidraad;* ~ lamp *gloeilamp.*
in·can·ta·tion ['ɪŋkæn'teɪʃn]⟨f1⟩⟨telb. en n.-telb.zn.⟩ **0.1** ***incantatie*** ⇒*betovering, bezwering, magisch ritueel, (tover)spreuk.*
in·cap ['ɪŋkæp]⟨telb.zn.⟩⟨verk.⟩ incapacitant ⟨sl.; sold.⟩.
in·ca·pa·bil·i·ty ['ɪnkeɪpə'bɪləṭi]⟨f1⟩⟨n.-telb.zn.⟩ **0.1** ***onbekwaamheid*** **0.2** ⟨jur.⟩ ***onbevoegdheid*** **0.3** ⟨jur.⟩ ***(handelings)onbekwaamheid.***
in·ca·pa·ble ['ɪn'keɪpəbl]⟨f2⟩⟨bn.; -ly; -ness; →bijw. 3⟩
I ⟨bn.⟩ **0.1** ***incapabel*** ⇒*incompetent, onbekwaam, machteloos, hulpeloos, tot niets in staat* **0.2** ⟨jur.⟩ ***onbevoegd*** **0.3** ⟨jur.⟩ ***(handelings)onbekwaam;***
II ⟨bn., pred.; →bekwaamheid⟩ **0.1** ***machteloos*** ⇒*niet in staat/bij machte* ◆ **6.1** he is ~ **of** lying *hij kan niet liegen.*
in·ca·pac·i·tant ['ɪŋkə'pæsɪtnt]⟨telb.zn.⟩ **0.1** ***incapacitantium*** ⇒*zenuwgas, uitschakelingsgas.*
in·ca·pac·i·tate ['ɪŋkə'pæsɪteɪt]⟨f1⟩⟨ov.ww.⟩ **0.1** ***uitschakelen*** ⇒*ongeschikt/onbekwaam maken* **0.2** ***diskwalificeren*** ◆ **6.1** his age ~s him **for** work/**from** working *door zijn leeftijd is hij niet in staat te werken.*
in·ca·pac·i·ta·tion ['ɪŋkəpæsɪ'teɪʃn]⟨n.-telb.zn.⟩ **0.1** ***uitschakeling*** **0.2** ***diskwalificering.***
in·ca·pac·i·ty ['ɪŋkə'pæsəṭi]⟨f1⟩⟨telb.zn.; geen mv.⟩ **0.1** ***onvermogen*** ⇒*onmacht, onbekwaamheid, inkapaciteit* **0.2** ***diskwalificatie*** ◆ **6.1** ~ **for** work *arbeidsongeschiktheid.*
incapsulate →encapsulate.
'in-car ⟨bn., attr.⟩ **0.1** ***(aangebracht/verschaft) binnen de auto.***
in·car·cer·ate [ɪn'kɑ:səreɪt‖-'kɑr-]⟨ov.ww.⟩⟨schr.⟩ **0.1** ***kerkeren*** ⇒*gevangenzetten, kluisteren, ketenen, opsluiten* ◆ **1.¶** ⟨med.⟩ ~d hernia *beklemde/ingeklemde breuk.*
in·car·cer·a·tion [ɪn'kɑ:sə'reɪʃn‖-'kɑr-]⟨zn.⟩
I ⟨n.-telb.zn.⟩⟨schr.⟩ **0.1** ***kerkering*** ⇒*opsluiting, kerkerstraf;*
II ⟨telb. en n.-telb.zn.⟩⟨med.⟩ **0.1** ***beklemming*** ⇒*incarceratie.*
'in-ca·reer ⟨bn., attr.⟩ **0.1** ***tijdens de loopbaan.***
in·car·na·dine[1] [ɪn'kɑ:nədaɪn‖-'kɑr-]⟨bn.⟩⟨schr.⟩ **0.1** ***inkarnaat*** ⇒*vleeskleurig, bloedrood.*
incarnadine[2] ⟨ov.ww.⟩⟨schr.⟩ **0.1** ***inkarnaat kleuren*** ⇒*vleeskleurig verven, bloedrood kleuren/verven.*
in·car·nate[1] [ɪn'kɑ:nət‖-'kɑr-]⟨f1⟩⟨bn.; vnl. post.⟩ **0.1** ***vleesgeworden*** ⇒*lijfelijk* **0.2** →incarnadine[1] ◆ **1.1** the devil ~ *de baarlijke duivel, de duivel in eigen persoon;* the child is politeness ~ *het kind is de beleefdheid zelf/zelve;* stupidity ~ *de vleesgeworden stomheid.*
incarnate[2] [ɪn'kɑ:neɪt‖-'kɑr-]⟨f1⟩⟨ov.ww.⟩ **0.1** ***belichamen*** ⇒*verpersoonlijken, personifiëren, incarneren* **0.2** ***concretiseren*** ⇒*gestalte/(tastbare) vorm geven (aan)* ◆ **1.1** a man who ~s all the qualities needed for the job *een man die alle voor het werk benodigde eigenschappen in zich verenigt.*
in·car·na·tion ['ɪŋkɑ:'neɪʃn‖-kɑr-]⟨f1⟩⟨telb. en n.-telb.zn.⟩ **0.1** ***incarnatie*** ⇒*belichaming, verpersoonlijking* ◆ **6.1** in a former ~ she was the ~ **of** evil *in een vorig leven was zij het vleesgeworden kwaad* **7.1** ⟨theol.⟩ the Incarnation *de incarnatie/menswording.*
incase →encase.
in·cau·tious [ɪn'kɔ:ʃəs]⟨bn.; -ly; -ness⟩ **0.1** ***onvoorzichtig*** ⇒*onbehoedzaam, onomzichtig, onbezonnen, onbesuisd, overhaast.*
ince ⟨afk.⟩ insurance.
in·cen·di·a·rism [ɪn'sendɪərɪzm]⟨n.-telb.zn.⟩ **0.1** ***brandstichting*** **0.2** ***opruiing*** ⇒*stokerij.*
in·cen·di·ar·y[1] [ɪn'sendɪəri‖-dieri]⟨f1⟩⟨telb.zn.; →mv. 2⟩ **0.1** ***brandbom*** **0.2** ***brandstichter*** **0.3** ***opruier*** ⇒*stoker, hitser, agitator.*
incendiary[2] ⟨f1⟩⟨bn.⟩ **0.1** ***brandgevaarlijk*** ⇒*brand veroorzakend, (licht) ontvlambaar/ontbrandbaar* **0.2** ***opruiend*** ⇒*stokend, hitsend* **0.3** ***brandstichtend*** ⇒*schuldig aan brandstichting, brandstichtings-* ◆ **1.1** ~ bomb *brandbom.*
in·cen·dive [ɪn'sendɪv]⟨bn.⟩ **0.1** ***brandgevaarlijk*** ⇒*brand veroorzakend, (licht) ontvlambaar/ontbrandbaar.*
in·cense[1] ['ɪnsens]⟨f1⟩⟨n.-telb.zn.⟩ **0.1** ***wierook(geur)*** **0.2** ***bewieroking*** ⟨ook fig.⟩ ⇒*vleierij, verering.*
incense[2] ⟨f1⟩⟨ov.ww.⟩ **0.1** ***bewieroken*** ⟨ook fig.⟩ ⇒*wierook/lof toezwaaien, wierook branden voor, met wierook overladen.*
incense[3] [ɪn'sens]⟨f1⟩⟨ov.ww.⟩⟨vnl. pass.⟩ **0.1** ***(ernstig) ontstemmen*** ⇒*kwaad/boos/razend maken, vergrammen, vertoornen, belgen* ◆ **6.1** ~d **at/by** *gebelgd/verbolgen over.*
in·cen·so·ry ['ɪnsensəri]⟨telb.zn.; →mv. 2⟩ **0.1** ***wierookvat.***
in·cen·tive[1] [ɪn'senṭɪv]⟨f2⟩⟨zn.⟩
I ⟨telb.zn.⟩ **0.1** ***stimulans*** ⇒*aansporing, prikkel, impuls, drijfveer, motief* **0.2** ***(prestatie)premie/toeslag*** ⇒*aanmoedigingspremie;*
II ⟨n.-telb.zn.⟩ **0.1** ***gedrevenheid*** ⇒*gemotiveerdheid, motivatie, (prestatie)drang.*
incentive[2] ⟨f1⟩⟨bn.⟩ **0.1** ***stimulerend*** ⇒*prikkelend, motiverend, opwekkend, aansporend, bevorderend* ◆ **1.1** ~ wage(s) *stukloon.*
in·cept [ɪn'sept]⟨ww.⟩
I ⟨onov.ww.⟩⟨vero.; BE⟩ **0.1** ***afstuderen*** ⇒*doctoraal examen doen, promoveren;*
II ⟨ov.ww.⟩⟨biol.⟩ **0.1** ***(in zich) opnemen*** ⇒*absorberen.*
in·cep·tion [ɪn'sepʃn]⟨f1⟩⟨telb.zn.⟩ **0.1** ⟨schr.⟩ ***aanvang*** ⇒*begin, aanvangsmoment.*
in·cep·tive[1] [ɪn'septɪv]⟨telb.zn.⟩⟨taalk.⟩ **0.1** ***inchoatief (werkwoord/aspect).***
inceptive[2] ⟨bn.⟩ **0.1** ⟨schr.⟩ ***aanvangend*** ⇒*aanvangs-, begin-, ontstaand, ontluikend, initiëel* **0.2** ⟨taalk.⟩ ***inchoatief.***
in·cep·tor [ɪn'septə‖-ər]⟨telb.zn.⟩⟨vero.; BE⟩ **0.1** ***examinandus*** ⇒*promovendus.*
in·cer·ti·tude [ɪn'sɜ:tɪtju:d‖-'sɜrṭɪtu:d]⟨n.-telb.zn.⟩⟨schr.⟩ **0.1** ***ongewisheid*** ⇒*onzekerheid, twijfel.*
in·ces·san·cy [ɪn'sesnsi]⟨n.-telb.zn.⟩ **0.1** ***onophoudelijkheid.***
in·ces·sant [ɪn'sesnt]⟨f2⟩⟨bn.; -ly; -ness⟩ **0.1** ***onophoudelijk*** ⇒*voortdurend, niet-aflatend, gestaag, aanhoudend.*
in·cest ['ɪnsest]⟨f2⟩⟨telb. en n.-telb.zn.⟩ **0.1** ***incest*** ⇒*bloedschande.*
in·ces·tu·ous [ɪn'sestʃʊəs]⟨f2⟩⟨bn.; -ly; -ness⟩ **0.1** ***incestueus*** ⟨ook fig., pej.⟩ ⇒*bloedschendig.*
inch[1] ['ɪntʃ]⟨f3⟩⟨zn.⟩⟨→sprw. 220, 451⟩
I ⟨telb.zn.⟩ **0.1** ***(Engelse) duim*** ⟨25,4 mm; →t1⟩ ⇒*inch* **0.2** ⟨Sch. E⟩ ***eilandje*** ⇒*oog, plaat* ◆ **1.¶** give him an ~ and he'll take an ell *als je hem een vinger geeft neemt hij de hele hand* **3.1** not budge/give/yield an ~ *geen duimbreed wijken* **3.¶** ⟨inf.⟩ I wouldn't trust him an ~ *ik zou hem voor geen cent vertrouwen* **6.1** four ~es **of** rain in one week *tien centimeter regen in één week* **6.¶** ~ **by** ~ *stapje voor stapje, beetje bij beetje, voetje voor voetje;* **by** ~es *op een haar na, rakelings; geleidelijk aan;* die **by** ~es *een langzame dood sterven;* **within** an ~ **of** *tot vlak bij;* we came **within** an ~ **of** death *het scheelde maar weinig/een haar of we waren dood geweest;* flog s.o. **within** an ~ **of** his life *iem. bijna dood ranselen* **7.1** every ~ a gentleman *op-en-top een heer;*
II ⟨mv.; ~es⟩ **0.1** ***postuur*** ⇒*formaat, lengte.*
inch[2] ⟨f1⟩⟨ww.⟩
I ⟨onov.ww.⟩ **0.1** ***schuifelen*** ⇒*langzaam/moeizaam voortgaan, zich centimeter voor centimeter (voort)bewegen, met kleine stapjes/in slakkegang vorderen, bijna niet vooruitkomen* ◆ **5.1** ~ **forward** through a crowd *zich moeizaam een weg banen door een menigte;*
II ⟨ov.ww.⟩ **0.1** ***voetje voor voetje afleggen*** **0.2** ***langzaam/moeizaam verplaatsen*** ⇒*centimeter voor centimeter verschuiven* ◆ **1.1** ~ one's way through *zich moeizaam een weg banen door* **1.2** ~ a country into bankruptcy *een land stapje voor stapje naar een bankroet voeren.*
'inch·meal ⟨bw.⟩ **0.1** ***geleidelijk (aan)*** ⇒*stapje voor stapje, voetje voor voetje, met kleine beetjes.*
in·cho·ate[1] [ɪn'koʊət]⟨bn.; -ly⟩⟨schr.⟩ **0.1** ***pril*** ⇒*beginnend, aanvangs-, ontluikend, embryonaal* **0.2** ***onrijp*** ⇒*onontwikkeld, onuitgewerkt.*
inchoate[2] ['ɪŋkoʊeɪt]⟨ov.ww.⟩⟨vero.⟩ **0.1** ***beginnen*** ⇒*in het leven roepen, opzetten.*
in·cho·a·tion ['ɪŋkoʊ'eɪʃn]⟨telb.zn.⟩⟨schr.⟩ **0.1** ***begin*** ⇒*aanvang, start.*
in·cho·a·tive[1] [ɪn'koʊəṭɪv]⟨telb.zn.⟩⟨taalk.⟩ **0.1** ***inchoatief (werkwoord/aspect).***
inchoative[2] ⟨bn.⟩ **0.1** ⟨schr.⟩ ***aanvangend*** ⇒*aanvangs-* **0.2** ⟨taalk.⟩ ***inchoatief.***
inch-'per·fect ⟨bn.⟩⟨sport⟩ **0.1** ***op de centimeter nauwkeurig*** ⇒*perfect, haarfijn.*
'inch·worm ⟨telb.zn.⟩⟨dierk.⟩ **0.1** ***spanrups*** ⟨fam. Geometridae⟩.
in·ci·dence ['ɪnsɪdəns]⟨f2⟩⟨telb.zn.; geen mv.⟩ **0.1** ***(mate v.) optreden/voorkomen*** ⇒*verspreidingsgraad, uitwerkingssfeer, frekwentie;* ⟨med.⟩ *incidentie* **0.2** ***druk(verdeling)*** **0.3** ⟨nat.⟩ ***inval*** ◆ **1.2** the ~ of VAT is on the consumer *de BTW komt ten laste v. de konsument* **2.1** a high ~ of disease *een hoog ziektecijfer.*
in·ci·dent[1] ['ɪnsɪdənt]⟨f3⟩⟨telb.zn.⟩ **0.1** ***incident*** ⇒*voorval, gebeurtenis* **0.2** ***episode.***

incident² ⟨f1⟩ ⟨bn.⟩
I ⟨bn., attr.⟩ ⟨nat.⟩ **0.1** ***invallend*** *⇒inslaand;*
II ⟨bn., post.⟩ **0.1** ***inherent*** ◆ **6.1** ~ **to** *eigen aan, verbonden met, voortvloeiend uit;* the formalities ~ **to** immigration *de formaliteiten die gepaard gaan met immigratie.*

in·ci·den·tal¹ [ˈɪnsɪˈdentl] ⟨telb.zn.; vnl. mv.⟩ **0.1** ***bijkomstigheid*** *⇒randverschijnsel, accessoire.*

incidental² ⟨f1⟩ ⟨bn.⟩ **0.1** ***bijkomend*** *⇒begeleidend, bijkomstig, secundair, incidenteel, ondergeschikt* ◆ **1.1** ~ expenses *onkosten, diversen, extra/onvoorziene uitgaven;* ~ music *film/toneelmuziek, begeleidende muziek* **6.1** ~ **(up)on** *voortvloeiend uit, (optredend) als gevolg v., veroorzaakt door;* ~ **to** *verbonden met, behorend bij, samenhangend met, gepaard gaande met.*

in·ci·den·tal·ly [ˈɪnsɪˈdentli] ⟨f3⟩ ⟨bw.⟩ **0.1** ***terloops*** *⇒in het voorbijgaan* **0.2** ***overigens*** *⇒trouwens, tussen twee haakjes.*

ˈincident room ⟨telb.zn.⟩ **0.1** ***meldkamer*** ⟨voor noodgevallen; bij politie⟩.

in·cin·er·ate [ɪnˈsɪnəreɪt] ⟨ov.ww.⟩ **0.1** ***(tot as) verbranden*** *⇒verassen.*

in·cin·er·a·tion [ɪnˈsɪnəˈreɪʃn] ⟨n.-telb.zn.⟩ **0.1** ***(vuil)verbranding.***

in·cin·er·a·tor [ɪnˈsɪnəreɪtə‖-reɪtər] ⟨telb.zn.⟩ **0.1** ***(vuil)verbrandingsapparaat/oven*** *⇒incinerator.*

in·cip·i·ence [ɪnˈsɪpɪəns], **in·cip·i·en·cy** [-si] ⟨n.-telb.zn.⟩ **0.1** ***aanvang*** *⇒begin(stadium), start.*

in·cip·i·ent [ɪnˈsɪpɪənt] ⟨f1⟩ ⟨bn.; -ly⟩ ⟨schr.⟩ **0.1** ***beginnend*** *⇒begin-, aanvangs-* ◆ **1.1** ~ cancer *kanker in het eerste/een vroeg stadium.*

in·ci·pit [ˈɪnsɪpɪt, ˈɪŋkɪ-] ⟨telb.zn.⟩ ⟨boek.⟩ **0.1** ***incipit.***

in·cise [ɪnˈsaɪz] ⟨f1⟩ ⟨ov.ww.⟩ **0.1** ***insnijden*** *⇒inkerven, griffen, groeven, graveren, incideren* ◆ **1.1** ~d leaf *gezaagd/gekarteld blad;* ~d wound *snijwond.*

in·ci·sion [ɪnˈsɪʒn] ⟨f1⟩ ⟨telb. en n.-telb.zn.⟩ **0.1** ***insnijding*** *⇒inkerving, snee, kerf, keep;* ⟨med.⟩ *incisie.*

in·ci·sive [ɪnˈsaɪsɪv] ⟨f1⟩ ⟨bn.; -ly; -ness⟩ **0.1** ***scherp(zinnig)*** *⇒schrander, snedig, geslepen, bijtend* **0.2** ***doortastend*** **0.3** ***haar/vlijmscherp*** *⇒snijdend* ◆ **1.3** ~ teeth *snijtanden.*

in·ci·sor [ɪnˈsaɪzə‖-ər] ⟨telb.zn.⟩ **0.1** ***snijtand.***

in·cite [ɪnˈsaɪt] ⟨f1⟩ ⟨ov.ww.⟩ **0.1** ***opwekken*** *⇒oproepen, aanzetten, aanmoedigen, aansporen* **0.2** ***bezielen*** *⇒aanvuren, opstoken, ophitsen* **0.3** ***inboezemen*** *⇒gaande maken, opwekken, ontketenen, inspireren.*

in·cite·ment [ɪnˈsaɪtmənt], **in·ci·ta·tion** [ˈɪnsaɪˈteɪʃn] ⟨f1⟩ ⟨telb. en n.-telb.zn.⟩ **0.1** ***aansporing*** *⇒stimulans, impuls, opwekking, aanzetting.*

ˈin-ˈcit·y ⟨bn., attr.⟩ **0.1** ***(binnen)stedelijk*** *⇒stads, in de stad plaatsvindend/verblijvend/wonend.*

in·ci·vil·i·ty [ˈɪnsɪˈvɪləti] ⟨telb. en n.-telb.zn.; →mv. 2⟩ ⟨schr.⟩ **0.1** ***onhoffelijkheid*** *⇒onbeleefdheid, onbehoorlijkheid.*

in·civ·ism [ˈɪnˈsɪvɪzm] ⟨n.-telb.zn.⟩ ⟨i.h.b. gesch.⟩ **0.1** ***incivisme*** *⇒onvaderlandslievendheid, gebrek aan burgerzin.*

incl ⟨afk.⟩ including, inclusive **0.1** ***incl.*** *⇒inclusief.*

inclasp →enclasp.

in·clem·en·cy [ɪnˈklemənsi] ⟨n.-telb.zn.⟩ **0.1** ***guurheid.***

in·clem·ent [ɪnˈklemənt] ⟨bn.; -ly⟩ ⟨schr.⟩ **0.1** ***guur*** *⇒schraal, bar, stormachtig, koud.*

in·clin·a·ble [ɪnˈklaɪnəbl] ⟨bn., pred.⟩ **0.1** ***neigend*** *⇒geneigd, overhellend* **0.2** ***welgezind*** *⇒gunstig gezind, genegen* ◆ **6.1** ~ **to** obesity *geneigd tot vetzucht* **6.2** he was ~ **to** our ideas *hij stond welwillend tgov. onze ideeën.*

in·cli·na·tion [ˈɪŋklɪˈneɪʃn] ⟨f2⟩ ⟨zn.⟩
I ⟨telb.zn.⟩ **0.1** ***helling*** *⇒glooiing, afloop, hellingspercentage* **0.2** ***buiging*** *⇒nijging* **0.3** ***neiging*** *⇒voorkeur, tendens, inclinatie* **0.4** ***inclinatie*** ⟨v. magneetnaald⟩ ◆ **3.3** have an ~ to ... *aanleg hebben om ...;*
II ⟨n.-telb.zn.⟩ **0.1** ***geneigdheid*** *⇒zin, hang, inclinatie* **0.2** ***(over) helling.***

in·cline¹ [ˈɪŋklaɪn] ⟨f1⟩ ⟨telb.zn.⟩ **0.1** ***helling*** *⇒glooiing, afloop, schuinte, talu(u)d* **0.2** ***hellend vlak.***

incline² [ɪnˈklaɪn] ⟨f3⟩ ⟨ww.⟩ →inclined
I ⟨onov.ww.⟩ **0.1** ***neigen*** *⇒geneigd zijn, zich aangetrokken voelen, een neiging hebben/vertonen, inclineren* ◆ **3.1** I ~ to think so *ik neig tot die gedachte, die indruk heb ik* **6.1** I ~ **to/towards** fatness *ik heb aanleg om dik te worden;*
II ⟨onov. en ov.ww.⟩ **0.1** ***(doen) hellen*** *⇒overhellen, nijgen, aflopen, af/om/verbuigen* ◆ **5.1** ~ **forward** *(zich) voorover buigen;*
III ⟨ov.ww.⟩ **0.1** ***(neer)buigen*** *⇒neigen* **0.2** ***beïnvloeden*** *⇒aanleiding geven* ◆ **1.1** ~ one's head *nijgen, het hoofd neigen* **1.2** your words do not ~ me to change my mind *ik zie in uw woorden geen aanleiding om van gedachten te veranderen* **1.¶** ⟨schr.⟩ ~ one's heart to *zijn hart neigen tot* **3.2** I am ~d to think so *ik neig tot die gedachte, ik heb aanleiding dat te denken.*

in·clined [ɪnˈklaɪnd] ⟨f2⟩ ⟨bn.; (oorspr.) volt. deelw. v. incline⟩
I ⟨bn.⟩ **0.1** ***hellend*** ◆ **1.1** ~ plane *hellend vlak;*
II ⟨bn., pred.⟩ **0.1** ***geneigd*** *⇒genegen, bereid* ◆ **3.1** if you feel so ~ *als u daar zin in heeft.*

in·cli·nom·e·ter [ˈɪŋklɪˈnɒmɪtə‖-ˈnɑmɪtər] ⟨telb.zn.⟩ **0.1** ***inclinatiekompas*** *⇒inclinatorium* **0.2** ***helling(s)meter*** *⇒clinometer.*

inclose →enclose.

inclosure →enclosure.

in·clude [ɪnˈkluːd] ⟨f4⟩ ⟨ov.ww.⟩ →included, including **0.1** ***omvatten*** *⇒bevatten, insluiten, behelzen, begrijpen in* **0.2** ***(mede) opnemen*** *⇒bij/toevoegen* ◆ **1.1** the price ~s freight *de prijs is inclusief vracht, de vracht is bij de prijs inbegrepen* **5.1** ⟨inf., scherts.⟩ ~ **out** *uitsluiten, niet meerekenen/tellen* **6.1** the crew were ~d **among** the victims *de bemanning bevond zich onder de slachtoffers.*

in·clud·ed [ɪnˈkluːdɪd] ⟨f3⟩ ⟨bn., post.; (oorspr.) volt. deelw. v. include⟩ **0.1** ***incluis*** *⇒inbegrepen, meegerekend, inclusief.*

in·clud·ing [ɪnˈkluːdɪŋ] ⟨vz.; oorspr. teg. deelw. v. include⟩ **0.1** ***inclusief*** ◆ **1.1** 10 days ~ today *10 dagen, vandaag incluis/meegerekend* **¶.1** up to and ~ *tot en met.*

in·clu·sion [ɪnˈkluːʒn] ⟨f1⟩ ⟨zn.⟩
I ⟨telb.zn.⟩ **0.1** ***insluitsel*** ⇒(i.h.b. biol.) *korrelig insluitsel* ⟨in cel⟩;
II ⟨n.-telb.zn.⟩ **0.1** ***insluiting*** *⇒meerekening, meetelling* **0.2** ⟨wisk.⟩ ***inclusie.***

in·clu·sive [ɪnˈkluːsɪv] ⟨f1⟩ ⟨bn.; -ly; -ness⟩ **0.1** ***inclusief*** *⇒insluitend, al/veelomvattend* ◆ **1.1** ~ language *niet-seksistisch taalgebruik;* pages 60 to 100 ~ *pagina 60 tot en met 100;* the rent is £50 ~ (of heating) *de huur is 50 pond inclusief (verwarming).*

incog, incog. [ɪnˈkɒg‖ɪnˈkɑg] ⟨verk.⟩ incognito.

in·cog·ni·ta¹ [ˈɪŋkɒgˈniːtə‖ˈɪŋkɑgˈniːtə] ⟨telb.zn.⟩ **0.1** ***vrouw die incognito is.***

incognita² ⟨bw.⟩ **0.1** ***incognito*** ⟨v. vrouw⟩.

in·cog·ni·to¹ [ˈɪŋkɒgˈniːtoʊ‖ˈɪŋkɑgˈniːtoʊ] ⟨telb.zn.⟩ **0.1** ***incognito*** *⇒schuilnaam, valse identiteit/naam* **0.2** ***iem. die incognito is.***

incognito² ⟨f1⟩ ⟨bn., post.; bw.⟩ **0.1** ***incognito*** *⇒onder schuilnaam, anoniem.*

in·cog·ni·za·ble [ɪnˈkɒgnɪzəbl‖-ˈkɑg-] ⟨bn.⟩ **0.1** ***on(her)kenbaar*** **0.2** ***onwaarneembaar.***

in·cog·ni·zance [ɪnˈkɒgnɪzns‖-ˈkɑg-] ⟨n.-telb.zn.⟩ **0.1** ***onbekendheid.***

in·cog·ni·zant [ɪnˈkɒgnɪznt‖-ˈkɑg-] ⟨bn.⟩ **0.1** ***onbekend*** *⇒onbewust, niet op de hoogte, onwetend.*

in·co·her·ence [ˈɪŋkoʊˈhɪərəns‖-ˈhɪr-], **in·co·her·en·cy** [-si] ⟨telb. en n.-telb.zn.; →mv. 2⟩ **0.1** ***incoherentie*** *⇒onsamenhangendheid.*

in·co·her·ent [ˈɪŋkoʊˈhɪərənt‖-ˈhɪr-] ⟨f2⟩ ⟨bn.; -ly; -ness⟩ **0.1** ***incoherent*** *⇒onsamenhangend, verward.*

in·co·he·sive [ˈɪŋkoʊˈhiːsɪv] ⟨bn.⟩ **0.1** ***onsamenhangend.***

in·com·bus·ti·bil·i·ty [ˈɪŋkəmbʌstəˈbɪləti] ⟨n.-telb.zn.⟩ **0.1** ***on(ver)brandbaarheid.***

in·com·bus·ti·ble [ˈɪŋkəmˈbʌstəbl] ⟨bn.⟩ **0.1** ***on(ver)brandbaar.***

in·come [ˈɪŋkʌm, -kəm] ⟨f3⟩ ⟨telb. en n.-telb.zn.⟩ **0.1** ***inkomen*** *⇒inkomsten* ◆ **2.1** national ~ *nationaal inkomen* **3.1** deferred ~ *uitgesteld inkomen* ⟨bv. pensioenbijdragen⟩; earned ~ *inkomen uit arbeid, arbeidsinkomen;* fixed ~ *vast inkomen* **6.1** live **within** one's ~ *niet te veel uitgeven, rondkomen.*

ˈincome bracket, ˈincome group ⟨telb.zn.⟩ **0.1** ***inkomensgroep/klasse.***

in·com·er [ˈɪnkʌmə‖-ər] ⟨telb.zn.⟩ **0.1** ***nieuwkomer*** *⇒binnenkomer.*

ˈincomes policy ⟨f1⟩ ⟨telb.zn.⟩ **0.1** ***loonpolitiek*** ◆ **2.1** statutory ~ *geleide loonpolitiek;* voluntary ~ *politiek gebaseerd op vrijwillige loonafspraken.*

ˈincome tax ⟨f1⟩ ⟨telb. en n.-telb.zn.⟩ **0.1** ***inkomstenbelasting*** ◆ **2.1** negative ~ *negatieve inkomstenbelasting.*

ˈincome-tax relief ⟨n.-telb.zn.⟩ **0.1** ***vermindering v. inkomstenbelasting.***

in·com·ing¹ [ˈɪnkʌmɪŋ] ⟨zn.⟩
I ⟨telb.zn.⟩ **0.1** ***aankomst*** *⇒(binnen)komst;*
II ⟨mv.; ~s⟩ **0.1** ***inkomsten*** *⇒revenuen, baten.*

incoming² ⟨f2⟩ ⟨bn., attr.⟩ **0.1** ***inkomend*** *⇒aan/binnenkomend; immigrerend* **0.2** ***opvolgend*** *⇒komend, nieuw* ◆ **1.1** ~ tide *opkomend tij* **1.2** the ~ tenants *de nieuwe huurders.*

in·com·men·su·ra·bil·i·ty [ˈɪŋkəmenʃ(ə)rəˈbɪləti, -s(ə)rə] ⟨n.-telb.zn.⟩ ⟨schr.⟩ **0.1** ***onvergelijkbaarheid*** **0.2** ***onvergelijkelijkheid.***

in·com·men·su·ra·ble [ˈɪŋkəˈmenʃ(ə)rəbl, -s(ə)rəbl] ⟨bn.; -ly; →bijw. 3⟩ ⟨schr.⟩ **0.1** ***(onderling) onvergelijkbaar*** **0.2** ***onvergelijkelijk.***

in·com·men·su·rate [ˈɪŋkəˈmenʃ(ə)rət, -s(ə)rət] ⟨bn.; -ly; -ness⟩ **0.1** ***onevenredig*** *⇒niet overeenkomstig;* ⟨i.h.b.⟩ *ontoereikend, tekort schietend* **0.2** →incommensurable.

in·com·mode ['ɪŋkə'moʊd]⟨ov.ww.⟩⟨schr.⟩ **0.1** ***ongerief/last/overlast bezorgen*** ⇒*ongelegen komen, hinderen, storen.*

in·com·mo·di·ous ['ɪŋkə'moʊdɪəs]⟨bn.; -ly; -ness⟩ **0.1** ***ongerieflijk*** ⇒*onkomfortabel, bekrompen, krap* **0.2** ***lastig*** ⇒*hinderlijk, storend.*

in·com·mu·ni·ca·bil·i·ty ['ɪŋkəmju:nɪkə'bɪləṭi]⟨n.-telb.zn.⟩ **0.1** ***ondeelbaarheid*** **0.2** ***onmededeelbaarheid.***

in·com·mu·ni·ca·ble ['ɪŋkə'mju:nɪkəbl]⟨bn.; -ly; -ness; →bijw. 3⟩ **0.1** ***ondeelbaar*** **0.2** ***onmededeelbaar*** ⇒*onzegbaar, onverwoordbaar* **0.3** ⟨zelden⟩ →incommunicative.

in·com·mu·ni·ca·do[1], ⟨AE sp. ook⟩ **in·co·mu·ni·ca·do** ['ɪŋkəmju:nɪ'kɑ:doʊ]⟨bn., pred.⟩ **0.1** ***(v.d. buitenwereld) afgeschermd*** ⇒*geïsoleerd, eenzaam opgesloten* **0.2** ***niet te spreken*** ◆ **4.2** he's ~ *hij mag niet gestoord worden.*

incommunicado[2], ⟨AE sp. ook⟩ **incomunicado** ⟨bw.⟩ **0.1** ***(v.d. buitenwereld) afgeschermd*** ⇒*geïsoleerd* ◆ **3.1** prisoners held ~ *in isoleercellen opgesloten gevangenen.*

in·com·mu·ni·ca·tive ['ɪŋkə'mju:nɪkətɪv‖-keɪṭɪv]⟨bn.; -ly; -ness⟩ **0.1** ***onmededeelzaam*** ⇒*zwijgzaam, gesloten, weinig spraakzaam.*

in·com·mut·a·ble ['ɪŋkə'mju:ṭəbl]⟨bn.; -ly; -ness; →bijw. 3⟩ **0.1** ***onuitwisselbaar*** ⇒*onverwisselbaar* **0.2** ***onveranderlijk.***

'in-'com·pa·ny ⟨bn., attr.⟩ **0.1** ***(bedrijfs)intern*** ⇒*binnen het bedrijf.*

in·com·pa·ra·bil·i·ty ['ɪŋkɒmprə'bɪləti‖-kɑmprə'bɪləṭi]⟨n.-telb.zn.⟩ **0.1** ***onvergelijkelijkheid*** ⇒*onvergelijkbaarheid.*

in·com·pa·ra·ble [ɪn'kɒmprəbl‖-'kɑm-]⟨f1⟩⟨bn.; -ly; -ness; →bijw. 3⟩ **0.1** ***onvergelijkelijk*** ⇒*onvergelijkbaar, weergaloos.*

in·com·pat·i·bil·i·ty ['ɪŋkəmpæṭə'bɪləṭi]⟨telb. en n.-telb.zn.; →mv. 2⟩ **0.1** ***onverenigbaarheid*** ⇒*strijdigheid, incompatibiliteit* ◆ **1.1** ~ of temper *onverenigbaarheid v. karakter, incompatibilité d'humeur.*

in·com·pat·i·ble ['ɪŋkəm'pæṭəbl]⟨f2⟩⟨bn.; -ly; -ness; →bijw. 3⟩ **0.1** ***onverenigbaar*** ⇒*(tegen)strijdig, tegengesteld.*

in·com·pe·tence [ɪn'kɒmpɪt(ə)ns‖ɪn'kɑmpɪṭəns], **in·com·pe·ten·cy** [-si]⟨f2⟩⟨n.-telb.zn.⟩ **0.1** ***incompetentie*** ⇒*onbevoegdheid, onbekwaamheid.*

in·com·pe·tent[1] ['ɪn'kɒmpɪt(ə)nt‖ɪn'kɑmpɪṭənt]⟨f1⟩⟨telb.zn.⟩ **0.1** ***incompetente persoon*** ⇒*onbevoegde, onbenul, incompetenteling.*

incompetent[2] ⟨f2⟩⟨bn.; -ly⟩ **0.1** ***incompetent*** ⇒*onbevoegd, ongekwalificeerd, ondeskundig, ongeschikt, onbekwaam.*

in·com·plete ['ɪŋkəm'pli:t]⟨f2⟩⟨bn.; -ly; -ness⟩ **0.1** ***onvolledig*** ⇒*incompleet, niet voltallig* **0.2** ***onvolkomen*** ⇒*onvolmaakt, onaf, onvoltooid.*

in·com·ple·tion ['ɪŋkəm'pli:ʃn]⟨n.-telb.zn.⟩ **0.1** ***onvolledigheid*** **0.2** ***onvolkomenheid*** ⇒*onvoltooidheid.*

in·com·pre·hen·si·bil·i·ty ['ɪŋkɒmprɪhensə'bɪləti‖-kɑmprɪhensə'bɪləṭi]⟨n.-telb.zn.⟩ **0.1** ***onbegrijpelijkheid.***

in·com·pre·hen·si·ble ['ɪŋkɒmprɪ'hensəbl‖-kɑm-]⟨f2⟩⟨bn.; -ly; -ness; →bijw. 3⟩ **0.1** ***onbegrijpelijk*** ⇒*onbevattelijk, ondoorgrondelijk* **0.2** ⟨vero.⟩ ***onbegrensbaar*** ⇒*onbegrensd.*

in·com·pre·hen·sion ['ɪŋkɒmprɪ'henʃn‖-kɑm-]⟨n.-telb.zn.⟩ **0.1** ***onbegrip*** ⇒*gebrek aan bevattingsvermogen.*

in·com·pre·hen·sive ['ɪŋkɒmprɪ'hensɪv‖-kɑm-]⟨bn.; -ly; -ness⟩ **0.1** ***niet alomvattend*** ⇒*beperkt, begrensd.*

in·com·press·i·bil·i·ty ['ɪŋkəmpresə'bɪləṭi]⟨n.-telb.zn.⟩ **0.1** ***onsamendrukbaarheid*** ⇒*onsamenpersbaarheid.*

in·com·press·i·ble ['ɪŋkəm'presəbl]⟨bn.⟩ **0.1** ***onsamendrukbaar*** ⇒*onsamenpersbaar, inkompressibel.*

incomunicado →incommunicado.

in·con·ceiv·a·bil·i·ty ['ɪŋkənsi:və'bɪləṭi]⟨n.-telb.zn.⟩ **0.1** ***onvoorstelbaarheid.***

in·con·ceiv·a·ble ['ɪŋkən'si:vəbl]⟨f1⟩⟨bn.; -ly; -ness; →bijw. 3⟩ **0.1** ***onvoorstelbaar*** ⇒*ondenkbaar, ongelooflijk, onmogelijk.*

in·con·clu·sive ['ɪŋkən'klu:sɪv]⟨f1⟩⟨bn.; -ly; -ness⟩ **0.1** ***niet doorslaggevend*** ⇒*onovertuigend, niet afdoend/beslissend/definitief, niet tot een (definitief) resultaat leidend* **0.2** ***onbeslist*** ⇒*onbeslecht, onbesloten, onafgedaan, onafgerond, twijfelachtig.*

in·con·den·sa·ble ['ɪŋkən'densəbl]⟨bn.⟩ **0.1** ***incondensabel*** ⇒*oncondenseerbaar, onverdichtbaar.*

in·con·dite [ɪn'kɒndɪt‖-'kɑn-]⟨bn.; -ly⟩ **0.1** ***onverzorgd*** ⇒*slordig, onafgewerkt* ⟨vnl. v. literair produkt⟩.

in·con·form·i·ty ['ɪŋkən'fɔ:məti‖-'fɔrməṭi]⟨n.-telb.zn.⟩ **0.1** ***nonconformiteit*** ⇒*non-conformisme, onconventionaliteit, tegendraadsheid* **0.2** ⟨vero.⟩ ***ongelijk(vormig)heid.***

in·con·gru·i·ty ['ɪŋkən'gru:əṭi]⟨telb. en n.-telb.zn.; →mv. 2⟩ **0.1** ***ongerijmdheid*** ⇒*buitensporigheid, incongruentie.*

in·con·gru·ous [ɪn'kɒŋgruəs‖-'kɑŋ-]⟨f1⟩⟨bn.; -ly; -ness⟩ **0.1** ***ongerijmd*** ⇒*onlogisch, strijdig, onverenigbaar, incongruent* **0.2** ***detonerend*** ⇒*uit de toon vallend, disharmoniërend, misstaand* **0.3** ***misplaatst*** ⇒*ongepast* **0.4** ***ongelijksoortig*** ⇒*heterogeen, uiteenlopend.*

in·con·sec·u·tive ['ɪŋkən'sekjʊtɪv‖-'sekjəṭɪv]⟨bn.; -ly; -ness⟩ **0.1** ***ordeloos*** ⇒*ongeordend, wanordelijk, ongesorteerd, systeemloos.*

in·con·se·quence [ɪn'kɒnsɪkwəns‖-'kɑn-], **in·con·se·quen·ti·al·i·ty** [-kwenʃi'æləṭi]⟨n.-telb.zn.⟩ **0.1** ***inconsequentie*** **0.2** ***onbetekenendheid.***

in·con·se·quent ['ɪn'kɒnsɪkwənt‖-'kɑn-], **in·con·se·quen·tial** [-'kwenʃl]⟨f2⟩⟨bn.; -ly⟩ **0.1** ***inconsequent*** ⇒*onlogisch, ongerijmd, irrelevant* **0.2** ***onbetekenend*** ⇒*onbeduidend, onbelangrijk.*

in·con·sid·er·a·ble ['ɪŋkən'sɪdrəbl]⟨f1⟩⟨bn.; -ly; -ness; →bijw. 3⟩ **0.1** ***onaanzienlijk*** ⇒*onbetekenend, gering, luttel.*

in·con·sid·er·ate ['ɪŋkən'sɪdrət]⟨bn.; -ly; -ness⟩ **0.1** ***onattent*** ⇒*onachtzaam, onnadenkend, gedachteloos, nonchalant, onverschillig.*

in·con·sis·ten·cy ['ɪŋkən'sɪstənsi], **in·con·sis·tence** [-stəns]⟨f2⟩⟨telb. en n.-telb.zn.; →mv. 2⟩ **0.1** ***inconsistentie*** **0.2** ***onverenigbaarheid.***

in·con·sis·tent ['ɪŋkən'sɪstənt]⟨f1⟩⟨bn.; -ly⟩ **0.1** ***inconsistent*** ⇒*onsamenhangend, inconsequent, onlogisch, onrechtlijnig* **0.2** ***onverenigbaar*** ⇒*niet strokend, strijdig.*

in·con·sol·a·ble ['ɪŋkən'soʊləbl]⟨bn.; -ly; -ness; →bijw. 3⟩ **0.1** ***ontroostbaar.***

in·con·so·nance [ɪn'kɒnsənəns‖-'kɑn-]⟨n.-telb.zn.⟩ **0.1** ***disharmonie.***

in·con·so·nant ['ɪn'kɒnsənənt‖-'kɑn-]⟨bn.; -ly⟩ **0.1** ***disharmonisch*** ⇒*onverenigbaar, botsend, ongelijk.*

in·con·spic·u·ous ['ɪŋkən'spɪkjʊəs]⟨bn.; -ly; -ness⟩ **0.1** ***onopvallend*** ⇒*onopmerkelijk, niet in het oog lopend.*

in·con·stan·cy ['ɪn'kɒnstənsi‖-'kɑn-]⟨telb. en n.-telb.zn.; →mv. 2⟩ ⟨schr.⟩ **0.1** ***wisselvalligheid*** ⇒*onbetrouwbaarheid.*

in·con·stant ['ɪn'kɒnstənt‖-'kɑn-]⟨bn.; -ly⟩⟨schr.⟩ **0.1** ***wisselvallig*** ⇒*wispelturig, veranderlijk, onstandvastig, trouweloos, inconstant.*

in·con·sum·a·ble ['ɪŋkən'sju:məbl‖-'su:m-]⟨bn.; -ly; →bijw. 3⟩ **0.1** ***onverteerbaar*** ⇒*onvernietigbaar.*

in·con·test·a·bil·i·ty ['ɪŋkəntestə'bɪləṭi]⟨n.-telb.zn.⟩ **0.1** ***onbetwistbaarheid.***

in·con·test·a·ble ['ɪŋkən'testəbl]⟨bn.; -ly; -ness; →bijw. 3⟩ **0.1** ***onbetwistbaar*** ⇒*onweerlegbaar, onbestrijdbaar, onaanvechtbaar, incontestabel.*

in·con·ti·nence [ɪn'kɒntɪnəns‖-'kɑntn·əns]⟨f1⟩⟨n.-telb.zn.⟩ **0.1** ***incontinentie*** **0.2** ***onbeheerstheid*** **0.3** ⟨vero.⟩ ***losbandigheid.***

in·con·ti·nent [ɪn'kɒntɪnənt‖-'kɑntn·ənt]⟨f1⟩⟨bn.⟩ **0.1** ***incontinent*** ⇒*onzindelijk* **0.2** ***onbeheerst*** ⇒*oningetogen, onterughoudend, remmingloos* **0.3** ⟨vero.⟩ ***losbandig*** ⇒*bandeloos, mateloos, liederlijk* ◆ **6.¶** ~ of sth. *iets niet (meer) de baas/meester;* he was ~ of his anger *hij kon zijn woede niet onderdrukken.*

in·con·ti·nent·ly [ɪn'kɒntɪnəntli‖-'kɑntn·əntli]⟨bw.⟩ **0.1** →incontinent **0.2** ⟨schr.⟩ ***onverwijld*** ⇒*onmiddellijk.*

in·con·tro·vert·i·bil·i·ty ['ɪŋkɒntrəvɜ:tə'bɪləti‖'ɪŋkɑntrəvɜrṭə'bɪləṭi]⟨n.-telb.zn.⟩ **0.1** ***onweerlegbaarheid.***

in·con·tro·vert·i·ble ['ɪŋkɒntrə'vɜ:təbl‖'ɪŋkɑntrə'vɜrṭəbl]⟨bn.; -ly; -ness; →bijw. 3⟩ **0.1** ***onweerlegbaar*** ⇒*onaanvechtbaar, onomstotelijk, onmiskenbaar.*

in·con·ven·ience[1] ['ɪŋkən'vi:nɪəns]⟨f2⟩⟨telb. en n.-telb.zn.⟩ **0.1** ***ongemak*** ⇒*stoornis, ongerief, moeite, (bron v.) overlast.*

inconvenience[2] ⟨f1⟩⟨ov.ww.⟩ **0.1** ***ongerief/overlast bezorgen*** ⇒*slecht v. pas/ongelegen komen, slecht uitkomen, storen.*

in·con·ve·nient ['ɪŋkən'vi:nɪənt]⟨f2⟩⟨bn.; -ly⟩ **0.1** ***storend*** ⇒*lastig, ongeriefelijk, ongelegen/niet v. pas komend, nadelig, hinderlijk.*

in·con·vert·i·bil·i·ty ['ɪŋkənvɜ:tə'bɪləti‖-vɜrṭə'bɪləṭi]⟨n.-telb.zn.⟩ **0.1** ***onverwisselbaarheid*** ⇒*on(uit)wisselbaarheid;* ⟨i.h.b. geldw.⟩ *inconvertibiliteit, inconverteerbaarheid.*

in·con·vert·i·ble ['ɪŋkən'vɜ:təbl‖-'vɜrṭəbl]⟨bn.; -ly; -ness; →bijw. 3⟩ **0.1** ***onverwisselbaar*** ⇒*on(uit)wisselbaar;* ⟨geldw.⟩ *inconvertibel.*

in·con·vin·ci·ble ['ɪŋkən'vɪnsəbl]⟨bn.⟩ **0.1** ***onovertuigbaar*** ⇒*niet te overtuigen.*

in·co·or·di·nate ['ɪŋkoʊ'ɔ:dɪnət‖-'ɔrdnət]⟨bn.; -ly⟩ **0.1** ***ongecoördineerd*** **0.2** ***ongelijkwaardig.***

in·co·or·di·na·tion ['ɪŋkoʊɔ:dɪ'neɪʃn‖-ɔrdn'eɪʃn]⟨n.-telb.zn.⟩ ⟨med.⟩ **0.1** ***incoördinatie*** ⇒*ongecoördineerdheid, gebrek aan coördinatie.*

in·cor·po·rate[1] [ɪn'kɔ:pəreɪt‖-'kɔr-]⟨f2⟩⟨ww.⟩ →incorporated
I ⟨onov.ww.⟩ **0.1** ***zich (tot één geheel) verenigen*** ⇒*samengaan, fuseren, een fusie aangaan* **0.2** ***een onderneming/naamloze vennootschap oprichten;***
II ⟨ov.ww.⟩ **0.1** ***opnemen*** ⇒*inlijven, verwerken, verweven, verenigen, incorporeren, integreren, vervatten* **0.2** ***omvatten*** ⇒*bevatten, inhouden* **0.3** ***inlijven*** ⇒*(als lid) toelaten* **0.4** ***onder/samenbrengen in een naamloze vennootschap*** ⇒*omzetten in een N.V.* **0.5** ***vermengen*** ⇒*dooreenmengen* **0.6** ***belichamen*** ◆ **1.2** this theory ~s new ideas *deze theorie omvat nieuwe ideeën, in deze theorie zijn nieuwe ideeën verwerkt* **1.¶** ⟨taalk.⟩ incorporating languages *incorporerende talen.*

incorporate[2] [ɪn'kɔ:prət‖-'kɔr-]⟨f1⟩⟨bn.⟩ **0.1** →incorporated **0.2** ⟨zelden⟩ →incorporeal.

in·cor·po·rat·ed [ɪn'kɔ:pəreɪtɪd‖ɪn'kɔrpəreɪṭɪd]⟨f1⟩⟨bn.; (oorspr.) volt. deelw. v. incorporate⟩ **0.1** ***(tot één geheel) verenigd*** ⇒*samengevoegd, versmolten, vergroeid* **0.2** ***als rechtspersoon/naamloze vennootschap erkend*** ◆ **1.2** Jones ~ ⟨ong.⟩ *de N.V. Jones, Jones N.V.*.

in·cor·po·ra·tion [ɪn'kɔ:pə'reɪʃn‖-'kɔr-]⟨f1⟩⟨zn.⟩
I ⟨telb.zn.⟩ **0.1** ***naamloze vennootschap*** ⇒*onderneming, organisatie;*
II ⟨n.-telb.zn.⟩ **0.1** ***verwerking*** ⇒*integratie, combinatie* **0.2** ***inlijving*** ⇒*incorporatie* **0.3** ***vermenging*** **0.4** ***oprichting/vorming v.e. naamloze vennootschap***.

in·cor·po·ra·tive [ɪn'kɔ:prətɪv‖-'kɔrpəreɪṭɪv]⟨bn.⟩ **0.1** ***incorporerend*** ⇒*integrerend, inpalmend*.

in·cor·po·ra·tor [ɪn'kɔ:pəreɪtə‖ɪn'kɔrpəreɪṭər]⟨telb.zn.⟩ **0.1** ***lid/oprichter v.e. naamloze vennootschap/onderneming/organisatie***.

in·cor·po·re·al ['ɪŋkɔ:'pɔ:rɪəl‖-kɔr'pɔrɪəl]⟨bn.; -ly⟩ **0.1** ***onstoffelijk*** ⇒*ontastbaar;* ⟨jur.⟩ *immaterieel* **0.2** ***onlichamelijk*** ⇒*lichaamloos*.

in·cor·po·re·i·ty [ɪn'kɔ:pə'ri:əti‖ɪn'kɔrpə'ri:əṭi]⟨n.-telb.zn.⟩ **0.1** ***onstoffelijkheid*** **0.2** ***onlichamelijkheid***.

in·cor·rect ['ɪŋkə'rekt]⟨f2⟩⟨bn.; -ly; -ness⟩ **0.1** ***incorrect*** ⇒*onjuist, onnauwkeurig, verkeerd, foutief* **0.2** ***incorrect*** ⇒*ongepast*.

in·cor·ri·gi·bil·i·ty ['ɪŋkɒrɪdʒə'bɪləti‖-kɔrɪdʒə'bɪləṭi,-kɑ-]⟨n.-telb.zn.⟩ **0.1** ***onverbeterlijkheid*** **0.2** ***onuitroeibaarheid***.

in·cor·ri·gi·ble[1] [ɪn'kɒrɪdʒəbl‖-'kɔ-,-'kɑ-]⟨telb.zn.⟩ **0.1** ***onverbeterlijke persoon*** ⇒*verstokte*.

incorrigible[2] ⟨f1⟩⟨bn.; -ly; -ness; →bijw. 3⟩ **0.1** ***onverbeterlijk*** ⇒*verstokt, hardnekkig* **0.2** ***onuitroeibaar***.

in·cor·rupt ['ɪŋkə'rʌpt]⟨bn.; -ly; -ness⟩ **0.1** ***onomkoopbaar*** ⇒*onkreukbaar, integer* **0.2** ***onbedorven*** ⇒*onverdorven*.

in·cor·rupt·i·bil·i·ty ['ɪŋkərʌptə'bɪləṭi]⟨n.-telb.zn.⟩ **0.1** ***onbederfelijkheid*** **0.2** ***onomkoopbaarheid*** ⇒*onkreukbaarheid, integriteit*.

in·cor·rupt·i·ble ['ɪŋkə'rʌptəbl]⟨bn.; -ly; →bijw. 3⟩ **0.1** ***onbederfelijk*** ⇒*onafbreekbaar, onverwoestbaar, onverslijtbaar, onvergankelijk* **0.2** ***onomkoopbaar*** ⇒*onkreukbaar, integer*.

'in-'coun·try ⟨bn., attr.⟩ **0.1** ***binnenlands*** ⇒*intern*.

in·cras·sate [ɪn'kræseɪt]⟨bn.⟩⟨biol.⟩ **0.1** ***verdikt*** ⇒*opgezet*.

in·crease[1] ['ɪŋkri:s]⟨f3⟩⟨zn.⟩
I ⟨telb.zn.⟩ **0.1** ***verhoging*** ⇒*stijging;*
II ⟨telb. en n.-telb.zn.⟩ **0.1** ***toename*** ⇒*groei, aanwas, vergroting, vermeerdering, uitbreiding* **0.2** ***vermenigvuldiging*** ⇒*verveelvoudiging, uitdijing* ◆ **6.1** be **on** the ~ *toenemen*.

increase[2] [ɪn'kri:s]⟨f3⟩⟨ww.⟩
I ⟨onov.ww.⟩ **0.1** ***toenemen*** ⇒*(aan)groeien, stijgen* **0.2** ***zich vermenigvuldigen;***
II ⟨ov.ww.⟩ **0.1** ***vergroten*** ⇒*verhogen, uitbreiden, versterken*.

in·creas·ing·ly [ɪn'kri:sɪŋli]⟨f3⟩⟨bw.⟩ **0.1** ***in toenemende mate*** ⇒*steeds sterker, meer en meer* ◆ **2.1** ~ worse *hoe langer hoe erger*.

in·cred·i·bil·i·ty [ɪn'kredə'bɪləṭi]⟨telb. en n.-telb.zn.; →mv. 2⟩ **0.1** ***ongelofelijkheid*** ⇒*ongeloofwaardigheid*.

in·cred·i·ble [ɪn'kredəbl]⟨f3⟩⟨bn.; -ly; -ness; →bijw. 3⟩ **0.1** ***ongelofelijk*** ⇒*onaannemelijk, ongeloofwaardig;* ⟨oneig.⟩ *onvoorstelbaar* ◆ **1.1** ⟨inf.⟩ it's an ~ book *het is een ongelofelijk/verbluffend/fantastisch (goed) boek*.

in·cre·du·li·ty ['ɪŋkrɪ'dju:ləti‖-'du:ləṭi]⟨f1⟩⟨n.-telb.zn.⟩ **0.1** ***ongelovigheid*** ⇒*increduliteit, ongeloof*.

in·cred·u·lous [ɪn'kredjʊləs‖-dʒə-]⟨f1⟩⟨bn.; -ly⟩ **0.1** ***ongelovig*** ◆ **6.1** be ~ **of** *geen geloof hechten aan, sceptisch staan tegenover*.

in·cre·ment ['ɪŋkrɪmənt]⟨f1⟩⟨zn.⟩
I ⟨telb.zn.⟩ **0.1** ***periodiek*** ⟨v. salaris⟩ ⇒*(periodieke) verhoging;*
II ⟨n.-telb.zn.⟩ **0.1** ***vergroting*** ⇒*(waarde)vermeerdering, (vermogens)aanwas, opbrengst, winst* **0.2** ***toename*** ⇒*toeneming, aangroeiing, increment* **0.3** ⟨wisk.⟩ ***aangroeiing*** ⇒*toename*.

in·cre·men·tal ['ɪŋkrɪ'menṭl]⟨bn.; -ly⟩ **0.1** ***oplopend*** ⇒*(periodiek) verhoogd, stijgend, aangroeiend* **0.2** ⟨tech.⟩ ***incrementeel*** ◆ **1.¶** ⟨ec.⟩ ~ cost *marginale kosten*.

in·cres·cent [ɪn'kresnt]⟨bn.⟩ **0.1** ***wassend*** ⟨v. maan⟩.

in·cre·tion [ɪn'kri:ʃn]⟨zn.⟩⟨med.⟩
I ⟨telb.zn.⟩ **0.1** ***incretum*** ⇒*hormoon;*
II ⟨n.-telb.zn.⟩ **0.1** ***incretie*** ⇒*inwendige klierafscheiding*.

in·crim·i·nate [ɪn'krɪmɪneɪt]⟨f1⟩⟨ov.ww.⟩ **0.1** ***beschuldigen*** ⇒*betichten, aanklagen, incrimineren* **0.2** ***bezwaren*** ⇒*als de schuldige aanwijzen, de verdenking laden op, pleiten tegen, incrimineren* ◆ **1.2** incriminating statements *bezwarende verklaringen*.

in·crim·i·na·tion [ɪn'krɪmɪ'neɪʃn]⟨n.-telb.zn.⟩ **0.1** ***beschuldiging***.

'in-crowd ⟨f1⟩⟨telb.zn.⟩ **0.1** ***in-crowd*** ⇒*kliekje, groepje ingewijden, wereldje, circuit, kringetje*.

incrust →encrust.

in·crust·a·tion, en·crust·a·tion ['ɪŋkrʌ'steɪʃn]⟨zn.⟩
I ⟨telb.zn.⟩ **0.1** ***korst(laag)*** ⇒*aanzetting, aanslag, roof* **0.2** ***(muur) bekleding*** ⇒*incrustatie;*
II ⟨n.-telb.zn.⟩ **0.1** ***incrustatie*** ⇒*invatting* ⟨v. edelstenen, enz.⟩ **0.2** ***aanzetting*** ⇒*aanslag/korstvorming, aankoeking, kalk/ketelsteenafzetting, kalk/ketelsteenvorming*.

in·cu·bate ['ɪŋkjʊbeɪt‖-kjə-]⟨f1⟩⟨ww.⟩
I ⟨onov.ww.⟩ **0.1** ***broeden*** **0.2** ***incubatie/uitbroeding ondergaan;***
II ⟨ov.ww.⟩ **0.1** ***uitbroeden*** **0.2** ***kweken*** ⟨bacteriën enz.⟩ ⇒⟨med.⟩ *onder de leden hebben* **0.3** ***broeden op*** ⇒*uitbroeden, uitdenken, peinzen over*.

in·cu·ba·tion ['ɪŋkjʊ'beɪʃn‖-kjə-]⟨f1⟩⟨telb. en n.-telb.zn.⟩ **0.1** ***uitbroeding*** **0.2** ***broedperiode*** **0.3** ⟨med.⟩ ***incubatie(tijd)***.

in·cu·ba·tion·al ['ɪŋkjʊ'beɪʃnəl‖-kjə], **in·cu·ba·tive** ['ɪŋkjʊbeɪtɪv‖-kjəbeɪṭɪv]⟨bn., attr.⟩ **0.1** ***incubatorisch*** ⇒*incubatie-, broed-, (uit)broedings-*.

in·cu·ba·tor ['ɪŋkjʊbəɪtə‖'ɪŋkjəbeɪṭər]⟨f1⟩⟨telb.zn.⟩ **0.1** ***broedmachine*** ⇒*broedstoof, incubator* **0.2** ***couveuse*** **0.3** ***kweekkamer***.

in·cu·bus ['ɪŋkjʊbəs‖-kjə-]⟨telb.zn.; ook incubi [-baɪ]; →mv. 5⟩ **0.1** ***incubus*** **0.2** ***nachtmerrie*** ⇒⟨bij uitbr.⟩ *(drukkende) last, zorg, juk, obsessie*.

in·cu·des ⟨mv.⟩ →incus.

in·cul·cate ['ɪŋkʌlkeɪt‖ɪn'kʌl-]⟨ov.ww.⟩⟨schr.⟩ **0.1** ***inprenten*** ⇒*inscherpen, instampen, doordringen van, op het hart drukken* ◆ **6.1** ~ sth. **in** s.o./s.o. **with** sth. *iem. ergens van doordringen*.

in·cul·ca·tion ['ɪŋkʌl'keɪʃn]⟨telb. en n.-telb.zn.⟩⟨schr.⟩ **0.1** ***inprenting***.

in·cul·pate ['ɪŋkʌlpeɪt‖ɪn'kʌl-]⟨ov.ww.⟩⟨schr.⟩ **0.1** ***beschuldigen*** ⇒*betichten, aanklagen, als (de) schuldig(e) aanwijzen, inculperen*.

in·cul·pa·tion ['ɪŋkʌl'peɪʃn]⟨telb.zn.⟩ **0.1** ***beschuldiging*** ⇒*aanklacht*.

in·cul·pa·to·ry [ɪn'kʌlpətri‖-tɔri]⟨bn.⟩ **0.1** ***beschuldigend***.

in·cult ['ɪn'kʌlt]⟨bn.⟩ **0.1** ***onbeschaafd*** ⇒*ongekultiveerd, stuntelig* **0.2** ***onafgewerkt*** ⇒*onverfijnd, grof*.

in·cum·ben·cy [ɪn'kʌmbənsi]⟨zn.; →mv. 2⟩
I ⟨telb.zn.⟩ **0.1** ***plicht*** ⇒*taak, verplichting, verantwoordelijkheid* **0.2** ***ambtsperiode*** **0.3** ***predikantsplaats*** ⇒*kerkelijk ambt;*
II ⟨n.-telb.zn.⟩ **0.1** ***ambtsbekleding/vervulling***.

in·cum·bent[1] [ɪn'kʌmbənt]⟨f1⟩⟨telb.zn.⟩ **0.1** ***prebendaris*** ⇒*beneficiarius, bekleder v.e. kerkelijk ambt/beneficium, predikant, dominee* **0.2** ⟨vnl. AE⟩ ***ambtsdrager*** ⇒*functionaris*.

incumbent[2] ⟨f1⟩⟨bn.⟩ **0.1** ***steunend*** ⇒*drukkend, rustend* **0.2** ***zittend*** ⇒*in functie zijnd, als zodanig optredend* ◆ **1.2** ⟨vnl. AE⟩ the ~ governor *de zittende gouverneur* **6.¶** ⟨schr.⟩ it's ~ **(up)on** you to *... het is jouw plicht/taak/verantwoordelijkheid om ..., het is aan jou om ...*.

in·cu·nab·u·list ['ɪŋkjʊ'næbjʊlɪst‖'ɪŋkjə'næbjəlɪst]⟨telb.zn.⟩ **0.1** ***incunabulist*** ⇒*incunabelkenner*.

in·cu·nab·u·lum ['ɪŋkjʊ'næbjʊləm‖'ɪŋkjə'næbjələm], ⟨in bet. I ook⟩ **in·cun·able** [ɪn'kju:nəbl]⟨zn.; 1e variant incunabula ['ɪŋkjʊ'næbjʊlə‖'ɪŋkjə'næbjələ]; →mv. 5⟩
I ⟨telb.zn.⟩ **0.1** ***incunabel*** ⇒*wiegedruk;* ⟨bij uitbr.⟩ *eerste voortbrengsel;*
II ⟨mv.; incunabula⟩ **0.1** ***beginstadium/tijd*** ⇒*de kinderschoenen*.

in·cur [ɪn'kɜ:‖ɪn'kɜr]⟨f2⟩⟨ov.ww.; →ww. 7⟩ **0.1** ***oplopen*** ⇒*zich op de hals halen, zich blootstellen aan, vervallen in* ◆ **1.1** ~ large debts *zich diep in de schulden steken*.

in·cur·a·bil·i·ty ['ɪŋkjʊərə'bɪləti‖'ɪŋkjʊrə'bɪləṭi]⟨n.-telb.zn.⟩ **0.1** ***ongeneeslijkheid***.

in·cur·a·ble[1] ['ɪn'kjʊərəbl‖-'kjʊr-]⟨telb.zn.⟩ **0.1** ***ongeneeslijke zieke***.

incurable[2] ⟨f1⟩⟨bn.; -ly; -ness; →bijw. 3⟩ **0.1** ***ongeneeslijk*** ◆ **1.1** ⟨fig.⟩ ~ pessimism *ongeneeslijk/onuitroeibaar pessimisme*.

in·cu·ri·os·i·ty ['ɪnkjʊəri'ɒsəti‖'ɪŋkjʊri'ɑsəṭi]⟨n.-telb.zn.⟩ **0.1** ***ongeïnteresseerdheid*** ⇒*onverschilligheid*.

in·cu·ri·ous ['ɪn'kjʊərɪəs‖-'kjʊr-]⟨bn.; -ly; -ness⟩ **0.1** ***ongeïnteresseerd*** ⇒*onverschillig, onopmerkzaam, lauw*.

in·cur·sion [ɪn'kɜ:ʃn‖ɪn'kɜrʒn]⟨f1⟩⟨telb.zn.⟩ **0.1** ***inval*** ⇒*invasie, strooptocht, raid, verrassingsaanval, overrompeling* ◆ **6.1** ⟨fig.⟩ an ~ **upon** s.o.'s privacy *een inbreuk op iemands privacy*.

in·cur·sive [ɪn'kɜ:sɪv‖-'kɜr-]⟨bn.⟩ **0.1** ***invallend*** ⇒*agressief*.

in·cur·va·tion ['ɪŋkɜ:'veɪʃn‖-kɜr-]⟨n.-telb.zn.⟩ **0.1** ***inbuiging***.

in·curve [ɪn'kɜ:v‖-'kɜrv], **in·cur·vate** ['ɪŋkɜ:veɪt‖ɪn'kɜrveɪt]⟨ov.ww.⟩ →incurved **0.1** ***inbuigen*** ⇒*naar binnen buigen, om/verbuigen, krommen*.

in·curved ['ɪnkɜ:vd‖-'kɜrvd]⟨bn.; volt. deelw. v. incurve⟩ **0.1** ***ingebogen*** ⇒*naar binnen gebogen, gekromd*.

in·cus ['ɪŋkəs]⟨telb.zn.; incudes [ɪn'kju:di:z‖ɪŋ-]; →mv. 5⟩⟨anat.⟩ **0.1** ***aanbeeld(sbeentje)*** ⇒*incus*.

in·cuse[1] [ɪn'kju:z]⟨telb.zn.⟩ **0.1** ***stempelindruk*** ⇒*ponsoen, incusum*.

incuse[2] ⟨bn.⟩ **0.1** ***ingestempeld*** ⇒*ingestanst, ingehamerd*.

incuse[3] ⟨ov.ww.⟩ **0.1** ***instempelen*** ⇒*instansen, inhameren, inslaan*.

ind ⟨afk.⟩ indicative.

Ind[1] [ɪnd]⟨eig.n.⟩⟨vero.⟩ **0.1** ***India*** ⇒*Voor-Indië*.
Ind[2] ⟨afk.⟩ India, Indian, Indiana, Independent.
in·da·ba [ɪn'dɑ:bə]⟨telb.zn.⟩ **0.1** ***indaba*** ⇒*stammenvergadering* ⟨in zuidelijk Afrika⟩.
in·debt·ed [ɪn'deṭɪd]⟨f2⟩⟨bn.⟩ **0.1** ***schuldig*** ⇒*verschuldigd, verplicht, schuldplichtig* ◆ **6.1** be ~ **to** the bank *bij de bank in het krijt staan;* I am greatly ~ **to** them for their help *ik ben hun voor hun hulp veel dank verschuldigd/zeer verplicht*.
in·debt·ed·ness [ɪn'deṭɪdnəs]⟨zn.⟩
I ⟨telb.zn.⟩ **0.1** ***schuld(en)*** ⇒*(totale) schuldenlast;*
II ⟨n.-telb.zn.⟩ **0.1** ***verschuldigdheid*** ⇒*schuldplichtigheid*.
in·de·cen·cy [ɪn'di:snsi]⟨f1⟩⟨telb. en n.-telb.zn.; →mv. 2⟩ **0.1** ***onfatsoenlijkheid*** ⇒*indecentie, obsceniteit*.
in·de·cent [ɪn'di:snt]⟨f2⟩⟨bn.; -ly⟩ **0.1** ***onfatsoenlijk*** ⇒*onbehoorlijk, onbetamelijk, ongepast, aanstootgevend, onoirbaar, indecent, obsceen* ◆ **1.1** ~ assault *aanranding;* ~ exposure *openbare schennis der eerbaarheid, (geval v.) exhibitionisme;* ⟨inf.⟩ he left in ~ haste *hij is onfatsoenlijk snel vertrokken, hij wist niet hoe snel hij weg moest komen*.
in·de·ci·du·ous ['ɪndɪ'sɪdʒʊəs]⟨bn.⟩⟨plantk.⟩ **0.1** ***niet afvallend*** ⟨v. blad⟩ **0.2** ***altijdgroen*** ⟨v. boom⟩.
in·de·ci·sion ['ɪndɪ'sɪʒn]⟨f1⟩⟨n.-telb.zn.⟩ **0.1** ***besluiteloosheid*** **0.2** ***aarzeling*** ⇒*schroom, weifeling*.
in·de·ci·sive ['ɪndɪ'saɪsɪv]⟨f1⟩⟨bn.; -ly; -ness⟩ **0.1** ***niet beslissend/afdoend*** **0.2** ***besluiteloos*** ⇒*weifelend, weifelachtig, onzeker* **0.3** ***vaag*** ⇒*onbepaald* ◆ **1.1** ~ answer *niet afdoend antwoord;* the battle was ~ *de slag was niet beslissend* **1.3** ~ boundaries *vage grenzen*.
in·de·clin·a·ble ['ɪndɪ'klaɪnəbl]⟨bn.⟩⟨taalk.⟩ **0.1** ***onverbuigbaar***.
in·de·com·pos·a·ble ['ɪndi:kəm'poʊzəbl]⟨bn.⟩ **0.1** ***onontleedbaar*** ⇒*onontbindbaar, onafbreekbaar*.
in·dec·o·rous [ɪn'dekərəs]⟨bn.; -ly; -ness⟩⟨schr.⟩ **0.1** ***smakeloos*** ⇒*onwelvoeglijk, onbehoorlijk, onbetamelijk, ongepast*.
in·de·cor·um ['ɪndɪ'kɔ:rəm]⟨telb. en n.-telb.zn.; geen mv.⟩ **0.1** ***smakeloosheid*** ⇒*onbehoorlijkheid, onkiesheid, onverkwikkelijkheid*.
in·deed [ɪn'di:d]⟨f4⟩⟨bw.⟩⟨→sprw. 211⟩ **0.1** ⟨om iets te bevestigen of ermee in te stemmen⟩ ***inderdaad*** ⇒*voorwaar, zeker* **0.2** ⟨om een opmerking in te leiden die een eerdere versterkt⟩ ***in feite*** ⇒*sterker nog* **0.3** ⟨aan het eind v.d. zin, gebruikt om 'very' te versterken⟩ ***(daad)werkelijk*** ⇒*echt, heus* **0.4** ⟨om met iets in principe toe te stemmen, maar om daarna een relativerende opmerking te plaatsen⟩ ***toegegeven*** ⇒*uiteraard, natuurlijk, weliswaar* **0.5** ⟨na een woord, om dat te benadrukken⟩ ***echt*** **0.6** ⟨als uitroep, om een woord te benadrukken, waar je het niet mee eens bent⟩ ***belachelijk*** ⇒*ja, ja, laat me niet lachen* ◆ **1.5** that's a surprise ~ *dat is echt een verrassing* **3.6** well paid, ~! We lexicographers can't even afford this dictionary *goed betaald! Laat me niet lachen. Wij lexicografen kunnen dit woordenboek zelfs niet betalen* **5.3** very kind ~ *werkelijk zeer vriendelijk;* thank you very much ~ *heel hartelijk bedankt* **¶.1** is it blue? Indeed *is het blauw? Inderdaad* **¶.2** I don't mind. Indeed, I would be pleased *Ik vind het best. Wat heet/sterker nog, ik zou het leuk vinden* **¶.4** ~ it is true, but … *het is uiteraard waar, maar* … **¶.¶** O, ~! *U meent het!, Meent u dat nou?, Werkelijk?;* Yes, ~! *Nou (en of)!, Reken maar!, Zegt u dat wel!;* is, ~, such a thing possible? *is zo iets trouwens/überhaupt/nu eigenlijk (wel) mogelijk?*.
in·de·fat·i·ga·bil·i·ty ['ɪndɪfæṭɪgə'bɪləṭi]⟨n.-telb.zn.⟩ **0.1** ***onvermoeibaarheid***.
in·de·fat·i·ga·ble ['ɪndɪ'fæṭɪgəbl]⟨bn.; -ly; -ness; →bijw. 3⟩ **0.1** ***onvermoeibaar*** ⇒*onvermoeid, onverdroten*.
in·de·fea·si·bil·i·ty ['ɪndɪfi:zə'bɪləṭi]⟨n.-telb.zn.⟩ **0.1** ***onvervreemdbaarheid***.
in·de·fea·si·ble ['ɪndɪ'fi:zəbl]⟨bn.; -ly; →bijw. 3⟩ **0.1** ***onvervreemdbaar*** ⇒*onopzegbaar, onschendbaar, onverbeurdbaar*.
in·de·fec·ti·ble ['ɪndɪ'fektəbl]⟨bn.; -ly; →bijw. 3⟩ **0.1** ***onvergankelijk*** ⇒*duurzaam, onverbrekelijk* **0.2** ***foutloos*** ⇒*feilloos, onfeilbaar*.
in·de·fen·si·bil·i·ty ['ɪndɪfensə'bɪləṭi]⟨n.-telb.zn.⟩ **0.1** ***onverdedigbaarheid*** ⇒*onhoudbaarheid*.
in·de·fen·si·ble ['ɪndɪ'fensəbl]⟨f1⟩⟨bn.; -ly; -ness; →bijw.3⟩ **0.1** ***onverdedigbaar*** ⇒*onrechtvaardigbaar, onvergeeflijk, onhoudbaar*.
in·de·fin·a·ble ['ɪndɪ'faɪnəbl]⟨f1⟩⟨bn.; -ly; -ness; →bijw. 3⟩ **0.1** ***ondefinieerbaar*** ⇒*onomschrijfbaar, onbeschrijflijk, niet preciseerbaar*.
in·def·i·nite [ɪn'defnɪṭ]⟨f3⟩⟨bn.; -ly; -ness⟩ **0.1** ***onduidelijk*** ⇒*onbestemd, vaag* **0.2** ***onbepaald*** ⟨ook taalk.⟩ ⇒*onbegrensd, onbeperkt* **0.3** ***onzeker*** ⇒*onbeslist, niet definitief* ◆ **1.2** ⟨taalk.⟩ ~ article *onbepaald lidwoord, lidwoord v. onbepaaldheid;* ⟨wisk.⟩ ~ integral *onbepaalde integraal;* ⟨taalk.⟩ ~ pronoun *onbepaald voornaamwoord* **3.1** postponed ~ly *voor onbepaalde tijd uitgesteld*.
in·de·his·cent ['ɪndɪ'hɪsnt]⟨bn.⟩⟨plantk.⟩ **0.1** ***niet openspringend***.
in·del·i·bil·i·ty ['ɪndelə'bɪləṭi]⟨n.-telb.zn.⟩ **0.1** ***onuitwisbaarheid*** **0.2** ***veegvastheid*** ⇒*watervastheid*.
in·del·i·ble [ɪn'deləbl]⟨f1⟩⟨bn.; -ly; -ness; →bijw. 3⟩ **0.1** ***onuitwisbaar*** **0.2** ***veegvast*** ⇒*watervast* ◆ **1.2** ~ pencil *veeg/watervast potlood*.
in·del·i·ca·cy [ɪn'delɪkəsi]⟨telb. en n.-telb.zn.; →mv. 2⟩ **0.1** ***onbehoorlijkheid*** **0.2** ***smakeloosheid*** **0.3** ***tactloosheid***.
in·del·i·cate [ɪn'delɪkət]⟨f1⟩⟨bn.; -ly; -ness⟩ **0.1** ***onbehoorlijk*** ⇒*onbescheiden, onkies, indelicaat, indiscreet* **0.2** ***smakeloos*** ⇒*grof, onheus, beledigend* **0.3** ***tactloos*** ⇒*lomp, bot*.
in·dem·ni·fi·ca·tion [ɪn'demnɪfɪ'keɪʃn]⟨zn.⟩
I ⟨telb. en n.-telb.zn.⟩ **0.1** ***schadeloosstelling*** ⇒*(schade)vergoeding;*
II ⟨n.-telb.zn.⟩ **0.1** ***vrijwaring*** ⇒*waarborging*.
in·dem·ni·fy [ɪn'demnɪfaɪ]⟨f1⟩⟨ov.ww.; →ww. 7⟩ **0.1** ***vrijwaren*** ⇒*indemniseren, waarborgen, verzekeren, indekken* **0.2** ***schadeloosstellen*** ⇒*indemniseren, vergoeden* ◆ **6.1** ~ s.o. **against/from** *iem. vrijwaren tegen/voor, iem. beschermen/verzekeren tegen* **6.2** ~ s.o. **for** expenses *iem. gemaakte onkosten vergoeden*.
in·dem·ni·ty [ɪn'demnəṭi]⟨f1⟩⟨telb. en n.-telb.zn.; →mv. 2⟩ **0.1** ***schadeloosstelling*** ⇒*schadevergoeding;* ⟨i.h.b.⟩ *herstelbetaling(en)* **0.2** ***garantie*** ⇒*waarborg(ing), (aansprakelijkheids)verzekering, bescherming, indekking* **0.3** ***vrijstelling*** ⟨v. straf⟩ ⇒*vrijwaring*.
in·de·mon·stra·ble ['ɪn'demənstrəbl, 'ɪndɪ'mɒnstrəbl‖ɪndɪ'mɑn-]⟨bn.; -ly; -ness; →bijw. 3⟩ **0.1** ***onbewijsbaar*** ⇒*onaantoonbaar*.
in·dent[1] ['ɪndent]⟨f1⟩⟨telb.zn.⟩ **0.1** ⟨vnl. BE⟩ ***exportorder*** ⇒*buitenlandse bestelling/(aankoop)order* **0.2** ⟨vnl. BE⟩ ***orderbrief*** **0.3** ⟨vnl. BE⟩ ***rekwisitie*** ⇒*goederenvordering* **0.4** →indenture[1] I **0.5** ***indentation I*** **0.6** ⟨Am. gesch.⟩ ***indent*** ⇒*rentebewijs/brief* ⟨uitgegeven kort na de onafhankelijkheid⟩.
indent[2] [ɪn'dent]⟨f1⟩⟨ww.⟩
I ⟨onov.ww.⟩ **0.1** ***een schriftelijke bestelling doen*** ⇒*een aanvrage indienen* ◆ **6.1** ~ **(up)on** s.o. **for** sth. *iets (schriftelijk) bij iem. bestellen/aanvragen;*
II ⟨onov. en ov.ww.⟩⟨druk.⟩ **0.1** ***(laten) inspringen*** ⟨regel⟩ ⇒*insnijden;*
III ⟨ov.ww.⟩ **0.1** ***kartelen*** ⇒*kerven, inkepen, (uit)tanden, insnijden, (uit)schulpen* **0.2** ***langs een onregelmatige lijn in tweeën scheuren*** ⟨duplicaat v.e. contract, ter verificatie v.d. authenticiteit⟩ **0.3** ***in duplo/triplo opmaken*** **0.4** ***schriftelijk/per orderbrief bestellen*** **0.5** ***(in)deuken*** ⇒*blutsen, indrukken, groeven, instempelen, instansen* **0.6** ⟨amb.⟩ ***inkepen*** ⇒*vertanden, met een tand(las) verbinden* ◆ **1.1** an ~ed coastline *een ingesneden/grillige kustlijn*.
in·den·ta·tion ['ɪnden'teɪʃn]⟨zn.⟩
I ⟨telb.zn.⟩ **0.1** ***keep*** ⇒*kerf, snede, inkeping* **0.2** ***inspringing*** **0.3** ***inham*** ⇒*fjord;*
II ⟨n.-telb.zn.⟩ **0.1** ***karteling*** ⇒*insnijding, inkerving, inkeping, (ver)tanding*.
in·den·tion [ɪn'denʃn]⟨zn.⟩
I ⟨telb.zn.⟩ **0.1** ***inspringing*** ◆ **3.1** ⟨typografie⟩ hanging ~ *paragraaf waarvan alle regels (behalve de eerste) inspringen;*
II ⟨n.-telb.zn.⟩ →indentation II.
in·den·ture[1] [ɪn'dentʃə‖-ər]⟨zn.⟩
I ⟨telb.zn.⟩ **0.1** ***akte/document in duplo*** ⇒*authentieke akte, gezegeld contract* **0.2** ⟨vnl. mv.⟩ ***leercontract*** ⇒*dienstovereenkomst* ◆ **3.1** take up one's ~s *zijn leercontract terugkrijgen, zijn leertijd afsluiten, zijn praktijkgetuigschrift ontvangen;*
II ⟨n.-telb.zn.⟩ →indentation II.
indenture[2] ⟨ov.ww.⟩ **0.1** ***aannemen op basis v.e. leerovereenkomst*** ⇒*als leerling aannemen, contracteren* ◆ **1.1** ~d labour *contractarbeiders*.
in·de·pend·ence ['ɪndɪ'pendəns]⟨f3⟩⟨n.-telb.zn.⟩ **0.1** ***onafhankelijkheid*** ⇒*zelfstandigheid*.
Inde'pendence Day ⟨eig.n.⟩ **0.1** ***onafhankelijkheidsdag***.
in·de·pend·en·cy ['ɪndɪ'pendənsi]⟨zn.; →mv. 2⟩
I ⟨telb.zn.⟩ **0.1** ***onafhankelijk gebied*** ⇒*onafhankelijke staat;*
II ⟨n.-telb.zn.⟩ **0.1** ⟨I-⟩⟨gesch., relig.⟩ ***independentisme*** ⇒*congregationalisme* **0.2** ⟨vero.⟩ ***onafhankelijkheid***.
in·de·pend·ent[1] ['ɪndɪ'pendənt]⟨f2⟩⟨telb.zn.⟩ **0.1** ***onafhankelijke*** **0.2** ⟨ook I-⟩ ***partijloze*** **0.3** ⟨I-⟩⟨gesch.⟩ ***independent***.
independent[2] ⟨f3⟩⟨bn.; -ly⟩ **0.1** ***onafhankelijk*** ⇒*zelfstandig, autonoom, vrij* **0.2** ***onafhankelijk*** ⇒*partijloos, niet partijgebonden* **0.3** ***vrijstaand*** **0.4** ⟨I-⟩⟨gesch.⟩ ***independent*** ◆ **1.1** ⟨taalk.⟩ ~ clause *onafhankelijke/*⟨oneig.⟩ *hoofdzin;* he's a man of ~ means, he has an ~ income *hij is financieel onafhankelijk, hij heeft een zelfstandig bestaan, hij kan onafhankelijk leven;* ⟨BE⟩ ~ school *onafhankelijke/particuliere school;* an ~ thinker *een zelfstandig/oorspronkelijk denker*.
'in-'depth ⟨bn., attr.⟩ **0.1** ***diepgaand*** ⇒*grondig, diepte-*.
in·de·scrib·a·bil·i·ty ['ɪndɪskraɪbə'bɪləṭi]⟨n.-telb.zn.⟩ **0.1** ***onbeschrijflijkheid***.

in·de·scrib·a·ble ['ɪndɪ'skraɪbəbl]⟨f1⟩⟨bn.; -ly; -ness; →bijw. 3⟩ **0.1** ***onbeschrijflijk*** ⇒*onbeschrijfbaar* **0.2** ***onomschrijfbaar*** ⇒*niet te beschrijven, niet onder woorden te brengen*.

in·de·struc·ti·bil·i·ty ['ɪndɪstrʌktə'bɪləṭi]⟨n.-telb.zn.⟩ **0.1** ***onverwoestbaarheid***.

in·de·struc·ti·ble ['ɪndɪ'strʌktəbl]⟨f1⟩⟨bn.; -ly; -ness; →bijw. 3⟩ **0.1** ***onverwoestbaar*** ⇒*onvernietigbaar*.

in·de·ter·mi·na·ble ['ɪndɪ'tɜ:mɪ̣nəbl‖-'tɜr-]⟨bn.; -ly; →bijw. 3⟩ **0.1** ***onbepaalbaar*** ⇒*onberekenbaar, niet vaststelbaar, niet uit te maken, indeterminabel* **0.2** ***onoplosbaar*** ⇒*onontraadselbaar, onbeslist*.

in·de·ter·mi·na·cy ['ɪndɪ'tɜ:mɪ̣nəsi‖-'tɜr-]⟨n.-telb.zn.⟩ **0.1** ***onbepaaldheid*** **0.2** ***onbepaalbaarheid*** **0.3** ***onduidelijkheid***.

in·de·ter·mi·nate ['ɪndɪ'tɜ:mɪ̣nət‖-'tɜr-]⟨f1⟩⟨bn.; -ly; -ness⟩ **0.1** ***onbepaald*** ⇒*onbeslist, onzeker, niet vastgesteld, onuitgemaakt, onbestemd* **0.2** ***onbepaalbaar*** ⇒*onbekend* **0.3** ***onduidelijk*** ⇒*vaag* **0.4** ⟨wisk.⟩ ***onbepaald*** ◆ **1.¶** ~ inflorescence *open/onbepaalde bloeiwijze;* ~ sentence *veroordeling voor onbepaalde tijd;* ⟨taalk.⟩ ~ vowel *toonloze klinker, sjwa*.

in·de·ter·mi·na·tion ['ɪndɪtɜ:mɪ̣'neɪʃn‖-tɜr-]⟨n.-telb.zn.⟩ **0.1** →indeterminacy **0.2** ***gebrek aan doortastendheid/vastberadenheid*** ⇒*besluiteloosheid*.

in·de·ter·min·ism ['ɪndɪ'tɜ:mɪ̣nɪzm‖-'tɜr-]⟨n.-telb.zn.⟩⟨fil.⟩ **0.1** ***indeterminisme***.

in·dex[1] ['ɪndeks]⟨f3⟩⟨telb.zn.; ook indices ['ɪndɪ̣si:z]; →mv. 5⟩ **0.1** ***wijsvinger*** ⇒*index* **0.2** ***wijzer(tje)*** ⇒*meter, (indicatie)naald, (schrijf)stift* **0.3** ***index*** ⇒*indexcijfer* **0.4** ***index*** ⇒*verhoudingscijfer* **0.5** ***aanwijzing*** ⇒*indikatie, aanduiding, indicie, vingerwijzing* **0.6** ***index*** ⇒*exponent, superscript* **0.7** ***(bibliotheek)catalogus*** ⇒*kaartcatalogus/systeem* **0.8** ⟨boek.⟩ ***register*** ⇒*index* **0.9** ⟨boek.⟩ ***index*** ⟨afbeelding v.e. wijzend handje⟩ **0.10** ⟨boek.⟩ ***duimgreepsysteem*** **0.11** ⟨geol.⟩ ***(gids)fossiel*** ◆ **1.3** Index of Retail Prices *prijsindex v. verbruiksgoederen* ⟨in Groot-Brittannië⟩ **2.4** ⟨nat.⟩ refractive ~ *brekingsindex* **7.8** ⟨gesch.; R.-K.⟩ the Index *de index (librorum prohibitorum), de lijst der verboden boeken*.

index[2] ⟨f1⟩⟨ww.⟩

I ⟨onov.ww.⟩ **0.1** ***een index/register maken;***

II ⟨ov.ww.⟩ **0.1** ***indexeren*** ⇒*in de index/het register opnemen* **0.2** ***indexeren*** ⇒*een index/register maken op, v. een index/register voorzien* **0.3** ***duiden/wijzen op*** ⇒*aanduiden, aanwijzen, een aanwijzing zijn voor, indiceren* **0.4** ⟨ec.⟩ ***indexeren*** ⇒*koppelen aan een index/de prijsindex*.

in·dex·a·tion ['ɪndek'seɪʃn], ⟨in bet. I ook⟩ **in·dex·ing** ['ɪndeksɪŋ]⟨f1⟩⟨zn.⟩

I ⟨telb. en n.-telb.zn.⟩ **0.1** ***indexering*** ⇒*het indexeren;*

II ⟨n.-telb.zn.⟩ **0.1** ***indexering*** ⇒*koppeling aan een index/de prijsindex*.

in·dexed ['ɪndekst], **in·dex-linked** ⟨f1⟩⟨bn.⟩ **0.1** ***geïndexeerd*** ⇒*(aan de) index(-)gekoppeld*.

index figure, 'index number ⟨telb.zn.⟩ **0.1** ***indexcijfer***.

'index finger ⟨f1⟩⟨telb.zn.⟩ **0.1** ***wijsvinger***.

In·di·a ['ɪndɪə]⟨eig.n.⟩ **0.1** ***India*** **0.2** ***Brits/Voor-Indië***.

'India 'ink ⟨n.-telb.zn.⟩⟨AE⟩ **0.1** ***Oostindische inkt***.

In·di·a·man ['ɪndɪəmən]⟨telb.zn.⟩⟨gesch.⟩ **0.1** ***Oostindië/Indiavaarder***.

In·di·an[1] ['ɪndɪən]⟨f3⟩⟨zn.⟩

I ⟨eig.n.⟩ **0.1** ***Indiaans*** ⇒*indianentaal;*

II ⟨telb.zn.⟩ **0.1** ***Indiër*** ⇒*inwoner v. India;* ⟨gesch.⟩ *Voor-Indiër;* ⟨gesch.⟩ *Oost-Indiër;* ⟨gesch.⟩ *Achter-Indiër* **0.2** ***Indiaan*** **0.3** ⟨gesch.⟩ ***Brits-Indiëganger*** ⇒⟨ong.⟩ *oostganger, indischgast/man* ⟨Europeaan, i.h.b. Brit die in Brits-Indië heeft gewoond⟩ ◆ **2.1** ⟨gesch.⟩ East ~ *Oostindiër* **2.2** American ~ *Indiaan;* Red ~ *Indiaan, roodhuid* **2.¶** West ~ *Westindiër*.

Indian[2] ⟨f3⟩⟨bn.⟩ **0.1** ***Indiaas*** ⇒⟨gesch.⟩ *Indisch, Brits-Indisch* **0.2** ***Indiaans*** ◆ **1.¶** ~ club *(gymnastiek)knots;* ⟨dierk.⟩ ~ cobra *brilslang, cobra* ⟨Naja naja⟩; ~ corn *maïs;* ⟨BE; plantk.⟩ ~ cress *klimkers* ⟨genus Tropaeolum⟩; ⟨i.h.b.⟩ *Oostindische kers* ⟨T. majus⟩; in ~ file *in ganzenmars;* ⟨AE; inf.⟩ ~ giver *gever die het geschonkene terugvraagt, terugnemer/vrager;* ⟨sl.⟩ ~ hay *hasjiesj;* ⟨plantk.⟩ ~ hemp *hennep* ⟨Cannabis sativa⟩; *Indische hennep, hasjiesj;* ⟨BE⟩ ~ ink *Oostindische inkt;* ~ meal *maïsmeel;* ~ millet *gierst;* The ~ Mutiny *Opstand der Bengalen* ⟨1857-58⟩; ~ Ocean *Indische Oceaan;* ~ red *Indisch/Perzisch rood, ijzermenie/rood;* ~ rope-trick *touwtruuk;* ⟨plantk.⟩ ~ shot *bloemriet* ⟨genus Canna⟩; ~ summer *Indian summer, (warme) nazomer;* ⟨fig.⟩ *onbezorgde levensavond/oude dag;* ~ weed *tabak;* ~ wrestling *Indiaans worstelen, handjedrukken*.

In·di·an·ize ['ɪndɪənaɪz]⟨ov.ww.⟩ **0.1** ***Indiaas maken*** ⇒*indiaïseren* **0.2** ***indiaans maken*** ⇒*indianiseren*.

'India paper ⟨n.-telb.zn.⟩ **0.1** ***dundrukpapier*** ⇒*bijbel(druk)papier, (Oxford) Indiapapier* **0.2** ***Chinees papier***.

'India 'rubber ⟨zn.; ook i-⟩

I ⟨telb.zn.⟩ **0.1** ***gum(metje)*** ⇒*vlakgom;*

II ⟨n.-telb.zn.⟩ **0.1** ***gummi*** ⇒*caoutchouc, rubber*.

In·dic ['ɪndɪk]⟨bn.⟩ **0.1** ***Indiaas*** ⇒*Indisch* **0.2** ⟨taalk.⟩ ***Indisch***.

in·di·cant ['ɪndɪ̣kənt]⟨telb.zn.⟩ **0.1** ***indikatie***.

in·di·cate ['ɪndɪ̣keɪt]⟨f3⟩⟨ov.ww.⟩ **0.1** ***aangeven*** ⇒*aanduiden, aanwijzen* **0.2** ***duiden/wijzen op*** ⇒*een teken/symptoom/indicatie zijn v./voor, indiceren* **0.3** ***te kennen geven*** ⇒*duidelijk/kenbaar maken, wijzen op, blijk geven v.* **0.4** ***de noodzaak/wenselijkheid aantonen v.*** ⇒⟨i.h.b. med.⟩ *indiceren* ◆ **1.1** the cyclist ~d left *de fietser stak zijn linkerhand uit;* ~d horsepower *indicateur(-)paardekracht* **1.4** surgery seemed to be ~d *een operatie leek wenselijk*.

in·di·ca·tion ['ɪndɪ̣'keɪʃn]⟨f3⟩⟨telb. en n.-telb.zn.⟩ **0.1** ***aanwijzing*** ⇒*aanduiding, blijk, indicatie* ⟨i.h.b. med.⟩, *teken* ◆ **6.1** there is little ~ **of** improvement *er is weinig dat op een verbetering duidt/weinig aanleiding een verbetering te verwachten*.

in·dic·a·tive[1] [ɪn'dɪkəṭɪv]⟨telb.zn.⟩⟨taalk.⟩ **0.1** ***indicatief*** ⇒*aantonende wijs* **0.2** ***indicatieve (werkwoords)vorm*** ⇒*werkwoord in de indicatief*.

indicative[2] ⟨f1⟩⟨bn.; -ly⟩

I ⟨bn.⟩⟨taalk.⟩ **0.1** ***aantonend;***

II ⟨bn., pred.⟩ **0.1** ***aanwijzend*** ⇒*aanduidend, indicatief* ◆ **6.1** be ~ **of** *kenmerkend zijn voor, het kenmerkende zijn van*.

in·di·ca·tor ['ɪndɪ̣keɪtə‖-keɪṭər]⟨f2⟩⟨telb.zn.⟩ **0.1** ***wijzer(tje)*** ⇒*meter, indicator, signaal(bord), verklikker, (controle)lampje* **0.2** ***aanwijzing*** ⇒*aanduiding, indicatie, vingerwijzing* **0.3** ***richtingaanwijzer*** ⇒*knipperlicht* **0.4** ⟨nat., schei.⟩ ***indicator*** **0.5** ⟨tech.⟩ ***indicateur*** **0.6** ***informatie/mededelingenbord*** **0.7** ⟨plantk.⟩ ***indicator*** ⟨omtrent het milieu⟩ **0.8** ⟨dierk.⟩ ***honingwijzer*** ⟨Indicatoridae⟩.

in·di·ca·to·ry [ɪn'dɪkətri‖-tɔri]⟨bn., pred.⟩ **0.1** ***aanwijzend*** ⇒*aanduidend, indicatief*.

indices ⟨mv.⟩ →index.

in·di·ci·a [ɪn'dɪʃə]⟨mv.⟩ **0.1** ***onderscheidingstekens*** ⇒*kentekens, kenmerken, indiciën* **0.2** ***aanwijzingen*** ⇒*indicaties* **0.3** ⟨AE⟩ ***frankeerstempel(s)***.

in·dict [ɪn'daɪt]⟨ov.ww.⟩ **0.1** ***aanklagen*** ⇒*een (aan)klacht indienen tegen, beschuldigen, betichten, ten laste leggen* ◆ **6.1** ~ s.o. **for** murder/**as** a murderer/**on** a charge of murder *iem. aanklagen wegens moord/beschuldigen van moord*.

in·dict·a·ble [ɪn'daɪṭəbl]⟨bn.⟩ **0.1** ***(gerechtelijk) vervolgbaar*** ⇒*(als misdrijf) strafbaar, voor juryrechtspraak vatbaar* ◆ **1.1** ~ offence ⟨ong.⟩ *misdrijf*.

in·dic·tion [ɪn'dɪkʃn]⟨telb.zn.⟩ **0.1** ***indictie*** ⟨cyclus v. 15 jaar⟩.

in·dict·ment [ɪn'daɪtmənt]⟨f1⟩⟨zn.⟩

I ⟨telb.zn.⟩ **0.1** ***(aan)klacht*** ⇒*tenlastelegging, dagvaarding;*

II ⟨n.-telb.zn.⟩ **0.1** ***aanklaging*** ⇒*(staat v.) beschuldiging*.

in·die ['ɪndi]⟨telb.zn.; ook attr.⟩⟨afk.⟩ independent ⟨muz.⟩ **0.1** ***onafhankelijke platen/filmmaatschappij*** ⇒⟨attr.⟩ *onafhankelijk, mbt./v. onafhankelijke film/platenmaatschappij(en), in eigen beheer* ◆ **1.1** the ~ charts *de hitlijst(en) v. nummers v. onafhankelijke (platen)labels;* ~ singles *singles in eigen beheer*.

In·dies ['ɪndɪz]⟨eig.n.; the⟩⟨vero.⟩ **0.1** ***Brits-Indië***.

in·dif·fer·ence [ɪn'dɪfrəns], ⟨vero.⟩ **in·dif·fer·en·cy** [-si]⟨f2⟩⟨n.-telb.zn.⟩ **0.1** ***onverschilligheid*** ⇒*ongeïnteresseerdheid, nonchalance, nalatigheid* **0.2** ***middelmatigheid*** **0.3** ***onbeduidendheid***.

in·dif·fer·ent [ɪn'dɪfrənt]⟨f3⟩⟨bn.; -ly⟩ **0.1** ***onverschillig*** ⇒*ongevoelig, onaandoenlijk, ongeïnteresseerd, nonchalant, onaangedaan* **0.2** ***(middel)matig*** ⇒*schamel, pover, zwak* **0.3** ***onbeduidend*** ⇒*onbetekenend, onverschillig* **0.4** ***onpartijdig*** ⇒*onbevooroordeeld, neutraal, onvooringenomen* **0.5** ⟨nat.⟩ ***indifferent*** ◆ **1.2** this essay is very ~ indeed *dit essay is werkelijk uiterst pover/armzalig* **6.1** it's ~ **to** me *het maakt me niet uit, het is me om het even, het laat me koud;* ~ **to** hardships *ongevoelig voor ontberingen*.

in·dif·fer·ent·ism [ɪn'dɪfrənṭɪzm]⟨n.-telb.zn.⟩ **0.1** ***onverschilligheid*** ⇒⟨i.h.b. theol.⟩ *indifferentisme*.

in·dif·fer·ent·ist [ɪn'dɪfrənṭɪst]⟨telb.zn.⟩ **0.1** ***onverschillige*** ⇒⟨i.h.b. theol.⟩ *indifferentist*.

in·di·gence ['ɪndɪdʒəns]⟨n.-telb.zn.⟩⟨schr.⟩ **0.1** ***behoeftigheid*** ⇒*nooddruft, armoede*.

in·di·gene ['ɪndɪ̣dʒi:n], **in·di·gen** ['ɪndɪ̣dʒən]⟨telb.zn.⟩ **0.1** ***inheems dier*** ⇒*inheemse plant* **0.2** ***autochtoon*** ⇒*inboorling*.

in·dig·e·nous [ɪn'dɪdʒənəs]⟨f1⟩⟨bn.; -ly; -ness⟩ **0.1** ***inheems*** ⇒*autochtoon, endemisch, inlands* **0.2** ***aan/ingeboren*** ◆ **6.1** plants ~ **to** this island *op dit eiland endemische/thuishorende planten*.

in·di·gent[1] ['ɪndɪdʒənt]⟨telb.zn.⟩⟨schr.⟩ **0.1** ***behoeftige*** ⇒*noodlijdende, arme, misdeelde, pauper*.

indigent[2] ⟨bn.; -ly⟩⟨schr.⟩ **0.1** ***behoeftig*** ⇒*gebrekkig, noodlijdend, arm(oedig), min/onvermogend, nooddruftig*.

in·di·gest·ed ['ɪndɪ'dʒestɪ̣d, -daɪ-]⟨bn.⟩ **0.1** ***ongevormd*** ⇒*vormloos, amorf* **0.2** ⟨vero.⟩ ***onverteerd***.

in·di·gest·i·bil·i·ty ['ɪndɪdʒestə'bɪləṭi,-daɪ-]⟨n.-telb.zn.⟩ **0.1** ***onverteerbaarheid*** ⟨ook fig.⟩.
in·di·gest·i·ble ['ɪndɪ'dʒestəbl,'-daɪ-]⟨f1⟩⟨bn.; -ly; →bijw. 3⟩ **0.1** ***onverteerbaar*** ⟨ook fig.⟩.
in·di·ges·tion ['ɪndɪ'dʒestʃən, -daɪ-]⟨f2⟩⟨telb. en n.-telb.zn.⟩ **0.1** ***indigestie*** ⇒*spijsverteringsmoeilijkheden, maag- en darmstoornissen*.
in·di·ges·tive ['ɪndɪ'dʒestɪv, -daɪ-]⟨bn.⟩ **0.1** ***mbt. indigestie*** **0.2** ***aan indigestie lijdend***.
in·dign [ɪn'daɪn]⟨bn.⟩⟨vero.⟩ **0.1** ***infaam*** ⇒*schandelijk, onwaardig, eerloos, onverkwikkelijk* **0.2** ***onverdiend***.
in·dig·nant [ɪn'dɪgnənt]⟨f3⟩⟨bn.; -ly⟩ **0.1** ***verontwaardigd*** ⇒*gekrenkt, gepikeerd, verbolgen, gebelgd*.
in·dig·na·tion ['ɪndɪg'neɪʃn]⟨f2⟩⟨n.-telb.zn.⟩ **0.1** ***verontwaardiging*** ⇒*verbolgenheid, gebelgdheid*.
in·dig'na·tion-meet·ing ⟨telb.zn.⟩ **0.1** ***protestbijeenkomst/vergadering***.
in·dig·ni·ty [ɪn'dɪgnəṭi]⟨f1⟩⟨telb. en n.-telb.zn.; →mv. 2⟩ **0.1** ***vernedering*** ⇒*kleinering, belediging, krenking, schande, hoon*.
in·di·go ['ɪndɪgoʊ]⟨f1⟩⟨zn.; ook -es [-goʊz]; →mv. 2⟩
I ⟨telb.zn.⟩⟨plantk.⟩ **0.1** ***indigo(plant)*** ⟨genus Indigofera⟩;
II ⟨telb. en n.-telb.zn.⟩ **0.1** ***indigo***.
'indigo bird, 'indigo bunting ⟨telb.zn.⟩⟨dierk.⟩ **0.1** ***indigovink*** ⟨Passerina cyanea⟩.
'indigo 'blue ⟨n.-telb.zn.; ook attr.⟩ **0.1** ***indigoblauw***.
in·di·go·tic ['ɪndɪ'gɒtɪk‖-'gɑṭɪk]⟨bn.⟩ **0.1** ***indigo***.
in·di·go·tin [ɪn'dɪgəṭɪn]⟨telb. en n.-telb.zn.⟩⟨schei.⟩ **0.1** ***indigotine***.
'indigo 'white ⟨n.-telb.zn.⟩⟨schei.⟩ **0.1** ***indigowit***.
in·di·rect ['ɪndɪ'rekt, -daɪ-]⟨f3⟩⟨bn.; -ly; -ness⟩ **0.1** ***indirect*** ⇒*niet rechtstreeks, zijdelings, via-via, bedekt* **0.2** ***ontwijkend*** ⇒*niet rechtlijnig, onoprecht, slinks* ◆ **1.1** ~ aggression *indirecte/bedekte agressie;* ⟨vnl. AE; taalk.⟩ ~ discourse *indirecte rede;* ~ lighting *indirecte verlichting, sfeerverlichting;* ⟨taalk.⟩ ~ object *meewerkend voorwerp, indirect objekt;* ⟨taalk.⟩ ~ question *indirecte vraag, vraag in de indirecte rede;* ~ rule *(koloniaal) bestuur met behulp v. inlandse tussenpersonen;* ⟨vnl. BE; taalk.⟩ ~ speech *indirecte rede;* ⟨ec.⟩ ~ taxation *indirecte belasting, accijns, verbruiksbelasting, omzetbelasting*.
in·di·rec·tion ['ɪndɪ'rekʃn, -daɪ-]⟨n.-telb.zn.⟩ **0.1** ***indirectheid*** ⇒*bedektheid* **0.2** ***stuurloosheid*** **0.3** ***slinksheid*** ⇒*onoprechtheid, achterbaksheid* ◆ **6.1 by** ~ *langs een omweg*.
in·dis·cern·i·ble ['ɪndɪ'sɜ:nəbl‖-'zɜr-]⟨bn.; -ly; →bijw. 3⟩ **0.1** ***onwaarneembaar*** ⇒*onzichtbaar, ononderscheidbaar*.
in·dis·cerpt·i·ble ['ɪndɪ'sɜ:ptəbl‖-'zɜrp-]⟨bn.⟩⟨schr.⟩ **0.1** ***onverbrekelijk*** ⇒*onscheidbaar, ondeelbaar, onafbreekbaar, onontleedbaar*.
in·dis·ci·plin·a·ble ['ɪndɪsɪ'plɪnəbl]⟨bn.⟩ **0.1** ***onbeheersbaar*** ⇒*weerbarstig, onbedwingbaar, onbeteugelbaar, ontoombaar, ontembaar*.
in·dis·ci·pline [ɪn'dɪsɪplɪn]⟨n.-telb.zn.⟩ **0.1** ***ongedisciplineerdheid*** ⇒*tuchteloosheid, gebrek aan orde/tucht/discipline*.
in·dis·creet ['ɪndɪ'skri:t]⟨f2⟩⟨bn.; -ly; -ness⟩ **0.1** ***indiscreet*** ⇒*onbescheiden, onvoorzichtig, onkies, tactloos, aanmatigend, vrijpostig*.
in·dis·crete ['ɪndɪ'skri:t]⟨bn.⟩ **0.1** ***ondeelbaar*** ⇒*onscheidbaar, onsplitsbaar, onontleedbaar, ongesegmenteerd*.
in·dis·cre·tion ['ɪndɪ'skreʃn]⟨f1⟩⟨telb. en n.-telb.zn.⟩ **0.1** ***indiscretie*** ⇒*onfatsoenlijkheid, onbezonnenheid* ◆ **1.1** an ~ of his youth *een misstap/faux pas uit zijn jeugd* **3.1** calculated ~ *berekende/opzettelijke loslippigheid*.
in·dis·crim·i·nate ['ɪndɪ'skrɪmɪnət]⟨f1⟩⟨bn.; -ly; -ness⟩ **0.1** ***onkritisch*** ⇒*kritiekloos, niet-kieskeurig, onzorgvuldig, onnauwkeurig* **0.2** ***lukraak*** ⇒*aselect, ongeselecteerd, ongenuanceerd, ongedifferentieerd, zonder aanzien des persoons* ◆ **1.2** deal out ~ blows *in het wilde weg om zich heen maaien/slaan*.
in·dis·crim·i·na·tion ['ɪndɪskrɪmɪ'neɪʃn]⟨n.-telb.zn.⟩ **0.1** ***kritiekloosheid*** ⇒*gebrek aan onderscheidingsvermogen, onoordeelkundigheid* **0.2** ***ongenuanceerdheid***.
in·dis·pen·sa·bil·i·ty ['ɪndɪspensə'bɪləṭi]⟨n.-telb.zn.⟩ **0.1** ***onontbeerlijkheid*** **0.2** ***onontkoombaarheid***.
in·dis·pen·sa·ble ['ɪndɪ'spensəbl]⟨f2⟩⟨bn.; -ly; -ness; →bijw. 3⟩ ⟨→sprw. 504⟩ **0.1** ***onontbeerlijk*** ⇒*onmisbaar, essentieel, v. levensbelang* **0.2** ***onontkoombaar*** ⇒*onvermijdelijk, onafwendbaar*.
in·dis·pose ['ɪndɪ'spoʊz]⟨ov.ww.⟩ →indisposed **0.1** ***onbekwaam/ongeschikt maken*** ⇒*uitschakelen* **0.2** ***afkerig maken*** ⇒*een afkeer/aversie geven* ◆ **6.1** his illness ~d him **for** work *door zijn ziekte was hij niet in staat te werken* **6.2** fear of the masters ~d the boy **towards** school *door angst voor de onderwijzers kreeg de jongen een afkeer v./hekel aan school*.
in·dis·posed ['ɪndɪ'spoʊzd]⟨bn.; oorspr. volt. deelw. v. indispose⟩ **0.1** ***onwel*** ⟨en dus niet in staat een bepaald iets te doen⟩ ⇒*ongesteld, niet goed, misselijk, onpasselijk* **0.2** ***ongenegen*** ⇒*onwillig, onwelwillend, geïndisponeerd* ◆ **1.1** mother is ~ *moeder voelt zich/is niet lekker* **3.2** he's ~ to do it *hij voelt er niet veel voor*.
in·dis·po·si·tion ['ɪndɪspə'zɪʃn]⟨telb. en n.-telb.zn.⟩ **0.1** ***ongesteldheid*** ⇒*misselijkheid, onpasselijkheid, draaierigheid* **0.2** ⟨geen mv.⟩ ***ongenegenheid*** ⇒*onwil(ligheid), onwelwillendheid, tegenzin*.
in·dis·put·a·bil·i·ty ['ɪndɪspju:ṭə'bɪləṭi]⟨n.-telb.zn.⟩ **0.1** ***onbetwistbaarheid***.
in·dis·put·a·ble ['ɪndɪ'spju:ṭəbl]⟨f1⟩⟨bn.; -ly; -ness; →bijw. 3⟩ **0.1** ***onbetwistbaar*** ⇒*onbetwijfelbaar, onaanvechtbaar, onmiskenbaar*.
in·dis·sol·u·bil·i·ty ['ɪndɪsɒljʊ'bɪləti‖-sɑljə'bɪləṭi]⟨n.-telb.zn.⟩ ⟨schr.⟩ **0.1** ***onverbrekelijkheid*** **0.2** ***onoplosbaarheid***.
in·dis·sol·u·ble ['ɪndɪ'sɒljʊbl‖-'sɑljə-]⟨bn.; -ly; -ness; →bijw. 3⟩ ⟨schr.⟩ **0.1** ***onverbrekelijk*** ⇒*onontbindbaar, bindend, onherroepelijk, onopzegbaar* **0.2** ***onoplosbaar*** ⇒*onafbreekbaar, niet oplossend*.
in·dis·tinct ['ɪndɪ'stɪŋkt]⟨bn.; -ly; -ness⟩ **0.1** ***onduidelijk*** ⇒*vaag, schimmig, duister, obscuur, onomlijnd*.
in·dis·tinc·tive ['ɪndɪ'stɪŋktɪv]⟨bn.; -ly; -ness⟩ **0.1** ***onopvallend*** ⇒*ongeprofileerd, zonder bijzonder kenmerk, nondescript* **0.2** ***gelijkvormig*** ⇒*eenvormig, zonder onderscheid* **0.3** ***onkritisch***.
in·dis·tin·guish·a·ble ['ɪndɪ'stɪŋgwɪʃəbl]⟨f1⟩⟨bn.; -ly; -ness; →bijw. 3⟩ **0.1** ***ononderscheidbaar*** ⇒*niet te onderscheiden*.
in·dite [ɪn'daɪt]⟨ov.ww.⟩⟨schr.⟩ **0.1** ***(op)schrijven*** ⇒*opmaken, opstellen* **0.2** ***op schrift stellen*** ⇒*neerschrijven*.
in·di·um ['ɪndɪəm]⟨n.-telb.zn.⟩⟨schei.⟩ **0.1** ***indium*** ⟨element 49⟩.
in·di·vert·i·ble ['ɪndaɪ'vɜ:təbl, 'ɪndɪ-‖-'vɜrṭəbl]⟨bn.; -ly⟩ **0.1** ***onafwendbaar***.
in·di·vid·u·al[1] ['ɪndɪ'vɪdʒʊəl]⟨f3⟩⟨telb.zn.⟩ **0.1** ***individu*** ⇒*enkeling, eenling, particulier, persoon, mens;* ⟨inf.⟩ *figuur, type, geval* **0.2** ⟨biol.⟩ ***individu***.
individual[2] ⟨f3⟩⟨bn.; -ly⟩ **0.1** ***individueel*** ⇒*persoonlijk, persoonsgebonden, eigen, particulier* **0.2** ***afzonderlijk*** ⇒*specifiek, particulier* **0.3** ***karakteristiek*** ⇒*kenmerkend, typerend, bijzonder, eigenaardig* **0.4** ***onscheidbaar*** ⇒*ondeelbaar* ◆ **1.1** ⟨sport⟩ ~ medley *wisselslag* ⟨individueel nummer⟩ **1.2** give ~ attention to *afzonderlijk(e)/persoonlijke aandacht besteden aan;* give attention to each ~ case *aandacht besteden aan elk geval afzonderlijk* **2.1** they're ~ly different *ze zijn individueel verschillend* **¶.1** I can't thank you all ~ly *ik kan u niet ieder afzonderlijk bedanken*.
in·di·vid·u·al·ism ['ɪndɪ'vɪdʒʊəlɪzm]⟨f1⟩⟨n.-telb.zn.⟩ **0.1** ***individualisme*** **0.2** ***zelfzuchtigheid***.
in·di·vid·u·al·ist[1] ['ɪndɪ'vɪdʒʊəlɪst]⟨f1⟩⟨telb.zn.⟩ **0.1** ***individualist*** ⇒*aanhanger v.h. individualisme, eigenzinnige, onafhankelijke*.
individualist[2], **in·di·vid·u·al·is·tic** ['ɪndɪvɪdʒʊə'lɪstɪk]⟨bn.; individualistically; →bijw. 3⟩ **0.1** ***individualistisch***.
in·di·vid·u·al·i·ty ['ɪndɪvɪdʒʊ'æləṭi]⟨f2⟩⟨zn.; →mv. 2⟩
I ⟨telb.zn.⟩ **0.1** ***individualiteit*** ⇒*zelfstandigheid, (zelfstandige) entiteit, individu;*
II ⟨n.-telb.zn.⟩ **0.1** ***individualiteit*** ⇒*identiteit, eigenheid, afzonderlijkheid, persoonlijkheid, eigen aard* ◆ **2.1** she's a girl of marked ~ *ze is een uitgesproken persoonlijkheid;*
III ⟨mv.; individualities⟩ **0.1** ***persoonlijke eigenaardigheden/kenmerken/voorkeuren***.
in·di·vid·u·al·i·za·tion, -sa·tion ['ɪndɪvɪdʒʊəlaɪ'zeɪʃn‖-lə-]⟨n.-telb.zn.⟩ **0.1** ***individualisering*** **0.2** ***(persoonlijke) aanpassing/afstemming***.
in·di·vid·u·al·ize, -ise ['ɪndɪ'vɪdʒʊəlaɪz]⟨ov.ww.⟩ **0.1** ***toesnijden*** ⇒*toespitsen, aanpassen, op maat maken, afstemmen* **0.2** ***individualiseren*** ⇒*een individueel/eigen karakter geven (aan), onderscheiden* **0.3** ***individualiseren*** ⇒*afzonderlijk/op zichzelf beschouwen, specificeren, afzonderlijk ingaan op*.
in·di·vid·u·ate ['ɪndɪ'vɪdʒʊeɪt]⟨ov.ww.⟩ **0.1** ***verzelfstandigen*** ⇒*individualiteit/een eigen karakter verlenen (aan)* **0.2** →individualize 0.1, 0.3.
in·di·vid·u·a·tion ['ɪndɪvɪdʒʊ'eɪʃn]⟨n.-telb.zn.⟩ **0.1** ***individuatie*** **0.2** ***individualiteit***.
in·di·vis·i·bil·i·ty ['ɪndɪvɪzə'bɪləṭi]⟨n.-telb.zn.⟩ **0.1** ***on(ver)deelbaarheid***.
in·di·vis·i·ble ['ɪndɪ'vɪzəbl]⟨f1⟩⟨bn.; -ly; -ness⟩ **0.1** ***on(ver)deelbaar*** ⇒⟨i.h.b. wisk.⟩ *niet restloos deelbaar*.
In·do- ['ɪndoʊ] **0.1** ***Indo-*** ◆ **¶.1** Indochina *Indo-China*.
'In·do-'Ar·y·an ⟨bn.⟩⟨taalk.⟩ **0.1** ***Indo-arisch*** **0.2** ***Indo-iraans*** ⇒*Arisch*.
'In·do·chi'nese[1] ⟨telb.zn.⟩ **0.1** ***Indochinees/Indochinese***.
Indochinese[2] ⟨bn.⟩ **0.1** ***Indochinees***.
in·doc·ile [ɪn'doʊsaɪl‖ɪn'dɑsl]⟨bn.⟩ **0.1** ***indociel*** ⇒*hardleers, ongezeglijk, dwars, weerspannig*.
in·do·cil·i·ty ['ɪndoʊ'sɪləti‖'ɪndɑ'sɪləṭi]⟨n.-telb.zn.⟩ **0.1** ***hardleersheid***.

in·doc·tri·nate [ɪn'dɒktrɪneɪt‖-'dɑk-]⟨f1⟩⟨ov.ww.⟩ 0.1 ⟨vnl. pej.⟩ ***indoctrineren*** 0.2 ***in een doctrine/leerstelsel onderrichten*** ⇒*scholen*.
in·doc·tri·na·tion [ɪn'dɒktrɪ'neɪʃn‖-'dɑk-]⟨f1⟩⟨n.-telb.zn.⟩⟨pej.⟩ 0.1 ***indoctrinatie***.
'In·do-Eu·ro'pe·an[1] ⟨zn.⟩
I ⟨eig.n.⟩ 0.1 ***Indo-europees;***
II ⟨telb.zn.⟩ 0.1 ***Indo-europeaan***.
Indo-European[2] ⟨bn.⟩ 0.1 ***Indo-europees***.
'In·do-Ger'man·ic[1] ⟨zn.⟩
I ⟨eig.n.⟩ 0.1 ***Indogermaans;***
II ⟨telb.zn.⟩ 0.1 ***Indogermaan***.
Indo-Germanic[2] ⟨bn.⟩ 0.1 ***Indogermaans***.
'In·do-I'ra·ni·an[1] ⟨eig.n.⟩ 0.1 ***Indo-iraans*** ⇒*Arisch*.
Indo-Iranian[2] ⟨bn.⟩ 0.1 ***Indo-iraans*** ⇒*Arisch*.
in·dole ['ɪndoʊl]⟨n.-telb.zn.⟩⟨schei.⟩ 0.1 ***indo(o)l***.
in·do·lence ['ɪndələns]⟨n.-telb.zn.⟩ 0.1 ***indolentie*** ⇒*traagheid, luiheid, sloomheid, sufheid*.
in·do·lent ['ɪndələnt]⟨f1⟩⟨bn.; -ly⟩ 0.1 ***indolent*** ⟨ook med.⟩ ⇒*traag, lui, sloom, suf*.
In·dol·o·gist [ɪn'dɒlədʒɪst‖-'dɑ-]⟨telb.zn.⟩ 0.1 ***indoloog***.
In·dol·o·gy [ɪn'dɒlədʒi‖-'dɑ-]⟨n.-telb.zn.⟩ 0.1 ***indologie***.
in·dom·i·ta·ble [ɪn'dɒmɪtəbl‖ɪn'dɑmɪṭəbl]⟨f1⟩⟨bn.; -ly; →bijw. 3⟩ 0.1 ***ontembaar*** ⇒*onbedwingbaar, onverzettelijk, onbuigzaam, onknakbaar, niet klein te krijgen*.
In·do·ne·sian[1] ['ɪndə'ni:ʒn,-'ni:zɪən]⟨zn.⟩
I ⟨eig.n.⟩ 0.1 ***Indonesisch;***
II ⟨telb.zn.⟩ 0.1 ***Indonesiër***.
Indonesian[2] ⟨bn.⟩ 0.1 ***Indonesisch***.
in·door ['ɪndɔ:‖'ɪndɔr]⟨f2⟩⟨bn., attr.⟩ 0.1 ***binnen-*** ⇒*huis-, zaal-, indoor-, overdekt* 0.2 ⟨BE; gesch.⟩ ***binnen het armenhuis*** ◆ 1.1 ~ aerial *kamerantenne;* ~ sports *zaalsporten;* ~ swimming pool *overdekt zwembad; binnenbad* 1.2 ~ relief ⟨ong.⟩ *armenzorg*.
in·doors ['ɪn'dɔ:z‖'ɪn'dɔrz]⟨f2⟩⟨bw.⟩ 0.1 ***binnen(shuis)*** 0.2 ***naar binnen***.
'in'drawn ⟨bn.⟩ 0.1 ***ingetrokken*** ⇒*ingeademd, ingehouden* 0.2 ***teruggetrokken*** ⇒*in zichzelf gekeerd, gesloten, gereserveerd*.
in·dri ['ɪndri]⟨telb.zn.⟩⟨dierk.⟩ 0.1 ***indri*** ⟨Indri indri⟩.
in·du·bi·ta·ble [ɪn'dju:bɪtəbl‖ɪn'du:bɪṭəbl]⟨bn.; -ly; →bijw. 3⟩ ⟨schr.⟩ 0.1 ***onbetwijfelbaar*** ⇒*boven alle twijfel verheven*.
in·duce [ɪn'dju:s‖ɪn'du:s]⟨f2⟩⟨ov.ww.⟩ 0.1 ***bewegen tot*** ⇒*brengen tot, overhalen, overreden, aanzetten, nopen* 0.2 ***teweegbrengen*** ⇒*veroorzaken, leiden tot;* ⟨i.h.b. med.⟩ *opwekken* ⟨weeën, bevalling⟩ 0.3 ***induceren*** ⇒*afleiden, (door inductie) concluderen* 0.4 ⟨elek., nat.⟩ ***induceren*** ⇒*(door inductie) opwekken* ◆ 3.1 nothing will ~ me to give in *nooit/in geen geval zal ik toegeven, nooit zal ik me laten overhalen/verleiden om toe te geven*.
in·duce·ment [ɪn'dju:smənt‖-'du:s-]⟨f1⟩⟨zn.⟩
I ⟨telb. en n.-telb.zn.⟩ 0.1 ***aansporing*** ⇒*stimulans, prikkel, stimulering, motivatie;*
II ⟨n.-telb.zn.⟩ 0.1 ***opwekking*** ⇒*teweegbrenging, veroorzaking*.
in·duct [ɪn'dʌkt]⟨ov.ww.⟩ 0.1 ***installeren*** ⇒*inhuldigen, bevestigen* 0.2 ***introduceren*** ⇒*inwijden, als lid opnemen/toelaten* 0.3 ⟨AE; mil.⟩ ***oproepen*** ⇒*onder de wapenen roepen, inlijven* 0.4 ⟨elek., nat.⟩ ***induceren*** ⇒*(door inductie) opwekken*.
in·duc·tance [ɪn'dʌktəns]⟨telb. en n.-telb.zn.⟩⟨elek., nat.⟩ 0.1 ***inductantie*** ⇒*zelfinductie* 0.2 ***inductantie*** ⇒*wisselstroomweerstand*.
in·duc·tee ['ɪndʌk'ti:]⟨telb.zn.⟩⟨AE⟩ 0.1 ***rekruut*** ⇒*dienstplichtige*.
in·duc·tion [ɪn'dʌkʃn], ⟨in bet. I 0.1 ook⟩ **induction course** ⟨f2⟩ ⟨zn.⟩
I ⟨telb.zn.⟩ 0.1 ⟨vaak attr.⟩ ***introductie(cursus)*** ⇒*kennismaking, kennismakingsperiode* 0.2 ***kunstmatige/opgewekte geboorte*** 0.3 ⟨vero.⟩ ***voorbericht*** ⇒*voorwoord, voorrede* ◆ 1.1 ~ trainees *stagiaires die een introductiecursus volgen;*
II ⟨telb. en n.-telb.zn.⟩ 0.1 ***installatie*** ⇒*inhuldiging, bevestiging* 0.2 ⟨AE; mil.⟩ ***inlijving*** 0.3 ⟨logica⟩ ***inductie*** ⇒*inductieve redenering/redeneertrant, inductieve conclusie;*
III ⟨n.-telb.zn.⟩ 0.1 ***opwekking*** ⟨v. weeën, bevalling⟩ 0.2 ⟨wisk.⟩ ***inductie*** 0.3 ⟨elek., nat.⟩ ***inductie***.
in'duction coil ⟨telb.zn.⟩⟨elek., nat.⟩ 0.1 ***inductieklos*** ⇒*inductor*.
in'duction heating ⟨n.-telb.zn.⟩ 0.1 ***inductieverhitting***.
in'duction motor ⟨telb.zn.⟩ 0.1 ***inductiemotor*** ⇒*asynchrone motor*.
in·duc·tive [ɪn'dʌktɪv]⟨f1⟩⟨bn.; -ly; -ness⟩ 0.1 ***aanleidinggevend*** ⇒*veroorzakend* 0.2 ⟨elek., logica, nat.⟩ ***inductief*** 0.3 ⟨zelden⟩ ***inleidend***.
in·duc·tor [ɪn'dʌktə‖-ər]⟨telb.zn.⟩ 0.1 ⟨elek., nat.⟩ ***inductor*** 0.2 ***inwijder*** ⇒*bevestiger, installerende instantie/functionaris*.
indue →endue.
in·dulge [ɪn'dʌldʒ]⟨f3⟩⟨ww.⟩
I ⟨onov.ww.⟩ 0.1 ***zich laten gaan*** ⇒*zich te goed doen, zijn hart ophalen, zich uitleven;* ⟨i.h.b.⟩⟨inf.⟩ *zich te buiten gaan aan drank/eten, zwelgen, slempen, zuipen, vreten* ◆ 6.1 ~ **in** *zich te goed doen aan, zich (de luxe) permitteren (v.), naar hartelust genieten v., zichzelf tracteren op, toegeven aan, zich bezondigen aan;*
II ⟨ov.ww.⟩ 0.1 ***toegeven/tegemoetkomen aan*** ⇒*zijn zin geven, naar zijn zin maken, tevreden stellen, verwennen* 0.2 ***(zich) uitleven (in)*** ⇒*zijn hart ophalen aan, botvieren* 0.3 ***een aflaat verlenen aan***.
in·dul·gence[1] [ɪn'dʌldʒəns]⟨f2⟩⟨zn.⟩
I ⟨telb.zn.⟩ 0.1 ***verzet(je)*** ⇒*genoegen, verstrooiing, uitspatting* 0.2 ***(bron v.) vermaak*** ⇒*luxe, weelde* 0.3 ***gunst*** ⇒*privilege, indult* ◆ 2.1 expensive ~ *dure liefhebberij;*
II ⟨telb. en n.-telb.zn.⟩ 0.1 ⟨R.-K.⟩ ***aflaat*** 0.2 ***respijt(verlening)*** ⇒*uitstel (v. betaling), indult;*
II ⟨n.-telb.zn.⟩ 0.1 ***mateloosheid*** ⇒*onmatigheid, overmatig gebruik* 0.2 ***bevrediging*** ⇒*tevredenstelling* 0.3 ***toegeving*** ⇒*inwilliging* 0.4 ***toegeeflijkheid*** ⇒*verdraagzaamheid, geduld(igheid), lankmoedigheid* ◆ 1.¶ ⟨Eng. gesch.⟩ Declaration of Indulgence *Declaration of Indulgence, Tolerantie-edict* 6.1 ~ **in** strong drink *overmatig drankgebruik*.
indulgence[2] ⟨ov.ww.⟩⟨R.-K.⟩ 0.1 ***een aflaat verlenen aan*** 0.2 ***een aflaat verbinden aan*** ◆ 1.2 ~d prayer *aflaatgebed*.
in·dul·gent [ɪn'dʌldʒənt]⟨f1⟩⟨bn.; -ly⟩ 0.1 ***toegeeflijk*** ⇒*lankmoedig, inschikkelijk, coulant, goedig*.
in·dult [ɪn'dʌlt]⟨telb.zn.⟩⟨R.-K.⟩ 0.1 ***indult*** ⇒*(pauselijke) dispensatie*.
in·du·rate[1] ['ɪndjərət‖-dʊ-]⟨bn.⟩ 0.1 ***gehard*** ⇒*verstokt, gevoelloos*.
indurate[2] ['ɪndjʊreɪt‖-dʊ-]⟨ww.⟩
I ⟨onov.ww.⟩ 0.1 ***hard worden*** ⇒*verharden* 0.2 ***ingeburgerd/verankerd raken*** ⇒*wortel vatten, (zich) wortelen;*
II ⟨ov.ww.⟩ 0.1 ***(ver)harden*** ⇒*stalen, sterken, stijven, vereelten*.
in·du·ra·tion ['ɪndjʊ'reɪʃn‖-dʊ-]⟨n.-telb.zn.⟩ 0.1 ***verharding*** 0.2 ***gehardheid***.
in·du·si·um [ɪn'dju:zɪəm‖ɪn'du:zɪəm]⟨telb.zn.⟩⟨biol.⟩ 0.1 ***indusium***.
in·dus·tri·al[1] [ɪn'dʌstrɪəl]⟨f1⟩⟨zn.⟩
I ⟨telb.zn.⟩ 0.1 ***fabrieks/industriearbeider*** ⇒*werknemer in de industrie* 0.2 ***(industriële) onderneming*** ⇒*industrie, bedrijf, fabriek;*
II ⟨mv.; ~s⟩ 0.1 ***industrieaandelen*** ⇒*industriële aandelen/fondsen*.
industrial[2] ⟨f3⟩⟨bn.; -ly⟩ 0.1 ***industrieel*** ⇒*bedrijfs-, industrie-, nijverheids-, fabrieks-, fabrieksmatig* 0.2 ***geïndustrialiseerd*** 0.3 ⟨vnl. BE⟩ ***de industriearbeid(ers) betreffende*** ⇒*arbeids-* ◆ 1.1 ~ alcohol *fabrieksalcohol, gedenatureerde alcohol, spiritus;* ~ archaeology *industriële archeologie;* ~ art *handenarbeid, nijverheidsonderwijs, technisch onderwijs;* ~ design *industriële vormgeving;* ⟨BE⟩ ~ development certificate *vestigingsvergunning* ⟨voor bedrijf⟩; ~ estate *fabrieks/industrieterrein;* ⟨gesch.⟩ the Industrial Revolution *de industriële revolutie;* ~ school *industrie/nijverheids/vakschool;* ~ spying *bedrijfsspionage* 1.2 the ~ nations *de industrielanden* 1.3 ~ accident *arbeidsongeval;* ~ action *acties (in de bedrijven), vakbondsacties;* ⟨BE⟩ Industrial Court *bemiddelingsraad* ⟨bij arbeidsconflicten⟩; ~ dispute *arbeidsconflict/geschil;* ~ medicine *bedrijfs/*⟨B.⟩ *arbeidsgeneeskunde;* ~ relations *arbeidsverhoudingen;* ~ union *industriebond, bedrijfsbond;* ⟨i.h.b.⟩ *vakvereniging* ⟨tgo. categorale bond⟩; ~ unrest *arbeidsonrust*.
in'dustrialising country ⟨telb.zn.⟩⟨euf.⟩ 0.1 ***industrialiserend land***.
in·dus·tri·al·ism [ɪn'dʌstrɪəlɪzm]⟨n.-telb.zn.⟩ 0.1 ***industrialisme*** ⇒*geïndustrialiseerde economie*.
in·dus·tri·al·ist [ɪn'dʌstrɪəlɪst]⟨f1⟩⟨telb.zn.⟩ 0.1 ***industrieel*** ⇒*fabrieksseigenaar* 0.2 ***voorstander v.h. industrialisme/v. industrialisatie***.
in·dus·tri·al·i·za·tion, -sa·tion [ɪn'dʌstrɪəlaɪ'zeɪʃn‖-lə-]⟨f1⟩⟨n.-telb.zn.⟩ 0.1 ***industrialisatie*** ⇒*(ver)industrialisering*.
in·dus·tri·al·ize, -ise ['ɪndʌstrɪəlaɪz]⟨f1⟩⟨onov. en ov.ww.⟩ 0.1 ***industrialiseren*** ⇒*(zich) industrieel ontwikkelen*.
in·dus·tri·ous [ɪn'dʌstrɪəs]⟨f2⟩⟨bn.; -ly; -ness⟩ 0.1 ***nijver*** ⇒*ijverig, vlijtig, arbeidzaam, bedrijvig, hardwerkend*.
in·dus·try ['ɪndəstri]⟨f3⟩⟨zn.; →mv. 2⟩
I ⟨telb. en n.-telb.zn.⟩ 0.1 ***industrie*** ⇒*bedrijfstak, nijverheid;*
II ⟨n.-telb.zn.⟩ 0.1 ***bedrijfsleven*** ⇒*de ondernemers, de werkgevers* 0.2 ***vlijt*** ⇒*(werk)ijver, bedrijvigheid, arbeidzaamheid, noeste arbeid*.
'in'dwell ⟨ww.; indwelt⟩
I ⟨onov.ww.⟩ 0.1 ***huizen*** ⇒*verblijven, (ver)toeven, zich ophouden, aanwezig/tegenwoordig zijn* ◆ 6.1 ~ **in** *huizen/wonen in;*
II ⟨ov.ww.⟩ 0.1 ***huizen in*** ⟨vaak fig.⟩ ⇒*bewonen, verblijven in, zich ophouden in, aanwezig/tegenwoordig zijn in* ◆ 6.1 indwelt **by** a supernatural power *in de greep v./beheerst door een bovennatuurlijke kracht*.

in·dwell·er ['ɪndwelə‖-ər]⟨telb.zn.⟩ **0.1** ***inwoner*** ⇒*bewoner*.

-ine [aɪn, ɪn, i:n] **0.1** ⟨vormt bijv. nw. v. nw.⟩ **0.2** ⟨schei.⟩ ⟨duidt halogenen aan⟩ ◆ ¶.1 divine *goddelijk* ¶.2 iodine *jodium*.

in·e·bri·ant[1] [ɪ'ni:brɪənt]⟨telb.zn.⟩ **0.1** ***bedwelmend middel*** ⇒*benevelend/dronken makend middel, inebrians*.

inebriant[2] ⟨bn.⟩ **0.1** ***bedwelmend*** ⇒*benevelend, dronken makend*.

in·e·bri·ate[1] [ɪ'ni:brɪət, -brieɪt]⟨telb.zn.⟩⟨schr.⟩ **0.1** ***dronkaard*** ⇒*alcoholverslaafde, alcoholist*.

inebriate[2] ⟨bn.⟩⟨schr.⟩ **0.1** ***dronken*** ⇒*door alcohol bedwelmd/beneveld, aan alcohol verslaafd, alcoholistisch*.

inebriate[3] [ɪ'ni:brieɪt]⟨ov.ww.⟩⟨schr.⟩ **0.1** ***bedwelmen*** ⇒*verdoven, benevelen, dronken maken* ⟨ook fig.⟩.

in·e·bri·a·tion [ɪ'ni:bri'eɪʃn]⟨n.-telb.zn.⟩ **0.1** ***bedwelming*** ⇒*verdoving, beneveling* **0.2** ***dronkenschap***.

in·e·bri·e·ty ['ɪnɪ'braɪəṭi]⟨n.-telb.zn.⟩ **0.1** ***dronkenschap*** ⇒*onbekwaamheid* **0.2** ***drankzucht*** ⇒*alcoholisme*.

in·ed·i·bil·i·ty ['ɪnedə'bɪləṭi]⟨n.-telb.zn.⟩ **0.1** ***oneetbaarheid***.

in·ed·i·ble ['ɪn'edəbl]⟨bn.; -ly; →bijw. 3⟩ **0.1** ***oneetbaar*** ⇒*niet voor consumptie geschikt*.

in·ed·it·ed ['ɪn'edɪṭɪd]⟨f1⟩⟨bn.⟩ **0.1** ***ongeredigeerd*** ⇒*ongewijzigd uitgegeven, ongeannoteerd* **0.2** ***ongepubliceerd*** ⇒*onuitgegeven*.

in·ed·u·ca·bil·i·ty ['ɪnedjʊkə'bɪləti‖-edʒəkə'bɪləṭi]⟨n.-telb.zn.⟩ **0.1** ***onopvoedbaarheid***.

in·ed·u·ca·ble ['ɪn'edjʊkəbl‖-'edʒə-]⟨bn.; -ly; →bijw. 3⟩ **0.1** ***moeilijk opvoedbaar*** ⇒*onopvoedbaar, onvolwaardig*.

in·ef·fa·bil·i·ty ['ɪnefə'bɪləṭi]⟨n.-telb.zn.⟩ **0.1** ***onuitsprekelijkheid***.

in·ef·fa·ble [ɪn'efəbl]⟨f1⟩⟨bn.; -ly; -ness; →bijw. 3⟩ **0.1** ***onuitsprekelijk*** ⇒*onverwoordbaar, onzegbaar, onnoembaar, onuitdrukbaar* **0.2** ***verboden (uit te spreken)*** ⇒*geheiligd, taboe, onnoembaar*.

in·ef·face·a·bil·i·ty ['ɪnɪfeɪsə'bɪləṭi]⟨n.-telb.zn.⟩ **0.1** ***onuitwisbaarheid***.

in·ef·face·a·ble ['ɪnɪ'feɪsəbl]⟨bn.; -ly; →bijw. 3⟩ **0.1** ***onuitwisbaar***.

in·ef·fec·tive ['ɪnɪ'fektɪv]⟨f1⟩⟨bn.; -ly; -ness⟩ **0.1** ***ineffectief*** ⇒*onwerkzaam, ondoeltreffend* **0.2** ***inefficiënt*** ⇒*ondoelmatig, incompetent, onbekwaam*.

in·ef·fec·tu·al ['ɪnɪ'fektʃʊəl]⟨f1⟩⟨bn.; -ly; -ness⟩ **0.1** ***vruchteloos*** ⇒*vergeefs, zonder rendement* **0.2** ***ongeschikt*** ⇒*incapabel, machteloos*.

in·ef·fi·ca·cious ['ɪnefɪ'keɪʃəs]⟨bn.; -ly⟩ **0.1** ***ineffectief*** ⇒*onwerkzaam, zonder uitwerking, ontoereikend, niets uitrichtend*.

in·ef·fi·ca·cy [ɪn'efɪkəsi]⟨n.-telb.zn.⟩ **0.1** ***onwerkzaamheid***.

in·ef·fi·cien·cy ['ɪnɪ'fɪʃənsi]⟨f1⟩⟨n.-telb.zn.⟩ **0.1** ***inefficiëntie*** ⇒*ondoelmatigheid, omslachtigheid*.

in·ef·fi·cient ['ɪnɪ'fɪʃnt]⟨f2⟩⟨bn.; -ly⟩ **0.1** ***inefficiënt*** ⇒*ondoelmatig, onpraktisch, onhandig, oneconomisch, omslachtig*.

in·e·las·tic ['ɪnɪ'læstɪk]⟨bn.⟩ **0.1** ***onelastisch*** ⇒*inflexibel, star, onbuigzaam*.

in·e·las·tic·i·ty ['ɪnɪlæs'tɪsəṭi]⟨n.-telb.zn.⟩ **0.1** ***gebrek aan elasticiteit/soepelheid*** ⇒*onbuigzaamheid*.

in·el·e·gance [ɪn'elɪgəns]⟨n.-telb.zn.⟩ **0.1** ***onbevalligheid*** ⇒*gebrek aan elegantie*.

in·el·e·gant ['ɪn'elɪgənt]⟨bn.; -ly⟩ **0.1** ***onelegant*** ⇒*onbevallig, smakeloos, stijf, houterig, stijlloos*.

in·el·i·gi·bil·i·ty ['ɪnelɪdʒə'bɪləṭi]⟨n.-telb.zn.⟩ **0.1** ***onverkiesbaarheid*** ⇒*onbevoegdheid* **0.2** ***onbegeerlijkheid***.

in·el·i·gi·ble[1] ['ɪn'elɪdʒəbl]⟨telb.zn.⟩ **0.1** ***onverkiesbare*** **0.2** ***onbegeerlijke partij***.

ineligible[2] ⟨bn.; -ly; →bijw. 3⟩ **0.1** ***onverkiesbaar*** ⇒*niet in aanmerking komend, ongekwalificeerd, ongeschikt, ongerechtigd, onbevoegd* **0.2** ***onbegeerlijk*** ⇒*onverkieslijk* ◆ **3.1** ~ to vote *niet stemgerechtigd*.

in·e·lim·i·na·ble ['ɪnɪ'lɪmɪnəbl]⟨bn.⟩ **0.1** ***onuitroeibaar***.

in·el·o·quent ['ɪn'eləkwənt]⟨bn.; -ly⟩ **0.1** ***onwelsprekend***.

in·e·luc·ta·ble ['ɪnɪ'lʌktəbl]⟨bn.; -ly⟩⟨schr.⟩ **0.1** ***onontkoombaar*** ⇒*onvermijdelijk, onafwendbaar, onverbiddelijk*.

in·ept [ɪ'nept]⟨f1⟩⟨bn.; -ly; -ness⟩ **0.1** ***absurd*** ⇒*ongepast, misplaatst, ongerijmd, potsierlijk, dwaas* **0.2** ***onbeholpen*** ⇒*onbekwaam, hulpeloos*.

in·ep·ti·tude [ɪ'neptɪtju:d‖-tu:d]⟨f1⟩⟨telb. en n.-telb.zn.⟩ **0.1** ***absurditeit*** ⇒*ongepastheid, dwaasheid*.

in·eq·ua·ble [ɪn'ekwəbl]⟨bn.⟩ **0.1** ***onbillijk*** ⇒*onevenredig, ongelijk (verdeeld)*.

in·e·qual·i·ty ['ɪnɪ'kwɒləti‖-'kwɑləṭi]⟨f2⟩⟨zn.; →mv. 2⟩
I ⟨telb.zn.⟩⟨wisk.⟩ **0.1** ***ongelijkheid;***
II ⟨telb. en n.-telb.zn.⟩ **0.1** ***ongelijkheid*** ⇒*verschil* **0.2** ⟨vnl. mv.⟩ ***oneffenheid;***
III ⟨n.-telb.zn.⟩ **0.1** ***veranderlijkheid*** ⇒*instabiliteit, ongelijkheid, ongelijkmatigheid*.

in·eq·ui·ta·ble [ɪn'ekwɪṭəbl]⟨bn.; -ly; →bijw. 3⟩ **0.1** ***onrechtvaardig*** ⇒*onbillijk, oneerlijk, onredelijk*.

in·eq·ui·ty [ɪn'ekwəṭi]⟨telb. en n.-telb.zn.; →mv. 2⟩ **0.1** ***onrechtvaardigheid*** ⇒*onbillijkheid, oneerlijkheid, onredelijkheid*.

in·e·rad·i·ca·ble ['ɪnɪ'rædɪkəbl]⟨bn.; -ly; →bijw. 3⟩ **0.1** ***onuitroeibaar*** ⇒*onuitwisbaar*.

in·err·a·bil·i·ty ['ɪnerə'bɪləṭi], **in·err·an·cy** ['ɪn'erənsi]⟨n.-telb.zn.⟩ **0.1** ***onfeilbaarheid***.

in·err·able ['ɪn'erəbl], **in·err·ant** ['ɪn'erənt]⟨bn.⟩ **0.1** ***onfeilbaar*** ⇒*nimmer dwalend, foutloos, feilloos*.

in·ert [ɪ'nɜ:t‖ɪ'nɜrt]⟨f2⟩⟨bn.; -ly; -ness⟩ **0.1** ***inert*** ⟨ook nat., schei.⟩ **0.2** ***inert*** ⇒*traag, mat, laks, log* ◆ **1.1** ~ gas *inert/edel gas;* ~ matter *inerte massa*.

in·er·tia [ɪ'nɜ:ʃə‖-'nɜr-]⟨f1⟩⟨n.-telb.zn.⟩ **0.1** ***inertie*** ⇒*traagheid, (s)loomheid, matheid, logheid, daad/willoosheid* **0.2** ⟨nat.⟩ ***inertie*** ⇒*traagheid*.

in·er·tial [ɪ'nɜ:ʃl‖-'nɜr-]⟨bn.⟩⟨nat.⟩ **0.1** ***inertie betreffend*** ⇒*traagheids-, inertiaal* ◆ **1.1** ~ frame *inertiaalstelsel;* ~ guidance *traagheidsbesturing/geleiding;* ⟨nat.⟩ ~ mass *trage massa;* ~ navigation *traagheidsnavigatie*.

i'nertia-reel 'seat belt ⟨telb.zn.⟩ **0.1** ***oprolbare veiligheidsriem/gordel***.

i'nertia selling ⟨n.-telb.zn.⟩⟨BE⟩ **0.1** ***inertia selling*** ⇒*inertieverkoop* ⟨toezending v. onbestelde goederen⟩.

in·es·cap·a·ble ['ɪnɪ'skeɪpəbl]⟨f1⟩⟨bn.; -ly; →bijw. 3⟩ **0.1** ***onontkoombaar*** ⇒*onvermijdelijk, onafwendbaar*.

in·es·sen·tial[1] ['ɪnɪ'senʃl]⟨telb.zn.; vnl. mv.⟩ **0.1** ***bijkomstigheid*** ⇒*bijzaak, detail*.

inessential[2] ⟨bn.⟩ **0.1** ***bijkomstig*** ⇒*onwezenlijk, onnodig, niet v. wezenlijk belang, onbelangrijk*.

in·es·ti·ma·ble ['ɪn'estɪməbl]⟨f1⟩⟨bn.; -ly; →bijw. 3⟩ **0.1** ***onschatbaar*** ⇒*onvaststelbaar, ontaxeerbaar*.

in·ev·i·ta·bil·i·ty ['ɪnevɪṭə'bɪləṭi]⟨f1⟩⟨n.-telb.zn.⟩ **0.1** ***onvermijdelijkheid*** ⇒*onontkoombaarheid*.

in·ev·i·ta·ble ['ɪn'evɪṭəbl]⟨f3⟩⟨bn.; -ly; →bijw. 3⟩ **0.1** ***onvermijdelijk*** ⇒*onvoorkoombaar, onontwijkbaar, onontkoombaar, onafwendbaar* **0.2** ⟨inf.⟩ ***onafscheidelijk*** ◆ **1.2** there he is, wearing his ~ sunglasses *daar heb je hem, met zijn eeuwige/onafscheidelijke zonnebril*.

in·ex·act ['ɪnɪg'zækt]⟨bn.; -ly; -ness⟩ **0.1** ***onnauwkeurig*** ⇒*inexact*.

in·ex·act·i·tude ['ɪnɪg'zæktɪtju:d‖-tu:d]⟨telb. en n.-telb.zn.⟩ **0.1** ***onnauwkeurigheid*** ⇒*onjuistheid, slordigheid*.

in·ex·cus·a·ble ['ɪnɪk'skju:zəbl]⟨f2⟩⟨bn.; -ly; -ness; →bijw. 3⟩ **0.1** ***onvergeeflijk*** ⇒*onverschoonbaar, onrechtvaardigbaar, onverdedigbaar*.

in·ex·haust·i·bil·i·ty ['ɪnɪgzɔ:stə'bɪləṭi]⟨n.-telb.zn.⟩ **0.1** ***onuitputtelijkheid***.

in·ex·haust·i·ble ['ɪnɪg'zɔ:stəbl]⟨f1⟩⟨bn.; -ly; -ness; →bijw. 3⟩ **0.1** ***onuitputtelijk*** ⇒*overvloedig* **0.2** ***onvermoeibaar***.

in·ex·haust·ive ['ɪnɪg'zɔ:stɪv]⟨bn.⟩ **0.1** ***niet uitputtend*** ⇒*onvolledig*.

in·ex·is·tent ['ɪnɪg'zɪstənt]⟨bn.⟩ **0.1** ***niet bestaand*** ⇒*onwerkelijk, irreëel*.

in·ex·o·ra·bil·i·ty ['ɪneksrə'bɪləṭi]⟨n.-telb.zn.⟩ **0.1** ***onverbiddelijkheid***.

in·ex·o·ra·ble ['ɪn'eksrəbl]⟨f1⟩⟨bn.; -ly; -ness; →bijw. 3⟩ **0.1** ***onverbiddelijk*** ⇒*meedogenloos, onvermurwbaar*.

in·ex·pec·tant ['ɪnɪk'spektənt]⟨bn.⟩ **0.1** ***weinig/niet veel verwachtend*** ⇒*illusieloos*.

in·ex·pe·di·en·cy ['ɪnɪk'spi:dɪənsi], **in·ex·pe·di·ence** [-dɪəns]⟨n.-telb.zn.⟩ **0.1** ***ondoelmatigheid*** ⇒*ongeschiktheid, onhandigheid*.

in·ex·pe·di·ent ['ɪnɪk'spi:dɪənt]⟨bn.; -ly⟩ **0.1** ***ondoelmatig*** ⇒*ongeschikt, onhandig, onraadzaam, onverstandig, onvoordelig*.

in·ex·pen·sive ['ɪnɪk'spensɪv]⟨f2⟩⟨bn.; -ly; -ness⟩ **0.1** ***voordelig*** ⇒*redelijk (geprijsd), billijk, schappelijk, goedkoop*.

in·ex·pe·ri·ence ['ɪnɪk'spɪərɪəns‖-'spɪr-]⟨f2⟩⟨n.-telb.zn.⟩ **0.1** ***onervarenheid*** ⇒*onbedrevenheid, gebrek aan ervaring, ongeoefendheid*.

in·ex·pe·ri·enced ['ɪnɪk'spɪərɪənst‖-'spɪr-]⟨f1⟩⟨bn.⟩ **0.1** ***onervaren*** ⇒*onbedreven, ongeoefend*.

in·ex·pert ['ɪn'ekspɜ:t‖-spɜrt]⟨bn.; -ly; -ness⟩ **0.1** ***ondeskundig*** ⇒*onvakkundig, onbedreven, onhandig*.

in·ex·pi·a·ble ['ɪn'ekspɪəbl]⟨bn.; -ly; →bijw. 3⟩ **0.1** ***onverschoonbaar*** ⇒*onvergeeflijk, onherstelbaar, niet goed te maken* **0.2** ***onverzoenlijk*** ⇒*onvermurwbaar*.

in·ex·plain·a·ble ['ɪnɪk'spleɪnəbl]⟨bn.; -ly; →bijw. 3⟩ **0.1** ***onverklaarbaar*** ⇒*onbegrijpelijk*.

in·ex·pli·ca·bil·i·ty ['ɪnɪksplɪkə'bɪləṭi]⟨n.-telb.zn.⟩ **0.1** ***onverklaarbaarheid***.

in·ex·pli·ca·ble ['ɪnɪk'splɪkəbl, ɪn'eksplɪ-]⟨f1⟩⟨bn.; -ly; -ness; →bijw. 3⟩ **0.1** ***onverklaarbaar*** ⇒*onopgehelderd, raadselachtig, onbegrijpelijk*.

in·ex·plic·it ['ɪnɪk'splɪsɪt]⟨bn.; -ly⟩ **0.1** ***onduidelijk*** ⇒*onuitgedrukt, onuitgesproken, niet uitdrukkelijk (vermeld)*.

in·ex·plo·sive ['ɪnɪk'splousɪv]⟨bn.⟩ **0.1** ***onontplofbaar***.

in·ex·press·i·ble ['ɪnɪk'spresəbl]⟨bn.; -ly; -ness; →bijw. 3⟩ **0.1** ***niet***

uit te drukken ⇒*onuitsprekelijk, onverwoordbaar, onbeschrijflijk, overweldigend.*

in·ex·pres·sive ['ɪnɪk'spresɪv]⟨bn.; -ly⟩ **0.1** ***zonder uitdrukking.***

in·ex·pug·na·ble ['ɪnɪk'spʌgnəbl‖-'spju:-]⟨bn.; -ly⟩ **0.1** ***onneembaar*** ⇒*onaantastbaar.*

in·ex·pun·gi·ble ['ɪnɪk'spʊndʒəbl]⟨bn.⟩ **0.1** ***onverwijderbaar*** ⇒*onschrapbaar, onuitwisbaar, onverdrijfbaar.*

in·ex·ten·si·ble ['ɪnɪk'stensəbl]⟨bn.⟩ **0.1** ***onverlengbaar*** ⇒*onrekbaar, onuitzetbaar, niet uit te breiden.*

in ex·ten·so [ɪn ɪk'stensoʊ]⟨bw.⟩ **0.1** ***in extenso*** ⇒*volledig, onverkort.*

in·ex·tin·guish·a·ble ['ɪnɪk'stɪŋgwɪʃəbl]⟨bn.; -ly; →bijw. 3⟩ **0.1** ***on (uit)blusbaar*** ⇒*ondoofbaar, onstilbaar, onbedaarlijk.*

in·ex·tir·pa·ble ['ɪnɪk'stɜ:pəbl‖-'stɜr-]⟨bn.⟩ **0.1** ***onuitroeibaar*** ⇒*onverdelgbaar.*

in ex·tre·mis [ɪn ɪk'stri:mɪs]⟨bw.⟩ **0.1** ***in extremis*** ⇒*in het stervensuur, op de rand v. de dood, op het allerlaatste moment.*

in·ex·tri·ca·ble ['ɪn'ekstrɪkəbl, 'ɪnɪk'str-]⟨f1⟩⟨bn.; -ly; -ness; →bijw. 3⟩ **0.1** ***onontkoombaar*** ⇒*onontwijkbaar, onvermijdbaar* **0.2** ***onontwarbaar*** ⇒*verward, ingewikkeld* **0.3** ***onverbreekbaar*** ⇒*hecht, onlosmakelijk, onverbrekelijk.*

inf ⟨afk.⟩ infinitive, information.

INF ⟨afk.⟩ intermediate-range nuclear forces **0.1** ***INF.***

in·fal·li·bil·ism [ɪn'fæləbəlɪzm]⟨n.-telb.zn.⟩⟨theol.⟩ **0.1** ***(principe v.d.) pauselijke onfeilbaarheid.***

in·fal·li·bil·i·ty ['ɪnfælə'bɪləṭi]⟨n.-telb.zn.⟩ **0.1** ***onfeilbaarheid.***

in·fal·li·ble [ɪn'fæləbl]⟨f1⟩⟨bn.; -ly; -ness; →bijw. 3⟩⟨→sprw. 505⟩ **0.1** ***onfeilbaar*** **0.2** ***feilloos*** ⇒*foutloos, nimmer falend* ◆ ¶.2 ⟨inf.⟩ infallibly, she makes the wrong choice *ze doet steevast/onveranderlijk de verkeerde keus.*

in·fa·mize, -ise ['ɪnfəmaɪz]⟨ov.ww.⟩ **0.1** ***berucht maken*** ⇒*schandvlekken, brandmerken, blameren.*

in·fa·mous ['ɪnfəməs]⟨f2⟩⟨bn.; -ly; -ness⟩ **0.1** ***berucht*** ⇒*notoir* **0.2** ***schandelijk*** ⇒*verfoeilijk, snood, infaam, eerloos* ⟨ook jur.⟩.

in·fa·my ['ɪnfəmi]⟨f1⟩⟨telb. en n.-telb.zn.; →mv. 2⟩ **0.1** ***beruchtheid*** ⇒*slechte naam en faam, negatieve bekendheid* **0.2** ***infamie*** ⇒*schande, schanddaad, laagheid, eerloosheid* ⟨ook jur.⟩.

in·fan·cy ['ɪnfənsi]⟨f2⟩⟨telb. en n.-telb.zn.; →mv. 2⟩ **0.1** ***kindsheid*** ⇒*eerste jeugd, kleutertijd, vroege leeftijd* ⟨onder 7 jaar⟩ **0.2** ***beginstadium*** ⇒*ontwikkelingsstadium* **0.3** ⟨jur.⟩ ***minderjarigheid*** ◆ **6.2** in its ~ *in de kinderschoenen.*

in·fant[1] ['ɪnfənt]⟨f2⟩⟨telb.zn.⟩ **0.1** ***jong kind*** ⟨onder 7 jaar⟩ ⇒*zuigeling, peuter, kleuter* **0.2** ⟨jur.⟩ ***minderjarige.***

infant[2] ⟨f1⟩⟨bn., attr.⟩ **0.1** ***kinder-*** ⇒*kinderlijk, voor zuigelingen/kleuters* **0.2** ***opkomend*** ⇒*groeiend, in de kinderschoenen* ◆ **1.1** ~ formula *zuigelingenvoeding* ⟨ter vervanging v. moedermelk⟩; ~ prodigy *wonderkind.*

in·fan·ta [ɪn'fæntə]⟨telb.zn.⟩⟨gesch.⟩ **0.1** ***infante*** ⟨koninklijke prinses in Spanje en Portugal⟩ ⇒*echtgenote v.e. infant.*

in·fan·te [ɪn'fænti‖ɪn'fænteɪ]⟨telb.zn.⟩⟨gesch.⟩ **0.1** ***infant*** ⟨prins v. den bloede in Spanje en Portugal (niet de troonopvolger)⟩.

in·fan·ti·cide [ɪn'fænṭɪsaɪd]⟨f1⟩⟨zn.⟩

I ⟨telb.zn.⟩ **0.1** ***kindermoordenaar;***

II ⟨telb. en n.-telb.zn.⟩ **0.1** ***kindermoord*** ⇒*infanticide.*

in·fan·tile ['ɪnfəntaɪl], **in·fan·tine** [-taɪn]⟨f2⟩⟨bn.⟩

I ⟨bn.⟩⟨vaak pej.⟩ **0.1** ***infantiel*** ⇒*kinderlijk, kinderachtig, onvolgroeid, onvolwassen;*

II ⟨bn., attr.⟩ **0.1** ***kinder-*** ⇒*zuigelingen-, kleuter-, peuter-* ◆ **1.1** ~ paralysis *kinderverlamming, polio(myelitis).*

in·fan·til·ism [ɪn'fænṭɪlɪzm‖'ɪnfənṭɪlɪzm]⟨telb. en n.-telb.zn.⟩ **0.1** ***infantilisme*** ⟨geestelijke/lichamelijke onvolwassenheid⟩ ⇒*kinderachtigheid, kinderlijkheid.*

'infant mor'tality ⟨n.-telb.zn.⟩ **0.1** ***zuigelingensterfte.***

in·fan·try ['ɪnfəntri]⟨f2⟩⟨verz.n.⟩ **0.1** ***infanterie*** ⇒*voetvolk.*

in·fan·try·man ['ɪnfəntrimən]⟨f1⟩⟨telb.zn.; infantrymen; →mv. 3⟩ **0.1** ***infanterist.***

'infant school ⟨f1⟩⟨telb. en n.-telb.zn.⟩⟨BE⟩ **0.1** ***kleuterschool.***

in·farct [ɪn'fɑ:kt‖ɪn'fɑrkt], **in·farc·tion** [ɪn'fɑ:kʃn‖ɪn'fɑrkʃn] ⟨telb.zn.⟩⟨med.⟩ **0.1** ***infarct.***

in·fat·u·ate [ɪn'fætʃʊeɪt]⟨f1⟩⟨ov.ww.⟩ **0.1** ***verdwazen*** ⇒*verzot maken, doen dwepen, verblinden* ◆ **6.1** be ~d **by/with** s.o./sth. *smoorverliefd/verzot/gek/dol zijn op iem./iets, dwepen met iem./iets.*

in·fat·u·a·tion [ɪn'fætʃʊ'eɪʃn]⟨f2⟩⟨zn.⟩

I ⟨telb.zn.⟩ **0.1** ***liefde*** ⇒*geliefde, vlam, ideaal;*

II ⟨telb. en n.-telb.zn.⟩ **0.1** ***bevlieging*** ⇒*dweperij, verdwaasdheid, waanzinnige verliefdheid.*

in·fea·si·ble [ɪn'fi:zəbl]⟨bn.⟩ **0.1** ***onuitvoerbaar*** ⇒*ondoenlijk.*

in·fect [ɪn'fekt]⟨f2⟩⟨ov.ww.⟩ **0.1** ***besmetten*** ⟨ook fig.⟩ ⇒*infecteren, aansteken* **0.2** ***vervuilen*** ⇒*bederven, verknoeien.*

in·fec·tion [ɪn'fekʃn]⟨f2⟩⟨telb. en n.-telb.zn.⟩ **0.1** ***infectie*** ⟨ook fig.⟩ ⇒*infectieziekte, besmetting* **0.2** ***infectiestof*** ⇒*besmetter, smetstof* **0.3** ***(negatieve) beïnvloeding*** ⇒*(slechte) invloed, (slecht) voorbeeld.*

in·fec·tious [ɪn'fekʃəs], **in·fec·tive** [-tɪv]⟨f2⟩⟨bn.; -ly; -ness⟩ **0.1** ***besmettelijk*** ⇒*infectueus* **0.2** ***aanstekelijk*** ⇒*pakkend.*

in·fe·cun·di·ty ['ɪnfɪ'kʌndəṭi]⟨n.-telb.zn.⟩ **0.1** ***onvruchtbaarheid.***

in·fe·lic·i·tous ['ɪnfɪ'lɪsɪṭəs]⟨bn.; -ly⟩ **0.1** ***ongelukkig (gekozen)*** ⇒*onfortuinlijk, onpassend, onbetamelijk.*

in·fe·lic·i·ty ['ɪnfɪ'lɪsəṭi]⟨zn.; →mv. 2⟩

I ⟨telb.zn.⟩ **0.1** ***ongelukkige keuze/uitdrukking/gedachte;***

II ⟨telb. en n.-telb.zn.⟩ **0.1** ***ongeluk*** ⇒*ongelukkigheid, onfortuinlijkheid, onbetamelijkheid.*

infeodation →infeudation.

in·fer [ɪn'fɜ:‖ɪn'fɜr]⟨f2⟩⟨ww.; →ww. 7⟩

I ⟨onov.ww.⟩ **0.1** ***conclusies trekken;***

II ⟨ov.ww.⟩ **0.1** ***concluderen*** ⇒*afleiden, opmaken, deduceren, infereren* **0.2** ***impliceren*** ⇒*inhouden, als logisch gevolg hebben* ◆ **6.1** ~ **from** *opmaken uit.*

in·fer·ence ['ɪnfrəns]⟨f2⟩⟨telb. en n.-telb.zn.⟩ **0.1** ***gevolgtrekking*** ⇒*(logische) conclusie, concludering, deductie, afleiding.*

in·fer·en·tial ['ɪnfə'renʃl]⟨f1⟩⟨bn.; -ly⟩ **0.1** ***afleidbaar*** ⇒*te concluderen, deduceerbaar, op te maken; tot conclusies leidend* **0.2** ***afgeleid*** ⇒*geconcludeerd, gededuceerd, opgemaakt* ◆ **1.1** ~ statistics *verklarende/mathematische/inductieve statistiek.*

in·fe·ri·or[1] [ɪn'fɪərɪə‖ɪn'fɪrɪər]⟨f1⟩⟨telb.zn.⟩ **0.1** ***ondergeschikte*** ⇒*mindere, lagere in rang* **0.2** ⟨druk.⟩ ***inferieur.***

inferior[2] ⟨f2⟩⟨bn.; -ly⟩ **0.1** ***lager*** ⇒*onder, onderst, minder, inferieur, ondergeschikt* **0.2** ***inferieur*** ⇒*minderwaardig, gering, slecht* **0.3** ⟨druk.⟩ ***niet in lijn gedrukt*** ⇒*eronderuit hangend* **0.4** ⟨plantk.⟩ ***onderstandig*** **0.5** ⟨ster.⟩ ***beneden*** ◆ **1.2** ~ goods *goederen v. mindere kwaliteit* **1.5** ~ conjunction *benedenconjunctie;* ~ planet *binnenplaneet* **6.2** be ~ **to** *onderdoen voor, slechter/minder zijn dan.*

in·fe·ri·or·i·ty [ɪn'fɪəri'ɒrəti‖ɪn'fɪri'ɔrəṭi]⟨f2⟩⟨n.-telb.zn.⟩ **0.1** ***minderwaardigheid*** ⇒*minderheid, ondergeschiktheid, inferioriteit* ◆ **2.1** technical ~ *technische achterstand.*

inferi'ority complex ⟨f1⟩⟨telb.zn.⟩⟨psych.⟩ **0.1** ***minderwaardigheidscomplex.***

in·fer·nal [ɪn'fɜ:nl‖ɪn'fɜrnl]⟨f1⟩⟨bn.; -ly⟩ **0.1** ***hels*** ⇒*duivels, infernaal, mbt./v. de onderwereld* **0.2** ⟨inf.⟩ ***afschuwelijk*** ⇒*verschrikkelijk, vervloekt, beroerd* ◆ **1.1** ⟨vero.⟩ ~ machine *helse machine.*

in·fer·no [ɪn'fɜ:noʊ‖-'fɜr-]⟨f1⟩⟨telb.zn.⟩ **0.1** ***hel*** ⇒*inferno, hels oord, vlammenzee.*

in·fer·(r)a·ble, in·fer·(r)i·ble [ɪn'fɜ:rəbl]⟨f1⟩⟨bn.; -ly; →bijw. 3⟩ **0.1** ***afleidbaar*** ⇒*deduceerbaar, op te maken.*

in·fer·tile ['ɪn'fɜ:taɪl‖'ɪn'fɜrṭl]⟨bn.⟩ **0.1** ***onvruchtbaar*** ⇒*steriel, infertiel* **0.2** ***onvruchtbaar*** ⇒*dor, schraal* ⟨v. land⟩.

in·fer·til·i·ty ['ɪnfɜ:'tɪləti‖'ɪnfɜr'tɪləṭi]⟨n.-telb.zn.⟩ **0.1** ***onvruchtbaarheid*** ⇒*steriliteit, infertiliteit* **0.2** ***onvruchtbaarheid*** ⇒*dorheid, schraalheid* ⟨v. land⟩.

in·fest [ɪn'fest]⟨f1⟩⟨ov.ww.⟩ **0.1** ***teisteren*** ⇒*onveilig maken, infesteren, plagen, kwellen, parasiteren op* ◆ **6.1** be ~ed **with** *vergeven zijn van, stikken van, geteisterd worden door.*

in·fes·ta·tion ['ɪnfe'steɪʃn]⟨f1⟩⟨telb. en n.-telb.zn.⟩ **0.1** ***teistering*** ⇒*het onveilig zijn/worden, plaag, het vergeven zijn, infestering.*

in·feu·da·tion, in·feo·da·tion ['ɪnfju:'deɪʃn]⟨telb. en n.-telb.zn.⟩ ⟨BE; gesch.⟩ **0.1** ***belening*** ⇒*het met een leen begiftigen* ◆ **6.1** ~ **of** tithes *het afstaan v. tienden aan leken.*

in·fib·u·la·tion [ɪn'fɪbjʊ'leɪʃn‖-bjə-]⟨telb. en n.-telb.zn.⟩ **0.1** ***infibulatie.***

in·fi·del[1] ['ɪnfɪdl]⟨f1⟩⟨telb.zn.⟩ **0.1** ***ongelovige*** ⇒*heiden* **0.2** ***niet-christen*** ⇒*heiden,* ⟨gesch. i.h.b.⟩ *mohammedaan.*

infidel[2] ⟨bn.⟩ **0.1** ***ongelovig*** ⇒*heidens, niet-christelijk.*

in·fi·del·i·ty ['ɪnfɪ'deləṭi]⟨f2⟩⟨zn.; →mv. 2⟩

I ⟨telb. en n.-telb.zn.⟩ **0.1** ***trouweloosheid*** ⇒*trouwbreuk, infideliteit, ontrouw, echtbreuk, overspel(igheid)* **0.2** ***onnauwkeurigheid*** ⇒*ongetrouwheid* ⟨bv. in vertaling, verslag⟩;

II ⟨n.-telb.zn.⟩ **0.1** ***ongelovigheid*** ⇒*ongeloof.*

in·field ['ɪnfi:ld]⟨f2⟩⟨zn.⟩

I ⟨telb.zn.⟩ **0.1** ***land rondom de boerderij*** **0.2** ***bebouwbaar stuk land*** ⇒*bouwland;*

II ⟨telb., verz.n.⟩ **0.1** ⟨honkbal⟩ ***binnenveld(ers)*** **0.2** ⟨cricket⟩ ***middenveld(ers).***

in·field·er ['ɪnfi:ldə‖-ər], **in·fields·man** ['ɪnfi:ldzmən]⟨telb.zn.; infieldsmen [-mən]; →mv. 3⟩ **0.1** ⟨honkbal⟩ ***binnenvelder*** **0.2** ⟨cricket⟩ ***middenvelder.***

in·fight·ing ['ɪnfaɪṭɪŋ]⟨n.-telb.zn.⟩ **0.1** ⟨bokssport⟩ ***het invechten*** ⇒*het boksen op minder dan armlengte, het hangen* **0.2** ***bedekte onderlinge strijd*** ⇒*heimelijke concurrentie, verborgen machtsstrijd.*

in·fill ['ɪnfɪl]⟨ov.ww.⟩ →infilling **0.1** ***opvullen***.
in·fil·ling ['ɪnfɪlɪŋ]⟨telb. en n.-telb.zn.; oorspr. gerund v. infill⟩ **0.1** ***opvulling*** ⇒*opvulsel, invulling, het opvullen*.
in·fil·trate ['ɪnfɪltreɪt‖ɪn'fɪl-]⟨f2⟩⟨ww.⟩
I ⟨onov.ww.⟩ **0.1** ***infiltreren*** ⇒*tersluiks binnendringen, doorsijpelen, doorzijgen* ◆ **6.1** ~ **into** an area *in een gebied infiltreren;*
II ⟨ov.ww.⟩ **0.1** ***doordringen*** ⇒*doortrekken, (doen) binnendringen, doen infiltreren, infiltreren in*.
in·fil·tra·tion ['ɪnfɪl'treɪʃn]⟨f1⟩⟨telb. en n.-telb.zn.⟩ **0.1** ***infiltratie*** ⇒*doorsijpeling, doorzijging, langzame binnendringing, doordringing*.
in·fil·tra·tor ['ɪnfɪltreɪtə‖ɪn'fɪltreɪṭər]⟨telb.zn.⟩ **0.1** ***infiltrant*** ⇒*indringer*.
in·fi·nite[1] ['ɪnfɪnɪt]⟨f1⟩⟨telb. en n.-telb.zn.⟩ **0.1** ***oneindigheid*** ⇒*oneindig aantal, oneindig iets* ◆ **7.1** the ~ *het oneindige, het heelal;* the Infinite *de Oneindige, God*.
infinite[2] ⟨f3⟩⟨bn.; -ly; -ness⟩ **0.1** ***oneindig*** ⇒*mateloos, onbegrensd* **0.2** ***buitengemeen groot/veel*** ⇒*buitensporig* **0.3** ⟨wisk.⟩ ***oneindig***.
in·fin·i·tes·i·mal[1] ['ɪnfɪnɪ'tesɪml]⟨telb.zn.⟩ **0.1** ***oneindig kleine hoeveelheid*** **0.2** ⟨wisk.⟩ ***infinitesimaal*** ⟨functie die naar nul convergeert⟩.
infinitesimal[2] ⟨f1⟩⟨bn.; -ly; -ness⟩ **0.1** ***oneindig klein*** **0.2** ⟨wisk.⟩ ***met waarden naar nul convergerend*** ◆ **1.2** ~ calculus *infinitesimaalrekening, differentiaal/integraalrekening*.
in·fin·i·ti·val [ɪn'fɪnɪ'taɪvl]⟨bn.; -ly⟩⟨taalk.⟩ **0.1** ***mbt./v. de infinitief*** ⇒*mbt./v. de onbepaalde wijs*.
in·fin·i·tive[1] [ɪn'fɪnəṭɪv]⟨f1⟩⟨telb. en n.-telb.zn.⟩⟨taalk.⟩ **0.1** ***infinitief*** ⇒*onbepaalde wijs*.
infinitive[2] ⟨f1⟩⟨bn.; -ly⟩⟨taalk.⟩ **0.1** ***infinitief-*** ⇒*in de onbepaalde wijs, onbepaald*.
in·fin·i·tude [ɪn'fɪnɪtju:d‖-tu:d]⟨zn.⟩⟨schr.⟩
I ⟨telb.zn.⟩ **0.1** ***oneindige hoeveelheid*** ⇒*oneindig aantal;*
II ⟨telb. en n.-telb.zn.⟩ **0.1** ***oneindigheid*** ⇒*onbegrensdheid, grenzeloosheid, uitgestrektheid*.
in·fin·i·ty [ɪn'fɪnəṭi]⟨f2⟩⟨zn.; →mv. 2⟩
I ⟨telb.zn.⟩ **0.1** ***oneindige hoeveelheid*** ⇒*oneindig aantal;*
II ⟨telb. en n.-telb.zn.⟩ **0.1** ***oneindigheid*** ⟨v. tijd, ruimte, hoeveelheid⟩ ⇒*grenzeloosheid, uitgestrektheid, infiniteit* ◆ **3.1** it seemed to take an ~ *het leek wel een eeuwigheid te duren;*
III ⟨n.-telb.zn.⟩ **0.1** ⟨wisk.⟩ ***oneindigheid***.
in·firm ['ɪn'fɜ:m‖'ɪn'fɜrm]⟨f1⟩⟨bn.; -ly; -ness⟩ **0.1** ***(lichamelijk) zwak*** ⇒*teer, krachteloos, onstevig* **0.2** ***(geestelijk) zwak*** ⇒*weifelachtig, onvast, wankelmoedig* ◆ **1.2** ~ of purpose *weifelmoedig, besluiteloos*.
in·fir·mar·i·an ['ɪnfə'meərɪən‖'ɪnfər'merɪən]⟨telb.zn.⟩ **0.1** ***infirmarius*** ⇒*ziekenbroeder, ziekenverzorger*.
in·fir·ma·ry [ɪn'fɜ:məri‖-'fɜr-]⟨f1⟩⟨telb.zn.; →mv. 2⟩ **0.1** ***ziekenhuis*** ⇒*infirmerie, ziekenafdeling/zaal*.
in·fir·mi·ty [ɪn'fɜ:məti‖ɪn'fɜrməṭi]⟨f1⟩⟨zn.; →mv. 2⟩
I ⟨telb.zn.⟩ **0.1** ***gebrek*** ⇒*ongemak, kwaal;*
II ⟨n.-telb.zn.⟩ **0.1** ***(lichamelijke) zwakheid*** ⇒*krachteloosheid, zwakte, ziekelijkheid* **0.2** ***(geestelijke) zwakheid*** ⇒*weifelachtigheid, onvastheid, wankelmoedigheid*.
in·fix[1] ['ɪnfɪks]⟨telb.zn.⟩⟨taalk.⟩ **0.1** ***infix*** ⇒*tussenvoegsel*.
infix[2] [ɪn'fɪks]⟨ov.ww.⟩ **0.1** ***inzetten*** ⇒*invoegen, insteken, bevestigen* **0.2** ***inprenten*** ⇒*indrukken, inplanten* **0.3** ⟨taalk.⟩ ***als infix plaatsen***.
in·fix·a·tion ['ɪnfɪk'seɪʃn]⟨telb. en n.-telb.zn.⟩ **0.1** ***inzetting*** ⇒*invoeging, insteking, bevestiging* **0.2** ***inprenting*** ⇒*indrukking, inplanting*.
in·flame [ɪn'fleɪm]⟨f1⟩⟨ww.⟩
I ⟨onov.ww.⟩ **0.1** ***vlam vatten*** ⇒*ontvlammen, in brand raken, ontgloeien, ontbranden* **0.2** ***opgewonden raken*** ⇒*ontbranden, in vuur en vlam raken, in woede ontsteken, zich opwinden;*
II ⟨onov. en ov.ww.⟩ **0.1** ⟨med.⟩ ***inflammeren*** ⇒*ontsteken, ontstoken raken* ◆ **1.1** an ~d eye *een ontstoken oog;*
III ⟨ov.ww.⟩ **0.1** ***in brand steken*** ⇒*doen ontvlammen, doen ontbranden* **0.2** ***opwinden*** ⇒*verhitten, kwaad maken, aanvuren* ◆ **6.2** ~d **with** rage *in woede ontstoken*.
in·flam·ma·bil·i·ty [ɪn'flæmə'bɪləṭi]⟨n.-telb.zn.⟩ **0.1** ***ontvlambaarheid*** ⇒*brandbaarheid*.
in·flam·ma·ble[1] [ɪn'flæməbl]⟨f1⟩⟨telb.zn.; vnl. mv.⟩ **0.1** ***licht ontvlambare stof*** ⇒*(zeer) brandbare stof*.
inflammable[2] ⟨f1⟩⟨bn.; -ly; -ness; →bijw. 3⟩ **0.1** ***ontvlambaar*** ⇒*licht vlam vattend, zeer brandbaar;* ⟨fig.⟩ *snel opgewonden, opvliegend*.
in·flam·ma·tion ['ɪnflə'meɪʃn]⟨f1⟩⟨telb. en n.-telb.zn.⟩ **0.1** ***ontsteking*** ⇒*ontbranding;* ⟨fig.⟩ *opwinding* **0.2** ⟨med.⟩ ***inflammatie*** ⇒*ontsteking*.
in·flam·ma·to·ry [ɪn'flæmətri‖-tɔri]⟨f1⟩⟨bn.; -ly; →bijw. 3⟩ **0.1** ⟨med.⟩ ***ontstekings-*** ⇒*inflammatoir* **0.2** ***opwindend*** ⇒*opruiend*.
in·flat·a·ble [ɪn'fleɪṭəbl]⟨bn.⟩ **0.1** ***opblaasbaar***.
in·flate [ɪn'fleɪt]⟨f2⟩⟨ww.⟩ →inflated
I ⟨onov.ww.⟩ **0.1** ***opgeblazen worden*** ⇒*zwellen, uitzetten;*
II ⟨ov.ww.⟩ **0.1** ***opblazen*** ⇒*doen zwellen, oppompen, vullen;* ⟨fig.⟩ *opgeblazen/verwaand/hoogmoedig maken* **0.2** ⟨ec.⟩ ***inflateren*** ⇒*inflatie veroorzaken van, kunstmatig opdrijven* ⟨bv. prijzen⟩.
in·flat·ed [ɪn'fleɪṭɪd]⟨f1⟩⟨bn.; -ly; -ness; oorspr. volt. deelw. v. inflate⟩ **0.1** ***opgeblazen*** ⇒*gezwollen, opgezet;* ⟨fig.⟩ *trots, hoogmoedig, verwaand; bombastisch* ⟨v. taal⟩ **0.2** ⟨ec.⟩ ***geïnflateerd*** ⇒*abnormaal gestegen* **0.3** ***hol en uitgezet*** ◆ **1.1** ~ language *gezwollen taal* **1.3** ~ calyx *holle bloembodem, kelkbuis* **6.1** ~ **with** pride *gezwollen van trots*.
in·flat·er, in·fla·tor [ɪn'fleɪtə‖ɪn'fleɪṭər]⟨telb.zn.⟩ **0.1** ***pomp*** ⇒*fietspomp*.
in·fla·tion [ɪn'fleɪʃn]⟨f2⟩⟨zn.⟩
I ⟨telb. en n.-telb.zn.⟩ **0.1** ⟨ec.⟩ ***inflatie*** ⇒*waardevermindering, geldontwaarding* **0.2** ***opgeblazenheid*** ⟨ook fig.⟩ ⇒*gezwollenheid, bombast* ◆ **3.1** galloping ~ *wilde inflatie;*
II ⟨n.-telb.zn.⟩ **0.1** ***het opblazen***.
in·fla·tion·ar·y [ɪn'fleɪʃənri‖-neri]⟨f1⟩⟨bn.⟩⟨ec.⟩ **0.1** ***inflatoir*** ⇒*inflatie in de hand werkend, inflationistisch* ◆ **1.1** ~ spiral *inflatiespiraal*.
in·fla·tion·ist [ɪn'fleɪʃənɪst]⟨telb.zn.⟩⟨ec.⟩ **0.1** ***inflationist*** ⇒*voorstander v. inflatie*.
in'flation rate ⟨telb.zn.⟩ **0.1** ***inflatiecijfer/percentage***.
in·flect [ɪn'flekt]⟨f1⟩⟨ww.⟩
I ⟨onov.ww.⟩⟨taalk.⟩ **0.1** ***verbogen/vervoegd worden*** ⇒*geïnflecteerd worden;*
II ⟨ov.ww.⟩ **0.1** ***(om)buigen*** ⇒*inbuigen, krommen, inflecteren* **0.2** ***moduleren*** ⇒*van toonaard veranderen* **0.3** ⟨taalk.⟩ ***verbuigen/vervoegen*** ⇒*inflecteren*.
in·flec·tion, ⟨BE sp. vnl.⟩ **in·flex·ion** [ɪn'flekʃn]⟨f2⟩⟨zn.⟩
I ⟨telb.zn.⟩ **0.1** ⟨taalk.⟩ ***verbuigings/vervoegingsuitgang*** **0.2** ⟨wisk.⟩ ***buigpunt*** ⇒*buiging;*
II ⟨telb. en n.-telb.zn.⟩ **0.1** ***(in)buiging*** ⇒*kromming* **0.2** ***inflexie*** ⇒*stembuiging, modulatie* **0.3** ⟨taalk.⟩ ***verbuiging/vervoeging*** ⇒*verbogen/vervoegde vorm*.
in·flec·tion·al, ⟨BE sp. vnl.⟩ **in·flex·ion·al** [ɪn'flekʃnəl]⟨bn.; -ly⟩ ⟨taalk.⟩ **0.1** ***verbuigings-/vervoegings-*** ⇒*verbogen/vervoegd* **0.2** ***inflecterend*** ⟨v. taal⟩.
in·flec·tive [ɪn'flektɪv]⟨bn.⟩⟨taalk.⟩ **0.1** ***(ver)buigings-/vervoegings-***.
in·flex·i·bil·i·ty [ɪn'fleksə'bɪləṭi]⟨f1⟩⟨n.-telb.zn.⟩ **0.1** ***onbuigbaarheid*** ⟨ook fig.⟩ ⇒*onverzettelijkheid, hardnekkigheid*.
in·flex·i·ble [ɪn'fleksəbl]⟨f1⟩⟨bn.; -ly; -ness; →bijw. 3⟩ **0.1** ***onbuigbaar*** ⟨ook fig.⟩ ⇒*onbuigzaam, onverzettelijk, hardnekkig*.
in·flict [ɪn'flɪkt]⟨f2⟩⟨ov.ww.⟩ **0.1** ***opleggen*** ⇒*opdringen, doen ondergaan* **0.2** ***toedienen*** ⇒*toebrengen* **0.3** ***teisteren*** ⇒*kwellen* ◆ **6.1** ~ a penalty **(up)on** s.o. *iem. een straf opleggen* **6.2** ~ a blow **(up) on** s.o. *iem. een klap geven*.
in·flict·er, in·flic·tor [ɪn'flɪktə‖-ər]⟨telb.zn.⟩ **0.1** ***toediener*** ⇒*dader*.
in·flic·tion [ɪn'flɪkʃn]⟨f1⟩⟨zn.⟩
I ⟨telb.zn.⟩ **0.1** ***straf*** ⇒⟨fig.⟩ *marteling, kwelling, last;*
II ⟨telb. en n.-telb.zn.⟩ **0.1** ***(straf)oplegging*** ⇒*toediening*.
'in-flight ⟨bn., attr.⟩ **0.1** ***tijdens de vlucht*** ⇒*aan boord* ◆ **1.1** ~ movie *tijdens de vlucht vertoonde film*.
in·flo·res·cence ['ɪnflɔ:'resns, -flə-]⟨zn.⟩⟨plantk.⟩
I ⟨telb.zn.⟩ **0.1** ***bloeiwijze*** ⇒*bloemgestel, inflorescentie* **0.2** ***bloemstelsel*** ⇒*bloemgroep;*
II ⟨telb. en n.-telb.zn.⟩ **0.1** ***bloei*** ⟨ook fig.⟩ ⇒*bloesem, bloeseming*.
in·flow ['ɪnfloʊ], **in·flow·ing** ['ɪnfloʊɪŋ]⟨f1⟩⟨telb. en n.-telb.zn.⟩ **0.1** ***toevloed*** ⇒*in/toestroming, het binnenvloeien*.
in·flow·ing ⟨f1⟩⟨bn.⟩ **0.1** ***in/toestromend*** ⇒*binnenvloeiend*.
in·flu·ence[1] ['ɪnfluəns]⟨f3⟩⟨telb. en n.-telb.zn.⟩ **0.1** ***invloed*** ⇒*inwerking, influentie, macht, autoriteit, overwicht, gezag* **0.2** ***protectie*** ⇒⟨inf.⟩ *kruiwagen* ◆ **3.1** use one's ~ *zijn invloed aanwenden* **6.1** have ~ **over/with** s.o. *overwicht over/invloed op iem. hebben* **6.¶** ⟨inf.⟩ **under** the ~ *onder invloed, boven z'n theewater, aangeschoten*.
influence[2] ⟨f3⟩⟨ov.ww.⟩ **0.1** ***beïnvloeden*** ⇒*invloed hebben/(uit)oefenen op, inwerken op*.
in·flu·ent[1] ['ɪnfluənt]⟨telb.zn.⟩ **0.1** ***zijrivier***.
influent[2] ⟨bn.⟩ **0.1** ***binnen/in/toestromend*** ⇒*toevloeiend, binnenvloeiend*.
in·flu·en·tial ['ɪnflu'enʃl]⟨f2⟩⟨bn.; -ly⟩ **0.1** ***invloedrijk*** ⇒*machtig, gezaghebbend*.
in·flu·en·za ['ɪnflu'enzə]⟨f1⟩⟨telb. en n.-telb.zn.⟩⟨med.⟩ **0.1** ***influenza*** ⇒*griep*.
in·flux ['ɪnflʌks]⟨f1⟩⟨zn.; →mv. 2⟩

I ⟨telb.zn.⟩ 0.1 ***riviermond(ing);***
II ⟨telb. en n.-telb.zn.⟩ 0.1 ***toevloed*** *⇒instroming, het binnenvloeien* ◆ 6.1 an ~ **of** immigrants **into** a district *een toevloed v. immigranten in een gebied.*

in·fo ['ɪnfoʊ]⟨f1⟩⟨n.-telb.zn.⟩⟨verk.⟩ information ⟨inf.⟩ 0.1 ***info*** *⇒informatie.*

in·fold [ɪn'foʊld]⟨ov.ww.⟩ 0.1 ***naar binnen vouwen*** *⇒invouwen* 0.2 ***omwikkelen*** *⇒hullen* 0.3 ***binnensluiten*** *⇒insluiten* 0.4 ***omvatten*** *⇒omhelzen.*

in·form [ɪn'fɔ:m‖ɪn'fɔrm]⟨f3⟩⟨ww.⟩ →informed
I ⟨onov.ww.⟩ 0.1 ***een klacht indienen*** *⇒bezwarend bewijs leveren* ◆ 6.1 ~ **against/(up)on** s.o. *iem. aanklagen/aanbrengen/aangeven/verklikken;*
II ⟨ov.ww.⟩ 0.1 ***informeren*** *⇒inlichten, verwittigen, op de hoogte stellen* 0.2 ***berichten*** *⇒meedelen* 0.3 ***bezielen*** *⇒inspireren, doordringen* 0.4 ***vormen*** 0.5 ⟨vero.⟩ ***onderrichten*** ◆ 6.1 ~ s.o. **about/of/on** *iem. op de hoogte brengen van, iem. inlichten over.*

in·for·mal [ɪn'fɔ:ml‖ɪn'fɔrml]⟨f2⟩⟨bn.; -ly⟩ 0.1 ***informeel*** *⇒niet officieel, vrijblijvend, voorlopig* 0.2 ***onvormelijk*** *⇒familiaar, zonder complimenten* 0.3 ***ongedwongen*** *⇒alledaags, los, ongekunsteld* ◆ 1.1 ⟨Austr. E⟩ ~ vote *ongeldige stem, ongeldig stembiljet* 1.3 ~ speech *spreektaal, omgangstaal.*

in·for·mal·i·ty ['ɪnfɔ:'mæləti‖'ɪnfɔr'mæləṭi]⟨telb. en n.-telb.zn.; →mv. 2⟩ 0.1 ***informaliteit*** *⇒ongedwongenheid, vrijheid, vrijblijvendheid, onvormelijkheid.*

in·form·ant [ɪn'fɔ:mənt‖-'fɔr-]⟨f1⟩⟨telb.zn.⟩ 0.1 ***informant*** *⇒zegsman* 0.2 ⟨jur.⟩ ***aanbrenger*** *⇒aangever.*

in forma pauperis [ɪn 'fɔ:mə 'pɔ:pərɪs‖ɪn 'fɔrmə 'pɔ-]⟨bw.⟩⟨jur.⟩ 0.1 ***pro Deo.***

in·for·mat·ics ['ɪnfə'mætɪks‖'ɪnfər'mæṭɪks]⟨n.-telb.zn.⟩ 0.1 ***informatica.***

in·for·ma·tion ['ɪnfə'meɪʃn‖'ɪnfər-]⟨f3⟩⟨zn.⟩
I ⟨telb.zn.⟩⟨jur.⟩ 0.1 ***aanklacht*** ◆ 3.1 lay/lodge an ~ against s.o. *een aanklacht tegen iem. indienen, iem. aanklagen;*
II ⟨n.-telb.zn.⟩ 0.1 ***informatie*** *⇒inlichting(en), mededeling(en), bericht(en), het vragen/verschaffen v. kennis/inzicht, voorlichting* 0.2 ***kennis*** 0.3 ⟨comp.⟩ ***informatie*** *⇒gegevens, data* 0.4 ⟨tech.⟩ ***documentaire informatie*** ◆ 1.1 bits/pieces of ~ on sth. *informatie/inlichtingen over iets* 3.1 obtain ~ *informatie inwinnen.*

in·for·ma·tion·al ['ɪnfə'meɪʃnəl‖'ɪnfər-]⟨bn.⟩ 0.1 ***informatie-.***

infor'mation bureau ⟨telb.zn.⟩ 0.1 ***inlichtingendienst*** *⇒informatie, bureau/kantoor voor vreemdelingenverkeer, V.V.V..*

infor'mation desk ⟨f1⟩⟨telb.zn.⟩ 0.1 ***inlichtingenbureau*** *⇒informatiebalie.*

infor'mation retrieval ⟨telb. en n.-telb.zn.⟩⟨comp.⟩ 0.1 ***het terugvinden/ophalen v. informatie (uit een database)*** *⇒informatie-ontsluiting.*

infor'mation science ⟨n.-telb.zn.⟩ 0.1 ***informatica.***

infor'mation storage ⟨telb. en n.-telb.zn.⟩⟨comp.⟩ 0.1 ***(machineleesbare) informatie-opslag.***

infor'mation technology ⟨n.-telb.zn.⟩ 0.1 ***informatietechniek.***

infor'mation theory ⟨telb. en n.-telb.zn.⟩ 0.1 ***informatietheorie.***

in·form·a·tive [ɪn'fɔ:mətɪv‖ɪn'fɔrməṭɪv], **in·form·a·to·ry** [ɪn'fɔ:mətri‖ɪn'fɔrmətɔri]⟨f1⟩⟨bn.; informatively⟩ 0.1 ***informatief*** *⇒leerzaam, instructief, voorlichtend.*

in·formed [ɪn'fɔ:md‖ɪn'fɔrmd]⟨f2⟩⟨bn.; volt. deelw. v. inform⟩ 0.1 ***ingelicht*** *⇒op de hoogte (zijnd), zaakkundig, bevoegd* 0.2 ***ontwikkeld*** *⇒intelligent* ◆ 5.1 ill-~ *slecht op de hoogte;* well-~ *goed ingelicht.*

in·form·er [ɪn'fɔ:mə‖ɪn'fɔrmər]⟨telb.zn.⟩ 0.1 ***informant*** *⇒zegsman* 0.2 ⟨jur.⟩ ***aanklager*** *⇒tipgever, aanbrenger, verklikker* 0.3 ***geheim agent*** *⇒politiespion.*

in·fra ['ɪnfrə]⟨bw.⟩ 0.1 ***beneden*** ⟨ook in boek⟩ *⇒hieronder, onderaan, verderop* ◆ 3.1 see ~, p. 100 *zie blz. 100.*

in·fra- 0.1 ***onder-*** ◆ ¶.1 infrarenal *onder de nieren gelegen.*

in·frac·tion [ɪn'frækʃn]⟨telb. en n.-telb.zn.⟩ 0.1 ***schending*** *⇒overtreding, (in)breuk.*

infra dig ['ɪnfrə 'dɪg]⟨bn., pred.⟩⟨verk.⟩ infra dignitatem ⟨inf.⟩ 0.1 ***beneden iemands waardigheid*** *⇒dat je niet kunt doen/maken.*

in·fra·lap·sar·i·an ['ɪnfrəlæp'seərɪən‖-'ser-]⟨telb.zn.⟩ 0.1 ***aanhanger v. infralapsarisme/predestinatieleer.***

in·fra·lap·sar·i·an·ism ['ɪnfrəlæp'seərɪənɪzm‖-'ser-]⟨n.-telb.zn.⟩ 0.1 ***infralapsarisme*** *⇒predestinatieleer.*

in·fran·gi·ble [ɪn'frændʒəbl]⟨bn.; -ly; →bijw. 3⟩ 0.1 ***ondeelbaar*** *⇒onafbreekbaar* 0.2 ***onschendbaar*** *⇒onverbreekbaar* ⟨v. wet, e.d.⟩.

in·fra·red ['ɪnfrə'red]⟨f2⟩⟨bn.⟩ 0.1 ***infrarood.***

in·fra·son·ic ['ɪnfrə'sɒnɪk‖-'sɑnɪk]⟨bn.; -ally; →bijw. 3⟩ 0.1 ***infrasoon*** ⟨beneden de frequentie v. geluidstrillingen⟩ 0.2 ***subsonisch*** ⟨beneden de voortplantingssnelheid v.h. geluid⟩.

in·fra·struc·ture ['ɪnfrəstrʌktʃə‖-ər]⟨f1⟩⟨telb.zn.⟩ 0.1 ***infrastructuur*** *⇒onderbouw.*

in·fre·quen·cy [ɪn'fri:kwənsi], **in·fre·quence** [ɪn'fri:kwəns]⟨n.-telb.zn.⟩ 0.1 ***zeldzaamheid*** *⇒het weinig frequent/niet veelvuldig voorkomen.*

in·fre·quent ['ɪn'fri:kwənt]⟨f1⟩⟨bn.⟩ 0.1 ***zeldzaam*** *⇒niet veelvuldig/vaak (voorkomend), occasioneel, onregelmatig.*

in·fre·quent·ly [ɪn'fri:kwəntli]⟨f1⟩⟨bw.⟩ 0.1 →infrequent 0.2 ***zelden.***

in·fringe [ɪn'frɪndʒ]⟨f1⟩⟨ww.⟩
I ⟨onov.ww.⟩ →infringe (up)on;
II ⟨ov.ww.⟩ 0.1 ***schenden*** *⇒overtreden, breken* ⟨overeenkomst e.d.⟩.

in·fringe·ment [ɪn'frɪndʒmənt]⟨f1⟩⟨telb. en n.-telb.zn.⟩ 0.1 ***overtreding*** *⇒schending, (in)breuk.*

in'fringe (up)on ⟨onov.ww.⟩ 0.1 ***inbreuk plegen/doen op*** *⇒schenden* ◆ 1.1 ~ s.o.'s rights *inbreuk maken op iemands rechten.*

in·fu·la ['ɪnfjʊlə‖-fjə-]⟨telb.zn.; infulae [-li:]; →mv. 5⟩ 0.1 ***infula*** ⟨Romeinse priesterlijke voorhoofdsband⟩ *⇒mijter.*

in·fun·dib·u·lar ['ɪnfʌn'dɪbjʊlə‖-bjələr], **in·fun·dib·u·late** ['ɪnfʌn'dɪbjʊlət‖-bjələt]⟨bn.⟩ 0.1 ***trechtervormig.***

in·fu·ri·ate[1] [ɪn'fjʊərɪət‖-'fjʊr-]⟨bn.; -ly⟩⟨vero.⟩ 0.1 ***razend*** *⇒woedend, dol, furieus.*

infuriate[2] [ɪn'fjʊərieɪt‖-'fjʊr-]⟨f2⟩⟨ov.ww.⟩ 0.1 ***razend maken*** *⇒woedend/dol maken.*

in·fuse [ɪn'fju:z]⟨ww.⟩
I ⟨onov.ww.⟩ 0.1 ***trekken*** ⟨v. thee, enz.⟩;
II ⟨ov.ww.⟩ 0.1 ***(in)gieten*** *⇒ingeven, vullen* 0.2 ***bezielen*** *⇒inboezemen, inprenten, storten* ⟨genade⟩ 0.3 ***laten trekken*** ⟨thee, enz.⟩ ◆ 6.2 ~ courage **into** s.o./~ s.o. **with** courage *iem. moed inblazen.*

in·fus·er [ɪn'fju:zə‖-ər]⟨telb.zn.⟩ 0.1 ***ingieter*** *⇒ingever* 0.2 ***bezieler*** *⇒inprenter* 0.3 ***theeëi.***

in·fus·i·bil·i·ty [ɪn'fju:zə'bɪləṭi]⟨n.-telb.zn.⟩ 0.1 ***onsmeltbaarheid.***

in·fus·i·ble [ɪn'fju:zəbl]⟨bn.; -ness⟩ 0.1 ***onsmeltbaar*** *⇒hittebestendig* 0.2 ***ingietbaar*** *⇒instortbaar.*

in·fu·sion [ɪn'fju:ʒn]⟨telb. en n.-telb.zn.⟩ 0.1 ***infusie*** *⇒aftreksel* 0.2 ***toevoeging*** *⇒inbreng, toegevoegd bestanddeel* 0.3 ***bezieling*** *⇒inboezeming, inprenting, ingieting, ingeving* 0.4 ⟨med.⟩ ***infuus*** *⇒infusie.*

In·fu·so·ri·a ['ɪnfju:'zɔ:rɪə]⟨mv.; ook i-⟩⟨dierk.⟩ 0.1 ***infusoriën*** *⇒afgietseldiertjes.*

in·fu·so·ri·an[1] ['ɪnfju:'zɔ:rɪən]⟨telb.zn.⟩⟨dierk.⟩ 0.1 ***afgietseldiertje.***

infusorian[2], **in·fu·so·ri·al** ['ɪnfju:'zɔ:rɪəl]⟨bn.⟩ 0.1 ***infusoriën-*** ◆ 1.1 ~ earth *infusoriënaarde, diatomeeënaarde, kiezelgoer.*

-ing [ɪŋ] 0.1 ⟨vormt teg. deelw.⟩ ***-end*** 0.2 ⟨vormt gerund v. ww.⟩ ⟨ong.⟩ ***-ing*** 0.3 ⟨vormt nw.⟩ ◆ ¶.1 coming *komend* ¶.2 cooking *het koken;* housing *huisvesting* ¶.3 herring *haring.*

in·gath·er ['ɪn'gæðə‖-ər]⟨ov.ww.⟩ →ingathering 0.1 ***inzamelen*** *⇒verzamelen, binnenhalen, oogsten.*

in·gath·er·ing ['ɪngæðrɪŋ]⟨telb. en n.-telb.zn.; gerund v. ingather⟩ 0.1 ***inzameling*** *⇒verzameling, het binnenhalen, oogst.*

in·gem·i·nate [ɪn'dʒemɪneɪt]⟨ov.ww.⟩ 0.1 ***herhalen*** *⇒herhaaldelijk aandringen op* ⟨i.h.b. vrede⟩.

in·gen·ious [ɪn'dʒi:nɪəs]⟨f2⟩⟨bn.; -ly; -ness⟩ 0.1 ***ingenieus*** *⇒vernuftig, vindingrijk.*

in·gé·nue, in·ge·nue ['ænʒeɪ'nju:‖'ændʒənu:]⟨telb.zn.⟩ 0.1 ***ingénue.***

in·ge·nu·i·ty ['ɪndʒɪ'nju:əti‖-'nu:əṭi]⟨f2⟩⟨zn.; →mv. 2⟩
I ⟨telb.zn.; vaak mv.⟩ 0.1 ***ingenieuze uitvinding*** *⇒vernuftigheid(je), slimmigheidje, foefje;*
II ⟨n.-telb.zn.⟩ 0.1 ***vindingrijkheid*** *⇒vernuft, scherpzinnigheid.*

in·gen·u·ous [ɪn'dʒenjʊəs]⟨f1⟩⟨bn.; -ly; -ness⟩ 0.1 ***argeloos*** *⇒naïef, onschuldig, ongekunsteld, eenvoudig* 0.2 ***eerlijk*** *⇒openhartig, natuurlijk.*

in·gest [ɪn'dʒest]⟨ov.ww.⟩ 0.1 ***opnemen*** *⇒tot zich nemen* ⟨voedsel⟩ 0.2 ***(in zich) opnemen*** *⇒verwerken.*

in·ges·tion [ɪn'dʒestʃn]⟨n.-telb.zn.⟩ 0.1 ***opname*** ⟨v. voedsel⟩.

in·ges·tive [ɪn'dʒestɪv]⟨bn.⟩ 0.1 ***mbt./v opname in de maag*** ⟨v. voedsel⟩.

in·gle ['ɪŋgl]⟨telb.zn.⟩ 0.1 ***open haardvuur.***

'in·gle·nook ⟨telb.zn.⟩ 0.1 ***hoekje bij de (open) haard*** 0.2 ***zitplaats bij de open haard.***

in·glo·ri·ous [ɪn'glɔ:rɪəs]⟨bn.; -ly; -ness⟩ 0.1 ***eerloos*** *⇒roemloos, schandelijk, smadelijk* 0.2 ***obscuur*** *⇒onbekend, vaag.*

in·go·ing[1] ['ɪngoʊɪŋ]⟨telb. en n.-telb.zn.⟩ 0.1 ***binnenkomst*** *⇒het binnengaan* 0.2 ⟨BE⟩ ***aankoopsom.***

ingoing[2] ⟨f1⟩⟨bn., attr.⟩ 0.1 ***binnengaand*** *⇒binnen/intredend, opkomend* 0.2 ***indringend*** *⇒diepgaand* ◆ 1.1 the ~ owners of the villa *de nieuwe eigenaars v.d. villa;* ~ tide *opkomend getij.*

in·got ['ɪŋgət]⟨f1⟩⟨telb.zn.⟩ 0.1 ***baar*** *⇒(goud)staaf, gieteling, ingot* 0.2 ***coquille*** *⇒gietvorm, ingotvorm.*

ingraft →engraft.

in·grain[1] [ɪn'greɪn]⟨bn.⟩ 0.1 ***in de wol geverfd*** *⇒voor het weven ge-*

verfd **0.2** →ingrained ◆ **1.1** ~ carpet *in de wol geverfd/keerbaar tapijt*.

ingrain[2] ⟨ov.ww.⟩ →ingrained **0.1** ***inprenten*** ⇒*doordringen v., (diep) doen wortelen* **0.2** ⟨vero.⟩ ***in de wol verven*** ⇒*voor het weven verven*.

in·grained ['ɪn'greɪnd]⟨f1⟩⟨bn.; -ly; volt. deelw. v. ingrain⟩ **0.1** ***ingeworteld*** ⇒*ingebakken* **0.2** ***verstokt*** ⇒*doortrapt, vastgeroest, aarts-, archi-*.

in·grate[1] ['ɪngreɪt]⟨telb.zn.⟩⟨vero.⟩ **0.1** ***ondankbare***.

ingrate[2] ⟨bn.; -ly⟩⟨vero.⟩ **0.1** ***ondankbaar*** ⇒*niet erkentelijk*.

in·gra·ti·ate [ɪn'greɪʃieɪt]⟨f1⟩⟨ov.ww.⟩ →ingratiating **0.1** ***bemind maken*** ⇒*geliefd maken* ◆ **6.1** ~ o.s. **with** s.o. *bij iem. in de gunst/het gevlij trachten te komen*.

in·gra·ti·at·ing [ɪn'greɪʃieɪṭɪŋ]⟨f1⟩⟨bn.; -ly; oorspr. teg. deelw. v. ingratiate⟩ **0.1** ***innemend*** ⇒*beminnelijk, vleiend*.

in·grat·i·tude [ɪn'grætɪtju:d‖ɪn'græṭɪtu:d]⟨f1⟩⟨n.-telb.zn.⟩ **0.1** ***ondankbaarheid*** ⇒*gebrek aan erkentelijkheid*.

in·gra·ves·cence ['ɪngrə'vesns]⟨telb. en n.-telb.zn.⟩ **0.1** ***verergering*** ⟨i.h.b. v. ziekte⟩ ⇒*verzwaring*.

in·gra·ves·cent ['ɪngrə'vesnt]⟨bn.⟩ **0.1** ***verergerend***.

in·gre·di·ent [ɪn'gri:dɪənt]⟨f3⟩⟨telb.zn.⟩ **0.1** ***ingrediënt*** ⇒*bestanddeel, element, component*.

in·gress ['ɪngres]⟨zn.⟩⟨schr.⟩
I ⟨telb. en n.-telb.zn.⟩ **0.1** ***ingang*** ⇒*toegang, entrée;*
II ⟨n.-telb.zn.⟩ **0.1** ***toegangsrecht*** ⇒*toegang* **0.2** ⟨ster.⟩ ***eclipsbegin***.

in·gres·sion [ɪn'greʃn]⟨n.-telb.zn.⟩ **0.1** ***intrede*** ⇒*toegang*.

'in-group ⟨f1⟩⟨telb.zn.⟩ **0.1** ***coterie*** ⇒*kliek, incrowd*.

in·grow·ing ['ɪngrouɪŋ]⟨bn., attr.⟩ **0.1** ***ingroeiend*** ⟨i.h.b. v. nagels⟩.

in·grown ['ɪngroun]⟨bn., attr.⟩ **0.1** ***ingegroeid*** ⟨i.h.b. v. nagels⟩ ◆ **1.1** ⟨fig.⟩ ~ habit *vaste/ingewortelde gewoonte*.

in·growth ['ɪngrouθ]⟨telb. en n.-telb.zn.⟩ **0.1** ***ingroeiing***.

in·gui·nal ['ɪŋgwɪnl]⟨bn.⟩ **0.1** ***lies-*** ⇒*mbt. /v. de lies, inguinalis*.

ingulf →engulf.

in·gur·gi·tate [ɪn'gɜ:dʒɪteɪt‖ɪn'gɜr-]⟨ov.ww.⟩ **0.1** ***opslokken*** ⇒*verzwelgen, opschrokken*.

in·gur·gi·ta·tion [ɪn'gɜ:dʒɪ'teɪʃn‖ɪn'gɜr-]⟨telb. en n.-telb.zn.⟩ **0.1** ***verzwelging*** ⇒*opslokking, opschrokking*.

in·hab·it [ɪn'hæbɪt]⟨f2⟩⟨ov.ww.⟩ **0.1** ***bewonen*** ⇒*wonen in, bevolken*.

in·hab·i·ta·ble [ɪn'hæbɪṭəbl]⟨f1⟩⟨bn.⟩ **0.1** ***bewoonbaar***.

in·hab·i·tan·cy [ɪn'hæbɪṭənsi]⟨zn.; →mv. 2⟩
I ⟨telb.zn.⟩ **0.1** ***woonplaats*** ⇒*domicilie, (hoofd)zetel;*
II ⟨n.-telb.zn.⟩ **0.1** ***bewoning***.

in·hab·i·tant [ɪn'hæbɪṭənt]⟨f2⟩⟨telb.zn.⟩ **0.1** ***bewoner*** ⇒*inwoner*.

in·hab·i·ta·tion [ɪn'hæbɪ'teɪʃn]⟨telb. en n.-telb.zn.⟩ **0.1** ***bewoning***.

in·ha·lant[1] [ɪn'heɪlənt]⟨telb.zn.⟩ **0.1** ***ingeademde stof*** ⇒*te inhaleren medicijn*.

inhalant[2] ⟨bn., attr.⟩ **0.1** ***inademings-*** ⇒*inhalerings-*.

in·ha·la·tion ['ɪnhə'leɪʃn]⟨telb. en n.-telb.zn.⟩ **0.1** ***inhalatie*** ⇒*inademing*.

in·hale [ɪn'heɪl]⟨f2⟩⟨onov. en ov.ww.⟩ **0.1** ***inademen*** ⇒*inhaleren* **0.2** ⟨AE; sl.⟩ ***achteroverslaan*** ⇒*naar binnen slaan, schrokken*.

in·hal·er [ɪn'heɪlə‖-ər]⟨telb.zn.⟩ **0.1** ***iem. die inhaleert*** **0.2** ***inhaleertoestel*** **0.3** ***respirator*** ⇒*ademhalingstoestel*.

'in-hand 'food ⟨telb. en n.-telb.zn.⟩ **0.1** ***eetwaar die uit de hand gegeten wordt***.

in·har·mon·ic ['ɪnhɑ:'mɒnɪk‖'ɪnhɑr'mɑnɪk], **in·har·mon·i·cal** [-ɪkl] ⟨bn.⟩ **0.1** ***onharmonisch*** ⇒*onwelluidend* ⟨v. klanken⟩.

in·har·mo·ni·ous ['ɪnhɑ:'mounɪəs‖-hɑr-]⟨bn.; -ly; -ness⟩ **0.1** ***onharmonisch*** ⇒*niet harmonisch, onwelluidend* **0.2** ***niet overeenstemmend***.

in·here [ɪn'hɪə‖ɪn'hɪr]⟨onov.ww.⟩ **0.1** ***inherent zijn*** ⇒*eigen zijn, innig verbonden zijn, inhereren, berusten;* ⟨jur.⟩ *onvervreemdbaar/onoverdraagbaar/aangeboren zijn* ◆ **6.1** ~ **in** *eigen zijn aan, berusten bij*.

in·her·ence [ɪn'hɪərəns‖-'her-], **in·her·en·cy** [-si]⟨n.-telb.zn.⟩ **0.1** ***inherentie*** ⇒*het innig verbonden zijn*.

in·her·ent [ɪn'hɪərənt‖-'her-]⟨f2⟩⟨bn.; -ly⟩ **0.1** ***inherent*** ⇒*innig verbonden, intrinsiek, eigen, onvervreemdbaar, ingeworteld*.

in·her·it [ɪn'herɪt]⟨f3⟩⟨onov. en ov.ww.⟩ **0.1** ***erven*** ⇒*erfgenaam zijn, een erfenis krijgen, overerven, meekrijgen* ⟨eigenschappen, e.d.⟩.

in·her·i·ta·bil·i·ty [ɪn'herɪṭə'bɪləṭi]⟨n.-telb.zn.⟩ **0.1** ***(over)erfelijkheid*** **0.2** ***erfgerechtigdheid***.

in·her·it·a·ble [ɪn'herɪṭəbl]⟨bn.⟩ **0.1** ***(over)erfelijk*** ⇒*v.h. ene geslacht op het andere overgaand* **0.2** ***erfgerechtigd***.

in·her·i·tance [ɪn'herɪṭəns]⟨f2⟩⟨zn.⟩
I ⟨telb.zn.⟩ **0.1** ***erfenis*** ⇒*vererving, erfgoed, nalatenschap;*
II ⟨n.-telb.zn.⟩ **0.1** ***(over)erving*** ⇒*erflating, nalating*.

in'heritance tax ⟨f1⟩⟨telb. en n.-telb.zn.⟩ **0.1** ***successierecht***.

in·her·i·tor [ɪn'herɪtə‖ɪn'herɪṭər]⟨telb.zn.⟩ **0.1** ***erfgenaam***.

in·her·i·tress [ɪn'herɪtrɪs], **in·her·i·trix** [-trɪks]⟨telb.zn.⟩ **0.1** ***erfgename***.

in·he·sion [ɪn'hi:ʒn]⟨n.-telb.zn.⟩ **0.1** ***inherentie*** ⇒*verbondenheid*.

in·hib·it [ɪn'hɪbɪt]⟨f2⟩⟨ov.ww.⟩ →inhibited **0.1** ***verbieden*** ⇒*ontzeggen, inhiberen* **0.2** ***schorsen*** ⟨geestelijke⟩ **0.3** ***hinderen*** ⇒*weerhouden, remmen, onderdrukken* ◆ **6.3** ~ s.o. **from** doing sth. *iem. beletten/ervan weerhouden iets te doen*.

in·hib·it·ed [ɪn'hɪbɪṭɪd]⟨f2⟩⟨bn.; -ly; oorspr. volt. deelw. v. inhibit⟩ **0.1** ***geremd*** ⇒*belemmerd, onvrij*.

in·hi·bi·tion ['ɪnhɪ'bɪʃn]⟨f2⟩⟨telb. en n.-telb.zn.⟩ **0.1** ***remming*** ⇒*geremdheid, verhindering, inhibitie, verbod, belemmering* ⟨ook psych.⟩.

in·hib·i·tor, in·hib·it·er [ɪn'hɪbɪtə‖ɪn'hɪbɪṭər]⟨f1⟩⟨zn.⟩
I ⟨telb.zn.⟩ **0.1** ***iem. die verbiedt/verhindert*** ⇒*iem. met remmende invloed;*
II ⟨telb. en n.-telb.zn.⟩⟨schei.⟩ **0.1** ***inhibitor*** ⇒*remmer*.

in·hib·i·to·ry [ɪn'hɪbɪtri‖-tɔri], **in·hib·i·tive** [ɪn'hɪbəṭɪv]⟨bn.⟩ **0.1** ***verbiedend*** ⇒*remmend, hinderend, verbods-*.

in·ho·mo·ge·ne·ous [ɪn'houmə'dʒi:nɪəs]⟨bn.⟩ **0.1** ***niet homogeen***.

in·hos·pi·ta·ble ['ɪnhɒ'spɪtəbl, ɪn'hɒ-‖'ɪnhɑ'spɪṭəbl, ɪn'hɑ-]⟨bn.; -ly; -ness; →bijw. 3⟩ **0.1** ***ongastvrij*** ⇒*onvriendelijk, onherbergzaam, onveilig, dor, bars*.

in·hos·pi·tal·i·ty ['ɪnhɒspɪ'tæləti‖ɪnhɑspɪ'tæləṭi]⟨n.-telb.zn.⟩ **0.1** ***ongastvrijheid*** ⇒*onvriendelijkheid, onherbergzaamheid, onveiligheid*.

'in-'house ⟨bn., attr.; bw.⟩ **0.1** ***binnenshuis*** ⇒*binnen het bedrijf, intern;* ⟨attr. ook⟩ *huis-, bedrijfs-* ◆ **1.1** ~ research *intern-uitgevoerd/niet-uitbesteed onderzoek*.

in·hu·man [ɪn'hju:mən‖ɪn'(h)ju:-]⟨f2⟩⟨bn.; -ly; -ness⟩ **0.1** ***onmenselijk*** ⇒*wreed, barbaars, onmeedogend* **0.2** ***niet-menselijk*** **0.3** ***monsterlijk***.

in·hu·mane ['ɪnhju:'meɪn‖'ɪn(h)ju:-]⟨bn.; -ly⟩ **0.1** ***inhumaan*** ⇒*onmenslievend, gevoelloos, wreed*.

in·hu·man·i·ty ['ɪnhju:'mænəti‖'ɪn(h)ju:'mænəṭi]⟨telb. en n.-telb.zn.; →mv. 2⟩ **0.1** ***wreedheid*** ⇒*onmenslievendheid, gevoelloosheid*.

in·hu·ma·tion ['ɪnhju:'meɪʃn‖'ɪn(h)ju:-]⟨telb. en n.-telb.zn.⟩ **0.1** ***begraving*** ⇒*begrafenis, teraardebestelling, inhumatie*.

in·hume [ɪn'hju:m‖ɪn'(h)ju:m]⟨ov.ww.⟩ **0.1** ***begraven*** ⇒*ter aarde bestellen*.

in·im·i·cal [ɪ'nɪmɪkl]⟨bn.; -ly⟩⟨schr.⟩ **0.1** ***vijandig*** ⇒*onvriendelijk, bedreigend* **0.2** ***schadelijk*** ⇒*niet bevorderlijk, ongunstig, nadelig* ◆ **6.2** terrorism is ~ **to** democracy *het terrorisme berokkent schade aan/vormt een bedreiging voor de democratie*.

in·im·i·ta·bil·i·ty [ɪ'nɪmɪṭə'bɪləṭi]⟨n.-telb.zn.⟩ **0.1** ***onnavolgbaarheid*** ⇒*weergaloosheid, onvergelijkelijkheid*.

in·im·i·ta·ble [ɪ'nɪmɪṭəbl]⟨bn.; -ly; -ness; →bijw. 3⟩ **0.1** ***onnavolgbaar*** ⇒*weergaloos, onvergelijkelijk, uniek, niet te imiteren*.

in·iq·ui·tous [ɪ'nɪkwɪṭəs]⟨bn.; -ly; -ness⟩⟨schr.⟩ **0.1** ***(hoogst) onrechtvaardig*** ⇒*ongerechtig, (uiterst) onbillijk, zondig*.

in·iq·ui·ty [ɪ'nɪkwəṭi]⟨f1⟩⟨telb. en n.-telb.zn.; →mv. 2⟩ **0.1** ***onrechtvaardigheid*** ⇒*onbillijkheid, ongerechtigheid, zondigheid, zonde*.

in·i·tial[1] [ɪ'nɪʃl]⟨f2⟩⟨telb.zn.; vaak mv.⟩ **0.1** ***initiaal*** ⇒*begin/hoofdletter, voorletter, monogram* ◆ **4.1** s.o.'s ~s *iemands paraaf*.

initial[2] ⟨f3⟩⟨bn., attr.⟩ **0.1** ***begin-*** ⇒*aanvangs-, eerste, initiaal* ◆ **1.1** ~ teaching alphabet *Engels fonetisch alfabet* ⟨met 44 tekens⟩; ~ capital *grond/stam/oprichtingskapitaal;* ~ consonant *beginmedeklinker;* ~ expenses were high *de aanloopkosten waren hoog;* ~ letter *beginletter;* ~ stage *begin/aanvangsstadium;* ⟨taalk.⟩ ~ symbol *beginsymbool*.

initial[3] ⟨f1⟩⟨ov.ww.; →ww. 7⟩ **0.1** ***paraferen*** ⇒*voorzien van zijn paraaf, viseren, tekenen* ⟨met de voorletters⟩.

in·i·tial·ize, -ise [ɪ'nɪʃəlaɪz]⟨onov. en ov.ww.⟩⟨comp.⟩ **0.1** ***initialiseren***.

in·i·tial·ly [ɪ'nɪʃli]⟨f3⟩⟨bw.⟩ **0.1** →initial[2] **0.2** ***aanvankelijk*** ⇒*eerst, in het begin, in eerste instantie*.

in·i·ti·ate[1] [ɪ'nɪʃɪət]⟨telb.zn.⟩ **0.1** ***ingewijde*** ⇒*geïnitieerde, introducé(e)* **0.2** ***beginner*** ⇒*nieuweling*.

initiate[2] [ɪ'nɪʃieɪt]⟨f2⟩⟨ov.ww.⟩ **0.1** ***beginnen*** ⇒*in werking stellen, starten, het initiatief nemen tot, de aanzet geven tot* **0.2** ⟨vaak pass.⟩ ***inwijden*** ⇒*inleiden, initiëren, als lid opnemen, introduceren* ◆ **6.2** ~ s.o. **into** the art of sth. *iem. in de kunst van iets inwijden*.

in·i·ti·a·tion [ɪ'nɪʃi'eɪʃn]⟨f1⟩⟨telb. en n.-telb.zn.⟩ **0.1** ***het in werking stellen*** ⇒*initiatief, begin* **0.2** ***initiëring*** ⇒*inwijding, initiatie, introductie*.

in·i·ti·a·tive[1] [ɪ'nɪʃəṭɪv]⟨f3⟩⟨zn.⟩
I ⟨telb.zn.⟩ **0.1** ***begin*** ⇒*eerste stap/aanzet/stoot, initiatief, aanstichting* ◆ **3.1** take the ~ *het initiatief nemen* **6.1** **on** one's own ~

op eigen initiatief;
II ⟨n.-telb.zn.⟩ **0.1** ***initiatief*** ⇒*ondernemingszin* **0.2** ⟨jur.⟩ ***recht v. initiatief*** ◆ **3.1** lack ~ *gebrek aan initiatief hebben.*
initiative² ⟨bn.; -ly⟩ **0.1** ***inleidend*** ⇒*begin-, aanvangs-* **0.2** ***initiatie-*** ⇒*inwijdings-.*
in·i·ti·a·tor [ɪ'nɪʃieɪtə‖-eɪt̬ər]⟨telb.zn.⟩ **0.1** ***initiatiefnemer*** ⇒*aanzetgever, aanstichter* **0.2** ***inwijder.***
in·i·ti·a·to·ry [ɪ'nɪʃətri‖-tɔri]⟨bn.⟩ **0.1** ***inleidend*** ⇒*aanvangs-, eerste, begin-* **0.2** ***initiatie-*** ⇒*inwijdings-.*
in·ject [ɪn'dʒekt]⟨f2⟩⟨ov.ww.⟩ **0.1** ***inspuiten*** ⇒*injecteren, injiciëren* **0.2** ***inbrengen*** ⇒*introduceren* **0.3** ***in een baan brengen*** ◆ **6.1** ~ s.o. **with** a soporific *iem. een slaapmiddel inspuiten* **6.2** ~ a little life **into** a community *een gemeenschap wat leven inblazen.*
in·jec·tion [ɪn'dʒekʃn]⟨f2⟩⟨zn.⟩
I ⟨telb. en n.-telb.zn.⟩ **0.1** ***injectie*** ⟨ook fig.⟩ ⇒*inspuiting, inbrenging; stimulans; injectievloeistof;*
II ⟨n.-telb.zn.⟩ **0.1** ***het in een baan brengen.***
in'jection moulding ⟨n.-telb.zn.⟩⟨tech.⟩ **0.1** ***spuitgietproces.***
in·jec·tor [ɪn'dʒektə‖-ər]⟨telb.zn.⟩ **0.1** ***inspuiter*** ⇒*iem. die injecteert/inbrengt* **0.2** ⟨tech.⟩ ***injector*** ⇒*inspuiter, injecteur, straalpomp.*
in·ju·di·cious ['ɪndʒʊ'dɪʃəs]⟨bn.; -ly; -ness⟩⟨schr.⟩ **0.1** ***onverstandig*** ⇒*onoordeelkundig, onbezonnen.*
In·jun ['ɪndʒən]⟨f1⟩⟨telb.zn.⟩⟨inf.; AE⟩ **0.1** ***Indiaan.***
in·junct [ɪn'dʒʌŋkt]⟨ov.ww.⟩⟨inf.⟩ **0.1** ***verbieden d.m.v. een bevel.***
in·junc·tion [ɪn'dʒʌŋkʃn]⟨f1⟩⟨zn.⟩
I ⟨telb.zn.⟩ **0.1** ***(uitdrukkelijk) bevel*** ⇒*order, sommatie, last, gebod, dwangbevel, verbod;* ⟨jur.⟩ *injunctie, gerechtelijk bevel* ◆ **3.1** lay an ~ on s.o. *iem. formeel gebieden/verbieden;*
II ⟨n.-telb.zn.⟩ **0.1** ***het verbieden/bevel opleggen.***
in·jure ['ɪndʒə‖-ər]⟨f3⟩⟨ov.ww.⟩⟨→sprw. 542⟩ **0.1** ***(ver)wonden*** ⇒*kwetsen, blesseren, krenken* **0.2** ***kwaad doen*** ⇒*benadelen, onrecht aandoen, verongelijken, beledigen* ◆ **1.1** twelve people were ~d *er vielen twaalf gewonden* **1.2** ~ s.o.'s honour *iemands goede naam aantasten* **3.1** get ~d *gewond raken, zich verwonden.*
in·ju·ri·a [ɪn'dʒʊərɪə‖ɪn'dʒʊrɪə]⟨telb.zn.; injuriae [-rii:]; →mv. 5⟩ ⟨jur.⟩ **0.1** ***rechtsschennis.***
in·ju·ri·ous [ɪn'dʒʊərɪəs‖-'dʒʊr-]⟨f1⟩⟨bn.; -ly; -ness⟩ **0.1** ***nadelig*** ⇒*schadelijk* **0.2** ***beledigend*** ⇒*krenkend, smadelijk, injurieus.*
in·ju·ry ['ɪndʒəri]⟨f3⟩⟨zn.; →mv. 2⟩
I ⟨telb.zn.⟩ **0.1** ***verwonding*** ⇒*letsel, blessure, kwetsuur* ◆ **2.1** minor injuries *lichte verwondingen* **3.1** do s.o. an ~ *iem. letsel toebrengen;* suffer injuries *verwondingen oplopen, gewond raken;*
II ⟨telb. en n.-telb.zn.⟩ **0.1** ***mishandeling*** ⇒*verongelijking, belediging* **0.2** ***schade*** ⇒*nadeel, onrecht.*
'injury time ⟨f1⟩⟨telb. en n.-telb.zn.⟩⟨sport⟩ **0.1** ***blessuretijd.***
in·jus·tice [ɪn'dʒʌstɪs]⟨f2⟩⟨telb. en n.-telb.zn.⟩ **0.1** ***onrechtvaardigheid*** ⇒*onrecht* ◆ **3.1** do s.o. an ~ *iem. onrechtvaardig beoordelen, iem. onrecht doen.*
ink¹ [ɪŋk]⟨f3⟩⟨n.-telb.zn.⟩ **0.1** ***inkt*** ⟨ook v. inktvis⟩ ⇒*drukinkt;* ⟨druk.⟩ *verf* ◆ **3.1** sling ~ *journalist/schrijver zijn* **3.¶** ⟨sl.⟩ sling ~ at s.o. *het met iem. aan de stok hebben, tegen iem. polemiseren/schrijven.*
ink² ⟨f1⟩⟨ov.ww.⟩ **0.1** ***inkten*** ⇒*van inkt voorzien, met drukinkt bedekken* **0.2** ***met inkt overtrekken*** ⇒*ininkten* **0.3** ⟨AE; sl.⟩ ***een contract tekenen*** ◆ **5.2** ~ **in** a drawing *een tekening ininkten/met inkt overtrekken/invullen;* ~ sth. **out** *iets met inkt onzichtbaar maken, iets doorstrepen.*
'ink·blot ⟨f1⟩⟨telb.zn.⟩ **0.1** ***inktvlek.***
'inkblot test ⟨telb.zn.⟩⟨psych.⟩ **0.1** ***rorschachtest.***
'ink·bot·tle, 'ink·pot ⟨f1⟩⟨telb.zn.⟩ **0.1** ***inktpot*** ⇒*inktkoker, inktfles.*
ink·er ['ɪŋkə‖-ər]⟨telb.zn.⟩ **0.1** ***ininkter*** ⟨i.h.b. bij tekenfilm⟩ **0.2** ⟨vaak mv.⟩ ***inktrol*** **0.3** ***schrijftelegraaf.***
'ink·fish ⟨telb. en n.-telb.zn.⟩ **0.1** ***inktvis.***
'ink·horn¹ ⟨telb.zn.⟩ **0.1** ***inktflesje*** ⇒*inktpotje.*
inkhorn² ⟨bn., attr.⟩ **0.1** ***hoogdravend.***
'ink jet printer ⟨telb.zn.⟩⟨comp.⟩ **0.1** ***inktjetprinter*** ⇒*inktstraalprinter.*
'ink·kill·er ⟨telb.zn.⟩ **0.1** ***inktwisser*** ⇒*correctiestift.*
ink·ling ['ɪŋklɪŋ]⟨f1⟩⟨telb. en n.-telb.zn.⟩ **0.1** ***flauw vermoeden*** ⇒*vaag idee/benul* ◆ **3.1** he hasn't an ~ of what goes on *hij heeft geen notie van wat er gebeurt;* give s.o. an ~ of the problems *iem. enig idee geven wat de problemen zijn.*
'ink·pad, 'ink·ing pad ⟨telb.zn.⟩ **0.1** ***stempelkussen.***
ink-sling·er ['ɪŋkslɪŋə‖-ər]⟨telb.zn.⟩⟨inf.; pej.⟩ **0.1** ***broodschrijver.***
'ink·stand ⟨telb.zn.⟩ **0.1** ***inktstel*** ⇒*inktkoker.*
'ink·well ⟨telb.zn.⟩ **0.1** ***inktpot*** ⇒*inktkoker.*
ink·y ['ɪŋki]⟨bn.; -er; -ly; -ness; →bijw. 3⟩ **0.1** ***met inkt besmeurd/bedekt*** ⇒*beïnkt* **0.2** ***inktachtig*** ⇒*inktzwart* ◆ **1.1** ~ hands *inkthanden.*
INLA ⟨afk.⟩ Irish National Liberation Army.
in·laid [ɪn'leɪd]⟨f1⟩⟨bn.; volt. deelw. v. inlay⟩ **0.1** ***ingelegd*** ◆ **6.1** silver ~ **in(to)** wood/wood ~ **with** silver *hout met zilver ingelegd.*
in·land¹ ['ɪnlænd, 'ɪnlənd]⟨f1⟩⟨n.-telb.zn.⟩ **0.1** ***binnenland.***
inland² ⟨f1⟩⟨bn., attr.⟩ **0.1** ***binnenlands*** ⇒*in het binnenland (gelegen), binnen-* ◆ **1.1** ~ directory enquiries *inlichtingendienst* ⟨voor binnenlandse telefoonnummers⟩; ~ navigation *binnen(scheep)vaart;* ~ sea *binnenzee;* ~ town *landstad, stad in het binnenland;* ~ waterways *binnenwateren.*
inland³ [ɪn'lænd]⟨f1⟩⟨bw.⟩ **0.1** ***landinwaarts*** ⇒*in/naar het binnenland.*
'inland duty ⟨telb.zn.⟩ **0.1** ***accijns*** ⇒*verbruiksbelasting.*
in·land·er ['ɪnləndə‖-ər]⟨telb.zn.⟩ **0.1** ***binnenlander*** ⇒*bewoner v.h. binnenland.*
in·land·ish ['ɪnlændɪʃ]⟨bn.⟩ **0.1** ***binnenlands.***
'Inland 'Revenue ⟨f1⟩⟨zn.⟩⟨BE⟩
I ⟨telb. en n.-telb.zn.⟩ **0.1** ***staatsbelastinginkomsten;***
II ⟨verz.n.; the⟩ **0.1** ***belastingdienst*** ⇒*fiscus, belastinginspectie.*
in-law ['ɪnlɔ:]⟨f1⟩⟨telb.zn.; vaak mv.⟩⟨inf.⟩ **0.1** ⟨ben. voor⟩ ***aangetrouwd familielid*** ⇒*schoonvader/moeder, zwager,* ⟨B.⟩ *schoonbroer, schoonzuster, schoonzoon, schoondochter* ◆ **7.1** my ~s *mijn schoonouders/familie.*
-in-law [ɪnlɔ:] **0.1** ***schoon-*** ◆ **¶.1** sister-in-law *schoonzuster.*
in·lay¹ ['ɪnleɪ]⟨telb. en n.-telb.zn.⟩ **0.1** ***inlegsel*** ⇒*inlegwerk, mozaïek, intarsia* **0.2** ⟨tandheelkunde⟩ ***vulling*** ⇒*inlay, plombeersel.*
inlay² ['ɪn'leɪ]⟨ov.ww.⟩ →inlaid **0.1** ***inleggen*** ⇒*met inlegwerk decoreren* **0.2** ***met illustraties doorschieten*** ⟨boek⟩ ◆ **6.1** gold inlaid **into** wood, wood inlaid **with** gold *hout met goud ingelegd.*
in·let ['ɪnlet]⟨f2⟩⟨telb.zn.⟩ **0.1** ***inham*** ⇒*kreek, zeearm, baai* **0.2** ***inlaat*** ⟨voor vloeistoffen⟩ ⇒*toegang* **0.3** ***inlegsel*** ⇒*inzetsel.*
in·li·er ['ɪnlaɪə‖-ər]⟨telb.zn.⟩⟨geol.⟩ **0.1** ***volledig door jongere gesteenten omsloten gebied v. dagzomende gesteenten.***
'in·line ⟨bn., attr.⟩ **0.1** ***gealigneerd.***
in lo·co pa·ren·tis [ɪn 'loʊkoʊ pə'rent̬ɪs]⟨bw.⟩ **0.1** ***in loco parentis.***
in·ly ['ɪnli]⟨bw.⟩⟨schr.⟩ **0.1** ***inwendig*** ⇒*innerlijk, van binnen* **0.2** ***innig*** ⇒*grondig.*
in·mate ['ɪnmeɪt]⟨f1⟩⟨telb.zn.⟩ **0.1** ⟨ben. voor⟩ ***(mede)bewoner*** ⇒*kamer/huisgenoot; patiënt, verpleegde; gevangene.*
in me·di·as res [ɪn 'mi:diæs 'reɪz‖ɪn 'meɪdiɑs 'reɪs]⟨bw.⟩ **0.1** ***in medias res*** ⟨(een verhaal) halverwege beginnend⟩.
in me·mo·ri·am¹ [ɪn mɪ'mɔ:rɪəm]⟨f1⟩⟨telb.zn.⟩ **0.1** ***in memoriam*** ⇒*herdenkingsartikel.*
in memoriam² [ɪn mɪ'mɔ:rɪəm]⟨bw.⟩ **0.1** ***ter nagedachtenis*** ◆ **3.1** say a mass for J.S. ~ *een mis opdragen voor J.S. zaliger nagedachtenis.*
in memoriam³ ⟨f1⟩⟨vz.⟩ **0.1** ***ter nagedachtenis v.*** ⇒*in memoriam* ◆ **1.1** ~ John Smith *ter nagedachtenis v. John Smith.*
in·most ['ɪnmoʊst], **in·ner·most** ['ɪnəmoʊst‖'ɪnər-]⟨f1⟩⟨bn., attr.⟩ **0.1** ***binnenst*** **0.2** ***diepst*** ⇒*geheimst, intiemst.*
inn [ɪn]⟨f2⟩⟨telb.zn.⟩ **0.1** ***herberg*** ⇒*logement, hotelletje* **0.2** ***taveerne*** ⇒*tapperij, herberg, kroeg* **0.3** ⟨vero.; BE⟩ ***studentenhuis*** ◆ **1.¶** ⟨BE⟩ Inns of Chancery *Inns of Chancery, juristengebouwen;* ⟨gesch.⟩ *gebouwen voor rechtenstudenten;* ⟨BE⟩ Inns of Court *Inns of Court, (gebouwen v.) een viertal juridische genootschappen/orden v. advokaten/opleidingscholen voor juristen* ⟨in Londen⟩.
in·nards ['ɪnədz‖'ɪnərdz]⟨mv.⟩⟨inf.⟩ **0.1** ***ingewanden*** ⇒*binnenste, buik.*
in·nate [ɪ'neɪt]⟨f1⟩⟨bn.; -ly; -ness⟩ **0.1** ***aangeboren*** ⇒*natuurlijk, ingeboren, ingeschapen* **0.2** ***rationeel*** ⇒*theoretisch* ◆ **2.1** ~ly kind *vriendelijk van nature.*
in·ner¹ ['ɪnə‖'ɪnər]⟨telb.zn.⟩ **0.1** ***binnenste cirkel*** ⟨v. schietschijf⟩ ⇒*wit(te)* **0.2** ***schot in binnenste cirkel*** ⟨v. schietschijf⟩.
inner² ⟨f3⟩⟨bn., attr.⟩ **0.1** ***binnenst*** ⇒*binnen-, inwendig, innerlijk* **0.2** ***verborgen*** ⇒*intiem* ◆ **1.1** ~ city *binnenstad,* ⟨i.h.b.⟩ *verpauperde stadskern;* the ~ ear *het inwendige oor/binnenoor;* the ~ man/woman *de geestelijke mens;* ⟨scherts.⟩ *de inwendige mens;* the ~ space *de stratosfeer; de diepzee, de diepe oceaan; het onderbewustzijn;* ~ tube *binnenband* **1.2** the ~ circle *kring v. vertrouwelingen, vriendenkring;* ~ life *gemoedsleven, zieleleven;* the ~ meaning *de diepere betekenis* **1.¶** ⟨BE⟩ ~ bar ⟨ong.⟩ *advokaten v. hogere rang* ⟨in Groot-Brittannië⟩; Inner Temple *(gebouw v.) één v.d. Inns of Court.*
'in·ner-'cit·y ⟨n.-telb.zn.; vaak attr.⟩ **0.1** ***binnenstad.***
in·ner-di·rec·ted ['ɪnədɪ'rektɪd‖'ɪnər-]⟨bn.⟩ **0.1** ***autonoom*** ⇒*zelfstandig, non-conformistisch.*
innermost →inmost.
'in·ner-spring ⟨bn.⟩⟨AE⟩ **0.1** ***met binnenvering.***
in·ner·vate ['ɪnɜ:veɪt‖ɪ'nɜrveɪt]⟨ov.ww.⟩ **0.1** ***innerveren*** ⇒*van zenuwwerking voorzien* **0.2** ***stimuleren*** ⇒*prikkelen* ⟨zenuwen⟩.
in·ner·va·tion ['ɪnɜ:'veɪʃn‖'ɪnɜr-]⟨telb. en n.-telb.zn.⟩ **0.1** ***innervatie*** ⇒*zenuwwerking* **0.2** ***prikkeling*** ⇒*stimulering* ⟨v. zenuwen⟩.

in·nerve [ɪ'nɜ:v‖ɪ'nɜrv]⟨ov.ww.⟩ **0.1** ***stimuleren*** ⇒*prikkelen, kracht /moed geven, bezielen.*

in·ning ['ɪnɪŋ]⟨f1⟩⟨zn.⟩
I ⟨telb.zn.⟩ **0.1** ⟨honkbal⟩ ***slagbeurt*** ⇒*inning(s)* **0.2** ⟨badminton⟩ ***serveerbeurt*** **0.3** ⟨vaak mv.⟩ ***teruggewonnen land;***
II ⟨n.-telb.zn.⟩⟨vero.⟩ **0.1** ***terugwinning*** ⟨v. overstroomd land⟩.

in·nings ['ɪnɪŋz]⟨f2⟩⟨telb.zn.; innings; inf. ook -es;→mv. 2, 4⟩ **0.1** ***slagbeurt*** ⇒*innings* **0.2** ***gunstige gelegenheid*** ⇒*beurt, kans* **0.3** ***ambtsperiode*** ⇒*bewind* ◆ **2.2** have a good ~ *een lang en gelukkig leven leiden* **3.2** get one's ~ *gelegenheid krijgen om zich waar te maken.*

'inn·keep·er ⟨f1⟩⟨telb.zn.⟩ **0.1** ***waard*** ⇒*hotelhouder, herbergier, kroegbaas.*

in·no·cence ['ɪnəsns], ⟨vero.⟩ **in·no·cen·cy** [-si]⟨f2⟩⟨n.-telb.zn.⟩ **0.1** ***onschuld*** ⇒*onschuldigheid, argeloosheid, onnozelheid.*

in·no·cent[1] ['ɪnəsnt]⟨f2⟩⟨zn.⟩
I ⟨telb.zn.⟩ **0.1** ***onschuldige*** ⇒*argeloze, naïeveling, onnozele,* ⟨i.h.b.⟩ *onschuldig kind;*
II ⟨mv.; Innocents⟩ **0.1** ***onnozele kinderen*** ⟨Matth. 2:16⟩ ◆ **1.1** the massacre of the Innocents ⟨relig.⟩ *de kindermoord te Bethlehem;* ⟨sl.; pol.; fig.⟩ *het onbehandeld blijven v. wetsvoorstellen* ⟨bv. aan het eind v.d. dag⟩.

innocent[2] ⟨f3⟩⟨bn.; -ly; -ness⟩ **0.1** ***onschuldig*** ⇒*schuldeloos, onbevlekt, rein* **0.2** ***onschuldig*** ⇒*argeloos, naïef, eenvoudig, lichtgelovig, onnozel* **0.3** ***onschadelijk*** ⇒*onschuldig* ◆ **1.1** as ~ as a newborn babe *zo onschuldig als een pasgeboren kind* **1.¶** ~ passage *(recht v.) onschuldige doorvaart* **6.1** ~ **of** the charge *onschuldig aan de telastlegging;* ⟨inf.; fig.⟩ doors ~ **of** paint *deuren die nog nooit een verfje gezien hebben, kale deuren, deuren zonder verf.*

'Innocents' Day, 'Holy 'Innocents' Day ⟨eig.n.⟩ **0.1** ***Onnozele-kinderen(dag)*** ⟨28 december⟩.

in·no·cu·i·ty ['ɪnɒ'kju:əti‖'ɪnɑ'kju:əṭi]⟨telb. en n.-telb.zn.; →mv. 2⟩ **0.1** ***onschadelijkheid*** ⇒*onschuldigheid, ongevaarlijkheid, ongeïnspireerdheid, onbenulligheid.*

in·noc·u·ous [ɪ'nɒkjʊəs‖ɪ'nɑ-], **in·nox·ious** [-kʃəs]⟨f1⟩⟨bn.; -ly; -ness⟩ **0.1** ***onschadelijk*** ⇒*onschuldig, geen aanstoot gevend* **0.2** ***ongeïnspireerd*** ⇒*geesteloos, onbenullig, onbetekenend* ◆ **1.1** ~ snake *ongevaarlijke/niet (zeer) giftige slang.*

in·nom·i·nate [ɪ'nɒmɪnət‖ɪ'nɑ-]⟨bn.⟩ **0.1** ***naamloos*** ⇒*anoniem* ◆ **1.¶** ⟨anat.⟩ ~ bone *heupbeen, os coxae.*

in·no·vate ['ɪnəveɪt]⟨f1⟩⟨onov. en ov.ww.⟩ **0.1** ***vernieuwen*** ⇒*(als) iets nieuws invoeren, innoveren, verandering brengen (in), creatief zijn.*

in·no·va·tion ['ɪnə'veɪʃn]⟨f2⟩⟨telb. en n.-telb.zn.⟩ **0.1** ***vernieuwing*** ⇒*(invoering v.) iets nieuws, nieuwigheid, innovatie.*

in·no·va·tive ['ɪnəveɪṭɪv], **in·no·va·to·ry** [-veɪtri‖-vətɔri]⟨f1⟩⟨bn.⟩ **0.1** ***vernieuwend*** ⇒*vernieuwingsgezind, innoverend, mbt. /v. innovatie.*

in·no·va·tive·ness [ɪnə'veɪṭɪvnɪs]⟨n.-telb.zn.⟩ **0.1** ***vernieuwingsgezindheid/drang.***

in·no·va·tor ['ɪnəveɪtə‖-veɪṭər]⟨f1⟩⟨telb.zn.⟩ **0.1** ***vernieuwer.***

in·nu·en·do[1] ['ɪnjʊ'endoʊ]⟨f1⟩⟨zn.; ook -es;→mv. 2⟩
I ⟨telb.zn.⟩⟨jur.⟩ **0.1** ***interpretatie v.e. aanklacht*** ⟨wegens laster⟩;
II ⟨telb. en n.-telb.zn.⟩ **0.1** ***(bedekte) toespeling*** ⇒*hint, insinuatie.*

innuendo[2] ⟨onov. en ov.ww.⟩ **0.1** ***insinueren*** ⇒*(bedekte) toespelingen maken (op), zijdelingse hints geven.*

in·nu·mer·a·ble [ɪ'nju:mərəbl‖ɪ'nu:], **in·nu·mer·ous** [-mərəs]⟨f2⟩⟨bn.; innumerably; innumerableness;→bijw. 3⟩ **0.1** ***ontelbaar*** ⇒*talloos, oneindig veel.*

in·nu·mer·a·cy [ɪ'nju:mrəsi‖ɪ'nu:-]⟨n.-telb.zn.⟩ **0.1** ***het niet wiskundig aangelegd/onderlegd zijn*** ⇒*het geen wiskundeknobbel hebben.*

in·nu·mer·ate [ɪ'nju:mərət‖ɪ'nu:-]⟨bn.⟩ **0.1** ***niet wiskundig aangelegd/onderlegd*** ⇒*zonder wiskundeknobbel.*

in·nu·tri·tion ['ɪnju:'trɪʃn‖'ɪnu:-]⟨n.-telb.zn.⟩ **0.1** ***ondervoeding*** ⇒*voedselgebrek.*

in·nu·tri·tious ['ɪnju:'trɪʃəs‖'ɪnu:-]⟨bn.⟩ **0.1** ***zonder voedingswaarde*** ⇒*niet voedzaam.*

in·ob·serv·ance ['ɪnəb'zɜ:vns‖-'zɜr-]⟨n.-telb.zn.⟩ **0.1** ***onoplettendheid*** ⇒*onachtzaamheid, achteloosheid* **0.2** ***het niet betrachten*** ⇒*het niet in acht nemen/nakomen/respecteren* ⟨v. wetten, gebruiken, enz.⟩.

in·oc·cu·pa·tion ['ɪnɒkjʊ'peɪʃn‖'ɪnɑkjə-]⟨n.-telb.zn.⟩ **0.1** ***het niets doen*** ⇒*het niets om handen hebben.*

in·oc·u·la·ble [ɪ'nɒkjʊləbl‖ɪ'nɑkjələbl]⟨bn.⟩ **0.1** ***in te enten*** ⇒*te vaccineren, te inoculeren* **0.2** ***niet immuun.***

in·oc·u·late [ɪ'nɒkjʊleɪt‖ɪ'nɑkjəleɪt]⟨f1⟩⟨ov.ww.⟩ **0.1** ***inenten*** ⟨met vaccin⟩ ⇒*inoculeren, vaccineren* **0.2** ***indoctrineren*** ⇒*doordrenken* ◆ **6.1** ~ s.o. **against** cholera *iem. tegen (de) cholera inenten;* ~ s.o. **with** bacteria *iem. met bacteriën besmetten* **6.2** ~d **with** revolutionary ideas *doordrenkt van revolutionaire ideeën.*

in·oc·u·la·tion [ɪ'nɒkjʊ'leɪʃn‖ɪ'nɑkjə-]⟨f1⟩⟨telb. en n.-telb.zn.⟩ **0.1** ***inenting*** ⟨met vaccin⟩ ⇒*inoculatie, vaccinatie.*

in·oc·u·la·tive [ɪ'nɒkjʊlətɪv‖ɪ'nɑkjəleɪṭɪv]⟨bn.⟩ **0.1** ***mbt. /v. inenting*** ⇒*mbt. /v. inoculatie/vaccinatie.*

in·oc·u·la·tor [ɪ'nɒkjʊleɪtə‖ɪ'nɑkjəleɪṭər]⟨telb.zn.⟩ **0.1** ***inenter*** ⇒*iem. die inoculeert/vaccineert.*

in·oc·u·lum [ɪ'nɒkjʊləm‖ɪ'nɑkjələm]⟨telb.zn.; inocula [-lə];→mv. 5⟩ **0.1** ***entstof*** ⇒*inoculatiestof, vaccin.*

in·o·dor·ous [ɪn'oʊdərəs]⟨bn.⟩ **0.1** ***reukloos*** ⇒*geurloos, zonder geur.*

in·of·fen·sive ['ɪnə'fensɪv]⟨f1⟩⟨bn.; -ly; -ness⟩ **0.1** ***onschuldig*** ⇒*onschadelijk, geen ergernis wekkend, geen aanstoot gevend.*

in·of·fi·cious ['ɪnə'fɪʃəs]⟨bn.; -ly⟩⟨jur.⟩ **0.1** ***nietig*** ⟨v. testament⟩.

in·op·er·a·ble [ɪn'ɒprəbl‖ɪn'ɑ-]⟨bn.; -ly;→bijw. 3⟩ **0.1** ⟨med.⟩ ***inoperabel*** ⇒*niet (meer) te genezen door operatieve ingreep* **0.2** ***onuitvoerbaar*** ⇒*onbruikbaar.*

in·op·er·a·tive [ɪn'ɒprətɪv‖ɪn'ɑprəṭɪv]⟨f1⟩⟨bn.⟩ **0.1** ***niet in werking*** ⇒*niet functionerend, niet van kracht, zonder effect.*

in·op·por·tune ['ɪn'ɒpətju:n‖'ɪnɑpər'tu:n]⟨bn.; -ly; -ness⟩ **0.1** ***ongelegen (komend)*** ⇒*inopportuun, niet op het juiste moment, slecht uitkomend.*

in·or·di·nate [ɪ'nɔ:dnət‖ɪn'ɔr-]⟨bn.; -ly; -ness⟩⟨schr.⟩ **0.1** ***buitensporig*** ⇒*onmatig, onredelijk* **0.2** ***ongeregeld*** ⇒*wanordelijk.*

in·or·gan·ic ['ɪnɔ:'gænɪk‖'ɪnɔr-]⟨f1⟩⟨bn.; -ally;→bijw. 3⟩ **0.1** ***anorganisch*** ⇒*niet levend* **0.2** ***niet natuurlijk gegroeid*** ⇒*kunstmatig* **0.3** ***zonder structuur/organisatie*** **0.4** ⟨taalk.⟩ ***anorganisch*** ◆ **1.1** ~ chemistry *anorganische scheikunde;* ~ fertilizer *(minerale) kunstmest.*

in·os·cu·late [ɪn'ɒskjʊleɪt‖-'ɑskjə-]⟨ww.⟩
I ⟨onov.ww.⟩ **0.1** ***in elkaar overgaan*** ⇒*samenkomen, zich verbinden* ⟨v. bloedvaten enz.⟩;
II ⟨ov.ww.⟩ **0.1** ***in elkaar doen overgaan*** ⇒*doen samenkomen.*

in·os·cu·la·tion [ɪn'ɒskjʊ'leɪʃn‖-'ɑskjə]⟨telb. en n.-telb.zn.⟩ **0.1** ***verbinding*** ⇒*het in elkaar overgaan, anastomose.*

'in-pa·tient ⟨telb.zn.⟩ **0.1** ***(intern verpleegd) patiënt.***

'in-pay·ment ⟨telb. en n.-telb.zn.⟩ **0.1** ***(geld) storting.***

in pet·to [ɪn 'peṭoʊ]⟨bw.⟩⟨R.-K.⟩ **0.1** ***in petto*** ⇒*in het geheim* ⟨i.h.b. inzake benoeming v. kardinalen⟩.

in pos·se [ɪn 'pɒsi‖'pɑsi]⟨bn.⟩ **0.1** ***in posse*** ⇒*(slechts) potentieel (aanwezig), tot de mogelijkheden behorend.*

'in·pour·ing ⟨telb. en n.-telb.zn.⟩ **0.1** ***toevloed*** ⇒*het binnenstromen, toevoer.*

in pro·pri·a per·so·na [ɪn 'proʊprɪə pɜ:'soʊnə‖-pər'soʊnə]⟨bw.⟩ **0.1** ***in propria persona*** ⇒*in eigen persoon.*

in·put[1] ['ɪnpʊt]⟨f2⟩⟨zn.⟩
I ⟨telb.zn.⟩ **0.1** ***ingang*** ⟨voor energie/informatie⟩;
II ⟨telb. en n.-telb.zn.⟩ **0.1** ***toevoer*** ⇒*invoer, inbreng* **0.2** ⟨elek.⟩ ***invoer*** ⇒*toegevoegd vermogen, input* **0.3** ⟨comp.⟩ ***invoer*** ⇒*input* **0.4** ***grondstof*** ⇒*basis/uitgangsprodukt.*

input[2] ⟨ov.ww.⟩⟨comp.⟩ **0.1** ***invoeren*** ◆ **6.1** ~ **to** *invoeren in.*

in·quest ['ɪŋkwest]⟨f2⟩⟨telb.zn.⟩ **0.1** ***gerechtelijk onderzoek*** ⇒*lijkschouwing, naspeuring;* ⟨R.-K.⟩ *inquisitie* **0.2** ***jury voor lijkschouwing.***

in·qui·e·tude [ɪn'kwaɪətju:d‖-tu:d]⟨n.-telb.zn.⟩ **0.1** ***onrust(igheid)*** ⇒*rusteloosheid, ongedurigheid, ongerustheid.*

in·qui·line ['ɪŋkwɪlaɪn]⟨telb.zn.⟩⟨dierk.⟩ **0.1** ***commensaal*** ⇒*parasiet.*

in·quire, en·quire [ɪn'kwaɪə‖-ər]⟨f3⟩⟨ww.⟩ →inquiring
I ⟨onov.ww.⟩ **0.1** ***een onderzoek instellen*** ⇒*informatie inwinnen, achter de feiten proberen te komen* ◆ **6.1** our branch manager will ~ **into** the complaint *onze filiaalhouder zal de klacht onderzoeken;*
II ⟨onov. en ov.ww.⟩ **0.1** ***(na)vragen*** ⇒*onderzoeken, informeren/vragen (naar), navraag doen (naar), inlichtingen inwinnen (over)* ◆ **5.1** ~ **within** for vacancies *vacatures binnen te bevragen* **6.1** ~ **concerning/about/upon** sth. *informeren naar iets;* ~ **after/for** s.o. *vragen hoe het met iem. is, naar iemands gezondheid informeren;* ~ **for** sth./s.o. *om iets/naar iem. vragen;* ~ **of** s.o. *aan iem. vragen, bij iem. informeren.*

in·quir·er, en·quir·er [ɪn'kwaɪərə‖-ər]⟨f2⟩⟨telb.zn.⟩ **0.1** ***vragensteller*** ⇒*(onder)vrager* **0.2** ***onderzoeker.***

in·quir·ing, en·quir·ing [ɪn'kwaɪərɪŋ]⟨f1⟩⟨bn.; oorspr. teg. deelw. v. inquire; -ly⟩ **0.1** ***onderzoekend*** ⇒*weetgierig, leergierig* ⟨geest, e.d.⟩ **0.2** ***vragend*** ⇒*vorsend, onderzoekend* ⟨bv. blik⟩.

in·quir·y, en·quir·y [ɪn'kwaɪəri‖'ɪŋkwəri]⟨f3⟩⟨telb. en n.-telb.zn.; →mv. 2⟩ **0.1** ***onderzoek*** ⇒*(na)vraag; enquête; informatie* ◆ **3.1** make inquiries *inlichtingen inwinnen, een onderzoek instellen, informeren* **6.1** an inquiry **into** the cause *een onderzoek naar de oorzaak;* **on** ~ *bij navraag, op informatie.*

in'quiry agent ⟨telb.zn.⟩⟨BE⟩ **0.1** ***particulier/privé detective.***

in'quiry office ⟨telb.zn.⟩ **0.1** ***inlichtingenbureau*** ⇒*informatiebalie.*

in·quis·i·tion [ˈɪŋkwɪˈzɪʃn]⟨f1⟩⟨telb.zn.⟩ **0.1** ***(gerechtelijk) onderzoek*** ⇒*navorsing, naspeuring, enquête,* ⟨R.-K., gesch.; vaak I-⟩ *inquisitie* **0.2** ***uitkomst v.e. gerechtelijk onderzoek.***

in·qui·si·tion·al [ˈɪŋkwɪˈzɪʃnəl]⟨bn., attr.⟩ **0.1** ***onderzoekend*** ⇒*inquisitoir, inquisitie-,* ⟨R.-K.⟩ *inquisitoriaal.*

in·quis·i·tive [ɪnˈkwɪzəṭɪv]⟨f1⟩⟨bn.; -ly; -ness⟩ **0.1** ***nieuwsgierig*** ⇒*benieuwd, vol vragen* **0.2** ***onderzoekend*** ⇒*weetgierig, leergierig.*

in·quis·i·tor [ɪnˈkwɪzɪtə‖-zɪṭər]⟨telb.zn.⟩ **0.1** ***(gerechtelijk) onderzoeker/ondervrager*** **0.2** ⟨vaak I-⟩⟨gesch.⟩ ***inquisiteur.***

In'quisitor 'General ⟨telb.zn.⟩⟨gesch.⟩ **0.1** ***Inquisiteur-generaal.***

in·quis·i·to·ri·al [ɪnˈkwɪzɪˈtɔrɪəl]⟨bn.; -ly⟩ **0.1** ***inquisitoriaal*** ⇒*inquisitie-* **0.2** ***hinderlijk nieuwsgierig*** **0.3** ⟨jur.⟩ ***inquisitoir*** ⟨strafproces(recht)⟩.

in·quo·rate [ɪnˈkwoʊreɪt]⟨bn.⟩⟨schr.⟩ **0.1** ***geen quorum hebbend.***

in re[1] [ˈɪn ˈreɪ]⟨bw.⟩ **0.1** ***in zich(zelf)*** ⇒*an sich, zoals het is* ◆ **1.1** we must consider the object ~ *we moeten het ding an sich beschouwen.*

in re[2] ⟨vz.⟩⟨vnl. jur.⟩ **0.1** ***betreffende*** ⇒*in verband met, wat betreft, in re* ◆ **1.1** ~ the defendant's claim *wat de eis v.d. beklaagde aangaat.*

in·road [ˈɪnroʊd]⟨f1⟩⟨telb.zn.⟩ **0.1** ***vijandelijke invasie*** ⇒*inval* **0.2** ***inbreuk*** ⇒*aantasting, toeëigening* ◆ **6.2** the holidays make ~s **(up)on** my budget *de vakantie vormt een aanslag op mijn portemonnee/slaat een gat in mijn budget.*

in·rush [ˈɪnrʌʃ]⟨telb. en n.-telb.zn.⟩ **0.1** ***toevloed*** ⇒*het plotseling binnenstromen, het binnendringen.*

ins ⟨afk.⟩ **0.1** ⟨inches⟩ **0.2** ⟨inspector⟩ ***insp.*** **0.3** ⟨insulate, insulation⟩ **0.4** ⟨insurance⟩.

in·sal·i·vate [ɪnˈsælɪveɪt]⟨ov.ww.⟩ **0.1** ***met speeksel mengen*** ⇒*(goed/lang) kauwen.*

in·sa·lu·bri·ous [ˈɪnsəˈluːbrɪəs]⟨bn.⟩⟨schr.⟩ **0.1** ***ongezond*** ⇒*schadelijk voor de gezondheid* ◆ **1.1** an ~ climate *een ongezond klimaat.*

in·sa·lu·bri·ty [ˈɪnsəˈluːbrəṭi]⟨n.-telb.zn.⟩⟨schr.⟩ **0.1** ***ongezondheid*** ⇒*schadelijkheid voor de gezondheid.*

in·sane [ɪnˈseɪn]⟨f3⟩⟨bn.; soms -er; -ly; -ness⟩
I ⟨bn.⟩ **0.1** ***krankzinnig*** ⇒*geestelijk gestoord, dwaas, onzinnig* ◆ **1.1** an ~ idea *een waanzinnig idee;*
II ⟨bn., attr.⟩ **0.1** ***krankzinnigen-*** ◆ **1.1** ~ asylum *krankzinnigengesticht, psychiatrische inrichting, gekkenhuis.*

in·san·i·tar·y [ɪnˈsænɪtri‖-teri]⟨bn.⟩ **0.1** ***ongezond*** **0.2** ***smerig*** ⇒*besmet.*

in·san·i·ty [ɪnˈsænəṭi]⟨f1⟩⟨zn.; →mv. 2⟩
I ⟨telb. en n.-telb.zn.⟩ **0.1** ***krankzinnigheid*** ⟨ook jur.⟩ ⇒*waanzin, idioterie, dwaasheid, onzinnigheid;*
II ⟨n.-telb.zn.⟩⟨jur.⟩ **0.1** ***ontoerekeningsvatbaarheid.***

in·sa·tia·bil·i·ty [ɪnˈseɪʃəˈbɪləṭi]⟨n.-telb.zn.⟩ **0.1** ***onbevredigbaarheid*** ⇒*onverzadigbaarheid, begeerte, gulzigheid.*

in·sa·tia·ble [ɪnˈseɪʃəbl]⟨f1⟩⟨bn.; -ly; -ness; →bijw. 3⟩ **0.1** ***onbevredigbaar*** ⇒*onverzadigbaar, begerig, gulzig.*

in·sa·ti·ate [ɪnˈseɪʃɪət]⟨bn.; -ly; -ness⟩⟨schr.⟩ **0.1** ***onbevredigbaar*** ⇒*onverzadigbaar, onstilbaar, onlesbaar* **0.2** ***onbevredigd*** ⇒*onverzadigd.*

in·scape [ˈɪnskeɪp]⟨n.-telb.zn.⟩ **0.1** ***(innerlijk) wezen*** ⇒*(innerlijk) kenmerk, essentie.*

in·scrib·a·ble [ɪnˈskraɪbəbl]⟨bn.⟩ **0.1** ***beschrijfbaar*** ⇒*graveerbaar, bedrukbaar.*

in·scribe [ɪnˈskraɪb]⟨f2⟩⟨ov.ww.⟩ **0.1** ***(be)schrijven*** ⇒*graveren, (in) griffen, inkrassen, (be)drukken;* ⟨fig.⟩ *(in)prenten* **0.2** ***inschrijven*** **0.3** ***opdragen*** ⇒*van een opdracht/dedicatie/inscriptie voorzien* ⟨boek, enz.⟩ **0.4** ⟨vnl. volt. deelw.⟩⟨BE⟩ ***op naam uitgeven*** ⟨aandelen⟩ **0.5** ⟨wisk.⟩ ***inschrijven*** ⇒*beschrijven in* ◆ **1.4** ~d stock *inschrijvingen op naam* **1.5** ~d circle *ingeschreven cirkel* **6.1** a tombstone ~d **with** his motto *een grafsteen met zijn lijfspreuk als inscriptie;* ~ one's name **in** a book/**on** a page, ~ the book/page **with** one's name *zijn naam in een boek/op een bladzijde schrijven* **6.2** ~ s.o. **on** a list *iem. op een lijst inschrijven/plaatsen* **6.3** ~ a book **for/to** s.o. *een opdracht voor iem. in een boek zetten.*

in·scrip·tion [ɪnˈskrɪpʃn]⟨f2⟩⟨telb.zn.⟩ **0.1** ***inscriptie*** ⇒*inschrift, opschrift* **0.2** ***inschrijving*** **0.3** ***opdracht*** ⟨in boek, enz.⟩ **0.4** ⟨BE⟩ ***inschrijving*** ⟨op lening⟩ ◆ **1.2** date of ~ *inschrijfdatum.*

in·scrip·tion·al [ɪnˈskrɪpʃnəl]⟨bn.⟩ **0.1** ***mbt./v.d./e. inscriptie*** ⇒*mbt./v. het/een opschrift* **0.2** ***gegraveerd*** ⇒*ingegrift.*

in·scrip·tive [ɪnˈskrɪptɪv]⟨bn.; -ly⟩ **0.1** ***v./mbt. een inscriptie/opschrift.***

in·scru·ta·bil·i·ty [ɪnˈskruːtəˈbɪləti‖ɪnˈskruːṭəˈbɪləṭi]⟨n.-telb.zn.⟩ **0.1** ***ondoorgrondelijkheid*** ⇒*onnaspeurlijkheid, ondoordringbaarheid, raadselachtigheid.*

in·scru·ta·ble [ɪnˈskruːṭəbl]⟨f1⟩⟨bn.; -ly; -ness; →bijw. 3⟩ **0.1** ***ondoorgrondelijk*** ⇒*onnaspeurlijk, ondoordringbaar, raadselachtig.*

in·sect [ˈɪnsekt]⟨f2⟩⟨telb.zn.⟩ **0.1** ***insekt*** **0.2** ⟨oneig.⟩ ***(nietig) beestje*** ⟨bv. spin, vlieg, worm⟩ ⇒⟨fig.⟩ *(aard)worm, onderkruiper.*

in·sec·tar·i·um [ˈɪnsekˈteərɪəm‖-ˈter-]⟨telb.zn.; ook insectaria [-rɪə]; →mv. 5⟩ **0.1** ***insektenhuisje*** ⇒*insektenkast.*

in·sec·tar·y [ɪnˈsektəri‖ˈɪnsektəri]⟨telb.zn.; →mv. 2⟩ **0.1** ***insektenhuisje*** ⇒*insektenkast.*

in·sec·ti·ci·dal [ɪnˈsektɪˈsaɪdl]⟨f1⟩⟨bn.; -ly⟩ **0.1** ***insektendodend*** **0.2** ***mbt./v. insekticide.***

in·sec·ti·cide [ɪnˈsektɪsaɪd]⟨f1⟩⟨telb. en n.-telb.zn.⟩ **0.1** ***insekticide*** ⇒*insektendodend middel, insektenvergif(t).*

in·sec·ti·vore [ɪnˈsektɪvɔː‖-vɔr]⟨telb.zn.⟩⟨biol.⟩ **0.1** ***insektivoor*** ⇒*insekteneter* **0.2** ***insektenetende/vleesetende plant.***

in·sec·tiv·o·rous [ˈɪnsekˈtɪvərəs]⟨bn.⟩ **0.1** ***insektivoor*** ⇒*insektenetend.*

in·sec·tol·o·gy [ˈɪnsekˈtɒlədʒi‖-ˈtɑ-]⟨n.-telb.zn.⟩ **0.1** ***insektologie*** ⇒*entomologie.*

'insect powder ⟨f1⟩⟨n.-telb.zn.⟩ **0.1** ***insektenpoeder.***

in·se·cure [ˈɪnsɪˈkjʊə‖-ˈkjʊr]⟨f2⟩⟨bn.; -ly; -ness⟩ **0.1** ***onveilig*** ⇒*riskant, gevaarlijk* **0.2** ***instabiel*** ⇒*wankel, onvast* **0.3** ***onzeker*** ⇒*bevreesd, labiel, onbeschermd.*

in·se·cu·ri·ty [ˈɪnsɪˈkjʊərəti‖ˈɪnsɪˈkjʊrəṭi]⟨f2⟩⟨n.-telb.zn.⟩ **0.1** ***onveiligheid*** ⇒*gevaar(lijkheid), risico* **0.2** ***onzekerheid*** ⇒*bevreesdheid.*

in·sem·i·nate [ɪnˈsemɪneɪt]⟨ov.ww.⟩ **0.1** ***bevruchten*** ⇒*insemineren* **0.2** ***bezaaien*** ⇒*inzaaien* **0.3** ***inprenten*** ⇒*overdragen* ◆ **6.3** ~ an idea **in** s.o.'s mind *iem. een idee ingeven.*

in·sem·i·na·tion [ɪnˈsemɪˈneɪʃn]⟨f1⟩⟨n.-telb.zn.⟩ **0.1** ***bevruchting*** ⇒*inseminatie* **0.2** ***inzaaiing*** ⇒*bezaaiing* **0.3** ***overdraging*** ⇒*inplanting/inprenting* ⟨v. idee⟩ ◆ **2.1** artificial ~ *kunstmatige inseminatie.*

in·sen·sate [ɪnˈsenseɪt]⟨bn.; -ly; -ness⟩ **0.1** ***gevoelloos*** ⟨ook fig.⟩ ⇒*levenloos, bewusteloos* **0.2** ***ongevoelig*** ⇒*hardvochtig, onaandoenlijk* **0.3** ***onzinnig*** ⇒*redeloos, dwaas.*

in·sen·si·bil·i·ty [ˈɪnsensəˈbɪləṭi]⟨n.-telb.zn.⟩⟨schr.⟩ **0.1** ***gevoelloosheid*** ⇒*ongevoeligheid, onverschilligheid, hardvochtigheid* **0.2** ***bewusteloosheid*** ⇒*zwijm, onmacht, onbewustheid.*

in·sen·si·ble [ɪnˈsensəbl]⟨f1⟩⟨bn.; -ly; →bijw. 3⟩ **0.1** ***onwaarneembaar*** ⇒*onmerkbaar* **0.2** ***gevoelloos*** ⇒*bewusteloos, buiten westen* **0.3** ***ongevoelig*** ⇒*onaandoenlijk, onverschillig* **0.4** ***onkundig*** ⇒*onbewust, onwetend* **0.5** ⟨vero.⟩ ***onbezonnen*** ⇒*gedachteloos, onbedachtzaam, irrationeel* ◆ **6.3** ~ **to** cold *ongevoelig voor de kou* **6.4** be ~ **of** the danger *zich niet v.h. gevaar bewust zijn.*

in·sen·si·tive [ˈɪnˈsensəṭɪv]⟨f1⟩⟨bn.; -ly; -ness⟩ **0.1** ***ongevoelig*** ⇒*onaandoenlijk, niet licht vatbaar, gevoelloos, hardvochtig* ◆ **6.1** ~ **to** the feelings of others *onverschillig voor de gevoelens v. anderen.*

in·sen·si·tiv·i·ty [ˈɪnsensɪˈtɪvəṭi]⟨n.-telb.zn.⟩ **0.1** ***ongevoeligheid*** ⇒*onaandoenlijkheid, gevoelloosheid, hardvochtigheid.*

in·sen·ti·ent [ˈɪnˈsenʃnt]⟨bn.⟩ **0.1** ***gevoelloos*** ⇒*bewusteloos, levenloos.*

in·sep·a·ra·bil·i·ty [ˈɪnseprəˈbɪləṭi]⟨n.-telb.zn.⟩ **0.1** ***on(af)scheidbaarheid*** ⇒*onafscheidelijkheid, innige verbondenheid.*

in·sep·a·ra·ble[1] [ˈɪnˈseprəbl]⟨telb.zn.; vaak mv.⟩ **0.1** ***onscheidbare*** ⇒*onafscheidelijke (vriend/vriendin), boezemvriend(in).*

inseparable[2] ⟨f1⟩⟨bn.; -ly; -ness; →bijw. 3⟩ **0.1** ***on(af)scheidbaar*** ⇒*onafscheidelijk, innig verbonden, onlosmakelijk, inseparabel* ◆ **6.1** be ~ **from** s.o. *onafscheidelijk zijn v. iem..*

in·sert[1] [ˈɪnsɜːt‖ˈɪnsɜrt]⟨f1⟩⟨telb.zn.⟩ **0.1** ***tussenvoegsel*** ⇒*inlas, bijlage* **0.2** ***in/tussenzetsel*** ⇒*inzetstuk.*

insert[2] [ɪnˈsɜːt‖ɪnˈsɜrt]⟨f2⟩⟨ov.ww.⟩ →inserted **0.1** ***inzetten*** ⇒*tussenvoegen, inlassen, interpoleren, (laten) opnemen* **0.2** ⟨ruim.⟩ ***in een baan brengen*** ◆ **6.1** ~ a comma **between** two words *een komma tussen twee woorden plaatsen;* ~ an advertisement **in** the paper *een advertentie in de krant zetten/plaatsen;* ~ a few facts **in(to)** an article *een paar feiten in een artikel inlassen/opnemen.*

in·sert·ed [ɪnˈsɜːtɪd‖-ˈsɜrṭɪd]⟨bn.; volt. deelw. v. insert⟩⟨med.⟩ **0.1** ***ingeplant*** ⇒*aangehecht* ⟨v. spier, pees, enz.⟩.

in·ser·tion [ɪnˈsɜːʃn‖-ˈsɜr-]⟨f1⟩⟨zn.⟩
I ⟨telb. en n.-telb.zn.⟩ **0.1** ⟨med.⟩ ***insertie*** ⇒*inplanting, aanhechting* **0.2** ***tussenvoeging*** ⇒*interpolatie, entre-deux, opname, plaatsing* ⟨in krant⟩ **0.3** ***in/tussenzetsel*** ⇒*inzetstuk* ◆ **1.3** ~ of lace *tussenzetsels v. kant;*
II ⟨n.-telb.zn.⟩ **0.1** ⟨ruim.⟩ ***het in een baan brengen*** **0.2** ⟨taalk.⟩ ***insertie.***

'in-'ser·vice ⟨f1⟩⟨bn.⟩ **0.1** ***tijdens de baan/het werk (plaatsvindend)*** ⇒*in de tijd v.d. baas.*

'in-'service course ⟨f1⟩⟨telb.zn.⟩ **0.1** ***bijscholingscursus.***

in-'service training ⟨n.-telb.zn.⟩ **0.1** ***bijscholing.***

in·set[1] [ˈɪnset]⟨f1⟩⟨telb.zn.⟩ **0.1** ***bijvoegsel*** ⇒*(losse) bijlage, insteekblad, inlegvel(len), bijblad* **0.2** ***bijkaart*** **0.3** ***inzetsel*** ⇒*tussenzetsel* **0.4** ⟨foto., t.v.⟩ ***inzet*** **0.5** ***instroming(skanaal).***

'in'set[2] ⟨ov.ww.; inset(ted), inset(ted)⟩ **0.1** ***invoegen*** ⇒*tussenvoegen, inleggen* **0.2** ***bezetten*** **0.3** ***tussenzetten*** ⇒*inzetten.*

insh·al·lah ['ɪnʃə'lɑː]⟨tussenw.⟩ **0.1** ***insjallah*** ⟨zo Allah (het) wil⟩.

'in·shore[1] ⟨bn., attr.⟩ **0.1** ***dicht bij de kust*** ⇒*naar/onder de kust* ◆ **1.1** ~ fishing *kustvisserij*.

'in'shore[2] ⟨bw.⟩ **0.1** ***dicht bij de kust*** ⇒*naar/onder de kust* ◆ **6.1** John sailed ~ **of** us *John zeilde dichter onder de kust dan wij*.

in·side[1] ['ɪn'saɪd]⟨f3⟩⟨telb.zn.⟩ **0.1** ⟨vnl. enk.⟩ ***binnenkant*** ⇒*binnenste, huizenkant* ⟨v. trottoir⟩ **0.2** ⟨vaak mv.⟩⟨inf.⟩ ***ingewanden*** ⇒*inwendige delen* **0.3** ⟨the⟩⟨vnl. BE⟩ ***midden*** ⟨v. periode⟩ **0.4** ***vertrouwenspositie*** ⇒*invloedrijke plaats* **0.5** ⟨sl.⟩ ***vertrouwelijke informatie*** ⇒*tip* **0.6** ⟨gesch.⟩ ***passagier binnenin*** ⟨v. koets⟩ ◆ **1.2** a pain in one's ~(s) *pijn in de buik* **6.4** be **on** the ~ in a transaction *rechtstreeks bij een transactie betrokken zijn* **6.5** have the ~ **on** sth. *het fijne v. iets weten*.

'inside[2] ⟨f3⟩⟨bn., attr.⟩ **0.1** ***binnen-*** ⇒*binnenste* **0.2** ***v. ingewijden*** ⇒*uit de eerste hand* ◆ **1.1** the ~ pages *de binnenpagina's;* the ~ track *de binnenbaan;* ⟨AE⟩ *voordelige positie, voordeel* **1.2** ~ information *inlichtingen v. ingewijden, inside information* **1.¶** ⟨inf.⟩ ~ job *inbraak/diefstal door bekenden* **5.1** ⟨vero.; sport⟩ ~ left/right *links/rechtsbinnen*.

'in'side[3] ⟨f3⟩⟨bw.⟩ **0.1** ⟨plaats en richting; ook fig.⟩ ***binnen*** ⇒*aan de binnenkant, naar binnen, binnen in/langs/door;* ⟨scheep.⟩ *binnengaats* **0.2** ***in de grond*** ⇒*eigenlijk* **0.3** ⟨sl.⟩ ***in/naar de nor/bak/gevangenis*** ◆ **1.3** Mike's been ~ for a year *Mike heeft een jaar in de nor gezeten* **2.1** dark ~ and outside *donker van binnen en van buiten* **3.1** everyone went ~ *iedereen ging naar binnen* **5.1** turn sth. ~ **out** *iets binnenstebuiten keren;* ⟨fig. ook⟩ *iets overhoop halen, iets ondersteboven keren;* know sth. ~ **out** *iets door en door/uit en terna kennen* **6.¶** ⟨inf.⟩ ~ **of** a week *binnen een week* **¶.2** ~, he isn't too bad *in de grond is hij nog zo slecht niet*.

'in'side[4] ⟨f3⟩⟨vz.⟩ **0.1** ⟨plaats⟩ ***binnen (in)*** ⇒*aan de binnenkant van* **0.2** ⟨tijd⟩ ***binnen*** ⇒*(in) minder dan* ◆ **1.1** ~ the box *in de doos;* ~ my head *binnen in mijn hoofd* **1.2** ~ an hour *binnen een uur*.

in·sid·er ['ɪn'saɪdə||-ər]⟨f1⟩⟨telb.zn.⟩ **0.1** ***insider*** ⇒*ingewijde, vertrouweling, lid*.

in'sider 'trading, in'sider 'dealing ⟨n.-telb.zn.⟩⟨geldw.⟩ **0.1** ***aandelen/effectenhandel met voorkennis***.

in·sid·i·ous [ɪn'sɪdɪəs]⟨f1⟩⟨bn.; -ly; -ness⟩ **0.1** ***verraderlijk*** ⇒*geniepig, onverhoeds gevaarlijk, op de loer liggend* **0.2** ***bedrieglijk*** ⇒*arglistig, sluw, geslepen* ◆ **1.1** an ~ disease *een sluipende ziekte*.

in·sight ['ɪnsaɪt]⟨f3⟩⟨telb. en n.-telb.zn.⟩ **0.1** ***inzicht*** ⇒*begrip, doorzicht* **0.2** ***voorstelling*** ◆ **6.2** she had an ~ **into** how dull life would be *plotseling zag ze voor zich hoe saai het leven zou worden*.

in·sight·ful ['ɪnsaɪtfʊl]⟨bn.; -ly⟩ **0.1** ***inzichtelijk***.

in·sig·ne [ɪn'sɪgni], **in·sig·ni·a** [ɪn'sɪgnɪə]⟨f1⟩⟨telb.zn.; 2e variant ook insignia; →mv. 5⟩ **0.1** ***insigne*** ⇒*onderscheidingsteken, ordeteken*.

in·sig·nif·i·cance ['ɪnsɪg'nɪfɪkəns]⟨n.-telb.zn.⟩ **0.1** ***onbeduidendheid*** ⇒*onbelangrijkheid, nietigheid, geringheid*.

in·sig·nif·i·can·cy ['ɪnsɪg'nɪfɪkənsi]⟨telb. en n.-telb.zn.; →mv. 2⟩ **0.1** ***onbeduidendheid*** ⇒*onbetekenende zaak/pers., nietigheid, geringheid*.

in·sig·nif·i·cant ['ɪnsɪg'nɪfɪkənt]⟨f2⟩⟨bn.; -ly⟩ **0.1** ***onbeduidend*** ⇒*onbetekenend, onbelangrijk, onaanzienlijk, verachtelijk, triviaal* **0.2** ***gering*** ⇒*nietig, triviaal, futiel* ◆ **1.1** ~ talk *prietpraat*.

in·sin·cere ['ɪnsɪn'sɪə||-'sɪr]⟨f1⟩⟨bn.; -ly⟩ **0.1** ***onoprecht*** ⇒*geveinsd, hypokriet, huichelachtig*.

in·sin·cer·i·ty ['ɪnsɪn'serəṭi]⟨telb. en n.-telb.zn.; →mv. 2⟩ **0.1** ***onoprechtheid*** ⇒*veinzerij, hypokrisie, huichelachtigheid*.

in·sin·u·ate [ɪn'sɪnjʊeɪt]⟨f1⟩⟨ww.⟩ →insinuating

I ⟨onov.ww.⟩ **0.1** ***insinuaties maken*** ⇒*bedekte aantijgingen doen, toespelingen maken;*

II ⟨ov.ww.⟩ **0.1** ***insinueren*** ⇒*bedektelijk aantijgen, zijdelings te verstaan/te kennen geven, indirect suggereren* **0.2** ***ongemerkt indringen*** ⇒*op slinkse wijze binnenleiden* ◆ **6.2** he was trying to ~ himself **into** the minister's favour *hij probeerde bij de minister in het gevlei/de gunst te komen*.

in·sin·u·at·ing [ɪn'sɪnjʊeɪṭɪŋ]⟨bn.; teg. deelw. v. insinuate; -ly⟩ **0.1** ***insinuerend*** ⇒*suggestief* **0.2** ***indringend*** ⇒*innemend, vleiend*.

in·sin·u·a·tion [ɪn'sɪnjʊ'eɪʃn]⟨f1⟩⟨telb. en n.-telb.zn.⟩ **0.1** ***insinuering*** ⇒*bedekte toespeling, insinuatie, zijdelingse hint, indirecte suggestie* **0.2** ***indringing*** ⇒*vleierij*.

in·sin·u·a·tive [ɪn'sɪnjʊətɪv||-eɪṭɪv]⟨bn.; -ly⟩ **0.1** ***insinuerend*** ⇒*suggestief, geneigd tot toespelingen* **0.2** ***indringerig*** ⇒*vleierig, innemend*.

in·sin·u·a·tor [ɪn'sɪnjʊeɪtə||-eɪṭər]⟨telb.zn.⟩ **0.1** ***iem. die insinueert*** ⇒*iem. die toespelingen maakt* **0.2** ***indringer*** ⇒*vleier*.

in·sip·id [ɪn'sɪpɪd]⟨f1⟩⟨bn.; -ly; -ness⟩ **0.1** ***smakeloos*** ⇒*laf, flauw, slap* **0.2** ***zouteloos*** ⇒*banaal, geesteloos, nietszeggend*.

in·si·pid·i·ty ['ɪnsɪ'pɪdəṭi]⟨telb. en n.-telb.zn.; →mv. 2⟩ **0.1** ***smakeloosheid*** ⇒*lafheid, flauwheid* **0.2** ***zouteloosheid*** ⇒*banaliteit, geesteloosheid, nietszeggendheid, gemeenplaats*.

in·sip·i·ence [ɪn'sɪpɪəns]⟨n.-telb.zn.⟩⟨vero.⟩ **0.1** ***onwijsheid*** ⇒*domheid*.

in·sip·i·ent [ɪn'sɪpɪənt]⟨bn.⟩⟨vero.⟩ **0.1** ***onwijs*** ⇒*stupide, dom*.

in·sist [ɪn'sɪst]⟨f3⟩⟨onov.ww.⟩ **0.1** ***(erop) aandringen*** ⇒*insisteren, volhouden, vasthouden* ◆ **6.1** ~ **(up)on** *eisen, met alle geweld/per se willen, hechten aan;* I ~ **(up)on** an apology *ik eis een excuus;* ~ **on** one's innocence *in zijn onschuld volharden*.

in·sis·tence [ɪn'sɪstəns], **in·sis·ten·cy** [-si]⟨f2⟩⟨telb. en n.-telb.zn.; →mv. 2⟩ **0.1** ***aandrang*** ⇒*eis* **0.2** ***volharding*** ⇒*hardnekkigheid*.

in·sis·tent [ɪn'sɪstənt]⟨f2⟩⟨bn.; -ly⟩ **0.1** ***vasthoudend*** ⇒*volhoudend, dringend, onophoudelijk, hardnekkig*.

in si·tu [ɪn'sɪtjuː||-'saɪṭuː]⟨bw.⟩ **0.1** ***in situ*** ⇒*ter plaatse, in de oorspronkelijke toestand*.

in·so·bri·e·ty ['ɪnsə'braɪəṭi]⟨n.-telb.zn.⟩ **0.1** ***onmatigheid*** ⇒*buitensporigheid, overdadigheid* ⟨i.h.b. v. drankgebruik⟩.

'in·so'far ⟨f2⟩⟨bw.⟩ **0.1** ***in zoverre*** ◆ **8.1** insofar as *voor zover*.

in·so·la·tion ['ɪnsə'leɪʃn]⟨telb. en n.-telb.zn.⟩ **0.1** ***insolatie*** ⇒*bezonning* ⟨het blootstellen aan zonnestralen⟩ **0.2** ***zonnestraling*** **0.3** ⟨med.⟩ ***insolatie*** ⇒*zonnesteek*.

in·sole ['ɪnsoʊl]⟨telb.zn.⟩ **0.1** ***binnenzool*** ⇒*inlegzool*.

in·so·lence ['ɪnsələns]⟨f1⟩⟨zn.⟩

I ⟨telb.zn.⟩ **0.1** ***belediging*** ⇒*aanmatiging, onbeschoftheid;*

II ⟨n.-telb.zn.⟩ **0.1** ***onbeschaamdheid*** ⇒*schaamteloosheid, arrogantie, laatdunkendheid* **0.2** ***brutaliteit*** ⇒*lompheid, insolentie*.

in·so·lent ['ɪnsələnt]⟨f1⟩⟨bn.; -ly⟩ **0.1** ***onbeschaamd*** ⇒*schaamteloos, arrogant* **0.2** ***beledigend*** ⇒*aanstootgevend, brutaal, lomp*.

in·sol·u·bil·i·ty ['ɪnsɒljʊ'bɪləti||'ɪnsɑljə'bɪləṭi]⟨n.-telb.zn.⟩ **0.1** ***onoplosbaarheid*** ⟨v. stoffen in vloeistof⟩ **0.2** ***onverklaarbaarheid*** ⇒*onoplosbaarheid*.

in·sol·u·ble ['ɪn'sɒljʊbl||'ɪn'sɑljəbl]⟨f2⟩⟨bn.; -ly; -ness; →bijw. 3⟩ **0.1** ***onoplosbaar*** ⟨v. stoffen in vloeistof⟩ ⇒*slecht oplosbaar* **0.2** ***onverklaarbaar*** ⇒*onoplosbaar, inexplicabel, niet op te helderen*.

in·solv·a·ble ['ɪn'sɒlvəbl||-'sɑl-]⟨bn.⟩ **0.1** ***onoplosbaar*** ⇒*onverklaarbaar*.

in·sol·ven·cy ['ɪn'sɒlvənsi||-'sɑl-]⟨n.-telb.zn.⟩ **0.1** ***insolventie*** ⇒*onvermogen (om te betalen)*.

in·sol·vent[1] ['ɪn'sɒlvənt||'ɪn'sɑl-]⟨telb.zn.⟩ **0.1** ***insolvente schuldenaar***.

insolvent[2] ⟨f1⟩⟨bn.⟩

I ⟨bn.⟩ **0.1** ***insolvent*** ⇒*onvermogend, bankroet, failliet* **0.2** ⟨scherts.⟩ ***platzak*** ⇒*bankroet* **0.3** ***ontoereikend*** ⇒*te kort komend;*

II ⟨bn., attr.⟩ **0.1** ***insolvent-*** ⇒*insolventie-*.

in·som·ni·a [ɪn'sɒmnɪə||-'sɑm-]⟨f1⟩⟨telb. en n.-telb.zn.⟩ **0.1** ***slapeloosheid*** ⇒*insomnie*.

in·som·ni·ac[1] [ɪn'sɒmniæk||-'sɑm-]⟨telb.zn.⟩ **0.1** ***lijder aan slapeloosheid***.

insomniac[2] ⟨bn.⟩ **0.1** ***slapeloosheids-*** ⇒*lijdend aan insomnie*.

'in·so'much ⟨f1⟩⟨bw.⟩ **0.1** ***dermate*** ⇒*zó zeer, in zoverre, zó* ◆ **8.1** ~ as *zodanig dat; aangezien, daar*.

in·sou·ci·ance [ɪn'suːsɪəns]⟨n.-telb.zn.⟩ **0.1** ***zorgeloosheid*** ⇒*onverschilligheid, onbekommerdheid, nonchalance*.

in·sou·ci·ant [ɪn'suːsɪənt]⟨bn.; -ly⟩ **0.1** ***zorgeloos*** ⇒*onverschillig*.

in·span [ɪn'spæn]⟨ov.ww.; →ww. 7⟩⟨Z. Afr. E⟩ **0.1** ***inspannen***.

in·spect [ɪn'spekt]⟨f2⟩⟨ov.ww.⟩ **0.1** ***inspecteren*** ⇒*onderzoeken, keuren, bezichtigen*.

in·spec·tion [ɪn'spekʃn]⟨f2⟩⟨telb. en n.-telb.zn.⟩ **0.1** ***inspectie*** ⇒*onderzoek, op/toezicht, bezichtiging, controle* **0.2** ***inzage*** ◆ **6.1** **on** ~ he appeared to have lied *een onderzoek wees uit dat hij gelogen had* **6.2** **on** ~ *ter inzage*.

in'spection copy ⟨f1⟩⟨telb.zn.⟩ **0.1** ***exemplaar ter inzage***.

in·spec·tor [ɪn'spektə||-ər]⟨f3⟩⟨telb.zn.⟩ **0.1** ***inspecteur*** ⟨BE ook v. politie⟩ ⇒*opziener, opzichter, controleur* ◆ **1.1** ⟨BE⟩ ~ of taxes *inspecteur der belastingen*.

in·spec·tor·ate [ɪn'spektərət]⟨zn.⟩

I ⟨telb. en n.-telb.zn.⟩ **0.1** ***inspectoraat*** ⇒*inspectie, ambt(sgebied) v. inspecteur* **0.2** ***inspecteurschap*** ⇒*ambt(stermijn) v. inspecteur;*

II ⟨verz.n.⟩ **0.1** ***inspectie*** ⇒*de inspecteurs*.

in·spec·to·ri·al ['ɪnspek'tɔːrɪəl], **in·spec·to·ral** [ɪn'spektrəl]⟨bn., attr.⟩ **0.1** ***inspectie-*** ⇒*inspecteurs-*.

in·spec·tor·ship [ɪn'spektəʃɪp||-tər-]⟨telb.zn.⟩ **0.1** ***inspecteurschap*** ⇒*ambt(stermijn) v. inspecteur*.

in·spi·ra·tion ['ɪnspɪ'reɪʃn]⟨f2⟩⟨zn.⟩

I ⟨telb.zn.⟩⟨inf.⟩ **0.1** ***inval*** ⇒*ingeving, inspiratie, briljante gedachte, goed idee;*

II ⟨telb. en n.-telb.zn.⟩ **0.1** ***inspiratie*** ⟨ook theol.⟩ ⇒*bezieling, inblazing, (goddelijke) ingeving;*

III ⟨n.-telb.zn.⟩ **0.1** ***inademing*** ⇒*inspiratie*.

in·spi·ra·tion·al ['ɪnspɪ'reɪʃnəl]⟨bn.; -ly⟩ **0.1** ***inspirerend*** ⇒*bezielend* **0.2** ***geïnspireerd*** ⇒*bezield* **0.3** ⟨theol.⟩ ***inspiratie-***.
in·spi·ra·tion·ism ['ɪnspɪ'reɪʃənɪzm]⟨n.-telb.zn.⟩⟨theol.⟩ **0.1** ***leer v.d. goddelijke ingeving/inspiratie***.
in·spi·ra·tion·ist ['ɪnspɪ'reɪʃənɪst]⟨telb.zn.⟩⟨theol.⟩ **0.1** ***aanhanger v.d. leer v.d. goddelijke ingeving/inspiratie***.
in·spi·ra·tor ['ɪnspɪreɪtə‖-reɪţər]⟨telb.zn.⟩ **0.1** ***inhalatietoestel*** **0.2** ***respirator*** ⇒*ademhalingstoestel* **0.3** ***inspirator*** ⇒*bezieler*.
in·spir·a·to·ry [ɪn'spaɪərətri‖-tɔri]⟨bn., attr.⟩ **0.1** ***inspiratorisch*** ⇒*mbt. inademing/inhalatie*.
in·spire [ɪn'spaɪə‖-ər]⟨f3⟩⟨ww.⟩ →inspired
I ⟨onov. en ov.ww.⟩ **0.1** ***inademen*** ⇒*inhaleren;*
II ⟨ov.ww.⟩ **0.1** ***inspireren*** ⇒*bezielen, inblazen, inboezemen, ingeven* **0.2** ***opwekken*** ⇒*aanzetten, stimuleren, doen ontstaan* ◆ **6.2** his clumsiness did not ~ confidence **in** the passengers/~ the passengers **with** confidence *zijn onhandigheid wekte geen vertrouwen bij de passagiers*.
in·spir·ed [ɪn'spaɪəd‖-ərd]⟨f3⟩⟨bn.; volt. deelw. v. inspire⟩ **0.1** ***geïnspireerd*** ⇒*ingegeven, bezield, briljant* **0.2** ***gezaghebbend*** ⇒*goed geïnformeerd* ◆ **1.1** ~ guess *briljant(e) hypothese/idee*.
in·spir·it [ɪn'spɪrɪt]⟨ov.ww.⟩ **0.1** ***opwekken*** ⇒*aansporen, moed geven*.
in·spis·sate [ɪn'spɪseɪt]⟨onov. en ov.ww.⟩⟨schr.⟩ **0.1** ***verdikken*** ⇒*indikken, condenseren, verdichten*.
in·spis·sa·tion ['ɪnspɪ'seɪʃn]⟨telb. en n.-telb.zn.⟩⟨schr.⟩ **0.1** ***verdikking*** ⇒*condensatie, verdichting*.
inst ⟨afk.⟩ **0.1** ⟨instant⟩ ***inst.*** **0.2** ⟨instrument⟩ **0.3** ⟨ook I-⟩ ⟨institute⟩ **0.4** ⟨institution⟩.
in·sta·bil·i·ty ['ɪnstə'bɪləţi]⟨f1⟩⟨telb. en n.-telb.zn.; g. mv.⟩ **0.1** ***onvastheid*** ⇒*in/onstabiliteit, onstevigheid* **0.2** ***labiliteit*** ⇒*onberekenbaarheid, wispelturigheid*.
in·stall, ⟨AE sp. ook⟩ **in·stal** [ɪn'stɔ:l]⟨f2⟩⟨ov.ww.; ze variant; →ww. 7⟩ **0.1** ***installeren*** ⇒*plechtig bevestigen* ⟨in ambt/waardigheid⟩ **0.2** ***installeren*** ⇒*aanbrengen, plaatsen, inrichten, monteren* **0.3** ***installeren*** ⇒*vestigen, nestelen* ◆ **1.2** ~ central heating *centrale verwarming aanbrengen/aanleggen*.
in·stal·la·tion ['ɪnstə'leɪʃn]⟨f2⟩⟨zn.⟩
I ⟨telb.zn.⟩ **0.1** ***legerkamp*** ⇒*militaire basis* **0.2** ***toestel*** ⇒*installatie, apparaat, inrichting;*
II ⟨telb. en n.-telb.zn.⟩ **0.1** ***installatie*** ⇒*plechtige bevestiging* ⟨in ambt/waardigheid⟩ **0.2** ***installering*** ⟨in stoel e.d.⟩ ⇒*vestiging;*
III ⟨n.-telb.zn.⟩ **0.1** ***aanbrenging*** ⇒*aanleg, installering, montage, bouw*.
in'stallment plan ⟨telb.zn.⟩⟨AE⟩ **0.1** ***afbetaling*** ⇒*afbetalingsstelsel;* ⟨i.h.b.⟩ *huurkoop(systeem)*.
in·stal·ment, ⟨AE sp. ook⟩ **in·stall·ment** [ɪn'stɔ:lmənt]⟨f2⟩⟨zn.⟩
I ⟨telb.zn.⟩ **0.1** ***(afbetalings)termijn*** **0.2** ***aflevering*** ⟨v. verhaal, t.v. programma, enz.⟩;
II ⟨telb. en n.-telb.zn.⟩ **0.1** →installation II.
in·stance[1] ['ɪnstəns]⟨f4⟩⟨telb.zn.⟩ **0.1** ***geval*** ⇒*voorbeeld* **0.2** ***verzoek*** ⇒*aanvraag, aandrang, instantie* **0.3** ***instantie*** ⇒*stadium* **0.4** ⟨jur.⟩ ***instantie*** ⇒*(behandeling v.) rechtzaak, aanleg* ◆ **3.1** ⟨inf.⟩ give a for ~ *een voorbeeld geven* **6.1** **for** ~ *bijvoorbeeld* **6.2** **at** the ~ of our lawyer *op verzoek v. onze jurist* **7.3** in the first ~ *in eerste instantie, in oorsprong; (aller)eerst, in de eerste plaats*.
instance[2] ⟨ov.ww.⟩ **0.1** ***een voorbeeld geven van*** ⇒*aanhalen* **0.2** ⟨vnl. pass.⟩ ***aantonen (met een voorbeeld)*** ⇒*illustreren, bewijzen*.
in·stan·cy ['ɪnstənsi]⟨n.-telb.zn.⟩ **0.1** ***drang*** ⇒*aandrang* **0.2** ***pressie*** ⇒*druk*.
in·stant[1] ['ɪnstənt]⟨f3⟩⟨telb.zn.⟩ **0.1** ***moment*** ⇒*ogenblik(je)* ◆ **7.1** the ~ (that) I saw her *zodra ik haar zag;* go this ~! *ga onmiddellijk!*.
instant[2] ⟨f2⟩⟨bn.⟩
I ⟨bn.⟩ **0.1** ***onmiddellijk*** ⇒*ogenblikkelijk, onverwijld* **0.2** ***kant-en-klaar*** ⇒*instant* ◆ **1.1** ~ camera *instant-camera;* ~ photography *instant-fotografie;* an ~ replay *een herhaling* ⟨meestal v. televisiebeelden v. sportwedstrijd⟩ **1.2** ~ coffee *oplos/instantkoffie;*
II ⟨bn., attr.⟩ **0.1** ***dringend;***
III ⟨bn., post.⟩⟨schr.⟩ **0.1** ***instant*** ⇒*v.d. lopende maand* ◆ **1.1** the 12th ~ *de twaalfde dezer*.
in·stan·ta·ne·ous ['ɪnstən'teɪnɪəs]⟨f2⟩⟨bn.; -ly; -ness⟩ **0.1** ***onmiddellijk*** ⇒*ogenblikkelijk, onverwijld* **0.2** ***bliksemsnel*** ⇒*moment-* ◆ **1.2** ~ exposure *momentopname*.
in·stan·ter [ɪn'stæntə‖-'stænţər]⟨bw.⟩⟨vero.; scherts.⟩ **0.1** ***instantelijk*** ⇒*onmiddellijk, ogenblikkelijk, onverwijld, terstond*.
in·stan·ti·ate [ɪn'stænʃieɪt]⟨ov.ww.⟩ **0.1** ***concretiseren***.
in·stan·ti·a·tion [ɪn'stænʃi'eɪʃn]⟨telb. en n.-telb.zn.⟩ **0.1** ***concretisering***.
in·stant·ly[1] ['ɪnstəntli]⟨f3⟩⟨bw.⟩ **0.1** ***onmiddellijk*** ⇒*ogenblikkelijk, terstond, dadelijk* **0.2** ⟨vero.⟩ ***dringend***.
instantly[2] ⟨ondersch.vw.⟩ **0.1** ***zodra*** ⇒*zo gauw (als)*.
in·star ['ɪnstɑ:‖'ɪnstɑr]⟨telb.zn.⟩ **0.1** ***(stadium v.) insekt tussen twee vervellingen***.
in·state [ɪn'steɪt]⟨ov.ww.⟩ **0.1** ***installeren*** ⇒*bevestigen* ⟨in ambt⟩.
in sta·tu pu·pil·lari [ɪn 'stætu: pu:pɪ'lɑ:ri‖-'steɪtu:-]⟨bn., post.⟩ **0.1** ***in statu pupillari*** ⟨onmondig, onder voogdij; aan universiteit studerend⟩.
in sta·tu quo [ɪn 'stætu: 'kwoʊ‖-'steɪtu:-]⟨bn., post.⟩ **0.1** ***in statu quo*** ⇒*in oorspronkelijke staat*.
in·stau·ra·tion ['ɪnstɔ:'reɪʃn]⟨telb. en n.-telb.zn.⟩⟨vero.⟩ **0.1** ***restauratie*** ⇒*herstel(ling)*.
in·stau·ra·tor ['ɪnstɔ:reɪtə‖-reɪţər]⟨telb.zn.⟩ **0.1** ***restaurateur***.
in·stead [ɪn'sted]⟨f4⟩⟨bw.⟩ **0.1** ***in plaats daarvan*** ⇒*als vervanging/alternatief daarvoor* ◆ **6.1** ~ **of** *in plaats v.*.
in·step ['ɪnstep]⟨f1⟩⟨telb.zn.⟩ **0.1** ***wreef*** **0.2** ***instap*** ⟨v. schoen⟩.
in·sti·gate ['ɪnstɪgeɪt]⟨f1⟩⟨ov.ww.⟩ **0.1** ***aansporen*** ⇒*instigeren* **0.2** ***aanzetten*** ⇒*uitlokken, opstoken, ophitsen* **0.3** ***in werking zetten*** ⇒*teweegbrengen, aanstichten, veroorzaken* ◆ **3.1** ~ one's friend to steal *zijn vriend aanzetten tot diefstal*.
in·sti·ga·tion ['ɪnstɪ'geɪʃn]⟨f1⟩⟨n.-telb.zn.⟩ **0.1** ***aansporing*** ⇒*stimulans, instigatie* **0.2** ***aandrijving*** ⇒*ophitsing* ◆ **6.1** **at** Peter's ~ *op aandrang/instigatie v. Peter*.
in·sti·ga·tor ['ɪnstɪgeɪtə‖-geɪţər]⟨f1⟩⟨telb.zn.⟩ **0.1** ***aanspoorder*** ⇒*aanzetter* **0.2** ***aanstichter*** ⇒*aanlegger*.
in·stil, ⟨AE sp. ook⟩ **in·still** [ɪn'stɪl]⟨f1⟩⟨ov.ww.; →ww. 7⟩ **0.1** ***indruppelen*** **0.2** ***geleidelijk doen doordringen*** ⇒*bijbrengen, inboezemen, langzaam aan inprenten* ◆ **6.2** a feeling of superiority had been ~ed **into** his mind, his mind had been ~ed **with** a feeling of superiority *zijn geest was doordrongen v.e. gevoel v. meerderwaardigheid*.
in·stil·la·tion ['ɪnstɪ'leɪʃn], **in·stil·ment,** ⟨AE sp. ook⟩ **in·still·ment** [ɪn'stɪlmənt]⟨telb. en n.-telb.zn.⟩ **0.1** ***indruppeling*** ⇒*instillatie*.
in·stinct[1] ['ɪnstɪŋkt]⟨f3⟩⟨telb. en n.-telb.zn.⟩ **0.1** ***instinct*** ⇒*intuïtie, aangeboren gevoel, (natuur)drift* ◆ **6.1** have an ~ **for** doing the right thing *een instinct hebben om op de juiste manier op te treden*.
instinct[2] ⟨bn., pred.⟩⟨schr.⟩ **0.1** ***doordrongen*** ⇒*vol, bezield* ◆ **6.1** his spirit is ~ **with** kindness *zijn geest is een en al goedheid*.
in·stinc·tive [ɪn'stɪŋktɪv]⟨f2⟩⟨bn.; -ly⟩ **0.1** ***instinctief*** ⇒*instinctmatig, intuïtief, onbewust, onwillekeurig* **0.2** ***diepgeworteld*** ⇒*ingebakken*.
in·stinc·tu·al [ɪn'stɪŋktjuəl]⟨f1⟩⟨bn.; -ly⟩ **0.1** ***instinctief*** ⇒*intuïtief*.
in·sti·tute[1] ['ɪnstɪtju:t‖-tu:t]⟨f2⟩⟨telb.zn.⟩ **0.1** ***instituut*** ⇒*academie, inrichting, instelling, stichting, genootschap* **0.2** ⟨AE⟩ ***korte cursus*** ⟨voor leraren, onderwijzers⟩ ⇒*serie colleges* **0.3** ***grondregel*** ⇒*grondbeginsel/stelling*.
institute[2] ⟨f2⟩⟨ov.ww.⟩ **0.1** ***instellen*** ⇒*opstellen, stichten* **0.2** ***beginnen*** ⇒*op gang brengen, openen* **0.3** ***aanstellen*** ⇒*benoemen, installeren;* ⟨i.h.b.⟩ *bevestigen* ⟨in (geestelijk) ambt⟩ ◆ **6.3** ~ s.o. **into/to** a position *iem. op een post aanstellen*.
in·sti·tu·tion ['ɪnstɪ'tju:ʃn‖-'tu:-]⟨f3⟩⟨zn.⟩
I ⟨telb.zn.⟩ **0.1** ***gevestigde gewoonte*** ⇒*(sociale) institutie, wet, vast gebruik, regel* **0.2** ***instituut*** ⇒*tehuis, instelling, genootschap* **0.3** ***inrichting*** ⇒*gesticht* ◆ **3.1** ⟨inf.; scherts.⟩ the old porter had become an ~ *de oude portier was een instituut op zichzelf/deel v.h. meubilair geworden;*
II ⟨telb. en n.-telb.zn.⟩ **0.1** ***instelling*** ⇒*opstelling, stichting* **0.2** ***aanstelling*** ⇒*benoeming, installering;* ⟨i.h.b.⟩ *bevestiging* ⟨in (geestelijk) ambt⟩.
in·sti·tu·tion·al ['ɪnstɪ'tju:ʃnəl‖-'tu:-]⟨f1⟩⟨bn.; -ly⟩ **0.1** ***institutioneel*** ⇒*mbt. een instelling, stichtings-* **0.2** ***saai*** ⇒*egaal, gelijkmatig, zonder afwisseling* **0.3** ***met kerkelijke instellingen*** **0.4** ⟨AE⟩ ***gericht op het vestigen v.e. naam*** ⟨v. reclame⟩.
in·sti·tu·tion·al·ism ['ɪnstɪ'tju:ʃnəlɪzm‖-'tu:-]⟨n.-telb.zn.⟩ **0.1** ⟨ec.⟩ ***institutionalisme*** **0.2** ***geloof in vaste instellingen*** **0.3** ***geloof in georganiseerde religie*** **0.4** ***politiek/theorie ter bevordering v. opsluiting*** ⟨bv. v. criminelen⟩.
in·sti·tu·tion·al·ist ['ɪnstɪ'tju:ʃnəlɪst‖-'tu:-]⟨telb.zn.⟩ **0.1** ***institutionalist*** ⇒*verdediger/aanhanger v. traditionele instellingen*.
in·sti·tu·tion·al·i·za·tion, -sa·tion [ɪnstɪ'tju:ʃnəlaɪ'zeɪʃn‖-'tu:ʃnələ-]⟨n.-telb.zn.⟩ **0.1** ***institutionalisering*** ⇒*het tot een gevestigde instelling maken* **0.2** ***plaatsing/opname in een inrichting***.
in·sti·tu·tion·al·ize, -ise ['ɪnstɪ'tju:ʃnəlaɪz‖-'tu:-]⟨ov.ww.⟩ **0.1** ***institutionaliseren*** ⇒*tot een gevestigde instelling maken* **0.2** ***in een inrichting plaatsen/opnemen***.
in·sti·tu·tor ['ɪnstɪtju:tə‖-tu:ţər]⟨telb.zn.⟩ **0.1** ***oprichter*** ⇒*stichter, insteller* **0.2** ⟨AE⟩ ***bevestiger*** ⟨in predikantsambt; Am. episcopale kerk⟩.
in·struct [ɪn'strʌkt]⟨f2⟩⟨ov.ww.⟩ **0.1** ***onderwijzen*** ⇒*onderrichten, instrueren, laten weten* **0.2** ***opdragen*** ⇒*bevelen, gelasten, last geven* **0.3** ⟨jur.⟩ ***inlichtingen geven aan*** ⟨advocaat⟩.
in·struc·tion [ɪn'strʌkʃn]⟨f3⟩⟨zn.⟩

I ⟨telb.zn.⟩ 0.1 ⟨vaak mv.⟩ ***instructie*** ⇒*voorschrift, bevel, order, last, verordening* **0.2** ⟨comp.⟩ ***instructie*** ⇒*opdracht* **0.3** ⟨mv.⟩ ⟨jur.⟩ ***aanwijzing*** ⟨voor advocaat⟩ ◆ **3.1** carry out/follow the ~s *de instructies uitvoeren/opvolgen* **6.¶** as per ~s *overeenkomstig/volgens de instructies;*
II ⟨n.-telb.zn.⟩ **0.1** ***onderwijs*** ⇒*onderricht, instructie, les* ◆ **6.1** be **under** ~ *in opleiding zijn.*

in·struc·tion·al [ɪn'strʌkʃnəl]⟨f1⟩⟨bn.⟩ **0.1** ***educatief*** ⇒*mbt. instructie/onderwijs/les.*

in·struc·tive [ɪn'strʌktɪv]⟨f1⟩⟨bn.;-ly;-ness⟩ **0.1** ***instructief*** ⇒*leerzaam, leerrijk.*

in·struc·tor [ɪn'strʌktə‖-ər]⟨f2⟩⟨telb.zn.⟩ **0.1** ***instructeur*** ⇒*onderrichter, onderwijzer, leermeester, oefenmeester* **0.2** ⟨AE⟩ ***wetenschappelijk medewerker*** ⇒*lector, assistent.*

in·struc·tress [ɪn'strʌktrɪs]⟨telb.zn.⟩ **0.1** ***instructrice*** ⇒*lerares, onderwijzeres, leermeesteres, trainster* **0.2** ⟨AE⟩ ***wetenschappelijk medewerkster*** ⇒*lector, assistente.*

in·stru·ment[1] ['ɪnstrəmənt]⟨f3⟩⟨telb.zn.⟩ **0.1** ***instrument*** ⇒*gereedschap, toestel, werktuig* ⟨ook fig.⟩ **0.2** ***(hulp)middel*** **0.3** ***(muziek) instrument*** **0.4** ***document*** ⇒*stuk, akte, oorkonde* ◆ **1.1** ~ of fate *speelbal v.h. lot.*

instrument[2] ['ɪnstrəment]⟨ov.ww.⟩ **0.1** ***instrumenteren*** ⇒*arrangeren* **0.2** ***voorzien van (meet)instrumenten*** **0.3** ***adresseren*** ⇒*richten.*

in·stru·men·tal[1] ['ɪnstrə'mentl]⟨telb.zn.⟩ **0.1** ⟨muz.⟩ ***instrumentaal nummer*** **0.2** ⟨taalk.⟩ ***instrumentalis.***

instrumental[2] ⟨f2⟩⟨bn.;-ly⟩ **0.1** ***behulpzaam*** ⇒*hulpvaardig, gedienstig* **0.2** ***instrument-*** ⇒*werktuig-* **0.3** ⟨muz.⟩ ***instrumentaal*** **0.4** ⟨taalk.⟩ ***in/v./mbt. de instrumentalis*** ◆ **1.2** ~ flight *instrumentenvlucht* **1.4** ~ case *instrumentalis* **6.1** be ~ **in** *iem. behulpzaam zijn bij.*

in·stru·men·tal·ism ['ɪnstrə'mentəlɪzm]⟨n.-telb.zn.⟩⟨fil.⟩ **0.1** ***instrumentalisme.***

in·stru·men·tal·ist ['ɪnstrə'mentlɪst]⟨f1⟩⟨telb.zn.⟩ **0.1** ***bespeler v.e. (muziek)instrument*** ⇒*instrument(al)ist, speler, orkestlid.*

in·stru·men·tal·i·ty ['ɪnstrəmen'tæləti]⟨f1⟩⟨telb. en n.-telb.zn.; →mv. 2⟩ **0.1** ***behulp*** ⇒*middel, bemiddeling, tussenkomst, hulpvaardigheid, werking* ◆ **6.1** **by** the ~ of *door middel van;* **through** ~ of *door middel van; door bemiddeling van.*

in·stru·men·ta·tion ['ɪnstrəmen'teɪʃn]⟨f1⟩⟨telb. en n.-telb.zn.⟩ **0.1** ⟨muz.⟩ ***instrumentatie*** **0.2** ***instrumentatie*** ⇒*het voorzien/ontwikkelen/gebruik v. instrumenten* **0.3** ***bemiddeling*** ⇒*tussenkomst, werking.*

'instrument board, 'instrument panel ⟨f1⟩⟨telb.zn.⟩ **0.1** ***instrumentenbord/paneel.***

in·sub·or·di·nate ['ɪnsə'bɔ:dənət‖-'bɔr-]⟨f1⟩⟨bn.;-ly⟩ **0.1** ***ongehoorzaam*** ⇒*weerspannig, opstandig* **0.2** ***niet ondergeschikt.***

in·sub·or·di·na·tion ['ɪnsəbɔ:dɪ'neɪʃn]⟨f1⟩⟨telb. en n.-telb.zn.⟩ **0.1** ***ongehoorzaamheid*** ⇒*weerspannigheid, opstandigheid, verzet* **0.2** ⟨mil.⟩ ***insubordinatie.***

in·sub·stan·tial ['ɪnsəb'stænʃl]⟨f1⟩⟨bn.⟩ **0.1** ***onecht*** ⇒*denkbeeldig, onwerkelijk* **0.2** ***onlichamelijk*** ⇒*ijl* **0.3** ***krachteloos*** ⇒*onsolide, onbevredigend, slap, zwak* ◆ **1.3** an ~ charge *een ongefundeerde aanklacht.*

in·sub·stan·ti·al·i·ty ['ɪnsəbstænʃi'æləti]⟨n.-telb.zn.⟩ **0.1** ***onechtheid*** ⇒*denkbeeldigheid, onwerkelijkheid* **0.2** ***krachteloosheid*** ⇒*zwakte, ongefundeerdheid.*

in·suf·fer·a·ble [ɪn'sʌfrəbl]⟨f1⟩⟨bn.;-ly;-ness;→bijw. 3⟩ **0.1** ***on(ver) draaglijk*** ⇒*onuitstaanbaar, onduldbaar.*

in·suf·fi·cien·cy ['ɪnsə'fɪʃnsi]⟨telb. en n.-telb.zn.;→mv. 2⟩ **0.1** ***ontoereikendheid*** ⇒*gebrek;* ⟨med.⟩ *insufficiëntie.*

in·suf·fi·cient ['ɪnsə'fɪʃnt]⟨f2⟩⟨bn.;-ly⟩ **0.1** ***ontoereikend*** ⇒*onvoldoende, ongenoegzaam, inadequaat, te weinig.*

in·suf·flate ['ɪnsʌfleɪt‖'ɪnsə-]⟨ov.ww.⟩ **0.1** ***inblazen*** ⟨in het lichaam⟩ ⇒*beademen.*

in·suf·fla·tion ['ɪnsʌ'fleɪʃn‖'ɪnsə-]⟨telb. en n.-telb.zn.⟩ **0.1** ***inblazing*** ⇒*insufflatie.*

in·suf·fla·tor ['ɪnsʌfleɪtə‖'ɪnsəfleɪtər]⟨telb.zn.⟩ **0.1** ***poederblazer*** ⇒*inblaasapparaat.*

in·su·lar[1] ['ɪnsjʊlə‖'ɪnsələr]⟨telb.zn.⟩ **0.1** ***eilandbewoner.***

insular[2] ⟨f1⟩⟨bn.;-ly⟩ **0.1** ***eiland-*** ⇒*insulair, geïsoleerd* **0.2** ***bekrompen*** ⇒*kortzichtig, kleingeestig* **0.3** ⟨med.⟩ ***mbt./v. insulae*** ◆ **1.1** ~ hand/script *insulair schrift* ⟨in Engeland tot in 11e eeuw⟩.

in·su·lar·ism ['ɪnsjʊlərɪzm‖'ɪnsə-]⟨n.-telb.zn.⟩ **0.1** ***bekrompenheid*** ⇒*kortzichtigheid, geborneerdheid, enghartigheid, kleingeestigheid.*

in·su·lar·i·ty ['ɪnsjʊ'lærəti‖'ɪnsə'lærəti]⟨f1⟩⟨n.-telb.zn.⟩ **0.1** ***insulaire positie*** ⇒*het eiland zijn* **0.2** ***bekrompenheid*** ⇒*kortzichtigheid, geborneerdheid, enghartigheid, kleingeestigheid.*

in·su·late ['ɪnsjʊleɪt‖'ɪnsə-]⟨f2⟩⟨ov.ww.⟩ **0.1** ***isoleren*** ⇒*afzonderen, (af)scheiden, afzijdig houden, in een isolement plaatsen* **0.2** ⟨elek., nat.⟩ ***isoleren*** ◆ **6.1** children should not be ~d **from** the realities of life *kinderen moeten niet afgeschermd worden v.d. werkelijkheid.*

in·su·la·tion ['ɪnsjʊ'leɪʃn‖'ɪnsə-]⟨f2⟩⟨zn.⟩
I ⟨telb. en n.-telb.zn.⟩ **0.1** ***isolatie*** ⇒*isolering, afzondering, scheiding, isolement;*
II ⟨n.-telb.zn.⟩ **0.1** ***isolatiemateriaal.***

in·su·la·tor ['ɪnsjʊleɪtə‖'ɪnsəleɪtər]⟨f1⟩⟨telb.zn.⟩ **0.1** ***isolatie (middel)*** ⇒*isolatiestof* **0.2** ⟨elek.⟩ ***isolator.***

in·su·lin ['ɪnsjʊlɪn‖'ɪnsə-]⟨f1⟩⟨n.-telb.zn.⟩⟨med.⟩ **0.1** ***insuline.***

in·sult[1] ['ɪnsʌlt]⟨f2⟩⟨zn.⟩
I ⟨telb.zn.⟩⟨med.⟩ **0.1** ***beschadiging*** ⇒*laesie, trauma, kwetsuur, verwonding, letsel* **0.2** ***beschadiger*** ⟨stof/voorwerp⟩;
II ⟨telb. en n.-telb.zn.⟩ **0.1** ***belediging*** ⇒*beschimping, hoon, smaad, insult(atie)* ◆ **1.1** add ~ to injury *de ene belediging op de andere stapelen, de zaak nog erger maken.*

insult[2] [ɪn'sʌlt]⟨f2⟩⟨ov.ww.⟩ **0.1** ***beledigen*** ⇒*beschimpen, smaden.*

in·su·per·a·bil·i·ty ['ɪnsu:prə'bɪləti]⟨n.-telb.zn.⟩ **0.1** ***onoverkomelijkheid*** ⇒*onoverwinnelijkheid.*

in·su·per·a·ble [ɪn'su:prəbl]⟨f1⟩⟨bn.;-ly;-ness;→bijw. 3⟩ **0.1** ***onoverkomelijk*** ⇒*onoverwinnelijk.*

in·sup·port·a·ble ['ɪnsə'pɔ:təbl‖-'pɔrtəbl]⟨f1⟩⟨bn.;-ly;→bijw. 3⟩ **0.1** ***on(ver)draaglijk*** ⇒*onuitstaanbaar, intolerabel, niet te harden* **0.2** ***ongegrond*** ⇒*niet te verdedigen, niet staande te houden.*

in·sur·a·ble [ɪn'ʃʊərəbl‖ɪn'ʃʊr-]⟨bn.⟩ **0.1** ***verzekerbaar.***

in·sur·ance [ɪn'ʃʊərəns‖ɪn'ʃʊr-]⟨f3⟩⟨zn.⟩
I ⟨telb. en n.-telb.zn.⟩ **0.1** ***verzekering*** ⇒*assurantie, verzekeringspolis/contract* **0.2** ***verzekeringspremie*** ⇒*assurantiepenningen* **0.3** ***verzekerd bedrag*** ⇒*verzekeringsgeld* **0.4** ***zekerheid*** ⇒*bescherming* ◆ **1.1** enter into a contract of ~ *een verzekering afsluiten/aangaan* **6.2** pay out fifty pounds **in** ~ *vijftig pond aan verzekeringspremies betalen;*
II ⟨n.-telb.zn.⟩ **0.1** ***verzekeringswezen*** ◆ **3.1** work in ~ *in verzekeringen doen.*

in'surance agent ⟨f1⟩⟨telb.zn.⟩ **0.1** ***verzekeringsagent.***

in'surance broker ⟨telb.zn.⟩ **0.1** ***assurantiemakelaar.***

in'surance company ⟨f1⟩⟨telb.zn.⟩ **0.1** ***verzekeringsmaatschappij*** ⇒*assurantie(maatschappij).*

in'surance policy ⟨telb.zn.⟩ **0.1** ***assurantiepolis*** ⇒*verzekeringscontract/polis.*

in'surance stamp ⟨telb.zn.⟩⟨BE⟩ **0.1** ***rentezegel.***

in·sur·ant [ɪn'ʃʊərənt‖ɪn'ʃʊr-]⟨telb.zn.⟩ **0.1** ***verzekerde*** ⇒*verzekeringsnemer.*

in·sure [ɪn'ʃʊə‖ɪn'ʃʊr]⟨f2⟩⟨ww.⟩ →insured
I ⟨onov.ww.⟩ **0.1** ***in verzekeringen handelen;***
II ⟨ov.ww.⟩ **0.1** ***verzekeren*** ⇒*assureren* **0.2** ⟨AE⟩ ***garanderen*** ⇒*verzekeren, veilig stellen, zeker stellen* ◆ **6.1** ~ **against** accidents *tegen ongevallen verzekeren.*

in·sured [ɪn'ʃʊəd‖ɪn'ʃʊrd]⟨f1⟩⟨zn.; oorspr. volt. deelw. v. insure⟩
I ⟨n.-telb.zn.⟩ **0.1** ***verzekerde;***
II ⟨verz.n.⟩ **0.1** ***verzekerden.***

in·sur·er [ɪn'ʃʊərə‖ɪn'ʃʊrər]⟨telb.zn.⟩ **0.1** ***verzekeraar*** ⇒*assuradeur.*

in·sur·gence [ɪn'sɜ:dʒəns‖ɪn'sɜr-]⟨telb.zn.⟩ **0.1** ***oproer*** ⇒*opstand, revolte, insurrectie.*

in·sur·gen·cy [ɪn'sɜ:dʒənsi‖ɪn'sɜr-]⟨zn.;→mv. 2⟩
I ⟨telb.zn.⟩ **0.1** ***oproer*** ⇒*opstand, revolte, muiterij, insurrectie;*
II ⟨n.-telb.zn.⟩ **0.1** ***oproerigheid*** ⇒*opstandigheid, rebellie.*

in·sur·gent[1] [ɪn'sɜ:dʒənt‖ɪn'sɜr-]⟨f1⟩⟨telb.zn.⟩ **0.1** ***oproerling*** ⇒*opstandeling, rebel, muiter, oproerkraaier.*

insurgent[2] ⟨f1⟩⟨bn., attr.⟩ **0.1** ***oproerig*** ⇒*opstandig, rebels, muitend, rebellerend* **0.2** ***binnenstromend*** ⇒*opkomend* ⟨zee, enz.⟩.

in·sur·mount·a·ble ['ɪnsə'maʊntəbl‖'ɪnsər'maʊntəbl]⟨f1⟩⟨bn.;-ly;-ness;→bijw. 3⟩ **0.1** ***onoverkomelijk*** ⇒*onoverwinnelijk.*

in·sur·rec·tion ['ɪnsə'rekʃn]⟨f1⟩⟨telb. en n.-telb.zn.⟩ **0.1** ***oproer*** ⇒*opstand, muiterij, revolte, rebellie, insurrectie.*

in·sur·rec·tion·ary[1] ['ɪnsə'rekʃənri‖-neri]⟨telb.zn.⟩ **0.1** ***oproerling*** ⇒*opstandeling, rebel, muiter.*

insurrectionary[2]**, in·sur·rec·tion·al** ['ɪnsə'rekʃnəl]⟨bn.⟩ **0.1** ***oproerig*** ⇒*opstandig, rebels, muitend, rebellerend.*

in·sur·rec·tion·ist ['ɪnsə'rekʃənɪst]⟨telb.zn.⟩ **0.1** ***oproerling*** ⇒*opstandeling, rebel, muiter.*

in·sus·cep·ti·bil·i·ty ['ɪnsəseptə'bɪləti]⟨n.-telb.zn.⟩ **0.1** ***onvatbaarheid*** ⇒*onontvankelijkheid, ongevoeligheid, immuniteit.*

in·sus·cep·ti·ble ['ɪnsə'septəbl]⟨bn.⟩ **0.1** ***onvatbaar*** ⇒*onontvankelijk, ongevoelig, immuun* ◆ **6.1** be ~ **of** pity *meedogenloos zijn;* be ~ **to** disease *niet vatbaar zijn voor ziekte.*

in·swing·er ['ɪnswɪŋə‖-ər]⟨telb.zn.⟩⟨cricket, voetbal⟩ **0.1** ***inswinger*** ⟨naar been v. batsman/naar doel toe draaiende bal⟩.

int ⟨afk.⟩ **0.1** ⟨interest⟩ *int.* **0.2** ⟨interior⟩ **0.3** ⟨internal⟩ **0.4** ⟨interval⟩ **0.5** ⟨international⟩.

in·tact [ɪn'tækt]⟨f2⟩⟨bn.;-ness⟩ **0.1** ***ongerept*** ⇒*onaangeroerd, in-*

tact, onverlet **0.2** ***intact*** ⇒*ongeschonden, onbeschadigd, heel, gaaf.*

in·ta·gliat·ed [ɪn'tælieɪtɨd]⟨bn.⟩ **0.1** ***van snijwerk voorzien.***

in·ta·glio[1] [ɪn'tɑ:lioʊ]⟨zn.; ook intagli [ɪn'tɑlji:];→mv. 5⟩
I ⟨telb.zn.⟩ **0.1** ***intaglio*** ⇒*gem(me), gegraveerde/besneden edelsteen* **0.2** ***ingesneden/gegraveerde figuur*** ⇒*snijwerk, graveerwerk* **0.3** ⟨druk.⟩ ***diepdrukplaat;***
II ⟨n.-telb.zn.⟩ **0.1** ***het insnijden/graveren v. figuren*** ⟨in edelsteen⟩ **0.2** ⟨druk.⟩ ***diepdruk.***

intaglio[2] ⟨ov.ww.⟩ **0.1** ***insnijden*** ⇒*ingraveren.*

in·take ['ɪnteɪk]⟨f2⟩⟨zn.⟩
I ⟨telb.zn.⟩ **0.1** ***inlaat*** ⇒*watervang, prise d'eau, toevoeropening* **0.2** ***vernauwing*** ⟨v. buis⟩ **0.3** ⟨BE⟩ ***drooggelegd/ontgonnen stuk land*** ⇒*inpoldering* **0.4** ***opgenomen energie*** ⇒*opgenomen hoeveelheid;*
II ⟨telb. en n.-telb.zn.⟩ **0.1** ***opneming*** ⇒*opname, ingevoerde hoeveelheid, toegelaten aantal, voeding* ◆ **1.1** an ~ of breath *een inademing.*

'intake pipe ⟨telb.zn.⟩ **0.1** ***inlaatbuis.***

'intake valve ⟨telb.zn.⟩ **0.1** ***inlaatklep.***

int al ⟨afk.⟩ inter alia.

in·tan·gi·bil·i·ty ['ɪntændʒə'bɪləṭi]⟨telb. en n.-telb.zn.⟩ **0.1** ***onaantastbaarheid*** ⇒*onstoffelijkheid* **0.2** ***ongrijpbaarheid.***

in·tan·gi·ble[1] [ɪn'tændʒəbl]⟨telb.zn.⟩ **0.1** ***iets ontastbaars*** ⇒⟨i.h.b.⟩ *immaterieel goed* **0.2** ***iets ongrijpbaars*** ⇒*iets ondefinieerbaars.*

intangible[2] ⟨f2⟩⟨bn.; -ly; -ness;→bijw. 3⟩ **0.1** ***ontastbaar*** ⇒*immaterieel, onstoffelijk* **0.2** ***ongrijpbaar*** ⇒*ondefinieerbaar, moeilijk te begrijpen/bevatten* ◆ **1.1** ~ assets *immateriële/onstoffelijke goederen.*

in·tar·si·a [ɪn'tɑ:sɪə‖-'tɑr-]⟨n.-telb.zn.⟩ **0.1** ***intarsia*** ⟨inlegwerk⟩.

in·te·ger ['ɪntɨdʒə‖'ɪnṭɨʒər]⟨f1⟩⟨telb.zn.⟩⟨wisk.⟩ **0.1** ***geheel getal*** **0.2** ***geheel*** ⇒*eenheid.*

in·te·gral[1] ['ɪnṭɨgrəl]⟨f1⟩⟨telb.zn.⟩ **0.1** ⟨wisk.⟩ ***integraal*** **0.2** ***geheel*** ⇒*eenheid* ◆ **2.1** (in)definite ~ *(on)bepaalde integraal.*

integral[2] ⟨f2⟩⟨bn.; -ly⟩ **0.1** ***integrerend*** ⇒*integrant, een wezenlijk deel uitmakend v.* **0.2** ***geheel*** ⇒*volledig, integraal, alles omvattend* **0.3** ⟨wisk.⟩ ***integraal*** ⇒*geheel.*

'integral 'calculus ⟨n.-telb.zn.⟩⟨wisk.⟩ **0.1** ***integraalrekening.***

in·te·gral·i·ty ['ɪnṭɨ'grælәṭi]⟨n.-telb.zn.⟩ **0.1** ***het één geheel vormen*** ⇒*volledigheid.*

in·te·grand ['ɪnṭɨgrænd]⟨telb.zn.⟩⟨wisk.⟩ **0.1** ***integrant.***

in·te·grant ['ɪnṭɨgrənt]⟨bn.⟩ **0.1** ***integrerend*** ⇒*integrant, wezenlijk (deel uitmakend)* ◆ **1.1** ~ parts *componenten.*

in·te·grate[1] ['ɪnṭɨgrət]⟨bn., attr.⟩ **0.1** ***geheel*** ⇒*compleet, volledig* **0.2** ***tot een geheel samengevoegd*** ⇒*geïntegreerd.*

integrate[2] ['ɪnṭɨgreɪt]⟨f2⟩⟨ww.⟩
I ⟨onov.ww.⟩ **0.1** ***geïntegreerd worden*** ⇒*deel gaan uitmaken (v.);*
II ⟨ov.ww.⟩ **0.1** ***integreren*** ⇒*tot een geheel samenvoegen/aanvullen, tot een eenheid maken* **0.2** ***integreren*** ⇒*volledig maken, completeren* **0.3** ***als gelijkwaardig opnemen*** ⟨bv. minderheden⟩ ⇒*integreren,* ⟨vnl. AE⟩ *de rassenscheiding opheffen in* **0.4** ⟨wisk.⟩ ***integreren*** ⇒*integraal berekenen v.* ◆ **1.1** ~d circuit *geïntegreerde schakeling* **6.1** the new buildings were well ~d **with** the surroundings *de nieuwe gebouwen waren goed geïntegreerd in de omgeving.*

in·te·gra·tion ['ɪnṭɨ'greɪʃn]⟨f2⟩⟨n.-telb.zn.⟩ **0.1** ***integratie*** ⟨ook ec., psych.⟩ ⇒*het integreren, het maken tot/opnemen in een geheel* **0.2** ***opheffing v. (rassen)ongelijkheid*** ⇒*(rassen)integratie, het als gelijkwaardig opnemen, desegregatie.*

in·te·gra·tion·ist ['ɪnṭɨ'greɪʃənɪst]⟨telb.zn.⟩ **0.1** ***voorstander v. rassenintegratie.***

in·te·gra·tor ['ɪntɨgreɪtə‖'ɪnṭɨgreɪṭər]⟨telb.zn.⟩⟨wisk.⟩ **0.1** ***integrator.***

in·teg·ri·ty [ɪn'tegrəṭi]⟨f2⟩⟨n.-telb.zn.⟩ **0.1** ***integriteit*** ⇒*rechtschapenheid, onomkoopbaarheid, onkreukbaarheid* **0.2** ***ongeschonden toestand*** ⇒*zuiverheid, volledigheid, compleetheid* ◆ **6.2** the old houses still stand **in** their ~ *de oude huizen staan er nog onaangetast.*

in·teg·u·ment [ɪn'tegjʊmənt‖-gjə-]⟨telb.zn.⟩⟨schr.⟩ **0.1** ***bekleedsel*** ⇒*integument, omhulsel, huid, vel, schil, vlies.*

in·tel·lect ['ɪnṭɨlekt]⟨f2⟩⟨zn.⟩
I ⟨telb.zn.⟩ **0.1** ***intellectueel;***
II ⟨telb. en n.-telb.zn.⟩ **0.1** ***intellect*** ⇒*verstand(elijk vermogen);*
III ⟨verz.n.⟩ **0.1** ***intellect*** ⇒*intellectuelen.*

in·tel·lec·tion ['ɪntə'lekʃn]⟨zn.⟩
I ⟨telb.zn.⟩ **0.1** ***gedachte*** ⇒*begrip, inzicht, notie, idee;*
II ⟨n.-telb.zn.⟩ **0.1** ***het (verstandelijk) bevatten*** ⇒*het begrijpen/inzien.*

in·tel·lec·tive ['ɪntə'lektɪv]⟨bn.; -ly⟩ **0.1** ***intellectueel*** ⇒*verstandelijk* **0.2** ***intelligent*** ⇒*verstandelijk, rationeel.*

in·tel·lec·tu·al[1] ['ɪnṭə'lektʃʊəl]⟨f3⟩⟨telb.zn.⟩ **0.1** ***intellectueel*** ⇒*geestelijk ontwikkelde, hoofdarbeider.*

intellectual[2] ⟨f3⟩⟨bn.; -ly⟩ **0.1** ***intellectueel*** ⇒*verstandelijk, rationeel.*

in·tel·lec·tu·al·ism ['ɪnṭə'lektʃʊəlɪzm]⟨n.-telb.zn.⟩ **0.1** ***intellectualisme*** ⇒*verstandelijke/niet-gevoelsmatige benadering, rationalisme, rationalisatie* **0.2** ***verheerlijking v.h. intellect.***

in·tel·lec·tu·al·ist ['ɪnṭə'lektʃʊəlɪst]⟨telb.zn.⟩ **0.1** ***intellectualist*** ⇒*verstandelijk iem., verstandsmens.*

in·tel·lec·tu·al·i·ty ['ɪntəlektʃʊ'æləṭi]⟨n.-telb.zn.⟩ **0.1** ***intellectualiteit*** ⇒*intellectuele begaafdheid.*

in·tel·lec·tu·al·ize ['ɪnṭə'lektʃʊəlaɪz]⟨ww.⟩
I ⟨onov.ww.⟩ **0.1** ***een intellectuele discussie voeren*** ⇒*filosoferen* **0.2** ***het gevoelsmatige afwijzen*** ⇒*emotionele benadering vermijden;*
II ⟨ov.ww.⟩ **0.1** ***rationaliseren*** ⇒*verstandelijk beredeneren.*

in·tel·li·gence [ɪn'telɨdʒns]⟨f3⟩⟨zn.⟩
I ⟨telb.zn.⟩ **0.1** ***denkend/rationeel wezen*** **0.2** ⟨vaak I-⟩ ***onstoffelijke geest*** ⇒*engel;*
II ⟨n.-telb.zn.⟩ **0.1** ***intelligentie*** ⇒*rede, verstand(elijk vermogen), schranderheid* **0.2** ***begrip*** ⇒*bevatting, het begrijpen* **0.3** ***informatie*** ⇒*nieuws, inlichtingen, berichten* **0.4** ***(geheime) informatie/inlichtingen*** **0.5** ***inlichtingendienst*** ⇒*geheime dienst* ◆ **1.¶** not have enough ~ to come in from/out of the rain *te dom zijn om voor de duivel te dansen.*

in'telligence agency ⟨telb.zn.⟩ **0.1** ***inlichtingendienst.***

in'telligence department ⟨telb. en n.-telb.zn.⟩ **0.1** ***inlichtingendienst*** ⇒*(nationale) veiligheidsdienst.*

in'telligence office ⟨telb.zn.⟩ **0.1** ***adreskantoor*** ⇒*verhuurkantoor.*

in'telligence officer ⟨f1⟩⟨telb.zn.⟩ **0.1** ***beambte v.d. inlichtingendienst*** ⇒*inlichtingsofficier, geheim agent.*

in'telligence quotient ⟨f1⟩⟨telb.zn.⟩ **0.1** ***intelligentiequotiënt*** ⇒*I.Q.*

in·tel·li·genc·er [ɪn'telɨdʒənsə‖-ər]⟨telb.zn.⟩ **0.1** ***informant*** ⇒*aanbrenger* **0.2** ***geheim agent*** ⇒*spion.*

in'telligence service ⟨f1⟩⟨telb. en n.-telb.zn.⟩ **0.1** ***inlichtingendienst*** ⇒*geheime dienst, veiligheidsdienst.*

in'telligence source ⟨telb.zn.⟩ **0.1** ***inlichtingenbron.***

in'telligence test ⟨f1⟩⟨telb.zn.⟩ **0.1** ***intelligentietest.***

in·tel·li·gent [ɪn'telɨdʒnt]⟨f3⟩⟨bn.; -ly⟩ **0.1** ***intelligent*** ⇒*verstandig, schrander, vlug van begrip, slim, pienter* ◆ **1.¶** ⟨BE⟩ ~ card *chipkaart, smart-card, slimme kaart* ⟨(bank)kaart met geheugen⟩.

in·tel·li·gen·tial [ɪn'telɨ'dʒenʃl]⟨bn.⟩ **0.1** ***intelligentie-*** ⇒*verstandelijk.*

in·tel·li·gent·si·a [ɪn'telɨ'dʒentsɪə]⟨verz.n.; (the)⟩ **0.1** ***intelligentsia*** ⇒*intellectuelen.*

in·tel·li·gi·bil·i·ty [ɪn'telɨdʒə'bɪləṭi]⟨n.-telb.zn.⟩ **0.1** ***begrijpelijkheid*** ⇒*verstaanbaarheid, duidelijkheid.*

in·tel·li·gi·ble [ɪn'telɨdʒəbl]⟨f2⟩⟨bn.; -ly; -ness;→bijw. 3⟩ **0.1** ***begrijpelijk*** ⇒*verstaanbaar, duidelijk* **0.2** ⟨fil.⟩ ***verstandelijk kenbaar.***

in·tem·per·ance [ɪn'temprəns]⟨n.-telb.zn.⟩ **0.1** ***onmatigheid*** ⇒*buitensporigheid, ongebreideldheid, heftigheid* **0.2** ***guurheid*** ⟨v. klimaat⟩.

in·tem·per·ate [ɪn'temprət]⟨f1⟩⟨bn.; -ly; -ness⟩ **0.1** ***onmatig*** ⇒*buitensporig, zich te buiten gaand, ongebreideld, heftig* **0.2** ***guur.***

in·tend [ɪn'tend]⟨f3⟩⟨ww.⟩ →intended, intending
I ⟨onov.ww.⟩ **0.1** ***in gedachten hebben*** ⇒*zich voorstellen;*
II ⟨ov.ww.⟩ **0.1** ***van plan zijn*** ⇒*plannen, voorhebben, bedoelen, menen, in de zin hebben* **0.2** ***(voor)bestemmen*** ⇒*bedoelen* **0.3** ⟨vero.⟩ ***bedoelen*** ⇒*willen zeggen* ◆ **3.1** I ~ to go there/I ~ going there *ik ben van plan daar naar toe te gaan;* we ~ them to repair it/we ~ that they shall repair it *we willen dat zij het repareren* **6.2** the oldest son was ~ed **for** the Church *de oudste zoon was voorbestemd om priester te worden;* the painting was ~ed **for** the queen *het schilderij moest de koningin voorstellen/het schilderij was voor de koningin bedoeld.*

in·ten·dance [ɪn'tendəns]⟨telb. en n.-telb.zn.⟩ **0.1** ***ambt v. intendant*** ⇒*intendance.*

in·ten·dan·cy [ɪn'tendənsi]⟨zn.;→mv. 2⟩
I ⟨telb.zn.⟩ **0.1** ***district v.e. intendant;***
II ⟨telb. en n.-telb.zn.⟩ **0.1** ***ambt v. intendant*** ⇒*intendance;*
III ⟨verz.n.⟩ **0.1** ***intendanten*** ⇒*intendance.*

in·ten·dant [ɪn'tendənt]⟨telb.zn.⟩ **0.1** ⟨gesch.⟩ ***intendant*** ⟨commissaris v. Raad v. State in Frankrijk⟩ **0.2** ***districtsbestuurder*** ⇒*gouverneur, provinciaal commissaris* ⟨in Latijns-Amerika⟩.

in·tend·ed [ɪn'tendɨd]⟨f1⟩⟨bn.⟩ **0.1** ***opzettelijk*** ⇒*voorgenomen* **0.2** ***toekomstig*** ⇒*aanstaand* ◆ **7.2** my ~ *mijn aanstaande.*

in·tend·ing [ɪn'tendɪŋ]⟨f1⟩⟨bn., attr.; oorspr. teg. deelw. v. intend⟩ **0.1** ***toekomstig*** ⇒*aanstaand, aankomend.*

in·tend·ment [ɪn'tendmənt]⟨telb.zn.⟩ **0.1** ***intentie*** ⇒*oogmerk, bedoeling, voornemen* **0.2** ***wettelijke betekenis.***

in·tense [ɪn'tens]⟨f3⟩⟨bn.; ook -er; -ly; -ness; →compar. 7⟩ **0.1** ***intens*** ⇒*sterk, zeer krachtig, intensief* **0.2** ***(zeer) gevoelig*** ⇒*emotioneel* ◆ **1.1** ~ attention *gespannen aandacht;* ~ light *sterk / hel licht;* ~ red *diep rood, intens rood* **1.2** an ~ boy *een zeer gevoelige jongen.*

in·ten·si·fi·ca·tion [ɪn'tensɪfɪ'keɪʃn]⟨telb. en n.-telb.zn.⟩ **0.1** ***intensivering*** ⇒*verhoging, versterking, verheviging, het krachtiger maken / worden* **0.2** ⟨foto.⟩ ***versterking.***

in·ten·si·fi·er [ɪn'tensɪfaɪə‖-ər]⟨f1⟩⟨telb.zn.⟩ **0.1** ***versterker*** ⟨ook foto⟩.

in·ten·si·fy [ɪn'tensɪfaɪ]⟨f2⟩⟨ww.; →ww. 7⟩
I ⟨onov.ww.⟩ **0.1** ***intens(er) worden*** ⇒*versterken, toenemen;*
II ⟨ov.ww.⟩ **0.1** ***verhevigen*** ⇒*versterken, intensiveren, verscherpen, krachtiger maken, verhogen* **0.2** ⟨foto.⟩ ***versterken.***

in·ten·sion [ɪn'tenʃn]⟨telb. en n.-telb.zn.⟩ **0.1** ***intensiteit*** ⇒*(mate van) hevigheid / kracht, diepte* **0.2** ***(in)gespannenheid*** **0.3** ⟨logica, taalk.⟩ ***intensie*** ⟨verzameling eigenschappen v. begrip⟩.

in·ten·sion·al [ɪn'tenʃnəl]⟨bn.; -ly⟩⟨logica, taalk.⟩ **0.1** ***intensioneel*** ⇒*mbt. intensie.*

in·ten·si·ty [ɪn'tensəṭi]⟨f3⟩⟨telb.en n.-telb.zn.; →mv. 2⟩ **0.1** ***intensiteit*** ⇒*sterkte, (mate van) hevigheid / kracht, diepte, diepe concentratie* **0.2** ⟨nat.⟩ ***intensiteit*** ◆ **1.1** ~ of current *stroomsterkte.*

in·ten·sive[1] [ɪn'tensɪv]⟨telb.zn.⟩⟨taalk.⟩ **0.1** ***versterkend woord.***

intensive[2] ⟨f2⟩⟨bn.; -ly; -ness⟩ **0.1** ***intensief*** ⇒*sterk, krachtig, hevig, vol* **0.2** ***intensief*** ⇒*(in)gespannen, grondig, diep(gaand)* **0.3** ⟨taalk.⟩ ***versterkend*** ◆ **1.2** ~ care *intensieve verpleging, intensive care.*

in·tent[1] [ɪn'tent]⟨f2⟩⟨n.-telb.zn.; mv. alleen in uitdr. onder 1./8⟩ **0.1** ***bedoeling*** ⇒*intentie, oogmerk, voornemen, opzet, plan* ◆ **1.¶** to all ~s and purposes *feitelijk, in (praktisch) alle opzichten, nagenoeg geheel* **2.1** ill ~ *kwade bedoeling;* malicious ~ *boze opzet* **6.1** **with** ~ to kill *met de opzet te doden.*

intent[2] ⟨f2⟩⟨bn.; -ly; -ness⟩ **0.1** ***(in)gespannen*** ⇒*geconcentreerd, opmerkzaam, aandachtig, verdiept* **0.2** ***vastbesloten*** ⇒*vastberaden* ◆ **1.1** ~ look *strakke blik* **6.2** be ~ **on / upon** revenge *zinnen / uit zijn op wraak.*

in·ten·tion [ɪn'tenʃn]⟨f3⟩⟨zn.⟩⟨→sprw. 596⟩
I ⟨telb. en n.-telb.zn.⟩ **0.1** ***bedoeling*** ⇒*oogmerk, voornemen, intentie, opzet* **0.2** ⟨fil.⟩ ***intentie*** **0.3** ⟨med.⟩ ***intentie*** ⇒*genezingsproces* ⟨v. wond⟩ **0.4** ⟨R.-K.⟩ ***intentie*** ⟨v. misviering⟩ ◆ **2.4** particular / special ~ *bijzondere / zekere intentie* **3.1** have no ~ of doing so / have no ~ to do so *geenszins van plan zijn dat te doen, er niet aan denken dat te doen* **6.1** **without** ~ *onopzettelijk* **7.2** first ~ *primaire conceptie;* second ~ *secundaire conceptie* **7.3** first ~ *eerste intentie* ⟨genezing zonder granulatie⟩; second ~ *tweede intentie* ⟨genezing d.m.v. granulatie⟩;
II ⟨mv.; ~s⟩⟨inf.⟩ **0.1** ***bedoelingen*** ◆ **2.1** does the man have honourable ~s? *heeft die man wel eerbare bedoelingen?.*

in·ten·tion·al [ɪn'tenʃnəl]⟨f1⟩⟨bn.; -ly⟩ **0.1** ***opzettelijk*** ⇒*expres, met voorbedachten rade, intentioneel, voorgenomen.*

in'tention tremor ⟨telb. en n.-telb.zn.⟩⟨med.⟩ **0.1** ***intentietremor.***

in·ter[1] [ɪn'tɜ:‖ɪn'tɜr]⟨f1⟩⟨ov.ww.; →ww. 7⟩⟨schr.⟩ **0.1** ***ter aarde bestellen*** ⇒*begraven.*

inter[2] ⟨afk.⟩ intermediate.

in·ter- ['ɪntə‖'ɪnṭər] **0.1** ***inter-*** ⇒*tussen, onder* **0.2** ***inter-*** ⇒*onder elkaar, onderling, wederzijds* ◆ **¶.1** international *internationaal* **¶.2** intermingle *zich vermengen.*

in·ter·act[1] ['ɪnṭə'rækt]⟨telb.zn.⟩ **0.1** ***entr'acte*** ⇒*(korte) pauze, tussentijd.*

interact[2] ⟨f1⟩⟨onov.ww.⟩ **0.1** ***op elkaar inwerken*** ⇒*met elkaar reageren, in wisselwerking staan.*

in·ter·ac·tant ['ɪnṭə'ræktənt]⟨telb.zn.⟩ **0.1** ***reactiebestanddeel*** ⇒*reactiecomponent, reactant.*

in·ter·ac·tion ['ɪnṭə'rækʃn]⟨f2⟩⟨telb. en n.-telb.zn.⟩ **0.1** ***wisselwerking*** ⇒*interactie, onderlinge beïnvloeding, reactie met / op elkaar.*

in·ter·ac·tive ['ɪnṭə'ræktɪv]⟨f1⟩⟨bn.⟩ **0.1** ***interactief*** ⇒*op elkaar inwerkend / reagerend* **0.2** ⟨com., comp.⟩ ***interactief.***

in·ter a·li·a ['ɪnṭə'reɪlɪə]⟨bw.⟩ **0.1** ***inter alia*** ⇒*onder andere (dingen).*

in·ter·al·lied ['ɪnṭər'ælaɪd]⟨bn.⟩ **0.1** ***intergeallieerd*** ⇒*tussen geallieerde partijen.*

in·ter·a·tom·ic ['ɪntərə'tɒmɪk‖'ɪnṭərə'tɑmɪk]⟨bn.⟩ **0.1** ***tussen atomen (gelegen / werkend).***

in·ter-'bank ⟨bn., attr.⟩ **0.1** ***interbancair*** ◆ **1.1** ~ rate of interest *interbancaire rentevoet.*

in·ter·bed[1] ['ɪntəbed‖'ɪnṭər-]⟨telb.zn.⟩ **0.1** ***tussenlaag*** ⇒*ingesloten laag.*

interbed[2] [-'bed]⟨ov.ww.; →ww. 7⟩ **0.1** ***in afwisselende lagen leggen*** ⇒*tussenlaag doen vormen, met andere lagen omgeven / omsluiten.*

in·ter·blend [-'blend]⟨ww.⟩
I ⟨onov.ww.⟩ **0.1** ***zich (ver)mengen;***
II ⟨ov.ww.⟩ **0.1** ***vermengen*** ⇒*mengen (met).*

in·ter·breed [-'bri:d]⟨ww.⟩
I ⟨onov.ww.⟩ **0.1** ***hybriden produceren*** ⇒*gekruist worden;*
II ⟨ov.ww.⟩ **0.1** ***(onderling) kruisen*** ⇒*bastaarden / hybriden kweken.*

in·ter·ca·lar·y [ɪn'tɜ:kəlri‖ɪn'tɜrkəleri]⟨bn.⟩ **0.1** ⟨schr.⟩ ***ingevoegd*** ⇒*ingelast, tussengevoegd* **0.2** ***schrikkel-*** ◆ **1.1** ⟨plantk.⟩ the ~ meristem *het intercalaire meristeem* **1.2** an ~ day *een schrikkeldag;* an ~ year *een schrikkeljaar.*

in·ter·ca·late [ɪn'tɜ:kəleɪt‖-'tɜr-]⟨ov.ww.⟩⟨schr.⟩ **0.1** ***invoegen*** ⇒*inlassen, tussenvoegen, interpoleren* **0.2** ***een tussenperiode toevoegen aan.***

in·ter·ca·la·tion [ɪn'tɜ:kə'leɪʃn‖-'tɜr-]⟨telb. en n.-telb.zn.⟩ **0.1** ***invoeging*** ⇒*inlassing, tussenvoegsel, interpolatie* **0.2** ***ingevoegde tijd.***

in·ter·cede ['ɪntəsi:d‖'ɪnṭər-]⟨f1⟩⟨onov.ww.⟩ **0.1** ***ten gunste spreken*** ⇒*een goed woordje doen,* ⟨iemands⟩ *voorspraak zijn* **0.2** ***bemiddelen*** ⇒*tussenbeide komen* ◆ **6.1** I'll ~ **with** the boss **for** you / **on** your behalf *ik zal een goed woordje voor je doen bij de baas.*

in·ter·cen·sal [-'sensl]⟨bn.⟩ **0.1** ***(van) tussen twee volkstellingen.***

in·ter·cept[1] [-sept]⟨telb.zn.⟩ **0.1** ⟨wisk.⟩ ***afgesneden stuk*** ⟨v.e. kromme⟩ **0.2** ⟨ook mil.⟩ ***interceptie.***

intercept[2] [-'sept]⟨f2⟩⟨ov.ww.⟩ **0.1** ***onderscheppen*** ⇒*opvangen, ondervangen, tegenhouden* **0.2** ***afsnijden*** **0.3** ***verhinderen*** ⇒*stoppen* **0.4** ⟨wisk.⟩ ***afsnijden*** ⇒*begrenzen.*

in·ter·cep·tion [-'sepʃn]⟨f1⟩⟨telb. en n.-telb.zn.⟩ **0.1** ***interceptie*** ⇒*onderschepping, opvanging, het tegenhouden* **0.2** ***afsnijding*** ⇒*versperring.*

in·ter·cep·tive [-'septɪv]⟨bn., attr.⟩ **0.1** ***onderscheppend*** ⇒*opvangend* **0.2** ***afsnijdend*** ⇒*versperrend.*

in·ter·cep·tor, in·ter·cep·ter [-'septə‖-ər]⟨telb.zn.⟩ **0.1** ***interceptor*** ⇒*onderschepper, ondervanger; onderscheppingsjager* ⟨vliegtuig⟩.

in·ter·ces·sion [-'seʃn]⟨f1⟩⟨telb. en n.-telb.zn.⟩ **0.1** ***intercessie*** ⇒*tussenkomst, bemiddeling, voorspraak* **0.2** ***voorbede.***

in·ter·ces·sion·al [-'seʃnəl]⟨bn., attr.⟩ **0.1** ***mbt. / v. een intercessie*** ⇒*mbt. / v. tussenkomst / voorspraak* **0.2** ***mbt. / v. een voorbede.***

in·ter·ces·sor [-'sesə‖-ər]⟨telb.zn.⟩ **0.1** ***bemiddelaar(ster)*** **0.2** ***verdediger / ster*** ⇒*voorspreker / spreekster* **0.3** ⟨R.-K.⟩ ***waarnemer v.e. bisdom.***

in·ter·ces·so·ry [-'sesəri]⟨telb.zn.⟩ **0.1** ***bemiddelend*** **0.2** ***mbt. / v. voorspraak*** **0.3** ***mbt. / v de / een voorbede.***

in·ter·change[1] [-tʃeɪndʒ]⟨f2⟩⟨zn.⟩
I ⟨telb.zn.⟩ **0.1** ***knooppunt*** ⟨v. snelwegen⟩ ⇒⟨B.⟩ *verkeerswisselaar* **0.2** ***overstapstation / halte;***
II ⟨telb. en n.-telb.zn.⟩ **0.1** ***uitwisseling*** ⇒*ruil(ing), verwisseling* **0.2** ***afwisseling*** **0.3** ⟨Austr. voetbal⟩ ***vervanging*** ⟨d.m.v. twee invallers⟩ ⇒*wissel* ◆ **1.1** a fruitful ~ of ideas *een vruchtbare uitwisseling van ideeën.*

interchange[2] [-'tʃeɪndʒ]⟨f1⟩⟨ww.⟩
I ⟨onov.ww.⟩ **0.1** ***van plaats ruilen / verwisselen*** **0.2** ***elkaar afwisselen / opvolgen;***
II ⟨ov.ww.⟩ **0.1** ***uitwisselen*** ⇒*ruilen* **0.2** ***(onderling) verwisselen*** **0.3** ***afwisselen*** ◆ **1.1** the guests and the host ~d gifts *gasten en gastheer wisselden geschenken uit.*

in·ter·change·a·bil·i·ty [-tʃeɪndʒə'bɪləṭi]⟨n.-telb.zn.⟩ **0.1** ***uitwisselbaarheid*** **0.2** ***verwisselbaarheid.***

in·ter·change·a·ble [-'tʃeɪndʒəbl]⟨f1⟩⟨bn.; -ly; -ness; →bijw. 3⟩ **0.1** ***uitwisselbaar*** ⇒*ruilbaar* **0.2** ***(onderling) verwisselbaar.***

'interchange station ⟨telb.zn.⟩ **0.1** ***overstapstation / halte.***

in·ter·cit·y [-'sɪṭi]⟨f1⟩⟨bn., attr.⟩ **0.1** ***interlokaal*** ⇒*intercity.*

in·ter·col·le·giate [-kə'li:dʒət]⟨f1⟩⟨bn.⟩ **0.1** ***tussen 'colleges'*** ◆ **1.1** ~ games *collegewedstrijden.*

in·ter·co·lo·ni·al [-kə'loʊnɪəl]⟨bn.⟩ **0.1** ***interkoloniaal*** ⇒*tussen koloniën.*

in·ter·co·lum·nal [-kə'lʌmnəl], **in·ter·co·lum·nar** [-kə'lʌmnə‖-ər]⟨bn.⟩ **0.1** ***tussen kolommen geplaatst*** ⇒*tussen pilaren staand.*

in·ter·co·lum·ni·a·tion [-kə'lʌmni'eɪʃn]⟨zn.⟩
I ⟨telb. en n.-telb.zn.⟩ **0.1** ***intercolumnium*** ⇒*ruimte tussen twee pilaren;*
II ⟨n.-telb.zn.⟩ **0.1** ***het plaatsen van pilaren op een vaste onderlinge afstand.***

in·ter·com [-kɒm‖-kɑm]⟨f1⟩⟨n.-telb.zn.; the⟩ **0.1** ***intercom.***

in·ter·com·mu·ni·cate [-kə'mju:nɪkeɪt]⟨onov.ww.⟩ **0.1** ***onderling contact hebben / (onder)houden*** ⇒*communiceren* **0.2** ***met elkaar verbonden zijn*** ⟨v. kamers enz.⟩ ⇒*met elkaar in verbinding staan.*

in·ter·com·mu·ni·ca·tion [-kəmju:nɪ'keɪʃn]⟨telb. en n.-telb.zn.⟩ **0.1** ***onderling contact.***

intercommuni'cation system ⟨telb. en n.-telb.zn.⟩ **0.1** ***intercomsysteem.***

in·ter·com·mu·nion [-kə'mju:nɪən]⟨n.-telb.zn.⟩ **0.1** ***intercommunie*** *⇒interkerkelijke communie* **0.2** ***wederzijdse/onderlinge omgang*** *⇒verkeer.*

in·ter·com·mu·ni·ty [-kə'mju:nəṭi]⟨n.-telb.zn.⟩ **0.1** ***gemeenschappelijkheid.***

in·ter·con·nect [-kə'nekt]⟨ww.⟩
I ⟨onov.ww.⟩ **0.1** ***onderling verbonden zijn*** *⇒aan elkaar vastzitten;*
II ⟨ov.ww.⟩ **0.1** ***(onderling) verbinden*** *⇒aan elkaar vastmaken/koppelen.*

in·ter·con·nec·tion [-kə'nekʃn]⟨telb. en n.-telb.zn.⟩ **0.1** ***(onderlinge) verbinding.***

in·ter·con·ti·nen·tal [-kɒntɪ'nentl||-kɑntn'enṭl]⟨f1⟩⟨bn.⟩ **0.1** ***intercontinentaal*** ◆ **2.1** ~ ballistic missile *intercontinentale raket, lange-afstandraket.*

in·ter·con·vert·i·ble [-kən'vɜ:təbl||-'vɜrṭəbl]⟨bn.;-ly;→bijw.3⟩ **0.1** ***onderling verwisselbaar.***

in·ter·cos·tal [-'kɒstl||-'kɑstl]⟨bn.;-ly⟩ **0.1** ⟨med.⟩ ***intercostaal*** *⇒tussenribs-* **0.2** ***tussen de nerven gelegen*** ⟨v. blad⟩ **0.3** ⟨scheep.⟩ ***tussen de kromhouten/krommers.***

in·ter·course [-kɔ:s||-kɔrs]⟨f2⟩⟨n.-telb.zn.⟩ **0.1** ***omgang*** *⇒sociaal verkeer, handelsverkeer, gemeenschap, betrekking(en)* **0.2** ***(geslachts)gemeenschap*** *⇒coïtus* ◆ **2.1** commercial ~ between two countries *de handelsbetrekkingen tussen twee landen* **2.2** sexual ~ *geslachtsgemeenschap, geslachtelijke omgang.*

in·ter·crop[1] [-krɒp||-krɑp]⟨telb.zn.⟩ **0.1** ***tussenbouw*** *⇒tussencultuur.*

intercrop[2] [-'krɒp||-'krɑp]⟨ww.;→ww.7⟩
I ⟨onov.ww.⟩ **0.1** ***tussenbouw beoefenen;***
II ⟨ov.ww.⟩ **0.1** ***in tussenbouw kweken.***

in·ter·cross [-'krɒs||-'krɔs]⟨ww.⟩
I ⟨onov.ww.⟩ **0.1** ***kruiselings over elkaar liggen;***
II ⟨ov.ww.⟩ **0.1** ***kruiselings over elkaar leggen*** **0.2** ⟨biol.⟩ ***kruisen.***

in·ter·cur·rent [-'kʌrənt||-'kɜrənt]⟨bn.⟩ **0.1** ***tussenkomend*** *⇒ondertussen plaatsvindend, intercurrent* **0.2** ***bijkomend*** ⟨v. ziekte⟩ *⇒intercurrent* **0.3** ***onregelmatig*** ⟨v. pols⟩ *⇒intercurrent.*

in·ter·cut [-'kʌt]⟨ov.ww.⟩⟨film⟩ **0.1** ***door elkaar monteren*** *⇒intercutten* ⟨verschillende shots v. één onderwerp combineren⟩.

in·ter·de·nom·i·na·tion·al [-dɪnɒmɪ'neɪʃnəl||-dɪnɑ-]⟨bn.⟩ **0.1** ***interkerkelijk*** *⇒interconfessioneel.*

in·ter·de·part·men·tal [-di:pɑ:t'mentl||-di:pɑrt'menṭl]⟨f1⟩⟨bn.⟩ **0.1** ***interdepartementaal.***

in·ter·de·pend [-dɪ'pend]⟨onov.ww.⟩ **0.1** ***onderling afhankelijk zijn*** *⇒van elkaar afhankelijk zijn.*

in·ter·de·pend·ence [-dɪ'pendəns], **-en·cy** [-ənsi]⟨f1⟩⟨n.-telb.zn.⟩ **0.1** ***onderlinge afhankelijkheid*** *⇒afhankelijkheid v. elkaar.*

in·ter·de·pend·ent [-dɪ'pendənt]⟨f1⟩⟨bn.;-ly⟩ **0.1** ***onderling afhankelijk*** *⇒afhankelijk v. elkaar.*

in·ter·dict[1] [-dɪkt]⟨telb.zn.⟩ **0.1** ***interdict*** *⇒(rechterlijk) verbod* **0.2** ⟨R.-K.⟩ ***interdict*** *⇒schorsing* ◆ **6.2** lay a town **under** an ~ *een interdict opleggen aan/uitspreken over een stad.*

interdict[2] [-'dɪkt]⟨ov.ww.⟩ **0.1** ***verbieden*** *⇒een verbod uitvaardigen over* **0.2** ***uitsluiten van*** *⇒beletten, weerhouden, ontzeggen* **0.3** ⟨mil.⟩ ***vernietigen*** ⟨vijandelijke aanvoerlijnen⟩ **0.4** ⟨R.-K.⟩ ***een interdict uitspreken over*** *⇒schorsen* ◆ **6.2** ~ s.o. **from** doing sth. *iem. beletten iets te doen.*

in·ter·dic·tion [-'dɪkʃn]⟨telb. en n.-telb.zn.⟩ **0.1** ***verbod*** *⇒gerechtelijk verbod, interdictie, taboe* **0.2** ***uitsluiting*** *⇒het beletten* **0.3** ⟨mil.⟩ ***vernietiging.***

inter'diction force ⟨telb.zn.⟩ **0.1** ***blokkademacht.***

in·ter·dic·to·ry [-'dɪktəri]⟨bn., attr.⟩ **0.1** ***mbt./v.e. verbod*** *⇒verbods-* **0.2** ***verbiedend*** *⇒belettend* **0.3** ⟨mil.⟩ ***vernietigend*** ⟨voor vijandelijke aanvoerlijnen⟩.

in·ter·dig·i·tal [-'dɪdʒɪtl]⟨bn.⟩ **0.1** ***tussen de tenen/vingers*** *⇒interdigitaal.*

in·ter·dig·i·tate [-'dɪdʒɪteɪt]⟨onov.ww.⟩ **0.1** ***in elkaar grijpen*** *⇒vervlochten/verstrengeld zijn.*

in·ter·dis·ci·pli·nar·y [-dɪsɪ'plɪnəri||-'dɪsəplɪneri]⟨f1⟩⟨bn.⟩ **0.1** ***interdisciplinair.***

in·ter·est[1] ['ɪntrɪst]⟨f4⟩⟨zn.⟩
I ⟨telb.zn.⟩ **0.1** ***interesse*** *⇒(voorwerp v.) belangstelling* **0.2** ⟨vaak mv.⟩ ***(eigen)belang*** *⇒interesse, voordeel* **0.3** ***belang*** *⇒aandeel, recht* ⟨op winst uit een onderneming⟩ **0.4** ⟨vaak mv.⟩ ***(groep v.) belanghebbenden*** *⇒belangengroepen* ◆ **3.2** controlling ~ *meerderheidsbelang;* have a vested ~ in a brewery *een gevestigd belang hebben in een brouwerij;* look after one's own ~s *z'n eigen belangen behartigen* **3.4** the bottling ~ *de bottelaars;* (the) landed ~(s) *de grondbezitters, de landeigenaars* **6.2** it's **in** the ~ **of** the whole community *het is in het belang v.d. hele gemeenschap;* it is **to** his ~ to leave *het is in zijn eigen belang dat hij weggaat* **6.3** they have ~s **in** several companies *ze hebben belangen in verschillende bedrijven* **7.1** his only ~ is painting *hij is alleen geïnteresseerd in schilderen;*
II ⟨telb. en n.-telb.zn.⟩ **0.1** ***belangstelling*** *⇒interesse, nieuwsgierigheid* ◆ **3.1** declare (an/one's) ~ in *(z'n) belangstelling uitspreken voor;* lose ~ *z'n belangstelling verliezen;* show an ~ in *belangstelling hebben voor;* take much/a great ~ in *zich sterk interesseren voor* **7.1** have no ~ in politics *niet geïnteresseerd zijn in politiek;*
III ⟨n.-telb.zn.⟩ **0.1** ***rente*** ⟨ook fig.⟩ *⇒interest* **0.2** ***het interessant zijn*** *⇒belangrijkheid, aardigheid, aantrekkelijkheid* **0.3** ***invloed*** *⇒macht* ◆ **1.1** ⟨geldw.⟩ the rate of ~/the ~ rate *de rentevoet* **1.2** a matter of great ~ *een zaak v. groot gewicht/belang* **2.1** compound ~ *samengestelde interest* **3.3** can't you use your ~ with the manager? *kun je je invloed bij de baas niet aanwenden?* **6.1** lend money **at** 7% ~ *geld lenen tegen 7% rente;* I'll return his insults **with** ~ *ik zal hem zijn beledigingen dubbel en dwars betaald zetten;* **ex** ~ *zonder rente/interest* **7.2** for many people there's no ~ in religious broadcasts *veel mensen vinden godsdienstige uitzendingen niet interessant.*

interest[2] ⟨f3⟩⟨ov.ww.⟩ →interested, interesting **0.1** ***interesseren*** *⇒belangstelling inboezemen/wekken* **0.2** ***interesseren*** *⇒betrekken, een belang doen hebben* ◆ **6.1** a good teacher will ~ his pupils **in** his subject *een goede leraar zal bij zijn leerlingen interesse voor zijn vak kweken* **6.2** she is ~ed **in** a small firm *ze heeft een belang in een kleine firma.*

in·ter·est·ed ['ɪntrɪstɪd||'ɪnṭərestɪd]⟨f3⟩⟨bn.;-ly: -ness; volt. deelw. v. interest⟩ **0.1** ***belangstellend*** *⇒geïnteresseerd, vol interesse* **0.2** ***belanghebbend*** *⇒betrokken, geïnteresseerd* ◆ **1.2** ~ motives *zelfzuchtige motieven;* the ~ party *de betrokken/belanghebbende partij* **3.1** I'd be ~ to know your motives *ik zou graag je motieven willen weten.*

'in·ter·est-'free ⟨bn.⟩ **0.1** ***renteloos*** ◆ **1.1** an ~ loan *een renteloze lening.*

'interest group ⟨verz.n.⟩ **0.1** ***belangengroep.***

in·ter·est·ing ['ɪntrɪstɪŋ||'ɪnṭərestɪŋ]⟨f4⟩⟨bn.;-ly; oorspr. teg. deelw. v. interest⟩ **0.1** ***interessant*** *⇒belangwekkend, aantrekkelijk.*

'interest rate ⟨f1⟩⟨telb.zn.⟩ **0.1** ***rentevoet.***

'in·ter·est-rid·den ⟨bn.⟩ **0.1** ***beheerst door eigenbelang.***

in·ter·face[1] ['ɪntəfeɪs||'ɪnṭər-]⟨f1⟩⟨telb.zn.⟩ **0.1** ***raakvlak*** ⟨ook fig.⟩ *⇒grensvlak, scheidingsvlak* **0.2** ⟨comp.⟩ ***interface*** ⟨verbinding tussen (verschillende computer)systemen⟩.

interface[2] ⟨ww.⟩
I ⟨onov.ww.⟩ **0.1** ***samenwerken*** *⇒een samenwerkingsverband aangaan* ◆ **6.1** ~ **with** *samenwerken met, zich koppelen aan;*
II ⟨ov.ww.⟩ **0.1** ***koppelen.***

in·ter·fa·cial [-'feɪʃl]⟨bn.⟩ **0.1** ***tussen twee raakvlakken (gelegen)*** ◆ **1.1** ~ tension *grensvlakspanning.*

in·ter·fac·ing [-feɪsɪŋ]⟨n.-telb.zn.⟩ **0.1** ***vlieseline*** ⟨versteviging in kleding⟩.

in·ter·fac·ul·ty [-'fæklti]⟨bn., attr.⟩ **0.1** ***interfacultair.***

in·ter·fere [ɪntə'fɪə||ɪnṭər'fɪr]⟨f3⟩⟨onov.ww.⟩ **0.1** ***hinderen*** *⇒in de weg staan, belemmeren, (ver)storen, in botsing komen, tussenbeide komen* **0.2** ⟨nat.⟩ ***interfereren*** **0.3** ***(zich) strijken*** ⟨v. paarden⟩ **0.4** ⟨honkbal, ijshockey⟩ ***obstructie plegen*** ◆ **1.1** she's an interfering old bitch *ze is een bemoeiziek oud wijf* **6.1** ~ **in** *zich mengen in;* he shouldn't ~ **in** other people's business *hij moet zijn neus niet in andermans zaken steken;* ~ **with** *zich mengen in, zich bemoeien met, zich inlaten met* **6.¶** →interfere **with** **¶.1** don't ~ *bemoei je er niet mee.*

in·ter·fer·ence [ɪntə'fɪərəns||ɪnṭər'fɪrəns]⟨f2⟩⟨n.-telb.zn.⟩ **0.1** ***hinder(ing)*** *⇒belemmering, (ver)storing, last, stoornis* **0.2** ***inmenging*** *⇒tussenkomst, bemoeiing, interventie* **0.3** ⟨nat.⟩ ***interferentie*** **0.4** ***storing*** *⇒radiostoring* **0.5** ⟨honkbal, ijshockey⟩ ***obstructie.***

in·ter·fer·en·tial [ɪntəfə'renʃl||ɪnṭər-]⟨bn.⟩ **0.1** ***mbt./v. interferentie*** *⇒afhankelijk v. interferentie.*

in·ter·fer·er [ɪntə'fɪərə||ɪnṭə'fɪrər]⟨telb.zn.⟩ **0.1** ***bemoeial.***

inter'fere with ⟨onov.ww.⟩ **0.1** ***aankomen*** *⇒aanzitten, knoeien met* **0.2** ***zich bemoeien met*** *⇒zich mengen in* **0.3** ⟨euf.⟩ ***aanranden*** *⇒zich vergrijpen aan* ◆ **1.1** don't ~ that bike *blijf met je handen van die fiets af.*

in·ter·fe·rom·e·ter [ɪntəfə'rɒmɪtə||ɪnṭərfə'rɑmɪṭər]⟨telb.zn.⟩ ⟨tech.⟩ **0.1** ***interferometer*** ⟨voor kleine verschillen in golflengte⟩.

in·ter·fer·o·met·ric [-fɪərə'metrɪk||-fɪrə-]⟨bn.;-ally;→bijw.3⟩ ⟨tech.⟩ **0.1** ***d.m.v. een interferometer.***

in·ter·fer·on [-'fɪərɒn||-'fɪrɑn]⟨n.-telb.zn.⟩⟨med.⟩ **0.1** ***interferon.***

in·ter·fi·bril·lar [-'faɪbrɪlə||-ər]⟨bn.⟩ **0.1** ***tussen de vezels*** *⇒interfibrillair.*

in·ter·flow[1] [-floʊ]⟨telb.zn.⟩ **0.1** ***samenvloeiing*** *⇒vermenging.*

interflow[2] [-'floʊ]⟨onov.ww.⟩ **0.1** ***samenvloeien*** *⇒zich vermengen.*

in·ter·flu·ent [-'fluənt]⟨bn.⟩ **0.1** ***ineenvloeiend*** *⇒samenstromend.*

in·ter·fuse [-'fju:z]⟨ww.⟩
I ⟨onov. en ov.ww.⟩ **0.1** ***ineensmelten*** *⇒(zich) vermengen, (zich in elkaar) oplossen, mixen;*
II ⟨ov.ww.⟩ **0.1** ***doordringen*** *⇒doorspekken, larderen* ◆ **1.1** his sense of humour ~s his novels *zijn romans zijn doortrokken van zijn gevoel voor humor.*

in·ter·fu·sion [-'fju:ʒn]⟨n.-telb.zn.⟩ **0.1** ***ineensmelting*** *⇒vermenging, het mixen* **0.2** ***het doordringen*** *⇒het doorspekken, het larderen.*

in·ter·ga·lac·tic [-gə'læktɪk]⟨bn.⟩⟨ster.⟩ **0.1** ***intergalactisch*** *⇒tussen melkwegstelsels.*

in·ter·gla·cial [-'gleɪʃl]⟨bn.⟩ **0.1** ***interglaciaal*** *⇒tussen twee ijstijden.*

in·ter·gov·ern·men·tal [-gʌvn'mentl‖gʌvərn'men̦tl]⟨f1⟩⟨bn.;-ly⟩ **0.1** ***intergouvernementeel*** *⇒tussen regeringen.*

in·ter·gra·da·tion [-grə'deɪʃn]⟨telb. en n.-telb.zn.⟩ **0.1** ***graduele overgang.***

in·ter·grade[1] [-greɪd]⟨telb.zn.⟩ **0.1** ***overgangsvorm*** *⇒tussenstadium.*

intergrade[2] [-'greɪd]⟨onov.ww.⟩ **0.1** ***gradueel overgaan in een andere vorm*** *⇒evolueren.*

in·ter·growth [-groʊθ]⟨telb. en n.-telb.zn.⟩ **0.1** ***samengroeiing*** *⇒vergroeiing.*

in·ter·im[1] ['ɪn̦tərɪm]⟨f2⟩⟨telb.zn.⟩ **0.1** ***interim*** *⇒tussentijd* **0.2** ⟨I-⟩ ⟨gesch.⟩ ***Interim*** ⟨tot tijdelijke bijlegging v. godsdiensttwisten, 16e eeuw⟩ ◆ **6.1** in the ~ *intussen, ondertussen.*

interim[2] ⟨f2⟩⟨bn., attr.⟩ **0.1** ***tijdelijk*** *⇒voorlopig, tussentijds, ad interim, waarnemend* ◆ **1.1** ~ dividend *interimdividend, tussentijds dividend;* an ~ report *een tussentijds rapport.*

interim[3] ⟨bw.⟩⟨vero.⟩ **0.1** ***intussen.***

'interim agreement ⟨telb.zn.⟩ **0.1** ***interimakkoord.***

in·te·ri·or[1] [ɪn'tɪərɪə‖ɪn'tɪrɪər]⟨f2⟩⟨telb.zn.⟩ **0.1** ***binnenste*** *⇒inwendige, binnenkant* **0.2** ***interieur*** ⟨ook afbeelding⟩ *⇒binnenhuisje* **0.3** ***innerlijk*** *⇒ziel* **0.4** ***binnenland(en)*** **0.5** ***binnenlandse zaken*** ◆ **1.5** ⟨AE⟩ Department of the Interior *Ministerie v. Binnenlandse Zaken;* ⟨AE⟩ Minister of the Interior *Minister v. Binnenlandse Zaken.*

interior[2] ⟨f2⟩⟨bn.;-ly⟩ **0.1** ***inwendig*** *⇒binnenst, binnen-* **0.2** ***binnenshuis*** *⇒interieur-* **0.3** ***innerlijk*** **0.4** ***binnenlands*** ◆ **1.1** ~ angle *binnenhoek* **1.3** ~ monologue *monologue intérieur.*

in'terior deco'ration ⟨f1⟩⟨n.-telb.zn.⟩ **0.1** ***binnenhuisarchitectuur.***

in'terior 'decorator, in'terior de'signer ⟨f1⟩⟨telb.zn.⟩ **0.1** ***binnenhuisarchitect(e)*** *⇒interieurontwerper/ontwerpster.*

in·te·ri·or·ize [ɪn'tɪərɪəraɪz‖-'tɪr-]⟨ov.ww.⟩ **0.1** ***zich eigen maken.***

in'te·ri·or-'sprung ⟨bn.⟩ **0.1** ***met binnenvering*** *⇒binnenverings-.*

in·ter·ja·cent ['ɪntə'dʒeɪsnt‖'ɪn̦tər-]⟨bn.⟩ **0.1** ***tussenliggend*** *⇒ertussen gelegen.*

in·ter·ject [-'dʒekt]⟨f1⟩⟨ww.⟩
I ⟨onov.ww.⟩ **0.1** ***zich ertussen werpen*** *⇒tussenbeide komen;*
II ⟨ov.ww.⟩ **0.1** ***ertussen werpen*** *⇒in het midden brengen, opmerken.*

in·ter·jec·tion [-'dʒekʃn]⟨f1⟩⟨zn.⟩
I ⟨telb.zn.⟩ **0.1** ***tussenwerpsel*** *⇒interjectie, tussengeplaatste opmerking* **0.2** ***uitroep*** *⇒exclamatie, kreet;*
II ⟨n.-telb.zn.⟩ **0.1** ***het ertussen werpen.***

in·ter·jec·tion·al ['ɪntə'dʒekʃnəl‖'ɪn̦tər-], **in·ter·jec·tion·ar·y** [-'dʒekʃənri‖-'dʒekʃəneri], **in·ter·jec·to·ry** [-'dʒektri]⟨bn.; interjectionally, interjectorily;→bijw. 3⟩ **0.1** ***tussengeworpen*** *⇒ingevoegd, tussen haakjes, mbt./van een tussenwerpsel* **0.2** ***uitgeroepen*** *⇒uitgekreten.*

in·ter·knit [-'nɪt]⟨ov.ww.⟩ **0.1** ***ineenstrengelen*** *⇒onderling verbinden.*

in·ter·lace [-'leɪs]⟨ww.⟩
I ⟨onov.ww.⟩ **0.1** ***zich dooreenvlechten*** *⇒elkaar doorkruisen* ◆ **1.1** interlacing arches *vlechtbogen;*
II ⟨ov.ww.⟩ **0.1** ***dooreenvlechten*** *⇒met elkaar verweven, ineenstrengelen* **0.2** ⟨vaak fig.⟩ ***doorweven*** *⇒doorspekken, larderen* ⟨verhaal, e.d.⟩ **0.3** ***(ver)mengen.***

in·ter·lace·ment [-'leɪsmənt]⟨telb. en n.-telb.zn.⟩ **0.1** ***verstrengeling*** *⇒het dooreenvlechten, ineengestrengeld patroon.*

in·ter·lap [-'læp]⟨onov.ww.⟩ **0.1** ***overlappen.***

in·ter·lard [-'lɑ:d‖-'lɑrd]⟨ov.ww.⟩⟨schr., scherts.⟩ **0.1** ***larderen*** *⇒doorspekken, doormengen, rijkelijk voorzien.*

in·ter·leaf[1] [-li:f]⟨telb.zn.⟩ **0.1** ***tussengeschoten blad*** ⟨blanco; in boek⟩.

interleaf[2] [-'li:f], **in·ter·leave** [-'li:v]⟨ov.ww.⟩ **0.1** ***doorschieten*** ◆ **6.1** a book interleaved **with** white pages *een met wit doorschoten boek.*

in·ter·line[1] [-laɪn]⟨f1⟩⟨telb.zn.⟩⟨druk.⟩ **0.1** ***tussenlijn*** *⇒interlinie.*

interline[2] [-'laɪn], **in·ter·lin·e·ate** [-'lɪnieɪt]⟨f1⟩⟨ov.ww.⟩ **0.1** ⟨druk.⟩ ***tussen de regels schrijven/invoegen*** *⇒interlineair aanbrengen* **0.2** ⟨druk.⟩ ***wit tussenvoegen in*** *⇒interlinie aanbrengen in* **0.3** ***voorzien v. e. tussenvoering*** ⟨kledingstuk⟩ ◆ **6.1** the article was ~d **with** corrections *het artikel stond vol correcties.*

in·ter·lin·e·ar [-'lɪnɪə‖-'lɪnɪər]⟨bn.;-ly⟩ **0.1** ***interlineair*** *⇒tussen de regels (geschreven).*

in·ter·lin·e·a·tion [-lɪni'eɪʃn]⟨telb. en n.-telb.zn.⟩ **0.1** ***tussenvoeging*** ⟨tussen regels v. tekst⟩ *⇒interlineaire aanbrenging.*

in·ter·lin·ing [-laɪnɪŋ]⟨telb. en n.-telb.zn.⟩ **0.1** ***tussenvoering*** ⟨stof⟩ **0.2** ***tussenvoeging*** ⟨tussen regels v. tekst⟩.

in·ter·link [-'lɪŋk]⟨ov.ww.⟩ **0.1** ***onderling verbinden*** *⇒(zich) aan elkaar vastmaken* ◆ **6.1** his fate was ~ed **with** his country's *zijn lot was met dat van zijn land verbonden.*

in·ter·lo·bu·lar [-'lɒbjʊlə‖-'lɑbjələr]⟨bn.⟩ **0.1** ***tussen de kwabben (gelegen).***

in·ter·lock[1] [-lɒk‖-lɑk]⟨f1⟩⟨telb. en n.-telb.zn.⟩ **0.1** ***interlock*** ⟨type breigoed; stuk ondergoed⟩.

interlock[2] [-'lɒk‖-'lɑk]⟨f1⟩⟨ww.⟩
I ⟨onov.ww.⟩ **0.1** ***in elkaar grijpen*** *⇒nauw met elkaar verbonden zijn* ◆ **1.1** ~ing hands *samengevouwen handen;* these problems ~ *deze problemen hangen nauw met elkaar samen;*
II ⟨ov.ww.⟩ **0.1** ⟨vaak pass.⟩ ***met elkaar verbinden*** *⇒aaneenkoppelen, in elkaar doen grijpen* **0.2** ***(ver)grendelen*** ⟨v. elektrische schakelingen enz.⟩.

in·ter·lo·cu·tion [-lə'kju:ʃn]⟨telb.zn.⟩ **0.1** ***conversatie*** *⇒gesprek* **0.2** ***interruptie*** *⇒interpolatie.*

in·ter·loc·u·tor [-'lɒkjʊtə‖-'lɑkjət̬ər]⟨telb.zn.⟩ **0.1** ***gesprekspartner*** *⇒gespreksgenoot, deelnemer aan conversatie/discussie* **0.2** ⟨dram.⟩ ***compère*** ⟨presentator in black minstrelshow⟩.

in·ter·loc·u·to·ry [-'lɒkjʊtri‖-'lɑkjətɔri]⟨bn.⟩ **0.1** ***gespreks-*** *⇒conversatie, in gespreksvorm* **0.2** ***interlocutor-*** *⇒voorlopig, tussengeworpen* ◆ **1.2** ⟨jur.⟩ ~ decree *interlocutoir vonnis, tussenvonnis.*

in·ter·loc·u·tress [-'lɒkjʊtrɪs‖-'lɑkjə-], **in·ter·loc·u·trix** [-trɪks] ⟨telb.zn.; ook interlocutrices [-traɪsi:z];→mv. 5⟩ **0.1** ***(vrouwelijke) gesprekspartner*** *⇒gespreksgenote, deelneemster aan conversatie/discussie.*

in·ter·lope [-'loʊp]⟨onov.ww.⟩ **0.1** ***beunhazen*** *⇒schnabbelen, onder de markt werken* **0.2** ***zich indringen*** *⇒onderkruipen.*

in·ter·lo·per [-loʊpə‖-ər]⟨f1⟩⟨telb.zn.⟩ **0.1** ***beunhaas*** *⇒scharrelaar, zwartwerker* **0.2** ***indringer*** *⇒onderkruiper.*

in·ter·lude [-lu:d]⟨f2⟩⟨telb.zn.⟩ **0.1** ***onderbreking*** *⇒pauze, rust, entr'acte, interval* **0.2** ***tussenstuk*** *⇒tussenspel,* ⟨muz.⟩ *interludium,* ⟨muz.⟩ *intermezzo* **0.3** ***intermezzo*** *⇒grappig incident.*

in·ter·mar·riage [-'mærɪdʒ]⟨f1⟩⟨n.-telb.zn.⟩ **0.1** ***gemengd huwelijk*** ⟨het trouwen v. leden v. verschillende groepen, families e.d.⟩ **0.2** ***endogamie*** ⟨het trouwen v. leden v.e. bepaalde groep onderling⟩.

in·ter·mar·ry [-'mæri]⟨f1⟩⟨onov.ww.;→ww. 7⟩ **0.1** ***een gemengd huwelijk aangaan*** *⇒trouwen met iem. uit een andere groep/familie e.d.* **0.2** ***onder elkaar trouwen*** *⇒met elkaar verbonden worden/zijn door huwelijk* **0.3** ***onderling trouwen*** *⇒binnen de eigen familie/groep trouwen* ◆ **6.3** in some cultures it is allowed to ~ **with** one's sister *in sommige culturen is het geoorloofd met zijn eigen zuster te trouwen.*

in·ter·med·dle [-'medl]⟨onov.ww.⟩ **0.1** ***zich (ermee) bemoeien*** *⇒zich (erin) mengen* ◆ **6.1** I won't have you intermeddling **with /in** my affairs *ik wil niet dat je je neus in mijn zaken steekt.*

in·ter·me·dia [-'mi:dɪə]⟨n.-telb.zn.⟩⟨kunst⟩ **0.1** ***multimedia project (en).***

in·ter·me·di·ar·y[1] [-'mi:dɪəri‖-'mi:dieri]⟨f1⟩⟨telb.zn.;→mv. 2⟩ **0.1** ***tussenpersoon*** *⇒bemiddelaar, contactpersoon* **0.2** ***intermedium*** *⇒bemiddeling, tussenschakel* **0.3** ***tussenstadium*** *⇒tussenliggende fase, overgang(svorm)* ◆ **6.1** act as an ~ **between** two governments *tussen twee regeringen bemiddelen.*

intermediary[2] ⟨f1⟩⟨bn.⟩ **0.1** ***tussenliggend*** *⇒intermediair* **0.2** ***bemiddelend*** *⇒optredend als tussen/contactpersoon.*

in·ter·me·di·ate[1] [-'mi:dɪət]⟨f1⟩⟨telb.zn.⟩ **0.1** ***tussenliggend iets*** **0.2** ***tussenpersoon*** *⇒bemiddelaar, contactpersoon* **0.3** ⟨AE⟩ ***middenklasse auto*** *⇒middenklasser* **0.4** ***tussenproduct*** *⇒halffabrikaat.*

intermediate[2] ⟨f2⟩⟨bn.;-ness⟩ **0.1** ***tussenliggend*** *⇒tussengelegen, tussentijds, midden-, tussen-* ◆ **1.1** ~ course *aanvullende cursus;* ~ frequency *middengolf, middenfrequentie;* ⟨ec.⟩ ~ goods *onafgewerkte goederen, produktiegoederen* ⟨machines en grondstoffen⟩ **2.1** ~-range ballistic missile *middellange-afstands raket.*

intermediate[3] [-'mi:dieɪt]⟨onov.ww.⟩ **0.1** ***bemiddelen*** *⇒als tussen/contactpersoon/bemiddelaar optreden.*

in·ter·me·di·ate·ly [-'mi:dɪətli]⟨bw.⟩ **0.1** ***ertussenin*** *⇒in de tussentijd, ertussendoor* **0.2** ***middelmatig*** ◆ **2.2** it was ~ cold *het was tamelijk koud.*

in·ter'me·di·ate-range ⟨f1⟩⟨bn., attr.⟩ **0.1** ***middellange afstands-*** ◆ **1.1** ~ missile *middellange afstandsraket.*

in·ter·me·di·a·tion [-mi:di'eɪʃn]⟨n.-telb.zn.⟩ **0.1** ***bemiddeling*** ⇒*tussenkomst*.
in·ter·me·di·a·tor [-'mi:dieɪtə‖-eɪţər]⟨telb.zn.⟩ **0.1** ***bemiddelaar*** ⇒*tussen/contactpersoon*.
in·ter·me·di·um [-'mi:dɪəm]⟨telb.zn.; ook intermedia [-ɪə];→mv. 5⟩ **0.1** ***middenstof*** ⇒*medium*.
in·ter·ment [ɪn'tɜ:mənt‖ɪn'tɜr-]⟨f1⟩⟨telb. en n.-telb.zn.⟩ **0.1** ***teraardebestelling*** ⇒*begrafenis*.
in·ter·mesh ['ɪntəmeʃ‖'ɪnţər-]⟨onov.ww.⟩ **0.1** ***op elkaar ingespeeld raken***.
in·ter·mez·zo [-'metsoʊ]⟨f1⟩⟨telb.zn.; ook intermezzi [-si:];→mv. 5⟩ **0.1** ***intermezzo*** ⇒*tussenspel, tussenstuk, entr'acte*.
in·ter·mi·gra·tion [-maɪ'greɪʃn]⟨telb. en n.-telb.zn.⟩ **0.1** ***wederzijdse migratie***.
in·ter·mi·na·ble [ɪn'tɜ:mɪnəbl‖ɪn'tɜr-]⟨f2⟩⟨bn.; -ly; -ness;→bijw. 3⟩ **0.1** ***oneindig (lang)*** ⇒*eindeloos, waar geen eind aan komt*.
in·ter·min·gle ['ɪntə'mɪŋgl‖'ɪnţər-]⟨f1⟩⟨ww.⟩
I ⟨onov.ww.⟩ **0.1** ***zich (ver)mengen*** ⇒*(vrijelijk) met elkaar omgaan* ◆ **6.1** oil doesn't ~ **with** water *olie vermengt zich niet met water;* plain-clothes policemen ~d **with** the demonstrators *politie in burger mengde zich onder de manifestanten;*
II ⟨ov.ww.⟩ **0.1** ***(ver)mengen*** ⇒*samenmengen, mixen*.
in·ter·mis·sion [-'mɪʃn]⟨f1⟩⟨zn.⟩
I ⟨telb.zn.⟩⟨vnl. AE⟩ **0.1** ***pauze*** ⟨bij toneelstuk enz.⟩;
II ⟨telb. en n.-telb.zn.⟩ **0.1** ***onderbreking*** ⇒*pauze* ◆ **6.1** he worked at it **without** ~ *hij was er aan één stuk door mee bezig*.
in·ter·mit [-'mɪt]⟨onov. en ov.ww.;→ww. 7⟩ **0.1** ***(steeds) even ophouden*** ⇒*tijdelijk (doen) stoppen, (regelmatig) onderbreken* ◆ **1.1** the pain ~ted regularly *de pijn verdween af en toe*.
in·ter·mit·tence [-'mɪtns]⟨telb. en n.-telb.zn.⟩ **0.1** ***periodiciteit*** ⇒*onderbreking, het met tussenpozen verschijnen/werken, intermittentie*.
in·ter·mit·tent [-'mɪtnt]⟨f2⟩⟨bn.; -ly⟩ **0.1** ***met tussenpozen (verschijnend/werkend)*** ⇒*periodiek, cyclisch, intermitterend, afwisselend, fluctuerend* ◆ **1.1** ~ fever *wisselkoorts, intermitterende koorts;* this beacon has an ~ light *dit baken is voorzien van een knipperlicht*.
in·ter·mix [-'mɪks]⟨ww.⟩
I ⟨onov.ww.⟩ **0.1** ***zich (onderling) vermengen;***
II ⟨ov.ww.⟩ **0.1** ***vermengen*** ⇒*dooreenmengen, (door elkaar) mixen*.
in·ter·mix·ture [-'mɪkstʃə‖-ər]⟨zn.⟩
I ⟨telb. en n.-telb.zn.⟩ **0.1** ***mengsel*** ⇒*mixtuur* **0.2** ***bijmengsel;***
II ⟨n.-telb.zn.⟩ **0.1** ***vermenging*** ⇒*het mixen, het door elkaar mengen*.
in·ter·mo·le·cu·lar [-mə'lekjʊlə‖-mə'lekjələr]⟨bn.⟩ **0.1** ***tussen de moleculen***.
in·tern[1], **in·terne** ['ɪntɜ:n‖'ɪntɜrn]⟨f1⟩⟨telb.zn.⟩⟨AE⟩ **0.1** ***intern*** ⇒*inwonend (co-)assistent* **0.2** ***hospitant(e)*** ⇒*stagiair(e)*.
intern[2] →internal.
intern[3] [ɪn'tɜ:n‖ɪn'tɜrn]⟨f1⟩⟨ww.⟩
I ⟨onov.ww.⟩⟨AE⟩ **0.1** ***als intern dienst doen*** ⇒*een co-assistentschap lopen* **0.2** ***stage lopen*** ⟨in het onderwijs⟩ ⇒*hospiteren;*
II ⟨ov.ww.⟩ **0.1** ***interneren*** ⇒*gevangen zetten, vastzetten, een verblijfplaats aanwijzen aan* ⟨i.h.b. in oorlog⟩ **0.2** ***opsluiten*** ⟨geestesgestoorden e.d.⟩.
in·ter·nal [ɪn'tɜ:nl‖-'tɜr-], ⟨vero.⟩ **intern** ['ɪntɜ:n‖'ɪntɜrn]⟨f3⟩⟨bn.; internally⟩ **0.1** ***inwendig*** ⇒*intern, innerlijk, binnen-* **0.2** ***binnenlands*** ⇒*inwendig* **0.3** ***intrinsiek*** ⇒*inwendig* ◆ **1.1** ~ combustion engine *verbrandingsmotor;* the ~ ear *het inwendige oor;* ⟨nat.⟩ ~ energy *inwendige energie;* ~ rhyme *binnenrijm* **1.2** ⟨AE⟩ ~ revenue *de fiscus* **1.3** ~ evidence *inwendig bewijs*.
in·ter·nal·i·ty ['ɪntɜ:'næləti‖'ɪntɜr'næləţi]⟨n.-telb.zn.⟩ **0.1** ***het inwendig-zijn***.
in·ter·nal·i·za·tion, -sa·tion [ɪn'tɜ:nəlaɪ'zeɪʃn‖ɪn'tɜrnələ'zeɪʃn]⟨n.-telb.zn.⟩ **0.1** ***het zich eigen maken***.
in·ter·nal·ize, -ise [ɪn'tɜ:nəlaɪz‖ɪn'tɜr-]⟨f1⟩⟨ov.ww.⟩ **0.1** ***zich eigen maken***.
in·ter·nals [ɪn'tɜ:nlz‖-'tɜr-]⟨mv.⟩ **0.1** ***het intrinsieke*** ⇒*het innerlijke, het wezenlijke* **0.2** ***inwendige organen*** ⇒*ingewanden*.
in·ter·na·sal ['ɪntə'neɪzl‖'ɪnţər-]⟨bn., attr.⟩ **0.1** ***in de neus gelegen*** ◆ **1.1** ~ septum *neustussenschot*.
in·ter·na·tion·al[1] [-'næʃnəl‖'ɪnţər-]⟨f1⟩⟨zn.⟩
I ⟨telb.zn.⟩ **0.1** ***interland (wedstrijd)*** **0.2** ***international*** ⇒*interlandspeler* **0.3** ⟨I-⟩ ***Internationale*** ⟨één v.d. arbeidersverenigingen⟩ **0.4** ***lid v.d. Internationale;***
II ⟨n.-telb.zn.; I-; the⟩ **0.1** ***Internationale*** ⟨socialistisch strijdlied⟩.
international[2] ⟨f3⟩⟨bn.; -ly⟩ **0.1** ***internationaal*** ◆ **1.1** the International Monetary Fund *het Internationale Monetaire Fonds,* ⟨B.⟩ *het Internationaal Muntfonds;* ~ law *internationaal recht, volkenrecht;* ~ money order *internationale postwissel/betaalopdracht;* ~ nautical/sea league *(internationale) league* ⟨5556 m;→t1⟩; ~ nautical/sea mile *zeemijl* ⟨1852 m;→t1⟩; ~ subscriber dialling *automatisch internationaal telefoneren;* ~ system of units *internationaal systeem van eenheden;* ~ unit *internationale eenheid*.
in·ter·na·tion·al·ism [-'næʃnəlɪzm]⟨n.-telb.zn.⟩ **0.1** ***internationalisme***.
in·ter·na·tion·al·ist [-'næʃnəlɪst]⟨telb.zn.⟩ **0.1** ***aanhanger v.h. internationalisme*** **0.2** ***aanhanger v.d. Internationale*** ⟨vakverbond⟩ **0.3** ***expert in internationaal recht*** **0.4** ***interlandspeler*** ⇒*international*.
in·ter·na·tion·al·i·ty [-næʃə'næləţi]⟨n.-telb.zn.⟩ **0.1** ***internationaliteit*** ⇒*het internationaal zijn*.
in·ter·na·tion·al·i·za·tion, -sa·tion [-næʃnəlaɪ'zeɪʃn‖-lə'zeɪʃn]⟨n.-telb.zn.⟩ **0.1** ***internationalisatie*** ⇒*internationalisering* **0.2** ***het onder internationaal toezicht plaatsen***.
in·ter·na·tion·al·ize, -ise [-'næʃnəlaɪz]⟨f1⟩⟨ov.ww.⟩ **0.1** ***internationaliseren*** ⇒*internationaal maken* **0.2** ***onder internationaal toezicht plaatsen***.
interne →intern[1].
in·ter·ne·cine [-'ni:saɪn‖-'ni:si:n, 'ne-]⟨bn.⟩ **0.1** ***elkaar verwoestend*** **0.2** ***bloederig*** ⇒*moorddadig* **0.3** ***intern*** ◆ **1.3** the country suffered from a bitter ~ struggle *het land leed onder een bittere interne machtsstrijd*.
in·tern·ee ['ɪntɜ:'ni:‖-tɜr-]⟨f1⟩⟨telb.zn.⟩ **0.1** ***geïnterneerde***.
in·ter·nist [ɪn'tɜ:nɪst‖-'tɜr-]⟨f1⟩⟨telb.zn.⟩⟨med.⟩ **0.1** ***internist***.
in·tern·ment [ɪn'tɜ:nmənt‖-'tɜr-]⟨telb. en n.-telb.zn.⟩ **0.1** ***internering*** ⇒*periode v. gevangenschap* **0.2** ***opsluiting*** ⟨v. geestesgestoorden⟩.
in'ternment camp ⟨telb.zn.⟩ **0.1** ***interneringskamp***.
in·ter·node ['ɪntənoʊd‖'ɪnţər-]⟨telb.zn.⟩ **0.1** ⟨plantk.⟩ ***internodium*** ⇒*stengellid* **0.2** ⟨anat.⟩ ***dun gedeelte van vinger/teenkootje***.
in·tern·ship, in·terne·ship ['ɪntɜ:nʃɪp‖-tɜrn-]⟨n.-telb.zn.⟩⟨AE⟩ **0.1** ***co-assistentschap*** ⟨inwonend⟩ **0.2** ***stage*** ⟨o.a. in het onderwijs⟩.
in·ter·nu·cle·ar ['ɪntə'nju:klɪə‖'ɪnţər'nu:klɪər]⟨bn.⟩ **0.1** ***internucleair***.
in·ter·nun·cio [-'nʌnʃɪoʊ]⟨telb.zn.⟩ **0.1** ***internuntius*** **0.2** ***tussenpersoon*** ⇒*contactpersoon* **0.3** ⟨gesch.⟩ ***regeringsvertegenwoordiger in Constantinopel***.
in·ter·o·ce·an·ic [-oʊʃi'ænɪk]⟨bn.⟩ **0.1** ***tussen oceanen (gelegen)*** ⇒*interoceanisch*.
in·ter·o·cep·tive ['ɪnţəroʊ'septɪv]⟨bn.⟩⟨biol.⟩ **0.1** ***als interoceptor werkend*** ⟨v. zenuwcel in spijsverteringskanaal⟩.
in·ter·os·cu·late ['ɪntə'rɒskjʊleɪt‖'ɪnţə'rɑskjə-]⟨onov.ww.⟩ **0.1** ***samenkomen*** ⟨v. bloedvaten⟩.
in·ter·os·se·ous ['ɪntə'rɒsɪəs‖'ɪnţə'rɑsɪəs]⟨bn.⟩ **0.1** ***tussen beenderen gelegen***.
in·ter·page ['ɪntə'peɪdʒ‖'ɪnţər-]⟨ov.ww.⟩⟨druk.⟩ **0.1** ***drukken op een tussengevoegde bladzijde*** **0.2** ***invoegen tussen twee bladzijden***.
in·ter·pa·ri·e·tal [-pə'raɪəţl]⟨bn.⟩ **0.1** ***tussen de wandbenen gelegen***.
in·ter·peak ['ɪntə'pi:k‖'ɪntər-]⟨bn., attr.⟩ **0.1** ***tijdens de daluren*** ⇒*tussen de spitsuren* ◆ **1.1** ~ ticket *daluren ticket/kaart*.
in·ter·pel·late [ɪn'tɜ:pəleɪt‖'ɪnţər'peleɪt]⟨f1⟩⟨ov.ww.⟩ **0.1** ***interpelleren*** ⇒*onderbreken* ⟨rede⟩; ⟨pol.⟩ *om opheldering/inlichting vragen* ⟨aan minister⟩.
in·ter·pel·la·tion [ɪn'tɜ:pə'leɪʃn‖'ɪnţərpə'leɪʃn]⟨f1⟩⟨telb. en n.-telb.zn.⟩ **0.1** ***interpellatie*** ⇒*onderbreking* ⟨v. rede⟩; ⟨pol.⟩ *vraag om opheldering/inlichting* ⟨aan minister⟩.
in·ter·pel·la·tor [ɪn'tɜ:pəleɪtə‖'ɪnţər'peleɪţər]⟨n.-telb.zn.⟩ **0.1** ***interpellant***.
in·ter·pen·e·trate ['ɪntə'penɪtreɪt‖'ɪnţər-]⟨onov. en ov.ww.⟩ **0.1** ***wederzijds/elkaar doordringen*** **0.2** ***grondig doordringen*** ⇒*doortrekken*.
in·ter·pen·e·tra·tion [-penɪ'treɪʃn]⟨telb. en n.-telb.zn.⟩ **0.1** ***wederzijdse doordringing*** ⇒*interpenetratie* **0.2** ***grondige doordringing*** ⇒*het doortrekken*.
in·ter·pen·e·tra·tive [-'penətreɪţɪv]⟨bn.; -ly⟩ **0.1** ***elkaar doordringend***.
in·ter·per·son·al [-'pɜ:snəl‖-'pɜrsnəl]⟨f1⟩⟨bn.⟩ **0.1** ***intermenselijk*** ⇒*tussenmenselijk*.
in·ter·phone [-foʊn]⟨telb.zn.⟩⟨AE⟩ **0.1** ***intercom***.
in·ter·plait [-'plæt‖-'pleɪt]⟨ov.ww.⟩ **0.1** ***samenvlechten*** ⇒*verstrengelen*.
in·ter·plan·e·tar·y [-'plænətri‖-'plænəteri]⟨f1⟩⟨bn.⟩ **0.1** ***interplanetair***.
in·ter·play [-pleɪ]⟨f1⟩⟨n.-telb.zn.⟩ **0.1** ***interactie*** ⇒*wisselwerking*.
in·ter·plead [-'pli:d]⟨onov.ww.⟩ **0.1** ***samen een geding aanspannen tegen een derde***.
In·ter·pol [-pɒl‖-poʊl]⟨f1⟩⟨verz.n.⟩ **0.1** ***Interpol*** ⟨internationale recherche⟩.
in·ter·po·late [ɪn'tɜ:pəleɪt‖-'tɜr-]⟨ww.⟩
I ⟨onov. en ov.ww.⟩ **0.1** ***interpoleren*** ⇒*inlassen, tussenvoegen,*

inschuiven ⟨i.h.b. v. falsificaties in tekst⟩, *vervalsen;*
II ⟨ov.ww.⟩ ⟨wisk.⟩ **0.1** ***interpoleren*** *⇒tussenvoegen.*

in·ter·po·la·tion [ɪn'tɜ:pə'leɪʃn‖-'tɜr-]⟨telb. en n.-telb.zn.⟩ **0.1** ***interpolatie*** *⇒inlassing, tussenvoeging, inschuiving* **0.2** ***vervalsing*** *⇒falsificatie* ⟨v. tekst d.m.v. invoegingen⟩ **0.3** ⟨wisk.⟩ ***interpolatie*** *⇒tussenvoeging.*

in·ter·po·la·tor [ɪn'tɜ:pəleɪtə‖ɪn'tɜrpəleɪt̬ər]⟨telb.zn.⟩ **0.1** ***iem. die interpoleert*** *⇒inlasser, tussenvoeger.*

in·ter·pose ['ɪntə'pouz‖'ɪnt̬ər-]⟨f1⟩⟨ww.⟩
I ⟨onov.ww.⟩ **0.1** ***tussenbeide komen*** *⇒bemiddelen* **0.2** ***in de rede vallen*** *⇒invallen* ◆ **6.1** ~ **between** the fighters *de vechtenden scheiden;*
II ⟨ov.ww.⟩ **0.1** ***tussenplaatsen*** *⇒invoegen* **0.2** ***interrumperen*** *⇒onderbreken* **0.3** ***naar voren/in het midden brengen*** *⇒aanvoeren.*

in·ter·po·si·tion [-pə'zɪʃn], **in·ter·po·sal** [-'pouzl]⟨telb. en n.-telb.zn.⟩ **0.1** ***tussenkomst*** *⇒bemiddeling, interventie* **0.2** ***tussenplaatsing*** *⇒invoeging* **0.3** ***interruptie*** *⇒onderbreking* **0.4** ***aanvoering*** *⇒het naar voren brengen/gebrachte.*

in·ter·pret [ɪn'tɜ:prɪt‖-'tɜr-]⟨f3⟩⟨ww.⟩
I ⟨onov.ww.⟩ **0.1** ***als tolk optreden*** *⇒tolken;*
II ⟨ov.ww.⟩ **0.1** ***interpreteren*** *⇒verklaren, uitleggen, opvatten* **0.2** ***vertolken*** *⇒interpreteren, uitbeelden* **0.3** ***(mondeling) vertalen*** *⇒vertolken, overbrengen, om/overzetten.*

in·ter·pret·a·ble [ɪn'tɜ:prɪtəbl‖ɪn'tɜrprɪt̬əbl]⟨bn.; -ly; -ness; →bijw. 3⟩ **0.1** ***interpretabel*** *⇒interpreteerbaar, verklaarbaar, uitlegbaar, op te vatten* **0.2** ***vertaalbaar*** *⇒te vertolken, over te brengen.*

in·ter·pre·ta·tion [ɪn'tɜ:prə'teɪʃn‖-'tɜr-]⟨f3⟩⟨telb. en n.-telb.zn.⟩ **0.1** ***interpretatie*** *⇒verklaring, uitleg* **0.2** ***vertaling*** *⇒het tolken* **0.3** ***vertolking*** *⇒interpretatie, uitbeelding.*

in·ter·pre·ta·tive [ɪn'tɜ:prɪtətɪv‖ɪn'tɜrprɪteɪt̬ɪv], **in·ter·pre·tive** [ɪn'tɜ:prɪtɪv‖-'tɜrprɪt̬ɪv]⟨f1⟩⟨bn.; -ly⟩ **0.1** ***interpretatief*** *⇒verklarend, uitleggend* **0.2** ***interpretatie-*** *⇒mbt. /v. een/de verklaring/uitleg* ◆ **1.2** ~ differences of a law *verschillen in wetsuitleg/interpretatie.*

in·ter·pret·er [ɪn'tɜ:prɪtə‖ɪn'tɜrprɪt̬ər]⟨f2⟩⟨telb.zn.⟩ **0.1** ***tolk*** *⇒(mondeling) vertaler* **0.2** ***iem. die interpreteert*** *⇒uitlegger, verklaarder* **0.3** ⟨comp.⟩ ***interpreter*** ⟨programma dat instructies in machinetaal omzet⟩ *⇒interpretator, tolk.*

in·ter·pret·er·ship [ɪn'tɜ:prɪtəʃɪp‖ɪn'tɜrprɪt̬ər-]⟨n.-telb.zn.⟩ **0.1** ***betrekking als tolk*** *⇒het (mondeling) vertaler- zijn.*

in·ter·pre·tress [ɪn'tɜ:prɪtrɪs‖ɪn'tɜr-]⟨telb.zn.⟩ **0.1** ***(vrouwelijke) tolk*** *⇒(mondeling) vertaalster* **0.2** ***vrouw die interpreteert*** *⇒uitlegster.*

in·ter·pro·vin·cial ['ɪntəprə'vɪnʃl‖'ɪnt̬ər-]⟨bn.⟩ **0.1** ***interprovinciaal.***

in·ter·ra·cial [-'reɪʃl]⟨f1⟩⟨bn.; -ly⟩ **0.1** ***tussen (verschillende) rassen*** **0.2** ***voor verschillende rassen*** ◆ **1.1** ~ relationships *relaties tussen leden v. verschillende rassen.*

in·ter·reg·num [-'regnəm]⟨telb.zn.; ook interregna [-nə]; →mv. 5⟩ **0.1** ***interregnum*** *⇒tussenregering* **0.2** ***interim*** *⇒tussentijd* **0.3** ***onderbreking.***

in·ter·re·late [-rɪ'leɪt]⟨f1⟩⟨ww.⟩
I ⟨onov.ww.⟩ **0.1** ***met elkaar in verband staan*** *⇒met elkaar verbonden zijn* ◆ **1.1** politics and economics are ~d *politiek en economie zijn (nauw) met elkaar verbonden;*
II ⟨ov.ww.⟩ **0.1** ***met elkaar in verband brengen*** *⇒met elkaar verbinden* ◆ **1.1** ~ facts *tussen feiten verband leggen.*

in·ter·re·la·tion [-rɪ'leɪʃn]⟨f1⟩⟨telb. en n.-telb.zn.⟩ **0.1** ***onderling verband*** *⇒wederzijdse betrekking, interrelatie.*

in·ter·re·la·tion·ship [-rɪ'leɪʃnʃɪp]⟨f1⟩⟨n.-telb.zn.⟩ **0.1** ***onderling verband*** *⇒interrelatie.*

in·ter·ro·bang, in·ter·a·bang [ɪn'terəbæŋ]⟨telb.zn.⟩ **0.1** ***vraagteken-uitroepteken*** ⟨?! na een retorische vraag⟩.

in·ter·ro·gate [ɪn'terəgeɪt]⟨f1⟩⟨ov.ww.⟩ **0.1** ***ondervragen*** *⇒verhoren, uithoren, (uit)vragen.*

in·ter·ro·ga·tion [ɪn'terə'geɪʃn]⟨f1⟩⟨telb. en n.-telb.zn.⟩ **0.1** ***ondervraging*** *⇒verhoor, uithoring, (scherpe) vraag.*

interro'gation point ⟨telb.zn.⟩ **0.1** ***vraagteken.***

interro'gation technique ⟨telb.zn.⟩ **0.1** ***ondervragingstechniek.***

in·ter·rog·a·tive[1] ['ɪntə'rɒgətɪv‖'ɪnt̬ə'rɑgət̬ɪv]⟨f1⟩⟨zn.⟩⟨taalk.⟩
I ⟨telb.zn.⟩ **0.1** ***vragend (voornaam)woord*** *⇒interrogatief;*
II ⟨n.-telb.zn.; the⟩ **0.1** ***vragende vorm*** *⇒interrogatief* ◆ **6.1** put a sentence **into** the ~ *een zin vragend maken.*

interrogative[2] ⟨f1⟩⟨bn.; -ly⟩ **0.1** ***vragend*** *⇒vraag-* ⟨ook taalk.⟩ ◆ **1.1** ~ looks *vragende blikken;* ~ pronoun *vragend voornaamwoord.*

in·ter·ro·ga·tor [ɪn'terəgeɪtə‖-geɪt̬ər]⟨telb.zn.⟩ **0.1** ***ondervrager*** *⇒verhoorder, uithoorder.*

in·ter·rog·a·to·ry[1] ['ɪntə'rɒgətri‖'ɪnt̬ə'rɑgətɔri]⟨telb.zn.; →mv. 2⟩ ⟨jur.⟩ **0.1** ***(schriftelijke) ondervraging*** *⇒(gerechtelijk) verhoor.*

interrogatory[2] ⟨bn.⟩ **0.1** ***vragend*** *⇒vraag-* ⟨ook taalk.⟩ ◆ **1.1** an ~ tone *een vragende toon.*

in·ter·rupt[1] ['ɪntə'rʌpt]⟨telb.zn.⟩ **0.1** ***onderbreking*** *⇒afbreking, interruptie* **0.2** ⟨comp.⟩ ***(programma-)onderbreking*** **0.3** ***interruptieschakelaar*** *⇒stroomonderbreker, relais.*

interrupt[2] ⟨f3⟩⟨ww.⟩
I ⟨onov.ww.⟩ **0.1** ***storen*** *⇒onderbreken* ◆ **3.1** don't ~ when I'm talking *val me niet in de rede als ik praat;*
II ⟨ov.ww.⟩ **0.1** ***onderbreken*** *⇒afbreken* **0.2** ***hinderen*** *⇒belemmeren, in de weg staan* **0.3** ***interrumperen*** *⇒in de rede vallen, storen, onderbreken* ◆ **1.1** the growth of the economy was ~ed by the war *de groei v.d. economie werd afgebroken door de oorlog;* ~ed screw *schroef met onderbroken schroefdraad* **1.2** ~ the view *het uitzicht belemmeren* **1.3** ~ the chairman *de voorzitter interrumperen.*

in·ter·rupt·er, in·ter·rupt·or ['ɪntə'rʌptə‖'ɪnt̬ə'rʌptər]⟨telb.zn.⟩ **0.1** ***iem. die onderbreekt*** *⇒iem. die in de rede valt, interruptor, onderbreker* **0.2** ***(stroom)onderbreker*** *⇒interruptor, interruptieschakelaar.*

in·ter·rup·tion ['ɪnt̬ə'rʌpʃn]⟨f2⟩⟨telb. en n.-telb.zn.⟩ **0.1** ***onderbreking*** *⇒afbreking* **0.2** ***hindering*** *⇒belemmering, het in de weg staan* **0.3** ***interruptie*** *⇒het in de rede vallen.*

in·ter·rup·tive ['ɪnt̬ə'rʌptɪv], **in·ter·rup·to·ry** [-təri]⟨bn.; -ly⟩ **0.1** ***onderbrekend*** *⇒afbrekend* **0.2** ***hinderend*** *⇒belemmerend, in de weg staand* **0.3** ***interrumperend*** *⇒in de rede vallend.*

in·ter·scap·u·lar ['ɪntə'skæpjʊlə‖'ɪnt̬ər'skæpjələr]⟨bn.⟩ **0.1** ***tussen de schouderbladen (gelegen).***

in·ter se ['ɪntə seɪ‖'ɪnt̬ər-]⟨bw.⟩ **0.1** ***inter se*** *⇒onderling.*

in·ter·sect [-'sekt]⟨f2⟩⟨ww.⟩
I ⟨onov.ww.⟩ **0.1** ***elkaar kruisen*** *⇒elkaar (door)snijden, een kruising/kruispunt vormen, samenkomen* ◆ **1.1** ~ing lines *snijlijnen* **6.1** these lines ~ **at** A *deze lijnen snijden elkaar in A;*
II ⟨ov.ww.⟩ **0.1** ***(door)snijden*** *⇒kruisen.*

in·ter·sec·tion [-'sekʃn]⟨f2⟩⟨zn.⟩
I ⟨telb.zn.⟩ **0.1** ***(weg)kruising*** *⇒kruispunt, snijpunt, intersectie* ◆ **3.1** turn left at the ~ *sla bij de kruising linksaf;*
II ⟨n.-telb.zn.⟩ **0.1** ***doorsnijding*** *⇒kruising, intersectie.*

in·ter·sec·tion·al [-'sekʃnəl]⟨bn.⟩ **0.1** ***kruisings-*** *⇒snijpunt-, intersectie-* **0.2** ***tussen afdelingen/secties/streken*** ◆ **1.2** an ~ match *een wedstrijd tussen verschillende afdelingen.*

in·ter·sen·so·ry [-'sensəri]⟨bn.⟩ **0.1** ***mbt. /v. meerdere zintuigen/zintuiglijke stelsels.***

in·ter·sex [-seks]⟨zn.⟩
I ⟨telb.zn.⟩ **0.1** ***interseks*** ⟨individu met geslachtskenmerken van beide seksen⟩ *⇒*⟨ong.⟩ *hermafrodiet;*
II ⟨n.-telb.zn.⟩ **0.1** ***interseksualiteit.***

in·ter·sex·u·al [-'sekʃʊəl]⟨f1⟩⟨bn.; -ly⟩ **0.1** ***tussen de geslachten plaatsvindend*** *⇒interseksueel* **0.2** ***interseksueel*** ⟨interseksualiteit bezittend⟩ ◆ **1.1** ~relations *de verhouding tussen de seksen.*

in·ter·space[1] [-speɪs]⟨telb.zn.⟩ **0.1** ***interval*** *⇒tussenruimte, tussentijd, spatie.*

interspace[2] [-'speɪs]⟨ov.ww.⟩ **0.1** ***tussenruimte geven aan*** *⇒spatiëren, scheiden.*

in·ter·spe·ci·fic [-spɪ'sɪfɪk]⟨bn.⟩ **0.1** ***uit (twee)verschillende soorten (gevormd)*** *⇒met de kenmerken van twee soorten.*

in·ter·sperse [-'spɜ:s‖-'spɜrs]⟨f1⟩⟨ov.ww.⟩ **0.1** ***verspreid zetten/leggen*** *⇒(hier en daar) strooien* **0.2** ***afwisselen*** *⇒variëren, van tijd tot tijd onderbreken* ◆ **6.1** roses had been ~d **among/between** the flowerbeds *tussen de bloembedden waren hier en daar rozen geplant.*

in·ter·sper·sion [-'spɜ:ʃn‖-'spɜrʒn]⟨telb. en n.-telb.zn.⟩ **0.1** ***verspreiding*** *⇒het hier en daar strooien* **0.2** ***afwisseling*** *⇒variatie, geregelde onderbreking.*

in·ter·spi·nal [-'spaɪnl], **in·ter·spi·nous** [-'spaɪnəs]⟨bn.⟩ **0.1** ***tussen twee wervels gelegen.***

in·ter·state[1] [-steɪt], **'interstate 'highway** ⟨telb.zn.⟩ **0.1** ***autoweg (die staten onderling verbindt)*** *⇒(auto)snelweg.*

interstate[2] ⟨f1⟩⟨bn., attr.⟩⟨vnl. AE⟩ **0.1** ***tussen (de) staten.***

in·ter·stel·lar [-'stelə‖-ər]⟨bn., attr.⟩ **0.1** ***interstellair*** *⇒tussen (de) sterren.*

in·ter·stice [ɪn'tɜ:stɪs‖-'tɜr-]⟨telb.zn.; vaak mv.⟩ **0.1** ***nauwe tussenruimte*** *⇒spleet, reet, kier, gleuf.*

in·ter·sti·tial ['ɪntə'stɪʃl‖'ɪnt̬ər-]⟨bn.; -ly⟩ **0.1** ***mbt. /v. de/een tussenruimte*** *⇒tussenliggend, interstitieel* ◆ **1.1** ⟨med.⟩ ~ tissue *interstitieel weefsel, bindweefsel.*

in·ter·strat·i·fi·ca·tion [-stræt̬ɪfɪ'keɪʃn]⟨n.-telb.zn.⟩ **0.1** ***afzetting in afwisselende/tussen andere lagen.***

in·ter·strat·i·fied [-'stræt̬ɪfaɪd]⟨bn.⟩ **0.1** ***afgezet in afwisselende lagen*** *⇒laagsgewijs.*

in·ter·tan·gle [-'tæŋgl]⟨ov.ww.⟩ **0.1** ***dooreenvlechten*** *⇒verstrengelen, in de war maken.*

in·ter·tex·ture [-'tekstʃə‖-ər]⟨zn.⟩
I ⟨telb.zn.⟩ **0.1** ***het dooreengewevene*** *⇒vlechtwerk, weefsel;*

II ⟨n.-telb.zn.⟩ **0.1** ***het dooreenweven*** ⇒*vervlechting, verstrengeling.*

in·ter·tid·al [-'taɪdl]⟨bn.; -ly⟩ **0.1** ***bij eb droogvallend.***

in·ter·tri·bal [-'traɪbl]⟨bn., attr.⟩ **0.1** ***tussen (de) stammen (onderling)*** ⇒*intertribaal* ◆ **1.1** ~ war *stammenoorlog.*

in·ter·tri·go [-'traɪgoʊ]⟨telb. en n.-telb.zn.⟩⟨med.⟩ **0.1** ***intertrigo*** ⟨roodheid v.d. huid⟩.

in·ter·trop·i·cal [-'trɒpɪkl‖-'trɑ-]⟨bn., attr.⟩ **0.1** ***tussen de keerkringen gelegen*** **0.2** ***tropisch.***

in·ter·twine [-'twaɪn]⟨f1⟩⟨ww.⟩

I ⟨onov.ww.⟩ **0.1** ***zich in elkaar strengelen*** ⇒*dooreengevlochten raken, vervlochten zijn* ◆ **1.1** intertwining grapevines *met elkaar verstrengelde druiveranken;*

II ⟨ov.ww.⟩ **0.1** ***ineenstrengelen*** ⇒*dooreenvlechten.*

in·ter·twine·ment [-'twaɪnmənt]⟨n.-telb.zn.⟩ **0.1** ***ineenstrengeling*** ⇒*dooreenvlechting.*

in·ter·twist [-'twɪst]⟨ww.⟩

I ⟨onov.ww.⟩ **0.1** ***zich ineendraaien*** ⇒*zich verstrengelen, zich samenvlechten; vervlochten/verstrengeld zijn;*

II ⟨ov.ww.⟩ **0.1** ***ineendraaien*** ⇒*samenvlechten, verstrengelen.*

in·ter·u·ni·ver·si·ty [-ju:nɪ'vɜ:səti‖-'vɜrsət̬i]⟨f1⟩⟨bn., attr.⟩ **0.1** ***interuniversitair*** ⇒*tussen (de) universiteiten, interacademiaal.*

in·ter·ur·ban ['ɪntə'rɜ:bən‖'ɪnt̬ər'ɜrbən]⟨f1⟩⟨bn., attr.⟩ **0.1** ***tussen (de) steden*** ⇒*interlokaal.*

in·ter·val ['ɪntəvl‖'ɪnt̬ərvl]⟨f3⟩⟨telb.zn.⟩ **0.1** ***tussenruimte*** ⇒*interval, tussentijd* **0.2** ⟨BE; dram.⟩ ***pauze*** ⇒*rust* **0.3** ⟨muz.⟩ ***interval*** ⇒*toonsafstand* **0.4** ⟨wisk.⟩ ***interval*** **0.5** ***afstand*** ⇒⟨fig.⟩ *kloof, verschil* ◆ **2.1** at frequent ~s *dikwijls, vaak, regelmatig* **3.3** augmented ~ *overmatig interval* **6.1** trams go **at** 15-minute ~s *er rijdt iedere 15 minuten een tram;* stakes were put **at** ~s of one metre *om de meter werd een paal geplaatst.*

in·ter·val·lic ['ɪntə'vælɪk‖'ɪnt̬ər-]⟨bn.⟩ **0.1** ***interval-*** ⇒*mbt./van een interval.*

'interval signal ⟨telb.zn.⟩ **0.1** ***pauzeteken*** ⟨radio⟩.

'interval training ⟨n.-telb.zn.⟩⟨sport⟩ **0.1** ***intervaltraining.***

in·ter·var·si·ty ['ɪntə'vɑ:səti‖'ɪnt̬ər'vɑrsət̬i]⟨f1⟩⟨bn., attr.⟩⟨BE⟩ **0.1** ***interuniversitair*** ⇒*tussen (de) universiteiten, interacademiaal.*

in·ter·vein [-'veɪn]⟨ov.ww.⟩ **0.1** ***(als) van aderen voorzien*** ⇒*larderen.*

in·ter·vene [-'vi:n]⟨f2⟩⟨onov.ww.⟩ **0.1** ***ertussen komen*** ⇒*in de tussentijd gebeuren* **0.2** ***tussenbeide komen*** ⇒*zich erin mengen, interveniëren, bemiddelen* **0.3** ***ertussen liggen*** **0.4** ⟨BE; jur.⟩ ***interveniëren*** ⟨vnl. in echtscheidingszaken⟩ ◆ **1.3** in the intervening months *in de tussenliggende maanden* **4.1** if nothing ~s *als er niets tussenkomt* **6.2** the policeman ~d **between** the fighters *de agent scheidde de vechtenden;* ~ **in** another country's affairs *zich mengen in de aangelegenheden v.e. ander land.*

in·ter·ven·er [-'vi:nə‖-ər]⟨telb.zn.⟩ **0.1** ***tussenpersoon*** **0.2** ⟨jur.⟩ ***interveniënt.***

in·ter·ve·nient [-'vi:nɪənt]⟨bn.⟩ **0.1** ***tussenkomend*** ⇒*zich in de tussentijd voordoend* **0.2** ***interveniërend*** ⇒*bemiddelend* **0.3** ***tussenliggend.***

in·ter·ven·tion [-'venʃn]⟨f2⟩⟨telb. en n.-telb.zn.⟩ **0.1** ***tussenkomst*** ⇒*inmenging* **0.2** ⟨ook med.⟩ ***ingreep*** ◆ **2.1** armed ~ *gewapende interventie* **6.1** pay **by** ~ *bij interventie/tussenkomst betalen.*

in·ter·ven·tion·ist [ɪntə'venʃənɪst‖ɪntər-]⟨bn.⟩⟨vnl. pol., ec.⟩ **0.1** ***interventionistisch*** ⇒*geneigd tot ingrijpen, bemoeizuchtig;* ⟨oneig.⟩ *imperialistisch.*

inter·ver·te·bral [-'vɜ:tɪbrəl‖-'vɜrt̬ɪbrəl]⟨bn., attr.⟩ **0.1** ***tussenwervel-*** ⇒*tussen twee wervels (gelegen).*

in·ter·view[1] [-vju:]⟨f3⟩⟨telb.zn.⟩ **0.1** ***(persoonlijk) onderhoud*** ⇒*sollicitatiegesprek, toelatingsgesprek* ⟨bv. voor universiteit⟩ **0.2** ***interview*** ⇒*vraaggesprek.*

interview[2] ⟨f3⟩⟨ww.⟩

I ⟨onov.ww.⟩ **0.1** ***een interview hebben*** ⇒⟨i.h.b.⟩ *een sollicitatiegesprek hebben/voeren;*

II ⟨ov.ww.⟩ **0.1** ***interviewen*** ⇒*een vraaggesprek houden met, ondervragen,* ⟨i.h.b.⟩ *een sollicitatiegesprek afnemen.*

in·ter·view·ee [-vju:'i:]⟨f1⟩⟨telb.zn.⟩ **0.1** ***ondervraagde*** ⇒*geïnterviewde.*

in·ter·view·er [-vju:ə‖-ər]⟨f2⟩⟨telb.zn.⟩ **0.1** ***interviewer*** ⇒*vragensteller* **0.2** ***iem. die sollicitanten ondervraagt*** ⇒*ondervrager.*

in·ter·vi·vos [-'vi:vɒs‖-'vi:voʊs]⟨bw.⟩⟨jur.⟩ **0.1** ***inter vivos*** ⇒*onder levenden, met de warme hand* ⟨v. schenkingen⟩.

in·ter·war [-'wɔ:‖-'wɔr]⟨bn., attr.⟩ **0.1** ***tussen twee oorlogen*** ⇒⟨i.h.b.⟩ *tussen de twee wereldoorlogen* ◆ **1.1** the ~ period *de periode tussen W.O. I en W.O. II.*

in·ter·weave [-'wi:v]⟨ww.; ook interwove, interwove(n)⟩

I ⟨onov.ww.⟩ **0.1** ***zich in elkaar strengelen*** ⇒*zich verstrengelen, zich dooreenweven, dooreengevlochten zijn;*

II ⟨ov.ww.⟩ **0.1** ***ineenvlechten*** ⇒*dooreenweven* **0.2** ***ineenstrengelen*** ⇒*verstrengelen* ◆ **1.2** their lives are closely interwoven *hun levens zijn nauw met elkaar verweven.*

in·ter·wind [-'waɪnd]⟨ww.; -wound, -wound⟩

I ⟨onov.ww.⟩ **0.1** ***zich ineenstrengelen/winden*** ⇒*ineengewonden zijn;*

II ⟨ov.ww.⟩ **0.1** ***ineenwinden*** ⇒*dooreenvlechten, verstrengelen.*

in·ter·work [-'wɜ:k‖-'wɜrk]⟨ww.⟩

I ⟨onov.ww.⟩ **0.1** ***op elkaar inwerken;***

II ⟨ov.ww.⟩ **0.1** ***dooreenweven.***

in·ter·wreathe [-'ri:ð]⟨ww.⟩

I ⟨onov.ww.⟩ **0.1** ***zich dooreenvlechten*** ⇒*verstrengeld zijn;*

II ⟨ov.ww.⟩ **0.1** ***dooreenvlechten*** ⇒*verstrengelen, vervlechten.*

in·ter·zo·nal [-'zoʊnl]⟨bn.⟩ **0.1** ***interzonaal.***

in·tes·ta·cy [ɪn'testəsi]⟨n.-telb.zn.⟩ **0.1** ***het overlijden zonder een testament na te laten*** ⇒*het ontbreken v.e. testament.*

in·tes·tate[1] [ɪn'testeɪt]⟨telb.zn.⟩ **0.1** ***intestaat*** ⇒*iem. die zonder testament gestorven is.*

intestate[2] ⟨bn.⟩ **0.1** ***intestaat*** ⇒*zonder testament* ◆ **3.1** he died ~ *hij overleed zonder een testament na te laten.*

in·tes·ti·nal [ɪn'testɪnl]⟨f1⟩⟨bn.; -ly⟩ **0.1** ***intestinaal*** ⇒*darm-, mbt./v. het darmkanaal, mbt./v.d. buikingewanden* ◆ **1.¶** ⟨fig.⟩ ~ fortitude *moed, lef, uithoudingsvermogen.*

in·tes·tine[1] [ɪn'testɪn]⟨f2⟩⟨telb.zn.; vaak mv. met enk. bet.⟩ **0.1** ***darm(kanaal)*** ⇒*(buik)ingewanden* ◆ **2.1** large ~ *dikke darm;* small ~ *dunne darm.*

intestine[2] ⟨bn., attr.⟩ **0.1** ***inwendig*** **0.2** ***intern*** ⇒*binnenlands* ◆ **1.2** an ~ war broke out *er brak een burgeroorlog uit.*

inthrall →enthral.

inthronization →enthronement.

in·ti·ma·cy ['ɪnt̬ɪməsi]⟨f2⟩⟨telb. en n.-telb.zn.; →mv. 2⟩ **0.1** ***intimiteit*** ⇒*vertrouwelijkheid* **0.2** ***innige verbondenheid*** ⇒*diepe vriendschap, vertrouwde omgang* **0.3** ***intimiteit*** ⇒*vrijpostigheid, intieme omgang/handeling(en),* ⟨i.h.b.⟩ *geslachtsverkeer* **0.4** ***vertrouwdheid*** ⇒*het goed bekend zijn* **0.5** ***grondigheid*** ⇒*gedetailleerdheid, degelijkheid* ◆ **1.2** they were on terms of ~ *er bestond een sterke vriendschapsband tussen hen* **6.3** her husband's intimacies **with** his secretary were the grounds for her divorce *het feit dat haar man met zijn secretaresse naar bed ging was de reden voor haar echtscheiding* **6.5** her ~ **with** the Japanese language *haar grondige kennis van het Japans.*

in·ti·mate[1] ['ɪnt̬ɪmət]⟨f1⟩⟨telb.zn.⟩ **0.1** ***zeer goede/vertrouwde vriend(in)*** ⇒*vertrouweling(e), boezemvriend(in), intimus.*

intimate[2] ⟨f3⟩⟨bn.; -ly; -ness⟩ **0.1** ***intiem*** ⇒*innig (verbonden), vertrouwd* **0.2** ***vertrouwelijk*** ⇒*intiem, strikt persoonlijk, huiselijk, knus* **0.3** ***intieme omgang hebbend*** ⇒*familiaar, vrijpostig, vrijmoedig* **0.4** ***grondig*** ⇒*gedetailleerd, degelijk* **0.5** ***innerlijk*** ⇒*intrinsiek, essentieel* ◆ **1.2** the party is to be an ~ one *het feest is alleen voor heel goede vrienden;* her ~ secrets *haar hartsgeheimen;* the mayor is on ~ terms with the bankmanager *de burgemeester en de bankdirecteur zijn goede vrienden* **1.3** her daughter and her boyfriend were on ~ terms *haar dochter en haar vriend waren intiem met elkaar* **1.4** an ~ knowledge of Latin *een gedegen kennis v.h. Latijn.*

intimate[3] ['ɪnt̬ɪmeɪt]⟨f2⟩⟨ov.ww.⟩ **0.1** ***suggereren*** ⇒*zijdelings te kennen geven, laten doorschemeren* **0.2** ***bekend maken*** ⇒*aankondigen, aanzeggen* ◆ **1.1** she ~d her wish/that she wished to leave *ze gaf een hint dat ze weg wilde.*

in·ti·ma·tion ['ɪnt̬ɪ'meɪʃn]⟨f1⟩⟨telb. en n.-telb.zn.⟩ **0.1** ***aanduiding*** ⇒*suggestie, hint, wenk* **0.2** ***intimatie*** ⇒*aanzegging, mededeling, kennisgeving.*

in·ti·mi·date [ɪn'tɪmɪdeɪt]⟨f2⟩⟨ov.ww.⟩ **0.1** ***intimideren*** ⇒*bang maken, angst aanjagen, door bedreiging afschrikken/weerhouden* ◆ **6.1** ~ s.o. **into** silence *door intimidatie zorgen dat iem. zijn mond houdt.*

in·ti·mi·da·tion [ɪn'tɪmɪ'deɪʃn]⟨f1⟩⟨telb. en n.-telb.zn.⟩ **0.1** ***intimidatie*** ⇒*dreigement, bangmakerij, bedreiging, dreigementen.*

in·tim·i·da·tor [ɪn'tɪmɪdeɪtə‖-deɪt̬ər]⟨telb.zn.⟩ **0.1** ***iem. die intimideert*** ⇒*bedreiger, bangmaker.*

in·tinc·tion [ɪn'tɪŋkʃn]⟨n.-telb.zn.⟩ **0.1** ***indoping v.h. Avondmaalsbrood in de wijn.***

in·tit·ule [ɪn'tɪtju:l‖-'tɪtʃu:l]⟨ov.ww.; vnl. als volt.deelw.⟩⟨BE⟩ **0.1** ***betitelen.***

in·to ['ɪntə, 'ɪntʊ(sterk)'ɪntu:]⟨f3⟩⟨vz.⟩ **0.1** ⟨beweging ten einde toe; ook fig., vnl. na ww. dat intellectuele activiteit uitdrukt⟩ ***in*** ⇒*binnen-* **0.2** ⟨verandering v. toestand, omstandigheid, houding, bezigheid⟩ ***tot*** ⇒*in* **0.3** ⟨duur of afstand⟩ ***tot... in*** **0.4** ⟨wisk.⟩ ***in*** ◆ **1.1** they got ~ their clothes *ze trokken hun kleren aan;* introduced ~ the club *in de club geïntroduceerd;* butt ~ a conversation *zich in een conversatie mengen;* he disappeared ~ the distance *hij verdween in de verte;* marry ~ a wealthy family *trouwen met iemand van rijke afkomst;* he drove ~ the kerb *hij* *reed tegen de stoeprand aan, hij raakte de stoeprand;* ~ the car's path *voor de rijdende auto;* we've been ~ the problem before *we hebben dat probleem al eens onderzocht/besproken;* go ~ town *de stad ingaan;* run ~ a wall *tegen een muur aanrijden;* turn ~ the wind *zich naar de wind keren;* ⟨inf.⟩ he's ~ Zen these days *tegenwoordig interesseert hij zich voor Zen/is hij een Zen-freak* **1.2** turn ~ ashes *in as veranderen;* the eggs went ~ the cake *de eieren werden in de taart gebruikt;* go ~ a fit *een aanval krijgen;* all the money went ~ food *al het geld werd aan eten besteed;* translate ~ Japanese *in het Japans vertalen;* force ~ obedience *tot gehoorzaamheid dwingen;* put lots of work ~ a plan *veel werk maken van/steken in een plan;* fall ~ ruin *tot puin vervallen;* get ~ trouble *in moeilijkheden raken* **1.3** stretch ~ the plain *zich tot (een eind) in de vlakte uitstrekken;* far ~ the night *tot diep in de nacht* **1.4** divide 4 ~ 8 *deel acht door vier;* 4 ~ 8 gives 2 *acht gedeeld door vier is twee* **1.¶** be ~ a thing *iets op het spoor zijn, iets aan de haak hebben;* be ~ good business *goede zaken doen/in het vooruitzicht hebben;* be ~ a good thing *een goede slag slaan;* talk somebody ~ leaving *iemand tot vertrekken overhalen, iem. ompraten om te gaan;* talk oneself ~ a job *door overredingskracht een baan krijgen* **5.1** since then right ~ today *sindsdien tot op vandaag.*

in·toed ['ɪn'toʊd]⟨bn.⟩ **0.1** ***met naar binnen gerichte tenen.***

in·tol·er·a·ble [ɪn'tɒlərəbl‖-'tɑ-]⟨f2⟩⟨bn.; -ly; -ness; →bijw. 3⟩ **0.1** ***on(ver)draaglijk*** ⇒*onuitstaanbaar, onduldbaar, intolerabel.*

in·tol·er·ance [ɪn'tɒlərəns‖-'tɑ-], **in·tol·er·an·cy** [-rənsi]⟨f1⟩⟨telb. en n.-telb.zn.; →mv. 2⟩ **0.1** ***onverdraagzaamheid*** ⇒*intolerantie.*

in·tol·er·ant[1] [ɪn'tɒlərənt‖-'tɑ-]⟨telb.zn.⟩ **0.1** ***intolerant persoon.***

intolerant[2] ⟨f1⟩⟨bn.; -ly⟩ **0.1** ***onverdraagzaam*** ⇒*intolerant, bekrompen* ◆ **6.1** these plants are ~ **of** tap-water *deze planten verdragen geen leidingwater;* ~ **of** foreigners *intolerant tegenover buitenlanders.*

intonate →intone.

in·to·na·tion ['ɪntə'neɪʃn]⟨f2⟩⟨telb. en n.-telb.zn.⟩ **0.1** ***intonatie*** ⇒*stembuiging, modulatie, accent* **0.2** ⟨kerkmuziek⟩ ***intonatie*** ⇒*aanhef* **0.3** ***opdreuning*** ⟨v. gebed, gedicht enz.⟩ ⇒*recitering, monotone voordracht.*

in·tone [ɪn'toʊn], ⟨in bet. II ook⟩ **in·to·nate** ['ɪntoʊneɪt]⟨f1⟩⟨ww.⟩
I ⟨onov.ww.⟩ **0.1** ***psalmodiërend/reciterend spreken;***
II ⟨ov.ww.⟩ **0.1** ***opdreunen*** ⟨gebed, gedicht enz.⟩ ⇒*reciteren, psalmodiëren, monotoon voordragen* **0.2** ***met bep. intonatie uitspreken*** ⇒*intoneren, moduleren.*

in to·to [ɪn'toʊt̬oʊ]⟨bw.⟩ **0.1** ***in totum*** ⇒*in z'n geheel, helemaal.*

in·tox·i·cant[1] [ɪn'tɒksɪkant‖-'tɑ-]⟨f1⟩⟨telb. en n.-telb.zn.⟩ **0.1** ***bedwelmend middel*** ⇒⟨i.h.b.⟩ *alcoholische/sterke drank.*

intoxicant[2] ⟨f1⟩⟨bn.⟩ **0.1** ***bedwelmend*** ⇒⟨i.h.b.⟩ *alcoholisch* ◆ **1.1** ~ liquor *sterke drank.*

in·tox·i·cate [ɪn'tɒksɪkeɪt‖-'tɑ-]⟨f1⟩⟨ov.ww.⟩ →intoxicating **0.1** ***dronken maken*** ⇒*bedwelmen, benevelen, in een roes brengen* **0.2** ***opvrolijken*** ⇒*opbeuren, stimuleren, prikkelen* **0.3** ***in extase/vervoering brengen*** **0.4** ***vergiftigen*** ◆ **4.1** he came home ~d *hij kwam dronken thuis* **6.3** she was ~d **by/with** her success *ze was in een roes door haar succes.*

in·tox·i·cat·ing [ɪn'tɒksɪkeɪtɪŋ‖ɪn'tɑksɪkeɪt̬ɪŋ]⟨f1⟩⟨bn.; -ly; oorspr. teg. deelw. v. intoxicate⟩ **0.1** ***bedwelmend*** ◆ **1.1** ~ drink *sterke drank.*

in·tox·i·ca·tion [ɪn'tɒksɪ'keɪʃn‖-'tɑ-]⟨f1⟩⟨telb. en n.-telb.zn.⟩ **0.1** ***bedwelming*** ⇒*beneveling, dronkenschap, roes* **0.2** ***vervoering*** ⇒*extase, prikkeling, stimulering* **0.3** ***intoxicatie*** ⇒*vergiftiging.*

in·tra- ['ɪntrə] **0.1** ***intra-*** ⇒*inter-, binnen, tussen-, tijdens* ◆ **2.1** ~continental *binnen een continent;* ~natal *tijdens de geboorte.*

in·tra·cra·ni·al ['ɪntrə'kreɪnɪəl]⟨bn.; -ly⟩ **0.1** ***binnen de schedel (gelegen)*** ⇒*intracranieel.*

in·trac·ta·bil·i·ty [ɪn'træktə'bɪlət̬i]⟨n.-telb.zn.⟩ **0.1** ***onhandelbaarheid*** ⇒*eigenzinnigheid, koppigheid* **0.2** ***lastigheid*** ⇒*hardnekkigheid.*

in·trac·ta·ble [ɪn'træktəbl]⟨bn.; -ly; -ness; →bijw. 3⟩ **0.1** ***onhandelbaar*** ⇒*eigenzinnig, koppig* **0.2** ***lastig*** ⇒*hardnekkig* ◆ **1.2** an ~ fever *een hardnekkige koorts.*

in·tra·dos [ɪn'treɪdɒs‖-dɑs,'ɪntrə-]⟨telb.zn.; ook intrados [doʊz]; →mv. 5⟩⟨bouwk.⟩ **0.1** ***intrados*** ⇒*binnenwelfvlak.*

in·tra·mu·ral ['ɪntrə'mjʊərəl‖-'mjʊrəl]⟨bn.; -ly⟩ **0.1** ***intramuraal*** ⇒*binnen de muren* **0.2** ***alleen toegankelijk voor eigen leerlingen*** ◆ **1.2** ~ games *schoolwedstrijden.*

in·tra·mus·cu·lar [-'mʌskjələ‖-ər]⟨bn.; -ly⟩ **0.1** ***intramusculair*** ⇒*in de spier.*

in·tra·na·tion·al [-'næʃnəl]⟨bn., attr.⟩ **0.1** ***binnen een natie*** ⇒*nationaal.*

in·tran·si·gence [ɪn'trænsɪdʒəns,-zɪ-]⟨n.-telb.zn.⟩ **0.1** ***onbuigzaamheid*** ⇒*onverzettelijkheid, onverzoenlijkheid, afwijzing v. compromissen.*

in·tran·si·gent[1], ⟨AE sp. ook⟩ **in·tran·si·geant** [ɪn'trænsɪdʒənt,-zɪ-]⟨telb.zn.⟩ **0.1** ***onbuigzaam persoon*** ⇒*iem. die geen compromissen sluit, intransigent, onverzoenlijke, onverzettelijke.*

intransigent[2] ⟨bn.; -ly⟩ **0.1** ***onbuigzaam*** ⇒*onverzoenlijk, onverzettelijk, intransigent* ◆ **1.1** an ~ party leader *een partijleider die van geen compromissen wil weten.*

in·tran·si·tive[1] [ɪn'trænsɪt̬ɪv]⟨telb.zn.⟩⟨taalk.⟩ **0.1** ***intransitief (werkwoord)*** ⇒*onovergankelijk werkwoord, intransitieve vorm.*

intransitive[2] ⟨bn.; -ly; -ness⟩⟨taalk.⟩ **0.1** ***intransitief*** ⇒*onovergankelijk.*

in·tra·pre·neur ['ɪntrəprə'nɜː‖-nɜr]⟨telb.zn.⟩ **0.1** ***intrapreneur*** ⟨iem. die binnen bestaand bedrijf op eigen initiatief een eigen bedrijf/afdeling ontwikkelt en daarin door de leiding gesteund wordt⟩.

in·tra·u·ter·ine ['ɪntrə'juːt̬əraɪn]⟨bn.⟩ **0.1** ***in de baarmoeder*** ⇒*intra-uterien* ◆ **1.1** ~ (contraceptive) device *i.u.d., spiraaltje, schildje* ⟨anticonceptiemiddel⟩.

in·tra·ve·nous [-'viːnəs]⟨f1⟩⟨bn.⟩ **0.1** ***intraveneus*** ⇒*in de ader(en).*

intrench →entrench.

in·trep·id [ɪn'trepɪd]⟨bn.; -ly; -ness⟩ **0.1** ***onversaagd*** ⇒*onverschrokken, dapper, moedig.*

in·tre·pid·i·ty ['ɪntrə'pɪdət̬i]⟨n.-telb.zn.⟩ **0.1** ***onversaagdheid*** ⇒*onverschrokkenheid, dapperheid, moed.*

in·tri·ca·cy ['ɪntrɪkəsi]⟨f1⟩⟨telb. en n.-telb.zn.; →mv. 2; vaak mv.⟩ **0.1** ***ingewikkeldheid*** ⇒*gecompliceerdheid, verwardheid, neteligheid* ◆ **1.1** the intricacies of politics *de fijne kneepjes v.d. politiek.*

in·tri·cate ['ɪntrɪkət]⟨f2⟩⟨bn.; -ly; -ness⟩ **0.1** ***ingewikkeld*** ⇒*complex, verward, netelig, moeilijk.*

in·tri·gant, in·tri·guant ['ɪntrɪgənt‖'ɪntri'gɑnt]⟨telb.zn.⟩ **0.1** ***intrigant*** ⇒*arglistig persoon.*

in·tri·gante, in·tri·guante ['ɪntri'gɒnt‖'ɪntri'gɑnt]⟨telb.zn.⟩ **0.1** ***intrigante*** ⇒*arglistige vrouw.*

in·tri·gue[1] [ɪn'triːg,'ɪntriːg]⟨f2⟩⟨telb. en n.-telb.zn.⟩ **0.1** ***intrige*** ⇒*kuiperij, gekonkel, samenzwering* **0.2** ***intrige*** ⇒*verwikkeling, plot* ⟨v. toneelstuk enz.⟩ **0.3** ⟨vero.⟩ ***geheime liefde*** ⇒*amourette.*

intrigue[2] [ɪn'triːg]⟨f3⟩⟨ww.⟩
I ⟨onov.ww.⟩ **0.1** ***intrigeren*** ⇒*kuipen, konkelen, samenzweren, geheime plannen smeden* **0.2** ⟨vero.⟩ ***in het geheim een liefdesverhouding hebben*** ◆ **6.1** rebels ~d **with** the communists **against** the king *rebellen zweerden samen met de communisten tegen de koning;*
II ⟨ov.ww.⟩ **0.1** ***intrigeren*** ⇒*belangstelling inboezemen, nieuwsgierig maken, boeien.*

in·trin·sic [ɪn'trɪnsɪk‖-zɪk]⟨f2⟩⟨bn.; -ally; →bijw. 3⟩ **0.1** ***intrinsiek*** ⇒*innerlijk, wezenlijk, inherent* ◆ **1.1** the ~ value of coins *de intrinsieke waarde v. munten.*

in·tro ['ɪntroʊ]⟨f1⟩⟨telb.zn.⟩⟨inf.⟩ **0.1** ***introductie*** **0.2** ⟨muz.⟩ ***intro (otje)*** ⇒*inleiding.*

in·tro- ['ɪntroʊ] **0.1** ***intro-*** ⇒*binnen(waarts)* ◆ **¶.1** ~flexion *buiging naar binnen.*

in·tro·duce ['ɪntrə'djuːs‖-'duːs]⟨f3⟩⟨ov.ww.⟩ **0.1** ***introduceren*** ⇒*voorstellen, bekend maken, inleiden* **0.2** ***invoeren*** ⇒*introduceren, presenteren, in circulatie brengen, naar voren brengen* **0.3** ***indienen*** ⟨wetsontwerp⟩ **0.4** ***plaatsen*** ⇒*inbrengen, insteken* **0.5** ***ter tafel brengen*** ⇒*ter sprake brengen* ◆ **1.1** the guest speaker was ~d by the chairman *de gastspreker werd ingeleid door de voorzitter* **1.5** ~ a new subject *een nieuw onderwerp aansnijden* **6.1** let me ~ you **to** my mother *mag ik je aan mijn moeder voorstellen;* her first boyfriend ~d her **to** *haar eerste vriend liet haar kennismaken met* **6.2** this product will be ~d **into** Europe next year *dit produkt zal volgend jaar in Europa op de markt gebracht worden* **6.4** ~ a tube **into** the stomach *een slang in de maag inbrengen* **6.5** ~ new ideas **into** the discussion *met nieuwe ideeën op de proppen komen tijdens de discussie.*

in·tro·duc·tion ['ɪntrə'dʌkʃn]⟨f3⟩⟨zn.⟩
I ⟨telb.zn.⟩ **0.1** ***inleiding*** ⇒*introductie* ⟨ook v. muziekstuk⟩, *inleidend woord/geschrift, voorwoord* ◆ **6.1** an ~ **to** the Chinese language *een inleiding tot de Chinese taal;*
II ⟨telb. en n.-telb.zn.⟩ **0.1** ***introductie*** ⇒*voorstelling, inleiding* **0.2** ***presentatie*** ⇒*invoering, het in circulatie brengen* **0.3** ***indiening*** ⟨v. wetsontwerp⟩ **0.4** ***plaatsing*** ⇒*het inbrengen* ◆ **1.1** a letter of ~ *een introductiebrief* **3.1** the ~s took nearly half an hour *het kostte bijna een half uur om iedereen aan elkaar voor te stellen* **3.2** I don't go in for these recent ~s *ik houd niet van deze pas ingevoerde nieuwigheden.*

in·tro·duc·to·ry ['ɪntrə'dʌktri]⟨f2⟩⟨bn.; -ly; →bijw. 3⟩ **0.1** ***inleidend*** ◆ **1.1** special ~ offer *speciale introductie-aanbieding;* ~ remarks *inleidende opmerkingen.*

in·tro·gres·sion ['ɪntrə'greʃn]⟨telb. en n.-telb.zn.⟩ **0.1** ***binnendringing*** ⇒*het binnendringen* ⟨v. genen⟩.

in·tro·it ['ɪntrɔɪt]⟨telb.zn.; the; ook I-⟩⟨R.-K.⟩ **0.1** ***introïtus***.
in·tro·ject ['ɪntrədʒekt]⟨ov.ww.⟩⟨psych.⟩ **0.1** ***introjecteren***.
in·tro·jec·tion ['ɪntrə'dʒekʃn]⟨n.-telb.zn.⟩⟨psych.⟩ **0.1** ***introjectie***.
in·tro·mis·sion [-'mɪʃn]⟨n.-telb.zn.⟩ **0.1** ***toelating*** *⇒binnenlating, toegang* **0.2** ***inbrenging*** *⇒invoering*.
in·tro·mit [-'mɪt]⟨ov.ww.; →ww. 7⟩ **0.1** ***toelaten*** *⇒binnenlaten* **0.2** ***inbrengen*** *⇒invoeren*.
in·tro·spect [-'spekt]⟨onov.ww.⟩ **0.1** ***het eigen innerlijk waarnemen*** *⇒aan introspectie doen, de eigen gedachten en gevoelens onderzoeken*.
in·tro·spec·tion [-'spekʃn]⟨telb. en n.-telb.zn.⟩ **0.1** ***introspectie*** *⇒innerlijke zelfwaarneming, zelfbeschouwing*.
in·tro·spec·tive [-'spektɪv]⟨bn.; -ly; -ness⟩ **0.1** ***introspectief*** *⇒zelf-onderzoekend*.
in·tro·sus·cep·tion [-sə'sepʃn]⟨n.-telb.zn.⟩⟨biol., med.⟩ **0.1** ***intussusceptie***.
in·tro·ver·si·ble [-'vɜ:səbl‖-'vɜr-]⟨bn.⟩ **0.1** ***naar binnen keerbaar*** *⇒omkeerbaar (naar binnen)*.
in·tro·ver·sion [-'vɜ:ʃn‖-'vɜrʒn]⟨n.-telb.zn.⟩ **0.1** ***introversie*** *⇒het introvert zijn, het naar binnen keren/gekeerd zijn*.
in·tro·ver·sive [-'vɜ:sɪv‖-'vɜr-], **in·tro·ver·tive** [-'vɜ:tɪv‖-'vɜrt̬ɪv]⟨bn.; introversively⟩ **0.1** ***introvert*** *⇒in zichzelf gekeerd*.
in·tro·vert[1] [-vɜ:t‖-vɜrt]⟨f1⟩⟨telb.zn.⟩ **0.1** ***introvert*** *⇒in zichzelf gekeerd persoon* **0.2** ⟨med.⟩ ***instulpbaar orgaan***.
introvert[2], **in·tro·vert·ed** [-'vɜ:tɪd‖-'vɜrt̬ɪd]⟨f1⟩⟨bn.; 2e variant volt. deelw. v. introvert⟩ **0.1** ***introvert*** *⇒naar binnen gekeerd, in zichzelf gekeerd*.
introvert[3] [-'vɜ:t‖-'vɜrt]⟨ov.ww.⟩ →introverted[2] **0.1** ***naar binnen richten*** *⇒in zichzelf keren* **0.2** ⟨vnl. dierk.⟩ ***instulpen*** ⟨orgaan⟩ *⇒naar binnen keren, intrekken*.
in·trude [ɪn'tru:d]⟨f2⟩⟨ww.⟩
I ⟨onov.ww.⟩ **0.1** ***(zich) binnendringen*** *⇒zich indringen, zich opdringen* **0.2** ***zich opdringen*** *⇒lastig vallen, ongelegen komen, storen* ◆ **3.2** we hope we're not intruding *wij hopen dat wij niet ongelegen komen* **6.1** he has a habit of intruding **into** conversations *hij heeft de gewoonte zich ongevraagd in gesprekken te mengen;* the thought ~d **into/upon** everybody's mind *de gedachte drong zich bij iedereen op* **6.2** let's not ~ **on/upon** his time any longer *laten wij niet langer onnodig beslag leggen op zijn tijd;*
II ⟨ov.ww.⟩ **0.1** ***binnendringen*** *⇒indringen, opdringen, onuitgenodigd mengen* **0.2** ***opdringen*** *⇒lastig vallen, storen* **0.3** ⟨geol.⟩ ***zich persen in*** ⟨v. magma⟩ *⇒intrusie veroorzaken in, binnendringen*.
in·trud·er [ɪn'tru:də‖-ər]⟨f2⟩⟨telb.zn.⟩ **0.1** ***indringer*** *⇒insluiper*.
in·tru·sion [ɪn'tru:ʒn]⟨f2⟩⟨telb. en n.-telb.zn.⟩ **0.1** ***binnendringing*** *⇒indringing, inbreuk, intrusie* **0.2** ⟨geol.⟩ ***intrusie*** *⇒*⟨bij uitbr.⟩ *intrusiegesteente* **0.3** ⟨jur.⟩ ***wederrechtelijke inbezitneming*** **0.4** ⟨gesch.; kerk v. Schotland⟩ ***aanstelling v. predikant tegen de wil v.d. gemeente in*** ◆ **6.1** an ~ **(up)on** my privacy *een inbreuk op mijn privacy*.
in·tru·sive [ɪn'tru:sɪv]⟨f1⟩⟨bn.; -ly; -ness⟩ **0.1** ***opdringerig*** *⇒binnendringend, indringerig, inbreuk makend* **0.2** ⟨geol.⟩ ***intrusief*** *⇒intrusie-, ingeperst* ⟨magma⟩ **0.3** ⟨taalk.⟩ ***ingedrongen*** *⇒ingevoegd* ⟨v. klanken⟩.
intrust →entrust.
in·tu·bate [ɪn'tjʊbeɪt‖-'tu:-]⟨ov.ww.⟩⟨med.⟩ **0.1** ***(buigzame) buis inbrengen in/via*** *⇒intuberen*.
in·tu·ba·tion ['ɪntjʊ'beɪʃn‖-tu:]⟨n.-telb.zn.⟩⟨med.⟩ **0.1** ***intubatie*** *⇒tubage*.
in·tu·it [ɪn'tju:'ɪt‖ɪn'tu:ɪt]⟨ww.⟩
I ⟨onov.ww.⟩ **0.1** ***intuïtie/kennis verkrijgen;***
II ⟨ov.ww.⟩ **0.1** ***bij intuïtie leren kennen*** *⇒intuïtief waarnemen/aanvoelen/inzien/weten*.
in·tu·it·a·ble [ɪn'tju:ɪtəbl]⟨bn.⟩ **0.1** ***intuïtief***.
in·tu·i·tion ['ɪntjʊ'ɪʃn‖-tu:-]⟨f2⟩⟨telb. en n.-telb.zn.⟩ **0.1** ***intuïtie*** *⇒onmiddellijk inzicht, ingeving* ◆ **3.1** she had an ~ that things were wrong *ze had een plotselinge ingeving/wist intuïtief dat de zaak fout zat*.
in·tu·i·tion·al ['ɪntjʊ'ɪʃnəl‖-tu:-]⟨bn.; -ly⟩ **0.1** ***intuïtief***.
in·tu·i·tion·al·ism ['ɪntjʊ'ɪʃnəlɪzm‖-tu:-], **in·tu·i·tion·ism** [-ʃənɪzm]⟨n.-telb.zn.⟩ **0.1** ***intuïtionisme*** ⟨ook wisk.⟩ **0.2** ***intuïtionistische ethiek***.
in·tu·i·tive [ɪn'tju:ɪtɪv‖-'tu:ɪt̬ɪv]⟨f2⟩⟨bn.; -ly; -ness⟩ **0.1** ***intuïtief*** *⇒(als) bij ingeving*.
in·tu·i·tiv·ism [ɪn'tju:ɪtɪvɪzm‖-'tu:ɪt̬ɪ-]⟨n.-telb.zn.⟩ **0.1** ***intuïtionistische ethiek***.
in·tu·i·tiv·ist [ɪn'tju:ɪtɪvɪst‖-'tu:ɪt̬ɪ-]⟨telb.zn.⟩ **0.1** ***aanhanger v.d. intuïtionistische ethiek***.
in·tu·mesce ['ɪntjʊ'mes‖-tu:-]⟨onov.ww.⟩⟨med.⟩ **0.1** ***(op)zwellen*** *⇒uitzetten*.
in·tu·mes·cence ['ɪntjʊ'mesns‖-tu:-]⟨telb. en n.-telb.zn.⟩⟨med.⟩ **0.1** ***(op)zwelling*** *⇒gezwel, uitzetting, intumescentie*.
in·tu·mes·cent ['ɪntjʊ'mesnt‖-tu:-]⟨bn.⟩⟨med.⟩ **0.1** ***(op)zwellend*** *⇒uitzettend, gezwel-*.
in·tus·sus·cep·tion ['ɪntəsə'sepʃn]⟨n.-telb.zn.⟩ **0.1** ⟨biol.⟩ ***intussusceptie*** *⇒opneming* **0.2** ⟨med.⟩ ***intussusceptie*** *⇒invaginatie, darmuitstulping*.
intwine →entwine.
intwist →entwist.
in·unc·tion [ɪ'nʌŋkʃn]⟨telb. en n.-telb.zn.⟩ **0.1** ***olie*** ⟨om in te wrijven⟩ *⇒zalf* **0.2** ***inwrijving*** ⟨met olie e.d.; ook med.⟩ *⇒(in)zalving, inunctie, insmering* **0.3** ⟨relig.⟩ ***zalving***.
in·un·date ['ɪnəndeɪt]⟨f1⟩⟨ov.ww.⟩ **0.1** ***onder water zetten*** *⇒inunderen, overstromen* ⟨ook fig.⟩, *overstelpen, overspoelen*.
in·un·da·tion ['ɪnən'deɪʃn]⟨f1⟩⟨telb. en n.-telb.zn.⟩ **0.1** ***overstroming*** *⇒inundatie, het onder water zetten* **0.2** ***stroom*** *⇒stortvloed, zwerm*.
in·ur·bane ['ɪnɜ:'beɪn‖'ɪnɜr-]⟨bn.⟩ **0.1** ***onhoffelijk*** *⇒onwellevend, onbeschaafd*.
in·ure [ɪ'njʊə‖ɪ'njʊr]⟨f1⟩⟨ww.⟩
I ⟨onov.ww.⟩ **0.1** ⟨jur.⟩ ***van kracht worden*** **0.2** ***ten goede komen*** *⇒strekken* ◆ **6.2** the money ~d **to** the benefit of the party *het geld kwam ten goede aan de partij;*
II ⟨ov.ww.⟩ **0.1** ***gewennen*** *⇒harden*.
in·ure·ment [ɪ'njʊəmənt‖ɪ'njʊr-]⟨telb. en n.-telb.zn.⟩ **0.1** ***gewenning*** *⇒harding*.
in·urn [ɪn'ɜ:n‖ɪn'ɜrn]⟨ov.ww.⟩⟨vero.⟩ **0.1** ***in een urn plaatsen*** ⟨stoffelijke resten na crematie⟩.
in u·ter·o [ɪn'ju:t̬əroʊ]⟨bw.⟩ **0.1** ***in de baarmoeder***.
in·u·tile [ɪn'ju:taɪl‖-'ju:t̬l]⟨bn.; -ly⟩ **0.1** ***nutteloos***.
in·u·til·i·ty ['ɪnju:'tɪlət̬i]⟨n.-telb.zn.⟩ **0.1** ***nutteloosheid***.
inv ⟨afk.⟩ invented, invention, inventor, invoice.
in va·cuo [ɪn 'vækjʊoʊ]⟨bw.⟩ **0.1** ***in vacuo*** *⇒in vacuüm, in het luchtledige* ⟨ook fig.⟩.
in·vade [ɪn'veɪd]⟨f3⟩⟨ww.⟩
I ⟨onov.ww.⟩ **0.1** ***een invasie uitvoeren;***
II ⟨ov.ww.⟩ **0.1** ***binnenvallen*** *⇒een inval doen in, binnendringen* **0.2** ***in groten getale neerstrijken in*** *⇒zich massaal meester maken van, overstromen* **0.3** ***aangrijpen*** *⇒bevangen, aantasten* **0.4** ***inbreuk maken op*** *⇒schenden*.
in·vad·er [ɪn'veɪdə‖-ər]⟨f1⟩⟨telb.zn.⟩ **0.1** ***indringer/ster***.
in·vag·i·nate [ɪn'vædʒɪneɪt]⟨onov. en ov.ww.⟩ **0.1** ***instulpen*** *⇒binnenste buiten keren/gekeerd worden* **0.2** ***in een schede steken***.
in·vag·i·na·tion [ɪn'vædʒɪ'neɪʃn]⟨zn.⟩
I ⟨telb.zn.⟩ **0.1** ***ingestulpt orgaan;***
II ⟨telb. en n.-telb.zn.⟩ **0.1** ***invaginatie*** *⇒instulping, intussusceptie*.
in·va·lid[1] ['ɪnvəlɪd, -li:d‖-lɪd]⟨f2⟩⟨telb.zn.⟩ **0.1** ***invalide*** *⇒(langdurig) zieke*.
in·val·id[2] [ɪn'vælɪd]⟨f1⟩⟨bn.; -ly; -ness⟩ **0.1** ***ongerechtvaardigd*** *⇒ongegrond, zwak, ongefundeerd* **0.2** ⟨jur.⟩ ***ongeldig*** *⇒niet van kracht, nietig, invalide* ◆ **1.1** draw ~ conclusions *conclusies trekken die nergens op gebaseerd zijn* **1.2** the marriage was declared ~ *het huwelijk werd nietig/onwettig verklaard;* this will is ~ *dit testament is ongeldig*.
in·va·lid[3] ['ɪnvəlɪd, -li:d‖-lɪd]⟨f1⟩⟨bn.⟩
I ⟨bn.⟩ **0.1** ***invalide*** *⇒gebrekkig, ziekelijk;*
II ⟨bn., attr.⟩ **0.1** ***invaliden-*** *⇒zieken-* ◆ **1.1** ⟨trein⟩ ~ carriage *ziekenwagen;* ~ chair *rolstoel;* ~ diet *ziekendieet*.
invalid[4] ['ɪnvəlɪd, -li:d‖'ɪnvəlɪd]⟨ww.⟩
I ⟨onov.ww.⟩ **0.1** ***invalide worden*** *⇒patiënt worden;*
II ⟨ov.ww.⟩ **0.1** ***invalide maken*** *⇒aan het bed kluisteren, bedlegerig maken, lichamelijk ongeschikt maken* **0.2** ***invalide verklaren*** *⇒lichamelijk afkeuren, ongeschikt verklaren* ⟨voor dienst⟩ ◆ **5.2** after the bombing the sergeant was ~ed home *na het bombardement werd de sergeant als invalide naar huis gezonden;* because of his injuries he was ~ed **out** *vanwege zijn verwondingen werd hij uit actieve dienst ontslagen* **6.2** three soldiers were ~ed **out of** the army *drie soldaten werden lichamelijk afgekeurd en uit de dienst ontslagen*.
in·val·i·date [ɪn'vælɪdeɪt]⟨f1⟩⟨ov.ww.⟩ **0.1** ***ongeldig maken*** *⇒nietig/krachteloos maken, ontzenuwen, invalideren* ◆ **1.1** his arguments were ~d *zijn argumenten werden ontzenuwd*.
in·val·i·da·tion [ɪn'vælɪ'deɪʃn]⟨telb. en n.-telb.zn.⟩ **0.1** ***ongeldigverklaring*** *⇒nietigverklaring, het krachteloos maken, ontzenuwing*.
in·va·lid·ism ['ɪnvəli:dɪzm‖-lɪdɪzm]⟨n.-telb.zn.⟩ **0.1** ***invaliditeit (spercentage)*** **0.2** ***chronische ziekte***.
in·val·i·di·ty ['ɪnvə'lɪdət̬i]⟨n.-telb.zn.⟩ **0.1** ***ongeldigheid*** *⇒krachteloosheid, nietigheid, invaliditeit* **0.2** ***invaliditeit*** *⇒(lichamelijke) zwakte, arbeidsongeschiktheid*.
in·val·u·a·ble [ɪn'væljʊəbl]⟨f2⟩⟨bn.; -ly; →bijw. 3⟩ **0.1** ***onschatbaar*** **0.2** ***van onschatbare waarde*** *⇒uiterst kostbaar*.
in·var [ɪn'vɑ:‖ɪn'vɑr]⟨n.-telb.zn.; ook I-⟩⟨verk.⟩ invariable **0.1** ***Invar*** ⟨ijzer-nikkellegering⟩.

in·var·i·a·bil·i·ty [ɪn'veərɪə'bɪləṭi‖-'ver-]⟨n.-telb.zn.⟩ **0.1** ***onveranderlijkheid*** *⇒constantheid, vastheid.*
in·var·i·a·ble [ɪn'veərɪəbl‖-'ver-]⟨f2⟩⟨bn.;-ness⟩ **0.1** ***onveranderlijk*** *⇒constant, vast.*
in·var·i·a·bly [ɪn'veərɪəbli‖-'ver-]⟨f3⟩⟨bw.⟩ **0.1** ***steevast*** *⇒steeds, altijd, onveranderlijk.*
in·var·i·ance [ɪn'veərɪəns‖-'ver-]⟨n.-telb.zn.⟩ **0.1** ***onveranderlijkheid*** *⇒constantheid, vastheid.*
in·var·i·ant[1] [ɪn'veərɪənt‖-'ver-]⟨telb.zn.⟩⟨wisk.⟩ **0.1** ***invariant*** *⇒onveranderd blijvende grootheid.*
invariant[2] ⟨bn.⟩ **0.1** ***onveranderlijk*** *⇒invariabel, invariant.*
in·va·sion [ɪn'veɪʒn]⟨f2⟩⟨telb. en n.-telb.zn.⟩ **0.1** ***invasie*** ⟨ook fig.⟩ *⇒inval, het binnenvallen* **0.2** ***inbreuk*** *⇒schending* **0.3** ***het optreden*** ⟨v. ziekte⟩ ◆ **6.1** the ~ **of** Italy *de invasie in Italië.*
in·va·sive [ɪn'veɪsɪv]⟨bn.⟩ **0.1** ***invasie-*** *⇒invallend, invals-, binnendringend* **0.2** ***zich verspreidend*** ⟨v. ziekte⟩.
in·vec·ted [ɪn'vektɪ̣d]⟨bn.⟩⟨heraldiek⟩ **0.1** ***uitgeschulpt.***
in·vec·tive[1] [ɪn'vektɪv]⟨f1⟩⟨telb. en n.-telb.zn.⟩ **0.1** ***beschimping*** *⇒scheldwoord(en), smaadrede, getier, krachtterm.*
invective[2] ⟨bn.;-ly;-ness⟩ **0.1** ***(be)schimpend*** *⇒smadend, scheldend.*
in·veigh [ɪn'veɪ]⟨onov.ww.⟩ **0.1** ***krachtig protesteren*** *⇒uitvaren, schelden, tieren* ◆ **6.1** the police were ~ed **against** for carelessness *er werd een heftige aanval gedaan op de politie vanwege onzorgvuldigheid.*
in·veigle [ɪn'veɪgl,-'vi:gl]⟨ov.ww.⟩ **0.1** ***verleiden*** *⇒overhalen, verlokken, bepraten* ◆ **6.1** ~ s.o. **into** stealing *iem. ertoe brengen om te stelen.*
in·veigle·ment [ɪn'veɪglmənt,-'vi:gl-]⟨n.-telb.zn.⟩ **0.1** ***verleiding*** *⇒het overhalen, verlokking.*
in·vent [ɪn'vent]⟨f3⟩⟨ov.ww.⟩ **0.1** ***uitvinden*** *⇒uitdenken, in het leven roepen* **0.2** ***bedenken*** *⇒verzinnen* **0.3** ⟨sl.⟩ ***jatten*** ◆ **1.2** he must have ~ed the whole story *hij moet het hele verhaal uit zijn duim gezogen hebben.*
in·ven·tion [ɪn'venʃn]⟨f3⟩⟨zn.⟩⟨→sprw. 481⟩
I ⟨telb.zn.⟩ **0.1** ***muzikale inval*** *⇒invention;*
II ⟨telb. en n.-telb.zn.⟩ **0.1** ***uitvinding*** *⇒vinding* **0.2** ***verdichting*** *⇒bedenksel, verzinsel* **0.3** ⟨vero.⟩ ***ontdekking*** *⇒vinding* ◆ **1.3** the Invention of the Cross *de Kruisvinding;*
III ⟨n.-telb.zn.⟩ **0.1** ***inventiviteit*** *⇒vindingrijkheid, vernuft.*
in·ven·tive [ɪn'venṭɪv]⟨f2⟩⟨bn.;-ly;-ness⟩ **0.1** ***inventief*** *⇒vindingrijk, vernuftig, ingenieus* **0.2** ***creatief*** *⇒scheppend, origineel.*
in·ven·tor, in·ven·ter [ɪn'ventə‖ɪn'venṭər]⟨f2⟩⟨telb.zn.⟩ **0.1** ***uitvinder*** **0.2** ***verzinner*** *⇒bedenker* **0.3** ***inventief persoon.***
in·ven·to·ry[1] ['ɪnvəntri‖-tɔri]⟨f2⟩⟨zn.;→mv. 2⟩
I ⟨telb.zn.⟩ **0.1** ***inventaris(lijst)*** *⇒boedelbeschrijving* **0.2** ***overzicht*** *⇒lijst* **0.3** ⟨AE⟩ ***voorraad*** ⟨goederen⟩ *⇒inventaris* ◆ **1.2** an ~ of all outstanding debts *een lijst van alle uitstaande schulden;*
II ⟨telb. en n.-telb.zn.⟩ **0.1** ***inventarisatie*** *⇒boedelbeschrijving.*
inventory[2] ⟨ov.ww.;→ww. 7⟩ **0.1** ***inventariseren*** *⇒de inventaris opmaken van, een boedelbeschrijving geven van.*
in·ven·tress [ɪn'ventrɪ̣s]⟨telb.zn.⟩ **0.1** ***uitvindster*** **0.2** ***verzinster*** *⇒bedenkster* **0.3** ***inventief persoon.***
in·ve·rac·i·ty ['ɪnvə'ræsəṭi]⟨telb. en n.-telb.zn.;→mv. 2⟩⟨schr.⟩ **0.1** ***onwaarheid*** *⇒leugen(s)* **0.2** ***onwaarachtigheid.***
in·ver·ness ['ɪnvə'nes‖-vər-], **'inverness 'cloak, 'inverness 'coat** ⟨telb.zn.; ook I-⟩ **0.1** ***(wijde) overjas*** ⟨met losse cape⟩.
in·verse[1] ['ɪn'vɜ:s‖'ɪn'vɜrs]⟨f1⟩⟨telb.zn.; the⟩ **0.1** ***omgekeerde*** *⇒tegenovergestelde, tegendeel* **0.2** ⟨wisk.⟩ ***inverse*** *⇒reciproque getal/waarde.*
inverse[2] ⟨f1⟩⟨bn., attr.;-ly⟩ **0.1** ***omgekeerd*** *⇒tegenovergesteld, invert* ◆ **1.1** ~ square law *wet v. Bouguer-Lambert Beer;* these things are in ~ proportion/relation to each other *deze dingen zijn omgekeerd evenredig aan elkaar;* ~ ratio *omgekeerd evenredigheid* **3.1** ~ly proportioned to *omgekeerd evenredig met.*
in·ver·sion [ɪn'vɜ:ʃn‖ɪn'vɜrʒn]⟨f1⟩⟨telb. en n.-telb.zn.⟩ **0.1** ***inversie*** ⟨ook meteo., muz., schei., taalk.⟩ *⇒omkering, omzetting* **0.2** ***homoseksualiteit*** ◆ **2.2** sexual ~ *homoseksualiteit.*
in·ver·sive [ɪn'vɜ:sɪv‖-vɜr-]⟨bn.⟩ **0.1** ***omkerend*** *⇒omzettend.*
in·vert[1] ['ɪnvɜ:t‖'ɪnvɜrt]⟨telb.zn.⟩ **0.1** ***homoseksueel*** **0.2** ⟨bouwk.⟩ ***omgekeerde boog*** *⇒bodem.*
invert[2] [ɪn'vɜ:t‖ɪn'vɜrt]⟨f2⟩⟨ww.⟩
I ⟨onov.ww.⟩ **0.1** ***een inversie ondergaan*** *⇒inverteren;*
II ⟨ov.ww.⟩ **0.1** ***omkeren*** ⟨ook muz.; interval⟩ *⇒inverteren, omzetten, op z'n kop zetten* ◆ **1.1** ⟨BE⟩ ~ed commas *aanhalingstekens.*
in·ver·te·brate[1] [ɪn'vɜ:tɪ̣brət,-breɪt‖-vɜrṭɪ̣-]⟨f1⟩⟨telb.zn.⟩ **0.1** ***ongewerveld dier*** **0.2** ***zwakkeling*** *⇒slappeling, iem. zonder ruggegraat.*
invertebrate[2] ⟨bn.⟩ **0.1** ***ongewerveld*** **0.2** ***zonder ruggegraat*** *⇒slap, zwak.*
in·vert·i·ble [ɪn'vɜ:təbl‖ɪn'vɜrṭəbl]⟨bn.⟩ **0.1** ***omkeerbaar.***
'invert 'sugar ⟨n.-telb.zn.⟩ **0.1** ***invertsuiker.***
in·vest [ɪn'vest]⟨f3⟩⟨ww.⟩
I ⟨onov.ww.⟩ **0.1** ***geld beleggen*** *⇒(geld) investeren* ◆ **6.1** ⟨scherts.⟩ he ~ed **in** a cheese roll *hij stak zijn geld in een broodje kaas;*
II ⟨ov.ww.⟩ **0.1** ***investeren*** *⇒beleggen, uitzetten, plaatsen* **0.2** ***bekleden*** ⟨ook met macht e.d.⟩ *⇒omgeven, decoreren* **0.3** ***installeren*** ⟨in ambt⟩ *⇒bevestigen* **0.4** ⟨mil.⟩ ***omsingelen*** *⇒insluiten, blokkeren, belegeren* **0.5** ⟨vero.⟩ ***kleden*** ◆ **6.1** ~ one's money **in** shares *zijn geld in aandelen beleggen;* they ~ed all their spare time **in** the car *ze staken al hun vrije tijd in de auto* **6.2** he was ~ed **with** a knighthood *hij werd geridderd;* the wedding was ~ed **with** romance *om de bruiloft hing een aura van romantiek.*
in·ves·ti·gate [ɪn'vestɪ̣geɪt]⟨f3⟩⟨ww.⟩
I ⟨onov.ww.⟩ **0.1** ***een onderzoek instellen;***
II ⟨ov.ww.⟩ **0.1** ***onderzoeken*** *⇒een onderzoek instellen naar.*
in·ves·ti·ga·tion [ɪn'vestɪ̣'geɪʃn]⟨f3⟩⟨telb. en n.-telb.zn.⟩ **0.1** ***onderzoek*** *⇒navorsing, nasporing, research.*
in·ves·ti·ga·tive [ɪn'vestɪ̣gəṭɪv], **in·ves·ti·ga·to·ry** [ɪn'vestɪ̣geɪtri‖-gətɔri]⟨bn.⟩ **0.1** ***onderzoeks-*** *⇒onderzoekend, nasporings-, speur-* ◆ **1.1** ~ journalism *speur/onderzoeks/dieptejournalistiek, journalistiek(e) research/speurwerk.*
in·ves·ti·ga·tor [ɪn'vestɪ̣geɪtə‖-geɪṭər]⟨f2⟩⟨telb.zn.⟩ **0.1** ***onderzoeker*** *⇒navorser, researcher* **0.2** ***detective*** *⇒speurder, rechercheur, opsporingsambtenaar.*
in·ves·ti·ture [ɪn'vestɪtʃə‖-ər]⟨f1⟩⟨n.-telb.zn.⟩ **0.1** ***installatie*** *⇒plechtige ambtsbekleding, inhuldiging, investituur* **0.2** ***kledingstuk*** *⇒kleed* ⟨ook fig.⟩.
'Investiture 'Controversy ⟨eig.n.; the⟩⟨gesch.⟩ **0.1** ***Investituurstrijd.***
in·vest·ment [ɪn'ves(t)mənt]⟨f3⟩⟨telb. en n.-telb.zn.⟩ **0.1** ***investering*** *⇒(geld)belegging, plaatsing* **0.2** ***bekleding*** ⟨met ambtsgezag⟩ *⇒investituur* **0.3** ***bekleedsel*** *⇒omhulsel* **0.4** ⟨mil.⟩ ***omsingeling*** *⇒insluiting, beleg, blokkade* ◆ **3.1** make ~s *(geld) beleggen.*
in'vestment allowance ⟨telb.zn.⟩ **0.1** ***investeringsaftrek.***
in'vestment trust, in'vestment company ⟨telb.zn.⟩ **0.1** ***investment trust*** *⇒beleggingsmaatschappij* ⟨met vast kapitaal⟩.
in·ves·tor [ɪn'vestə‖-ər]⟨f2⟩⟨telb.zn.⟩ **0.1** ***investeerder*** *⇒(geld)belegger.*
in·vet·er·a·cy [ɪn'veṭərəsi]⟨n.-telb.zn.⟩ **0.1** ***het ingeworteld zijn*** *⇒hardnekkigheid* **0.2** ***verstoktheid*** *⇒onverbeterlijkheid.*
in·vet·er·ate [ɪn'veṭərət]⟨f1⟩⟨bn., attr.;-ly;-ness⟩ **0.1** ***ingeworteld*** *⇒diep verankerd, ingekankerd, hardnekkig* **0.2** ***verstokt*** *⇒aarts-, onverbeterlijk* ◆ **1.1** ~ prejudices *moeilijk uit te roeien vooroordelen* **1.2** ~ alcoholics *verstokte alcoholisten.*
in·vi·a·ble ['ɪn'vaɪəbl]⟨bn.⟩ **0.1** ***niet levensvatbaar*** *⇒niet uitvoerbaar.*
in·vid·i·ous [ɪn'vɪdɪəs]⟨f1⟩⟨bn.;-ly;-ness⟩ **0.1** ***aanstootgevend*** *⇒discriminerend, ergerlijk* **0.2** ***hatelijk*** *⇒beledigend, naar* **0.3** ***jaloers.***
in·vig·i·late [ɪn'vɪdʒɪ̣leɪt]⟨f1⟩⟨onov.ww.⟩ **0.1** ***de wacht houden*** *⇒waken* **0.2** ⟨BE⟩ ***surveilleren*** ⟨bij examen⟩.
in·vig·i·la·tion [ɪn'vɪdʒɪ̣'leɪʃn]⟨n.-telb.zn.⟩ **0.1** ***het wacht houden*** **0.2** ⟨BE⟩ ***surveillance*** ⟨bij examen⟩.
in·vig·i·la·tor [ɪn'vɪdʒɪ̣leɪtə‖-leɪṭər]⟨telb.zn.⟩ **0.1** ***wacht(er)*** *⇒waker* **0.2** ⟨BE⟩ ***surveillant*** ⟨bij examen⟩.
in·vig·or·ate [ɪn'vɪgəreɪt]⟨f1⟩⟨ov.ww.⟩ **0.1** ***(ver)sterken*** *⇒kracht geven, inspireren, stimuleren.*
in·vig·or·a·tion [ɪn'vɪgə'reɪʃn]⟨telb. en n.-telb.zn.⟩ **0.1** ***(ver)sterking*** *⇒het kracht geven, stimulans.*
in·vig·or·a·tive [ɪn'vɪgərətɪv‖-reɪṭɪv]⟨bn.;-ly⟩ **0.1** ***(ver)sterkend*** *⇒kracht gevend, stimulerend.*
in·vig·or·a·tor [ɪn'vɪgəreɪtə‖-reɪṭər]⟨telb.zn.⟩ **0.1** ***iem. die (ver) sterkt*** *⇒iem. die kracht geeft/stimuleert.*
in·vin·ci·bil·i·ty [ɪn'vɪnsə'bɪləṭi]⟨n.-telb.zn.⟩ **0.1** ***onoverwinnelijkheid*** **0.2** ***onwankelbaarheid*** *⇒onwrikbaarheid.*
in·vin·ci·ble [ɪn'vɪnsəbl]⟨f2⟩⟨bn.;-ly;-ness;→bijw. 3⟩ **0.1** ***onoverwinnelijk*** *⇒niet te verslaan* **0.2** ***onwankelbaar*** *⇒onwrikbaar* ◆ **1.¶** ~ faith *onwankelbare trouw.*
in·vi·o·la·bil·i·ty [ɪn'vaɪələ'bɪləṭi]⟨n.-telb.zn.⟩ **0.1** ***onschendbaarheid.***
in·vi·o·la·ble [ɪn'vaɪələbl]⟨f1⟩⟨bn.;-ly;-ness;→bijw. 3⟩ **0.1** ***onschendbaar.***
in·vi·o·la·cy [ɪn'vaɪələsi]⟨n.-telb.zn.⟩ **0.1** ***ongeschondenheid*** *⇒intactheid, ongereptheid, onverbrokenheid.*
in·vi·o·late [ɪn'vaɪələt]⟨f1⟩⟨bn.;-ly;-ness⟩ **0.1** ***ongeschonden*** *⇒intact, ongerept, onverbroken.*
in·vis·i·bil·i·ty [ɪn'vɪzə'bɪləṭi]⟨f1⟩⟨n.-telb.zn.⟩ **0.1** ***onzichtbaarheid*** *⇒verborgenheid.*
in·vis·i·ble[1] [ɪn'vɪzəbl]⟨telb.zn.⟩ **0.1** ***onzichtbare*** **0.2** ⟨vaak mv.⟩ ⟨ec.⟩ ***onderdeel van onzichtbare uitvoer/invoer.***
invisible[2] ⟨f2⟩⟨bn.;-ly;-ness;→bijw. 3⟩ **0.1** ***onzichtbaar*** ⟨ook fig.⟩

⇒*verborgen* ◆ **1.1** ⟨ec.⟩ ~ balance *(betalings)balans v.d. onzichtbare uitvoer/invoer;* ⟨theol.⟩ the Invisible Church, the Church Invisible *de onzichtbare kerk;* ~ exports/imports *onzichtbare uitvoer/invoer;* ~ ink *onzichtbare inkt;* ~ mending *het onzichtbaar stoppen* ⟨v. gaatjes in kleding⟩ **1.¶** join the choir ~ *het tijdelijke met het eeuwige verwisselen;* ~ green *zeer donker groen*.

in·vi·ta·tion ['ɪnvɪ'teɪʃn]⟨f3⟩⟨telb. en n.-telb.zn.⟩ **0.1** ***uitnodiging*** ⇒*invitatie* **0.2** ***uitnodiging*** ⇒*aanmoediging, uitdaging* ◆ **6.1** an ~ **to** a party *een uitnodiging voor een feest* **6.2** the unguarded jewelry was an ~ **to** theft *de onbewaakte juwelen waren een uitnodiging tot diefstal*.

in·vi·ta·tion·al ['ɪnvɪ'teɪʃnəl]⟨bn.⟩ **0.1** ***voor genodigden***.

invi'tation meet ⟨telb.zn.⟩⟨atletiek⟩ **0.1** ***invitatiewedstrijd***.

invi'tation race ⟨telb.zn.⟩⟨sport⟩ **0.1** ***invitatiewedstrijd***.

in·vi·ta·to·ry[1] [ɪn'vaɪtətrɪ‖ɪn'vaɪṭətɔri]⟨telb.zn.;→mv. 2⟩⟨kerk.⟩ **0.1** ***invitatorium*** ⇒*aanvangspsalm*.

invitatory[2] ⟨bn.⟩ **0.1** ***uitnodigend*** ⇒*uitnodigings-*.

in·vite[1] ['ɪnvaɪt]⟨telb.zn.⟩⟨inf.⟩ **0.1** ***uitnodiging*** ⇒*invitatie*.

invite[2] [ɪn'vaɪt]⟨f3⟩⟨ov.ww.⟩ **0.1** ***uitnodigen*** ⇒*inviteren, op bezoek vragen, te eten vragen* **0.2** ***uitnodigen*** ⇒*verzoeken, vragen* **0.3** ***vragen om*** ⇒*uitlokken, zich blootstellen aan* **0.4** ***aanlokken*** ⇒*aantrekken, uitnodigen* ◆ **1.1** ~ the neighbours for a drink *de buren uitnodigen voor een borrel* **1.2** after his lecture the professor ~d questions *na zijn college gaf de professor de gelegenheid tot vragen stellen* **1.4** open displays in shops may ~ shoplifting *het open en bloot uitstallen van koopwaar kan een uitnodiging zijn tot winkeldiefstal;* an inviting smile *een uitnodigende glimlach* **3.4** the fruit was displayed invitingly *het fruit was aantrekkelijk uitgestald* **5.1** ~ s.o. **over/round** *iem. vragen langs te komen* **6.1** aren't you going to ~ me **in?** *vraag je me niet binnen (te komen)?;* ~ s.o. **to/for** dinner *iem. te eten uitnodigen*.

in·vi·tee ['ɪnvaɪ'ti:]⟨f1⟩⟨telb.zn.⟩ **0.1** ***genodigde*** ⇒*invité(e), gast*.

in vi·tro [ɪn 'vi:troʊ]⟨bn., attr.; bw.⟩⟨biol.⟩ **0.1** ***in vitro*** ⇒*in glas* ◆ **1.1** ~ fertilization *in-vitro/reageerbuisbevruchting*.

in vi·vo [ɪn 'vi:voʊ]⟨bn., attr.; bw.⟩⟨biol.⟩ **0.1** ***in vivo*** ⇒*levend, in het levende organisme*.

in·vo·ca·tion ['ɪnvə'keɪʃn]⟨f1⟩⟨telb. en n.-telb.zn.⟩ **0.1** ***aanroeping*** ⇒*inroeping, afsmeking, invocatie* **0.2** ⟨the⟩ ***aanroeping v. God*** ⇒*openingsgebed* **0.3** ***bezwering*** ⇒*toverspreuk, incantatie*.

in·vo·ca·to·ry [ɪn'vɒkətrɪ‖ɪn'vɑkətɔri]⟨bn., attr.⟩ **0.1** ***aanroepend*** ⇒*inroepend, afsmekend* **0.2** ***bezwerings-*** ⇒*tover-*.

in·voice[1] ['ɪnvɔɪs]⟨f1⟩⟨telb.zn.⟩ **0.1** ***factuur*** ◆ **6.1** an ~ **of** *een factuur over*.

invoice[2] ⟨f1⟩⟨ov.ww.⟩ **0.1** ***factureren*** ⇒*op een factuur zetten, een factuur sturen naar*.

'invoice clerk ⟨telb.zn.⟩ **0.1** ***facturist***.

in·voke [ɪn'voʊk]⟨f2⟩⟨ov.ww.⟩ **0.1** ***aanroepen*** ⇒*inroepen* **0.2** ***zich beroepen op*** ⇒*een beroep doen op* **0.3** ***afsmeken*** ⇒*bidden om* **0.4** ***oproepen*** ⟨geesten⟩ ⇒*bezweren* ◆ **6.3** they fell on their knees invoking mercy **(up)on** all sinners *ze vielen op hun knieën en smeekten om genade voor alle zondaars*.

in·vo·lu·cre ['ɪnvəlu:kə‖-ər]⟨telb.zn.⟩ **0.1** ***omhulsel*** **0.2** ⟨plantk.⟩ ***involucrum*** ⇒*omwindsel*.

in·vol·un·tar·y [ɪn'vɒləntri‖ɪn'vɑlənteri]⟨f2⟩⟨bn.; -ly; -ness;→bijw. 3⟩ **0.1** ***onwillekeurig*** ⟨ook med.⟩ ⇒*onopzettelijk, onbewust, niet gewild* **0.2** ***onvrijwillig*** ⇒*gedwongen* ◆ **1.1** an ~ movement *een reflexbeweging*.

in·vo·lute[1] ['ɪnvəlu:t]⟨telb.zn.⟩⟨wisk.⟩ **0.1** ***evolvente*** ⇒*rolkromme*.

involute[2], **in·vo·lut·ed** [ɪnvəlu:ṭɪd]⟨bn.⟩ **0.1** ***ingewikkeld*** ⇒*gecompliceerd* **0.2** ***spiraalvormig gekruld*** **0.3** ⟨plantk.⟩ ***met naar binnen gerolde randen***.

in·vo·lu·tion ['ɪnvə'lu:ʃn]⟨f1⟩⟨zn.⟩

I ⟨telb. en n.-telb.zn.⟩ **0.1** ***binnenwaartse krulling*** **0.2** ***ingewikkeldheid*** ⇒*gecompliceerdheid;*

II ⟨n.-telb.zn.⟩ **0.1** ***verwikkeling*** ⇒*inwikkeling, betrokkenheid* **0.2** ⟨wisk.⟩ ***machtsverheffing*** **0.3** ⟨med.⟩ ***teruggang*** ⇒*regressie, involutie*.

in·volve [ɪn'vɒlv‖ɪn'vɑlv]⟨f4⟩⟨ov.ww.⟩ **0.1** ***betrekken*** ⇒*verwikkelen, impliceren, involveren* **0.2** ***(met zich) meebrengen*** ⇒*in zich sluiten, meeslepen, betekenen* **0.3** ***hullen*** ⇒*wikkelen, omgeven* **0.4** ***ingewikkeld maken*** **0.5** ⟨wisk.⟩ ***tot een bep. macht verheffen*** **0.6** ⟨vero.⟩ ***winden*** ⇒*draaien* ◆ **1.1** whose interests are ~d? *om wiens belangen gaat het?;* the persons ~d *de personen in kwestie, de betrokkenen* **1.2** there need not be any risk ~d *er hoeft geen risico aan verbonden te zijn;* large sums of money are ~d *er zijn grote bedragen mee gemoeid;* my new job ~s frequent travel *mijn nieuwe baan brengt met zich mee dat ik veel moet reizen* **1.4** his ~d sentences failed to reach the audience *zijn moeilijk geconstrueerde zinnen drongen niet bij het publiek door* **6.1** don't get ~d **in** this sordid affair *raak niet betrokken bij dit smerige zaakje;* be ~d **in** debt *in de schulden zitten;* she's ~d **with** a bank clerk *ze heeft een verhouding/laat zich in/is bevriend met een bankemployé* **6.3** ~d **in** a cloud of cigar smoke *omgeven door een wolk sigarerook*.

in·volve·ment [ɪn'vɒlvmənt‖ɪn'vɑlv-]⟨f2⟩⟨n.-telb.zn.⟩ **0.1** ***betrokkenheid*** ⇒*verwikkeling* **0.2** ***(financiële) moeilijkheden*** ⇒*schulden* **0.3** ***ingewikkeldheid*** ⇒*verwardheid, complexiteit*.

in·vul·ner·a·bil·i·ty [ɪn'vʌlnrə'bɪləṭɪ]⟨n.-telb.zn.⟩ **0.1** ***onkwetsbaarheid*** ⇒*onaantastbaarheid* ⟨ook fig.⟩.

in·vul·ner·a·ble [ɪn'vʌlnrəbl]⟨f1⟩⟨bn.; -ly; -ness;→bijw. 3⟩ **0.1** ***onkwetsbaar*** ⟨ook fig.⟩ ⇒*onaantastbaar* ◆ **1.1** Peter is in an ~ position *Peter zit op een plaats waar niets hem deren kan*.

in·ward[1] ['ɪnwəd‖'ɪnwərd]⟨f2⟩⟨bn.⟩ **0.1** ***innerlijk*** ⇒*inwendig, geestelijk, mentaal* **0.2** ***binnenwaarts*** ⇒*naar binnen gericht* **0.3** ***vertrouwd*** ⇒*bekend* ◆ **1.2** ⟨scheep.⟩ ~ cargo *binnenkomende lading;* ⟨scheep.⟩ ~ port *haven v. aankomst* **6.3** he was ~ **with** Gothic architecture *hij had een goede/gedegen kennis v.d. gotische bouwkunst*.

inward[2], **in·wards** ⟨f1⟩⟨bw.⟩ **0.1** ***binnenwaarts*** ⇒*naar binnen* **0.2** ***innerlijk*** ⇒*in de geest*.

in·ward·ly ['ɪnwədli‖'ɪnwərdli]⟨f1⟩⟨bw.⟩ **0.1** ***innerlijk*** ⇒*inwendig, van binnen, geestelijk* **0.2** ***in zichzelf*** ⇒*binnensmonds*.

in·ward·ness ['ɪnwədnəs‖'ɪnwərd-]⟨f1⟩⟨n.-telb.zn.⟩ **0.1** ***innerlijk (wezen)*** ⇒*essentie* **0.2** ***innerlijke betekenis*** ⇒*geestelijk waarde* **0.3** ***ingekeerdheid*** **0.4** ***vertrouwdheid*** ⇒*bekendheid*.

in·wards ['ɪnwədz‖'ɪnwərdz]⟨mv.⟩⟨inf.⟩ **0.1** ***ingewanden*** ⇒*binnenkant*.

in·weave, en·weave ['ɪn'wi:v]⟨ov.ww.⟩ **0.1** ***inweven*** ⇒*doorweven* ◆ **6.1** be inwoven **with** *vervlochten zijn met*.

inwrap →enwrap.

inwreathe →enwreathe.

in·wrought ['ɪn'rɔ:t]⟨bn.⟩ **0.1** ***versierd*** ⇒*gedecoreerd* **0.2** ***ingewerkt*** ⇒*doorweven;* ⟨fig.⟩ *vervlochten* ◆ **6.1** a dress ~ **with** a decorative pattern *een jurk versierd met een decoratief patroon* **6.2** ~ **in/on** the cloth *in de stof verwerkt*.

in·ya·la [ɪn'jɑ:lə], **nya·la** ⟨telb.zn.; ook (i)nyala;→mv. 4⟩ **0.1** ***nyala*** ⟨Z. Afr. antilope; Tragelaphus angasi⟩.

Io ⟨afk.⟩ Iowa.

I/O ⟨afk.⟩ input/output ⟨comp.⟩.

i·od- ['aɪəd], **i·o·do-** ['aɪədoʊ]⟨schei.⟩ **0.1** ***jodium-*** ⇒*jod(o)-*.

i·o·date[1] ['aɪədeɪt]⟨telb. en n.-telb.zn.⟩⟨schei.⟩ **0.1** ***jodaat***.

iodate[2] ⟨ov.ww.⟩⟨schei.⟩ **0.1** ***joderen***.

i·od·ic [aɪ'ɒdɪk‖-'ɑdɪk]⟨bn.⟩⟨schei.⟩ **0.1** ***jodium-*** ⇒*jood-* ◆ **1.1** ~ acid *joodzuur*.

i·o·dide ['aɪədaɪd]⟨telb. en n.-telb.zn.⟩⟨schei.⟩ **0.1** ***jodide***.

i·o·di·nate [aɪ'ɒdɪneɪt‖'aɪədɪneɪt]⟨ov.ww.⟩⟨schei.⟩ **0.1** ***joderen*** ⇒*met jodium behandelen, jodium toevoegen aan, jodiumhoudend maken*.

i·o·di·na·tion [aɪ'ɒdɪ'neɪʃn‖'aɪədə-]⟨telb. en n.-telb.zn.⟩⟨schei.⟩ **0.1** ***behandeling met jodium***.

i·o·dine, i·o·din ['aɪədi:n‖-daɪn]⟨f1⟩⟨n.-telb.zn.⟩⟨schei.⟩ **0.1** ***jodium*** ⟨element 53⟩ **0.2** ***jodium/joodtinctuur***.

i·o·dism ['aɪədɪzm]⟨n.-telb.zn.⟩⟨med.⟩ **0.1** ***jodiumvergiftiging***.

i·o·dize, -dise ['aɪədaɪz]⟨ov.ww.⟩⟨schei.⟩ **0.1** ***joderen*** ⇒*met jodium behandelen, jodium toevoegen aan, jodiumhoudend maken*.

i·o·do·form [aɪ'ɒdəfɔ:m‖aɪ'ɑdəfɔrm]⟨n.-telb.zn.⟩⟨med.⟩ **0.1** ***jodoform***.

i·o·lite ['aɪəlaɪt]⟨n.-telb.zn.⟩⟨schei.⟩ **0.1** ***cordieriet***.

IOM ⟨afk.⟩ Isle of Man.

i·on ['aɪən]⟨f2⟩⟨telb.zn.⟩⟨nat., schei.⟩ **0.1** ***ion***.

-ion [(ɪ)ən]⟨vormt nw. vaak van ww.⟩ **0.1** ***-ie*** **0.2** ***-ing*** ◆ **¶.1** union *unie* **¶.2** completion *completering*.

'ion exchange ⟨telb. en n.-telb.zn.⟩ **0.1** ***ionen(uit)wisseling*** ⇒*ionenomwisseling*.

'ion exchanger ⟨telb.zn.⟩ **0.1** ***ionenuitwisselaar***.

I·o·ni·an[1] [aɪ'oʊnɪən]⟨telb.zn.⟩ **0.1** ***Ioniër***.

Ionian[2] ⟨bn.⟩ **0.1** ***Ionisch*** ◆ **1.1** ⟨muz.⟩ ~ mode *Ionische toonladder*.

i·on·ic ⟨bn.⟩⟨nat.⟩ **0.1** ***mbt. ionen*** ⇒*ionen-* ◆ **1.1** ~ propulsion *ionenvoortstuwing*.

I·on·ic[1] [aɪ'ɒnɪk‖-'ɑnɪk]⟨eig.n.⟩ **0.1** ***Ionisch (dialect)***.

Ionic[2] ⟨f1⟩⟨bn.⟩ **0.1** ***Ionisch*** ◆ **1.1** ~ dialect *Ionisch dialect;* ~ order *Ionische bouworde*.

i·on·i·um [aɪ'oʊnɪəm]⟨n.-telb.zn.⟩⟨schei.⟩ **0.1** ***ionium*** ⟨element 90⟩.

i·on·iz·a·ble, -is·a·ble ['aɪənaɪzəbl]⟨bn.⟩ **0.1** ***ioniseerbaar***.

i·on·i·za·tion, -sa·tion ['aɪənaɪ'zeɪʃn‖'aɪənə-]⟨telb. en n.-telb.zn.⟩ **0.1** ***ionisatie***.

i·on·ize, -ise ['aɪənaɪz]⟨f1⟩⟨onov. en ov.ww.⟩ **0.1** ***ioniseren***.

i·on·o·sphere [aɪ'ɒnəsfɪə‖aɪ'ɑnəsfɪr]⟨n.-telb.zn.; the⟩ **0.1** ***ionosfeer***.

i·on·o·spher·ic [aɪ'ɒnə'sferɪk‖aɪ'ɑnə'sfɪrɪk]⟨bn.⟩ **0.1** ***ionosferisch***.

IOOF ⟨afk.⟩ Independent Order of Odd Fellows.
-ior [ɪə‖ɪər] **0.1** →-iour **0.2** ⟨vormt bijv. nw.⟩ ***-ior*** ◆ **¶.2** senior *senior.*
i·o·ta [aɪ'oʊṭə]⟨f1⟩⟨telb.zn.⟩ **0.1** ***jota*** ⟨9e letter v.h. Griekse alfabet⟩ ⇒⟨fig.⟩ *greintje, ziertje* ◆ **7.1** not an ~ *geen jota.*
IOU ⟨telb.zn.; mv. ook IOU's⟩⟨oorspr. afk.⟩ I owe you **0.1** ***schuldbekentenis.***
-iour, ⟨AE⟩ **-ior** [ɪə‖ɪər]⟨vormt nw.⟩ **0.1** ***-er*** ◆ **¶.1** saviour *redder.*
-ious [(ɪ)əs]⟨vormt bijv. nw.⟩ **0.1** ***-ieus*** ◆ **¶.1** religious *religieus.*
IOW ⟨afk.⟩ Isle of Wight.
I·o·wa ['aɪoʊə]⟨eig.n.⟩ **0.1** ***Iowa.***
IPA ⟨afk.⟩ International Phonetic Alphabet, International Phonetic Association.
ip·e·cac ['ɪpɪkæk]⟨telb. en n.-telb.zn.⟩⟨verk.⟩ ipecacuanha.
ip·e·cac·u·an·ha ['ɪpɪkækju'ænə]⟨zn.⟩⟨plantk.⟩
I ⟨telb.zn.⟩ **0.1** ***ipecacuanha*** ⟨Cephaelis ipecacuanha⟩;
II ⟨n.-telb.zn.⟩ **0.1** ***ipecacuanhawortel*** ⇒*braakwortel.*
ip·o·moea ['ɪpə'mi:ə]⟨telb. en n.-telb.zn.⟩⟨plantk.⟩ **0.1** ***ipomoea*** ⟨genus Ipomoea⟩.
ip·pon ['ɪpɒn‖'ɪpɑn]⟨telb. en n.-telb.zn.⟩⟨vechtsport, i.h.b. judo⟩ **0.1** ***ippon*** ⟨beslissende score om wedstrijd te winnen; 10 punten⟩.
ips ⟨afk.⟩ inches per second.
ip·se dix·it ['ɪpseɪ 'dɪksɪt‖'ɪpsi-]⟨telb.zn.⟩ **0.1** ***ipse dixit*** **0.2** ***ongefundeerde bewering / verklaring.***
ip·si·lat·er·al ['ɪpsɪ'lætrəl‖-'læṭərəl]⟨bn., attr.⟩ **0.1** ***aan dezelfde kant v.h. lichaam*** ⇒*homolateraal.*
ip·sis·si·ma ver·ba [ɪp'sɪsɪmə 'vɜ:bə‖-'vɜrbə]⟨mv.⟩ **0.1** ***ipsissima verba*** ⇒*precies dezelfde woorden.*
ip·so fac·to ['ɪpsoʊ 'fæktoʊ]⟨bw.⟩ **0.1** ***ipso facto*** ⇒*door dat feit zelf, noodzakelijkerwijs.*
IQ ⟨telb.zn.⟩⟨afk.⟩ Intelligence Quotient **0.1** ***I.Q.***.
-ique →-ic.
ir- →in-.
Ir ⟨afk.⟩ Irish.
IR ⟨afk.⟩ infrared.
IRA ['aɪɑ:'reɪ]⟨eig.n.⟩⟨afk.⟩ Irish Republican Army **0.1** ***IRA.***
ira·de [ɪ'rɑ:d‖ɪ'rɑdi]⟨telb.zn.⟩⟨gesch.⟩ **0.1** ***edict*** ⟨v. Turkse sultan⟩.
I·ran [ɪ'ræn, ɪ'rɑ:n]⟨eig.n.⟩ **0.1** ***Iran.***
I·ra·ni·an¹ [ɪ'reɪnɪən, ɪ'rɑ:-]⟨f1⟩⟨zn.⟩
I ⟨eig.n.⟩ **0.1** ***Iraans*** ⇒*de Iraanse taal;*
II ⟨telb.zn.⟩ **0.1** ***Iraniër.***
Iranian² ⟨f1⟩⟨bn.⟩ **0.1** ***Iraans.***
I·raq¹, I·rak [ɪ'rɑ:k, ɪ'ræk]⟨eig.n.⟩ **0.1** ***Irak.***
Iraq², Irak ⟨f1⟩⟨bn., attr.⟩ **0.1** ***Iraaks.***
I·ra·qi¹, I·ra·ki [ɪ'rɑ:ki, ɪ'ræki]⟨f1⟩⟨telb.zn.; ook Iraqi, Iraki; →mv. 4⟩ **0.1** ***Irakees.***
Iraqi², Iraki ⟨f1⟩⟨bn., attr.⟩ **0.1** ***Iraaks.***
i·ras·ci·bil·i·ty [ɪ'ræsə'bɪləṭi]⟨n.-telb.zn.⟩ **0.1** ***prikkelbaarheid*** ⇒*opvliegendheid, lichtgeraaktheid.*
i·ras·ci·ble [ɪ'ræsəbl]⟨bn.; -ly; -ness; →bijw. 3⟩ **0.1** ***prikkelbaar*** ⇒*opvliegend, lichtgeraakt.*
i·rate [aɪ'reɪt]⟨bn.; -ly; -ness⟩⟨schr.⟩ **0.1** ***toornig*** ⇒*ziedend, woedend.*
IRBM ⟨telb.zn.⟩⟨afk.⟩ Intermediate Range Ballastic Missile **0.1** ***IRBM.***
ire ['aɪə‖'aɪər]⟨n.-telb.zn.⟩⟨schr.⟩ **0.1** ***toorn*** ⇒*gramschap, woede.*
ire·ful ['aɪəfl‖'aɪərfl]⟨bn.; -ly; -ness⟩⟨schr.⟩ **0.1** ***toornig*** ⇒*woedend, ziedend.*
Ire·land ['aɪələnd‖'aɪər-]⟨eig.n.⟩ **0.1** ***Ierland.***
i·ren·ic [aɪ'ri:nɪk, aɪ're-], **i·ren·i·cal** [-ɪkl]⟨bn.; -(al)ly; →bijw. 3⟩ **0.1** ***irenisch*** ⇒*vredestichtend, bemiddelend.*
irenicon →eirenicon.
Iricism →Irishism.
ir·i·da·ceous ['ɪrɪ'deɪʃəs]⟨bn., attr.⟩⟨plantk.⟩ **0.1** ***behorend tot de fam. Iridaceae / Lissenfamilie*** **0.2** ***lis-achtig.***
ir·i·des·cence ['ɪrɪ'desns]⟨n.-telb.zn.⟩ **0.1** ***het iriserend zijn*** **0.2** ***kleurenspel*** ⇒*vertoon v.d. kleuren v.d. regenboog.*
ir·i·des·cent ['ɪrɪ'desnt]⟨bn.⟩ **0.1** ***iriserend*** ⇒*regenboogkleurig.*
i·rid·i·um [ɪ'rɪdɪəm, aɪ-]⟨n.-telb.zn.⟩⟨schei.⟩ **0.1** ***iridium*** ⟨element 77⟩.
ir·i·dol·o·gist [ɪrɪ'dɒlədʒɪst‖-'dɑl]⟨telb.zn.⟩ **0.1** ***irisscopist(e).***
ir·i·dol·o·gy [ɪrɪ'dɒlədʒi‖-dɑl-]⟨n.-telb.zn.⟩ **0.1** ***irisscopie.***
i·ris¹ ['aɪərɪs]⟨f1⟩⟨telb.zn.; ook irides ['aɪərɪdi:z]; →mv. 5⟩ **0.1** ***iris*** ⇒*regenboogvlies* ⟨v. oog⟩ **0.2** ***iris*** ⇒*regenboog* **0.3** ***iris*** ⟨bergkristal⟩ **0.4** →iris diaphragm.
iris² ⟨f1⟩⟨telb.zn.; ook iris, irides; →mv. 4, 5⟩⟨plantk.⟩ **0.1** ***lis*** ⇒*iris* ⟨genus Iris⟩.
'iris diaphragm ⟨telb.zn.⟩⟨foto.⟩ **0.1** ***irisdiafragma.***
I·rish¹ ['aɪərɪʃ]⟨f1⟩⟨zn.⟩
I ⟨eig.n.⟩ **0.1** ***Iers*** ⇒*de Ierse taal, (Iers-)Gaelisch;*
II ⟨n.-telb.zn.⟩ **0.1** ⟨inf.⟩ ***opvliegendheid*** **0.2** ***Iers linnen*** **0.3** ***Ierse whisky*** ◆ **3.1** don't get your ~ up *spring niet direct uit je vel;*
III ⟨mv.; ww. altijd mv.; the⟩ **0.1** ***de Ieren.***
Irish² ⟨f3⟩⟨bn.⟩ **0.1** ***Iers*** ⇒*van / uit Ierland* ◆ **1.1** ⟨BE⟩ ~ bridge *open afvoergeul* ⟨overweg⟩; ~ coffee *Irish coffee* ⟨koffie met whisky en slagroom⟩; ~ deer / elk *reuzenhert* ⟨uit prehistorie; Megaloceros hibernicus⟩; ⟨gesch.⟩ ~ Free State *Ierse Vrijstaat;* ~ Gaelic *Iers-Gaelisch;* ⟨plantk.⟩ ~ moss *carrageen, Iers mos* ⟨Chondrus crispus⟩; ⟨AE⟩ ~ potato / ⟨scherts.⟩ grape *aardappel;* ~ Sea *Ierse Zee;* ~ setter *Ierse setter;* ~ stew *Ierse stoofschotel / hutspot;* ~ terrier *Ierse terriër;* ~ Mist *Irish Mist* ⟨soort honinglikeur⟩; ~ whiskey *Ierse whiskey* **1.¶** ~ bull *tegenstrijdigheid, gebazel, onzin;* ⟨AE; sl.⟩ ~ confetti *bakstenen* ⟨als projectiel⟩.
I·rish·er ['aɪərɪʃə‖-ər]⟨telb.zn.⟩⟨sl.⟩ **0.1** ***Ier.***
I·rish·ism ['aɪərɪʃɪzm], **I·ri·cism** [-sɪzm]⟨telb.zn.⟩ **0.1** ***Ierse trek*** ⇒*Ierse eigenaardigheid / grap* **0.2** ***Iers gebruik / gezegde.***
I·rish·ize ['aɪərɪʃaɪz]⟨ov.ww.⟩ **0.1** ***veriersen.***
I·rish·man ['aɪərɪʃmən]⟨f2⟩⟨telb.zn.; Irishmen [-mən]; →mv. 3⟩ **0.1** ***Ier*** **0.2** ⟨plantk.⟩ ***doornige heester*** ⟨Discaria toumatou⟩.
I·rish·ry ['aɪərɪʃri]⟨zn.; →mv. 2⟩
I ⟨telb.zn.⟩ **0.1** ***Ierse trek*** ⇒*Ierse eigenaardigheid;*
II ⟨n.-telb.zn.⟩ **0.1** ***Ierse bevolking*** ⇒*Ieren.*
'I·rish·wo·man ⟨telb.zn.; Irishwomen; →mv. 3⟩ **0.1** ***Ierse.***
i·ri·tis [aɪ'raɪṭɪs]⟨telb. en n.-telb.zn.⟩⟨med.⟩ **0.1** ***iritis*** ⇒*irisontsteking.*
irk [ɜ:k‖ɜrk]⟨f1⟩⟨ov.ww.⟩ **0.1** ***ergeren*** ⇒*tegenstaan, hinderen, vervelen* ◆ **4.1** it ~s me to do this job *deze klus staat me tegen.*
irk·some ['ɜ:ksəm‖'ɜrk-]⟨f1⟩⟨bn.; -ly; -ness⟩ **0.1** ***ergerlijk*** ⇒*hinderlijk, vervelend, vermoeiend.*
IRO ⟨afk.⟩ Inland Revenue Office ⟨BE⟩; International Refugee Organization.
i·ro·ko [ɪ'roʊkoʊ]⟨zn.⟩
I ⟨telb.zn.⟩ **0.1** ⟨plantk.⟩ ***irokoboom*** ⟨Chlorophora Excelsa⟩;
II ⟨n.-telb.zn.⟩ **0.1** ***iroko*** ⇒*kambala* ⟨hout v.d. Chlorophora⟩.
i·ron¹ ['aɪən‖'aɪərn]⟨f3⟩⟨zn.⟩
I ⟨telb.zn.⟩ **0.1** ⟨ben. voor⟩ ***ijzer*** ⇒*strijkijzer, krulijzer, friseerijzer, brandijzer, pook, soldeerbout* **0.2** ***iron*** ⟨metalen golfclub⟩ **0.3** ⟨vaak mv.⟩ ***steunbeugel*** ⟨voor been⟩ ⇒*boei, stijgbeugel* **0.4** ***harpoen*** ⇒*enterhaak* **0.5** ⟨inf.⟩ ***schietijzer*** **0.6** ⟨sl.⟩ ***auto*** **0.7** ⟨sl.⟩ ***zilveren munten*** ◆ **1.¶** have many ~s in the fire *veel ijzers in het vuur hebben;* have too many ~s in the fire *te veel hooi op z'n vork genomen hebben* **6.3** the thief was put in ~s *de dief werd in de boeien geslagen;*
II ⟨n.-telb.zn.⟩⟨ook schei.⟩ **0.1** ***ijzer*** ⟨element 26⟩ ◆ **1.1** the dictator ruled with a rod of ~ *de dictator regeerde met ijzeren vuist* **1.¶** the ~ entered into his soul *hij kreeg eelt op zijn ziel* **2.1** as hard as ~ *zo hard als staal* **3.1** cast ~ *gietijzer;* wrought ~ *smeedijzer.*
iron² ⟨f3⟩⟨bn.⟩ **0.1** ***ijzeren*** ⇒*ijzer-, ijzerachtig* **0.2** ***ijzersterk*** ⇒*ijzeren* **0.3** ***onbuigzaam*** ⟨fig.⟩ ⇒*onverzettelijk, bikkelhard, genadeloos, ijzeren* ◆ **1.1** Iron Cross *IJzeren Kruis* ⟨Dui. mil. onderscheiding⟩; ⟨vero.⟩ ~ horse *ijzeren paard / ros* ⟨locomotief⟩; ~ lung *ijzeren long* **1.2** ~ constitution *ijzeren gestel;* ~ nerves *stalen zenuwen* **1.3** the Iron Chancellor *de ijzeren kanselier* ⟨Bismarck⟩; the Iron Duke *de ijzeren hertog* ⟨Wellington⟩; ⟨inf.⟩ rule with an ~ hand / rod *met ijzeren vuist regeren;* the Iron Lady *de ijzeren dame* ⟨Margaret Thatcher⟩; ~ will *ijzeren wil* **1.¶** (behind the) Iron Curtain *(achter het) ijzeren gordijn;* ⟨schei.⟩ ~ pyrites *pyriet, (ijzer)kies, zwavelkies.*
iron³ ⟨f3⟩⟨ww.⟩ →ironing
I ⟨onov. en ov.ww.⟩ **0.1** ***strijken*** ◆ **1.1** damp clothes sometimes ~ better *vochtige kleren strijken soms makkelijker* **5.1** the wrinkles in this shirt will have to be ~ed **out** *de kreukels in dit overhemd moeten eruit gestreken worden;* ⟨fig.⟩ these misunderstandings can be ~ed **out** *deze misverstanden kunnen gladgestreken worden / uit de wereld geholpen worden* **5.¶** ⟨sl.⟩ ~ **off** *betalen, schokken;* ~ **out** *neerschieten.*
'Iron Age ⟨eig.n.; the⟩ **0.1** ***ijzertijd(perk).***
'i·ron·bark ⟨telb.zn.⟩⟨plantk.⟩ **0.1** ⟨Austr.⟩ ***eucalyptus*** ⟨genus Eucalyptus⟩.
'i·ron·bound ⟨bn.⟩ **0.1** ***met ijzer beslagen*** **0.2** ***streng*** ⇒*onbuigzaam, hard, ijzeren* **0.3** ***door rotsen ingesloten*** ⟨v. kust⟩.
'i·ron·clad¹ ⟨telb.zn.⟩⟨gesch.⟩ **0.1** ***pantserschip.***
'iron'clad² ⟨bn.⟩ **0.1** ***gepantserd*** **0.2** ***hard*** ⇒*streng, onbuigzaam* ◆ **1.2** an ~ rule *een waterdichte regel, een wet v. Meden en Perzen.*
i·ron·er ['aɪənə‖-ər]⟨telb.zn.⟩ **0.1** ***strijk(st)er*** **0.2** ***mangel.***
'i·ron'fist·ed ⟨bn.⟩ **0.1** ***vrekkig*** ⇒*gierig* **0.2** ***meedogenloos*** ⇒*ijzeren.*
'iron foundry ⟨telb.zn.⟩ **0.1** ***ijzergieterij*** ⇒*ijzersmelterij.*
'i·ron-'grey ⟨n.-telb.zn.; vaak attr.⟩ **0.1** ***ijzerkleur*** ⇒*ijzergrauw.*
'i·ron'heart·ed ⟨bn.⟩ **0.1** ***hardvochtig*** ⇒*ongevoelig, meedogenloos.*

i·ron·ic [aɪ'rɒnɪk‖aɪ'rɑ-], **i·ron·ic·al** [-ɪkl]⟨f2⟩⟨bn.; -(al)ly; -(al)ness; →bijw. 3⟩ **0.1** ***ironisch*** ⇒*spottend* ◆ ¶.1 ironically, he was to be arrested by his best friend *ironisch genoeg zou hij door zijn beste vriend gearresteerd worden*.

i·ron·ing ['aɪənɪŋ‖'aɪər-]⟨f1⟩⟨n.-telb.zn.; gerund v. iron⟩ **0.1** ***het strijken*** **0.2** ***strijkgoed*** ⇒*strijkwerk* ◆ **3.1** do the ~ *strijken*.

'ironing board ⟨f1⟩⟨telb.zn.⟩ **0.1** ***strijkplank***.

i·ron·ist ['aɪrənɪst]⟨telb.zn.⟩ **0.1** ***ironisch iem.*** ⇒*ironicus*.

i·ron·ize, -ise ['aɪrənaɪz]⟨onov. en ov.ww.⟩ **0.1** ***ironiseren***.

'i·ron·mas·ter ⟨telb.zn.⟩⟨BE⟩ **0.1** ***ijzerfabrikant***.

'i·ron·mon·ger ⟨f1⟩⟨telb.zn.⟩⟨BE⟩ **0.1** ***ijzerhandelaar***.

'i·ron·mon·ger·y ⟨f1⟩⟨zn.; →mv. 2⟩⟨BE⟩
 I ⟨telb.zn.⟩ **0.1** ***ijzerhandel;***
 II ⟨n.-telb.zn.⟩ **0.1** ***ijzerwaren*** **0.2** ⟨inf.⟩ ***schietijzers***.

'i·ron·mould[1], ⟨AE sp.⟩ **'i·ron·mold** ⟨telb.zn.⟩ **0.1** ***ijzersmet/plek*** ⇒*roestvlek* **0.2** ***inktvlek***.

'iron'mould[2], ⟨AE sp.⟩ **'iron'mold** ⟨ov.ww.⟩ **0.1** ***ijzersmet geven*** ⇒*doen roesten*.

'iron ore ⟨n.-telb.zn.⟩ **0.1** ***ijzererts***.

'iron pan ⟨telb.zn.⟩ **0.1** ***ijzeroerlaag***.

'iron ration ⟨telb.zn.; vaak mv.⟩ **0.1** ***noodrantsoen*** ⇒*ijzeren voorraad*.

'i·ron-shod ⟨bn.⟩ **0.1** ***met ijzeren beslag***.

'i·ron·side ⟨zn.⟩
 I ⟨telb.zn.; vaak mv.⟩ **0.1** ***ijzervreter*** ⇒*geharde/dappere kerel;*
 II ⟨mv.; ~s⟩ **0.1** ⟨ww. soms enk.⟩ ***pantserschip*** **0.2** ⟨I-⟩⟨gesch.⟩ ***Ironsides*** ⟨Cromwells troepen⟩.

'i·ron·stone ⟨n.-telb.zn.⟩ **0.1** ***ijzersteen*** **0.2** ***(soort) aardewerk***.

'i·ron·ware ⟨n.-telb.zn.⟩ **0.1** ***ijzerwaren***.

'i·ron·wood ⟨n.-telb.zn.⟩ **0.1** ***ijzerhout***.

'i·ron·work ⟨zn.⟩
 I ⟨n.-telb.zn.⟩ **0.1** ***ijzerwerk;***
 II ⟨mv.; ~s; ww. soms enk.⟩ **0.1** ***ijzerfabriek*** ⇒*ijzergieterij/smelterij*.

i·ro·ny[1] ['aɪrəni]⟨f2⟩⟨zn.; →mv. 2⟩
 I ⟨telb.zn.⟩ **0.1** ***ironische opmerking/gebeurtenis*** ⟨enz.⟩ ⇒*spotternij* ◆ **1.1** life's ironies *de tegenstrijdigheden v.h. leven;*
 II ⟨n.-telb.zn.⟩ **0.1** ***ironie*** ⇒*spot*.

irony[2] ['aɪəni‖'aɪərni]⟨bn.⟩ **0.1** ***ijzerachtig*** ⇒*ijzerhard, ijzerhoudend, ijzer-* ◆ **1.1** this food has an ~ taste *er zit een ijzersmaak aan dit eten*.

Ir·o·quoi·an[1] ['ɪrə'kwɔɪən]⟨zn.⟩
 I ⟨eig.n.⟩ **0.1** ***Iroquoian*** ⇒*de Irokese taal(familie);*
 II ⟨telb.zn.⟩ **0.1** ***Irokees*** ⟨lid v. Noordam. indianenstam⟩.

Iroquoian[2] ⟨bn.⟩ **0.1** ***Irokees***.

Ir·o·quois ['ɪrəkwɔɪ]⟨zn.; Iroquois [-kwɔɪz]; →mv. 5⟩
 I ⟨eig.n.⟩ **0.1** ***Iroquoian*** ⇒*de Irokese taal (familie);*
 II ⟨telb.zn.⟩ **0.1** ***Irokees*** ⟨lid v. Noordam. indianenstam⟩;
 III ⟨verz.n.; ww. altijd mv.; the⟩ **0.1** ***Iroquois*** ⇒*Irokezen* ⟨Noordam. indianenstam⟩.

ir·ra·di·ance [ɪ'reɪdɪəns], **ir·ra·di·an·cy** [-si]⟨n.-telb.zn.⟩⟨schr.⟩ **0.1** ***uitstraling*** ⇒*glans, schittering, luister*.

ir·ra·di·ant [ɪ'reɪdɪənt]⟨bn.⟩⟨schr.⟩ **0.1** ***stralend*** ⇒*glanzend, schitterend, licht uitstralend*.

ir·ra·di·ate[1] [ɪ'reɪdɪət]⟨bn.⟩ **0.1** ***stralend*** ⇒*glanzend, schitterend*.

irradiate[2] [ɪ'reɪdieɪt]⟨ov.ww.⟩ **0.1** ***schijnen op*** ⇒*belichten, verlichten, verhelderen* **0.2** ***bestralen*** ⟨ook met röntgenstralen e.d.⟩ **0.3** ***doen stralen*** ⇒*doen schitteren* ◆ **6.1** their faces were ~d **by/with** happiness *hun gezicht straalde v. geluk*.

ir·ra·di·a·tion [ɪ'reɪdi'eɪʃn]⟨telb. en n.-telb.zn.⟩ **0.1** ***(uit)straling*** ⇒*(licht)straal* **0.2** ***belichting*** ⇒*verheldering* **0.3** ***irradiatie*** ⟨optisch bedrog⟩ **0.4** ***bestraling*** ⇒*irradiatie*.

ir·ra·di·a·tive [ɪ'reɪdɪətɪv‖-dieɪṭɪv]⟨bn.⟩ **0.1** ***belichtend*** ⇒*verlichtend, verhelderend*.

ir·ra·tion·al[1] [ɪ'ræʃnəl]⟨telb.zn.⟩⟨wisk.⟩ **0.1** ***irrationeel getal*** ⇒*onmeetbaar getal*.

irrational[2] ⟨f2⟩⟨bn.; -ly; -ness⟩ **0.1** ***irrationeel*** ⇒*onlogisch, onzinnig, absurd* **0.2** ***redeloos*** ⟨v. dier⟩ **0.3** ⟨wisk.⟩ ***irrationeel*** ⇒*onmeetbaar* ◆ **1.1** his ~ behaviour *zijn onberekenbare gedrag*.

ir·ra·tion·al·i·ty [ɪræʃə'næləṭi]⟨zn.; →mv. 2⟩
 I ⟨telb.zn.⟩ **0.1** ***onredelijkheid*** ⇒*dwaasheid, absurditeit;*
 II ⟨n.-telb.zn.⟩ **0.1** ***irrationaliteit*** ⇒*het onlogisch zijn, redeloosheid*.

ir·ra·tion·al·ize [ɪ'ræʃnəlaɪz]⟨ov.ww.⟩ **0.1** ***onlogisch maken***.

ir·re·claim·a·ble ['ɪrɪ'kleɪməbl]⟨bn.; -ly; -ness; →bijw. 3⟩ **0.1** ***onverbeterlijk*** ⇒*verstokt* **0.2** ***onontginbaar***.

ir·rec·on·cil·a·bil·i·ty [ɪ'rekənsaɪlə'bɪləṭi]⟨n.-telb.zn.⟩ **0.1** ***onverzoenlijkheid*** **0.2** ***onverenigbaarheid***.

ir·rec·on·cil·a·ble[1] ['ɪrekən'saɪləbl]⟨zn.⟩
 I ⟨telb.zn.⟩ **0.1** ***onverzoenlijke (tegenstander)*** ⟨vnl. in politiek⟩;
 II ⟨mv.; ~s⟩ **0.1** ***onverenigbare ideeën/principes enz.*** ⇒*extremen*.

irreconcilable[2] ⟨bn.; -ly; -ness; →bijw. 3⟩ **0.1** ***onverzoenlijk*** **0.2** ***onverenigbaar*** ⇒*onoverbrugbaar*.

ir·re·cov·er·a·ble ['ɪrɪ'kʌvrəbl]⟨f1⟩⟨bn.; -ly; -ness; →bijw. 3⟩ **0.1** ***onherstelbaar*** ⇒*niet meer recht te zetten, hopeloos* **0.2** ***onherroepelijk*** ⇒*niet ongedaan te maken* **0.3** ***oninbaar*** ⇒*oninvorderbaar* ◆ **1.1** the firm suffered ~ losses *de firma leed onherstelbare verliezen*.

ir·re·cu·sa·ble ['ɪrɪ'kju:zəbl]⟨bn.; -ly; →bijw. 3⟩ **0.1** ***onwraakbaar*** ⇒*onweerlegbaar, irrecusabel*.

ir·re·deem·a·ble ['ɪrɪ'di:məbl]⟨bn.; -ly; →bijw. 3⟩ **0.1** ***onafkoopbaar*** ⇒*onaflosbaar, niet inwisselbaar* ⟨v. papiergeld⟩ **0.2** ***onherstelbaar*** ⇒*niet meer recht te zetten, hopeloos* **0.3** ***onverbeterlijk*** ⇒*verstokt*.

ir·re·den·tism ['ɪrɪ'denṭɪzm]⟨n.-telb.zn.⟩ **0.1** ***irredentisme*** ⟨streven naar hereniging met het moederland⟩.

ir·re·den·tist ['ɪrɪ'denṭɪst]⟨telb.zn.⟩ **0.1** ***irredentist*** ⟨voorstander v. hereniging met het moederland⟩.

ir·re·duc·i·bil·i·ty ['ɪrɪdju:sə'bɪləti‖-'du:sə'bɪləṭi]⟨n.-telb.zn.⟩ **0.1** ***onherleidbaarheid*** **0.2** ***onveranderbaarheid*** ⇒*onoplosbaarheid*.

ir·re·duc·i·ble ['ɪrɪ'dju:səbl‖-'du:-]⟨f1⟩⟨bn.; -ly; -ness; →bijw. 3⟩ **0.1** ***onherleidbaar*** ⇒*niet vereenvoudigbaar, irreductibel* **0.2** ***onveranderbaar*** ⇒*onoplosbaar, onherstelbaar* **0.3** ⟨wisk.⟩ ***niet herleidbaar*** ⇒*niet vereenvoudigbaar* ◆ **1.1** an ~ minimum *een absoluut minimum*.

ir·ref·ra·ga·ble [ɪ'refrəgəbl]⟨bn.; -ly; →bijw. 3⟩ **0.1** ***onweerlegbaar*** ⇒*onweersprekelijk, onbetwistbaar, onomstotelijk* **0.2** ***onbreekbaar*** ⇒*onschendbaar, onverwoestbaar*.

ir·re·fran·gi·ble ['ɪrɪ'frændʒəbl]⟨bn.; -ly; →bijw. 3⟩ **0.1** ***onbreekbaar*** ⇒*onschendbaar, onverwoestbaar* **0.2** ⟨optica⟩ ***onbreekbaar*** ⟨v. licht⟩.

ir·ref·u·ta·bil·i·ty ['ɪrɪfju:ṭə'bɪləṭi]⟨n.-telb.zn.⟩ **0.1** ***onweerlegbaarheid*** ⇒*onweersprekelijkheid, onbetwistbaarheid*.

ir·ref·u·ta·ble ['ɪrɪ'fju:ṭəbl]⟨f1⟩⟨bn.; -ly; →bijw. 3⟩ **0.1** ***onweerlegbaar*** ⇒*onweersprekelijk, onbetwistbaar, onomstotelijk*.

ir·reg·u·lar[1] [ɪ'regjʊlə‖-gjələr]⟨telb.zn.; vaak mv.⟩ **0.1** ***lid v. ongeregelde troepen*** ⇒*partizaan, guerrillastrijder* ◆ **7.1** the ~s *de irreguliere troepen*.

irregular[2] ⟨f3⟩⟨bn.; -ly⟩ **0.1** ***onregelmatig*** ⇒*abnormaal, afwijkend, niet volgens voorschrift* **0.2** ***ongelijk(matig)*** ⇒*grillig, hobbelig, onregelmatig* **0.3** ***ongeregeld*** ⇒*ongeordend, onordelijk* **0.4** ⟨plantk.⟩ ***onregelmatig*** ⇒*asymmetrisch* **0.5** ⟨taalk.⟩ ***onregelmatig*** ◆ **1.1** an ~ marriage *een huwelijk dat niet volgens de regels gesloten is;* in spite of his ~ passport ... *hoewel zijn paspoort niet in orde was ...;* the proceedings in this case are rather ~ *de gang van zaken in dit geval is nogal ongebruikelijk* **1.3** the ~ forces/troops *de irreguliere/ongeregelde troepen* **1.5** ~ verbs *onregelmatige werkwoorden* **3.3** she studies very ~ly *ze studeert zeer onregelmatig*.

ir·reg·u·lar·i·ty [ɪ'regjʊ'lærəti‖ɪ'regjə'lærəṭi]⟨f1⟩⟨telb. en n.-telb.zn.; →mv. 2⟩ **0.1** ***onregelmatigheid*** ⇒*ongelijkheid, afwijking, onordelijkheid, ongeregeldheid* ◆ **1.1** the accountant found several irregularities in the books *de accountant vond verschillende onregelmatigheden in de boeken*.

ir·rel·a·tive [ɪ'reləṭɪv]⟨bn.; -ly⟩ **0.1** ***niet verbonden/verwant*** ⇒*alleenstaand* **0.2** ***irrelevant*** ⇒*niet ter zake (doend), ontoepasselijk* ◆ **6.1** ~ **to** *geen betrekking hebbend op, los(staand) van*.

ir·rel·e·vance [ɪ'reləvəns], **-van·cy** [-vənsi]⟨f1⟩⟨telb. en n.-telb.zn.; →mv. 2⟩ **0.1** ***ontoepasselijkheid*** ⇒*irrelevantie, het niet ter zake zijn, irrelevant(e) opmerking/vraag/feit enz.*.

ir·rel·e·vant [ɪ'reləvənt]⟨f3⟩⟨bn.; -ly⟩ **0.1** ***irrelevant*** ⇒*ontoepasselijk, niet ter zake (doend), zonder betekenis* ◆ **1.1** age is ~ for this job *voor deze baan is de leeftijd niet belangrijk* **6.1** his remarks are ~ **to** the matter *zijn opmerkingen doen niet ter zake*.

ir·re·lig·ion ['ɪrɪ'lɪdʒən]⟨n.-telb.zn.⟩ **0.1** ***ongodsdienstigheid*** ⇒*ongelovigheid, ongeloof, anti-godsdienstigheid*.

ir·re·lig·ion·ist ['ɪrɪ'lɪdʒənɪst]⟨telb.zn.⟩ **0.1** ***ongodsdienstige*** ⇒*ongelovige, anti-godsdienstige*.

ir·re·lig·ious ['ɪrɪ'lɪdʒəs]⟨bn.; -ly; -ness⟩ **0.1** ***ongodsdienstig*** ⇒*ongelovig, anti-godsdienstig*.

ir·re·me·di·a·ble ['ɪrɪ'mi:dɪəbl]⟨bn.; -ly; →bijw. 3⟩ **0.1** ***onherstelbaar*** ⇒*niet te verhelpen, ongeneeslijk*.

ir·re·mis·si·ble ['ɪrɪ'mɪsəbl]⟨bn.; -ly; →bijw. 3⟩ **0.1** ***onvergeeflijk*** ⇒*niet kwijt te schelden* **0.2** ***onontkoombaar*** ⇒*bindend, dwingend*.

ir·re·mov·a·bil·i·ty ['ɪrɪmu:və'bɪləṭi]⟨n.-telb.zn.⟩ **0.1** ***onafzetbaarheid*** **0.2** ***onverplaatsbaarheid***.

ir·re·mov·a·ble ['ɪrɪ'mu:vəbl]⟨bn.; -ly; →bijw. 3⟩ **0.1** ***onafzetbaar*** ⇒*niet te verwijderen* ⟨vnl. uit ambt⟩ **0.2** ***onverplaatsbaar***.

ir·rep·a·ra·bil·i·ty [ɪ'reprə'bɪləṭi]⟨n.-telb.zn.⟩ **0.1** ***onherstelbaarheid***.

ir·rep·a·ra·ble [ɪ'reprəbl]⟨f1⟩⟨bn.; -ly; -ness; →bijw. 3⟩ **0.1** ***onher-***

stelbaar ⇒*niet (meer) te verhelpen/ongedaan te maken/terug te draaien, irreparabel*.

ir·re·place·a·ble ['ɪrɪ'pleɪsəbl]⟨f1⟩⟨bn.⟩ **0.1** ***onvervangbaar***.

ir·re·pres·si·ble ['ɪrɪ'presəbl]⟨bn.;-ly;→bijw. 3⟩ **0.1** ***onbedwingbaar*** ⇒*onstuitbaar, niet te onderdrukken* ◆ **1.1** ~ laughter *onbedaarlijk gelach;* ⟨inf.⟩ an ~ person *een onstuitbaar iem.*.

ir·re·proach·a·bil·i·ty ['ɪrɪproʊtʃə'bɪləṭi]⟨n.-telb.zn.⟩ **0.1** ***onberispelijkheid***.

ir·re·proach·a·ble ['ɪrɪ'proʊtʃəbl]⟨f1⟩⟨bn.;-ly;-ness;→bijw. 3⟩ **0.1** ***onberispelijk*** ◆ **1.1** ~ conduct *gedrag waar niets op aan te merken valt*.

ir·re·sis·ti·bil·i·ty ['ɪrɪzɪstə'bɪləṭi]⟨n.-telb.zn.⟩ **0.1** ***onweerstaanbaarheid*** ⇒*onbedwingbaarheid*.

ir·re·sis·ti·ble ['ɪrɪ'zɪstəbl]⟨f1⟩⟨bn.;-ly;-ness;→bijw. 3⟩ **0.1** ***onweerstaanbaar*** ⇒*onbedwingbaar, onweerlegbaar* ◆ **1.1** the temptation was ~ *tegen de verleiding viel niet te vechten*.

ir·res·o·lute [ɪ'rezəlu:t]⟨f1⟩⟨bn.;-ly;-ness⟩ **0.1** ***besluiteloos*** ⇒*weifelachtig, weifelend, aarzelend*.

ir·res·o·lu·tion [ɪ'rezə'lu:ʃn]⟨n.-telb.zn.⟩ **0.1** ***besluiteloosheid*** ⇒*weifelachtigheid, aarzeling*.

ir·re·solv·a·ble ['ɪrɪ'zɒlvəbl‖-'zɑl-]⟨bn.⟩ **0.1** ***onoplosbaar*** **0.2** ***onontleedbaar*** ⇒*ondeelbaar*.

ir·re·spec·tive[1] ['ɪrɪ'spektɪv]⟨f1⟩⟨bn.;-ly⟩ **0.1** ⟨vero.⟩ ***niemand/niets ontziend*** ◆ **6.1** ~ **of** *zonder rekening te houden met, ongeacht, onafhankelijk van;* ~ **of** whether it was necessary or not *of het nu noodzakelijk was of niet*.

irrespective[2] ⟨bw.⟩⟨inf.⟩ **0.1** ***toch*** ⇒*sowieso* ◆ ¶**.1** I'll come ~ *ik kom sowieso*.

ir·re·spon·si·bil·i·ty ['ɪrɪspɒnsə'bɪləti‖'ɪrɪspɑnsə'bɪləṭi]⟨f1⟩⟨n.-telb.zn.⟩ **0.1** ***onverantwoordelijkheid*** ⇒*onverantwoordelijk gedrag, gebrek aan verantwoordelijkheid(sgevoel)* **0.2** ***ontoerekenbaarheid*** ⇒*onaansprakelijkheid*.

ir·re·spon·si·ble ['ɪrɪ'spɒnsəbl‖-'spɑn-]⟨f2⟩⟨bn.;-ly;-ness;→bijw. 3⟩ **0.1** ***onverantwoordelijk*** ⇒*onverantwoord* **0.2** ***ontoerekenbaar*** ⇒*niet aansprakelijk, ontoerekeningsvatbaar* ◆ **1.1** ~ behaviour *onverantwoordelijk gedrag;* fast driving is ~ in this weather *met dit weer is hard rijden niet verantwoord*.

ir·re·spon·sive ['ɪrɪ'spɒnsɪv‖-'spɑn-]⟨bn.;-ly;-ness⟩ **0.1** ***langzaam/niet reagerend*** **0.2** ***ontoeschietelijk*** ⇒*zwijgzaam* ◆ **1.2** she was ~ *ze reageerde niet/gaf nauwelijks antwoord* **6.1** the girl was ~ **to** treatment *het meisje reageerde niet op de behandeling*.

ir·re·ten·tion ['ɪrɪ'tenʃn]⟨n.-telb.zn.⟩ **0.1** ***onvermogen om vast te houden***.

ir·re·ten·tive ['ɪrɪ'tenṭɪv]⟨bn.;-ness⟩ **0.1** ***niet in staat om vast te houden*** ⇒*niet vasthoudend* ◆ **1.1** his memory is ~ *hij heeft een zwak geheugen/is vergeetachtig*.

ir·re·triev·a·ble ['ɪrɪ'tri:vəbl]⟨bn.;-ly;-ness;→bijw. 3⟩ **0.1** ***onherstelbaar*** ⇒*niet meer ongedaan te maken, reddeloos (verloren)*.

ir·rev·er·ence [ɪ'revrəns]⟨telb. en n.-telb.zn.⟩ **0.1** ***oneerbiedigheid*** ⇒*gebrek aan eerbied*.

ir·rev·er·ent [ɪ'revrənt], **ir·rev·er·en·tial** [ɪ'revə'renʃl]⟨f1⟩⟨bn.;-ly⟩ **0.1** ***oneerbiedig*** ⇒*zonder respekt*.

ir·re·vers·i·bil·i·ty ['ɪrɪvɜ:sə'bɪləti‖'ɪrɪvɜrsə'bɪləṭi]⟨n.-telb.zn.⟩ **0.1** ***onomkeerbaarheid*** ⇒*onherroepelijkheid, onveranderbaarheid*.

ir·re·vers·i·ble ['ɪrɪ'vɜ:səbl‖-'vɜr-]⟨f1⟩⟨bn.;-ly;-ness;→bijw. 3⟩ **0.1** ***onomkeerbaar*** ⇒*onherroepelijk, niet meer ongedaan te maken, onveranderbaar;* ⟨nat., schei.⟩ *onomkeerbaar, irreversibel*.

ir·rev·o·ca·bil·i·ty [ɪ'revəkə'bɪləṭi]⟨n.-telb.zn.⟩ **0.1** ***onherroepelijkheid*** ⇒*onveranderbaarheid*.

ir·rev·o·ca·ble [ɪ'revəkəbl]⟨f2⟩⟨bn.;-ly;-ness;→bijw. 3⟩ **0.1** ***onherroepelijk*** ⇒*onveranderbaar, onomkeerbaar* ◆ **1.1** an ~ decision *een onherroepelijk besluit*.

ir·ri·ga·ble ['ɪrɪgəbl]⟨bn.;-ly;→bijw. 3⟩ **0.1** ***irrigeerbaar*** ⇒*bevloeibaar*.

ir·ri·gate ['ɪrɪgeɪt]⟨f1⟩⟨ov.ww.⟩ **0.1** ***irrigeren*** ⇒*bevloeien, besproeien, begieten;* ⟨fig.⟩ *verfrissen, vruchtbaar maken* **0.2** ⟨med.⟩ ***irrigeren*** ⇒*uitspoelen* ⟨wond e.d.⟩.

ir·ri·ga·tion ['ɪrɪ'geɪʃn]⟨f2⟩⟨telb. en n.-telb.zn.⟩ **0.1** ***irrigatie*** ⇒*bevloeiing, besproeiing* **0.2** ⟨med.⟩ ***irrigatie*** ⇒*het uitspoelen* ⟨v. wond e.d.⟩.

ir·ri·ga·tor ['ɪrɪgeɪtə‖-geɪṭər]⟨telb.zn.⟩ **0.1** ***irrigator*** ⟨ook med.⟩ ⇒*sproeitoestel* **0.2** ***iem. die irrigeert***.

ir·ri·ta·bil·i·ty ['ɪrɪṭə'bɪləṭi]⟨n.-telb.zn.⟩ **0.1** ***geprikkeldheid*** ⇒*geïrriteerdheid, prikkelbaarheid, lichtgeraaktheid* **0.2** ⟨biol.⟩ ***(over) gevoeligheid***.

ir·ri·ta·ble ['ɪrɪṭəbl]⟨f2⟩⟨bn.;-ly;-ness;→bijw. 3⟩ **0.1** ***lichtgeraakt*** ⇒*prikkelbaar, geërgerd, opvliegend* **0.2** ⟨biol.⟩ ***(over)gevoelig*** ⇒*receptief* ⟨voor stimuli⟩.

ir·ri·tan·cy ['ɪrɪṭənsi]⟨telb. en n.-telb.zn.;→mv. 2⟩ **0.1** ***irritatie*** ⇒*ergernis, geprikkeldheid*.

ir·ri·tant[1] ['ɪrɪṭənt]⟨telb.zn.⟩ **0.1** ***irriterend/prikkelend middel***.

irritant[2] ⟨bn.⟩ **0.1** ***irriterend*** ⇒*prikkelend, irritant, ergerlijk*.

ir·ri·tate ['ɪrɪteɪt]⟨f3⟩⟨ov.ww.⟩ **0.1** ***irriteren*** ⇒*ergeren, prikkelen* **0.2** ***irriteren*** ⇒*prikkelen, branderig maken* ⟨huid, e.d.⟩ **0.3** ⟨biol.⟩ ***prikkelen*** ⇒*stimuleren* ⟨zenuw, spier⟩ **0.4** ⟨vnl. Sch. E; jur.⟩ ***nietig verklaren*** ⇒*annuleren, herroepen* ◆ **6.1** be ~d **at/by/with** *geërgerd zijn/worden door*.

ir·ri·ta·tion ['ɪrɪ'teɪʃn]⟨f2⟩⟨telb. en n.-telb.zn.⟩ **0.1** ***irritatie*** ⇒*ergernis, grief, geprikkeldheid* **0.2** ***irritatie*** ⇒*branderigheid, branderige plek* **0.3** ⟨biol.⟩ ***prikkeling*** ⇒*stimulatie* ⟨v. spier⟩.

ir·ri·ta·tive ['ɪrɪtətɪv‖-teɪṭɪv]⟨bn.⟩ **0.1** ***prikkelend*** ⇒*irriterend*.

ir·rupt [ɪ'rʌpt]⟨onov.ww.⟩ **0.1** ***binnenvallen*** ⇒*invallen, binnendringen* **0.2** ***explosief groeien*** ⟨v. bevolking⟩ ◆ **6.1** ~ **into** sth. *(in) iets binnendringen*.

ir·rup·tion [ɪ'rʌpʃn]⟨telb.zn.⟩ **0.1** ***inval*** ⇒*overval, irruptie, binnendringing* **0.2** ***uitbarsting*** **0.3** ***(bevolkings)explosie*** ◆ **6.1** an ~ **into** a building *een inval in een gebouw*.

IRS ⟨afk.⟩ Internal Revenue Service ⟨AE⟩ **0.1** ***fiscus*** ⇒*(de) belastingen*.

is [(ɪ)z, s⟨sterk⟩ɪz]⟨3e pers. enk. teg. t.;→t2⟩ →be.

is- →iso-.

Is ⟨afk.⟩ Isaiah, Island(s), Isle(s).

Is·a·bel[1] ['ɪzəbel]⟨zn.⟩

I ⟨eig.n.⟩ **0.1** ***Isabel;***

II ⟨telb.zn.⟩ **0.1** ***izabel(kleurige) duif***.

Isabel[2], **Is·a·bel·la** ['ɪzə'belə], **Is·a·bel·line** [-'belɪn, -'belaɪn]⟨bn.⟩ **0.1** ***izabelkleurig*** ⇒*izabelgeel, geelachtig wit* ◆ **1.**¶ ⟨dierk.⟩ ~ wheatear *Isabeltapuit* ⟨Oenanthe isabellina⟩.

i·sa·go·gic ['aɪsə'gɒdʒɪk‖-'gɑ-]⟨bn.⟩ **0.1** ***inleidend*** ⇒*isagogisch*.

i·sa·go·gics ['aɪsə'gɒdʒɪks‖-'gɑ-]⟨mv.⟩ **0.1** ***isagogiek*** ⇒*isagoge, inleiding tot de bijbelstudie*.

I·sa·iah [aɪ'zaɪə]⟨eig.n.⟩⟨bijb.⟩ **0.1** ***Jesaja*** ⇒*Isaias*.

i·sa·tin ['aɪsəṭɪn]⟨n.-telb.zn.⟩⟨schei.⟩ **0.1** ***isatine*** ⟨vormt geelrode kristallen⟩.

ISBN ⟨telb.zn.⟩⟨afk.⟩ International Standard Book Number **0.1** ***I.S.B.N.***.

is·chae·mi·a, ⟨AE sp. ook⟩ **is·che·mi·a** [ɪ'ski:mɪə]⟨telb. en n.-telb.zn.⟩⟨med.⟩ **0.1** ***ischemie*** ⟨verminderde bloedtoevoer⟩.

is·chi·at·ic ['ɪski'ætɪk], **is·chi·ad·ic** [-'ædɪk], **is·chi·al** ['ɪskɪəl]⟨bn.⟩ **0.1** ***heup-*** ⇒*mbt./v.d. heup*.

is·chi·um ['ɪskɪəm]⟨telb.zn.; ischia [-ɪə];→mv. 5⟩⟨biol.⟩ **0.1** ***ischium*** ⇒*zitbeen*.

ISD ⟨afk.⟩ International Subscriber Dial(l)ing.

is·en·trop·ic ['aɪsen'trɒpɪk‖-'trɑ-]⟨bn.⟩⟨nat.⟩ **0.1** ***isentropisch***.

-ish [ɪʃ] **0.1** ⟨vormt bijv. nw. v. nationaliteit⟩⟨ong.⟩ ***-s*** **0.2** ⟨vormt bijv. nw. uit nw.⟩⟨ong.⟩ ***-achtig*** ⇒*-s* **0.3** ⟨vormt bijv. nw⟩⟨ong.⟩ ***-achtig*** ⇒*nogal, wat* **0.4** ⟨vormt bijv. nw. en bijw. v. (leef)tijd⟩⟨inf.⟩⟨ong.⟩ ***rond*** ⇒*ongeveer* **0.5** ⟨vormt ww.⟩ ◆ ¶**.1** Finnish *Fins* ¶**.2** girlish *meisjesachtig* ¶**.3** greenish *groenachtig;* tallish *nogal lang* ¶**.4** fourish *rond vieren;* thirtyish *rond de dertig* ¶**.5** famish *uithongeren;* nourish *voeden*.

Ish·ma·el ['ɪʃmeɪəl, -mɪəl]⟨zn.⟩

I ⟨eig.n.⟩⟨bijb.⟩ **0.1** ***Ismaël;***

II ⟨telb.zn.⟩ **0.1** ***verstotene*** ⇒*rebel*.

Ish·ma·el·ite ['ɪʃmeɪəlaɪt, -mɪə-]⟨telb.zn.⟩ **0.1** ⟨bijb.⟩ ***Ismaëliet*** ⇒*nakomeling v. Ismaël* **0.2** ***verstotene*** ⇒*rebel*.

i·sin·glass ['aɪzɪŋglɑ:s‖-glæs]⟨n.-telb.zn.⟩ **0.1** ***visgelatine*** **0.2** ***vislijm*** **0.3** ***mica***.

Is·lam ['ɪzlɑ:m, 'ɪs-]⟨eig.n.⟩ **0.1** ***islam*** ⟨religie⟩ **0.2** ***islam*** ⇒*islamitische wereld, de mohammedanen*.

Is·lam·ic [ɪz'læmɪk, ɪs-], **Is·lam·it·ic** ['ɪzlə'mɪṭɪk, 'ɪs-]⟨f1⟩⟨bn.⟩ **0.1** ***islamitisch*** ⇒*mohammedaans*.

Is·lam·ism [ɪz'lɑ:mɪzm, 'ɪzlə-]⟨n.-telb.zn.⟩ **0.1** ***islamisme*** ⇒*mohammedanisme*.

Is·lam·ite ['ɪzləmaɪt, 'ɪs-]⟨telb.zn.⟩ **0.1** ***islamiet*** ⇒*mohammedaan*.

is·lam·i·za·tion, -sa·tion ['ɪzləmaɪ'zeɪʃn‖-mə-]⟨n.-telb.zn.⟩ **0.1** ***islamisering***.

is·land[1] ['aɪlənd]⟨f3⟩⟨telb.zn.⟩⟨→sprw. 502⟩ **0.1** ***eiland*** ⟨ook fig.⟩ **0.2** ***vluchtheuvel*** **0.3** ***opbouw op schip*** ⇒*brug, kampanje* **0.4** ***oase*** ⇒*boomgroep* ⟨in woestijn⟩ **0.5** ⟨med.⟩ ***eiland*** ⇒*celgroep*.

island[2] ⟨ov.ww.⟩ **0.1** ***isoleren*** ⇒*tot een eiland maken* **0.2** ***(als) met eilanden bezaaien*** ⇒*eilanden vormen op/in, over de ruimte verspreiden*.

is·land·er ['aɪləndə‖-ər]⟨f1⟩⟨telb.zn.⟩ **0.1** ***eilander*** ⇒*eilandbewoner*.

'island platform ⟨telb.zn.⟩ **0.1** ***eilandperron*** ⟨perron tussen twee sporen⟩.

isle[1] [aɪl]⟨f2⟩⟨telb.zn.⟩⟨schr.⟩ **0.1** ***eiland*** ◆ **1.1** Isle of Wight *het eiland Wight*.

isle[2] ⟨ov.ww.⟩⟨schr.⟩ **0.1** ***een eiland maken v.*** **0.2** ***(als) op een eiland plaatsen*** ⇒*isoleren*.

is·let ['aɪlɪt]⟨f1⟩⟨telb.zn.⟩ **0.1** ***eilandje*** **0.2** ⟨med.⟩ ***eilandje*** ⇒*celgroep* ◆ **1.2** ~s of Langerhans *eilandjes van Langerhans*.

ism [ɪzm]⟨telb.zn.⟩⟨vaak pej.⟩ **0.1** ***isme*** ⇒*doctrine, wijsheid.*
-ism [ɪzm]⟨vormt abstract nw.⟩ **0.1** ⟨ong.⟩ ***-isme*** ◆ **¶.1** criticism *kritiek;* Lutherism *Lutheranisme;* optimism *optimisme.*
Is·ma·il·i, Is·ma'i·li ['ɪzmɑ:'i:li]⟨telb.zn.⟩ **0.1** ***Isma'iliet*** ⇒*Zevener* ⟨lid v. Sji'itisch Mohammedaanse sekte⟩.
iso ['aɪsoʊ]⟨telb.zn.⟩⟨verk.⟩ isolated camera ⟨AE; sport⟩ **0.1** ***aparte camera*** ⟨die het spel v. één speler volgt⟩.
i·so- ['aɪsoʊ], ⟨voor klinker ook⟩ **is-** [aɪs] **0.1** ***iso-*** ⇒*gelijk* **0.2** ⟨schei.⟩ ***iso(merisch)-*** ◆ **¶.1** ⟨meteo.⟩ isallobar *isallobaar* ⟨lijn die punten met gelijke luchtdrukveranderingen verbindt⟩.
ISO ⟨afk.⟩ International Organization for Standardization ⟨BE⟩; Imperial Service Order.
i·so·bar ['aɪsoʊbɑ:||-bɑr]⟨telb.zn.⟩ **0.1** ***isobaar*** ⟨lijn die punten met dezelfde luchtdruk verbindt⟩.
i·so·bar·ic ['aɪsoʊ'bærɪk]⟨bn.⟩⟨meteo.⟩ **0.1** ***isobarisch*** ◆ **1.1** ~ lines *isobaren.*
i·so·bath ['aɪsoʊbæθ]⟨telb.zn.⟩ **0.1** ***isolaat*** ⇒*dieptelijn* ⟨verbindt punten v. gelijke diepte onder zeeniveau⟩.
i·so·chro·mat·ic ['aɪsoʊkroʊ'mætɪk]⟨bn.⟩ **0.1** ***gelijkkleurig*** ⇒*met dezelfde kleur, gelijkgetint* **0.2** ⟨foto.⟩ ***orthochromatisch*** ⇒*isochromatisch* ⟨(even) gevoelig voor alle kleuren behalve rood en oranje⟩.
i·soch·ro·nous [aɪ'sɒkrənəs||aɪ'sɑ-]⟨bn.; -ly⟩ **0.1** ***isochroon*** ⇒*gelijkdurend, gelijk van duur, even lang durend.*
i·so·cli·nal[1] ['aɪsoʊ'klaɪnl], **i·so·clin·ic** [-'klɪnɪk]⟨telb.zn.⟩ **0.1** ***isocline*** ⟨lijn die plaatsen met dezelfde helling v. magneetnaald verbindt⟩.
isoclinal[2], **isoclinic** ⟨bn.; isoclinally⟩ **0.1** ***isoclinisch*** ◆ **1.1** isoclinic line *isocline.*
i·so·dy·nam·ic [aɪsoʊdaɪ'næmɪk]⟨bn.⟩ **0.1** ***isodynamisch.***
i·so·gloss ['aɪsoʊglɒs||-glɔs]⟨telb.zn.⟩⟨taalk.⟩ **0.1** ***isoglosse*** ⟨lijn die gebied afbakent waarin een bepaald taalverschijnsel voorkomt⟩.
i·so·gon·ic ['aɪsoʊ'gɒnɪk||-'gɑnɪk]⟨bn.⟩ **0.1** ***isogonisch*** ⇒*gelijkhoekig* ◆ **1.1** ~ line *isogoon* ⟨lijn die punten met dezelfde kompasdeviatie verbindt⟩.
i·so·late[1] ['aɪsəleɪt]⟨telb.zn.⟩ **0.1** ***geïsoleerde persoon / stof.***
isolate[2] ⟨f3⟩⟨ov.ww.⟩ →isolated, isolating **0.1** ***isoleren*** ⇒*afzonderen, afsluiten, in quarantaine plaatsen, geleiding / (warmte)verlies verhinderen van* **0.2** ⟨schei.⟩ ***isoleren*** ⇒*in pure vorm verkrijgen* ◆ **6.1** she ~d herself **from** her fellow-students *ze zonderde zich af van haar medestudenten.*
i·so·la·ted ['aɪsəleɪtɪd]⟨f1⟩⟨bn.; volt. deelw. v. isolate; -ly⟩ **0.1** ***op zichzelf staand*** ⇒*afgelegen, apart, losstaand, alleenstaand, afgezonderd, geïsoleerd.*
i·so·la·ting ['aɪsəleɪtɪŋ]⟨bn.; teg. deelw. v. isolate⟩⟨taalk.⟩ **0.1** ***isolerend*** ◆ **1.1** ~ languages *isolerende talen.*
i·so·la·tion ['aɪsə'leɪʃn]⟨f2⟩⟨n.-telb.zn.⟩ **0.1** ***isolatie*** ⇒*afzondering, isolement, quarantaine* ◆ **6.1** **in** ~ *in afzondering, op zichzelf.*
iso'lation cell ⟨telb.zn.⟩ **0.1** ***isoleercel.***
iso'lation hospital ⟨telb.zn.⟩ **0.1** ***quarantainebarak.***
i·so·la·tion·ism ['aɪsə'leɪʃənɪzm]⟨n.-telb.zn.⟩⟨pol.⟩ **0.1** ***isolationisme*** ⇒*streven naar isolement.*
i·so·la·tion·ist[1] ['aɪsə'leɪʃənɪst]⟨telb.zn.⟩⟨pol.⟩ **0.1** ***isolationist*** ⇒*aanhanger v. h. isolationisme.*
isolationist[2] ⟨bn.⟩⟨pol.⟩ **0.1** ***isolationistisch*** ⇒*gericht op isolement.*
iso'lation ward ⟨telb.zn.⟩ **0.1** ***quarantaineafdeling*** ⇒*isolatiezaal.*
i·so·mer ['aɪsəmə||-ər]⟨telb.zn.⟩⟨schei.⟩ **0.1** ***isomeer.***
i·so·mer·ic ['aɪsə'merɪk]⟨bn.⟩⟨schei.⟩ **0.1** ***isomerisch.***
i·som·er·ism [aɪ'sɒmərɪzm||-'sɑ-]⟨telb. en n.-telb.zn.⟩⟨schei.⟩ **0.1** ***isomerie.***
i·so·mer·ize [aɪ'sɒməraɪz||-'sɑ-]⟨ov.ww.⟩⟨schei.⟩ **0.1** ***isomeriseren.***
i·som·er·ous [aɪ'sɒmərəs||-'sɑ-]⟨bn.⟩⟨plantk.⟩ **0.1** ***isomeer*** ⇒*isomerisch, met gelijke / evenveel delen.*
i·so·met·ric ['aɪsoʊ'metrɪk], **i·so·met·ri·cal** [-ɪkl]⟨bn.⟩ **0.1** ***isometrisch*** **0.2** ⟨geol.⟩ ***isometrisch*** ⇒*kubisch* ⟨kristalstelsel⟩ ◆ **1.1** ~ contraction *isometrische contractie* ⟨v. spier⟩; ~ perspective *isometrisch perspectief.*
i·so·morph ['aɪsoʊmɔ:f||-mɔrf]⟨telb.zn.⟩ **0.1** ***gelijkvormig iets*** ⇒*isomorf(e) substantie / organisme / groep.*
i·so·mor·phic ['aɪsoʊ'mɔ:fɪk||-'mɔr-], **i·so·mor·phous** [-fəs]⟨bn.⟩ **0.1** ***isomorf*** ⇒*gelijkvormig, met dezelfde structuur.*
i·so·mor·phism ['aɪsoʊ'mɔ:fɪzm||-'mɔr-]⟨telb. en n.-telb.zn.⟩ **0.1** ***isomorfie*** ⇒*isomorfisme, gelijkheid v. structuur, gelijkvormigheid.*
i·so·no·my [aɪ'sɒnəmi||-'sɑ-]⟨n.-telb.zn.⟩ **0.1** ***gelijkheid voor de wet.***
i·so·pod ['aɪsoʊpɒd||-pɑd]⟨telb.zn.⟩⟨dierk.⟩ **0.1** ***pissebed*** ⟨lid v. orde Isopoda⟩.
i·sos·ce·les [aɪ'sɒsɪli:z||aɪ'sɑ-]⟨f1⟩⟨bn.⟩⟨wisk.⟩ **0.1** ***gelijkbenig*** ◆ **1.1** ~ triangle *gelijkbenige driehoek.*
i·so·seis·mal ['aɪsoʊ'saɪzməl]⟨telb.zn.⟩⟨geol.⟩ **0.1** ***isoseist*** ⟨lijn rondom epicentrum waar intensiteit v. aardbevingsverschijnselen gelijk is⟩.
i·sos·ta·sy [aɪ'sɒstəsi||aɪ'sɑ-]⟨telb. en n.-telb.zn.; →mv. 2⟩⟨geol.⟩ **0.1** ***isostasie*** ⟨evenwichtsproces in de aardkorst⟩.
i·so·there ['aɪsoʊθɪə||-θɪr]⟨telb.zn.⟩⟨meteo.⟩ **0.1** ***isotheer.***
i·so·therm ['aɪsoʊθɜ:m||-θɜrm]⟨telb.zn.⟩ **0.1** ***isotherm*** ⟨lijn die plaatsen met dezelfde temperatuur verbindt⟩.
i·so·ther·mal ['aɪsoʊ'θɜ:ml||-'θɜrml]⟨bn.⟩ **0.1** ***isothermisch.***
i·so·ton·ic ['aɪsoʊ'tɒnɪk||-'tɑ-]⟨bn.⟩⟨med.⟩ **0.1** ***isotoon*** ⇒*v. gelijke spanning* ◆ **1.1** ~ contraction *isotonische contractie* ⟨v. spier⟩.
i·so·tope ['aɪsətoʊp]⟨telb.zn.⟩⟨nat., schei.⟩ **0.1** ***isotoop.***
i·so·top·ic ['aɪsə'tɒpɪk||-'tɑ-]⟨bn.; -ally; →bijw. 3⟩⟨nat., schei.⟩ **0.1** ***isotopisch*** ⇒*isotoop-.*
i·so·top·y [aɪ'sɒtəpi||aɪ'sɑṭəpi]⟨n.-telb.zn.⟩⟨nat., schei.⟩ **0.1** ***isotopie.***
i·so·trop·ic ['aɪsoʊ'trɒpɪk||-'trɑ-]⟨bn.; -ally; →bijw. 3⟩ **0.1** ***isotroop*** ⟨vnl. nat.⟩ ⇒*in alle richtingen gelijk(e eigenschappen hebbend).*
i·sot·ro·py [aɪ'sɒtrəpi||-'sɑ-]⟨n.-telb.zn.⟩ **0.1** ***isotropie.***
Is·ra·el ['ɪzreɪəl||'ɪzrɪəl]⟨eig.n.⟩ **0.1** ***Israël*** ⇒*de staat Israël, het Joodse volk* **0.2** ***Israël*** ⇒*aartsvader Jakob* ◆ **1.2** Children of ~ *de kinderen Israëls, de nakomelingen van Jakob.*
Is·rae·li[1] [ɪz'reɪli]⟨f1⟩⟨telb.zn.; ook Israeli; →mv. 5⟩ **0.1** ***Israëli.***
Israeli[2] ⟨f2⟩⟨bn.⟩ **0.1** ***Israëlisch*** ⇒*v. / uit Israël.*
Is·ra·el·ite[1] ['ɪzrəlaɪt||'ɪzrɪə-]⟨f1⟩⟨telb.zn.⟩ **0.1** ***Israëliet.***
Israelite[2] ⟨f1⟩⟨bn.⟩ **0.1** ***Israëlitisch.***
is·su·a·ble ['ɪʃʊəbl]⟨bn.⟩ **0.1** ***uitgeefbaar*** ⇒*uit te geven.*
is·su·ance ['ɪʃʊəns]⟨telb.zn.⟩ **0.1** ***uitgave*** ⇒*publicatie* **0.2** ⟨ec.⟩ ***uitgifte*** ⇒*emissie* **0.3** ***oprijzing*** ⇒*uitstijging, uitstroming.*
is·su·ant ['ɪʃʊənt]⟨bn., pred., bn., post.⟩⟨wapenk.⟩ **0.1** ***uitkomend*** ⇒*verrijzend.*
is·sue[1] ['ɪʃu:]⟨f3⟩⟨zn.⟩
I ⟨telb.zn.⟩ **0.1** ***uitgave*** ⇒*publikatie, aflevering, nummer* ⟨v. tijdschrift⟩, *oplage, uitgifte, uitvaardiging, zending, verstrekking* **0.2** ***resultaat*** ⇒*uitkomst, opbrengst, eind, beslissing* **0.3** ***uitgang*** ⇒*uitweg, uitmonding, uitstroming* **0.4** ***golf*** ⇒*stroom, uitgestorte hoeveelheid* ◆ **1.4** an ~ of blood from the mouth *een gulp bloed uit de mond* **2.1** read all about it in the next ~ *lees alles erover in het volgende nummer* **2.2** I hope he brings it to a good ~ *ik hoop dat hij het tot een goed einde brengt / dat hij het er goed vanaf brengt* **6.1** an ~ **of** blankets *een zending dekens* **6.3** does this lake have an ~ **to** the sea? *staat dit meer in verbinding met de zee?* **6.¶ in** the ~ *uiteindelijk, tenslotte;*
II ⟨telb. en n.-telb.zn.⟩ **0.1** ***kwestie*** ⇒*(belangrijk) punt, essentie, discussie / geschil(punt), vraagstuk, probleem* ◆ **1.1** ⟨jur.⟩ an ~ of fact *een feitenkwestie;* ⟨jur.⟩ an ~ of law *een wetskwestie* **3.1** force the ~ *een beslissing forceren;* ⟨jur.⟩ join ~ *(een zaak) gezamenlijk voorleggen aan de rechter;* join / take ~ with s.o. about / on sth. *met iem. over iets in discussie gaan / treden, het met iem. oneens zijn over iets;* make an ~ of sth. *ergens een punt van maken / moeilijk over doen* **3.¶** beg the ~ *het punt dat ter discussie staat als bewezen beschouwen;* ⟨inf.⟩ *de zaak / kwestie / vraag ontwijken / negeren;* that's begging the ~ *dat is een petitio principii* **6.1** the point / matter **at** ~ *het punt dat aan de orde is, de zaak in kwestie / waar het om gaat;* they are **at** ~ on this point *op dit punt zijn ze het niet met elkaar eens;* **in** ~ *ter discussie;*
III ⟨n.-telb.zn.⟩ **0.1** ***publikatie*** ⇒*het uitkomen, het uitbrengen, uitgave, emissie* **0.2** ***uitstroming*** ⇒*het weggaan, het wegstromen, afvloeiing, lozing* ◆ **1.1** bank of ~ *circulatiebank;* I bought the novel on the day of its ~ *ik heb de roman gekocht op de dag van publikatie / dat hij uitkwam;*
IV ⟨verz.n.⟩⟨vero.; jur.⟩ **0.1** ***kroost*** ⇒*kinderen, nakomelingen* ◆ **6.1** die **without** ~ *kinderloos sterven.*
issue[2] ⟨f3⟩⟨ww.⟩
I ⟨onov.ww.⟩ **0.1** ***uitkomen*** ⇒*te voorschijn komen, verschijnen, gepubliceerd worden* **0.2** ***voortkomen*** ⇒*het resultaat zijn, resulteren, voortvloeien* **0.3** ***afstammen*** ⇒*geboren worden* **0.4** ***zich uitstorten*** ⟨v. bloed bv.⟩ ◆ **5.1** ~ **forth / out** *te voorschijn komen, naar buiten komen* **6.1** a cloud of smoke ~d **from** the chimney *er kwam een rookwolk uit de schoorsteen* **6.2** money issuing **from** stocks *(geld)opbrengst uit aandelen;* debates issuing **in** chaos *debatten die op een chaos uitlopen;*
II ⟨ov.ww.⟩ **0.1** ***uitbrengen*** ⇒*publiceren, in circulatie / omloop brengen, uitgeven, uitvaardigen, versturen, verlenen* **0.2** ***uitlenen*** ⟨boeken⟩ **0.3** ***verstrekken*** ⇒*verschaffen, uitrusten, voorzien* **0.4** ***uitstorten*** ⇒*uitspuwen, uitstoten* **0.5** ⟨vero.⟩ ***voortbrengen*** ⇒*ter wereld brengen* ◆ **1.1** the government ~d a decree *de regering vaardigde een decreet uit;* they ~d a new series of stamps *ze brachten een nieuwe serie postzegels uit* **1.4** a volcano issuing dangerous gases *een vulkaan die gevaarlijke gassen uitstoot* **6.3** they ~d uniforms **to** the soldiers, they ~d the soldiers **with** uniforms *ze verstrekten uniformen aan de soldaten.*

is·sue·less ['ɪʃu:ləs]⟨bn.⟩ **0.1** ***kinderloos*** ⇒*zonder kinderen* **0.2** ***vruchteloos*** ⇒*zonder resultaat*.
is·su·er ['ɪʃu:ə||-ər]⟨telb.zn.⟩ **0.1** ***uitgever*** **0.2** ***emittent***.
'issuing house, 'issue house ⟨telb.zn.⟩⟨BE; geldw.⟩ **0.1** ***emissiebank*** ⟨v. aandelen, leningen⟩.
-ist [ɪst] **0.1** ⟨vormt nw.⟩⟨ong.⟩ ***-ist*** ⇒*-er* **0.2** ⟨vormt bijv. nw.⟩⟨ong.⟩ ***-istisch*** ◆ **¶.1** cellist *cellist;* deist *deïst;* fascist *fascist* **¶.2** expressionist *expressionistisch*.
isth·mi·an ['ɪsmɪən]⟨bn.⟩ **0.1** ***istmisch*** ⇒*v.e. landengte* ◆ **1.1** ⟨gesch.⟩ Isthmian Games *Istmische Spelen* ⟨op de landengte v. Corinthe⟩.
isth·mus ['ɪsməs]⟨f1⟩⟨telb.zn.; ook isthmi [-maɪ]; →mv. 5⟩ **0.1** ***istmus*** ⟨ook biol.⟩ ⇒*nauwe/smalle verbinding, landengte*.
it[1] [ɪt]⟨n.-telb.zn.⟩ **0.1** ***(Italiaanse) vermouth***.
it[2] [ɪt], ⟨schr. ook⟩ **'t** [t]⟨f4⟩⟨p.vnw.⟩ →itself **0.1** ***het*** **0.2** ⟨als onpersoonlijk onderwerp⟩ ***het*** **0.3** ⟨als voorlopig onderwerp, ook v. gekloofde zin, of voorlopig voorwerp⟩ ***het*** **0.4** ⟨als 'leeg' voorwerp; vaak idiomatisch; bij onov. ww. vnl. emfatisch⟩ **0.5** ⟨ben. voor⟩ ***het*** ⟨in de context bekende referent⟩ ⇒*hèt, het neusje v.d. zalm; het probleem; seks, sex appeal;* ⟨bij kinderspelen⟩ *tikkertje* ⟨enz.⟩ ◆ **1.1** ⟨schr. of substandaard⟩ his heart ~ was sick with love *zijn hart dat verging v. liefde* **1.5** this dress is really ~ *deze jurk is net wat ik zocht/het einde;* in sports Nan is really ~ *in sport heeft Nan haar weerga niet* **3.1** the baby had slept but then ~ awoke *de baby had geslapen maar toen werd hij wakker;* I dreamt ~ *ik heb het gedroomd;* she opened the letter and read ~ *ze opende de brief en las hem;* study hard and ~ will help you *studeer hard en het zal je helpen* **3.2** ~'s late/getting on *het wordt laat;* if ~ hadn't been for him *als hij er niet was geweest;* ~ says in this book that ... *er staat in dit boek dat ...;* she's got what ~ takes *ze kan het aan* **3.3** ~ makes her happy when you visit her *het maakt haar blij als je haar bezoekt;* she made ~ clear that he wasn't welcome *ze liet duidelijk blijken dat hij niet welkom was;* I take ~ you were wrong *ik neem aan dat je ongelijk had;* ~ was the Russians who started the cold war *het waren de Russen die de koude oorlog begonnen* **3.4** we had to camp ~ *er zat niets anders voor ons op dan te kamperen;* cut ~ out *hou ermee op;* damn ~ *verdomme nog aan toe;* I've got ~ *ik heb een idee, ik heb het gevonden;* he's had ~ and can retire now *hij heeft zijn deel gehad en kan nu met pensioen gaan;* now he's had ~: tell him to stop *nu is hij te ver gegaan: zeg dat hij ophoudt;* they really lived ~ up *ze zetten de bloemetjes buiten;* stop ~ *hou op* **3.5** he hated women and ~ frightened him *hij haatte vrouwen en was bang v. seks* **3.¶** ⟨schr.⟩ ~ was a knight and he rode out *er was eens een ridder die uitreed* **4.2** ~ is me *ik ben het;* who is ~? *wie is het/daar?* **4.5** you are ~, now chase us *jij bent het, pak ons maar eens;* that's ~, I've finished *dat was het dan, ik ben klaar, klaar is Kees;* they nod and that's ~ *ze knikken en daar blijft het bij;* that's ~ *dat is het probleem, dat is 't hem nu juist;* yes, that's ~ *ja, zo is het/ja, zo moet je het doen;* that's ~ boy, you're bright *precies jongen, je bent slim;* this is ~ *nu komt het erop aan; nu is onze kans; nu is het afgelopen* **6.1** he walked over **to** ~ *hij ging er naartoe* **6.4** he's in **for** ~ *hij zal ervan lusten; er zwaait wat voor hem;* get away **from** ~ all *er eens helemaal uit zijn;* they made a day **of** ~ *ze gingen een dagje uit*.
IT ⟨afk.⟩ information technology.
ita ⟨afk.⟩ initial teaching alphabet.
ital ⟨afk.⟩ italic (type).
I·tal·ian[1] [ɪ'tæliən]⟨f3⟩⟨zn.⟩
I ⟨eig.n.⟩ **0.1** ***Italiaans*** ⇒*de Italiaanse taal;*
II ⟨telb.zn.⟩ **0.1** ***Italiaan/Italiaanse***.
Italian[2] ⟨f3⟩⟨bn.⟩ **0.1** ***Italiaans*** ◆ **1.1** ~ vermouth *zoete vermout* **1.¶** ~ hand(writing) *schuin schrift, gewoon schrift* ⟨tgo. Gotisch schrift⟩; ⟨plantk.⟩ ~ millet *vogelgierst, trosgierst* ⟨Setaria Italica⟩; ⟨BE⟩ ~ warehouse *zuidvruchtenhandel/winkel;* ~ warehouseman *handelaar in zuidvruchten*.
I·tal·ian·ate [ɪ'tæliənət]⟨bn.⟩ **0.1** ***veritaliaanst*** ⇒*Italiaans(achtig)*.
I·tal·ian·ism [ɪ'tæliənɪzm]⟨telb.zn.⟩ **0.1** ***uit het Italiaans overgenomen uitdrukking/woord*** ⇒*Italiaanse uitdrukking*.
i·tal·ian·i·za·tion [ɪ'tæliənaɪ'zeɪʃn||-nə'zeɪʃn]⟨telb. en n.-telb.zn.⟩ **0.1** ***veritaliaansing*** ⇒*veritalianisering*.
i·tal·ian·ize [ɪ'tæliənaɪz]⟨onov. en ov.ww.⟩ **0.1** ***veritaliaansen*** ⇒*italiaans(achtig) worden/maken*.
i·tal·ic[1] [ɪ'tælɪk]⟨f2⟩⟨telb. en n.-telb.zn.; vnl. mv. met ww. enk.⟩ **0.1** ***cursief*** ⇒*cursieve drukletter, italiek* **0.2** ***schuinschrift*** ⇒*lopend schrift* ◆ **3.1** ~s supplied *mijn cursivering, cursivering van mij* **3.2** George writes ~ *George schrijft schuin* **4.1** my ~s *mijn cursivering, ik cursiveer* **6.1** printed **in** ~s *cursief gedrukt, gecursiveerd*.
italic[2] ⟨f1⟩⟨bn.⟩ **0.1** ***cursief*** ⇒*schuin* **0.2** ⟨vnl. I-⟩ ***italisch*** ⟨uit het antieke Italië⟩ ◆ **1.1** ~ hand(writing) *schuinschrift, gewoon schrift* ⟨tgo. Gotisch schrift⟩; ~ type *cursief, italiek, cursieve drukletter* **1.2** Italic languages *Italische talen* ⟨talen in de oudheid in Italië gesproken⟩.
i·tal·i·cize, -cise [ɪ'tælɪsaɪz]⟨f1⟩⟨onov. en ov.ww.⟩ **0.1** ***cursiveren*** ⇒*cursief drukken*.
I·tal·i·ot(e) [ɪ'tælioʊt]⟨telb.zn.⟩⟨gesch.⟩ **0.1** ***bewoner v.d. Griekse koloniën in Zuid-Italië***.
I·tal·o- [ɪ'tæloʊ-] **0.1** ⟨ong.⟩ ***Italiaans*** ◆ **¶.1** of Italo-German descent *van Italiaans-Duitse afkomst*.
It·a·ly ['ɪtəli||'ɪtli]⟨eig.n.⟩ **0.1** ***Italië***.
itch[1] [ɪtʃ]⟨f2⟩⟨zn.; vnl. enk.⟩
I ⟨telb.zn.⟩ **0.1** ***jeuk*** ⇒*kriebel* **0.2** ***verlangen*** ⇒*zin, aandrang, zucht, hang* ◆ **6.1** she is suffering **from** the/an ~ *zij heeft jeuk* **6.2** she has an ~ **for** money *ze is tuk/gek op geld;* he has an ~ **to** go abroad *hij wil dolgraag naar het buitenland;*
II ⟨telb. en n.-telb.zn.⟩ **0.1** ***schurft*** ⇒*scabiës*.
itch[2] ⟨f2⟩⟨onov.ww.⟩ **0.1** ***jeuken*** ⇒*kriebelen* **0.2** ***jeuk hebben*** **0.3** ***graag willen*** ⇒*zitten te springen, hunkeren* ◆ **1.1** the wound keeps ~ing *de wond blijft maar jeuken* **3.3** she was ~ing to write her sister all about it *ze zat te popelen om het allemaal aan haar zus te schrijven;* my fingers ~ to do (sth.) *mijn vingers jeuken om (iets) te doen* **4.2** I'm ~ing all over *ik heb overal jeuk* **6.3** they were ~ing **for** the speech to end *ze konden haast niet wachten tot de rede afgelopen was*.
'itch mite ⟨telb.zn.⟩⟨dierk.⟩ **0.1** ***schurftmijt*** ⟨Sarcoptes scabiei⟩.
itch·y ['ɪtʃi]⟨f1⟩⟨bn.; -er; -ness; →bijw. 3⟩ **0.1** ***jeukerig*** ⇒*jeukend* **0.2** ***rusteloos*** ⇒*ongeduldig, ongedurig* **0.3** ***schurftig*** **0.4** ⟨AE; sl.⟩ ***gretig*** ⇒*enthousiast* ◆ **1.2** he's got ~ feet *hij is een echte zwerver;* have an ~/itching palm *tuk zijn op fooi, steekpenningen aannemen*.
it'd ['ɪtəd]⟨hww.⟩⟨samentr. v. it would, it had⟩.
-ite [aɪt] **0.1** ⟨vormt nw.⟩⟨ong.⟩ ***-iet*** **0.2** ⟨vormt bijv. nw.⟩⟨ong.⟩ ***-iet*** ◆ **¶.1** mammonite *mammonaanbidder;* uranite *uraniet* **¶.2** Muscovite *Moskovisch*.
i·tem[1] ['aɪtəm]⟨f3⟩⟨telb.zn.⟩ **0.1** ***item*** ⇒*post, punt, nummer, artikel* **0.2** ***onderdeel*** ⇒*stuk, bestanddeel* **0.3** ***artikel*** ⇒*(nieuws)bericht* ◆ **2.1** the last ~ on the account *de laatste post op de rekening* **2.2** the next ~ on our program *het volgende onderdeel van ons programma*.
item[2] ⟨f1⟩⟨bw.⟩ **0.1** ***idem*** ⇒*item, eveneens, desgelijks, evenzo*.
i·tem·ize ['aɪtəmaɪz]⟨f1⟩⟨ov.ww.⟩ **0.1** ***specificeren*** ◆ **1.1** ~d bill *gespecificeerde rekening*.
it·er·ate ['ɪtəreɪt]⟨ov.ww.⟩ **0.1** ***herhalen*** ⇒*itereren*.
it·er·a·tion ['ɪtə'reɪʃn]⟨telb. en n.-telb.zn.⟩ **0.1** ***herhaling*** ⇒*iteratie*.
it·er·a·tive[1] ['ɪtərətɪv||'ɪtəreɪtɪv]⟨telb.zn.⟩⟨taalk.⟩ **0.1** ***iteratief (werkwoord)*** ⇒*frequentatief (werkwoord)*.
iterative[2] ⟨bn.⟩ **0.1** ***vaak*** ⇒*herhaald, herhalend* **0.2** ⟨taalk.⟩ ***iteratief*** ⇒*frequentatief, herhalings-* ⟨v. werkwoorden⟩.
ith·y·phal·lic[1] ['ɪθɪ'fælɪk]⟨telb.zn.⟩ **0.1** ⟨lit.⟩ ***(ithy)fallisch gedicht*** ⇒*bacchisch vers* **0.2** ***priapree*** ⇒*priapisch/erotisch gedicht*.
ithyphallic[2] ⟨bn.⟩ **0.1** ***(ithy)fallisch*** ⇒*ithyfal, met erectie* ⟨v. beeld e.d.⟩ **0.2** ⟨lit.⟩ ***ithyfallisch*** **0.3** ***wellustig*** ⇒*obsceen, liederlijk* **0.4** ⟨gesch.⟩ ***mbt./v.d. fallus*** ⟨rondgedragen op Dionysusfeesten⟩.
-i·tic [ɪtɪk]⟨vormt bijv. nw. en nw. uit nw.⟩ **0.1** ***-itisch*** ◆ **¶.1** anti-Semitic *anti-semitisch;* parasitic *parasitisch*.
i·tin·er·an·cy [aɪ'tɪnərənsi], **i·tin·er·a·cy** [-əsi]⟨telb. en n.-telb.zn.; →mv. 2⟩ **0.1** ***het rondtrekken*** ⇒*het rondreizen* ⟨v. rechter, geestelijke e.d.⟩.
i·tin·er·ant [aɪ'tɪnərənt]⟨f1⟩⟨bn.⟩ **0.1** ***rondreizend*** ⇒*(rond)trekkend, ambulant* ◆ **1.1** ~ preacher *rondtrekkend prediker*.
i·tin·er·ar·y[1] [aɪ'tɪnərəri||-reri]⟨f1⟩⟨telb.zn.; →mv. 2⟩ **0.1** ***reis/routebeschrijving*** ⇒*itinerarium, reisgids, reisplan, reisboek* **0.2** ***reisroute***.
itinerary[2] ⟨bn.⟩ **0.1** ***reis-*** ⇒*mbt./v. reis(route)* **0.2** ***weg(en)-*** **0.3** ⟨vero.⟩ ***rondreizend*** ⇒*rondtrekkend*.
i·tin·er·ate [aɪ'tɪnəreɪt]⟨onov.ww.⟩ **0.1** ***rondreizen*** ⇒*rondtrekken*.
-i·tion [ɪʃn]⟨vormt nw.⟩ **0.1** ***-itie*** ◆ **¶.1** ambition *ambitie;* transposition *transpositie*.
-i·tious [ɪʃəs]⟨vormt bijv. nw.⟩ **0.1** ⟨ong.⟩ ***-itieus*** ◆ **¶.1** ambitious *ambitieus;* nutritious *voedzaam;* seditious *opstandig*.
-i·tis [aɪtɪs]⟨vormt nw.; naam v. ziekte⟩ **0.1** ***-itis*** ◆ **¶.1** arthritis *artritis;* laryngitis *laryngitis*.
-i·tive [ətɪv]⟨vormt bijv. nw.⟩ **0.1** ***-itief*** ◆ **¶.1** positive *positief;* sensitive *gevoelig*.
it'll ['ɪtl]⟨samentr. v. it will⟩.
ITO ⟨afk.⟩ International Trade Organization.
-i·tous [ɪtəs] **0.1** ⟨vormt bijv. nw. uit nw. op -ity⟩ ◆ **¶.1** calamitous *rampzalig;* gratuitous *gratis;* ubiquitous *alomtegenwoordig*.
its[1] [ɪts]⟨bez.vnw.⟩ **0.1** ***dat wat van hem/haar is*** ⇒*de/het zijne/hare* ◆ **4.1** this dog thinks I'm ~ *deze hond denkt dat ik bij hem hoor*.
its[2] ⟨f4⟩⟨bez.det.; 3e pers. enk. onz.; →naamval⟩ **0.1** ***zijn/haar***

⇒*ervan* ◆ **1.1** the club had ~ day *het was een grote dag voor de club;* the child lost ~ shoe *het kind verloor zijn schoen;* ~ strength frightens me *de kracht ervan maakt mij bang.*
it's [ɪts]⟨samentr. v. it is, it has⟩.
it·self [ɪt'self]⟨f4⟩⟨wdk.vnw.⟩ →it² **0.1** ***zich*** ⇒*zichzelf* **0.2** ⟨→-self/-selves als nadrukwoord⟩ ***zelf*** ◆ **1.2** the watch ~ was not in the box *het horloge zelf zat niet in de doos* **3.1** the animal hurt ~ *het dier bezeerde zich;* the cat came to ~ and was soon ~ again *de kat kwam weer bij en was snel weer de oude* **3.2** ⟨inf.⟩ ~ was smaller than its enemy *zelf was het kleiner dan zijn vijand* **6.1 by** ~ *alleen, op eigen kracht, afgezonderd;* **in** ~ *op zichzelf, in se.*
it·sy-bit·sy ['ɪtsi'bɪtsi], **it·ty-bit·ty** ['ɪṭi'bɪṭi]⟨f1⟩⟨bn.⟩⟨inf.; kind.⟩ **0.1** ***ietepietig*** ⇒*petieterig, piezelig.*
ITU ⟨afk.⟩ International Telecommunications Union.
ITV ⟨afk.⟩ Independent Television ⟨BE⟩.
-i·ty [-əṭi]⟨vormt nw.⟩ **0.1** ⟨ong.⟩ ***-iteit*** ⇒*-heid* ◆ **¶.1** publicity *publiciteit;* purity *zuiverheid;* scarcity *schaarste.*
IU(C)D ⟨afk.⟩ intrauterine (contraceptive) device.
-ium [ɪəm]⟨vormt nw.⟩ **0.1** ***-ium*** ◆ **¶.1** ammonium *ammonium.*
IV ⟨afk.⟩ intravenous.
-ive [ɪv]⟨vormt bijv. nw. en nw.⟩ **0.1** ⟨ong.⟩ ***-ief*** ◆ **¶.1** contranstive *contrastief;* inventive *inventief;* sedative *kalmerend (middel).*
I've [aɪv]⟨samentr. v. I have⟩.
IVF ⟨afk.⟩ in vitro fertilization.
i·vied ['aɪvid]⟨bn.⟩ **0.1** ***met klimop begroeid.***
i·vo·ry ['aɪvri]⟨f2⟩⟨zn.; →mv. 2⟩
I ⟨telb.zn.⟩ **0.1** ⟨ben. voor⟩ ***ivoren/benen voorwerp*** ⇒*ivoor; slagtand;* ⟨inf.⟩ *biljartbal, schedel;* ⟨vnl. mv.⟩ *tand; (piano)toets, piano; dobbelstenen* ◆ **3.1** ⟨scherts.⟩ tickle the ivories *pingelen* ⟨op piano, accordeon enz.⟩;
II ⟨n.-telb.zn.⟩ **0.1** ***ivoor*** ⇒*elpenbeen* **0.2** ***ivoorkleur.***
'ivory 'black ⟨n.-telb.zn.⟩ **0.1** ***ivoorzwart*** ⇒*beenzwart* ⟨verfstof⟩.
'Ivory 'Coast ⟨eig.n.; the⟩ **0.1** ***Ivoorkust.***
'ivory gull ⟨telb.zn.⟩⟨dierk.⟩ **0.1** ***ivoormeeuw*** ⟨Pagophila eburnea⟩.
'ivory hunter ⟨telb.zn.⟩⟨AE; sl.⟩ **0.1** ***(talent) scout*** ⟨vnl. v. honkballers⟩.
'ivory nut ⟨telb.zn.⟩ **0.1** ***ivoornoot*** ⟨noot v.d. ivoorpalm⟩.
'ivory 'tower ⟨f1⟩⟨telb.zn.⟩ **0.1** ***ivoren toren.***
'ivory turner ⟨telb.zn.⟩ **0.1** ***ivoordraaier*** ⇒*kunstdraaier.*
i·vy ['aɪvi]⟨f2⟩⟨telb. en n.-telb.zn.; →mv. 2⟩⟨plantk.⟩ **0.1** ***klimop*** ⟨Hedera helix⟩.
'i·vy-'clad ⟨bn.⟩⟨schr.⟩ **0.1** ***met klimop begroeid.***
'ivy ge'ranium ⟨telb.zn.⟩⟨plantk.⟩ **0.1** ***hanggeranium*** ⟨Pelargonium peltatum⟩.
'Ivy League ⟨eig.n.⟩⟨AE⟩ **0.1** ***Ivy League*** ⟨groep universiteiten in Noord-Oost U.S.A.⟩ **0.2** ***Ivy League (sport)competitie.***
'ivy 'man·tled ⟨bn.⟩⟨schr.⟩ **0.1** ***met klimop begroeid.***
IW ⟨afk.⟩ Isle of Wight.
IWW ⟨afk.⟩ Industrial Workers of the World.
ix·i·a ['ɪksɪə]⟨telb. en n.-telb.zn.⟩⟨plantk.⟩ **0.1** ***ixia*** ⇒*Engelse zwaardlelie* ⟨genus Ixia⟩.
i·zard ['ɪzəd‖i:'zɑrd]⟨telb.zn.⟩⟨dierk.⟩ **0.1** ***gems*** ⟨Rupicapra rupicapra⟩.
-i·za·tion, -i·sa·tion [aɪ'zeɪʃn‖ə'zeɪʃn]⟨vormt nw. uit ww.⟩ **0.1** ***-isering*** ⇒*-isatie* ◆ **¶.1** radicalization *radicalisering;* specialization *specialisatie.*
-ize, -ise [aɪz]⟨vormt ww.⟩ **0.1** ***-iseren*** ⇒*-eren* ◆ **¶.1** acclimatize *acclimatiseren;* stigmatize *stigmatiseren.*
iz·zard ['ɪzəd‖'ɪzərd]⟨telb.zn.⟩⟨vero.⟩ **0.1** ***de letter z.***
iz·zat [ɪzət]⟨n.-telb.zn.⟩⟨Ind.E⟩ **0.1** ***eer*** ⇒*reputatie, (zelf)respect.*

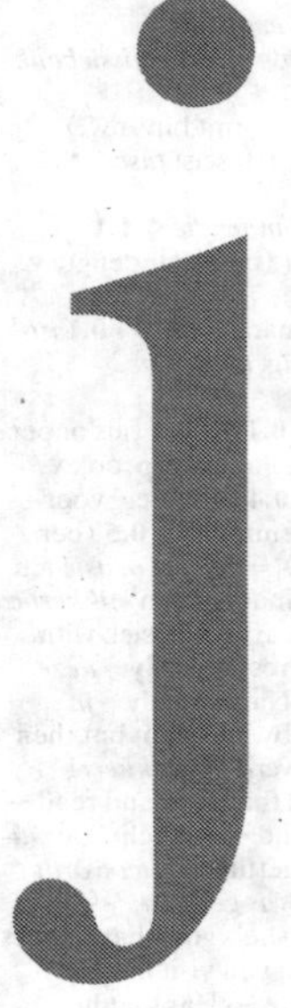

j¹, J [dʒeɪ]⟨telb.zn.; j's, J's, zelden js, Js⟩ **0.1** ***(de letter) j, J*** **0.2** ⟨verk.⟩ ⟨joint⟩ ⟨AE; sl.⟩ ***stickie*** ⇒*joint, marihuanasigaret.*
j², J ⟨afk.⟩ jack, joule, journal, Judge, Justice.
JA ⟨afk.⟩ joint account, judge advocate.
jab¹ [dʒæb]⟨f1⟩⟨telb.zn.⟩ **0.1** ***por*** ⇒*stoot, stomp, steek* **0.2** ⟨bokssport⟩ ***(linkse) directe*** **0.3** ⟨BE; inf.⟩ ***prik*** ⇒*injectie, spuit(je).*
jab² ⟨f2⟩⟨onov. en ov.ww.; →ww. 7⟩ **0.1** ***porren*** ⇒*stoten, stompen, steken, prikken* ◆ **5.1** he ~bed his glasses **back** on his nose *hij duwde zijn bril op zijn neus terug;* don't ~ my eye **out** with your umbrella *steek mijn oog niet uit met je paraplu* **6.1** keep ~bing **at** him with your left *blijf op hem inslaan met je linkse;* ~ **at** s.o. with a knife *naar iem. uithalen met een mes;* don't ~ your finger **at** me! *wijs zo niet naar mij!;* he ~bed his elbow **into** my side *hij gaf me een por in de ribben;* ~ **out** a splinter *een splinter eruit trekken.*
'jab bag ⟨telb.zn.⟩⟨bokssport⟩ **0.1** ***maispeer.***
jab·ber¹ ['dʒæbə‖-ər]⟨f1⟩⟨n.-telb.zn.⟩ **0.1** ***gebrabbel*** ⇒*gekwebbel, gewauwel, gesnater, koeterwaals.*
jabber² ⟨f1⟩⟨ww.⟩
I ⟨onov.ww.⟩ **0.1** ***brabbelen*** ⇒*kwebbelen, wauwelen,* ⟨B.⟩ *tateren* ◆ **5.1** ~ **away** *erop los kwebbelen;*
II ⟨ov.ww.⟩ **0.1** ***uitkramen*** ⇒*afraffelen,* ⟨B.⟩ *aframmelen* ◆ **1.1** he ~s some Italian *hij kraamt er wat Italiaans uit* **5.1** ~ **out** a prayer *een gebed afraffelen.*
jab·ber·er ['dʒæbrə‖-ər]⟨f1⟩⟨telb.zn.⟩ **0.1** ***brabbelaar*** ⇒*wauwelaar, kletsmeier.*
jab·ber·wock ['dʒæbəwɒk‖-bərwɑk], **jab·ber·wock·y** [-wɒki‖-wɑki] ⟨zn.; →mv. 2⟩
I ⟨telb.zn.⟩ **0.1** ***nonsensgedicht*** ⟨oorspr. v. Lewis Carroll⟩ ⇒*wauwelwok;*
II ⟨n.-telb.zn.⟩ **0.1** ***abracadabra*** ⇒*kolder, wartaal.*
jab·i·ru ['dʒæbɪru:‖-'ru:]⟨telb.zn.⟩⟨dierk.⟩ **0.1** ***jabiroe*** ⟨Jabiru mycteria; soort tropische ooievaar⟩.
jab·o·ran·di ['dʒæbə'rændi]⟨zn.⟩
I ⟨telb.zn.⟩ **0.1** ***jaborandi*** ⟨Pilocarpus jaborandi; tropische heester⟩;
II ⟨n.-telb.zn.⟩ **0.1** ***jaborandibladeren*** ⟨geneesmiddel⟩.
jab·ot ['ʒæbou‖ʒæ'bou]⟨telb.zn.⟩ **0.1** ***jabot.***
'jab step ⟨telb.zn.⟩⟨basketbal⟩ **0.1** ***uitvalspas*** ⟨als schijnbeweging⟩.
ja·ça·na [ʒɑ:sə'nɑ:, dʒæ-]⟨telb.zn.⟩⟨dierk.⟩ **0.1** ***jassana*** ⟨vogeltje; fam. Jacanidae⟩.
jac·a·ran·da ['dʒækə'rændə]⟨telb. en n.-telb.zn.⟩⟨plantk.⟩ **0.1** ***jacaranda*** ⇒*palissander* ⟨genus Jacaranda⟩.

ja·cinth ['dʒæsɪnθ‖'dʒeɪ-]⟨telb.zn.⟩ **0.1** ***hyacinth*** ⟨edelsteen⟩.

jack[1] [dʒæk]⟨f3⟩⟨zn.⟩ ⟨→sprw. 22, 158, 364⟩

I ⟨eig.n.; J-⟩ **0.1** ***Jack*** ⟨vorm v. John⟩ ◆ **1.¶** Jack Frost *Koning Winter;* ⟨B.⟩ *de vriezeman;* Jack and Jill *Jan en Jansje, Piet en Marie* ⟨ong. jongen en meisje, man en vrouw⟩; Jack Ketch *de beul;* before you can / could say Jack Robinson *als de gesmeerde bliksem, vliegensvlug;* ⟨BE; sl.⟩ on one's Jack, on one's Jack Jones *in z'n eentje* **¶.¶** ⟨inf.⟩ I'm all right, Jack *(met mij is) alles kits;* ⟨ong.⟩ *ikke, ikke en de rest kan stikken;*

II ⟨telb.zn.⟩ **0.1** ⟨ben. voor⟩ ***manspersoon*** ⇒*kerel, vent, Jan met de pet; (los) werkman, arbeider, dagloner, klusjesman;* ⟨AE; sl.⟩ *stille, rechercheur;* ⟨BE en Austr. E; sl.⟩ *klabak, politieman;* ⟨verk. van jack-tar⟩ **0.2** ⟨ben. voor⟩ ***toestel*** ⇒*dommekracht, hefboom, vijzel, krik; stut, stellage, (zaag)bok; spitdraaier; contactbus; opstoter, dokje* ⟨in clavecimbel⟩, *wippertje* ⟨in piano⟩; *jaquemart* ⟨figuurtje dat op de klok v.e. uurwerk slaat⟩; ⟨verk. van jacklight⟩ **0.3** ⟨ben. voor⟩ ***dier*** ⇒*mannetje, mannetjesezel; jager, snoek(je);* ⟨verk. van jackass, jackdaw, jackfish, jackrabbit, jacksnipe⟩ **0.4** ***kolder*** ⇒*lederen wambuis* **0.5** ⟨kaartspel⟩ ***boer*** **0.6** ⟨bowling (op gras), jeu de boules⟩ ***cochonnet*** ⇒*(palmhouten) doelballetje* **0.7** ⟨bowls⟩ ***jack*** ⟨het witte, te raken balletje⟩ **0.8** ⟨scheep.⟩ ***geus*** ⇒*landsvlag* **0.9** ⟨scheep.⟩ ***(bram)zaling*** **0.10** ⟨BE; sl.⟩ ***briefje van 50 £*** **0.11** ⟨verk.⟩ ⟨blackjack, jackfruit, jackknife, jackpot, jackstone⟩ ◆ **3.¶** ⟨AE; sl.⟩ ball the ~ *'m v. katoen geven* ⟨hard werken / rijden⟩; *alles op alles zetten* **4.1** every one ~, every ~ one *iedereen, wie dan ook, niemand uitgezonderd;*

III ⟨n.-telb.zn.⟩ **0.1** ⟨AE; sl.⟩ ***poen*** **0.2** ⟨verk.⟩ ⟨applejack⟩ **0.3** ⟨~s; ww. enk.⟩ ⟨verk.⟩ ⟨jackstones⟩.

jack[2] ⟨f1⟩⟨ww.⟩

I ⟨onov.ww.⟩ **0.1** ***jagen*** ⇒*vissen* ⟨met lichtbak⟩ ◆ **5.¶** →jack **in;** →jack **off;** →jack **up;**

II ⟨ov.ww.⟩ **0.1** ***opvijzelen*** ⇒*opdrijven* ◆ **5.¶** →jack **in;** →jack **up.**

jack-a-dan·dy ['dʒækə'dændi]⟨telb.zn.; →mv. 2⟩ **0.1** ***fat*** ⇒*dandy.*

jack·al ['dʒækɔ:l‖-kl]⟨f1⟩⟨telb.zn.⟩ **0.1** ***jakhals*** **0.2** ***handlanger*** ⇒*medeplichtige, lakei, iem. die het vuile werk opknapt.*

jack·a·napes ['dʒækəneɪps]⟨telb.zn.; jackanapes; →mv. 4⟩ **0.1** ***(verwaande) kwast*** **0.2** ***snotaap*** ⇒*kwajongen, bengel* **0.3** ⟨vero.⟩ ***(tamme) aap.***

jack·ass ['dʒækæs]⟨f1⟩⟨telb.zn.⟩ **0.1** ***ezel*** ⟨ook fig.⟩ ◆ **3.¶** ⟨dierk.⟩ laughing ~ *reuzenijsvogel, kookaburra* ⟨lachvogel, Dacelo gigas⟩.

jack·ass·er·y ['dʒækæsəri]⟨n.-telb.zn.⟩ **0.1** ***domheid*** ⇒⟨B.⟩ *ezelarij.*

'jackass hare, 'jackass rabbit, 'jack·rab·bit ⟨telb.zn.⟩⟨dierk.⟩ **0.1** ***prairiehaas*** ⟨verschillende soorten v.h. genus Lepus⟩.

'jack·boot ⟨f1⟩⟨zn.⟩

I ⟨telb.zn.⟩ **0.1** ***kaplaars*** ⇒*waterlaars;*

II ⟨n.-telb.zn.⟩ **0.1** ***totalitarisme*** ⇒*autoritair / militaristisch regime / gedrag.*

'jack-by-the-'hedge ⟨n.-telb.zn.⟩⟨plantk.⟩ **0.1** ***look zonder look*** ⟨Alliaria officinalis⟩.

'jack·daw ⟨telb.zn.⟩⟨dierk.⟩ **0.1** ***kauw*** ⇒*torenkraai* ⟨Corvus monedula⟩.

jack·e·roo, jack·a·roo ['dʒækə'ru:]⟨telb.zn.⟩⟨Austr. E; inf.⟩ **0.1** ***groentje*** ⇒*nieuweling, knecht in opleiding* ⟨vnl. op schapenfokkerij⟩.

jack·et[1] ['dʒækɪt]⟨f3⟩⟨telb.zn.⟩ **0.1** ***jas(je)*** ⇒*jekker(tje), jak, colbert, jacquet* **0.2** ***omhulsel*** ⇒*bekleding, mantel; huls, bus* **0.3** ***stofomslag*** ⟨v. boek⟩ ⇒*jacket* **0.4** ⟨AE⟩ ***(plate)hoes*** **0.5** ***vacht*** ⇒*pels, vel* **0.6** ***schil*** ◆ **1.2** water ~ *watermantel* **3.1** dust / trim s.o.'s ~ *iem. op zijn baadje geven;* ⟨B.⟩ *iem. een pandoering geven* **3.6** potatoes cooked in their ~s *aardappelen in de schil bereid.*

jacket[2] ⟨f1⟩⟨ov.ww.⟩ **0.1** ***bekleden.***

'jack·fish ⟨telb.zn.; ook -fish; →mv. 4⟩ **0.1** ***snoek(je)*** ⇒*snoekbaars.*

'jack·flag ⟨telb.zn.⟩⟨scheep.⟩ **0.1** ***geus*** ⇒*landsvlag.*

'jack·fruit ⟨telb.zn.⟩ **0.1** ***(soort) broodvrucht(boom)*** ⟨Artocarpus heterophyllus⟩.

'jackfruit tree ⟨telb.zn.⟩ **0.1** ***brood(vrucht)boom.***

'jack·ham·mer ⟨telb.zn.⟩⟨AE⟩ **0.1** ***(pneumatische) handhamerboor.***

'jack-'high ⟨bn., pred.⟩⟨bowls⟩ **0.1** ***op gelijke hoogte met de jack (liggend)*** ⟨v. bowl⟩.

'jack 'in ⟨onov. en ov.ww.⟩⟨sl.⟩ **0.1** ***opgeven*** ⇒*eraan geven.*

'jack-in-of·fice ⟨telb.zn.; jacks-in-office; →mv. 6⟩ **0.1** ***(verwaand) ambtenaar(tje).***

'jack-in-the-box ⟨f1⟩⟨telb.zn.; ook jacks-in-the-box; →mv. 6⟩ **0.1** ***duiveltje in een doosje.***

'jack-in-the-green ⟨telb.zn.; ook jacks-in-the-green; →mv. 6⟩ **0.1** ***iem. in raam bedekt met bladeren*** ⟨op May Day⟩ **0.2** ***(soort) sleutelbloem.***

'jack-in-the-'pul·pit ⟨telb.zn.; ook jacks-in-the-pulpit; →mv. 6⟩ ⟨AE; plantk.⟩ **0.1** ***(soort) aronskelk*** ⟨Arisaema triphyllum⟩.

'jack·knife[1] ⟨f1⟩⟨telb.zn.⟩ **0.1** ***(groot) knipmes*** **0.2** ⟨vero.; schoonspringen⟩ ***gehoekte sprong.***

jackknife[2] ⟨ww.⟩

I ⟨onov.ww.⟩⟨vero.; schoonspringen⟩ **0.1** ***gehoekte sprong uitvoeren;***

II ⟨onov. en ov.ww.⟩ **0.1** ***dubbelklappen*** ⇒*scharen.*

'jack·leg ⟨telb.zn.⟩⟨AE⟩ **0.1** ***amateur*** ⇒*klungelaar* **0.2** ***beunhaas.***

'jack·light ⟨telb.zn.⟩ **0.1** ***lichtbak*** ⟨bij jacht of visvangst⟩.

'jack-of-'all-trades ⟨f1⟩⟨telb.zn.; jacks-of-all-trades; →mv. 6⟩ **0.1** ***manusje van alles.***

'jack 'off ⟨onov.ww.⟩⟨vulg.⟩ **0.1** ***zich aftrekken.***

'jack-o'-'lantern ⟨telb.zn.⟩ **0.1** ***dwaallicht*** **0.2** ⟨AE⟩ ***(uitgeholde) pompoen*** ⟨tot mensengezicht gesneden, als lampion met Hallowe'en⟩.

'jack plane ⟨telb.zn.⟩ **0.1** ***rijschaaf*** ⇒*voorloper.*

'jack·pot ⟨f1⟩⟨telb.zn.⟩ **0.1** ***pot*** ⟨bij poker, gokautomaat enz.⟩ ⇒*jackpot* ◆ **3.1** ⟨inf.⟩ hit the ~ *(de pot) winnen* ⟨bij poker enz.⟩; ⟨fig.⟩ *een klapper maken, het (helemaal) maken.*

'jack-pud·ding ⟨telb.zn.⟩ **0.1** ***hansworst.***

jack·rab·bit →jackass hare.

'jack rafter ⟨telb.zn.⟩⟨bouwk.⟩ **0.1** ***keper*** ⇒*dakspar.*

'jack·screw ⟨telb.zn.⟩ **0.1** ***dommekracht*** ⇒*vijzel, hefschroef.*

'jack·snipe ⟨telb.zn.⟩⟨dierk.⟩ **0.1** ***bokje*** ⟨Lymnocryptes minimus⟩.

'jack staff ⟨telb.zn.⟩⟨scheep.⟩ **0.1** ***geusstok.***

'jack·stone ⟨zn.⟩

I ⟨telb.zn.⟩ **0.1** ***bikkel;***

II ⟨n.-telb.zn.; ~s; ww. enk.⟩ **0.1** ***bikkelspel.***

'jack·straw ⟨zn.⟩

I ⟨telb.zn.⟩ **0.1** ***staafje*** ⇒*strootje* ⟨bij II⟩;

II ⟨n.-telb.zn.; ~s; ww. enk.⟩ **0.1** ***knibbelspel.***

'jack-'tar ⟨telb.zn.⟩⟨vero.⟩ **0.1** ***pekbroek*** ⇒*jantje, matroos.*

'Jack-the-lad ⟨telb.zn.⟩ **0.1** ***haantje-de-voorste*** ⇒*opschepper.*

'jack towel ⟨telb.zn.⟩ **0.1** ***rolhanddoek.***

'jack tree ⟨telb.zn.⟩⟨plantk.⟩ **0.1** ***(soort) brood(vrucht)boom*** ⟨Artocarpus heterophyllus⟩.

'jack 'up ⟨ww.⟩

I ⟨onov.ww.⟩⟨sl.⟩ **0.1** ***heroïne spuiten;***

II ⟨onov. en ov.ww.⟩⟨sl.⟩ **0.1** ***opgeven*** ⇒*eraan geven;*

III ⟨ov.ww.⟩ **0.1** ***opkrikken*** ⟨auto⟩ ⇒⟨fig. ook⟩ *opvijzelen, opdrijven* ⟨prijzen e.d.⟩; ⟨fig.⟩ *aanporren* **0.2** ⟨inf.⟩ ***verhogen*** ⟨salaris⟩ ⇒*opdrijven* **0.3** ⟨inf.⟩ ***regelen*** ⇒*organiseren* ⟨reis⟩ **0.4** ⟨gew. of inf.⟩ ***ruïneren.***

Jac·o·be·an[1] ['dʒækə'bi:ən]⟨telb.zn.⟩ **0.1** ***tijdgenoot v. Jacobus I*** **0.2** ***bewonderaar v. Henry James.***

Jacobean[2] ⟨bn.⟩ **0.1** ***uit de tijd v. Jakobus II*** **0.2** ***v. Jakobus de Kleine*** ⟨Marcus 15:40⟩.

jac·o·bin ['dʒækəbɪn]⟨telb.zn.⟩ **0.1** ⟨J-⟩ ***jakobijn*** ⇒*(heftige) democraat* **0.2** ***kapduif*** **0.3** ⟨vaak J-⟩ ***jakobijn*** ⇒*dominicaan.*

Jac·o·bin·ic ['dʒækə'bɪnɪk], **Jac·o·bin·ic·al** [-ɪkl]⟨bn.⟩ **0.1** ***jakobijns.***

Jac·o·bin·ism ['dʒækəbɪnɪzm]⟨n.-telb.zn.⟩ **0.1** ***jakobinisme.***

Jac·o·bin·ize ['dʒækəbɪnaɪz]⟨ov.ww.⟩ **0.1** ***voor het jakobinisme winnen.***

Jac·o·bite[1] ['dʒækəbaɪt]⟨telb.zn.⟩ **0.1** ⟨gesch.⟩ ***jakobiet*** ⟨aanhanger v. Jacobus II⟩ **0.2** ***bewonderaar v. Henry James*** **0.3** ⟨relig.⟩ ***jakobiet*** ⟨aanhanger v. Jacobus Baradaeus⟩.

Jacobite[2], **Jac·o·bit·i·cal** ['dʒækə'bɪtɪkl]⟨bn.⟩ **0.1** ***jakobitisch.***

Jac·o·bit·ism ['dʒækəbaɪtɪzm]⟨n.-telb.zn.⟩⟨gesch.⟩ **0.1** ***jakobitisme.***

Ja·cob's ladder ['dʒeɪkəbz 'lædə‖-ər]⟨telb.zn.⟩ **0.1** ***jakobsladder*** ⇒*speerkruid* ⟨Polemonium caeruleum⟩ **0.2** ***jakobsladder*** ⇒*touwladder* ⟨met houten sporten⟩ **0.3** ***jakobsladder*** ⇒*paternosterlift* **0.4** ***gaal*** ⟨in breiwerk⟩.

'Jacob's 'staff ⟨telb.zn.⟩ **0.1** ***jakobsstaf*** ⇒*hoogtemeter, afstandsmeter; boussolestaf.*

jac·o·net ['dʒækənət]⟨n.-telb.zn.⟩ **0.1** ***jaconnet*** ⇒*neteldoek.*

jac·quard ['dʒækɑ:d‖-kɑrd]⟨zn.; vaak J-⟩

I ⟨telb.zn.⟩ **0.1** ***jacquard(machine)*** **0.2** ***jacquardweefgetouw;***

II ⟨n.-telb.zn.⟩ **0.1** ***jacquardweefsel.***

'jacquard loom ⟨telb.zn.⟩ **0.1** ***jacquardweefgetouw.***

jac·que·rie ['ʒækəri:‖ʒɑ-]⟨zn.⟩

I ⟨eig.n.; J-; the⟩ **0.1** ***jacquerie*** ⟨boerenopstand v. 1358 in Frankrijk⟩;

II ⟨telb.zn.; vaak J-⟩ **0.1** ***boerenopstand*** **0.2** ***boerenklasse*** ⇒*landsvolk.*

jac·ta·tion ['dʒæk'teɪʃn], **jac·ti·ta·tion** ['dʒæktɪ'teɪʃn]⟨zn.⟩

I ⟨telb. en n.-telb.zn.⟩⟨med.⟩ **0.1** ***spier / zenuwtrekking;***

II ⟨n.-telb.zn.⟩ **0.1** ***snoeverij*** **0.2** ⟨med.⟩ ***jactatio*** ⇒*woelen* ⟨v.e. zieke in bed⟩ ◆ **1.¶** ⟨jur.⟩ jactitation of marriage *zich als echtgeno(o)t(e) v. iem. voordoen.*

Ja·cuz·zi [dʒə'ku:zi]⟨telb.zn.⟩ **0.1** ***jacuzzi*** ⇒*wervel / whirpoolbad, massagebad;* ⟨oneig.⟩ *bubbelbad.*

jade[1] [dʒeɪd]⟨f2⟩⟨zn.⟩
I ⟨telb.zn.⟩ **0.1** ***knol*** ⟨oud paard⟩ **0.2** ⟨pej.⟩ ***wijf*** **0.3** ⟨scherts.⟩ ***wijfje*** ⇒*deern;*
II ⟨n.-telb.zn.⟩ **0.1** ⟨geol.⟩ ***jade*** ⇒*nefriet, bittersteen* **0.2** ⟨geol.⟩ ***jadeïet*** **0.3** ⟨vaak attr.⟩ ***bleekgroen***.
jade[2] ⟨ov.ww.⟩ →jaded **0.1** ***afjakkeren*** ⇒*uitputten, afmatten*.
jad·ed ['dʒeɪdɪd]⟨f1⟩⟨bn.; verl. deelw. v. jade+2⟩ **0.1** ***afgemat*** ⇒*uitgeput* **0.2** ***geblaseerd*** ◆ **1.2** ~ appetite *afgestompte eetlust* **3.1** look ~ *er overwerkt uitzien*.
jade·ite ['dʒeɪdaɪt]⟨n.-telb.zn.⟩⟨geol.⟩ **0.1** ***jadeïet***.
jae·ger, ⟨in bet. I 0.1 en 0.2 ook⟩ **ja·ger, jä·ger** ['jeɪgə‖-ər]⟨zn.⟩
I ⟨telb.zn.⟩ **0.1** ⟨mil.⟩ ***jager*** ⇒*infanterist* **0.2** ***jager(sknecht)*** **0.3** ⟨dierk.⟩ ***jager*** ⟨fam. der Stercorariidae⟩ **0.4** ⟨ook J-⟩ ***jaegertje*** ⇒*kledingstuk v. jaegerstof;*
II ⟨n.-telb.zn.; ook J-⟩ **0.1** ***jaeger(stof)*** ⇒*jäger*.
jaf·fa ['dʒæfə], **'jaffa 'orange** ⟨telb.zn.; ook J-⟩ **0.1** ***jaffa(appel)*** ⟨sinaasappel uit Israël⟩.
jag[1] [dʒæg]⟨f1⟩⟨telb.zn.⟩ **0.1** ***uitsteeksel*** ⇒*punt, tand, piek, pin* **0.2** ***schulp*** ⟨soort zoomversiering⟩ **0.3** ***split*** ⟨opengewerkte versiering in kledingstuk⟩ **0.4** ⟨inf.⟩ ***bevlieging*** ⇒*roes, aanval, vlaag* **0.5** ⟨sl.⟩ ***boemelpartij*** ⇒*braspartij* **0.6** ⟨AE; gew.⟩ ***vracht(je)*** **0.7** ⟨J-⟩⟨inf.⟩ ***Jaguar*** ⟨verk. v. automerknaam⟩ **0.8** ***barst*** **0.9** ***keep*** ⇒*kerf* **0.10** ⟨verk.⟩ ⟨jag bolt⟩ ◆ **1.6** a ~ of hay *een vrachtje hooi* **3.4** a crying ~ *een huilbui;* a shopping ~ *een kooproes, een winkelwoede;* the stuff gives him a ~ *het spul brengt hem in vervoering* **3.¶** have a ~ on *een stuk in zijn kraag hebben*.
jag[2] ⟨ov.ww.; →ww. 7⟩ →jagged, jagging **0.1** ***(in)kepen*** ⇒*kerven, (uit)tanden, kartelen, (onregelmatig) scheuren/insnijden*.
'jag bolt ⟨telb.zn.⟩ **0.1** ***hakkelbout***.
jag·ged ['dʒægɪd]⟨f2⟩⟨bn.; volt. deelw. v. jag+2; -ly; -ness⟩ **0.1** ***getand*** ⇒*gekarteld, puntig* **0.2** ⟨AE; sl.⟩ ***lazarus*** ⇒*bezopen* ◆ **1.1** ~ coastline *grillige kust;* ~ edge *scherpe rand;* ~ rocks *puntige rotsen;* ~ wound *rijtwond*.
jag·ger ['dʒægə‖-ər]⟨telb.zn.⟩ **0.1** ***getande beitel*** ⇒*keep/kerfbijtel*.
jag·ger·y, jag·gher·y, jag·gar·y ['dʒægəri]⟨n.-telb.zn.⟩ **0.1** ***palmsuiker*** ⇒*rietsuiker*.
jag·ging ['dʒægɪŋ]⟨telb. en n.-telb.zn.; (oorspr.) gerund v. jag+2⟩ **0.1** ***inkerving*** ⇒*inkeping, karteling, uittanding*.
jag·gy ['dʒægi]⟨bn.; -er; →compar. 7⟩ **0.1** ***gekarteld*** ⇒*getand, puntig*.
jag·uar ['dʒægjʊə‖'dʒægwɑr]⟨f1⟩⟨telb.zn.⟩⟨dierk.⟩ **0.1** ***jaguar*** ⟨Panthera onca⟩.
ja·gua·ron·di ['dʒægwə'rɒndi‖-'rɑndi], **ja·gua·run·di** [-'rʌndi] ⟨telb.zn.⟩⟨dierk.⟩ **0.1** ***jaguaroendi*** ⟨Felis jaguarondi⟩.
Jah [jɑ:], **Jah·ve(h)** ['jɑ:veɪ], **Jah·we(h)** ['jɑ:weɪ]⟨eig.n.⟩ **0.1** ***Jahwe(h)*** ⟨Hebreeuwse naam v. God⟩.
Jahvist →Yahwist.
jai a·lai ['haɪ (ə)laɪ]⟨n.-telb.zn.⟩ **0.1** ***(soort) pelote(spel)*** ⟨Spanje en Latijns-Amerika⟩.
jail[1], ⟨BE sp. vnl.⟩ **gaol** [dʒeɪl]⟨telb. en n.-telb.zn.⟩ **0.1** ***gevangenis*** ⇒*gevang* **0.2** ***huis v. bewaring*** ◆ **3.1** sentenced to ~ for ten days *tot tien dagen gevangenis veroordeeld* **6.1** five years **in** ~ *vijf jaar in de gevangenis*.
jail[2], ⟨BE sp. vnl.⟩ **gaol** ⟨ov.ww.⟩ **0.1** ***gevangen zetten***.
'jail·bird, ⟨BE sp. ook⟩ **gaol·bird** ⟨telb.zn.⟩⟨inf.⟩ **0.1** ***bajesklant*** ⇒*(gevangenis)boef*.
'jail·break, ⟨BE sp. ook⟩ **gaol·break** ⟨telb.zn.⟩ **0.1** ***ontsnapping uit de gevangenis*** ⇒*uitbraak*.
'jail delivery, ⟨BE sp. ook⟩ **gaol delivery** ⟨telb. en n.-telb.zn.⟩ **0.1** ***ontruiming v.e. gevangenis*** ⟨door alle in voorarrest zittenden voor de rechter te brengen⟩ **0.2** ***invrijheidstelling v.d. gevangenen*** **0.3** ***(massale) bevrijding v. gevangenen*** ⟨met geweld⟩.
jail·er, jail·or, ⟨BE sp. ook⟩ **gaol·er** [dʒeɪlə‖-ər]⟨telb.zn.⟩ **0.1** ***cipier*** ⇒*gevangenbewaarder*.
'jail fever, ⟨BE sp. ook⟩ **'gaol fever** ⟨telb. en n.-telb.zn.⟩ **0.1** ***(vlek) tyfus***.
jake[1] [dʒeɪk]⟨f2⟩⟨zn.⟩
I ⟨eig.n.; J-⟩ **0.1** ***Jaap*** ⟨inf. vorm v. Jacob⟩;
II ⟨telb.zn.⟩ **0.1** ***boerenkinkel*** ⇒*boerenpummel;*
III ⟨n.-telb.zn.; -s; ww. enk.⟩⟨AE; vero.⟩ **0.1** ***gemak*** ⇒*plee, privaat*.
jake[2] ⟨bn., pred.⟩⟨sl.⟩ **0.1** ***kits*** ⇒*prima, uitstekend*.
jal·ap ['dʒæləp], **ja·la·pa** [dʒə'lɑ:pə]⟨telb.zn.⟩ **0.1** ***jalap(pe)*** ⟨purgeermiddel⟩ **0.2** ***jalap(pe)wortel***.
ja·lop·y, jal·lop·y, ja·lop·py [dʒə'lɒpi‖-'lɑ-], ⟨in bet. 0.1 ook⟩ **ja·lop** [dʒə'lɒp‖-'lɑp]⟨telb.zn.; →mv. 2⟩⟨inf.⟩ **0.1** ***rammelkast*** ⇒*ouwe brik* **0.2** ***rammelkist*** ⇒*vliegende doodkist*.
ja·lou·sie ['ʒæluzi:‖'dʒæləsi]⟨telb.zn.⟩⟨vnl. BE⟩ **0.1** ***jaloezie*** ⇒*zonneblind*.
jam[1] [dʒæm]⟨f2⟩⟨zn.⟩⟨→sprw. 365⟩
I ⟨telb.zn.⟩ **0.1** ***opstopping*** ⇒*knoop, gedrang, congestie; blokkering, stremming* **0.2** ⟨radio⟩ ***storing*** ⇒*jam* **0.3** ⟨inf.⟩ ***knel*** ⇒*knoei, nesten* **0.4** ⟨verk.⟩ ⟨jam session⟩ ◆ **6.3** be **in/get into** a ~ *in de nesten/knoei zitten/raken;*
II ⟨n.-telb.zn.⟩ **0.1** ***jam*** ⇒⟨B.⟩ *confituur* **0.2** ⟨BE⟩ ***(zoete) koek*** ⇒*makkie* ◆ **1.2** this job isn't all ~ *dit karwei is geen lachertje/lolletje;* the test was ~ for him *de test was een makkie voor hem* **1.¶** ⟨inf.⟩ have ~ on one's face *voor schut staan* **2.2** a real ~ *een buitenkansje* **3.¶** ⟨inf.⟩ d'you want ~ on it? *had mevrouw/meneer verder nog iets gewild?* **4.2** it isn't all ~ ⟨ong.⟩ *'t is niet alles rozegeur en maneschijn* **5.2** ~ tomorrow *morgen wordt alles anders/het beter*.
jam[2] ⟨f3⟩⟨ww.; →ww. 7⟩
I ⟨onov.ww.⟩ **0.1** ***vast (blijven) zitten*** ⇒*klemmen, blokkeren, vastraken* **0.2** ***dringen*** ⇒*drummen* **0.3** ⟨muz.⟩ ***jammen*** ◆ **1.1** the lid ~med *het deksel raakte klem;* the machine ~med *de machine liep vast;* the ship ~med (in the ice) *het schip raakte klem (in het ijs)* **6.2** people continued to ~ **into** the already overcrowded room *de mensen bleven de al overvolle kamer binnendringen;*
II ⟨ov.ww.⟩ **0.1** ***vast zetten*** ⇒*klemmen, knellen; zeevast zetten* **0.2** ***kneuzen*** ⇒*verpletteren, verbrijzelen* **0.3** ***(met kracht) drijven*** ⇒*dringen, duwen* **0.4** ***(vol)proppen*** **0.5** ***blokkeren*** ⇒*verstoppen, stremmen* **0.6** ⟨radio⟩ ***storen*** **0.7** ***jam maken van*** **0.8** ***jam smeren op*** ◆ **1.5** the crowds ~med the streets *de massa versperde/blokkeerde de straten;* the typewriter keys ~ *de schrijfmachinetoetsen blokkeren* **5.5** ~ the brakes **on** *op de rem gaan staan, krachtig remmen* **6.3** he ~med his spurs **into** the horse's flanks *hij gaf het paard de sporen* **6.4** he ~med all his clothes **into** a tiny case *hij propte al zijn kleren in een piepklein koffertje*.
Jam ⟨afk.⟩ Jamaica, James.
jamb[1] [dʒæm]⟨f1⟩⟨telb.zn.⟩ **0.1** ***stijl*** ⟨v. deur, venster⟩ **0.2** ***zijwand*** ⟨v. haard enz.⟩ **0.3** ***stut*** **0.4** ***muurtje*** **0.5** ***scheenstuk*** ⟨v. harnas⟩.
jamb[2] ⟨ww.⟩
I ⟨onov.ww.⟩ **0.1** ***vastzitten;***
II ⟨ov.ww.⟩ **0.1** ***vastzetten***.
jam·beau ['dʒæmboʊ]⟨telb.zn.; jambeaux [-oʊz]; →mv. 5⟩ **0.1** ***scheenstuk*** ⟨v. harnas⟩.
jam·bo·ree ['dʒæmbə'ri:]⟨f1⟩⟨telb.zn.⟩ **0.1** ***(uitbundige) fuif*** ⇒*pretmakerij* **0.2** ***(soort) bonte avond*** ⇒*variété-avond* **0.3** ***jamboree*** ⇒*padvindersreünie, (feestelijke) reünie* ⟨v. politieke groepen, sportgroepen enz.⟩ ◆ **6.1** he got **on** a ~ *hij zette de bloemetjes buiten*.
James [dʒeɪmz]⟨eig.n.⟩ **0.1** ***James*** ⇒*Jacob(us)* **0.2** ⟨bijb.⟩ ***(brief v.) Jacobus*** ◆ **2.1** ~ the Greater *Jacobus de Meerdere;* ~ the less *Jacobus de Mindere*.
jam-full ['dʒæm'fʊl], **jam-packed** ['dʒæm'pækt]⟨f1⟩⟨bn.⟩⟨inf.⟩ **0.1** ***prop(pens)vol*** ⇒*barstens/tjok/nokvol* ◆ **1.1** the room was ~ with people *de kamer was barstensvol mensen*.
'jam jar, 'jam pot ⟨f1⟩⟨telb.zn.⟩ **0.1** ***jampot(je)***.
jam·mer ['dʒæmə‖-ər], ⟨in bet. 0.1 ook⟩ **jam·ming-sta·tion** ⟨f1⟩ ⟨telb.zn.⟩ **0.1** ***stoorzender*** **0.2** ***jazzspeler*** ⟨bij jamsession⟩.
'jam nut ⟨telb.zn.⟩ **0.1** ***tegen/contra/stelmoer***.
'jam session ⟨f1⟩⟨telb.zn.⟩⟨muz.⟩ **0.1** ***jam session***.
'jam 'tart ⟨telb.zn.⟩ **0.1** ***confituurtaart(je)***.
Jan [dʒæn]⟨afk.⟩ January.
jane [dʒeɪn]⟨zn.⟩
I ⟨eig.n.; J-⟩ **0.1** ***Jo(h)anna*** ⇒*Jeanne, Jans* ◆ **1.1** ⟨jur.⟩ ~ Doe *de onbekende vrouw;*
II ⟨telb.zn.⟩⟨sl.⟩ **0.1** ***liefje*** ⇒*meid, stuk* **0.2** ***damestoilet***.
jan·gle[1] ['dʒæŋgl]⟨telb.zn.⟩ **0.1** ***metaalklank*** ⇒*gerinkel* **0.2** ***wanklank*** **0.3** ⟨vero.⟩ ***ruzie*** ⇒*gekijf, gekift, onenigheid*.
jangle[2] ⟨f2⟩⟨ww.⟩
I ⟨onov.ww.⟩ **0.1** ***kletteren*** ⇒*rinkelen, rammelen, tingelen, schetteren* **0.2** ***vals/schril klinken*** ⇒*wanklank geven* **0.3** ***kijven*** ⇒*ruziën, kibbelen* ◆ **6.2** the music ~d **on** my ears *de muziek schetterde in mijn oren;* the yelling ~d **(up)on** my ears *het gegil snerpte in mijn oren;*
II ⟨ov.ww.⟩ **0.1** ***doen kletteren*** ⇒*doen rinkelen/rammelen/tingelen/schetteren* **0.2** ***vals/schril doen klinken*** **0.3** ***irriteren*** ⇒*van streek maken* ◆ **1.3** it ~d his nerves *het vrat aan zijn zenuwen*.
jan·is·sar·y, jan·i·zar·y ['dʒænɪsri‖-seri]⟨telb.zn.; →mv. 2⟩ **0.1** ***janitsaar*** ⇒*Turks soldaat* **0.2** ***volgeling*** ⇒*aanhanger, medestander, helper*.
jan·i·tor ['dʒænɪtə‖-nɪtər]⟨f2⟩⟨telb.zn.⟩ **0.1** ⟨vnl. BE⟩ ***portier*** ⇒*deurwachter* **0.2** ⟨vnl. AE⟩ ***conciërge*** ⇒*huisbewaarder*.
jan·i·to·ri·al ['dʒænɪ'tɔ:rɪəl]⟨bn.⟩ **0.1** ⟨vnl. BE⟩ ***portiers-*** **0.2** ⟨vnl. AE⟩ ***conciërge-***.
jan·nock ['dʒænək]⟨bn.⟩⟨BE; gew.⟩ **0.1** ***rechtdoorzee*** ⇒*eerlijk*.
Jan·sen·ism ['dʒænsənɪzm]⟨n.-telb.zn.⟩⟨relig.⟩ **0.1** ***jansenisme***.
Jan·sen·ist[1] ['dʒænsənɪst]⟨telb.zn.⟩⟨relig.⟩ **0.1** ***jansenist***.
Jansenist[2], **Jan·sen·is·tic** ['dʒænsə'nɪstɪk]⟨bn.⟩⟨relig.⟩ **0.1** ***jansenistisch***.

Jan·u·ar·y ['dʒænjʊəri‖-jʊeri]⟨f3⟩⟨eig.n.; Januaries, Januarys; →mv. 2⟩ **0.1** ***januari.***
Ja·nus-faced ['dʒeɪnəsfeɪst]⟨bn.⟩ **0.1** ***met een januskop*** ⇒*met twee gezichten, in twee richtingen kijkend;* ⟨fig.⟩ *dubbelhartig, hypocriet.*
Jap[1] [dʒæp]⟨f1⟩⟨telb.zn.⟩⟨inf.; vaak pej.⟩ **0.1** ***Jap*** ⇒*Japannees.*
Jap[2] ⟨afk.⟩ Japan, Japanese.
ja·pan[1] [dʒə'pæn]⟨zn.⟩
I ⟨eig.n.; J-⟩ **0.1** ***Japan;***
II ⟨n.-telb.zn.⟩ **0.1** ***japanlak*** ⇒*Japanse lak* **0.2** ***japannerie*** ⇒*Japans lakwerk* **0.3** ***Japans porselein.***
japan[2] ⟨ov.ww.; →ww. 7⟩ **0.1** ***(ver)lakken*** ⇒*aflakken* ⟨met japanlak⟩.
Jap·a·nese[1] ['dʒæpə'ni:z]⟨f2⟩⟨zn.; Japanese; →mv. 4⟩
I ⟨eig.n.⟩ **0.1** ***Japans;***
II ⟨telb.zn.⟩ **0.1** ***Japanner.***
Japanese[2] ⟨f3⟩⟨bn.⟩ **0.1** ***Japans*** ◆ **1.1** ⟨plantk.⟩ ~cedar *Japanse ceder* ⟨Cryptomeria japonica⟩; ⟨plantk.⟩ ~(flowering) cherry *Japanse kers* ⟨hybride uit Prunus serrulata en P. sieboldii⟩; ⟨plantk.⟩ ~ivy *onbestendige wingerd* ⟨Parthenocissus tricuspidata⟩; ⟨plantk.⟩ ~lantern *Chinese lantaarn* ⟨Physalis alkekengi⟩; ⟨plantk.⟩ ~maple *Japanse ahorn* ⟨Acer palmatum⟩; ⟨plantk.⟩ ~medlar *Japanse mispel* ⟨Eriobotrya japonica⟩; ~print *Japanse druk;* ⟨plantk.⟩ ~quince *Japanse kwee* ⟨Chaenomeles lagenaria⟩; ~silk *Japanse zij* **1.¶** ⟨plantk.⟩ ~persimmon *kaki(vrucht/boom)* ⟨Diospyros kaki⟩.
Ja'pan paper ⟨n.-telb.zn.⟩ **0.1** ***Japans papier.***
Ja'pan ware ⟨n.-telb.zn.⟩ **0.1** ***japannerie*** ⇒*Japans lakwerk.*
Ja'pan wax ⟨n.-telb.zn.⟩ **0.1** ***Japanse was.***
jape[1] [dʒeɪp]⟨telb.zn.⟩⟨vero.⟩ **0.1** ***scherts*** ⇒*grap.*
jape[2] ⟨ww.⟩⟨vero.⟩
I ⟨onov.ww.⟩ **0.1** ***gekscheren*** ⇒*schertsen;*
II ⟨ov.ww.⟩ **0.1** ***gekscheren met*** ⇒*voor de gek houden, treiteren.*
Ja·phet·ic [dʒə'feṭɪk]⟨bn.⟩ **0.1** ***v. Jafet*** **0.2** ⟨vero.⟩ ***Indo-europees.***
Jap·lish ['dʒæplɪʃ]⟨eig.n.⟩ **0.1** ***Jappels*** ⟨mengtaal v. Japans en Engels⟩.
ja·pon·i·ca [dʒə'pɒnɪkə‖-'pɑ-]⟨telb.zn.⟩⟨plantk.⟩ **0.1** ***camelia*** ⟨Camellia japonica⟩ **0.2** ***Japanse kwee*** ⟨Chaenomeles lagenaria⟩.
Jap·o·nism ['dʒæpənɪzm]⟨telb.zn.⟩ **0.1** ***japanisme*** ⇒*iets typisch Japans.*
jar[1] [dʒɑ:‖dʒɑr]⟨f3⟩⟨telb.zn.⟩ **0.1** ***krassend/schurend geluid*** ⇒*gekras, geknars, wanklank* **0.2** ***twist*** ⇒*botsing, wrijving, onenigheid, ruzie* **0.3** ***(zenuw)schok*** ⇒*onaangename verrassing, ontnuchtering* **0.4** ***pot*** ⇒*(stop)fles, kruik;* ⟨BE; inf.⟩ *glas* ⟨bier e.d.⟩ ◆ **3.3** suffer a nasty~ *flink ontnuchterd worden* **6.4** sell jam **by** the~ *jam per pot verkopen* **6.¶** ⟨vero. of inf.⟩ **on** the~ *op een kier.*
jar[2] ⟨f2⟩⟨ww.; →ww. 7⟩
I ⟨onov.ww.⟩ **0.1** ***knarsen*** ⇒*krassen, vals klinken* **0.2** ***schokken*** ⇒*trillen, dreunen* **0.3** ***botsen*** ⇒*in disharmonie zijn* **0.4** ***kibbelen*** ⇒*bekvechten* ◆ **1.1** ⟨ook fig.⟩ ~ring note *valse noot, dissonant;* ~ring tools *krassende gereedschappen* **1.3** ~ring colours *vloekende kleuren;* ~ring opinions *botsende meningen* **2.2** the bolt had~red loose *de bout was losgetrild* **6.1** the door~s **against/on** the floor *de deur schuurt/krast over de vloer;* his voice~s **(up)on** my ears *zijn stem doet mijn oren pijn* **6.3** that music~s **on** my nerves *die muziek werkt op mijn zenuwen;* that house~s **with** the surroundings *dat huis vloekt met zijn omgeving* **6.4**~**at** each other *kibbelen;*
II ⟨ov.ww.⟩ **0.1** ***schokken*** ⇒*schudden, doen trillen;* ⟨fig.⟩ *doen schrikken, onaangenaam verrassen* ◆ **1.1** ~ring news *schokkend nieuws.*
jar·di·nière, jar·di·niere ['ʒɑ:dɪ'njeə‖'dʒɑrdn'ɪr]⟨zn.⟩
I ⟨telb.zn.⟩ **0.1** ***jardinière*** ⟨decoratieve bloemenbak⟩;
II ⟨n.-telb.zn.⟩ **0.1** ***jardinière*** ⟨soort groentegerecht⟩.
jar·ful ['dʒɑ:fʊl‖'dʒɑr-]⟨telb.zn.⟩ **0.1** ***pot*** ⇒*fles, kruik* ◆ **6.1** a~**of** jam *een pot jam.*
jar·gon[1] ['dʒɑ:gɒn‖'dʒɑrgɑn], **jar·goon** [dʒɑ:'gu:n‖dʒɑr-]⟨telb. en n.-telb.zn.⟩⟨geol.⟩ **0.1** ***jargon*** ⇒*zirkoon(steen), (soort) hyacint* ⟨mineraal⟩.
jargon[2] ['dʒɑ:gən‖'dʒɑr-]⟨f2⟩⟨zn.⟩
I ⟨telb. en n.-telb.zn.⟩ **0.1** ***jargon*** ⇒*vaktaal, groepstaal; mengtaal;* ⟨pej.⟩ *koeterwaals, bargoens, taaltje;*
II ⟨n.-telb.zn.⟩⟨vero.⟩ **0.1** ***gekwetter.***
jargon[3] ⟨onov.ww.⟩ **0.1** ***zich bedienen v. jargon*** ⟨pej.⟩ ⇒*er een taaltje uitslaan, brabbelen* **0.2** ⟨vero.⟩ ***kwetteren.***
jar·go·nelle ['dʒɑ:gə'nel‖'dʒɑr-]⟨telb.zn.⟩ **0.1** ***jargonelle*** ⟨soort vroegrijpe peer⟩.
jar·gon·ic [dʒɑ:'gɒnɪk‖dʒɑr'gɑnɪk], **jar·gon·is·tic** ['dʒɑ:gə'nɪstɪk‖'dʒɑr-]⟨bn.⟩ **0.1** ***jargon-*** ⇒*onverstaanbaar.*
jar·gon·ize ['dʒɑ:gənaɪz‖'dʒɑr-]⟨f1⟩⟨ww.⟩
I ⟨onov.ww.⟩ **0.1** ***zich bedienen v. jargon*** ⟨pej.⟩ ⇒*er een taaltje uitslaan, brabbelen* **0.2** ⟨vero.⟩ ***kwetteren;***
II ⟨ov.ww.⟩ **0.1** ***in jargon vertalen*** ⇒*met jargon doorspekken.*
jarl [jɑ:l‖jɑrl]⟨telb.zn.⟩ **0.1** ***jarl*** ⟨Middeleeuws hoofd/edelman in Scandinavië⟩.
jar·rah ['dʒærə]⟨telb. en n.-telb.zn.⟩ **0.1** ***jarra(hout)*** ⟨(hout v.) Eucalyptus marginata⟩.
jar·vey, jar·vie ['dʒɑ:vi‖'dʒɑrvi]⟨telb.zn.⟩⟨vero.; vnl. IE⟩ **0.1** ***huurkoetsier.***
Jas ⟨afk.⟩ James.
jas·min(e) ['dʒæzmɪn], **jes·sa·min(e)** ['dʒesəmɪn]⟨f1⟩⟨telb. en n.-telb.zn.⟩⟨plantk.⟩ **0.1** ***jasmijn*** ⟨genus Jasminum⟩ ◆ **2.1** common / white~ *echte jasmijn* ⟨J. officinale⟩.
jas·pé ['dʒæspeɪ‖-'speɪ]⟨bn.⟩ **0.1** ***gejasperd*** ⟨v. weefsel⟩.
jas·per ['dʒæspə‖-ər]⟨zn.⟩
I ⟨eig.n.; J-⟩ **0.1** ***Jasper;***
II ⟨telb.zn.⟩ **0.1** ***Jan*** ⇒*vent, kerel* **0.2** ⟨AE; sl.⟩ ***(boeren)kinkel*** ⇒*sul, pummel;*
III ⟨telb. en n.-telb.zn.⟩⟨geol.⟩ **0.1** ***jaspis*** ⇒*ijzerkiezel* ⟨soort kwarts⟩;
IV ⟨n.-telb.zn.⟩ **0.1** ⟨verk.⟩ ⟨jasperware⟩.
jas·per·ize ['dʒæspəraɪz]⟨ov.ww.⟩ **0.1** ***jasperen.***
jas·per·ware ['dʒæspəweə‖'dʒæspərwer]⟨n.-telb.zn.⟩ **0.1** ***jaspisporselein.***
Jat [dʒɑ:t]⟨telb.zn.⟩ **0.1** ***Djat*** ⟨lid v.e. Indo-arisch volk⟩.
jato, JATO ['dʒeɪṭoʊ]⟨telb.zn.⟩⟨afk.⟩ jet-assisted take-off **0.1** ***raketstart*** ⟨opstijging met straalmotorassistentie, voor (militaire) vliegtuigen op een (te) korte startbaan⟩ **0.2** ***hulpmotor*** ⟨bij 0.1⟩.
jaun·dice[1] ['dʒɔ:ndɪs]⟨f1⟩⟨n.-telb.zn.⟩ **0.1** ***geelzucht*** **0.2** ***afgunst*** ⇒*nijd, vooringenomenheid.*
jaundice[2] ⟨f1⟩⟨ov.ww.⟩ **0.1** ***geelzucht geven*** **0.2** ***afgunstig maken*** ⇒*vooringenomen maken, vervormen, verdraaien* ◆ **1.2** envy had ~d her judgement *afgunst had haar oordeel negatief beïnvloed;* take a~d view of the matter *een scheve kijk op de zaak hebben.*
jaunt[1] [dʒɔ:nt]⟨f1⟩⟨telb.zn.⟩ **0.1** ***uitstapje*** ⇒*trip, tochtje, plezier/snoepreisje* ◆ **3.1** go on a~to *een uitstapje maken naar.*
jaunt[2] ⟨f1⟩⟨onov.ww.⟩ **0.1** ***een uitstapje maken*** ◆ **5.1**~**about/around** in *een reisje maken door.*
jaunt·ing car ['dʒɔ:ntɪŋ kɑ:‖'dʒɔnṭɪŋ kɑr], **'jaun·ty car** ⟨telb.zn.⟩ **0.1** ***(tweewielig Iers) rijtuigje.***
jaun·ty[1] ['dʒɔ:nṭi]⟨telb.zn.⟩⟨BE; inf.; marine⟩ **0.1** ***provoost-geweldiger.***
jaunty[2] ⟨f1⟩⟨bn.; -er; -ly; -ness; →bijw. 3⟩ **0.1** ***keurig*** ⇒*netjes* **0.2** ***zwierig*** ⇒*elegant, vlot* **0.3** ***monter*** ⇒*luchtig, vrolijk; kwiek, zelfverzekerd* ◆ **1.2** a~hat *een zwierige hoed* **1.3** a~step *een kwieke tred.*
Ja·va ['dʒɑ:və]⟨zn.⟩
I ⟨eig.n.⟩ **0.1** ***Java;***
II ⟨n.-telb.zn.⟩ **0.1** ⟨ook j-⟩ ***java(koffie)*** **0.2** ⟨ook j-⟩⟨AE; inf.⟩ ***koffie*** **0.3** ⟨verk.⟩ ⟨Java man⟩.
'Java 'man ⟨n.-telb.zn.⟩⟨antr.⟩ **0.1** ***Javamens*** ⟨Homo erectus⟩.
Ja·van[1] ['dʒɑ:vən], **Ja·va·nese** [-'ni:z]⟨zn.⟩
I ⟨eig.n.⟩ **0.1** ***Javaans;***
II ⟨telb.zn.; Javanese; →mv. 4⟩ **0.1** ***Javaan(se).***
Javan[2], **Javanese** ⟨bn.⟩ **0.1** ***Javaans*** ⇒*Javaas.*
'Java 'sparrow ⟨telb.zn.⟩⟨dierk.⟩ **0.1** ***rijstvogel*** ⟨Padda oryzivora⟩.
jave·lin ['dʒævlɪn]⟨f1⟩⟨zn.⟩
I ⟨telb.zn.⟩ **0.1** ***speer*** ⇒*werpspies, javelijn;*
II ⟨n.-telb.zn.; the⟩⟨atletiek⟩ **0.1** ***(het) speerwerpen.***
'javelin throw ⟨zn.⟩⟨atletiek⟩
I ⟨telb.zn.⟩ **0.1** ***speerworp;***
II ⟨n.-telb.zn.; the⟩ **0.1** ***(het) speerwerpen.***
Ja·velle water, Ja·vel water [dʒə'vel ˌwɔ:tə‖-ˌwɔṭər]⟨n.-telb.zn.⟩ **0.1** ***bleekwater*** ⇒*(eau de) javelle.*
jaw[1] [dʒɔ:]⟨f3⟩⟨zn.⟩
I ⟨telb.zn.⟩ **0.1** ***kaak*** **0.2** ⟨inf.⟩ ***(zeden)preek*** **0.3** ⟨inf.⟩ ***babbel*** ◆ **2.1** lower/upper~ *onder/bovenkaak* **3.3** have a~ *een boom opzetten* **3.¶** set one's~ *zich niet laten kennen;*
II ⟨n.-telb.zn.⟩⟨inf.⟩ **0.1** ***praat*** ⇒*geklets, geroddel* **0.2** ***tegenspraak*** ⇒*brutale praat* ◆ **3.1** hold/stop your~! *bek dicht!* **3.2** don't give me any~! *hou je gedeisd!* **4.1** none of your~! *stop dat gezwam!;*
III ⟨mv.; ~s⟩ **0.1** ***bek*** ⇒*muil* ⟨v. dier⟩ **0.2** ***klemplaat/blok*** ⟨v. werktuig⟩ ⇒*bek, klauw, kaak, wangstuk* **0.3** ***greep*** ⇒*klauwen* **0.4** ***mond*** ⟨v. kanaal, ravijn enz.⟩ ◆ **1.3** the~s of death *de klauwen v.d. dood.*
jaw[2] ⟨ww.⟩⟨sl.⟩ →jawing
I ⟨onov.ww.⟩ **0.1** ***kletsen*** ⇒*zwammen, roddelen* **0.2** ***preken*** ◆ **6.2** ~**at** s.o. *iem. de les lezen;*
II ⟨ov.ww.⟩ **0.1** ***overhalen*** **0.2** ***de les lezen*** ⇒*de huid vol schelden.*
'jaw·bone[1] ⟨f1⟩⟨zn.⟩
I ⟨telb.zn.⟩ **0.1** ***kaakbeen;***
II ⟨n.-telb.zn.⟩⟨sl.⟩ **0.1** ***pof*** ⇒*lat* ◆ **3.1** buy~ *op de pof kopen.*

jawbone[2] ⟨ww.⟩⟨sl.⟩
I ⟨onov.ww.⟩ **0.1** ***vertrouwen wekken;***
II ⟨ov.ww.⟩ **0.1** ***op de pof kopen*** ⇒*lenen* **0.2** ***onder druk zetten*** **0.3** ***afschieten*** ⟨wapen, als oefening⟩ **0.4** ***repeteren*** ⟨toneelstuk enz.⟩.
'jaw·break·er, 'jaw·crack·er ⟨f1⟩⟨telb.zn.⟩⟨inf.⟩ **0.1** ***tongbreker*** ⟨moeilijk uit te spreken woord⟩ **0.2** ***toverbal*** **0.3** ⟨mijnw.⟩ ***ertsbreker*** ⇒*kaakbreker*.
'jaw crusher ⟨telb.zn.⟩⟨mijnw.⟩ **0.1** ***ertsbreker*** ⇒*kaakbreker*.
jaw·ing ['dʒɔ:ɪŋ]⟨telb.zn.; gerund v. jaw+2⟩ **0.1** ***uitbrander*** ⇒*standje*.
'jaw match ⟨telb.zn.⟩⟨sl.⟩ **0.1** ***scheldpartij***.
'jaw tooth ⟨telb.zn.⟩⟨inf.⟩ **0.1** ***kies***.
jay [dʒeɪ]⟨f2⟩⟨telb.zn.⟩ **0.1** ⟨dierk.⟩ ***Vlaamse gaai*** ⟨Garrulus glandarius⟩ **0.2** ***kletskous*** ⇒*babbelkous* **0.3** ***sul*** ⇒*groentje, broekje* **0.4** ***pummel*** ⇒*boerenkinkel, lomperik* **0.5** ***j*** ⟨letter⟩ **0.6** ⟨uitspraak v. j, verk.⟩ ⟨joint⟩ ⟨AE; sl.⟩ ***stickie*** ⇒*joint, marihuanasigaret*.
'jay·hawk·er ⟨telb.zn.⟩ **0.1** ***guerrillastrijder*** ⟨tijdens Am. burgeroorlog⟩ **0.2** ⟨vnl. J-⟩ ⟨inf.⟩ ***inwoner v. Kansas***.
'jay·town ⟨telb.zn.⟩⟨AE⟩ **0.1** ***(provincie)gat*** ⇒*provinciestadje*.
jay·vee ['dʒeɪ'vi:]⟨telb.zn.⟩⟨afk.⟩ junior varsity **0.1** ***juniorenteam*** ⟨v. universitaire sportploeg⟩ **0.2** ⟨vnl. mv.⟩ ***junior(en)*** ⟨v. universitaire sportploeg⟩.
'jay·walk ⟨f1⟩⟨onov.ww.⟩ **0.1** ***roekeloos oversteken / op straat lopen*** ⇒*door rood licht lopen, oversteken buiten het zebrapad*.
'jay·walk·er ⟨f1⟩⟨telb.zn.⟩ **0.1** ***roekeloze voetganger***.
jazz[1] [dʒæz]⟨f2⟩⟨n.-telb.zn.⟩ **0.1** ***jazz*** **0.2** ***herrie*** ⇒*lawaai* **0.3** ⟨sl.⟩ ***gesnoef*** ⇒*grootspraak* **0.4** ⟨sl.⟩ ***onzin*** ⇒*larie* **0.5** ⟨sl.⟩ ***schwung*** ⇒*geestdrift* ◆ **7.¶** and all that ~ *en dies meer, en nog meer v. die dingen / flauwe kul, enz.*.
jazz[2] ⟨bn., attr.⟩ **0.1** ***jazz-*** **0.2** ***druk*** ⇒*lawaaierig, hard* **0.3** ⟨AE⟩ ***bont***.
jazz[3] ⟨f1⟩⟨ww.⟩
I ⟨onov.ww.⟩ **0.1** ***jazz spelen*** **0.2** ***op jazz dansen*** **0.3** ⟨sl.⟩ ***met spek schieten*** ⇒*liegen, opscheppen* **0.4** ⟨AE; sl.⟩ ***neuken;***
II ⟨ov.ww.⟩ **0.1** ***in jazzritme spelen / arrangeren*** **0.2** ⟨sl.⟩ ***opdissen*** ⇒*verfraaien* ◆ **5.¶** →jazz up.
'jazz band ⟨f1⟩⟨telb.zn.⟩ **0.1** ***jazzband*** ⇒*jazzorkest(je)*.
jazz·er ['dʒæzə‖-ər]⟨telb.zn.⟩ **0.1** ***jazz-musicus***.
jazz·man ['dʒæzmən]⟨telb.zn.; jazzmen [-men]; →mv. 3⟩ **0.1** ***jazzmuzikant*** ⇒*jazzspeler*.
'jazz-rock ⟨n.-telb.zn.⟩ **0.1** ***jazz-rock*** ⟨mengvorm v. jazz en rock music⟩.
'jazz 'up ⟨f1⟩⟨ov.ww.⟩⟨inf.⟩ **0.1** ***opvrolijken*** ⇒*opfleuren, opsmukken* **0.2** ***aanporren*** ⇒*oppeppen* ◆ **4.1** they jazzed it up *ze brachten wat leven in de brouwerij*.
jazz·y ['dʒæzi]⟨f1⟩⟨bn.; -er; -ly; -ness; →bijw. 3⟩ **0.1** ***swingend*** ⇒*jazzachtig* **0.2** ⟨inf.⟩ ***druk*** ⇒*opzichtig, kakelbont*.
J-bar ['dʒeɪbɑ:‖-bɑr]⟨telb.zn.⟩ **0.1** ***glijlift*** ⇒*skilift*.
JC ⟨afk.⟩ Jesus Christ, Julius Caesar.
JC of C ⟨afk.⟩ Junior Chamber of Commerce.
JCR ⟨afk.⟩ Junior Combination Room, Junior Common Room.
jct ⟨afk.⟩ junction.
JD ⟨afk.⟩ Doctor of Laws ⟨v. Latijn Jurum Doctor⟩.
jeal·ous ['dʒeləs]⟨f3⟩⟨bn.; -ly; -ness⟩ **0.1** ***jaloers*** ⇒*afgunstig; possessief* **0.2** ***(overdreven) waakzaam*** ⇒*nauwlettend* **0.3** ⟨bijb.⟩ ***(na) ijverig*** ⇒⟨R.-K.⟩ *jaloers* ◆ **1.3** I am a ~ God *ik ben een naijverige / ⟨R.-K.⟩ jaloerse God* **3.2** guard ~ly *angstvallig bewaken* **6.1** ~ **of** *jaloers op;* be ~ **over** sth. *elkaar iets benijden* **6.2** ~ **of / for** *attent op, waakzaam op*.
jeal·ous·y ['dʒeləsi]⟨f2⟩⟨zn.; →mv. 2⟩
I ⟨telb.zn.⟩ **0.1** ***uiting v. jaloersheid*** ⇒*uiting v. afgunst, naijver, jaloezie;*
II ⟨n.-telb.zn.⟩ **0.1** ***jaloersheid*** ⇒*afgunst, naijver, jaloezie* **0.2** ***(overdreven) waakzaamheid*** ⇒*nauwlettendheid* ◆ **6.2** ~ **for** *bezorgdheid over*.
jean [dʒi:n]⟨f3⟩⟨zn.⟩
I ⟨eig.n.; J-⟩ **0.1** ***Jean;***
II ⟨n.-telb.zn.⟩ **0.1** ***spijkerstof*** ⇒*jeansstof, denim;*
III ⟨mv.; ~s⟩ **0.1** ***spijkerbroek*** ⇒*jeans,* ⟨B.⟩ *jeansbroek* ◆ **1.1** three pairs of ~s *drie spijkerbroeken* **2.1** blue ~s *jeans, spijkerbroek*.
jeaned [dʒi:nd]⟨bn.⟩ **0.1** ***(gekleed) in jeans***.
'jean suit ⟨telb.zn.⟩ **0.1** ***spijkerpak*** ⇒*jeanspak*.
'jeans·wear ⟨f1⟩⟨n.-telb.zn.⟩ **0.1** ***spijkerkleren*** ⇒*spijkergoed*.
jee →gee.
jeep [dʒi:p]⟨f2⟩⟨telb.zn.⟩ **0.1** ***jeep***.
'Jeep·ers 'Creep·ers ⟨tussenw.; ook j- c-⟩⟨AE; inf.⟩ **0.1** ***lieve hemel*** ⇒*goeie god, heremetijd, grote goedheid*.
jeer[1] ['dʒɪə‖dʒɪr]⟨f1⟩⟨telb.zn.; vaak mv.⟩ **0.1** ***schimpscheut*** ⇒*beschimping, hatelijke opmerking;* ⟨in mv.⟩ *spotternij, gejouw, hoon* **0.2** ⟨scheep.⟩ ***val*** ⇒*windas* ◆ **7.2** the ~s *de vallen, het lopend wand*.
jeer[2] ⟨f1⟩⟨ww.⟩
I ⟨onov.ww.⟩ **0.1** ***jouwen*** ⇒*smalende / hatelijke opmerking maken, schimpen* ◆ **6.1** ~ **at** s.o. *iem. uitlachen / uitjouwen;*
II ⟨ov.ww.⟩ **0.1** ***uitjouwen*** ⇒*beschimpen, bespotten, honen*.
jeer·er ['dʒɪərə‖'dʒɪrər]⟨telb.zn.⟩ **0.1** ***schreeuwer*** ⇒*spotter*.
je·had →jihad.
Je·ho·vah [dʒɪ'hoʊvə]⟨eig.n.⟩ **0.1** ***Jehova*** ⇒*Jahweh* ◆ **1.1** ~'s Witness *Getuige van Jehova, Jehova's Getuige*.
Je·ho·vist [dʒɪ'hoʊvɪst], **Yah·vist** ['jɑ:vɪst]⟨telb.zn.⟩⟨relig.⟩ **0.1** ***Jahwist***.
Je·ho·vis·tic ['dʒi:hoʊ'vɪstɪk], **Yah·vis·tic** [jɑ:'vɪstɪk]⟨bn.⟩⟨relig.⟩ **0.1** ***Jahwistisch***.
je·hu ['dʒi:hju:‖'dʒi:hu:]⟨telb.zn.; ook J-⟩⟨scherts.⟩ **0.1** ***brokkenpiloot*** ⇒*roekeloze bestuurder,* ⟨B.⟩ *doodrijder*.
je·june [dʒɪ'dʒu:n]⟨bn.; -ly; -ness⟩ **0.1** ***schraal*** ⇒*kaal, dor, mager, droog* **0.2** ***saai*** ⇒*oninteressant, flauw* **0.3** ***kinderachtig*** ⇒*onbenullig, onvolwassen* ◆ **1.2** his lectures are rather ~ *zijn colleges zijn gortdroog*.
je·ju·num [dʒɪ'dʒu:nəm]⟨telb.zn.; jejuna [-'dʒu:nə]; →mv. 5⟩ ⟨anat.⟩ **0.1** ***jejunum*** ⇒*nuchtere darm*.
Je·kyll-and-Hyde ['dʒekɪl ən 'haɪd]⟨f1⟩⟨telb.zn.; vaak attr.⟩ **0.1** ***Jekyll-en-Hyde*** ⇒*iem. met gespleten persoonlijkheid* ◆ **1.1** a ~ character *een Jekyll-en-Hyde(achtig) personage;* a ~ existence *een dubbel leven*.
jell[1] [dʒel]⟨f1⟩⟨n.-telb.zn.⟩ **0.1** ***gelei*** ⇒*gelatine(pudding), dril*.
jell[2], ⟨BE sp. ook⟩ **gel** [dʒel]⟨f1⟩⟨ww.; →ww. 7⟩
I ⟨onov.ww.⟩ **0.1** ***opstijven*** ⇒*geleiachtig worden* **0.2** ⟨inf.⟩ ***vorm krijgen*** ⇒*kristalliseren* ◆ **1.2** my ideas are beginning to ~ *mijn ideeën beginnen vorm te krijgen;*
II ⟨ov.ww.⟩ **0.1** ***doen opstijven*** ⇒*geleiachtig doen worden* **0.2** ⟨inf.⟩ ***vorm geven***.
jel·la·ba, djel·la·ba [dʒe'lɑ:bə, 'dʒeləbə], **je·lab** [dʒə'lɑ:b]⟨telb.zn.⟩ **0.1** ***boernoes***.
jel·lied ['dʒelid]⟨f1⟩⟨bn.; volt. deelw. v. jelly+2⟩ **0.1** ***gegelatineerd*** ⇒*in gelei*.
jel·li·fy ['dʒelɪfaɪ]⟨ww.; →ww. 7⟩
I ⟨onov.ww.⟩ **0.1** ***opstijven*** ⇒*geleiachtig worden, stollen;*
II ⟨ov.ww.⟩ **0.1** ***doen opstijven / stollen*** ⇒*geleiachtig doen worden*.
jel·lo, Jell-O ['dʒeloʊ]⟨f1⟩⟨n.-telb.zn.⟩⟨AE⟩ **0.1** ***gelatinedessert / pudding*** ⟨naar handelsmerk⟩.
jel·ly[1] ['dʒeli]⟨f3⟩⟨zn.; →mv. 2⟩
I ⟨telb.zn.⟩⟨AE; sl.⟩ **0.1** ***makkie*** ⇒*sinecure; meevaller* **0.2** →jellyroll;
II ⟨telb. en n.-telb.zn.⟩ **0.1** ***gelei*** ⇒*dril, gelatine(pudding), jam* ◆ **3.1** beat s.o. to a ~ *iem. tot moes slaan;* ⟨inf.⟩ shake like a ~ *beven als een riet;*
III ⟨n.-telb.zn.⟩⟨sl.⟩ **0.1** ***gelatinedynamiet***.
jelly[2] ⟨f1⟩⟨ww.; →ww. 7⟩ →jellied
I ⟨onov.ww.⟩ **0.1** ***gelatine worden*** ⇒*stollen;*
II ⟨ov.ww.⟩ **0.1** ***doen stollen*** **0.2** ***op gelei zetten*** ◆ **1.2** ~ eels *paling op gelei zetten*.
jelly baby ⟨telb.zn.⟩ **0.1** ⟨soort⟩ ***snoepje*** ⇒*(gom)beertje* ⟨popje van gekleurde gelatine⟩.
'jelly bag ⟨telb.zn.⟩ **0.1** ***filterzak*** ⟨om v. vruchtesap gelei te maken⟩.
'jelly bean ⟨telb.zn.⟩ **0.1** ***(soort) snoepje*** ⟨boonvormig, met geleiachtige kern⟩ **0.2** ***zwakkeling*** **0.3** ⟨AE; sl.⟩ ***groentje***.
'jelly 'doughnut, 'Jelly 'donut ⟨telb.zn.⟩ **0.1** ***oliebol*** ⟨met geleivulling⟩.
jel·ly·fish ['dʒelifɪʃ]⟨f1⟩⟨telb.zn.⟩ **0.1** ***kwal*** **0.2** ***zwakkeling*** ⇒⟨B.⟩ *mossel*.
'jelly roll ⟨telb.zn.⟩ **0.1** ***(soort) koninginnenbrood*** ⇒⟨B.⟩ *opgerolde koek* **0.2** ⟨AE; sl.⟩ ***pruim*** ⇒*kut* **0.3** ***nummertje*** ⇒*het neuken* **0.4** ⟨AE; sl.⟩ ***seksmaniak*** **0.5** ⟨AE; sl.⟩ ***vrijer*** ⇒*minnaar*.
jem·my[1] ['dʒemi], ⟨AE⟩ **jim·my** ['dʒɪmi]⟨f1⟩⟨zn.⟩
I ⟨eig.n.; J-⟩ **0.1** ***Jemmy*** ⇒*Jimmy* ⟨inf. vorm v. James⟩;
II ⟨telb.zn.; →mv. 2⟩ **0.1** ***koevoet*** ⇒*breekijzer* ⟨v. inbreker⟩ **0.2** ⟨BE⟩ ***schapekop*** ⟨als voedsel⟩.
jemmy[2], **jimmy** ⟨ov.ww.⟩ **0.1** ***openbreken*** ⇒*forceren* ⟨met koevoet⟩ ◆ **2.1** ~ open *openbreken*.
je ne sais quoi ['ʒə nə seɪ 'kwɑ:]⟨telb.zn.⟩ **0.1** ***'iets'*** ◆ **3.1** it's got that ~ *het hééft iets*.
jen·net, gen·et ['dʒenɪt]⟨telb.zn.⟩ **0.1** ***genet*** ⟨klein Spaans rijpaard⟩.
jen·ny ['dʒeni]⟨f2⟩⟨zn.; →mv. 2⟩
I ⟨eig.n.; J-⟩ **0.1** ***Jenny*** ⟨inf. vorm v. Jane⟩;
II ⟨telb.zn.⟩ **0.1** ***wijfje*** **0.2** ***loopkraan*** **0.3** ⟨zakkenbiljart⟩ ***(soort) misstoot*** **0.4** ⟨AE⟩ ***(soort) oefenvliegtuig*** **0.5** ⟨verk.⟩ ⟨jenny ass, jenny wren, creeping jenny, spinning jenny⟩.

'jenny ass ⟨telb.zn.⟩ **0.1** ***ezelin.***
'jenny 'wren ⟨telb.zn.⟩ **0.1** ⟨dierk.⟩ ***(vrouwelijke) winterkoning*** ⟨i.h.b. Troglodytes troglodytes⟩ **0.2** ⟨AE; plantk.⟩ ***robertskruid*** ⟨Geranium robertianum⟩.
jeop·ard·ize, ⟨BE sp. ook⟩ **-ise** ['dʒepədaɪz‖-pər-]⟨f1⟩⟨ov.ww.⟩ **0.1** ***in gevaar brengen*** ⇒*wagen, riskeren, op het spel zetten* ◆ **1.1** ~ one's life *zijn leven wagen.*
jeop·ard·y ['dʒepədi‖-pər-]⟨f1⟩⟨n.-telb.zn.⟩ **0.1** ***gevaar*** ◆ **6.1** put one's future **in** ~ *zijn toekomst op het spel zetten.*
je·quir·i·ty [dʒɪ'kwɪrəṭi], **je'quirity bean** ⟨telb.zn.; →mv. 2⟩ **0.1** ⟨plantk.⟩ ***jequirity*** ⇒*abrus* ⟨Abrus precatorius⟩ **0.2** ***abruszaad (je)*** ⟨als sieraad en als medicijn⟩.
jerbil →gerbil.
jer·bo·a [dʒɜ:'bouə‖dʒɜr-]⟨telb.zn.⟩⟨dierk.⟩ **0.1** ***(woestijn)springmuis*** ⟨i.h.b. Dipus aegypticus⟩.
jer·eed, jer·id [dʒə'ri:d]⟨zn.⟩
I ⟨telb.zn.⟩ **0.1** ***(soort) werpspeer*** ⟨in Nabije Oosten⟩;
II ⟨n.-telb.zn.; the⟩ **0.1** ***speerwerpen*** ⟨met I 0.1⟩.
jer·e·mi·ad ['dʒerɪ̣'maɪəd]⟨f1⟩⟨telb.zn.⟩ **0.1** ***jeremiade*** ⇒*jammerklacht.*
Jer·i·cho ['dʒerɪkou]⟨eig.n.⟩ **0.1** ***Jericho*** ⟨plaats in Palestina⟩ ◆ **3.¶** ⟨inf.⟩ go to ~! *loop naar de maan!.*
jerk[1] [dʒɜ:k‖dʒɜrk]⟨f2⟩⟨zn.⟩
I ⟨telb.zn.⟩ **0.1** ***ruk*** ⇒*schok, trek* **0.2** ***zenuwtrekking*** ⇒*tic* **0.3** ⟨sl.⟩ ***lul(letje)*** ⇒*zak* **0.4** ⟨AE⟩ ***boemeltrein*** ◆ **2.1** ⟨inf.; scherts.⟩ physical ~s *lichaamsoefeningen, gymnastiek* **3.1** stop with a ~ *met een ruk stoppen;* ⟨sl.⟩ put a ~ in it! *schiet toch wat op!;*
II ⟨n.-telb.zn.⟩⟨gewichtheffen⟩ **0.1** ***(het) stoten*** ⇒⟨B.⟩ *(het) werpen;*
III ⟨mv.; ~s; the⟩⟨inf.⟩ **0.1** ***sint-vitusdans*** ⇒*chorea.*
jerk[2] ⟨f3⟩⟨ww.⟩
I ⟨onov.ww.⟩ **0.1** ***schokken*** ⇒*beven* **0.2** ⟨gewichtheffen⟩ ***stoten*** ◆ **5.1** the train ~ed **along** *de trein schokte voort* **5.¶** →jerk **off** **6.1** ~ **to** a halt *met een ruk stoppen;*
II ⟨ov.ww.⟩ **0.1** ***rukken aan*** ⇒*stoten, trekken aan* **0.2** ***wegslingeren*** **0.3** ⟨AE⟩ ***in repen snijden en drogen*** ⟨vlees⟩ **0.4** ⟨AE; sl.⟩ ***trekken*** ⟨revolver⟩ ◆ **1.3** ~ed meat *gedroogde reep vlees* **6.1** he ~ed the fish **out of** the water *hij sloeg de vis met een ruk uit het water.*
jer·kin ['dʒɜ:kɪ̣n‖'dʒɜr-]⟨telb.zn.⟩ **0.1** ***buis*** ⇒*wambuis.*
'jerk 'off ⟨f1⟩⟨ww.⟩⟨AE; sl.⟩
I ⟨onov.ww.⟩ **0.1** ***zich aftrekken*** ⇒*zich afrukken* ⟨masturberen⟩ **0.2** ***rondlummelen;***
II ⟨ov.ww.⟩ **0.1** ***aftrekken*** ⇒*afrukken.*
'jerk·wa·ter[1] ⟨telb.zn.⟩⟨AE; inf.⟩ **0.1** ***(provincie)gat*** **0.2** ***niemendal*** ⇒*bekrompen / onbelangrijk persoon* **0.3** ***boemeltrein.***
jerkwater[2] ⟨bn., attr.⟩⟨AE; inf.⟩ **0.1** ***provinciaal*** ⇒*afgelegen, plattelands, dorps;* ⟨fig.⟩ *benepen, bekrompen* ◆ **1.1** ~ town *(provincie)gat;* ~ train *boemeltrein;* ~ politician *bekrompen politicus.*
jerk·y[1] ['dʒɜ:ki‖'dʒɜrki]⟨telb.zn.; →mv. 2⟩⟨AE⟩ **0.1** ***gedroogde reep vlees.***
jerky[2] ⟨f1⟩⟨bn.; -er; -ly; -ness; →bijw. 3⟩ **0.1** ***schokkerig*** ⇒*spastisch, rukkerig, hortend, krampachtig* **0.2** ⟨AE; sl.⟩ ***lullig*** ⇒*idioot* ◆ **3.1** move along jerkily *zich met horten en stoten voortbewegen.*
jer·o·bo·am ['dʒerə'bouəm]⟨zn.⟩
I ⟨eig.n.; J-⟩ **0.1** ***Jeroboam*** ⇒*Jerobeam;*
II ⟨telb.zn.⟩ **0.1** ***jeroboam*** ⟨wijnfles met inhoud v. 4 'gewone' flessen⟩.
Je·rome [dʒə'roum]⟨eig.n.⟩ **0.1** ***Hiëronymous.***
jer·ry[1] ['dʒeri]⟨zn.⟩
I ⟨eig.n.; J-⟩ **0.1** ***Jerry*** ⟨inf. vorm v. Jeremy⟩;
II ⟨telb.zn.⟩ **0.1** ⟨J-⟩⟨vnl. BE; sl.; mil.⟩ ***mof*** **0.2** ⟨BE; sl.; vero.⟩ ***pispot*** ⇒*nachtspiegel;*
III ⟨n.-telb.zn.; J-; the⟩⟨vnl. BE; sl.; mil.⟩ **0.1** ***de moffen.***
jerry[2] ⟨bn., attr.⟩ **0.1** ***slordig*** ⇒*prutserig, amateurs-* ◆ **1.1** ~ workmanship *half werk.*
jer·ry-build ['dʒeribɪld]⟨f1⟩⟨ww.⟩ →jerry-building
I ⟨onov.ww.⟩ **0.1** ***aan revolutiebouw doen*** ◆ **1.1** jerry-built houses *revolutiebouw;*
II ⟨ov.ww.⟩ **0.1** ***ineenflansen.***
jer·ry-build·er ['dʒeribɪldə‖-ər]⟨f1⟩⟨telb.zn.⟩ **0.1** ***revolutiebouwer.***
jer·ry-build·ing ['dʒeribɪldɪŋ]⟨n.-telb.zn.; teg. deelw. v. jerry-build⟩ **0.1** ***revolutiebouw.***
jer·ry·can, jer·ri·can ['dʒerikæn]⟨f1⟩⟨telb.zn.⟩ **0.1** ***jerrycan*** ⇒*(soort) benzine / waterblik.*
jerrymander →gerrymander.
jer·sey ['dʒɜ:zi‖'dʒɜrzi]⟨f2⟩⟨zn.⟩
I ⟨eig.n.; J-⟩ **0.1** ***Jersey*** ⟨grootste der Channel Islands⟩;
II ⟨telb.zn.⟩ **0.1** ⟨J-⟩ ***Jersey*** ⟨rundersoort afkomstig v. I⟩ **0.2** ***jersey*** ⇒*(sport)trui, (wollen) buis, borstrok, damesmanteltje;*
III ⟨n.-telb.zn.⟩ **0.1** ***jersey*** ⇒*(soort) tricot-weefsel.*

Je·ru·sa·lem [dʒə'ru:sələm]⟨eig.n.⟩ **0.1** ***Jeruzalem*** ◆ **2.1** the new ~ *het nieuwe Jeruzalem;* ⟨fig.⟩ *utopia.*
Je'rusalem 'artichoke ⟨telb.zn.⟩⟨plantk.⟩ **0.1** ***aardpeer*** ⇒*topinamboer* ⟨Helianthus tuberosus⟩.
Je'rusalem 'cherry ⟨telb.zn.⟩⟨plantk.⟩ **0.1** ***(soort) oranjeappelboompje*** ⟨Solanum pseudocapsicum⟩.
Je'rusalem 'cross ⟨telb.zn.⟩ **0.1** ***Jeruzalemskruis.***
Je'rusalem 'oak ⟨telb.zn.⟩⟨plantk.⟩ **0.1** ***druifkruid*** ⟨Chenopodium botrys⟩.
Je'rusalem 'thorn ⟨telb.zn.⟩⟨plantk.⟩ **0.1** ***Christusdoorn*** ⟨i.h.b. Paliurus spina-christi⟩.
jess[1] [dʒes]⟨telb.zn.⟩ **0.1** ***riempje*** ⟨om poot v. jachtvogel⟩.
jess[2] ⟨ov.ww.⟩ **0.1** ***v.e. riempje voorzien*** ⟨poot v. jachtvogel⟩.
jessamin(e) →jasmin(e).
jes·se ['dʒesi]⟨zn.⟩
I ⟨eig.n.; J-⟩ **0.1** ***Isaï*** ⟨vader v. David⟩;
II ⟨telb.zn.; J-⟩ **0.1** ***stamboom v. Christus;***
III ⟨n.-telb.zn.⟩⟨AE; gew.⟩ **0.1** ***uitbrander*** ⇒*standje* **0.2** ***pak slaag*** ⇒⟨B.⟩ *pandoering* ◆ **3.¶** give s.o. ~ *iem. een uitbrander / pak slaag geven.*
'Jesse 'candlestick ⟨telb.zn.⟩ **0.1** ***(grote) kandelaar.***
'Jesse tree ⟨telb.zn.⟩ **0.1** ***stamboom v. Christus.***
'Jesse 'window ⟨telb.zn.⟩ **0.1** ***ornamenteel venster*** ⟨met stamboom v. Christus⟩.
jes·sie ['dʒesi]⟨zn.⟩
I ⟨eig.n.; J-⟩ **0.1** ***Jessie*** ⟨inf. vorm v. Jessica⟩;
II ⟨telb.zn.⟩⟨AE; gew.⟩ **0.1** ***uitbrander*** ⇒*standje* **0.2** ***pak slaag*** ⇒⟨B.⟩ *pandoering* ◆ **3.¶** give s.o. ~ *iem. een uitbrander / pak slaag geven.*
jest[1] [dʒest]⟨f1⟩⟨zn.⟩⟨→sprw. 438⟩
I ⟨telb.zn.⟩ **0.1** ***grap*** ⇒*mop* **0.2** ***komedie*** ⇒*parodie, paskwil* **0.3** ***schimpscheut*** ⇒*spotternij* **0.4** ***mikpunt v. spotternij*** ◆ **3.1** break a ~ *een mop tappen* **3.4** standing ~ *(voortdurend) mikpunt v. spotternij;*
II ⟨n.-telb.zn.⟩ **0.1** ***scherts*** ⇒*gekheid* ◆ **6.1** **in** ~ *voor de grap, schertsend.*
jest[2] ⟨f1⟩⟨onov.ww.⟩ **0.1** ***grappen maken*** ⇒*schertsen, gekscheren* **0.2** ***schimpen*** ⇒*spotten* ◆ **1.1** ~ing fellow *grapjas;* ~ing remark *grapje* **6.1** ~ **about** sth. *grapjes maken over iets;* ~ **with** s.o. *iem. niet ernstig nemen.*
jest·er ['dʒestə‖-ər]⟨f1⟩⟨telb.zn.⟩ **0.1** ***grapjas*** ⇒*moppentapper, clown* **0.2** ⟨gesch.⟩ ***nar.***
Jes·u·it ['dʒezjʊɪ̣t‖'dʒeʒʊɪ̣t]⟨f2⟩⟨telb.zn.⟩ **0.1** ***jezuïet*** ⇒⟨pej.⟩ *intrigant, huichelaar, sluwe vos.*
Jes·u·it·ic ['dʒezjʊ'ɪtɪk‖'dʒeʒʊ'ɪṭɪk], **Jes·u·it·i·cal** [-ɪkl]⟨bn.; -(al)ly; →bijw. 3⟩ **0.1** ***jezuïtisch*** ⇒⟨pej.⟩ *dubbelhartig, doortrapt.*
Jes·u·it·ism ['dʒezjʊɪṭɪzm‖'dʒeʒʊɪṭɪzm], **Jes·u·it·ry** ['dʒezjʊɪṭri‖-ʒʊ-]⟨n.-telb.zn.⟩⟨ook pej.⟩ **0.1** ***jezuïetenleer / moraal.***
Jes·u·it·ize ['dʒezjʊɪṭaɪz‖-ʒʊ-]⟨ww.⟩⟨pej.⟩
I ⟨onov.ww.⟩ **0.1** ***jezuïetenstreken uithalen;***
II ⟨onov. en ov.ww.⟩ **0.1** ***in de jezuïetenmoraal onderrichten.***
'Jesuits' 'bark ⟨n.-telb.zn.⟩ **0.1** ***kinabast.***
Je·sus ['dʒi:zəs]⟨f3⟩⟨eig.n.; →genitief⟩ **0.1** ***Jezus*** ◆ **1.1** Society of ~ *Sociëteit v. Jezus, jezuïetenorde* **¶.¶** ~ (Christ)! *Jezus!, god allemachtig!.*
'Jesus freak ⟨telb.zn.⟩⟨inf.; vaak iron.⟩ **0.1** ***Jezusfreak.***
jet[1] [dʒet]⟨f3⟩⟨zn.⟩
I ⟨telb.zn.⟩ **0.1** ***straal*** ⟨v. water, damp, gas enz.⟩ **0.2** ***(gas)vlam*** ⇒*pit* **0.3** ***straalpijp*** ⟨v. spuit⟩ **0.4** ***gietkanaal*** ⇒*gietbuis / trechter / gat* **0.5** ⟨inf.⟩ ***jet*** ⇒*straalvliegtuig* **0.6** ***straalmotor;***
II ⟨n.-telb.zn.⟩ **0.1** ***git.***
jet[2] ⟨bn., attr.⟩ **0.1** ***gitten*** ⇒*gitzwart.*
jet[3] ⟨f1⟩⟨ww.⟩
I ⟨onov.ww.⟩ **0.1** ***vooruitschieten*** ⇒*(voor)uitspringen* **0.2** ⟨inf.⟩ ***per jet reizen*** ◆ **5.1** ~ **out** *vooruitspringen;*
II ⟨onov. en ov.ww.⟩ **0.1** ***spuiten*** ⇒*uitspuiten, uitwerpen* ◆ **1.1** ~ (out) flames *vlammen werpen* **5.1** ~ **out** *eruit spuiten.*
'jet-age ⟨telb.zn.; geen mv.⟩ **0.1** ***straaltijdperk.***
'jet 'aircraft, 'jet plane, ⟨in bet. 0.2 ook⟩ **'jet 'airliner, 'jet·lin·er** ⟨f1⟩⟨telb.zn.⟩ **0.1** ***straalvliegtuig*** **0.2** ***straalverkeersvliegtuig.***
'jet 'black ⟨f1⟩⟨bn.⟩ **0.1** ***gitzwart.***
je·té [ʒə'teɪ]⟨telb.zn.⟩⟨dansk.⟩ **0.1** ***jeté.***
'jet 'engine ⟨f1⟩⟨telb.zn.⟩ **0.1** ***straalmotor.***
'jet 'fighter ⟨telb.zn.⟩ **0.1** ***straaljager.***
'jet·foil ⟨f1⟩⟨telb.zn.⟩⟨vnl. BE⟩ **0.1** ***draagvleugelboot.***
'jet fuel ⟨n.-telb.zn.⟩ **0.1** ***(straal)vliegtuigbrandstof.***
'jet lag ⟨f1⟩⟨n.-telb.zn.⟩ **0.1** ***jet lag*** ⟨effect op het lichaam v. tijdsverschil bij lange vliegtuigreizen⟩.
je·ton, jet·ton ['dʒetn, ʒətɔ̃]⟨telb.zn.⟩ **0.1** ***fiche*** ⇒*(speel)merkje, speelpenning* **0.2** ***legpenning.***
'jet-pro'pelled ⟨bn.⟩ **0.1** ***met straalaandrijving*** **0.2** ⟨inf.⟩ ***pijlsnel.***

'jet pro'pulsion ⟨n.-telb.zn.⟩ **0.1** ***straalaandrijving***.
jet·sam ['dʒetsəm]⟨n.-telb.zn.⟩ **0.1** ⟨scheep.⟩ ***zeeworp*** ⟨overboord werpen v. lading om schip te redden⟩ **0.2** ⟨scheep.⟩ ***strandgoed*** ⇒*strandvond, juttersbuit* **0.3** ***oude rommel*** ⇒*afdankertjes*.
'jet set ⟨f1⟩⟨telb.zn.⟩ **0.1** ***jet set*** ⇒*elite* ⟨die vaak per vliegtuig reist⟩.
'jet-set·ter ⟨telb.zn.⟩ **0.1** ***jetsetter***.
'jet stream ⟨telb.zn.⟩ **0.1** ***turbulente uitlaatstroom*** ⟨v. straalmotor⟩ **0.2** ⟨meteo.⟩ ***straalwind*** ⇒*straalstroom, jet-stream*.
jet·ti·son[1] ['dʒeṭɪsn]⟨n.-telb.zn.⟩ **0.1** ⟨scheep.⟩ ***werping*** ⇒*zeeworp;* ⟨fig.⟩ *het overboord gooien/opgeven/afdanken*.
jettison[2] ⟨f1⟩⟨ov.ww.⟩ **0.1** ⟨scheep.⟩ ***werpen*** ⟨v. scheepslading⟩ ⇒⟨fig.⟩ *overboord gooien, opgeven, afdanken, verwerpen* ◆ **1.1** ~one's principles *zijn principes overboord gooien*.
jet·ty[1] ['dʒeṭi]⟨f1⟩⟨telb.zn.; →mv. 2⟩ **0.1** ***pier*** ⇒*havendam/hoofd, golfbreker,* ⟨in rivieren⟩ *strekdam, krib* **0.2** ***(aanleg)steiger***.
jetty[2] ⟨bn.⟩ **0.1** ***gitachtig*** ⇒*git-* **0.2** ***gitzwart*** ◆ **2.1** ~black *gitzwart*.
'jetty head ⟨telb.zn.⟩ **0.1** ***kop v.e. pier***.
jeu de mots ['ʒɜː də moʊ]⟨telb.zn.; jeux de mots [-moʊz]; →mv. 5⟩ **0.1** ***jeu de mots*** ⇒*woordspeling*.
jeu d'esprit ['ʒɜː de'spri]⟨telb.zn.; jeux d'esprit [-de'spri]; →mv. 5⟩ **0.1** ***jeu d'esprit*** ⇒*grapje, geestigheidje*.
jeune pre·mier ['ʒɜːn prəm'jeɪ]⟨telb.zn.; jeunes premiers [-'jeɪz]; →mv. 5⟩ **0.1** ***jeune premier*** ⟨speler v. jonge mannelijke hoofdrol⟩.
jeu·nesse do·rée [ʒɜː'nes dɔː'reɪ‖-də'reɪ]⟨verz.n.⟩ **0.1** ***jeunesse dorée*** ⇒*rijkemanskinderen*.
jew ⟨ov.ww.⟩⟨bel.⟩ **0.1** ***afsjacheren*** ⇒*afzetten, verlakken* **0.2** ***bedingen*** ⇒*afpingelen* ◆ **5.2** ~ **down** the prices *afpingelen* **6.1** ~ s.o. **out of** sth. *iem. iets door de neus boren*.
Jew [dʒuː]⟨f3⟩⟨telb.zn.⟩ **0.1** ***jood*** **0.2** ⟨bel.⟩ ***jood*** ⇒*sjacheraar, woekeraar, afzetter* ◆ **3.1** the Wandering ~ *de Wandelende Jood;* ⟨inf.; fig.⟩ *zwerver, zwerfkat* **3.¶** ⟨plantk.⟩ wandering jew *wandelende jood* ⟨kruipende plant; i.h.b. Tradescantia fluminensis of Zebrina pendula⟩.
Jew-bait·er ['dʒuːbeɪtə‖-beɪṭər]⟨telb.zn.⟩ **0.1** ***jodenvervolger***.
Jew-bait·ing ['dʒuːbeɪṭɪŋ]⟨n.-telb.zn.⟩ **0.1** ***jodenvervolging***.
jew·el[1] ['dʒuːəl]⟨f3⟩⟨telb.zn.⟩ **0.1** ***juweel*** ⟨ook fig.⟩ ⇒*edelsteen, diamant, sieraad, kleinood* **0.2** ***steen*** ⟨in uurwerk⟩ ◆ **1.1** a ~ of a woman *een juweel v.e. vrouw*.
jewel[2] ⟨f1⟩⟨ov.ww.; →ww. 7⟩ **0.1** ***met juwelen versieren*** ⇒*met edelstenen tooien/opschikken, inzetten, vatten* **0.2** ***stenen*** ⟨v. uurwerk⟩ ⇒*stenen aanbrengen in* ◆ **1.1** ~led ring *juwelen ring* **1.2** ~led watch *gesteend horloge*.
'jewel box, 'jewel case ⟨f1⟩⟨telb.zn.⟩ **0.1** ***juwelenkistje*** ⇒*bijouteriedoos*.
'jew·el-en·crus·ted ⟨bn.⟩ **0.1** ***met juwelen bezet***.
'jewel fish ⟨telb.zn.⟩⟨dierk.⟩ **0.1** ***minor*** ⟨Hemichromis bimaculatus⟩.
jew·el·ler, ⟨AE sp. vnl.⟩ **jew·el·er** ['dʒuːələ‖-ər]⟨f1⟩⟨telb.zn.⟩ **0.1** ***juwelier*** ⇒*bijoutier* **0.2** ***edelsmid***.
'jeweller's 'rouge ⟨n.-telb.zn.⟩ **0.1** ***polijstrood*** ⇒*poleerrood, dodekop*.
jew·el·le·ry, ⟨AE sp.⟩ **jew·el·ry** ['dʒuːəlri, 'dʒuːləri]⟨f2⟩⟨n.-telb.zn.⟩ **0.1** ***juwelen*** ⇒*bijouterie, edelstenen; sieraden* **0.2** ***juwelierswerk***.
'jewellery box →jewel box.
jew·el·ly ['dʒuːəli]⟨bn.⟩ **0.1** ***met juwelen versierd*** ⇒*met edelstenen bezet, juwelen* **0.2** ***juweelachtig*** ⇒*(schitterend) als een juweel*.
jew·el·weed ['dʒuːəlwiːd]⟨telb.zn.⟩⟨plantk.⟩ **0.1** ***springzaad*** ⇒*kruidje-roer-mij-niet* ⟨genus Impatiens⟩; ⟨i.h.b.⟩ *Kaaps springzaad* ⟨I. capensis⟩.
Jew·ess ['dʒuːɪs]⟨f1⟩⟨telb.zn.⟩ **0.1** ***jodin***.
'jew·fish ⟨telb.zn.⟩ **0.1** ***jodenvis*** ⇒*tarpoen*.
Jew·ish[1] ['dʒuːɪʃ]⟨eig.n.⟩ **0.1** ***Jiddisch***.
Jewish[2] ⟨f3⟩⟨bn.; -ly; -ness⟩ **0.1** ***joods*** **0.2** ***Jiddisch*** ◆ **1.1** ~ calendar *joodse tijdrekening*.
Jew·ry ['dʒʊəri‖'dʒʊri]⟨f1⟩⟨zn.; →mv. 2⟩
I ⟨telb.zn.⟩⟨gesch.⟩ **0.1** ***getto*** ⇒*jodenwijk/kwartier;*
II ⟨n.-telb.zn.⟩ **0.1** ***jodendom*** ⇒*de joden*.
Jew's-ear ['dʒuːz·ɪə‖-ɪr]⟨telb.zn.⟩⟨plantk.⟩ **0.1** ***judasoor*** ⟨Auricularia auricula-judae⟩.
'Jew's 'harp, Jews' 'harp ⟨telb.zn.⟩ **0.1** ⟨muz.⟩ ***mondtrom*** **0.2** ⟨scheep.⟩ ***harpsluiting*** ⟨tussen anker en ankerketting⟩.
'Jew's-thorn ⟨telb.zn.⟩⟨plantk.⟩ **0.1** ***Christusdoorn*** ⟨i.h.b. Paliurus spina-christi⟩.
Jez·e·bel ['dʒezəbl, -bel]⟨eig.n., telb.zn.; soms j-⟩ **0.1** ***Jezabel*** ⇒*zedeloze vrouw, hoer* ◆ **3.1** a painted ~ *een geschminkte slet*.
jg, JG ⟨afk.⟩ junior grade.
jib[1] [dʒɪb]⟨f1⟩⟨telb.zn.⟩ **0.1** ⟨scheep.⟩ ***kluiver*** ⇒*botterfok, stagfok* **0.2** ⟨scheep.⟩ ***laadboom*** ⇒*(kraan/zwaai)arm, kraanbalk, giek, uithouder* **0.3** ***koppige ezel*** ⟨alleen fig., vnl. v. onhandelbaar paard⟩ **0.4** ⟨BE; gew.⟩ ***onderlip*** ◆ **3.1** flying ~ *buitenkluiver, vlieger* ⟨zeil⟩ **3.¶** ⟨sl.⟩ slip one's ~ *onredelijk/onrealistisch/gek worden; te veel kletsen*.
jib[2] ⟨f1⟩⟨ww.; →ww. 7⟩
I ⟨onov.ww.⟩ **0.1** ***weigeren (verder te gaan)*** ⇒*kopschuw/schichtig worden, zich koppig achteruit/zijwaarts bewegen* ⟨v. paard⟩ **0.2** ***terugkrabbelen*** ⇒*bezwaar maken, zich verzetten, terugschrikken* **0.3** ⟨scheep.⟩ ***gijpen*** ◆ **6.2** ~ **at** *terugdeinzen voor, niet gediend zijn van;*
II ⟨ov.ww.⟩⟨scheep.⟩ **0.1** ***doen gijpen*** ⇒*verleggen* ⟨zeil⟩.
jib·ber ['dʒɪbə‖-ər]⟨telb.zn.⟩ **0.1** ***koppige ezel*** ⟨alleen fig., vnl. v. onhandelbaar paard⟩.
jib·boom [dʒɪ'buːm]⟨telb.zn.⟩⟨scheep.⟩ **0.1** ***kluifhout*** ⇒*kluiverboom* **0.2** ***kraanbalk***.
'jib crane ⟨telb.zn.⟩ **0.1** ***giekkraan*** ⇒*armkraan, topkraan*.
'jib door ⟨telb.zn.⟩ **0.1** ***onzichtbare deur***.
jibe [dʒaɪb]⟨ww.⟩
I ⟨onov.ww.⟩ **0.1** ⟨AE⟩ ***kloppen*** ⇒*met elkaar overeenstemmen* **0.2** →gibe, gybe;
II ⟨ov.ww.⟩ **0.1** →gibe, gybe.
'jib head ⟨telb.zn.⟩ **0.1** ***kraanarmkop***.
'jib stay ⟨telb.zn.⟩ **0.1** ***kraanarmschoor***.
jif·fy ['dʒɪfi], ⟨in bet. 0.1 ook⟩ **jiff** [dʒɪf]⟨f1⟩⟨telb.zn.; →mv. 2⟩ **0.1** ⟨g. mv.⟩⟨inf.⟩ ***momentje*** **0.2** ⟨verk.⟩ ⟨jiffy bag⟩ ◆ **3.1** I won't be a ~ *ik kom zo/eraan* **6.1** **in** a ~ *in een mum van tijd*.
jif·fy·bag ['dʒɪfibæg]⟨f1⟩⟨telb.zn.⟩ **0.1** ***gewatteerde envelop/omslag***.
jig[1] [dʒɪg]⟨f2⟩⟨telb.zn.⟩ **0.1** ***sprongetje*** ⇒*springbeweging* **0.2** ***jig*** ⇒*gigue, horlepijp* ⟨dans⟩ **0.3** ***jig*** ⟨muziek bij 0.2⟩ **0.4** ***(pas)mal*** ⇒*(boor)mal* **0.5** ***kaliber*** **0.6** ⟨tech.⟩ ***jig*** ⇒*erts/pulseer/pulszeef, deintoestel* **0.7** ⟨vis.⟩ ***lepel*** ⇒*blinkerd* **0.8** ***streek*** ⇒*grap, poets* **0.9** ⟨verk.⟩ ⟨jigaboo⟩ ◆ **1.1** the ~ of the popcorn *het springen v.d. popcorn* **5.8** ⟨sl.⟩ the ~ is **up** *het spel is uit*.
jig[2] ⟨f1⟩⟨ww.; →ww. 7⟩
I ⟨onov.ww.⟩ **0.1** ***de horlepijp dansen/spelen*** **0.2** ***op en neer wippen*** ⇒*huppelen, hossen, springen* **0.3** ⟨tech.⟩ ***met pasmal werken*** **0.4** ⟨mijnw.⟩ ***erts ziften*** **0.5** ***vissen met lepel/blinkerd;***
II ⟨ov.ww.⟩ **0.1** ***op en neer doen wippen*** ⇒*doen huppelen/hossen/springen* **0.2** ⟨tech.⟩ ***met pasmal bewerken*** **0.3** ⟨tech.⟩ ***ziften*** ⇒*wassen met deintoestel, jiggen* ◆ **1.1** ⟨fig.⟩ ~ s.o.'s memory *iemands geheugen opfrissen*.
jig·a·boo ['dʒɪgəbuː]⟨telb.zn.⟩⟨sl.; bel.⟩ **0.1** ***nikker*** ⇒*neger, zwartje*.
jig-a-jig[1] ['dʒɪgədʒɪg], **jig-a-jog** ['dʒɪgədʒɒg‖-dʒɑg]⟨n.-telb.zn.⟩ **0.1** ***gehos*** **0.2** ⟨AE; sl.⟩ ***het neuken***.
jig-a-jig[2], **jig-a-jog** ⟨onov.ww.⟩ **0.1** ***hossen*** **0.2** ⟨AE; sl.⟩ ***neuken***.
jig-a-jig[3], **jig-a-jog** ⟨bw.⟩ **0.1** ***hossend***.
jig·ger[1] ['dʒɪgə‖-ər]⟨telb.zn.⟩ **0.1** ⟨tech.⟩ ***(hand)talie*** ⇒*takel* **0.2** ⟨scheep.⟩ ***kleine tweemaster*** ⇒*zeegaandse tjalk, smak* **0.3** ⟨scheep.⟩ ***druil*** ⇒*aap, broodwinner, stormbezaanstagzeil* ⟨achterzeil v. 0.2⟩ **0.4** ⟨tech.⟩ ***jigger*** ⇒*(baan)verfmachine* **0.5** ⟨biljart⟩ ***bok*** **0.6** ***golfstok met smalle ijzeren kop*** **0.7** ⟨inf.⟩ ***ding(etje)*** ⇒*uitvindsel, technisch snufje, gadget, ding* **0.8** ***maatglaasje*** ⟨voor ongeveer 42,5 gr sterke drank⟩ ⇒*drankje, glaasje* **0.9** ⟨mijnw.⟩ ***ertszifter*** ⇒*deintoestel, jig* **0.10** ⟨tech.⟩ ***modelhout*** ⇒*pottenbakkersmal* **0.11** ***kopijhouder*** **0.12** ***(soort) hydraulische lift*** **0.13** ***fiets*** ⇒*karretje* **0.14** ⟨verk.⟩ ⟨jigger mast⟩ **0.15** ⟨BE⟩ →chigoe, chigger.
jigger[2] ⟨ww.⟩
I ⟨onov.ww.⟩⟨vis.⟩ **0.1** ***rukken (aan de lijn)*** ⇒*spartelen,* ⟨B.⟩ *snokken;*
II ⟨ov.ww.⟩ **0.1** ***rukken aan***.
jig·gered ['dʒɪgəd‖-ərd]⟨bn.⟩⟨inf.⟩ **0.1** ***moe*** ⇒*uitgeput* ◆ **¶.¶** I'll be ~! *wel verdraaid/verduiveld, wel heb ik ooit!*.
jig·ger·man ['dʒɪgəmən‖-ər-]⟨telb.zn.; jiggermen [-mən]; →mv. 3⟩ ⟨AE; sl.⟩ **0.1** ***uitkijk*** ⟨bij inbraak⟩.
'jigger mast ⟨telb.zn.⟩⟨scheep.⟩ **0.1** ***papegaaistok***.
'jigger sieve ⟨telb.zn.⟩⟨tech.⟩ **0.1** ***deintoestel*** ⇒*jig*.
jig·ger·y-pok·er·y ['dʒɪgəri'poʊkəri]⟨n.-telb.zn.⟩⟨vnl. BE; inf.⟩ **0.1** ***gekonkelefoes*** ⇒*kuiperij, knoeierij*.
jig·gle[1] ['dʒɪgl]⟨telb. en n.-telb.zn.⟩ **0.1** ***schommeling*** ⇒*schuddende/wiegende beweging*.
jiggle[2] ⟨ww.⟩
I ⟨onov.ww.⟩ **0.1** ***schommelen*** ⇒*wiegen, spartelen, (zacht) rukken;*
II ⟨ov.ww.⟩ **0.1** ***doen schommelen*** ⇒*(zacht) rukken aan/schudden, wrikken*.
jig·gly ['dʒɪgli]⟨bn.⟩⟨AE; sl.⟩ **0.1** ***(seksueel) prikkelend*** ⇒*suggestief*.
jig·saw ['dʒɪgsɔː]⟨f1⟩⟨telb.zn.⟩ **0.1** ***(machinale) figuurzaag*** ⇒*tree/uitsnijzaag, decoupeerzaag* **0.2** ⟨verk.⟩ ⟨jigsaw puzzle⟩.
'jigsaw puzzle ⟨f1⟩⟨telb.zn.⟩ **0.1** ***(leg)puzzel***.

ji·had, je·had [dʒɪ'hɑ:d, -'hæd]⟨telb.zn.⟩ **0.1** ⟨relig.⟩ ***jihad*** ⇒*heilige oorlog* ⟨v. Moslims⟩ **0.2** ***(propaganda)campagne***.
jilt[1] [dʒɪlt]⟨telb.zn.⟩ **0.1** ***flirt*** ⟨persoon, vnl. vrouw⟩.
jilt[2] ⟨f1⟩⟨ov.ww.⟩ **0.1** ***afwijzen*** ⇒*de bons geven* ⟨minna(a)r(es)⟩.
'jim 'crow[1] ⟨zn.⟩⟨AE⟩
I ⟨eig.n.⟩⟨J- C-⟩ **0.1** ***Jim Crow*** ⟨stereotype negerfiguur⟩;
II ⟨telb.zn.⟩⟨vaak J- C-⟩ **0.1** ⟨bel.⟩ ***nikker*** ⇒*neger* **0.2** ⟨tech.⟩ ***buigbeugel*** ⇒*railbuiger* **0.3** ⟨tech.⟩ ***breekijzer met klauw*** ⇒*koevoet* **0.4** ⟨tech.⟩ ***draaiende beitelhouder;***
III ⟨n.-telb.zn.⟩⟨vaak J- C-⟩ **0.1** ***discriminatie*** ⟨v. negers⟩ ⇒*segregatiepolitiek*.
jim crow[2] ⟨bn., attr.; vaak J- C-⟩⟨AE⟩ **0.1** ***alleen voor negers*** **0.2** ***discriminerend*** ⇒*segregerend* ◆ **1.1** ~ bus *negerbus* **1.2** ~ laws *discriminerende wetten*.
jim-dan·dy ['dʒɪm'dændi]⟨telb.zn.⟩ **0.1** ***puikje*** ⇒*neusje v.d. zalm* ◆ **3.1** the bike was a ~ *de fiets was een juweeltje*.
jim-jams ['dʒɪmdʒæmz]⟨mv.; the⟩⟨sl.⟩ **0.1** ***delirium tremens*** ⇒*dronkemanswaanzin* **0.2** ***paniek*** ⇒*zenuwen* ◆ **3.2** get/have the ~ *het op de heupen krijgen, nerveus worden/zijn, in de rats zitten;* he gives me the ~ *ik krijg de zenuwen van hem*.
jim·my →jemmy.
jimp [dʒɪmp]⟨bn.; -er; -ly⟩⟨Sch. E⟩ **0.1** ***slank*** ⇒*dun, rank, schraal, spichtig* **0.2** ***net*** ⇒*knap, zwierig, opgedirkt*.
jim·son ['dʒɪmsn], **jim·son·weed** [- wi:d], **jimpson** ['dʒɪm(p)sn], **jimp·son·weed** [- wi:d], **james·town weed** ['dʒeɪmztaʊn -] ⟨telb.zn.⟩⟨plantk.⟩ **0.1** ***doornappel*** ⇒*nachtschade* ⟨Datura stramonium⟩.
jin·gle[1] ['dʒɪŋgl]⟨f1⟩⟨telb.zn.⟩ **0.1** ⟨ben. voor⟩ ***voorwerp dat klingelt / rinkelt/ tingelt*** ⇒*rinkel* **0.2** ***geklingel*** ⇒*gerinkel, getinkel* **0.3** ⟨pej.⟩ ***rijmelarij*** ⇒*rijmpje, klink/rijmklank* **0.4** ***kenwijsje*** ⇒*jingle* **0.5** ***(overdekt) tweewielig rijtuig*** ⟨in Ierland en Australië⟩.
jingle[2] ⟨f1⟩⟨ww.⟩
I ⟨onov.ww.⟩ **0.1** ***klingelen*** ⇒*rinkelen, tingelen* **0.2** ⟨pej.⟩ ***rijmelen;***
II ⟨ov.ww.⟩ **0.1** ***doen/laten klingelen*** ⇒*doen rinkelen/tingelen* **0.2** ⟨pej.⟩ ***doen/laten rijmen***.
jin·go[1] ['dʒɪŋgoʊ]⟨telb.zn.; -es; →mv. 2⟩ **0.1** ***jingo*** ⇒*oorlogszuchtig patriot, chauvinist* ◆ **6.¶ by** (the living) ~! *verdomme!, jasses!*.
jingo[2] ⟨bn.⟩ **0.1** ***jingoïstisch*** ⇒*oorlogszuchtig, chauvinistisch*.
jin·go·ish ['dʒɪŋgoʊɪʃ]⟨bn.⟩ **0.1** ***jingoachtig***.
jin·go·ism ['dʒɪŋgoʊɪzm]⟨n.-telb.zn.⟩ **0.1** ***jingoïsme*** ⇒*oorlogszuchtig/agressief patriottisme, chauvinisme*.
jink[1] [dʒɪŋk]⟨f1⟩⟨zn.⟩
I ⟨telb.zn.⟩ **0.1** ***duik*** ⇒*ontwijkende beweging, slip* ⟨vnl. v. vliegtuig of rugbyspeler⟩ ◆ **3.1** give s.o. the ~ *iem. ontglippen;*
II ⟨mv.; ~s⟩ **0.1** ***pretmakerij*** ◆ **2.1** high ~s *dolle pret, keet*.
jink[2] ⟨ww.⟩
I ⟨onov.ww.⟩ **0.1** ***(weg)duiken*** ⇒*ontwijkende beweging maken* ⟨vnl. v. vliegtuig of rugbyspeler⟩;
II ⟨ov.ww.⟩ **0.1** ***ontwijken***.
jin·nee, jin·ni [dʒɪ'ni:, 'dʒɪni], **jinn, djinn** [dʒɪn]⟨telb.zn.; jinn, djinn; →mv. 5⟩ **0.1** ***djinn*** ⇒*woestijngeest* ⟨in Arabische mythologie⟩.
jin·rick·sha, jin·rik·i·sha, jin·rik·sha ['dʒɪn'rɪksjɔ:]⟨telb.zn.⟩ **0.1** ***riksja***.
jinx[1] [dʒɪŋks]⟨telb.zn.⟩⟨inf.⟩ **0.1** ***ongeluk/onheilsbrenger*** **0.2** ***doem*** ⇒*vloek, betovering* ◆ **3.2** put a ~ on s.o. *iem. beheksen* **6.2** there seems to be a ~ **on** *er schijnt geen zegen te rusten op*.
jinx[2] ⟨ov.ww.⟩⟨inf.⟩ **0.1** ***betoveren*** ⇒*beheksen, ongeluk brengen over* ◆ **3.1** be ~ed *pech hebben, een ongeluksvogel zijn*.
ji·pi·ja·pa ['hi:pi'hɑ:pə], **jip·pi-jap·pa** ['hɪpi'hɑ:pə]⟨telb.zn.⟩ **0.1** ⟨plantk.⟩ ***jipijapa*** ⟨Carludovica palmata⟩ **0.2** ***panama(hoed)***.
JIT ⟨afk.⟩ just in time.
jit·ney ['dʒɪtni]⟨telb.zn.⟩⟨AE; sl.⟩ **0.1** ***pendelbusje*** ⟨goedkoop busje / taxi, met vaste route⟩ **0.2** ⟨vero.⟩ ***nickel*** ⇒*vijf dollarcent*.
jitter ['dʒɪtə‖'dʒɪţər]⟨onov.ww.⟩⟨inf.⟩ **0.1** ***de zenuwen hebben*** ⇒*niet stil kunnen zitten*.
jit·ter·bug ['dʒɪtəbʌg‖'dʒɪţər-]⟨telb.zn.⟩ **0.1** ***jitterbug*** ⟨dans⟩ **0.2** ***iem. die 0.1 danst*** **0.3** ***jazzliefhebber*** **0.4** ***zenuwpees*** ⇒*zenuwpil*.
jit·ters ['dʒɪtəz‖'dʒɪţərz]⟨f1⟩⟨mv.; the⟩⟨inf.⟩ **0.1** ***kriebels*** ⇒*zenuwen* ◆ **3.1** get/have the ~ *in paniek raken/zijn, bang worden/zijn;* give s.o. the ~ *iem. nerveus maken*.
jit·ter·y ['dʒɪţəri]⟨bn.; -ly; -ness; →bijw. 3⟩⟨inf.⟩ **0.1** ***zenuwachtig*** ⇒*nerveus, schrikachtig*.
jiu·jit·su, jiu·jut·su →jujitsu.
jive[1] [dʒaɪv]⟨f1⟩⟨zn.⟩
I ⟨telb.zn.⟩ **0.1** ***jive*** ⟨dans⟩;
II ⟨n.-telb.zn.⟩ **0.1** ***jive(muziek)*** **0.2** ⟨AE; sl.⟩ ***slap gelul*** ⇒*flauwekul, kletspraat* **0.3** ⟨AE; sl.⟩ ***taaltje v. jazz-fanaten***.
jive[2] ⟨f1⟩⟨ww.⟩
I ⟨onov.ww.⟩ **0.1** ***jivemuziek spelen*** **0.2** ***jiven*** ⇒*de jive dansen* **0.3** ⟨AE; sl.⟩ ***kletspraat verkopen*** ⇒*leuteren* **0.4** ⟨sl.⟩ ***kloppen*** ◆ **6.4** ~ **with** *kloppen met;*
II ⟨ov.ww.⟩⟨AE; sl.⟩ **0.1** ***voor de aap houden***.
jizz [dʒɪz]⟨n.-telb.zn.⟩ **0.1** ***typische kenmerk(en)***.
jnr, Jnr ⟨afk.⟩ junior ⟨BE⟩.
jo·an·na [dʒoʊ'ænə]⟨telb.zn.⟩⟨BE; sl.⟩ **0.1** ***piano***.
job[1] [dʒɒb‖dʒɑb]⟨f4⟩⟨telb.zn.⟩ **0.1** ***karwei*** ⇒*klus, (stuk) werk;* ⟨comp. ook⟩ *job* **0.2** ***baan(tje)*** ⇒*vak, job, taak* **0.3** ***zaak(je)*** ⇒*handel(tje), zwendel(tje), knoeierij* **0.4** ⟨inf.⟩ ***geval*** ⇒*ding* **0.5** ⟨inf.⟩ ***toestand*** ⇒*stand v. zaken* **0.6** ⟨sl.⟩ ***kraak*** **0.7** ⟨sl.⟩ ***pak slaag*** **0.8** ***por*** ⇒*ruk* ⟨aan bit v. paard⟩ ◆ **1.1** ⟨BE; inf.⟩ a ~ of work *een goed stuk werk* **1.2** ~s for the boys *vriendjespolitiek* **2.1** do a bad / good ~ *minderwaardig/puik werk leveren* **2.4** that car of yours is a beautiful ~ *die wagen van je is een prachtslee* **2.5** a bad ~ *een hopeloos geval;* make the best of a bad ~ *ergens nog het beste v. maken;* he's gone, and a good ~ too *hij is weg, en maar goed ook* **2.¶** ⟨AE; sl.⟩ she's a tough little ~ *ze is geen katje om zonder handschoenen aan te pakken* **3.1** have a ~ to get sth. done *aan iets de handen vol hebben;* it's a (real) ~ to get this done *het is een hele toer om dit gedaan te krijgen;* make a (good) ~ of sth. *iets goed/grondig afwerken, 't er goed afbrengen* **3.2** know one's ~ *zijn vak kennen* **3.3** a put-up ~ *doorgestoken kaart* **3.6** pull a ~ *een kraak zetten, een overval plegen* **3.7** do a ~ on s.o. *iem. aftuigen* **3.¶** that should do the ~ *zo/daarmee moet het lukken* **5.¶** it was just the ~ *het was net wat ik nodig had* **6.1** get paid **by** the ~ *per opdracht betaald worden;* be **on** the ~ *aan/op het werk zijn, bezig zijn;* ⟨scherts.⟩ *'het' doen;* lie down **on** the ~ *lijntrekken* **6.2 out of** a ~ *zonder werk, werkloos*.
job[2] ⟨ww.; →ww. 7⟩
I ⟨onov.ww.⟩ **0.1** ***karweien*** ⇒*klussen, karweitjes doen* **0.2** ***zwendelen*** ⇒*knoeien, sjacheren* **0.3** ***porren*** ◆ **1.1** ~bing gardener *tuinman in losse dienst* **5.1** ⟨fig.⟩ ~ backwards *achteraf wijs worden* **6.3** ~ **at** *een por geven;*
II ⟨onov. en ov.ww.⟩ **0.1** ***makelen*** ⇒*(ver)handelen* ⟨vnl. effecten⟩ **0.2** ***manoeuvreren*** ⇒*ambtsmisbruik plegen* ◆ **6.2** ~ s.o. **into** a position *een baan versieren voor iem.;*
III ⟨ov.ww.⟩ **0.1** ⟨BE⟩ ***huren*** ⟨paarden, rijtuigen⟩ **0.2** ⟨BE⟩ ***verhuren*** ⟨paarden, rijtuigen⟩ **0.3** ***knoeien met*** ⇒*vermaken, versjacheren* **0.4** ***een por geven*** ◆ **5.¶** ~ **out** *uitbesteden, verdelen* ⟨werk⟩.
Job [dʒoʊb]⟨eig.n.⟩⟨bijb.⟩ **0.1** ***(het boek) Job*** ◆ **1.1** the patience of ~ *jobsgeduld;* that would try the patience of ~ *daar is een engelengeduld voor nodig* **1.¶** ~'s comforter *jobsvriend, slechte trooster;* ~'s tears *jobstranen, traangras*.
'job action ⟨telb.zn.⟩⟨AE⟩ **0.1** ***actie (in bedrijf)*** ⇒*vakbondsactie*.
'job analysis, 'job study ⟨telb. en n.-telb.zn.⟩ **0.1** ***functie-analyse*** ⇒*arbeidsanalyse*.
jo·ba·tion [dʒoʊ'beɪʃn]⟨telb.zn.⟩⟨BE; inf.⟩ **0.1** ***preek*** ⇒*vermaning*.
job·ber ['dʒɒbə‖'dʒɑbər]⟨telb.zn.⟩ **0.1** ***tariefwerker*** ⇒*jobber, stukwerker, klusjesman* **0.2** ***(groot)handelaar*** ⇒*jobber, grossier, tussenpersoon, (effecten)makelaar;* ⟨BE⟩ *veehandelaar* **0.3** ***sjacheraar*** ⇒*zwendelaar* **0.4** ***intrigant*** ⇒*iem. die vriendjespolitiek bedrijft*.
job·ber·nowl ['dʒɒbənoʊl‖'dʒɑbər-]⟨telb.zn.⟩⟨BE; inf.⟩ **0.1** ***sufferd*** ⇒*lummel, druiloor*.
job·be·ry ['dʒɒbəri‖'dʒɑ-]⟨n.-telb.zn.⟩ **0.1** ***ambtsmisbruik*** ⇒*knoeierij, (ambtelijke) corruptie*.
'job centre, 'job bank ⟨f1⟩⟨telb.zn.⟩ **0.1** ***arbeidsbureau***.
'job creation ⟨telb. en n.-telb.zn.⟩ **0.1** ***werkvoorziening*** ⇒*het scheppen v. arbeidsplaatsen*.
'job description ⟨telb.zn.⟩ **0.1** ***taakomschrijving*** ⇒*functiebeschrijving*.
'job evaluation ⟨telb. en n.-telb.zn.⟩ **0.1** ***functiebeoordeling*** ⇒*functiewaardering*.
'job 'goods ⟨mv.⟩ **0.1** ***ongeregelde goederen***.
'job hunting ⟨n.-telb.zn.; ook attr.⟩⟨inf.⟩ **0.1** ***het zoeken naar werk*** ◆ **1.1** be on the ~ line *als werkzoekende ingeschreven staan*.
'job jumper ⟨bn.⟩ **0.1** ***wegloper*** ⇒*deserteur* ⟨iem. die zonder opzegging zijn werk verlaat⟩.
job·less ['dʒɒbləs‖'dʒɑb-]⟨f1⟩⟨bn.; -ness⟩ **0.1** ***zonder werk*** ⇒*werkloos* ◆ **7.1** the ~ *de werklozen*.
'job losses ⟨mv.⟩ **0.1** ***verlies v. arbeidsplaatsen***.
'job 'lot ⟨telb.zn.⟩ **0.1** ***ongeregelde partij***.
'job market ⟨telb.zn.⟩ **0.1** ***banenmarkt*** ⇒*arbeidsmarkt*.
'job·mas·ter ⟨telb.zn.⟩⟨BE⟩ **0.1** ***stalhouder***.
'job opportunity ⟨f1⟩⟨telb. en n.-telb.zn.⟩ **0.1** ***werkgelegenheid*** ◆ **1.1** the need for job opportunities *de behoefte aan banen/arbeidsplaatsen*.
'job printer ⟨telb.zn.⟩⟨druk.⟩ **0.1** ***smoutdrukker***.
'job safety, job security ⟨n.-telb.zn.⟩ **0.1** ***arbeidszekerheid*** ⇒*zekerheid v. tewerkstelling*.

'job satisfaction ⟨n.-telb.zn.⟩ **0.1** ***arbeidsvreugde.***

'job se'curity ⟨n.-telb.zn.⟩ **0.1** ***arbeidszekerheid*** ⇒*gegarandeerd(e) werk(gelegenheid).*

'job-seek·er ⟨f1⟩ ⟨telb.zn.⟩ **0.1** ***werkzoekende.***

'job sharing ⟨n.-telb.zn.⟩ **0.1** ***(het werken met/invoeren v.) duo/deeltijdbanen.***

'job sheet ⟨telb.zn.⟩ **0.1** ***werkbriefje.***

'jobs package ⟨telb.zn.⟩ **0.1** ***banenplan*** ⇒*werkgelegenheidsplan.*

'job specification ⟨telb. en n.-telb.zn.⟩ **0.1** ***taakomschrijving.***

'job splitting ⟨n.-telb.zn.⟩ **0.1** ***(het) delen v.e. baan*** ⟨tussen twee werknemers⟩ ⇒*(het invoeren v.) duobanen.*

job·ster ['dʒɒbstə‖'dʒɑbstər] ⟨telb.zn.⟩ **0.1** ***corrupt ambtenaar.***

'job stick ⟨telb.zn.⟩ ⟨druk.⟩ **0.1** ***zethaak.***

'job work ⟨n.-telb.zn.⟩ **0.1** ⟨druk.⟩ ***smoutwerk*** **0.2** ⟨BE⟩ ***aangenomen werk.***

jock [dʒɒk‖dʒɑk] ⟨f1⟩ ⟨telb.zn.⟩ **0.1** ⟨AE; inf.⟩ ***atle(e)t(e)*** **0.2** ⟨BE; inf.⟩ ***Schot*** **0.3** ⟨ook J-⟩ ⟨BE; sl.⟩ ***Schots soldaat*** **0.4** ⟨ook J-⟩ ⟨Sch. E, IE⟩ ***knaap*** ⇒*jongen, (boeren)pummel* **0.5** ⟨AE; sl.⟩ ***lul*** **0.6** ⟨verk.⟩ ⟨jockey, jockstrap, discjockey⟩.

jock·ey[1] ['dʒɒki‖'dʒɑki] ⟨f2⟩ ⟨telb.zn.⟩ **0.1** ***jockey*** ⇒*(be)rijder* **0.2** ***bestuurder*** ⇒*bedieningsman;* ⟨AE; sl.⟩ *chauffeur, piloot* **0.3** ⟨BE⟩ ***knaap*** ⇒*kerel(tje).*

jockey[2] ⟨f1⟩ ⟨ww.⟩

I ⟨onov.ww.⟩ **0.1** ***rijden*** ⟨in wedren⟩ ⇒*jockey zijn* **0.2** ***knoeien*** ⇒*bedrog plegen, konkelen;*

II ⟨onov. en ov.ww.⟩ **0.1** ***manoeuvreren*** **0.2** ***bedriegen*** ⇒*misleiden* **0.3** ⟨voetbal⟩ ***(het doel) afschermen/afdekken*** ◆ **5.1** ~ s.o. **away/in/out** *iem. weg/binnen/buitenloodsen* **6.1** ~ **for** position *met de ellebogen werken;* ~ s.o. **out of** his job *iem. uit zijn baantje wippen* **6.2** ~ s.o. **into** a trap *iem. in de val lokken;*

III ⟨ov.ww.⟩ **0.1** ***de voet lichten*** ⇒*te slim af zijn, de loef afsteken.*

'jockey cap ⟨telb.zn.⟩ **0.1** ***jockeypet.***

'jockey wheel ⟨telb.zn.⟩ ⟨tech.⟩ **0.1** ***steunwiel*** ⇒*leiwiel.*

'jock 'off ⟨ov.ww.⟩ **0.1** ***(als jockey) aan de dijk zetten.***

'jock·strap ⟨telb.zn.⟩ ⟨inf.⟩ **0.1** ***suspensoir*** ⟨v. sportlui⟩.

jo·cose [dʒə'kous‖dʒoʊ-] ⟨bn.; -ly; -ness⟩ ⟨schr.⟩ **0.1** ***guitig*** ⇒*humoristisch, grappig, schertsend.*

jo·cos·i·ty [dʒə'kɒsəti‖dʒoʊ'kɑsəṭi] ⟨zn.; →mv. 2⟩ ⟨schr.⟩

I ⟨telb.zn.⟩ **0.1** ***grap*** ⇒*scherts;*

II ⟨n.-telb.zn.⟩ **0.1** ***guitigheid*** ⇒*humor, grappigheid.*

joc·u·lar ['dʒɒkjʊlə‖'dʒɑkjələr] ⟨f1⟩ ⟨bn.; -ly; -ness⟩ **0.1** ***schertsend*** ⇒*grappig, speels, snaaks* ◆ **1.1** a ~ reply *een grappig antwoord.*

joc·u·lar·i·ty ['dʒɒkjʊ'lærəti‖'dʒɑkjə'lærəṭi] ⟨zn.; →mv. 2⟩

I ⟨telb.zn.⟩ **0.1** ***grap*** ⇒*scherts;*

II ⟨n.-telb.zn.⟩ **0.1** ***grappigheid*** ⇒*speelsheid, guitigheid.*

joc·und ['dʒɒkənd‖'dʒɑ-] ⟨bn.; -ly⟩ ⟨schr.⟩ **0.1** ***vrolijk*** ⇒*opgeruimd, blijmoedig, opgewekt.*

jo·cun·di·ty [dʒoʊ'kʌndəṭi] ⟨zn.; →mv. 2⟩

I ⟨telb.zn.⟩ **0.1** ***iets vrolijks*** ⇒*scherts;*

II ⟨n.-telb.zn.⟩ **0.1** ***vrolijkheid*** ⇒*blijmoedigheid, opgeruimdheid.*

jodh·pur·boot ['dʒɒdpə bu:t‖'dʒɑdpər-] ⟨telb.zn.⟩ **0.1** ***korte rijlaars.***

'jodh·purs ['dʒɒdpəz‖'dʒɑdpərz] ⟨mv.⟩ **0.1** ***rijbroek*** ◆ **1.1** a pair of ~ *een rijbroek.*

Joe [dʒoʊ] ⟨zn.⟩

I ⟨eig.n.⟩ **0.1** ***Joe*** ⇒*Jos, Jef;*

II ⟨telb.zn.; ook j-⟩ ⟨AE; sl.⟩ **0.1** ***vent*** ⇒*kerel* **0.2** ***jan soldaat*** **0.3** ***leut*** ⇒*koffie* ◆ **1.¶** ⟨BE; inf.⟩ ~ Bloggs *Jan Modaal/Publiek/met de pet;* ⟨vnl. BE; inf.⟩ ~ Soap *Jan Gat* ⟨sukkel⟩ **2.1** an honest ~ *een eerlijke kerel/vent.*

joe-pye weed [dʒoʊ'paɪ wi:d] ⟨n.-telb.zn.⟩ ⟨plantk.⟩ **0.1** ***leverkruid*** ⟨Eupatorium maculatum en E. purpureum⟩.

jo·ey ['dʒoʊi] ⟨zn.⟩

I ⟨eig.n.; J-⟩ **0.1** ***Jopie;***

II ⟨telb.zn.⟩ **0.1** ***August*** ⇒*clown* **0.2** ⟨Austr. E⟩ ***jonge kangoeroe*** **0.3** ⟨Austr. E⟩ ***jong (inheems) kind*** **0.4** ⟨Austr. E⟩ ***jong (dier).***

jog[1] [dʒɒg‖dʒɑg] ⟨telb.zn.⟩ **0.1** ***duw(tje)*** ⇒*schok, stootje* **0.2** ***sukkeldraf(je)*** **0.3** ***een stukje joggen*** **0.4** ***hoek*** ⇒*inkeping, uitspringend deel, plotselinge verandering van richting* ◆ **3.1** give s.o.'s memory a ~ *iemands geheugen opfrissen* **3.3** go for a quick ~ *even gaan joggen.*

jog[2] ⟨f2⟩ ⟨ww.; →ww. 7⟩ →jogging

I ⟨onov.ww.⟩ **0.1** ***joggen*** ⇒*trimmen* **0.2** ***op een sukkeldraf(je) lopen*** ⇒*sukkelen, sjokken* ◆ **5.2** ~ **along/on** *voortsukkelen, zijn gang gaan;* matters ~ **along/on** *het gaat er kalmpjes aan toe;*

II ⟨onov. en ov.ww.⟩ **0.1** ***hotsen*** ⇒*op en neer (doen) gaan, schudden;*

III ⟨ov.ww.⟩ **0.1** ***(aan)stoten*** ⇒*gelijkstoten, een duw(tje) geven, (aan)porren, aanzetten* **0.2** ***opfrissen*** ⟨geheugen⟩ **0.3** ***op een sukkeldrafje laten lopen*** ⟨paard⟩ ◆ **1.1** ~ punch cards *ponskaarten gelijkstoten* **1.2** ~ s.o.'s memory *iemands geheugen opfrissen;* ~ one's customers *zijn klanten aan de rekening herinneren.*

jog·ger ['dʒɒgə‖'dʒɑgər] ⟨f1⟩ ⟨telb.zn.⟩ **0.1** ***jogger*** ⇒*loper.*

jog·ging ['dʒɔgɪŋ] ⟨n.-telb.zn.; gerund v. jog⟩ ⟨sport⟩ **0.1** ***(het) joggen*** ⇒*(het) trimmen, (het) lopen.*

'jog·ging shoe ⟨telb.zn.⟩ **0.1** ***joggingschoen.***

'jog·ging togs ⟨telb.zn.⟩ **0.1** ***trimpak.***

jog·gle[1] ['dʒɒgl‖'dʒɑgl] ⟨f1⟩ ⟨telb.zn.⟩ **0.1** ***schokje*** ⇒*duwtje* **0.2** ***tandverbinding*** ⇒*las* **0.3** ⟨tech.⟩ ⟨ben. voor⟩ ***klein(e) uitsteeksel/inkeping*** ⇒*schouder, steun, korte messing, tong, veer, anker, lip, pen, stift, keep, loef.*

joggle[2] ⟨f1⟩ ⟨ww.⟩

I ⟨onov.ww.⟩ **0.1** ***op een sukkeldraf(je) lopen*** ⇒*sukkelen, sjokken* ◆ **5.1** ~ **along** *voortsukkelen;*

II ⟨onov. en ov.ww.⟩ **0.1** ***hotsen*** ⇒*heen en weer/op en neer (doen) gaan, schudden;*

III ⟨ov.ww.⟩ **0.1** ***(gelijk)stoten*** ⟨bv. (pons)kaarten⟩ **0.2** ***joggelen*** ⇒*doorzetten, kroppen* **0.3** ***verbinden door een tandverbinding.***

'jog·trot[1] ⟨telb.zn.⟩ **0.1** ***sukkeldraf(je)*** ⇒*lichte draf* **0.2** ***sleur*** ⇒*gangetje, routine* ◆ **1.2** the ~ of daily life *de dagelijkse sleur.*

jogtrot[2] ⟨bn., attr.⟩ **0.1** ***dravend*** ⇒*slenterend, sjokken* **0.2** ***routine-*** ⇒*(dag-)dagelijks; saai* ◆ **1.2** a ~ existence *een eentonig bestaan.*

jogtrot[3] ⟨onov.ww.⟩ **0.1** ***op een sukkeldrafje lopen.***

Jo·han·nine [dʒoʊ'hænaɪn] ⟨bn., attr.⟩ **0.1** ***v. Johannes*** ◆ **1.1** the ~ Gospel *het evangelie v. Johannes.*

john [dʒɒn‖dʒɑn] ⟨f4⟩ ⟨zn.⟩

I ⟨eig.n.; J-⟩ **0.1** ***Jan*** ⇒*Johannes* ◆ **1.1** ~ the Baptist *Johannes de Doper* **1.¶** ~ Barleycorn *Jan Gerstekorrel* ⟨personificatie v.d. whisky⟩; ~ Bull/Citizen *de Engelsman, de Engelsen;* ⟨bel.⟩ ~ Chinaman *Chinees, de Chinezen;* ~ Doe ⟨jur.⟩ *de onbekende;* ⟨AE⟩ *de gewone man;* ⟨dierk.⟩ ~ Dory *zonnevis* ⟨Zeus faber⟩; ⟨AE⟩ put your ~ Hancock/Henry on the dotted line *zet je krabbel op de stippeltjes;* ~ Q. Public *Jan Publiek, de gewone man;*

II ⟨telb.zn.⟩ ⟨vaak J-⟩ ***kerel*** ⇒*man* **0.2** ⟨the⟩ ⟨AE; inf.⟩ ***W.C.*** **0.3** ⟨vaak J-⟩ ⟨AE; sl.⟩ ***klant*** ⟨v.e. hoer⟩ ⇒*hoerenloper, hip* ◆ **3.2** go to the ~ *een boodschap gaan doen.*

john·ny, john·nie ['dʒɒni‖'dʒɑni] ⟨f3⟩ ⟨zn.; →mv. 2⟩

I ⟨eig.n.; J-⟩ **0.1** ***Jantje*** ◆ **1.¶** ⟨BE; sl.; scheep.⟩ ~ Amstrong *Jan Boezeroen, mankracht;* ~ Raw *groentje;* ⟨AE; inf.⟩ ~ Reb *soldaat v.d. zuidelijke staten* ⟨tijdens Am. burgeroorlog⟩;

II ⟨telb.zn.⟩ ⟨BE⟩ **0.1** ***kerel*** ⇒*man, vent.*

'john·ny·cake ⟨telb. en n.-telb.zn.⟩ **0.1** ⟨AE⟩ ***maïskoek*** **0.2** ⟨Austr. E⟩ ***tarwekoek.***

'John·ny-come-'late·ly, 'Johnnie-come-'lately ⟨f1⟩ ⟨telb.zn.; ook Johnnies-come-lately; →mv. 2, 6⟩ ⟨inf.⟩ **0.1** ***nieuwkomer.***

'John·ny-'jump-up ⟨telb.zn.⟩ ⟨AE; plantk.⟩ **0.1** ***driekleurig viooltje*** ⟨Viola tricolor⟩.

John o' Groat's ['dʒɒnə'grouts‖'dʒɑ-] ⟨eig.n.⟩ **0.1** ***John o' Groat's*** ⟨uiterste noorden v. Schotland⟩ ◆ **6.1** **from** ~ **to** Land's End *over heel Groot-Brittannië.*

John·son·ese ['dʒɒnsə'ni:z‖'dʒɑn-] ⟨n.-telb.zn.⟩ **0.1** ***stijl à la Samuel Johnson*** ⇒*breedsprakerige/bloemrijke/latiniserende stijl.*

John·son grass ['dʒɒnsn grɑ:s‖-græs] ⟨n.-telb.zn.⟩ ⟨plantk.⟩ **0.1** ***(soort) kafferkoren*** ⟨Sorghum halepense⟩.

John·so·ni·an[1] ['dʒɒn'souniən‖'dʒɑn-] ⟨telb.zn.⟩ **0.1** ***Johnsoniaan*** ⟨bewonderaar/kenner v. Samuel Johnson⟩.

Johnsonian[2] ⟨bn.⟩ **0.1** ***Johnsoniaans*** ⟨(in de stijl) v. Samuel Johnson⟩ ⇒*breedsprakig, hoogdravend, pompeus.*

joie de vi·vre ['ʒwɑ: də 'vi:v(rə)] ⟨n.-telb.zn.⟩ **0.1** ***levenslust*** ⇒*levensblijheid, levensvreugde.*

join[1] [dʒɔɪn] ⟨telb.zn.⟩ **0.1** ***verbinding*** ⇒*verbindingslijn/naad/plaats/punt/stuk, voeg, las, naad.*

join[2] ⟨f4⟩ ⟨ww.⟩

I ⟨onov.ww.⟩ **0.1** ***samenkomen*** ⇒*zich verenigen, verenigd worden; elkaar ontmoeten, uitkomen op, samenvloeien, grenzen aan elkaar* **0.2** ***zich aansluiten*** ⇒*meedoen, deelnemen, lid worden* ◆ **1.1** where do these roads ~? *waar komen deze wegen samen?;* our gardens ~ *onze tuintjes palen aan elkaar* **5.1** where does this part ~ **on?** *waar zit dit onderdeel aan vast?;* ~ **up** (with) *samensmelten (met)* **5.2** can I ~ **in?** *mag ik meedoen?;* ~ **in** with us! *doe met ons mee!;* ~ **up** *dienstnemen (bij het leger), onder dienst gaan, lid worden;* ~ **up** as a member *lid worden;* ~ **up** (with) *zich aansluiten (bij)* **6.2** ~ **in** the singing *meezingen;* ~ **in** an undertaking *aan een onderneming meewerken;* why doesn't he ~ **in** the conversation? *waarom is hij toch zo stil?;* ~ **to/with** the group *zich bij de groep aansluiten;* ~ **with** s.o. **in** his sorrow *met iem. meeleven;*

II ⟨ov.ww.⟩ **0.1** ***verenigen*** ⇒*samenbrengen/voegen, verbinden; aaneenschrijven* ⟨letters⟩; *vastmaken, uitkomen op, samenvloeien met, grenzen aan* **0.2** ***zich aansluiten bij*** ⇒*meedoen met, deelnemen aan, lid worden van* ◆ **1.1** ~ the main road *op de hoofdweg uitkomen* **1.2** ~ the army *dienst nemen (bij het leger), onder dienst gaan;* ~ ship *aanmonsteren, aan boord gaan* **4.2** will you ~ us? *doe/eet/ga je mee?, kom je bij ons zitten?;* I'll ~ you in a few minutes *ik kom zo bij je* **5.1** ~ **on** a new carriage *een nieuwe wagen aanhaken;* ~ **together/up** (with) *samenvoegen (met);* joined-up writing *aaneengeschreven schrift* **6.1** ~ a carriage **onto** a train *een wagon aanhaken;* this bridge ~s the island **to** the mainland *deze brug verbindt het eiland met het vasteland;* ~ a man **to/with** a woman **in** marriage *een man met een vrouw in de echt verbinden* **6.2** ~ s.o. in thinking that *iemands mening delen dat;* will you ~ me **in** a walk? *ga je mee een wandelingetje maken?.*

join·der ['dʒɔɪndə‖-ər]⟨telb. en n.-telb.zn.⟩ **0.1** ***samenvoeging*** **0.2** ⟨jur.⟩ ***vereniging*** ⇒*samenvoeging* ⟨v. zaken, partijen⟩.

join·er ['dʒɔɪnə‖-ər]⟨f1⟩⟨telb.zn.⟩ **0.1** ***schrijnwerker*** ⇒*meubelmaker* **0.2** ⟨inf.⟩ ***meedoener*** ⇒*gezelligheidsmens* ◆ **1.2** John's no ~ *John sluit zich niet zo gauw bij een club aan.*

join·er·y ['dʒɔɪnəri]⟨n.-telb.zn.⟩ **0.1** ***schrijnwerk*** ⇒*fijn timmerwerk.*

'joining fee ⟨telb.zn.⟩ **0.1** ***entree(geld)*** ⟨bij toetreding in vereniging⟩.

joint[1] [dʒɔɪnt]⟨f3⟩⟨telb.zn.⟩ **0.1** ***verbinding(sstuk)*** ⇒*voeg, las, naad* **0.2** ***gewricht*** ⇒*geleding, scharnier* **0.3** ⟨geol.⟩ ***diaklaas*** **0.4** ⟨plantk.⟩ ***(stengel)knoop*** **0.5** ⟨vnl. BE⟩ ***braadstuk*** ⇒*gebraad, (groot) stuk vlees* **0.6** ⟨sl.⟩ ***tent*** ⇒*kroeg, bar, (opium)kit; gelegenheid, eet/danshuis* **0.7** ⟨sl.⟩ ***joint*** ⇒*stickie* **0.8** ⟨the⟩⟨AE; sl.⟩ ***nor*** ⇒*bak* ◆ **6.2 out of** ~ ⟨ook fig.⟩ *ontwricht; uit het lid, uit de voegen;* ⟨fig.⟩ *ongepast; slecht geluimd.*

joint[2] ⟨f2⟩⟨bn., attr.; -ly⟩ **0.1** ***gezamenlijk*** ⇒*gemeenschappelijk, verbonden, verenigd, gedeeld* ◆ **1.1** ~ account *gezamenlijke rekening;* ~ author *medeauteur;* ~ cargo *groepage, gezamenlijke lading;* ~ cargo service *groepagedienst;* ~ committee *gezamenlijke commissie* ⟨v. Am. Congres en Senaat⟩; Joint Chiefs of Staff *Gezamenlijke Stafchefs* ⟨v.d. Am. strijdkrachten⟩; ~ heirs *medeërfgenamen;* during their ~ lives *toen ze allebei/allen nog leefden;* ~ management *medezeggenschap, gemeenschappelijk beheer;* ~ opinion *gedeelde mening;* ~ owners *medeëigenaars;* ~ resolution *gemeenschappelijke resolutie* ⟨v. Am. Congres en Senaat⟩; ~ responsibility *gedeelde verantwoordelijkheid;* ⟨geldw.⟩ ~ sharer *deelhebber;* ~ stock *maatschappelijk kapitaal;* ~ stool *krukje;* ~ tenancy *gezamenlijk bezit* ⟨v. onroerend goed⟩; ~ tenant *medeëigenaar;* ~ undertaking/venture *joint venture, samenwerking (sverband), gemeenschappelijke onderneming* **5.1** ⟨jur.⟩ ~ly and severally responsible *hoofdelijk en gezamenlijk aansprakelijk.*

joint[3] ⟨f1⟩⟨zn.⟩

I ⟨onov.ww.⟩ **0.1** ***verbinden*** ⇒*verenigen, v. verbindingen voorzien, lassen* **0.2** ***voegen*** ⟨metselwerk⟩ **0.3** ***gladschaven*** ⇒*effenen* **0.4** ***ontleden*** ⇒*opsnijden, verdelen* ⟨geslacht dier⟩ ◆ **1.1** a ~ed fishing rod *een uitneembare hengel, een hengel in delen;* a ~ed doll *een ledenpop;*

II ⟨ov.ww.⟩ **0.1** ***in stukken snijden.***

joint·er ['dʒɔɪntə‖'dʒɔɪnṯər]⟨telb.zn.⟩ **0.1** ***lasser*** **0.2** ***voeger*** **0.3** ***ploegschaaf*** ⇒*rijschaaf* **0.4** ***voegijzer*** ⇒*voegspijker.*

'joint·ing rule ⟨telb.zn.⟩ **0.1** ***rij*** ⇒*richtlat* ⟨v. metselaar⟩.

joint·ress ['dʒɔɪntrɪs]⟨telb.zn.⟩ **0.1** ***weduwe met weduwenpensioen.***

'joint-'stock bank ⟨telb.zn.⟩ **0.1** ***depositobank*** ⇒*bankinstelling* ⟨met jur. statuut v. (ong.) N.V.⟩.

'joint-'stock company ⟨telb.zn.⟩ **0.1** ***maatschappij op aandelen.***

join·ture[1] ['dʒɔɪntʃə‖-ər]⟨telb.zn.⟩ **0.1** ***weduwenpensioen.***

jointure[2] ⟨ov.ww.⟩ **0.1** ***een weduwenpensioen vastzetten op.***

'joint·worm ⟨telb.zn.⟩ **0.1** ***wespelarve*** ⟨op tarwe⟩.

joist[1] [dʒɔɪst]⟨f1⟩⟨telb.zn.⟩ **0.1** ***(dwars)balk*** ⇒*bint, (horizontale) steunbalk.*

joist[2] ⟨ov.ww.⟩ **0.1** ***v. (dwars)balken voorzien*** ⇒*binten aanbrengen.*

joke[1] [dʒoʊk]⟨f3⟩⟨telb.zn.⟩⟨→sprw. 594⟩ **0.1** ***grap(je)*** ⇒*mop, poets* **0.2** ***mikpunt*** ⟨v. spot, geestigheid⟩ ⇒*spot* **0.3** ***aanfluiting*** ◆ **1.2** he is the ~ of the town *hij is de spot v.d. hele stad* **2.1** practical ~ *poets* **3.1** I don't see the ~ *ik vind het lang niet grappig;* he can't take a ~ *hij kan niet tegen een grapje;* crack/cut/make/tell ~s *moppen tappen* **3.2** standing ~ *eeuwig mikpunt* **6.1** make a ~ **about** s.o./sth. *een grap over iem. /iets maken;* be/go **beyond** a ~ *te ver gaan, niet leuk zijn;* make/play a ~ **on** s.o., pass/put a ~ **upon** s.o. *iem. een poets bakken;* this ~ **is on** s.o. *deze geestigheid gaat ten koste van iem.;* have a ~ **with** s.o. *samen met iem. een grap uithalen* **7.1** ⟨inf.⟩ no ~ *geen grapje/gekheid.*

joke[2] ⟨f3⟩⟨ww.⟩

I ⟨onov.ww.⟩ **0.1** ***grappen maken*** ⇒*gekscheren, schertsen, moppen tappen* ◆ **3.1** you must be joking! *dat meen je niet!* **5.1** he is always joking *hij zit vol grappen, hij is nooit eens serieus;* joking apart *in alle ernst, alle gekheid op een stokje;* I was just joking *ik maakte maar een grapje/geintje* **6.1** ~ **about/with** s.o./sth. *om iem./iets lachen;*

II ⟨ov.ww.⟩ **0.1** ***bespotten*** ⇒*plagen, voor de gek houden.*

jok·er ['dʒoʊkə‖-ər]⟨f1⟩⟨telb.zn.⟩ **0.1** ***grapjas*** **0.2** ⟨kaartspel⟩ ***joker*** ⇒⟨fig.⟩ *(laatste) troef* **0.3** ⟨sl.⟩ ***kerel*** ⇒*(pruts/rot)vent* **0.4** ⟨AE⟩ ***verborgen clausule*** ⟨in wet, document enz. die de werking ervan in ongunstige zin wijzigt of ongedaan maakt⟩ ⇒⟨fig.⟩ *struikelblok* **0.5** ***list*** ⇒*truc, streek* ⟨om iem. de loef af te steken⟩.

joke·ster ['dʒoʊkstə‖-ər]⟨telb.zn.⟩ **0.1** ***grappenmaker.***

jok·ey, jok·y ['dʒoʊki]⟨bn.; -er; →compar. 7⟩ **0.1** ***grappig*** ⇒*snaaks,* ⟨B.⟩ *grollig* **0.2** ***schertsend*** ⇒*spottend.*

jol·li·fi·ca·tion ['dʒɒlɪfɪ'keɪʃn‖'dʒɑ-]⟨zn.⟩

I ⟨telb.zn.⟩ **0.1** ***festiviteit*** ⇒*fuif, feest;*

II ⟨n.-telb.zn.⟩ **0.1** ***pret(makerij)*** ⇒*jool, joligheid.*

jol·li·fy ['dʒɒlɪfaɪ‖'dʒɑ-]⟨ww.; →ww. 7⟩

I ⟨onov.ww.⟩ **0.1** ***feesten*** ⇒*fuiven, pret maken;*

II ⟨ov.ww.⟩ **0.1** ***opvrolijken*** ⇒*in stemming brengen.*

jol·li·ty ['dʒɒləti‖'dʒɑləṯi]⟨n.-telb.zn.⟩ **0.1** ***uitgelatenheid*** ⇒*joligheid.*

jol·ly[1] ['dʒɒli‖'dʒɑli]⟨zn.; →mv. 2⟩

I ⟨telb.zn.⟩ **0.1** ⟨BE; sl.⟩ ***matroos*** ⟨v.d. Britse marine⟩ **0.2** ***mooi praatje*** **0.3** ***jol*** ⇒*bijboot;*

II ⟨mv.; jollies⟩ **0.1** ***pret(makerij)*** ⇒*joligheid.*

jolly[2] ⟨f3⟩⟨bn.; -er; -ly; →bijw. 3⟩ **0.1** ***plezierig*** ⇒*prettig, feestelijk* **0.2** ⟨ook iron.⟩ ***vrolijk*** ⇒*jolig, opgewekt, joviaal* **0.3** ⟨inf.; euf.⟩ ***aangeschoten*** ⇒*dronken* **0.4** ⟨BE; inf.⟩ ***groot*** **0.5** ⟨BE; gew.⟩ ***aardig*** ⇒*aantrekkelijk* ◆ **1.1** a ~ holiday *een prettige vakantie* **1.2** a ~ man *een lollige vent* **1.4** it's a ~ shame *het is gewoonweg/een grote schande;* you must be a ~ fool to do it *je moet flink gek zijn om het te doen* **1.¶** lead s.o. a ~ dance *iem. het leven knap zuur maken, het iem. lastig maken;* the ~ God *Bacchus;* Jolly Roger *piratenvlag* **5.1** you ~ well will! *(en) nou en of je het doet!.*

jolly[3] ⟨f1⟩⟨ww.; →ww. 7⟩⟨inf.⟩

I ⟨onov.ww.⟩ **0.1** ***pret maken;***

II ⟨onov. en ov.ww.⟩ **0.1** ***plagen*** ⇒*gekscheren, voor de gek houden;*

III ⟨ov.ww.⟩ **0.1** ***vleien*** ⇒*bepraten* **0.2** ***opvrolijken*** ⇒*opmonteren* ◆ **5.1** ~ **along/up** *vleien, bepraten, overhalen* **6.1** ~ s.o. **into** sth. *iem. tot iets overhalen.*

jolly[4] ⟨f1⟩⟨bw.⟩⟨BE; inf.⟩ **0.1** ***heel*** ⇒*zeer, flink, aardig* ◆ **2.1** ~ foolish *flink gek;* a ~ good fellow *een beste/patente kerel;* have ~ good luck *boffen;* ~ miserable *erg beroerd;* he is ~ rich *hij zit er warmpjes in* **5.1** ~ well *zonder twijfel, zeker;* you will ~ well have to *daar kun je in geen geval onderuit.*

'jolly boat ⟨telb.zn.⟩ **0.1** ***jol*** ⇒*bijboot.*

jolt[1] [dʒoʊlt]⟨f2⟩⟨telb.zn.⟩ **0.1** ***schok*** ⇒*ruk, stoot;* ⟨fig. ook⟩ *verrassing, ontnuchtering;* ⟨AE; sl.⟩ *flash* ⟨eerste inwerking na druggebruik⟩ **0.2** ⟨AE; sl.⟩ ***(heroïne)spuitje*** **0.3** ⟨AE; sl.⟩ ***joint*** ⇒*stickie* **0.4** ⟨AE; sl.⟩ ***borrel*** ⇒*scheut* **0.5** ⟨AE; sl.⟩ ***gevangenisstraf.***

jolt[2] ⟨f1⟩⟨ww.⟩

I ⟨onov.ww.⟩ **0.1** ***(voort)schokken*** ⇒*horten, botsen, stoten* **0.2** ⟨AE; sl.⟩ ***spuiten*** ⟨heroïne gebruiken⟩ ◆ **5.1** ~ **along** *voortschokkeren;*

II ⟨ov.ww.⟩ **0.1** ***schokken*** ⇒⟨fig.⟩ *verwarren, kwetsen, ontnuchteren* ◆ **5.1** ⟨ook fig.⟩ ~ s.o. awake *iem. wakker schudden* **6.1** ~ s.o. **out of** a false belief *iem. plots tot een beter inzicht brengen.*

jolt·er-head ['dʒoʊltəhed‖-tər-], **'jolt-head** ⟨telb.zn.⟩ **0.1** ⟨BE; gew.⟩ ***ezel*** ⇒*domkop.*

jolt·y ['dʒoʊlti]⟨bn.; -er; -ly; -ness; →bijw. 3⟩ **0.1** ***schokkend*** ⇒*schuddend, hortend, stotend* ◆ **1.1** a ~ old car *een rammelkast.*

Jo·nah ['dʒoʊnə]⟨zn.⟩

I ⟨eig.n.⟩ **0.1** ***Jonas;***

II ⟨telb.zn.⟩ **0.1** ***ongeluksvogel*** **0.2** ***ongeluksprofeet/bode*** **0.3** ***zondebok*** **0.4** ⟨AE; sl.⟩ ***rock'n'roll-fan.***

Jon·a·than ['dʒɒnəθən‖'dʒɑ-]⟨zn.⟩

I ⟨eig.n.⟩ **0.1** ***Jonathan*** ◆ **1.1** Brother ~ *broeder Jonathan, de Amerikaan;*

II ⟨telb.zn.⟩ **0.1** ***jonathan(appel).***

Jones ['dʒoʊnz]⟨eig.n.⟩ **0.1** ***Jones*** ◆ **3.¶** keep up with the ~es *z'n stand ophouden, niet willen onderdoen voor de buren.*

jon·gleur ['dʒɒŋglɜ:, -'glɜ:‖'dʒɑŋglər]⟨telb.zn.⟩⟨gesch.⟩ **0.1** ***jongleur*** ⇒*minstreel, troubadour.*

jon·quil ['dʒɒŋkwɪl‖'dʒɑŋ-]⟨telb.zn.⟩⟨plantk.⟩ **0.1** ***jonquille*** ⇒*gele tijloos/narcis* ⟨Narcissus jonquilla⟩.

Jor·dan ['dʒɔ:dn‖'dʒɔrdn]⟨zn.⟩

I ⟨eig.n.⟩ **0.1** ⟨the⟩ ***Jordaan*** ⟨rivier⟩ **0.2** ***Jordanië;***

II ⟨telb.zn.⟩⟨BE; gew.⟩ **0.1** ***kamerpot*** ⇒*nachtpot.*

'Jordan 'almond ⟨telb.zn.⟩ **0.1** ***malaga-amandel*** **0.2** ***suikerboon*** ⟨met amandel erin⟩.

Jor·da·ni·an[1] [dʒɔ:'deɪnɪən‖dʒɔr-]⟨telb.zn.⟩ **0.1** ***Jordaniër.***

Jordanian[2] ⟨bn.⟩ **0.1** ***Jordaans.***

jo·rum ['dʒɔ:rəm]⟨telb.zn.⟩ **0.1** ***(grote) drinkbeker*** **0.2** ***kuip*** ⇒*hele boel* ◆ **1.2** ~s of ink *hele kuipen inkt.*

Jos ⟨afk.⟩ Joseph.

jo·seph ['dʒouzɪf]⟨zn.⟩
I ⟨eig.n.; J-⟩ **0.1** ***Jozef;***
II ⟨telb.zn.⟩ **0.1** ⟨J-⟩ ***(kuise) Jozef*** ⇒*eerbaar jongeling* **0.2** ***(lange) rijmantel*** ⟨gedragen door dames in de 18e eeuw⟩.
'Joseph's 'coat ⟨telb.zn.⟩ **0.1** ***driekleur-amarant.***
'Joseph's flower ⟨telb.zn.⟩⟨plantk.⟩ **0.1** ***geitebaard*** ⇒*moerasspiraea* ⟨Filipendula ulmaria of Ulmaria palustris⟩.
josh[1] [dʒɒʃ‖dʒɑʃ]⟨telb.zn.⟩⟨AE; inf.⟩ **0.1** ***grapje*** ⇒*plagerijtje, poets.*
josh[2] ⟨ov.ww.⟩⟨AE; inf.⟩ **0.1** ***plagen*** ⇒*voor de gek houden, een poets bakken.*
Josh ⟨afk.⟩ Joshua.
josh·er ['dʒɒʃə‖'dʒɑʃər]⟨telb.zn.⟩⟨AE; inf.⟩ **0.1** ***grappenmaker*** ⇒*plaagstok, spotvogel.*
Josh·u·a ['dʒɒʃwə‖'dʒɑ-]⟨zn.⟩
I ⟨eig.n.⟩ **0.1** ***Joshua;***
II ⟨telb.zn.⟩ **0.1** ⟨verk.⟩ ⟨Joshua tree⟩.
'Joshua tree ⟨telb.zn.⟩⟨plantk.⟩ **0.1** ***(boomachtige) yuca*** ⟨Yucca brevifolia⟩.
jos·kin ['dʒɒskɪn‖'dʒɑs-]⟨telb.zn.⟩⟨sl.⟩ **0.1** ***(boeren)pummel/kinkel.***
joss [dʒɒs‖dʒɑs]⟨telb.zn.⟩ **0.1** ***(Chinese) afgod*** **0.2** ***(chinees) afgodsbeeld.***
jos·ser ['dʒɒsə‖'dʒɑsər]⟨telb.zn.⟩⟨BE; sl.⟩ **0.1** ***sufferd*** ⇒*domkop, sul* **0.2** ***vent*** ⇒*kerel* ◆ **2.1** old ~ *ouwe sok/sufferd.*
'joss house ⟨telb.zn.⟩ **0.1** ***(Chinese) tempel.***
'joss stick ⟨telb.zn.⟩ **0.1** ***(Chinees) wierookstokje.***
jos·tle[1] ['dʒɒsl‖'dʒɑsl], ⟨AE ook⟩ **jus·tle** ['dʒʌsl]⟨zn.⟩
I ⟨telb.zn.⟩ **0.1** ***duw*** ⇒*stoot* **0.2** ***botsing*** ⟨ook fig.⟩;
II ⟨n.-telb.zn.⟩ **0.1** ***gedrang*** ⇒*drukte, gewoel.*
jostle[2], ⟨AE ook⟩ **justle** ⟨f1⟩⟨ww.⟩ →jostling
I ⟨onov.ww.⟩ **0.1** ***dringen*** ⇒*duwen, stoten;* ⟨fig.⟩ *met de ellebogen werken* ◆ **3.1** stop jostling against me, will you! *sta niet zo te dringen!* **6.1** ~ **with** s.o. **for** sth. *met iem. om iets wedijveren;*
II ⟨ov.ww.⟩ **0.1** ***verdringen*** ⇒*wegduwen/stoten, een duw geven* ⟨ook fig.⟩ ◆ **1.1** the child was ~d (away) by the crowd *het kind werd door de menigte onder de voet gelopen.*
jos·tling[1] ['dʒɒslɪŋ‖'dʒɑs-], ⟨AE ook⟩ **jus·tling** ['dʒʌslɪŋ]⟨n.-telb.zn.; gerund v. jostle+2⟩ **0.1** ***gedrang*** ⇒*drukte, gewoel.*
jostling[2], ⟨AE ook⟩ **justling** ⟨bn.; teg. deelw. v. jostle⟩ **0.1** ***dringend*** ⇒*stotend, woelig.*
jot[1] [dʒɒt‖dʒɑt]⟨f1⟩⟨telb.zn.⟩ **0.1** ***jota*** ⟨alleen fig.⟩ ◆ **1.1** there is not a ~ of truth in it *er is geen woord van waar* **3.1** I don't care a ~ *het kan me geen zier schelen* **7.1** not a ~ *geen zier, geen jota;* not one ~ or tittle *geen tittel of jota.*
jot[2] ⟨f2⟩⟨ov.ww.; →ww. 7⟩ →jotting **0.1** ***(vlug) noteren*** ⇒*vlug opschrijven, neerpennen, opkrabbelen* ◆ **5.1** ~ **down** *noteren.*
jot·ter ['dʒɒtə‖'dʒɑtər]⟨f1⟩⟨telb.zn.⟩ **0.1** ***blocnote*** ⇒*notitieboekje, kladblok.*
jot·ting ['dʒɒtɪŋ‖'dʒɑtɪŋ]⟨f1⟩⟨telb.zn.; oorspr. gerund v. jot+2; vnl. mv.⟩ **0.1** ***losse aantekening(en)*** ⇒*notitie(s).*
joule [dʒu:l]⟨telb.zn.⟩ **0.1** ***joule*** ⟨eenheid v. arbeid⟩.
jounce[1] [dʒaʊns]⟨telb.zn.⟩ **0.1** ***bons*** ⇒*stoot, schok, ruk.*
jounce[2] ⟨onov. en ov.ww.⟩ **0.1** ***stoten*** ⇒*schokken, horten.*
jour·nal ['dʒɜ:nl‖'dʒɜrnl]⟨f3⟩⟨zn.⟩
I ⟨telb.zn.⟩ **0.1** ***dagboek*** ⇒*journaal, kasboek;* ⟨scheep.⟩ *logboek* **0.2** ***dagblad*** ⇒*krant* **0.3** ***tijdschrift*** ⇒*weekblad, maandblad* **0.4** ⟨tech.⟩ ***(as)tap*** ⇒*hals;*
II ⟨mv.; ~s; the⟩ **0.1** ***de handelingen*** ⟨v.e. genootschap⟩ **0.2** ⟨J-⟩ ***de Parlementaire handelingen*** ⟨in Engeland⟩.
'journal bearing ⟨telb.zn.⟩ **0.1** ***halsblok*** ⇒*asblok.*
'journal box ⟨telb.zn.⟩ **0.1** ***asblok*** ⇒*aspot.*
jour·nal·ese ['dʒɜ:nə'li:z‖'dʒɜr-]⟨f1⟩⟨n.-telb.zn.⟩⟨vaak pej.⟩ **0.1** ***journalistieke stijl*** ⇒*krantetaal, sensatiestijl.*
jour·nal·ism ['dʒɜ:nəlɪzm‖'dʒɜr-]⟨f2⟩⟨n.-telb.zn.⟩ **0.1** ***journalistiek.***
jour·nal·ist ['dʒɜ:nəlɪst‖'dʒɜr-]⟨f2⟩⟨telb.zn.⟩ **0.1** ***journalist(e)*** ⇒*dagbladschrijver/schrijfster.*
jour·nal·is·tic ['dʒɜ:nə'lɪstɪk‖'dʒɜr-]⟨f1⟩⟨bn.; -ally; →bijw. 3⟩ **0.1** ***journalistiek*** ⇒*journalistisch* ◆ **3.1** ~ally speaking *vanuit journalistiek oogpunt.*
jour·nal·ize, ⟨BE sp. ook⟩ **-ise** ['dʒɜ:nəlaɪz‖'dʒɜr-]⟨ww.⟩
I ⟨onov.ww.⟩ **0.1** ***een dagboek (bij)houden*** **0.2** ⟨boekhouden⟩ ***journaliseren;***
II ⟨ov.ww.⟩ **0.1** ***in een dagboek noteren.***
jour·nal·iz·er, -is·er ['dʒɜ:nəlaɪzə‖'dʒɜrnəlaɪzər]⟨telb.zn.⟩⟨boekhouden⟩ **0.1** ***journalist*** ⇒*journaalhouder.*
jour·ney[1] ['dʒɜ:ni‖'dʒɜrni]⟨f3⟩⟨telb.zn.⟩ **0.1** ***(dag)reis*** ⇒*tocht* ⟨vnl. over land⟩ ◆ **1.1** ⟨schr.⟩ one's ~'s end *het einde v. zijn reis/* ⟨fig.⟩ *leven;* a three days' ~ *een driedaagse reis* **2.1** ⟨fig.⟩ he went on his last ~ *hij heeft het tijdelijke met het eeuwige verwisseld* **3.1** break one's ~ *zijn reis onderbreken;* go on/make/take/undertake a ~ *een reis maken, op reis gaan.*
journey[2] ⟨f1⟩⟨ww.⟩
I ⟨onov.ww.⟩ **0.1** ***reizen*** ⇒*trekken;*
II ⟨ov.ww.⟩ **0.1** ***doorreizen*** ⇒*doortrekken.*
jour·ney·man ['dʒɜ:nɪmən‖'dʒɜr-]⟨telb.zn.; journeymen [-mən]; →mv. 3⟩ **0.1** ***handlanger*** ⇒*knecht, handwerksgezel, ambachtsgezel* **0.2** ***dagloner*** ⇒⟨fig.⟩ *loonslaaf* **0.3** ***vakman.***
'journeyman 'baker ⟨telb.zn.⟩ **0.1** ***bakkersknecht.***
jour·ney·work ['dʒɜ:niwɜ:k‖'dʒɜrniwɜrk]⟨n.-telb.zn.⟩ **0.1** ***handlangerswerk*** **0.2** ***dagwerk*** ⇒*loonwerk.*
jour·no ['dʒɜ:noʊ‖'dʒɜr-]⟨telb.zn.⟩⟨Austr. E; inf.⟩ **0.1** ***journalist (e).***
joust[1] [dʒaʊst], **just** [dʒʌst]⟨zn.⟩
I ⟨telb.zn.⟩ **0.1** ***steekspel*** ⇒⟨fig.⟩ *discussie;*
II ⟨mv.; ~s⟩ **0.1** ***toernooi.***
joust[2], **just** ⟨onov.ww.⟩ **0.1** ***aan een steekspel deelnemen*** ⇒*een steekspel houden* ⟨ook fig.⟩ ◆ **6.1** ~ **with** s.o. *met iem. in het krijt treden.*
Jove [dʒoʊv]⟨eig.n.⟩ **0.1** ***Jupiter*** ◆ **6.¶** ⟨BE; vero.⟩ by ~! *grote goden!.*
jo·vi·al ['dʒoʊvɪəl]⟨f1⟩⟨bn.; -ly⟩ **0.1** ***joviaal*** ⇒*vrolijk, opgewekt* ◆ **1.1** a ~ fellow *een joviale kerel;* in a ~ mood *goed gezind.*
jo·vi·al·i·ty ['dʒoʊvi'æləti]⟨zn.; →mv. 2⟩
I ⟨telb.zn.⟩ **0.1** ***joviale opmerking;***
II ⟨n.-telb.zn.⟩ **0.1** ***jovialiteit*** ⇒*vrolijkheid, opgewektheid.*
Jo·vi·an ['dʒoʊvɪən]⟨bn.⟩ **0.1** ***(als) v. Jupiter*** **0.2** ***v./mbt. de planeet Jupiter.***
jo·war [dʒə'wɑ:‖-'wɑr]⟨n.-telb.zn.⟩⟨Ind. E⟩ **0.1** ***doerra*** ⇒*kaffer/negerkoren.*
jowl [dʒaʊl]⟨f1⟩⟨telb.zn.; vaak mv. met enk. bet.⟩ **0.1** ***kaak(sbeen)*** ⇒*wang* **0.2** ***halskwabbe*** ⇒*kossem, lel, dubbele kin* **0.3** ***krop*** ⟨v. vogels⟩ **0.4** ***kop*** ⟨v. vis⟩ ◆ **1.2** a man with a heavy ~ *een man met een zware dubbele kin* **2.1** pendulous ~s *hang/kwab/zakwangen.*
jowl·er ['dʒaʊlə‖-ər]⟨telb.zn.⟩⟨vnl. Sch.E⟩ **0.1** ***hond met zware kaken.***
jowl·y ['dʒaʊli]⟨bn.; -er; →compar. 7⟩ **0.1** ***met zware kaken/dubbele kin.***
joy[1] [dʒɔɪ]⟨f3⟩⟨zn.⟩⟨→sprw. 678⟩
I ⟨telb.zn.⟩ **0.1** ***bron v. vreugde*** ⇒*lieveling* ◆ **1.1** the ~s of life *de geneugten v.h. leven* **6.1** she's a great ~ **to** her parents *ze is de vreugde v. haar ouders;*
II ⟨n.-telb.zn.⟩ **0.1** ***vreugde*** ⇒*genot, blijdschap, geluk, blijmoedigheid* **0.2** ⟨BE; inf.⟩ ***succes*** ◆ **3.1** be filled with ~ *overlopen v. vreugde;* give you ~ *(ik wens je) veel plezier;* wish s.o. ~ *iem. geluk toewensen;* ⟨vaak iron.⟩ wish s.o. ~ of sth. *iem. veel plezier wensen met iets* **6.1** ~ **at/in/of** *vreugde over;* **for/with** ~ *van vreugde;* **in** ~ and in sorrow *in vreugde en verdriet;* **to** the ~ of s.o., **to** s.o.'s ~ *tot iemands vreugde* **7.2** no ~ *geen succes.*
joy[2] ⟨ww.⟩⟨vero.; schr.⟩
I ⟨onov.ww.⟩ **0.1** ***zich verheugen*** ◆ **6.1** ~ **in** *zich verheugen over;*
II ⟨ov.ww.⟩ **0.1** ***verheugen.***
joy·ance ['dʒɔɪəns]⟨zn.⟩⟨schr.⟩
I ⟨telb.zn.⟩ **0.1** ***festiviteit;***
II ⟨n.-telb.zn.⟩ **0.1** ***vreugde*** ⇒*genot.*
'joy bells ⟨mv.⟩ **0.1** ***feestklokken.***
'joy flight ⟨telb.zn.⟩ **0.1** ***pleziervluchtje*** ⇒*vliegtochtje.*
joy·ful ['dʒɔɪfl], ⟨schr. ook⟩ **joy·ous** ['dʒɔɪəs]⟨f2⟩⟨bn.; -ly; -ness⟩ **0.1** ***blij*** ⇒*opgewekt, vreugdevol* **0.2** ***verblijdend*** ⇒*heuglijk, heerlijk.*
'joy girl ⟨telb.zn.⟩⟨sl.⟩ **0.1** ***meisje v. plezier*** ⇒*hoer.*
'joy·house ⟨telb.zn.⟩⟨sl.⟩ **0.1** ***bordeel.***
'joy-juice ⟨telb. en n.-telb.zn.⟩⟨sl.⟩ **0.1** ***sterke drank.***
'joy knob ⟨telb.zn.⟩⟨sl.⟩ **0.1** ***lul*** **0.2** ***stuur*** ⟨v. auto⟩ **0.3** ***knuppel*** ⇒*stuurstang* ⟨v. vliegtuig⟩.
joy·less ['dʒɔɪləs]⟨f1⟩⟨bn.; -ly; -ness⟩ **0.1** ***vreugdeloos*** ⇒*treurig, triest, somber.*
joy·pop ['dʒɔɪpɒp‖-pɑp]⟨onov.ww.⟩⟨sl.⟩ **0.1** ***(bij gelegenheid) drugs gebruiken.***
'joy·ride[1] ⟨f1⟩⟨telb.zn.⟩⟨inf.⟩ **0.1** ***joyride*** ⇒*sluikrit.*
joyride[2] ⟨onov.ww.⟩⟨inf.⟩ **0.1** ***een joyride maken.***
'joy·rid·er ⟨telb.zn.⟩ **0.1** ⟨inf.⟩ ***joyrijder*** ⇒*sluikrijder* **0.2** ⟨sl.⟩ ***(toevallige) druggebruiker.***
'joy stick ⟨f1⟩⟨telb.zn.⟩⟨inf.⟩ **0.1** ***knuppel*** ⇒*stuurstang* ⟨v. vliegtuig⟩ **0.2** ***stuur*** ⟨v. auto⟩ **0.3** ***joystick*** ⇒*bedieningsknuppeltje* ⟨v. videospelen, computer enz.⟩.
JP ⟨afk.⟩ Justice of the Peace.
Jr ⟨afk.⟩ Junior **0.1** ***jr.***.
JRC ⟨afk.⟩ junior Red Cross.
JSD ⟨afk.⟩ Doctor of Juristic Science.

jt ⟨afk.⟩ joint.

ju·bi·lance ['dʒu:bɩləns]⟨n.-telb.zn.⟩ **0.1** ***vervoering*** ⇒*verrukking, uitbundigheid* **0.2** ***gejubel*** ⇒*feestgejuich.*

ju·bi·lant ['dʒu:bɩlənt]⟨f1⟩⟨bn.; -ly⟩ **0.1** ***uitbundig*** ⇒*triomfantelijk, vreugde-* **0.2** ***jubelend*** ⇒*juichend* ◆ **1.1** ~ shout *vreugdekreet, triomfkreet* **6.1** ~ **at** *in de wolken over.*

ju·bi·lar·i·an ['dʒu:bɩ'leəriən‖-'ler-]⟨telb.zn.⟩ **0.1** ***jubilaris.***

ju·bi·late ['dʒu:bɩleɪt]⟨onov.ww.⟩ **0.1** ***jubelen*** ⇒*juichen.*

Ju·bi·la·te ['dʒu:bɩ'lɑ:ti‖-teɪ], ⟨in bet. I ook⟩ **Jubilate De·o** [-'deɪoʊ] ⟨zn.⟩

I ⟨eig.n., telb.zn.⟩ **0.1** ***Jubilate*** ⟨psalm 100 (99 in Vulgaat)⟩ ⇒*jubelzang, feestlied;*

II ⟨telb. en n.-telb.zn.⟩ **0.1** ⟨R.-K.⟩ ***Jubilate-Zondag*** ⟨3e zondag na Pasen⟩.

ju·bi·la·tion ['dʒu:bɩ'leɪʃn]⟨zn.⟩

I ⟨telb.zn.⟩ **0.1** ***jubelfeest;***

II ⟨telb. en n.-telb.zn.⟩ **0.1** ***vervoering*** ⇒*verrukking, uitbundigheid* **0.2** ***gejubel*** ⇒*feestgejuich.*

ju·bi·lee ['dʒu:bɩli:, -'li:]⟨f1⟩⟨zn.⟩

I ⟨telb.zn.⟩ **0.1** ***jubileum*** ⇒*(vijftigste) verjaardag, jubelfeest* **0.2** ⟨jud. en R.-K.⟩ ***jubeljaar*** ⇒⟨R.-K.⟩ *jubilee* **0.3** ***(vreugde)feest*** ⇒*feesttijd;*

II ⟨n.-telb.zn.⟩ **0.1** ***vreugdebetoon*** ⇒*feestgejuich, gejubel* **0.2** ***verrukking*** ⇒*uitbundigheid, vervoering.*

Ju·dae·an[1], ⟨AE sp. ook⟩ **Ju·de·an** [dʒu:'dɪən]⟨telb.zn.⟩ **0.1** ***inwoner v. Judea.***

Judaean[2], ⟨AE sp. ook⟩ **Judean** ⟨bn.⟩ **0.1** ***v. Judea.***

Ju·dae·o-Ger·man, ⟨AE sp. ook⟩ **Ju·de·o-Ger·man** [dʒu:'deɪoʊ'dʒɜ:mən‖-'dʒɜr-]⟨eig.n.⟩ **0.1** ***Jiddisch.***

Ju·dae·o·phobe, ⟨AE sp. ook⟩ **Ju·de·o·phobe** [dʒu:'deɪəfoʊb] ⟨telb.zn.⟩ **0.1** ***jodenhater.***

Ju·dae·o-Span·ish, ⟨AE sp. ook⟩ **Ju·de·o-Span·ish** [dʒu:'deɪoʊ'spænɪʃ]⟨eig.n.⟩ **0.1** ***Ladino*** ⟨mengtaal v. Spaans en Hebreeuws⟩.

Ju·da·ic [dʒu:'deɪɪk], **Ju·da·i·cal** [-ɪkl]⟨bn.; -(al)ly; →bijw. 3⟩ **0.1** ***joods.***

Ju·da·ism ['dʒu:deɪɪzm‖'dʒu:dɪɪzm]⟨f2⟩⟨n.-telb.zn.⟩ **0.1** ***judaïsme*** ⇒*joodse leer, joodse gebruiken, jodendom, joodse volk.*

Ju·da·ize, ⟨BE sp. ook⟩ **-ise** ['dʒu:deɪaɪz‖'dʒu:diaɪz]⟨ww.⟩

I ⟨onov.ww.⟩ **0.1** ***het judaïsme aanhangen*** ⇒*de joodse leer volgen;*

II ⟨ov.ww.⟩ **0.1** ***tot het judaïsme bekeren*** **0.2** ***aanpassen aan het judaïsme.***

Ju·das ['dʒu:dəs]⟨f1⟩⟨zn.⟩

I ⟨eig.n.⟩ **0.1** ***Judas (Iscarioth);***

II ⟨telb.zn.⟩ **0.1** ***Judas*** ⇒*verrader, valsaard* **0.2** ⟨vnl. j-⟩ ***Judas*** ⇒*kijkgaatje* ⟨in deur enz.⟩.

'Ju·das-col·oured, ⟨AE sp.⟩ **'Ju·das-col·ored** ⟨bn.⟩ **0.1** ***ros(achtig)*** ⇒*rood* ◆ **1.1** ~ beard *judasbaard.*

'Ju·das-ear ⟨telb.zn.⟩⟨plantk.⟩ **0.1** ***judasoor*** ⟨Auricularia auricula-judae⟩.

'Judas hair ⟨n.-telb.zn.⟩ **0.1** ***judashaar.***

'ju·das-hole, 'judas window ⟨telb.zn.; soms J-⟩ **0.1** ***Judas*** ⇒*kijkgaatje* ⟨in deur enz.⟩.

'Judas kiss ⟨f1⟩⟨telb.zn.⟩ **0.1** ***judaskus.***

'Judas tree ⟨telb.zn.⟩⟨plantk.⟩ **0.1** ***judasboom*** ⟨Cercis siliquastrum⟩.

jud·der[1] ['dʒʌdə‖-ər]⟨telb.zn.⟩⟨vnl. BE⟩ **0.1** ***(heftige) vibratie*** ⇒*trilling.*

judder[2] ⟨f1⟩⟨onov.ww.⟩⟨vnl. BE⟩ **0.1** ***(heftig) vibreren*** ⇒*trillen, schudden.*

Judg ⟨afk.⟩ Judges ⟨bijb.⟩ **0.1** ***Richt..***

judge[1] [dʒʌdʒ]⟨f3⟩⟨zn.⟩

I ⟨telb.zn.; vaak J-⟩ **0.1** ***rechter*** ⇒⟨AE⟩ *politierechter* **0.2** ***scheidsrechter*** ⇒*arbiter, jurylid, beoordelaar* ⟨bij prijsvraag e.d.⟩ **0.3** ***kenner*** ⇒*expert* **0.4** ⟨bijb.⟩ ***richter*** ◆ **1.3** good ~ of character *mensenkenner;* good ~ of wines *wijnkenner* **2.1** as grave as a ~ *doodernstig* **7.3** I am no ~ of that *ik ben niet bevoegd terzake;* he is no ~ (of that) *hij is geen expert (terzake);*

II ⟨mv.; Judges; ww. enk.⟩⟨bijb.⟩ **0.1** ***(het boek der) Richteren.***

judge[2] ⟨f3⟩⟨ww.⟩⟨→sprw. 366⟩

I ⟨onov.ww.⟩ **0.1** ***rechtspreken*** ⇒*vonnis vellen, judiceren* **0.2** ***arbitreren*** ⇒*als scheidsrechter optreden,* ⟨bij wedstrijd⟩ *punten toekennen* **0.3** ***oordelen*** ⇒*een oordeel vellen* ◆ **5.3** how can I ~? *hoe zou ik het kunnen weten?;* ~ well of s.o./sth. *er over iem./iets een goede mening op nahouden* **6.3** judging **by/from** his manner *naar zijn houding te oordelen;* ~ **for** yourself *oordeel zelf maar;* ~ **of** *oordelen over;*

II ⟨onov. en ov.ww.⟩⟨bijb.⟩ **0.1** ***richten;***

III ⟨ov.ww.⟩ **0.1** ***rechtspreken over*** ⇒*berechten* **0.2** ***arbitreren bij*** **0.3** ***beoordelen*** ⇒*v. oordeel zijn, achten, schatten* **0.4** ⟨vero.⟩ ***veroordelen*** ◆ **1.1** ~ a case *rechtspreken in een zaak;* ~ a person *iem. berechten* **1.3** ~ the distance by the eye *de afstand op het oog schatten;* ~ the moment well *het juiste ogenblik kiezen;* ~ s.o.'s qualities *iemands hoedanigheden beoordelen* **2.3** ~ it better/necessary *het beter/nodig achten* **6.3** ~ s.o. **by** his actions *iem. naar zijn daden beoordelen.*

'Judge 'Advocate ⟨telb.zn.; Judge Advocates; →mv. 6⟩ **0.1** ***auditeur-militair*** ⇒⟨B.⟩ *krijgsauditeur* **0.2** ***advocaat-fiscaal.***

'Judge Advocate 'General ⟨telb.zn.; ook Judge Advocates General; →mv. 6⟩ **0.1** ***auditeur-generaal.***

'judge-'made ⟨bn.⟩ **0.1** ***op rechterlijke uitspraken gebaseerd*** ◆ **1.1** ~ law *jurisprudentie, rechtersrecht.*

judg(e)·mat·ic [dʒʌdʒ'mæţɪk], **judg(e)·mat·i·cal** [-ɪkl]⟨bn.; -(al)ly; →bijw. 3⟩⟨inf.⟩ **0.1** ***oordeelkundig*** ⇒*pienter, slim, verstandig* **0.2** ***handig*** ⇒*bekwaam.*

judg(e)·ment ['dʒʌdʒmənt]⟨f3⟩⟨zn.⟩

I ⟨telb.zn.⟩ **0.1** ***boete*** **0.2** ⟨vaak iron.⟩ ***straf (v. God)*** ⇒*godsgericht* ◆ **6.1** a ~ **of** £100 *een boete v. 100 pond* **6.2** it is a ~ **on** you **for** being so lazy *het is de welverdiende straf voor je luiheid;*

II ⟨telb. en n.-telb.zn.⟩ **0.1** ***oordeel*** ⇒*uitspraak, vonnis, be/veroordeling, opinie, schatting* ◆ **1.1** ~ by default *veroordeling bij verstek;* ~ of Paris *Oordeel v. Paris* **2.1** provisional ~ *voorlopig vonnis* **3.1** make a ~ of the distance *de afstand schatten;* pass ~ on s.o./sth. *een oordeel vellen over iem./iets;* pronounce a ~ *een uitspraak doen;* reverse a ~ *een vonnis (in hoger beroep) vernietigen;* sit in ~ on *rechter spelen over* **6.1 by** ~ *naar schatting;* **in** my ~ *naar mijn mening* **7.1** it is my ~ that *ik vind dat;*

III ⟨n.-telb.zn.⟩ **0.1** ***inzicht*** ⇒*oordeelskracht, (gezond) verstand* ◆ **3.1** show ~ *blijk geven v. inzicht;* use one's ~ *zijn (gezond) verstand gebruiken* **6.1 against** one's better ~ *tegen beter weten in;* a person **of** (good/weak) ~ *een persoon met (veel/weinig) doorzicht.*

'judg(e)ment creditor ⟨telb.zn.⟩ **0.1** ***crediteur*** ⟨v.e. vordering⟩.

'Judg(e)ment Day ⟨f1⟩⟨eig.n.⟩ **0.1** ***Laatste Oordeel.***

'judg(e)ment debt ⟨telb.zn.⟩ **0.1** ***van rechtswege toegewezen vordering.***

'judg(e)ment debtor ⟨telb.zn.⟩ **0.1** ***debiteur*** ⟨v. e. vordering⟩.

'judg(e)ment hall ⟨telb.zn.⟩ **0.1** ***rechtszaal*** ⇒*rechtbank.*

'judg(e)ment seat ⟨telb.zn.⟩ **0.1** ***rechterstoel*** ◆ **7.¶** the ~ *het Hemelse Gerecht, de rechterstoel Gods.*

'judg(e)ment summons ⟨telb.zn.⟩ **0.1** ***dagvaarding*** ⟨ter betaling v.e. vordering⟩.

judge·ship ['dʒʌdʒʃɪp]⟨zn.⟩

I ⟨telb.zn.⟩ **0.1** ***rechtsgebied*** **0.2** ***ambtstermijn v.e. rechter*** **0.3** ***rechtersambt*** ⇒*rechterschap, magistratuur, rechtersstand.*

'Judge's 'Marshal ⟨telb.zn.⟩⟨jur.⟩ **0.1** ***griffier.***

'Judge's 'Rules ⟨mv.⟩⟨jur.⟩ **0.1** ***procedurereglement*** ⟨bij ondervraging v. verdachte⟩.

judg·ing-com·mit·tee ['dʒʌdʒɪŋ kə,mɪţi]⟨verz.n.⟩ **0.1** ***jury.***

ju·di·ca·ture ['dʒu:dɩkətʃə‖-tʃʊr]⟨zn.⟩

I ⟨telb.zn.⟩ **0.1** ***rechtbank*** **0.2** ***ambtstermijn v.e. rechter*** **0.3** ***rechterschap*** ⇒*rechtersambt, magistratuur* **0.4** ***rechterlijke macht;***

II ⟨n.-telb.zn.⟩ **0.1** ***jurisdictie*** ⇒*rechtspleging, rechtspraak;*

III ⟨verz.n.⟩ **0.1** ***rechterlijk college.***

ju·di·cial [dʒu:'dɪʃl]⟨f2⟩⟨bn.; -ly⟩ **0.1** ***gerechtelijk*** ⇒*rechterlijk, rechter(s)-* **0.2** ***v. Godswege*** **0.3** ***onpartijdig*** ⇒*kritisch, onderscheid makend* ◆ **1.1** the ~ bench *de rechters;* ~ branch *rechterlijke macht;* Judicial Committee *raad belast met de administratieve appelrechtspraak;* ⟨Sch.E⟩ ~ factor *curator;* ~ fairness *onpartijdigheid;* ~ murder *gerechtelijke moord;* bring/take ~ proceedings against s.o. *een proces tegen iem. aanspannen/*⟨B.⟩ *inspannen;* ~ separation *wettelijke scheiding v. tafel en bed;* ~ system *gerechtelijk apparaat* **1.2** ~ combat *godsgericht, godsoordeel, tweegevecht-ordale;* ~ punishment *straffe Gods, godsoordeel* **1.3** ~ decision *onpartijdig besluit;* ~ mind *eerlijke/open geest.*

ju·di·ciary[1] [dʒu:'dɪʃəri‖-ʃieri]⟨f1⟩⟨zn.; →mv. 2⟩

I ⟨telb.zn.; the⟩ **0.1** ***rechtswezen*** **0.2** ***rechterlijke macht;***

II ⟨verz.n.⟩ **0.1** ***rechterlijk college*** **0.2** ***rechterlijke stand.***

judiciary[2] ⟨bn.⟩ **0.1** ***gerechtelijk*** ⇒*rechterlijk* ◆ **1.1** ~ police *gerechtelijke politie;* ~ power *rechterlijke macht;* ~ system *gerechtelijk apparaat.*

ju·di·cious [dʒu:'dɪʃəs]⟨f1⟩⟨bn.; -ly; -ness⟩ **0.1** ***oordeelkundig*** ⇒*verstandig, voorzichtig.*

ju·do ['dʒu:doʊ]⟨f1⟩⟨n.-telb.zn.⟩ **0.1** ***judo.***

ju·do·gi [dʒʊ'doʊgi]⟨telb.zn.⟩⟨judo⟩ **0.1** ***judogi*** ⇒*judopak.*

ju·do·ka ['dʒu:doʊka:]⟨telb.zn.⟩⟨vechtsport⟩ **0.1** ***judoka*** ⇒*judoër.*

Ju·dy ['dʒu:di]⟨f2⟩⟨zn.; →mv. 2⟩

I ⟨eig.n.⟩ **0.1** ***Judy*** ⇒*Judith* **0.2** ⟨poppenkast⟩ ***Katrijn;***

II ⟨telb.zn.⟩⟨AE; inf.⟩ **0.1** ***mokkel*** ⇒*meid, grietje* **0.2** ***slons.***

jug[1] [dʒʌg]⟨f3⟩⟨telb.zn.⟩ **0.1** ***kan(netje)*** **0.2** ⟨AE⟩ ***kruik*** **0.3** ⟨verk.⟩ ⟨jugful⟩ **0.4** ⟨the⟩⟨sl.⟩ ***bak*** ⇒*bajes, nor* **0.5** ⟨AE; sl.⟩ ***fles drank***

0.6 ⟨AE; sl.⟩ ***goedkope wijn*** **0.7** ⟨AE; sl.⟩ ***bank*** ⇒⟨ook⟩ *safe, kluis* **0.8** ***tsjoek*** ⇒*slag* ⟨v. nachtegaal enz.⟩.

jug² ⟨ww.; →ww. 7⟩
I ⟨onov.ww.⟩ **0.1** ***tsjoeken*** ⇒*slaan* ⟨v. nachtegaal enz.⟩;
II ⟨ov.ww.⟩ **0.1** ***stoven*** ⟨haas, konijn enz. in schotel v. aardewerk⟩ **0.2** ⟨inf.⟩ ***in de bak draaien*** ⇒*achter de tralies zetten* ◆ **1.1** ~ged hare *gestoofde haas, hazepeper*.

ju·gal¹ ['dʒu:gl]⟨telb.zn.⟩⟨anat.⟩ **0.1** ***jukbeen***.

jugal² ⟨bn.⟩⟨anat.⟩ **0.1** ***v.h. jukbeen*** ◆ **1.1** ~ bone *jukbeen*.

ju·gate ['dʒu:gət, -geɪt]⟨bn.⟩ **0.1** ***gepaard*** ⇒*twee aan twee*.

jug·ful ['dʒʌgfʊl]⟨telb.zn.; ook jugsful ['dʒʌgs-]; →mv. 6⟩ **0.1** ***kan (vol)*** **0.2** ⟨AE⟩ ***kruik (vol)***.

jugged [dʒʌgd]⟨bn.⟩⟨AE⟩ **0.1** ***zat*** ⇒*bezopen*.

jug·ger·naut ['dʒʌgənɔ:t‖-gər-]⟨f1⟩⟨zn.⟩
I ⟨eig.n.; J-⟩ **0.1** ***Jagannath*** ⟨Krishna-beeld op enorme processiewagen, waaronder gelovigen zich zouden hebben laten verbrijzelen⟩;
II ⟨telb.zn.⟩ **0.1** ***moloch*** **0.2** ⟨BE; inf.⟩ ***grote vrachtwagen*** ⇒*bakbeest*.

jug·gins ['dʒʌgɪnz]⟨telb.zn.⟩⟨sl.⟩ **0.1** ***sul*** ⇒*onbenul, sukkel*.

jug·gle¹ ['dʒʌgl]⟨telb.zn.⟩ **0.1** ***jongleernummer/toer*** **0.2** ***goocheltoer*** **0.3** ***knoeierij*** ⇒*fraude, zwendel, bedrog*.

juggle² ⟨f2⟩⟨ww.⟩
I ⟨onov.ww.⟩ **0.1** ***jongleren*** **0.2** ***goochelen*** ⇒*toveren* **0.3** ***knoeien*** ⇒*frauderen, zwendelen* ◆ **6.1** he likes to ~ **with** words *hij jongleert graag met woorden* **6.3** ~ **with** *knoeien met, vervalsen;*
II ⟨ov.ww.⟩ **0.1** ***jongleren met*** ⇒*balanceren met* **0.2** ***goochelen met*** ⇒*toveren met* **0.3** ***knoeien met*** ⇒*vervalsen, manipuleren, bedotten* ◆ **1.1** the waiter ~d his tray *de ober balanceerde met zijn dienblad* **5.2** ~ **away** *wegtoveren* **6.2** ~ **into** *omtoveren in* **6.3** ~ s.o. **out of** sth. *iem. iets aftroggelen*.

jug·gler ['dʒʌglə‖-ər]⟨f1⟩⟨telb.zn.⟩ **0.1** ***jongleur*** ⇒*jongleerder, evenwichtskunstenaar* **0.2** ***goochelaar*** ⇒*tovenaar* **0.3** ***zwendelaar*** ⇒*fraudeur, ritselaar, vervalser*.

jug·gler·y ['dʒʌgləri]⟨n.-telb.zn.⟩ **0.1** ***het jongleren*** ⇒*jongleerkunst* **0.2** ***knoeierij*** ⇒*vervalsing, fraude, zwendel*.

'jug-'han·dled ⟨bn.⟩ **0.1** ***eenzijdig*** ⇒*onevenwichtig, onevenredig*.

'jug·head ⟨telb.zn.⟩⟨AE; sl.⟩ **0.1** ***ezel*** ⇒*stomkop*.

jug-jug ['dʒʌgdʒʌg]⟨telb.zn.⟩ **0.1** ***tsjoek*** ⇒*slag* ⟨v. nachtegaal enz.⟩.

Jugoslav →Yugoslav.

jug·u·lar¹ ['dʒʌgjʊlə‖-jələr], **'jugular vein** ⟨f1⟩⟨telb.zn.⟩⟨anat.; ook fig.⟩ **0.1** ***hals/keel/nekader*** ⟨vena jugularis⟩ ◆ **3.1** go for the ~ *naar de keel vliegen*.

jugular² ⟨bn.⟩ **0.1** ⟨anat.⟩ ***jugulair*** ⇒*hals-, keel-, nek-* **0.2** ⟨biol.⟩ ***keelvinnig***.

jug·u·late ['dʒʌgjʊleɪt‖-jə-]⟨ov.ww.⟩ **0.1** ***kelen*** ⇒*de hals afsteken* **0.2** ***(met een paardemiddel) tot staan brengen*** ⟨ziekte e.d.⟩.

ju·gum ['dʒu:gəm]⟨telb.zn.; ook juga ['dʒu:gə]; →mv. 5⟩⟨biol.⟩ **0.1** ***juk*** ⇒*jugum, welving*.

juice¹ [dʒu:s]⟨f3⟩⟨zn.⟩
I ⟨telb. en n.-telb.zn.⟩ **0.1** ***sap*** ⇒*levenssap, lichaamssap* **0.2** ***pit*** ⇒*fut, elan, kracht* **0.3** ⟨AE; sl.⟩ ***afgeperst geld*** **0.4** ⟨AE; sl.⟩ ***woekerrente*** **0.5** ⟨AE; sl.⟩ ***invloed*** ⇒*macht* ◆ **1.1** gastric ~ *maagsap* **2.2** full of ~ *energiek* **3.¶** let s.o. stew in their own ~ *iem. in zijn eigen sop/vet gaar laten koken;*
II ⟨n.-telb.zn.⟩⟨sl.⟩ **0.1** ***brandstof*** ⇒*energie, benzine, elektriciteit* **0.2** ***(sterke) drank*** ⇒*nat,* ⟨B.⟩ *kort nat* ◆ **3.1** step on the ~ *gas geven*.

juice² ⟨ov.ww.⟩ **0.1** ***(uit)persen*** **0.2** ***sap toevoegen aan*** ◆ **5.2** ⟨AE; inf.; fig.⟩ ~ **up** *kruiden, oppeppen, verlevendigen* **¶.2** ⟨sl.⟩ ~d (up) *dronken*.

juice·less ['dʒu:sləs]⟨bn.⟩ **0.1** ***saploos*** **0.2** ***futloos***.

juic·er ['dʒu:sə‖-ər]⟨telb.zn.⟩ **0.1** ***fruit/vruchtenpers***.

juic·y ['dʒu:si]⟨f1⟩⟨bn.; -er; -ly; -ness; →bijw. 3⟩ **0.1** ***sappig*** **0.2** ***nat*** ⇒*vochtig* **0.3** ⟨inf.⟩ ***vet*** ⇒*lucratief, voordelig, winstgevend* **0.4** ⟨inf.⟩ ***pikant*** ⇒*sappig, gewaagd* **0.5** ⟨inf.⟩ ***pittig*** ⇒*interessant, spannend* ◆ **1.4** a ~ story *een pikant verhaal*.

ju·jit·su, ju·jut·su, jiu·jit·su, jiu·jut·su [dʒu:'dʒɪtsu:]⟨n.-telb.zn.⟩ **0.1** ***jioe-jitsoe***.

ju·ju ['dʒu:dʒu:]⟨zn.⟩⟨Westafrikaans⟩
I ⟨telb.zn.⟩ **0.1** ***amulet*** ⇒*fetisj* **0.2** ***taboe;***
II ⟨n.-telb.zn.⟩ **0.1** ***magische kracht*** ⇒*toverkracht*.

ju·jube ['dʒu:dʒu:b]⟨telb.zn.⟩ **0.1** ⟨plantk.⟩ ***jujube*** ⟨(als hoestmiddel gebruikte bes v.) Zizyphus jujuba⟩ **0.2** ***jujube*** ⇒*hoestbonbon, dropje*.

juke¹ [dʒu:k], **'juke·box** ⟨f1⟩⟨telb.zn.⟩ **0.1** ***juke-box***.

juke² ⟨ww.⟩
I ⟨onov.ww.⟩⟨AE; sport⟩ **0.1** ***een schijnbeweging maken;***
II ⟨ov.ww.⟩⟨AE; sport⟩ **0.1** ***met een schijnbeweging passeren*** ⇒*op het verkeerde been zetten*.

jukes [dʒu:ks]⟨telb.zn.; ook jukes; →mv. 4⟩⟨AE⟩ **0.1** ***stomkop*** ⇒*druiloor, Jan Lul*.

Jul ⟨afk.⟩ July.

ju·lep ['dʒu:lɪp]⟨telb.zn.⟩ **0.1** ***(medicijn)drankje*** ⇒*julep* **0.2** ⟨AE⟩ ⟨verk.⟩ ⟨mint julep⟩.

Jul·ian ['dʒu:lɪən]⟨bn., attr.⟩ **0.1** ***Juliaans*** **0.2** ***Julisch*** ◆ **1.1** ~ calendar *Juliaanse kalender/tijdrekening;* ~ day *Juliaanse dag;* ~ year *Juliaans jaar* **1.2** ~ Alps *Julische Alpen*.

ju·li·enne ['dʒu:li'en]⟨n.-telb.zn.⟩⟨cul.⟩ **0.1** ***julienne*** ⇒*fijngesneden (soep)groente, juliennesoep, groentesoep*.

juli'enne po'tatoes ⟨mv.⟩⟨cul.⟩ **0.1** ***in fijne reepjes gesneden aardappelen***.

ju·liet ['dʒu:lɪət]⟨telb.zn.⟩ **0.1** ***(soort) damespantoffel***.

'juliet cap ⟨telb.zn.⟩ **0.1** ***(ornamenteel) kalotje*** ⟨gedragen door bruid enz.⟩.

Ju·ly [dʒʊ'laɪ]⟨f3⟩⟨eig.n.; Julies, Julys; →mv. 2⟩ **0.1** ***juli***.

jum·bal ['dʒʌmbl]⟨telb.zn.⟩⟨AE⟩ **0.1** ***(soort) krakeling*** ⇒*ringvormig koekje*.

jum·ble¹ ['dʒʌmbl]⟨f2⟩⟨telb.zn.⟩ **0.1** ***warboel*** ⇒*troep, wirwar, chaos* **0.2** ***mengelmoes*** ⇒*allegaartje* **0.3** ⟨BE⟩ ***liefdadigheidsbazaar*** **0.4** ⟨BE⟩ ***rommel*** ⇒*tweedehandsspullen (voor een liefdadigheidsbazaar)* **0.5** ⟨AE⟩ ***(soort) krakeling*** ⇒*ringvormig koekje* ◆ **6.1** all of a ~ *kris-kras/schots en scheef door elkaar*.

jumble² ⟨f1⟩⟨ww.; →ww. 7⟩
I ⟨onov.ww.⟩ **0.1** ***door elkaar lopen/rollen/zitten*** ⇒*spartelen, krioelen* ◆ **6.1** the children ~d **through** the door *de kinderen krioelden door de deur;*
II ⟨ov.ww.⟩ **0.1** ***dooreengooien*** ⇒*dooreenhaspelen, door elkaar halen, verwarren* ◆ **1.1** his thoughts were all ~d (up) *zijn gedachten waren totaal verward* **5.1** all his things were ~d **up/together** in the cupboard *al zijn spullen lagen dooreengegooid in de kast;* she ~d **up** the present and the past *ze haalde/haspelde heden en verleden door elkaar*.

'jumble sale ⟨f1⟩⟨telb.zn.⟩⟨BE⟩ **0.1** ***liefdadigheidsbazaar*** ⇒*vlooienmarkt, rommelmarkt*.

'jumble shop ⟨telb.zn.⟩ **0.1** ***winkel van sinkel*** ⇒*rommelwinkel*.

jum·bly ['dʒʌmbli]⟨bn.⟩ **0.1** ***verward***.

jum·bo¹ ['dʒʌmboʊ]⟨f1⟩⟨telb.zn.⟩ **0.1** ***olifant*** ⇒*jumbo* **0.2** ***kolos*** ⇒*reus, kanjer, joekel, plomperd* **0.3** ***kraan*** ⇒*uitblinker* **0.4** ***grote hijskraan*** **0.5** ⟨verk.⟩ ⟨jumbo jet⟩ ◆ **6.3** he's a ~ **at** mathematics *hij is een kraan in wiskunde*.

jumbo², 'jum·bo-sized ⟨bn., attr.⟩ **0.1** ***kolossaal*** ⇒*jumbo-, reuze-, reusachtig* ◆ **1.1** ~ diamonds *kanjers v. diamanten*.

'jumbo aircraft ⟨telb.zn.⟩ **0.1** ***jumbovliegtuig***.

'jumbo jet ⟨f1⟩⟨telb.zn.⟩ **0.1** ***jumbo(jet)*** ⇒*jumbo(straal)vliegtuig*.

jum·buck ['dʒʌmbʌk]⟨telb.zn.⟩⟨Austr. E⟩ **0.1** ***schaap***.

jump¹ [dʒʌmp]⟨f2⟩⟨zn.⟩
I ⟨telb.zn.⟩ **0.1** ***sprong*** ⇒*springbeweging;* ⟨wielrennen⟩ *demarrage;* ⟨fig.⟩ *(plotselinge/snelle) stijging, overgang* **0.2** ***(schrik)beweging*** ⇒*sprong, schok, ruk, (terug)stoot* **0.3** ⟨inf.⟩ ***korte (lucht)reis*** ⇒*sprongetje, ruk* **0.4** ⟨sport⟩ ***hindernis*** **0.5** ⟨dammen⟩ ***slag*** **0.6** ⟨sl.⟩ ***leiding*** ⇒*voorsprong, voordeel* **0.7** ⟨sl.⟩ ***actie*** ⇒*(nerveuze) bedrijvigheid* **0.8** ⟨bridge⟩⟨verk.⟩ ⟨jump bid⟩ **0.9** ⟨AE; sl.⟩ ***swingdans*** **0.10** ***straatgevecht*** ⇒*knokpartij* ◆ **3.2** give (s.o.) a ~ *(iem. doen) (op)schrikken* **3.6** get the ~ *de leiding nemen* ⟨in wedstrijd⟩; ⟨sl.⟩ get/have a/the ~ on s.o. *iem. vóór zijn, iem. de baas zijn/vlugger af zijn* **3.¶** ⟨AE; inf.⟩ give s.o. a ~ *iemands auto aan de gang helpen* ⟨vnl. door de accu met die v. zijn eigen auto te verbinden⟩ **5.1** ⟨fig.⟩ be/stay one ~ ahead *één stap vóór zijn/blijven, een lengte/ronde voorliggen* **5.3** it's just a ~ from Amsterdam to Brussels *het is maar een boogscheut/sprongetje van Amsterdam naar Brussel* **6.1** science proceeds **by** ~s *de wetenschappen ontwikkelen zich sprongsgewijze* **6.7** be **on** the ~ *zenuwachtig in de weer zijn;*
II ⟨mv.; ~s; the⟩⟨inf.⟩ **0.1** ***de zenuwen*** ⇒*de daver, delirium tremens* ◆ **3.1** she had the ~s *ze was oernerveus, ze zat te trillen v.d. zenuwen;* that man gives me the ~s *die man jaagt me de stuipen op het lijf*.

jump² ⟨f3⟩⟨ww.⟩
I ⟨onov.ww.⟩ **0.1** ***springen*** ⇒⟨wielrennen⟩ *wegspringen, demarreren* **0.2** ***(omhoog)springen*** ⇒*plots stijgen, de hoogte ingaan, omhoogschieten* **0.3** ***opspringen*** ⇒*opschrikken, een schok krijgen* **0.4** ***zich haasten*** ⇒*overhaast komen (tot)* **0.5** ***verspringen*** ⇒*met schokken voortbewegen, voortschokken* **0.6** ⟨dammen⟩ ***een stuk v.d. tegenspeler slaan*** **0.7** ⟨bridge⟩ ***een sprongbod doen*** ⇒*jumpen, springen* **0.8** ⟨AE; sl.⟩ ***swingen*** ◆ **1.2** prices ~ed sharply *de prijzen gingen steil de hoogte in* **1.4** whenever she speaks, she expects her husband to ~ *telkens als ze wat zegt, verwacht ze dat haar man voor haar vliegt* **1.5** the film ~s *de film beweegt met schokken;* the typewriter ~s *de schrijfmachine slaat spaties/aanslagen over* **2.1** ~ clear of *wegspringen van* **5.1** ~ **in**

naar binnen springen, vlug instappen; ⟨fig.⟩ *tussenbeide komen* **5.¶** ~ together *overeenkomen;* →jump **off 6.1** he ~ed **at** him *hij sprong op hem toe;* ⟨fig.⟩ he ~ed **at** the offer *hij greep het aanbod met beide handen aan;* he ~ed (up) **from** his chair *hij sprong op v. zijn stoel/vloog v. zijn stoel;* he ~ed **on** the bus *hij sprong op de bus;* ~ **on** s.o. *iem. te lijf gaan;* ⟨fig.⟩ *uitvaren tegen iem.* **6.3** he ~ed **at** the noise *hij schrok op v. h. lawaai;* ~ **for** joy *opspringen/dansen v. vreugde, een gat in de lucht springen;* ~ **to** one's feet *opspringen* **6.4** ~ **to** conclusions *overhaaste conclusies trekken;* ⟨inf.⟩ ~ **to** it *zich haasten (om iets te doen);* if you want to catch that train, you'll have to ~ to it *als je die trein wil halen zul je je moeten haasten* **6.¶** →jump **with;**
II ⟨ov.ww.⟩ **0.1** ***springen over* 0.2 *overslaan*** ⇒*voorbijgaan aan, vooruitlopen op* **0.3** ***weglopen van*** ⇒*in de steek laten, heimelijk weggaan, deserteren* **0.4** ⟨AE⟩ ***springen op*** ⇒*bespringen, onverhoeds aanvallen, overvallen;* ⟨vulg.⟩ *dekken* **0.5** ***doen springen*** ⇒*helpen springen* **0.6** ***afhandig maken*** ⇒*zich meester maken van* **0.7** ⟨cul.⟩ ***sauteren*** **0.8** ⟨dammen⟩ ***nemen*** **0.9** ⟨bridge⟩ ***een hoger bod doen dan*** ◆ **1.1** the streams ~ed their beds *de rivieren traden buiten hun oevers;* he ~ed the brook *hij sprong over de beek;* the train ~ed the rails *de trein liep uit de rails/ontspoorde;* ~ rope *touwtje springen* **1.2** ~ a chapter/a generation *een hoofdstuk/een generatie overslaan;* ~ the traffic lights *door het rode licht rijden* **1.3** ~ one's bill *weggaan zonder te betalen;* he couldn't ~ his club *hij kon zijn club niet in de steek laten;* he ~ed his contract *hij verbrak (eenzijdig) zijn contract/kwam zijn contract niet na* **1.4** the gang ~ed the bank *de bende overviel de bank;* ~ a train *op een trein springen (zonder te betalen)* **1.5** ~ one's horse over the fence *zijn paard over het hek doen springen* **5.1** →jump **off;** →jumped-up.
'jump ball ⟨telb.zn.⟩ ⟨basketbal⟩ **0.1** ***sprongbal*** ⟨opgooibal tussen twee spelers⟩.
'jump bid ⟨telb.zn.⟩ ⟨bridge⟩ **0.1** ***sprongbod*** ⇒*jump.*
jumped-up ['dʒʌm(p)'tʌp] ⟨bn.⟩ **0.1** ***parvenu(achtig)*** ⇒*net gearriveerd* **0.2** ***geforceerd.***
jump·er ['dʒʌmpə‖-ər] ⟨f2⟩ ⟨telb.zn.⟩ **0.1** ***springer*** ⇒⟨sport⟩ *hoog/ver/polsstok(hoog)/hinkstap/parachute/trampoline/ski/schans/schoonspringer; springpaard; springend insekt, vlo, mijt* **0.2** ⟨elek.⟩ ***tijdelijke verbindingsdraad*** ⇒*geleidingsbrug, kruisverbindingsdraad, doorverbinding* **0.3** ⟨mijnw.⟩ ***boorhamer(stang)*** ⇒*slagboor, valboor* **0.4** ***(matrozen)kiel* 0.5** ⟨BE⟩ ***pullover*** ⇒*(dames)trui, jumper* **0.6** ⟨AE⟩ ***overgooier* 0.7** ***speel/slaappakje*** ⟨voor baby of kind⟩ ◆ **1.2** ~ leads *startkabels.*
'jump·ing bean, 'jumping seed ⟨telb.zn.⟩ ⟨plantk.⟩ **0.1** ***(soort) wolfsmelkzaadje*** ⟨genus Sebastiana of Sapium; wordt in beweging gebracht door ingesloten larve, Carpocapsa saltitans⟩.
'jumping deer ⟨telb.zn.⟩ ⟨dierk.⟩ **0.1** ***zwartstaarthert*** ⟨Odocoileus hemionus⟩.
'jumping derby ⟨telb.zn.⟩ ⟨paardesport⟩ **0.1** ***springderby*** ⟨wedstrijd over lang parcours met natuurlijke hindernissen⟩.
'jumping e'vent ⟨telb.zn.⟩ ⟨atletiek⟩ **0.1** ***springnummer.***
'jumping hare ⟨telb.zn.⟩ ⟨dierk.⟩ **0.1** ***springhaas*** ⟨Pedetes cafer⟩.
'jumping 'jack ⟨telb.zn.⟩ **0.1** ***hansworst*** ⇒*trekpop* ⟨speelgoed⟩.
'jumping mouse ⟨telb.zn.⟩ ⟨dierk.⟩ **0.1** ***springmuis*** ⟨fam. der Zapodidae⟩.
'jumping net, 'jumping sheet ⟨telb.zn.⟩ ⟨BE⟩ **0.1** ***springzeil.***
'jump·ing-'off place, 'jumping-'off point ⟨telb.zn.⟩ **0.1** ***beginpunt*** ⇒*uitgangspunt* **0.2** ⟨AE⟩ ***uithoek*** ⇒*het einde v.d. wereld.*
'jumping pole ⟨telb.zn.⟩ ⟨sport⟩ **0.1** ***polsstok.***
'jumping ramp ⟨telb.zn.⟩ ⟨waterskiën⟩ **0.1** ***springschans.***
'jumping rope, 'jump rope ⟨telb.zn.⟩ **0.1** ***springtouw.***
'jump jet ⟨telb.zn.⟩ ⟨BE⟩ **0.1** ***straalvliegtuig dat verticaal start.***
'jump jockey ⟨telb.zn.⟩ ⟨BE⟩ **0.1** ***steeple(chase)jockey.***
'jump lead ⟨telb.zn.; meestal mv.⟩ **0.1** ***startkabel.***
'jump master ⟨telb.zn.⟩ ⟨parachutespringen⟩ **0.1** ***springleider.***
'jump 'off ⟨ww.⟩
I ⟨onov.ww.⟩ **0.1** ⟨mil. en sport⟩ ***starten*** ⇒*v. start gaan* **0.2** ⟨paardesport⟩ ***een barrage rijden;***
II ⟨ov.ww.⟩ **0.1** ***afwerpen*** ⟨ruiter door paard⟩.
'jump-off ⟨telb.zn.⟩ **0.1** ***vertreksein/punt*** ⇒*startsein/plaats* **0.2** ⟨paardesport⟩ ***barrage.***
'jump pass ⟨telb.zn.⟩ ⟨Am. voetbal⟩ **0.1** ***sprongpass.***
'jump race ⟨telb.zn.⟩ ⟨paardesport⟩ **0.1** ***hindernisren.***
'jump seat ⟨telb.zn.⟩ **0.1** ***klapstoeltje*** ⟨in vliegtuig, auto⟩ **0.2** ***achterzeteltje*** ⟨in sportwagen⟩.
'jump serve ⟨telb.zn.⟩ ⟨volleybal⟩ **0.1** ***sprongserve/opslag.***
'jump set ⟨telb.zn.⟩ ⟨volleybal⟩ **0.1** ***set-up met sprong.***
'jump shot ⟨telb.zn.⟩ ⟨biljarten⟩ **0.1** ***stoot die speelbal v. tafel doet springen.***
'jump-start ⟨ov.ww.⟩ **0.1** ***aanduwen*** ⟨auto⟩ **0.2** ***starten met startkabels/accuklemmen.***
'jump suit ⟨f1⟩ ⟨telb.zn.⟩ **0.1** ***parachutistenpak* 0.2** ***jumpsuit*** ⇒*overall.*
'jump with ⟨onov.ww.⟩ **0.1** ***overeenkomen met.***
jump·y ['dʒʌmpi] ⟨f1⟩ ⟨bn.; -er; -ly; -ness; →bijw. 3⟩ **0.1** ***schokkerig*** ⇒*hortend, hobbelig* **0.2** ***woelig*** ⟨v. zee⟩ **0.3** ***geagiteerd*** ⇒*gespannen, zenuwachtig, schrikachtig, schichtig* **0.4** ***lichtgeraakt*** ⇒*prikkelbaar.*
Jun ⟨afk.⟩ June, Junior.
junc ⟨afk.⟩ junction.
jun·ca·ce·ae [dʒʌŋ'keɪsii:] ⟨mv.⟩ ⟨plantk.⟩ **0.1** ***(bloem)biesachtigen.***
jun·ca·ceous [dʒʌŋ'keɪʃəs] ⟨bn.⟩ ⟨plantk.⟩ **0.1** ***(bloem)biesachtig.***
jun·co ['dʒʌŋkoʊ] ⟨telb.zn.⟩ ⟨dierk.⟩ **0.1** ***junco*** ⟨soort vink; genus Junco⟩ ⇒⟨i.h.b.⟩ *grijze junco* ⟨J. hiemalis⟩.
junc·tion ['dʒʌŋkʃn] ⟨f2⟩ ⟨zn.⟩
I ⟨telb.zn.⟩ **0.1** ***las*** ⇒*voeg, naad* **0.2** ⟨elek.⟩ ***pn-overgang*** ⇒*lagentransistor* **0.3** ⟨verk.⟩ ⟨junction box⟩;
II ⟨telb. en n.-telb.zn.⟩ **0.1** ***verbinding(spunt)*** ⇒*vereniging(spunt/plaats), koppeling(spunt), knooppunt, aansluiting, vertakking* ◆ **1.1** a ~ of two armies *een vereniging v. twee legers.*
'junction box ⟨telb.zn.⟩ ⟨elek.⟩ **0.1** ***kabeldoos*** ⇒*kabelkast, aansluit/verbindings/verdeeldoos.*
'junction canal ⟨telb.zn.⟩ **0.1** ***verbindingskanaal.***
'junction railway ⟨telb.zn.⟩ **0.1** ***verbindingsspoorweg.***
junc·ture ['dʒʌŋktʃə‖-ər] ⟨f2⟩ ⟨zn.⟩
I ⟨telb.zn.⟩ **0.1** ⟨vnl. schr.⟩ ***tijdsgewricht*** ⇒*toestand, (crisis)moment/situatie, stand v. zaken* ◆ **6.1** **at** this ~ *onder de huidige omstandigheden, op dit (kritieke) ogenblik;*
II ⟨telb. en n.-telb.zn.⟩ **0.1** ***verbinding(spunt)*** ⇒*samenkomst, raakpunt, naad, voeg, las* **0.2** ⟨taalk.⟩ ***grens(overgang)(tussen twee morfemen).***
June [dʒu:n] ⟨f3⟩ ⟨eig.n.⟩ **0.1** ***juni.***
jun·gle ['dʒʌŋgl] ⟨f3⟩ ⟨zn.⟩
I ⟨telb.zn.⟩ **0.1** ***warboel*** ⇒*chaos, doolhof* **0.2** ⟨AE; sl.⟩ ***landloperskamp*** **0.3** ⟨J-; the⟩ ⟨sl.⟩ ***Westafrikaanse aandelenmarkt*** ◆ **1.1** a ~ of tax laws *een doolhof v. belastingwetten;*
II ⟨telb. en n.-telb.zn.⟩ **0.1** ***jungle*** ⇒*oerwoud, wildernis, rimboe* ◆ **1.1** the ~ of the big city *de jungle v.d. grote stad.*
'jungle bear ⟨telb.zn.⟩ ⟨dierk.⟩ **0.1** ***lippenbeer*** ⟨Melursus ursinus⟩.
'jungle cat ⟨telb.zn.⟩ ⟨dierk.⟩ **0.1** ***moeraslos*** ⟨Felis chaus⟩.
'jungle fever ⟨n.-telb.zn.⟩ **0.1** ***moeraskoorts*** ⇒*malaria.*
'jungle gym ⟨telb.zn.⟩ **0.1** ***klimrek.***
'jungle juice ⟨n.-telb.zn.⟩ ⟨sl.⟩ **0.1** ***zelfgestookte alcohol.***
'jungle market ⟨telb.zn.; the⟩ ⟨sl.⟩ **0.1** ***Westafrikaanse aandelenmarkt.***
jun·gly ['dʒʌŋgli] ⟨bn.; -er; →compar. 7⟩ **0.1** ***jungleachtig.***
jun·ior[1] ['dʒu:nɪə‖-ər] ⟨f2⟩ ⟨zn.⟩
I ⟨eig.n.; J-⟩ ⟨AE⟩ **0.1** ***junior*** ⇒*zoonlief* ⟨(koos)naam voor iemands (oudste) zoon⟩;
II ⟨telb.zn.⟩ **0.1** ***jongere*** ⇒*kleinere* **0.2** ***mindere*** ⇒*ondergeschikte, lagergeplaatste* **0.3** ⟨BE⟩ ***schoolkind*** ⟨ong. 7-11 jaar⟩ **0.4** ⟨AE⟩ ***derdejaars*** ⟨bij een cursusduur v. 4 jaar⟩ ◆ **7.1** he's my ~ by two years/two years my ~ *hij is twee jaar jonger dan ik* **7.2** he's my ~ in the firm *in de zaak staat hij onder mij, ik ben langer bij de firma dan hij.*
junior[2] ⟨f2⟩ ⟨bn.⟩
I ⟨bn.⟩ **0.1** ***jonger*** ⇒*klein(er)* **0.2** ***lager/laagst geplaatst*** ⇒*ondergeschikt, jonger, jongst, hulp-* ◆ **1.2** ~ clerk *jongste bediende;* ~ partner *jongste medefirmant;*
II ⟨bn., post.⟩ **0.1** ***junior*** ◆ **1.1** Joe Bloggs ~ *Pietje Puk junior.*
jun·ior·ate ['dʒu:nɪəreɪt, -rət] ⟨telb. en n.-telb.zn.⟩ ⟨relig.⟩ **0.1** ***junioraat*** ⟨deel v. opleiding in sommige orden, vóór filosofiestudies⟩.
'junior college ⟨f1⟩ ⟨telb.zn.⟩ ⟨AE⟩ **0.1** ***(kleine) universiteit*** ⟨omvat alleen de eerste twee jaren v.d. universitaire opleiding⟩.
'junior 'dress sizes ⟨mv.⟩ **0.1** ***kleine maten.***
'junior 'high (school) ⟨f1⟩ ⟨n.-telb.zn.⟩ ⟨AE⟩ **0.1** ***middenschool*** ⇒*brugschool, school voor lager middelbaar onderwijs* ⟨omvat zevende en achtste klas v.d. basisschool, en vaak de eerste v.d. high school⟩.
jun·ior·i·ty [dʒu:ni'ɒrəti‖-'ɔrəṭi] ⟨n.-telb.zn.⟩ **0.1** ***het jonger zijn*** **0.2** ***ondergeschiktheid.***
'junior library ⟨telb.zn.⟩ ⟨BE⟩ **0.1** ***kinderbibliotheek.***
'junior 'minister ⟨telb.zn.⟩ **0.1** ***onderminister.***
'junior school ⟨telb.zn.⟩ ⟨BE⟩ **0.1** ***lagere school*** ⟨voor 7- tot 11-jarigen⟩.
'junior 'varsity ⟨telb.zn.⟩ ⟨AE⟩ **0.1** ***(beginnende) sportploeg*** ⟨v. universiteit enz.⟩ ⇒*juniorenploeg.*
ju·ni·per ['dʒu:nɪpə‖-ər] ⟨telb.zn.⟩ ⟨plantk.⟩ **0.1** ***jeneverbes(struik)*** ⟨genus Juniperus, i.h.b. J. communis⟩ ◆ **1.1** oil of ~ *jeneverbesolie.*
'juniper berry ⟨telb.zn.⟩ **0.1** ***jeneverbes.***

'juniper juice ⟨n.-telb.zn.⟩⟨AE;sl.⟩ **0.1** ***gin*** *⇒jenever.*
junk[1] [dʒʌŋk]⟨f2⟩⟨zn.⟩
I ⟨telb.zn.⟩ **0.1** ***jonk*** **0.2** ***junk*** *⇒spermaceti-orgaan* ⟨v. potvis⟩ **0.3** ⟨vnl. BE⟩ ***homp*** *⇒moot, brok;*
II ⟨n.-telb.zn.⟩ **0.1** ⟨inf.⟩ ***(oude) rommel*** *⇒troep, rotzooi, schroot, oudroest* **0.2** ⟨scheep.⟩ ***oud touwwerk*** **0.3** ⟨scheep.⟩ ***pekelvlees*** ⟨in harde repen⟩ **0.4** ⟨sl.⟩ ***horse*** *⇒junk, heroïne* ◆ **1.1** to him, Beethoven is ~ *van hem mag Beethoven met de vuilnisman mee.*
junk[2] ⟨ov.ww.⟩ **0.1** ⟨vnl. AE; inf.⟩ ***aan de dijk zetten*** *⇒afdanken, op de schroothoop gooien* **0.2** ⟨vnl. BE⟩ ***in moten hakken*** *⇒in brokken verdelen.*
'junk bond ⟨telb.zn.⟩⟨AE; inf.; geldw.⟩ **0.1** ***junkbond*** ⟨obligatie v. onbekende of verdachte debiteur⟩.
'junk bottle ⟨telb.zn.⟩⟨AE⟩ **0.1** ***buikje*** *⇒(donkere) bierfles, buikfles.*
jun·ker[1] ['jʊŋkə‖-ər]⟨telb.zn.; vaak J-⟩ **0.1** ***(Pruisische) jonker.***
junker[2] ['dʒʌŋkə‖-ər]⟨telb.zn.⟩⟨AE; sl.⟩ **0.1** ***junkie*** *⇒drugverslaafde* **0.2** ***dealer*** *⇒drughandelaar* **0.3** ***oude rammelkast*** *⇒auto die rijp voor de sloop is.*
jun·ker·dom ['jʊŋkədəm‖-kər-]⟨n.-telb.zn.; vaak J-⟩ **0.1** ***de (Pruisische) landadel.***
jun·ket[1] ['dʒʌŋkɪt]⟨f1⟩⟨zn.⟩
I ⟨telb.zn.⟩ **0.1** ***feest(maal)*** *⇒festijn, banket, fuif, etentje, picknick* **0.2** ⟨AE⟩ ***snoepreisje*** *⇒uitje, uitstapje* ⟨i.h.b. op kosten v.d. zaak/gemeenschap⟩;
II ⟨telb. en n.-telb.zn.⟩ **0.1** ***(toetje v.)(vruchten)kwark*** *⇒wrongel, (jonge) roomkaas,* ⟨B.⟩ *platte kaas.*
junket[2] ⟨f1⟩⟨ww.⟩ →junketing
I ⟨onov.ww.⟩ **0.1** ***feesten*** *⇒een etentje geven, picknicken, fuiven* **0.2** ⟨AE⟩ ***een (snoep)reisje/toernee maken*** *⇒eens lekker op reis gaan* ⟨i.h.b. op kosten v.d. zaak/gemeenschap⟩;
II ⟨ov.ww.⟩⟨AE⟩ **0.1** ***fuiven*** *⇒(feestelijk) onthalen, fêteren.*
jun·ket·ing ['dʒʌŋkɪṭɪŋ]⟨zn.; (oorspr.) gerund v. junket[2]⟩
I ⟨telb.zn.; vaak mv. met enk. bet.⟩ **0.1** ***(feestelijk) onthaal*** *⇒festijn;*
II ⟨n.-telb.zn.⟩ **0.1** ***het feesten.***
'junk food ⟨f1⟩⟨n.-telb.zn.⟩⟨vnl. AE; inf.⟩ **0.1** ***bocht*** ⟨voedsel zonder voedingswaarde⟩ *⇒ongezonde kost* **0.2** ⟨ook attr.⟩ ***waardeloos iets*** *⇒kitscherig iets* ◆ **1.2** a ~ play *een waardeloos (toneel) stuk.*
'junk heap ⟨telb.zn.⟩⟨AE; sl.⟩ **0.1** ***rammelkast*** *⇒auto voor afbraak* **0.2** ***puinhoop*** *⇒rotzooi.*
junk·ie, junk·y ['dʒʌŋki]⟨f1⟩⟨telb.zn.; →mv. 2⟩⟨inf.⟩ **0.1** ***junkie*** *⇒drugverslaafde,* ⟨bij uitbr. vnl. als tweede lid v. samenstelling⟩ *verslaafde, freak* **0.2** ***drughandelaar.***
'junk mail ⟨f1⟩⟨n.-telb.zn.⟩⟨AE⟩ **0.1** ***huis-aan-huis-post*** *⇒circulaires, reclamedrukwerk.*
'junk·man ⟨telb.zn.; junkmen; →mv. 3⟩ **0.1** ***voddenman*** *⇒schroothandelaar* ◆ **3.1** his father is a ~ *zijn vader is in lompen en metalen.*
'junk reading ⟨n.-telb.zn.⟩ **0.1** ***(het lezen v.) pulp/leesvoer.***
'junk shop ⟨telb.zn.⟩⟨inf.⟩ **0.1** ***uitdragerij*** *⇒rommelwinkel* **0.2** ⟨iron.⟩ ***antiekwinkel.***
'junk·yard ⟨f1⟩⟨telb.zn.⟩ **0.1** ***dumphandel*** *⇒uitdragerij* ⟨in de open lucht⟩, *schroothandel* **0.2** ***autokerkhof.***
'junkyard dog ⟨telb.zn.⟩ **0.1** ***straathond.***
Ju·no ['dʒu:noʊ]⟨eig.n., telb.zn.⟩ **0.1** ***Juno*** *⇒statige vrouw.*
ju·no·esque ['dʒu:noʊ'esk], **ju·no·ni·an** [dʒu:'noʊnɪən]⟨bn.⟩ **0.1** ***junonisch*** *⇒fors, statig, trots, majestueus.*
Junr ⟨telb.zn.⟩⟨afk.⟩ Junior **0.1** ***jr.***
jun·ta ['dʒʌntə, 'hʊntə], ⟨in bet. 0.2 en 0.3 ook⟩ **jun·to** ['dʒʌntoʊ] ⟨f1⟩⟨telb.zn.⟩ **0.1** ***junta*** *⇒(beleids)raad* ⟨in Spanje of Italië⟩ **0.2** ***kliek*** *⇒clique, coterie, factie, samenzwering* **0.3** ***(militaire) junta.***
Ju·pi·ter ['dʒu:pɪṭə‖-ṭər]⟨eig.n.⟩ **0.1** ***Jupiter*** ⟨Romeinse god⟩ **0.2** ⟨ster.⟩ ***Jupiter*** ⟨planeet⟩.
ju·ral ['dʒʊərəl‖'dʒʊrəl]⟨bn.; -ly⟩ **0.1** ***rechts-*** *⇒wets-, gerechtelijk, wettelijk* **0.2** ***plichtmatig*** *⇒verplicht, plichts-.*
Ju·ras·sic[1] [dʒʊ'ræsɪk]⟨eig.n.; the⟩⟨geol.⟩ **0.1** ***Jura(tijd).***
Jurassic[2] ⟨bn.⟩⟨geol.⟩ **0.1** ***Jura-.***
ju·rat ['dʒʊəræt‖'dʒʊræt]⟨telb.zn.⟩ **0.1** ⟨BE⟩ ***schepen*** *⇒wethouder* ⟨v. sommige steden⟩ **0.2** ⟨BE⟩ ***(honorair) rechter*** ⟨op de Kanaaleilanden⟩ *⇒magistraat* **0.3** ***aanhangsel*** ⟨v. affidavit⟩.
ju·ra·to·ry ['dʒʊərətri‖'dʒʊrətɔri]⟨bn.⟩ **0.1** ***onder ede*** *⇒eed(s)-, beëdigd, gezworen* ◆ **1.1** a ~ obligation *een gezworen plicht.*
ju·rid·ic ['dʒʊə'rɪdɪk‖'dʒʊr-], **ju·rid·i·cal** [-ɪkl]⟨bn.; -(al)ly; →bijw. 3⟩ **0.1** ***gerechtelijk*** *⇒juridisch* ◆ **1.1** ~ days *(ge)rechtsdagen, zittingsdagen.*
ju·ris·con·sult ['dʒʊərɪ̣'skɒnsʌlt‖'dʒʊrɪ̣'skɑn-]⟨telb.zn.⟩ **0.1** ***rechtsgeleerde*** *⇒jurist.*
ju·ris·dic·tion ['dʒʊərɪ̣s'dɪkʃn‖'dʒʊr-]⟨f2⟩⟨zn.⟩
I ⟨telb.zn.⟩ **0.1** ***rechtsgebied*** *⇒ressort, district* **0.2** ***rayon*** ⟨v. vakbond in U.S.A.⟩;
II ⟨n.-telb.zn.⟩ **0.1** ***rechtspraak*** **0.2** ***(rechts)bevoegdheid*** *⇒jurisdictie, competentie* ◆ **3.2** come/fall within/outside the ~ of *onder/buiten de jurisdictie vallen van* **6.2** have ~ **of/over** *bevoegd zijn over.*
ju·ris·dic·tion·al ['dʒʊərɪ̣s'dɪkʃnəl‖'dʒʊr-]⟨bn.; -ly⟩ **0.1** ***mbt. de rechtspraak*** **0.2** ***jurisdictie-*** *⇒bevoegdheids-* **0.3** ***districts-*** **0.4** ***rayon(s)-*** ⟨mbt. de omvang v.h. rayon v. vakbond in de U.S.A.⟩ ◆ **1.4** a ~ dispute *een geschil tussen vakbonden over het alleenvertegenwoordigingsrecht in een gebied.*
ju·ris·pru·dence ['dʒʊərɪ̣s'pru:dns‖'dʒʊr-]⟨zn.⟩
I ⟨telb. en n.-telb.zn.⟩ **0.1** ***(tak v.) rechtswetenschap*** **0.2** ***(tak v.) het recht;***
II ⟨n.-telb.zn.⟩ **0.1** ***jurisprudentie*** *⇒toegepast recht.*
ju·ris·pru·dent[1] ['dʒʊərɪ̣s'pru:dnt‖'dʒʊr-]⟨telb.zn.⟩ **0.1** ***rechtskundige*** *⇒jurist, rechtsgeleerde.*
jurisprudent[2] ⟨bn.⟩ **0.1** ***rechtskundig*** *⇒rechtsgeleerd.*
ju·ris·pru·den·tial ['dʒʊərɪ̣spru:'denʃl‖'dʒʊr-]⟨bn.⟩ **0.1** ***rechts-*** *⇒rechterlijk, justitieel, rechtskundig.*
ju·rist ['dʒʊərɪst‖'dʒʊrɪst]⟨telb.zn.⟩ **0.1** ***jurist*** *⇒rechtskundige, rechtsgeleerde* **0.2** ***schrijver (over juridische onderwerpen)*** **0.3** ⟨AE⟩ ***advocaat*** **0.4** ⟨AE⟩ ***rechter.***
ju·ris·tic [dʒʊə'rɪstɪk‖dʒʊr-], **ju·ris·tic·al** [-ɪkl]⟨bn.; -(al)ly; →bijw. 3⟩ **0.1** ***v.e. jurist*** **0.2** ***v.d. rechtsgeleerdheid*** **0.3** ***juridisch*** ◆ **1.2** ~ theory *rechtswetenschap.*
ju·ror ['dʒʊərə‖'dʒʊrər]⟨f1⟩⟨telb.zn.⟩ **0.1** ***jurylid*** *⇒gezworene, juré.*
ju·ry[1] ['dʒʊəri‖'dʒʊri]⟨f2⟩⟨verz.n.; →mv. 2⟩⟨vnl. jur.⟩ **0.1** ***jury*** *⇒de gezworenen* ◆ **1.1** the ~ of appeal *de jury v. appel;* ~ of matrons *vrouwenjury* ⟨die beoordeelde of er sprake was v. zwangerschap (als grond voor uitstel v. executie bij doodvonnis)⟩.
jury[2] ⟨bn., attr.⟩⟨scheep.⟩ **0.1** ***provisorisch*** *⇒nood-, jurrie-* ◆ **1.1** ~ mast *noodmast, jurriemast;* ~ rig *noodtuig, jurrietuig.*
jury[3] ⟨ov.ww.⟩ **0.1** ***beoordelen*** *⇒jureren, selecteren* ◆ **1.1** ~ the submissions *de inzendingen beoordelen.*
'jury box ⟨f1⟩⟨telb.zn.⟩ **0.1** ***jurytribune*** *⇒(de) jurybank(en).*
'jury fixer ⟨telb.zn.⟩⟨AE⟩ **0.1** ***omkoper*** ⟨v. juryleden⟩.
ju·ry·man ['dʒʊərimən‖'dʒʊr-]⟨f1⟩⟨telb.zn.; jurymen [-mən]; →mv. 2⟩ **0.1** ***jurylid*** *⇒gezworene, juré.*
'ju·ry-rigged ⟨bn.⟩⟨scheep.⟩ **0.1** ***provisorisch getuigd*** *⇒getuigd met noodtuig.*
'ju·ry·rig·ging ⟨n.-telb.zn.⟩ **0.1** ***noodtuig.***
'ju·ry-rud·der ⟨telb.zn.⟩ **0.1** ***noodroer.***
'ju·ry·wo·man ⟨f1⟩⟨telb.zn.⟩ **0.1** ***vrouwelijk jurylid*** *⇒gezworene.*
just[1] →joust.
just[2] [dʒʌst]⟨f3⟩⟨bn.; ook -er; -ly; -ness⟩⟨→sprw. 38⟩ **0.1** ***billijk*** *⇒rechtvaardig, fair, eerlijk* **0.2** ***(wel)verdiend*** **0.3** ***gegrond*** *⇒gerechtvaardigd, redelijk, rechtmatig* **0.4** ***juist*** *⇒correct, precies goed* ◆ **1.1** the sleep of the ~ *de slaap der rechtvaardigen* **1.2** get/receive one's ~ deserts *zijn verdiende loon krijgen, zijn trekken thuiskrijgen* **1.3** a ~ opinion *een redelijk standpunt* **1.4** a ~ amount *een juiste hoeveelheid* **6.1** be ~ **to** one another *elkaar eerlijk behandelen.*
just[3] ⟨f4⟩⟨bw.⟩ **0.1** ***precies*** *⇒juist, net, krek* **0.2** ***amper*** *⇒ternauwernood, (maar) net, op het nippertje* **0.3** ***net*** *⇒zoëven, daarnet, zo (dadelijk)* **0.4** ⟨inf.⟩ ***gewoon*** *⇒(alleen) maar, (nu) eens, nu eenmaal* **0.5** ⟨inf.⟩ ***gewoonweg*** *⇒in één woord, (toch) even* ◆ **1.1** ~ my luck *dat moet typisch mij weer overkomen* **1.2** ~ a little *een tikkeltje (maar);* ~ a minute, please *(een) ogenblikje, a.u.b.;* ~ a moment *wacht even, even geduld* **1.4** ~ in case *voor alle zekerheid;* that's ~ one of those things *dat gaat nu eenmaal zo* **2.2** it's ~ possible *het is niet onmogelijk* **2.5** it is ~ splendid *het is gewoonweg prachtig* **3.2** I (only) ~ succeeded *ik heb het (maar) net gered* **3.3** they've (only) ~ arrived *ze zijn er (nog maar) net;* I have ~ seen him, ⟨AE vaak⟩ I ~ saw him *ik heb hem net (nog) gezien/gesproken, ik kom net bij hem vandaan* **3.4** it ~ doesn't make sense *het slaat gewoon nergens op;* it's ~ that I don't like him *ik mag hem nu eenmaal niet;* ~ listen to that cheering *moet je ze eens horen juichen;* I've come here ~ to see you *ik ben hier speciaal voor jou naar toe gekomen;* ~ wait and see *wacht maar, dan zul je eens zien* **3.5** won't I ~ give him a pasting! *ik geef me hem toch een pak slaag!;* Did you enjoy yourselves? - I should ~ say we did!/Didn't we ~! *Hebben jullie het naar je zin gehad? - Reken maar!/Nou en of!;* I should ~ think so *nogal wiedes/logisch* **4.1** that is ~ it *dáár gaat het nu om, dat is nu precies het punt;* ~ what I want *net wat ik nodig heb* **5.1** ~ **about** *zowat, wel zo'n beetje, zo ongeveer;* ~ **about** here *hier ergens;* ~ **how** did you do it? *hoe heb je dat nu precies gedaan?;* ~ now *net op dit moment; daarnet;* we're ~ **off** to start *we gaan net vertrekken;* ~ **so** *zo is het; keurig (in orde), precies;* ~ as well *net zo goed, voor het-*

zelfde geld, maar goed ook **5.3** I saw him ~ now *ik heb hem geen vijf minuten geleden nog gezien* **5.¶** ~ the same *toch, desniettegenstaande, met dat al, niettemin* **6.1** ~ **(a)round** the corner *net om de hoek;* ~ **like** him *net iets voor hem* **6.2** ~ **below** the knees *net over de knieën* **6.4** ~ **like** that *zo maar* **8.1** ~ as you like *zoals je maar wil, doe wat je wil;* ~ as you say *net wat je zegt, krek zo je zegt.*

jus·tice ['dʒʌstɪs]⟨f3⟩⟨zn.⟩⟨→sprw. 455⟩
I ⟨telb.zn.; vaak J-⟩ **0.1** ***rechter*** ⇒*zittend magistraat* ◆ **1.1** ⟨BE⟩ Mr Justice *Edelachtbare;* Mr Justice Smith *Rechter Smith;* Justice of the Peace *kantonrechter, lekenrechter, politierechter;* ⟨B.⟩ *vrederechter;*
II ⟨n.-telb.zn.⟩ **0.1** ⟨soms J-⟩ ***gerechtigheid*** ⇒*rechtmatigheid, recht(vaardigheid), Justitia* **0.2** ***gerecht*** ⇒*rechtspleging, justitie* ◆ **3.1** do ~ (to) *recht doen/laten wedervaren, eerlijk behandelen, eer aandoen;* to do him ~ *ere wie ere toekomt;* do ~ to o.s., do o.s. ~ *zich (weer) waarmaken, aan de verwachtingen voldoen;* they did ~ to the meal *ze deden de maaltijd eer aan* **3.2** bring s.o. to ~ *iem. voor het gerecht brengen, iem. zijn gerechte straf doen ondergaan* **6.1** **in** ~ *rechtens, billijkheidshalve;* **in** ~ **to** *om billijk te zijn tegenover;* **with** ~ *met recht, terecht.*

jus·tice·ship ['dʒʌstɪsʃɪp]⟨telb.zn.⟩ **0.1** ***rechterschap.***

jus·ti·ci·a·ble[1] [dʒʌ'stɪʃɪəbl]⟨telb.zn.⟩ **0.1** ***justitiabele.***

justiciable[2] ⟨bn.⟩ **0.1** ***justitiabel*** ⇒*berechtbaar.*

jus·ti·ci·ar [dʒʌ'stɪʃiɑ:||-ʃɪər]⟨telb.zn.⟩ **0.1** ***opperstaatsraad*** ⟨onder de Normandische koningen en het vroege huis Plantagenet⟩ ⇒*opperrechter.*

jus·ti·ci·ar·y[1] [dʒʌ'stɪʃəri||-ʃieri]⟨zn.;→mv. 2⟩
I ⟨telb.zn.⟩ **0.1** ***rechter*** ⇒*opperrechter;*
II ⟨n.-telb.zn.⟩ ◆ **1.¶** ⟨Sch. E⟩ Court of Justiciary *opperste gerechtshof.*

justiciary[2] ⟨bn.⟩ **0.1** ***gerechtelijk*** ⇒*gerechts-.*

jus·ti·fi·a·ble ['dʒʌstɪfaɪəbl,-'faɪəbl]⟨f2⟩⟨bn.;-ly;→bijw. 3⟩ **0.1** ***gerechtvaardigd*** ⇒*verantwoord, rechtmatig* **0.2** ***te rechtvaardigen*** ⇒*verdedigbaar* ◆ **1.2** ~ homicide *doodslag* ⟨o.a. uit wettige zelfverdediging of bij het uitvoeren v.e. vonnis⟩.

jus·ti·fi·ca·tion ['dʒʌstɪfɪ'keɪʃn]⟨f2⟩⟨telb. en n.-telb.zn.⟩ **0.1** ***rechtvaardiging*** ⇒*verantwoording, verdediging, (gegronde/geldige) reden* **0.2** ⟨theol.⟩ ***rechtvaardig(mak)ing*** **0.3** ⟨druk.⟩ ***het op/uitvullen*** ⟨v.e. regel⟩ ◆ **2.1** there was ample ~ for her to divorce him *ze had voldoende grond om v. hem te scheiden* **3.1** written ~ *verweerschrift, apologie* **6.1** there are few ~s **for** a war *er zijn weinig redenen die een oorlog rechtvaardigen;* **in** ~ **of** *ter rechtvaardiging van.*

jus·ti·fi·ca·tive ['dʒʌstɪfɪkeɪtɪv], **jus·ti·fi·ca·to·ry** ['dʒʌstɪfɪkeɪtri|| dʒə'stɪfɪkətɔri]⟨bn.⟩ **0.1** ***rechtvaardigend*** ⇒*bewijskrachtig;* ⟨jur.⟩ *justificatoir.*

jus·ti·fy ['dʒʌstɪfaɪ]⟨f3⟩⟨ww.;→ww. 7⟩⟨→sprw. 140⟩
I ⟨onov.ww.⟩⟨druk.⟩ **0.1** ***zich laten uit/opvullen*** ⇒*uit/opgevuld zijn* ◆ **1.1** that line justifies *die regel is mooi vol/heeft de gepaste lengte;*
II ⟨ov.ww.⟩ **0.1** ***rechtvaardigen*** ⇒*bevestigen, de juistheid aantonen van* **0.2** ***de gegrondheid bewijzen van*** ⇒*de geldigheid bewijzen van, staven* **0.3** ***verdedigen*** ⇒*verantwoorden, verklaren, (bevredigende) rekenschap geven van* **0.4** ⟨vooral in lijd. vorm⟩ ***in het gelijk stellen*** ⇒*rechtvaardigen, staven* **0.5** ⟨theol.⟩ ***rechtvaardigen*** ⇒*v. schuld vrijspreken; in de juiste verhouding tot God brengen* **0.6** ⟨druk.⟩ ***uit/opvullen*** ◆ **1.1** a fully justified decision *een volkomen terechte/verantwoorde beslissing;* ~ a statement *de juistheid v.e. bewering aantonen* **1.2** ⟨jur.⟩ ~ bail *door eed bevestigen/onder ede verklaren solvent te zijn* ⟨voor borg⟩ **1.4** the committee has justified itself *het comité heeft zijn bestaansrecht bewezen;* he was justified in the event *het gebeuren heeft hem in het gelijk gesteld* **6.1** you are justified **in** leaving your husband *u verlaat uw man met recht en reden* **6.2** ~ o.s **to** s.o. *zich tegenover iem. rechtvaardigen.*

jut[1] [dʒʌt]⟨telb.zn.⟩ **0.1** ***uitsteeksel.***

jut[2] ⟨f2⟩⟨onov.ww.;→ww. 7⟩ **0.1** ***uitsteken*** ⇒*(voor)uitspringen* ◆ **5.1** the chin ~ting **forth** *met vooruitgestoken kin;* the canon ~s **out** from a bush *het kanon steekt uit een bosje.*

jute [dʒu:t]⟨f1⟩⟨zn.⟩
I ⟨telb.zn.; J-⟩ **0.1** ***Jut*** ⇒*Jutlander;*
II ⟨n.-telb.zn.; ook attr.⟩ **0.1** ***jute*** ⟨plante- en textielvezel⟩.

'jut window ⟨telb.zn.⟩ **0.1** ***erker.***

juv ⟨afk.⟩ juvenile.

ju·ve·nes·cence ['dʒu:və'nesns]⟨n.-telb.zn.⟩ **0.1** ***verjonging*** **0.2** ***jeugd.***

ju·ve·nes·cent ['dʒu:və'nesnt]⟨bn.⟩ **0.1** ***(weer) jeugdig wordend*** ⇒*(zich) verjongend* **0.2** ***jeugdig.***

ju·ve·nile[1] ['dʒu:vənaɪl||-vənəl]⟨telb.zn.⟩ **0.1** ***jongere*** ⇒*jeugdig/jong persoon* **0.2** ***onvolwassen dier*** **0.3** ***acteur die jonge rol speelt*** ⇒*jeune premier* **0.4** ⟨vnl. AE⟩ ***jeugdboek*** ⇒*kinderboek.*

juvenile[2] ⟨f2⟩⟨bn.;-ly;-ness⟩ **0.1** ***jeugdig*** ⇒*jong, kinder-, kinderlijk* **0.2** ***onvolwassen*** ⟨ook v. dieren⟩ ⇒*kinderachtig* ◆ **1.1** ~ adults *bijna volwassenen;* ~ books *jeugdboeken;* ~ court *kinderrechter;* ~ delinquency *jeugdmisdadigheid/criminaliteit;* ~ delinquents *minderjarige delinquenten, criminele jongeren;* ~ offence *jeugddelict* **1.2** ~ sense of humor *kinderachtig gevoel voor humor.*

'juvenile 'lead ⟨telb.zn.⟩ **0.1** ***(rol v.) jeune premier.***

'juvenile-onset dia'betes ⟨n.-telb.zn.⟩ **0.1** ***jeugdsuikerziekte.***

ju·ve·nil·i·a ['dʒu:və'nɪlɪə]⟨mv.⟩ **0.1** ***jeugdwerk(en)*** ⟨i.h.b. v. schrijver⟩.

ju·ve·nil·i·ty ['dʒu:və'nɪləṭi]⟨zn.;→mv. 2⟩
I ⟨n.-telb.zn.⟩ **0.1** ***jeugdigheid*** ⇒*kinderlijkheid* **0.2** ***onvolwassenheid*** ⇒*kinderachtigheid;*
II ⟨verz.n.⟩ **0.1** ***jeugd;***
III ⟨mv.; juvenilities⟩ **0.1** ***jeugd/kinderstreken*** ⇒*kinderachtigheden.*

ju·vie, ju·vey ['dʒu:vi]⟨telb.zn.⟩⟨AE; sl.⟩ **0.1** ***jeugdboefje*** **0.2** ***jeugdgevangenis.***

jux·ta·pose ['dʒʌkstə'pouz||'dʒʌkstəpouz]⟨f1⟩⟨ov.ww.⟩ **0.1** ***naast elkaar plaatsen*** ⇒*dicht bij elkaar zetten* ◆ **6.1** that statue stood ~d **to** this one *dat standbeeld stond naast dit;* ~ horror **with** love for a successful story *meng voor een geslaagd verhaal griezeligheid met liefde.*

jux·ta·po·si·tion ['dʒʌkstəpə'zɪʃn]⟨f1⟩⟨telb. en n.-telb.zn.⟩ **0.1** ***juxtapositie*** ⇒*nevenschikking, plaatsing naast elkaar.*

JV ⟨afk.⟩ junior varsity.

jwlr ⟨afk.⟩ jeweller.

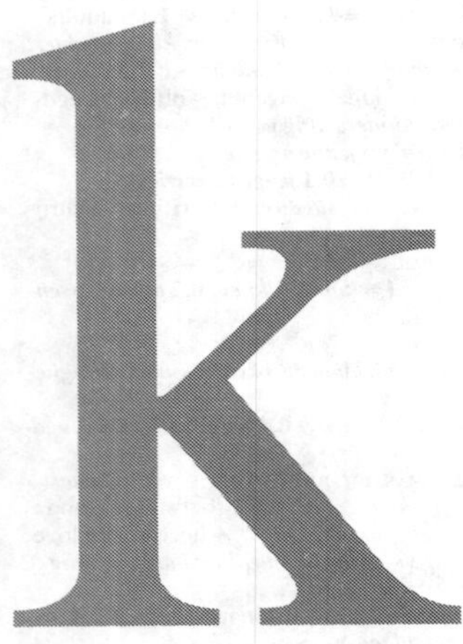

k¹, K [keɪ]⟨telb.zn.; k's, K's, zelden ks, Ks⟩ **0.1** ***(de letter) k, K.***

k², K ⟨afk.⟩ **0.1** ⟨karat⟩ ***kar.*** ⇒*kt.* **0.2** ⟨Kelvin⟩ ***K*** **0.3** ⟨kilo⟩ ***k*** **0.4** ⟨kilobyte⟩ ***K*** ⟨1024⟩ ⇒⟨oneig.⟩ *1000, duizend* **0.5** ⟨king⟩ ***k.*** ⟨spel⟩ **0.6** ⟨knight⟩.

Ka·a·ba, Ca·a·ba ['kɑ:bə]⟨telb.zn.⟩ **0.1** ***Kaäba*** ⟨moskee, heilige plaats v.d. moslems in Mekka⟩.

kaa·ma ['kɑ:mə]⟨telb.zn.⟩⟨dierk.⟩ **0.1** ***hartebeest*** ⟨Bubalis caama⟩.

kabbala →cabala.

kabob →kebab.

ka·bu·ki [kə'bu:ki]⟨n.-telb.zn.⟩ **0.1** ***kaboeki*** ⟨Japans volkstoneel⟩.

Ka·byle [kə'baɪl]⟨zn.; ook Kabyle; →mv.4⟩

I ⟨eig.n.⟩ **0.1** ***Kabylisch*** ⇒*de Kabylische taal;*

II ⟨telb.zn.⟩ **0.1** ***Kabyle*** ⟨lid v. Berbervolk in Noord Afrika⟩.

ka·chi·na [kə'tʃi:nə]⟨telb.zn.⟩ **0.1** ***regengeest*** ⟨bij Pueblo-indianen⟩.

Kad·dish ['kædɪʃ‖'kɑ-]⟨telb.zn.⟩⟨jud.⟩ **0.1** ***kaddisj*** ⟨rouwgebed⟩.

kadi →cadi.

kaf·fee klatsch ['kæfiklætʃ‖'kɑ-]⟨telb.zn.⟩⟨AE⟩ **0.1** ***koffiekransje*** ⇒*koffieuurtje.*

kaffir, 'kaffir corn ⟨n.-telb.zn.⟩ **0.1** ***kafferkoren*** ⇒*sorghum, gierst.*

Kaf·fir, Ka·fir ['kæfə‖-ər]⟨zn.; ook Kaf(f)ir; →mv.4⟩

I ⟨eig.n.⟩ **0.1** ***Kaffers*** ⇒*Bantoe(taal);*

II ⟨telb.zn.⟩ **0.1** ***Kaffer*** ⟨lid v. Bantoevolk⟩ **0.2** ⟨Z.Afr.E; bel.⟩ ***nikker*** ⇒*zwarte, neger* **0.3** ⟨moslims; bel.⟩ ***kafir*** ⇒*ongelovige* **0.4** ⟨vnl. Kafir⟩ ***Kafir*** ⟨bewoner v.d. Hindoe Koesj⟩.

'kaffir lily ⟨telb.zn.⟩⟨plantk.⟩ **0.1** ***clivia*** ⟨Clivia miniata⟩.

kaftan →caftan.

ka·go ['kɑ:goʊ]⟨telb.zn.⟩ **0.1** ***kago*** ⇒*(Japanse) open palankijn / draagstoel.*

kagoul(e), kagool →cagoule.

kaiak →kayak.

kai·nite ['kaɪnaɪt]⟨n.-telb.zn.⟩ **0.1** ***kainiet*** ⟨kunstmest⟩.

kai·ser ['kaɪzə‖-ər]⟨telb.zn.; ook K-; the⟩⟨gesch.⟩ **0.1** ***keizer*** ⟨v. Duitsland en Oostenrijk⟩.

ka·ka ['kɑ:kə]⟨telb.zn.⟩⟨dierk.⟩ **0.1** ***kaka*** ⟨Nieuwzeelandse papegaai; Nestor meridionalis⟩.

ka·ka·po ['kɑ:kəpoʊ]⟨telb.zn.⟩⟨dierk.⟩ **0.1** ***kakapo*** ⟨uilpapegaai; Strigops habroptilus⟩.

ka·ke·mo·no ['kækɪ'moʊnoʊ]⟨telb.zn.⟩ **0.1** ***kakemono*** ⟨Japanse rolschildering⟩.

ka·ki ['kɑ:ki]⟨telb.zn.⟩⟨plantk.⟩ **0.1** ***kaki(vrucht / boom)*** ⟨Diospyros kaki⟩.

ka·la·a·zar ['kɑ:lə·ə'zɑ:‖-ə'zɑr]⟨telb. en n.-telb.zn.⟩⟨med.⟩ **0.1** ***kala-azar*** ⇒*zwarte koorts* ⟨tropische ziekte⟩.

kale, kail [keɪl]⟨zn.⟩

I ⟨telb. en n.-telb.zn.⟩ **0.1** ***(boeren)kool;***

II ⟨n.-telb.zn.⟩ **0.1** ⟨Sch.E⟩ ***koolsoep*** **0.2** ⟨AE; sl.⟩ ***poen*** ⇒*geld.*

ka·lei·do·scope [kə'laɪdəskoʊp]⟨f1⟩⟨telb.zn.⟩ **0.1** ***caleidoscoop*** ⟨ook fig.⟩.

ka·lei·do·scop·ic [kəlaɪdə'skɒpɪk‖-'skɑ-], **ka·lei·do·scop·i·cal** [-ɪkl] ⟨bn.; -(al)ly; →bijw. 3⟩ **0.1** ***caleidoscopisch*** ⇒*zeer gevarieerd.*

kalends →calends.

'kale·yard ⟨telb.zn.⟩⟨Sch.E⟩ **0.1** ***moestuin.***

'Kaleyard School ⟨n.-telb.zn.⟩ **0.1** ***Kaleyard School*** ⟨groep schrijvers die het dagelijkse Schotse leven verheerlijkte⟩.

ka·li ['kæli, 'keɪli]⟨telb. en n.-telb.zn.⟩⟨plantk.⟩ **0.1** ***loogkruid*** ⟨Salsola kali⟩.

kal·mia ['kælmɪə]⟨telb.zn.⟩⟨plantk.⟩ **0.1** ***breedbladige lepelboom*** ⟨Kalmia latifolia⟩.

Kal·muck ['kælmʌk]⟨zn.; ook Kalmuck; →mv.4⟩

I ⟨eig.n.⟩ **0.1** ***Kalmuks*** ⇒*de Kalmukse taal;*

II ⟨telb.zn.⟩ **0.1** ***Kalmuk*** ⟨lid v.d. Mongoolse Kalmukkenstam⟩;

III ⟨n.-telb.zn.; k-⟩ **0.1** ***kalmuk*** ⟨ruige stof⟩.

ka·long ['kɑ:lɒŋ‖'kælɔŋ]⟨telb.zn.⟩⟨dierk.⟩ **0.1** ***kalong*** ⇒*vliegende hond* ⟨grote tropische vleermuis; Pteropus vampyrus⟩.

kame ['keɪm]⟨telb.zn.⟩⟨aardr.⟩ **0.1** ***kame*** ⟨heuvel, terras e.d. afgezet door smeltwater v. gletsjers⟩.

ka·mi·ka·ze¹ ['kæmɪ'kɑ:zi‖'kɑmɪ'kɑzi]⟨telb.zn.⟩ **0.1** ***kamikazevliegtuig*** **0.2** ***kamikazepiloot*** ⇒*zelfmoordpiloot.*

kamikaze² ⟨bn., attr.⟩ **0.1** ***kamikaze-*** ⇒*zelfmoord-.*

kam·pong ['kæmpɒŋ‖'kɑmpɔŋ]⟨telb.zn.⟩ **0.1** ***kampong*** ⇒*omheind erf, dorp, gehucht* ⟨Maleisië⟩.

ka·na ['kɑ:nə]⟨telb. en n.-telb.zn.; ook kana; →mv. 5⟩ **0.1** ***(Japans) lettergreepschrift*** ⇒*katakana, hiragana.*

ka·na·ka [kə'nækə], **ka·nak** [kə'næk]⟨telb.zn.; ook K-⟩ **0.1** ***Kanake*** ⟨bewoner v.d. Zuidzee-eilanden⟩.

Ka·na·rese ['kænə'ri:z]⟨zn.; Kanarese; →mv. 4⟩

I ⟨eig.n.⟩ **0.1** ***Kanarees*** ⇒*Kanara, Kanada* ⟨Dravidische taal⟩;

II ⟨telb.zn.⟩ **0.1** ***Kanarees*** ⟨lid v. Dravidisch volk in west India⟩.

kan·ga·roo¹ ['kæŋgə'ru:], ⟨in bet. II ook⟩ **kangaroo closure** ⟨f2⟩ ⟨zn.; 1e variant ook kangaroo; →mv. 4⟩

I ⟨telb.zn.⟩ **0.1** ⟨dierk.⟩ ***kangoeroe*** ⟨genus Macropus⟩ **0.2** ⟨BE⟩ ***Australiër;***

II ⟨n.-telb.zn.⟩⟨BE; pol.⟩ **0.1** ***selectieve behandeling v. amendementen.***

kangaroo² ⟨ov.ww.⟩⟨AE; sl.⟩ **0.1** ***op valse gronden veroordelen*** ⇒*erbij lappen.*

'kangaroo 'court ⟨telb.zn.⟩ **0.1** ***onwettige rechtbank*** ⇒*schertsrechtbank, volksgericht, tribunaal* ⟨bv. v. arbeiders, gevangenen, stakers⟩ **0.2** ***corrupte / incompetente rechtbank.***

'kangaroo dog ⟨telb.zn.⟩ **0.1** ***kangoeroehond*** ⟨voor de kangoeroejacht⟩.

'kangaroo hare ⟨telb.zn.⟩⟨dierk.⟩ **0.1** ***buidelhaas*** ⟨Austr. wallaby; genus Lagorchestes⟩.

'kangaroo mouse ⟨telb.zn.⟩⟨dierk.⟩ **0.1** ***wangzakmuis*** ⇒*muisgoffer* ⟨Noord-Am. zakmuis; genus Dipodomys⟩.

'kangaroo rat ⟨telb.zn.⟩⟨dierk.⟩ **0.1** ***kangoeroegoffer*** ⟨genus Notomys⟩ **0.2** ***wangzakmuis*** ⟨Noord-Am. zakmuis; genus Dipodomys⟩ **0.3** ***kangoeroerat*** ⟨Austr. buideldier; onderfam. Potoroinae⟩.

kan·ji ['kændʒi‖'kɑn-]⟨telb. en n.-telb.zn.; ook kanji; →mv. 5⟩ **0.1** ***kanji*** ⟨(letterteken uit) Japans schrift met Chinese karakters⟩.

Kan·na·da ['kænədə]⟨eig.n.⟩ **0.1** ***Kanarees*** ⇒*Kanara, Kanada* ⟨Dravidische taal⟩.

Kans ⟨afk.⟩ Kansas.

Kant·i·an ['kæntɪən]⟨bn.⟩ **0.1** ***Kantiaans*** ⇒*v. (de filosofie v.) Kant.*

Kant·i·an·ism ['kæntɪənɪzm]⟨n.-telb.zn.⟩ **0.1** ***Kantiaanse wijsbegeerte.***

ka·o·lin(e) ['keɪəlɪn]⟨n.-telb.zn.⟩ **0.1** ***porseleinaarde*** ⇒*kaolien, Chinese klei.*

ka·on ['keɪɒn‖-ɑn]⟨telb.zn.⟩⟨nat.⟩ **0.1** ***kaon*** ⟨elementair deeltje⟩.

Ka·pell·meis·ter [kə'pelmaɪstə‖-ər]⟨telb.zn.; ook Kapellmeister; →mv. 5⟩ **0.1** ***dirigent*** ⟨v. orkest⟩ ⇒*koordirigent, kapelmeester.*

Ka'pellmeister music ⟨n.-telb.zn.⟩ **0.1** ***saaie / ongeïnspireerde muziek*** ⇒*sleurmuziek.*

ka·pok ['keɪpɒk‖-pɑk]⟨n.-telb.zn.⟩ **0.1** ***kapok.***

kap·pa ['kæpə]⟨telb.zn.⟩ **0.1** ***kappa*** ⟨10e letter v.h. Griekse alfabet⟩.

ka·put(t) [kə'pʊt]⟨bn., pred.⟩⟨sl.⟩ **0.1** ***naar z'n grootje*** ⇒*naar z'n mallemoer, naar de filistijnen, kaduuk, stuk.*

kar·a·bi·ner ['kærə'bi:nə‖-ər]⟨telb.zn.⟩⟨bergsport⟩ **0.1** ***karabiner*** ⟨langwerpige ring met veer om klimhaken aan vast te maken⟩.

Kara·ite ['kærə·aɪt]⟨telb.zn.⟩ **0.1** ***Karaïet*** ⟨lid v.e. joodse sekte in Rusland en Israël⟩.

karakul →caracul.
karat ['kærət] →carat.
ka·ra·te [kə'rɑ:ţi]⟨f1⟩⟨n.-telb.zn.⟩⟨sport⟩ **0.1** ***karate.***
ka·ra·te·ka [kə'rɑ:ţikɑ:]⟨telb.zn.⟩⟨vechtsport⟩ **0.1** ***karateka*** ⟨beoefenaar v. karate⟩.
kar·ma ['kɑ:mə‖'kɑrmə]⟨n.-telb.zn.⟩⟨Boeddhisme, Hindoeïsme⟩ **0.1** ***karma(n)*** ⇒*lot, noodlot.*
ka·ross [kə'rɒs‖-'rɑs]⟨telb.zn.⟩ **0.1** ***karos*** ⟨kleed/deken v. gelooide vellen bij stammen in Z.-Afrika⟩.
kar·ri ['kæri]⟨zn.⟩
I ⟨telb.zn.⟩⟨plantk.⟩ **0.1** ***karriboom*** ⟨Eucalyptus diversicolor⟩;
II ⟨n.-telb.zn.⟩ **0.1** ***karrihout.***
kar·(r)oo [kə'ru:]⟨telb.zn.⟩ **0.1** ***karroo*** ⇒*karo, struiksteppe, halfwoestijn* ⟨plateaulandschap in Z.-Afrika⟩.
karst [kɑ:st‖kɑrst]⟨telb.zn.⟩⟨geol.⟩ **0.1** ***karstgebied.***
kart [kɑ:t‖kɑrt]⟨telb.zn.⟩⟨verk.⟩ go-kart **0.1** ***kart*** ⇒*skelter.*
kartell →cartel.
kart·ing ['kɑ:tɪŋ‖'kɑr-]⟨n.-telb.zn.⟩⟨verk.⟩ go-karting ⟨sport⟩ **0.1** ***karting*** ⇒*go-karting.*
kar·y·o-, car·y·o- ['kæriou]⟨biol.⟩ **0.1** ***karyo-*** ⇒*celkern-* ◆ **¶.1** karyoplasm *karyoplasma, kernplasma.*
kar·y·o·type ['kærɪətaɪp]⟨telb.zn.⟩ **0.1** ***karyotype*** ⟨karakter v.d. chromosomen⟩ **0.2** ***karyogram*** ⟨weergave v. karyotype⟩.
kasbah →casbah.
kasher →kosher.
kashmir →cashmere.
ka·ta ['kɑ:tə]⟨telb.zn.⟩⟨vechtsport⟩ **0.1** ***kata*** ⟨zelfverdedigingsbewegingen tegen denkbeeldige aanvaller⟩.
kat·a·bat·ic ['kæţə'bæţɪk]⟨bn.⟩⟨meteo.⟩ **0.1** ***katabatisch*** ⟨langs een helling dalend⟩ ◆ **1.1** ~wind *katabatische wind, valwind.*
katabolism →catabolism.
ka·ta·ka·na ['kɑ:ţə'kɑ:nə]⟨n.-telb.zn.⟩ **0.1** ***katakana*** ⟨fonetisch Japans lettergreepschrift⟩.
ka·ta·ther·mom·e·ter ['kætəθə'mɒmɪţə‖'kæţəθər'mɑmɪţər]⟨telb.zn.⟩ **0.1** ***katathermometer*** ⟨meet afkoelingssnelheid⟩.
kathode →cathode.
ka·ty·did ['keɪţidɪd]⟨telb.zn.⟩⟨dierk.⟩ **0.1** ***sabelsprinkhaan*** ⟨genus Microcentrum⟩.
kau·ri ['kauri], ⟨in bet. II 0.2 ook⟩ **'kauri gum** ⟨zn.⟩⟨plantk.⟩
I ⟨telb.zn.⟩ **0.1** ***kauri*** ⟨naaldboom; genus Agathis⟩ ⇒⟨i.h.b.⟩ *kauri pine* ⟨A. australis⟩;
II ⟨n.-telb.zn.⟩ **0.1** ***kauri*** ⇒*agathis* ⟨hout v.d. kauri⟩ **0.2** ***kaurigom*** ⇒*kaurikopal* ⟨hars v.d. kauri⟩.
ka·va ['kɑ:və]⟨zn.⟩
I ⟨telb.zn.⟩⟨plantk.⟩ **0.1** ***kava*** ⇒*kawa* ⟨Polynesische peperplant; Piper methysticum⟩;
II ⟨n.-telb.zn.⟩ **0.1** ***kava*** ⇒*kawa(-kawa)* ⟨bedwelmende drank bereid uit kavawortels⟩.
kay·ak, kai·ak ['kaɪæk]⟨f1⟩⟨telb.zn.⟩ **0.1** ***kajak*** ⇒*kano.*
kay·o[1] ['keɪ'ou], **kay** [keɪ]⟨telb.zn.⟩⟨inf.; bokssport⟩ **0.1** ***k.o.*** ⇒*knock-out.*
kayo[2] ⟨ov.ww.⟩⟨inf.; boksen⟩ **0.1** ***knock-out slaan.***
ka·zoo [kə'zu:]⟨telb.zn.⟩ **0.1** ***kazoe*** ⇒⟨ong.⟩ *mirliton* ⟨speelgoedblaasinstrumentje⟩.
KB ⟨afk.⟩ **0.1** ⟨kilobyte(s)⟩ ⟨comp.⟩ ***Kb*** **0.2** ⟨King's Bench⟩ **0.3** ⟨king's bishop⟩ ⟨schaakspel⟩ **0.4** ⟨Knight of the Bath⟩.
KBE ⟨afk.⟩ Knight Commander (of the Order) of the British Empire.
kc ⟨afk.⟩ kilocycle **0.1** ***kHz.***
KC ⟨afk.⟩ King's College, King's Counsel.
KCB ⟨afk.⟩ Knight Commander (of the Order) of the Bath ⟨BE⟩.
KCIE ⟨afk.⟩ Knight Commander (of the Order) of the Indian Empire ⟨BE⟩.
KCMG ⟨afk.⟩ Knight Commander (of the Order) of St. Michael and St. George ⟨BE⟩.
kc/s ⟨afk.⟩ kilocycles per second **0.1** ***kHz.***
KCSI ⟨afk.⟩ Knight Commander (of the Order) of the Star of India ⟨BE⟩.
KCVO ⟨afk.⟩ Knight Commander of the Royal Victorian Order ⟨BE⟩.
KD ⟨afk.⟩ knocked down ⟨hand.⟩.
KE ⟨afk.⟩ kinetic energy.
ke·a ['keɪə‖'ki:ə]⟨telb.zn.⟩⟨dierk.⟩ **0.1** ***kea*** ⟨Nieuwzeelandse papegaai; Nestor notabilis⟩.
ke·bab, ke·bob, ka·bob [kɪ'bæb‖kɪ'bɑb]⟨telb. en n.-telb.zn.; vaak mv.⟩⟨cul.⟩ **0.1** ***kebab*** ⇒*spies.*
Kechua →Quechua.
keck [kek]⟨onov.ww.⟩ **0.1** ***kokhalzen*** ◆ **6.1** ~ **at** *walgen van.*
keck·le ['kekl]⟨ww.⟩
I ⟨onov.ww.⟩ **0.1** ***kakelen*** ⇒*kakelend lachen;*
II ⟨ov.ww.⟩⟨scheep.⟩ **0.1** ***(met touw) bekleden*** ⇒*trenzen, smarten.*

ked →sheep ked.
kedge[1] [kedʒ], **'kedge anchor** ⟨telb.zn.⟩⟨scheep.⟩ **0.1** ***werpanker*** ⇒*katanker, boegseeranker.*
kedge[2] ⟨ww.⟩⟨scheep.⟩
I ⟨onov.ww.⟩ **0.1** ***verhaald worden;***
II ⟨ov.ww.⟩ **0.1** ***verhalen*** ⇒*boegseren* ⟨schip met ankers verplaatsen⟩.
ked·ge·ree ['kedʒəri:, -'ri:]⟨telb. en n.-telb.zn.⟩⟨cul.⟩ **0.1** ***kedgeree*** ⟨rijstgerecht met vis⟩.
keef →kef.
keek [ki:k]⟨onov.ww.⟩⟨Sch. E⟩ **0.1** ***gluren*** ⇒*kijken, een blik werpen.*
keel[1] [ki:l]⟨f1⟩⟨telb.zn.⟩ **0.1** ⟨scheep.⟩ ***kiel*** **0.2** ⟨schr.⟩ ***schip*** ⇒*kiel* **0.3** ⟨plantk.⟩ ***kiel*** ⇒*schuitje* ⟨v. bloembladeren⟩ **0.4** ⟨dierk.⟩ ***kam*** ⟨op borstbeen v. vliegende vogels⟩ **0.5** ⟨BE; scheep.⟩ ***platboomde schuit*** ⇒*kolenschuit, lichter, dekschuit, vrachtschuit* **0.6** ⟨BE⟩ ***bootlading*** ⟨gewicht⟩ ◆ **2.1** false ~ *loze kiel.*
keel[2] ⟨f1⟩⟨ww.⟩
I ⟨onov.ww.⟩ **0.1** ⟨scheep.⟩ ***omslaan*** ⇒*kapseizen* **0.2** ***omvallen*** ⇒*omrollen, kantelen* ◆ **5.1** the ship ~ed **over** *het schip sloeg om/kapseisde* **5.2** the boy ~ed **over** *de jongen stortte neer/viel voorover/zakte ineen* **6.2** they ~ed over **with** laughter *ze rolden om v.h. lachen;*
II ⟨ov.ww.⟩ **0.1** ⟨scheep.⟩ ***kielen*** ⇒*overzij halen* **0.2** ***omver duwen*** ⇒*kantelen* ◆ **5.1** ~ **over** a ship *een schip kielen/overzij halen.*
'keel·block ⟨telb.zn.⟩⟨scheep.⟩ **0.1** ***kiel(lichters)blok*** ⇒*stapelblok.*
'keel boat ⟨telb.zn.⟩⟨zeilsport⟩ **0.1** ***kielboot.***
'keel·haul ⟨ov.ww.⟩ **0.1** ***kielhalen*** ⇒*kielen* **0.2** ***op z'n nummer zetten*** ⇒*op z'n donder/kop geven, de wind v. voren geven.*
kee·lie ['ki:li]⟨telb.zn.⟩⟨Sch. E⟩ **0.1** ***leegloper*** ⇒*nietsnut* **0.2** ⟨dierk.⟩ ***torenvalk*** ⟨Falco tinnunculus⟩.
keel·man ['ki:lmən]⟨telb.zn.; keelmen [-mən]; →mv. 3⟩⟨scheep.⟩ **0.1** ***schuitevoerder*** ⇒*iem. die op een lichter/(platboomde) schuit vaart.*
keelson →kelson.
keen[1] [ki:n]⟨telb.zn.⟩ **0.1** ***(Ierse) lijkzang*** ⇒*rouwklacht, weeklacht.*
keen[2] ⟨f3⟩⟨zn.; -er; -ly; -ness⟩
I ⟨bn.⟩ **0.1** ***scherp*** ⟨ook fig.⟩ ⇒*doordringend, bijtend, fel, hevig, hard* ⟨v. geluid, wind, vorst e.d.⟩ **0.2** ***scherp*** ⇒*helder, diep* ⟨v. zintuigen, verstand e.d.⟩ **0.3** ***fel*** ⇒*hard* ⟨v. strijd, concurrentie⟩ **0.4** ⟨BE⟩ ***vurig*** ⇒*enthousiast, hartstochtelijk, intens, ijverig, gretig* **0.5** ⟨BE⟩ ***spotgoedkoop*** ⇒*scherp geprijsd* **0.6** ⟨inf.⟩ ***prima*** ⇒*uitstekend, fantastisch* ◆ **1.1** this knife has a ~ edge *dit is een scherp mes;* his ~ sarcasm *zijn bijtend sarcasme;* there was a ~ wind blowing *er woei/blies een ijskoude/felle wind* **1.2** she has a ~ intelligence *ze is heel kien/pienter, ze heeft een scherp verstand;* ~ sight *goede ogen, scherp gezichtsvermogen* **1.4** John is a ~ golfer *John is bezeten v. golf/een hartstochtelijk golfer;* a ~ interest in *een levendige belangstelling voor;* he is as ~ as mustard/a razor *hij is een hele gisse jongen/zit overal bovenop* **1.5** at very ~ prices *tegen (scherp) concurrerende prijzen* **3.4** Sylvia is always ~ to win *Sylvia is er altijd op gespitst te winnen;* Jeremy wants to move to London but his wife is not ~ *Jeremy wil naar Londen verhuizen maar z'n vrouw loopt niet over v. enthousiasme;*
II ⟨bn., attr.⟩ ⟨AE⟩ **0.1** ***vurig*** ⇒*enthousiast, hartstochtelijk, intens, ijverig, gretig;*
III ⟨bn., pred.⟩ **0.1** ***gespitst*** ⇒*gebrand* ◆ **6.1** Phil is ~ **about/on** Martha *Phil is bezeten v./gek op Martha;* ~ **for** *belust op, gebrand op;* mum was ~ **on** our Tom winning the match *ma was erop gebrand dat onze Tom de wedstrijd zou winnen;* he is ~ **on** winning *hij wil dolgraag winnen* **8.1** I am ~ that he should do it *ik wil dolgraag dat hij het doet.*
keen[3] ⟨ww.⟩
I ⟨onov.ww.⟩ **0.1** ***weeklagen*** ⇒*een lijkzang zingen;*
II ⟨ov.ww.⟩ **0.1** ***bewenen*** ⇒*(als) in een lijkzang bezingen/uiten.*
'keen-'scen·ted ⟨bn.⟩ **0.1** ***met een scherpe/goede neus.***
'keen-'set ⟨bn.⟩ **0.1** ***hongerig*** ⟨ook fig.⟩ ⇒*(sterk) verlangend* ◆ **6.1** ~ **for** *belust op, verlangend naar.*
keep[1] [ki:p]⟨f1⟩⟨zn.⟩
I ⟨telb.zn.⟩ **0.1** ***donjon*** ⇒*(hoofd)toren, slottoren, burchttoren* **0.2** ***bolwerk*** ⇒*bastion* **0.3** ***gevangenis*** ⇒*kerker* ◆ **6.¶** ⟨inf.⟩ **for** ~s *menens; voorgoed, om te houden;* play **for** ~ *menens/voor het 'echte' spelen;*
II ⟨n.-telb.zn.⟩ **0.1** ***(levens)onderhoud*** ⇒*kost, voedsel* **0.2** ⟨BE⟩ ***gras*** ⇒*weide* **0.3** ⟨vero.⟩ ***hoede*** ⇒*bewaring, bewaking* ◆ **3.1** earn your ~ *de kost verdienen; je eten waard zijn/verdienen* **6.1** **in** good ~ *in goede staat (v. onderhoud).*
keep[2] ⟨f4⟩⟨ww.; kept, kept [kept]⟩ →keeping ⟨→sprw. 24, 101, 261, 367, 368, 450, 751⟩
I ⟨onov.ww.⟩ **0.1** ***blijven*** ⇒*doorgaan met* **0.2** ***goed blijven*** ⇒*vers*

blijven **0.3** ⟨BE; inf.⟩ ***wonen*** ⟨vnl. universiteit v. Cambridge⟩ **0.4** ⟨cricket⟩ ***wicketkeeper zijn*** ◆ **1.2** ⟨fig.⟩ your news will have to ~ a bit *dat nieuwtje v. jou moet maar even wachten;* that rumpsteak will ~ until tomorrow *die biefstuk blijft wel goed tot morgen* **2.1** ~ cool! *houd je kalm!, rustig blijven!;* let's hope it ~s fine *laten we hopen dat het mooi weer blijft;* ~ left *links houden;* will you please ~ still! *blijf nou toch eens stil zitten!, niet bewegen a.u.b.!* **3.1** ~ going *door (blijven) gaan;* ~ talking! *blijf praten!* **4.1** how is John ~ing? *hoe gaat het met John?* **4.3** where does Francis ~? *waar woont Francis?* **5.1** ~ **abreast** ⟨lett.⟩ *op gelijke hoogte blijven;* ⟨fig.⟩ *op de hoogte blijven;* ~ **abreast** of ⟨lett.⟩ *bijhouden;* ⟨fig.⟩ *op de hoogte blijven v.;* ~ **ahead** (of) *(een stapje) voor blijven;* ~ **away** (from) *uit de buurt blijven (v.), wegblijven (v.);* ~ **back** *uit de buurt blijven, op een afstand blijven;* he likes to ~ **back** from the front of the stage *hij blijft graag een beetje op de achtergrond;* ~ **down** *bukken, verstopt/verborgen blijven, beneden/onder blijven;* ~ **down,** you fool! *bukken/kop omlaag, idioot!;* ~ **in** with *(proberen) op goede voet (te) blijven met, in een goed blaadje staan/blijven/(proberen te) komen bij;* ~ **indoors** *binnen blijven, in huis blijven;* ~ **off** *uitblijven, wegblijven;* we'll go to the zoo if the rain ~s **off** *als het droog blijft gaan we naar de dierentuin;* a sign saying '~ **off/out**' *een bordje 'verboden toegang'/'niet betreden';* ~ together *bij elkaar blijven;* ~ **under** *onder (de oppervlakte) blijven* **5.¶** →keep **in;** →keep **on;** →keep **up** **6.1** you should ~ **from** smoking *je moet niet roken;* the animal kept **in** its burrow *het dier bleef in zijn hol;* ~ **off** *wegblijven v., uit de buurt blijven v.; vermijden, zwijgen over;* ~ **off** alcohol for a while *de drank een tijdje laten staan;* ~ **off** the grass *verboden op het gras te lopen;* ~ **out of** *buiten blijven, zich niet bemoeien met, vermijden; niet betreden; zich niet blootstellen aan;* ~ **out of** this! *hou je er buiten!, bemoei je er niet mee!* **6.¶** →keep **after;** →keep **at;** →keep **to;**

II ⟨ov.ww.⟩ **0.1** ***houden*** ⇒*zich houden aan, in acht nemen, bewaren* **0.2** ***houden*** ⇒*onderhouden, in het onderhoud voorzien v., er op na houden, (in dienst) hebben* **0.3** ***in bezit hebben/houden*** ⇒*bewaren;* ⟨bij uitbr. ook⟩ *in voorraad hebben, verkopen, voeren* **0.4** ***hoeden*** ⇒*beschermen, behoeden, bewaren* **0.5** ***houden*** ⟨in bep. toestand⟩ ⇒⟨bij uitbr.⟩ *vasthouden, tegenhouden* **0.6** ***bijhouden*** ⇒*houden* **0.7** ***houden*** ⇒*aanhouden, blijven in/op* ◆ **1.1** come and ~ me company *kom me gezelschap houden;* ~ a promise *een belofte gestand doen;* ~ the Sabbath *de sabbat heiligen/vieren/in acht nemen;* ~ a secret *een geheim bewaren;* ~ silence *stil zijn* **1.2** ~ a car *er een auto op na houden;* ~ a cook *een kok (kin) in dienst hebben;* ~ a hotel *een hotel hebben;* ~ a mistress *een maîtresse hebben/onderhouden* **1.3** ~ the change *laat maar zitten;* this shop doesn't ~ pencils *deze winkel verkoopt geen potloden;* will you ~ this record for me? *wil je deze plaat voor me bewaren?* **1.4** may God ~ you *God behoede/beware u* **1.5** ~ within bounds *binnen de perken houden;* illness kept him in bed for a week *vanwege ziekte moest hij een week in bed blijven* **1.6** Mary used to ~ (the) accounts *Mary hield de boeken bij;* Pepys kept a diary *Pepys hield een dagboek bij* **1.7** ~ one's bed *het bed houden, in bed blijven;* ~ the middle of the road *op het midden van de weg blijven rijden;* ~ the saddle *in het zadel blijven;* ~ your seat! *blijf (toch) zitten!* **2.5** ~ it clean *houd het netjes;* the sick child had to be kept warm *het zieke kind moest warm gehouden worden* **3.5** ~ sth. going *iets aan de gang houden;* ~ s.o. waiting *iem. laten wachten* **4.3** ⟨inf.⟩ you can ~ it *je mag het houden, ik hoef het niet, geen belangstelling* **4.5** what kept you (so long)? *wat heeft je zo (lang) opgehouden?* **5.5** the police tried to ~ the fans **away** *de politie probeerde de fans uit de buurt te houden;* ~ **back** *tegen/weghouden, uit de buurt/op een afstand houden; achterhouden, geheim/verborgen houden;* they couldn't ~ **back** the results of the talks *ze konden de resultaten v.d. onderhandelingen niet geheim houden;* we will ~ **back** 10% of the cost till July as agreed *zoals overeengekomen betalen we de laatste 10% pas in juli;* ~ **down** *binnenhouden; omlaaghouden, laag houden!; onder de duim houden; inhouden;* ~ your head **down!** *bukken!, kop omlaag!;* ~ your voices **down!** *zachtjes!, niet zo hard (praten)!;* ~ one's weight **down** *z'n gewicht binnen de perken houden;* ⟨fig.⟩ you can't ~ a good man **down** *wat er in zit komt er uit;* the army kept the people **down** *het leger onderdrukte het volk;* her fury couldn't be kept **down** *haar woede was niet te beheersen/temperen;* they have tried to ~ the mosquitoes **down** *ze hebben geprobeerd de muggen uit te roeien/het aantal muggen binnen de perken te houden;* the poor girl couldn't ~ anything **down** *het arme kind kon niets binnenhouden;* ~ s.o. **indoors** *iem. binnenhouden;* ~ **off** *op een afstand houden, weghouden;* ~ s.o. **out** *iem. buitensluiten/weghouden;* ~ **together** *bij elkaar houden;* ~ **under** *onderdrukken; eronder houden, onder de duim houden;* they kept him **under** with morphine *ze hielden hem bewusteloos met morfine* **5.6** ~ s.o. **abreast** of *iem. op de hoogte houden v.* **5.¶** →keep **in;** →keep **on;** →keep **up** **6.5** ~ s.o. **at** *iem. door laten gaan met/werken aan, iem. bepalen bij;* ~ that kid away **from** those wheels! *hou dat jong bij die wielen vandaan!;* that shouldn't have been kept back **from** her *dat hadden ze nooit voor haar verborgen mogen houden;* ~ **from** *weghouden v., afhouden v., verhinderen te, zorgen dat niet;* he tried to ~ the bad news **from** his father *hij probeerde het slechte nieuws voor z'n vader verborgen te houden/te verzwijgen;* ~ the girls **from** scratching each other *zorg dat de meisjes elkaar niet krabben;* ~ s.o. **in** sth. *iem. (geregeld) voorzien v. iets, zorgen dat iem. geen gebrek heeft aan iets;* ~ s.o. **in** food *iem. de kost geven;* he wanted to ~ his wife **in** luxury *hij wilde zijn vrouw in luxe laten leven;* ~ **off** *afhouden v.;* he couldn't ~ his eyes **off** the girl *hij kon z'n ogen niet v.h. meisje afhouden;* ~ your hands **off** me! *blijf met je fikken van me af!;* ~ **out of** *buiten houden;* ~ them **out of** harm's way *zorg dat ze geen kwaad kunnen/dat ze geen gevaar lopen;* he tried to ~ the story **out of** the papers *hij probeerde het verhaal uit de pers te houden;* he kept it **to** himself *hij hield het voor zich;* he kept it **under** the water *hij hield het onder water.*

'keep after ⟨onov.ww.⟩ **0.1** ***achterna blijven zitten*** ⇒*blijven achtervolgen* **0.2** ***op de huid zitten*** ⇒*opjagen, opjutten.*

'keep at ⟨onov.ww.⟩ **0.1** ***door blijven gaan met*** **0.2** ***(blijven) lastig vallen*** ⇒*(blijven) zeuren* ◆ **1.1** they kept at their mother to tell them a story *ze bleven hun moeder om een verhaaltje zeuren* **4.1** ~ it! *ga zo door!.*

keep·er ['ki:pə‖-ər]⟨f2⟩⟨telb.zn.⟩⟨→sprw. 190, 418, 524⟩ **0.1** ***bewaarder*** ⇒*oppasser, hoeder, cipier, bewaker, wachter, opzichter, suppoost, conservator* **0.2** ***houder*** **0.3** ***borg*** ⇒*veiligheidsketting* **0.4** ***(magneet)anker*** ⇒*sluitstuk* **0.5** ***trouwring*** **0.6** ***(jacht)opziener*** ⇒*boswachter* **0.7** ⟨sport⟩ ***keeper*** ⇒*doelverdediger;* ⟨cricket⟩ *wicketkeeper* **0.8** ***houdbaar iets*** ⟨bv. fruit, vis⟩ ◆ **1.1** ~ of the archives *archivaris;* ~ of the prints *directeur v.h. prentenkabinet* **2.8** this apple is a good ~ *dit is een goede bewaarappel, deze appel blijft lang goed.*

'keep 'in ⟨f1⟩⟨ww.⟩

I ⟨onov.ww.⟩ **0.1** ***binnen blijven*** **0.2** ***blijven branden*** ⇒*aanblijven, niet uitgaan* ⟨v. vuur⟩;

II ⟨ov.ww.⟩ **0.1** ***na laten blijven*** ⇒*school laten blijven* **0.2** ***inhouden*** ⇒*onderdrukken, niet laten blijken* **0.3** ***aan laten*** ⇒*laten branden, aanhouden, niet uit laten gaan* ⟨vuur⟩ ◆ **1.2** he tried to keep his anger in *hij probeerde zijn woede niet te laten blijken.*

keep·ing ['ki:pɪŋ]⟨f2⟩⟨n.-telb.zn.; gerund v. keep⟩⟨→sprw. 190⟩ **0.1** ***bewaring*** ⇒*hoede* **0.2** ***het houden*** **0.3** ***overeenstemming*** ⇒*harmonie* ◆ **1.2** the ~ of ducks *het eenden houden* **2.1** in safe ~ *in veilige bewaring* **6.3** **in** ~ with *in overeenstemming met;* **out of** ~ with *niet in overeenstemming met.*

'keep·net ⟨telb.zn.⟩⟨hengelsport⟩ **0.1** ***leefnet.***

'keep 'on ⟨f1⟩⟨ww.⟩

I ⟨onov.ww.⟩ **0.1** ***volhouden*** ⇒*doorgaan, volharden, doorzetten* **0.2** ***doorgaan*** ⇒*doorrijden, doorlopen, verdergaan, verder rijden* **0.3** ***blijven praten/zeuren*** ⇒*doorkletsen; (blijven) lastig vallen* ◆ **1.3** that old woman does ~! *dat ouwe mens blijft maar kletsen/doorzaniken/is niet stil te krijgen!* **3.1** he keeps on telling me these awful jokes *hij blijft me maar v. die afschuwelijke grappen vertellen* **6.3** I wish he wouldn't ~ **about** the war *ik wou dat hij niet zo over de oorlog bleef zeuren;* don't ~ **at** me to take you to the zoo *blijf me niet aan m'n kop zeuren over de dierentuin* **8.2** we kept on till we reached the village *we gingen/reden/liepen door/verder tot we bij het dorp kwamen;*

II ⟨ov.ww.⟩ **0.1** ***aanhouden*** ⇒*ophouden, blijven dragen* **0.2** ***aanhouden*** ⇒*(in dienst) houden* **0.3** ***aanlaten*** ⟨licht⟩ ◆ **1.1** she kept her coat on *ze hield haar jas aan* **1.2** he was able to ~ most of the servants *hij kon de meeste bedienden in dienst houden* **6.2** I don't think I'll keep Alice on **at** that school *ik denk niet dat ik Alice op die school houd.*

keep·sake ['ki:pseɪk]⟨f1⟩⟨telb.zn.⟩ **0.1** ***aandenken*** ⇒*souvenir, herinnering* ◆ **6.1** **for** a ~ *als aandenken.*

'keep to ⟨onov.ww.⟩ **0.1** ***blijven bij*** ⇒*(zich) beperken tot, niet afdwalen v., (zich) houden (aan)* **0.2** ***houden*** ⇒*rijden* **0.3** ***houden*** ⇒*blijven in* ◆ **1.1** could you ~ the point? *wilt u bij het onderwerp blijven/niet afdwalen?;* you must ~ the schedule *je moet je aan het schema houden;* Janice always keeps to her word *Janice houdt zich altijd aan haar woord* **1.2** they used to ~ the left in Sweden *vroeger hielden/reden ze links in Zweden* **1.3** ~ one's bed *het bed houden* **4.1** she always keeps (herself) to herself *ze bemoeit zich met niemand, ze is erg op zichzelf/eenzelvig.*

'keep 'up ⟨f1⟩⟨ww.⟩

I ⟨onov.ww.⟩ **0.1** ***boven blijven*** ⇒*blijven drijven, niet zinken* **0.2** ***overeind blijven*** ⇒*blijven staan, niet omvallen* **0.3** ***hoog blijven*** **0.4** ***(in dezelfde/goede staat) blijven*** ⇒*aanhouden* **0.5** ***opblijven***

0.6 ***bijblijven*** ⇒*bijhouden, gelijke tred houden* ◆ **1.2** I don't know how that old tower kept up in that storm *hoe die oude toren overeind is gebleven in de storm is me een raadsel* **1.3** food prices kept up all summer *de voedselprijzen zijn de hele zomer hoog gebleven;* happily the troops' spirits kept up *gelukkig bleef het moreel v.d. troepen hoog* **1.4** I do hope that the weather keeps up *ik hoop wel dat het weer mooi blijft* **1.5** Joyce always keeps up late *Joyce gaat altijd laat naar bed* **1.6** I tried to ~ but they were going too fast *ik probeerde bij te blijven maar ze gingen te hard* **6.6** I can't ~ **with** you *ik kan je niet bijhouden;* she tried to ~ **with** her friends abroad *ze probeerde contact te houden met haar vrienden in het buitenland;* ~ **with** one's neighbours *niet bij de buren achterblijven;* ~ **with** the times *bij de tijd blijven, met zijn tijd meegaan;*
II ⟨ov.ww.⟩ **0.1** ***omhoog houden*** ⇒*ophouden* **0.2** ***boven houden*** **0.3** ***hoog houden*** **0.4** ***onderhouden*** ⇒*bijhouden* **0.5** ***doorgaan met*** ⇒*handhaven, volhouden, moed houden, volharden in, in stand houden* **0.6** ***uit bed houden*** ⇒*wakker houden* ◆ **1.1** he kept his trousers up with suspenders *hij hield zijn broek op met bretels* **1.3** ~ the costs *de kosten hooghouden;* they tried to keep morale up *ze probeerden het moreel hoog te houden* **1.4** this house is too expensive to ~ *dit huis is te duur in onderhoud* **1.5** she tried to ~ the conversation *ze probeerde de conversatie gaande te houden;* she wanted to ~ the old customs *ze wilde de oude gebruiken handhaven;* ~ the good work! *hou vol!, ga zo door!* **4.2** the children kept themselves up with a lifebelt *de kinderen hielden zich met een reddingsgordel boven water* **4.5** keep it up! *ga zo door!, hou vol!* **4.6** I didn't keep you up, did I? *ik heb je toch niet uit bed gehouden, he?.*

kees·hond ['keɪshɒnd, 'ki:s-‖'keɪshɑnd]⟨telb.zn.; ook keeshonden [-dən]; →mv. 5⟩ **0.1** ***keeshond.***

kef ['kef], **kif** ['kɪf], **keef** [ki:f]⟨n.-telb.zn.⟩ **0.1** ***bedwelming*** ⇒*beneveling, roes* ⟨door drugs⟩ **0.2** ***dolce far niente*** ⇒*het zalig nietsdoen* **0.3** ***cannabis*** ⇒*hennep, hasj(iesj), marihuana, kief.*

keg [keg]⟨fɪ⟩⟨telb.zn.⟩ **0.1** ***vaatje*** ⟨BE minder dan 10 gallon, AE minder dan 30 gallon⟩.

keg·ler ['keglə‖-ər]⟨telb.zn.⟩⟨AE⟩ **0.1** ***kegelaar*** ⇒*kegelspeler, bowler.*

keir →kier.

keis·ter, kees·ter ['ki:stə‖-ər]⟨telb.zn.⟩⟨AE;sl.⟩ **0.1** ***reet*** ⇒*achterste* **0.2** ***monsterkoffer*** ⟨i.h.b. v. standwerker⟩ **0.3** ***ezel*** ⇒*spinoos, pompertje, brandkast.*

kel·ly ['keli]⟨telb.zn.⟩⟨sl.⟩ **0.1** ***(dop)hoed.***

ke·loid, che·loid ['ki:lɔɪd]⟨telb.zn.⟩⟨med.⟩ **0.1** ***keloïd*** ⟨hard littekenweefsel⟩.

kelp [kelp]⟨n.-telb.zn.⟩ **0.1** ***kelp*** ⇒*varec* ⟨bruinwier⟩ **0.2** ***kelp*** ⇒*kelpsoda* ⟨as v. zeewier, gebruikt als soda en ter bereiding v. jodium⟩.

kelp·er ['kelpə‖-ər]⟨telb.zn.⟩ **0.1** ***kelper*** ⟨naam voor bewoner v. Falkland-Eilanden⟩.

kel·pie, ⟨in bet. 0.2 sp. ook⟩ **kelp·y** ['kelpi]⟨telb.zn.; →mv. 2⟩ **0.1** ***Australische herdershond*** **0.2** ⟨Sch. E⟩ ***watergeest*** ⇒*kelpie.*

kelp·wort ['kelpwɜ:t‖-wɜrt]⟨telb. en n.-telb.zn.⟩⟨plantk.⟩ **0.1** ***loogkruid*** ⟨Salsola kali⟩.

kel·son, keel·son ['kelsən]⟨n.-telb.zn.⟩⟨scheep.⟩ **0.1** ***kolsem*** ⇒*zaathout, tegenkiel, kolsum* ⟨verstevigers v. kiel⟩.

kelt [kelt]⟨telb.zn.⟩ **0.1** ***kelt*** ⟨zalm/forel na paaitijd⟩.

Kelt →Celt.

kelter →kilter.

kel·vin ['kelvɪn]⟨telb.zn.⟩ **0.1** ***kelvin*** ⟨internationale temperatuureenheid⟩.

'Kelvin scale ⟨n.-telb.zn.⟩ **0.1** ***thermodynamische schaal.***

kemp [kemp]⟨telb. en n.-telb.zn.⟩ **0.1** ***kemp*** ⇒*stekelhaar, kempvezel* ⟨dode, grove wolhaarvezel gebruikt in tweed⟩.

kem·po ['kempoʊ]⟨n.-telb.zn.⟩⟨vechtkunst⟩ **0.1** ***kempo*** ⟨Japanse vechtkunst met Chinese invloed⟩.

kempt ['kem(p)t]⟨bn.⟩ **0.1** ***gekamd*** ⇒*goed verzorgd.*

kemp·y ['kempi]⟨bn.; -er; →compar. 7⟩ **0.1** ***ruig*** ⇒*vol kemp/stekelhaar, ruwharig.*

ken[1] [ken]⟨fɪ⟩⟨zn.⟩
I ⟨telb.zn.⟩⟨AE; inf.⟩ **0.1** ***huis*** ⇒⟨i.h.b.⟩ *kroeg, dievenhol;*
II ⟨n.-telb.zn.⟩ **0.1** ***gezichtsveld*** ⇒*gezichtskring, gezichtsafstand* **0.2** ***kennis*** ⇒*bevattingsvermogen, begrip* ◆ **6.1** it happened **beyond/out of** my ~ *het gebeurde buiten mijn gezichtsveld;* **(with)in** my ~ *binnen mijn gezichtsveld, zichtbaar, te zien* **6.2** that is **beyond/outside/**not **within** my ~ *dat gaat boven mijn pet, dat gaat me te hoog.*

ken[2] ⟨fɪ⟩⟨ww.; ook kent, kent [kent]; →ww. 7⟩
I ⟨onov.ww.⟩⟨vnl. Sch. E⟩ **0.1** ***(af)weten v.*** ⇒*kennis hebben v.;*
II ⟨ov.ww.⟩ **0.1** ⟨vnl. Sch. E⟩ ***weten*** **0.2** ⟨vnl. Sch. E⟩ ***kennen*** **0.3** ⟨vnl. Sch. E⟩ ***herkennen*** ⇒*onderscheiden* **0.4** ⟨vero.⟩ ***zien*** ⇒*bespeuren.*

ke·naf [kə'næf]⟨telb. en n.-telb.zn.⟩⟨plantk.⟩ **0.1** ***kenaf*** ⇒*java-jute, deccanhennep* ⟨levert jute-achtige vezel; Hibiscus cannabinus⟩.

Ken·dal ['kendl], **'Kendal 'green** ⟨n.-telb.zn.⟩ **0.1** ***groen laken*** ⇒⟨i.h.b.⟩ *jachtlaken* **0.2** ⟨vaak attr.⟩ ***groen.***

ken·do ['kendoʊ]⟨n.-telb.zn.⟩⟨vechtsport⟩ **0.1** ***kendo*** ⟨Japanse vechtkunst met bamboezwaarden⟩.

ken·do·ka ['kendoʊkə]⟨telb.zn.⟩⟨vechtsport⟩ **0.1** ***kendoka*** ⇒*kendo-vechter.*

ken·nel[1] [kenl]⟨fɪ⟩⟨telb.zn.⟩ **0.1** ***hondehok*** **0.2** ***troep honden*** ⇒*meute, kennel* **0.3** ***krot*** ⇒*hut, kot* **0.4** ***(vosse)hol*** **0.5** ***goot*** ⇒*straatgoot* **0.6** ⟨AE⟩ ***kennel*** ⇒*hondenhuis, hondenfokkerij.*

kennel[2] ⟨ww.; →ww. 7⟩
I ⟨onov.ww.⟩ **0.1** ***in een hok/kot wonen*** ⇒*in een krot huizen* **0.2** ***naar zijn hok gaan*** ⇒*in een hol schuilen;*
II ⟨ov.ww.⟩ **0.1** ***in een hok stoppen/opsluiten*** **0.2** ***in een kennel onderbrengen.***

ken·nel·man ['kenlmən]⟨telb.zn.; kennelmen [-mən]; →mv. 3⟩ **0.1** ***kennelhouder.***

ken·nels ['kenlz]⟨fɪ⟩⟨telb.zn.; kennels; →mv. 4⟩⟨BE⟩ **0.1** ***kennel*** ⇒*hondenhuis, hondenfokkerij.*

ken·ning ['kenɪŋ]⟨telb.zn.⟩ **0.1** ***kenning*** ⟨poëtische omschrijving in Oudeng. en Oudnoorse poëzie⟩.

ke·no ['ki:noʊ]⟨telb.zn.⟩⟨AE⟩ **0.1** ***kienspel*** ⇒*kienen, lotto.*

ke·no·sis [kɪ'noʊsɪs]⟨n.-telb.zn.⟩⟨theol.⟩ **0.1** ***kenosis.***

ke·not·ic [kɪ'nɒtɪk‖-'nɑṭɪk]⟨bn.⟩⟨theol.⟩ **0.1** ***mbt. kenosis.***

ken·speck·le ['kenspekl]⟨bn.⟩⟨sch. E⟩ **0.1** ***opvallend*** ⇒*in 't oog lopend, opzienbarend.*

kent [kent]⟨verl. t. en volt. deelw.⟩ →ken.

Kent·ish[1] ['kenṭɪʃ]⟨eig.n.⟩ **0.1** ***Kents*** ⇒*Kents dialect.*

Kentish[2] ⟨fɪ⟩⟨bn.⟩ **0.1** ***uit/v. Kent*** ⇒*Kents* ◆ **1.1** ~ rag *Kentse kalksteen* **1.¶** ⟨BE⟩ ~ fire *langdurig applaus, afkeurend geklap;* ⟨dierk.⟩ ~ plover *strandplevier* ⟨Charadrius alexandrinus⟩.

Kent·ish·man ['kenṭɪʃmən]⟨telb.zn.; Kentishmen [-mən]; →mv. 3⟩ **0.1** ***man uit Kent*** ⇒*inwoner v. Kent* ⟨i.h.b. ten westen v. Medway⟩.

kent·ledge ['kentlɪdʒ‖-ledʒ]⟨n.-telb.zn.⟩⟨scheep.⟩ **0.1** ***ballast (ijzer).***

ken·tuck·y oyster [ken'tʌki 'ɔɪstə‖kən'tʌki 'ɔɪstər]⟨telb. en n.-telb.zn.⟩ **0.1** ***orgaanvlees v. varken.***

Ken·yan[1] ['kenɪən, 'ki:-]⟨fɪ⟩⟨telb.zn.⟩ **0.1** ***Kenyaan.***

Kenyan[2] ⟨fɪ⟩⟨bn.⟩ **0.1** ***Kenyaas*** ⇒*v./uit/mbt. Kenya.*

kep·i ['keɪpi]⟨telb.zn.⟩ **0.1** ***kepi(e)*** ⇒*sjako-pet* ⟨mil. hoofddeksel⟩.

kept [kept]⟨verl. t. en volt. deelw.⟩ →keep.

keramic →ceramic.

ker·a·tin ['kerəṭɪn]⟨n.-telb.zn.⟩ **0.1** ***keratine*** ⇒*hoornstof* ⟨vormt nagels, haar, veren enz.⟩.

ker·a·ti·tis ['kerə'taɪṭɪs]⟨telb. en n.-telb.zn.⟩ **0.1** ***keratitis*** ⇒*hoornvliesontsteking.*

ker·a·to·sis ['kerə'toʊsɪs]⟨telb. en n.-telb.zn.; keratoses [-si:z]; →mv. 5⟩ **0.1** ***keratosis*** ⇒*keratose, verhoorning* ⟨v.d. huid⟩.

kerb, ⟨AE sp.⟩ **curb** [kɜ:b‖kɜrb]⟨fɪ⟩⟨telb.zn.⟩ **0.1** ***stoeprand*** ⇒*trottoirband; verhoogde band* ⟨naast snelweg⟩.

'kerb crawler, ⟨AE sp.⟩ **'curb crawler** ⟨telb.zn.⟩⟨inf.⟩ **0.1** ***hoerenrijder*** ⟨automobilist die rondrijdt om straathoertje op te pikken⟩.

'kerb drill ⟨telb.zn.⟩ **0.1** ***oversteekregels.***

kerb·ing ['kɜ:bɪŋ‖'kɜr-]⟨zn.⟩
I ⟨telb.zn.⟩ **0.1** ***stoeprand*** ⇒*trottoirband* **0.2** ***putrand;***
II ⟨n.-telb.zn.⟩ **0.1** ***trottoirband*** ⟨onderdeel v. stoeprand⟩.

'kerb market ⟨telb.zn.⟩⟨geldw.⟩ **0.1** ***nabeurs*** **0.2** ***parallelle/onofficiële effectenmarkt.***

'kerb·side ⟨telb.zn.⟩ **0.1** ***troittoir*** ⇒*stoep* **0.2** ***stoeprand*** ⇒*trottoirband.*

'kerb·stone ⟨telb.zn.⟩ **0.1** ***(steen v.) stoeprand*** ⇒*(steen v.) trottoirband* **0.2** ***putrand.***

'kerbstone market, 'kerb market ⟨telb.zn.⟩ **0.1** ***nabeurs*** ⟨voor handel in aandelen buiten beurstijden⟩.

'kerb trading ⟨n.-telb.zn.⟩⟨geldw.⟩ **0.1** ***handel op de nabeurs.***

'kerb weight ⟨n.-telb.zn.⟩ **0.1** ***leeg gewicht*** ⟨v. auto⟩.

ker·chief ['kɜ:tʃɪf‖'kɜr-]⟨fɪ⟩⟨telb.zn.; ook kerchieves [-tʃi:vz]; →mv. 3⟩ **0.1** ***hoofddoek*** ⇒*sjaal, shawl, halsdoek, schouderdoek, omslagdoek* **0.2** ⟨schr.⟩ ***zakdoek.***

ker·chief·ed ['kɜ:tʃɪft‖'kɜr-]⟨bn.⟩ **0.1** ***met een halsdoek/hoofddoek/zakdoek.***

kerf [kɜ:f‖kɜrf]⟨telb.zn.⟩ **0.1** ***keep*** ⇒*inkeping, insnijding, zaagsnede.*

ker·flu·mix·ed [kə'flʌmɪkst‖kər-], **ker·flum·moxed** [-'flʌməkst]⟨bn.⟩⟨AE;sl.⟩ **0.1** ***verward.***

ker·fuf·fle [kə'fʌfl‖kər-]⟨telb. en n.-telb.zn.⟩⟨inf.⟩ **0.1** ***consternatie*** ⇒*opwinding, opschudding.*

ker·mes ['kɜ:mɪz‖'kɜrmi:z], ⟨in bet. I 0.2 ook⟩ **'kermes 'oak,** ⟨in bet. II 0.2 ook⟩ **'kermes 'mineral** ⟨zn.⟩
I ⟨telb.zn.⟩ **0.1** ⟨dierk.⟩ ***vrouwelijke kermesschildluis*** ⟨Kermes ilicis⟩ **0.2** ⟨plantk.⟩ ***kermeseik*** ⟨Quercus coccifera⟩;
II ⟨n.-telb.zn.⟩ **0.1** ***kermes*** ⟨rode kleurstof uit vrouwelijke schildluis⟩ ⇒*scharlakenbessen, kermesbessen* **0.2** ***(minerale) kermes***.
ker·mis, ker·mess, kir·mess ['kɜ:mɪs‖'kɜr-]⟨telb.zn.⟩ **0.1** ***kermis*** **0.2** ⟨AE⟩ ***bazaar*** ⟨voor liefdadig doel⟩.
kern, ⟨in bet. 0.1 en 0.2 ook⟩ **kerne** [kɜ:n‖kɜrn]⟨telb.zn.⟩ **0.1** ***lomperd*** ⇒*boer(enkinkel), pummel* **0.2** ⟨gesch.⟩ ***voetknecht*** ⟨Ierse voetsoldaat⟩ **0.3** ⟨boek.⟩ ***uitsteeksel*** ⇒*staart, uitstekend deel* ⟨v.e. letter⟩.
ker·nel ['kɜ:nl‖'kɜrnl]⟨f2⟩⟨telb.zn.⟩⟨→sprw. 277⟩ **0.1** ***pit*** ⇒*kern, korrel* **0.2** ***kern*** ⇒*essentie, het voornaamste/wezenlijke/belangrijkste* **0.3** →kernel sentence.
'kernel sentence ⟨telb.zn.⟩⟨taalk.⟩ **0.1** ***kernzin***.
ker·o·gen ['kerədʒən]⟨n.-telb.zn.⟩ **0.1** ***kerosine***.
ker·o·sene, ker·o·sine ['kerəsi:n]⟨f1⟩⟨n.-telb.zn.⟩⟨vnl. AE⟩ **0.1** ***(lampen)petroleum*** ⇒*lampolie, paraffineolie; kerosine*.
'kerosine lamp ⟨telb.zn.⟩ **0.1** ***petroleumlamp*** ⇒*olielamp*.
ker·rie ['keri]⟨telb.zn.⟩⟨Z. Afr. E⟩ **0.1** ***knots***.
Ker·ry ['keri]⟨zn.⟩
I ⟨telb.zn.⟩ **0.1** ***rund v. Iers ras;***
II ⟨n.-telb.zn.⟩ **0.1** ***Iers runderras*** ⟨klein en zwart⟩.
'Kerry 'blue ⟨zn.⟩
I ⟨telb.zn.⟩ **0.1** ***Ierse terriër;***
II ⟨n.-telb.zn.⟩ **0.1** ***Iers terriërras*** ⟨met blauwgrijze vacht⟩.
ker·sey ['kɜ:zi‖'kɜrzi]⟨zn.⟩
I ⟨n.-telb.zn.⟩ **0.1** ***karsaai*** ⟨grove wollen stof⟩;
II ⟨mv.; ~s⟩ **0.1** ***karsaai kleren***.
ker·sey·mere ['kɜ:zimɪə‖'kɜrzimɪr]⟨zn.⟩
I ⟨n.-telb.zn.⟩ **0.1** ***(imitatie)kasjmier;***
II ⟨mv.; ~s⟩ **0.1** ***broek v. (imitatie)kasjmier***.
kes·trel ['kestrəl]⟨telb.zn.⟩⟨dierk.⟩ **0.1** ***torenvalk*** ⟨Falco tinnunculus⟩ ◆ **2.1** lesser ~ *kleine torenvalk* ⟨Falco naumanni⟩.
ketch [ketʃ]⟨telb.zn.⟩⟨scheep.⟩ **0.1** ***kits*** ⟨kleine tweemaster⟩.
ketch·up, catch·up, cat·sup ['ketʃəp]⟨f1⟩⟨n.-telb.zn.⟩ **0.1** ***ketchup*** ◆ **6.¶** ⟨inf.⟩ **in** the ~ *in de rode cijfers*.
ke·tone ['ki:toun]⟨telb.zn.⟩⟨schei.⟩ **0.1** ***keton***.
ket·tle [ketl]⟨f2⟩⟨telb.zn.⟩⟨→sprw. 567⟩ **0.1** ***ketel*** ◆ **3.1** put the ~ on *theewater opzetten*.
'ket·tle·drum ⟨f1⟩⟨telb.zn.⟩ **0.1** ***keteltrom(mel)*** ⇒*pauk*.
'ket·tle·drum·mer ⟨telb.zn.⟩ **0.1** ***paukenist*** ⇒*pauk(e)slager, keteltrommer*.
'kettle holder ⟨telb.zn.⟩ **0.1** ***pannelap*** ⇒*aanvattertje*.
keV ⟨afk.⟩ kilo-electron-volt **0.1** ***keV***.
kew·pie doll ['kju:pi]⟨telb.zn.⟩⟨AE⟩ **0.1** ***felgekleurde pop***.
key[1] [ki:]⟨f3⟩⟨telb.zn.⟩⟨→sprw. 231⟩ **0.1** ⟨ben. voor⟩ ***sleutel*** ⟨v. slot; om iets vast te draaien⟩ ⇒⟨fig.⟩ *toegang; (strategische) sleutel, strategische plaats; oplossing, verklaring; lijst met antwoorden; letterlijke vertaling; sleutelwoord* ⟨v. geheim- of cijferschrift⟩; ⟨biol.⟩ *determineertabel;* ⟨schaken⟩ *sleutelzet; opwindknop* ⟨v. horloge⟩ **0.2** ⟨foto., muz.⟩ ***toon*** ⟨ook fig.⟩ ⇒⟨muz.⟩ *toonaard/soort, tonaliteit; stijl* **0.3** ***helikoptertje*** ⇒*gevleugeld zaadje/nootje* ⟨v. olm, esdoorn enz.⟩ **0.4** ⟨ben. voor⟩ ***toets*** ⟨v. piano, schrijfmachine e.d.⟩ ⇒*klep* ⟨v. blaasinstrument⟩; *seinsleutel* **0.5** ***sleutel*** ⇒*wig, klem, pin, spie, keg, sluitsteen* **0.6** ⟨vnl. R.-K.⟩ ***sleutelmacht*** ⇒*kerkelijk gezag* **0.7** ***rif*** ⇒*eilandje* **0.8** ***hechtlaag*** **0.9** ⟨sl.⟩ ***kilo drugs*** ⟨vnl. hasj⟩ **0.10** ⟨AE; sl.⟩ ***student aan betere universiteit*** ◆ **1.1** Gibraltar is the ~ to the Mediterranean *Gibraltar is de sleutel tot de Middellandse Zee;* get/have the ~ of the street *dakloos zijn, op straat moeten slapen, buitengesloten zijn;* St. Peter's ~s *de sleutels v. St.-Petrus* ⟨op wapen v. paus⟩ **2.2** high ~ *hoog, vrolijk;* in a high ~ *op hoge toon;* it is in too high a ~ for me *het is/staat te hoog voor mij, daar kan ik niet bij;* low ~ *laag, somber;* all in the same ~ *eentonig, monotoon, in dezelfde trant* **3.¶** the guard turned the ~ on the prisoner *de bewaker sloot de deur (af) achter de gevangene* **6.1** ~ **to** the mystery *sleutel v.h. raadsel* **6.2** **in** the ~ **of** C major *in C groot;* **in** ~ *zuiver;* **out of** ~, **off** ~ *vals* **6.6** power of the ~s *sleutelmacht* **6.¶** be **in/out of** ~ with *passen/niet passen bij, in overeenstemming/niet in overeenstemming zijn met*.
key[2] ⟨bn., attr.⟩ **0.1** ***sleutel-*** ⇒*hoofd-, bepalend, voornaamste* ◆ **1.1** ~ factor *belangrijkste/determinerende factor;* ~ figure *sleutelfiguur;* ~ industry *sleutelindustrie;* ~ issue *hoofdthema;* ~ job/position *sleutelpositie;* ~ man *sleutelpersoon, centrale figuur, spil;* ~ move *schaak/damprobleem; centrale/belangrijke stap* ⟨bv. in strategie⟩; ~ official *topambtenaar;* ~ question *hamvraag;* ~ role *sleutelrol, belangrijkste rol;* ~ witness *hoofdgetuige, voornaamste getuige*.
key[3] ⟨f1⟩⟨ww.⟩
I ⟨onov.ww.⟩ **0.1** ***sleutelen*** ⇒*met sleutel seinen* ◆ **5.¶** ⟨biol.⟩ ~ **out** *determineerbaar zijn als, behoren tot;*
II ⟨ov.ww.⟩ **0.1** ⟨vaak pass.⟩ ***stemmen*** ⟨instrumenten⟩ **0.2** ⟨vaak pass.⟩ ***afstemmen*** ⇒*coördineren, aanpassen* **0.3** ***vastklemmen (met een wig)*** ⇒*vastmaken, sluiten, vastspieën* **0.4** ***opruwen*** ⇒*grondlaag/hechtlaag aanbrengen* ⟨bij pleisteren⟩ **0.5** ***overseinen*** **0.6** ***in de gaten houden*** ⇒*schaduwen* ⟨tegenstander bij voetbal⟩ **0.7** ***v.e. sleutelwoord voorzien*** ⟨advertentie⟩ **0.8** ⟨biol.⟩ ***determineren*** ⟨geslacht e.d. v. specimen⟩ ⇒*met determineertabel bepalen* **0.9** ⟨comp.⟩ ***invoeren*** ⟨via toetsenbord⟩ ⇒*intikken* ◆ **1.3** the arch was ~ed with a beautiful keystone *de boog werd met een mooie sluitsteen gesloten* **1.7** they had ~ed the advertisements so that they knew where the reactions came from *ze hadden de advertenties zo opgesteld, dat ze wisten waar de reacties vandaan kwamen* **5.¶** →key up **6.2** his speech was ~ed **to** the political situation *zijn rede was afgestemd op de politieke situatie;* the factories are ~ed **to** the needs of the harbour *de fabrieken zijn gericht op de behoeften v.d. haven*.
'key bar ⟨telb.zn.⟩ **0.1** ***hamer(tje)*** ⟨v. schrijfmachine⟩.
'key bit ⟨telb.zn.⟩ **0.1** ***baard*** ⟨v. sleutel⟩.
'key·board[1] ⟨f1⟩⟨telb.zn.⟩ **0.1** ***toetsenbord*** ⇒*klavier* **0.2** ⟨vaak mv.⟩ ***klavier/toetsinstrument*** **0.3** ***sleutelbord***.
keyboard[2] ⟨onov. en ov.ww.⟩ **0.1** ***aanslaan*** ⟨toetsen⟩ ⇒*typen* **0.2** ***met zetmachine zetten*** **0.3** ⟨comp.⟩ ***invoeren*** ⟨via toetsenbord⟩ ⇒*intikken* ◆ **1.1** they are asking for ~ing staff *ze zoeken mensen die kunnen typen*.
'key·board·er ⟨telb.zn.⟩ **0.1** ***operator*** ⇒*typist(e); pianist(e); zetter; telegrafist*.
key·board·ist ['ki:bɔ:dɪst‖-bɔr-]⟨telb.zn.⟩ **0.1** ***toetsenman/vrouw*** ⇒*toetsenist*.
'key bugle ⟨telb.zn.⟩ **0.1** ***klephoorn***.
'key colour, ⟨AE sp.⟩ **key color** ⟨telb. en n.-telb.zn.⟩ **0.1** ***grondkleur*** ⇒*hoofdkleur*.
'key·hole ⟨f1⟩⟨telb.zn.⟩ **0.1** ***sleutelgat*** **0.2** ***spiegat***.
key·less ['ki:ləs]⟨bn.⟩ **0.1** ***zonder sleutel*** ◆ **1.1** ⟨BE⟩ ~ watch *remontoir*.
'key map ⟨telb.zn.⟩ **0.1** ***routekaart*** ⇒*schematische kaart/plattegrond*.
'key money ⟨n.-telb.zn.⟩⟨BE⟩ **0.1** ***sleutelgeld***.
Keynes·i·an[1] ['keɪnzɪən]⟨telb.zn.⟩ **0.1** ***Keynesiaan*** ⇒*aanhanger v. Keynes* ⟨econoom⟩.
Keynesian[2] ⟨bn.⟩⟨ec.⟩ **0.1** ***Keynesiaans*** ◆ **1.1** ~ economy *Keynesiaanse economie*.
'key·note[1] ⟨f1⟩⟨telb.zn.⟩ **0.1** ***grondtoon*** ⇒*hoofdtoon, tonica* **0.2** ***hoofdgedachte*** ⇒*leidende gedachte, grondgedachte, centraal thema, het wezenlijke* **0.3** ***grondbeginsel*** ⇒*uitgangspunt*.
keynote[2] ⟨ov.ww.⟩⟨inf.⟩ **0.1** ***de grondgedachte uiteenzetten v.*** ⇒*het uitgangspunt verklaren v.,* ⟨vnl. AE⟩ *beleid v.e. partij verkondigen bij* **0.2** ***centraal stellen*** ◆ **1.1** she ~d the rally *zij zette de officiële partijpolitiek voor de vergadering uiteen* **1.2** she ~d the need for more jobs *ze stelde de behoefte aan meer banen centraal*.
'keynote ad'dress, 'keynote 'speech ⟨f1⟩⟨telb.zn.⟩ **0.1** ***thematoespraak*** ⇒*programmaverklaring*.
'key·not·er ⟨telb.zn.⟩ **0.1** ***inleidende spreker*** ⇒*spreker die thema v. bijeenkomst aangeeft, spreker die het partijprogram uiteenzet*.
'key·pad ⟨telb.zn.⟩ **0.1** ***(druk)toetsenpaneel(tje)*** ⟨v. afstandsbediening, rekenmachientje e.d.⟩.
'key·phone ⟨telb.zn.⟩ **0.1** ***druktoetstelefoon***.
'key punch ⟨f1⟩⟨telb.zn.⟩⟨AE⟩ **0.1** ***ponsmachine***.
'key·punch·er ⟨telb.zn.⟩⟨AE⟩ **0.1** ***ponstypist(e)***.
'key ring ⟨f1⟩⟨telb.zn.⟩ **0.1** ***sleutelring*** ⇒*sleutelhanger*.
'key screw ⟨telb.zn.⟩ **0.1** ***schroefsleutel***.
'key signature ⟨telb.zn.⟩⟨muz.⟩ **0.1** ***voortekening*** ⟨v. toonsoort⟩.
'key·stone, ⟨in bet. 0.3 ook⟩ **'keystone cushion, 'keystone sack** ⟨f1⟩ ⟨telb.zn.⟩ **0.1** ***sluitsteen*** ⟨v. boog⟩ **0.2** ***hoeksteen*** ⇒*fundament* **0.3** ⟨honkbal; inf.⟩ ***tweede honk***.
'Keystone State ⟨eig.n.⟩ **0.1** ***Keystone State*** ⟨bijnaam v. Pennsylvania⟩.
'key stroke ⟨telb.zn.⟩ **0.1** ***aanslag***.
'key 'up ⟨f1⟩⟨ov.ww.⟩ **0.1** ⟨vaak pass.⟩ ***opwinden*** ⇒*gespannen maken* **0.2** ***opvijzelen*** ⇒*opkrikken, opheffen, doen stijgen, stimuleren* ◆ **3.1** the boy looked keyed up *de jongen zag er gespannen uit*.
'key·way ⟨telb.zn.⟩ **0.1** ***spiebaan*** ⇒*spiesleuf* **0.2** ***sleutelgat***.
'key word ⟨f1⟩⟨telb.zn.⟩ **0.1** ***sleutelwoord*** ⇒*sleutel* **0.2** ***trefwoord*** ⟨v. register e.d.⟩.
kg ⟨afk.⟩ kilogram(s) **0.1** ***kg***.
KG ⟨afk.⟩ Knight (of the Order) of the Garter ⟨BE⟩ **0.1** ***K.G.***.
Kgs ⟨afk.⟩ Kings.

khak·i ['kɑ:ki‖'kæki, 'kɑki]⟨f1⟩⟨zn.⟩
I ⟨n.-telb.zn.⟩ 0.1 ***k(h)aki*** ⟨stof⟩ 0.2 ⟨vaak attr.⟩ ***kaki(kleur);***
II ⟨mv.; ~s⟩ 0.1 ***kaki uniform.***
khalif →caliph.
khalif·ate →caliphate.
k(h)am·sin, k(h)am·seen ['kæmsɪn‖kæm'si:n]⟨telb.zn.⟩ 0.1 ***cham-sin*** ⇒*khamsoen, khamsin* ⟨woestijnwind in Egypte⟩.
khan [kɑ:n]⟨telb.zn.⟩ 0.1 ***k(h)an*** ⟨titel v.e. Aziatisch vorst⟩ 0.2 ***kan*** ⇒*karavanserai* ⟨oosterse herberg⟩.
khan·ate ['kɑ:neɪt]⟨telb.zn.⟩ 0.1 ***kanaat*** ⟨rijk v. kan⟩.
Khar·bin ['kɑ:'bi:n, -'bɪn‖'kɑr-]⟨eig.n.⟩ 0.1 ***Charbin*** ⇒*Harbin, Pin-Tjiang* ⟨stad in China⟩.
Khe·dive [kɪ'di:v]⟨telb.zn.; ook k-⟩⟨gesch.⟩ 0.1 ***kedive*** ⇒*khedive, chedive* ⟨titel v. Turkse onderkoning v. Egypte⟩.
Khmer [kmeə‖kmer]⟨zn.; ook Khmer; →mv. 4⟩
I ⟨eig.n.⟩ 0.1 ***Khmer*** ⟨taal v.d. Khmer⟩;
II ⟨telb.zn.⟩ 0.1 ***Khmer*** ⟨lid v.h. volk v. Cambodja⟩.
Khmer 'Rouge [-ru:ʒ]⟨eig.n.; the⟩ 0.1 ***(de) Rode Khmer.***
khuskhus →cuscus.
kHz ⟨afk.⟩ kilohertz 0.1 ***kHz.***
ki·ang [ki'æŋ‖ki'ɑŋ]⟨telb.zn.; ook kiang; →mv.4⟩⟨dierk.⟩ 0.1 ***kiang*** ⟨halfezel uit Tibet en N. India; Equus hemionus kiang⟩.
kib·ble[1] ['kɪbl]⟨telb.zn.⟩⟨BE; mijnw.⟩ 0.1 ***ophaalbak*** ⇒*ton.*
kibble[2] ⟨ov.ww.⟩ 0.1 ***grof malen*** ⇒*verbrokkelen, breken, kneuzen.*
kib·butz [kɪ'bʊts]⟨telb.zn.; ook kibbutzim ['kɪbʊt'si:m]; →mv. 5⟩ 0.1 ***kibboets.***
kib·butz·nik [kɪ'bʊtsnɪk]⟨telb.zn.⟩ 0.1 ***lid v.e. kibboets.***
kibe [kaɪb]⟨telb.zn.⟩ 0.1 ***zwerende wintervoet*** ◆ 3.1 ⟨fig.⟩ tread on s.o.'s ~s *iem. op de tenen trappen.*
ki·bit·ka [kɪ'bɪtkə]⟨telb.zn.⟩ 0.1 ***kibitke*** ⇒*kibitka* ⟨Russisch rijtuigje⟩ 0.2 ***kibitke*** ⇒*kibitka* ⟨Tartaarse tent v. dierenvellen⟩.
kib·itz ['kɪbɪts]⟨onov.ww.⟩⟨inf.⟩ 0.1 ***zich ermee bemoeien*** ⇒*ongevraagd advies geven* ⟨i.h.b. bij kaartspel⟩ 0.2 ***grappen maken.***
kib·itz·er ['kɪbɪtsə‖-ər]⟨telb.zn.⟩⟨inf.⟩ 0.1 ***bemoeial*** ⇒*bemoeiziek persoon* 0.2 ***grappenmaker.***
kib·lah ['kɪblɑ:‖-lə]⟨zn.⟩⟨relig.⟩
I ⟨telb.zn.⟩ 0.1 ***mihrab*** ⇒*gebedsnis* ⟨geeft kibla aan in moskee⟩;
II ⟨n.-telb.zn.⟩ 0.1 ***kibla*** ⟨richting waarheen de islamieten zich wenden bij het gebed⟩.
ki·bosh[1], **ky·bosh** ['kaɪbɒʃ‖-bɑʃ]⟨telb.zn.⟩⟨inf.⟩ 0.1 ***onzin*** ⇒*malligheid, nonsens* 0.2 ***beteugeling*** ⇒*rem, controle* ◆ 3.2 ⟨inf.⟩ put the ~ on *een eind maken aan, smoren, in elkaar slaan;* the rain has put the ~ on our plan *door de regen kunnen we ons plannetje wel vergeten.*
kibosh[2] ⟨ov.ww.⟩⟨inf.⟩ 0.1 ***een einde maken aan.***
kick[1] [kɪk]⟨f3⟩⟨zn.⟩
I ⟨telb.zn.⟩ 0.1 ***schop*** ⇒*trap, stoot, slag* 0.2 ***terugslag*** ⟨v. geweer⟩ 0.3 ⟨inf.⟩ ***klacht*** ⇒*protest, reden tot klagen, grond voor protest, bezwaar* 0.4 ⟨inf.⟩ ***kick*** ⇒*stimulans, impuls, opwinding, spanning* 0.5 ⟨inf.⟩ ***manie*** 0.6 ⟨sl.⟩ ***ontslag*** ⇒*de schop* 0.7 ***ziel*** ⟨v. fles⟩ 0.8 ***draai*** ⇒*wending* 0.9 ⟨zwemsport⟩ ***beenslag*** ◆ 1.1 ⟨fig.⟩ more ~s than halfpence *stank voor dank, meer slaag dan eten* 1.5 he is on a boogie-woogie ~ *hij heeft een boogie-woogie manie* 1.¶ a ~ in the pants *een schop onder zijn/haar kont;* ⟨fig.⟩ a ~ in the pants/teeth *een slag in het gezicht* ⟨fig.⟩ 3.1 give s.o. a ~ *iem. een schop geven* 3.4 get a ~ out of sth. *ergens een kick van krijgen;* live for ~s *voor z'n pleziertjes leven, sensatie zoeken* 3.6 get a ~ *de schop/z'n ontslag krijgen* 6.3 he's got a ~ **against** our new policies *hij heeft iets/bezwaren tegen ons nieuwe beleid* 6.4 just **for** ~s *gewoon voor de lol/sensatie;*
II ⟨n.-telb.zn.⟩ 0.1 ***kracht*** ⇒*fut, energie, veerkracht* ◆ 1.1 there's a lot of ~ in that engine *d'r zit een hoop power in die motor;* this martini has a lot of ~ in it *deze martini is heel koppig;* there's no ~ left in the old man *die ouwe is helemaal uitgeblust/heeft het wel gehad.*
kick[2] ⟨f3⟩⟨ww.⟩
I ⟨onov.ww.⟩ 0.1 ***schoppen*** ⇒*trappen, trappelen, (achteruit) slaan, stoten* 0.2 ***terugslag hebben*** ⟨v. geweer⟩ 0.3 ⟨inf.⟩ ***er tegenaan schoppen*** ⇒*protesteren, rebelleren, in opstand komen, tegenstribbelen* 0.4 ⟨vnl. AE⟩ ***klagen*** 0.5 ⟨sl.⟩ ***afkicken*** ◆ 2.1 alive and ~ing *springlevend* 5.1 ⟨voetbal⟩ ~ **off** *aftrappen, de aftrap doen, beginnen;* the match will ~ **off** at 8.15 *de aftrap is om 8.15* 5.¶ →kick **about;** →kick **around;** ⟨AE; sl.⟩ ~ **off** *vertrekken, sterven* 6.1 mum, he's kicking me! ~ **back at** him then! *ma, hij schopt me! schop hem dan terug/terugschoppen!* 6.3 ~ **against/at** *protesteren/rebelleren tegen* 6.¶ ~ **about/around** Europe *door Europa zwerven, rondreizen in Europa;* those papers have been ~ing **about/around** my room for days *die papieren zwerven/slingeren al dagen door mijn kamer;*
II ⟨ov.ww.⟩ 0.1 ***schoppen*** ⇒*trappen, (achteruit)slaan, wegtrappen* 0.2 ⟨voetbal⟩ ***scoren*** ⇒*maken* 0.3 ⟨inf.⟩ ***stoppen/kappen met*** ⟨verslaving e.d.⟩ ◆ 1.2 John ~ed a goal *John scoorde/maakte een doelpunt* 1.¶ ~ a person when he is down *iem. nog verder de grond intrappen* 3.1 ⟨inf.⟩ ~ and scream *razen en tieren, steigeren* 4.1 ⟨inf.; fig.⟩ ~ o.s. *zich voor z'n kop slaan* 5.1 ~ **back** *terugschoppen;* ~ **downstairs** *naar beneden schoppen, omlaag trappen, de trap af schoppen;* ⟨fig.⟩ *degraderen;* ~ **in** *intrappen;* "I'll ~ your teeth **in"** he shouted *'ik schop je tanden uit je bek/mond' schreeuwde hij;* he ~ed his slippers **off** *hij schopte zijn pantoffels uit;* ~ **out** *eruit schoppen, eruit trappen, verstoten, ontslaan;* the boy had been ~ed **out** by his father *de jongen was de deur uit gezet door z'n vader;* ~ **up** *door de war schoppen, omhoog schoppen;* ⟨fig.⟩ ~ upstairs *wegpromoveren* 5.¶ →kick **about;** →kick **around;** ⟨AE; sl.⟩ ~ **back** *teruggeven* ⟨v. gestolen waar of geld⟩; *percentjes geven* ⟨aan degene aan wie men zijn winst te danken heeft⟩; ⟨AE; sl.⟩ ~ **in** *betalen, bijdragen* 6.1 ~ s.o. **out of** sth. *iem. ergens uit trappen.*
'kick a'bout ⟨ww.⟩
I ⟨onov.ww.⟩ 0.1 ***rondreizen*** ⇒*rondzwerven* 0.2 ***rondslingeren*** ⇒*maar ergens liggen* ◆ 5.2 it's kicking about somewhere *dat slingert wel ergens rond;*
II ⟨ov.ww.⟩ 0.1 ***sollen met*** ⇒*grof behandelen.*
kick-and-'rush football ⟨n.-telb.zn.⟩⟨voetbal⟩ 0.1 ***kick-en-rush-voetbal*** ⇒*opportunistisch voetbal.*
'kick a'round ⟨ww.⟩
I ⟨onov.ww.⟩ 0.1 ***rondreizen*** ⇒*rondzwerven* 0.2 ***rondslingeren*** 0.3 ***in leven zijn*** ⇒*bestaan, rondhollen* ◆ 1.3 do you mean old Maggie is still kicking around? *wil je zeggen dat die ouwe Maggie nog steeds rondholt/leeft?;*
II ⟨ov.ww.⟩ 0.1 ***sollen met*** ⇒*grof behandelen* 0.2 ***commanderen*** ⇒*bazen* 0.3 ***stoeien met*** ⇒*praten over* ◆ 1.2 don't you kick Celia around *loop Celia niet te commanderen* 1.3 kick the idea around *met het idee stoeien.*
'kick·back ⟨zn.⟩
I ⟨telb.zn.⟩ 0.1 ***terugslag;***
II ⟨telb. en n.-telb.zn.⟩ 0.1 ***provisie*** ⇒*Commissieloon, percentage te betalen aan bemiddelaar* 0.2 ***smeergeld.***
'kick·box·er ⟨telb.zn.⟩⟨vechtsport⟩ 0.1 ***kickbokser.***
'kick·box·ing ⟨n.-telb.zn.⟩⟨vechtsport⟩ 0.1 ***(het) kickboksen.***
'kick·down ⟨telb.zn.⟩⟨tech.⟩ 0.1 ***kick down.***
kick·er ['kɪkə‖-ər]⟨telb.zn.⟩ 0.1 ***schopper*** ⇒*paard dat schopt* 0.2 ***mopperaar*** ⇒*klager* 0.3 ⟨hockey⟩ ***keepersklomp*** 0.4 ⟨atletiek⟩ ***loper met felle eindsprint*** ⇒*sprinter.*
'kicking tee ⟨telb.zn.⟩⟨Am. voetbal⟩ 0.1 ***balsteun*** ⟨waarop bal wordt geplaatst voor een plaatstrap⟩.
'kick·off ⟨f1⟩⟨telb.zn.⟩ 0.1 ⟨voetbal⟩ ***aftrap*** 0.2 ⟨inf.⟩ ***begin.***
'kickoff circle ⟨telb.zn.⟩⟨voetbal⟩ 0.1 ***middencirkel.***
'kick-off square ⟨telb.zn.⟩⟨Austr. voetbal⟩ 0.1 ***uittrapvierkant.***
kick·shaw ['kɪkʃɔ:]⟨telb.zn.⟩ 0.1 ***lekkernij*** ⇒*delicatesse, bijzonder hapje;* ⟨vaak pej.⟩ *liflafje, eten van niks* 0.2 ***speelgoed*** ⇒*kleinigheidje, speeltje.*
'kick shot ⟨telb.zn.⟩⟨ijshockey⟩ 0.1 ***kickshot*** ⟨onregelmentair schot door trap/schop tegen de stick⟩.
'kick·start, 'kick·start·er ⟨telb.zn.⟩ 0.1 ***trapstarter*** ◆ 1.1 my moped has a ~ *mijn brommer moet je aantrappen.*
'kick-tail ⟨telb.zn.⟩⟨skateboarding⟩ 0.1 ***verhoogd uiteinde*** ⟨v. skateboard⟩.
kick·y ['kɪki]⟨bn.; →compar. 7⟩⟨AE; sl.⟩ 0.1 ***chic*** ⇒*luxueus, mondain* 0.2 ***opwindend*** ⇒*extravagant.*
kid[1] [kɪd]⟨f4⟩⟨zn.⟩
I ⟨telb.zn.⟩ 0.1 ***jong geitje*** ⇒*bokje* 0.2 ***kind*** ⇒*joch, jong,* ⟨AE; inf.⟩ *jong mens* 0.3 ***geiteleren handschoen*** ⇒*glacé* 0.4 ***(houten) vaatje*** ⇒⟨scheep.⟩ *(etens)bak* ◆ 1.2 ⟨AE; inf.⟩ college ~s *universiteitsstudenten;* that's ~(s') stuff *dat is doodeenvoudig/kinderspel* 7.2 ⟨AE; sl.; mil.⟩ the ~ *de co-piloot;*
II ⟨n.-telb.zn.⟩ 0.1 ***geiteleer*** 0.2 ***bedriegerij*** ⇒*bedotterij.*
kid[2] ⟨f1⟩⟨bn., attr.⟩ 0.1 ⟨vnl. AE; inf.⟩ ***jonger*** 0.2 ***v. geiteleer*** ⇒*geiteleren, glacé* ◆ 1.1 ~ brother/sister *jonger broertje/zusje* 1.2 ~ gloves *geiteleren handschoenen/glacés;* ⟨fig.⟩ handle/treat (s.o.) with ~ gloves *(iem.) heel tactvol/voorzichtig behandelen, (iem.) met fluwelen handschoentjes aanpakken.*
kid[3] ⟨f2⟩⟨ww.; →ww. 7⟩
I ⟨onov.ww.⟩ 0.1 ***jongen*** ⇒*geitjes werpen;*
II ⟨onov. en ov.ww.⟩ 0.1 ***plagen*** ⇒*in de maling nemen, voor de gek houden, doen alsof, wijsmaken* ◆ 1.1 you're ~ding (me) *dat meen je niet* 5.1 ~ s.o. **on/up** *iem. voor de mal houden, iem. iets wijsmaken* 6.1 ~ s.o. **into** a belief *iem. iets wijsmaken;* ~ s.o. **out of** sth. *iem. iets aftroggelen* 7.1 no ~ding? *meen je dat?;* no ~ding! *ongelooflijk!.*
kid·der ['kɪdə‖-ər]⟨telb.zn.⟩ 0.1 ***plager.***
Kid·der·min·ster ['kɪdəmɪnstə‖'kɪdərmɪnstər], **'Kidderminster 'carpet** ⟨telb.zn.⟩ 0.1 ***Kidderminster tapijt*** ⟨met twee ingeweven kleuren⟩.

kid·die, kid·dy ['kɪdi]⟨f1⟩⟨telb.zn.;→mv. 2⟩ 0.1 *jong* ⇒*joch, knul.*

kid·dle ['kɪdl]⟨telb.zn.⟩ 0.1 *visweer* 0.2 *rij staaknetten* ⟨aan kust⟩.

kid·do ['kɪdoʊ]⟨telb.zn.⟩⟨sl.⟩ 0.1 *jong* ⇒*joch(ie)* ⟨ook als aanspreekvorm voor volwassene⟩.

'kid-glove ⟨bn., attr.⟩ 0.1 *tactvol* ◆ 1.1 ~ treatment *tactvolle behandeling.*

kid·nap ['kɪdnæp]⟨f2⟩⟨ov.ww.;→ww. 7⟩ 0.1 *ontvoeren* ⇒*kidnappen.*

kid·nap·per, ⟨AE sp. ook⟩ **kid·nap·er** ['kɪdnæpə‖-ər]⟨f1⟩⟨telb.zn.⟩ 0.1 *ontvoerder* ⇒*kidnapper.*

kid·ney ['kɪdni]⟨f2⟩⟨zn.⟩
I ⟨telb.zn.⟩ 0.1 ⟨schr.⟩ *natuur* ⇒*aard, karakter, type, soort* 0.2 *muis* ⟨soort aardappel⟩ ◆ 1.1 I couldn't live with a man of that ~ *met zo'n man zou ik niet kunnen leven* 2.1 he is of the right ~ for the job *hij is geschikt voor dit karwei;*
II ⟨telb. en n.-telb.zn.⟩ 0.1 *nier* ◆ 2.1 artificial ~ *kunstnier.*

'kidney bean ⟨f1⟩⟨telb.zn.⟩⟨plantk.⟩ 0.1 *boon* ⟨Phaseolus vulgaris⟩ ⇒*bruine/gele/witte boon, kievitsboon* ⟨i.h.b. de grote, donkerrode niervormige variëteit⟩.

'kidney buster ⟨telb.zn.⟩⟨vrachtwagen- en buschauffeurs⟩ 0.1 *hobbelweg* 0.2 *rammelkast.*

'kidney machine ⟨telb.zn.⟩ 0.1 *kunstnier.*

'kidney potato ⟨telb.zn.⟩ 0.1 *muis* ⟨soort aardappel⟩.

'kid·ney-shaped ⟨bn.⟩ 0.1 *niervormig* ⇒*in de vorm v.e. nier.*

'kidney stone ⟨telb.zn.⟩ 0.1 *niersteen.*

'kidney vetch ⟨telb.zn.⟩⟨plantk.⟩ 0.1 *wondklaver* ⟨Anthyllis vulneraria⟩.

ki·dol·o·gy [kɪ'dɒlədʒi‖-'dɑ-]⟨n.-telb.zn.⟩⟨BE; inf.⟩ 0.1 *spot(ternij)* ◆ 1.1 a piece of ~ *een voorwerp v. spot.*

kid·vid ['kɪdvɪd]⟨n.-telb.zn.; ook attr.⟩⟨AE⟩ 0.1 *kinder-t.v..*

kier, keir [kɪə‖kɪr]⟨telb.zn.⟩ 0.1 *vat* ⇒*kookketel, kuip* ⟨om stof te verven⟩.

kie·sel·guhr ['ki:zlgʊə‖-gʊr]⟨n.-telb.zn.⟩ 0.1 *kiezelgoer* ⇒*diatomeeënaarde, bergmeel* ⟨krijt- of kleiachtige aarde⟩.

kif →kef.

kike [kaɪk]⟨telb.zn.⟩⟨AE; bel.⟩ 0.1 *smous* ⇒*jood.*

kil·der·kin ['kɪldəkɪn‖-ər-]⟨telb.zn.⟩ 0.1 *vaatje* 0.2 ⟨BE; gesch.⟩ *kilderkin* ⟨inhoudsmaat; 16 of 18 gallons⟩.

Kil·ken·ny [kɪl'keni]⟨bn.⟩ 0.1 *uit/v. Kilkenny* ◆ 1.¶ fight like ~ cats *op leven en dood vechten, elkaar op leven en dood bestrijden.*

kill¹ [kɪl]⟨f2⟩⟨zn.⟩
I ⟨telb.zn.⟩ 0.1 *buit* ⇒*vangst, (gedode) prooi* 0.2 *(levend) lokaas* 0.3 ⟨sport⟩ *(punten)scorende slag* ⇒*smash;*
II ⟨n.-telb.zn.; the⟩⟨ook fig.⟩ 0.1 *het doden* ⇒*het afmaken* ◆ 6.1 be in **at** the ~ *erbij zijn als de vos gedood wordt;* ⟨fig.⟩ *er (op het cruciale moment) bij zijn;* be **on** the ~ ⟨v. dieren⟩ *op jacht zijn;* ⟨v. mensen⟩ *over lijken gaan, niets of niemand ontzien.*

kill² ⟨f4⟩⟨ww.⟩ →killing ⟨→sprw. 67, 94, 222, 648, 649⟩
I ⟨onov.ww.⟩ 0.1 *moorden* ⇒*doden* 0.2 *fataal zijn* ⇒*de dood tot gevolg hebben* ◆ 1.1 shoot to ~ *schieten om te doden* 3.2 ~ or cure *erop of eronder;* ~ or cure remedy *paardemiddel;*
II ⟨onov. en ov.ww.⟩ 0.1 *indruk maken (op)* ⇒*succes oogsten* ◆ 3.1 she was dressed to ~ *ze had zich schitterend uitgedost, ze zag er piekfijn uit;*
III ⟨ov.ww.⟩ 0.1 ⟨ook fig.⟩ *doden* ⇒*af/doodmaken, ombrengen, om het leven brengen; vernietigen, kapot maken* 0.2 *neutraliseren* ⇒*doodslaan, tenietdoen, het effect bederven* 0.3 *uitschakelen* ⇒*afzetten* ⟨motor⟩ 0.4 *vetoën* ⇒*wegstemmen* 0.5 *laten doodgaan* ⟨personage in boek enz.⟩ 0.6 *overstelpen* ⇒*bedelven* 0.7 ⟨inf.⟩ *pijn doen* 0.8 ⟨inf.⟩ *schrappen* ⟨tekst⟩ 0.9 ⟨sl.⟩ *soldaat maken* ⇒*leegdrinken, opeten* 0.10 ⟨tennis⟩ *afmaken* 0.11 ⟨voetbal⟩ *doodmaken/leggen* ⇒*stoppen* ◆ 1.2 that peacock blue chair ~s the soft grey of the carpet *door het pauwblauw v. die stoel komt het zachte grijs v.d. vloerbedekking niet tot zijn recht/niet uit* 1.4 ~ a bill *een wetsontwerp wegstemmen* 1.6 ~ with kindness *met (overdreven) vriendelijkheid overstelpen* 1.7 my feet are ~ing me *ik verga v.d. pijn in mijn voeten* 1.9 ~ a bottle of wine *een fles wijn soldaat maken/leegdrinken* 1.¶ ~ sound *geluid dempen* 4.1 ⟨inf.⟩ ~ o.s. *zich uit de naad werken;* ⟨inf.⟩ ~ o.s. (laughing/with laughter) *zich een ongeluk/bult lachen, in een deuk liggen* 5.1 ~ **off** *afmaken, uit de weg ruimen, uitroeien* ¶.1 be ~ed *om het leven komen.*

'kill·deer ⟨telb.zn.; ook killdeer;→mv. 4⟩⟨dierk.⟩ 0.1 *killdeerplevier* ⟨Charadrius vociferus⟩.

'kill-dev·il¹ ⟨zn.⟩
I ⟨telb.zn.⟩ 0.1 *lepel* ⇒*(ronddraaiend) kunstaas;*
II ⟨n.-telb.zn.⟩ 0.1 *(Westindische)rum* 0.2 *bocht* ⇒*minderwaardige drank.*

kill-devil² ⟨bn., attr.⟩ 0.1 *dodelijk.*

kill·er ['kɪlə‖-ər]⟨f3⟩⟨telb.zn.⟩ 0.1 *moordenaar* 0.2 *slachter* 0.3 *ladykiller* ⇒*charmeur* 0.4 ⟨inf.⟩ *juweel* ⇒*prachtexemplaar* 0.5 ⟨sl.⟩ *stickie* ⇒*joint* 0.6 ⟨verk.⟩ ⟨killer whale⟩ ◆ 1.1 ⟨fig.; tennis⟩ his service was a ~ *hij had een dodelijke/verwoestende service.*

'killer disease ⟨telb.zn.⟩ 0.1 *dodelijke ziekte.*

'killer whale ⟨telb.zn.⟩ 0.1 *orka* ⇒*zwaardwalvis.*

kil·lick ['kɪlɪk], **kil·lock** ['kɪlɒk‖-lɑk]⟨telb.zn.⟩ 0.1 *(klein)anker* ⇒⟨i.h.b.⟩ *stenen anker* 0.2 ⟨BE; sl., marine⟩ *zeeofficier.*

kil·li·fish ['kɪlifɪʃ]⟨telb.zn.; ook killifish;→mv. 4⟩ 0.1 *eierleggende tandkarper* ⟨fam. Cyprinodontidae⟩ 0.2 *levendbarende tandkarper* ⟨fam. Poeciliidae⟩.

kill·ing¹ ['kɪlɪŋ]⟨f3⟩⟨telb.zn.; gerund v. kill⟩ 0.1 *moord* ⇒*doodslag, het doden* 0.2 *prooi* ⇒*buit* 0.3 *groot (financieel) succes* ◆ 3.3 make a ~ *zijn slag slaan, groot succes hebben, fortuin maken.*

killing² ⟨f1⟩⟨bn.; teg. deelw. v. kill; -ly⟩ 0.1 *dodelijk* ⇒*fataal* 0.2 *dodelijk vermoeiend* ⇒*slopend, uitputtend, moordend* 0.3 ⟨vero.; inf.⟩ *heel grappig* ⇒*om te gieren/brullen/je dood te lachen.*

'killing bottle ⟨telb.zn.⟩ 0.1 *spuitbus* ⟨om insekten te doden⟩.

'killing ground ⟨telb.zn.⟩ 0.1 *executieplaats.*

'kill·joy ⟨f1⟩⟨telb.zn.⟩ 0.1 *spelbreker* ⇒*spel/vreugdebederver, saai/somber iem..*

'kill shot ⟨telb.zn.⟩⟨sport⟩ 0.1 *afmaker* ⇒*onhoudbare slag/smash.*

'kill·time¹ ⟨telb.zn.⟩ 0.1 *tijdverdrijf.*

killtime² ⟨bn.⟩ 0.1 *om de tijd te doden.*

kiln¹ [kɪln]⟨f1⟩⟨telb.zn.⟩ 0.1 *oven* ⇒*pottenbakkersoven, kalkoven* 0.2 *kiln* ⟨oven om houtskool te bereiden⟩ 0.3 *eest* ⟨oven om graan e.d. te drogen⟩.

kiln², 'kiln·dry ⟨ov.ww.;→ww. 7⟩ 0.1 *eesten* ⇒*(in een oven) drogen.*

ki·lo ['ki:loʊ]⟨telb.zn.⟩⟨inf.⟩ 0.1 *kilo(gram)* 0.2 *kilometer.*

kilo- ['kɪlə-] 0.1 *kilo-* ◆ ¶.1 kilohertz *kilohertz.*

ki·lo·byte ['kɪləbaɪt]⟨telb.zn.⟩⟨comp.⟩ 0.1 *kilobyte* ⟨1024 ($=2^{10}$) bytes⟩.

ki·lo·cy·cle ['kɪləsaɪkl]⟨telb.zn.⟩ 0.1 *kilocycle* ⟨1000 hertz⟩.

kil·o·gram(me) [-græm]⟨f1⟩⟨telb.zn.⟩ 0.1 *kilogram.*

'kil·o·gram-'me·ter ⟨telb.zn.⟩ 0.1 *kilogrammeter.*

kil·o·li·tre, ⟨AE sp.⟩ **kil·o·li·ter** [-li:tə‖-li:ṭər]⟨telb.zn.⟩ 0.1 *kiloliter.*

ki·lo·me·tre, ⟨AE sp.⟩ **ki·lo·me·ter** [kɪ'lɒmɪtə‖'kɪləmi:ṭər]⟨f2⟩⟨telb.zn.⟩ 0.1 *kilometer.*

kil·o·ton(ne) [-tʌn]⟨telb.zn.⟩ 0.1 *kiloton* ⟨1000 ton TNT⟩ 0.2 *duizend ton* ⇒*kiloton.*

kil·o·watt [-wɒt‖-wɑt]⟨telb.zn.⟩ 0.1 *kilowatt.*

'kil·o·watt-'hour ⟨telb.zn.⟩ 0.1 *kilowattuur.*

kilt¹ [kɪlt]⟨f1⟩⟨telb.zn.⟩ 0.1 *kilt* 0.2 *Schotse rok.*

kilt² ⟨ov.ww.⟩ →kilted 0.1 *opnemen* ⇒*opschorten* ⟨rok⟩ 0.2 *plooien* ⟨rok⟩.

kilt·ed ['kɪltɪd]⟨bn.; volt. deelw. v. kilt⟩ 0.1 *geplooid* 0.2 *met kilt aan* ⇒*kiltdragend* ◆ 1.2 ~ regiments *kiltdragende regimenten, Schotse soldaten.*

kil·ter ['kɪltə‖-ər], **kel·ter** ['keltə‖-ər]⟨telb.zn.⟩ 0.1 *goede staat/conditie* ◆ 3.1 throw sth. out of ~ *iets in de war sturen* 6.1 **in** ~ *goed in orde;* **out of** ~ *niet in orde, in slechte staat, in de war; uit de pas;* **out of** ~ with *niet in overeenstemming met, tegenstrijdig met.*

kilt·ie ['kɪlti]⟨telb.zn.⟩ 0.1 *iem. met kilt* ⇒⟨i.h.b.⟩ *soldaat met kilt, Bergschot.*

kim·ber·lite ['kɪmbəlaɪt‖-bər-]⟨n.-telb.zn.⟩ 0.1 *kimberliet* ⇒*blue ground* ⟨stollingsgesteente in mijnen in Zuid-Afrika, primaire bron v. diamanten⟩.

ki·mo·no [kɪ'moʊnoʊ]⟨f1⟩⟨telb.zn.⟩ 0.1 *kimono.*

kin [kɪn]⟨f2⟩⟨n.-telb.zn.⟩ 0.1 *familie* ⇒*geslacht, verwanten, maagschap* ◆ 1.1 kith and ~ *vrienden en verwanten* 2.1 they are near (of) ~ *dat zijn nauwe verwanten* 3.1 kissing ~ *familieleden die gezoend worden bij een ontmoeting;* I shook hands with cousin Jack; we are not kissing ~ *ik gaf neef Jack een hand; we zoenen elkaar nooit* 3.¶ ⟨sl.⟩ kissing ~ *bij elkaar passende voorwerpen/mensen* 6.1 next **of** ~ *naaste verwanten/familie;* no ~ **to** him *geen familie v. hem.*

-kin [-kɪn]⟨verkleinend affix⟩ 0.1 *-(t)je* ◆ ¶.1 catkin *katje;* lambkin *lammetje.*

kin·aes·the·sia, ⟨AE sp. ook⟩ **kin·es·the·sia** ['kɪnəs'θi:zɪə, 'kaɪ-, -ʒə], **kin·aes·the·sis** ['kɪnəs'θi:sɪs]⟨n.-telb.zn.⟩ 0.1 *kinesthesie* ⇒*bewegingszin* ⟨het voelen v.d. beweging der spieren⟩.

kinch ['kɪntʃ]⟨telb.zn.⟩⟨Sch. E⟩ 0.1 *lus* ⇒*strik* ⟨in touw⟩.

kin·cob, kin·kob, kin·khab ['kɪŋkəb‖-kɑb]⟨n.-telb.zn.⟩ 0.1 *brokaat* ⇒*goud/zilverbrokaat.*

kind¹ [kaɪnd]⟨f4⟩⟨zn.⟩
I ⟨telb.zn.⟩ 0.1 *soort* ⇒*type, aard, geslacht, ras* 0.2 *wijze* ⇒*manier v. doen* 0.3 ⟨relig.⟩ *gedaante* ⟨v. communie⟩ ◆ 3.1 be s.o.'s ~ *iemands type zijn* 4.1 sth. of the ~ *zoiets, iets dergelijks;* nothing of the ~ *niets v. dien aard, absoluut niet, geen sprake van;* three of a ~ *drie gelijke(n)/dezelfde(n);* those girls are all of a ~

die meisjes zijn allemaal eender/hetzelfde **6.1** a ~ **of** *een soort;* all ~s **of** *allerlei;* ⟨pej.⟩ they gave us beer **of** a ~ *zij gaven ons iets dat voor bier moest doorgaan;* this is the ~ **of** car I was talking about *dit is het type auto waar ik het over had;* the best **of** its ~ *de beste in zijn soort* **6.3** in many churches communion is given **in** one ~ *in veel kerken wordt de communie onder één gedaante uitgereikt* ⟨alleen brood of alleen wijn⟩; **in** two ~s *onder twee/beide gedaanten* ⟨zowel brood als wijn⟩ **7.1** this/ ⟨inf.⟩ these ~ of children are a nuisance *dit is een lastig slag kinderen, dit soort kinderen is lastig;* what ~ of (a) bike have you got? *wat heb jij voor (een) fiets?;* I haven't got that ~ of money *zulke bedragen heb ik niet;*

II ⟨n.-telb.zn.⟩ **0.1** ***wezen*** ⇒*karakter, soort* **0.2** ⟨vero.⟩ ***natuur*** ◆ **6.1** those people act **after** their ~ *die mensen handelen naar hun aard;* it's not a matter of degree, there's a difference **in** ~ *het is geen kwestie van gradatie, er is een wezenlijk verschil* **6.¶ in** ~ *in natura; op dezelfde manier, met gelijke munt;* ⟨fig.⟩ the insults were repaid **in** ~ *de beledigingen werden met gelijke munt terugbetaald.*

kind² ⟨f3⟩ ⟨bn.; -er; →compar. 7⟩ ⟨→sprw. 369⟩ **0.1** ***vriendelijk*** ⇒*aardig, beminnelijk, attent, lief* **0.2** ***mild*** ⇒*gunstig* ◆ **1.1** with ~ regards *met vriendelijke groeten* **1.2** ~ weather *gunstig weer* **3.1** how ~ of them to send her flowers *wat aardig/attent v. hen om haar bloemen te sturen;* would you be ~ enough to/so ~ as to open the window *zoudt u zo vriendelijk willen zijn het raam open te doen* **6.1** she was very ~ **about** the broken teapot *ze deed helemaal niet moeilijk over die gebroken theepot;* be ~ **to** animals *lief/goed zijn voor dieren;* this soap is ~ **to** your hands *deze zeep is zacht voor uw handen.*

kind·a ['kaɪndə], **kind of** ⟨f1⟩ ⟨bw.⟩ ⟨vnl. AE; inf.⟩ **0.1** ***wel*** ⇒*best, nogal* ◆ **2.1** he's ~ cute *hij is wel leuk/heeft wel iets/is best een schatje;* I was ~ scared *ik was een beetje bang* **3.1** I ~ like him *ik mag hem wel.*

kin·der·gar·ten ['kɪndəgɑ:tn‖-dərgɑrtn] ⟨f2⟩ ⟨telb.zn.⟩ **0.1** ***kleuterschool.***

'kind'heart·ed ⟨f1⟩ ⟨bn.; -ly; -ness⟩ **0.1** ***goedaardig*** ⇒*vriendelijk, aardig, goed, attent.*

kin·dle¹ ['kɪndl] ⟨telb.zn.⟩ ⟨gew.⟩ **0.1** ***nest*** ⟨vnl. katjes of konijnen⟩ ◆ **6.¶ in** ~ *drachtig* ⟨vnl. v. konijn⟩.

kindle² ⟨f1⟩ ⟨ww.⟩ →kindling ⟨→sprw. 370, 758⟩

I ⟨onov.ww.⟩ **0.1** ***ontbranden*** ⇒*(op)vlammen, vlam vatten* **0.2** ***stralen*** ⇒*gloeien, fonkelen, vlammen, oplichten* ◆ **1.1** wet wood doesn't ~ easily *nat hout vat maar moeilijk vlam* **5.2** ~ **up** *stralen, gloeien* **6.2** her eyes ~d **with** joy *haar ogen straalden van geluk;*

II ⟨onov. en ov.ww.⟩ **0.1** ***(jongen) werpen*** ⟨vnl. v. konijn⟩;

III ⟨ov.ww.⟩ **0.1** ***ontsteken*** ⇒*aansteken, doen (op)vlammen/(ont)branden, in brand steken, in vlam zetten* **0.2** ***opwekken*** ⇒*doen stralen/gloeien, ontsteken* ◆ **1.2** I don't know what ~d their hatred of him *ik weet niet waardoor ze hem zijn gaan haten* **5.2** ~ **up** *opwekken, doen gloeien.*

kin·dling ['kɪndlɪŋ] ⟨f1⟩ ⟨zn.; oorspr. gerund v. kindle⟩

I ⟨telb.zn.⟩ **0.1** ***gloed*** **0.2** ***worp*** ⟨vnl. v. konijn⟩ ◆ **1.1** a ~ of enthusiasm *een vonkje v. enthousiasme;*

II ⟨n.-telb.zn.⟩ **0.1** ***het (ont)branden*** **0.2** ***het ontsteken*** **0.3** ***het werpen*** ⟨vnl. v. konijn⟩ **0.4** ***aanmaakhout*** ⇒*vuurmakers, aanmaakkrullen/gras;*

III ⟨mv.; ~s⟩ **0.1** ***aanmaakhout*** ⇒*vuurmakers, aanmaakkrullen/gras* ◆ **3.1** gather ~ *hout sprokkelen.*

kind·ly¹ ['kaɪndli] ⟨f2⟩ ⟨bn.; ook -er; -ness; →bijw. 3⟩ **0.1** ***vriendelijk*** ⇒*(goed)aardig, beminnelijk, gemoedelijk, zachtmoedig* **0.2** ***mild*** ⇒*gunstig, prettig* ⟨v. klimaat⟩ **0.3** ⟨vero.⟩ ***geboren*** ⇒*v. geboorte* ◆ **1.3** a ~ Scot *een Schot van geboorte, een geboren Schot.*

kindly² ⟨f2⟩ ⟨bw.⟩ **0.1** →kind² **0.2** ***alstublieft*** ◆ **3.1** I would take it ~ if you did that for me *ik zou het prettig vinden als je dit voor me deed;* he did not take ~ to rules *hij moest niets hebben van regels;* thank you ~ *hartelijk bedankt* **3.2** ~ acknowledge *bevestigen a.u.b..*

kind·ness ['kaɪndnəs] ⟨f3⟩ ⟨zn.⟩

I ⟨telb.zn.⟩ **0.1** ***vriendelijke daad*** ⇒*iets aardigs, gunst* ◆ **3.1** do s.o. a ~ *iets aardigs voor iem. doen;* ⟨BE⟩ please do me the ~ to reply at once *wees zo vriendelijk direct te antwoorden;*

II ⟨n.-telb.zn.⟩ **0.1** ***vriendelijkheid*** ⇒*vriendelijke aard, aardigheid* ◆ **3.1** please have the ~ to reply *wees zo vriendelijk te antwoorden* **6.1 out of** ~ *uit goedheid.*

kin·dred¹ ['kɪndrɪd] ⟨f1⟩ ⟨zn.; kindred; →mv. 4⟩

I ⟨n.-telb.zn.⟩ **0.1** ***verwantschap*** ◆ **3.1** claim ~ with s.o. *zeggen aan iem. verwant te zijn/dat je familie v. iem. bent;*

II ⟨mv.⟩ **0.1** ***verwanten*** ⇒*familieleden, familie* ◆ **6.1** most **of** his ~ were there *de meesten v. zijn verwanten waren er, het grootste deel v. zijn familie was er.*

kindred² ⟨f1⟩ ⟨bn., attr.⟩ **0.1** ***verwant*** ◆ **1.1** a ~ spirit *een verwante geest.*

kine [kaɪn] ⟨mv.⟩ ⟨vero.⟩ →cow.

ki·ne·ma →cinema.

kin·e·mat·ic ['kɪnɪ'mætɪk] ⟨bn.⟩ **0.1** ***kinematisch*** ◆ **1.1** ⟨nat.⟩ ~ viscosity *kinematische viscositeit.*

kin·e·mat·ics ['kɪnɪ'mætɪks] ⟨n.-telb.zn.⟩ **0.1** ***kinematica*** ⇒*bewegingsleer.*

kinematograph →cinematograph.

ki·ne·sics [kɪ'ni:sɪks, kaɪ-] ⟨zn.⟩

I ⟨n.-telb.zn.⟩ **0.1** ***studie v. lichaambewegingen als communicatiemiddel*** ⇒*studie v. lichaamstaal;*

II ⟨mv.; ww. vnl. enk.⟩ **0.1** ***lichaamsbewegingen als communicatiemiddel*** ⇒*lichaamstaal* ⟨schouderophalen, blozen enz.⟩.

ki·ne·si·ol·o·gy [kɪ'ni:si'ɒlədʒi, kaɪ-‖-'ɑlə-] ⟨n.-telb.zn.⟩ **0.1** ***kinesiologie*** ⇒*fysiologische bewegingsleer.*

ki·net·ic [kɪ'netɪk, kaɪ-] ⟨f1⟩ ⟨bn.; -ally; →bijw. 3⟩ **0.1** ***kinetisch*** ⇒*v. (d.) beweging, bewegings-* ◆ **1.1** ~ art *kinetische kunst;* ⟨nat.⟩ ~ energy *kinetische energie, arbeidsvermogen v. beweging;* ⟨nat.⟩ ~ theory of gases *kinetische gastheorie* ⟨gassen bestaan uit moleculen in beweging⟩.

ki·net·i·cism [kɪ'netɪsɪzm, kaɪ-] ⟨n.-telb.zn.⟩ **0.1** ***kinetische kunst.***

ki·net·ics [kɪ'netɪks, kaɪ-] ⟨n.-telb.zn.⟩ **0.1** ***kinetica*** ⇒*dynamica, bewegingsleer, kinematica.*

kinfolk(s) →kinsfolk.

king¹ [kɪŋ] ⟨f3⟩ ⟨zn.⟩ ⟨→sprw. 71, 336, 556, 583⟩

I ⟨telb.zn.⟩ **0.1** ⟨vaak K-⟩ ***koning*** ⇒*vorst, monarch, heerser;* ⟨fig.⟩ ***magnaat, baron*** ⟨in industrie⟩ **0.2** ⟨schaken; kaartspel⟩ ***koning*** ⇒*heer* **0.3** ⟨dammen⟩ ***dam*** **0.4** ***dronk op de koning*** ⇒*toast* ◆ **1.1** ⟨BE⟩ King at/of Arms *wapenkoning, koning v.d. wapenen, opperste der herauten;* the lion is the ~ of beasts *de leeuw is de koning der dieren;* King in Council *de koning en zijn raadslieden;* the oak is the ~ of the forest *de eik is de koning v.h. woud;* the King of Kings *de Koning der koningen* ⟨ook oosterse titel⟩; *God;* King in Parliament *de koning en het parlement/Hoger- en het Lagerhuis;* Elvis was the (uncrowned) ~ of rock *Elvis was de (ongekroonde) koning v.d. rock;* the ~ of terrors *de koning der verschrikking, de dood;* ⟨gesch.⟩ the King over the water *de koning v. over het water, de Schotse pretendent* **1.2** the ~ of hearts *hartenkoning, hartenheer* **1.¶** I am the King of the Castle ⟨spel waarbij men probeert de King v. zijn heuveltje af te krijgen⟩ **3.3** go to ~ *een dam halen* **7.¶** the King *de Koning, Christus, God; Elvis Presley;*

II ⟨mv.; ~s⟩ **0.1** ⟨K-⟩ ***(Boeken der) Koningen*** ⟨11e en 12e boek v. O.T.⟩ **0.2** ⟨inf.⟩ ***pakje king-size sigaretten.***

king² ⟨ov.ww.⟩ **0.1** ***koning maken*** ⇒*tot koning verheffen* ◆ **4.¶** ~ it *koning/de baas spelen, heersen.*

'king·bird ⟨telb.zn.; ook K-⟩ ⟨dierk.⟩ **0.1** ***koningsvogel*** ⟨genus Tyrannus⟩ **0.2** ***koningsparadijsvogel*** ⟨Cicinnurus regius⟩.

'king·bolt ⟨telb.zn.⟩ ⟨tech.⟩ **0.1** ***hoofdbout*** **0.2** ***stalen middenstijl*** ⟨v. dak⟩.

King 'Charles's 'Head [-'tʃɑ:lzɪz‖-'tʃɑr-] ⟨telb.zn.⟩ **0.1** ***obsessie*** ⇒*idee-fixe.*

'King 'Charles spaniel [-'tʃɑ:lz-‖-'tʃɑr-] ⟨telb.zn.⟩ **0.1** ***King Charles (spaniel)*** ⟨Engelse dwergspaniël⟩.

'king 'cobra ⟨telb.zn.⟩ ⟨dierk.⟩ **0.1** ***koningscobra*** ⟨Ophiophagus hannah⟩.

'king 'crab ⟨telb.zn.⟩ ⟨dierk.⟩ **0.1** ***degenkrab*** ⟨genus Limulus⟩.

'king·craft ⟨n.-telb.zn.⟩ **0.1** ***regeerkunst*** ⇒*kunst v.h. regeren.*

'king·cup ⟨telb.zn.⟩ ⟨plantk.⟩ **0.1** ***boterbloem*** ⟨genus Ranunculus⟩ ⇒⟨i.h.b.⟩ *knolboterbloem* ⟨R. bulbosus⟩; *scherpe boterbloem* ⟨R. acris⟩ **0.2** ⟨BE⟩ ***dotterbloem*** ⟨Caltha palustris⟩.

king·dom ['kɪŋdəm] ⟨f3⟩ ⟨telb.zn.⟩ **0.1** ***koninkrijk*** ⇒*rijk, domein, koningdom* ◆ **1.1** the Kingdom of God *het koninkrijk Gods;* the ~ of heaven *het koninkrijk der hemelen.*

'kingdom 'come ⟨n.-telb.zn.⟩ ⟨inf.⟩ **0.1** ***de andere wereld*** ⇒*het hiernamaals* ◆ **3.1** blow to ~ *naar de andere wereld/om zeep helpen;* go to ~ *naar de andere wereld verhuizen, dood gaan;* gone to ~ *kasje zes/wijlen, dood;* knock s.o. to ~ *iem. bewusteloos slaan* **6.1 until/till** ~ *tot sint-juttemis, tot je een ons weegt.*

'king 'eider ⟨telb.zn.⟩ ⟨dierk.⟩ **0.1** ***koningseider*** ⟨Somateria spectabilis⟩.

'King 'Emperor ⟨telb.zn.⟩ **0.1** ***koning-keizer.***

'king·fish ⟨telb.zn.⟩ **0.1** ⟨AE; inf.⟩ ***kopstuk*** ⇒*grote man, leider, belangrijke figuur, coryfee* **0.2** ⟨dierk.⟩ ***koningsvis*** ⟨Lampris guttatus⟩ **0.3** ⟨dierk.⟩ ***Spaanse makreel*** ⟨Pneumatophorus colias⟩.

'king·fish·er ⟨telb.zn.⟩ ⟨dierk.⟩ **0.1** ***ijsvogel*** ⟨fam. Alcedinidae⟩.

king·hood ['kɪŋhʊd] ⟨n.-telb.zn.⟩ **0.1** ***koningschap*** ⟨ook regeringsvorm⟩ ⇒*waardigheid/staat v. koning.*

'King 'James(')s Bible, 'King 'James(')s Version [-'dʒeɪmz(ɪz)-] ⟨n.-telb.zn.; the⟩ ⟨vnl. AE⟩ **0.1** ***King James version*** ⟨officiële anglicaanse bijbelvertaling uit 1611⟩.

king kong ['kɪŋ'kɒŋ‖-'kɑŋ] ⟨n.-telb.zn.; ook K- K-⟩ ⟨sl.⟩ **0.1** ***sterke goedkope whisky/wijn*** ⇒*stevig bocht.*

king·less ['kɪŋləs]⟨bn.⟩ **0.1** ***zonder koning***.

king·let ['kɪŋlɪt]⟨telb.zn.⟩ **0.1** ***koninkje*** **0.2** ⟨dierk.⟩ ***goudhaantje*** ⟨vogel; fam. Regulinae⟩.

king·like ['kɪŋlaɪk]⟨bn.; bw.⟩ **0.1** ***koninklijk*** ⇒*als een koning, passend bij een koning, majesteitelijk*.

king·ling ['kɪŋlɪŋ]⟨telb.zn.⟩ **0.1** ***koninkje***.

'King 'Log ⟨telb.zn.⟩ **0.1** ***zeer nalatige/tirannieke heerser***.

king·ly ['kɪŋli]⟨bn.; bw.; -er; -ness; →bijw. 3⟩ **0.1** ***koninklijk*** ⇒*passend bij een koning, majesteitelijk* ◆ **1.1** in a ~ fashion *zoals het een koning betaamt*.

'king·mak·er ⟨telb.zn.⟩ **0.1** ***iem. die een ander/anderen aan de macht brengt*** ⟨oorspr. de graaf v. Warwick⟩ ⇒*machtige figuur achter de schermen, persoon die aan de touwtjes trekt*.

'king 'penguin ⟨telb.zn.⟩⟨dierk.⟩ **0.1** ***koningspinguïn*** ⟨Aptenodytes patagonica⟩.

'king pin ⟨telb.zn.⟩ **0.1** ⟨tech.⟩ ***hoofdbout*** **0.2** ⟨tech.⟩ ***fuseepen*** ⟨auto⟩ **0.3** ⟨tech.⟩ ***draaistelbout*** **0.4** ⟨bowling⟩ ***koning*** ⟨voorstaande puntkegel of vijfde kegel met 'kroon'⟩ **0.5** ***spil*** ⟨fig.⟩ ⇒*leidende figuur, belangrijkste persoon*.

'king post ⟨telb.zn.⟩ **0.1** ***makelaar*** ⇒*koningsstijl, middenstijl* ⟨dak⟩; *hangstijl* ⟨hangkap⟩ **0.2** ***hoofdstaander*** ⟨kraan⟩.

'King's 'Bench (Division), 'Queen's 'Bench (Division) ⟨telb.zn.⟩ ⟨BE⟩ **0.1** ***King's/Queen's Bench (Division)*** ⟨afdeling v.h. Engelse Hooggerechtshof⟩.

'king's 'bishop ⟨telb.zn.⟩⟨schaken⟩ **0.1** ***koningsloper***.

'king's 'bounty, 'queen's 'bounty ⟨telb.zn.⟩⟨BE; gesch.⟩ **0.1** ***premie/toelage voor een drieling***.

'King's 'colour, 'Queen's 'colour ⟨telb.zn.⟩⟨BE⟩ **0.1** ***vlag*** ⇒*vaandel, standaard*.

'King's 'Counsel, 'Queen's 'Counsel ⟨telb.zn.⟩⟨BE⟩ **0.1** ***King's/Queen's Counsel*** ⟨ererang v. advocaten⟩ **0.2** ***lid v.d. King's/Queen's Counsel***.

'King's 'English, 'Queen's 'English ⟨eig.n.⟩⟨BE⟩ **0.1** ***standaard Engels*** ⇒*correct Engels, BBC Engels, algemeen beschaafd Engels*.

'king's 'evidence, 'queen's 'evidence ⟨n.-telb.zn.⟩⟨BE⟩ **0.1** ***misdadiger die getuigenis aflegt tegen zijn medeplichtige(n)*** ◆ **3.1** turn ~ *tegen medeplichtige(n) getuigen* ⟨om strafvermindering te krijgen⟩.

'king's 'evil ⟨telb. en n.-telb.zn.⟩ **0.1** ***koningszeer*** ⇒*kropzweren, scrofulose* ⟨klierziekte die volgens traditie door handoplegging v.e. koning genezen kon worden⟩.

'King's 'Guide, 'Queen's 'Guide ⟨telb.zn.⟩⟨BE⟩ **0.1** ***gids/padvindster v.d. hoogste rang*** ⟨die alle vaardigheidsproeven heeft afgelegd⟩.

'king's 'highway, 'queen's 'highway ⟨telb.zn.⟩⟨BE⟩ **0.1** ***openbare weg*** ⇒*openbaar pad*.

king·ship ['kɪŋʃɪp]⟨f1⟩⟨n.-telb.zn.⟩ **0.1** ***koningschap*** ⇒⟨ook regeringsvorm⟩ *waardigheid/staat v. koning* **0.2** ⟨zelden⟩ ***regering (speriode)***.

'King·side ⟨telb.zn.⟩⟨schaken⟩ **0.1** ***koningsvleugel***.

'king·size, 'king·siz·ed ⟨f1⟩⟨bn.⟩ **0.1** ***kingsize*** ⇒*extra lang/groot*.

'king's 'knight ⟨telb.zn.⟩⟨schaken⟩ **0.1** ***koningspaard***.

'King's 'Messenger, 'Queen's 'Messenger ⟨telb.zn.⟩⟨BE⟩ **0.1** ***koerier*** ⟨in diplomatieke dienst⟩.

'king's 'pawn ⟨telb.zn.⟩⟨schaken⟩ **0.1** ***koningspion***.

'King's 'peace ⟨n.-telb.zn.⟩ **0.1** ***openbare orde (en veiligheid)***.

'King's 'Proctor, 'Queen's 'Proctor ⟨telb.zn.⟩⟨BE⟩ **0.1** ***vertegenwoordiger v.d. Kroon*** ⟨die bij het vermoeden v. onregelmatigheden wordt ingeroepen bij echtscheidingsprocessen en verificatie v. testamenten⟩.

'king's 'ransom ⟨telb.zn.⟩ **0.1** ***fortuin*** ⇒*schatten geld* ◆ **2.1** it's worth a ~ *het is schatten geld waard*.

'King's Re'membrancer, 'Queen's Re'membrancer ⟨telb.zn.⟩⟨BE⟩ **0.1** ⟨ong.⟩ ***deurwaarder voor de Kroon***.

'king's 'rook ⟨telb.zn.⟩⟨schaken⟩ **0.1** ***koningstoren***.

'King's 'Scholar, 'Queen's 'Scholar ⟨telb.zn.⟩⟨BE⟩ **0.1** ***beursstudent (e)*** ⟨studeert op door de kroon verstrekte beurs⟩.

'King's 'Scout, 'Queen's 'Scout ⟨telb.zn.⟩⟨BE⟩ **0.1** ***padvinder/verkenner v.d. hoogste rang*** ⟨die alle vaardigheidsproeven heeft afgelegd⟩.

'King's 'shilling, 'Queen's 'shilling ⟨telb. en n.-telb.zn.⟩⟨BE; gesch.⟩ **0.1** ***(shilling als) wervingspremie (voor nieuwe rekruten)*** ◆ **3.1** take (the) ~ *onder dienst gaan, dienst nemen*.

'King's 'speech, 'Queen's 'speech ⟨telb.zn.⟩⟨BE⟩ **0.1** ***troonrede***.

'King 'Stork ⟨telb.zn.⟩ **0.1** ***zeer nalatige/tirannieke heerser***.

'king's 'yellow ⟨n.-telb.zn.⟩ **0.1** ***koningsgeel*** ⇒*operment*.

kink[1] [kɪŋk]⟨f1⟩⟨telb.zn.⟩ **0.1** ***kink*** ⇒*draai, kronkel, (valse) slag* ⟨in kabel, touw e.d.⟩, *knik* ⟨in draad e.d.⟩, *krul* ⟨in haar⟩ **0.2** ***kronkel*** ⇒*eigenaardigheid, excentriek trekje, gril, afwijking* **0.3** ***truc*** ⇒*foefje, handigheidje, slimme oplossing* **0.4** ***kramp*** ⇒*stijve nek* **0.5** ***probleem*** ⇒*moeilijkheid, kink in de kabel* **0.6** ⟨sl.⟩ ***seksuele afwijking*** ⇒*perversiteit* **0.7** ⟨sl.⟩ ***pervers iem.*** ⇒*perverseling, viezerd* ◆ **1.1** no water? there must be a ~ in the hose *geen water? er zal wel een knik in de slang zitten*.

kink[2] ⟨onov. en ov.ww.⟩ **0.1** ***knikken*** ⇒*(doen) kinken, knakken*.

kink·a·jou ['kɪŋkədʒu:]⟨telb.zn.⟩⟨dierk.⟩ **0.1** ***kinkajoe*** ⇒*rolstaartbeer* ⟨Potos flavus⟩.

kink·y[1] ['kɪŋki]⟨telb.zn.; →mv. 2⟩⟨sl.⟩ **0.1** ***gestolen goed/spul*** ⇒⟨i.h.b.⟩ *gejatte auto*.

kinky[2] ⟨f1⟩⟨bn.; -er; -ness; →bijw. 3⟩ **0.1** ***kroezig*** ⇒*krullig, krullend, kroes-, vol krullen* **0.2** ***kronkelig*** ⇒*verward, in de knoop* **0.3** ***raar*** ⇒*excentriek, zonderling, buitenissig, bizar, verknipt* **0.4** ⟨inf.⟩ ***pervers*** ⇒*seksueel afwijkend* **0.5** ⟨inf.⟩ ***oneerlijk*** **0.6** ⟨sl.⟩ ***gejat*** ⇒*gegapt, gestolen* **0.7** ⟨sl.⟩ ***sexy*** ⇒*opwindend* ⟨v. kleren⟩ ◆ **1.7** ~ boots *sexy laarzen, lange zwarte laarzen*.

'kink·y-head ⟨telb.zn.⟩⟨sl.; bel.⟩ **0.1** ***nikker*** ⇒*zwarte, bruine*.

kin·less ['kɪnləs]⟨bn.; -ly⟩ **0.1** ***zonder familie***.

ki·no ['ki:noʊ]⟨n.-telb.zn.⟩ **0.1** ***kino*** ⟨gedroogd plantensap gebruikt als looistof⟩.

-kins [-kɪnz] **0.1** ***-(t)je*** ⇒*-pje, -(t)jelief* ◆ **¶.1** babykins *babytjelief*.

kins·folk ['kɪnzfoʊk], **kin·folk** ['kɪnfoʊk], **kin·folks** [-foʊks]⟨f1⟩ ⟨mv.; ww. enkel mv.⟩ **0.1** ***familie*** ⇒*verwanten, familieleden*.

kin·ship ['kɪnʃɪp]⟨f1⟩⟨telb. en n.-telb.zn.⟩ **0.1** ***verwantschap*** ⇒*familiebetrekking, het verwant zijn, familierelatie* **0.2** ***verwantschap*** ⇒*affiniteit, overeenkomst*.

kins·man ['kɪnzmən]⟨telb.zn.; kinsmen [-mən]; →mv. 3⟩ **0.1** ***(bloed)verwant*** ⇒*aanverwant, familielid* **0.2** ***rasgenoot*** ⇒*landgenoot*.

kins·wo·man ⟨telb.zn.; kinswomen; →mv. 3⟩ **0.1** ***(bloed)verwante*** ⇒*aanverwante, (vrouwelijk) familielid* **0.2** ***rasgenote*** ⇒*landgenote*.

ki·osk ['ki:ɒsk‖'ki:ɑsk]⟨f1⟩⟨telb.zn.⟩ **0.1** ***kiosk*** ⇒*stalletje* **0.2** ⟨vnl. AE⟩ ***reclamezuil*** **0.3** ⟨BE⟩ ***telefooncel*** **0.4** ***kiosk*** ⇒*paviljoen, paleisje* ⟨in Turkije⟩.

kip[1] [kɪp]⟨zn.⟩

I ⟨telb.zn.⟩ **0.1** ***(ongelooide) huid v.e. jong dier*** **0.2** ⟨BE; inf.⟩ ***slaapplaats*** ⇒*bed, pension/hotelkamer, onderdak* **0.3** ⟨BE; inf.⟩ ***dutje*** ⇒*slaap(je)* ◆ **3.2** we'll have to find a ~ for the night *we moeten voor vannacht een hotelletje zoeken* **3.3** have a ~ *een dutje gaan doen, gaan pitten, een uiltje gaan knappen*;

II ⟨n.-telb.zn.⟩⟨BE; inf.⟩ **0.1** ***slaap*** ⇒*nachtrust* ◆ **3.1** I'm going to have some ~ *ik ga pitten, ik ga een dutje doen*.

kip[2] ⟨telb.zn.; kip; →mv. 4⟩ **0.1** ***kip*** ⟨munteenheid v. Laos⟩.

kip[3] ⟨onov.ww.; →ww. 7⟩⟨BE; inf.⟩ **0.1** ***pitten*** ⇒*maffen, slapen* **0.2** ***gaan pitten*** ⇒*gaan maffen/slapen* ◆ **5.1** ~ **out** *in de open lucht/buiten maffen/pitten* **5.2** ~ **down** *gaan pitten/slapen, plat gaan*.

'kip-down ⟨telb.zn.⟩⟨BE; inf.⟩ **0.1** ***slaap(je)*** ⇒*dutje* ◆ **3.1** have a ~ *een dutje doen, (gaan) pitten*.

kip·per[1] ['kɪpə‖-ər]⟨f1⟩⟨zn.⟩

I ⟨telb.zn.⟩ **0.1** ***mannetjeszalm*** ⟨in paaitijd⟩;

II ⟨telb. en n.-telb.zn.⟩ **0.1** ***gerookte (zoute) haring*** ⇒*kipper*.

kipper[2] ⟨ov.ww.⟩ **0.1** ***licht zouten en roken*** ⟨haring, zalm⟩ ◆ **1.1** ~ed herring *gerookte (zoute) haring*.

'kipper 'tie ⟨telb.zn.⟩⟨BE; inf.⟩ **0.1** ***wijde, opzichtige das*** ⟨vnl. in zestiger jaren⟩.

Kir·ghiz[1] ['kɜ:gɪz‖'kɪr'gi:z]⟨zn.; ook Khirgiz; →mv. 4⟩

I ⟨eig.n.⟩ **0.1** ***Kirgizisch*** ⟨taal der Kirgiezen⟩;

II ⟨telb.zn.⟩ **0.1** ***Kirgies*** ⟨lid v.h. volk der Kirgiezen in Azië⟩.

Kirghiz[2] ⟨bn.⟩ **0.1** ***Kirgizich*** ⇒*v./mbt. de Kirgiezen*.

kirk [kɜ:k‖kɜrk]⟨zn.⟩

I ⟨telb.zn.⟩⟨Sch. E⟩ **0.1** ***kerk***;

II ⟨n.-telb.zn.; K-; the⟩ **0.1** ***Schotse (nationale) kerk*** ⟨presbyteriaanse Kerk⟩ ◆ **1.1** the Kirk of Scotland *de Schotse (nationale) Kerk*.

kirk·man ['kɜ:kmən‖'kɜrk-]⟨telb.zn.; kirkmen [-mən]; →mv. 3⟩ **0.1** ***lid v.d. Schotse Kerk*** ⇒*presbyteriaan*.

'kirk session ⟨telb.zn.⟩⟨Sch. E⟩ **0.1** ***kerkeraad*** ⟨v. Schotse Kerk⟩.

kirsch [kɪəʃ‖kɪrʃ], **kirsch·was·ser** ['kɪəʃvɑ:sə‖'kɪrʃvɑsər]⟨n.-telb.zn.⟩ **0.1** ***kirsch(wasser)***.

kir·tle [kɜ:tl‖kɜrtl]⟨telb.zn.⟩⟨gesch.⟩ **0.1** ***lange jurk*** ⇒*lange rok, tunica* ⟨v. vrouw in middeleeuwen⟩ **0.2** ***lange tuniek*** ⇒*lijfrok, jas* ⟨v. man tot 16e eeuw⟩.

kis·met, kis·mat ['kɪzmet, 'kɪs-]⟨n.-telb.zn.; ook K-⟩ **0.1** ***kismet*** ⇒*noodlot*.

kiss[1] [kɪs]⟨f3⟩⟨telb.zn.⟩ **0.1** ***kus(je)*** ⇒*zoen(tje)* **0.2** ***snoepje*** ⇒*chocolaatje, schuimpje* **0.3** ***beroering*** ⇒*(lichte) aanraking, contact*; ⟨biljart⟩ *klos, klots, bots, stoot* ◆ **1.1** ⟨relig.⟩ ~ of peace *vredeskus* **1.¶** ~ of death *judaskus, doodsteek*; ⟨vnl. BE⟩ **¶** ~ of life *mond-op-mondbeademing*; ⟨bij uitbr.⟩ *reddingsactie/operatie*; give the ~ of life *mond-op-mondbeademing geven*; ⟨bij uitbr.⟩ *de reddende hand toesteken, nieuw leven inblazen* **3.1** blow a ~ *een kushandje geven, een kus toewerpen*.

kiss[2] ⟨f3⟩ ⟨ww.⟩ →kissing ⟨→sprw. 440, 441⟩
I ⟨onov. en ov.ww.⟩ **0.1** ***kussen*** *⇒elkaar kussen, (elkaar) zoenen* **0.2** ***(even/licht) raken*** *⇒(elkaar) beroeren/even aanraken;* ⟨biljart⟩ *klotsen (tegen), een klos maken* ◆ **1.1** ~ the book *de bijbel kussen* ⟨bij eedaflegging⟩; ~ goodbye *gedag/vaarwel kussen;* ⟨fig.⟩ you can ~ goodbye to that *dat kan je wel uit je hoofd zetten; zeg maar dag met je handje* **3.1** ~ and be friends *het afzoenen, het weer goed maken* **5.1** ~ **away** *wegkussen;* she ~ed his tears **away/away** his tears *zij kuste zijn tranen weg;* don't you dare ~ my lipstick **off** *waag het niet mijn lippenstift eraf te zoenen;*
II ⟨ov.ww.⟩ →kiss off, kiss out.
kiss·a·ble ['kɪsəbl] ⟨bn.⟩ **0.1** ***om te zoenen.***
kis·sa·gram ['kɪsəgræm] ⟨telb.zn.⟩ **0.1** ***kuskaart.***
kiss-and-'tell ⟨bn., attr.⟩ ⟨inf.⟩ **0.1** ***(intieme/pikante details) onthullend*** ⟨v. memoires e.d.⟩ *⇒roddel-, uit de school klappend* ◆ **1.1** a ~ story *een roddelverhaal;* he's not a ~ type *hij kletst niet, hij klapt niet uit de school.*
'kiss ass[1] ⟨zn.⟩ ⟨sl.⟩
I ⟨telb.zn.⟩ **0.1** ***kontlikker;***
II ⟨n.-telb.zn.⟩ **0.1** ***kontlikkerij.***
kiss ass[2] ⟨onov. en ov.ww.⟩ ⟨sl.⟩ **0.1** ***kontlikken*** *⇒slijmen.*
'kiss-curl ⟨telb.zn.⟩ **0.1** ***spuuglok*** *⇒krulletje op het voorhoofd/bij het oor.*
kiss·er ['kɪsə‖-ər] ⟨telb.zn.⟩ **0.1** ***kusser*** **0.2** ⟨sl.⟩ ***bek*** *⇒mond, waffel, snoet, smoel* ◆ **2.1** he is a good ~ *hij zoent goed.*
kiss·ing[1] ['kɪsɪŋ] ⟨f1⟩ ⟨n.-telb.zn.; gerund v. kiss⟩ **0.1** ***het kussen.***
kissing[2] ⟨f1⟩ ⟨bn.; teg. deelw. v. kiss; -ly⟩ **0.1** ***kussend*** ◆ **1.1** ~ cousin/kin(d) *neef/nicht/familieleden die gezoend wordt/worden bij een ontmoeting;* I shook hands with cousin Jack; we are not ~ kin *ik gaf neef Jack een hand; we zoenen elkaar nooit* **1.¶** ⟨dierk.⟩ ~ bug *roofwants* ⟨fam. Reduviidae⟩; ⟨sl.⟩ ~ cousin *maat(je), boezemvriend(in); (geheime) liefde; evenbeeld;* ~ crust *zachte korst* ⟨waar het brood in de oven een ander brood raakte⟩; ⟨sl.⟩ ~ kin *bij elkaar passende voorwerpen/mensen.*
'kissing disease ⟨telb.zn.; the⟩ **0.1** ***knuffelziekte*** *⇒ziekte v. Pfeiffer.*
'kissing gate ⟨telb.zn.⟩ ⟨BE⟩ **0.1** ***tourniquet*** *⇒draaihekje, draaikruis.*
'kiss·ing-kin ⟨bn.⟩ ⟨sl.⟩ **0.1** ***bij (elkaar) passend*** **0.2** ***v. dezelfde stof*** ◆ **3.1** be ~ *de beste maatjes zijn.*
'kiss-in-the-'ring ⟨n.-telb.zn.⟩ ⟨spel⟩ **0.1** ⟨ong.⟩ ***zakdoekje leggen*** *⇒een twee drie vier vijf zes zeven.*
'kiss-me-quick ⟨telb.zn.⟩ **0.1** ***hoedje*** **0.2** ***spuuglok*** *⇒krulletje op het voorhoofd/bij het oor.*
'kiss 'off ⟨ov.ww.⟩ ⟨sl.⟩ **0.1** ***eruitgooien*** *⇒ontslaan, afdanken, wegdoen* **0.2** ***ontduiken*** *⇒ontwijken* **0.3** ***om zeep helpen*** *⇒doden* **0.4** ***schijt hebben aan*** *⇒negeren.*
'kiss 'out ⟨ov.ww.⟩ ⟨sl.⟩ **0.1** ***geen aandeel v.d. buit/winst geven.***
'kiss-proof ⟨bn.⟩ **0.1** ***kiss-proof*** *⇒kusbestendig, tegen kussen bestand* ⟨v. make-up⟩.
kist [kɪst] ⟨telb.zn.⟩ ⟨prehistorie⟩ **0.1** ***stenen doodkist*** **0.2** ***grafkamer.***
kit[1] [kɪt] ⟨f3⟩ ⟨zn.⟩
I ⟨telb.zn.⟩ **0.1** ***(gereedschaps)kist*** *⇒doos, tas, map, (plunje)zak* **0.2** ***bouwdoos/pakket*** **0.3** ⟨BE⟩ *tobbe ⇒emmer* **0.4** ***jong katje*** *⇒jong, jonkie* **0.5** ⟨muz., gesch.⟩ ***pochette*** *⇒dansmeesterviool;*
II ⟨telb. en n.-telb.zn.⟩ **0.1** ***uitrusting*** *⇒pakket, set, uitmonstering, artikelen, gereedschap; uniform* ◆ **2.¶** ⟨inf.⟩ the whole ~ (and caboodle) *de hele rataplan/rotzooi/santenkraam.*
kit[2] ⟨f1⟩ ⟨ov.ww.; →ww. 7⟩ **0.1** ***uitrusten*** *⇒uitmonsteren* ◆ **5.1** ~ **out** *uitrusten;* they were ~ted **out** with the latest equipment *ze waren voorzien v.d. modernste uitrusting, ze hadden het nieuwste v.h. nieuwste;* ~ **up** *aankleden, uitrusten, optuigen;* the youngsters had ~ted themselves **up** beautifully *de jongelui hadden zich schitterend uitgedost.*
'kit bag ⟨f1⟩ ⟨telb.zn.⟩ ⟨vnl. BE⟩ **0.1** ***plunjezak*** *⇒knapzak* **0.2** ***valies*** *⇒koffer.*
'kit-cat, 'kit-cat portrait ⟨telb.zn.; ook K-⟩ **0.1** ***borstbeeldportret*** ⟨met afbeelding v.d. handen⟩.
kitch [kɪtʃ] ⟨telb.zn.⟩ ⟨verk.⟩ kitchen ⟨inf.⟩ **0.1** ***keuken.***
kitch·en ['kɪtʃɪn] ⟨f3⟩ ⟨telb.zn.⟩ ⟨→sprw. 499⟩ **0.1** ***keuken*** **0.2** ⟨sl.; muz.⟩ ***slagwerk*** *⇒percussie.*
'kitchen 'cabinet ⟨telb.zn.⟩ **0.1** ***keukenkast(je)*** **0.2** ⟨AE⟩ ***(onofficiële) groep presidentiële adviseurs.***
'kitchen 'dresser ⟨telb.zn.⟩ **0.1** ***keukenkast.***
kitch·en·er ['kɪtʃɪnə‖-ər] ⟨f1⟩ ⟨telb.zn.⟩ **0.1** ⟨BE⟩ ***keukenfornuis*** **0.2** ***keukenmeester*** ⟨in klooster⟩.
kitch·en·ette ['kɪtʃɪ'net] ⟨f1⟩ ⟨telb.zn.⟩ **0.1** ***keukentje*** *⇒kitchenette.*
'kitchen 'garden ⟨f1⟩ ⟨telb.zn.⟩ **0.1** ***moestuin*** *⇒groentetuin.*
'kitchen maid ⟨telb.zn.⟩ **0.1** ***keukenmeid*** *⇒keukenmeisje.*
'kitchen 'midden ⟨telb.zn.⟩ ⟨gesch.⟩ **0.1** ***afvalhoop*** ⟨uit de prehistorie⟩.
'kitchen po'lice ⟨n.-telb.zn.⟩ ⟨AE; mil.⟩ **0.1** ***corvee(dienst).***
'kitchen 'sink ⟨telb.zn.⟩ **0.1** ***aanrecht*** *⇒gootsteen* ◆ **4.¶** ⟨inf.; scherts.⟩ she arrived with everything but the ~ *ze had haar hele hebben en houwen meegebracht.*
'kitchen 'sink drama ⟨telb. en n.-telb.zn.⟩ ⟨BE⟩ **0.1** ***zeer realistisch toneel(stuk)*** *⇒* ⟨i.h.b.⟩ *(geëngageerd) volkstoneel.*
'kitchen stuff ⟨n.-telb.zn.⟩ **0.1** ***groente*** **0.2** ***keukenafval*** *⇒* ⟨i.h.b.⟩ *vet.*
'kitchen table ⟨f1⟩ ⟨telb.zn.⟩ **0.1** ***keukentafel.***
'kitchen timer ⟨telb.zn.⟩ **0.1** ***kookwekker(tje).***
'kitchen unit ⟨telb.zn.⟩ **0.1** ***keukenblok.***
'kitch·en·ware ⟨n.-telb.zn.⟩ **0.1** ***keukengerei*** *⇒keukengereedschap.*
kite[1] [kaɪt] ⟨f1⟩ ⟨zn.⟩
I ⟨telb.zn.⟩ **0.1** ***vlieger*** **0.2** ***havik*** *⇒roofzuchtig mens, haai* **0.3** ⟨BE; sl.⟩ ***kist*** *⇒vliegtuig* **0.4** ⟨dierk.⟩ ***wouw*** ⟨fam. Milvinae⟩ **0.5** ⟨sl.; hand.⟩ ***schoorsteenwissel*** *⇒ruiterwissel, accomodatiewissel* ◆ **3.1** fly a ~ *vliegeren, een vlieger oplaten;* ⟨fig.⟩ *een balletje opgooien, een proefballon oplaten* **3.¶** fly a ~ *schoorsteenwissels trekken;* ⟨AE; inf.⟩ go fly a ~ *rot op, ga (buiten) spelen, ga je moeder pesten;*
II ⟨mv.; ~s⟩ **0.1** ***hoogste zeilen*** ⟨v. schip⟩.
kite[2] ⟨ww.⟩
I ⟨onov.ww.⟩ **0.1** ***(als een vlieger) omhooggaan*** *⇒opstijgen, zweven* **0.2** ⟨sl.; hand.⟩ ***schoorsteenwissels trekken;***
II ⟨ov.ww.⟩ **0.1** ***doen stijgen*** *⇒opjagen* ⟨prijzen⟩ **0.2** ***snel doen bewegen*** *⇒doen vliegen* **0.3** ⟨sl.; hand.⟩ ***in een schoorsteenwissel omzetten*** *⇒vervalsen.*
'kite-bal·loon ⟨telb.zn.⟩ ⟨mil.⟩ **0.1** ***kabelballon.***
'kite flying ⟨n.-telb.zn.⟩ **0.1** ***het vliegeren*** **0.2** ⟨sl.; hand.⟩ ***wisselruiterij.***
Kite·mark ['kaɪtmɑːk‖-mɑrk] ⟨telb.zn.⟩ ⟨BE⟩ **0.1** ***vliegertje*** ⟨stempel v. goedkeuring v.d. British Standards Institution⟩.
kith [kɪθ] →kin.
kitsch [kɪtʃ] ⟨f1⟩ ⟨n.-telb.zn.⟩ **0.1** ***kitsch.***
kitsch·y ['kɪtʃi] ⟨f1⟩ ⟨bn.; -er; →compar. 7⟩ **0.1** ***kitscherig.***
kit·ten[1] ['kɪtn] ⟨f2⟩ ⟨telb.zn.⟩ **0.1** ***katje*** *⇒poesje* **0.2** ***jong*** *⇒jonkie* ⟨v. konijn, fret enz.⟩ ◆ **3.2** have (a litter of) ~s *jongen, jongen krijgen* **3.¶** have (a litter of) ~s ⟨inf.⟩ *over zijn toeren zijn, over de rooie gaan, op tilt slaan.*
kitten[2] ⟨ww.⟩
I ⟨onov.ww.⟩ **0.1** ***jongen (krijgen)*** **0.2** ***zich koket gedragen;***
II ⟨ov.ww.⟩ **0.1** ***bevallen v.*** *⇒krijgen* ⟨jongen⟩.
kit·ten·ish ['kɪtn·ɪʃ] ⟨bn.; -ly; -ness⟩ **0.1** ***als een katje*** *⇒speels* **0.2** ***koket*** *⇒flirterig.*
kit·ti·wake ['kɪtiweɪk] ⟨telb.zn.⟩ ⟨dierk.⟩ **0.1** ***drieteenmeeuw*** ⟨Rissa tridactyla⟩.
kit·tle[1] [kɪtl] ⟨bn.⟩ ⟨vnl. Sch. E⟩ **0.1** ***lastig*** *⇒onberekenbaar, onhandelbaar* ◆ **1.¶** ~ cattle *onberekenbaar/onbetrouwbaar stel/sujet/spul;* she is ~ cattle *ze is een lastige/onberekenbare tante.*
kittle[2] ⟨ov.ww.⟩ ⟨Sch. E⟩ **0.1** ***kietelen*** **0.2** ***verwarren*** *⇒verbijsteren* ◆ **5.¶** ~ **up** *stimuleren.*
kit·ty ['kɪti] ⟨f1⟩ ⟨telb.zn.; →mv. 2⟩ **0.1** ***katje*** *⇒poesje* **0.2** ***pot*** *⇒inzet* ⟨bij kaartspel⟩ **0.3** ⟨inf.⟩ ***pot*** *⇒portemonnee, kas* **0.4** ⟨bowls⟩ ***jack*** *⇒witte bal* **0.5** ⟨verk.⟩ ⟨kittiwake⟩ ◆ **3.3** there is nothing left in the ~ *er zit niks meer in de pot, we zijn blut* **3.¶** ⟨sl.⟩ feed the ~ *een bijdrage leveren.*
kitty-cornered →catercorner.
ki·wi ['kiːwiː] ⟨telb.zn.⟩ **0.1** ⟨dierk.⟩ ***kiwi*** ⟨vogel uit Nieuw-Zeeland; genus Apteryx⟩ **0.2** ⟨K-⟩ ⟨inf.⟩ ***Nieuw-Zeelander*** **0.3** ***kiwi (vrucht)*** **0.4** ⟨sl.⟩ ***(niet-vliegende) luchtmachtofficier.***
'kiwi fruit ⟨f1⟩ ⟨telb.zn.⟩ **0.1** ***kiwi(vrucht).***
KKK ⟨afk.⟩ Ku Klux Klan.
kl ⟨afk.⟩ kilolitre(s) **0.1** ***kl.***
Klan [klæn] ⟨eig.n.⟩ ⟨verk.⟩ Ku Klux Klan **0.1** ***Ku-Klux-Klan.***
klat(s)ch [klætʃ] ⟨telb.zn.⟩ ⟨AE⟩ **0.1** ***informele bijeenkomst*** *⇒partij.*
klax·on ['klæksən] ⟨telb.zn.⟩ **0.1** ***claxon.***
kleen·ex ['kliːneks] ⟨f1⟩ ⟨telb. en n.-telb.zn.; ook K-⟩ ⟨merknaam⟩ **0.1** ***kleenex*** *⇒papieren zakdoek, tissue.*
Klein bottle ['klaɪn bɒtl‖-bɑtl] ⟨telb.zn.⟩ ⟨wisk.⟩ **0.1** ***fles v. Klein.***
klepht [kleft] ⟨telb.zn.; ook K-⟩ ⟨gesch.⟩ **0.1** ***kleft*** *⇒rover* ⟨vrije bergbewoner tijdens Turkse overheersing in Griekenland⟩.
klep·to ['kleptoʊ] ⟨telb.zn.⟩ ⟨verk.⟩ kleptomaniac ⟨inf.⟩ **0.1** ***kleptomaan.***
klep·to·ma·ni·a ['kleptə'meɪnɪə] ⟨f1⟩ ⟨telb. en n.-telb.zn.⟩ **0.1** ***kleptomanie.***
klep·to·ma·ni·ac[1] ['kleptə'meɪniæk] ⟨f1⟩ ⟨telb.zn.⟩ **0.1** ***kleptomaan.***
kleptomaniac[2] ⟨bn.⟩ **0.1** ***mbt./v.e. kleptomaan/kleptomanie.***
kli(c)k [klɪk] ⟨telb.zn.⟩ ⟨AE; sl.; mil.⟩ **0.1** ***kilometer*** ⟨in Indochina⟩.
klieg [kliːg], **'klieg light** ⟨telb.zn.⟩ **0.1** ***jupiterlamp*** ⟨in filmstudio⟩.
klip·das ['klɪpdɑːs, -dæs] ⟨telb.zn.⟩ ⟨dierk.⟩ **0.1** ***klipdas*** ⟨Afrikaans zoogdiertje; genus Procavia⟩.

klip·spring·er ['klɪpsprɪŋə‖-ər]⟨telb.zn.⟩⟨dierk.⟩ 0.1 ***klipspringer*** ⟨antilope; Oreotragus oreotragus⟩.

Klon·dike ['klɒndaɪk‖'klɑn-]⟨zn.⟩
I ⟨eig.n.⟩ 0.1 ***Klondike*** ⟨gebied in Canada, doel v.d. Gold Rush v. 1896⟩;
II ⟨telb.zn.⟩ 0.1 ***goudmijn*** ⟨fig.⟩.

kloof ['klu:f]⟨telb.zn.⟩ 0.1 ***kloof*** ⇒*ravijn* ⟨in Z.-Afrika⟩.

kluck [klʌk], **klutz** [klʌts]⟨telb.zn.⟩⟨sl.⟩ 0.1 ***kluns*** ⇒*klungel*.

kludge [klʌdʒ]⟨telb.zn.⟩⟨sl.⟩ 0.1 ***zootje ongeregeld***.

klutz·y ['klʌtsi]⟨bn.⟩⟨sl.⟩ 0.1 ***klungelig***.

klys·tron ['klaɪstrɒn‖-strɑn]⟨telb.zn.⟩⟨elek.⟩ 0.1 ***klystron*** ⇒*inhaalbuis* ⟨voor het opwekken/versterken v. microgolven⟩.

km ⟨afk.⟩ kilometre(s) 0.1 ***km***.

kn ⟨afk.⟩ 0.1 ⟨knot(s)⟩ 0.2 ⟨krona⟩ ***Kr.*** 0.3 ⟨krone⟩ ***Kr.***.

knack [næk]⟨f1⟩⟨telb.zn.; vnl. enk.⟩ 0.1 ***vaardigheid*** ⇒*handigheid, vermogen, slag* 0.2 ***truc*** ⇒*handigheidje, kneepje* 0.3 ***neiging*** ⇒*eigenschap, hebbelijkheid, gewoonte* 0.4 ***prulletje*** ⇒*slim apparaatje* ◆ 3.1 she has a/the ~ of designing practical clothes *ze heeft de gave om praktische kleren te ontwerpen;* it's nice work once you've got the ~ of it *het is leuk werk als je het eenmaal kunt* 3.3 his problems have the ~ of solving themselves *zijn problemen vertonen de neiging zichzelf op te lossen* 6.2 there's a ~ **in** it *je moet de truc even doorhebben*.

knack·er ['nækə‖-ər]⟨telb.zn.⟩⟨BE⟩ 0.1 ***paardenvilder*** ⇒*koudslachter* 0.2 ***sloper*** 0.3 ⟨gew.⟩ ***oude knol***.

knack·er·ed ['nækəd‖-ərd]⟨bn.⟩⟨BE; sl.⟩ 0.1 ***bekaf*** ⇒*doodop, afgepeigerd*.

'knacker's yard ⟨telb.zn.⟩ 0.1 ***sloperij*** ⇒*autokerkhof*.

knack·er·y ['nækəri]⟨telb.zn.; →mv. 2⟩ 0.1 ***vildersbedrijf***.

knag [næg]⟨telb.zn.⟩ 0.1 ***(k)noest*** ⇒*kwast* ⟨in hout⟩ 0.2 ***haak(je)*** ⟨v. hout⟩ ⇒*kapstok*.

knag·gy ['nægi]⟨bn.; -er; →compar. 7⟩ 0.1 ***knoestig*** ⇒*vol knoesten, ruw, kwastig*.

knap[1] [næp]⟨telb.zn.⟩⟨gew.⟩ 0.1 ***heuveltop***.

knap[2] ⟨ww.; →ww. 7⟩⟨BE; gew.⟩
I ⟨onov.ww.⟩ 0.1 ***bijten*** ⇒*knabbelen, happen* 0.2 ***babbelen*** ⇒*kleppen, kletsen*;
II ⟨ov.ww.⟩ 0.1 ***stukslaan*** ⟨met hamer⟩ ⇒*breken, laten knappen; kappen, de juiste vorm geven aan* 0.2 ***tikken*** ⇒*kloppen* 0.3 ***bijten (naar)***.

knap·per ['næpə‖-ər]⟨telb.zn.⟩ 0.1 ***steenklopper*** 0.2 ***steenkloppershamer***.

'knap·sack ⟨f1⟩⟨telb.zn.⟩ 0.1 ***knapzak*** ⇒*rugzak, ransel, plunjezak*.

'knap·weed ⟨telb.zn.⟩⟨plantk.⟩ 0.1 ***knoopkruid*** ⟨genus Centaurea⟩ ⇒⟨i.h.b.⟩ *zwart knoopkruid* ⟨C. nigra⟩.

knar [nɑ:‖nɑr]⟨telb.zn.⟩ 0.1 ***(k)noest*** ⇒*kwast*.

knave [neɪv]⟨f1⟩⟨telb.zn.⟩⟨→sprw. 48⟩ 0.1 ⟨kaartspel⟩ ***boer*** 0.2 ⟨vero.⟩ ***schurk*** ⇒*boef, schelm* 0.3 ⟨vero.⟩ ***knecht*** ⇒*jongeman, kerel*.

knav·e·ry ['neɪvəri]⟨telb. en n.-telb.zn.; →mv. 2⟩ 0.1 ***schurkerij*** ⇒*schurkenstreek*.

knav·ish ['neɪvɪʃ]⟨bn.; -ly; -ness⟩ 0.1 ***schurkachtig*** ⇒*gemeen, laag, vals*.

knead [ni:d]⟨f1⟩⟨ww.⟩
I ⟨onov.ww.⟩ 0.1 ***knedende beweging(en) maken;***
II ⟨ov.ww.⟩ 0.1 ***(dooreen)kneden*** 0.2 ***kneden*** ⟨bv. klei⟩ ⇒*boetseren, vormen, maken* ⟨brood, pot⟩ 0.3 ***vermengen*** ⇒*aaneensmeden, verenigen* 0.4 ***kneden*** ⇒*masseren* ⟨bv. spier⟩ ◆ 1.1 ~ dough *deeg kneden* 1.2 ⟨fig.⟩ ~ an idea into shape *een idee geleidelijk aan vorm geven*.

knead·er ['ni:də‖-ər]⟨telb.zn.⟩ 0.1 ***kneder/kneedster*** ⇒*iem. die kneedt* 0.2 ***kneedmachine***.

knead·ing trough ['ni:dɪŋ trɒf‖-trɔf]⟨telb.zn.⟩ 0.1 ***kneedtrog*** ⇒*baktrog, deegtrog*.

knee[1] [ni:]⟨f3⟩⟨telb.zn.⟩ 0.1 ***knie*** 0.2 ⟨ben. voor⟩ ***knie*** ⇒*kniestuk; kniehout; elleboog* ◆ 1.1 learn sth. at one's mother's ~ *iets met de paplepel ingegeven krijgen* 1.¶ on the ~s of the gods *in de schoot der goden;* have one's ~s under s.o.'s mahogany *bij iem. eten* 3.1 be on one's ~s *op de knieën liggen;* bend/bow the ~ to s.o. *voor iem. de knie buigen/knielen;* ⟨fig.⟩ bring s.o. to his ~s *iem. op de knieën krijgen/dwingen, iem. klein krijgen;* fall on/go (down) on one's ~s *zich op de knieën werpen, op de knieën vallen;* his trousers were gone at the ~s *de knieën v. zijn broek waren doorgesleten* 3.¶ one's ~s knock together *staan te trillen op zijn benen* 6.1 **on** one's/bended ~s *op zijn (blote) knieën;* hold the doll **on** your ~ *houd de pop op je knieën*.

knee[2] ⟨ov.ww.⟩ 0.1 ***een knietje geven*** ⇒*met de knie stoten* 0.2 ***de knieën geven*** ⇒*drijven* ⟨paard⟩ 0.3 ***een kniestuk zetten in*** ⟨broek⟩ 0.4 ***met een kniestuk vastzetten*** 0.5 ⟨inf.⟩ ***knieën doen komen in*** ⟨broek⟩ ◆ 1.1 ~ the door open *de deur met de knie openduwen* 6.¶ ~ **to** *een knieval doen voor*.

'knee breeches ⟨f1⟩⟨mv.⟩ 0.1 ***kniebroek*** ◆ 1.1 a pair of ~ *een kniebroek*.

'knee·cap[1] ⟨f1⟩⟨telb.zn.⟩ 0.1 ***knieschijf*** 0.2 ***kniebeschermer***.

kneecap[2] ⟨ov.ww.; →ww. 7⟩ 0.1 ***door de knieschijven schieten***.

'knee·cap·ping ⟨n.-telb.zn.; gerund v. kneecap⟩ 0.1 ***het schieten in de knie(schijf)***.

kneed [ni:d]⟨bn.⟩ 0.1 ***met een knievormige geleding*** 0.2 ***met een knie*** ◆ 1.2 ~ trousers *een broek met knieën*.

'knee-'deep[1] ⟨f1⟩⟨bn.⟩
I ⟨bn.⟩ 0.1 ***kniehoog/diep*** ⇒*tot de knie(ën) reikend;*
II ⟨bn., pred.⟩ 0.1 ***diep*** ⟨fig.⟩ ⇒*midden* ◆ 6.1 be ~ **in** debt *tot over de oren in de schulden zitten;* ~ **in** trouble *tot de nek in de moeilijkheden*.

knee-deep[2] ⟨f1⟩⟨bw.⟩ 0.1 ***tot de knieën***.

'knee-halt·er ⟨ov.ww.⟩ 0.1 ***kniebanden*** ⇒*kniepoten* ⟨beest⟩.

'knee-'high ⟨f1⟩⟨bn.⟩ 0.1 ***kniehoog*** ⇒*tot de knieën reikend* ◆ 1.¶ ⟨AE; sl.⟩ I knew you when you were just ~ to a grasshopper *ik kende je al toen je nog maar zó/een turf hoog was*.

'knee-hole ⟨telb.zn.⟩ 0.1 ***knieruimte***.

'kneehole desk ⟨telb.zn.⟩ 0.1 ***bureau-ministre*** ⇒*schrijftafel* ⟨zonder opstand⟩.

'knee holly ⟨telb.zn.⟩ 0.1 ***bezem*** ⟨v.e. slager⟩.

'knee jerk ⟨telb.zn.⟩ 0.1 ***kniereflex*** 0.2 ⟨sl.⟩ ***automatisch/naar verwachting reagerend persoon***.

'knee-jerk ⟨bn.⟩⟨sl.⟩ 0.1 ***automatisch*** ⇒*naar verwachting* ◆ 1.1 a ~ reaction *een voorspelbare reactie*.

'knee joint ⟨telb.zn.⟩ 0.1 ***kniegewricht*** 0.2 ***knieverbinding***.

kneel [ni:l]⟨f3⟩⟨onov.ww.; knelt [nelt], AE ook kneeled [ni:ld], knelt, AE ook kneeled⟩ 0.1 ***knielen*** ⇒*bukken, buigen, geknield zitten* ◆ 1.1 ⟨worstelen⟩ ~ed position *kniebrug(positie)* 5.1 ~ **down** *knielen; geknield zitten* 6.1 ~ **in** prayer *in gebed neerknielen;* ~ **to** the queen *voor de koningin knielen*.

'knee-length ⟨bn.⟩ 0.1 ***tot de knieën reikend***.

kneel·er ['ni:lə‖-ər]⟨telb.zn.⟩ 0.1 ***iem. die knielt*** ⇒*knieler* 0.2 ***knielkussen*** 0.3 ***bidbankje***.

'knee·pan ⟨telb.zn.⟩ 0.1 ***knieschijf***.

'knee·piece ⟨telb.zn.⟩ 0.1 ***kniestuk*** ⇒*kromhout*.

knee·sies ['ni:ziz]⟨mv.⟩⟨AE; sl.⟩ 0.1 ***knietjes*** ◆ 3.1 play ~ *knietjes geven*.

knee-slap·per ['ni:slæpə‖-ər]⟨telb.zn.⟩⟨AE; inf.⟩ 0.1 ***dijenkletser*** ⇒*goede bak*.

'knee sock ⟨telb.zn.⟩ 0.1 ***kniekous***.

'knees-up ⟨telb.zn.⟩⟨BE; inf.⟩ 0.1 ***knalfuif***.

'knee·swell ⟨telb.zn.⟩ 0.1 ***kniezwel*** ⟨aan orgel⟩.

'knee timber ⟨telb.zn.⟩ 0.1 ***kromhout***.

knell[1] [nel]⟨f1⟩⟨telb.zn.⟩ 0.1 ***doodsklok*** ⟨ook fig.⟩ 0.2 ***klokgelui*** ◆ 3.1 ring/sound/toll the ~ of *de doodsklok luiden over, de ondergang inleiden v., het einde betekenen voor*.

knell[2] ⟨ww.⟩
I ⟨onov.ww.⟩ 0.1 ***luiden*** ⇒*klinken* 0.2 ***als waarschuwing/onheilspellend klinken*** 0.3 ***somber klinken*** 0.4 ***de doodsklok luiden*** ◆ 1.3 the owl is ~ing *de uil roept klaaglijk;*
II ⟨ov.ww.⟩ 0.1 ***(als) door een doodsklok aankondigen***.

knew [nju:‖nu:]⟨verl. t.⟩ →know.

knick·er·bock·er ['nɪkəbɒkə‖'nɪkərbɑkər]⟨zn.⟩
I ⟨telb.zn.; K-⟩ 0.1 ***knickerbocker*** ⇒*New-Yorker* ⟨afstammeling v.d. oorspr. Hollandse bewoners⟩;
II ⟨mv.; ~s⟩ 0.1 ***knickerbocker*** ◆ 1.1 a pair of ~s *een knickerbocker*.

knick·ers[1] ['nɪkəz‖'nɪkərz]⟨f1⟩⟨mv.⟩ 0.1 ⟨vnl. BE; inf.⟩ ***slipje*** ⇒*onderbroek, directoire* ⟨v. vrouw⟩ 0.2 ⟨vnl. AE⟩ ***sportbroekje*** ⇒*korte broek* ⟨v. jongen⟩ 0.3 ⟨vnl. AE⟩ ***knickerbocker*** ◆ 3.¶ ⟨BE; inf.⟩ don't get your ~ in a twist *doe niet zo opgewonden/geïrriteerd* 6.¶ ~ **to** you! *je kunt de pot op!*.

knickers[2] ⟨tussenw.⟩⟨BE; sl.⟩ 0.1 ***verdikkeme*** ⇒*verdorie*.

knick·knack, nick·nack ['nɪknæk]⟨f1⟩⟨telb.zn.⟩ 0.1 ***prul(letje)*** ⇒*snuisterij* 0.2 ***liflafje*** ⇒*hapje, lekkernijtje* 0.3 ***licht meubelstuk*** 0.4 ***kleine versiering*** ⟨aan kleding⟩.

knick·knack·er·y ['nɪknækəri]⟨zn.; →mv. 2⟩
I ⟨telb.zn.; vaak mv.⟩ 0.1 ***prul*** ⇒*snuisterij;*
II ⟨n.-telb.zn.⟩ 0.1 ***prullaria***.

knick·knack·ish ['nɪknækɪʃ]⟨bn.⟩ 0.1 ***prull(er)ig***.

knife[1] [naɪf]⟨f3⟩⟨telb.zn.; knives [naɪvz]; →mv. 3⟩ 0.1 ***mes*** ◆ 1.¶ put a ~ to s.o.'s throat *iem. het mes op de keel zetten* 3.1 put one's ~ and fork down *zijn mes en vork neerleggen* 3.¶ ⟨inf.⟩ that one could cut with a ~ *om te snijden;* get/have one's ~ into s.o. *de pest aan iem. hebben, iemands bloed wel kunnen drinken;* ⟨BE; inf.⟩ before you can say ~ *in een wip, razendsnel, vliegensvlug;* turn/twist the ~ *nog een trap nageven* 6.¶ **under** the ~ *onder het mes* 7.¶ submit to the ~ *een operatie ondergaan*.

knife[2] ⟨ov.ww.⟩ 0.1 ***(door)steken*** ⟨met een mes⟩ ⇒*aan het mes rij-*

gen **0.2** ⟨AE; inf.⟩ ***een dolkstoot in de rug geven*** ⇒*een voet dwars zetten* ◆ **1.1** be ~d in the back *met een mes in de rug gestoken worden.*

'knife-blade ⟨telb.zn.⟩ **0.1** ***(mes)lemmet.***

'knife·board ⟨telb.zn.⟩ **0.1** ***messenslijpplank*** ⇒*messeplank* **0.2** ⟨BE; gesch.⟩ ***bank*** ⟨op omnibus⟩.

'knife box ⟨telb.zn.⟩ **0.1** ***messenbak.***

'knife-boy ⟨telb.zn.⟩ ⟨BE; gesch.⟩ **0.1** ***messenjongen*** ⟨reinigt messen⟩.

'knife-edge ⟨f1⟩ ⟨telb.zn.⟩ **0.1** ***snede*** ⟨v. mes⟩ **0.2** ***mes*** ⟨v. balans⟩ **0.3** ***bergkam*** ◆ **6.¶ on** a ~ **about** *in grote spanning over;* be balanced **on** a ~ *heel onzeker zijn.*

'knife-edg·ed ⟨bn.⟩ **0.1** ***messcherp.***

'knife-grind·er ⟨telb.zn.⟩ **0.1** ***scharesliep*** ⇒*messenslijper.*

'knife machine ⟨telb.zn.⟩ **0.1** ***messenmachine*** ⟨die messen reinigt⟩.

'knife pleat ⟨telb.zn.⟩ **0.1** ***(platte) plooi.***

'knife-point ⟨telb.zn.⟩ **0.1** ***punt v.e. mes*** ◆ **6.1 at** ~ *bedreigd met een mes.*

'knife rest ⟨telb.zn.⟩ **0.1** ***messenlegger.***

'knife-sharp·en·er ⟨telb.zn.⟩ **0.1** ***mes(sen)aanzetter*** ⇒*messenslijper.*

knight[1] [naɪt] ⟨f3⟩ ⟨telb.zn.⟩ **0.1** ***ridder*** **0.2** ***knight*** ⇒*ridder* ⟨Eng. titel⟩ **0.3** ⟨schaken⟩ ***paard*** **0.4** ⟨gesch.⟩ ***vertegenwoordiger v.e. graafschap in het parlement*** ⟨v. Groot-Brittannië⟩ ◆ **1.1** Knight of Malta *Maltezer ridder, Johannieter, hospitaalridder* **1.2** Knight of the Bath *Ridder in de Bath-orde* **1.4** ~ of the shire *vertegenwoordiger v.e. graafschap in het parlement* ⟨v. Groot-Brittannië⟩ **1.¶** ⟨inf.⟩ a ~ in shining armour *een redder in de nood, een sprookjesprins;* Knight of Columbus *knight of Columbus* ⟨lid v.e. Am. R.-K. vereniging⟩; ⟨ook k- l-⟩ ⟨gesch.⟩ Knight of Labor *knight of labor* ⟨lid v.e. 19e eeuwse geheime Am. vakbond⟩; ~ of the pestle *apotheker;* ⟨vnl. BE; inf.⟩ ~ of the road *handelsreiziger; zwerver, landloper;* Knight of the Temple *tempelier, tempelridder;* ~ of the swan *zwaanridder* **2.1** ~ errant *dolende ridder; ridderlijk persoon* **3.1** make s.o. a ~ *iem. ridderen, iem. de titel v. ridder verlenen.*

knight[2] ⟨f1⟩ ⟨ov.ww.⟩ **0.1** ***tot ridder slaan*** ⇒*ridderen.*

knight·age ['naɪṭɪdʒ] ⟨zn.⟩

I ⟨telb.zn.⟩ **0.1** ***ridderstand/schap*** ⇒*de waardigheid v. ridder;*

II ⟨n.-telb.zn.⟩ **0.1** ***ridderstand*** ⇒*de (gezamenlijke) ridders, ridderschap, ridderorde.*

'knight 'bachelor ⟨telb.zn.; knights bachelor(s); →mv. 6⟩ ⟨gesch.⟩ **0.1** ***knight bachelor*** ⟨ridder v.d. laagste rang⟩.

'knight banne'ret ⟨telb.zn.; knights banneret(s); →mv. 6⟩ ⟨gesch.⟩ **0.1** ***baanderheer*** ⇒*knight banneret, baanderrots* ⟨ridder⟩.

'knight com'mander ⟨telb.zn.; knights commanders; →mv. 6⟩ **0.1** ***knight commander*** ⇒*commandeur* ⟨ridder; lid v.e. ridderorde⟩.

'knight-com'pan·ion ⟨telb.zn.; ook knight(s)-companions; →mv. 6⟩ **0.1** ***knight companion*** ⟨ridder; lid v.e. ridderorde⟩.

knight-er·rant·ry ['naɪṭ'erəntri] ⟨n.-telb.zn.⟩ **0.1** ***dolend ridderschap*** **0.2** ***ridderlijkheid.***

'knight·head ⟨telb.zn.⟩ ⟨scheep.⟩ **0.1** ***apostel*** ⟨een v.d. twee opstaande houten aan voorsteven⟩.

knight·hood ['naɪthʊd] ⟨f1⟩ ⟨zn.⟩

I ⟨telb. en n.-telb.zn.⟩ **0.1** ***ridderorde*** ⇒*waardigheid v. ridder, ridderschap* ◆ **3.1** confer a ~ on s.o. *iem. ridderen;*

II ⟨n.-telb.zn.⟩ **0.1** ⟨the⟩ ***ridderschap*** ⇒*de (gezamenlijke) ridders* **0.2** ***ridderschap*** ⇒*ridderlijkheid, ridderlijk(e) waarden/karakter.*

'Knight 'Hospitaller ⟨telb.zn.; Knights Hospitallers; →mv. 6⟩ **0.1** ***hospitaalridder*** ⇒*Johannieter, Maltezer ridder.*

knight·like ['naɪtlaɪk] ⟨bn.⟩ **0.1** ***ridderlijk*** ⇒*een ridder waardig.*

knight·ly ['naɪtli] ⟨f1⟩ ⟨bn.; ook -er; -ness; →bijw. 3⟩ **0.1** ***ridderlijk*** ⇒*een ridder waardig, bestaande uit ridders.*

'knight 'marshal ⟨telb.zn.; knights marshals; →mv. 6⟩ ⟨gesch.⟩ **0.1** ***knight marshal*** ⟨officier in het koninklijk huishouden⟩.

'knight service, 'knight's service ⟨telb. en n.-telb.zn.⟩ ⟨gesch.; ook fig.⟩ **0.1** ***ridderdienst*** ⇒*ridderlijke daad.*

'knight's 'tour ⟨n.-telb.zn.⟩ ⟨schaken⟩ **0.1** ***paardesprongronde.***

'Knight 'Templar ⟨telb.zn.; Knights Templars; →mv. 6⟩ **0.1** ***Tempelier*** ⇒*tempelridder.*

knish [knɪʃ] ⟨telb.zn.⟩ **0.1** ***kniesj*** ⟨gefrituurd hartig deegkoekje⟩.

knit[1] [nɪt] ⟨telb. en n.-telb.zn.⟩ **0.1** ***gebreide stof*** ⇒⟨bij uitbr.⟩ *gebreid kledingstuk.*

knit[2] ⟨f3⟩ ⟨ww.; ook knit; →ww. 7⟩ →knitting

I ⟨onov.ww.⟩ **0.1** ***één worden*** ⇒*vergroeien, nauw verbonden raken, (weer) aaneengroeien* ◆ **1.1** the bones ~ (together) smoothly *de botten groei(d)en (weer) keurig aan elkaar;*

II ⟨onov. en ov.ww.⟩ **0.1** ***breien*** ⇒⟨i.h.b. handwerken⟩ *recht/een rechte steek breien* **0.2** ***fronsen*** ⇒*samentrekken* ◆ **1.2** ~ the brow(s) (together) *(het voorhoofd/de wenkbrauwen) fronsen* **3.1** ~ one, purl one *één recht, één averecht(s) (breien)* **5.1** →knit **up** **6.1** ~ socks **from/out of** wool/wool **into** socks *v. wol sokken breien;*

III ⟨ov.ww.⟩ **0.1** ***samensmeden*** ⇒*verweven, (hecht) verenigen/verbinden, verstrengelen* ◆ **5.1** (their interests are) closely ~ *(hun belangen zijn) nauw verweven* **¶.1** well-~ *compact, hecht.*

knit·ter ['nɪtə||'nɪṭər] ⟨f1⟩ ⟨telb.zn.⟩ **0.1** ***brei(st)er.***

knit·ting ['nɪṭɪŋ] ⟨f1⟩ ⟨n.-telb.zn.; (oorspr.) gerund v. knit⟩ **0.1** ***het breien*** **0.2** ***breiwerk*** ◆ **3.¶** mind/stick to/tend to one's ~ *zich met zijn eigen zaken bemoeien, zich bij zijn leest houden.*

'knitting machine ⟨f1⟩ ⟨telb.zn.⟩ **0.1** ***breimachine.***

'knitting needle, 'knitting pin ⟨f1⟩ ⟨telb.zn.⟩ **0.1** ***breinaald*** ⇒*breipen.*

'knitting wool ⟨n.-telb.zn.⟩ **0.1** ***breiwol.***

'knit 'up ⟨f1⟩ ⟨ww.⟩

I ⟨onov.ww.⟩ **0.1** ***(zich laten) breien*** ◆ **1.1** this wool knits up easily *deze wol breit gemakkelijk;*

II ⟨ov.ww.⟩ **0.1** ***mazen*** ⇒*(breiend) herstellen* **0.2** ***afbreien*** ⇒*opbreien, breiend voltooien* **0.3** ***afsluiten*** ⇒*afronden* ⟨betoog⟩.

'knit·wear ⟨f1⟩ ⟨n.-telb.zn.⟩ **0.1** ***gebreide kleding.***

knives ⟨mv.⟩ →knife.

knob[1] [nɒb||nɑb] ⟨f2⟩ ⟨telb.zn.⟩ **0.1** ***knop*** ⇒⟨bij uitbr.⟩ *hendel, handvat; schakelaar* **0.2** ***knobbel*** ⇒*bobbel, bult, verdikking, nop* **0.3** ***brok(je)*** ⇒*klontje, kluitje* **0.4** ***bult*** ⇒*(ronde) heuvel/berg* **0.5** ⟨sl.⟩ ***kop*** ⇒*harses, knar* ◆ **1.3** ~ of butter *klontje boter;* ~ of coal *kooltje* **5.¶** ⟨sl.⟩ with ~s **on** *en niet zo'n (klein) beetje/zo akelig ook, dat is maar het begin.*

knob[2] ⟨ww.; →ww. 7⟩ →knobbed

I ⟨onov.ww.⟩ **0.1** ***uitpuilen*** ⇒*bobbelen* ◆ **5.1** ~ **out** *uitpuilen;*

II ⟨ov.ww.⟩ **0.1** ***v. (k)noppen/knobbels/bobbels voorzien.***

knob·bed [nɒbd||nɑbd] ⟨bn.; (oorspr.) volt. deelw. v. knob⟩ **0.1** ***met (k)noppen*** ⇒*genopt* **0.2** ***knobbelig.***

knob·ble ['nɒbl||'nɑbl] ⟨telb.zn.⟩ **0.1** ***knobbel(tje)*** **0.2** ***knopje.***

knob·bly ['nɒbli||'nɑ-], ⟨AE vnl.⟩ **knob·by** ['nɒbi||'nɑ-] ⟨f1⟩ ⟨bn.; -er; →compar. 7⟩ **0.1** ***knobbelig.***

knob·ker·rie ['nɒbkeri||'nɑb-], **knop·kie·rie** ['nɒpkɪəri||'nɑpkɪri] ⟨telb.zn.⟩ **0.1** ***knopkirie*** ⟨vechtstok onder Zuidafrikaanse stammen⟩.

'knob·stick ⟨telb.zn.⟩ **0.1** ***knots*** ⇒⟨i.h.b.⟩ *knopkirie.*

knock[1] [nɒk||nɑk] ⟨f2⟩ ⟨telb.zn.⟩ **0.1** ***slag*** ⇒*klap, stoot, stomp;* ⟨i.h.b.⟩ *klop, tik* **0.2** ⟨sl.⟩ ***oplazer*** ⇒*(kritische/beledigende/financiële) optater/klap/tik* **0.3** ⟨tech.⟩ ***detonatie*** ⇒*het kloppen,* ⟨v. auto⟩ *het pingelen/slaan/stoten* **0.4** ⟨cricket⟩ ⟨inf.⟩ ***slagbeurt*** ⇒*innings* ◆ **3.2** take a/the ~ *een oplazer krijgen* ⟨i.h.b. financieel⟩; take a lot of ~s *heel wat te verduren krijgen* **6.¶** ⟨verz.⟩ ~ **for** ~ (agreement) *knock-for-knock (afspraak)* ⟨waarbij assuradeuren afzien v. onderling verhaal⟩; ⟨inf.⟩ **on** the ~ *op afbetaling.*

knock[2] ⟨f3⟩ ⟨ww.⟩ ⟨→sprw. 209, 548⟩

I ⟨onov.ww.⟩ **0.1** ***kloppen*** ⇒*detoneren* ⟨v. verbrandingsmotor⟩ **0.2** ***botsen*** ⇒*opknallen tegen* ◆ **5.¶** →knock **off;** ~ through **between** two rooms *twee kamers door/uitbreken, v. twee kamers één maken* **6.¶** ~ **into** s.o. *iem. tegen het lijf lopen;*

II ⟨onov. en ov.ww.⟩ **0.1** ***kloppen*** ⇒*tikken* ◆ **5.¶** →knock **about;** →knock **around;** →knock **forward;** →knock **on;** →knock **off;** →knock **on;** →knock **together;** →knock **up** **6.1** ~ **at/on** a door/window *op/tegen een deur/raam kloppen/tikken;*

III ⟨ov.ww.⟩ **0.1** ***(hard) slaan*** ⇒*meppen, stoten (tegen)* **0.2** ⟨sl.⟩ ***(af)kraken*** ⇒*afkammen, afgeven op* **0.3** ⟨BE; sl.⟩ ***met stomheid slaan*** ⇒*versteld doen staan, verpletteren* **0.4** ⟨AE; sl.⟩ ***geven*** ◆ **1.1** ~ a hole/nail in *een gat/spijker slaan in* **1.2** don't ~ sth. (till you've tried it) *geef er niet op af (voordat je het geprobeerd hebt)* **4.¶** ⟨AE; sl.⟩ have it ~ed *het redden, het in de hand/onder controle hebben;* ⟨BE; inf.⟩ ~ s.o. for six *iem. met stomheid slaan, iem. sprakeloos/verstomd doen staan* ⟨in discussie⟩ **5.1** →knock **together** **5.¶** →knock **back;** →knock **down;** →knock **off;** →knock **out;** →knock **over;** ~ s.o. **sideways** *iem. met stomheid slaan/sprakeloos doen staan* **6.1** ~ a cup **against** the tap and break it *een kopje tegen de kraan kapotstoten;* ~ **into** position *op zijn plaats slaan;* be ~ed **off** one's horse *v. zijn paard geworpen worden.*

'knock·a·bout ⟨bn., attr.⟩ **0.1** ***gooi-en-smijt-*** ⇒*onstuimig, onbesuisd* **0.2** ***rouwdouw*** ⇒*raus-* ◆ **1.1** old ~ films *oude gooi-en-smijtfilms/slapsticks* **1.2** ~ car *brik, crossauto;* ~ clothes *rauskleren.*

'knock a'bout, 'knock a'round ⟨f1⟩ ⟨ww.⟩ ⟨inf.⟩

I ⟨onov.ww.⟩ **0.1** ***rondhangen*** ⇒*lanterfanten* **0.2** ***(rond)slingeren*** ⇒*(rond)zwerven, in een hoek liggen* **0.3** ***rondzwerven*** ⇒*rondscharrelen/struinen;* ⟨i.h.b.⟩ *v.d. hand in de tand leven, boemelen* ◆ **5.3** ~ together *samen optrekken, met elkaar omgaan* **6.3** ~ **with** *optrekken met;* ⟨BE; inf.⟩ *scharrelen/rotzooien met;*

II ⟨ov.ww.⟩ **0.1** ***een pak slaag geven*** ⇒*toetakelen, alle hoeken v.d. kamer laten zien* **0.2** ***bekijken*** ⇒*overwegen, bespreken, afwegen.*

'knock 'back ⟨ov.ww.⟩⟨inf.⟩ **0.1** ***achteroverslaan*** ⇒*in zijn keel gieten* ⟨drank⟩ **0.2** ***een rib uit het lijf zijn v.*** ⇒*kosten* **0.3** ***versteld doen staan*** ⇒*met stomheid slaan* ◆ **1.2** that trip knocked me back a couple of hundred pounds *dat reisje heeft me een paar honderd pond gekost.*

'knock·down[1] ⟨f1⟩⟨telb.zn.⟩⟨bokssport⟩ **0.1** ***knock-down*** ⇒*het (tijdelijk) neergaan.*

knockdown[2] ⟨f1⟩⟨bn., attr.⟩ **0.1** ***verpletterend*** ⇒*vernietigend* **0.2** ***afbraak-*** ⇒*spotgoedkoop* **0.3** ***minimum-*** ⇒*bodem-* **0.4** ***(gemakkelijk) uitneembaar*** ⟨v. meubelen⟩ ◆ **1.1** ~ blow *genadeklap* **1.2, 1.3** ~ price *afbraakprijs; bodemprijs* **1.4** ~ furniture *zelfbouwmeubelen* ⟨v. kant-en-klare onderdelen⟩ **¶.1** ⟨AE; sl.⟩ ~-drag-out-fight *bikkelhard gevecht.*

'knock 'down ⟨f1⟩⟨ov.ww.⟩ **0.1** ***neerhalen*** ⇒*tegen de grond slaan, omverlopen/stoten/kegelen;* ⟨fig.⟩ *vloeren, onderuithalen* **0.2** ***slopen*** ⇒*tegen de grond gooien* **0.3** ***aanrijden*** ⇒*overrijden* **0.4** ***naar beneden krijgen*** ⇒*afdingen/pingelen* **0.5** ***(sterk) afprijzen*** **0.6** ⟨vnl. pass.⟩ ***verkopen*** ⟨op veiling⟩ ⇒*toewijzen* ⟨op veiling⟩; ⟨i.h.b.⟩ *weg/v.d. hand doen* **0.7** ⟨vnl. pass.; hand.⟩ ***demonteren*** ⇒*uit elkaar halen/laten* **0.8** ⟨sl.⟩ ***jatten*** ⇒*achteroverdrukken* **0.9** ⟨AE; sl.⟩ ***binnenbrengen*** ⇒*thuisbrengen, beuren, verdienen* **0.10** ⟨AE; sl.⟩ ***katten (op)*** ⇒*kritiseren* **0.11** ⟨AE; sl.⟩ ***achteroverslaan*** ⟨drank⟩ ◆ **1.4** knock s.o. down a pound *een pond bij iem. afdingen* **1.5** knocked down price *afbraakprijs; bodemprijs* **1.7** import machines in knocked(-)down form *machines in onderdelen/in gedemonteerde vorm invoeren* **5.7** completely knocked(-)down *volledig gedemonteerd, niet-gemonteerd* **6.4** knock a bill down **by** a few guilders *een paar gulden v.e. rekening afkrijgen* **6.6** the chair was knocked down **at/to** me **for** three pounds *de stoel ging weg voor drie pond/ik heb de stoel voor drie pond in de wacht gesleept.*

knock·er ['nɒkə‖'nɑkər]⟨f1⟩⟨zn.⟩

I ⟨telb.zn.⟩ **0.1** ***klopper*** ⇒*iem. die klopt* **0.2** ⟨verk.⟩ ***katter*** ⇒*vitter, negatieveling* **0.3** ⟨sl.; vnl. pej.⟩ ***vitter*** ⇒*negatief element* **0.4** ⟨BE⟩ ***huis-aan-huis-verkoper*** ⇒*colporteur* ◆ **5.¶** ⟨sl.⟩ **up** to the ~ *uit de kunst, picobello* **6.¶** ⟨Austr. E; inf.⟩ pay (cash) **on** the ~ *meteen/handje contantje betalen;*

II ⟨mv.; ~s⟩⟨sl.⟩ **0.1** ***tieten*** ⇒*brammen, memmen.*

'knock·er-'up ⟨telb.zn.; knockers-up; →mv. 6⟩⟨BE⟩ **0.1** ***porder.***

'knocking copy ⟨telb. en n.-telb.zn.⟩⟨hand.⟩ **0.1** ***negatieve vergelijkende reclame*** ⇒*negatieve publiciteit* ⟨over concurrerend merk/artikel⟩.

'knock·ing-shop ⟨telb.zn.⟩⟨BE; sl.⟩ **0.1** ***hoerenkast*** ⇒*bordeel.*

'knock-knee ⟨telb.zn.; meestal mv.⟩ **0.1** ***x-been.***

knock-kneed ['nɒk'ni:d‖'nɑk-]⟨f1⟩⟨bn.⟩ **0.1** ***met x-benen.***

'knock-off ⟨telb. en n.-telb.zn.⟩⟨AE⟩ **0.1** ***kopie/namaak van originele modekleding.***

'knock 'off ⟨f1⟩⟨ww.⟩

I ⟨onov.ww.⟩⟨AE; sl.⟩ **0.1** ***doodgaan;***

II ⟨onov. en ov.ww.⟩ **0.1** ***(af)nokken (met)*** ⇒*kappen, stoppen* ⟨(met) werk⟩ ◆ **4.1** ⟨sl.⟩ knock it off (, will you)! *laat dat!, schei uit!;* ⟨ong.⟩ *doe me een lol (, ja)!;*

III ⟨ov.ww.⟩ **0.1** ***goedkoper geven*** ⇒*(er)af doen, korting geven, aftrekken, in mindering brengen (op)* **0.2** ⟨inf.⟩ ***in elkaar draaien/stampen*** ⇒*(snel/slordig) neerpennen, afraffelen* **0.3** ⟨inf.⟩ ***afmaken*** ⇒*nog doen* **0.4** ⟨inf.⟩ ***uitschakelen*** ⇒*verslaan, oprollen* **0.5** ⟨sl.⟩ ***mollen*** ⇒*afmaken, om zeep/naar de andere wereld helpen* **0.6** ⟨sl.⟩ ***jatten*** ⇒*achteroverdrukken, inpikken;* ⟨bij uitbr.⟩ *kraken, beroven, lichter maken* **0.7** ⟨BE; sl.⟩ ***een beurt geven*** ⇒*naaien* **0.8** ⟨AE; sl.⟩ ***inrekenen*** ⇒*arresteren* ◆ **1.1** be knocked off one's horse (by a branch) *v. zijn paard geworpen worden (door een tak)* **1.¶** the old tub was knocking off 12 knots *de oude schuit maakte 12 knopen.*

'knock 'on, 'knock 'forward ⟨onov. en ov.ww.⟩⟨rugby⟩ **0.1** ***(de bal) vooruit laten stuiten*** ⟨bij een vangbal; overtreding⟩.

'knock-on ⟨telb.zn.⟩ **0.1** ***domino(effect)*** ⇒*kettingreactie* **0.2** ⟨rugby⟩ ***vooruitstuitende (vang)bal*** ⟨overtreding⟩.

'knock·out[1] ⟨f1⟩⟨telb.zn.⟩ **0.1** ⟨bokssport⟩ ***knock-out*** **0.2** ⟨sport⟩ ***eliminatietoernooi/ronde*** ⇒⟨ong.⟩ *voorronde;* ⟨bij uitbr.⟩ *afval/knock-outcompetitie* **0.3** ⟨K-⟩⟨BE⟩ ***Spel zonder grenzen*** ⟨t.v.-programma⟩ **0.4** ⟨BE⟩ ***opkoper*** ⟨op veiling⟩ ⇒⟨i.h.b.⟩ *lid v. team dat kunstmatig de prijzen laag houdt* **0.5** ⟨inf.⟩ ***onweerstaanbaar/oogverblindend/verpletterend iem./iets*** ⇒*spetter, juweel* ◆ **3.5** you look a ~ *je ziet eruit om te stelen.*

knockout[2] ⟨bn.⟩⟨AE; sl.⟩ **0.1** ***te gek*** ⇒*eersteklas* ◆ **1.¶** ~ drops/pills *slaapdruppels/pillen.*

'knock 'out ⟨f1⟩⟨ov.ww.⟩ **0.1** ***vloeren*** ⇒*bewusteloos/buiten westen/knock-out slaan/doen raken* **0.2** ⟨inf.⟩ ***met stomheid slaan*** ⇒*verbijsteren, verpletteren* **0.3** ⟨ergens⟩ ***uit slaan*** **0.4** ***verdoven*** ⇒*bedwelmen, uitvloeren* ⟨v. medicijn⟩ **0.5** ⟨i.h.b. sport⟩ ***uitschakelen*** ⇒*elimineren* **0.6** ⟨inf.⟩ ***rammelen*** ⇒*rammen* ⟨op muziekinstrument⟩ **0.7** ⟨inf.⟩ ***in elkaar flansen*** ⇒*in elkaar/uit de grond stampen* **0.8** ⟨AE⟩ ***afbeulen*** ⇒*slopen, uitputten* ◆ **4.¶** ⟨AE; sl.⟩ that really knocked me out *ik ben er helemaal kapot van.*

'knock 'over ⟨ov.ww.⟩ **0.1** ***omgooien*** ⇒*neervellen; aan/over/omverrijden* **0.2** ***versteld doen staan*** ⇒*v. streek maken* **0.3** ***uit de weg ruimen*** ⟨moeilijkheid⟩ **0.4** ***binnenkrijgen*** ⇒*verdienen* **0.5** ⟨AE; sl.⟩ ***overvallen*** ⇒*beroven* **0.6** ⟨AE; sl.⟩ ***een inval doen in/bij.***

'knock-o·ver ⟨telb.zn.⟩⟨AE; sl.⟩ **0.1** ***beroving.***

'knock to'gether ⟨ww.⟩

I ⟨onov. en ov.ww.⟩ **0.1** ***tegen elkaar slaan;***

II ⟨ov.ww.⟩ **0.1** ***in elkaar flansen/stampen/tremmen/timmeren*** ⇒*(slordig/haastig) in elkaar zetten.*

'knock 'up ⟨f1⟩⟨ww.⟩

I ⟨onov.ww.⟩⟨squash, tennis e.d.⟩ **0.1** ***het inslaan*** ⟨gedurende 5 minuten⟩;

II ⟨ov.ww.⟩ **0.1** ***omhoogslaan*** **0.2** ***in elkaar flansen/draaien*** ⇒*uit de grond stampen, in elkaar stampen/tremmen/timmeren* **0.3** ⟨BE; inf.⟩ ***wakker kloppen*** ⇒*wekken* **0.4** ⟨BE; inf.⟩ ***afbeulen*** ⇒*slopen, uitputten* **0.5** ⟨BE; inf.⟩ ***bij elkaar verdienen/sprokkelen*** ⟨geld⟩ **0.6** ⟨AE; sl.⟩ ***met jong schoppen*** ⇒*zwanger maken* **0.7** ⟨inf.; cricket⟩ ***bij elkaar slaan*** ⇒*(snel) scoren.*

'knock-up ⟨telb.zn.⟩⟨tennis⟩ **0.1** ***warming-up*** ⇒*het inslaan.*

knoll[1] [noʊl]⟨telb.zn.⟩ **0.1** ***heuveltje*** ⇒*terp* **0.2** ⟨vero.⟩ ***klokslag*** ⇒*klokgelui;* ⟨i.h.b.⟩ *doodsklok.*

knoll[2] ⟨ww.⟩⟨vero.⟩

I ⟨onov. en ov.ww.⟩ **0.1** ***luiden*** ⟨(v.) klok⟩;

II ⟨ov.ww.⟩ **0.1** ***door klokgelui oproepen.***

knop [nɒp‖nɑp]⟨telb.zn.⟩ **0.1** ***sierknop*** **0.2** ***sierknoop*** ⇒*sierlus* ⟨in garen⟩ **0.3** ⟨vero.⟩ ***(bloem)knop.***

knopkierie →knobkerrie.

knot[1] [nɒt‖nɑt]⟨f3⟩⟨telb.zn.⟩ **0.1** ***knoop*** ⇒⟨bij uitbr.⟩ *strik, kwast* ⟨als versiering⟩ **0.2** ***knoop*** ⟨fig.⟩ ⇒*moeilijkheid, probleem, verwikkeling* **0.3** ***kwast*** ⇒*(k)noest,* ⟨B.⟩ *knoop* ⟨in hout⟩ **0.4** ***knobbel*** ⇒*dikte, verdikking;* ⟨plantk.⟩ *knoop* **0.5** ***kluitje mensen*** **0.6** ***band*** ⇒*verbinding, knoop;* ⟨i.h.b.⟩ *huwelijksband* **0.7** ⟨lucht., scheep.⟩ ***knoop*** ⇒*zeemijl per uur;* ⟨inf.⟩ *zeemijl* **0.8** ⟨dierk.⟩ ***kanoetstrandloper*** ⟨Calidris canutus⟩ **0.9** ⟨verk.⟩ ⟨porter's knot⟩ ⟨BE⟩ ***schouderlap*** ◆ **1.2** ~ of a novel *knoop v.e. roman* **3.1** tie a ~ in a rope *een knoop in een touw leggen* **3.¶** cut the ~ *de knoop doorhakken;* get tied (up) into ~s (over) *v.d. kook/de kluts kwijt raken (v./over);* tie o.s. in/up in/into ~s *volkomen van de kook/de kluts kwijt raken;* ⟨inf.⟩ tie s.o. (up) in ~s *iem. v.d. kook brengen; iem. met stomheid slaan;* ⟨inf.⟩ tie the ~ *in het huwelijksbootje stappen;* he tied the ~ *hij trouwde hen.*

knot[2] ⟨f2⟩⟨ww.; →ww. 7⟩ →knotted, knotting

I ⟨onov.ww.⟩ **0.1** ***(zich laten) knopen*** ⇒⟨bij uitbr.⟩ *in de knoop raken* **0.2** ⟨handwerken⟩ ***knopen*** ⇒*knoopwerk maken* ◆ **1.1** this yarn ~s easily *dit garen laat zich gemakkelijk knopen/knoopt gemakkelijk, het is gemakkelijk om in dit garen een knoop/knopen te leggen;*

II ⟨ov.ww.⟩ **0.1** ***(vast)knopen*** ⇒*(vast)binden, een knoop leggen in;* ⟨i.h.b. handwerken⟩ *knopen* **0.2** ***dichtknopen/binden*** **0.3** ***fronsen*** **0.4** ***verstrengelen*** ⇒*nauw verweven* **0.5** ⟨sport⟩ ***gelijkmaken*** ◆ **1.1** ~ the end of a thread *een knoop leggen in het eind v.d. draad* **1.2** ~ a parcel *een pakje dichtbinden* **1.3** ~ one's brows *de wenkbrauwen fronsen* **3.¶** ⟨inf.⟩ get ~ted! *stik/barst (maar)!* **5.1** ~ **together** *aan elkaar binden/knopen.*

'knot garden ⟨telb.zn.⟩ **0.1** ***siertuin*** ⟨met ingewikkelde geometrische figuren⟩.

'knot·grass ⟨telb.zn.⟩⟨plantk.⟩ **0.1** ***varkensgras*** ⟨Polygonium aviculare⟩.

'knot·head, 'knot·poll ⟨telb.zn.⟩⟨AE; sl.⟩ **0.1** ***eikel*** ⇒*oen, stommeling.*

'knot·hole ⟨f1⟩⟨telb.zn.⟩ **0.1** ***kwastgat*** ⟨in plank⟩.

knot·ted ['nɒtɪd‖'nɑṭɪd]⟨bn.; volt. deelw. v. knot⟩ **0.1** ***vast/dichtgeknoopt*** **0.2** ***genopt*** ⇒*versierd met noppen* **0.3** ***met geometrische figuren versierd*** ⟨v. tuin⟩ **0.4** →knotty 0.2, 0.3.

knot·ting ['nɒtɪŋ‖'nɑṭɪŋ]⟨n.-telb.zn.; oorspr. gerund. v. knot⟩ **0.1** ***knoopwerk.***

knot·ty ['nɒti‖'nɑṭi]⟨f1⟩⟨bn.; -er; -ly; -ness; →bijw. 3⟩ **0.1** ***vol knopen*** ⇒*in de knoop (geraakt)* **0.2** ***kwastig*** ⇒*knoestig, vol kwasten* ⟨v. hout⟩ **0.3** ***ingewikkeld*** ⇒*lastig, moeilijk* ◆ **1.3** a ~ problem *een ingewikkeld probleem.*

'knot·weed ⟨telb.zn.⟩⟨plantk.⟩ **0.1** ***duizendknoop*** ⟨genus Polygonum⟩.

'knot·work ⟨n.-telb.zn.⟩ **0.1** ***(sier)knoopwerk.***

knout[1] [naʊt]⟨telb.zn.⟩ **0.1** ***knoet.***

knout[2] ⟨ov.ww.⟩ **0.1** ***met de knoet geven/afranselen.***

know[1] [noʊ]⟨n.-telb.zn.⟩ ◆ **6.¶** **in** the ~ *ingewijd; (goed) op de hoogte.*

know[2] ⟨f4⟩⟨ww.; knew [nju:‖nu:], known [noʊn]⟩ →knowing,

known ⟨→sprw. 55, 249, 371, 450, 469, 482, 545, 697, 763⟩
I ⟨onov. en ov.ww.⟩ **0.1** ***weten*** ⇒*kennis hebben (van), beseffen, (zich) bewust zijn* ◆ **3.1** ~ s.o. to be/do *weten dat iem. iets is/doet;* if you ~ what I mean *als je begrijpt wat ik bedoel;* you must ~ *je moet weten, ik zal je vertellen, ik zeg je;* ~ what one's talking about *weten waar men het over heeft, uit ervaring spreken;* not want to ~ *niet willen weten, de ogen sluiten voor;* I wouldn't ~ *ik zou het niet weten, geen idee* **3.¶** ⟨inf.⟩ not ~ one is born *het maar makkelijk hebben;* do all one ~s (how) *tot het uiterste gaan, doen wat men kan;* not ~ what hit one *volkomen de kluts kwijt/v.d. kaart zijn; plotseling om het leven komen;* not ~ where to put o.s. *niet weten waar je blijven moet, wel door de grond willen zinken;* not ~ where/which way to turn *niet weten waar je blijven moet, je geen raad weten* **4.1** for all/aught I ~ *zover ik weet/mijn kennis reikt, bij mijn weten;* I knew it *ik wist het wel;* I ~ (it) by now *ik weet het inmiddels;* not if I ~ it *als het aan mij ligt niet;* ⟨inf.⟩ you ~ *weet je (wel); je weet wel;* you ~ what he is *je kent hem, je weet hoe hij is;* you ~ what it is *je weet hoe het zit/wat het is;* ~ what's what *zijn weetje weten; niet op zijn achterhoofd gevallen zijn;* ~ who's who *alles van iedereen weten, het naadje v.d. kous over iedereen weten;* who ~s? *wie weet?* **4.¶** that's all you ~ (about it) *dat denk jij, dat had je gedroomd;* ⟨inf.⟩ don't I ~ it *moet je mij vertellen, nogal wiedes, alsof ik dat niet weet;* ⟨inf.⟩ don't you ~ *hè, toch, niet waar;* you ~ what/something? *zal ik je eens wat vertellen?, moet je eens horen;* I ~ what *ik weet wat;* ⟨inf.⟩ and I don't ~ what/who *en noem maar op, en wat/wie nog allemaal;* ⟨inf.⟩ (well) what do you ~ (about that)? *wat zeg je (me) daarvan?, nou ja!, asjemenou!* **5.¶** father ~s best *vader weet het beter/heeft altijd gelijk;* you ~ better than that *je weet wel beter;* ~ better than to do sth. *(wel) zo verstandig/wijs zijn iets te laten/niet te doen;* ~ how to *kunnen, machtig zijn;* you never ~ *je weet (maar) nooit, je kunt nooit weten* **6.1** ~ **about/of** *op de hoogte zijn van, gehoord hebben van, kennen, afweten van;* ⟨AE; inf.⟩ I don't ~ **from** nothing (about it) *ik weet van niks/nergens van, mijn naam is haas;* not that I ~ **of** *niet dat ik weet, bij mijn weten/(voor) zover ik weet niet;* I ~ **of** her, but I don't ~ her *ik heb van haar gehoord, maar ik ken haar niet; ik ken haar wel, maar niet persoonlijk* **8.1** as far as I ~ *voor zover ik weet, bij mijn weten;* before you ~ where you are *voor je 't weet* **8.¶** ⟨inf.⟩ I don't ~ that *ik geloof nou niet bepaald dat;*
II ⟨ov.ww.⟩ **0.1** ***kennen*** ⇒*bekend/vertrouwd zijn met, machtig zijn* **0.2** ***kennen*** ⇒*ondergaan, ervaren, onderhevig zijn aan* **0.3** ***herkennen*** ⇒*(kunnen) thuisbrengen/identificeren* **0.4** ⟨vero.⟩ ***bekennen*** ⇒*gemeenschap hebben met* ◆ **1.1** I've ~n Ruth for years *ik ken Ruth al jaren;* ~ a language *een taal kennen;* ~ one's way *de weg weten* **1.2** his joy knew no bounds *zijn vreugde kende geen grenzen;* ~ no/not ~ fear *geen angst kennen* **1.3** I knew Jane by her walk *ik herkende Jane aan haar manier v. lopen;* would you ~ Jane again? *zou je Jane (weer) herkennen?* **1.4** And Adam knew Eve his wife *En Adam bekende Eva zijne huisvrouw* ⟨Genesis 4:1⟩ **3.¶** make o.s. ~n to *zich voorstellen aan, kennis maken met* **5.1** ~ **apart** *uit elkaar kunnen houden, het verschil kennen/zien tussen* **5.¶** ~ **backwards** (and forwards)/**inside out/through** and **through** *kennen als zijn broekzak, door en door kennen, kunnen dromen* **6.3** ~ s.o. **for** a fraud *onmiddellijk zien dat iem. een bedrieger is;* ~ a person **from** another *iem. van iem. anders kunnen onderscheiden, twee mensen uit elkaar kunnen houden.*

know·a·ble ['nouəbl]⟨bn.⟩ **0.1** ***kenbaar*** ⇒*te weten.*

'know-all, ⟨inf.⟩ **'know-it-all** ⟨telb.zn.⟩ **0.1** ***wijsneus*** ⇒*weetal, betweter, eigenwijs figuur.*

'know-how ⟨f2⟩⟨n.-telb.zn.⟩ **0.1** ***handigheid*** ⇒*praktische vaardigheid* ⟨tgo. theoretische kennis⟩; ⟨i.h.b.⟩ *know-how, technische kennis.*

know·ing[1] ['nouɪŋ]⟨n.-telb.zn.; gerund v. know⟩ ◆ **4.¶** there's no ~ *het valt niet te voorspellen/zeggen, er is geen peil op te trekken.*

knowing[2] ⟨f2⟩⟨bn.; teg. deelw. v. know; -ly; -ness⟩ **0.1** ***verstandig*** ⇒*wijs, slim, schrander* **0.2** ***uitgekookt*** ⟨vaak pej.⟩ ⇒*uitgeslapen, link, gewiekst, leep* **0.3** ***veelbetekenend*** **0.4** ***(wel/doel)bewust*** ⇒*opzettelijk, willens en wetens* ◆ **1.3** ~ glance/look *veelbetekenende blik; blik v. verstandhouding* **3.3** look ~ly at s.o. *iem. een veelbetekenende blik/blik v. verstandhouding toewerpen* **3.4** ~ly hurt s.o. *iem. bewust pijn doen.*

knowl·edge ['nɒlɪdʒ||'nɑ-]⟨f3⟩⟨telb. en n.-telb.zn.⟩⟨→sprw. 372, 776⟩ **0.1** ***kennis*** ⇒*weet, wetenschap* **0.2** ***kennis*** ⇒*informatie* **0.3** ***kennis*** ⇒*geleerdheid* **0.4** ⟨vero.⟩ ***gemeenschap*** ◆ **1.3** man of ~ *geleerde, gestudeerd man* **2.1** to the best of one's ~ (and belief) *naar (zijn) beste weten* **2.2** be common ~ *algemeen bekend zijn;* have (a) good ~ of *goed op de hoogte zijn van* **3.1** the ~ will spread soon *het zal gauw bekend zijn* **3.2** bring to s.o.'s ~ *iem. ter kennis brengen;* it came to my ~ *ik heb vernomen, er/het is mij ter ore gekomen* **6.1** have no ~ **of** *geen weet hebben van;* **to** my ~ *zover ik weet, bij mijn weten; naar ik (zeker) weet;* **without** s.o.'s ~ *buiten iemands (mede)weten.*

knowl·edge·a·ble ['nɒlɪdʒəbl||'nɑ-]⟨f1⟩⟨bn.; -ly; →bijw. 3⟩ **0.1** ***goed geïnformeerd*** ⇒*goed op de hoogte, als een kenner* ◆ **6.1** be ~ **about** *verstand hebben van.*

'knowledge engineer ⟨telb.zn.⟩⟨comp.⟩ **0.1** ***kennisingenieur*** ⇒*knowledge engineer* ⟨werkt aan expertsystemen⟩.

known [noun]⟨f2⟩⟨bn.; volt. deelw. v. know⟩
I ⟨bn.⟩⟨wisk.⟩ **0.1** ***gegeven*** ⇒*bekend;*
II ⟨bn., attr.⟩ **0.1** ***erkend*** ⇒*bekend, gereputeerd, berucht* ◆ **1.1** ~ fraud *erkend oplichter;* ⟨fig.⟩ a ~ quantity *een bekend iem./iets;*
III ⟨bn., pred.⟩ **0.1** ***bekend*** ⇒*algemeen beschouwd, erkend* **0.2** ***bekend (onder de naam)*** ◆ **3.¶** make it ~ that *verklaren/laten weten dat* **4.¶** make o.s. ~ to *zich voorstellen aan, kennis maken met* **6.1** be ~ **as** *bekend staan als, algemeen beschouwd/gezien worden als;* ~ **to** everyone as *bij iedereen bekend staand als;* be ~ **to** the police *bij de politie bekend zijn* **6.2** Sinatra, ~ **as** The Voice *Sinatra, bekend als 'The Voice'.*

'know-noth·ing ⟨telb.zn.⟩ **0.1** ***domoor*** ⇒*weetniet* **0.2** ***agnosticus*** **0.3** ***anti-intellectueel*** ⇒*intellectuelenhater* **0.4** ⟨K-N-⟩⟨AE; gesch.⟩ ***Know Nothing*** ⟨aanhanger v. The American Party, een antikatholieke anti-immigrantenpartij⟩.

Knt ⟨afk.⟩ Knight.

knuck·le[1] ['nʌkl]⟨f2⟩⟨zn.⟩
I ⟨telb.zn.⟩ **0.1** ***knokkel*** ⇒*knokel, kneukel, (hand)gewrichtsknobbel* **0.2** ***spronggewricht*** ⇒*hak* ⟨v. viervoeters⟩; ⟨i.h.b. cul.⟩ *kluif* **0.3** ⟨i.h.b. cul.⟩ ***schenkel*** **0.4** ⟨tech.⟩ ***scharnieroog*** ⇒*scharnierpunt* **0.5** ⟨AE; sl.⟩ ***knar*** ⇒*taas, kop* ◆ **3.¶** rap on/over the ~s *op de vingers tikken* ⟨oorspr. als lijfstraf⟩; *de les lezen, de mantel uitvegen* **6.¶** **near** the ~ *op het kantje af, tegen het onbetamelijke aan* ⟨v. mop⟩;
II ⟨mv.; ~s⟩⟨verk.⟩ brass knuckles ⟨AE⟩ **0.1** ***boksbeugel.***

knuckle[2] ⟨ww.⟩
I ⟨onov.ww.⟩ **0.1** ***de knokkels tegen de grond drukken*** ⟨bij het knikkeren⟩ ◆ **5.¶** ~ **down** (to a job) *zich buigen (over)/serieus wijden (aan) (een karwei), (een karwei) aanpakken;* ~ **down/under** (to) *buigen/zwichten (voor); inbinden (voor);*
II ⟨ov.ww.⟩ **0.1** ***met de knokkels bewerken*** ⇒*slaan/wrijven/drukken met de knokkels* **0.2** ***(met de duim over de gebogen wijsvinger) wegschieten*** ⟨knikker⟩.

'knuck·le·bone ⟨zn.⟩
I ⟨telb.zn.⟩ **0.1** ***knokkel*** **0.2** ***bikkel*** ⇒*koot* ⟨kootbeentje v. schapehiel⟩;
II ⟨mv.; ~s⟩ **0.1** ***bikkels*** ⇒⟨bij uitbr.⟩ *bikkelspel.*

'knuck·le-bust·er ⟨telb.zn.⟩⟨AE; sl.⟩ **0.1** ***halvemaanvormige schroefsleutel.***

'knuck·le·dust·er ⟨telb.zn.⟩ **0.1** ⟨vaak mv.⟩ ⟨vnl. BE⟩ ***boksbeugel.***

'knuck·le·head ⟨telb.zn.⟩⟨AE; inf.⟩ **0.1** ***oen*** ⇒*lummel, druiloor.*

'knuckle joint ⟨telb.zn.⟩ **0.1** ***scharnierverbinding.***

knuckle 'sandwich ⟨telb.zn.⟩⟨sl.⟩ **0.1** ***vuistslag.***

knucks [nʌks]⟨mv.⟩⟨verk.⟩ brass knuckles ⟨AE; sl.⟩ **0.1** ***boksbeugel.***

knur, ⟨BE sp. ook⟩ **knurr** [nɜː||nɜr]⟨telb.zn.⟩ **0.1** ***knoest*** ⇒*kwast, knobbel* ⟨v. boom⟩ **0.2** ***houten bal*** ⟨in Noordeng. balspel⟩ **0.3** ⟨med.⟩ ***knobbel*** ⇒*steen.*

knurl[1] [nɜːl||nɜrl]⟨telb.zn.⟩ **0.1** ⟨ben. voor⟩ ***uitsteeksel(tje)*** ⇒*knop (je), knobbel(tje); ribbel(tje); kartel(tje).*

knurl[2] ⟨ov.ww.⟩ **0.1** ***kartelen*** ⇒*v. uitsteeksels voorzien* ◆ **1.1** ⟨tech.⟩ ~ed nut *geribde moer.*

knut [nʌt]⟨f1⟩⟨telb.zn.⟩⟨scherts.⟩ **0.1** ***kwast*** ⇒*opschepper, fat, dandy.*

KO, ko ⟨afk.⟩ knockout ⟨inf.⟩ **0.1** ***k.o.***.

ko·a ['kouə]⟨zn.⟩
I ⟨telb.zn.⟩⟨plantk.⟩ **0.1** ***koa*** ⟨Hawaïaanse boom; Acacia koa⟩;
II ⟨n.-telb.zn.⟩ **0.1** ***koahout.***

ko·a·la [kou'ɑːlə], **ko'ala 'bear** ⟨telb.zn.⟩⟨dierk.⟩ **0.1** ***koala*** ⇒*buidelbeer(tje)* ⟨Phascolarctus cinereus⟩.

ko·an ['kouɑːn]⟨telb.zn.⟩⟨Zenboeddhisme⟩ **0.1** ***ko-an*** ⇒⟨ong.⟩ *logische paradox.*

ko·bo ['koubou]⟨telb. en n.-telb.zn.; kobo; →mv. 4⟩ **0.1** ***kobo*** ⟨Nigeriaanse munt(eenheid); $^1/_{100}$ naira⟩.

ko·bold ['kɒbould||'koubəld]⟨telb.zn.⟩⟨Germaanse mythologie⟩ **0.1** ***kobold*** ⇒*(boze) kabouter, huisgeest* **0.2** ***aardmannetje.***

Kö·chel num·ber ['kɜːxl ˌnʌmbə||-ər]⟨telb.zn.⟩⟨muz.⟩ **0.1** ***Köchelnummer*** ⟨in Köchels indeling v.h. werk v. Mozart⟩.

ko·dak ['koudæk]⟨telb.zn.; ook K-⟩⟨oorspr. merknaam⟩ **0.1** ***kodak*** ⇒*(kleine) handcamera.*

Ko·di·ak bear ['koudiːæk 'beə||-'ber]⟨telb.zn.⟩⟨dierk.⟩ **0.1** ***kodiakbeer*** ⟨Ursus arctos middendorfi⟩.

Ko·do·kan ['koudoukɑːn]⟨n.-telb.zn.⟩⟨vechtsport⟩ **0.1** ***Kodokan*** ⟨hoofddojo v. judo in Tokio⟩.

koedoe →koodoo.
koh·i·noor, koh·i·nor, koh·i·nur ['kouɪnuə, -nɔː‖-nur]⟨zn.⟩
I ⟨eig.n.; ook K-⟩ **0.1** ***koh-i-noor*** ⟨diamant uit de Britse kroonjuwelen⟩;
II ⟨telb.zn.⟩ **0.1** ***prachtexemplaar*** ⇒*pracht/pronkstuk*.
kohl [koul]⟨n.-telb.zn.⟩ **0.1** ***koolzwart*** ⇒⟨i.h.b.⟩ *spiesglans(erts)* ⟨oosterse oogcosmetica⟩.
kohl·ra·bi ['koul'rɑːbi]⟨telb. en n.-telb.zn.; kohlrabies⟩⟨plantk.⟩ **0.1** ***koolrabi*** ⇒*knolraap, koolraap (boven de grond), raapkool* ⟨Brassica caulorapa⟩.
koi·ne ['kɔɪniː‖kɔɪ'neɪ]⟨zn.⟩
I ⟨eig.n.; K-⟩ **0.1** ***koine*** ⇒*hellenistisch Grieks;*
II ⟨telb.zn.⟩ **0.1** ***koine*** ⇒*gemeenschappelijke (omgangs)taal, lingua franca.*
ko·ka ['koukɑː‖'koukə]⟨telb.zn.⟩⟨vechtsport, i.h.b. judo⟩ **0.1** ***koka*** ⟨score v.e. bijna-yuko; 3 punten⟩.
kola →cola.
ko·lin·sky [kə'lɪnski]⟨zn.; →mv. 2⟩
I ⟨telb.zn.⟩⟨dierk.⟩ **0.1** ***kolinsky*** ⇒*Siberische wezel* ⟨Mustela siberica⟩;
II ⟨n.-telb.zn.⟩ **0.1** ***kolinsky(bont) v.d. Siberische wezel.***
kol·khoz, kol·koz [kɒl'hɔːz, -kɔːz‖kʌl-]⟨telb.zn.⟩ **0.1** ***kolchoz.***
kol·ler·gang ['kɒləgæŋ‖'kɑlər-]⟨telb.zn.⟩ **0.1** ***koldermolen*** ⇒*kollergang/molen.*
ko·mo·do dragon [kə'moudou 'drægən], **ko'modo 'lizard** ⟨telb.zn.; ook K-⟩⟨dierk.⟩ **0.1** ***Komodovaraan*** ⟨grootste levende hagedis; Varanus komodoensis⟩.
Kom·so·mol ['kɒmsə'mɒl‖'kɑmsə'mɔl]⟨zn.⟩
I ⟨eig.n.⟩ **0.1** ***Komosol*** ⟨Sowjetrussische jeugdbond⟩;
II ⟨telb.zn.⟩ **0.1** ***Komsomol-lid.***
konk →conk.
koo·doo, ku·du, ⟨Z. Afr. sp.⟩ **koe·doe** ['kuːduː]⟨telb.zn.⟩⟨dierk.⟩ **0.1** ***koedoe*** ⟨genus Tragelaphus⟩ ⇒⟨i.h.b.⟩ *grote koedoe* ⟨T. strepsiceros⟩.
kook[1] [kuːk]⟨telb.zn.⟩⟨AE; sl.⟩ **0.1** ***malloot*** ⇒*mafkees.*
kook[2] ⟨bn.⟩⟨AE; sl.⟩ **0.1** ***mallotig*** **0.2** ***excentriek.***
kook·a·bur·ra ['kukəbʌrə]⟨telb.zn.⟩⟨Austr. E; dierk.⟩ **0.1** ***kookaburra*** ⟨lachvogel; Dacelo gigas/novaguinaeae⟩.
kook·y ['kuːki]⟨bn.; -er; -ness; →compar. 7⟩⟨AE; sl.⟩ **0.1** ***verknipt*** ⇒*geschift, lijp, maf, v. God los.*
kopasetie, kopesetie, kopasetec, kopesetec →copacetic.
ko·pe(c)k →copeck.
kop·je, kop·pie ['kɒpi‖'kɑ-]⟨telb.zn.⟩⟨Z. Afr. E⟩ **0.1** ***kopje*** ⇒*heuveltje.*
Ko·ran [kɔː'rɑːn‖kɔ'ræn]⟨eig.n.; the⟩ **0.1** ***koran.***
Ko·ran·ic [kɔː'rænɪk‖kə-]⟨bn.⟩ **0.1** ***mbt./volgens de koran.***
Ko·re·an[1] [kə'rɪən]⟨f1⟩⟨zn.⟩
I ⟨eig.n.⟩ **0.1** ***Koreaans*** ⇒*Koreaanse taal;*
II ⟨telb.zn.⟩ **0.1** ***Koreaan*** ⇒*bewoner v. Korea.*
Korean[2] ⟨f1⟩⟨bn.⟩ **0.1** ***Koreaans.***
korf·ball ['kɔːfbɔːl‖'kɔrfbɔl]⟨n.-telb.zn.⟩⟨sport⟩ **0.1** ***korfbal.***
ko·sher[1] ['kouʃə‖-ər], **ka·sher** [kɑː'ʃeə‖kɑ'ʃer]⟨zn.⟩
I ⟨telb.zn.⟩ **0.1** ***koosjere winkel*** ⇒*winkel o.r.t./onder rabbinaal toezicht;*
II ⟨n.-telb.zn.⟩ **0.1** ***koosjer voedsel.***
kosher[2], **kasher** ⟨f1⟩⟨bn.⟩ **0.1** ***ko(o)sjer*** ⇒*ritueel, o.r.t., onder rabbinaal toezicht* **0.2** ⟨inf.⟩ ***koosjer*** ⇒*tof, jofel, in orde, zuiver* ◆ **3.1** keep ~ *koosjer koken/eten.*
ko·to ['koutou]⟨telb.zn.⟩⟨muz.⟩ **0.1** ***koto*** ⟨dertiensnarige Japanse citer⟩.
kou·mis(s), ku·miss ['kuːmɪs‖kuː'mɪs]⟨n.-telb.zn.⟩ **0.1** ***koemis*** ⟨Aziatische drank uit gegiste melk⟩.
kour·bash, kur·bash ['kuəbæʃ‖'kur-]⟨telb.zn.⟩ **0.1** ***(Turkse/Egyptische) karwats*** ⟨v. nijlpaardleer⟩.
kow·tow[1] ['kau'tau], **ko·tow** ['kou'tau]⟨telb.zn.⟩ **0.1** ***Chinese voetval*** ⟨waarbij het hoofd de grond beroert⟩ **0.2** ***knieval*** ⇒*kruiperig optreden.*
kowtow[2], **kotow** ⟨onov.ww.⟩ **0.1** ***een Chinese voetval maken*** **0.2** ***door het stof gaan*** ⇒*kruipen, zich vernederen, slaafs gehoorzamen* ◆ **6.2** ~ **to** s.o. *voor iem. door het stof gaan.*
KP ⟨afk.⟩ king's pawn ⟨schaken⟩; kitchen police ⟨AE; mil.⟩; Knight (of the Order) of St. Patrick, Knights of Pythias.
kph ⟨afk.⟩ kilometres per hour **0.1** ***km/u*** ⇒*km/h.*
kraal[1], **craal** [krɑːl]⟨telb.zn.⟩ **0.1** ***kraal*** ⇒*kafferdorp* **0.2** ⟨Z. Afr. E⟩ ***kraal*** ⇒*veeomheining.*
kraal[2] ⟨ov.ww.⟩ **0.1** ***in een kraal drijven/houden*** ⟨vee⟩.
krad ['keɪræd]⟨telb.zn.; ook krad; →mv. 4⟩⟨verk.⟩ kilorad ⟨nat.⟩ **0.1** ***kilorad.***
kraft [krɑːft‖kræft], **'kraft paper** ⟨n.-telb.zn.⟩ **0.1** ***kraftpapier*** ⟨(bruin) pakpapier⟩.
krait [kraɪt]⟨telb.zn.⟩⟨dierk.⟩ **0.1** ***krait*** ⟨Aziatische gifslang; genus Bungarius⟩.
kra·ken ['krɑːkən]⟨telb.zn.⟩ **0.1** ***kraken*** ⟨Noors mythologisch zeemonster⟩.
krans [krɑːns‖kræns]⟨telb.zn.⟩⟨Z. Afr. E⟩ **0.1** ***(overhangende/steile) rotswand.***
kraut [kraut]⟨zn.⟩
I ⟨telb.zn.; ook K-⟩⟨sl.; bel.⟩ **0.1** ***(rot)mof;***
II ⟨n.-telb.zn.⟩⟨verk.⟩ sauerkraut **0.1** ***zuurkool.***
krem·lin ['kremlɪn]⟨zn.⟩
I ⟨eig.n.; K-; the⟩ **0.1** ***Kreml(in)*** ⟨v. Moskou⟩;
II ⟨telb.zn.⟩ **0.1** ***kreml(in)*** ⟨versterkt stadsdeel v. Oudrussische steden⟩;
III ⟨verz.n.; K-; the⟩ **0.1** ***Kremlin*** ⇒*Sovjetmacht/regering.*
Krem·lin·ol·o·gist ['kremlɪ'nɒlədʒɪst‖-'nɑ-]⟨telb.zn.⟩ **0.1** ***kremlinoloog.***
Krem·lin·ol·o·gy ['kremlɪ'nɒlədʒi‖-'nɑ-]⟨n.-telb.zn.⟩ **0.1** ***kremlinologie.***
krieg·spiel ['kriːgspiːl]⟨telb.zn.⟩ **0.1** ***oorlogsspel*** ⇒*gefingeerde oorlog* **0.2** ***blindschaakvariant*** ⟨met beperkte informatie over de zetten v.d. tegenpartij⟩.
krill [krɪl]⟨telb.zn.; krill; →mv. 4⟩⟨dierk.⟩ **0.1** ***krill*** ⟨(baard)walvisvoedsel; orde Euphausiacea; i.h.b. E. superba⟩.
krim·mer ['krɪmə‖-ər]⟨n.-telb.zn.⟩ **0.1** ***krimmer*** ⟨lamsbont⟩.
kris, crease, creese, cris [kriːs]⟨telb.zn.⟩ **0.1** ***kris.***
Krish·na·ism ['krɪʃnə·ɪzm]⟨n.-telb.zn.⟩⟨hindoeïsme⟩ **0.1** ***krishnaïsme*** ⇒*Krishna-verering.*
kro·mes·ky [krou'meski]⟨telb.zn.; →mv. 2⟩ **0.1** ***slavink*** ⟨ook met visvulling⟩.
kro·na[1] ['krounə]⟨telb.zn.; kronor ['krounɔː‖-nɔr]; →mv. 5⟩ **0.1** ***(Zweedse) kroon*** ⟨honderd öre⟩.
krona[2] ⟨telb.zn.; kronur ['krounə‖-ər]; →mv. 5⟩ **0.1** ***(IJslandse) kroon*** ⟨honderd aurar⟩.
kro·ne ['krounə]⟨telb.zn.; kroner ['krounə‖-ər]; →mv. 5⟩ **0.1** ***(Deense/Noorse) kroon*** ⟨honderd öre⟩.
krumm·horn ['krʌmhɔːn‖'krumhɔrn]⟨telb.zn.⟩ **0.1** ***kromhoorn*** ⟨middeleeuws blaasinstrument⟩.
Krü·per's nuthatch ['kruːpəz 'nʌthætʃ‖-pərz-]⟨telb.zn.⟩⟨dierk.⟩ **0.1** ***Krüpers boomklever*** ⟨Sita krueperi⟩.
kryp·ton ['krɪptɒn‖-tɑn]⟨n.-telb.zn.⟩⟨schei.⟩ **0.1** ***krypton*** ⟨element 36⟩.
KS ⟨afk.⟩ Kansas ⟨in postcode⟩.
Ksha·tri·ya ['kʃætrɪə]⟨zn.⟩
I ⟨telb.zn.⟩ **0.1** ***kshatriya*** ⇒*lid der Kshatriya;*
II ⟨verz.n.⟩ **0.1** ***Kshatriya*** ⟨2e hindoekaste⟩.
kt ⟨afk.⟩ karat **0.1** ***kt*** ⇒*kar..*
Kt ⟨afk.⟩ Knight.
KT ⟨afk.⟩ Knight Templar, Knight (of the Order) of the Thistle.
ku·dos ['kjuːdɒs‖'kuːdɑs]⟨f1⟩⟨n.-telb.zn.⟩⟨inf.⟩ **0.1** ***roem*** ⇒*glorie, eer, prestige* **0.2** ***bijval*** ⇒*lof, goedkeuring, toejuiching, schouderklop, pluim.*
kudu →koodoo.
Kufic →Cufic.
Ku Klux Klan ['k(j)uː klʌks 'klæn‖'kuː-]⟨f1⟩⟨verz.n.; the⟩ **0.1** ***Ku Klux Klan*** ⟨geheim terroristisch genootschap in de U.S.A. ter bevordering v.d. blanke suprematie⟩.
ku·kri ['kukri]⟨telb.zn.⟩ **0.1** ***(klewangachtig) Gurkhames.***
ku·lak ['kuːlæk‖kuː'læk]⟨telb.zn.⟩ **0.1** ***koelak*** ⟨oorspr. rijke Russische boer; na 1917: zelfstandige boer met beperkte burgerrechten⟩.
ku·lan ['kuːlɑːn]⟨telb.zn.⟩⟨dierk.⟩ **0.1** ***koelan*** ⟨halfezel; Equus hemonius hemonius⟩.
kul·tur [kul'tuə‖-'tur]⟨n.-telb.zn.; ook K-⟩⟨vnl. pej.⟩ **0.1** ***Kultur*** ⟨i.h.b. Duitse cultuur(opvatting) tussen 1900 en 1945⟩.
Kul·tur·kampf [kul'tuəkæmpf‖-'turkɑmpf]⟨zn.⟩
I ⟨eig.n.⟩⟨gesch.⟩ **0.1** ***Kulturkampf*** ⟨in Duitsland tussen 1872 en 1887⟩;
II ⟨telb.zn.; ook k-⟩ **0.1** ***conflict tussen kerk en staat*** ⇒⟨i.h.b.⟩ *schoolstrijd.*
kumis(s) →koumiss.
küm·mel ['kuml‖'kɪml]⟨n.-telb.zn.⟩ **0.1** ***kummel*** ⟨likeur⟩.
kumquat →cumquat.
kung fu ['kuŋ 'fuː]⟨n.-telb.zn.⟩ **0.1** ***kungfu*** ⟨Chinese vechtsport; voorloper v. karate⟩.
Kuo·min·tang ['kwoumɪn'tæŋ]⟨eig.n.; the; ook k-⟩ **0.1** ***Kwo-mintang*** ⟨Nationalistische Chinese Volkspartij⟩.
kurbash →kourbash.
kur·cha·to·vi·um ['kɜːtʃə'touvɪəm‖'kɜr-]⟨n.-telb.zn.⟩⟨schei.⟩ **0.1** ***kurchatovium*** ⇒*rutherfordium* ⟨element 104⟩.
Kurd [kɜːd‖kɜrd]⟨telb.zn.⟩ **0.1** ***Koerd.***
Kurd·ish[1] ['kɜːdɪʃ‖'kɜrdɪʃ]⟨eig.n.⟩ **0.1** ***Koerdisch*** ⇒*taal der Koerden.*
Kurdish[2] ⟨bn.⟩ **0.1** ***Koerdisch*** ⇒*mbt. het Koerdisch/de Koerden.*

kur·ra·jong ['kʌrədʒɒŋ||-dʒɔŋ]⟨telb.zn.⟩⟨plantk.⟩ **0.1** ⟨ben. voor⟩ ***Austr. malve*** ⟨Brachychiton populneum⟩.
kur·saal ['kʊəzɑ:l||'kʊr-]⟨telb.zn.⟩ **0.1** ***casino*** ⇒*sociëteit in kuurbadplaats*.
kur·to·sis [kɜ:'toʊsɪs||kɜr-]⟨telb.zn.⟩⟨stat.⟩ **0.1** ***kurtosis*** ⇒*welving*.
ku·ru ['ku:ru:]⟨telb. en n.-telb.zn.⟩⟨med.⟩ **0.1** ***kuru*** ⟨(dodelijke) virusziekte op Nieuw-Guinea⟩.
ku·rus [kʊ'ru:ʃ]⟨telb.zn.; kurus;→mv.4⟩ **0.1** ***kurus*** ⇒*piaster* ⟨Turkse munt⟩.
Ku·ta·ni [kʊ'tɑ:ni], **Ku'tani ware** ⟨n.-telb.zn.⟩ **0.1** ***Koetani(-porselein)***.
kV ⟨afk.⟩ kilovolt(s) ⟨nat.⟩ **0.1** ***kV***.
kvas(s) [kvɑ:s]⟨telb. en n.-telb.zn.⟩ **0.1** ***kwas*** ⟨Russisch roggebier⟩.
kvetch[1] [kvetʃ]⟨telb.zn.⟩⟨AE;sl.⟩ **0.1** ***zeur*** ⇒*jammeraar, zanik, zeikerd*.
kvetch[2] ⟨onov.ww.⟩⟨AE;sl.⟩ **0.1** ***zeuren*** ⇒*jammeren, klagen, zeiken, zaniken*.
kW, kw ⟨afk.⟩ kilowatt(s) ⟨nat.⟩ **0.1** ***kW***.
kwa·cha ['kwɑ:tʃɑ:]⟨telb. en n.-telb.zn.; kwacha;→mv.4⟩ **0.1** ***kwacha*** ⟨munteenheid v. Zambia; honderd ngwee⟩ **0.2** ***Malawi kwacha*** ⟨munteenheid v. Malawi; honderd tambala⟩.
kwash·i·or·kor ['kwæʃi'ɔ:kə||'kwɑʃi'ɔrkər]⟨telb. en n.-telb.zn.⟩ ⟨med.⟩ **0.1** ***kwashiorkor*** ⟨gebrekziekte⟩.
kwe·la ['kweɪlə]⟨n.-telb.zn.⟩ **0.1** ***kwela*** ⟨Zuidafrikaanse volksmuziek⟩.
kWh ⟨afk.⟩ kilowatt-hour ⟨nat.⟩ **0.1** ***kWh***.
KWIC ⟨telb.zn.⟩⟨afk.⟩ keyword in context ⟨comp.⟩.
KWOC ⟨telb.zn.⟩⟨afk.⟩ keyword out of context ⟨comp.⟩.
Ky ⟨afk.⟩ Kentucky.
KY ⟨afk.⟩ Kentucky ⟨in postcode⟩.
ky·a·nite ['kaɪənaɪt], **cy·a·nite** ['saɪənaɪt]⟨n.-telb.zn.⟩ **0.1** ***distheen*** ⇒*kyaniet, cyaniet* ⟨aluminiumsilicaat⟩.
ky·an·ize, -ise ['kaɪənaɪz]⟨ov.ww.⟩⟨tech.⟩ **0.1** ***kyaniseren*** ⟨houtverduurzamingsmethode⟩.
kyle [kaɪl]⟨telb.zn.⟩⟨Sch. E⟩ **0.1** ***zeeëngte*** ⇒*(zee)straat*.
ky·lix ['kaɪlɪks], **cy·lix** ['saɪlɪks]⟨telb.zn.; kylikes ['kaɪlɪki:z], cylices ['saɪlɪsi:z];→mv.5⟩ **0.1** ***kylix*** ⟨Griekse drinkbeker⟩.
ky·loe ['kaɪloʊ]⟨telb.zn.⟩ **0.1** ***kyloe*** ⇒*West-Highlander* ⟨Schots veeras⟩.
ky·mo·graph ['kaɪməgrɑ:f||-græf], **cy·mo·graph** ['saɪmə-]⟨telb.zn.⟩ ⟨med.⟩ **0.1** ***kymograaf***.
kyo·ku·shin·kai ['kjoʊkʊʃɪn'kaɪ]⟨telb.zn.⟩⟨vechtsport⟩ **0.1** ***kyokushinkai*** ⟨vol-contactkarate⟩.
ky·pho·sis [kaɪ'foʊsɪs]⟨telb.zn.; kyphoses [-si:z];→mv.5⟩⟨med.⟩ **0.1** ***kyfose*** ⇒*bochel, bult*.
ky·pho·tic [kaɪ'fɒtɪk||-'fɑţɪk]⟨bn.⟩⟨med.⟩ **0.1** ***kyfotisch*** ⇒*gebocheld*.
Kyr·i·e e·le·i·son ['kɪrɪ ɪ'leɪsn||'kɪrieɪ ə'leɪsɑn], **Kyrie** ⟨n.-telb.zn.; the⟩⟨kerk.⟩ **0.1** ***kyrië eleïson*** ⇒*kyrië* **0.2** ***kyrië-eleïson (gezang/muziek)*** ⇒*kyrië*.
kyu·do ['kjʊdoʊ]⟨n.-telb.zn.⟩⟨vechtsport⟩ **0.1** ***kyudo*** ⟨Japans boogschieten⟩.

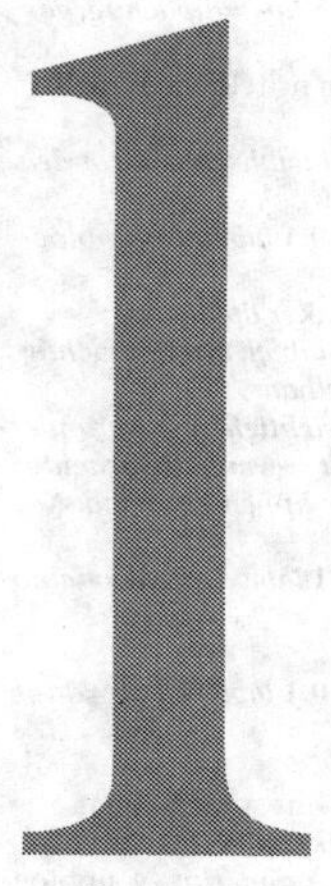

l[1], **L** [el]⟨telb.zn.; l's, L's, zelden ls, Ls⟩ **0.1** ***(de letter) l, L*** **0.2** ⟨tech.⟩ ***knie(tje)*** **0.3** ***L*** ⟨Romeins cijfer 50⟩ **0.4** ⟨verk.⟩ ⟨elevated railway⟩ ⟨AE; inf.⟩ ***stadsspoor***.
l[2] ⟨afk.⟩ league, left, length, libra, line, lira, lire, litre(s) ⟨vero.⟩ pound.
l[3], **L** ⟨afk.⟩ lake, loch, lough.
L ⟨afk.⟩ Lady, Lambert, large, Latin; learner driver ⟨BE⟩; Liberal, Licentiate, Linnaeus, Linnaean, lodge.
la[1] →lah.
la[2] [lɑ:]⟨tussenw.⟩⟨vero.⟩ **0.1** ***sapristi*** ⇒*sapperloot, tjonge, nee maar*.
La, ⟨als postcode⟩ **LA** ⟨afk.⟩ Louisiana.
LA ⟨afk.⟩ Legislative Assembly, Library Association, local agent, Los Angeles.
laa·ger[1], **la·ger** ['lɑ:gə||-ər], **lea·guer** ⟨f1⟩⟨telb.zn.⟩ **0.1** ***lager*** ⇒*(leger)kamp* ⟨i.h.b. omringd door wagens⟩; ⟨gesch.⟩ *wagenburg* **0.2** ⟨mil.⟩ ***wagenpark***.
laager[2], **lager, leaguer** ⟨ww.⟩
I ⟨onov.ww.⟩ **0.1** ***zich legeren*** ⇒*kamperen*;
II ⟨ov.ww.⟩ **0.1** ***opstellen in een lager*** ⟨voertuigen⟩ **0.2** ***legeren in een lager*** ⟨personen⟩.
lab [læb]⟨f2⟩⟨telb.zn.⟩⟨verk.⟩ laboratory ⟨inf.⟩ **0.1** ***lab*** ⇒*laboratorium*, ⟨B.⟩ *labo* **0.2** ***practicum***.
Lab ⟨afk.⟩ Labour (Party), Labrador.
lab·a·rum ['læbərəm]⟨telb.zn.; ook labara ['læbərə];→mv.5⟩ **0.1** ***labarum*** ⟨vaandel v. Constantijn de Grote⟩ **0.2** ***labarum*** ⟨processievaandel⟩.
labdanum →ladanum.
lab·e·fac·tion ['læbɪ'fækʃn]⟨n.-telb.zn.⟩⟨schr.⟩ **0.1** ***verval*** ⇒*(morele) achteruitgang/verzwakking/wankeling*.
la·bel[1] ['leɪbl]⟨f3⟩⟨telb.zn.⟩ **0.1** ⟨ben. voor⟩ ***identificatiemiddel*** ⇒*label, etiket, (adres)kaartje/strook(je)/band; naambordje, schild(je); merk* **0.2** ***label*** ⟨v. grammofoonplaat⟩ ⇒⟨bij uitbr.⟩ *platenmaatschappij* **0.3** ⟨vaak pej.⟩ ***etiket*** ⇒*epit(h)eton, kwalificatie* **0.4** ***plakzegel*** **0.5** ⟨bouwk.⟩ ***druiplijst*** **0.6** ⟨heraldiek⟩ ***barensteel*** ⇒*palesteel, toernooikraag*.
label[2] ⟨f3⟩⟨ov.ww.;→ww.7⟩ **0.1** ⟨ben. voor⟩ ***voorzien v.e. aanduiding*** ⇒*labelen, etiketteren, voorzien v.e. naambordje/(adres)strook(je)/band; merken* **0.2** ⟨vaak pej.⟩ ***een etiket opplakken*** ⇒*bestempelen/kwalificeren als* ◆ **1.1** ⟨taalk.⟩ ~ed bracketing *haakjesontleding*.
la·bi·a ⟨mv.⟩ →labium.
la·bi·al[1] ['leɪbɪəl]⟨telb.zn.⟩ **0.1** ⟨taalk.⟩ ***labiaal*** **0.2** ⟨muz.⟩ ***labiaal (pijp)*** ⇒*lippijp*.

labial[2] ⟨bn.; -ly⟩ **0.1** ⟨taalk.⟩ ***labiaal*** ⇒*lip-, met de lippen gevormd* **0.2** ⟨muz.⟩ ***labiaal*** ⇒*lip-* **0.3** ⟨anat., dierk.⟩ ***lip-*** ⇒*lipachtig, gelipt*.
la·bi·al·i·za·tion [-laɪ'zeɪʃn‖-lə'zeɪʃn] ⟨telb. en n.-telb.zn.⟩ ⟨taalk.⟩ **0.1** ***labialisatie*** ⇒*ronding* ⟨klinker⟩.
la·bi·al·ize ['leɪbɪəlaɪz] ⟨ov.ww.⟩ ⟨taalk.⟩ **0.1** ***labialiseren*** ⇒*ronden* ⟨klinker⟩.
la·bi·ate[1] ['leɪbieɪt, -bɪət] ⟨telb.zn.⟩ ⟨plantk.⟩ **0.1** ***labiaat*** ⇒*lipbloemige (plant)* ⟨fam. Labiatae⟩.
labiate[2] ⟨bn.⟩ **0.1** ***gelipt*** ⇒*lipachtig* **0.2** ⟨plantk.⟩ ***lipbloemig***.
la·bile ['leɪbaɪl‖-bl̩] ⟨bn.⟩ **0.1** ***veranderlijk*** ⇒*labiel, onevenwichtig* **0.2** ⟨nat., schei.⟩ ***labiel*** ⇒*onstabiel, wankelbaar*.
la·bil·i·ty [lə'bɪləṭi] ⟨n.-telb.zn.⟩ **0.1** ***onevenwichtigheid*** ⇒*veranderlijkheid, labiliteit* **0.2** ⟨nat., schei.⟩ ***labiliteit*** ⇒*wankelbaarheid*.
la·bi·o- ['leɪbioʊ-] ⟨taalk.⟩ **0.1** ***labio-*** ⇒*met de lippen gevormd* ◆ **¶.1** labionasal *labionasaal*.
la·bi·o·den·tal[1] [-'dentl] ⟨telb.zn.⟩ ⟨taalk.⟩ **0.1** ***labiodentaal*** ⇒*labiodentale klank*.
labiodental[2] ⟨bn.⟩ ⟨taalk.⟩ **0.1** ***labiodentaal***.
la·bi·o·ve·lar[1] [-'viːlə‖-ər] ⟨telb.zn.⟩ ⟨taalk.⟩ **0.1** ***labiovelaar*** ⇒*labiovelare klank*.
labiovelar[2] ⟨bn.⟩ ⟨taalk.⟩ **0.1** ***labiovelaar***.
la·bi·um ['leɪbɪəm] ⟨telb.zn.; labia ['leɪbɪə]; →mv. 5⟩ **0.1** ⟨anat.⟩ ***schaamlip*** ⇒*labium* **0.2** ⟨dierk.⟩ ***onderkaak/lip*** ⟨v. insekt, schaaldier e.d.⟩ **0.3** ⟨plantk.⟩ ***lip*** ⇒⟨i.h.b.⟩ *onderlip* ⟨v. lipbloemigen⟩ ◆ **2.1** labia majora/minora *grote/kleine schaamlippen*.
lab·o·ra·to·ry [lə'bɒrətri‖'læbrətɔri] ⟨f3⟩ ⟨telb.zn.; →mv. 2⟩ **0.1** ***laboratorium*** ⇒*proef/testruimte* **0.2** ***laboratorium*** ⇒*geneesmiddelenfabriek* **0.3** ***practicum***.
laboratory animal ['--] ⟨telb.zn.⟩ **0.1** ***proefdier*** ⇒*laboratoriumdier*.
la·bo·ri·ous [lə'bɔːrɪəs] ⟨f2⟩ ⟨bn.; -ly; -ness⟩ **0.1** ***afmattend*** ⇒*zwaar, moeilijk, bewerkelijk, kracht/energieverslindend, inspannend* **0.2** ***arbeidzaam*** ⇒*hard werkend, bedrijvig, nijver, naarstig* **0.3** ***moeizaam*** ⇒*gewrongen, omslachtig, houterig* ⟨stijl e.d.⟩.
'labor union ⟨f1⟩ ⟨telb.zn.⟩ ⟨AE⟩ **0.1** ***vakbond*** ⇒*vakvereniging*.
la·bour[1], ⟨AE sp.⟩ **la·bor** ['leɪbə‖-ər] ⟨f3⟩ ⟨zn.⟩
I ⟨eig.n.; L-⟩ **0.1** ***Labour(-partij)*** ⟨in Engeland⟩;
II ⟨telb.zn.⟩ **0.1** ***werk(stuk)*** ⇒*taak, opdracht* ◆ **1.1** ~ of Hercules *herculeswerk, reuzenarbeid/werk, krachttoer;* ~ of love *(met/uit) liefde (verricht) werk;*
III ⟨n.-telb.zn.⟩ **0.1** ***arbeid*** ⇒*werk* ⟨i.h.b. in loondienst⟩ **0.2** ***(krachts)inspanning*** ⇒*moeite* **0.3** ***arbeid(ersklasse)*** ⇒*(hand)arbeiders, werkers, werkende bevolking, arbeidskrachten* **0.4** ***(barens)weeën*** **0.5** ***baring*** ⇒*bevalling, het baren/bevallen* ◆ **1.3** ~ and capital *arbeid en kapitaal;* the Ministry of Labour *het ministerie v. arbeid* ⟨in Engeland tot 1970⟩ **2.2** ~ in vain *vergeefse/verspilde moeite, verloren arbeid* **2.3** unskilled ~ *ongeschoolde arbeid(ers)* **3.2** lost ~ *vergeefse/verspilde moeite* **6.5** be **in** ~ *baren, bevallen*.
labour[2], ⟨AE sp.⟩ **labor** ⟨f2⟩ ⟨ww.⟩ →laboured
I ⟨onov.ww.⟩ **0.1** ***arbeiden*** ⇒*werken* **0.2** ***zich inspannen/inzetten*** ⇒*hard werken, zwoegen, zich afbeulen, ploeteren* **0.3** ***moeizaam vooruitkomen*** ⇒*(voort)zwoegen, zich voortslepen, sjokken, ploegen* **0.4** ***stampen en rollen*** ⟨v. schip⟩ ⇒*werken* **0.5** ***in barensnood verkeren*** ◆ **1.1** ~ing man *arbeider* **1.2** ~ing engine *zwoegende motor* ⟨i.h.b. in te hoge versnelling⟩ **6.2** ~ **at/over** sth. *op iets zweten/zwoegen;* ~ **for** a cause *zich voor een zaak inzetten;* ~ **in** the cause of *zich inzetten ten behoeve van* **6.3** ~ **in** the sand *door het zand ploegen;* ~ **through** the waves *door de golven ploegen* **6.¶** →labour **under;**
II ⟨ov.ww.⟩ **0.1** ***uitputtend behandelen*** ⇒*in detail ingaan op, uitwerken, uitspinnen, (breed) uitmeten* **0.2** ⟨vero.⟩ ***bewerken*** ⇒*bebouwen* ⟨land⟩ **0.3** ***belasten*** ⇒*bezwaren, drukken op* ◆ **1.1** ~ an argument *een argument breed uitmeten*.
'labour camp ⟨telb.zn.⟩ **0.1** ***werkkamp***.
'Labour Day ⟨f1⟩ ⟨eig.n.⟩ **0.1** ***Dag v.d. Arbeid*** ⟨in Engeland: 1 mei; in U.S.A. en Canada: eerste maandag in september⟩.
la·boured, ⟨AE sp.⟩ **la·bored** ['leɪbəd‖-bərd] ⟨f1⟩ ⟨bn.; volt. deelw. v. labour⟩ **0.1** ***doorwrocht*** ⇒*grondig, gedetailleerd* **0.2** ***moeizaam*** ⇒*amechtig* **0.3** ***gekunsteld*** ⇒*gewrongen, onnatuurlijk, houterig; omslachtig*.
la·bour·er, ⟨AE sp.⟩ **la·bor·er** ['leɪb(ə)rə‖-ər] ⟨f2⟩ ⟨telb.zn.⟩ **0.1** ***(hand)arbeider*** ⇒⟨i.h.b.⟩ *ongeschoolde arbeider* ◆ **2.1** agricultural ~ *landarbeider*.
'labour exchange ⟨telb.zn.; ook L- E-⟩ ⟨BE⟩ **0.1** ***arbeidsbureau***.
'labour force ⟨telb. en n.-telb.zn.⟩ **0.1** ***beroepsbevolking*** ⇒*werkende bevolking*.
'la·bour-in'ten·sive ⟨bn.⟩ **0.1** ***arbeidsintensief***.
la·bour·ite, ⟨AE sp.⟩ **la·bor·ite** ['leɪbəraɪt] ⟨telb.zn.; in bet. 0.1 ook L-⟩ **0.1** ***aanhanger/lid v.e. arbeiderspartij*** ⇒⟨i.h.b. in Engeland⟩ *aanhanger/lid v.d. Labour-partij* **0.2** ⟨vnl. AE⟩ ***vakbondsaanhanger/lid***.
'Labour leaders ⟨f1⟩ ⟨mv.⟩ **0.1** ***voormannen v.d. Labour-partij*** ⇒*Labour-leiders/leiding* **0.2** ⟨ook l- l-⟩ ***vakbondsleiders***.
'labour market ⟨telb.zn.⟩ **0.1** ***arbeidsmarkt*** ⇒*arbeidsaanbod/potentieel*.
'Labour Party ⟨f1⟩ ⟨zn.⟩
I ⟨eig.n.⟩ **0.1** ***Labour-partij*** ⟨in Engeland⟩;
II ⟨telb.zn.; ook p-⟩ **0.1** ***arbeiderspartij***.
'la·bour·sav·ing ⟨f1⟩ ⟨bn.⟩ **0.1** ***arbeidsbesparend***.
'labour turnover ⟨telb. en n.-telb.zn.⟩ ⟨ec.⟩ **0.1** ***personeelsverloop***.
'labour under ⟨onov.ww.⟩ **0.1** ***lijden aan/onder*** ⇒*het slachtoffer zijn van, zuchten/gebukt gaan onder* **0.2** ***te kampen hebben met*** ⇒*last/te lijden hebben van, gehandicapt worden door* ◆ **1.1** ~ an affliction *aan een kwaal lijden* **1.2** ~ a delusion *het slachtoffer zijn v.e. misvatting, het mis hebben;* ~ the delusion/illusion that *in de waan verkeren dat;* ~ a disadvantage/the disadvantage that *het nadeel hebben dat*.
'labour unrest ⟨n.-telb.zn.⟩ **0.1** ***arbeidsonrust***.
'Labour vote ⟨n.-telb.zn.; the⟩ **0.1** ***kiezersaanhang v.d. Labour-partij*** ⇒*Labour-electoraat, Labour-kiezers/stemmers*.
Lab·ra·dor ['læbrədɔː‖-dɔr], ⟨in bet. II ook⟩ **'Labrador 'dog, 'Labrador re'triever** ⟨f2⟩ ⟨zn.⟩
I ⟨eig.n.⟩ **0.1** ***Labrador;***
II ⟨telb.zn.⟩ **0.1** ***labrador retriever*** ⟨jachthond⟩.
la·bret ['leɪbrət] ⟨telb.zn.⟩ **0.1** ***lipsieraad*** ⟨in geperforeerde lip⟩.
la·brum ['leɪbrəm] ⟨telb.zn.; labra ['leɪbrə]; →mv. 5⟩ **0.1** ***bovenlip v. insekt***.
la·bur·num [lə'bɜːnəm‖-'bɜr-] ⟨telb.zn.⟩ ⟨plantk.⟩ **0.1** ***laburnum*** ⟨genus Laburnum⟩ ⇒⟨i.h.b.⟩ *goudenregen* ⟨L. anagyroides⟩.
lab·y·rinth ['læbərɪnθ] ⟨f1⟩ ⟨telb.zn.⟩ **0.1** ***doolhof*** ⇒*labyrint* **0.2** ⟨fig.⟩ ***doolhof*** ⇒*labyrint, wirwar, warwinkel, kluwen* **0.3** ⟨anat.⟩ ***labyrint*** ⟨i.h.b. v.h. binnenoor⟩.
lab·y·rin·thine ['læbə'rɪnθaɪn], **lab·y·rin·thian** [-'rɪnθɪən], **lab·y·rin·thic** [-'rɪnθɪk] ⟨bn.⟩ **0.1** ***labyrintisch*** ⇒*als een doolhof* **0.2** ***labyrintisch*** ⇒*ingewikkeld, gecompliceerd, verward*.
lac [læk] ⟨zn.⟩
I ⟨telb.zn.⟩ →lakh;
II ⟨n.-telb.zn.⟩ **0.1** ***(schel)lak*** ⟨afscheidingsprodukt v. Laccifer lacca⟩.
lace[1] [leɪs] ⟨f2⟩ ⟨zn.⟩
I ⟨telb.zn.⟩ **0.1** ***veter*** ⇒*koord, (rijg)snoer, lacet,* ⟨B.⟩ *rijgkoord* **0.2** ***scheutje (sterke drank)*** ◆ **1.2** coffee with a ~ of brandy *koffie met een scheutje cognac;*
II ⟨n.-telb.zn.⟩ **0.1** ⟨ook attr.⟩ ***kant(werk)*** **0.2** ***galon*** ⇒*tres, passement*.
lace[2] ⟨f2⟩ ⟨ww.⟩ →lacing
I ⟨onov.ww.⟩ **0.1** ***sluiten d.m.v. veter*** ⇒*dichtgeregen worden* ◆ **1.1** a bathing suit that ~s (up) at the side *een badpak dat opzij met veters sluit* **6.¶** ~ **into** *aanvallen, te lijf gaan, afranselen* ⟨ook fig.⟩;
II ⟨ov.ww.⟩ **0.1** ***rijgen*** ⇒*dicht/vastmaken met veter/snoer* **0.2** ***rijgen*** ⇒*insnoeren, inpennen* ⟨taille⟩ **0.3** ***(door)vlechten*** ⇒*(door) weven, borduren* ⟨met draad, kleuren⟩ **0.4** ***galonneren*** ⇒*afzetten met galon* **0.5** ***afzetten/afwerken met kant*** **0.6** ***afranselen*** ⇒*een pak slaag geven* **0.7** ***een scheutje sterke drank toevoegen aan*** ⇒*oppeppen* ◆ **1.1** ~ (up) a corset *een korset (dicht)rijgen;* ~ (up) one's shoes *zijn (schoen)veters vastmaken* **1.2** ~ (up) the waist *de taille insnoeren* **6.3** ~ **through** *doorweven, doorvlechten* **6.7** ~ tea **with** rum *een scheutje rum in de thee doen*.
'lace·bug ⟨telb.zn.⟩ ⟨dierk.⟩ **0.1** ***netwants*** ⟨fam. Tingidae⟩.
'lace 'curtain ⟨telb.zn.⟩ **0.1** ***vitrage***.
Lac·e·dae·mon ['læsɪ'diːmən] ⟨eig.n.⟩ **0.1** ***Lacedaemonië*** ⇒*Laconia*.
Lac·e·dae·mo·ni·an[1] ['læsɪdɪ'moʊnɪən] ⟨telb.zn.⟩ **0.1** ***Lacedaemoniër*** ⇒*Laconiër, Spartaan*.
Lacedaemonian[2] ⟨bn.⟩ **0.1** ***Lacedaemonisch*** ⇒*Laconisch, Spartaans*.
'lace 'glass ⟨n.-telb.zn.⟩ **0.1** ***kantglas*** ⇒*Venetiaans glas*.
'lace 'pillow ⟨telb.zn.⟩ **0.1** ***kantkussen***.
lac·er·a·ble ['læs(ə)rəbl] ⟨bn.⟩ **0.1** ***scheurbaar*** **0.2** ***kwetsbaar***.
lac·er·ate[1] ['læsəreɪt], **lac·er·at·ed** ['læsəreɪṭɪd] ⟨bn.; tweede variant volt. deelw v. lacerate⟩ **0.1** ***verscheurd*** ⇒*gehavend, verminkt, opengereten* **0.2** ***gewond*** **0.3** ***sterk getand*** ⟨blad⟩.
lacerate[2] ⟨ov.ww.⟩ →lacerated **0.1** ***(open)rijten*** ⇒*(ver)scheuren, havenen, verminken* **0.2** ***(ernstig) kwetsen*** ⇒*kwellen, verdriet doen*.
lac·er·a·tion ['læsə'reɪʃn] ⟨zn.⟩
I ⟨telb.zn.⟩ **0.1** ***scheur*** ⇒⟨i.h.b.⟩ *rijtwond;*
II ⟨n.-telb.zn.⟩ **0.1** ***(ver)scheuring*** ⇒*het scheuren/openrijten, laceratie* **0.2** ***kwelling*** ⇒*het kwellen/kwetsen*.
La·cer·ta [lə'sɜːtə‖-sɜrṭə] ⟨eig.n.⟩ ⟨ster.⟩ **0.1** ***Hagedis*** ⇒*Lacerta*.
la·cer·tian[1] [lə'sɜːʃn‖-sɜr-] ⟨telb.zn.⟩ **0.1** ***hagedis***.

lacertian², la·cer·tine ['læsətaɪn, -tɪn], **la·cer·til·i·an** ['læsə'tɪlɪən‖-sər-]⟨bn.⟩ **0.1** ***hagedisachtig*** ⇒*hagedis-*.

'lace stitch ⟨telb.zn.⟩ **0.1** ***kantsteek***.

'lace-up¹ ⟨telb.zn.⟩ **0.1** ***veterschoen*** **0.2** ***rijglaars***.

lace-up² ⟨bn., attr.⟩ **0.1** ***veter-*** ⇒*rijg-, met veters* ◆ **1.1** ~ shoes *veterschoenen*.

'lace·wing, 'lace·wing(ed) 'fly ⟨telb.zn.⟩⟨dierk.⟩ **0.1** ***gaasvlieg, landjuffer*** ⟨fam. Chrysopidae en Hemerobiidae⟩.

'lace·work ⟨n.-telb.zn.⟩ **0.1** ***kantwerk***.

lach·es ['lætʃɪz, 'leɪ-]⟨telb.zn.; laches; →mv. 5⟩⟨jur.⟩ **0.1** ***verwijtbare nalatigheid***.

lach·ry·mal¹, lac·ri·mal ['lækrɪml]⟨zn.⟩
I ⟨telb.zn.⟩ **0.1** ***tranenkruikje;***
II ⟨mv.; ~s⟩⟨anat.⟩ **0.1** ***traanklieren***.

lachrymal², lacrimal ⟨bn.⟩ **0.1** ***traan-*** ◆ **1.1** ⟨anat.⟩ ~ canal *traankanaal;* ~ duct *traanbuis;* ~ gland *traanklier;* ~ sac *traanzak;* ~ vase *tranenkruikje*.

lach·ry·ma·tion, lac·ri·ma·tion ['lækrɪ'meɪʃn]⟨telb.zn.⟩ **0.1** ***tranenvloed*** ⇒*tranenbeek/stroom*.

lach·ry·ma·tor ['lækrɪmeɪtə‖-meɪţər]⟨telb.zn.⟩ **0.1** ***traangas***.

lach·ry·ma·to·ry¹ ['lækrɪmətrɪ‖-tɔri]⟨telb.zn.; →mv. 2⟩ **0.1** ***tranenkruikje***.

lachrymatory² ⟨bn.⟩ **0.1** ***traan-*** **0.2** ***tranen verwekkend***.

lach·ry·mose ['lækrɪmoʊs]⟨bn.; -ly⟩ **0.1** ***huilerig*** ⇒*larmoyant, snotterig, grienerig* **0.2** ***droevig*** ⇒*treurig, smartelijk, hartverscheurend*.

lac·ing ['leɪsɪŋ]⟨telb.zn.; gerund v. lace⟩ **0.1** ***veter*** ⇒*koord, (rijg) snoer, lacet* **0.2** ***boordsel*** ⇒*passement, galon, (sier)afzetting* **0.3** ***scheutje sterke drank*** **0.4** ***aframmeling*** ⇒*aframmeling, pak slaag*.

la·cin·i·ate [lə'sɪnieɪt, -nɪət], **la·cin·i·a·ted** [lə'sɪnieɪţɪd]⟨bn.⟩ **0.1** ***franjeachtig*** ⟨ook plantk.⟩ **0.2** ⟨dierk., plantk.⟩ ***ingesneden***.

'lac insect ⟨telb.zn.⟩⟨dierk.⟩ **0.1** ***Laccifer lacca*** ⟨schildluis⟩.

lack¹ [læk]⟨f3⟩⟨telb. en n.-telb.zn.⟩ **0.1** ***gebrek*** ⇒*tekort, gemis, manco* **0.2** ***behoefte*** ◆ **1.1** ~ of money *geldgebrek* **6.1** die **for/through** ~ **of** food *sterven door voedselgebrek;* **for** ~ **of** *bij gebrek aan, bij ontstentenis van* **7.1** no ~ of *volop, in overvloed, geen gebrek aan*.

lack² ⟨f3⟩⟨ww.⟩ →lacking
I ⟨onov.ww.⟩ **0.1** ***ontbreken*** ⇒*niet voorhanden zijn* **0.2** ***ontoereikend zijn*** ⇒*te kort schieten* ◆ **1.1** money is ~ing *er is geen geld, het geld ontbreekt* **1.2** money is ~ing *er is geldgebrek/geld te kort* **6.2** ~ **in** *onvoldoende bezitten, te kort schieten in* **6.¶** she doesn't ~ **for** lovers *zij heeft geen gebrek aan minnaars, zij zit niet verlegen om minnaars;* ~ **for** nothing *aan niets gebrek hebben;*
II ⟨ov.ww.⟩ **0.1** ***ontberen*** ⇒*missen, niet hebben* **0.2** ***behoefte hebben aan*** ⇒*van node hebben* **0.3** ***gebrek hebben aan*** ⇒*te kort komen* ◆ **1.1** ~ courage *moed ontberen* **1.3** ~ money *geldgebrek hebben*.

lack·a·dai·si·cal ['lækə'deɪzɪkl]⟨bn.; -ly; -ness⟩ **0.1** ***lusteloos*** ⇒*futloos, mat, lauw(hartig), zonder animo* **0.2** ***sentimenteel*** ⇒*kwijnend, smachtend, aanstellerig*.

lack·a·day ['lækə'deɪ]⟨tussenw.⟩⟨vero.⟩ **0.1** ***eilaas*** ⇒*helaas, ach*.

'lack-all ⟨telb.zn.⟩ **0.1** ***arme donder***.

lacker →lacquer.

lack·ey¹, ⟨in bet. 0.1, 0.2, 0.3 ook⟩ **lac·quey** ['læki], ⟨in bet. 0.4 ook⟩ **'lackey moth** ⟨f1⟩⟨telb.zn.⟩ **0.1** ***lakei*** ⇒*livreiknecht* **0.2** ***bediende*** **0.3** ***kruiper*** ⇒*lakei, jaknikker, slippedrager, pluimstrijker, marionet* **0.4** ⟨dierk.⟩ ***ring(el)rups(vlinder)*** ⟨Malcosoma neustria⟩.

lackey², lacquey ⟨ww.⟩
I ⟨onov.ww.⟩ **0.1** ***pluimstrijken*** ⇒*kruipen, vleien, flikflooien;*
II ⟨ov.ww.⟩ **0.1** ***als lakei dienen*** **0.2** ***op zijn wenken bedienen*** ⇒*kruipen voor, slaafs tegemoet treden*.

lack·ing ['lækɪŋ]⟨f2⟩⟨bn., pred.; teg. deelw. v. lack⟩ **0.1** ***niet voorhanden*** ⇒*afwezig, ontbrekend* **0.2** ⟨BE; inf.⟩ ***onvolwaardig*** ⇒*achterlijk* ◆ **6.1** be ~ **in** *gebrek hebben aan; van node hebben;* she's ~ **in** courage *het ontbreekt haar aan moed;* a diet ~ **in** nutritional value *een dieet zonder voedingswaarde*.

'lack·land¹ ⟨telb.zn.⟩ **0.1** ***iem. zonder land*** ⇒*land/bezitsloze*.

lackland² ⟨bn.⟩ **0.1** ***landloos*** ⇒*zonder land* ◆ **1.1** John Lackland *Jan zonder Land* ⟨Eng. koning 1199-1216⟩.

'lack·lus·tre ⟨bn.⟩ **0.1** ***dof*** ⇒*glansloos, mat* ⟨i.h.b. v. ogen⟩.

La·co·ni·an¹ [lə'koʊnɪən]⟨zn.⟩
I ⟨eig.n.⟩ **0.1** ***Laconisch*** ⇒*Laconische taal, Spartaans;*
II ⟨telb.zn.⟩ **0.1** ***Laconiër*** ⇒*inwoner v. Laconië, Spartaan*.

Laconian² ⟨bn.⟩ **0.1** ***Laconisch*** ⇒*mbt. Laconië, Spartaans*.

la·con·ic [lə'kɒnɪk‖-'kɑ-]⟨f1⟩⟨bn.; -ally; →bijw. 3⟩ **0.1** ***bondig*** ⇒*lapidair, kort en krachtig, laconiek* **0.2** ***kortaf*** ⇒*zonder omhaal*.

lac·o·nism ['lækənɪzm], **la·con·i·cism** [lə'kɒnɪsɪzm‖-'kɑ-]⟨zn.⟩
I ⟨telb.zn.⟩ **0.1** ***bondige uitspraak;***
II ⟨n.-telb.zn.⟩ **0.1** ***bondigheid*** ⇒*beknoptheid*.

lac·quer¹, lack·er ['lækə‖-ər]⟨f2⟩⟨zn.⟩
I ⟨telb. en n.-telb.zn.⟩ **0.1** ***lak*** ⟨schellak opgelost in alcohol⟩ **0.2** ***Chinalak*** ⇒*Japanlak, lakboomhars* **0.3** ***(blanke) lak*** ⇒*vernis* **0.4** ***(haar)lak;***
II ⟨n.-telb.zn.⟩ **0.1** ***lakwerk*** ⇒*verlakte voorwerpen*.

lacquer², lacker ⟨ov.ww.⟩ **0.1** ***lakken*** ⇒*vernissen* **0.2** ***verlakken*** ⇒*kunstig lakken*.

'lacquer tree ⟨telb.zn.⟩⟨plantk.⟩ **0.1** ***lakboom*** ⟨Rhus verniciflua/vernicifera⟩.

lacquey →lackey.

lacrimal →lachrymal.

lacrimation →lachrymation.

la·crosse [lə'krɒs‖-krɔs]⟨f1⟩⟨n.-telb.zn.⟩⟨sport⟩ **0.1** ***lacrosse***.

lac·tate¹ ['lækteɪt]⟨telb.zn.⟩⟨schei.⟩ **0.1** ***lactaat*** ⇒*melkzuurzout/ester*.

lactate² ⟨onov.ww.⟩ **0.1** ***melk afscheiden/produceren***.

lac·ta·tion [læk'teɪʃn]⟨n.-telb.zn.⟩ **0.1** ***lactatie*** ⇒*zogafscheiding, moedermelk* **0.2** ***het zogen*** ⇒*lactatie, melkvoeding* **0.3** ***lactatieperiode*** ⇒*zoogperiode*.

lac·te·al¹ ['læktɪəl]⟨telb.zn.⟩⟨anat.⟩ **0.1** ***chijlvat***.

lacteal² ⟨bn.; -ly⟩ **0.1** ***lactisch*** ⇒*melk-* **0.2** ⟨anat.⟩ ***chijl-***.

lac·tes·cence [læk'tesns]⟨n.-telb.zn.⟩ **0.1** ***melk(acht)igheid*** **0.2** ⟨biol.⟩ ***melksap***.

lac·tes·cent [læk'tesnt]⟨bn.⟩ **0.1** ***melk(acht)ig wordend*** **0.2** ***melk(acht)ig*** **0.3** ⟨biol.⟩ ***melksap afscheidend/producerend***.

lac·tic ['læktɪk]⟨bn.⟩⟨schei.⟩ **0.1** ***melk-*** ◆ **1.1** ~ acid *melkzuur;* ~ fermentation *melkzuurgisting*.

lac·tif·er·ous [læk'tɪf(ə)rəs]⟨bn.⟩ **0.1** ***melkafscheidend/producerend*** ⇒*melk-* **0.2** ⟨plantk.⟩ ***melksapafscheidend/producerend***.

lac·to- ['læktoʊ-], **lact-** ['lækt-] **0.1** ***melk-*** ⇒*lact(o)-* ◆ **¶.1** lactometer *melkmeter;* ⟨schei.⟩ lactone *lacton*.

lac·tom·e·ter [læk'tɒmɪtə‖-'tɑmɪţər]⟨telb.zn.⟩ **0.1** ***melkmeter*** ⟨v. vetgehalte in melk⟩ ⇒*lactometer, lactoscoop, melkweger*.

lac·to·pro·te·in ['læktoʊ 'proʊţi:n]⟨telb.zn.⟩⟨schei.⟩ **0.1** ***melkeiwit***.

lac·tose ['læktoʊs]⟨n.-telb.zn.⟩⟨schei.⟩ **0.1** ***lactose*** ⇒*melksuiker*.

la·cu·na [lə'kju:nə]⟨f1⟩⟨telb.zn.; ook lacunae [-ni:]; →mv. 5⟩ **0.1** ***lacune*** ⇒*leemte, hiaat, witte plek* ⟨i.h.b. in geschrift/redenering⟩ **0.2** ⟨anat.⟩ ***holte***.

la·cu·nal [lə'kju:nl], **la·cu·nar** [-nə‖-nər], **la·cu·nar·y** [lə'kju:nəri‖'lækjəneri], **la·cu·nose** [lə'kju:noʊs‖'lækjə-]⟨bn.⟩ **0.1** ***lacuneus*** ⇒*lacunair, gebrekkig, onvolledig, vol hiaten/leemten*.

la·cus·trine [lə'kʌstraɪn, -strɪn]⟨bn.⟩⟨geol.⟩ **0.1** ***lacustrien*** ⇒*meer-* ◆ **1.1** ~ age *lacustrine tijdperk, paalbewonerstijd;* ~ deposits *lacustrine sedimenten*.

lac·y ['leɪsi]⟨bn.; -er; -ness; →bijw. 3⟩ **0.1** ***kanten*** ⇒*v. kant* **0.2** ***kantachtig*** ⇒*als kant* **0.3** ⟨sl.⟩ ***verwijfd*** ⇒*nichterig*.

lad [læd]⟨f3⟩⟨telb.zn.⟩ **0.1** ***jongen*** ⇒*knul, joch, jongeman, knaap* **0.2** ⟨vnl. gew.; inf.⟩ ***kerel*** ⇒*vent, vrijer* **0.3** ***staljongen/meisje*** ⇒*stalknecht* ◆ **3.¶** ⟨inf.⟩ be one of the ~s *erbij horen* **7.1** ⟨inf.⟩ my ~ *(beste) jongen* ⟨ook tegen hond⟩; ⟨inf.⟩ the ~s *de boys, de jongens v.d. gestampte pot; de jongens* ⟨zoons v.e. gezin⟩.

lad·a·num ['lædn·əm], **lab·da·num** ['læbdənəm]⟨n.-telb.zn.⟩ **0.1** ***gomhars v.d. Cistus*** ⟨als fixateur in parfum⟩.

lad·der¹ ['lædə‖-ər]⟨f3⟩⟨telb.zn.⟩ **0.1** ***ladder*** ⇒*trap(leer)* ⟨ook fig.⟩ **0.2** ***touwladder*** **0.3** ⟨BE⟩ ***ladder*** ⟨in kous⟩ **0.4** ⟨sport⟩ ***ladder*** ⇒*ranglijst* ◆ **1.1** rungs of a ~ *sporten v.e. ladder* **2.1** social ~ *maatschappelijke ladder* **3.¶** kick down the ~ *oude vrienden laten vallen*.

ladder² ⟨ww.⟩⟨BE⟩
I ⟨onov.ww.⟩ **0.1** ***ladderen*** ⟨v. kous⟩;
II ⟨ov.ww.⟩ **0.1** ***een ladder maken in*** ⟨kous⟩.

'lad·der-back ⟨telb.zn.⟩⟨ook attr.⟩ **0.1** ***lattenrug*** **0.2** ***stoel met lattenrug***.

'lad·der-dredge, 'lad·der-dredg·er ⟨telb.zn.⟩ **0.1** ***emmerbaggermolen***.

'lad·der·proof, ladder re'sistent ⟨f1⟩⟨bn.⟩ **0.1** ***laddervrij*** ⇒*niet ladderend* ⟨v. kousen⟩.

'lad·der-stitch ⟨telb.zn.⟩ **0.1** ***dwarssteek*** ⟨borduurwerk⟩.

'ladder truck ⟨telb.zn.⟩ **0.1** ***ladderwagen*** ⟨brandweer⟩.

lad·die, lad·dy ['lædi]⟨f1⟩⟨telb.zn.⟩ **0.1** ***joch*** ⇒*knul, knaap, jongen, vent*.

lade¹ [leɪd]⟨telb.zn.⟩⟨Sch. E⟩ **0.1** ***waterloop***.

lade² ⟨ww.; volt. deelw. ook laden ['leɪdn]⟩ →laden, lading
I ⟨onov.ww.⟩ **0.1** ***laden*** ⇒*vracht innemen/aan boord nemen;*
II ⟨onov. en ov.ww.⟩ **0.1** ***hozen*** ⇒*(water) scheppen;*
III ⟨ov.ww.⟩ **0.1** ***(be)laden*** ⇒*bevrachten* **0.2** ***per schip verzenden*** ⇒*verschepen* **0.3** ***belasten*** ⇒*bezwaren, als een last drukken op*.

lad·en ['leɪdn]⟨f2⟩⟨bn.; volt. deelw. v. lade⟩ **0.1** ***(zwaar) beladen/belast*** ⇒*afgeladen* **0.2** ***beladen*** ⟨fig.⟩ ⇒*gebukt (gaand) onder* **0.3** ***bezwangerd*** ◆ **6.2** ~ **with** anxieties *onder zorgen gebukt;* ~ **with** sin *met zonde beladen*.

la·di·da →lah-di-dah.
la·di·dah →la(h)-di-da(h).
La·dies(') ['leɪdiz], ⟨AE⟩ **'Ladies(') room** ⟨f1⟩ ⟨telb.zn.; g. mv.⟩ **0.1** ***dames(toilet)***.
'Ladies' 'chain ⟨telb.zn.⟩ **0.1** ***dameswisseling*** ⟨quadrillefiguur⟩.
ladies' doubles ['leɪdiz 'dʌblz] ⟨mv.⟩ **0.1** ***damesdubbel***.
'ladies' fingers ⟨telb.zn., mv.⟩ ⟨plantk.⟩ **0.1** ***wondklaver*** ⟨Anthyllis Vulneraria⟩ **0.2** →lady's-finger.
'Ladies' 'Gallery ⟨eig.n.⟩ **0.1** ***damestribune (in Engelse Lagerhuis)***.
'ladies' man, 'lady's man ⟨telb.zn.⟩ **0.1** ***charmeur*** ⇒*galant man, vrouwenliefhebber*.
'la·dies'-'tress·es, 'lady's-'tresses ⟨mv.; ook L-⟩ ⟨plantk.⟩ **0.1** ***schroeforchis*** ⟨genus Spiranthes⟩.
ladify →ladyfy.
La·din [læ'di:n, lə-] ⟨zn.⟩
I ⟨eig.n.⟩ **0.1** ***Ladinisch*** ⇒*Ladin, R(a)etoromaans;*
II ⟨telb.zn.⟩ **0.1** ***Ladien*** ⇒*R(a)etoromaan, Engadiniër*.
lad·ing ['leɪdɪŋ] ⟨f1⟩ ⟨zn.; (oorspr.) gerund v. lade⟩
I ⟨telb.zn.⟩ **0.1** ***lading*** ⇒*vracht;*
II ⟨n.-telb.zn.⟩ **0.1** ***lading*** ⇒*het laden/bevrachten, bevrachting*.
'lading port ⟨telb.zn.⟩ **0.1** ***laadhaven***.
La·di·no [lə'di:noʊ] ⟨zn.⟩
I ⟨eig.n.⟩ **0.1** ***Ladino*** ⇒*joods-Spaans* ⟨taal der sefardische joden⟩;
II ⟨telb.zn.⟩ **0.1** ***Middenamerikaanse blanke*** **0.2** ***mesties*** ⇒*Middenamerikaanse halfbloed*.
la·dle[1] ['leɪdl] ⟨f1⟩ ⟨telb.zn.⟩ **0.1** ***soeplepel*** **0.2** ⟨tech.⟩ ***gietlepel*** ⇒*gietpan/kroes* **0.3** ***kerkezak*** **0.4** ***schoep*** ⟨v. waterrad⟩.
ladle[2] ⟨f1⟩ ⟨ov.ww.⟩ **0.1** ***(over)scheppen*** **0.2** ***opscheppen*** ⇒*oplepelen, ronddelen* **0.3** ***kwistig ronddelen*** ⇒*smijten met* ◆ **5.2** ~ **out** soup *soep opscheppen* **5.3** ~ **out** information *met informatie strooien*.
la·dle·ful ['leɪdlfʊl] ⟨telb.zn.⟩ **0.1** ***soeplepel(vol)***.
'lad's 'love ⟨telb.zn.⟩ ⟨plantk.⟩ **0.1** ***citroenkruid*** ⟨Artemisia abrotanum⟩.
la·dy ['leɪdi] ⟨f4⟩ ⟨telb.zn.; →mv. 2⟩ **0.1** ***dame*** ⇒*(beschaafde) vrouw, lady* **0.2** ⟨ben. voor⟩ ***vrouw die leiding geeft/verantwoordelijkheid draagt*** ⇒*vrouw des huizes, hoofd v.d. huishouding, (-) overste* **0.3** ⟨inf.⟩ ***mevrouw*** ⇒*dame* **0.4** →ladylove **0.5** ⟨inf.⟩ ***vrouw*** ⇒*echtgenote* **0.6** ⟨L-; ook attr.⟩ ⟨BE⟩ ***lady*** ⇒*adellijke dame* **0.7** ⟨attr.⟩ ***vrouw(elijk(e))*** ⇒*-in, -es(se), -ster, -(tr)ice* ◆ **1.1** ladies and gentlemen *dames en heren;* ⟨inf.⟩ ~ of leisure *niet-werkende dame* **1.2** ~ of the house/manor *vrouw des huizes* **1.6** Lady of the Bedchamber *hofdame;* ⟨scherts.⟩ (play/act like) Lady Muck *de madame (uithangen)* **3.¶** ⟨kaartspel⟩ find the ~ *een-twee-drie klaveraas;* ⟨dierk.⟩ painted ~ *distelvlinder* ⟨Vanessa cardui⟩; walking ~ *figurante* ⟨zonder tekst⟩ **7.1** ⟨AE⟩ First Lady *presidentsvrouw;* the first ~ of jazz *de beste jazz-zangeres* **7.6** My Lady *mylady* ⟨aanspreektitel⟩ **7.¶** ⟨R.-K.⟩ Our Lady *Onze-Lieve-Vrouw, de H. Maagd* **¶.3** d'you want a hand, ~? *handje helpen, dame?*.
'Lady altar ⟨telb.zn.⟩ ⟨kerk.⟩ **0.1** ***Maria-altaar***.
'la·dy·bird, ⟨AE⟩ **'la·dy·bug** ⟨f1⟩ ⟨telb.zn.⟩ ⟨dierk.⟩ **0.1** ***lieveheersbeestje*** ⟨fam. Coccinellidae⟩.
'Lady 'Bountiful ⟨telb.zn.⟩ **0.1** ***weldoenster*** ⇒*filantrope* ⟨oorspr. personage in Farquhars 'The Beaux' Stratagem'⟩.
'lady chair ⟨telb.zn.⟩ **0.1** ***draagzetel v. ineengestrengelde handen***.
'Lady Chapel ⟨telb.zn.; ook l- c-⟩ ⟨kerk.⟩ **0.1** ***Mariakapel***.
'Lady Day ⟨eig.n.⟩ ⟨R.-K.⟩ **0.1** ***Maria-Boodschap*** ⟨25 maart⟩.
'lady 'doctor ⟨telb.zn.⟩ **0.1** ***vrouwelijke arts***.
'lady dog ⟨telb.zn.⟩ **0.1** ***teef*** ⇒*vrouwtjeshond*.
'lady fern ⟨telb.zn.⟩ ⟨plantk.⟩ **0.1** ***varen*** ⟨genus Anthyrium⟩ ⇒⟨i.h.b.⟩ *wijfjesvaren* ⟨A. filix-femina⟩.
'la·dy·fin·ger, 'la·dys·'fin·ger ⟨telb.zn.⟩ ⟨AE⟩ **0.1** ***lange vinger***.
'lady friend ⟨telb.zn.⟩ **0.1** ***vriendin***.
la·dy·fy, la·di·fy ['leɪdifaɪ] ⟨ov.ww.; →ww. 7⟩ **0.1** ***een dame maken van*** **0.2** ***met lady aanspreken*** ◆ **¶.¶** ladyfied, ladified *nuffig; mondain*.
la·dy·hood ['leɪdihʊd] ⟨n.-telb.zn.⟩ **0.1** ***lady-schap*** ⇒*waardigheid v. lady* **0.2** ***vrouwelijke adel*** ⇒*lady's als groep*.
'la·dy-in-'wait·ing ⟨telb.zn.; ladies-in-waiting; →mv. 6⟩ ⟨BE⟩ **0.1** ***hofdame***.
'la·dy-kill·er ⟨f1⟩ ⟨telb.zn.⟩ **0.1** ***vrouwenjager*** ⇒*Don Juan, lady-killer, (ras)versierder*.
la·dy·like ['leɪdilaɪk] ⟨f1⟩ ⟨bn.⟩ **0.1** ***ladylike*** ⇒*zoals een dame betaamt/past, welgemanierd, beschaafd* **0.2** ***gracieus*** ⇒*ladylike, elegant, gedistingeerd* **0.3** ***verwijfd*** ⇒*week, slap* ⟨v. man⟩ **0.4** ***vormelijk*** ⇒*pontificaal*.
'la·dy·love ⟨telb.zn.⟩ **0.1** ***liefje*** ⇒*geliefde*.
'Lady 'Mayoress ⟨telb.zn.⟩ **0.1** ***echtgenote v.d. Lord Mayor*** ⟨burgemeestersvrouw, i.h.b. in Londen⟩.
'lady 'principal ⟨telb.zn.⟩ **0.1** ***directrice***.
'Lady's 'bed·straw ⟨telb.zn.⟩ ⟨plantk.⟩ **0.1** ***echt walstro*** ⇒*onze-lieve-vrouw-bedstro* ⟨Galium verum⟩.
'lady's com'panion ⟨telb.zn.⟩ **0.1** ***handwerktas*** ⇒*necessaire, reticule*.
'la·dy's-'cush·ion ⟨telb.zn.⟩ ⟨plantk.⟩ **0.1** ***mossteenbreek*** ⟨Saxifraga hypnoides⟩.
'La·dy's-'fin·ger ⟨telb.zn.⟩ ⟨plantk.⟩ **0.1** ***okra*** ⟨Hibiscus esculentus⟩ ⇒⟨als groente⟩ *gombo, bamia*.
la·dy·ship ['leɪdiʃɪp] ⟨f2⟩ ⟨telb.zn.; vaak L-⟩ **0.1** ***(waardigheid v.) lady*** ⟨eerbiedige (aanspreek)vorm⟩ ◆ **7.1** her/your ~ *mevrouw de barones/gravin enz.;* their ~s *hare lady's*.
'La·dy's-'lac·es ⟨telb.zn.; Lady's laces; →mv. 4⟩ ⟨plantk.⟩ **0.1** ***rietgras*** ⟨Phalaris arundinaceae⟩.
'la·dy's-maid ⟨telb.zn.⟩ **0.1** ***kamenier(ster)***.
lady's man →ladies' man.
'La·dy's-'man·tle ⟨telb.zn.⟩ ⟨plantk.⟩ **0.1** ***vrouwenmantel*** ⟨genus Alchemilla⟩.
'la·dy's-'slip·per ⟨telb.zn.⟩ ⟨plantk.⟩ **0.1** ***vrouwenschoentje*** ⇒*venusschoentje* ⟨genus Cypripedium⟩; ⟨i.h.b.⟩ *C. calceolus*.
'la·dy's-'smock, 'lady-smock ⟨telb.zn.⟩ ⟨plantk.⟩ **0.1** ***pinksterbloem*** ⟨Cardamine pratensis⟩.
lady's-tresses →ladies'-tresses.
lae·trile ['leɪətraɪl] ⟨n.-telb.zn.; ook L-⟩ ⟨oorspr. merknaam⟩ **0.1** ***laetrile*** ⟨vermeend geneesmiddel tegen kanker⟩.
lae·vo-, le·vo- ['li:voʊ] ⟨schei.⟩ **0.1** ***links(draaiend)-*** ◆ **¶.1** laevotartaric acid *linksdraaiend wijnsteenzuur*.
lae·vo·ro·ta·tion, le·vo·ro·ta·tion ['li:voʊroʊ'teɪʃn] ⟨n.-telb.zn.⟩ ⟨schei.⟩ **0.1** ***linksdraaiendheid***.
lae·vo·ro·ta·to·ry, le·vo·ro·ta·to·ry ['li:voʊ'roʊtətri‖-'roʊṭətəri] ⟨bn.⟩ ⟨schei.⟩ **0.1** ***linksdraaiend***.
laev·u·lose, lev·u·lose ['li:vjʊloʊs‖'levjə-] ⟨telb. en n.-telb.zn.⟩ ⟨schei.⟩ **0.1** ***laevulose*** ⇒*fructose, vruchtesuiker*.
lag[1] [læg] ⟨f2⟩ ⟨zn.⟩
I ⟨telb.zn.⟩ **0.1** ***achterblijver*** ⇒*laatkomer* **0.2** ***tijdsverloop*** ⇒*vertraging, tijd(s)ruimte* **0.3** ⟨sl.⟩ ***bajesklant*** **0.4** ⟨sl.⟩ ***(straf)tijd*** ⇒*het zitten* **0.5** ***duig*** ⟨v. vat⟩ **0.6** ***beklédings(materiaal)*** ⇒*isolatie(materiaal);*
II ⟨telb. en n.-telb.zn.⟩ **0.1** ***vertraging*** ⇒*achterstand* **0.2** ⟨nat.⟩ ***vertraging(sfactor)*** **0.3** ⟨elek.⟩ ***naijling*** ◆ **1.2** ~ of tide *getijvertraging*.
lag[2] ⟨bn.⟩ **0.1** ***achterste*** ⇒*laatste* **0.2** ***verlaat*** ⇒*laat, achteraankomend*.
lag[3] ⟨f2⟩ ⟨ww.; →ww. 7⟩ →lagging
I ⟨onov.ww.⟩ **0.1** ***achterblijven*** ⇒*achteraan komen, treuzelen* **0.2** ***voortkruipen*** ⇒*met een slakkegang vooruitkomen* **0.3** ***verslappen*** ⇒*verflauwen, wegkwijnen* **0.4** ⟨biljart⟩ ***de voorstoot maken*** ⟨om uit te maken wie begint⟩ ◆ **5.1** ~ **behind** *achterblijven bij, geen gelijke tred houden met, achterliggen op* **6.1** our production ~s **behind** the average *onze produktie ligt onder het gemiddelde;*
II ⟨ov.ww.⟩ **0.1** ⟨tech.⟩ ***bekleden*** ⇒*isoleren* ⟨leidingen e.d.⟩ **0.2** ⟨sl.⟩ ***achter gaas zetten*** ⇒*opsluiten, vastzetten* **0.3** ⟨sl.⟩ ***(op)pakken*** ⇒*arresteren, verschutten* **0.4** ***naar doel schieten/werpen*** ⟨knikker, munt e.d.⟩ **0.5** ⟨elek.⟩ ***naijlen*** ⇒*achterblijven* ◆ **3.2** be ~ged *voor schut gaan, de bak in draaien*.
lag·an ['lægən], **li·gan** ['laɪgən], **lag·end** ['lægənd] ⟨n.-telb.zn.⟩ ⟨jur.⟩ **0.1** ***wrakgoed*** ⟨op zeebodem⟩.
la·ger ['lɑ:gə‖-ər], ⟨in bet. II ook⟩ **'lager beer** ⟨f1⟩ ⟨zn.⟩
I ⟨telb.zn.⟩ **0.1** ***fles/glas lager(bier)*** ⇒⟨oneig.⟩ *pils(je)* **0.2** →laager;
II ⟨n.-telb.zn.⟩ **0.1** ***lager(bier)*** ⇒⟨oneig.⟩ *pils*.
lag·gard[1] ['lægəd‖-ərd] ⟨telb.zn.⟩ **0.1** ***achterblijver*** ⇒*laatkomer, treuzelaar* **0.2** ***druiloor*** ⇒*futloos figuur, slome duikelaar*.
laggard[2] ⟨bn.; -ly; -ness⟩ **0.1** ***achterblijvend*** ⇒*traag, sloom* **0.2** ***achtergebleven*** ⇒*achterlijk*.
lag·ger ['lægə‖-ər] ⟨telb.zn.⟩ **0.1** ***achterblijver*** ⇒*laatkomer, treuzelaar, slak* **0.2** ⟨sl.⟩ ***bajesklant***.
lag·ging ['lægɪŋ] ⟨f1⟩ ⟨zn.; (oorspr.) gerund v. lag⟩
I ⟨telb.zn.⟩ ⟨BE⟩ **0.1** ***(straf)tijd*** ⇒*het zitten;*
II ⟨telb. en n.-telb.zn.⟩ **0.1** ⟨tech.⟩ ***bekleding(smateriaal)*** ⇒*isolatie(materiaal), mantel, het bekleden/isoleren* **0.2** ⟨tech.⟩ ***bekisting*** ⇒*het bekisten* ⟨v. overspanning⟩.
la·gniappe ['lænjæp] ⟨telb.zn.⟩ ⟨AE⟩ **0.1** ***aardigheidje*** ⇒*presentje, cadeautje* ⟨bij aanschaf in winkel⟩ **0.2** ⟨inf.⟩ ***extraatje*** ⇒*opstekertje, fooitje* ⟨i.h.b. onverwacht⟩.
lag·o·morph ['lægəmɔ:f‖-mɔrf] ⟨telb.zn.⟩ ⟨dierk.⟩ **0.1** ***haasachtige*** ⟨Lagomorpha⟩.
la·goon [lə'gu:n], ⟨in bet. 0.1 en 0.3 ook⟩ **la·gu·na** [lə'gu:nə] ⟨f2⟩ ⟨telb.zn.⟩ **0.1** ***lagune*** ⇒*étang* **0.2** ***bezinkvijver*** ⇒*bassin* **0.3** ⟨AE⟩ ***(zoetwater)meertje*** ⇒*plas*.
lah, la [lɑ:] ⟨f1⟩ ⟨telb. en n.-telb.zn.⟩ ⟨muz.⟩ **0.1** ***la*** ⇒*A*.

la·har ['lɑ:hɑ:‖'lɑhɑr]⟨telb.zn.⟩⟨aardr.⟩ 0.1 ***lahar*** ⇒*vulkanische modderstroom.*

la(h)-di-da(h)[1], **la-de-da** ['lɑ:di'dɑ:]⟨zn.⟩⟨inf.⟩

I ⟨telb.zn.⟩ 0.1 ***verwaande kwast*** ⇒*geaffecteerd/gemaniëreerd persoon, opgeblazen figuur;*

II ⟨n.-telb.zn.⟩ 0.1 ***kouwe drukte*** ⇒*(kale) kak, kapsones, praats.*

la(h)-di-da(h)[2], **la-de-da** ⟨bn.⟩ 0.1 ***bekakt*** ⇒*geaffecteerd, gemaniëreerd, gemaakt, verwaand* ◆ 3.1 she's very ~ *ze heeft nogal wat kak.*

la·ic[1] ['leɪɪk], **la·i·cal** [-ɪkl]⟨telb.zn.⟩ 0.1 ***leek*** ⇒*niet-geestelijke.*

laic[2], **laical** ⟨bn.; -(al)ly; →bijw. 3⟩ 0.1 ***leke(n)-*** ⇒*wereldlijk.*

la·i·ci·za·tion, -sa·tion ['leɪɪsaɪ'zeɪʃn‖-sə'zeɪʃn]⟨n.-telb.zn.⟩ 0.1 ***secularisatie*** ⇒*verwereldlijking, laïcisering.*

la·i·cize, -cise ['leɪɪsaɪz]⟨ov.ww.⟩ 0.1 ***seculariseren*** ⇒*verwereldlijken, onttrekken aan kerkelijke invloed, laïciseren.*

laid [leɪd]⟨verl.t., volt.deelw.⟩ →lay.

'laid'back ⟨bn.⟩⟨inf.⟩ 0.1 ***relaxt*** ⇒*relaxed, ontspannen.*

lain [leɪn]⟨volt.deelw.⟩ →lie.

lair[1] [leə‖ler], ⟨in bet. 0.3 ook⟩ **lair·age** ['leərɪdʒ‖'ler-]⟨f1⟩⟨telb.zn.⟩ 0.1 ***hol*** ⇒*leger, verblijf, schuilplaats* ⟨v. wild dier⟩ 0.2 ***slaap/rustplaats*** ⟨v. huisdier⟩ 0.3 ⟨BE⟩ ***veeloods/schuur*** 0.4 ***hol*** ⟨fig.⟩ ⇒*schuilplaats* 0.5 ⟨Sch. E⟩ ***graf.***

lair[2] ⟨ww.⟩

I ⟨onov.ww.⟩ 0.1 ***in zijn hol/leger kruipen/liggen;***

II ⟨ov.ww.⟩ 0.1 ***in een hol/leger onderbrengen*** 0.2 ***stallen*** ⟨vee⟩.

laird [leəd‖lerd]⟨f1⟩⟨telb.zn.⟩⟨Sch. E⟩ 0.1 ***landheer*** ⇒*grondbezitter.*

laird·ship ['leədʃɪp‖'lerd-]⟨telb.zn.⟩⟨Sch. E⟩ 0.1 ***landgoed.***

lais·sez faire, laisser faire ['leseɪ 'feə‖-'fer]⟨n.-telb.zn.⟩ 0.1 ***laissez-faire*** ⇒*afwezigheid v. overheidsbemoeienis* ⟨i.h.b. in ec. zin⟩ 0.2 ⟨inf.⟩ ***leven en laten leven*** ⇒*het zich niet mengen in andermans zaken.*

lais·sez-pas·ser, lais·ser-pas·ser ['leseɪ 'pæseɪ‖-pæ'seɪ]⟨telb.zn.⟩ 0.1 ***laissez-passer*** ⇒*vrijbrief.*

la·i·ty ['leɪəṭi]⟨f1⟩⟨verz.n.; the; ww. mv.⟩ 0.1 ***leken(dom)*** ⇒*de leken/niet-geestelijken* 0.2 ***leken(publiek)*** ⇒*de leken/niet-deskundigen.*

lake [leɪk]⟨f3⟩⟨zn.⟩

I ⟨telb.zn.⟩ 0.1 ***meer*** ⇒*plas, binnenwater* 0.2 ***vijver*** 0.3 ***grote plas vocht*** ◆ 1.¶ Lake of Constance *Bodenmeer* 3.¶ ⟨inf.⟩ go (and) jump in(to) the ~/river/sea/ocean *hoepel op, ga toch fietsen, krijg het heen en weer* 7.¶ ⟨aardr.⟩ the Lakes *het Lake District;*

II ⟨telb. en n.-telb.zn.⟩ 0.1 ***verflak*** ⇒*substraatpigment;*

III ⟨n.-telb.zn.⟩ 0.1 ***karmijn.***

'lake-coun·try, 'Lake District, 'Lake·land ⟨n.-telb.zn.⟩⟨aardr.⟩ 0.1 ***het Lake District*** ⟨in Engeland⟩.

'lake dwell·er ⟨telb.zn.⟩ 0.1 ***paalbewoner.***

'lake dwell·ing ⟨telb.zn.⟩ 0.1 ***paalwoning.***

'Lakeland 'terrier ⟨telb.zn.⟩ 0.1 ***Lakelandterriër*** ⟨honderas⟩.

lake·less ['leɪkləs]⟨bn.⟩ 0.1 ***meerloos*** ⇒*merenloos, zonder meren.*

lake·let ['leɪklɪṭ]⟨telb.zn.⟩ 0.1 ***meertje*** ⇒*vijver(tje).*

'Lake Lu'cerne ⟨eig.n.⟩ 0.1 ***Vierwoudstrekenmeer*** ⇒⟨B.⟩ *Vierwoudstedenmeer.*

'Lake Poets ⟨mv.⟩ 0.1 ***Lake poets*** ⟨Coleridge, Wordsworth en Southey⟩.

lakh, lac [læk]⟨telb.zn.⟩⟨Ind. E⟩ 0.1 ***lak(h)*** ⇒*100.000 (rupee).*

Lal·lan[1] ['lælən], **Lal·lans** ['lælənz, -lənz]⟨eig.n.⟩⟨Sch. E⟩ 0.1 ***(Schotse) Laaglanden*** 0.2 ***Lallans*** ⇒*literair Schots.*

Lallan[2] ⟨bn.⟩⟨Sch. E⟩ 0.1 ***Laaglands.***

lal·la·tion [læ'leɪʃn]⟨n.-telb.zn.⟩ 0.1 ***lambdacisme*** ⇒*uitspraak v. r. als l* 0.2 ***splaakgeblek*** ⇒*gebrabbel.*

lam[1] [læm]⟨n.-telb.zn.⟩⟨AE; sl.⟩ 0.1 ***vlucht*** ◆ 6.1 on the ~ *op de vlucht/loop* ⟨i.h.b. voor justitie⟩.

lam[2] ⟨ww.; →ww. 7⟩ →lamming

I ⟨onov.ww.⟩ 0.1 ***meppen*** ⇒*rammen, rossen* 0.2 ⟨AE⟩ ***'m pleiten*** ⇒*maken dat je wegkomt, vluchten, ontsnappen* ⟨i.h.b. uit de gevangenis⟩ ◆ 5.1 ~ out at s.o. *op iem. in rammen* 6.1 ~ into s.o. *iem. een pak slaag geven;* ⟨fig.⟩ *iem. te lijf gaan* 6.2 you'd better ~ out of here *ik zou maar gauw pleite gaan;*

II ⟨ov.ww.⟩ 0.1 ***afrossen*** ⇒*een aframmeling/pak slaag geven.*

Lam ⟨afk.⟩ Lamentations ⟨bijb.⟩ 0.1 ***Klaagl.***

la·ma ['lɑ:mə]⟨telb.zn.⟩ 0.1 ⟨relig.⟩ ***lama*** ⇒*boeddhistische priester* ⟨in Tibet en Mongolië⟩ 0.2 →llama.

la·ma·ism ['lɑ:məɪzm]⟨n.-telb.zn.; ook L-⟩⟨relig.⟩ 0.1 ***lamaïsme*** ⇒*Tibetaans/Mongools boeddhisme.*

la·ma·ist[1] ['lɑ:məɪst]⟨telb.zn.; ook L-⟩⟨relig.⟩ 0.1 ***lamaïst.***

lamaist[2], **la·ma·is·tic** [-'ɪstɪk]⟨bn.; ook L-⟩⟨relig.⟩ 0.1 ***lamaïstisch.***

La·marck·i·an[1] [lə'mɑ:kɪən‖-'mɑr-]⟨telb.zn.⟩ 0.1 ***lamarckist.***

Lamarckian[2] ⟨bn.⟩ 0.1 ***lamarckistisch.***

La·marck·ism [lə'mɑ:kɪzm‖-'mɑr-]⟨n.-telb.zn.⟩ 0.1 ***lamarckisme*** ⟨evolutietheorie v. Lamarck⟩.

la·ma·se·ry ['lɑ:məs(ə)ri‖'lɑməseri]⟨telb.zn.; →mv. 2⟩⟨relig.⟩ 0.1 ***lamaklooster*** ⇒*lamaïstisch klooster.*

lamb[1] [læm]⟨f2⟩⟨zn.⟩

I ⟨telb.zn.⟩ 0.1 ***lam(metje)*** 0.2 ***lammetje*** ⇒*lief/onschuldig kind, engeltje, schatje, schaap* 0.3 ⟨inf.⟩ ***groentje*** ⇒*pasgeboren lammetje, onnozele hals, dupe, schaap* 0.4 ⟨kerk.⟩ ***(jong) gemeentelid*** ⇒*schaap* ◆ 6.1 in ~ *drachtig* ⟨v. ooi⟩; like a ~ (to the slaughter) *als een lam (naar de slachtbank), gedwee, zonder slag of stoot* 7.¶ The Lamb (of God) *het Lam Gods, Agnus Dei;*

II ⟨n.-telb.zn.⟩ 0.1 ***lam(svlees)*** 0.2 ***lam(sbont).***

lamb[2] ⟨ww.⟩

I ⟨onov.ww.⟩ 0.1 ***lammeren*** ⇒*lammeren werpen* ◆ 1.1 ~ing season *lammetjestijd;*

II ⟨ov.ww.⟩ 0.1 ⟨vnl. pass.⟩ ***ter wereld helpen*** ⟨lam⟩ 0.2 ***verlossen*** ⟨ooi⟩ 0.3 ***weiden*** ⇒*hoeden* ⟨lammeren⟩ ◆ 5.3 ~ down *weiden, laten grazen.*

'lamb·ale ⟨telb.zn.⟩⟨gesch.⟩ 0.1 ***lammerscheerfeest*** ⟨in Engeland, rond Pinksteren⟩.

lam·baste ['læm'beɪst], **lam·bast** [-'bæst]⟨ov.ww.⟩⟨inf.⟩ 0.1 ***afrossen*** ⇒*een pak slaag geven* 0.2 ***uitkafferen*** ⇒*de wind v. voren geven.*

lamb·da ['læmdə]⟨telb.zn.⟩ 0.1 ***lambda*** ⟨11e letter v.h. Griekse alfabet⟩ 0.2 ⟨nat.⟩ ***lambda.***

lam·ben·cy ['læmbənsi]⟨n.-telb.zn.⟩⟨schr.⟩ 0.1 ***het lekken/spelen*** ⟨v. vlammen⟩ 0.2 ***zachte glans*** ⟨v. licht, ogen⟩ 0.3 ***speelsheid*** ⇒*goedmoedige sprankeling* ⟨v. humor⟩.

lam·bent ['læmbənt]⟨bn.; -ly⟩⟨schr.⟩ 0.1 ***lekkend*** ⇒*spelend* ⟨v. vlammen⟩ 0.2 ***zacht glanzend*** ⟨v. licht, ogen⟩ 0.3 ***speels*** ⇒*goedmoedig sprankelend* ⟨v. humor⟩.

lam·bert ['læmbət‖-bərt]⟨telb.zn.⟩⟨vero.; nat.⟩ 0.1 ***lambert*** ⟨1 lumen/cm^2⟩.

Lam·beth ['læmbəθ]⟨eig.n.⟩ 0.1 ***Lambeth*** ⟨district v. Londen⟩.

'Lambeth 'Conference ⟨telb.zn.⟩ 0.1 ***Lambeth-conferentie*** ⟨anglicaanse-bisschoppensynode⟩.

'Lambeth degree ⟨telb.zn.⟩ 0.1 ***Lambeth-doctoraat*** ⟨door aartsbisschop v. Canterbury verleend eredoctoraat⟩.

'Lambeth 'Palace ⟨eig.n.⟩ 0.1 ***Lambeth Palace*** ⟨Londense residentie v. aartsbisschop v. Canterbury⟩.

'Lambeth 'Walk ⟨n.-telb.zn.; the⟩ 0.1 ***Lambeth Walk*** ⟨dans⟩.

lamb·ie ['læmi], **lamb·ie-pie** ['læmipaɪ]⟨telb.zn.⟩⟨inf.⟩ 0.1 ***lammetje*** ⇒*lief/onschuldig kind, engeltje, schatje, schaap.*

lamb·kin ['læmkɪn]⟨telb.zn.⟩ 0.1 ***(pasgeboren) lammetje*** 0.2 ***kindje*** ⇒*liefje, (onnozel) schaap.*

lamb·like ['læmlaɪk]⟨bn.⟩ 0.1 ***zachtaardig*** ⇒*lief, teder* 0.2 ***onschuldig*** ⇒*ongevaarlijk* 0.3 ***gedwee*** ⇒*meegaand, mak.*

lam·bre·quin ['læmbrəkɪn‖-bər-]⟨telb.zn.⟩ 0.1 ⟨AE⟩ ***lambrekijn*** ⟨draperie⟩ 0.2 ⟨heraldiek⟩ ***lambrekijn*** ⇒*lambrequin, helm/dekkleed* 0.3 ***lambrekijn*** ⟨op keramiek⟩.

'lamb's fry ⟨n.-telb.zn.⟩⟨cul.⟩ 0.1 ***lamsorganen*** ⟨i.h.b. testikels⟩.

'lamb·skin ⟨zn.⟩

I ⟨telb.zn.⟩ 0.1 ***lamsvacht*** ⇒*lamsvel;*

II ⟨n.-telb.zn.⟩ 0.1 ***lamsbont*** ⇒*lamsvacht* 0.2 ***lamsleer.***

'lamb's-let·tuce ⟨telb.zn.⟩⟨plantk.⟩ 0.1 ***veldsla*** ⟨genus Valerianella⟩ ⇒⟨i.h.b.⟩ *gewone veldsla* ⟨V. locusta⟩.

'lamb's tails ⟨mv.⟩⟨BE⟩ 0.1 ***(hazel)katjes.***

'lamb's wool ⟨f1⟩⟨n.-telb.zn.⟩ 0.1 ***lamswol*** 0.2 ***(warm) appelpulpbier.***

lame[1] [leɪm]⟨telb.zn.⟩ 0.1 ***harnasplaatje*** 0.2 ⟨AE; sl.⟩ ***mafketel*** ⇒*square persoon.*

lame[2] ⟨f2⟩⟨bn.; -er; -ly; -ness; →compar. 7⟩ 0.1 ***mank*** ⇒*kreupel, invalide* 0.2 ***onbevredigend*** ⇒*nietszeggend, ongeloofwaardig, armzalig, gebrekkig* 0.3 ***kreupel*** ⇒*hortend* ⟨v. metrum⟩ 0.4 ⟨AE; sl.⟩ ***square*** ⇒*conventioneel, ouderwets* ◆ 1.2 ~ excuse *slap excuus;* ~ story *zwak verhaal* 1.¶ ⟨inf.⟩ ~ duck *invalide, manke, kreupele; zielige/meelijwekkende figuur; noodlijdend bedrijf; schip met averij; failliet speculant;* ⟨AE; pol.⟩ *demissionair functionaris/ambtenaar/congreslid/president* 6.1 ~ in one leg *kreupel aan een been.*

lame[3] ⟨ov.ww.⟩ 0.1 ***mank/kreupel/invalide maken*** 0.2 ***onbruikbaar maken*** ⇒*uitschakelen, verlammen.*

la·mé ['lɑ:meɪ‖lɑ'meɪ]⟨n.-telb.zn.⟩ 0.1 ***lamé*** ◆ 2.1 gold/silver ~ *goud/zilverlamé.*

'lame'brain ⟨telb.zn.⟩⟨AE; sl.⟩ 0.1 ***stommeling*** ⇒*zak(kewasser), flapdrol.*

'lame-brained ⟨bn.⟩⟨AE; sl.⟩ 0.1 ***stom.***

'lame-'duck ⟨bn., attr.⟩⟨inf.⟩ 0.1 ***noodlijdend*** ⇒*ten dode opgeschreven, failliet* 0.2 ⟨AE; pol.⟩ ***demissionair*** ⇒*niet herkozen/herkiesbaar.*

la·mel·la [lə'melə]⟨telb.zn.; ook lamellae [lə'meli:]; →mv. 5⟩ 0.1 ***lamel(le)*** ⇒*lamet, dun plaatje.*

la·mel·lar [lə'melə‖-ər], **la·mel·late** [lə'meleɪt, -lət], **la·mel·lat·ed**

· ['læməleıṭɪd], **la·mel·lose** [lə'meloʊs]⟨bn.; lamellarly⟩ **0.1** ***gelamelleerd*** *⇒in/met lamellen* **0.2** ***lamelachtig*** *⇒lamel/plaatvormig.*

la·mel·li·branch [lə'melɪbræŋk]⟨telb.zn.⟩⟨dierk.⟩ **0.1** ***plaatkieuwige*** ⟨Lamellibranchiatus⟩.

la·mel·li·corn [lə'melɪkɔ:n‖-kɔrn]⟨telb.zn.⟩⟨dierk.⟩ **0.1** ***bladsprietige*** ⟨Lamellicornius⟩.

la·mel·li·form [lə'melɪfɔ:m‖-fɔrm]⟨bn.⟩ **0.1** ***lamelachtig*** *⇒lamel/plaatvormig.*

la·ment[1] [lə'ment]⟨f1⟩⟨zn.⟩
I ⟨telb.zn.⟩ **0.1** ***klaagzang*** *⇒klaaglied, elegie, lijkzang* ◆ **6.1** ~ **for** s.o./sth. *klaaglied om iem./iets;*
II ⟨telb. en n.-telb.zn.⟩ **0.1** ***weeklacht*** *⇒jammerklacht, lamentatie.*

lament[2] ⟨f1⟩⟨ww.⟩ →lamented
I ⟨onov.ww.⟩ **0.1** ***(wee)klagen*** *⇒jammeren, wenen, jeremiëren* **0.2** ***treuren*** *⇒rouwen, verdrietig zijn* ◆ **6.1** ~ **at/over** one's bad luck *lamenteren over zijn pech* **6.2** ~ **for** a brother *treuren om een broer;*
II ⟨ov.ww.⟩ **0.1** ***(diep) betreuren*** *⇒treuren/rouwen om, bewenen.*

lam·en·ta·ble ['læmənṭəbl, lə'menṭəbl]⟨f1⟩⟨bn.; -ly; →bijw. 3⟩ **0.1** ***betreurenswaardig*** *⇒jammerlijk, beklagenswaard(ig)* **0.2** ***erbarmelijk*** *⇒deplorabel, bedroevend* **0.3** ⟨vero.⟩ ***klaaglijk*** **0.4** ⟨vero.⟩ ***triest*** *⇒droevig, treurig* ◆ **1.2** ~ performance *erbarmelijke voorstelling.*

lam·en·ta·tion ['læmən'teıʃn]⟨f1⟩⟨zn.⟩
I ⟨telb. en n.-telb.zn.⟩ **0.1** ***smart*** *⇒leed, verdriet, droefenis* **0.2** ***geweeklaag*** *⇒jammerklacht, lamentatie;*
II ⟨mv.; L-; ~s⟩⟨bijb.⟩ **0.1** ***Klaagliederen*** *⇒Lamentationes* ◆ **1.1** Lamentations of Jeremiah *Klaagliederen v. Jeremia.*

la·ment·ed [lə'menṭɪd]⟨bn.; volt. deelw. v. lament; -ly⟩ **0.1** ***betreurd*** ◆ **1.1** my late ~ sister *wijlen mijn zuster* **7.1** the late ~ *de betreurde dode.*

la·mi·a ['leımıə]⟨zn.; ook lamiae [-mıi:]; →mv. 5⟩
I ⟨eig.n.; L-⟩⟨Griekse mythologie⟩ **0.1** ***Lamia;***
II ⟨telb.zn.⟩ **0.1** ***lamia*** *⇒vampier(achtige geest), heks.*

lam·i·na ['læmɪnə]⟨telb.zn.; ook laminae [-ni:]; →mv. 5⟩ **0.1** ***dunne laag*** *⇒dun blad, plaat, schijf, schilfer* **0.2** ⟨biol.⟩ ***lamina.***

lam·i·nal ['læmɪnəl]⟨bn.⟩ **0.1** ***laminair*** *⇒gelaagd, laagsgewijs* **0.2** ⟨taalk.⟩ ***laminaal*** *⇒v./m.b.t. het tongblad, met het tongblad gevormd.*

lam·i·nar ['læmɪnə‖-ər]⟨bn.⟩ **0.1** ***laminair*** *⇒gelaagd, laagsgewijs* ◆ **1.1** ⟨nat.⟩ ~ flow *laminaire/laagsgewijze stroming.*

lam·i·nate[1] ['læmɪneıt, 'læmɪnət]⟨f1⟩⟨telb. en n.-telb.zn.⟩ **0.1** ***laminaat*** *⇒gelaagd/plaatvormig produkt.*

laminate[2], **lam·i·nose** ['læmɪnoʊs], **lam·i·nous** ['læmɪnəs]⟨bn.⟩ **0.1** ***gelamineerd*** *⇒laagsgewijs vervaardigd, gelaagd, gelamelleerd, blad-, blader-* **0.2** ***gelamineerd*** *⇒met pla(a)t(en) bedekt.*

laminate[3] ['læmɪneıt]⟨f1⟩⟨ww.⟩
I ⟨onov. en ov.ww.⟩ **0.1** ***in dunne lagen/platen splijten;***
II ⟨ov.ww.⟩ **0.1** ***lamineren*** *⇒tot dunne platen uitslaan/pletten/walsen* ⟨metaal⟩; *bedekken met (metalen) platen, beplaten; laagsgewijs vervaardigen* ◆ **1.1** ~d wood *tri/multiplex.*

lam·i·na·tion ['læmɪ'neıʃn]⟨zn.⟩
I ⟨telb.zn.⟩ **0.1** ***laminaat*** *⇒gelaagd/plaatvormig produkt* **0.2** →lamina 0.1;
II ⟨n.-telb.zn.⟩ **0.1** ***laminering*** *⇒het lamineren/uitslaan/pletten/walsen* ⟨v. metaal⟩; *bedekking met (metalen) platen; laagsgewijze vervaardiging* **0.2** ***gelamineerde toestand.***

lam·ish ['leımıʃ]⟨bn.⟩ **0.1** ***enigszins mank/kreupel/invalide*** **0.2** ***niet erg overtuigend*** *⇒zwakjes* **0.3** ***tamelijk kreupel/hortend*** *⇒rammelend* ⟨v. metrum⟩.

Lam·mas ['læməs], ⟨in bet. 0.2 ook⟩ **'Lammas Day** ⟨telb.zn.⟩ **0.1** ⟨R.-K.⟩ ***Sint-Petrusbanden*** ⟨1 augustus; ter gelegenheid v.d. vrijlating v. Petrus⟩ **0.2** ⟨gesch.⟩ ***oogstfeest*** ⟨in Engeland; 1 augustus⟩.

lam·mer·gey·er, lam·mer·gei·er, lam·mer·geir ['læməgaıə‖'læmərgaıər]⟨telb.zn.⟩⟨dierk.⟩ **0.1** ***lammergier*** ⟨Gypaetus barbatus⟩.

lam·ming ['læmıŋ]⟨telb.zn.⟩⟨sl.; ook fig.⟩ **0.1** ***pak slaag.***

lamp[1] [læmp]⟨f3⟩⟨telb.zn.⟩ **0.1** ***(olie/gas/gloei)lamp*** **0.2** ***(kaars)lantaarn*** **0.3** ⟨vaak als 2e lid v. samenst.⟩ ***lamp*** *⇒verwarmingstoestel* **0.4** ⟨schr.⟩⟨ben. voor⟩ ***lichtbron*** *⇒hemellicht, lamp; zon; maan; ster; licht* ⟨als bron v. inspiratie, hoop, e.d.⟩ **0.5** ⟨AE; sl.⟩ ***blik*** *⇒kijkje* **0.6** ⟨AE; sl.⟩ ***oog*** ◆ **2.3** infrared ~ *infrarode lamp* **3.¶** smell of the ~ *naar de lamp rieken.*

lamp[2] ⟨ww.⟩
I ⟨onov.ww.⟩ **0.1** ***schijnen;***
II ⟨ov.ww.⟩ **0.1** ***verlichten*** *⇒beschijnen* **0.2** ⟨AE; sl.⟩ ***bekijken*** *⇒zien.*

lam·pas ['læmpəs]⟨zn.⟩
I ⟨telb.zn.⟩ **0.1** ***kikvorsgezwel*** ⟨bij paard⟩;
II ⟨n.-telb.zn.⟩ **0.1** ***lampas*** *⇒(oosterse) gebloemde zij.*

'lamp·black ⟨n.-telb.zn.⟩ **0.1** ***lampzwart.***

'lamp chimney ⟨telb.zn.⟩ **0.1** ***lampeglas.***

lamper eel →lamprey.

lam·pern ['læmpən‖-pərn]⟨telb.zn.⟩⟨dierk.⟩ **0.1** ***rivierprik*** ⟨Lampetra fluviatilis⟩.

'lamp holder ⟨telb.zn.⟩⟨elek.⟩ **0.1** ***(lamp)fitting*** *⇒lamphouder.*

lamp·less ['læmpləs]⟨bn.⟩ **0.1** ***onverlicht*** *⇒duister, zonder lampen.*

'lamp·light ⟨f1⟩⟨n.-telb.zn.⟩ **0.1** ***lamplicht*** ◆ **6.1** **by** ~ *bij lamplicht.*

'lamp·light·er ⟨telb.zn.⟩ **0.1** ⟨gesch.⟩ ***lantaarnopsteker*** *⇒lantaarnaansteker* **0.2** ⟨AE⟩ ***fidibus*** ◆ **6.¶** like a ~ *als de wiedeweerga, bliksemsnel.*

'lamp oil ⟨n.-telb.zn.⟩ **0.1** ***lampolie.***

lam·poon[1] ['læm'pu:n]⟨f1⟩⟨telb.zn.⟩ **0.1** ***satire*** *⇒hekel/schimp/schotschrift, libel, pamflet.*

lampoon[2] ⟨f1⟩⟨ov.ww.⟩ **0.1** ***hekelen*** *⇒een satire/schotschrift schrijven op/tegen.*

lam·poon·er [læm'pu:nə‖-ər], **lam·poon·ist** [-'pu:nıst]⟨telb.zn.⟩ **0.1** ***pamfletschrijver*** *⇒libellist, schotschriftschrijver.*

'lamp·post, 'lamp standard ⟨f1⟩⟨telb.zn.⟩ **0.1** ***lantaarnpaal.***

lam·prey ['læmpri], **lamp·er eel** ['læmpə'ri:l]⟨telb.zn.⟩⟨dierk.⟩ **0.1** ***lamprei*** *⇒prik, negenoog* ⟨fam. Petromyzontidae⟩.

'lamp·shade ⟨f1⟩⟨telb.zn.⟩ **0.1** ***lampekap.***

'lamp shell ⟨telb.zn.⟩⟨dierk.⟩ **0.1** ***armpotige*** ⟨Brachiopoda⟩.

LAN ⟨afk.⟩ local area network.

la·nate ['leıneıt]⟨bn.⟩ **0.1** ***wolharig*** *⇒wollig.*

Lan·cas·tri·an[1] [læŋ'kæstrıən]⟨telb.zn.⟩ **0.1** ***inwoner v. Lancaster/Lancashire*** **0.2** ⟨gesch.⟩ ***aanhanger v.h. Huis v. Lancaster*** *⇒roderoosaanhanger.*

Lancastrian[2] ⟨bn.⟩ **0.1** ***mbt. (inwoner(s) v.) Lancaster/Lancashire*** **0.2** ⟨gesch.⟩ ***mbt. het Huis v. Lancaster.***

lance[1] [lɑ:ns‖læns]⟨f2⟩⟨telb.zn.⟩ **0.1** ***lans*** *⇒piek, spies, speer* **0.2** ***visspeer*** **0.3** ⟨gesch.⟩ ***lansier*** *⇒lansruiter* **0.4** ⟨vero.⟩ ***lancet*** ◆ **3.¶** break a ~ for s.o./sth. *een lans voor iem./iets breken;* break a ~ with s.o. *een lans met iem. breken, iets met iem. uitvechten.*

lance[2] ⟨ov.ww.⟩ **0.1** ***doorboren/steken*** ⟨met lans⟩ **0.2** ⟨med.⟩ ***incideren*** *⇒opensnijden (met lancet)* **0.3** ⟨schr.⟩ ***werpen*** *⇒slingeren.*

'lance 'corporal, ⟨vnl. BE; inf. ook⟩ **'lance-jack** ⟨telb.zn.⟩⟨mil.⟩ **0.1** ***vice-korporaal*** *⇒lanspassaat,* ⟨in Engeland⟩ *soldaat-korporaal,* ⟨in U.S.A. ong.⟩ *onderkorporaal* ⟨rang tussen soldaat 1e klas en korporaal⟩.

'lance-fish ⟨telb.zn.⟩⟨dierk.⟩ **0.1** ***zandaal*** ⟨genus Ammodytes⟩.

lance·let ['lɑ:nslɪt‖'læn-]⟨telb.zn.⟩⟨dierk.⟩ **0.1** ***lancetvisje*** ⟨Branchiostoma/Amphioxus lanceolatum⟩.

lan·ce·o·late ['lɑ:nsıəleıt, -lət‖'læn-], **lan·ce·o·lat·ed** [-leıṭɪd]⟨bn.⟩ ⟨ook plantk.⟩ **0.1** ***lancetvormig*** *⇒spits* ◆ **1.¶** ⟨dierk.⟩ lanceolated warbler *Temmincks rietzanger, kleine sprinkhaanrietzanger* ⟨Locustella lanceolata⟩.

lan·cer ['lɑ:nsə‖'lænsər], ⟨in bet. II ook⟩ **lan·cier** ['lɑ:nsıə‖læn'sır] ⟨zn.⟩
I ⟨telb.zn.⟩⟨gesch.⟩ **0.1** ***lansier*** *⇒lansruiter;*
II ⟨n.-telb.zn.; ~s⟩ **0.1** ***(quadrille des) lanciers*** ⟨dans⟩.

'lance 'sergeant ⟨telb.zn.⟩⟨mil.⟩ **0.1** ***korporaal-sergeant*** *⇒korporaal die als sergeant fungeert.*

'lance snake ⟨telb.zn.⟩⟨dierk.⟩ **0.1** ***lanspuntslang*** ⟨genus Bothrops⟩ *⇒*⟨i.h.b.⟩ *fer-de-lance, gewone lanspuntslang* ⟨B. atrox⟩.

lan·cet ['lɑ:nsɪt‖'læn-], ⟨in bet. 0.2 ook⟩ **'lancet arch,** ⟨in bet. 0.3 ook⟩ **'lancet window** ⟨telb.zn.⟩ **0.1** ***lancet*** ⟨chirurgisch mesje⟩ **0.2** ⟨bouwk.⟩ ***lancetboog*** **0.3** ⟨bouwk.⟩ ***lancetvenster.***

lan·ci·nat·ing ['lɑ:nsɪneıtıŋ‖'lænsɪneıṭıŋ]⟨bn.⟩ **0.1** ***lanc(in)erend*** *⇒schietend* ◆ **1.1** ~ pain *schietende pijn, pijnscheut.*

Lancs [læŋks]⟨afk.⟩ Lancashire.

land[1] [lænd]⟨f3⟩⟨zn.⟩
I ⟨telb.zn.⟩ **0.1** ***land*** *⇒staat, natie, rijk* **0.2** ***landstreek*** *⇒regio, gebied* **0.3** ***(begrensd) stuk land*** *⇒perceel, lap grond, (door greppels/sloten omgeven) akker/weide/weiland/veld;* ⟨Z. Afr. E⟩ *omheinde akker* **0.4** ***veld*** ⟨(verheven) deel tussen de trekken v.e. vuurwapen⟩ ◆ **1.¶** ~ of cakes *Schotland;* ~ of the Covenant *het beloofde land, Kanaän;* ~ of hope and glory *Groot-Brittannië;* ~ of the leal *hemel(rijk);* in the ~ of the living *in het land der levenden;* be in the ~ of Nod *in dromenland zijn, slapen* ⟨woordspeling op Gen. 4:16⟩; (the) ~ of promise *(het) beloofde land/land v. belofte* **2.1** distant ~s *verre landen;* native ~ *vaderland* **3.¶** the promised ~ *het beloofde land/land v. belofte;*
II ⟨n.-telb.zn.⟩ **0.1** ***(vaste)land*** **0.2** ***(bouw)land*** *⇒aarde, bodem, grond* **0.3** ⟨als 2e lid v. samenst.⟩ ***-land*** *⇒-grond* **0.4** ***grond(bezit)*** *⇒land* **0.5** ⟨the⟩ ***platteland*** ◆ **1.1** come in sight of ~ *land in zicht krijgen* **1.3** desert ~ *woestijn(gebied);* forest ~ *bosgrond* **3.1** ⟨scheep.⟩ clear the ~ *op volle zee blijven* **3.2** clear ~ *land bouwrijp maken;* till the ~ *het land bewerken* **3.¶** how the ~ lies *hoe de*

zaken ervoor staan; find out/see how the ~ lies *poolshoogte nemen, zijn licht opsteken;* make ~ *land in zicht krijgen, de kust bereiken, land aandoen;* spy out the ~ *het terrein verkennen* **6.1** travel **by/over** ~ *over land reizen;* **on** ~ *te land, aan land* **6.2** work **on** the ~ *op het land werken;*
III ⟨mv.; ~s⟩ **0.1** ***land(erijen)*** ⇒*grondbezit* **0.2** ⟨als 2e lid v. samenst.⟩ ***-gronden*** ◆ **1.2** forest ~s *bosgronden* **3.1** own houses and ~s *huizen en grond bezitten.*

land² ⟨f3⟩⟨ww.⟩ →landed, landing
I ⟨onov.ww.⟩ **0.1** ***landen*** ⇒*aan land/wal gaan, de wal bereiken* **0.2** ***landen*** ⟨v. vliegtuig⟩ **0.3** ***(be)landen*** ⇒*neerkomen, terechtkomen, vallen* ◆ **1.1** ⟨fig.⟩ ~ like a cat *op z'n pootjes terechtkomen* **5.¶** ⟨inf.⟩ ~ **up** *boven water komen, opduiken;* ⟨inf.⟩ I ~ed **up** in Rome *uiteindelijk belandde/verzeilde ik in Rome* **6.1** they ~ed **at** Dover *ze gingen in Dover aan land* **6.2** ~ **on** water *op het water landen* **6.3** ~ **in** the water *in het water belanden;* ⟨inf.⟩ ~ **in** a mess *in de knoei raken;* ⟨inf.⟩ ~ (up) **in** prison *de gevangenis in draaien;*
II ⟨ov.ww.⟩ **0.1** ***aan land/wal brengen/zetten*** ⇒*ontschepen, landen, lossen, afzetten* **0.2** ***doen landen*** ⇒*aan de grond zetten* ⟨vliegtuig⟩ **0.3** ***doen belanden*** ⇒*brengen* **0.4** ***vangen*** ⇒*binnenhalen/brengen, landen* ⟨vis⟩ **0.5** ⟨inf.⟩ ***in de wacht slepen*** ⇒*binnenhalen, opstrijken* **0.6** ⟨inf.⟩ ***verkopen*** ⇒*uitdelen, toebrengen* ⟨klap⟩ ◆ **1.2** ~ an aircraft on water *met een toestel op het water landen* **6.3** ⟨inf.⟩ ~ s.o. **in** a mess *iem. in de knoei brengen* **6.6** I ~ed him one **in** the eye *ik gaf hem een knal op zijn oog* **6.¶** ⟨inf.⟩ ~ s.o./sth. **onto** (s.o.) *(iem.) met iem./iets opschepen/opzadelen;* ⟨inf.⟩ ~ (s.o.) **with** *(iem.) opschepen met.*

Land ['lɑ:nt]⟨telb.zn.; Länder ['lendə‖-ər]; →mv. 5⟩ **0.1** ***deelstaat*** ⟨v.d. Bondsrepubliek/v. Oostenrijk⟩.

'land agency ⟨zn.⟩⟨vnl. BE⟩
I ⟨telb. en n.-telb.zn.⟩ **0.1** ***makela(a)r(d)ij in onroerend goed*** ⇒*onroerend-goedfirma;*
II ⟨n.-telb.zn.⟩ **0.1** ***rentmeesterschap.***

'land agent ⟨telb.zn.⟩⟨vnl. BE⟩ **0.1** ***rentmeester*** **0.2** ***onroerend-goedhandelaar*** ⇒*handelaar/makelaar in onroerend goed.*

'land army ⟨telb.zn.⟩⟨BE⟩ **0.1** ***landarbeidstersleger*** ⟨in 2e wereldoorlog⟩.

'land arse ⟨telb.zn.⟩⟨BE; vulg.⟩ **0.1** ***stomme klootzak.***

lan·dau ['lændɔ:‖-daʊ]⟨f1⟩⟨telb.zn.⟩ **0.1** ***landauer*** **0.2** ***auto met landauerdak.***

lan·dau·let(te) [lændə'let]⟨telb.zn.⟩ **0.1** ***landaulet(te)*** ⇒*coupé-landauer* **0.2** ***landaulet(te)*** ⟨auto⟩.

'land bank ⟨telb.zn.⟩ **0.1** ***landbank*** ⇒*(grond)hypotheekbank, grondkredietbank.*

'land-based ⟨bn.⟩ **0.1** ***continentaal*** ⇒*op het vasteland* **0.2** ⟨mil.⟩ ***op (het) land geplaatst*** ⇒*te land gestationeerd, vanaf het land opererend.*

'land breeze, 'land wind ⟨telb.zn.⟩ **0.1** ***landwind*** ⇒*aflandige wind.*

'land bridge ⟨telb.zn.⟩⟨aardr.⟩ **0.1** ***landengte*** ⇒*istmus.*

'land crab ⟨telb.zn.⟩ **0.1** ***landkrab.***

land·drost ['læn(d)drɒst‖-drɔst]⟨telb.zn.⟩⟨gesch.⟩ **0.1** ***landdrost*** ⟨in Zuid-Afrika⟩.

land·ed ['lændɪd]⟨bn., attr.; oorspr. teg. deelw. v. land⟩ **0.1** ***land-*** ⇒*grond-, uit land bestaand* **0.2** ***land-*** ⇒*grond-, land bezittend* ◆ **1.1** ~ estate/property *grondbezit* **1.2** ~ gentry/nobility *landadel;* (the) ~ interest(s) *de grondbezitters, de landeigenaars.*

'land·fall ⟨telb.zn.⟩ **0.1** ***(eerste) nadering v. land*** ⇒*het in zicht komen v. land* ⟨na lucht/zeereis⟩ **0.2** ***bereikt land*** ⟨na lucht/zeereis⟩ **0.3** ***aardverschuiving*** ⇒*grondverschuiving/verzakking.*

'land·fill ⟨f1⟩⟨zn.⟩
I ⟨telb.zn.⟩ **0.1** ***(herwonnen) stortterrein;***
II ⟨n.-telb.zn.⟩ **0.1** ***het storten v. afval*** ⟨als vulgrond⟩.

'land force ⟨f1⟩⟨zn.⟩⟨mil.⟩
I ⟨telb.zn.⟩ **0.1** ***land(strijd)macht*** ⇒*landleger;*
II ⟨mv.; ~s⟩ **0.1** ***landstrijdkrachten*** ⇒*landmacht.*

'land·form ⟨telb.zn.⟩ **0.1** ***aardvorm*** ⇒*vorm der aardkorst.*

'land girl ⟨telb.zn.⟩⟨BE⟩ **0.1** ***landarbeidster*** ⟨i.h.b. in 2e wereldoorlog⟩ ⇒*land-armylid, oorlogsvrijwilligster.*

'land-grab·ber, 'land shark ⟨telb.zn.⟩ **0.1** ***landbezetter*** ⇒*gronddief* ⟨i.h.b. in Ierland na ontruiming v. pachter⟩.

'land grant ⟨telb.zn.⟩⟨AE⟩ **0.1** ***landtoewijzing*** ⟨ten behoeve v. auto/spoorweg e.d.⟩.

'land-grant ⟨bn., attr.⟩⟨AE⟩ **0.1** ***op/met staatsgrond*** ◆ **1.1** ~ college *universiteit op staatsgrond.*

land·grave ['læn(d)greɪv]⟨telb.zn.⟩⟨gesch.⟩ **0.1** ***landgraaf.***

land·gra·vi·ate [lænd'greɪvɪət]⟨telb. en n.-telb.zn.⟩⟨gesch.⟩ **0.1** ***landgraafschap.***

land·gra·vine ['læn(d)grəvi:n]⟨telb.zn.⟩⟨gesch.⟩ **0.1** ***landgravin.***

'land·hold·er ⟨telb.zn.⟩ **0.1** ***pachter*** **0.2** ⟨zelden⟩ ***landeigenaar*** ⇒*grondbezitter.*

'land·hold·ing ⟨telb. en n.-telb.zn.⟩ **0.1** ***landbezit*** ⇒*grondbezit(ting).*

'land-hun·ger ⟨n.-telb.zn.⟩ **0.1** ***landhonger*** ⇒*territoriale annexatie/bezitsdrift.*

'land-hun·gry ⟨bn.⟩ **0.1** ***landhongerig*** ⇒*land/grondbelust.*

land·ing ['lændɪŋ]⟨f2⟩⟨zn.; (oorspr.) teg. deelw. v. land⟩
I ⟨telb.zn.⟩ **0.1** ***landingsplaats*** ⇒*steiger, aanlegplaats* **0.2** ***los/laadplaats*** ⟨v. schip⟩ **0.3** ***overloop*** ⇒*(trap)portaal, (tussen)bordes;*
II ⟨telb. en n.-telb.zn.⟩ **0.1** ***landing*** ⇒*het landen/neerkomen* ⟨v. vliegtuig⟩ **0.2** ***landing*** ⇒*het aan land/wal gaan/zetten, ontscheping, aankomst* ⟨v. schip⟩.

'landing area ⟨telb.zn.⟩ **0.1** ⟨lucht.⟩ ***landingsgebied*** **0.2** ⟨atletiek⟩ ***springbak*** ⇒*zandbak* ⟨bij verspringen⟩ **0.3** ⟨atletiek⟩ ***landingsmat*** ⇒*landingsbed* ⟨bij hoogspringen⟩.

'landing craft ⟨telb.zn.⟩⟨mil.⟩ **0.1** ***landingsvaartuig*** ⇒*landingsschip.*

'landing field, 'landing strip ⟨telb.zn.⟩⟨lucht.⟩ **0.1** ***landingsterrein*** ⇒*landingsbaan/strook.*

'landing force ⟨zn.⟩⟨mil.⟩
I ⟨telb.zn.⟩ **0.1** ***landingsleger*** **0.2** ***landingsdivisie/detachement;***
II ⟨mv.; ~s⟩ **0.1** ***landingstroepen.***

'landing gear ⟨f1⟩⟨telb.zn.⟩⟨lucht.⟩ **0.1** ***landingsgestel*** ⇒*onderstel.*

'landing light ⟨telb.zn.⟩⟨lucht.⟩ **0.1** ***landingslicht.***

'landing mat ⟨telb.zn.⟩⟨gymnastiek⟩ **0.1** ***(kleine) landingsmat*** ⇒*kleine mat.*

'landing net ⟨telb.zn.⟩ **0.1** ***schepnet.***

'landing pad ⟨telb.zn.⟩⟨atletiek⟩ **0.1** ***landingsmat*** ⇒*landingsbed* ⟨bij polsstok hoogspringen⟩.

'landing party ⟨telb.zn.⟩⟨mil.⟩ **0.1** ***landingsdivisie/detachement.***

'landing place ⟨telb.zn.⟩ **0.1** ***landingsplaats*** ⇒*steiger, aanlegplaats* **0.2** ***los/laadplaats.***

'landing stage ⟨telb.zn.⟩ **0.1** ***(landings)steiger*** ⇒*aanleg/losplaats.*

'landing surveyor ⟨telb.zn.⟩⟨BE⟩ **0.1** ***hoofdcommies (te water).***

'landing waiter, 'land·wait·er ⟨telb.zn.⟩⟨BE⟩ **0.1** ***commies (te water).***

'land·la·dy ⟨f2⟩⟨telb.zn.; →mv. 2⟩ **0.1** ***hospita*** ⇒*verhuurster* **0.2** ***huisbazin*** ⇒*vrouw v.d. huisbaas* **0.3** ***pensionhoudster*** **0.4** ***herbergierster*** ⇒*waardin.*

'land law ⟨telb.zn.; vaak mv.⟩⟨jur.⟩ **0.1** ***(grond)eigendomsrecht.***

länd·ler ['lendlə‖'lentlər]⟨telb. en n.-telb.zn.; ook ländler; →mv. 5⟩ **0.1** ***ländler*** ⟨oude Oostenrijkse dans en muziek⟩.

land·less ['lændləs]⟨bn.⟩ **0.1** ***zonder land.***

'land·line ⟨telb.zn.⟩ **0.1** ***landlijn*** ⇒*telegraaflijn over land.*

'land·locked ⟨f1⟩⟨bn.⟩ **0.1** ***(vrijwel) geheel door land omgeven*** ⇒*door land ingesloten, nergens aan zee grenzend* **0.2** ***zoetwater-*** ⟨vis⟩.

land·lop·er ['lændloʊpə‖-ər]⟨telb.zn.⟩⟨vnl. Sch. E⟩ **0.1** ***landloper.***

'land·lord ⟨f3⟩⟨telb.zn.⟩ **0.1** ***landheer*** ⇒*pachtheer* **0.2** ***huisbaas*** ⇒*verhuurder, hospes* **0.3** ***pensionhouder*** **0.4** ***herbergier*** ⇒*waard, hotelier.*

land·lord·ism ['læn(d)lɔ:dɪzm‖-lɔr-]⟨n.-telb.zn.⟩ **0.1** ***pachtstelsel*** ⟨i.h.b. pej. voor het vroegere Ierse⟩ **0.2** ***propagering v.h. pachtstelsel.***

land·lub·ber ['lændlʌbə‖-ər]⟨telb.zn.⟩⟨inf.⟩ **0.1** ***landrot*** ⇒*landrat, zoetwatermatroos.*

'land·man ⟨telb.zn.; landmen; →mv. 3⟩ **0.1** ***landrot.***

'land·mark ⟨f2⟩⟨telb.zn.⟩ **0.1** ***grenspaal*** ⇒*grenssteen/teken* **0.2** ***oriëntatiepunt*** ⟨ook fig.⟩ ⇒*markering, baken* **0.3** ***mijlpaal*** ⇒*keerpunt* **0.4** ***historisch monument.***

'land·mass ⟨telb.zn.⟩ **0.1** ***uitgestrekt (grond)gebied.***

'land mine ⟨f1⟩⟨telb.zn.⟩⟨mil.⟩ **0.1** ***landmijn*** **0.2** ***luchttorpedo.***

'land office ⟨telb.zn.⟩⟨AE⟩ **0.1** ⟨ong.⟩ ***kadaster.***

'land-of·fice ⟨bn., attr.⟩⟨AE⟩ **0.1** ***florerend*** ⇒*omvangrijk, snel groeiend* ◆ **1.1** do a ~ business *gigantische zaken doen.*

'land·own·er ⟨f2⟩⟨telb.zn.⟩ **0.1** ***landeigenaar*** ⇒*grondbezitter.*

'land·own·er·ship ⟨n.-telb.zn.⟩ **0.1** ***grondbezit*** ⇒*landeigendom.*

'land price ⟨telb.zn.⟩ **0.1** ***grondprijs.***

'land rail ⟨telb.zn.⟩⟨dierk.⟩ **0.1** ***kwartelkoning*** ⟨Crex crex⟩.

'land reclamation ⟨n.-telb.zn.⟩ **0.1** ***terreinsanering.***

'land-reeve ⟨telb.zn.⟩ **0.1** ***onderrentmeester.***

'land reform ⟨telb. en n.-telb.zn.⟩ **0.1** ***landhervorming.***

'land registry ⟨telb.zn.⟩⟨BE⟩ **0.1** ***(kantoor v.h.) kadaster.***

'land rover ⟨f1⟩⟨telb.zn.; ook L-⟩ **0.1** ***landrover*** ⇒*terreinvoertuig/wagen.*

land·scape¹ ['læn(d)skeɪp]⟨f3⟩⟨zn.⟩
I ⟨telb.zn.⟩ **0.1** ***landschap*** ⇒*panorama, vista* ⟨ook fig.⟩ **0.2** ***landschap(sfoto/schilderij);***
II ⟨n.-telb.zn.⟩ **0.1** ***landschap(schilder)kunst.***

landscape² ⟨f1⟩⟨ww.⟩
I ⟨onov.ww.⟩ **0.1** ***het landschap verzorgen*** ⇒*landschapsarchitec-*

tuur beoefenen **0.2** ***tuinarchitectuur beoefenen*** ⇒*hovenieren;*
II ⟨ov.ww.⟩ **0.1** ***landschappelijk verzorgen*** **0.2** ***verfraaien d.m.v. tuinarchitectuur/landschapsarchitectuur.***

'landscape 'architect, 'landscape de'signer, 'landscape 'gardener, land·scap·er ['læn(d)skeɪpə||-ər]⟨f1⟩⟨telb.zn.⟩ **0.1** ***tuinarchitect*** **0.2** ***landschapsarchitect*** ⇒*parkarchitect.*

'landscape 'architecture, 'landscape 'gardening ⟨f1⟩⟨n.-telb.zn.⟩ **0.1** ***tuinarchitectuur*** **0.2** ***landschapsarchitectuur.***

'landscape painter, land·scap·ist ['læn(d)skeɪpɪst]⟨telb.zn.⟩ **0.1** ***landschapschilder.***

Land's End ['lændz 'end]⟨eig.n.⟩ **0.1** ***Land's End*** ⟨westpunt v. Cornwall⟩.

'land shark ⟨telb.zn.⟩ **0.1** ***matrozennepper*** ⇒*oplichter v. zeelui* **0.2** →land-grabber.

'land·sick ⟨bn.⟩⟨scheep.⟩ **0.1** ***landziek*** **0.2** ***moeilijk manoeuvreerbaar*** ⟨wegens nabijheid v. land⟩.

'land-slat·er ⟨telb.zn.⟩⟨dierk.⟩ **0.1** ***(muur)pissebed*** ⟨genus Oniscus⟩.

land·slide[1] ['læn(d)slaɪd], ⟨BE ook⟩ **land·slip** ['læn(d)slɪp]⟨f1⟩ ⟨telb.zn.⟩ **0.1** ***aardverschuiving*** ⟨ook fig.⟩ ⇒*grondverschuiving/verzakking,* ⟨bij verkiezingen⟩ *verpletterende stembusoverwinning* ◆ **6.1** win **by** a ~ *een verpletterende overwinning behalen.*

landslide[2] ⟨f1⟩⟨bn., attr.⟩ **0.1** ***verpletterend*** ⇒*overweldigend* ◆ **1.1** ~ victory *verpletterende overwinning.*

lands·man[1] ['læn(d)zmən]⟨telb.zn.; landsmen [-mən]; →mv. 3⟩ **0.1** ***landrot.***

lands·man[2] ['lɑ:ntsmən]⟨telb.zn.; landsleit [-laɪt]; →mv. 5⟩ **0.1** ***stad/streekgenoot*** ⟨uit Oost-Europa⟩ **0.2** ⟨AE; sl.⟩ ***landgenoot.***

'land steward ⟨telb.zn.⟩ **0.1** ***rentmeester.***

'land surveying ⟨n.-telb.zn.⟩ **0.1** ***het landmeten.***

'land surveyor ⟨telb.zn.⟩ **0.1** ***landmeter.***

'land swell ⟨n.-telb.zn.⟩ **0.1** ***deining bij de kust.***

'land tax ⟨telb. en n.-telb.zn.⟩ **0.1** ***grondbelasting.***

'land tie ⟨telb.zn.⟩⟨tech.⟩ **0.1** ***ankerstang*** ⇒*muurstut.*

'land travel ⟨n.-telb.zn.⟩ **0.1** ***het reizen over land.***

landwaiter →landing waiter.

land·ward[1] ['lændwəd||-wərd]⟨f1⟩⟨bn.⟩ **0.1** ***landwaarts*** ⇒*in de richting v.h. land* **0.2** ***aan de landzijde*** ⇒*land-* ◆ **1.2** the ~ side *de landzijde.*

landward[2], ⟨vnl. BE ook⟩ **land·wards** ['lændwədz||-wərdz]⟨f1⟩ ⟨bw.⟩ **0.1** ***landwaarts*** ⇒*naar het land toe* **0.2** ***landinwaarts.***

'land·wash ⟨zn.⟩
I ⟨telb.zn.⟩ **0.1** ***vloedlijn;***
II ⟨n.-telb.zn.⟩ **0.1** ***branding.***

land wind →land breeze.

lane [leɪn]⟨f3⟩⟨telb.zn.⟩⟨→sprw. 340⟩ **0.1** ***(land)weggetje*** ⇒*laantje* ⟨tussen heggen, hekken, muren⟩ **0.2** ⟨vaak als 2e lid v. eigennaam⟩ ***steeg*** ⇒*smal(le) straat(je)* **0.3** ***(gang)pad*** ⇒*doorgang* ⟨tussen twee rijen mensen⟩ **0.4** ⟨scheep.⟩ ***(voorgeschreven) vaarweg*** ⇒*vaargeul* **0.5** ***luchtcorridor*** ⇒*luchtweg, (aan)vliegroute* **0.6** ⟨verkeer⟩ ***rijstrook*** **0.7** ⟨sport, i.h.b. atletiek, roeien, zwemsport⟩ ***baan*** **0.8** ***kegelbaan*** ◆ **4.7** ~ three *baan drie.*

'lane line ⟨telb.zn.⟩⟨zwemsport⟩ **0.1** ***baanlijn.***

'lane markings ⟨mv.⟩⟨zwemsport⟩ **0.1** ***geleidelijnen*** ⟨op bodem zwembad⟩ ⇒*strepen.*

'lane rope ⟨telb.zn.⟩⟨zwemsport⟩ **0.1** ***baanlijn.***

lang·syne[1], **lang syne** [læŋ'saɪn, -'zaɪn]⟨n.-telb.zn.⟩⟨Sch. E⟩ **0.1** ***ver verleden*** ⇒*oude tijd, grijs verleden.*

langsyne[2], **lang syne** ⟨bw.⟩⟨Sch. E⟩ **0.1** ***lang geleden*** ⇒*in een grijs/ver verleden, eeuwen her* **0.2** ***lang na/sedertdien.***

lan·guage ['læŋgwɪdʒ]⟨f4⟩⟨zn.⟩
I ⟨telb.zn.⟩ **0.1** ***taal*** **0.2** ***taal*** ⇒*teken/symbolen/communicatiesysteem;* ⟨comp.⟩ *(programmeer)taal, computertaal* **0.3** ⟨vaak the⟩ ***(groeps)taal*** ⇒*kringtaal, vaktaal, jargon* ◆ **1.2** ~ of flowers *taal der bloemen* **2.1** foreign ~s *vreemde talen* **3.1** ⟨fig.⟩ speak the same ~ *dezelfde taal spreken, op dezelfde golflengte/één lijn zitten;*
II ⟨n.-telb.zn.⟩ **0.1** ***taal*** ⇒*taal/woordgebruik, idioom, stijl* **0.2** ***spraakvermogen*** **0.3** ***taal(beheersing)*** ⇒*spraak* **0.4** ***ruwe taal*** **0.5** ***taal(kunde)*** ⇒*linguïstiek* **0.6** ⟨jur.⟩ ***letter*** ⟨i.t.t. geest⟩ ◆ **1.3** (a great) command of ~ *(een geweldige) taalbeheersing* **3.1** mind one's ~ *op zijn woorden letten* **3.4** use ~ *gemene taal gebruiken.*

'language acquisition ⟨n.-telb.zn.⟩⟨taalk.⟩ **0.1** ***taalverwerving.***

'language laboratory ⟨f1⟩⟨telb.zn.⟩ **0.1** ***talenpracticum*** ⇒⟨B.⟩ *taallabo.*

'language master ⟨telb.zn.⟩ **0.1** ***taalleraar*** ⇒⟨i.h.b.⟩ *leraar moderne talen.*

'language planning ⟨n.-telb.zn.⟩⟨taalk.⟩ **0.1** ***taalplanning*** ⇒*taalregeling.*

'language training ⟨n.-telb.zn.⟩ **0.1** ***taalopleiding.***

'language universal ⟨telb.zn.; vaak mv.⟩⟨taalk.⟩ **0.1** ***taaluniversale*** ⇒⟨mv.⟩ *taaluniversalia* ⟨algemene eigenschappen v. natuurlijke talen⟩.

langue de chat ['lɑ:ŋ də'ʃɑ:]⟨telb.zn.⟩⟨cul.⟩ **0.1** ***kattetong.***

langue d'oc ['lɑ:ŋgə'dɒk||'lɑŋ 'dɔk]⟨eig.n.⟩ **0.1** ***langue d'oc*** ⇒*Occitaans, Oudprovençaals* ⟨taal⟩.

langue d'oïl ['lɑŋgə dɒ'i:l||'lɑŋ'dɔɪl]⟨eig.n.⟩ **0.1** ***langue d'oïl*** ⇒*Oudfrans* ⟨taal⟩.

lan·guid ['læŋgwɪd]⟨f1⟩⟨bn.; -ly; -ness⟩ **0.1** ***futloos*** ⇒*lusteloos, mat, loom, languissant* **0.2** ***willoos*** ⇒*apathisch, krachteloos, week, zwak* **0.3** ***inert*** ⇒*traag, slap, lui* **0.4** ***flauw*** ⇒*saai, zoetsappig, zouteloos.*

lan·guish ['læŋgwɪʃ]⟨f1⟩⟨onov.ww.⟩ →languishing **0.1** ***(ver/weg) kwijnen*** ⇒*verslappen, verkommeren* **0.2** ***smachten*** ⇒*(vurig) verlangen* **0.3** ***smachtend kijken*** ⇒*smelten* ◆ **6.2** ~ **for** *smachten naar.*

lan·guish·ing ['læŋgwɪʃɪŋ]⟨f1⟩⟨bn.; teg. deelw. v. languish; -ly⟩ **0.1** ***(ver/weg)kwijnend*** ⇒*verkommerend* **0.2** ***smachtend*** ⇒*sentimenteel* **0.3** ***langzaam*** ⇒*slepend* **0.4** ***loom*** ⇒*hangerig, lusteloos, traag* ◆ **1.2** ~ look *smachtende blik* **1.3** ~ illness *slepende ziekte.*

lan·guish·ment ['læŋgwɪʃmənt]⟨n.-telb.zn.⟩ **0.1** ***(ver/weg)kwijning*** ⇒*verslapping, verkommering* **0.2** ***sentimenteel verlangen*** ⇒*het smachten, minne/zielepijn, hunkering* **0.3** ***traagheid*** ⇒*langzaam verloop* **0.4** ***loomheid*** ⇒*hangerigheid, lusteloosheid.*

lan·guor ['læŋgə||-ər]⟨zn.⟩
I ⟨telb.zn.; vaak mv.⟩ **0.1** ***smachtend verlangen*** ⇒*zwoelheid, sentimentaliteit, liefdesverlangen;*
II ⟨n.-telb.zn.⟩ **0.1** ***futloosheid*** ⇒*lusteloosheid, matheid, slapte, uitputting* **0.2** ***willoosheid*** ⇒*apathie, krachteloosheid, inertie* **0.3** ***lome stilte*** ⇒*zwaarte, zwoelheid, drukkendheid.*

lan·guor·ous ['læŋgərəs]⟨bn.; -ly; -ness⟩ **0.1** ***smachtend*** ⇒*zwoel, sentimenteel verlangend* **0.2** ***futloos*** ⇒*lusteloos, mat, slap, uitgeput* **0.3** ***willoos*** ⇒*apathisch, krachteloos, inert* **0.4** ***drukkend*** ⇒*zwaar, zwoel, loom.*

lan·gur [lʌŋ'guə||-'gʊr]⟨telb.zn.⟩⟨dierk.⟩ **0.1** ***hoelman*** ⟨slankaap; genus Presbytis⟩.

laniard →lanyard.

lan·i·ar·y[1] ['lænɪəri||'leɪnieri]⟨telb.zn.; →mv. 2⟩ **0.1** ***scheurtand/kies*** ⇒*hoektand.*

laniary[2] ⟨bn., attr.⟩ **0.1** ***scheur-*** ⇒*hoek-* ◆ **1.1** ~ tooth *scheurtand/kies.*

la·nif·er·ous [lə'nɪfrəs], **la·nig·er·ous** [lə'nɪdʒərəs]⟨bn.⟩⟨biol.⟩ **0.1** ***woldragend*** ⇒*wollig.*

lank [læŋk]⟨f1⟩⟨bn.; -ly; -ness⟩ **0.1** ***schraal*** ⇒*(brood)mager, dun* **0.2** ***lang en schraal*** ⇒*sprietig, spichtig* **0.3** ***lang en buigzaam*** ⟨bv. v. gras⟩ **0.4** ***sluik*** ⇒*slap neerhangend* ⟨v. haar, kleding⟩.

lank·y ['læŋki]⟨f1⟩⟨bn.; -er; -ly; -ness; →bijw. 3⟩ **0.1** ***slungel(acht)ig.***

lan·ner ['lænə||-ər]⟨telb.zn.⟩⟨dierk.⟩ **0.1** ***lannervalk*** ⟨Falco biarmicus⟩ ⇒⟨i.h.b.⟩ *vrouwtjeslannervalk.*

lan·ner·et ['lænəret||-'ret]⟨telb.zn.⟩⟨dierk.⟩ **0.1** ***mannetjeslannervalk*** ⟨Falco biarmicus⟩.

lan·o·lin ['lænəlɪn], **lan·o·line** [-lɪn, -li:n]⟨n.-telb.zn.⟩ **0.1** ***wolvet*** ⇒*lanoline.*

lans·que·net ['lænskənet||-'net]⟨zn.⟩
I ⟨telb.zn.⟩⟨gesch.⟩ **0.1** ***lan(d)sknecht*** ⇒*Duitse huursoldaat;*
II ⟨n.-telb.zn.⟩ **0.1** ***lansquenet*** ⇒*lanskenet* ⟨oud kaartspel⟩.

lan·tern ['læntən||'læntərn], ⟨vnl. BE⟩ **lan·thorn** ['lænthɔ:n||-hɔrn] ⟨f2⟩⟨telb.zn.⟩ **0.1** ***lantaarn*** ⟨ook v. vuurtoren⟩ **0.2** ⟨bouwk.⟩ ***lantaarn*** ⇒*koekoek, lichtkap, dak/koepeltempeltje* **0.3** ***kop v. lantaarndrager*** ⟨insekt⟩ **0.4** ⟨AE⟩ ***vuurtoren*** **0.5** ⟨AE⟩ ***tover/projectielantaarn.***

'lantern fly ⟨telb.zn.⟩⟨dierk.⟩ **0.1** ***lantaarndrager*** ⟨fam. Fulgoridae⟩.

'lantern jaw ⟨telb.zn.; vaak mv.⟩ **0.1** ***(lange) ingevallen kaak.***

'lan·tern-'jawed ⟨bn.⟩ **0.1** ***met (lange) ingevallen kaken.***

'lantern slide ⟨telb.zn.⟩ **0.1** ***lantaarnplaatje*** ⇒*dia voor toverlantaarn.*

'lantern wheel ⟨telb.zn.⟩⟨tech.⟩ **0.1** ***schijfloop*** ⇒*lantaarn(rad).*

lan·tha·nide ['lænθənaɪd]⟨telb. en n.-telb.zn.⟩⟨schei.⟩ **0.1** ***lanthanied*** ⇒*zeldzame aarde, zeldzaam aardmetaal.*

'lanthanide series ⟨n.-telb.zn.; the⟩⟨schei.⟩ **0.1** ***lanthaanreeks*** ⇒*zeldzame aarden/aardmetalen.*

lan·tha·num ['lænθənəm]⟨n.-telb.zn.⟩⟨schei.⟩ **0.1** ***lanthaan*** ⇒*lanthanium* ⟨element 57⟩.

la·nu·go [lə'nju:goʊ||-'nu:-]⟨telb. en n.-telb.zn.⟩ **0.1** ***lanugo*** ⇒*dons/wol/nesthaar* ⟨i.h.b. v. foetus⟩.

lan·yard, lan·iard ['lænjəd||-jərd]⟨telb.zn.⟩ **0.1** ***fluit/mes/sleutelkoord*** **0.2** ⟨scheep.⟩ ***seizing*** ⇒*los lijntje;* ⟨i.h.b.⟩ *talreep* **0.3** ⟨mil.⟩ ***aftrektouw.***

La·oc·o·on [leɪ'ɒkoʊɒn||-'ɑkoʊɑn]⟨eig.n.⟩⟨Griekse mythologie⟩ **0.1** ***Laocoön.***

La·od·i·ce·an[1] ['leɪoʊdɪ'siən||'leɪɑ-]⟨telb.zn.⟩ **0.1** ***laodiceeër*** ⇒*lauwe, onverschillige* ⟨i.h.b. in godsdienstig/politiek opzicht⟩.
Laodicean[2] ⟨bn.⟩ **0.1** ***laodicees*** ⇒*lauw, onverschillig* ⟨i.h.b. in godsdienstig/politiek opzicht⟩.
La·o·tian[1] ['laʊʃn||leɪ'oʊʃn]⟨f1⟩⟨zn.⟩
I ⟨eig.n.⟩ **0.1** ***Lao(tiaans)*** ⇒*de Laotische taal;*
II ⟨telb.zn.⟩ **0.1** ***Laotiaan*** ⇒*bewoner v. Laos.*
Laotian[2] ⟨f1⟩⟨bn.⟩ **0.1** ***Laotisch*** ⇒*Laotiaans* **0.2** ***Lao(tiaans)*** ⇒*in/mbt. de Laotische taal.*
lap[1] [læp]⟨f3⟩⟨zn.⟩
I ⟨telb.zn.⟩ **0.1** ***schoot*** ⟨ook v. kledingstuk⟩ **0.2** ***(afhangende) flap*** ⟨bv. v. zadel⟩ ⇒*slip, pand* ⟨v. kledingstuk⟩ **0.3** ***(oor)lel*** **0.4** ***kom (vormige laagte)*** ⇒*pan, dal* **0.5** ***overlap(ping)*** ⇒*overlappend deel, overslag* **0.6** ***lik*** **0.7** ⟨sl.⟩ ***neutje*** ⇒*slok, spatje, hassebassie* ⟨ook niet-alcoholisch⟩ **0.8** ⟨sport⟩ ***(baan)ronde*** **0.9** ***etappe*** ⟨i.h.b. v. reis⟩ **0.10** ⟨textiel⟩ ***(ruwe) lap*** ⟨halffabrikaat⟩ **0.11** ⟨tech.⟩ ***slag*** ⇒*winding, wikkeling* **0.12** ⟨tech.⟩ ***polijstschijf*** ⇒*slijpschijf* ◆ **1.8** ~ of honour *ereronde* **1.¶** in the ~ of the gods *in de schoot der goden/toekomst, ongewis;* it's hardly the ~ of luxury here *het is hier niet bepaald een paleis;* live in the ~ of luxury *in weelde baden* **2.9** last ~ *laatste ruk* **3.¶** drop/fall into s.o.'s ~ *iem. in de schoot geworpen worden* **6.1** sit **in/on** s.o.'s ~ *bij iem. op schoot zitten* **6.8** **on** the last ~ *in de laatste ronde;*
II ⟨n.-telb.zn.⟩ **0.1** ***gekabbel*** ⇒*geklots* **0.2** ***slobber*** ⇒ ⟨i.h.b.⟩ *vloeibaar hondevoer* ◆ **1.1** ~ of the waves *gekabbel v.d. golven.*
lap[2] ⟨f2⟩⟨ww.;→ww. 7⟩
I ⟨onov.ww.⟩ **0.1** ***kabbelen*** ⇒*klotsen* **0.2** ⟨sport⟩ ***een ronde afleggen*** ◆ **5.2** ~ **in** under 30 seconds *een rondje draaien v. minder dan 30 seconden* **6.1** ~ **against** the quay *tegen de kade klotsen;*
II ⟨onov. en ov.ww.⟩ **0.1** ***(op)likken*** **0.2** ***overlappen*** ⇒*uitspringen/steken (boven)* ◆ **4.2** ~ each other *elkaar overlappen* **5.1** ~ **up** *oplikken, oplebberen/slorpen;* ⟨inf.; ook fig.⟩ *verslinden, vreten;* ⟨inf.; fig.⟩ *voetstoots aannemen, slikken* **6.2** ~ **over** *overlappen;*
III ⟨ov.ww.⟩ **0.1** ***omslaan*** ⇒*(zich) wikkelen in, ómwikkelen* **0.2** ***omwíkkelen*** ⇒*omgeven, omhullen, omringen* **0.3** ⟨vnl. pass.⟩ ***koesteren*** **0.4** ***kabbelen/klotsen tegen*** ⟨v. golven⟩ **0.5** ⟨tech.⟩ ***lappen*** ⟨met slijp/polijstschijf⟩ ⇒*leppen* **0.6** ⟨sport⟩ ***lappen*** ⇒*op een (of meer) ronde(n) zetten, een (of meer) ronde(n) voorsprong nemen op* **0.7** ***doen overlappen*** ⇒*laten uitsteken/uitspringen (boven)* ◆ **5.1** ~ **about/round** *omslaan* **5.2** ~ **in** *omwikkelen met, wikkelen in.*
lap·a·ro- ['læpəroʊ]⟨med.⟩ **0.1** ***laparo-*** ⇒*via/mbt. de buikholte* ◆ **¶.1** laparoscopy *laparoscopie;* laparotomy *laparotomie, buiksnede/operatie.*
'lap belt ⟨telb.zn.⟩ **0.1** ***heupgordel*** ⟨in auto⟩.
'lap dog ⟨f1⟩⟨telb.zn.⟩ **0.1** ***schoothond(je).***
la·pel [lə'pel]⟨f2⟩⟨telb.zn.⟩ **0.1** ***revers*** ⇒*lapel.*
lap·ful ['læpfʊl]⟨telb.zn.⟩ **0.1** ***schoot (vol).***
lap·i·cide ['læpɪsaɪd]⟨telb.zn.⟩ **0.1** ***steenhouwer*** **0.2** ***steensnijder.***
lap·i·dar·y[1] ['læpɪdri||-deri]⟨telb.zn.;→mv. 2⟩ **0.1** ***edelsteenslijper/bewerker*** **0.2** ***edelsteenhandelaar*** **0.3** ***lapidarist*** ⇒*edelsteenkenner.*
lapidary[2] ⟨bn.⟩ **0.1** ***lapidair*** ⇒*steen-, in steen gehouwen/gebeiteld* **0.2** ***lapidair*** ⇒*bondig, kernachtig.*
lap·i·date ['læpɪdeɪt]⟨ov.ww.⟩⟨schr.⟩ **0.1** ***stenigen*** ⇒*met stenen gooien.*
lap·i·da·tion ['læpɪ'deɪʃn]⟨telb. en n.-telb.zn.⟩⟨schr.⟩ **0.1** ***steniging*** ⇒*lapidatie.*
lap·id·i·fi·ca·tion [lə'pɪdɪfɪ'keɪʃn]⟨n.-telb.zn.⟩ **0.1** ***verstening.***
lap·id·i·fy [lə'pɪdɪfaɪ]⟨ov.ww.;→ww. 7⟩⟨vero.⟩ **0.1** ***doen verstenen.***
la·pil·li [lə'pɪlaɪ]⟨mv.⟩ **0.1** ***lapilli*** ⇒*vulkaangruis, lavasteen.*
lap·is in·fer·na·lis ['læpɪs ɪn'fɜ:nəlɪs||-'fɜr-]⟨telb. en n.-telb.zn.⟩ **0.1** ***lapis infernalis*** ⇒*helse steen, zilvernitraat.*
lap·is laz·u·li ['læpɪs 'læzjʊli||-'læzəli]⟨zn.⟩
I ⟨telb. en n.-telb.zn.⟩ **0.1** ***lapis lazuli*** ⇒*lazuur(steen);*
II ⟨n.-telb.zn.; vaak attr.⟩ **0.1** ***lazuur(blauw)*** ⇒*hemelsblauw.*
'lap joint ⟨telb.zn.⟩⟨tech.⟩ **0.1** ***lapnaad*** ⇒*overlapse naad/verbinding.*
'Lapland 'bunting ⟨telb.zn.⟩⟨dierk.⟩ **0.1** ***ijsgors*** ⟨Calcarius lapponicus⟩.
Lapp[1] ['læp], ⟨in bet. I ook⟩ **Lap·pish** ['læpɪʃ], ⟨in bet. II ook⟩ **Lap·land·er** ['læplændə||-ər], ⟨in bet. II ook⟩ **Lap·po·ni·an** [lə'poʊnɪən]⟨f1⟩⟨zn.⟩
I ⟨eig.n.⟩ **0.1** ***Laps*** ⇒*de taal der Lappen;*
II ⟨telb.zn.⟩ **0.1** ***Lap(lander)*** ⇒*Laplandse.*
Lapp[2], **Lappish, Lapponian** ⟨f1⟩⟨bn.⟩ **0.1** ***Lap(land)s*** ⇒*mbt. de Lappen* **0.2** ***Laps*** ⇒*in/mbt. het Laps.*
lap·pet ['læpɪt]⟨telb.zn.⟩ **0.1** ⟨ben. voor⟩ ***loshangend/uitstekend deel v. kledingstuk*** ⇒*flap, slip; omslag; klep* ⟨v. hoofddeksel⟩; *(muts)lint; revers, lapel; strook* ⟨v. mijter⟩ **0.2** ***kwab*** ⇒*(oor)lel, kam* **0.3** ***sleutelgatplaatje*** **0.4** ⟨verk.⟩ ⟨lappet moth⟩.
lap·pet·ed ['læpɪtɪd]⟨bn.⟩ **0.1** ***met linten/stroken*** ⟨v. hoofddeksel⟩.
'lappet moth ⟨telb.zn.⟩⟨dierk.⟩ **0.1** ***rietspinner*** ⟨zijderups; fam. Lasiocampidae⟩.
'lap portable ⟨telb.zn.⟩ **0.1** ***schootcomputer*** ⇒*draagbare computer.*
'lap robe ⟨telb.zn.⟩⟨AE⟩ **0.1** ***reisdeken*** ⇒*plaid.*
'lap scorer ⟨telb.zn.⟩⟨sport⟩ **0.1** ***rondeteller*** ⟨persoon of apparaat⟩.
lapse[1] [læps]⟨f2⟩⟨telb.zn.⟩ **0.1** ***kleine vergissing*** ⇒*abuis, missertje, fout(je), slipper(tje), verspreking, verschrijving* **0.2** ***misstap*** ⇒*(af)dwaling, vergrijp* **0.3** ***(geloofs)afval(ligheid)*** ⇒*ketterij, (af)dwaling* **0.4** ***achteruitgang*** ⇒*(ver)val, daling* **0.5** ***(tijds)verloop*** ⇒*verstrijken v. tijd* **0.6** ***periode*** ⇒*spanne (tijds), (korte) tijd, tijd(je), poos(je)* ⟨i.h.b. in het verleden⟩ **0.7** ⟨jur.⟩ ***tenietgang*** ⇒*(het) verval(len)* ⟨i.h.b. v. niet-benut (voor)recht⟩ ◆ **1.7** ~ of time *verstrijking, verjaring* **6.2** ~ **from** virtue *afdwaling/afwijking v.h. pad der deugd/rechte pad* **6.3** ~ **into** heresy *verval tot ketterij* **6.5** **after** a ~ **of** several decades *na verloop v. enkele tientallen jaren.*
lapse[2] ⟨f2⟩⟨onov.ww.⟩ →lapsed **0.1** ***aflaten*** ⇒*verslappen, versagen* **0.2** ***(gaandeweg) verdwijnen*** ⇒*achteruitgaan, teruglopen, afnemen* **0.3** ***vervallen*** ⇒*terugvallen, afglijden, afvallen, afdwalen, (opnieuw) geraken* **0.4** ***verstrijken*** ⇒*verlopen, verglijden, voorbijgaan* **0.5** ⟨jur.⟩ ***vervallen*** ⟨i.h.b. aan iem. anders⟩ **0.6** ⟨jur.⟩ ***tenietgaan*** ⇒*verlopen, verstrijken* ◆ **1.2** my anger had soon ~d *mijn boosheid was weldra weggeëbd/geweken* **1.4** years had ~d *er waren jaren verstreken* **5.2** ~ **away** *verdwijnen* **6.1** ~ **from** true belief *van het ware geloof afvallen;* ~ **from** duty *zijn plicht verzaken* **6.3** ~ **into** old mistakes *in oude fouten vervallen;* ~ **into** silence *in stilzwijgen verzinken* **6.¶** ~ **from** *in gebreke blijven, niet voldoen aan.*
lapsed [læpst]⟨f1⟩⟨bn., attr.; volt. deelw. v. lapse⟩ **0.1** ***afvallig*** ⇒*ontrouw* **0.2** ⟨jur.⟩ ***verlopen*** ⇒*vervallen, verstreken* ◆ **1.1** ~ Catholic *afvallig katholiek.*
'lapse rate ⟨telb.zn.⟩⟨meteo.⟩ **0.1** ***temperatuurgradiënt.***
'lap·stone ⟨telb.zn.⟩ **0.1** ***klopsteen*** ⇒*schoenmakerssteen.*
lap·strake[1] ['læpstreɪk], **lap·streak** [-stri:k]⟨telb.zn.⟩⟨scheep.⟩ **0.1** ***overnaadse boot.***
lapstrake[2], **lapstreak** ⟨bn., attr.⟩⟨scheep.⟩ **0.1** ***overnaads.***
'lap strap ⟨telb.zn.⟩ **0.1** ***veiligheidsgordel*** ⟨in vliegtuig⟩.
lap·sus ['læpsəs]⟨telb.zn.; lapsus;→mv. 4⟩ **0.1** ***lapsus*** ⇒*fout, vergissing, misslag.*
lapsus cal·a·mi ['læpsəs 'kæləmi]⟨telb.zn.⟩ **0.1** ***lapsus calami*** ⇒*verschrijving, schrijffout, slip of the pen.*
lapsus lin·guae ['læpsəs 'lɪŋgwi:]⟨telb.zn.⟩ **0.1** ***lapsus linguae*** ⇒*verspreking, slip of the tongue.*
'lap·top (com'puter) ⟨telb.zn.⟩ **0.1** ***schootcomputer*** ⇒*(makkelijk) draagbare computer.*
La·pu·tan [ɪə'pju:tn]⟨bn.⟩ **0.1** ***absurd*** ⇒*hersenschimmig, visionair.*
'lap weld ⟨telb.zn.⟩⟨tech.⟩ **0.1** ***overlapse las.***
'lap-weld ⟨ov.ww.⟩⟨tech.⟩ **0.1** ***overlaps lassen.***
'lap·wing ⟨telb.zn.⟩⟨dierk.⟩ **0.1** ***kievi(e)t*** ⟨Vanellus vanellus⟩.
lar [lɑ:||lɑr]⟨telb.zn.; in bet. 0.1 ook lares ['leəri:z||'leri:z];→mv. 5⟩ **0.1** ⟨ook L-⟩ ***lar*** ⇒*Romeinse huisgod* **0.2** ⟨verk.⟩ ⟨lar gibbon⟩ ◆ **1.1** lares and penates *laren en penaten;* ⟨fig.⟩ *huis en haard* **¶.1** ⟨fig.⟩ lares *eigen haard/huis.*
lar·board ['lɑ:bəd||'lɑrbərd]⟨n.-telb.zn.⟩⟨vero. of AE; scheep.⟩ **0.1** ***bakboord.***
lar·ce·ner ['lɑ:snə||'lɑrsnər], **lar·ce·nist** [-nɪst]⟨telb.zn.⟩⟨vnl. jur.⟩ **0.1** ***dief.***
lar·ce·nous ['lɑ:snəs||'lɑr-]⟨bn.⟩⟨vnl. jur.⟩ **0.1** ***diefachtig.***
lar·ce·ny ['lɑ:sni||'lɑr-]⟨f1⟩⟨telb. en n.-telb.zn.;→mv. 2⟩⟨vnl. jur.⟩ **0.1** ***diefstal*** ⇒*ontvreemding.*
larch [lɑ:tʃ||lɑrtʃ], ⟨in bet. II ook⟩ **'larch·wood** ⟨zn.⟩
I ⟨telb.zn.⟩⟨plantk.⟩ **0.1** ***lariks*** ⇒*lork(eboom)* ⟨genus Larix⟩;
II ⟨n.-telb.zn.⟩ **0.1** ***lariks(hout)*** ⇒*lorken, lerken, lorkehout.*
lard[1] [lɑ:d||lɑrd]⟨f1⟩⟨n.-telb.zn.⟩ **0.1** ***varkensvet*** ⇒*(varkens)reuzel* **0.2** ⟨inf.⟩ ***vetlaag.***
lard[2] ⟨f1⟩⟨ov.ww.⟩ **0.1** ***bedekken/besmeren met varkensvet/reuzel*** **0.2** ⟨cul.⟩ ***larderen*** ⇒*doorspekken, doorrijgen/bedekken met spek* **0.3** ***vetter maken*** **0.4** ⟨fig.⟩ ***larderen*** ⇒*doorspekken, opsmukken* ◆ **6.4** ~ed **with** oaths *doorspekt met vloeken;* ~ a speech **with** metaphors *een toespraak larderen met beeldspraak.*
lar·da·ceous [lɑ:'deɪʃəs||lɑr-]⟨bn.⟩⟨med.⟩ **0.1** ***lardaceus*** ⇒*lardeus, spekachtig.*
'lard bucket ⟨telb.zn.⟩⟨AE; sl.⟩ **0.1** ***dikzak.***
lar·der ['lɑ:də||'lɑrdər]⟨f1⟩⟨telb.zn.⟩ **0.1** ***provisiekamer*** **0.2** ***provisiekast.***
'lard·head ⟨telb.zn.⟩⟨AE; sl.⟩ **0.1** ***stommeling*** ⇒*leeghoofd.*
'lard·ing needle, 'larding pin ⟨telb.zn.⟩ **0.1** ***lardeernaald/priem.***
lar·don ['lɑ:dn||'lɑrdn], **lar·doon** [-'du:n]⟨telb.zn.⟩ **0.1** ***lardeersel*** ⇒*lardeerspek.*
lard·y ['lɑ:di||'lɑrdi]⟨bn.; -er;→compar. 7⟩ **0.1** ***vet/reuzelachtig*** **0.2** ***(over)vet*** ⇒*vetgemest* ◆ **1.2** ~ hogs *vetgemeste varkens.*
'lardy cake ⟨telb.zn.⟩⟨cul.⟩ **0.1** ⟨ong.⟩ ***oliebol.***

lard·y-dard·y ['lɑ:di'dɑ:di‖'lɑrdi'dɑrdi]⟨bn.⟩⟨sl.⟩ **0.1** ***flikkerachtig*** ⇒*nichterig, verwijfd*.
lares ⟨mv.⟩ →lar.
large[1] [lɑ:dʒ‖lɑrdʒ]⟨f2⟩⟨n.-telb.zn.; alleen na vz.⟩ **0.1** ***vrijheid*** **0.2** ***geheel*** ⇒*totaliteit* **0.3** ***goed geluk*** ◆ **6.1** be **at** ~ *ontsnapt zijn, op vrije voeten zijn, vrij rondlopen* **6.2** ⟨AE; pol.⟩ a delegate **at** ~ *een afgevaardigde die een hele staat/streek vertegenwoordigt* ⟨niet een (kies)district⟩; the people **at** ~ *het gros v.d. mensen;* quote **at** ~ *in extenso citeren;* talk/write **at** ~ *uitvoerig ingaan op;* **in** (the) ~ *in het groot, op grote schaal, grootscheeps* **6.3** criticize **at** ~ *op goed geluk af/in het wilde weg/zonder aanzien des persoons kritiek spuien* **6.¶ at** ~ *in het algemeen, geheel*.
large[2] ⟨f4⟩⟨bn.; -er; -ness; →compar. 7⟩ **0.1** ***groot*** ⇒*omvangrijk, ruim, royaal, uitgestrekt, weids, fors, aanzienlijk* **0.2** ***veelomvattend*** ⇒*uitgebreid, ver(re)gaand, verstrekkend, breed, grootschalig* **0.3** ***onbevangen*** ⇒*gedurfd, geavanceerd, onbevooroordeeld* **0.4** ***edelmoedig*** ⇒*vrijgevig, grootmoedig, kwistig, overvloedig* **0.5** ***pretentieus*** ⇒*aanmatigend, pompeus* ⟨v. taal, gedrag⟩ **0.6** ⟨zelden⟩ ***onbeheerst*** ⇒*grof* ⟨v. taal⟩ **0.7** ⟨scheep.⟩ ***ruim*** ⇒*gunstig* ⟨v. wind⟩ **0.8** ⟨AE; sl.⟩ ***opwindend*** **0.9** ⟨AE; sl.⟩ ***succesvol*** ⇒*populair* ◆ **1.1** ~ of limb *uit de kluiten gewassen, fors, groot v. stuk* **1.2** ~ farmers *grote/grootschalige boeren;* ~ powers *verregaande bevoegdheden* **1.4** ~ heart *edelmoedige ziel* **1.¶** ⟨nat.⟩ ~ calorie *kilocalorie, grote calorie;* ⟨AE; sl.⟩ ~ charge *kick; grote meneer;* very ~ crude carrier *mammoettanker;* ~ intestine *dikke darm;* as ~ as life *levensgroot, op ware grootte; in levenden lijve, in eigen persoon; in het oog vallend, onmiskenbaar;* ~r than life *overdreven, buiten proporties;* a ~ order *een hele klus, niet kinderachtig* **2.¶** that's all very fine and ~ *dat is allemaal goed en wel* **6.¶** ⟨sl.⟩ ~ **for** *enthousiast voor*.
large[3] ⟨f2⟩⟨bw.⟩ **0.1** ***groot*** **0.2** ***grootsprakig*** ⇒*opschepperig, dik*.
'large-'boned ⟨f1⟩⟨bn.⟩ **0.1** ***zwaargebouwd*** ⇒*potig*.
'large-'hand·ed ⟨bn.; ook 'larger-'handed; -ness; →compar. 7⟩ **0.1** ***vrijgevig*** ⇒*gul, royaal*.
'large-'heart·ed, 'large-'souled ⟨bn.; ook larger-hearted, ook larger-souled; -ness; →compar. 7⟩ **0.1** ***goedhartig*** ⇒*aardig, vriendelijk, sympathiek, goedig* **0.2** ***goedhartig*** ⇒*ruimhartig, toegevend, vergevingsgezind, goedig* **0.3** ***vrijgevig*** ⇒*gul, royaal*.
'large-'limbed ⟨bn.⟩ **0.1** ***fors (gebouwd)***.
large·ly ['lɑ:dʒli‖'lɑr-]⟨f3⟩⟨bw.⟩ **0.1** ***in het groot*** ⇒*op grote schaal* **0.2** ***grotendeels*** ⇒*hoofdzakelijk, voornamelijk, in hoge mate* **0.3** ***met gulle hand*** ⇒*rijkelijk, overvloedig*.
'large-'mind·ed ⟨f1⟩⟨bn.; ook larger-minded; -ness; →compar. 7⟩ **0.1** ***ruimdenkend*** ⇒*open, onbekrompen, liberaal* **0.2** ***creatief*** ⇒*ideeënrijk*.
larg·en ['lɑ:dʒən‖'lɑr-]⟨ww.⟩⟨schr.⟩
I ⟨onov.ww.⟩ **0.1** ***groter worden*** ⇒*(aan)groeien;*
II ⟨ov.ww.⟩ **0.1** ***vergroten***.
'large-'scale ⟨f2⟩⟨bn.⟩ **0.1** ***groot(schalig)*** ⇒*op grote schaal, omvangrijk, groots opgezet* ◆ **1.1** ~ map *kaart met grote schaal;* ~ production *groots opgezette produktie, produktie op grote schaal*.
lar·gesse, ⟨vnl. AE sp. ook⟩ **lar·gess** [lɑ:'dʒəs‖'lɑr-]⟨n.-telb.zn.⟩ **0.1** ***vrijgevigheid*** ⇒*goedgeefsheid, edelmoedigheid, liefdadigheid* **0.2** ***milde gift(en)*** ⇒*rijke schenking(en)*.
lar·ghet·to[1] [lɑ:'getoʊ‖lɑr'geţoʊ]⟨telb.zn.⟩⟨muz.⟩ **0.1** ***larg(h)etto***.
larghetto[2] ⟨bn.; bw.⟩⟨muz.⟩ **0.1** ***larg(h)etto***.
'lar gibbon ⟨telb.zn.⟩⟨dierk.⟩ **0.1** ***lar*** ⇒*withandgibbon* ⟨Hylobates lar⟩.
larg·ish ['lɑ:dʒɪʃ‖'lɑr-]⟨bn.⟩ **0.1** ***tamelijk groot***.
lar·go[1] ['lɑ:goʊ‖'lɑr-]⟨telb.zn.⟩⟨muz.⟩ **0.1** ***largo***.
largo[2] ⟨bn.; bw.⟩⟨muz.⟩ **0.1** ***largo***.
lar·i·at ['lærɪət]⟨telb.zn.⟩ **0.1** ***lasso*** **0.2** ***lijn*** ⟨om dier (i.h.b. paard) vast te zetten⟩.
lark[1] [lɑ:k‖lɑrk]⟨f2⟩⟨telb.zn.⟩ **0.1** ***lolletje*** ⇒*(onschuldig) geintje, streek, lachertje* **0.2** ⟨BE; inf.⟩ ***aanpak*** ⇒*bezigheid, levenswandel* **0.3** ⟨dierk.⟩ ***leeuwerik*** ⟨fam. Alaudidae⟩ ⇒⟨i.h.b.⟩ *veldleeuwerik* ⟨Alauda arvensis⟩ **0.4** ⟨dierk.⟩ ***graspieper*** ⟨Anthus pratensis⟩ ◆ **3.1** have a ~ *een lolletje uithalen* **3.¶** be up/rise with the ~ *voor dag en dauw opstaan* **6.1 for** a ~ *voor de gein/lol* **7.1** what a ~! *wat een giller!*.
lark[2] ⟨f1⟩⟨onov.ww.⟩ **0.1** ***geintjes/streken uithalen*** ⇒*dollen* ◆ **5.1** ~ **about/around** *keet trappen, tekeer gaan; pierewaaien*.
'lark·spur, 'lark-heel ⟨telb.zn.⟩⟨plantk.⟩ **0.1** ***ridderspoor*** ⟨genus Delphinium⟩.
lark·y ['lɑ:ki‖'lɑr-]⟨bn.; -er; →compar. 7⟩⟨sl.⟩ **0.1** ***speels***.
larn [lɑ:n‖lɑrn]⟨ww.⟩
I ⟨onov.ww.⟩⟨scherts. of volks.⟩ **0.1** ***leren;***
II ⟨ov.ww.⟩⟨inf.⟩ **0.1** ***leren*** ◆ **4.1** that'll ~ you *dat zal je leren*.
lar·ri·kin ['lærɪkɪn]⟨telb.zn.⟩⟨Austr. E⟩ **0.1** ***herrieschopper*** ⇒*straatschender, vlegel*.
lar·rup[1] ['lærəp]⟨telb.zn.⟩⟨inf.⟩ **0.1** ***lel*** ⇒*mep, knal*.
larrup[2] ⟨ov.ww.⟩⟨inf.⟩ **0.1** ***een lel/mep/knal geven*** **0.2** ***afrossen*** ⇒*een pak slaag geven*.
Lar·ry ['læri]⟨eig.n.⟩ **0.1** ***Larry*** ⟨roepnaam v. Lawrence⟩ **0.2** ⟨AE; sl.⟩ ***niet-kopende klant***.
larum ⟨vero.⟩ →alarm.
lar·va ['lɑ:və‖'lɑrvə]⟨f1⟩⟨telb.zn.; larvae [-vi:]; →mv. 5⟩ **0.1** ***larve*** ⇒*larf*.
lar·val ['lɑ:vl‖'lɑrvl]⟨bn.⟩ **0.1** ***larvaal*** ⇒*larfachtig, mbt. (een) larve (n)*.
lar·vi·cide ['lɑ:vɪsaɪd‖'lɑr-]⟨telb.zn.⟩ **0.1** ***larvicide*** ⇒*larvendodend middel*.
lar·vip·a·rous [lɑ:'vɪprəs‖lɑr-]⟨bn.⟩⟨dierk.⟩ **0.1** ***larvipaar*** ⇒*larvevoortbrengend*.
la·ryn·ge·al[1] [lə'rɪndʒl,'lær$hwn'dʒi:əl], **la·ryn·gal** [lə'rɪŋgl]⟨telb.zn.⟩ **0.1** ⟨anat.⟩ ***deel v.h. strottehoofd*** **0.2** ⟨taalk.⟩ ***laryngaal*** ⟨i.h.b. als hypothetische klank in de Indo-europese oertaal⟩.
laryngeal[2]**, laryngal,** ⟨in bet. 0.1 ook⟩ **la·ryn·gic** [lə'rɪndʒɪk]⟨bn.⟩ **0.1** ⟨anat.⟩ ***laryngeus*** ⇒*laryng(e)aal, strottehoofds-* **0.2** ⟨taalk.⟩ ***laryngaal*** ⟨i.h.b. mbt. een hypothetische klank in de Indo-europese oertaal⟩.
lar·yn·gi·tis ['lærɪn'dʒaɪţɪs]⟨f1⟩⟨telb. en n.-telb.zn.; laryngitides [-'dʒaɪţɪdi:z]; →mv. 5⟩⟨med.⟩ **0.1** ***laryngitis*** ⇒*strottehoofdontsteking*.
lar·yn·gol·o·gist ['lærɪŋ'gɒlədʒɪst‖-'gɑ-]⟨telb.zn.⟩⟨med.⟩ **0.1** ***laryngoloog*** ⇒*strottehoofdspecialist, keelarts, foniater*.
lar·yn·gol·o·gy ['lærɪŋ'gɒlədʒi‖-'gɑ-]⟨n.-telb.zn.⟩⟨med.⟩ **0.1** ***laryngologie*** ⇒*strottehoofdleer*.
la·ryn·go·scope [lə'rɪŋgəskoʊp]⟨telb.zn.⟩⟨med.⟩ **0.1** ***laryngoscoop*** ⇒*keelspiegel*.
lar·yn·gos·co·py ['lærɪŋ'gɒskəpi‖-'gɑ-]⟨telb. en n.-telb.zn.; →mv. 2⟩⟨med.⟩ **0.1** ***laryngoscopie*** ⇒*strottehoofdonderzoek*.
lar·yn·got·o·my ['lærɪŋ'gɒtəmi‖-'gɑţəmi]⟨telb. en n.-telb.zn.; →mv. 2⟩⟨med.⟩ **0.1** ***laryngotomie***.
lar·ynx ['lærɪŋks]⟨f1⟩⟨telb.zn.; ook larynges [lə'rɪndʒi:z]; →mv. 5⟩ **0.1** ***strottehoofd*** ⇒*larynx*.
la·sa·gna, la·sa·gne [lə'zænjə‖-'zɑn-]⟨n.-telb.zn.⟩⟨cul.⟩ **0.1** ***lasagna***.
las·car ['læskə‖-ər]⟨telb.zn.; ook L-⟩ **0.1** ***laskaar*** ⇒*Britsindische matroos* **0.2** ⟨mil.⟩ ***Britsindische oppasser/kwartiermaker***.
las·civ·i·ous [lə'sɪvɪəs]⟨bn.; -ly; -ness⟩ **0.1** ***wellustig*** ⇒*wulps, geil*.
lase [leɪz]⟨onov.ww.⟩ **0.1** ***als laser fungeren/stralen***.
la·ser ['leɪzə‖-ər]⟨f1⟩⟨telb.zn.⟩⟨oorspr. afk.⟩ light amplification by stimulated emission of radiation ⟨tech.⟩ **0.1** ***laser***.
'laser beam ⟨telb.zn.⟩ **0.1** ***laserstraal***.
'laser disc ⟨telb.zn.⟩ **0.1** ***laser disk***.
'laser gun ⟨telb.zn.⟩ **0.1** ***laserpistool***.
'laser printer ⟨telb.zn.⟩⟨comp.⟩ **0.1** ***laserprinter*** ⟨drukt af d.m.v. laserstralen⟩.
lash[1] ['læʃ]⟨f2⟩⟨zn.⟩
I ⟨telb.zn.⟩ **0.1** ***zweepkoord/riem*** ⇒*zweepeinde* **0.2** ***zweepslag*** **0.3** ***zweep*** ⇒*gesel* **0.4** ⟨ben. voor⟩ ***plotselinge/heftige beweging*** ⇒*slag, zwiep, schok* **0.5** ***wimper*** ⇒*ooghaar(tje)* **0.6** ***sneer*** ⇒*snier, veeg uit de pan* **0.7** ***prikkeling*** ⇒*aansporing, drijfveer;*
II ⟨n.-telb.zn.; the⟩ **0.1** ***geseling*** ⟨ook fig.⟩ **0.2** ***gebeuk*** ⇒*het beuken/striemen/kletteren* ◆ **1.2** the ~ of rain *het striemen v.d. regen;* the ~ of waves *het beuken v.d. golven* **3.1** be sentenced to the ~ *tot zweepslagen veroordeeld worden* **6.¶ under** the ~ **of** *onder de plak v.*.
lash[2] ⟨f2⟩⟨ww.⟩ →lashing
I ⟨onov.ww.⟩ **0.1** ***wild stromen*** ⇒*storten, kolken, tuimelen;*
II ⟨onov. en ov.ww.⟩ **0.1** ***een plotselinge/heftige beweging maken (met)*** ⇒*slaan, zwiepen* ⟨bv. v. staart⟩ **0.2** ***met kracht slaan (tegen)*** ⇒*geselen, teisteren; striemen* ⟨v. regen⟩; *beuken* ⟨v. golven⟩ **0.3** ***uitvaren (tegen)*** ⇒*v. leer trekken, ervan langs geven* ◆ **1.1** the tiger ~ed its tail *de tijger sloeg met zijn staart* **1.2** the rain ~es the windows *de regen striemt tegen de ruiten;* the sea ~es (against) the rocks *de zee beukt (tegen) de rotsen* **5.1** the tiger's tail ~ed **about** *de tijger sloeg met zijn staart* **5.¶** →lash **out** **6.1** ~ **at** *slaan naar;*
III ⟨ov.ww.⟩ **0.1** ***geselen*** ⟨ook fig.⟩ ⇒*met de zweep geven* **0.2** ***opzwepen*** ⇒*ophitsen* **0.3** ***vastsnoeren*** ⇒*(stevig) vastbinden, vastzetten,* ⟨scheep.⟩ *sjorren* ◆ **1.2** ~ (o.s./s.o.) into a fury *(zich/iem.) opzwepen tot woede/woedend maken* **5.3** ~ sth. **down** *iets vastzetten/verankeren/* ⟨scheep.⟩ *(vast)sjorren;* ~ (things) **together** *(dingen) aan elkaar binden* **6.2** ~ (s.o.) **into** *(iem.) opzwepen tot* **6.3** ~ one thing **to** another *iets aan iets anders vastbinden*.
lash·er ['læʃə‖-ər]⟨telb.zn.⟩ **0.1** ***geselaar*** **0.2** ⟨BE⟩ ***waterkering*** **0.3** ⟨BE⟩ ***watervloed*** ⟨die door/over waterkering stroomt⟩ **0.4** ⟨BE⟩ ***plas beneden waterkering***.
lash·ing ['læʃɪŋ]⟨f1⟩⟨zn.; oorspr. gerund v. lash⟩

I ⟨telb.zn.⟩ **0.1** ***koord*** ⇒*touw;* ⟨scheep.⟩ *sjorring* **0.2** ***pak slaag*** ⇒*pak rammel;*
II ⟨mv.; ~s⟩ ⟨vnl. BE; inf.⟩ **0.1** ***lading*** ⇒*vracht* ◆ **6.1** ~s **of** drink *sloten drank.*
lash·less ['læʃləs] ⟨bn.⟩ **0.1** ***wimperloos.***
'lash 'out ⟨f1⟩ ⟨ww.⟩
I ⟨onov.ww.⟩ **0.1** ***(plotseling/heftig) slaan/schoppen/trappen*** ⇒*uithalen, een uitval doen; achteruitslaan* ⟨v. paard⟩ **0.2** ***uitvallen*** ⇒*v. leer trekken, uithalen, uitpakken, fulmineren* **0.3** ⟨inf.⟩ ***met geld smijten*** ◆ **6.1** ~ **at** *uithalen naar* **6.2** ~ **against/at** the press *fulmineren tegen de pers* **6.3** ~ **on** a hobby *een vermogen spenderen aan een hobby;*
II ⟨ov.ww.⟩ ⟨inf.⟩ **0.1** ***smijten met*** ⇒*strooien met, stukslaan, gooien met* ⟨i.h.b. geld⟩ ◆ **1.1** ~ the money *het geld erdoor jagen.*
'lash-out ⟨telb.zn.⟩ **0.1** ***uitval*** ⇒*scherpe aanval* ◆ **6.1** a ~ **at** *een uitval naar.*
'lash-up[1] ⟨telb.zn.⟩ **0.1** ***hulp/redmiddel*** ⇒*provisorisch geval, pis-aller.*
'lash-up[2] ⟨bn., attr.⟩ **0.1** ***provisorisch*** ⇒*geïmproviseerd, nood-.*
L-as·par·a·gi·nase ['el æ'spærədʒɪneɪz] ⟨telb.zn.⟩ ⟨med.⟩ **0.1** ***L-asparaginase*** ⟨enzym; leukemiebestrijder⟩.
lass [læs], **las·sie** ['læsi] ⟨f2⟩ ⟨telb.zn.⟩ **0.1** ***meisje*** ⇒*vriendinnetje, liefje* **0.2** ⟨vnl. Sch.E⟩ ***meid.***
Las·sa fe·ver ['læsə'fi:və‖-vər] ⟨telb. en n.-telb.zn.⟩ ⟨med.⟩ **0.1** ***lassakoorts*** ⟨Westafrikaanse virusziekte⟩.
las·si·tude ['læsɪtju:d‖-tu:d] ⟨telb. en n.-telb.zn.⟩ **0.1** ***vermoeidheid*** ⇒*uitputting, moeheid* **0.2** ***matheid*** ⇒*ongeïnteresseerdheid, loomheid, lethargie.*
las·so[1] [læ'su:, 'læsoʊ] ⟨f1⟩ ⟨telb.zn.; ook -es; →mv. 2⟩ **0.1** ***lasso.***
lasso[2] ⟨ov.ww.; →ww. 7⟩ **0.1** ***met een lasso vangen.***
last[1] [lɑ:st‖læst] ⟨f1⟩ ⟨telb.zn.⟩ **0.1** ***(schoenmakers)leest*** **0.2** ***last*** ◆ **3.¶** stick to one's ~ *bij zijn leest blijven, zich niet bemoeien met zaken waarvan men geen verstand heeft* **6.2** ~ **of** herrings/malt/wool *last haring/mout/wol.*
last[2] ⟨f3⟩ ⟨ww.⟩ →lasting
I ⟨onov.ww.⟩ **0.1** ***duren*** ⇒*aanhouden* **0.2** ***meegaan*** ⇒*intact blijven, houdbaar zijn* ◆ **1.1** his irritation won't ~ *zijn ergernis gaat wel over, hij trekt wel bij;* the show ~s an hour *de voorstelling duurt een uur* **5.¶** ~ **out** *niet opraken, toereikend zijn; het volhouden, het einde halen (v.);* not ~ **out** much longer *het niet lang meer maken;*
II ⟨onov. en ov.ww.⟩ **0.1** ***toereikend zijn (voor)*** ⇒*voldoende zijn (voor)* ◆ **1.1** this food will ~ (us)(for) a week *met dit eten kunnen we een week toe/het een week volhouden;*
III ⟨ov.ww.⟩ **0.1** ***op een leest modelleren.***
last[3] ⟨f4⟩ ⟨telw.; the; als vnw.⟩ ⟨→sprw. 375, 562⟩ **0.1** ⟨ben. voor⟩ ***de/het laatste*** ⟨v.e. reeks⟩ ⇒*laatstgenoemde;* ⟨i.h.b.⟩ *laatste adem, laatste blik, laatste woord, laatste brief;* ⟨inf.⟩ *laatste/jongste kind;* ⟨inf.⟩ *laatste grap/streek* **0.2** ***het einde*** ⇒⟨schr.⟩ *de dood* ◆ **1.1** have you heard John's ~? *heb je John z'n laatste mop gehoord?;* the ~ of the Mohicans *de laatste der Mohikanen* **3.1** breathe one's ~ *zijn laatste adem uitblazen;* the ~ (of the pupils) to leave *de laatste (leerling) die vertrok;* he looked his ~ on the blue hills *hij wierp een laatste blik op de blauwe heuvels;* he said his ~ on the subject *hij sprak zijn laatste woord over dat onderwerp* **3.2** I shall never hear the ~ of it *ik zal het altijd blijven horen;* see the ~ of *af zijn van, niets meer te maken hebben met;* that was the ~ I saw of him *dat was het laatste wat ik van hem gezien heb;* we have seen the ~ of him *dat is het laatste wat we van hem zullen zien* **6.1** **at** the very ~ *helemaal op het einde;* in my ~ *in mijn laatste/vorige brief;* fight **to/till** the ~ *vechten tot het uiterste* **6.2** the ~ **of** the story *het einde v.h. verhaal* **6.¶** **at** ~ *eindelijk/tenslotte;* **at** long ~ *uiteindelijk, ten langen leste* **7.1** this is my ~ *dit is mijn jongste.*
last[4] ⟨f3⟩ ⟨bw.⟩ **0.1** ***als laatste*** ⇒⟨in samenst.⟩ *laatst-* **0.2** ***(voor) het laatst*** ⇒*(voor) de laatste keer* **0.3** →lastly ◆ **3.1** come in ~ *als laatste aan/binnenkomen;* ~-mentioned *laatstgenoemde* **3.2** when did you see her ~/~see her? *wanneer heb je haar voor het laatst gezien/gesproken?* **5.1** ~ but not least *(als) laatste/laatstgenoemde, maar (daarom) niet minder belangrijk/de (het) minste, last but not least.*
last[5] ⟨f4⟩ ⟨telw.; →onbepaald woord⟩ **0.1** ***laatste*** ⟨ook fig.⟩ ⇒*vorige, verleden, jongstleden* **0.2** ⟨graadaanduidend⟩ ***uiterste*** ⇒*uiteindelijke, ultieme, ergste* ◆ **1.1** ⟨relig.⟩ the ~ account/inquest/judgement *het laatste oordeel;* his ~ book *zijn laatste/vorige boek;* your ~ chance *je laatste kans;* pay s.o. the ~ honours/one's ~ respects *iem. de laatste eer bewijzen;* his ~ hour has come *zijn laatste uur heeft geslagen;* the ~ hurray *de zwanezang;* on his ~ legs *op zijn laatste benen, met zijn laatste krachten;* at the ~ minute/moment *op het laatste moment/ogenblik;* ~ name *familienaam;* ~ night *gister(en)avond, vannacht;* he's the ~ person I'd invite *hij is de laatste die ik zou uitnodigen;* ~ quarter *laatste kwartier;* the ~ rites *de laatste riten/sacramenten;* he did it ~ thing in the evening *het was het laatste wat hij 's avonds deed;* for the ~ time *voor de laatste keer;* ~ Tuesday *vorige dinsdag;* his ~ words *zijn laatste woorden* **1.2** my ~ aim *mijn uiteindelijke doel;* the ~ cause *de grondoorzaak;* this is of the ~ importance *dit is v.h. grootste/uiterste belang;* the ~ praise I can give *de hoogste lof die ik kan geven* **1.¶** ⟨relig.⟩ the Last Day *de jongste dag, de dag des oordeels;* die in the ~ ditch *doorvechten tot het bittere einde* ⟨vnl. fig.⟩; his ~ home *zijn laatste rustplaats, zijn graf;* have the ~ laugh *het laatst lachen, uiteindelijk triomferen* ⟨vergelijk sprw. 264⟩; ⟨mil.⟩ ~ post *last post;* ⟨euf.⟩ the ~ sleep *de eeuwige slaap;* that's the ~ straw *dat doet de deur dicht, en nou is 't uit* ⟨vergelijk sprw. 376⟩; ⟨relig.⟩ the Last Supper *het Laatste Avondmaal;* ⟨relig.⟩ the four ~ things *de vier uitersten* ⟨dood, oordeel, hemel, hel⟩; ⟨relig.⟩ the ~ trump *het bazuingeschal op de dag des oordeels;* the ~ word in hats *het nieuwste/laatste snufje op het gebied v. hoeden* **4.1** the ~ but one *de voorlaatste;* the ~ two *de laatste twee* **7.1** the ~ few days *de laatste paar dagen;* one ~ word *nog een laatste woord;* the second ~ page *de voorlaatste bladzijde* **7.¶** ⟨inf.⟩ down to every ~ detail *tot in de kleinste details;* ⟨inf.⟩ every ~ person she met *iedereen die ze tegenkwam;* ⟨inf.⟩ she ate every ~ scrap of food *ze at alles tot en met de laatste kruimel op.*
last·age ['lɑ:stɪdʒ‖'læs-] ⟨telb. en n.-telb.zn.⟩ ⟨scheep.⟩ **0.1** ***lastgeld*** ⇒*tonnegeld, laadgeld* **0.2** ***tonnenmaat*** ⇒*tonnage.*
'last-'chance ⟨bn.⟩ **0.1** ***v./met de laatste kans*** ◆ **1.1** a ~ government *een regering v.d. laatste kans.*
'last-ditch ⟨bn., attr.⟩ **0.1** ***vertwijfeld*** ⇒*wanhopig* ◆ **1.1** ~ attempt *laatste wanhopige poging, wanhoopspoging.*
'last-'ditch·er ⟨telb.zn.⟩ **0.1** ***onverzoenlijke.***
last·ing[1] ['lɑ:stɪŋ‖'læstɪŋ] ⟨n.-telb.zn.; oorspr. gerund v. last⟩ ⟨textiel⟩ **0.1** ***evalist*** ⇒*everlast.*
lasting[2] ⟨f2⟩ ⟨bn.; teg. deelw. v. last; -ly; -ness⟩ **0.1** ***blijvend*** ⇒*aanhoudend, permanent* **0.2** ***duurzaam*** ⇒*lang durend/meegaand* ◆ **1.1** ~ sorrow *blijvend verdriet* **1.2** ~ colours *vaste kleuren;* ~ peace *duurzame vrede.*
last·ly ['lɑ:stli‖'læstli] ⟨f2⟩ ⟨bw.⟩ **0.1** ***ten slotte*** ⇒*in de laatste plaats, tot slot* **0.2** ***als laatste*** ⇒*achter/onderaan, op de laatste plaats.*
'last-min·ute ⟨f1⟩ ⟨bn., attr.⟩ **0.1** ***allerlaatste*** ⇒⟨B.⟩ *ultiem* ◆ **1.1** ~ amendments *ultieme wijzigingen.*
Lat ⟨afk.⟩ Latin.
lat·a·ki·a ['lætə'kɪə] ⟨n.-telb.zn.; ook L-⟩ **0.1** ***latakia(tabak).***
latch[1] [lætʃ] ⟨f2⟩ ⟨telb.zn.⟩ **0.1** ***klink*** ⟨v. deur/hek⟩ **0.2** ***veerslot*** ◆ **6.1** **off** the ~ *op een kier, aan;* **on** the ~ *op de klink* ⟨niet op slot⟩.
latch[2] ⟨f1⟩ ⟨ww.⟩
I ⟨onov.ww.⟩ →latch on to/onto;
II ⟨onov. en ov.ww.⟩ **0.1** ***met een klink/veerslot sluiten*** ◆ **1.1** ~ a door *een deur op de klink doen;* the door won't ~ *de deur wil niet op de klink* **5.¶** ~ **on** *het snappen;* I didn't quite ~ **on** *ik kon het niet helemaal volgen.*
latch·et ['lætʃɪt] ⟨telb.zn.⟩ ⟨vero.; vnl. bijb.⟩ **0.1** ***schoenriem.***
'latch·key ⟨f1⟩ ⟨telb.zn.⟩ **0.1** ***huissleutel*** **0.2** ⟨ook attr.⟩ ***sleutel*** ⟨als symbool v. onafhankelijkheid⟩.
'latchkey child ⟨telb.zn.⟩ **0.1** ***sleutelkind*** ⇒*kind v. werkende ouders.*
'latch 'on to, 'latch 'onto ⟨onov.ww.⟩ ⟨inf.⟩ **0.1** ***snappen*** ⇒*(kunnen) volgen, in de peiling hebben* **0.2** ***hangen aan*** ⇒*klitten/plakken aan, niet weg te slaan zijn bij* **0.3** ***niet loslaten*** ⇒*vasthouden, niet laten gaan* **0.4** ***binnenhalen*** ⇒*opdoen, gaan strijken met.*
'latch·string ⟨telb.zn.⟩ **0.1** ***klinksnoer*** ⇒*klinktouwtje.*
late[1] [leɪt] ⟨f4⟩ ⟨bn.; -er; ook latter ['lætə‖'læt̬ər], ook last [lɑ:st‖læst]; -ness; →compar. 5⟩ →latter, last ⟨→sprw. 377⟩
I ⟨bn.⟩ **0.1** ***te laat*** ⇒*verlaat, vertraagd, opgehouden, over tijd* **0.2** ***laat*** ⇒*gevorderd* ◆ **1.1** the crocuses are ~ this year *de crocussen zijn laat dit jaar;* I was only five minutes ~ *ik was maar vijf minuten te laat* **1.2** in the ~ afternoon *laat in de middag;* of ~ date *uit een late periode;* ~ dinner *avondeten, warm eten 's avonds;* at a ~ hour *laat (op de dag), diep in de nacht;* keep ~ hours *het (altijd) laat maken, (altijd) laat naar bed gaan/nog op zijn, nachtbraken;* ~ Latin *laat-Latijn;* ~ riser *langslaper;* in ~ spring *laat in het voorjaar;* we had a ~ supper *we hebben laat (warm) gegeten;* in the ~ thirties *aan het eind v.d. jaren dertig* **5.2** it's too ~ to leave now *het is te laat om nu nog (weg) te gaan* **6.1** be ~ **for** *te laat zijn/komen voor* **6.2** **at** (the) ~st *uiterlijk, op zijn laatst;*
II ⟨bn., attr.⟩ **0.1** ***recent*** ⇒*v.d. laatste tijd, sinds kort* **0.2** ***voormalig*** ⇒*gewezen, oud-, vorig* **0.3** ***(onlangs) overleden*** ⇒*wijlen* **0.4** ***nieuw*** ⇒*vers, recent, jong* ◆ **1.1** the ~ changes/developments *de recente/jongste veranderingen/ontwikkelingen;* the ~ commotion *de opschudding v.d. laatste tijd* **1.2** the ~ foreign minister *de*

oud-minister v. buitenlandse zaken ⟨al of niet overleden⟩ **1.3** his ~ wife *zijn (onlangs) overleden vrouw* **1.4** the ~ floods *de jongste overstromingen;* the firm's ~ manager *de nieuwe/onlangs aangestelde bedrijfsleider v.d. firma;* the ~st news *het laatste nieuws;* her ~st novel won't be her last *haar nieuwste/laatst verschenen boek zal niet haar laatste zijn* **1.¶** ⟨BE⟩ ~ fee *extra port(o)* ⟨op te laat geposte brief⟩ **6.1 of** ~ years *(in) de laatste paar jaar* **7.4** the ~st in shoes *het nieuwste op het gebied v. schoenen;* the ~st about the war *het laatste nieuws over de oorlog.*

late² ⟨f4⟩ ⟨bw.; -er, ook last; →compar. 5⟩ →last ⟨→sprw. 53⟩ **0.1** ***te laat*** ⇒*verlaat, vertraagd, opgehouden, over tijd* **0.2** ***laat*** ⇒*op een laat tijdstip, gevorderd* **0.3** ***laat*** ⇒*laat op de dag* **0.4** ⟨schr.⟩ ***onlangs*** ⇒*kort geleden* **0.5** ***voorheen*** ⇒*vroeger, indertijd* ◆ **1.2** ~ in (one's) life *in zijn latere leven, op gevorderde leeftijd;* ~ in the season *laat in het seizoen* **2.1** better ~ than never *beter laat dan nooit* **3.1** arrive ~ *te laat (aan)komen* **3.3** go to bed ~ *laat naar bed gaan* **5.2** ~r **on** *later; naderhand, achteraf; verderop* **6.¶ of** ~ *onlangs, kort geleden, recentelijk* **8.2** as ~ as... *nog tot (aan/in). .., tot... aan toe;* as ~ as the twentieth century *nog tot in de twintigste eeuw;* as ~ as yesterday *(zelfs) gisteren nog.*

'late-'bloom·er ⟨f1⟩ ⟨telb.zn.⟩ **0.1** ***laatbloeier.***

'late-break·ing ⟨bn., attr.⟩ **0.1** ***v.h. laatste moment*** ◆ **1.1** ~ news *de laatste berichten.*

'late·com·er ⟨f1⟩ ⟨telb.zn.⟩ **0.1** ***laatkomer.***

la·teen¹ [lə'ti:n] ⟨telb.zn.⟩ ⟨scheep.⟩ **0.1** ***latijnzeil-getuigde boot.***

lateen² ⟨bn., attr.⟩ ⟨scheep.⟩ **0.1** ***Latijns*** **0.2** ***latijnzeil-getuigd*** ◆ **1.1** ~ sail *latijnzeil, Latijns zeil.*

late·ly ['leɪtli] ⟨f3⟩ ⟨bw.⟩ **0.1** ***onlangs*** ⇒*kort geleden, recentelijk, de laatste tijd* **0.2** ***kort tevoren*** ⇒*kort voordien/daarvoor* ◆ **5.1** it is only ~ that she's ill *ze is nog maar pas ziek* **8.1** as ~ as last week *vorige week nog* **¶.1** have you been there ~? *ben jij er/daar de laatste tijd nog geweest?.*

lat·en ['leɪtn] ⟨ww.⟩
I ⟨onov.ww.⟩ **0.1** ***later worden;***
II ⟨ov.ww.⟩ **0.1** ***verlaten*** ⇒*later maken, vertragen.*

la·ten·cy ['leɪtnsi] ⟨n.-telb.zn.⟩ **0.1** ***latentie.***

'latency period ⟨telb.zn.⟩ ⟨med.⟩ **0.1** ***incubatietijd.***

'late-night ⟨f1⟩ ⟨bn., attr.⟩ **0.1** ***laat(st)*** ⇒*nacht-* ◆ **1.1** ~ shopping *koopavond;* ~ show *nachtvertoning/voorstelling, late/laatste voorstelling.*

la·tent ['leɪtnt] ⟨f1⟩ ⟨bn.; -ly⟩ **0.1** ***latent*** ⇒*verborgen, onzichtbaar, potentieel, sluimerend, slapend* ◆ **1.1** ⟨nat.⟩ ~ heat *latente warmte;* ⟨foto.⟩ ~ image *latent beeld;* ⟨med.⟩ ~ period *incubatietijd;* ⟨fysiologie⟩ *latentietijd, reactietijd* ⟨tussen prikkel en respons⟩.

lat·er ['leɪtə‖'leɪt̬ər] ⟨tussenw.⟩ ⟨inf.⟩ **0.1** ***tot ziens.***

lat·er·al¹ ['lætrəl‖'læt̬ərəl] ⟨telb.zn.⟩ **0.1** ***zijstuk*** ⇒*uitsteeksel, aanhangsel;* ⟨i.h.b.⟩ *zijtak/stengel* **0.2** ⟨Am. voetbal⟩ ***laterale pass*** **0.3** ⟨taalk.⟩ ***laterale klank*** ⇒*lateraal.*

lateral² ⟨f1⟩ ⟨bn., attr.; -ly⟩ **0.1** ***zij-*** ⇒*aan/vanaf/naar de zijkant, zijdelings, zijwaarts, lateraal* **0.2** ⟨taalk.⟩ ***lateraal*** ◆ **1.1** ~ branch *zijtak* ⟨v. familie⟩; ⟨dierk.⟩ ~ line *zijlijn* ⟨zintuig bij sommige vissen/waterdieren⟩; ⟨Am. voetbal⟩ ~ pass *laterale pass* **3.¶** ~ thinking *onorthodoxe/schijnbaar onlogische probleemaanpak, lateraal denken.*

'lateral pass ⟨telb.zn.⟩ ⟨Am. voetbal⟩ **0.1** ***breedtepass.***

Lat·er·an¹ ['lætrən‖'læt̬ərən] ⟨eig.n.⟩ **0.1** ***St.-Jan v. Lateranen*** ⇒*basiliek v. Johannes de Doper* ⟨in Rome⟩ **0.2** ***Lateraan(paleis)*** ⟨in Rome⟩.

Lateran² ⟨bn., attr.⟩ **0.1** ***Lateraans*** ◆ **1.1** ~ Council *Lateraans Concilie.*

lat·er·ite ['læt̬əraɪt] ⟨n.-telb.zn.⟩ ⟨geol.⟩ **0.1** ***lateriet.***

la·tex ['leɪteks] ⟨f1⟩ ⟨telb. en n.-telb.zn.; ook latices ['læt̬əsi:z]; →mv. 5⟩ **0.1** ***(rubber)latex*** **0.2** ***(kunststof)latex.***

'latex paint ⟨telb. en n.-telb.zn.⟩ **0.1** ***latexverf*** ⇒*muurverf.*

lath¹ [lɑ:θ‖læθ] ⟨f1⟩ ⟨telb.zn.; laths [lɑ:ðz, lɑ:θs‖læðz, læθs]; →mv. 3⟩ **0.1** ***tengel(lat)*** ⇒*tingel* **0.2** ***lat*** ⇒⟨i.h.b.⟩ *jaloezielat* **0.3** ***deklat*** ⟨v. plafond⟩ **0.4** ⟨ben. voor⟩ ***hechtstuk*** ⟨v. ander materiaal dan hout⟩ ⇒*strip; stuk plaat/steengaas* **0.5** ***betengeling*** ⇒*lat/tengelwerk* ◆ **1.1** ~ and plaster *bepleisterd schotwerk.*

lath² ⟨ov.ww.⟩ →lathing **0.1** ***(be)tengelen*** ⇒*v. lat/tengelwerk voorzien.*

lathe¹ [leɪð] ⟨f1⟩ ⟨telb.zn.⟩ **0.1** ⟨tech.⟩ ***draaibank*** ⇒*draaimachine* **0.2** ***pottenbakkersschijf/wiel*** ⇒*draaischijf* **0.3** ⟨tech.⟩ ***(weef)lade*** ⇒*slag* **0.4** ⟨gesch.⟩ ***bestuurlijk district v. Kent.***

'lathe² ⟨ov.ww.⟩ ⟨tech.⟩ **0.1** ***draaien*** ⇒*bewerken op een draaibank.*

'lathe bed ⟨telb.zn.⟩ ⟨tech.⟩ **0.1** ***draaibankbed.***

'lathe head ⟨telb.zn.⟩ ⟨tech.⟩ **0.1** ***vaste kop*** ⟨v. draaibank⟩.

lath·er¹ ['lɑ:ðə‖'læðər] ⟨f1⟩ ⟨telb. en n.-telb.zn.⟩ **0.1** ***(zeep)schuim*** ⇒⟨i.h.b.⟩ *scheerschuim* **0.2** ***schuimig zweet*** ⟨i.h.b. v. paard⟩ ◆ **6.¶** ⟨inf.⟩ **in** a ~ *opgefokt, gejaagd, jachtig.*

lather² ⟨f1⟩ ⟨ww.⟩ →lathering
I ⟨onov.ww.⟩ **0.1** ***schuimen*** ⇒*schuim vormen* ⟨v. zeep⟩ **0.2** ***schuimig zweten*** ⟨v. paard⟩;
II ⟨ov.ww.⟩ **0.1** ***inzepen*** ⇒*met zeep/schuim bedekken* ⟨i.h.b. voor het scheren⟩ **0.2** ⟨inf.⟩ ***een pak slaag/rammel geven*** ⇒*afrossen.*

lath·er·ing ['lɑ:ðərɪŋ‖'læ-] ⟨telb.zn.; oorspr. gerund v. lather⟩ ⟨inf.⟩ **0.1** ***pak rammel/slaag.***

lath·er·y ['lɑ:ðəri‖'læðəri] ⟨bn.⟩ **0.1** ***schuimend*** ⇒*met schuim bedekt.*

lath·i ['lɑ:t̬i] ⟨telb.zn.⟩ ⟨Ind. E⟩ **0.1** ***wapenstok*** ⟨v. bamboe, met ijzerbeslag⟩.

lath·ing ['lɑ:θɪŋ‖'læθɪŋ] ⟨n.-telb.zn.; gerund v. lath⟩ **0.1** ***betengeling*** ⇒*lat/tengelwerk* **0.2** ***betengeling*** ⇒*het betengelen.*

lath·y ['lɑ:θi‖'læθi] ⟨bn.; -er; →compar. 7⟩ **0.1** ***broodmager*** ⇒*zo dun/mager als een lat.*

lat·i·fun·di·um ['læt̬ɪ'fʌndɪəm] ⟨telb.zn.; latifundia [-dɪə]; →mv. 5⟩ ⟨vnl. mv.⟩ **0.1** ***latifundium*** ⇒*grootgrondbezit.*

Lat·in¹ ['lætɪn‖'lætn] ⟨f3⟩ ⟨zn.⟩
I ⟨eig.n.⟩ **0.1** ***Latijn*** ⇒*de Latijnse taal;*
II ⟨telb.zn.⟩ **0.1** ***Romaan*** ⇒*(een) Romaans(e taal) sprekende* **0.2** ***Latijn*** ⇒*lid v.e. Latijns volk;* ⟨i.h.b.⟩ *Latijns-Amerikaan, Zuid/Midden-Amerikaan* **0.3** ***rooms-katholiek*** **0.4** ⟨gesch.⟩ ***Latijn*** ⇒*bewoner v. Latium;* ⟨i.h.b.⟩ *bevoorrechte Romein.*

Latin² ⟨f3⟩ ⟨bn.⟩ **0.1** ***Latijns*** ⇒*mbt./(als) in het Latijn* **0.2** ***Latijns*** ⇒*Romaans, mbt. een Latijns/Romaans volk, een Latijnse/Romaanse taal sprekend* **0.3** ⟨kerk.⟩ ***Latijns*** **0.4** ⟨gesch.⟩ ***mbt. Latium*** ◆ **1.1** ~ alphabet *Latijns/Romeins alfabet* **1.2** ~ America *Latijns-Amerika, Midden- en Zuid-Amerika;* the ~ peoples/races *de Latijnse/Romaanse volkeren* **1.3** ~ Church *Latijnse/rooms-katholieke kerk;* ~ rite *Latijnse liturgie* **1.¶** ~ cross *Latijns kruis;* ~ Quarter *Quartier Latin* ⟨in Parijs⟩; ⟨wisk.⟩ ~ square *Latijns vierkant.*

'Latin 'American ⟨telb.zn.⟩ **0.1** ***Latijns-Amerikaan*** ⇒*Midden/Zuid-Amerikaan.*

Lat·in-A·mer·i·can ⟨f1⟩ ⟨bn.⟩ **0.1** ***Latijns-Amerikaans*** ⇒*Midden/Zuid-Amerikaans.*

Lat·in·ate ['læt̬ɪneɪt‖'lætn-] ⟨bn.⟩ **0.1** ***doorspekt met latinismen*** ⇒*latijnachtig.*

la·tine ['læt̬ɪni‖'lætn·i] ⟨bw.⟩ **0.1** ***in het Latijn.***

Lat·in·ism ['læt̬ɪnɪzm‖'lætn-] ⟨telb.zn.⟩ **0.1** ***Latinisme.***

Lat·in·ist ['læt̬ɪnɪst‖'lætn-] ⟨telb.zn.⟩ **0.1** ***latinist.***

La·tin·i·ty [lə'tɪnət̬i] ⟨n.-telb.zn.⟩ **0.1** ***latiniteit*** ⇒*Latijnse stijl, Latijnse schrijf/spreektrant* **0.2** ***latiniteit*** ⇒*het gebruik v. Latijn.*

Lat·in·i·za·tion, ⟨BE sp. ook⟩ **-sa·tion** ['læt̬ɪnaɪ'zeɪʃn‖'lætn·ə'zeɪʃn] ⟨telb. en n.-telb.zn.; ook l-⟩ **0.1** ***verlatijnsing*** ⇒*(ver)latinisering* **0.2** ***Latijnse vertaling*** **0.3** ***Latijnse transcriptie*** **0.4** ***doorspekking met latinismen*** **0.5** ***romanisering.***

Lat·in·ize, ⟨BE sp. ook⟩ **-ise** ['læt̬ɪnaɪz‖'lætn-] ⟨ww.; ook l-⟩
I ⟨onov.ww.⟩ **0.1** ***latinismen gebruiken;***
II ⟨ov.ww.⟩ **0.1** ***verlatijnsen*** ⇒*(ver)latiniseren, een Latijnse vorm geven* **0.2** ***in het Latijn vertalen*** **0.3** ***transcriberen in het Latijnse alfabet*** **0.4** ⟨vaak pass.⟩ ***met latinismen doorspekken*** **0.5** ***romaniseren*** ⇒*onder Latijnse/Romeinse invloed brengen* **0.6** ***romaniseren*** ⇒*onder invloed v.d. rooms-katholieke kerk brengen.*

Lat·in·i·zer, ⟨BE sp. ook⟩ **-ser** ['læt̬ɪnaɪzə‖'lætn·aɪzər] ⟨telb.zn.⟩ **0.1** ***latiniseerder.***

La·ti·no [lə'ti:noʊ] ⟨telb.zn.⟩ ⟨AE⟩ **0.1** ***(in de U.S.A. wonende) Latijns-Amerikaan.***

la·tish ['leɪt̬ɪʃ] ⟨bn.; bw.⟩ **0.1** ***aan de late kant*** ⇒*tamelijk laat.*

lat·i·tude ['læt̬ɪtju:d‖'læt̬ɪtu:d] ⟨f2⟩ ⟨zn.⟩
I ⟨telb.zn.⟩ **0.1** ⟨vnl. mv.⟩ ***hemelstreek*** ⇒*luchtstreek, zone, klimaatgordel* **0.2** ⟨foto.⟩ ***belichtingsspeelruimte*** ◆ **2.1** temporate ~s *gematigde luchtstreken;*
II ⟨telb. en n.-telb.zn.⟩ **0.1** ⟨aardr.⟩ ***(geografische) breedte*** ⇒*latitude, poolshoogte* **0.2** ⟨ster.⟩ ***astronomische breedte*** ⇒⟨i.h.b.⟩ *ecliptische breedte* ◆ **1.1** the ~ of the island is 40 degrees north *het eiland ligt op 40 graden noorderbreedte;*
III ⟨n.-telb.zn.⟩ **0.1** ***speelruimte*** ⇒*(geestelijke) vrijheid, vrijheid v. handelen, latitude* **0.2** ***tolerantie*** ⇒*onbekrompenheid, ruimdenkendheid, verdraagzaamheid* ◆ **6.2** much ~ **in** religious belief *grote vrijheid op geloofsgebied.*

lat·i·tu·din·al ['læt̬ɪ'tju:dnəl‖'læt̬ɪ'tu:-] ⟨bn.⟩ ⟨aardr.⟩ **0.1** ***breedte-*** ⇒*mbt. de (geografische) breedte.*

lat·i·tu·di·nar·i·an¹ ['læt̬ɪtju:dɪ'neərɪən‖'læt̬ɪtu:dn'erɪən] ⟨telb.zn.⟩ **0.1** ***vrijzinnige*** ⇒*(religeus) verdraagzaam mens;* ⟨i.h.b.⟩ ⟨gesch.⟩ *latitudinair, aanhanger v.h. latitudinarisme.*

latitudinarian² ⟨bn.⟩ **0.1** ***vrijzinnig*** ⇒*(religieus) tolerant/verdraagzaam;* ⟨i.h.b.⟩ ⟨gesch.⟩ *latitudinair, het latitudinarisme aanhangend.*

lat·i·tu·di·nar·i·an·ism [-ɪzm] ⟨n.-telb.zn.⟩ **0.1** ***vrijzinnigheid*** ⇒*(religieuze) verdraagzaamheid;* ⟨i.h.b.⟩ ⟨gesch.⟩ *latitudinarisme.*

la·trine [lə'tri:n]⟨f1⟩⟨telb.zn.⟩ **0.1** ***latrine*** ⇒*(kamp/kazerne/ziekenhuis)privaat.*

-la·try [lətri], **-ol·a·try** [ɒlətri] **0.1** ***-latrie*** ⇒*-verering, -verheerlijking, -verafgoding* ◆ **¶.1** bibliolatry *bibliolatrie, bijbelverering; bibliofilie;* idolatry *idolatrie, beeldendienst, verafgoding;* Mariolatry *Mariaverering.*

lat·ten ['lætn]⟨zn.⟩
I ⟨telb.zn.⟩ **0.1** ***plaat blik/bladmetaal*** ⇒⟨i.h.b.⟩ *plaat bladtin;*
II ⟨n.-telb.zn.⟩ **0.1** ***latoen*** ⇒*messing, geelkoper.*

lat·ter[1] ['lætə||'læṭər]⟨f3⟩⟨aanw.vnw.; the⟩⟨schr.⟩ **0.1** ***de/het laatstgenoemde*** ⟨v. twee; inf. ook v. meer⟩ ⇒*de/het tweede* ◆ **2.1** soldiers and civilians; the ~, too, were dead *soldaten en burgers; ook deze laatsten waren dood* **4.1** Brahms and Bruckner; the former from the North, the ~ from the South *Brahms en Bruckner; de eerste/eerstgenoemde uit het noorden, de tweede uit het zuiden.*

latter[2] ⟨f3⟩⟨aanw.det.⟩⟨schr.⟩ **0.1** ***laatstgenoemd*** ⟨v.twee; inf. ook v. meer⟩ ⇒*tweede* **0.2** ***laatst*** ◆ **1.1** the ~ part of the year *het tweede halfjaar;* the 1812 Overture and the Serenade for Strings; the ~ work is a masterpiece *de Ouverture 1812 en de Serenade voor Strijkers; het laatstgenoemde werk is een meesterwerk* **1.2** in his ~ years *in zijn laatste jaren* **1.¶** the ~ day *de dag des oordeels, jongste dag;* in these ~ days *thans, aan het einde der tijden;* the ~ end *het (levens)einde;* ⟨i.h.b.⟩ *de dood;* ~ Lammas *sint-juttemis.*

'lat·ter-day ⟨bn., attr.⟩ **0.1** ***hedendaags*** ⇒*recent, modern, eigentijds* ◆ **1.¶** Latter-day Saint(s) *Mormo(o)n(en), heilige(n) der laatste dagen* ⟨door henzelf gebezigde term⟩.

lat·ter·ly ['lætəli||'læṭərli]⟨bw.⟩ **0.1** ***tegen het einde*** ⇒*later, op het laatst* **0.2** ***tegenwoordig*** ⇒*dezer dagen, laatstelijk, vandaag de dag* **0.3** ***recentelijk*** ⇒*sinds kort, de laatste tijd.*

lat·tice ['læṭɪs], ⟨in bet. II ook⟩ **'lat·tice·work, lat·tic·ing** ['læṭɪsɪŋ] ⟨f1⟩⟨zn.⟩
I ⟨telb.zn.⟩ **0.1** ***raster*** ⇒*lat/raam/traliewerk, rooster;* ⟨i.h.b.⟩ *(klim)plantenrek* **0.2** ⟨nat.⟩ ***(kristal)rooster*** ⇒*(atoom/molecuul) rooster* **0.3** ⟨verk.⟩ ⟨lattice window⟩;
II ⟨n.-telb.zn.⟩ **0.1** ***lat/rasterwerk*** ⇒*vakwerk, traliewerk.*

lat·ticed ['læṭɪst]⟨bn.⟩ **0.1** ***getralied*** ⇒*voorzien v. lat/raam/raster/tralie/vakwerk* **0.2** ***rastervormig.***

'lattice frame, 'lattice girder ⟨telb.zn.⟩⟨tech.⟩ **0.1** ***vakwerkligger.***

'lattice 'window ⟨telb.zn.⟩ **0.1** ***glas-in-loodraam.***

Lat·vi·a ['lætvɪə]⟨eig.n.⟩ **0.1** ***Letland.***

Lat·vi·an[1] ['lætvɪən]⟨zn.⟩
I ⟨eig.n.⟩ **0.1** ***Lets*** ⇒*de Let(land)se taal;*
II ⟨telb.zn.⟩ **0.1** ***Let*** ⇒*Letlander, bewoner v. Letland.*

Latvian[2] ⟨bn.⟩ **0.1** ***Lets*** ⇒*Letlands.*

laud[1] [lɔ:d]⟨zn.⟩
I ⟨telb.zn.⟩ **0.1** ***lofzang*** ⇒*hymne, loflied, ode;*
II ⟨n.-telb.zn.⟩ **0.1** ***lof(prijzing)*** ⇒*verheerlijking* ⟨i.h.b. in hymnen⟩;
III ⟨mv.; ~s; L-⟩⟨R.-K.⟩ **0.1** ***lauden*** ⇒*laudes, ochtendlofprijzingen.*

laud[2] ⟨ov.ww.⟩⟨vnl. relig.⟩ **0.1** ***loven*** ⇒*prijzen, de lof zingen v., verheerlijken, eren.*

laud·a·bil·i·ty ['lɔ:də'bɪləṭi]⟨n.-telb.zn.⟩ **0.1** ***lof/prijzenswaardigheid.***

laud·a·ble ['lɔ:dəbl]⟨f1⟩⟨bn.; -ly; -ness; →bijw. 3⟩ **0.1** ***loffelijk*** ⇒*lof/prijzenswaardig* **0.2** ⟨med.⟩ ***heilzaam*** ⇒*gezond, weldadig.*

lau·da·num ['lɔ:dnəm]⟨n.-telb.zn.⟩ **0.1** ***laudanum*** ⇒*opiumtinctuur.*

laud·a·tion [lɔ:'deɪʃn]⟨telb. en n.-telb.zn.⟩ **0.1** ***lof*** ⇒*lofprijzing/tuiting, het loven.*

laud·a·tive ['lɔ:dəṭɪv], **laud·a·to·ry** [-tri||-tɔri]⟨bn.⟩ **0.1** ***lovend*** ⇒*prijzend, lof-.*

laud·a·tor [lɔ:'deɪtə||'lɔdeɪṭər]⟨telb.zn.⟩ **0.1** ***lover*** ⇒*lofprijzer/redenaar.*

laugh[1] [lɑ:f||læf]⟨f3⟩⟨telb.zn.⟩ **0.1** ***lach*** ⇒*gelach* **0.2** ***lach*** ⇒*manier v. lachen, lachje* **0.3** ⟨inf.⟩ ***geintje*** ⇒*lolletje, lachertje* ◆ **1.¶** have the ~ on one's side *de rollen omkeren, de bordjes verhangen* **3.1** raise a ~ *anderen laten lachen* **3.¶** get/have the ~ of/on s.o. *iem. op zijn nummer zetten;* have the last ~ *het laatst lachen;* join in the ~ *meelachen;* ⟨i.h.b.⟩ *plagerij sportief opnemen* **4.3** that's a ~ *dat is idioot/een lachertje* **6.1** they had a good many ~s **over** you *ze hebben wat afgelachen om jou* **6.3 for** ~s *voor de gein/lol.*

laugh[2] ⟨f3⟩⟨ww.⟩ →laughing ⟨→sprw. 264, 378, 379, 420⟩
I ⟨onov.ww.⟩ **0.1** ***lachen*** **0.2** ***in de lach schieten*** ⇒*moeten/beginnen te lachen* **0.3** ⟨schr.⟩ ***lachen*** ⇒*zich lieflijk/bekoorlijk vertonen* ◆ **1.3** ~ing fields *lachende velden* **3.1** ⟨inf.⟩ don't make me ~ *laat me niet lachen;* she made everyone ~ *iedereen moest om haar lachen* **3.¶** ⟨inf.⟩ be ~ing *op rozen zitten* **4.1** ~ to o.s. *inwendig lachen* **6.1** ~ **over** *lachend bespreken* **6.¶** →laugh **at;**
II ⟨ov.ww.⟩ **0.1** ***lachend uiten/zeggen*** **0.2** ***belachelijk maken*** ⇒*bespotten, (weg)honen, weglachen, door spot afbrengen v.* ◆ **5.2** ~ **down** *de mond snoeren door lachen, weglachen/honen;* ~ **off** *met een lach/grapje afdoen, zich lachend afmaken v., weglachen* **5.¶** →laugh **away;** ~ o.s. sick *zich ziek/dood/een ongeluk lachen* **6.2** ~ s.o. **out of** an opinion *iem. door spot v.e. mening afbrengen;* ~ s.o. **out of** a sullen mood *iem. met een lach uit een chagrijnige bui helpen.*

laugh·a·ble ['lɑ:fəbl||'læ-]⟨f1⟩⟨bn.; -ly; -ness; →bijw. 3⟩ **0.1** ***komisch*** ⇒*grappig, leuk, om te lachen* **0.2** ***lachwekkend*** ⇒*belachelijk.*

'laugh at ⟨onov.ww.⟩ **0.1** ***lachen om*** ⇒*plezier hebben om* **0.2** ***lachen naar/tegen*** ⇒*toelachen* **0.3** ***uitlachen*** ⇒*belachelijk maken, bespotten* **0.4** ***lachen om*** ⇒*lak/maling hebben aan, achteloos afdoen/opnemen* ◆ **1.1** ~ a joke *lachen om een mop* **1.4** ~ danger *lachen om gevaar* **4.2** ~ s.o. *tegen iem. lachen* **4.3** ~ s.o. *iem. uitlachen* **¶.3** she's always being laughed at *ze wordt altijd uitgelachen.*

'laugh a'way ⟨f1⟩⟨ov.ww.⟩ **0.1** ***weglachen*** ⇒*met een lach afdoen* **0.2** ***doorbrengen met grapjes*** ◆ **1.1** ~ s.o.'s fear *iemands angst met een lach afdoen;* ~ one's tears *zijn tranen weglachen* **1.2** ~ the time *de tijd doden met grapjes.*

laugh·er ['lɑ:fə||'læfər]⟨telb.zn.⟩ **0.1** ***lacher*** **0.2** ***lachertje*** ⇒*makkie* **0.3** ⟨dierk.⟩ ***lachduif*** ⟨Columba risoria⟩.

laugh·ing[1] ['lɑ:fɪŋ||'læfɪŋ]⟨f2⟩⟨n.-telb.zn.; gerund v. laugh⟩ **0.1** ***gelach*** ⇒*het lachen.*

laughing[2] ⟨f2⟩⟨bn.; teg. deelw. v. laugh; -ly⟩ **0.1** ***lachend*** ⇒*vrolijk, opgewekt* **0.2** ***om te lachen*** **0.3** ⟨sl.⟩ ***geramd*** ⇒*gebeiteld, voor elkaar, gunstig (geplaatst)* ◆ **1.1** ~ faces *lachende gezichten* **1.2** no ~ matter *een serieuze zaak, geen gekheid* **1.¶** ⟨dierk.⟩ ~ hyena *gevlekte hyena* ⟨Crocuta crocuta⟩; ⟨dierk.⟩ ~ jackass *reuzenijsvogel, Kookaburra* ⟨lachvogel; Dacelo gigas⟩; the ~ philosopher *de lachende wijsgeer* ⟨Democritus (v. Abdera)⟩.

'laughing gas ⟨n.-telb.zn.⟩ **0.1** ***lachgas*** ⟨narcosemiddel⟩.

'laughing muscle ⟨telb.zn.⟩ **0.1** ***lachspier.***

'laugh·ing·stock ⟨f1⟩⟨telb.zn.⟩ **0.1** ***risee*** ⇒*spot, voorw. v. bespotting, mikpunt, pispaal* **0.2** ***mikpunt/doelwit (v. spot, e.d.)*** ⟨ook v. zaken⟩.

laugh·ter ['lɑ:ftə||'læftər]⟨f3⟩⟨zn.⟩
I ⟨telb.zn.⟩⟨vero.⟩ **0.1** ***reden om te lachen*** **0.2** ***risee*** ⇒*(mikpunt v.) spot;*
II ⟨n.-telb.zn.⟩ **0.1** ***gelach*** ⇒*het lachen* **0.2** ***plezier*** ⇒*pret, lol* ◆ **2.2** be filled with silent ~ *geweldige binnenpret hebben, inwendig stikken v.h. lachen, zich verkneukelen* **3.1** burst into ~ *in lachen uitbarsten, het uitschateren;* roar with ~ *bulderen v.h. lachen.*

launce [lɑ:ns||læns]⟨telb.zn.⟩⟨dierk.⟩ **0.1** ***zandaal*** ⟨genus Ammodytes⟩.

launch[1] [lɔ:ntʃ]⟨f1⟩⟨zn.⟩
I ⟨telb.zn.⟩ **0.1** ***motorbarkas*** ⇒*motorsloep* **0.2** ***rondvaartboot*** ⇒*plezierboot* **0.3** ***(scheeps)helling;***
II ⟨telb. en n.-telb.zn.⟩ **0.1** ***lancering*** ⇒*het lanceren/afvuren* **0.2** ***tewaterlating*** ⇒*het te-water-laten.*

launch[2] ⟨f3⟩⟨ww.⟩
I ⟨onov.ww.⟩ **0.1** ***(energiek) iets (nieuws) beginnen/aanvatten*** ⇒*v. wal steken, beginnen uit te pakken/weiden, uitpakken/weiden, losbarsten* **0.2** ***zee kiezen*** ◆ **5.1** ⟨inf.⟩ why must a translator ~ **out** as writer as well? *waarom moet een vertaler ook nog zo nodig schrijven?;* ~ **out** into *uitpakken, te keer gaan, zich te buiten gaan (aan)* ⟨verbaal of financieel⟩; ~ **out** into business for o.s. *voor zichzelf beginnen;* ~ **out/forth** on *zich storten in, zich werpen op* **6.1** ~ **into** *zich storten in, vol vuur beginnen aan;*
II ⟨ov.ww.⟩ **0.1** ***lanceren*** ⇒*afvuren, af/wegschieten, (weg)werpen/slingeren/smijten* **0.2** ***lanceren*** ⇒*uiten, uitvaardigen, verbreiden, uitbrengen, de wereld insturen* **0.3** ***uitdelen*** ⇒*toebrengen* **0.4** ***te water laten*** ⇒*v. stapel laten lopen, doen aflopen* **0.5** ***op gang brengen*** ⇒*(doen) beginnen, op touw zetten, inzetten, ontketenen* **0.6** ***aanzetten/brengen/inspireren tot*** ◆ **1.1** ~ a missile *een projectiel afvuren;* ~ a spacecraft *een ruimtevaartuig lanceren* **1.2** ~ a decree *een decreet/beschikking uitvaardigen;* ~ a threat at s.o. *een bedreiging uiten tegen iem.* **1.3** ~ a blow *een klap uitdelen.*

launch·er ['lɔ:ntʃə||'lɔntʃər]⟨telb.zn.⟩ **0.1** ⟨mil.⟩ ***lanceerinrichting*** ⇒*afvuurinrichting* ⟨voor geleide projectielen⟩ **0.2** ⟨ruim.⟩ ***draagraket.***

'launch(ing) pad ⟨f1⟩⟨telb.zn.⟩⟨vnl. ruim.⟩ **0.1** ***lanceerplatform*** ⟨v. raket⟩ ⇒⟨fig.⟩ *springplank.*

'launch(ing) site ⟨telb.zn.⟩⟨ruim.⟩ **0.1** ***lanceerbasis.***

'launching ways ⟨mv.⟩⟨scheep.⟩ **0.1** ***(scheeps)helling.***

laun·der[1] ['lɔ:ndə||'lɔndər]⟨telb.zn.⟩⟨mijnw.⟩ **0.1** ***wastrog*** ⇒*wasgoot, stroomgoot.*

launder[2] ⟨f1⟩⟨ww.⟩
I ⟨onov.ww.⟩ **0.1** ***wasbaar (en strijkbaar) zijn*** ⇒*zich laten wassen (en strijken), te wassen (en strijken) zijn;*

II ⟨onov. en ov.ww.⟩ **0.1** ***wassen (en strijken)*** **0.2** ⟨sl.⟩ ***witmaken*** ⇒*witwassen* ⟨zwart geld⟩.
laun·der·ette, laun·drette [ˈlɔ:nd(ə)ˈret]⟨f1⟩⟨telb.zn.⟩ **0.1** ***wasserette.***
laun·dress [ˈlɔ:ndrɪs]⟨telb.zn.⟩ **0.1** ***wasvrouw.***
Laun·dro·mat [ˈlɔ:ndrəmæt]⟨f1⟩⟨telb.zn.; ook l-⟩⟨AE⟩ **0.1** ***wasserette.***
laun·dry [ˈlɔ:ndri]⟨f2⟩⟨zn.; →mv. 2⟩
I ⟨telb.zn.⟩ **0.1** ***wasserij*** ⇒*wasinrichting* **0.2** ⟨sl.⟩ ***bank die zwart geld wit maakt;***
II ⟨n.-telb.zn.; the⟩ **0.1** ***was*** ⇒*wasgoed.*
ˈlaundry basket ⟨f1⟩⟨telb.zn.⟩⟨BE⟩ **0.1** ***wasmand.***
ˈlaundry list ⟨telb.zn.⟩ **0.1** ***waslijst*** ⟨ook fig.⟩.
laun·dry·man [ˈlɔ:ndrimən]⟨telb.zn.; laundrymen [-mən]; →mv. 3⟩ **0.1** ***wasman*** ⇒*wasbaas.*
lau·re·ate¹ [ˈlɔ:rɪət]⟨telb.zn.⟩ **0.1** ⟨ook L-; the⟩ ***poet laureate*** ⇒*poeta laureatus, hofdichter* ⟨in Engeland⟩ **0.2** ***gelauwerde*** ⇒*bekroonde, laureaat, prijswinnaar.*
laureate² ⟨f1⟩⟨bn.⟩
I ⟨bn.⟩ **0.1** ***gelauwerd*** ⇒*gekroond met lauweren* **0.2** ***lauwer-*** ⇒*uit lauweren bestaand* **0.3** ***uitmuntend*** ⇒*uitblinkend, lauweren waardig;*
II ⟨bn., post.⟩ **0.1** ***laureatus*** ⇒*laureate, hof-* ◆ **1.1** poet ~ *poeta laureatus, gelauwerde dichter;* ⟨ook P- L-⟩ *poet laureate, hofdichter* ⟨in Engeland⟩.
laureate³ [ˈlɔ:rieɪt]⟨ov.ww.⟩ **0.1** ***lauweren*** ⇒*bekronen* **0.2** ***de doctorsgraad verlenen*** ⇒*laten promoveren* ⟨i.h.b. aan Europese universiteit⟩ **0.3** ***tot poet laureate benoemen*** ⟨in Engeland⟩.
lau·re·ate·ship [ˈlɔ:rɪətʃɪp]⟨telb. en n.-telb.zn.⟩ **0.1** ***lauwering*** ⟨i.h.b. als dichter⟩ **0.2** ***hofdichtersambt*** ⇒*poet laureate-schap* ⟨in Engeland⟩.
lau·re·a·tion [ˈlɔ:riˈeɪʃn]⟨telb. en n.-telb.zn.⟩ **0.1** ***lauwering*** ⇒*bekroning.*
lau·rel¹ [ˈlɒrəl‖ˈlɔ-, ˈlɑ-]⟨f2⟩⟨zn.⟩
I ⟨telb.zn.⟩ **0.1** ⟨plantk.⟩ ***zwart peperboompje*** ⟨Daphne laureola⟩ **0.2** ⟨plantk.⟩ ***breedbladige lepelboom*** ⟨Kalmia latifolia⟩ **0.3** ⟨plantk.⟩ ***laurier*** ⟨Laurus nobilis⟩ **0.4** ⟨vaak mv.⟩ ***lauwerkrans/kroon*** ⇒*lauwer, erepalm* **0.5** ⟨verk.⟩ ⟨laurel cherry⟩;
II ⟨mv.; ~s⟩ **0.1** ***lauweren*** ⇒*roem, eer, prestige* ◆ **3.1** gain/reap/win (one's) ~s *lauweren behalen/oogsten/plukken;* look to one's ~s *waken voor prestigeverlies; naar de kroon steken; zijn beste beentje voorzetten;* rest on one's ~ *op zijn lauweren rusten.*
laurel² ⟨ov.ww.; →ww. 7⟩ **0.1** ***lauweren*** ⇒*(met lauweren) (be)kronen.*
ˈlaurel cherry ⟨telb.zn.⟩⟨plantk.⟩ **0.1** ***laurierkers*** ⟨Prunus laurocerasus⟩.
lav [læv]⟨f1⟩⟨telb.zn.⟩⟨verk.⟩ lavatory ⟨inf.⟩ **0.1** ***plee.***
la·va [ˈlɑ:və]⟨f1⟩⟨n.-telb.zn.⟩ **0.1** ***lava.***
la·va·bo [ləˈveɪbou‖ləˈvɑ-]⟨telb.zn.; ook -es; →mv. 2⟩ **0.1** ⟨ook L-⟩ ⟨Anglicaanse kerk, R.-K.⟩ ***lavabo*** ⇒*(gebed bij) rituele handwassing* ⟨Ps. 26:6-12⟩ **0.2** ***lavabo*** ⇒*wasbekken/kom/tafel;* ⟨i.h.b.⟩ *lavacrum, lavatorium* ⟨handwasinrichting in klooster⟩ **0.3** ⟨Anglicaanse kerk, R.-K.⟩ ***lavabohanddoekje.***
lav·age [ˈlævɑ:ʒ‖ləˈvɑʒ]⟨telb.zn.⟩⟨med.⟩ **0.1** ***lavage*** ⇒*orgaanwassing.*
lav·a·lier(e) [ˈlævəˈlɪə‖-ˈlɪr]⟨telb.zn.⟩ **0.1** ***miniatuurmicrofoon*** ⟨om hals of aan kledingstuk gedragen⟩.
la·va·tion [læˈveɪʃn]⟨telb. en n.-telb.zn.⟩ **0.1** ***wassing*** ⇒*reiniging.*
lav·a·to·ry [ˈlævətri‖-tɔri]⟨f2⟩⟨telb.zn.; →mv. 2⟩ **0.1** ***urinoir*** ⇒*pisbak, heren-wc* **0.2** ***toiletpot*** **0.3** ***(openbaar) toilet*** ⇒*closet, wc, lavatory* **0.4** ***wasvertrek*** ⇒*toiletruimte* **0.5** ⟨AE⟩ ***badkamer*** **0.6** ⟨AE⟩ ***wastafel*** **0.7** ⟨vero.⟩ →lavabo 0.1, 0.2.
ˈlavatory paper ⟨n.-telb.zn.⟩ **0.1** ***toiletpapier*** ⇒*wc-papier.*
lave¹ [leɪv]⟨telb.zn.⟩⟨Sch. E⟩ **0.1** ***rest(ant)*** ⇒*overblijfsel.*
lave² ⟨ww.⟩⟨schr.⟩
I ⟨onov.ww.⟩ **0.1** ***(zich) baden*** ⇒*een bad nemen;*
II ⟨ov.ww.⟩ **0.1** ***wassen*** ⇒*(be)spoelen* **0.2** ***baden*** ⇒*een bad geven* **0.3** ***(aan)kabbelen/klotsen tegen*** **0.4** ***voorbij kabbelen*** ⇒*zachtjes stromen/vloeien langs.*
lav·en·der¹ [ˈlævɪndə‖-ər]⟨f2⟩⟨zn.⟩
I ⟨telb.zn.⟩⟨plantk.⟩ **0.1** ***lavendel*** ⟨genus Lavandula; i.h.b. L. officinalis/spica⟩;
II ⟨n.-telb.zn.⟩ **0.1** ***lavendel*** ⇒*gedroogde lavendelbloemen* **0.2** ⟨vaak attr.⟩ ***lavendelblauw*** ◆ **3.¶** lay up in ~ *zorgvuldig bewaren, koesteren;* ⟨sl.⟩ lay s.o. out in ~ *iem. neerslaan/bewusteloos slaan/doodslaan; iem. berispen.*
lavender² ⟨ov.ww.⟩ **0.1** ***met lavendel parfumeren*** ⟨linnengoed⟩.
ˈlavender cotton ⟨telb.zn.⟩⟨plantk.⟩ **0.1** ***heiligenbloem*** ⇒*cipressekruid* ⟨Santolina chamaecyparissus⟩.
ˈlavender water ⟨n.-telb.zn.⟩ **0.1** ***lavendelwater.***
la·ver [ˈleɪvə‖-ər]⟨zn.⟩
I ⟨telb.zn.⟩ **0.1** ⟨bijb.⟩ ***wasvat*** **0.2** ⟨vero.⟩ ***vont;***
II ⟨telb. en n.-telb.zn.⟩⟨plantk.⟩ **0.1** ***(eetbaar) roodwier*** ⟨genus Porphyra⟩ **0.2** ***zeesla*** ⇒*slawier* ⟨genus Ulva; i.h.b. U. lactuca⟩.
ˈlaver bread ⟨n.-telb.zn.⟩⟨cul.⟩ **0.1** ***gebakken roodwier*** ⟨als koek bij het ontbijt, vnl. in Wales⟩.
lav·er·ock [ˈlæv(ə)rək]⟨telb.zn.⟩⟨vero., beh. Sch. E; dierk.⟩ **0.1** ***veldleeuwerik*** ⟨Alauda arvensis⟩.
lav·ish¹ [ˈlævɪʃ]⟨f2⟩⟨bn.; -ly; -ness⟩ **0.1** ***kwistig*** ⇒*gul, vrijgevig, royaal* **0.2** ***verkwistend*** ⇒*spilziek* **0.3** ***overvloedig*** ⇒*excessief, overmatig, buitensporig, overdadig* ◆ **1.2** ~ spender *verkwister* **1.3** ~ praise *overdadige/kwistige lof* **6.1** ~ **in** giving *met gulle hand gevend;* ~ **of** money/praise *kwistig met geld/lof.*
lavish² ⟨f1⟩⟨ov.ww.⟩ **0.1** ***kwistig/met gulle hand geven/schenken*** ⇒*kwistig zijn/strooien met* **0.2** ***verkwisten*** ⇒*verspillen* ◆ **6.1** ~ **on** *overladen/overstelpen/overvloedig bedelen met* **6.2** ~ **(up)on** *verspillen aan.*
lav·ish·ment [ˈlævɪʃmənt]⟨n.-telb.zn.⟩ **0.1** ***verkwisting*** ⇒*verspilling.*
law¹ [lɔ:]⟨f4⟩⟨zn.⟩⟨→sprw. 159, 482, 533, 566, 606⟩
I ⟨telb.zn.⟩ **0.1** ***wet*** ⇒*bindende regel, rechtsregel* **0.2** ***(gedrags)code*** ⇒*(spel)regel, norm, wet;* ⟨i.h.b.⟩ *beroeps/sport/kunstcode* **0.3** ***wet*** ⇒*wetmatigheid, natuurwet* ◆ **1.1** ⟨BE⟩ Law of Service *arbeidsrecht* **1.2** ~ of honour *erecode;* ~s of war *oorlogsgebruiken* **1.3** ~ of averages *wetten v.d. kansrekening/waarschijnlijkheidsrekening;* by the ~ of averages *naar alle waarschijnlijkheid;* ⟨nat.⟩ ~s of motion *bewegingswetten;* ~ of nature *natuurwet;* ~ of parsimony *wet der spaarzaamheid* ⟨gebruik niet meer argumenten dan nodig voor de verklaring v.e. zaak⟩; ⟨ec.⟩ ~ of diminishing returns *wet v.d. afnemende meeropbrengst;* ~ of supply and demand *wet v. vraag en aanbod* **4.¶** it's a ~ unto itself *het heeft/volgt zo zijn eigen wetten;* be a ~ unto o.s. *zijn eigen wetten stellen, op eigen gezag handelen, eigenmachtig optreden;*
II ⟨n.-telb.zn.⟩ **0.1** ⟨vnl. the⟩ ***wet*** ⇒*rechtsstelsel, wetgeving* **0.2** ***recht*** ⇒*gehandhaafde/gerespecteerde wetgeving* **0.3** ***rechten(studie)*** ⇒*rechtsgeleerdheid, wetskennis* **0.4** ***rechtsonderdeel*** ⇒*tak v. recht* **0.5** ⟨vaak the⟩ ***recht*** ⇒*rechtsgang* ⟨i.h.b. in rechtszaal⟩; ⟨bij uitbr.⟩ *justitie, magistratuur, rechterlijke macht* **0.6** ⟨the⟩ ***balie*** ⇒*advocatuur, juridische stand* **0.7** ⟨the⟩⟨inf.⟩ ***agent*** ⇒*politieman* **0.8** ⟨ook L-⟩⟨relig.⟩ ***(goddelijke) wet*** **0.9** ***uitstel*** ⇒*respijt, speling* ◆ **1.1** in the name of the ~ *in naam der wet* **1.2** ~ and order *recht/gezag/rust en orde* **1.4** ⟨jur.⟩ ~ of contract(s) *verbintenissenrecht;* ⟨jur.⟩ ~ of nations *volkenrecht;* ⟨jur.⟩ ~ of war *oorlogsrecht* **1.8** ~ of Moses *Mozaïsche wet, decaloog, tien geboden* **1.¶** take the ~ into one's own hands *het recht in eigen hand nemen, eigen rechter spelen;* ~ of the jungle *recht v.d. sterkste, wet v.d. jungle;* ⟨BE⟩ Law of Master and Servant *arbeidsrecht;* ~ of the Medes and Persians *wet der Meden en Perzen;* the Law and the Prophets *de wet en de profeten, de vaste geijkte orde* **2.3** her ~ is good *ze kent de wet uitstekend* **3.3** follow/go in for the ~ *jurist zijn; rechten studeren;* ⟨vnl. BE⟩ read ~ *rechten studeren;* study ~/⟨BE ook⟩ the ~ *rechten studeren* **3.¶** give the ~ to *de wet stellen/zijn wil opleggen aan;* go to ~ *naar de rechter stappen, gaan procederen;* go to ~ against s.o. *een proces tegen iem. aanspannen;* ⟨inf.⟩ *iem. voor de rechter slepen;* have/take the ~ of/on s.o. *iem. vervolgen, iem. een proces aandoen;* ⟨inf.⟩ *iem. voor de rechter slepen;* lay down the ~ *de wet voorschrijven; snauwen, blaffen* **6.1** **at/in** ~ *volgens de wet;* forbidden **by/under** Dutch ~ *bij de Nederlandse wet verboden;* **within** the ~ *binnen de perken v.d. wet, niet onwettig* **¶.¶** be ~ *volgens de wet zijn;*
III ⟨verz.n.; the⟩⟨inf.⟩ **0.1** ***politie*** ⇒*sterke arm.*
law² ⟨onov.ww.⟩ **0.1** ***een proces aanspannen*** ⇒*naar de rechter stappen.*
law³, lawk [lɔ:k], **lawks** [ˈlɔ:ks]⟨tussenw.⟩⟨BE; volks.; euf.⟩ **0.1** ***sodeju*** ⇒*allemachtig, wat krijgen we nou.*
ˈlaw-a·bid·ing ⟨f1⟩⟨bn.; -ness⟩ **0.1** ***gezagsgetrouw*** ⇒*de wet respecterend, gehoorzaam aan de wet* ◆ **1.1** ~ citizens *ordelievende/oppassende burgers.*
ˈlaw agent ⟨telb.zn.⟩⟨Sch. E⟩ **0.1** ***advocaat*** ⇒*jurist, juridisch adviseur.*
ˈlaw binding ⟨telb.zn.⟩ **0.1** ***lichtbruine kalfs/schapeledere of linnen band*** ⟨v. wetboeken⟩.
ˈlaw·book ⟨telb.zn.⟩ **0.1** ***wetboek*** **0.2** ***juridisch (hand)boek.***
ˈlaw·break·er ⟨telb.zn.⟩ **0.1** ***delinquent*** ⇒*wetschender, (wets)overtreder, crimineel, misdadiger.*
ˈlaw calf ⟨n.-telb.zn.⟩ **0.1** ***lichtbruin kalfsleder*** ⟨als band voor wetboeken⟩.
ˈlaw·court ⟨f1⟩⟨telb.zn.⟩ **0.1** ***rechtscollege*** ⇒*rechtbank, gerechtshof.*
ˈLaw Courts ⟨eig.n.; the⟩ **0.1** ***residentie v.d. hogere gerechtshoven*** ⟨in Londen⟩.
ˈlaw-en·force·ment ⟨n.-telb.zn.; vaak attr.⟩⟨vnl. AE⟩ **0.1** ***ordehandhaving*** ◆ **1.1** ~ official/officer *ordehandhaver.*

'law French ⟨eig.n.⟩ **0.1** ***Anglo-Normandische rechts/wetstaal*** ⟨in het Oudengels recht⟩.

law·ful ['lɔ:fl]⟨f2⟩⟨bn.; -ly; -ness⟩ **0.1** ***wettig*** ⇒*legaal, conform de wet, rechtsgeldig* **0.2** ***rechtmatig*** ⇒*geoorloofd, legitiem* ◆ **1.1** ~ heir *wettige erfgenaam;* ~ wife *wettige echtgenote* **1.2** ~ methods *geoorloofde middelen.*

'law·giv·er, 'law·mak·er ⟨f1⟩⟨telb.zn.⟩ **0.1** ***wetgever.***

'law·hand ⟨n.-telb.zn.⟩ **0.1** ***akten(hand)schrift*** ⟨in oude Eng. documenten⟩.

lawk-a-mus·sy ['lɔ:kə'mʌsi]⟨tussenw.; verbastering van: Lord have mercy⟩⟨BE; volks.; euf.⟩ **0.1** ***godsamme (liefhebbe)*** ⇒*christenezielen.*

'law Latin ⟨eig.n.⟩ **0.1** ***vulgair Latijn in Oudengels recht.***

law·less ['lɔ:ləs]⟨f1⟩⟨bn.; -ly; -ness⟩ **0.1** ***onwettig*** ⇒*in strijd met de wet, onrechtmatig, wederrechtelijk;* ⟨B.⟩ *onwettelijk* **0.2** ***wetteloos*** **0.3** ***tuchteloos*** ⇒*bandeloos, losbandig, onstuimig, wild* **0.4** ***ongebreideld.***

'Law Lord ⟨telb.zn.; ook l- l-⟩⟨BE⟩ **0.1** ***Hogerhuislid met juridische bevoegdheden.***

'law·mak·ing ⟨f1⟩⟨n.-telb.zn.⟩ **0.1** ***wetgeving.***

law·man ['lɔ:mən]⟨f1⟩⟨telb.zn.; lawmen [-mən]; →mv. 3⟩⟨AE⟩ **0.1** ***politieman*** ⇒*agent, sheriff.*

'law merchant ⟨n.-telb.zn.⟩ **0.1** ***handelsrecht.***

lawn [lɔ:n]⟨f3⟩⟨zn.⟩

I ⟨telb.zn.⟩ **0.1** ***gazon*** ⇒*grasveld/perk, speelweide* **0.2** ⟨sport; ook croquet, tennis⟩ ***grasbaan*** **0.3** ***batisten/zijden zeef*** **0.4** ⟨vero.⟩ ***tra*** ⇒*open plek in bos;*

II ⟨n.-telb.zn.⟩ **0.1** ***batist*** ⇒*linon, lawn, kamerdoek, Kamerijks linnen.*

'lawn bowling, lawn bowls ⟨vnl. AE; sport⟩ →bowls.

'lawn mower ⟨f1⟩⟨telb.zn.⟩ **0.1** ***grasmaaier*** ⇒*gras(maai)machine, gazonmaaimachine.*

'lawn party ⟨telb.zn.⟩ **0.1** ***tuinfeest.***

'lawn sand ⟨n.-telb.zn.⟩⟨BE⟩ **0.1** ***gazonzand.***

lawn sieve ['lɔ:n sɪv]⟨telb.zn.⟩ **0.1** ***batisten/zijden zeef.***

'lawn sleeves ⟨mv.⟩ **0.1** ***bisschopsambt.***

'lawn sprinkler ⟨telb.zn.⟩ **0.1** ***gazonsproeier*** ⇒*tuinsproeier, grassproeier.*

lawn tennis ['-'-‖'--]⟨f1⟩⟨n.-telb.zn.⟩⟨sport⟩ **0.1** ***tennis*** ⟨i.h.b. op buitenbaan⟩ ⇒*lawn-tennis.*

lawn·y ['lɔ:ni]⟨bn.⟩ **0.1** ***gazonachtig*** **0.2** ***een gazon bezittend*** ⇒*met een gazon* **0.3** ***batisten*** ⇒*kamerdoeks* **0.4** ***batistachtig.***

'law officer ⟨telb.zn.⟩ **0.1** ***rechtskundig ambtenaar*** **0.2** ⟨BE i.h.b.⟩ ***advocaat/procureur-generaal.***

law·ren·ci·um [lɔ:'rensiəm]⟨n.-telb.zn.⟩⟨schei.⟩ **0.1** ***lawrencium*** ⇒*laurentium* ⟨element 103⟩.

Law·ren·ti·an [lɒ'renʃn‖lɔ-]⟨bn.⟩ **0.1** ***Lawrenciaans*** ⇒*à la/zoals bij (T.E./D.H.) Lawrence.*

'Law School ⟨telb.zn.; the⟩⟨AE⟩ **0.1** ***(de) Faculteit der Rechtsgeleerdheid.***

'Law Society ⟨eig.n.⟩ **0.1** ***beroepsorganisatie v. advokaten*** ⟨in Engeland⟩.

'law stationer ⟨telb.zn.⟩ **0.1** ***kantoorboekhandel voor de advocatuur*** ⟨in Engeland ook voor afschrijving v. akten⟩.

'law student ⟨telb.zn.⟩ **0.1** ***student(e)(in de) rechten.***

'law·suit ⟨f1⟩⟨telb.zn.⟩ **0.1** ***proces*** ⇒*(rechts)geding, (rechts)zaak.*

'law term ⟨telb.zn.⟩ **0.1** ***rechtsterm*** ⇒*juridische term* **0.2** ***zittingsperiode v. rechtbank.***

'law writer ⟨telb.zn.⟩ **0.1** ***juridisch auteur*** **0.2** ***kopiïst v. akten.***

law·yer ['lɔ:jə‖'lɔjər]⟨f3⟩⟨telb.zn.⟩ **0.1** ***advocaat*** ⇒*(juridisch) raadsman/adviseur, pleiter* **0.2** ***jurist*** ⇒*rechtsgeleerde* **0.3** ⟨gew.; dierk.⟩ ***kwabaal*** ⟨Lota lota⟩.

lax[1] [læks]⟨telb.zn.⟩ **0.1** ***(Scandinavische) zalm.***

lax[2] ⟨f1⟩⟨bn.; ook -er; -ly⟩ **0.1** ***laks*** ⇒*nalatig, onachtzaam, nonchalant, slordig* **0.2** ***laks*** ⇒*lui, traag, initiatiefloos, lamlendig* **0.3** ***slap*** ⟨ook fig.⟩ ⇒*los, niet streng, vaag* **0.4** ⟨med.⟩ ***laxa*** ⇒*slap, los* ⟨v. darmen⟩, *loslijvig* **0.5** ⟨taalk.⟩ ***ongespannen*** ⇒*lax* ◆ **1.3** ~ knot *losse knoop;* ~ morals *losse zeden;* ~ muscles *slappe spieren* **6.1** ~ **about** keeping appointments *laks in het nakomen v. afspraken;* ~ **in** morals *los v. zeden.*

lax·a·tive[1] ['læksətɪv]⟨f1⟩⟨telb.zn.⟩⟨med.⟩ **0.1** ***laxeermiddel*** ⇒*laxatief, purgeermiddel.*

laxative[2] ⟨f1⟩⟨bn.⟩⟨med.⟩ **0.1** ***laxerend*** ⇒*purgerend, laxatief, de stoelgang bevorderend.*

lax·i·ty ['læksəti], **lax·ness** [-nəs]⟨f1⟩⟨zn.; →mv. 2⟩

I ⟨telb.zn.⟩ **0.1** ***slordigheid*** ⇒*nonchalante fout;*

II ⟨n.-telb.zn.⟩ **0.1** ***laksheid*** ⇒*nalatigheid, nonchalance* **0.2** ***laksheid*** ⇒*luiheid, lamlendigheid* **0.3** ***slapheid*** ⇒*losheid* **0.4** ⟨med.⟩ ***laxitas*** ⇒*los(lijvig)heid* **0.5** ⟨taalk.⟩ ***ongespannen uitspraak*** ⇒*laxe uitspraak.*

lay[1] [leɪ]⟨zn.⟩

I ⟨telb.zn.⟩ **0.1** ⟨gesch.; schr.⟩ ***lied*** ⇒*vers, ballade, romance* **0.2** ⟨sl.⟩ ***neukster, neuker*** **0.3** ⟨sl.⟩ ***wip*** ⇒*nummertje, punt* **0.4** ***(aan) deel (in natura)*** ⟨bij (wal)visjacht⟩ **0.5** ***leger*** ⇒*schuilplaats* ⟨v. dier⟩ **0.6** ***laag*** ⇒*stratum* **0.7** ***draairichting*** ⟨v. slagen in touw⟩ **0.8** ***dichtheid*** ⟨v. slagen in touw⟩ **0.9** ⟨BE; sl.⟩ ***zaakje*** ⇒*bisnis, bezigheid, baantje* ⟨i.h.b. duister⟩ **0.10** ⟨tech.⟩ ***(weef)lade*** ⇒*slag* ◆ **2.2** be a good ~ *goed in bed zijn, lekker neuken* ⟨eerst vnl. v. vrouw, nu ook v. man⟩;

II ⟨n.-telb.zn.⟩ **0.1** ***ligging*** ⇒*situering, positie* **0.2** ***leg*** ⇒*eierenleggen* ◆ **1.1** ⟨AE⟩ the ~ of the land *de natuurlijke ligging v.h. gebied/stuk grond, het terrein;* ⟨fig. ook⟩ *de stand v. zaken* **3.2** go off the ~ *aan de leg raken* **6.2** **in** ~ *aan de leg* ⟨v. kip⟩.

lay[2] ⟨f2⟩⟨bn., attr.⟩ **0.1** ⟨kerk.⟩ ***leke(n)-*** ⇒*niet-priesterlijk, wereldlijk* **0.2** ***leken-*** ⇒*amateur-, niet-beroeps-* **0.3** ***leken-*** ⇒*amateuristisch, ondeskundig* ◆ **1.1** ~ baptism *nooddoop;* ~ brother *lekebroeder;* ~ clerk ⟨ong.⟩ *voorzanger;* ~ communion *lekencommunie; lekenlidmaatschap;* ~ deacon *lekendiaken* ⟨met wereldlijke nevenbezigheden⟩; ~ preacher *lekepriester;* ~ reader *oefenaar, oefeninghouder;* ~ rector *tiendgaarder;* ~ sister *lekezuster;* ~ vicar ⟨ong.⟩ *voorzanger* **1.2** ~ analyst *amateurpsychiater* **1.3** ~ opinion *lekenmening* **1.¶** ⟨BE⟩ ~ lord *Hogerhuislid zonder juridische bevoegdheden* ⟨i.t.t. law lord⟩.

lay[3] ⟨f4⟩⟨ww.; laid, laid [leɪd]; →ww. 7⟩⟨→sprw. 18, 587⟩

I ⟨onov.ww.⟩ **0.1** ***wedden*** **0.2** ⟨volks. voor lie⟩ ***leggen*** **0.3** ⟨scheep.⟩ ***liggen*** ◆ **1.3** ~ on your oars *op riemen houden* **5.¶** ⟨scheep.⟩ ~ aloft *openteren, in het want klimmen;* ⟨sl.⟩ ~ low *zich gedeisd/sjakies houden;* →lay **by;** →lay **off;** →lay **over;** →lay **to** **6.¶** →lay **about;** ~ **for** *op de loer liggen voor, loeren op* ⟨om wraak te nemen⟩; ⟨inf.⟩ ~ **into** *te lijf gaan, ervan langs geven* ⟨ook fig.⟩;

II ⟨onov. en ov.ww.⟩ **0.1** ***leggen*** ⟨eieren⟩;

III ⟨ov.ww.⟩ **0.1** ***leggen*** ⇒*neerleggen/vleien* **0.2** ⟨ben. voor⟩ ***installeren*** ⇒*leggen; plaatsen; zetten; uitleggen; klaarleggen/zetten; aanleggen; dekken* ⟨tafel⟩ **0.3** ⟨ben. voor⟩ ***in een bep. toestand brengen*** ⇒*leggen; zetten; brengen* **0.4** ***platleggen*** ⇒*neerslaan, doen legeren* ⟨gewassen⟩ **0.5** ***verdrijven*** ⇒*doen bedaren/verdwijnen, tot rust brengen, stillen, doen liggen, bezweren* **0.6** ***beleggen*** ⇒*bekleden, be/overdekken (met), (in lagen) aanbrengen* ⟨i.h.b. verf⟩ **0.7** ***riskeren*** ⇒*op het spel zetten;* ⟨i.h.b.⟩ *(ver)wedden* **0.8** ***naar voren brengen*** ⇒*uiten, in/uitbrengen, voorleggen,* ⟨vero.⟩ *aanwrijven, toeschrijven/wijten aan, verwijten* **0.9** ***beramen*** ⇒*smeden, ontwerpen, opstellen* **0.10** ***opleggen*** **0.11** ***draaien*** ⟨touw⟩ **0.12** ⟨scheep.⟩ ***buiten zicht v. land brengen*** ⟨i.t.t. raise⟩ **0.13** ***vaststellen*** ⟨i.h.b. schadevergoeding⟩ **0.14** ***richten*** ⟨groot vuurwapen⟩ **0.15** ⟨sl.⟩ ***naaien*** ⇒*een beurt geven* **0.16** ⟨sl.⟩ ***waardeloze cheques/vals geld uitgeven*** ◆ **1.1** ~ bricks/a foundation *stenen/een fundering leggen;* ~ carpet *vloerbedekking leggen* **1.2** ~ an ambush *een hinderlaag leggen;* ~ breakfast *het ontbijt klaarzetten;* ~ a fire *een vuur aanleggen;* ~ a scene *een decor plaatsen;* the scene of the story is laid in... *het verhaal speelt zich af in...;* ~ a snare/trap *een strik/val zetten* **1.3** ⟨inf.⟩ ~ in the aisles *plat hebben* ⟨zaal⟩; ~ hounds on a scent *honden op een spoor zetten;* ~ land fallow *land braak laten liggen;* ~ land under water *land laten onderlopen/onder water zetten;* ~ in ruins *in puin leggen* **1.5** ~ s.o.'s doubts *iemands twijfel(s) wegnemen/sussen;* the rain quickly laid the dust *dank zij de regen was het stof zo verdwenen;* ~ a ghost/spirit *een geest bezweren* **1.7** ~ a wager *een weddenschap aangaan/afsluiten* **1.10** ~ a penalty *een boete/straf opleggen* **5.1** the dog laid **back** its ears *de hond legde zijn oren in de nek* **5.3** ~ bare *blootleggen;* ⟨fig.⟩ *aan het licht brengen;* ~ bare one's heart *zijn ziel blootleggen;* ~ flat *neerslaan, tegen de grond slaan, platleggen;* laid flat by rain *platgeregend;* ~ low *tegen de grond werken; (vernietigend) verslaan;* ⟨fig.⟩ *vellen* ⟨bv. v. ziekte⟩; ~ waste *verwoesten* **5.¶** →lay **aside;** →lay **away;** →lay **by;** →lay **down;** ~ **in** *inslaan, in voorraad nemen; opslaan;* →lay **off;** →lay **on;** →lay **open;** →lay **out;** →lay **to;** →lay **up** **6.6** ~ a floor **with** carpet/straw *een vloer bedekken met tapijt/stro* **6.13** ~ (a claim) **at** *(een vordering) vaststellen op* **6.¶** ~ **off** *afblijven van, loslaten, met rust laten;* ~ **off** me *houd je handen thuis;* ~ **(up)on** *opleggen* ⟨belasting, boete⟩; *belasten met* ⟨verantwoordelijkheid e.d.⟩; ~ a penalty **(up)on** s.o. *iem. een boete/straf opleggen;* →lay **to** **¶.¶** ⟨AE; sl.⟩ laid, relaid and parlayed *totaal bevredigd* ⟨seksueel⟩; *volkomen belazerd, besodemieterd.*

lay[4] ⟨verl. t.⟩ →lie.

'lay·a·bout ⟨f1⟩⟨telb.zn.⟩⟨BE; inf.⟩ **0.1** ***leegloper*** ⇒*nietsnut, werkschuwe, schooier, vagebond.*

'lay a'bout ⟨f1⟩⟨onov.ww.⟩ **0.1** ***wild slaan*** ⇒*(in het wilde weg) maaien, te lijf gaan, ervan langs geven* ⟨ook fig.⟩ **0.2** ***aan de slag gaan*** ⇒*aanpakken* ◆ **1.1** I'll ~ them *ik zal ze krijgen/mores leren* **4.1** ~ one *om zich heen maaien.*

'lay a'side ⟨f1⟩⟨ov.ww.⟩ **0.1** ***wegleggen*** ⇒*ter zijde leggen, neerleg-*

gen **0.2** ***opzij leggen*** ⇒*sparen, wegleggen* **0.3** ***laten varen*** ⇒*opgeven, afzweren, uit zijn hoofd/v. zich af zetten* ◆ **1.2** ~ some cash/lay some cash aside for later *wat contanten opzij leggen voor later* **1.3** ~ hope/certain habits *de hoop/bep. gewoonten opgeven.*

'lay a'way ⟨ov.ww.⟩ **0.1** ***opzij leggen*** ⇒*sparen, wegleggen, bewaren (voor later)* **0.2** ***wegleggen*** ⇒*reserveren* ⟨artikel in winkel⟩ **0.3** ⟨AE; inf.⟩ ***onder de grond stoppen*** ⇒*begraven.*

'layback spin ⟨telb.zn.⟩ ⟨schaatssport⟩ **0.1** ***hemelpirouette.***

'lay 'by ⟨f1⟩ ⟨ww.⟩

I ⟨onov.ww.⟩ ⟨scheep.⟩ **0.1** ***bijleggen*** ⇒*bij de wind gaan liggen;*

II ⟨ov.ww.⟩ **0.1** ***wegleggen*** ⇒*opzij leggen, sparen, bewaren* ⟨voor later⟩.

'lay-by ⟨f1⟩ ⟨telb.zn.⟩ **0.1** ⟨BE⟩ ***parkeerplaats*** ⇒*parkeerhaven* ⟨langs autoweg⟩ **0.2** ⟨BE; scheep.⟩ ***uitwijkhaven*** **0.3** ⟨BE⟩ ***uitwijkspoor*** ⟨voor treinen⟩ **0.4** ⟨Austr. E⟩ ***koop met weglegging*** ⟨waarbij het gekochte in de winkel blijft tot de volle koopsom is betaald⟩.

'lay day ⟨telb.zn.⟩ ⟨hand.⟩ **0.1** ***los/laaddag*** **0.2** ***(gratis/vrije) ligdag.***

'lay 'down ⟨f2⟩ ⟨ov.ww.⟩ **0.1** ***neerleggen*** **0.2** ***neertellen*** ⇒*neerleggen, betalen* **0.3** ***aangeven*** ⇒*aanduiden, voorschrijven, uitstippelen, bepalen* **0.4** ***opslaan*** ⇒*lageren, laten rijpen* ⟨wijn⟩ **0.5** ***beginnen te bouwen/aan te leggen*** ⇒⟨scheep.⟩ *op stapel zetten* **0.6** ***opgeven*** ⇒*laten varen; neerleggen* ⟨ambt⟩ **0.7** ***in kaart brengen*** ⇒*op papier zetten* **0.8** ***vastberaden verklaren/verkondigen*** **0.9** ***aangaan*** ⇒*sluiten* ⟨weddenschap⟩; *wedden* ◆ **1.1** lay a person/thing down *iem./iets neerleggen;* ~ one's tools *staken* **1.3** ~ a procedure *een procedure uitstippelen* **1.6** ~ hopes *de hoop opgeven* **1.9** ~ a bet *een weddenschap sluiten* **4.1** lay o.s. down *gaan liggen* **6.¶** ~ (land) **in/to/under/with** grass *(land) tot grasland maken* **¶.3** it was laid down that... *er werd bepaald dat...* **¶.9** how much will you ~? *om hoeveel zullen we wedden?.*

lay·er[1] ['leɪə‖-ər] ⟨f2⟩ ⟨telb.zn.⟩ **0.1** ***laag*** **0.2** ***legger*** ⟨i.h.b. kip⟩ ⇒*leghen* **0.3** ⟨vaak als 2e lid v. samenst.⟩ ***legger*** ⇒*iem. die (materiaal) legt* **0.4** ⟨plantk.⟩ ***aflegger*** ⇒*afgelegde loot* **0.5** ***wedder*** ⟨in gokwereld, op iets/iem.⟩ **0.6** ***bookmaker*** **0.7** ⟨mil.⟩ ***(geschut) richter*** ◆ **1.1** ~ of sand *laag zand* **1.5** ~s and backers *wedders pro en contra.*

layer[2] ⟨f2⟩ ⟨ww.⟩ →layering

I ⟨onov.ww.⟩ **0.1** ***zich in lagen splitsen*** **0.2** ***(gaan) legeren*** ⇒*plat (gaan) liggen* ⟨v. gewassen⟩ **0.3** ⟨plantk.⟩ ***wortel schieten na aflegging*** ◆ **¶.1** ~ed *gelaagd;*

II ⟨ov.ww.⟩ **0.1** ⟨plantk.⟩ ***afleggen*** ⇒*kweken door aflegging* **0.2** ***in lagen splitsen*** ⇒*gelaagd maken* **0.3** ***gelaagd/in lagen aanbrengen.***

'layer cake ⟨telb.zn.⟩ ⟨cul.⟩ **0.1** ***lagentaart*** ⇒*gelaagd gebak.*

lay·er·ing ['leɪərɪŋ], **lay·er·age** [-ɪdʒ] ⟨n.-telb.zn.; eerste variant gerund v. layer⟩ **0.1** ⟨plantk.⟩ ***aflegging*** **0.2** ⟨mode⟩ ***laagjesmode*** ⇒*het dragen van laagjes over elkaar.*

'lay·er-'out ⟨telb.zn.; layers-out; →mv. 6⟩ **0.1** ***aflegger*** ⟨v. lijken⟩ **0.2** ⟨AE; tech.⟩ ***materiaalaftekenaar.***

'layer stool ⟨telb.zn.⟩ ⟨plantk.⟩ **0.1** ***aflegwortel.***

'lay·er-'up ⟨telb.zn.; layers-up; →mv. 6⟩ ⟨AE; tech.⟩ **0.1** ***materiaalrangschikker.***

lay·ette [leɪ'et] ⟨telb.zn.⟩ **0.1** ***babyuitzet*** ⇒*luiermand.*

'lay 'figure ⟨telb.zn.⟩ **0.1** ***ledenpop*** ⇒*mannequin* **0.2** ***marionet*** ⇒*ledenpop, willoze, nul* **0.3** ***gekunsteld personage*** ⟨in roman, e.d.⟩.

lay·man ['leɪmən], **'lay·per·son, 'lay·wom·an** ⟨f2⟩ ⟨telb.zn.; laymen [-mən]; →mv. 3⟩ **0.1** ⟨kerk.⟩ ***leek*** ⇒*niet-geestelijke* **0.2** ***leek*** ⇒*amateur, niet-deskundige* ⟨i.h.b. mbt. recht of medicijnen⟩.

'lay·off ⟨f1⟩ ⟨telb.zn.⟩ **0.1** ***(tijdelijk) ontslag*** ⇒*non-actief, afvloeiing* **0.2** ***(periode v.) tijdelijke werkloosheid*** ⇒*non-actief* **0.3** ***(tijdelijke) rustperiode*** **0.4** ⟨sl.⟩ ***werkloze acteur*** **0.5** ⟨sl.⟩ ***weddenschap*** ⟨door bookmaker⟩.

'lay 'off ⟨f1⟩ ⟨ww.⟩

I ⟨onov.ww.⟩ **0.1** ⟨inf.⟩ ***laten*** ⇒*ophouden/kappen/nokken (met)* **0.2** ⟨inf.⟩ ***het bijltje erbij neergooien*** ⇒⟨i.h.b.⟩ *thuis blijven* ⟨niet werken⟩ **0.3** ***gecorrigeerd richten/aanleggen*** ⟨met vuurwapen, i.v.m. wind, e.d.⟩ ◆ **¶.1** ~, will you? *laat dat, ja?* **¶.2** I'll ~ for a few days *ik blijf een paar dagen thuis;*

II ⟨ov.ww.⟩ **0.1** ***(tijdelijk) ontslaan*** ⇒*naar huis sturen, op non-actief stellen, laten afvloeien* **0.2** ⟨voetbal⟩ ***afgeven*** ⟨bal, naar teamgenoot⟩ ⇒*afspelen* **0.3** ⟨gokken⟩ ***zich indekken tegen*** ⇒*afwentelen* ⟨i.h.b. mbt. bookmakers die risico's naar collega's doorschuiven⟩ ◆ **1.1** ~ workers/lay workers off, lay people off work *arbeiders (tijdelijk) ontslaan.*

'lay 'on ⟨f1⟩ ⟨ov.ww.⟩ **0.1** ***opleggen*** ⟨belasting, boete⟩ **0.2** ***aanbrengen*** ⟨laag verf, e.d.⟩ **0.3** ***toebrengen*** ⇒*uitdelen* ⟨klappen⟩ **0.4** ***(met kracht) hanteren*** **0.5** ***aanleggen*** ⇒*installeren* **0.6** ***zorgen voor*** ⇒*regelen, organiseren, op touw zetten, in elkaar draaien/zetten* **0.7** ⟨inf.⟩ ***strooien met*** ⇒*uitpakken* ◆ **1.4** ~ the lash *de zweep erover leggen* **1.5** ~ electricity *elektriciteit aanleggen* **1.6** ~ a car *een auto regelen* **4.3** lay one on s.o. *iem. een dreun verkopen* **4.¶** lay it on (thick) *(sterk/flink) overdrijven, het er dik opleggen, er nog een schepje bovenop doen;* ⟨inf.⟩ *slijmen, flikflooien;* lay it on *aanpakken, er flink v. langs geven; hoge prijzen berekenen.*

'lay 'open ⟨ov.ww.⟩ **0.1** ***openhalen*** ⟨huid⟩ **0.2** ***blootleggen*** ⇒*aan het licht brengen, openbaren, tonen, laten zien* **0.3** ***verklaren*** ⇒*ophelderen* ◆ **4.¶** lay o.s. open to *zich blootgeven, zich kwetsbaar opstellen, zich blootstellen aan* ⟨kritiek e.d.⟩.

'lay·out ⟨f2⟩ ⟨telb.zn.⟩ **0.1** ***uitspreiding*** ⇒*tentoonspreiding, etalering* **0.2** ***indeling*** ⇒*ontwerp, opzet, schets, bouwplan* **0.3** ⟨druk.⟩ ***opmaak*** ⇒*lay-out* **0.4** ⟨druk.⟩ ***ontwerp*** ⇒*model, dummy* **0.5** ⟨inf.⟩ ***kapitale vestiging*** ⇒*kanjer v.e. filiaal* **0.6** ***uitrusting*** ⇒*set gereedschap, spullen.*

'lay 'out ⟨f1⟩ ⟨ov.ww.⟩ **0.1** ***spenderen*** ⇒*uitgeven, besteden* **0.2** ⟨inf.⟩ ***neerslaan*** ⇒*buiten westen/tegen de vlakte slaan, buiten gevecht stellen,* ⟨i.h.b. sport⟩ *uitschakelen, neerleggen* **0.3** ***rangschikken*** ⇒*indelen, inrichten, vormgeven;* ⟨i.h.b. druk.⟩ *opmaken, de layout/opmaak verzorgen van* **0.4** ***uitspreiden*** ⇒*ten toon spreiden, etaleren;* ⟨i.h.b.⟩ *klaarleggen* ⟨kleding⟩ **0.5** ***afleggen*** ⇒*opbaren* ⟨lijk⟩ **0.6** ⟨sl.⟩ ***afmaken*** ⇒*v. kant maken, uit de weg ruimen* ◆ **1.3** neatly laid-out flower beds *netjes aangelegde bloembedden* **4.¶** lay o.s. out to do sth. *zich moeite getroosten/inspannen om iets te doen.*

'lay·o·ver ⟨telb.zn.⟩ ⟨AE⟩ **0.1** ***(korte) reisonderbreking*** ⇒*stop.*

'lay 'over ⟨onov.ww.⟩ ⟨AE⟩ **0.1** ***pleisteren*** ⇒*aanleggen, zijn reis onderbreken* **0.2** ***uitstellen.***

'lay·shaft ⟨telb.zn.⟩ ⟨tech.⟩ **0.1** ***tussenas*** ⇒*hulpas, secundaire as.*

'lay·stall ⟨telb.zn.⟩ ⟨BE⟩ **0.1** ***vuilnisbelt/hoop.***

'lay 'to ⟨ww.⟩

I ⟨onov.ww.⟩ **0.1** ⟨scheep.⟩ ***bijleggen*** ⇒*bij de wind gaan liggen* **0.2** ***aanpakken*** ⇒*zich inspannen;*

II ⟨ov.ww.⟩ **0.1** ⟨scheep.⟩ ***doen bijleggen*** ⇒*bij de wind leggen* **0.2** ***wijten aan*** ⇒*toeschrijven aan, leggen bij* ⟨verantwoordelijkheid, e.d.⟩.

'lay 'up ⟨f1⟩ ⟨ov.ww.⟩ **0.1** ***opslaan*** ⇒*een voorraad aanleggen v., inslaan, oppotten, hamsteren* **0.2** ***v. de weg halen*** ⇒*aan de kant zetten* ⟨auto⟩ **0.3** ⟨scheep.⟩ ***opleggen*** ⇒*uit de vaart nemen* **0.4** ***uit de roulatie halen*** ⇒*het bed doen houden* **0.5** ***draaien*** ⟨touw⟩ ◆ **6.4** he was laid up **with** the flu *hij moest in bed blijven met griep* **6.¶** ~ trouble **for** o.s. *zich moeilijkheden op de hals halen.*

'lay-up ⟨telb.zn.⟩ ⟨basketbal⟩ **0.1** ***lay-up(schot).***

la·zar ['læzə‖-ər] ⟨telb.zn.⟩ ⟨vero.⟩ **0.1** ***pauper*** ⇒⟨i.h.b.⟩ *melaatse, leproos.*

laz·a·ret·to ['læzə'retou], **laz·a·ret(te)** ['læzə'ret] ⟨telb.zn.⟩ **0.1** ***armenziekenhuis*** ⇒⟨i.h.b.⟩ *leprozen/pesthuis, lazaret* **0.2** ***quarantaineplaats/station*** ⇒*quarantaine-inrichting* ⟨gebouw, schip, e.d.⟩; ⟨i.h.b.⟩ *ziekenhuis voor besmettelijke ziekten* **0.3** ⟨scheep.⟩ ***(tussendekse) provisieruimte.***

'lazar house ⟨telb.zn.⟩ ⟨vero.⟩ **0.1** ***armenziekenhuis*** ⇒⟨i.h.b.⟩ *leprozen/pesthuis, lazaret.*

laze[1] [leɪz] ⟨telb.zn.⟩ ⟨inf.⟩ **0.1** ***korte (rust)pauze.***

laze[2], **lazy** ['leɪzi] ⟨f1⟩ ⟨ww.; →ww. 7⟩ ⟨inf.⟩

I ⟨onov.ww.⟩ **0.1** ***luieren*** ⇒*niksen, klooien, lummelen; aanklooien* ◆ **5.1** ~ **about/around** *rondklooien/lummelen;*

II ⟨ov.ww.⟩ **0.1** ***verluieren*** ⇒*verlummelen, lui(erend) doorbrengen* ◆ **5.1** ~ **away** the whole day *de hele dag verlummelen.*

laz·u·li ['læzjuli‖'læzəli] ⟨telb. en n.-telb.zn.⟩ ⟨verk.⟩ lapis lazuli ⟨geol.⟩ **0.1** ***lazuursteen*** ⇒*lapis lazuli* ⟨gesteente⟩.

laz·u·lite ['læzjulaɪt‖'læzə-] ⟨n.-telb.zn.⟩ ⟨geol.⟩ **0.1** ***lazuliet*** ⟨mineraal⟩.

laz·u·rite ['læzjuraɪt‖'læzəraɪt] ⟨n.-telb.zn.⟩ ⟨geol.⟩ **0.1** ***lazuriet*** ⟨mineraal⟩.

la·zy[1] ['leɪzi] ⟨f3⟩ ⟨bn.; -er; -ly; -ness; →bijw. 3⟩ ⟨→sprw. 742⟩ **0.1** ***lui*** ⇒*vadsig, indolent* **0.2** ***traag*** **0.3** ***loom*** ⇒*drukkend* ◆ **1.2** ~ river *traag stromende rivier* **1.3** ~ day *lome/drukkende dag* **1.¶** ~ eye *lui oog;* ~ Susan *(voedsel)draairek* ⟨i.h.b. voor op tafel⟩; ~ tongs *vangtang, grijpijzer* ⟨om voorwerpen op afstand te pakken⟩.

lazy[2] →laze.

'la·zy·bed ⟨telb.zn.⟩ ⟨vnl BE⟩ **0.1** ***onvruchtbaar akkertje*** **0.2** ***(met afval bedekt) aardappelbedje.***

'la·zy·bones ⟨f1⟩ ⟨telb.zn.; lazybones; →mv. 4⟩ **0.1** ***luiwammes.***

lb ⟨afk.⟩ **0.1** ⟨leg-bye(s)⟩ **0.2** ⟨libra⟩ ***lb.*** ⇒*Engels pond* ⟨gewicht; →t1⟩.

LBJ ⟨afk.⟩ Lyndon Baines Johnson ⟨36e president v.d. U.S.A.; vooral gebezigd door zijn tegenstanders⟩.

lbw ⟨afk.⟩ leg before wicket ⟨cricket⟩.

lc ⟨afk.⟩ letter of credit, loco citato, lower case.

L/C ⟨afk.⟩ letter of credit.

LC ⟨afk.⟩ landing craft, Library of Congress, Lord Chamberlain, Lord Chancellor.

LCC ⟨afk.⟩ London County Council.

LCD ⟨telb.zn.⟩⟨afk.⟩ **0.1** ⟨lowest common denominator⟩ ⟨wisk.⟩ ***k.g.d.*** **0.2** ⟨liquid crystal display⟩ ⟨tech.⟩ ***LCD(-scherm)***.
LCJ ⟨afk.⟩ Lord Chief Justice.
lcm, LCM ⟨telb.zn.⟩⟨afk.⟩ least/lowest common multiple ⟨wisk.⟩ **0.1** ***k.g.v.***.
L/Cpl ⟨afk.⟩ Lance Corporal.
LCT ⟨afk.⟩ local civil time.
ld ⟨afk.⟩ lead, load.
Ld ⟨afk.⟩ limited, Lord.
Ldg ⟨afk.⟩ leading.
L-Do·pa ['el'doʊpə], ⟨vnl. BE ook⟩ **le·vo·do·pa** ['li:voʊ-]⟨n.-telb.zn.⟩⟨verk.⟩ levorotary dopa ⟨med.⟩ **0.1** ***L-dopa*** ⇒*Levo-Dopa* ⟨geneesmiddel voor ziekte v. Parkinson⟩.
'L-driver ⟨f1⟩⟨telb.zn.⟩⟨verk.⟩ learner-driver ⟨BE⟩ **0.1** ***leerling-automobilist*** ⟨nog zonder rijbewijs⟩.
LDS ⟨afk.⟩ Licentiate in Dental Surgery.
lea[1], **ley** [li:]⟨telb.zn.⟩ **0.1** ⟨schr.⟩ ***veld*** ⇒*weide* **0.2** ***lea, ley*** ⟨(garen) lengtemaat⟩.
lea[2] ⟨afk.⟩ league.
LEA ⟨afk.⟩ Local Education Authority.
leach[1] [li:tʃ]⟨telb.zn.⟩ **0.1** ***(uit)loging*** **0.2** ***loogvat/kuip*** **0.3** ***loogmengsel*** ⟨waardoorheen het water wordt geleid⟩ **0.4** ***loog*** ⇒*geloogde oplossing*.
leach[2] ⟨ww.⟩
I ⟨onov.ww.⟩ **0.1** ***uitgeloogd worden*** ⇒*verdwijnen door/oplossen bij (uit)loging* **0.2** ***uitloogbaar zijn*** ⇒*voor uitloging vatbaar zijn, oplossen/verliezen bij (uit)loging* ◆ **1.2** this material ~es easily *dit materiaal is gemakkelijk uit te logen* **5.1** the soluble constituents ~ **away** *de oplosbare bestanddelen verdwijnen bij uitloging;*
II ⟨ov.ww.⟩ **0.1** ***(uit)logen*** ⇒*aan uitloging onderwerpen, uittrekken met water* **0.2** ***door een stof laten sijpelen*** ⟨vloeistof⟩ ◆ **5.1** ~ salt **away/out** *zout uitlogen*.
'Leach's 'petrel ⟨telb.zn.⟩⟨dierk.⟩ **0.1** ***vaal stormvogeltje*** ⟨Oceanodroma leucorrha⟩.
lead[1] [led], ⟨in bet. I 0.2 en II 0.2 ook⟩ **'black 'lead** ⟨f2⟩⟨zn.⟩
I ⟨telb.zn.⟩ **0.1** ⟨scheep.⟩ ***(diep)lood*** ⇒*peillood, paslood* **0.2** ***(potlood)stift*** **0.3** ⟨druk.⟩ ***interlinie*** ◆ **3.1** cast/heave the ~ *loden* **3.¶** ⟨inf.⟩ swing the ~ *zich drukken, de kantjes eraf lopen, lijntrekken;*
II ⟨n.-telb.zn.⟩ **0.1** ⟨schei.⟩ ***lood*** ⟨element 82⟩ **0.2** ***grafiet*** ⇒*potlood, kachelpotlood* **0.3** ***lood*** ⇒*kogels, munitie* ◆ **3.1** ⟨sl.; fig.⟩ get the ~ out *opschieten, in actie komen;* have ~ in one's pants *traag zijn;* have ~ in one's pencil *een stijve (pik) hebben, geil zijn; vol energie zijn;*
III ⟨mv.; ~s⟩ **0.1** ⟨BE⟩ ***daklood*** ⇒*bladlood voor daken* **0.2** ⟨BE⟩ ***met lood bedekt (plat) dak*** ⇒*plat(je)* **0.3** ***lood*** ⟨v. glas-in-lood⟩.
lead[2] [li:d]⟨f3⟩⟨zn.⟩
I ⟨telb.zn.⟩ **0.1** ***hint*** ⇒*aanwijzing, suggestie, wenk* **0.2** ***aanknopingspunt*** ⇒*aanwijzing, houvast* **0.3** ***leidraad*** ⇒*richtsnoer, (leerzaam/lichtend) voorbeeld* **0.4** ***voorsprong*** **0.5** ⟨kaartspel⟩ ***uitkomst*** ⇒*het uitkomen/starten* **0.6** ⟨kaartspel⟩ ***uitkomst*** ⇒*uitkomstkaart/kleur, start* **0.7** ⟨film., dram.⟩ ***hoofdrol*** **0.8** ⟨film., dram.⟩ ***hoofdrolspeler*** **0.9** ⟨journalistiek⟩ ***zak*** ⇒*openingsregel/alinea* **0.10** ⟨ook attr.⟩⟨journalistiek⟩ ***hoofdartikel*** ⇒*openingsartikel* **0.11** ⟨journalistiek⟩ ***korte samenvatting v.h. voorafgaande*** ⟨bij feuilleton⟩ **0.12** ***kanaal*** ⇒⟨i.h.b.⟩ *molenvliet* **0.13** ⟨elek.⟩ ***voedingsdraad/leiding/lijn*** **0.14** ⟨tech.⟩ ***spoed*** ⟨v. schroefdraad⟩ **0.15** ***vaargeul*** ⟨in ijsveld⟩ **0.16** ⟨vnl. BE⟩ ***(honde)lijn/riem*** ◆ **1.10** ~ story *hoofd/openingsartikel* **3.2** give s.o. a ~ *iem. in de goede richting/op weg helpen* **3.3** follow s.o.'s ~ *iemands voorbeeld volgen, in iemands voetsporen treden;* give s.o. a ~ *iem. het (goede) voorbeeld geven;* take the ~ *het (goede) voorbeeld geven* **3.5** return the ~ *de uitkomstkleur terugspelen* **4.5** whose ~ is it? *wie moet er uitkomen?* **6.4** a ~ **of** ... **over** *een voorsprong van ... op* **6.16** keep one's dog **on** the ~ *zijn hond aan de lijn houden;*
II ⟨n.-telb.zn.⟩ **0.1** ***leiding*** ⇒*het leiden* **0.2** ⟨the⟩ ⟨i.h.b. sport⟩ ***leiding*** ⇒*koppositie, eerste plaats, lijstaanvoerderschap* **0.3** ***leiderscapaciteiten*** **0.4** ⟨kaartspel⟩ ***voorhand*** ⇒*beurt/recht om uit te komen* **0.5** ⟨honkbal⟩ ***afstandswinst*** ⟨de meter die een honkloper v. zijn honk afstaat⟩ **0.6** ⟨scheep.⟩ ***looprichting*** ⟨v. lijn⟩ **0.7** ⟨mijnw.⟩ ***(erts)gang*** ⇒*(erts)ader;* ⟨i.h.b.⟩ *goudader (in oude rivierbedding)* ◆ **3.1** take the ~ *de leiding nemen; het initiatief/voortouw nemen* **3.2** have/gain the ~ *de leiding hebben/nemen, aan kop gaan/komen;* lose the ~ *van (de) kop verdrongen worden, de leiding af moeten staan;* take (over) the ~ *de leiding/kop (over)nemen* **6.2** be **in** the ~ *aan de leiding/op kop gaan*.
lead[3] [led]⟨bn.⟩ **0.1** ***loden*** ⇒*v. lood, lood bevattend* ◆ **1.¶** ⟨sl.⟩ ~ balloon *flop, misser;* like a ~ balloon *zonder enig effect/succes*.
lead[4] [led]⟨ww.⟩ →leading
I ⟨onov.ww.⟩ **0.1** ***met lood bedekt/gevuld/verzwaard worden;***
II ⟨ov.ww.; vnl. pass.⟩ **0.1** ***(ver)loden*** ⇒*in lood zetten, met lood bevestigen/steunen* **0.2** ***verloden*** ⇒*met lood bedekken* **0.3** ***met lood afzetten/behandelen/verzwaren/vullen*** **0.4** ***lood toevoegen aan*** ⟨benzine, e.d.⟩ **0.5** ⟨druk.⟩ ***interliniëren*** ◆ **1.1** ~ed windows *glas in lood, glas-in-loodramen* **1.4** ~ed petrol *loodhoudende benzine*.
lead[5] [li:d]⟨f4⟩⟨ww.; led, led [led]⟩ →leading ⟨→sprw. 19, 318, 764⟩
I ⟨onov.ww.⟩ **0.1** ⟨dansk.⟩ ***leiden*** **0.2** ***zich laten leiden*** ◆ **5.2** ~ easily *volgzaam zijn* **5.¶** ~ **up** to *(uiteindelijk) resulteren in; een inleiding/voorbereiding/stap zijn tot, een schakel zijn in;* ~ **with** *beginnen met;* ⟨i.h.b. journalistiek⟩ *openen met;*
II ⟨onov. en ov.ww.⟩ **0.1** ***voorgaan*** ⇒*de weg wijzen, (bege)leiden, escorteren, gidsen* **0.2** ***leiden*** ⇒*aan de leiding gaan, aanvoeren, eerste zijn, op kop/voor(op) liggen;* ⟨sport⟩ *bovenaan staan, voorstaan, een voorsprong hebben op;* ⟨fig.⟩ *de toon aangeven* **0.3** ***voeren*** ⇒*leiden, een route/weg bieden/opleveren;* ⟨fig.⟩ *resulteren in, ten gevolge hebben* **0.4** ***leiden*** ⇒*aanvoeren, de leiding hebben (over/van), het bevel voeren (over);* ⟨i.h.b.⟩ *commanderen, dirigeren;* ⟨BE; jur.⟩ *optreden als hoofdverdediger* **0.5** ⟨kaartspel⟩ ***uitkomen (met)*** ⇒*starten (met), voorspelen* ◆ **1.2** ~ the fashion *de toon aangeven op modegebied;* Liverpool ~s with sixty points *Liverpool staat bovenaan met zestig punten;* ~ the world in coffee production *'s werelds grootste koffieproducent zijn* **1.3** the path led (me) to a castle/(in)to a wood *het pad voerde (me) naar een kasteel/bos/een bos in* **1.4** ~ an army *een leger aanvoeren;* ~ an orchestra *een orkest leiden/dirigeren;* ~ a party *een partij leiden; optreden als partijleider/woordvoerder v.e. partij* **1.5** ~ clubs/trumps *met klaveren/troef uitkomen* **5.1** ~ **out** *uitlaten* **5.¶** ~ **in** with *beginnen/openen met;* ~ **off** (with) *beginnen/openen/van start gaan (met)* **6.2** at half time we still led **by** 2 to 1 *bij de rust stonden we nog met 2-1 voor;* Tapestry led (the other horses) **by** three lengths *Tapestry lag drie lengten voor (op de andere paarden)* **6.3** ~ **to** disaster *tot rampspoed leiden* **6.5** ~ **away from** one's ace *onder zijn aas uitkomen;* ~ **through** dummy's ace *door het aas v.d. tafel spelen/trekken;* ~ **up to** the king *naar de heer (toe) spelen;*
III ⟨ov.ww.⟩ **0.1** ***(weg)leiden*** ⇒*(mee)voeren* ⟨bij de hand/aan een touw, e.d.⟩ **0.2** ***brengen/bewegen tot*** ⇒*overhalen, aanzetten tot, beïnvloeden, overtuigen* **0.3** ***leiden*** ⟨bestaan/leven⟩ **0.4** ⟨jacht, mil.⟩ ***met correctie richten/mikken op*** ⟨bewegend doel⟩ **0.5** ***(met suggestieve vragen) manipuleren*** ⟨getuige⟩ ◆ **1.1** ~ water through a canal *water door een kanaal leiden* **1.3** ~ a life of luxury *een weelderig leven leiden* **3.2** ~ (s.o.) to act *iem. tot handelen brengen;* ~ s.o. to suppose/think that *iem. wijsmaken dat* **5.¶** ~ (s.o.) astray *(iem.) op een dwaalspoor/het verkeerde pad brengen;* ⟨vnl. pass.⟩ ~ **away** *meeslepen; blind(elings) doen volgen;* be easier led than driven *gevoeliger zijn voor argumenten dan voor dwang;* ~ (s.o.) **on** *(iem.) paaien, (iem.) overhalen/verleiden (tot); (iem.) iets wijs maken, (iem.) om de tuin leiden*.
lead arm ['li:d ɑ:m‖- ɑrm]⟨telb.zn.⟩⟨atletiek⟩ **0.1** ***leidende arm*** ⟨voorste arm over horde⟩.
lead ash ['led æʃ]⟨n.-telb.zn.; ook mv.⟩ **0.1** ***loodas*** ⇒*loodoxyde, glit*.
lead colic ['led kɒlɪk‖- kɑ-]⟨telb. en n.-telb.zn.⟩⟨med.⟩ **0.1** ***loodkoliek***.
lead·en ['ledn]⟨f1⟩⟨bn.; -ly; -ness⟩ **0.1** ***loden*** ⇒*v. lood* **0.2** ***loodhoudend*** **0.3** ***loodgrijs*** ⇒*loodkleurig, loden* **0.4** ***loodzwaar*** ⇒*loden, log, zwaar, traag* **0.5** ***loden*** ⇒*grauw, dof, treurig, deprimerend, beklemmend* ◆ **1.3** ~ sky *loodgrijze hemel*.
lead·er ['li:də‖-ər]⟨f3⟩⟨zn.⟩
I ⟨telb.zn.⟩ **0.1** ***leider*** ⇒*aanvoerder, gids, leidsman, chef, hoofd* **0.2** ⟨ben. voor⟩ ***eerste/voorste*** ⇒⟨jur.; ong.⟩ *hoofdverdediger* ⟨in Groot-Brittannië⟩; ⟨pol.⟩ *partijleider, kopstuk;* ⟨muz.⟩ *solist, eerste speler/zanger v. orkest/koorsectie;* ⟨i.h.b.⟩⟨BE⟩ *concertmeester, eerste violist,* ⟨AE⟩ *orkestleider, dirigent; voorste trekdier,* ⟨i.h.b.⟩ *voorpaard* ⟨in twee/meerspan⟩; ⟨bergsport⟩ *eerste* **0.3** ⟨verk.⟩ ⟨loss leader⟩ **0.4** ⟨ec.⟩ ***hoofdindicator*** **0.5** ⟨vnl. BE; journalistiek⟩ ***hoofdcommentaar*** **0.6** ⟨hengelsport⟩ ***leader*** ⇒*onderlijn* **0.7** ⟨plantk.⟩ ***hoofdloot/scheut/tak*** ⇒⟨i.h.b.⟩ *topscheut* **0.8** ***regenpijp*** **0.9** ⟨foto.⟩ ***aanloopstrook*** ⟨v. film⟩ **0.10** ⟨anat.⟩ ***pees*** ◆ **1.1** ⟨BE⟩ Leader of the House (of Commons/Lords) ⟨ong.⟩ *fractieleider in het Lager/Hogerhuis* ⟨v.d. regeringspartij⟩;
II ⟨mv.; ~s⟩ ⟨druk.⟩ **0.1** ***blokpunten***.
lead·er·ette ['li:də'ret]⟨telb.zn.⟩⟨journalistiek⟩ **0.1** ***kort hoofdartikel***.
lead·er·less ['li:dələs‖-ər-]⟨bn.⟩ **0.1** ***zonder leider***.
lead·er·ship ['li:dəʃɪp‖-ər-]⟨f3⟩⟨zn.⟩
I ⟨n.-telb.zn.⟩ **0.1** ***leiderschap*** ⇒*leiderspositie/ambt* **0.2** ***leiderschap*** ⇒*(ambts)termijn als leider, bewind* **0.3** ***leiderschap*** ⇒*ge-*

zag, autoriteit **0.4** ***leiderscapaciteiten / kwaliteiten;***
II ⟨verz.n.⟩ **0.1** ***leiding*** ⇒*leiders* ◆ **3.1** the ~ are / is divided *de leiding is verdeeld.*

lead-foot·ed ['led 'fʊṭɪd]⟨bn.⟩⟨sl.⟩ **0.1** ***onhandig*** **0.2** ***traag*** **0.3** ***stom.***

lead-free ['led'fri:]⟨bn.⟩ **0.1** ***loodvrij.***

lead glance ['led glɑ:ns‖- glæns-]⟨n.-telb.zn.⟩⟨schei.⟩ **0.1** ***loodglans*** ⇒*galeniet, zwavellood.*

lead guitar ['li:d gɪ'tɑ:‖-'tɑr]⟨f1⟩⟨telb.zn.⟩ **0.1** ***lead-gitaar*** ⇒*lead guitar.*

lead-in ['li:dɪn]⟨telb.zn.⟩ **0.1** ⟨tech.⟩ ***antenneaansluiting*** **0.2** ***inleiding*** ⇒*introductie, inleidend praatje.*

lead·ing[1] ['ledɪŋ]⟨telb.zn.; oorspr. gerund v. lead⟩ **0.1** ***loodrand / strook*** ⟨om glas⟩ **0.2** ⟨druk.⟩ ***interlinie*** ⇒*regelafstand.*

leading[2] ['li:dɪŋ]⟨n.-telb.zn.; gerund v. lead⟩ **0.1** ***leiding*** ⇒*het leiden.*

leading[3] ['li:dɪŋ]⟨f3⟩⟨bn., attr.; teg. deelw. v. lead; -ly⟩ **0.1** ***voornaam(st)*** ⇒*hoofd-, (meest) vooraanstaand, toonaangevend* **0.2** ***leidend*** ⇒*(be)sturend, (be)heersend* **0.3** ***eerste*** ⇒*voorste* **0.4** ⟨dram.⟩ ***de hoofdrol spelend*** ⇒*ster-* **0.5** ***suggestief*** **0.6** ⟨BE; mil.⟩ ***(in rang) voorafgaand aan onderofficier*** ⇒⟨ong.⟩ *eerste-klas* ◆ **1.1** ~ scholar *vooraanstaand geleerde* **1.3** ⟨jur.⟩ ~ counsel *hoofdverdediger* ⟨in Groot-Brittannië⟩; ~ edge ⟨lucht.⟩ *voorrand* ⟨v. vleugel / propellerblad⟩; ⟨i.h.b.⟩ *vleugel / staartvlakneus;* ⟨elek.⟩ *trillingsgedeelte met oplopende amplitude* **1.4** ~ actor / man *hoofdrolspeler;* ~ actress / lady *hoofdrolspeelster;* ~ part / role *hoofdrol* **1.5** ~ question *suggestieve vraag* **1.¶** ~ article *lokkertje, reclameartikel* ⟨in winkels⟩; ⟨journalistiek⟩ ⟨BE⟩ *hoofdartikel / commentaar, redactioneel (commentaar / artikel);* ⟨AE⟩ *belangrijkste artikel;* ⟨jur.⟩ ~ case *proefproces; precedent;* ~ light ⟨scheep.⟩ *geleidelicht;* ⟨fig.⟩ *kopstuk, prominent (persoon), autoriteit;* ~ motive *leidmotief* ⟨ook muz.⟩; ⟨muz.⟩ ~ note / ⟨AE⟩ tone *leidtoon, verlaagde grondtoon* ⟨zevende toon v. diatonische ladder⟩.

leading edge ['li:dɪŋ edʒ]⟨n.-telb.zn.⟩ **0.1** ***(technologische) voorsprong.***

leading rein ['li:dɪŋ reɪn]⟨zn.⟩
I ⟨telb.zn.⟩ **0.1** ***leidsel*** ⇒*teugel;*
II ⟨mv.; ~s⟩ **0.1** ***leiband.***

leading staff ['li:dɪŋ stɑ:f‖- stæf]⟨telb.zn.⟩ **0.1** ***leistok*** ⟨aan neusring v. stier⟩.

leading strings ['li:dɪŋ strɪŋz]⟨mv.⟩ **0.1** ***leiband*** ⟨vnl. fig.⟩ ⇒*betutteling* ◆ **6.¶** (keep) **in** ~ *aan de leiband (houden).*

lead leg ['li:d leg]⟨telb.zn.⟩⟨atletiek⟩ **0.1** ***zwaaibeen*** ⟨voorste been over horde⟩.

lead·less ['ledləs]⟨bn.⟩ **0.1** ***loodvrij.***

lead·like ['ledlaɪk]⟨bn.⟩ **0.1** ***loodachtig.***

lead line ['led laɪn]⟨telb.zn.⟩⟨scheep.⟩ **0.1** ***(diep)lood*** ⇒*peil / pas-lood.*

lead-off ['li:dɒf‖-ɔf]⟨telb.zn.⟩ **0.1** ***begin*** ⇒*start, aanvang;* ⟨i.h.b. sport⟩ *opening, aftrap, eerste slag / zet* ⟨e.d.⟩ **0.2** ⟨sport⟩ ***startspeler*** ⇒⟨i.h.b. honkbal⟩ *eerste slagman.*

lead-ore ['led·ɔ:‖-ɔr]⟨telb.zn.⟩ **0.1** ***looderts.***

lead pencil ['led 'pensl]⟨telb.zn.⟩ **0.1** ***(grafiet)potlood.***

lead-pipe cinch ['ledpaɪp 'sɪntʃ]⟨telb.zn.⟩⟨sl.⟩ **0.1** ***fluitje v.e. cent*** ⇒*makkie* **0.2** ***zekerheid.***

lead poi·son·ing ['led 'pɔɪznɪŋ]⟨telb.zn.⟩ **0.1** ***loodvergiftiging.***

lead screw ['li:d skru:]⟨telb.zn.⟩⟨tech.⟩ **0.1** ***transportschroef*** ⟨v. draaibank⟩.

lead shot ['led 'ʃɒt‖- 'ʃɑt]⟨verz.n.⟩ **0.1** ***hagel*** ⟨munitie⟩ ⇒*schroot* **0.2** ***loodkorrels*** ⇒*loodhagel.*

lead singer ['li:d 'sɪŋə‖-ər]⟨f1⟩⟨telb.zn.⟩ **0.1** ***lead-zanger*** ⇒*hoofdzanger.*

leads·man ['ledzmən]⟨telb.zn.⟩⟨scheep.⟩ **0.1** ***loder*** ⇒*peiler.*

lead tetraethyl ['led tetrə'eθɪl]⟨n.-telb.zn.⟩⟨schei.⟩ **0.1** ***tetra-ethyllood*** ⟨antiklopmiddel in benzine⟩.

lead time ['li:d taɪm]⟨n.-telb.zn.⟩ **0.1** ⟨tech.⟩ ***produktietijd*** **0.2** ⟨hand.⟩ ***lever(ings)tijd.***

lead wool ['led 'wʊl]⟨n.-telb.zn.⟩⟨tech.⟩ **0.1** ***loodwol.***

lead-work ['ledwɜ:k‖-wɜrk]⟨zn.⟩
I ⟨n.-telb.zn.⟩ **0.1** ***loodgieterswerk*** **0.2** ***glas-in-loodwerk;***
II ⟨mv.; ~s⟩ **0.1** ***loodsmelterij.***

lead·wort ['ledwɜ:t‖-wɜrt]⟨telb.zn.⟩⟨plantk.⟩ **0.1** ***loodkruid*** ⇒*plumbago* ⟨genus Plumbago⟩.

lead·y ['ledi]⟨bn.⟩ **0.1** ***loodachtig.***

leaf[1] [li:f]⟨f3⟩⟨zn.; leaves [li:vz]; →mv. 3⟩
I ⟨telb.zn.⟩ **0.1** ***blad*** ⇒*boomblad, planteblad* **0.2** ⟨vaak als 2e lid v. samenst.⟩ ⟨inf.⟩ ***(bloem)blad*** **0.3** ***blad*** ⟨v. boek⟩ **0.4** ⟨ben. voor⟩ ***uitklapbare / scharnierende klep*** ⇒*(deur)vleugel; insteek / uitschuifblad* ⟨v. tafel⟩; *klap, val* ⟨v. bascule / ophaalbrug⟩; *vizierklep* ⟨v. geweer⟩ **0.5** ***nierbed*** ⇒*niervetrand* ⟨i.h.b. bij varken⟩ **0.6** ⟨tech.⟩ ***(veer)blad*** **0.7** ⟨IE⟩ ***(hoed)rand*** ◆ **1.¶** take a ~ out of s.o.'s book *iem. navolgen, in iemands voetspoor treden* **3.1** ⟨inf.⟩ shake like a ~ *trillen als een espeblad;*
II ⟨n.-telb.zn.⟩ **0.1** ⟨vnl. als 2e lid v. samenst.⟩ ***blad*** ⟨v. metaal⟩ **0.2** →leaf fat;
III ⟨verz.n.⟩ **0.1** ***blad*** ⇒*loof, gebladerte, bladeren;* ⟨i.h.b.⟩ *tabaks / theeblad(eren)* **0.2** ⟨the⟩ ⟨AE; sl.⟩ ***sneeuw*** ⇒*cocaïne* ◆ **6.1** be **in** ~ *blad dragen / hebben;* come **into** ~ *blad krijgen.*

leaf[2], ⟨in bet. I 0.1 ook⟩ **leave** [li:v]⟨f1⟩⟨ww.⟩ →leafed, leaved
I ⟨onov.ww.⟩ **0.1** ***blad(eren) krijgen*** ⇒*in het blad komen* **0.2** ***bladeren*** ◆ **5.1** ⟨AE⟩ ~ **out** *blad krijgen, uitlopen* **6.2** ~ **through** *bladeren in, (snel) doorbladeren, vluchtig inkijken / inzien, doornemen;*
II ⟨ov.ww.⟩ ⟨AE⟩ **0.1** ***doorbladeren*** ⇒*(een voor een) omslaan.*

leaf·age ['li:fɪdʒ]⟨n.-telb.zn.⟩ **0.1** ***gebladerte*** ⇒*loof, lommer.*

'leaf·blade ⟨telb.zn.⟩⟨plantk.⟩ **0.1** ***bladschijf*** ⇒*bladvlakte.*

'leaf 'brass ⟨n.-telb.zn.⟩ **0.1** ***bladkoper*** ⇒*koperblik.*

'leaf bridge ⟨telb.zn.⟩ **0.1** ***ophaalbrug*** ⇒*basculebrug.*

'leaf bud ⟨telb.zn.⟩ **0.1** ***bladknop.***

leafed [li:ft], **leaved** [li:vd]⟨bn., (oorspr.) volt. deelw. v. leaf / leave⟩ ⟨plantk.⟩ **0.1** ***gebladerd*** ⇒*bebladerd, met bladeren* **0.2** ⟨vnl. als 2e lid v. samenst.⟩ ***-bladig*** ◆ **¶.2** wide-~ *breedbladig.*

'leaf fat ⟨n.-telb.zn.⟩ **0.1** ***bladreuzel / vet*** ⟨i.h.b. rond varkensnier⟩.

'leaf 'gold ⟨n.-telb.zn.⟩ **0.1** ***bladgoud.***

'leaf 'green ⟨n.-telb.zn.⟩ **0.1** ***bladgroen*** **0.2** ⟨ook attr.⟩ ***zomergroen.***

'leaf insect ⟨telb.zn.⟩⟨dierk.⟩ **0.1** ***wandelend blad*** ⟨orde Phasmida⟩.

'leaf lard ⟨n.-telb.zn.⟩⟨AE⟩ **0.1** ***bladreuzel / vet.***

leaf·less ['li:fləs]⟨f1⟩⟨bn.⟩ **0.1** ***blad(er)loos*** ⇒*zonder bladeren.*

leaf·let ['li:flɪt]⟨f2⟩⟨telb.zn.⟩ **0.1** ***jong blad*** ⇒*blaadje* **0.2** ⟨plantk.⟩ ***blaadje*** ⟨v. samengesteld blad⟩ **0.3** ***folder(tje).***

'leaf 'metal ⟨n.-telb.zn.⟩ **0.1** ***bladmetaal*** ⇒*foelie, metaalfolie.*

'leaf miner ⟨telb.zn.⟩ **0.1** ***bladmineerder*** ⟨rups / larve die bladmijnen graaft⟩.

'leaf monkey ⟨telb.zn.⟩⟨dierk.⟩ **0.1** ***hoelman*** ⟨slankaap; genus Presbytis⟩.

'leaf mould ⟨n.-telb.zn.⟩ **0.1** ***bladaarde*** ⇒*humus.*

'leaf-nosed ⟨bn., attr.⟩⟨dierk.⟩ **0.1** ***bladneus-*** ◆ **1.1** ~ bat *bladneus (vleermuis)* ⟨genus Rhinolophidae⟩.

'leaf roller ⟨telb.zn.⟩⟨dierk.⟩ **0.1** ***bladroller*** ⟨nachtvlinderlarve; fam. Tortricidae⟩.

'leaf sight ⟨telb.zn.⟩ **0.1** ***klepvizier*** ⟨aan vuurwapen⟩.

'leaf spring ⟨telb.zn.⟩⟨tech.⟩ **0.1** ***bladveer.***

'leaf·stalk ⟨telb.zn.⟩⟨plantk.⟩ **0.1** ***bladsteel*** ⇒*petiolus.*

'leaf tobacco ⟨telb. en n.-telb.zn.⟩ **0.1** ***bladtabak.***

leaf·y ['li:fi]⟨bn.; -er; -ness; →bijw. 3⟩ **0.1** ***gebladerd*** ⇒*bebladerd, met bladeren;* ⟨i.h.b.⟩ *blader / lommer / loofrijk* **0.2** ***blad-*** ⇒*uit blad bestaand* **0.3** ***bladachtig*** ◆ **1.2** ~ vegetable *bladgroente.*

league[1] [li:g]⟨f3⟩⟨telb.zn.⟩ **0.1** ⟨vaak L-⟩ ***(ver)bond*** ⇒*alliantie, liga, bondgenootschap* **0.2** ⟨L-; the⟩ →Primrose League **0.3** ⟨ook attr.⟩ ⟨sport⟩ ***bond*** ⇒⟨bij uitbr.⟩ *competitie, divisie, klasse* **0.4** ⟨L-; the⟩ →Rugby League **0.5** ⟨inf.⟩ ***klasse*** ⇒*niveau, kunnen* **0.6** ***league*** ⟨4828 m; →t1⟩ ◆ **1.1** League of Nations *Volkenbond* **6.5** (play) **out of** one's ~ *(ver) boven / onder zijn niveau (spelen)* **6.¶** ⟨vaak pej.⟩ **in** ~ **with** *in (eendrachtige / nauwe) samenwerking met, samenspannend / onder een hoedje (spelend) met* **7.3** ⟨BE⟩ the League *de (Engelse) voetbalcompetitie* **7.5** she's not in my ~ *er is een klasse verschil tussen haar en mij, ik kan niet aan haar tippen / ik heb geen kind aan haar.*

league[2] ⟨ww.⟩
I ⟨onov.ww.⟩ **0.1** ***zich verbinden / verenigen / aaneensluiten*** ⟨in / tot een alliantie, e.d.⟩ ⇒*een verbond / liga / alliantie sluiten / aangaan, zich alliëren* ◆ **5.1** ~ **together** *zich aaneensluiten / alliëren;*
II ⟨ov.ww.⟩ **0.1** ***verbinden / verenigen*** ⟨in / tot een alliantie, e.d.⟩ ⇒*tot een alliantie smeden.*

'league game ⟨telb.zn.⟩⟨voetbal⟩ **0.1** ***competitiewedstrijd*** ⟨i.h.b. in Eng.⟩.

lea·guer[1] ['li:gə‖-ər]⟨telb.zn.⟩ **0.1** ***(ver)bonds / liga / alliantielid*** **0.2** ⟨vero.⟩ ***belegering*** ⇒*inname* **0.3** ***(kamp v.) belegeringstroepen / leger*** **0.4** ***legger*** ⟨inhoudsmaat⟩ **0.5** →laager.

leaguer[2] ⟨ww.⟩
I ⟨onov.ww.⟩ →laager;
II ⟨ov.ww.⟩ **0.1** →laager.

'league table ⟨telb.zn.⟩⟨sport⟩ **0.1** ***competitieranglijst / stand.***

Le·ah ['li:ə]⟨eig.n.⟩⟨bijb.⟩ **0.1** ***Lea.***

leak[1] [li:k]⟨f2⟩⟨telb.zn.⟩ **0.1** ***lekkage*** ⇒*lek(king)* **0.2** ***lekkage*** ⇒*lekverlies;* ⟨i.h.b.⟩ *lekstroom, lekstralen, ontsnappend licht* **0.3** ***lek*** ⇒*lekplaats;* ⟨i.h.b.⟩ *lichtlek* **0.4** ***lekgat*** ⇒*ontsnappingsweg v. lekkage* **0.5** ***uitlekking*** ⇒*ruchtbaarheid* ⟨v. vertrouwelijke / geheime gegevens⟩ **0.6** ***uitgelekt gegeven*** ⇒*uitgelekte geheimen* **0.7** ***lek*** ⇒*pers. / plaats waar gegevens uitlekken* ◆ **3.1** spring a ~ *lek raken, lek stoten* ⟨ook v. schip⟩; take a ~ *pissen, zeiken, sassen.*

leak[2] ⟨f2⟩⟨ww.⟩

I ⟨onov.ww.⟩ **0.1** ***(weg/naar binnen) lekken*** ⇒*door een lek stromen* **0.2** ***uitlekken*** **0.3** ⟨sl.⟩ ***pissen*** ⇒*zeiken, sassen* ◆ **5.1** ⟨fig.⟩ ~ **out** *uitlekken, (onbedoeld) bekend worden;*
II ⟨onov. en ov.ww.⟩ **0.1** ***lekken*** ⇒*lek zijn, doorlekken, (lekkend) doorlaten* ◆ **1.1** the cork ~s water *de kurk laat water door;*
III ⟨ov.ww.⟩ **0.1** ***laten uitlekken*** ⇒*onthullen* ◆ **1.1** ~ information (out) to the papers *gegevens aan de kranten doorspelen.*

leak·age ['li:kɪdʒ]⟨f1⟩⟨zn.⟩
I ⟨telb.zn.⟩ **0.1** ***lek*** ⇒*lekkage, lekverlies, gelekte hoeveelheid;*
II ⟨n.-telb.zn.⟩ **0.1** ***lekkage*** ⇒*lek(king), het lekken;* ⟨bij uitbr.⟩ *correctie i.v.m. lekkage* **0.2** ***uitlekking*** ⇒*het uitlekken/(onbedoeld) bekend worden.*

'leak·proof ⟨bn.⟩ **0.1** ***lekvrij*** ⟨ook fig.⟩ ⇒*bij wie/waarbij niets uitlekt.*

leak·y ['li:ki]⟨f1⟩⟨bn.; -er; -ly; -ness; →bijw. 3⟩ **0.1** ***lek(kend)*** **0.2** ***loslippig*** ⇒*onbetrouwbaar.*

leal [li:l]⟨bn.⟩⟨Sch. E of schr.⟩ **0.1** ***trouw*** ⇒*loyaal, getrouw* **0.2** ***eerlijk*** ⇒*rechtvaardig, fair* ◆ **1.¶** land of the ~ *hemel(rijk).*

lean[1] [li:n]⟨telb. en n.-telb.zn.; g. mv.⟩ **0.1** ***schuinte*** ⇒*schuine/scheve stand, (over)helling* **0.2** ⟨cul.⟩ ***mager (deel v.) vlees*** ◆ **1.1** have a ~ of ten degrees *tien graden uit het lood staan.*

lean[2] ⟨f2⟩⟨bn.; -er; -ly; -ness⟩ **0.1** ***mager*** ⇒*schraal, weinig vet bevattend* ⟨ook cul.⟩ **0.2** ***karig*** ⇒*schraal, mager, arm(zalig), weinig opleverend* **0.3** ⟨tech.⟩ ***arm*** ⇒*v. gering gehalte* ◆ **1.2** ~ crop/harvest *schrale oogst;* ~ years *magere jaren* **1.3** ~ fuel *arme brandstof;* ⟨mijnw.⟩ ~ ore *arm erts.*

lean[3] ⟨f3⟩⟨ww.; vnl. BE ook leant, leant [lent]⟩ →leaning
I ⟨onov.ww.⟩ **0.1** ***leunen*** ⇒*steunen, steun zoeken* **0.2** ***steunen*** ⇒*staan (tegen)* **0.3** ***zich buigen*** ⇒*(over)hellen, (naar buiten) leunen* **0.4** ***hellen*** ⇒*scheef/uit het lood staan* **0.5** ***neigen*** ⇒*overhellen (tot)* ◆ **1.4** the Leaning Tower of Pisa *de scheve toren v. Pisa* **5.1** ~ **backwards** *achteroverleunen* **5.3** ~ **backwards** *zich achteroverbuigen;* ~ **down** *zich bukken;* ~ **forward** *zich (voor)overbuigen;* ~ **over** to s.o. *zich naar iem. overbuigen;* trees ~ing **over** in the wind *bomen die zich buigen in de wind* **5.4** ~ **backwards** *achteroverhellen* **5.¶** ⟨fig.⟩ ~ **over backwards** *zich in (de gekste) bochten wringen, alle mogelijke moeite doen* **6.1** ~ **against** s.o.'s shoulder *tegen iemands schouder leunen* **6.2** the ladder ~t **against/on** the wall *de ladder stond/steunde tegen de muur* **6.3** do not ~ **out of** the window *niet uit het raam leunen* **6.5** ~ **to/**⟨BE⟩ **towards/**⟨AE⟩ **toward** *neigen tot; prefereren, de voorkeur geven aan* **6.¶** ⟨inf.⟩ ~ **against/on** *onder druk zetten, de duimschroeven aandraaien bij; in elkaar timmeren;* ~ **(up)on** *steunen/varen/zich verlaten/vertrouwen op; afhankelijk zijn v.;* ⟨mil.⟩ ~ **upon** *in de flank gedekt worden door;*
II ⟨ov.ww.⟩ **0.1** ***laten steunen*** ⇒*zetten (tegen)* **0.2** ***buigen*** ⇒*doen hellen* ◆ **5.2** ~ one's head **back** *zijn hoofd achteroverbuigen* **6.1** ~ a ladder **against/on** a wall *een ladder tegen een muur zetten;* ~ **on** *leunen op.*

'lean-burn 'engine ⟨telb.zn.⟩ **0.1** ***zuinige motor*** ⇒*arm-mengselmotor.*

lean·ing ['li:nɪŋ]⟨f1⟩⟨telb.zn.; oorspr. gerund v. lean⟩ **0.1** ***neiging*** ◆ **2.1** fascist ~s *fascistische neigingen* **6.1** ~s **towards** communism *communistische neigingen.*

'lean-to ⟨telb.zn.; ook attr.⟩ **0.1** ⟨ong.⟩ ***afdak*** ◆ **1.1** ~ roof *lessenaarsdak;* ~ shed *aangebouwde loods.*

leap[1] [li:p]⟨f2⟩⟨telb.zn.⟩ **0.1** ***sprong*** ⇒*het springen, plotselinge op/voorwaartse beweging* **0.2** ***sprong*** ⇒*gesprongen afstand* **0.3** ***sprong*** ⇒*plotselinge toename/verandering* **0.4** ***sprong*** ⇒*(door een sprong te passeren) hindernis/obstakel* ◆ **1.¶** by ~s and bounds *hals over kop; met zevenmijlslaarzen/(grote) sprongen;* ⟨fig.⟩ a ~ in the dark *een sprong in het duister.*

leap[2] ⟨f3⟩⟨ww.; ook leapt, leapt [lept]⟩ ⟨→sprw. 317, 416, 538⟩
I ⟨onov.ww.⟩ **0.1** ***(op/vooruit) springen*** **0.2** ***plotseling/(als) met een sprong geschieden*** ◆ **5.¶** ~ **out** (at s.o.) *eruit springen (voor iem.), opvallen/in het oog vallen (bij iem.);* her heart ~ed **up** *haar hart maakte een sprongetje, ze veerde op* **6.1** ~ **for** joy *dansen v. vreugde;* ~ **over** a ditch *over een sloot springen* **6.2** ~ **into** fame *plotseling beroemd worden;* the thought ~t **into** his mind *de gedachte kwam plotseling bij hem op;*
II ⟨ov.ww.⟩ **0.1** ***met een sprong (doen) overbruggen*** ⇒*(doen) springen over* ◆ **1.1** ~ a ditch *over een sloot springen* **6.1** ~ a horse **over** a hurdle *met een paard over een horde springen.*

'leap day ⟨telb.zn.⟩ **0.1** ***schrikkeldag*** ⟨29 februari⟩.

leap·er ['li:pə‖-ər]⟨telb.zn.⟩ **0.1** ***springer.***

'leap·frog[1] ⟨f1⟩⟨n.-telb.zn.⟩ **0.1** ***haasje-over*** ⇒*bokspringen.*

leapfrog[2] ⟨f1⟩⟨ww.; →ww. 7⟩
I ⟨onov.ww.⟩ **0.1** ***sprongsgewijs vorderen/vooruitkomen;***
II ⟨onov. en ov.ww.⟩ **0.1** ***haasje-over doen/springen*** ⇒*bokspringen* ◆ **1.1** ~ (with) s.o. *bij/met iem. haasje-over doen;*
III ⟨ov.ww.⟩ **0.1** ⟨verkeer⟩ ***om de beurt inhalen*** ⇒*stuivertje-wisselen* **0.2** ⟨mil.⟩ ***sprongsgewijs doen optrekken.***

'leap-tick ⟨telb.zn.⟩⟨inf.⟩ **0.1** ***kussen*** ⟨als dikke buik v. komiek⟩.

'leap year ⟨f1⟩⟨telb.zn.⟩ **0.1** ***schrikkeljaar.***

'leap year proposal ⟨telb.zn.⟩⟨scherts.⟩ **0.1** ***schrikkelaanzoek*** ⟨v. vrouw aan man; traditioneel alleen geoorloofd in schrikkeljaar⟩.

learn [lɜ:n‖lɜrn]⟨f4⟩⟨ww.; ook learnt, learnt [lɜ:nt‖lɜrnt]⟩ →learning, learned ⟨→sprw. 380, 411, 413, 532, 618, 752⟩
I ⟨onov.ww.⟩ **0.1** ***leren*** ⇒*studeren, onderwijs volgen, bedreven worden* **0.2** ***horen*** ⇒*vernemen, op de hoogte raken, te weten komen* ◆ **1.1** ~ to be a dancer *een dans/balletopleiding volgen* **3.1** I am/have yet to ~ *ik moet het nog zien, ik weet het zo net nog niet;* she'll ~ *ze leert het wel* **5.1** ~ **how** to play the piano *piano leren spelen* **6.1** ~ **from** experience *door ervaring wijzer worden, van zijn ervaring(en) leren* **6.2** ~ **about/of** sth. from the papers *iets uit/via de krant te weten komen;* I ~ed **of** it recently *het kwam mij onlangs ter ore* **8.2** we have not yet ~ed whether ... *we weten nog niet of ...;*
II ⟨ov.ww.⟩ **0.1** ***leren*** ⇒*zich eigen maken, bestuderen* **0.2** ***vernemen*** ⇒*horen van, ontdekken* **0.3** ⟨vero.; scherts. of volkst.⟩ ***leren*** ⇒*onderwijzen;* ⟨bij uitbr.⟩ *ervan langs geven* ◆ **4.1** you should ~ it by this Monday *(komende) maandag moet je het kennen/geleerd hebben* **4.3** I/that'll ~ you *ik/dat zal je leren* **5.1** ~ **off** (by heart/rote) *uit het hoofd/van buiten leren;* ~ **off** a part *een rol instuderen* **6.1** ~ sth. **from** study *zich iets door studie eigen maken;* ~ sth. **from/of** a teacher *iets van een docent leren* **6.2** I ~t it **from** the papers *ik heb het uit de krant.*

learn·a·ble ['lɜ:nəbl‖'lɜr-]⟨bn.⟩ **0.1** ***leerbaar*** ⇒*te leren.*

learn·ed ['lɜ:nɪd‖'lɜr-]⟨f2⟩⟨bn.; (oorspr.) volt. deelw. v. learn; -ly⟩
I ⟨bn.⟩ **0.1** ***onderlegd*** ⇒*ontwikkeld, geleerd* **0.2** ***belezen*** ⇒*erudiet;*
II ⟨bn., attr.⟩ **0.1** ***wetenschappelijk*** ⇒*academisch* ⟨i.h.b. mbt. alfawetenschappen⟩ **0.2** ⟨als beleefdheidsvorm onder juristen⟩ ⟨BE⟩⟨ong.⟩ ***geachte*** ◆ **1.1** ~ periodical *wetenschappelijk tijdschrift;* ~ professions *theologie, rechten en medicijnen* **1.2** my ~ brother/friend *mijn hooggeachte confrater.*

learn·er ['lɜ:nə‖'lɜrnər], ⟨in bet. 0.3 ook⟩ **'learn·er-'driver** ⟨f1⟩ ⟨telb.zn.⟩ **0.1** ***leerling*** ⇒*volontair* **0.2** ***beginner*** ⇒*beginneling* **0.3** ⟨BE⟩ ***leerling-automobilist*** ⟨nog zonder rijbewijs⟩.

learn·ing ['lɜ:nɪŋ‖'lɜr-]⟨f1⟩⟨n.-telb.zn.; gerund v. learn⟩ ⟨→sprw. 407, 665⟩ **0.1** ***studie*** ⇒*onderwijs, scholing, het leren* **0.2** ***(wetenschappelijke) kennis*** ⇒*geleerdheid, wijsheid* ⟨i.h.b. mbt. de alfawetenschappen⟩ **0.3** ⟨psych.⟩ ***opbouw v. gedrag.***

'learning disability ⟨telb. en n.-telb.zn.⟩ **0.1** ***leerstoornis.***

'learn·ing-dis·a·bled ⟨bn.⟩ **0.1** ***leergestoord*** ◆ **1.1** ~ children *kinderen met leerstoornissen.*

'learning process ⟨telb.zn.⟩ **0.1** *leerproces.*

leary →leery.

lease[1] [li:s]⟨f2⟩⟨telb.zn.⟩ **0.1** ***pacht*** ⇒*pachtcontract/overeenkomst* **0.2** ***(ver)huur*** ⇒*(ver)huurcontract/overeenkomst, leasing* **0.3** ***pacht(termijn)*** ⇒*pachtduur* **0.4** ***huurtermijn*** ⇒*verhuur* **0.5** ***pachtbezit/grond/perceel*** **0.6** ***huurobject*** **0.7** ⟨weverij⟩ ***(ketting)sprong*** ◆ **3.1** take sth. on ~, take a ~ on sth. *iets pachten;* put sth. out to ~ *iets verpachten* **3.2** take sth. on ~, take a ~ on sth. *iets huren;* put sth. out to ~ *iets verhuren* **6.1** **by/on** ~ *in pacht* **6.2** **by/on** ~ *in huur.*

lease[2] ⟨f2⟩⟨ov.ww.⟩ **0.1** ***pachten*** **0.2** ***verpachten*** **0.3** ***huren*** **0.4** ***verhuren*** **0.5** ⟨gew.⟩ ***lezen*** ⟨bv. aren⟩ ◆ **5.3** ⟨hand.⟩ ~ **back** *verkopen en huren* ⟨bv. om liquiditeitsredenen verkochte eigendommen⟩ **6.2** ~ land (out) **to** s.o. *land aan iem. verpachten.*

'lease·back ⟨n.-telb.zn.; ook attr.⟩⟨hand.⟩ **0.1** ***verkoop en huur*** ⟨v. om liquiditeitsredenen verkochte eigendommen⟩.

'lease·hold[1] ⟨f1⟩⟨n.-telb.zn.⟩ **0.1** ***pacht*** ⇒*het pachten* **0.2** ***huur*** ⇒*het huren* **0.3** ***pachtbezit/grond*** **0.4** ***gehuurd bezit.***

leasehold[2] ⟨f1⟩⟨bn., attr.⟩ **0.1** ***pacht-*** ⇒*gepacht, in pacht* **0.2** ***huur-*** ⇒*gehuurd, in huur.*

'lease·hold·er ⟨telb.zn.⟩ **0.1** ***pachter*** **0.2** ***huurder.***

lease-lend →lend-lease.

leash[1] [li:ʃ]⟨f1⟩⟨telb.zn.⟩ **0.1** ⟨jacht⟩ ***koppel(riem)*** ⇒*leis(t), band, lijn* **0.2** ⟨jacht⟩ ***drietal*** ⇒*strik* ⟨honden of wild⟩ **0.3** ***(honde)lijn*** ⇒*riem* **0.4** ⟨valkerij⟩ ***(lang)veter*** **0.5** ***kettinkje*** ⟨aan bril⟩ ◆ **3.¶** hold in ~ *in bedwang houden;* strain at the ~ *trappelen v. ongeduld.*

leash[2] ⟨ov.ww.⟩ **0.1** ***aanlijnen*** ⇒*aan de lijn doen/houden* **0.2** ***in bedwang houden.***

least[1] [li:st]⟨f3⟩⟨bn.; overtr. trap v. little⟩
I ⟨bn.⟩ **0.1** ***kleinste*** ⇒*geringste, minste* ◆ **1.1** ⟨wisk.⟩ ~ common denominator *kleinste gemene deler;* ⟨wisk.⟩ ~ common multiple *kleinste gemene veelvoud;* I haven't the ~ idea *ik heb er geen flauw idee van;* line of ~ resistance *weg v.d. minste weerstand;*

not the ~ touch *niet het minste beetje, geen zier/greintje/sikkepit;*
II ⟨bn., attr.⟩ ⟨biol.⟩ **0.1** ***dwerg-*** ⇒*kleine* ◆ **1.1** ~ tern *dwergstern* ⟨Sterna albifrons⟩.

least[2] ⟨f4⟩ ⟨onb.vnw.; the; overtr. trap v. little; →onbepaald woord⟩ ⟨→sprw. 202, 381⟩ **0.1** ***minste*** ◆ **3.1** to say the ~ (of it) *om het zachtjes uit te drukken* **6.1 at** (the) ~ seven *ten minste/minstens zeven;* you might **at** ~ answer me *je zou me ten minste kunnen antwoorden;* he'll come, **at** ~ if he keeps his word *hij komt wel, tenminste, als hij zijn woord houdt;* I know, **at** ~, I think so *ik weet het, of liever gezegd, ik denk het;* it didn't bother me **in** the ~ *het stoorde mij helemaal niet/niet in het minst.*

least[3] ⟨f3⟩ ⟨bw.⟩ ⟨→sprw. 7⟩ **0.1** ***minst*** ◆ **2.1** the ~ popular leader *de minst populaire leider* **3.1** his ~ known works *zijn minst bekende werken* **4.1** no one has any reason to complain, you ~ of all *er heeft niemand reden tot klagen, en jij het minst van allemaal /en jij al helemaal niet;* ~ of all I would hurt your feelings *het laatste wat ik zou willen is je kwetsen* **7.1** it doesn't bother me the ~ *het stoort me niet in het minst.*

least[4] ⟨f3⟩ ⟨onb.det.; overtr. trap v. little; →onbepaald woord⟩ **0.1** ***minst(e)*** ◆ **1.1** she has ~ work of us all *zij heeft het minste werk v. ons allemaal.*

least·wise ['li:stwaɪz], ⟨gew. ook⟩ **least·ways** [-weɪz] ⟨bw.⟩ **0.1** ***(of) tenminste*** ⇒*dat wil zeggen, (of) in elk geval, althans.*

leat [li:t] ⟨telb.zn.⟩ ⟨BE⟩ **0.1** ***wetering*** ⇒*watering;* ⟨i.h.b.⟩ *molenvliet; molentocht, hoofdsloot; stroompje.*

leath·er[1] ['leðə||-ər] ⟨f3⟩ ⟨zn.⟩
I ⟨telb.zn.⟩ **0.1** ⟨ben. voor⟩ ***leren voorwerp*** ⇒*riem; zeem(lap); leertje; kraanleertje; stijgbeugelriem; pompleer; pomerans* ⟨op biljartkeu⟩ **0.2** ***oorlap*** ⟨v. hond⟩;
II ⟨telb. en n.-telb.zn.⟩ ⟨inf.; sport⟩ **0.1** ***bal*** ⇒*het leer, (leren) knikker, bal;*
III ⟨n.-telb.zn.⟩ **0.1** ***leer*** ⇒*leder, huid* ◆ **1.¶** (it's all) ~ and/or prunella *(het is allemaal) lood om oud ijzer, het stelt niets voor* **4.¶** (there's) nothing like ~ *ieder prijst zijn eigen waar;*
IV ⟨mv.; ~s⟩ **0.1** ***leren knickerbockers*** ⇒*leren kniebroek* **0.2** ***(leren) beenkappen*** **0.3** ***leren laarzen/schoenen.***

leather[2] ⟨f3⟩ ⟨bn.⟩ **0.1** ***leren*** ⇒*v. leer.*

leather[3] ⟨ww.⟩
I ⟨onov.ww.⟩ **0.1** ***zwoegen*** ⇒*hard werken* ◆ **6.1** ~ **at** *zwoegen op;*
II ⟨ov.ww.⟩ **0.1** ***met leer bedekken/overtrekken*** **0.2** ***van leertjes voorzien*** **0.3** ***zemen*** ⇒*met een zeem afnemen* **0.4** ⟨inf.⟩ ***met de riem geven*** ⇒*een pak ransel/slaag geven, afrossen.*

'leath·er·back, 'leather turtle ⟨telb.zn.⟩ ⟨dierk.⟩ **0.1** ***lederschildpad*** ⟨Dermochelys coriacea⟩.

'leath·er-bound ⟨f1⟩ ⟨bn.⟩ **0.1** ***in leer gebonden.***

'leather carp ⟨telb.zn.⟩ ⟨dierk.⟩ **0.1** ***lederkarper*** ⟨Cyprinus nudus/coriaceus⟩.

'leath·er·cloth ⟨n.-telb.zn.⟩ **0.1** ***zeildoek*** ⇒*leerdoek.*

leath·er·ette [leðə'ret] ⟨f1⟩ ⟨n.-telb.zn.; ook L-⟩ **0.1** ***kunstleer*** ⇒*imitatie/namaakleer.*

'leath·er·head ⟨f1⟩ ⟨telb.zn.⟩ **0.1** ⟨Austr. E; dierk.⟩ ***lederkop*** ⟨Austr. vogel, genus Philemon⟩ ⇒⟨i.h.b.⟩ *schreeuwlederkop* ⟨P. corniculatus⟩ **0.2** ⟨sl.⟩ ***ezel*** ⇒*stommeling, sukkel.*

'leath·er·jack·et ⟨telb.zn.⟩ ⟨dierk.⟩ **0.1** ⟨BE⟩ ***emelt*** ⟨langpootmuglarve; fam. Tipulidae⟩ **0.2** ***vijlvis*** ⟨fam. Monacanthidae⟩ **0.3** ***Oligoplites saurus*** ⟨giftige vis⟩.

leath·er-lunged ['leðə'lʌŋd||'leðər-] ⟨bn.⟩ **0.1** ***een stentorstem bezittend*** ⇒*met een harde stem.*

leath·ern ['leðən||-ərn] ⟨bn.⟩ ⟨vero.⟩ **0.1** ***leder(en)*** ⇒*v. leer, leren* **0.2** ***met leer bedekt/overtrokken*** **0.3** ***leerachtig.***

'leath·er·neck ⟨telb.zn.⟩ ⟨zeemanstaal⟩ **0.1** ***marinier*** **0.2** ***soldaat.***

'leath·er·wing ⟨telb.zn.⟩ **0.1** ***vleermuis.***

leath·er·y ['leð(ə)ri] ⟨f1⟩ ⟨bn.⟩ **0.1** ***leerachtig*** ⇒*op leer lijkend;* ⟨i.h.b.⟩ *gelooid, verweerd* **0.2** ***leerachtig*** ⇒*taai* ⟨mbt. vlees, e.d.⟩.

leave[1] [li:v] ⟨f3⟩ ⟨zn.⟩
I ⟨telb.zn.⟩ **0.1** ***verlof*** ⇒*periode v. vakantie/geoorloofde afwezigheid* **0.2** ⟨vnl. enk.⟩ ***vakantie*** ⇒⟨i.h.b.⟩ *verlof* ⟨v. militairen⟩ ◆ **6.2 on** ~ *met verlof;*
II ⟨n.-telb.zn.⟩ **0.1** ***toestemming*** ⇒*permissie, verlof* **0.2** ***verlof*** ⇒*vrij* ⟨i.h.b. mbt. overheid/leger⟩ ◆ **1.1** ~ of absence *verlof, vrij, vakantie;* ~ of absence without pay *onbetaald verlof;* ⟨B.⟩ *verlof zonder wedde* **1.¶** have you taken ~ of your senses? *ben je nu helemaal gek geworden?* **3.1** I beg ~ to disagree *met uw welnemen/met permissie/neemt u mij niet kwalijk, maar ik ben het daar niet mee eens;* take ~ to *(het) wagen/de vrijheid nemen te* **3.¶** take (one's) ~ (of s.o.) *(iem.) gedag/vaarwel zeggen; weggaan (bij/van iem.)* **6.1 by/with** your ~ *met uw permissie;* ⟨inf.⟩ without a **'by** your ~' or a **'with** your ~' *zo maar, ongevraagd, zonder zelfs maar toestemming te vragen.*

leave[2] →leaf.

leave[3] ⟨f4⟩ ⟨ww.; left, left [left]⟩ ⟨→sprw. 382⟩
I ⟨onov. en ov.ww.⟩ **0.1** ***weggaan (bij/van)*** ⇒*verlaten, vertrekken (bij/van);* ⟨bij uitbr.⟩ *afraken van* ◆ **1.1** ~ a firm *weggaan/zijn ontslag nemen bij een bedrijf;* ~ the rails *ontsporen;* ~ the road *van de weg raken;* ~ school *van school af gaan;* it's time for you to ~/time you left *het wordt je tijd/tijd dat je weggaat;* ~ the track *uit zijn baan raken;* ~ one's wife *bij zijn vrouw weggaan* **5.1** I must ~ early *ik moet vroeg weg* **5.¶** →leave **off** **6.1** leave **for** *vertrekken naar, weggaan naar;* ~ (home) **for** work *(van huis) naar zijn werk vertrekken;*
II ⟨ov.ww.⟩ **0.1** ***laten liggen/staan*** ⇒*achterlaten, vergeten* **0.2** ***laten staan*** ⇒*onaangeroerd laten* **0.3** ***overlaten*** ⇒*doen resteren/overblijven* **0.4** ***afgeven*** ⇒*achterlaten* **0.5** ***toevertrouwen*** ⇒*achterlaten, deponeren, in bewaring geven* **0.6** ***nalaten*** ⇒*achterlaten* **0.7** ***laten liggen*** ⇒*(aan een bepaalde zijde) passeren* ◆ **1.1** ~ one's umbrella *zijn paraplu vergeten/laten liggen/laten staan* **1.2** ~ one's food *zijn eten laten staan* **1.4** ~ a note for s.o. *een boodschap voor iem. achterlaten* **1.6** ~ two children *twee kinderen achterlaten;* ~ (s.o.) a fortune *(iem.) een vermogen nalaten;* ~ an impression *een indruk achterlaten* **2.2** ~ (sth.) undone *(iets) ongedaan laten/nalaten;* ~ (sth.) unsaid *over iets zwijgen* **2.¶** ~/let severely alone *ergens zijn handen niet aan willen vuil maken;* ⟨scherts.⟩ *ergens zijn vingers niet aan willen branden* **3.3** ~ much /a lot/sth./nothing to be desired *veel/een hoop/iets/niets te wensen over laten* **3.¶** ~ her be *laat haar maar;* ~ (s.o./sth.) be *(iem.) met rust laten, (iets) laten rusten;* ~ s.o. standing *beter zijn dan iem., iem. achter zich laten, iem. in de schaduw stellen; sneller vooruitkomen dan iem.* **4.¶** ~ it at that *het er (maar) bij laten; er (verder) het zwijgen toe doen;* ~ s.o. on his own *iem. in de steek laten* **5.1** ~ **about/around** *laten (rond)slingeren* **5.2** ~ open *open laten staan* **5.6** be well left *goed verzorgd achterblijven* **5.¶** ~ **aside** *buiten beschouwing laten, niet meerekenen/tellen;* →leave **behind;** ~ **in** *op zijn plaats laten, laten staan/zitten;* I wouldn't ~ that paragraph **in** *ik zou die alinea schrappen/eruit halen/niet handhaven;* ⟨inf.⟩ be nicely left *in de boot genomen worden; het kind v.d. rekening zijn;* →leave **on;** →leave **out;** →leave **over;** ~ photos **up** for another day *foto's nog een dag laten hangen;* I'll ~ it entirely **up** to you *ik laat het helemaal aan jou over* **6.1** ~ **for** *vaarwel zeggen voor, in de steek laten voor* **6.2** be left **with** *blijven zitten met, opgescheept worden/zitten met* **6.¶** ~ **to** *overlaten aan;* she was left **to** herself/it *ze werd aan haar lot overgelaten;* ~ it **to** me *laat het (maar) aan mij over;* ~ (people) **to** themselves *zich niet mengen in (andermans) aangelegenheden, zich niet bemoeien met (mensen)* **¶.3** four from six ~s two *zes min vier is twee* **¶.¶** left until called for ⟨ong.⟩ *poste-restante.*

'leave be'hind ⟨f1⟩ ⟨ov.ww.⟩ **0.1** ***thuis laten*** ⇒*niet meenemen;* ⟨i.h.b.⟩ *vergeten (mee te nemen)* **0.2** ***(alleen) achterlaten*** ⇒*in de steek laten* **0.3** ***nalaten*** ⇒*achterlaten* **0.4** ***achter zich laten*** ⇒*passeren* ◆ **1.2** John was left behind *John werd (alleen) achtergelaten.*

leaved →leafed.

leav·en[1] ['levn], ⟨vnl. in bet. I ook⟩ **leav·en·ing** ['levnɪŋ] ⟨zn.; leavening (oorspr.) gerund v. leaven⟩
I ⟨telb. en n.-telb.zn.⟩ **0.1** ***zuurdeeg*** ⇒*zuurdesem* ⟨ook fig.⟩ **0.2** ***toevoeging*** ⇒*zweem, spoor, aanwezigheid, gehalte* ◆ **6.2** her work still has a ~ **of** Victorian morality *in haar werk is nog altijd een Victoriaanse moraal aanwezig;*
II ⟨n.-telb.zn.⟩ **0.1** ***rijsmiddel*** ⇒*gist/bakpoeder.*

leaven[2] ⟨f1⟩ ⟨ov.ww.⟩ **0.1** ***gist/zuurdeeg toevoegen aan*** ⇒*zuren* **0.2** ***doen gisten*** ⇒*als gist/zuurdeeg werken op, gisting veroorzaken in* **0.3** ***doordringen*** ⇒*doortrekken, (gaandeweg) beïnvloeden;* ⟨i.h.b.⟩ *een heilzame werking hebben op, bevruchten.*

'leave 'off ⟨f1⟩ ⟨ww.⟩
I ⟨onov.ww.⟩ **0.1** ***ophouden*** ⇒*stoppen;*
II ⟨ov.ww.⟩ **0.1** ***uit laten*** ⟨kleding⟩ ⇒*niet meer dragen/aantrekken, in de kast laten* **0.2** ***staken*** ⇒*ophouden/stoppen met.*

'leave 'on ⟨ov.ww.⟩ **0.1** ***laten liggen/zitten (op)*** **0.2** ***aan laten (staan)*** ⇒*laten branden.*

'leave 'out ⟨f1⟩ ⟨ov.ww.⟩ **0.1** ***buiten laten (liggen/staan)*** **0.2** ***weglaten*** ⇒*overslaan, niet opnemen* **0.3** ***veronachtzamen*** ⇒*vergeten, over het hoofd zien* ◆ **6.¶** ~ **of** account/consideration *buiten beschouwing laten, geen rekening houden met.*

'leave 'over ⟨f1⟩ ⟨ov.ww.⟩ **0.1** ***(als rest) overlaten*** ⇒*laten staan* **0.2** ***(op de agenda) laten staan*** ⇒*uitstellen, verschuiven naar later datum.*

leav·er ['li:və||-ər] ⟨f1⟩ ⟨telb.zn.⟩ **0.1** ***iem. die vertrekt/weggaat/verlaat.***

leaves ⟨mv.⟩ →leaf.

'leave-tak·ing ⟨f1⟩ ⟨n.-telb.zn.⟩ **0.1** ***afscheid*** ⇒*vaarwel, vertrek, het afscheid nemen.*

'leav·ing cer·tif·i·cate ⟨telb.zn.⟩ ⟨BE⟩ **0.1** ***einddiploma*** ⇒*schooldiploma.*

'leaving examination ⟨telb.zn.⟩ ⟨BE⟩ **0.1** ***eindexamen***.

leav·ings ['li:vɪŋz] ⟨f1⟩ ⟨mv.⟩ **0.1** ***overschot*** ⇒*overblijfsel(en), rest (en), restant(en), afval;* ⟨i.h.b.⟩ *etensresten, kliekje(s).*

'leaving shop ⟨telb.zn.⟩ ⟨BE; sl.⟩ **0.1** ***illegale lommerd***.

Leb·a·nese[1] ['lebə'ni:z] ⟨f1⟩ ⟨telb.zn.; →mv. 4⟩ **0.1** ***Libanees*** ⇒*inwoner v. Libanon.*

Lebanese[2] ⟨f1⟩ ⟨bn.⟩ **0.1** ***Libanees*** ⇒*v./mbt. Libanon.*

le·bens·raum ['leɪbənzraʊm] ⟨telb.zn.; ook L-; vnl. enk.⟩ **0.1** ⟨gesch.⟩ ***Lebensraum*** **0.2** ***ruimte*** ⇒*mogelijkheden, expansie.*

lech[1] [letʃ] ⟨telb.zn.; vnl. enk.⟩ ⟨sl.⟩ **0.1** ***geilheid*** ⇒*hitsigheid* **0.2** ***geile uitspatting*** ⇒*geile gedachte/daad.*

lech[2] ⟨onov.ww.⟩ ⟨sl.⟩ **0.1** ***geilen*** ⇒*geil/hitsig zijn.*

lech·er ['letʃə‖-ər] ⟨f1⟩ ⟨telb.zn.⟩ **0.1** ***geile beer/bok*** ⇒*geilaard.*

lech·er·ous ['letʃərəs] ⟨f1⟩ ⟨bn.; -ly; -ness⟩ **0.1** ***wellustig*** ⇒*wulps, ontuchtig, liederlijk* **0.2** ***geil*** ⇒*hitsig.*

lech·er·y ['letʃəri] ⟨f1⟩ ⟨zn.; →mv. 2⟩
I ⟨telb.zn.⟩ **0.1** ***geile uitspatting*** ⇒*ontucht;*
II ⟨n.-telb.zn.⟩ **0.1** ***wellust*** ⇒*liederlijkheid* **0.2** ***wellustigheid*** ⇒*geilheid, hitsigheid.*

lec·i·thin ['lesɪθɪn] ⟨telb.zn.⟩ ⟨schei.⟩ **0.1** ***lecit(h)ine***.

lec·tern ['lektən‖-tərn] ⟨telb.zn.⟩ **0.1** ***lessenaar*** ⇒*katheder* ⟨ook kerk.⟩.

lec·tion ['lekʃn] ⟨telb.zn.⟩ **0.1** ***versie*** ⇒*(tekst)variant, lezing* **0.2** ⟨kerk.⟩ ***bijbel/schriftlezing*** ⇒*(voor)lezing.*

lec·tion·ar·y ['lekʃənri‖-neri] ⟨telb.zn.; →mv. 2⟩ ⟨kerk.⟩ **0.1** ***lectionarium***.

lec·tor ['lektɔ:‖'lektər] ⟨telb.zn.⟩ **0.1** ⟨kerk., i.h.b. R.-K.⟩ ***lector*** **0.2** ⟨kerk.⟩ ***voorlezer*** **0.3** →lecturer.

lec·tor·ate ['lektrət] ⟨telb.zn.⟩ **0.1** ⟨kerk.⟩ ***lectoraat*** ⇒*lectorsambt* **0.2** →lectureship.

lec·ture[1] ['lektʃə‖-ər] ⟨f3⟩ ⟨zn.⟩
I ⟨telb.zn.⟩ **0.1** ***lezing*** ⇒*verhandeling, voordracht* **0.2** ***(hoor)college*** ⇒*(openbare) les* **0.3** ***preek*** ⇒*berisping, reprimande, vermaning* ◆ **3.1** give/read a ~ *een lezing geven/houden* **3.3** read s.o. a ~ *iem. de les lezen* **6.1** a course of ~s **about/on** *een serie lezingen over* **6.2** ~s **on** literature *literatuurcolleges;*
II ⟨n.-telb.zn.⟩ **0.1** ***collegesysteem*** ⇒*hoorcolleges.*

lecture[2] ⟨f2⟩ ⟨ww.⟩
I ⟨onov. en ov.ww.⟩ **0.1** ***spreken (voor)*** ⇒*lezing(en) geven (voor), een voordracht houden (tot)* **0.2** ***college geven (aan)*** ⇒*onderrichten, les geven (aan)* ◆ **6.2** ~ (**to**) students **on** literature *literatuurcolleges geven aan studenten* **6.¶** ⟨inf.⟩ ~ **at** *de wind v. voren geven, preken tegen, onderhouden; betuttelen, bevaderen;*
II ⟨ov.ww.⟩ **0.1** ***de les lezen*** ⇒*een reprimande geven, een preek houden tegen* ◆ **6.1** ~ s.o. **for** sth. *iem. over iets de les lezen/onderhouden.*

lec·tur·er ['lektʃərə‖-ər] ⟨f2⟩ ⟨telb.zn.⟩ **0.1** ***spreker*** ⇒*houder v. lezing* **0.2** ***docent*** ⟨in het hoger onderwijs⟩.

lec·ture·ship ['lektʃəʃɪp‖-tʃər-] ⟨f1⟩ ⟨telb.zn.⟩ **0.1** ***docentschap*** ⟨in het hoger onderwijs⟩ **0.2** ***lezingenfonds/subsidie***.

lec·tur·ess ['lektʃərɪs] ⟨telb.zn.⟩ **0.1** ***spreekster***.

led [led] ⟨verl. t. en volt. deelw.⟩ →lead.

LED ⟨telb.zn.; afk.⟩ light-emitting diode **0.1** ***LED***.

ledge[1] [ledʒ] ⟨f2⟩ ⟨telb.zn.⟩ **0.1** ***richel*** ⇒*(uitstekende) rand/lijst* **0.2** ***richel*** ⇒*uitspringende rand* ⟨v. rots⟩ **0.3** ***rif*** ⇒*richel* ⟨in zee⟩ **0.4** ⟨mijnw.⟩ ***ertslaag*** ⇒*ader.*

ledge[2] ⟨ww.⟩ →ledged
I ⟨onov.ww.⟩ **0.1** ***een richel/rand vormen;***
II ⟨ov.ww.⟩ **0.1** ***v. (een) richel(s)/rand(en) voorzien*** **0.2** ***tot een richel/rand vormen*** **0.3** ***op een richel/rand plaatsen***.

ledged [ledʒd] ⟨bn.; volt. deelw. v. ledge⟩ **0.1** ***gerand*** ⇒*geribd, met richels/randen.*

ledg·er, ⟨in bet. 0.4, 0.5 en 0.6 ook⟩ **leg·er** ['ledʒə‖-ər] ⟨f1⟩ ⟨telb.zn.⟩ **0.1** ***grafplaat*** ⇒*platte grafsteen* **0.2** ***(dwars)balk*** ⟨v. steiger⟩ ⇒*legger* **0.3** ⟨boekhouden⟩ ***grootboek*** ⇒⟨AE ook⟩ *register* **0.4** →ledger bait **0.5** →ledger line **0.6** →ledger tackle.

'ledger bait, 'leger bait ⟨telb.zn.⟩ ⟨vis.⟩ **0.1** ***vastliggend aas*** ⇒*grondaas.*

'ledger line, 'leger line ⟨telb.zn.⟩ **0.1** ⟨muz.⟩ ***hulplijn*** **0.2** ⟨vis.⟩ ***grondaaslijn***.

'ledger tackle, 'leger tackle ⟨telb.zn.⟩ ⟨vis.⟩ **0.1** ***grondaastuig***.

lee [li:], ⟨in bet. I 0.3 ook⟩ **'lee side** ⟨f1⟩ ⟨zn.⟩
I ⟨telb.zn.; vaak the⟩ **0.1** ***luwte*** ⇒*beschutting* **0.2** ***beschutte plek*** ⇒*luwte* **0.3** ⟨scheep.⟩ ***lij(zijde)*** ◆ **6.1 under** the ~ **of** *in de luwte v.* **6.3 under** the ~ *onder de/aan lij;*
II ⟨mv.; ~s⟩ **0.1** ***droesem*** ⇒*drab, bezinksel* **0.2** ***afval*** ⇒*troep, rommel* ◆ **3.1** drink/drain to the ~s *tot de bodem leegdrinken* ⟨ook fig.⟩.

'lee·board ⟨telb.zn.⟩ ⟨scheep.⟩ **0.1** ***(zij)zwaard***.

leech[1] [li:tʃ] ⟨f1⟩ ⟨telb.zn.⟩ **0.1** ⟨dierk.⟩ ***bloedzuiger*** ⟨klasse Hirudinea⟩ ⇒⟨i.h.b.⟩ *medicinale bloedzuiger* ⟨Hirudo medicinalis⟩; ⟨fig.⟩ *uitzuiger, woekeraar, parasiet, profiteur, uitnemer* **0.2** ⟨schr.⟩ ***dokter*** ⇒*pil, tongkijker* **0.3** ⟨scheep.⟩ ***lijk*** ⇒*staande kant* ◆ **3.¶** cling/stick like a ~ (to) *niet weg te branden/slaan zijn (bij), zich vastklampen (aan).*

leech[2] ⟨ov.ww.⟩ **0.1** ⟨med.⟩ ***aderlaten met bloedzuigers*** ⇒*bloedzuigers aanleggen/zetten* **0.2** ⟨vero.⟩ ***genezen*** ⇒*helen.*

'leech·craft ⟨n.-telb.zn.⟩ ⟨schr.⟩ **0.1** ***heelkunde*** ⇒*artsenij.*

'leech rope ⟨telb.zn.⟩ ⟨scheep.⟩ **0.1** ***staand lijk***.

Lee-Enfield ['li:'enfi:ld] ⟨telb.zn.⟩ **0.1** ***Lee-Enfieldgeweer***.

lee ga(u)ge ['li: geɪdʒ] ⟨telb.zn.⟩ ⟨scheep.⟩ **0.1** ***lijzijde*** ⇒*lijkant* ◆ **3.1** have the ~ of *zich bevinden ter lijzijde v.*.

'lee helm ⟨telb.zn.⟩ ⟨scheep.⟩ **0.1** ***naar lij gerichte helmstok*** ⟨ter compensatie v. lijgierigheid⟩.

leek [li:k] ⟨f1⟩ ⟨telb.zn.⟩ ⟨plantk.⟩ **0.1** ***prei*** ⟨Allium porrum⟩ ⟨ook als nationaal symbool v. Wales⟩ ◆ **3.¶** eat the ~ *een vernedering moeten ondergaan, een belediging moeten slikken* ⟨naar Shakespeare⟩.

leer[1] [lɪə‖lɪr] ⟨f1⟩ ⟨telb.zn.⟩ **0.1** ***wellustige blik*** ⇒*verlekkerde blik* **0.2** ***wrede grijns*** ⇒*vuile blik, sluwe/boosaardige uitdrukking* **0.3** ***blik/grijns vol leedvermaak*** **0.4** →lehr.

leer[2] ⟨f1⟩ ⟨onov.ww.⟩ **0.1** ***loeren*** ⇒*schuinse blikken werpen, vuil grijnzen, sluw/kwaadaardig kijken* **0.2** ***verlekkerd kijken*** ⇒*wellustige blikken werpen* ◆ **6.2** ~ **at** the neighbour's wife *geile blikken werpen/gluren naar de buurvrouw.*

leer·y, lear·y ['lɪəri‖'lɪri] ⟨bn., pred.; -er; →compar. 7⟩ ⟨inf.⟩ **0.1** ***voorzichtig*** ⇒*op zijn hoede, wantrouwig* **0.2** ***uitgekookt*** ⇒*link, sluw* ◆ **6.1** she was ~ **of** him *ze vertrouwde hem voor geen cent.*

'lee 'shore ⟨telb.zn.⟩ ⟨scheep.⟩ **0.1** ***lagerwal*** ⇒*kust aan lijzijde.*

leet [li:t] ⟨telb.zn.⟩ **0.1** ⟨gesch.⟩ ⟨ong.⟩ ***bevoegdheid/rechtsgebied v. ambachtsheerlijke rechtbank*** ⟨in Engeland⟩ **0.2** ⟨Sch. E⟩ ***voordracht*** ⇒*(geselecteerde) kandidatenlijst, (twee/zes)tal.*

'lee 'tide ⟨telb.zn.⟩ ⟨scheep.⟩ **0.1** ***door de wind versterkte vloed***.

lee·ward[1] ['li:wəd, 'lu:əd‖-ərd] ⟨n.-telb.zn.⟩ ⟨scheep.⟩ **0.1** ***lijzijde*** ⇒*beschutte zijde, kant waarheen de wind waait* ◆ **6.1 on** the ~ *aan lij;* **on** the ~ **of** *ter lijzijde v.;* **to** ~ *naar lij.*

leeward[2] ⟨bn.⟩ ⟨scheep.⟩ **0.1** ***lij-*** ⇒*aan lij, benedenwinds* **0.2** ***lijwaarts*** ⇒*naar lij.*

leeward[3] ⟨bw.⟩ ⟨scheep.⟩ **0.1** ***lijwaarts*** ⇒*naar lij.*

'Leeward Islands ⟨mv.⟩ **0.1** ***Leeward Islands*** ⇒*Noordelijke kleine Antillen* ⟨o.a. St. Thomas, St. Eustatius, Guadaloupe, Britse Maagdeneilanden⟩ **0.2** ***Leeward Islands*** ⇒*Westelijke Genootschapseilanden* ⟨o.a. Huahiné, Tahas, Maupiti⟩ **0.3** ⟨gesch.⟩ ***Leeward Islands*** ⟨voormalige Eng. kolonie, bestaande uit o.a. Antigua, Montserrat, St. Kitts, Nevis, Maagdeneilanden⟩.

lee·ward·ly ['li:wədli‖-wərd-] ⟨bn.⟩ ⟨scheep.⟩ **0.1** ***lijgierig***.

'lee·way ⟨f1⟩ ⟨telb. en n.-telb.zn.⟩ **0.1** ⟨BE⟩ ***verlies v. voordeel/voorsprong*** ⇒⟨i.h.b.⟩ *oponthoud, tijdverlies* **0.2** ***(extra) speelruimte*** ⇒*speling, toelaatbare afwijking;* ⟨AE⟩ *veiligheidsmarge* **0.3** ⟨scheep.⟩ ***wraak*** ⇒*drift, verlijerde/afgevallen afstand, het verlijeren/afvallen* **0.4** ⟨lucht.⟩ ***wraak*** ⇒*koersafwijking, het uit de koers raken* ⟨door wind, e.d.⟩ ◆ **3.¶** make up ~ *uit slechte positie terugkomen; verloren tijd goedmaken, zijn schade inhalen;* have much ~ to make up *erg achter(op) zijn met zijn werk, veel (werk) in te halen hebben.*

left[1] [left] ⟨f3⟩ ⟨zn.⟩
I ⟨telb.zn.⟩ **0.1** ***linkerhand*** ⇒⟨bij uitbr.⟩ ⟨bokssport⟩ *linkse* **0.2** ⟨dram.⟩ ***linkerzijde v. toneel*** ⟨v. daaruit gezien⟩ **0.3** ***linkse draai*** **0.4** ***linkervleugel*** ⟨v. leger⟩ ◆ **2.1** straight ~ *linkse directe;*
II ⟨n.-telb.zn.⟩ **0.1** ⟨the⟩ ***linkerkant/zijde*** ⇒*links, linkerhand* **0.2** ⟨the⟩ ***linkervoet*** ⟨bij marcheren⟩ ◆ **3.1** keep to the ~ *links houden; links aanhouden;* turn to the ~ *links afslaan* **6.1 on** your ~ *aan uw linkerhand, links van u* **6.¶** ⟨sl.⟩ **over** the ~ *maar niet heus, het tegendeel bedoelend;*
III ⟨n.-telb.zn., verz.n.; vaak L-; the⟩ **0.1** ⟨pol.⟩ ***links*** ⇒*de progressieven, de linkerzijde* **0.2** ***linkervleugel*** ⇒*vooruitstrevend deel v.e. groepering* ◆ **3.1** move to the ~ *naar links opschuiven, progressiever worden.*

left[2] ⟨f3⟩ ⟨bn.; ook -er⟩ ⟨→sprw. 387⟩
I ⟨bn.; ook L-⟩ **0.1** ***links*** ⇒*vooruitstrevend, progressief* ◆ **3.1** vote ~ *links stemmen;*
II ⟨bn., attr.⟩ **0.1** ***linker*** ⇒*links* ◆ **1.1** ~ bank *linkeroever;* ⟨honkbal⟩ ~ field *linksveld;* ⟨fig.⟩ *marginale positie;* ~ hand *linkerhand;* ~ side *linkerkant/zij(de);* ~ turn *linkse draai;* ⟨i.h.b.⟩ *kwartslag naar links* **1.¶** ⟨kaartspel, i.h.b. euchre⟩ ~ bower *boer v.d. kleur v. troefboer;* have two ~ feet *onhandig zijn;* with the ~ hand *met de linkerhand, morganatisch;* ⟨sl.⟩ over the ~ shoulder *maar niet heus, het tegendeel bedoelend* **6.1 at/on/to** one's ~ hand *aan zijn linkerhand.*

left[3] ⟨verl. t. en volt. deelw.⟩ →leave.

left[4] ⟨f3⟩ ⟨bw.⟩ **0.1** ***links*** ⇒*aan de linkerzijde, aan zijn linkerhand* **0.2** ***naar links*** ⇒*linksaf, linksom* ◆ **3.2** turn ~ *linksaf slaan* **5.1** ~ and right *links en rechts, overal, aan alle kanten.*

'left-'back ⟨telb.zn.⟩⟨sport⟩ **0.1** ***linksachter***.
'left fielder ⟨telb.zn.⟩⟨honkbal⟩ **0.1** ***linksvelder***.
'left'foot·ed ⟨f1⟩⟨bn.;-ness⟩ **0.1** ⟨sport⟩ ***links(benig)*** ⟨v. voetballer⟩ **0.2** ***onhandig***.
'left-'foot·er ⟨telb.zn.⟩⟨voetbal⟩ **0.1** ***linkse schuiver***.
'left-hand ⟨f2⟩⟨bn., attr.⟩ **0.1** ***links*** ⇒*linker* **0.2** ***links geslagen*** ⟨v. touw⟩ **0.3** ***links*** ⇒*bedoeld voor linkshandigen* ◆ **1.1** ~ bend *linkse bocht, bocht naar links;* ~ blow *linkse, slag met de linkerhand/vuist;* ~ drive *linkse besturing* ⟨v. auto⟩; ~ page *linkerpagina;* ~ screw *linkse schroef, schroef met linkse draad;* ~ side of a street *linkerkant v.e. straat*.
'left-'hand·ed[1] ⟨f2⟩⟨bn.;-ly;-ness⟩ **0.1** ***links*** ⇒*linkshandig* **0.2** ***links*** ⇒*onhandig* **0.3** ***dubbelzinnig*** ⇒*dubieus, twijfelachtig, bedrieglijk, onoprecht, vals* **0.4** ***morganatisch*** ⇒*met de linkerhand* **0.5** ***links*** ⇒*bedoeld voor linkshandigen* **0.6** ***links(draaiend)*** ⇒*tegen de wijzers v.d. klok in* **0.7** ⟨sl.⟩ ***onwettig*** ⇒*clandestien, onregelmatig* **0.8** ⟨sl.⟩ ***homoseksueel*** ⇒*van het handje* ◆ **1.1** ~ blow *linkse, slag met de linkerhand/vuist* **1.3** ~ compliment *dubieus compliment* **1.4** ~ marriage *huwelijk met de linkerhand* **1.5** ~ scissors *schaar voor linkshandigen* **1.6** ~ screw *linkse schroef, schroef met linkse draad* **¶.1** be ~ *links(handig) zijn*.
left-handed[2] ⟨bw.⟩ **0.1** ***links*** ⇒*met de linkerhand*.
'left-'hand·er ⟨f1⟩⟨telb.zn.⟩ **0.1** ***linkshandige*** ⇒⟨sport⟩ *linkshandige speler/werper* **0.2** ***linkse*** ⇒*slag met de linkerhand/vuist*.
left·ish ['leftɪʃ]⟨bn.⟩⟨inf.⟩ **0.1** ***(politiek) linksig*** ⇒*naar links lonkend, met links flirtend*.
left·ism ['leftɪzm]⟨n.-telb.zn.; ook L-⟩⟨pol.⟩ **0.1** ***linkse ideologie*** ⇒*ideologie v. links, linkse denkbeelden, links beleid*.
left·ist[1] ['leftɪst]⟨f1⟩⟨telb.zn.; ook L-⟩⟨pol.⟩ **0.1** ***progressief*** ⇒*radicaal, socialist, links denkende*.
leftist[2] ⟨f1⟩⟨bn.⟩⟨pol.⟩ **0.1** ***links*** ⇒*progressief, vooruitstrevend, radicaal*.
'left-lean·ing ⟨bn.⟩⟨pol.⟩ **0.1** ***naar links neigend***.
'left 'luggage office ⟨f1⟩⟨telb.zn.⟩⟨BE⟩ **0.1** ***bagagedepot***.
left·most ['leftmoʊst]⟨f1⟩⟨bn.⟩ **0.1** ***meest links*** ⇒*uiterst links*.
left·o·ver ['leftoʊvə‖-ər]⟨bn.⟩ **0.1** ***over(gebleven)*** ⇒*resterend, ongebruikt*.
left·o·vers ['leftoʊvəz‖-ərz]⟨f1⟩⟨mv.⟩ **0.1** ***(etens)restjes*** ⇒*kliekje(s)* **0.2** ***kliekjesmaaltijd***.
left·ward ['leftwəd‖-wərd]⟨bn.⟩ **0.1** ***links*** ⇒*linker* **0.2** ***links*** ⇒*naar links*.
left·wards ['leftwədz‖-wərdz], ⟨AE⟩ **leftward** ⟨bw.⟩ **0.1** ***links*** ⇒*aan de linkerkant/zijde* **0.2** ***linksaf*** ⇒*naar links, linksom*.
'left 'wing ⟨f1⟩⟨zn.; in bet. III ook L- W-⟩
I ⟨telb.zn.⟩⟨sport⟩ **0.1** ***linkervleugelspeler*** ⇒⟨i.h.b.⟩ *linksbuiten, linkerspits;*
II ⟨n.-telb.zn.; the⟩⟨mil., sport⟩ **0.1** ***linkervleugel;***
III ⟨verz.n.; the⟩⟨pol.⟩ **0.1** ***linkervleugel*** ⇒*vooruitstrevend deel* ⟨i.h.b. v. linkse partij⟩ **0.2** ***links*** ⇒*de progressieven, de linkerzijde*.
'left-'wing·er ⟨f1⟩⟨telb.zn.⟩⟨pol.⟩ **0.1** ***lid v.d. linkervleugel***.
left·y ['lefti]⟨f1⟩⟨telb.zn.; →mv. 2⟩⟨inf.⟩ **0.1** ***linkshandige*** ⟨i.h.b. honkbalwerper⟩ **0.2** ***linker(hand)schoen*** **0.3** ***voorwerp voor gebruik met linkerhand*** **0.4** ⟨pol.⟩ ***lid v.d. linkervleugel***.
leg[1] [leg], ⟨in bet. I 0.6 ook⟩ **'leg side** ⟨f3⟩⟨zn.⟩⟨→sprw. 635⟩
I ⟨telb.zn.⟩ **0.1** ***been*** ⟨v. mens⟩ ⇒⟨i.h.b.⟩ *onderbeen;* ⟨bij uitbr.⟩ *kunstbeen* **0.2** ***poot*** ⟨v. dier⟩ ⇒⟨i.h.b.⟩ *achterpoot* **0.3** ***beengedeelte v. kledingstuk*** ⇒*been* ⟨v. kous⟩; *(broeks)pijp* **0.4** ***poot*** ⟨v. meubel, e.d.⟩ ⇒*stut* **0.5** ⟨ben. voor⟩ ***gedeelte (v. groter geheel)*** ⇒*etappe* ⟨v. reis, wedstrijd, e.d.⟩; *estafetteonderdeel* ⟨zoals afgelegd door één ploeglid⟩; *manche* ⟨v. wedstrijd⟩; ⟨bridge⟩ *eerste manche v. robber;* ⟨scheep.⟩ *slag* ⟨gevaren afstand zonder te wenden⟩; ⟨scheep.⟩ *rak* **0.6** ⟨cricket⟩ ***helft v.h. veld aan de linkerkant v.e. rechtshandige batsman (en omgekeerd)*** ⟨t.o.v. wicket⟩ **0.7** ***been*** ⟨v. gevorkt voorwerp⟩ **0.8** ⟨wisk.⟩ ***been*** ⇒*opstaande zijde* ⟨v. driehoek⟩ ◆ **2.1** wooden ~ *houten been* **3.¶** feel/find one's ~s *leren staan; leren lopen;* get s.o. back on his ~s *iem. weer op de been/er weer bovenop helpen;* ⟨sl.⟩ get a/one's ~ over *er overheen gaan, neuken;* give s.o. a ~ up *iem. een voetje geven/helpen opstijgen;* ⟨fig.⟩ *iem. een zetje geven/handje helpen;* keep one's ~s *op de been blijven, zich staande houden;* pull s.o.'s ~ *iem. voor de gek houden, iem. in de maling nemen;* ⟨sl.⟩ *door bedrog een gunst krijgen;* recover one's ~s *weer overeind komen/krabbelen;* run s.o. off his ~s *iem. geen seconde met rust laten; iem. zich het vuur uit de sloffen laten lopen; iem. afpeigeren;* ⟨inf.⟩ shake a ~ *aan de slag gaan; opschieten;* ⟨vero.⟩ *met de voetjes van de vloer gaan, dansen;* ⟨inf.⟩ show a ~ *zijn bed uit komen;* ⟨geb. w.⟩ *schiet eens op; doe eens wat, laat je handjes eens wapperen;* not have a ~ to stand on *geen been/poot hebben om op te staan, volkomen ongelijk hebben;* stand on one's own ~s *op eigen benen staan;* stretch one's ~s *de benen strekken;* take to one's ~s *zich uit de voeten maken, de benen nemen;* walk one's ~s off *zich het vuur uit de sloffen lopen;* walk s.o. off his ~s *iem. laten lopen tot hij erbij neervalt* **5.¶** be all ~s *slungelig zijn, uit zijn krachten gegroeid zijn* **6.¶** have the ~s **of** s.o. *iem. te snel af zijn, sneller zijn dan iem.;* **off** one's ~s *zijn gemak ervan nemend;* be never **off** one's ~s *altijd in touw zijn;* be (up) **on** one's ~s *op de been zijn, (lang) niet gezeten hebben;* be/get (up) **on** one's ~s/⟨scherts.⟩ hind ~s *opgestaan zijn/opstaan* ⟨i.h.b. om het woord te voeren⟩; *(weer) op de been zijn/komen* **7.¶** ⟨inf.⟩ have no ~s *geen vaart genoeg hebben* ⟨bv. v. bal⟩;
II ⟨telb. en n.-telb.zn.⟩⟨cul.⟩ **0.1** ***poot*** ⟨i.h.b. v. gevogelte⟩ **0.2** ***bout*** ⟨i.h.b. v. kalf/lam/schaap⟩ **0.3** ***schenkel*** ◆ **1.2** ~ of mutton *schapebout* **1.3** ~ of veal *kalfsschenkel;*
III ⟨n.-telb.zn.⟩⟨cricket⟩ **0.1** ***veldhelft aan linkerzijde v. rechtshandige batsman (en omgekeerd)*** ⟨t.o.v. wicket⟩ ⇒⟨bij uitbr.⟩ *veldpositie aan batsmanzijde* ◆ **1.¶** ~ before wicket *uit wegens obstructie v. wicket* ⟨met ander lichaamsdeel dan hand⟩ **3.1** hit to ~ *naar links* ⟨v. rechtshandige batsman/⟩ *rechts* ⟨v. linkshandige batsman⟩ *slaan*.
leg[2] ⟨f1⟩⟨ww.; →ww. 7⟩
I ⟨onov.ww.⟩ **0.1** ***benen*** ⇒*vlug lopen* **0.2** ***zich het vuur uit de sloffen lopen*** ⇒*zich uit de naad lopen* **0.3** ***zich met de voeten voortduwen*** ⟨in boot⟩;
II ⟨ov.ww.⟩ **0.1** ***met de voeten voortduwen*** ⟨boot⟩ ◆ **4.¶** ~ it *de benen nemen, zich uit de voeten maken, ervandoor gaan; te voet gaan*.
leg[3] ⟨afk.⟩ legal, legate, legato, legislation, legislative, legislature.
leg·a·cy ['legəsi]⟨f2⟩⟨telb.zn.; →mv. 2⟩ **0.1** ***erfenis*** ⇒⟨i.h.b.⟩ *legaat, (testamentaire) (erf)lating/making* **0.2** ***erfenis*** ⟨ook fig.⟩ ⇒*nalatenschap; blijvend resultaat*.
'legacy hunter ⟨telb.zn.⟩ **0.1** ***erfenisjager***.
le·gal[1] ['li:gl]⟨telb.zn.; vnl. mv.⟩⟨verk.⟩ legal investment ⟨geldw.⟩ **0.1** ***wettelijke toegestane belegging*** ⟨i.h.b. voor vermogenbeheerders, spaarbanken, e.d.⟩.
legal[2] ⟨f3⟩⟨bn.;-ly⟩
I ⟨bn.⟩ **0.1** ***wettig*** ⇒*legaal, rechtsgeldig, legitiem, rechtmatig, conform de wet, wettelijk toegestaan* **0.2** ***wettelijk*** ⇒*krachtens/volgens de wet, wettelijk erkend/verplicht* **0.3** ⟨theol.⟩ ***wettisch*** ⇒*mbt. de Mozaïsche wet* **0.4** ⟨theol.⟩ ***werkheilig*** ◆ **1.1** ~ age *(wettelijke) meerderjarigheid;* ~ tender *wettig betaalmiddel* **1.2** have ~ access *recht op/v. toegang hebben;* ~ fare *wettelijk (vervoer)tarief;* ⟨AE⟩ ~ holiday *erkende feestdag;* ~ offence *strafbaar feit, delict;* ~ person *rechtspersoon;* ~ separation *scheiding v. tafel en bed;* ~ status (of a company) *rechtspersoonlijkheid* **3.1** could he ~ly do that? *had hij het recht dat te doen?;*
II ⟨bn., attr.⟩ **0.1** ***juridisch*** ⇒*gerechtelijk, rechtskundig* ◆ **1.1** take ~ action/proceedings against s.o. *gerechtelijke stappen tegen iem. ondernemen;* ~ advice/aid *juridisch(e) advies/bijstand;* ~ adviser/representative *(juridisch) raadsman, advocaat;* ⟨BE⟩ (free) ~ aid *kosteloze rechtsbijstand;* ~ charges *kosten voor rechtsbijstand, advocatenkosten;* ⟨AE; sl.⟩ ~ eagle/beagle *agressieve/listige advocaat;* ⟨jur.⟩ ~ fiction *wettelijke fictie;* ⟨bij uitbr.⟩ *fictie, aanname ter wille v. betoog;* the ~ profession *de juridische stand;* ~ term *wets/rechtsterm*.
le·gal·ism ['li:gəlɪzm]⟨zn.⟩
I ⟨telb.zn.⟩ **0.1** ***dode letter;***
II ⟨n.-telb.zn.⟩ **0.1** ***legalisme*** ⇒*wettischheid, wetsverheerlijking* **0.2** ***formalisme*** ⇒*bureaucratie* **0.3** ⟨theol.⟩ ***legalisme*** ⇒*het stellen v.d. Mozaïsche wet boven het evangelie* **0.4** ⟨theol.⟩ ***werkheiligheid*** **0.5** ⟨vaak L-⟩⟨fil.⟩ ***legalisme*** ⟨Chinese richting; i.t.t. confucianisme⟩.
le·gal·ist ['li:gəlɪst]⟨telb.zn.⟩ **0.1** ***legalist*** ⇒*wettisch persoon, wetsverheerlijker* **0.2** ***formalist*** ⇒*bureaucraat* **0.3** ⟨theol.⟩ ***wettisch christen*** **0.4** ⟨theol.⟩ ***aanhanger v.d. werkheiligheid*** **0.5** ⟨vaak L-⟩⟨fil.⟩ ***legalist*** ⟨i.t.t. confucianist⟩.
le·gal·is·tic ['li:gə'lɪstɪk]⟨bn.;-ally; →bijw. 3⟩ **0.1** ***legalistisch*** ⇒*wettisch* **0.2** ***formalistisch*** ⇒*bureaucratisch* **0.3** ⟨theol.⟩ ***wettisch*** ⇒*conform de Mozaïsche wet* **0.4** ⟨theol.⟩ ***werkheilig*** **0.5** ⟨vaak L-⟩⟨fil.⟩ ***legalistisch*** ⟨i.t.t. confucianistisch⟩.
le·gal·i·ty [lɪ'gæləṭi]⟨f1⟩⟨zn.; →mv. 2⟩
I ⟨telb.zn.⟩ **0.1** ***wettelijk(e) beletsel/vereiste/verplichting;***
II ⟨n.-telb.zn.⟩ **0.1** ***wettigheid*** ⇒*rechtsgeldigheid, rechtmatigheid, legaliteit* **0.2** ***legalisme*** ⇒*wettischheid, wetsverheerlijking* **0.3** ***formalisme*** ⇒*bureaucratie* **0.4** ⟨theol.⟩ ***legalisme*** ⇒*het stellen v.d. Mozaïsche wet boven het evangelie* **0.5** ⟨theol.⟩ ***werkheiligheid***.
le·gal·i·za·tion, -sa·tion ['li:gəlaɪ'zeɪʃn‖-lə'zeɪʃn]⟨f1⟩⟨telb. en n.-telb.zn.⟩ **0.1** ***legalisatie*** ⇒*wettelijke bekrachtiging*.
le·gal·ize, -ise ['li:gəlaɪz]⟨f1⟩⟨ov.ww.⟩ **0.1** ***legaliseren*** ⇒*wettig maken, wettigen, sanctioneren, wettelijk bekrachtigen/toestaan*.
'le·gal-size ⟨bn., attr.⟩ **0.1** ***van wettelijk/voorgeschreven formaat***.
leg·ate[1] ['legət]⟨telb.zn.⟩ **0.1** ***legaat*** ⇒*pauselijk gezant* **0.2** ***legatielid***

⇒*gezantschapsattaché* **0.3** ⟨gesch.⟩ ***legaat*** ⇒*legatus (legionis)* ⟨Romeins legioenscommandant⟩, *legatus (Augusti)* ⟨Romeins onderstadhouder⟩ **0.4** ⟨vero.⟩ ***gezant*** ⇒*ambassadeur*.

legate[2] [lɪ'geɪt]⟨ov.ww.⟩ **0.1** ***vermaken*** ⇒⟨i.h.b.⟩ *legateren, bij testament vermaken*.

legate a la·te·re ['legət ɑ: 'lætəreɪ‖-'lɑṭəreɪ]⟨telb.zn.⟩⟨R.-K.⟩ **0.1** ***legatus a latere*** ⇒*buitengewoon pauselijk gezant* ⟨met speciale opdracht⟩.

leg·a·tee ['legə'ti:]⟨telb.zn.⟩ **0.1** ***legataris*** ⇒*ontvanger v. legaat*.

leg·ate·ship ['legətʃɪp]⟨telb. en n.-telb.zn.⟩ **0.1** ***legatie*** ⇒*legaatschap;* ⟨i.h.b. pauselijk⟩ *gezantschap*.

leg·a·tine ['legəti:n, -taɪn]⟨bn.⟩ **0.1** ***mbt. pauselijk gezant***.

le·ga·tion [lɪ'geɪʃn]⟨zn.⟩
I ⟨telb.zn.⟩ **0.1** ***legatie*** ⇒*gezantschap* **0.2** ***legatiegebouw*** ⇒*gezantschapsgebouw, gezantswoning* **0.3** ***legatie*** ⇒*gezantschapspersoneel* **0.4** ***gezantsmissie / opdracht;***
II ⟨n.-telb.zn.⟩ **0.1** ***afvaardiging als gezant***.

le·ga·to[1] [lɪ'gɑ:toʊ]⟨telb.zn.⟩⟨muz.⟩ **0.1** ***legato*** ⇒*gebonden gespeelde passage*.

legato[2] ⟨bn.; bw.⟩⟨muz.⟩ **0.1** ***legato*** ⇒*ligato, gebonden*.

le·ga·tor [lɪ'geɪtə‖lɪ'geɪṭər]⟨telb.zn.⟩ **0.1** ***erflater / laatster*** ⇒*testateur / trice;* ⟨i.h.b.⟩ *legator, legatant*.

'leg bail ⟨telb.zn.⟩ **0.1** ***vlucht*** ◆ **3.1** give / take ~ *zich uit de voeten maken, de benen nemen, ervandoor gaan*.

'leg-break ⟨telb.zn.⟩⟨cricket⟩ **0.1** ***curve v. batsman vandaan*** ⟨in wicketrichting⟩.

'leg 'bye ⟨telb.zn.⟩⟨cricket⟩ **0.1** ***extra run*** ⟨run gemaakt op een bal die batsman's lichaam geraakt heeft⟩.

leg·end ['ledʒənd]⟨f2⟩⟨zn.⟩
I ⟨telb.zn.⟩ **0.1** ***randschrift*** ⇒*omschrift, legende* ⟨op munt⟩ **0.2** ***inscriptie*** ⇒*motto, opschrift, legende* ⟨op medaille / munt⟩ **0.3** ***onderschrift*** ⇒*legende, opschrift* **0.4** ***legende*** ⇒*verklaring der tekens* ⟨bv. v. landkaart⟩ **0.5** ***legende*** ⇒*legendarisch figuur* **0.6** ⟨druk.⟩ ***legende*** ⇒*onderschrift; sprekende kop* **0.7** ⟨gesch., relig.⟩ ***(heiligen)legende*** ⇒*heiligenleven* ◆ **7.7** the (Golden) Legend *Gulden legende, Legenda aurea;*
II ⟨telb. en n.-telb.zn.⟩ **0.1** ***(volks)overlevering*** ⇒*legende, volksverhaal* ◆ **1.1** ~s of King Arthur *Arthur-romans* **6.1** a character famous **in** ~ *een beroemde figuur uit de legenden*.

leg·en·dar·y ['ledʒəndri‖-deri]⟨f2⟩⟨bn.⟩ **0.1** ***legendarisch*** ⇒*legende-* **0.2** ***legendarisch*** ⇒*befaamd, fabelachtig, fameus, vermaard*.

leg·end·ry ['ledʒəndri]⟨n.-telb.zn.⟩ **0.1** ***de legenden***.

leger →ledger.

leg·er·de·main ['ledʒədə'meɪn‖-dʒər-]⟨n.-telb.zn.⟩ **0.1** ***vingervlugheid*** ⇒*gegoochel, hocus-pocus* **0.2** ***gegoochel met woorden*** ⇒*redeneertrucs, mooipraterij, rookgordijn* ◆ **2.2** statistical ~ *gegoochel met cijfers*.

leger line →ledger line.

-leg·ged [legd, 'legɪd] **0.1** ***-benig*** ◆ **¶.1** three-legged *driebenig*.

leg·ger ['legə‖-ər]⟨telb.zn.⟩ **0.1** ***voortduwer v. schip*** ⟨met de voet⟩ **0.2** →legman **0.3** ⟨verk.⟩ ⟨bootlegger⟩.

leg·ging ['legɪŋ]⟨f1⟩⟨telb.zn.; vnl. mv.⟩ **0.1** ***beenkap*** ⇒*beenbeschermer;* ⟨i.h.b.⟩ *scheenbeschermer* **0.2** ⟨mv.⟩ ***doorwerkbroek*** ⇒*werkbroek* ⟨over gewone broek als bescherming⟩.

'leg guard ⟨telb.zn.⟩⟨sport⟩ **0.1** ***beenbeschermer***.

leg·gy ['legi]⟨f1⟩⟨bn.; -er; -ness; →bijw. 3⟩ **0.1** ***langbenig*** ⇒*hoogpotig, opgeschoten, slungelig* **0.2** ⟨inf.⟩ ***langbenig*** ⇒*met (mooie) lange benen* ⟨v. vrouw⟩ **0.3** ***doorgeschoten*** ⟨v. plant⟩.

leg·horn ['leghɔ:n⟨in bet. II 0.2⟩le'gɔ:n‖-hɔrn⟨in bet. II 0.2⟩'legərn]⟨zn.⟩
I ⟨eig.n.; L-⟩ **0.1** ***Livorno;***
II ⟨telb.zn.⟩ **0.1** ***strooien hoed*** **0.2** ⟨ook L-⟩ ***leghorn*** ⟨kip⟩;
III ⟨n.-telb.zn.⟩ **0.1** ***hoedenstro***.

leg·i·bil·i·ty ['ledʒə'bɪləṭi]⟨f1⟩⟨n.-telb.zn.⟩ **0.1** ***leesbaarheid***.

leg·i·ble ['ledʒəbl]⟨f1⟩⟨bn.; -ly; -ness; →bijw. 3⟩ **0.1** ***leesbaar*** ⇒*duidelijk, gemakkelijk te ontcijferen* ◆ **5.1** hardly ~ *haast niet te lezen*.

le·gion ['li:dʒən]⟨f2⟩⟨telb.zn.⟩ **0.1** ***legioen*** **0.2** ***legioen*** ⇒*menigte, massa, leger* **0.3** ⟨vaak L-⟩⟨gesch.⟩ ***legioen*** ⇒*krijgsmacht, keurbende* ◆ **1.1** Legion of Honour *Legioen v. Eer;* Legion of Merit *Legioen v. Verdienste* ⟨Am. mil. onderscheiding⟩ **1.2** ⟨schr. of vero.⟩ their name is Legion / they are ~ *hun naam is Legio / zij zijn met velen* ⟨naar Marcus 5:9⟩; our numbers are ~ *wij zijn met tallozen* **3.1** ⟨Romeinse gesch.⟩ Thundering Legion *Donderlegioen*.

le·gion·ar·y[1] ['li:dʒənri‖-neri]⟨f1⟩⟨telb.zn.; →mv. 2⟩ **0.1** ***legionair*** ⇒*legioensoldaat*.

legionary[2] ⟨bn.⟩ **0.1** ***legioens-*** ⇒*mbt. een legioen*.

le·gion·naire ['li:dʒə'neə‖-'ner]⟨telb.zn.⟩ **0.1** ***legionair*** ⇒*legioensoldaat* ⟨i.h.b. v. vreemdelingenlegioen⟩ **0.2** ***lid v. American / (Royal) British Legion***.

Legion'naire's disease, Legion'naires' disease ⟨n.-telb.zn.⟩ **0.1** ***veteranenziekte*** ⇒*legionairsziekte* ⟨soort longontsteking⟩.

'leg-iron ⟨telb.zn.⟩ **0.1** ***voetboei / kluister***.

leg·is·late ['ledʒɪsleɪt]⟨f1⟩⟨ww.⟩
I ⟨onov.ww.⟩ **0.1** ***wetgeving creëren*** ⇒*wetten maken / uitvaardigen, maatregelen treffen* ◆ **6.1** ~ **against** gambling *het gokken wettelijk aan banden leggen, maatregelen treffen tegen het gokken;* ~ **for** *wetgeving maken ten behoeve v.* **6.¶** ⟨schr.⟩ ~ **for** *in overweging nemen, rekening houden met;*
II ⟨ov.ww.⟩ **0.1** ***bij wet / wettelijk regelen*** **0.2** ***tot wet verheffen***.

leg·is·la·tion ['ledʒɪs'leɪʃn]⟨f2⟩⟨n.-telb.zn.⟩ **0.1** ***wetgeving*** ⇒*het maken v. wetten* **0.2** ***wetgeving*** ⇒*het stelsel v. wetten*.

leg·is·la·tive[1] ['ledʒɪslətɪv‖-leɪṭɪv]⟨telb.zn.⟩ **0.1** ***wetgevende macht*** ⇒*wetgever*.

legislative[2] ⟨f2⟩⟨bn., attr.; -ly⟩ **0.1** ***wetgevend*** ⇒*legislatief, bevoegd tot wetgeving* **0.2** ***wets-*** ⇒*mbt. wetgeving* **0.3** ***wettelijk*** ⇒*ingevolge / krachtens (de) wet(geving)* ◆ **1.¶** ~ mill *proceduremolen*.

leg·is·la·tor ['ledʒɪsleɪtə‖-leɪṭər]⟨f2⟩⟨telb.zn.⟩ **0.1** ***wetgever*** **0.2** ***lid v.e. wetgevend lichaam***.

leg·is·la·to·ri·al ['ledʒɪslə'tɔ:rɪəl]⟨bn.⟩ **0.1** ***mbt. wetgever / wetgevende macht*** **0.2** ***wetgevend***.

leg·is·la·tress ['ledʒɪsleɪtrɪs‖-'leɪ-], **leg·is·la·trix** ['ledʒɪsleɪtrɪks‖-'leɪ-]⟨telb.zn.; ook legislatrices [-trɪsi:z]; →mv. 5⟩ **0.1** ***wetgeefster***.

leg·is·la·ture ['ledʒɪsleɪtʃə, -lətʃə‖-ər]⟨f2⟩⟨n.-telb.zn.⟩ **0.1** ***wetgevende macht*** ⇒*wetgevend lichaam, legislatuur*.

le·gist ['li:dʒɪst]⟨telb.zn.⟩ **0.1** ***jurist*** ⇒*rechtsgeleerde*.

leg·it[1] [lɪ'dʒɪt]⟨telb. en n.-telb.zn.⟩⟨verk.⟩ legitimate drama / theatre ⟨inf.⟩ **0.1** ***klassiek stuk / repertoire*** ⇒*traditioneel theater* **0.2** ***de planken*** ⇒*echte / eigenlijke toneel* ⟨tgo. film, musical, e.d.⟩ ◆ **6.¶** ⟨sl.⟩ **on** the ~ *wettig, legaal, eerlijk*.

legit[2] ⟨bn.⟩⟨verk.⟩ legitimate ⟨sl.⟩ **0.1** ***wettig*** ⇒*legaal*.

le·git·i·ma·cy [lɪ'dʒɪṭɪməsi]⟨f1⟩⟨n.-telb.zn.⟩ **0.1** ***wettigheid*** ⇒*legitimiteit, geboorte uit wettig huwelijk* **0.2** ***wettigheid*** ⇒*rechtmatigheid, legitimiteit* **0.3** ***geldigheid*** ⇒*gegrondheid, beredeneerdheid* **0.4** ***logica*** ⇒*redelijkheid* **0.5** ***authenticiteit*** ⇒*echtheid*.

le·git·i·mate[1] [lɪ'dʒɪṭɪmət]⟨zn.⟩
I ⟨telb.zn.⟩ **0.1** ***wettig kind*** **0.2** ***(aanhanger v.) wettig vorst;***
II ⟨n.-telb.zn.; the⟩ **0.1** ***gevestigde toneel(repertoire)*** ⟨tgo. musical, variété e.d.⟩ **0.2** ***echte / eigenlijke toneel*** ⇒*de planken* ⟨tgo. film, t.v. e.d.⟩.

legitimate[2] ⟨f2⟩⟨bn.; -ly⟩ **0.1** ***wettig*** ⇒*mbt. / uit een wettig huwelijk, legitiem* **0.2** ***wettig*** ⇒*rechtmatig, erkend, legitiem, regelmatig* **0.3** ***geldig*** ⇒*gegrond, gewettigd, aanvaardbaar, gerechtvaardigd* **0.4** ***beredeneerd*** ⇒*logisch, redelijk, aannemelijk, geloofwaardig* **0.5** ***authentiek*** ⇒*echt, origineel* ◆ **1.1** of ~ birth *geboren uit een wettig huwelijk;* ~ child *wettig kind* **1.2** ~ sovereign *wettig vorst* **1.3** ~ excuse *geldig excuus;* ~ purpose *gerechtvaardigd doel* **1.¶** ~ comedy *blijspel, komedie* ⟨tgo. klucht⟩; the ~ drama / theatre *het gevestigde toneel(repertoire)* ⟨tgo. musical, variété e.d.⟩; *het echte / eigenlijke toneel* ⟨tgo. film, t.v. e.d.⟩.

legitimate[3] [lɪ'dʒɪṭɪmeɪt]⟨ov.ww.⟩ **0.1** ***wettigen*** ⇒*wettig / geldig maken / verklaren, autoriseren, erkennen* **0.2** ***wettigen*** ⇒*rechtvaardigen* **0.3** ***wettigen*** ⇒*legitimeren, erkennen, echten* ⟨v. kind⟩.

leg·i·ti·ma·tion [lɪ'dʒɪṭɪ'meɪʃn]⟨n.-telb.zn.⟩ **0.1** ***wettiging*** ⇒*wettigverklaring, autorisatie, erkenning, legitimatie* **0.2** ***wettiging*** ⇒*erkenning, legitimatie, echting* ⟨v. kind⟩ **0.3** ***wettiging*** ⇒*rechtvaardiging*.

le·git·i·ma·tize, -tise [lɪ'dʒɪṭɪmaɪz], **le·git·i·mize, -mise** [lɪ'dʒɪṭɪmaɪz] ⟨f1⟩⟨ov.ww.⟩ **0.1** ***wettigen*** ⇒*wettig / geldig maken / verklaren, autoriseren, erkennen* **0.2** ***wettigen*** ⇒*erkennen, echten, legitimeren* ⟨v. kind⟩.

le·git·i·mism [lɪ'dʒɪṭɪmɪzm]⟨n.-telb.zn.⟩⟨pol.⟩ **0.1** ***legitimisme*** ⇒*legitimiteitsleer*.

le·git·i·mist[1] [lɪ'dʒɪṭɪmɪst]⟨telb.zn.⟩ **0.1** ***legitimist*** ⇒*aanhanger v.h. legitieme vorstendom / v.e. verdreven vorst*.

legitimist[2] ⟨bn.⟩⟨pol.⟩ **0.1** ***legitimistisch***.

le·git·i·mi·za·tion, -sa·tion [lɪ'dʒɪtɪmaɪ'zeɪʃn‖-lɪ'dʒɪṭɪmə-], **le·git·i·ma·ti·za·tion, -sa·tion** [-mətaɪ'zeɪʃŋ‖-məṭə-]⟨n.-telb.zn.⟩ **0.1** →legitimation 0.1 **0.2** →legitimation 0.2.

leg·less ['legləs]⟨bn.⟩ **0.1** ***zonder benen / poten*** **0.2** ***stomdronken*** ⇒*lam, ladderzat*.

leg·let ['leglɪt]⟨telb.zn.⟩ **0.1** ***beenband*** ⟨sieraad⟩.

'leg·man ⟨telb.zn.⟩ **0.1** ***verslaggever*** ⟨i.h.b. ter plaatse⟩.

'leg-of-mutton 'sail ⟨telb.zn.⟩⟨scheep.⟩ **0.1** ***torenzeil*** ⇒*bermudazeil*.

'leg-of-mutton 'sleeve ⟨telb.zn.⟩ **0.1** ***vleermuismouw***.

'leg-piece ⟨telb.zn.⟩⟨sl.⟩ **0.1** ***benenshow*** ⇒*benenwerk, theater met veel ballet*.

'leg-pull, 'leg-pull·ing ⟨f1⟩⟨telb.zn.⟩ **0.1** ***plagerij*** ⇒*beetnemerij, poets*.

'leg-rest ⟨telb.zn.⟩ **0.1** ***been/voetsteun*** ⟨voor invalide⟩.
'leg·room ⟨n.-telb.zn.⟩ **0.1** ***beenruimte***.
'leg-show ⟨telb.zn.⟩ **0.1** ***kuitenparade*** ⇒*blote-benenshow*.
leg side →leg I 0.6.
'leg speed ⟨n.-telb.zn.⟩⟨atletiek⟩ **0.1** ***beensnelheid***.
'leg 'stump ⟨telb.zn.⟩⟨cricket⟩ **0.1** ***wicketpaaltje aan de zijde v.d. batsman***.
leg·ume ['legju:m, lɪ'gju:m]⟨telb.zn.⟩ **0.1** ***peulvrucht*** ⟨i.h.b. als groente of veevoer⟩ **0.2** ***peul*** **0.3** ***groente*** ⟨vnl. op menu's⟩ **0.4** ⟨plantk.⟩ ***peuldrager*** ⟨fam. Leguminosae⟩ ⇒*leguminose;* ⟨i.h.b.⟩ *peulvrucht* ⟨fam. Papilionaceae⟩.
le·gu·mi·nous [lɪ'gju:mɪnəs]⟨bn.⟩ **0.1** ***peuldragend*** ⇒*peul-, tot de peuldragers behorend* **0.2** ***peulachtig***.
'leg up ⟨telb.zn.⟩ **0.1** ***steuntje*** ⇒*duwtje, zetje* ⟨in de goede richting⟩.
'leg warmer ⟨f1⟩⟨telb.zn.⟩ **0.1** ***beenwarmer***.
'leg·wea·ry ⟨bn.⟩ **0.1** ***moe in de benen***.
'leg·work ⟨n.-telb.zn.⟩⟨inf.⟩ **0.1** ***draafwerk*** ⇒*geloop, veldwerk, het overal onderzoek doen, het van hot naar haar reizen* **0.2** ***praktijk*** ⟨tgo. theorie⟩ ⇒*uitvoering, uitwerking* **0.3** ***(saai) routinewerk***.
lehr, leer [lɪə||lɪr]⟨telb.zn.⟩⟨glasfabricage⟩ **0.1** ***koeloven***.
lei[1] [leɪ]⟨telb.zn.⟩ **0.1** ***(Hawaiiaanse) bloem(en)slinger*** ⇒*lei*.
lei[2] ⟨mv.⟩ →leu.
Leics ⟨afk.⟩ Leicestershire.
leish·man·i·a·sis ['li:ʃmə'naɪəsɪs]⟨telb. en n.-telb.zn.; leishmaniases [-si:z]; →mv. 5⟩⟨med.⟩ **0.1** ***leishmaniosis*** ⇒*leishmania-infectie*.
leis·ter[1] ['li:stə||-ər]⟨telb.zn.⟩ **0.1** ***visdrietand*** ⇒⟨i.h.b.⟩ *zalmdrietand*.
leister[2] ⟨ov.ww.⟩ **0.1** ***doorboren met een drietand*** ⟨vis, i.h.b. zalm⟩.
lei·sure[1] ['leʒə||'li:ʒər]⟨f2⟩⟨n.-telb.zn.⟩⟨→sprw. 308, 446⟩ **0.1** ***(vrije) tijd*** ⇒*gelegenheid, mogelijkheid, voldoende tijd* ◆ **3.1** wait s.o.'s ~ *wachten tot iem. tijd heeft/iets iem. uitkomt* **6.1 at** ~ *vrij, onbezet, met weinig/niets om handen; ontspannen, op zijn gemak, bedaard;* she's hardly ever **at** ~ *ze heeft nauwelijks vrije tijd/haast altijd iets te doen;* **at** one's ~ *in zijn vrije tijd; als het schikt/(zo) uitkomt; wanneer men maar wil; bij gelegenheid;* have no ~ **for** *geen tijd hebben voor*.
leisure[2] ⟨bn., attr.⟩ **0.1** ***vrij*** **0.2** ***vrijetijds-*** ⟨v. kleding⟩ ◆ **1.1** ~ hours/time *vrije uren/tijd* **1.2** ~ activities *vrijetijdsbesteding* **1.¶** the ~ classes *de bevoorrechte standen, de niet-werkende standen*.
'leisure clothes ⟨mv.⟩ **0.1** ***vrijetijdskleding***.
lei·sured ['leʒəd||'li:ʒərd]⟨f1⟩⟨bn.⟩ **0.1** ***onbezet*** ⇒*vrij, zonder verplichtingen, met veel vrije tijd* **0.2** ***ongehaast*** ⇒*ontspannen, op zijn gemak, kalm, bedaard* ◆ **1.1** the ~ classes *de bevoorrechte klassen, de niet-werkende klassen*.
lei·sure·less ['leʒələs||'li:ʒərləs]⟨bn.⟩ **0.1** ***(druk) bezet*** ⇒*zonder vrije tijd, met veel verplichtingen/om handen*.
lei·sure·ly ['leʒəli||'li:ʒərli]⟨f2⟩⟨bn.; bw.; leisureliness; →bijw. 3⟩ **0.1** ***ongehaast*** ⇒*ontspannen, op zijn gemak, kalm, bedaard*.
'leisure suit ⟨telb.zn.⟩ **0.1** ***vrijetijdspak***.
'leisure wear ⟨n.-telb.zn.⟩ **0.1** ***vrijetijdskleding***.
leit·mo·tif, leit·mo·tiv ['laɪtmoʊti:f]⟨telb.zn.⟩ **0.1** ***leidmotief*** ⇒*leidende gedachte, leitmotiv* **0.2** ⟨muz.⟩ ***leidmotief*** ⇒*grondthema, leitmotiv*.
lek [lek]⟨telb.zn.⟩⟨dierk.⟩ **0.1** ***balts/bolderplaats***.
LEM [lem]⟨telb.zn.⟩⟨afk.⟩ lunar excursion module **0.1** ***maanverkenner*** ⇒*maanlander, maanlandingsvoertuig*.
lem·an ['lemən]⟨telb.zn.⟩⟨vero.⟩ **0.1** ***minnaar*** ⇒*amant, geliefde* **0.2** ***minnares*** ⇒*maîtresse*.
lem·ma ['lemə]⟨telb.zn.; ook lemmata ['lemət̬ə]; →mv. 5⟩ **0.1** ***lemma*** ⇒*trefwoord, titelwoord* **0.2** ***lemma*** ⇒*leus, motto, onder/opschrift* **0.3** ⟨lit.⟩ ***thema*** ⇒*onderwerp* **0.4** ⟨logica⟩ ***lemma*** ⇒*tussenstelling* **0.5** ⟨plantk.⟩ ***lemma*** ⇒*kroonkafje*.
lem·me ['lemi]⟨samentr. v. let me⟩⟨inf.⟩ **0.1** ***laat me***.
lem·ming ['lemɪŋ]⟨telb.zn.⟩⟨dierk.⟩ **0.1** ***lemming*** ⟨genus Lemmus⟩.
Lem·ni·an ['lemnɪən]⟨bn.⟩ **0.1** ***Lemnisch*** ⇒*mbt. Lemnos/de Lemniërs*.
lem·on ['lemən]⟨f3⟩⟨zn.⟩
I ⟨telb.zn.⟩ **0.1** ⟨BE; sl.⟩ ***troel*** ⇒*enge meid, lelijkerd, spook* **0.2** ⟨inf.⟩ ***miskleun*** ⇒*strop, prul, kat in de zak* **0.3** ⟨inf.⟩ ***prul*** ⇒*flapdrol, waardeloos element/figuur* **0.4** →lemon tree **0.5** →lemon sole;
II ⟨telb. en n.-telb.zn.⟩ **0.1** ***citroen*** ◆ **3.¶** ⟨AE; inf.⟩ hand s.o. a ~ *rot doen tegen iem.;*
III ⟨n.-telb.zn.⟩ **0.1** →lemon yellow **0.2** ***citroenlimonade***.
lem·on·ade ['lemə'neɪd]⟨f2⟩⟨n.-telb.zn.⟩ **0.1** ⟨BE⟩ ***(koolzuurhoudende) citroenlimonade*** ⇒*citroen gazeuse, citronnade* **0.2** ⟨BE⟩ ***limoen gazeuse*** ⇒*bitter-lemon* **0.3** ⟨BE⟩ →lemon squash **0.4** ⟨vnl. AE⟩ ***kwast***.
'lemon 'balm ⟨telb.zn.⟩⟨plantk.⟩ **0.1** ***citroenmelisse*** ⟨Melissa officinalis⟩.
'lemon 'cheese, 'lemon 'curd ⟨n.-telb.zn.⟩ **0.1** ***citroenpasta*** ⇒*lemon curd, citroenboter*.
'lemon 'dab ⟨telb.zn.⟩⟨dierk.⟩ **0.1** ***tongschar*** ⟨Microstomus kitt⟩.
'lemon drop ⟨telb.zn.⟩ **0.1** ***citroenzuurtje***.
'lem·on·grass ⟨telb.zn.⟩⟨plantk.⟩ **0.1** ***citroengras*** ⟨Cymbopogon citratus⟩.
'lemon juice ⟨n.-telb.zn.⟩ **0.1** ***citroensap***.
'lemon 'kali ⟨n.-telb.zn.⟩ **0.1** ***(citroen)limonade*** ⟨v. wijnsteenzuur en dubbel koolzure soda⟩.
'lem·on-'lime ⟨n.-telb.zn.⟩⟨AE⟩ **0.1** ***limoen gazeuse*** ⇒*bitter-lemon*.
'lemon plant, 'lemon ver'bena ⟨telb.zn.⟩⟨plantk.⟩ **0.1** ***citroenkruid*** ⟨Lippia citriodora⟩.
'lemon 'pudding ⟨telb. en n.-telb.zn.⟩ **0.1** ***citroenvla*** ⇒*citroenpudding*.
'lemon 'soda ⟨telb. en n.-telb.zn.⟩⟨AE⟩ **0.1** ***(koolzuurhoudende) citroenlimonade*** ⇒*citroen gazeuse, citronnade*.
'lemon 'sole ⟨telb.zn.⟩⟨dierk.⟩ **0.1** ***tongschar*** ⟨Microstomus kitt⟩ **0.2** ***Franse tong*** ⟨Solea lascaris⟩ **0.3** ***scharretong*** ⟨Lepidorhombus whiffiagonis⟩ **0.4** ⟨bij uitbr. ook⟩ ***platvis***.
'lemon 'squash ⟨f1⟩⟨telb. en n.-telb.zn.⟩⟨BE⟩ **0.1** ***citroensiroop*** **0.2** ***citroenlimonade*** ⟨v. citroensiroop en water⟩.
'lemon squeezer ⟨f1⟩⟨telb.zn.⟩ **0.1** ***citroenknijper*** ⇒*citroenpers*.
'lemon 'thyme ⟨telb.zn.⟩⟨plantk.⟩ **0.1** ***wilde tijm*** ⟨Thymus serpyllum⟩.
'lemon tree ⟨f1⟩⟨telb.zn.⟩⟨plantk.⟩ **0.1** ***citroen(boom)*** ⟨Citrus limonia⟩.
lem·on·y ['leməni]⟨bn.⟩ **0.1** ***citroenachtig***.
'lemon 'yellow ⟨n.-telb.zn.; vaak attr.⟩ **0.1** ***citroengeel***.
le·mur ['li:mə||-ər]⟨telb.zn.⟩⟨dierk.⟩ **0.1** ***maki*** ⟨fam. Lemuridae⟩ **0.2** ***echte maki*** ⟨genus Lemur⟩.
lend [lend]⟨f3⟩⟨ww.; lent, lent [lent]⟩ →lending ⟨→sprw. 113, 186, 383⟩
I ⟨onov.ww.⟩ **0.1** ***(een) lening(en) verstrekken;***
II ⟨ov.ww.⟩ **0.1** ***(uit)lenen*** **0.2** ***verlenen*** ⇒*schenken, geven* ◆ **1.1** ~ s.o. a book/money, ~ a book/money to s.o. *iem. een boek/geld lenen, een boek/geld aan iem. lenen* **1.2** ~ aid *hulp verlenen;* ~ colour/dignity to *kleur/waardigheid verlenen aan;* ~ support to *steun verlenen aan, ondersteunen;* ~ a thesis some credibility/some credibility to a thesis *een stelling enige geloofwaardigheid verlenen* **4.¶** ~ itself to *zich (goed) lenen tot, geschikt zijn voor; vatbaar zijn voor, onderhevig zijn aan;* ~ o.s. to *zich lenen voor, zich inlaten met*.
lend·a·ble ['lendəbl]⟨bn.⟩ **0.1** ***(uit)leenbaar*** ⇒*(uit) te lenen*.
lend·er ['lendə||-ər]⟨telb.zn.⟩⟨→sprw. 484⟩ **0.1** ***geldschieter*** ⇒*kapitaal/kredietverschaffer, lener*.
lend·ing ['lendɪŋ]⟨telb.zn.; oorspr. gerund v. lend⟩ **0.1** ***leen*** ⇒*(uit) lening, (uit)geleend bedrag/voorwerp*.
'lending library ⟨f1⟩⟨telb.zn.⟩ **0.1** ***uitleenbibliotheek*** ⇒*leesbibliotheek*.
'lend-'lease[1] ⟨n.-telb.zn.; ook L--L-⟩ **0.1** ***(Am. steunverlening ingevolge de) Leen- en pachtwet*** ⟨aan de geallieerden, i.h.b. Engeland, tijdens de Tweede Wereldoorlog⟩.
lend-lease[2] ⟨ov.ww.⟩ **0.1** ***voorzien v. steun ingevolge de Leen- en pachtwet***.
length [leŋ(k)θ]⟨f3⟩⟨zn.⟩
I ⟨telb.zn.⟩ **0.1** ***eind(je)*** ⇒*stuk(je), lengte* **0.2** ***lengte*** ⇒*omvang* **0.3** ***(lichaams)lengte*** ⇒*grootte, gestalte* **0.4** ⟨sport⟩ ***lengte*** **0.5** ⟨taalk.⟩ ***(klinker/lettergreep)lengte*** **0.6** ⟨cricket⟩ ***length*** ⇒*stuitafstand, lengte* ⟨v. aangegooide bal⟩ ◆ **1.1** ~ of cloth *lap stof;* ~ of iron *staaf ijzer;* ~ of rope *eind(je) touw, lijntje* **1.2** ~ of a book *omvang/dikte v.e. boek* **2.6** keep a good ~ *een juiste lengte houden, met de juiste stuitafstand bowlen* **3.4** lose/win by two ~s *met twee lengten (verschil) verliezen/winnen* **3.¶** ⟨vnl. BE⟩ measure one's ~ *languit/onderuit/gestrekt gaan, tegen de grond gaan;*
II ⟨telb. en n.-telb.zn.⟩ **0.1** ***lengte*** ⇒*lang(st)e zijde, lengteafmeting* ⟨bv. tgo. breedte/hoogte⟩ **0.2** ***lengte*** ⇒*duur* ◆ **1.1** ~ of rectangle *lengte/lange zijde v. rechthoek;* ~ of the skirt/sleeves *lengte v.d. rok/mouwen* **1.2** for the ~ of our stay *voor de duur v. ons verblijf* **1.¶** the ~ and breadth of a country *het gehele land* **2.¶** go to considerable/great ~s *erg ver gaan, zich aanzienlijke/veel moeite getroosten* **3.¶** (not) go the ~ of *(niet) zover gaan te* **6.1** three centimetres **in** ~ and two in breadth *drie centimeter lang en twee breed;* a motorway five hundred kilometres **in** ~ *een vijfhonderd kilometer lange snelweg* **6.¶ at** ~ *na lange tijd, uiteindelijk; langdurig, ellenlang; uitvoerig, uitgebreid, wijdlopig; diepgaand, grondig* **7.2** a stay of some ~ *een langdurig verblijf* **7.¶** go (to) all ~s/any ~(s) *er alles voor over hebben; zich door niets laten weerhouden, door roeien en ruiten gaan;* at some ~ *uitvoerig, gedetailleerd;* go to some ~s *zich de nodige moeite getroosten, zich niet ontzien;*
III ⟨n.-telb.zn.⟩ **0.1** ⟨the⟩ ***gehele/volle lengte*** ◆ **1.1** they strolled the ~ of the boulevard *ze wandelden de hele boulevard af*.

length·en ['leŋ(k)θən]⟨f2⟩⟨ww.⟩
I ⟨onov.ww.⟩ **0.1** ***lengen*** ⇒*langer worden* ◆ **1.1** soon the days will ~ *de dagen zullen weldra lengen;*
II ⟨ov.ww.⟩ **0.1** ***verlengen*** ⇒*langer maken* ◆ **1.1** ~ a dress *een jurk langer maken/uitleggen.*

length·man ['leŋ(k)θmən]⟨telb.zn.; lengthmen [-mən]; →mv. 3⟩ ⟨vnl. BE⟩ **0.1** ***kantonnier*** ⇒*wegwerker* **0.2** ***(spoor)wegwerker.***

length·wise[1] ['leŋ(k)θwaɪz]⟨f1⟩⟨bn.⟩ **0.1** ***overlangs*** ⇒*longitudinaal, in de lengte(richting)* **0.2** ***overlangs*** ⇒*over de (gehele) lengte.*

lengthwise[2], **length·ways** ['leŋ(k)θweɪz]⟨f1⟩⟨bw.⟩ **0.1** ***overlangs*** ⇒*longitudinaal, in de lengte(richting)* **0.2** ***overlangs*** ⇒*over de (gehele) lengte.*

length·y ['leŋ(k)θi]⟨f2⟩⟨bn.; -er; -ly; -ness; →bijw. 3⟩ **0.1** ***langdurig*** ⇒*ellenlang* **0.2** ***langdradig*** ⇒*wijdlopig, vervelend, saai, slaapverwekkend.*

le·ni·ence ['li:nɪəns], **le·ni·en·cy** [-si]⟨zn.; →mv. 2⟩
I ⟨telb.zn.⟩ **0.1** ***daad v. clementie/meegaandheid*** ⇒*schappelijk optreden;*
II ⟨n.-telb.zn.⟩ **0.1** ***clementie*** ⇒*soepelheid, inschikkelijkheid, meegaandheid, toegevendheid* **0.2** ***mildheid*** ⇒*schappelijkheid* ⟨i.h.b. v. straf⟩.

le·ni·ent ['li:nɪənt]⟨f1⟩⟨bn.; -ly⟩ **0.1** ***inschikkelijk*** ⇒*meegaand, soepel, toegevend* **0.2** ***mild*** ⇒*schappelijk, clement, genadig, vergevensgezind* **0.3** ⟨vero.⟩ ***verzachtend*** ⟨bv. v. zalf⟩ ◆ **1.1** ~ rules *soepele regels* **1.2** ~ verdict *mild vonnis.*

Len·in·ism ['lenɪnɪzm]⟨n.-telb.zn.⟩ **0.1** ***leninisme.***

Len·in·ist[1] ['lenɪnɪst], **Len·in·ite** [-naɪt]⟨telb.zn.⟩ **0.1** ***leninist.***

Leninist[2] ⟨bn.⟩ **0.1** ***leninistisch.***

len·i·tive[1] ['lenət̬ɪv]⟨telb.zn.⟩⟨med.⟩ **0.1** ***verzachtend middel*** ⇒*verzachtingsmiddel, palliativum.*

lenitive[2] ⟨bn.⟩⟨med.⟩ **0.1** ***verzachtend*** ⇒*lenigend, palliatief.*

len·i·ty ['lenət̬i]⟨zn.; →mv. 2⟩⟨schr.⟩
I ⟨telb.zn.⟩ **0.1** ***daad v. barmhartigheid;***
II ⟨n.-telb.zn.⟩ **0.1** ***barmhartigheid*** ⇒*goedertierenheid, lankmoedigheid, mildheid, genadigheid.*

le·no ['li:noʊ]⟨telb. en n.-telb.zn.⟩ **0.1** ***linon*** ⟨weefsel⟩.

lens [lenz]⟨f3⟩⟨telb.zn.⟩ **0.1** ***lens*** **0.2** ***(oog)lens*** **0.3** ⟨optica⟩ ***(samengestelde) lens*** ⇒*lenzenstelsel* **0.4** ⟨dierk.⟩ ***facet*** ⟨v. samengesteld oog⟩ **0.5** ⟨nat.⟩ ***lens*** ◆ **2.5** magnetic ~ *magnetische lens.*

lens·ed ['lenzd]⟨bn.⟩ **0.1** ***lens-*** ⇒*voorzien v./uitgerust met lens/lenzen.*

lens·less ['lenzləs]⟨bn.⟩ **0.1** ***zonder lens/lenzen.***

lent ⟨verl. t. en volt. deelw.⟩ →lend.

Lent [lent]⟨f1⟩⟨zn.⟩
I ⟨eig.n.⟩⟨R.-K.⟩ **0.1** ***(grote) vasten*** ⇒*veertigdaagse vasten* ⟨v. Aswoensdag tot Pasen⟩;
II ⟨mv.; ~s⟩⟨BE⟩ **0.1** ***vastenvarsity*** ⟨te Cambridge⟩.

Lent·en ['lentən]⟨bn., attr.⟩ **0.1** ***vasten-*** ⇒*mbt. de (grote) vasten* **0.2** ***schraal*** ⇒*karig, sober* **0.3** ***somber*** ⇒*treurig, triest, naargeestig* ◆ **1.2** ~ fare *karige maaltijd* ⟨zonder vlees⟩ **1.3** ~ face *treurig gezicht.*

len·ti·cel ['lent̬ɪsəl]⟨telb.zn.⟩⟨plantk.⟩ **0.1** ***lenticel.***

len·tic·u·lar [len'tɪkjʊlə‖-kjələr], ⟨in bet. 0.1 ook⟩ **len·toid** [-tɔɪd] ⟨bn.⟩ **0.1** ***lenticulair*** ⇒*lensvormig, linzevormig, biconvex, dubbelbol* **0.2** ***(oog)lens-*** ⇒*mbt. een lens/de ooglens.*

len·til ['lent̬l]⟨telb.zn.⟩ **0.1** ***linze*** ⇒*zaad v.d. linze* **0.2** ⟨plantk.⟩ ***linze*** ⟨Lens esculenta⟩.

len·tisk ['lent̬ɪsk]⟨telb.zn.⟩⟨plantk.⟩ **0.1** ***mastiekboom*** ⟨Pistacia lentiscus⟩.

'Lent lily ⟨telb.zn.⟩⟨BE⟩ **0.1** ***(wilde) narcis.***

len·to ['lentoʊ]⟨bn.; bw.⟩⟨muz.⟩ **0.1** ***lento (gespeeld)*** ⇒*langzaam.*

'Lent term ⟨telb.zn.⟩⟨BE⟩ **0.1** ⟨ong.⟩ ***tweede trimester*** ⟨universitaire collegeperiode waarin de vasten valt⟩.

Le·o ['li:oʊ]⟨zn.⟩
I ⟨eig.n.⟩⟨astr., ster.⟩ **0.1** ***(de) Leeuw*** ⇒*Leo;*
II ⟨telb.zn.⟩⟨astr.⟩ **0.1** ***leeuw*** ⟨iem. geboren onder I⟩.

'Leo 'Minor ⟨eig.n.⟩⟨ster.⟩ **0.1** ***Kleine Leeuw*** ⇒*Leo Minor.*

le·o·nine ['li:ənaɪn]⟨bn.⟩ **0.1** ***leeuwachtig*** ⇒*leeuw(en)-* **0.2** ⟨L-⟩ ***Leonisch*** ⇒*mbt./gemaakt/bedacht door (een der pausen) Leo* ◆ **1.2** Leonine City *Leonische Stad* ⟨door Leo IV versterkt gedeelte v. Rome rond Vaticaan⟩ **1.¶** Leonine verse *Leonisch vers; Eng. vers met binnenrijm.*

Le·o·nines ['li:ənaɪnz]⟨mv.⟩ **0.1** ***Leonische verzen.***

leop·ard ['lepəd‖-ərd]⟨f1⟩⟨zn.⟩⟨→sprw. 384⟩
I ⟨telb.zn.⟩ **0.1** ⟨dierk.⟩ ***luipaard*** ⇒*panter* ⟨Felis/Panthera pardus⟩ **0.2** ⟨dierk.⟩ ***jachtluipaard*** ⟨Aconyx jubatus⟩ **0.3** ⟨dierk.⟩ ***sneeuwpanter*** ⟨Uncia uncia⟩ **0.4** ⟨heraldiek⟩ ***luipaard*** ⇒*gaande, aanziende leeuw* ◆ **1.¶** can the ~ change his spots? *kan de luipaard zijne vlekken veranderen?* ⟨Jeremia 13:23⟩; ⟨ong.⟩ *een vos verliest wel zijn haren, maar niet zijn streken* **3.¶** ⟨dierk.⟩ clouded ~ *nevelpanter* ⟨Neofelis nebulosa⟩;
II ⟨n.-telb.zn.; ook attr.⟩ **0.1** ***luipaard(vel/vacht/bont).***

leop·ard·ess ['lepədɪs‖-pər-]⟨telb.zn.⟩ **0.1** ***wijfjesluipaard.***

'leop·ard's-bane ⟨telb.zn.⟩⟨plantk.⟩ **0.1** ***doronicum*** ⇒*duizelkruid* ⟨Doronicum⟩ **0.2** ***eenbes*** ⇒*Pariskruid* ⟨Paris quadrifolia⟩ **0.3** ***valkruid*** ⟨Arnica⟩.

le·o·tard ['li:ətɑ:d‖-tɑrd]⟨zn.⟩
I ⟨telb.zn.⟩ **0.1** ***academique*** ⇒*balletpakje, gympakje, tricot; worstelpakje/tricot;*
II ⟨mv.; ~s⟩⟨AE⟩ **0.1** ***maillot.***

lep·er ['lepə‖-ər]⟨f1⟩⟨telb.zn.⟩ **0.1** ***lepralijder*** ⇒*melaatse, leproos* **0.2** ***melaatse*** ⇒*iem. die wordt gemeden als de pest.*

'leper hospital ⟨f1⟩⟨telb.zn.⟩ **0.1** ***lepraziekenhuis*** ⇒*leprozenhuis.*

'leper house ⟨telb.zn.⟩ **0.1** ***leprozenhuis*** ⇒*leprozerie.*

lep·i·dop·ter·an[1], **lep·i·dop·ter·on** ['lepɪ'dɒptrən‖-'dɑp-]⟨telb.zn.; lepidoptera [-trə]; →mv. 5⟩⟨dierk.⟩ **0.1** ***schubvleugelige*** ⇒*vlinder* ⟨orde Lepidoptera⟩.

lepidopteran[2], **lep·i·dop·ter·al** ['lepɪ'dɒptrəl‖-'dɑptrəl], **lep·i·dop·ter·ous** [-trəs]⟨bn.⟩⟨dierk.⟩ **0.1** ***schubvleugelig.***

lep·i·dop·ter·ist ['lepɪ'dɒptrɪst‖-'dɑp-]⟨telb.zn.⟩ **0.1** ***vlinderkundige*** ⇒*vlinderkenner.*

lep·o·rine ['lepəraɪn]⟨bn.⟩ **0.1** ***haasachtig*** **0.2** ***konijnachtig.***

lep·re·chaun ['leprəkɔ:n‖-kɑn]⟨telb.zn.⟩ **0.1** ***kabouter*** ⇒*dwerg* ⟨in Ierse sprookjes⟩.

lep·ro·sar·i·um ['leprə'seərɪəm‖-'ser-]⟨telb.zn.; ook leprosaria [-rɪə]; →mv. 5⟩ **0.1** ***leprozenhuis.***

lep·ro·sy ['leprəsi]⟨f1⟩⟨zn.⟩
I ⟨telb. en n.-telb.zn.⟩ **0.1** ***lepra*** ⇒*melaatsheid, ziekte v. Hansen;*
II ⟨n.-telb.zn.⟩ **0.1** ***morele verwording*** ⇒*melaatsheid.*

lep·rous ['leprəs]⟨f1⟩⟨bn.⟩ **0.1** ***lepreus*** ⇒*melaats, aan lepra lijdend.*

lep·to- ['leptoʊ] **0.1** ***lepto-*** ◆ **¶.1** leptospirosis *leptospirosis.*

lep·to·ceph·al·ic ['leptoʊsɪ'fælɪk], **lep·to·ceph·a·lous** [-'sefələs]⟨bn.⟩ **0.1** ***smalschedelig*** **0.2** ⟨med.⟩ ***lijdend aan leptocephalie.***

lep·to·dac·tyl[1] ['leptoʊ'dæktl]⟨telb.zn.⟩ **0.1** ***vogel met lange dunne tenen.***

leptodactyl[2] ⟨bn.⟩ **0.1** ***met lange dunne tenen.***

lep·ton ['leptɒn‖lep'tɑn]⟨telb.zn.; in bet. 0.1. ook lepta [-tɑ:‖-'tɑ]; →mv. 5⟩ **0.1** ***lepton*** ⟨Griekse munt: $^{1}/_{100}$ drachme⟩ **0.2** ⟨nat.⟩ ***lepton.***

lep·ton·ic [lep'tɒnɪk‖-'tɑ-]⟨bn.⟩⟨nat.⟩ **0.1** ***leptonisch*** ⇒*mbt. een lepton/leptonen.*

lep·to·so·mat·ic ['leptoʊsoʊ'mæt̬ɪk]⟨bn.⟩ **0.1** ***leptosoom.***

lep·to·some ['leptəsoʊm]⟨telb.zn.⟩⟨antr.⟩ **0.1** ***leptosoom (type)*** ⟨schraal, schriel⟩.

lep·to·spi·ro·sis ['leptoʊspaɪ'roʊsɪs]⟨telb. en n.-telb.zn.⟩⟨med.⟩ **0.1** ***leptospirosis.***

Les·bi·an[1] ['lezbɪən]⟨f1⟩⟨zn.; in bet. II 0.2 vnl. l-⟩
I ⟨eig.n.⟩ **0.1** ***Lesbisch*** ⟨oude dialect v. Lesbos⟩;
II ⟨telb.zn.⟩ **0.1** ***Lesbiër*** ⇒*bewoner/bewoonster v. Lesbos* **0.2** ***lesbienne*** ⇒*homoseksuele/lesbische vrouw.*

Lesbian[2] ⟨f1⟩⟨bn.⟩ **0.1** ***Lesbisch*** ⇒*mbt. Lesbos/de Lesbiërs/het Lesbisch* **0.2** ***saffisch*** ⇒*sapfisch, mbt. Sappho('s poëzie)* **0.3** ⟨vnl. l-⟩ ***lesbisch*** ⇒*homoseksueel* ⟨v. vrouw⟩.

les·bi·an·ism ['lezbɪənɪzm]⟨n.-telb.zn.; ook L-⟩ **0.1** ***homoseksualiteit bij vrouwen*** ⇒*lesbische liefde, tribadisme, saffisme.*

lese majesty, lèse ma·jes·té ['li:z 'mædʒɪsti]⟨n.-telb.zn.⟩ **0.1** ***(hoog) verraad*** **0.2** ***majesteitsschennis*** ⇒*lèse-majesté* **0.3** ⟨inf.; scherts.⟩ ***heiligschennis*** ⇒*affront, aanmatigend gedrag, insubordinatie.*

le·sion ['li:ʒn]⟨f1⟩⟨telb.zn.⟩ **0.1** ***(ver)wond(ing)*** ⇒*beschadiging, letsel, kwetsuur, laesie* **0.2** ⟨med.⟩ ***laesie.***

less[1] [les]⟨f4⟩⟨bn.; fungeert als vergr. trap v. little/small⟩ **0.1** ***kleiner*** ◆ **1.1** a ~ quantity *een kleinere hoeveelheid* **1.¶** may your shadow never grow ~ *het moge u altijd goed gaan* **7.1** no ~ a person than *niemand minder dan.*

less[2] ⟨f4⟩⟨onb.vnw.; vergr. trap v. little, inf. ook v. few; →onbepaald woord⟩ **0.1** ***minder*** ◆ **1.1** ⟨scherts.⟩ in ~ than no time *in minder dan geen tijd* **3.1** there was ~ / ⟨inf.⟩ there were ~ than he had hoped *er was minder/er waren er minder dan hij gehoopt had* **5.1** far/much ~ than usual *veel minder dan normaal;* it's little ~ than scandalous *eigenlijk is het schandalig* **6.1** ⟨inf.⟩ ~ **of** your cheek! *wat minder brutaal jij!* **7.1** no ~ than $ 100 *niet minder dan/wel 100 dollar;* ⟨inf.⟩ no ~ than ten people *niet minder dan/wel tien mensen;* James the Less *Jacobus de Mindere.*

less[3] ⟨f4⟩⟨bw.; vergr. trap v. little⟩ **0.1** ***minder*** ◆ **2.1** ~ beautiful *minder mooi* **3.1** he couldn't care ~ *het kon hem niet schelen* **4.¶** none the ~ *niettemin* **5.1** more or ~ *min of meer;* he isn't stupid, much/still ~ an idiot *hij is niet dom, laat staan een idioot;* a no ~ fatal defeat *een niet minder fatale nederlaag;* ~ quickly *minder snel* **7.1** this doesn't make things any the ~ difficult *dit maakt er de zaken niet makkelijker op;* things aren't easy, (all) the ~ so as our expert has died *het is allemaal niet makkelijk, te meer daar onze expert gestorven is.*

less[4] ⟨f1⟩⟨vz.⟩ **0.1** ***zonder*** ⇒*met aftrek van, verminderd met, op...*

na ◆ **1.1** a year ~ one month *een jaar min één maand;* the whole family ~ one son *de hele familie op één zoon na.*

less[5] ⟨f4⟩ ⟨onb.det.; vergr. trap v. little, inf. ook v. few; →onbepaald woord⟩ **0.1** ***minder*** ◆ **1.1** ~ meat *minder vlees;* ⟨inf.⟩ ~ people *minder volk.*

-less [ləs] ⟨-ly; -ness; vormt bijv. nw. en bijw. uit nw. en ww.⟩ **0.1** ***-loos*** ⇒*on...baar, on-* ◆ **¶.1** doubtless ~ *ongetwijfeld;* endless *eindeloos;* fathomless *onpeilbaar;* painless *pijnloos;* rainless *zonder regen.*

les·see [le'si:] ⟨telb.zn.⟩ **0.1** ***huurder*** **0.2** ***pachter*** **0.3** ⟨sport⟩ ***mede-eigenaar*** ⟨v. renpaard of hazewindhond⟩.

les·sen ['lesn] ⟨f2⟩ ⟨ww.⟩

I ⟨onov.ww.⟩ **0.1** ***afnemen*** ⇒*(ver)minderen, teruglopen, dalen, achteruitgaan;*

II ⟨ov.ww.⟩ **0.1** ***verminderen*** ⇒*beperken, verkleinen, verlagen, terugbrengen* **0.2** ***kleineren*** ⇒*neerhalen, geringschatten.*

les·ser[1] ['lesə‖-ər] ⟨f2⟩ ⟨bn., attr.⟩ **0.1** ***minder*** ⇒*kleiner, onbelangrijker,* ⟨i.h.b. v. twee zaken⟩ *minst(e), kleinst(e), onbelangrijkst (e)* ◆ **1.1** the Lesser Antilles *de Kleine Antillen;* Lesser Bear *Kleine Beer;* (choose) the ~ (of two) evil(s) *het minste (v. twee) kwa(a)d(en) (kiezen)* **1.¶** the ~ fry *de mindere man / goden, het gewone volk.*

lesser[2] ⟨bw.; vnl. in comb. met volt. deelw.⟩ **0.1** ***niet zo*** ⇒*minder* ◆ **1.¶** one of the lesser-known Bergmanfilms *een v.d. minder bekende films v. Bergman.*

les·son[1] ['lesn] ⟨f3⟩ ⟨zn.⟩

I ⟨telb.zn.⟩ **0.1** ***les*** ⇒*leerstof* **0.2** ***les*** ⇒*lesuur* **0.3** ***les*** ⇒*leerzame ervaring* **0.4** ⟨relig.⟩ ***schriftlezing*** ⇒*les, lectie, lectio, bijbellezing* ◆ **3.¶** learn one's ~ *leergeld betalen, zijn les(je) leren;* read s.o. a ~ *iem. de les lezen;* teach / give s.o. a ~ *iem. een lesje geven* **6.3** let this be a ~ **to** you *laat dit een les voor je zijn* **7.4** first ~ *eerste lezing, epistel, lezing uit het Oude Testament;* second ~ *tweede lezing, evangelie, lezing uit het Nieuwe Testament;*

II ⟨mv.; ~s⟩ **0.1** ***onderwijs*** ⇒*onderricht, cursus, les(sen)* ◆ **6.1** give / take ~s **in** drawing *tekenles geven / op tekenles zitten.*

lesson[2] ⟨ov.ww.⟩ ⟨vero.⟩ **0.1** ***de les lezen*** ⇒*berispen.*

les·sor ['lesɔ:‖-sɔr] ⟨telb.zn.⟩ **0.1** ***verhuurder*** ⇒*huisbaas / eigenaar* **0.2** ***verpachter*** ⇒*pachtheer.*

lest [lest] ⟨f2⟩ ⟨ondersch.vw.⟩ ⟨schr.⟩ **0.1** ***(voor het geval / uit vrees) dat*** ⇒*opdat niet* ◆ **¶.1** he ran ~ he be late *hij liep uit vrees dat hij te laat zou komen;* she was afraid ~ he leave her *ze vreesde dat hij haar zou verlaten;* be careful ~ you fall *let op dat je niet valt;* ~ it be forgot *opdat het niet vergeten worde.*

let[1] [let] ⟨f1⟩ ⟨zn.⟩

I ⟨telb.zn.⟩ **0.1** ⟨sport, i.h.b. tennis⟩ ***let(bal)*** ⟨na het raken v.h. net of spelonderbreking⟩ **0.2** ⟨BE⟩ ***huur*** ⇒*het huren* ⟨v. woning⟩ **0.3** ⟨BE⟩ ***verhuur*** ⇒*het verhuren* ⟨v. woning⟩ **0.4** ⟨BE⟩ ***huurwoning*** ⇒*verhuurde / te huur staande woning* **0.5** ⟨BE; inf.⟩ ***huurder;***

II ⟨n.-telb.zn.⟩ **0.1** ***beletsel*** ⇒*belemmering, hinderpaal, obstakel* ◆ **1.1** ⟨jur.⟩ without ~ or hindrance *vrijelijk, zonder (enig) beletsel.*

let[2] ⟨ov.ww.⟩ ⟨vero.⟩ **0.1** ***beletten*** ⇒*verhinderen, voorkomen.*

let[3] ⟨f4⟩ ⟨ww.; let, let⟩ →letting

I ⟨onov.ww.⟩ **0.1** ***verhuurd worden*** **0.2** ***uitbesteed worden*** ◆ **5.¶** →let **down;** →let **off;** ⟨inf.⟩ ~ **on** (about / that) *verklappen, verraden, verder vertellen, doorvertellen (aangaande / dat);* ⟨inf.⟩ ~ **on** (that) *net doen (alsof);* →let **out;** →let **up;**

II ⟨ov.ww.⟩ **0.1** ***laten*** ⇒*toestaan* **0.2** ⟨vnl. geb. w.⟩ ***laten*** **0.3** ***laten ontsnappen*** ⇒*bevrijden, loslaten* **0.4** ⟨geb. w.⟩ ⟨wisk.⟩ ***stellen*** ⇒*geven* **0.5** ⟨vnl. BE⟩ ***verhuren*** ⇒*in huur geven* **0.6** ***aanbesteden*** ◆ **1.1** she wants to, but her mother won't ~ her *ze wil wel, maar ze mag niet van haar moeder;* he's ~ting his moustache grow *hij laat zijn snor staan;* ~ s.o. go *iem. laten gaan / vrijlaten / laten ontsnappen;* ~ weed (to) grow *onkruid laten groeien* **1.2** ~ there be light *er zij licht;* ~ there be no mistake about my opinion *laat er over mijn mening geen misverstand bestaan;* ~ people decide for themselves *laat mensen (voor zich)zelf beslissen* **1.3** ~ blood *aderlaten* **1.4** ~ x be y / z *stel x is y / z, gegeven x is y / z* **3.1** ~ me have that *geef (maar / eens) hier;* ~ sth. be known *iets laten weten* **3.2** ~ them come *laat ze maar (op)komen;* ~ me hear / know *hou me op de hoogte;* ~ me see *eens kijken, eens even zien* **3.¶** ~ her be *laat haar toch (met rust);* ~ sth. be *iets laten rusten / zitten; iets (achterwege) laten;* ~ drive (at s.o. / sth.) (with one's fist) *(met zijn vuist) (naar iem. / iets) uithalen;* she ~ drive at me with an ashtray *ze gooide me een asbak naar mijn hoofd;* ~ drop / fall *(zich) laten (ont)vallen, loslaten;* ⟨wisk.⟩ *neerlaten* ⟨loodlijn⟩; ~ fly (at) *uithalen (naar); v. leer trekken / zich laten gaan (tegen); wegwerpen; afvuren (op); vieren* ⟨zeil⟩; ~ s.o. get on with it *iem. zijn gang laten gaan, iem. het zelf maar laten uitzoeken / weten;* ~ go (of) *loslaten; uit zijn hoofd zetten; ophouden (over);* don't ~ go *hou vast;* ~ o.s. go *zich laten gaan, zich niet beheersen; zich / zijn uiterlijk verwaarlozen;* ~ it go *goed, à la bonneheure;* ⟨inf.⟩ ~ it go at that *iets laten zitten, het ergens bij laten; ergens over ophouden; iets wel geloven;* ⟨inf.⟩ ~ sth. go hang *ergens maling aan hebben;* ~ everything / an opportunity go hang *alles / een gelegenheid verloren laten gaan;* ⟨sl.⟩ ~ go with *afschieten; uitschelden; gaan uitvaren; spugen; pissen;* ⟨sl.⟩ ~ it all hang out *alle remmingen opzijzetten; de hele waarheid zeggen;* ~ s.o. have it *iem. de volle laag / ervan langs geven;* ~ pass *laten lopen, onweersproken laten; over zijn kant laten gaan;* ~ sth. ride *iets op zijn beloop laten, geen vinger naar iets uitsteken;* ⟨inf.⟩ ~ sth. / things rip *alle remmen losgooien;* ⟨i.h.b.⟩ *scheuren, plankgas geven;* ~ slip *laten uitlekken; missen, voorbij laten gaan* ⟨kans⟩; ~ s.o. stew *iem. in zijn eigen sop laten gaarkoken* **4.1** please, ~ us buy this round *laat ons nu toch dit rondje aanbieden* **4.2** ~'s face it *laten we het onder ogen zien;* ⟨ong.⟩ *laten we wel wezen, eerlijk is eerlijk, wat waar is, is waar;* ~'s have a drink *laten we wat drinken / een borrel nemen;* ~'s not / ⟨BE ook⟩ don't ~'s / ⟨AE ook⟩ ~'s don't do it *laten we het niet doen* **5.¶** →let **down;** →let **in;** →let **off;** →let **out;** ~ through *laten passeren, doorlaten; over het hoofd zien* **6.5** ~ a room (out) **to** s.o. for a year *iem. een kamer verhuren voor een jaar* **6.¶** ~ **into** *binnenlaten in, toelaten tot; in vertrouwen nemen over, inlichten over, vertellen;* ⟨tech.⟩ *inlaten, inbrengen, inbedden, aanbrengen in, verzinken;* ~ o.s. **into** *zich toegang verschaffen tot;* ~ s.o. **into** a / the secret *iem. een / het geheim vertellen;* ~ s.o. **off** sth. *iem. ontheffen / vrijstellen / ontslaan v. iets.*

-let [lɪt] **0.1** ⟨vormt →verkleinwoord⟩ ***-(p / t)je*** **0.2** ⟨duidt sieraden aan⟩ ⟨ong.⟩ ***-band*** ◆ **¶.1** booklet *boekje* **¶.2** bracelet, armlet *armband.*

'let·down ⟨f1⟩ ⟨telb.zn.⟩ **0.1** ***afknapper*** ⇒*teleurstelling, tegenvaller* **0.2** ***verslapping*** ⇒*inzinking, verzwakking, afname, achteruitgang* **0.3** ***daling*** ⟨v. vliegtuig⟩.

'let 'down ⟨f1⟩ ⟨ww.⟩

I ⟨onov.ww.⟩ **0.1** ***dalen (om te landen)*** ⟨v. vliegtuig⟩ **0.2** ***af laten zakken;***

II ⟨ov.ww.⟩ **0.1** ***neerlaten*** ⇒*laten zakken, strijken* **0.2** ***laten vallen*** **0.3** ***laten varen*** ⇒*opgeven* **0.4** ***uitleggen*** ⇒*langer maken* ⟨kleding⟩ **0.5** ⟨inf.⟩ ***teleurstellen*** ⇒*in de steek laten, in de kou laten staan, laten stikken / vallen / zitten, verraden* **0.6** ⟨inf.⟩ ***de fut ontnemen*** ⇒*demoraliseren, neerslachtig maken* **0.7** ***leeg laten lopen*** **0.8** ***bedriegen*** ⇒*duperen* **0.9** ***ontlaten*** ⇒*temperen* ⟨staal⟩ ◆ **1.1** ~ one's hair *zijn haar los doen;* ~ the sails *de zeilen strijken* **1.7** they ~ my tyres *ze hebben mijn banden leeg laten lopen* **4.5** don't let me down *laat me niet in de steek* **5.5** let s.o. down hard *iem. laten vallen als een baksteen.*

le·thal ['li:θl] ⟨f2⟩ ⟨bn.; -ly⟩ **0.1** ***dodelijk*** ⇒*letaal, fataal* **0.2** ***doods-*** ⇒*v. / mbt. de dood* ◆ **1.1** ~ chamber *stikhok, gaskamer* ⟨voor dieren⟩; ~ dose *fatale dosis;* ~ weapon *moordwapen.*

le·thal·i·ty [lɪ'θæləti‖lɪ'θæləṭi] ⟨n.-telb.zn.⟩ **0.1** ***dodelijkheid*** ⇒*letaliteit.*

le·thar·gic [lɪ'θɑ:dʒɪk‖-'θɑr-] ⟨bn.; -ally; →bijw. 3⟩ **0.1** ***lethargisch*** ⇒*slaperig, (s)loom, fut / lusteloos.*

leth·ar·gy ['leθədʒi‖-θər-] ⟨f1⟩ ⟨telb. en n.-telb.zn.; →mv. 2⟩ **0.1** ***lethargie*** ⇒*(ziekelijke) slaapzucht* **0.2** ***lethargie*** ⇒*fut / lusteloosheid, apathie, desinteresse, (s)loomheid.*

Le·the ['li:θi:] ⟨eig.n., n.-telb.zn.⟩ ⟨Griekse mythologie⟩ **0.1** ***Lethe*** ⇒*(stroom der) vergetelheid.*

Le·the·an ['li:θɪən] ⟨bn.⟩ **0.1** ***vergetelheid schenkend.***

'let 'in ⟨f1⟩ ⟨ov.ww.⟩ **0.1** ***binnenlaten*** ⇒*toelaten, doorlaten* **0.2** ⟨tech.⟩ ***inlaten*** **0.3** ***inzetten*** **0.4** ***innemen*** ⇒*nauwer maken* ⟨kleding⟩ **0.5** ***erin laten lopen / tuinen*** ⇒*belazeren, bedriegen* ◆ **1.1** ~ a possibility *een mogelijkheid openlaten* **3.1** ~ all sorts of cheating *de deur openen voor allerlei bedrog* **4.1** let o.s. in *zich toegang verschaffen* **6.¶** ~ **for** *opschepen met; laten opdraaien voor;* let o.s. in **for** *zich op de hals halen, opdraaien voor;* ~ **on** *in vertrouwen nemen over; inlichten over; laten meedoen met, betrekken bij.*

'let 'off ⟨f1⟩ ⟨ww.⟩

I ⟨onov.ww.⟩ ⟨vulg.⟩ **0.1** ***een scheet laten*** ⇒*ruften;*

II ⟨ov.ww.⟩ **0.1** ***afzetten*** ⇒*laten uitstappen, aan wal / v. boord laten gaan* **0.2** ***afvuren*** ⇒*afsteken, af laten gaan* **0.3** ***excuseren*** ⇒*vrijuit laten gaan, vrijstellen van, buiten schot laten, kwijtschelden, ergens onderuit laten komen* **0.4** ***laten ontsnappen*** ⇒*weg laten lopen* **0.5** ⟨BE⟩ ***(in gedeelten / partieel) verhuren*** ⇒*onderverhuren* **0.6** ⟨vulg.⟩ ***laten*** ⟨scheet⟩ ◆ **1.1** the driver will let you off there *de chauffeur zal je daar afzetten* **1.2** ~ fireworks *vuurwerk afsteken;* ~ a gun *een pistool afvuren;* ~ a joke *een kwinkslag maken, met een mop aankomen* **1.3** the judge let him off *de rechter liet hem vrijuit gaan;* that man won't get ~ a second time *een tweede keer komt die man er niet onderuit* **1.4** ~ air *ontluchten* **1.6** ~ a fart *een scheet laten* **4.6** ~ one *een scheet laten* **6.3** be ~ **with**

er afkomen met; let s.o. off **with** a light penalty *iem. er met een lichte straf af laten komen.*

'let-off ⟨telb.zn.⟩ **0.1** ***(onverwachte) ontsnappingsgelegenheid*** ⇒⟨i.h.b. cricket⟩ *fortuinlijke ontsnapping.*

'let 'out ⟨f1⟩ ⟨ww.⟩

I ⟨onov.ww.⟩ **0.1** ***uithalen*** ⇒*v. leer trekken, te lijf gaan, uitvaren* **0.2** ⟨AE⟩ ***dichtgaan*** ⇒*sluiten, uitgaan* ⟨v. school, e.d.⟩ ◆ **6.1** ~ **at** s.o. *naar iem. uithalen; tegen iem. uitvaren/uitpakken;*

II ⟨ov.ww.⟩ **0.1** ***uitnemen*** ⇒*wijder maken* ⟨kleding⟩ **0.2** ***laten uitlekken*** ⇒*verklappen, openbaar/bekend maken, zich laten ontvallen* **0.3** ***laten ontsnappen*** ⇒*vrijlaten, laten gaan/weglopen* **0.4** ***slaken*** ⇒*geven* ⟨gil⟩ **0.5** ⟨AE⟩ ***de laan uitsturen*** ⇒*ontslaan, (v. school) sturen* **0.6** ⟨inf.⟩ ***uit de knoei halen*** ⇒*er genadig af laten komen* **0.7** ⟨vnl. BE⟩ ***verhuren*** ⟨i.h.b. voor bep. tijd⟩ **0.8** ***meer vaart geven*** ⟨auto⟩ ◆ **1.3** let the air out of a balloon *een ballon laten leeglopen;* let that girl out (there) *laat dat meisje er (daar) uit.*

'let-out ⟨telb.zn.⟩ **0.1** ***ontsnappingsmogelijkheid*** ⇒*maas* **0.2** ⟨AE⟩ ***ontslag*** **0.3** ⟨sl.⟩ ***smoes.***

Let·ra·set ['letrəset]⟨n.-telb.zn.⟩⟨merknaam⟩ **0.1** ***(vel) zelfklevende letters.***

let's [lets]⟨samentr. v. let us⟩.

Lett [let]⟨zn.⟩

I ⟨eig.n.⟩ **0.1** ***Lets*** ⇒*taal der Letten, de Letse taal;*

II ⟨telb.zn.⟩ **0.1** ***Let(lander)*** ⇒*bewo(o)n(st)er v. Letland.*

let·ter[1] ['letə‖'leṭər]⟨f4⟩ ⟨zn.⟩

I ⟨telb.zn.⟩ **0.1** ***letter*** **0.2** ***brief*** ⇒*schrijven* **0.3** ⟨vaak mv.⟩ ***schrijven*** ⇒*stuk vanwege een officiële instantie* **0.4** ⟨AE⟩ ***schoolembleem*** ⟨als beloning voor sportieve prestaties⟩ **0.5** ⟨drukw.⟩ ***(druk)letter*** **0.6** ⟨drukw.⟩ ***letter*** ⇒*lettertype/soort* **0.7** ⟨drukw.⟩ ***letterserie*** ⇒*letterfamilie* ◆ **1.2** ⟨hand.⟩ ~ of advice *adviesbrief;* ~ of attorney *volmacht;* ~ of credence *geloofsbrief, accreditief, introductie;* (confirmed) ~ of credit *(geconfirmeerd(e)) kredietbrief/accreditief;* ~ to the editor *ingezonden brief;* ~ of intent *intentieverklaring;* ~ of introduction *aanbevelingsbrief, introductie;* ⟨hand.⟩ ~ of intent *bereidheidsverklaring* **1.3** ~s of administration *volmacht tot beheer v. nalatenschap;* ~(s) of marque (and reprisal) *kaperbrief, commissiebrief, bestelbrief* **2.1** small ~ *kleine letter* **3.2** covering ~ *begeleidend schrijven* **6.2** **by** ~ *per brief, schriftelijk;*

II ⟨n.-telb.zn.; vnl. the⟩ **0.1** ***letter*** ⇒*letterlijke inhoud/interpretatie* ⟨tgo. geest⟩ ◆ **1.1** keep the ~ of an agreement/the law *zich aan de letter v.e. overeenkomst/v.d. wet houden;* according to the ~ of the law *naar de letter der/v.d. wet;* in ~ and spirit *naar letter en geest* **6.1** **to** the ~ *naar de letter; tot in detail/de kleinste bijzonderheden;*

III ⟨n.-telb.zn., mv.; ~s⟩ **0.1** ***letteren*** ⇒*literatuur* **0.2** ***belezenheid*** **0.3** ***ontwikkeling*** ⇒*eruditie;*

IV ⟨mv.; ~s⟩ **0.1** ***alfabet*** ⇒*abc* **0.2** ***titel(s).***

letter[2] ⟨f1⟩ ⟨ww.⟩ →lettered, lettering

I ⟨onov.ww.⟩ **0.1** ***letters schrijven/vormen;***

II ⟨ov.ww.⟩ **0.1** ***v. omslag/rugtitel voorzien*** ⟨boek⟩ **0.2** ***beletteren*** ⇒*voorzien v. letters/belettering* **0.3** ***letteren*** ⇒*nummeren met letters* **0.4** ***in letters schrijven.***

'let·ter-bal·ance, 'let·ter-scale, 'let·ter-scales ⟨telb.zn.⟩ **0.1** ***brieveweger*** ⇒*briefweger.*

'letter bomb ⟨telb.zn.⟩ **0.1** ***bombrief*** ⇒*briefbom.*

'letter book ⟨telb.zn.⟩ **0.1** ***brievenboek*** ⇒*kopieboek* ⟨v. brieven⟩.

'let·ter·box ⟨f1⟩ ⟨telb.zn.⟩ ⟨vnl. BE⟩ **0.1** ***brievenbus.***

'letterbox 'company ⟨telb.zn.⟩ **0.1** ***brievenbusfirma.***

'let·ter·card ⟨telb.zn.⟩ **0.1** ***postblad.***

'letter carrier ⟨telb.zn.⟩ ⟨AE⟩ **0.1** ***postbode*** ⇒*brievenbesteller/bode.*

'letter case ⟨telb.zn.⟩ **0.1** ***brieventas*** ⇒*portefeuille.*

let·tered ['letəd‖'leṭərd]⟨bn.; in bet. 0.5 volt. deelw. v. letter⟩ **0.1** ***in staat tot lezen en schrijven*** **0.2** ***geletterd*** ⇒*belezen;* ⟨bij uitbr.⟩ *ontwikkeld, geleerd, erudiet* **0.3** ***v./mbt. alfabetisme*** **0.4** ***v./mbt. kennis/ontwikkeling*** **0.5** ***beletterd*** ⇒*voorzien v. letters* ◆ **1.2** a ~ man *een geletterd man.*

'let·ter·file ⟨telb.zn.⟩ **0.1** ***briefhouder*** ⇒*brievenmap.*

'let·ter·form ⟨telb.zn.⟩ **0.1** ***lettertype*** ⇒*letterontwerp* **0.2** ***vel postpapier.***

'letter founder ⟨telb.zn.⟩ **0.1** ***lettergieter.***

'letter foundry ⟨telb.zn.⟩ **0.1** ***lettergieterij.***

'let·ter·head, 'letter heading ⟨f1⟩ ⟨zn.⟩

I ⟨telb.zn.⟩ **0.1** ***briefhoofd*** ⇒*brievehoofd;*

II ⟨n.-telb.zn.⟩ **0.1** ***postpapier met briefhoofd.***

let·ter·ing ['letrɪŋ‖'leṭərɪŋ]⟨f2⟩ ⟨n.-telb.zn.; oorspr. gerund v. letter⟩ **0.1** ***belettering*** ⇒*het (be)letteren/schrijven* **0.2** ***belettering*** ⇒*letters.*

let·ter·less ['letələs‖'leṭər-]⟨bn.⟩ **0.1** ***onbeletterd*** ⇒*onbeschreven.*

'let·ter-lock ⟨telb.zn.⟩ **0.1** ***letterslot.***

'let·ter·man ⟨telb.zn.⟩ ⟨AE; sport⟩ **0.1** ***student die het schoolembleem mag dragen*** ⟨i.v.m. sportieve prestaties⟩.

'letter paper ⟨n.-telb.zn.⟩ **0.1** ***postpapier*** ⇒*briefpapier.*

'let·ter-'per·fect ⟨bn., pred.⟩ **0.1** ⟨AE⟩ ***vlekkeloos*** ⇒*foutloos, tot in de puntjes* **0.2** ⟨dram.⟩ ***rolvast.***

'let·ter·press ⟨zn.⟩ ⟨boekw.⟩

I ⟨telb.zn.⟩ **0.1** ***tekst*** ⇒*letterzetsel* ⟨i.t.t. illustraties⟩ **0.2** ***bijschrift*** ⟨bij illustratie⟩;

II ⟨n.-telb.zn.⟩ **0.1** ***boekdruk*** ⇒*hoogdruk.*

'let·ter-qual·i·ty ⟨n.-telb.zn.⟩ ⟨comp.⟩ **0.1** ***letterkwaliteit*** ⇒*briefkwaliteit.*

'letter rate ⟨telb.zn.⟩ **0.1** ***briefport(o)*** ⇒*brieftarief.*

'letter-scale(s) →letter-balance.

'letter stock ⟨verz.n.⟩ ⟨geldw.⟩ **0.1** ⟨ong.⟩ ***onderhandse aandelen.***

'let·ter·weight ⟨telb.zn.⟩ **0.1** ***presse-papier*** **0.2** ***brieveweger.***

'letter writer ⟨telb.zn.⟩ **0.1** ***briefschrijver*** ⇒*correspondent* **0.2** ***briefschrijver*** ⇒*brievenboek, boek met briefmodellen.*

Let·tic[1] ['leṭɪk]⟨eig.n.⟩ **0.1** →Lettish[1] **0.2** ***Baltisch(e taalgroep)*** ⟨Lets, Litouws, Oudpruisisch⟩.

Lettic[2] ⟨telb.zn.⟩ **0.1** →Lettish[2] **0.2** ***(tot de) Baltisch(e taalgroep behorend).***

let·ting ['leṭɪŋ]⟨telb.zn.; oorspr. gerund v. let⟩ ⟨vnl. BE⟩ **0.1** ***huurobject*** ⇒*huurwoning.*

Let·tish[1] ['leṭɪʃ]⟨eig.n.⟩ **0.1** ***Lets*** ⇒*de Letse taal.*

Lettish[2] ⟨bn.⟩ **0.1** ***Lets*** ⇒*v./mbt. het Lets/de Letten.*

let·tuce ['leṭɪs]⟨f2⟩ ⟨zn.⟩

I ⟨telb.zn.⟩ ⟨plantk.⟩ **0.1** ***sla*** ⟨genus Lactuca; i.h.b. L. sativa⟩;

II ⟨n.-telb.zn.⟩ **0.1** ⟨cul.⟩ ***sla*** ⇒*salade* **0.2** ⟨AE; sl.⟩ ***flappen*** ⇒*papieren* ⟨bankbiljetten⟩.

'let·up ⟨telb.zn.⟩ **0.1** ***vermindering*** ⇒*afname* **0.2** ***(werk)onderbreking*** ⇒*rustpauze, ontspanning.*

'let 'up ⟨f1⟩ ⟨onov.ww.⟩ **0.1** ***minder worden*** ⇒*afnemen, gaan liggen* **0.2** ⟨inf.⟩ ***het kalm aan doen*** ⇒*gas terugnemen* **0.3** ***pauzeren*** ⇒*ophouden (met werken)* ◆ **1.1** I hope the wind's going to ~ a little *ik hoop dat de wind wat gaat liggen* **6.1** **without** letting up *onverminderd, niet-aflatend* **6.3** **without** letting up *zonder onderbreking/rustpauze* **6.¶** ⟨inf.⟩ ~ **on** *milder/minder streng behandelen.*

le·u ['leɪu:]⟨telb.zn.; lei [leɪ]; →mv. 5⟩ **0.1** ***leu*** ⇒*lei* ⟨Roemeense munt(eenheid); 100 bani⟩.

leu·co-, leuk·o ['lu:koʊ], **leuk-** [lu:k] **0.1** ***leuk(o)-*** ⇒*kleurloos, wit* **0.2** ***leuko-*** ◆ **¶.1** leucoderma *leucoderm(i)a, leukodermie;* leucoplast, leucoplastid *leukoplast* **¶.2** leukoblast *leukoblast;* leucopenia *leukopenie;* leucotome *leukotomie-instrument.*

leu·co·cyte, leu·ko·cyte ['lu:kəsaɪt]⟨telb.zn.⟩ **0.1** ***leukocyt*** ⇒*wit bloedlichaampje.*

leu·co·ma, leu·ko·ma [lu:'koʊmə]⟨telb. en n.-telb.zn.⟩ ⟨med.⟩ **0.1** ***leucoma*** ⇒*leukoom, oogparel.*

leu·co·pa·thy [lu:'kɒpəθi‖-'kɑ-]⟨telb. en n.-telb.zn.; →mv. 2⟩ ⟨med.⟩ **0.1** ***leukopathie*** ⇒*leucoderma.*

leu·cor·rhe·a, leu·kor·rhe·a ['lu:kə'rɪə]⟨n.-telb.zn.⟩ ⟨med.⟩ **0.1** ***leucorrhea*** ⇒*leukorroe, leucomatorrhea, witte vloed.*

leu·cot·o·my [lu:'kɒtəmi‖-'kɑṭəmi]⟨zn.; →mv. 2⟩ ⟨BE; med.⟩

I ⟨telb.zn.⟩ **0.1** ***leukotomie(operatie);***

II ⟨telb. en n.-telb.zn.⟩ **0.1** ***(prefontale) leukotomie*** ⇒*lobotomie.*

leu·kae·mi·a, ⟨AE sp.⟩ **leu·ke·mi·a** [lu:'ki:mɪə]⟨f1⟩ ⟨telb. en n.-telb.zn.⟩ ⟨med.⟩ **0.1** ***leukemie*** ⇒*bloedkanker.*

lev [lef]⟨telb.zn.; leva ['levə]; →mv. 5⟩ **0.1** ***lev(a)*** ⇒*lew(a)* ⟨Bulgaarse munt(eenheid); 100 stotinki⟩.

Lev ⟨eig.n.⟩ ⟨afk.⟩ Leviticus ⟨bijb.⟩ **0.1** ***Lev.***

lev·al·lor·phan ['levə'lɔ:fæn‖-'lɔr-]⟨n.-telb.zn.⟩ ⟨schei.⟩ **0.1** ***linksdraaiend nalorfine*** ⟨antistof tegen morfinevergiftiging⟩.

le·vant[1] [lɪ'vænt]⟨zn.⟩

I ⟨eig.n.; L-⟩ **0.1** ***Levant*** ⇒*Morgenlanden, oostelijke Middellandse-Zeelanden;*

II ⟨n.-telb.zn.⟩ **0.1** ***marokijn(leer).***

levant[2] ⟨onov.ww.⟩ ⟨BE⟩ **0.1** ***met de noorderzon vertrekken*** ⇒*er tussenuit knijpen* ⟨i.h.b. met achterlating v. speelschulden⟩.

le·vant·er [lɪ'væntə‖-'vænṭər]⟨telb.zn.⟩ **0.1** ⟨L-⟩ ***Levantijn*** ⇒*oosterling* **0.2** ***levante(r)*** ⇒*levant(ijn)* ⟨lokale wind⟩ **0.3** ⟨BE⟩ ***wegwezer*** ⟨iem. die vertrekt met achterlating v. speelschulden⟩.

le·van·tine ['levntaɪn]⟨zn.⟩

I ⟨telb.zn.; L-⟩ **0.1** ***Levantijn*** ⇒*oosterling* **0.2** ***Levantijn*** ⟨schip⟩;

II ⟨n.-telb.zn.⟩ **0.1** ***levantine*** ⟨(kunst)zijde⟩.

Le·van·tine ['levntaɪn]⟨bn.⟩ **0.1** ***Levantijns*** ⇒*Levants.*

Le'vant mo'rocco ⟨n.-telb.zn.⟩ **0.1** ***marokijn(leer).***

Le'vant 'sparrow hawk ⟨telb.zn.⟩ ⟨dierk.⟩ **0.1** ***Balkansperwer*** ⟨Accipiter brevipes⟩.

le·va·tor [lɪ'veɪtə‖-'veɪṭər]⟨telb.zn.; ook levatores ['levə'tɔ:ri:z]; →mv. 5⟩ **0.1** ⟨med.⟩ ***hefspier*** ⇒*optrekker, opheffer, optrekkende spier* **0.2** ⟨med.⟩ ***elevator*** ⇒*heftang.*

lev·ee[1] ['levi]⟨telb.zn.⟩ **0.1** ⟨aardr.⟩ ***oeverwal*** ⟨door natuurlijke afzetting v. rivier⟩ **0.2** ⟨aardr.⟩ ***rivierdijk*** **0.3** ⟨AE⟩ ***steiger*** ⇒*landings/aanlegplaats* **0.4** ⟨AE⟩ ***bevloeiings(om)dijk(ing)***.

levee[2] ['levi, -veɪ‖'levi, lə'vi, -'veɪ]⟨telb.zn.⟩ **0.1** ⟨ong.⟩ ***audiëntie*** ⇒*officiële ontvangst* **0.2** ⟨BE⟩ ***herenreceptie*** ⟨ten hove⟩ **0.3** ⟨gesch.⟩ ***lever*** ⇒*morgenontvangst/receptie* ⟨ten hove⟩.

lev·el[1] ['levl]⟨f3⟩⟨zn.⟩

I ⟨telb.zn.⟩ **0.1** ⟨ook als 2e lid v. samenst.⟩ ***peil*** ⇒*niveau, hoogte, gehalte, spiegel;* ⟨bij uitbr.⟩ *natuurlijke/juiste peil/plaats/positie/status* **0.2** ***vlak*** ⇒*(vlak) oppervlak;* ⟨bij uitbr.⟩ *vlakte, vlak land* **0.3** ***horizontaal*** ⇒*waterpas(se) lijn/vlak* **0.4** ⟨vnl. AE⟩ ***waterpas*** **0.5** ⟨tech.⟩ ***waterpas(instrument)*** ⇒*landmeterswaterpas* **0.6** ⟨tech.⟩ ***hoogteverschilmeter*** **0.7** ⟨mijnw.⟩ ***verdieping*** **0.8** ⟨mijnw.⟩ ***galerij*** **0.9** ⟨als 2e lid v. samenst.⟩⟨BE⟩⟨ong.⟩ ***einddiplomacijfer/waardering*** ◆ **1.1** ~ of achievement/production *prestatie/produktiepeil;* on a ~ of equality *op voet v. gelijkheid;* ⟨AE⟩ ~ of living *levensstandaard;* water (always) finds its (own) ~ *(open) water staat op den duur (altijd) overal even hoog* **3.1** find one's ~ *zijn plaats vinden, terecht komen waar men thuishoort;* sink to s.o.'s/one's ~ *zich verlagen tot iemands niveau* **6.1** **on** a ~ **with** *op gelijke hoogte met, even hoog als;* ⟨fig.⟩ *de gelijke van, op gelijke voet met* **6.¶** ⟨inf.⟩ **on** the ~ *rechtdoorzee, straight; bonafide; goudeerlijk* **¶.9** →A level; →O level;

II ⟨n.-telb.zn.; vaak als 2e lid v. samenst.⟩ **0.1** ***niveau*** ◆ **2.1** at ministerial ~ *op ministerieel niveau.*

level[2] ⟨f3⟩⟨bn.; -ly; -ness⟩ **0.1** ***waterpas*** ⇒*horizontaal, vlak* **0.2** ***vlak*** ⇒*egaal, (zonder on)effen(heden);* ⟨bij uitbr.⟩ *precies tot de rand, afgestreken* **0.3** ***(op) gelijk(e hoogte)*** ⇒*even hoog/ver* **0.4** ***gelijkmatig*** ⇒*neutraal, evenwichtig, regelmatig* **0.5** ***beraden*** ⇒*evenwichtig, bedaard, kalm* **0.6** ***gelijkwaardig*** ⇒*op gelijke voet* **0.7** ***strak*** ⟨v. blik⟩ ⇒*doordringend* ◆ **1.2** ~ teaspoon *afgestreken theelepel* **1.3** ⟨BE⟩ ~ crossing *gelijkvloerse kruising* ⟨v. spoorwegen⟩; *overweg* **1.4** in a ~ voice *zonder stemverheffing* **1.5** have a ~ head *in staat zijn tot een afgewogen oordeel;* keep a ~ head *zijn verstand erbij houden* **1.7** give s.o. a ~ look *iem. strak aankijken* **1.¶** ⟨inf.⟩ (do) one's ~ best *zijn uiterste best (doen);* ~ race *nek-aan-nek-race* **3.3** draw ~ with *op gelijke hoogte komen met, inhalen* **3.¶** ⟨kaartspel⟩ ~ pegging *gelijk scoren;* ⟨fig.⟩ *gelijk op gaan, aan elkaar gewaagd zijn.*

level[3] ⟨f3⟩⟨ww.; →ww. 7⟩

I ⟨onov.ww.⟩ **0.1** ***gelijkheid brengen*** **0.2** ***een niveau bereiken*** ◆ **6.¶** ~ **with** s.o. **on** sth. *(eerlijk) voor iets uitkomen tegen iem.;*

II ⟨onov. en ov.ww.⟩ **0.1** ***(horizontaal) richten*** ⇒*aanleggen;* ⟨bij uitbr.⟩ *afvuren, uitbrengen* ⟨kritiek, e.d.⟩ **0.2** ⟨tech.⟩ ***waterpassen*** ⇒*landmeten (met behulp v. waterpasinstrument)* ◆ **5.¶** ~ **off** *gelijk/vlak maken/worden, egaliseren, effenen, nivelleren;* ~ **off/out** *(zich) (op een bepaald niveau) stabiliseren; zijn (maatschappelijke) plafond bereiken;* ⟨lucht.⟩ *vlak/horizontaal trekken; horizontaal gaan vliegen;* ~ **out** *gelijk/vlak maken/worden; onderscheid/verschillen wegnemen (bij/tussen)* **6.1** ~ a charge **against/at** s.o. *een beschuldiging tegen iem. uitbrengen;* ~ (a weapon) **at** s.o. *(een wapen) op iem. richten;*

III ⟨ov.ww.⟩ **0.1** ***egaliseren*** ⇒*effenen* **0.2** ***nivelleren*** ⇒*gelijkschakelen, op gelijk niveau brengen;* ⟨i.h.b.⟩ *opheffen* ⟨onderscheid⟩ **0.3** ***slechten*** ⇒*slopen, met de grond gelijk maken* **0.4** ***vloeren*** ⇒*tegen de grond slaan* **0.5** ⟨sport⟩ ***gelijkmaken*** ◆ **6.2** ~ **down** *tot hetzelfde niveau omlaag brengen, wegnivelleren;* ~ **up** *tot hetzelfde niveau omhoog brengen, (over de hele linie) opvijzelen* **6.3** ~ sth. **to/with** the ground *iets met de grond gelijk maken.*

level[4] ⟨bw.⟩ **0.1** ***vlak*** ⇒*horizontaal, waterpas.*

'lev·el'head·ed ⟨f1⟩⟨bn.; -ness⟩ **0.1** ***beraden*** ⇒*evenwichtig, nuchter, afgewogen.*

lev·el·ler, ⟨AE sp.⟩ **lev·el·er** ['lev(ə)lə‖-ər]⟨telb.zn.⟩⟨→sprw. 99⟩ **0.1** ***gelijkmaker*** ⇒*egaliseerder, nivelleerder* **0.2** ***gelijkheidsprediker*** ⇒*nivelleerder* **0.3** ⟨L-⟩⟨gesch.⟩ ***leveller*** ⟨17e-eeuws Eng. radicaal⟩.

'lev·el·ling instrument ⟨telb.zn.⟩⟨tech.⟩ **0.1** ***waterpasinstrument*** ⇒*nivelleerwerktuig.*

'lev·el·ling rod, 'levelling pole, 'levelling staff ⟨telb.zn.⟩⟨tech.⟩ **0.1** ***landmeetstok*** ⇒*landmetersmaatstok, nivelleerlat.*

'lev·el·ling screw ⟨telb.zn.⟩ **0.1** ***stelschroef.***

le·ver[1] ['li:və‖'levər]⟨f2⟩⟨telb.zn.⟩ **0.1** ***hefboom*** ⇒*dommekracht, koevoet, breekijzer* **0.2** ***werktuig*** ⟨alleen fig.⟩ ⇒*pressiemiddel, instrument* **0.3** ⟨ook als 2e lid v. samenst.⟩ ***hendel*** ⇒*handgreep/vat, hefboom* **0.4** ⟨nat.⟩ ***hefboom*** **0.5** ***ankerhorloge*** ◆ **1.4** ~ of first/second/third order *hefboom v.d. eerste/tweede/derde soort.*

lever[2] ⟨f1⟩⟨ww.⟩

I ⟨onov.ww.⟩ **0.1** ***een hefboom gebruiken*** ⇒*tillen, wrikken;*

II ⟨ov.ww.⟩ **0.1** ***opheffen/verplaatsen d.m.v. hefboom*** ⇒*tillen, (los)wrikken* ◆ **5.1** ~ sth. **along/away/up** *iets voort/weg/omhoog duwen, iets oplichten, omhoog/loswrikken* **6.1** ~ sth. **into/out of** position *iets op/van zijn plaats wrikken;* ⟨fig.⟩ ~ s.o. **out of** his job *iem. wippen, iem. wegmanoeuvreren.*

le·ver·age[1] ['li:vrɪdʒ‖'le-]⟨n.-telb.zn.⟩ **0.1** ***hefboomwerking*** ⇒*hefboomkracht* **0.2** ***hefboomtoepassing*** **0.3** ***hefboomsysteem*** ⇒*stelsel v. hefbomen* **0.4** ***macht*** ⇒*invloed, pressie* **0.5** ⟨AE; geldw.⟩ ***hefboomeffect*** ⇒⟨ong.⟩ *verhouding tussen eigen en vreemd vermogen, (financial) gearing/leverage* **0.6** ⟨AE; geldw.⟩ ***kredietspeculatie.***

leverage[2] ⟨ww.⟩⟨AE; geldw.⟩

I ⟨onov.ww.⟩ **0.1** ***speculeren met krediet;***

II ⟨ov.ww.⟩ **0.1** ***voorzien v. speculatiekrediet*** ◆ **1.1** ~d buy out *opkoping v.e. bedrijf met geleend geld.*

'lever escapement ⟨telb.zn.⟩⟨tech.⟩ **0.1** ***ankerechappement*** ⟨uurwerk⟩ ⇒*(Engelse) ankergang.*

lev·er·et ['levrɪt]⟨telb.zn.⟩ **0.1** ***jonge haas*** ⇒*haasje* ⟨i.h.b. tot één jaar oud⟩.

'lever watch ⟨telb.zn.⟩ **0.1** ***ankerhorloge.***

lev·i·a·ble ['levɪəbl]⟨bn.⟩ **0.1** ***oplegbaar*** ⇒*in(vorder)baar, hefbaar* **0.2** ***belastbaar.***

le·vi·a·than[1] [lɪ'vaɪəθən]⟨telb.zn.⟩ **0.1** ⟨bijb.⟩ ***leviathan*** ⇒*watermonster* ⟨Job 40:20, Ps. 74:14⟩ **0.2** ***leviathan*** ⇒*kolos, gevaarte, gigant, reus;* ⟨i.h.b.⟩ *mammoet(schip), zeekasteel; walvis* **0.3** ***mogol*** ⇒*alleenheerser, autocraat;* ⟨bij uitbr.⟩ *machts/politiestaat.*

leviathan[2] ⟨bn., attr.⟩ **0.1** ***kolossaal*** ⇒*reusachtig, gigantisch, wanstaltig.*

lev·i·gate[1] ['levɪgət]⟨bn.⟩⟨plantk.⟩ **0.1** ***glad.***

levigate[2] ['levɪgeɪt]⟨ov.ww.⟩ **0.1** ***fijnmalen/wrijven*** ⇒*(tot poeder/pulp) vermalen, verpulveren* **0.2** ***polijsten*** ⇒*gladwrijven/slijpen/schuren, bruineren* **0.3** ⟨schei.⟩ ***suspenderen.***

lev·i·ga·tion ['levɪ'geɪʃn]⟨telb. en n.-telb.zn.⟩ **0.1** ***vermaling*** ⟨tot poeder/pulp⟩ ⇒*verpulvering* **0.2** ***polijsting*** **0.3** ⟨schei.⟩ ***suspensie.***

lev·in ['levɪn]⟨telb. en n.-telb.zn.⟩⟨vero., beh. schr.⟩ **0.1** ***weerlicht*** ⇒*bliksem(flits/schicht).*

lev·i·rate ['levɪrət]⟨telb. en n.-telb.zn.⟩ **0.1** ***leviraat(shuwelijk)*** ⇒*zwagerhuwelijk, vervanghuwelijk.*

lev·i·rat·ic ['levɪ'rætɪk], **lev·i·rat·i·cal** [-ɪkl]⟨bn.⟩ **0.1** ***leviraats-*** ⇒*v./mbt. een leviraat(shuwelijk).*

le·vis, le·vi's ['li:vaɪz]⟨f1⟩⟨mv.; ook L-⟩ **0.1** ***spijkerbroek*** ⇒*(blue) jeans.*

lev·i·tate ['levɪteɪt]⟨ww.⟩

I ⟨onov.ww.⟩ **0.1** ***levitatie ondergaan*** ⟨i.h.b. spiritisme⟩;

II ⟨ov.ww.⟩ **0.1** ***levitatie doen ondergaan*** ⇒*doen/laten opstijgen/zweven* ⟨i.h.b. spiritisme⟩.

lev·i·ta·tion ['levɪ'teɪʃn]⟨telb. en n.-telb.zn.⟩ **0.1** ***levitatie*** ⇒*lijfelijke opheffing* ⟨i.h.b. spiritisme⟩.

Le·vite ['li:vaɪt]⟨telb.zn.⟩⟨bijb.⟩ **0.1** ***leviet*** ⇒*lid v.d. stam Levi* **0.2** ***leviet*** ⇒*tempeldienaar.*

Le·vit·i·cal [lɪ'vɪtɪkl]⟨bn.⟩⟨bijb.⟩ **0.1** ***levitisch*** ⇒*v./mbt. de levieten* **0.2** ***v./mbt. het boek Leviticus*** ◆ **1.2** ~ degrees *verwantschapsgraden die een huwelijk verbieden* ⟨Lev. 18⟩.

Le·vit·i·cus [lɪ'vɪtɪkəs]⟨eig.n.⟩⟨bijb.⟩ **0.1** ***Leviticus*** ⟨3e boek v. O.T.⟩.

lev·i·ty ['levəti]⟨zn.; →mv. 2⟩

I ⟨telb. en n.-telb.zn.⟩ **0.1** ***lichtzinnigheid*** ⇒*frivoliteit* **0.2** ***lucht(hart)igheid*** ⇒*onbezorgdheid, ondoordachtheid* **0.3** ***wispelturigheid*** ⇒*grilligheid, onberekenbaarheid* **0.4** ***oneerbiedigheid;***

II ⟨n.-telb.zn.⟩⟨vero.⟩ **0.1** ***lichtheid*** ⇒*geringe zwaarte.*

levo- →laevo-.

levodopa →L-Dopa.

levorotation →laevorotation.

levorotatory →laevorotatory.

levulose →laevulose.

lev·y[1] ['levi]⟨f1⟩⟨zn.; →mv. 2⟩

I ⟨telb.zn.⟩ **0.1** ***heffing*** ⇒*vordering;* ⟨i.h.b.⟩ *belastingheffing* **0.2** ***beslaglegging*** ⇒*inning, invordering;* ⟨bij uitbr.⟩ *gevorderde som* **0.3** ***(aan)werving*** ⇒*rekrutering, ronseling* **0.4** ***lichting (rekruten)*** **0.5** ⟨vaak mv.⟩ ***rekruut*** ◆ **3.1** make a ~ on *een heffing instellen op, met een heffing belasten* **6.2** ~ (up)on property *beslaglegging op eigendom;*

II ⟨n.-telb.zn.⟩ **0.1** ***het heffen*** **0.2** ***het rekruteren.***

levy[2] ⟨f2⟩⟨ww.; →ww. 7⟩

I ⟨onov.ww.⟩ **0.1** ⟨jur.⟩ ***beslag leggen*** **0.2** ***putten*** ⇒*halen* ◆ **6.1** ~ **on** s.o.'s property *beslag leggen op iemands eigendom(men)* **6.2** ~ **on** other novels *uit andere romans putten;*

II ⟨ov.ww.⟩ **0.1** ***heffen*** ⇒*opleggen, afdwingen* **0.2** ***(in/op)vorderen*** ⇒*innen, opeisen* **0.3** ***(aan)werven*** ⇒*rekruteren, oproepen, lichten, ronselen* **0.4** ⟨jur.⟩ ***door beslaglegging opvorderen*** ◆ **1.1** ~ a contribution *een bijdrage afdwingen;* ~ a fine *een boete opleggen;* ~ toll *tol heffen* **6.1** ~ a tax **on** gambling *een belasting heffen op de kansspelen.*

'levy in 'mass, le·vée en masse, levy en masse ['levi ã 'mɑs]⟨telb.zn.; levies in mass, levées en masse, levies en masse [-vi:z]; →mv. 6⟩ **0.1** ***levée en masse*** ⇒*massalichting.*

lewd [lu:d]⟨f1⟩⟨bn.; ook -er; -ly; -ness⟩ **0.1** ***wellustig*** ⇒*wulps, zinnelijk, onkuis* **0.2** ***obsceen*** ⇒*onzedelijk, schunnig, smerig* **0.3** ⟨vero., beh. bijb.⟩ ***laag(hartig)*** ⇒*verdorven.*

lew·is ['lu:ɪs], **lew·is·son** ['lu:ɪsn]⟨telb.zn.⟩⟨bouwk.⟩ **0.1** ***wolf*** ⇒*hijswig, (gesegmenteerde) zwaluwstaarttap* ⟨voor het hijsen v. zware stenen⟩.

Lewis gun ['lu:ɪs gʌn]⟨telb.zn.⟩ **0.1** ***Lewis-mitrailleur.***

lew·is·ite ['lu:ɪsaɪt]⟨telb. en n.-telb.zn.⟩ **0.1** ***lewisiet*** ⟨blaartrekkend strijdgas⟩.

lex·eme ['leksi:m]⟨telb.zn.⟩⟨taalk.⟩ **0.1** ***lexeem*** ⟨lexiconeenheid⟩.

lex·i·cal ['leksɪkl]⟨f1⟩⟨bn.; -ly⟩⟨taalk.⟩ **0.1** ***lexicaal*** ⇒*v./mbt. de woordenschat/het lexicon* ⟨ook tgo. grammaticaal⟩ ◆ **1.1** ~ entry *lemma;* ~ item *lexeem.*

lex·i·cal·ize, -ise ['leksɪkəlaɪz]⟨ov.ww.⟩⟨taalk.⟩ **0.1** ***lexicaliseren.***

lex·i·cog·ra·pher ['leksɪ'kɒgrəfə‖-'kɑgrəfər]⟨telb.zn.⟩ **0.1** ***lexicograaf.***

lex·i·co·graph·ic ['leksɪkə'græfɪk], **lex·i·co·graph·i·cal** [-ɪkl]⟨bn.; -al (ly); →bijw. 3⟩ **0.1** ***lexicografisch*** ⇒*v./mbt. woordenboeken.*

lex·i·cog·ra·phy ['leksɪ'kɒgrəfi‖-'kɑ-]⟨n.-telb.zn.⟩ **0.1** ***lexicografie*** ⇒*het samenstellen v. woordenboeken.*

lex·i·col·o·gist ['leksɪ'kɒlədʒɪst‖-'kɑlədʒɪst]⟨telb.zn.⟩⟨taalk.⟩ **0.1** ***lexicoloog*** ⇒*kenner/beoefenaar v.d. lexicologie.*

lex·i·col·o·gy ['leksɪ'kɒlədʒi‖-'kɑlədʒi]⟨n.-telb.zn.⟩⟨taalk.⟩ **0.1** ***lexicologie*** ⟨studie v. lexicon⟩.

lex·i·con ['leksɪkən‖-kɑn]⟨f1⟩⟨telb.zn.⟩ **0.1** ***woordenboek*** ⇒⟨i.h.b.⟩ *oude-talenwoordenboek* **0.2** ***lexicon*** ⇒*woordenschat, vocabulaire;* ⟨bij uitbr.⟩ *woordgebruik, jargon* **0.3** ⟨taalk.⟩ ***lexicon*** ⟨lexeeminventaris v. taal⟩.

lex·ig·ra·phy [lek'sɪgrəfi]⟨n.-telb.zn.⟩ **0.1** ***karakterschrift*** ⇒*tekenschrift.*

lex·is ['leksɪs]⟨telb.zn.; lexes [-si:z]; →mv. 5⟩⟨taalk.⟩ **0.1** ***lexicon*** ⇒*woordenschat, vocabulaire.*

ley [li:]⟨telb.zn.⟩ **0.1** ***tijdelijk grasland*** ⇒*wisselbouwakker.*

Ley·den jar ['laɪdn dʒɑ:‖-dʒɑr]⟨telb.zn.⟩ **0.1** ***Leidse fles.***

'ley farming ⟨n.-telb.zn.⟩⟨landb.⟩ **0.1** ***wisselbouw.***

lez [lez]⟨telb.zn.; lezzes; →mv. 2⟩⟨AE; sl.; vaak bel.⟩ **0.1** ***pot*** ⇒*lesbische.*

lf ⟨afk.⟩ lightface, low frequency.

LF ⟨afk.⟩ Low Frequency.

LG ⟨afk.⟩ Lifeguard, Low German.

LGA ⟨afk.⟩ La Guardia Airport.

lh, LH ⟨afk.⟩ left hand.

LHA ⟨afk.⟩ Lord High Admiral.

LHC ⟨afk.⟩ Lord High Chancellor.

LHT ⟨afk.⟩ Lord High Treasurer.

li [li:]⟨telb.zn.; li; →mv. 4⟩ **0.1** ***li*** ⟨Chinese afstandsmaat, ±$^3/_8$ mijl⟩.

LI ⟨afk.⟩ Light Infantry, Long Island.

li·a·bil·i·ty ['laɪə'bɪləṭi]⟨f2⟩⟨zn.; →mv. 2⟩
I ⟨telb.zn.⟩ **0.1** ***verplichting*** ⇒⟨i.h.b.⟩ *wettelijke verantwoordelijkheid* **0.2** ⟨vnl. mv.⟩ ***geldelijke verplichting*** ⇒*schuld* **0.3** ⟨inf.⟩ ***blok aan het been*** ⇒*sta-in-de-weg, strop, handicap;*
II ⟨n.-telb.zn.⟩ **0.1** ***(wettelijke ver)plicht(ing)*** **0.2** ***(wettelijke) aansprakelijkheid*** **0.3** ***onderhevigheid*** ⇒*het blootstaan* **0.4** ***vatbaarheid*** **0.5** ***waarschijnlijkheid*** ⇒*neiging, kans, risico* ⟨i.h.b. in comb. met iets negatiefs⟩ ◆ **6.1** ~ to pay taxes *belastingplichtigheid;* ~ **for** military service *dienstplicht* **6.2** admit ~ **for** an accident *aansprakelijkheid voor een ongeluk erkennen* **6.4** ~ **to** colds *vatbaarheid voor kou(vatten);*
III ⟨mv.; liabilities⟩⟨hand.⟩ **0.1** ***passiva*** ⇒*verplichtingen, lasten, schulden.*

'lia'bility insurance ⟨telb.zn.⟩⟨verz.⟩ **0.1** ***W.A.-verzekering*** ⇒*aansprakelijkheidsverzekering.*

li·a·ble ['laɪəbl]⟨f2⟩⟨bn., pred.⟩ **0.1** ***(wettelijk) verplicht*** ⇒*gehouden* **0.2** ***aansprakelijk*** ⇒*(wettelijk) verantwoordelijk* **0.3** ***onderhevig*** ⇒*onderworpen, blootgesteld* **0.4** ***vatbaar*** ⇒⟨bij uitbr.⟩ *vaak lijdend, last hebbend* **0.5** ***de neiging hebbend*** ⇒*de kans/het risico lopend* ⟨i.h.b. in comb. met iets negatiefs⟩ ◆ **3.5** he's ~ to cry when drunk *hij begint altijd te huilen als hij dronken is;* trouble is ~ to occur *er zal wel narigheid van komen* **6.1** ~ **for** military service *dienstplichtig;* ~ **to** tax *belastingplichtig* **6.2** not be ~ **for** damages *niet aansprakelijk zijn voor beschadigingen* **6.3** he is ~ **to** a fine *hij kan beboet worden;* make o.s. ~ **to** *zich blootstellen aan;* ~ **to** penalty *strafbaar* **6.4** ~ **to** airsickness *(snel) last hebbend v. luchtziekte.*

li·aise [li'eɪz]⟨onov.ww.⟩ **0.1** ⟨mil.⟩ ***contact leggen/onderhouden*** ⇒⟨bij uitbr.⟩⟨inf.⟩ *als schakel fungeren* **0.2** ⟨inf.⟩ ***de handen ineenslaan*** ⇒*(nauw) samenwerken* ◆ **6.1** ~ **between/with** allies *contact leggen/het contact onderhouden tussen/met bondgenoten.*

li·ai·son [li'eɪzn‖'lɪəzɑn]⟨f1⟩⟨zn.⟩
I ⟨telb.zn.⟩ **0.1** ***liaison*** ⇒*buitenechtelijke verhouding* **0.2** ⟨taalk.⟩ ***binding*** ⟨tussen 2 woorden⟩ ⇒*uitspraak v. eindmedeklinker* ⟨voor klinker of stomme h⟩;
II ⟨telb. en n.-telb.zn.⟩ **0.1** ***liaison*** ⟨ook mil.⟩ ⇒*verbinding,* ⟨bij uitbr.⟩ *samenwerkingsverband* **0.2** ⟨cul.⟩ ***liaison*** ⇒*eidooierbinding,* ⟨ter afwerking v. velouté en saus⟩ *eidooier, room.*

liaison office ['- -]⟨telb.zn.⟩ **0.1** ***verbindingskantoor.***

li'aison officer ⟨telb.zn.⟩ **0.1** ⟨mil.⟩ ***verbindingsofficier*** ⇒*liaisonofficier* **0.2** ***contactpersoon.***

li·an·a [li:'ɑnə, li'ænə], **li·ane** [li'ɑ:n, li'æn]⟨f1⟩⟨telb.zn.⟩ **0.1** ***liaan.***

li·ar ['laɪə‖'laɪər]⟨f2⟩⟨telb.zn.⟩⟨→sprw. 391, 392⟩ **0.1** ***leugenaar.***

'liar dice ⟨n.-telb.zn.⟩ **0.1** ***blufpoker*** ⟨met stenen⟩.

li·as ['laɪəs]⟨zn.⟩⟨geol.⟩
I ⟨eig.n.; L-⟩ **0.1** ***Lias*** ⇒*Zwarte Jura;*
II ⟨n.-telb.zn.⟩ **0.1** ***liaskalk*** ⟨in Zuidwest Engeland⟩.

Li·as·sic [laɪ'æsɪk]⟨bn.; ook l-⟩⟨geol.⟩ **0.1** ***Lias-*** ⇒*v./mbt. het Lias.*

lib[1] [lɪb]⟨n.-telb.zn.; vnl. als 2e lid v. samenst.; ook L-⟩⟨verk.⟩ liberation ⟨inf.⟩ **0.1** ⟨ong.⟩ ***emancipatie/bevrijding(sbeweging).***

lib[2] ⟨afk.⟩ librarian, library.

Lib ⟨afk.⟩ Liberal (Party).

li·ba·tion [laɪ'beɪʃn]⟨telb.zn.⟩ **0.1** ***plengoffer*** ⇒*drankoffer, libatie* **0.2** ⟨inf.⟩ ***drinkgelag*** ⇒*libatie, bacchanaal* **0.3** ⟨scherts.⟩ ***plengoffer*** ⇒*glaasje, slokje, borrel, neut.*

lib·ber ['lɪbə‖-ər], ⟨inf.⟩ **lib·bie** ⟨telb.zn.; vnl. als 2e lid v. samenst.⟩ ⟨verk.⟩ liberator ⟨inf.⟩ **0.1** ***voorvecht(st)er v. emancipatie.***

li·bel[1] ['laɪbl]⟨f1⟩⟨zn.⟩
I ⟨telb.zn.⟩ **0.1** ⟨jur.⟩ ***smaadschrift*** ⇒*schotschrift, schimpschrift, libel* **0.2** ⟨inf.⟩ ***belastering*** ⇒*smadelijke aantijging* **0.3** ⟨inf.⟩ ***karikatuur*** ⇒*smadelijke/beledigende weergave/voorstelling* **0.4** ⟨jur.⟩ ***schriftelijke aanklacht*** **0.5** ⟨Sch. E; jur.⟩ ***aanklacht*** ◆ **6.1** publish a ~ **against** s.o. *een smaadschrift tegen iem. publiceren, iem. in geschrifte belasteren* **6.3** ~ **on** s.o. *karikatuur v. iem., belediging voor iem.;*
II ⟨n.-telb.zn.⟩ **0.1** ***smaad*** ⇒*laster, eerroof, publikatie v. smadelijke aantijging* ◆ **3.1** sue for ~ *vervolgen wegens smaad.*

libel[2] ⟨ov.ww.; →ww. 7⟩ **0.1** ***schandaliseren*** ⇒*te schande maken, in diskrediet brengen, in zijn eer/goede naam aantasten* **0.2** ***belasteren*** ⇒*valselijk beschuldigen* **0.3** ⟨jur.⟩ ***een smaadschrift publiceren tegen*** **0.4** ⟨inf.⟩ ***geen recht doen*** ⇒*karikaturiseren* **0.5** ⟨jur.⟩ ***aanklagen*** ⇒*vervolgen.*

li·bel·lant, ⟨AE sp.⟩ **li·bel·ant** ['laɪbl·ənt]⟨telb.zn.⟩⟨jur.⟩ **0.1** ***aanklager in smaadzaak*** **0.2** ***libellist*** ⇒*schrijver v. smaadschrift.*

li·bel·lee, ⟨AE sp.⟩ **li·bel·ee** ['laɪbə'li:]⟨telb.zn.⟩ **0.1** ***beklaagde in smaadzaak.***

li·bel·ler, ⟨AE sp.⟩ **li·bel·er** ['laɪb·lə‖-ər], **li·bel·list,** ⟨AE sp.⟩ **li·bel·ist** ['laɪbl·ɪst]⟨telb.zn.⟩ **0.1** ***lasteraar*** ⇒*kwaadspreker, roddelaar* **0.2** ***smader*** ⟨ook jur.⟩ ⇒*schotschriftschrijver, libellist.*

li·bel·lous, ⟨AE sp.⟩ **li·bel·ous** ['laɪbl·əs]⟨bn.; -ly⟩ **0.1** ***lasterlijk*** ⇒*smadelijk* **0.2** ***smadend*** ⇒*(be)lasterend, kwaadsprekend* ◆ **1.2** ~ periodical *boulevardblad, roddelblad;* ~ person *lasteraar, roddelaar.*

lib·er·al[1] ['lɪbrəl]⟨f3⟩⟨telb.zn.⟩ **0.1** ***liberaal*** ⇒*ruimdenkend/vooruitstrevend iem., vrijzinnige, gematigd progressief;* ⟨AE⟩ *linkse rakker* **0.2** ⟨L-⟩ ***liberaal*** ⇒*lid v. liberale partij, lid v.d. Liberal Party* ⟨i.h.b. in Engeland⟩.

liberal[2] ⟨f3⟩⟨bn.; -ly; -ness⟩ **0.1** ***blikverruimend*** ⇒*breed, veelzijdig, ondogmatisch* **0.2** ***royaal*** ⇒*vrijgevig, gul, liberaal* **0.3** ***overvloedig*** ⇒*welvoorzien, ruim, rijkelijk* **0.4** ***vrij*** ⇒*soepel, buigzaam* **0.5** ***ruimdenkend*** ⇒*onbekrompen, open, onbevooroordeeld, liberaal* **0.6** ⟨L-⟩⟨pol.⟩ ***liberaal*** ⇒*gematigd progressief;* ⟨AE⟩ *links;* ⟨i.h.b. in Engeland⟩ *v./mbt. de Liberal Party* **0.7** ⟨AE⟩ ***alfa-*** ⇒*v./mbt. de alfawetenschappen* ◆ **1.1** ~ education *brede ontwikkeling; ondogmatisch onderwijs* **1.2** ~ giver *gulle gever* **1.3** ~ supply of drinks *overvloedige drankvoorraad;* ~ table *welvoorziene dis* **1.4** ~ reading *soepele interpretatie;* ~ translation *vrije vertaling* **1.6** Liberal Party *Liberal Party, Liberale Partij* **1.7** ~ arts *nietexacte wetenschappen, alfawetenschappen* **1.¶** ~ arts *vrije kunsten.*

lib·er·al·ism ['lɪbrəlɪzm]⟨f2⟩⟨n.-telb.zn.⟩⟨pol.⟩ **0.1** ***liberalisme*** ⇒*vrijzinnigheid, gematigde progressiviteit* **0.2** ⟨L-⟩ ***doelstelling en ideeën v.d. Liberal Party*** ⟨in Engeland⟩.

lib·er·al·ist ['lɪbrəlɪst]⟨telb.zn.⟩⟨pol.⟩ **0.1** ***liberaal*** ⇒*liberalist.*

lib·er·al·is·tic ['lɪbrə'lɪstɪk]⟨bn.⟩⟨pol.⟩ **0.1** ***liberaal*** ⇒*gematigd progressief.*

lib·er·al·i·ty ['lɪbə'ræləṭi], ⟨in bet. II ook⟩ **lib·er·al·ness** ['lɪbrəlnəs]⟨zn.; →mv. 2⟩
I ⟨telb.zn.⟩ **0.1** ***gulle gave/gift;***
II ⟨n.-telb.zn.⟩ **0.1** ***vrijgevigheid*** ⇒*gulheid* **0.2** ***onbekrompenheid*** ⇒*ruimdenkendheid, onbevooroordeeldheid.*

lib·er·al·i·za·tion, -sa·tion ['lɪbrəlaɪ'zeɪʃn‖-lə-]⟨telb. en n.-telb.zn.⟩ **0.1** ***liberalisering*** ⇒*liberalisatie, versoepeling, verruiming.*

lib·er·al·ize, -ise ['lɪbrəlaɪz]⟨ww.⟩

I ⟨onov.ww.⟩ **0.1** ***libera(a)l(er) worden*** ⇒*soepel(er)/ruim(er) worden;*

II ⟨ov.ww.⟩ **0.1** ***liberaliseren*** ⇒*versoepelen, verruimen, onbekrompen(er) maken* **0.2** ***bevrijden v. vooroordelen*** ⇒*verruimen v.d. blik.*

lib·er·ate ['lɪbəreɪt]⟨f2⟩⟨ov.ww.⟩ →liberated **0.1** ***bevrijden*** ⇒*in vrijheid laten/stellen* **0.2** ***bevrijden*** ⇒*verlossen, ontdoen* **0.3** ⟨schei.⟩ ***vrijmaken*** ⇒*laten ontsnappen* **0.4** ⟨sl.⟩ ***organiseren*** ⇒*ritselen, jatten.*

lib·er·a·ted ['lɪbəreɪt̬ɪd]⟨f1⟩⟨bn.; volt. deelw. v. liberate⟩ **0.1** ***bevrijd*** **0.2** ***geëmancipeerd*** ⇒*bevrijd* ⟨maatschappelijk/seksueel⟩.

lib·er·a·tion ['lɪbə'reɪʃn]⟨f2⟩⟨telb. en n.-telb.zn.⟩ **0.1** ***bevrijding*** ⇒*verlossing* **0.2** ***bevrijding*** ⇒*vrijlating.*

libe'ration theologist ⟨telb.zn.⟩ **0.1** ***bevrijdingstheoloog.***

libe'ration theology ⟨telb. en n.-telb.zn.⟩ **0.1** ***bevrijdingstheologie.***

lib·er·a·tor ['lɪbəreɪtə‖-reɪt̬ər]⟨f1⟩⟨telb.zn.⟩ **0.1** ***bevrijder.***

lib·er·o ['lɪbəroʊ]⟨telb.zn.⟩⟨voetbal⟩ **0.1** ***libero*** ⇒*ausputzer, vrije verdediger/man, laatste man.*

lib·er·tar·i·an[1] ['lɪbə'teərɪən‖-bər'ter-]⟨telb.zn.⟩ **0.1** ***vrijheidsgezinde*** ⇒*voorstander v. vrijheid* **0.2** ***indeterminist*** ⇒*aanhanger v.d. leer v.d. vrije wil.*

libertarian[2] ⟨bn.⟩ **0.1** ***vrijheidsgezind*** **0.2** ***indeterministisch.***

lib·er·tar·i·an·ism ['lɪbə'teərɪənɪzm‖-bər'ter-]⟨n.-telb.zn.⟩ **0.1** ***vrijheidsgezindheid*** **0.2** ***indeterminisme.***

li·ber·ti·cide[1] [lɪ'bɜ:tɪsaɪd‖-'bɜrt̬ɪ-]⟨telb.zn.⟩⟨schr.⟩ **0.1** ***vrijheidsmoorder*** **0.2** ***vrijheidsmoord.***

liberticide[2] ⟨bn.⟩⟨schr.⟩ **0.1** ***de vrijheid dodend/vernietigend.***

lib·er·tin·age ['lɪbətɪnɪdʒ‖-bər-], **lib·er·tin·ism** [-ɪzm]⟨n.-telb.zn.⟩ **0.1** ***libertinisme*** ⇒*losbandigheid, promiscuïteit* **0.2** ***vrijdenkerij.***

lib·er·tine[1] ['lɪbəti:n‖-bər-]⟨f1⟩⟨telb.zn.⟩ **0.1** ***losbol*** ⇒*lichtmis, libertijn, losbandige* **0.2** ***libertijn*** ⇒*vrijdenker, vrijgeest* ◆ **3.1** chartered/licensed ~ *gepatenteerde/geprivilegieerde vrijbuiter, geaccepteerd schuinsmarcheerder, iem. die zich alles kan permitteren.*

libertine[2] ⟨bn.⟩ **0.1** ***losbandig*** ⇒*libertijns* **0.2** ***vrijdenkend.***

lib·er·ty ['lɪbəti‖'lɪbərt̬i]⟨f3⟩⟨zn.; →mv. 2⟩

I ⟨telb.zn.⟩ **0.1** ***vrijheid*** ⇒*vrijmoedigheid, vrijpostigheid* **0.2** ⟨gesch.⟩ ***vrijheid*** ⇒*vrijdom, vrije* ⟨rechtsgebied v. vrije stad⟩ **0.3** ***open afdeling*** ⟨v. gevangenis⟩ ◆ **3.1** allow o.s./take the ~ to say/of saying *zo vrij zijn/de vrijheid nemen (om) te zeggen;* take liberties with s.o. *zich vrijpostig gedragen/zich vrijheden veroorloven tegen iem.;* take liberties with the facts *het niet zo nauw nemen met de feiten;*

II ⟨n.-telb.zn.⟩ **0.1** ***vrijheid*** ⇒*liberteit, onafhankelijkheid, onbelemmerdheid* **0.2** ***verlof*** ⇒*permissie* ⟨om te passagieren⟩ ◆ **1.1** ~ of conscience *gewetensvrijheid;* ~ of the press *vrijheid v. drukpers;* ~ of speech *vrijheid v. meningsuiting;* ~ of the subject ⟨ong.⟩ *burgerrechten* **6.2** **at** ~ *met permissie, met verlof;* sailor **at** ~ *passagierend matroos* **6.¶** **at** ~ *(in) vrij(heid), op vrije voeten; vrij, onbezet; ongebruikt, werkloos;* set **at** ~ *in vrijheid stellen, vrijlaten;* you're **at** ~ **to** *het staat je vrij (om) te;*

III ⟨mv.; liberties⟩ **0.1** ***vrijheden*** ⇒*vrijdommen, privileges, voorrechten* **0.2** ⟨gesch.⟩ ***vrijheid*** ⇒*vrijdom, vrije* ⟨rechtsgebied v. vrije stad⟩ **0.3** ***open afdeling*** ⟨v. gevangenis⟩.

'Liberty Bell ⟨eig.n.⟩⟨AE⟩ **0.1** ***vrijheidsklok*** ⟨geluid ter gelegenheid v.d. Am. Onafhankelijkheidsverklaring in Philadelphia⟩.

'liberty boat ⟨telb.zn.⟩⟨BE⟩ **0.1** ***afhaalboot(tje)*** ⇒*tender* ⟨voor passagierende matrozen⟩.

'Liberty 'Hall ⟨n.-telb.zn.; ook l- h-⟩ **0.1** ***vrijgevochten boel.***

'liberty horse ⟨telb.zn.⟩ **0.1** ***circuspaard*** ⟨zonder berijder⟩.

'liberty man ⟨telb.zn.⟩ **0.1** ***passagierend matroos.***

'Liberty ship ⟨telb.zn.; ook L- S-⟩ **0.1** ***liberty-schip.***

li·bid·i·nous [lɪ'bɪdn·əs]⟨bn.; -ly; -ness⟩ **0.1** ***wellustig*** ⇒*wulps, libidineus.*

li·bi·do [lɪ'bi:doʊ]⟨telb.zn.⟩⟨psych.⟩ **0.1** ***levensdrift*** ⇒*libido* **0.2** ***libido*** ⇒*geslachtsdrift.*

Lib-Lab ['lɪb'læb]⟨bn., attr.; afk.⟩ Liberal-Labour **0.1** ***Lib-Lab-*** ⇒*v.d. Lib-Lab-coalitie.*

li·bra ['laɪbrə]⟨telb.zn.; librae [-bri:]; →mv. 5⟩⟨gesch.⟩ **0.1** ***Romeins pond.***

Li·bra ['li:brə], ⟨in bet. II ook⟩ **Li·bran** ['li:brən]⟨zn.⟩

I ⟨eig.n.⟩⟨astr., ster.⟩ **0.1** ***(de) Weegschaal*** ⇒*Libra* ⟨7e teken v. dierenriem⟩;

II ⟨telb.zn.⟩⟨astr.⟩ **0.1** ***weegschaal*** ⟨iem. geboren onder I⟩.

li·brar·i·an [laɪ'breərɪən‖-'brer-]⟨f2⟩⟨telb.zn.⟩ **0.1** ***bibliothecaris/esse*** **0.2** ***bibliotheekassistent(e)*** **0.3** ***bibliotheekwetenschapper.***

li·brar·i·an·ship [laɪ'breərɪənʃɪp‖-'brer-]⟨n.-telb.zn.⟩ **0.1** ***bibliothecarisambt*** **0.2** ***bibliotheekassistentschap.***

li·brar·y ['laɪb(rə)ri‖-breri]⟨f3⟩⟨telb.zn.; →mv. 2⟩ **0.1** ***bibliotheek*** ⇒*(openbare) leeszaal;* ⟨i.h.b.⟩ *uitleenbibliotheek;* ⟨bij uitbr.⟩ *uitleenverzameling* ⟨v. films, platen e.d.⟩ **0.2** ***bibliotheek*** ⇒*boekenverzameling, boekerij* **0.3** ***bibliotheek*** ⇒*reeks (verwante uitgaven)* ◆ **1.1** Library of Congress *nationale bibliotheek* ⟨in U.S.A.⟩.

'library assistant ⟨f1⟩⟨telb.zn.⟩ **0.1** ***hulp-bibliothecaris.***

'library book ⟨telb.zn.⟩ **0.1** ***bibliotheekboek.***

'library edition ⟨telb.zn.⟩ **0.1** ***bibliotheekeditie*** ⟨extra groot en stevig⟩.

'library 'pictures ⟨mv.⟩⟨t.v.⟩ **0.1** ***archiefbeelden.***

'library school ⟨telb.zn.⟩ **0.1** ***bibliotheekschool.***

'library science, 'library service ⟨n.-telb.zn.⟩⟨AE⟩ **0.1** ***bibliotheekwetenschap.***

li·brate ['laɪbreɪt]⟨onov.ww.⟩ **0.1** ***slingeren*** ⇒*balanceren, schommelen, trillen* ⟨rond evenwichtstoestand; i.h.b. v. hemellichaam⟩ **0.2** ***in evenwicht zijn.***

li·bra·tion [laɪ'breɪʃn]⟨telb. en n.-telb.zn.⟩⟨ster.⟩ **0.1** ***libratie*** ◆ **1.1** ~ of the moon *libratie v.d. maan.*

li·bra·to·ry ['laɪbrətri‖'laɪbrətɔri]⟨bn., attr.⟩ **0.1** ***slingerend*** ⇒*balancerend, schommelend, trillend* ⟨rond evenwichtstoestand; i.h.b. v. hemellichaam⟩ **0.2** ***in evenwicht.***

li·bret·tist [lɪ'bret̬ɪst]⟨telb.zn.⟩ **0.1** ***librettist*** ⇒*librettoschrijver.*

li·bret·to [lɪ'bret̬oʊ]⟨f1⟩⟨telb.zn.; ook libretti [lɪ'bret̬i:]; →mv. 5⟩ **0.1** ***libretto*** ⇒*operatekst* **0.2** ***libretto*** ⇒*opera/operette/musicaltekstboekje.*

Lib·y·an[1] ['lɪbɪən]⟨f1⟩⟨zn.⟩

I ⟨eig.n.⟩⟨gesch.⟩ **0.1** ***Libisch*** ⟨verdwenen Hamitische taal⟩;

II ⟨telb.zn.⟩ **0.1** ***Libiër*** ⇒*bewo(o)n(st)er v. Libië* **0.2** ⟨schr.⟩ ***Noordafrikaan.***

Libyan[2] ⟨f1⟩⟨bn.⟩ **0.1** ***Libisch*** ⇒*v./mbt. Libië/de Libiërs* **0.2** ⟨gesch.⟩ ***Libisch*** ⇒*v./mbt. het Libisch* ⟨verdwenen Hamitische taal⟩ **0.3** ⟨schr.⟩ ***Noordafrikaans.***

lice [laɪs]⟨mv.⟩ →louse.

li·cence, ⟨AE sp. vnl.⟩ **li·cense** ['laɪsns]⟨f3⟩⟨zn.⟩

I ⟨telb.zn.⟩ **0.1** ***vergunning*** ⇒*licentie, verlof, concessie* **0.2** ***licentiaat(sdiploma/graad)*** ◆ **3.1** ~ to drive a car *rijbewijs;*

II ⟨n.-telb.zn.⟩ **0.1** ***verlof*** ⇒*permissie, fiat, in/toestemming, goedvinden, volmacht* **0.2** ***vrijheid*** ⇒*liberteit* **0.3** ***willekeur*** ⇒*misbruik v. vrijheid* **0.4** ***losbandigheid*** ⇒*licentie, ongebondenheid* **0.5** ***(artistieke) vrijheid*** ⇒*licentie* ◆ **3.1** marry by (special) ~ *voor de burgerlijke stand trouwen.*

li·cense, ⟨BE sp. ook⟩ **licence** ⟨f2⟩⟨ov.ww.⟩ **0.1** ***(een) vergunning verlenen (aan)*** ⇒⟨i.h.b. BE⟩ *een drankvergunning verlenen (aan)* **0.2** ***verlof geven voor*** ⇒*(officieel) toestemming geven voor, autoriseren* **0.3** ⟨vero.⟩ ***vergunnen*** ⇒*veroorloven, toestaan* ◆ **1.1** ~d to sell tobacco *met tabaksvergunning* **1.2** ~ a book/play *toestemming geven voor de uitgave/opvoering v.e. boek/toneelstuk* **5.1** fully ~d *met volledige vergunning.*

li·cen·see ['laɪsn'si:]⟨telb.zn.⟩ **0.1** ***vergunninghouder*** ⇒*licentiehouder* ⟨i.h.b. v.e. drank/tabaksvergunning⟩.

'license plate ⟨f1⟩⟨telb.zn.⟩⟨AE⟩ **0.1** ***nummerbord.***

li·cen·ser, li·cen·sor ['laɪsnsə‖-ər]⟨telb.zn.⟩ **0.1** ***vergunninggever*** ⇒*licentiegever* **0.2** ***censor.***

'li·cen·sing laws ⟨mv.; the⟩⟨BE⟩ **0.1** ***drankwet.***

li·cen·ti·ate [laɪ'senʃɪət]⟨telb.zn.⟩ **0.1** ***licentiaatsgraad*** **0.2** ***bezitter/ster v. licentiaatsgraad*** ⇒*licentiaat,* ⟨ong.⟩ *doctorandus* **0.3** ⟨relig.⟩ ***priester zonder standplaats*** ⇒⟨ong.⟩ *proponent* ◆ **1.2** ~ in Dental Surgery *tandarts.*

li·cen·tious [laɪ'senʃəs]⟨bn.; -ly; -ness⟩ **0.1** ***wellustig*** ⇒*wulps, verdorven, losbandig, licentieus* **0.2** ⟨vero.⟩ ***non-conformistisch*** ⇒*vrijgevochten.*

lichee, lichi →litchi.

li·chen ['laɪkən, 'lɪtʃn]⟨telb. en n.-telb.zn.⟩ **0.1** ⟨plantk.⟩ ***korstmos*** ⇒*licheen* ⟨orde Lichenes⟩ **0.2** ⟨med.⟩ ***lichen*** ⟨soort eczeem⟩.

li·chened ['laɪkənd, 'lɪtʃnd]⟨bn.⟩ **0.1** ***bedekt met korstmos.***

li·chen·ol·o·gy ['laɪkə'nɒlədʒi‖-'nɑ-]⟨n.-telb.zn.⟩⟨plantk.⟩ **0.1** ***leer der korstmossen.***

li·chen·ous ['laɪkənəs, 'lɪtʃnəs], **li·chen·ose** [-noʊs]⟨bn.⟩ **0.1** ***mossig*** ⇒*(korst)mosachtig* **0.2** ⟨med.⟩ ***lichenachtig.***

lich gate, lych gate ['lɪtʃ geɪt]⟨telb.zn.⟩ **0.1** ***(overdekt) kerkhofportaal.***

'lich-house, 'lych-house ⟨telb.zn.⟩ **0.1** ***lijkenhuis(je).***

'lich owl, 'lych owl ⟨telb.zn.⟩⟨BE; dierk.⟩ **0.1** ***kerkuil*** ⟨Tyto alba⟩.

'lich stone, 'lych stone ⟨telb.zn.⟩ **0.1** ***baarsteen*** ⟨onder kerkhofportaal, om kist op te zetten⟩.

lic·it ['lɪsɪt]⟨bn.; -ly; -ness⟩ **0.1** ***wettig*** ⇒*legaal, geoorloofd, toegestaan, niet-verboden.*

lick[1] [lɪk]⟨f1⟩⟨zn.⟩

I ⟨telb.zn.⟩ **0.1** ***lik*** **0.2** ***lik*** ⇒*veeg;* ⟨bij uitbr.⟩ *ietsje, klein beetje* **0.3** ***liksteen*** ⟨voor vee⟩ **0.4** ***slag*** ⇒*klap, mep* ⟨i.h.b. met stok⟩ **0.5** ⟨AE; inf.⟩ ***krachtsexplosie*** ⇒*krachtsinspanning* ◆ **1.2** ~ of paint

lik verf **1.¶** a ~ and a promise *kattewasje;* give sth. a ~ and a promise *iets met de Franse slag doen;* give (the house) a ~ and a promise *(het huis) even snel doorwerken* **7.¶** last ~s *laatste kans; laatste beurt;*
II ⟨telb. en n.-telb.zn.; alleen enk.⟩ ⟨inf.⟩ **0.1** ***(vliegende) vaart*** ◆ **2.1** (at) full ~, at a great ~ *met een noodgang.*

lick[2] ⟨f3⟩ ⟨ww.⟩ →licking
I ⟨onov.ww.⟩ ⟨inf.⟩ **0.1** ***ervandoor gaan*** ⇒*de benen nemen;*
II ⟨onov. en ov.ww.⟩ **0.1** ***lekken*** ⇒*(licht) spelen (langs)* ⟨v. golven/vlammen⟩ ◆ **1.1** the flames ~ed (at) the walls *de vlammen lekten (aan) de muren;*
III ⟨ov.ww.⟩ **0.1** ***likken*** ⇒*(met de tong) bevochtigen* **0.2** ⟨inf.⟩ ***een pak slaag geven*** ⟨ook fig.⟩ ⇒*ervan langs geven; overwinnen* **0.3** ⟨BE⟩ ⟨inf.⟩ ***boven de pet gaan*** ⇒*een raadsel zijn* ◆ **1.2** ~ a problem *een probleem klaren* **5.1** ~ (sth.) **off/out/up** *(iets) af/uit/oplikken* **6.2** ~ bad habits **out of** s.o. *slechte gewoontes er bij iem. uitrammen* **¶.3** it ~s me *het is me een raadsel.*

lick·er ['lɪkə‖-ər] ⟨telb.zn.⟩ **0.1** ***likker.***

lick·er·ish, li·quor·ish ['lɪkərɪʃ] ⟨bn.⟩ ⟨vero.⟩ **0.1** ***wellustig*** ⇒*liederlijk, zinnelijk, genotzuchtig, geil* **0.2** ***gulzig*** ⇒*hongerig, vraatzuchtig;* ⟨i.h.b.⟩ *snoeperig, lekkerbekkig* **0.3** ***aanlokkelijk*** ⇒*verleidelijk, lekker, om van te watertanden.*

lick·e·ty-split ['lɪkət̬i'splɪt], **'lickety-'cut** ⟨bw.⟩ **0.1** ***in volle vaart*** ⇒*hals over kop, in aller ijl, als de bliksem/wiedeweerga.*

lick·ing ['lɪkɪŋ] ⟨f1⟩ ⟨zn.; (oorspr.) gerund v. lick⟩
I ⟨telb.zn.⟩ ⟨ook fig.⟩ **0.1** ***pak rammel*** ◆ **3.1** the American team got a ~ *het Amerikaanse team werd in de pan gehakt/ingemaakt;*
II ⟨n.-telb.zn.⟩ **0.1** ***het likken.***

lick·spit·tle ['lɪkspɪt̬l] ⟨telb.zn.⟩ **0.1** ***(stroop)likker*** ⇒*likkepot, slijmerd.*

licorice →liquorice.

lic·tor ['lɪktə‖-ər] ⟨telb.zn.⟩ ⟨gesch.⟩ **0.1** ***lictor*** ⇒*bijl(bundel)drager.*

lid [lɪd] ⟨f3⟩ ⟨telb.zn.⟩ **0.1** ***deksel*** ⇒*lid, klep* **0.2** ***(oog)lid*** **0.3** ⟨inf.⟩ ***hoofddeksel*** ⇒*pet, hoed, muts* **0.4** ⟨biol.⟩ ***klep*** **0.5** ⟨sl.⟩ ***zakje marihuana*** ⟨ong. 25 gram⟩ ◆ **3.3** ⟨Austr. E⟩ dip one's ~ *z'n hoed afnemen* ⟨als groet⟩ **3.¶** ⟨BE⟩ tip one's ~ *even zijn hoed aantikken/aanraken* ⟨als groet⟩; blow/lift/take the ~ off *onthullingen doen, de waarheid aan het licht brengen, uit de school klappen, een boekje opendoen;* ⟨sl.⟩ flip one's ~ *zijn zelfbeheersing verliezen, uit zijn vel springen, over de rooie/de zeik gaan; de kluts kwijt (geraakt) zijn;* ⟨inf.⟩ put the ~ on *een halt toeroepen, paal en perk stellen aan, indammen;* ⟨BE; inf.⟩ that puts the ~ on *dat is het toppunt, dat doet de deur dicht* **5.¶** with the ~ **off** *vol in beeld, open en bloot, in volle glorie, in geuren en kleuren, onverbloemd.*

li·dar ['laɪdɑ:‖-ɑr] ⟨telb. en n.-telb.zn.⟩ **0.1** ***lidar*** ⇒*laser-radar.*

lid·ded ['lɪdɪd] ⟨bn.⟩ **0.1** ***met deksel*** ⇒*dicht, afgesloten.*

lid·less ['lɪdləs] ⟨bn.⟩ **0.1** ***zonder deksel*** ⇒*kleploos, onbedekt, open* **0.2** ***zonder oogleden*** **0.3** ⟨vero.⟩ ***waakzaam*** ⇒*wakker.*

li·do ['li:doʊ] ⟨f1⟩ ⟨telb.zn.⟩ ⟨BE⟩ **0.1** ***lido*** ⇒*badstrand, strandje* **0.2** ***(openlucht)zwembad*** ⇒*zwemvijver/water.*

lie[1] [laɪ] ⟨f3⟩ ⟨telb.zn.⟩ ⟨→sprw. 28, 534, 647⟩ **0.1** ***leugen*** ⇒*onwaarheid, oneerlijkheid, valsheid, verdraaiing* **0.2** ⟨vnl. enk.⟩ ***ligging*** ⇒*situering* **0.3** ***leger*** ⇒*(vaste)lig/schuilplaats* ⟨v. dier⟩ **0.4** ***ligging*** ⇒*positie* ⟨v. golfbal⟩ ◆ **1.2** ⟨BE⟩ the ~ of the land *de natuurlijke ligging v.h. gebied/stuk grond, het terrein;* ⟨fig.⟩ *de stand van zaken* **3.1** act a ~ *bedrieglijk/leugenachtig handelen, oneerlijk te werk gaan;* she felt she was living a ~ *ze had het gevoel alsof haar leven één grote leugen was;* tell a ~ *liegen* **3.4** ⟨golf⟩ hanging ~ *positie v. bal op helling* **3.¶** give s.o. the ~ (in his throat/one's teeth) *iem. van een leugen beschuldigen, iem. (recht in zijn gezicht) zeggen dat hij liegt;* give the ~ to *logenstraffen, weerleggen, de onwaarheid aantonen van.*

lie[2] ⟨f3⟩ ⟨ww.; →ww. 7⟩
I ⟨onov.ww.⟩ **0.1** ***liegen*** ⇒*jokken* **0.2** ***bedrieglijk zijn*** ⇒*liegen* ◆ **1.2** the mirror doesn't ~ *de spiegel liegt niet* **6.1** you ~d **to** me *je loog tegen mij;*
II ⟨ov.ww.⟩ **0.1** ***door liegen in een bepaalde positie brengen*** ◆ **6.1** ~ o.s. **into** trouble *zich door leugens in de nesten werken;* ~ o.s. **out of** sth. *zich ergens uitliegen, zich ergens met leugens uitredden.*

lie[3] ⟨f3⟩ ⟨onov.ww.; lay [leɪ], lain [leɪn], ⟨bijb.⟩ lien ['laɪən]; →ww. 7⟩ ⟨→sprw. 29, 388, 707⟩ **0.1** ***(plat/uitgestrekt/vlak) liggen*** ⇒*rusten* **0.2** ***(begraven) liggen*** ⇒*rusten* **0.3** ***gaan liggen*** ⇒*zich neerleggen/neervleien* **0.4** ***zich bevinden*** ⟨op een plaats/in een toestand⟩ ⇒*liggen, gelegen zijn, gesitueerd zijn* **0.5** ⟨mil.⟩ ***liggen*** ⇒*gelegerd zijn* **0.6** ***(opgeslagen) liggen*** **0.7** ⟨jur.⟩ ***ontvankelijk zijn*** **0.8** ⟨vero.⟩ ***logeren*** ⇒*overnachten, verblijven* ◆ **1.4** how do these accounts ~ to each other? *hoe verhouden deze verklaringen zich ten opzichte van elkaar?;* ~ at the mercy of *overgeleverd zijn aan;* ~ in prison *in de gevangenis zitten;* ~ in ruins/in the dust *in puin liggen* **1.6** money lying at/in the bank *geld dat op de bank staat* **1.7** action will ~ *er zal een vervolging worden ingesteld/tot vervolging worden overgegaan;* the appeal/claim will not ~ *het beroep/de vordering is niet ontvankelijk* **2.1** ~ ill *ziek in/te bed liggen* **2.4** ~ dormant *sluimeren;* ~ fallow *braak liggen;* as far as in me ~s *naar mijn beste vermogen;* ~ heavy *zwaar op de maag liggen; (zwaar) op het geweten drukken, dwars zitten* **3.1** ~ dying *op sterven liggen* **5.1** ~ asleep *liggen te slapen;* ⟨vnl. BE; sl.⟩ ~ doggo *stilliggen, zich schuil/gedeisd houden* **5.2** here ~s ... *hier ligt/rust ...* **5.3** ~ **back** *achteroverleunen, achterover gaan liggen;* →lie **down** **5.¶** →lie **about;** →lie **ahead;** →lie **by;** →lie **in;** →lie **off;** →lie **over;** →lie **to;** →lie **up** **6.4** ~ **at** anchor/its moorings *voor anker liggen, vastliggen;* ⟨fig.⟩ ~ **under** *gebukt gaan/zuchten onder;* my sympathy ~s **with** ... *mijn sympathie gaat uit naar ...* **6.6** ⟨fig.⟩ I don't know what ~s in store **for** me *ik weet niet wat me te wachten staat* **6.¶** what ~s **behind** this decision? *wat ligt/steekt er achter dit besluit?, wat is de reden voor dit besluit?;* →lie **with.**

lie-a·bed ['laɪəbed] ⟨telb.zn.⟩ **0.1** ***langslaper.***

'lie a'bout ⟨onov.ww.⟩ **0.1** ***luieren*** ⇒*niksen* **0.2** ***(slordig) in het rond liggen*** ⇒*rondslingeren* ⟨v. voorwerpen⟩.

'lie a'head ⟨onov.ww.⟩ **0.1** ***in het verschiet liggen*** ⇒*te wachten staan* ◆ **6.1** we know not what lies ahead of us *we weten niet wat de toekomst ons zal brengen/voor ons in petto heeft.*

'lie 'by ⟨onov.ww.⟩ **0.1** ***pauzeren*** ⇒*rust nemen* **0.2** ***stilliggen*** ⇒*ongebruikt blijven/liggen.*

lied [li:d] ⟨telb.zn.; lieder ['li:də‖-ər]; →mv. 5; vnl. mv.; ook L-⟩ ⟨Dui.⟩ **0.1** ***lied*** ⇒*(Duitse) ballade.*

lie·der·sing·er ['li:dəsɪŋə‖'li:dərsɪŋər] ⟨telb.zn.⟩ **0.1** ***liederenzanger.***

'lie detector ⟨telb.zn.⟩ **0.1** ***leugendetector.***

'lie 'down ⟨f1⟩ ⟨onov.ww.⟩ **0.1** ***(gaan) liggen/rusten*** ◆ **3.1** ⟨fig.⟩ we won't take this lying down *we laten dit niet over onze kant gaan, we laten het er niet bij zitten, we leggen ons hier niet bij neer* **6.1** ⟨inf.⟩ ~ **on** the job *het rustig aan doen, lijntrekken, er met de pet naar gooien* **6.¶** ~ **under** *over zijn kant laten gaan, niets ondernemen/zich niet verzetten tegen, goedschiks ondergaan/slikken.*

'lie-'down ⟨f1⟩ ⟨telb.zn.⟩ **0.1** ⟨inf.⟩ ***dutje*** ⇒*(middag)slaapje, tukje* **0.2** ***menselijke blokkade*** ⇒*ligblokkade* ◆ **3.1** have a ~ *een dutje doen.*

lief[1] [li:f] ⟨bn.⟩ ⟨vero.⟩ **0.1** ***geliefd*** ⇒*lief* **0.2** ***welwillend*** ⇒*bereid.*

lief[2] ⟨bw.⟩ ⟨vero.⟩ **0.1** ***graag*** ⇒*met liefde* ◆ **3.1** I had/would as ~ go as stay *ik zou liever gaan dan blijven, ik zou net zo lief gaan als blijven.*

liege[1] [li:dʒ] ⟨telb.zn.⟩ ⟨gesch.⟩ **0.1** ***leenheer*** **0.2** ⟨vnl. mv.⟩ ***leenman*** ⇒*vazal.*

liege[2] ⟨bn., attr.⟩ ⟨gesch.⟩ **0.1** ***leenrechtelijk*** ⇒*de leenplicht/verhouding betreffende, leen-* **0.2** ***leenplichtig*** ⇒*vazallen-, leen-* **0.3** ***recht hebbende op leendienst(en)*** ⇒*leen-* **0.4** ***trouw*** ⇒*loyaal* ◆ **1.1** ~ homage *leenhulde* **1.2** ~ subject *leenplichtig onderdaan* **1.3** ~ lord *leenheer;* ~ sovereign *leenvorst, suzerein.*

Li·ège [lɪ'eɪʒ] ⟨eig.n.⟩ **0.1** ***Luik.***

'liege·man ⟨telb.zn.; liegemen; →mv. 3⟩ ⟨gesch.⟩ **0.1** ***leenman*** ⇒*vazal* **0.2** ***trouw volgeling.***

'lie 'in ⟨f1⟩ ⟨onov.ww.⟩ **0.1** ⟨BE; inf.⟩ ***uitslapen*** ⇒*lang in bed blijven liggen* **0.2** ⟨vero.⟩ ***in/geliggen*** ⇒*in het kraambed liggen, in de kraam komen, moeten bevallen.*

'lie-'in ⟨telb.zn.⟩ **0.1** ⟨BE; inf.⟩ ***uurtje/ochtendje uitslapen*** ⇒*het uitslapen* **0.2** →lie-down 0.2.

lien[1] [lɪən] ⟨telb.zn.⟩ ⟨jur.⟩ **0.1** ***pand/retentierecht.***

lien[2] ⟨volt. deelw.⟩ →lie[3].

li·e·nal ['laɪənl‖'laɪ'i:nl] ⟨bn.⟩ **0.1** ***liënaal*** ⇒*de milt betreffende, milt-.*

'lie 'off ⟨onov.ww.⟩ ⟨scheep.⟩ **0.1** ***op korte afstand van de kust/een ander schip blijven.***

'lie 'over ⟨onov.ww.⟩ **0.1** ***overstaan*** ⇒*blijven liggen, aangehouden/uitgesteld worden, (naar een later tijdstip) verschoven worden* ◆ **3.1** let sth. ~ *iets aanhouden/uitstellen/(voorlopig) laten rusten.*

li·erne [li'ɜ:n‖-'ɜrn] ⟨telb.zn.⟩ ⟨bouwk.⟩ **0.1** ***lierne*** ⇒*(decoratieve) tussenribbe* ⟨in ribgewelf⟩.

'lie 'to ⟨onov.ww.⟩ ⟨scheep.⟩ **0.1** ***bijleggen*** **0.2** ***bijgedraaid liggen.***

lieu [lu:] ⟨f1⟩ ⟨n.-telb.zn.⟩ ⟨schr.⟩ ◆ **6.¶** **in** ~ *ter vervanging, ervoor (in de plaats);* **in** ~ **of** *in plaats van.*

'lie 'up ⟨f1⟩ ⟨onov.ww.⟩ **0.1** ***zich schuilhouden*** ⇒*onderduiken, zich terugtrekken* **0.2** ***het bed houden*** ⇒*platliggen* **0.3** ⟨scheep.⟩ ***dokken*** ⇒*opgelegd worden/zijn.*

Lieut ⟨afk.⟩ Lieutenant **0.1** ***Luit.***.

lieu·ten·an·cy [lef'tenənsi‖lu:-] ⟨telb. en n.-telb.zn.; →mv. 2⟩ **0.1** ***luitenantschap*** ⇒*luitenantsplaats/rang.*

lieu·ten·ant [lef'tenənt ⟨in bet. 0.5⟩ lə'tenənt‖lu:-] ⟨f3⟩ ⟨telb.zn.⟩ **0.1** ***luitenant*** ⇒*plaatsvervanger, waarnemer, stadhouder* **0.2** ⟨BE;

mil.⟩ ***eerste luitenant*** **0.3** ⟨AE; mil.⟩ ***luitenant*** **0.4** ⟨Am. politie⟩ ⟨ong.⟩ ***inspecteur*** **0.5** ⟨mil., scheep.⟩ ***luitenant-ter-zee (3ᵉ klasse)*** ◆ **1.¶** Lieutenant of the Tower *Lieutenant of the Tower* ⟨commandant v.h. Tower-garnizoen⟩ **7.3** ⟨AE⟩ first ~ *eerste luitenant;* second ~ *tweede luitenant.*

lieu'tenant 'colonel ⟨telb.zn.⟩ ⟨mil.⟩ **0.1** ***luitenant-kolonel.***

lieu'tenant com'mander ⟨telb.zn.⟩ ⟨mil., scheep.⟩ **0.1** ***luitenant-ter-zee 2ᵉ klasse (OC).***

lieu'tenant 'general ⟨telb.zn.⟩ ⟨mil.⟩ **0.1** ***luitenant-generaal.***

lieu'tenant 'governor ⟨telb.zn.⟩ **0.1** ***luitenant-gouverneur-generaal*** **0.2** ***vice-gouverneur*** ⇒*waarnemend gouverneur* ⟨in U.S.A.⟩.

'lie with ⟨onov.ww.⟩ **0.1** ***zijn aan*** ⇒*de verantwoordelijkheid zijn van, berusten bij, afhangen van* **0.2** ⟨vero.⟩ ***liggen bij*** ⇒*gemeenschap hebben met, bekennen* ◆ **1.1** the choice lies with her *de keuze is aan haar.*

life [laɪf] ⟨f4⟩ ⟨zn.; lives [laɪvz]; →mv. 3⟩ ⟨→sprw. 27, 70, 393, 394, 709, 749⟩
I ⟨telb.zn.⟩ **0.1** ***levend wezen*** ⇒*leven* ◆ **3.1** several lives were lost *verscheidene mensen kwamen om het leven;*
II ⟨telb. en n.-telb.zn.⟩ **0.1** ⟨ben. voor⟩ ***leven*** ⇒*bestaan; levendigheid, levenslustigheid; bedrijvigheid, drukte; levensduur/tijd; levenswijze; levenskans; levensbeschrijving/verhaal* ◆ **1.1** get the fright of one's ~ *zich doodschrikken;* a matter of ~ and death *een kwestie/zaak van leven of dood/van levensbelang;* set one's ~ on a chance *zijn leven op het spel zetten* **1.¶** ⟨cricket⟩ the batsman was given a ~ *de batsman kwam er genadig af/kwam goed weg/kreeg een nieuwe kans;* carry one's ~ in one's hands *zijn leven niet zeker zijn;* take one's ~ in one's (own) hands *zijn leven riskeren, met zijn leven spelen;* escape with ~ and limb *ergens zonder kleerscheuren van afkomen, het er levend afbrengen;* the ~ (and soul) of the party *de gangmaker/het middelpunt v.h. feest/gezelschap, degene die leven in de brouwerij brengt;* ⟨inf.⟩ the ~ of Riley *een luizenleven, een leven als een prins/vorst;* live the/a ~ of Riley/Reilley *leven als god in Frankrijk;* gather ~'s Roses *v.h. leven genieten* **2.1** make ~ easy *niet moeilijk doen, het zich/anderen gemakkelijk maken;* the eternal/everlasting ~ *het eeuwige leven;* everyday ~ *het leven van alledag* **3.1** ⟨inf.⟩ you (can) bet your ~! *nou en of!, wat dacht je!;* bring to ~ *(weer) bijbrengen, bij bewustzijn brengen;* ⟨fig.⟩ *tot leven brengen;* come to ~ *bijkomen, (weer) bij bewustzijn komen; tot leven komen, wakker worden;* ⟨fig.⟩ *geïnteresseerd raken;* ⟨schr.⟩ depart this ~ *overlijden;* insure one's ~ *een levensverzekering afsluiten;* ⟨schr.⟩ lay down one's ~ *zijn leven opofferen/veil hebben, bereid zijn te sterven;* lose one's ~ *zijn/het leven verliezen, omkomen;* ⟨inf.⟩ put some ~ into it *wees eens wat actiever, doe eens wat enthousiaster, laat eens wat spektakel zien;* save one's ~ *zich het leven/zijn leven redden;* ⟨inf.⟩ he can/will not go to save his ~ *hij kan/wil niet gaan, voor zijn leven niet;* save s.o.'s ~ *iemands leven redden;* see ~ *iets van de wereld zien, zien wat er in de wereld te koop is;* ⟨i.h.b.⟩ *de genoegens des levens leren kennen;* sell one's ~ dear(ly) *zijn huid/leven duur verkopen;* start ~ *geboren worden;* take (a) ~ *doden, moorden, een moord plegen;* take one's (own) ~ *zich van het leven beroven;* take s.o.'s ~ *iem. om het leven brengen* **3.¶** begin ~ as *zijn carrière beginnen als;* breathe ~ into a party *een feest opvrolijken/verlevendigen;* ⟨inf.⟩ lead s.o. a (dog's) ~ *iem. het leven zuur maken;* start ~ *zijn carrière beginnen* **4.1** what a ~! *wat een (honde)leven!* **6.1** **for** ~ *voor het leven, een/het leven lang, tot de dood;* **for** the ~ of me I couldn't remember his address *al sla je me dood, ik weet zijn adres echt niet meer, ik kan me zijn adres met de beste wil van de wereld niet meer herinneren;* run **for** one's ~ *rennen voor je leven;* painted **from** ~ *naar het leven geschilderd;* **to** the ~ *levensecht, (natuur) getrouw* **6.¶** ⟨inf.⟩ not **on** your ~ *in geen geval, nooit van zijn leven, voor geen prijs;* **upon** your ~ you won't *als je leven je lief is zul je dat niet doen* **7.1** the other ~ *het leven hiernamaals;* the Life *het (rosse) leven, de prostitutie;* this is the ~! *dit is/noem ik nog eens/pas leven!;* this ~ *dit (aardse) leven* **7.¶** his records/stamps are his ~ *zijn platen/postzegels zijn zijn lust en zijn leven;*
III ⟨n.-telb.zn.⟩ ⟨verk.⟩ life imprisonment ⟨inf.⟩ **0.1** ***levenslang (e gevangenisstraf).***

'life-and-'death ⟨bn., attr.⟩ **0.1** ***van levensbelang*** ⇒*van vitaal belang* ◆ **1.1** a ~ matter *een zaak van leven of dood.*

'life annuity ⟨telb.zn.⟩ **0.1** ***lijfrente.***

'life assurance, 'life insurance ⟨f1⟩ ⟨telb. en n.-telb.zn.⟩ **0.1** ***levensverzekering.***

'life belt ⟨f1⟩ ⟨telb.zn.⟩ **0.1** ***redding(s)gordel*** **0.2** ⟨zwemsport⟩ ***zwemgordel*** ⇒*zwemband.*

'life·blood ⟨n.-telb.zn.⟩ **0.1** ***levensbloed*** ⇒*levenssap/vocht* ⟨ook fig.⟩.

'life·boat ⟨f1⟩ ⟨telb.zn.⟩ **0.1** ***redding(s)boot*** **0.2** ***redding(s)sloep.***

'lifeboat drill ⟨telb.zn.⟩ **0.1** ***oefening v.d. reddingsbrigade.***

'life breath ⟨n.-telb.zn.⟩ **0.1** ***levensadem/kracht/vlam/vonk.***

'life buoy ⟨f1⟩ ⟨telb.zn.⟩ **0.1** ***redding(s)boei.***

'life care housing ⟨n.-telb.zn.⟩ **0.1** ***het wonen in een verzorgingsflat.***

'life cycle ⟨telb.zn.⟩ ⟨biol.⟩ **0.1** ***levenscyclus.***

'life estate ⟨telb.zn.⟩ **0.1** ***bezit in (levenslang) vruchtgebruik.***

'life ex'pectancy ⟨telb.zn.⟩ **0.1** ***levensverwachting.***

'life force ⟨telb. en n.-telb.zn.⟩ **0.1** ***levenskracht.***

'life-giv·ing ⟨bn., attr.⟩ **0.1** ***levengevend/wekkend*** ⇒*levendmakend, levenskrachtig;* ⟨fig.⟩ *bezielend, inspirerend.*

'life·guard ⟨f1⟩ ⟨telb.zn.⟩ **0.1** ***bad/strandmeester*** **0.2** ***lijfwacht.***

'Life Guards ⟨mv.; the⟩ **0.1** ***Life Guards*** ⟨Eng. cavalerieregiment⟩.

Life Guards·man ['laɪfgɑ:dzmən‖-gɑr-] ⟨telb.zn.; Life Guardsmen [-mən]; →mv. 3⟩ **0.1** ***lid der Life Guards.***

'life 'history ⟨telb.zn.⟩ **0.1** ⟨biol.⟩ ***ontwikkelingsgeschiedenis*** ⇒*ontogenese* **0.2** ***levensgeschiedenis/verhaal.***

'life im'prisonment ⟨n.-telb.zn.⟩ **0.1** ***levenslang(e gevangenisstraf).***

'life instinct ⟨telb. en n.-telb.zn.⟩ **0.1** ***levensdrang/drift/instinct.***

life insurance →life assurance.

'life 'interest ⟨telb.zn.⟩ **0.1** ***lijfrente.***

'life jacket, 'life vest ⟨f1⟩ ⟨telb.zn.⟩ **0.1** ***(opblaasbaar) redding(s)/zwemvest.***

life·less ['laɪfləs] ⟨f2⟩ ⟨bn.; -ly; -ness⟩ **0.1** ***levenloos*** ⇒*dood;* ⟨fig.⟩ *fut/lusteloos.*

life·like ['laɪflaɪk] ⟨f1⟩ ⟨bn.; -ness⟩ **0.1** ***levensecht/getrouw.***

'life line ⟨telb.zn.⟩ **0.1** ***redding(s)lijn*** **0.2** ***seinlijn*** ⟨v. duiker⟩ **0.3** ***vanglijn*** **0.4** ***levenslijn*** ⟨in hand⟩ **0.5** ***vitale verbindingslijn*** ⇒*navelstreng* ⟨fig.⟩.

'life·long ⟨f1⟩ ⟨bn., attr.⟩ **0.1** ***levenslang*** ⇒*voor het leven, het/een leven lang, levens-.*

'life 'membership ⟨telb. en n.-telb.zn.⟩ **0.1** ***lidmaatschap voor het leven.***

'life office ⟨telb.zn.⟩ **0.1** ***levensverzekering(s)kantoor/maatschappij.***

'life 'peer ⟨telb.zn.⟩ **0.1** ***life peer*** ⇒*Hogerhuislid/pair voor het leven* ⟨wiens titel en lidmaatschap niet erfelijk zijn⟩.

'life 'peerage ⟨n.-telb.zn.⟩ **0.1** ***life peerage*** ⇒*niet-erfelijk Hogerhuislidmaatschap/pairschap.*

'life preserver ⟨telb.zn.⟩ **0.1** ⟨vnl. AE⟩ ***redding(s)boei/gordel/vest*** **0.2** ⟨BE⟩ ***ploertendoder*** ⟨vnl. als zelfverdedigingswapen⟩.

'life-'pres·i·dent, 'pres·i·dent-for-'life ⟨telb.zn.⟩ **0.1** ***president voor het leven.***

lif·er ['laɪfə‖-ər] ⟨telb.zn.⟩ ⟨inf.⟩ **0.1** ***veroordeling tot levenslang*** **0.2** ***levenslang gestrafte*** ⇒*tot levenslang veroordeelde* **0.3** ***beroepsmilitair*** **0.4** ***iem. die zich levenslang aan iets wijdt.***

'life raft ⟨f1⟩ ⟨telb.zn.⟩ **0.1** ***redding(s)boot/sloep/vlot.***

'life·sav·er ⟨telb.zn.⟩ **0.1** ***(mensen)redder*** ⇒⟨fig.⟩ *redder in de nood* **0.2** ⟨vnl. Austr. E⟩ ***lid v.d. reddingsbrigade*** ⇒*strandmeester* **0.3** ***redding(s)gordel.***

'life-sav·ing¹ ⟨n.-telb.zn.⟩ ⟨zwemsport⟩ **0.1** ***(het) reddend zwemmen.***

life-saving² ⟨bn.⟩ **0.1** ***(levens)reddend*** ⇒*reddings-.*

'life 'sciences ⟨mv.⟩ **0.1** ***biowetenschappen.***

'life 'sentence ⟨telb.zn.⟩ **0.1** ***(veroordeling tot) levenslang.***

'life-size, 'life-sized ⟨f1⟩ ⟨bn.⟩ **0.1** ***op ware grootte*** ⇒*levensgroot.*

'life span ⟨telb.zn.⟩ ⟨biol.⟩ **0.1** ***(potentiële) levensduur.***

'life story ⟨f1⟩ ⟨telb.zn.⟩ **0.1** ***levensverhaal*** ⇒*biografie.*

'life·style ⟨f1⟩ ⟨telb.zn.⟩ **0.1** ***levensstijl*** ⇒*(persoonlijke) manier/stijl v. leven.*

'life-sup'port system ⟨telb.zn.⟩ ⟨ruim.⟩ **0.1** ***levensinstandhoudingssysteem*** ⇒*systeem ter (kunstmatige) instandhouding der levensfuncties.*

'life table ⟨telb.zn.⟩ **0.1** ***levensverwachtingstabel*** ⇒*sterftetabel/tafel.*

'life·time ⟨f3⟩ ⟨telb.zn.⟩ **0.1** ***levensduur/tijd*** ⇒⟨i.h.b.⟩ *mensenleven* ◆ **1.1** the ~ of a battery *de levensduur van een accu;* the chance of a ~ *de kans v. iemands leven, een unieke kans.*

'lifetime guaran'tee ⟨telb.zn.⟩ **0.1** ***levenslange garantie.***

'life'work ⟨f1⟩ ⟨telb. en n.-telb.zn.⟩ **0.1** ***levenswerk.***

LIFO ['laɪfoʊ] ⟨afk.⟩ last in, first out ⟨comp.⟩.

lift¹ [lɪft] ⟨f2⟩ ⟨zn.⟩
I ⟨telb.zn.⟩ **0.1** ⟨vnl. BE⟩ ***(goederen/personen)lift*** **0.2** ***lift*** ⇒*gratis (auto)rit* **0.3** ***(ver)heffing*** ⇒*hijs(ing), optrekking* **0.4** ***(op)stijging*** **0.5** ***hefafstand/hoogte*** ⇒*stijging* **0.6** ***hefvermogen*** ⇒*stijgkracht, stuwkracht, draagkracht* **0.7** ***heflast*** ⇒*hoeveelheid te heffen/hefbare lading* **0.8** ***(terrein)verhoging*** ⇒*verhevenheid* **0.9** ⟨g.mv.⟩ ***opgeheven/opgerichtheid*** **0.10** ***hakdeel/laag*** ⟨v. schoen⟩ **0.11** ⟨vnl. enk.⟩ ***duwtje/steuntje in de rug*** ⇒*zetje* **0.12** ⟨g.mv.⟩ ⟨inf.⟩ ***opkikker*** ⇒*oppepper* **0.13** ***luchtbrug*** **0.14** ⟨parachutespringen⟩ ***lift*** ⇒*totaal aantal springers tijdens een vlucht* ◆ **2.9** the proud ~ of her chin *haar fier opgeheven kin* **3.2** get a ~ *een lift krijgen;*
II ⟨telb. en n.-telb.zn.⟩ ⟨lucht.⟩ **0.1** ***lift*** ⇒*opwaartse druk, draagkracht.*

lift² ⟨f3⟩ ⟨ww.⟩
I ⟨onov.ww.⟩ **0.1** ***(op)stijgen*** ⇒*opgaan/komen, omhooggaan/*

komen, (op)rijzen **0.2** ***optrekken*** *⇒stijgend verdwijnen* ⟨v. mist enz.⟩ **0.3** ***bollen*** *⇒bol/kromtrekken, bol/krom gaan staan* ⟨v. vloer⟩ **0.4** ***hoog opspringen*** ⟨v. (cricket)bal⟩ ◆ **1.1** this window won't ~ *dit raam gaat/wil niet omhoog/open* **5.1** ⟨lucht., ruim.⟩ ~ **off** *opstijgen, starten;*
II ⟨ov.ww.⟩ **0.1** ***(omhoog/op)tillen*** *⇒(omhoog/op)heffen, omhoog/optrekken, (op)hijsen, (omhoog/op)steken, (op)lichten* **0.2** ***opheffen*** *⇒afschaffen, herroepen, staken, opbreken* **0.3** ***verheffen*** *⇒op een hoger plan brengen* **0.4** ***rooien*** *⇒uitgraven, uit de grond halen* **0.5** ***verheffen*** *⇒luider doen klinken* **0.6** ⟨inf.⟩ ***pikken*** *⇒gappen, jatten, achteroverdrukken* **0.7** ⟨AE⟩ ***voldoen*** *⇒aflossen, afbetalen* ⟨schuld, hypotheek⟩ **0.8** ***door de lucht vervoeren*** *⇒vliegen* **0.9** ***omhoogslaan*** ⟨bal⟩ **0.10** ***een lift geven*** ◆ **1.1** a dog ~ing (up) its ears *een hond die zijn oren overeind zet/recht;* ~ one's eyes *zijn ogen opslaan;* ~ one's hand *de hand opheffen/steken* ⟨om een eed te doen⟩; not ~ a hand/finger *geen hand/vinger/poot uitsteken;* ~ (up) one's hand/heart *zijn handen ten hemel heffen/hart opheffen;* ~ up one's head *het hoofd rechten* **1.2** ~ a blockade *een blokkade opheffen;* ~ a tent *een tent afbreken* **1.3** this news will ~ his spirits *dit nieuws zal hem opbeuren/goed doen* **1.5** ~ up one's voice *zijn stem verheffen* **6.1** ~ **down** *aftillen, neerlaten, (lager) neerzetten.*

'lift·back ⟨telb.zn.⟩ **0.1** ***liftback*** ⟨(auto met) derde/vijfde deur⟩.

'lift·boy, 'lift·man ⟨telb.zn.⟩ ⟨vnl. BE⟩ **0.1** ***liftbediende/jongen.***

'lift bridge ⟨telb.zn.⟩ **0.1** ***hef/ophaalbrug.***

lift·er ['lɪftə‖-ər] ⟨telb.zn.⟩ **0.1** ***heffer*** *⇒heftoestel, lichter* **0.2** ***(winkel)dief/dievegge*** **0.3** ⟨gewichtheffen⟩ ***(gewicht)heffer.***

lif·ties ['lɪftiz] ⟨mv.⟩ ⟨sl.⟩ **0.1** ***herenschoenen met ingebouwde verhoging.***

'lift-off ⟨telb. en n.-telb.zn.⟩ ⟨ruim.⟩ **0.1** ***lancering.***

'lift pump ⟨telb.zn.⟩ **0.1** ***zuig(er)pomp.***

lig [lɪg] ⟨onov.ww.; →ww. 7⟩ ⟨BE; sl.⟩ **0.1** ***bietsen*** *⇒klaplopen, op de schobberdebonk lopen.*

lig·a·ment ['lɪgəmənt] ⟨telb.zn.⟩ **0.1** ⟨anat.⟩ ***ligament*** *⇒bindweefselband, gewrichtsband* **0.2** ***ligament*** *⇒slotband* ⟨v. schelp⟩.

lig·a·men·tal [lɪgə'mentl], **lig·a·men·ta·ry** [-'mentri‖-'mentəri], **lig·a·men·tous** [-'mentəs] ⟨bn.⟩ **0.1** ***ligamentair*** *⇒ligamenteus.*

ligan →lagan.

li·gate ['laɪgeɪt] ⟨ov.ww.⟩ **0.1** ***afbinden*** *⇒ligeren, per ligatuur dicht/verbinden* ⟨ader enz.⟩.

lig·a·ture¹ ['lɪgətʃə‖-ər] ⟨telb.zn.⟩ **0.1** ***ligatuur(draad)*** *⇒afbinding (sdraad)* **0.2** ***band*** *⇒verbond* **0.3** ⟨muz.⟩ ***ligatuur*** **0.4** ⟨druk.⟩ ***ligatuur*** *⇒koppelletter.*

ligature² ⟨ov.ww.⟩ **0.1** ***afbinden*** *⇒ligeren.*

li·ger ['laɪgə‖-ər] ⟨telb.zn.⟩ **0.1** ***lijger*** ⟨welp v. leeuw en tijgerin⟩.

lig·ger ['lɪgə‖-ər] ⟨telb.zn.⟩ ⟨BE; sl.⟩ **0.1** ***bietser*** *⇒klaploper, profiteur.*

light¹ [laɪt] ⟨f4⟩ ⟨zn.⟩
I ⟨telb.zn.⟩ **0.1** ***vuurtje*** *⇒vlammetje, vonk, lucifer, aansteker* **0.2** ***ruit(je)*** **0.3** ***licht/vuurtoren*** **0.4** ⟨BE⟩ ***oplossing*** *⇒antwoord* ⟨in kruiswoordraadsel e.d.⟩ ◆ **3.1** can you give me a ~, please? *heeft u misschien een vuurtje voor me?;* strike a ~ *een lucifer aanstrijken/aansteken* **3.2** leaded ~ *glas-in-loodruitje* **3.¶** set (a) ~ to sth. *iets in de fik steken;* ⟨inf.⟩ strike a ~! *alle duivels!;*
II ⟨telb. en n.-telb.zn.⟩ **0.1** ⟨ben. voor⟩ ***licht*** *⇒verlichting, kunstlicht; klaarheid, lichtheid; belichting, lichtsterkte, lichthoeveelheid; schijn(sel); daglicht, morgenlicht;* ⟨schr.⟩ *ogenlicht; lichtbron/punt, lamp, verkeerslicht, lichtje; bakenlicht, boordlicht, lantaarnlicht, vuurtorenlicht; venster(licht), bovenlicht; openbaarheid, bekendheid* ◆ **1.1** ⟨bijb. of iron.⟩ the ~ of thy countenance *het licht uws aanschijns, uw lichtend aanschijn, uw goeddunken/goedkeuring;* men of ~ and leading *mensen die hun sporen verdiend hebben, verlichte leiders;* by the ~ of nature *met de natuur als loodslicht, uit ondervinding;* ⟨beeld. k.⟩ ~ and shade *licht en schaduw* **1.¶** hide one's ~ under a bushel *zijn licht onder de korenmaat zetten;* see the ~ at the end of the tunnel *licht in de duisternis zien;* ~ of one's eyes/life *iemands oogappel/hartedief;* without ~ and shade *grijs, saai, eentonig, kleurloos* **2.1** in a good ~ *bij goed licht/zicht* **3.1** the ~ begins to fail *de zon gaat onder, het wordt donker;* bring/come to ~ *aan het licht brengen/komen;* reversing ~ *achteruitrijlamp;* then I saw the ~ *toen vielen mij de schellen van de ogen;* see the ~ *het licht zien, tot inkeer/inzicht komen, bekeerd worden;* see the ~ (of day) *het licht zien, het levenslicht aanschouwen, geboren worden; het licht zien, uitkomen, gepubliceerd worden;* shed/throw ~ (up)on *licht werpen op, klaarheid brengen in;* stand in s.o.'s ~ *in iemands licht staan* ⟨ook fig.⟩; the ~s went out *het licht viel uit* **3.¶** ⟨inf.⟩ leading ~s *prominenten, voormannen, sterren;* shine with reflected ~ *zijn glans aan iem./iets anders ontlenen;* a shining ~ *een lichtend voorbeeld* **5.1** ~s **out** *bedtijd* ⟨op internaat⟩; ⟨mil.⟩ *taptoe;* ⟨sl.⟩ *dood, de pijp uit* **5.¶** **out** like a ~ *in diepe slaap, buiten westen (geslagen), uitgeteld, grondig onder zeil;* go **out** like a ~ *onmiddellijk ingeslapen/vertrokken zijn* **6.¶** **in** (the) ~ **of** this statement *in het licht van/gezien deze verklaring* **7.1** the first ~ *ochtendgloren, het krieken v.d. dag;*
III ⟨mv.; ~s⟩ **0.1** ***voetlicht*** **0.2** ***(geest)vermogens*** *⇒inzichten, opvattingen* **0.3** ***verhelderende feiten*** **0.4** ***(dierlijke) longen*** *⇒lichten, long* ⟨als (huisdieren)voedsel⟩ ◆ **6.2** **according to** one's ~s *naar iemands beste vermogen; naar eigen inzicht/maatstaf.*

light² ⟨f3⟩ ⟨bn.; -er⟩ ⟨→sprw. 259, 396, 439⟩ **0.1** ***licht*** *⇒verlicht, helder* **0.2** ***licht*** ⟨lett. en fig.⟩ *⇒niet zwaar, luchtig, gering, klein, lichthartig* **0.3** ***lichtbepakt*** **0.4** ⟨sl.⟩ ***hongerig*** *⇒met een lege maag; te licht* ⟨v. gewicht⟩ **0.5** ⟨sl.⟩ ***te kort hebbend*** *⇒krap zittend* ◆ **1.2** ⟨meteo.⟩ ~ air *flauwe, zwakke wind* ⟨windkracht 1⟩; ~ aircraft *privé-/propeller/sportvliegtuig;* ~ ale *light ale;* ⟨ong.⟩ *pils;* ⟨meteo.⟩ ~ breeze *flauwe koelte* ⟨windkracht 2⟩; ⟨mil.⟩ ~ brigade *lichte brigade;* ~ clothing *lichte kledij, luchtige kleding;* a ~ eater *een kleine/lichte eter;* ~ food *licht (verteerbaar) voedsel, lichte kost;* ~ of foot *lichtvoetig;* ~ in the head *ijl/licht in het hoofd;* ~ of heart *licht/luchthartig;* ⟨sport⟩ ~ heavyweight *halfzwaargewicht;* ⟨mil.⟩ ~ horse *lichte cavalerie;* ⟨mil.⟩ ~ horseman *lichte cavalerist;* ~ industry *lichte industrie;* ⟨mil.⟩ ~ infantry *lichte infanterie;* ~ oil *lichte olie;* ~ opera *operette;* ~ pastry *luchtig gebak;* ~ railway *smalspoor;* ~ reading *lichte lectuur, ontspanningslectuur;* ~ traffic *geringe verkeersdrukte, weinig verkeer;* ⟨druk.⟩ ~ type *magere lettersoort;* ~ water *licht/normaal water;* make ~ work of *zijn hand niet omdraaien voor* **1.¶** a ~ blue *een vertegenwoordiger v. Cambridge op sportgebied, iem. die voor Cambridge uitkomt;* ~ engine *losse locomotief;* ~ fingers *lange/rappe/vlugge vingers;* ~ hand *vaardige hand, meesterhand;* ~ purse *armoe;* ~ ship *onbevracht schip;* ~ syllable *onbeklemtoonde lettergreep* **2.¶** trip the ~ fantastic *dansen* **3.2** make ~ of *niet zwaar tillen aan, licht/luchtig opvatten; kleineren, doen alsof iets/iem. weinig voorstelt.*

light³ ⟨f3⟩ ⟨ww.; ook lit, lit [lɪt]⟩ →lighting ⟨→sprw. 395⟩
I ⟨onov.ww.⟩ **0.1** ***ontbranden*** *⇒vlam vatten, in brand vliegen, gaan branden* **0.2** ***aan gaan*** *⇒gaan branden/gloeien* ⟨v. lamp enz.⟩ **0.3** ***opklaren*** *⇒oplichten, op/verhelderen, helder(der) worden, opflikkeren* ⟨ook v. gezicht, ogen⟩ **0.4** ⟨vero.⟩ ***neerstrijken*** *⇒landen, neerdalen* **0.5** ⟨sl.⟩ ***'m smeren*** *⇒pleite gaan, ervandoor gaan, de benen nemen* ◆ **5.5** ~ **out** *'m smeren, de benen nemen* **5.¶** →light **up** **6.¶** →light **into;** →light **(up)on;**
II ⟨ov.ww.⟩ **0.1** ***aansteken*** *⇒ontsteken* **0.2** ***verlichten*** *⇒beschijnen* **0.3** ***doen ophelderen/opklaren*** *⇒verlevendigen, opfleuren* **0.4** ***bijlichten*** ◆ **1.1** ~ a cigarette/fire/lamp *een sigaret/vuur/lamp aansteken* **1.3** a smile lit her face *een glimlach verlevendigde haar gelaatsuitdrukking* **5.1** →light **up** **5.2** →light **up** **6.2** ~ed/lit **by** electricity *elektrisch verlicht.*

light⁴ ⟨bw.⟩ **0.1** ***licht*** ◆ **3.1** get off ~ *ergens goed van afkomen;* sleep ~ *licht slapen;* travel ~ *weinig bagage bij zich hebben, niet veel meenemen op reis.*

'light-'armed ⟨bn.⟩ **0.1** ***lichtgewapend.***

'light box ⟨telb.zn.⟩ **0.1** ***lichtbak.***

'light bulb ⟨telb.zn.⟩ **0.1** ***lichtpeer(tje)*** *⇒(gloei)lamp.*

'light-'col·oured ⟨f1⟩ ⟨bn.⟩ **0.1** ***licht(gekleurd/kleurig).***

'light-day ⟨telb.zn.⟩ ⟨ster.⟩ **0.1** ***lichtdag*** ⟨als afstand⟩.

'light due, 'light duty ⟨telb.zn.⟩ **0.1** ***lichtgeld*** *⇒kustverlichtingstol.*

'light-e·mit·ting ⟨bn.⟩ **0.1** ***lichtgevend*** ◆ **1.1** ~ diode *LED, lichtgevende diode.*

light·en ['laɪtn] ⟨f2⟩ ⟨ww.⟩
I ⟨onov.ww.⟩ **0.1** ***lichter worden*** *⇒minder gaan wegen, minder drukkend worden* **0.2** ***opleven*** *⇒opkikkeren, opfleuren* **0.3** ***ophelderen/klaren*** *⇒(gaan) glanzen/glimmen/gloeien, licht(er) worden, lichten* **0.4** ***klaren*** *⇒gloren, dagen* **0.5** ***bliksemen*** *⇒(weer) lichten;*
II ⟨ov.ww.⟩ **0.1** ***verlichten*** *⇒lossen, ontlasten, bevrijden van een druk/last;* ⟨fig.⟩ *opbeuren* **0.2** ***verlichten*** *⇒verhelderen.*

light·er¹ ['laɪtə‖'laɪtər] ⟨f3⟩ ⟨telb.zn.⟩ **0.1** ***aansteker*** **0.2** ⟨scheep.⟩ ***lichter.***

lighter² ⟨ov.ww.⟩ ⟨scheep.⟩ **0.1** ***vervoeren per lichter.***

light·er·age ['laɪtərɪdʒ] ⟨n.-telb.zn.⟩ ⟨scheep.⟩ **0.1** ***lichtergeld*** **0.2** ***lichtertransport/vervoer.***

lighter·man ['laɪtəmən‖'laɪtər-] ⟨telb.zn.; lightermen [-mən]; →mv. 3⟩ ⟨scheep.⟩ **0.1** ***lichterman*** *⇒schuitvoerder.*

'light·er-than-'air ⟨bn., attr.⟩ ⟨lucht.⟩ **0.1** ***lichter dan lucht*** ◆ **1.1** ~ aircraft *luchtschip, aërostaat.*

'light-'fin·gered ⟨f1⟩ ⟨bn.; -ness⟩ **0.1** ***snelvingerig*** *⇒vingervlug, gauw* **0.2** ***met lange vingers.***

'light-'foot·ed, 'light·foot ⟨bn.; light-footedly; light-footedness⟩ **0.1** ***licht/snelvoetig*** *⇒met (veder)lichte tred* **0.2** ⟨sl.⟩ ***homoseksueel.***

'light-'hand·ed ⟨bn.; -ly⟩ **0.1** ***handig*** *⇒vaardig, soepel* **0.2** ***onderbemand.***

'light'head·ed ⟨f1⟩⟨bn.; -ly; -ness⟩ **0.1** ***ijl/licht/warhoofdig*** ⇒*onvast, koortsig, losbollig, lichtzinnig, wuft.*
'light'heart·ed ⟨f2⟩⟨bn.; -ly; -ness⟩ **0.1** ***licht/luchthartig*** ⇒*opgewekt, vrolijk, zorgeloos, onachtzaam, lichtvaardig/zinnig.*
'light·house ⟨f1⟩⟨telb.zn.⟩ **0.1** ***licht/vuurtoren.***
'lighthouse keeper ⟨telb.zn.⟩ **0.1** ***vuurtorenwachter.***
light·ing ['laɪt̬ɪŋ]⟨n.-telb.zn.; oorspr. gerund v. light⟩ **0.1** ***ontsteking*** ⇒*aansteking* **0.2** ***verlichting.***
light·ing-up time ['laɪt̬ɪŋ'ʌp taɪm]⟨n.-telb.zn.⟩ **0.1** ***tijdstip waarop straatverlichting en verlichting v. (motor)voertuigen aan moeten*** ⇒*invallende avond/duisternis, een half uur na zonsondergang.*
'light into ⟨onov.ww.⟩⟨inf.⟩ **0.1** ***te lijf gaan*** ⇒*zich storten op, aanpakken.*
light·ish ['laɪt̬ɪʃ]⟨bn.⟩ **0.1** ***enigszins licht*** ⇒*aan de lichte kant.*
light·less ['laɪtləs]⟨bn.⟩ **0.1** ***lichtloos*** ⇒*onverlicht.*
light·ly ['laɪtli]⟨f3⟩⟨bw.⟩⟨→sprw. 397⟩ **0.1** ***licht(jes)*** ⇒*een ietsje* **0.2** ***licht(jes)*** ⇒*gemakkelijk* **0.3** ***luchtig*** ⇒*licht(jes), lichtvaardig.*
'light meter ⟨f1⟩⟨telb.zn.⟩⟨foto.⟩ **0.1** ***lichtmeter*** ⇒⟨i.h.b.⟩ *belichtingsmeter.*
'light-'mind·ed ⟨bn.; -ly; -ness⟩ **0.1** ***lichtzinnig*** ⇒*frivool, losbollig, wuft.*
'light-month ⟨telb.zn.⟩⟨ster.⟩ **0.1** ***lichtmaand*** ⟨als afstand⟩.
light·ness ['laɪtnəs]⟨f1⟩⟨n.-telb.zn.⟩ **0.1** ***lichtheid*** ⟨ook fig.⟩ ⇒*geringe zwaarte, luchtigheid, lichtvaardigheid* **0.2** ***lichtheid*** ⇒*helderheid, klaarheid.*
light·ning ['laɪtnɪŋ]⟨f2⟩⟨zn.⟩⟨→sprw. 398⟩
I ⟨telb. en n.-telb.zn.⟩ **0.1** ***bliksem(flits/schicht/straal)*** ⇒*weerlicht* ◆ **3.1** forked ~ *vertakte bliksem(straal)* **6.1** **like** (greased/a streak of) ~ *als de (gesmeerde) bliksem;*
II ⟨n.-telb.zn.⟩⟨sl.⟩ **0.1** ***bocht*** ⇒*slechte whisky.*
'lightning bug ⟨telb.zn.⟩⟨AE⟩ **0.1** ***glimworm*** ⇒*vuurkever/vliegje.*
'lightning 'chess ⟨n.-telb.zn.⟩ **0.1** ***snelschaak.***
'lightning conductor, ⟨vnl. AE⟩ **'lightning rod** ⟨f1⟩⟨telb.zn.⟩ **0.1** ***bliksemafleider.***
'lightning 'speed ⟨n.-telb.zn.⟩ **0.1** ***bliksemsnelheid*** ◆ **6.1** **with** ~ *bliksemsnel.*
'lightning 'strike ⟨telb.zn.⟩ **0.1** ***onaangekondigde/plotselinge staking*** ⇒*verrassingsstaking* **0.2** ***blikseminslag.***
'lightning 'visit ⟨telb.zn.⟩ **0.1** ***bliksembezoek.***
'light-o'-'love ⟨telb.zn.⟩ **0.1** ***lichtmis*** ⇒*lichtekooi.*
'light on, light up'on ⟨onov.ww.⟩ **0.1** ***bij toeval ontmoeten/vinden*** ⇒*tegen het lijf lopen, tegenkomen, aantreffen.*
'light pen ⟨telb.zn.⟩⟨comp.⟩ **0.1** ***lichtpen.***
'light·proof ⟨bn.⟩ **0.1** ***lichtdicht*** **0.2** ***lichtecht.***
'light sensitive ⟨bn.⟩⟨foto.⟩ **0.1** ***(licht)gevoelig.***
'light·ship ⟨telb.zn.⟩ **0.1** ***lichtschip.***
'light·show ⟨telb.zn.⟩ **0.1** ***lichtshow.***
'light signal ⟨f1⟩⟨telb.zn.⟩ **0.1** ***lichtsignaal.***
'light-skirts ⟨telb.zn.⟩ **0.1** ***lichte/wufte vrouw.***
light·some ['laɪtsəm]⟨bn.; -ly; -ness⟩ **0.1** ***lichtgevend*** ⇒*verlichtend, lichtend* **0.2** ***helder verlicht*** **0.3** ***licht*** ⇒*gewichtloos, zorgeloos, licht/luchthartig, lichtzinnig, wuft.*
'light·tight ⟨bn.⟩ **0.1** ***lichtdicht.***
'light 'up ⟨f1⟩⟨ww.⟩
I ⟨onov.ww.⟩ **0.1** ***(ver)licht(ing) aansteken*** ⇒*de lamp(en) aandoen* **0.2** ⟨inf.⟩ ***(een sigaar/sigaret/pijp) opsteken*** **0.3** ***ophelderen/klaren*** ◆ **1.1** at dusk people ~ *als het begint te schemeren steken de mensen de lamp aan* **6.3** his eyes lit up **with** greed *zijn ogen begonnen te blinken/schitteren van hebzucht;*
II ⟨ov.ww.⟩ **0.1** ***aansteken*** ⇒*ontsteken* **0.2** ***verlichten.***
'light-week ⟨telb.zn.⟩⟨ster.⟩ **0.1** ***lichtweek*** ⟨als afstand⟩.
'light·weight ⟨f2⟩⟨telb.zn.; ook attr.⟩⟨vnl. sport⟩ **0.1** ***lichtgewicht*** ⟨ook fig.⟩.
'light·wood ⟨n.-telb.zn.⟩ **0.1** ***brandhout.***
'light-year ⟨f1⟩⟨telb.zn.⟩⟨ster.⟩ **0.1** ***lichtjaar.***
lign-aloes [laɪ'nælouz]⟨n.-telb.zn.⟩⟨vero.⟩ **0.1** ***aloë*** ⟨purgerend middel⟩ **0.2** ***aloëhout.***
lig·ne·ous ['lɪgnɪəs]⟨bn.⟩ **0.1** ***houtig*** ⇒*houtachtig, hout-, verhout* **0.2** ***houten*** ⇒*van hout.*
lig·ni- ['lɪgni], **lig·no-** ['lɪgnou], **lign-** ['lɪgn] **0.1** ⟨ong.⟩ ***hout-*** ◆ **¶.1** lignocellulose *houtcellulose.*
lig·ni·fi·ca·tion ['lɪgnɪfɪ'keɪʃn]⟨n.-telb.zn.⟩ **0.1** ***verhouting.***
lig·ni·fy ['lɪgnɪfaɪ]⟨onov. en ov.ww.; →ww. 7⟩ **0.1** ***verhouten*** ⇒*houtig maken/worden, lignifiëren.*
lig·nin ['lɪgnɪn]⟨n.-telb.zn.⟩⟨plantk.⟩ **0.1** ***lignien*** ⇒*lignine, houtstof.*
lig·nite ['lɪgnaɪt]⟨n.-telb.zn.⟩ **0.1** ***bruinkool*** ⇒*ligniet.*
lig·num vi·tae ['lɪgnəm 'vaɪt̬i:]⟨zn.⟩
I ⟨telb.zn.⟩⟨plantk.⟩ **0.1** ***guajak/pokhoutboom*** ⟨genus Guaiacum⟩;
II ⟨n.-telb.zn.⟩ **0.1** ***pokhout*** ⇒*guajakhout.*
lig·ro·in ['lɪgrouɪn]⟨n.-telb.zn.⟩⟨schei.⟩ **0.1** ***ligroïen*** ⇒*petroleumether, nafta.*
lig·u·la ['lɪgjʊlə‖-jə-]⟨telb.zn.; ook ligulae [-li:]; →mv. 5⟩⟨dierk.⟩ **0.1** ***ligula*** ⟨deel v.d. mond bij insekten⟩.
lig·u·late ['lɪgjʊlət‖-jə-]⟨bn.⟩⟨plantk.⟩ **0.1** ***lintvormig.***
lig·ule ['lɪgju:l]⟨telb.zn.⟩⟨plantk.⟩ **0.1** ***ligula*** ⇒*tongetje.*
lik·a·ble, like·a·ble ['laɪkəbl]⟨f1⟩⟨bn.; -ness⟩ **0.1** ***innemend*** ⇒*aardig, vriendelijk, sympathiek.*
like[1] [laɪk]⟨f1⟩⟨zn.⟩
I ⟨telb.zn.⟩ **0.1** ***soortgenoot*** ⇒*(soort)gelijke, evenknie, weerga* ◆ **6.1** ⟨inf.⟩ the ~s **of** me *(eenvoudige) mensen als ik;* ⟨inf.⟩ the ~s **of** us *mensen als wij, ons soort (mensen);* ⟨inf.⟩ the ~s **of** you *(vooraanstaande) mensen als u* **7.1** the world shall not see his ~ again *een man als hij/van zijn formaat/zijns gelijke zal de wereld niet meer aanschouwen* **7.¶** and the ~ *en dergelijke, en zo, enzovoorts;* or the ~ *of zo (iets), of iets dergelijks:;* I've never seen/heard the ~ *zo iets (ergs/vreemds)/iets dergelijks heb ik nog nooit meegemaakt/gehoord;*
II ⟨mv.; ~s⟩ **0.1** ***voorkeuren*** ◆ **1.1** ~s and dislikes *sympathieën en antipathieën.*
like[2] ⟨f3⟩⟨bn.; schr. ook -er⟩
I ⟨bn.⟩ **0.1** ***soortgelijk*** ⇒*(soort)verwant, gelijk(soortig), gelijkwaardig, overeenkomstig/komend* ◆ **1.1** this painting isn't ~ *dit schilderij lijkt niet;* they are as ~ as two peas (in a pod) *ze lijken op elkaar als twee druppels water;* ~ quantities *gelijksoortige grootheden;* the versions are rather ~ *de versies lijken nogal op elkaar* **1.¶** as ~ as chalk and cheese *verschillend als dag en nacht;*
II ⟨bn., pred.; modaal bijv. nw., te vertalen met andere constructie; →modaliteit⟩⟨vero.⟩ **0.1** ***waarschijnlijk*** ◆ **1.1** Mary is ~ to suspect sth. *Mary vermoedt allicht iets.*
like[3] ⟨f4⟩⟨ww.⟩ →liking
I ⟨onov.ww.⟩ **0.1** ***verkiezen*** ⇒*wensen, willen* ◆ **4.1** just as you ~ *net zoals je wilt;* if you ~ *zo u wilt, als je wilt;*
II ⟨ov.ww.; →wilsuiting⟩ **0.1** ***houden van*** ⇒*(aangenaam/lekker/leuk/prettig) vinden, lusten, mogen, (graag) willen, gesteld zijn op* ◆ **1.1** I'd ~ a beer *mag ik een pilsje?;* I ~ fish *ik hou van vis/ben een visliefhebber;* ⟨inf.⟩ fish doesn't ~ me *ik kan niet tegen vis, vis bekomt me slecht;* would you ~ a cup of tea? *wilt u een kopje thee?* **3.1** I don't ~ asking him *ik vraag het hem niet graag/liever niet;* I'd ~ to do that *dat zou ik best willen;* he ~s fishing *hij vist graag/mag graag vissen;* I'd ~ to know what he did during the war *ik zou wel eens willen weten wat hij in de oorlog gedaan heeft;* I don't ~ you to stand on the table *ik heb liever niet dat je op de tafel staat* **4.1** ⟨iron.⟩ I ~ that! *mooi is dat!;* how do you ~ my new car? *wat vind je van mijn nieuwe auto?;* how do you ~ your egg? *hoe wilt u uw ei?;* how do you ~ that! *wat zeg je me daarvan!* **4.¶** ⟨vero.⟩ it ~s me not *het bevalt me niet, het staat me niet aan, het lijkt me niets* **5.1** I don't ~ it at all *ik ben er helemaal niet van gediend, het zint me helemaal niet.*
like[4] ⟨f1⟩⟨bw.⟩ **0.1** ⟨inf.⟩⟨als stopwoord⟩ ***eh*** ⇒*nou;* ⟨aan het zinseinde⟩ *weet je (wel);* ⟨aan het eind v.e. vraag, vnl. BE⟩ *dan* **0.2** ⟨inf.⟩⟨om negatieve reactie te anticiperen⟩ ***hoor*** ⇒*wel* **0.3** ⟨substandaard, bij allerlei woordsoorten⟩ ***ongeveer*** ⇒*min of meer, bijna* **0.4** ⟨inf.⟩ ***waarschijnlijk*** **0.5** ⟨vero.⟩ ***in gelijke mate*** ⇒*even* ◆ **1.3** a house with ~ shutters *een huis met een soort luiken* **2.3** he's clever ~ *hij is best wel slim;* a small car ~ *zo'n klein autootje* **5.4** ~ enough/very ~/(as) ~ as not he won't show up *het zit er dik in dat hij niet komt opdagen* **5.5** behave ~ boorishly *zich even lomp gedragen* **8.5** ~ as *gelijk, zoals* **¶.1** he came up to me, ~, and, ~, hit me, ~ *hij kwam naar me toe, weet je wel, en, nou, gaf me een klap, eh;* he had ... ~ ... a hat on *hij had eh ... zoiets als een hoed op;* was he there, ~? *was hij er dan* **¶.2** Liverpool were good. Not that I saw the game, ~ *Liverpool heeft goed gespeeld. Niet dat ik de wedstrijd gezien heb, hoor(, maar ...);* I wouldn't mind, ~, (but) it's just that I ... *ik zou wel willen hoor, alleen, ik ....*
like[5] ⟨f4⟩⟨vz.⟩ **0.1** ***als*** ⇒*zoals, gelijkaardig met, gelijk aan, op de wijze van* **0.2** ***bijvoorbeeld*** ⇒*zoals bijvoorbeeld, neem nu* ◆ **1.1** cry ~ a baby *huilen als een kind;* it's rather ~ a berry *het heeft iets weg van een bes;* talk ~ a book *boekentaal spreken;* do me this favour, ~ a dear *doe me dit plezier, schat (die je bent);* look ~ his father *op zijn vader lijken;* feel ~ a fool *zich (als een) dwaas voelen;* no place ~ home *nergens is het zo goed als thuis;* it is ~ John to forget it *het zou John niet zijn als hij het niet vergeten was, typisch voor John om het te vergeten;* it tastes ~ oranges *het smaakt naar sinaasappelen;* it looks ~ rain *er is regen op komst;* something ~ a summer! *dat is nog eens een zomer!, een echte zomer!;* it looks ~ a good walk *het belooft een flinke wandeling te worden* **1.2** take a science ~ chemistry *neem nou scheikunde;* her hobbies, ~ reading and writing *haar hobbies, zoals lezen en schrijven* **2.1** nothing ~ as/so good *lang zo goed niet* **3.¶** ⟨inf.⟩ he had ~ to

have won *het leek erop alsof hij zou winnen, het scheelde niet veel of hij had gewonnen* **4.1** it's not ~ her *het is niets voor haar / haar stijl niet, ik zou het van haar niet verwachten;* I never saw anything ~ it *ik heb nog nooit zoiets meegemaakt;* I feel ~ myself again *ik voel me weer de oude;* ~ that *zo, op die wijze;* just ~ that *zo maar (even);* he is ~ that *zo is hij nu eenmaal;* do it ~ this *doe het zo;* what is he ~? *wat voor iemand is hij?;* what's it ~ outside? *wat voor weer is het?* **4.¶** ~ anything *veel, erg;* it hurts ~ anything *het doet erg veel pijn;* that's more ~ it *dat begint er op te lijken, dat komt (aardig) in de richting;* nothing ~ *op geen stukken na, v. geen kant;* there's nothing ~ a holiday *er gaat niets boven vakantie;* something ~ five days *iets van vijf dagen, ongeveer / om en nabij vijf dagen;* this is something ~ a car *dit is nog eens een auto;* be ~ that with *op goede voet staan met* **5.1** more ~ ten pounds than nine *eerder tien pond dan negen.*

like[6] ⟨f4⟩ ⟨nevensch.vw.⟩ **0.1** ⟨vaak elliptisch⟩ ***(zo)als*** *⇒op dezelfde wijze als* **0.2** ⟨AE⟩ ***alsof*** ◆ **2.1** they ran ~ crazy *ze liepen uit alle macht;* she shouted ~ mad *ze schreeuwde zo hard als ze kon* **5.1** he left early ~ usual *hij vertrok vroeg zoals gewoonlijk* **¶.1** I cut it up ~ you asked me to *ik heb het aan stukken gesneden zoals je mij hebt gevraagd;* she talks ~ Sheila does *ze praat net zoals Sheila;* I want a dress ~ Mary has *ik wil zo'n jurk als Mary heeft;* problems, ~ when John had broken his ankle *problemen, zoals toen John zijn enkel had gebroken;* special occasions, ~ when there is a wedding *speciale gelegenheden, zoals bijvoorbeeld een huwelijk* **¶.2** he felt ~ he had been away for months *hij had een gevoel alsof hij maanden was weggeweest;* looks ~ she is ill *ze ziet er ziek uit;* it looks ~ he will win *het ziet ernaar uit dat hij zal winnen.*

-like [laɪk] **0.1** ***-achtig*** *⇒-gelijk* ◆ **¶.1** beerlike *bierachtig;* godlike *god(e)gelijk, goddelijk.*

likeable →likable.

like·li·hood ['laɪklihʊd]⟨f2⟩⟨telb. en n.-telb.zn.⟩ **0.1** ***waarschijnlijkheid*** **0.2** ⟨stat.⟩ ***aannemelijkheid*** ◆ **2.2** maximum ~ method *methode v.d. grootste aannemelijkheid* **6.1** **in** all ~ *naar alle waarschijnlijkheid.*

like·ly[1] ['laɪkli]⟨f3⟩⟨bn.; ook -er; -ness; →bijw.3⟩ **0.1** ***waarschijnlijk*** *⇒aannemelijk, geloofwaardig;* ⟨bij uitbr.⟩ *gunstig, kansrijk, veelbelovend* ◆ **1.1** he is the most ~ candidate for the job *hij komt het meest in aanmerking voor de baan;* couldn't you think of a likelier excuse? *kon je niet een aannemelijker smoes bedenken?;* a ~ pupil *een veelbelovende leerling;* ⟨iron.⟩ a ~ story! *een mooi verhaal!, dat geloof ik graag!, dat geloof je zelf niet!* **3.1** he is ~ to become suspicious *hij wordt allicht achterdochtig;* this is not very ~ to happen *het is niet erg waarschijnlijk dat dit gebeurt.*

likely[2] ⟨f1⟩ ⟨bw.⟩ **0.1** ***waarschijnlijk*** *⇒denkelijk* ◆ **5.1** not ~! *kun je net denken!, geen sprake van / denken aan!, uitgesloten!;* as ~ as not *misschien wel, misschien niet; misschien niet, waarschijnlijk wel, eerder wel dan niet.*

'like-'mind·ed ⟨bn.⟩ **0.1** ***gelijkgestemd*** *⇒gelijkgericht, (geest)verwant.*

lik·en ['laɪkən]⟨f1⟩ ⟨ov.ww.⟩ **0.1** ***vergelijken*** ◆ **6.1** ~ sth. **to** sth. else *iets vergelijken / op een lijn stellen met iets anders, wijzen op de gelijkenis van iets met iets anders / de overeenkomst tussen twee dingen.*

like·ness ['laɪknəs]⟨f2⟩⟨telb. en n.-telb.zn.⟩ **0.1** ***gelijkenis*** *⇒overeenkomst* ◆ **3.¶** catch a ~ *(iets) zien en namaken* **6.1** ⟨bijb.⟩ **in** the ~ **of** *naar de gelijkenis van.*

like·wise ['laɪkwaɪz]⟨f3⟩⟨bw.⟩ **0.1** ***evenzo*** *⇒insgelijks, net zo* **0.2** ***evenzeer*** *⇒eveneens, evenzo, bovendien.*

lik·ing ['laɪkɪŋ]⟨f2⟩⟨telb.zn.; g.mv.; oorspr. gerund v. like⟩ **0.1** ***voorkeur*** *⇒voorliefde* ◆ **6.1** have a ~ **for** *houden van, dol / gek zijn op* **6.¶** is everything **to** your ~ *is alles naar uw zin?, is alles naar wens?.*

li·lac ['laɪlək]⟨f1⟩⟨zn.⟩
I ⟨telb.zn.⟩⟨plantk.⟩ **0.1** ***sering*** ⟨genus Syringa⟩ ⇒⟨i.h.b.⟩ *gewone sering* ⟨S. vulgaris⟩;
II ⟨n.-telb.zn.⟩ **0.1** ***seringebloesem*** **0.2** ⟨vaak attr.⟩ ***lila*** ◆ **1.1** a bunch of ~ *een boeket seringen / seringebloesem.*

lil·i·a·ceous ['lɪli'eɪʃəs]⟨bn.⟩ **0.1** ***lelieachtig.***

lil·li·pu·tian[1] ['lɪlɪ'pju:ʃn]⟨telb.zn.⟩ **0.1** ***lilliputter.***

lilliputian[2] ⟨bn.⟩ **0.1** ***lilliputachtig*** *⇒lilliputtig, lilliputs.*

li·lo ['laɪloʊ]⟨telb.zn.; BE⟩ **0.1** ***luchtbed*** *⇒luchtkussen.*

lilt[1] [lɪlt]⟨f1⟩⟨telb.zn.⟩ **0.1** ***deuntje*** *⇒wijsje, melodietje* **0.2** ⟨g.mv.⟩ ***zangerig accent / stemgeluid*** *⇒zangerigheid, welluidendheid, melodieusheid, cadans* **0.3** ⟨g.mv.⟩ ***verende tred*** *⇒lichtvoetigheid.*

lilt[2] ⟨f1⟩⟨ww.⟩
I ⟨onov.ww.⟩ **0.1** ***kwinkeleren*** *⇒lustig zingen, zangerig spreken* ◆ **1.1** a ~ing voice *een zangerige stem;* a ~ing waltz *een vrolijke wals;*
II ⟨ov.ww.⟩ **0.1** ***kwelen*** *⇒op zangerige toon ten gehore brengen.*

lil·y ['lɪli]⟨f2⟩⟨telb.zn.; →mv. 2⟩ **0.1** ⟨plantk.⟩ ***lelie*** ⟨genus Lilium⟩ ⇒⟨i.h.b.⟩ *witte lelie, madonnalelie* ⟨L. candidum⟩ **0.2** ***lelie*** *⇒iets / iem. v. grote zuiverheid / blankheid* **0.3** ⟨heraldiek⟩ ***lelie*** **0.4** ⟨sl.⟩ ***verwijfde man*** *⇒mietje, homo* ◆ **1.1** ~ of the valley *lelietje-van-dalen* ⟨Convallaria majalis⟩ **3.¶** gild / paint the ~ *iets nog mooier / beter maken dan nodig, de natuur willen overtreffen* **7.3** the lilies *de Franse lelie.*

'lily iron ⟨telb.zn.⟩ **0.1** ***harpoen.***

'lil·y-'liv·ered ⟨bn.⟩ **0.1** ***laf(hartig)*** *⇒blo(hartig), schuchter.*

'lily pad ⟨telb.zn.⟩⟨AE⟩ **0.1** ***plompeblad.***

'lil·y·trot·ter ⟨telb.zn.⟩⟨dierk.⟩ **0.1** ***jassana*** ⟨vogeltje; fam. Jacanidae⟩.

'lil·y-white ⟨bn.⟩ **0.1** ***lelieblank / wit*** ⟨ook fig.⟩ *⇒rein, onschuldig* **0.2** ⟨AE; inf.⟩ ***negervijandig*** *⇒racistisch* ◆ **7.¶** ⟨inf.⟩ the ~s *de lakens; de handen.*

li·ma ['laɪmə], **'lima bean** ⟨telb.zn.⟩⟨plantk.⟩ **0.1** ***(echte) limaboon*** ⟨(zaad v.) Phaseolus limensis / lunatus⟩.

'lima wood ⟨n.-telb.zn.⟩ **0.1** ***pernambuco / pernambukhout.***

limb[1] [lɪm]⟨f3⟩⟨telb.zn.⟩ **0.1** ***lid(maat)*** *⇒arm, been, vleugel, vin* **0.2** ***(dikke / grote) tak*** **0.3** ***limbus*** ⇒⟨plantk.⟩ *bladschijf, zoom v.e. bloemblad;* ⟨nat., ster.⟩ *gradenboog, graadverdeling;* ⟨ster.⟩ *(schijf)rand* **0.4** ***uitloper*** ⟨v. gebergte⟩ **0.5** ⟨inf.⟩ ***deugniet*** *⇒schavuit, rekel, klier* ◆ **1.¶** ~ of the devil / Satan *duivels / satanskind;* ~ of the law *dienaar / handhaver / steunpilaar van de wet, sterke arm* **3.1** tear ~ from ~ *uiteenrijten, aan / in stukken scheuren* **6.¶** ⟨inf.⟩ **out on** a ~ *op zichzelf aangewezen, in de steek gelaten, zonder medestanders, kwetsbaar.*

limb[2] ⟨ov.ww.⟩ **0.1** ***v. takken ontdoen*** **0.2** ***ontleden.***

-limbed ['lɪmd] **0.1** ***met... ledematen*** ◆ **¶.1** strong-limbed *met sterke ledematen, krachtig van lijf en leden.*

lim·ber[1] ['lɪmbə‖-ər]⟨f1⟩⟨telb.zn.⟩ **0.1** ⟨mil.⟩ ***voorwagen / stel*** *⇒caisson, protze* **0.2** ⟨scheep.⟩ ***vullingsgat.***

limber[2] ⟨f1⟩⟨bn.; -ly; -ness⟩ **0.1** ***lenig*** *⇒soepel, wendbaar, buigzaam.*

limber[3] ⟨f1⟩⟨ww.⟩
I ⟨onov.ww.⟩ **0.1** ***de spieren losmaken*** *⇒zich warmlopen* **0.2** ⟨mil.⟩ ***een affuit / stuk geschut opleggen*** *⇒protsen, het affuit aan de voorwagen haken* ◆ **5.1** ~ **up** *de spieren losmaken* **5.2** ~ **up** *protsen;*
II ⟨ov.ww.⟩ **0.1** ***soepel maken*** *⇒losmaken* **0.2** ⟨mil.⟩ ***opleggen*** *⇒aan de / een voorwagen haken* ◆ **5.1** ~ **up** *soepel maken* **5.2** ~ **up** *opleggen.*

'limber chest ⟨telb.zn.⟩⟨mil.⟩ **0.1** ***munitiekist.***

limb·less ['lɪmləs]⟨bn.⟩ **0.1** ***zonder ledematen.***

lim·bo ['lɪmboʊ]⟨f1⟩⟨zn.⟩
I ⟨telb.zn.⟩ **0.1** ⟨vaak L-⟩⟨theol.⟩ ***voorgeborchte / portaal (der hel)*** *⇒limbus* **0.2** ***gevang(enis)*** *⇒kerker; oubliëtte* ⟨vnl. fig.⟩ **0.3** ***limbo*** ⟨dans⟩;
II ⟨n.-telb.zn.⟩ **0.1** ***vergetelheid*** *⇒vergeetboek* **0.2** ***opsluiting*** *⇒ingeslotenheid* **0.3** ***onzekerheid*** *⇒tweestrijd, twijfel* ◆ **6.3** be **in** ~ *in het ongewisse verkeren.*

Lim·burg·er ['lɪmbɜ:gə‖-bɜrgər], **'Limburger 'cheese** ⟨telb. en n.-telb.zn.⟩ **0.1** ***Limburgse kaas*** ⟨zachte, witte kaas⟩.

lime[1] [laɪm]⟨f3⟩⟨zn.⟩
I ⟨telb.zn.⟩⟨plantk.⟩ **0.1** ***limoen*** *⇒lemmetje* ⟨(vrucht v.) Citrus aurantifolia⟩ **0.2** ***linde*** ⟨genus Tilia⟩ ⇒⟨i.h.b.⟩ *Hollandse linde* ⟨T. europaea⟩;
II ⟨n.-telb.zn.⟩ **0.1** ***gebrande / ongebluste kalk*** *⇒calciumoxide* **0.2** ***vogellijm*** ⟨kleefstof⟩ ◆ **3.1** slaked ~ *gebluste kalk.*

lime[2] ⟨ov.ww.⟩ **0.1** ***kalken*** *⇒met kalk bemesten* ⟨bouwland⟩ **0.2** ***met vogellijm besmeren*** ⟨takken⟩ **0.3** ***met vogellijm vangen*** ⟨vogels⟩ **0.4** ***kalken*** *⇒chauleren, met kalkbrij / melk behandelen* ⟨huiden⟩.

lime·ade ['laɪ'meɪd]⟨telb. en n.-telb.zn.⟩ **0.1** ***citroenlimonade*** *⇒citronnade.*

'lime·burn·er ⟨telb.zn.⟩ **0.1** ***kalkbrander.***

'lime juice ⟨f1⟩⟨telb. en n.-telb.zn.⟩ **0.1** ***limoensap.***

lime-juicer →limey.

'lime·kiln ⟨telb.zn.⟩ **0.1** ***kalkoven.***

'lime·light ⟨f2⟩⟨telb. en n.-telb.zn.⟩ **0.1** ***kalklicht*** ◆ **3.1** ⟨fig.⟩ hold the ~ *de schijnwerpers op zich gericht houden* **6.1** ⟨fig.⟩ **in** the ~ *in de schijnwerpers / publiciteit.*

li·men ['laɪmən]⟨telb.zn.; ook limina ['lɪmɪnə]; →mv. 5⟩⟨biol., psych.⟩ **0.1** ***drempel*** *⇒(onderscheidings)drempel.*

'lime·pit ⟨telb.zn.⟩ **0.1** ***kalkkuil / kuip*** *⇒looikuip.*

lim·er·ick ['lɪmərɪk]⟨f1⟩⟨telb.zn.⟩ **0.1** ***limerick.***

li·mes ['laɪmi:z]⟨telb.zn.; limites ['lɪmɪti:z]; →mv. 5⟩⟨vnl. gesch.⟩ **0.1** ***limes*** *⇒grensversterking.*

'lime·stone ⟨f2⟩⟨n.-telb.zn.⟩ **0.1** ***kalksteen.***

'lime tree ⟨f1⟩⟨telb.zn.⟩ **0.1** ***lindeboom.***

'lime-twig ⟨telb.zn.⟩ **0.1** ***lijmstang / stok*** ⟨ook fig.⟩.

'lime·wash¹ ⟨n.-telb.zn.⟩ **0.1** ***witsel*** *⇒witkalk, pleister.*
limewash² ⟨ov.ww.⟩ **0.1** ***witten.***
'lime·wa·ter ⟨n.-telb.zn.⟩⟨schei.⟩ **0.1** ***kalkwater.***
'lime·wood ⟨n.-telb.zn.⟩ **0.1** ***lindehout*** *⇒linden.*
'lime·wort, 'limp·wort ⟨telb.zn.⟩⟨BE; plantk.⟩ **0.1** ***beekpunge*** ⟨Veronica beccabunga⟩.
lim·ey ['laɪmi], **lime-juic·er** ['laɪmdʒu:sə‖-ər]⟨telb.zn.⟩⟨AE; sl.⟩ **0.1** ***Brit*** *⇒Engelsman* **0.2** ***Engels matroos*** **0.3** ***Brit(s schip).***
lim·it¹ ['lɪmɪt]⟨f3⟩⟨telb.zn.⟩ **0.1** ***limiet*** ⟨ook wisk.⟩ *⇒(uiterste) grens, begrenzing, beperking* ◆ **2.1** lower ~ *ondergrens;* upper ~ *bovengrens* **3.1** ⟨AE⟩ go the ~ *tot het uiterste gaan;* ⟨sl.⟩ *het doen, neuken* **3.¶** ⟨inf.⟩ that's the frozen ~ *dat gaat alle perken te buiten* **6.1** ⟨AE; vnl. mil.⟩ **off** ~s **(to)** *verboden terrein (voor);* there's a ~ **to** my patience *er komt een eind aan mijn geduld;* **within** ~s *binnen bepaalde / redelijke grenzen, tot op zekere hoogte, onder (enig) voorbehoud;* **within** the city ~s *binnen de gemeente / stadsgrens;* **without** ~ *ongelimiteerd, onbegrensd* **7.1** ⟨inf.⟩ that's the ~ *dat gaat te ver, dat kan niet, dat is de limiet;* ⟨inf.⟩ you're the ~ *je bent onmogelijk / onuitstaanbaar.*
limit² ⟨f3⟩⟨ov.ww.⟩ →limited **0.1** ***begrenzen*** *⇒beperken, limiteren* ◆ **1.1** ~ing factors *beperkende factoren* **6.1** ~ **to** *beperken tot.*
lim·it·a·ble ['lɪmɪṭəbl]⟨bn.⟩ **0.1** ***begrensbaar*** *⇒limiteerbaar, beperkbaar.*
lim·i·tar·y ['lɪmɪtri‖-teri]⟨bn.⟩⟨vero.⟩ **0.1** ***begrenzend*** *⇒beperkend, omsluitend, grens-* **0.2** ***begrensd*** *⇒beperkt.*
lim·i·ta·tion [lɪmɪ'teɪʃn]⟨f3⟩⟨telb.en n.-telb.zn.⟩ **0.1** ***beperking*** *⇒begrenzing, grens, limiet;* ⟨jur.⟩ *verjaringstermijn* ◆ **1.1** statute of ~s *verjaringswet* **3.1** he has / knows his ~s *hij heeft / kent zijn beperkingen.*
lim·i·ta·tive ['lɪmɪtətɪv‖-teɪṭɪv]⟨bn.⟩ **0.1** ***limitatief*** *⇒beperkend.*
lim·it·ed ['lɪmɪṭɪd]⟨f3⟩⟨bn.; -ly; -ness; volt. deelw. v. limit⟩ **0.1** ***beperkt*** *⇒gelimiteerd, krap, eng* ◆ **1.1** ⟨druk.⟩ ~ edition *beperkte / gelimiteerde oplage;* ⟨ec.⟩ ~ liability *beperkte aansprakelijkheid* **1.¶** ⟨BE; ec.⟩ ~ (liability) company *naamloze vennootschap;* ⟨ec.⟩ Jones Limited *Jones N.V., de N.V. Jones;* ~ monarchy *constitutionele monarchie;* ⟨ec.⟩ ~ partnership *commanditaire vennootschap;* ⟨AE⟩ ~ train ⟨ong.⟩ *sneltrein, intercity.*
li·mites ⟨mv.⟩ →limes.
lim·it·less ['lɪmɪtləs]⟨bn.; -ly; -ness⟩ **0.1** ***onbegrensd*** *⇒ongelimiteerd, onbeperkt.*
'limit line ⟨telb.zn.⟩⟨AE⟩ **0.1** ***stopstreep*** ⟨i.h.b. bij zebrapad⟩.
'limit man ⟨telb.zn.⟩⟨vnl. BE; sport⟩ **0.1** ***deelnemer met de maximale voorgift.***
lim·i·trophe ['lɪmɪtrouf]⟨bn.⟩ **0.1** ***aangrenzend.***
limn [lɪm]⟨ov.ww.⟩⟨vero.⟩ **0.1** ***(af)schilderen*** *⇒uitbeelden* ⟨ook fig.⟩.
lim·ner ['lɪmnə‖-(n)ər]⟨telb.zn.⟩⟨vero.⟩ **0.1** ***verluchter*** *⇒miniaturist* **0.2** ***kunstschilder*** **0.3** ***schilderaar*** *⇒schilder, beschrijver.*
lim·nol·o·gy [lɪm'nɒlədʒi‖-'nɑ-]⟨n.-telb.zn.⟩⟨biol., geol.⟩ **0.1** ***limnologie*** *⇒zoetwaterbiologie / kunde.*
lim·o ['lɪmou]⟨f1⟩⟨telb.zn.⟩⟨verk.⟩ limousine ⟨inf.⟩ **0.1** ***limousine.***
lim·ou·sine ['lɪmə'zi:n]⟨f1⟩⟨telb.zn.⟩ **0.1** ***limousine*** **0.2** ⟨AE⟩ ***(hotel)busje*** *⇒bv. tussen luchthaven en hotel.*
limp¹ [lɪmp]⟨f1⟩⟨telb.zn.; g.mv.⟩ **0.1** ***kreupele / slepende gang*** *⇒mankheid* ◆ **3.1** he walks with a ~ *hij trekt met zijn been, hij hinkt.*
limp² ⟨f2⟩⟨bn.; -ly; -ness⟩ **0.1** ***(ver)slap(t)*** *⇒week, zwak, krachteloos, verwelkt* **0.2** ⟨sl.⟩ ***lam*** *⇒teut, bezopen* **0.3** ***met zachte kaft*** ⟨v. boek⟩ ◆ **1.1** ~ building *slappe kaft* **1.¶** ⟨sl.⟩ ~ sock *boerelul, spelbederver;* ⟨sl.⟩ ~ wrist *mietje, homo.*
limp³ ⟨f2⟩⟨onov.ww.⟩ **0.1** ***trekkebenen*** *⇒mank lopen, hinken, slecht ter been zijn, strompelen* **0.2** ***haperen*** *⇒horten.*
lim·pet ['lɪmpɪt]⟨telb.zn.⟩ **0.1** ⟨dierk.⟩ ***zeeslak*** *⇒nap(jes)slak, patella;* ⟨i.h.b.⟩ *schaalhoren* ⟨Patella vulgata⟩ **0.2** ***klever*** *⇒klis, klit* **0.3** ⟨mil.⟩ ***kleefmijn*** ◆ **3.¶** hold on / hang on / cling like a ~ (to) *zich vastgrijpen / vastklampen (aan), zich met handen en voeten vasthouden (aan), zich vastbijten (in).*
'limpet mine ⟨telb.zn.⟩⟨mil.⟩ **0.1** ***kleefmijn.***
lim·pid ['lɪmpɪd]⟨bn.; -ly; -ness⟩⟨schr.⟩ **0.1** ***(glas / kristal)helder*** *⇒doorschijnend, klaar, onvertroebeld.*
lim·pid·i·ty [lɪm'pɪdəṭi]⟨n.-telb.zn.⟩ **0.1** ***helderheid*** *⇒klaarheid.*
limp·kin ['lɪmpkɪn]⟨telb.zn.⟩⟨dierk.⟩ **0.1** ***koerlan*** ⟨vogel; Aramus guarauna⟩.
limpwort →limewort.
lim·y ['laɪmi]⟨bn.; -er; →compar. 7⟩ **0.1** ***kalkachtig*** *⇒met kalk bedekt, kalkhoudend, verkalkt* **0.2** ***citroenachtig*** *⇒zurig.*
lin·ac ['lɪnæk]⟨telb.zn.⟩ **0.1** ***linac*** *⇒lineaire (deeltjes)versneller.*
linage →lin(e)age.
linch·pin ['lɪntʃpɪn]⟨telb.zn.⟩ **0.1** ***splitpen*** *⇒luns* **0.2** ***spil*** ⟨fig.⟩ *⇒hoeksteen, bindmiddel.*
Lin·coln green ['lɪŋkən 'gri:n]⟨n.-telb.zn.⟩ **0.1** ***Lincoln green*** *⇒groen laken.*
lin·crus·ta [lɪn'krʌstə]⟨n.-telb.zn.; oorspr. handelsmerk⟩ **0.1** ***lincrusta*** *⇒linoleumbehang.*
Lincs [lɪŋks]⟨afk.⟩ Lincolnshire.
linc·tus ['lɪŋktəs]⟨telb.en n.-telb.zn.⟩ **0.1** ***hoestsiroop.***
lin·dane ['lɪndeɪn]⟨n.-telb.zn.⟩ **0.1** ***lindaan*** ⟨insekticide⟩ *⇒gammexaan.*
lin·den ['lɪndən]⟨f1⟩⟨telb.zn.⟩ **0.1** ***linde.***
line¹ [laɪn]⟨f4⟩⟨zn.⟩⟨→sprw. 539⟩
I ⟨telb.zn.⟩ **0.1** ⟨ben. voor⟩ ***draadachtig voorwerp*** *⇒lijn, snoer, koord, touw; droog / kleren / waslijn; telefoon / telegraaflijn,* ⟨bij uitbr.⟩ *(telefoon)verbinding; vislijn / snoer, hengelsnoer; meetlijn / lint, waterpaslijn, richtlijn / snoer* **0.2** ⟨ben. voor⟩ ***smalle streep*** *⇒lijn* ⟨ook sport, wisk.⟩*, streep; beeldlijn* ⟨v. televisie⟩*; spectraallijn; rimpel, groef, handlijn; linie; grens / scheidslijn, limiet; finishlijn, streep; omtrek, beloop, contour* **0.3** ⟨ben. voor⟩ ***rij personen / voorwerpen (naast / achter elkaar)*** *⇒rij; tentenrij;* ⟨mil.⟩ *linie, gelid, stelling, slagorde, formatie;* ⟨sport⟩ *(scrimmage-)lijn;* ⟨druk.⟩ *regel; poëzieregel* **0.4** ⟨inf.⟩ ***kort briefje*** *⇒krabbeltje, kattebelletje, regeltje (of wat)* **0.5** ***(beleids / gedrags)lijn*** *⇒gevolgde / te volgen procedure;* ⟨dammen⟩ *reeks zetten* **0.6** ***koers*** *⇒route, weg* ⟨ook fig.⟩ **0.7** ***lijndienst*** ⇒⟨bij uitbr.⟩ *maatschappij die lijndienst onderhoudt, lijnvaart / luchtvaartmaatschappij* **0.8** ***familielijn*** *⇒linie, tak* **0.9** ***spoorweglijn*** *⇒spoor* **0.10** ***lijn*** ⟨2,12 mm; →t1⟩ **0.11** ***terrein*** ⟨fig.⟩ *⇒vlak, branche, (interesse)gebied* **0.12** ***assortiment*** *⇒collectie, soort artikel* **0.13** ⟨sl.⟩ ***toer*** *⇒babbel, verhaal* **0.14** ⟨sl.; jazz⟩ ***korte improvisatie*** ◆ **1.2** ~ of beauty *schoonheidslijn, slangelijn, lijn v. Hogarth;* ~ of fire *vuurlijn / linie;* ⟨nat.⟩ ~ of force *krachtlijn, veldlijn;* ~ of fortune *lotslijn* ⟨in hand⟩; ~ of life *levenslijn* ⟨in hand⟩; ~ of sight / vision *gezichtslijn* **1.3** ⟨mil., scheep.⟩ ~ of battle *gevechtsformatie;* ⟨gesch., mil., scheep.⟩ ship of the ~ *linieschip* **1.5** in the ~ of duty *plichtshalve;* ~ of thought *ziens / denkwijze, denktrant* **1.6** ~ of command *hiërarchische structuur;* ~ of march *marslijn / linie / route* **1.11** banking is his ~ *hij zit in het bankwezen* **1.¶** be (in) one's ~ of country *iemands afdeling zijn, geschikt zijn voor iem.* **2.1** the ~ is bad *de verbinding is slecht* **2.5** the hard ~ *de harde lijn* **3.1** cast a ~ *een lijntje uitwerpen* ⟨vissen⟩; crossed ~s *verkeerde verbinding* ⟨met derde abonnee er doorheen⟩; ⟨BE⟩ ~ engaged *het toestel is in gesprek, de lijn is bezet;* hold the ~, please *blijft u even aan de lijn?* **3.2** we must draw the ~ somewhere *we moeten ergens een grens trekken, we kunnen niet alles over onze kant laten gaan;* I don't mind rain, but I draw the ~ at snow *regen vind ik niet erg, maar sneeuw, dat gaat me te ver* **3.3** ascending ~ *opgaande linie;* bring into ~ *tot de orde roepen, op één lijn brengen;* come / fall into ~ *op één lijn gaan zitten, zich conformeren, zich schikken, meedoen, instemmen;* form into ~ *aantreden; in bataille komen;* hold the ~ *standhouden, de gelederen niet verbreken, voet bij stuk houden;* read between the ~s *tussen de regels door lezen;* stand in ~ *in de rij gaan staan, een rij vormen;* stand on ~ *in de rij staan (wachten)* **3.4** drop s.o. a ~ *iem. een briefje schrijven / sturen* **3.5** keep to one's ~ *zijn eigen gang / weg gaan* **3.13** shoot a ~ *een verhaal ophangen, opscheppen* **3.¶** you have got your ~s crossed *er is een misverstand gerezen tussen jullie;* get a ~ on *inlichtingen inwinnen over, uitpeilen;* give a ~ on *informatie geven over;* ⟨sl.⟩ go down the ~ *tweede keus nemen;* (paintings) hung on the ~ *op ooghoogte opgehangen (schilderijen);* keep in ~ *zich gedragen zoals het hoort;* keep s.o. in ~ *iem. in de hand houden;* lay / put it on the ~ *betalen; openhartig spreken, de feiten op tafel leggen;* paid on the ~ *ter plekke betaald, betaald bij aankoop;* put sth. on the ~ *iets op het spel zetten, iets in het geding brengen;* sign on the dotted ~ *(een contract) ondertekenen;* ⟨inf.⟩ *het er mee eens zijn, niet tegenstribbelen; in het huwelijksbootje stappen;* toe the ~ *in het gareel / in de pas blijven;* ⟨i.h.b.⟩ *de partijlijn volgen* **5.3** ⟨mil., scheep.⟩ ~ **abreast** *frontlinie, linie in den brede;* ⟨mil., scheep.⟩ ~ **ahead / astern** *kiellinie* **6.1 below** the ~ *onder de lijn* **6.2** ⟨robberbridge⟩ **above** the ~ *boven de streep;* **in** ~ **with** *een rechte lijn vormend met, lineair geschakeld / verbonden met, in het verlengde van;* ⟨fig.⟩ *in overeenstemming met, overeenkomstig;* **on** the ~ *op de grens / overgang, tussenin* **6.3** all **along / down** the ~, right **down** the ~ *over de (ge)hele linie* ⟨ook fig.⟩; *van begin tot eind, in elk stadium;* go **up** the ~ *naar het front gaan* **6.11** is **in / out of** one's ~ *ligt / ligt niet op iemands terrein, valt binnen / buiten iemands interessesfeer* **6.¶** be **in** ~ **for** *aan de beurt zijn om, kandidaat / kanshebber zijn voor, een goede kans maken op;* ⟨inf.⟩ **in (to)** ~ *overeenkomstig de verwachtingen, niet afwijkend;* ⟨inf.⟩ **off** ~ *niet functionerend / aan het werk;* **on** ~ *aan het werk, functionerend;* bring a powerstation **on** ~ *een krachtcentrale operationeel maken;* **out of** ~ *uit de maat / de pas, afwijkend, niet in overeenstemming, zijn boekje te buiten gaand, niet comme il faut, over de schreef* **7.2** the Line *de linie, de evenaar* **7.13** he's got some ~ *hij heeft een goeie babbel* **7.¶** the ~ *het geregelde leger*

⟨zonder speciale of hulptroepen⟩; *de linietroepen;*
II ⟨n.-telb.zn.⟩ **0.1** ***(hoeveelheid/stuk) lijn*** **0.2** ***lint*** ⇒*lont, band* ⟨gehekeld vlas⟩ **0.3** ⟨beeld.k.⟩ ***gebruik van lijnen*** ⇒*belijning* ◆ **1.3** ~ and colour *lijnen en kleur* **3.1** ⟨fig.⟩ give s.o. ~ enough *iem. nog wat speelruimte geven/nog wat laten spartelen, de strop nog niet aanhalen;*
III ⟨mv.; ~s⟩ **0.1** ⟨dram.⟩ ***tekst*** ⇒*rol* **0.2** ⟨BE⟩ ***(straf)regels*** ⇒*strafwerk* **0.3** ***gedicht*** ⇒*vers* **0.4** ⟨BE⟩ ***trouwakte*** **0.5** ⟨scheep.⟩ ***lijnentekening*** **0.6** ***methode*** ⇒*aanpak* **0.7** ⟨AE⟩ ***lijnen*** ⇒*leidsels, teugels* **0.8** ⟨bijb.⟩ ***(meet)snoeren*** ⇒*(toebedeeld) levenslot* ◆ **2.1** sure of one's ~s *rolvast* **3.8** my ~s have fallen in pleasant places *de snoeren zijn mij in lieflijke plaatsen gevallen* ⟨=ik heb geboft in het leven⟩ **6.3** ~s **on** the death/marriage of *bij de dood/het huwelijk van* ⟨boven gelegenheidsgedicht⟩; ~s **to** my wife on occasion of... *voor mijn vrouw ter gelegenheid van...* ⟨boven gelegenheidsgedicht⟩ **6.6** I'll proceed **along/on** the ~s laid down by my predecessor *ik zal voortgaan op de door mijn voorganger uitgestippelde/uitgezette weg/koers;* do sth. **along/on** the wrong ~s *iets verkeerd aanpakken.*

line[2] ⟨f3⟩ ⟨ww.⟩ →lining
I ⟨onov.ww.⟩ →line up;
II ⟨ov.ww.⟩ **0.1** ***liniëren*** ⇒*(be)lijnen, strepen* **0.2** ***rimpelen*** ⇒*rimpels maken in, tekenen, groeven* **0.3** ***flankeren*** ⇒*staan/zich opstellen langs, (be)zomen* **0.4** ***voeren*** ⇒*een voering aanbrengen in, (van binnen) bekleden* **0.5** ***vullen*** **0.6** ***rijden (op)*** ⇒*bespringen, dekken* ⟨v. hond(achtigen)⟩ ◆ **1.1** ~d paper *gelinieerd papier, lijntjespapier* **1.5** ~ one's nest/pocket(s)/purse *zijn zakken vullen, zijn beurs spekken* **4.¶** ⟨honkbal⟩ ~ one *een strakke bal slaan* **5.¶** →line **up** **6.3** a road ~d **with** trees *een weg met (rijen) bomen erlangs* **6.4** ~d **with** fur *met bont gevoerd.*

lin(e)·age ['laɪnɪdʒ] ⟨telb. en n.-telb.zn.⟩ **0.1** ***regeltal*** ⇒*aantal regels* **0.2** ***betaling per regel.***

lin·e·age ['lɪnɪɪdʒ] ⟨f1⟩ ⟨zn.⟩
I ⟨telb.zn.⟩ **0.1** ***geslacht*** ⇒*nageslacht, nakomelingschap;*
II ⟨n.-telb.zn.⟩ **0.1** ***afkomst*** ⇒*afstamming, komaf, origine.*

lin·e·al ['lɪnɪəl] ⟨bn.; -ly⟩ **0.1** ***in rechte lijn (afstammend)*** ⇒*rechtstreeks;* ⟨i.h.b.⟩ *van vader op zoon* **0.2** →linear.

lin·e·a·ment ['lɪnɪəmənt] ⟨telb.zn.; vnl. mv.⟩ ⟨schr.⟩ **0.1** ***(gelaats)trek*** ⇒*lineament* **0.2** ***kenmerk/teken.***

lin·e·ar ['lɪnɪə‖-ər] ⟨f2⟩ ⟨bn.⟩ **0.1** ***lineair*** ⇒*recht(lijnig), lijnvormig, lijn-* **0.2** ***lineair*** ⇒*in de lengterichting, lengte-* **0.3** ⟨nat., wisk.⟩ ***lineair*** **0.4** ⟨beeld.k.⟩ ***lineair*** ⇒*strak* ◆ **1.2** ~ measure *lengtemaat* **1.3** ~ accelerator *lineaire versneller;* ~ equation *lineaire vergelijking, vergelijking v.d. eerste graad;* ~ metre *strekkende meter;* ~ momentum *(lineaire) impuls;* ~ (induction) motor *lineaire (inductie)motor* **1.4** ~ perspective *lineair perspectief, lijnperspectief* **1.¶** Linear A/B *Lineair A/B* ⟨oude Kretensische schriften⟩; ~ pottery *bandkeramiek.*

lin·e·ate ['lɪnieɪt‖-ət], **lin·e·at·ed** ['lɪnieɪṭɨd] ⟨bn.⟩ **0.1** ***gestreept*** ⇒*gelijnd, gelinieerd.*

lin·e·a·tion ['lɪni'eɪʃn] ⟨zn.⟩
I ⟨telb.zn.⟩ **0.1** ***regelindeling/val*** **0.2** ***omtrek*** ⇒*contour(tekening);*
II ⟨n.-telb.zn.⟩ **0.1** ***liniëring*** ⇒*het trekken/zetten van strepen, belijning.*

line·back·er ['laɪnbækə‖-ər] ⟨telb.zn.⟩ ⟨Am. voetbal⟩ **0.1** ***linebacker*** ⇒*lijnverdediger, vleugelverdediger die rugdekking geeft.*

'line block, 'line cut ⟨telb.zn.⟩ ⟨druk.⟩ **0.1** ***lijncliché.***

'line change ⟨telb.zn.⟩ ⟨ijshockey⟩ **0.1** ***wisseling (v.d. voorhoede).***

'line drawing ⟨f1⟩ ⟨telb.zn.⟩ **0.1** ***lijntekening*** ⇒*pen/potloodtekening.*

'line drive ⟨telb.zn.⟩ ⟨sport⟩ **0.1** ***strakke bal*** ⇒*streep, strak geslagen bal.*

'line engraving ⟨telb. en n.-telb.zn.⟩ **0.1** ***lijngravure.***

'line feed ⟨telb.zn.⟩ ⟨comp.⟩ **0.1** ***regelopschuiving.***

'line-fill·ing ⟨telb. en n.-telb.zn.⟩ **0.1** ***regel(op)vulling/vulsel.***

'line-fish·ing ⟨n.-telb.zn.⟩ **0.1** ***lijn(- en haak)visserij*** ⇒*het hengelen.*

'line function, 'line job ⟨telb.zn.⟩ **0.1** ***lijnfunctie.***

'line guide ⟨telb.zn.⟩ ⟨hengelsport⟩ **0.1** ***snoergeleider.***

'line honours ⟨mv.⟩ ⟨sport, vnl. zeilen⟩ ◆ **3.¶** take ~ *als eerste over de finish lijn gaan.*

'line judge ⟨f1⟩ ⟨telb.zn.⟩ ⟨tennis, Am. voetbal⟩ **0.1** ***lijnrechter.***

line·man ['laɪnmən] ⟨telb.zn.; linemen [-mən]; →mv. 3⟩ **0.1** ***lijnwachter*** ⇒*onderhoudsmonteur voor telefoon/telegraaflijnen* **0.2** ⟨Am. voetbal⟩ ***speler in (scrimmage-)lijn*** ⇒⟨i.h.b.⟩ *aanvaller* **0.3** ***lijnwerker*** **0.4** ***kettingdrager*** ⟨bij het landmeten⟩.

'line manager ⟨telb.zn.⟩ **0.1** ***produktiechef.***

lin·en ['lɪnɪn] ⟨f3⟩ ⟨n.-telb.zn.⟩ **0.1** ⟨ook attr.⟩ ***linnen*** ⇒*lijnwaad* **0.2** ***vlasdraad*** **0.3** ***linnengoed*** ⇒⟨i.h.b.⟩ *ondergoed, tafellinnen, beddegoed* **0.4** ***linnenpapier*** ◆ **3.¶** shoot one's ~ *zijn manchetten goed laten zien.*

'linen basket ⟨f1⟩ ⟨telb.zn.⟩ ⟨vnl. BE⟩ **0.1** ***wasmand.***

'lin·en-drap·er ⟨telb.zn.⟩ ⟨BE⟩ **0.1** ***manufacturier.***

'lin·en·fold ⟨telb.zn.⟩ **0.1** ***briefpaneel.***

'linen press ⟨telb.zn.⟩ **0.1** ***linnenkast.***

'line-of-'bat·tle ship ⟨telb.zn.⟩ ⟨gesch., mil., scheep.⟩ **0.1** ***linieschip.***

'line-out ⟨telb.zn.⟩ ⟨rugby⟩ **0.1** ***line-out*** ⟨opstelling v. spelers bij inworp⟩.

'line printer ⟨telb.zn.⟩ ⟨comp.⟩ **0.1** ***regeldrukker.***

lin·er ['laɪnə‖-ər] ⟨f2⟩ ⟨zn.⟩
I ⟨telb.zn.⟩ **0.1** ***lijnboot/schip/vaartuig*** **0.2** ***lijntoestel/vliegtuig*** **0.3** ***goederentrein*** ⟨op vaste lijn⟩ **0.4** ***voering*** **0.5** ***lijn(en)/strepentrekker*** **0.6** ⟨inf.⟩ ***broodschrijver;***
II ⟨telb. en n.-telb.zn.⟩ **0.1** ***(eye-)liner.***

'line ring ⟨telb.zn.⟩ ⟨hengelsport⟩ **0.1** ***(geleide-)oog*** ⟨aan hengel⟩.

'liner train ⟨telb.zn.⟩ **0.1** ***goederentrein*** ⟨op vaste lijn⟩.

'line·shoot·er ⟨telb.zn.⟩ ⟨sl.⟩ **0.1** ***toerenbouwer*** ⇒*patser, opschepper.*

lines·man ['laɪnzmən] ⟨f1⟩ ⟨telb.zn.; linesmen [-mən]; →mv. 3⟩ **0.1** ⟨sport⟩ ***grensrechter*** **0.2** ⟨sport⟩ ***lijnrechter*** **0.3** ⟨BE⟩ ***liniesoldaat*** ⇒*soldaat v.e. linieregiment* **0.4** ⟨BE⟩ ***lijninspecteur/opzichter*** **0.5** ***lijnwerker.***

'line spectrum ⟨telb.zn.⟩ **0.1** ***lijnenspectrum.***

'line squall ⟨telb. en n.-telb.zn.⟩ **0.1** ***vlaag/beroering aan koudefront.***

'lines·wom·an ⟨telb.zn.⟩ ⟨tennis⟩ **0.1** ***(vrouwelijke) lijnrechter.***

'line-throw·ing gun ⟨telb.zn.⟩ **0.1** ***lijnkanon*** ⇒*lijngeweer, lijnwerper/werptoestel.*

'line umpire ⟨telb.zn.⟩ ⟨BE; tennis⟩ **0.1** ***lijnrechter.***

'line 'up ⟨f1⟩ ⟨ww.⟩
I ⟨onov.ww.⟩ **0.1** ***in de/een rij gaan staan*** ⇒*zich opstellen in (een) rij(en), achter/naast elkaar gaan staan, (een) rij(en) vormen, aantreden* ◆ **6.1** ⟨inf.; fig.⟩ ~ **alongside/with** *zich opstellen naast, zich aansluiten bij, een lijn trekken met, partij trekken voor;* ⟨inf.; fig.⟩ ~ **behind** *zich opstellen/scharen achter, pal staan achter, steunen;*
II ⟨ov.ww.⟩ **0.1** ***opstellen in (een) rij(en)*** ⇒*naast/achter elkaar opstellen, laten aantreden* **0.2** ***op een rij zetten*** ⇒*bij elkaar brengen/zetten, samenbrengen* ◆ **6.1** line prisoners up **against** the wall *gevangenen tegen de muur zetten.*

'line-up ⟨f1⟩ ⟨telb.zn.; vnl. enk.⟩ **0.1** ***opstelling*** ⟨ook sport⟩ ⇒*rangschikking, groep(ering)* **0.2** ***programma*** **0.3** ***opeenvolging*** ⇒*lijst* **0.4** ⟨honkbal⟩ ***slagvolgorde*** ◆ **1.1** there are 11 competitors in the ~ today *er komen vandaag 11 deelnemers aan de start* **¶.1** he easily picked the suspect out of the ~ *bij de confrontatie haalde hij de verdachte er zo uit.*

'line work ⟨n.-telb.zn.⟩ **0.1** ***lijn(en)werk.***

ling [lɪŋ] ⟨telb. en n.-telb.zn.⟩ **0.1** ⟨dierk.⟩ ***leng*** ⟨consumptievis; Molva molva⟩ **0.2** ***heide*** ⇒⟨i.h.b.⟩ *struikheide* ⟨Calluna vulgaris⟩.

-ling [lɪŋ] **0.1** ⟨vormt →verkleinwoord, vaak met pej. bet.⟩ ⟨ong.⟩ ***-je*** **0.2** ⟨vormt concrete zelfstandige naamwoorden⟩ ◆ **¶.1** duckling *eendje;* princeling *koninkje* **¶.2** hireling *huurling;* sapling *jonge boom;* starveling *hongerlijder.*

lin·gam ['lɪŋgəm], **lin·ga** ['lɪŋgə] ⟨telb.zn.⟩ **0.1** ***linga(m)*** ⟨fallisch symbool v.d. Indische god Sjiva⟩.

lin·ger ['lɪŋgə‖-ər] ⟨f3⟩ ⟨ww.⟩ →lingering
I ⟨onov.ww.⟩ **0.1** ***treuzelen*** ⇒*talmen, dralen, blijven hangen* **0.2** ***op sterven liggen*** ⇒*kwijnen, zieltogen* **0.3** ***(zwakjes) voortleven*** ⇒*een kwijnend bestaan lijden, zich voortslepen* **0.4** ***voortduren*** ⇒*doorzeuren* ◆ **5.3** the memory ~s **on** *de herinnering leeft voort* **5.4** the pain ~s **on** *de pijn zeurt maar door* **6.1** ~ **over** details *lang stilstaan bij details;*
II ⟨ov.ww.⟩ **0.1** ***rekken*** ⇒*kwijnend doorbrengen* **0.2** ***verdoen*** ⇒*verbeuzelen* ⟨tijd⟩ ◆ **5.1** she ~ed **out** a few more days *haar bestaan sleepte zich nog enkele dagen voort.*

lin·ger·er ['lɪŋgərə‖-ər] ⟨telb.zn.⟩ **0.1** ***treuzel(aar)*** ⇒*talmer.*

lin·ge·rie ['lɒnʒəri:, 'læn-‖'lɑnʒə'reɪ] ⟨f1⟩ ⟨n.-telb.zn.⟩ **0.1** ***lingerie*** ⇒*damesondergoed.*

lin·ger·ing ['lɪŋgərɪŋ] ⟨f1⟩ ⟨bn.; teg. deelw. v. linger; -ly⟩ **0.1** ***blijvend*** ⇒*aanhoudend, (lang)gerekt, langzaam* **0.2** ***slepend*** ⟨v. ziekte⟩ ⇒*kwijnend.*

lin·go ['lɪŋgoʊ] ⟨f1⟩ ⟨telb.zn.; -es; →mv. 2⟩ ⟨inf.; pej., scherts.⟩ **0.1** ***taal(tje)*** ⇒*koeterwaals, (vak)jargon, groepstaal, lingo.*

lin·gua fran·ca ['lɪŋgwə 'fræŋkə] ⟨telb.zn.; ook L- F-⟩ **0.1** ***lingua franca*** ⟨ook fig.⟩ ⇒*mengtaal, gemeenschappelijke taal.*

lin·gual[1] ['lɪŋgwəl] ⟨telb.zn.⟩ ⟨taalk.⟩ **0.1** ***tongklank.***

lingual[2] ⟨bn.⟩ **0.1** ***mbt. de tong*** ⇒*tongachtig/vormig, tong-, linguaal* **0.2** ⟨taalk.⟩ ***linguaal*** ⇒*tong-* **0.3** ***talig*** ⇒*taalkundig.*

lin·gual·ize ['lɪŋgwəlaɪz] ⟨ov.ww.⟩ **0.1** ***lingualiseren*** ⇒*tot tongklank/tongletter vormen.*

lin·gui·form ['lɪŋgwɪfɔ:m‖-fɔrm] ⟨bn.⟩ **0.1** ***tongvormig.***

lin·gui·ne, lin·gui·ni [lɪŋ'gwi:ni]⟨n.-telb.zn.⟩⟨cul.⟩ **0.1 *linguini*** ⟨soort platte spaghetti⟩.

lin·guist ['lɪŋgwɪst]⟨f2⟩⟨telb.zn.⟩ **0.1 *talenkenner*** ⇒*kenner/spreker v. vreemde talen, polyglot* **0.2 *taalkundige*** ⇒*linguïst* ◆ **2.1** he's a good ~ *hij is goed in taal/spreekt zijn talen (vloeiend).*

lin·guis·tic [lɪŋ'gwɪstɪk]⟨f2⟩⟨bn.; -ally; →bijw. 3⟩ **0.1 *taalkundig*** ⇒*linguïstisch, talig, taal-* ◆ **1.1** ~ change *taalverandering;* ~ form *taalvorm;* ~ stock *taalfamilie;* ~ universals *taaluniversalia* ⟨algemene eigenschappen v. natuurlijke talen⟩.

lin·guis·ti·cian ['lɪŋgwɪ'stɪʃn]⟨telb.zn.⟩ **0.1 *taalkundige*** ⇒*linguïst.*

lin·guis·tics [lɪŋ'gwɪstɪks]⟨f2⟩⟨n.-telb.zn.⟩ **0.1 *taalkunde*** ⇒*linguïstiek, taalwetenschap* ◆ **3.1** applied ~ *toegepaste taalkunde.*

lin·gu·late ['lɪŋgjʊlət‖-gjəleɪt]⟨bn.⟩ **0.1 *tongvormig.***

lin·hay ['lɪni]⟨telb.zn.⟩⟨BE; gew.⟩ **0.1 *boet*** ⇒*schuurtje, afdak.*

lin·i·ment ['lɪnɪmənt]⟨f1⟩⟨telb. en n.-telb.zn.⟩ **0.1 *(massage-)olie*** ⇒*smeersel, liniment.*

lin·ing ['laɪnɪŋ]⟨f2⟩⟨telb. en n.-telb.zn.; oorspr. teg. deelw. v. line⟩ ⟨→sprw. 151⟩ **0.1 *voering(stof)*** ⇒*(binnen)bekleding, binnenwerk.*

link[1] [lɪŋk]⟨f3⟩⟨zn.⟩⟨→sprw. 634⟩

I ⟨telb.zn.⟩ **0.1 *schakel*** ⟨ook fig.⟩ ⇒*schalm, verbinding, verbindingsstuk/persoon, (ver)band* **0.2 *link*** ⟨0,201 m; →t1⟩ **0.3** ⟨vnl. mv.⟩ ***manchetknoop*** **0.4** ⟨gesch.⟩ ***flambouw*** ⇒*(pek)toorts, (licht) fakkel* **0.5** ⟨BE⟩ ***presentator*** **0.6** ⟨sport⟩ ***schakelspeler*** ⇒*middenvelder* ◆ **3.1** missing ~ *ontbrekende schakel, laatste stukje v.d. puzzel;*

II ⟨mv.; ~s⟩ **0.1** ⟨ww. ook enk.⟩⟨sport⟩ ***(golf)links*** ⇒*golfbaan* **0.2** ⟨vnl. Sch. E⟩⟨ong.⟩ ***geestgronden*** ⇒*zanderig grasland bij de kust.*

link[2] ⟨f3⟩⟨ww.⟩

I ⟨onov.ww.⟩ **0.1 *een verbinding vormen*** ⇒*zich verbinden, samenkomen* ◆ **5.1** ~ **up** *zich aaneensluiten;* ~ **up** with *zich aansluiten bij;*

II ⟨ov.ww.⟩ **0.1 *verbinden*** ⇒*aaneenschakelen, koppelen, verenigen, combineren* ◆ **1.1** ~ hands *de handen ineenslaan, de krachten bundelen;* ~ing verb *koppelwerkwoord* **5.1** the two events weren't ~ed **together** *de twee gebeurtenissen hielden geen verband met elkaar* **6.1** ~ s.o. **with** *iem. koppelen aan; iem. in verband brengen met.*

link·age ⟨f1⟩⟨telb. en n.-telb.zn.⟩ **0.1 *aaneenschakeling*** ⇒*(ver)binding, koppeling;* ⟨pol.⟩ *linkage, verweving, verstrengeling.*

'link·boy ⟨telb.zn.⟩⟨gesch.⟩ **0.1 *fakkeldrager.***

link·man ['lɪŋkmæn⟨in bet. 0.2⟩-mən]⟨telb.zn.; linkmen; →mv. 3⟩ **0.1** ⟨BE⟩ ***presentator*** **0.2** ⟨gesch.⟩ ***fakkeldrager*** **0.3** ⟨BE; sport⟩ ***middenvelder*** **0.4** ⟨BE⟩ ***bemiddelaar*** ⇒*tussenpersoon.*

links·man ['lɪŋksmən]⟨telb.zn.; linksmen [-mən]; →mv. 3⟩⟨sl.; golf⟩ **0.1 *golfer.***

'link-up ⟨telb. en n.-telb.zn.⟩ **0.1 *verbinding*** ⇒*aansluiting, koppeling.*

linn [lɪn]⟨telb.zn.⟩⟨vnl. Sch. E⟩ **0.1 *waterval*** **0.2 *kloof*** ⇒*ravijn, afgrond.*

lin·net ['lɪnɪt]⟨telb.zn.⟩⟨dierk.⟩ **0.1 *kneu*** ⟨vogeltje; Carduelis cannabina⟩.

li·no ['laɪnoʊ]⟨f1⟩⟨n.-telb.zn.⟩⟨verk.⟩ linoleum ⟨inf.⟩ **0.1 *linoleum.***

li·no·cut ['laɪnoʊkʌt]⟨telb. en n.-telb.zn.⟩⟨beeld. k.⟩ **0.1 *linosnede*** ⇒*linoleumsnede, linogravure.*

li·no·le·um [lɪ'noʊlɪəm]⟨f2⟩⟨n.-telb.zn.⟩ **0.1 *linoleum.***

li'noleum block print ⟨telb.zn.⟩ **0.1 *linoleumdruk.***

li·no·le·umed [lɪ'noʊlɪəmd]⟨bn.⟩ **0.1 *met linoleum bedekt/bekleed.***

li·no·type ['laɪnoʊtaɪp]⟨telb.zn.; ook L-⟩⟨boek.; handelsmerk⟩ **0.1 *linotype*** ⇒*regelzetmachine.*

lin·sang ['lɪŋsæŋ]⟨telb.zn.⟩⟨dierk.⟩ **0.1 *linsang*** ⟨civetkat; genera Poiana en Prionodon⟩.

lin·seed ['lɪnsi:d]⟨n.-telb.zn.⟩ **0.1 *lijnzaad*** ⇒*vlaszaad.*

'linseed cake ⟨telb. en n.-telb.zn.⟩ **0.1 *lijn(zaad)koek.***

'linseed meal ⟨n.-telb.zn.⟩ **0.1 *lijnzaadmeel.***

'linseed 'oil ⟨n.-telb.zn.⟩ **0.1 *lijn(zaad)olie.***

lin·sey-wool·sey ['lɪnzi'wʊlzi]⟨n.-telb.zn.⟩ **0.1 *tieretein.***

lin·stock ['lɪnstɒk‖-stɑk]⟨telb.zn.⟩⟨gesch.⟩ **0.1 *lontstok.***

lint [lɪnt]⟨f1⟩⟨n.-telb.zn.⟩ **0.1 *(Engels) pluksel*** ⟨als verbandmiddel⟩ ⇒*linament(um).*

lin·tel ['lɪntl]⟨telb.zn.⟩⟨bouwk.⟩ **0.1 *latei(balk).***

lint·er ['lɪntə‖'lɪntər]⟨zn.⟩⟨AE⟩

I ⟨telb.zn.⟩ **0.1 *linter*** ⇒*pluisscheidingsmachine;*

II ⟨n.-telb.zn.⟩ **0.1 *linters*** ⟨korte katoenvezels⟩.

'lint·white[1] ⟨telb.zn.⟩⟨schr.⟩ **0.1 *kneu*** ⟨vogeltje⟩.

lintwhite[2] ⟨bn.⟩ **0.1 *vlasblond*** ⇒*vlaskleurig.*

lin·y, lin·ey ['laɪni]⟨bn.⟩ **0.1 *lijnachtig*** ⇒*lijnvormig* **0.2 *gelijnd*** ⇒*vol lijnen, strepig, rimpelig, getekend.*

li·on ['laɪən]⟨f3⟩⟨zn.⟩⟨→sprw. 52, 315, 402⟩

I ⟨eig.n.; L-; the⟩⟨astr., ster.⟩ **0.1 *(de) Leeuw*** ⇒*Leo;*

II ⟨telb.zn.⟩ **0.1 *leeuw*** ⟨ook fig., v. pers.⟩ **0.2** ⟨astr.⟩ ***leeuw*** ⟨iem. geboren onder I⟩ **0.3 *coryfee*** ⇒*idool, gevierd kunstenaar, held v.d. dag* **0.4 *leeuw*** ⟨als symbool v. Groot-Brittannië⟩ ◆ **1.1** ⟨fig.⟩ beard the ~ in his den *zich in het hol v.d. leeuw wagen;* ⟨fig.⟩ the ~'s mouth *de muil/het hol v.d. leeuw, hachelijke positie;* ⟨bijb.; fig.⟩ ~ in the way/path *leeuwen en beren, spoken, gevaar* ⟨overdreven of verzonnen gevaar als excuus voor besluiteloosheid⟩; ⟨bijb.; fig.⟩ see a ~ in the way/path *leeuwen op de weg zien* **1.4** ⟨fig.⟩ twist the ~'s tail *de (Britse) leeuw aan zijn staart trekken/tergen* ⟨de Britten tarten⟩; ~ and unicorn *leeuw en eenhoorn* ⟨dragers v.h. Britse wapen⟩ **2.4** the British Lion *de Britse leeuw* **3.¶** throw to the ~s *voor de wolven gooien, opofferen;*

III ⟨mv.; ~s⟩ **0.1 *bezienswaardigheden.***

li·on·ess ['laɪənɪs]⟨f1⟩⟨telb.zn.⟩ **0.1 *leeuwin.***

'li·on·heart ⟨telb.zn.⟩ **0.1 *leeuwehart.***

'li·on'heart·ed ⟨bn.⟩ **0.1 *moedig (als een leeuw)*** ⇒*heldhaftig.*

li·on·hood ['laɪənhʊd], **li·on·ship** [-ʃɪp]⟨n.-telb.zn.⟩ **0.1 *geviertheid*** ⇒*coryfeeschap.*

'li·on-hunt·er ⟨telb.zn.⟩ **0.1 *gastheer/vrouw die zoveel mogelijk beroemdheden uitnodigt*** ⇒*coryfeeënverzamelaar, kopstukkenjager* **0.2 *leeuwejager.***

li·on·i·za·tion ['laɪənaɪ'zeɪʃn‖-nə'zeɪʃn]⟨n.-telb.zn.⟩ **0.1 *verafgoding*** ⇒*idolisering.*

li·on·ize ['laɪənaɪz]⟨f1⟩⟨ov.ww.⟩ **0.1 *op een voetstuk plaatsen*** ⇒*op handen dragen, tot idool verheffen, verafgoden, fêteren.*

li·on·like ['laɪənlaɪk]⟨bn.⟩ **0.1 *leeuwachtig.***

'lion's 'share ⟨telb.zn.; steeds enk.; the⟩ **0.1 *(het) leeuwe(aan)deel.***

'li·on-tail·ed ⟨bn., attr.⟩ ◆ **1.¶** ~ monkey *makaak-aap.*

'li·on-tam·er ⟨telb.zn.⟩ **0.1 *leeuwentemmer.***

lip[1] [lɪp]⟨f3⟩⟨zn.⟩⟨→sprw. 657⟩

I ⟨telb.zn.⟩ **0.1 *lip*** **0.2 *rand*** **0.3** ⟨attr.⟩ ***lip(pen)-*** ⇒*met de mond beleden, schijn-* ◆ **2.1** lower/under ~ *onderlip;* upper ~ *bovenlip* **3.1** bite one's ~(s) *zich op de lippen bijten;* curl one's ~ *de/zijn lippen optrekken;* hang one's ~ *zijn lip laten hangen;* ⟨fig.⟩ hang on s.o.'s ~s/the ~s of s.o. *aan iemands lippen hangen;* lick/smack one's ~s *zijn lippen likken, zijn vingers ergens bij aflikken;* such a word never passed my ~s *een dergelijk woord is nooit over mijn lippen gekomen;* my ~s are sealed *ik mag niks zeggen, ik heb een spreekverbod* **3.¶** ⟨sl.⟩ button (up) your ~(s) *hou je kop;* not open one's ~s *geen mond opendoen;*

II ⟨n.-telb.zn.⟩⟨sl.⟩ **0.1 *praats*** ⇒*praatjes, grote mond/bek* ◆ **¶.1** we don't want none of your ~ *hou jij je praatjes maar voor je.*

lip[2] ⟨ov.ww.; →ww. 7⟩ →-lipped **0.1 *lippen aan*** ⇒*de lippen drukken op;* ⟨i.h.b.⟩⟨schr.⟩ *kussen* **0.2 *fluisteren*** ⇒*fluisterend uitspreken* **0.3 *kabbelen rond/tegen*** ⇒*lekken aan/langs* **0.4** ⟨golf⟩ ***tot op de rand v.d. hole slaan*** ⟨bal⟩ **0.5** ⟨golf⟩ ***tot op de rand rollen*** ⟨hole; bal valt er niet in⟩.

lip·ase ['lɪpeɪs, 'laɪ-]⟨telb.zn.⟩⟨bioch.⟩ **0.1 *lipase*** ⟨vet-afbrekend enzym⟩.

'lip-'deep ⟨bn.⟩ **0.1 *ondiep*** ⇒*oppervlakkig, onoprecht.*

'lip gloss ⟨n.-telb.zn.⟩ **0.1 *lippenglans*** ⇒*lip gloss.*

lip·id ['lɪpɪd], **lip·ide** ['lɪpaɪd]⟨telb.zn.⟩⟨schei.⟩ **0.1 *lipide*** ⟨vet⟩.

'lip language ⟨n.-telb.zn.⟩ **0.1 *lippentaal.***

lip·less ['lɪpləs]⟨bn.⟩ **0.1 *liploos*** ⇒*ongelipt.*

lip·o ['lɪpoʊ], ⟨vóór klinker⟩ **lip-** [lɪp] **0.1 *lipo-*** ⇒*vet-* ◆ **¶.1** lipoprotein *lipoproteïne.*

li·po·ma [lɪ'poʊmə]⟨telb.zn.; ook lipomata [-mətə]; →mv. 5⟩ **0.1 *lipoom*** ⇒*(goedaardig) vetgezwel.*

-lipped ['lɪpt]⟨volt. deelw. v. lip⟩ **0.1 *-lippig*** ⇒*gelipt* ◆ **¶.1** red-lipped *roodlippig, met rode lippen;* thick-lipped *diklippig.*

'lip print ⟨telb.zn.⟩ **0.1 *lipafdruk.***

lip·py ['lɪpi]⟨bn.⟩ **0.1 *hanglippig*** ⇒*met hanglippen* ⟨v. hond⟩ **0.2 *niet op zijn mondje gevallen*** ⇒*onbeschaamd, brutaal.*

'lip-read ⟨f1⟩⟨onov.ww.⟩ →lip reading **0.1 *liplezen.***

'lip reading ⟨n.-telb.zn.; gerund v. lip-read⟩ **0.1 *het liplezen.***

'lip salve ⟨n.-telb.zn.⟩ **0.1 *lippenzalf.***

'lip service ⟨f1⟩⟨n.-telb.zn.⟩ **0.1 *lippendienst*** ◆ **3.1** give/pay ~ to *lippendienst bewijzen aan.*

'lip·stick ⟨f2⟩⟨telb. en n.-telb.zn.⟩ **0.1 *lippenstift.***

lip-sync(h) ['lɪpsɪŋk]⟨onov. en ov.ww.⟩⟨inf.⟩ **0.1 *de lippen synchroon bewegen (met)*** **0.2 *playbacken.***

'lip worship ⟨n.-telb.zn.⟩ **0.1 *belijdenis/vering met de mond*** ⇒*schijnverering.*

li·quate ['laɪkweɪt]⟨ov.ww.⟩ **0.1 *ontmengen*** ⟨metalen in legering⟩.

li·qua·tion [lɪ'kweɪʃn]⟨n.-telb.zn.⟩ **0.1 *liquatie*** ⇒*ontmenging.*

liq·ue·fac·tion ['lɪkwɪ'fækʃn]⟨n.-telb.zn.⟩ **0.1 *vloeibaarmaking/wording*** ⇒*smelting, condensatie* **0.2 *vloeibaarheid.***

liq·ue·fac·tive ['lɪkwɪ'fæktɪv]⟨bn.⟩ **0.1 *vloeibaarmakend*** ⇒*oplossend.*

liq·ue·fi·a·ble ['lɪkwɪfaɪəbl]⟨bn.⟩ **0.1 *smeltbaar*** ⇒*oplosbaar.*

liq·ue·fi·er ['lɪkwɪfaɪə||-ər]⟨telb.zn.⟩ **0.1** ***vloeimiddel.***

liq·ue·fy ['lɪkwɪfaɪ]⟨f1⟩⟨onov. en ov.ww.;→ww. 7⟩ **0.1** ***smelten*** ⇒*vloeibaar worden/maken* **0.2** ***verdichten*** ⟨(v.) gas⟩ ⇒*vloeibaar maken/worden, indampen, condenseren.*

li·ques·cent [lɪ'kwesnt]⟨bn.⟩ **0.1** ***vloeibaar wordend*** ⇒*vervloeiend, smeltend* **0.2** ***smeltgevoelig*** ⇒*snel smeltend.*

li·queur[1] [lɪ'kjʊə||lɪ'kɜr]⟨f1⟩⟨telb. en n.-telb.zn.⟩ **0.1** ***likeur(tje).***

liqueur[2] ⟨ov.ww.⟩ **0.1** ***mengen met likeur.***

li'queur 'brandy ⟨telb. en n.-telb.zn.⟩ **0.1** ***likeurbrandy.***

li'queur glass ⟨f1⟩⟨telb.zn.⟩ **0.1** ***likeurglaasje.***

liq·uid[1] ['lɪkwɪd]⟨f2⟩⟨zn.⟩

I ⟨telb.zn.⟩⟨taalk.⟩ **0.1** ***liquida*** ⟨l en r⟩;

II ⟨telb. en n.-telb.zn.⟩ **0.1** ***vloeistof*** ⇒*vocht;*

III ⟨n.-telb.zn.⟩ **0.1** ***vloeibaarheid.***

liquid[2] ⟨f2⟩⟨bn.;-ly;-ness⟩ **0.1** ***vloeibaar*** ⇒*nat, waterig, vloeistofachtig, fluïde, gesmolten* **0.2** ***(kristal)helder*** ⇒*klaar, glanzend, zuiver, transparant* **0.3** ***(zoet)vloeiend*** ⇒*glad, welluidend, soepel* **0.4** ⟨ec.⟩ ***liquide*** ⇒*vlottend* **0.5** ***veranderlijk*** ⇒*onsolide, onvast* ◆ **1.1** ~ air *vloeibare lucht;* ~ crystals *vloeibare kristallen;* ~ fire *vloeibaar vuur* ⟨uit vlammenwerper⟩; ~ food *vloeibaar voedsel;* ~ measure *inhoudsmaat* ⟨voor natte waar/vloeistoffen⟩; ~ oxygen *vloeibare zuurstof;* ~ paraffin *paraffine-olie* ⟨als laxeermiddel⟩ **1.2** ~ eyes *glanzende ogen* **1.3** ~ sounds *melodieuze/glasheldere klanken* **1.4** ~ assets *liquide middelen, beschikbare middelen* **1.5** ~ opinions *onbestendige/wankele meningen.*

liq·uid·am·bar ['lɪkwɪ'dæmbə||-ər]⟨telb.zn.⟩⟨plantk.⟩ **0.1** ***liquidambar*** ⟨genus Liquidambar⟩.

liq·ui·date ['lɪkwɪdeɪt]⟨f1⟩⟨ww.⟩

I ⟨onov.ww.⟩ **0.1** ***liquideren*** ⇒*failleren, liquidatie ondergaan, sluiten, opgeheven worden* ⟨v. onderneming⟩;

II ⟨ov.ww.⟩ **0.1** ***liquideren*** ⇒*vereffenen, verrekenen* ⟨schuld⟩ **0.2** ***liquideren*** ⇒*opheffen, afbouwen* ⟨onderneming⟩ **0.3** ***elimineren*** ⇒*uit de weg ruimen, liquideren.*

liq·ui·da·tion ['lɪkwɪ'deɪʃn]⟨f1⟩⟨telb. en n.-telb.zn.⟩ **0.1** ***liquidatie*** **0.2** ***eliminatie*** ⇒*liquidatie* ◆ **3.1** ⟨ec.⟩ go into ~ *liquideren, geliquideerd worden, failliet gaan.*

liq·ui·da·tor ['lɪkwɪdeɪtə||-deɪtər]⟨telb.zn.⟩ **0.1** ***liquidateur*** ⇒*liquidator, curator.*

liq·uid·i·ty [lɪ'kwɪdəti]⟨zn.;→mv. 2⟩

I ⟨telb. en n.-telb.zn.⟩⟨ec.⟩ **0.1** ***liquiditeit;***

II ⟨n.-telb.zn.⟩ **0.1** ***vloeibaarheid.***

liq·uid·ize ['lɪkwɪdaɪz]⟨ov.ww.⟩ **0.1** ***vloeibaar maken*** **0.2** ***fijnhakken*** ⇒*uitpersen* ⟨groente, fruit⟩.

liq·uid·i·zer ['lɪkwɪdaɪzə||-ər]⟨telb.zn.⟩⟨vnl. BE⟩ **0.1** ***mengbeker*** ⇒*blender, sapcentrifuge.*

liq·uor[1] ['lɪkə||-ər]⟨f2⟩⟨zn.⟩

I ⟨telb. en n.-telb.zn.⟩ **0.1** ***alcoholische/alcoholhoudende drank*** ⇒*alcohol;* ⟨i.h.b., AE⟩ *gedistilleerd, sterke drank* ◆ **6.1 in** ~ *aangeschoten, dronken;*

II ⟨n.-telb.zn.⟩ **0.1** ***(kook)vocht*** ⇒*(groente)nat, vleesnat, jus, sap, bouillon* **0.2** ***brouwwater.***

liquor[2] ⟨n.-telb.zn.⟩ **0.1** ⟨med.⟩ ***liquor.***

liquor[3] ⟨ww.⟩

I ⟨onov. en ov.ww.⟩ →liquor up;

II ⟨ov.ww.⟩ **0.1** ***insmeren*** ⇒*invetten* **0.2** ***drenken*** ⇒*dompelen.*

li·quo·rice, ⟨AE sp.⟩ **lic·o·rice** ['lɪk(ə)rɪʃ, -rɪs]⟨f2⟩⟨zn.⟩

I ⟨telb.zn.⟩ **0.1** ⟨plantk.⟩ ***zoethout*** ⟨Glycyrrhiza glabra⟩ **0.2** ***zoethout(wortel);***

II ⟨n.-telb.zn.⟩ **0.1** ***zoethout*** **0.2** ⟨bij uitbr.⟩ ***drop.***

'liquorice 'all·sorts ⟨n.-telb.zn.⟩ **0.1** ***Engelse drop.***

li·quor·ish ['lɪkərɪʃ]⟨bn.;-ly⟩ **0.1** →lickerish **0.2** ***drankzuchtig.***

'liquor store ⟨f1⟩⟨telb.zn.⟩⟨vnl. AE⟩ **0.1** ***slijterij*** ⇒*drankwinkel/zaak.*

'liquor 'up ⟨ww.⟩

I ⟨onov.ww.⟩ **0.1** ***drinken*** ⇒*zich bedrinken, dronken worden;*

II ⟨ov.ww.⟩ **0.1** ***dronken voeren.***

li·ra[1] ['lɪərə||'lɪrə]⟨telb.zn.⟩ **0.1** ***(Syrisch) pond*** **0.2** ***(Turkse) lira.***

lira[2] ⟨telb.zn.; ook lire ['lɪəreɪ||'lɪreɪ];→mv. 5⟩ **0.1** ***(Italiaanse) lire.***

Lis·bon ['lɪzbən]⟨eig.n.⟩ **0.1** ***Lissabon.***

lisle [laɪl], **'lisle thread** ⟨n.-telb.zn.⟩ **0.1** ***fil d'écosse*** ⟨garen⟩.

lisp[1] [lɪsp]⟨f1⟩⟨telb.zn.; geen mv.⟩ **0.1** ***lispelende/slissende uitspraak*** ⇒*slisgeluid, geslis* ◆ **3.1** he speaks with a ~ *hij slist.*

lisp[2] ⟨f1⟩⟨ww.⟩

I ⟨onov.ww.⟩ **0.1** ***brabbelen*** ⇒*krompraten* ⟨v. kind⟩;

II ⟨onov. en ov.ww.⟩ **0.1** ***lispelen*** ⇒*slissen.*

lis·ping·ly ['lɪspɪŋli]⟨bw.⟩ **0.1** ***lispelend*** ⇒*slissend.*

lis·som(e) ['lɪsəm]⟨f1⟩⟨bn.; lissomely; lissomeness⟩ **0.1** ***soepel*** ⇒*lenig, flexibel, gracieus, bevallig, elegant.*

list[1] [lɪst]⟨f3⟩⟨zn.⟩

I ⟨telb.zn.⟩ **0.1** ***lijst*** ⇒*staat, tabel, catalogus, inventaris, rol* **0.2** ⟨g. mv.⟩⟨vnl. scheep.⟩ ***slagzij*** **0.3** ⟨bouwk.⟩ ***lijst*** ⇒*rand* **0.4** ***zoom*** ⇒*zelfkant* **0.5** ***verlangen*** ⇒*lust, zin, trek;*

II ⟨n.-telb.zn.; vaak attr.⟩ **0.1** ***zelfkant*** ◆ **1.1** ~ slippers *zelfkanten pantoffels;*

III ⟨mv.; ~s⟩ **0.1** ***strijdperk*** ⇒*ring* **0.2** ***omheining*** ◆ **3.1** enter the ~s (against) *in het krijt treden (tegen).*

list[2] ⟨f3⟩⟨ww.⟩ →listing

I ⟨onov.ww.⟩ **0.1** ⟨vnl. scheep.⟩ ***slagzij maken*** **0.2** ⟨vero.⟩ ***luisteren*** **0.3** ⟨vero.⟩ ***dienst nemen;***

II ⟨ov.ww.⟩ **0.1** ***een lijst maken van*** ⇒*catalogiseren, inventariseren* **0.2** ***noteren/opnemen/vermelden in een lijst*** ⇒*op een lijst zetten* **0.3** ⟨vero.⟩ ***werven*** ⇒*ronselen* **0.4** ⟨vero.⟩ ***luisteren naar*** ◆ **1.2** ⟨BE⟩ ~ed buildings *op de monumentenlijst geplaatste gebouwen;* ~ed securities *(ter beurze) genoteerde effecten.*

list[3] ⟨onov.ww.; 3[e] pers. enk. list of listeth; verl. t. ook list⟩⟨vero.⟩ **0.1** ***goeddunken*** ⇒*behagen, believen, aanstaan, lusten* ◆ **3.1** he did as him ~ *hij deed als/wat hem goeddocht.*

lis·tel ['lɪstl]⟨telb.zn.⟩⟨bouwk.⟩ **0.1** ***lijst*** ⇒*rand.*

lis·ten[1] ['lɪsn]⟨telb.zn.; g. mv.⟩⟨inf.⟩ **0.1** ***het luisteren*** ◆ **3.1** have a good ~ to this *luister hier eens even goed naar.*

listen[2] ⟨f4⟩⟨onov.ww.⟩ **0.1** ***luisteren*** ⇒*(toe)horen* **0.2** ⟨sl.⟩ ***redelijk/eerlijk/waar lijken*** ◆ **5.1** ~ **in** (to) *(mee)luisteren (naar); afluisteren;* ~ **out** *opletten, de oren openhouden* **6.1** ~ **for** *letten op, goed luisteren naar;* ~ **for** strange sounds *luisteren of men vreemde geluiden hoort;* ~ **to** *luisteren naar.*

lis·ten·a·ble ['lɪsnəbl]⟨bn.⟩⟨inf.⟩ **0.1** ***(goed) beluisterbaar*** ⇒*redelijk/wel/goed aan te horen, gemakkelijk/prettig in het gehoor liggend.*

lis·ten·er ['lɪsnə||-ər]⟨f2⟩⟨telb.zn.⟩⟨→sprw. 403⟩ **0.1** ***luisteraar.***

'lis·ten·er-'in ⟨telb.zn.⟩ **0.1** ***luisteraar*** **0.2** ***afluisteraar*** ⇒*luistervink.*

'listening comprehension ⟨n.-telb.zn.⟩ **0.1** ***het begrijpend luisteren.***

'listening post ⟨telb.zn.⟩ **0.1** ***luisterpost*** ⇒⟨bij uitbr.⟩ *informatieadres/punt.*

'listening skill ⟨telb. en n.-telb.zn.⟩ **0.1** ***luistervaardigheid.***

list·er ['lɪstə||-ər]⟨telb.zn.⟩⟨AE⟩ **0.1** ***greppelploeg.***

list·ing ['lɪstɪŋ]⟨f1⟩⟨zn.; oorspr. gerund v. list⟩

I ⟨telb.zn.⟩ **0.1** ***lijst*** **0.2** ***onderdeel v.e. lijst*** **0.3** ⟨comp.⟩ ***uitdraai v. computerprogramma*** ⇒*listing* **0.4** ***zelfkant;***

II ⟨n.-telb.zn.⟩ **0.1** ***opname in een lijst*** **0.2** ***opstelling v.e. lijst.***

list·less ['lɪstləs]⟨f1⟩⟨bn.;-ly;-ness⟩ **0.1** ***lusteloos*** ⇒*futloos, (s)loom, mat.*

'list price ⟨f1⟩⟨telb.zn.⟩ **0.1** ***catalogusprijs.***

lit[1] [lɪt]⟨bn.; oorspr. volt. deelw. v. light⟩ **0.1** ***aan*** ⇒*aangestoken, brandend* **0.2** ***verlicht*** ⇒*belicht, beschenen.*

lit[2] ⟨verl. t. en volt. deelw.⟩ →light.

lit[3] ⟨afk.⟩ literally, literature, litre.

lit·a·ny ['lɪtəni||'lɪtn·i]⟨f1⟩⟨telb.zn.;→mv. 2⟩ **0.1** ***litanie*** ⟨ook fig.⟩ ◆ **7.1** the Litany *de litanie* ⟨in het Book of Common Prayer⟩.

li·tchi, li·chee, ly·chee ['laɪ'tʃi:]⟨telb.zn.⟩ **0.1** ⟨plantk.⟩ ***litchi*** ⟨Litchi chinensis⟩ **0.2** ***litchi*** ⇒*lychee.*

lit crit ['lɪt 'krɪt]⟨zn.⟩

I ⟨telb.zn.⟩⟨verk.⟩ literary critic **0.1** ***literair criticus;***

II ⟨n.-telb.zn.⟩⟨verk.⟩ literary criticism **0.1** ***literaire kritiek.***

lite [laɪt]⟨bn.⟩⟨inf.⟩ **0.1** ***licht (verteerbaar)*** ⇒*luchtig.*

-lite [laɪt]⟨geol.⟩ **0.1** ***-liet*** ◆ **¶.1** crystallite *kristalliet;* rhyolite *ryoliet.*

liter →litre.

lit·er·a·cy ['lɪtrəsi||'lɪtə-]⟨f1⟩⟨n.-telb.zn.⟩ **0.1** ***geletterdheid*** ⇒*alfabetisme, vermogen tot lezen en schrijven.*

lit·e·rae hu·man·ior·es ['lɪtəri: hju:mæni'ɔ:ri:z||'lɪtəri: (h)ju:mæni'ɔri:z]⟨mv.⟩⟨BE⟩ **0.1** ***schone letteren*** ⇒*humaniora.*

lit·er·al[1] ['lɪtrəl||'lɪtərəl]⟨telb.zn.⟩ **0.1** ***drukfout*** ⇒*zetfout.*

literal[2] ⟨f2⟩⟨bn.;-ness⟩ **0.1** ***letterlijk*** ⇒*letter-* **0.2** ***prozaïsch*** ⇒*fantasieloos* ◆ **1.1** in the ~ sense of the word *in de letterlijke betekenis v.h. woord* **1.¶** a ~ error *een druk/tikfout.*

lit·er·al·ism ['lɪtrəlɪzm||'lɪtə-]⟨n.-telb.zn.⟩ **0.1** ***letterlijkheid*** ⇒*(letterlijke) getrouwheid, letterknechterij.*

lit·er·al·ist ['lɪtrəlɪst||'lɪtə-]⟨telb.zn.⟩ **0.1** ***letterknecht.***

lit·er·al·i·ty ['lɪtə'ræləti]⟨n.-telb.zn.⟩ **0.1** ***letterlijkheid.***

lit·er·al·ize ['lɪtrəlaɪz||'lɪtə-]⟨ov.ww.⟩ **0.1** ***verletterlijken*** ⇒*letterlijk nemen/opvatten/uitleggen.*

lit·er·al·ly ['lɪtrəli]⟨f2⟩⟨bw.⟩ **0.1** ⟨inf.; ter intensivering⟩ ***letterlijk*** ⇒*werkelijk, in werkelijkheid* **0.2** ***letterlijk*** ⇒*in de letterlijke zin v.h. woord* ◆ **3.1** he ~ does not know how to behave *hij weet echt niet hoe hij zich moet gedragen* **3.2** follow the instructions ~ *de instructies strikt volgen;* take sth. ~ *iets letterlijk opvatten.*

'lit·er·al-'mind·ed ⟨bn.⟩ **0.1** ***prozaïsch*** ⇒*nuchter, fantasieloos.*

lit·er·ar·y ['lɪtrəri||'lɪtəreri]⟨f3⟩⟨bn.;-ly;-ness;→bijw. 3⟩ **0.1** ***literair*** ⇒*letterkundig* **0.2** ***geletterd*** **0.3** ***schrijftalig*** ⇒*formeel, literair* ◆ **1.1** ~ agent *literair agent;* ~ executor *beheerder v. iemands literaire nalatenschap;* ~ property *letterkundig eigendom* **1.2** ~ man *geletterd man, literator, letterkundige* **1.3** ~ language *schrijftaal* **1.¶** ~ man *schrijver.*

lit·er·ate[1] ['lɪtrət‖'lɪṭə-]⟨f1⟩⟨telb.zn.⟩ **0.1** ***iem. die kan lezen en schrijven*** **0.2** ***geletterde*** ⇒*gestudeerd mens, academicus, intellectueel* **0.3** ⟨BE⟩⟨ong.⟩ ***proponent*** ⇒*niet-universitair geschoolde geestelijke* ⟨in Anglicaanse kerk⟩.

literate[2] ⟨f1⟩⟨bn.;-ly;-ness⟩ **0.1** ***geletterd*** ⇒*kunnende lezen en schrijven* **0.2** ***geletterd*** ⇒*belezen, onderlegd, gestudeerd.*

lit·e·ra·ti ['lɪṭə'rɑːṭiː]⟨mv.⟩ **0.1** ***literaire intelligentsia*** ⇒*literatuurkenners, literaire kringen.*

lit·e·ra·tim ['lɪtə'rɑːtɪm‖'lɪṭə'reɪṭɪm]⟨bw.⟩ **0.1** ***letterlijk*** ⇒*letter voor letter.*

lit·e·ra·tion ['lɪtə'reɪʃn‖'lɪṭə-]⟨n.-telb.zn.⟩ **0.1** ***alfabetisatie*** ⇒*klankweergave door letters.*

lit·e·ra·tor ['lɪtəreɪtə‖'lɪṭəreɪṭər]⟨telb.zn.⟩ **0.1** ***literator*** ⇒*geletterd man.*

lit·er·a·ture ['lɪtrətʃə‖'lɪṭərətʃʊr]⟨f3⟩⟨zn.⟩

I ⟨telb. en n.-telb.zn.; geen mv.⟩ **0.1** ***literatuur*** ⇒*letterkunde, bellettrie* ◆ **6.1** ~ **of/on** a subject *literatuur over een onderwerp;*

II ⟨n.-telb.zn.⟩⟨inf.⟩ **0.1** ***informatie/voorlichtingsmateriaal.***

'literature search ⟨telb.zn.⟩ **0.1** ***literatuuronderzoek.***

-lith [lɪθ]⟨geol.⟩ **0.1** ***-liet*** ◆ **¶.1** monolith *monoliet.*

lith·arge ['lɪθɑːdʒ‖-θɑrdʒ]⟨n.-telb.zn.⟩ **0.1** ***loodglit.***

lithe [laɪð], **lithe·some** [-səm]⟨f1⟩⟨bn.; lithely; litheness⟩ **0.1** ***soepel*** ⇒*beweeglijk, wendbaar, buigzaam, lenig, elegant, sierlijk.*

lith·i·a ['lɪθɪə]⟨n.-telb.zn.⟩ **0.1** ***lithiumoxide.***

'lithia water ⟨n.-telb.zn.⟩ **0.1** ***lithiumwater*** ⟨tegen jicht⟩.

lith·ic ['lɪθɪk]⟨bn.⟩ **0.1** ***lithisch*** ⇒*mbt. steen, steen-* **0.2** ***lithisch*** ⇒*mbt. lithium, lithium-* **0.3** ⟨med.⟩ ***mbt. (gal/nier)stenen*** ⇒*litho-.*

lith·i·um ['lɪθɪəm]⟨n.-telb.zn.⟩⟨schei.⟩ **0.1** ***lithium*** ⟨element 3⟩.

'lithium 'oxide ⟨n.-telb.zn.⟩⟨schei.⟩ **0.1** ***lithiumoxide.***

lith·o ['lɪθoʊ]⟨telb.zn.⟩⟨verk.⟩ lithograph **0.1** ***litho*** ⇒*steendruk.*

lith·o- ['laɪθoʊ-], **lith-** ['lɪθ-] **0.1** ***litho-*** ⇒*steen-* ◆ **¶.1** lithosphere *lithosfeer.*

lith·o·graph[1] ['lɪθəgrɑːf‖-græf]⟨f1⟩⟨telb.zn.⟩ **0.1** ***litho(grafie)*** ⇒*steendruk(prent).*

lithograph[2] ⟨ov.ww.⟩ **0.1** ***lithograferen*** ⇒*in steendruk uitvoeren.*

li·thog·raph·er [lɪ'θɒgrəfə‖-'θɑgrəfər]⟨telb.zn.⟩ **0.1** ***lithograaf.***

lith·o·graph·ic ['lɪθə'græfɪk], **lith·o·graph·i·cal** [-ɪkl]⟨bn.; -(al)ly; →bijw. 3⟩ **0.1** ***lithografisch.***

li·thog·ra·phy [lɪ'θɒgrəfi‖-'θɑ-]⟨n.-telb.zn.⟩ **0.1** ***lithografie*** ⇒*steendruk(kunst).*

li·thol·o·gy [lɪ'θɒlədʒi‖-'θɑ-]⟨n.-telb.zn.⟩⟨geol.⟩ **0.1** ***lithologie.***

lith·o·phyte ['lɪθəfaɪt]⟨telb.zn.⟩ **0.1** ***rotsplant.***

lith·o·pone ['lɪθəpoʊn]⟨n.-telb.zn.⟩ **0.1** ***lithopoon*** ⟨witte verfstof⟩.

lith·o·sphere ['lɪθəsfɪə‖-sfɪr]⟨telb.zn.⟩⟨geol.⟩ **0.1** ***lithosfeer*** ⇒*(vaste) aardkorst.*

li·thot·o·my [lɪ'θɒtəmi‖-'θɑṭəmi]⟨telb.zn.; →mv. 2⟩⟨med.⟩ **0.1** ***lithotomie*** ⇒*steensnede, blaassnede.*

lith·o·trip·ter ['lɪθətrɪptə‖-ər]⟨telb.zn.⟩⟨med.⟩ **0.1** ***niersteenvergruizer.***

li·thot·ri·ty [lɪ'θɒtrəti‖-'θɑtrəṭi]⟨telb.zn.; →mv. 2⟩⟨med.⟩ **0.1** ***lithotripsie*** ⇒*blaassteenvergruizing.*

Lith·u·a·ni·a ['lɪθjʊ'eɪnɪə‖-θʊ-]⟨eig.n.⟩ **0.1** ***Litouwen*** ⇒*Litauen.*

Lith·u·a·ni·an[1] ['lɪθjʊ'eɪnɪən‖-θʊ-]⟨zn.⟩

I ⟨eig.n.⟩ **0.1** ***Litouws*** ⇒*Litaus, de Litouwse taal;*

II ⟨telb.zn.⟩ **0.1** ***Litouwer*** ⇒*Litauer.*

Lithuanian[2] ⟨bn.⟩ **0.1** ***Litouws.***

lit·i·gant[1] ['lɪṭɪgənt]⟨f1⟩⟨telb.zn.⟩ **0.1** ***procederende/procesvoerende (partij)*** ⇒*litigant.*

litigant[2] ⟨bn.⟩ **0.1** ***procederend*** ⇒*procesvoerend.*

lit·i·gate ['lɪṭɪgeɪt]⟨f1⟩⟨ww.⟩

I ⟨onov.ww.⟩ **0.1** ***procederen*** ⇒*litigeren;*

II ⟨ov.ww.⟩ **0.1** ***procederen over*** ⇒*betwisten, aanhangig maken, voor de rechter uitvechten.*

lit·i·ga·tion ['lɪṭɪ'geɪʃn]⟨f1⟩⟨n.-telb.zn.⟩ **0.1** ***proces(voering)*** ⇒*geding(voering), rechtszaak, het procederen.*

li·ti·gious [lɪ'tɪdʒəs]⟨bn.; -ly; -ness⟩ **0.1** ⟨vnl. pej.⟩ ***procesziek*** ⇒*snel tot procederen geneigd* **0.2** ***betwistbaar*** ⇒*voor rechtspraak vatbaar, aan de rechter voorlegbaar* **0.3** ***gerechtelijk*** ⇒*proces-.*

lit·mus ['lɪtməs]⟨n.-telb.zn.⟩ **0.1** ***lakmoes.***

'litmus paper ⟨telb. en n.-telb.zn.⟩ **0.1** ***lakmoespapier(tje).***

'litmus test ⟨telb.zn.⟩ **0.1** ***lakmoestest*** ⟨ook fig.⟩.

li·to·tes ['laɪṭətiːz, laɪ'toʊṭiːz]⟨telb. en n.-telb.zn.⟩⟨lit.⟩ **0.1** ***litotes.***

lit·re ['liːtə], ⟨AE sp.⟩ **li·ter** ['liːṭər]⟨f2⟩⟨telb.zn.⟩ **0.1** ***liter.***

Litt D ⟨afk.⟩ Doctor of Letters.

lit·ter[1] ['lɪtə‖'lɪṭər]⟨f2⟩⟨zn.⟩

I ⟨telb.zn.⟩ **0.1** ***draagkoets/stoel/zetel*** ⇒*palankijn, sedia (gestatoria), rosbaar* **0.2** ***draagbaar*** ⇒*(draag)berrie, brancard;*

II ⟨n.-telb.zn.⟩ **0.1** ***rommel*** ⇒*rotzooi, troep, afval, vuilnis* **0.2** ***(lig/stal)stro*** ⇒*strooisel, paljas* **0.3** ***afdekstro*** **0.4** ***stal/stromest*** **0.5** ***strooisel*** ⟨humuslaag in bos⟩ ◆ **6.¶** my desk is **in** a ~ *het is een rotzooi op mijn bureau;*

III ⟨verz.n.⟩ **0.1** ***nest (jongen)*** ⇒*worp, toom* ◆ **3.1** have a ~ of kittens *jongen, jongen krijgen* **3.¶** ⟨inf.⟩ have a ~ of kittens *over zijn toeren zijn, op tilt slaan* **6.1** six young ones **at** a ~ *zes jongen per worp.*

litter[2] ⟨f2⟩⟨ww.⟩

I ⟨onov.ww.⟩ **0.1** ***rommel/rotzooi maken;***

II ⟨onov. en ov.ww.⟩ **0.1** ***werpen*** ⇒*jongen;*

III ⟨ov.ww.⟩ **0.1** ***een rommel maken v.*** ⇒*vervuilen* **0.2** ***rondstrooien*** ⇒*bezaaien* **0.3** ***v. stro voorzien*** ⇒*stro uitspreiden in/voor, strooien* ◆ **1.1** papers ~ing a desk *rommelig over een bureau uitgespreide papieren* **5.2** ~ **about/around** *rond laten slingeren, her en der verspreiden* **5.3** ~ **down** a horse/stable *een paard/stal strooien* **6.1** ~ one's desk **with** papers *allemaal papier op zijn bureau laten slingeren.*

lit·té·ra·teur, lit·ter·a·teur ['lɪtərə'tɜː‖'lɪṭərə'tɜr]⟨telb.zn.⟩ **0.1** ***literator*** ⇒*letterkundige.*

'lit·ter·bag ⟨f1⟩⟨telb.zn.⟩⟨AE⟩ **0.1** ***vuilniszak(je).***

'lit·ter·bas·ket, 'lit·ter·bin ⟨f1⟩⟨telb.zn.⟩ **0.1** ***afvalbak*** ⇒*prullenmand, vuilnisbak/emmer.*

'lit·ter·lout, ⟨AE⟩ **'lit·ter·bug** ⟨telb.zn.⟩ **0.1** ***smeerpoets*** ⇒*straatvervuiler, viespeuk.*

lit·ter·y ['lɪṭəri]⟨bn.⟩ **0.1** ***rommelig*** ⇒*slordig, rotzooierig, wanordelijk.*

lit·tle[1] ['lɪṭl]⟨f4⟩⟨bn.; less [les], least [liːst]; zelden -er; -ness; →compar. 6⟩ →less, least ⟨→sprw. 245, 406-410, 475, 574⟩ **0.1** ⟨vaak te vertalen door v.h. bijbehorende nw. in het Ned. een verkleinvorm te maken⟩ ***klein*** ⇒*-je, -tje, -pje* **0.2** ***klein(geestig/hartig/moedig/zielig)*** ⇒*kleintjes* ◆ **1.1** ⟨ster.⟩ Little Bear *Kleine Beer;* a ~ bit *een (klein) beetje;* ⟨sl.⟩ ~ black book *adresboekje* ⟨met namen v. beschikbare vriendinnen⟩; the ~ Cordes *de kinderen (uit het gezin) Corde, de kleine Cordes;* the ~ Corporal *de kleine korporaal* ⟨Napoleon⟩; ~ finger *pink;* ⟨fig.⟩ have more wit in one's ~ finger than s.o. else in his/her whole body *meer verstand in zijn pink hebben dan iem. anders in zijn hele lijf;* a ~ girl *een klein meisje;* my ~ girl *mijn kleine meid, mijn dochter;* Little Italy *Klein Italië;* hey, ~ man! *hé, kereltje/ventje!;* Little Red Ridinghood *Roodkapje;* his ~ sister *zijn kleine(re)/jongere zusje;* ~ slam *klein slem;* a ~ time *een tijdje/poosje;* ~ toe *kleine teen;* a ~ way *een eindje;* ⟨inf.⟩ the ~ woman *het vrouwtje, vrouwlief, moeders;* hey, ~ woman! *hé, meiske/kleine meid!* **1.2** ~ minds *kleine zielen, kleingeestigen* **1.¶** a ~ bird told me *ik heb er een muisje v. horen spreken;* ⟨AE; inf.⟩ ~ gray cells *hersens;* ⟨AE⟩ Little Dipper *Kleine Beer;* ~ end *little end; kruishoofd/kop* ⟨v. drijfstang⟩; ⟨gesch.⟩ Little Englander *Little Englander* ⟨Eng. tegenstander v. Brits imperialisme⟩; ⟨fig.⟩ crook one's ~ finger *zuipen, hijsen;* Ye gods and ~ fishes! *O (grote) goden!;* now I know what his ~ game is *nu weet ik wat hij in zijn schild voert;* ⟨sl.⟩ ~ go *waardeloze poging;* ⟨sl.; dobbelen⟩ ~ Joe *de vier;* Little League *kleine (honkbal)divisie* ⟨voor acht- tot twaalfjarigen in de U.S.A.⟩; ~ magazine *klein tijdschrift, experimenteel literair blad;* ⟨inf.⟩ ~ Mary *buik, pens, balg;* the ~ match girl *het meisje met de zwavelstokjes;* ⟨sl.⟩ ~ Mike *verdovingsmiddel* ⟨stiekem in drank gedaan⟩; ⟨gesch.; beeld. k.⟩ Little Masters *Kleinmeister;* the ~ people *de aardmannetjes/elven/kabouters;* Little Russian *Oekraïener; Oekraïens;* ⟨vnl. AE; dram.⟩ ~ theater *avant-gardetheater/toneel, experimenteel theater* **2.1** ⟨AE⟩ that ~ old bastard *dat kleine (rot)kreng* **4.1** her ~ ones *haar kleinen/kinderen;* its ~ ones *haar jongen;* ⟨sl.⟩ make ~ ones out of big ones *rotsen kappen* ⟨als gevangene⟩; *zakkies plakken.*

lit·tle[2] ⟨f4⟩⟨onb.vnw.; →onbepaald woord⟩⟨→sprw. 160, 404, 437, 574⟩ **0.1** ***weinig*** ⇒*beetje, kleinigheid* ◆ **3.1** he got ~ out of it *het bracht hem maar weinig op;* make ~ of sth. *ergens weinig v. begrijpen/kunnen maken; ergens weinig belang aan hechten/weinig mee op hebben;* think ~ of s.o *een lage/geen hoge dunk v. iem. hebben;* think ~ of sth. *ergens zijn hand niet voor omdraaien, iets luchtig opvatten* **4.1** ~ or nothing *weinig of/tot niets* **5.1** know not a ~ of literature *niet weinig/heel wat v. literatuur (af)weten;* there's very ~ left *er is maar heel weinig over* **6.1** ~ **by** ~, **by** ~ and ~ *bij beetjes, beetje bij beetje, geleidelijk aan* **6.¶** **after** a ~ *na een poosje/tijdje;* ⟨schr.⟩ **in** ~ *in 't klein, op kleine schaal;* the ~ **of** his work that remains *het weinige dat er v. zijn werk overblijft* **7.1** a ~ *een beetje, iets, wat, een kleinigheid;* a ~ down the road *een beetje/ietsje/even verderop in de straat;* every ~ helps *alle beetjes helpen;* I gave him what ~ I owned *ik heb hem het weinige dat ik bezat gegeven.*

little[3] ⟨f4⟩⟨bw.; less [les], least [liːst]; →compar. 6⟩ →less, least ⟨→sprw. 421, 727⟩ **0.1** ***weinig*** ⇒*in geringe mate, amper* **0.2** ***volstrekt/in het geheel niet*** ⇒*niet in het minst, geenszins* ◆ **3.1** ~ known facts *weinig bekende/vrijwel onbekende feiten* **3.2** he ~ knew/~ did he know that … *hij had er geen besef van dat …* **5.1**

~ more than an hour *iets meer dan een uur;* we go there very ~ *we komen daar erg weinig/heel zelden.*

little[4] ⟨f4⟩ ⟨onb.det.; →onbepaald woord⟩ →less, least **0.1** ***weinig*** ⇒*luttel, gering* ◆ **1.1** ~ damage *weinig schade* **5.1** there's very ~ milk left *er is maar een klein beetje melk meer over* **7.1** a ~ effort *een beetje/wat moeite;* a ~ German *een mondje Duits;* no ~ effort *niet weinig/heel wat moeite.*

'lit·tle-ease ⟨telb.zn.⟩ ⟨gesch.⟩ **0.1** ***kist*** ⇒*cachot, hok, kooi* ⟨gevangeniscel te klein om in te liggen of te staan⟩.

'lit·tle-'known ⟨bn.⟩ **0.1** ***weinig bekend.***

lit·to·ral[1] ['lɪṭərəl] ⟨telb.zn.⟩ ⟨schr. of geol.⟩ **0.1** ***kust(gebied/streek/strook)*** ⇒*littorale zone.*

littoral[2] ⟨bn.⟩ ⟨schr. of geol.⟩ **0.1** ***aan de/een kust gelegen*** ⇒*tot de kust behorende, kust-, littoraal.*

'lit 'up ⟨bn.⟩ ⟨sl.⟩ **0.1** ***dronken*** ⇒*aangeschoten, in de olie, teut.*

li·tur·gi·cal [lɪ'tɜ:dʒɪkl||-'tɜr-], **li·tur·gic** [-dʒɪk] ⟨f1⟩ ⟨bn.; -(al)ly; →bijw. 3⟩ **0.1** ***liturgisch.***

li·tur·gics [lɪ'tɜ:dʒɪks||-'tɜr-] ⟨n.-telb.zn.⟩ **0.1** ***liturgiek*** ⇒*liturgiewetenschap.*

li·tur·gi·ol·o·gy [lɪ'tɜ:dʒi'ɒlədʒi||lɪ'tɜrdʒi'ɑ-] ⟨n.-telb.zn.⟩ **0.1** ***liturgiologie.***

lit·ur·gist ['lɪtədʒɪst||'lɪṭər-] ⟨telb.zn.⟩ **0.1** ***liturgiekenner*** ⇒*liturgioloog* **0.2** ***aanhanger der liturgische gebruiken.***

lit·ur·gy ['lɪtədʒi||'lɪṭər-] ⟨f1⟩ ⟨telb.zn.; →mv. 2⟩ ⟨kerk.⟩ **0.1** ***liturgie*** ⟨ook gesch.⟩ **0.2** ⟨the⟩ ***liturgie*** ⇒⟨i.h.b.⟩ *Book of Common Prayer.*

liv·a·ble, live·a·ble ['lɪvəbl] ⟨bn.; -ness⟩ **0.1** ***bewoonbaar*** **0.2** ***leefbaar*** ⇒*draaglijk* ◆ **6.¶** his behaviour/he is not ~ **with** *zijn gedrag/hij is niet te harden, er valt met zijn gedrag/hem niet te leven.*

live[1] [laɪv] ⟨f4⟩ ⟨bn.⟩

I ⟨bn.⟩ **0.1** ***live*** ⇒*direct, rechtstreeks* **0.2** ***levendig*** ⇒*actief* **0.3** ***onder spanning/stroom staand*** ◆ **1.1** ~ broadcast *directe uitzending* **1.2** a ~ topic *een actueel onderwerp/brandende kwestie* **1.3** ~ rail *derde rail* ⟨elektrische tractie⟩; ~ wire *onder spanning/stroom staande draad;* ⟨fig.⟩ *energieke figuur, aanpakker, ondernemend/dynamisch iem.* **1.¶** ~ ammunition/cartridges *scherpe munitie/patronen;* ~ bombs and shells *onontplofte/ontplofbare/explosieve bommen en granaten;* ~ coal/embers/wood *gloeiend(e)/smeulend(e) kolen/sintels/hout;* ~ matches *ongebruikte lucifers;* ~ rock *natuurlijk/vast gesteente* **4.2** ⟨sl.⟩ ~ one *levendig(e)/opwindend(e) plaats/pers.;*

II ⟨bn., attr.⟩ **0.1** ***levend*** ⇒*in leven (zijnd)* ◆ **1.1** ~ bait *levend aas;* ~ birth *levendgeborene;* ~ cattle *levend vee;* ~ load *mobiele/bewegende/veranderlijke belasting;* ~ weight *levend gewicht* **1.¶** ⟨scherts.⟩ a real ~ horse! *een heus/levensgroot paard!;* ~ oak *altijdgroene (Amerikaanse) eik;* ~ steam *directe/verse stoom.*

live[2] [lɪv] ⟨f4⟩ ⟨ww.⟩ →-lived, living ⟨→sprw. 249, 269, 285, 411-413, 431, 676, 683⟩

I ⟨onov.ww.⟩ **0.1** ***leven*** ⇒*in leven zijn, bestaan* **0.2** ***wonen*** **0.3** ***voortleven*** ⇒*in leven blijven* ◆ **1.1** ~ in a small way *eenvoudig leven, rustig aan doen* **1.3** his memory ~s (on) *de herinnering aan hem leeft voort;* this patient won't ~ *deze patiënt haalt het niet* **1.¶** no ship/airplane could ~ in such a storm *geen enkel schip/vliegtuig houdt het uit bij/doorstaat zo'n storm* **3.1** why, it's John, as I ~ and breathe! *wel, als dat Jan niet is!;* you/we ~ and learn *de wonderen zijn de wereld nog niet uit;* ~ and let ~ *leven en laten leven;* he ~d to see all his work undone *hij heeft bij zijn leven nog moeten maken hoe al zijn werk teniet werd gedaan* **5.1** long ~ the Queen! *(lang) leve de koningin!;* ~ **together** *samenleven/wonen;* ~ well *er goed v. leven/eten en drinken* **5.2** ~ **in** *inwonen, inwonend/intern zijn;* this place really looks ~d-**in** *dit is echt een gezellig huis, het is hier echt huiselijk;* ~ **out** *extern/uitwonend zijn* **5.3** ~ **on** *voortleven, blijven bestaan* **6.1** ~ **above/beyond** one's means *boven zijn stand leven;* ~ **by** *leven v., in zijn onderhoud voorzien door; leven naar, zich houden aan, naleven;* ~ **for** *leven voor; toeleven naar;* ~ **off** *leven v.* ⟨ook pej.⟩; ~ **off** the land *zijn eigen groente verbouwen;* ~ **on** one's fame/name/reputation *op zijn roem teren;* ~ **on** a small income *van een klein inkomen leven/rondkomen;* ~ **on** one's wife *op kosten v. zijn vrouw leven;* ~ **out of** cans/tins *leven van blikjesvoedsel;* ~ **out of** a suitcase ⟨lett.⟩ *zijn koffers niet uitpakken;* ⟨bij uitbr.⟩ *een zwervend bestaan leiden;* ~ **through** *doormaken/staan, overleven;* ~ **to** o.s. *stil/teruggetrokken leven;* she ~s **with** a foreigner *ze leeft/woont samen met een buitenlander;* ~ **with** a situation *(hebben leren) leven met/zich neerleggen bij een situatie* **6.2** ~ **on** one's own *op zichzelf/alleen wonen, alleen staan* **6.¶** →live **up to** **8.¶** as I ~ *zowaar (ik leef)* **¶.1** you haven't ~d yet! *je hebt nog helemaal niet gelééfd/van het leven genoten!;* you'll ~ to be ninety *jij haalt de negentig nog* **¶.¶** ⟨AE; inf.⟩ where one ~s *waar het pijn doet, zijn gevoelige/zwakke plek;*

II ⟨ov.ww.⟩ **0.1** ***leven*** ⇒*leiden, slijten* **0.2** ***in zijn leven tot uitdrukking brengen*** ⇒*in (de) praktijk brengen* **0.3** ***beleven*** ⇒*door/meemaken, doorleven* ◆ **1.1** ~ a double life *een dubbelleven leiden* **1.2** ideals that can be ~d *idealen waarnaar men leven kan;* ~ a lie *een leugenachtig leven leiden* **1.3** she ~d a memorable week *ze bracht een gedenkwaardige week door* **5.1** ~ **out** one's days/life in a small town *(heel) zijn leven slijten in een klein stadje;* he won't ~ **out** the year *hij haalt het eind v.h. jaar niet* **5.3** ~ **over** again *opnieuw beleven;* if I could ~ it all **over** again *als ik het allemaal nog eens over mocht doen* **5.¶** →live **down;** ⟨inf.⟩ ~ it **up** *het ervan nemen, de bloemetjes buiten zetten.*

liveable →livable.

-lived ['lɪvd] ⟨bn.; oorspr. volt. deelw. v. live⟩ **0.1** ⟨ong.⟩ ***-durend*** ◆ **¶.1** long-lived *langdurig;* short-lived *kortstondig.*

'live 'down ⟨f1⟩ ⟨ov.ww.⟩ **0.1** ***zich rehabiliteren voor*** ⇒*door zijn leefwijze doen vergeten/ongedaan maken/logenstraffen* ◆ **1.1** ~ a poor performance *zich revancheren voor een matig optreden;* ~ prejudice *vooringenomenheid logenstraffen.*

live-for·ev·er ['lɪvfə'revə||-vər] ⟨telb.zn.⟩ ⟨AE; plantk.⟩ **0.1** ***hemelsleutel*** ⟨Sedum telephium⟩.

'live-in[1] ⟨f1⟩ ⟨telb.zn.⟩ **0.1** ***vriend(in) met wie men samenwoont.***

live-in[2] ⟨f1⟩ ⟨bn., attr.⟩ **0.1** ***samenwonend*** **0.2** ***inwonend*** ⇒*met inwoning.*

live·li·hood ['laɪvlihʊd] ⟨f1⟩ ⟨telb.zn.; vnl. enk.⟩ **0.1** ***levensonderhoud*** ⇒*middelen v. bestaan* ◆ **3.1** earn/gain one's ~ *de kost verdienen.*

live·long[1] ['lɪvlɒŋ||-lɔŋ] ⟨telb.zn.⟩ ⟨BE; plantk.⟩ **0.1** ***hemelsleutel*** ⟨Sedum telephium⟩.

livelong[2] ⟨bn., attr.⟩ ⟨schr.⟩ **0.1** ***geheel*** ⇒*gans* ◆ **1.1** the ~ day/summer *de godganse dag/zomer; heel de heerlijke dag/zomer lang.*

live·ly ['laɪvli] ⟨f3⟩ ⟨bn.; ook -er; -ly; -ness; →bijw. 3⟩ **0.1** ***levendig*** ⇒*springlevend, (levens)lustig, kwiek, energiek* ◆ **1.1** ~ colours *levendige kleuren;* ~ description *levendige beschrijving* **1.¶** ⟨cricket⟩ a ~ ball/pitch *een stuitbal;* a ~ boat *een soepele/wendbare boot* **3.¶** look ~ *in actie komen;* ⟨als aansporing⟩ *schiet op, laat eens wat actie zien;* ⟨iron.⟩ make it/things ~ for s.o. *iem. wat te doen/handen vol werk geven, iem. met moeilijkheden opschepen, iem. bestoken.*

li·ven ['laɪvn] ⟨f1⟩ ⟨onov. en ov.ww.⟩ ⟨inf.⟩ **0.1** ***verlevendigen*** ⇒*levendig(er) worden/maken, opfleuren, opvrolijken* ◆ **5.1** ~ **up** *opfleuren, opvrolijken.*

li·ven·er ['laɪvnə||-nər] ⟨telb.zn.⟩ **0.1** ***opvrolijker*** ⇒*opkikker(tje), hart(ver)sterking.*

liv·er ['lɪvə||-ər] ⟨f3⟩ ⟨zn.⟩

I ⟨telb.zn.⟩ **0.1** ***iem. die op een bep. manier leeft*** **0.2** ⟨AE⟩ ***be/inwoner*** ◆ **2.1** cheap ~ *iem. die goedkoop leeft;*

II ⟨telb. en n.-telb.zn.⟩ **0.1** ***lever*** **0.2** ***leverkleur*** ◆ **1.¶** ~ of sulphur *zwavellever;*

III ⟨n.-telb.zn.⟩ **0.1** ***galachtigheid*** ⇒*leverkwaal.*

'liver chestnut ⟨bn.⟩ **0.1** ***donker kastanjebruin.***

'liver extract ⟨telb. en n.-telb.zn.⟩ **0.1** ***leverextract.***

'liver fluke ⟨zn.⟩

I ⟨telb.zn.⟩ **0.1** ***leverbot;***

II ⟨n.-telb.zn.⟩ **0.1** ***leverbotziekte*** ⇒*ongans.*

liv·er·ied ['lɪvrid] ⟨bn.⟩ **0.1** ***in livrei.***

liv·er·ish ['lɪvrɪʃ], **liv·er·y** [-ri] ⟨bn.⟩ ⟨inf.⟩ **0.1** ***misselijk*** ⇒*onwel, onpasselijk* **0.2** ***galachtig*** ⇒*gallig;* ⟨fig.⟩ *chagrijnig, knorrig* **0.3** ***leverachtig/kleurig*** **0.4** ***galbitter*** ◆ **¶.1** I'm a bit ~ *ik heb een beetje te zwaar/te veel gegeten.*

Liv·er·pud·li·an[1] [lɪvə'pʌdlɪən||-vər-] ⟨telb.zn.⟩ ⟨scherts.⟩ **0.1** ***inwoner v. Liverpool.***

Liverpudlian[2] ⟨bn.⟩ ⟨scherts.⟩ **0.1** ***Liverpools*** ⇒*v./uit* Liverpool.

'liver rot ⟨n.-telb.zn.⟩ **0.1** ***leverbotziekte*** ⇒*ongans.*

'liver salts ⟨mv.⟩ ⟨BE⟩ **0.1** ***zuiveringszout.***

'liver sausage ⟨f1⟩ ⟨n.-telb.zn.⟩ **0.1** ***leverworst.***

'liver spots ⟨mv.⟩ **0.1** ***levervlekken.***

liv·er·wort ['lɪvəwɜ:t||'lɪvərwɜrt] ⟨telb.zn.⟩ ⟨plantk.⟩ **0.1** ***levermos*** ⟨klasse Hepaticae⟩.

liv·er·wurst ['lɪvəwɜ:st||'lɪvərwɜrst] ⟨f1⟩ ⟨n.-telb.zn.⟩ ⟨AE⟩ **0.1** ***leverworst.***

liv·er·y[1] ['lɪvri] ⟨f1⟩ ⟨zn.; →mv. 2⟩

I ⟨telb.zn.⟩ **0.1** ⟨vnl. AE⟩ ***stalhouderij*** ⇒⟨bij uitbr.⟩ *verhuurbedrijf* **0.2** ***inbezitstelling*** ⇒*overdracht* **0.3** ⟨BE⟩ ***inbezitstellings/overdrachtsakte;***

II ⟨telb. en n.-telb.zn.⟩ **0.1** ***livrei*** ⇒*uniform, kostuum;* ⟨bij uitbr.⟩ *kledij, dos, uitmonstering, tooi* ◆ **1.1** trees in the ~ of summer *bomen in hun zomertooi* **6.1** **in/out of** ~ *in/niet in livrei;*

III ⟨n.-telb.zn.⟩ **0.1** ***lidmaatschap v. livreigilde*** **0.2** ***paardeverzorging*** ◆ **3.1** take up one's ~ *lid worden v.e. livreigilde* **6.2** keep horses **at** ~ *paarden in de kost hebben.*

livery[2] →liverish.
'livery company ⟨telb.zn.⟩ ⟨BE⟩ **0.1** ***livreigilde*** ⟨gilde in Londen met speciaal uniform⟩.
'livery cupboard ⟨telb.zn.⟩ **0.1** ***provisiekast.***
liv·er·y·man ['lɪvrimən] ⟨telb.zn.⟩ **0.1** ***stalhouder*** ⇒*stalhouders-knecht* **0.2** ⟨BE⟩ ***lid v. livreigilde.***
'livery servant ⟨telb.zn.⟩ **0.1** ***lakei*** ⇒*livreibediende/knecht.*
'livery stable ⟨telb.zn.; vaak mv. met enk. bet.⟩ **0.1** ***stalhouderij.***
lives [laɪvz] ⟨mv.⟩ →life.
live·stock ['laɪvstɒk‖-stɑk] ⟨f2⟩ ⟨verz.n.⟩ **0.1** ***vee*** ⇒*levende have* **0.2** ⟨inf.⟩ ***ongedierte*** ⇒*insekten, beestjes.*
'live 'up to ⟨f1⟩ ⟨onov.ww.⟩ **0.1** ***naleven*** ⇒*nakomen, waarmaken* ◆ **1.1** ~ one's faith/principles *leven overeenkomstig/in overeenstemming met zijn geloof/beginselen;* ~ a promise *een belofte nakomen;* ~ one's reputation *zijn naam eer aan doen.*
live·ware ['laɪvweə‖-wer] ⟨verz.n.⟩ **0.1** ***computerpersoneel.***
liv·id ['lɪvɪd] ⟨f1⟩ ⟨bn.; -ly; -ness⟩ **0.1** ⟨inf.⟩ ***hels*** ⇒*des duivels, furieus* **0.2** ***lijkbleek*** ⇒*asgrauw* **0.3** ***lood/blauwgrijs*** ⇒*blauw verkleurd* ◆ **6.1** ~ **at** *razend op.*
li·vid·i·ty [lɪ'vɪdəṭi] ⟨n.-telb.zn.⟩ **0.1** ***loodgrijsheid*** **0.2** ***lijkbleekheid*** **0.3** ⟨inf.⟩ ***helsheid.***
li·ving[1] ['lɪvɪŋ] ⟨f3⟩ ⟨zn.; (oorspr.) gerund v. live⟩ ⟨→sprw. 129⟩
I ⟨telb.zn.⟩ **0.1** ***inkomen*** ⇒*brood/kostwinning* **0.2** ⟨BE; kerk.⟩ ***prebende*** ⇒*predikantsplaats, beneficie* ◆ **3.1** earn/gain/get/make a ~ (as/out of/by) *aan de kost komen, de kost verdienen (als);* scrape/scratch a ~ *maar net rond (kunnen) komen, het hoofd net boven water houden* **¶.1** it's a ~ *het is werk, werk is werk;*
II ⟨n.-telb.zn.⟩ **0.1** ***leven*** ⇒*levensonderhoud/stijl.*
living[2] ⟨f3⟩ ⟨bn.; (oorspr.) teg. deelw. v. live⟩ ⟨→sprw. 46⟩ **0.1** ***levend*** ⇒*bestaand* **0.2** ***levendig*** ◆ **1.1** ~ fossil *levend fossiel* ⟨ook fig.⟩; ~ languages *levende talen;* the ~ theatre *de schouwburg, het toneel;* ~ water *levend water* **1.¶** ⟨inf.⟩ knock the ~ daylights out of s.o. *iem. overhoop/buiten westen slaan;* ⟨inf.⟩ scare the ~ daylights out of s.o. *iem. de stuipen op het lijf jagen;* ~ death *een leven als een hel;* he's the ~ image of his father *hij is het evenbeeld v. zijn vader, het is sprekend zijn vader;* in the land of the ~ *in het land der levenden;* ~ wage *menswaardig loon;* ~ will *levenstestament* **6.1** (with)in ~ memory *bij mensenheugenis* **7.1** the ~ *de (nu) levenden.*
'living conditions ⟨mv.⟩ **0.1** ***woon/levensomstandigheden.***
'living room ⟨f2⟩ ⟨telb.zn.⟩ **0.1** ***woonkamer*** ⇒*(huis)kamer.*
'living space ⟨n.-telb.zn.⟩ **0.1** ***leefruimte*** **0.2** ***woonoppervlak.***
'living standard ⟨f1⟩ ⟨telb.zn.⟩ **0.1** ***levensstandaard*** ◆ **3.1** improve/raise the ~ *de levensstandaard verbeteren.*
'living 'wage ⟨telb.zn.⟩ **0.1** ***voldoende loon.***
Liv·y ['lɪvi] ⟨eig.n.⟩ **0.1** ***Livius.***
lix·iv·i·ate [lɪk'sɪvieɪt] ⟨ov.ww.⟩ **0.1** ***(uit)logen.***
lix·iv·i·a·tion [lɪk'sɪvi'eɪʃn] ⟨n.-telb.zn.⟩ **0.1** ***(uit)loging.***
liz·ard ['lɪzəd‖-ərd] ⟨f2⟩ ⟨zn.⟩
I ⟨telb.zn.⟩ **0.1** ***hagedis*** **0.2** ***kanarie*** **0.3** →lounge lizard **0.4** ⟨sl.⟩ ***(inferieur) renpaard*** **0.5** ⟨sl.⟩ ***portefeuille*** ◆ **3.¶** ⟨dierk.⟩ frilled ~ *kraaghagedis* ⟨Chlamydosaurus kingi⟩;
II ⟨n.-telb.zn.⟩ **0.1** ***hagedisseleer.***
liz·zie ['lɪzi] ⟨telb.zn.⟩ ⟨sl.⟩ **0.1** ***(oude) auto*** ⇒*ouwe brik, rijdend wrak* ◆ **2.1** tin ~ *ouwe brik;* ⟨i.h.b.⟩ *Fordje.*
LJ ⟨afk.⟩ Lord Justice ⟨BE⟩.
L JJ ⟨afk.⟩ Lords Justices ⟨BE⟩.
ll ⟨afk.⟩ lines.
'll [(ə)l] ⟨hww.⟩ ⟨verk.⟩ shall, will.
LL ⟨afk.⟩ Lord Lieutenant.
lla·ma, ⟨soms⟩ **la·ma** ['lɑːmə] ⟨f1⟩ ⟨zn.; ook l(l)ama; →mv. 4⟩
I ⟨telb.zn.⟩ ⟨dierk.⟩ **0.1** ***lama*** ⟨genus lama, i.h.b. L. glama/peruana⟩;
II ⟨n.-telb.zn.⟩ **0.1** ***lama(wol)*** **0.2** ***lama(stof).***
lla·no ['lɑːnoʊ] ⟨telb.zn.⟩ **0.1** ***llano*** ⇒*(gras)steppe.*
LL B ⟨afk.⟩ Bachelor of Laws.
LL D ⟨afk.⟩ Doctor of Laws.
LL M ⟨afk.⟩ Master of Laws.
lm ⟨afk.⟩ lumen(s) ⟨nat.⟩ **0.1** ***lm.***
LM ⟨afk.⟩ long metre, lunar module.
LMS ⟨afk.⟩ London Mathematical Society; London, Midland & Scottish, London Missionary Society ⟨BE; gesch.⟩.
Ln ⟨afk.⟩ natural logarithm.
LNG ⟨afk.⟩ liquified Natural Gas.
lo [loʊ] ⟨tussenw.⟩ ⟨vero.⟩ **0.1** ***zie(daar)*** ⇒*kijk* ◆ **3.1** ⟨scherts.⟩ ~ and behold! *kijk eens aan!, nee maar!.*
loach [loʊtʃ] ⟨telb.zn.⟩ ⟨dierk.⟩ **0.1** ***modderkruiper*** ⟨vis; fam. Cobitidae⟩.
load[1] [loʊd] ⟨f3⟩ ⟨telb.zn.⟩ ⟨→sprw. 18⟩ **0.1** ***lading*** ⇒*last* ⟨ook fig.⟩, *vracht, voer* **0.2** ***belasting*** ⇒*te dragen gewicht, massa* **0.3** ***(elektrisch) vermogen*** ⇒*kracht* **0.4** ***lading*** ⟨v. vuurwapen⟩ **0.5** ⟨vaak mv.⟩ ⟨inf.⟩ ***hoop*** ⇒*massa's* ◆ **1.¶** come down like a ~ of bricks (on s.o.) *als een blok/met een geweldige smak neerkomen (op iem.); plotseling ontzettend kwaad worden (op iem.);* ⟨sl.; bel.⟩ ~ of coal *groep negers;* ~ of hay *lang haar;* ~ of wind *windbuil* **3.1** ⟨fig.⟩ that takes a ~ off my mind *dat is een pak van mijn hart* **3.¶** ⟨AE; sl.⟩ carry the ~ *krom liggen, de kastanjes uit het vuur halen, de kar trekken;* ⟨sl.⟩ drop one's ~ *klaarkomen; poepen;* ⟨inf.⟩ get a ~ of *een goede blik werpen op, goed letten op; goed luisteren naar;* ⟨inf.⟩ take a ~ off your feet *pak een stoel, ga erbij zitten* **5.¶** he came home with a ~ **on** *hij kwam thuis met een stuk in z'n kraag* **6.5** that's a ~ **of** bull *dat is een hoop gelul;* there's ~s **of** food *er is zat eten;* they have ~s **of** money *ze zwemmen in het geld.*
load[2] ⟨f3⟩ ⟨ww.⟩ →loaded, loading
I ⟨onov.ww.⟩ **0.1** ***laden*** ⇒*geladen worden* ◆ **5.1** the lorries were ~ing **up** at the factory *de vrachtwagens werden bij de fabriek geladen;*
II ⟨ov.ww.⟩ **0.1** ***laden*** ⇒*be/in/opladen, belasten, bevrachten* **0.2** ***laden*** ⟨vuurwapens, camera⟩ ⇒*vullen, stoppen* ⟨pijp⟩ **0.3** ***met lood verzwaren*** **0.4** ***verdraaien*** ⟨bewijzen⟩ **0.5** ***overladen*** ⇒*afladen* **0.6** ***vervalsen*** ⇒*verdraaien, aanlengen* ⟨wijn⟩ **0.7** ***toeslag(en) leggen op*** ⟨verzekeringspremie⟩ **0.8** ⟨Austr. E⟩ ***loontoeslag*** **0.9** ⟨comp.⟩ ***laden*** ⟨overbrengen v. programma's⟩ ◆ **1.3** a ~ed cane *een met lood verzwaarde wandelstok;* ~ the dice *de dobbelstenen verzwaren* **1.6** ⟨AE⟩ ~ the deck *de kaarten in je voordeel steken* **3.2** I'm ~ed *mijn geweer is geladen* **5.1** let's ~ **up** this car *laten we deze auto even inladen* **6.1** a man walked by, ~ed down **with** a large Christmas tree *er liep een man voorbij, gebukt onder een grote kerstboom* **6.¶** he wouldn't let his boss ~ him **with** abuse *hij liet zich niet door zijn baas de huid vol schelden;* they ~ed her **with** compliments *ze werd met complimenten overladen;* the table was ~ed **with** presents *de tafel stond vol met cadeaus.*
'load displacement ⟨telb. en n.-telb.zn.⟩ **0.1** ***waterverplaatsing.***
'load draught ⟨n.-telb.zn.⟩ **0.1** ***toegestane diepgang*** ⇒*maximumdiepgang* ⟨v. geladen schip⟩.
load·ed ['loʊdɪd] ⟨f2⟩ ⟨bn.; volt. deelw. v. load⟩
I ⟨bn.⟩ **0.1** ***geladen*** ⟨ook fig.⟩ ⇒*met lading, emotioneel geladen* **0.2** ***vervalst*** ⟨o.m. v. dobbelstenen⟩ **0.3** ⟨inf.⟩ ***stomdronken*** ⇒*straalbezopen, lazarus* **0.4** ⟨AE; inf.⟩ ***stoned*** **0.5** ***venijnig*** ⇒*geniepig* ◆ **1.1** a ~ cigar *een klapsigaar* **1.5** a ~ question *een strikvraag;*
II ⟨bn., pred.⟩ ⟨inf.⟩ **0.1** ***schatrijk*** ⇒*stinkend rijk* ◆ **1.1** be ~ with dough *barsten v.h. geld.*
load·er ['loʊdə‖-ər] ⟨f1⟩ ⟨telb.zn.⟩ **0.1** ***lader*** ⇒*laadinrichting.*
'load factor ⟨telb.zn.⟩ **0.1** ***belastingsfactor*** **0.2** ***bezettingsgraad*** ⟨v. vliegtuig e.d.⟩.
load·ing ['loʊdɪŋ] ⟨f1⟩ ⟨zn.; (oorspr.) gerund v. load⟩
I ⟨telb.zn.⟩ **0.1** ***toeslag(en)*** ⟨op verzekeringspremie⟩;
II ⟨telb. en n.-telb.zn.⟩ **0.1** ***lading*** ⟨ook v. vuurwapens⟩ ⇒*belasting, vracht, het laden* **0.2** ***verzwaring*** ⇒*verzwaringsmiddel.*
'loading bank ⟨telb.zn.⟩ **0.1** ***laadplatform.***
'load line ⟨telb.zn.⟩ **0.1** ***laadlijn*** ⇒*lastlijn.*
'load-shed·ding ⟨n.-telb.zn.⟩ **0.1** ***tijdelijke afsluiting*** ⟨v. elektriciteitsaanvoer⟩.
'loadstar →lodestar.
'load·stone, 'lode·stone ⟨zn.⟩
I ⟨telb.zn.⟩ **0.1** ***(natuur)magneet*** **0.2** ⟨fig.⟩ ***magneet;***
II ⟨n.-telb.zn.⟩ **0.1** ***magnetiet*** ⇒*magneetijzersteen.*
'load waterline ⟨telb.zn.⟩ ⟨scheep.⟩ **0.1** ***laadlijn.***
loaf[1] ⟨f1⟩ ⟨telb.zn.; g. mv.⟩ **0.1** ***gelummel*** ⇒*nietsdoenerij* ◆ **2.1** let's have a good ~ this weekend *laten we dit weekend lekker niets doen.*
loaf[2] ['loʊf] ⟨f2⟩ ⟨zn.; loaves ['loʊvz]; →mv. 3⟩ ⟨→sprw. 248⟩
I ⟨telb.zn.⟩ **0.1** ***brood*** **0.2** ***brood(suiker)*** **0.3** ⟨inf.⟩ ***kop*** ⇒*hersens, knar* **0.4** ⟨BE⟩ ***krop*** ⟨bv. kool, sla⟩ ◆ **1.1** a ~ of brown bread *een bruin brood* **1.3** ⟨BE; sl.⟩ ~ of bread *hersens, knar* **1.4** get us a ~ of cabbage *haal even een kool* **1.¶** loaves and fishes *persoonlijk materieel voordeel* ⟨naar Joh. 6:26⟩ **3.3** use your ~ for once *denk nu eens een keer na;*
II ⟨telb. en n.-telb.zn.⟩ **0.1** ⟨ben. voor⟩ ***(gerecht in) brood(vorm).***
loaf[3] ⟨f1⟩ ⟨ww.⟩
I ⟨onov.ww.⟩ **0.1** ***rondhangen*** ⇒*lummelen, lanterfanten;*
II ⟨ov.ww.⟩ **0.1** ***verdoen*** ⇒*verbeuzelen, verlummelen* **0.2** ⟨sl.⟩ ***lenen*** ⟨en niet teruggeven⟩ ◆ **5.1** they were quietly ~ing **away** the time *ze zaten rustig hun tijd te verdoen.*
loaf·er ['loʊfə‖-ər] ⟨f1⟩ ⟨telb.zn.⟩ **0.1** ***leegloper*** ⇒*lanterfanter, straatslijper* **0.2** ⟨AE⟩ ***lage schoen*** ⇒*mocassin, loafer.*
'loaf·su·gar ⟨n.-telb.zn.⟩ **0.1** ***broodsuiker*** ⇒*melis.*
loam[1] [loʊm] ⟨f1⟩ ⟨n.-telb.zn.⟩ **0.1** ***leem*** **0.2** ***klei*** ⟨voor bakstenen⟩.
loam[2] ⟨ov.ww.⟩ **0.1** ***met leem bedekken/vullen.***

loam·y ['loumi]⟨bn.; -er; →compar. 7⟩ **0.1** ***leemachtig*** ⇒*leem-, kleiachtig.*

loan[1] [loun], ⟨in bet. I 0.3, 0.4 ook⟩ **loan·ing** ['louniŋ]⟨f2⟩⟨zn.⟩
I ⟨telb.zn.⟩ **0.1** ***lening*** ⇒*leningsbedrag, staatslening, renteloos voorschot* **0.2** ***leen*** ⇒*tijdelijk gebruik* **0.3** ⟨taalk.⟩ →loan word **0.4** ⟨BE; gew.⟩ ***pad*** ⇒*laantje* **0.5** ⟨BE; gew.⟩ ***melkplaats*** ◆ **6.2** ⟨op boek⟩ not **for** ~ *niet uitleenbaar;* ask for the ~ **of** a typewriter *een schrijfmachine te leen vragen;* have sth. **on** ~ **from** s.o. *iets van iem. te leen hebben;* we have this secretary **on** ~ from headquarters *wij hebben tijdelijk deze secretaresse v.h. hoofdkantoor;*
II ⟨n.-telb.zn.⟩ **0.1** ***het lenen*** **0.2** ***het geleend zijn.***

loan[2] ⟨f1⟩⟨ov.ww.⟩ **0.1** ***lenen*** ⇒*uitlenen, te leen geven, in bruikleen geven* ◆ **6.1** ~ money **to** a friend *geld aan een vriend lenen.*

loan·a·ble ['lounəbl]⟨bn.⟩ **0.1** ***beschikbaar om uitgeleend te worden*** ⟨i.h.b. v. gelden⟩ ◆ **1.1** ~ funds *leningsfonds(en).*

'loan collection ⟨telb.zn.⟩ **0.1** ***collectie in bruikleen.***

loan·ee [lou'ni:]⟨telb.zn.⟩ **0.1** ***lener*** ⟨iem. aan wie geleend wordt⟩.

loan·er ['lounə‖-ər]⟨telb.zn.⟩ **0.1** ***lener*** ⟨iem. die iets te leen geeft⟩.

'loan guarantee ⟨telb.zn.⟩ **0.1** ***leninggarantie.***

'loan·hold·er ⟨telb.zn.⟩ **0.1** ***iem. die een lening heeft verstrekt*** ⇒*hypotheeknemer.*

'loan office ⟨telb.zn.⟩ **0.1** ***bank v. lening.***

'loan shark ⟨telb.zn.⟩⟨inf.⟩ **0.1** ***woekeraar*** ⇒*bloedzuiger, uitzuiger.*

'loan stock ⟨n.-telb.zn.⟩⟨BE⟩ **0.1** ***obligatiekapitaal*** ⇒*geleend kapitaal* ⟨waarvoor activa niet als waarborg dienen⟩.

'loan translation ⟨telb.zn.⟩ **0.1** ***leenvertaling.***

'loan word ⟨f1⟩⟨telb.zn.⟩ **0.1** ***leenwoord*** ⇒*bastaardwoord.*

loath, loth [louθ]⟨f1⟩⟨bn., pred.⟩ **0.1** ***ongenegen*** ⇒*afkerig, ongezind* ◆ **3.1** he was ~ to leave the house *hij had er een hekel aan om het huis uit te gaan* **5.1** ⟨vero.⟩ nothing ~ *zeer genegen, geenszins afkerig;* we were nothing ~ to leave *we gingen maar wat graag weg.*

loathe [louð]⟨f2⟩⟨ov.ww.⟩ →loathing **0.1** ***verafschuwen*** ⇒*een afkeer hebben van, verfoeien, walgen van, een hekel hebben aan.*

loath·ing ['louðiŋ]⟨f1⟩⟨telb. en n.-telb.zn.; (oorspr.) gerund v. loathe⟩ **0.1** ***afkeer*** ⇒*hekel, weerzin, walging, haat.*

loath·ly ['louðli]⟨bn.; -ness; →bijw. 3⟩⟨vero., schr.⟩ **0.1** ***walgelijk*** ⇒*weerzinwekkend.*

loath·some ['louðsəm]⟨f1⟩⟨bn.; -ly; -ness⟩ **0.1** ***walgelijk*** ⇒*weerzinwekkend, ziek makend, afschuwelijk.*

loaves ⟨mv.⟩ →loaf.

lob[1] [lɒb‖lɑb]⟨f1⟩⟨telb.zn.⟩ **0.1** ⟨tennis⟩ ***lob*** ⇒*hoge boogbal* **0.2** ⟨cricket⟩ ***lob*** ⇒*langzaam aangegooide boogbal* **0.3** ⟨sl.⟩ ***sul*** **0.4** ***overijverig werker*** **0.5** ***zachte worp.***

lob[2] ⟨f1⟩⟨ov.ww.; →ww. 7⟩ **0.1** ⟨tennis⟩ ***lobben*** **0.2** ⟨cricket⟩ ***met een lob gooien/slaan*** **0.3** ⟨inf.⟩ ***gooien*** ⇒*smijten, keilen* **0.4** ⟨sl.⟩ ***zacht heen en weer gooien.***

lo·bar ['loubə‖-ər]⟨bn., attr.⟩⟨biol.⟩ **0.1** ***lobair.***

lo·bate ['loubeɪt], **lo·bat·ed** ['loubeɪṭɪd]⟨bn., attr.⟩ **0.1** ⟨plantk.⟩ ***gelobd*** ⟨met insnijdingen⟩ **0.2** ***lobvormig.***

lo·ba·tion [lou'beɪʃn]⟨zn.⟩
I ⟨telb.zn.⟩ **0.1** ⟨plantk.⟩ ***lob*** **0.2** ⟨biol.⟩ ***kwab*** ⇒*lob* **0.3** ***lel;***
II ⟨n.-telb.zn.⟩ **0.1** ***kwab/lob/lelvorming.***

lob·by[1] ['lɒbi‖'lɑbi]⟨f2⟩⟨zn.; →mv. 2⟩
I ⟨telb.zn.⟩ **0.1** ***hal*** ⇒*portaal, voorzaal* **0.2** ***wachtkamer*** ⇒*foyer, koffiekamer* **0.3** ***wandelgang*** ⇒*lobby* ⟨i.h.b. in het Eng. Lagerhuis bij het stemmen⟩, *couloir;*
II ⟨verz.n.⟩⟨pol.⟩ **0.1** ***lobby*** ⇒*pressiegroep.*

lobby[2] ⟨f1⟩⟨ww.; →ww. 7⟩
I ⟨onov.ww.⟩ **0.1** ***lobbyen*** ⇒*druk uitoefenen op de politieke besluitvorming;*
II ⟨ov.ww.⟩ **0.1** ***in de wandelgangen bewerken*** ⇒*onder druk zetten* ⟨parlementsleden⟩ **0.2** ***d.m.v. een lobby doen aannemen*** ⟨wet⟩ ◆ **6.2** the bill was lobbied **through** parliament *een lobby zorgde ervoor dat de wet door het parlement werd aangenomen.*

lob·by·ist ['lɒbiɪst‖'lɑ-]⟨telb.zn.⟩ **0.1** ***lobbyist*** ⇒*lid v. pressiegroep.*

lobe [loub]⟨f1⟩⟨telb.zn.⟩ **0.1** ***(oor)lel*** **0.2** ***kwab*** ⇒*lob* ⟨v. hersenen, longen⟩ **0.3** ⟨plantk.⟩ ***lob*** ◆ **1.2** ~ of liver *leverkwab.*

lo·bec·to·my [lou'bektəmi]⟨telb. en n.-telb.zn.; →mv. 2⟩⟨med.⟩ **0.1** ***lobectomie*** ⟨verwijdering v.e. kwab, bv. v. long⟩.

lobed ['loubd]⟨bn.⟩⟨biol.⟩ **0.1** ***gelobd*** ⇒*met een lob/kwab/lel.*

lo·be·li·a [lou'bi:lɪə]⟨telb.zn.⟩ **0.1** ***lobelia*** ⟨plantengeslacht⟩.

lob·lol·ly ['lɒblɒli‖'lɑblɑli]⟨telb.zn.; →mv. 2⟩⟨AE; gew.⟩ **0.1** ***moeras*** ⇒*modderpoel* **0.2** ***lummel*** ⇒*kwast.*

'loblolly boy, 'loblolly man ⟨telb.zn.⟩⟨scheep.⟩ **0.1** ***scheepsdoktersassistent*** ⇒*scheepsdoktershulpje.*

'loblolly 'pine ⟨telb.zn.⟩⟨plantk.⟩ **0.1** ***loblolly pine*** ⟨Am. pijnboom; Pinus taeda⟩.

lo·bo ['loubou]⟨telb.zn.⟩⟨AE; sl.⟩ **0.1** ***misdadiger*** ⇒*crimineel, schurk.*

lo·bot·o·my [lou'bɒtəmi, lə-‖-'bɑṭə-]⟨telb. en n.-telb.zn.; →mv. 2⟩⟨med.⟩ **0.1** ***lobotomie*** ⇒*verwijdering v.d. hersenkwab.*

lob·scouse ['lɒbskaus‖'lɑb-]⟨n.-telb.zn.⟩⟨scheep.⟩ **0.1** ***labskous*** ⇒*lapkous* ⟨soort stamppot⟩.

lob·ster[1] ['lɒbstə‖'lɑbstər]⟨f2⟩⟨zn.⟩
I ⟨telb.zn.⟩⟨AE; sl.⟩ **0.1** ***pineut*** ⇒*sigaar* ⟨v. bedrog⟩;
II ⟨telb. en n.-telb.zn.; ook lobster; →mv. 4⟩⟨dierk., cul.⟩ **0.1** ***zeekreeft*** ⟨genus Homarus⟩.

lobster[2] ⟨onov.ww.⟩ **0.1** ***op zeekreeft vissen*** ⇒*zeekreeft vangen.*

'lobster pot ⟨telb.zn.⟩ **0.1** ***kreeftenfuik.***

lob·u·lar ['lɒbjulə‖'lɑbjələr]⟨bn.; -ly⟩
I ⟨bn.⟩ **0.1** ***lobulair*** ⇒*een kwab betreffend;*
II ⟨bn., attr.⟩ **0.1** ***longkwab-*** ◆ **1.1** ~ pneumonia *longontsteking.*

lob·ule ['lɒbju:l‖'lɑ-]⟨telb.zn.⟩ **0.1** ***kleine lob*** ⇒*lelletje, kwab* ⟨bv. v. hersenen/longen⟩.

'lob·worm ⟨telb.zn.⟩ **0.1** ***zeepier*** ⟨genus Arenicola⟩.

lo·cal[1] ['loukl]⟨f2⟩⟨zn.⟩
I ⟨telb.zn.⟩ **0.1** ⟨vaak mv.⟩ ***plaatselijke bewoner*** ⇒*inboorling* **0.2** ***plaatselijke dominee/dokter*** **0.3** ***plaatselijk nieuwtje*** **0.4** ***postzegel voor districtspost*** **0.5** ***lokaal(trein)*** ⇒*stoptrein, boemeltje* **0.6** ⟨AE⟩ ***plaatselijke afdeling*** ⟨i.h.b. v.e. vakbond⟩ **0.7** ⟨BE; inf.⟩ ***stamcafé*** ⇒*stamkroeg, café op de hoek* **0.8** →locale;
II ⟨mv.; ~s⟩⟨BE⟩ **0.1** ***plaatselijk examen*** ⟨universitair examen dat in verschillende plaatsen wordt afgenomen⟩.

local[2] ⟨f3⟩⟨bn.; -ly⟩ **0.1** ***plaatselijk*** ⇒*lokaal, v.d./v.e. plaats, buurt-, streek-* **0.2** ***plaatselijk*** ⇒*niet algemeen, niet algeheel, beperkt* **0.3** ⟨BE⟩ ***alhier*** ⟨op brief⟩ ◆ **1.1** ⟨jur.⟩ ~ action *aan een bep. plaats gebonden strafbare handeling* ⟨bv. zich op verboden terrein bevinden⟩; ⟨BE⟩ ~ authority *plaatselijke overheid;* ~ call *lokaal/* ⟨B.⟩ *zonaal gesprek;* ~ colour *lokale kleur, couleur locale;* ~ customs *streekgebruiken, plaatselijke gewoontes;* ~ derby *streekderby;* ~ doctor *dokter uit de buurt, dorpsdokter;* ⟨BE⟩ Local Examinations *universitaire examens die op verschillende plaatsen worden afgenomen;* ⟨BE⟩ ~ government *plaatselijk bestuur;* ~ option /veto *plaatselijke keuze;* ~ preacher *Methodistisch lekenprediker in bep. district;* ~ train *boemeltrein, stoptrein;* ~ yokel *boerenpummel* **1.2** ~ anaesthetic *plaatselijk verdovingsmiddel;* this animal is very ~ *dit dier komt maar in een zeer beperkt gebied voor* **3.1** we have no football pitch ~ly *we hebben geen voetbalveld hier in de buurt.*

lo·cale [lou'kɑ:l], **lo·cal** ⟨telb.zn.⟩⟨schr.⟩ **0.1** ***plaats waar iets gebeurt/gebeurd is*** ⇒*achtergrond* ⟨bv. v.e. verhaal⟩.

lo·cal·ism ['loukəlɪzm]⟨zn.⟩
I ⟨telb.zn.⟩ **0.1** ***plaatselijke eigenaardigheid*** ⇒*plaatselijke uitdrukking/uitspraak, streekgebruik;*
II ⟨n.-telb.zn.⟩ **0.1** ***provincialisme*** ⇒*bekrompenheid.*

lo·cal·i·ty [lou'kæləṭi]⟨f2⟩⟨zn.; →mv. 2⟩
I ⟨telb.zn.⟩ **0.1** ***plaats*** ⇒*gewest, district, buurt, lokaliteit* **0.2** ***positie*** ⇒*ligging, plaats;*
II ⟨n.-telb.zn.⟩ **0.1** ***het plaats innemen*** **0.2** ***oriënteringsvermogen.***

lo·cal·iz·a·ble ['loukəlaɪzəbl]⟨bn.⟩ **0.1** ***lokaliseerbaar*** ⇒*te plaatsen.*

lo·cal·i·za·tion, -sa·tion ['loukəlaɪ'zeɪʃn‖-kələ-]⟨n.-telb.zn.⟩ **0.1** ***het geven v.e. plaatselijk karakter*** **0.2** ***lokalisatie*** ⇒*lokalisering, beperking* **0.3** ***lokalisatie*** ⇒*het plaatshebben.*

lo·cal·ize, -ise ['loukəlaɪz]⟨f1⟩⟨ww.⟩
I ⟨onov.ww.⟩ **0.1** ***lokaal/plaatselijk worden;***
II ⟨ov.ww.⟩ **0.1** ***een plaatselijk karakter geven*** **0.2** ***lokaliseren*** ⇒*tot een bep. plaats beperken, binnen bep. grenzen houden* **0.3** ***plaatsen*** ⇒*een plaats toekennen, lokaliseren* **0.4** ***decentraliseren*** ⇒*bevoegdheden spreiden* ◆ **1.2** they hoped to ~ the outbreak of polio *ze hoopten de uitbarsting v. polio tot een klein gebied te beperken.*

'local time ⟨f1⟩⟨n.-telb.zn.⟩ **0.1** ***plaatselijke tijd.***

lo·cate [lou'keɪt‖'loukeɪt]⟨f3⟩⟨ww.⟩
I ⟨onov.ww.⟩⟨AE⟩ **0.1** ***zich vestigen*** ⇒*gaan wonen, een zaak opzetten;*
II ⟨ov.ww.⟩ **0.1** ***de positie bepalen v.*** ⇒*de plaats vaststellen v., opsporen* **0.2** ⟨vaak pass.⟩ ***vestigen*** ⇒*een plaats geven/aanwijzen, plaatsen, stationeren* **0.3** ***afbakenen*** ⇒*grenzen bepalen v.* ◆ **1.1** I can't ~ that village anywhere on the map *ik kan dat dorp nergens vinden op de kaart* **1.2** the estate was ~d on the bank of a river *het landgoed was gelegen aan de oever v.e. rivier* **3.1** try to ~ *trachten te vinden, zoeken.*

lo·ca·tion [lou'keɪʃn]⟨f3⟩⟨zn.⟩
I ⟨telb.zn.⟩ **0.1** ***plaats*** ⇒*ligging, positie* **0.2** ***terrein*** ⇒*afgebakend land, claim* **0.3** ***locatie*** ⟨voor filmopnamen⟩ **0.4** ***locatie*** ⟨woonbuurt voor kleurlingen/Bantoes in Zuid-Afrika⟩ ◆ **6.3** **on** ~ *op locatie;*
II ⟨n.-telb.zn.⟩ **0.1** ***plaatsbepaling*** ⇒*locatie, plaatsing, het vinden* **0.2** ***afbakening*** ⇒*grensbepaling.*

loc·a·tive[1] ['lɒkətɪv‖'lɑkəṭɪv]⟨telb.zn.; ook attr.⟩⟨taalk.⟩ **0.1** ***locatief.***

locative² ⟨bn.⟩ ⟨taalk.⟩ **0.1** ***in de locatief.***
loc cit ['lɒk 'sɪt‖'lɑk-] ⟨afk.⟩ loco citato **0.1** ***l.c.*** ⟨op de aangehaalde plaats⟩.
loch [lɒx, lɒk‖lɑk, lɑx] ⟨f1⟩ ⟨telb.zn.⟩ ⟨Sch. E⟩ **0.1** ***meer*** **0.2** ***smalle (ingesloten) zeearm.***
Loch·aber axe [lɒ'xæbə'ræks‖lɑ'xɑ-] ⟨telb.zn.⟩ ⟨gesch.⟩ **0.1** ***hellebaard*** ⟨v.d. Schotse Hooglanders⟩.
lo·chan ['lɒxn, 'lɒkn] ⟨telb.zn.⟩ ⟨Sch. E⟩ **0.1** ***(klein) binnenmeer.***
lo·chi·a ['lɒkɪə‖'loʊ-] ⟨n.-telb.zn.⟩ **0.1** ***kraamvloed*** ⇒*lochia.*
lo·chi·al ['lɒkɪəl‖'loʊ-] ⟨bn., attr.⟩ **0.1** ***lochiaal*** ⇒*v.d. kraamvloed.*
loci ⟨mv.⟩ →locus.
lock¹ [lɒk‖lɑk] ⟨f3⟩ ⟨zn.⟩
I ⟨telb.zn.⟩ **0.1** ***lok*** ⇒*haarlok, vlok, plukje* **0.2** ***slot*** ⟨ook v. vuurwapens⟩ ⇒*sluiting* **0.3** ***(schut)sluis*** ⇒*sas, kolksluis, luchtsluis* **0.4** ***houdgreep*** **0.5** ***verkeersopstopping*** **0.6** ⟨rugby⟩ →~ forward **0.7** ⟨BE⟩ ***kliniek voor geslachtsziekten*** **0.8** ⟨AE; sl.⟩ ***zekerheid*** ◆ **1.1** her golden ~s *haar gouden lokken/haar* **1.2** under ~ and key *achter slot en grendel, veilig weggeborgen;* ⟨fig.⟩ *in de gevangenis* **1.¶** ~, stock, and barrel *in zijn geheel, alles inbegrepen, volledig, compleet;*
II ⟨telb. en n.-telb.zn.⟩ **0.1** ***vergrendeling*** ⇒*het vastzetten, het vastzitten* **0.2** ***stuuruitslag*** ⟨v. auto⟩ ◆ **2.2** full ~ *totale stuuruitslag.*
lock² ⟨f3⟩ ⟨ww.⟩
I ⟨onov.ww.⟩ **0.1** ***sluiten*** ⇒*gesloten/vergrendeld (kunnen) worden* **0.2** ***vastlopen*** ⇒*vastraken, geblokkeerd raken* **0.3** ***in elkaar verstrengeld raken*** ⇒*in elkaar grijpen, in elkaar haken* **0.4** ***door een schutsluis gaan*** **0.5** ⟨AE; sl.⟩ ***in een cel zitten*** ◆ **1.1** the doors wouldn't ~ *de deuren wilden niet sluiten/konden niet dicht* **5.¶** →lock **on**; →lock **up**;
II ⟨ov.ww.⟩ **0.1** ***sluiten*** ⇒*op slot doen, afsluiten* **0.2** ***wegsluiten*** ⇒*opbergen achter slot, wegstoppen, opsluiten* ⟨ook fig.⟩ **0.3** ***vasthouden*** ⇒*(om)klemmen, verstrengelen* **0.4** ***vastzetten*** ⇒*blokkeren, vastklemmen* **0.5** ***van schutsluizen voorzien*** **0.6** ***schutten*** ⟨schepen⟩ ⇒*sluizen* **0.7** ⟨gewichtheffen⟩ ***volledig strekken*** ⟨armen⟩ ◆ **1.3** ~ horns *met de hoorns vastzitten* ⟨v. vee⟩; ⟨fig.⟩ *in conflict raken* **5.1** the child had ~ed himself **in** *het kind had zichzelf ingesloten;* ~ o.s. **out** (of the house) *zich(zelf) buitensluiten;* ~ **out** workmen *arbeiders de toegang ontzeggen* ⟨tot fabriek, werkterrein⟩ **5.2** don't forget to ~ **away** your valuables *vergeet niet je kostbaarheden op te bergen* **5.¶** →lock **up** **6.3** he ~ed her **in** his arms *hij sloot haar in zijn armen;* they were ~ed **in** a bloody battle *ze waren in een bloedige strijd verwikkeld.*
lock·a·ble ['lɒkəbl‖'lɑ-] ⟨bn.⟩ **0.1** ***afsluitbaar.***
lock·age ['lɒkɪdʒ‖'lɑ-] ⟨n.-telb.zn.⟩ **0.1** ***het schutten*** ⟨v. schepen⟩ ⇒*het sluizen* **0.2** ***schutgeld*** ⇒*sluisgeld* **0.3** ***verval v.e. schutsluis*** ⇒*schutwater* **0.4** ***sluizen*** ⇒*sluiswerken.*
'lock-a·way ⟨telb.zn.⟩ ⟨BE⟩ **0.1** ***toekomstbelegging*** ⇒*belegging op lange termijn.*
lock·er ['lɒkə‖'lɑkər] ⟨f2⟩ ⟨telb.zn.⟩ **0.1** ***afsluiter*** ⇒*iem. die afsluit, slot, vergrendeling* **0.2** ***kast(je)*** ⇒*kluis* ⟨bv. voor kleding, bagage⟩ **0.3** ***scheepskist.***
'locker room ⟨f1⟩ ⟨telb.zn.⟩ **0.1** ***kleedkamer*** ⟨met kasten⟩ **0.2** ***kleedhokje.***
lock·et ['lɒkɪt‖'lɑ-] ⟨telb.zn.⟩ **0.1** ***medaillon.***
'lock·fast ⟨bn.⟩ ⟨Sch. E⟩ **0.1** ***op slot.***
'lock 'forward ⟨telb. en n.-telb.zn.⟩ ⟨Austr. E; rugby⟩ **0.1** ***voorwaartse in de tweede/derde rij v.d. scrum.***
'lock gate ⟨f1⟩ ⟨telb.zn.⟩ **0.1** ***sluisdeur.***
'lock hospital ⟨telb.zn.⟩ ⟨BE⟩ **0.1** ***kliniek voor geslachtsziekten.***
'lock·house ⟨telb.zn.⟩ **0.1** ***sluiswachtershuis*** ⇒*sluishuisje.*
'lock-in ⟨telb.zn.⟩ ⟨AE⟩ **0.1** ***bezetting*** ⟨als protest⟩.
'lock·jaw ⟨f1⟩ ⟨telb. en n.-telb.zn.⟩ ⟨med.⟩ **0.1** ***tetanus*** ⇒*klem,* ⟨i.h.b.⟩ *kaakkramp, trismus.*
'lock·keep·er ⟨f1⟩ ⟨telb.zn.⟩ **0.1** ***sluiswachter*** ⇒*sluismeester.*
'lock-knit ⟨n.-telb.zn.⟩ **0.1** ***interlock breigoed.***
'lock·nut ⟨telb.zn.⟩ **0.1** ***borgmoer*** ⇒*contramoer.*
'lock 'on ⟨onov.ww.⟩ **0.1** ***doel zoeken en automatisch volgen*** ⇒*blijven volgen* ⟨v.e. raket, radar⟩ ◆ **6.1** advanced missiles can ~ **to** their targets *geavanceerde raketten kunnen hun doelen automatisch volgen.*
'lock·out ⟨f1⟩ ⟨telb.zn.⟩ **0.1** ***uitsluiting*** ⟨v. werknemers bij dreigende staking/bezetting⟩ ⇒*lock-out.*
locks·man ['lɒksmən‖'lɑks-] ⟨telb.zn.; locksmen [-mən]; →mv. 3⟩ **0.1** ***sluiswachter.***
'lock·smith ⟨f1⟩ ⟨telb.zn.⟩ ⟨→sprw. 420⟩ **0.1** ***slotenmaker.***
'lock step ⟨n.-telb.zn.⟩ **0.1** ***het zeer dicht achter elkaar marcheren*** **0.2** ***regelmaat*** ⇒*vast patroon, keurslijf.*
'lock stitch ⟨telb.zn.⟩ **0.1** ***stiksteek.***
'lock·up ⟨f1⟩ ⟨zn.⟩
I ⟨telb.zn.⟩ **0.1** ⟨inf.⟩ ***arrestantenhok*** ⇒*cachot, nor, bajes* **0.2** ⟨ook attr.⟩ ⟨BE⟩ ⟨ben. voor⟩ ***afsluitbare ruimte*** ⇒*kiosk, winkel zonder woonruimte, dagwinkel; garagebox, opbergbox;*
II ⟨n.-telb.zn.⟩ **0.1** ***sluiting*** ⇒*afsluiting, sluitingstijd* **0.2** ***vastlegging*** ⟨v. kapitaal⟩.
lock up ⟨f1⟩ ⟨zn.⟩
I ⟨onov.ww.⟩ **0.1** ***afsluiten*** ⇒*alles op slot doen;*
II ⟨ov.ww.⟩ **0.1** ***op slot doen*** ⇒*afsluiten* **0.2** ***opbergen*** ⇒*wegsluiten* **0.3** ***vastleggen*** ⇒*beleggen* **0.4** ***opsluiten*** ⇒*wegstoppen* ⟨in gevang, gekkenhuis⟩ ◆ **1.1** could you ~ the office when you leave? *sluit je het kantoor af wanneer je weg gaat?* **1.2** ~ one's gold and silver *zijn goud en zilver veilig opbergen/in een kluis stoppen* **1.4** the woman was locked up for infanticide *de vrouw werd achter de tralies gezet wegens kindermoord* **6.3** he can't pay because his money is locked up **in** land *hij kan niet betalen omdat zijn geld is vastgelegd/vast ligt in land* **6.4** locked up **in** a cell *in een cel opgesloten.*
'lockup garage ⟨telb.zn.⟩ ⟨BE⟩ **0.1** ***garagebox.***
'lockup shop ⟨telb.zn.⟩ ⟨BE⟩ **0.1** ***winkel zonder woonruimte*** ⇒*dagwinkel.*
lo·co¹ ['loʊkoʊ] ⟨telb.zn.⟩ ⟨verk.⟩ locomotive ⟨inf.⟩ **0.1** ***loc.***
loco², ⟨in bet. I ook⟩ **'lo·co·weed** ⟨zn.; ook -es; →mv. 2⟩
I ⟨telb.zn.⟩ **0.1** ***giftige plant*** ⟨genus Astragalus en Oxytropis⟩;
II ⟨telb. en n.-telb.zn.⟩ **0.1** →loco disease.
loco³ ⟨bn.⟩ ⟨inf.⟩ **0.1** ***gek*** ⇒*getikt, geschift, niet goed snik.*
lo·co ci·ta·to ['lɒkoʊ sɪ'tɑ:toʊ‖'loʊkoʊ saɪ'teɪtoʊ] ⟨bw.⟩ **0.1** ***loco citato*** ⟨op de aangehaalde plaats⟩.
'loco disease ⟨telb. en n.-telb.zn.⟩ **0.1** ***veeziekte veroorzaakt door giftige plant.***
lo·coed ['loʊkoʊd] ⟨bn., pred.⟩ ⟨vnl. AE⟩ **0.1** ***ziek door het eten v. loco*** **0.2** ⟨inf.⟩ ***gek*** ⇒*getikt, geschift, niet goed snik.*
lo·co·mote ['loʊkə'moʊt‖'loʊkəmoʊt] ⟨onov.ww.⟩ **0.1** ***zich voortbewegen.***
lo·co·mo·tion ['loʊkə'moʊʃn] ⟨n.-telb.zn.⟩ **0.1** ***(voort)beweging*** ⇒*locomotie* **0.2** ***voortbewegingsvermogen*** **0.3** ***verkeer*** ⇒*het reizen.*
lo·co·mo·tive¹ ['loʊkə'moʊtɪv] ⟨f2⟩ ⟨telb.zn.⟩ **0.1** ***locomotief*** **0.2** ⟨AE; sport⟩ ***aanzwellende yell.***
locomotive² ⟨bn.⟩ **0.1** ***zich voort kunnende bewegen*** ⇒*zich (voort) bewegend* **0.2** ***voortbewegings-*** ⇒*v./mbt. het verkeer/het reizen, rondreis-* ◆ **1.1** ~ engine *locomotief* **1.2** ~ power *voortbewegingsvermogen.*
lo·co·mo·tor ['loʊkə'moʊtə‖-'moʊtər], **lo·co·mo·to·ry** ['loʊkə'moʊtəri] ⟨bn., attr.⟩ **0.1** ***bewegings-*** **0.2** ***motorisch*** ⇒*mbt. de voortbewegingsorganen* ◆ **1.2** ⟨med.⟩ locomotor ataxy *ruggemergstering, tabes (dorsalis).*
'locoweed →loco.
loc·u·lar ['lɒkjʊlə‖'lɑkjələr] ⟨bn.⟩ ⟨biol.⟩ **0.1** ***voorzien v./bestaande uit/onderverdeeld in holtes/kamers.***
loc·u·lus ['lɒkjʊləs‖'lɑkjə-], ⟨vnl. plantk. ook⟩ **loc·ule** ['lɒkju:l‖'lɑ-] ⟨telb.zn.; loculi [-laɪ]; →mv. 5⟩ **0.1** ⟨biol.⟩ ***holte*** ⇒*kamer* **0.2** ***loculus*** ⟨grafkamertje in catacombe⟩.
lo·cum ['loʊkəm] ⟨telb.zn.⟩ ⟨verk.⟩ locum tenens.
lo·cum te·nen·cy ['loʊkəm 'ti:nənsi] ⟨telb. en n.-telb.zn.; →mv. 2⟩ **0.1** ***plaatsvervanging*** ⟨v. dokter/geestelijke⟩.
lo·cum te·nens ['loʊkəm 'ti:nenz], ⟨inf.⟩ **lo·cum** ⟨telb.zn.; locum tenentes [-tə'nenti:z]; →mv. 5⟩ **0.1** ***plaatsvervanger*** ⇒*waarnemend dokter/geestelijke, invaller.*
lo·cus ['loʊkəs] ⟨telb.zn.; loci [-saɪ]; →mv. 5⟩ **0.1** ***plaats*** ⇒*punt* **0.2** ⟨wisk.⟩ ***meetkundige plaats*** ⇒*puntenverzameling* **0.3** ***locus*** ⟨plaats v.e. gen in een chromosoom⟩.
lo·cus clas·si·cus ['loʊkəs 'klæsɪkəs] ⟨telb.zn.; loci classici ['loʊsaɪ 'klæsɪsaɪ]; →mv. 5⟩ **0.1** ***locus classicus*** ⟨klassieke (bewijs) plaats⟩.
lo·cus in quo ['loʊkəs ɪn 'kwoʊ] ⟨telb.zn.; loci in quibus ['loʊsaɪ ɪn 'kwi:bəs]; →mv. 5⟩ **0.1** ***plaats waar iets gebeurt/gebeurd is.***
lo·cus stan·di ['loʊkəs 'stændaɪ] ⟨telb.zn.; loci standi ['loʊsaɪ-]; →mv. 5⟩ **0.1** ***locus standi*** ⟨erkende rechtmatige positie⟩.
lo·cust ['loʊkəst] ⟨f1⟩ ⟨zn.⟩
I ⟨telb.zn.⟩ **0.1** ***sprinkhaan*** **0.2** ⟨AE⟩ ***cicade*** **0.3** ***johannesbrood*** **0.4** ⟨plantk.⟩ ***peuldrager*** ⇒⟨i.h.b.⟩ *johannesbroodboom* ⟨Ceratonia siliqua⟩; *gewone acacia* ⟨Robinia pseudo-acacia⟩;
II ⟨n.-telb.zn.⟩ **0.1** ***acaciahout*** **0.2** ***johannesbroodboomhout.***
'locust bean ⟨telb.zn.⟩ **0.1** ***johannesbrood.***
'locust bird, ⟨in bet. 0.1 ook⟩ **'locust eater** ⟨telb.zn.⟩ ⟨dierk.⟩ **0.1** ***roze spreeuw*** ⟨Pastor roseus⟩ **0.2** ***spreeuw*** ⟨genus Sturnidae⟩ **0.3** ⟨Afrika⟩ ***ooievaar*** ⟨Ciconia ciconia⟩ **0.4** ***steppenvorkstaartplevier*** ⟨Glareola Nordmanni⟩.
'locust tree ⟨telb.zn.⟩ ⟨plantk.⟩ **0.1** ***peuldrager*** ⇒⟨i.h.b.⟩ *johannesbroodboom* ⟨Ceratonia siliqua⟩; *gewone acacia* ⟨Robinia pseudo-acacia⟩.
'locust years ⟨mv.; the⟩ **0.1** ***magere jaren*** ⇒*slechte jaren.*

lo·cu·tion [loʊ'kju:ʃn]⟨zn.⟩
I ⟨telb.zn.⟩ **0.1** ***spreekwijze*** *⇒uitdrukking, plaatselijk gezegde/idioom, locutie;*
II ⟨n.-telb.zn.⟩ **0.1** ***spreekwijze*** *⇒fraseologie.*

lo·cu·to·ry ['lɒkjʊtri‖'lɑkjətɔri]⟨telb.zn.;→mv. 2⟩ **0.1** ***conversatiezaal*** ⟨in klooster⟩ **0.2** ***hekwerk tussen kloosterlingen en bezoekers.***

lode [loʊd]⟨telb.zn.⟩ **0.1** ***metaalader*** ⇒⟨fig.⟩ *ader, bron* **0.2** ***waterweg*** *⇒kanaal.*

lo·den ['loʊdn]⟨bn., attr.⟩ **0.1** ***loden*** ⟨v. wollen stof⟩.

'lode·star, 'load·star ⟨telb.zn.⟩ **0.1** ***leidstar*** *⇒leidster* ⟨ook fig.⟩, *poolster.*

lodestone →loadstone.

lodge[1] [lɒdʒ‖lɑdʒ]⟨f2⟩⟨telb.zn.⟩ **0.1** ***(schuil)hut*** *⇒stormhut* **0.2** ***personeelswoning*** *⇒portierswoning, parkwachtersverblijf* **0.3** ***portiersloge*** *⇒huisbewaardershokje, conciërgeverblijf* **0.4** ***jachthuis*** *⇒buitenhuis* **0.5** ***herberg*** *⇒hotelletje* **0.6** ***afdeling*** ⟨bv. v. vakbond⟩ ⇒⟨i.h.b.⟩ *(vrijmetselaars)loge* **0.7** ***woning v.h. hoofd v.e. college*** ⟨Cambridge⟩ **0.8** ***indianentent*** *⇒wigwam* **0.9** ***hol*** ⟨v. dier⟩ ⇒⟨i.h.b.⟩ *beverwoning, otterhol* ◆ **2.6** grand ~ *grote loge.*

lodge[2] ⟨f2⟩⟨ww.⟩ →lodging
I ⟨onov.ww.⟩ **0.1** ***verblijven*** *⇒huizen, (tijdelijk) wonen, logeren, inwonen, kamers huren, op kamers wonen* **0.2** ***vast komen te zitten*** *⇒blijven steken/zitten* **0.3** ***legeren*** *⇒plat liggen* ⟨v. gewassen door storm⟩ ◆ **6.1** ~ **at** a friend's/**with** a friend *bij een vriend wonen* **6.2** the bullet ~d **in** the ceiling *de kogel bleef in het plafond steken;*
II ⟨ov.ww.⟩ **0.1** ***onderdak geven*** *⇒(tijdelijk) huisvesten, herbergen, onderbrengen* **0.2** ***bevatten*** **0.3** ***plaatsen*** *⇒(vast)zetten, leggen, doen vastzitten* **0.4** ***deponeren*** *⇒in bewaring geven* **0.5** ***indienen*** *⇒voorleggen, inleveren, naar voren brengen* **0.6** ***plat leggen*** *⇒neerslaan* ⟨gewassen⟩ ◆ **1.1** the refugees were ~d in guesthouses *de vluchtelingen werden in pensions ondergebracht;* Mrs McCarthy ~s students *Mevr. McCarthy verhuurt kamers aan studenten* **1.4** ~ money in a safe *geld in een kluis deponeren* **6.3** all power is ~d **in** (the hands of)/**with** the president *alle macht is in handen v.d. president* **6.5** ~ a complaint **with** the police **against** s.o. *een aanklacht tegen iem. indienen bij de politie.*

lodge·able ['lɒdʒəbl‖'lɑ-]⟨bn.⟩ **0.1** ***bewoonbaar*** *⇒geschikt voor huisvesting.*

lodge·ment, lodg·ment ['lɒdʒmənt‖'lɑdʒ-]⟨zn.⟩
I ⟨telb.zn.⟩ **0.1** ***ophoping*** **0.2** ***onderkomen*** *⇒huisvesting, accomodatie, schuilplaats* **0.3** ⟨mil.⟩ ***steunpunt*** *⇒stelling, vaste voet* ◆ **3.3** the army had made/effected a ~ in enemy territory *het leger had vaste voet gekregen in vijandelijk gebied;*
II ⟨telb. en n.-telb.zn.⟩ **0.1** ***deposito;***
III ⟨n.-telb.zn.⟩ **0.1** ***indiening*** *⇒het voorleggen* ⟨v. klacht enz.⟩.

lodg·er ['lɒdʒə‖'lɑdʒər]⟨f2⟩⟨telb.zn.⟩ **0.1** ***kamerbewoner*** *⇒inwonende, (kamer)huurder* ◆ **3.1** take in ~s *kamers verhuren.*

lodg·ing ['lɒdʒɪŋ‖'lɑ-]⟨f2⟩⟨zn.; oorspr. gerund v. lodge⟩
I ⟨telb. en n.-telb.zn.; geen mv.⟩ **0.1** ***onderdak*** *⇒huisvesting, logies, verblijf(plaats), accommodatie* ◆ **3.1** we must find (a) ~ *we moeten (een) onderdak vinden;*
II ⟨mv.; ~s⟩ **0.1** ***(gehuurde) kamer(s)*** **0.2** ***logement*** *⇒huis waar men kamers verhuurt* **0.3** ***woning v.h. hoofd v.e. college*** ⟨Oxford⟩ ◆ **3.1** live/stay in ~s *op kamers wonen.*

'lodging house ⟨f1⟩⟨telb.zn.⟩ **0.1** ***logement*** *⇒huis waar men kamers verhuurt.*

'lodging turn ⟨telb.zn.⟩ **0.1** ***dienst/werkperiode van huis*** ⟨met nachtverblijf elders⟩.

lo·ess ['loʊɪs‖les, lʌs]⟨n.-telb.zn.⟩ **0.1** ***löss*** *⇒Limburgse klei.*

'L of 'C ⟨afk.⟩ line of communications.

loft[1] [lɒft‖lɔft]⟨f2⟩⟨telb.zn.⟩ **0.1** ***zolder(kamer)*** *⇒vliering, rommel/hooizolder* **0.2** ***duiventil*** *⇒vlucht duiven* **0.3** ***tribune*** ⟨in kerk⟩ *⇒galerij* **0.4** ⟨AE⟩ ***(atelier(ruimte) op) bovenverdieping*** ⟨v. fabriek/warenhuis⟩ **0.5** ⟨golf⟩ ***loft*** ⟨hoek v.h. slagvak v.d. club⟩ **0.6** ⟨golf⟩ ***hoge boogbal*** *⇒loft.*

loft[2] ⟨f1⟩⟨ww.⟩ →lofted
I ⟨onov. en ov.ww.⟩⟨sport⟩ **0.1** ***hoog slaan/schieten*** *⇒een hoge boogbal slaan/schieten; de lucht/ruimte inslingeren;*
II ⟨ov.ww.⟩ **0.1** ***lanceren*** **0.2** ***opbergen*** *⇒bewaren* ⟨op zolder⟩ **0.3** ***in een til houden*** ⟨duiven⟩.

loft·ed ['lɒftɪd‖'lɔftɪd]⟨bn.; oorspr. volt. deelw. v. loft⟩ **0.1** ⟨golf⟩ ***hoog geslagen*** ⟨bal⟩ *⇒met een boog* **0.2** ***met bepaalde schuine stand*** ⟨v.h. slagvak v.e. club⟩.

loft·er ['lɒftə‖'lɔftər]⟨telb.zn.⟩ **0.1** ***lofter*** ⟨golfclub om bal omhoog te slaan⟩.

loft·y ['lɒfti‖'lɔfti]⟨f2⟩⟨bn.; -ly; -ness; →bijw. 3⟩ **0.1** ***torenhoog*** *⇒reuzehoog, imposant* **0.2** ***verheven*** *⇒hoogstaand, edel, voornaam* **0.3** ***hooghartig*** *⇒laatdunkend, trots, arrogant* **0.4** ***hoogdravend*** *⇒opgeblazen, pompeus* ◆ **1.1** ~ mountains *indrukwekkend hoge bergen* **1.2** ~ ideals *hooggestemde idealen;* ~ reasons *nobele motieven* **3.3** behave loftily (to s.o.) *(erg) uit de hoogte doen (tegen iem.).*

log[1] [lɒg‖lɔg, lɑg]⟨f3⟩⟨telb.zn.⟩ **0.1** ***blok(hout)*** *⇒boomstronk, boomstam* **0.2** ***logboek*** *⇒scheepsjournaal, journaal v. vliegtuig, reisjournaal* **0.3** ⟨scheep.⟩ ***log*** **0.4** ***verslag*** *⇒overzicht* **0.5** ⟨Austr. E⟩ ***(voorgelegde) lijst*** **0.6** ⟨verk.⟩ ⟨logarithm⟩ ◆ **1.5** ~ of claims *eisenpakket* **3.3** ⟨scheep.⟩ heave/throw the ~ *loggen* **3.¶** you roll my ~ and I'll roll yours *als jij mij helpt, help ik jou; voor wat, hoort wat;* sleep like a ~ *slapen als een os/blok* **6.1** **in** the ~ *onbehouwen, ruw* **6.3** sail **by** the ~ *loggen* **6.¶** **like** a ~ *als een blok, onbeholpen, hulpeloos.*

log[2] ⟨f1⟩⟨ww.; →ww. 7⟩
I ⟨onov.ww.⟩ **0.1** ***houthakken*** ◆ **6.¶** ⟨comp.⟩ ~ **into** a computer system *inloggen;*
II ⟨ov.ww.⟩ **0.1** ***in blokken hakken*** **0.2** ***leegkappen*** *⇒bomen kappen in* ⟨bos, gebied⟩ **0.3** ***in het logboek opschrijven*** ⟨reisgegevens; overtredingen v. zeelui⟩ *⇒registreren, beboeten* ⟨zeelui⟩ **0.4** ***afleggen*** ⟨afstand⟩ ◆ **1.4** the ship ~s ten knots *het schip vaart/loopt tien knopen* **5.¶** the truck driver had ~ged **up** 700 miles *de vrachtrijder had er 700 mijl opzitten;* ⟨comp.⟩ ~ **in** *inloggen;* ⟨comp.⟩ ~ **on** *aanloggen;* ⟨comp.⟩ ~ **out** *uitloggen.*

-log →-logue.

lo·gan ['loʊgən], **'logan stone** ⟨f1⟩⟨telb.zn.⟩ **0.1** ***schommelsteen.***

lo·gan·ber·ry ['loʊgənbri‖-beri]⟨f1⟩⟨telb.zn.; →mv. 2⟩ **0.1** ***loganbes*** ⟨kruising tussen braam en framboos⟩.

log·a·rithm ['lɒgərɪðm‖'lɑ-]⟨f1⟩⟨telb.zn.⟩ **0.1** ***logaritme.***

log·a·rith·mic ['lɒgə'rɪðmɪk‖'lɑ-], **log·a·rith·mi·cal** [-ɪkl]⟨f1⟩⟨bn.; -(al)ly; →bijw. 3⟩ **0.1** ***logaritmisch.***

'log·book ⟨f1⟩⟨telb.zn.⟩ **0.1** ***logboek*** *⇒scheepsjournaal, journaal v.e. vliegtuig* **0.2** ***logboek*** *⇒journaal, werkverslag, register* **0.3** ***dagboek*** *⇒reisjournaal* **0.4** ⟨BE⟩ ***registratiebewijs*** ⟨v. auto, met lijst v. vorige eigenaren⟩.

'log 'cabin ⟨f1⟩⟨telb.zn.⟩ **0.1** ***blokhut.***

loge [loʊʒ, loʊdʒ]⟨telb.zn.⟩ **0.1** ***loge*** ⟨in theater⟩.

-lo·ger [lədʒə‖-ər] **0.1** ***-loog*** ◆ **¶.1** astrologer *astroloog.*

log·ger ['lɒgə‖'lɔgər, 'lɑgər]⟨f1⟩⟨telb.zn.⟩⟨AE⟩ **0.1** ***houthakker*** **0.2** ***houtwagen*** *⇒tractor.*

'log·ger·head ⟨f1⟩⟨telb.zn.⟩ **0.1** ⟨dierk.⟩ ***onechte karetschildpad*** ⟨Caretta caretta⟩ **0.2** ⟨vero.⟩ ***domkop*** ◆ **6.¶** they are always **at** ~s **with** each other *ze liggen altijd met elkaar overhoop/te bakkeleien.*

log·gi·a ['lɒdʒɪə, 'loʊ-‖'lɑdʒɪə, 'lɔ-]⟨telb.zn.; ook loggie [-dʒieɪ]; →mv. 5⟩ **0.1** ***loggia.***

log·ic ['lɒdʒɪk‖'lɑ-]⟨f3⟩⟨n.-telb.zn.⟩ **0.1** ***logica*** *⇒redeneerkunde, denkleer* **0.2** ***logica*** *⇒juiste redenering* **0.3** ***logica*** *⇒het overtuigende, dwangmatigheid* ◆ **1.3** the ~ of events *de logica der gebeurtenissen* **3.¶** ⟨vero.⟩ chop ~ *met (valse) argumenten strooien* **7.2** there's no ~ in his actions *zijn daden zijn volkomen onberedeneerd.*

-log·ic ['lɒdʒɪk‖'lɑ-], **-log·i·cal** [-ɪkl] **0.1** ***-logisch*** ◆ **¶.1** psychological *psychologisch.*

log·i·cal ['lɒdʒɪkl‖'lɑ-]⟨f3⟩⟨bn.; -ness⟩ **0.1** ***logisch*** *⇒mbt. de logica* **0.2** ***logisch*** *⇒steekhoudend, vanzelfsprekend (volgend uit)* **0.3** ***logisch (denkend)*** ◆ **1.1** ~ atomism *logisch atomisme;* ~ positivism *logisch positivisme* **1.2** ~ necessity *logische noodzakelijkheid* **1.3** he is a man with a ~ mind *hij is een logisch denkend mens.*

log·i·cal·i·ty ['lɒdʒɪ'kæləti‖'lɑdʒɪ'kæləṭi]⟨n.-telb.zn.⟩ **0.1** ***logiciteit*** *⇒het logisch-zijn, logisch karakter.*

log·i·cal·ly ['lɒdʒɪkli‖'lɑ-]⟨f1⟩⟨bw.⟩ **0.1** →logical **0.2** ***logischerwijze*** *⇒logisch gesproken.*

lo·gi·cian [lə'dʒɪʃn‖loʊ-]⟨f1⟩⟨telb.zn.⟩ **0.1** ***beoefenaar v.d. logica.***

lo·gie ['loʊgi]⟨telb.zn.⟩ **0.1** ***imitatiejuweel*** ⟨voor gebruik op toneel⟩.

lo·gi·on ['lɒgiɒn‖'loʊdʒiɑn]⟨telb.zn.; ook logia ['lɒgɪə‖'loʊdʒɪə]; →mv. 5; vaak mv.⟩ **0.1** ***logion*** ⟨uitspraak v. Christus⟩.

-lo·gist [lədʒɪst] **0.1** ***-loog*** ◆ **¶.1** anthropologist *antropoloog.*

lo·gis·tic [lə'dʒɪstɪk‖loʊ-]⟨bn.; -ally⟩ **0.1** ***logistisch.***

lo·gis·tics [lə'dʒɪstɪks‖loʊ-]⟨f1⟩⟨mv.; ww. vnl. enk.⟩ **0.1** ⟨mil.⟩ ***logistiek.***

'log·jam ⟨telb.zn.⟩ **0.1** ***stremming*** *⇒opstopping* ⟨v. houtvlotten op een rivier⟩ **0.2** ⟨AE⟩ ***impasse*** *⇒uitzichtloze situatie.*

'log line ⟨telb.zn.⟩⟨scheep.⟩ **0.1** ***loglijn*** *⇒log.*

lo·go ['loʊgoʊ], **lo·go·type** ['lɒgətaɪp‖'lɔ-]⟨telb.zn.⟩ **0.1** ***logotype*** *⇒woordmerk* **0.2** ***logo*** *⇒beeldmerk, vignet, firma-embleem.*

LOGO ['loʊgoʊ]⟨eig.n.⟩⟨comp.⟩ **0.1** ***Logo*** ⟨programmeertaal⟩.

log·o·gram ['lɒgəgræm‖'lɔ-]⟨telb.zn.⟩ **0.1** ***logogram.***

lo·gog·ra·pher [lɒ'gɒgrəfə‖loʊ'gɑgrəfər]⟨telb.zn.⟩⟨gesch.⟩ **0.1** ***logograaf*** *⇒Grieks geschiedschrijver.*

log·o·griph ['lɒgəgrɪf‖'lɔ-]⟨telb.zn.⟩ **0.1** ***logogrief*** *⇒woordraadsel, letterraadsel.*

lo·gom·a·chy ['lɒ'gɒməki‖loʊ'gɑ-]⟨telb.zn.;→mv.2⟩ **0.1** ***logomachie*** ⇒*woordenstrijd/twist.*

log·o·pae·dic, ⟨AE sp.⟩ **log·o·pe·dic** ['lɒgə'pi:dɪk‖'lɔ-]⟨bn.⟩⟨med.⟩ **0.1** ***logopedisch*** ⇒*stemkundig, spraakkundig.*

log·o·pae·dics, ⟨AE sp.⟩ **log·o·pe·dics** ['lɒgə'pi:dɪks‖'lɔ-]⟨n.-telb.zn.⟩⟨med.⟩ **0.1** ***logopedie*** ⇒*stem/spraakkunde.*

log·or·rhoea, ⟨AE sp.⟩ **log·or·rhea** ['lɒgə'ri:ə‖'lɔ-]⟨n.-telb.zn.⟩⟨med.⟩ **0.1** ***ziekelijke praatzucht*** ⇒*logorrhaea, logoclonie.*

Log·os ['lɒgɒs‖'loʊgɑs, 'lɑgɑs]⟨zn.⟩
I ⟨eig.n.⟩ **0.1** ⟨theol.⟩ ***logos*** ⇒*Het Woord, Christus;*
II ⟨n.-telb.zn.; vaak l-⟩⟨fil.⟩ **0.1** ***logos*** ⇒*rede.*

logotype →logo.

'log reel ⟨telb.zn.⟩⟨scheep.⟩ **0.1** ***logrol.***

'log·roll·ing ⟨n.-telb.zn.⟩ **0.1** ⟨AE; inf.; vnl. pol.⟩ ***wederzijdse hulp/gunsten*** ⇒*het aanbevelen/prijzen* ⟨v. vrienden⟩ **0.2** ***het wegrollen v. geveld hout/boomstammen.***

-logue, ⟨AE sp. ook⟩ **-log** [lɒg‖lɔg, lɑg]⟨vormt nw.⟩ **0.1** ⟨ong.⟩ ***-loog*** ⇒*-spraak* **0.2** ⟨duidt compilatie aan⟩ **0.3** ⟨duidt persoon aan⟩ ◆ **¶.1** dialogue *dialoog* **¶.2** catalogue *catalogus;* travellogue *reisbeschrijving* **¶.3** ideologue *ideoloog.*

'log·wood ⟨zn.⟩
I ⟨telb. en n.-telb.zn.⟩⟨plantk.⟩ **0.1** ***campècheboom*** ⟨Haematoxylon campechianum⟩;
II ⟨n.-telb.zn.⟩ **0.1** ***campèchehout*** ⇒*blauwhout* ⟨van I⟩.

lo·gy ['loʊgi]⟨bn.; -er; -ly; -ness; →bijw. 3⟩⟨AE⟩ **0.1** ***traag*** ⇒*sloom.*

-lo·gy [lədʒi]⟨vormt nw.⟩ **0.1** ***-logie*** ⟨duidt grammaticale stijlvorm aan⟩ **0.2** ***-logie*** ⟨duidt studie/vak/onderwerp aan⟩ **0.3** ***-logie*** ⟨duidt vorm v.e. publicatie aan⟩ ◆ **¶.1** phraseology *fraseologie* **¶.2** dermatology *dermatologie* **¶.3** trilogy *trilogie.*

loin [lɔɪn]⟨f1⟩⟨zn.⟩
I ⟨telb.zn.⟩ **0.1** ***lende*** **0.2** ⟨cul.⟩ ***lendestuk*** ⇒*lendebiefstuk, entrecôte;*
II ⟨n.-telb.zn.⟩ **0.1** ⟨cul.⟩ ***lendevlees;***
III ⟨mv.; ~s⟩ **0.1** ***lendenen*** ⇒⟨bijb.⟩ *voortplantingsorganen; afstamming in mannelijke lijn* ◆ **1.1** child/fruit of one's ~ *kind v. iemands lendenen, nazaat* **3.1** sprung from his ~ *uit hem voortgekomen* **3.¶** ⟨vero.⟩ gird (up) one's ~s (to) *zich aangorden/opmaken (tot).*

'loin·cloth ⟨telb.zn.⟩ **0.1** ***lendendoek.***

loir ['lɔɪə‖-ər]⟨telb.zn.⟩⟨dierk.⟩ **0.1** ***relmuis*** ⟨Glis glis⟩.

loi·ter ['lɔɪtə‖'lɔɪţər]⟨f1⟩⟨ww.⟩
I ⟨onov.ww.⟩ **0.1** ***talmen*** ⇒*treuzelen, lanterfanten* ◆ **5.1** ~ **about/around** *rondhangen, rondslenteren* **6.1** ~ **over** sth. *treuzelen met iets;* ~ **with** intent *zich verdacht ophouden;*
II ⟨ov.ww.⟩ **0.1** ***verdoen*** ⇒*verlummelen, verknoeien* ◆ **5.1** ~ **away** one's time *zijn tijd verdoen/verbeuzelen.*

loi·ter·er ['lɔɪtərə‖'lɔɪţərər]⟨telb.zn.⟩ **0.1** ***treuzelaar*** ⇒*slenteraar.*

loll [lɒl‖lɑl]⟨f1⟩⟨ww.⟩
I ⟨onov.ww.⟩ **0.1** ***(rond)hangen*** ⇒*lui liggen, lummelen, leunen* **0.2** ***(slap) uit de mond/bek hangen*** ◆ **5.1** ~ **about/around** *rondhangen, staan te niksen* **5.2** ~ **out** *(slap) naar buiten hangen;*
II ⟨ov.ww.⟩ **0.1** ***(slap) uit de mond/bek laten hangen.***

Lol·lard ['lɒləd‖'lɑlərd]⟨telb.zn.; vnl. mv.⟩⟨gesch., relig.⟩ **0.1** ***Lollard.***

lol·li·pop, ⟨AE sp. ook⟩ **lol·ly·pop** ['lɒlipɒp‖'lɑlipɑp]⟨f1⟩⟨telb.zn.⟩ **0.1** ***lollie*** ⇒*ijslollie.*

'lollipop man, 'lollipop lady, 'lollipop woman ⟨telb.zn.⟩⟨BE; inf.⟩ **0.1** ***klaar-over.***

lol·lop[1] ['lɒləp‖'lɑ-]⟨telb.zn.⟩⟨AE; inf.⟩ **0.1** ***opdoffer*** ⇒*(doffe) dreun, oplawaai, baffer* **0.2** ***lading*** ⇒*bord vol* ⟨vnl. v. soep, pap enz.⟩.

lollop[2] ⟨onov.ww.⟩⟨inf.⟩ **0.1** ***luieren*** ⇒*lummelen* **0.2** ***slungelen*** ⇒*zwalken, onelegant lopen, slenteren.*

lol·ly ['lɒli‖'lɑli]⟨f1⟩⟨zn.; →mv. 2⟩
I ⟨telb.zn.⟩ **0.1** ⟨inf.⟩ ***lollie*** **0.2** ⟨Austr. E⟩ ***snoepje*** ⇒*zuurtje;*
II ⟨n.-telb.zn.⟩⟨BE; sl.⟩ **0.1** ***poen*** ⇒*poet, pegels, pegulanten.*

'lolly water ⟨telb.zn.⟩⟨Austr. E; inf.⟩ **0.1** ***fris(drank).***

Lom·bard[1] ['lɒmbəd, -bɑ:d‖'lɑmbɑrd, -bərd]⟨zn.⟩
I ⟨eig.n.⟩ **0.1** ***Lombard*** ⟨Germaans veldheer, 6e eeuw⟩;
II ⟨telb.zn.⟩ **0.1** ***Lombard*** ⇒*Lombardijer* **0.2** ***geldschieter.***

Lombard[2] ⟨bn.⟩ **0.1** ***Lombardisch*** ⇒*Lombardijs, van/uit Lombardije.*

Lom·bar·dic ['lɒm'bɑ:dɪk‖'lɑm'bɑrdɪk]⟨bn.; AE ook l-⟩ **0.1** ***Lombardisch*** ⇒*Lombardijs, van/uit Lombardije.*

'Lombard Street ⟨eig.n.⟩ **0.1** ***Lombard Street*** ⟨straat in Londen waar vroeger veel geldschieters woonden⟩ ⇒*de Londense geldwereld, de bankiers* ◆ **3.¶** it is (all) ~ to a China orange *dat is praktisch zeker, honderd tegen één.*

Lom·bar·dy ['lɒmbədi‖'lɑmbɑrdi]⟨eig.n.⟩ **0.1** ***Lombardije.***

'Lombardy 'poplar ⟨telb. en n.-telb.zn.⟩⟨plantk.⟩ **0.1** ***Italiaanse populier*** ⟨Populus nigra italica⟩.

lo·ment ['loʊment]⟨telb.zn.⟩⟨plantk.⟩ **0.1** ***lomentum*** ⇒*ingesnoerd peultje* ⟨niet openspringende, in stukjes uiteenvallende peul⟩.

Lon·don ['lʌndən]⟨eig.n.⟩ **0.1** ***Londen.***

'London 'clay ⟨n.-telb.zn.⟩⟨geol.⟩ **0.1** ***London clay*** ⟨formatie in Z.O. Engeland⟩.

Lon·don·er ['lʌndənə‖-ər]⟨f1⟩⟨telb.zn.⟩ **0.1** ***Londenaar*** ⇒*inwoner/inwoonster v. Londen.*

Lon·don·ism ['lʌndənɪzm]⟨telb.zn.⟩ **0.1** ***Londense gewoonte*** **0.2** ***Londense uitdrukking.***

Lon·don·ize ['lʌndənaɪz]⟨ov.ww.⟩ **0.1** ***Londens maken*** ⇒*(doen) aanpassen bij de Londense trend.*

'London 'plane ⟨telb. en n.-telb.zn.⟩⟨plantk.⟩ **0.1** ***gewone plataan*** ⇒*stadsplataan* ⟨Platanus hybridus⟩.

'London 'pride ⟨telb. en n.-telb.zn.⟩⟨plantk.⟩ **0.1** ***schildersverdriet*** ⇒*porseleinbloempje* ⟨Saxifraga umbrosa⟩.

'London 'smoke ⟨n.-telb.zn.; vaak attr.⟩ **0.1** ***dofgrijs*** ⇒*rookgrijs.*

lone [loʊn]⟨f2⟩⟨bn., attr.⟩ **0.1** ***alleen*** ⇒*verlaten, eenzaam, solitair* **0.2** ***ongehuwd*** ⇒*bestorven, verweesd* ◆ **1.1** ⟨bridge⟩ be/play a ~ hand *alleen voor jezelf/op eigen kaarten bieden, solo spelen;* ⟨fig.⟩ *met niemand rekening houden;* ~ scout *padvinder die niet tot een troep behoort;* ⟨AE; sl.⟩ chew a ~ song/drink ⟨enz.⟩ *in zijn eentje zitten zingen/drinken* ⟨enz.⟩; ⟨AE⟩ Lone Star (State) ⟨bijnaam voor⟩ *Texas;* ~ wolf *eenzelvig mens, solitair, iem. die zijn eigen weg gaat* **1.2** a ~ mother *een alleenstaande moeder.*

lone·ly ['loʊnli]⟨f3⟩⟨bn.; -er; -ly; -ness; →bijw. 3⟩ **0.1** ***eenzaam*** ⇒*verlaten, alleen* **0.2** ***triest*** ⇒*troosteloos, desolaat* ◆ **1.1** ~ heart *eenzaam iemand, mens zonder partner/vrienden;* ~ hearts (club) *kennismakingsclub, alleenstaandenclub* **1.¶** plough a ~ furrow *het alleen (moeten) klaren.*

lon·er ['loʊnə‖-ər]⟨f1⟩⟨telb.zn.⟩ **0.1** ***solitair*** ⇒*eenling, eenzelvig mens.*

lone·some ['loʊnsəm]⟨f2⟩⟨bn.; -ly; -ness⟩ **0.1** ***eenzaam*** ⇒*alleen, solitair* **0.2** ***verlaten*** ⇒*afgelegen* ◆ **6.1 by/on** his ~ *in zijn (dooie) eentje, helemaal alleen.*

long[1] [lɒŋ‖lɔŋ]⟨f2⟩⟨zn.⟩
I ⟨telb.zn.⟩ **0.1** ⟨ben. voor⟩ ***lang specimen*** ⇒⟨taalk.⟩ *lange;* ⟨conf.⟩ *lange maat;* ⟨morse⟩ *lang signaal, streep* **0.2** ⟨ec.⟩ ***haussier*** ⇒*hausse speculant* ◆ **1.1** ~s and shorts *kwantitatief vers;* ⟨bouwk.⟩ *metselwerk v. afwisselend liggende en staande natuurstenen blokken* **7.1** three ~s and two shorts *drie keer lang en twee keer kort* ⟨in morse⟩;
II ⟨n.-telb.zn.⟩ **0.1** ⟨BE; the; inf.⟩ ***grote vakantie*** ⇒*zomervakantie, zomerreces* **0.2** ***lange tijd*** ◆ **1.¶** tell the ~ and the short of it *het beeld schetsen, de grote lijnen uiteenzetten, zeggen waar het op neer komt* **3.2** it won't take ~ *het zal niet lang duren* **6.2 before** ~ *binnenkort, spoedig;* he'll come back **before** ~ *het zal niet lang duren voor hij terugkomt;* he won't stay **for** ~ *hij zal niet (voor) lang blijven;*
III ⟨mv.; ~s⟩ **0.1** ⟨AE⟩ ***lange broek*** ⇒*pantalon* **0.2** ***obligaties op lange termijn*** ⇒*lang papier* ◆ **1.1** his first pair of ~s *zijn eerste lange broek.*

long[2] ⟨f4⟩⟨bn.; longer ['lɒŋgə‖'lɔŋgər], longest ['lɒŋgɪst‖'lɔŋ-]; →compar. 2⟩⟨→sprw. 27, 266, 408, 414, 415, 610⟩ **0.1** ***lang*** ⇒*langgerekt, langdurig, uitvoerig, langdradig, ver;* ⟨ec.⟩ *langlopend* **0.2** ***groot*** ⇒*meer dan, lang, ruim* **0.3** ***onwaarschijnlijk*** **0.4** ⟨geldw.⟩ ***à la hausse (speculerend)*** **0.5** ***dun*** ⇒*goedvloeiend, lang* ◆ **1.1** ~ barrow *langgraf;* ~ bill *hoge/gepeperde rekening; lange zichtwissel;* ~ bonds *langlopende obligaties, lang papier;* ~ clay *lange Goudse pijp, gouwenaar;* you were still in ~ clothes *jij was toen nog een baby/had toen nog luiers aan;* ~ date *verre datum, datum die nog veraf ligt; late vervaldag* ⟨v. rekening, wissel e.d.⟩; ⟨AE⟩ ~ distance *internationale/interzonale telefoonverbinding/centrale;* ⟨BE⟩ ~ dog *lange hond, windhond;* ~ finger *middelvinger;* ~ figure *lang getal, getal met veel cijfers/nullen;* ⟨fig.⟩ *hoge prijs;* ~ haul *(transport over) lange afstand;* ⟨fig.⟩ *lange tijd/termijn;* a ~ haul *een hele ruk;* over the ~ haul *op lange termijn;* ~ leave *lange/grote vakantie;* take a ~ look at sth. *iets lang/aandachtig/goed bekijken/onderzoeken;* the Long March *de Lange Mars;* ~ mark *lengteteken, lang accent;* ~ metre *stanza;* make a ~ nose *een lange neus trekken;* be in ~ pants *volwassen zijn;* ⟨gesch.⟩ Long Parliament *Lang Parlement* ⟨Eng. parlement v. 1640 tot 1660⟩; ~ peppers *lange/Spaanse pepers;* ~ price *lang getal, hoge prijs;* ⟨druk.⟩ ~ primer ⟨ong.⟩ *dessendriaan, 10-punts;* ~ service *lange dienst, lang dienstverband* ⟨vnl. mil.⟩; of ~ standing *al lang bestaand, van ouds gekend;* to cut a ~ story short *om kort te gaan, om een lang verhaal kort te maken;* in the ~ term *op den duur, op de lange duur, op lange termijn;* ~ trousers *lange broek;* ⟨BE⟩ ~ vac(ation) *grote vakantie, zomervakantie, zomerreces;* ~ waist *verlaagde taille;* ⟨com.⟩ ~ wave(s) *lange golf;* ~ wind *lange adem* ⟨ook fig.⟩ **1.2** ~ dozen *groot dozijn, dertien;* ~ hundred *honderdtwintig;* ~ hundredweight *(Eng.) centenaar*

⟨50,8 kg;→t1⟩; ~ purse *ruime beurs;* cotton is in ~ supply *er is een ruime voorraad katoen;* ~ ton *Eng. ton* ⟨1016 kg;→t1⟩; ~ family *groot/kinderrijk gezin* **1.3** ~ bet/odds ⟨ong.⟩ *tien tegen een;* the odds were even ~er this time *deze keer waren de kansen nog kleiner;* he stands a ~ chance *hij maakt weinig kans* **1.4** take a ~ position in gold *á la hausse speculeren in goud;* ⟨geldw.⟩ ~ sale *verkoop á la hausse* **1.¶** go to one's ~ account *zich klaar maken om voor zijn Rechter te verschijnen, doodgaan;* send s.o. to his ~ account *iem. naar de eeuwigheid/zijn bijzonder oordeel sturen, iem. om zeep helpen;* ~ arm *lange arm, stok met een grijphaak, grijpstok* ⟨om iets dat buiten bereik is te pakken⟩; have a ~ arm *een lange arm bezitten, veel/verreikende invloed hebben;* make a ~ arm for sth. *naar iets reiken;* the ~ arm of the law *de lange/machtige arm der wet;* (fight) at ~ bowls *van op (een) afstand (vechten);* ⟨BE⟩ rank foremost by a ~ chalk *veruit de/het belangrijkste zijn;* ⟨BE⟩ not by a ~ chalk *op geen stukken na, bijlange niet;* ⟨hockey⟩ ~ corner *lange corner, hoekslag;* ~ division *staartdeling;* ~ drink *longdrink;* make a ~ face *ongelukkig kijken;* ⟨ong.⟩ *een lang gezicht trekken;* a face as ~ as a fiddle *een lang gezicht;* ⟨cricket⟩ ~ field *long field, achterveld* ⟨deel v.h. veld achter bowler⟩; ⟨BE⟩ ~ firm *flessentrekker(ij), oplichterszaak;* ⟨AE⟩ ~ game *listig spelletje;* ~ home *graf;* ⟨AE⟩ ~ johns *lange onderbroek;* ⟨cricket⟩ ~ leg *long leg;* ~ pig *mensenvlees;* ~ robe *advocatuur;* in the ~ run *uiteindelijk;* cast a ~ shadow ⟨fig.⟩ *belangrijk zijn;* ~ sight *verziendheid; vooruitziendheid, vooruitziende blik;* not by a ~ sight *bijlange niet, hoegenaamd niet;* ~ shot *kansloos deelnemer; gok, waagstuk;* ⟨film⟩ *opname/beeld v. grote afstand;* ⟨AE⟩ by a ~ shot *veruit, met gemak;* better by a ~ shot *stukken beter;* not by a ~ shot *op geen stukken na, bijlange niet;* ~ suit *lange kleur* ⟨bij kaartspel⟩; *fort, sterk punt;* Long Tom *(scheeps)kanon;* have a ~ tongue *een lange tong hebben, babbelziek zijn;* ~ in the tooth *lang in de mond, aftands;* take a ~ view/take ~ views *dingen op de lange termijn bekijken;* in the ~ view *op den duur, uiteindelijk;* have come a ~ way *van ver gekomen zijn, een hele evolutie doorgemaakt hebben, erg veranderd zijn;* go a ~ way (towards) *voordelig (in het gebruik) zijn, veel effect hebben, veel helpen, lang meegaan, ver gaan, het ver schoppen;* £ 1 doesn't go a ~ way these days *met een pond kom je tegenwoordig niet ver meer;* not by a ~ way *by lange na niet;* fight at ~ weapons *van op (een) afstand vechten* **5.1** at (the) ~est *ten laatste; op zijn langst* **5.¶** ⟨cricket⟩ ~ **off** *long off* ⟨veldspeler (spositie) bij de boundary⟩; ⟨cricket⟩ ~ on *long on* ⟨veldspeler (spositie) bij de boundary⟩ **6.¶** ⟨inf.⟩ ~ **on** *wel voorzien van;* they were ~ **on** hope but short on money *ze hadden hoop genoeg maar kwamen geld tekort.*

long[3] ⟨f3⟩⟨onov.ww.⟩ →longing **0.1** ***hevig verlangen*** ⇒*snakken, hunkeren* ◆ **6.1** ~ **for** sth. *naar iets snakken.*

long[4] ⟨f3⟩⟨bw.⟩⟨→sprw.91, 413, 421⟩ **0.1** ***lang*** ⇒*lange tijd* ◆ **1.1** not be ~ for this life/world *niet lang meer te leven hebben;* all night ~ *de hele nacht;* ~ into the night *tot in de vroege uurtjes* **2.1** the promotion was ~ due *de promotie liet lang op zich wachten* **3.1** ~ live the king *lang leve de koning;* he was ~ discovering the truth *hij deed er lang over voor hij de waarheid ontdekte;* it won't take much ~er *het zal niet lang meer duren;* don't be ~ *maak het kort* **5.1 as/so ~ as** *zo lang, mits;* ⟨inf.⟩ **so** ~! *tot dan!, tot kijk!, tot ziens!;* **no/not** any ~er *niet langer/meer* **6.1** he's ~ **about** his work *hij doet lang over zijn werk;* be ~ **in** doing sth. *lang over iets doen.*

long- [lɒŋ‖lɔŋ]⟨vormt bijv. nw. met (v. nw. afgeleide) deelw.⟩ **0.1** ***lang-*** ⇒*met lange* ◆ **¶.1** ~-sleeved *met lange mouwen.*

-long [lɒŋ‖lɔŋ]⟨vormt bijv. nw. en bijw. uit nw.⟩ **0.1** ***-lang*** **0.2** ***-lings*** ◆ **¶.1** lifelong *levenslang* **¶.2** sidelong *zijdelings.*

long-a·go[1] ⟨n.-telb.zn.⟩ **0.1** ***verleden.***

'long-ago[2] ⟨bn., attr.⟩ **0.1** ***lang vervlogen*** ⇒*lang geleden.*

'long-and-'short work ⟨n.-telb.zn.⟩⟨bouwk.⟩ **0.1** ***metselwerk v. afwisselend liggende en staande natuurstenen blokken.***

lon·ga·nim·i·ty ['lɒŋgə'nɪməti‖'lɑŋgə'nɪməṭi]⟨n.-telb.zn.⟩ **0.1** ***gelatenheid*** ⇒*geduld, lankmoedigheid, verdraagzaamheid.*

'long·a'wait·ed ⟨bn.⟩ **0.1** ***langverwacht.***

'long ball ⟨telb.zn.⟩⟨voetbal⟩ **0.1** ***dieptepass*** ⇒*lange bal.*

'long·bill ⟨telb.zn.⟩ **0.1** ***langsnavel*** ⇒*langbek, snip.*

'long·boat ⟨telb.zn.⟩ **0.1** ***barkas*** ⇒*(grote) sloep.*

'long·bow ⟨telb.zn.⟩ **0.1** ***(grote) handboog*** ◆ **3.¶** ⟨vero.⟩ draw the ~ *overdrijven, sterke verhalen vertellen.*

'long-case 'clock ⟨telb.zn.⟩ **0.1** ***staande klok.***

'long-chain ⟨bn., attr.⟩⟨schei.⟩ **0.1** ***lange-keten.***

'long·cloth ⟨n.-telb.zn.⟩ **0.1** ***calico.***

'long-coats ⟨mv.⟩⟨vero.⟩ **0.1** ***lange kleren*** ⟨v. baby⟩.

'long course ⟨telb.zn.⟩⟨zwemsport⟩ **0.1** ***(officieel) wedstrijdbad*** ⇒*50 m-bad, Olympisch bad/bassin.*

'long-'dat·ed ⟨bn.⟩ **0.1** ***lang*** ⇒*lange termijns-* ◆ **1.1** ~ bill *lange zichtwissel.*

'long-'day ⟨bn., attr.⟩⟨plantk.⟩ **0.1** ***lange-dag.***

'long-'distance ⟨f2⟩⟨bn.; bw.⟩ **0.1** ***ver*** ⇒*lange-afstands-* ◆ **1.1** ⟨AE⟩ ~ call *internationaal/interlokaal/* ⟨B.⟩ *interzonaal/intercommunaal telefoongesprek.*

'long-'distance race ⟨telb.zn.⟩⟨atletiek⟩ **0.1** ***lange-afstandswedstrijd.***

'long-'distance runner ⟨telb.zn.⟩⟨atletiek⟩ **0.1** ***lange-afstandsloper.***

'long-'distance running ⟨n.-telb.zn.⟩⟨atletiek⟩ **0.1** ***(het) lange-afstandslopen.***

'long-'drawn, 'long-drawn-'out ⟨bn.⟩ **0.1** ***langgerekt*** ⇒*langdradig.*

longe →lunge.

'long-'eared ⟨bn.⟩ **0.1** ***met lange oren*** ⇒*langorig* **0.2** ***dom*** ⇒*ezelachtig* ◆ **1.¶** ⟨dierk.⟩ ~ owl *ransuil* ⟨Asio otus⟩.

lon·ge·ron ['lɒndʒərən‖'lɑn-]⟨telb.zn.⟩⟨lucht.⟩ **0.1** ***langsligger.***

lon·gev·i·ty [lɒn'dʒevəti‖lɑn'dʒevəṭi]⟨f1⟩⟨n.-telb.zn.⟩ **0.1** ***lang leven*** ⇒*lange levens/gebruiksduur, hoge ouderdom.*

'long-fly ⟨telb.zn.⟩⟨gymnastiek⟩ **0.1** ***zweefsprong*** ⇒*hechtsprong.*

'long·hair[1] ⟨telb.zn.⟩⟨vnl. bel.⟩ **0.1** ***langharige*** ⇒*(halfzachte) artiest, (pseudo-)intellectueel.*

'long'hair[2], **'long·'haired** ⟨f1⟩⟨bn.⟩⟨vnl. bel.⟩ **0.1** ***langharig*** ⇒*halfzacht* **0.2** ***artistiek.***

'long·hand ⟨f1⟩⟨n.-telb.zn.⟩ **0.1** ***(gewoon) handschrift.***

'long'head·ed ⟨bn.; -ly; -ness⟩ **0.1** ***langschedelig*** ⇒*dolichocefaal, longicefaal* **0.2** ***slim*** ⇒*schrander, sluw, uitgeslapen.*

'long·horn ⟨telb.zn.⟩⟨dierk.⟩ **0.1** ***langhoorn*** ⇒*rund* **0.2** ***boktor*** ⟨fam. Cerambycidae⟩.

lon·gi·corn[1] ['lɒndʒɪkɔ:n‖'lɑndʒɪkɔrn], **'long-horned 'beetle** ⟨telb.zn.⟩⟨dierk.⟩ **0.1** ***boktor*** ⟨fam. Cerambycidae⟩.

longicorn[2] ⟨bn.⟩⟨dierk.⟩ **0.1** ***met lange voelsprieten*** **0.2** ***behorend tot de Cerambycidae.***

long·ing[1] ['lɒŋɪŋ‖'lɔŋɪŋ]⟨f2⟩⟨telb.zn.; gerund v. long⟩ **0.1** ***verlangen*** ⇒*hunkering.*

longing[2] ⟨bn.; -ly; teg. deelw. v. long⟩ **0.1** ***vol verlangen*** ⇒*smachtend, hunkerend.*

long·ish ['lɒŋɪʃ‖'lɔŋɪʃ]⟨f1⟩⟨bn.⟩ **0.1** ***vrij lang*** ⇒*nogal/tamelijk lang.*

lon·gi·tude ['lɒndʒɪtju:d‖'lɑndʒɪtu:d]⟨f1⟩⟨telb. en n.-telb.zn.⟩ **0.1** ⟨aardr.⟩ ***(geografische) lengte*** ⇒*longitude* **0.2** ⟨ster.⟩ ***(astronomische) lengte.***

lon·gi·tu·di·nal ['lɒndʒɪtju:dnəl‖'lɑndʒɪ'tu:-]⟨f2⟩⟨bn.; -ly⟩ **0.1** ⟨aardr.⟩ ***lengte-*** **0.2** ***in de lengte*** ⇒*overlangs, longitudinaal* **0.3** ***longitudinaal*** ⇒*over een lange periode* ◆ **1.2** ~ section *overlangse doorsnede, doorsnede in de lengte;* ~ stripes *overlangse strepen;* ~ wave *longitudinale golf* **1.3** ~ study *longitudinaal onderzoek.*

'long jump ⟨f1⟩⟨n.-telb.zn.; the⟩⟨atletiek⟩ **0.1** ***(het) vérspringen.***

'long-'last·ing ⟨bn.⟩ **0.1** ***langdurig.***

'long-'legged ⟨bn.⟩ **0.1** ***met lange benen/poten*** ⇒*hoogpotig;* ⟨fig.⟩ *snel* ◆ **1.¶** ⟨dierk.⟩ ~ buzzard *arendbuizerd* ⟨Buteo rufinus⟩.

'long·legs ⟨mv.⟩ **0.1** ***langpoot*** ⇒*langbeen* **0.2** ***steltloper*** **0.3** ⟨AE⟩ ***langpootmug*** **0.4** ⟨AE⟩ ***langpootspin*** ⇒*hooiwagen.*

long-'life ⟨bn., attr.⟩ **0.1** ***met een lange levensduur*** **0.2** ***langer houdbaar*** ⟨v. melk e.d.⟩ ◆ **1.1** ~ batteries *batterijen met een lange levensduur.*

'long·line ⟨telb.zn.⟩ **0.1** ***beug*** ⇒*beuglijn.*

'long-lin·er ⟨telb.zn.⟩ **0.1** ***beugvisser.***

'long-lin·ing ⟨n.-telb.zn.⟩ **0.1** ***beugvisserij.***

'long-'lived ⟨f1⟩⟨bn.; -ness⟩ **0.1** ***lang levend*** **0.2** ***van lange duur*** ⇒*hardnekkig* ◆ **1.1** they are a ~ family *in die familie wordt iedereen oud* **1.2** ~ rumours *hardnekkige praatjes.*

'long measure ⟨n.-telb.zn.⟩ **0.1** ***lengtemaat.***

'long pass →long ball.

'long player ⟨telb.zn.⟩ **0.1** ***langspeelplaat.***

'long-play·ing ⟨f1⟩⟨bn., attr.⟩ **0.1** ***langspeel-*** ◆ **1.1** ~ disc/record *langspeelplaat.*

'long-'range ⟨f2⟩⟨bn., attr.⟩ **0.1** ***over lange afstand*** ⇒*lange-afstand-, verdragend* ⟨v. vliegtuig, geschut, raket enz.⟩ **0.2** ***op (lange) termijn*** ⇒*termijn-.*

'long·shanks ⟨zn.⟩

I ⟨eig.n.; L-⟩ **0.1** ***de Stelt*** ⟨bijnaam v. koning Edward I Plantagenet, 1239-1307⟩;

II ⟨mv.⟩⟨dierk.⟩ **0.1** ***steltkluut*** ⟨Himantopus himanthopus⟩.

'long·ship ⟨telb.zn.⟩ **0.1** ***Vikingschip*** ⇒*Noormannenschip.*

'long·shore ⟨bn., attr.⟩ **0.1** ***kust-*** ⇒*bij/aan de kust.*

long·shore·man ['lɒŋʃɔ:mən‖'lɔŋʃɔr-]⟨f1⟩⟨telb.zn.; longshoremen [-mən]; →mv.3⟩⟨AE⟩ **0.1** ***havenarbeider*** ⇒*dokwerker.*

'long-'short story ⟨telb.zn.⟩ **0.1** ⟨ong.⟩ ***novelle.***

'long-'sight·ed ⟨f1⟩⟨bn.; -ly; -ness⟩ **0.1** ***vérziend*** **0.2** ***vooruitziend*** **0.3** ***op de lange termijn*** ⟨investeringen⟩.

'long·spur ⟨telb.zn.⟩⟨dierk.⟩ **0.1** ***gors*** ⟨genera Calcarius en Rhyncophanes⟩.

'long-'stand·ing ⟨f1⟩⟨bn.⟩ **0.1** ***oud*** *⇒al lang bestaand, lang gevestigd.*
'long-'suf·fer·ing ⟨bn.; -ly⟩ **0.1** ***lankmoedig.***
'long-'tailed ⟨bn.⟩ **0.1** ***met lange staart*** *⇒met lange panden* ◆ **1.¶** ⟨dierk.⟩ ~ duck *ijseend* ⟨Clangula hyemalis⟩; ⟨dierk.⟩ ~ skua *kleinste jager* ⟨Stercorarius longicaudus⟩; ⟨dierk.⟩ ~ tit *staartmees* ⟨Aegithalos caudatus⟩.
'long-'term ⟨f2⟩⟨bn., attr.⟩ **0.1** ***langlopend*** *⇒op lange termijn, voor lange tijd* ◆ **1.1** ~ investments *investeringen op lange termijn;* ~ man *langgestrafte.*
'long-'term·er ⟨telb.zn.⟩⟨inf.⟩ **0.1** ***langgestrafte*** *⇒langzitter.*
'long-'time ⟨f1⟩⟨bn., attr.⟩ **0.1** ***oud*** *⇒van oudsher.*
'long'tim·er ⟨telb.zn.⟩⟨inf.⟩ **0.1** ***langgestrafte*** *⇒langzitter* **0.2** ⟨AE⟩ ***ouwe rot in 't vak.***
longuer →long(u)eur.
longu·ette [lɒŋ'get‖lɔŋ-]⟨telb.zn.⟩ **0.1** ***midi-rok.***
lon·g(u)eur [lɒŋ'gɜː‖lɔŋ'gɜr]⟨telb.zn.⟩⟨schr.⟩ **0.1** ***saaie passage*** **0.2** ***saaie periode.***
long·ways ['lɒŋweɪz‖'lɔŋ-]⟨bw.⟩ **0.1** ***in de lengte(richting).***
'long'wear·ing ⟨bn.⟩ **0.1** ***slijtvast.***
'long-'wind·ed ⟨f1⟩⟨bn.; -ly; -ness⟩ **0.1** ***langademig*** *⇒lang v. stof, langdradig.*
long·wise ['lɒŋwaɪz‖'lɔŋ-]⟨bw.⟩ **0.1** ***in de lengte(richting).***
lo·nic·era [lɒ'nɪsərə‖loʊ-]⟨n.-telb.zn.⟩⟨plantk.⟩ **0.1** ***kamperfoelie*** ⟨genus Lonicera⟩.
loo [luː]⟨f2⟩⟨telb.zn.⟩ **0.1** ⟨kaartspel⟩ ***lanterlu(i)*** **0.2** ⟨BE; inf.⟩ ***w.c.*** *⇒plee.*
loo·by ['luːbi]⟨telb.zn.; →mv. 2⟩ **0.1** ***lummel*** *⇒lomperik, lomperd.*
loo·fa(h) ['luːfə], **luf·fa** ['lʌfə]⟨telb.zn.⟩ **0.1** ***luffa(spons)*** ⟨gedroogde vrucht v.d. luffa-plant⟩.
look[1] [lʊk]⟨f4⟩⟨zn.⟩
I ⟨telb.zn.⟩ **0.1** ***blik*** *⇒kijkje* **0.2** ***(gelaats)uitdrukking*** *⇒blik* **0.3** ⟨vaak mv.⟩ ***uiterlijk*** *⇒(knap) voorkomen, aanzien* **0.4** ***mode*** **0.5** ***uitzicht*** ◆ **2.4** the new ~ for the summer *de nieuwe zomermode* **3.1** let's have a ~ *laten we even een kijkje nemen;* steal a ~ at s.o. *een snelle (onopvallende) blik op iem. werpen, iem. tersluiks bekijken* **3.2** if ~s could kill *als blikken konden doden* **3.3** get a new ~ *opgeknapt worden;* give sth. a new ~ *iets opknappen;* I don't like the ~(s) of him *zijn gezicht staat me niet aan* **6.2** the ~ **on** her face *haar gelaatsuitdrukking, haar gezicht* **6.3 by** the ~(s) **of** it/things *zo te zien* **6.5** the ~ **from** the window *het uitzicht uit het raam;*
II ⟨mv.; ~s⟩ **0.1** ***uiterlijk*** *⇒schoonheid* ◆ **2.1** good ~s *schoonheid* **3.1** lose one's ~s *minder mooi worden.*
look[2] ⟨ww.⟩⟨→sprw. 71, 416, 433, 680⟩
I ⟨onov.ww.⟩ **0.1** ***kijken*** *⇒(proberen te) zien, aandachtig/zoekend kijken* **0.2** ***uitkijken*** *⇒uitzien, liggen* **0.3** ***wijzen*** ⟨in bep. richting⟩ *⇒(bep. kant) uitgaan* **0.4** ***verwachten*** *⇒hopen* ◆ **3.1** one must ~ to see whether the road is clear *men moet kijken (om te zien) of de weg vrij is* **3.4** I ~ to hear from her soon *ik verwacht spoedig (wat) van haar te horen* **4.¶** ~ you! *kijk!* **5.1** ~ **about/around** *om zich heen kijken, rondkijken;* ⟨fig.⟩ ~ **about** for a job *naar een baan zoeken;* ~ **ahead** *vooruitzien* ⟨ook fig.⟩; ~ **away** *het hoofd/gelaat afwenden;* ~ **away** in embarrassment *uit verlegenheid een andere kant op kijken;* ~ **down** *naar beneden kijken; de ogen neerslaan;* ~ **down** (up)on *neerkijken op;* ⟨fig. ook⟩ *met minachting beschouwen;* ~ **on** *toekijken, (slechts) toeschouwer zijn, staan te kijken;* ⟨vero.⟩ ~ **on** with s.o. *bij iem. inkijken, meelezen met iem.;* ~ **through** *goed bekijken, (grondig/een voor een/helemaal) doornemen* ⟨documenten bv.⟩; ~ s.o. **through** and **through** *iem. onderzoekend aankijken, iem. van top tot teen opnemen, dwars door iem. heenkijken* **5.¶** →look **back;** ~ **down** *dalen* ⟨v. prijzen bv.⟩; *zakken, verslechteren;* ~ here! *kijk eens (even hier)!, luister eens!;* ~ **forward** to *tegemoet zien, verlangen naar, zich verheugen op;* we are ~ing **forward** to seeing you soon *wij hopen u spoedig te zien;* ~ **in** *aanlopen, aanwippen, een kort bezoek afleggen, langs komen lopen;* ⟨inf.⟩ *t.v. kijken, voor de buis zitten;* ~ **in** on s.o. *bij iem. langskomen/aanlopen;* →look **out;** →look **over;** →look **round;** →look **up** **6.1** ~ **about** one *om zich heen kijken; op zijn hoede zijn;* ~ **after** *nakijken, met de ogen volgen;* ~ **at** *kijken naar, bezichtigen, in ogenschouw nemen; beschouwen, onderzoeken;* pretty to ~ **at** *leuk om te zien;* not much to ~ **at** *nogal lelijk; niet veel zaaks;* ~ **at** home *kijk naar jezelf;* ~ **at** the matter from all sides *de kwestie van alle kanten bekijken;* to ~ **at** him... *naar zijn uiterlijk te oordelen...;* to ~ **at** him you'd never guess that he is a rich man *als je hem ziet zou je niet zeggen dat hij een rijk man is;* not ~ **at** *niet in overweging nemen, niets willen weten van;* they won't even ~ **at** my application *ze willen niet eens naar mijn sollicitatie kijken;* ~ **at** him now, it didn't do him any good *neem hem nou, het heeft hem geen goed gedaan;* ⟨inf.⟩ he would betray you as soon as ~ **at** you *hij zou je zo/net zo gemakkelijk verraden;* ~ **beyond** *verder kijken dan;* ~ **down** the road *de weg af kijken;* ~ **into** the mirror *in de spiegel kijken;* ~ **into** a book *een boek (vluchtig) inzien;* ~ **over** a wall *over een muur heenkijken;* ⟨AE⟩ ~ **out** the window *uit het raam kijken;* ⟨zelden⟩ ~ **over** *bekijken, bezichtigen, een inspectie (tocht) maken door;* ~ **round** *(rond)kijken achter/in, bekijken, bezoeken;* ~ **round** the town *een kijkje in de stad nemen;* ~ **round** the door/corner *achter de deur/om de hoek kijken;* ~ **towards** *kijken naar* **6.2** ~ **onto/towards** *uitzien/uitkijken op;* ~ **over** *uitzien over/op;* ~ **to** the south *op het zuiden liggen* **6.3** ~ **towards** *de kant uitgaan van, in de richting wijzen van* **6.¶** ~ **after** *zorgen voor, verzorgen, letten op, passen op; toezien op;* ~ **after** o.s., ~ **after** one's own interests *voor zichzelf zorgen;* ~ **for** *zoeken (naar); uitzien naar, verwachten;* ~ **for** trouble *om moeilijkheden vragen;* the chance we had ~ed **for** *de kans waarop wij gehoopt hadden;* ~ **into** *even bezoeken, even langs gaan; onderzoeken, een onderzoek instellen naar;* ~ **(up)on** s.o. as *iem. beschouwen als, iem. houden voor;* ~ **(up)on** s.o. with distrust *wantrouwend tegenover iem. staan;* →look **round;** →look **through;** →look **to;** ⟨inf.⟩ ~ **towards** s.o. *iem. toedrinken;*
II ⟨ov.ww.⟩ **0.1** ***zijn blik richten op*** *⇒kijken (naar), zien, gadeslaan* **0.2** ***(door een blik) te kennen geven*** *⇒uitdrukken* **0.3** ***eruitzien als/conform*** **0.4** ***zorgen*** ◆ **1.1** ~ death in the face *de dood voor ogen hebben/zien;* ~ s.o. in the eyes *iem. in de ogen kijken* **1.2** ~ compassion *medelijdend (aan)kijken;* her eyes ~ed distrust *haar ogen drukten wantrouwen uit;* ~ love to s.o. *iem. liefdevol aankijken* **1.3** ~ one's age *aan iem. zijn leeftijd afzien;* the actors ~ed the parts they had to play *het voorkomen v.d. acteurs paste bij de rol die ze moesten spelen* **4.3** ~ o.s. again *er weer normaal/gezond uitzien;* he isn't ~ing himself today *hij is niet geheel zichzelf vandaag, hij ziet er niet helemaal gezond uit vandaag* **5.1** ~ s.o. **down** *iem. de ogen doen neerslaan;* ~ **over** *doornemen, doorkijken* ⟨brieven bv.⟩ **5.¶** →look **out;** →look **over;** →look **through;** →look **up** **8.1** ~ what time the train starts *kijken hoe laat de trein vertrekt;* ~ what you've done *kijk nou (eens) wat je gedaan hebt;* ~ who's here! *kijk eens wie daar aankomt/wie we hier hebben!* **8.4** ~ that... *ervoor zorgen dat...;*
III ⟨kww.⟩ **0.1** ***lijken (te zijn)*** *⇒uitzien, de indruk wekken te zijn* ◆ **1.1** he ~s to be the worst person for this job *hij lijkt het minst geschikt voor deze baan* **2.1** ⟨AE⟩ things ~ bad for him *het ziet er slecht voor hem uit;* ⟨AE⟩ ~ good/bad *goed/slecht lijken te gaan, er goed/slecht uitzien; het goed/slecht lijken te doen;* ~ interesting/promising *er interessant/veelbelovend uitzien;* ~ ill/well *er slecht/goed uitzien; het slecht/goed lijken te doen;* his face ~s pale *hij ziet er bleek uit;* it ~s suspicious to me *het ziet er verdacht uit* **6.1** ~ **like** *eruitzien als, lijken op;* he ~s **like** his mother *hij lijkt op zijn moeder;* this ~s to me **like** an exit *volgens mij is dit een uitgang;* it ~s **like** snow *het dreigt te gaan sneeuwen, er is sneeuw op komst;* it ~s **like** being a beautiful day *het belooft een prachtige dag te worden* **8.1** he ~s as if he has a hangover *hij ziet eruit alsof hij een kater heeft.*
look-a'head ⟨n.-telb.zn.; ook attr.⟩ **0.1** ***het vooruitdenken/anticiperen*** ⟨vnl. v. computer⟩.
'look-a·like ⟨f1⟩⟨telb.zn.⟩⟨vnl. AE⟩ **0.1** ***evenbeeld*** *⇒dubbelganger.*
'look-alike effect ⟨telb.zn.⟩ **0.1** ***dubbelgangerseffect.***
'look 'back ⟨onov.ww.⟩ **0.1** ***achterom kijken*** ⇒⟨ook fig.⟩ *terugzien, omzien, een terugblik werpen op* **0.2** ⟨BE⟩ ***(later) terugkomen*** *⇒weer bezoeken* ◆ **5.¶** since then he hasn't/has never looked back *vanaf dat moment ging het hem steeds beter/voor de wind* **6.1** ~ **with** longing **on** the old times *met verlangen terugzien op vroegere tijden* **¶.1** looking back... *achteraf....*
look·ee, ⟨AE sp. ook⟩ **look·y** ['lʊki]⟨tussenw.⟩⟨inf.⟩ **0.1** ***hé daar.***
look·er ['lʊkə‖-ər]⟨f1⟩⟨telb.zn.⟩ **0.1** ***iem. die kijkt*** *⇒kijker* **0.2** ⟨inf.⟩ ***knappe verschijning*** *⇒schoonheid* ◆ **2.2** a real (good) ~ *een echte schoonheid.*
'look·er-'on, on·look·er ['ɒnlʊkə‖'ɑnlʊkər]⟨f1⟩⟨telb.zn.; lookers-on; →mv. 6⟩⟨→sprw. 417⟩ **0.1** ***toeschouwer*** *⇒kijker.*
'look-in ⟨f1⟩⟨telb.zn.⟩⟨inf.⟩ **0.1** ***kijkje*** *⇒korte visite, bezoekje* **0.2** ***kans op succes*** *⇒kans om deel te nemen/te winnen/er aan te pas te komen* ◆ **3.2** the competition being so strong, I won't get a ~ *gezien de sterke concurrentie, zal ik er wel niet aan te pas komen.*
'look·ing glass[1] ⟨f1⟩⟨zn.⟩
I ⟨telb.zn.⟩ **0.1** ***spiegel*** **0.2** ⟨inf.⟩ ***nachtspiegel;***
II ⟨n.-telb.zn.⟩ **0.1** ***spiegelglas.***
looking glass[2] ⟨bn., attr.⟩ **0.1** ***tegenovergesteld*** *⇒averechts* ◆ **1.1** it's a ~ world *de wereld staat op z'n kop, het is de omgekeerde wereld.*
'look 'out ⟨ww.⟩
I ⟨onov.ww.⟩ **0.1** ***naar buiten kijken*** **0.2** ***uitkijken*** **0.3** ***uitzien*** *⇒uitkijken, uitzicht bieden op* **0.4** ***oppassen*** *⇒voorzichtig zijn, op zijn hoede zijn* ◆ **6.1** ~ **of** the window *uit het raam kijken* **6.2**

~ **for** a new car *uitkijken naar een nieuwe auto* **6.3** the room looks out **on** the garden/**over** the meadow *de kamer ziet uit op de tuin/over de weide* **6.4** one must ~ **for** the children's health *men moet de gezondheid v.d. kinderen in acht nemen/bewaken* **¶.4** ~! *(wees) voorzichtig!, pas op!;*
II ⟨ov.ww.⟩ ⟨vnl. BE⟩ **0.1** ***opzoeken*** ⇒*uitzoeken, opduikelen* ◆ **1.1** ~ old photographs *oude foto's opzoeken.*

'look-out ⟨f2⟩ ⟨telb.zn.⟩ **0.1** ***het uitkijken*** **0.2** ***uitkijkpost*** ⇒*uitkijk, wacht, verkenner, verspieder* **0.3** ***uitzicht*** **0.4** ***vooruitzicht*** ⇒*toekomstbeeld* **0.5** ⟨inf.⟩ ***verantwoordelijkheid*** ◆ **2.4** it is a grim ~ *de toekomst ziet er niet best uit* **3.1** keep a ~ *een oogje in het zeil houden* **4.5** that is your (own) ~ *dat is jouw zaak* **6.1** be **on** the ~ **for** *op zoek zijn naar.*

'look-o·ver ⟨telb.zn.⟩ **0.1** ***snelle, controlerende blik*** ⇒*oppervlakkige inspectie.*

'look 'round ⟨onov.ww.⟩ **0.1** ***rondkijken*** ⇒*om zich heen zien* **0.2** ***omkijken*** ◆ **6.2** ~ **for** s.o. *omkijken naar iem..*

'look-see ⟨telb.zn.⟩⟨inf.⟩ **0.1** ***kijkje*** ◆ **3.1** let us go and have a ~ *laten we eens een kijkje nemen.*

'look through ⟨onov.ww.⟩ **0.1** ***kijken door*** ⇒*doorheen kijken;* ⟨fig.⟩ *doorzien* **0.2** ***niet (willen) zien*** ⇒*negeren* **0.3** ***doorkijken*** ⇒*doornemen, doorbladeren* ◆ **1.1** ~ a telescope/the window *door een telescoop/het raam kijken* **5.2** look right/straight through s.o. *straal langs iem. heen kijken, doen alsof iem. lucht is.*

'look to ⟨onov.ww.⟩ **0.1** ***kijken naar*** ⇒*zich richten op* **0.2** ***uitzien/uitkijken op*** **0.3** ***de kant uitgaan van*** ⇒*in de richting wijzen van* **0.4** ***zorgen voor*** ⇒*bekommeren over* **0.5** ***letten op*** **0.6** ***denken om*** **0.7** ***vertrouwen op*** ⇒*rekenen op* **0.8** ***verheugen op*** ⇒*verlangend uitkijken naar* ◆ **1.4** ~ the wounds *de wonden verzorgen* **1.5** ~ one's prisoner *zijn gevangene bewaken* **1.6** ~ your manners *denk aan je manieren, gedraag je* **6.7** don't ~ her **for** help/to help you *verwacht van haar geen hulp;* ~ the government **for** assistance *op steun v.d. regering rekenen* **8.4** ~ it that... *zorg ervoor, dat....*

'look 'up ⟨ww.⟩
I ⟨onov.ww.⟩ **0.1** ***opkijken*** ⇒*de ogen opslaan* **0.2** ***beter worden*** ⟨v. handel bv.⟩ ⇒*vooruitgaan, opknappen, aantrekken* ◆ **1.2** prices are looking up *de prijzen stijgen* **6.1** ~ **from** one's newspaper *van zijn krant opkijken* **6.¶** ~ **to** *opzien tegen, opkijken naar/tegen, bewonderen;*
II ⟨ov.ww.⟩ **0.1** ***opzoeken*** ⇒*naslaan, vinden* **0.2** ***raadplegen*** **0.3** ⟨inf.⟩ ***(kort) bezoeken*** ⇒*opzoeken* ◆ **1.1** ~ a train in a railway guide *een trein in een spoorboekje opzoeken* **5.¶** look s.o. up and **down** *iem. helemaal/van het hoofd tot de voeten opnemen.*

loom[1] [lu:m] ⟨f1⟩ ⟨telb.zn.⟩ **0.1** ***weefgetouw*** **0.2** ⟨scheep.⟩ ***handvat v. roeiriem*** **0.3** ***vage verschijning*** ⇒*iets wat opdoemt* **0.4** →loon[1] 0.1 **0.5** →auk.

loom[2] ⟨f2⟩ ⟨onov.ww.⟩ **0.1** ***opdoemen*** ⟨ook fig.⟩ ⇒*dreigend verschijnen, zich flauw aftekenen* ◆ **5.1** ~ **ahead** *dreigend naderen;* the fatal day ~ed **ahead** *de dag der rampspoed kwam dreigend nader;* ~ large (on the horizon) *onevenredig belangrijk lijken, nadrukkelijk aanwezig zijn, op de voorgrond staan;* ~ **up** *plotseling dreigend opdoemen.*

loon[1] [lu:n] ⟨telb.zn.⟩ **0.1** ⟨AE; dierk.⟩ ***duiker*** ⟨genus Gavia⟩ ⇒⟨i.h.b.⟩ *fuut* ⟨Podiceps cristatus⟩ **0.2** ⟨Sch. E of vero.⟩ ***luiaard*** ⇒*luilak, lummel, nietsnut* **0.3** ⟨vnl. Sch. E⟩ ***vent*** ⇒*kerel, jongen.*

loon[2] ⟨onov.ww.⟩ ⟨sl.⟩ **0.1** ***gek doen*** ⇒*de clown uithangen.*

loon·y[1], ⟨AE sp. ook⟩ **loon·ey, lun·y** ['lu:ni] ⟨f1⟩ ⟨telb.zn.; →mv. 2⟩ ⟨inf.⟩ **0.1** ***gek*** ⇒*zot, dwaas.*

loony[2], ⟨AE sp. ook⟩ **looney, luny** ⟨f1⟩ ⟨bn.; -er; →compar. 7⟩ ⟨inf.⟩ **0.1** ***geschift*** ⇒*gek, zot, getikt.*

'loony bin ⟨telb.zn.⟩ ⟨inf.⟩ **0.1** ***gekkenhuis*** ⇒*(krankzinnigen)gesticht.*

loop[1] [lu:p] ⟨f2⟩ ⟨telb.zn.⟩ **0.1** ***lus*** ⇒*lis, strop, bocht, oog* **0.2** ***beugel*** ⇒*handvat* **0.3** ***ringlijn*** ⟨v. tram, trein, e.d.⟩ **0.4** ⟨lucht.⟩ ***lusvlucht*** ⇒*looping* **0.5** ⟨med.⟩ ***spiraaltje*** **0.6** ⟨elek.⟩ ***lus*** ⇒*buik, circuit, stroomkring* **0.7** →loophole ◆ **3.4** loop the ~ *een looping uitvoeren* **3.¶** ⟨AE; sl.⟩ knock s.o. for a ~ *iem. een knal voor z'n kanus verkopen; iem. v. zijn stuk brengen; een overweldigende/overdonderende indruk op iem. maken.*

loop[2] ⟨f1⟩ ⟨ww.⟩
I ⟨onov.ww.⟩ **0.1** ***een lus vormen*** **0.2** ⟨lucht.⟩ ***een looping uitvoeren;***
II ⟨ov.ww.⟩ **0.1** ***een lus/lussen maken in*** **0.2** ***v. lussen voorzien*** ⇒*met een lus vast/dichtmaken* **0.3** ***door een lus halen/steken*** **0.4** ⟨lucht.⟩ ***uitvoeren*** ⟨looping⟩.

'loop aerial ⟨telb.zn.⟩ **0.1** ***raamantenne.***

loop·er ['lu:pə‖-ər] ⟨telb.zn.⟩ **0.1** ***lussenmaker*** ⟨i.h.b. in naaimachine⟩ **0.2** ⟨dierk.⟩ ***spanrups*** ⟨v. vlinder der Geometridae⟩.

'loop·hole[1] ⟨f2⟩ ⟨telb.zn.⟩ ⟨→sprw. 159⟩ **0.1** ***kijkgat*** ⇒*schietgat* **0.2** ***uitvlucht*** ⇒*achterdeur(tje), achterpoortje, uitweg* ◆ **1.2** ~s in the law, legal ~s *mazen in de wet(geving).*

loophole[2] ⟨ov.ww.⟩ **0.1** ***(schiet/kijk)gaten aanbrengen in.***

'loop-line ⟨telb.zn.⟩ **0.1** ***ringlijn.***

loop·y ['lu:pi] ⟨bn.; -er; -ly; -ness; →bijw. 3⟩ **0.1** ***vol bochten*** **0.2** ⟨inf.⟩ ***geschift*** ⇒*niet snik, niet (goed) wijs.*

loose[1] [lu:s] ⟨f1⟩ ⟨zn.⟩
I ⟨telb.zn.⟩ **0.1** ***(vrije) uiting*** ⇒*de vrije loop* ◆ **3.1** give (a) ~ to *de vrije loop laten aan;*
II ⟨n.-telb.zn.⟩ **0.1** ***(staat v.) vrijheid*** ⇒*tuchteloosheid, losbandigheid* ◆ **6.1** **on** the ~ *vrij, ontsnapt;* ⟨inf.⟩ *aan de rol/zwier.*

loose[2] ⟨f3⟩ ⟨bn.; -er; -ness; →compar. 7⟩ **0.1** ***los*** ⇒*slap, niet vast, niet dicht, open* **0.2** ***vrij*** ⇒*bevrijd, ongehinderd, niet gebonden* **0.3** ***wijd*** ⇒*niet strak, ruim, soepel, slobberig* **0.4** ***onnauwkeurig*** ⇒*inexact, onsamenhangend, vaag* **0.5** ***ongedisciplineerd*** ⇒*ongebonden, lichtzinnig, losbandig* **0.6** ⟨med.⟩ ***loslijvig*** ◆ **1.1** be of ~ build/make *los in elkaar zitten;* ~ change *kleingeld;* ⟨BE⟩ ~ cover *los overtrek;* leave sth. at a ~ end *iets niet afmaken;* ~ ends *losse eindjes;* ⟨fig.⟩ *onvolkomenheden, onafgewerkte zaken;* with a ~ rein *met losse teugel;* ⟨fig.⟩ *te laks, te toegeeflijk;* keep a rein on s.o. *iem. de vrije teugel laten* **1.4** ~ talk *gezwam in de ruimte* **1.5** have a ~ tongue *loslippig zijn;* a ~ woman *een lichtzinnige vrouw* **1.¶** ~ card *lapzwans;* be at a ~ end/⟨AE⟩ be at ~ ends *niets omhanden hebben;* ⟨inf.⟩ he has a screw/slate/tile ~ *hij ziet ze vliegen, er zit een steekje bij hem los,* ⟨B.⟩ *hij heeft een vijs los* **3.1** come/get/work ~ *los raken* **3.2** break/get ~ *uitbreken, ontsnappen;* cut ~ *(met moeite) weggaan, op eigen benen gaan staan; los komen, op gang komen;* let ~ *vrij laten, de vrije hand laten; ontketenen;* let ~ one's anger on s.o. *tegen iem. uitvaren;* be let ~ on sth. *op iets losgelaten worden; vrijelijk in iets kunnen ingrijpen;* he is let ~ on us *wij zijn aan hem overgeleverd* **3.¶** ⟨inf.⟩ hang ~ *kalm blijven, zich ontspannen, relaxen.*

loose[3] ⟨f1⟩ ⟨ov.ww.⟩ **0.1** ***losmaken*** ⇒*bevrijden, losser maken, losknopen, loslaten* **0.2** ***afschieten*** ⇒*lanceren* **0.3** ⟨scheep.⟩ ***losgooien*** ◆ **1.1** the wine ~d his tongue *de wijn maakte zijn tong los* **5.2** ~ **off** a volley *een salvo afvuren.*

loose[4] ⟨f1⟩ ⟨bw.⟩ **0.1** ***losjes.***

'loose-box ⟨telb.zn.⟩ ⟨BE⟩ **0.1** ***paardebox.***

'loose-'joint·ed ⟨bn.; ook looser-jointed; -ly; -ness⟩ **0.1** ***los*** ⇒*lenig, soepel.*

'loose-leaf ⟨f1⟩ ⟨bn., attr.⟩ **0.1** ***losbladig.***

'loose-'limbed ⟨bn.; ook looser-limbed; -ly; -ness⟩ **0.1** ***los*** ⇒*lenig, soepel.*

loose·ly ['lu:sli] ⟨f2⟩ ⟨bw.⟩ **0.1** →loose **0.2** ***losjes*** ⇒*vaag, slap, in het wilde weg.*

loos·en ['lu:sn] ⟨f2⟩ ⟨ww.⟩
I ⟨onov.ww.⟩ **0.1** ***losgaan*** ⇒*los(ser) worden, ontspannen, verslappen* ◆ **5.1** ⟨sport⟩ ~ **up** *een warming-up doen, de spieren losmaken/losgooien* ⟨enz.⟩;
II ⟨ov.ww.⟩ **0.1** ***los(ser) maken*** ⇒*laten verslappen/vieren, losknopen* **0.2** ⟨med.⟩ ***purgeren*** ◆ **1.1** drink ~s the tongue *drank maakt spraakzaam* **5.1** ~ **up** *doen ontspannen;* drink ~s him **up** *drank ontspant hem/maakt hem spraakzaam.*

'loose-rein ⟨bn., attr.⟩ **0.1** ***met losse teugel*** ⇒*soepel, inschikkelijk.*

'loose·strife ⟨telb. en n.-telb.zn.⟩ ⟨plantk.⟩ **0.1** ***wederik*** ⟨Lysimachia vulgaris⟩ **0.2** ***(gewone) kattestaart*** ⟨Lythrum salicaria⟩ ◆ **2.1** golden/yellow ~ *wederik* **2.2** purple/red/spiked ~ *kattestaart.*

'loose-'tongued ⟨bn.⟩ **0.1** ***babbelziek*** ⇒*kletserig, loslippig.*

loot[1] [lu:t] ⟨f1⟩ ⟨n.-telb.zn.⟩ **0.1** ***oorlogsbuit*** **0.2** ***buit*** ⇒*gestolen goed, prooi* **0.3** ⟨AE; inf.⟩ ***poet*** ⇒*poen* **0.4** ***roof*** ⇒*beroving, plundering.*

loot[2] ⟨onov. en ov.ww.⟩ **0.1** ***plunderen*** ⇒*roven; brandschatten.*

loot·er ['lu:tə‖'lu:ṭər] ⟨telb.zn.⟩ **0.1** ***plunderaar.***

lop[1] [lɒp‖lɑp] ⟨zn.⟩
I ⟨telb.zn.⟩ **0.1** ***hangoor(konijn);***
II ⟨n.-telb.zn.⟩ **0.1** ***takjes*** ⇒*twijgen, loten, rijs* **0.2** ***woelige baren*** ◆ **1.1** ~ and crop/top *snoeihout.*

lop[2] ⟨f1⟩ ⟨ww.; →ww. 7⟩
I ⟨onov.ww.⟩ **0.1** ***slap neerhangen*** ⇒*afhangen* **0.2** ***hakken*** ⇒*snoeien* **0.3** ***(rond)hopsen*** ⇒*huppelen* **0.4** ***(rond)lummelen*** ⇒*rondhangen* **0.5** ***korte golven maken*** ◆ **6.2** ~ **at** *hakken naar;*
II ⟨ov.ww.⟩ **0.1** ***afsnoeien*** ⇒*afkappen, toppen, weg/afhakken;* ⟨fig.⟩ *elimineren, opheffen, opdoeken* ◆ **5.1** ~ **away** branches *takken afhakken;* ~ **off** a leg *een been afhakken.*

lope[1] [loup] ⟨telb.zn.⟩ **0.1** ***lange, soepele stap*** ⇒*lange sprong, soepele gang.*

lope[2] ⟨f1⟩ ⟨ww.⟩
I ⟨onov.ww.⟩ **0.1** ***zich met lange, soepele stappen voortbewegen*** ⇒*lopen, schrijden;*
II ⟨ov.ww.⟩ **0.1** ***lange stappen/sprongen laten nemen.***

'lop-ear ⟨telb.zn.⟩ **0.1** ***afhangend oor*** ⇒*hangoor* **0.2** ***hangoor(konijn).***

'lop-'eared ⟨f1⟩ ⟨bn.⟩ **0.1** ***met hangende oren*** ◆ **1.1** a ~ rabbit *een hangoor(konijn).*

lop·pings ['lɒpɪŋz‖'lɑ-]⟨mv.⟩ **0.1** ***snoeihout*** ⇒*snoei(e)lingen, snoeisel.*
lop·py ['lɒpi‖'lɑpi]⟨bn.; -er; -ly; -ness; →compar. 7, bijw. 3⟩ **0.1** ***slap neerhangend*** **0.2** ***woelig*** ⇒*met korte golfslag.*
'lop'sid·ed ⟨f1⟩⟨bn.; -ly; -ness⟩ **0.1** ***scheef*** ⇒*overhellend* **0.2** ***ongebalanceerd*** ⇒*eenzijdig, ongeproportioneerd, buiten verhouding.*
loq ⟨afk.⟩ loquitur.
lo·qua·cious [loʊ'kweɪʃəs]⟨f1⟩⟨bn.; -ly; -ness⟩ **0.1** ***praatziek*** ⇒*babbelziek, zeer spraakzaam.*
lo·quac·i·ty [loʊ'kwæsət̬i]⟨n.-telb.zn.⟩ **0.1** ***babbelzucht.***
lo·quat ['loʊkwɒt‖-kwɑt]⟨telb. en n.-telb.zn.⟩⟨plantk.⟩ **0.1** ***loquat*** ⇒*Japanse mispel/pruim* ⟨Eriobotrya japonica⟩.
lo·qui·tur ['lɒkwɪtə‖'lɑkwɪt̬ər]⟨onov.ww.⟩⟨dram.⟩ **0.1** ***spreekt*** ⟨v. speler⟩ ⇒*begint te spreken* ⟨aanwijzing in toneelstuk⟩.
lor [lɔ:‖lɔr]⟨tussenw.⟩⟨verk.⟩ Lord! ⟨BE; vulg.⟩ **0.1** ***goeie god!.***
lo·ran ['lɔ:rən‖'lɔræn]⟨telb.zn.⟩⟨afk.⟩ long-range navigation **0.1** ***loran*** ⟨elektronisch hulpmiddel voor navigatie over lange afstand⟩.
lord[1] [lɔ:d‖lɔrd]⟨f3⟩⟨zn.⟩
I ⟨eig.n.; L-; ook the⟩ **0.1** ***(de) Heer*** ⇒*God* ◆ **1.1** ~ (God) of hosts *Heer der heerscharen;* the Lord's Prayer *het Onze Vader;* the Lord's Supper *het Heilig/Laatste Avondmaal;* the Lord's Table *het altaar, de dis des Heren, het (Heilig) Avondmaal, de communie, de eucharistie;* in the year of our Lord *in het jaar onzes/des Heren, anno domini* **2.1** ⟨inf.⟩ good Lord! *lieve help!, goeie hemel!* **3.1** Lord bless (me, my soul, enz.) *goeie help;* Lord have mercy *Heer bewaar me/ons;* (the) Lord only knows *dat mag God weten, God weet;* Lord love you! *lieve help!, Heer bewaar me!* **7.1** our Lord *Onze Heer, God (Onze Heer)* **¶.1** Lord(, oh Lord)! *Goeie God!;*
II ⟨telb.zn.⟩ **0.1** ***heer*** ⇒*meester, vorst, koning* **0.2** ⟨ook L-⟩ ***lord*** ⇒*edelachtbare, excellentie* ⟨Eng. titel v. hooggeplaatste/adellijke mannelijke personen⟩ **0.3** ⟨vero.⟩ ***echtgenoot*** ⇒*heer des huizes, hoofd v.h. gezin* ◆ **1.1** ⟨scherts.⟩ ~s of creation *de heren der schepping, de mens;* ~ of the manor *ambachtsheer* **1.2** ⟨scherts.⟩ (act like) Lord Muck *de grote mijnheer (uithangen)* **1.3** ⟨schr.; scherts.⟩ ~ and master *heer en meester* **1.¶** ⟨BE⟩ (First) Lord of the Admiralty *hoofd v.d. Admiraliteit;* ⟨ong.⟩ *Minister v. Marine;* ⟨jur.⟩ Lord of Appeal (in Ordinary) *senator, hogerhuislid;* ⟨BE⟩ Lord of the Bedchamber *(koninklijk) kamerheer;* ⟨sch. E; jur.⟩ Lord of Session *Rechters v.h. Schots Civiel Hoog Gerechtshof;* ⟨gesch.⟩ Lord of Misrule *Heer Wanbeheer* ⟨leidde uitbundig folkloristische feesten rond Kerstmis⟩ **3.2** live like a ~ *als een vorst leven;* treat like a ~ *als een vorst behandelen;* swear like a ~ *vloeken als een ketter* **4.2** My Lord *edelachtbare, heer;* First Lord *voorzitter v. Lord Commissioners;*
III ⟨mv.; the Lords⟩ **0.1** ***het Hogerhuis*** ⇒*de leden v.h. Hogerhuis.*
lord[2] ⟨ov.ww.⟩ **0.1** ***adelen*** ⇒*in de adelstand verheffen* ◆ **4.¶** ~ it over s.o. *de baas spelen over iem..*
'Lord 'Advocate ⟨telb.zn.⟩⟨jur.⟩ **0.1** ⟨ong.⟩ ***Procureur-Generaal*** ⟨in Schotland⟩.
'Lord 'Bishop ⟨telb.zn.⟩⟨relig.⟩ **0.1** ***Heer Bisschop*** ⟨ceremoniële titel⟩.
'Lord 'Chamberlain ⟨telb.zn.⟩⟨BE⟩ **0.1** ⟨ong.⟩ ***hoofd v.d. hofhuishouding.***
'Lord 'Chancellor, 'Lord High 'Chancellor ⟨telb.zn.; Lords Chancellor; →mv. 6⟩⟨BE⟩ **0.1** ***voorzitter v.h. Hogerhuis*** ⇒*Lord Kanselier.*
'Lord Chief 'Justice ⟨telb.zn.⟩⟨BE; jur.⟩ **0.1** ⟨ong.⟩ ***opperrechter.***
'Lord Clerk 'Register ⟨telb.zn.⟩ **0.1** ***Staatsarchivaris*** ⟨in Schotland⟩.
'Lord Com'missioner ⟨telb.zn.; Lords Commissioners; →mv. 6⟩⟨BE⟩ **0.1** ***Kroonlid*** ⟨in niet-staatsorganisaties⟩.
'Lord 'God ⟨eig.n.⟩ **0.1** ***Onze-Lieve-Heer*** ⇒*God.*
'Lord Great 'Chamberlain ⟨telb.zn.⟩⟨BE⟩ **0.1** ⟨ong.⟩ ***erehoofd v.d. hofhuishouding.***
'Lord High 'Steward ⟨telb.zn.⟩⟨BE⟩ **0.1** ⟨ong.⟩ ***minister v. staat.***
'lord-in-'wait·ing ⟨telb.zn.; lords-in-waiting; →mv. 6⟩⟨BE⟩ **0.1** ***(koninklijk) kamerheer.***
'Lord 'Justice, 'Lord Justice of 'Appeal ⟨telb.zn.; Lords Justices (of Appeal); →mv. 6⟩⟨BE; jur.⟩ **0.1** ***rechter aan het Hof v. Appel.***
'Lord Justice 'Clerk ⟨telb.zn.⟩⟨jur.⟩ **0.1** ***vice-president v.d. Schotse civiele rechtbankkamer.***
'Lord Justice 'General ⟨telb.zn.; Lord Justices General; →mv. 6⟩ **0.1** ***president v.h. Schotse gerechtshof.***
lord·less ['lɔ:dləs‖'lɔrd-]⟨bn.; -ly; -ness⟩ **0.1** ***zonder heer*** ⇒*heerloos, zonder eigenaar* **0.2** ⟨scherts.⟩ ***zonder echtgenoot.***
'Lord Lieu'tenant ⟨telb.zn.; ook Lords Lieutenant; →mv. 6⟩⟨BE⟩ **0.1** ⟨ong.⟩ ***Commissaris des Konings*** ⟨vertegenwoordiger v.d. Kroon in een graafschap⟩ **0.2** ⟨gesch.⟩ ***onderkoning*** ⟨vnl. v. Ierland⟩.
lord·ling ['lɔ:dlɪŋ‖'lɔrd-]⟨telb.zn.⟩⟨vaak pej.⟩ **0.1** ***jonge lord*** ⇒*kleine lord; potentaatje.*
lord·ly ['lɔ:dli‖'lɔrd-]⟨f1⟩⟨bn.; -er; -ness; →compar. 7⟩ **0.1** ***als (van) een lord*** ⇒*voornaam* **0.2** ***hooghartig*** ⇒*arrogant, uit de hoogte.*
'Lord 'Lyon ⟨telb.zn.⟩ **0.1** ⟨ong.⟩ ***voorzitter v.d. Hoge Raad v. Adel*** ⟨in Schotland⟩.
'Lord 'Mayor ⟨f1⟩⟨telb.zn.⟩ **0.1** ***burgemeester*** ⟨v. grote stad in Groot-Brittannië⟩.
lor·do·sis [lɔ:'doʊsɪs‖lɔr-]⟨telb. en n.-telb.zn.; lordoses [-si:z]; →mv. 5⟩⟨med.⟩ **0.1** ***lordose*** ⟨ziekelijke kromming v.d. ruggegraat⟩.
'Lord 'President ⟨telb.zn.⟩⟨BE⟩ **0.1** ***Voorzitter*** ⟨v.d. hoogste civiele rechtbank⟩ ◆ **1.1** ~ of the Council *Voorzitter v.d. Kroonraad.*
'Lord Privy 'Seal ⟨telb.zn.⟩⟨BE⟩ **0.1** ⟨ong.⟩ ***minister zonder portefeuille.***
'Lord 'Provost ⟨telb.zn.⟩ **0.1** ***burgemeester*** ⟨v. Edinburgh en enkele andere Schotse steden⟩.
'Lord 'Rector ⟨telb.zn.⟩ **0.1** ***(gekozen) studentenlid*** ⇒*lid v. Schotse Universiteitsraad.*
'lords-and-'ladies ⟨mv.; ww. ook enk.⟩⟨plantk.⟩ **0.1** ***gevlekte aronskelk*** ⟨Arum maculatum⟩.
'Lord's day ⟨n.-telb.zn.; the; ook Lord's D-⟩ **0.1** ***dag des Heren*** ⇒*zondag.*
lord·ship ['lɔ:dʃɪp‖'lɔrd-]⟨f2⟩⟨zn.⟩
I ⟨telb.zn.⟩ **0.1** ***adellijk goed*** **0.2** ⟨vaak L-⟩ ***Lord*** ⟨aanspreektitel v. lord en rechter⟩ ⇒⟨ong.⟩ *edele heer, edelachtbare* ◆ **4.2** ⟨ook iron.⟩ his ~ *Lord, mijnheer;* ⟨ook iron.⟩ their ~s *de hoge heren;* your ~ rang? *heeft u gebeld, mylord?;*
II ⟨n.-telb.zn.⟩ **0.1** ***heerschappij (v.e. lord)*** **0.2** ***positie v.e. lord*** ◆ **6.1** ~ **of/over** *heerschappij over.*
'Lord 'Steward ⟨telb.zn.⟩⟨BE⟩ **0.1** ⟨ong.⟩ ***koninklijke opperhofmeester.***
lor·dy ['lɔ:di‖'lɔrdi]⟨tussenw.⟩ **0.1** ***hemeltje*** ⇒*goeie/lieve help.*
lore [lɔ:‖lɔr]⟨f1⟩⟨zn.⟩
I ⟨telb.zn.⟩⟨dierk.⟩ **0.1** ***teugel*** ⟨bij vogels, streek tussen oog en wortel v.d. bovensnavel⟩;
II ⟨n.-telb.zn.⟩ **0.1** ***traditionele kennis*** ⇒*overlevering* **0.2** ⟨vero.⟩ ***leer*** ⇒*doctrine, onderwijs.*
Lorentz force ['lɔ:rents fɔ:s‖-fɔrs]⟨n.-telb.zn.⟩⟨nat.⟩ **0.1** ***lorentzkracht*** ⟨v. elektron in magnetisch veld⟩.
lor·gnette [lɔ:'njet‖lɔr-], **lor·gnon** [lɔ:'njɔ̃‖lɔr-]⟨telb.zn.; ook mv.⟩ **0.1** ***face-à-main*** **0.2** ***toneelkijker*** ⟨met handvat⟩.
lor·i·cate[1] ['lɒrɪkeɪt‖'lɔ-]⟨telb.zn.⟩⟨dierk.⟩ **0.1** ***gepantserd dier.***
loricate[2], **lor·i·cat·ed** ['lɒrɪkeɪt̬ɪd‖'lɔ-]⟨bn.⟩⟨dierk.⟩ **0.1** ***gepantserd.***
lor·i·keet ['lɒrɪki:t‖'lɔ-]⟨telb.zn.⟩⟨dierk.⟩ **0.1** ***prachtlori*** ⟨onderfam. Loriinae⟩.
lor·i·mer ['lɒrɪmə‖'lɔrɪmer], **lor·i·ner** ['lɒrɪnə‖'lɔrɪnər]⟨telb.zn.⟩⟨gesch.⟩ **0.1** ***bit- en sporenmaker.***
lor·i·ot ['lɒrɪət‖'lɔ-]⟨telb.zn.⟩⟨dierk.⟩ **0.1** ***wielewaal*** ⟨Oriolus oriolus⟩.
lo·ris ['lɔ:rɪs]⟨telb.zn.⟩⟨dierk.⟩ **0.1** ***lori*** ⟨halfaap, onderfam. Lorisidae⟩ ◆ **2.1** slender ~ *slanke lori* ⟨Loris tardigradus⟩; slow ~ *grote plompe lori* ⟨Nycticebus coucang⟩.
lorn [lɔ:n‖lɔrn]⟨bn.; -ness⟩⟨schr. scherts.⟩ **0.1** ***eenzaam*** ⇒*verlaten.*
Lor·raine [lə'reɪn]⟨eig.n.⟩ **0.1** ***Lotharingen.***
Lor·rain·er [lə'reɪnə‖-ər]⟨telb.zn.⟩ **0.1** ***Lotharinger.***
lor·ry ['lɒri‖'lɔri, 'lɑri]⟨f2⟩⟨telb.zn.; →mv. 2⟩⟨BE⟩ **0.1** ***vrachtauto*** ⇒*vrachtwagen* **0.2** ⟨spoorwegen⟩ ***lorrie.***
lo·ry ['lɔ:ri]⟨telb.zn.; →mv. 2⟩⟨dierk.⟩ **0.1** ***lori*** ⟨papegaai; onderfam. Trichoglossinae⟩.
los·able, lose·able ['lu:zəbl]⟨bn.; -ness⟩ **0.1** ***die/dat verloren kan raken*** ⇒*te verliezen.*
lose [lu:z]⟨f4⟩⟨ww.; lost, lost [lɒst‖lɔst]⟩ →losing, lost ⟨→sprw. 69, 210, 236, 242, 288, 383, 643, 734⟩
I ⟨onov.ww.⟩ **0.1** ***verliezen*** ⇒*verlies lijden, tekort komen, er op achteruit gaan* ◆ **3.1** you can't ~ *daar ga je nooit op achteruit, daar heb je niets bij te verliezen* **5.1** ~ **out** *het afleggen;* ~ **out** on sth. *er (geld) bij inschieten;* ~ **out** to *het afleggen tegen* **6.1** ~ **by** sth. *erop achteruit gaan;* the story does not ~ **in** the telling *het verhaal wordt er steeds mooier op;* ~ **on** the horses *(geld) verliezen bij de paardenrennen;*
II ⟨onov. en ov.ww.⟩ **0.1** ***achterlopen*** ◆ **1.1** this watch ~s (ten seconds in the hour) *dit horloge loopt (tien seconden per uur) achter;*
III ⟨ov.ww.⟩ **0.1** ***verliezen*** ⇒*kwijtraken, niet (meer) hebben, verspelen, verkwisten, verspillen* **0.2** ***doen verliezen*** ⇒*kosten* **0.3** ***missen*** ⇒*niet winnen, (onvrijwillig) laten voorbijgaan* ◆ **1.1** ~ a baby *een miskraam hebben;* ~ colour *bleek worden, verbleken;* ~ contact *(het) contact verliezen* ⟨ook radio⟩; ~ a day *een dag verzuimen;* ~ one's fear *zich bevrijden van zijn angst;* ~ one's heart *zijn hart verliezen;* ~ a patient *een patiënt verliezen* ⟨aan andere

arts of door overlijden⟩; ~ one's place (in a book) *de bladzij (in een boek) kwijtraken;* ~ one's reason/senses *buiten zinnen raken;* ~ sight of *uit het oog verliezen;* ~ the toss *de toss/opgooi verliezen;* ~ touch *(het) contact verliezen* ⟨ook radio⟩; ~ the use of (both legs) *het gebruik v. (beide benen) moeten missen;* ~ way ⟨scheep.⟩ *vaart verliezen;* ~ one's way *de weg kwijtraken, verdwalen* **1.2** it lost him his job *het kostte hem zijn baan, hij raakte zijn baan erdoor kwijt* **1.3** ~ the post *te laat zijn voor de buslichting* **6.1** ~ o.s. **in** *geheel opgaan in, verdwalen in;* ~ money **on** a project *verlies lijden op een project;* ~ **to** s.o. *tegen iem. verliezen.*

lo·sel ['loʊzl]⟨telb.zn.⟩⟨vero.⟩ **0.1** ***flierefluiter*** ⇒*nietsnut, losbol.*

los·er ['lu:zə||-ər]⟨f2⟩⟨telb.zn.⟩⟨→sprw. 418⟩ **0.1** ***verliezer*** **0.2** ⟨AE⟩ ***veroordeelde*** ◆ **2.1** a born ~ *een geboren verliezer;* a good ~ *iem. die tegen zijn verlies kan, een sportief iem.* **2.2** a two-time ~ *een tweemaal veroordeelde* **6.1** be a ~ by *verlies lijden door.*

los·ing ['lu:zɪŋ]⟨f1⟩⟨bn., attr.; teg. deelw. v. lose⟩ **0.1** ***verliezend*** ⇒*verlieslijdend* **0.2** ***verloren*** ⇒*a priori/bij voorbaat verloren, kansloos* ◆ **1.1** a ~ business *een verlieslijdend/gevend bedrijf* **1.¶** ⟨BE; biljart⟩ play a ~ hazard *de bal laten verlopen.*

loss [lɒs||lɔs]⟨f3⟩⟨zn.⟩
I ⟨telb.zn.⟩ **0.1** ***verlies*** **0.2** ***nadeel*** ⇒*schade* **0.3** ***achteruitgang*** ⇒*teruggang* ◆ **2.2** total ~ *total loss* **3.1** be no great ~ to *geen groot verlies zijn voor* **3.2** cut a ~/one's ~es *het zinkende schip verlaten* **6.1** sell **at** a ~ *met verlies v.d. hand doen* **6.¶** be **at** a ~ (what to do) *niet weten wat men doen moet, van zijn à-propos zijn;* be **at** a ~ for words *met de mond vol tanden staan;*
II ⟨mv.; ~es⟩⟨euf.⟩ **0.1** ***doden*** ⇒*slachtoffers, omgekomenen.*

'loss 'leader ⟨telb.zn.⟩⟨hand.⟩ **0.1** ***lok/stunt/reclameartikel*** ⇒*lokkertje, prijsbreker.*

lost [lɒst||lɔst]⟨f3⟩⟨bn.; volt. deelw. v. lose⟩
I ⟨bn.⟩ **0.1** ***verloren*** ⇒*weg, vervlogen, zoekgeraakt, kwijt* **0.2** ***verdwaald*** ⇒*de weg kwijt* **0.3** ***gemist*** **0.4** ***omgekomen*** ⇒*verongelukt, vergaan, gedoemd, verloren, reddeloos* **0.5** ⟨vero.⟩ ***sociaal niet geaccepteerd/acceptabel*** **0.6** ***verbaasd*** ⇒*verdwaasd, van zijn/haar stuk gebracht* ◆ **1.1** ~ and found bureau/desk *bureau voor gevonden voorwerpen;* ~ property (department/office) *(afdeling/bureau) gevonden voorwerpen;* ~ labour *arbeidsverlies* ⟨v. machine, door slip e.d.⟩; ~ motion ⟨tech.⟩ *loze slag, arbeidsverlies* **1.3** ~ chance *gemiste kans;* ~ cause *hopeloze/verkeken zaak;* ⟨scherts.⟩ home of ~ causes *de universiteit v. Oxford* **1.4** ~ soul *gedoemde ziel* **1.5** ~ woman *gevallen vrouw* **1.¶** ~ generation *lost generation, verloren generatie* ⟨i.h.b. na de eerste wereldoorlog⟩; ~ sheep *verloren/afgedwaald schaap;* ⟨Matt. 18:12⟩ *zondaar;* ⟨tech.⟩ ~ wax casting *verloren-wasgietprocédé* **3.1** get ~ *verloren raken* **3.2** get ~ *verdwalen, de weg kwijt raken* **3.4** get ~ *omkomen* **3.¶** get ~! *val dood!, donder op!;*
II ⟨bn., pred.⟩ **0.1** ***in gedachten verzonken*** ⇒*afwezig, er niet bij* **0.2** ***verspild*** ◆ **6.1** ~ in admiration/thought *in bewondering/gedachten verzonken* **6.2** sarcasm is ~ **(up)on** him *sarcasme raakt/deert hem niet;* that is ~ **(up)on** her *zij is dat niet waard, dat is aan haar verspild.*

lot[1] [lɒt||lɑt]⟨f4⟩⟨zn.⟩⟨→sprw. 503⟩
I ⟨telb.zn.⟩ **0.1** ***portie*** ⇒*aandeel* **0.2** ***kavel*** ⇒*perceel, partij, verkaveling, (veiling)nummer* **0.3** ***lot*** ⇒*lootje, loterijbriefje* **0.4** ***(nood)lot*** ⇒*levenslot* **0.5** ⟨vnl. AE⟩ ***stuk grond*** ⇒*terrein, kermisterrein, film(studio)complex* **0.6** ***artikel*** ⇒*ding* **0.7** ⟨inf.⟩ ***persoon*** **0.8** ***lot*** ⇒*groep, zending* ◆ **1.1** a ~ of books/~s of books *een heleboel boeken* **2.6** vacant ~ *bouwterrein, stuk bouwgrond* **3.4** cast/draw ~s *loten* **3.5** cast/throw in one's ~ with *mee gaan doen met, zich scharen achter* **6.3 across** the ~s *dwars door de velden;*
II ⟨n.-telb.zn.⟩⟨BE⟩ **0.1** ***belasting*** ⇒*verschuldigd bedrag;*
III ⟨verz.n.; →onbepaald woord 7, 14⟩ **0.1** ***groep*** ⇒*aantal dingen/mensen, een hoop, een heleboel* ◆ **1.1** ~s and ~s *ontzettend veel, hopen* **2.1** ⟨inf.⟩ the whole (blinking/damned) ~ *het hele zootje* **3.1** that's the ~ *dat is alles, meer is/zijn er niet* **3.¶** mixed ~ *samenraapsel, zooitje (ongeregeld)* **6.1** a ~ **of**/~s **of** books *een heleboel boeken;* a ~ **of**/⟨inf.⟩ ~s **of** misery *een boel ellende* **7.1** ⟨bw. gebruik⟩ a ~ *nogal;* things have changed a ~ *er is nogal wat veranderd.*

lot[2] ⟨ww.; →ww. 7⟩
I ⟨onov.ww.⟩ **0.1** ***loten*** ◆ **6.¶** ⟨AE⟩ ~ **(up)on** *hopen/rekenen op;*
II ⟨ov.ww.⟩ **0.1** ***verkavelen*** ⇒*verdelen* ◆ **5.1** ~ **out** *verkavelen, verdelen.*

loth →loath.

Lo·thar·i·o [loʊ'θɑ:rioʊ||-'θæ-]⟨eig.n., telb.zn.⟩ **0.1** ***Don Juan*** ⇒*losbol, verleider* ◆ **2.1** ⟨vero.⟩ a gay ~ *een Don Juan/losbol/verleider.*

lo·tion ['loʊʃn]⟨f2⟩⟨telb. en n.-telb.zn.⟩ **0.1** ***lotion*** ⇒*haarwater, gezichtswater, wondwater.*

lotos →lotus.

lot·ter·y ['lɒtri||'lɑṭəri]⟨f1⟩⟨telb.zn.; →mv. 2⟩⟨→sprw. 444⟩ **0.1** ***loterij*** ⇒⟨fig.⟩ *onzekere zaak, gok.*

'lottery bond ⟨telb.zn.⟩ **0.1** ***premielot*** ⇒*aandeel in een loterijlening.*

'lottery wheel ⟨telb.zn.⟩ **0.1** ***trekkingsmachine*** ⇒*lottomachine.*

lot·to ['lɒtoʊ||'lɑṭoʊ]⟨n.-telb.zn.⟩ **0.1** ***lotto*** ⇒*bingo.*

lo·tus, lo·tos ['loʊṭəs]⟨f1⟩⟨telb. en n.-telb.zn.⟩⟨plantk.⟩ **0.1** ***lotus (bloem)*** ⇒*witte Egyptische waterlelie* ⟨Nymphea lotus⟩, *Indische lotus* ⟨Nelumbium speciosum⟩ **0.2** ***rolklaver*** ⇒*steenklaver* ⟨Lotus corniculatus⟩ **0.3** ***(gestileerde) afbeelding v.e. lotusbloem*** **0.4** ***lotusstruik*** ⟨Zizyphus lotus⟩ **0.5** ***lotus*** ⟨vrucht⟩.

'lo·tus-eat·er ⟨telb.zn.⟩ **0.1** ***lotuseter*** ⇒*lotofaag, dromer.*

'lotus land ⟨telb. en n.-telb.zn.⟩ **0.1** ***droomland*** ⇒*paradijs.*

'lotus position ⟨telb. en n.-telb.zn.⟩ **0.1** ***lotushouding.***

louche [lu:ʃ]⟨bn.⟩ **0.1** ***louche*** ⇒*onguur, verdacht, onbetrouwbaar.*

loud[1] [laʊd]⟨f3⟩⟨bn.; -er; -ly; -ness⟩ **0.1** ***luid*** ⇒*hard, luidruchtig, lawaaierig* **0.2** ***opzichtig*** ⇒*schreeuwend* ⟨v. kleur⟩ **0.3** ⟨AE⟩ ***sterk ruikend*** ⇒*stinkend* ◆ **1.¶** ~ pedal *rechterpedaal* ⟨piano⟩; *zwelpedaal* ⟨orgel⟩.

loud[2] ⟨f1⟩⟨bw.; -er⟩⟨→sprw. 4⟩ **0.1** ***luid*** ⇒*luidruchtig, hard, schreeuwerig* ◆ **5.1** ~ and clear *erg duidelijk, overduidelijk;* **out** ~ *hardop.*

loud·en ['laʊdn]⟨ww.⟩
I ⟨onov.ww.⟩ **0.1** ***luid(er) worden;***
II ⟨ov.ww.⟩ **0.1** ***luid(er) maken/zetten.***

'loud-'hail·er ⟨telb.zn.⟩ **0.1** ***megafoon*** ⇒*scheepsroeper.*

'loud·mouth ⟨telb.zn.⟩ **0.1** ***luidruchtig persoon*** ⇒⟨inf.⟩ *bek op poten, onthuller, verklikker, roddelaar.*

'loud·mouth·ed ⟨bn.⟩ **0.1** ***luidruchtig*** ⇒*lawaaierig.*

'loud-'speaker ⟨f1⟩⟨telb.zn.⟩ **0.1** ***luidspreker*** ⇒*box* **0.2** ***megafoon.***

'loud'spo·ken ⟨bn.⟩ **0.1** ***met (een) luide stem*** ⇒*luidruchtig, lawaaierig.*

lough [lɒk, lɒx||lɑk, lɑx]⟨telb.zn.⟩⟨IE⟩ **0.1** ***meer*** **0.2** ***zeearm.***

lou·is ['lu:i]⟨zn.; louis; →mv. 4⟩
I ⟨eig.n.; L-⟩ **0.1** ***Lodewijk*** ⇒*Louis;*
II ⟨telb.zn.⟩⟨gesch.⟩ **0.1** ***louis d'or*** ⟨Franse gouden munt⟩.

louis d'or ['lu:i 'dɔ:||-'dɔr]⟨telb.zn.; louis d'or; →mv. 4⟩⟨gesch.⟩ **0.1** ***louis d'or*** ⟨Franse gouden munt⟩.

lounge[1] [laʊndʒ]⟨f2⟩⟨zn.⟩
I ⟨telb.zn.⟩ **0.1** ***lounge*** ⇒*hal, foyer, lobby* **0.2** ***zitkamer*** ⇒*conversatiezaal* **0.3** ***sofa*** ⇒*divan* **0.4** ***slentergang*** ⇒*kalme wandeling;*
II ⟨n.-telb.zn.⟩ **0.1** ***het slenteren*** ⇒*het kuieren.*

lounge[2] ⟨f2⟩⟨ww.⟩
I ⟨onov.ww.⟩ **0.1** ***luieren*** ⇒*(rond)hangen, leunen, lui (gaan) liggen* **0.2** ***slenteren*** ⇒*kuieren* **0.3** ***rondlummelen*** ⇒*niets doen, lanterfanten* ◆ **5.3** ~ **about/around** *rondhangen;*
II ⟨ov.ww.⟩ **0.1** ***verlummelen*** ◆ **5.1** ~ **away** the time *de tijd verdoen.*

'lounge bar ⟨f1⟩⟨telb.zn.⟩⟨BE⟩ **0.1** ***(nette) bar.***

'lounge car ⟨telb.zn.⟩⟨AE⟩ **0.1** ***salonrijtuig.***

'lounge chair ⟨telb.zn.⟩ **0.1** ***fauteuil*** ⇒*leunstoel, armstoel, chaise longue.*

'lounge lizard ⟨telb.zn.⟩⟨vero.; sl.⟩ **0.1** ***salonheld.***

loung·er ['laʊndʒə||-ər]⟨telb.zn.⟩ **0.1** ***lanterfanter*** ⇒*slenteraar, flaneur* **0.2** ⟨AE⟩ ***sofa*** ⇒*divan* **0.3** ⟨AE⟩ ***gemakkelijk zittend kledingstuk.***

'lounge suit ⟨telb.zn.⟩⟨vnl. BE⟩ **0.1** ***wandelkostuum.***

loupe [lu:p]⟨telb.zn.⟩ **0.1** ***loep*** ⇒*vergrootglas.*

lour[1], ⟨AE sp. vnl.⟩ **low·er** ['laʊə||-ər]⟨telb.zn.⟩ **0.1** ***norse/dreigende blik*** **0.2** ***dreigende wolkenmassa.***

lour[2], ⟨AE sp. vnl.⟩ **lower** ⟨onov.ww.⟩ →louring **0.1** ***dreigen*** ⇒*er dreigend uitzien* ⟨lucht, weer⟩ **0.2** ***nors/dreigend kijken*** ◆ **6.2** ~ **at/(up)on** s.o. *iem. nors aankijken.*

lour·ing, ⟨AE sp. ook⟩ **low·er·ing** ['laʊərɪŋ]⟨bn.; -ly; teg. deelw. v. lour⟩ **0.1** ***somber*** ⇒*dreigend.*

lour·y, ⟨AE sp. vnl.⟩ **low·er·y** ['laʊəri]⟨bn.⟩ **0.1** ***somber*** ⇒*dreigend.*

louse[1] [laʊs]⟨f2⟩⟨telb.zn.; lice [laɪs]; →mv. 3⟩ **0.1** ***luis.***

louse[2] ⟨telb.zn.; mv. regelmatig⟩⟨inf.⟩ **0.1** ***rat*** ⇒*rotzak, misbaksel, onderkruipsel.*

louse[3] ⟨f1⟩⟨ov.ww.⟩ **0.1** ***ontluizen*** ◆ **5.¶** ⟨sl.⟩ ~ **up** *grondig bederven, verpesten.*

louse·wort ['laʊswɜ:t||-wɜrt]⟨telb. en n.-telb.zn.⟩⟨plantk.⟩ **0.1** ***luiskruid*** ⇒⟨o.a.⟩ *moeraskartelblad* ⟨Pedicularis palustris⟩.

lous·y ['laʊzi]⟨f3⟩⟨bn.; -er; -ly; -ness; →compar. 7, bijw. 3⟩
I ⟨bn.⟩ **0.1** ***vol luizen*** **0.2** ⟨inf.⟩ ***waardeloos*** ⇒*min, vuil, beroerd, walgelijk;*
II ⟨bn., attr.⟩⟨inf.⟩ **0.1** ***armzalig*** ⟨v. hoeveelheid, aantal e.d.⟩ ◆ **1.1** he got a ~ '5' for his paper *hij kreeg een povere '5' voor zijn werkstuk;*
III ⟨bn., pred.⟩⟨inf.⟩ **0.1** ***propvol*** ⇒*vergeven van* **0.2** ***beroerd*** ⇒*rot, doodziek* ◆ **3.2** feel ~ *zich ellendig voelen* **6.1** he is ~ **with** the stuff/money *hij barst v.d. poen.*

lout[1] [laʊt]⟨f1⟩⟨telb.zn.⟩ **0.1** ***(boeren)pummel*** ⇒*lummel, (boeren) lul.*

lout² ⟨onov.ww.⟩ ⟨vero.⟩ **0.1** ***(zich) buigen*** ⇒*zich vernederen, eerbied betonen.*
lout·ish ['laʊṭɪʃ] ⟨bn.; -ly; -ness⟩ **0.1** ***pummelachtig*** ⇒*lullig, lummelachtig.*
louv·er, lou·vre ['lu:və||-ər] ⟨f1⟩ ⟨zn.⟩
I ⟨telb.zn.⟩ **0.1** ***ventilatiekoepel*** **0.2** ***lat*** ⟨in zonneblind/jaloezieën⟩;
II ⟨mv.; ~s⟩ **0.1** ***jaloezieën*** ⇒*zonneblind, abat-jour, louvre* **0.2** ***glasjaloezie*** **0.3** ***galmborden*** ⟨in klokketoren⟩.
'louv·er-boards ⟨mv.⟩ **0.1** ***jaloezieën*** ⇒*zonneblind, abat-jour* **0.2** ***galmborden*** ⟨in klokketoren⟩.
lou·ver·ed, louvr·ed ['lu:vəd||-vərd] ⟨bn.⟩ **0.1** ***met jaloezielatten*** ⇒*als jaloezieën* ◆ **1.1** ~ half-doors *saloondeurtjes.*
lov·a·ble, love·a·ble ['lʌvəbl] ⟨f1⟩ ⟨bn.; -ly; -ness; →bijw. 3⟩ **0.1** ***lief*** ⇒*beminnelijk, aanminnig* **0.2** ***sympathiek*** ⇒*aantrekkelijk.*
lov·age ['lʌvɪdʒ] ⟨telb. en n.-telb.zn.⟩ ⟨plantk.⟩ **0.1** ***lavas*** ⇒*maggi (plant)* ⟨Levisticum officinale⟩ ◆ **2.1** wild ~ *wilde lavas* ⟨Legusticum scoticum⟩.
love¹ [lʌv] ⟨f4⟩ ⟨zn.⟩ ⟨→sprw. 14, 419, 420, 423, 424, 426, 494, 563, 743⟩
I ⟨eig.n.; ook L-⟩ **0.1** ***Amor*** ⇒*Cupido;*
II ⟨telb.zn.⟩ **0.1** ***liefje*** ⇒*geliefde, vlam* **0.2** ⟨inf.⟩ ***snoes*** ⇒*geliefd persoon* ⟨ook man⟩, *schat, lieveling* **0.3** ⟨inf.⟩ ***beeldig/snoezig/schattig ding*** **0.4** ***cupidootje*** ⇒*engeltje, liefdegodje* ◆ **1.2** isn't uncle Jim a ~, look what he gave me *kijk eens wat die schat v.e. oom Jim me gegeven heeft* **1.3** what ~s of teacups! *wat een beeldige theekopjes!* **2.1** an old ~ of mine *een oude vlam van me* **3.¶** I love my ~ with an A, a B, etc. *ik hou van mijn lief, want ik vind je A (aanbiddelijk) enz.* ⟨spelletje tussen geliefden⟩;
III ⟨telb. en n.-telb.zn.⟩ **0.1** ***liefde*** ⇒*verliefdheid* **0.2** ***plezier*** ⇒*genoegen* ◆ **1.1** ~ in a cottage *liefde in een hutje op de hei* **1.2** music is a great ~ of his *hij is dol op muziek* **1.¶** for the ~ of heaven *in 's hemelsnaam;* ⟨inf.⟩ for the ~ of Mike *allemachtig, jeminee;* not for ~ or money *niet voor geld of goeie woorden, voor geen goud* **3.¶** there is no ~ lost between them *ze kunnen elkaar niet zien of luchten;* make ~ to *het hof maken; vrijen met* **6.1** be/fall **in** ~ **with** s.o. *verliefd zijn/worden op iem.;* be/fall **out of** ~ (with s.o.) *niet meer (op iem.) verliefd zijn;* be **out of** ~ **with** sth. *in iets teleurgesteld zijn;* do sth. **out of** ~ *iets uit liefde/vriendschap doen* **6.2** play **for** ~ *voor je plezier spelen, spelen om het spel, niet om de knikkers* **6.¶** do sth. **for** ~ *iets gratis/pro Deo doen;*
IV ⟨n.-telb.zn.⟩ **0.1** ***groeten*** **0.2** ⟨tennis⟩ ***love*** ⇒*nul* ◆ **3.1** give him my ~, give my ~ to him *doe hem de groeten;* mother sends her ~ *moeder laat je groeten* **4.2** ~ all *nul-nul;* ⟨bridge⟩ *niemand kwetsbaar.*
love² ⟨f4⟩ ⟨ww.⟩ →loving ⟨→sprw. 421, 422, 425, 684⟩
I ⟨onov.ww.⟩ **0.1** ***liefde voelen*** ⇒*verliefd zijn;*
II ⟨ov.ww.⟩ **0.1** ***houden van*** ⇒*liefhebben, beminnen, graag mogen* **0.2** ***dol zijn op*** ⇒*graag hebben/doen/willen, heerlijk vinden* **0.3** ***vrijen met*** ⇒*de liefde bedrijven met* **0.4** ⟨kind.⟩ ***aanhalen*** ⇒*strelen* ◆ **3.2** he ~s swimming/to go swimming *hij is dol op zwemmen* **5.1** ~ dearly, dearly ~ *innig houden van.*
loveable →lovable.
'love affair ⟨f1⟩ ⟨telb.zn.⟩ **0.1** ***liefdesverhouding*** ⇒*amourette* **0.2** ***groot enthousiasme.***
'love apple ⟨telb.zn.⟩ ⟨vero.⟩ **0.1** ***tomaat*** ⇒*liefdesappel.*
'love beads ⟨mv.⟩ **0.1** ***kralenketting*** ⟨gedragen als teken v. liefde en oproep tot vrede⟩.
'love-be·got·ten ⟨bn.⟩ **0.1** ***illegitiem*** ⇒*onecht, onwettig, buitenechtelijk.*
'love·bird ⟨telb.zn.; vnl. mv.⟩ **0.1** ⟨dierk.⟩ ***onafscheidelijke*** ⟨genus Agapornis⟩ **0.2** ⟨inf.⟩ ***verliefde.***
'love·bite ⟨telb.zn.⟩ **0.1** ***zuigzoen*** ⇒*zuigplek, rode vlek* ⟨als gevolg v.e. zuigzoen⟩.
'love child ⟨telb.zn.⟩ ⟨vero.⟩ **0.1** ***bastaard*** ⇒*onecht/onwettig kind.*
'love feast ⟨telb.zn.⟩ **0.1** ***liefdemaal*** ⇒*agape.*
'love-'hate ⟨n.-telb.zn.⟩ **0.1** ***liefde-haatverhouding.***
'love-'hate relationship ⟨telb.zn.⟩ ⟨psych.⟩ **0.1** ***liefde-haatverhouding.***
'love-in-a-'mist ⟨n.-telb.zn.⟩ ⟨plantk.⟩ **0.1** ***juffertje-in-'t-groen*** ⟨Nigella damascena⟩.
'love-in-'i·dle·ness ⟨n.-telb.zn.⟩ ⟨plantk.⟩ **0.1** ***driekleurig viooltje*** ⟨Viola tricolor⟩.
'love knot ⟨telb.zn.⟩ **0.1** ***liefdeknoop.***
love·less ['lʌvləs] ⟨bn.; -ly; -ness⟩ **0.1** ***liefdeloos*** **0.2** ***ongeliefd.***
'love letter ⟨f1⟩ ⟨telb.zn.⟩ **0.1** ***liefdesbrief*** ⇒*minnebrief.*
'love-lies-'bleed·ing ⟨n.-telb.zn.⟩ ⟨plantk.⟩ **0.1** ***amarant*** ⟨genus Amaranthus⟩ ⇒⟨i.h.b.⟩ *kattestaart(amarant)* ⟨A. caudatus⟩.
'love life ⟨telb.zn.⟩ **0.1** ***liefdeleven.***
'love·lock ⟨telb.zn.⟩ **0.1** ***lok/krul op voorhoofd/slaap*** ⟨vnl. 17-18e eeuw⟩.
love·lorn ['lʌvlɔ:n||-lɔrn] ⟨bn.; -ness⟩ **0.1** ***door de geliefde verlaten*** ⇒*vol liefdesverdriet* **0.2** ***hopeloos verliefd.***
love·ly¹ ['lʌvli] ⟨telb.zn.; →mv. 2⟩ ⟨inf.⟩ **0.1** ***schoonheid*** ⇒*mooie meid;* ⟨i.h.b. dram.⟩ *showgirl* **0.2** ⟨AE⟩ ***mooi voorwerp*** ◆ **9.1** hello ~! *dag schoonheid!.*
lovely² ⟨f3⟩ ⟨bn.; -er; -ness; →compar. 7⟩ **0.1** ***mooi*** ⇒*lieftallig, aantrekkelijk* **0.2** ⟨inf.⟩ ***leuk*** ⇒*prettig, fijn, gezellig, aardig, lekker* **0.3** ⟨AE⟩ ***vol liefde*** ⇒*geestelijk waardevol* **0.4** ⟨AE⟩ ***geliefd*** ◆ **1.¶** ⟨BE; inf.⟩ everything in the garden is ~ *er is geen vuiltje aan de lucht* **2.2** ~ and sweet *lekker zoet.*
'love·mak·ing ⟨f2⟩ ⟨n.-telb.zn.⟩ **0.1** ***vrijerij*** ⇒*geslachtsgemeenschap, geslachtsdaad* **0.2** ***hofmakerij*** ⇒*het werven.*
'love match ⟨telb.zn.⟩ **0.1** ***huwelijk uit liefde.***
'love nest ⟨telb.zn.⟩ **0.1** ***liefdesnest(je).***
'love philtre, 'love potion ⟨telb.zn.⟩ **0.1** ***minnedrank*** ⇒*liefdedrank.*
lov·er ['lʌvə||-ər] ⟨f3⟩ ⟨zn.⟩
I ⟨telb.zn.⟩ **0.1** ***(be)minnaar*** **0.2** ***liefhebber/ster*** ⇒*enthousiast;*
II ⟨mv.; ~s⟩ **0.1** ***verliefd paar*** **0.2** ***minnaars*** ⇒*stel* ◆ **3.2** they admitted they were ~s *ze gaven toe dat ze een verhouding hadden.*
'lov·er-boy ⟨telb.zn.⟩ ⟨AE; sl.⟩ **0.1** ***knappe kerel*** ⇒*adonis* **0.2** ***rokkenjager*** ⇒*Don Juan.*
lov·er·like ['lʌvəlaɪk||'lʌvər-], **lov·er·ly** ['lʌvəli||'lʌvər-] ⟨bn.; bw.⟩ **0.1** ***als een minnaar.***
'lovers' 'knot ⟨telb.zn.⟩ **0.1** ***liefdeknoop.***
'lovers' 'vows ⟨mv.⟩ **0.1** ***beloften v. trouw.***
'love seat ⟨telb.zn.⟩ **0.1** ***twee-zits bankje*** ⇒*tête-à-tête.*
love·sick ['lʌvsɪk] ⟨f1⟩ ⟨bn.; -ness⟩ **0.1** ***smachtend v. liefde*** ⇒*smoorverliefd.*
'love song ⟨f1⟩ ⟨telb.zn.⟩ **0.1** ***liefdeslied*** ⇒*minnelied.*
'love story ⟨f1⟩ ⟨telb.zn.⟩ **0.1** ***liefdesgeschiedenis*** ⇒*liefdesverhaal.*
'love token ⟨telb.zn.⟩ **0.1** ***liefdepand*** ⇒*liefdeblijk.*
'love·wor·thy ⟨bn.; -ness⟩ **0.1** ***beminnenswaard(ig).***
lo·vey ['lʌvi], **lo·vey-do·vey** [-'dʌvi] ⟨telb.zn.⟩ ⟨inf.⟩ **0.1** ***liefje*** ⇒*schatje.*
'lovey-'dovey ⟨bn.⟩ ⟨inf.⟩ **0.1** ***(overdreven) lief*** ⇒*suikerzoet.*
lov·ing ['lʌvɪŋ] ⟨f2⟩ ⟨bn.; teg. deelw. v. love; -ly; -ness⟩ **0.1** ***liefhebbend*** ⇒*liefdevol, teder* ◆ **4.1** ⟨slot v.e. brief⟩ Yours ~ly *veel liefs.*
'loving cup ⟨telb.zn.⟩ **0.1** ***vriendschapsbeker*** ⇒*bokaal met twee oren.*
'lov·ing-'kind·ness ⟨n.-telb.zn.⟩ ⟨schr.⟩ **0.1** ***barmhartigheid*** ⇒*goedertierenheid, goedheid, tedere zorg, tederheid, liefde.*
low¹ [loʊ] ⟨f1⟩ ⟨zn.⟩
I ⟨telb.zn.⟩ **0.1** ***laag terrein*** ⇒*laagte* **0.2** ***dieptepunt*** ⇒*laag punt, laagterecord* **0.3** ***geloei*** ⇒*gebulk, het loeien, het bulken* **0.4** ⟨meteo.⟩ ***lagedrukgebied*** **0.5** ⟨parachutespringen⟩ ***eerste springer*** ⟨bij groepssprong⟩ ◆ **2.2** we bought at an all-time ~ *we kochten voor de laagste prijs die ooit betaald was;*
II ⟨n.-telb.zn.⟩ **0.1** ⟨tech.⟩ ***laagste versnelling*** ⇒*eerste versnelling.*
low² ⟨f3⟩ ⟨bn.; lower; -ly; -ness⟩ →lower
I ⟨bn.⟩ **0.1** ***laag*** ⇒*niet hoog, niet intensief* **0.2** ***diep*** ⇒*diep uitgesneden, neder-* **0.3** ***laaggeboren*** ⇒*van eenvoudige afkomst* **0.4** ***laag(hartig)*** ⇒*gemeen* **0.5** ***plat*** ⇒*ordinair* **0.6** ***schraal*** ⟨bv. dieet⟩ ⇒*mager* **0.7** ***eenvoudig*** ⇒*ongecompliceerd, weinig ontwikkeld* **0.8** ***zacht*** ⇒*stil, niet luid; laag* ⟨toon⟩ **0.9** ***bijna uitgeput*** ⇒*bijna op, laag* **0.10** ***ongelukkig*** ⇒*depressief, terneergeslagen* **0.11** ***streng*** ⇒*strak (in de leer), neigend naar Calvinisme* ⟨mbt. stroming in de Anglicaanse kerk⟩ ◆ **1.1** the Low Countries *de Lage Landen;* ⟨wisk.⟩ ~est common denominator *kleinste gemeenschappelijke deler/noemer;* ⟨radio⟩ ~ frequency *lage frequentie* ⟨vaak attr.⟩; ~ gear *lage versnelling;* ⟨taalk.⟩ Low German *Nederduits, Noordduits* ⟨i.t.t. Hoogduits⟩; *Westgermaanse talen* ⟨beh. Hoogduits⟩; ~ grade *lage/inferieure kwaliteit, laag gehalte/percentage* ⟨vaak attr.⟩; ⟨wisk.⟩ ~est common multiple *kleinste gemene veelvoud;* have a ~ opinion of *een lage dunk hebben van;* ~ point *minimum, dieptepunt;* ⟨meteo.⟩ ~ pressure *lage druk* ⟨vaak attr.⟩; ⟨fig.⟩ *laag pitje, rust, gemak;* ⟨sl.⟩ ~ rider *berijder v. lage sportwagen; motor met hoog stuur;* ⟨elek.⟩ ~ tension *laagspanning;* ~ tide *laagtij, laagwater, eb* ⟨aan zee⟩; ⟨elek.⟩ ~ voltage *laagspanning;* ~ water *laag water, laagtij* ⟨in een rivier⟩ **1.2** ~ relief *bas-reliëf* **1.4** ~ trick *rotstreek* **1.5** ~ expression *ordinaire uitdrukking* **1.7** ⟨R.-K.⟩ Low Mass *gewone/stille mis* ⟨kerkdienst zonder koor⟩ **1.8** sing in a ~ voice *laag zingen;* speak in a ~ voice *zacht praten* **1.10** ~ spirits *moedeloosheid, neerslachtigheid* **1.11** Low Church ⟨ong.⟩ *strenge/calvinistische stroming* ⟨binnen de Anglicaanse kerk⟩; Low Churchman *aanhanger v.d. Low Church* **1.¶** ~ comedian *kluchtspeler;* ~ comedy *klucht;* ~ Latin *middeleeuws Latijn;* ~ latitudes *gebieden om de evenaar;* keep/maintain a ~ profile *zich gedeisd/schuil/op de achtergrond houden;* Low Sunday *beloken Pasen;* reduce sth. to its ~est terms

iets tot zijn essentie herleiden/op de eenvoudigste manier voorstellen; be in ~ water *aan de grond zitten;* Low Week *week na beloken Pasen* **2.1** Low Dutch *Nederduits; Nederlands* **6.1 at** ~est *op z'n laagst;*

II ⟨bn., pred.⟩ **0.1** ***ter aarde*** ⇒*op de grond* **0.2** ***verborgen*** ⇒*onopgemerkt, onopvallend* **0.3** ***zwak*** ⇒*slap, futloos* ◆ **3.1** lay ~ *neerslaan/schieten, vloeren;* ⟨fig.⟩ *te gronde richten; vernederen; begraven; aan het bed kluisteren;* lie ~ *zich diep bukken; (dood) ter aarde liggen* **3.2** ⟨inf.⟩ lie ~ *zich gedeisd/koest/schuil houden* **3.¶** bring ~ *aan lager wal brengen; uitputten; ziek maken, op het ziekbed brengen; vernederen, omlaaghalen.*

low[3] ⟨onov. en ov.ww.⟩ **0.1** ***loeien*** ⇒*bulken.*

low[4] ⟨f2⟩⟨bw.⟩ **0.1** ***laag*** ⇒*diep* **0.2** ***zacht*** ⇒*stil* **0.3** ***diep*** ⟨v. geluid⟩ ⇒*laag* **0.4** ***bijna uitgeput*** ⇒*bijna op* ◆ **3.1** aim ~ *laag mikken;* bow ~ *laag/diep buigen;* play ~ *laag/voor kleine bedragen spelen;* ⟨rugby⟩ tackle ~ *laag aanvallen/tackelen* ⟨beneden het middel⟩ **3.4** be/get/run ~ *opraken, bijna op zijn.*

low- [loʊ]⟨vormt in combinatie met zn., bn.⟩ **0.1** ***met laag*** ◆ **¶.1** low-interest loan *lening tegen lage rente;* low-tar cigarettes *sigaretten met laag nicotinegehalte.*

'low'born ⟨bn.⟩ **0.1** ***van lage komaf.***

'low·boy ⟨f1⟩⟨telb.zn.⟩⟨AE⟩ **0.1** ***commode*** ⇒*ladenkastje.*

'low'bred ⟨f1⟩⟨bn.⟩ **0.1** ***vulgair*** ⇒*plat, onopgevoed, grof, ordinair, slecht gemanierd.*

'low·brow[1] ⟨telb.zn.⟩⟨inf.; pej.⟩ **0.1** ***niet-intellectueel.***

lowbrow[2] ⟨bn., attr.⟩⟨inf.; pej.⟩ **0.1** ***niet intellectueel (van aanleg/interesse)*** **0.2** ⟨sl.⟩ ***sensationeel.***

low·browed ['loʊ'braʊd]⟨bn., attr.⟩ **0.1** ***met een laag voorhoofd*** **0.2** ***vooruitstekend*** ⇒*overhangend* ⟨bv. rotsen⟩ **0.3** ***met een lage ingang*** ⟨bv. gebouw⟩ ⇒*duister* **0.4** ***niet intellectueel (van aanleg/interesse).***

low·ceiled ['loʊ'si:ld], **low·cei·linged** [-'si:lɪŋd]⟨bn.⟩ **0.1** ***laag*** ⇒*met een laag dak/plafond.*

'low-'class ⟨f1⟩⟨bn.⟩ **0.1** ***van lage afkomst*** **0.2** ***van geringe kwaliteit*** ⇒*minderwaardig.*

'low-cost ⟨bn., attr.⟩ **0.1** ***goedkoop.***

'low'cut ⟨bn.⟩ **0.1** ***laag uitgesneden.***

'low·down[1] ⟨n.-telb.zn.; the⟩⟨inf.⟩ **0.1** ***fijne v.d. zaak*** ⇒*feiten, inzicht, inside information* ◆ **6.1** have the ~ **on** *het fijne weten over.*

'low-'down[2] ⟨bn., attr.⟩⟨inf.⟩ **0.1** ***laag*** ⇒*gemeen, abject* **0.2** ⟨jazz; sl.⟩ ***traag en intens*** **0.3** ⟨sl.⟩ ***zacht en sensueel.***

'low-'down·er ⟨telb.zn.⟩⟨AE⟩ **0.1** ***arme blanke*** ⟨in het zuiden v.d. U.S.A.⟩.

lower[1] →lour.

low·er[2] ['loʊə‖-ər]⟨f3⟩⟨bn.; vergr. trap v. low⟩ **0.1** →low **0.2** ⟨ben. voor⟩ ***lager*** ⇒*lager gelegen, onder-; van lage(r) orde* **0.3** ⟨aardr.⟩ ***neder-*** ⇒*beneden-* ◆ **1.2** ~ classes *lagere stand(en), arbeidersklasse;* ~ deck *benedendek, tussendek;* ⟨BE⟩ *matrozen en onderofficieren;* ~ jaw *onderkaak;* ~ mammal *lager zoogdier;* ~ plant *plant v. lagere orde* **1.3** the Lower Rhine *de Nederrijn* **1.¶** ⟨bijb.⟩ ~ criticism *tekstkritiek;* ⟨druk.⟩ ~ case *onderkast, kleine letter(s);* ⟨gesch.⟩ Lower Empire *Oostromeinse Rijk;* Lower House/Chamber *Lagerhuis* ⟨Britse Tweede Kamer⟩; ~ regions *de hel, de onderwereld;* ~ world *de aarde, de hel.*

lower[3] ⟨f3⟩⟨ww.⟩

I ⟨onov.ww.⟩ **0.1** ***afnemen*** ⇒*minder/lager worden, dalen, zakken* **0.2** →lour ◆ **5.¶** ⟨scheep.⟩ ~ **away** *een boot neerlaten; het zeil strijken;*

II ⟨ov.ww.⟩ **0.1** ***lager maken*** ⇒*doen zakken* **0.2** ***neerlaten*** ⇒*laten zakken, strijken* **0.3** ***vernederen*** ⇒*fnuiken* **0.4** ***verminderen*** ⇒*doen afnemen* **0.5** ⟨inf.⟩ ***drinken*** ⇒*achterover slaan* ◆ **1.2** ~ (down) one's colours *de vlag strijken;* ~ one's eyes *de ogen neerslaan* **1.4** ~ one's voice *zachter praten* **4.3** ~ o.s. *zich verlagen.*

'lower-'case ⟨bn.⟩⟨druk.⟩ **0.1** ***onderkast*** ⇒*klein; in/met kleine letters.*

low·er·most ['loʊəmoʊst‖'loʊər-]⟨bn.⟩ **0.1** ***(aller)laagst*** ⇒*onderst.*

low·er·y ['laʊəri]⟨bn.⟩ **0.1** ***somber*** ⇒*dreigend, betrokken, bewolkt.*

'low-'fat ⟨bn., attr.⟩ **0.1** ***met laag vetgehalte*** ⇒*mager; halva-, halfvol* ◆ **1.1** ~ margarine *halvarine;* ~ milk *magere melk.*

'low-'in·come ⟨bn., attr.⟩ **0.1** ***met een laag inkomen*** ◆ **1.1** low- and middle-income people *mensen met een laag en modaal inkomen.*

'low-'in·ter·est ⟨bn., attr.⟩ **0.1** ***met lage rente.***

low·ish ['loʊɪʃ]⟨bn.⟩ **0.1** ***vrij/tamelijk laag*** ⇒*aan de lage kant.*

'low-'key ⟨bn.⟩ **0.1** ***rustig*** ⇒*ingehouden* **0.2** ⟨foto.⟩ ***low key*** ⇒*donker* ⟨v. tint⟩ **0.3** ⟨inf.⟩ ***onbelangrijk*** ⇒*slap.*

'low-'keyed ⟨bn.⟩ **0.1** ***rustig*** ⇒*ingehouden.*

'low kick ⟨telb.zn.⟩⟨vechtsport, i.h.b. karate⟩ **0.1** ***low kick*** ⟨harde trap tegen achterdijbeen⟩.

low·land[1] ['loʊlənd]⟨f1⟩⟨zn.⟩

I ⟨n.-telb.zn.⟩ **0.1** ***laagland;***

II ⟨mv.; ~s⟩ **0.1** ***laagland*** **0.2** ⟨Lowlands; the⟩ ***de Schotse Laaglanden.***

lowland[2] ⟨bn., attr.⟩ **0.1** ***mbt./van (het) laagland*** **0.2** ⟨L-⟩ ***mbt./van de Schotse Laaglanden.***

low·land·er ['loʊləndə‖-ər]⟨telb.zn.⟩ **0.1** ***bewoner v.h. laagland*** **0.2** ⟨L-⟩ ***Schotse Laaglander.***

'low-level language ⟨telb.zn.⟩⟨comp.⟩ **0.1** ***lagere programmeertaal.***

'low·life ⟨zn.⟩

I ⟨telb.zn.⟩ **0.1** ***iem. v. lage stand*** ⇒*misdadiger, schooier;*

II ⟨n.-telb.zn.⟩ **0.1** ***leven(sstijl) v.d. lagere standen*** ⇒⟨vaak attr.⟩ *platvloersheid, straatleven.*

'low-'load·er ⟨telb.zn.⟩⟨verkeer⟩ **0.1** ***dieplader.***

low·ly ['loʊli]⟨f1⟩⟨bn., attr.; bw.; -er; -ly; -ness; →bijw. 3⟩ **0.1** ***bescheiden*** ⇒*laag* ⟨in rang⟩ **0.2** ***eenvoudig*** ⇒*deemoedig, nederig.*

'low-ly·ing ⟨bn.⟩ **0.1** ***laag(gelegen).***

'low-'mind·ed ⟨bn.; -ly; -ness⟩ **0.1** ***laag(hartig)*** ⇒*gemeen, vulgair.*

'low-'necked ⟨bn.⟩ **0.1** ***gedecolleteerd*** ⇒*met lage hals.*

'low-'pay·ing ⟨bn.⟩ **0.1** ***slecht betaald.***

'low-'pitched ⟨f1⟩⟨bn.⟩ **0.1** ***laag(klinkend)*** ⇒*diep, donker* **0.2** ***laag*** ⇒*niet steil/hoog* ◆ **1.1** a ~ voice *een donkere stem* **1.2** a ~ roof *een laag dak.*

'low-'pow·ered ⟨bn.⟩⟨tech.⟩ **0.1** ***met laag vermogen.***

'low-rise[1] ⟨telb.zn.⟩⟨vnl. AE⟩ **0.1** ***laagbouw(gebouw).***

low-rise[2] ⟨bn.⟩⟨vnl. AE⟩ **0.1** ***laagbouw-.***

'low season ⟨n.-telb.zn.; the⟩ **0.1** ***laagseizoen*** ⇒*stille tijd.*

'low-'slung ⟨bn.⟩ **0.1** ***laag(gebouwd)*** ⇒*gedrongen.*

'low 'speed bump ⟨f1⟩⟨telb.zn.⟩ **0.1** ***verkeersdrempel.***

'low-'spir·it·ed ⟨f1⟩⟨bn.; -ness⟩ **0.1** ***terneergeslagen*** ⇒*treurig, moedeloos.*

'low-'stud·ded ⟨bn.⟩⟨AE⟩ **0.1** ***met lage verdiepingen.***

'low-'tar ⟨bn.⟩ **0.1** ***met laag teergehalte.***

low-tech ['loʊ'tek]⟨bn.⟩ **0.1** ***technisch laagwaardig*** ⇒*(technisch) niet geavanceerd, eenvoudig, met de hand gemaakt,* ⟨B.⟩ *niet gesofisticeerd.*

'low-tech'nol·o·gy ⟨n.-telb.zn.; ook attr.⟩ **0.1** ***laagwaardige technologie*** ⇒*niet-geavanceerde/eenvoudige technologie, handwerk.*

low-'water mark ⟨n.-telb.zn.⟩ **0.1** ***laag-water peil.***

lox [lɒks‖lɑks]⟨zn.⟩

I ⟨telb. en n.-telb.zn.⟩⟨AE⟩ **0.1** ***gerookte zalm;***

II ⟨n.-telb.zn.⟩ **0.1** ***lox*** ⇒*vloeibare zuurstof.*

lox·o·drome ['lɒksədroʊm‖'lɑk-]⟨telb.zn.⟩⟨scheep.⟩ **0.1** ***loxodroom.***

lox·o·drom·ic ['lɒksə'drɒmɪk‖'lɑksə'drɑmɪk], ⟨AE ook⟩ **lox·o·drom·i·cal** [-ɪkl]⟨bn.; -(al)ly; →bijw. 3⟩⟨scheep.⟩ **0.1** ***loxodromisch.***

loy·al ['lɔɪəl]⟨f3⟩⟨bn.; -ly; -ness⟩ **0.1** ***loyaal*** ⇒*getrouw; loyaliteits-* **0.2** ***oprecht*** ◆ **1.¶** ~ toast *dronk op de vorst.*

loy·al·ist ['lɔɪəlɪst]⟨telb.zn.⟩ **0.1** ***(regerings)getrouwe*** ⇒*loyalist.*

loy·al·ty ['lɔɪəlti]⟨f3⟩⟨zn.; →mv. 2⟩

I ⟨n.-telb.zn.⟩ **0.1** ***loyaliteit*** ⇒*oprechtheid, trouw, loyauteit;*

II ⟨mv.; loyalties⟩ **0.1** ***banden*** ⇒*binding.*

loz·enge ['lɒzɪndʒ‖'lɑ-]⟨f1⟩⟨telb.zn.⟩ **0.1** ***ruit*** ⟨ook heraldiek⟩ ⇒*ruitvormig iets* **0.2** ***tablet*** ⇒*hoesttabletje, dropje* **0.3** ***ruitvormig facet*** **0.4** ***glas-in-lood ruit.***

loz·enged ['lɒzɪndʒd‖'lɑ-]⟨bn., attr.⟩ **0.1** ***ruitvormig*** **0.2** ***in ruiten verdeeld*** ⇒*uit ruiten v. verschillende kleuren samengesteld.*

lp ⟨afk.⟩ large paper, low pressure.

LP[1] ⟨telb.zn.⟩⟨afk.⟩ long-playing record **0.1** ***LP*** ⇒*elpee, langspeelplaat.*

LP[2] ⟨afk.⟩ Lord Provost.

LPG ⟨n.-telb.zn.; afk.⟩⟨liquefied petroleum gas⟩ **0.1** ***L.P.G.*** ⇒*vloeibaar gas, autogas.*

L-plate ['elpleɪt]⟨telb.zn.⟩⟨BE⟩ **0.1** ***L-plaat*** ⟨op lesauto⟩.

lpm ⟨afk.⟩ lines per minute ⟨comp.⟩.

LPS ⟨afk.⟩ Lord Privy Seal.

ls, LS ⟨afk.⟩ **0.1** ⟨locus sigilli⟩ ***l.s.*** ⟨plaats voor het zegel⟩ **0.2** ⟨left side⟩.

LSD ⟨n.-telb.zn.⟩⟨afk.⟩ lysergic acid diethylamide **0.1** ***L.S.D.*** ⟨geestverruimend middel⟩.

LSE ⟨afk.⟩ London School of Economics.

Lt, ⟨AE ook⟩ **lt** ⟨afk.⟩ Lieutenant.

LTA ⟨afk.⟩ Lawn Tennis Association ⟨BE⟩; Lighter Than Air ⟨AE⟩.

Ltd, ⟨AE ook⟩ **ltd** ⟨afk.⟩ limited.

Lt Gen ⟨afk.⟩ Lieutenant General.

lu·au ['lu:'aʊ]⟨telb.zn.⟩⟨AE⟩ **0.1** ***Hawaiiaans feest*** ⇒*feest in Hawaiiaanse stijl.*

lub·ber ['lʌbə‖-ər]⟨telb.zn.⟩ **0.1** ***loebas*** ⇒*lomperd, lummel, vlegel* **0.2** ***onbevaren matroos*** ⇒*landrot.*

'lubber line, 'lubber's line ⟨telb.zn.⟩ **0.1** ***zeilstreep*** ⟨op kompas⟩.

lub·ber·ly ['lʌbəli‖-bər-]⟨bn.; bw.⟩ **0.1** ***lomp*** ⇒*vlegelachtig, bot.*

'lubber's hole ⟨telb.zn.⟩⟨scheep.⟩ **0.1** ***soldatengat*** ⟨klimgat langs mast⟩.
lu·bri·cant[1] ['lu:brɪkənt]⟨f1⟩⟨telb. en n.-telb.zn.⟩ **0.1** ***smeermiddel*** ⇒*smeerolie, smeervet* **0.2** ***omkoopmiddel*** ⇒*omkoopsom* **0.3** ⟨med.⟩ ***glijmiddel*** ⇒*glijpasta*.
lubricant[2] ⟨bn.⟩ **0.1** ***smerend*** ⇒*glad makend, smeer-*.
lu·bri·cate ['lu:brɪkeɪt]⟨f1⟩⟨ww.⟩ →lubricated
I ⟨onov.ww.⟩ **0.1** ***smeren*** ⇒*een smerende werking hebben;*
II ⟨ov.ww.⟩ **0.1** ***(door)smeren*** ⇒*oliën,* ⟨fig.⟩ *dronken voeren* **0.2** ***de hand smeren*** ⇒*omkopen;* ⟨euf.⟩ *de weg effenen voor* ◆ **1.1** ~d sheath *condoom met glijmiddel*.
lu·bri·ca·ted ['lu:brɪkeɪţɪd]⟨bn.; volt. deelw. v. lubricate⟩⟨inf.⟩ **0.1** ***in de olie*** ⇒*dronken*.
'lubricating grease ⟨n.-telb.zn.⟩ **0.1** ***consistentvet***.
lu·bri·ca·tion ['lu:brɪ'keɪʃn]⟨f1⟩⟨n.-telb.zn.⟩ **0.1** ***smering*** ⇒*het (door)smeren*.
lu·bri·ca·tive ['lu:brɪkeɪtɪv]⟨bn.⟩ **0.1** ***gladmakend*** ⇒*smeer-*.
lu·bri·ca·tor ['lu:brɪkeɪtə‖-keɪţər]⟨zn.⟩
I ⟨telb.zn.⟩ **0.1** ***smeerder*** ⇒*iem. die (door)smeert* **0.2** ***smeerapparaat*** ⇒*smeerbus;*
II ⟨telb. en n.-telb.zn.⟩ **0.1** ***smeermiddel*** ⇒*smeerolie, smeervet*.
lu·bri·cious [lu:'brɪʃəs], **lu·bri·cous** ['lu:brɪkəs]⟨bn.; -ly⟩ **0.1** ***glad*** ⟨ook fig.⟩ ⇒*glijdend, glibberig, ongrijpbaar* **0.2** ***geil*** ⇒*oversexed, wellustig*.
lu·bric·i·ty [lu:'brɪsəţi]⟨n.-telb.zn.⟩ **0.1** ***gladheid*** ⟨ook fig.⟩ ⇒*glibberigheid* **0.2** ***geilheid*** ⇒*wellust*.
lu·bri·to·ri·um ['lu:brɪ'tɔ:rɪəm]⟨telb.zn.⟩⟨AE⟩ **0.1** ***smeerinrichting*** ⇒*smeerkuil, smeerbrug*.
Lu·can[1] ['lu:kən]⟨eig.n.⟩ **0.1** ***(Marcus Annaeus) Lucanus*** ⟨Romeinse dichter⟩.
Lucan[2] ⟨bn., attr.⟩⟨bijb.⟩ **0.1** ***van/mbt. de H. Lukas***.
lu·carne [lu:'kɑ:n‖-'kɑrn]⟨telb.zn.⟩⟨bouwk.⟩ **0.1** ***koekoek*** ⇒*(kleine) dakkapel*.
luce [lu:s]⟨telb. en n.-telb.zn.⟩⟨dierk.⟩ **0.1** ***(volwassen) snoek*** ⟨Esox lucius⟩.
lu·cen·cy ['lu:snsi]⟨n.-telb.zn.⟩ **0.1** ***glans*** ⇒*schijn* **0.2** ***doorzichtigheid***.
lu·cent ['lu:snt]⟨bn.; -ly⟩ **0.1** ***glanzend*** **0.2** ***helder*** ⇒*doorzichtig*.
lu·cern(e) [lu:'sɜ:n‖-'sɜrn]⟨n.-telb.zn.⟩⟨BE; plantk.⟩ **0.1** ***luzerne*** ⇒*alfalfa* ⟨Medicago sativa⟩.
Lu·cerne [lu:'sɜ:n]⟨eig.n.⟩ **0.1** ***Luzern***.
Lu·ci·an·ic [lu:si'ænɪk‖-ʃi-]⟨bn.⟩ **0.1** ***als/van Lucianus*** ⇒*geestig, ironisch*.
lu·cid ['lu:sɪd]⟨f1⟩⟨bn.; -ly; -ness⟩ **0.1** ***helder*** ⇒*klaar, doorzichtig, duidelijk* ⟨ook fig.⟩ **0.2** ***lucide*** ⇒*bij, bij zijn verstand, helder* **0.3** ⟨biol.⟩ ***glad en glanzend*** ◆ **1.2** ⟨psych.⟩ a ~ interval *een lucide periode, een helder ogenblik*.
lu·cid·i·ty [lu:'sɪdəţi]⟨n.-telb.zn.⟩ **0.1** ***klaarheid*** ⇒*helderheid, duidelijkheid* **0.2** ***luciditeit***.
lu·ci·fer ['lu:sɪfə‖-ər], **'lucifer match** ⟨telb.zn.⟩⟨vero.⟩ **0.1** ***lucifer***.
lu·cif·u·gous [lu:'sɪfjʊgəs‖-fjə-]⟨bn.⟩⟨schr.⟩ **0.1** ***lichtschuw***.
lu·ci·phil·ous [lu:'sɪfɪləs]⟨bn.⟩⟨schr.⟩ **0.1** ***lichtzoekend*** ⇒*lichtminnend*.
lu·cite ['lu:saɪt]⟨n.-telb.zn.; L-⟩⟨AE; handelsmerk⟩ **0.1** ***perspex*** ⇒*doorzichtig plastic* ⟨gebruikt ipv. glas⟩.
luck[1] [lʌk]⟨f3⟩⟨n.-telb.zn.⟩ **0.1** ***geluk*** ⇒*toeval, succes, fortuin* ◆ **1.¶** have the ~ of the devil *al het geluk v.d. wereld/geweldige mazzel hebben* **2.1** bad/hard ~ *pech;* good ~ *bof, succes;* worse ~ *ongelukkig genoeg, pech gehad, jammer* **3.1** have all the ~ *altijd boffen;* push/press one's ~ *te veel risico's nemen;* try one's ~ *zijn geluk beproeven, een poging wagen* **5.1** your ~ is **in** *dit is je geluksdag/kans* **6.1** **for** ~ *op de goede afloop, misschien brengt die/dat geluk;* be **in** ~/**in** ~'s way *boffen, geluk hebben;* be **out of** ~ *pech hebben;* be down **on** one's ~ *pech hebben;* **with** ~ *als ik bof; als alles goed gaat* **7.1** you never know your ~ *nee heb je, ja kun je krijgen; misschien heb je geluk;* just my ~! *dat moet typisch mij weer overkomen!;* no such ~ *helaas niet* **8.1** as ~ would have it *(on)gelukkig, toevallig*.
luck[2] ⟨ww.⟩
I ⟨onov.ww.⟩ ◆ **5.¶** ⟨AE⟩ ~ **out** *het treffen, boffen;* ⟨sl.⟩ ~ **up** *gelukkig/succesvol worden;*
II ⟨ov.ww.⟩ **0.1** ***op de gok doen*** ⇒*wagen* ◆ **4.1** ~ it *het er op wagen*.
luck·i·ly ['lʌkɪli]⟨f2⟩⟨bw.⟩ **0.1** →lucky **0.2** ***toevallig*** ⇒*bij toeval, gelukkig* ◆ **¶.2** ~, John did it for me *gelukkig heeft John het voor me gedaan*.
luck·less ['lʌkləs]⟨f1⟩⟨bn.; -ly; -ness⟩ **0.1** ***onfortuinlijk*** ⇒*ongelukkig, pech hebbend*.
'luck money, 'luck penny ⟨n.-telb.zn.⟩⟨BE⟩ **0.1** ***gelukbrengende munt*** ⇒⟨bij uitbr.⟩ *klein bedrag* ⟨door verkoper aan koper terugbetaald uit bijgeloof⟩.
luck·y ['lʌki]⟨f3⟩⟨bn.; -er; -ness; →compar. 7⟩⟨→sprw. 426⟩ **0.1** ***gelukkig*** ⇒*boffend, fortuinlijk, toevallig juist* **0.2** ***gelukbrengend*** ⇒*geluks-* ◆ **1.1** ⟨inf.⟩ ~ devil/dog/you *bofkont, geluksvogel;* ~ shot *geluksschot/treffer;* a ~ thing no one got caught *gelukkig werd er niemand gepakt* **1.2** ~ charm *amulet, talisman;* ~ bag/tub, ⟨BE⟩ dip *grabbelton;* ⟨fig.⟩ *gok, loterij;* ~ day *geluksdag;* ~ star *geluksster* **1.¶** when my ~ number comes up *als ik in de prijzen val* **3.1** you will be ~ to, you are ~ if *je mag blij zijn als/je gelukkig prijzen als* **3.¶** strike ~ *geluk hebben, boffen* **5.1** you should be so ~ *dan zou je wel boffen* **¶.¶** ⟨inf.⟩ you'll be ~!, you should be so ~! *vergeet het maar!, daarop hoef je niet te rekenen!*.
lu·cra·tive ['lu:krəţɪv]⟨f1⟩⟨bn.; -ly; -ness⟩ **0.1** ***winstgevend*** ⇒*voordelig, lucratief*.
lu·cre ['lu:kə‖-ər]⟨n.-telb.zn.⟩⟨pej., scherts.⟩ **0.1** ***winst*** ⇒*voordeel, gewin* ◆ **2.1** filthy ~ *vuil/vuig gewin*.
lu·cu·brate ['lu:kjʊbreɪt‖-kjə-]⟨ww.⟩
I ⟨onov.ww.⟩ **0.1** ***'s nachts werken*** **0.2** ***de vrucht v. nachtelijke arbeid publiceren*** ⇒*geleerde artikelen schrijven, moeilijk schrijven;*
II ⟨ov.ww.⟩ **0.1** ***moeizaam uitwerken***.
lu·cu·bra·tion ['lu:kjʊ'breɪʃn‖-kjə-]⟨telb.zn.⟩ **0.1** ***produkt v. nachtelijke arbeid*** **0.2** ***ingewikkeld/pedant stuk***.
lu·cu·bra·tor ['lu:kjʊbreɪtə‖'lu:kjəbreɪţər]⟨telb.zn.⟩ **0.1** ***nachtwerker*** **0.2** ***schrijver v. ingewikkelde/pedante artikelen***.
lu·cu·lent ['lu:kjʊlənt‖-kjə-]⟨bn.⟩⟨vero.⟩ **0.1** ***duidelijk*** ⇒*helder*.
Lu·cul·lan [lu:'kʌlən]⟨bn.⟩ **0.1** ***als/van Lucullus*** ⟨Romeins veldheer⟩ ⇒*lucullisch* **0.2** ***weelderig*** ⇒*overdadig*.
lud [lʌd]⟨n.-telb.zn.⟩⟨BE; jur.⟩ **0.1** ***lord*** ⇒*edelachtbare* ◆ **7.1** my ~/m'lud *edelachtbare*.
Lud·dite ['lʌdaɪt]⟨telb.zn.⟩ **0.1** ⟨gesch.⟩ ***Luddite*** ⟨Eng. textielarbeiders die zich begin 19e eeuw tegen mechanisering verzetten⟩ **0.2** ***tegenstander v. (technische) vooruitgang***.
lud·ic ['lu:dɪk]⟨bn.⟩ **0.1** ***ludiek*** ⇒*speels*.
lu·di·crous ['lu:dɪkrəs]⟨f2⟩⟨bn.; -ly; -ness⟩ **0.1** ***belachelijk*** ⇒*bespottelijk, lachwekkend, potsierlijk*.
lu·do ['lu:doʊ]⟨f1⟩⟨telb. en n.-telb.zn.⟩⟨BE⟩ **0.1** ⟨ong.⟩ ***mens-erger-je-niet***.
lu·es ['lu:i:z], ⟨in bet. 0.2 ook⟩ **lues venerea** [-vɪ'nɪərɪə‖-vɪ'nɪrɪə] ⟨n.-telb.zn.⟩⟨med.⟩ **0.1** ***pest*** **0.2** ***syfilis***.
lu·et·ic [lu:'et$hwk]⟨bn.; -ally; →bijw. 3⟩ **0.1** ***besmet met pest/syfilis*** ⇒*syfilitisch*.
luff[1] [lʌf]⟨n.-telb.zn.⟩⟨scheep.⟩ **0.1** ***het loeven*** **0.2** ***loef*** ⇒*loefzijde*.
luff[2] ⟨ww.⟩⟨scheep.⟩
I ⟨onov.ww.⟩ **0.1** ***loeven*** ⇒*oploeven* ◆ **5.1** ~ **up** *oploeven;*
II ⟨ov.ww.⟩ **0.1** ***tegen de wind in brengen*** ⇒*zwenken, zwaaien* **0.2** ***de loef afsteken***.
luffa →loofah.
lug[1] [lʌg]⟨zn.⟩
I ⟨telb.zn.⟩ **0.1** ⟨inf.⟩ ***ruk*** ⇒*trek* **0.2** ***(oor)klep*** ⟨aan muts⟩ **0.3** ***uitsteeksel*** ⇒*handvat, oor* **0.4** ⟨scheep.⟩ ***loggerzeil*** ⇒*emmerzeil* **0.5** ⟨AE; inf.⟩ ***stommeling*** ⇒*ordinair iem., gozer* **0.6** ⟨tech.⟩ ***kabelschoen*** ⇒*verbindingslip, aansluitpunt, aansluiting* **0.7** ⟨BE; inf.⟩ ***oor*** **0.8** ⟨sl.⟩ ***verzoek om geld*** **0.9** ⟨sl.⟩ ***steekpenning(en)*** ◆ **3.8** drop/put the ~ on s.o. *iem. om geld vragen;*
II ⟨telb. en n.-telb.zn.⟩⟨dierk.⟩ **0.1** ***zeepier*** ⟨Arenicola marina⟩;
III ⟨mv.; ~s⟩⟨AE⟩ **0.1** ***kapsones*** ⇒*aanstellerij*.
lug[2] ⟨f2⟩⟨ww.; →ww. 7⟩
I ⟨onov.ww.⟩ **0.1** ***trekken*** ⇒*slepen, rukken, sleuren* ◆ **6.1** ~ **at** sth. *aan iets trekken;*
II ⟨ov.ww.⟩ **0.1** ***(voort)trekken*** ⇒*(mee)slepen, (voort)rukken, (voort)sleuren* ◆ **5.1** ~ sth. **along** *iets meesleuren* **6.1** ~ a subject **into** the conversation *een onderwerp met de haren erbij slepen*.
luge[1] [lu:ʒ]⟨telb.zn.⟩⟨sport⟩ **0.1** ***rodel*** ⇒*slee*.
luge[2] ⟨onov.ww.⟩⟨sport⟩ **0.1** ***rodelen*** ⇒*sleeën* ⟨met rug op slee⟩.
lu·ger ['lu:ʒə‖-ər]⟨telb.zn.⟩⟨sport⟩ **0.1** ***rodelaar***.
'luge tobogganing ⟨n.-telb.zn.⟩⟨sport⟩ **0.1** ***(het) rodelen*** ⟨met rug op slee⟩.
lug·gage ['lʌgɪdʒ]⟨f2⟩⟨n.-telb.zn.⟩ **0.1** ***bagage*** ⇒*reisgoed* ◆ **3.1** left ~ *geconsigneerde/afgegeven bagage, bagage in depot*.
'lug·gage-car·ri·er ⟨f1⟩⟨telb.zn.⟩ **0.1** ***bagagedrager*** ⟨bv. op fiets⟩.
'lug·gage-grid ⟨telb.zn.⟩ **0.1** ***imperiaal***.
'luggage rack ⟨f1⟩⟨telb.zn.⟩ **0.1** ***bagagerek*** ⇒*bagagenet*.
'luggage van ⟨telb.zn.⟩⟨BE⟩ **0.1** ***bagagewagen*** ⇒*goederenwagen*.
lug·ger ['lʌgə‖-ər]⟨telb.zn.⟩⟨scheep.⟩ **0.1** ***logger***.
lug·hole ['lʌghoʊl, 'lʌgoʊl]⟨telb.zn.⟩⟨BE; inf.⟩ **0.1** ***oor***.
lug·sail ['lʌgseɪl, 'lʌgsl]⟨telb.zn.⟩⟨scheep.⟩ **0.1** ***loggerzeil*** ⇒*emmerzeil*.
lu·gu·bri·ous [lu:'gu:brɪəs]⟨bn.; -ly; -ness⟩ **0.1** ***luguber*** ⇒*naargeestig, akelig, somber, treurig*.
'lug·worm ⟨telb. en n.-telb.zn.⟩⟨dierk.⟩ **0.1** ***zeepier*** ⟨Arenicola marina⟩.

luke·warm ['lu:k'wɔ:m‖-'wɔrm]⟨f1⟩⟨bn.; -ly; -ness⟩ **0.1** ***lauw*** **0.2** ***niet erg enthousiast*** ⇒*matig blij*.

lull[1] [lʌl]⟨f1⟩⟨telb.zn.⟩ **0.1** ***korte rust/stilte*** ◆ **1.1** a ~ in the storm *een korte windstilte tijdens de storm*.

lull[2] ⟨f2⟩⟨ww.⟩
I ⟨onov.ww.⟩ **0.1** ***luwen*** ⇒*afnemen, gaan liggen;*
II ⟨ov.ww.⟩ **0.1** ***sussen*** ⇒*kalmeren* **0.2** ***in slaap brengen/wiegen/maken*** ◆ **1.1** ~ to sleep *in slaap sussen*.

lull·a·by[1] ['lʌləbaɪ]⟨f1⟩⟨telb.zn.; →mv. 2⟩ **0.1** ***slaapliedje*** ⇒*wiegelied* **0.2** ***gemurmel*** ⟨v. beek⟩ ⇒*geruis* ⟨v. wind⟩.

lullaby[2] ⟨ov.ww.; →ww. 7⟩ **0.1** ***in slaap zingen***.

lu·lu ['lu:lu:]⟨telb.zn.⟩⟨AE; sl.⟩ **0.1** ***prachtexemplaar***.

lum·ba·gi·nous [lʌm'beɪgɪnəs]⟨bn.⟩⟨med.⟩ **0.1** ***(als) van spit***.

lum·ba·go [lʌm'beɪgou]⟨f1⟩⟨n.-telb.zn.⟩⟨med.⟩ **0.1** ***spit*** ⇒*lumbago*.

lum·bar ['lʌmbə‖-ər]⟨bn.⟩⟨med.⟩ **0.1** ***lumbaal*** ⇒*v.d. lendenen, lende-* ◆ **1.1** ~ puncture *lumbale punctie, lumbaalpunctie*.

lum·ber[1] ['lʌmbə‖-ər]⟨f2⟩⟨zn.⟩
I ⟨telb.zn.; geen mv.⟩ **0.1** ***treuzel*** ⇒*teut, lijntrekker;*
II ⟨n.-telb.zn.⟩ **0.1** ⟨vnl. BE⟩ ***rommel*** ⇒*afgedankt meubilair* **0.2** ⟨vnl. AE⟩ ***half bewerkt hout*** ⇒*timmerhout, planken* **0.3** ⟨vnl. BE⟩ ***overtollig materiaal*** ⇒*overtollig vlees/vet* **0.4** ⟨sl.⟩ ***honkbalbat*** ◆ **6.¶** in dead ~ *de klos;* get s.o. **into** ~ with s.o. *iem. in moeilijkheden brengen bij iem.*.

lumber[2] ⟨f2⟩⟨ww.⟩ →lumbering
I ⟨onov.ww.⟩ **0.1** ***sjokken*** ⇒*hotsen, dreunen, denderen* **0.2** ⟨AE⟩ ***hout zagen*** ⇒*hout hakken* ◆ **5.1** ~ **along** *voortsjokken;*
II ⟨ov.ww.⟩ **0.1** ⟨BE⟩ ***met rommel vullen*** ⇒⟨inf.; fig.⟩ *opzadelen* **0.2** ⟨AE⟩ ***hakken*** ⇒*kappen* ◆ **5.1** ~ **up** with *opzadelen met*.

'lumber carrier ⟨telb.zn.⟩ **0.1** ***houtboot*** ⇒*houtschuit*.

lum·ber·er ['lʌmbrə‖-ər]⟨telb.zn.⟩ **0.1** ⟨vnl. AE⟩ ***bosbouwer*** ⇒*houthakker* **0.2** ***houtkoper*** ⇒*houtvervoerder* **0.3** ⟨inf.⟩ ***pandjesbaas*** ⇒*oplichter*.

lum·ber·ing ['lʌmbrɪŋ]⟨bn.; teg. deelw. v. lumber; -ly⟩ **0.1** ***voortsjokkend*** **0.2** ***lomp*** ⇒*onbehouwen, grof*.

'lum·ber·jack ⟨f1⟩⟨telb.zn.⟩ **0.1** ⟨vnl. AE⟩ ***bosbouwer*** ⇒*houthakker, houtvervoerder* **0.2** ***lumberjacket***.

'lumber jacket ⟨telb.zn.⟩ **0.1** ***lumberjacket***.

lum·ber·man ['lʌmbəmən‖-bər-]⟨f1⟩⟨telb.zn.; lumbermen [-mən]; →mv. 3⟩⟨AE⟩ **0.1** ***bosbouwer*** ⇒*houthakker, houtvervoerder* **0.2** ⟨sl.⟩ ***bedelaar met kruk***.

'lumber mill ⟨telb.zn.⟩ **0.1** ***zaagmolen*** ⇒*houtzagerij*.

'lumber room ⟨f1⟩⟨telb.zn.⟩⟨vnl. BE⟩ **0.1** ***rommelkamer***.

'lumber scaler ⟨telb.zn.⟩ **0.1** ***houtmeter***.

lum·ber·some ['lʌmbəsəm‖-bər-]⟨bn.⟩ **0.1** ***log*** ⇒*lomp, onhandelbaar*.

'lum·ber·yard ⟨telb.zn.⟩ **0.1** ***houthandel*** ⇒*groothandel in hout*.

lum·bri·cal ['lʌmbrɪkl]⟨bn.⟩⟨med.⟩ **0.1** ***worm-*** ⇒*wormvormig* ◆ **1.1** ~ muscle *wormspier* ⟨musculus lumbricalis⟩.

lu·men ['lu:mɪn]⟨telb.zn.; ook lumina ['lu:mɪnə]; →mv. 5⟩ **0.1** ⟨nat.⟩ ***lumen*** ⟨lichteenheid⟩ **0.2** ⟨biol.⟩ ***lumen***.

lu·mi·nance ['lu:mɪnəns]⟨telb.zn.⟩ **0.1** ***helderheid*** ⇒*klaarheid*.

lu·mi·nar·y ['lu:mɪnri‖-neri]⟨telb.zn.; →mv. 2⟩ **0.1** ***lichtgevend hemellichaam*** ⇒⟨schr.; fig.⟩ *ster, uitblinker*.

lu·mi·nesce ['lu:mɪ'nes]⟨onov.ww.⟩ **0.1** ***licht (gaan) geven*** ⇒*lichten, glimmen*.

lu·mi·nes·cense ['lu:mɪ'nesns]⟨n.-telb.zn.⟩ **0.1** ***luminescentie***.

lu·mi·nes·cent ['lu:mɪ'nesnt]⟨bn.⟩ **0.1** ***luminescent***.

lu·mi·nif·er·ous ['lu:mɪ'nɪfərəs]⟨bn.; -ly⟩ **0.1** ***lichtgevend*** ⇒*licht voortplantend*.

lu·mi·nos·i·ty ['lu:mɪ'nɒsəti‖-'nɑsəṭi]⟨n.-telb.zn.⟩ **0.1** ***helderheid*** ⇒*glans* **0.2** ***het lichten*** **0.3** ⟨nat.⟩ ***lichtsterkte***.

lu·mi·nous ['lu:mɪnəs]⟨f2⟩⟨bn.; -ly; -ness⟩ **0.1** ***lichtgevend*** ⇒⟨fig.⟩ *helder, duidelijk, lumineus* ◆ **1.1** ~ paint *lichtgevende verf*.

lum·me, lum·my ['lʌmi]⟨tussenw.⟩⟨BE; inf.⟩ **0.1** ***godsamme*** ⇒*verdorie, potdorie*.

lum·mox ['lʌməks]⟨telb.zn.⟩⟨AE⟩ **0.1** ***lomperd*** ⇒*vlegel, vlerk*.

lump[1] [lʌmp]⟨f3⟩⟨zn.⟩
I ⟨telb.zn.⟩ **0.1** ***klont*** ⇒*klomp, brok* **0.2** ***bult*** ⇒*gezwel, knobbel* **0.3** ***massa*** ⇒*hoop, boel* **0.4** ⟨inf.⟩ ***lomperd*** ⇒*heikneuter, pummel* **0.5** →lumpfish ◆ **1.1** ⟨vnl. fig.⟩ with a ~ in my throat *met een brok in mijn keel* **6.2** a ~ **in** the breast *een gezwel in de borst* **6.3** **in** the ~ *en masse;* **in** a ~ *in één keer, tegelijkertijd;*
II ⟨n.-telb.zn.; the⟩⟨BE⟩ **0.1** ***losse arbeiders*** ⟨vnl. in de bouw⟩;
III ⟨mv.; ~s; the⟩⟨sl.⟩ **0.1** ***gewelddadige dood*** **0.2** ***ruwe behandeling*** ⇒*(lichamelijke) afstraffing* ◆ **3.¶** get (one's) ~s *een pak slaag krijgen; verslagen worden; uitgefoeterd/gestraft worden*.

lump[2] ⟨f2⟩⟨ww.⟩ →lumping ⟨→sprw. 325⟩
I ⟨onov.ww.⟩ **0.1** ***klonteren*** **0.2** ***moeizaam voortgaan*** ◆ **5.1** ~ **together** *samenklonteren* **5.2** ~ **along** *voortploeteren* **5.¶** ~ **down** *neerzakken, neerplompen;*
II ⟨ov.ww.⟩ **0.1** ***tot een geheel samenvoegen*** ⇒*bij elkaar gooien* **0.2** ⟨inf.⟩ ***slikken*** ⇒*desnoods accepteren* ◆ **3.2** you'll have to like it or ~ it *je hebt het maar te slikken* **4.2** ⟨sl.⟩ ~ it *wees stil; zich zwijgend neerleggen bij; laten varen* **5.1** ~ **together** *onder één noemer brengen, op één hoop gooien*.

lum·pec·to·my [lʌm'pektəmi]⟨telb. en n.-telb.zn.; →mv. 2⟩ **0.1** ***verwijdering v. (borst)kankergezwel***.

lum·pen ['lʌmpən‖'lʊm-]⟨bn., attr.⟩ **0.1** ***straatarm*** ⇒*berooid* **0.2** ⟨inf.⟩ ***stom*** ⇒*ondoordacht*.

lum·pen·pro·le'tar·i·at ⟨verz.n.⟩ **0.1** ***lompenproletariaat***.

lump·er ['lʌmpə‖-ər]⟨telb.zn.⟩ **0.1** ***bootwerker*** ⇒*stuwadoor, havenarbeider*.

'lump·fish, 'lump·suck·er ⟨telb.zn.; ook lumpfish; →mv. 4⟩⟨dierk.⟩ **0.1** ***snotolf*** ⟨Cyclopterus lumpus⟩.

lump·ing ['lʌmpɪŋ]⟨bn., attr.; teg. deelw. v. lump; -ly⟩ **0.1** ***massief*** ⇒*zwaar, vol* **0.2** ***ruim*** ⇒*goed* **0.3** ***log*** ⇒*lomp, plomp* ◆ **1.2** ~ weight *ruim gewicht*.

lump·ish ['lʌmpɪʃ]⟨bn.; -ly; -ness⟩ **0.1** ***log*** ⇒*lomp, traag;* ⟨fig.⟩ *dom, suf*.

'lump sugar ⟨f1⟩⟨n.-telb.zn.⟩ **0.1** ***klontjessuiker*** **0.2** ***suikerbrood*** **0.3** ***kandij***.

'lump 'sum ⟨f1⟩⟨telb.zn.⟩ **0.1** ***bedrag ineens*** ⇒*ronde som*.

lump·y ['lʌmpi]⟨f1⟩⟨bn.; -er; -ly; -ness; →bijw. 3⟩ **0.1** ***vol klontjes*** ⇒*klonterig* **0.2** ***vol builen/gezwellen*** **0.3** ***met korte golfslag*** ⟨v. water⟩ ⇒*onrustig, woelig*.

lu·na ['lu:nə], **'luna moth** ⟨telb.zn.⟩⟨dierk.⟩ **0.1** ⟨ben. voor⟩ ***grote Noordamerikaanse vlinder*** ⟨Actias luna⟩.

lu·na·cy ['lu:nəsi]⟨f1⟩⟨zn.⟩
I ⟨telb.zn.; →mv. 2⟩ **0.1** ⟨vaak mv.⟩ ***doldrieste daad*** ⇒*zotternij;*
II ⟨n.-telb.zn.⟩ **0.1** ***waanzin*** ⇒*krankzinnigheid* **0.2** ***doldriestheid*** ⇒*zotternij* **0.3** ⟨vero.⟩ ***maanziekte***.

lu·nar ['lu:nə‖-ər]⟨f2⟩⟨bn., attr.⟩ **0.1** ***van/mbt. de maan*** ⇒*maan-, lunair* **0.2** ***halvemaanvormig*** ◆ **1.1** ~ cycle *maancirkel, maancyclus;* ~ distance *maanafstand;* ~ eclipse *maaneclips, maansverduistering;* ~ (excursion) module *maanlandingsvaartuig, LEM;* ~ month *maanmaand* ⟨29½ dag⟩; ~ observation *maanwaarneming;* ~ rainbow *maanregenboog;* ~ year *maanjaar* **1.2** ⟨med.⟩ ~ bone *halvemaansbeentje* **1.¶** ~ caustic *zilvernitraat, helse steen*.

lu·nar·i·an [lu:'neərɪən‖-'ner-]⟨telb.zn.; ook L-⟩ **0.1** ***maanbewoner***.

lu·nar·scape ['lu:nəskeɪp‖-nər-]⟨telb.zn.⟩ **0.1** ***maanlandschap***.

lu·nate ['lu:neɪt], **lu·nat·ed** ['lu:neɪṭɪd]⟨bn.; -ly; -ness⟩ **0.1** ***sikkelvormig*** ⇒*halvemaanvormig* ◆ **1.1** ⟨med.⟩ ~ bone *halvemaansbeentje* ⟨in pols⟩.

lu·na·tic[1] ['lu:nətɪk]⟨f1⟩⟨telb.zn.⟩ **0.1** ⟨vero. of pej.⟩ ***krankzinnige*** ⇒*gek, gestoorde* **0.2** ***gek*** ⟨fig.⟩ ⇒*idioot*.

lunatic[2] ⟨f1⟩⟨bn., attr.⟩ **0.1** ***krankzinnig*** ⇒*gek, waanzinnig, gestoord* ◆ **1.¶** the ~ fringe *de/het fanatieke/extremistische vleugel/deel* ⟨v.e. groepering⟩.

'lunatic asylum ⟨telb.zn.⟩⟨pej.⟩ **0.1** ***gekkenhuis***.

lu·na·tion [lu:'neɪʃn]⟨telb.zn.⟩ **0.1** ***lunatie*** ⇒*maansomloop*.

lunch[1] [lʌntʃ]⟨f3⟩⟨telb. en n.-telb.zn.⟩ **0.1** ***lunch*** ⇒*middagmaal, middageten* ◆ **6.¶** ⟨AE; sl.⟩ **out to** ~ *raar, vreemd, maf, krankzinnig; wereldvreemd, niet helemaal bij*.

lunch[2] ⟨f2⟩⟨ww.⟩
I ⟨onov.ww.⟩ **0.1** ***lunchen*** ⇒*het middagmaal gebruiken* ◆ **5.1** ~ **in** *thuis lunchen;* ~ **out** *buitenshuis/elders lunchen* **5.¶** ⟨AE; sl.⟩ **out** to ~ *geflipt;*
II ⟨ov.ww.⟩ **0.1** ***de lunch verzorgen voor*** ⇒*te lunchen hebben* **0.2** ***op een lunch trakteren*** ⇒*mee uit lunchen nemen*.

'lunch break ⟨telb. en n.-telb.zn.⟩ **0.1** ***lunchpauze*** ⇒*middagpauze*.

'lunch counter ⟨telb.zn.⟩ **0.1** ***eetbar***.

lunch·eon ['lʌntʃn]⟨f2⟩⟨telb. en n.-telb.zn.⟩ **0.1** ⟨schr.⟩ ***lunch*** ⇒*koffiemaaltijd, middagmaal, middageten* **0.2** ⟨AE⟩ ***lichte maaltijd***.

'luncheon bar ⟨telb.zn.⟩⟨BE⟩ **0.1** ***snackbar***.

'luncheon meat ⟨n.-telb.zn.⟩ **0.1** ⟨ong.⟩ ***lunchworst (uit blik)***.

'luncheon party ⟨telb.zn.⟩ **0.1** ***feestelijke lunch***.

'luncheon ticket ⟨telb.zn.⟩ **0.1** ***lunchticket*** ⇒*maaltijdbon(netje)*.

'luncheon voucher ⟨telb.zn.⟩ **0.1** ***maaltijdbon*** ⇒⟨B.⟩ *maaltijdcheque*.

'lunch-hooks ⟨mv.⟩⟨sl.⟩ **0.1** ***poten*** ⇒*jatten, handen* **0.2** ***fikken*** ⇒*vingers* **0.3** ***kritische opmerkingen***.

'lunch hour, 'lunch time ⟨f2⟩⟨n.-telb.zn.⟩ **0.1** ***lunchtijd*** ⇒*etenstijd, middagpauze*.

'lunch pail ⟨telb.zn.⟩⟨AE⟩ **0.1** ***lunchtrommel*** ⇒*eetketeltje*.

'lunch room ⟨telb.zn.⟩ **0.1** ***lunchroom*** ⇒*lunchgelegenheid*.

lune [lu:n]⟨telb.zn.⟩ **0.1** ***halvemaan*** ⇒*sikkel*.

lu·nette, lu·net [lu:'net]⟨zn.⟩
I ⟨telb.zn.⟩⟨bouwk.; mil.⟩ **0.1** ***lunet;***
II ⟨mv.; ~s⟩ **0.1** ***bril***.

lung [lʌŋ]⟨f3⟩⟨zn.⟩

I ⟨telb.zn.⟩ **0.1** ***long*** ◆ **2.1** have good ~s *over goede longen beschikken, hard kunnen schreeuwen;*
II ⟨mv.; ~s⟩ **0.1** ***openbaar groen*** ⇒*parken en plantsoenen* ◆ **1.1** the ~s of London *de parken en plantsoenen v. Londen.*

'lung cancer ⟨telb. en n.-telb.zn.⟩ **0.1** ***longkanker.***

lunge[1] [lʌndʒ], ⟨in bet. 0.1 en 0.2 ook⟩ **longe** [lʌndʒ]⟨f1⟩⟨telb.zn.⟩ **0.1** ⟨paardesport⟩ ***longe*** **0.2** ***manege*** **0.3** ***stoot*** ⇒*uitval.*

lunge[2], ⟨in bet. II 0.1 ook⟩ **longe** ⟨f2⟩⟨ww.⟩
I ⟨onov.ww.⟩ **0.1** ***uitvallen*** ◆ **5.¶** ~ **back** to *enthousiast teruggrijpen naar* **6.1** ~ **at** *een uitval doen naar, afstormen op;*
II ⟨ov.ww.⟩ **0.1** ⟨paardesport⟩ ***longeren*** ⇒*dresseren aan de longe* **0.2** ***stoten.***

lung·er ['lʌŋə‖-ər]⟨telb.zn.⟩⟨sl.⟩ **0.1** ***t.b.c.-patiënt.***

'lung·fish ⟨telb.zn.; ook lungfish; →mv. 4⟩⟨dierk.⟩ **0.1** ***longvis*** ⟨orde Dipnoi of Dipneusti⟩.

lun·gi, lun·gee ['lu:ŋgi]⟨zn.⟩⟨Ind.E⟩
I ⟨telb.zn.⟩ **0.1** ***lendendoek;***
II ⟨n.-telb.zn.⟩ **0.1** ***stof voor lendendoeken, tulbanden en sjaals.***

'lung-pow·er ⟨n.-telb.zn.⟩ **0.1** ***geluidssterkte v.d. stem.***

lung·wort ['lʌŋwɜ:t‖-wɜrt]⟨telb. en n.-telb.zn.⟩⟨plantk.⟩ **0.1** ***longkruid*** ⟨Pulmonaria officinalis⟩ **0.2** ***longenmos*** ⟨Lobaria pulmonaria⟩.

lu·ni·so·lar ['lu:nɪ'soʊlə‖-ər]⟨bn., attr.⟩⟨ster.⟩ **0.1** ***lunisolair*** ⇒*mbt. tot zon en maan* ◆ **1.1** ~ precession *lunisolaire precessie* ⟨verplaatsing v.d. nachteveningspunten v. oost naar west⟩; ~ year *lunisolair jaar.*

lunk [lʌŋk], **'lunk·head** ⟨telb.zn.⟩⟨sl.⟩ **0.1** ***stommeling.***

'lunk'head·ed ⟨telb.zn.⟩⟨sl.⟩ **0.1** ***stom*** ⇒*duf.*

lu·nu·la ['lu:njʊlə], **lu·nule** ['lu:nju:l]⟨telb.zn.; lunulae ['lu:njʊli:]; →mv. 5⟩⟨anat.⟩ **0.1** ***lunula*** ⇒*halfmaantje* ⟨v. vingernagel⟩.

luny →loony.

lu·pin(e) ['lu:pɪn]⟨zn.⟩
I ⟨telb.zn.⟩⟨plantk.⟩ **0.1** ***lupine*** ⟨genus Lupinus⟩;
II ⟨mv.; ~s⟩ **0.1** ***lupinezaad.***

lu·pine ['lu:paɪn]⟨bn.⟩ **0.1** ***wolfachtig*** ⇒*wolfs-.*

lu·pus ['lu:pəs]⟨n.-telb.zn.⟩⟨med.⟩ **0.1** ***lupus*** ⇒*wolf(szweer)* ⟨huidaandoening⟩.

lurch[1] [lɜ:tʃ‖lɜrtʃ]⟨f1⟩⟨zn.⟩
I ⟨telb.zn.⟩ **0.1** ***ruk*** ⇒*plotselinge slingerbeweging* ◆ **3.1** give a ~ *een slinger maken;*
II ⟨n.-telb.zn.; the⟩⟨inf.⟩ **0.1** ***onaangename situatie*** ◆ **3.1** leave s.o. in the ~ *iem. in de steek laten.*

lurch[2] ⟨f2⟩⟨onov.ww.⟩ **0.1** ***slingeren*** ⇒*strompelen* **0.2** ⟨scheep.⟩ ***stampen*** ⇒*rollen.*

lurch·er ['lɜ:tʃə‖-ər]⟨telb.zn.⟩ **0.1** ⟨BE⟩⟨ong.⟩ ***stropershond*** ⟨kruising v. hazewindhond met collie/schaapherdershond⟩ **0.2** ⟨vero.⟩ ***spion.***

lure[1] [l(j)ʊə‖lʊr]⟨f1⟩⟨zn.⟩
I ⟨telb.zn.⟩ **0.1** ***lokmiddel*** ⇒*lokaas, lokspijs, lokstem;*
II ⟨n.-telb.zn.; the⟩ **0.1** ***aantrekking*** ⇒*verleiding, aantrekkelijkheid, verlokking.*

lure[2] ⟨f2⟩⟨ov.ww.⟩ **0.1** ***lokken*** ⇒*verlokken, meetronen* ◆ **5.1** ~ **away** (from) *weglokken (van)* **6.1** ~ **into** *verlokken tot.*

lur·gy ['lɜ:gi‖'lɜrgi]⟨telb. en n.-telb.zn.; →mv. 2⟩⟨BE; scherts.⟩ **0.1** ***kwaal(tje)*** ⇒*ziekte, ongesteldheid.*

lu·rid ['l(j)ʊrɪd‖'lʊrɪd]⟨f1⟩⟨bn.; -ly; -ness⟩ **0.1** ***schril*** ⇒*zeer fel (gekleurd), hel, schel, vlammend* **0.2** ***luguber*** ⇒*huiveringwekkend, choquerend, sensationeel* **0.3** ***spookachtig*** ⇒*afgrijselijk, doodsbleek, dreigend, akelig* **0.4** ⟨vero.⟩ ***geelbruin*** ⟨v. plant⟩ ⇒*vuilgeel, bruinachtig* ◆ **1.1** the ~ sky *de opvlammende lucht* **1.2** the ~ details *de lugubere/onsmakelijke bijzonderheden* **1.3** his ~ complexion *zijn onnatuurlijke/ongezonde gelaatskleur* **3.2** cast a ~ light on that case *een afschuwwekkend licht op die zaak werpen.*

lurk[1] [lɜ:k‖lɜrk]⟨n.-telb.zn.⟩ **0.1** ***het schuilhouden*** ◆ **6.1** **on** the ~ *op de loer.*

lurk[2] ⟨f2⟩⟨onov.ww.⟩ **0.1** ***op de loer liggen*** ⇒*zich schuilhouden, (klaar voor de aanval) wachten, in een hinderlaag wachten, zich verschuilen* **0.2** ***latent (aanwezig) zijn*** ⇒*verborgen/verstopt zijn, onzichtbaar aanwezig zijn* ◆ **1.1** the highwaymen ~ed for the mail-coach *de struikrovers lagen op de loer voor de postkoets* **1.2** his ~ing interest *zijn sluimerende belangstelling;* some mistrust ~s in that quarter *er is enig verholen wantrouwen in die kring;* ~ing unemployment *latente/verborgen werkloosheid.*

'lurk·ing-place ⟨telb.zn.⟩ **0.1** ***schuilplaats*** ⇒*toevluchtsoord, hol* ◆ **1.1** the robber's ~ *het rovershol.*

lus·cious ['lʌʃəs]⟨f1⟩⟨bn.; -ly; -ness⟩ **0.1** ***heerlijk*** ⇒*goddelijk, buitengewoon lekker, zinnelijk* **0.2** ***weelderig*** ⇒*verleidelijk, beeldschoon, zeer aantrekkelijk* **0.3** ***overdreven*** ⟨v. stijl⟩ ⇒*te beeldrijk/klankrijk, hoogdravend, bombastisch* **0.4** ⟨vero.⟩ ***mierzoet*** ◆ **1.1** a ~ dish *een verrukkelijk gerecht;* ~ music *goddelijke muziek;* ~ wine *zalige wijn* **1.2** a ~ girl *een verrukkelijk meisje;* a ~ painting *een magnifiek schilderij* **1.3** a ~ poem *een te bloemrijk gedicht.*

lush[1] [lʌʃ]⟨zn.⟩⟨AE; sl.⟩
I ⟨telb.zn.⟩ **0.1** ***zuiplap*** ⇒*dronken lor, dronkelap;*
II ⟨n.-telb.zn.⟩ **0.1** ***(sterke) drank*** ⇒*alcoholica, spiritualiën.*

lush[2], **lush·y** ['lʌʃi]⟨f2⟩⟨bn.; -er; →compar. 7⟩ **0.1** ***welig*** ⇒*overdadig groeiend* ⟨bv. v. gras⟩, *rijkelijk begroeid, sappig, in overvloed aanwezig* **0.2** ⟨inf.⟩ ***weelderig*** ⇒*luxueus, rijk, overvloedig* ◆ **1.1** ~ fields *welige akkers;* the ~ grass *het malse gras;* a ~ meadow *een sappige wei* **1.2** the ~ furnishing of her apartment *de luxueuze inrichting v. haar appartement.*

lush[3] ⟨onov. en ov.ww.⟩⟨AE; sl.⟩ **0.1** ***zuipen*** ⇒*drinken, aan de drank zijn/brengen, dronken zijn/voeren* ◆ **5.1** ~ **up** *bezopen raken; zuipen;* ~ o.s. **up** *zich vol laten lopen.*

lust [lʌst]⟨f2⟩⟨zn.⟩
I ⟨telb.zn.⟩ **0.1** ***sterk verlangen*** ⇒*lust, aandrift, hang, (heb)zucht* ◆ **1.1** the ~s of the flesh *de vleselijke lusten* **6.1** a ~ **for** power *een verlangen naar macht, machtshonger;* ~ **of** battle *strijdlust;*
II ⟨n.-telb.zn.⟩ **0.1** ***wellust(igheid)*** ⇒*(zinnelijke) lust, begeerte* ◆ **1.1** his eyes, full of ~ *zijn ogen, vol wellust.*

'lust after, 'lust for ⟨onov.ww.⟩ **0.1** ***hevig verlangen naar*** ⇒*begeren, belust zijn op, haken/hunkeren naar* ◆ **1.1** ~ gold *op goud belust zijn;* ~ a woman *een vrouw begeren.*

lust·ful ['lʌstfl]⟨bn.; -ly; -ness⟩ **0.1** ***wellustig*** ⇒*vol (seksueel) verlangen, begerig* **0.2** ⟨vero.⟩ ***krachtig*** ⇒*sterk* ◆ **6.1** ~ **of** *begerig naar.*

lus·ti·hood ['lʌstihʊd]⟨n.-telb.zn.⟩⟨schr.⟩ **0.1** ***(wel)lustigheid*** ⇒*lustgevoel, (seksuele) begeerte, verlangen* **0.2** ***kracht*** ⇒*sterkte.*

lus·tral ['lʌstrəl]⟨bn.⟩ **0.1** ***mbt. een lustratie/reinigingsrite*** ⇒*gebruikt bij zuiveringsviering, reinigings-* **0.2** ***mbt. een lustrum*** ⇒*lustrum-* ◆ **1.1** ~ water *wijwater* **1.2** a ~ celebration *een lustrumviering.*

lus·trate ['lʌstreɪt]⟨ov.ww.⟩ **0.1** ***ritueel zuiveren*** ⇒*(d.m.v. ceremonieel) louteren/reinigen.*

lus·tra·tion [lʌ'streɪʃn]⟨telb. en n.-telb.zn.⟩ **0.1** ***lustratie*** ⇒*reinigingsrite.*

lus·tre[1], ⟨AE sp.⟩ **lus·ter** ['lʌstə‖-ər]⟨f1⟩⟨zn.⟩
I ⟨telb.zn.⟩ **0.1** ***lustrum*** ⇒*vijfjarig bestaan/tijdvak* **0.2** ***kroonluchter*** ⇒*lichtkroon, luster* **0.3** ***hanger v. kroonluchter;***
II ⟨telb. en n.-telb.zn.⟩⟨ook fig.⟩ **0.1** ***glans*** ⇒*schittering, schijnsel, luister, glorie, roem* ◆ **3.1** add ~ to, shed/throw ~ on *glans geven aan;*
III ⟨n.-telb.zn.⟩ **0.1** ***glansstof*** ⇒*lustre, metaalglazuur* ⟨op keramiek⟩ **0.2** ⟨BE⟩ ***lustre*** ⇒*glanstaf* ⟨textiel⟩ **0.3** ⟨BE⟩ ***lustrewerk.***

lustre[2], ⟨AE sp.⟩ **luster** ⟨ww.⟩ →lustrine
I ⟨onov.ww.⟩ **0.1** ***glanzen*** ⇒*glimmen, blinken, fonkelen, stralen;*
II ⟨ov.ww.⟩ **0.1** ***doen glanzen*** ⇒*doen glimmen/blinken/fonkelen/stralen* **0.2** ***lustreren*** ⟨aardewerk⟩.

lus·tre·less, ⟨AE sp.⟩ **lus·ter·less** ['lʌstələs‖-ər-]⟨bn.⟩ **0.1** ***glansloos*** ⇒*dof, niet glimmend/blinkend.*

lus·tre·ware, ⟨AE sp.⟩ **lus·ter·ware** ['lʌstəweə‖'lʌstərwer]⟨n.-telb.zn.⟩ **0.1** ***lustrewerk*** ⇒*gelustreerd aardewerk, aardewerk met een metaalglans.*

lus·trine ['lʌstri:n], ⟨vero. BE; AE⟩ **lus·tring** ['lʌstrɪŋ]⟨n.-telb.zn.; lustring gerund v. lustre⟩ **0.1** ***lustrine*** ⇒*glanszijde.*

lus·trous ['lʌstrəs]⟨bn.; -ly; -ness⟩ **0.1** ***glanzend*** ⇒*glimmend, schitterend, luisterrijk* ◆ **1.1** ~ eyes *stralende ogen;* ~ hair *glanzend haar;* a ~ jewel *een flonkerend juweel.*

lus·trum ['lʌstrəm]⟨f1⟩⟨telb.zn.; ook lustra ['lʌstrə]; →mv. 5⟩ **0.1** ***lustrum*** ⇒*vijfjarig tijdvak/bestaan.*

lust·y ['lʌsti]⟨f1⟩⟨bn.; -er; -ly; -ness; →bijw. 3⟩ **0.1** ***krachtig*** ⇒*flink, gezond* ⟨ook v. drank⟩, *robuust* **0.2** ***wellustig*** ◆ **1.1** he's a ~ worker *hij is een stevige werker* **1.2** the ~ knave in an opera *de wellustige boef in een opera.*

lu·sus na·tu·rae ['lu:səs nə'tʃʊəri:‖-nə'tʊri:]⟨telb.zn.; lusus naturae; →mv. 5⟩ **0.1** ***speling der natuur*** ⇒*gril/onregelmatigheid v.d. natuur, (wan)gedrocht, monster.*

lu·ta·nist, lu·te·nist ['lu:tn·ɪst]⟨telb.zn.⟩ **0.1** ***luitspeler.***

lute[1] [lu:t]⟨f1⟩⟨zn.⟩
I ⟨telb.zn.⟩ **0.1** ⟨muz.⟩ ***luit*** **0.2** ***(gummi)ring*** ⇒*afsluitende ring/band* ⟨bv. om conservenpotje⟩;
II ⟨n.-telb.zn.⟩ **0.1** ***kit(middel)*** ⇒*stopmiddel* ⟨bv. cement, klei⟩, *kitlijm, kleefdeeg.*

lute[2] ⟨ww.⟩
I ⟨onov. en ov.ww.⟩ **0.1** ***op de luit spelen*** ⇒*d.m.v. luitspel uitdrukken/weergeven, luit bespelen, met luitspel vertolken;*
II ⟨ov.ww.⟩ **0.1** ***kitten*** ⇒*met een kitmiddel dichten, met cement/kleefdeeg stoppen, met kitlijm aan elkaar maken.*

lu·te·ous ['lu:tɪəs]⟨bn.⟩ **0.1** ***groengeel*** ⇒*oranjegeel* ⟨v. licht tot diep⟩.

'lute·string ⟨n.-telb.zn.⟩⟨vero.⟩ **0.1** ***glanszijde*** ⇒*lustrine.*

Lu·te·ti·an [lʊ'ti:ʃn]⟨bn.⟩⟨gesch.⟩ **0.1** ***uit Lutetia*** ⇒*v. Lutetia, uit/v. Parijs.*

lu·te·ti·um, lu·te·ci·um [lʊ'ti:ʃɪəm]⟨n.-telb.zn.⟩⟨schei.⟩ **0.1** ***lutetium*** ⟨element 71⟩.

Lu·ther·an[1] ['lu:θrən]⟨telb.zn.⟩ **0.1** ***lutheraan*** ⇒*volgeling v. Luther, aanhanger v.d. lutherse leer.*
Lutheran[2] ⟨bn.⟩ **0.1** ***luthers*** ◆ **1.1** ~ Church *lutherse kerk.*
Lu·ther·an·ism ['lu:θrənɪzm], **Lu·ther·ism** ['lu:θərɪzm]⟨n.-telb.zn.⟩ **0.1** ***lutheranisme*** ⇒*lutherse leer, lutherdom.*
Lu·ther·an·ize ['lu:θrənaɪz]⟨ww.⟩
I ⟨onov.ww.⟩ **0.1** ***luthers worden*** ⇒*zich tot de lutherse leer bekeren;*
II ⟨ov.ww.⟩ **0.1** ***luthers maken*** ⇒*tot de lutherse leer bekeren.*
lu·thern ['lu:θn‖-ərn]⟨telb.zn.⟩ **0.1** ***dakvenster*** ⇒*zoldervenster.*
lu·tist ['lu:ţɪst]⟨telb.zn.⟩ **0.1** ***luitmaker*** **0.2** ***luitspeler.***
luv [lʌv]⟨f1⟩⟨telb.zn.⟩⟨BE; inf.; vaak scherts.⟩ **0.1** ***schat(je)*** ⇒*lieverd, liefje* ◆ **¶.1** hello ~ *dag schatje.*
lux [lʌks]⟨telb.zn.; mv. vnl. lux, zelden luxes of luces ['lu:si:z]; →mv. 4, 5⟩⟨nat.⟩ **0.1** ***lux*** ⟨eenheid v. verlichtingssterkte⟩.
lux·ate ['lʌkseɪt]⟨ov.ww.⟩⟨med.⟩ **0.1** ***ontwrichten*** ⇒*luxeren* ⟨gewrichten⟩.
lux·a·tion [lʌk'seɪʃn]⟨telb. en n.-telb.zn.⟩⟨med.⟩ **0.1** ***ontwrichting*** ⇒*luxatie.*
luxe [lʌks]⟨n.-telb.zn.; vaak attr.⟩ **0.1** ***luxe*** ⇒*weelde, pracht.*
lux·u·ri·ance [lʌg'zjʊəriəns, ləg'ʒʊə-‖lʌk'ʃʊr-]⟨n.-telb.zn.⟩ **0.1** ***overvloed*** ⇒*rijkdom, volheid, weelderigheid.*
lux·u·ri·ant [lʌg'zjʊəriənt, ləg'ʒʊə-‖lʌk'ʃʊr-]⟨f1⟩⟨bn.; -ly⟩ **0.1** ***weelderig*** ⇒*overvloedig, welig* **0.2** ***vruchtbaar*** ⟨ook fig.⟩ ⇒*rijk* **0.3** ***overdadig*** ⟨v. schrijf/bouwstijl⟩ ⇒*weelderig, beeldrijk, bloemrijk* **0.4** ***luxueus*** ⇒*weelderig* ◆ **1.1** ~ flora *weelderige flora* **1.2** ~ imagination *rijke verbeelding* **1.3** ~ language *bloemrijke taal.*
lux·u·ri·ate [lʌg'zjʊərieɪt, ləg'ʒʊə-‖lʌk'ʃʊr-]⟨onov.ww.⟩ **0.1** ***een luxueus leven leiden*** ⇒*in weelde leven* **0.2** ***welig tieren*** ⇒*weelderig bloeien, overvloedig groeien* **0.3** ***zich ontwikkelen*** ⇒*zich uitbreiden, uitdijen* ◆ **6.¶** ~ **in/on** *ten volle genieten v., zwelgen in, zich baden in, zich tegoed doen aan, zich te buiten gaan aan.*
lux·u·ri·ous [lʌg'zjʊərɪəs, ləg'zʊə-‖lʌk'ʃʊr-]⟨f2⟩⟨bn.; -ly; -ness⟩ **0.1** ***luxueus*** ⇒*weelderig, uiterst comfortabel* **0.2** ***luxe*** ⇒*uitgelezen* **0.3** ***aan luxe gewend*** ⇒*op luxe ingesteld, duur* **0.4** ***genotzuchtig*** ⇒*zinnelijk,* ⟨i.h.b.⟩ *weelderig, wellustig, wulps* ◆ **1.1** ~ flat *luxueuze flat* **1.2** ~ dinner *luxe diner, exquis diner* **1.3** ~ habits *dure gewoontes.*
lux·u·ry ['lʌkʃ(ə)ri]⟨f2⟩⟨zn.; →mv. 2⟩
I ⟨telb.zn.⟩ **0.1** ***luxe(artikel)*** ⇒*luxe voorwerp, weelde(artikel)* ◆ **1.1** a warm bath once a week is still a ~ for us *een warm bad eens per week is voor ons nog steeds een luxe* **3.1** she can't afford such luxuries *zij kan zich dergelijke luxes niet permitteren;*
II ⟨n.-telb.zn.; vaak attr.⟩ **0.1** ***weelde*** ⇒*luxe, overvloed* **0.2** ***weelderigheid*** ◆ **1.1** a warm bath every day is a ~ *iedere dag een warm bad is een luxe* **3.1** enjoy the ~ of a hot bath *v.d. luxe v.e. heet bad genieten.*
'lux·u·ry-class ⟨bn., attr.⟩ **0.1** ***luxe(klasse)*** ◆ **1.1** a ~ hotel *een luxehotel.*
'luxury item ⟨telb.zn.⟩ **0.1** ***luxeartikel.***
'luxury liner ⟨telb.zn.⟩ **0.1** ***luxe lijnboot*** ⇒*luxeboot, luxe passagiersboot.*
LV ⟨afk.⟩ luncheon voucher ⟨BE⟩.
LW ⟨afk.⟩ low water **0.1** ***L.W.***.
LWM ⟨afk.⟩ low water mark.
lx ⟨telb.zn.⟩⟨afk.⟩ lux ⟨nat.⟩ **0.1** ***lx.***
LXX ⟨afk.⟩ septuagint, seventy.
-ly [li] **0.1** ⟨vormt bijv. nw. uit nw.⟩ ***-lijk*** ⇒*-achtig* **0.2** ⟨vormt bijv. nw. en bijw. uit nw.⟩ ***-lijks*** ⇒*ieder(e), elk(e)* **0.3** ⟨vormt bijw. uit bijv. nw.⟩ ***-wijze*** ◆ **¶.1** motherly *moederlijk;* rascally *schurkachtig* **¶.2** daily *dagelijks;* hourly *elk uur (terugkerend)* **¶.3** foolishly *op een domme manier;* possibly *mogelijkerwijze.*
ly·can·thrope ['laɪkənθroʊp, laɪ'kæn-]⟨telb.zn.⟩ **0.1** ***weerwolf*** ⇒*lykantroop* **0.2** ⟨med.⟩ ***lijder aan wolfswaanzin.***
ly·can·thro·py [laɪ'kænθrəpi]⟨zn.⟩
I ⟨telb. en n.-telb.zn.⟩⟨med.⟩ **0.1** ***weerwolfsziekte*** ⇒*wolfswaanzin;*
II ⟨n.-telb.zn.⟩ **0.1** ***het weerwolven*** ⇒*lykantropie.*
ly·cée ['li:seɪ‖li:'seɪ]⟨telb.zn.⟩ **0.1** ***lyceum*** ⟨middelbare school in Frankrijk⟩.
ly·ce·um [laɪ'sɪəm]⟨zn.⟩
I ⟨telb.zn.⟩ **0.1** ***letterkundig instituut*** **0.2** ***lyceum*** **0.3** ⟨vnl. AE⟩ ***culturele organisatie/vereniging*** **0.4** ⟨vnl. AE⟩ ***zaal in cultureel centrum/verenigingsgebouw*** ⇒*aula, gehoorzaal;*
II ⟨n.-telb.zn.; the; vaak L-⟩⟨gesch.⟩ **0.1** ***lyceum*** ⟨tuin v. Aristoteles⟩.
lychee →litchi.
lych-house →lich-house.
lych·nis ['lɪknɪs]⟨telb.zn.⟩⟨plantk.⟩ **0.1** ⟨o.a.⟩ ***koekoeksbloem*** ⟨genus Lychnis⟩.
lych stone →lich stone.
ly·co·po·di·um ['laɪkə'poʊdɪəm], ⟨in bet. I ook⟩ **ly·co·pod** ['laɪkəpɒd‖-pɑd]⟨zn.⟩
I ⟨telb.zn.⟩⟨plantk.⟩ **0.1** ***wolfsklauw*** ⟨genus Lycopodium⟩;
II ⟨n.-telb.zn.⟩ **0.1** ***lycopodium*** ⟨o.a. als geneesmiddel⟩ ⇒*wolfsklauwpoeder.*
lyd·dite ['lɪdaɪt]⟨n.-telb.zn.⟩ **0.1** ***lyddiet*** ⇒*meliniet* ⟨ontploffingsmiddel⟩.
Lyd·i·an[1] ['lɪdɪən]⟨zn.⟩
I ⟨eig.n.⟩ **0.1** ***Lydisch*** ⇒*de Lydische taal;*
II ⟨telb.zn.⟩ **0.1** ***Lydiër*** ⇒*inwoner v. Lydië.*
Lydian[2] ⟨bn.⟩ **0.1** ***Lydisch*** ⇒*uit/v. Lydië* ◆ **1.¶** ~ mode *Lydische klanksoort* ⟨bij oude Grieken⟩; *vijfde modus, Lydische toonsoort* ⟨v. kerkmuziek⟩; ~ stone *Lydische steen, toetssteen.*
lye [laɪ]⟨n.-telb.zn.⟩ **0.1** ***loog*** ⟨i.h.b. oplossing v. soda/potas⟩ **0.2** ***reinigingsmiddel*** ⇒*schoonmaakmiddel.*
ly·ing[1] ['laɪɪŋ]⟨f1⟩⟨zn.; (oorspr.) gerund v. lie⟩
I ⟨telb.zn.⟩ **0.1** ***ligplaats;***
II ⟨telb. en n.-telb.zn.⟩ **0.1** ***leugen*** ⇒*het liegen.*
lying[2] ⟨bn.; teg. deelw. v. lie⟩ **0.1** ***leugenachtig*** ⇒*vals* **0.2** ***liggend.***
'ly·ing-'in ⟨telb.zn.; ook lyings-in; →mv. 6; vnl. enk.⟩ **0.1** ***bevalling*** ⇒*geboorte* **0.2** ***kraambed.***
'lying-'in hospital ⟨telb.zn.⟩⟨vero.⟩ **0.1** ***kraaminrichting/kliniek.***
lyke-wake ['laɪkweɪk]⟨telb.zn.⟩⟨BE⟩ **0.1** ***dodenwake*** ⇒*dodenwacht.*
lyme grass ['laɪm grɑ:s‖- græs]⟨n.-telb.zn.⟩⟨plantk.⟩ **0.1** ***helm*** ⇒*zandhaver, zeehaver* ⟨Elymus arenarius⟩.
lymph [lɪmf]⟨f1⟩⟨n.-telb.zn.⟩ **0.1** ***lymf(e)*** ⇒*weefselvocht, weefsellymfe* **0.2** ***vaccine*** ⇒*(koe)pokstof, lymfe, inentsel.*
lym·phan·gi·og·ra·phy [lɪm'fændʒi'ɒgrəfi‖-'ɑgrəfi]⟨n.-telb.zn.⟩⟨med.⟩ **0.1** ***lymfografie*** ⟨röntgenologisch onderzoek v.h. lymfvatenstelsel⟩.
lym·phat·ic[1] [lɪm'fæţɪk]⟨telb.zn.⟩ **0.1** ***lymf(e)vat*** ⇒*lymf(e)kanaal.*
lymphatic[2] ⟨bn.⟩ **0.1** ***lymfatisch*** ⇒*lymf(e)-, lymf(e)vaten-, lymf(e) klier(en)-* **0.2** ***lymfatisch*** ⟨v. temperament, persoon⟩ ⇒*traag, sloom; bleek, zwak, slap; onverschillig, flegmatisch, koel* ◆ **1.1** ~ system *lymf(e)vaatstelsel, lymf(e)vatenstelsel.*
'lymph gland, 'lymph node ⟨telb.zn.⟩ **0.1** ***lymf(e)klier*** ⇒*lymf(e) knoop.*
lym·pho·blast ['lɪmfoʊblɑ:st‖-æst]⟨telb.zn.⟩⟨biol.⟩ **0.1** ***lymfoblast*** ⇒*lymf(e)cel.*
lym·pho·cyte ['lɪmfəsaɪt]⟨telb.zn.⟩ **0.1** ***lymfocyt*** ⇒*lymf(e)cel.*
lym·phoid ['lɪmfɔɪd], ⟨in bet. 0.2 ook⟩ **lym·phous** [-fəs]⟨bn.⟩ **0.1** ***lymf(e)-*** ⇒*lymfatisch, v.h. lymf(e)vatenstelsel* **0.2** ***lymf(e)achtig.***
lym·pho·ma ['lɪmfoʊmə]⟨telb.zn.; lymphomata [-məţə]; →mv. 5⟩⟨med.⟩ **0.1** ***lymfkliergezwel*** ⇒*lymfoom.*
lyn·ce·an ['lɪnsɪən]⟨bn.⟩ **0.1** ***met lynxogen*** ⇒*scherpziend.*
lynch [lɪntʃ]⟨f1⟩⟨ov.ww.⟩ **0.1** ***lynchen.***
'lynch law ⟨n.-telb.zn.⟩ **0.1** ***lynchwet*** ⇒*lynchgerecht.*
lynx [lɪŋks]⟨telb.zn.⟩⟨dierk.⟩ **0.1** ***lynx*** ⟨genus Lynx⟩.
'lynx-'eyed ⟨bn.⟩ **0.1** ***met lynxogen*** ⇒*scherpziend.*
Ly·on ['laɪən], **'Lyon King of 'Arms** ⟨telb.zn.⟩ **0.1** ***wapenkoning Lord Lyon*** ⟨hoofd v.d. herauten in Schotland⟩ ⇒*Schotse wapenheraut.*
'Lyon 'Court ⟨n.-telb.zn.⟩ **0.1** ***kanselarij v.d. wapenkoning Lord Lyon.***
ly·o·phil·ic ['laɪə'fɪlɪk]⟨bn.⟩⟨schei.⟩ **0.1** ***lyofiel*** ⇒*(goed) oplosbaar.*
ly·oph·i·lize [laɪ'ɒfɪlaɪz‖-'ɑfɪ-]⟨ov.ww.⟩ **0.1** ***vriesdrogen*** ⇒*lyofiliseren.*
ly·o·pho·bic ['laɪə'foʊbɪk]⟨bn.⟩⟨schei.⟩ **0.1** ***lyofoob*** ⇒*slecht oplosbaar.*
Ly·ra [laɪərə]⟨eig.n.⟩⟨ster.⟩ **0.1** ***Lier*** ⇒*Lyra.*
ly·rate ['laɪərət]⟨bn.⟩⟨biol.⟩ **0.1** ***liervormig*** ⟨v. blad, staart⟩.
lyre ['laɪə‖-ər]⟨telb.zn.⟩ **0.1** ***lier.***
'lyre·bird ⟨telb.zn.⟩⟨dierk.⟩ **0.1** ***liervogel*** ⟨Menura superba/novaehollandae⟩ **0.2** ***Albert-liervogel*** ⟨Menura alberti⟩.
'lyre·flow·er ⟨telb. en n.-telb.zn.⟩⟨plantk.⟩ **0.1** ***gebroken hartje*** ⟨Dicentra spectabilis⟩.
lyr·ic[1] ['lɪrɪk]⟨f2⟩⟨zn.⟩
I ⟨telb.zn.⟩ **0.1** ***lyrisch gedicht*** ⇒*lied* **0.2** ***lyrisch dichter*** ⇒*lyricus* **0.3** ⟨dram.⟩ ***tekst*** ⟨v.e. lied⟩;
II ⟨mv.; ~s⟩ **0.1** ***tekst*** ⟨v. populair lied⟩ ⇒*songtekst* **0.2** ***lyriek*** ⇒*lyrische gedichten, lyrische poëzie.*
lyric[2] ⟨f2⟩⟨bn., attr.⟩ **0.1** ***zang-*** ⇒*gezongen, te zingen* **0.2** ***lyrisch*** ⟨v. gedicht, dichter⟩ **0.3** ***uitbundig*** ⇒*uitgelaten, geestdriftig, enthousiast, zeer vrolijk* **0.4** ***lyrisch*** ⇒*met lierbegeleiding* **0.5** ***voor lier*** **0.6** ⟨muz.⟩ ***lyrisch*** ⟨v. stem⟩ ◆ **1.1** ~ drama *muziekdrama* **1.2** ~ ode *lyrische ode;* ~ writer *lyrisch schrijver* **1.6** ~ baritone *lyrische bariton.*
lyr·i·cal ['lɪrɪkl]⟨f1⟩⟨bn.; -ly⟩ **0.1** ***uitbundig*** ⇒*uitgelaten, enthousiast, lyrisch* **0.2** ***lyrisch*** ⟨v. gedicht, dichter⟩ **0.3** ***zang-*** ⇒*gezongen, te zingen* **0.4** ⟨muz.⟩ ***lyrisch*** ⟨v. zangstem⟩ ◆ **3.1** become/

wax ~ about/over sth. *lyrisch worden over iets, (zeer) enthousiast raken over iets.*
lyr·i·cism ['lɪrɪsɪzm]⟨f1⟩⟨zn.⟩
I ⟨telb.zn.⟩ **0.1** ***lyrische ontboezeming;***
II ⟨n.-telb.zn.⟩ **0.1** ***lyriek*** ⇒*lyrische toon/karakter* **0.2** ***lyrisme.***
lyr·i·cist ['lɪrɪsɪst]⟨telb.zn.⟩ **0.1** ***lyricus*** ⇒*lyrisch dichter* **0.2** ***tekstschrijver/schrijfster*** ⟨v. liedjes⟩.
lyr·ist ['laɪərɪst⟨in bet. 0.2⟩'lɪrɪst]⟨telb.zn.⟩ **0.1** ***lierspeler*** **0.2** ***lyricus*** ⇒*lyrisch dichter.*
ly·ser·gic [laɪ'sɜ:dʒɪk‖lɪ'sɜr-]⟨bn.⟩⟨schei.⟩ **0.1** ***lysergine-*** ⇒*lyserg-* ◆ **1.1** ~ acid *lyserg(ine)zuur;* ~ acid diethylamide *lyserg(ine) zuurdiethylamide, LSD, lysergide, delyside.*
ly·sis ['laɪsɪs]⟨telb.zn.; lyses [-si:z]; →mv. 5⟩ **0.1** ⟨bioch.⟩ ***lysis*** ⇒*ontbinding, afbraak* **0.2** ⟨med.⟩ ***lysis*** ⟨geleidelijke vermindering v. ziekteverschijnselen⟩.
-ly·sis [lɪsɪs]⟨-lyses [lɪsi:z]; →mv. 5⟩ **0.1** ***-lyse*** ◆ ¶.**1** electrolysis *elektrolyse;* haemolysis *hemolyse.*
ly·sol ['laɪsɒl‖-sɔl]⟨n.-telb.zn.⟩ **0.1** ***lysol*** ⟨sterk ontsmettingsmiddel⟩.
ly·so·som·al ['laɪsə'soʊml]⟨bn.; -ly⟩ **0.1** ***lysosomaal.***
ly·so·some ['laɪsəsoʊm]⟨telb.zn.⟩ **0.1** ***lysosoom*** ⟨in dierlijke cel⟩.
ly·so·staph·in ['laɪsə'stæfɪn]⟨n.-telb.zn.⟩⟨med.⟩ **0.1** ***Lysozyme*** ⟨klasse v. enzymen die delen v. bacteriën vernietigen⟩.
lythe [laɪð]⟨telb.zn.⟩⟨Sch. E; dierk.⟩ **0.1** ***pollak*** ⟨Gadus pollachius⟩.
-lyt·ic ['lɪtɪk] **0.1** ***-lytisch*** ◆ ¶.**1** haemolytic *hemolytisch;* hydrolytic *hydrolytisch.*
lyt·ta ['lɪtə]⟨telb.zn.; lyttae ['lɪti:]; →mv. 5⟩ **0.1** ***tongworm*** ⇒*tongriem* ⟨v. hond⟩.

m[1], **M** [em]⟨telb.zn.; m's, M's, zelden ms, Ms⟩ **0.1** ***(de letter) m, M*** **0.2** ***M*** ⟨Romeins cijfer 1000⟩.
m[2] ⟨afk.⟩ **0.1** ⟨maiden (over)⟩ **0.2** ⟨male⟩ **0.3** ⟨mare⟩ **0.4** ⟨married⟩ ***geh.*** **0.5** ⟨masculine⟩ ***m.*** **0.6** ⟨metre(s)⟩ ***m*** **0.7** ⟨mile(s)⟩ **0.8** ⟨milli-⟩ ***m*** **0.9** ⟨million(s)⟩ **0.10** ⟨minute(s)⟩ ***min.*** **0.11** ⟨month (s)⟩.
'm[1] ⟨telb.zn.⟩⟨verk.⟩ madam **0.1** ***mevrouw*** ◆ **5.1** yes'm *ja mevrouw.*
'm[2] ⟨samentr. v. am; →t2⟩ →be.
M[1] ⟨afk.⟩ **0.1** ⟨Marquis⟩ **0.2** ⟨Master⟩ ***Mr.*** **0.3** ⟨mega-⟩ ***M*** **0.4** ⟨Member⟩ **0.5** ⟨Monsieur⟩ ***M.*** **0.6** ⟨Motorway⟩ ⟨BE⟩.
M[2], **m** ⟨afk.⟩ **0.1** ⟨mark⟩ ***M.*** **0.2** ⟨meridian⟩.
ma [mɑ:]⟨f3⟩⟨telb.zn.; vaak M-⟩⟨inf.⟩ **0.1** ***ma*** ⇒*moe(tje), mens.*
MA ⟨afk.⟩ Massachusetts ⟨postcode⟩; Master of Arts, mental age, Military Acadamy.
ma'am [mæm, mɑ:m, məm‖mæm]⟨f2⟩⟨telb.zn.⟩⟨verk.⟩ madam **0.1** ***mevrouw*** ⟨aanspreekvorm voor koningin/prinses door personeel⟩ **0.2** ***mevrouw*** ⇒*juffrouw* ⟨aanspreekvorm voor werkgeefster⟩ **0.3** ⟨AE⟩ ***mevrouw.***
maar [mɑ:‖mɑr]⟨telb.zn.⟩⟨aardr.⟩ **0.1** ***mare*** ⇒*maar, krater(meer), explosiemeer.*
mac [mæk]⟨f1⟩⟨telb.zn.⟩⟨inf.⟩ **0.1** ⟨verk.⟩ ⟨macintosh⟩ ⟨vnl. BE.⟩ ***regenjas*** **0.2** ⟨M-⟩ ***Schot*** **0.3** ⟨M-⟩⟨AE⟩ ***vriend*** ⟨aanspreekvorm voor onbekende man⟩ ◆ ¶.**3** hey ~, watch out! *kijk uit, vriend!.*
Mac-, M'-, Mc- [mæk]⟨f1⟩⟨duidt 'zoon v.' aan in Gaelische namen⟩ **0.1** ***Mac/Mc.*** ◆ ¶.**1** MacArthur *MacArthur.*
ma·ca·bre [mə'kɑ:b(rə)‖-bər]⟨f2⟩⟨bn.; -ly⟩ **0.1** ***griezelig*** ⇒*akelig, angstaanjagend, ijzingwekkend* **0.2** ***macaber*** ⇒*doden-* ◆ **1.2** danse ~ *dodendans, dans macabre.*
ma·ca·co [mə'kaɪkoʊ]⟨telb.zn.⟩⟨dierk.⟩ **0.1** ***makaak*** ⟨Macaca⟩ **0.2** ***maki*** ⇒⟨i.h.b.⟩ *echte lemur* ⟨Lemur⟩.
mac·ad·am [mə'kædəm]⟨f1⟩⟨n.-telb.zn.⟩ **0.1** ***macadam.***
mac·ad·am·i·za·tion, -sa·tion [mə'kædəmaɪ'zeɪʃn‖-dəmə-]⟨n.-telb.zn.⟩ **0.1** ***macadamisering.***
mac·ad·am·ize, -ise [mə'kædəmaɪz]⟨ov.ww.⟩ **0.1** ***macadamiseren.***
ma'cadam road ⟨telb.zn.⟩ **0.1** ***macadamweg.***
ma·caque [mə'kɑ:k]⟨telb.zn.⟩⟨dierk.⟩ **0.1** ***makaak*** ⟨Macaca⟩.
mac·a·ro·ni ['mækə'roʊni]⟨zn.; ook -es; →mv. 2⟩
I ⟨telb.zn.⟩ **0.1** ⟨sl.⟩ ***spaghettivreter*** ⟨Italiaan⟩ **0.2** ⟨sl.⟩ ***iets langs / duns / soepels*** **0.3** ⟨gesch.; 18e eeuw⟩ ***fat*** ⇒*dandy, modepop* ⟨die in Eng. de mode v.h. vasteland volgde⟩;
II ⟨telb. en n.-telb.zn.⟩ **0.1** ***macaroni.***

mac·a·ron·ic ['mækə'rɒnɪk‖-'rɑ-]⟨bn.⟩ **0.1** ***macaronisch*** ⟨v. verzen⟩.

'macaroni 'cheese ⟨telb. en n.-telb.zn.⟩ ⟨cul.⟩ **0.1** ***ovenschotel v. macaroni met kaas.***

mac·a·ron·ics ['mækə'rɒnɪks‖-'rɑ-]⟨mv.⟩ **0.1** ***macaronische verzen/poëzie*** ⇒*macaronisch gedicht.*

mac·a·roon ['mækə'ru:n]⟨f1⟩⟨telb.zn.⟩ **0.1** ***bitterkoekje*** ⇒*amandelkoekje.*

Ma·cas·sar [mə'kæsə‖-ər], **Ma'cassar oil** ⟨n.-telb.zn.⟩ **0.1** ***makassarolie*** ⟨pommade⟩.

ma·caw [mə'kɔ:]⟨telb.zn.⟩ **0.1** ⟨dierk.⟩ ***ara*** ⟨genera Ara en Anodorhynchus⟩ **0.2** ⟨plantk.⟩ ***bep. Zuidamerikaanse palm*** ⟨genus Acrocomia⟩.

Macc ⟨afk.⟩ ⟨bijb.⟩ Maccabees.

Mac·ca·be·an ['mækə'bi:ən]⟨bn.⟩ ⟨bijb.⟩ **0.1** ***v.d. Makkabeeën*** **0.2** ***v.d. Makkabeeër*** ⟨Judas⟩.

Mac·ca·bees, Mach·a·bees ['mækəbi:z]⟨eig.n.⟩ ⟨bijb.⟩ **0.1** ***Makkabeeën*** ⇒*boeken der Makkabeeën.*

mac·ca·boy, mac·co·boy ['mækəbɔɪ], **mac·ca·baw** [-bɔ:]⟨n.-telb.zn.⟩ **0.1** ***makuba(tabak)*** ⟨snuiftabak⟩.

mace[1] [meɪs]⟨f1⟩⟨zn.⟩
I ⟨telb.zn.⟩ **0.1** ⟨gesch.⟩ ***goedendag*** ⇒*(strijd)knots;* ⟨bij uitbr.⟩ *knuppel* **0.2** ***scepter*** ⇒*staf* ⟨i.h.b. v. spreker in Brits Lagerhuis⟩ **0.3** ***stafdrager*** ⇒*pedel* **0.4** ***bagatellestok*** ⇒*biljartstok, keu* ⟨met platte kop⟩ **0.5** ***houten hamertje*** ⟨v. leerlooier⟩;
II ⟨n.-telb.zn.⟩ **0.1** ***foelie*** ⟨v. muskaatnoot⟩ **0.2** ⟨vnl. M-⟩ ***mace*** ⇒⟨ong.⟩ *traangas.*

mace[2] ⟨ov.ww.⟩ **0.1** ***met mace sproeien/aanvallen*** ◆ **1.1** I got ~d in the face *ik kreeg mace in het gezicht.*

'mace·bear·er ⟨telb.zn.⟩ **0.1** ***stafdrager*** ⇒*pedel* **0.2** ***ordebewaarder*** ⟨in Brits parlement⟩.

Maced ⟨afk.⟩ Macedonia, Macedonian.

mac·é·doine ['mæsɪ'dwɑ:n]⟨telb. en n.-telb.zn.⟩ **0.1** ***macedoine*** ⇒*groenten/vruchtenmacedoine, groenten/vruchtensla* **0.2** ***mengeling*** ⇒*allegaartje, mengelmoes, hutspot.*

Mac·e·do·ni·an[1] ['mæsɪ'doʊnɪən]⟨zn.⟩
I ⟨eig.n.⟩ **0.1** ***Macedonisch*** ⇒*de Macedonische taal;*
II ⟨telb.zn.⟩ **0.1** ***Macedoniër.***

Macedonian[2] ⟨bn.⟩ **0.1** ***Macedonisch.***

mac·er ['meɪsə‖-ər]⟨telb.zn.⟩ **0.1** ***stafdrager*** **0.2** ⟨Sch. E⟩ ***ordebewaarder*** ⟨in gerechtshof⟩.

ma·cer·ate[1] ['mæsərət]⟨telb.zn.⟩ **0.1** ***gekweekt produkt.***

macerate[2] ['mæsəreɪt]⟨ww.⟩
I ⟨onov.ww.⟩ **0.1** ***weken*** ⇒*week/zacht worden, inbijten;*
II ⟨onov. en ov.ww.⟩ **0.1** ***uitteren*** ⇒*vermageren, uitmergelen, verzwakken, afmatten;*
III ⟨ov.ww.⟩ **0.1** ***weken*** ⇒*macereren, in de week zetten, doortrekken, zacht maken, doen zwellen, laten inbijten* **0.2** ***kastijden*** ⇒*tuchtigen.*

mac·er·a·tion ['mæsə'reɪʃn]⟨n.-telb.zn.⟩ **0.1** ***maceratie*** ⇒*inweking, zwelling* **0.2** ***uitmergeling*** ⇒*vermagering, verzwakking* **0.3** ***kastijding*** ⇒*tuchtiging.*

mac·er·a·tor, mac·er·a·ter ['mæsəreɪtə‖-reɪţər]⟨telb.zn.⟩ ⟨tech.⟩ **0.1** ***stofmaler.***

mach ⟨afk.⟩ machine, machinery, machinist.

Mach [mæk‖mɑk]⟨n.-telb.zn.⟩ ⟨lucht.⟩ **0.1** ***getal v. Mach*** ⇒*mach* ◆ **4.1** ~ two *mach twee.*

Machabees →Maccabees.

ma·chair ['mæxər]⟨telb.zn.⟩ **0.1** ***stuk gras/bouwland vlak aan zee*** ⟨in Schotland⟩.

ma·chan [mə'tʃɑ:n]⟨telb.zn.⟩ ⟨Ind. E⟩ **0.1** ***uitkijkpost*** ⇒*uitkijktoren* ⟨bij tijgerjacht⟩.

ma·chet·e [mə'ʃeţi], **match·et** ['mætʃət]⟨telb.zn.⟩ **0.1** ***machete*** ⇒*kapmes.*

Mach·i·a·vel·(l)i·an[1] ['mækɪə'velɪən], **Mach·i·a·vel** [-'vel], **Mach·i·a·vel·list** [-'velɪst]⟨telb.zn.; ook m-⟩ **0.1** ***machiavellist*** ⟨ook fig.⟩ ⇒*intrigant* ◆ **2.1** a true ~ *een ware machiavelli.*

Machiavel(l)ian[2] ⟨bn.; ook m-⟩ **0.1** ***machiavellistisch*** ⟨ook fig.⟩ ⇒*sluw, leep, listig, verraderlijk.*

Mach·i·a·vel·li·an·ism ['mækɪə'velɪənɪzm], **Mach·i·a·vel·lism** [-'velɪzm]⟨n.-telb.zn.; ook m-⟩ **0.1** ***machiavellisme*** ⇒⟨pol.⟩ *opportunisme.*

ma·chic·o·late [mə'tʃɪkəleɪt]⟨ov.ww.⟩ ⟨bouwk.⟩ **0.1** ***v. machicoulis voorzien.***

ma·chic·o·la·tion [mə'tʃɪkə'leɪʃn]⟨telb.zn.⟩ ⟨bouwk.⟩ **0.1** ***machicoulis*** ⇒*mezenkooi.*

ma·chic·ou·lis ['mɑ:ʃɪ'ku:li‖·ku:'li:]⟨telb.zn.; ook machicoulis; →mv. 4⟩ ⟨bouwk.⟩ **0.1** ***machicoulis*** ⇒*mezenkooi.*

mach·i·nate ['mækɪneɪt]⟨ww.⟩
I ⟨onov.ww.⟩ **0.1** ***intrigeren*** ⇒*kuipen, een komplot smeden, iets in zijn schild voeren, samenzweren;*
II ⟨ov.ww.⟩ **0.1** ***beramen*** ⇒*verzinnen.*

mach·i·na·tion ['mækɪ'neɪʃn]⟨f1⟩⟨zn.⟩
I ⟨telb.zn.; vnl. mv.⟩ **0.1** ***intrige*** ⇒*kuiperij, komplot, samenzwering, machinatie* ◆ **2.1** political ~s *politieke intriges;*
II ⟨n.-telb.zn.⟩ **0.1** ***machinatie*** ⇒*kuiperij, geknoei.*

mach·i·na·tor ['mækɪneɪtə‖-neɪţər]⟨telb.zn.⟩ **0.1** ***intrigant.***

ma·chine[1] [mə'ʃi:n]⟨f3⟩⟨telb.zn.⟩ **0.1** ⟨ben. voor⟩ ***machine*** ⇒*werktuig, apparaat, toestel;* ⟨i.h.b.⟩ *(motor)fiets, auto, vliegtuig, computer, badkoets(je);* ⟨fig.⟩ *(menselijke) machine* **0.2** ***aandrijfmechanisme*** ⇒*overbrengingsmechanisme, drijfwerk* **0.3** ***enkelvoudig werktuig*** ⟨hefboom, katrol⟩ **0.4** ***apparaat*** ⇒*(partij) organisatie, bestuursapparaat* **0.5** ***toneelmachine*** **0.6** ⟨lit.⟩ ***deus ex machina*** ⇒*kunstgreep* **0.7** ***(menselijk) lichaam*** ⇒*orgaan* ◆ **1.4** ~ of government *regeringsapparaat* **2.4** political ~ *partijapparaat.*

machine[2] ⟨ww.⟩
I ⟨onov.ww.⟩ **0.1** ***machinaal bewerkbaar zijn*** ◆ **1.1** copper ~s easily *koper is makkelijk te bewerken;*
II ⟨ov.ww.⟩ **0.1** ***machinaal bewerken/afwerken*** ⇒*machinaal produceren,* ⟨i.h.b.⟩ *machinaal drukken* **0.2** ***standaardiseren*** ⇒*uniformiseren.*

ma'chine age ⟨telb.zn.⟩ **0.1** ***machinetijdperk.***

ma'chine art ⟨n.-telb.zn.⟩ **0.1** ***machinale kunst.***

ma'chine gun ⟨f1⟩⟨telb.zn.⟩ **0.1** ***machinegeweer*** ⇒*lichte mitrailleur.*

ma'chine-gun ⟨f1⟩⟨ww.⟩
I ⟨onov.ww.⟩ **0.1** ***een machinegeweer afvuren;***
II ⟨ov.ww.⟩ **0.1** ***mitrailleren*** ⇒*met een machinegeweer beschieten/doden.*

ma'chine gunner ⟨telb.zn.⟩ **0.1** ***mitrailleur.***

ma'chine lace ⟨n.-telb.zn.⟩ **0.1** ***machinale kant.***

ma'chine language ⟨telb.zn.⟩ ⟨comp.⟩ **0.1** ***machinetaal.***

ma'chine-'made ⟨f1⟩⟨bn.⟩ **0.1** ***machinaal (gemaakt/vervaardigd)*** ⇒⟨bij uitbr.⟩ *gestandaardiseerd, uniform, stereotiep, mechanisch.*

ma'chine man ⟨telb.zn.⟩ **0.1** →machinist 0.1 **0.2** ⟨BE⟩ ***drukker.***

machiner →machinist 0.1.

ma'chine 'readable ⟨bn.⟩ **0.1** ***machinaal leesbaar*** ⇒*leesbaar voor computer.*

ma'chine 'ruler ⟨telb.zn.⟩ **0.1** ***linieermachine.***

ma·chin·er·y [mə'ʃi:nəri]⟨f2⟩⟨zn.; →mv. 2⟩
I ⟨n.-telb.zn.⟩ **0.1** ***machinerie*** ⇒*machinepark* **0.2** ***(machine)onderdelen*** **0.3** ***(aandrijf)mechanisme*** **0.4** ***systeem*** ⇒*apparaat* **0.5** ⟨lit.⟩ ***kunstgreepjes*** ⟨voor epische/dramatische ontwikkeling⟩;
II ⟨mv.; machineries⟩ **0.1** ***methoden*** ⇒*organisatie.*

ma'chine shop ⟨telb.zn.⟩ **0.1** ***machinewerkplaats.***

ma'chine time ⟨n.-telb.zn.⟩ **0.1** ***computertijd.***

ma'chine tool ⟨telb.zn.⟩ **0.1** ***werktuigmachine*** ⇒*gereedschapsmachine, gereedschapswerktuig.*

ma'chine trans'lation ⟨telb. en n.-telb.zn.⟩ **0.1** ***machinale vertaling*** ⇒*computervertaling.*

ma·chin·ist [mə'ʃi:nɪst], ⟨in bet. 0.1 ook⟩ **ma·chin·er** [mə'ʃi:nə‖-ər], **ma'chine man** ⟨f1⟩⟨telb.zn.⟩ **0.1** ⟨ben. voor⟩ ***machinevakman*** ⇒*monteur, werktuigkundige, mecanicien; machineman; machinenaai(st)er; machineconstructeur; machine-bankwerker* **0.2** ***vakman voor werktuigmachines*** **0.3** ***partijganger*** ⇒*partijpoliticus* **0.4** ⟨scheep.⟩ ***onderofficier-machinist*** ⇒*dekofficier* ⟨voor machines⟩.

ma·chis·mo [mə'kɪzmoʊ‖mɑ'tʃi:zmoʊ]⟨f1⟩⟨n.-telb.zn.⟩ **0.1** ***machismo*** ⇒*excessief viriel gedrag* ⟨vnl. tgo. vrouwen⟩.

'Mach·me·ter ⟨telb.zn.; ook m-⟩ ⟨lucht.⟩ **0.1** ***machmeter.***

'Mach number ⟨n.-telb.zn.; ook m-⟩ ⟨lucht.⟩ **0.1** ***(getal v.) mach.***

ma·cho[1] ['mætʃoʊ‖'mɑ:tʃoʊ]⟨f1⟩⟨zn.⟩
I ⟨telb.zn.⟩ **0.1** ***macho*** ⇒*(overdreven) viriele kerel, mannetjesdier* ⟨alleen fig.⟩;
II ⟨n.-telb.zn.⟩ **0.1** →machismo.

macho[2] ⟨f1⟩⟨bn.⟩ **0.1** ***(overdreven) viriel*** ⇒*robust, krachtig, macho.*

ma·chree [mə'kri:]⟨telb.zn.⟩ ⟨IE⟩ **0.1** ***mijn liefje*** ⇒*mijn hartje.*

macht·po·li·tik ['mɑ:xt,pɒlɪti:k‖-poʊlɪ'ti:k]⟨n.-telb.zn.⟩ **0.1** ***machtspolitiek.***

mack [mæk]⟨f1⟩⟨telb.zn.⟩ **0.1** ⟨AE; sl.⟩ ***pooier*** ⇒*souteneur* **0.2** ⟨verk.⟩ ⟨mackintosh I⟩ **0.3** ⟨verk.⟩ ⟨mackinaw⟩.

mack·er·el ['mækrəl]⟨f1⟩⟨telb. en n.-telb.zn.; ook mackerel; →mv. 4⟩ ⟨dierk.⟩ **0.1** ***makreel*** ⟨Scomber scombrus⟩ **0.2** ⟨ben. voor⟩ ***makreelachtige (vis)*** ⇒*Spaanse makreel* ⟨Scomberomorus maculatus⟩, *horsmakreel* ⟨Trachurus trachurus⟩.

'mackerel bird ⟨telb.zn.⟩ ⟨BE; dierk.⟩ **0.1** ***draaihals*** ⟨Jynx torquilla⟩ **0.2** ***jonge drieteenmeeuw*** ⟨Rissa tridactyla⟩.

'mackerel breeze, 'mackerel gale ⟨telb.zn.⟩ **0.1** ***krachtige bries*** ⟨gunstig voor makreelvangst⟩.

'mackerel shark ⟨telb.zn.⟩ ⟨dierk.⟩ **0.1** ***haringhaai*** ⟨Lamma nasus⟩.

'mackerel 'sky ⟨telb.zn.⟩ **0.1** ***(hemel met) schapewolkjes*** ⇒*cirro-cumulus.*

mack·i·naw ['mækɪnɔ:]⟨zn.⟩⟨AE⟩
I ⟨telb.zn.⟩ **0.1** ***mackinaw*** ⇒*duffel* **0.2** →Mackinaw blanket;
II ⟨n.-telb.zn.⟩ **0.1** ***mackinaw*** ⇒*dikke wollen stof.*
'Mackinaw 'blanket ⟨telb.zn.⟩ **0.1** ***mackinawdeken*** ⇒*indianendeken.*
mack·in·tosh, mac·in·tosh ['mækɪntɒʃ‖-tɑʃ]⟨f1⟩⟨zn.⟩
I ⟨telb.zn.⟩⟨BE⟩ **0.1** ***mackintosh*** ⇒*regenjas;*
II ⟨n.-telb.zn.⟩ **0.1** ***mackintosh*** ⇒*waterdichte stof.*
mack·le[1] ['mækl]⟨telb.zn.⟩⟨druk.⟩ **0.1** ***maculatuur*** ⇒*onduidelijke/vage druk, misdruk, dubbeldruk.*
mackle[2] ⟨ww.⟩⟨druk.⟩
I ⟨onov.ww.⟩ **0.1** ***vaag/onduidelijk worden;***
II ⟨ov.ww.⟩ **0.1** ***onduidelijk/vaag drukken*** ⇒*dubbel drukken, misdrukken.*
mac·le ['mækl]⟨zn.⟩
I ⟨telb.zn.⟩ **0.1** ***tweelingkristal*** **0.2** ***donkere vlek*** ⟨in een mineraal⟩;
II ⟨n.-telb.zn.⟩ **0.1** ***holspaat*** ⇒*chiastoliet, kruissteen.*
macouba →maccaboy.
mac·ra·mé [mə'krɑ:mi‖'mækrə'meɪ]⟨n.-telb.zn.⟩⟨handwerken⟩ **0.1** ***macramé*** ⇒*knoopwerk.*
mac·ro ['mækroʊ], **'macro instruction** ⟨telb.zn.⟩⟨comp.⟩ **0.1** ***macro(-opdracht).***
mac·ro-, macr- [mækr] **0.1** ***macro-*** ⇒*groot-* ◆ **¶.1** macrosociology *macrosociologie;* macropterous *met lange vleugels/vinnen.*
mac·ro·bi·o·sis ['mækroʊbaɪ'oʊsɪs]⟨n.-telb.zn.⟩ **0.1** ***lange levensduur*** ⇒*lang leven.*
mac·ro·bi·ot·ic [-baɪ'ɒtɪk‖-'ɑṭɪk]⟨f1⟩⟨bn.⟩ **0.1** ***macrobiotisch.***
mac·ro·bi·ot·ics [-baɪ'ɒtɪks‖-'ɑṭɪks]⟨n.-telb.zn.⟩ **0.1** ***macrobiotiek.***
mac·ro·ce·phal·ic [-sɪ'fælɪk], **mac·ro·ceph·a·lous** [-'sefələs]⟨bn.⟩ ⟨med.⟩ **0.1** ***met een abnormaal groot hoofd.***
mac·ro·chem·is·try [-'kemɪstri]⟨n.-telb.zn.⟩ **0.1** ***macrochemie.***
mac·ro·cosm [-kɒzm‖-kɑzm]⟨telb.zn.⟩ **0.1** ***macrokosmos*** ⇒*wereld.*
mac·ro·cyte [-saɪt]⟨telb.zn.⟩⟨med.⟩ **0.1** ***macrocyt*** ⟨abnormaal grote rode bloedcel⟩.
mac·ro·ec·o·nom·ic [-ekə'nɒmɪk, i:-‖-'nɑ-]⟨bn.;-ally;→bijw.3⟩ **0.1** ***macro-economisch.***
mac·ro·ec·o·nom·ics [-ekə'nɒmɪks, -i:kə-‖-'nɑ-]⟨n.-telb.zn.⟩ **0.1** ***macro-economie.***
mac·ro·ev·o·lu·tion [-i:və'lu:ʃn‖-evə-]⟨telb.zn.⟩ **0.1** ***macro-evolutie.***
mac·ro·ga·mete [-gə'mi:t]⟨telb.zn.⟩⟨biol.⟩ **0.1** ***macrogameet.***
mac·ro·mol·e·cule [-'mɒlɪkju:l‖-'mɑ-]⟨telb.zn.⟩ **0.1** ***macromolecule.***
ma·cron ['mækrɒn‖'meɪkrɑn]⟨telb.zn.⟩ **0.1** ***lengteteken*** ⟨boven klinker/lettergreep⟩.
mac·ro·nu·cle·us ['mækroʊ'nju:klɪəs‖-'nu:-]⟨telb.zn.; macronuclei [-kliaɪ];→mv.5⟩ **0.1** ***macronucleus.***
mac·ro·or·gan·ism [-ɔ:gənɪzm‖-ɔr-]⟨telb.zn.⟩ **0.1** ***macro-organisme.***
mac·ro·pho·tog·ra·phy [-fə'tɒgrəfi‖-'tɑ-]⟨n.-telb.zn.⟩ **0.1** ***macrofotografie.***
mac·ro·scop·ic [-'skɒpɪk‖-'skɑ-], **mac·ro·scop·i·cal** [-ɪkl]⟨bn.;-al(ly);→bijw.3⟩ **0.1** ***macroscopisch*** ⇒*zichtbaar met het blote oog.*
mac·u·la ['mækjʊlə‖-kjə-]⟨bn.; maculae [-li:];→mv.5⟩ **0.1** ***vlek*** ⇒*klad, spat, smet, donkere vlek* ⟨in mineraal⟩ **0.2** ***huidvlek*** **0.3** →macula lutea **0.4** ⟨ster.⟩ ***zonnevlek.***
mac·u·la lu·te·a ['mækjələ 'lu:ṭɪə]⟨telb.zn.; maculae luteae ['mækjəli: 'lu:ṭɪi:];→mv.5⟩ **0.1** ***macula lutea*** ⇒*gele vlek* ⟨in het oog⟩.
mac·u·lar ['mækjələ‖-ər]⟨bn.⟩ **0.1** ***vlekk(er)ig*** ⇒*gevlekt, gestippeld.*
mac·u·late[1] ['mækjələt]⟨bn.⟩ **0.1** ***bevlekt*** ⟨ook fig.⟩ ⇒*gevlekt, vlekkerig, beklad; bezoedeld, onrein, onzuiver.*
maculate[2] ['mækjʊleɪt‖-kjə-]⟨ov.ww.⟩ **0.1** ***bevlekken*** ⟨ook fig.⟩ ⇒*vlekken maken op, vuil maken, bekladden; bezoedelen, besmetten.*
mac·u·la·tion ['mækjʊ'leɪʃn‖-kjə-]⟨zn.⟩
I ⟨telb.zn.⟩ **0.1** ***vlek*** ⇒*spat, klad, smet* **0.2** ***vlekkenpatroon;***
II ⟨n.-telb.zn.⟩ **0.1** ***bevlekking*** ⇒*bekladding, bevuiling.*
mac·ule[1] ['mækju:l]⟨telb.zn.⟩ **0.1** →mackle[1] **0.2** ***huidvlek.***
macule[2] →mackle[2].
mad[1] [mæd]⟨f3⟩⟨bn.; madder;→compar.7⟩
I ⟨bn.⟩ **0.1** ***gek*** ⇒*krankzinnig, waanzinnig* **0.2** ***dwaas*** ⇒*mal, gek, onzinnig, vermetel, onbezonnen* **0.3** ***dol*** ⇒*gek, onstuimig, rumoerig, vrolijk, uitgelaten, wild* **0.4** ***wild*** ⇒*razend, hevig, fel* **0.5** ***hondsdol*** ◆ **1.2** ~ idea *dwaas idee;* ~ project *onbezonnen onderneming* **1.3** ~ party *uitgelaten feestje;* they're having a ~ time *het gaat er vrolijk aan toe* **1.4** make a ~ run for the bus *als een gek naar de bus rennen;* ~ wind *vreselijke wind* **1.¶** ~ as a hatter/a March hare *stapelgek;* ~ staggers *kolder, duizeligheid, draaierigheid* ⟨hersenziekte bij paarden, vee⟩ **3.1** go/run ~ *gek/krankzinnig worden;* drive/send s.o. ~ *iem. gek/dol maken;* stark raving/staring ~ *stapelgek* ⟨ook fig.⟩ **6.1** (run) like ~ *(rennen) als een gek;*
II ⟨bn., pred.⟩ **0.1** ***verzot*** ⇒*gek, dol, verkikkerd, wild (enthousiast)* **0.2** ⟨inf.⟩ ***boos*** ⇒*kwaad, nijdig, ziedend, woedend* **0.3** ***dol*** ⇒*buiten zichzelf, razend, gek, waanzinnig* ◆ **1.2** ~ as a wet hen *spinnijdig* **3.¶** hopping ~ *pisnijdig, woest, witheet* **6.1** ~ **about/after/for/on** *gek/verzot op* **6.2** ~ **about/at** his own negligence *nijdig om zijn eigen nalatigheid* **6.3** ~ **with** joy *gek v. vreugde;* ~ **with** pain *buiten zichzelf v. pijn* **¶.¶** have a ~ on *boos/nijdig zijn, pruilen, mokken, een chagrijnige bui hebben.*
mad[2] ⟨ww.;→ww.7⟩ →madding
I ⟨onov.ww.⟩⟨vero.⟩ **0.1** ***gek/dol/krankzinnig zijn*** ⇒*gek worden;*
II ⟨ov.ww.⟩⟨vnl. AE⟩ **0.1** ***woedend/razend maken*** ⇒*ergeren, verbitteren.*
MAD ⟨afk.⟩ mutual assured destruction.
mad·am ['mædəm], ⟨in bet. 0.1 ook⟩ **ma·dame** ⟨f3⟩⟨telb.zn.; in bet. 0.1 ook mesdames ['meɪdæm, -'dɑ:m];→mv.5⟩ **0.1** ⟨vnl. M-⟩ ***mevrouw*** ⇒*juffrouw* ⟨ook als aanspreektitel⟩ **0.2** ⟨euf.⟩ ***bordeelhoudster*** ⇒*hoerenmadam* **0.3** ⟨vaak the⟩⟨inf.⟩ ***vrouw des huizes*** **0.4** ⟨pej.⟩ ***opgedirkt/verwaand/pretentieus juffrouwtje*** ⇒*madam(metje), juffie.*
Ma·dame ['mædəm, mə'dɑ:m‖mə'dæm]⟨f2⟩⟨telb.zn.; Mesdames ['meɪdæm, -'dɑ:m];→mv.5⟩ **0.1** ***madame*** ⇒*mevrouw.*
'mad-'brained, 'mad·'head·ed ⟨bn.⟩ **0.1** ***dwaas*** ⇒*dol, onbezonnen, onzinnig, heethoofdig.*
'mad·cap[1] ⟨telb.zn.⟩ **0.1** ***dwaas*** ⇒*wildebras, dolkop.*
madcap[2] ⟨bn., attr.⟩ **0.1** ***dol*** ⇒*dwaas, roekeloos, wild, impulsief* ◆ **1.1** ~ ideas *dwaze ideeën.*
mad·den ['mædn]⟨f1⟩⟨ww.⟩ →maddening
I ⟨onov.ww.⟩ **0.1** ***gek/krankzinnig worden*** **0.2** ***woedend/razend worden;***
II ⟨ov.ww.⟩ **0.1** ***gek/krankzinnig maken*** **0.2** ***woedend/razend maken*** ⇒*irriteren, opwinden.*
mad·den·ing ['mædnɪŋ]⟨f1⟩⟨bn.; teg. deelw. v. madden; -ly; -ness⟩ **0.1** ***om gek te worden*** **0.2** ***erg vervelend*** ⇒*ergerlijk, irriterend* ◆ **1.1** ~ pain *waanzinnige pijn* **1.2** ~ waste of time *ergerlijk tijdverlies.*
mad·der[1] ['mædə‖-ər]⟨zn.⟩
I ⟨telb.zn.⟩ **0.1** ⟨plantk.⟩ ***meekrap(plant)*** ⟨Rubia tinctorum⟩ **0.2** ***meekrapwortel;***
II ⟨n.-telb.zn.⟩ **0.1** ***meekrap*** ⟨kleurstof⟩ ⇒*meekrapverf, alizarien* ⟨ook synthetisch⟩ **0.2** ***meekraprood*** ⟨kleur⟩.
madder[2] ⟨ov.ww.⟩ **0.1** ***met meekrap verven.***
mad·ding ['mædɪŋ]⟨bn.; teg. deelw. v. mad; -ly⟩ **0.1** ⟨vero.⟩ ***dol*** ⇒*waanzinnig, razend, tierend* **0.2** →maddening.
made ⟨verl. t. en volt. deelw.⟩ →make.
-made [-meɪd] **0.1** ***gebouwd*** ⇒*gemaakt, gevormd* ◆ **¶.1** well-made *goedgevormd.*
Ma·dei·ra [mə'dɪərə‖mə'dɪrə]⟨f1⟩⟨zn.⟩
I ⟨eig.n.⟩ **0.1** ***Madeira;***
II ⟨telb. en n.-telb.zn.⟩ **0.1** ***madera.***
Ma'deira cake ⟨n.-telb.zn.⟩⟨BE⟩ **0.1** ***(soort) Moskovisch gebak.***
mad·e·leine ['mædleɪn, 'mædlɪn]⟨telb.zn.⟩ **0.1** ***madeleine*** ⇒*magdalenakoekje.*
Mad·e·moi·selle ['mæd(ə)m(w)ə'zel]⟨telb.zn.; Mesdemoiselles ['meɪd(ə)m(w)ə'zel];→mv.5⟩ **0.1** ***(me)juffrouw*** ⟨in titel⟩ **0.2** ⟨m-⟩ ***mademoiselle*** ⇒*juffrouw* **0.3** ⟨m-⟩ ***jong Frans meisje*** **0.4** ⟨m-⟩ ***Franse juffrouw*** ⇒*Franse gouvernante.*
'made-to-'meas·ure ⟨bn., attr.⟩ **0.1** ***maat-*** ⇒*op maat gemaakt* ⟨v. kleding⟩.
'mad·house ⟨telb.zn.⟩ **0.1** ***krankzinnigengesticht*** ⇒*gekkenhuis* ⟨ook fig.⟩.
ma·di·a ['mɑ:dɪə]⟨telb.zn.⟩⟨plantk.⟩ **0.1** ***madia*** ⟨Madia sativa⟩.
'madia oil ⟨n.-telb.zn.⟩ **0.1** ***madia olie.***
Mad·i·son Avenue ['mædɪsən 'ævɪnju:‖-nu:]⟨f1⟩⟨zn.⟩
I ⟨eig.n.⟩ **0.1** ***Madison Avenue*** ⟨straat in New York⟩;
II ⟨n.-telb.zn.⟩ **0.1** ***Am. reclamewezen*** **0.2** ***principes/methoden v.h. Am. reclamewezen.***
'madison race ⟨telb.zn.⟩⟨wielrennen⟩ **0.1** ***koppelkoers.***
mad·ly ['mædli]⟨f2⟩⟨bw.⟩ **0.1** →mad **0.2** ***furieus*** ⇒*als een bezetene* **0.3** ***dom*** ⇒*dwaas, gek, onbezonnen, onzinnig* **0.4** ***heel (erg)*** ⇒*verschrikkelijk, ontzettend* ◆ **1.4** ~ in love *waanzinnig verliefd.*
mad·man ['mædmən]⟨f2⟩⟨telb.zn.; madmen [-mən];→mv.3⟩ **0.1** ***gek*** ⇒*dwaas, dolleman* ◆ **3.1** run like a ~ *lopen als een bezetene.*
'mad money ⟨n.-telb.zn.⟩⟨AE; sl.⟩ **0.1** ***noodgeld*** ⇒*busgeld, taxigeld* ⟨v. meisje, om aan begeleider te ontsnappen⟩ **0.2** ***spaarpotje*** ⇒*wat geld achter de hand* ⟨v. vrouw⟩.
mad·ness ['mædnəs]⟨f2⟩⟨n.-telb.zn.⟩ **0.1** ***krankzinnigheid*** ⇒*waanzin(nigheid)* **0.2** ***dwaasheid*** ⇒*domheid, gekheid, onbezonnen-*

heid, vermetelheid **0.3** ***woede*** ⇒*razernij* **0.4** ***enthousiasme*** ⇒*opgewondenheid* **0.5** ***hondsdolheid***.

Ma·don·na [mə'dɒnə‖-'dɑnə]⟨f1⟩⟨zn.⟩
 I ⟨eig.n.; vaak the⟩ **0.1** ***madonna*** ⇒*de Heilige Maagd;*
 II ⟨telb.zn.⟩ **0.1** ***madonnabeeld(je)***.

Ma'donna lily ⟨telb.zn.⟩⟨plantk.⟩ **0.1** ***madonnalelie*** ⇒*witte lelie* ⟨Lilium candidum⟩.

ma·dras [mə'dræs, mə'drɑ:s‖'mædrəs]⟨zn.⟩
 I ⟨eig.n.⟩ **0.1** ***Madras*** ⟨deelstaat v. India⟩ **0.2** ***Madras*** ⟨stad in India⟩;
 II ⟨telb.zn.⟩ **0.1** ***hoofddoek v. madras;***
 III ⟨n.-telb.zn.; vaak attr.⟩ **0.1** ***madras*** ⟨geruite/gestreepte zijde/katoen⟩ **0.2** →Madras hemp ◆ **1.1** ~ shirt *hemd v. madras*.

Ma'dras hemp ⟨n.-telb.zn.⟩⟨plantk.⟩ **0.1** ***Bengaalse hennep*** ⟨Crotalaria juncea⟩.

mad·re·po·rar·i·an ['mædrɪpə'reəriən‖-'rer-]⟨telb.zn.⟩⟨biol.⟩ **0.1** ***steenkoraal*** ⟨orde Madreporaria⟩.

mad·re·pore ['mædrɪ'pɔ:‖-'pɔr]⟨telb.zn.⟩⟨biol.⟩ **0.1** ***madrepore*** ⟨genus Madrepore⟩ ⇒⟨i.h.b.⟩ *sterkoraal, hersenkoraal*.

mad·re·por·ic ['mædrɪ'pɒrɪk‖-'pɔrɪk], **mad·re·por·i·an** [-'pɔ:riən] ⟨bn.⟩ **0.1** ***madreporen-*** ⇒*v.d. madreporen*.

mad·ri·gal ['mædrɪgl]⟨f1⟩⟨telb.zn.⟩ **0.1** ***madrigaal*** ⟨kort gedicht⟩ **0.2** ⟨muz.⟩ ***madrigaal(zang)*** ⇒*meerstemmig lied*.

mad·ri·gal·esque ['mædrɪgə'lesk]⟨bn.⟩ **0.1** ***madrigaalachtig*** ⇒*madrigaal-*.

mad·ri·gal·i·an ['mædrɪ'gæliən, -'geɪ-]⟨bn.⟩ **0.1** ***madrigaal-***.

mad·ri·gal·ist ['mædrɪgəlɪst], **mad·ri·gal·(l)er** [-gələ‖-ər]⟨telb.zn.⟩ **0.1** ***componist v. madrigalen***.

ma·dri·lène, ma·dri·lene ['mædrɪ'len, -leɪn]⟨telb. en n.-telb.zn.⟩ ⟨cul.⟩ **0.1** ***consommé madrilène***.

Ma·dri·len·i·an[1] ['mædrɪ'li:niən]⟨telb.zn.⟩ **0.1** ***Madrileen***.

Madrilenian[2] ⟨bn.⟩ **0.1** ***Madrileens***.

ma·dro·ña [mə'droʊnjə‖-nə], **ma·dro·ño** [mə'droʊnjoʊ‖-nə], **ma·dro·ne** [mə'droʊnə]⟨telb.zn.⟩⟨plantk.⟩ **0.1** ***aardbeiboom*** ⟨Arbutus menziesii⟩.

Ma·dur·a foot [mə'dʒʊərə'fʊt‖-'dʒʊrə-], **Ma'dura disease** ⟨telb. en n.-telb.zn.⟩⟨med.⟩ **0.1** ***madoeravoet***.

Ma·du·rese[1] ['mædʒʊ'ri:z‖-dʒə-]⟨zn.; Madurese; →mv. 4⟩
 I ⟨eig.n.⟩ **0.1** ***Madoerees*** ⇒*de Madoerese taal;*
 II ⟨telb.zn.⟩ **0.1** ***Madoerees/ese*** ⟨inwoner/inwoonster v. Madoera⟩.

Madurese[2] ⟨bn.⟩ **0.1** ***Madoerees***.

ma·du·ro [mə'djʊəroʊ‖mə'dʊ-]⟨telb.zn.; ook attr.⟩ **0.1** ***maduro*** ⟨sterke donkere sigaar⟩.

'mad·wo·man ⟨telb.zn.; madwomen; →mv. 3⟩ **0.1** ***krankzinnige (vrouw)*** ⇒*waanzinnige, dolle/gekke vrouw*.

mad·wort ['mædwɜ:t‖-wɜrt]⟨n.-telb.zn.⟩⟨plantk.⟩ **0.1** ***schildzaad*** ⟨genus Alyssum⟩ **0.2** ***scherpkruid*** ⟨Asperugo procumbens⟩ **0.3** ***huttentut*** ⇒*vlasdodder, dederzaad* ⟨Camelina sativa⟩.

Mae·ce·nas [maɪ'si:nəs‖mɪ'si:nəs]⟨eig.n., telb.zn.⟩ **0.1** ***mecenas***.

mael·strom ['meɪlstrəm]⟨zn.⟩
 I ⟨eig.n.; M-; the⟩ **0.1** ***de Maëlström*** ⟨bij Noorwegen⟩;
 II ⟨telb.zn.⟩ **0.1** ***(enorme) draaikolk*** ⇒*wieling* **0.2** ***maalstroom*** ⟨ook fig.⟩ ◆ **1.2** the ~ of city life *het turbulente stadsleven;* a ~ of new fads *een overstelpende stroom v. nieuwe modegrillen;* the ~ of his thinking *de onrust v. zijn gedachten*.

mae·nad, me·nad ['mi:næd]⟨telb.zn.; ook maenades ['mi:nədi:z]; →mv. 5⟩ **0.1** ***maenade*** ⟨ook fig.⟩ ⇒*bacchante,* ⟨priesteres v. Bacchus⟩ *waanzinnige/dolle/razende vrouw, dolle danseres*.

mae·nad·ic [mi:'nædɪk]⟨bn.; -ally; →bijw. 3⟩ **0.1** ***bacchantisch*** ⇒*wild, dol, waanzinnig, razend*.

ma·es·to·so[1] [maɪ'stoʊsoʊ, -zoʊ]⟨telb.zn.⟩⟨muz.⟩ **0.1** ***majestueuze beweging/passage*** ⇒*majestueuze compositie*.

maestoso[2] ⟨bn.⟩⟨muz.⟩ **0.1** ***majestueus*** ⇒*plechtig, statig*.

maestoso[3] ⟨bw.⟩⟨muz.⟩ **0.1** ***maëstoso*** ⇒*majestueus, plechtig, statig*.

maes·tro ['maɪstroʊ]⟨f1⟩⟨telb.zn.⟩⟨vaak muz.⟩ **0.1** ***maëstro*** ⇒*(leer)meester* ◆ **1.1** ~ of humour *meesterlijk humorist*.

Mae West ['meɪ 'west]⟨telb.zn.; ook m- w-⟩⟨AE; sl.⟩ **0.1** ***(opblaasbaar) redding(s)vest/zwemvest***.

MAFF ⟨afk.⟩ Ministry of Agriculture, Fisheries and Food.

Ma(f)·fi·a ['mæfiə‖'mɑfiə]⟨f1⟩⟨verz.n.; ook m-⟩ **0.1** ***maf(f)ia***.

maf·fick ['mæfɪk]⟨onov.ww.⟩⟨vnl. BE⟩ **0.1** ***lawaaierig/rumoerig feest vieren*** ⇒*luidruchtig feesten, dolle pret maken*.

ma·fi·o·so ['mæfi'oʊzoʊ‖'mɑfi'oʊsoʊ]⟨telb.zn.; mafiosi [-'oʊsi‖-'oʊzi]; →mv. 5⟩ **0.1** ***maf(f)ialid***.

mag[1] [mæg]⟨f1⟩⟨zn.⟩
 I ⟨telb.zn.⟩ **0.1** ***ekster*** **0.2** ⟨inf.⟩ ***kletskous*** ⇒*kletstante, babbelkous* **0.3** ⟨BE; sl.⟩ ***halve stuiver*** **0.4** ⟨verk.⟩ ⟨magazine⟩ ⟨inf.⟩ ***tijdschrift*** **0.5** ⟨verk.⟩ ⟨magneto⟩ ⟨inf.⟩ ***magneto-elektrisch apparaat;***
 II ⟨n.-telb.zn.⟩⟨inf.⟩ **0.1** ***geklets*** ⇒*geleuter, praatjes, (ge)roddel, kletskoek*.

mag[2] ⟨onov.ww.⟩⟨inf.⟩ **0.1** ***kletsen*** ⇒*babbelen, leuteren, zwammen*.

mag[3] ⟨afk.⟩ magazine, magnet, magnetic, magnetism, magneto, magnitude.

mag·a·zine ['mægə'zi:n‖'mægəzi:n]⟨f3⟩⟨telb.zn.⟩ **0.1** ***magazine*** ⇒*tijdschrift; radio/t.v.-magazine* ⟨rubriek⟩ **0.2** ***munitiekamer*** ⇒*munitiedepot, wapenkamer, magazijn* **0.3** ***magazijn*** ⟨v. geweer⟩ **0.4** ***magazijn*** ⟨v. diaprojector⟩ **0.5** ⟨foto.⟩ ***cassette*** **0.6** ⟨sl.⟩ ***gevangenisstraf v.e. half jaar***.

maga'zine rifle ⟨telb.zn.⟩ **0.1** ***magazijngeweer***.

mag·da·len ['mægdəlɪn], **mag·da·lene** [-li:n, -'li:ni]⟨telb.zn.⟩ **0.1** ***bekeerde prostituée*** ⇒*ex-prostituée* **0.2** ***Magdalenastichting***.

Mag·da·le·ni·an[1] ['mægdə'li:niən]⟨n.-telb.zn.⟩⟨archeologie⟩ **0.1** ***Magdalenien*** ⟨laatste periode v.h. Paleolithicum⟩.

Magdalenian[2] ⟨bn.⟩⟨archeologie⟩ **0.1** ***v./mbt. het Magdalenien***.

Mag·de·burg hem·i·spheres ['mægdəbɜ:g 'hemɪsfɪəz‖'mægdəbɜrg 'hemɪsfɪrz]⟨mv.⟩ **0.1** ***Maagdenburger halve bollen***.

mage [meɪdʒ]⟨telb.zn.⟩⟨vero.⟩ **0.1** ***tovenaar*** ⇒*magiër*.

Mag·el·lan·ic ['mædʒə'lænɪk]⟨bn.⟩ **0.1** ***v. Magalhães*** ⇒*Magalhães* ◆ **1.¶** ~ clouds *Magalhãese Wolken, Kaapse Wolken, Kaapwolken* ⟨extragalactische sterrenstelsels⟩.

ma·gen·ta [mə'dʒentə]⟨f1⟩⟨n.-telb.zn.⟩ **0.1** ***fuchsine*** ⇒*magenta* ⟨rode kleurstof⟩ **0.2** ⟨vaak attr.⟩ ***magenta***.

mag·got ['mægət]⟨f1⟩⟨telb.zn.⟩ **0.1** ***made*** ⇒*maai, larve, worm* **0.2** ***gril*** ⇒*bevlieging* **0.3** ⟨sl.⟩ ***peuk*** ◆ **1.2** ⟨inf.⟩ have a ~ in one's brain/head *er vreemde ideeën op na houden, ze zien vliegen*.

mag·got·y ['mægəti]⟨bn.⟩ **0.1** ***vol maden*** ⇒*wormstekig* **0.2** ***grillig*** ⇒*met kuren*.

magi ['meɪdʒaɪ]⟨mv.⟩ →magus.

Ma·gi·an[1] ['meɪdʒiən]⟨telb.zn.⟩ **0.1** ***magiër*** ⇒*wijze* ⟨uit het Oosten⟩ **0.2** ***tovenaar***.

Magian[2] ⟨bn.⟩ **0.1** ***v.d. magiërs*** ⇒*v.d. wijzen*.

mag·ic[1] ['mædʒɪk]⟨f2⟩⟨n.-telb.zn.⟩ **0.1** ***magie*** ⇒*toverij, toverkunst, toverkracht* **0.2** ***goochelarij*** **0.3** ***betovering*** ⇒*magie* ◆ **1.3** the ~ of the Northern countries *de betovering/magie v.d. noordelijke landen* **3.1** ⟨inf.⟩ work like ~ *wonderen verrichten, prima werken* **6.1** as if **by** ~, **like** ~ *als bij toverslag* **¶.¶** ~! *fantastisch!, geweldig!*.

magic[2] ⟨f3⟩⟨bn.⟩ **0.1** ***magisch*** ⇒*tover-* **0.2** ***betoverend*** ⇒*toverachtig* ◆ **1.1** ~ circle *tovercirkel/kring* **1.2** ~ view *betoverend uitzicht* **1.¶** ~ carpet *vliegend tapijt;* ~ eye *afstemoog, afstemindicator, toveroog* ⟨v. radio⟩; *foto-elektrische cel* ⟨bv. in liftdeur⟩; ~ lantern *toverlantaarn;* Magic Marker *viltstift;* ~ number *magisch getal;* ~ square *magisch vierkant, magisch kwadraat*.

magic[3] ⟨ov.ww.⟩ **0.1** ***te voorschijn toveren*** **0.2** ***omtoveren*** ◆ **5.¶** ~ **away** *wegtoveren*.

mag·i·cal ['mædʒɪkl]⟨f2⟩⟨bn.; -ly⟩ **0.1** ***betoverend*** ⇒*toverachtig, wonderbaarlijk* **0.2** ***magisch*** ⇒*tover-*.

ma·gi·cian [mə'dʒɪʃn]⟨f2⟩⟨telb.zn.⟩ **0.1** ***tovenaar*** ⇒*magiër* **0.2** ***goochelaar*** ⟨ook fig.⟩ ⇒*kunstenaar*.

magilp →megilp.

Ma·gi·not Line ['mæʒɪnoʊ laɪn]⟨zn.⟩
 I ⟨eig.n.⟩ **0.1** ***Maginotlinie;***
 II ⟨telb.zn.⟩ **0.1** ***verdediging(slinie) waarop men blindelings vertrouwt***.

'Ma·gi·not-'mind·ed ⟨bn.⟩ **0.1** ***overdreven behoudend*** ⇒*buitensporig conservatief*.

mag·is·te·ri·al ['mædʒɪ'stɪəriəl‖-'stɪr-]⟨f1⟩⟨bn.; -ly⟩
 I ⟨bn.⟩ **0.1** ***gezaghebbend*** ⟨ook fig.⟩ **0.2** ***autoritair*** ⇒*gebiedend, overheersend, eigenmachtig* **0.3** ***meesterachtig*** ⇒*v.e. meester, magistraal* ◆ **1.1** ~ book *gezaghebbend boek;*
 II ⟨bn., attr.⟩ **0.1** ***magistraat(s)-*** ⇒*v.e. magistraat*.

mag·is·tra·cy ['mædʒɪstrəsi], **mag·is·tra·ture** [-strətʃə‖-streɪtʃər] ⟨zn.; →mv. 2⟩
 I ⟨telb.zn.⟩ **0.1** ***ambtsgebied v. magistraat/politierechter*** **0.2** ***magistraatwoning;***
 II ⟨telb. en n.-telb.zn.⟩ **0.1** ***magistratuur*** ⇒*magistraatsambt* **0.2** ***ambt v. politierechter*** **0.3** ***overheidsambt;***
 III ⟨verz.n.; the⟩ **0.1** ***de magistraten*** ⇒*magistratuur*.

mag·is·tral [mə'dʒɪstrəl]⟨bn.⟩ **0.1** ***meesterachtig*** ⇒*v.e. meester, magistraal* **0.2** ⟨far.⟩ ***volgens speciaal recept*** **0.3** ⟨mil.⟩ ***hoofd-*** ⇒*voornaamst* ◆ **1.3** ~ line *magistraal, gordellijn* ⟨v. vestingen⟩.

mag·is·trate ['mædʒɪstreɪt, -strət]⟨f3⟩⟨telb.zn.⟩ **0.1** ***magistraat*** ⇒*(rechterlijk) ambtenaar* **0.2** ***politierechter*** ⇒⟨BE⟩ *vrederechter* **0.3** ***overheidspersoon*** ◆ **2.3** chief/first ~ *president*.

magistrates' court ['mædʒɪstrəts kɔ:t‖-kɔrt]⟨telb. en n.-telb.zn.⟩ **0.1** ***politierechtbank***.

mag·is·trate·ship ['mædʒɪstrətʃɪp, -streɪtʃɪp]⟨telb. en n.-telb.zn.⟩ **0.1** ***magistraatschap*** ⇒*magistraatsambt* **0.2** ***ambt v. politierechter***.

Ma·gle·mo·si·an[1] ['mæglə'moʊziən]⟨n.-telb.zn.⟩⟨gesch.⟩ **0.1** ***Maglemose-cultuur*** ⟨mesolithische vissers- en jagersgemeenschappen⟩.

Maglemosian[2] ⟨bn.⟩⟨gesch.⟩ **0.1** ***Maglemose-*** ⇒*v.d. Maglemose-cultuur*.

mag·lev ['mæglev]⟨telb.zn.⟩⟨verk.⟩ magnetic levitation **0.1** ***(magneet)zweeftrein*** ⇒*(magnetisch-)luchtkussentrein*.

mag·ma ['mægmə]⟨zn.; ook magmata ['mægməṱə]; →mv. 5⟩
I ⟨telb.zn.⟩ **0.1** ***kneedbare massa*** ⇒*deegachtige massa, brij* **0.2** ⟨far.⟩ ***suspensie*** ⇒⟨oneig.⟩ *oplossing, poederdrankje;*
II ⟨n.-telb.zn.⟩ **0.1** ***overblijfsel*** ⇒*pulp* ⟨v. uitgeperste vruchten⟩ **0.2** ⟨geol.⟩ ***magma***.

mag·mat·ic [mæg'mæṱɪk]⟨bn.⟩ **0.1** ***magmatisch***.

Mag·na C(h)ar·ta ['mægnə 'kɑ:tə‖-'kɑrṱə]⟨eig.n., telb.zn.⟩ **0.1** ***Magna Charta*** ⟨ook fig.⟩.

mag·na·nim·i·ty ['mægnə'nɪməṱi]⟨f1⟩⟨n.-telb.zn.⟩ **0.1** ***grootmoedigheid*** ⇒*edelmoedigheid*.

mag·nan·i·mous [mæg'nænɪməs]⟨f1⟩⟨bn.; -ly; -ness⟩ **0.1** ***grootmoedig*** ⇒*edelmoedig, onbaatzuchtig, onzelfzuchtig*.

mag·nate ['mægneɪt, -nət]⟨f1⟩⟨telb.zn.⟩ **0.1** ***magnaat***.

mag·ne·sia [mæg'ni:ʃə‖-ʒə]⟨n.-telb.zn.⟩ **0.1** ***magnesiumoxyde*** ⇒*magnesia* **0.2** ***gebrande magnesia*** ⟨magnesia usta; middel tegen maagzuur⟩.

mag·ne·sian [mæg'ni:ʃn‖-'ni:ʒn]⟨bn.⟩ **0.1** ***magnesia-*** **0.2** ***magnesium-*** ⇒*v. magnesium, magnesium bevattend*.

mag·ne·si·um [mæg'ni:zɪəm]⟨f1⟩⟨n.-telb.zn.⟩⟨schei.⟩ **0.1** ***magnesium*** ⟨element 12⟩.

mag'nesium flare, mag'nesium light ⟨n.-telb.zn.⟩ **0.1** ***magnesiumlicht***.

mag·net ['mægnɪt]⟨f2⟩⟨zn.⟩
I ⟨telb.zn.⟩ **0.1** ***magneet*** ⟨ook fig.⟩;
II ⟨n.-telb.zn.⟩ **0.1** ***magnetiet*** ⇒*magneetijzer(steen)*.

mag·net·ic [mæg'neṱɪk]⟨f2⟩⟨bn.; -ally; →bijw. 3⟩ **0.1** ***magnetisch*** ⇒*magneet-* **0.2** ***magnetiseerbaar*** **0.3** ***onweerstaanbaar*** ⇒*zeer aantrekkelijk, fascinerend, magnetisch* ◆ **1.1** ~ compass *kompas;* ~ declination *declinatie* ⟨v. magneetnaald⟩; ~ dip, ~ inclination *inclinatie* ⟨v. magneetnaald⟩; ~ equator *magnetische equator;* ⟨mil.⟩ ~ mine *magnetische mijn, naaldmijn, inductiemijn;* ⟨nat.⟩ ~ moment *magnetisch moment;* ~ needle *magneetnaald, kompasnaald;* ~ north *magnetische noordpool, magnetisch noorden;* ~ pole *magnetische pool;* ~ storm *magnetische storm;* ~ tape *magneetband* ⟨voor bandrecorder e.d.⟩ **1.¶** ~ bottle *magnetische fles* ⟨plasma opsluiten in magnetisch veld⟩.

mag·net·ics [mæg'neṱɪks]⟨n.-telb.zn.⟩⟨AE; nat.⟩ **0.1** ***magnetisme*** ⇒*leer v.h. magnetisme*.

mag·net·ism ['mægnɪtɪzm]⟨f1⟩⟨n.-telb.zn.⟩ **0.1** ⟨nat.⟩ ***magnetische kracht*** ⇒*magneetkracht* **0.2** ⟨nat.⟩ ***magnetisme*** **0.3** ⟨nat.⟩ ***leer v.h. magnetisme*** **0.4** ***aantrekkingskracht*** ⇒*fascinatie* **0.5** ⟨nat.⟩ ***magnetische flux*** **0.6** ***biomagnetisme*** ⇒*dierlijk magnetisme, mesmerisme*.

mag·net·ist ['mægnɪtɪst]⟨telb.zn.⟩ **0.1** ***wetenschapper op het gebied v.h. magnetisme***.

mag·net·ite ['mægnɪtaɪt]⟨n.-telb.zn.⟩ **0.1** ***magnetiet*** ⇒*magneetijzer, magneetijzererts/steen*.

mag·net·iz·a·ble, -is·a·ble ['mægnɪtaɪzəbl]⟨bn.⟩ **0.1** ***magnetiseerbaar***.

mag·net·i·za·tion, -sa·tion ['mægnɪtaɪ'zeɪʃn‖-nəṱə-]⟨n.-telb.zn.⟩ **0.1** ***magnetisering*** ⇒*magnetisatie* **0.2** ***magnetische moment per volume-eenheid materie*** **0.3** ***magnetisme*** **0.4** ***opleving v.d. aandacht*** ⟨v. publiek⟩.

mag·net·ize, -ise ['mægnɪtaɪz]⟨f1⟩⟨ov.ww.⟩ **0.1** ***magnetiseren*** ⇒*magnetisch maken* **0.2** ***fascineren*** ⇒*boeien, hypnotiseren, fascineren* **0.3** ⟨vero.⟩ ***hypnotiseren*** ⇒*magnetiseren*.

mag·ne·to [mæg'ni:ṱoʊ]⟨telb.zn.⟩ **0.1** ***magneetontsteker*** ⇒*magneetontsteking, magneto*.

mag·ne·to- [mæg'ni:ṱoʊ] **0.1** ***magneto*** ⇒*magnetisch-* ◆ **¶.1** magnetochemistry *magnetochemie*.

mag·ne·to·car·dio·gram [-'kɑ:dɪəgræm‖-'kɑr-]⟨telb.zn.⟩⟨med.⟩ **0.1** ***magnetocardiogram***.

mag·ne·to·car·dio·graph [-'kɑ:dɪəgrɑ:f‖-'kɑrdɪəgræf]⟨telb.zn.⟩⟨med.⟩ **0.1** ***magnetocardiograaf***.

mag·ne·to·e·lec·tric [-ɪ'lektrɪk]⟨bn.⟩ **0.1** ***magneto-elektrisch***.

mag·ne·to·e·lec·tric·i·ty [-ɪlek'trɪsəṱi]⟨n.-telb.zn.⟩ **0.1** ***magneto-elektriciteit***.

mag·ne·to·gas·dy·nam·ics [-gæsdaɪ'næmɪks]⟨n.-telb.zn.⟩ **0.1** ***magneto-hydrodynamica***.

mag·ne·to·graph [-grɑ:f‖-græf]⟨telb.zn.⟩ **0.1** ***magnetograaf***.

mag·ne·to·hy·dro·dy·nam·ic [-haɪdroʊdaɪ'næmɪk]⟨bn.⟩ **0.1** ***mbt. magneto-hydrodynamica***.

mag·ne·to·hy·dro·dy·nam·ics [-haɪdroʊdaɪ'næmɪks]⟨n.-telb.zn.⟩ **0.1** ***magneto-hydrodynamica***.

mag·ne·tom·e·ter ['mægnɪ'tɒmɪtə‖-'tɑmɪṱər]⟨telb.zn.⟩ **0.1** ***magnetometer***.

mag·ne·to·mo·tive [mæg'ni:toʊmoʊtɪv‖mæg'ni:ṱoʊmoʊṱɪv]⟨bn.⟩ **0.1** ***magnetomotorisch*** ◆ **1.1** ~ force *magnetomotorische kracht*.

mag·ne·ton ['mægnɪtɒn‖-tɑn]⟨n.-telb.zn.⟩⟨nat.⟩ **0.1** ***magneton***.

mag·ne·to·pause [mæg'ni:ṱoʊpɔ:z]⟨n.-telb.zn.⟩ **0.1** ***magnetopauze*** ⟨grens v.h. aardmagnetische veld⟩.

mag·ne·to·plas·ma·dy·nam·ic [-plæzmədaɪ'næmɪk]⟨bn.⟩⟨nat.⟩ **0.1** ***plasma-*** ⟨bv. in plasmamotor⟩.

mag·ne·to·sphere [-sfɪə‖-sfɪr]⟨telb.zn.⟩ **0.1** ***magnetosfeer***.

mag·ne·to·spher·ic [-'sferɪk]⟨bn.⟩ **0.1** ***v.d. magnetosfeer*** ⇒*magnetosferisch*.

mag·ne·to·stric·tion [-'strɪkʃn]⟨n.-telb.zn.⟩ **0.1** ***magnetostrictie*** ⟨kleine lengteverandering door magnetisatie⟩.

mag·ne·tron ['mægnɪtrɒn‖-trɑn]⟨telb.zn.⟩ **0.1** ***magnetron***.

'magnet school ⟨telb.zn.⟩ **0.1** ⟨ong.⟩ ***kwaliteitsschool*** ⇒*eliteschool* ⟨met nadruk op bep. vakken⟩.

mag·ni·fic [mæg'nɪfɪk], **mag·nif·i·cal** [-ɪkl]⟨bn.; -(al)ly; →bijw. 3⟩ ⟨vero.⟩ **0.1** ***verheven*** ⇒*prachtig, heerlijk, luisterrijk*.

mag·nif·i·cat [mæg'nɪfɪkæt]⟨zn.⟩⟨relig.⟩
I ⟨eig.n.; M-; the⟩ **0.1** ***lofzang v. Maria*** ⇒*magnificat* ⟨Lucas 1:46⟩;
II ⟨telb.zn.⟩ **0.1** ***canticum*** ⇒*lied, lofzang, magnificat, kerkgezang*.

mag·ni·fi·ca·tion ['mægnɪfɪ'keɪʃn]⟨f1⟩⟨telb. en n.-telb.zn.⟩ **0.1** ***vergroting*** **0.2** ***verheerlijking*** ⇒*het ophemelen* ◆ **1.1** ~ of a photograph *vergroting v.e. foto* **1.2** ~ of a country *verheerlijking v.e. land* **6.1** these binoculars have a ~ **of** twenty *deze verrekijker vergroot twintig keer*.

mag·nif·i·cence [mæg'nɪfɪsns]⟨f1⟩⟨n.-telb.zn.⟩ **0.1** ***pracht*** ⇒*luister, weelde, rijkdom, praal* **0.2** ***grootsheid*** ⇒*verhevenheid, indrukwekkendheid*.

mag·nif·i·cent [mæg'nɪfɪsnt]⟨f3⟩⟨bn.; -ly⟩ **0.1** ***prachtig*** ⇒*schitterend, luisterrijk, met pracht en praal* **0.2** ***weelderig*** ⇒*overvloedig, overdadig* **0.3** ***groots*** ⇒*indrukwekkend, verheven* **0.4** ⟨inf.⟩ ***prima*** ⇒*pracht-, schitterend, bij uitstek* ◆ **1.4** a ~ spot for fishing *een prima plekje om te vissen, een schitterende visstek*.

mag·nif·i·co [mæg'nɪfɪkoʊ]⟨telb.zn.⟩ **0.1** ***Venetiaans edelman*** **0.2** ***vooraanstaand pers.*** ⇒*hooggeplaatst iem., belangrijk heer*.

mag·ni·fi·er ['mægnɪfaɪə‖-ər]⟨telb.zn.⟩ **0.1** ***vergrootglas*** ⇒*loep* **0.2** ***vergrotingstoestel*** ⇒*vergrotingsapparaat* **0.3** ***vergroter*** ⇒*iem. die vergrotingen maakt*.

mag·ni·fy ['mægnɪfaɪ]⟨f2⟩⟨ww.; →ww. 7⟩
I ⟨onov. en ov.ww.⟩ **0.1** ***vergroten*** ⟨v. lens, enz.⟩ ⇒*uitvergroten* **0.2** ***versterken*** ⟨v. geluidsapparatuur; geluid⟩;
II ⟨ov.ww.⟩ **0.1** ***overdrijven*** ⇒*aandikken, opblazen* **0.2** ⟨vero.⟩ ***verheerlijken*** ⇒*loven, roemen* ◆ **1.1** ~ these problems *problemen overdrijven*.

'mag·ni·fy·ing glass ⟨f1⟩⟨telb.zn.⟩ **0.1** ***vergrootglas*** ⇒*loep*.

mag·nil·o·quence [mæg'nɪləkwəns]⟨n.-telb.zn.⟩ **0.1** ***hoogdravendheid*** ⇒*bombast* **0.2** ***grootspraak***.

mag·nil·o·quent [mæg'nɪləkwənt]⟨bn.; -ly⟩ **0.1** ***hoogdravend*** ⇒*gezwollen, bombastisch* ⟨v. pers., stijl⟩ **0.2** ***grootsprakig*** ⇒*vol grootspraak*.

mag·ni·tude ['mægnɪtju:d‖-tu:d]⟨f2⟩⟨zn.⟩
I ⟨telb.zn.⟩ **0.1** ⟨ster.⟩ ***helderheid*** ⇒*grootte, magnitude* **0.2** ⟨wisk.⟩ ***grootte*** **0.3** ⟨wisk.⟩ ***grootheid;***
II ⟨n.-telb.zn.⟩ **0.1** ***belang(rijkheid)*** ⇒*gewicht* **0.2** ***omvang*** ⇒*grootte* **0.3** ***rang*** ⇒*positie, kaliber* ◆ **1.2** a book of that ~ *een boek v. dergelijke omvang* **1.3** a man of his ~ *een man v. zijn kaliber/rang* **6.1** **of** the first ~ *v.h. grootste gewicht, v.d. eerste orde*.

mag·no·lia [mæg'noʊlɪə]⟨telb.zn.⟩ **0.1** ⟨plantk.⟩ ***magnolia*** ⟨genus Magnolia⟩ **0.2** ***magnoliabloem***.

Mag'nolia State ⟨eig.n.⟩⟨AE⟩ **0.1** ***Magnoliastaat*** ⟨Mississippi⟩.

mag·num ['mægnəm]⟨telb.zn.⟩ **0.1** ***anderhalve liter fles*** ⇒*magnum* ⟨vnl. v. wijn⟩ **0.2** ***magnum*** ⟨inhoudsmaat⟩.

mag·num bo·num [- 'boʊnəm]⟨telb.zn.⟩ **0.1** ⟨ben. voor⟩ ***goede, grote vrucht*** ⇒*grote, gele pruim; soort aardappel*.

magnum opus [- 'oʊpəs]⟨telb.zn.⟩ **0.1** ***meesterwerk*** ⇒*levenswerk*.

Ma·gog →Gog.

ma·got [mɑ:'goʊ, 'mægət]⟨telb.zn.⟩ **0.1** ***Chinees/Japans poppetje*** **0.2** ⟨dierk.⟩ ***magot*** ⇒*Turkse aap* ⟨Macaca silvana⟩.

mag·pie ['mægpaɪ]⟨f1⟩⟨telb.zn.⟩ **0.1** ***verzamelaar*** ⇒*hamsteraar* **0.2** ***kletskous/tante*** ⇒*ratel, babbelaar(ster)* **0.3** ***kruimeldief*** ⇒*diefje* **0.4** ***op één na buitenste ring*** ⟨v. schietschijf⟩ ⇒⟨bij uitbr.⟩ *schot in de op één na buitenste ring* **0.5** ⟨dierk.⟩ ***ekster*** ⟨Pica pica⟩ **0.6** ⟨dierk.⟩ ***geelsnavelekster*** ⟨Pica nutalli⟩ **0.7** ⟨dierk.⟩⟨ben. voor⟩ ***eksterachtige vogel*** ⇒*soort sierduif* ⟨met zwart-wit veren⟩; *orgelvogel* ⟨Cracticidae⟩; ⟨i.h.b.⟩ *zwartrugfluitvogel* ⟨Gymnorhina tibicen⟩; *witrugfluitvogel* ⟨Gymnorhina hyperleuca⟩; *fluitekster, westelijke fluitvogel* ⟨Gymnorhina dorsalis⟩.

'magpie moth ⟨telb.zn.⟩⟨dierk.⟩ **0.1** ***harlekijn*** ⟨Abraxas grossulariata⟩.

'mag tape ⟨telb.zn.⟩⟨comp.⟩ **0.1** ***magneetband***.

ma·guey ['mægweɪ‖mə'geɪ]⟨zn.⟩

I ⟨telb.zn.⟩ ⟨plantk.⟩ **0.1** ***agave*** ⟨genus Agave/Furcraea⟩;
II ⟨n.-telb.zn.⟩ **0.1** ***agave(vezel)*** ⇒*sisal.*
ma·gus ['meɪgəs]⟨telb.zn.; magi ['meɪdʒaɪ]; →mv. 5⟩ **0.1** ***magiër*** ⟨priesterklasse bij Meden en Perzen⟩ ⇒⟨i.h.b.⟩ *wijze* ⟨uit het Oosten⟩ **0.2** ***tovenaar*** ◆ **7.1** the (three) Magi *de (drie) Wijzen uit het Oosten, de Drie Koningen* ⟨Matth. 2:1⟩.
Mag·yar[1] ['mægjɑː‖-jɑr], ⟨in bet. II 0.2 ook⟩ **'Magyar 'blouse** ⟨zn.⟩
I ⟨eig.n.⟩ **0.1** ***Magyaars*** ⇒*Hongaars* ⟨taal⟩;
II ⟨telb.zn.⟩ **0.1** ***Magyaar*** ⇒*Hongaar* **0.2** ***Hongaarse blouse*** ⇒*kozakkenkiel.*
Magyar[2] ⟨bn.⟩ **0.1** ***Magyaars*** ⇒*Hongaars, uit Hongarije* ◆ **1.¶** ~ sleeves *aangeknipte mouwen, vleermuismouwen.*
ma·ha·leb ['mɑːhəleb]⟨telb.zn.⟩ ⟨plantk.⟩ **0.1** ***weichselboom*** ⇒*weichselkers* ⟨Prunus mahaleb⟩.
ma·ha·ra·ja(h) ['mɑː(h)ə'rɑːdʒə]⟨telb.zn.⟩ ⟨gesch.⟩ **0.1** ***maharadja*** ⇒*Indische groot/oppervorst.*
ma·ha·ra·nee, ma·ha·ra·ni ['mɑː(h)ə'rɑːniː]⟨telb.zn.⟩ ⟨gesch.⟩ **0.1** ***vrouw v.e. maharadja*** **0.2** ***weduwe v.e. maharadja*** **0.3** ***vr. maharadja.***
ma·ha·ri·shi ['mɑː(h)ə'riːʃi]⟨telb.zn.⟩ **0.1** ***maharishi*** ⇒*Hindoe(se) goeroe, Hindoe(se) leermeester* **0.2** ***goeroe*** ⇒*leermeester, voorbeeld.*
ma·hat·ma [mə'hætmə‖mə'hɑtmə]⟨telb.zn.; ook M-⟩ **0.1** ***wijze*** ⇒*leraar, mahatma* ⟨ook als eretitel⟩ **0.2** ***mahatma*** ⟨boeddhistische heilige met bovennatuurlijke krachten⟩.
Ma·ha·ya·na ['mɑːhə'jɑːnə]⟨n.-telb.zn.⟩ ⟨relig.⟩ **0.1** ***Mahayana*** ⟨vorm v. boeddhisme⟩.
Mah·di ['mɑːdiː]⟨eig.n., telb.zn.⟩ **0.1** ***Mahdi*** ⟨verlosser/messias v.d. mohammedanen⟩.
Mah·dism ['mɑːdɪzm], **Mah·di·ism** ['mɑːdiɪzm]⟨n.-telb.zn.⟩ **0.1** ***mahdisme*** ⇒*geloof in de Mahdi.*
Mah·dist ['mɑːdɪst]⟨telb.zn.⟩ **0.1** ***mahdist*** ⇒*aanhanger v.d. Mahdi.*
mah·jong(g) ['mɑː'dʒɒŋ‖-'ʒɑŋ]⟨n.-telb.zn.⟩ ⟨spel⟩ **0.1** ***mahjong (spel).***
mahlstick →maulstick.
ma·hog·a·ny [mə'hɒgəni‖mə'hɑ-]⟨f2⟩ ⟨zn.; →mv. 2⟩
I ⟨telb.zn.⟩ ⟨plantk.⟩ **0.1** ***mahonieboom*** ⟨Swietenia mahagoni⟩ **0.2** ***mahonieachtige boom*** ⟨genus Khaya/Entandrophragma⟩;
II ⟨n.-telb.zn.⟩ **0.1** ***mahonie(hout)*** ⟨voor meubelen⟩ **0.2** ⟨ook attr.⟩ ***mahonie*** ⇒*roodbruin, bruinrood, kastanjebruin.*
Ma·hom·et [mə'hɒmɪt]⟨eig.n.⟩ ⟨→sprw. 320⟩ **0.1** ***Mohammed.***
Mahometan →Muhammadan.
Ma·hound [mə'haʊnd, mə'huːnd]⟨eig.n.⟩ ⟨vero.⟩ **0.1** ***Mohammed.***
ma·hout [mə'haʊt]⟨telb.zn.⟩ **0.1** ***kornak*** ⇒*olifantsleider.*
Mahratta →Maratha.
Mahrat(t)i →Marathi.
maid [meɪd], ⟨in bet. 0.1 ook⟩ **'maid·ser·vant** ⟨f3⟩ ⟨telb.zn.⟩ **0.1** ⟨vaak in samenstelling⟩ ***hulpje*** ⇒*meid, dienstmeisje, werkster, hulp in de huishouding* **0.2** ⟨schr.⟩ ***meisje*** ⇒*(ongetrouwde) jonge vrouw, juffrouw, vrijster* **0.3** ⟨schr.⟩ ***maagd*** ◆ **1.¶** ~ of honour *(ongehuwde) hofdame;* ⟨BE⟩ *amandeltaartje* ⟨soes met amandelpudding⟩; ⟨AE⟩ *eerste bruidsmeisje;* ~ of all work *hulp in de huishouding; manusje-van-alles, duvelstoejager* **7.¶** the Maid (of Orleans) *de Maagd v. Orleans* ⟨Jeanne d'Arc⟩.
mai·dan [maɪ'dɑːn]⟨telb.zn.⟩ ⟨Ind. E⟩ **0.1** ***open plaats*** ⇒*voorplein, esplanada* **0.2** ***paradeplaats.***
maid·en[1] ['meɪdn], ⟨in bet. 0.6 ook⟩ **'maiden 'over** ⟨f2⟩ ⟨telb.zn.⟩ **0.1** ***één jaar oude plant*** **0.2** ⟨schr.⟩ ***meisje*** ⇒*ongehuwde vrouw, juffrouw* **0.3** ⟨schr.⟩ ***maagd*** **0.4** ⟨gesch.⟩ ***Scottish maiden*** ⟨soort guillotine⟩ **0.5** ⟨sport⟩ ***maiden*** ⟨paard dat nog geen ren gewonnen heeft⟩ **0.6** ⟨sport; cricket⟩ ***maiden over*** ⟨over zonder gescoorde runs⟩.
maiden[2] ⟨f2⟩ ⟨bn., attr.⟩ **0.1** ***maagdelijk*** ⇒*meisjes-, v.e. maagd* **0.2** ***ongetrouwd*** ⇒*ongehuwd* ⟨v. vrouw⟩ **0.3** ***eerste*** **0.4** ***ongerept*** ⇒*onbetreden, fris, rein* **0.5** ***onbeproefd*** ⇒*ongebruikt, onervaren* **0.6** ***nog nooit gedekt*** ⟨v. paard, enz.⟩ **0.7** ***zonder overwinning*** ⟨v. paard⟩ ⇒⟨bij uitbr.⟩ *voor maidens* ⟨race⟩ **0.8** ***nog nooit genomen*** ⟨vesting⟩ **0.9** ***uit zaad gekweekt*** ⟨plant⟩ ◆ **1.1** ~ name *meisjesnaam* ⟨v. getrouwde vrouw⟩ **1.2** ~ aunt *ongetrouwde tante* **1.3** ~ speech *maiden-speech, sprekerdebuut* ⟨vnl. in parlement⟩; ~ voyage *maiden-trip, eerste reis* ⟨v. boot, persoon enz.⟩ **1.4** ~ woods *maagdelijke bossen* **1.7** ~ horse *maiden, paard zonder overwinning op zijn naam;* ~ race *maiden race, race voor maidens* **1.¶** ⟨BE⟩ ~ assize *rechtszitting zonder strafzaken;* ⟨gesch.⟩ *rechtszitting waarbij geen doodvonnis wordt uitgesproken.*
'maid·en·hair, 'maidenhair fern ⟨n.-telb.zn.⟩ ⟨plantk.⟩ **0.1** ***venushaar*** ⟨genus Adiantum⟩ ⇒⟨i.h.b.⟩ *vrouwenhaar, venushaar* ⟨A. capillus veneris⟩.
'maidenhair tree ⟨telb.zn.⟩ ⟨plantk.⟩ **0.1** ***ginkgo*** ⇒*Japanse noteboom* ⟨Ginkgo biloba⟩.
maid·en·head ['meɪdnhed]⟨zn.⟩
I ⟨telb.zn.⟩ **0.1** ***maagdenvlies*** ⇒*hymen;*
II ⟨n.-telb.zn.⟩ **0.1** ***maagdelijkheid*** ⟨ook fig.⟩ ⇒*frisheid, puurheid.*
maid·en·hood ['meɪdnhʊd]⟨n.-telb.zn.⟩ **0.1** ***maagdelijkheid*** **0.2** ***meisjesjaren*** ⇒*meisjestijd.*
maid·en·ly[1] ['meɪdnli], **maid·en·like** [-laɪk], **maid·en·ish** [-ɪʃ]⟨bn.; maidenliness; →bijw. 3⟩ **0.1** ***maagdelijk*** ⇒*meisjesachtig, zoals een meisje betaamt* **0.2** ***zacht*** ⇒*teder, aardig, vriendelijk* **0.3** ***zedig.***
maidenly[2] ⟨bw.⟩ **0.1** ***zedig.***
maid·en's-blush ['meɪdnz 'blʌʃ]⟨telb.zn.⟩ **0.1** ⟨ook attr.⟩ ***teer roze*** ⇒*bleekrood* **0.2** ***tere, bleekrode roos.***
maid·ish ['meɪdɪʃ]⟨bn.⟩ **0.1** ***als (v.) een meisje*** ⇒*meisjesachtig.*
ma·ieu·tic ['meɪ'juːtɪk], **ma·ieu·ti·cal** [-ɪkl]⟨bn.⟩ **0.1** ***maieutisch*** ⇒*socratisch* ⟨v. methode⟩.
mai·gre[1], ⟨AE sp. ook⟩ **mai·ger** ['meɪgə‖-ər]⟨telb.zn.⟩ ⟨dierk.⟩ **0.1** ***ombervis*** ⟨fam. Sciaenidae⟩ ⇒⟨i.h.b.⟩ *ombervis,* ⟨B.⟩ *Onze-Lieve-Vrouw-vis* ⟨Sciaena aquila⟩.
maigre[2] ⟨bn.⟩ **0.1** ***vleesloos*** ⇒*zonder vlees bereid* **0.2** ⟨R.-K.⟩ ***onthoudings-*** ◆ **1.2** ~ day *onthoudingsdag* ⟨dag zonder vlees(spijzen)⟩.
maihem →mayhem.
mail[1] [meɪl]⟨f3⟩ ⟨zn.⟩
I ⟨telb.zn.⟩ **0.1** ⟨ben. voor⟩ ***postvervoerder*** ⇒*postauto; mailboot, postboot; postwagen, mailcoach, posttrein; postvliegtuig* **0.2** ***postzak*** ⇒*brievenmaal* **0.3** ***pantser*** ⇒*schild* ⟨v. kreeft, schildpad⟩ ◆ **3.¶** ⟨AE; sl.⟩ carry/pack the ~ *de kar trekken, de kastanjes uit het vuur halen;*
II ⟨n.-telb.zn.⟩ **0.1** ***post*** **0.2** ***maliënkolder*** **0.3** ***borstveren*** ⟨v. havik⟩ ◆ **7.1** open s.o.'s ~ *iemands post/brieven openmaken;* the ~ is late today *de post is laat vandaag;*
III ⟨mv.; ~s; the⟩ **0.1** ***post.***
mail[2] ⟨f2⟩ ⟨ww.⟩
I ⟨onov.ww.⟩ **0.1** ***brieven posten*** ⟨e.d.⟩;
II ⟨ov.ww.⟩ **0.1** ***posten*** ⇒*op de post doen, per post versturen* **0.2** ***(be)pantseren.***
mail·a·ble ['meɪləbl]⟨bn.⟩ **0.1** ***per post verzendbaar*** ⇒*opstuurbaar.*
'mail·bag ⟨f1⟩ ⟨telb.zn.⟩ **0.1** ***postzak*** **0.2** ***postbodetas*** ⇒*brieventas.*
'mail·boat ⟨telb.zn.⟩ **0.1** ***mailboot*** ⇒*postboot.*
'mail bomb ⟨f1⟩ ⟨telb.zn.⟩ **0.1** ***bombrief.***
'mail·box ⟨f1⟩ ⟨telb.zn.⟩ ⟨AE⟩ **0.1** ***brievenbus*** ⇒*postbus* ⟨v. P.T.T.⟩ **0.2** ***brievenbus*** ⟨aan/in deur⟩.
'mail car ⟨telb.zn.⟩ ⟨AE⟩ **0.1** ***postwagen*** ⟨v. trein⟩.
'mail carrier ⟨telb.zn.⟩ ⟨AE⟩ **0.1** ***postbode*** ⇒*brievenbesteller, post* **0.2** ⟨ben. voor⟩ ***postvervoerder*** ⇒*postauto; postwagen; postkar; postbak; posttrein; postvliegtuig.*
'mail cart ⟨telb.zn.⟩ ⟨BE⟩ **0.1** ***postkarretje*** ⇒*postwagentje* ⟨v. postbode⟩ **0.2** ***kinderwagen*** ⇒*wandelwagentje.*
'mail'clad ⟨bn.⟩ **0.1** ***gepantserd*** ⇒*in maliënkolder.*
'mail coach ⟨telb.zn.⟩ **0.1** ***postwagen*** ⟨v. trein⟩ **0.2** ⟨gesch.⟩ ***postkoets.***
'mail cover ⟨telb.zn.⟩ **0.1** ***postcontrole*** ⟨door postkantoor, op verzoek v. geadresseerde⟩.
'mail drop ⟨telb.zn.⟩ ⟨AE⟩ **0.1** ***brievenbus*** ⇒*postzak, stortkoker* ⟨op postkantoor⟩ **0.2** ***(post)gleuf*** **0.3** ***correspondentieadres.***
mailed [meɪld]⟨bn.⟩ **0.1** ***in maliënkolder*** ⇒*gepantserd* **0.2** ***v. maliën*** ⇒*v. ringetjes* **0.3** ***met schild*** ⟨v. kreeft, e.d.⟩ ◆ **1.¶** ~ fist *geweld, harde vuist, ijzeren vuist.*
'mail·ing address ⟨telb.zn.⟩ **0.1** ***postadres.***
'mailing card ⟨telb.zn.⟩ ⟨AE⟩ **0.1** ***briefkaart.***
'mailing list ⟨f1⟩ ⟨telb.zn.⟩ **0.1** ***adressenlijst*** ⇒*verzendlijst, verzendstaat.*
'mailing office ⟨telb.zn.⟩ **0.1** ***postkantoor.***
mail·lot [mæ'joʊ]⟨telb.zn.⟩ **0.1** ***maillot*** ⟨v. balletdansers, voor gymnastiek e.d.⟩ **0.2** ***(strapless) badpak*** **0.3** ***jersey.***
'mail·man ⟨f1⟩ ⟨telb.zn.; mailmen; →mv. 3⟩ ⟨AE⟩ **0.1** ***postbode*** ⇒*post, brievenbesteller.*
'mail 'order ⟨n.-telb.zn.⟩ **0.1** ***postorder.***
mail-'order firm, mail-'order house ⟨telb.zn.⟩ **0.1** ***postorderbedrijf*** ⇒*verzendhuis.*
'mail·shot ⟨telb.zn.⟩ **0.1** ***ansicht(kaart)*** ⇒*prentbriefkaart.*
'mail train ⟨telb.zn.⟩ **0.1** ***posttrein.***
maim [meɪm]⟨f1⟩ ⟨ov.ww.⟩ **0.1** ***verminken*** ⟨ook fig.⟩ ⇒*kreupel maken.*
main[1] [meɪn]⟨f2⟩ ⟨zn.⟩
I ⟨eig.n.; M-; the⟩ ⟨gesch.⟩ **0.1** ***noordoostkust v. Zuid-Amerika en aangrenzende zee;***
II ⟨telb.zn.⟩ **0.1** ***hoofdleiding*** ⟨v. gas, elektriciteit, water⟩ ⇒*hoofdbuis, hoofdpijp, hoofdkabel* **0.2** ***hoofdafvoer*** ⇒*riool* **0.3** ***hanengevecht*** **0.4** ⟨scheep.⟩ ***grote mast*** **0.5** ⟨scheep.⟩ ***grootzeil*** **0.6** ⟨spel⟩ ***getal*** ⇒*nummer, aantal ogen* ⟨vijf tot en met negen, te noemen vóór het werpen v.d. dobbelsteen⟩;

III ⟨n.-telb.zn.⟩ **0.1** ***voornaamste deel*** *⇒hoofddeel;* ⟨comp.⟩ *hoofdprogramma* **0.2** ⟨schr.⟩ ***(open) zee*** **0.3** ⟨schr.⟩ ***vaste land*** ◆ **6.¶ in** the ~ *grotendeels, voor het grootste gedeelte, overwegend, hoofdzakelijk; in het algemeen, meestal, gewoonlijk;*
IV ⟨mv.; ~s⟩ ⟨ook attr.⟩ **0.1** ***(elektriciteits)net*** *⇒elektriciteit, lichtnet* **0.2** ***gas(net)*** **0.3** ***water(leiding)*** **0.4** ***riool*** *⇒openbaar riool* ◆ **7.1** we aren't yet connected to the ~s *we zijn nog niet (op het elektriciteitsnet) aangesloten.*

main[2] ⟨f4⟩ ⟨bn., attr.; -ly⟩ **0.1** ***hoofd-*** *⇒belangrijkste, grootste, voornaamste* **0.2** ***uiterst*** *⇒vol(ledig)* **0.3** ***open*** *⇒uitgestrekt* **0.4** ⟨scheep.⟩ ***groot-*** *⇒aan/bij de grote mast* ◆ **1.1** ~ body of the army *hoofdmacht v.h. leger;* ⟨taalk.⟩ ~ clause *hoofdzin, rompzin;* ~ course *hoofdgerecht/schotel/gang;* ⟨AE; sl.⟩ ~ drag *hoofdstraat, dorpsstraat;* ~ event *hoofdwedstrijd/film/optreden/* ⟨enz.⟩; ~ line *hoofdlijn* ⟨v. spoorwegen⟩; ⟨AE⟩ *hoofdstraat, hoofdweg;* ⟨AE; sl.⟩ ~ queen *vaste vriendin;* ⟨AE; sl.⟩ ~ squeeze *belangrijkste pief;* ~ street *hoofdstraat, dorpsstraat, hoofdweg;* ⟨fig.⟩ *kleinsteedsheid, kneuterigheid* **1.2** by ~ force *met alle macht, met een uiterste krachtsinspanning* **1.3** the ~ sea *open zee, de uitgestrekte zee* **1.4** ~ brace *grote bras;* ~ course *groot onderzeil;* ~ deck *hoofddek, opperdek;* ~ topgallant mast *grootbramsteng;* ~ topmast *grootmarssteng;* ~ topsail *grootmarszeil;* ~ yard *grote ra* **1.¶** have an eye to the ~ chance *op eigenbelang uit zijn, oog voor eigen zaak hebben;* ⟨sl.⟩ ~ line *(grote) ader* ⟨vnl. v. druggebruikers⟩; ⟨AE; sl.⟩ *de rijken;* ⟨AE; sl.⟩ ~ squeeze *belangrijkste pief; lief(je), lieveling(etje);* ⟨AE; inf.⟩ ~ stem *hoofdstraat, hoofdweg.*

'main·brace ⟨telb.zn.⟩ ◆ **3.¶** ⟨inf.; scherts.⟩ splice the ~ *een drankje/borrel nemen, borrelen.*

'main·frame ⟨n.-telb.zn.⟩ ⟨comp.⟩ **0.1** ***mainframe*** *⇒grote computer, hoofdcomputer* **0.2** ⟨vero.⟩ ***centrale verwerkingseenheid.***

main·land ['meɪnlənd‖-lænd] ⟨f2⟩ ⟨n.-telb.zn.; the⟩ **0.1** ***vasteland*** **0.2** ***hoofdeiland*** ⟨v. eilandengroep⟩.

'main·line[1] ⟨bn.⟩ **0.1** ***belangrijkste*** **0.2** ***aan de hoofdlijn gelegen*** ⟨station⟩.

mainline[2], **main** ⟨onov. en ov.ww.⟩ ⟨inf.⟩ **0.1** ***spuiten*** ⟨drugs⟩.

'main·liner ⟨telb.zn.⟩ ⟨sl.⟩ **0.1** ***spuiter*** ⟨v. drugs⟩ *⇒junk.*

main·mast ['meɪnmɑ:st, -məst] ⟨telb.zn.⟩ ⟨scheep.⟩ **0.1** ***grote mast.***

main·sail ['meɪnseɪl, 'meɪnsl] ⟨telb.zn.⟩ ⟨scheep.⟩ **0.1** ***grootzeil.***

'main·spring ⟨f1⟩ ⟨telb.zn.⟩ **0.1** ***veer*** ⟨v. uurwerk⟩ **0.2** ***drijfveer*** *⇒drijfkracht, hoofdmotief* **0.3** ***drijvende kracht*** **0.4** ***slagveer*** ⟨v. geweer⟩ ◆ **1.2** jealousy was the ~ of his behaviour *jaloezie was de voornaamste reden voor zijn gedrag.*

'mains set ⟨telb.zn.⟩ **0.1** ***radio*** ⟨op netvoeding⟩.

'main·stay ⟨f1⟩ ⟨telb.zn.⟩ **0.1** ***steunpilaar*** *⇒pijler, steun* **0.2** ⟨scheep.⟩ ***grootstag.***

'main·stream ⟨f1⟩ ⟨n.-telb.zn.⟩ **0.1** ***heersende stroming*** *⇒voornaamste trend, grote stroom* **0.2** ***hoofdstroom*** ⟨v. rivier⟩ **0.3** ⟨vaak attr.⟩ ***mainstream*** *⇒hoofdstroom* ⟨in de jazz⟩.

'main·street ⟨onov.ww.⟩ ⟨AE; pol.⟩ **0.1** ***huis aan huis campagne voeren.***

main·tain ['meɪn'teɪn] ⟨f3⟩ ⟨ov.ww.⟩ **0.1** ***handhaven*** *⇒behouden, onderhouden, doen/laten voortduren, in stand houden* **0.2** ***onderhouden*** *⇒zorgen voor, voorzien in het levensonderhoud v.* **0.3** ***onderhouden*** ⟨weg, machine, enz.⟩ *⇒een onderhoudsbeurt geven* **0.4** ***beweren*** *⇒stellen, verkondigen, volhouden* **0.5** ***verdedigen*** *⇒opkomen voor* **0.6** ***houden*** ⟨fort, e.d.⟩ **0.7** ***steunen*** ⟨zaak, partij⟩ ◆ **1.1** he ~ed his calm attitude *hij bleef rustig, hij bewaarde zijn kalmte;* ~ a correspondence *een correspondentie aanhouden/onderhouden, blijven schrijven;* ~ life *in leven blijven;* ~ an open mind on sth. *open blijven staan voor iets;* ~ order *de orde bewaren/handhaven;* ~ prices *de prijzen ophouden, de prijzen handhaven;* ~ relations *betrekkingen onderhouden;* ~ war *oorlog (blijven) voeren* **1.2** ~ a family *een gezin onderhouden;* this sum will ~ us for some weeks *dit bedrag zal een paar weken onze levensbehoeften dekken* **1.3** ~ a house *een huis onderhouden* **1.4** our daughter ~s her innocence *onze dochter zegt dat ze onschuldig is* **1.5** ~ an opinion *een mening verdedigen;* ~ one's rights *opkomen voor zijn rechten* **6.2** ~ sth. **in** (a) perfect condition *iets zeer goed onderhouden, iets in perfecte staat houden* **8.4** they ~ed that they were not guilty *zij beweerden dat ze niet schuldig waren.*

main·tain·a·ble [meɪn'teɪnəbl] ⟨bn.⟩ **0.1** ***te handhaven*** **0.2** ***verdedigbaar*** *⇒houdbaar.*

main·tain·er, ⟨in bet. 0.4 ook⟩ **main·tain·or** [meɪn'teɪnə, ‖-ər] ⟨telb.zn.⟩ **0.1** ***handhaver*** **0.2** ***kostwinner*** *⇒steun* ⟨v. fam.⟩ **0.3** ***verdediger*** ⟨v. mening⟩ **0.4** ⟨jur.⟩ ***iem. die illegaal een procesvoerende partij geldelijk ondersteunt.***

main·te·nance ['meɪntənəns‖'meɪntnəns] ⟨f2⟩ ⟨n.-telb.zn.⟩ **0.1** ***handhaving*** **0.2** ***onderhoud*** ⟨v. huis, machine⟩ **0.3** ***levensonderhoud*** *⇒levensbehoeften, middelen v. bestaan* **0.4** ***toelage*** ⟨aan vrouw, kind⟩ *⇒* ⟨i.h.b.⟩ *alimentatie* **0.5** ***verdediging*** ⟨v. mening⟩ **0.6** ⟨jur.⟩ ***illegale geldelijke ondersteuning v. procesvoerende partij*** ⟨door buitenstaander⟩ ◆ **1.1** ~ of the law *handhaving v.d. wet;* ~ of old customs *het in ere houden v. oude gewoontes* **1.2** ~ of houses *huizenonderhoud.*

'maintenance crew, 'maintenance gang ⟨verz.n.⟩ **0.1** ***onderhoudsploeg*** *⇒onderhoudspersoneel.*

'maintenance man ⟨telb.zn.⟩ **0.1** ***onderhoudsman*** *⇒onderhoudsmonteur.*

'maintenance order ⟨telb.zn.⟩ ⟨jur.⟩ **0.1** ***bevel tot betaling v. alimentatie aan ex-vrouw.***

'maintenance worker ⟨telb.zn.⟩ **0.1** ***onderhoudsman.***

'main·top ⟨telb.zn.⟩ ⟨scheep.⟩ **0.1** ***grootmars.***

maison joie ['meɪzɑ:n 'ʒwɑ:] ⟨telb.zn.⟩ ⟨AE; sl.⟩ **0.1** ***bordeel.***

mai·son·(n)ette ['meɪzə'net] ⟨f1⟩ ⟨telb.zn.⟩ **0.1** ***huisje*** *⇒flatje* **0.2** ***maisonnette.***

maî·tre d'hô·tel ['meɪtr(ə) doʊ'tel] ⟨zn.; maîtres d'hôtel; →mv. 5⟩
I ⟨telb.zn.⟩ **0.1** ***hofmeester*** *⇒maître d'hôtel* **0.2** ***ober(kelner)*** *⇒eerste kelner;*
II ⟨telb. en n.-telb.zn.⟩ **0.1** ***kruidenboter.***

'maître d'hôtel 'butter, 'maître d'hôtel 'sauce ⟨telb. en n.-telb.zn.⟩ **0.1** ***kruidenboter.***

maize [meɪz] ⟨f1⟩ ⟨n.-telb.zn.⟩ ⟨vnl. BE⟩ **0.1** ⟨plantk.⟩ ***maïs*** ⟨Zea mays⟩ **0.2** ***maïskorrels*** **0.3** ⟨vaak attr.⟩ ***maïs(geel).***

mai·ze·na [meɪ'zi:nə] ⟨n.-telb.zn.⟩ **0.1** ***maïzena*** *⇒maïsmeel.*

Maj ⟨afk.⟩ major **0.1** ***maj.***.

ma·jes·tic [mə'dʒestɪk], **ma·jes·ti·cal** [-ɪkl] ⟨f2⟩ ⟨bn.; -(al)ly; →bijw. 3⟩ **0.1** ***majestueus*** *⇒verheven, majesteitelijk.*

maj·es·ty ['mædʒɪsti] ⟨f3⟩ ⟨zn.; →mv. 2⟩
I ⟨eig.n.; M-⟩ **0.1** ***Majesteit*** *⇒Koninklijke Hoogheid* ◆ **1.¶** ⟨BE⟩ on Her/His Majesty's service *dienst* ⟨op envelop⟩ **7.1** His/Her/Your Majesty *Zijne/Hare/Uwe Majesteit;* Their/Your Majesties *Hunne/Uwe Majesteiten;*
II ⟨n.-telb.zn.⟩ **0.1** ***grootsheid*** *⇒pracht, luister, majesteit, allure* **0.2** ***koninklijke waardigheid*** *⇒verhevenheid, majesteit* **0.3** ***heerlijkheid*** ⟨Gods⟩ *⇒majesteit, opperhoogheid* ◆ **2.1** we saw the sun rise in all its ~ *we zagen de zon in al haar majesteit opkomen.*

Maj·lis [mædʒ'lɪs] ⟨telb.zn.⟩ **0.1** ***medjlis*** *⇒madjlis, parlement* ⟨in islamitische landen⟩.

ma·jol·i·ca [mə'dʒɒlɪkə‖-'dʒɑ-], **ma·iol·i·ca** [mə'jɒ-‖mə'jɑ-] ⟨n.-telb.zn.⟩ **0.1** ***majolica*** *⇒faïence* **0.2** ***namaakmajolica.***

ma·jor[1] ['meɪdʒə‖-ər] ⟨f3⟩ ⟨zn.⟩
I ⟨telb.zn.⟩ **0.1** ***meerderjarige*** **0.2** ⟨mil.⟩ ***majoor*** **0.3** ⟨AE⟩ ***hoofdvak*** ⟨v. studie⟩ **0.4** ⟨AE⟩ ***hoofdvakstudent*** **0.5** ⟨logica⟩ ***major*** *⇒major-term, grote term, hoofdterm* **0.6** ⟨logica⟩ ***hoofdpremisse*** ⟨met de major-term⟩ **0.7** ⟨muz.⟩ ***majeur*** *⇒grote terts, drieklank* **0.8** ⟨verk.⟩ ⟨major suit⟩ ⟨bridge⟩ ***hoge kleur*** **0.9** ⟨Austr. voetbal⟩ ***goal*** ⟨score v. zes punten⟩;
II ⟨mv.; ~s⟩ ⟨sport⟩ **0.1** ***de American League en de National League*** *⇒* ⟨ong.⟩ *hoogste klassen* ⟨v. beroepshonkballers⟩.

major[2] ⟨f3⟩ ⟨bn.⟩
I ⟨bn.⟩ **0.1** ***groot/groter*** *⇒grootste, hoofd-, belangrijk(er), voornaamste* **0.2** ***ernstig*** *⇒zwaar, gevaarlijk, ingrijpend* **0.3** ***meerderjarig*** *⇒volwassen* **0.4** ⟨logica⟩ ***major-*** *⇒grote, hoofd-* **0.5** ⟨logica⟩ ***met major-term*** *⇒met grote term* ⟨premisse⟩ **0.6** ⟨muz.⟩ ***in majeur*** *⇒in grote terts, majeur* ◆ **1.1** ⟨wisk.⟩ ~ axis *hoofdas* ⟨v. ellips e.d.⟩; ⟨AE, Can. E; sport⟩ ~ league *hoogste klasse, hoofdklasse, eredivisie* ⟨ook fig.⟩; the ~ part of *de meerderheid v., het overgrote deel v.;* ~ planet *grotere planeet* ⟨Jupiter, Neptunus, Saturnus, Uranus⟩; ⟨ook M- P-⟩ ~ prophets *grote profeten* ⟨Jesaja, Jeremia, Ezechiël, Daniël⟩; ~ road *hoofdweg, voorrangsweg;* ~ subject *hoofdvak* ⟨v. studie⟩ **1.2** ~ heart attack *zware hartaanval;* ~ operation *zware/ernstige operatie* **1.5** ~ premise/premiss *hoofdpremisse* **1.6** C ~ *C majeur, C grote terts;* ~ mode *durtoonschaal/ladder, majeur;* ~ scale *grote-tertstoonladder/schaal, grote toonladder, majeur(toonschaal), du(u)r;* ~ third *grote terts* **1.¶** ⟨schaken⟩ ~ piece *zwaar stuk;* ⟨bridge⟩ ~ suit *hoge kleur;*
II ⟨bn., post.⟩ **0.1** ***senior*** *⇒major, de oudere* ◆ **1.1** Rowland ~ *Rowland senior, Rowland de oudere* ⟨vnl. op kostscholen⟩ **1.¶** Friars Major *Dominicanen.*

ma·jor·do·mo ['meɪdʒə'doʊmoʊ‖-dʒər-] ⟨telb.zn.⟩ **0.1** ***hofmeester*** **0.2** ***majordomus*** *⇒eerste bediende, butler.*

ma·jor·ette ['meɪdʒə'ret] ⟨f1⟩ ⟨telb.zn.⟩ **0.1** ***majorette.***

'major 'general ⟨f1⟩ ⟨telb.zn.⟩ ⟨mil.⟩ **0.1** ***generaal-majoor.***

'major in ⟨f1⟩ ⟨onov.ww.⟩ ⟨AE⟩ **0.1** ***als hoofdvak(ken) hebben*** *⇒(als hoofdvak) studeren* ◆ **1.1** she's majoring in English literature *zij heeft Engelse literatuur als hoofdvak, zij studeert Engelse letterkunde.*

ma·jor·i·tar·i·an [mə'dʒɒrɪ'teərɪən‖mə'dʒɑrɪ'terɪən] ⟨telb.zn.⟩ ⟨AE⟩ **0.1** ***lid v.d. zwijgende meerderheid.***

ma·jor·i·ty [mə'dʒɒrəti‖mə'dʒɑrəṭi]⟨f3⟩⟨zn.;→mv. 2⟩
I ⟨telb.zn.; vnl. enk.⟩ **0.1** ***meerderheid*** ⇒*majoriteit* ⟨v. stemmen⟩, *stemmenmeerderheid* **0.2** ⟨jur.⟩ ***meerderjarigheid*** ⇒*majoriteit* **0.3** ⟨mil.⟩ ***majoorsrang*** ◆ **3.2** attain/reach one's ~ *meerderjarig worden;*
II ⟨verz.n.⟩ **0.1** ***meerderheid*** ⇒*meeste* ◆ **1.1** the ~ of people *de meeste mensen* **2.1** the great ~ was/were against the new plans *de grote meerderheid was tegen de nieuwe plannen* **3.1** ⟨euf.⟩ join the (great) ~, go/pass over to the ~ *zich bij zijn voorvaderen voegen, doodgaan* **6.1** **in** the ~ *in de meerderheid.*

ma'jority 'verdict ⟨telb.zn.⟩⟨jur.⟩ **0.1** ***uitspraak met meerderheid v. stemmen*** ⟨v. jury⟩.

'ma·jor'med·i·cal ⟨n.-telb.zn.⟩⟨AE⟩ **0.1** ***ziekte(kosten)verzekering*** ⟨met eigen risico⟩.

ma·jor·ship ['meɪdʒəʃɪp‖-ər-]⟨telb.zn.⟩⟨mil.⟩ **0.1** ***majoorsrang*** ⇒*majoorschap.*

ma·jus·cule[1] ['mædʒəskju:l]⟨zn.⟩⟨boek.⟩
I ⟨telb.zn.⟩ **0.1** ***hoofdletter*** ⇒*kapitaal, majuskel, unciaal;*
II ⟨telb. en n.-telb.zn.⟩ **0.1** ***majuskelschrift.***

majuscule[2], **ma·jus·cu·lar** [mə'dʒʌskjʊlə‖-kjələr]⟨bn.⟩ **0.1** ***majuskel-*** ⇒*in hoofdletters, in kapitalen, in majuskelschrift.*

make[1] [meɪk]⟨f2⟩⟨zn.⟩
I ⟨telb.zn.⟩ **0.1** ⟨ben. voor⟩ ***uitvoering*** ⇒*model, type; vorm, snit, coupe* **0.2** ***bouw*** ⇒*constructie* **0.3** ***merk*** **0.4** ***lichaamsbouw*** **0.5** ***natuur*** ⇒*aard, karakter, soort, slag* **0.6** ***produktie*** **0.7** ⟨sl.⟩ ***gleuf*** ⇒*stoot, stuk* ◆ **1.1** boats of various ~s *verschillende typen boten;* the ~ of a shirt *het model/de snit v.e. overhemd* **1.3** a famous ~ of dress *een jurk v.e. beroemd merk* **1.5** a man of your ~ *een man v. jouw slag;*
II ⟨n.-telb.zn.⟩ **0.1** ***fabricage*** ⇒*vervaardiging, constructie* **0.2** ***maaksel*** ⇒*fabrikaat, makelij* **0.3** ⟨kaartspel⟩ ***het schudden*** ⇒*het wassen* **0.4** ⟨elek.⟩ ***sluiting*** ⟨v. stroomcircuit⟩ ◆ **2.2** of bad ~ *van slechte makelij, van slecht fabrikaat* **3.¶** ⟨inf.⟩ put the ~ on a girl *een meisje trachten te versieren* **6.¶** ⟨sl.⟩ **on** the ~ *op (eigen) voordeel uit, op winst uit; op de versiertoer, op jacht* ⟨naar man/vrouw⟩; that young man is really **on** the ~ *die jongeman is een echte streber.*

make[2] ⟨f4⟩⟨ww.; made, made [meɪd]⟩ →making ⟨→sprw. 1, 6, 29, 37, 85, 132, 139, 141, 191, 193, 246, 254, 259, 289, 302, 374, 396, 427-429, 434, 437, 439, 445, 453, 466, 524, 547, 570, 572, 578, 581, 627, 640, 706, 711, 734, 764, 766⟩
I ⟨onov.ww.⟩ **0.1** ***doen*** ⇒*zich gedragen, handelen* **0.2** ***gaan*** ⇒*zich begeven, leiden* **0.3** ***op het punt staan*** **0.4** ***opkomen/aflopen*** ⟨v. getij⟩ **0.5** ⟨kaartspel⟩ ***de slag maken/winnen*** ⇒*houden* ◆ **1.4** the flood ~s *de vloed komt op(zetten)* **1.5** my ace made *mijn aas hield* **3.3** they made to depart *zij stonden op het punt te vertrekken* **3.¶** ~ believe *spelen, doen alsof, veinzen, wijsmaken;* they ~ believe that they are mum and dad/to be mum and dad *ze spelen vader en moeder, ze doen alsof ze vader en moeder zijn;* ~ do *zich behelpen, het moeten doen/stellen;* you'll have to ~ do with this old pair of trousers *je zult het met deze oude broek moeten doen;* ~ do and mend *zich behelpen met oud goed, het met oude spullen doen* **5.¶** ~ **away/off** *hem smeren, ervandoor gaan;* ~ **away** with o.s. *zich v. kant maken, zelfmoord plegen;* ~ **away** with *doden, uit de weg ruimen; over de balk gooien, kwijtraken* ⟨geld⟩; *meenemen, jatten, stelen;* ~ **off** with *weg/meenemen, stelen, jatten; verkwisten, over de balk gooien;* →make **out;** →make **up** **6.1** ⟨inf.⟩ ~ **like** a lion *een leeuw imiteren/spelen/nadoen* **6.2** ⟨vero.⟩ ~ **after** a hare *een haas achtervolgen, achter een haas aan gaan;* ~ **in the direction of** the barn *de kant v.d. schuur opgaan, richting schuur gaan;* we were making **toward(s)** the woods *wij gingen naar de bossen* **6.¶** ~ **against** s.o. *ongunstig zijn voor iem., iem. schaden;* this story ~s **against** your case *dit verhaal pleit tegen jouw zaak;* ~ **at** s.o. *op iem. afstormen, op iem. afstuiven;* →make **for;** ⟨AE; sl.⟩ ~ **with** *komen met, brengen; maken, doen, uitvoeren;* ~ **with** the show *vooruit met de show, kom op met de show;* come on, ~ **with** the work *vooruit, doe het werk* **8.1** ~ as if/though *doen alsof; op het punt staan;*
II ⟨ov.ww.⟩ **0.1** ***maken*** ⇒*vervaardigen, bouwen, fabriceren; scheppen; voortbrengen, veroorzaken; bereiden; (op)maken, opstellen* ⟨wet, testament⟩; *aanleggen* ⟨vuur⟩ **0.2** ***in een bep. toestand/positie brengen*** ⇒*maken, vormen; maken tot, benoemen tot/als* **0.3** ***(ver)krijgen*** ⇒*(be)halen, binnenhalen* ⟨winst⟩, *hebben* ⟨succes⟩; *lijden* ⟨verlies⟩; *verdienen; scoren, maken* ⟨punt enz.⟩; *een slag maken met* ⟨kaart⟩; ⟨bridge⟩ *maken* ⟨contract⟩ **0.4** ***laten*** ⇒*ertoe brengen, doen, maken dat, dwingen* **0.5** ***voorstellen als*** ⇒*doen lijken op, afschilderen (als), maken van* **0.6** ***schatten (op)*** ⇒*komen op* **0.7** ***worden*** ⇒*maken, zijn* **0.8** ***(geschikt) zijn (voor)*** ⇒*vormen, (op)leveren, worden* **0.9** ***afleggen*** ⇒*overbruggen, doen* **0.10** ***bereiken*** ⇒*komen tot, halen* ⟨snelheid⟩, *gaan; halen, pakken* ⟨trein⟩; *zien, in zicht krijgen* ⟨land⟩; *bereiken* ⟨rang⟩, *worden; komen in, halen* ⟨ploeg⟩ **0.11** ***doen*** ⟨met handeling als object⟩ ⇒*verrichten, uitvoeren* ⟨onderzoek⟩; *geven* ⟨belofte⟩; *nemen* ⟨proef⟩; *houden* ⟨redevoering⟩; *voelen, hebben* ⟨twijfels⟩ **0.12** ***opmaken*** ⟨bed⟩ **0.13** ***eten*** ⇒*tot zich nemen* **0.14** ***de gunst/liefde winnen v.*** ⇒⟨i.h.b.⟩ *verleiden, versieren* **0.15** ⟨inf.⟩ ***tot een succes maken*** ⇒*het hem doen, afmaken, de finishing touch geven* **0.16** ⟨kaartspel⟩ ***schudden*** ⇒*wassen, mêleren* **0.17** ⟨elek.⟩ ***inschakelen*** ⇒*sluiten* ⟨stroomcircuit⟩ ◆ **1.1** ~ the bill *de rekening uitschrijven/opmaken;* ~ coffee/tea *koffie/thee zetten;* ~ dinner *het warme eten klaarmaken;* ~ a house *een huis bouwen;* God made man *God schiep de mens;* ~ an awful noise *een vreselijk lawaai produceren;* ~ room *plaats maken;* I didn't ~ these rules *ik heb deze regels niet gemaakt;* they made a lot of trouble for us *zij bezorgden ons een hoop last* **1.2** John made her his wife *John maakte haar tot zijn vrouw; John trouwde haar;* the letter made mother happy *de brief maakte moeder blij;* the workers made him their spokesman *de arbeiders maakten hem tot hun woordvoerder* **1.3** ~ the ace *de slag maken/winnen met de aas;* ~ enough money to buy a house *genoeg geld verdienen om een huis te kopen;* ~ a packet/pile *een smak geld verdienen/opstrijken;* ~ a profit of two guilders *een winst v. twee gulden maken;* ⟨kaartspel⟩ ~ a trick *een slag/trek maken, een slag binnenhalen* **1.4** you think you can ~ this old car ride again *je denkt deze oude wagen weer aan de praat te kunnen krijgen;* ~ mother listen to me *zorg dat moeder naar mij luistert;* the police made Randy sign the confession *de politie dwong Randy de bekentenis te tekenen;* the story made her laugh *het verhaal maakte haar aan het lachen;* Tom was made to tell his adventures once more *Tom moest zijn avonturen nog eens vertellen;* her words made me feel ashamed *door haar woorden ging ik me schamen* **1.5** this book ~s the Second World War end in 1943 *dit boek laat de tweede wereldoorlog eindigen in 1943;* the director made Macbeth a villain *de regisseur maakte v. Macbeth een schurk* **1.6** they ~ the distance a day's walk *zij schatten de afstand op een dag lopen;* what do you ~ the time? *hoe laat is het volgens u?, hoe laat heeft u het?* **1.7** 'buy' ~s in the past tense 'bought' *'buy' wordt in de verleden tijd 'bought';* a hundred pence ~ a pound *honderd pence is een pond;* this ~s the fourth stop on such a short trip *dit wordt de vierde rust op zo'n kort reisje* **1.8** this boy will never ~ a musician *deze jongen zal nooit een musicus worden;* that novel ~s pleasant reading *die roman laat zich lekker lezen;* this woman will ~ you the perfect secretary *deze vrouw zal de volmaakte secretaresse voor je zijn;* this worsted will ~ a fine suit *dit kamgaren zal een goed pak opleveren, uit dit kamgaren kan een goed pak gemaakt worden* **1.9** ~ a few more miles *nog een paar mijl afleggen* **1.10** ~ an appointment *op tijd zijn voor een afspraak;* after that he made major *daarna werd hij majoor;* this car ~s a hundred and thirty km/h *deze auto haalt honderddertig km/u, deze auto rijdt honderddertig;* ~ the front pages *de voorpagina's halen;* the ship made the port at midnight *het schip liep om middernacht de haven binnen;* ~ a team *in een team komen/raken* **1.11** ~ arrangements *plannen maken, regelen;* ~ a decision *een beslissing nemen, beslissen;* ~ an effort *een poging doen, pogen;* ~ a guess (at) *een gok doen (naar), schatten;* ~ an offer *een bod doen, bieden;* ~ a phone call *opbellen;* ~ a request *een verzoek doen, verzoeken, vragen;* ~ war against/on/with *oorlog voeren tegen/met* **1.13** ~ a good breakfast *stevig ontbijten* **1.15** the dark colours ~ the picture *de donkere kleuren maken het schilderij af, de donkere kleuren doen het hem in het schilderij* **2.2** he ~s the windows clean *hij maakt de ramen schoon;* ~ the news public/known *het nieuws openbaar/bekend maken* **2.5** the picture ~s her very beautiful *op het schilderij komt ze heel mooi over* **3.4** she made the food go round *ze zorgde ervoor dat er genoeg eten was voor iedereen* **3.¶** ~ or break, ~/mend or mar *erop of eronder, alles of niets;* this fool can ~ or break/mar the project *deze gek kan het project maken of breken;* this new film will ~ him or break him *deze nieuwe film kost hem zijn kop of brengt hem succes, met deze nieuwe film is het erop of eronder voor hem;* ~ sth. do *zich met iets behelpen, zich redden met iets;* you'll have to ~ this bike do *je zult het met deze fiets moeten doen* **4.4** he made himself heard by speaking loud and clear *hij maakte zichzelf hoorbaar/verstaanbaar door hard en duidelijk te spreken;* you can't ~ me *je kunt me niet dwingen* **4.6** I ~ it seven thirty *ik heb het half acht, volgens mij is het half acht* **4.7** three and four ~ seven *drie en vier is zeven;* that ~s three who want whisky *dat zijn er drie die whisky willen* **4.10** ~ it *op tijd zijn, het halen;* ⟨fig.⟩ *succes hebben, slagen;* ⟨sl.⟩ *haastig vertrekken;* have it made *gebeiteld zitten, geslaagd zijn, op rozen zitten* **4.15** ~ sth. of o.s. *succes hebben, slagen* ⟨in het leven⟩ **4.¶** ⟨sl.⟩ ~ it *het doen, een nummertje maken, naaien;* let's ~ it next week *laten we (voor) volgende week afspreken, laten we volgende week nemen;*

~ little of *onbelangrijk vinden, weinig geven om; weinig hebben aan, weinig profijt trekken v.; weinig begrijpen v.;* he made little of this wonderful opportunity *hij deed weinig met deze prachtkans;* ~ the most of *er het beste v. maken; zoveel mogelijk profiteren v., zijn voordeel doen met;* ~ much of *benadrukken, belangrijk vinden; overdrijven; winst slaan uit, veel hebben aan; veel begrijpen van; veel aandacht schenken aan;* ~ much of a girl *veel werk maken v.e. meisje;* they never made much of reading at home *thuis vonden ze lezen nooit belangrijk;* ~ nothing of *gemakkelijk doen (over), geen probleem maken v.; niets begrijpen v.;* the horses made nothing of the obstacles *de paarden namen de hindernissen met gemak;* be made one *trouwen;* ⟨inf.⟩ ~ sth. of it *ruzie maken, mot zoeken; erom vechten;* want to ~ sth. of it? *zocht je soms mot?, knokken?;* ⟨inf.⟩ that ~s two of us *dat geldt ook voor mij, dan kunnen we elkaar een hand geven, hier idem dito* **5.1** ~ **over** a dress *een jurk vermaken/verstellen* **5.2** ~ **over** *vernieuwen, opnieuw inrichten, remodelleren;* ~ **over** sth. (into) *iets veranderen (in);* my old school was made **over** into a cinema *mijn oude school is omgebouwd tot bioscoop;* the shock treatment made him **over** into a wreck *de schokbehandeling maakte een wrak v. hem* **5.¶** →make **out;** ~ **over** *overmaken, toewijzen;* he made **over** all his money to his daughter *hij vermaakte al zijn geld aan zijn dochter;* →make **up 6.1** ~ a chair **from** paper *een stoel v. papier maken;* ~ **of** *maken/bouwen v.;* ⟨fig.⟩ show them what you are made **of** *toon wat je waard bent, laat hen zien wat voor vlees ze in de kuip hebben;* a bridge made **of** stone *een brug v. steen, een stenen brug;* they made a cupboard **out of** oak *zij maakten een kast v. eikehout* **6.2** ~ a stone **into** an axe *v. een steen een bijl maken;* you've made such a happy man **out of** me *je hebt v. mij zo'n gelukkig mens gemaakt* **6.3** he made a lot **on** this deal *hij verdiende een hoop aan deze transactie* **6.8** the man is made **for** this job *de man is geknipt voor deze baan, deze baan is de man op het lijf geschreven* **6.¶** what do you ~ **of** that story? *wat denk jij v. dat verhaal?;* they couldn't ~ anything **of** my notes *ze begrepen niets van mijn aantekeningen* **¶.1** that boy's as fast/bad as they make 'em *die jongen is zo snel/slecht als maar kan.*

'make-and-'break ⟨telb.zn.; ook attr.⟩ ⟨elek.⟩ **0.1** ***onderbreker*** ◆ **1.1** ~ contact *omschakelcontact.*

'make-be·lieve¹, 'make-be·lief ⟨f1⟩ ⟨zn.⟩

I ⟨telb.zn.⟩ **0.1** ***voorwendsel*** **0.2** ⟨ben. voor⟩ ***iem. die doet alsof*** ⇒*veinzer, huichelaar;* ⟨fig.⟩ *toneelspeler, komediant* **0.3** ⟨psych.⟩ ***neiging om in fantasiewereld te leven;***

II ⟨n.-telb.zn.⟩ **0.1** ***schijn*** ⇒*fantasie, komedie, het doen alsof, spel* ◆ **1.1** this fight is just ~ *dit gevecht is maar voor de schijn;* a world of ~ *een schijn/fantasiewereld.*

make-believe² ⟨bn.⟩ **0.1** ***schijn-*** ⇒*fantasie-, gespeeld, voorgewend.*

'make-do ⟨bn.⟩ **0.1** ***tijdelijk*** ⇒*nood-, geïmproviseerd.*

'make for ⟨f2⟩ ⟨onov.ww.⟩ **0.1** ***gaan naar*** ⇒*zich begeven naar, aansturen op* **0.2** ***afstormen op*** ⇒*afstuiven op* **0.3** ***bevorderen*** ⇒*leiden tot, bijdragen tot, pleiten voor, zorgen voor* ◆ **1.1** we made for the nearest pub *we gingen naar de dichtstbijzijnde kroeg;* the ship made for open sea *het schip stuurde op open zee aan* **1.2** everyone made for the bar *iedereen stoof naar de bar;* two policemen made for the sailor *twee agenten stormden op de matroos af* **1.3** drinking two pints of beer a day makes for good health *twee glazen bier per dag bevordert een goede gezondheid;* this new chair makes for more comfortable sitting *deze nieuwe stoel maakt het zitten comfortabeler.*

'make 'out ⟨f2⟩ ⟨ww.⟩

I ⟨onov.ww.⟩ ⟨inf.⟩ **0.1** ***klaarspelen*** ⇒*het maken, zich redden* **0.2** ***een relatie hebben*** ⇒⟨i.h.b.⟩ *verkering hebben* **0.3** ***vrijen*** ◆ **1.1** the European industry is not making out as bad as everybody says *met de Europese industrie gaat het niet zo slecht als iedereen zegt* **6.2** how are you making out **with** Leila? *hoe gaat het tussen jou en Leila?;*

II ⟨ov.ww.⟩ **0.1** ***uitschrijven*** ⇒*opmaken, invullen* **0.2** ***beweren*** ⇒*verkondigen* **0.3** ***onderscheiden*** ⇒*zien* **0.4** ***ontcijferen*** **0.5** ***begrijpen*** ⇒*snappen, er achter komen, hoogte krijgen v.* **0.6** ***voorstellen (als)*** ⇒*afschilderen (als), uitmaken voor* **0.7** ***(proberen te) bewijzen*** **0.8** ***bij elkaar krijgen*** ⟨boekdeel, geld⟩ ◆ **1.1** ~ a cheque to/in favour of *een cheque uitschrijven op naam v./ten gunste v.* **1.3** we could just ~ the main building in the rain *we konden nog net het hoofdgebouw onderscheiden in de regen* **1.4** only mother can ~ father's writing *alleen moeder kan vaders handschrift ontcijferen* **1.5** I can't make Mary out *ik kan geen hoogte v. Mary krijgen, ik begrijp Mary niet;* I can't ~ this message *ik snap dit bericht niet* **1.6** they made John out to be a hypocrite *zij maakten John uit voor hypocriet* **4.2** she makes herself out to be very rich *zij beweert dat ze erg rijk is* **8.2** he made out that he could read and write at the age of two *hij beweerde dat hij (al) kon lezen en schrijven toen hij twee was* **8.5** we couldn't ~ if/whether they wanted to move or not *we konden er niet achter komen/wisten niet of ze nu wilden verhuizen of niet* **¶.7** how do you make that out? *hoe kom je daar bij?, hoe bewijs je dat?.*

'make-peace ⟨telb.zn.⟩ **0.1** ***vredestichter.***

mak·er ['meɪkə‖-ər] ⟨f2⟩ ⟨zn.⟩

I ⟨eig.n.; M-⟩ **0.1** ***Schepper*** ⇒*Maker* ◆ **3.¶** meet one's ~ *sterven, dood gaan* **7.1** the/our Maker *de/onze Schepper;*

II ⟨telb.zn.⟩ **0.1** ⟨vaak in samenst.⟩ ***maker*** ⇒*fabrikant, producent* **0.2** ⟨jur.⟩ ***ondertekenaar v.e. promesse*** **0.3** ⟨vero.⟩ ***dichter.***

'make-read·y ⟨n.-telb.zn.⟩ **0.1** ***het toestellen*** ⟨v. drukvorm⟩.

'make-shift¹ ⟨telb.zn.⟩ **0.1** ***tijdelijke vervanging*** ⇒*noodoplossing.*

make-shift² ⟨f1⟩ ⟨bn.⟩ **0.1** ***voorlopig*** ⇒*tijdelijk, nood-, geïmproviseerd.*

'make 'up ⟨f2⟩ ⟨ww.⟩ ⟨→sprw. 734⟩

I ⟨onov.ww.⟩ **0.1** ***zich opmaken*** ⇒*zich grimeren, zich schminken,* ⟨bij uitbr.⟩ *zich verkleden* **0.2** ***zich verzoenen*** ⇒*weer goed maken, vrede sluiten (met elkaar)* ◆ **6.¶** ~ **for** *compenseren, opwegen tegen; weer goed maken, vergoeden;* ~ **into** *opleveren* ⟨v. stof⟩; this will ~ **into** two pairs of trousers *hier kan men twee broeken uit maken, dit is voor twee broeken;* ~ **to** s.o. *bij iem. in de gunst zien te komen; iem. het hof maken, flirten met iem.; op iem. afkomen, afgaan op iem.;* this girl didn't like being made up **to** at all *dit meisje stelde het geflirt helemaal niet op prijs;* ~ **to** s.o. for sth. *iem. iets vergoeden; iets goedmaken met/bij iem.;* how can we ever ~ **to** them for this? *hoe kunnen we hen dit ooit doen vergeten?;*

II ⟨ov.ww.⟩ **0.1** ***opmaken*** ⇒*schminken, grimeren,* ⟨bij uitbr.⟩ *ver/aankleden* **0.2** ***bijleggen*** ⇒*goedmaken* ⟨ruzie⟩ **0.3** ***volledig/voltallig maken*** ⇒*aanvullen, aanzuiveren* **0.4** ***vergoeden*** ⇒*goedmaken, compenseren; teruggeven, terugbetalen* **0.5** ***verzinnen*** ⇒*uit zijn duim zuigen, uit zijn mouw schudden* **0.6** ***opmaken*** ⟨pagina, e.d.⟩ **0.7** ***vormen*** ⇒*samenstellen* **0.8** ***maken*** ⇒*opstellen, tot stand brengen, klaarmaken* ⟨medicijn⟩, *bereiden; maken tot (pakje); (kleren) maken (v.), naaien, verwerken* **0.9** ***opmaken*** ⟨bed⟩ **0.10** ***aanleggen*** ⟨vuur, kachel⟩ ⇒*hout/kolen/olie gooien op/in* **0.11** ***verharden*** ⟨weg⟩ ⇒*asfalteren, betonneren, bitumineren* **0.12** ***overdoen*** ⟨college, examen⟩ ⇒*inhalen* **0.13** ***bij elkaar krijgen*** ⟨geld, publiek⟩ ⇒*verzamelen* ◆ **1.1** a heavily made up woman *een zwaar opgemaakte vrouw* **1.3** father made up the difference of three pound *vader vulde het verschil v. drie pond aan, vader legde de ontbrekende drie pond bij;* I asked Nina if she would ~ a four at our game of scrabble *ik vroeg Nina of zij de vierde man wilde zijn in ons spelletje scrabble* **1.4** ~ lost ground *de schade inhalen, verloren terrein herwinnen;* ~ a loss *een verlies goedmaken;* ~ the money you owe him *geef hem het geld terug dat je hem schuldig bent* **1.5** ~ an excuse *een excuus verzinnen* **1.7** forty men and thirty women made up the whole tribe *veertig mannen en dertig vrouwen vormden de hele stam* **1.8** ~ today's orders *de bestellingen v. vandaag klaarmaken;* he made up a parcel of his old books *hij maakte een pakje v. zijn oude boeken;* ~ a poem *een gedicht maken;* mother made us up a sandwich lunch *moeder maakte voor ons een lunchpakket klaar;* ~ a shirt *een overhemd maken/naaien;* ~ a treaty *een verdrag opstellen* **4.2** make it up (with s.o.) *weer vrienden worden (met iem.)* **4.4** I don't mind working an extra day, provided it is made up to me later on *ik vind het niet erg om een extra dag te werken, als het later maar vergoed wordt* **6.3** ~ **to** *aanvullen tot* ⟨bep. bedrag⟩ **6.7** the group was made up **of** four musicians *de groep bestond uit vier muzikanten* **6.8** two skirts could be made up **from** that length *twee rokken konden uit dat stuk gemaakt worden;* we made up the heap of old clothes **into** twenty bundles of equal size *v.d. hoop oude kleren maakten we twintig even grote bundeltjes.*

make-up ['meɪkʌp] ⟨f2⟩ ⟨zn.⟩

I ⟨telb.zn.; vnl. enk.⟩ **0.1** ***aard*** ⇒*karakter, natuur* **0.2** ***samenstelling*** ⇒*opbouw* **0.3** ***grime*** ⟨v. toneelspeler⟩ ⇒*opmaak, vermomming, verkleding, make-up* **0.4** ⟨druk.⟩ ***opmaak*** ⟨v. zetsel⟩ **0.5** ***verzinsel*** ⇒*leugen* **0.6** ⟨vnl. AE⟩ ***herkansing*** ⇒*herexamen* ◆ **1.2** the ~ of the committee *de samenstelling v.h. comité;*

II ⟨n.-telb.zn.⟩ **0.1** ***make-up*** ⇒⟨i.h.b.⟩ *schmink, grimeersel* **0.2** ***het opmaken*** ⟨v. pagina, e.d.⟩.

'make-up girl ⟨telb.zn.⟩ **0.1** ***grimeuse*** ⇒*schminkster.*

'make-up man ⟨telb.zn.⟩ **0.1** ***grimeur*** ⇒*schminker.*

'make·weight ⟨telb.zn.⟩ **0.1** ***aanvulling*** ⟨tot vereist gewicht⟩ **0.2** ***aanvulsel*** ⇒*opvuller* ⟨v. pers.⟩ **0.3** ***(onbelangrijk) toevoegsel*** ⇒*bladvulling, stoplap* **0.4** ***tegenwicht*** ⟨ook fig.⟩.

mak·ing ['meɪkɪŋ] ⟨f3⟩ ⟨zn.; (oorspr.) gerund v. make⟩

I ⟨telb.zn.⟩ **0.1** ***produkt*** ⇒*maaksel;*

II ⟨n.-telb.zn.⟩ **0.1** ***vervaardiging*** ⇒*fabricage, maak* **0.2** ***aanmaak*** ◆ **3.¶** study will be the ~ of him *studie zal hem hogerop brengen;* that last job was the ~ of him *die laatste baan bracht hem succes* **6.¶** **in** the ~ *in de maak, in voorbereiding, in ontwikkeling, op*

komst; a magician **in** the ~ *een tovenaar in spe;*
III ⟨mv.; ~s⟩ **0.1** ***verdiensten*** **0.2** ***ingrediënten*** ⟨ook fig.⟩ ⇒*benodigdheden, (juiste) kwaliteiten, aanleg* **0.3** ⟨AE, Austr. E⟩ ***shag en vloei*** ◆ **1.2** he has the ~s of a great film director *hij heeft het in zich om een groot filmregisseur te worden.*

-mak·ing [meɪkɪŋ] **0.1** ***makend*** ◆ ¶**.1** sick-making *misselijk makend.*

'mak·ing-'up day ⟨telb.zn.⟩ ⟨ec.⟩ **0.1** ***eerste rescontredag.***

'mak·ing-'up price ⟨telb.zn.⟩ ⟨ec.⟩ **0.1** ***passagekoers*** ⇒*rescontrekoers.*

ma·ko ['mɑ:koʊ] ⟨telb.zn.⟩ ⟨dierk.⟩ **0.1** ***makreelhaai*** ⟨genus Isurus; i.h.b. I. glaucus, I. oxyrhynchus⟩.

mal- [mæl] **0.1** ***slecht*** ⇒*mis-, wan-* **0.2** ***on-*** ◆ ¶**.1** maladjusted *slecht geregeld;* maladministration *wanbestuur;* malformed *misvormd, mismaakt* ¶**.2** malcontent *ontevreden.*

Mal ⟨afk.⟩ Malachi, Malay(an).

Ma·lac·ca [mə'lækə], ⟨in bet. II ook⟩ **Ma'lacca 'cane** ⟨zn.⟩
I ⟨eig.n.⟩ **0.1** ***Malakka*** ⟨staat, stad in Maleisië⟩ **0.2** ***Straat v. Malakka*** ◆ **1.1** Strait of ~ *Straat v. Malakka;*
II ⟨telb.zn.⟩ **0.1** ***rotan(wandel)stok.***

mal·a·chite ['mæləkaɪt] ⟨n.-telb.zn.⟩ ⟨geol.⟩ **0.1** ***malachiet*** ⟨mineraal⟩.

mal·a·col·o·gy ['mælə'kɒlədʒi‖-'kɑ-] ⟨n.-telb.zn.⟩ ⟨dierk.⟩ **0.1** ***malacologie*** ⟨weekdierenwetenschap⟩.

mal·a·dapt [mælə'dæpt] ⟨ov.ww.⟩ **0.1** ***slecht/verkeerd aanpassen/aanwenden.***

mal·ad·just·ed ['mælə'dʒʌstɪ̣d] ⟨f1⟩ ⟨bn.⟩ **0.1** ***slecht geregeld*** ⟨vnl. tech.⟩ **0.2** ⟨psych.⟩ ***onaangepast*** **0.3** ⟨ec.⟩ ***onevenwichtig*** ◆ **1.1** a ~ machine *een slecht afgestelde machine* **1.2** ~ behaviour *onaangepast gedrag.*

mal·ad·just·ment ['mælə'dʒʌs(t)mənt] ⟨n.-telb.zn.⟩ **0.1** ***slechte regeling*** ⟨vnl. tech.⟩ **0.2** ⟨psych.⟩ ***onaangepastheid*** **0.3** ⟨ec.⟩ ***onevenwichtigheid.***

mal·ad·min·is·ter ['mæləd'mɪnɪ̣stə‖-ər] ⟨ov.ww.⟩ **0.1** ***slecht besturen/beheren.***

mal·ad·min·is·tra·tion ['mælədmɪnɪ̣'streɪʃn] ⟨n.-telb.zn.⟩ **0.1** ***wanbestuur*** ⇒*wanbeheer.*

mal·a·droit ['mælə'drɔɪt] ⟨bn.; -ly; -ness⟩ ⟨schr.⟩ **0.1** ***onhandig*** ⟨ook fig.⟩ ⇒*klungelig; tactloos.*

mal·a·dy ['mælədi] ⟨telb.zn.; →mv. 2⟩ ⟨schr.⟩ **0.1** ***kwaal*** ⇒*plaag, ziekte* ◆ **2.1** a social ~ *een sociale plaag.*

ma·la·fi·de[1] ['mælə'faɪdi] ⟨bn., attr.⟩ **0.1** ***malafide*** ⇒*onbetrouwbaar.*

malafide[2] ⟨bw.⟩ **0.1** ***te kwader trouw.***

Mal·a·ga ['mæləgə] ⟨eig.n., telb.zn.⟩ **0.1** ***Malaga*** ⇒*malaga(wijn).*

Mal·a·gas·y[1] ['mælə'gæsi] ⟨zn.⟩
I ⟨eig.n.⟩ **0.1** ***Malagasië*** ⟨taal v. Madagascar⟩;
II ⟨telb.zn.⟩ **0.1** ***Malagasiër*** ⟨inwoner v. Madagascar⟩.

Malagasy[2] ⟨bn., attr.⟩ **0.1** ***Malagasisch*** ◆ **1.1** ~ Republic *(Republiek) Malagasië; Madagascar.*

mal·aise [mə'leɪz] ⟨f1⟩ ⟨telb. en n.-telb.zn.⟩ **0.1** ***malaise*** ⇒*onbehagen* **0.2** ***onbehaaglijkheid*** ⇒*wee gevoel* ⟨zonder duidelijk ziektebeeld⟩ ◆ **2.1** a period of social ~ *een periode v. sociale malaise.*

ma·la·mute, ma·le·mute ['mæləmju:t] ⟨telb.zn.⟩ **0.1** ***Alaskische eskimohond*** ⇒*husky* ⟨vnl. sledehond⟩.

malanders →mallenders.

mal·a·pert[1] ['mæləpɜ:t‖-'pɜrt] ⟨telb.zn.⟩ ⟨vero.⟩ **0.1** ***brutaaltje*** ⇒⟨B.⟩ *onbeleefderik.*

malapert[2] ⟨bn.; -ly; -ness⟩ ⟨vero.⟩ **0.1** ***brutaal*** ⇒*onbeschoft, vrijpostig.*

mal·a·prop·i·an ['mælə'proʊpɪən‖-'prɑ-], **mal·a·prop** ['mæləprɒp‖-prɑp] ⟨bn., attr.⟩ **0.1** ***mbt. (grappige) verspreking/dooreenhaspeling v. woorden.***

mal·a·prop·ism ['mæləprɒpɪzm‖-prɑ-], **malaprop** ⟨f1⟩ ⟨telb.zn.⟩ **0.1** ***(grappige) verspreking*** ⇒*dooreenhaspeling v. woorden.*

mal·a·pro·pos[1] ['mælæprə'poʊ] ⟨telb.zn.; malapropos; →mv. 4⟩ ⟨schr.⟩ **0.1** ***inopportuun iets*** ⟨woord, daad, gebeurtenis⟩.

malapropos[2] ⟨bn.⟩ ⟨schr.⟩ **0.1** ***inopportuun*** ⇒*ongelegen* ◆ **1.1** a ~ remark *een inopportune/verkeerde opmerking.*

malapropos[3] ⟨bw.⟩ ⟨schr.⟩ **0.1** ***mal-à-propos*** ⇒*te onpas.*

ma·lar[1] ['meɪlə‖-ər] ⟨telb.zn.⟩ ⟨anat.⟩ **0.1** ***jukbeen*** ⇒*wangbeen.*

malar[2] ⟨bn., attr.⟩ ⟨anat.⟩ **0.1** ***jukbeen-*** ⇒*wangbeen-.*

ma·lar·i·a [mə'leərɪə‖-'lerɪə] ⟨f1⟩ ⟨telb. en n.-telb.zn.⟩ ⟨med.⟩ **0.1** ***malaria*** ⇒*moeraskoorts.*

ma·lar·i·al [mə'leərɪəl‖-'ler-], **ma·lar·i·an** [-ɪən], **ma·lar·i·ous** [-ɪəs] ⟨bn.⟩ **0.1** ***malaria-*** ◆ **1.1** ~ patient *malarialijder/patiënt;* ~ district *malariastreek.*

ma·lar·ky, ma·lar·key [mə'lɑ:ki‖-'lɑr-] ⟨n.-telb.zn.⟩ ⟨sl.⟩ **0.1** ***nonsens*** ⇒*onzin, kletspraat, leugens.*

Ma·lay[1] [mə'leɪ‖'meɪleɪ], **Ma·lay·an** [mə'leɪən] ⟨zn.⟩
I ⟨eig.n.⟩ **0.1** ***Maleis*** ⇒*de Maleise taal;*
II ⟨telb.zn.⟩ **0.1** ***Maleier*** **0.2** ***Maleis hoen.***

Malay[2], **Malayan** ⟨bn.⟩ **0.1** ***Maleis*** ⟨mbt. volk/taal/gebied van Malaya/Maleisië⟩ ◆ **1.1** ~ Archipelago *Maleise Archipel;* ~ Peninsula *Malaya, Malakka.*

Ma·lay·a [mə'leɪə] ⟨eig.n.⟩ **0.1** ***Malaya*** ⇒*Malakka* ⟨schiereiland⟩ **0.2** ***Malaya*** ⟨bondsstaat v. Maleisië⟩.

Mal·a·ya·lam ['mælɪ̣'ɑ:ləm] ⟨eig.n.⟩ **0.1** ***Malajalam*** ⟨taal v. Malabar, India⟩.

Ma·lay·o-Pol·y·ne·sian[1] [mə'leɪoʊpɒlɪ̣'ni:ʒn‖-pɑ-] ⟨eig.n.⟩ ⟨taalk.⟩ **0.1** ***Maleis-Polynesisch*** ⇒*Austronesisch.*

Malayo-Polynesian[2] ⟨bn., attr.⟩ **0.1** ***Maleis-Polynesisch*** ⟨mbt. gebied, bevolking, talen⟩.

Ma·lay·sia [mə'leɪzɪə‖mə'leɪʒə] ⟨eig.n.⟩ **0.1** ***Maleisië.***

Ma·lay·sian[1] [mə'leɪzɪən‖mə'leɪʒn] ⟨telb.zn.⟩ **0.1** ***Maleier*** ⇒*Maleisiër* ⟨inwoner v. Maleisië⟩.

Malaysian[2] ⟨bn.⟩ **0.1** ***Maleis*** ⇒*Maleisisch* ⟨v. Maleisië⟩.

mal·con·tent[1] ['mælkəntent‖-'tent] ⟨telb.zn.⟩ **0.1** ***misnoegde*** ⇒*ontevredene.*

malcontent[2], **mal·con·tent·ed** ['mælkə'ntentɪ̣d] ⟨bn.⟩ **0.1** ***misnoegd*** ⇒*ontevreden, malcontent* ◆ **7.1** the ~ *de malcontenten.*

mal·dis·tri·bu·tion ['mældɪstrɪ̣'bju:ʃn] ⟨telb. en n.-telb.zn.⟩ **0.1** ***slechte verdeling.***

Mal·dive Islands ['mɔ:ldaɪv ˌaɪlən(d)z, 'mæl-] ⟨eig.n.; ww. mv.⟩ **0.1** ***Malediven*** ⟨eilandengroep⟩.

Mal·dives ['mɔ:ldɪvz] ⟨eig.n.; ww. mv.⟩ **0.1** ***Malediven*** ⟨eilandengroep⟩ ◆ **1.1** Republic of the ~ *(Republiek v.d.) Malediven.*

Mal·div·i·an[1] [mɔ:l'dɪvɪən, mæl-], **Mal·di·van** [-'daɪvn] ⟨telb.zn.⟩ **0.1** ***Malediver.***

Maldivian[2], **Maldivan** ⟨bn.⟩ **0.1** ***Maledivisch.***

male[1] [meɪl] ⟨f3⟩ ⟨telb.zn.⟩ **0.1** ***mannelijk persoon*** **0.2** ***mannetje*** ⇒*mannelijk dier.*

male[2] ⟨f3⟩ ⟨bn.⟩
I ⟨bn.⟩ **0.1** ***mannelijk*** ⟨ook fig.⟩ ⇒*manlijk, mannen-; viriel* ◆ **1.1** ~ chauvinism *(mannelijk) seksisme;* ⟨sl.⟩ ~ chauvinist pig *vuile seksist;* ~ choir *mannenkoor* **1.¶** ~ rhyme/rime *staand/mannelijk rijm;*
II ⟨bn., attr.⟩ **0.1** ⟨biol.⟩ ***mannetjes-*** **0.2** ⟨tech.⟩ ***buiten-*** ◆ **1.1** ~ coupling *mannetjeskoppeling;* ⟨plantk.⟩ ~ fern *mannetjesvaren, bosvaren* ⟨Dryopteris filix-mas⟩; ~ monkey *mannetjesaap* **1.2** ~ plug *mannetje;* ~ thread *buitendraad* **1.¶** ~ screw *vaarschroef, schroefbout.*

'male bonding ⟨n.-telb.zn.⟩ **0.1** ***kameraadschap*** ⇒*camaraderie.*

mal·e·dic·tion ['mælɪ̣'dɪkʃn] ⟨zn.⟩ ⟨vnl. schr.⟩
I ⟨telb.zn.⟩ **0.1** ***vervloeking*** ⇒*vloek, verwensing;*
II ⟨n.-telb.zn.⟩ **0.1** ***lasterpraat*** ⇒*laster, kwaadsprekerij.*

mal·e·dic·tive ['mælɪ̣'dɪktɪv], **mal·e·dic·to·ry** [-'dɪktri] ⟨bn., attr.⟩ **0.1** ***vervloekend*** ⇒*vloek-.*

mal·e·fac·tion ['mælɪ̣'fækʃn] ⟨telb. en n.-telb.zn.⟩ ⟨vnl. schr.⟩ **0.1** ***misdaad.***

mal·e·fac·tor ['mælɪ̣fæktə‖-ər] ⟨telb.zn.⟩ ⟨vnl. schr.⟩ **0.1** ***boosdoener*** ⇒*misdadiger.*

ma·lef·ic [mə'lefɪ̣k] ⟨bn.⟩ ⟨vnl. schr.⟩ **0.1** ***verderfelijk*** ⇒*noodlottig, schadelijk, nadelig.*

ma·lef·i·cence [mə'lefɪsns] ⟨n.-telb.zn.⟩ ⟨vnl. schr.⟩ **0.1** ***misdadigheid*** ⇒*boosaardigheid, kwaadaardigheid* **0.2** ***schadelijkheid*** ⇒*nadeligheid, verderfelijkheid.*

ma·lef·i·cent [mə'lefɪsnt] ⟨bn.⟩ ⟨schr.⟩ **0.1** ***misdadig*** ⇒*boosaardig, kwaadaardig* **0.2** ***schadelijk*** ⇒*nadelig, verderfelijk* ◆ **6.2** ~ **to** s.o.'s reputation *schadelijk voor iemands reputatie.*

ma·lev·o·lence [mə'levələns] ⟨n.-telb.zn.⟩ ⟨vnl. schr.⟩ **0.1** ***kwaadwilligheid*** ⇒*kwaad/boosaardigheid* **0.2** ***onheilbrengende invloed*** ⟨mbt. bijgeloof⟩.

ma·lev·o·lent [mə'levələnt] ⟨bn.; -ly⟩ ⟨vnl. schr.⟩ **0.1** ***kwaadwillig*** ⇒*kwaad/boosaardig* **0.2** ***onheilbrengend*** ⟨mbt. bijgeloof⟩.

mal·fea·sance [mæl'fi:zns] ⟨telb. en n.-telb.zn.⟩ ⟨jur.⟩ **0.1** ***misdrijf*** ⇒⟨i.h.b.⟩ *ambtsmisdrijf.*

mal·fea·sant[1] [mæl'fi:znt] ⟨telb.zn.⟩ ⟨jur.⟩ **0.1** ***misdadiger*** ⇒⟨i.h.b.⟩ *oneerlijk ambtenaar.*

malfeasant[2] ⟨bn.⟩ ⟨jur.⟩ **0.1** ***misdadig*** ⇒⟨i.h.b.⟩ *schuldig aan ambtsmisdrijf.*

mal·for·ma·tion ['mælfɔ:'meɪʃn‖-fɔr-] ⟨f1⟩ ⟨telb. en n.-telb.zn.⟩ **0.1** ***misvorming.***

mal·formed ['mæl'fɔ:md‖-'fɔrmd] ⟨f1⟩ ⟨bn.⟩ **0.1** ***misvormd.***

mal·func·tion[1] ['mæl'fʌŋkʃn] ⟨telb.zn.⟩ ⟨tech.⟩ **0.1** ***storing*** ⇒*defect.*

malfunction[2] ⟨onov.ww.⟩ ⟨tech.⟩ **0.1** ***defect zijn*** ⇒*slecht/niet werken.*

mal·i·bu board ['mælɪ̣bu: bɔ:d‖-bɔrd] ⟨telb.zn.⟩ ⟨surfen⟩ **0.1** ***malibu-surfplank*** ⟨lange plank⟩.

mal·ic ['mælɪk, 'meɪlɪk-] ⟨bn.⟩ ⟨schei.⟩ ◆ **1.¶** ~ acid *appelzuur.*

mal·ice ['mælɪ̣s] ⟨f2⟩ ⟨n.-telb.zn.⟩ **0.1** ***kwaadwilligheid*** ⇒*boos/kwaadaardigheid, venijn* **0.2** ***plaagzucht*** **0.3** ⟨jur.⟩ ***boos opzet*** ◆ **2.3** ~ aforethought/prepense *voorbedachtheid;* with ~ aforethought/prepense, of ~ prepense *met voorbedachten rade* **3.1** bear ~ towards/to/against s.o. *(een) wrok tegen iem. hebben/koesteren.*

ma·li·cious [mə'lɪʃəs]⟨f2⟩⟨bn.; -ly; -ness⟩ **0.1** ***kwaadwillig*** ⇒*boos/kwaadaardig, verraderlijk, malicieus* **0.2** ***plaagziek*** ⇒*ondeugend, malicieus* **0.3** ⟨jur.⟩ ***opzettelijk*** ⇒*met opzet.*

ma·lign[1] [mə'laɪn]⟨bn., attr.; -ly⟩ **0.1** ***schadelijk*** ⇒*nadelig, verderfelijk* **0.2** ***kwaadwillig*** ⇒*boos/kwaadaardig, vijandig* **0.3** ***kwaadaardig*** ⇒*maligne* ⟨v. ziekte⟩.

malign[2] ⟨ov.ww.⟩ **0.1** ***kwaad spreken van*** ⇒*belasteren.*

ma·lig·nan·cy [mə'lɪgnənsi]⟨zn.; →mv. 2⟩
I ⟨telb.zn.⟩⟨med.⟩ **0.1** ***maligne/kwaadaardige tumor;***
II ⟨n.-telb.zn.⟩ **0.1** ***schadelijkheid*** ⇒*nadeligheid, verderfelijkheid* **0.2** ***kwaadwilligheid*** ⇒*boos/kwaadaardigheid, vijandelijkheid, haat* **0.3** ***kwaadaardigheid*** ⟨v. ziekte⟩.

ma·lig·nant[1] [mə'lɪgnənt]⟨telb.zn.⟩⟨gesch.⟩ **0.1** ***royalist*** ⇒*koningsgezinde* ⟨aanhanger v. Karel I⟩.

malignant[2] ⟨f1⟩⟨bn.; -ly⟩ **0.1** ***schadelijk*** ⇒*nadelig, verderfelijk* **0.2** ***kwaadwillig*** ⇒*boos/kwaadaardig* **0.3** ***kwaadaardig*** ⇒*maligne* ⟨v. ziekte⟩ ◆ **1.¶** ⟨med.⟩ ~ pustule *koolzweer, pustula maligna.*

ma·lign·er [mə'laɪnə‖-ər]⟨telb.zn.⟩ **0.1** ***kwaadspreker*** ⇒*lasteraar.*

ma·lig·ni·ty [mə'lɪgnəṭi]⟨zn.; →mv. 2⟩
I ⟨telb.zn.⟩ **0.1** ***blijk v. kwaadwilligheid/boosaardigheid;***
II ⟨n.-telb.zn.⟩ **0.1** ***schadelijkheid*** ⇒*nadeligheid, verderfelijkheid* **0.2** ***kwaadwilligheid*** ⇒*boos/kwaadaardigheid, vijandigheid, haat* **0.3** ***kwaadaardigheid*** ⟨v. ziekte⟩.

ma·lin·ger [mə'lɪŋgə‖-ər]⟨f1⟩⟨onov.ww.⟩ **0.1** ***malingeren*** ⇒*malengeren, simuleren, zich ziek houden.*

ma·lin·ger·er [mə'lɪŋgərə‖-ər]⟨telb.zn.⟩ **0.1** ***malinger*** ⇒*malenger, lijntrekker, simulant.*

mal·i·son ['mælɪzn‖'mælɪsn]⟨telb.zn.⟩⟨vero.⟩ **0.1** ***vloek.***

mall[1] [mɔ:l, mæl‖mɔl]⟨f1⟩⟨telb.zn.⟩ **0.1** ***wandelgalerij*** ⇒*promenade* **0.2** ⟨AE, Austr. E⟩ ***winkelpromenade*** ⇒*verkeersvrije winkelstraat,* ⟨B.⟩ *winkelwandelstraat; groot winkelcentrum* **0.3** ⟨AE⟩ ***middenberm*** **0.4** ⟨gesch.⟩ ***maliespel*** **0.5** ⟨gesch.⟩ ***maliebaan/veld*** **0.6** ⟨gesch.⟩ ***maliekolf*** **0.7** →maul.

mall[2] →maul.

mal·lard ['mæləd‖-ərd]⟨telb. en n.-telb.zn.; ook mallard; →mv. 4⟩ ⟨dierk.; cul.⟩ **0.1** ***wilde eend*** ⟨Anas platyrhynchos⟩.

mal·le·a·bil·i·ty ['mælɪə'bɪləṭi]⟨n.-telb.zn.⟩ **0.1** ***hamer/pletbaarheid*** ⟨vnl. mbt. metaal⟩ ⇒⟨fig.⟩ *buigzaamheid, plooibaarheid.*

mal·le·able ['mælɪəbl]⟨f1⟩⟨bn.; -ly; -ness; →bijw. 3⟩ **0.1** ***hamerbaar*** ⇒*pletbaar* ⟨vnl. mbt. metaal⟩; ⟨fig.⟩ *buigzaam, plooibaar.*

mal·le·a·tion ['mælɪ'eɪʃn]⟨telb.zn.⟩ **0.1** ***indeuking*** ⇒*deuk.*

mal·lee ['mæli:]⟨zn.⟩
I ⟨telb.zn.⟩⟨Austr. E⟩ **0.1** ***eucalyptusstruik;***
II ⟨n.-telb.zn.; vaak the⟩ **0.1** ***(gebied met) eucalyptusstruikgewas.***

'mallee fowl ⟨telb.zn.⟩⟨dierk.⟩ **0.1** ***thermometervogel*** ⟨Leipoa ocellata⟩.

mal·le·muck ['mæləmʌk], **mol·ly·mawk** ['mɒlimɔ:k‖'mɑ-]⟨telb.zn.⟩ ⟨dierk.⟩ **0.1** ***wenkbrauwalbatros*** ⟨Diomedea melanophris⟩ **0.2** ***noordse stormvogel*** ⟨Fulmaris glacialis⟩ **0.3** ⟨ben. voor⟩ ***zeevogels*** ⇒⟨vnl.⟩ *albatros* ⟨fam. Diomedeidae⟩; *stormvogel* ⟨fam. Procellariidae⟩; *meeuwstormvogel* ⟨genus Fulmarinae⟩; *pijlstormvogel* ⟨genus Puffinus⟩.

mal·len·ders, ma·len·ders ['mæləndəz‖-ərz]⟨mv.; ww. vnl. enk.⟩ **0.1** ***rasp*** ⟨soort eczeem aan achterkant v. knie v. paard⟩.

mal·le·o·lus [mə'lɪələs]⟨telb.zn.; malleoli [-laɪ]; →mv. 5⟩⟨anat.⟩ **0.1** ⟨ben. voor⟩ ***hamervormig uiteinde v. been*** ⇒*malleolus; binnenenkel; buitenenkel.*

mal·let ['mælɪt]⟨f2⟩⟨telb.zn.⟩ **0.1** ***houten hamer*** **0.2** ⟨ben. voor⟩ ***hamer bij sport*** ⇒*croquethamer; polohamer.*

mal·le·us ['mælɪəs]⟨telb.zn.; mallei ['mælɪaɪ]; →mv. 5⟩⟨anat.⟩ **0.1** ***malleus*** ⟨hamer in middenoor⟩.

mal·low ['mæloʊ]⟨telb.zn.⟩⟨plantk.⟩ **0.1** ***malve*** ⇒*maluwe, kaasjeskruid* ⟨genus Malva⟩ **0.2** ⟨ben. voor⟩ ***plant v.d. fam. Malvaceae*** ⇒⟨vnl.⟩ *heemst; stokroos; lavater.*

malm [mɑ:m]⟨n.-telb.zn.⟩ **0.1** ***zachte (verkruimelde) kalksteen*** **0.2** ***kalkhoudende baksteenklei.***

malm·sey ['mɑ:mzi]⟨telb. en n.-telb.zn.⟩ **0.1** ***malvezij(wijn).***

mal·nour·ished ['mæl'nʌrɪʃt‖-'nɜr-]⟨bn.⟩ **0.1** ***ondervoed*** ⇒*slecht gevoed.*

mal·nu·tri·tion ['mælnju'trɪʃn‖-nu-]⟨f1⟩⟨telb. en n.-telb.zn.⟩ **0.1** ***slechte voeding*** ⇒⟨i.h.b.⟩ *ondervoeding.*

mal·o·dor·ous ['mæl'oʊdrəs]⟨bn.; -ly; -ness⟩ **0.1** ***onwelriekend.***

mal·o·dour, ⟨AE sp.⟩ **mal·o·dor** ['mæl'oʊdə‖-ər]⟨telb. en n.-telb.zn.⟩ **0.1** ***kwalijke reuk.***

mal·po·si·tion ['mælpə'zɪʃn]⟨n.-telb.zn.⟩⟨vnl. med.⟩ **0.1** ***verkeerde ligging*** ⟨vnl. v.d. foetus⟩.

mal·prac·tice ['mæl'præktɪs]⟨telb. en n.-telb.zn.⟩ **0.1** ***kwade praktijk*** **0.2** ⟨jur.⟩ ***misdrijf*** ⇒*wangedrag* **0.3** ⟨jur.⟩ ***ambtsovertreding*** **0.4** ⟨jur.⟩ ***medische fout*** ⇒*verkeerde behandeling, nalatigheid.*

malt[1] [mɔ:lt]⟨f1⟩⟨n.-telb.zn.⟩ **0.1** ***mout*** ⇒*malt* **0.2** →malt liquor.

malt[2] ⟨ww.⟩ →malting
I ⟨onov.ww.⟩ **0.1** ***mout worden*** ⟨v. gerst, koren⟩;
II ⟨ov.ww.⟩ **0.1** ***mouten*** ⇒*mout maken van; mout toevoegen aan* ◆ **1.1** ~ed milk *melk met moutextract.*

mal·ta fever ['mɔ:ltə ˌfi:və]⟨n.-telb.zn.; ook M-⟩⟨med.⟩ **0.1** ***maltakoorts.***

Mal·tese[1] ['mɔ:l'ti:z]⟨zn.; Maltese; →mv. 4⟩
I ⟨eig.n.⟩ **0.1** ***Maltees*** ⟨taal⟩;
II ⟨telb.zn.⟩ **0.1** ***Maltees*** ⟨inwoner v. Malta⟩ ⇒*Maltezer.*

Maltese[2] ⟨bn.⟩ **0.1** ***Maltees*** ⇒*Maltezer* **0.2** ***Maltezisch*** ◆ **1.1** ~ cat *maltezerkat;* ~ Cross *Maltezer kruis;* ~ dog/terrier *maltezerhond/leeuwtje, dwergkeesje.*

mal·tha ['mælθə]⟨n.-telb.zn.⟩ **0.1** ***asfalt*** ⟨delfstof⟩ **0.2** ***aardwas*** ⇒*bitumen.*

'malt·house ⟨telb.zn.⟩ **0.1** ***mouterij.***

Mal·thu·sian[1] [mæl'θju:zɪən‖-'θu:ʒn]⟨telb.zn.⟩ **0.1** ***aanhanger v.h. malthusianisme.***

Malthusian[2] ⟨bn.⟩ **0.1** ***malthusiaans.***

Mal·thu·sian·ism [mæl'θju:zɪənɪzm‖-'θu:ʒə-]⟨n.-telb.zn.⟩ **0.1** ***malthusianisme.***

malt·ing ['mɔ:ltɪŋ]⟨zn.; oorspr. gerund v. malt⟩
I ⟨telb.zn.⟩ **0.1** ***mouterij;***
II ⟨n.-telb.zn.⟩ **0.1** ***het mouten.***

'malt-kiln ⟨telb.zn.⟩ **0.1** ***mouteest.***

'malt 'liquor, malt ⟨n.-telb.zn.⟩ **0.1** ***gegiste moutdrank*** ⟨bier e.d.⟩ **0.2** ***moutwijn*** **0.3** ***moutjenever.***

mal·tose ['mɔ:ltoʊs]⟨n.-telb.zn.⟩ **0.1** ***maltose*** ⇒*moutsuiker.*

mal·treat ['mæl'tri:t]⟨ov.ww.⟩ **0.1** ***mishandelen.***

mal·treat·ment ['mæl'tri:tmənt]⟨n.-telb.zn.⟩ **0.1** ***mishandeling.***

malt·ster ['mɔ:ltstə‖-ər]⟨telb.zn.⟩ **0.1** ***mouter.***

malt·y ['mɔ:lti]⟨bn.; -er; →compar. 7⟩ **0.1** ***moutachtig*** **0.2** ***aan moutdrank verslaafd.***

mal·va·ceous ['mæl'veɪʃəs]⟨bn.⟩⟨plantk.⟩ **0.1** ***malveachtig*** ⇒*v.d. familie Malvaceae.*

mal·ver·sa·tion ['mælvə'seɪʃn‖-vər-]⟨n.-telb.zn.⟩ **0.1** ***malversatie*** ⇒*verduistering v. gelden, wanbeheer, corruptie.*

Mal·vi·nas ⟨verz.n.⟩ **0.1** ⟨Argentijnse benaming voor⟩ ***Falkland Eilanden.***

mal·voi·sie ['mælvwɑ:'zi:‖'mælvəzi]⟨n.-telb.zn.⟩ **0.1** ***malvezij*** **0.2** ***malvezijwijn*** ⇒*malvasia* ⟨uit Napoli di Malvasia⟩.

mam [mæm]⟨f2⟩⟨telb.zn.⟩⟨verk.⟩ mammy ⟨inf.⟩ **0.1** ***mam(s).***

ma·ma·san ['mɑ:mə'sɑ:n]⟨telb.zn.; ook mama-san; →mv. 4⟩ **0.1** ***oosterse matrone.***

mam·ba ['mæmbə‖'mɑmbə]⟨telb.zn.⟩⟨dierk.⟩ **0.1** ***mamba*** ⟨Afr. gifslang; genus Dendroaspis⟩.

mam·bo ['mæmboʊ‖'mɑm-]⟨telb.zn.⟩ **0.1** ***mambo*** ⟨Z.-Am. dans⟩.

mam·e·lon ['mæmələn]⟨telb.zn.⟩ **0.1** ***kleine ronde heuvel.***

Mam·e·luke ['mæmɪlu:k]⟨telb.zn.⟩ **0.1** ***Mammeluk.***

ma·mil·la, ⟨AE sp.⟩ **mam·mil·la** [mæ'mɪlə‖mə-]⟨telb.zn.; mam(m)illae [-li:]; →mv. 5⟩ **0.1** ***tepel.***

mam·ma[1], ⟨in bet. 0.1 en 0.2 ook⟩ **ma·ma** [mə'mɑ:‖'mɑ:mə⟨in bet. 0.3⟩'mæmə]⟨f3⟩⟨telb.zn.⟩ **0.1** ⟨AE; inf.⟩ ***mama*** ⇒*mams, moe, ma, mammie* **0.2** ⟨BE; schr.⟩ ***moeder*** **0.3** ⟨AE; sl.⟩ ***(aantrekkelijke) vrouw*** ⇒*stuk, schat* **0.4** ⟨AE; sl.⟩ ***vrouwelijk lid v.e. motorbende*** **0.5** ⟨AE; sl.⟩ ***vrouwtje*** ⟨mbt. lesbisch stel⟩.

mamma[2] ['mæmə]⟨telb.zn.; ook mammae ['mæmi:]; →mv. 5⟩ **0.1** ***mamma*** ⇒*melkklier, borstklier, borst.*

mam·mal ['mæml]⟨f2⟩⟨telb.zn.; ook mammalia [mæ'meɪlɪə‖mə-]; →mv. 5⟩ **0.1** ***zoogdier.***

mam·mal·i·an[1] [mæ'meɪlɪən‖mə-]⟨telb.zn.⟩ **0.1** ***zoogdier.***

mammalian[2] ⟨bn.⟩ **0.1** ***mbt./van een zoogdier*** ⇒*zoogdier-.*

mam·mal·o·gy [mæ'mælədʒi‖mə-]⟨n.-telb.zn.⟩ **0.1** ***zoogdierkunde.***

mam·ma·ry ['mæməri]⟨bn.⟩ **0.1** ***borst*** ◆ **1.1** ~ gland *borstklier.*

'mamma's boy ⟨f1⟩⟨telb.zn.⟩⟨vnl. AE⟩ **0.1** ***moederskindje.***

mam·mo·gram ['mæməgræm], **mam·mo·graph** [-grɑ:f‖-græf] ⟨telb.zn.⟩⟨med.⟩ **0.1** ***mammogram*** ⇒*mammografie, röntgenfoto v.d. borst.*

mam·mog·ra·phy [mæ'mɒgrəfi‖mə'mɑ-]⟨n.-telb.zn.⟩⟨med.⟩ **0.1** ***mammografie*** ⇒*het doorlichten v.d. borst.*

Mam·mon ['mæmən]⟨zn.⟩
I ⟨eig.n.⟩ **0.1** ***Mammon*** ⟨Matth. 6:24⟩ ⇒*geldgod;*
II ⟨n.-telb.zn.; ook m-⟩ **0.1** ***geld*** ⇒*rijkdom* ⟨als bron v. kwaad⟩.

mam·mo·plas·ty ['mæməplæsti]⟨n.-telb.zn.⟩⟨med.⟩ **0.1** ***plastische chirurgie v.d. borst.***

'mam·moth[1] ['mæməθ]⟨f1⟩⟨telb.zn.⟩ **0.1** ***mammoet.***

mammoth[2] ⟨f1⟩⟨bn., attr.⟩ **0.1** ***mammoet-*** ⇒*reuze-, gigantisch.*

mam·my ['mæmi]⟨f1⟩⟨telb.zn.; →mv. 2⟩ **0.1** ***mammie*** **0.2** ⟨AE., vaak pej.⟩ ***zwarte kindermeid.***

'mammy boy ⟨telb.zn.⟩⟨AE; inf.⟩ **0.1** ***moederskindje*** ⇒*papkindje.*

man[1] [mæn]⟨f4⟩⟨zn.; men [men]; →mv. 3⟩⟨→sprw. 49, 66, 77, 81,

126, 127, 132, 161-166, 209, 225, 299, 334, 336, 400, 430-436, 500-505, 535, 536, 573, 594, 640, 685, 718, 725; men; 98, 115, 130, 449-451, 453, 454, 544, 572, 725, 745, 752⟩

I ⟨telb.zn.⟩ **0.1** ***man*** ⇒*persoon, individu* **0.2** ***mens*** **0.3** ***(volwassen) man*** **0.4** ***man*** ⇒*echtgenoot,* ⟨inf.⟩ *minnaar, partner* **0.5** ⟨ben. voor⟩ ***man*** ⇒*ondergeschikte, bediende; werkman;* ⟨mil.⟩ *soldaat;* ⟨gesch.⟩ *vazal;* ⟨mv.⟩ *manschappen, mannen* **0.6** ***(echte) man*** ⇒*moedig/sterk/stoer iem.* **0.7** ***stuk*** ⟨v. schaakspel e.d.⟩ **0.8** ***oud-student*** ⟨na naam v. universiteit⟩ **0.9** ⟨the; M-⟩ ⟨AE; sl.⟩ ***de politie*** ⇒*de wet* **0.10** ⟨M-; the⟩ ⟨AE; sl.⟩ ***blanke*** **0.11** ⟨the; M-⟩ ⟨AE; sl.⟩ ***de baas/leider*** **0.12** ⟨the; M-⟩ ⟨AE; sl.⟩ ***dealer*** ⇒*drughandelaar* **0.13** ⟨AE; inf.⟩ ***dollar*** ◆ **1.1** the ~ in the moon *het mannetje in de maan;* a ~ of straw *stropop/man; iem. zonder (voldoende) middelen; strohoed;* the ~ in/on the street *de gewone/doorsnee man* **1.2** a ~ and a brother *een medemens* **1.3** ⟨schr.; vero.⟩ ~ and boy *sedert zijn kinderjaren;* ~ of business *gevolmachtigde; rechtskundig adviseur;* ~ of colour *kleurling;* ~ of family *man v. hoge afkomst;* ~ of fashion *mondain iem., dandy;* ~ of figure/mark *man v. formaat/belang/betekenis;* ~ of God *priester/dominee;* ~ of honour *man v. eer;* ~ of the house *heer des huizes;* ~ of Kent *man geboren in Kent;* ~ of letters *schrijver; geleerde;* ~ of means/substance *bemiddeld/vermogend man;* ~ of men *voortreffelijk mens;* ~ of the moment *centrale figuur, man in het brandpunt v.d. belangstelling;* ~ of sense *verstandig/wijs man;* ~ of sin *goddeloze, antichrist;* Man of Sorrows *Man v. Smarten* ⟨Jezus⟩; ~ about town *man v.d. wereld, playboy;* ~ of his word *een man v. zijn woord;* ~ of the world *iem. met mensenkennis/ervaring* **1.4** ~ and wife *man en vrouw* **1.5** officers and men *officiers en soldaten/manschappen* **1.6** separate/sort out/tell the men from the boys *kijken wie durft/mans genoeg is, de echte kerels eruit halen* **1.¶** men in buckram *verdichtsel, verzinsel* ⟨Shakespeare I Henry IV, II, 4, 200-50⟩; ~ of destiny ⟨bijnaam v.⟩ *Napoleon;* I have to see a ~ about a dog *ik moet even om een boodschap* ⟨scherts. excuus om ergens weg te gaan, bv. naar toilet⟩; he's a ~ of his hands *hij is een praktisch persoon;* every ~ jack *elke man afzonderlijk, iedereen zonder uitzondering;* men of worship *mannen v. aanzien* **2.1** my (good) ~! *m'n beste kerel!;* new ~ *bekeerling;* put on the new ~ *blijk geven v. bekering;* old ~ *zondaar;* outer ~ *uiterlijke mens* **2.2** ~ alive! *allemensen!;* to the last ~ *tot op de laatste man;* the very ~ *de persoon die men nodig heeft, net wie men zocht* **2.3** the old ~ *de ouwe, de baas;* my old ~ *mijn ouwe heer, mijn pa/vader* **2.5** be one's own ~ *zijn eigen baas/onafhankelijk zijn* **2.6** ⟨scherts.⟩ little ~ *man in zakformaat* **3.1** drowning ~ *drenkeling* **3.5** ⟨AE⟩ hired ~ *(boeren)knecht;* I know my men *ik ken mijn pappenheimers* **3.6** make a ~ of *doen opgroeien, volwassen/een man maken van;* play the/try to be a ~ *zich flink/stoer houden* **3.¶** made ~ *geslaagd man, een man wiens fortuin gemaakt is* **4.2** every ~ for himself *ieder voor zich* **4.¶** be enough of a ~ to *wel zo flink zijn om te* **5.6** be ~ enough to *mans genoeg zijn om* **6.1** it is not **in** a ~ *dat kan een mens niet* **6.2** ~ **for** ~ *stuk voor stuk, man voor man* **6.3** (as) ~ **to** ~ / (as) one ~ **to** another *van man tot man/op gelijke voet* **6.¶** (all) **to** a ~ *eensgezind, unaniem* **7.1** what can a ~ do in such a case? *wat kan een mens in zo'n geval doen?* **7.2** as a/one ~ *eensgezind, als één man, en masse;* so many men, so many minds *zoveel hoofden, zoveel zinnen;* ⟨pol.⟩ one ~, one vote *one man, one vote; enkelvoudig stemrecht* **7.5** I'm your ~ *op mij mag/kan je rekenen* **7.6** half a ~ *slappeling, sul, sukkel* **7.¶** ⟨cricket⟩ third ~ *third man* ⟨veldspeler /positie achter de slips⟩;

II ⟨n.-telb.zn.; M-⟩ **0.1** ***(de) mens*** ⇒*het mensdom* **0.2** ***(de) man*** ⟨generaliserend⟩ ◆ **1.1** the rights of Man *de mensenrechten* **3.2** ~ is taller than woman *de man is over het algemeen groter dan de vrouw.*

man² ⟨f2⟩ ⟨ov.ww.; →ww. 7⟩ **0.1** ***bemannen*** ⇒*bezetten* **0.2** ***vermannen*** ◆ **1.1** ~ned crossing *bewaakte overweg;* ~ned flight *bemande (ruimte)vlucht;* ~ a post *een post bezetten;* ⟨scheep.⟩ ~ ship *zich langs de verschansing opstellen;* ⟨scheep.⟩ ~ the yards/shrouds *in het want/op de raas front maken* **4.2** ~ o.s. *zich vermannen.*

man³ ⟨tussenw.⟩ ⟨AE; inf.⟩ **0.1** ***sjonge!*** ⇒*lieve hemel!.*

-man [mən] ⟨vormt nw.⟩ **0.1** ⟨met bijv. nw. v. nationaliteit⟩ ***-man*** ⇒*-lander* **0.2** ***-man*** ⇒*-bediende, -werker* ◆ **1.¶** Frenchman *Fransman;* Dutchman *Nederlander* **2.¶** businessman *zakenman;* chairman *voorzitter;* postman *postbode.*

Man, Manit ⟨afk.⟩ Manitoba.

ma·na ['mɑːnə] ⟨telb.zn.⟩ ⟨etnologie⟩ **0.1** ***mana*** ⇒*het bovenmenselijke, transcendente kracht/macht.*

man·a·cle¹ ['mænəkl] ⟨f1⟩ ⟨telb.zn.; vnl. mv.⟩ **0.1** ***handboei*** ⇒*kluister* **0.2** ***belemmering*** ⇒*hindernis.*

manacle² ⟨ov.ww.⟩ **0.1** ***de kluisters aanleggen*** ⇒*kluisteren, in de boeien slaan* **0.2** ***belemmeren*** ⇒*hinderen* **0.3** ***vastleggen*** ⇒*vastkluisteren.*

'man advantage ⟨n.-telb.zn.⟩ ⟨sport, i.h.b. ijshockey⟩ **0.1** ***manvoordeel*** ⇒*numerieke meerderheid, man meer op het ijs.*

man·age¹ ['mænɪdʒ] ⟨zn.⟩ ⟨vero.⟩

I ⟨telb.zn.⟩ **0.1** ***manege;***

II ⟨n.-telb.zn.⟩ **0.1** ***paardendressuur.***

manage² ⟨f3⟩ ⟨ww.⟩ →managing

I ⟨onov.ww.⟩ **0.1** ***rondkomen*** ⇒*zich behelpen,* ⟨B.⟩ *zich uit de slag trekken* ⟨vnl. met beperkte middelen⟩ **0.2** ***slagen*** ⇒*het klaarspelen* **0.3** ***als beheerder fungeren/optreden*** ◆ **4.2** I'll ~ *het lukt me wel, ik red me wel, het gaat wel;*

II ⟨ov.ww.⟩ **0.1** ⟨met ww.; →bekwaamheid⟩ ***slagen in*** ⇒*weten te, in staat zijn te, kunnen* **0.2** ***leiden*** ⇒*besturen, beheren* ⟨zaak⟩, *reguleren* ⟨munt⟩, *hoeden* ⟨vee⟩ **0.3** ***beheersen*** ⇒*weten aan te pakken, manipuleren* **0.4** ***hanteren*** **0.5** ***aankunnen*** ⇒*aandurven, opbrengen, in staat zijn tot* **0.6** ***kunnen gebruiken*** ⇒*zijn voordeel doen met* ◆ **1.2** ~d currency *gereguleerde munt* ⟨v. staatswege⟩ **1.5** can you ~ that job? *kun je dat werkje aan?;* I cannot ~ another mouthful *ik krijg er geen hap meer in;* she ~d a smile *ze wist een glimlach op te brengen* **1.6** I could ~ a day off *een vrije dag zou me geen kwaad doen/niet slecht uitkomen* **3.1** he ~d to escape *hij wist te/kon ontsnappen;* I finally ~d to convince him *ik slaagde er eindelijk in hem te overreden.*

man·age·a·bil·i·ty ['mænɪdʒə'bɪləti], **man·age·a·ble·ness** [-blnəs] ⟨n.-telb.zn.⟩ **0.1** ***handelbaarheid*** ⇒*beheersbaarheid, bestuurbaarheid.*

man·age·a·ble ['mænɪdʒəbl] ⟨f1⟩ ⟨bn.; -ly; -ness; →bijw. 3⟩ **0.1** ***handelbaar*** ⇒*gemakkelijk te behandelen, gemakkelijk bestuurbaar, beheersbaar.*

man·age·ment ['mænɪdʒmənt] ⟨f3⟩ ⟨zn.⟩

I ⟨n.-telb.zn.⟩ **0.1** ***beheer*** ⇒*management, bestuur* **0.2** ***overleg*** ⇒*beleid* **0.3** ***list*** ⇒*manipulatie, handigheid* **0.4** ⟨med.⟩ ***behandeling*** ⇒*behandelingstechniek* ◆ **1.2** more luck than ~ *meer geluk dan wijsheid;*

II ⟨verz.n.⟩ **0.1** ***bestuur*** ⇒*management, directie, administratie* **0.2** ***werkgevers*** ⇒*patronaat.*

'management consultant ⟨telb.zn.⟩ **0.1** ***organisatiedeskundige.***

'management team ⟨telb.zn.⟩ **0.1** ***beleidsteam.***

man·ag·er ['mænɪdʒə‖-ər] ⟨f3⟩ ⟨telb.zn.⟩ **0.1** ***bestuurder*** ⇒*leider, chef, directeur, administrateur* ⟨v. onderneming⟩, *manager* ⟨v. sportploeg⟩, *impresario* ⟨v. zanger⟩ **0.2** ***manager*** ⇒*bedrijfsleider* **0.3** ⟨BE⟩ ***parlementslid met speciale opdracht*** **0.4** ⟨BE; jur.⟩ ***curator*** ◆ **2.2** she is a good ~ *zij beheert het huishouden goed, ze weet met geld om te gaan.*

man·ag·er·ess ['mænɪdʒə'res‖'mænɪdʒərɪs] ⟨telb.zn.⟩ **0.1** ***bestuurster*** **0.2** ***beheerster.***

man·a·ger·i·al ['mænɪ'dʒɪərɪəl‖-'dʒɪrɪəl] ⟨f2⟩ ⟨bn., attr.; -ly⟩ **0.1** ***bestuurs-*** ⇒*directeurs-, leidinggevend, bestuurlijk.*

man·a·ger·i·al·ist ['mænɪ'dʒɪərɪəlɪst‖-'dʒɪr-] ⟨telb.zn.⟩ **0.1** ***gelover in bestuur*** ⟨door administratie, staat e.d.⟩.

'manager's disease ⟨telb. en n.-telb.zn.⟩ **0.1** ***managerziekte.***

man·ag·er·ship ['mænɪdʒəʃɪp‖-dʒər-] ⟨telb. en n.-telb.zn.⟩ **0.1** ***bestuur*** ⇒*beheer* **0.2** ***directoraat*** ⇒*ambt. v. directeur.*

man·ag·ing ['mænɪdʒɪŋ] ⟨f1⟩ ⟨bn.; teg. deelw. v. manage⟩

I ⟨bn.⟩ **0.1** ***bazig*** ⇒*graag als baas/bestuurder optredend;*

II ⟨bn., attr.⟩ **0.1** ***beherend*** ◆ **1.1** ~ clerk *bureauchef;* ~ director *directeur;* ~ editor *directeur-hoofdredacteur;* ~ man *rentmeester;* ~ partner *beherend vennoot.*

man·a·kin ['mænəkɪn] ⟨telb.zn.⟩ **0.1** ***pipra*** ⟨Z.-Am. vogel; fam. Pipridae⟩ **0.2** →man(n)ikin.

ma·ña·na¹ [mə'njɑːnə] ⟨n.-telb.zn.⟩ **0.1** ***mañana*** ⇒*onbepaald ogenblik (in de toekomst).*

mañana² ⟨bw.⟩ **0.1** ***morgen*** ⇒*mañana, later, met Sint Juttemis.*

'man ape ⟨telb.zn.⟩ **0.1** ***mensaap.***

'man-at-'arms ⟨telb.zn.; men-at-arms; →mv. 6⟩ ⟨gesch.⟩ **0.1** ***krijgsman.***

man·a·tee, man·a·ti ['mænə'tiː‖'mænətiː] ⟨telb.zn.⟩ ⟨dierk.⟩ **0.1** ***lamantijn*** ⟨zeekoeachtige; genus Trichechus⟩.

Man·ches·ter goods ['mæntʃɪstə gʊdz‖-tʃestər-] ⟨mv.⟩ **0.1** ***katoenen stoffen.***

'man-child ⟨telb.zn.; men-children; →mv. 6⟩ **0.1** ***mannelijk kind*** ⇒*jongen.*

man·chi·neel ['mæntʃɪ'niːl‖'mænʃə-] ⟨telb.zn.⟩ ⟨plantk.⟩ **0.1** ***manzenilleboom*** ⟨Hippomane mancinella⟩.

Man·chu¹ ['mæn'tʃuː] ⟨zn.; ook Manchu; →mv. 4⟩

I ⟨eig.n.⟩ **0.1** ***Mantsjoe*** ⟨taal⟩;

II ⟨telb.zn.⟩ **0.1** ***Mantsjoe.***

Manchu² ⟨bn.⟩ **0.1** ***Mantsjoerijs*** ⇒*Mantsjoe-.*

man·ci·ple ['mænsɪpl] ⟨telb.zn.⟩ **0.1** ***econoom*** ⟨in klooster e.d.⟩.

'man coverage ⟨n.-telb.zn.⟩ ⟨AE; sport⟩ **0.1** ***mandekking.***

Man·cu·ni·an¹ ['mæŋ'kjuːnɪən] ⟨telb.zn.⟩ **0.1** ***inwoner v. Manchester.***

Mancunian[2] ⟨bn.⟩ **0.1** *Manchesters* ⇒*van/mbt. Manchester, Manchester-.*

-man·cy ['mænsi]⟨vormt nw.⟩ **0.1** *-mantie* ⇒*waarzeggerij uit* ◆ ¶.1 cartomancy *cartomantie;* chiromancy *chiromantie.*

Man·dae·an, ⟨AE sp.⟩ **Man·de·an** ['mæn'dɪən]⟨zn.⟩⟨gesch.⟩
I ⟨eig.n.⟩ **0.1** *taal der Mandeeërs;*
II ⟨telb.zn.⟩ **0.1** *Mandeeër* ⟨lid v. gnostische sekte⟩.

man·da·la ['mændələ‖'mʌn-]⟨telb.zn.⟩⟨relig., psych.⟩ **0.1** *mandala* ⟨cirkelvormig symbool in Oosterse godsdiensten/dromen⟩.

man·da·mus [mæn'deɪməs]⟨telb.zn.⟩⟨jur.⟩ **0.1** *bevelschrift v. hooggerechtshof.*

man·da·rin, ⟨in bet. I 0.3 ook⟩ **man·da·rine** ['mændərɪn]⟨f1⟩⟨zn.⟩
I ⟨eig.n.; M-⟩ **0.1** *Mandarijns* ⟨taal⟩ ⇒*Chinees;*
II ⟨telb.zn.⟩ **0.1** ⟨gesch.⟩ *mandarijn* ⟨hoog Chinees ambtenaar⟩ **0.2** ⟨fig.; pej.⟩ *mandarijn* ⇒*bureaucraat, verstarde formalist* **0.3** *mandarijntje.*

'mandarin 'duck ⟨telb.zn.⟩⟨dierk.⟩ **0.1** *mandarijneend* ⟨Aix galericulata⟩.

'mandarin 'orange ⟨telb.zn.⟩ **0.1** *mandarijntje.*

man·da·ta·ry ['mændətri‖-teri]⟨telb.zn.; →mv. 2⟩ **0.1** *mandataris* ⇒*gevolmachtigde* **0.2** →mandatory.

man·date[1] ['mændeɪt]⟨f1⟩⟨telb.zn.⟩ **0.1** *mandaat* ⇒*lastbrief, volmacht* **0.2** *mandaat* ⇒*opdracht* ⟨in officiële functie⟩ **0.3** *mandaat* ⇒*bevelschrift, verordening* **0.4** ⟨gesch.⟩ *mandaat* ⇒*opdracht tot toezicht* ⟨v. Volkenbond⟩.

mandate[2] ⟨ov.ww.⟩ **0.1** *onder mandaat stellen* ⟨grondgebied, kolonie⟩ **0.2** ⟨AE⟩ *opleggen* ⇒*verplicht stellen* ◆ **1.1** ~d territory *mandaatgebied.*

man·da·to·ry[1] ['mændətri‖-tɔri], **man·da·ta·ry** [-tri‖-teri]⟨telb.zn.; →mv. 2⟩ **0.1** *mandataris* ⇒*beheerder v. mandaatgebied.*

mandatory[2] ⟨f1⟩⟨bn.⟩ **0.1** *bevel-* ⇒*bevelend* **0.2** *verplicht* **0.3** *belast met een mandaat* ⟨v.d. Volkenbond⟩ ◆ **1.1** ~ sign *gebodsbord* **1.2** ~ contribution *verplichte bijdrage.*

'man-day ⟨f1⟩⟨telb.zn.⟩ **0.1** *mandag.*

man·di·ble ['mændəbl]⟨telb.zn.⟩ **0.1** *kaak* **0.2** *onderkaak* **0.3** *deel v.e. vogelsnavel* **0.4** *kauwwerktuig* ⟨v. insekt⟩.

man·dib·u·lar [mæn'dɪbjʊlə‖-jələr]⟨bn.⟩ **0.1** *kaak-* ◆ **1.1** ~ arch *kaakboog.*

man·dib·u·late[1] [mæn'dɪbjʊleɪt, -lət‖-jə-]⟨telb.zn.⟩ **0.1** *kaken/kauwwerktuigen hebbend dier.*

mandibulate[2] ⟨bn.⟩ **0.1** *kaken/kauwwerktuigen hebbend.*

man·do·lin, man·do·line ['mændə'lɪn]⟨f1⟩⟨telb.zn.⟩ **0.1** *mandoline.*

man·drake ['mændreɪk], **man·drag·o·ra** [mæn'drægərə]⟨telb. en n.-telb.zn.⟩ **0.1** *mandragora* ⟨tovermiddel, galgebrok⟩ ⇒*alruin (wortel)* **0.2** ⟨plantk.⟩ *alruin* ⟨bedwelmend kruid; fam. Solaneae⟩ **0.3** *wilde alruin* ⟨Allium victoralis⟩.

man·drel, man·dril ['mændrɪl]⟨telb.zn.⟩ **0.1** *doorn* ⇒*kern, leest* ⟨gereedschap⟩ **0.2** *spil* ⇒*stift* ⟨v. gesp⟩ **0.3** *drevel* **0.4** ⟨gew.⟩ *houweel.*

man·drill ['mændrɪl]⟨telb.zn.⟩⟨dierk.⟩ **0.1** *mandril* ⟨Mandril sphinx⟩.

man·du·cate ['mændʒʊkeɪt‖-dʒə-]⟨ov.ww.⟩⟨schr.⟩ **0.1** *kauwen* **0.2** *eten.*

man·du·ca·tion ['mændʒʊ'keɪʃn‖-dʒə-]⟨n.-telb.zn.⟩ **0.1** *het kauwen* ⟨vnl. bij ongewervelde dieren⟩ **0.2** ⟨R.-K.⟩ *het ontvangen v.d. communie* **0.3** ⟨vero.⟩ *het eten.*

man·du·ca·to·ry ['mændʒʊ'keɪtəri‖'mændʒəkətɔri]⟨bn.⟩ **0.1** *kauw-* ⇒*mbt./dienend tot het kauwen* ◆ **1.1** ~ apparatus *kauworganen.*

mane [meɪn]⟨f2⟩⟨telb.zn.⟩ **0.1** *manen* **0.2** ⟨inf.; scherts.⟩ *lang haar* ⇒*manen, oerwoud.*

'man-eat·er ⟨f1⟩⟨telb.zn.⟩ **0.1** *mensenvlees etend roofdier* ⇒⟨i.h.b.⟩ *mensenhaai* ⟨Carcharoclon carcharias⟩; *nijlkrokodil; zeekrokodil; tijger* **0.2** *menseneter* ⇒*kannibaal* **0.3** ⟨inf.⟩ *bijtend paard* **0.4** ⟨scherts.; pej.⟩ *vrouw met veel minnaars* **0.5** ⟨AE; dierk.⟩ *modderduivel* ⟨Cryptobranchus alleganiensis⟩.

'man-eat·ing ⟨bn., attr.⟩ **0.1** *mensenetend* ⇒*kannibalistisch.*

man·eb ['mæneb]⟨n.-telb.zn.⟩⟨schei.⟩ **0.1** *mangaan-ethyleenfungicide.*

ma·nege, ma·nège [mæ'neɪʒ‖mə'neʒ]⟨zn.⟩
I ⟨telb.zn.⟩ **0.1** *manege* ⇒*(paard)rijschool;*
II ⟨n.-telb.zn.⟩ **0.1** *rijkunst* **0.2** *hogeschool* ⇒*haute école.*

Ma·nes ['mɑ:neɪz‖'meɪni:z]⟨mv.; ook m-⟩ **0.1** *manen* ⇒*geesten der afgestorvenen* ⟨bij de Romeinen⟩ **0.2** *schim* ⇒*geest.*

maneuver →manoeuvre.

maneuverable →manoeuvrable.

'man 'Friday ⟨f1⟩⟨telb.zn.; men Friday, men Fridays; →mv. 3, 6⟩ **0.1** *handlanger* **0.2** *rechterhand* ⇒*toegewijd helper.*

man·ful ['mænfl]⟨f1⟩⟨bn.; -ly; -ness⟩ **0.1** *manhaftig* ⇒*dapper, kloekmoedig, mans.*

man·ga·bey ['mæŋgəbeɪ]⟨telb.zn.⟩⟨dierk.⟩ **0.1** *mangabey* ⟨aap v.h. genus Cercocebus⟩.

man·ga·nate ['mæŋgəneɪt]⟨n.-telb.zn.⟩⟨schei.⟩ **0.1** *manganaat.*

man·ga·nese ['mæŋgəni:z]⟨n.-telb.zn.⟩⟨schei.⟩ **0.1** *mangaan* ⟨element 25⟩.

'manganese 'black ⟨n.-telb.zn.⟩ **0.1** *bruinsteen* ⇒*mangaandioxide.*

'manganese nodule ⟨telb.zn.⟩ **0.1** *mangaanknol.*

man·gan·ic ['mæn'gænɪk]⟨bn., attr.⟩⟨schei.⟩ **0.1** *mangani-.*

man·ga·nite ['mæŋgənaɪt]⟨n.-telb.zn.⟩ **0.1** *manganiet.*

mange [meɪndʒ]⟨n.-telb.zn.⟩⟨med.⟩ **0.1** *schurft* ⇒*scabiës.*

man·gel-wur·zel ['mæŋgl wɜ:zl‖-wɜr-], **man·gold-wur·zel, man·gold** ['mæŋgoʊld-]⟨telb.zn.⟩⟨plantk.⟩ **0.1** *mangelwortel* ⇒*voederbiet* ⟨Beta vulgaris⟩.

man·ger ['meɪndʒə‖-ər]⟨f1⟩⟨telb.zn.⟩ **0.1** *trog* ⇒*krib(be), voerbak* ◆ **1.1** the child in a ~ *het kind in de kribbe, Jezus.*

mange-tout [mánʒ'tu:‖mɑ:-], **mange-'tout pea** ⟨telb.zn.⟩ **0.1** *peul (tje)* ⇒*suikererwt.*

man·gle[1] ['mæŋgl]⟨f1⟩⟨telb.zn.⟩ **0.1** *mangel* **0.2** ⟨vnl. BE⟩ *wringer.*

mangle[2] ⟨ov.ww.⟩ **0.1** *mangelen* ⇒*door de mangel/wringer draaien* **0.2** *verscheuren* ⇒*verminken, versnijden, havenen,* ⟨fig.⟩ *verknoeien, verpesten* ◆ **1.2** ~d bodies *verminkte lichamen;* ~ a piece of music *een muziekstuk verknoeien/door de mangel halen;* ~ words *woorden verhaspelen.*

man·go ['mæŋgoʊ]⟨f1⟩⟨telb.zn.; ook -es; →mv. 2⟩⟨plantk.⟩ **0.1** *mango* ⇒*manga(boom)* ⟨(vrucht van) Mangifera indica⟩.

man·go·nel ['mæŋgənel]⟨telb.zn.⟩⟨gesch.⟩ **0.1** *blijde* ⇒*ballista, steenwerptuig.*

man·go·steen ['mæŋgəsti:n]⟨telb.zn.⟩ **0.1** *manggis* ⇒*mango(e)stan* ⟨vrucht v.d. Garcinia mangostana⟩.

man·grove ['mæŋgroʊv]⟨telb.zn.⟩ **0.1** *mangrove* ⇒*wortelboom.*

man·gy ['meɪndʒi]⟨bn.; -er; -ly; -ness; →bijw. 3⟩ **0.1** *schurftig* **0.2** *sjofel* ⇒*kaal, aftands.*

man·han·dle ['mænhændl, -'hændl]⟨f1⟩⟨ov.ww.⟩ **0.1** *ruw behandelen* ⇒*toetakelen, afranselen, er van langs geven* **0.2** *door mankracht verplaatsen.*

'man-hat·er ⟨telb.zn.⟩ **0.1** *mensenhater* ⇒*misantroop* **0.2** *mannenhater/haatster.*

Man·hat·tan [mæn'hætn]⟨telb.zn.; ook m-⟩ **0.1** *manhattan* ⟨cocktail met whisky en vermouth⟩.

'man·hole ⟨telb.zn.⟩ **0.1** *mangat.*

man·hood ['mænhʊd]⟨f2⟩⟨zn.⟩
I ⟨n.-telb.zn.⟩ **0.1** *mannelijkheid* ⇒*het man-zijn* **0.2** *manbaarheid* ⇒*volwassenheid* **0.3** *viriliteit* ⇒*manhaftigheid, moed* **0.4** *menselijkheid* ⇒*het mens-zijn* ◆ **1.2** age of ~ *manbare/huwbare leeftijd;*
II ⟨verz.n.⟩ **0.1** *mannelijke bevolking.*

'man-hour ⟨f1⟩⟨telb.zn.⟩ **0.1** *manuur.*

'man-hunt ⟨telb.zn.⟩ **0.1** *razzia* ⇒*drijfjacht, klopjacht, mensenjacht.*

ma·ni·a ['meɪnɪə]⟨f1⟩⟨zn.⟩
I ⟨telb.zn.⟩⟨inf.⟩ **0.1** *manie* ⇒*ingenomenheid, voorliefde* **0.2** *rage* ⇒*bevlieging, (mode)gril* ◆ **6.2** the ~ **for** electronic gadgets *de rage/manie om elektronische snufjes te kopen;*
II ⟨n.-telb.zn.⟩ **0.1** ⟨med.⟩ *manie* ⇒*waanzin* **0.2** *zucht* ⇒*redeloze geestdrift* ◆ **1.2** he has football ~ *hij is voetbalgek.*

ma·ni·ac[1] ['meɪnɪæk]⟨f2⟩⟨telb.zn.⟩ **0.1** *maniak* ⇒*waanzinnige* **0.2** *maniak* ⇒*overdreven geestdriftig/enthousiast beoefenaar/aanhanger.*

maniac[2] ⟨f1⟩⟨bn.⟩ **0.1** *maniakaal.*

ma·ni·a·cal [mə'naɪəkl]⟨f1⟩⟨bn.; -ly⟩ **0.1** *maniakaal* ⇒*doldwaas,* ⟨fig.⟩ *dol enthousiast.*

man·ic ['mænɪk]⟨f1⟩⟨bn.⟩ **0.1** ⟨med.⟩ *manisch* ⇒*lijdend aan een manie* **0.2** *erg opgewonden* ⇒*bezeten, dol.*

'man·ic-de'pres·sive ⟨bn.⟩ **0.1** *manisch-depressief.*

Man·ich(a)e·an[1] ['mænɪ'ki:ən]⟨telb.zn.⟩⟨gesch.⟩ **0.1** *Manicheeër* **0.2** ⟨fil.⟩ *dualist.*

Manich(a)ean[2] ⟨bn.⟩⟨fil.⟩ **0.1** *Manicheïstisch* ⇒*dualistisch.*

Man·i·ch(a)e·ism ['mænɪki:ɪzm], **Man·i·ch(a)e·an·ism** ['mæn:ɪ'ki:ənɪzm]⟨n.-telb.zn.⟩⟨fil.⟩ **0.1** *Manicheïsme* ⇒*dualisme, syncretisme* **0.2** ⟨R.-K.⟩ *dualistische dwaalleer.*

man·i·cot·ti ['mænɪ'kɒti‖-'kɑti]⟨mv.⟩ **0.1** *manicotti* ⟨Italiaans gerecht⟩ ⇒⟨ong.⟩ *ravioli.*

man·i·cure[1] ['mænɪkjʊə‖-kjʊr]⟨f1⟩⟨zn.⟩
I ⟨telb.zn.⟩ **0.1** *manicure(beurt)* **0.2** *manicure* ⇒*manicuurster/der* ◆ **7.1** she has two ~s a month *zij laat haar handen twee keer per maand manicuren;*
II ⟨n.-telb.zn.⟩ **0.1** *manicure* ⇒*handverzorging.*

manicure[2] ⟨ov.ww.⟩ **0.1** *manicuren* ◆ **1.1** ⟨fig.⟩ ~d lawns *prachtig verzorgde gazons.*

man·i·cur·ist ['mænɪkjʊərɪst‖-kjʊr-]⟨telb.zn.⟩ **0.1** *manicure* ⇒*manicuurster/der.*

man·i·fest[1] ['mænɪfest]⟨telb.zn.⟩ **0.1** ⟨vnl. scheep.⟩ *manifest* ⇒*cargolijst, verzamelstaat v. lading, ladingsbrief* **0.2** ⟨verkeer⟩ *passagierslijst* **0.3** ⟨AE⟩ *goederensneltrein* ⟨met bederfelijke waren⟩.

manifest[2] ⟨f2⟩⟨bn.; -ly⟩ **0.1** ***zichtbaar*** *⇒kenbaar, merkbaar, manifest* **0.2** ***duidelijk*** *⇒ontwijfelbaar, klaarblijkelijk* ◆ **1.2** ⟨Am. gesch.⟩ Manifest Destiny *Onloochenbare Bestemming* ⟨heel Noord-Amerika voor de U.S.A., 19e eeuwse doctrine⟩.

manifest[3] ⟨f2⟩⟨ww.⟩

I ⟨onov.ww.⟩ **0.1** ***verschijnen*** ⟨v. geest⟩ *⇒zichtbaar worden, zich manifesteren;*

II ⟨ov.ww.⟩ **0.1** ***zichtbaar maken*** *⇒kenbaar/duidelijk/openbaar maken,* ⟨relig.⟩ *openbaren* **0.2** ***vertonen*** *⇒blijk geven van, aan de dag leggen, bewijzen* **0.3** ***op een ladingbrief inschrijven*** ◆ **1.2** ~ one's interest *blijk geven v. belangstelling;* ~ one's opinion *zijn mening te kennen geven* **4.1** God ~s Himself in and through the world *God openbaart zichzelf/maakt zich kenbaar in en via de wereld.*

man·i·fes·tant ['mænɪ̣'festənt]⟨telb.zn.⟩ **0.1** ***manifestant*** *⇒demonstrant.*

man·i·fes·ta·tion ['mænɪ̣fe'steɪʃn‖-fə-]⟨f2⟩⟨zn.⟩

I ⟨telb.zn.⟩ **0.1** ***manifestatie*** *⇒publieke betoging* **0.2** ***manifestatie*** *⇒geestverschijning;*

II ⟨telb. en n.-telb.zn.⟩ **0.1** ***verkondiging*** *⇒openbaring* **0.2** ***uiting*** *⇒teken, blijk.*

man·i·fes·to ['mænɪ̣'festoʊ]⟨f2⟩⟨telb.zn.; ook -es; →mv. 2⟩ **0.1** ***manifest*** *⇒openbare bekendmaking* ⟨i.h.b. v. verkiezingsprogramma/partijprogramma⟩.

man·i·fold[1] ['mænɪ̣foʊld]⟨telb.zn.⟩ **0.1** ***veelvoud*** *⇒kopie* **0.2** ⟨tech.⟩ ***spruitstuk*** *⇒verdeelstuk/leiding/werk* **0.3** ⟨tech.⟩ ***verzamelleiding*** ⟨v. uitlaat e.d.⟩ *⇒collector* **0.4** ⟨wisk.⟩ ***variëteit*** *⇒topologisch vlak/topologische ruimte.*

manifold[2] ⟨f2⟩⟨bn.; -ly⟩ **0.1** ***veelvuldig*** *⇒menigvuldig, verscheiden, veelvoudig* **0.2** ***geleed*** *⇒uit verscheidene delen/stukken bestaand.*

manifold[3] ⟨ov.ww.⟩ **0.1** ***vermenigvuldigen*** *⇒kopiëren* ⟨document e.d.⟩.

manikin →man(n)ikin.

Ma·nil·la, ⟨AE sp. ook⟩ **Ma·nil·a** [mə'nɪlə]⟨f1⟩⟨zn.; ook m-⟩

I ⟨telb.zn.⟩ **0.1** ***manillasigaar*** **0.2** ⟨m-⟩ ***Afrikaanse armring;***

II ⟨n.-telb.zn.⟩ **0.1** →manil(l)a hemp **0.2** →manil(l)a paper.

'manil(l)a hemp, manil(l)a ⟨n.-telb.zn.⟩ **0.1** ***manilla(hennep)*** *⇒manillavezel.*

'manil(l)a paper, manil(l)a ⟨n.-telb.zn.⟩ **0.1** ***manillapapier.***

man·i·oc ['mæniɒk‖-ɑk], **man·i·o·ca** ['mæni'oʊkə]⟨zn.⟩

I ⟨telb.zn.⟩ **0.1** ***maniok*** *⇒cassave, broodwortel* ⟨Manihot utilissima⟩;

II ⟨n.-telb.zn.⟩ **0.1** ***maniokmeel*** *⇒cassave(meel).*

man·i·ple ['mænɪ̣pl]⟨telb.zn.⟩ **0.1** ⟨gesch., mil.⟩ ***manipel*** ⟨Romeinse legerafdeling⟩ **0.2** ⟨R.-K.⟩ ***manipel*** ⟨armdoek v.h. liturgisch gewaad⟩.

ma·nip·u·late [mə'nɪpjʊleɪt‖-pjə-]⟨f3⟩⟨ov.ww.⟩ **0.1** ***hanteren*** ⟨toestel, werktuig⟩ **0.2** ***manipuleren*** *⇒behandelen, (oneerlijk) beïnvloeden, bewerken* **0.3** ***knoeien met*** ⟨tekst, cijfers⟩ **0.4** ⟨med.⟩ ***betasten*** *⇒manipuleren.*

ma·nip·u·la·tion [mənɪpjʊ'leɪʃn‖-pjə-]⟨f2⟩⟨telb. en n.-telb.zn.⟩ **0.1** ***manipulatie*** *⇒kunstmatige/bedrieglijke behandeling/beïnvloeding* **0.2** ***manipulatie*** *⇒af/betasting* **0.3** ***hantering.***

ma·nip·u·la·tive [mə'nɪpjʊlətɪv‖-pjəleɪṭɪv], **ma·nip·u·la·to·ry** [-lətri‖-lətɔri]⟨bn.⟩ **0.1** ***manipulatief.***

ma·nip·u·la·tor [mə'nɪpjʊleɪtə‖-pjəleɪṭər]⟨telb.zn.⟩ **0.1** ***manipulator.***

man·i·t(o)u ['mænɪ̣tu:], **man·i·to** [-toʊ]⟨telb.zn.; ook manitou, manitu, manito; →mv. 4⟩ **0.1** ***manitoe*** *⇒Grote Geest, God* ⟨bij Indianen⟩.

man·kind ['mæn'kaɪnd]⟨f2⟩⟨zn.⟩

I ⟨n.-telb.zn.⟩ **0.1** ***het mensdom*** *⇒de mensheid;*

II ⟨verz.n.⟩⟨zelden⟩ **0.1** ***de mannen*** *⇒het sterke geslacht.*

man·like ['mænlaɪk]⟨telb.zn.⟩ **0.1** ***mannelijk*** *⇒manlijk, een man betamend* ⟨gedrag e.d.⟩ **0.2** ***manachtig*** *⇒mannelijk, op een man gelijkend.*

man·ly ['mænli]⟨f2⟩⟨telb.zn.; -er; -ness⟩ **0.1** ***mannelijk*** *⇒manhaftig* **0.2** ***manachtig*** *⇒mannelijk, op een man gelijkend.*

'man-'made ⟨f2⟩⟨telb.zn.⟩ **0.1** ***door de mens gemaakt*** *⇒kunstmatig* ◆ **1.1** ~ fibre *kunstvezel;* a ~ lake *een kunstmatig meer.*

'man 'milliner ⟨telb.zn.⟩ **0.1** ***beuzelaar.***

'man-month ⟨telb.zn.⟩ **0.1** ***man-maand.***

man·na ['mænə]⟨n.-telb.zn.⟩ **0.1** ***manna*** *⇒hemels voedsel,* ⟨fig.⟩ *hemelse gave, uit de hemel vallend/onverwacht geschenk.*

manned [mænd]⟨bn.⟩ **0.1** ***bemand*** ⟨ruimteschip e.d.⟩.

man·ne·quin, man·i·kin ['mænɪ̣kɪ̣n]⟨f1⟩⟨telb.zn.⟩ **0.1** ***mannequin*** **0.2** ***etalagepop*** *⇒ledenpop.*

man·ner ['mænə‖-ər]⟨f3⟩⟨zn.⟩⟨→sprw. 434, 549⟩

I ⟨telb.zn.⟩ **0.1** ***manier*** *⇒wijze* **0.2** ***houding*** *⇒gedrag, manier v. doen/handelen* **0.3** ***stijl*** *⇒trant* **0.4** ***soort*** *⇒slag* ◆ **1.1** adverb of ~ *bijwoord v. wijze* **1.4** by no/not by any ~ of means *geenszins, in geen geval* **4.4** what ~ of man is he? *wat voor een man is hij?* **6.1** **in** a ~ *in zekere zin;* **in** a ~ **of** speaking *bij wijze van spreken* **6.4** all ~ **of** *allerlei;* no ~ **of** *geen enkele (soort van);*

II ⟨mv.; ~s⟩ **0.1** ***manieren*** *⇒goed/beleefd gedrag* **0.2** ***zeden*** *⇒mores, sociale gewoonten* ◆ **1.2** comedy of ~s *zedenspel, sociale komedie/satire;* ~s and customs *zeden en gewoonten* **2.1** bad ~s *slechte/onbeleefde/*⟨B.⟩ *lelijke manieren;* it's bad ~s *dat is onbeleefd* **3.1** teach s.o. ~s *iem. mores leren, iem. een lesje geven* **3.¶** mend one's ~s/ways *zich/zijn leven beteren, zich beter gaan gedragen.*

man·nered ['mænəd‖-ərd]⟨f1⟩⟨bn.⟩ **0.1** ***gemaniëreerd*** *⇒gekunsteld, gemaakt, onnatuurlijk.*

-man·nered ['mænəd‖-ərd] **0.1** ***-gemanierd*** ◆ **¶.1** ill-~ *ongemanierd;* well-~ *welgemanierd.*

man·ner·ism ['mænərɪzm]⟨zn.⟩

I ⟨telb.zn.⟩ **0.1** ***maniërisme*** *⇒gekunstelde stijlfiguur, concetto* **0.2** ***maniërisme*** *⇒terugkerende eigenaardigheid* ⟨in stijl⟩, *hebbelijkheid;*

II ⟨n.-telb.zn.⟩ **0.1** ***maniërisme*** ⟨stijlsoort⟩ **0.2** ***gemaniëreerdheid*** *⇒gekunsteldheid.*

man·ner·ist ['mænərɪst]⟨telb.zn.⟩ **0.1** ***maniërist.***

man·ner·less ['mænələs‖-ər-]⟨bn.; -ness⟩ **0.1** ***ongemanierd*** *⇒onbeleefd, onbeschoft.*

man·ner·ly ['mænəli‖-ər-]⟨bn.; bw.⟩ **0.1** ***beleefd*** *⇒goedgemanierd.*

man·nie ['mæni]⟨telb.zn.⟩⟨Sch. E⟩ **0.1** ***ventje*** *⇒mannetje* **0.2** ***jochie*** *⇒jongetje.*

man·(n)i·kin, man·a·kin ['mænɪ̣kɪ̣n]⟨f1⟩⟨telb.zn.⟩ **0.1** ***dwerg*** *⇒mannetje* **0.2** ***ledenpop*** ⟨als model⟩ **0.3** ***mannequin*** **0.4** ⟨med.⟩ ***fantoom.***

man·nille [mə'nɪl]⟨n.-telb.zn.⟩⟨kaartspel⟩ **0.1** ***manille.***

man·nish ['mænɪʃ]⟨f1⟩⟨bn.; -ly; -ness⟩⟨pej.⟩ **0.1** ***manachtig*** *⇒mannelijk, als van een man, mannen-* ⟨gezegd v. vrouwen⟩.

ma·noeu·vra·bil·i·ty, ⟨AE sp.⟩ **ma·neu·ver·a·bil·i·ty** [mə'nu:vrə'bɪləṭi]⟨n.-telb.zn.⟩ **0.1** ***manoeuvreerbaarheid.***

ma·noeu·vra·ble, ⟨AE sp.⟩ **ma·neu·ver·a·ble** [mə'nu:vrəbl]⟨bn.⟩ **0.1** ***manoeuvreerbaar*** *⇒gemakkelijk te besturen/hanteren.*

ma·noeu·vre[1], ⟨AE sp.⟩ **ma·neu·ver** [mə'nu:və‖-ər]⟨f2⟩⟨telb.zn.⟩ **0.1** ⟨vaak mv.⟩⟨mil., scheep.⟩ ***manoeuvre*** *⇒maneuver* **0.2** ***manoeuvre*** *⇒kunstgreep, slinkse handelwijze* ◆ **6.1** troops **on** ~s *troepen op manoeuvre.*

ma·noeu·vre[2], ⟨AE sp.⟩ **ma·neu·ver** ⟨f2⟩⟨ww.⟩

I ⟨onov.ww.⟩ **0.1** ⟨mil.⟩ ***manoeuvreren*** *⇒gevechtsoefening houden, op manoeuvre zijn* **0.2** ⟨scheep.⟩ ***manoeuvreren*** *⇒een manoeuvre uitvoeren, verhalen* **0.3** ***manoeuvreren*** *⇒kunstgrepen/handgrepen uitvoeren,* ⟨fig.⟩ *slinks handelen/te werk gaan* ◆ **6.3** both candidates are manoeuvring **for** a few more votes *beide kandidaten wringen zich in bochten voor een paar stemmen meer;*

II ⟨ov.ww.⟩ **0.1** ***hanteren*** *⇒manoeuvreren, besturen, doen bewegen* **0.2** ***manoeuvreren*** *⇒manipuleren, door ingreep/invloed bewerkstelligen* ◆ **6.2** can you ~ him **into** a good job? *kun je een goed baantje voor hem versieren?.*

man-of-war, ma·o'-war ['mænə'wɔ:‖-'wɔr]⟨telb.zn.; men-of-war; →mv. 6⟩⟨vero.⟩ **0.1** ***oorlogsschip*** *⇒slagschip.*

ma·nom·e·ter [mə'nɒmɪ̣tə‖mə'nɑmɪ̣ṭər]⟨telb.zn.⟩ **0.1** ***manometer.***

man·o·met·ric ['mænə'metrɪk], **man·o·met·ri·cal** [-ɪkl]⟨bn.; -(al)ly; →bijw. 3⟩ **0.1** ***manometrisch*** *⇒manometer-* ◆ **1.1** ~ flame *manometrische vlam;* ~ pressure *manometerdruk.*

man·or ['mænə‖-ər]⟨f2⟩⟨telb.zn.⟩ **0.1** ***manor*** *⇒groot (heren)huis met omliggende gronden* **0.2** ⟨BE; sl.⟩ ***politiedistrict*** **0.3** ⟨BE; gesch.⟩ ***heerlijkheid*** *⇒*⟨ong.⟩ *havezate, riddergoed.*

'manor house ⟨f1⟩⟨telb.zn.⟩ **0.1** ***manor*** *⇒herenhuis.*

ma·no·ri·al [mə'nɔ:rɪəl]⟨bn.⟩ **0.1** ***heerlijk*** *⇒ambachtsheerlijk.*

man·pow·er ['mænpaʊə‖-ər]⟨f2⟩⟨zn.; manpower; →mv. 4⟩

I ⟨telb.zn.⟩ **0.1** ***mankracht*** ⟨$^{1}/_{10}$ paardekracht⟩;

II ⟨n.-telb.zn.⟩ **0.1** ***arbeidskrachten*** *⇒werkkrachten* **0.2** ***mankracht*** **0.3** ***beschikbare strijdkrachten*** ◆ **6.2** the statues were moved **by** ~ only *de standbeelden werden uitsluitend met mankracht verplaatst.*

man·qué ['mɒŋkeɪ‖mɑŋ'keɪ]⟨bn., post.⟩ **0.1** ***mislukt*** *⇒miskend, onbegrepen* ◆ **1.1** poet/artist ~ *mislukt/miskend dichter/kunstenaar.*

'man-rate ⟨ov.ww.⟩ **0.1** ***veilig verklaren voor bemande vluchten*** ⟨v. ruimteschip e.d.⟩.

man·sard ['mænsɑ:d‖-sɑrd], **'mansard roof** ⟨telb.zn.⟩ **0.1** ***mansardedak*** *⇒gebroken dak.*

manse [mæns]⟨telb.zn.⟩⟨vnl. Sch. E⟩ **0.1** ***pastorie*** ◆ **1.1** daughter/son of the ~ *domineesdochter/zoon.*

man·ser·vant ['mænsɜ:vənt‖-sɜr-]⟨f1⟩⟨telb.zn.; menservants ['mensɜ:vənts‖-sɜr-]; →mv. 6⟩ **0.1** ***knecht.***

-man·ship [mənʃɪp] **0.1** ***-kunst*** ⇒*manskunst, -mansschap* ◆ **¶.1** horsemanship *rijkunst;* statesmanship *staatsmanschap*.
man·sion [mænʃn]⟨f2⟩⟨telb.zn.⟩ **0.1** ***herenhuis*** **0.2** ⟨mv.; M-; voorafgegaan door eigennaam⟩⟨BE⟩ ***(flat)gebouw*** **0.3** ⟨ster.⟩ ***huis*** ⇒*teken v.d. dierenriem* **0.4** ⟨vero.⟩ ***woonste(d)e*** ⇒*woonplaats, woning* ◆ **1.2** Holborn Mansions *Holbornhuis, Holbornflat*.
'man·sion-house ⟨telb.zn.⟩ **0.1** ***huis v.d. heer*** ⟨op heerlijkheid⟩ ◆ **7.1** the Mansion House *verblijf v.d. Lord Mayor v. Londen*.
'man-size, man-sized ['mænsaɪzd]⟨bn.⟩ **0.1** ***flink*** ⇒*kolossaal* **0.2** ***voor één man berekend*** ◆ **1.2** a ~ job *een eenmanstaak*.
man·slaugh·ter ['mænslɔ:tə‖-slɔt̬ər]⟨f1⟩⟨n.-telb.zn.⟩ **0.1** ***doodslag*** ⇒*manslag*.
man·sue·tude ['mænswɪtju:d‖-tu:d]⟨n.-telb.zn.⟩⟨vero.⟩ **0.1** ***zachtmoedigheid*** ◆ **1.1** ⟨relig.⟩ the Lord's ~ *de goedertierendheid des Heren*.
man·tel, man·tle ['mænt̬l]⟨telb.zn.⟩⟨vero.⟩ **0.1** →mantelpiece **0.2** →mantelshelf **0.3** →mantle.
man·tel·et, mant·let ['mæntlɪt]⟨telb.zn.⟩ **0.1** ***manteltje*** ⇒*cape* ⟨zonder mouwen⟩ **0.2** ***kogelvrij vest***.
'man·tel·piece, 'man·tle·piece ⟨f2⟩⟨telb.zn.⟩ **0.1** ***schoorsteenmantel***.
'man·tel·shelf, 'man·tle·shelf ⟨telb.zn.⟩ **0.1** ***schoorsteenblad*** ⇒*(bovenblad v.) schoorsteenmantel*.
man·tic [mænt̬ɪk]⟨bn.⟩ **0.1** ***waarzeggings-*** ⇒*profetisch*.
-man·tic ['mænt̬ɪk] **0.1** ***-mantisch*** ◆ **¶.1** necromantic *necromantisch*.
man·til·la [mæn'tɪlə]⟨telb.zn.⟩ **0.1** ***mantilla*** ⇒*kanten sluier*.
man·tis ['mænt̬ɪs], **man·tid** ['mænt̬ɪd]⟨telb.zn.; ook mantes ['mænt̬i:z]; →mv. 5⟩⟨dierk.⟩ **0.1** ***bidsprinkhaan*** ⟨genus Mantis⟩ ◆ **3.1** praying ~ *bidsprinkhaan* ⟨Mantis religiosa⟩.
man·tis·sa [mæn'tɪsə]⟨telb.zn.⟩⟨wisk.⟩ **0.1** ***mantisse*** ⟨decimale logaritmebreuk⟩.
man·tle¹ ['mænt̬l]⟨f2⟩⟨telb.zn.⟩ **0.1** ***mantel*** ⇒*overkleed* ⟨zonder mouwen⟩; ⟨fig.⟩ *mantel, dekmantel, bedekking* **0.2** ***(gloei)kousje*** ⟨v. gaslamp⟩ **0.3** ⟨anat.⟩ ***mantel*** ⇒*cortex* **0.4** ⟨dierk.⟩ ***mantel*** ⇒*mantelvormige tekening* ⟨bij honden, vogels, e.d.⟩ **0.5** ⟨dierk.⟩ ***mantel*** ⇒*pallium* ⟨bij weekdieren⟩ **0.6** ⟨geol.⟩ ***mantel*** ⟨tussen aardkorst en aardkern⟩ **0.7** →mantling.
mantle² ⟨ww.⟩ →-mantled, mantling
I ⟨onov.ww.⟩ **0.1** ***zich hullen*** ⇒*een vlies vormen* ⟨v. vloeistof⟩, *schuimen* **0.2** ***zich spreiden*** ⟨over oppervlak⟩ ⇒*naar de wangen stijgen* ⟨v. bloed⟩, *blozen, kleuren* **0.3** ⟨vero.⟩ ***(zich) spreiden*** ⟨v. vleugels⟩ ◆ **6.1** the pool ~d **with** a yellowish scum *op de vijver vormde zich/ontstond een gelig schuim* **6.2** a blush ~d **in** her face /**on** her cheek *een blos vloog naar haar gelaat/spreidde zich over haar wangen* **6.3** his face ~d **with** a blush *hij kreeg een blos op zijn gezicht;* ⟨fig.⟩ the sky ~d **with** dawn *de dageraad verscheen blozend aan de hemel;*
II ⟨ov.ww.⟩ **0.1** ***dekken*** ⇒*bedekken, hullen in* **0.2** ***verhullen*** ⇒*verbergen* **0.3** ***doen kleuren*** ⇒*doen blozen*.
-man·tled ['mænt̬ld]⟨volt. deelw. v. mantle⟩ **0.1** ⟨vormt bijv. nw.⟩ ***bedekt met*** ⇒*gehuld in* ◆ **¶.1** ivy-mantled *bedekt met klimop*.
mant·ling ['mænt̬lɪŋ], **mantle** ⟨telb. en n.-telb.zn.; 1e variant (oorspr.) gerund v. mantle⟩⟨heraldiek⟩ **0.1** ***mantel***.
'man-to-'man, 'man-on-'man ⟨f1⟩⟨bn., attr.⟩ **0.1** ***v. man tot man*** ⇒*openhartig, op de man af* ◆ **1.1** ⟨sport⟩ ~ defence *mandekking;* ⟨voetbal⟩ ~ marking *mandekking*.
man·tra ['mæntrə]⟨telb.zn.⟩⟨relig.⟩ **0.1** ***mantra*** ⇒*gewijde formule*.
'man·trap ⟨telb.zn.⟩ **0.1** ***val*** ⇒*voetangel, klem* ⟨vnl. tegen stropers⟩.
man·tu·a ['mæntjʊə‖-tʃʊə]⟨telb.zn.⟩ **0.1** ***17ᵉ/18ᵉ eeuwse wijde japon***.
man·u·al¹ ['mænjʊəl]⟨f2⟩⟨telb.zn.⟩ **0.1** ***handboek*** ⇒*handleiding* **0.2** ⟨muz.⟩ ***manuaal*** ⇒*toetsenbord, klavier* **0.3** ⟨vaak mv.⟩⟨mil.⟩ ***handgreep***.
manual² ⟨f3⟩⟨bn.; -ly⟩ **0.1** ***hand-*** **0.2** ***vinger-*** ◆ **1.1** ~ control *handbediening;* ~ exchange *handcentrale* ⟨telefoon⟩; ~ labour *handenarbeid;* ~ power *handkracht;* sign ~ *handtekening* ⟨vnl. v. koning op koninklijk besluit⟩; ~ worker *handarbeider* **1.2** ~ alphabet *vingeralfabet, doofstommenalfabet*.
man·u·fac·to·ry ['mænjʊ'fæktri‖'mænə-]⟨telb.zn.; →mv. 2⟩ **0.1** ***fabriek*** ⇒*werkplaats*.
man·u·fac·ture¹ ['mænjʊ'fæktʃə‖'mænə'fæktʃər]⟨f2⟩⟨zn.⟩
I ⟨telb.zn.⟩ **0.1** ⟨vnl. mv.⟩ ***fabrikaat*** ⇒*produkt, goederen;*
II ⟨n.-telb.zn.⟩ **0.1** ***vervaardiging*** ⇒*fabricage, produktie(proces), makelij* **0.2** ***fabriekswezen*** ⇒*industrie* **0.3** ⟨pej.⟩ ***maakwerk(je)*** ⇒*broodschrijverij* ◆ **6.1** **of** home ~ *in huisarbeid/in eigen land vervaardigd*.
manufacture² ⟨f3⟩⟨ov.ww.⟩ **0.1** ***vervaardigen*** ⇒*verwerken* **0.2** ***produceren*** ⇒*voortbrengen;* ⟨fig.; pej.⟩ *als maakwerk/broodschrijverij voortbrengen* ⟨literair werk e.d.⟩ **0.3** ***verzinnen*** ⇒*uit de duim zuigen, opdissen* ◆ **1.1** ~d gas *lichtgas, petroleumgas;* ⟨ec.⟩ manufacturing industry *verwerkende industrie* **1.2** he ~d twenty books in a year's time *hij heeft twintig boeken eruit gedraaid in een jaar tijd*.
man·u·fac·tur·er ['mænjʊ'fæktʃərə‖'mænə'fæktʃərər]⟨f3⟩⟨telb.zn.⟩ **0.1** ***fabrikant*** ⇒*maker*.
manu'facturing cost ⟨telb. en n.-telb.zn.⟩ **0.1** ***produktiekosten*** ⇒*produktieprijs*.
man·u·mis·sion ['mænjʊ'mɪʃn‖-jə-]⟨n.-telb.zn.⟩⟨gesch., jur.⟩ **0.1** ***vrijlating*** ⟨v. slaaf⟩.
man·u·mit ['mænjʊ'mɪt‖-jə-]⟨ov.ww.; →ww. 7⟩⟨gesch., jur.⟩ **0.1** ***vrijlaten*** ⟨slaaf⟩.
ma·nure¹ [mə'njʊə‖mə'nʊr]⟨f2⟩⟨n.-telb.zn.⟩⟨→sprw. 658⟩ **0.1** ***mest*** ⇒*compost, gier*.
manure² ⟨f1⟩⟨ov.ww.⟩ **0.1** ***bemesten*** ⇒*gieren*.
ma·nu·ri·al [mə'njʊrɪəl‖-'nʊr-]⟨bn.; -ly⟩ **0.1** ***mest-*** ⇒*bemestings-*.
man·u·script ['mænjʊskrɪpt‖-jə-]⟨f3⟩⟨telb. en n.-telb.zn.⟩ **0.1** ***manuscript*** ⇒*handschrift* ◆ **6.1** in ~ *in manuscript, met de hand geschreven*.
Manx¹ [mæŋks]⟨zn.; Manx; →mv. 4⟩
I ⟨eig.n.⟩ **0.1** ***taal v.h. eiland Man;***
II ⟨telb.zn.⟩ **0.1** ***manxkat*** ⟨staartloze soort⟩ **0.2** →Manxman.
Manx² ⟨bn.⟩ **0.1** ***Manx-*** ⇒*van/mbt. het eiland Man* ◆ **1.1** ~ cat *manxkat* ⟨staartloze soort⟩ **1.¶** ⟨dierk.⟩ ~ shearwater *noordse pijlstormvogel* ⟨Puffinus puffinus⟩.
Manx·man ['mæŋksmən]⟨telb.zn.; Manxmen [-mən]; →mv. 3⟩ **0.1** ***Manxman*** ⇒*bewoners v. /persoon geboren op het eiland Man*.
man·y¹ ['meni]⟨f4⟩⟨onb.vnw.; vergr. trap more, overtr. trap most; →onbepaald woord 7; →compar. 6⟩ →more, most **0.1** ***vele(n)*** ⇒*menigeen* ◆ **1.1** ~'s the tale he told his children *vele verhalen heeft hij aan zijn kinderen verteld;* ~'s the time *dikwijls, vaak* **2.1** a good/great ~ *vele(n), menigeen* **3.1** ~ tried but few succeeded *velen probeerden het maar weinigen slaagden* **5.1** and as ~ again/ more *en nog eens zoveel/even veel;* one/two/⟨enz.⟩ too ~ *één/ twee* ⟨enz.⟩ *te veel;* have one too ~ *een glaasje te veel op hebben* **5.¶** I was (one) too ~ for him *ik was hem te sterk/te slim af/de baas, mij kon hij niet aan* **6.1** ~ **of** the pages were torn *veel bladzijden waren gescheurd* **7.1** the ~ *de massa, het (gewone) volk;* ⟨fil.⟩ *de veel(voudig)heid* **8.1** as ~ as that *zoveel;* as ~ as thirty *wel dertig*.
many² ⟨f4⟩⟨det.; vergr. trap more, overtr. trap most; →onbepaald woord 7; →compar. 6⟩ →more, most
I ⟨onb.det.⟩ **0.1** ***veel*** ⇒*vele, een groot aantal* ◆ **1.1** he had as ~ dictionaries as he needed *hij had zo veel woordenboeken als hij nodig had;* a great ~ houses *een groot aantal huizen;* a good ~ raisins *een flinke hoeveelheid/heel veel rozijnen* **5.1** ten mistakes in as ~ lines *tien fouten in tien regels;*
II ⟨predet.; alleen met het onbep. lidwoord⟩ **0.1** ***menig(e)*** ◆ **7.1** ~ a one *menigeen;* ~ a time we talked together *we hebben elkaar menigmaal gesproken;* he travelled for ~ a year *hij reisde vele jaren*.
man·y- ['meni] **0.1** ***veel-*** ◆ **¶.1** many-coloured *veelkleurig*.
man·y-hu·ed ['meni'hju:d], **mul·ti·hu·ed** ['mʌlti'hju:d]⟨bn.⟩ **0.1** ***rijk geschakeerd*** ⇒*kleurrijk, veelkleurig*.
man·y·plies ['meniplaɪz]⟨mv.; ww. vnl. enk.⟩ **0.1** ***boekmaag*** ⇒*boekpens* ⟨v. rund⟩.
'man·y'sid·ed ⟨bn.⟩ **0.1** ***veelzijdig*** ⟨ook fig.⟩ ◆ **1.1** a ~ person *een veelzijdig persoon;* a ~ problem *een complex probleem*.
'man·y'splen·doured, ⟨AE sp.⟩ **manysplendored** ⟨bn.⟩ **0.1** ***prachtig*** ⇒*luisterrijk, schitterend*.
man·za·nil·la ['mænzə'nɪlə‖-'ni:ə]⟨n.-telb.zn.⟩ **0.1** ***manzanilla*** ⟨soort sherry⟩.
man·za·ni·ta ['mænzə'ni:t̬ə]⟨telb. en n.-telb.zn.⟩⟨plantk.⟩ **0.1** ***Californische beredruif*** ⟨genus Arctostaphylos⟩.
Mao [maʊ]⟨bn., attr.⟩ **0.1** ***Mao-*** ◆ **1.1** ~ flu *Maogriep, Hongkonggriep;* ~ jacket/collar *Maojasje/kraag*.
Mao·ism ['maʊɪzm]⟨n.-telb.zn.⟩ **0.1** ***maoïsme***.
Mao·ist ['maʊɪst]⟨telb.zn.⟩ **0.1** ***maoïst***.
Ma·o·ri¹ ['maʊri]⟨zn.⟩
I ⟨eig.n.⟩ **0.1** ***Maori*** ⟨taal⟩;
II ⟨telb.zn.⟩ **0.1** ***Maori*** ⟨lid v.e. Polynesische stam⟩.
Maori² ⟨bn.⟩ **0.1** ***Maori*** ⇒*van/mbt. de Maori's*.
'Mao suit ⟨telb.zn.⟩ **0.1** ***Maopak***.
map¹ [mæp]⟨f3⟩⟨telb.zn.⟩ **0.1** ***kaart*** ⇒*landkaart, zeekaart, sterrenkaart* **0.2** ***plan*** ⇒*grafische voorstelling* **0.3** ⟨sl.⟩ ***bakkes*** ⇒*smoel* **0.4** ⟨AE; sl.⟩ ***(ongedekte) cheque*** ◆ **3.1** wipe off the ~ *van de kaart vegen, met de grond gelijk maken;* ⟨fig.; inf.⟩ *onbeduidend/ onbelangrijk maken* **6.1** ⟨inf.⟩ that village is **off** the ~ *dat dorp is aan het andere eind v.d. wereld* **6.¶** ⟨inf.⟩ be **on** the ~ again *weer aan de orde zijn;* put **on** the ~ *de aandacht vestigen op, belang geven aan;* it isn't **on** the ~ *er is geen sprake van, het is uitgesloten*.
map² ⟨f2⟩⟨ov.ww.; →ww. 7⟩ →mapping **0.1** ***in kaart brengen*** **0.2**

⟨wisk.⟩ *afbeelden ⇒uitzetten* ◆ **5.1** ~ **out** *in kaart brengen;* ⟨fig.⟩ *plannen, ontwerpen, indelen;* I've got my whole future ~ped **out** for me *mijn hele toekomst is al uitgestippeld.*

ma·ple [meɪpl]⟨f2⟩⟨zn.⟩
I ⟨telb.zn.⟩ **0.1** ⟨plantk.⟩ ***esdoorn*** *⇒ahorn* ⟨genus Acer⟩ **0.2** ⟨bowling⟩ ***(bowling)kegel;***
II ⟨n.-telb.zn.⟩ **0.1** ***esdoornhout;***
III ⟨mv.; ~s⟩⟨bowling⟩ **0.1** ***bowlingbaan.***

'maple leaf ⟨telb.zn.⟩ **0.1** ***esdoornblad*** ⟨embleem v. Canada⟩.

'maple 'sugar ⟨n.-telb.zn.⟩ **0.1** ***ahornsuiker.***

'maple 'syrup ⟨n.-telb.zn.⟩ **0.1** ***ahornstroop.***

map·ping ['mæpɪŋ]⟨f1⟩⟨telb. en n.-telb.zn.; (oorspr.) gerund v. map⟩ **0.1** ⟨wisk., taalk.⟩ ***afbeelding*** *⇒functie* **0.2** ⟨tech.⟩ ***afbeelding.***

ma·quis ['mæki, 'mɑ:'ki:]⟨zn.⟩
I ⟨eig.n.; M-; the⟩ **0.1** ***ondergrondse*** *⇒verzet, illegaliteit* ⟨tijdens W.O. II in Frankrijk⟩;
II ⟨n.-telb.zn.⟩ **0.1** ***maquis*** *⇒ondoordringbaar struikgewas.*

mar [mɑ:‖mɑr]⟨f2⟩⟨ov.ww.; →ww. 7⟩ **0.1** ***bederven*** *⇒ontsieren, in de war sturen* ◆ **1.1** nothing could ~ their happiness *niets kon hun geluk verstoren* **3.1** make/mend or ~ a plan *een plan doen slagen of mislukken.*

Mar ⟨afk.⟩ March.

mar·a·bou(t), ⟨in bet. I 0.3, 0.4 alleen⟩ **mar·a·bout** ['mærəbu:] ⟨zn.⟩
I ⟨telb.zn.⟩ **0.1** ⟨dierk.⟩ ***maraboe*** ⟨Leptoptilus crumenifer⟩ **0.2** ***maraboet*** *⇒verenbont, boa* **0.3** ***maraboe(t)*** *⇒mohammedaanse kluizenaar* **0.4** ***graftempeltje v. maraboe(t);***
II ⟨n.-telb.zn.⟩ **0.1** ***maraboe(t)veren*** **0.2** ***maraboe(t)zijde.***

ma·ra·ca [mə'rækə]⟨telb.zn.; vaak mv.⟩⟨muz.⟩ **0.1** ***maraca*** ⟨ritme-instrument⟩.

ma·rae [mə'raɪ]⟨telb.zn.⟩ **0.1** ***ontmoetingsplaats/ruimte v.d. Maori.***

mar·ag·ing steel ['mɑ:reɪdʒɪŋ 'sti:l]⟨n.-telb.zn.⟩ **0.1** ***zeer sterke staalsoort*** ⟨met hoog nikkelgehalte⟩.

mar·a·schi·no ['mærə'ski:noʊ, -'ʃi:-]⟨zn.⟩
I ⟨telb.zn.⟩ →maraschino cherry;
II ⟨n.-telb.zn.⟩ **0.1** ***marasquin.***

'maraschino 'cherry, maraschino ⟨telb.zn.⟩ **0.1** ***bigarreau*** *⇒cocktailkers.*

ma·ras·mus [mə'ræzməs], **ma·ras·ma** [mə'ræzmə]⟨n.-telb.zn.⟩ ⟨med.⟩ **0.1** ***marasme*** *⇒verval v. krachten.*

Ma·ra·tha, Mah·rat·ta [mə'rɑ:tə, mə'rætə]⟨zn.⟩
I ⟨telb.zn.⟩ **0.1** ***Mahrat;***
II ⟨verz.n.⟩ **0.1** ***Mahraten*** ⟨volk in India⟩.

Ma·ra·thi, Mah·ra·ti [mə'rɑ:ti, mə'ræti]⟨eig.n.⟩ **0.1** ***Mahratti(sch)*** *⇒Marathi(sch)* ⟨taal in India⟩.

mar·a·thon[1] ['mærəθən‖-θɑn]⟨f1⟩⟨telb.zn.; ook M-⟩ **0.1** ***marat(h)on(loop).***

marathon[2] ⟨f1⟩⟨bn., attr.⟩ **0.1** ***marat(h)on-*** ◆ **1.1** a ~ debate *een marathondebat;* a ~ effort *een langdurige inspanning;* a ~ meeting *een marathonvergadering.*

mar·a·thon·er ['mærəθɒnə‖-θɑnər], **'marathon runner** ⟨telb.zn.⟩ ⟨atletiek⟩ **0.1** ***marat(h)onloper.***

ma·raud [mə'rɔ:d]⟨onov. en ov.ww.⟩ **0.1** ***plunderen*** *⇒roven.*

mar·ble[1] ['mɑ:bl‖'mɑrbl]⟨f3⟩⟨zn.⟩
I ⟨telb.zn.⟩ **0.1** ***knikker*** **0.2** ⟨vaak mv.⟩ ***marmeren beeld*** ◆ **1.2** the Elgin ~s *de beelden(collectie) v. Elgin* **1.¶** ⟨BE⟩ have ~s in one's mouth *bekakt praten, praten alsof men een hete aardappel in zijn mond heeft* **3.¶** ⟨BE; inf.; scherts.⟩ he's lost his ~s *hij ziet ze vliegen,* ⟨B.⟩ *hij trapt door;*
II ⟨n.-telb.zn.⟩ **0.1** ***marmer;***
III ⟨mv.; ~s⟩⟨BE; sl.⟩ **0.1** ***kloten.***

marble[2] ⟨bn., attr.⟩ **0.1** ***marmeren*** *⇒*⟨fig.⟩ *wit en glad; hard en koud* **0.2** ***gemarmerd*** ◆ **1.1** ⟨fig.⟩ a ~ brow *een marmeren/marmerwit voorhoofd* **1.¶** ⟨AE; sl.⟩ ~ dome *stomkop, idioot;* a ~ heart *een hart v. steen;* ⟨AE; sl.⟩ ~ orchard *kerkhof.*

marble[3] ⟨f1⟩⟨ov.ww.⟩ **0.1** ***marmeren*** *⇒het uiterlijk v. marmer geven* ◆ **1.1** ~d cake *marmercake;* ~d paper *gemarmerd papier, marmerpapier.*

mar·bles ['mɑ:blz‖'mɑrblz]⟨n.-telb.zn.⟩ **0.1** ***knikkerspel*** *⇒het knikkeren* ◆ **3.1** play ~ *knikkeren.*

mar·bly ['mɑ:bli‖'mɑrbli]⟨bn.; -er; →compar. 7⟩ **0.1** ***marmerachtig*** **0.2** ***gemarmerd.***

marc [mɑ:k‖mɑrk]⟨n.-telb.zn.⟩ **0.1** ***moer*** *⇒druivenmoer, droesem* **0.2** ***marc*** ⟨brandewijn uit droesem⟩.

Marc·an ['mɑ:kən‖'mɑr-]⟨bn.⟩ **0.1** ***van/mbt. Marcusevangelie.***

mar·ca·site ['mɑ:kəsaɪt‖'mɑr-]⟨n.-telb.zn.⟩⟨geol.⟩ **0.1** ***marcasiet*** *⇒speerkies* ⟨mineraal⟩.

mar·cel[1] [mɑ:'sel‖mɑr-], **mar'cel wave** ⟨telb.zn.⟩⟨vero.⟩ **0.1** ***watergolf.***

marcel[2] ⟨ov.ww.; →ww. 7⟩ **0.1** ***watergolven*** *⇒in een watergolf leggen* ⟨kapsel⟩.

mar·ces·cent [mɑ:'sesnt‖mɑr-]⟨bn.⟩⟨plantk.⟩ **0.1** ***verwelkend maar niet afvallend*** ⟨bloesem e.d.⟩.

march[1] [mɑ:tʃ‖mɑrtʃ]⟨f2⟩⟨telb.zn.⟩ **0.1** ***mars*** **0.2** ***opmars*** **0.3** ***loop*** *⇒vooruitgang,* ⟨fig.⟩ *ontwikkeling* **0.4** ⟨muz.⟩ ***mars*** *⇒marsmuziek, marstempo* **0.5** ⟨vaak mv.⟩⟨gesch.⟩ ***mark*** *⇒grens(gewest/gebied)* ◆ **1.1** line/route of ~ *marsroute* **1.3** the ~ of science *de vooruitgang/evolutie v.d. wetenschap* **3.1** forced ~ *geforceerde mars* **3.¶** steal a ~ on s.o. *iem. te vlug af zijn, iem. een vlieg afvangen* **6.2** **on** the ~ *in opmars* **7.5** the Marches *grensgebied tussen Engeland en Schotland of Wales; grensgebied.*

march[2] ⟨f2⟩⟨ww.⟩
I ⟨onov.ww.⟩ **0.1** ***(op)marcheren*** *⇒op/aanrukken, stappen* ⟨met vastberaden tred⟩ **0.2** ***grenzen*** ◆ **5.1** ~ **on** *in gelid opmarcheren;* quick ~! *voorwaarts mars!* **6.1** ~ **for** peace *voor de vrede opmarcheren/betogen;* ~ **on** a town *naar een stad (op)marcheren/oprukken;* ~ **past** the officers *voor de officieren defileren;* ~ **with** the times *met zijn tijd meegaan* **6.2** England ~es **on/with** Scotland *Engeland grenst aan Schotland;*
II ⟨ov.ww.⟩ **0.1** ***doen marcheren*** *⇒laten aanrukken* **0.2** ***leiden*** *⇒voeren* ⟨te voet⟩ ◆ **5.2** the prisoner was ~ed **away** *de gevangene werd weggeleid.*

March [mɑ:tʃ‖mɑrtʃ]⟨f3⟩⟨eig.n.⟩⟨→sprw. 315, 556⟩ **0.1** ***maart.***

march·er ['mɑ:tʃə‖-ər]⟨telb.zn.⟩ **0.1** ***marcheerder*** *⇒betoger* **0.2** ⟨gesch.⟩ ***markbewoner.***

'March 'hare ⟨f1⟩⟨telb.zn.⟩ **0.1** ***maartse haas*** ⟨personage uit Alice in Wonderland⟩.

'marching order ⟨telb.zn.⟩⟨mil.⟩ **0.1** ⟨vaak mv.⟩ ***marsorder*** **0.2** ⟨BE⟩ ***marstenue*** **0.3** ⟨BE⟩ ***marsorde*** **0.4** ⟨BE⟩ ***ontslag*** ⟨vnl. uit militaire dienst⟩ *⇒het afzwaaien;* ⟨fig., scherts.⟩ *afwijzing* ⟨v. aanbidder⟩.

'marching song ⟨telb.zn.⟩ **0.1** ***marslied.***

mar·chion·ess ['mɑ:ʃə'nes‖'mɑrʃənɪs]⟨telb.zn.⟩ **0.1** ***markiezin.***

'march·land ⟨telb.zn.⟩ **0.1** ***mark*** *⇒grensgebied/gewest.*

march·pane ['mɑ:tʃpeɪn‖'mɑrtʃ-]⟨n.-telb.zn.⟩⟨vero.⟩ **0.1** ***marsepein.***

'march-past ⟨telb.zn.⟩⟨mil.⟩ **0.1** ***defilé*** *⇒parade.*

Mardi gras ['mɑ:di 'grɑ:‖'mɑrdi grɑ]⟨eig.n.⟩ **0.1** ***vastenavond*** *⇒carnaval, Mardi gras.*

mare[1] [meə‖mer]⟨f2⟩⟨telb.zn.⟩⟨→sprw. 466⟩ **0.1** ***merrie.***

ma·re[2] ['mɑ:reɪ]⟨telb.zn.; maria ['mɑ:rɪə]; →mv. 5⟩ **0.1** ⟨ster.⟩ ***zee*** ⟨op maan/Mars⟩ **0.2** ⟨gesch.⟩ ***zee*** ◆ **2.2** ⟨jur.⟩ ~ clausum *territoriale wateren;* ~ liberum *open/vrije zee.*

ma·rem·ma [mə'remə]⟨telb.zn.⟩ **0.1** ***moerasachtig kustland.***

'mare's nest ⟨telb.zn.⟩ **0.1** ***iets onmogelijks*** *⇒illusie, denkbeeldige vondst* **0.2** ***huishouden v. Jan Steen*** *⇒onbeschrijflijke rommel* ◆ **3.1** find a ~ *blij zijn met een dode mus.*

'mare's tail ⟨zn.⟩
I ⟨telb.zn.⟩⟨plantk.⟩ **0.1** ***lidsteng*** ⟨Hippuris vulgaris⟩ **0.2** ***paardestaart*** ⟨genus Equisetum⟩;
II ⟨mv.; ~s⟩ **0.1** ***lange vederwolken*** *⇒cirrusformaties.*

mar·ga·rine, ⟨AE ook⟩ **mar·ga·rin** ['mɑ:dʒə'ri:n, 'mɑ:gə-‖'mɑrdʒərɪn]⟨f1⟩⟨n.-telb.zn.⟩ **0.1** ***margarine.***

mar·gay ['mɑ:geɪ‖'mɑrgeɪ]⟨telb.zn.⟩⟨dierk.⟩ **0.1** ***margay*** ⟨Felis wiedi⟩.

marge [mɑ:dʒ‖mɑrdʒ]⟨f1⟩⟨n.-telb.zn.⟩⟨verk.⟩ margarine ⟨BE; inf.⟩ **0.1** ***margarine.***

mar·gin[1] ['mɑ:dʒɪn‖'mɑr-]⟨f2⟩⟨telb.zn.⟩ **0.1** ***rand*** *⇒boord, kant;* ⟨plantk.⟩ *bladrand* **0.2** ***marge*** *⇒kantlijn* **0.3** ***grens*** *⇒uiterste* **0.4** ***marge*** *⇒speling, speelruimte, overschot;* ⟨beurs⟩ *surplus* **0.5** ⟨ec.⟩ ***prolongatie*** ◆ **1.4** ~ of error *foutenmarge;* ~ of profit *winstmarge;* ~ of safety *veiligheidsmarge* **2.4** succeed by a narrow ~ *met de hakken over de sloot slagen* **3.4** leave a ~ *speelruimte laten* **6.3** go **near** the ~ *tot het uiterste gaan* **6.5** buy **on** ~ *op prolongatie kopen.*

margin[2] ⟨ov.ww.⟩ **0.1** ***v.e. marge/kantlijn voorzien*** **0.2** ***van kanttekeningen voorzien*** **0.3** ⟨beurs⟩ ***dekken.***

'margin account ⟨telb.zn.⟩ **0.1** ***prolongatierekening.***

mar·gin·al ['mɑ:dʒɪnl‖'mɑr-]⟨f2⟩⟨bn.; -ly⟩ **0.1** ***aangrenzend*** *⇒aan de rand gelegen* **0.2** ***marginaal*** *⇒in de marge/kantlijn geschreven* **0.3** ***marginaal*** *⇒miniem, onbeduidend, bijkomstig, ondergeschikt,* ⟨hand.⟩ *weinig rendabel/winstgevend* ◆ **1.2** ~ notes *marginaliën, kanttekeningen* **1.3** of ~ importance *van ondergeschikt belang;* ~ land *marginaal bouwland;* ⟨BE; pol.⟩ ~ seat *onzekere zetel* **1.¶** ⟨ec.⟩ ~ cost *marginale kosten;* ~ rate of income tax *marginaal belastingtarief;* ⟨ec.⟩ ~ revenue *marginale inkomsten* **6.1** states ~ **to** Spain *aan Spanje grenzende staten* **6.2** be ~ **to** the general tendency *buiten de algemene gevoelens staan;* be ~ **to** society *op de rand v.d. maatschappij leven.*

mar·gi·na·li·a ['mɑ:dʒɪ'neɪlɪə‖'mɑr-]⟨mv.⟩ **0.1** ***marginaliën*** *⇒kanttekeningen.*

mar·gin·al·i·ty ['mɑ:dʒɪ'næləti‖'mɑrdʒɪ'næləṭi]⟨n.-telb.zn.⟩ **0.1** ***marginaliteit*** *⇒het marginaal zijn.*

mar·gin·al·ize, -ise ['mɑ:dɪnəlaɪz‖'mɑr-]⟨ov.ww.⟩ **0.1** ***marginaliseren*** ⇒*aan de zelfkant v.d. maatschappij doen belanden, uitsluiten, uitrangeren, verwaarlozen.*
mar·gin·ate[1] ['mɑ:dʒɪneɪt‖'mɑr-], **mar·gin·at·ed** [-neɪṭɪd]⟨bn.⟩ ⟨biol.⟩ **0.1** ***gerand.***
marginate[2] ⟨ov.ww.⟩ **0.1** ***van een kantlijn/marge voorzien.***
mar·grave ['mɑ:greɪv‖'mɑr-]⟨telb.zn.⟩⟨gesch.⟩ **0.1** ***markgraaf.***
mar·gra·vine ['mɑ:grəvi:n‖'mɑr-]⟨telb.zn.⟩⟨gesch.⟩ **0.1** ***markgravin.***
mar·gue·rite ['mɑ:gə'ri:t‖'mɑr-]⟨telb.zn.⟩ **0.1** ***margriet.***
maria ⟨mv.⟩ →mare[1].
Ma·ri·a ⟨eig.n.⟩ **0.1** ***Maria.***
Mar·i·an[1] ['meərɪən‖'mer-]⟨telb.zn.⟩ **0.1** ***vereerder v. Maria*** **0.2** ***aanhanger v. Koningin Mary*** ⟨v. Engeland/Schotland⟩.
Marian[2] ⟨bn.⟩ **0.1** ***Maria-*** ⇒*van Maria* **0.2** ***van Koningin Mary*** ⟨v. Engeland/Schotland⟩.
mar·i·cul·ture ['mærikʌltʃə‖-ər]⟨n.-telb.zn.⟩ **0.1** ***zeeteelt*** ⇒*zeecultuur* ⟨het kweken v. zeegewas en zeedieren⟩.
mar·i·gold ['mærɪgould]⟨telb.zn.⟩⟨plantk.⟩ **0.1** ***goudsbloem*** ⟨genus Galendula⟩ **0.2** ***afrikaantje*** ⟨genus Tagetes⟩.
mar·i·jua·na, mar·i·hua·na [mærɪ'wɑ:nə, -'hwɑ:nə]⟨f2⟩⟨n.-telb.zn.⟩ **0.1** ***marihuana.***
ma·rim·ba [mə'rɪmbə]⟨telb.zn.⟩⟨muz.⟩ **0.1** ***marimba.***
ma·ri·na [mə'ri:nə]⟨telb.zn.⟩ **0.1** ***jachthaven.***
mar·i·nade[1] [mærɪ'neɪd]⟨telb. en n.-telb.zn.⟩ **0.1** ***marinade.***
marinade[2], **mar·i·nate** ['mærɪneɪt]⟨ov.ww.⟩ **0.1** ***marineren.***
ma·rine[1] [mə'ri:n]⟨f3⟩⟨zn.⟩
I ⟨telb.zn.⟩ **0.1** ***marinier*** ⇒*zeesoldaat; lid v.d. landingsstoottroepen* **0.2** ***zeegezicht*** ⇒*marine, zeestuk* ◆ **2.1** ⟨BE⟩ Royal Marines *Koninklijke Mariniers* ⟨Britse marine-infanteristen⟩ **3.¶** tell that to the (horse) ~s! *maak dat je opoe/de kat wijs!;*
II ⟨n.-telb.zn.; the⟩ **0.1** ***zeewezen*** ⇒*scheepvaart* **0.2** ***marine*** ⇒*vloot* ◆ **2.2** the mercantile ~ *de koopvaardij, de handelsvloot.*
marine[2] ⟨f2⟩⟨bn., attr.⟩ **0.1** ***marine-*** ⇒*mariene, zee(vaart)-, scheeps-* ◆ **1.1** ~ biologist *mariene bioloog, oceanoloog;* ~ biology *mariene biologie;* ~ dealer *(scheeps)tagrijn;* ~ engineer (officer) *scheepswerktuigkundige;* ~ insurance *zeeverzekering;* ~ painter *marineschilder, schilder v. zee(ge)zichten/stukken;* ~ parade *zeeboulevard, promenade;* ~ plants *zeegewassen;* ~ route *zee(vaart)route;* ~ science *zeewetenschappen, oceanologie;* ~ stores *scheepsbehoeften/artikelen* **1.¶** ⟨muz.⟩ ~ trumpet *monochord(ium).*
Ma'rine Corps ⟨eig.n.; the⟩⟨AE⟩ **0.1** ***korps landingsstoottroepen*** ⟨in Am. marine⟩ ⇒⟨ong.⟩ *korps mariniers.*
mar·i·ner ['mærɪnə‖-ər]⟨f1⟩⟨telb.zn.⟩ **0.1** ***zeeman*** ⇒*matroos.*
'mariner's compass ⟨telb.zn.⟩ **0.1** ***kompas.***
mar·i·o·nette ['mærɪə'net]⟨telb.zn.⟩ **0.1** ***marionet.***
mar·ish ['mærɪʃ]⟨bn.⟩⟨vero.⟩ **0.1** ***moerassig.***
Mar·ist ['meərɪst‖'merɪst]⟨telb.zn.⟩⟨R.-K.⟩ **0.1** ***marist*** ⟨lid v.d. priestercongregatie v. Maria⟩.
mar·i·tal ['mærɪṭl]⟨f2⟩⟨bn.; -ly⟩ **0.1** ***echtelijk*** ⇒*huwelijks-* **0.2** ***maritaal*** ⇒*v.d. echtgenoot* ◆ **1.1** ~ bonds *huwelijksbanden;* ~ problems *echtelijke moeilijkheden;* ~ rape *verkrachting binnen het huwelijk* **1.2** ~ authority *maritale macht.*
mar·i·time ['mærɪtaɪm]⟨f2⟩⟨bn., attr.⟩ **0.1** ***maritiem*** ⇒*zee-, zeevarend, kust-* ◆ **1.1** ~ law *zeerecht;* ~ powers *zeemachten, maritieme mogendheden;* ~ regions *kustgebieden;* ~ type *kusttype.*
mar·jo·ram ['mɑ:dʒərəm‖'mɑr-]⟨n.-telb.zn.⟩⟨plantk.⟩ **0.1** ***marjolein*** ⟨Origanum vulgare⟩.
mark[1] [mɑ:k‖mɑrk]⟨f3⟩⟨zn.⟩
I ⟨telb.zn.⟩ **0.1** ⟨ben. voor⟩ ***teken*** ⇒*kenteken, merkteken; leesteken, paraaf; kruisje (ipv. handtekening); opschrift, etiket; prijsmerk; postmerk;* ⟨fig.⟩ *blijk* **0.2** ***teken*** ⇒*merk, spoor, vlek, litteken,* ⟨fig.⟩ *indruk* **0.3** ***(rapport)cijfer*** ⇒*punt, waarderingscijfer* **0.4** ***peil*** ⇒*niveau, standaard* **0.5** ⟨vaak M-; vnl. met telwoord⟩ ***model*** ⇒*type, rangnummer* **0.6** ***start(streep)*** ⇒*meet* **0.7** ***doel*** ⇒*doelwit, einddoel,* ⟨boksen⟩ *maagkuil,* ⟨sl.⟩ *voorkeur, voorliefde* **0.8** ⟨gesch.⟩ ***mark*** ⇒*markegrond* **0.9** ***mark*** ⟨munt⟩ ⇒*D-Mark* ⟨Duitsland⟩, *markka* ⟨Finland⟩ **0.10** ⟨AE; sl.⟩ ***slachtoffer*** ⇒*lammetje* **0.11** ⟨AE; sl.⟩ ***(geschikt) object*** ⟨voor overval enz.⟩ **0.12** ⟨Austr. voetbal⟩ ***mark*** ⟨vangbal, waarna een vrije trap volgt⟩ ◆ **1.1** as a ~ of my esteem *als blijk/teken v. mijn achting;* the ~ of the Beast *merkteken v.h. beest* ⟨Openb. 19:20⟩ **2.2** black ~ *zwarte vlek;* ⟨fig.⟩ *smet* **2.3** good/bad ~s *goede/slechte cijfers;* give s.o. full ~s for courage *iemands moed erkennen/hoog aanslaan;* the highest ~s *de beste resultaten* **2.10** easy/soft ~ *dupe, willig slachtoffer* **3.2** bear the ~s of *de sporen dragen van;* leave one's ~ on *zijn stempel drukken op;* make one's ~ *zich onderscheiden, beroemd worden* **3.7** find one's ~ *doel treffen* ⟨bv. v. pijl⟩; ⟨fig.⟩ hit the ~ *de spijker op de kop slaan, in de roos schieten;* ⟨fig.⟩ miss/overshoot the ~ *het doel missen/voorbijstreven, te ver gaan; zijn mond voorbij praten; het geheel bij het verkeerde eind hebben, de plank misslaan* **3.¶** keep s.o. up to the ~ *zorgen dat iem. zijn uiterste best doet/zijn beste beentje voor zet;* overstep the ~ *over de schreef gaan;* (God) save the ~! *God betere (het)!;* ⟨AE⟩ toe the ~ *precies doen wat gezegd/opgedragen wordt* **4.5** ⟨scherts.⟩ ~ one *verouderd/voorhistorisch model* **6.4** **above/below** the ~ *boven/beneden peil;* I don't feel quite **up to** the ~ *ik voel me niet helemaal fit/in orde* **6.6** not quick **off** the ~ *niet vlug/vlot (v. begrip);* **on** your ~s, get set, go! *op uw plaatsen! klaar? af!;* **on** the ~ *klaar voor de start* **6.7** **beside/off** the ~ *ernaast, naast het doel/onderwerp;* **close to/near** the ~ *dicht bij de waarheid; heel ver gaand, zeer grof* ⟨v. grap⟩; fall wide **of** the ~ *er helemaal naast zitten;*
II ⟨n.-telb.zn.⟩ **0.1** ***belang*** **0.2** ***aandacht*** ◆ **1.1** a man of ~ *een man van belang* **2.2** worthy of ~ *de aandacht waard* **7.1** of no ~ *van geen belang.*
mark[2] ⟨f3⟩⟨ww.⟩ →marked, marking
I ⟨onov.ww.⟩ **0.1** ***vlekken*** ⇒*vlekken maken/krijgen* **0.2** ***cijfers geven*** **0.3** ⟨sport⟩ ***stand bijhouden*** ⇒*aantekening houden* **0.4** ⟨jacht⟩ ***markeren*** ◆ **1.1** this pen ~s under water *deze pen schrijft zelfs onder water* **5.2** the new teacher ~s more strictly *de nieuwe leraar geeft strengere cijfers;*
II ⟨ov.ww.⟩ **0.1** ***merken*** ⇒*kenmerken/schetsen/tekenen, onderscheiden, (be)tekenen* **0.2** ***merken*** ⇒*aanduiden, aantekenen, aangeven, markeren, noteren* **0.3** ***beoordelen*** ⇒*nazien, corrigeren, cijfers geven voor* ⟨schoolwerk⟩ **0.4** ***prijzen*** ⇒*v.e. prijskaartje voorzien* **0.5** ***letten op*** ⇒*aandacht schenken aan* **0.6** ***te kennen geven*** ⇒*vertonen, aan de dag leggen, uiten* **0.7** ***bestemmen*** ⇒*opzij zetten* **0.8** ⟨vaak pass.⟩ ***vlekken*** ⇒*tekenen* ⟨dier⟩ **0.9** ⟨sport⟩ ***dekken*** **0.10** ⟨AE; sl.⟩ ***zoeken/vinden*** ⟨object/plaats voor een overval⟩ ⇒*verkennen, beloeren* ◆ **1.1** his birth ~s the beginning of a new era *zijn geboorte luidt het begin v.e. nieuw tijdperk in* **1.2** there will be fireworks to ~ the occasion *er komt een vuurwerk om de gelegenheid luister bij te zetten* **1.5** ~ my words *let op mijn woorden* **5.5** ~ how it is done *let op hoe het gedaan wordt* **5.¶** →mark **down;** →mark **in;** →mark **off;** →mark **out;** →mark **up** **6.2** ~ed **for** life *voor het leven getekend/gebrandmerkt* **6.8** a bird ~ed **with** brown *een bruingevlekte vogel;* a face ~ed **with** smallpox *een door de pokken geschonden gelaat, een pokdalig gezicht.*
Mark [mɑ:k‖mɑrk]⟨eig.n.⟩ **0.1** ***Mark*** ⇒*Marcus* **0.2** ***Evangelie naar Marcus*** ◆ **2.1** Saint ~ *Marcus* ⟨de evangelist⟩.
'mark·down ⟨telb.zn.⟩ **0.1** ***prijsverlaging*** ⇒*afprijzing, korting, disagio.*
'mark 'down ⟨ov.ww.⟩ **0.1** ***eruitpikken*** ⇒*bestemmen, kiezen* **0.2** ***afprijzen*** **0.3** ***een lager cijfer geven*** **0.4** ⟨jacht⟩ ***in zich opnemen*** ⇒⟨AE; sl.⟩ *afleggen, beloeren, verkennen* ◆ **1.4** the robber marked down the gasoline station *de dief legde het benzinestation af.*
marked [mɑ:kt‖mɑrkt]⟨f2⟩⟨bn.; oorspr. volt. deelw. v. mark; -ly; -ness⟩ **0.1** ***duidelijk*** ⇒*uitgesproken, opvallend* **0.2** ***gemarkeerd*** ⟨ook taalk.⟩ ⇒*gemerkt, door een teken herkenbaar/aangeduid* **0.3** ***bestemd*** ⇒*uitgekozen* **0.4** ⟨AE; sl.⟩ ***afgelegd*** ⇒*beloerd* ◆ **1.1** a ~ preference for blondes *een uitgesproken voorkeur voor blondines* **1.2** ~ money *gemerkt geld* **1.3** a ~ man *iem. die wordt beloerd* ⟨m.n. door overvaller/moordenaar⟩; *ten dode opgeschreven man, iem. die op zijn laatste benen loopt.*
mark·er ['mɑ:kə‖'mɑrkər]⟨f2⟩⟨telb.zn.⟩ **0.1** ***teller*** ⇒*(stand)bijhouder, optekenaar;* ⟨biljart⟩ *scorebord, markeur;* ⟨mil.⟩ *vleugelman, flankeur* **0.2** ⟨ben. voor⟩ ***teken*** ⇒*merk, kenteken; mijlpaal, kilometerpaal; baken; boekelegger; scorebord;* ⟨AE⟩ *score, stand, wedstrijdpunt;* ⟨voetbal⟩ *doelpunt;* ⟨AE⟩ *gedenkplaat, grafsteen* **0.3** ⟨voetbal⟩ ***dekker*** **0.4** ⟨AE; sl.⟩ ***promesse*** ⇒*schuldbekentenis.*
'marker pen ⟨telb.zn.⟩ **0.1** ***marker*** ⇒*markeerstift.*
mar·ket[1] ['mɑ:kɪt‖'mɑr-]⟨f4⟩⟨zn.⟩
I ⟨telb.zn.⟩ **0.1** ***markt*** ⇒*marktplaats, marktdag* **0.2** ***markt*** ⇒*handel, koop en verkoop* **0.3** ***markt*** ⇒*afzetgebied* **0.4** ***marktprijs*** **0.5** ***markt*** ⇒*beurs* **0.6** ⟨vaak in samenstellingen⟩⟨AE⟩ ***winkel*** ◆ **1.2** buyers'/buyer's ~ *kopersmarkt;* sellers'/seller's ~ *verkopersmarkt* **2.2** (European) Common Market *Euromarkt, E.E.G.;* ⟨jur.⟩ ~ overt *openbare/vrije markt* **3.3** flood the ~ with *de markt overspoelen met* **3.5** play the ~ *speculeren;* rig the ~ *de markt manipuleren* ⟨door kunstmatig hausse/baisse te veroorzaken⟩; *frauduleus speculeren* **3.¶** make a ~ of sth. *ergens munt uit slaan; iets verkwanselen* **6.1** be **in** the ~ **for** sth. *iets willen kopen, in de markt zijn voor iets* **6.2** come **into** the ~ *op de markt/in de handel komen;* put **on** the ~ *op de markt brengen;* price o.s. **out of** the ~ *zich uit de markt prijzen* **6.4** **at** the ~ *tegen de marktprijs;*
II ⟨telb. en n.-telb.zn.⟩ **0.1** ***markt*** ⇒*vraag* ◆ **6.1** there is no ~ **for** his products *er is geen markt voor/vraag naar zijn produkten.*
market[2] ⟨f2⟩⟨ww.⟩ →marketing

I ⟨onov.ww.⟩ **0.1** ***inkopen doen*** ⇒*winkelen, naar de markt gaan* **0.2** ***aan markthandel doen*** ◆ **3.1** ⟨vnl. AE⟩ go ~ing (for household supplies) *naar de markt/winkel gaan (voor de boodschappen);*

II ⟨ov.ww.⟩ **0.1** ***op de markt brengen*** ⇒*in de handel brengen, verkopen* **0.2** ***verhandelen.***

mar·ket·a·bil·i·ty ['mɑ:kɪ̣tə'bɪləti‖'mɑrkɪ̣t̬ə'bɪlət̬i]⟨n.-telb.zn.⟩ **0.1** ***verkoopbaarheid.***

mar·ket·a·ble ['mɑ:kɪ̣təbl‖'mɑrkɪ̣t̬əbl]⟨bn.; -ly; →bijw. 3⟩ **0.1** ***verkoopbaar*** ⇒*(gemakkelijk) te verkopen* **0.2** ***markt-*** ⇒*handels-* ◆ **1.2** ~ value *marktwaarde, dagwaarde.*

'market 'cross ⟨telb.zn.⟩ **0.1** ***marktkruis*** ⟨zinnebeeld op marktplein⟩.

'mar·ket-day ⟨telb.zn.⟩ **0.1** ***marktdag.***

'market economy ⟨telb.zn.⟩ **0.1** ***vrije-markteconomie.***

mar·ket·eer ['mɑ:kɪ̣'tɪə‖'mɑrkə'tɪr]⟨telb.zn.⟩ **0.1** ⟨inf.⟩ ***markthandelaar*** ⇒*marktkramer* **0.2** ***marktdeskundige*** ⇒*marketingman.*

mar·ket·er ['mɑ:kətə‖'mɑrkət̬ər]⟨telb.zn.⟩ **0.1** ***marktganger*** ⇒*marktbezoeker* **0.2** ***markthandelaar.***

'market 'garden ⟨telb.zn.⟩⟨BE⟩ **0.1** ***groentekwekerij*** ⇒*tuinderij.*

'market 'gardener ⟨telb.zn.⟩⟨BE⟩ **0.1** ***groentekweker*** ⇒*tuinder.*

'market 'gardening ⟨n.-telb.zn.⟩⟨BE⟩ **0.1** ***groenteteelt*** ⇒*tuinderij.*

'market hall ⟨telb.zn.⟩ **0.1** ***markthal*** ⇒*overdekte markt.*

mar·ket·ing ['mɑ:kətɪŋ‖'mɑrkət̬ɪŋ]⟨f1⟩⟨n.-telb.zn.; gerund v. market⟩ **0.1** ***markthandel*** **0.2** ***marketing*** ⇒*marktonderzoek, marktanalyse* **0.3** ⟨vnl. AE⟩ ***het boodschappen doen*** ⇒*inkopen.*

'mar·ket·place ⟨f2⟩⟨telb.zn.⟩ **0.1** ***marktplein*** ⇒*marktplaats* **0.2** ⟨the⟩ ***plaats v. verkoop*** ⇒⟨fig.⟩ *(de) openbaarheid, forum.*

'market 'price ⟨f1⟩⟨telb.zn.⟩ **0.1** ***marktprijs.***

'market 'rate ⟨telb.zn.⟩ **0.1** ***marktprijs.***

'market re'search, 'marketing re'search ⟨f1⟩⟨n.-telb.zn.⟩ **0.1** ***marktonderzoek*** ⇒*marktanalyse.*

'market stake, 'market share ⟨telb.zn.⟩ **0.1** ***marktaandeel.***

'market 'stall ⟨telb.zn.⟩ **0.1** ***marktkraam*** ⇒*marktstalletje.*

'market town ⟨telb.zn.⟩ **0.1** ***marktstad*** ⇒*marktplaats.*

'market value ⟨n.-telb.zn.⟩ **0.1** ***marktwaarde*** ⇒*dagwaarde.*

'mark 'in ⟨ov.ww.⟩ **0.1** ***invullen*** ⇒*aan/bijtekenen, toevoegen* ◆ **1.1** ~ the details on the map *de details aan de kaart toevoegen/op de kaart invullen.*

mark·ing ['mɑ:kɪŋ‖'mɑr-]⟨f1⟩⟨zn.; (oorspr.) gerund v. mark⟩

I ⟨telb.zn.⟩ **0.1** ***tekening*** ⟨v. dier e.d.⟩ **0.2** ***aantekening*** **0.3** ***notering*** ⟨beurs⟩;

II ⟨n.-telb.zn.⟩ **0.1** ***het noteren*** ⇒*het aantekenen* **0.2** ***het cijfers geven*** **0.3** ***het merken*** ⟨v. wasgoed e.d.⟩.

'marking ink ⟨n.-telb.zn.⟩ **0.1** ***merkinkt.***

'marking iron ⟨telb.zn.⟩ **0.1** ***merkijzer*** **0.2** ***brandijzer.***

mark·ka ['mɑ:kɑ:‖'mɑrkɑ]⟨telb.zn.; markkaa; →mv. 5⟩ **0.1** ***markka*** ⟨Finse munteenheid⟩.

'mark 'off ⟨f1⟩⟨ov.ww.⟩ **0.1** ***afmerken*** ⇒*afbakenen, aangeven* ◆ **1.1** marked off with white lines *met witte lijnen afgeperkt/gemarkeerd.*

'mark 'out ⟨f1⟩⟨ov.ww.⟩ **0.1** ***afbakenen*** ⇒*afperken, markeren, aanduiden* **0.2** ***uitkiezen*** ⇒*bestemmen* ◆ **6.2** John has been marked out as a candidate for promotion *John is uitgekozen als promotiekandidaat.*

marks·man ['mɑ:ksmən‖'mɑrks-]⟨f1⟩⟨telb.zn.; marksmen [-mən]; →mv. 3⟩ **0.1** ***scherpschutter.***

marks·man·ship ['mɑ:ksmənʃɪp‖'mɑrks-]⟨n.-telb.zn.⟩ **0.1** ***scherpschutterskunst.***

'mark·up ⟨telb.zn.⟩ **0.1** ***winstmarge*** **0.2** ***prijsstijging*** ⇒*prijsverhoging.*

'mark 'up ⟨ov.ww.⟩ **0.1** ***in prijs verhogen*** ⇒*de prijs doen opslaan van, hoger prijzen* **0.2** ***een hoger/beter cijfer geven*** **0.3** ***corrigeren*** ⇒*verbeteren* ⟨drukproeven⟩, *amenderen* ⟨tekst⟩.

marl[1] [mɑ:l‖mɑrl]⟨n.-telb.zn.⟩ **0.1** ***mergel.***

marl[2] ⟨ov.ww.⟩ **0.1** ***mergelen*** ⇒*met mergel bemesten* **0.2** ⟨scheep.⟩ ***marlen*** ⇒*met marlsteek vastzetten.*

mar·lin[1] ['mɑ:lɪ̣n‖'mɑr-]⟨telb.zn.; ook marlin; →mv. 4⟩⟨dierk.⟩ **0.1** ***marlijn*** ⟨Am. vis met speervormige snuit; genus Makaira⟩.

marlin[2], **mar·line** ['mɑ:lɪ̣n‖'mɑr-], **mar·ling** ['mɑ:lɪŋ‖'mɑr-]⟨telb. en n.-telb.zn.⟩⟨scheep.⟩ **0.1** ***marlijn*** ⇒*huizing.*

'mar·line·spike ⟨telb.zn.⟩⟨scheep.⟩ **0.1** ***marlpriem*** ⇒*marlspijker.*

marl·y ['mɑ:li‖'mɑrli]⟨bn.; -er; →compar. 7⟩ **0.1** ***mergel-*** ⇒*mergelachtig.*

mar·ma·lade ['mɑ:məleɪd‖'mɑr-]⟨f1⟩⟨n.-telb.zn.⟩ **0.1** ***marmelade*** **0.2** ⟨AE; inf.⟩ ***gesnoef*** ⇒*opschepperij, geklets.*

mar·mite ['mɑ:maɪt‖'mɑr-]⟨zn.⟩

I ⟨telb.zn.⟩ **0.1** ***kookpot*** ⇒*kookketel;*

II ⟨n.-telb.zn.⟩ **0.1** ***Marmite*** ⟨pikant smeersel⟩.

'Mar·mo·ra 'warbler ['mɑ:mərə‖mɑrmərə]⟨telb.zn.⟩⟨dierk.⟩ **0.1** ***Sardijnse grasmus*** ⟨Sylvia sarda⟩.

mar·mo·re·al [mɑ:'mɔ:rɪəl‖mɑr'mɔr-], **mar·mo·re·an** [-rɪən]⟨bn.⟩⟨schr.⟩ **0.1** ***marmerachtig*** ⇒*marmeren, marmer-.*

mar·mo·set ['mɑ:məzet‖'mɑrməset]⟨telb.zn.⟩⟨dierk.⟩ **0.1** ***oeistiti*** ⟨zijdeaapje; fam. Callithricidae⟩.

mar·mot ['mɑ:mət‖'mɑr-]⟨telb.zn.⟩ **0.1** ***marmot.***

ma·ro·cain ['mærəkeɪn]⟨n.-telb.zn.⟩ **0.1** ***zijden crêpe.***

ma·roon[1] [mə'ru:n]⟨f1⟩⟨zn.⟩

I ⟨telb.zn.⟩ **0.1** ***marron*** ⇒*bosneger* ⟨in West-Indië⟩ **0.2** ***weggelopen negerslaaf*** **0.3** ***uitgestotene*** ⇒*verworpeling* **0.4** ***vuurpijl*** ⇒*lichtsein;*

II ⟨n.-telb.zn.; vaak attr.⟩ **0.1** ***kastanjebruin.***

maroon[2] ⟨f1⟩⟨ww.⟩

I ⟨onov.ww.⟩ **0.1** ***rondhangen*** ⇒*baliekluiver zijn, luieren;*

II ⟨ov.ww.⟩ **0.1** ***achterlaten*** ⇒*op een onbewoond eiland aan land zetten;* ⟨fig.⟩ *aan zijn lot overlaten* **0.2** ***isoleren*** ⇒*afsnijden* ◆ **1.2** ~ed by the floods *door de overstromingen ingesloten.*

mar·plot ['mɑ:plɒt‖'mɑrplɑt]⟨telb.zn.⟩ **0.1** ***spelbreker.***

marque [mɑ:k‖mɑrk]⟨telb.zn.⟩ **0.1** ***merk*** ⟨vnl. v. auto's, e.d.⟩ **0.2** ***kaperschip.***

mar·quee [mɑ:'ki:‖mɑr-]⟨f1⟩⟨telb.zn.⟩ **0.1** ***grote tent*** ⇒*feesttent, kermistent;* ⟨AE⟩ *(ingang v.) circustent* **0.2** ⟨AE⟩ ***markies*** ⇒*zonnescherm, kap, luifel.*

mar·que·t(e)ry, mar·que·terie ['mɑ:kɪ̣tri‖'mɑr-]⟨n.-telb.zn.⟩ **0.1** ***marqueterie*** ⇒*inlegwerk.*

mar·quis, ⟨BE ook⟩ **mar·quess** ['mɑ:kwɪ̣s‖'mɑr-]⟨f1⟩⟨telb.zn.; ook marquis; →mv. 4⟩ **0.1** ***markies.***

mar·quis·ate ['mɑ:kwɪ̣zət‖'mɑrkwɪ̣zeɪt]⟨telb.zn.⟩ **0.1** ***markiezaat.***

mar·quise [mɑ:'ki:z‖mɑr-]⟨telb.zn.⟩ **0.1** ***markiezin*** ⇒*marquise* **0.2** ***markies*** ⇒*zonnescherm, kap, luifel* **0.3** ***marquise*** ⟨lancetvormig geslepen diamant⟩ **0.4** ***ring met marquise.***

mar·qui·sette ['mɑ:k(w)ɪ̣'zet‖'mɑr-]⟨n.-telb.zn.⟩ **0.1** ***lichte gordijnstof*** ⇒*marquisette, vitrage.*

mar·ram ['mærəm], **'marram grass** ⟨n.-telb.zn.⟩⟨plantk.⟩ **0.1** ***helm*** ⇒*helmgras, zandhaver* ⟨Ammophila arenaria⟩.

mar·riage ['mærɪdʒ]⟨f4⟩⟨telb. en n.-telb.zn.⟩⟨→sprw. 444, 445⟩ **0.1** ***huwelijk*** ⇒*echt, echtelijke staat; echtverbintenis;* ⟨fig.⟩ *vereniging, verbinding* **0.2** ⟨kaartspel⟩ ***mariage*** ◆ **1.1** the bonds/ties of ~ *de huwelijksbanden;* ~ of convenience *verstandshuwelijk, mariage de raison;* ~ of minds *eenheid v. gedachten* **3.1** contract a ~ *een huwelijk aangaan;* mixed ~ *gemengd huwelijk* **6.1** cousin **by** ~ *aangetrouwde neef;* give/take/ask **in** ~ *ten huwelijk geven/nemen/vragen;* her ~ **to** *haar huwelijk met.*

mar·riage·a·bil·i·ty ['mærɪdʒə'bɪlət̬i]⟨n.-telb.zn.⟩ **0.1** ***huwbaarheid.***

mar·riage·a·ble ['mærɪdʒəbl]⟨bn.; -ly; -ness; →bijw. 3⟩ **0.1** ***huwbaar.***

'marriage articles ⟨mv.⟩ **0.1** ***huwelijkscontract.***

'marriage bed ⟨telb.zn.⟩ **0.1** ***huwelijksbed*** ⇒⟨fig.⟩ *echtelijke gemeenschap.*

'marriage broker ⟨f1⟩⟨telb.zn.⟩ **0.1** ***huwelijksmakelaar*** ⇒*koppelaar(ster).*

'marriage bureau ⟨telb.zn.⟩ **0.1** ***huwelijksbureau.***

'marriage ceremony ⟨telb. en n.-telb.zn.⟩ **0.1** ***huwelijksceremonie*** ⇒*huwelijksplechtigheid.*

'marriage certificate ⟨telb.zn.⟩ **0.1** ***huwelijksakte*** ⇒*trouwakte.*

'marriage counsellor ⟨telb.zn.⟩ **0.1** ***huwelijksconsulent(e)*** ⇒*huwelijksmakelaar, relatiebemiddelaar.*

'marriage encounter ⟨telb. en n.-telb.zn.⟩ **0.1** ***marriage encounter*** ⟨gespreksgroep(en) voor betere huwelijksrelatie⟩.

'marriage guidance ⟨n.-telb.zn.⟩ **0.1** ***huwelijksbegeleiding*** ⇒*huwelijksvoorlichting.*

'marriage licence ⟨telb.zn.⟩ **0.1** ***(ambtelijke) huwelijkstoestemming*** ⟨m.n. zonder voorafgaande afkondiging⟩.

'marriage lines ⟨mv.; ww. vnl. enk.⟩⟨BE; inf.⟩ **0.1** ***boterbriefje*** ⇒*trouwakte.*

'marriage market ⟨telb.zn.; (the)⟩ **0.1** ***huwelijksmarkt*** ⇒*beschikbare partners.*

'marriage portion ⟨telb.zn.⟩ **0.1** ***bruidsschat.***

'marriage settlement ⟨telb.zn.⟩ **0.1** ***huwelijksvoorwaarden.***

'marriage vows ⟨mv.⟩ **0.1** ***trouwbeloften.***

mar·ried[1] ['mærid]⟨telb.zn.; oorspr. volt. deelw. v. marry⟩ **0.1** ***gehuwde*** ⇒*getrouwde* ◆ **2.1** young ~s *jonggetrouwden.*

married[2] ⟨f3⟩⟨bn.; volt. deelw. v. marry⟩ **0.1** ***gehuwd*** ⇒*getrouwd* **0.2** ***huwelijks-*** ⇒*echtelijk* ◆ **1.1** a ~ couple *een getrouwd stel* **1.2** ~ life *(het) huwelijksleven.*

mar·ron ['mærən]⟨telb.zn.⟩ **0.1** ⟨plantk.⟩ ***tamme kastanjeboom*** ⟨Castanea sativa⟩ **0.2** ***kastanje*** ◆ **2.2** ~ glacé *marron glacé, gekonfijte tamme kastanje.*

mar·row ['mæroʊ]⟨f1⟩⟨zn.⟩

I ⟨telb.zn.⟩ **0.1** ⟨plantk.⟩ ***(eetbare) pompoen*** ⟨genus Curcubita⟩ ◆ **2.1** ⟨BE⟩ vegetable ~ *eetbare pompoen;*

II ⟨n.-telb.zn.⟩ **0.1** ***merg*** ⟨ook fig.⟩ **0.2** ***kern*** ⇒*pit* ◆ **2.1** spinal ~ *ruggemerg* **6.1** **to** the ~ *door merg en been.*
'mar·row·bone ⟨f1⟩ ⟨telb.zn.⟩ **0.1** ***mergpijp*** ⇒*mergbeen* **0.2** ⟨mv.⟩ ⟨scherts.⟩ ***knieën*** ◆ **6.2** down **on** your ~s! *op je knieën!.*
'mar·row·fat (pea), 'marrow pea ⟨telb.zn.⟩ **0.1** ***kapucijner.***
mar·row·less ['mæroulǝs] ⟨bn.⟩ **0.1** ***zonder merg*** **0.2** ***futloos.***
'marrow squash ⟨telb.zn.⟩ ⟨AE; plantk.⟩ **0.1** ***(eetbare) pompoen*** ⟨genus Curcubita⟩.
mar·row·y ['mæroui] ⟨bn.; -er; →compar. 7⟩ **0.1** ***mergachtig*** ⇒*vol merg* **0.2** ***pittig.***
mar·ry ['mæri] ⟨f4⟩ ⟨ww.; →ww. 7⟩ →married ⟨→sprw. 446⟩
I ⟨onov.ww.⟩ **0.1** ***trouwen*** ⇒*in het huwelijk treden* **0.2** ⟨fig.⟩ ***zich verenigen*** ⇒*zich met elkaar verbinden, bij elkaar passen* ◆ **1.1** not a ~ing man *geen man om te trouwen, geen trouwlustig iem.* **4.1** ~ above one *boven zijn stand trouwen* **5.2** ~ **in** *aantrouwen;* the troops married **up with** the guerillas *de troepen verenigden zich met de guerrillastrijders* **6.1** ~ **above/beneath** o.s. *boven/beneden zijn stand trouwen;* ~ **into** a rich family *in een rijke familie trouwen;* ~ **out of** one's faith *door huwelijk zijn geloof verlaten; een gemengd huwelijk aangaan;* he was married **with** two daughters *hij was gehuwd en had twee dochters;*
II ⟨ov.ww.⟩ **0.1** ***trouwen met*** ⇒*in het huwelijk treden met, huwen* **0.2** ***uithuwelijken*** **0.3** ***trouwen*** ⇒*in de echt verbinden, het huwelijk voltrekken tussen* **0.4** ***door huwelijk verkrijgen*** **0.5** ***paren*** ⇒*nauw verbinden, verenigen, aaneenpassen, combineren* **0.6** ⟨scheep.⟩ ***aaneensplitsen*** ⟨scheepstouw⟩ ⇒*oplengen* ◆ **1.4** ~ money/wealth *een rijk huwelijk sluiten* **3.3** be/get married *trouwen, in het huwelijk treden* **5.2** ~ **off** one's daughters *zijn dochters aan de man brengen/uithuwelijken* **5.5** ~ **up** *samenbrengen/smelten, verenigen, bundelen* **6.3** be married **to** s.o. *met iem. getrouwd zijn* **6.5** be married **to** sth. *ergens aan verknocht zijn.*
'mar·ry-up ⟨telb.zn.⟩ **0.1** ***vereniging*** ⇒*samensmelting, samenbrenging, combinatie.*
Mars [mɑ:s‖mɑrs] ⟨eig.n.⟩ **0.1** ***Mars*** ⟨Romeinse oorlogsgod⟩ ⇒⟨schr.⟩ *het krijgsbedrijf* **0.2** ⟨ster.⟩ ***Mars*** ⟨planeet⟩.
Mar·sa·la [mɑ:'sɑ:lǝ‖mɑr-] ⟨n.-telb.zn.⟩ **0.1** ***Marsala*** ⟨wijn⟩.
Mar·seil·laise ['mɑ:sǝ'leɪz‖'mɑr-] ⟨eig.n.; the⟩ **0.1** ***Marseillaise*** ⟨Frans volkslied⟩.
mar·seille(s) [mɑ:'seɪl(z)‖mɑr-] ⟨n.-telb.zn.⟩ **0.1** ***marseille*** ⟨gestreepte katoenen keper⟩.
marsh [mɑ:ʃ‖mɑrʃ] ⟨f2⟩ ⟨telb. en n.-telb.zn.⟩ **0.1** ***moeras.***
mar·shal[1] ['mɑ:ʃl‖'mɑrʃl] ⟨f2⟩ ⟨telb.zn.⟩ **0.1** ***maarschalk*** ⟨hoogste rang v. officier⟩ ⇒*veldmaarschalk* **0.2** ***hofmaarschalk*** ⇒*(opper) ceremoniemeester* **0.3** ***hoofd v. ordedienst*** **0.4** ⟨jur.⟩ ⟨ong.⟩ ***griffier*** ⇒*deurwaarder, gerechtsbode* **0.5** ⟨AE⟩ ***hoofd v. politie*** ⇒⟨ong.⟩ *sheriff* **0.6** ⟨AE⟩ ***brandweercommandant*** **0.7** ⟨sport⟩ ***wedstrijdcommissaris.***
marshal[2] ⟨f2⟩ ⟨ww.; →ww. 7⟩
I ⟨onov.ww.⟩ **0.1** ***zich opstellen*** ⇒*zich rangschikken, zich scharen, zijn plaats innemen;*
II ⟨ov.ww.⟩ **0.1** ***rangschikken*** ⇒*in (volg)orde plaatsen, opstellen, ordenen, scharen* **0.2** ***samenvoegen*** ⇒*bundelen, samenbrengen* **0.3** ***leiden*** ⇒*(be)geleiden, (aan)voeren* **0.4** ⟨heraldiek⟩ ***samenstellen*** ⇒*opstellen* ⟨wapen⟩.
mar·shall·ing yard ['mɑ:ʃlɪŋ jɑ:d‖'mɑrʃlɪŋ jɑrd] ⟨telb.zn.⟩ **0.1** ***rangeerterrein.***
Mar·shal·sea ['mɑ:ʃlsi:‖'mɑr-] ⟨eig.n.⟩ ⟨BE; gesch.⟩ **0.1** ***hofmaarschalksrechtbank*** **0.2** ***hofmaarschalksgevangenis*** ⟨in Southwark, Londen⟩.
mar·shal·ship ['mɑ:ʃlʃɪp‖'mɑr-] ⟨n.-telb.zn.⟩ **0.1** ***maarschalkschap.***
'marsh fever ⟨telb. en n.-telb.zn.⟩ ⟨med.⟩ **0.1** ***moeraskoorts.***
'marsh gas ⟨n.-telb.zn.⟩ **0.1** ***moerasgas.***
'marsh harrier ⟨telb.zn.⟩ ⟨dierk.⟩ **0.1** ***bruine kiekendief*** ⟨Circus aeruginosus⟩.
marsh·land ['mɑ:ʃlǝnd‖'mɑrʃlænd] ⟨n.-telb.zn.⟩ **0.1** ***moerasland*** ⇒*broekland.*
marsh·mal·low ['mɑ:ʃ'mælou‖'mɑrʃmelou] ⟨f1⟩ ⟨telb. en n.-telb.zn.⟩ **0.1** ***marshmallow*** ⇒*schuimachtig suikerwerk, spek.*
'marsh mallow ⟨n.-telb.zn.⟩ **0.1** ⟨plantk.⟩ ***heemst*** ⟨Althaea officinalis⟩ ⇒*witte malve* **0.2** ***suikerwerk/hoestsiroop bereid uit heemst (wortel).***
'marsh 'marigold ⟨telb.zn.⟩ ⟨plantk.⟩ **0.1** ***dotter(bloem)*** ⇒*waterboterbloem* ⟨Caltha palustris⟩.
'marsh 'sandpiper ⟨telb.zn.⟩ ⟨dierk.⟩ **0.1** ***poelruiter*** ⟨Tringa stagnatilis⟩.
'marsh tit ⟨telb.zn.⟩ ⟨dierk.⟩ **0.1** ***glanskopmees*** ⟨Parus palustris⟩.
'marsh 'trefoil ⟨n.-telb.zn.⟩ ⟨plantk.⟩ **0.1** ***waterdrieblad*** ⟨Menyanthes trifoliata⟩.
'marsh 'warbler ⟨telb.zn.⟩ ⟨dierk.⟩ **0.1** ***bosrietzanger*** ⟨Acrocephalus palustris⟩.
marsh·y ['mɑ:ʃi‖'mɑrʃi] ⟨f1⟩ ⟨bn.; -er; →compar. 7⟩ **0.1** ***moerassig.***
mar·su·pi·al[1] [mɑ:'sju:pɪǝl‖'mɑr'su:pɪǝl] ⟨telb.zn.⟩ **0.1** ***buideldier.***
marsupial[2] ⟨bn.⟩ **0.1** ***buideldragend*** **0.2** ***buidelvormig*** **0.3** ***tot de buideldieren behorend.***
mart [mɑ:t‖mɑrt] ⟨f2⟩ ⟨telb.zn.⟩ **0.1** ***handelscentrum*** **0.2** ***veiling (zaal/lokaal)*** **0.3** ⟨schr.⟩ ***markt*** ⇒*marktplein.*
mar·ta·gon ['mɑ:tǝgǝn‖'mɑrṭǝ-] ⟨telb.zn.⟩ ⟨plantk.⟩ **0.1** ***Turkse lelie*** ⟨Lilium martagon⟩.
Mar·tel·lo [mɑ:'telou‖mɑr-], **Mar'tello tower** ⟨telb.zn.⟩ ⟨gesch.⟩ **0.1** ***klein torenvormig kustfort.***
mar·ten ['mɑ:tɪn‖'mɑrtn] ⟨zn.; ook marten; →mv. 4⟩
I ⟨telb.zn.⟩ **0.1** ***marter;***
II ⟨n.-telb.zn.⟩ **0.1** ***marter(bont).***
mar·ten·site ['mɑ:tɪnzaɪt‖'mɑrten-] ⟨n.-telb.zn.⟩ **0.1** ***martensiet*** ⟨hoofdbestanddeel v. gehard staal⟩.
mar·tial ['mɑ:ʃl‖'mɑrʃl] ⟨f1⟩ ⟨bn.; -ly⟩ **0.1** ***krijgs-*** **0.2** ***krijgshaftig*** ⇒*martiaal* **0.3** ⟨M-⟩ ⟨astr.⟩ ***Martiaans*** ◆ **1.1** ~ arts *(Oosterse) vechtkunsten; (Oosterse) vecht(- en verdedigings)sporten* ⟨karate, judo e.d.⟩; ~ law *krijgswet, staat v. beleg, oorlogstoestand* **1.2** with ~ stalk *met krijgshaftige tred.*
Mar·tian[1] ['mɑ:ʃn‖'mɑrʃn] ⟨f1⟩ ⟨telb.zn.⟩ **0.1** ***Marsbewoner*** ⇒*marsmannetje.*
Martian[2] ⟨f1⟩ ⟨bn.⟩ **0.1** ***Martiaans*** ⇒*Mars-.*
Mar·tian·ol·o·gist ['mɑ:ʃǝ'nɒlǝdɪst‖'mɑrʃǝ'nɑ-] ⟨telb.zn.⟩ **0.1** ***Marskenner.***
mar·tin ['mɑ:tɪn‖'mɑrtn] ⟨f1⟩ ⟨telb.zn.⟩ **0.1** ***huiszwaluw*** **0.2** ⟨BE⟩ ***oeverzwaluw.***
mar·ti·net ['mɑ:tɪ'net‖'mɑrtn'et] ⟨telb.zn.⟩ **0.1** ***drilsergeant*** ⟨lett. vero.⟩ ⇒*tiran, slavendrijver.*
mar·tin·gale ['mɑ:tɪŋgeɪl‖'mɑrtn-] ⟨zn.⟩
I ⟨telb.zn.⟩ **0.1** ***martingaal*** ⇒*hulpteugel; polsriempje* ⟨v. floret⟩ **0.2** ***martingale*** ⇒*halve rugceintuur* ⟨aan jas⟩ **0.3** ⟨scheep.⟩ ***stampstok*** ⇒*Spaanse ruiter;*
II ⟨n.-telb.zn.⟩ **0.1** ***kansspel waarbij inzet na elk verlies verdubbeld wordt*** ⇒⟨ong.⟩ *quitte of dubbel.*
mar·ti·ni [mɑ:'ti:ni‖mɑr-] ⟨f1⟩ ⟨telb. en n.-telb.zn.⟩ **0.1** ***vermout*** ⇒*martini-cocktail* ⟨vermout en gin⟩ ◆ **2.1** dry ~ *martini met meer gin dan vermout.*
Mar·tin·mas ['mɑ:tɪnmǝs‖'mɑrtn-] ⟨eig.n.⟩ **0.1** ***Sint-Maarten*** ⇒*Sint Maartensmis* ⟨11 november⟩.
'Martinmas 'summer ⟨eig.n.⟩ **0.1** ⟨ong.⟩ ***allerheiligenzomer*** ⇒*oudewijven zomer, Indian summer.*
mart·let ['mɑ:tlɪt‖'mɑrt-] ⟨telb.zn.⟩ **0.1** ⟨heraldiek⟩ ***geknot vogeltje*** ⇒*geknot adelaartje* **0.2** ⟨vero.⟩ →martin.
mar·tyr[1] ['mɑ:tǝ‖'mɑrṭǝr] ⟨f2⟩ ⟨telb.zn.⟩ **0.1** ***martelaar*** ⟨ook fig.⟩ ◆ **3.1** die a ~ in the cause of sth. *de marteldood sterven voor iets;* make a ~ of o.s. *zich als martelaar opwerpen* **6.1** ⟨fig.⟩ a ~ **to** colic *gemarteld door koliek.*
martyr[2] ⟨ov.ww.⟩ **0.1** ***de marteldood doen sterven*** **0.2** ***martelen*** ⟨ook fig.⟩ ⇒*kwellen, pijnigen* ◆ **6.2** ⟨fig.⟩ ~ed **by** gout/remorse *door de jicht/wroeging gekweld.*
mar·tyr·dom ['mɑ:tǝdǝm‖'mɑrṭǝr-] ⟨f1⟩ ⟨n.-telb.zn.⟩ **0.1** ***martelaarschap*** **0.2** ***marteldood*** **0.3** ***marteling*** ⇒*lijdensweg.*
mar·tyr·ize, -ise ['mɑ:tǝraɪz‖'mɑrṭǝr-] ⟨ov.ww.⟩ **0.1** ***tot martelaar maken*** **0.2** ***martelen.***
mar·tyr·ol·o·gy ['mɑ:tǝ'rɒlǝdʒi‖'mɑrṭǝ'rɑ-] ⟨telb.zn.; →mv. 2⟩ **0.1** ***martyrologium*** ⇒*lijst/register v. martelaren* **0.2** ***martyrologie*** ⇒*geschiedenis v. martelaren.*
mar·tyr·y ['mɑ:tǝri‖'mɑrṭǝri] ⟨telb.zn.; →mv. 2⟩ **0.1** ***heiligdom ter ere v.e. martelaar.***
mar·vel[1] ['mɑ:vl‖'mɑrvl] ⟨f2⟩ ⟨telb.zn.⟩ **0.1** ***wonder*** ⇒*wonderlijke gebeurtenis* **0.2** ⟨vero.⟩ ***verwondering*** ⇒*verbazing* ◆ **1.1** ~s of nature *natuurwonderen* **1.¶** ⟨plantk.⟩ ~ of Peru *wonderbloem, nachtschone* ⟨Mirabilis jalapa⟩ **2.2** dumb with ~ *met stomheid geslagen* **3.1** do/work ~s *wonderen verrichten* **¶.1** the ~ is that she did not get hurt *het is een wonder dat ze niet gewond werd/geen letsel opliep.*
marvel[2] ⟨f2⟩ ⟨onov.ww.; →ww. 7⟩ ⟨schr.⟩ **0.1** ***zich verwonderen*** ⇒*zich verbazen* **0.2** ***zich afvragen*** ◆ **6.1** ~ **at** sth. *zich over iets verwonderen* **8.1** I ~ that he should be so early *het verbaast mij dat hij zo vroeg is* **8.2** they ~led how/why he did it *ze vroegen zich af hoe/waarom hij het gedaan had.*
mar·vel·lous, ⟨AE sp.⟩ **mar·vel·ous** ['mɑ:vlǝs‖'mɑr-] ⟨f3⟩ ⟨bn.; -ly; -ness⟩ **0.1** ***wonderbaar*** ⇒*verbazend* **0.2** ***prachtig*** ⇒*fantastisch* ◆ **1.2** ~ weather *prachtweer.*
mar·ver ['mɑ:vǝ‖'mɑrvǝr] ⟨telb.zn.⟩ **0.1** ***glasblazerssteen.***
mar·vie, mar·vy ['mɑ:vi‖'mɑrvi] ⟨tussenw.⟩ ⟨AE; sl.⟩ **0.1** ***tof*** ⇒*fijn, reuze.*
Marx·i·an[1] ['mɑ:ksɪǝn‖'mɑr-] ⟨telb.zn.⟩ **0.1** ***marxist.***
Marxian[2] ⟨bn.⟩ **0.1** ***marxistisch.***
Marx·ism ['mɑ:ksɪzm‖'mɑr-] ⟨f1⟩ ⟨n.-telb.zn.⟩ **0.1** ***marxisme.***
'Marx·ism-'Len·in·ism ⟨n.-telb.zn.⟩ **0.1** ***marxisme-leninisme.***

Marx·ist[1] ['mɑːksɪst‖'mɑr-]⟨f1⟩⟨telb.zn.⟩ **0.1** ***marxist.***
Marxist[2] ⟨f1⟩⟨bn.⟩ **0.1** ***marxistisch.***
'Marx·ist-'Len·in·ist[1] ⟨telb.zn.⟩ **0.1** ***marxist-leninist.***
Marxist-Leninist[2] ⟨bn.⟩ **0.1** ***marxistisch-leninistisch.***
Mary Jane, mar·y·jane ['meəri'dʒeɪn‖'mer-]⟨n.-telb.zn.⟩⟨AE; sl.⟩ **0.1** ***marihuana.***
mar·zi·pan ['mɑːzɪpæn‖'mɑr-]⟨f1⟩⟨zn.⟩
I ⟨telb.zn.⟩ **0.1** ***marsepeintje*** ⇒*stuk(je) marsepein;*
II ⟨n.-telb.zn.⟩ **0.1** ***marsepein.***
masc ⟨afk.⟩ masculine.
mas·car·a [mæ'skɑːrə‖mæ'skærə]⟨f1⟩⟨n.-telb.zn.⟩ **0.1** ***mascara.***
mas·con ['mæskɒn‖-kɑn]⟨telb.zn.⟩⟨ster.⟩ **0.1** ***mascon*** ⟨massa met grote dichtheid/zwaarte op maan⟩.
mas·cot ['mæskət‖'mæskɑt]⟨f1⟩⟨telb.zn.⟩ **0.1** ***mascotte*** ⇒*geluks-poppetje, talisman.*
mas·cu·line[1] ['mæskjələn]⟨telb.zn.⟩⟨taalk.⟩ **0.1** ***masculinum*** ⇒*mannelijk, mannelijk(e) vorm/genus/woord.*
masculine[2] ⟨f2⟩⟨bn.; -ly; -ness⟩ **0.1** ***mannelijk*** ⟨ook mbt. genus, rijm, e.d.⟩ **0.2** ***manachtig*** ◆ **1.1** ⟨taalk.⟩ ~ gender *mannelijk genus, masculinum;* ~ ending *mannelijke uitgang;* ~ rhyme/rime *staand/mannelijk rijm;* ~ verse *mannelijk vers.*
mas·cu·lin·ist ['mæskjələnɪst]⟨telb.zn.⟩ **0.1** ***masculinist*** ⇒*verdediger/voorstander v. mannenrechten.*
mas·cu·lin·i·ty ['mæskjə'lɪnəti]⟨f2⟩⟨n.-telb.zn.⟩ **0.1** ***mannelijkheid.***
mase [meɪz]⟨onov.ww.⟩ **0.1** ***de werking v.e. maser hebben*** ⇒*microgolven verwekken en versterken.*
ma·ser ['meɪzə‖-ər]⟨telb.zn.⟩⟨oorspr. afk.⟩ microwave amplification by stimulated emission of radiation ⟨tech.⟩ **0.1** ***maser.***
mash[1] [mæʃ]⟨f1⟩⟨zn.⟩
I ⟨telb. en n.-telb.zn.⟩ **0.1** ***brij*** ⟨ook fig.⟩ ⇒*pap; mengelmoes, ratjetoe, knoeiboel* **0.2** ***(warm) mengvoer*** **0.3** ⟨brouwerij⟩ ***beslag*** **0.4** ⟨sl.⟩ ***liefde*** ⇒*affaire;* ⟨bij uitbr.⟩ *minnaar;*
II ⟨n.-telb.zn.⟩ **0.1** ⟨BE; sl.⟩ ***puree*** ⇒*rats.*
mash[2] ⟨f2⟩⟨ov.ww.⟩ **0.1** ***fijnstampen*** ⇒*fijnmaken* **0.2** ***mengen*** ⇒*hutselen;* ⟨brouwerij⟩ *beslaan* **0.3** ***charmeren*** ⇒*voor zich innemen, flirten met* ◆ **1.1** ~ed potatoes *(aardappel)puree* **6.3** be ~ed **on** *verliefd/verlekkerd/dol zijn op.*
mash·er ['mæʃə‖-ər]⟨telb.zn.⟩ **0.1** ***stamper*** ⟨voor puree, e.d.⟩ **0.2** ⟨sl.⟩ ***charmeur*** ⇒*Don Juan, flirter, versierder.*
'mash·note ⟨telb.zn.⟩⟨sl.⟩ **0.1** ***liefdesbrief(je).***
'mash-tub, 'mash-tin, 'mash-vat ⟨telb.zn.⟩⟨brouwerij⟩ **0.1** ***beslagvat*** ⇒*beslagbak/kuip.*
mas·jid ['mʌsdʒɪd‖'mæs-]⟨telb.zn.⟩ **0.1** ***mesigit*** ⇒*missigit, moskee.*
mask[1] [mɑːsk‖mæsk]⟨f3⟩⟨telb.zn.⟩ **0.1** ***masker*** ⟨ook fig.⟩ ⇒*mom* **0.2** ***maske*** ⇒*afdruk* ⟨v. gelaat⟩ **0.3** ⟨vero.⟩ ***gemaskerd persoon*** **0.4** ***tekening v.e. geïntegreerde schakeling*** **0.5** ***masker*** ⟨tekening op snuit v. vos, e.d.⟩ ⇒*kop* **0.6** ⟨foto.⟩ ***masker*** **0.7** ⟨sl.⟩ ***gezicht*** **0.8** →masque **0.9** →gas mask ◆ **3.1** ⟨fig.⟩ throw off the/one's ~ *het masker afwerpen/zijn ware gelaat tonen* **6.1** ⟨fig.⟩ **under** the ~ **of** *onder het mom/masker/de schijn van.*
mask[2] ⟨f2⟩⟨ww.⟩ →masked
I ⟨onov.ww.⟩ **0.1** ***zich vermommen*** ⇒*een masker opzetten,* ⟨fig.⟩ *zijn (ware) gelaat verbergen;*
II ⟨ov.ww.⟩ **0.1** ***maskeren*** ⇒*vermommen* **0.2** ***bedekken*** ⇒*beschermen,* ⟨foto.⟩ *afschermen* **0.3** ***verbergen*** ⇒*verhullen, maskeren* **0.4** ⟨mil.⟩ ***hinderen*** **0.5** ⟨schei.⟩ ***maskeren*** ◆ **1.3** weeds ~ed the window *onkruid verborg het venster;* his smile ~ed his jealousy *zijn glimlach verborg/verhulde zijn jaloezie* **1.4** you're ~ing my view *je hindert mijn (uit)zicht* **5.2** ~ **out** part of a negative *een deel v.e. negatief afschermen/afdekken.*
mask·ed [mɑːskt‖mæskt]⟨f2⟩⟨bn.⟩ **0.1** ***gemaskerd*** **0.2** ***verborgen*** ⇒*latent* **0.3** ⟨plantk.⟩ ***gemaskerd*** ⟨mbt. vorm v. tweelippige bloemkroon⟩ **0.4** ⟨dierk.⟩ ***met maskerachtige tekening*** ◆ **1.1** ~ ball *gemaskerd bal.*
mask·er, mas·quer ['mɑːskə‖'mæskər]⟨telb.zn.⟩ **0.1** ***gemaskerde*** **0.2** ***speler in een maskerade.***
masking tape ['mɑːskɪŋ teɪp‖'mæ-]⟨n.-telb.zn.⟩ **0.1** ***afplakband.***
mas·ki·nonge, mus·kel·lunge ['mæskɪlɒndʒ‖'lɑndʒ]⟨telb.zn.; ook maskinonge, muskellunge; →mv. 4⟩⟨dierk.⟩ **0.1** ***maskinonge*** ⟨Esox masquinongy; Am. snoekachtige⟩.
mas·o·chism ['mæsəkɪzm]⟨f1⟩⟨n.-telb.zn.⟩ **0.1** ***masochisme.***
mas·o·chist ['mæsəkɪst]⟨f1⟩⟨telb.zn.⟩ **0.1** ***masochist.***
mas·o·chis·tic ['mæsə'kɪstɪk]⟨f1⟩⟨bn.; -ally; →bijw. 3⟩ **0.1** ***masochistisch.***
ma·son[1] ['meɪsn]⟨f1⟩⟨telb.zn.⟩ **0.1** ***steenhouwer*** **0.2** ***metselaar*** **0.3** ⟨M-⟩ ***vrijmetselaar.***
mason[2] ⟨ov.ww.⟩ **0.1** ***metselen.***
Ma·son-Dix·on line ['meɪsn 'dɪksn laɪn]⟨eig.n.; the⟩⟨gesch.⟩ **0.1** ⟨ben. v.⟩ ***grens tussen Maryland en Pennsylvania*** ⟨tussen noordelijke en zuidelijke staten vóór Am. burgeroorlog⟩.
Ma·son·ic[1] [mə'sɒnɪk‖mə'sɑ-]⟨telb.zn.⟩ **0.1** ***vergadering v. vrijmetselaars.***
Masonic[2] ⟨bn.⟩ **0.1** ***mbt. de vrijmetselaars*** ⇒*vrijmetselaars-.*
ma·son·ry ['meɪsnri]⟨f1⟩⟨n.-telb.zn.⟩ **0.1** ***metselwerk*** **0.2** ⟨M-⟩ ***vrijmetselarij.***
mason's mark ['meɪsnz mɑːk‖-mɑrk]⟨telb.zn.⟩ **0.1** ***metselaarsteken.***
Ma·so·ra(h) [mə'sɔːrə]⟨eig.n.; the⟩ **0.1** ***Mas(s)ora*** ⟨Hebreeuwse tekst v.h. O.T.⟩.
Ma·so·rete ['mæsəriːt]⟨telb.zn.⟩ **0.1** ***Massoreet*** ⇒*schriftgeleerde.*
Mas·o·ret·ic ['mæsə'retɪk]⟨bn.⟩ **0.1** ***Mas(s)oretisch*** ⇒*mbt. de Mas(s)ora.*
masque [mɑːsk‖mæsk]⟨telb.zn.⟩ **0.1** ***maskerspel*** ⟨toneelvorm, vnl. 16e en 17e eeuw⟩ **0.2** ***maskerade.***
masquer →masker.
mas·quer·ade[1] ['mæskə'reɪd]⟨f1⟩⟨telb.zn.⟩ **0.1** ***maskerade*** ⇒*maskeradebal/feest* **0.2** ***vermomming*** ⇒⟨fig.⟩ *valse voorstelling, vals vertoon, hypocriet gedrag.*
masquerade[2] ⟨f1⟩⟨onov.ww.⟩ **0.1** ***zich vermommen*** ⇒*zich voordoen* ◆ **6.1** ~ **as** *zich voordoen als/laten doorgaan voor;* greed ~d **as** charity *begerigheid onder het mom v. naastenliefde.*
mas·quer·ad·er ['mæskə'reɪdə‖-ər]⟨telb.zn.⟩ **0.1** ***vermomde*** ⇒*gemaskerde* **0.2** ***komediant*** ⇒*aansteller, veinzer.*
mass[1] [mæs]⟨f3⟩⟨zn.⟩
I ⟨telb.zn.⟩ **0.1** ***massa*** ⇒*grote hoeveelheid, hoop, menigte* **0.2** ***massa*** ⇒*vormeloze materie* **0.3** ⟨schilderkunst⟩ ***oppervlak v. zelfde kleur(nuance)*** **0.4** ⟨far.⟩ ***massa*** ⇒*dik mengsel* ⟨waarvan pillen gemaakt worden⟩ **0.5** ⟨elek.⟩ ***massa*** ◆ **2.1** the great ~ (of) *het merendeel (v.), de meerderheid (v.)* **6.1** get everything **in** a ~ *alles in één keer/lading krijgen;* **in** the ~ *in massa, in totaal;* a ~ **of** *heel en al, één en al, door en door* **6.2** tinted **in** the ~ *in de massa getint* ⟨niet enkel aan de oppervlakte⟩ **7.1** the ~es *de massa, het gewone volk;*
II ⟨telb. en n.-telb.zn.; ook M-⟩⟨R.-K.⟩ **0.1** ***mis*** ⇒*eucharistieviering* ◆ **2.1** High/Low ~ *hoogmis/stille mis* **3.1** go to ~ *naar de mis gaan;* say ~ *de mis lezen;*
III ⟨n.-telb.zn.⟩⟨nat.⟩ **0.1** ***massa*** ◆ **1.1** centre of ~ *zwaartepunt, massamiddelpunt.*
mass[2] ⟨f1⟩⟨ww.⟩
I ⟨onov.ww.⟩ **0.1** ***zich samenvoegen*** ⇒*zich groeperen* **0.2** ***een massa vormen*** ◆ **1.2** clouds ~ed at the horizon *wolken stapelden zich op aan de einder;*
II ⟨ov.ww.⟩ **0.1** ***samenvoegen*** ⇒*samenbrengen, groeperen* ◆ **1.1** ~ed choir *koor uit verschillende zangverenigingen samengesteld;* ~ troops *troepen concentreren.*
Mass ⟨afk.⟩ Massachusetts.
mas·sa·cre[1] ['mæsəkə‖-ər]⟨f1⟩⟨telb.zn.⟩ **0.1** ***bloedbad*** ⇒*moord, (af)slachting, uitroeiing* **0.2** ⟨inf.; fig.⟩ ***afslachting*** ⇒*verschrikkelijke nederlaag* ⟨i.h.b. in sport⟩ ◆ **1.1** the ~ of St. Bartholomew *Bartholomeüsnacht* ⟨moord op Franse hugenoten⟩; the ~ of the innocents *de kindermoord te Bethlehem.*
massacre[2] ⟨f1⟩⟨ov.ww.⟩ **0.1** ***massacreren*** ⇒*wreed vermoorden, een bloedbad aanrichten onder* **0.2** ⟨inf.⟩ ***in de pan hakken*** ◆ **1.1** the platoon ~d the village *het peloton moordde het dorp uit* **1.2** he got ~d by Lendl *hij werd ingemaakt door Lendl.*
'mass 'action ⟨telb. en n.-telb.zn.⟩ **0.1** ***massa-actie*** **0.2** ⟨schei.⟩ ***massawerking*** ◆ **1.2** law of ~ *wet v.d. massawerking.*
mas·sage[1] ['mæsɑːʒ‖mə'sɑːʒ]⟨f1⟩⟨telb. en n.-telb.zn.⟩ **0.1** ***massage.***
massage[2] ⟨f2⟩⟨ov.ww.⟩ **0.1** ***masseren*** ⇒⟨fig.⟩ *vleien, in de watten leggen* **0.2** ***manipuleren*** ⇒*vervalsen, knoeien met, masseren* ⟨gegevens e.d.⟩ **0.3** ⟨sl.⟩ ***afranselen.***
mas'sage parlor ⟨telb.zn.⟩⟨AE⟩ **0.1** ***massage-instituut*** ⟨vaak euf. voor bordeel/seksclub⟩.
'mass-book ⟨telb.zn.⟩ **0.1** ***misboek*** ⇒*missaal.*
'mass·cult ⟨n.-telb.zn.⟩ **0.1** ***massacultuur.***
'mass 'defect ⟨telb. en n.-telb.zn.⟩⟨nat.⟩ **0.1** ***massatekort.***
mas·sé ['mæsi‖mæ'seɪ], **massé shot** ⟨telb.zn.⟩⟨biljart⟩ **0.1** ***massé*** ⇒*kopstoot.*
mass·eur [mæ'sɜː‖mə'sɜr]⟨f1⟩⟨telb.zn.⟩ **0.1** ***masseur.***
mass·euse [mæ'sɜːz‖mə'suːz]⟨f1⟩⟨telb.zn.⟩ **0.1** ***masseuse*** **0.2** ***dame in massagehuis.***
'mass-grave ⟨telb.zn.⟩ **0.1** ***massagraf.***
mas·si·cot ['mæsɪkɒt‖-kɑt]⟨n.-telb.zn.⟩ **0.1** ***massicot*** ⟨mineraal loodmonoxyde⟩ **0.2** ***loodgeel*** ⇒*koningsgeel.*
mas·sif ['mæsiːf‖mæ'siːf]⟨telb.zn.⟩ **0.1** ***massief*** ⇒*berggroep.*
mas·sive ['mæsɪv]⟨f3⟩⟨bn.; -ly; -ness⟩ **0.1** ***massief*** ⇒*zwaar* **0.2** ***groots*** ⇒*indrukwekkend* **0.3** ***massaal*** **0.4** ***aanzienlijk*** ⇒*omvangrijk, enorm.*
mass·less ['mæsləs]⟨bn.⟩ **0.1** ***geen massa hebbend*** ⇒*zonder massa.*
'mass 'media ⟨f1⟩⟨mv.; ww. ook enk.⟩ **0.1** ***massamedia.***
'mass 'meeting ⟨f1⟩⟨telb.zn.⟩ **0.1** ***massabijeenkomst/vergadering.***
'mass-'murder·er ⟨telb.zn.⟩ **0.1** ***massamoordenaar.***

'mass noun ⟨telb.zn.⟩⟨taalk.⟩ **0.1** ⟨ong.⟩ ***niet-telbaar zelfstandig naamwoord***.
'mass number ⟨n.-telb.zn.⟩⟨nat., schei.⟩ **0.1** ***massagetal***.
'mass obser'vation ⟨n.-telb.zn.⟩⟨BE⟩ **0.1** ***studie v. massagedrag***.
'mass-pro'duce ⟨ov.ww.⟩ **0.1** ***in massa produceren***.
'mass pro'duction ⟨f1⟩⟨n.-telb.zn.⟩ **0.1** ***massaproduktie***.
'mass psychology ⟨n.-telb.zn.⟩ **0.1** ***massapsychologie***.
'mass 'spectrograph ⟨telb.zn.⟩ **0.1** ***massaspectrograaf***.
'mass spec'trography ⟨n.-telb.zn.⟩ **0.1** ***massaspectrografie***.
'mass 'spectrum ⟨telb.zn.⟩ **0.1** ***massaspectrum***.
mass·y ['mæsi]⟨telb.zn.; -er; -ness; →bijw. 3⟩⟨schr.⟩ **0.1** ***massief*** ⇒*zwaar*.
mast[1] [mɑ:st‖mæst]⟨f2⟩⟨zn.⟩
I ⟨telb.zn.⟩ **0.1** ***mast*** ⇒*scheepsmast, vlaggemast, radiomast, ankermast* ◆ **6.1** ⟨vero.⟩ sail **before** the ~ *als gewoon matroos werken/varen;*
II ⟨n.-telb.zn.⟩ **0.1** ***mast*** ⟨eikels en beukenoten als varkensvoer⟩.
mast[2] ⟨ov.ww.⟩ **0.1** ***masten*** ⇒*v.e. mast voorzien*.
mas·ta·ba(h) ['mæstəbə]⟨telb.zn.⟩ **0.1** ***mastaba*** ⟨oudegyptisch graf⟩.
mas·tec·to·my [mæ'stektəmi]⟨telb. en n.-telb.zn.⟩⟨med.⟩ **0.1** ***mastectomie*** ⇒*borstamputatie*.
mas·ter[1] ['mɑ:stə‖'mæstər]⟨f3⟩⟨telb.zn.⟩⟨→sprw. 364, 400, 464, 500⟩ **0.1** ***meester*** ⟨ook vrijmetselarij; schaken, dammen, bridge⟩ ⇒*heer, baas, machthebber, eigenaar, meerdere;* ⟨scheep., vero. lucht.⟩ *kapitein, gezagvoerder* **0.2** ***meester*** ⇒*schoolhoofd, schoolmeester, leermeester;* ⟨fig.⟩ *voorbeeld* **0.3** ***meester*** ⇒*geschoold vakman* **0.4** ⟨vnl. M-⟩ ***meester*** ⇒*magister,* ⟨ong.⟩ *doctorandus (tweede fase)* **0.5** ***origineel*** ⟨stencil, band, matrijs⟩ ⇒*model, patroon, moedervorm, moederblad, master(tape)* **0.6** ***hoofdgedeelte*** ⇒*besturing* ⟨v. machines⟩ **0.7** ⟨M-⟩ ***meester*** ⟨titel v. functionaris⟩ **0.8** ⟨beeld. k.⟩ ***meester*** ⟨ook fig.⟩ ⇒*werk v. meester* **0.9** ⟨M-⟩⟨Sch. E⟩ ***jonker*** ⟨aanspreektitel v. adelborst⟩ ⇒*jongeheer* ⟨vero. aanspreekvorm⟩ ◆ **1.1** ~ of the house *heer des huizes;* a dog and his ~ *een hond en zijn baas(je);* Lord and Master *heer en meester* **1.2** the French ~ *de leraar Frans* **1.4** Master of Arts ⟨ong.⟩ *doctorandus in de letteren/menswetenschappen/sociale wetenschappen;* ⟨Sch. E⟩ Master of Literature ⟨ong.⟩ *doctorandus;* ⟨BE⟩ Master of Philosophy ⟨ong.⟩ *doctorandus;* Master of Science ⟨ong.⟩ *doctorandus in de (exacte) wetenschappen* **1.7** Master of Ceremonies *ceremoniemeester;* Master in Chancery *hoofd v. hooggerechtshof;* Master of the Horse *Opperstalmeester* ⟨hoge rang aan het Engelse hof⟩; Master of (the) (fox)hounds *jagermeester;* ⟨gesch.⟩ Master in Lunacy *voogdijrechter voor krankzinnigen;* Master of the Mint *muntmeester;* Master of the King's/Queen's Music *kapelmeester aan het Engelse hof;* Master of the Revels *ceremoniemeester aan het Engelse hof;* Master of the Robes *kamerheer voor garderobe;* Master of the Rolls *Rijksarchivaris/Eerste rechter v. Hof v. Beroep* **1.9** Master of Falkland *jonker/erfgenaam v. Falkland* **1.¶** ⟨folklore⟩ Master of Misrule *Heer Wanbeheer* ⟨leidde uitbundig folkloristische feesten rond Kerstmis⟩ **2.8** Little Masters *Kleine Meesters* ⟨volgelingen v. Dürer⟩ **3.2** follow one's ~ *zijn meester/voorganger navolgen;* passed ~ *vakman, ware meester* **6.1** make o.s. ~ **of** sth. *iets machtig worden, iets onder de knie krijgen;* be ~ of one's feelings *zijn gevoelens meester/de baas zijn* **7.1** be one's own ~ *zijn eigen baas zijn;* the Master *de Heer/Meester* ⟨Jezus⟩; is your ~ in? *is meneer thuis?* **7.2** ⟨school.⟩ second ~ *onderdirecteur*.
master[2] ⟨bn., attr.⟩ **0.1** ***hoofd-*** ⇒*voornaamste* **0.2** ***superieur*** ⇒*voortreffelijk* **0.3** ***moeder-*** ⇒*commando-, hoofd-* ⟨waarvan andere delen/eenheden afhangen⟩.
master[3] ⟨f2⟩⟨ov.ww.⟩ **0.1** ***overmeesteren*** ⇒*de baas/machtig worden* ⟨ook fig.⟩; *te boven komen, bedwingen* **0.2** ***een moederblad/opname maken van*** ⇒*een master(tape) maken van*.
'mas·ter-at-'arms ⟨telb.zn.⟩⟨marine⟩ **0.1** ***provoost-geweldiger***.
'master card ⟨f1⟩⟨telb.zn.⟩ **0.1** ***hoogste kaart*** ⇒*hoogste troef* **0.2** ***(hoge) troef*** ⇒*krachtig/doorslaggevend argument* **0.3** ***master card*** ⟨credit card die bij verschillende instanties gebruikt kan worden⟩.
'master copy ⟨telb.zn.⟩ **0.1** ***origineel***.
mas·ter·dom ['mɑ:stədəm‖'mæstər-]⟨n.-telb.zn.⟩ **0.1** ***meesterschap*** ⇒*heerschappij*.
mas·ter·ful ['mɑ:stəfl‖'mæstər-]⟨f1⟩⟨bn.; -ly; -ness⟩ **0.1** ***meesterachtig*** ⇒*bazig, despotisch* **0.2** ***meesterlijk*** ⇒*magistraal*.
'mas·ter-hand ⟨telb.zn.⟩ **0.1** ***meesterhand*** **0.2** ***meester*** ◆ **6.2** a ~ **at** letter-writing *een meester/kei in het briefschrijven*.
mas·ter·hood ['mɑ:stəhʊd‖'mæstər-]⟨n.-telb.zn.⟩ **0.1** ***meesterschap***.
'master key ⟨f1⟩⟨telb.zn.⟩ **0.1** ***loper*** ⇒*passepartout* **0.2** ***sleutel*** ⟨v.e. probleem⟩ ⇒*oplossing, toegang* ◆ **6.2** the ~ **to** success *de (beste/kortste) weg naar succes*.
mas·ter·less ['mɑ:stələs‖'mæstər-]⟨bn.; -ly; -ness⟩ **0.1** ***zonder meester***.
mas·ter·ly ['mɑ:stəli‖'mæstərli]⟨f1⟩⟨bn.; -ness; →bijw. 3⟩ **0.1** ***meesterlijk***.
'master 'mariner ⟨telb.zn.⟩ **0.1** ***gezagvoerder*** ⟨aan boord⟩.
'master 'mason ⟨telb.zn.⟩ **0.1** ***meestermetselaar*** **0.2** ⟨M- M-⟩⟨vrijmetselarij⟩ ***meester***.
'mas·ter·mind[1] ⟨f1⟩⟨telb.zn.⟩ **0.1** ***brein*** ⇒*leider* **0.2** ⟨inf.⟩ ***super/meesterbrein*** ⇒*genie* ◆ **6.1** the ~ **behind/of** the project *het brein achter/van het plan*.
mas·ter·mind[2] ⟨f1⟩⟨ov.ww.⟩ **0.1** ***uitdenken*** ⇒*uitkienen, ontwerpen* **0.2** ***leiden*** ⇒*organiseren* ◆ **1.1** he ~ed the project *hij was het brein achter het project*.
'master organisation ⟨telb.zn.⟩ **0.1** ***overkoepelende organisatie***.
'master·piece ⟨f2⟩⟨telb.zn.⟩ **0.1** ***meesterstuk*** ⇒*meesterwerk*.
'master plan ⟨telb.zn.⟩ **0.1** ***algemeen plan***.
'master runner ⟨telb.zn.⟩⟨AE; atletiek⟩ **0.1** ***veteraan*** ⟨mannen vanaf 40 jaar, vrouwen vanaf 35 jaar⟩.
mas·ter·ship ['mɑ:stəʃɪp‖'mæstər-]⟨zn.⟩
I ⟨telb.zn.⟩ **0.1** ***leraarschap*** ⇒*positie/ambt v. leraar;*
II ⟨n.-telb.zn.⟩ **0.1** ***meesterschap*** ⇒*heerschappij*.
'mas·ter·sing·er ⟨telb.zn.⟩⟨gesch.⟩ **0.1** ***Meistersinger*** ⇒*meesterzanger*.
'mas·ter·stroke ⟨telb.zn.⟩ **0.1** ***meesterlijke zet*** ⇒*meesterstuk, staaltje v. meesterschap*.
'mas·ter·switch ⟨telb.zn.⟩ **0.1** ***hoofdschakelaar*** ⇒*stuurschakelaar*.
'mas·ter·work ⟨telb.zn.⟩ **0.1** ***meesterwerk*** ⇒*meesterstuk;* ⟨fig.⟩ *meesterlijk staaltje* ◆ **6.1** a ~ **of** hypocrisy *een prachtig staaltje v. huichelarij*.
mas·ter·y ['mɑ:stri‖'mæ-]⟨f2⟩⟨n.-telb.zn.⟩ **0.1** ***meesterschap*** ⇒*talent, genialiteit* **0.2** ***meesterschap*** ⇒*heerschappij* **0.3** ***beheersing*** ⇒*kennis* ◆ **6.2** the ~ **over** *de overhand op* **6.3** ~ **of** the language *taalbeheersing*.
'mastery learning ⟨n.-telb.zn.⟩ **0.1** ***beheersingsleren***.
'mast·head[1] ⟨telb.zn.⟩ **0.1** ***masttop*** **0.2** ***impressum*** ⟨ingekaderde kop in krant e.d. met informatie over de uitgave⟩.
masthead[2] ⟨ov.ww.⟩ **0.1** ***in de mast hijsen*** ⟨zeil⟩ **0.2** ***boven in de mast sturen*** ⟨matroos; i.h.b. als straf⟩.
mas·tic ['mæstɪk]⟨zn.⟩
I ⟨telb.zn.; verk.⟩ →mastic tree;
II ⟨n.-telb.zn.⟩ **0.1** ***mastiek*** **0.2** ***(asfalt)mastiek***.
mas·ti·cate ['mæstɪkeɪt]⟨onov. en ov.ww.⟩ **0.1** ***kauwen***.
mas·ti·ca·tion ['mæstɪ'keɪʃn]⟨n.-telb.zn.⟩ **0.1** ***het kauwen*** ⇒*masticatie*.
mas·ti·ca·tor ['mæstɪkeɪtə‖-keɪtər]⟨telb.zn.⟩ **0.1** ***kauwer*** **0.2** ***(vlees) molen***.
mas·ti·ca·to·ry ['mæstɪkətri‖-tɔri]⟨bn.⟩ **0.1** ***kauw-***.
'mastic tree, mastic ⟨telb.zn.⟩⟨plantk.⟩ **0.1** ***mastiek(boom)*** ⟨Pistacia lentiscus⟩.
mas·tiff ['mæstɪf]⟨telb.zn.⟩ **0.1** ***mastiff*** ⇒*Engelse dog, buldog*.
mas·ti·goph·o·ran ['mæstɪ'gɒfrən‖-'gɑf-]⟨telb.zn.⟩⟨dierk.⟩ **0.1** ***zweepdiertje*** ⟨klasse Mastigophora⟩.
mas·ti·tis [mæ'staɪtɪs]⟨telb. en n.-telb.zn.; mastitides [mæ'stɪtɪdi:z]; →mv. 5⟩⟨med.⟩ **0.1** ***mastitis*** ⇒*melkklierontsteking, borstontsteking; uierontsteking* ⟨v. koe⟩.
mast·less ['mɑ:s(t)ləs‖'mæst-]⟨bn.⟩ **0.1** ***zonder mast(en)***.
mas·to·don ['mæstədɒn‖-dɑn]⟨telb.zn.⟩⟨dierk.⟩ **0.1** ***mastodont*** ⟨uitgestorven zoogdier; genus Mammut⟩.
mas·to·don·tic ['mæstə'dɒntɪk‖-'dɑntɪk]⟨bn.⟩ **0.1** ***mastodontisch*** ⇒*kolossaal, mammoetachtig*.
mas·toid[1] ['mæstɔɪd]⟨telb.zn.⟩ **0.1** ⟨anat.⟩ ***tepelvormig uitsteeksel v.h. slaapbeen*** ⇒*processus mastoïdus* **0.2** ⟨inf.⟩ →mastoiditis.
mastoid[2] ⟨bn.⟩ **0.1** ***tepelvormig*** ◆ **1.1** ⟨anat.⟩ ~ process *tepelvormig uitsteeksel v.h. slaapbeen, processus mastoïdus*.
mas·toid·i·tis ['mæstɔɪ'daɪtɪs], **mastoid** ⟨telb. en n.-telb.zn.; mastoiditides ['mæstɔɪ'dɪtɪdi:z]; →mv. 5⟩⟨med.⟩ **0.1** ***mastoïditis*** ⇒*ontsteking v. processus mastoïdus*.
mas·tur·bate ['mæstəbeɪt‖-ər-]⟨f2⟩⟨onov. en ov.ww.⟩ **0.1** ***masturberen***.
mas·tur·ba·tion ['mæstə'beɪʃn‖-ər-]⟨f2⟩⟨n.-telb.zn.⟩ **0.1** ***masturbatie*** ⇒*zelfbevrediging*.
mas·tur·ba·to·ry ['mæstə'beɪtri‖'mæstərbətɔri]⟨bn.⟩ **0.1** ***masturbatie-***.
mat[1] [mæt]⟨f2⟩⟨zn.⟩
I ⟨telb.zn.⟩ **0.1** ***mat*** ⟨ook sport⟩ ⇒*deurmat, matje* ⟨ook fig.⟩ **0.2** ***tafelmatje*** ⇒*onderzettertje, tafelkleedje* **0.3** ***klit*** ⇒*wirwar, verwarde massa* **0.4** ***gevlochten scherm*** **0.5** ***(matgouden) passe-partout*** ⟨v. foto, enz.⟩ **0.6** ⟨sl.⟩ ***vloer*** ⇒*dek* ⟨i.h.b. v. vliegdekschip⟩ **0.7** ***mat oppervlak*** ◆ **1.3** a ~ of hair *een wirwar van haren* **3.1** call/have/put s.o. on the ~ *iem. op het matje roepen;* leave s.o. on the ~ *iem. op de (deur)mat laten staan* **3.¶** ⟨Austr. E⟩ return to the ~

retour à la nature **6.¶** ⟨sl.⟩ **on** the ~ *in de penarie/puree; uitgefoeterd, bekritiseerd;*
II ⟨n.-telb.zn.; ook attr.⟩ **0.1** ***(het) worstelen*** ⇒*worstelsport.*
mat² ⟨f1⟩⟨bn.⟩ **0.1** ***mat*** ⇒*dof, niet glimmend, niet doorzichtig* ⟨v. glas⟩.
mat³ ⟨f1⟩⟨ww.; →ww. 7⟩ →matted, matting
I ⟨onov.ww.⟩ **0.1** ***klitten*** ⇒*in de war raken, verwarren;*
II ⟨ov.ww.⟩ **0.1** ***van matten voorzien*** ⇒*(met matten) bedekken* **0.2** ***verwarren*** ⇒*doen samenklitten* **0.3** ***een passe-partout/masker plaatsen rond*** ⟨foto, tekening⟩ **0.4** ***mat maken*** ⇒*matteren* ◆ **1.2** ~ted hair *verward/geklit haar* **5.1** ~ **up** *toedekken* ⟨planten⟩.
mat·a·dor ['mætədɔ:||'mæṭədɔr]⟨telb.zn.⟩ **0.1** ***matador*** ⇒*stierenvechter.*
match¹ [mætʃ]⟨f3⟩⟨telb.zn.⟩ **0.1** ***gelijke*** ⇒*partuur, tegenhanger, evenbeeld* **0.2** ***wedstrijd*** ⇒*match* **0.3** ***huwelijk*** **0.4** ***partij*** ⇒*(potentiële) huwelijkspartner* **0.5** ***paar*** ⇒*koppel, span, stel (bij elkaar passende zaken)* **0.6** ***lucifer*** **0.7** ***lont*** **0.8** ⟨paardesport⟩ ***wedren/draverij tussen twee paarden*** ◆ **2.4** a good ~ *een goede partij* **2.5** a good ~ *een goed (bij elkaar passend) paar/stel* **3.1** find/meet one's ~ *zijns gelijke vinden* **3.3** make a (happy) ~ *een (gelukkig) huwelijk sluiten;* make a ~ of it *trouwen* **3.6** place/put/set a ~ to sth. *iets met een lucifer aansteken, iets in brand steken;* strike a ~ *een lucifer aansteken/aanstrijken* **6.1** be a ~ **for** *opgewassen zijn tegen, niet onderdoen voor;* be more than a ~ **for** s.o. *iem. de baas zijn.*
match² ⟨f3⟩⟨ww.⟩
I ⟨onov.ww.⟩ **0.1** ***(bij elkaar) passen*** ◆ **1.1** ~ing colours *bij elkaar passende kleuren* **5.1** the blouse and the skirt ~ **up** beautifully *de bloes en de rok passen prachtig bij elkaar* **¶.1** they ate much and drank to ~ *ze aten veel en dronken navenant;* a shirt and a tie to ~ *een overhemd en een bijpassende das;*
II ⟨ov.ww.⟩ **0.1** ***evenaren*** ⇒*opgewassen zijn tegen, niet onderdoen voor* **0.2** ***vergelijken*** ⇒*tegenover elkaar stellen, tegen elkaar uitspelen* **0.3** ***passen bij*** **0.4** ***doen passen*** ⇒*aanpassen, met elkaar in overeenstemming brengen, schakeren* ⟨kleur⟩ ◆ **1.1** ~ing fund *subsidie evenredig met publieke bijdrage* ⟨voor project, e.d.⟩; I'll give $ 5 if you ~ the sum *ik geef 5 dollar als jij dezelfde som geeft/bijdraagt* **1.4** ~ jobs and applicants *het juiste werk voor de juiste kandidaten uitzoeken;* ~ supply and demand *het aanbod aan de vraag aanpassen;* can you ~ this silk? *kunt u iets passends vinden bij deze zijde?* **2.4** this colour is hard to ~ *deze kleur is moeilijk met een andere te combineren* **3.1** not to be ~ed *niet te evenaren;* can you ~ that? *kan je me dat nadoen?, kan je dat net zo goed doen?* **5.1** they are well ~ed *zij zijn aan elkaar gewaagd/tegen elkaar opgewassen* **5.3** they are well ~ed *ze passen goed bij elkaar* **6.1** no one can ~ him **in** swimming *niemand kan hem met zwemmen evenaren* **6.2** ~ o.s. **against** s.o. *zich met iem. meten;* ~ one's strength **against/with** s.o. else's *zijn kracht met die v. iem. anders meten* **6.4** ~ **to** *in overeenstemming brengen met.*
match·a·ble ['mætʃəbl]⟨bn.⟩ **0.1** ***te evenaren*** **0.2** ***aan te passen*** ⇒*voor aanpassing vatbaar.*
'mat chairman ⟨telb.zn.⟩⟨worstelen⟩ **0.1** ***matrechter.***
'match·board ⟨telb.zn.⟩ **0.1** ***plank met messing en groef.***
'match·board·ing ⟨telb. en n.-telb.zn.⟩ **0.1** ***beschot v. ineengrijpende planken.***
'match·book ⟨telb.zn.⟩⟨AE⟩ **0.1** ***lucifersboekje.***
'match·box ⟨f1⟩⟨telb.zn.⟩ **0.1** ***luciferdoosje.***
matchet →machete.
match·less ['mætʃləs]⟨f1⟩⟨bn.; -ly⟩ **0.1** ***onvergelijkelijk*** ⇒*niet te evenaren, weergaloos.*
'match·lock ⟨telb.zn.⟩ **0.1** ***lontroer*** **0.2** ***lontslot*** ⟨v. geweer⟩.
'match·mak·er ⟨f1⟩⟨telb.zn.⟩ **0.1** ***koppelaar(ster)*** **0.2** ***organisator/trice v.e. wedstrijd*** ⇒*uitschrijver.*
'match·mak·ing ⟨n.-telb.zn.⟩ **0.1** ***het koppelen*** ⇒*het tot stand brengen v. huwelijken* **0.2** ***het organiseren v. wedstrijden*** ⇒*uitschrijven.*
'match penalty ⟨telb.zn.⟩⟨ijshockey⟩ **0.1** ***uitsluiting v.d. wedstrijd*** ⟨vanwege grove overtreding⟩.
'match-plane ⟨telb.zn.⟩ **0.1** ***ploegschaaf.***
'match-point ⟨f1⟩⟨telb. en n.-telb.zn.⟩⟨sport⟩ **0.1** ***beslissend punt*** ⇒*matchpoint.*
'match·stick ⟨telb.zn.⟩ **0.1** ***lucifershoutje.***
'match·up ⟨f1⟩⟨telb.zn.⟩ **0.1** ***wedstrijdbeeld.***
'match·wood ⟨n.-telb.zn.⟩ **0.1** ***lucifershout*** **0.2** ***splinters*** ◆ **3.2** crumple/smash to ~, make ~ of *versplinteren, aan splinters slaan.*
mate¹ [meɪt]⟨f3⟩⟨zn.⟩
I ⟨telb.zn.⟩ **0.1** ***maat*** ⟨BE; ook inf. als aanspreekvorm⟩ ⇒*kameraad* **0.2** ***partner*** ⇒*gezel(lin), huwelijkspartner; mannetje, wijfje* ⟨vnl. v. vogels⟩ **0.3** ***helper*** ⟨v. ambachtsman⟩ ⇒*gezel* **0.4** ***stuurman;***
II ⟨telb. en n.-telb.zn.⟩⟨schaken⟩ **0.1** ***(schaak)mat*** ◆ **3.1** smothered ~ *stikmat.*
mate² ⟨f2⟩⟨ww.⟩
I ⟨onov.ww.⟩ **0.1** ***paren*** ⇒*huwen, trouwen* **0.2** ***paren*** ⇒*zich voortplanten* **0.3** ⟨tech.⟩ ***aan/bij/in elkaar passen*** ◆ **1.3** mating surface *corresponderend oppervlak;*
II ⟨ov.ww.⟩ **0.1** ***koppelen*** ⇒*doen paren* **0.2** ***huwen*** ⇒*in de echt verbinden* **0.3** ***aaneen passen*** ⇒*samenbrengen* **0.4** ⟨schaken⟩ ***mat zetten*** ◆ **6.1** ~ a horse **with** a donkey *een paard met een ezel doen paren.*
ma·té ['mɑ:teɪ]⟨zn.⟩
I ⟨telb.zn.⟩⟨plantk.⟩ **0.1** ***maté*** ⟨boom; Ilex paraguayensis⟩;
II ⟨n.-telb.zn.⟩ **0.1** ***maté*** ⇒*paraguaythee.*
mate·less ['meɪtləs]⟨bn.⟩ **0.1** ***zonder partner/gezel.***
mate·lot, mat·lo(w) ['mætloʊ]⟨telb.zn.⟩⟨BE.; sl.⟩ **0.1** ***matroos.***
mat·e·lot(t)e ['mæṭloʊt]⟨telb. en n.-telb.zn.⟩⟨cul.⟩ **0.1** ***wijnsaus voor vis*** **0.2** ***(stoofpotje) vis in wijnsaus.***
ma·ter ['meɪtə||'meɪṭər]⟨telb.zn.⟩⟨vero.; BE.; sl.⟩ **0.1** ***moer*** ⇒*moeder.*
ma·ter·fa·mil·i·as ['meɪtəfə'mɪlɪəs||'meɪṭər-]⟨telb.zn.⟩ **0.1** ***vrouw des huizes.***
ma·te·ri·al¹ [mə'tɪərɪəl||-'tɪr-]⟨f3⟩⟨telb. en n.-telb.zn.⟩ **0.1** ***materiaal*** ⇒*stof, grondstof;* ⟨fig.⟩ *gegevens, informatie* **0.2** ***stof*** ⇒*textiel* **0.3** ***materiaal*** ⇒*gerief, benodigdheden* **0.4** ***soort*** ◆ **2.2** light ~ for a dress *lichte stof voor een jurk* **2.4** soldiers made of the right ~ *soldaten uit het goede hout gesneden, geboren soldaten* **6.1** collect ~ **for** a book *gegevens voor een boek verzamelen.*
material² ⟨f3⟩⟨bn.; -ly⟩ **0.1** ***materieel*** ⇒*stoffelijk* **0.2** ***materieel*** ⇒*lichamelijk, fysisch* **0.3** ***belangrijk*** ⇒*relevant, wezenlijk, essentieel* ◆ **1.1** ~ damage *materiële schade;* ⟨taalk.⟩ ~ noun *stofnaam;* ~ theory of heat *materiële warmtetheorie* **1.2** ~ comfort/well-being *materieel welzijn;* ~ needs *lichamelijke/materiële behoeften* ⟨voeding, warmte e.d.⟩; ~ pleasures *zinnelijke genoegens/genot* **1.3** a ~ change *een verandering die zoden aan de dijk zet;* ⟨jur.⟩ ~ evidence/facts *concreet bewijs/concrete feiten;* ~ witness *doorslaggevend(e) getuige(nis)* **6.3** a point ~ **to** my argument *een (stand)punt dat relevant is voor mijn argument.*
ma·te·ri·al·ism [mə'tɪərɪəlɪzm||-'tɪr-]⟨f1⟩⟨n.-telb.zn.⟩ **0.1** ⟨fil.⟩ ***materialisme*** **0.2** ***materialisme*** ⇒*materialistische instelling* ◆ **2.1** dialectical/historical ~ *dialectisch/historisch materialisme.*
ma·te·ri·al·ist¹ [mə'tɪərɪəlɪst||-'tɪr-]⟨f1⟩⟨telb.zn.⟩ **0.1** ⟨fil.⟩ ***materialist*** ⇒*aanhanger v.h. materialisme* **0.2** ***materialist*** ⇒*iem. met een materialistische instelling.*
materialist² ⟨f1⟩⟨bn.⟩ **0.1** ***materialistisch*** ⇒*eigen aan (het) materialisme* ◆ **1.1** a ~ lifestyle *een materialistische levensstijl.*
ma·te·ri·al·is·tic [mə'tɪərɪə'lɪstɪk||-'tɪr-]⟨f1⟩⟨bn.; -ally; →bijw. 3⟩ **0.1** ***materialistisch.***
ma·te·ri·al·i·ty [mə'tɪəri'æləti||mə'tɪri'æləṭi]⟨n.-telb.zn.⟩ **0.1** ***materialiteit*** ⇒*stoffelijkheid* **0.2** ***relevantie*** ⇒*belangrijkheid.*
ma·te·ri·al·i·za·tion, -sa·tion [mə'tɪərɪəlaɪ'zeɪʃn||mə'tɪrɪələ-]⟨telb. en n.-telb.zn.⟩ **0.1** ***verwezenlijking*** **0.2** ***materialisatie*** ◆ **1.1** the ~ of his hopes *de verwezenlijking van zijn hoop/verwachtingen.*
ma·te·ri·al·ize, -ise [mə'tɪərɪəlaɪz||-'tɪr-]⟨f2⟩⟨ww.⟩
I ⟨onov.ww.⟩ **0.1** ***werkelijkheid worden*** ⇒*verwezenlijkt worden, uitkomen, iets opleveren* **0.2** ***zich materialiseren*** ⇒*gedaante aannemen, te voorschijn komen* ⟨v. geest⟩ ◆ **1.1** his dreams/plans never ~d *zijn dromen/plannen werden nooit werkelijkheid/verwezenlijkt;*
II ⟨ov.ww.⟩ **0.1** ***verwezenlijken*** ⇒*realiseren, uitvoeren* **0.2** ***verstoffelijken*** ⇒*materialiseren, gedaante geven aan* **0.3** ***materialistisch maken.***
ma'terials science ⟨n.-telb.zn.⟩ **0.1** ***materiaalleer*** ⇒*materialenkennis.*
ma·te·ri·a med·i·ca [mə'tɪərɪə 'medɪkə||-'tɪr-]⟨n.-telb.zn.⟩⟨med.⟩ **0.1** ***geneeskundige stoffen*** **0.2** ***studie v. geneeskundige stoffen.***
ma·te·ri·el, ma·té·ri·el [mə'tɪəri'el||-'tɪr-]⟨n.-telb.zn.⟩ **0.1** ***materieel*** ⇒⟨i.h.b.⟩ *legerbehoeften, oorlogstuig.*
ma·ter·nal [mə'tɜ:nl||mə'tɜrnl]⟨f2⟩⟨bn.; -ly⟩ **0.1** ***moeder-*** ⇒*v.e. moeder, moederlijk* **0.2** ***v. moederszijde*** **0.3** ***zwangerschaps-*** ⇒*kraam-* ◆ **1.1** ~ love *moederliefde* **1.2** ~ uncle *oom v. moederszijde* **1.3** ~ care *zwangerschapszorg.*
ma·ter·ni·ty [mə'tɜ:nəti||mə'tɜrnəṭi]⟨f1⟩⟨n.-telb.zn.⟩ **0.1** ***moederschap*** **0.2** ***moederlijkheid.***
ma'ternity benefit ⟨telb. en n.-telb.zn.⟩ **0.1** ***zwangerschapsuitkering*** ⇒*uitkering tijdens zwangerschapsverlof,* ⟨B.⟩ *geboortepremie.*
ma'ternity department ⟨telb.zn.⟩ **0.1** ***kraamafdeling*** **0.2** ***afdeling voor (a.s.) moeders en baby's*** ⟨in warenhuis, e.d.⟩.
ma'ternity dress ⟨telb.zn.⟩ **0.1** ***positiejurk*** ⇒*jurk voor a.s. moeder.*
ma'ternity home, ma'ternity hospital ⟨f1⟩⟨telb.zn.⟩ **0.1** ***kraamkliniek*** ⇒*kraaminrichting.*
ma'ternity leave ⟨telb. en n.-telb.zn.⟩ **0.1** ***zwangerschapsverlof*** ⇒*bevallingsverlof.*
ma'ternity nurse ⟨telb.zn.⟩ **0.1** ***kraamverpleegster.***

ma'ternity ward ⟨f1⟩⟨telb.zn.⟩ **0.1** ***kraamafdeling***.

ma'ternity wear ⟨n.-telb.zn.⟩ **0.1** ***positiekleding***.

mate·ship ['meɪtʃɪp]⟨n.-telb.zn.⟩⟨Austr. E⟩ **0.1** ***camaraderie*** ⇒*kameraadschap*.

ma·tey[1], **ma·ty** ['meɪṭi]⟨telb.zn.; →mv. 2⟩⟨BE; inf.⟩ **0.1** ***maat(je)*** ⇒*collega*.

matey[2], **maty** ⟨f1⟩⟨bn.; -er; -ly; -ness; →bijw. 3⟩⟨inf.⟩ **0.1** ***vriendschappelijk*** ⇒*kameraadschappelijk* ◆ **6.1** be ~ **with** s.o. *beste maatjes/goed bevriend met iem. zijn*.

'mat·grass ⟨telb. en n.-telb.zn.⟩⟨plantk.⟩ **0.1** ***borstelgras*** ⟨Nardus stricta⟩.

math·e·mat·i·cal ['mæθɪ'mæṭɪkl], ⟨zelden⟩ **math·e·mat·ic** [-'mæṭɪk] ⟨f3⟩⟨bn.; -(al)ly; →bijw. 3⟩ **0.1** ***wiskundig*** ⇒*wiskunde-, mathematisch* **0.2** ***precies*** ⇒*juist, exact, mathematisch* ◆ **1.1** ~ logic *symbolische logica;* ~ tables *wiskundige tabellen*.

math·e·ma·ti·cian ['mæθɪmə'tɪʃn]⟨f2⟩⟨telb.zn.⟩ **0.1** ***wiskundige***.

math·e·mat·ics ['mæθɪ'mæṭɪks]⟨f3⟩⟨n.-telb.zn.⟩ **0.1** ***wiskunde*** ◆ **2.1** pure ~ *zuivere wiskunde* **3.1** applied ~ *toegepaste wiskunde*.

maths [mæθs], ⟨AE⟩ **math** [mæθ]⟨f2⟩⟨n.-telb.zn.⟩⟨verk.⟩ mathematics ⟨inf.⟩ **0.1** ***wiskunde***.

mat·ie ['meɪti‖'mæṭi]⟨telb.zn.⟩ **0.1** ***maatje*** ⇒*haring*.

ma·tière [mɑː'tjeə‖mɑ'tjer]⟨telb. en n.-telb.zn.⟩ **0.1** ***materiaal*** ⟨v. kunstenaar⟩ ◆ **2.1** works of art in strange ~s *kunstwerken in vreemde materialen*.

Ma·til·da [mə'tɪldə]⟨telb.zn.⟩⟨Austr. E⟩ **0.1** ***bundel/pak v. (Austr.) kolonist*** ◆ **3.¶** walk/waltz ~ *met zijn zak/bundel rondzwerven/reizen*.

mat·in[1] ['mæṭɪn‖'mætn]⟨telb.zn.⟩⟨schr.⟩ **0.1** ***morgenzang*** ⟨v. vogels e.d.⟩.

matin[2] ⟨bn., attr.⟩⟨schr.⟩ **0.1** ***ochtend-*** ⇒*v.d. morgen*.

mat·i·nee, mat·i·née ['mæṭɪneɪ‖mætn'eɪ]⟨telb.zn.⟩ **0.1** ***matinee*** **0.2** ⟨paardesport⟩ ***matinee*** ⟨middagdraverij waarvoor geen inschrijfgeld verschuldigd is⟩.

'matinee coat, 'matinee jacket ⟨telb.zn.⟩ **0.1** ***wollen babyjasje***.

'mat·ing season ⟨telb.zn.⟩ **0.1** ***paartijd*** ⇒*bronst*.

mat·ins, ⟨BE in bet. II ook⟩ **mat·tins** ['mæṭɪnz‖'mætnz]⟨zn.⟩

I ⟨telb.zn.⟩⟨schr.⟩ **0.1** ***morgenzang*** ⟨v. vogels e.d.⟩;

II ⟨verz.n.; M-⟩ **0.1** ***metten*** **0.2** ⟨Anglicaanse kerk⟩ ***morgendienst*** ⇒*morgengebed*.

matlo(w) →matelot.

mat·man ['mætmən]⟨telb.zn.; matmen [-mən]; →mv. 3⟩⟨worstelen⟩ **0.1** ***worstelaar***.

mat·ras(s) ['mætrəs]⟨telb.zn.⟩ **0.1** ***distilleerkolf***.

mat·ri- ['meɪtri, 'mætri] **0.1** ***moeder-*** ◆ **¶.1** matricide *moedermoord (enaar);* matriclinous *eigenschappen v. moeder hebbend*.

ma·tri·arch ['meɪtriɑːk‖-ɑrk]⟨telb.zn.⟩ **0.1** ***vrouwelijk gezins/stamhoofd*** **0.2** ***vrouw met gezag/invloed*** ⟨vaak scherts.⟩.

ma·tri·arch·al ['meɪtri'ɑːkl‖-'ɑrkl]⟨bn.⟩ **0.1** ***matriarchaal***.

ma·tri·ar·chate ['meɪtriɑːkeɪt‖-ɑr-]⟨n.-telb.zn.⟩ **0.1** ***matriarchaat***.

ma·tri·ar·chy ['meɪtriɑːki‖-ɑr-]⟨telb. en n.-telb.zn.; →mv. 2⟩ **0.1** ***matriarchale gemeenschap*** **0.2** ***matriarchaat***.

ma·tric [mə'trɪk]⟨telb. en n.-telb.zn.⟩⟨verk.⟩ matriculation ⟨inf.⟩.

mat·ri·ci·dal ['mætrɪ'saɪdl]⟨bn.⟩ **0.1** ***mbt. moedermoord*** ⇒*moedermoordend*.

mat·ri·cide ['mætrɪsaɪd]⟨zn.⟩

I ⟨telb.zn.⟩ **0.1** ***moedermoordenaar;***

II ⟨telb. en n.-telb.zn.⟩ **0.1** ***moedermoord***.

ma·tric·u·late [mə'trɪkjʊleɪt‖-kjə-]⟨f1⟩⟨ww.⟩

I ⟨onov.ww.⟩ **0.1** ***zich (laten) inschrijven als student*** ⇒*toegang verkrijgen* ⟨tot universiteit e.d.⟩;

II ⟨ov.ww.⟩ **0.1** ***als student inschrijven*** ⇒*als student toelaten*.

ma·tric·u·la·tion [mə'trɪkjʊ'leɪʃn‖-kjə-], **ma·tric** ⟨f1⟩⟨telb. en n.-telb.zn.⟩ **0.1** ***inschrijving*** ⇒*toegang tot universiteit* ⟨enz.⟩ **0.2** ⟨vero.⟩ ***toelatingsexamen***.

ma·tric·u·la·to·ry [mə'trɪkjʊlətri‖-kjələtɔri]⟨bn.⟩ **0.1** ***toegangs-*** ⇒*toelatings-*.

mat·ri·lin·e·al ['mætrɪ'lɪnɪəl]⟨bn.⟩ **0.1** ***matrilineair*** ⇒*in de vrouwelijke lijn berekend*.

mat·ri·lo·cal ['mætrɪ'loʊkl]⟨bn.⟩ **0.1** ***matrilocaal***.

mat·ri·mo·ni·al ['mætrɪ'moʊnɪəl]⟨f1⟩⟨bn.; -ly⟩ **0.1** ***huwelijks-*** ⇒*echtelijk* ◆ **1.1** ~ agency *huwelijksbureau*.

mat·ri·mo·ny ['mætrɪməni‖-moʊni]⟨f1⟩⟨n.-telb.zn.⟩ **0.1** ***huwelijk*** ⇒*echt(elijke staat)* **0.2** ⟨kaartspel⟩ ***mariage*** ⇒*stuk*.

ma·trix ['meɪtrɪks]⟨f2⟩⟨telb.zn.; ook matrices ['meɪtrɪsiːz]; →mv. 5⟩ **0.1** ***matrijs*** ⇒*gietvorm, drukvorm, lettermatrijs* **0.2** ***bakermat*** ⇒*voedingsbodem* **0.3** ⟨geol.⟩ ***matrix*** ⇒*grondmassa* **0.4** ***bindmiddel*** **0.5** ***voornaamste metaal in legering*** **0.6** ⟨biol.⟩ ***matrix*** ⇒*kiemlaag, nagelbed, omhulsel v. chromosomen* **0.7** ⟨wisk., comp.⟩ ***matrix*** **0.8** ⟨vero.⟩ ***baarmoeder***.

'matrix printer ⟨telb.zn.⟩⟨comp.⟩ **0.1** ***matrixprinter*** ⟨waarbij elk karakter door een puntenmatrix wordt gevormd⟩.

ma·tron ['meɪtrən]⟨f2⟩⟨telb.zn.⟩ **0.1** ***matrone*** ⇒*getrouwde dame* **0.2** ⟨BE⟩ ***directrice*** ⇒*hoofdverpleegster, huisbeheerster* ◆ **1.¶** ~ of honour *getrouwd(e) bruidsjuffer/meisje*.

ma·tron·age ['meɪtrənɪdʒ]⟨n.-telb.zn.⟩ **0.1** ***matrones*** ⟨gezamenlijk v.e. gebied, land⟩ **0.2** ***toezicht v.e. matrone*** **0.3** ***staat v. matrone*** ⇒*het matrone zijn*.

ma·tron·hood ['meɪtrənhʊd]⟨n.-telb.zn.⟩ **0.1** ***staat v. matrone*** ⇒*het matrone zijn*.

ma·tron·ly ['meɪtrənli]⟨bn.⟩ **0.1** ***matroneachtig*** ⇒*degelijk, eerbaar, bezadigd* **0.2** ⟨pej.⟩ ***aan de dikke kant*** **0.3** ***bazig***.

'mat rush ⟨telb. en n.-telb.zn.⟩⟨plantk.⟩ **0.1** ***mattenbies*** ⇒*stoelenbies* ⟨Scirpus lacustris⟩.

matt[1], ⟨AE sp. ook⟩ **matte** [mæt]⟨zn.⟩

I ⟨telb.zn.⟩ **0.1** ***(matgouden) passe-partout*** ⟨v. foto, enz.⟩;

II ⟨telb. en n.-telb.zn.⟩ **0.1** ***matheid*** ⇒*mat(gouden) oppervlak*.

matt[2], ⟨AE sp. ook⟩ **matte** ⟨f1⟩⟨bn.⟩ **0.1** ***mat*** ⇒*dof, niet doorzichtig* ⟨v. glas⟩.

matt[3], ⟨AE sp. ook⟩ **matte** ⟨ov.ww.⟩ →matted, matting **0.1** ***mat maken*** ⇒*matteren*.

Matt ⟨afk.⟩ Matthew ⟨N.T.⟩ **0.1** ***Matth***.

mat·ta·more ['mætəmɔː‖'mæṭə'mɔr]⟨telb.zn.⟩ **0.1** ***ondergrondse bergplaats/woning***.

matte[1] [mæt]⟨n.-telb.zn.⟩ **0.1** ***steen*** ⟨door uitsmelting verkregen mengsel v. sulfiden⟩.

mat·te[2] [mæ'teɪ‖mɑ-]⟨n.-telb.zn.⟩⟨vechtsport⟩ **0.1** ***matte*** ⟨stop het gevecht!⟩.

mat·ted ['mæṭɪd]⟨f1⟩⟨bn.; volt. deelw. v. mat(t)⟩ **0.1** ***gematteerd*** ⇒*mat-* **0.2** ***met matten bedekt*** **0.3** ***samengeklit***.

mat·ter[1] ['mætə‖'mæṭər]⟨f4⟩⟨zn.⟩

I ⟨telb.zn.⟩ **0.1** ***aangelegenheid*** **0.2** ***kwestie*** ⇒*zaak* **0.3** ***hoeveelheid*** ◆ **1.2** ~ of conscience *gewetenszaak/kwestie;* ⟨jur.⟩ a ~ of fact *feitenkwestie, de facto situatie;* bring ~s to a head *tot het punt komen waar een beslissing noodzakelijk is;* the heart of the ~ *de kern v.d. zaak, waar het om draait;* ⟨jur.⟩ ~ of law *rechtskwestie, de jure situatie;* a ~ of life and death *een kwestie v. leven en dood;* it's a ~ of opinion *daar kun je verschillend over denken;* a (mere) ~ of time *(slechts) een kwestie v. tijd* **1.3** a ~ of ten days *zo'n tien dagen;* a ~ of five dollars *een bedrag/som v. vijf dollar* **1.¶** a ~ of course *iets vanzelfsprekends;* as a ~ of course *vanzelfsprekend;* a ~ of fact *een feit;* as a ~ of fact *eigenlijk, feitelijk, trouwens, om de waarheid te zeggen;* a ~ of form *een formaliteit;* a ~ of record *een vastgelegd/bewezen feit* **2.1** private ~s *privé-aangelegenheden* **2.2** that will only make ~s worse *dat maakt de zaak alleen maar ingewikkelder/moeilijker* **3.2** a hanging ~ *een halszaak;* no laughing ~ *niets om te lachen;* that will not mend ~s *daar wordt het niet beter van;* raise the ~ with s.o. *de zaak bij iem. ter sprake brengen;* settle the ~ *de doorslag geven;* take ~s/the ~ into one's own hands *de zaak zelf in handen nemen* **6.1** this ~ is **between** you and me *dit blijft tussen ons* **6.2** **for** that ~/the ~ **of** that *wat dat betreft, nu we het daar toch over hebben;* **in** the ~ **of** *qua, inzake;* it is a ~ **of** ... *het gaat om* ...;

II ⟨n.-telb.zn.⟩ **0.1** ***materie*** ⇒*stof* **0.2** ***stof*** ⇒*materiaal, inhoud* **0.3** ***stof*** ⟨in/v. lichaam⟩ ⇒⟨i.h.b.⟩ *etter, pus* **0.4** ***belang*** **0.5** ***reden*** ⇒*aanleiding* **0.6** ⟨the⟩ ***probleem*** **0.7** ⟨druk.⟩ ***zetsel*** ◆ **1.1** victory of mind over ~ *overwinning v.d. geest op de materie/wilskracht op het instinct* **1.¶** put the ~ in a nutshell *iets bondig uitdrukken* **2.2** postal ~ *post, poststukken* **2.3** fecal ~ *faeces, uitwerpselen* **3.2** wander from the ~ *v.h. onderwerp afdwalen* **6.5** the ~ **of** my complaint *de grond/aanleiding voor mijn klacht* **7.4** no ~ *(het) maakt niet uit, laat maar;* no ~ how/when/where *om het even hoe/wanneer/waar;* it made no ~ to him *het kon hem niet schelen* **7.6** what is the ~?/the ~ with him? *wat is er (aan de hand)?/wat scheelt hem?;* what is the ~ with it? *wat zou dat geven?, wat is er op tegen?;* the ~ is he drinks *het probleem is dat hij drinkt;* what ~? *nou en?*.

matter[2] ⟨f3⟩⟨onov.ww.⟩ **0.1** ***van belang zijn*** ⇒*betekenen, schelen, deren* **0.2** ⟨med.⟩ ***etteren*** ◆ **4.1** it doesn't ~ *het geeft niet/doet er niet toe/maakt niet uit;* it doesn't ~ to me *het kan me niet schelen;* what does it ~ *wat zou het/dat;* what doesn't ~ to you may ~ to s.o. else *waar jij niet om geeft, kan voor iem. anders van belang zijn*.

mat·ter·ful ['mætəfl‖'mæṭərfl]⟨bn.⟩ **0.1** ***rijk aan inhoud*** ⇒*interessant, pittig*.

'mat·ter-of-'course ⟨f1⟩⟨bn.⟩ **0.1** ***vanzelfsprekend*** ⇒*gewoon, natuurlijk* ◆ **1.1** a ~ reaction *een gewone/vanzelfsprekende reactie*.

'mat·ter-of-'fact ⟨f1⟩⟨bn.; -ly; -ness⟩ **0.1** ***zakelijk*** ⇒*nuchter, prozaïsch*.

mat·ter·y ['mæṭəri]⟨bn.⟩ **0.1** ***etterend*** ⇒*etterig*.

Mat·thew ['mæθjuː]⟨eig.n.⟩ **0.1** ***Mattheüs*** **0.2** ***(Evangelie naar) Mattheüs***.

mat·ting ['mæṭɪŋ]⟨zn.; (oorspr.) gerund v. mat(t)⟩

I ⟨telb.zn.⟩ **0.1** ***mat (opper)vlak*** **0.2** ***sierrand*** *⇒sierlijst;*
II ⟨n.-telb.zn.⟩ **0.1** ***matwerk*** *⇒matten* **0.2** ***het matten*** *⇒het van matten voorzien* **0.3** ***het matteren*** *⇒het dof maken.*
'matting wicket ⟨telb.zn.⟩⟨cricket⟩ **0.1** ***kunststof pitch.***
mattins →matins.
mat·tock ['mætək]⟨telb.zn.⟩ **0.1** ***houweel.***
mat·toid ['mætɔɪd]⟨telb.zn.⟩ **0.1** ***geniale gek*** *⇒krankzinnig genie.*
mat·tress ['mætrɪs]⟨f2⟩⟨telb.zn.⟩ **0.1** ***matras*** **0.2** ***zinkstuk*** *⇒vlechtwerk* ⟨ter versteviging v. dijk e.d.⟩ **0.3** ⟨gymnastiek⟩ ***landingsmat*** *⇒grote mat.*
mat·u·rate ['mætʃʊreɪt‖-tʃə-]⟨ww.⟩
I ⟨onov.ww.⟩ **0.1** ***rijpen*** ⟨vnl. v. puist, abces e.d.⟩ **0.2** ***etteren;***
II ⟨ov.ww.⟩ **0.1** ***doen rijpen*** **0.2** ***doen etteren.***
mat·u·ra·tion [mætʃʊ'reɪʃn‖-tʃə-]⟨n.-telb.zn.⟩ **0.1** ***rijping*** *⇒het rijpen* **0.2** ***rijpwording*** ⟨ook fig.⟩ *⇒ontwikkeling* **0.3** ***ettervorming*** **0.4** ⟨biol.⟩ ***ontstaan v. gameet.***
mat·u·ra·tive [mə'tʃʊərətɪv‖'mætʃəreɪtɪv]⟨telb.zn.⟩ **0.1** ***ettering bevorderend geneesmiddel.***
ma·ture[1] [mə'tʃʊə‖mə'tʊr]⟨f3⟩⟨bn.; -er; -ly; -ness; →compar. 7⟩ **0.1** ***rijp*** *⇒volgroeid* **0.2** ***volwassen*** **0.3** ***weloverwogen*** **0.4** ***belegen*** ⟨kaas, wijn⟩ **0.5** ***vervallen*** ⟨wissel⟩ **0.6** ⟨aardr., geol.⟩ ***rijp*** ⟨in het middelste stadium v.d. erosiecyclus⟩ ◆ **1.3** a ~ decision *een weloverwogen beslissing* **3.2** behave ~ly *gedraag je als een volwassene.*
mature[2] ⟨f2⟩⟨ww.⟩
I ⟨onov.ww.⟩ **0.1** ***rijpen*** *⇒tot rijpheid komen, rijp/belegen worden* **0.2** ***volgroeien*** *⇒zich volledig ontwikkelen* **0.3** ***volwassen worden*** **0.4** ***vervallen*** ⟨v. wissel e.d.⟩ ◆ **1.1** ~d cheese *belegen kaas;* ~d gin *oude jenever;*
II ⟨ov.ww.⟩ **0.1** ***laten rijpen*** *⇒rijp/belegen laten worden;* ⟨fig.⟩ *voltooien, verwezenlijken* ⟨plan e.d.⟩ ◆ **1.1** ~ a plan in one's mind *een plan in zijn gedachten laten rijpen.*
ma·tur·i·ty [mə'tʃʊərəti‖mə'tʊrəti]⟨f2⟩⟨telb. en n.-telb.zn.; →mv. 2⟩ **0.1** ***rijpheid*** **0.2** ***volgroeidheid*** **0.3** ***volwassenheid*** **0.4** ***het vervallen*** *⇒vervaltijd* ⟨v. wissel, e.d.⟩ ◆ **1.4** January maturities *in januari vervallende wissels* **6.4** at ~ *op de vervaldag;* arrive **at** ~ *vervallen.*
ma'turity-onset dia'betes ⟨n.-telb.zn.⟩ **0.1** ***ouderdomssuikerziekte.***
ma·tu·ti·nal ['mætjʊ'taɪnl‖mə'tu:tn-l]⟨bn.⟩⟨schr.⟩ **0.1** ***ochtend-*** *⇒morgen-, ochtendlijk, matineus* ◆ **1.1** the ~ hour *het ochtenduur;* the ~ song *de morgenzang* ⟨v. vogels⟩.
maty →matey.
mat·zo ['mɒtsə‖'mɑ:tsə]⟨telb.zn.; ook matzot(h)[-soʊt, -soʊθ]; →mv. 5⟩ **0.1** ***matse*** *⇒joods paasbrood.*
maud [mɔ:d]⟨telb.zn.⟩ **0.1** ***gestreepte Schotse reisdeken*** *⇒gestreepte plaid.*
maud·lin[1] ['mɔ:dlɪn]⟨n.-telb.zn.⟩ **0.1** ***overdreven sentimentaliteit.***
maudlin[2] ⟨bn.⟩ **0.1** ***overdreven sentimenteel*** *⇒melodramatisch, huilerig* ⟨i.h.b. door dronkenschap⟩.
mau·gre, mau·ger ['mɔ:gə‖'mɔgər]⟨vz.⟩⟨vero.⟩ **0.1** ***ondanks*** *⇒in weerwil v., niettegenstaande* ◆ **1.1** ~ his hardest efforts he failed *ondanks het feit dat hij zich tot het uiterste inspande faalde hij.*
maul[1], ⟨in bet. 0.1 en 0.2 ook⟩ **mall, mawl** [mɔ:l]⟨telb.zn.⟩ **0.1** ***slegel*** *⇒grote houten hamer* **0.2** ***ruzie*** *⇒vechtpartij* **0.3** ⟨rugby⟩ ***maul*** ⟨losse scrum of scrimmage om speler in balbezit⟩.
maul[2], **mall** ⟨f1⟩⟨ov.ww.⟩ **0.1** ***toetakelen*** *⇒bont en blauw slaan, afranselen* **0.2** ***verscheuren*** *⇒aan flarden scheuren, afmaken* ⟨ook fig.⟩ **0.3** ***ruw behandelen*** *⇒heen en weer duwen* **0.4** ⟨AE⟩ ***splijten met hamer en wig*** ◆ **1.1** ~ed by the police *door de politie afgetuigd* **1.2** ~ed by a lion *door een leeuw verscheurd* **5.2** the novel was ~ed **about** by the critics *de roman werd door de kritiek de grond in geboord* **5.3** ~ s.o. **about** *iem. onder de voet lopen/omver gooien.*
maul·stick ['mɔ:lstɪk], **mahl·stick** ['mɑ:l-]⟨telb.zn.⟩ **0.1** ***schildersstok(je).***
mau-mau ['maʊmaʊ]⟨ov.ww.⟩⟨AE; sl.⟩ **0.1** ***terroriseren*** *⇒schrik aanjagen.*
Mau Mau ['maʊmaʊ]⟨zn.; ook Mau Mau; →mv. 4⟩
I ⟨eig.n.⟩ **0.1** ***Mau Mau*** ⟨geheim genootschap in Kenia⟩ **0.2** ⟨AE; sl.⟩ ***Black Panthers/Muslims;***
II ⟨telb.zn.⟩ **0.1** ***lid v.d. Mau Mau*** **0.2** ⟨AE; sl.⟩ ***(militante) Black Panther/Muslim.***
maun·der ['mɔ:ndə‖-ər]⟨onov.ww.⟩ **0.1** ***slenteren*** *⇒lummelen, rondhangen* **0.2** ***brabbelen*** *⇒brabbeltaal spreken, bazelen.*
Maun·dy ['mɔ:ndi]⟨n.-telb.zn.⟩ **0.1** ⟨R.-K.⟩ ***voetwassing*** **0.2** ⟨BE⟩ ***aalmoes op Witte Donderdag, uitgedeeld door koning(in)*** **0.3** ⟨verk.⟩ ⟨Maundy money⟩.
'Maundy money ⟨n.-telb.zn.⟩⟨BE⟩ **0.1** ***speciaal zilvergeld voor de aalmoes op Witte Donderdag.***
'Maundy 'Thursday ⟨eig.n.⟩ **0.1** ***Witte Donderdag.***
Mau·ri·ti·an[1] [mɔ:'rɪʃn]⟨telb.zn.⟩ **0.1** ***Mauritiaan(se).***
Mauritian[2] ⟨bn.⟩ **0.1** ***Mauritiaans*** *⇒v. Mauritius.*
Mau·ser ['maʊzə‖-ər]⟨telb.zn.⟩ **0.1** ***Mauser*** *⇒mausergeweer/pistool.*
mau·so·le·um ['mɔ:sə'lɪəm]⟨telb.zn.⟩ **0.1** ***mausoleum*** *⇒praalgraf, tempelgraf.*
mauve [moʊv]⟨f1⟩⟨n.-telb.zn.; vaak attr.⟩ **0.1** ***mauve*** *⇒zachtpaars.*
mav·er·ick ['mævrɪk]⟨f1⟩⟨telb.zn.⟩⟨AE⟩ **0.1** ***ongemerkt kalf/veulen*** **0.2** ***moederloos kalf/veulen*** *⇒verloren kalf/veulen* **0.3** ***(uit de kudde ontsnapt(e)) paard/stier*** **0.4** ***non-conformist*** *⇒onafhankelijke (politicus), individualist, dissident, buitenbeentje.*
ma·vin, ma·ven ['meɪvən]⟨telb.zn.⟩⟨AE; sl.⟩ **0.1** ***kenner*** *⇒deskundige, kraan.*
ma·vis ['meɪvɪs], ⟨AE ook⟩ **ma·vie** ['meɪvi]⟨telb.zn.⟩⟨schr.; dierk.⟩ **0.1** ***zanglijster*** ⟨Turdus philomelos⟩.
ma·vour·neen, ma·vour·nin [mə'vʊəni:n‖mə'vʊrni:n]⟨tussenw.⟩⟨IE⟩ **0.1** ***mijn lieveling*** *⇒mijn schat.*
maw [mɔ:]⟨telb.zn.⟩ **0.1** ***pens*** *⇒maag* ⟨v. dier⟩ **0.2** ***krop*** ⟨v. vogel⟩ **0.3** ***muil*** *⇒bek* ⟨vnl. fig.⟩ ◆ **3.3** the war swallowed up/swept many lives into its ~ *de oorlog verslond vele levens.*
mawk·ish ['mɔ:kɪʃ]⟨bn.; -ly; -ness⟩ **0.1** ***walgelijk*** *⇒wee, flauw* ⟨v. smaak⟩ **0.2** ***overdreven sentimenteel.***
mawl →maul[1].
'maw seed ⟨telb. en n.-telb.zn.⟩ **0.1** ***maanzaad(je).***
'maw·worm ⟨telb.zn.⟩ **0.1** ***spoelworm*** **0.2** ***huichelaar*** *⇒hypocriet.*
max ⟨afk.⟩ maximum **0.1** ***max*** ◆ **6.1** ⟨sl.; tieners⟩ **to** the ~ *absoluut, compleet, totaal.*
max·i ['mæksi]⟨f1⟩⟨telb.zn.⟩⟨inf.⟩ **0.1** ***maxi*** *⇒maxi-jurk, maxi-jas.*
max·i- ['mæksi] **0.1** ***maxi-*** ◆ **¶.1** maxi-coat *maxi-jas.*
max·il·la [mæk'sɪlə]⟨telb.zn.; ook maxillae [-'sɪli:]; →mv. 5⟩ **0.1** ***kaak*** *⇒bovenkaak, kaakbeen.*
max·il·lar·y[1] [mæk'sɪləri‖'mæksəleri]⟨telb.zn.; →mv. 2⟩ **0.1** ***kaak*** *⇒kaakbeen.*
maxillary[2] ⟨bn.⟩ **0.1** ***kaak-*** ◆ **1.1** ~ bone *kaakbeen.*
max·im ['mæksɪm]⟨f1⟩⟨telb.zn.⟩ **0.1** ***spreuk*** *⇒grondregel, stelregel, maxime* **0.2** ⟨M-⟩ ***maximgeweer*** ⟨watergekoeld machinegeweer⟩.
max·i·mal ['mæksɪml]⟨f1⟩⟨bn.⟩ **0.1** ***maximaal*** *⇒zo groot/hoog mogelijk.*
max·i·mal·ist ['mæksɪməlɪst]⟨telb.zn.⟩ **0.1** ***maximalist.***
max·i·mal·ly ['mæksɪməli]⟨f2⟩⟨bw.⟩ **0.1** ***hoogstens*** *⇒maximaal.*
max·i·mi·za·tion, -sa·tion ['mæksɪmaɪ'zeɪʃn]⟨n.-telb.zn.⟩ **0.1** ***maximalisering.***
max·i·mize, -ise ['mæksɪmaɪz]⟨f2⟩⟨ov.ww.⟩ **0.1** ***maximaliseren*** *⇒tot het uiterste vergroten, overdrijven, opblazen* **0.2** ***in verstrekkende zin interpreteren*** **0.3** ***het grootste voordeel halen uit*** *⇒tot het uiterste benutten* **0.4** ⟨wisk.⟩ ***maximumwaarde vinden van*** ⟨functie⟩ ◆ **1.3** ~ one's experience *zo veel mogelijk munt slaan uit zijn ervaring.*
max·i·mum[1] ['mæksɪməm]⟨f3⟩⟨telb.zn.; ook maxima [-mə]; →mv. 5⟩ **0.1** ***maximum*** *⇒hoogste waarde, summum, hoogtepunt* ◆ **6.1** **at** its ~ *op het hoogste punt/niveau.*
maximum[2] ⟨f3⟩⟨bn., attr.⟩ **0.1** ***maximum-*** *⇒maximaal, hoogste, top-* ◆ **1.1** ~ price *maximumprijs;* ~ speed *topsnelheid, maximumsnelheid;* ~ value *maximum/maximale waarde.*
'maximum and 'minimum thermometer, 'maximum thermometer ⟨telb.zn.⟩ **0.1** ***maximum (en minimum) thermometer.***
max·well ['mækswəl, -wel]⟨telb.zn.⟩⟨elek.⟩ **0.1** ***maxwell*** ⟨eenheid v. magnetische krachtstroom⟩.
may[1] [meɪ]⟨f3⟩⟨zn.⟩⟨→sprw. 68⟩
I ⟨eig.n., telb.zn.; M-⟩ **0.1** ***mei*** *⇒*⟨fig.⟩ *bloei, mei v.h. leven* ◆ **6.1** the first **of** May *1 mei;*
II ⟨telb.zn.⟩⟨schr.⟩ **0.1** ***maagd;***
III ⟨n.-telb.zn.⟩ **0.1** ***meidoorn(bloesem);***
IV ⟨mv.; Mays⟩ **0.1** ***examens in mei*** ⟨in Cambridge⟩ **0.2** ***roeiwedstrijden in mei/juni*** ⟨in Cambridge⟩.
may[2] ⟨f4⟩⟨hww.; →t2 voor onregelmatige vormen; →do-operator, modaal hulpwerkwoord, ww. 3⟩ →might **0.1** ⟨→toelating, verbod⟩ ***mogen*** *⇒bevoegd zijn te, toestemming hebben om te* **0.2** ⟨→mogelijkheid⟩ ***kunnen*** **0.3** ⟨in wensen e.d.⟩ ***mogen*** **0.4** ⟨doel; ook afhankelijk v. uitdr. v. hoop, wens, vrees, enz.; vnl. onvertaald⟩ ***moge(n)*** ◆ **3.1** ~ I ask why you think so? *mag ik vragen waarom je dat denkt?;* no-one under eighteen ~ enter *verboden toegang voor personen beneden de achttien jaar;* you ~ not leave yet *je mag nog niet vertrekken* **3.2** they ~ arrive later than expected *ze komen misschien later dan verwacht;* that is as ~ may be, ⟨elliptisch⟩ be that as it ~ *hoe het ook zij, hoe dan ook;* she ~ be wise but she is cruel *ze is misschien wel verstandig, maar ze is ook wreed;* he ~ not come after all *hij komt misschien helemaal niet;* come what ~ *wat er ook gebeurt/gebeure/moge gebeuren;* ~ I help you? *kan ik u helpen?* **3.3** ~ you find happiness *ik hoop*

dat je gelukkig wordt; long ~ he reign! *moge hij lang heersen!* **3.4** she talks that no-one ~ notice her shyness *ze praat om niet te laten merken dat ze verlegen is;* I hope he ~ recover, but I fear he ~ not *ik hoop dat hij beter wordt, maar ik vrees v. niet* **5.1** you ~ not do it *je mag het niet doen* **5.2** it ~ well be that *het is mogelijk dat, het kan best zijn dat;* he ~ well be a fraud *hij zou best eens een oplichter kunnen zijn;* you ~ (just) as well go *je kunt net zo goed / voor hetzelfde geld gaan.*

ma·ya ['maɪə]⟨n.-telb.zn.⟩⟨hindoeïsme⟩ **0.1** ***Maya*** ⟨bovenaardse kracht, scheppingskracht; illusie v.d. waarneembare wereld⟩.

Ma·ya[1] ['maɪə], **Ma·yan** ['maɪən]⟨zn.; ook Maya; →mv. 4⟩

I ⟨eig.n.⟩ **0.1** ***Maya*** ⇒*de taal v.d. Maya's;*

II ⟨telb.zn.⟩ **0.1** ***Maya*** ⟨lid v. (uitgestorven) Indianenvolk⟩.

Maya[2], **Mayan** ⟨bn.⟩ **0.1** ***Maya-*** ⇒*mbt. / v.d. Maya's.*

'may·ap·ple ⟨telb.zn.; ook M-⟩⟨plantk.⟩ **0.1** ***(gele, eivormige vrucht v.) N.-Am. voetblad*** ⟨Podophyllum peltatum⟩.

may·be ['meɪbi]⟨f4⟩⟨bw.⟩ **0.1** ***misschien*** ⇒*mogelijk, wellicht* ◆ **3.¶** ⟨AE; inf.⟩ and I don't mean ~! *en daar sta ik op!, en dat meen ik ook!* **5.1** as soon as ~ *zo vlug mogelijk.*

'may·bee·tle, 'may·bug ⟨f1⟩⟨telb.zn.; ook M-⟩⟨dierk.⟩ **0.1** ***meikever*** ⟨fam. Melolonthinae⟩.

'may·day ⟨telb.zn.; ook M-⟩ **0.1** ***may-day*** ⇒*noodsignaal / sein* ⟨v. Fr. m'aidez⟩.

'May Day ⟨eig.n.⟩ **0.1** ***1 mei*** ⇒*dag v.d. arbeid.*

may·est ['meɪɪst]⟨→t2⟩⟨2e pers. enk., vero. of relig.⟩ →may.

'may·flow·er ⟨f1⟩⟨telb.zn.; ook M-⟩ **0.1** ⟨ben. voor⟩ ***in mei bloeiende bloem*** ⇒*meidoorn; pinksterbloem; sleutelbloem; koekoeksbloem.*

'may·fly ⟨telb.zn.; ook M-⟩ **0.1** ***eendagsvlieg*** ⇒*haft* **0.2** ***vishaak met (namaak)haft als lokaas.***

may·hap ['meɪhæp]⟨bw.⟩⟨vero.⟩ **0.1** ***wellicht*** ⇒*misschien.*

may·hem, ⟨AE sp. ook⟩ **mai·hem** ['meɪhem‖'meɪəm]⟨n.-telb.zn.⟩ **0.1** ⟨AE; jur.⟩ ***verminking*** **0.2** ⟨inf.⟩ ***rotzooi*** ⇒*herrie* ◆ **3.2** cause / create ~ *herrie schoppen.*

may·ing ['meɪɪŋ]⟨n.-telb.zn.⟩ **0.1** ***het vieren v.h. meifeest*** ⇒*meifeest* ◆ **3.1** go (a-) ~ *het meifeest (gaan) vieren.*

may·o ['meɪoʊ]⟨n.-telb.zn.⟩⟨verk.⟩ mayonnaise ⟨inf.⟩ **0.1** ***mayonaise*** ◆ **1.1** chips and ~ *friet met mayonaise, patat mèt.*

may·on·naise ['meɪə'neɪz‖'meɪəneɪz]⟨f1⟩⟨zn.⟩⟨cul.⟩

I ⟨telb.zn.⟩ **0.1** ***met mayonaise bereid gerecht*** ⇒*slaatje;*

II ⟨n.-telb.zn.⟩ **0.1** ***mayonaise.***

may·or [meə‖'meɪər]⟨f3⟩⟨telb.zn.⟩ **0.1** ***burgemeester*** ◆ **1.¶** ⟨gesch.⟩ ~ of the palace *hofmeier.*

may·or·al ['meərəl‖'meɪərəl]⟨bn.⟩ **0.1** ***burgemeesters-*** ⇒*mbt. / v.d. burgemeester, burgemeesterlijk.*

may·or·al·ty ['meərəlti‖'meɪərəlti]⟨telb. en n.-telb.zn.; →mv. 2⟩ **0.1** ***burgemeestersambt*** **0.2** ***ambtsperiode v.e. burgemeester.***

may·or·ess ['meərɪs‖'meɪ-]⟨f1⟩⟨telb.zn.⟩ **0.1** ***vrouwelijke burgemeester*** **0.2** ***vrouw / zuster / dochter / kennis v.d. burgemeester*** ⟨vervult representatieve taken⟩.

'may·pole ⟨telb.zn.; ook M-⟩ **0.1** ***meiboom*** **0.2** ***bonestaak.***

'May Queen ⟨telb.zn.⟩ **0.1** ***meikoningin*** ⟨op meifeest⟩.

mayst [meɪst]⟨→t2⟩⟨2e pers. enk., vero. of relig.⟩ →may.

'may tree ⟨telb.zn.; ook M-⟩⟨BE⟩ **0.1** ***meidoorn.***

'may·weed ⟨telb. en n.-telb.zn.⟩⟨plantk.⟩ **0.1** ***stinkende kamille*** ⟨Anthemis cotula⟩.

'May Week ⟨eig.n.⟩ **0.1** ***week v.d. roeiwedstrijden in Cambridge*** ⟨meestal mei-juni⟩.

maz·a·rine [mæzə'ri:n]⟨n.-telb.zn.; vaak attr.⟩ **0.1** ***diep donkerblauw.***

Maz·da·ism, Maz·de·ism ['mæzdəɪzm]⟨n.-telb.zn.⟩ **0.1** ***mazdaïsme*** ⇒*mazdeïsme* ⟨oud-Perzische godsdienst⟩.

maze[1] [meɪz]⟨f1⟩⟨telb.zn.⟩ **0.1** ***doolhof*** ⇒*labyrint* ⟨ook fig.⟩ **0.2** ***verbijstering*** ◆ **6.2** be **in** a ~ *in de war / onthutst zijn.*

maze[2] ⟨ov.ww.⟩ **0.1** ***verbijsteren*** ⇒*in de war brengen.*

ma·zel tov, ma·zal tov ['mʌzl tɒv‖'mɑzl tɔv]⟨tussenw.⟩⟨Hebreeuws⟩ **0.1** ***veel geluk*** ⇒*gefeliciteerd, gelukgewenst, proficiat.*

ma·zer ['meɪzə‖-ər]⟨telb.zn.⟩⟨gesch.⟩ **0.1** ***houten, in zilver gevatte, drinkbeker.***

ma·z(o)ur·ka [mə'zɜ:kə‖-'zɜr-]⟨telb.zn.⟩⟨dansk., muz.⟩ **0.1** ***mazurka.***

ma·zu·ma, me·zu·ma [mə'zu:mə]⟨n.-telb.zn.⟩⟨AE; sl.⟩ **0.1** ***mesomme*** ⇒*poen, pegels, duiten, slappe was.*

ma·zy ['meɪzi]⟨bn.; -er; -ly; -ness; →bijw. 3⟩ **0.1** ***verward*** ⇒*ingewikkeld, labyrintisch.*

maz·(z)ard ['mæzəd‖-ərd]⟨telb.zn.⟩ **0.1** ⟨plantk.⟩ ***zoete kers*** ⟨Prunus avium⟩ **0.2** ⟨vero.; gew.⟩ ***kop*** ⇒*gezicht.*

MB ⟨afk.⟩ Medicinae Baccalaureus ⟨Bachelor of Medicine⟩; megabyte ⟨computer⟩.

MBA ⟨afk.⟩ Master of Business Administration.

MBD ⟨afk.⟩ Minimal Brain Dysfunction.

MBE ⟨afk.⟩⟨BE⟩ Member of (the Order of) the British Empire.

mbi·ra [m'bi:rə]⟨telb.zn.⟩ **0.1** ***Afrikaanse handpiano.***

Mc- →Mac-.

MC ⟨afk.⟩ Marine Corps, Master of Ceremonies, Medical Corps; Member of Congress ⟨AE⟩; Military Cross ⟨BE⟩.

MCC ⟨afk.⟩ Marylebone Cricket Club.

Mc·Car·thy·ism [mə'kɑ:θiɪzm‖-'kɑr-]⟨f1⟩⟨n.-telb.zn.⟩ **0.1** ***McCarthyisme*** ⇒*(heksen)jacht op communisten* ⟨in USA in jaren vijftig⟩, *oneerlijke opsporings- en onderzoeksmethoden* ⟨naar iemands politieke instelling⟩.

Mc.Coy [mə'kɔɪ]⟨n.-telb.zn.; the⟩⟨sl.⟩ **0.1** ***echte*** ⇒*ware* ◆ **2.1** that's the real ~ *dat is het echte / goede, dat is je ware.*

M Ch(ir) ⟨afk.⟩ Magister Chirurgiae ⟨Master of Surgery⟩.

Mc·Lu·han·ism [mə'klu:ənɪzm]⟨zn.⟩

I ⟨telb.zn.⟩ **0.1** ***McLuhanisme*** ⇒*uitdrukking v. M. McLuhan* ⟨Canadees auteur, geb. 1911⟩;

II ⟨n.-telb.zn.⟩ **0.1** ***McLuhanisme*** ⇒*theorie v. M. McLuhan* ⟨i.h.b. over de invloed v. elektronische media op maatschappij⟩.

Mc·Lu·han·ize [mə'klu:ənaɪz]⟨ov.ww.⟩ **0.1** ***onder de invloed brengen v. elektronische media*** ◆ **6.1** the written media are afraid of being ~d **into** obsolescence *de geschreven media vrezen dat ze door de elektronische communicatiemiddelen verdrongen zullen worden.*

MCP ⟨afk.⟩ male chauvinist pig.

Mc(/s) ⟨afk.⟩ megacycles (per second) **0.1** ***MHz.***

MCS ⟨afk.⟩ Master of Commercial Science, Master of Computer Science, Missile Control System.

Md, MD ⟨afk.⟩ Maryland.

MD ⟨afk.⟩ **0.1** ⟨Medicinae Doctor, Doctor of Medicine⟩ ***M.D.*** **0.2** ⟨Managing Director⟩ **0.3** ⟨mentally deficient⟩.

me[1] →mi.

me[2] [mi⟨sterk⟩mi:]⟨f4⟩⟨vnw.⟩ →I, myself

I ⟨p.vnw.; →naamval⟩ **0.1** ***mij*** ⇒*voor mij, aan mij* **0.2** ⟨in nominatieffuncties⟩⟨vnl. inf.⟩ ***ik*** ⇒*mij* ◆ **1.2** ~ only a little lad then she didn't notice me *maar ik was toen nog een kleine jongen en ze merkte mij niet op* **2.2** poor ~ *arme ik;* unhappy ~ *ik ongelukkige* **3.1** he gave ~ a book *hij gaf mij een boek;* he hated ~ being late *hij had er een hekel aan als ik te laat kwam;* ⟨als meewerkend voorwerp bij ww. dat er normaal geen heeft⟩⟨vero.⟩ pick ~ up that book *raap dat boek eens voor mij op;* ⟨vero.⟩ scribbles ~ his name on the wall *daar krabbelt hij me toch zijn naam op de muur* **3.2** ⟨substandaard⟩ ~ and Jack often visit Mary *Jack en ik gaan vaak bij Mary op bezoek* **4.2** it is ~ *ik ben het;* if you were ~ *als jij in mijn plaats was* **6.1** he liked her better **than** ~ *hij mocht haar liever dan mij* **6.2** ⟨inf.⟩ she's better **than** ~ *ze is beter dan ik* **8.2** ~ and my big mouth *ik met mijn grote mond* **9.2** ah ~! *wee mij!;* dear ~! *ach!;*

II ⟨wdk.vnw.⟩⟨inf. of gew.⟩ **0.1** ***mij(zelf)*** ◆ **3.1** I got ~ a wife *ik vond mij een vrouw.*

Me, ME ⟨afk.⟩ Maine.

ME ⟨afk.⟩ Marriage Encounter, Mechanical Engineer(ing), Middle English, Military Engineer, Mining Engineer.

me·a cul·pa ['meɪə 'kʊlpə]⟨telb.zn., 9⟩ **0.1** ***mea culpa*** ⇒*door mijn schuld, ik beken schuld.*

mead [mi:d]⟨zn.⟩

I ⟨telb.zn.⟩⟨vero.⟩ **0.1** ***weide;***

II ⟨n.-telb.zn.⟩ **0.1** ***mede*** ⇒*mee, honingwijn.*

mead·ow ['medoʊ]⟨f3⟩⟨telb. en n.-telb.zn.⟩ **0.1** ***wei(de)*** ⇒*grasland, beemd, hooiland.*

'meadow brown ⟨telb.zn.⟩⟨dierk.⟩ **0.1** ***(bruin) zandoogje*** ⟨vlinder; vnl. Maniola jurtina⟩.

'mead·ow·lark ⟨telb.zn.⟩⟨dierk.⟩ **0.1** ***veldleeuwerik*** ⟨Noord-Am.; genus Sturnella⟩.

'mead·ow mouse ⟨telb.zn.⟩⟨dierk.⟩ **0.1** ***veldmuis*** ⟨Noord-Am.; vnl. Microtus pennsylvanicus⟩.

'meadow pipit ⟨telb.zn.⟩⟨dierk.⟩ **0.1** ***graspieper*** ⟨Anthus pratensis⟩.

'meadow saffron ⟨telb. en n.-telb.zn.⟩⟨plantk.⟩ **0.1** ***saffraan(krokus)*** ⟨Crocus sativus⟩ **0.2** ***herfsttijloos*** ⟨Colchium autumnale⟩.

'mead·ow·sweet ⟨telb. en n.-telb.zn.⟩⟨plantk.⟩ **0.1** ***spirea*** ⟨genera Spiraea en Filipendula⟩ **0.2** ***moerasspirea*** ⇒*geitenbaard* ⟨Filipendula ulmaria⟩.

mead·ow·y ['medoʊi]⟨bn.⟩ **0.1** ***mbt. / karakteristiek voor grasland*** **0.2** ***bestaand uit grasland*** ⇒*weide-* ◆ **1.1** ~ sweetness *frisheid / bekoorlijkheid als v.e. weide* **1.2** ~ shores *uit grasland bestaande kusten.*

mea·gre, ⟨AE sp.⟩ **mea·ger** ['mi:gə‖-ər]⟨f2⟩⟨bn.; -ly; -ness⟩ **0.1** ***mager*** ⇒*dun* ⟨mbt. persoon⟩ **0.2** ***schraal*** ⇒*pover* ⟨maaltijd, produktie, e.d.⟩.

meal [mi:l]⟨f3⟩⟨zn.⟩

I ⟨telb.zn.⟩ 0.1 ***maal*** ⇒*maaltijd* ◆ 1.1 ~s on wheels *aan huis bezorgde (warme) maaltijd* ⟨voor bejaarden, e.d.⟩ 3.1 make a ~ of *opeten, verorberen;* ⟨inf.⟩ *overdrijven, met overdreven moeite uitvoeren* ⟨werk, taak⟩;
II ⟨n.-telb.zn.⟩ 0.1 ***meel*** 0.2 ⟨AE⟩ ***maïsmeel*** 0.3 ⟨Sch. E⟩ ***havermeel.***
'meal·beetle ⟨telb.zn.⟩ 0.1 ***meeltor.***
'meal break ⟨telb.zn.⟩ 0.1 ***schafttijd*** ⇒*etenspauze.*
meal·ie ['mi:li]⟨telb.zn.⟩⟨Z. Afr. E⟩ 0.1 ***maïskolf*** 0.2 ⟨mv.⟩ ***maïs.***
'meal pack ⟨telb.zn.⟩⟨AE⟩ 0.1 ***diepvriesmaaltijd.***
meals-on-'wheels ⟨zn.⟩⟨BE⟩
I ⟨n.-telb.zn.⟩ 0.1 ***warme-maaltijdendienst*** ⇒*tafeltje-dekje;*
II ⟨mv.⟩ 0.1 ***warme maaltijden*** ⟨thuisbezorgd; vnl. voor ouderen⟩.
'meal ticket ⟨f1⟩⟨telb.zn.⟩ 0.1 ***maaltijdbon*** 0.2 ⟨AE; sl.⟩ ***boterham*** ⇒*broodwinning* ◆ 1.2 his hands are his ~ *met zijn handen verdient hij de kost;* her husband is her ~ *haar man is haar broodwinning.*
'meal·time ⟨f1⟩⟨telb.zn.; vaak mv.⟩ 0.1 ***etenstijd*** ⇒*schafttijd.*
'meal·worm ⟨telb.zn.⟩ 0.1 ***meelworm*** ⇒*larve v. meeltor.*
meal·y ['mi:li]⟨bn.; -er; -ness; →compar. 7⟩ 0.1 ***melig*** ⇒*meelachtig* 0.2 ***bleek*** ⇒*pips, flets* ⟨gelaatskleur⟩ 0.3 ***wit gespikkeld*** ⟨paard⟩ 0.4 ***zoetsappig*** ⇒*niet open/oprecht.*
'meal·y·bug ⟨telb.zn.⟩⟨dierk.⟩ 0.1 ***witbepoederde schildluis*** ⟨genus Pseudococcus⟩.
'meal·y-'mouth·ed ⟨bn.⟩ 0.1 ***zoetsappig*** ⇒*temerig, zalvend, flemerig* ◆ 5.1 not ~ *recht voor zijn raap.*
mean[1] [mi:n]⟨f3⟩⟨zn.⟩⟨→sprw. 140⟩
I ⟨telb.zn.⟩ 0.1 ***middelmaat*** ⇒⟨fig.⟩ *middenweg, tussenweg* 0.2 ***gemiddelde*** ⇒*gemiddelde waarde* ◆ 2.1 the happy ~ *de gulden middenweg* 2.2 arithmetic ~ *rekenkundig gemiddelde;* geometric ~ *geometrisch/meetkundig gemiddelde, middelevenredige;*
II ⟨mv.; ~s⟩ 0.1 ⟨vaak behandeld als enk.⟩ ***middel*** 0.2 ***middelen*** ⇒*middelen van bestaan, bestaans/geldmiddelen* ◆ 1.1 ~s of grace *genademiddelen, sacramenten* 1.2 man of ~s *bemiddeld man* 6.1 **by** ~s **of** *door middel/bemiddeling van;* **by** all (manner of) ~s *in elk geval, alleszins; op alle mogelijke manieren;* **by** no ~s, not by any (manner of) ~s *in geen geval, geenszins;* **by** some ~s or other *op de een of andere manier;* a ~s **to** an end *een middel om een doel te bereiken* 6.2 live (in a style) **beyond** one's ~s *boven zijn middelen/stand leven.*
mean[2] ⟨f3⟩⟨bn.; -er; -ly; -ness⟩
I ⟨bn.⟩ 0.1 ***gemeen*** ⇒*laag, slecht, verachtelijk* 0.2 ***gemeen*** ⇒*ongemanierd, lomp, plat* 0.3 ***zelfzuchtig*** ⇒*gierig, schriel, bekrompen* 0.4 ***armzalig*** ⇒*armoedig, pover, vervallen* 0.5 ⟨vnl. AE⟩ ***kwaadaardig*** ⇒*vals, nijdig* 0.6 ⟨AE; inf.⟩ ***naar*** ⇒*niet lekker* 0.7 ⟨AE; inf.⟩ ***beschaamd*** 0.8 ⟨AE; sl.⟩ ***link*** ⇒*handig, gewiekst, glad* 0.9 ⟨AE; sl.⟩ ***vervelend*** ⇒*moeilijk, gevaarlijk* ◆ 1.1 ~ motives *gemene/laag-bij-de-grondse motieven* 1.2 ~ behaviour *ongemanierd gedrag;* ~ tricks *ordinaire trucs* 1.3 he is rather ~ over money *hij is nogal krenterig met geld* 1.4 a ~ building *een armzalig/vervallen gebouw* 1.5 a ~ dog *een kwaadaardige/valse hond;* a ~ wind *een nijdige wind* 1.9 a ~ street to cross *een vervelende/gevaarlijke straat om over te steken* 1.¶ ⟨sl.⟩ shake a ~/wicked calf/hoof/leg *goed/graag dansen* 3.6 feel ~ *zich niet lekker voelen, niet op zijn gemak zijn* 3.7 it makes me feel ~ to say no *ik voel me zo beschaamd/schuldig als ik het weiger;*
II ⟨bn., attr.⟩ 0.1 ***gemiddeld*** ⇒*middelbaar, doorsnee-* 0.2 ***gebrekkig*** ⇒*beperkt, pover, min* ⟨vnl. mbt. aanleg⟩ 0.3 ***laag*** ⇒*gering, minder* ⟨vnl. mbt. afkomst⟩ 0.4 ⟨inf.⟩ ***geweldig*** ⇒*fantastisch, erg goed* ◆ 1.1 ~ life *gemiddelde levensduur;* ⟨nat.⟩ ~ free path *gemiddelde vrije weglengte* ⟨bv. tussen gasmoleculen⟩; ~ price *middenprijs;* ~ proportional *middelevenredige, meetkundig/geometrisch gemiddelde;* ~ sea level *gemiddeld zeeniveau;* ~ sun *middelbare zon* 1.2 a person of the ~est abilities *een persoon met heel beperkte capaciteiten* 1.3 a man of ~ birth *een man v. lage afkomst;* ⟨AE; negers; bel.⟩ ~ white *blanke van lage afkomst* 1.4 John plays a ~ trumpet *John is een uitstekend trompettist* 7.2 no ~ cook *een buitengewone kok;* no ~ something *nogal iets.*
mean[3] ⟨f4⟩⟨ww.; meant, meant [ment]⟩ →meaning
I ⟨onov.ww.⟩ 0.1 ***het bedoelen*** ⇒*het voorhebben* ◆ 5.1 ~ ill/well (to/towards/by s.o.) *het slecht/goed menen (met iem.);*
II ⟨ov.ww.⟩ 0.1 ***betekenen*** ⇒*willen zeggen, voorstellen* 0.2 ***bedoelen*** ⇒*menen* 0.3 ***de bedoeling hebben*** ⇒*van plan/voornemens zijn, voorhebben* 0.4 ***menen*** ⇒*in ernst bedoelen* 0.5 ***bestemmen*** ⇒*voorbestemmen* 0.6 ***betekenen*** ⇒*beduiden, neerkomen op, aanduiden* 0.7 ***betekenen*** ⇒*belang/waarde hebben, te betekenen hebben* 0.8 ⟨pass.⟩⟨vnl. BE⟩ ***verondersteld worden*** ⇒*verplicht zijn* ◆ 1.1 a red light ~s 'stop!' *een rood licht betekent 'stop!'* 1.2 when I say yes, I don't ~ no *als ik ja zeg, bedoel ik niet nee* 1.3 ~ business *vastberaden zijn;* he ~s you no harm/no harm to you *hij wil je geen kwaad doen;* ~ mischief/trouble *iets kwaads in de zin hebben* 1.6 those clouds ~ rain *die wolken voorspellen regen;* this provocation ~s war *deze provocatie betekent oorlog* 3.3 I didn't ~ to hurt you *het lag niet in mijn bedoeling je te kwetsen/beledigen;* I ~ to leave tomorrow *ik ben van plan morgen te vertrekken* 3.5 they ~t him/he was ~t to be a soldier *hij was voorbestemd om soldaat te worden* 3.8 you are ~t to take off your hat in church *je hoort eigenlijk je hoed af te nemen in de kerk* 4.1 it ~s nothing to me *het zegt me niets; ik begrijp er niets van* 4.4 get out, and I ~ it! *eruit, en ik meen het!* 6.2 what do you ~ **by** that? *wat bedoel je daarmee?; wat heeft dat te betekenen?* 6.5 he is not ~t **for** a soldier *hij is niet geschikt om soldaat te zijn/worden.*
me·an·der[1] [mi'ændə‖-ər]⟨zn.⟩
I ⟨telb.zn.⟩ 0.1 ***omslachtige reis/route*** ⇒*heen en weer gereis, omweg, zwerftocht* 0.2 ***meander*** ⟨randversiering⟩;
II ⟨mv.; ~s⟩ 0.1 ⟨aardr.⟩ ***meanders*** ⟨in rivier⟩ ⇒*kronkelingen, (grillige) bochten* 0.2 ***slinger/kronkelpaden*** ⇒*labyrint, doolhof.*
meander[2] ⟨f1⟩⟨onov.ww.⟩ 0.1 ***zich (in bochten) slingeren*** ⇒*kronkelen, meanderen* ⟨v. rivier⟩ 0.2 ***(rond)dolen*** ⇒*(rond)banjeren* ⟨ook fig.⟩ ◆ 6.2 ~ **through** old books *in oude boeken rondsnuffelen.*
me·an·der·ings [mi'ændərɪŋz]⟨mv.⟩ 0.1 ***slinger/kronkelpad*** ⇒*gekronkel.*
'mean deviation ⟨telb.zn.⟩⟨stat.⟩ 0.1 ***gemiddelde afwijking.***
me·an·drine [mi'ændrɪn]⟨bn.⟩ 0.1 ***vol kronkelingen*** ⟨vnl. v. koraal⟩.
me·an·drous [mi'ændrəs]⟨bn.⟩ 0.1 ***kronkelend*** ⇒*slingerend, meandrisch.*
mean·ie, mean·y ['mi:ni]⟨telb.zn.; →mv. 2⟩⟨inf.⟩ 0.1 ***krent*** ⇒*zuinige piet, bekrompen mens* 0.2 ***lomperik*** ⇒*botterik.*
mean·ing[1] ['mi:nɪŋ]⟨f4⟩⟨telb. en n.-telb.zn.; (oorspr.) gerund v. mean⟩ 0.1 ***betekenis*** ⇒*zin, inhoud, belang* 0.2 ***bedoeling*** ⇒*strekking* ◆ 1.1 within the ~ of the Act *in de zin der/dezer wet* 3.2 I could not grasp his ~ *ik begreep niet wat hij bedoelde* 6.1 **with** (much) ~ *veelbetekenend, veelzeggend, gewichtig;* **with** little ~ *weinigzeggend, v. weinig betekenis* ¶.1 ⟨vnl. afkeurend⟩ what's the ~ of this? *wat heeft dit te betekenen?.*
meaning[2] ⟨bn., attr.; oorspr. teg. deelw. v. mean⟩ 0.1 ***veelbetekenend*** ⇒*veelzeggend.*
-mean·ing [mi:nɪŋ], **-meant** [ment] 0.1 ***met... bedoelingen*** ⇒*bedoeld* ◆ ¶.1 well-meaning/meant *goed bedoeld, welmenend.*
mean·ing·ful ['mi:nɪŋfl]⟨f2⟩⟨bn.; -ly; -ness⟩ 0.1 ***v. (grote) betekenis*** ⇒*gewichtig* 0.2 ***zinvol.***
mean·ing·less ['mi:nɪŋləs]⟨f2⟩⟨bn.; -ly; -ness⟩ 0.1 ***zonder betekenis*** ⇒*nietszeggend* 0.2 ***zinloos.***
'means test ⟨telb.zn.⟩ 0.1 ***inkomensonderzoek.***
'means-test·ed ⟨bn., attr.⟩ 0.1 ***afhankelijk v.h. inkomen*** ⇒*inkomensafhankelijk* ⟨mbt. subsidie, uitkering⟩.
meant ⟨verl. t. en volt. deelw.⟩ →mean.
'mean·time ⟨f3⟩⟨n.-telb.zn.⟩ 0.1 ***tussentijd*** ◆ 6.1 **in** the ~ *ondertussen.*
'mean-tone 'temperament, 'mean-tone 'tuning ⟨n.-telb.zn.⟩⟨muz.⟩ 0.1 ***middentoonstemming/temperatuur.***
'mean·while, ⟨inf.⟩ **meantime** ⟨f3⟩⟨bw.⟩ 0.1 ***ondertussen*** ⇒*onderwijl, intussen.*
meaow →miaow.
meas·les ['mi:zlz]⟨f2⟩⟨mv.; ww. vnl. enk.⟩ 0.1 ***mazelen*** 0.2 ***rodehond*** 0.3 ***blaaswormziekte*** ⟨bij varkens⟩.
meas·ly ['mi:zli]⟨f1⟩⟨bn.; -er; -ness; →bijw. 3⟩ 0.1 ***met mazelen*** ⇒*mazelen hebbend* 0.2 ***gortig*** ⇒*garstig, vinnig* ⟨v. vlees⟩ 0.3 ⟨inf.⟩ ***armzalig*** ⇒*armetierig, miezerig, waardeloos* ◆ 1.3 ~ tip *hondefooi.*
meas·ur·a·ble ['meʒrəbl]⟨f1⟩⟨bn.; -ly; →bijw. 3⟩ 0.1 ***meetbaar*** 0.2 ***v. betekenis*** ⇒*belangrijk* 0.3 ***afzienbaar*** ◆ 1.1 within a ~ distance of *dicht in de buurt v..*
meas·ure[1] ['meʒə‖-ər]⟨f3⟩⟨zn.⟩⟨→sprw. 448⟩
I ⟨telb.zn.⟩ 0.1 ***maat(beker)*** 0.2 ***maatstok/lat/lint*** 0.3 ***maatstaf*** 0.4 ***maatstelsel*** 0.5 ***versvoet*** 0.6 ⟨muz.⟩ ***maat(streep)*** 0.7 ⟨ben. voor⟩ ***maat*** ⇒*vaste hoeveelheid; melkmaat; korenmaat; aardappelmaat* ⟨enz.⟩ 0.8 ***maatregel*** ⇒*stap* 0.9 ***beschikking*** ⇒*verordening* 0.10 ***wetsvoorstel*** 0.11 ⟨wisk.⟩ ***maat*** 0.12 ⟨vero.⟩ ***dans*** ◆ 1.3 a chain's weakest link is the ~ of its strength *een keten is zo sterk als de zwakste schakel* 1.7 a ~ of wheat *een bushel tarwe, een maat tarwe* 2.8 take strong ~s *geen halve maatregelen nemen, krachtig optreden* 2.11 greatest common ~ *grootste gemene deler* 3.12 tread/trip a ~ *een dansje maken/wagen* 7.8 half ~s *halve maatregelen, compromissen;*
II ⟨telb. en n.-telb.zn.⟩ 0.1 ⟨ben. voor⟩ ***maat*** ⟨ook muz.⟩ ⇒*maateenheid; mate; gematigdheid; (afgemeten/juiste) hoeveelheid, grootte, (aan)deel, omvang, afmetingen; metrum, versmaat* 0.2 ***ritme*** ⇒*melodie* 0.3 ⟨druk.⟩ ***pagina/kolombreedte*** ◆ 1.1 ~ of

length *lengtemaat;* ~ of time *tijdmaat* **1.¶** ~ for ~ *leer om leer* **2.1** in (a) great/large ~ *in hoge/ruime mate, grotendeels* **3.1** get/take s.o.'s ~ *iem. de maat nemen;* ⟨fig.⟩ *zich een oordeel over iem. vormen, iem. taxeren;* ⟨BE⟩ made to ~ *op maat gemaakt;* set ~s to *begrenzen, beperken* **6.1 beyond** ~ *buitenmate; mateloos, onmetelijk, onbegrensd;* **(with)in** ~ *met mate;* **in** a/some ~ *in zekere mate;* a ~ **of** *enig, een beetje, wat.*

measure[2] ⟨f3⟩ ⟨ww.⟩ →measured, measuring
I ⟨onov.ww.⟩ →measure up;
II ⟨onov. en ov.ww.⟩ **0.1** ***meten*** ⇒*af/op/toe/uitmeten, de maat nemen* ◆ **1.1** the room ~s three metres by four *de kamer meet/is drie bij vier (meter);* ~ one's strength with *zijn krachten meten met* **4.1** ~ o.s. with *zich meten met* **5.1** ~ **off/out** *afmeten* ⟨stof, enz.⟩; ~ **out** *toemeten, toebedelen, uitdelen;*
III ⟨ov.ww.⟩ **0.1** ***beoordelen*** ⇒*taxeren, schatten* **0.2** ***opnemen*** ⇒*met de ogen afmeten* **0.3** ***letten op*** ⇒*overdenken, (over)wegen* **0.4** ⟨schr.⟩ ***afleggen*** ⟨afstand⟩ ⇒*doortrekken* ◆ **1.3** ~ one's words *zijn woorden wegen/afmeten.*

meas·ured ['meʒəd‖-ərd] ⟨f2⟩ ⟨bn.; volt. deelw. v. measure; -ly; -ness⟩ **0.1** ***weloverwogen*** ⇒*zorgvuldig, nauwkeurig, afgemeten* ⟨v. taalgebruik⟩ **0.2** ***gelijkmatig*** ⇒*ritmisch, metrisch* **0.3** ***berekend*** **0.4** ***beperkt.***

meas·ure·less ['meʒələs‖-ʒər-] ⟨bn.; -ly⟩ **0.1** ***onmetelijk*** ⇒*onbegrensd.*

meas·ure·ment ['meʒəmənt‖-ʒər-] ⟨f3⟩ ⟨zn.⟩
I ⟨telb.zn.⟩ **0.1** ⟨vnl. mv.⟩ ***afmeting*** ⇒*maat* ⟨ook v. personen⟩ **0.2** ***maatstelsel*** ◆ **3.1** take s.o.'s ~ *(v.) iem. de maat nemen;*
II ⟨n.-telb.zn.⟩ **0.1** ***het meten*** ⇒*meting.*

'measurement goods ⟨mv.⟩ ⟨hand.⟩ **0.1** ***maatvracht.***

'measurement ton ⟨telb.zn.⟩ ⟨scheep.⟩ **0.1** ***maatton*** ⟨40 kub. voet, 1,133 m³⟩.

'measure 'up ⟨f1⟩ ⟨onov.ww.⟩ **0.1** ***voldoen*** ◆ **6.1** ~ **to** *voldoen aan, beantwoorden aan; berekend zijn op/voor; niet onderdoen voor, opgewassen zijn tegen.*

meas·ur·ing ['meʒərɪŋ] ⟨n.-telb.zn.; gerund v. measure⟩ **0.1** ***het meten*** ⇒*meting.*

'measuring chain ⟨telb.zn.⟩ ⟨landmeetk.⟩ **0.1** ***meetketting.***

'measuring jug ⟨telb.zn.⟩ **0.1** ***maatbeker.***

'measuring tape ⟨telb.zn.⟩ **0.1** ***meetlint*** ⇒*centimeter.*

'measuring worm ⟨telb.zn.⟩ **0.1** ***spanrups.***

meat [mi:t] ⟨f3⟩ ⟨n.-telb.zn.⟩ ⟨→sprw. 50, 535⟩ **0.1** ***vlees*** **0.2** ⟨AE⟩ ***eetbaar gedeelte*** ⟨v. vrucht/schaaldier/ei/noot⟩ ⇒*(vrucht)vlees* **0.3** ***essentie*** ⇒*kern, (diepere) inhoud, diepgang* **0.4** ⟨inf.⟩ ***fort*** ⇒*sterk punt, sterke zijde* **0.5** ⟨vero.⟩ ***voedsel*** ⇒*spijs, kost* **0.6** ⟨vero.⟩ ***maaltijd*** ⇒*eten* ◆ **1.4** chess is his ~ *hij is een kei in schaken* **1.5** ~ and drink *eten en drinken* **1.¶** this is ~ and drink to me *dit is mijn lust en mijn leven, ik lust er wel pap van;* ⟨inf.⟩ ~ and potatoes *basis(ingrediënten), kern, grondslag, pijler(s)* **2.1** white ~ *wit vlees* ⟨gevogelte, kalfsvlees, enz.⟩ **2.3** a nice story but there is no real ~ in it *een aardig verhaal maar het heeft weinig om het lijf.*

'meat-and-po'ta·toes ⟨bn., attr.⟩ ⟨inf.⟩ **0.1** ***fundamenteel*** ⇒*belangrijkst, grond-, basis-, kern-.*

'meat-axe ⟨telb.zn.⟩ **0.1** ***slagersbijl.***

'meat·ball ⟨f1⟩ ⟨telb.zn.⟩ **0.1** ***vleesbal*** ⇒*gehaktbal* **0.2** ⟨sl.⟩ ***uilskuiken*** ⇒*stommeling, rund.*

'meat fly ⟨telb.zn.⟩ ⟨dierk.⟩ **0.1** ***vleesvlieg*** ⟨genus Sarcophaga⟩.

'meat·head ⟨telb.zn.⟩ ⟨sl.⟩ **0.1** ***uilskuiken*** ⇒*stommeling, rund.*

meat·less ['mi:tləs] ⟨bn.⟩ **0.1** ***vleesloos*** ⟨v. dag, dieet⟩ **0.2** ***zonder inhoud*** ⇒*zouteloos, met weinig om het lijf.*

'meat loaf ⟨telb.zn.⟩ **0.1** ***gehaktbrood*** ⟨gehakt in de vorm v.e. brood⟩.

'meat·man ⟨telb.zn.; meatmen; →mv. 3⟩ **0.1** ***slager.***

'meat offering ⟨telb.zn.⟩ **0.1** ***spijsoffer.***

'meat-packing industry ⟨telb.zn.⟩ **0.1** ***vleesverwerkende industrie.***

'meat 'pie ⟨telb. en n.-telb.zn.⟩ **0.1** ***vleespastei(tje).***

'meat safe ⟨telb.zn.⟩ ⟨BE⟩ **0.1** ***vliegenkast.***

'meat 'tea ⟨telb. en n.-telb.zn.⟩ ⟨BE⟩ **0.1** ***theemaaltijd met vlees.***

me·a·tus [mi'eɪṭəs] ⟨telb.zn.; ook meatus; →mv. 4⟩ ⟨anat.⟩ **0.1** ***gang*** ⇒*kanaal* ◆ **2.1** auditory ~ *gehoorgang.*

meat·y ['mi:ṭi] ⟨bn.; -er; -ly; -ness; →bijw. 3⟩ **0.1** ***vlezig*** ⇒*lijvig* **0.2** ***vleesachtig*** ⇒*vlees-* **0.3** ***stevig*** ⇒*substantieel* ◆ **1.3** a ~ discussion *een pittige discussie.*

Mec·ca ['mekə] ⟨eig.n., telb.zn.; ook m-⟩ **0.1** ***Mekka*** ⟨ook fig.⟩ ⇒*paradijs, eldorado.*

mec·ca·no [mɪ'kɑ:noʊ‖mə'kænoʊ] ⟨f1⟩ ⟨n.-telb.zn.⟩ **0.1** ***meccano.***

me·chan·ic[1] [mɪ'kænɪk] ⟨f3⟩ ⟨zn.⟩
I ⟨telb.zn.⟩ **0.1** ***werktuigkundige*** ⇒*mecanicien, technicus, monteur* **0.2** ***machineconstructeur;***
II ⟨mv.; ~s⟩ **0.1** ⟨ww. vnl. enk.⟩ ***mechanica*** ⇒*werktuigkunde* **0.2** ***mechanisme*** **0.3** ***techniek.***

mechanic[2] ⟨bn.; -ally; →bijw. 3⟩ **0.1** ***ambachtelijk*** ⇒*ambachts-, handwerk-* **0.2** ***mechanisch*** ⇒*machinaal, automatisch;* ⟨fig.⟩ *werktuiglijk, ongeïnspireerd, zonder nadenken* **0.3** ⟨fil.⟩ ***mechanistisch.***

me·chan·i·cal[1] [mɪ'kænɪkl] ⟨telb.zn.⟩ **0.1** ***mechanisme*** **0.2** ***bijfiguur.***

mechanical[2] ⟨f3⟩ ⟨bn.; -ly; -ness⟩ **0.1** ***mechanisch*** ⇒*gemechaniseerd, machinaal, automatisch;* ⟨fig.⟩ *werktuiglijk, ongeïnspireerd, zonder nadenken* **0.2** ***ambachtelijk*** ⇒*ambachts-, handwerk-* **0.3** ***mechanisch*** ⇒*mbt./v.d. mechanica* **0.4** ***werktuig(bouw)kundig*** **0.5** ⟨fil.⟩ ***mechanistisch*** ◆ **1.1** ~ drawing *het technisch tekenen, het tekenen met passer en liniaal;* ⟨comp.⟩ ~ translation *machinale/automatische vertaling;* ~ transport *gemechaniseerd vervoer* **1.2** ~ art *ambacht* **1.3** ⟨werktuigkunde⟩ ~ advantage *mechanisch rendement;* ⟨nat.⟩ ~ equivalent (of heat) *mechanisch warmte-equivalent* **1.4** ~ engineer *werktuig(bouw)kundige, werktuig(bouw)kundig ingenieur;* ~ engineering *werktuig(bouw)kunde* **1.¶** ~ powers *enkelvoudige werktuigen* ⟨katrol, hefboom, enz.⟩.

mech·a·ni·cian ['mekə'nɪʃn] ⟨telb.zn.⟩ **0.1** ***machineconstructeur*** **0.2** ***werktuigkundige*** ⇒*mecanicien, technicus, monteur.*

mech·a·nism ['mekənɪzm] ⟨f3⟩ ⟨zn.⟩
I ⟨telb.zn.⟩ **0.1** ***mechanisme*** ⇒*mechaniek* **0.2** ***werking*** ⇒*werkwijze* **0.3** ***techniek;***
II ⟨n.-telb.zn.⟩ ⟨fil.⟩ **0.1** ***mechanisme.***

mech·a·nist ['mekənɪst] ⟨telb.zn.⟩ **0.1** ***machineconstructeur*** **0.2** ***werktuigkundige*** ⇒*mecanicien, technicus, monteur* **0.3** ⟨fil.⟩ ***aanhanger v.h. mechanisme.***

mech·a·nis·tic ['mekə'nɪstɪk] ⟨bn.; -ally; →bijw. 3⟩ **0.1** ⟨fil.⟩ ***mechanistisch*** **0.2** ***mechanisch.***

mech·a·ni·za·tion, -sa·tion ['mekənaɪ'zeɪʃn‖-nə-] ⟨f1⟩ ⟨telb. en n.-telb.zn.⟩ **0.1** ***mechanisatie*** ⇒*mechanisering.*

mech·a·nize, -nise ['mekənaɪz] ⟨f1⟩ ⟨ov.ww.⟩ **0.1** ***mechaniseren*** **0.2** ***mechanisch maken*** ⇒*een routine maken v., v. zijn spontaniteit ontdoen.*

mech·a·no·ther·a·py ['mekənoʊ'θerəpi] ⟨n.-telb.zn.⟩ ⟨med.⟩ **0.1** ***mechanotherapie.***

Mech·lin ['meklɪn], ⟨in bet. II ook⟩ **'Mechlin 'lace** ⟨zn.⟩
I ⟨eig.n.⟩ **0.1** ***Mechelen;***
II ⟨n.-telb.zn.⟩ **0.1** ***Mechelse kant.***

M Econ ⟨afk.⟩ Master of Economics.

me·con·ic [mɪ'kɒnɪk‖mɪ'kɑ-] ⟨bn., attr.⟩ ⟨schei.⟩ **0.1** ***mecon-*** ⇒*opium-* ◆ **1.1** ~ acid *meconzuur, opiumzuur.*

me·co·ni·um [mɪ'koʊnɪəm] ⟨n.-telb.zn.⟩ ⟨med.⟩ **0.1** ***meconium*** ⇒*darmpek* ⟨eerste ontlasting v. pasgeborenen⟩.

med ⟨afk.⟩ medical, medicine, medieval, medium.

Med [med] ⟨eig.n.⟩ ⟨verk.⟩ Mediterranean Sea ⟨inf.⟩ **0.1** ***Middellandse Zee.***

M Ed ⟨afk.⟩ Master of Education.

med·al[1] ['medl] ⟨f3⟩ ⟨telb.zn.⟩ ⟨→sprw. 167⟩ **0.1** ***medaille*** ⇒*ere/gedenkpenning,* ⟨sport ook⟩ *plak.*

medal[2] ⟨ov.ww.; →ww. 7⟩ **0.1** ***met een medaille belonen/eren*** ⇒*een medaille geven.*

me·dal·lion [mɪ'dælɪən] ⟨f1⟩ ⟨telb.zn.⟩ **0.1** ***gedenkpenning*** ⇒*(grote) medaille* **0.2** ***(grote oud)griekse munt*** **0.3** ***medaillon*** ⟨ovale/ronde lijst, vaak met portret⟩ **0.4** ⟨bouwk.⟩ ***medaillon*** ⇒*ovaal, cirkel* **0.5** ⟨AE⟩ ***penning*** ⟨v. taxichauffeur, als vergunningsbewijs⟩ ⇒*vergunning;* ⟨bij uitbr.⟩ *taxichauffeur (met vergunning).*

med·al·list, ⟨AE sp. ook⟩ **med·al·ist** ['medl·ɪst] ⟨telb.zn.⟩ **0.1** ***medailleur*** ⟨snijder v. medailles⟩ **0.2** ***medaillist*** ⟨kenner v. medailles⟩ **0.3** ⟨vnl. sport⟩ ***medaillewinnaar.***

med·dle in ['medl ɪn] ⟨f1⟩ ⟨onov.ww.⟩ **0.1** ***zich bemoeien met*** ⇒*zich mengen in* ◆ **1.1** don't ~ my affairs *bemoei je met je eigen zaken;* you'd better not ~ that affair *ik zou me daar maar buiten houden.*

med·dler ['medlə‖-ər] ⟨telb.zn.⟩ **0.1** ***bemoeial.***

med·dle·some ['medlsəm], **med·dling** ['medlɪŋ] ⟨f1⟩ ⟨bn.; -ly⟩ **0.1** ***bemoeiziek.***

med·dle·some·ness ['medlsəmnəs] ⟨n.-telb.zn.⟩ **0.1** ***bemoeizucht.***

'med·dle with ⟨f1⟩ ⟨onov.ww.⟩ **0.1** ***zich bemoeien met*** ⇒*zich mengen in* **0.2** ***rondsnuffelen in*** ◆ **1.2** who has been meddling with my papers? *wie heeft er met zijn vingers aan mijn papieren gezeten?.*

Mede [mi:d] ⟨telb.zn.⟩ **0.1** ***Mediër.***

'me decade ⟨telb.zn.⟩ **0.1** ***ik-tijdperk.***

me·di·a[1] ['mediə] ⟨telb.zn.; mediae ['medii:]; →mv. 5⟩ ⟨taalk.⟩ **0.1** ***media*** ⟨stemhebbende occlusief⟩.

media[2] ['mi:dɪə] ⟨mv.⟩ →medium.

mediaeval →medieval.

'media event ⟨telb.zn.⟩ **0.1** ***mediagebeurtenis*** ⇒⟨pej. ook⟩ *(door media) opgeklopt(e) gebeurtenis/feit.*

me·di·a·ge·nic ['mi:dɪə'dʒenɪk] ⟨bn.⟩ **0.1** ***mediageniek*** ⇒⟨i.h.b.⟩ *televisiegeniek.*

me·di·al ['mi:dɪəl]⟨bn.; -ly⟩ **0.1** ***in het midden gelegen*** ⇒*middel-, midden-, middelst* **0.2** ***gemiddeld*** ⇒*doorsnee* **0.3** ⟨taalk.⟩ ***mediaal*** ⟨v. vorm⟩.

'media man, 'media person ⟨telb.zn.⟩ **0.1** ***reclameagent*** ⇒*publiciteitsagent, propaganda-adviseur* **0.2** ***reporter***.

me·di·an¹ ['mi:dɪən]⟨f1⟩⟨telb.zn.⟩ **0.1** ⟨wisk.⟩ ***zwaartelijn*** ⇒*mediaan* **0.2** ⟨stat.⟩ ***mediaan*** **0.3** ⟨med.⟩ ***mediaanader*** **0.4** ⟨M-⟩ ***Mediër***.

median² ⟨f1⟩⟨bn.; -ly⟩
I ⟨bn.; M-⟩ **0.1** ***Medisch*** ⇒*mbt. / v.d. Meden;*
II ⟨bn., attr.⟩ **0.1** ***middel-*** ⇒*midden-, in het midden (gelegen), middelst* **0.2** ⟨biol.⟩ ***mediaan-*** ◆ **1.1** ⟨wisk.⟩ ~ point *zwaartepunt;* ⟨AE⟩ ~ strip *middenberm* **1.2** ~ line *mediaanlijn*.

me·di·ant ['mi:dɪənt]⟨telb.zn.⟩⟨muz.⟩ **0.1** ***mediante***.

'media planning ⟨n.-telb.zn.⟩ **0.1** ***mediaplanning***.

me·di·as·ti·num ['mi:dɪə'staɪnəm]⟨telb.zn.; mediastina [-nə]; →mv. 5⟩⟨med.⟩ **0.1** ***mediastinum*** ⟨middelste gedeelte v. borstholte⟩.

me·di·ate¹ ['mi:dɪət]⟨bn.; -ly⟩ **0.1** ***indirect*** ⇒*middellijk, niet rechtstreeks* **0.2** ***in het midden gelegen*** ⇒*middel-, midden-, middelst*.

mediate² ['mi:dieɪt]⟨f1⟩⟨ww.⟩
I ⟨onov. en ov.ww.⟩ **0.1** ***bemiddelen*** ⇒*als bemiddelaar optreden, (door bemiddeling) tot stand brengen, beslechten, bijleggen* ◆ **1.1** ~ peace *de vrede bemiddelen* **6.1** ~ **between** *bemiddelen tussen;*
II ⟨ov.ww.⟩ **0.1** ***overbrengen***.

me·di·a·tion ['mi:di'eɪʃn]⟨f1⟩⟨n.-telb.zn.⟩ **0.1** ***bemiddeling*** ⟨ook jur.⟩ ⇒*tussenkomst*.

me·di·a·tize ['mi:dɪətaɪz]⟨ov.ww.⟩ **0.1** ***mediatiseren***.

me·di·a·tor ['mi:dieɪtə‖-eɪt̬ər]⟨f1⟩⟨telb.zn.⟩ **0.1** ***bemiddelaar*** ⇒*scheidsman, tussenpersoon* ◆ **7.1** the Mediator *de Middelaar, Christus*.

me·di·a·to·ri·al ['mi:dɪə'tɔ:rɪəl], **me·di·a·tor·y** [-tri‖-tɔri]⟨bn.⟩ **0.1** ***bemiddelend*** ⇒*bemiddelings-* **0.2** ***mbt. / v.e. bemiddelaar*** ◆ **1.1** mediatory efforts *bemiddelingspogingen*.

me·di·a·tor·ship ['mi:dieɪtəʃɪp‖-eɪt̬ər-]⟨n.-telb.zn.⟩ **0.1** ***middelaarsambt*** **0.2** ***middelaarschap*** ⇒*bemiddeling, tussenkomst*.

me·di·a·trix ['mi:dieɪtrɪks‖-'eɪtrɪks], **me·di·a·tress** [-eɪtrɪs]⟨telb.zn.⟩ **0.1** ***bemiddelaarster*** ⇒*(be)middelares*.

med·ic ['medɪk]⟨f1⟩⟨telb.zn.⟩ **0.1** ⟨inf.⟩ ***medisch student*** **0.2** ⟨inf.⟩ ***dokter*** **0.3** →medick.

med·i·ca·ble ['medɪkəbl]⟨bn.⟩ **0.1** ***geneeslijk*** **0.2** ***geneeskrachtig*** ⇒*medicinaal, genezend*.

med·i·cal¹ ['medɪkl]⟨telb.zn.⟩⟨inf.⟩ **0.1** ***(medisch) onderzoek*** ⇒*keuring* **0.2** ***medisch student***.

medical² ⟨f3⟩⟨bn.; -ly⟩ **0.1** ***medisch*** ⇒*geneeskundig, dokters-, gezondheids-* **0.2** ***geneeskundig*** ⟨tgo. heelkundig⟩ **0.3** ***een geneeskundige / niet-operatieve behandeling vereisend*** ⟨v. ziekte⟩ ◆ **1.1** ~ attendant *dokter, arts;* ~ care *gezondheidszorg;* ~ certificate *gezondheids / doktersverklaring;* ~ examination *medisch onderzoek, keuring;* ~ examiner *keuringsarts;* ⟨AE⟩ *lijkschouwer;* ~ man / practitioner *medicus, dokter, arts, chirurg;* ⟨BE⟩ ~ officer *arts v.d. Geneeskundige Dienst; schoolarts;* ~ school *medische faculteit;* go to ~ school *medicijnen (gaan) studeren;* ~ student *medisch student* **1.¶** ~ jurisprudence *forensische / gerechtelijke geneeskunde*.

me·dic·a·ment [mɪ'dɪkəmənt, 'medɪ-]⟨telb.zn.⟩ **0.1** ***medicament*** ⇒*medicijn, geneesmiddel, artsenij*.

Med·i·care ['medɪkeə‖-ker]⟨n.-telb.zn.; ook m-⟩ **0.1** ***ziektekostenverzekering*** ⟨in U.S.A. voor bejaarden⟩.

med·i·cas·ter ['medɪkæstə‖-ər]⟨telb.zn.⟩ **0.1** ***kwakzalver***.

med·i·cate ['medɪkeɪt]⟨ov.ww.⟩ **0.1** ***medisch verzorgen*** ⇒*geneeskundig behandelen* **0.2** ⟨vnl. pass.⟩ ***met een geneeskrachtige stof vermengen / behandelen*** ⇒*geneeskrachtig maken* ◆ **1.2** ~d bath *geneeskrachtig bad;* ~d coffee *gezondheidskoffie;* ~d water *medicinaal water;* ⟨i.h.b.⟩ *gefluorideerd leidingwater;* ~d wine *medicinale wijn*.

med·i·ca·tion ['medɪ'keɪʃn]⟨f1⟩⟨zn.⟩
I ⟨telb. en n.-telb.zn.⟩ **0.1** ***medicament*** ⇒*medicijn(en);*
II ⟨n.-telb.zn.⟩ **0.1** ***medicatie*** ⇒*behandeling met geneesmiddelen*.

med·i·ca·tive ['medɪkətɪv‖-keɪt̬ɪv]⟨bn.⟩ **0.1** ***geneeskrachtig*** ⇒*medicinaal, genezend*.

Med·i·ce·an ['medɪ'tʃi:ən, -'si:ən]⟨bn.⟩ **0.1** ***mbt. / v.d. Medici***.

me·dic·i·nal¹ [mɪ'dɪsnəl]⟨f3⟩⟨telb.zn.⟩ **0.1** ***geneesmiddel*** ⇒*medicijn*.

medicinal² ⟨bn.; -ly⟩ **0.1** ***geneeskrachtig*** ⇒*medicinaal, genezend* **0.2** ***geneeskundig*** ⇒*medisch*.

med·i·cine ['medsn‖'medɪsn]⟨f3⟩⟨zn.⟩
I ⟨telb. en n.-telb.zn.⟩ **0.1** ***geneesmiddel*** ⇒*medicijn(en)* **0.2** ***tovermiddel*** ⇒*toverkracht, magie, fetisj* ◆ **3.1** she takes too much ~ *ze slikt te veel medicijnen* **3.¶** get some / a little of one's own ~ *een koekje v. eigen deeg krijgen;* take one's ~ *de (bittere) pil slikken, zijn (verdiende) straf ondergaan;*
II ⟨n.-telb.zn.⟩ **0.1** ***geneeskunde*** ⟨tgo. heelkunde⟩ ⇒*medicijnen* ◆ **3.1** socialized ~ *openbare gezondheidszorg*.

'medicine ball ⟨telb.zn.⟩ **0.1** ***(zware) oefenbal*** ⟨voor spieroefening⟩.

'medicine chest ⟨telb.zn.⟩ **0.1** ***medicijnkastje / kistje*** ⇒*huisapotheek*.

'medicine man ⟨telb.zn.⟩ **0.1** ***medicijnman***.

med·ick, ⟨AE sp. ook⟩ **med·ic** ['medɪk]⟨telb.zn.⟩⟨plantk.⟩ **0.1** ***rupsklaver*** ⟨genus Medicago⟩.

med·i·co ['medɪkoʊ]⟨telb.zn.⟩⟨inf.⟩ **0.1** ***medisch student*** **0.2** ***dokter***.

med·i·co- ['medɪkoʊ] **0.1** ***geneeskundig (en)*** ⇒*medisch (en)* ◆ **¶.1** medicolegal *gerechtelijk-geneeskundig, mbt. de forensische geneeskunde*.

me·di·e·val¹, me·di·ae·val ['medi'i:vl, me'di:vl‖'mi:-]⟨f2⟩⟨telb.zn.⟩ **0.1** ***middeleeuwer***.

medieval², mediaeval ⟨bn.; -ly⟩ **0.1** ***middeleeuws*** ⟨inf; ook fig.⟩ ⇒*primitief, achterlijk, uit het jaar nul* ◆ **1.1** ~ Latin *middeleeuws Latijn*.

me·di·e·val·ism ['medi'i:vəlɪzm, me'di:-‖'mi:-]⟨zn.⟩
I ⟨telb.zn.⟩ **0.1** ***mediaevalisme*** ⇒*middeleeuws(e) gewoonte / gebruik / gedachte / geloof;*
II ⟨n.-telb.zn.⟩ **0.1** ***geest v.d. middeleeuwen*** **0.2** ***mediaevistiek*** ⇒*studie v.d. middeleeuwen* **0.3** ***bewondering voor de middeleeuwen***.

me·di·e·val·ist ['medi'i:vəlɪst, me'di:-‖'mi:-]⟨telb.zn.⟩ **0.1** ***mediaevist*** ⇒*kenner / bewonderaar v.d. middeleeuwen*.

me·di·e·val·ize ['medi'i:vəlaɪz, me'di:-‖'mi:-]⟨ww.⟩
I ⟨onov.ww.⟩ **0.1** ***de middeleeuwen bestuderen*** **0.2** ***middeleeuws denken / optreden;***
II ⟨ov.ww.⟩ **0.1** ***een middeleeuws karakter geven***.

me·di·na worm [mɪ'di:na wɜ:m‖- wɜrm], **guinea worm** ⟨telb.zn.⟩⟨dierk.⟩ **0.1** ***medinaworm*** ⟨parasitaire worm bij mens; Dracunculus medinensis⟩.

me·di·o·cre ['mi:di'oʊkə‖-ər]⟨f2⟩⟨bn.⟩ **0.1** ***middelmatig***.

me·di·oc·ri·ty ['mi:di'ɒkrəti‖-'ɑkrət̬i]⟨f1⟩⟨zn.; →mv. 2⟩
I ⟨telb.zn.⟩ **0.1** ***middelmatig mens*** ⇒*middelmaat, onbeduidend / alledaags figuur;*
II ⟨n.-telb.zn.⟩ **0.1** ***middelmatigheid***.

med·i·tate ['medɪteɪt]⟨f2⟩⟨ww.⟩
I ⟨onov.ww.⟩ **0.1** ***diep / ernstig nadenken*** ⇒*peinzen, in gedachten / gepeins verzonken zijn, mijmeren* **0.2** ***mediteren*** ◆ **6.1** ~ **(up)on** *diep nadenken over, overpeinzen, overdenken;*
II ⟨ov.ww.⟩ **0.1** ***overpeinzen*** ⇒*overdenken, zijn gedachten laten gaan over, mijmeren over* **0.2** ***v. plan / zins zijn*** ⇒*denken over, beramen* ◆ **1.2** ~ revenge *zinnen op wraak*.

med·i·ta·tion ['medɪ'teɪʃn]⟨f2⟩⟨zn.⟩
I ⟨telb. en n.-telb.zn.⟩ **0.1** ***overpeinzing*** ⇒*bespiegeling, gepeins* ◆ **2.1** deep in ~ *in gepeins verzonken;*
II ⟨n.-telb.zn.⟩ **0.1** ***meditatie***.

med·i·ta·tive ['medɪtətɪv‖-teɪt̬ɪv]⟨bn.; -ly; -ness⟩ **0.1** ***nadenkend*** ⇒*beschouwend, peinzend, meditatief*.

med·i·ter·ra·ne·an ['medɪtə'reɪnɪən]⟨f2⟩⟨bn.⟩ **0.1** ***door land ingesloten / omgeven*** ⟨v. zee⟩ **0.2** ⟨M-⟩ ***mediterraan*** ⇒*mbt. / v.d. Middellandse Zee / het Middellandse-Zeegebied, Middellandse-Zee-* ◆ **1.2** Mediterranean climate *mediterraan klimaat* **1.¶** ⟨dierk.⟩ ~ gull *zwartkopmeeuw* ⟨Larus melanocephalus⟩ **7.2** the Mediterranean (Sea) *de Middellandse Zee*.

me·di·um¹ ['mi:dɪəm]⟨telb.zn.⟩⟨spiritisme⟩ **0.1** ***medium***.

medium² ⟨f3⟩⟨zn.; ook media ['mi:dɪə]; →mv. 5⟩
I ⟨telb.zn.⟩ **0.1** ***middenweg*** ⇒*tussenweg, compromis* **0.2** ***gemiddelde*** ⇒*midden* **0.3** ***medium*** ⇒*communicatiemiddel, voertaal, drager, (hulp)middel, werktuig* **0.4** ⟨nat.⟩ ***medium*** ⇒*middenstof* **0.5** ***tussenpersoon*** **0.6** ***(natuurlijke) omgeving*** ⇒*milieu, element* **0.7** ***kweek*** ⇒*kweekvloeistof* ⟨v. bacteriën⟩ **0.8** ***oplosmiddel*** ⟨voor verf⟩ **0.9** ***ruilmiddel*** **0.10** ***uitingsvorm*** ⇒*kunstvorm, expressiemiddel* ◆ **1.3** ~ of circulation / exchange *betalings / ruilmiddel* **3.10** mixed media *media-mix* ⟨combinatie v. verschillende media⟩ **6.3** **through** the ~ of *door middel v.;*
II ⟨n.-telb.zn.⟩ **0.1** ***mediaan(papier);***
III ⟨mv.; media; ww. ook enk.⟩ **0.1** ***media*** ⇒*(massa)communicatiemiddelen;*
IV ⟨mv.; mediums⟩⟨BE; geldw.⟩ **0.1** ***middellange fondsen*** ⟨5 à 15 jaar⟩.

medium³ ⟨f2⟩⟨bn.⟩ **0.1** ***gemiddeld*** ⇒*modaal, doorsnee-, midden-, middelmatig* ◆ **1.1** ⟨paardesport⟩ ~ canter / trot / walk *gewone galop / draf / stap;* ~ duty *middelmatige belasting;* ~ income *modaal inkomen;* a car in the ~ range *een auto uit de middenklasse, een middenklasser;* in the ~ term *op middellange termijn;* ⟨radio⟩ ~ wave *middengolf*.

'me·di·um-'dat·ed ⟨bn.⟩⟨BE; geldw.⟩ **0.1** ***middellang*** ⇒*op middellange termijn* ⟨5 à 15 jaar⟩.

'me·di·um-dry ⟨bn.⟩ **0.1** ***medium-dry*** ⟨v. sherry of wijn⟩.

'me·di·um-haul ⟨bn., attr.⟩ **0.1** ***middellange afstands-*** ◆ **1.1** ~ passenger jet *passagiersvliegtuig voor de middellange afstand.*
me·di·um·is·tic ['mi:dıə'mıstık]⟨bn.⟩⟨spiritisme⟩ **0.1** ***mediamiek.***
'me·di·um-range ⟨f1⟩⟨bn., attr.⟩ ◆ **1.¶** ~ missiles *middellange-afstandsraketten.*
'me·di·um-size ⟨f1⟩⟨bn.⟩ **0.1** ***middenklasse-*** ◆ **1.1** a ~ car *een auto uit de middenklasse.*
'me·di·um-'siz·ed ⟨f1⟩⟨bn.⟩ **0.1** ***middelgroot.***
'me·di·um-term ⟨bn.⟩ **0.1** ***op middellange termijn.***
med·lar ['medlə‖-ər]⟨telb.zn.⟩⟨plantk.⟩ **0.1** ***mispel*** ⟨vrucht en boom; Mespilus germanica⟩.
med·ley ['medli]⟨f1⟩⟨telb.zn.⟩ **0.1** ***mengelmoes(je)*** ⇒*bonte verzameling, samenraapsel, mengeling, mengsel* **0.2** ⟨lit.⟩ ***mengelwerk*** **0.3** ⟨muz.⟩ ***potpourri*** ⇒*medley.*
'medley relay ⟨telb.zn.⟩⟨zwemsport⟩ **0.1** ***wisselslagestafette.***
me·dul·la [mı'dʌlə]⟨telb. en n.-telb.zn.; ook medullae [-li:]; →mv. 5⟩ **0.1** ***merg*** ⟨ook v. haar, plant⟩ **0.2** ***ruggemerg*** **0.3** ***verlengde merg.***
medulla ob·lon·ga·ta [-ɒblɒŋ'gɑ:tə‖-ɑblɔŋ'gɑṭə]⟨telb. en n.-telb.zn.; ook medullae oblongatae [-'gɑ:ti:‖-'gɑṭi:]; →mv. 5⟩ ⟨anat.⟩ **0.1** ***verlengde merg.***
med·ul·lar·y [mı'dʌləri‖'medl·eri]⟨bn.⟩ **0.1** ***medullair*** ⇒*mbt. / v.h. merg* **0.2** ***mergachtig*** ⇒*merg-.*
me·du·sa [mı'dju:zə‖-'du:sə]⟨telb.zn.; ook medusae [-zi:‖-si:]; →mv. 5⟩ **0.1** ***medusa*** ⇒*kwal.*
meed [mi:d]⟨telb.zn.⟩⟨schr.⟩ **0.1** ***beloning*** ⇒*loon, prijs* **0.2** ***aandeel.***
meek [mi:k]⟨f2⟩⟨bn.; -er; -ly; -ness⟩ **0.1** ***gedwee*** ⇒*meegaand, volgzaam, toegevend* **0.2** ***deemoedig*** ⇒*bescheiden, nederig, lankmoedig* **0.3** ***zachtmoedig*** ⇒*goedig, mild, vriendelijk* ◆ **1.1** as ~ as a lamb *zo gedwee als een lam, zo mak als een lammetje* **2.2** he's ~ and mild *hij is een lieve goeierd;* ⟨pej.⟩ *hij laat over zich lopen, hij laat zich alles aanleunen.*
meer·kat, mier·kat ['mıəkæt‖'mır-]⟨telb.zn.⟩⟨dierk.⟩ **0.1** ***stokstaartje*** ⟨Suricata suricatta⟩.
meer·schaum ['mıəʃəm‖'mır-]⟨zn.⟩
I ⟨telb.zn.⟩ **0.1** ***meerschuimen pijp;***
II ⟨n.-telb.zn.⟩ **0.1** ***meerschuim.***
meet[1] [mi:t]⟨telb.zn.⟩ **0.1** ⟨vnl. BE⟩ ***samenkomst*** ⇒*het verzamelen, trefpunt* ⟨voor de jacht⟩ **0.2** ⟨vnl. BE⟩ ***jachtgezelschap*** **0.3** ⟨vnl. AE; atletiek⟩ ***ontmoeting*** ⇒*wedstrijd* **0.4** ⟨spoorwegen⟩ ***wisselplaats.***
meet[2] ⟨bn.; -ly; -ness⟩⟨vero.⟩ **0.1** ***geschikt*** ⇒*gepast, juist, betamelijk.*
meet[3] ⟨f4⟩⟨ww.; met, met [met]⟩ →meeting ⟨→sprw. 120, 179, 737⟩
I ⟨onov.ww.⟩ **0.1** ***elkaar ontmoeten*** ⇒*elkaar treffen / tegenkomen / raken / passeren* **0.2** ***samenkomen*** ⇒*bijeenkomen, verzamelen, vergaderen* **0.3** ***kennismaken*** **0.4** ***sluiten*** ⇒*dicht gaan* ⟨v. kledingstuk⟩ **0.5** ***zich verenigen in*** ◆ **1.4** my skirt won't ~ *ik krijg mijn rok niet dicht* **5.1** ~ **together** *samen / bijeenkomen;* ⟨inf.⟩ ~ **up** *elkaar tegen het lijf lopen* **6.1** ⟨inf.⟩ ~ up **with** *stoten op, tegen het lijf lopen* **6.¶** →meet with;
II ⟨ov.ww.⟩ **0.1** ***ontmoeten*** ⇒*treffen, tegenkomen* **0.2** ***(aan)raken*** **0.3** ***kennismaken met*** ⇒*leren kennen* **0.4** ***afhalen*** ⇒*wachten op* **0.5** ***behandelen*** ⇒*tegemoet treden, aanpakken, het hoofd bieden, weerleggen, afrekenen met* **0.6** ***tegemoet komen (aan)*** ⇒*voldoen (aan), tevredenstellen, voorzien in, vervullen, verwezenlijken* ⟨hoop, wens, behoefte⟩ **0.7** ***beantwoorden*** ⇒*(onvriendelijk) bejegenen* **0.8** ***ondervinden*** ⇒*ondergaan, dragen, lijden, beleven* **0.9** ⟨ec.⟩ ***voldoen*** ⇒*betalen, dekken, honoreren, inlossen* ◆ **1.3** ⟨AE⟩ John, ~ Mrs Phillips *John, mag ik je voorstellen aan mevrouw Phillips* **1.4** a taxi will ~ the train *bij aankomst v.d. trein staat er een taxi klaar;* I'll ~ your train *ik kom je van de trein afhalen* **1.5** ~ criticism *kritiek weerleggen* **1.6** does this ~ the case? *volstaat dit? is dit wat je nodig hebt?* **1.8** ~ one's death *de dood vinden* **1.9** ~ the bill *de rekening voldoen;* ~ the expenses *de kosten dekken* **3.1** run to ~ s.o. *iem. tegemoet rennen* **3.3** pleased to ~ you *aangenaam* **5.1** ⟨fig.⟩ ~ s.o. halfway *iem. tegemoet komen; het verschil (samen) delen.*
meet·ing ['mi:tıŋ]⟨f3⟩⟨telb.zn.; oorspr. gerund v. meet⟩ **0.1** ***ontmoeting*** ⟨ook sport⟩ ⇒*treffen, wedstrijd* **0.2** ***bijeenkomst*** ⇒*vergadering, samenkomst, bespreking* **0.3** ***kerkdienst*** ⇒*godsdienstoefening* **0.4** ***samenkomst*** ⇒*samenvloeiing* ⟨v. rivieren⟩ ◆ **1.2** ⟨ec.⟩ ~ of creditors *crediteurenvergadering, verificatievergadering* **1.¶** ~ of minds *consensus, overeenstemming, eendracht.*
'meet·ing·house ⟨telb.zn.⟩ **0.1** ***bedehuis*** ⇒*kerk.*
'meet·ing·place ⟨f1⟩⟨telb.zn.⟩ **0.1** ***ontmoetingsplaats / punt*** ⇒*tref / verzamelpunt.*
'meeting point ⟨telb.zn.⟩ **0.1** ***trefpunt*** ⇒*ontmoetingspunt / plaats; snijpunt, raakpunt* ⟨v. lijnen bv.⟩; *samenloop* ⟨v. rivieren⟩.
'meeting room ⟨telb.zn.⟩ **0.1** ***vergaderzaal.***
'meet with ⟨f2⟩⟨onov.ww.⟩ **0.1** ***ondervinden*** ⇒*ondergaan, beleven, lijden* **0.2** ***tegen het lijf lopen*** ⇒*stoten / stuiten op* **0.3** ⟨AE⟩ ***een ontmoeting hebben met*** ⇒*bijeenkomen met* ◆ **1.1** ~ an accident *een ongeluk krijgen;* ~ approval *instemming vinden, goedkeuring wegdragen;* ~ difficulties *moeilijkheden ondervinden;* ~ success *succes hebben.*
MEF ⟨afk.⟩ Middle East Forces.
meg·a- ['megə] **0.1** ***mega-*** ⇒*een miljoen* **0.2** ***mega-*** ⇒*(zeer) groot, reuzen-;* ⟨fig.⟩ *(aller)grootste, supergroot* ◆ **¶.1** megaton *megaton* **¶.2** megalith *megaliet.*
meg·a·bar ['megəbɑ:‖-bɑr]⟨telb.zn.⟩⟨nat.⟩ **0.1** ***megabar.***
meg·a·buck [-bʌk]⟨telb.zn.⟩⟨AE; sl.⟩ **0.1** ***een miljoen dollar*** ⇒⟨mv. ook⟩ *tonnen / hopen geld.*
meg·a·byte [-baıt]⟨telb.zn.⟩⟨comp.⟩ **0.1** ***megabyte*** ⟨1 miljoen bytes⟩.
meg·a·ce·phal·ic [-sı'fælık], **meg·a·lo·ce·phal·ic** ['megəloʊ-]⟨bn.⟩ **0.1** ***megalocefaal*** ⟨een abnormaal groot hoofd hebbend⟩.
meg·a·death [-deθ]⟨verz.n.⟩ **0.1** ***een miljoen doden*** ⟨bij kernoorlog⟩.
meg·a·dick [-dık]⟨telb.zn.⟩⟨AE; sl.; tieners⟩ **0.1** ***erg lelijke / onaantrekkelijke jongen.***
'meg·a·dose [-doʊs]⟨telb.zn.⟩ **0.1** ***zeer grote dosis*** ⟨v. medicijn, vitamines enz.⟩.
meg·a·hertz [-hɜ:ts‖-hɜrts], **meg·a·cycle** [-saıkl]⟨telb.zn.⟩⟨telecommunicatie⟩ **0.1** ***megahertz.***
meg·a·joule [-dʒu:l]⟨telb.zn.⟩⟨nat.⟩ **0.1** ***megajoule.***
meg·a·lith [-lıθ]⟨telb.zn.⟩ **0.1** ***megaliet*** ⇒*reuzensteen, menhir* **0.2** ***dolmen*** ⇒*cromlech, hunebed.*
meg·a·lith·ic [-'lıθık]⟨bn.⟩ **0.1** ***megalithisch.***
meg·a·lo- ['megəloʊ] **0.1** ***megalo-*** ◆ **¶.1** megalopolis *megalopolis.*
meg·a·load ['megəloʊd]⟨telb.zn.⟩ **0.1** ***berg*** ⇒*massa, tonnen.*
meg·a·lo·car·di·a ['megəloʊ'kɑ:dıə‖-'kɑr-]⟨telb. en n.-telb.zn.⟩ ⟨med.⟩ **0.1** ***hartvergroting.***
megalocephalic →megacephalic.
meg·a·lo·ma·ni·a ['megəloʊ'meınıə]⟨f1⟩⟨n.-telb.zn.⟩ **0.1** ***megalomanie*** ⇒*grootheidswaan.*
meg·a·lo·ma·ni·ac[1] [-'meınıæk]⟨telb.zn.⟩ **0.1** ***megalomaan*** ⇒*lijder aan grootheidswaan.*
megalomaniac[2] ⟨bn.⟩ **0.1** ***megalomaan*** ⇒*lijdend aan grootheidswaan.*
meg·a·lop·o·lis ['megə'lɒpəlıs‖-'lɑ-]⟨telb.zn.⟩ **0.1** ***megalopolis*** ⟨conglomeraat v. grote steden⟩.
meg·a·lo·saur ['megəloʊsɔ:‖-sɔr]⟨telb.zn.⟩⟨dierk.⟩ **0.1** ***megalosaurus*** ⟨dinosaurus; genus Megalosaurus⟩.
meg·a·phone[1] ['megəfoʊn]⟨f1⟩⟨telb.zn.⟩ **0.1** ***megafoon*** **0.2** ***woordvoerder*** ⇒*spreekbuis.*
megaphone[2] ⟨ov.ww.⟩ **0.1** ***door een megafoon toespreken / (toe)roepen*** **0.2** ***overal / aan iedereen bekend maken*** ⇒*aan de grote klok hangen.*
meg·a·pode [-poʊd], **meg·a·pod** [-pɒd‖-pɑd]⟨telb.zn.⟩⟨dierk.⟩ **0.1** ***grootpoothoen*** ⟨fam. Megapodiidae⟩.
meg·a·scop·ic [-'skɒpık‖-'skɑ-]⟨bn.; -ally; →bijw. 3⟩ **0.1** ***macroscopisch*** ⇒*met het blote oog zichtbaar* **0.2** ***vergroot.***
meg·a·spore [-spɔ:‖-spɔr]⟨telb.zn.⟩⟨plantk.⟩ **0.1** ***megaspore*** ⇒*macrospore.*
me·gass(e) [mə'gæs]⟨n.-telb.zn.⟩ **0.1** ***ampas*** ⟨uitgeperst suikerriet⟩.
meg·a·star ['megəstɑ:‖-stɑr]⟨telb.zn.⟩ **0.1** ***megaster*** ⟨bv. popartiest⟩ ⇒*supersuperster.*
meg·a·store ['megəstɔ:‖-stɔr]⟨telb.zn.⟩ **0.1** ***megamarkt / shop*** ⇒*winkelgigant.*
meg·a·there ['megəθıə‖-θır]⟨telb.zn.⟩⟨dierk.⟩ **0.1** ***megatherium*** ⇒*reuzenluiaard* ⟨uitgestorven soort; genus Megatherium⟩.
meg·a·ton(ne) [-tʌn]⟨f1⟩⟨telb.zn.⟩ **0.1** ***megaton.***
meg·a·watt [-wɒt‖-wɑt]⟨n.-telb.zn.⟩ **0.1** ***megawatt*** ⇒*duizend kilowatt.*
'me-gen·er·a·tion ⟨telb.zn.; the⟩ **0.1** ***ik-generatie*** ⇒⟨pej.⟩ *ikke-ikke-generatie.*
meg·ger ['megə‖-ər]⟨telb.zn.⟩⟨BE; elek.⟩ **0.1** ***megohmmeter*** ⇒*weerstandsmeter.*
me·gilp, ma·gilp [mə'gılp]⟨n.-telb.zn.⟩ **0.1** ***bindmiddel*** ⟨voor verf, vnl. lijnolie en vernis⟩.
meg·ohm ['megoʊm]⟨telb.zn.⟩⟨elek.⟩ **0.1** ***megohm.***
me·grim ['mi:grım]⟨zn.⟩
I ⟨telb.zn.⟩ **0.1** ***platvis*** ⇒⟨i.h.b.⟩ *bot* **0.2** ⟨vnl. mv.⟩ ***kuur*** ⇒*gril, luim, frats;*
II ⟨telb. en n.-telb.zn.⟩ **0.1** ***migraine*** **0.2** ***duizeligheid*** ⇒*duizeling;*
III ⟨mv.; ~s⟩ **0.1** ***neerslachtigheid*** ⇒*melancholie, zwaarmoedigheid* **0.2** ***kolder*** ⟨hersenziekte bij paarden, enz.⟩.

mei·o·sis ['maɪ'ousɪs]⟨telb. en n.-telb.zn.; meioses [-si:z]; →mv. 5⟩ **0.1** ⟨biol.⟩ ***meiose*** ⇒*reductiedeling* **0.2** ***litotes*** ⟨stijlfiguur⟩.

Meis·ter·sing·er ['maɪstəsɪŋə‖-stərsɪŋər]⟨telb.zn.; ook Meistersinger; →mv. 4⟩⟨muz.⟩ **0.1** ***Meistersinger***.

mel·a·mine ['meləmɪn, -mi:n]⟨n.-telb.zn.⟩⟨schei.⟩ **0.1** ***melamine***.

mel·an·cho·lia ['melən'koulɪə]⟨n.-telb.zn.⟩⟨psych.⟩ **0.1** ***melancholie***.

mel·an·chol·ic[1] ['melən'kɒlɪk‖-'ka-]⟨telb.zn.⟩ **0.1** ***melancholicus***.

melancholic[2] ⟨bn.; -ally; →bijw. 3⟩ **0.1** ***melancholisch*** ⇒*melancholiek, zwaarmoedig, droefgeestig, zwartgallig* **0.2** ⟨psych.⟩ ***lijdend aan melancholie***.

mel·an·chol·y[1] ['melənkəli‖-kali]⟨f2⟩⟨n.-telb.zn.⟩ **0.1** ***melancholie*** ⟨ook psych.⟩ ⇒*zwaarmoedigheid, neerslachtigheid, droefgeestigheid* **0.2** ⟨gesch.⟩ ***melancholie*** ⇒*zwarte gal* ⟨een v.d. vier levenssappen⟩.

melancholy[2] ⟨f2⟩⟨bn.; -ly; -ness; →bijw. 3⟩ **0.1** ***melancholisch*** ⇒*melancholiek, zwaarmoedig, neerslachtig, droefgeestig, somber* **0.2** ***droevig*** ⇒*treurig, triest, somber stemmend, naargeestig* ⟨v. voorval, bericht⟩.

Mel·a·ne·sian[1] ['melə'ni:zɪən‖-'ni:ʒn]⟨zn.⟩
 I ⟨eig.n.⟩ **0.1** ***Melanesische taal(groep);***
 II ⟨telb.zn.⟩ **0.1** ***Melanesiër***.

Melanesian[2] ⟨bn.⟩ **0.1** ***Melanesisch***.

mé·lange [meɪ'lɑ:nʒ]⟨telb.zn.⟩ **0.1** ***melange*** ⇒*mengsel, mix*.

me·lan·ic [mə'lænɪk], **mel·a·nis·tic** ['melə'nɪstɪk]⟨bn.⟩ **0.1** ***melanistisch***.

mel·a·nin ['melənɪn]⟨n.-telb.zn.⟩ **0.1** ***melanine*** ⟨donker pigment in huid, enz.⟩.

mel·a·nism ['melənɪzm]⟨n.-telb.zn.⟩ **0.1** ***melanisme*** ⟨overmaat aan donker pigment, vnl. bij dieren⟩.

mel·a·no·sis ['melə'nousɪs]⟨telb. en n.-telb.zn.; melanoses [-si:z]; →mv. 5⟩⟨med.⟩ **0.1** ***melanose*** ⟨abnormale opeenhoping v. donker pigment⟩.

meld[1] [meld]⟨telb. en n.-telb.zn.⟩⟨kaartspel⟩ **0.1** ***roem***.

meld[2] ⟨ww.⟩
 I ⟨onov.ww.⟩⟨AE⟩ **0.1** ***zich vermengen*** ⇒*samensmelten, in elkaar opgaan;*
 II ⟨onov. en ov.ww.⟩⟨kaartspel⟩ **0.1** ***roemen*** ⇒*roem melden;*
 III ⟨ov.ww.⟩⟨AE⟩ **0.1** ***(ver)mengen*** ⇒*(doen) samensmelten*.

mê·lée, ⟨AE sp. vnl.⟩ **me·lee** ['meleɪ‖'meɪ'leɪ]⟨f1⟩⟨telb.zn.⟩ **0.1** ***mêlée*** ⇒*(strijd)gewoel*.

mel·ic ['melɪk]⟨bn.⟩ **0.1** ***zang-*** ⇒*lyrisch, voor zang bestemd*.

mel·i·lot ['melɪlɒt‖-lat]⟨telb.zn.⟩⟨plantk.⟩ **0.1** ***honingklaver*** ⇒*meliloot, melote* ⟨genus Melilotus⟩.

mel·i·nite ['melɪnaɪt]⟨n.-telb.zn.⟩ **0.1** ***meliniet*** ⟨springstof⟩.

mel·io·rate ['mi:lɪəreɪt]⟨onov. en ov.ww.⟩ **0.1** ***verbeteren*** ⇒*beter maken/worden*.

mel·io·ra·tion ['mi:lɪə'reɪʃn]⟨telb. en n.-telb.zn.⟩ **0.1** ***verbetering*** ⇒*vooruitgang* **0.2** ⟨landb.⟩ ***melioratie*** ⇒*grondverbetering* **0.3** ⟨taalk.⟩ ***het krijgen v.e. gunstige(r) betekenis*** ⟨v. woord⟩.

mel·io·rism ['mi:lɪərɪzm]⟨n.-telb.zn.⟩ **0.1** ***meliorisme*** ⟨geloof in verbeteringsvatbaarheid v.d. mens⟩.

mel·io·rist ['mi:lɪərɪst]⟨telb.zn.⟩ **0.1** ***aanhanger v.h. meliorisme***.

me·lis·ma [mɪ'lɪzmə]⟨telb.zn.; ook melismata [-mətə]; →mv. 5⟩⟨muz.⟩ **0.1** ***melisme***.

mel·is·mat·ic ['melɪz'mætɪk]⟨bn.⟩⟨muz.⟩ **0.1** ***melismatisch***.

mel·lif·er·ous [mɪ'lɪfərəs]⟨bn.⟩ **0.1** ***honing voortbrengend***.

mel·lif·lu·ous [mɪ'lɪfluəs]⟨bn.; -ly; -ness⟩ **0.1** ***honingzoet*** ⇒*zoetvloeiend* ⟨v. woorden, stem⟩.

mel·lite ['melaɪt]⟨n.-telb.zn.⟩ **0.1** ***melliet*** ⇒*honingsteen* ⟨mineraal⟩.

mel·low[1] ['melou]⟨f2⟩⟨bn.; -er; -ly; -ness⟩ **0.1** ***rijp*** ⇒*sappig, zoet, zacht* ⟨v. fruit⟩ **0.2** ***zacht*** ⇒*warm, vol, aangenaam* ⟨v. geluid, kleur, smaak⟩ **0.3** ***rijk*** ⇒*leemachtig* ⟨v. grond⟩ **0.4** ***gerijpt*** ⇒*zacht(moedig), mild* **0.5** ***joviaal*** ⇒*hartelijk, sympathiek, warm* **0.6** ***lichtelijk aangeschoten*** **0.7** ⟨AE; inf.⟩ ***relaxt*** ⇒*ontspannen* ◆ **1.2** ~ walls *zachtgetinte muren* **1.4** people of ~ age *mensen v. rijpere leeftijd*.

mellow[2] ⟨f1⟩⟨onov. en ov.ww.⟩ **0.1** ***rijpen*** ⇒*rijp/zacht worden/maken* ⟨zie ook mellow[1]⟩ **0.2** ⟨ook: ~ down⟩ ***aardiger/toeschietelijker/minder streng (doen) worden*** ◆ **5.¶** ⟨AE; inf.⟩ ~ **out** *relaxt (er) worden/maken, (zich) ontspannen*.

me·lo·de·on, me·lo·di·on [mɪ'loudɪən]⟨telb.zn.⟩⟨muz.⟩ **0.1** ***(Am.) harmonium*** ⇒⟨ong.⟩ *serafine(orgel)* **0.2** ***accordeon*** ⇒*(trek)harmonika*.

me·lod·ic [mɪ'lɒdɪk‖mɪ'la-]⟨f2⟩⟨bn.; -ally; →bijw. 3⟩ **0.1** ***melodisch*** **0.2** ***melodieus*** ◆ **1.1** ⟨muz.⟩ ~ minor *melodische kleine-tertstoonladder*.

me·lo·di·ous [mɪ'loudɪəs]⟨f1⟩⟨bn.; -ly; -ness⟩ **0.1** ***melodieus*** ⇒*welluidend, zoetklinkend* ◆ **1.¶** ⟨dierk.⟩ ~ warbler *Orpheusspotvogel* ⟨Hippolais polyglotta⟩.

mel·o·dist ['melədɪst]⟨telb.zn.⟩ **0.1** ***zanger*** **0.2** ***componist v. melodieën***.

mel·o·dize, -dise ['melədaɪz]⟨ww.⟩
 I ⟨onov.ww.⟩ **0.1** ***een melodie componeren/zingen;***
 II ⟨ov.ww.⟩ **0.1** ***een melodie componeren voor*** **0.2** ***melodieus maken***.

mel·o·dra·ma ['melədrɑ:mə‖-dræmə]⟨f1⟩⟨telb. en n.-telb.zn.⟩ **0.1** ***melodrama*** ⟨ook fig.⟩ ⇒*draak*.

mel·o·dra·mat·ic ['melədrə'mætɪk]⟨f2⟩⟨bn.; -ally; →bijw. 3⟩ **0.1** ***melodramatisch***.

mel·o·dram·a·tist ['melə'dræmətɪst]⟨telb.zn.⟩ **0.1** ***schrijver v. melodrama's***.

mel·o·dram·a·tize ['melə'dræmətaɪz]⟨ov.ww.⟩ **0.1** ***een melodrama maken van***.

mel·o·dy ['melədi]⟨f2⟩⟨zn.; →mv. 2⟩
 I ⟨telb.zn.⟩ **0.1** ***melodie;***
 II ⟨n.-telb.zn.⟩ **0.1** ***melodiek***.

mel·o·ma·ni·a ['melə'meɪnɪə]⟨n.-telb.zn.⟩ **0.1** ***melomanie*** ⇒*verslaafdheid aan muziek*.

mel·on ['melən]⟨f1⟩⟨zn.⟩
 I ⟨telb.zn.⟩⟨sl.⟩ **0.1** ***te verdelen (grote) winst*** ◆ **3.1** cut/split a ~ *een (grote) winst verdelen, een extra-dividend uitkeren;*
 II ⟨telb. en n.-telb.zn.⟩ **0.1** ***meloen***.

melt[1] [melt]⟨f1⟩⟨zn.⟩
 I ⟨telb.zn.⟩ **0.1** ***smelt*** ⇒*(hoeveelheid) gesmolten massa, (hoeveelheid) te smelten stof* **0.2** ***smelting*** ⇒*smeltproces;*
 II ⟨n.-telb.zn.⟩ **0.1** ***smelt*** ⇒*het smelten* ◆ **1.1** the ~ of a fuse *het doorslaan v.e. stop/smeltzekering* **6.1** on the ~ *smeltend*.

melt[2] ⟨f3⟩⟨ww.; volt. deelw. als bijv. nw. ook molten ['moultən‖'moultn]⟩ →melting, melted
 I ⟨onov.ww.⟩ **0.1** ***smelten*** ⟨ook fig.⟩ ⇒*wegsmelten, zich oplossen* ◆ **1.1** the fog is ~ing (away) *de mist trekt op;* the fuse has ~ed *de stop is doorgeslagen;* ~ in the mouth *smelten op de tong* **5.1** his capital ~ed **away** on unexpected expenses *door onverwachte uitgaven smolt zijn kapitaal weg* **6.1** his heart ~ed **at** her tears *haar tranen deden zijn hart smelten;* ~ **in** heavy clothing *smelten (v.d. hitte) in dikke kleren;* the clouds are ~ing **into** rain *de wolken lossen zich op in de regen;* the girl ~ed **into** tears *het meisje versmolt in tranen;* ~ **with** pity/love *smelten van medelijden/liefde;*
 II ⟨ov.ww.⟩ **0.1** ***(doen) smelten*** ⟨ook fig.⟩ ⇒*(doen) oplossen, versmelten, uitsmelten* ◆ **1.1** the sun ~ed the fog *de zon deed de mist optrekken/loste de mist op* **5.1** ~ **down** *omsmelten, weer tot grondstof maken;* ~ **off** *afsmelten* **6.1** ~ **into** *omsmelten tot, versmelten tot*.

melt·age ['meltɪdʒ]⟨telb. en n.-telb.zn.⟩ **0.1** ***(hoeveelheid) gesmolten massa*** ⇒*smelt* **0.2** ***smelting*** ⇒*smeltproces*.

'melt·down ⟨telb.zn.⟩ **0.1** ***het afsmelten*** ⟨bij kernreactor⟩ **0.2** ***in (een)storting*** ⇒*in(een)zakking*.

melt·ed ['meltɪd]⟨bn.; oorspr. volt. deelw. v. melt⟩⟨AE; sl.⟩ **0.1** ***straal bezopen*** ⇒*lazarus* ◆ **5.¶** ~ **out** *uitgekleed, blut* ⟨door gokken⟩.

melt·ing ['meltɪŋ]⟨f1⟩⟨bn.; -ly; teg. deelw. v. melt⟩ **0.1** ***smeltend*** ⇒*in elkaar overvloeiend* **0.2** ***smelterig*** ⇒*smeltend, sentimenteel* ◆ **1.1** ~ colours/sound *smeltende kleuren/klanken* **1.2** a ~ voice/mood *een smeltende stem/sfeer*.

'melt·ing·point ⟨telb.zn.⟩ **0.1** ***smeltpunt***.

'melt·ing·pot ⟨f1⟩⟨telb.zn.⟩ **0.1** ***smeltkroes*** ⟨ook fig.⟩ ◆ **3.1** go into the ~ *een verandering/een revolutie ondergaan;* throw into the ~ *op één hoop gooien* **6.1** in the ~ *onstabiel*.

mel·ton ['meltən]⟨n.-telb.zn.⟩ **0.1** ***melton*** ⟨dikke wollen stof⟩.

Mel·ton Mow·bray pie ['meltən 'moubreɪ paɪ]⟨telb. en n.-telb.zn.⟩ ⟨BE⟩ **0.1** ***soort Engelse vleespastei***.

'melt·wa·ter ⟨n.-telb.zn.⟩ **0.1** ***smeltwater***.

Mel·vin ['melvɪn]⟨zn.⟩
 I ⟨eig.n.⟩ **0.1** ***Melvin;***
 II ⟨telb.zn.⟩⟨AE; sl.⟩ **0.1** ***lulhannes*** ⇒*klootzak, schoft*.

mem·ber ['membə‖-ər]⟨f4⟩⟨telb.zn.⟩ **0.1** ***lid*** ⟨v.e. groepering⟩ ⇒*lidmaat* **0.2** ***lid*** ⇒*(onder)deel, element, zinsdeel* **0.3** ***lid*** ⇒*een v.d. ledematen, lichaamsdeel* **0.4** ⟨euf.⟩ ***(mannelijk) lid*** **0.5** ⟨bouwk.⟩ ***deel v.e. constructie*** **0.6** ⟨geol.⟩ ***member*** ⟨lithostratigrafische eenheid⟩ ◆ **1.1** Member of the British Empire ⟨Britse onderscheiding⟩; ~ of Congress *congreslid;* ~ of Parliament *parlementslid* **1.3** ~ of Christ *christen*.

'member country, 'member state ⟨telb.zn.⟩ **0.1** ***lidstaat***.

mem·ber·ship ['membəʃɪp‖-bər-]⟨f2⟩⟨zn.⟩
 I ⟨n.-telb.zn.⟩ **0.1** ***lidmaatschap*** ⟨ook wisk.⟩ ⇒*het behoren bij, het toebehoren aan;*
 II ⟨verz.n.⟩ **0.1** ***ledental*** ⇒*de leden*.

'membership fee ⟨telb.zn.⟩ **0.1** ***contributie***.

mem·bra·na·ce·ous ['membrə'neɪʃəs], **mem·bra·ne·ous** [mem'breɪnɪəs], **mem·bra·nous** ['membrənəs]⟨bn.⟩ **0.1** ***vliezig***.

mem·brane ['membreɪn]⟨f1⟩⟨telb. en n.-telb.zn.⟩ **0.1** ***membraan*** ⇒*vlies, vel* **0.2** ***(stuk) perkament.***
me·men·to [mɪ'mentoʊ]⟨f2⟩⟨telb.zn.; ook -es; →mv. 2⟩ **0.1** ***memento*** ⇒*herinnering, gedenkteken, aandenken, overblijfsel* **0.2** ⟨M-⟩ ***memento*** ⟨gebed uit de R.-K. mis⟩.
memento mo·ri [mɪ'mentoʊ 'mɔ:ri]⟨telb.zn.; memento mori; →mv. 4⟩ **0.1** ***memento mori*** ⇒*herinnering(steken) aan de dood.*
mem·o ['memoʊ]⟨f1⟩⟨telb.zn.⟩⟨verk.⟩ memorandum ⟨inf.⟩ **0.1** ***memo.***
mem·oir ['memwɑ:||-wɑr]⟨f2⟩⟨zn.⟩
I ⟨telb.zn.⟩ **0.1** ***gedenkschrift*** ⇒*biografie* ⟨op basis v. persoonlijke herinneringen⟩, *autobiografie* **0.2** ***verhandeling*** **0.3** ***memorandum;***
II ⟨mv.; ~s⟩ **0.1** ⟨zelden enk.⟩ ***memoires*** ⇒*autobiografie* **0.2** ***rapport v.d. verhandelingen v.e. geleerd genootschap.***
me·moir·ist ['memwɑ:rɪst]⟨telb.zn.⟩ **0.1** ***memoiresschrijver.***
'memo pad ⟨telb.zn.⟩ **0.1** ***memoblok*** ⇒*notitieblok.*
mem·o·ra·bil·i·a ['memrə'bɪlɪə]⟨mv.⟩ **0.1** ***memorabilia*** ⇒*gedenkwaardigheden, souvenirs.*
mem·o·ra·bil·i·ty ['memrə'bɪləti]⟨n.-telb.zn.⟩ **0.1** ***gedenkwaardigheid*** **0.2** ***onthoudbaarheid.***
mem·o·ra·ble ['memrəbl]⟨f2⟩⟨bn.; -ly; -ness; →bijw. 3⟩ **0.1** ***gedenkwaardig*** ⇒*memorabel* **0.2** ***gemakkelijk te onthouden.***
mem·o·ran·dum ['memə'rændəm]⟨f1⟩⟨telb.zn.; ook memoranda [-də]; →mv. 5⟩ **0.1** ***memorandum*** ⇒*aantekening* **0.2** ***memorandum*** ⇒*informele nota, samenvatting v.e. contract, ongetekende diplomatieke nota* ◆ **1.2** ~ of association *akte van oprichting.*
me·mo·ri·al[1] [mɪ'mɔ:rɪəl]⟨f2⟩⟨telb.zn.⟩ **0.1** ***gedenkteken*** ⇒*monument, herinnering(steken), aandenken* **0.2** ***herdenking(splechtigheid)*** **0.3** ***memorandum*** ⇒*informele nota, informele diplomatieke nota* **0.4** ***verzoekschrift*** ⇒*petitie, memorie, adres* **0.5** ⟨vaak mv.⟩ ***kroniek*** ⇒*gedenkschrift* ◆ **3.4** present a ~ *een verzoekschrift indienen* **6.1** a ~ **to** the dead *een gedenkteken voor de overledenen.*
memorial[2] ⟨f2⟩⟨bn., attr.⟩ **0.1** ***gedenk-*** ⇒*herdenkings-* **0.2** ***geheugen-*** ⇒*herinnerings-* ◆ **1.1** ~ mass *herdenkingsmis;* ~ service *herdenkingsdienst;* ~ stamp *herdenkingszegel.*
Me'morial Day ⟨eig.n.⟩ **0.1** ***Memorial Day*** ⟨oorspr.: gedenkdag voor de gevallenen in de Am. burgeroorlog; nu: voor de slachtoffers van alle oorlogen, meestal 30 mei⟩.
me·mo·ri·al·ist [mɪ'mɔ:rɪəlɪst]⟨telb.zn.⟩ **0.1** ***memoirenschrijver*** **0.2** ***adressant*** ⇒*rek(w)estrant, schrijver/ondertekenaar v.e. verzoekschrift.*
me·mo·ri·al·ize, -ise [mɪ'mɔ:rɪəlaɪz]⟨ov.ww.⟩ **0.1** ***herdenken*** **0.2** ***een adres richten aan*** ⇒*een verzoekschrift indienen bij* ◆ **1.2** ~ the Queen *een adres aan de vorstin richten.*
me'morial park ⟨telb.zn.⟩ **0.1** ***begraafplaats.***
me·mo·ri·a tech·ni·ca [mɪ'mɔ:rɪə 'teknɪkə]⟨telb.zn.⟩ **0.1** ***mnemotechnisch middel*** ⇒*ezelsbrug(getje), geheugensteuntje.*
mem·o·rize, -rise ['meməraɪz]⟨f2⟩⟨ov.ww.⟩ **0.1** ***uit het hoofd leren*** ⇒*van buiten leren, memoriseren* **0.2** ***onthouden*** **0.3** ***in gedachtenis houden.***
mem·o·ry ['memri]⟨f3⟩⟨zn.; →mv. 2⟩⟨→sprw. 392⟩
I ⟨telb.zn.⟩⟨comp.⟩ **0.1** ***geheugen*** ⇒⟨i.h.b.⟩ *intern geheugen;*
II ⟨telb. en n.-telb.zn.⟩ **0.1** ***geheugen*** ⇒*herinnering, heugenis* **0.2** ***herinnering*** ⇒*(na)gedachtenis, aandenken, herinneringsbeeld* ◆ **2.1** to the best of my ~ *voor zover ik mij herinner* **2.2** of happy ~ *zaliger (na)gedachtenis* **3.1** commit sth. to ~ *iets uit het hoofd leren;* (with)in living ~ *bij mensenheugenis* **3.2** of blessed ~ *zaliger (na)gedachtenis;* praise s.o.'s ~ *iemands nagedachtenis eren* **6.1** **beyond** my ~ *verder dan mijn herinnering reikt;* **from** ~ *van buiten, uit het hoofd;* **within** my ~ *in mijn herinnering* **6.2** **in ~ of, to** the ~ **of** *ter (na)gedachtenis aan.*
'memory 'lane ⟨n.-telb.zn.⟩ ◆ **5.¶ down** ~ *terug in iemands herinnering/het verleden.*
'memory trace ⟨telb.zn.⟩⟨psych.⟩ **0.1** ***geheugenspoor.***
Mem·phi·an[1] ['memfɪən]⟨telb.zn.⟩ **0.1** ***inwoner van Memphis*** ⟨in Oud-Egypte, in U.S.A.⟩.
Memphian[2] ⟨bn.⟩ **0.1** ***Memphisch*** ⇒⟨oneig.⟩ *Oud-Egyptisch* **0.2** ***van/mbt. Memphis*** ⟨U.S.A.⟩ ◆ **1.1** ~ darkness *Egyptische duisternis.*
mem·sa·hib ['memsɑ:(ɪ)b||-sahɪb]⟨telb.zn.⟩⟨Ind. E⟩ **0.1** ***(Europese gehuwde) dame*** ⇒⟨als beleefde aanspreektitel⟩ *mevrouw.*
men [men]⟨mv.⟩ →man[1].
men·ace[1] ['menɪs]⟨f2⟩⟨zn.⟩
I ⟨telb.zn.⟩ **0.1** ***bedreiging*** **0.2** ***lastpost*** ⇒*bedreiging, gevaar, lastige/gevaarlijke persoon/zaak* ◆ **6.1** a ~ **to** peace *een bedreiging v.d. vrede;*
II ⟨n.-telb.zn.⟩ **0.1** ***dreiging*** ◆ **3.1** filled with ~ *vol dreiging, dreigend.*
menace[2] ⟨f2⟩⟨ww.⟩
I ⟨onov.ww.⟩ **0.1** ***dreigen;***
II ⟨ov.ww.⟩ **0.1** ***bedreigen.***
mé·nage, me·nage [meɪ'nɑ:ʒ, mə-]⟨telb.zn.⟩ **0.1** ***huishouden*** ⇒*huishouding.*
ménage à trois [meɪ'nɑ:ʒ ɑ: 'trwɑ:]⟨telb.zn.⟩ **0.1** ***ménage à trois*** ⟨man, vrouw en minnaar/minnares⟩.
me·nag·er·ie [mɪ'nædʒəri]⟨telb.zn.⟩ **0.1** ***menagerie*** ⇒*verzameling wilde dieren* **0.2** ***ruimte waarin wilde dieren verblijven*** ⇒*stallen.*
men·ar·che [me'nɑ:ki||-'nɑr-]⟨telb.zn.⟩ **0.1** ***menarche*** ⇒*eerste menstruatie.*
mend[1] [mend]⟨f1⟩⟨telb.zn.⟩ **0.1** ***herstelling*** ⇒*reparatie, lap, stop* ◆ **6.¶** he's **on** the ~ *hij is aan de beterende hand.*
mend[2] ⟨f2⟩⟨ww.⟩ →mending ⟨→sprw. 381, 452⟩
I ⟨onov.ww.⟩ **0.1** ***er weer bovenop komen*** ⇒*herstellen, genezen, beter worden* **0.2** ***zich (ver)beteren*** ◆ **1.1** the bone ~ed nicely *het bot groeide mooi aaneen;*
II ⟨ov.ww.⟩ **0.1** ***herstellen*** ⇒*repareren, weer aaneenzetten, dichtmaken, verstellen* **0.2** ***goedmaken*** **0.3** ***verbeteren*** ⇒*beter maken* ◆ **1.1** ~ a hole *een gat dichten;* ~ a kettle *een ketel lappen;* ~ a net *een net boeten;* ~ stockings *kousen stoppen;* ~ your manner *gedraag je;* ~ one's ways *zich beter gaan gedragen* **3.¶** ~ or end *verbeter het of schaf het af;* ~ or mar *repareer het of maak het stuk;* ⟨fig.⟩ *verbeter het of verknoei het.*
men·da·cious [men'deɪʃəs]⟨bn.; -ly⟩⟨schr.⟩ **0.1** ***leugenachtig.***
men·dac·i·ty [men'dæsəti]⟨zn.; →mv. 2⟩⟨schr.⟩
I ⟨telb.zn.⟩ **0.1** ***leugen*** ⇒*onwaarheid;*
II ⟨n.-telb.zn.⟩ **0.1** ***leugenachtigheid*** ⇒*zucht tot liegen.*
men·de·le·vi·um ['mendɪ'li:vɪəm]⟨n.-telb.zn.⟩⟨schei.⟩ **0.1** ***mendelevium*** ⟨element 101⟩.
Men·de·li·an[1] [men'di:lɪən]⟨telb.zn.⟩ **0.1** ***volgeling v. Mendel.***
Mendelian[2] ⟨bn.⟩ **0.1** ***v. Mendel*** **0.2** ***volgens de erfelijkheidswetten v. Mendel.***
Men·de·li·an·ism [men'di:lɪənɪzm], **Men·del·ism** ['mendəlɪzm]⟨n.-telb.zn.⟩ **0.1** ***mendelisme*** ⇒*de erfelijkheidswetten v. Mendel.*
men·del·ize, -ise ['mendəlaɪz]⟨onov. en ov.ww.; soms M-⟩ **0.1** ***mendelen*** ⇒*(doen) overerven van kenmerken volgens het mendelisme.*
men·di·can·cy ['mendɪkənsi], **men·dic·i·ty** [men'dɪsəti]⟨n.-telb.zn.⟩ **0.1** ***bedelarij*** **0.2** ***bedelstand*** ⇒⟨fig.⟩ *bedelstaf* ◆ **6.2** he reduced himself to ~ *hij bracht zichzelf tot de bedelstaf.*
men·di·cant[1] ['mendɪkənt]⟨telb.zn.⟩ **0.1** ***mendicant*** ⇒*bedelbroeder, bedelmonnik* **0.2** ***bedelaar.***
mendicant[2] ⟨bn.⟩ **0.1** ***bedel-*** ⇒*mendicanten-, bedelend* ◆ **1.1** ~ friar *bedelbroeder.*
mend·ing ['mendɪŋ]⟨f1⟩⟨n.-telb.zn.; (oorspr.) gerund v. mend⟩ **0.1** ***herstelling*** ⇒*reparatie, stopwerk* **0.2** ***verstelwerk*** ⇒*stopwerk, te verstellen kledingstukken, te repareren voorwerpen.*
men·folk ['menfoʊk], ⟨AE ook⟩ **men·folks** [-foʊks]⟨mv.⟩⟨inf.⟩ **0.1** ***mansvolk*** ⇒*manvolk, mannen.*
men·ha·den [men'heɪdn]⟨telb. en n.-telb.zn.; ook menhaden; →mv. 4⟩ **0.1** ***soort haring*** ⟨als aas en voor bereiding van mest, olie, vismeel; Brevoortia Tyrannus⟩.
men·hir ['menhɪə||-hɪr]⟨telb.zn.⟩ **0.1** ***menhir.***
me·ni·al[1] ['mi:nɪəl]⟨f1⟩⟨telb.zn.⟩⟨vaak pej.⟩ **0.1** ***dienstbode*** ⇒*knecht, meid, bediende, slaaf.*
menial[2] ⟨f1⟩⟨bn.; -ly⟩ **0.1** ***huishoudelijk*** **0.2** ***ondergeschikt*** ⇒*laag, ongeschoold, oninteressant, slaven-* **0.3** ***dienst-*** ⇒*dienstbaar, slaafs, ondergeschikt* ◆ **1.1** ~ servant *dienstbode, knecht, meid* **1.2** a ~ occupation *een ondergeschikte betrekking, een min baantje* **1.3** speak in ~ tones *op slaafse toon spreken.*
me·nin·ge·al [mɪ'nɪndʒɪəl]⟨bn., attr.⟩⟨med.⟩ **0.1** ***v.h. hersenvlies.***
men·in·git·ic ['menɪn'dʒɪtɪk]⟨bn.⟩⟨med.⟩ **0.1** ***van hersenvliesontsteking*** ⇒*van meningitis.*
men·in·gi·tis ['menɪn'dʒaɪtɪs]⟨telb. en n.-telb.zn.; meningitides [-dʒɪtɪdi:z]; →mv. 5⟩⟨med.⟩ **0.1** ***hersenvliesontsteking*** ⇒*meningitis.*
me·ninx ['mi:nɪŋks]⟨telb.zn.; meninges [mə'nɪndʒi:z]; →mv. 5⟩ **0.1** ***hersenvlies.***
me·nis·cus [mɪ'nɪskəs]⟨telb.zn.; ook menisci [mɪ'nɪskaɪ]; →mv. 5⟩ **0.1** ***meniscus*** ⟨med., nat.; ook hol-bolle lens⟩.
Men·no·nite ['menənaɪt], **Men·no·nist** ['menənɪst], **Men·nist** ['menɪst]⟨telb.zn.⟩ **0.1** ***mennoniet*** ⇒*doopsgezinde.*
me·nol·o·gy [mɪ'nɒlədʒi||-'nɑ-]⟨telb.zn.; →mv. 2⟩ **0.1** ***kerkelijke kalender*** **0.2** ***kalender met biografieën van de heiligen*** ⟨bij de Grieks-orthodoxen⟩.
men·o·paus·al ['menə'pɔ:zl]⟨bn.⟩ **0.1** ***climacterisch*** ⇒*van/in de menopauze, menopauze-.*
men·o·pause ['menəpɔ:z]⟨f1⟩⟨n.-telb.zn.⟩ **0.1** ***menopauze*** ⇒*climacterium.*
me·no·rah [mɪ'nɔ:rə]⟨telb.zn.; ook M-⟩⟨jud.⟩ **0.1** ***menora*** ⇒*zevenarmige kandelaar.*
men·or·rha·gi·a ['menə'reɪdʒə]⟨telb. en n.-telb.zn.⟩⟨med.⟩ **0.1** ***menorragie*** ⟨overmatige menstruale bloeding⟩.

Men·sa ['mensə]⟨n.-telb.zn.⟩ **0.1** ***Mensa*** ⟨vereniging voor mensen met een hoog IQ⟩.
mensch [menʃ]⟨telb.zn.⟩⟨inf.⟩ **0.1** ***kerel*** ⇒*moedig man, bewonderenswaardig man, goed mens.*
men's doubles ['menz 'dʌblz]⟨mv.⟩ **0.1** ***herendubbel.***
men·ser·vants ['mensɜ:vənts‖-sɜr-]⟨mv.⟩ →manservant.
men·ses ['mensi:z]⟨mv.; the⟩⟨schr.⟩ **0.1** ***menses*** ⇒*menstruatie, ongesteldheid,* ⟨B.⟩ *maandstonden.*
Men·she·vik ['menʃəvɪk]⟨telb.zn.; ook Mensheviki [-vɪki:]; →mv. 5⟩ **0.1** ***mensjewiek.***
Men·she·vism ['menʃəvɪzm]⟨n.-telb.zn.⟩ **0.1** ***mensjewisme.***
Men·she·vist ['menʃəvɪst]⟨bn.⟩ **0.1** ***mensjewistisch.***
Men's Lib ['menz 'lɪb]⟨eig.n.⟩⟨verk.⟩ Men's Liberation.
'Men's Libe'ration ⟨eig.n.⟩ **0.1** ***mannenemancipatie(beweging).***
'men's room ⟨f1⟩⟨telb.zn.⟩⟨AE⟩ **0.1** ***herentoilet*** ⇒*W.C. voor mannen.*
men·stru·al ['menstrʊəl], **men·stru·ous** ['menstrʊəs]⟨f1⟩⟨bn.⟩ **0.1** ***menstruaal*** ⇒*menstrueel* **0.2** ***maandelijks*** **0.3** ⟨zelden⟩ ***één maand durend*** ◆ **1.1** ~ blood *menstruaal bloed;* ~ cycle *menstruatiecyclus;* ~ period *menstruatie, ongesteldheid;* ⟨B.⟩ *maandstonden.*
men·stru·ate ['menstrʊeɪt]⟨f1⟩⟨onov.ww.⟩ **0.1** ***menstrueren*** ⇒*ongesteld zijn,* ⟨B.⟩ *haar maandstonden hebben.*
men·stru·a·tion ['menstrʊ'eɪʃn]⟨f1⟩⟨telb. en n.-telb.zn.⟩ **0.1** ***menstruatie*** ⇒*ongesteldheid,* ⟨B.⟩ *maandstonden.*
men·stru·um ['menstrʊəm]⟨telb. en n.-telb.zn.; ook menstrua [-strʊə]; →mv. 5⟩ **0.1** ***menstruüm*** ⟨ook fig.⟩ ⇒*(vloeibaar) oplossingsmiddel.*
men·su·ra·ble ['menʃrəbl‖'mensrəbl]⟨bn.⟩ **0.1** ⟨muz.⟩ ***mensuraal*** ⇒*met vast ritme* **0.2** ⟨schr.⟩ ***mensurabel*** ⇒*meetbaar.*
men·su·ral ['menʃrəl‖'mensrəl]⟨bn.⟩ **0.1** ⟨muz.⟩ ***mensuraal*** ⇒*met vast ritme* **0.2** ***van afmeting*** ⇒*betrekking hebbend op afmeting.*
men·su·ra·tion ['menʃə'reɪʃn‖'mensə-]⟨zn.⟩
I ⟨telb. en n.-telb.zn.⟩⟨schr.⟩ **0.1** ***meting;***
II ⟨n.-telb.zn.⟩ **0.1** ***theorie v.d. berekening v. lengte, oppervlakte en volume.***
mens·wear, men's wear ['menzweə‖-wer]⟨n.-telb.zn.⟩ **0.1** ***herenkleding*** ⇒*herenmode/confectie.*
-ment [mənt] **0.1** ⟨ong.⟩ ***-ing*** ⟨vormt nw. van resultaat, middel, agens, actie, of toestand van ww.⟩ ◆ **¶.1** environment *omgeving;* government *regering;* measurement *meting.*
men·tal[1] ['mentl]⟨telb.zn.⟩⟨inf.⟩ **0.1** ***geestelijk gehandicapte*** ⇒*krankzinnige, zenuwpatiënt.*
mental[2] ⟨f3⟩⟨bn.; -ly⟩
I ⟨bn.⟩ **0.1** ***geestelijk*** ⇒*mentaal, geestes-, geest-, psychisch, verstandelijk* ◆ **1.1** ~ age *intelligentieleeftijd;* ~ breakdown *geestelijke inzinking, psychische instorting;* ~ defective *geestelijk gehandicapte, zwakzinnige;* ~ deficiency *zwakzinnigheid;* ~ illness *zenuwziekte, psychische aandoening;* ~ test *intelligentietest;* ⟨in mv. ook⟩ *psychotechnisch onderzoek* **2.1** ~ly defective/deficient/handicapped *geestelijk gehandicapt* **3.1** ~ly addled *psychisch verward;* ~ly deranged *krankzinnig;* ~ly retarded *achterlijk;*
II ⟨bn., attr.⟩ **0.1** ***hoofd-*** ⇒*met het hoofd, met de geest* **0.2** ***psychiatrisch*** ⇒*voor zenuwzieken, zenuw-* ◆ **1.1** ~ arithmetic *hoofdrekenen;* ~ gymnastics *hersengymnastiek;* make a ~ note of sth. *iets in zijn oren knopen;*
III ⟨bn., pred.⟩⟨inf.⟩ **0.1** ***geestelijk gehandicapt*** ⇒*zenuwziek, krankzinnig, zwakzinnig, geestelijk gestoord.*
'mental 'health field ⟨n.-telb.zn.⟩ **0.1** ***(terrein v.d.) geestelijke gezondheidszorg.***
'mental home ⟨telb.zn.⟩ **0.1** ***tehuis voor geestelijk gehandicapten*** ⇒*inrichting voor geesteszieken, psychiatrische inrichting, zenuwinrichting.*
mental hospital ['-'-‖'--]⟨telb.zn.⟩ **0.1** ***kliniek voor geesteszieken*** ⇒*psychiatrische inrichting, zenuwinrichting.*
men·tal·ism ['mentlɪzm]⟨n.-telb.zn.⟩⟨fil., psych., taalk.⟩ **0.1** ***mentalisme.***
men·tal·i·ty [men'tæləti]⟨f2⟩⟨zn.⟩
I ⟨telb.zn.; →mv.2⟩ **0.1** ***mentaliteit*** ⇒*geestesgesteldheid, denkwijze;*
II ⟨n.-telb.zn.⟩ **0.1** ***geestvermogen(s)*** ⇒*geestelijke capaciteiten, intelligentie.*
'mental patient ⟨telb.zn.⟩ **0.1** ***geesteszieke*** ⇒*zenuwpatiënt/zieke.*
'mental 'specialist ⟨telb.zn.⟩ **0.1** ***zenuwarts*** ⇒*psychiater.*
men·ta·tion [men'teɪʃn]⟨zn.⟩
I ⟨telb.zn.⟩ **0.1** ***geestesgesteldheid*** ⇒*geestestoestand;*
II ⟨telb. en n.-telb.zn.⟩ **0.1** ***psychische activiteit*** ⇒*geesteswerkzaamheid.*
men·thol ['menθɒl‖-θəl, -θɑl]⟨n.-telb.zn.⟩ **0.1** ***ment(h)ol.***
men·tho·lat·ed ['menθəleɪtɪd]⟨bn.⟩ **0.1** ***met ment(h)ol*** ⇒*ment(h)ol-.*
men·ti·cide ['mentɪsaɪd]⟨telb. en n.-telb.zn.⟩ **0.1** ***menticide*** ⇒*geestelijke moord.*
men·tion[1] ['menʃn]⟨f3⟩⟨telb. en n.-telb.zn.⟩ **0.1** ***vermelding*** ⇒*opgaaf, opgave* ◆ **1.1** ~ in (the) dispatches *eervolle vermelding* **2.1** honourable ~ *eervolle vermelding* **3.1** make ~ of *gewag maken van, vermelden, opgaaf/opgave doen van, noemen.*
mention[2] ⟨f4⟩⟨ov.ww.⟩ **0.1** ***vermelden*** ⇒*opgaaf doen van, noemen* ◆ **1.1** ~ed in (the) dispatches *eervol vermeld;* did I hear my name ~ed? *hoorde ik mijn naam noemen? ging het gesprek over mij?;* suddenly she ~ed the subject again *plotseling sneed ze dat onderwerp weer aan* **3.¶** don't ~ it *geen dank, graag gedaan, laat maar zitten* **5.1** not to ~ *om (nog maar) niet te spreken van* **6.1** I'll ~ it to Paul *ik zal het tegen Paul zeggen;* **without** ~ing *om (nog maar) niet te spreken van.*
men·tor ['mentɔ:‖'mentɔr]⟨f1⟩⟨telb.zn.⟩ **0.1** ***mentor*** ⇒*leids/raadsman.*
men·u ['menju:]⟨f2⟩⟨telb.zn.⟩ **0.1** ***menu*** ⟨ook computer⟩ ⇒*(menu)kaart* **0.2** ***menu*** ⇒*maaltijd* **0.3** ⟨inf.⟩ ***menu*** ⇒*program.*
'menu card ⟨telb.zn.⟩ **0.1** ***menu*** ⇒*(menu)kaart.*
'men·u-driv·en ⟨bn.⟩⟨comp.⟩ **0.1** ***menugestuurd.***
meow →miaow.
mep, MEP ⟨afk.⟩ mean effective pressure.
MEP ⟨afk.⟩ the Member of European Parliament.
Mephis·tophe·lean, Mephis·to·phe·lian ['mefɪstə'fi:lɪən]⟨bn.⟩ **0.1** ***satanisch*** ⇒*mefistofelisch.*
me·phit·ic [mɪ'fɪtɪk], **me·phit·i·cal** [-ɪkl]⟨bn.; -(al)ly; →bijw. 3⟩ **0.1** ***mefitisch*** ⇒*stinkend, verpestend.*
me·phi·tis [mɪ'faɪtɪs]⟨telb.zn.; mephites [-i:z]; →mv. 5⟩ **0.1** ***verpestende dampen*** ⇒*giftig/stinkend gas* **0.2** ***verpestende stank.***
mer- →mero-.
-mer [mə‖mər] **0.1** ⟨ong.⟩ ***-meer*** ⟨duidt scheikundige stof aan⟩ ◆ **¶.1** isomer *isomeer;* polymer *polymeer.*
merc [mɜ:k‖mɜrk]⟨telb.zn.⟩⟨verk.⟩ mercenary ⟨inf.⟩ **0.1** ***huurling.***
mer·can·tile ['mɜ:kəntaɪl‖'mɜrkənti:l]⟨bn.⟩ **0.1** ***handels-*** ⇒*koopmans-* **0.2** ***mercantiel*** ⇒*het mercantilisme betreffend* **0.3** ***geldbelust*** ⇒*winstbelust, commercieel* ◆ **1.1** ~ law *handelsrecht;* ⟨vnl. BE⟩ ~ marine *koopvaardijvloot, handelsvloot* **1.2** the ~ system *het mercantiele stelsel, het mercantilisme.*
mer·can·til·ism ['mɜ:kəntɪlɪzm‖'mɜr-]⟨n.-telb.zn.⟩ **0.1** ***mercantilisme*** ⟨economisch stelsel dat industrie en export wil bevorderen⟩.
mer·cap·tan [mɜ:'kæptæn‖mɜr-]⟨zn.⟩⟨schei.⟩
I ⟨telb. en n.-telb.zn.⟩ **0.1** ***thio-alcohol*** ⇒*mercaptan;*
II ⟨n.-telb.zn.⟩ **0.1** ***ethaanthiol.***
Mer·ca·tor projection [mɜ:'keɪtə prə,dʒekʃn‖mɜr'keɪtər-], **Mer·ca·tor's projection** [mɜ:'keɪtəz-‖mɜr'keɪtərz-]⟨telb.zn.⟩ **0.1** ***mercatorprojectie.***
mer·ce·nar·y[1] ['mɜ:snri‖'mɜrsəneri]⟨f2⟩⟨telb.zn.; →mv. 2⟩ **0.1** ***huurling*** ⇒*huursoldaat, mercenair,* ⟨gesch.⟩ *Zwitser.*
mercenary[2] ⟨f1⟩⟨bn.; -ly; -ness; →bijw. 3⟩ **0.1** ***geldbelust*** **0.2** ***gehuurd*** ⇒*veil, mercenair, huur-, als huurling aangeworven* ◆ **1.2** ~ troops *huurtroepen.*
mer·cer ['mɜ:sə‖'mɜrsər]⟨f1⟩⟨telb.zn.⟩⟨BE⟩ **0.1** ***manufacturier*** ⇒*handelaar in kostbare stoffen, zijdehandelaar.*
mer·cer·ize, -ise ['mɜ:səraɪz‖'mɜr-]⟨ov.ww.⟩ **0.1** ***merceriseren*** ⇒*glanzen.*
mer·cer·y ['mɜ:səri‖'mɜr-]⟨telb.zn.; →mv. 2⟩⟨BE⟩ **0.1** ***manufacturenwinkel*** ⇒*stoffenwinkel, zijdewinkel.*
mer·chan·dise[1], **-dize** ['mɜ:tʃəndaɪz, -daɪs‖'mɜr-]⟨f1⟩⟨n.-telb.zn.⟩ **0.1** ***koopwaar*** ⇒*handelswaar.*
merchandise[2], **-dize** ⟨f1⟩⟨ww.⟩ →merchandising
I ⟨onov.ww.⟩ **0.1** ***handel drijven;***
II ⟨ov.ww.⟩ **0.1** ***verhandelen*** ⇒*handelen in* **0.2** ***op de markt komen met*** ⇒*aan de man brengen.*
mer·chan·dis·er, ⟨AE sp.⟩ **-dizer** ['mɜ:tʃəndaɪzə‖'mɜrtʃəndaɪzər]⟨telb.zn.⟩ **0.1** ***merchandiser*** ⇒*verkoopadviseur, marktbewerker, klantenbezoeker, produktstrateeg.*
mer·chan·dis·ing, ⟨AE sp.⟩ **-dizing** ['mɜ:tʃəndaɪzɪŋ‖'mɜr-]⟨n.-telb.zn.⟩ **0.1** ***merchandising*** ⇒*marktbewerking, produktstrategie, marktonderzoek.*
mer·chant[1] ['mɜ:tʃənt‖'mɜr-]⟨f2⟩⟨telb.zn.⟩ **0.1** ***groothandelaar*** ⇒*koopman, handelaar* **0.2** ⟨AE, Sch. E⟩ ***winkelier*** ⇒*handelaar, middenstander* **0.3** ⟨Sch. E⟩ ***klant*** ⇒*koper* **0.4** ⟨in samenstellingen; inf.; pej.⟩ ***individu*** ◆ **1.1** ⟨pej.⟩ ~s of death *wapenhandelaars, de wapenindustrie* **1.4** gossip ~ *roddelaar, roddeltante/beest;* memory ~ *blokbeest, blokker;* panic ~ *paniekzaaier;* rip-off ~ *afzetter.*
merchant[2] ⟨bn.⟩
I ⟨bn., attr.⟩ **0.1** ***koopvaardij-*** **0.2** ***handels-*** ⇒*koopmans-* ◆ **1.1** ~ service/⟨BE⟩ navy/⟨AE⟩ marine *koopvaardijvloot, handelsvloot;* ~ shipping *koopvaardij* **1.2** ~ bank *handelsbank, financieringsbank;* ~ prince *handelsmagnaat;*
II ⟨bn., post.⟩ **0.1** ***handels-*** ◆ **1.1** law ~ *handelsrecht.*

mer·chant·a·ble ['mɜ:tʃəntəbl‖'mɜrtʃən̥təbl]⟨bn.⟩ **0.1** ***verkoopbaar*** ⇒*verhandelbaar*.

'merchant bank ⟨telb.zn.⟩ **0.1** ***merchant bank*** ⇒*handelsbank, financieringsbank* ⟨vnl. voor internationale handel⟩.

mer·chant·man ['mɜ:tʃəntmən‖'mɜr-]⟨telb.zn.; merchantmen [-mən]; →mv. 3⟩ **0.1** ***koopvaardijschip***.

'merchant ship ⟨telb.zn.⟩ **0.1** ***koopvaardijschip***.

mer·ci·ful ['mɜ:sifl‖'mɜr-]⟨f2⟩⟨bn.; -ly; -ness⟩ **0.1** ***genadig*** ⇒*barmhartig, clement, goedertieren, mild* **0.2** ***gelukkig*** ⇒*fortuinlijk* ◆ **1.1** a ~ king *een milde koning;* a ~ punishment *een genadige/milde straf* **1.2** a ~ outcome *een gelukkige afloop* **6.1** be ~ to your servant *wees uw dienaar genadig*.

mer·ci·less ['mɜ:siləs‖'mɜr-]⟨f2⟩⟨bn.; -ly; -ness⟩ **0.1** ***genadeloos*** ⇒*ongenadig, meedogenloos* ◆ **1.1** a ~ death *een genadeloze dood;* a ~ ruler *een meedogenloos heerser*.

mer·cu·ri·al[1] [mɜ:'kjʊərɪəl‖mɜr'kjʊrɪəl]⟨telb.zn.⟩ **0.1** ***kwikmiddel***.

mercurial[2] ⟨bn.; -ly⟩ **0.1** ***kwikhoudend*** ⇒*kwik-* **0.2** ***kwiek*** ⇒*beweeglijk, levendig, veranderlijk* **0.3** ***rad van tong*** ⇒*gevat, listig* **0.4** ⟨meestal M-⟩ ***van Mercurius*** ◆ **1.2** a ~ person *een gevleugelde Mercurius*.

mer·cu·ri·al·ism [mɜ:'kjʊərɪəlɪzm‖mɜr'kjʊr-]⟨n.-telb.zn.⟩ **0.1** ***kwikvergiftiging***.

mer·cu·ric [mɜ:'kjʊərɪk‖mɜr'kjʊrɪk]⟨bn., attr.⟩ **0.1** ***kwik-*** ⇒*mercuri-*.

Mer·cu·ro·chrome [mə'kjʊərəkroʊm‖mər'kjʊrə-]⟨n.-telb.zn.; ook m-⟩ **0.1** ***mercurochroom*** ⇒*kinderjodium, rode jodium*.

mer·cu·rous ['mɜ:kjʊrəs‖'mɜrkjərəs]⟨bn., attr.⟩ **0.1** ***kwik-*** ⇒*mercuro-*.

mer·cu·ry ['mɜ:kjʊri‖'mɜrkjəri]⟨f2⟩⟨zn.⟩

I ⟨eig.n.; M-⟩ **0.1** ***Mercurius*** ⟨Romeinse god⟩ **0.2** ⟨ster.⟩ ***Mercurius*** ⟨planeet⟩;

II ⟨n.-telb.zn.⟩ **0.1** ⟨ook schei.⟩ ***kwik(zilver)*** ⟨element 80⟩ **0.2** ***(eenjarig) bingelkruid*** ⟨Mercurialis annua⟩ ◆ **3.1** ⟨vaak fig.⟩ the ~ has dropped *het kwik/de temperatuur is gedaald*.

'mercury vapour lamp ⟨telb.zn.⟩ **0.1** ***kwik(damp)lamp***.

mer·cy ['mɜ:si‖'mɜrsi]⟨f3⟩⟨zn.⟩⟨→sprw. 455⟩

I ⟨telb.zn.; →mv. 2⟩ **0.1** ***daad van barmhartigheid*** ⇒*weldaad, vertroosting* **0.2** ***zegen*** ⇒*geluk, opluchting* ◆ **1.2** his death was a ~ *zijn dood was een zegen* **2.1** thankful for small mercies *gauw tevreden;* ⟨ong.⟩ *een kinderhand is gauw gevuld* **3.¶** sin one's mercies *niet dankbaar zijn voor zijn geluk, zijn geluk vergooien* **4.2** it's a ~ that *(wat) een geluk dat, gelukkig;* that's a ~! *wat een geluk!;*

II ⟨n.-telb.zn.⟩ **0.1** ***genade*** ⇒*clementie, barmhartigheid* **0.2** ⟨soms mv.⟩ ***mededogen*** ⇒*goedheid, vergevensgezindheid* ◆ **1.2** God's ~ has/mercies have no limits *Gods goedheid kent geen grenzen;* throw o.s. on a person's ~ *een beroep doen op iemands goedheid* **1.¶** for ~'s sake! *om Gods wil!* **3.1** Lord, have ~ upon us *Heer, ontferm u over ons;* recommend ~ *clementie aanbevelen* ⟨bv. gevangenis- ipv. doodstraf⟩; they showed no ~ to their enemies *zij kenden voor hun vijanden geen genade* **3.2** ⟨vaak iron.⟩ left to the (tender) ~/mercies of *overgeleverd aan de goedheid/genade van* **6.¶** at the ~ of *in de macht/onder de willekeur van;* ~ (up)on us! *goeie genade!* **¶.¶** ~ (me)! *goeie genade!*.

'mercy flight ⟨telb.zn.⟩ **0.1** ***reddingsvlucht***.

'mercy killing ⟨n.-telb.zn.⟩⟨euf.⟩ **0.1** ***euthanasie*** ⇒*de zachte dood*.

'mercy seat ⟨n.-telb.zn.; the⟩⟨relig.⟩ **0.1** ⟨bijb.⟩ ***verzoendeksel*** ⟨v.d. ark des verbonds⟩ **0.2** ⟨theol.⟩ ***de troon der (eeuwige) genade*** ⇒⟨fig.⟩ *Gods genade*.

mere[1] [mɪə‖mɪr]⟨telb.zn.⟩⟨vero., schr., beh. in plaatsnamen⟩ **0.1** ***meer(tje)*** ⇒*vijver, poel, moeras* **0.2** ⟨Sch. E⟩ ***de zee*** **0.3** ⟨BE⟩ ***grens(lijn)***.

mere[2] ⟨f3⟩⟨bn., attr.⟩ **0.1** ⟨superlatief merest enkel na the⟩ ***louter*** ⇒*puur, rein, bloot* **0.2** ⟨jur.⟩ ***bloot*** ⟨v. zaken waarvan men wettige eigenaar is maar niet het vruchtgebruik heeft⟩ ◆ **1.1** by the ~st chance *door stom toeval;* a ~ child *(nog) maar een kind;* the ~ facts *de blote feiten;* that is the ~st folly *dat is je reinste dwaasheid;* ~ imagination *zuiver inbeelding;* ~ nonsense *pure onzin;* at the ~ thought of it *alleen al de gedachte eraan;* the ~st trifle *het minste/geringste, de grootste onbenulligheid;* the ~ truth *de naakte waarheid;* ~ words won't help *woorden alleen zijn niet genoeg* **1.2** ~ possession/right *blote eigendom* **1.¶** sell sth. for a ~ song *iets voor een appel en een ei verkopen* **7.1** a ~ 10 pounds *niet meer dan/op de kop af 10 pond;* he's no ~ fool, he's a criminal *hij is niet zomaar een gek, hij is een misdadiger*.

mere·ly ['mɪəli‖'mɪr-]⟨f3⟩⟨bw.⟩ **0.1** ***slechts*** ⇒*enkel, alleen, louter, maar*.

mer·e·tri·cious ['merɪ'trɪʃəs]⟨bn.; -ly; -ness⟩ **0.1** ***geil*** ⇒*hoerig* **0.2** ***schoonschijnend*** ⇒*opzichtig, opgedirkt, bedrieglijk, smakeloos* ◆ **1.1** a ~ relationship *een ontuchtige verhouding* **1.2** ~ praise *valse lof;* a ~ style *een gezwollen stijl*.

mer·gan·ser [mɜ:'gænsə‖mɜr'gænsər]⟨telb.zn.⟩ **0.1** ***grote zaagbek*** ⟨eend; Mergus merganser⟩.

merge [mɜ:dʒ‖mɜrdʒ]⟨f2⟩⟨ww.⟩

I ⟨onov.ww.⟩ **0.1** ***opgaan (in)*** ⇒*samensmelten (met), fuseren (met), zich verenigen* **0.2** ***(geleidelijk) overgaan (in elkaar)*** ⇒*versmelten (met), verzinken (in)* **0.3** ⟨AE; sl.⟩ ***trouwen*** ◆ **1.2** the place where the rivers ~ *de plaats waar de rivieren samenvloeien* **6.1** they ~d **with** another company *zij fuseerden met een andere firma* **6.2** one colour ~d **into** the other *de ene kleur vloeide in de andere over;*

II ⟨ov.ww.⟩ **0.1** ***doen opgaan in*** ⇒*doen samensmelten met, incorporeren, inlijven* **0.2** ⟨comp.⟩ ***insorteren*** ⇒*samenvoegen* ◆ **1.2** ~ two tapes *twee banden samenvoegen en sorteren* **6.1** the farm was ~d **in** the earl's estate *de boerderij werd ingelijfd bij het landgoed v.d. graaf*.

merg·ee ['mɜ:'dʒi:‖'mɜr-]⟨telb.zn.⟩⟨ec.⟩ **0.1** ***fusiepartner***.

mer·gence ['mɜ:dʒns‖'mɜr-]⟨telb. en n.-telb.zn.⟩ **0.1** ***versmelting*** ⇒*samensmelting, vermenging*.

merg·er ['mɜ:dʒə‖'mɜrdʒər]⟨f2⟩⟨zn.⟩

I ⟨telb.zn.⟩ **0.1** ***samensmelting*** ⇒*versmelting, incorporatie* ⟨meestal v. vast goed⟩ **0.2** ⟨ec.⟩ ***fusie*** **0.3** ⟨jur.⟩ ***vermenging*** ⇒*opheffing, het tenietgaan, strafvermenging* ⟨het vervallen v. recht, titel, eigendom, straf enz. door het opgaan in een ander⟩ ◆ **1.3** ~ of debts *schuldvermenging;* ~ of rights *rechtvermenging;*

II ⟨n.-telb.zn.⟩ **0.1** ***het opgaan in*** ⇒*het samensmelten*.

me·rid·i·an[1] [mə'rɪdɪən]⟨f1⟩⟨telb.zn.⟩ **0.1** ⟨aardr.⟩ ***meridiaan*** ⇒*middaglijn, lengtecirkel* **0.2** ⟨the⟩⟨ster.⟩ ***zenit*** ⇒⟨fig.⟩ *culminatiepunt, hoogtepunt, toppunt* **0.3** ***geestelijk peil*** ⇒*geestelijke horizon* **0.4** ⟨the⟩⟨vero.⟩ ***middag*** ◆ **1.2** he came to his ~ at a very early age *hij bereikte op zeer jonge leeftijd zijn top* **1.3** calculated for the ~ of the masses *afgestemd op het geestelijk niveau van de massa*.

meridian[2] ⟨bn., attr.⟩ **0.1** ***hoogste*** **0.2** ***middag-*** ◆ **1.1** in his ~ glory *in zijn hoogste bloei*.

me'ridian 'altitude ⟨telb.zn.⟩ **0.1** ***meridiaanshoogte***.

me'ridian 'circle ⟨telb.zn.⟩ **0.1** ***meridiaancirkel*** ⇒*uurcirkel* **0.2** ***meridiaankijker*** ⇒*meridiaancirkel*.

me'ridian 'curve ⟨telb.zn.⟩ **0.1** ***meridiaankromme***.

Mé·rid·ienne [mɪ̥'rɪdi'en]⟨telb.zn.⟩ **0.1** ***Méridienne*** ⟨sofa voor de middagslaap⟩.

me·rid·i·o·nal[1] [mə'rɪdɪənl]⟨telb.zn.⟩ **0.1** ***zuiderling*** ⟨vnl. Zuidfransman⟩.

meridional[2] ⟨bn.; -ly⟩ **0.1** ***meridionaal*** ⇒*zuidelijk* **0.2** ***meridiaan(s)-*** ◆ **1.1** ~ hospitality *zuidelijke gastvrijheid* ⟨vnl. Zuidfranse⟩.

me·ringue [mə'ræŋ]⟨zn.⟩⟨cul.⟩

I ⟨telb.zn.⟩ **0.1** ***schuimgebakje*** ⇒*schuimpje;*

II ⟨n.-telb.zn.⟩ **0.1** ***schuim(gebak)*** ⇒*meringue*.

me·ri·no [mə'ri:noʊ]⟨zn.⟩

I ⟨telb.zn.⟩ **0.1** ⟨verk.⟩ ⟨merino sheep⟩;

II ⟨n.-telb.zn.; ook attr.⟩ **0.1** ***merinos*** ⟨stof vervaardigd uit merinoswol⟩ **0.2** ***merinosgaren***.

me'rino sheep ⟨telb.zn.⟩ **0.1** ***merinosschaap***.

mer·i·stem ['merɪ̥stem]⟨telb.zn.⟩⟨plantk.⟩ **0.1** ***meristeem*** ⇒*deelweefsel*.

mer·i·ste·mat·ic ['merɪ̥stə'mæt̬ɪk]⟨bn.; -ally; →bijw. 3⟩⟨plantk.⟩ **0.1** ***meristeem-*** ◆ **1.1** ~ cells *meristeemcellen*.

mer·it[1] ['merɪ̥t]⟨f2⟩⟨zn.⟩

I ⟨telb.zn.⟩ **0.1** ***verdienste*** **0.2** ⟨vnl. mv.⟩⟨vaak jur.⟩ ***intrinsieke waarde*** ⇒*merites* ◆ **1.1** the ~s and demerits of sth. *de voors en tegens v. iets* **3.1** make a ~ of *zich als een verdienste aanrekenen, prat gaan op;* reward each according to his ~s *elk naar eigen verdienste belonen* **6.1** judge sth. **on** its (own) ~s *iets op zijn eigen waarde beoordelen* **6.2** **on** the ~s of the case *als men de zaak op zichzelf beschouwt;* the contention is **without** ~s *de bewering mist elke grond;* ⟨jur.⟩ **without** ~ *onontvankelijk;*

II ⟨n.-telb.zn.⟩ **0.1** ***verdienste(lijkheid)*** ⇒*voortreffelijkheid, waarde* ◆ **1.1** a certificate of ~ *een brevet v. verdienste;* a man of (great) ~ *een man v. (grote) verdienste* **3.1** ⟨ook relig.⟩ gain/acquire ~ *(de) verdienste (van Christus) verwerven*.

merit[2] ⟨f1⟩⟨ov.ww.⟩⟨vnl. schr.⟩ **0.1** ***verdienen*** ⇒*waard zijn, recht hebben op*.

mer·i·toc·ra·cy ['merɪ̥'tɒkrəsi‖-'tɑ-]⟨zn.; →mv. 2⟩

I ⟨telb.zn.⟩ **0.1** ***meritocratie;***

II ⟨verz.n.; the⟩ **0.1** ***heersende klasse in meritocratie***.

mer·it·o·crat ['merɪ̥t̬əkræt]⟨telb.zn.⟩ **0.1** ***meritocraat***.

mer·i·to·crat·ic ['merɪ̥t̬ə'kræt̬ɪk]⟨bn.⟩ **0.1** ***meritocratisch***.

mer·i·to·ri·ous ['merɪ̥'tɔ:rɪəs]⟨bn.; -ly; -ness⟩ **0.1** ***verdienstelijk*** ⇒*lofwaardig*.

'merit rating ⟨telb.zn.⟩ **0.1** ***prestatieloon*** ⇒*merit rating*.

'merit system ⟨telb.zn.⟩⟨AE⟩ **0.1** ***prestatiesysteem*** ⇒*prestatieselectie* ⟨personeelsselectie op basis van vergelijkende examens⟩.

merl(e) [mɜ:l‖mɜrl]⟨telb.zn.⟩⟨Sch. E; schr.⟩⟨dierk.⟩ **0.1** ***merel*** ⟨Turdus merula⟩.
mer·lin ['mɜ:lɪn‖'mɜr-]⟨zn.⟩
I ⟨eig.n.; M-⟩ **0.1** ***Merlijn*** ⟨de tovenaar⟩;
II ⟨telb.zn.⟩⟨dierk.⟩ **0.1** ***smelleken*** ⟨Falco columbarius⟩.
mer·lon ['mɜ:lən‖'mɜr-]⟨telb.zn.⟩ **0.1** ***kanteel*** *⇒tin(ne).*
mer·maid ['mɜ:meɪd‖'mɜr-]⟨f1⟩⟨telb.zn.⟩ **0.1** ***meermin*** *⇒zeemeermin.*
'mermaid's 'purse ⟨telb.zn.⟩⟨dierk.⟩ **0.1** ***hoornkapsel*** ⟨eierkapsel bij bep. haaien en roggen⟩.
'mer·man ⟨telb.zn.; mermen; →mv. 3⟩ **0.1** ***meerman.***
mer·o- ['meərou‖'merou], **mer-** [meər‖mer] **0.1** ***mero-*** *⇒gedeeltelijk, half-* ◆ **¶.1** meroblast *meroblast* ⟨eicel waarvan het follikel slechts gedeeltelijk barst⟩; merography *merografie, onvolledig woord.*
-mer·ous [mərəs]⟨vnl. biol.⟩ **0.1** ***-delig*** *⇒-ledig, -meer* ◆ **¶.1** dimerous *tweedelig, tweeledig;* polymerous *polymeer.*
Mer·o·vin·gian[1] ['merou'vɪndʒɪən]⟨telb.zn.⟩ **0.1** ***Merovinger.***
Merovingian[2] ⟨bn.⟩ **0.1** ***Merovingisch.***
mer·ri·ment ['merimənt]⟨f1⟩⟨n.-telb.zn.⟩ **0.1** ***vrolijkheid*** **0.2** ***pret*** *⇒plezier, vermaak, hilariteit.*
mer·ry[1] ['meri]⟨telb.zn.; →mv. 2⟩⟨plantk.⟩ **0.1** ***zoete (wilde) kers*** *⇒meikers, kriek, morel* ⟨Prunus avium⟩.
merry[2], ⟨zelden⟩ **mer·rie** ⟨f3⟩⟨bn.; -er; -ly; -ness; →bijw. 3⟩ ⟨→sprw. 471⟩ **0.1** ***vrolijk*** *⇒jolig, opgewekt* **0.2** ***plezierig*** *⇒grappig, schertsend* **0.3** ⟨inf.⟩ ***vrolijk*** *⇒aangeschoten* ◆ **1.1** Merry Christmas *Vrolijk Kerstfeest, Zalig Kerstmis;* as ~ as a cricket *zo vrolijk als een sijsje;* Merrie England, *het goeie, ouwe Engeland* ⟨vnl. ten tijde v. Elisabeth I⟩; ~ fellows *fidele kerels;* ⟨AE; inf.⟩ give s.o. the ~ haha *iem. in z'n gezicht uitlachen / voor gek zetten;* lead a ~ life *een vrolijk leventje leiden;* the Merry Monarch *Karel II* ⟨v. Engeland⟩ **1.2** a ~ joke *een leuke grap* **1.¶** ⟨vnl. Sch. E⟩ (the) ~ dancers *noorderlicht, aurora borealis;* lead s.o. a ~ dance *iem. het leven zuur maken; iem. voor de gek houden;* ⟨inf.⟩ play ~ hell with *in 't honderd schoppen* **3.¶** make ~ *pret maken, feestelijke stemming maken;* make ~ over *zich vrolijk maken over, lachen om* **4.1** the more the merrier *hoe meer zielen, hoe meer vreugd.*
mer·ry-an·drew ['meri'ændru:]⟨telb.zn.⟩ **0.1** ***hansworst*** *⇒potsenmaker, clown* **0.2** ⟨gesch.⟩ ***helper v.e. kwakzalver.***
'mer·ry-go-round ⟨f2⟩⟨telb.zn.⟩ **0.1** ***draaimolen*** *⇒carrousel;* ⟨fig.⟩ *maalstroom, roes* ◆ **6.1** these days I'm **on** the ~ *vandaag de dag weet ik van voren niet meer of ik van achteren nog leef.*
'mer·ry·mak·er ⟨telb.zn.⟩ **0.1** ***pretmaker.***
'mer·ry·mak·ing ⟨n.-telb.zn.⟩ **0.1** ***pret(makerij)*** *⇒feestvreugde* **0.2** ***feestelijkheid*** *⇒festiviteit.*
mer·ry·men ['merimən]⟨mv.⟩⟨vero. of gesch.⟩ **0.1** ***trawanten*** *⇒volgelingen* ⟨v. bandiet, ridder enz.⟩ **0.2** ⟨scherts.⟩ ***gezellen*** *⇒helpers.*
'mer·ry·thought ⟨telb.zn.⟩⟨vero.; vnl. BE⟩ **0.1** ***vorkbeen*** ⟨v. vogel⟩.
me·sa ['meɪsə]⟨telb.zn.⟩⟨AE; aardr.⟩ **0.1** ***tafelland*** *⇒plateau* ⟨met steile rotswanden, i.h.b. in Z.W. v. U.S.A.⟩.
mé·sal·li·ance [me'zælɪəns‖'meɪzæl'jɑns]⟨telb.zn.⟩ **0.1** ***mesalliance*** ⟨huwelijk beneden iemands stand⟩.
mes·cal [me'skæl], ⟨soms⟩ **mez·cal** [mez'kæl]⟨zn.⟩
I ⟨telb.zn.⟩⟨plantk.⟩ **0.1** ***maguey*** *⇒Mexicaanse agave* ⟨Agave rigida⟩ **0.2** ***peyotl*** *⇒peyote(cactus), mescaline* ⟨Lophophora williamsii⟩;
II ⟨n.-telb.zn.⟩ **0.1** ***mescal*** *⇒peyotlbrandewijn.*
mes·ca·line, mes·ca·lin ['meskəli:n, -lɪn]⟨n.-telb.zn.⟩ **0.1** ***mescaline*** ⟨hallucinogeen⟩.
Mesdames ⟨mv.⟩ →Madam(e).
Mesdemoiselles ⟨mv.⟩ →Mademoiselle.
me·seems [mɪ'si:mz]⟨onov.ww.; onpersoonlijk⟩⟨vero.⟩ **0.1** ***me dunkt.***
me·sem·bry·an·the·mum [mɪ'zembri'ænθɪməm]⟨telb.zn.⟩⟨plantk.⟩ **0.1** ***middagbloem*** *⇒ijsplant* ⟨Zuidafrikaanse vetplant; genus Mesembryanthemum⟩.
mes·en·ce·phal·ic ['mesensɪ'fælɪk]⟨bn.⟩⟨biol.⟩ **0.1** ***v. / behorend tot de middenhersenen.***
mes·en·ceph·a·lon ['mesen'sefəlɒn‖-lɑn]⟨telb.zn.; mesencephala [-lə]; →mv. 5⟩⟨biol.⟩ **0.1** ***middenhersenen.***
mes·en·ter·ic ['mezn'terɪk, 'mesn-]⟨bn.⟩⟨biol.⟩ **0.1** ***mesenterisch*** *⇒v. / behorend tot het darmscheil.*
mes·en·ter·i·tis ['meztə'raɪtɪs, 'mes-]⟨telb.zn.; n.-telb.zn. mesenterites [-ti:z]; →mv. 5⟩⟨med.⟩ **0.1** ***darmscheilontsteking.***
me·sen·ter·i·um [-'tɪərɪəm‖-'tɪrɪəm]⟨telb.zn.; mesenteria [-'tɪərɪə‖-'tɪrɪə]; →mv. 5⟩⟨biol.⟩ **0.1** →mesentery.
mes·en·ter·y ['mezntri, 'mes-‖'mesnteri]⟨telb.zn.; →mv. 2⟩⟨biol.⟩ **0.1** ***mesenterium*** *⇒darmscheil, darmvlies.*
mesh[1] [meʃ]⟨f1⟩⟨zn.⟩
I ⟨telb.zn.⟩ **0.1** ***maas*** *⇒steek,* ⟨fig. ook⟩ *strik* **0.2** ***net*** *⇒netwerk* ◆ **1.1** entangled in the ~es of politics *verstrikt in het netwerk v.d. politiek* **1.2** a ~ of lies *een netwerk v. leugens* **3.2** draw s.o. into one's ~es *iem. in zijn netten verstrikken;*
II ⟨n.-telb.zn.⟩ **0.1** ***netwerk*** **0.2** ⟨tech.⟩ ***plaatgaas*** *⇒wapening (snet)* ◆ **6.¶** **in** ~ *ingeschakeld;* **out of** ~ *uitgeschakeld* ⟨vnl. v. tandwielen⟩.
mesh[2] ⟨f1⟩⟨ww.⟩
I ⟨onov.ww.⟩ **0.1** ***ineengrijpen*** *⇒ingeschakeld zijn;* ⟨fig.⟩ *harmoniëren, samenhoren* **0.2** ***verstrikt geraken*** ◆ **1.2** the fish wouldn't ~ *de vis liet zich niet in het net verschalken* **6.1** his character doesn't ~ **with** his job *zijn karakter spoort niet met zijn baan;*
II ⟨ov.ww.⟩ **0.1** ***in een net vangen*** ⟨ook fig.⟩ *⇒verstrikken* **0.2** ***inschakelen*** *⇒in elkaar doen grijpen.*
'mesh connection ⟨telb.zn.⟩⟨elek.⟩ **0.1** ***veelhoeksschakeling*** *⇒sterdriehoekschakeling.*
me·shug·a [mɪ'ʃʊgə]⟨bn.⟩⟨AE; inf.⟩ **0.1** ***mesjokke*** *⇒(stapel)gek.*
'mesh work ⟨telb. en n.-telb.zn.⟩ **0.1** ***netwerk*** *⇒maaswerk.*
mesh·y ['meʃi]⟨bn.; -er; →compar. 7⟩ **0.1** ***uit mazen bestaand*** *⇒netachtig.*
mesic →mesonic.
mes·mer·ic [mez'merɪk]⟨bn.; -ally; →bijw. 3⟩ **0.1** ***mesmerisch.***
mes·mer·ism ['mezmərɪzm]⟨n.-telb.zn.⟩⟨vero. of fig.⟩ **0.1** ***mesmerisme.***
mes·mer·ist ['mezmərɪst]⟨telb.zn.⟩⟨vero.⟩ **0.1** ***mesmerist.***
mes·mer·ize, -ise ['mezməraɪz]⟨ov.ww.⟩ **0.1** ⟨vnl. volt. deelw.⟩ ***magnetiseren*** *⇒biologeren, (als) verlammen, fascineren* **0.2** ⟨vero.⟩ ***hypnotiseren*** ◆ **6.1** ~d **at** his appearance *gebiologeerd door zijn verschijning.*
mesne [mi:n]⟨bn., attr.⟩⟨jur.⟩ **0.1** ***tussenkomend*** *⇒tussen-* ◆ **1.1** ~ interest *tussenrente, interusurium;* ~ lord *achterleenheer;* ~ process *tussengeding;* ~ profits *onrechtmatige tussentijdse opbrengst* ⟨v. onroerend goed, verworven tussen datum waarop wettige eigenaar recht op opbrengst heeft en die waarop hij ze effectief krijgt⟩.
mes·o- ['mesou], **mes-** [mes] **0.1** ***meso-*** *⇒midden-* ◆ **¶.1** ⟨biol.⟩ mesial *mediaal, in / v. / nabij het midden;* ~ sphere *mesosfeer.*
mes·o·ce·phal·ic ['mesousɪ'fælɪk‖'mezou-]⟨bn.⟩⟨biol.⟩ **0.1** ***mesocefaal*** ⟨i.h. midden v.d. schedel⟩.
mes·o·derm ['mesou'dɜ:m]⟨n.-telb.zn.⟩⟨biol.⟩ **0.1** ***mesoderm.***
mes·o·lith·ic ['mesou'lɪθɪk‖'mezou-]⟨bn., attr.⟩⟨archeologie⟩ **0.1** ***mesolithisch.***
Mes·o·lith·ic ⟨eig.n.; the⟩⟨archeologie⟩ **0.1** ***Mesolithicum*** *⇒middelste Steentijdperk.*
mes·o·morph ['mesoumɔ:f‖'mezoumɔrf]⟨telb.zn.⟩ **0.1** ***gespierd / atletisch persoon.***
mes·o·mor·phic ['mesou'mɔ:fɪk‖'mezou'mɔrfɪk], **mes·o·mor·phous** [-fəs]⟨bn.⟩ **0.1** ***gespierd*** *⇒atletisch gebouwd.*
mes·on ['mi:zɒn‖-zɑn]⟨telb.zn.⟩⟨nat.⟩ **0.1** ***meson*** ⟨elementair deeltje⟩.
me·son·ic [mi:'zɒnɪk‖-'zɑ-], **me·sic** ['mi:zɪk]⟨bn.⟩⟨nat.⟩ **0.1** ***meson-.***
mes·o·pause ['mesoupɔ:z]⟨n.-telb.zn.⟩⟨meteo.⟩ **0.1** ***mesopauze.***
Mes·o·po·ta·mi·a ['mesəpə'teɪmɪə]⟨eig.n.⟩ **0.1** ***Mesopotamië*** *⇒Tweestromenland.*
mes·o·tron ['mesoutrɒn‖'mezətrɑn, 'mi:-]⟨telb.zn.⟩⟨vero.; nat.⟩ **0.1** ***meson.***
mes·o·zo·ic ['mesou'zouɪk, 'mezə-]⟨bn., attr.⟩⟨geol.⟩ **0.1** ***mesozoïsch*** ◆ **1.1** ~ period *Mesozoïcum* ⟨op één na jongste hoofdtijdperk⟩.
Mes·o·zo·ic ⟨eig.n.; the⟩⟨geol.⟩ **0.1** ***Mesozoïcum*** ⟨op één na jongste hoofdtijdperk⟩.
mes·quit(e) [me'ski:t]⟨telb.zn.⟩⟨plantk.⟩ **0.1** ***mesquiteboom*** ⟨genus Prosopis, vnl. P. juliflora⟩.
me'squit(e) bean ⟨telb.zn.⟩ **0.1** ***mesquiteboon.***
me'squit(e) grass ⟨n.-telb.zn.⟩⟨plantk.⟩ **0.1** ***mesquitegras*** ⟨vnl. genus Bouteloua⟩.
mess[1] [mes]⟨f3⟩⟨zn.⟩
I ⟨telb.zn.⟩⟨zelden mv.⟩ **0.1** ***(war)boel*** *⇒knoeiboel, rotzooi, mislukking* **0.2** ***vuile boel*** *⇒troep, vuiligheid* ⟨vnl. v. huisdier⟩ **0.3** ***moeilijkheid*** *⇒klem* **0.4** ⟨inf.⟩ ***schooier*** *⇒knoeier, sufferd* **0.5** ⟨ook mv.⟩ ***mess*** *⇒kantine, eetzaal* ⟨vnl. voor (onder)officieren⟩ **0.6** ⟨ook mv.⟩⟨vero.⟩ ***gerecht*** *⇒spijs, mengelmoes* **0.7** ⟨AE; inf.⟩ ***lol*** *⇒plezier* **0.8** ⟨AE; inf.⟩ ***iets plezierigs*** *⇒moordfuif* ⟨enz.⟩ ◆ **1.1** his life was a ~ *zijn leven was een knoeiboel / mislukking* **1.¶** ~ of pottage *schotel linzen(moes)* ⟨ook fig.; naar Gen. 25:29 - 34⟩ **2.6** savoury ~ *smakelijk ratjetoe* **3.1** clear up the ~ *de rotzooi opruimen;* his arrival made a ~ of my plans *zijn komst gooide al mijn plannen omver;* you've made a pretty ~ of it *je hebt het lelijk verknold / verknoeid* **6.1** the house was **in** a pretty ~ *het huis was een puinhoop* **6.3** now you're **in** a ~ *nu zit je in de knoei / klem;* get oneself **into** a ~ *zichzelf in moeilijkheden brengen* **¶.4**

you're a ~! *wat zie je eruit!, je bent een knoeier!;*
II ⟨n.-telb.zn.⟩ **0.1** ***voer*** ⇒*(onaangenaam) mengsel, rotzooi* **0.2** ⟨vnl. mil.⟩ ***rats*** ⇒*ratjetoe, soldatenkost,* ⟨B.⟩ *menage;*
III ⟨verz.n.⟩ ⟨vnl. mil.⟩ **0.1** ***mess*** ⇒*gemeenschappelijke tafel,* ⟨scheep.⟩ *bak,* ⟨B.⟩ *gamelle* ⟨groep matrozen in één wacht, aan één tafel⟩ ◆ **1.1** captain of a ~ *baksmeester;* cooks of the ~ *baksmaten.*

mess[2] ⟨f2⟩ ⟨ww.⟩
I ⟨onov.ww.⟩ **0.1** ***knoeien*** ⇒*ploeteren, morsen* **0.2** ⟨vnl. mil.⟩ ***(samen) eten*** **0.3** ***zich bemoeien met iets*** ⇒*tussenkomen* ◆ **5.2** ~ **together** *aan dezelfde tafel eten* ⟨vnl. officieren⟩; ⟨scheep.⟩ *aan dezelfde bak eten, baksmaten zijn* **5.¶** →mess **about,** mess **around** **6.2** the commander had to ~ **with** the inferior officers *de commandant moest samen met de lagere officieren eten* **6.3** ~ **in** other people's business *z'n neus in andermans zaken steken* **6.¶** →mess **with** **7.¶** ⟨BE; inf.⟩ no ~ing *echt waar, zonder liegen* **¶.1** stop ~ing and eat *hou op met morsen en eet;*
II ⟨ov.ww.⟩ ◆ **5.¶** →mess **about,** mess **around.**

'mess a'bout, 'mess a'round ⟨f2⟩ ⟨ww.⟩ ⟨inf.⟩
I ⟨onov.ww.⟩ **0.1** ***leuteren*** ⇒*prutsen, modderen, (lui) rondhangen* **0.2** ***herrie maken*** ⇒*flauwekul verkopen* **0.3** ***knoeien*** ⇒*rotzooien* **0.4** ⟨AE⟩ ***vreemd gaan*** ◆ **6.1** I like messing about **with** my car *ik pruts graag wat aan mijn wagen;* don't ~ **with** people like him *laat je met mensen zoals hij niet in* **6.3** the doctors have messed about **with** her for years *de dokters hebben jaren met haar rond geknoeid* **¶.1** he spent the weekend messing about *hij verlummelde zijn weekend;*
II ⟨ov.ww.⟩ **0.1** ***aan iem. zitten*** ⇒*rotzooien / rommelen met* ◆ **¶.1** stop messing my daughter about *handen af van mijn dochter.*

mes·sage[1] ['mesɪdʒ] ⟨f3⟩ ⟨telb.zn.⟩ **0.1** ***boodschap*** **0.2** ***bericht*** ⇒*tijding, mededeling* ◆ **1.1** the ~ of a book *de boodschap / kerngedachte v.e. boek* **3.1** ⟨inf.⟩ (I) got the ~ *begrepen, gesnopen, ik weet wat me te wachten staat / wat ik moet doen;* run ~s *boodschappen overbrengen, boodschapper / loopjongen zijn* **3.2** send a ~ to s.o. *iem. bericht sturen / laten;* can I take a ~? *kan ik de boodschap aannemen?* **6.1** go **on** a ~ *een boodschap overbrengen;* send s.o. on a ~ *iem. om een boodschap sturen.*

message[2] ⟨f1⟩ ⟨ov.ww.⟩ **0.1** ***overbrengen*** ⟨vnl. d.m.v. signalen⟩ ⇒*(over)seinen.*

'message board ⟨telb.zn.⟩ ⟨AE⟩ **0.1** ***mededelingenbord*** **0.2** ⟨sport⟩ ***scorebord*** ⇒*uitslagenbord.*

'message rate ⟨telb.zn.⟩ ⟨AE⟩ ⟨telefoon⟩ **0.1** ***gesprekstarief.***

'mess·boy ⟨telb.zn.⟩ ⟨scheep.⟩ **0.1** ***(baks)zeuntje*** ⇒*zeun.*

Messeigneurs ⟨mv.⟩ →Monseigneur.

mes·sen·ger ['mesndʒə‖-ər] ⟨f2⟩ ⟨telb.zn.⟩ **0.1** ***boodschapper*** ⇒*bode, koerier,* ⟨vaak relig.⟩ *gezant* **0.2** ⟨vero.⟩ ***voorbode*** ⇒*aankondiger* **0.3** ⟨scheep.⟩ ***hieuwlijn*** ⇒*kanaallijn, werplijn* ◆ **1.1** ~ from Heaven *gezant des hemels.*

'messenger boy ⟨telb.zn.⟩ **0.1** ***boodschappenjongen*** ⇒⟨fig.⟩ *loopjongen.*

'messenger cable, 'messenger wire ⟨telb.zn.⟩ ⟨elek.⟩ **0.1** ***draagkabel*** ⟨v. hoogspanningsnet⟩.

'messenger RN'A ⟨telb.zn.⟩ ⟨bioch.⟩ **0.1** ***boodschapper-RNA.***

'mess hall ⟨telb.zn.⟩ ⟨mil.⟩ **0.1** ***eetzaal*** ⇒*kantine.*

Mes·si·ah [mɪ'saɪə], **Mes·si·as** [-əs] ⟨f1⟩ ⟨telb.zn.; soms m-⟩ ⟨vnl. bijb.⟩ **0.1** ***Messias*** ⇒*Heiland, gezalfde, bevrijder, redder.*

mes·si·ah·ship [mɪ'saɪəʃɪp] ⟨n.-telb.zn.; ook M-⟩ **0.1** ***messiasschap.***

mes·si·an·ic ['mesi'ænɪk] ⟨bn.; -ally; →bijw. 3; ook M-⟩ **0.1** ***messiaans.***

mes·si·a·nism [mɪ'saɪənɪzm] ⟨n.-telb.zn.; ook M-⟩ **0.1** ***messianisme.***

Messieurs ⟨mv.⟩ →Monsieur.

'mess·ing-al·low·ance ⟨telb.zn.⟩ **0.1** ***tafelgeld*** ⇒*maaltijdtoeslag, séjour.*

'mess jacket ⟨telb.zn.⟩ **0.1** ***militair smokingjasje*** ⟨vnl. v. officieren⟩ ⇒*apepak.*

'mess-kid ⟨telb.zn.⟩ ⟨scheep.⟩ **0.1** ***etensbak.***

'mess-kit ⟨zn.⟩
I ⟨telb.zn.⟩ ⟨vnl. mil.⟩ **0.1** ***doos met eetgerei;***
II ⟨telb. en n.-telb.zn.⟩ ⟨BE; mil.⟩ **0.1** ***uitgaanstenue;***
III ⟨n.-telb.zn.⟩ **0.1** ⟨vnl. mil.⟩ ***eetgerei*** **0.2** ⟨scheep.⟩ ***kommaliewant*** ⇒*kommaliegoed.*

'mess·mate ⟨telb.zn.⟩ ⟨vnl. mil.⟩ **0.1** ***tafelgenoot*** ⇒⟨scheep.⟩ *baksmaat / gast.*

'mess-or·der·ly ⟨telb.zn.⟩ ⟨mil.⟩ **0.1** ***messbediende.***

'mess-pres·i·dent ⟨telb.zn.⟩ **0.1** ***tafelpresident.***

'mess-room ⟨telb.zn.⟩ **0.1** ⟨vnl. scheep.⟩ ***mess-room*** ⟨v.d. officieren⟩.

Messrs ['mesəz‖-ərz] ⟨mv.; gebruikt vóór achternamen⟩ ⟨oorspr. afk.⟩ Messieurs **0.1** ***H.H.*** ⇒*(de) Heren* **0.2** ***Fa.*** ⇒*Firma* ◆ **1.2** ~ Smith & Jones *de firma Smith & Jones.*

'mess-ser·geant ⟨telb.zn.⟩ **0.1** ***sergeant-gérant.***

mess·suage ['meswɪdʒ] ⟨telb.zn.⟩ ⟨jur.⟩ **0.1** ***grond met opstallen*** ⇒*huis met aanhorigheden.*

'mess·tin ⟨telb.zn.⟩ ⟨vnl. mil.⟩ **0.1** ***eetketel(tje)*** ⇒*etensblik, gamel.*

'mess traps ⟨mv.⟩ ⟨BE; scheep.⟩ **0.1** ***kommaliewant*** ⇒*kommaliegoed.*

'mess 'up ⟨f2⟩ ⟨ov.ww.⟩ ⟨inf.⟩ **0.1** ***in de war sturen*** ⇒*verknoeien, verknallen, bederven, in het honderd sturen* **0.2** ***smerig / vuil maken*** **0.3** ***ruw aanpakken*** ⇒*toetakelen* **0.4** ⟨vnl. pass.⟩ ***in moeilijkheden brengen*** ◆ **1.1** mess things up *ergens een potje v. maken* **6.¶** be messed up **in** sth. *ergens in verwikkeld raken / zijn.*

'mess-up ⟨f2⟩ ⟨telb.zn.⟩ ⟨inf.⟩ **0.1** ***warboel*** ⇒*geknoei, misverstand* ◆ **1.1** there's been a bit of a ~ *het is in het honderd gelopen* **3.1** they made a complete ~ of it *ze hebben de boel grondig verknoeid, ze hebben alles in het honderd gestuurd.*

'mess with ⟨onov.ww.; meestal geb. w. negatief⟩ ⟨inf.⟩ **0.1** ***lastigvallen*** ⇒*hinderen, kwellen* ◆ **¶.1** don't ~ me *laat me met rust.*

mess·y ['mesi] ⟨f2⟩ ⟨bn.; -er; -ly; -ness; →bijw. 3⟩ **0.1** ***vuil*** ⇒*vies, smerig* **0.2** ***slordig*** ⇒*slonzig, verward.*

mestee →mustee.

mes·ti·za [me'sti:zə] ⟨telb.zn.⟩ **0.1** ***(vrouwelijke) mesties*** ⇒*halfbloed, kleurlinge.*

mes·ti·zo [me'sti:zoʊ] ⟨telb.zn.; ook -es; →mv. 2⟩ **0.1** ***(mannelijke) mesties*** ⇒*halfbloed, kleurling.*

met[1] [met] ⟨verl.t. en volt.deelw.⟩ →meet.

met[2] ⟨afk.⟩ metaphor, metaphysics, meteorological, meteorology, metropolitan.

Met [met] ⟨eig.n.; the; verk.⟩ ⟨inf.⟩ **0.1** ⟨BE⟩ ⟨Meteorological Office⟩ ***Meteorologisch Instituut*** ⇒⟨ong.⟩ *K.N.M.I.* ⟨Nederland⟩, *K.M.I.* ⟨België⟩ **0.2** ⟨Metropolitan Line / Railway⟩ ⟨Londen⟩ **0.3** ⟨Metropolitan Opera House⟩ ⟨New York⟩.

me·ta ['meţə] ⟨zn.⟩
I ⟨telb.zn.⟩ ⟨gesch.⟩ **0.1** ***meta*** ⟨keerpunt in Romeins circus⟩;
II ⟨n.-telb.zn.⟩ **0.1** ***meta*** ⟨brandstof⟩.

me·ta- ['meţə] ⟨met- voor klinker of h⟩ **0.1** ***meta-*** ◆ **¶.1** metaculture *metacultuur;* metanalysis *metanalyse.*

met·a·blet·ics [meţə'bleţɪks] ⟨n.-telb.zn.⟩ ⟨psych.⟩ **0.1** ***metabletica*** ⇒*leer der veranderingen.*

met·a·bol·ic ['metə'bɒlɪk‖'meţə'bɑ-] ⟨f1⟩ ⟨bn.; -ally; →bijw. 3⟩ **0.1** ⟨biol.⟩ ***metabolisch*** ⇒*stofwisselings-* **0.2** ⟨dierk.⟩ ***metabolisch*** ⇒*gedaanteverwisselend.*

me·tab·o·lism [mɪ'tæbəlɪzm] ⟨f2⟩ ⟨telb. en n.-telb.zn.⟩ ⟨biol.⟩ **0.1** ***metabolisme*** ⇒*stofwisseling.*

me·tab·o·lize, -lise [mɪ'tæbəlaɪz] ⟨onov. en ov.ww.⟩ **0.1** ***metaboliseren*** ⇒*verandering (doen) ondergaan door metabolisme.*

me·tab·o·liz·er, -lis·er [mɪ'tæbəlaɪzə‖-ər] ⟨telb.zn.⟩ **0.1** ***metaboliet*** ⇒*stofwisselingsprodukt.*

met·a·car·pal[1] ['metə'kɑ:pl‖'meţə'kɑrpl] ⟨telb.zn.⟩ ⟨anat.⟩ **0.1** ***middelhandsbeen(tje)*** ⇒*beentje v.d. middenvoorpoot.*

metacarpal[2] ⟨bn.⟩ ⟨anat.⟩ **0.1** ***middelhands-*** ⇒*v. / behorend tot de middenvoorpoot.*

met·a·car·pus ['metə'kɑ:pəs‖'meţə'kɑrpəs] ⟨telb.zn.; ook metacarpi [-paɪ]; →mv. 5⟩ ⟨anat.⟩ **0.1** ***middelhand*** ⇒*middenvoorpoot, middelhandsbeentjes.*

met·a·cen·tre, ⟨AE sp.⟩ **met·a·cen·ter** ['metəsentə‖'meţəsenţər] ⟨telb.zn.⟩ ⟨vooral scheep.⟩ **0.1** ***metacentrum*** ⇒*zwaaipunt.*

me·ta·cen·tric ['meţə'sentrɪk] ⟨bn.⟩ **0.1** ***metacentrisch.***

met·age ['mi:ţɪdʒ] ⟨zn.⟩
I ⟨telb.zn.⟩ **0.1** ***(officiële) meting / weging*** ⟨v. allerlei transporten, i.h.b. vracht steenkool⟩;
II ⟨n.-telb.zn.⟩ **0.1** ***meetgeld*** ⇒*meetloon* **0.2** ⟨gesch.⟩ ***tolgeld*** ⟨op Londense Thames⟩.

met·a·gen·e·sis ['meţə'dʒenɪsɪs] ⟨n.-telb.zn.⟩ ⟨biol.⟩ **0.1** ***metagenesis*** ⇒*generatiewisseling.*

met·a·ge·net·ic ['meţɪ'dʒə'neţɪk] ⟨bn.; -ally; →bijw. 3⟩ **0.1** ***metagenetisch.***

met·al[1] ['meţl] ⟨f3⟩ ⟨zn.⟩
I ⟨telb. en n.-telb.zn.⟩ **0.1** ***metaal*** ◆ **3.¶** expanded ~ *plaatgaas* ⟨voor gewapend beton⟩;
II ⟨n.-telb.zn.⟩ **0.1** ⟨mil.⟩ ***artillerie*** ⇒*geschut, kanonnen, tanks* ⟨e.d.⟩ **0.2** ⟨BE; wwb.⟩ ***steenslag*** ⟨voor wegverharding⟩ ⇒*ballast* ⟨kiezel / steenslag voor spoorwegbedding⟩ **0.3** ⟨tech.⟩ ***glasspecie*** ⇒*vloeibare glasmassa* **0.4** ⟨heraldiek⟩ ***metaal*** ⇒*goud / zilvertinctuur* **0.5** ⟨geldw.⟩ ***metaal*** ⇒*goud of zilver, geldspecie, muntgeld* **0.6** ⟨ben. voor⟩ ***(voorwerp uit) metaal*** ⇒*zwaard* **0.7** →mettle ◆ **3.1** the enemy had twice the ~ we had *de vijand had twee keer zoveel artillerie als wij* **3.6** the knights drew their ~ *de ridders trokken hun zwaard;*
III ⟨mv.; ~s; the⟩ ⟨BE⟩ **0.1** ***rails*** ⇒*(trein)sporen* ◆ **3.1** the train jumped the ~s *de trein ontspoorde.*

metal[2] ⟨f3⟩ ⟨bn.⟩ **0.1** ***metalen*** ⇒*van metaal.*

metal[3] ⟨f1⟩ ⟨ov.ww.; →ww. 7⟩ **0.1** ***met metaal bekleden*** **0.2** ⟨BE;

wwb.⟩ ***(met steenslag) verharden*** ◆ **1.2** a ~led road *een verharde weg*.

met·a·lan·guage ['metəlæŋgwɪdʒ]⟨telb. en n.-telb.zn.⟩ **0.1** ***metataal***.

'met·al-bash·ing ⟨n.-telb.zn.⟩ **0.1** ***metaalbewerking***.

'metal fatigue ⟨n.-telb.zn.⟩ **0.1** ***metaalmoeheid***.

met·a·lin·guistics ['metəlɪŋ'gwɪstɪks]⟨n.-telb.zn.⟩ **0.1** ***metalinguistiek***.

me·tal·lic [mɪ'tælɪk]⟨f2⟩⟨bn.; -ally; →bijw. 3⟩ **0.1** ***metalen*** ⇒*metaal-, metalliek, metaalachtig* **0.2** ***metaalhoudend*** ◆ **1.1** ~ currency *munten, specie;* ~ lustre *metaalglans;* a ~ sound *een metalen klank;* ~ thermometer *(bi)metaalthermometer* **2.1** a ~ grey car *een metallic/(metaal)grijze wagen* **2.2** ~ compound *metaalverbinding*.

met·al·lif·er·ous ['metl'ɪfrəs]⟨bn.⟩ **0.1** ***metaalhoudend***.

met·al·line ['metlaɪn]⟨bn., attr.⟩ **0.1** ***metalen*** ⇒*metaal-, metalliek, metaalachtig* **0.2** ***metaalhoudend***.

met·al·list, ⟨AE sp.⟩ **met·al·ist** ['metlɪst]⟨telb.zn.⟩ **0.1** ***metaal(be)werker*** **0.2** ***metallist*** ⇒*voorstander v.h. exclusief gebruik van metaalgeld*.

met·al·lize, -lise, ⟨AE sp.⟩ **met·al·ize** ['metlaɪz]⟨ov.ww.⟩ **0.1** ***metalliseren*** ⇒*met metaal behandelen, met een laagje metaal bedekken, zo duurzaam als metaal maken* **0.2** ⟨schei.⟩ ***v.e. metalen film voorzien*** ⇒*omzetten in metaalvorm* ⟨(metalloïde) stof⟩.

met·al·log·ra·phy ['metl'ɒgrəfi||'metl'a-]⟨n.-telb.zn.⟩ **0.1** ***metallografie***.

met·al·loid[1] ['metlɔɪd]⟨telb.zn.⟩ **0.1** ***metalloïde*** ⇒*niet-metaal*.

metalloid[2], **met·al·loi·dal** ['metl'ɔɪdl]⟨bn.⟩ **0.1** ***metalloïde*** ⇒*metallisch*.

met·al·lur·gi·cal ['metl'ɜ:dʒɪkl||'metl'ɜr-], **met·al·lur·gic** [-dʒɪk] ⟨bn.; -(al)ly; →bijw. 3⟩ **0.1** ***metallurgisch*** ⇒*metalen verwerkend, metaalkundig* ◆ **1.1** ~ industries *metaalverwerkende industrie*.

met·al·lur·gist [mɪ'tælədʒɪst||'metlɜrdʒɪst]⟨telb.zn.⟩ **0.1** ***metallurg*** ⇒*metaalkundige* **0.2** ***metaalbewerker***.

met·al·lur·gy [mɪ'tælədʒi||'metlɜrdʒi]⟨n.-telb.zn.⟩ **0.1** ***metallurgie*** ⇒*metaalkunde*.

'met·al·work ⟨f1⟩⟨n.-telb.zn.⟩ **0.1** ***metaalwerk*** ⇒*(artistiek) bewerkt metaal, metaalwaren* **0.2** ***metaalbewerking***.

'met·al·work·er ⟨f1⟩⟨telb.zn.⟩ **0.1** ***metaalbewerker*** ⇒*metaalarbeider*.

met·a·mere ['metəmɪə||'metəmɪr]⟨telb.zn.⟩⟨biol.⟩ **0.1** ***metameer***.

met·a·mer·ic ['metə'merɪk]⟨bn.⟩ **0.1** ⟨biol.⟩ ***metameer*** ⇒*gesegmenteerd* **0.2** ⟨schei.⟩ ***metameer***.

met·a·mor·phic ['metə'mɔ:fɪk||'metə'mɔr-], **met·a·mor·phous** [-'mɔ:fəs||-'mɔrfəs]⟨bn.⟩ **0.1** ***de metamorfose/gedaanteverandering betreffend*** **0.2** ⟨geol.⟩ ***metamorf*** ◆ **1.1** ~ stage *stadium van metamorfose* **1.2** ~ granite *metamorf graniet*.

met·a·mor·phism [-'mɔ:fɪzm||-'mɔr-]⟨zn.⟩

I ⟨telb.zn.⟩ **0.1** ***metamorfose;***

II ⟨n.-telb.zn.⟩⟨geol.⟩ **0.1** ***metamorfose***.

met·a·mor·phose [-'mɔ:foʊz||-'mɔr-]⟨onov. en ov.ww.⟩ **0.1** ***metamorfoseren*** ⇒*van gedaante (doen) veranderen, om/herscheppen* ◆ **6.1** a tadpole ~s **(in)to** a frog *een kikkervisje verandert in een kikker*.

met·a·mor·pho·sis [-'mɔ:fəsɪs||-'mɔr-]⟨f1⟩⟨telb.zn.; metamorphoses [-si:z]; →mv. 5⟩ **0.1** ***metamorfose*** ⇒*gedaanteverwisseling/verandering* ◆ **6.1** the ~ of the caterpillar **into** a butterfly *de metamorfose van rups tot vlinder*.

met·a·phor ['metəfə, -fɔ:||'metəfɔr]⟨f2⟩⟨telb. en n.-telb.zn.⟩ **0.1** ***metafoor*** ⇒*beeld(spraak), symbool* ◆ **3.1** mixed ~ *meestal lachwekkende vermenging v. twee beelden in één* ⟨bv. catachrese⟩.

met·a·phor·i·cal ['metə'fɒrɪkl||'metə'fɔrɪkl, -'fɑ-], **met·a·phor·ic** [-'fɒrɪk||-'fɔrɪk, -'fɑrɪk]⟨f2⟩⟨bn.; -(al)ly; →bijw. 3⟩ **0.1** ***metaforisch*** ⇒*overdrachtelijk, figuurlijk, in beeldspraak*.

met·a·phrase[1] ['metəfreɪz]⟨telb.zn.⟩ **0.1** ***(woordelijke/letterlijke) vertaling***.

metaphrase[2] ⟨ov.ww.⟩ **0.1** ***letterlijk vertalen*** **0.2** ***met andere woorden weergeven*** ⇒*de verwoording veranderen van, (de woorden van ... lichtjes) verdraaien* ◆ **1.2** they ~d certain Biblical texts in order to win the argument *ze verdraaiden/manipuleerden sommige bijbelse teksten om hun gelijk te halen*.

met·a·phys·ic ['metə'fɪzɪk]⟨telb. en n.-telb.zn.⟩⟨vero.⟩ **0.1** ***metafysica***.

met·a·phys·i·cal [-'fɪzɪkl]⟨f2⟩⟨bn.; -ly⟩ **0.1** ***metafysisch*** ⇒*de metafysica betreffend, bovenzinnelijk, bovennatuurlijk* **0.2** ⟨vaak pej.⟩ ***abstract*** ⇒*oversubtiel* **0.3** ⟨vaak M-⟩ ***(zoals) van de Metaphysicals***.

Met·a·phys·ic·als [-'fɪzɪklz]⟨eig.n.; the; enkel mv.⟩ **0.1** ***(de) Metaphysicals*** ⟨groep Eng. 17e-eeuwse dichters, o.a. Donne en Cowley⟩.

met·a·phy·si·cian [-fɪ'zɪʃn]⟨telb.zn.⟩ **0.1** ***metafysicus***.

met·a·phys·i·cize, cise [-'fɪzɪsaɪz]⟨onov.ww.⟩ **0.1** ***aan metafysica doen*** ⇒*quasi diepzinning of duister filosoferen*.

met·a·phys·ics [-'fɪzɪks]⟨f1⟩⟨n.-telb.zn.⟩ **0.1** ***metafysica*** **0.2** ⟨pej.⟩ ***duistere filosofie*** ⇒*quasi diepzinning gefilosofeer*.

met·a·pla·sia [-'pleɪzɪə||-'pleɪʒə]⟨n.-telb.zn.⟩⟨biol.⟩ **0.1** ***metaplasie*** ⇒*(ziekelijke) weefselomzetting, verhoorning*.

met·a·plasm ['metəplæzm]⟨telb.zn.⟩⟨biol.⟩ **0.1** ***metaplasma*** ⇒*non-protoplastisch celmateriaal*.

met·a·sta·ble ['metə'steɪbl]⟨bn.⟩⟨schei.⟩ **0.1** ***metastabiel***.

met·as·ta·sis [mɪ'tæstəsɪs]⟨telb.zn.; metastases [-i:z]; →mv. 5⟩ ⟨med.⟩ **0.1** ***metastase*** ⇒*uitzaaiing, dochtergezwel*.

met·a·stat·ic ['metə'stætɪk]⟨bn.⟩⟨med.⟩ **0.1** ***metastatisch*** ⇒*metastase-*.

met·a·tar·sal[1] ['metə'tɑ:sl||'metə'tɑrsl]⟨telb.zn.⟩ **0.1** ***middenvoetsbeentje***.

metatarsal[2] ⟨bn.⟩ **0.1** ***van de middenvoet*** ⇒*middenvoets-*.

met·a·tar·sus [-'tɑ:səs||-'tɑrsəs]⟨telb.zn.; metatarsi [-'tɑ:saɪ|| -'tɑrsaɪ]; →mv. 5⟩ **0.1** ***middenvoet***.

me·tath·e·sis [me'tæθəsɪs]⟨telb.zn.; metatheses [-si:z]; →mv. 5⟩ **0.1** ***metathesis*** ⇒*metathese, letterverspringing, klankomwisseling* **0.2** ⟨schei.⟩ ***dubbele omzetting***.

mé·ta·yage ['meteɪɑ:ʒ||'metə'jɑʒ]⟨n.-telb.zn.⟩ **0.1** ***deelpacht*** ⇒*halfbouw*.

mé·ta·yer ['meteɪeɪ||'metə'jeɪ]⟨telb.zn.⟩ **0.1** ***deelpachter*** ⇒*halfbouwer*.

Met Dis ⟨afk.⟩ Metropolitan District.

mete[1] [mi:t]⟨telb.zn.⟩⟨vero. beh. in uitdr. onder 1.1⟩ **0.1** ***grens*** ⇒*grenssteen, limiet* ◆ **1.1** ⟨jur.⟩ ~s and bounds *grenzen, begrenzing;* ⟨ook fig.⟩ the ~s and bounds of the freedom of the press *de beperkingen v.d. persvrijheid*.

mete[2] ⟨ov.ww.⟩ **0.1** ⟨schr.⟩ ***toemeten*** ⇒*uitdelen, toedienen* **0.2** ⟨vero.⟩ ***meten*** ◆ **5.1** ~ **out** rewards and punishments *beloningen en straffen uitdelen*.

me·tem·psy·cho·sis ['metəmsaɪ'koʊsɪs||mə'temsə-]⟨telb.zn.; metempsychoses; →mv. 5⟩ **0.1** ***metempsychose*** ⇒*zielsverhuizing*.

me·tem·psy·cho·sist [-'koʊsɪst]⟨telb.zn.⟩ **0.1** ***iem. die in zielsverhuizing gelooft***.

me·te·or ['mi:tɪə||'mi:tɪər]⟨f1⟩⟨telb.zn.⟩ **0.1** ***meteoor*** ⇒*vallende ster*.

me·te·or·ic ['mi:ti'ɒrɪk||-'ɔrɪk, -'ɑrɪk]⟨bn.; -ally; →bijw. 3⟩ **0.1** ***v./ mbt. meteoren*** ⇒*meteoor-* **0.2** ***meteorisch*** ⇒*atmosferisch* **0.3** ***(schitterend, vlug, kort) als een meteoor*** ⇒*zeer vlug, flitsend, bliksemsnel, kort maar schitterend* ◆ **1.1** ~ stone *meteoorsteen, meteoriet* **1.3** a ~ rise to power *een bliksemsnelle opgang naar de macht*.

me·te·or·ite ['mi:tɪəraɪt]⟨f1⟩⟨telb.zn.⟩ **0.1** ***meteoriet*** ⇒*meteoorsteen*.

me·te·or·o·graph ['mi:tɪərəgrɑ:f||'mi:tɪ'ɔrəgræf]⟨telb.zn.⟩ **0.1** ***meteorograaf*** ⇒*baro-thermo-hygrograaf*.

me·te·or·oid ['mi:tɪərɔɪd]⟨telb.zn.⟩ **0.1** ***meteoroïde*** ⇒*meteoor*.

me·te·or·o·log·ic·al ['mi:tɪərə'lɒdʒɪkl||'mi:tɪərə'lɑ-], **me·te·or·o·log·ic** [-dʒɪk]⟨f1⟩⟨bn.; -(al)ly; →bijw. 3⟩ **0.1** ***meteorologisch*** ⇒*weerkundig* ◆ **1.1** ⟨BE⟩ the Meteorological Office *het Meteorologisch Instituut, de weerkundige dienst* ⟨vergelijkbaar met Ned. K.N.M.I. en B. K.M.I.⟩; ~ report *weerbericht;* ~ tide *meteorologisch beïnvloede getijdenwerking*.

me·te·o·rol·o·gist ['mi:tɪə'rɒlədʒɪst||'mi:tɪə'rɑ-]⟨f1⟩⟨telb.zn.⟩ **0.1** ***meteoroloog*** ⇒*weerkundige*.

me·te·or·o·lo·gy ['mi:tɪə'rɒlədʒi||'mi:tɪə'rɑ-]⟨f1⟩⟨n.-telb.zn.⟩ **0.1** ***meteorologie*** ⇒*weerkunde* **0.2** ***meteorologie*** ⇒*(geheel van) atmosferische karakteristieken*.

'meteor shower ⟨telb.zn.⟩ **0.1** ***meteoorregen*** ⇒*sterrenregen*.

me·te·o·sat ['mi:tɪoʊsæt]⟨telb.zn.⟩ **0.1** ***meteosat*** ⇒*weersatelliet*.

me·ter[1] ['mi:tə||'mi:tər]⟨f3⟩⟨telb.zn.⟩ **0.1** ***meter*** ⇒*persoon die meet* **0.2** ***meter*** ⇒*meettoestel* **0.3** ⟨ben. v. allerlei soorten meters, vooral verk.⟩ →parking-meter, taximeter **0.4** →metre.

meter[2] ⟨ov.ww.⟩ **0.1** ***meten*** ⟨met een meettoestel⟩ **0.2** ***doseren*** **0.3** ***machinaal frankeren*** ◆ **1.1** the petrol was ~ed and charged for *de hoeveelheid benzine werd gemeten en in rekening gebracht* **1.2** ~ing pump *doseerpomp* **1.3** ~ed mail *machinaal gefrankeerde post*.

-me·ter ['mi:tə||'mi:tər] **0.1** ***-meter*** ⟨vormt namen van meettoestellen⟩ **0.2** ⟨verskunst⟩ ***-meter*** ◆ **¶.1** gasmeter *gasmeter* **¶.2** pentameter *pentameter*.

'me·ter·maid ⟨telb.zn.⟩⟨inf.⟩ **0.1** ***parkeercontroleuse*** ⇒*vrouwelijke parkeerwacht*.

me·ter-read·er ⟨telb.zn.⟩⟨AE; sl.⟩ **0.1** ***tweede piloot*** ⇒*co-piloot*.

'meter zone ⟨telb.zn.⟩ **0.1** ***zone met parkeermeters***.

meth [meθ]⟨n.-telb.zn.⟩⟨verk.⟩ methamphetamine ⟨AE; sl.⟩ **0.1** ***speed*** ⇒*pep, methamphetamine*.

metha·done ['meθədoun], **metha·don** ['meθədɒn‖-dɑn]⟨n.-telb.zn.⟩ **0.1** ***methadon***.
meth·am·phet·a·mine ['meθæm'fetəmɪn‖-'feṭəmi:n]⟨n.-telb.zn.⟩ **0.1** ***methamphetamine*** ⟨stimulerend middel⟩.
me·thane ['mi:θeɪn‖'me-]⟨n.-telb.zn.⟩ **0.1** ***met(h)aan(gas)*** *⇒moerasgas, mijngas*.
meth·a·nol ['meθənɒl‖-nɔl]⟨n.-telb.zn.⟩ **0.1** ***methanol*** *⇒methylalcohol*.
me·theg·lin [mə'θeglɪn]⟨n.-telb.zn.⟩⟨vero., gew.⟩ **0.1** ***(soort) mede*** *⇒honingwijn*.
me·thinks [mɪ'θɪŋks]⟨onov.ww.; onpersoonlijke wijs; methought [mɪ'θɔ:t]⟩⟨vero., scherts.⟩ **0.1** ***me dunkt***.
meth·od ['meθəd]⟨f3⟩⟨zn.⟩
I ⟨telb.zn.⟩ **0.1** ***methode*** *⇒leerwijze, (werk)wijze, procedure* ◆ **1.1** ~s of payment *wijzen van betaling;* ~ of approximation *benaderingsmethode* **7.¶** ⟨dram.⟩ the Method *Am. 'Actors Studio' methode v. acteren* ⟨volledige identificatie met de te spelen rol⟩;
II ⟨n.-telb.zn.⟩ **0.1** ***methode*** *⇒regelmaat, orde* ◆ **1.1** a man of ~ *een man van orde en regelmaat*.
me·thod·ic·al [mɪ'θɒdɪkl‖-'θɑ-], **meth·od·ic** [-dɪk]⟨f2⟩⟨bn.; -(al)ly; -(al)ness; →bijw. 3⟩ **0.1** ***methodisch*** *⇒ordelijk, systematisch, zorgvuldig* ◆ **1.1** he's a ~ worker *hij gaat methodisch te werk*.
Meth·od·ism ['meθədɪzm]⟨eig.n.⟩ **0.1** ***(het) Methodisme*** ⟨Protestantse groepering, volgelingen van John Wesley⟩.
meth·od·ist[1] ['meθədɪst]⟨f2⟩⟨telb.zn.⟩ **0.1** ⟨meestal M-⟩ ***methodist*** *⇒aanhanger v.h. Methodisme* **0.2** ***methodicus*** *⇒iem. die methodisch te werk gaat, die op methode/ordening aandringt*.
methodist[2], **meth·od·ist·ic** ['meθə'dɪstɪk], **meth·od·ist·ic·al** [-ɪkl]⟨f2⟩⟨bn.⟩ **0.1** ***methodistisch*** *⇒Methodisten-*.
meth·od·ize, -ise ['meθədaɪz]⟨ov.ww.⟩ **0.1** ***methode brengen in*** *⇒systematiseren, ordenen*.
meth·od·o·log·ic·al ['meθədə'lɒdʒɪkl‖-'lɑ-]⟨f1⟩⟨bn.; -ly⟩ **0.1** ***methodologisch***.
meth·od·ol·o·gy ['meθə'dɒlədʒi‖-'dɑ-]⟨f1⟩⟨n.-telb.zn.⟩ **0.1** ***methodologie*** *⇒methodenleer*.
methought [mɪ'θɔ:t]⟨verl. t.⟩ →methinks.
meths [meθs]⟨n.-telb.zn.⟩⟨verk.⟩ methylated spirits ⟨BE; inf.⟩ **0.1** ***brandspiritus***.
me·thu·se·lah [mɪ'θju:zɪlə‖-'θu:-]⟨zn.⟩
I ⟨eig.n.; M-⟩ **0.1** ***Methusalem*** ◆ **2.1** as old as ~ *zo oud als Methusalem, stokoud;*
II ⟨telb.zn.⟩ **0.1** ⟨meestal M-⟩ ***stokoude man*** **0.2** ***grote wijnfles*** ⟨ong. 6 l⟩ ⇒⟨oneig.⟩ *jeroboam, mandefles, buikfles*.
meth·yl ['meθɪl]⟨n.-telb.zn.⟩ **0.1** ***methyl***.
'methyl 'alcohol ⟨n.-telb.zn.⟩ **0.1** ***methylalcohol***.
meth·yl·ate ['meθɪleɪt]⟨ov.ww.⟩ **0.1** ***methyleren*** *⇒met methyl(alcohol) vermengen, denatureren* ⟨onbruikbaar maken voor consumptie⟩ ◆ **1.1** ~d spirit(s) *gedenatureerde alcohol, (brand)spiritus*.
met·ic ['meṭɪk]⟨telb.zn.⟩⟨Griekse oudheid⟩ **0.1** ***metoik*** *⇒inwonend vreemdeling* ⟨zonder volledig burgerrecht in de stad⟩.
me·tic·u·lous [mɪ'tɪkjʊləs‖-kjə-]⟨f2⟩⟨bn.; -ly; -ness⟩ **0.1** ***overdreven nauwgezet*** *⇒pietepeuterig, overscrupuleus* **0.2** ***(zeer) nauwgezet*** *⇒(uiterst) nauwkeurig, precies, accuraat* ◆ **6.1** he's ~ **in** his work *hij doet zijn werk overdreven nauwkeurig*.
mé·tier ['metieɪ‖meɪ'tjeɪ]⟨telb.zn.⟩ **0.1** ***métier*** *⇒beroep, vak* **0.2** ***specialiteit*** *⇒sterke zijde, fort* ◆ **3.2** selling unsaleable products is his '~' *onverkoopbare produkten verkopen is zijn fort*.
me·tis ['meɪ'ti:(s)], **me·tif** ['meɪ'ti:f]⟨telb.zn.; 1e variant metis; →mv. 4⟩ **0.1** ***mesties*** *⇒halfbloed* ⟨uit Indiaanse en blanke (in Canada Frans-Canadese) voorouders⟩.
'Met Office ⟨f1⟩⟨eig.n.; the⟩⟨verk.⟩ Meteorological office ⟨inf.⟩ **0.1** ***Meteorologisch Instituut*** ⇒⟨B.⟩ *K.M.I.*, ⟨Ned.⟩ *K.N.M.I.*.
Me·ton·ic [mɪ'tɒnɪk‖me'tɑnɪk]⟨bn., attr.⟩ **0.1** ***maan-*** ◆ **1.1** ~ cycle *maancirkel, maancyclus* ⟨periode v. 19 jaar⟩.
met·o·nym ['meṭənɪm]⟨telb.zn.⟩ **0.1** ***metoniem*** *⇒metonymisch gebruikt woord*.
met·o·nym·ic·al ['meṭə'nɪmɪkl]⟨bn.; -ly⟩ **0.1** ***metonymisch***.
me·ton·y·my [mɪ'tɒnɪmi‖-'tɑ-]⟨telb. en n.-telb.zn.; →mv. 2⟩ **0.1** ***metonymie***.
me-too, me·too ['mi:'tu:]⟨bn., attr.⟩⟨inf.; pol.⟩ **0.1** ***(van) dat-ga-ik-ook-doen*** *⇒dat kan ik/kunnen wij ook* ◆ **1.1** the candidate conducted a ~ campaign *de kandidaat voerde een campagne van dat-ga-ik-ook-doen*.
me-too·ism, me·too·ism ['mi:'tu:ɪzm]⟨n.-telb.zn.⟩⟨inf.; pol.⟩ **0.1** ***politiek/houding van dat-ga-ik-ook-doen/dat-kan-ik-ook***.
met·o·pe ['meṭoʊp]⟨telb.zn.; ook metopae ['meṭoʊpi:]; →mv. 5⟩⟨bouwk.⟩ **0.1** ***metope*** *⇒tussenvlak* ⟨van Dorisch fries⟩.
me·tre, ⟨AE sp.⟩ **me·ter** ['mi:tə‖'mi:ṭər]⟨f2⟩⟨zn.⟩
I ⟨telb.zn.⟩ **0.1** ***meter*** ◆ **3.1** ~ run *strekkende meter;* ⟨B.⟩ *lopende meter;*
II ⟨telb. en n.-telb.zn.⟩ **0.1** ***metrum*** *⇒versmaat, vers; (muziek) maat*.
'me·tre-'can·dle ⟨telb.zn.⟩⟨nat.⟩ **0.1** ***lux***.
'met report ⟨telb.zn.⟩⟨BE; inf.⟩ **0.1** ***weerbericht***.
met·ric ['metrɪk]⟨f1⟩⟨bn., attr.⟩ **0.1** ***metriek*** **0.2** ⟨zelden⟩ →metrical ◆ **1.1** ~ centner *100 kg;* ~ hundredweight *50 kg;* ~ system *metriek stelsel;* ~ ton *1 ton, 1000 kg* **3.1** ⟨inf.⟩ go ~ *overschakelen op het metrieke stelsel*.
-met·ric ['metrɪk], **-met·ri·cal** ['metrɪkl] **0.1** ***-metrisch*** ⟨vormt bijv. nw. uit nw. eindigend op -meter, -metry⟩ ◆ **¶.1** geometric, geometrical *geometrisch*.
met·ri·cal ['metrɪkl]⟨bn.; -ly⟩
I ⟨bn.⟩ **0.1** ***metrisch*** *⇒periodisch, ritmisch* ◆ **1.1** ~ stress *metrisch accent;*
II ⟨bn., attr.⟩ **0.1** ***metingen betreffend*** **0.2** ⟨zelden⟩ →metric 0.1 ◆ **1.1** ~ geometry *metrische meetkunde;* the ~ properties of space *de meetkundige eigenschappen v.d. ruimte*.
met·ri·cate ['metrɪkeɪt], **met·ri·cize, -cise** ['metrɪsaɪz]⟨ww.⟩
I ⟨onov.ww.⟩ **0.1** ***overschakelen op het metrieke stelsel;***
II ⟨ov.ww.⟩ **0.1** ***aanpassen aan het metrieke stelsel***.
met·ri·ca·tion ['metrɪ'keɪʃn]⟨telb. en n.-telb.zn.⟩ **0.1** ***overschakeling op/aanpassing aan het metrieke stelsel***.
me·tri·cian [mɪ'trɪʃn]⟨telb.zn.⟩ **0.1** ***verzenschrijver*** *⇒dichter* **0.2** ***iem. die bekwaam is in metriek/versleer***.
met·rics ['metrɪks]⟨n.-telb.zn.⟩ **0.1** ***metriek*** *⇒versleer, maatleer*.
met·ri·fi·ca·tion ['metrɪfɪ'keɪʃn]⟨telb. en n.-telb.zn.⟩ **0.1** ***overschakeling op/aanpassing aan het metrieke stelsel*** **0.2** ***versificatie***.
met·ri·fy ['metrɪfaɪ]⟨ww.; →ww. 7⟩
I ⟨onov.ww.⟩ **0.1** ***overschakelen op het metrieke stelsel;***
II ⟨ov.ww.⟩ **0.1** ***aanpassen aan het metrieke stelsel*** **0.2** ***versificeren*** *⇒versifiëren*.
met·rist ['metrɪst]⟨telb.zn.⟩ **0.1** ***verzenschrijver*** *⇒dichter* **0.2** ***iem. die bekwaam is in metriek/versleer***.
met·ro, Met·ro ['metroʊ]⟨f1⟩⟨telb.zn.⟩⟨inf.⟩ **0.1** ***metro*** *⇒ondergrondse*.
met·ro- ['mi:troʊ], **metr-** [mi:tr-] **0.1** ***baarmoeder-*** **0.2** ***metro-*** ◆ **¶.1** metralgia *baarmoederpijn* **¶.2** metronome *metronoom*.
met·ro·log·i·cal ['metrə'lɒdʒɪkl‖-'lɑ-]⟨bn.; -ly⟩ **0.1** ***metrologisch***.
me·trol·o·gy [mɪ'trɒlədʒi‖-'trɑ-]⟨telb. en n.-telb.zn.; →mv. 2⟩ **0.1** ***metrologie*** *⇒systeem/leer v.d. maten en gewichten, techniek v.h. (land)meten*.
met·ro·nome ['metrənoʊm]⟨f1⟩⟨telb.zn.⟩⟨muz.⟩ **0.1** ***metronoom***.
met·ro·nom·ic ['metrə'nɒmɪk‖-'nɑ-]⟨bn.; -ally; →bijw. 3⟩ **0.1** ***metronomisch*** ⇒⟨pej.⟩ *overdreven regelmatig, slaafs de maat volgend*.
me·tro·nym·ic[1] ['metrə'nɪmɪk]⟨telb.zn.⟩⟨taalk.⟩ **0.1** ***metronymicum*** ⟨van moedersnaam afgeleide achternaam⟩.
metronymic[2] ⟨bn.⟩⟨taalk.⟩ **0.1** ***metronymisch***.
me·trop·o·lis [mɪ'trɒpəlɪs‖-'trɑ-]⟨f1⟩⟨telb.zn.⟩ **0.1** ***metropool*** *⇒hoofdstad, metropolis, wereldstad, moederstad* **0.2** ***zetel van metropoliet*** **0.3** ***moederland*** ◆ **7.1** ⟨vaak M-⟩ the ~ *de metropool;* ⟨BE⟩ *Londen;* ⟨AE⟩ *New York*.
met·ro·pol·i·tan[1] ['metrə'pɒlɪtən‖-'pɑlɪtn]⟨f1⟩⟨telb.zn.⟩ **0.1** ***metropoliet*** *⇒aartsbisschop, bisschop* **0.2** ***bewoner v.e. metropool*** *⇒iem. met grootsteedse opvattingen en gewoonten*.
metropolitan[2] ⟨f2⟩⟨bn., attr.⟩ **0.1** ***metropolitaans*** *⇒aartsbisschoppelijk* **0.2** ***metropolitaans*** *⇒hoofdstedelijk* **0.3** ***tot het moederland behorend*** ◆ **1.1** ~ bishop *metropoliet, aartsbisschop* **1.2** the Metropolitan (and District) Line *de Londense metro* ⟨officiële naam⟩; ⟨BE⟩ ~ magistrate *Londens stadsmagistraat;* ⟨BE⟩ the Metropolitan Police *de Londense politie*.
me·tror·rha·gi·a ['mi:trɔ:'reɪdʒɪə‖-trə-]⟨telb.zn.⟩ **0.1** ***baarmoeder(lijke) bloeding*** *⇒vloeiïng* ⟨niet menstrueel⟩.
-me·try [mɪtri] **0.1** ***-metrie*** ◆ **¶.1** calorimetry *warmtemeting*.
met·tle, ⟨AE sp. zelden ook⟩ **met·al** ['meṭl]⟨n.-telb.zn.⟩ **0.1** ***moed*** *⇒deugdelijkheid, kracht, pit, spirit, karakter* **0.2** ***temperament*** *⇒aard, karakter* ◆ **1.1** a man of ~ *een man met pit* **3.1** prove one's ~ *zijn waarde bewijzen;* show one's ~ *zijn karakter tonen* **3.¶** try s.o.'s ~ *iem. testen/op de proef stellen* **6.¶** put s.o. **on** his ~ *iem. op de proef stellen;* be **on** one's ~ *op de proef gesteld worden*.
met·tle·some ['meṭlsəm]⟨bn.⟩ **0.1** ***kranig*** *⇒dapper, pittig*.
Meuse [mɜ:z]⟨eig.n.; the⟩ **0.1** ***Maas***.
mew[1] [mju:]⟨f2⟩⟨zn.⟩
I ⟨telb.zn.⟩ **0.1** ***(zee)meeuw*** ⟨vnl. Larus canus⟩ **0.2** ***(rui)kooi*** *⇒havikskooi* **0.3** ***mesthok*** ⟨vnl. voor vetmesten v. vogels⟩ **0.4** ⟨schr.⟩ ***schuilplaats*** *⇒toevluchtsoord;*
II ⟨telb. en n.-telb.zn.⟩ **0.1** ***miauw*** *⇒gem(i)auw;*
III ⟨mv.; ~s; ww. meestal enk.⟩⟨vnl. BE⟩ **0.1** ***stall(ing)en*** ⟨vroeger voor paarden, nu voor auto's⟩ *⇒tot woonhuizen omgebouwde stall(ing)en, straat(je) aan de stallingzijde v. rij woonhuizen,*

(rij) autoboxen ◆ **2.1** ⟨gesch.⟩ The Royal Mews *de Koninklijke Stallen*.
mew[2] ⟨f1⟩ ⟨ww.⟩
I ⟨onov.ww.⟩ **0.1** ***miauwen*** ⇒*mauwen* **0.2** ***krijsen*** ⇒*kolderen* ⟨meeuwen⟩ **0.3** ⟨vero.; vooral v. haviken⟩ ***ruien*** ⇒⟨B.⟩ *ruiven;*
II ⟨ov.ww.⟩ **0.1** ***opsluiten (in kooi)*** **0.2** ⟨vero.⟩ ***verliezen*** ⟨veren⟩ ◆ **1.2** ~ feathers *veren verliezen, ruien* **5.1** ~ **up** *opsluiten*.
mewl [mju:l] ⟨onov.ww.⟩ **0.1** ***grienen*** ⇒*janken, jengelen, dreinen* **0.2** ***miauwen*** ⇒*mauwen*.
Mex ⟨afk.⟩ Mexican, Mexico.
Mex·i·can[1] ['meksɪkən] ⟨f2⟩ ⟨zn.⟩
I ⟨eig.n.⟩ **0.1** ***Mexicaans*** ⇒*de Mexicaanse taal;*
II ⟨telb.zn.⟩ **0.1** ***Mexicaan(se)***.
Mexican[2] ⟨f2⟩ ⟨bn.⟩ **0.1** ***Mexicaans*** ◆ **1.¶** ⟨AE; sl.⟩ ~ breakfast *ontbijt v. sigaret en glas water* ⟨na dronken nacht⟩; ⟨AE; sl.⟩ ~ promotion/raise *bevordering zonder salarisverhoging*.
'Mexico wave, 'Mexican wave ⟨telb.zn.⟩ ⟨sport⟩ **0.1** ***wave*** ⟨golfbeweging door supporters op de tribune⟩.
me·ze·re·on [mɪ'zɪərɪən‖-'zɪr-], **me·zere·um** [mɪ'zɪərɪəm‖-'zɪr-] ⟨zn.⟩
I ⟨telb.zn.⟩ **0.1** ***peperboompje*** ⟨Daphne mezereum⟩ ⇒⟨gew.⟩ *mizerieboom;*
II ⟨n.-telb.zn.⟩ ⟨far.⟩ **0.1** ***peperbast*** ⟨schors v. I als geneesmiddel⟩.
me·zu·zah, me·zu·za [mə'zu:zə] ⟨telb.zn.; ook mezuzoth [mə'zu:zoʊθ]; →mv. 5⟩ ⟨jud.⟩ **0.1** ***mezoeza*** ⟨bijbeltekstrol aan deurpost of als amulet; naar Deut. 6:4-9⟩.
mez·za·nine ['mezəni:n, 'metsə-‖'mezə'ni:n] ⟨telb.zn.⟩ **0.1** ***tussenverdieping*** ⇒*mezzanine, insteekverdieping, entresol* **0.2** ⟨dram.⟩ ***mezzanine*** ⇒*(eerste) balkon*.
mez·zo[1] ['metsoʊ, 'medzoʊ] ⟨telb.zn.⟩ ⟨inf.⟩ **0.1** ***mezzosopraan***.
mezzo[2] ⟨bw.⟩ ⟨vnl. muz.⟩ **0.1** ***mezzo*** ⇒*half*.
mez·zo-re·lie·vo, mez·zo-ri·lie·vo ['metsoʊrɪ'ljeɪvoʊ] ⟨telb. en n.-telb.zn.; ook -relievi [-rɪ'ljeɪvi]; →mv. 5⟩ **0.1** ***halfreliëf***.
mez·zo·so·pran·o ['metsoʊsə'prɑ:noʊ] ⟨telb. en n.-telb.zn.⟩ **0.1** ***mezzosopraan***.
mez·zo·tint[1] ['metsoʊtɪnt] ⟨telb. en n.-telb.zn.⟩ ⟨beeld. k.⟩ **0.1** ***mezzotint(o)*** ⇒*zwartekunst(prent)*.
mezzotint[2] ⟨ov.ww.⟩ **0.1** ***graveren in mezzotint***.
mf, MF ⟨afk.⟩ mezzo forte, medium frequency.
mfg ⟨afk.⟩ manufacturing.
MFN ⟨afk.⟩ Most Favored Nation.
mfr ⟨afk.⟩ manufacture, manufacturer.
MG ⟨afk.⟩ Major General, machine gun, Morris Garages.
MGB ⟨afk.⟩ motor gun-boat.
mgr, Mgr ⟨afk.⟩ monseigneur, monsignor, manager.
MH ⟨afk.⟩ ⟨AE⟩ Medal of Honor.
mho [moʊ] ⟨telb.zn.⟩ ⟨elek.⟩ **0.1** ***siemens*** ⟨eenheid van elek. geleiding, omkering van de ohm⟩.
MHR ⟨afk.⟩ Member of the House of Representatives ⟨in U.S.A. en Australië⟩.
mi[1], **me** [mi:] ⟨f1⟩ ⟨telb. en n.-telb.zn.⟩ ⟨muz.⟩ **0.1** ***mi*** ⇒*E*.
mi[2] ⟨afk.⟩ ⟨AE⟩ mile(s), mill.
MI ⟨afk.⟩ Michigan, Military Intelligence.
MIA ⟨afk.⟩ missing in action ⟨vnl. AE⟩ ⟨v. soldaten⟩.
mi·aow[1], **mi·aou, me·ow, me·aow** [mi'aʊ] ⟨f1⟩ ⟨telb.zn.⟩ **0.1** ***miauw*** ⇒*kattegejank* ⟨ook fig.⟩.
miaow[2], **miaou, meow, meaow** ⟨f1⟩ ⟨onov.ww.⟩ **0.1** ***m(i)auwen***.
mi·as·ma [mi'æzmə‖maɪ-] ⟨telb.zn.; ook miasmata [-mətə]; →mv. 5⟩ **0.1** ***miasma*** ⇒*miasme, (schadelijke) uitwaseming, moerasdamp* **0.2** ⟨ook fig.⟩ ***verpeste atmosfeer*** ⇒*verpestende atmosfeer, miasma*.
mi·as·mal [mi'æzml‖maɪ-], **mi·as·mat·ic** ['mɪəz'mætɪk‖'maɪəz'mætɪk], **mi·as·mic** [mɪ'æzmɪk‖maɪ-] ⟨bn.⟩ **0.1** ***miasmatisch*** ⇒*verpest(end), ziekteverwekkend*.
mi·aul [mi'aʊl] ⟨onov.ww.⟩ **0.1** ***m(i)auwen***.
Mic ⟨afk.⟩ Micah.
mi·ca ['maɪkə] ⟨n.-telb.zn.⟩ **0.1** ***mica*** ⇒*glimmer* ⟨mineraal (groep)⟩.
mi·ca·ceous [maɪ'keɪʃəs] ⟨bn.⟩ **0.1** ***mica*** ⇒*van glimmer* **0.2** ***mica-achtig*** ⇒*glimmerachtig* ◆ **1.1** ~ iron ore *ijzerglimmer*.
Mi·cah ['maɪkə] ⟨eig.n.⟩ ⟨bijb.⟩ **0.1** ***(boek) Micha***.
'mi·ca-schist, 'mi·ca-slate ⟨n.-telb.zn.⟩ **0.1** ***glimmerlei***.
Mi·caw·ber [mɪ'kɔ:bə‖-ər] ⟨telb.zn.⟩ **0.1** ***Micawber*** ⇒*naïeve/onverwoestbare/zorgeloze optimist;* ⟨oneig.⟩ *Pa Pinkelman* ⟨naar personage in Dickens' David Copperfield⟩.
Mi·caw·ber·ish [mɪ'kɔ:bərɪʃ] ⟨bn.⟩ **0.1** ***naïef optimistisch*** ⇒*onverwoestbaar optimistisch, zorgeloos*.
Mi·caw·ber·ism [mɪ'kɔ:bərɪzm] ⟨n.-telb.zn.⟩ **0.1** ***naïef optimisme*** ⇒*onverwoestbaar optimisme, zorgeloosheid*.
mice [maɪs] ⟨mv.⟩ →mouse.
MICE ⟨afk.⟩ Member of the Institution of Civil Engineers.
mi·celle, mi·cell [mɪ'sel‖maɪ-], **mi·cel·la** [mɪ'selə‖maɪ-] ⟨telb.zn.; micelles [-lz], 3e variant micellae [-'seli:]; →mv. 5⟩ ⟨schei.⟩ **0.1** ***micel***.
Mich ⟨afk.⟩ Michaelmas, Michigan.
Mi·chael ['maɪkl] ⟨eig.n.⟩ **0.1** ***Michael*** ⇒*Michiel, Michel*.
Mich·ael·mas ['mɪklməs] ⟨eig.n.⟩ **0.1** ***Sint-Michiel*** ⟨29 september⟩.
'Michaelmas 'daisy ⟨telb.zn.⟩ **0.1** ***(soort) herfstaster***.
'Michaelmas term ⟨telb.zn.⟩ ⟨BE⟩ **0.1** ***herfsttrimester***.
Mich·i·gan ['mɪʃɪgən] ⟨zn.⟩
I ⟨eig.n.⟩ **0.1** ***Michigan*** ⟨noordelijke staat in de U.S.A.⟩;
II ⟨n.-telb.zn.⟩ **0.1** ⟨vaak m-⟩ ⟨AE⟩ ***Michigan*** ⟨kaartspel⟩.
Mich·i·gan·der ['mɪʃɪgændə‖-ər] ⟨telb.zn.⟩ **0.1** ***inwoner v. (de staat) Michigan***.
'Michigan roll ⟨telb.zn.⟩ ⟨AE; sl.⟩ **0.1** ***rol bankbiljetten waarvan alleen het buitenste echt is, de rest vals***.
mick, Mick [mɪk] ⟨telb.zn.⟩ ⟨sl.; vaak bel.⟩ **0.1** ***Ier*** **0.2** ***(rooms-)katholiek*** ⇒*paap* ◆ **1.2** Mike a ~? *is Michiel van 't houtje?*.
mick·ey, mick·y ['mɪki] ⟨f1⟩ ⟨telb.zn.; →mv. 2⟩ **0.1** ⟨verk.⟩ ⟨Mickey Finn⟩ **0.2** ⟨meestal mv.⟩ ⟨AE⟩ ***aardappel*** ◆ **3.¶** ⟨inf.⟩ take the ~ out of s.o. *iem. voor de gek houden/voor lul zetten, de draak steken met iem., iem. dollen*.
Mickey, 'Mickey 'Finn ⟨telb.zn.⟩ ⟨sl.⟩ **0.1** ***alcoholische drank waarin stiekem een verdovings/laxeermiddel gemengd werd*** ⇒*dat verdovings/laxeermiddel*.
'mick·ey-'mouse ⟨ov.ww.⟩ ⟨inf.; vaak pej.⟩ **0.1** ***(na)synchroniseren*** ⇒*lipsynchroniseren, van geluid voorzien* ⟨zoals in tekenfilms⟩ ◆ **5.¶** ⟨AE; sl.⟩ ~ **around** *rondlummelen, aanrommelen*.
'Mickey 'Mouse[1] ⟨zn.⟩ ⟨AE⟩
I ⟨eig.n.⟩ **0.1** ***Mickey muis*** ⟨tekenfilmfiguur v. Disney⟩;
II ⟨n.-telb.zn.⟩ **0.1** ⟨sl.; mil.⟩ ***poeha*** ⇒*warboel* **0.2** ⟨AE; sl.⟩ ***(schone) schijn***.
Mickey Mouse[2] ⟨bn., attr.⟩ ⟨AE; sl.⟩ **0.1** ***simpel*** ⇒*makkelijk;* ⟨bij uitbr.⟩ *onbelangrijk, onbeduidend* **0.2** ⟨muz.⟩ ***sentimenteel*** ⇒*onoprecht* **0.3** ***schoonschijnend*** ⇒*oppervlakkig, bedrieglijk* **0.4** ***slecht*** ⇒*waardeloos, inferieur*.
'mick·ey-tak·ing ⟨n.-telb.zn.⟩ **0.1** ***geplaag*** ⇒*plagerij*.
mick·le[1] ['mɪkl], **muck·le** ['mʌkl] ⟨telb.zn.⟩ ⟨vero., Sch. E⟩ ⟨→sprw. 437⟩ **0.1** ***grote hoeveelheid***.
mickle[2], **muckle** ⟨onb.det.⟩ ⟨vero., Sch. E⟩ **0.1** ***veel*** ⇒*groot*.
Mic·mac ['mɪkmæk] ⟨zn.; ook Micmac; →mv. 4⟩
I ⟨eig.n.⟩ **0.1** ***Micmac*** ⇒*taal v.d. Micmac-indianen* ⟨in N. Amerika⟩;
II ⟨telb.zn.⟩ **0.1** ***Micmac-indiaan***.
mi·cro ['maɪkroʊ] ⟨telb.zn.⟩ ⟨inf.⟩ **0.1** ***supermini*** ⟨rok, jurk of mantel⟩ **0.2** ⟨comp.⟩ ***micro(computer)*** **0.3** ⟨verk.⟩ ⟨microprocessor⟩.
mi·cro- ['maɪkroʊ], **micr-** [maɪkr] **0.1** ***micro-*** ⇒*mikro-, (abnormaal) klein/kort, miniatuur-*.
mi·cro·a·nal·y·sis ['maɪkroʊə'nælɪsɪs] ⟨telb.zn.; -analyses [-si:z]; →mv. 5⟩ **0.1** ***microanalyse***.
mi·crobe ['maɪkroʊb] ⟨f1⟩ ⟨telb.zn.⟩ **0.1** ***microbe*** ⇒*bacterie*.
mi·cro·bi·al [maɪ'kroʊbɪəl] ⟨bn.⟩ **0.1** ***microbieel*** ⇒*bacteriologisch* ◆ **1.1** ~ warfare *bacteriologische oorlogsvoering*.
mi·cro·bic [maɪ'kroʊbɪk] ⟨bn.⟩ **0.1** ***microbieel*** ⇒*bacteriologisch*.
mi·cro·bi·o·log·i·cal ['maɪkroʊbaɪə'lɒdʒɪkl‖-'lɑ-] ⟨bn.; -ly⟩ **0.1** ***microbiologisch***.
mi·cro·bi·ol·o·gist [-baɪ'ɒlədʒɪst‖-'ɑlə-] ⟨telb.zn.⟩ **0.1** ***microbioloog***.
mi·cro·bi·ol·o·gy [-baɪ'ɒlədʒi‖-'ɑlə-] ⟨n.-telb.zn.⟩ **0.1** ***microbiologie***.
mi·cro·card [-kɑ:d‖-kɑrd] ⟨telb.zn.⟩ **0.1** ***microkaart*** ⇒*microfiche*.
mi·cro·ce·phal·ic[1] [-sɪ'fælɪk] ⟨telb.zn.⟩ **0.1** ***kleinschedelige*** ⇒*microcefaal*.
microcephalic[2], **mi·cro·ceph·a·lous** [-'sefələs] ⟨bn.⟩ **0.1** ***kleinschedelig*** ⇒*microcefaal*.
mi·cro·ceph·a·ly [-'sefəli] ⟨n.-telb.zn.⟩ **0.1** ***kleinschedeligheid*** ⇒*microcefalie*.
mi·cro·chip [-tʃɪp] ⟨telb.zn.⟩ ⟨comp.⟩ **0.1** ***microchip***.
mi·cro·cir·cuit [-sɜ:kɪt‖-sɜr-] ⟨telb.zn.⟩ **0.1** ***microcircuit*** ⇒*microstroomketen, microstroomkring, microkringloop*.
mi·cro·cir·cuit·ry [-'sɜ:kɪtri] ⟨telb.zn.; →mv. 2⟩ **0.1** ***microcircuit*** ⇒*microscopisch kringloopsysteem*.
mi·cro·cli·mate [-klaɪmət] ⟨telb.zn.⟩ **0.1** ***microklimaat***.
mi·cro·cli·mat·ic [-klaɪ'mætɪk], **mi·cro·cli·ma·to·log·ic** [-klaɪmətə'lɒdʒɪk‖-klaɪmətə'lɑ-], **mi·cro·cli·ma·to·log·i·cal** [-ɪkl] ⟨bn.⟩ **0.1** ***microklimatologisch*** ⇒*microklimatisch*.
mi·cro·cline [-klaɪn] ⟨n.-telb.zn.⟩ ⟨schei.⟩ **0.1** ***microklien***.
mi·cro·com·put·er [-kəmpju:tə‖-kəmpju:tər] ⟨telb.zn.⟩ ⟨comp.⟩ **0.1** ***micro(computer)*** ⟨computer met microprocessor⟩.
'mi·cro·cook [-kʊk] ⟨ov.ww.⟩ **0.1** ***in de magnetron(oven) zetten/verhitten*** ⇒*koken in de magnetron*.
mi·cro·cosm ['maɪkrəkɒzm‖-kɑzm] ⟨telb.zn.⟩ **0.1** ***microkosmos***.
mi·cro·cos·mic [-'kɒzmɪk‖-'kɑz-] ⟨bn.⟩ **0.1** ***microkosmisch***.

mi·cro·dot ['maɪkrədɒt‖-dɑt]⟨telb.zn.⟩ **0.1** ***(tot een punt verkleinde) microfoto*** ⟨v.e. document⟩ **0.2** ⟨sl.⟩ ***(microscopisch klein) pilletje*** ⟨o.m. van LSD⟩.

mi·cro·ec·o·nom·ics [-ekə'nɒmɪks, -i:kə-‖-'nɑ-]⟨n.-telb.zn.⟩ **0.1** ***micro-economie***.

mi·cro·e·lec·tron·ics ['maɪkroʊɪlek'trɒnɪks‖-'trɑ-]⟨f1⟩⟨n.-telb.zn.⟩ **0.1** ***micro-elektronica***.

mi·cro-el·e·ment ['maɪkroʊ'elɪmənt]⟨telb.zn.⟩ **0.1** ***micro-element*** ⇒*spoorelement*.

mi·cro·fiche ['maɪkrəfi:ʃ]⟨f1⟩⟨telb.zn.; ook -fiche; →mv. 4⟩ **0.1** ***microfiche***.

'microfiche reader ⟨telb.zn.⟩ **0.1** ***microfiche-leesapparaat***.

micro·film[1] [-fɪlm]⟨f1⟩⟨telb. en n.-telb.zn.⟩ **0.1** ***microfilm***.

microfilm[2] ⟨f1⟩⟨ov.ww.⟩ **0.1** ***microfilmen*** ⇒*op microfilm vastleggen*.

micro·form [-fɔ:m‖-fɔrm]⟨telb.zn.⟩ **0.1** ***micro-organisme*** **0.2** ***microformaat***.

mi·cro·graph [-grɑ:f‖-græf]⟨telb.zn.⟩ **0.1** ***micrograaf*** **0.2** ***foto v.e. microscopisch waargenomen object***.

mi·cro·graph·ic [-'græfɪk]⟨bn.⟩ **0.1** ***micrografisch***.

mi·crog·ra·phy [maɪ'krɒgrəfi‖-'krɑ-]⟨n.-telb.zn.⟩ **0.1** ***micrografie***.

mi·cro·groove ['maɪkrəgru:v]⟨telb.zn.⟩ **0.1** ***langspeelplaat*** ⇒*elpee, l.p.* **0.2** ***microgroef*** ⇒*zeer smalle groef* ⟨in grammofoonplaat⟩.

mi·cro·light ['maɪkroʊlaɪt]⟨telb.zn.⟩ **0.1** ***superlicht vliegtuigje*** ⟨gewicht ong. 150 kg⟩.

mi·cro·mesh [-meʃ]⟨n.-telb.zn.⟩ **0.1** ***zeer fijn maaswerk***.

'micromesh stockings ⟨mv.⟩ **0.1** ***fijnmazige kousen***.

mi·cro·me·te·or·ol·o·gy [-mi:tɪə'rɒlədʒi‖-mi:ţɪə'rɑ-]⟨n.-telb.zn.⟩ **0.1** ***micrometeorologie***.

mi·crom·eter [maɪ'krɒmɪţə‖-'krɑmɪţər]⟨f1⟩⟨telb.zn.⟩ **0.1** ***micrometer***.

mi·cro·met·ric ['maɪkroʊ'metrɪk], **mi·cro·met·ri·cal** [-ɪkl]⟨bn.⟩ **0.1** ***micrometrisch***.

mi·cro·min·i·a·tur·i·za·tion, -sa·tion [-mɪnɪtʃəraɪ'zeɪʃn‖-tʃərə-]⟨n.-telb.zn.⟩ **0.1** ***microminiaturisatie*** ⇒*microverkleiningstechniek*.

mi·cron ['maɪkrɒn‖-krɑn]⟨f1⟩⟨telb.zn.; ook micra ['maɪkrə]; →mv. 5⟩ **0.1** ***micron*** ⇒*micrometer* ⟨0,000001 m⟩.

mi·cro·nu·cle·ar ['maɪkroʊ'nju:klɪə‖-'nu:klɪər]⟨bn., attr.⟩ **0.1** ***micronucleair*** ⇒*microkernenergetisch*.

mi·cro·nu·cle·us [-'nju:klɪəs‖-'nu:-]⟨telb.zn.; meestal -nuclei; →mv. 5⟩ **0.1** ***microkern*** ⇒*micronucleus*.

mi·cro·nu·tri·ent [-'nju:trɪənt‖-'nu:-]⟨telb.zn.⟩ **0.1** ***micro-element*** ⇒*spoorelement* **0.2** ***micronutriënt*** ⇒*microbouwstof*.

mi·cro·or·gan·ism [-'ɔ:gənɪzm‖-'ɔr-]⟨f1⟩⟨telb.zn.⟩ **0.1** ***micro-organisme*** ⇒*microscopisch klein organisme*.

mi·cro·phone ['maɪkrəfoʊn]⟨f2⟩⟨telb.zn.⟩ **0.1** ***microfoon*** ⇒⟨B.⟩ *micro*.

mi·cro·pho·to·graph ['maɪkroʊ'foʊtəgrɑ:f‖-'foʊţəgræf]⟨telb.zn.⟩ **0.1** ***microfoto*** ⇒*microfilm*.

mi·cro·proc·es·sor [-'proʊsesə‖-'prɑsesər]⟨telb.zn.⟩⟨comp.⟩ **0.1** ***microprocessor*** ⟨centrale verwerkingseenheid v. computer⟩.

mi·cro·scope ['maɪkrəskoʊp]⟨f2⟩⟨telb.zn.⟩ **0.1** ***microscoop*** ◆ **3.1** put/examine under the ~ *onder de loep nemen* ⟨ook fig.⟩.

mi·cro·scop·ic [-'skɒpɪk‖-'skɑ-], **mi·cro·scop·i·cal** [-ɪkl]⟨f2⟩⟨bn.; -(al)ly; →bijw. 3⟩ **0.1** ***microscopisch*** **0.2** ***microscopisch klein*** ⇒*uiterst klein* ◆ **1.¶** ~ section *preparaat* ⟨voor microscopisch onderzoek⟩; *microtomisch plakje (weefsel)*.

mi·cros·co·py [maɪ'krɒskəpi‖-'krɑ-]⟨n.-telb.zn.⟩ **0.1** ***microscopie***.

mi·cro·sec·ond ['maɪkrəsekənd]⟨telb.zn.⟩ **0.1** ***microseconde***.

mi·cro·seism ['maɪkroʊsaɪzm]⟨telb.zn.⟩ **0.1** ***micro-aardschok*** ⇒*lichte aardtrilling*.

mi·cro·tone [-toʊn]⟨telb.zn.⟩⟨muz.⟩ **0.1** ***microtoon***.

mi·cro·wave[1] [-weɪv]⟨f1⟩⟨telb.zn.⟩ **0.1** ***microgolf***.

microwave[2] ⟨ww.⟩
I ⟨onov.ww.⟩ **0.1** ***geschikt zijn voor de magnetron;***
II ⟨ov.ww.⟩ **0.1** ***in de magnetron zetten/verhitten*** ⇒*koken in de magnetron*.

'microwave oven ⟨telb.zn.⟩ **0.1** ***magnetron(oven)*** ⇒⟨B.⟩ *microgolfoven*.

mi·crur·gy ['maɪkrɜ:dʒi‖-krɜr-]⟨n.-telb.zn.⟩ **0.1** ***microdissectie*** ⇒*protoplasmaontleding*.

mic·tu·rate ['mɪktjʊreɪt‖-tʃə-]⟨onov.ww.⟩⟨med.⟩ **0.1** ***urineren***.

mic·tu·ri·tion ['mɪktjʊ'rɪʃn‖-tʃə-]⟨telb. en n.-telb.zn.⟩⟨med.⟩ **0.1** ***mictie*** ⇒*urinelozing*.

mid[1] [mɪd]⟨telb.zn.⟩⟨vero.⟩ **0.1** ***midden***.

mid[2], **'mid** [mɪd]⟨vz.⟩⟨schr.⟩ **0.1** ***te midden van***.

mid[3] [mɪd]⟨afk.⟩ middle, midland, midshipman.

mid(-) [mɪd]⟨f1⟩⟨bn., attr., ook als voorvoegsel⟩ **0.1** ⟨soms superlatief -most⟩ ***midden*** ⇒*vol, half, het midden van* **0.2** ⟨geen compar.⟩⟨taalk.⟩ ***halfopen*** ⇒*halfgesloten* ◆ **1.1** in ~ air *in de lucht, tussen hemel en aarde, in volle vlucht;* from ~(-)June to ~(-)August *van midden/half juni tot midden/half augustus;* in ~(-) ocean *in volle zee;* in ~(-)term *in het midden van/halverwege het trimester* ⟨zie ook samenstellingen⟩ **1.2** ~(-)vowels *halfopen vocalen, halfopen en halfgesloten vocalen*.

MIDAS ['maɪdəs]⟨afk.⟩ Missile Defence Alarm System.

Mi·das touch ['maɪdəs tʌtʃ]⟨telb.zn.; mv. zelden⟩ **0.1** ***gouden handen*** ⟨naar de koning die door zijn aanraking alles in goud veranderde⟩ ◆ **3.1** ⟨fig.⟩ have the ~ *gouden handen hebben*.

mid-At'lan·tic ⟨bn.⟩ **0.1** ***middenatlantisch*** ◆ **1.1** ⟨geol.⟩ ~ ridge *middenatlantische rug*.

'mid·brain ⟨n.-telb.zn.⟩ **0.1** ***middenhersenen***.

'mid-calf ⟨bn., attr.⟩ **0.1** ***tot halverwege de kuit*** ⇒*midi-* ◆ **1.1** a ~ skirt *een midi-rok*.

'mid'course ⟨n.-telb.zn.⟩⟨ruim.⟩ **0.1** ***middenbaan***.

'midcourse cor'rection ⟨telb. en n.-telb.zn.⟩ **0.1** ***koerscorrectie in volle vlucht***.

Mid·cult ['mɪdkʌlt]⟨telb. en n.-telb.zn.; ook m-⟩ **0.1** ***(klein)burgerlijke cultuur***.

mid·day ['mɪd'deɪ]⟨f2⟩⟨n.-telb.zn.⟩ **0.1** ***middag***.

mid·den ['mɪdn]⟨f1⟩⟨telb.zn.⟩ **0.1** ***mesthoop*** ⇒*afval/composthoop*.

mid·dle[1] ['mɪdl]⟨f3⟩⟨telb.zn.⟩ **0.1** ***midden*** ⇒*middelpunt/lijn/vlak, middelmaat, middenweg* **0.2** ***middel*** ⇒*taille* **0.3** ⟨logica⟩ ***middenterm*** **0.4** ⟨taalk.⟩ ***mediale vorm*** **0.5** ⟨BE⟩ ***populair literair-essayistisch kranteartikel*** ⇒*cursiefje* ◆ **1.1** in the ~ of the night *in het holst/*⟨B.⟩ *putje v.d. nacht* **1.¶** keep to the ~ of the road *de kerk in het midden laten, de (gulden) middenweg nemen;* ⟨inf.⟩ kick/knock/send s.o. into the ~ of next week *iem. een ongeluk slaan* **5.1** in the ~ of nowhere *in een uithoek/een of ander (godvergeten) gat* **6.1 in** the ~ *middenin;* be caught **in** the ~ *tussen twee vuren zitten;* be **in** the ~ **of** reading *verdiept aan het lezen zijn*.

middle[2] ⟨f4⟩⟨bn., attr.⟩ **0.1** ***middelst*** ⇒*midden, middel-, mid-, tussen-, middelmatig, middelbaar* ◆ **1.1** ~ age *middelbare leeftijd;* Middle Ages *middeleeuwen;* ~ aisle *middenschip, middenbeuk;* ~ bracket *middenklasse, middengroep;* ⟨attr. ook⟩ *modaal;* ~ class *bourgeoisie;* ~ deck *middendek;* ~ ear *middenoor;* ~ finger *middelvinger;* ⟨schaken⟩ ~game *middenspel;* the ~ house in the row *het middelste huis in de rij;* ~ life *middelbare leeftijd;* ⟨logica⟩ ~ term *middenterm;* ⟨taalk.⟩ ~ voice *mediale vorm;* ⟨scheep.⟩ ~ watch *hondewacht* **1.¶** Middle America *Midden-Amerika;* ⟨fig.⟩ *de gemiddelde Amerikaan;* ~ article *populair literair-essayistisch kranteartikel, cursiefje;* ⟨muz.⟩ ~ C *ééngestreepte C;* ~ distance ⟨atletiek⟩ *middenafstand,* ⟨B.⟩ *halve fond* ⟨v. 400 m tot 1 mijl⟩; ⟨vnl. beeld. k. en foto.⟩ *middenplan;* Middle Dutch *Middelnederlands;* Middle East *Midden-Oosten;* Middle English *Middelengels;* ~ ground ⟨beeld. k., foto.⟩ *middenplan; gematigde houding;* Middle Kingdom *China; Egypte;* ⟨AE; sl.⟩ ~ leg *pik, lul;* ~ passage *slavenroute* ⟨tussen West-Afrika en West-Indië⟩; Middle West *Midwesten* ⟨v.d. U.S.A., begrensd door de Grote meren, de Ohio en de Missouri⟩.

middle[3] ⟨f1⟩⟨ww.⟩
I ⟨onov. en ov.ww.⟩ **0.1** ⟨voetbal⟩ ***naar binnen/het midden spelen*** **0.2** ⟨cricket⟩ ***met het midden v.d. bat raken;***
II ⟨ov.ww.⟩ **0.1** ***in het midden plaatsen*** ⇒*centreren* **0.2** ⟨scheep.⟩ ***dubbelvouwen*** ◆ **1.1** ⟨scheep.⟩ ~ the cable *de ankerkabel precies verdelen over twee uitstaande ankers* **1.2** ~ the sail *het zeil dubbelvouwen*.

'mid·dle-'ag·ed ⟨f3⟩⟨bn.; -ly; -ness⟩ **0.1** ***van/op middelbare leeftijd***.

'middle-age(d) 'spread ⟨n.-telb.zn.⟩⟨scherts.⟩ **0.1** ***buikje*** ⇒*veertigersvet, vetgordel, vetvorming (rond middel), embonpoint*.

'mid·dle-aisle ⟨onov. en ov.ww.; alleen met it⟩⟨sl.⟩ **0.1** ***trouwen*** ◆ **4.1** ~ it *trouwen*.

'mid·dle·brow[1] ⟨telb.zn.⟩⟨inf.⟩ **0.1** ***semi-intellectueel***.

middlebrow[2] ⟨bn.⟩⟨inf.⟩ **0.1** ***semi-intellectueel***.

'mid·dle-'class ⟨bn., attr.⟩ **0.1** ***kleinburgerlijk*** ⇒*bourgeois*.

'mid·dle 'course ⟨f1⟩⟨telb.zn.⟩ **0.1** ***middenweg*** ⇒*compromis, tussenweg* ◆ **3.1** follow/take a/the ~ *de gulden middenweg nemen*.

'middle-'distance race ⟨telb.zn.⟩⟨atletiek⟩ **0.1** ***middenafstandswedstrijd***.

'middle-'distance runner ⟨telb.zn.⟩⟨atletiek⟩ **0.1** ***middenafstandsloper***.

'middle-'distance running ⟨n.-telb.zn.⟩⟨atletiek⟩ **0.1** ***(het) middenafstandslopen***.

'mid·dle-'earth ⟨n.-telb.zn.⟩ **0.1** ***elfenland***.

'mid·dle-'in·come ⟨bn., attr.⟩ **0.1** ***met een modaal inkomen***.

'mid·dle·man ⟨f1⟩⟨telb.zn.; middlemen⟩ **0.1** ***tussenpersoon*** ⇒*bemiddelaar, makelaar* **0.2** ***middenman*** ⇒*middelman* **0.3** ⟨dram.⟩ ***compère*** ⟨presentator in black minstrelshow⟩.

'mid·dle·most ⟨bn., attr.⟩ **0.1** ***middelst***.

'mid·dle'name ⟨f1⟩⟨telb.zn.⟩ **0.1** ***tweede voornaam*** **0.2** ***tweede natuur*** ◆ **1.2** sobriety is his ~ *hij is de soberheid zelve, de soberheid in persoon;* bad luck is our ~ *we zijn voor het ongeluk geboren*.

'mid·dle-of-the-'road ⟨f1⟩ ⟨bn.⟩ **0.1** ***gematigd*** *⇒neutraal, populair, gewoon.*

'mid·dle-'rate ⟨bn.⟩ **0.1** ***middelmatig*** *⇒tweederangs(-).*

mid·dl·es·cence ['mɪdl'esns]⟨n.-telb.zn.⟩ **0.1** ***middelbare leeftijd.***

'middle school ⟨zn.⟩
I ⟨telb.zn.⟩ **0.1** ***middenschool*** ⟨in Groot-Brittannië; voor ±9- tot 13-jarigen⟩;
II ⟨telb. en n.-telb.zn.⟩ **0.1** ***middelste klassen*** ⟨bv. v. grammar school⟩ *⇒middenbouw.*

'mid·dle-'sized ⟨bn.; -ness⟩ **0.1** ***middelgroot.***

'mid·dle-'tar ⟨bn.⟩ **0.1** ***met gemiddeld teergehalte.***

'mid·dle-'tier ⟨bn., attr.⟩ **0.1** ***middel-*** *⇒v.h. middenkader* ◆ **1.1** the ~ bureaucracy *(de ambtenaren / bureaucraten van) het middenkader.*

'mid·dle·weight ⟨f1⟩ ⟨telb.zn.; ook attr.⟩ ⟨sport⟩ **0.1** ***middengewicht.***

mid·dling[1] ⟨f1⟩ ⟨bn.; -ly⟩ **0.1** ***middelmatig*** *⇒middelgroot, tamelijk (goed), redelijk, zo zo, tweederangs,* ⟨inf.⟩ *tamelijk gezond.*

middling[2] ⟨f1⟩ ⟨bw.⟩ ⟨inf.⟩ **0.1** ***tamelijk*** *⇒redelijk.*

middlings ['mɪdlɪŋs]⟨mv.; ww. ook enk.⟩ **0.1** ***tussensoort*** ⟨v. goederen⟩ *⇒middensoort, tussenkwaliteit* **0.2** ***grof gemalen zemelig meel*** ⟨veevoeder⟩.

mid·dy ['mɪdi]⟨telb.zn.; →mv. 2⟩ **0.1** ⟨verkleinwoord v. mid⟩ ⟨verk.⟩ ⟨midshipman⟩ ⟨inf.⟩ **0.2** ***matrozenblouse.***

'middy blouse ⟨telb.zn.⟩ **0.1** ***matrozenblouse.***

mid·field ['mɪd'fi:ld]⟨telb. en n.-telb.zn.; ook attr.⟩ ⟨voetbal⟩ **0.1** ***middenveld.***

'mid·field·er ⟨telb.zn.⟩ ⟨sport⟩ **0.1** ***middenvelder*** *⇒middenveldspeler.*

'midfield stripe ⟨telb.zn.⟩ ⟨sl.; Am. voetbal⟩ **0.1** ***middenlijn*** *⇒50-yardlijn.*

midge [mɪdʒ]⟨f2⟩ ⟨telb.zn.⟩ **0.1** ⟨dierk.⟩ ***mug*** ⟨fam. Chironomidae⟩ **0.2** ***dwerg.***

midg·et[1] ['mɪdʒɪt]⟨f1⟩ ⟨telb.zn.⟩ **0.1** ***dwerg*** *⇒lilliputter* **0.2** ***iets kleins*** *⇒iets nietigs.*

midget[2] ⟨f1⟩ ⟨bn., attr.⟩ **0.1** ***lilliputachtig*** *⇒miniatuur-, mini-, dwerg-, (zeer) klein* ◆ **1.1** ~ golf *midgetgolf, mini(atuur)golf;* ~ submarine *tweepersoonsduikboot.*

'mid·gut ⟨telb.zn.⟩ **0.1** ***middendarm.***

mid·i[1] ['mɪdi]⟨f1⟩ ⟨telb.zn.⟩ **0.1** ***midi*** *⇒midirok, midi-japon, midimantel.*

midi[2] ⟨f1⟩ ⟨bn., attr.⟩ **0.1** ***midi-.***

mid·i·nette ['mɪdi'net]⟨telb.zn.⟩ **0.1** ***modinette*** *⇒naai- of ateliermeisje, leerling-modiste.*

'mid·i·ron ⟨telb.zn.⟩ ⟨golf⟩ **0.1** ***iron 2 club*** ⟨stalen club met smalle kop⟩.

mid·land ['mɪdlənd]⟨f1⟩ ⟨telb.zn.⟩ **0.1** ***binnenland*** *⇒centraal gewest, middengedeelte, centrum (v.e. land).*

Mid·lands ['mɪdləndz]⟨eig.n.; the⟩ **0.1** ***Midden-Engeland.***

'Mid Lent ⟨eig.n.⟩ **0.1** ***halfvasten.***

'mid·life ⟨n.-telb.zn.; vaak attr.⟩ **0.1** ***middelbare leeftijd*** ◆ **1.1** a ~ crisis *een crisis op / v.d. middelbare leeftijd.*

'mid·most ⟨bn., attr.⟩ **0.1** ***middelste*** *⇒binnenste.*

'mid·night ⟨f3⟩ ⟨n.-telb.zn.⟩ ⟨→sprw. 305⟩ **0.1** ***middernacht.***

'midnight 'blue ⟨n.-telb.zn.; vaak attr.⟩ **0.1** ***nachtblauw.***

'midnight 'hours ⟨mv.; the⟩ **0.1** ***kleine uurtjes.***

'midnight 'oil ⟨n.-telb.zn.; the⟩ **0.1** ***werk v.d. late uurtjes*** ◆ **3.1** burn the ~ *werken tot diep in de nacht / tot in de kleine uurtjes;* smell of the ~ *naar de lamp ruiken.*

'midnight 'sun ⟨n.-telb.zn.; the⟩ **0.1** ***middernachtzon.***

mid-'o·ce'an·ic ⟨bn.⟩ ⟨geol.⟩ **0.1** ***middenatlantisch*** ◆ **1.1** ~ ridge *middenatlantische / mid-oceanische rug.*

'mid-'off ⟨zn.⟩ ⟨cricket⟩
I ⟨telb.zn.⟩ **0.1** ***mid off*** ⟨fielder in II 0.1⟩;
II ⟨n.-telb.zn.⟩ **0.1** ***mid off*** ⟨positie op het speelveld links achter de bowler⟩.

'mid-'on ⟨zn.⟩ ⟨cricket⟩
I ⟨telb.zn.⟩ **0.1** ***mid on*** ⟨fielder in II 0.1⟩;
II ⟨n.-telb.zn.⟩ **0.1** ***mid on*** ⟨positie op het speelveld rechts achter de bowler⟩.

'mid·point ⟨f1⟩ ⟨telb.zn.⟩ **0.1** ***middelpunt*** *⇒midden.*

'mid·rib ⟨telb.zn.⟩ ⟨plantk.⟩ **0.1** ***hoofdnerf*** *⇒middelnerf.*

mid·riff ['mɪdrɪf]⟨f1⟩ ⟨telb.zn.⟩ **0.1** ***middenrif*** *⇒diafragma* **0.2** ***maagstreek*** **0.3** ***lijfje*** ⟨kledingstuk⟩.

'mid·ship ⟨zn.⟩
I ⟨telb.zn.⟩ **0.1** ***middelschip;***
II ⟨mv.; ~s; the⟩ **0.1** ***middelschip.***

mid·ship·man ['mɪdʃɪpmən]⟨f1⟩ ⟨telb.zn.; midshipmen [-mən]; →mv. 3⟩ **0.1** ***adelborst*** *⇒marinecadet, zeecadet* **0.2** ⟨ong.⟩ ***marinekorporaal*** ⟨rang onder onderluitenant in Royal Navy⟩.

midships ['mɪdʃɪps]⟨bw.⟩ **0.1** ***midscheeps.***

midst[1] [mɪdst]⟨f3⟩ ⟨n.-telb.zn.; enkel na vz.⟩ ⟨schr.⟩ **0.1** ***midden*** *⇒binnenste* ◆ **6.1** **in** the ~ of the fight *in het heetst van de strijd;* the enemy is **in** our ~ *de vijand is in ons midden.*

midst[2] ⟨bw.⟩ ⟨vero.⟩ **0.1** ***in het midden*** *⇒temidden* ◆ **3.1** a circle of trees and a clearing ~ *een bomencirkel met een open plek in het midden.*

midst[3] ⟨vz.⟩ ⟨schr.⟩ **0.1** ***temidden van*** ◆ **1.1** lost sight of her ~ the bustle *verloor haar uit het gezicht temidden van het gewoel.*

mid·stream[1] ⟨n.-telb.zn.⟩ ⟨→sprw. 117⟩ **0.1** ***midden v.d. rivier / stroom*** *⇒stroomgeul.*

'mid'stream[2] ⟨bw.⟩ **0.1** ***in het midden v.d. stroom*** *⇒in volle stroom, op stroom* **0.2** ***halfweg, halverwege.***

'mid'sum·mer ⟨f1⟩ ⟨n.-telb.zn.⟩ **0.1** ***midzomer*** *⇒hartje zomer* **0.2** ***zonnewende*** ⟨rond 21 juni⟩.

'midsummer 'madness ⟨n.-telb.zn.⟩ **0.1** ***toppunt v. krankzinnigheid.***

'Midsummer('s) 'Day ⟨eig.n.⟩ **0.1** ***midzomerdag*** ⟨24 juni⟩.

'mid'term ⟨f1⟩ ⟨zn.⟩
I ⟨telb.zn.⟩ **0.1** ***examen in het midden v.e. trimester;***
II ⟨n.-telb.zn.⟩ **0.1** ***midden v.e. academisch trimester / politieke ambtstermijn.***

'mid·town ⟨n.-telb.zn.; vaak attr.⟩ **0.1** ***binnenstad*** ◆ **1.1** a ~ hotel *een hotel in de binnenstad.*

'mid·watch ⟨telb.zn.⟩ **0.1** ***hondewacht.***

'mid·way[1] ⟨telb.zn.⟩ ⟨AE⟩ **0.1** ***amusementsruimte*** ⟨bij jaarmarkt, tentoonstelling enz.⟩.

'mid'way[2] ⟨bn., attr.⟩ **0.1** ***in het midden*** *⇒centraal* **0.2** ***gematigd.***

'mid'way[3] ⟨f2⟩ ⟨bw.⟩ **0.1** ***halverwege*** *⇒in het midden* ◆ **6.1** ~ **between** two towns *halverwege twee steden;* stand ~ **between** *het midden houden tussen.*

'mid'week ⟨f1⟩ ⟨n.-telb.zn.⟩ **0.1** ***het midden v.d. week.***

'Mid'west ⟨eig.n.; the⟩ **0.1** ***Midwesten*** ⟨v.d. U.S.A., begrensd door de Grote Meren, de Ohio en de Missouri⟩.

'Mid'west·ern ⟨f1⟩ ⟨bn.⟩ **0.1** ***v. / mbt. het Midwesten.***

'mid'wick·et ⟨zn.⟩ ⟨cricket⟩
I ⟨telb.zn.⟩ **0.1** ***midwicket*** ⟨fielder in II 0.1⟩;
II ⟨n.-telb.zn.⟩ **0.1** ***midwicket*** ⟨positie op het speelveld schuin rechts voor de bowler⟩.

'mid·wife ⟨f1⟩ ⟨telb.zn.; midwives; →mv. 3⟩ **0.1** ***vroedvrouw*** *⇒verloskundige;* ⟨ook⟩ *vroedmeester.*

mid·wife·ry ['mɪdwɪfri‖-'waɪfri]⟨n.-telb.zn.⟩ **0.1** ***verloskunde.***

'midwife toad ⟨telb.zn.⟩ ⟨dierk.⟩ **0.1** ***vroedmeesterpad*** ⟨Alytes obstetricans⟩.

'mid'winter ⟨f1⟩ ⟨n.-telb.zn.⟩ **0.1** ***midwinter*** *⇒midden in de winter,* ⟨B.⟩ *putje v.d. winter* **0.2** ***zonnewende*** ⟨rond 21 december⟩.

'mid'year ⟨zn.⟩
I ⟨telb.zn.⟩ **0.1** ***examen in het midden v.e. academiejaar;***
II ⟨n.-telb.zn.⟩ **0.1** ***midden v.e. academie- of kalenderjaar.***

MIEE ⟨afk.⟩ Member of the Institution of Electrical Engineers.

mien [mi:n]⟨telb.zn.⟩ ⟨schr.⟩ **0.1** ***voorkomen*** *⇒houding, uiterlijk, gedrag, gelaatsuitdrukking.*

mierkat →meerkat.

miff[1] [mɪf]⟨telb.zn.⟩ ⟨inf.⟩ **0.1** ***nijdige bui*** *⇒wrevel, misnoegdheid* **0.2** ***twist(je)*** *⇒ruzietje, gekrakeel, gekibbel.*

miff[2] ⟨ov.ww.⟩ ⟨inf.⟩ **0.1** ***krenken*** *⇒ergeren, beledigen, op de tenen trappen* ◆ **1.1** Peter was a bit ~ed *Peter was een tikje nijdig.*

mif·fy ['mɪfi]⟨bn.; -er; -ness; →bijw. 3⟩ **0.1** ⟨inf.⟩ ***lichtgeraakt*** *⇒overgevoelig* **0.2** ⟨plantk.⟩ ***delicaat*** *⇒goede groeicondities vereisend.*

might[1] [maɪt]⟨f2⟩ ⟨n.-telb.zn.⟩ ⟨→sprw. 226, 456⟩ **0.1** ***macht*** *⇒kracht, sterkte* ◆ **1.1** by / with ~ and main *met man en macht, met hand en tand, uit alle macht* **6.1** **with** all one's ~ *met uiterste krachtsinspanning.*

might[2] ⟨f4⟩ ⟨hww.; verl. t. v. may; →t2 voor onregelmatige vormen; →do-operator, modaal hulpwerkwoord, ww. 3⟩ →may **0.1** ⟨→toelating; verwijzing naar het verleden vero., beh. in indirecte rede⟩ ***mocht(en)*** *⇒zou(den) mogen* **0.2** ⟨→mogelijkheid; drukt een grotere graad v. onzekerheid uit dan may⟩ ***kon(den)*** *⇒zou(den) (misschien) kunnen* **0.3** ⟨doel; ook afhankelijk v. uitdr. v. hoop, vrees, wens, enz.; vnl. onvertaald⟩ ***mocht(en)*** *⇒moge (n)* ◆ **3.1** ~ I ask you a question? *zou ik u een vraag mogen stellen?;* ⟨vero.⟩ formerly Parliament ~ do nothing without the King's consent *vroeger mocht het Parlement niets ondernemen zonder 's konings toestemming;* he said she ~ go *hij zei dat ze mocht gaan* **3.2** it ~ be a good idea to … *het zou misschien goed zijn te …;* she ~ have been delayed *ze is misschien opgehouden;* he ~ return the book if you ask him *hij zal het boek misschien terugbrengen als jij het hem vraagt;* ⟨als verwijt⟩ you ~ have warned us *je had ons toch kunnen waarschuwen* **3.3** she laughed that no-one ~ notice her embarrassment *ze lachte om niet te laten merken dat ze verlegen was;* let's hope he ~ get better *laten we hopen dat hij beter wordt.*

might·est ['maɪtɪst]⟨→t2⟩ ⟨2e pers. enk., vero. of relig.⟩ →might.

'might-have-been ⟨telb.zn.⟩ **0.1** ***gemiste kans*** ⇒*wat had kunnen zijn* **0.2** ***beloftevol iem. die nooit wat geworden is*** ◆ **2.1** Oh, for the glorious ~s *het had zo mooi kunnen zijn*.
might·i·ly ['maɪṭɪli]⟨bw.⟩ **0.1** →mighty[1] **0.2** ⟨inf.⟩ ***zeer*** ⇒*heel, erg, allemachtig*.
might·i·ness ['maɪṭinəs]⟨zn.⟩
I ⟨telb.zn.; M-⟩ **0.1** ***hoogheid*** ⇒*excellentie* ◆ **2.1** their High Mightinesses *Hunne Hoogmogendheden;*
II ⟨n.-telb.zn.⟩ **0.1** ***macht*** ⇒*kracht, grootheid, sterkte*.
mightst [maɪtst]⟨→t2⟩⟨2e pers. enk., vero. of relig.⟩ →might.
might·y[1] ['maɪṭi]⟨f3⟩⟨bn.; -er; -ness; →bijw. 3⟩⟨→sprw. 557⟩ **0.1** ***machtig*** ⇒*sterk, krachtig* **0.2** ***indrukwekkend*** ⇒*kolossaal, groot, omvangrijk, reusachtig* **0.3** ⟨inf.⟩ ***geweldig*** ⇒*fantastisch, formidabel* ◆ **1.1** ⟨bijb.⟩ ~ works *wonderwerken, wondere werken*.
mighty[2] ⟨f1⟩⟨bw.⟩⟨inf.⟩ **0.1** ***zeer*** ⇒*heel, erg, allemachtig* ◆ **2.1** that is ~ easy *dat is heel gemakkelijk, een peul(e)schil;* think o.s. ~ clever *zich een hele bolleboos vinden*.
mi·gnon·ette ['mɪnjə'net]⟨zn.⟩
I ⟨telb. en n.-telb.zn.⟩⟨plantk.⟩ **0.1** ***reseda*** ⟨genus Reseda⟩ ⇒⟨i.h.b.⟩ *tuinreseda* ⟨R. odorata⟩;
II ⟨n.-telb.zn.⟩ **0.1** ***fijne kant***.
mi·graine ['mi:greɪn‖'maɪ-]⟨f1⟩⟨telb. en n.-telb.zn.⟩ **0.1** ***migraine (aanval)***.
mi·grain·ous ['mi:greɪnəs‖'maɪ-]⟨bn.⟩ **0.1** ***lijdend aan migraine***.
mi·grant[1] ['maɪgrənt]⟨f1⟩⟨telb.zn.⟩ **0.1** ***migrant*** ⇒*landverhuizer, trekker, zwerver, seizoenarbeider* **0.2** ***migrant*** ⇒*trekker, trekvogel, migrerend dier*.
migrant[2] ⟨bn., attr.⟩ **0.1** ***migrerend*** ⇒*trekkend, trek-, zwervend, nomadisch* ◆ **1.1** ~ seasonal workers *rondtrekkende seizoenarbeiders*.
mi·grate [maɪ'greɪt‖'maɪgreɪt]⟨f2⟩⟨onov.ww.⟩ **0.1** ***migreren*** ⇒*trekken, verhuizen, zwerven*.
mi·gra·tion [maɪ'greɪʃn]⟨f2⟩⟨telb. en n.-telb.zn.⟩ **0.1** ***migratie*** ⇒*(volks-, dieren)verhuizing, trek* **0.2** ⟨schei.⟩ ***migratie*** ⟨beweging van ionen enz. onder invloed v.e. elektrisch veld⟩.
mi·gra·to·ry ['maɪgrətri‖-tɔri]⟨bn.⟩ **0.1** ***migrerend*** ⇒*trekkend, trek-, zwervend, nomadisch* ◆ **1.1** ~ bird *trekvogel;* ~ kidney *wandelende nier*.
mi·ka·do [mɪ'kɑ:doʊ]⟨telb.zn.; vaak M-⟩ **0.1** ***mikado*** ⇒*keizer van Japan*.
mike[1] [maɪk]⟨f1⟩⟨zn.⟩
I ⟨eig.n.; M-⟩ **0.1** ***Mike*** ⟨vorm v. Michael⟩;
II ⟨telb.zn.⟩⟨verk.⟩ microphone ⟨inf.⟩ **0.1** ***microfoon*** ⇒⟨B.⟩ *micro;*
III ⟨telb. en n.-telb.zn.⟩⟨BE; sl.⟩ **0.1** ***gelummel*** ⇒*getalm, getreuzel* ◆ **3.1** do/have a ~, be on the ~ *lummelen, luieren*.
mike[2] ⟨ww.⟩
I ⟨onov.ww.⟩⟨BE; sl.⟩ **0.1** ***lummelen*** ⇒*talmen, treuzelen;*
II ⟨ov.ww.⟩⟨inf.⟩ **0.1** ***v.e. microfoon voorzien***.
mil[1] [mɪl]⟨telb.zn.⟩ **0.1** ***$^1/_{1000}$ inch*** ⟨0,0254 mm; →t1⟩ **0.2** ***milliliter*** ⇒*1 cm³* **0.3** ***Cyprisch muntstuk*** ⟨$^1/_{1000}$ pond⟩ ◆ **6.2** an alcohol level of. 8 **per** ~ *een alcoholgehalte van 0,8 pro mille*.
mil[2] ⟨afk.⟩ mileage, military, militia, million.
mi·la·dy, mi·la·di [mɪ'leɪdi]⟨f1⟩⟨telb.zn.; →mv. 2⟩ **0.1** ***milady*** **0.2** ***elegante/modieuze vrouw***.
milage →mileage.
Mil·a·nese[1] ['mɪlə'ni:z]⟨f1⟩⟨telb.zn.; Milanese; →mv. 4⟩ **0.1** ***Milanees***.
Milanese[2] ⟨f1⟩⟨bn.⟩ **0.1** ***Milanees*** ⇒*Milaans*.
milch[1] [mɪltʃ]⟨bn., attr.⟩ **0.1** ***melkgevend*** ⇒*melk-* ◆ **1.1** ⟨ook fig.⟩ a ~ cow *melkkoe(tje)*.
milch[2] ⟨ov.ww.⟩ **0.1** ***leegmelken*** ⇒*als melkkoetje gebruiken*.
mild[1] [maɪld]⟨n.-telb.zn.⟩⟨BE; inf.⟩ **0.1** ***licht bier*** ◆ **1.1** ~ and bitter *mengsel van licht en bitter bier*.
mild[2] ⟨f3⟩⟨bn.; -er; -ly; -ness⟩ **0.1** ***mild*** ⇒*zacht(aardig/werkend), goedaardig, welwillend, niet streng, weldadig, (ge)matig(d)* **0.2** ***zwak*** ⇒*licht, flauw, slap, zacht* ◆ **1.1** ~ attempt *schuchtere poging;* ~ illness *onschuldige ziekte* **1.2** ~ steel *zacht staal, vloeistaal* **2.1** only ~ly interested *slechts matig geïnteresseerd* **2.2** ~ flavoured tabacco *tabak met een zacht aroma* **3.1** to put it ~ly *om het zachtjes uit te drukken* **3.¶** draw it ~ *niet overdrijven* **8.1** as ~ as a lamb *zo zacht als een lammetje*.
mil·dew[1] ['mɪldju:‖-du:]⟨f1⟩⟨n.-telb.zn.⟩ **0.1** ***schimmel(vorming)*** ⇒*aanslag* **0.2** ***meeldauw(schimmel)***.
mildew[2] ⟨ww.⟩
I ⟨onov.ww.⟩ **0.1** ***schimmelen;***
II ⟨ov.ww.⟩ **0.1** ***doen schimmelen***.
mil·dew·y ['mɪldju:i‖-du:i]⟨bn.⟩ **0.1** ***schimmelig*** ⇒*beschimmeld, muf*.
'mild-'spir·it·ed ⟨bn.⟩ **0.1** ***zachtaardig***.
'mild-'spo·ken ⟨bn.⟩ **0.1** ***vriendelijk***.
'mild-'tem·pered ⟨bn.⟩ **0.1** ***goedaardig***.
mile [maɪl]⟨f3⟩⟨telb.zn.⟩⟨→sprw. 220, 460⟩ **0.1** ***mijl*** ⟨1609,34 m; →t1⟩ ⇒⟨fig.⟩ *grote afstand* **0.2** ***Engelse zeemijl*** ⟨1853,18 m; →t1⟩ **0.3** ***internationale zeemijl*** ⟨1852 m; →t1⟩ **0.4** ***hardloopwedstrijd v.e. mijl*** ◆ **1.¶** ⟨inf.⟩ talk a ~ a minute *ratelen, honderd uit praten* **2.1** she's feeling ~s better *ze voelt zich stukken beter* **3.1** ⟨sl.⟩ stick out a ~ *in het oog springen, er duimendik op liggen* **3.4** he ran the ~ in four minutes *hij liep de mijl in vier minuten* **3.¶** run a ~ from s.o. *met een boog om iem. heenlopen* **5.1** his thoughts are ~s **away** *hij is met zijn gedachten mijlen hier vandaan;* ⟨inf.⟩ ~s from nowhere *overal ver vandaan, in een uithoek;* he was ~s **out** in his calculation *hij zat er stukken naast met zijn berekening* **6.1** he beat her **by** ~s *hij was stukken beter dan zij, hij won met grote voorsprong;* there's no one **within** ~s of him as a tennisplayer *als tennisspeler steekt hij met kop en schouders boven de rest uit;* he missed the target **by** a ~ *hij schoot er mijlen naast* **7.¶** ⟨iron.⟩ not a million hundred ~s from somewhere *ergens vlakbij/in/op*.
mil(e)·age ['maɪlɪdʒ]⟨f1⟩⟨telb. en n.-telb.zn.⟩ **0.1** ***totaal aantal afgelegde mijlen*** ⇒⟨vooral AE; inf.; fig.⟩ *profijt, rendement, voordeel* **0.2** ***aantal mijlen per gallon*** **0.3** ⟨verk.⟩ ⟨mileage allowance⟩ **0.4** ***kostprijs per mijl*** ⇒⟨ong.⟩ *kilometerprijs* ◆ **2.1** he's got a lot of political ~ out of his proposal *zijn voorstel heeft hem geen politieke windeieren gelegd* **3.1** this plan still has a lot of ~ *dit plan gaat nog een hele tijd mee*.
'mileage allowance, mileage ⟨f1⟩⟨telb.zn.⟩ **0.1** ***onkostenvergoeding per mijl*** ⇒⟨ong.⟩ *kilometervergoeding*.
mil·(e)o·me·ter [maɪ'lɒmɪtə‖-'lɑmɪṭər]⟨telb.zn.⟩ **0.1** ***mijlenteller*** ⇒⟨ong.⟩ *kilometerteller*.
'mile·post ⟨telb.zn.⟩⟨ook fig.⟩ **0.1** ***mijlpaal***.
mil·er ['maɪlə‖-ər]⟨telb.zn.⟩ **0.1** ***hardloper/paard die/dat zich speciaal op de mijl toelegt***.
Mi·le·sian[1] [maɪ'li:zɪən‖mɪ'li:ʒn]⟨telb.zn.⟩ **0.1** ***Milezïer*** **0.2** ⟨schr. of scherts.⟩ ***Ier***.
Milesian[2] ⟨bn.⟩ **0.1** ***Milezisch*** **0.2** ⟨schr. of scherts.⟩ ***Iers***.
'mile·stone ⟨f1⟩⟨telb.zn.⟩⟨ook fig.⟩ **0.1** ***mijlsteen*** ⇒*mijlpaal*.
Mi·le·tus [mɪ'li:ṭəs]⟨eig.n.⟩ **0.1** ***Milete***.
mil·foil ['mɪlfɔɪl]⟨n.-telb.zn.⟩⟨plantk.⟩ **0.1** ***(gewoon) duizendblad*** ⟨Achillea millefolium⟩ **0.2** ***vederkruid*** ⟨genus Myriophyllum⟩.
mil·i·ar·i·a [mɪli'eərɪə‖-'ærɪə]⟨n.-telb.zn.⟩⟨med.⟩ **0.1** ***miliaria*** ⇒*gierstuitslag*.
mil·i·ar·y ['mɪlɪəri‖'mɪlieri]⟨bn., attr.⟩⟨med.⟩ **0.1** ***miliair*** ⇒*g(i)erstekorrelachtig* ◆ **1.1** ~ fever *gierstkoorts, (Eng.) zweetziekte;* ~ gland *gierstklier;* ~ tuberculosis *miliaire tuberculose, vliegende tering*.
mi·lieu ['mi:ljɜ:‖-'lju:]⟨telb.zn.; ook milieux [-(z)]; →mv. 5⟩ **0.1** ***milieu***.
mil·i·tan·cy ['mɪlɪṭənsi], **mil·i·tance** ⟨n.-telb.zn.⟩ **0.1** ***strijd(lust)*** ⇒*strijdbaarheid*.
mil·i·tant[1] ['mɪlɪṭənt]⟨f1⟩⟨telb.zn.⟩ **0.1** ***militant (persoon)*** ⇒*vechter, strijder, activist*.
militant[2] ⟨f1⟩⟨bn.; -ly; -ness⟩ **0.1** ***militant*** ⇒*strijdlustig, aanvallend, strijdend* ◆ **1.¶** ⟨theol.⟩ the Church Militant, the Militant Church *de Strijdende Kerk*.
mil·i·ta·rism ['mɪlɪṭərɪzm]⟨f1⟩⟨n.-telb.zn.⟩ **0.1** ***militarisme***.
mil·i·ta·rist[1] ['mɪlɪṭərɪst]⟨f1⟩⟨telb.zn.⟩ **0.1** ***militarist***.
militarist[2], **mil·i·ta·ris·tic** ['mɪlɪṭə'rɪstɪk]⟨f1⟩⟨bn.; -(ic)ally; →bijw. 3⟩ **0.1** ***militaristisch***.
mil·i·ta·ri·za·tion, -sa·tion ['mɪlɪtəraɪ'zeɪʃn‖'mɪlɪṭərə-]⟨n.-telb.zn.⟩ **0.1** ***militarisatie*** ⇒*militarisering*.
mil·i·ta·rize, -rise ['mɪlɪṭəraɪz]⟨ov.ww.⟩ **0.1** ***militariseren*** ⇒*drillen* **0.2** ***van militair materieel voorzien*** ◆ **1.2** ~ a frontier *een grens als militair gebied inrichten*.
mil·i·tar·y[1] ['mɪlɪtri‖-teri]⟨f2⟩⟨telb., verz.n.; →mv. 2; the⟩ **0.1** ***leger*** ⇒*soldaten, gewapende macht, strijdkrachten, krijgsmacht* ◆ **1.1** the militaries of the NATO countries *de legers v.d. NAVO-landen* **3.1** the ~ are getting restless *het leger wordt ongedurig;* call in the ~ *het leger te hulp roepen*.
military[2] ⟨f3⟩⟨bn.; -ly; -ness; →bijw. 3⟩ **0.1** ***militair*** ⇒*oorlogs-, leger-, dienst-, soldaten-* ◆ **1.1** ~ academy *militaire academie;* become of ~ age *de dienstplichtige leeftijd bereiken;* ~ band *militaire kapel;* ~ chest *oorlogskas, krijgskas;* ~ engineer *genieofficier;* ~ fever *(buik)tyfus;* ~ government *militair bewind;* ~ heel *platte hak* ⟨v.e. damesschoen⟩; ~ hospital *militair hospitaal;* ~ honours *militaire onderscheidingen;* ~ intelligence *inlichtingendienst v.h. leger;* ~ law *krijgsrecht, standrecht;* ~ man *soldaat;* ~ moustache *kort geknipte snor;* ~ police *militaire politie, politietroepen;* ~ port *oorlogshaven;* ~ service *(leger)dienst;* ~ tenure *feodale leen in ruil voor militaire dienst;* ~ tribunal *krijgsraad, standrecht* **3.1** intervene militarily *gewapenderhand tussenbeide komen;* militarily speaking *vanuit militair oogpunt*.

mil·i·tate ['mɪlɪteɪt]⟨onov.ww.⟩ **0.1** ⟨steeds met onpersoonlijk onderwerp⟩ *pleiten* ◆ **6.1** ~ **against** *pleiten tegen, indruisen tegen, in strijd zijn met;* ~ **for/in favour of** *pleiten voor/ten gunste van.*

mi·li·tia [mɪ'lɪʃə]⟨f1⟩⟨verz.n.⟩ **0.1** *militie(leger)* ⇒*burgerleger.*

mi·li·tia·man [mɪ'lɪʃəmən]⟨telb.zn.; militiamen [-mən]; →mv. 3⟩ **0.1** *milicien* **0.2** *burgerwacht.*

mil·i·um ['mɪlɪəm]⟨zn.; milia [ɪə]; →mv. 5⟩

I ⟨telb.zn.⟩⟨med.⟩ **0.1** *milium* ⇒*gerstekorrel, huidgierst, grutum;*

II ⟨n.-telb.zn.⟩ **0.1** *milium* ⇒*gierstgras.*

milk[1] [mɪlk]⟨f3⟩⟨n.-telb.zn.⟩⟨→sprw. 770⟩ **0.1** *melk* ⇒*zog* **0.2** ⟨plantk.⟩ *melk(sap)* **0.3** *melk* ⇒*melkachtige substantie* ◆ **1.3** ~ of barium *bariumhydroxidemelk;* ~ of lime *kalkmelk;* ~ of magnesia *magnesiumoxyde;* ~ of sulphur *zwavelmelk, neergeslagen zwavel* **1.¶** that serial is ~ for babes *dat vervolgverhaal is kinderkost;* that accounts for the ~ in the coconut *dat verklaart alles;* ~ and honey *melk en honing, overvloed;* ~ and water *oppervlakkigheid, slapheid, sentimentaliteit;* a complexion of ~ and roses *een frisse (gezonde) teint* **3.1** ⟨BE⟩ attested ~ *kiemvrije melk;* condensed/evaporated ~ *gecondenseerde melk/geëvaporeerde melk, koffiemelk;* driedpowdered ~ *poedermelk, melkpoeder;* skim(med) ~ *magere, afgeroomde melk* **3.¶** ⟨BE; scherts.⟩ come home with the ~ *in de kleine uurtjes thuiskomen;* (it's no use) cry (ing) over spilt ~ *gedane zaken nemen geen keer, niks meer aan te doen;* spill the ~ *alles in de war sturen* **6.1** a cow **in** ~ *een melkgevende koe* **6.2** **in** the ~ *melkrijp, onrijp* ⟨v. graan⟩.

milk[2] ⟨f2⟩⟨ww.⟩

I ⟨onov.ww.⟩ **0.1** *melk geven/afscheiden;*

II ⟨onov. en ov.ww.⟩ **0.1** *melken;*

III ⟨ov.ww.⟩ **0.1** *(ont)trekken* ⇒*sap/gif aftappen van* ⟨boom, slang enz.⟩ **0.2** *exploiteren* ⇒*uitbuiten, uitpersen, (uit)melken* **0.3** *ontlokken* ⟨informatie⟩ ⇒*(uit)melken* **0.4** ⟨sl.⟩ *aftappen* ⟨telefoon, enz.⟩ ⇒*afluisteren.*

milkadder →milk snake.

'milk bar ⟨telb.zn.⟩ **0.1** *melksalon* ⇒*milkbar.*

'milk bowl ⟨telb.zn.⟩ **0.1** *melkkom* ⇒*melknap.*

'milk brother ⟨telb.zn.⟩ **0.1** *zoogbroer.*

'milk can ⟨telb.zn.⟩ **0.1** *melkbus* ⇒*melkkan.*

'milk cap ⟨telb.zn.⟩⟨plantk.⟩ **0.1** *melkzwam* ⟨genus Lactarius⟩.

'milk 'chocolate ⟨f1⟩⟨n.-telb.zn.⟩ **0.1** *melkchocola(de).*

'milk churn ⟨telb.zn.⟩ **0.1** *karn* **0.2** ⟨BE⟩ *melkbus* ⇒*melkkan.*

'milk container ⟨telb.zn.⟩ **0.1** *melktankwagen.*

'milk crust, 'milk scab ⟨n.-telb.zn.⟩ **0.1** *melkkorst* ⇒*dauwworm, zuigelingeneczeem, melkschurft.*

'milk duct ⟨telb.zn.⟩ **0.1** *melkleider* ⇒*melkvat.*

milk·er ['mɪlkə‖-ər]⟨telb.zn.⟩ **0.1** *melk(st)er* **0.2** *melkmachine* **0.3** *melkkoe* ◆ **2.3** that cow is a good ~ *die koe geeft veel melk/heeft een hoge melkgift.*

'milk fever ⟨n.-telb.zn.⟩ **0.1** *melkkoorts* ⇒*zogkoorts, kalfsziekte.*

'milk filter ⟨telb.zn.⟩ **0.1** *melkfilter* ⇒*melkzeef.*

'milk·fish ⟨telb.zn.; ook milkfish; →mv. 4⟩⟨dierk.⟩ **0.1** *bandeng* ⟨soort Stille-Zuidzeeharing; Chanos chanos⟩.

'milk-float ⟨telb.zn.⟩⟨BE⟩ **0.1** *melkwagentje* ⇒*melkkar(retje).*

'milk food ⟨n.-telb.zn.⟩ **0.1** *melkkost* ⇒*melkspijs, melkgerecht.*

'milk glass ⟨n.-telb.zn.⟩ **0.1** *melkglas* ⇒*matglas.*

'milking bail ⟨telb.zn.⟩ **0.1** *doorloopmelkslede.*

'milking machine ⟨telb.zn.⟩ **0.1** *melkmachine* ⇒*melkapparaat.*

'milking parlour, 'milk parlour ⟨telb.zn.⟩ **0.1** *melkhuis* ⇒*melkstal, melkhok, melkstandinrichting.*

'milking plant ⟨telb.zn.⟩ **0.1** *melkfabriek* ⇒*melk/zuivelbedrijf* **0.2** *melkmachine.*

'milking shed ⟨telb.zn.⟩ **0.1** *melkstal.*

'milking stool ⟨telb.zn.⟩ **0.1** *melkkrukje* ⇒*melkblok, schemel.*

'milking unit ⟨telb.zn.⟩ **0.1** *melkmachine* ⇒*melkapparaat.*

'milking yard ⟨telb.zn.⟩ **0.1** *melkbocht* ⟨omheind stuk weiland⟩.

'milk intolerant ⟨bn.⟩ **0.1** *geen melk verdragend.*

'milk jug ⟨telb.zn.⟩ **0.1** *melkkan(netje)* ⇒*melkpot, melkpan.*

'milk 'leg ⟨telb.zn.⟩ **0.1** ⟨med.⟩ *kraambeen* ⇒*flegmasie* **0.2** *voetgezwel bij paarden.*

'milk-'liv·ered ⟨bn.⟩⟨bel.⟩ **0.1** *laf(hartig)* ⇒*vreesachtig, bang.*

'milk loaf ⟨f1⟩⟨telb.zn.⟩ **0.1** *melkbrood.*

'milk·maid ⟨telb.zn.⟩ **0.1** *melkmeid* ⇒*melkster.*

milk·man ['mɪlkmən]⟨f1⟩⟨telb.zn.; milkmen [-mən]; →mv. 3⟩ **0.1** *melkboer* ⇒*melkman, melkbezorger.*

'milkman's 'yoke ⟨telb.zn.⟩ **0.1** *melkjuk.*

'milk 'marketing board ⟨verz.n.⟩ **0.1** *melkcentrale* ⇒*zuivelcentrale.*

'milk molar ⟨telb.zn.⟩ **0.1** *melkkies.*

'milk mug ⟨telb.zn.⟩ **0.1** *melkkroes* ⇒*melkbeker.*

'milk pail ⟨telb.zn.⟩ **0.1** *melkemmer.*

'milk parlour →milking parlour.

'milk powder ⟨n.-telb.zn.⟩ **0.1** *melkpoeder.*

'milk product ⟨f1⟩⟨telb.zn.⟩ **0.1** *melkprodukt.*

'milk'pud·ding ⟨telb. en n.-telb.zn.⟩ **0.1** *pudding (op basis v. melk).*

'milk 'punch ⟨n.-telb.zn.⟩ **0.1** *melkpunch* ⟨met rum, melk enz.⟩.

'milk round ⟨telb.zn.⟩ **0.1** *melkronde* **0.2** *prospectieronde* ⟨v. bedrijven bij universiteiten⟩.

'milk roundsman ⟨telb.zn.⟩ **0.1** *melkboer* ⇒*melkman, melkbezorger.*

'milk run ⟨telb.zn.⟩⟨sl.; vnl. mil., lucht.⟩ **0.1** *regelmatig terugkerende missie* ⇒*routineklus, makkie.*

milk scab →milk crust.

'milk shake ⟨f1⟩⟨telb. en n.-telb.zn.⟩ **0.1** *milkshake.*

'milk snake, 'milk adder ⟨telb.zn.⟩⟨dierk.⟩ **0.1** *melkslang* ⟨niet-giftige Am. slang; Lampropeltis triangulum⟩.

'milk·sop ⟨telb.zn.⟩ **0.1** *bangerik* ⇒*huilebalk, slapjanus.*

'milk sugar ⟨n.-telb.zn.⟩ **0.1** *melksuiker* ⇒*lactose, galactose.*

'milk thistle ⟨telb.zn.⟩⟨plantk.⟩ **0.1** *mariadistel* ⟨Sybylum Marianum⟩ **0.2** *melkdistel* ⇒*motdistel, ganzedistel* ⟨Sonchus oleraceus⟩.

'milk tooth ⟨f1⟩⟨telb.zn.⟩ **0.1** *melktand.*

'milk train ⟨telb.zn.⟩ **0.1** *stoptrein* ⟨die de melk komt ophalen⟩ ⇒*boemeltrein.*

'milk tree ⟨telb.zn.⟩ **0.1** ⟨plantk.⟩ *melkboom* ⟨vnl. Brosimum galactodendron⟩.

'milk van ⟨telb.zn.⟩ **0.1** *melkauto.*

'milk vetch ⟨telb.zn.⟩⟨plantk.⟩ **0.1** *hokjespeul* ⟨Astragalens glycyphyllus⟩.

'milk wagon ⟨telb.zn.⟩⟨AE; sl.⟩ **0.1** *arrestantenwagen.*

'milk walk ⟨telb.zn.⟩ **0.1** *melkronde.*

'milk-weed ⟨telb.zn.⟩⟨plantk.⟩ **0.1** *melkplant* ⟨fam. der Asclepiadaceae⟩ ⇒*zijdeplant* ⟨Asclepias syriaca⟩, *engbloem, wolfsmelk, melkeppe, kroontjeskruid, melkdistel.*

'milk wool ⟨n.-telb.zn.⟩ **0.1** *melkwol* ⇒*caseïnewol, lanital.*

'milk·wort ⟨telb.zn.⟩⟨plantk.⟩ **0.1** *vleugeltjesbloem* ⟨genus Polygala⟩ **0.2** *melkkruid* ⟨Glaux maritima⟩ **0.3** *klokje* ⟨genus Campanula⟩.

milk·y ['mɪlki]⟨f2⟩⟨bn.; -er; -ly; -ness; →bijw. 3⟩ **0.1** *melkachtig* ⇒*melkig, melk-, troebel* **0.2** *melkrijk* ⇒*melkhoudend, melkgevend* **0.3** *zacht* ⇒*schuchter, bedeesd, stil, slap, zonder spirit* ◆ **1.¶** the Milky Way *de melkweg.*

'milk yield ⟨n.-telb.zn.⟩ **0.1** *melkgift* ⇒*melkproduktie, melkopbrengst.*

mill[1] [mɪl]⟨f3⟩⟨telb.zn.⟩⟨→sprw. 16, 457, 458⟩ **0.1** *(water/wind)molen* ⇒*malerij, pellerij* **0.2** *(peper/koffie)molen* ⇒*maalmachine, (vruchte)pers* **0.3** ⟨ben. voor⟩ *machine* ⇒*munthamer, metaalwals* **0.4** *fabriek* ⇒*katoenfabriek; spinnerij; papiermolen; staalfabriek; hoogovenbedrijf; pletterij; walserij; zagerij* **0.5** ⟨inf.⟩ *bokswedstrijd* ⇒*knokpartij* **0.6** ⟨sl., mil.⟩ *petoet* ⇒*cachot* **0.7** ⟨sl.⟩ *koffiemolen* ⇒*(lawaaierige) (auto)motor;* ⟨mil. ook⟩ *vliegtuigmotor* **0.8** $^{1}/_{1000}$ *dollar* ⟨rekenmunt⟩ ◆ **6.¶** go **through** the ~ *een zware tijd doormaken;* put s.o. **through** the ~ *iem. een zware tijd bezorgen, flink onder handen nemen;* put a dog **through** the ~ *een hond africhten;* have been **through** the ~ *het klappen v.d. zweep kennen.*

mill[2] ⟨f3⟩⟨ww.⟩

I ⟨onov.ww.⟩ **0.1** *(als vee) in het rond lopen* ⇒*ronddraaien, rondlopen, rondsjouwen* **0.2** ⟨inf.⟩ *boksen* ⇒*knokken* **0.3** *gemalen worden* ⟨bv. v. graan⟩ ◆ **5.1** →mill about, mill around;

II ⟨onov. en ov.ww.⟩ **0.1** *malen* **0.2** ⟨textiel⟩ *vollen* **0.3** ⟨munterij⟩ *kartelen* **0.4** *(metaal) pletten* ⇒*walsen* **0.5** *frezen;*

III ⟨ov.ww.⟩ **0.1** *(tot schuim) kloppen* **0.2** *in het rond drijven* **0.3** ⟨inf.⟩ *afranselen.*

mill·a·ble ['mɪləbl]⟨bn.⟩ **0.1** *verwerkbaar* ⇒*maalbaar* ◆ **1.1** ~ trees *bomen geschikt voor de zagerij.*

'mill a'bout, 'mill a'round ⟨onov.ww.⟩ **0.1** *(ordeloos) rondlopen* ⇒*krioelen* ◆ **1.1** a large crowd was milling about in the park *in het park wemelde/krioelde het van mensen;* conflicting ideas milled around in his mind *tegenstrijdige ideeën spookten hem door het hoofd.*

'mill·board ⟨n.-telb.zn.⟩ **0.1** *(zwaar) bordkarton* ⟨vnl. voor boekbanden⟩.

'mill·clack, 'mill·clap·per ⟨telb.zn.⟩ **0.1** *molenklapper.*

'mill·course ⟨telb.zn.⟩ **0.1** *molenvliet.*

'mill·dam ⟨telb.zn.⟩ **0.1** *molenstuw* **0.2** *molenkolk* ⟨door 0.1 gevormd⟩.

mil·le·nar·i·an[1] ['mɪlɪ'neərɪən‖-'ner-]⟨telb.zn.⟩ **0.1** *chiliast* ⟨aanhanger v.h. geloof aan een duizendjarig vrederijk op aarde⟩.

millenarian[2] ⟨bn.⟩ **0.1** *duizendjarig* ⇒*v.e./v.h. millennium* **0.2** *gelovend in het duizendjarig vrederijk.*

mil·le·nar·ian·ism ['mɪlɪ'neərɪənɪzm‖-'ner-]⟨n.-telb.zn.⟩ **0.1** *chiliasme.*

mil·le·nary[1] ['mɪlənri‖'mɪləneri]⟨telb.zn.; →mv. 2⟩ **0.1** *millennium* ⇒*periode van duizend jaar, duizendste verjaardag* **0.2** *chiliast.*

millenary[2] ⟨bn.⟩ **0.1** ***duizendjarig*** ⇒*v.e./v.h. millennium* **0.2** ***gelovend in het duizendjarig vrederijk.***
mil·len·ni·al[1] [mɪ'lenɪəl]⟨telb.zn.⟩ **0.1** ***millennium*** ⇒*duizendste verjaardag.*
millennial[2] ⟨bn.⟩ **0.1** ***duizendjarig*** ⇒*v.e./v.h. millennium.*
mil·len·ni·um [mɪ'lenɪəm]⟨f1⟩⟨telb.zn.; ook millennia; →mv. 5⟩ **0.1** ***millennium*** ⇒*periode van duizend jaar, duizendste verjaardag* **0.2** ⟨the⟩ ***millennium*** ⇒*duizendjarig vrederijk;* ⟨fig.⟩ *gouden tijdperk.*
milleped(e) →milliped.
mil·le·pore ['mɪlɪpɔː‖-pɔr]⟨telb.zn.⟩ **0.1** ***(soort) koraal*** ⟨genus Millepora⟩.
mill·er ['mɪlə‖-ər]⟨f1⟩⟨telb.zn.⟩ **0.1** ***molenaar*** **0.2** ***freesbank*** ⇒*freesmachine* **0.3** ***nachtuiltje*** ⇒*(soort) nachtvlinder.*
'miller's 'thumb ⟨telb.zn.⟩⟨dierk.⟩ **0.1** ***rivierdonderpad*** ⟨Cottus gobio⟩.
mil·les·i·mal[1] [mɪ'lesɪml]⟨telb.zn.⟩ **0.1** ***duizendste (deel).***
millesimal[2] ⟨bn., attr.; -ly⟩ **0.1** ***duizendste*** ⇒*duizenddelig.*
mil·let ['mɪlɪt]⟨n.-telb.zn.⟩⟨plantk.⟩ **0.1** ***gierst*** ⟨Panicum miliaceum⟩ **0.2** ***sorghum*** ⟨Sorghum, i.h.b. S. vulgare⟩.
'millet grass ⟨n.-telb.zn.⟩⟨plantk.⟩ **0.1** ***gierstgras*** ⟨Milium effusum⟩.
'mill finish ⟨telb. en n.-telb.zn.⟩ **0.1** ***kalanderglans.***
'mill girl ⟨telb.zn.⟩ **0.1** ***fabrieksarbeidster*** ⇒*katoenspinster.*
'mill hand ⟨telb.zn.⟩ **0.1** ***fabrieksarbeider*** **0.2** ***molenaarsknecht.***
'mill head ⟨telb.zn.⟩ **0.1** ***water opgestuwd om molenrad te bewegen.***
'mill hopper ⟨telb.zn.⟩ **0.1** ***(molen)tremel*** ⇒*treem, graantrechter.*
mil·li- ['mɪli] **0.1** ***milli-*** ⇒*duizendste* ◆ **¶.1** milligram *milligram.*
mil·li·am·me·ter ['mɪli'æmɪtə‖-mɪtər]⟨telb.zn.⟩ **0.1** ***milli-ampèremeter.***
mil·liard ['mɪli'ɑ:d, 'mɪljɑ:d]⟨telw.⟩⟨vero; BE⟩ **0.1** ***miljard.***
mil·li·bar ['mɪlɪbɑː‖-bɑr]⟨n.-telb.zn.⟩ **0.1** ***millibar.***
mil·li·gram(me) [-græm]⟨f1⟩⟨telb.zn.⟩ **0.1** ***milligram.***
mil·li·li·tre, ⟨AE sp.⟩ **mil·li·li·ter** [-li:tə‖-li:tər]⟨telb.zn.⟩ **0.1** ***milliliter.***
mil·li·metre, ⟨AE sp.⟩ **mil·li·meter** [-mi:tə‖-mi:tər]⟨f1⟩⟨telb.zn.⟩ **0.1** ***millimeter.***
mil·li·ner ['mɪlɪnə‖-ər]⟨f1⟩⟨telb.zn.⟩ **0.1** ***modiste*** ⇒*hoedenmaakster/maker, hoedenverkoopster/verkoper.*
mil·li·ner·y ['mɪlɪnri]⟨f1⟩⟨zn.; →mv. 2⟩
I ⟨telb.zn.⟩ **0.1** ***hoedenhandel*** ⇒*modezaak;*
II ⟨n.-telb.zn.⟩ **0.1** ***modistenvak*** ⇒*hoedenmaken* **0.2** ***modeartikelen*** ⟨vooral dameshoeden⟩.
'milling cutter ⟨telb.zn.⟩ **0.1** ***frees.***
'milling machine ⟨telb.zn.⟩ **0.1** ***freesbank*** ⇒*freesmachine.*
mil·lion ['mɪlɪən]⟨f4⟩⟨telw.; ook million; →mv. 4⟩ **0.1** ***miljoen*** ⇒⟨fig.⟩ *talloos* ◆ **1.1** ⟨AE⟩ thanks a ~ *duizendmaal dank, reuze bedankt* **3.1** make a ~ *een miljoen (pond/dollar, enz.) verdienen* **3.¶** ⟨inf.⟩ feel like a ~ (dollars) *zich kiplekker voelen;* ⟨inf.⟩ look like a ~ (dollars) *eruit zien als Hollands welvaren, er stralend uitzien* **6.1** in a ~ *van topkwaliteit;* one/a man **in** a ~ *één/een man uit duizenden;* a/one chance **in** a ~ *een kans van één op duizend* **7.1** the ~(s) *de (volks)massa, het grote publiek;* for the ~ and the millionaire *voor ieders beurs.*
mil·lion·aire ['mɪlɪə'neə‖-'ner]⟨f2⟩⟨telb.zn.⟩ **0.1** ***miljonair.***
mil·lion·air·ess ['mɪlɪə'neərɪs‖-'ner-]⟨telb.zn.⟩ **0.1** ***(vrouwelijke) miljonair*** **0.2** ***miljonairsvrouw.***
'mil·lion·fold[1] ⟨bn.⟩ **0.1** ***miljoenvoudig*** ⇒*duizendvoudig.*
millionfold[2] ⟨bw.⟩ **0.1** ***miljoen maal*** ⇒*duizendmaal.*
mil·lionth ['mɪlɪənθ]⟨f1⟩⟨telw.⟩ **0.1** ***miljoenste*** ◆ **1.1** a ~ map *een kaart op een schaal van 1:1.000.000.*
mil·li·ped, mil·le·ped ['mɪlɪped], **mil·li·pede, mil·le·pede** [-pi:d]⟨f1⟩⟨telb.zn.⟩⟨dierk.⟩ **0.1** ***duizendpoot*** ⟨klasse der Diplopoda⟩.
'mill owner ⟨telb.zn.⟩ **0.1** ***fabrikant*** **0.2** ***eigenaar v.e. molen.***
'mill·pond ⟨telb.zn.⟩ **0.1** ***molenkolk*** ⇒*molenboezem* ◆ **6.1** the sea was (calm) like a ~ *de zee was zo glad als een spiegel.*
'mill·pool ⟨telb.zn.⟩ **0.1** ***molenkolk*** ⇒*molenboezem.*
'mill·race ⟨telb.zn.⟩ **0.1** ***molenvliet*** ⇒*molentocht.*
'mill·rind, 'mill·rynd ⟨telb.zn.⟩ **0.1** ***molenijzer*** ⇒*rijn.*
'mill-run[1] ⟨zn.⟩
I ⟨telb.zn.⟩ **0.1** ***molenvliet*** ⇒*molentocht* **0.2** ***produktieproces*** **0.3** ***(hoeveelheid erts voor) ertsanalyse;***
II ⟨n.-telb.zn.⟩ **0.1** ***produktie van zagerij*** ⇒*gezaagd hout* **0.2** ***mineraal*** ⟨verkregen door ertsanalyse⟩.
mill-run[2] ⟨bn., attr.⟩ **0.1** ***gefabriceerd*** **0.2** ***gemiddeld*** ⇒*niet geselecteerd, gewoon.*
Mills [mɪlz], **'Mills bomb, 'Mills grenade, 'Mills spud** ⟨telb.zn.⟩ **0.1** ***Mills handgranaat*** ⟨ovaalvormig⟩.
'mill·stone ⟨f1⟩⟨telb.zn.⟩ **0.1** ***molensteen*** ⇒⟨fig.⟩ *zware/drukkende last* ◆ **1.1** that's like a ~ round my neck *dat is als een molensteen op het hart, het ligt me loodzwaar op de maag* **3.¶** see through/(far) into a ~ *scherpzinnig zijn, inzicht hebben;* ⟨iron.⟩ *de wijsheid in pacht hebben.*
'mill·stone grit ⟨n.-telb.zn.⟩ **0.1** ***kolenzandsteen*** ⇒*carbonische zandsteen.*
'mill·stream ⟨telb.zn.⟩ **0.1** ***molenvliet*** **0.2** ***molentocht/beek/sloot.***
'mill·tail ⟨telb.zn.⟩ **0.1** ***uitwateringstocht*** ⟨van watermolen⟩.
'mill town ⟨telb.zn.⟩ **0.1** ***fabrieksstadje.***
'mill wheel ⟨telb.zn.⟩ **0.1** ***molenrad*** ⇒*waterrad.*
'mill·wright ⟨telb.zn.⟩ **0.1** ***molenmaker*** **0.2** ***monteur voor draaiende machine-onderdelen.***
milometer →mileometer.
mi·lord [mɪ'lɔ:d‖-'lɔrd]⟨f2⟩⟨telb.zn.; soms M-⟩ **0.1** ***milord.***
milque·toast ['mɪlktoust]⟨telb.zn.; vaak M-⟩⟨AE⟩ **0.1** ***bangerd*** ⇒*lafbek, bangbroek, Jan Salie, Jan Hen* **0.2** ***overvriendelijk mens.***
mil·reis ['mɪlreɪs]⟨telb.zn.; milreis; →mv. 4⟩ **0.1** ***milreis*** ⟨vroegere Portugese en Braziliaanse munt⟩.
milt[1] [mɪlt]⟨f1⟩⟨zn.⟩
I ⟨telb.zn.⟩ **0.1** ***milt*** **0.2** ***hom*** ⟨bij vis⟩ ⇒⟨B.⟩ *milt;*
II ⟨n.-telb.zn.⟩ **0.1** ***hom*** ⇒*homvocht.*
milt[2] ⟨ov.ww.⟩ **0.1** ***bevruchten*** ⟨van vis⟩.
milt·er ['mɪltə‖-ər]⟨telb.zn.⟩ **0.1** ***hommer*** ⇒*hom(vis).*
Mil·to·ni·an [mɪl'tounɪən], **Mil·ton·ic** [mɪl'tɒnɪk‖-'tɑ-]⟨bn.⟩ **0.1** ***Miltoniaans*** ⇒⟨oneig.⟩ *Vondeliaans, episch.*
Mil'wau·kee 'goiter ⟨telb.zn.⟩⟨AE; sl.⟩ **0.1** ***bierbuik.***
mime[1] [maɪm]⟨f1⟩⟨zn.⟩
I ⟨telb.zn.⟩ **0.1** ***mime(spel)*** ⇒*gebarenspel* **0.2** ***mime(speler)*** ⇒*mimicus, gebarenspeler* **0.3** ***nabootsing*** ⇒*imitatie* **0.4** ***nabootser*** **0.5** ***clown*** ⇒*hansworst;*
II ⟨n.-telb.zn.⟩ **0.1** ***mime*** ⇒*mimekunst, mimiek.*
mime[2] ⟨f1⟩⟨ww.⟩
I ⟨onov.ww.⟩ **0.1** ***optreden als mime/in mimespel*** **0.2** ***mimische bewegingen maken;***
II ⟨ov.ww.⟩ **0.1** ***met gebaren uitdrukken*** ⇒*mimisch uitbeelden;* ⟨bij uitbr.⟩ *playbacken* **0.2** ***nabootsen*** ⇒*imiteren.*
M I Mech E ⟨afk.⟩ Member of the Institution of Mechanical Engineers ⟨BE⟩.
mim·eo[1] ['mɪmiou]⟨telb.zn.⟩ **0.1** ***gestencilde publikatie*** ⇒*stencil, nieuwsblaadje, vlugschrift.*
mimeo[2] ⟨ov.ww.⟩⟨verk.⟩ mimeograph[2].
mim·e·o·graph[1] ['mɪmɪəgrɑ:f‖-græf]⟨telb.zn.⟩⟨oorspr. merknaam⟩ **0.1** ***mimeograaf*** ⇒*stencil/kopieermachine* **0.2** ***stencil*** ⇒*kopie.*
mimeograph[2] ⟨f1⟩⟨onov. en ov.ww.⟩ **0.1** ***stencilen*** ⇒*kopiëren (met een mimeograaf).*
mi·me·sis [mɪ'mi:sɪs]⟨n.-telb.zn.⟩ **0.1** ⟨kunst⟩ ***mimesis*** ⟨realistische nabootsing v.d. natuur⟩ **0.2** ⟨biol.⟩ ***mimicry*** ⇒*(kleur/vorm)aanpassing.*
mi·met·ic [mɪ'metɪk]⟨bn., attr.; -ally; →bijw. 3⟩ **0.1** ***mimetisch*** ⇒*nabootsend, nabootsings-* **0.2** ***nagebootst*** ⇒*geïmiteerd, gekopieerd* **0.3** ***onomatopoëtisch*** ⇒*klanknabootsend.*
mim·ic[1] ['mɪmɪk]⟨telb.zn.⟩ **0.1** ***mime(speler)*** ⇒*mimicus, gebarenspeler* **0.2** ***nabootser*** ⇒*naäper, imitator* **0.3** ***namaaksel*** ⇒*kopie;* ⟨kunst⟩ *mimicry* **0.4** ***dier dat mens naäapt*** ⇒*aap* **0.5** ***vogel die menselijke stem imiteert*** ⟨bv. papegaai⟩ **0.6** ***schijnvorm aannemend dier/organisme.***
mimic[2], **mim·i·cal** ['mɪmɪkl]⟨bn., attr.; -(al)ly; →bijw. 3⟩ **0.1** ***mimisch*** **0.2** ***nabootsend*** ⇒*naäpend, nabootsings-* **0.3** ***nagebootst*** ⇒*schijn-, voorgewend* **0.4** ***camouflerend*** ⇒*camouflage-* ◆ **1.1** ~ art *mimiek* **1.2** ~ thrush *spotlijster* ⟨fam. Mimidae⟩ **1.3** a ~ battle *spiegelgevecht* **1.4** the ~ colouring of tigers *de camouflagekleuren v. tijgers.*
mimic[3] ⟨f1⟩⟨ov.ww.; mimicked, mimicking⟩ **0.1** ***nabootsen*** ⇒*naäpen, nadoen* **0.2** ***simuleren*** ◆ **1.1** cheap wood treated to ~ oak *eiken-gefinished goedkoop hout.*
mim·ick·er ['mɪmɪkə‖-ər]⟨telb.zn.⟩ **0.1** ***nabootser*** ⇒*naäper.*
mim·ic·ry ['mɪmɪkri]⟨f1⟩⟨zn.⟩
I ⟨telb.zn.⟩ **0.1** ***nabootsing*** **0.2** ***namaaksel*** ⇒⟨kunst⟩ *mimicry;*
II ⟨n.-telb.zn.⟩ **0.1** ***mimiek*** **0.2** ***het nabootsen*** ⇒*camouflage, navolging, naäperij* **0.3** ⟨biol.⟩ ***mimicry*** ⇒*(kleur/vorm)aanpassing.*
M I Min E ⟨afk.⟩ Member of the Institution of Mining Engineers ⟨BE⟩.
mim·i·ny-pim·i·ny ['mɪməni'pɪməni]⟨bn.⟩ **0.1** ***overdreven (precies/netjes enz.)*** ⇒*gemaakt, gekunsteld, pietluttig, pietepeuterig.*
mi·mo·sa [mɪ'mouzə‖-sə]⟨telb. en n.-telb.zn.⟩⟨plantk.⟩ **0.1** ***mimosa*** ⟨vnl. Mimosa pudica⟩ **0.2** ***acacia*** ⟨vnl. Acacia dealbata⟩ **0.3** ***citroengeel.***
mim·u·lus ['mɪmjʊləs‖-jə-]⟨telb. en n.-telb.zn.; mimuli [-laɪ]; →mv. 5⟩⟨plantk.⟩ **0.1** ***mimulus*** ⟨helmkruidachtige⟩ ⇒⟨vnl.⟩ *maskerbloem* ⟨Mimulus luteus⟩.
M I Mun E ⟨afk.⟩ Member of the Institution of Municipal Engineers ⟨BE⟩.
min[1] [mɪn]⟨telb.zn.⟩⟨BE; sl.⟩ **0.1** ***smeris*** ⇒*kip,* ⟨B.⟩ *flic.*

min², **Min** ⟨afk.⟩ mineral, mineralogical, mineralogy, minim, minimum, mining, Minister, Ministry, minor, minute(s).

mi·na ['maɪnə]⟨telb.zn.; ook minae ['maɪni:]; →mv. 5⟩ **0.1** ***mina*** ⟨gewicht- en munteenheid uit Oudheid⟩ **0.2** →myna(h).

min·able, mine·able ['maɪnəbl]⟨bn.⟩ **0.1** ***ontginbaar*** ⇒*geschikt voor exploitatie*.

mi·na·cious [mɪ'neɪʃəs]⟨bn.; -ly; -ness⟩ **0.1** ***dreigend***.

mi·na·ci·ty [mɪ'næsəṭi]⟨telb. en n.-telb.zn.; →mv. 2⟩ **0.1** ***(be)dreiging***.

mi·nar [mɪ'nɑ:‖mɪ'nɑr]⟨telb.zn.⟩ **0.1** ***toren(tje)*** ⟨vooral in India⟩.

min·a·ret ['mɪnə'ret]⟨f1⟩⟨telb.zn.⟩ **0.1** ***minaret***.

min·a·tory ['mɪnətri‖-tɔri]⟨bn.; -ly; →bijw. 3⟩ **0.1** ***dreigend***.

mince¹ [mɪns]⟨f1⟩⟨n.-telb.zn.⟩ **0.1** ⟨vooral BE⟩ ***gehakt (vlees)*** **0.2** ⟨AE⟩ ***gehakt voedsel*** **0.3** ⟨verk.⟩ ⟨mincemeat⟩ ⟨AE⟩.

mince² ⟨f2⟩⟨ww.⟩ →mincing

I ⟨onov.ww.⟩ **0.1** ***gemaniëreerd/gemaakt/aanstellerig spreken*** ⇒*met een pruimemondje spreken* **0.2** ***gemaniëreerd/gemaakt/aanstellerig lopen*** ⇒*(nuffig) trippelen;*

II ⟨ov.ww.⟩ **0.1** ***fijnhakken*** **0.2** ***geaffecteerd uitspreken*** **0.3** ⟨vaak met ontkenning⟩ ***vergoelijken*** ⇒*bewimpelen* ◆ **1.1** ~d meat *gehakt (vlees);* ~d pie *pasteitje* ⟨met mincemeat⟩; ⟨fig.⟩ she ~d her steps *zij trippelde* **1.2** he ~d his French *hij sprak geaffecteerd Frans;* she didn't ~ her words *zij sprak haar woorden niet erg duidelijk uit;* ⟨meestal fig.⟩ *zij wond er geen doekjes om, zij nam geen blad voor de mond* **1.3** not ~ matters/the matter *de zaak niet vergoelijken, er geen doekjes om winden, geen blad voor de mond nemen*.

'mince·meat ⟨f1⟩⟨n.-telb.zn.⟩ **0.1** ***pasteivulling*** ⟨mengsel, zonder vlees, v. rozijnen, appel, suiker, kruiden enz.⟩ ◆ **3.¶** make ~ of *verslaan, in mootjes/de pan hakken* ⟨vijand⟩; *ondermijnen* ⟨geloof⟩; *geen stukje heel laten v., ontzenuwen* ⟨argument⟩.

'mince 'pie, 'minced 'pie ⟨f1⟩⟨zn.⟩

I ⟨telb. en n.-telb.zn.⟩ **0.1** ***pastei(tje)*** ⟨gevuld met mincemeat⟩;

II ⟨mv.; ~s⟩ ⟨AE; sl.⟩ **0.1** ***kijkers*** ⇒*ogen*.

minc·er ['mɪnsə‖-ər]⟨telb.zn.⟩ **0.1** ***gehaktmolen*** **0.2** ***gemaniëreerd/geaffecteerd persoon***.

minc·ing ['mɪnsɪŋ]⟨bn., attr.; teg. deelw. v. mince; -ly⟩ **0.1** ***gemaniëreerd*** ⇒*geaffecteerd, gemaakt* **0.2** ***vergoelijkend*** ◆ **1.1** take ~ steps *trippelen*.

'mincing machine ⟨telb.zn.⟩ **0.1** ***gehaktmolen***.

min·cy ['mɪnsi]⟨bn.⟩ **0.1** ***gemaniëreerd*** **0.2** ***kieskeurig***.

mind¹ [maɪnd]⟨f4⟩⟨zn.⟩⟨→sprw. 410, 552⟩

I ⟨telb.zn.⟩ **0.1** ***mening*** ⇒*opinie* **0.2** ***bedoeling*** ⇒*intentie, neiging* **0.3** ***geest*** ⟨pers.⟩ **0.4** ***herdenkingsmis*** ⇒*jaarmis* ◆ **2.2** nothing is further from my ~! *ik denk er niet aan!;* have half a ~ to *min of meer geneigd zijn om;* ⟨iron.⟩ *veel zin hebben om* **2.3** the best ~s in the country *de knapste koppen/denkers v.h. land* **3.1** bend/change one's ~ *v. mening veranderen, zich bedenken;* have a ~ of one's own *er zijn eigen ideeën op na houden;* speak one's ~ *zijn mening zeggen;* tell s.o. one's ~ *iem. zeggen waar 't op staat* **3.2** change one's ~ *zich bedenken, v. besluit veranderen;* have a (good/great) ~ to *(veel) zin hebben om te;* old enough to know one's own ~ *oud genoeg om te weten wat men wil;* make up one's ~ *tot een besluit komen;* make up one's ~ to move *het besluit nemen te verhuizen* **3.¶** we're no longer a winning team, we must make up our ~s to that *wij zijn niet langer winnaars, daarmee moeten wij leren leven* **6.1** **in** my ~ *naar mijn mening, volgens mij;* be **in/of** the same/one/a ~ (on/about) *dezelfde mening toegedaan zijn (over);* be **in** two ~s (about) *het met zichzelf oneens zijn (omtrent);* there is no doubt **in** my ~ that ... *het lijdt voor mij geen twijfel dat ...;* be **of** s.o.'s ~ *het met iem. eens zijn;* they are **of** the same ~ *zij zijn het met elkaar eens;* she is still of the same ~ *zij is nog altijd dezelfde mening toegedaan;* **to** my ~ *volgens mij, naar mijn gevoel* **7.3** ⟨Christian Science⟩ The Mind *God;*

II ⟨telb. en n.-telb.zn.⟩ **0.1** ***geest*** ⇒*gemoed* **0.2** ***verstand*** **0.3** ***wil*** ⇒*lust, zin(nen)* **0.4** ***aandacht*** ⇒*gedachte(n)* **0.5** ***gevoel*** **0.6** ***denkwijze*** ⇒*tijdgeest* **0.7** ***herinnering*** ⇒*mensenheugenis* ◆ **1.1** a triumph of ~ over matter *een zege v.d. geest op de materie* **1.2** a ~ like a steel trap *een scherp verstand* **1.6** frame of ~ *denkpatroon, houding* **2.2** be clear in one's ~ about sth. *iets ten volle beseffen;* a sharp ~ *een scherp verstand, een heldere geest;* not of sound ~ *niet wel in het hoofd* **2.6** the Victorian ~ *de Victoriaanse tijdgeest* **3.1** put/set s.o.'s ~ at ease/rest *iem. geruststellen* **3.2** drive s.o. out of his ~ *iem. gek maken;* follow your heart, not your ~ *volg je hart, niet je verstand;* lose one's ~ *gek worden* **3.3** set one's ~ on sth. *zijn zinnen op iets zetten* **3.4** bear/keep in ~ *in gedachten houden;* clear one's ~ of sth. *iets uit zijn hoofd zetten, v. zich afzetten; zich vrij maken v.;* close one's ~ to *zijn ogen sluiten voor;* cross/enter one's ~ *bij iem. opkomen;* get/put out of one's ~ *uit zijn hoofd zetten;* give/put/set/turn one's ~ to *zijn aandacht richten op;* keep one's ~ on *zich concentreren op;* open one's ~ to *zijn ogen openen voor;* read s.o.'s ~ *iemands gedachten lezen;* set one's ~ to sth. *zich ergens toe zetten/op concentreren;* it slipped my ~ *het is mij ontgaan;* take one's ~ off sth. *iets uit zijn hoofd zetten;* it'll take my ~ off things *het zal mij wat afleiden;* take s.o.'s ~ off sth. *iemands aandacht v. iets afleiden* **3.6** win the hearts and the ~s of the people *de sympathie v.h. volk veroveren* **3.7** bring/call sth. to ~ *zich iets herinneren; doen denken/herinneren aan;* cast one's ~ back (to) *terugblikken (op), terugdenken (aan);* come/spring to ~, come into one's ~ *te binnen schieten;* go out of s.o.'s ~ *iem. ontgaan;* keep in ~ *niet vergeten;* keep s.o. in ~ of *iem. blijven herinneren aan;* it has been preying/weighing on his ~ *hij wordt erdoor gekweld;* put s.o. in ~ of *iem. herinneren aan;* it slipped my ~ *het is mij ontschoten, ik ben het vergeten;* his ~ went blank *hij had een gat in zijn geheugen* **3.¶** ⟨inf.⟩ he blew his ~ *hij raakte in extase/uitzinnig;* ⟨inf.⟩ it blew my ~ *het verbijsterde/overdonderde/onthutste me, ik stond er paf van; het verraste me;* ⟨inf.⟩ heroin really blew her ~ *zij tripte enorm op heroïne;* ⟨inf.⟩ LSD blows your ~ something frightful *van LSD krijg je de meest verschrikkelijke hallucinaties;* ⟨inf.⟩ the music really blew his ~ *hij ging ontzettend te gek op de muziek/uit zijn bol van de muziek* **6.1** have sth. **on** one's ~ *iets op zijn hart/lever hebben;* what's **on** your ~? *waarover loop je te piekeren?* **6.2** **in** one's right ~ *bij zijn volle verstand;* (be/go) **out of** one's ~ *gek (zijn/worden)* **6.3** have sth. **in** ~ *iets v. plan/*⟨B.⟩ *zinnens zijn* **6.4** that's finally **off** my ~ *daar ben ik eindelijk vanaf;* his ~ is **on** women *hij is met zijn gedachten bij de vrouwtjes* **6.7** have **in** ~ *onthouden;* whom do you have **in** ~? *aan wie denk je?*.

mind² [maɪnd]⟨f3⟩⟨ww.⟩

I ⟨onov.ww.⟩ **0.1** ***opletten*** ⇒*oppassen* ◆ **4.1** ⟨inf.⟩ ~ (you), I would prefer not to *maar ik zou het liever niet doen;* ⟨inf.⟩ stay away from the fireplace, ~ *maar bij de open haard wegblijven, hoor* **5.1** →mind **out;**

II ⟨onov. en ov.ww.⟩ **0.1** ⟨→toelating⟩ ***bezwaren hebben (tegen)*** ⇒*erop tegen zijn, geven om, zich storen aan, zich aantrekken van* **0.2** ***gehoorzamen*** ◆ **1.1** he doesn't ~ the cold weather *het koude weer deert hem niet* **1.2** the children ~ed their mother *de kinderen gehoorzaamden hun moeder* **3.1** would you ~ ringing? *zou je 's willen opbellen?;* do you ~ if I smoke? *stoort het je als ik rook?;* would you ~? *zou je 't erg vinden?;* if you don't ~ *als je er geen bezwaren tegen hebt;* I should not ~/I don't ~ if I have a cup of tea *ik zou best een kop thee lusten* **4.1** I don't ~ him *hij hindert me niet;*

III ⟨ov.ww.⟩ **0.1** ***denken aan*** ⇒*bedenken, letten op, in acht nemen, oppassen voor* **0.2** ***zorgen voor*** ⇒*oppassen, bedienen, runnen* **0.3** ⟨vero.⟩ ***herinneren aan*** ⇒*zich herinneren* ◆ **1.1** ~ the/your step *kijk uit voor het opstapje;* ~ one's own business *zich met zijn eigen zaken bemoeien* **1.2** ~ the baby *op de baby passen;* ~ a machine *een machine bedienen* **4.1** don't ~ me *maak je maar niet druk om mij* ⟨ook iron.⟩ **5.1** ~ closely what I tell you *let goed op wat ik je te vertellen heb;* never ~ *maak je geen zorgen; het geeft niet, het maakt niets uit;* never (you) ~ *het gaat je niet aan;* never ~ the expense *de kosten spelen geen rol* **8.1** ⟨bij vertrek⟩ ⟨inf.⟩ ~ how you go *wees voorzichtig* **¶.¶** ~ you go to the dentist *denk erom dat je nog naar de tandarts moet*.

'mind-bend·er ⟨telb.zn.⟩⟨sl.⟩ **0.1** ***drug*** ⇒*hallucinogeen* **0.2** ***druggebruiker*** **0.3** ***hersenbreker*** **0.4** ***demagoog***.

'mind-bend·ing ⟨bn.⟩⟨inf.⟩ **0.1** ***hallucinogeen*** ⇒*verdwazend* **0.2** ***hoofdbrekend***.

'mind-blow ⟨ov.ww.⟩⟨sl.⟩ **0.1** ***high maken*** ⇒*in extase brengen, verdwazen* **0.2** ***verwarren***.

'mind·blow·er ⟨telb.zn.⟩⟨sl.⟩ **0.1** ***drug*** ⇒*hallucinogeen* **0.2** ***druggebruiker*** **0.3** ***extatische ervaring***.

'mind-blow·ing ⟨bn.⟩⟨inf.⟩ **0.1** ***hallucinogeen*** ⇒*extatisch, verdwazend* **0.2** ***verwarrend***.

'mind-bog·gling ⟨bn.⟩⟨inf.⟩ **0.1** ***verbijsterend*** ⇒*verbazend*.

mind·ed ['maɪndɪd]⟨bn., pred.⟩ **0.1** ***geneigd*** ⇒*van zins* ◆ **3.1** be ~ to do sth. *van zins zijn iets te doen* **5.1** he could do it if he were so ~ *hij zou het kunnen doen als hij er (maar) zin in had*.

-mind·ed ['maɪndɪd] **0.1** ***geneigd*** ⇒*-willend, -willig, gezind, aangelegd* ◆ **¶.1** evil-minded *kwaadwillig;* commercially-minded *commercieel aangelegd;* travel-minded *reislustig*.

mind·er ['maɪndə‖-ər] **0.1** ***verzorger*** ⇒*oppasser;* ⟨i.h.b.⟩ *kinderoppas* **0.2** ***bediener*** ⇒*operator* ⟨v. machine⟩ **0.3** ⟨BE; sl.⟩ ***bodyguard*** ⇒*lijfwacht, handlanger, helper* ⟨v. crimineel⟩ **0.4** ⟨sl.⟩ ***PR-man*** ⇒*public-relationsman* ⟨v. politicus bv.⟩ ◆ **¶.1** childminder *kinderoppas* **¶.2** machineminder *bediener v.e. machine*.

'mind-ex·pand·er ⟨telb.zn.⟩⟨inf.⟩ **0.1** ***bewustzijnsverruimend middel***.

'mind-ex·pand·ing ⟨bn.⟩⟨inf.⟩ **0.1** ***bewustzijnsverruimend***.

mind·ful ['maɪndfl]⟨f1⟩⟨bn.; -ly; -ness⟩

I ⟨bn.⟩ **0.1** ***bedachtzaam*** ⇒*voorzichtig* **0.2** ***opmerkzaam;***

II ⟨bn., pred.⟩ ⟨schr.⟩ **0.1** ***indachtig*** ⇒*denkend aan* ◆ **6.1** ~ **of** one's duties *zijn plichten indachtig*.

mind·less ['maɪndləs] ⟨f2⟩ ⟨bn.; -ly; -ness⟩
I ⟨bn.⟩ **0.1** ⟨schr.⟩ ***geesteloos*** **0.2** ***dwaas*** ⇒*dom, stompzinnig* **0.3** ***onbedachtzaam*** ⇒*onvoorzichtig, onoplettend, nonchalant;*
II ⟨bn., pred.⟩ **0.1** ***niet lettend op*** ◆ **6.1** ~ **of** danger *zonder oog voor gevaar*.

'mind 'out ⟨onov.ww.⟩ **0.1** ***oppassen*** ◆ **6.1** ~ **for** *opletten voor* ¶**.1** ~! the soup's hot *pas op! de soep is heet*.

'mind·read·er ⟨f1⟩ ⟨telb.zn.⟩ **0.1** ***gedachtenlezer*** ⇒*telepaat*.

'mind·read·ing ⟨f1⟩ ⟨n.-telb.zn.⟩ **0.1** ***gedachtenlezen*** ⇒*telepathie*.

'mind·set ⟨telb.zn.⟩ **0.1** ***denkrichting*** **0.2** ***obsessie***.

'mind's 'eye ⟨n.-telb.zn.⟩ **0.1** ***geestesoog*** ⇒*verbeelding* **0.2** ***herinnering***.

mine[1] [maɪn] ⟨f3⟩ ⟨zn.⟩
I ⟨telb.zn.⟩ **0.1** ***mijn*** ⇒*groeve;* ⟨fig.⟩ *goudmijn, schatkamer* **0.2** ***mijn*** ⇒*ondermijning* **0.3** ***(land/zee)mijn*** **0.4** ***mijngang*** ⟨v. insekt⟩ ◆ **6.1** a ~ **of** information *een rijke bron v. informatie;*
II ⟨n.-telb.zn.⟩ ⟨BE⟩ **0.1** ***ijzererts***.

mine[2] ⟨f3⟩ ⟨ww.⟩ →mining
I ⟨onov.ww.⟩ **0.1** ***in een mijn werken*** ⇒*graven, een mijn aanleggen* **0.2** ⟨mil.⟩ ***een mijn aanleggen*** **0.3** ***mijnen leggen*** **0.4** ***zich ingraven*** ⟨v. insekten⟩ ◆ **6.1** ~ **for** gold *naar goud zoeken;*
II ⟨ov.ww.⟩ **0.1** ***uitgraven*** ⇒*ontginnen, exploiteren, winnen* **0.2** ⟨mil. of fig.⟩ ***ondermijnen*** ⇒*mijnen leggen in/onder, opblazen, kelderen* ◆ **1.2** the cruiser was ~d and sank *de kruiser liep op een mijn en zonk* **5.1** that area will be ~d **out** soon *de mijnen in dat gebied zullen spoedig uitgeput zijn*.

mine[3] ⟨f3⟩ ⟨bez.vnw.; →naamval⟩ **0.1** ⟨predikatief gebruikt⟩ ***van mij*** ⇒*de/het mijne* **0.2** ***de mijne(n)*** ⇒*het mijne* ◆ **1.1** the blame is ~ *de schuld ligt bij mij;* that box is ~ *die doos is van mij* **6.2** care **for** ~ *zorg voor de mijnen;* a friend **of** ~ *een vriend van mij, één van mijn vrienden*.

mine[4] →my.

mineable →minable.

'mine detector ⟨telb.zn.⟩ **0.1** ***mijnendetector***.

'mine disposal ⟨n.-telb.zn.⟩ **0.1** ***het opruimen van mijnen*** ⇒⟨B.⟩ *ontmijning*.

'mine disposal squad ⟨telb.zn.⟩ **0.1** ***mijnendienst*** ⇒⟨B.⟩ *ontmijningsploeg*.

'mine·field ⟨f1⟩ ⟨telb.zn.⟩ **0.1** ***mijnenveld*** ⟨ook fig.⟩.

'mine hunter ⟨telb.zn.⟩ **0.1** ***mijnenjager***.

'mine·lay·er ⟨telb.zn.⟩ **0.1** ***mijnenlegger*** ⟨schip of vliegtuig⟩.

min·er ['maɪnə||-ər] ⟨f2⟩ ⟨telb.zn.⟩ **0.1** ***mijnwerker*** **0.2** ***mijngraafmachine*** **0.3** ⟨mil.⟩ ***mineur*** **0.4** ***mineerder*** ⟨larve⟩ ⇒*mineervlieg, mineerkever, mineermol*.

min·er·al[1] ['mɪnərəl] ⟨f2⟩ ⟨telb. en n.-telb.zn.⟩ **0.1** ***mineraal*** ⇒*delfstof* **0.2** ⟨vnl. mv.⟩ ⟨BE⟩ ***mineraalwater*** ⇒⟨bij uitbr.⟩ *spuitwater, sodawater, priklimonade*.

mineral[2] ⟨f2⟩ ⟨bn.⟩ **0.1** ***mineraal*** ⇒*delfstoffen-, anorganisch* ◆ **1.1** ~ oil *minerale olie;* ~ ores *mineraalertsen*.

min·er·al·i·za·tion, -sa·tion ['mɪnərəlaɪ'zeɪʃn||-lə'zeɪʃn] ⟨telb.zn.⟩ **0.1** ***mineralisering*** ⇒*verstening*.

min·er·al·ize, -ise ['mɪnərəlaɪz] ⟨onov. en ov.ww.⟩ **0.1** ***mineraliseren***.

'mineral kingdom ⟨telb.zn.; the⟩ **0.1** ***delfstoffenrijk***.

min·er·al·og·i·cal ['mɪnərə'lɒdʒɪkl||-'lɑ-] ⟨bn.; -ly⟩ **0.1** ***mineralogisch*** ⇒*delfstoffen-*.

min·er·al·o·gist ['mɪnə'rælədʒɪst] ⟨telb.zn.⟩ **0.1** ***mineraloog*** ⇒*delfstofkundige*.

min·er·al·o·gy ['mɪnə'rælədʒi] ⟨n.-telb.zn.⟩ **0.1** ***mineralogie*** ⇒*delfstoffenleer, delfstofkunde*.

'mineral oil ⟨telb. en n.-telb.zn.⟩ **0.1** ⟨BE⟩ ***aardolie*** ⇒*(ruwe) petroleum* **0.2** ⟨AE⟩ ***paraffineolie***.

'mineral pitch ⟨n.-telb.zn.⟩ **0.1** ***asfalt***.

'min·er·al-rich ⟨bn.⟩ **0.1** ***rijk aan mineralen***.

'mineral tar ⟨n.-telb.zn.⟩ **0.1** ***bergteer***.

'mineral water ⟨f1⟩ ⟨telb.zn., n.-telb.zn.⟩ **0.1** ***mineraalwater***.

'mineral wax ⟨n.-telb.zn.⟩ **0.1** ***aardwas*** ⇒*ozokeriet*.

'mineral wool ⟨n.-telb.zn.⟩ **0.1** ***slakkenwol*** ⇒*steenwol*.

min·e·stro·ne ['mɪnɪ'strouni] ⟨n.-telb.zn.⟩ **0.1** ***minestrone***.

'mine·sweep·er ⟨f1⟩ ⟨telb.zn.⟩ **0.1** ***mijnenveger***.

minever →miniver.

Ming [mɪŋ] ⟨zn.⟩
I ⟨eig.n.⟩ **0.1** ***Ming*** ⟨Chinese dynastie⟩;
II ⟨n.-telb.zn.⟩ **0.1** ***Mingporselein***.

minge [mɪndʒ] ⟨zn.⟩ ⟨BE; vulg.⟩
I ⟨telb.zn.⟩ **0.1** ***kut;***
II ⟨verz.n.⟩ **0.1** ***wijven***.

min·gle ['mɪŋgl] ⟨f2⟩ ⟨ww.⟩
I ⟨onov.ww.⟩ **0.1** ***in contact komen*** ⇒*bijeenkomen, zich mengen* ◆ **6.1** ~ **in** the melee *aan de knokpartij meedoen;* the queen ~d **with**/⟨zelden⟩ **among** the people *de koningin begaf zich onder het volk;* vineyards ~ **with** meadows *wijngaarden wisselen af met weiland;*
II ⟨ov.ww.⟩ **0.1** ***(ver)mengen*** ⇒*versnijden* ◆ **1.1** they ~d their tears *ze huilden samen uit* **6.1** ~ truth **with** falsehood *waarheid en leugens dooreenmengen*.

'min·gle-'man·gle ⟨telb.zn.⟩ **0.1** ***mengelmoes***.

min·gy ['mɪndʒi] ⟨bn.; -er; →compar. 7⟩ ⟨BE; inf.⟩ **0.1** ***krenterig*** ⇒*vrekkig* **0.2** ***krenterig*** ⇒*karig*.

min·i[1] ['mɪni] ⟨f1⟩ ⟨telb. en n.-telb.zn.⟩ ⟨verk.⟩ minicar, miniskirt ⟨enz.⟩ ⟨inf.⟩ **0.1** ***mini***.

mini[2] ⟨bn., attr.⟩ **0.1** ***mini-*** ⇒*miniatuur* ◆ **1.1** a ~ Marilyn Monroe *een Marilyn Monroe in het klein*.

min·i- ['mɪni] **0.1** ***mini-*** ⇒*miniatuur-, dwerg-, in het klein* ◆ ¶**.1** minibike *minimotorfiets;* minisub *miniduikboot*.

min·i·ate ['mɪnieɪt] ⟨ov.ww.⟩ **0.1** ***meniën*** **0.2** ***illumineren*** ⇒*verluchten* ⟨handschrift⟩.

min·i·a·ture[1] ['mɪnətʃə||-tʃʊr] ⟨f2⟩ ⟨zn.⟩
I ⟨telb.zn.⟩ **0.1** ***miniatuur;***
II ⟨n.-telb.zn.⟩ **0.1** ***miniatuurkunst*** ◆ **6.**¶ **in** ~ *in miniatuur*.

miniature[2] ⟨bn., attr.⟩ **0.1** ***miniatuur-*** ⇒*mini-* ◆ **1.1** ~ golf *minigolf;* ~ poodle *dwergpoedel*.

miniature[3] ⟨ov.ww.⟩ **0.1** ***in miniatuur/het klein voorstellen***.

min·i·a·tur·ist ['mɪnətʃərɪst||-tʃʊrɪst] ⟨telb.zn.⟩ **0.1** ***miniaturist(e)*** ⇒*miniatuurschilder(es), miniator*.

min·i·a·tur·i·za·tion, -sa·tion ['mɪnətʃəraɪ'zeɪʃn||-tjʊr-] ⟨n.-telb.zn.⟩ **0.1** ***miniaturisatie***.

min·i·a·tur·ize, -ise ['mɪnətʃəraɪz||-tʃʊr-] ⟨ov.ww.⟩ **0.1** ***in miniatuur maken*** ⇒*(sterk) verkleinen*.

'min·i·bar ⟨telb.zn.⟩ **0.1** ***minibar*** ⟨kleine koelkast met dranken en snacks in hotelkamer⟩.

'min·i·bus ⟨f1⟩ ⟨telb.zn.; AE ook -ses; →mv. 2⟩ **0.1** ***minibus***.

'min·i·cab ⟨telb.zn.⟩ **0.1** ***minitaxi***.

'min·i·cal·cu·la·tor ⟨telb.zn.⟩ **0.1** ***(klein) zakrekenmachientje***.

'min·i·car ⟨telb.zn.⟩ **0.1** ***miniauto***.

'min·i·com·put·er, mini ⟨telb.zn.⟩ **0.1** ***mini(computer)***.

min·i·fy ['mɪnɪfaɪ] ⟨ov.ww.; →ww. 7⟩ **0.1** ***verkleinen*** ⇒*minimaliseren*.

min·i·kin[1] ['mɪnɪkɪn] ⟨telb.zn.⟩ ⟨vero.⟩ **0.1** ***(zeer) klein wezen/iets***.

minikin[2] ⟨bn., attr.⟩ ⟨vero.⟩ **0.1** ***nietig*** **0.2** ***geaffecteerd*** ⇒*gemaakt*.

min·im ['mɪnɪm] ⟨telb.zn.⟩ **0.1** ***neerhaal*** ⟨bij het schrijven⟩ **0.2** ***kleinigheid*** ⇒*nietig wezen, dwerg* **0.3** ***minim*** ⟨UK 0,059 ml; USA 0,062 ml; →t1⟩ ⇒⟨fig.⟩ *druppel* **0.4** ⟨meestal M-⟩ ***Miniem*** ⟨bedelorde⟩ **0.5** ⟨BE; muz.⟩ ***halve noot***.

min·i·mal ['mɪnɪml] ⟨f2⟩ ⟨bn.; -ly⟩ **0.1** ***minimaal*** ⇒*minimum-, kleinst, laagst* ◆ **1.1** ~ art *minimal art;* ~ artist *maker v. minimal art;* ⟨taalk.⟩ ~ pairs *minimale (woord)paren*.

min·i·mal·ism ['mɪnɪməlɪzm] ⟨n.-telb.zn.⟩ **0.1** ***minimalisme*** **0.2** ***minimal art***.

min·i·mal·ist[1] ['mɪnɪməlɪst] ⟨telb.zn.⟩ **0.1** ***minimalist*** **0.2** ***maker van minimal art***.

minimalist[2] ⟨bn.⟩ **0.1** ***minimalistisch*** ⟨ook mbt. minimal art⟩.

min·i·mind·ed [-'maɪndɪd] ⟨bn.⟩ **0.1** ***stompzinnig***.

min·i·mi·za·tion, -sa·tion ['mɪnɪmaɪ'zeɪʃn||-mə'zeɪʃn] ⟨telb. en n.-telb.zn.⟩ **0.1** ***minimalisering***.

min·i·mize, -mise ['mɪnɪmaɪz] ⟨f2⟩ ⟨ov.ww.⟩ **0.1** ***minimaliseren*** ⇒*vergoelijken*.

min·i·mum ['mɪnɪməm] ⟨f3⟩ ⟨telb.zn.; ook minima [-mə]; →mv. 5⟩ **0.1** ***minimum*** ◆ **3.1** keep sth. to a/the ~ *iets tot het minimum beperkt houden*.

'minimum 'lending rate ⟨telb.zn.⟩ ⟨geldw.⟩ **0.1** ***bankdisconto*** ⇒*officieel disconto* ⟨v. centrale bank⟩.

'minimum temperature ⟨telb.zn.⟩ **0.1** ***minimumtemperatuur***.

'minimum 'wage ⟨f1⟩ ⟨telb.zn.⟩ **0.1** ***minimumloon***.

min·ing ['maɪnɪŋ] ⟨f1⟩ ⟨n.-telb.zn.; gerund v. mine⟩ **0.1** ***mijnbouw*** ⇒*mijnexploitatie, mijnontginning, mijnwezen* **0.2** ***het leggen van mijnen***.

'mining area, 'mining district ⟨telb.zn.⟩ **0.1** ***mijnstreek*** ⇒*mijngebied*.

'mining disaster ⟨telb.zn.⟩ **0.1** ***mijnramp***.

'mining engineer ⟨f1⟩ ⟨telb.zn.⟩ **0.1** ***mijnbouwkundig ingenieur*** ⇒*mijningenieur*.

'mining engineering ⟨n.-telb.zn.⟩ **0.1** ***mijnbouwkunde***.

'mining expert ⟨telb.zn.⟩ **0.1** ***mijnbouwdeskundige***.

'mining industry ⟨telb.zn.⟩ **0.1** ***mijnindustrie***.

'mining town ⟨telb.zn.⟩ **0.1** ***mijnstad(je)***.

min·ion ['mɪnɪən] ⟨telb.zn.⟩ **0.1** ⟨vaak pej. of scherts.⟩ ***gunsteling*** ⇒*lieveling, slaafs volgeling, hielenlikker* **0.2** ⟨druk.⟩ ***mignon*** ⇒*kolonel* ⟨7-punts letter⟩ ◆ **1.1** ~ of fortune *geluksvogel;* ~ of the law *gerechtsdienaar;* ⟨B.⟩ *wetsdienaar;* ⟨in mv.⟩ *de arm der wet*.

'min·i·se·ries ⟨telb.zn.⟩ **0.1** ***miniserie.***
'min·i·skirt ⟨f1⟩ ⟨telb.zn.⟩ **0.1** ***minirok(je).***
min·is·ter[1] ['mɪnɪstə‖-ər] ⟨f3⟩ ⟨telb.zn.⟩ **0.1** ⟨vaak M-⟩ ***minister*** **0.2** ***geestelijke*** ⇒*predikant, voorganger* ⟨in Groot-Brittannië vnl. in presbyteriaanse en non-conformistische kerken⟩ **0.3** ⟨vaak M-⟩ ***gezant*** **0.4** ***(minister-)generaal*** ⟨overste van geestelijke orde⟩ **0.5** ⟨schr.⟩ ***dienaar*** ◆ **1.1** Minister of the Crown *minister (v.h. Britse kabinet);* Minister of State *onderminister, staatssecretaris* ⟨in Brits departement⟩ **1.2** ~ of religion *geestelijke* **2.1** ~ plenipotentiary *gevolmachtigd minister* **2.3** ~ resident *minister-resident* **2.4** ~ general *(minister-)generaal.*
minister[2] ⟨f2⟩ ⟨ww.⟩
I ⟨onov.ww.⟩ →minister to;
II ⟨ov.ww.⟩ ⟨vero.⟩ **0.1** ***verlenen*** ⇒*leveren* **0.2** ***toedienen*** ⇒*uitdelen* ◆ **1.2** ~ the Sacrament *het sacrament toedienen.*
min·is·te·ri·al ['mɪnɪ'stɪərɪəl‖-'stɪr-] ⟨f2⟩ ⟨bn.; -ly⟩ **0.1** ***ministerieel*** **0.2** ***geestelijk*** ⇒*van/mbt. de geestelijkheid* ◆ **1.1** ~ crisis *regeringscrisis* **7.1** the next ~ *de volgende ministerconferentie/top.*
min·is·te·ri·al·ist ['mɪnɪ'stɪərɪəlɪst‖-'stɪr-] ⟨telb.zn.⟩ **0.1** ***regeringsgezinde.***
'minister to ⟨onov.ww.⟩ **0.1** ⟨schr.⟩ ***bijstaan*** ⇒*verzorgen, hulp verlenen aan.*
min·is·trant[1] ['mɪnɪstrənt] ⟨telb.zn.⟩ **0.1** ***dienaar*** ⇒*helper.*
ministrant[2] ⟨bn.⟩ **0.1** ***dienend*** ⇒*helpend.*
min·is·tra·tion ['mɪnɪ'streɪʃn] ⟨f1⟩ ⟨telb. en n.-telb.zn.; vaak mv.⟩ ⟨schr.⟩ **0.1** ***bijstand*** ⇒*hulp* **0.2** ***geestelijke bijstand*** ⇒*bediening.*
min·is·tra·tive ['mɪnɪstrətɪv‖-streɪṭɪv] ⟨bn.⟩ **0.1** ***helpend*** ⇒*(be)dienend.*
min·is·try ['mɪnɪstri] ⟨f3⟩ ⟨zn.; →mv. 2⟩
I ⟨telb.zn.⟩ **0.1** ⟨vaak M-⟩ ***ministerie*** **0.2** ***dienst*** ⇒*bediening, verzorging* **0.3** ***ministerschap*** **0.4** ***ambt(stermijn) van dominee;***
II ⟨n.-telb.zn.; the⟩ **0.1** ***geestelijk ambt*** ◆ **3.1** enter the ~ *geestelijke/predikant worden;*
III ⟨verz.n.; the⟩ **0.1** ***geestelijkheid*** ⇒*clerus* **0.2** ***kabinet*** ⟨alle ministers⟩.
'ministry of'ficial ⟨telb.zn.⟩ **0.1** ***functionaris v.e. ministerie.***
min·i·um ['mɪnɪəm] ⟨n.-telb.zn.⟩ **0.1** ***(lood)menie*** ⇒*cinnaber, vermiljoen.*
min·i·ver, min·e·ver ['mɪnɪvə‖-ər] ⟨telb. en n.-telb.zn.⟩ **0.1** ***wit(te) bont(rand) langs ceremoniële kledij*** ⟨meestal hermelijn⟩.
mink [mɪŋk] ⟨f2⟩ ⟨zn.; ook mink; →mv. 4⟩
I ⟨telb.zn.⟩ **0.1** ⟨dierk.⟩ ***Amerikaanse nerts*** ⇒*mink* ⟨Mustela vison⟩ **0.2** ***nertsmantel;***
II ⟨n.-telb.zn.⟩ **0.1** ***nertsbont.***
'mink 'coat ⟨telb.zn.⟩ **0.1** ***minkmantel*** ⇒*nertsmantel.*
Minn ⟨afk.⟩ Minnesota.
min·ne·sing·er ['mɪnɪsɪŋə‖-ər] ⟨telb.zn.⟩ **0.1** ***minnezanger*** ⟨Duits, middeleeuws troubadour⟩.
min·now ['mɪnoʊ] ⟨f1⟩ ⟨telb.zn.; ook minnow; →mv. 4⟩ ⟨dierk.⟩ **0.1** ***witvis*** ⇒⟨vnl.⟩ *elrits* ⟨Phoxinus phoxinus⟩.
Mi·no·an[1] [mɪ'noʊən] ⟨zn.⟩
I ⟨eig.n.⟩ **0.1** ***taal v.d. inwoners v.h. Minoïsche Kreta;***
II ⟨telb.zn.⟩ **0.1** ***inwoner v.h. Minoïsche Kreta.***
Minoan[2] ⟨bn.⟩ **0.1** ***Minoïsch.***
mi·nor[1] ['maɪnə‖-ər] ⟨f2⟩ ⟨telb.zn.⟩ **0.1** ***minderjarige*** **0.2** ⟨logica⟩ ***minor*** ⇒*minderterm* **0.3** ⟨muz.⟩ ***mineur*** ⇒*kleine-tertstoonladder* **0.4** ⟨vaak M-⟩ ***minderbroeder*** **0.5** ***bijvak*** ⟨aan Am. universiteiten⟩ **0.6** ***student in een bijvak*** **0.7** ⟨vnl. mv.⟩ ⟨AE, Can. E; sport, vnl. honkbal⟩ ***lagere divisie*** ⇒*onderafdeling* ◆ **2.3** melodic ~ *melodische kleine-tertstoonladder* **6.7** his team got sent down **to** the ~s *zijn club degradeerde.*
minor[2] ⟨f3⟩ ⟨bn.; nooit gevolgd door than⟩
I ⟨bn.⟩ **0.1** ***minder*** ⇒*kleiner, vrij klein* **0.2** ***minder belangrijk*** ⇒*lager, secundair, ondergeschikt* **0.3** ***minderjarig*** ◆ **1.1** ⟨meetkunde⟩ ~ axis *kleine as;* ~ planet *asteroïde* **1.2** ~ Canon *kanunnik die geen lid is v.h. kapittel;* ⟨sport⟩ ~ league *lagere afdeling(en)/klasse(n)/divisie(s), onderafdeling;* ⟨vaak attr.⟩ ⟨fig.⟩ *tweederangs;* ~ orders *kleine orden* ⟨bij R.-K. clerus⟩; ⟨schaken⟩ ~ pieces *lichte stukken* ⟨lopers, paarden⟩; ~ poet *poeta minor, minder belangrijke dichter;* ~ premise *minorpremisse, minderterm;* Minor Prophets *Kleine Profeten, de mindere Profeten;* ~ road *secundaire weg;* ~ suit *lage kleur* ⟨bridge⟩; ~ term *minorterm, minderterm;*
II ⟨bn., attr., bn., post.⟩ ⟨muz.⟩ **0.1** ***mineur*** ⇒*klein* ◆ **1.1** A ~ *a klein(e terts), a mineur;* in a ~ key *in kleine terts, in mineur* ⟨ook fig.⟩; ~ mode *mineur, mineurtoonaard/schaal;* ~ scale *mineurtoonladder, kleine-tertstoonladder;* ~ third *kleine terts;*
III ⟨bn., post.⟩ ⟨vero.; BE; school.⟩ **0.1** ***junior*** ◆ **1.1** Smith ~ *Smith junior, de jonge Smith* **1.¶** Friar ~ *minderbroeder.*
Mi·nor·ca [mɪ'nɔːkə‖-'nɔr-] ⟨zn.⟩
I ⟨eig.n.⟩ **0.1** ***Minorca*** ⟨Baleareneiland⟩;
II ⟨telb. en n.-telb.zn.⟩ ⟨verk.⟩ →Minorca fowl.
Mi'norca fowl ⟨telb. en n.-telb.zn.; ook fowl; →mv. 4⟩ **0.1** ***Minorcakip*** ⟨soort leghorn⟩.
'minor in ⟨onov.ww.⟩ **0.1** ***als bijvak studeren*** ◆ **1.1** ~ chemistry *scheikunde als bijvak studeren/hebben.*
Mi·nor·ite ['maɪnəraɪt], **Mi·nor·ist** [-rɪst] ⟨telb.zn.⟩ **0.1** ***minderbroeder*** ⇒*minoriet.*
mi·nor·i·ty [maɪ'nɒrəti‖mɪ'nɔrəṭi, -'nɑ-] ⟨f3⟩ ⟨telb.zn.; →mv. 2⟩ **0.1** ***minderheid*** **0.2** ***minderjarigheid*** ◆ **4.1** ⟨iron.⟩ a ~ of one *helemaal alleen.*
mi'nority government ⟨f1⟩ ⟨telb.zn.⟩ **0.1** ***minderheidsregering.***
mi'nority group ⟨telb.zn.⟩ **0.1** ***minderheid*** ⇒*minoriteit.*
mi'nority programme ⟨telb.zn.⟩ **0.1** ***minderheidsprogramma*** ⟨gevolgd door een klein gedeelte v.h. radio- of t.v.-publiek⟩.
mi'nority report ⟨telb.zn.⟩ **0.1** ***minderheidsrapport.***
min·o·taur ['mɪnətɔː‖-tɔr] ⟨eig.n.; the⟩ **0.1** ***Minotaurus.***
min·ster ['mɪnstə‖-ər] ⟨telb.zn.⟩ **0.1** ***munster*** ⇒*kloosterkerk, domkerk, kathedraal.*
min·strel ['mɪnstrəl] ⟨f1⟩ ⟨telb.zn.⟩ **0.1** ***minstreel*** **0.2** ***'negerzanger'*** ⟨showman, in Amerikaans variété, (vaak) in negertravestie⟩.
min·strel·sy ['mɪnstrəlsi] ⟨zn.; →mv. 2⟩
I ⟨telb.zn.⟩ **0.1** ***verzameling balladen*** ⇒*tekstboek;*
II ⟨n.-telb.zn.⟩ **0.1** ***minstreelkunst;***
III ⟨verz.n.⟩ **0.1** ***minstreelgroep.***
mint[1] [mɪnt] ⟨f2⟩ ⟨zn.⟩
I ⟨telb.zn.⟩ **0.1** ***munt*** ⟨gebouw, instelling⟩ ⇒⟨inf.⟩ *bom duiten;* ⟨fig.⟩ *bron, mijn* **0.2** ***pepermuntje*** ◆ **1.1** a ~ of new ideas *een bron v. nieuwe ideeën;* a ~ of money *een smak geld;*
II ⟨n.-telb.zn.⟩ ⟨plantk.⟩ **0.1** ***munt*** ⟨genus Mentha⟩.
mint[2] ⟨f1⟩ ⟨ov.ww.⟩ **0.1** ***munten*** ⇒*tot geld slaan,* ⟨fig.⟩ *smeden, uitvinden* ◆ **1.1** ~ a new expression *een nieuwe uitdrukking creëren.*
mint·age ['mɪnṭɪdʒ] ⟨zn.⟩
I ⟨telb.zn.⟩ **0.1** ***muntloon*** **0.2** ***muntstempel*** ⇒*muntteken;*
II ⟨n.-telb.zn.⟩ **0.1** ***muntslag*** ⇒*munt.*
'mint con'dition ⟨telb.zn.⟩ **0.1** ***perfecte staat/toestand*** ◆ **6.1** **in** ~ *puntgaaf.*
mint·er ['mɪntə‖'mɪnṭər] ⟨telb.zn.⟩ **0.1** ***munter.***
'mint 'julep ⟨telb.zn.⟩ ⟨AE⟩ **0.1** ***muntcocktail*** ⟨cognac of whisky met suiker, munt en gestampt ijs⟩.
'mint·mark ⟨telb.zn.⟩ **0.1** ***muntteken.***
'mint·mas·ter ⟨telb.zn.⟩ **0.1** ***muntmeester.***
'mint par ⟨n.-telb.zn.⟩ **0.1** ***muntpariteit*** ⇒*muntpari* ◆ **1.1** ~ of exchange *muntpariteit.*
'mint 'sauce ⟨telb. en n.-telb.zn.⟩ **0.1** ***muntsaus.***
min·u·end ['mɪnjʊend] ⟨telb.zn.⟩ ⟨wisk.⟩ **0.1** ***aftrektal.***
min·u·et ['mɪnjʊ'et] ⟨f1⟩ ⟨telb.zn.⟩ **0.1** ***menuet.***
mi·nus[1] ['maɪnəs] ⟨telb.zn.⟩ **0.1** ***minteken*** **0.2** ***minus*** ⇒*negatieve waarde, tekort,* ⟨fig.⟩ *nadeel, min(punt).*
minus[2] ⟨f1⟩ ⟨bn.⟩
I ⟨bn., attr.⟩ **0.1** ***negatief*** ⟨vnl. wisk., nat.⟩ **0.2** ***complementair*** ⟨v. kleuren⟩ ◆ **1.1** ~ feelings *negatieve gevoelens, gevoelens v. afkeer;* ~ value *negatieve waarde;* the ~ wire *de negatieve draad, de mindraad* **1.2** ~ colours *complementaire kleuren;*
II ⟨bn., pred.⟩ ⟨inf.⟩ **0.1** ***nul*** ◆ **1.1** the profits were ~ *de winst was nihil;*
III ⟨bn., post.⟩ ⟨school.⟩ **0.1** ***-min*** ⇒*iets minder goed dan* ◆ **1.1** a B- ~ *een B-min.*
minus[3] ⟨f2⟩ ⟨vz.⟩ **0.1** ⟨vnl. wisk.⟩ ***min(us)*** ⇒⟨meteo.⟩ *min, onder nul/het vriespunt* **0.2** ***minder/lager dan*** **0.3** ⟨scherts.⟩ ***zonder*** ◆ **1.1** wages ~ taxes *loon na aftrek v. belastingen* **1.2** ~ two cm in diameter *minder dan twee cm doorsnede* **1.3** a teapot ~ a spout *een theepot zonder tuit* **4.1** six ~ two *zes min twee;* ~ six *zes onder nul.*
mi·nus·cu·lar [mɪ'nʌskjʊlə‖-kjələr] ⟨bn.⟩ **0.1** ***minuscuul.***
mi·nus·cule[1] ['mɪnəskjuːl] ⟨telb.zn.⟩ **0.1** ***minuskel*** **0.2** ***handschrift in minuskelschrift*** **0.3** ***kleine letter*** ⇒*onderkast(letter).*
minuscule[2] ⟨bn.⟩ **0.1** ***minuscuul*** **0.2** ***in minuskel*** **0.3** ⟨druk.⟩ ***in kleine letter*** ⇒*onderkast.*
'minus sign ⟨f1⟩ ⟨telb.zn.⟩ **0.1** ***minteken.***
min·ute[1] ['mɪnɪt] ⟨f4⟩ ⟨zn.⟩
I ⟨telb.zn.⟩ **0.1** ***minuut*** ⇒*moment, ogenblik* **0.2** ***minuut*** ⇒*boogminuut* **0.3** ***aantekening*** ⇒*notitie, concept, minuut* **0.4** ***nota*** ⇒*memorandum* ◆ **1.2** ~ of arc *boogminuut* **3.1** ⟨inf.⟩ wait a ~ *wacht eens even;* I won't be a ~ *ik ben zo klaar* **5.1** ⟨inf.⟩ **just** a ~! *moment!* **6.1** **in** a ~ *zo dadelijk;* at 7.13 **to** the ~ *op de minuut af om 7.13 u;* fashion **up to** the ~ *allernieuwste mode;* **up-to-the-~** news *nieuws heet van de naald* **6.¶** **not for** a/one ~ *helemaal niet* **7.1** the ~ (that) I saw him *zodra ik hem zag;*
II ⟨mv.; ~s; the⟩ **0.1** ***notulen.***
mi·nute[2] [maɪ'njuːt‖-'nuːt] ⟨f3⟩ ⟨bn.; -er; -ly; -ness; →compar. 7⟩ **0.1** ***miniem*** ⇒*zeer klein, onbeduidend, nietig* **0.2** ***minutieus*** ⇒*gede-*

tailleerd, omstandig, nauwkeurig ◆ 3.1 cut the bread up ~ly het brood in kleine stukjes snijden.

min·ute³ ['mɪnɪt]⟨ov.ww.⟩ 0.1 notuleren 0.2 noteren ⇒een concept maken van ◆ 5.1 ~ down noteren.

'minute book ⟨telb.zn.⟩ 0.1 notulenboek.

'minute gun ⟨telb.zn.⟩ 0.1 kanon waarmee minuutschoten afgevuurd worden ◆ 3.1 fire the ~ minuutschoten afvuren.

'minute hand ⟨telb.zn.⟩ 0.1 grote wijzer ⇒minuutwijzer.

min·ute·ly ['mɪnɪtli]⟨bn.; bw.⟩ 0.1 om de minuut ⇒van minuut tot minuut.

'min·ute·man ⟨telb.zn.; minutemen; →mv. 3; soms M-⟩ 0.1 type Am. intercontinentale raket 0.2 ⟨gesch.⟩ Am. revolutionair die in één minuut klaar kon zijn voor de strijd ⟨voor en tijdens de Onafhankelijkheidsoorlog⟩ ⇒iem. die direct klaarstaat.

'minute mark ⟨telb.zn.⟩ 0.1 minuutteken ⟨′; ook voor lengte in voeten⟩.

'minute steak ⟨telb.zn.⟩ 0.1 biefstuk à la minute.

mi·nu·tia [maɪ'nju:ʃɪə‖mɪ'nu:-]⟨telb.zn.; minutiae [-ʃɪi:]; →mv. 5; meestal mv.⟩ 0.1 bijzonderheid ⇒detail, kleinigheid, nietigheid ◆ 1.1 the ~e of the ceremony are carefully planned de ceremonie is tot in details zorgvuldig gepland.

minx [mɪŋks]⟨telb.zn.⟩⟨vaak scherts.⟩ 0.1 brutale meid ⇒kat(tekop), nest.

Mi·o·cene¹ ['maɪəsi:n]⟨eig.n.; the⟩⟨geol.⟩ 0.1 Mioceen ⟨tijdvak v.h. Tertiair⟩.

Miocene² ⟨bn.⟩⟨geol.⟩ 0.1 van/uit het Mioceen.

mi·o·sis, my·o·sis [maɪ'oʊsɪs]⟨telb. en n.-telb.zn.; mioses, myoses [-si:z]; →mv. 5⟩⟨med.⟩ 0.1 miosis.

mi·ot·ic¹, my·ot·ic [maɪ'ɒtɪk‖-'ɑtɪk]⟨telb. en n.-telb.zn.⟩⟨med.⟩ 0.1 mioticum ⟨stof die miosis veroorzaakt⟩.

miotic², myotic ⟨bn.⟩⟨med.⟩ 0.1 miotisch.

mir [mɪə‖mɪr]⟨telb.zn.⟩ 0.1 mir ⟨Russische pre-revolutionaire dorpscommune⟩.

mir·a·belle ['mɪrə'bel]⟨zn.⟩
I ⟨telb.zn.⟩ 0.1 mirabel/(pruim);
II ⟨n.-telb.zn.⟩ 0.1 mirabel(le) ⇒pruimenbrandewijn.

mi·ra·bi·le dic·tu [mɪ'rɑ:bɪleɪ 'dɪktu:]⟨bw.⟩ 0.1 mirabile dictu ⇒wonderlijk genoeg.

mir·a·cle ['mɪrəkl]⟨f3⟩⟨telb.zn.⟩ 0.1 mirakel ⇒wonder 0.2 ⟨lit.⟩ mirakelspel ◆ 6.1 the operation was a ~ of medical skill de operatie was een wonder van medisch kunnen.

'mir·a·cle-mon·ger ⟨telb.zn.⟩ 0.1 vals wonderdoener ⇒kwakzalver.

'miracle play ⟨telb.zn.⟩⟨lit.⟩ 0.1 mirakelspel.

'miracle rice ⟨n.-telb.zn.⟩ 0.1 wonderrijst ⟨zeer vruchtbaar rijstzaad⟩.

'miracle worker ⟨f1⟩⟨telb.zn.⟩ 0.1 wonderdoener.

mi·rac·u·lous [mɪ'rækjʊləs‖-kjə-]⟨f2⟩⟨bn.; -ly; -ness⟩ 0.1 miraculeus ⇒wonderbaar, verbazingwekkend 0.2 miraculeus ⇒wonderdoend.

mir·a·dor ['mɪrə'dɔ:‖-'dɔr]⟨telb.zn.⟩ 0.1 mirador ⇒belvédère, uitkijkpost, uitkijktoren.

mi·rage ['mɪrɑ:ʒ‖mɪ'rɑʒ]⟨f1⟩⟨telb.zn.⟩ 0.1 luchtspiegeling ⇒fata-morgana 0.2 begoocheling ⇒droombeeld, hersenschim, illusie 0.3 ⟨M-⟩ Mirage ⟨gevechtsvliegtuig⟩.

mire¹ [maɪə‖-ər]⟨f1⟩⟨telb. en n.-telb.zn.⟩⟨vnl. schr.⟩ 0.1 moeras (grond) ⇒moerasgebied 0.2 slijk ⇒slik, modder ◆ 6.¶ be/find o.s./stick in the ~ in de knoei/puree zitten; drag s.o./s.o.'s name through the ~ iem./iemands naam door het slijk/de modder halen.

mire² ⟨ww.⟩⟨vnl. schr.⟩
I ⟨onov.ww.⟩ 0.1 in de modder zakken ⇒⟨fig.⟩ in moeilijkheden komen;
II ⟨ov.ww.⟩ 0.1 in de modder doen zakken ⇒⟨fig.⟩ in moeilijkheden brengen 0.2 besmeuren ⇒bezoedelen, bespatten, bekladden.

'mire crow ⟨telb.zn.⟩⟨BE; gew.; dierk.⟩ 0.1 kokmeeuw ⟨Larus ridibundus⟩.

mire·poix [mɪə'pwɑ:‖mɪr-]⟨telb. en n.-telb.zn.; mirepoix; →mv. 5⟩⟨cul.⟩ 0.1 mirepoix ⟨saus/braadmix v. fijngehakte groenten en kruiden⟩.

mirk →murk.

mirky →murky.

mir·ror¹ ['mɪrə‖-ər]⟨f3⟩⟨telb.zn.⟩ 0.1 spiegel ⇒⟨fig.⟩ weerspiegeling 0.2 toonbeeld ⇒model ◆ 3.1 that article holds the ~ up to the problems of our country dat artikel houdt een spiegel voor over de problemen van ons land 6.1 a ~ of public opinion een weergave v.d. publieke opinie.

mirror² ⟨f1⟩⟨ov.ww.⟩ 0.1 (weer/af)spiegelen ⇒weer/terugkaatsen.

'mirror carp ⟨telb.zn.⟩⟨dierk.⟩ 0.1 spiegelkarper ⟨variëteit v.d. Cyprinus carpio⟩.

'mirror 'image ⟨f1⟩⟨telb.zn.⟩ 0.1 spiegelbeeld ⇒⟨fig.⟩ getrouwe weergave/beschrijving.

'mir·ror·scope ⟨telb.zn.⟩ 0.1 kopieerspiegel 0.2 projector.

'mirror symmetry ⟨n.-telb.zn.⟩⟨nat.⟩ 0.1 spiegelsymmetrie.

'mirror writing ⟨telb. en n.-telb.zn.⟩ 0.1 spiegelschrift.

mirth [mɜ:θ‖mɜrθ]⟨f1⟩⟨n.-telb.zn.⟩⟨vnl. schr.⟩ 0.1 vrolijkheid ⇒opgewektheid 0.2 gelach ⇒gejoel.

mirth·ful ['mɜ:θfl‖'mɜrθ-]⟨bn.; -ly; -ness⟩⟨vnl. schr.⟩ 0.1 vrolijk ⇒opgewekt, uitgelaten, jolig.

mirth·less ['mɜ:θləs‖'mɜrθ-]⟨bn.; -ly; -ness⟩⟨vnl. schr.⟩ 0.1 vreugdeloos ⇒somber, terneergeslagen.

MIRV [mɜ:v‖mɜrv]⟨telb.zn.⟩⟨afk.⟩ multiple independently targeted re-entry vehicle 0.1 raket met afzonderlijk richtbare koppen.

mir·y ['maɪəri]⟨bn.; -er; -ness; →bijw. 3⟩⟨vnl. schr.⟩ 0.1 modderig ⇒slijkerig 0.2 beslijkt ⇒onder het slijk 0.3 walgelijk ⇒afschuwelijk.

mir·za ['mɜ:zə‖'mɪrzə]⟨telb.zn.⟩ 0.1 mirza ⟨Perzische eretitel vóór naam v. vooraanstaande, achter naam v. prins⟩.

mis- [mɪs]⟨vóór nw., bijv. nw., ww.; geeft of versterkt negatieve of pejoratieve bet.; van woorden beginnend met dit voorvoegsel worden in de volgende artikelen enkel de (sub)categorie en eventuele samenstellingen gegeven; voor uitspraak en verdere grammaticale gegevens, zie het enkelvoudig woord⟩ 0.1 ⟨ong.⟩ mis- ⇒wan-, tegen-, slecht, verkeerd, onjuist, niet ◆ ¶.1 misadventure tegenspoed.

MIS ⟨afk.⟩ Management Information Systems.

'mis·ad'ven·ture ⟨telb. en n.-telb.zn.⟩⟨schr.⟩ 0.1 tegenspoed ⇒ongeluk, rampspoed, ongelukkig toeval ◆ 1.1 ⟨jur.⟩ homicide/death by ~ onwillige manslag.

'mis·ad'vise ⟨ov.ww.; meestal pass.⟩ 0.1 verkeerd/onjuist adviseren ⇒verkeerde/slechte raad geven.

'mis·al'li·ance ⟨telb.zn.⟩ 0.1 ongelukkige verbintenis ⇒⟨vnl.⟩ mesalliance.

'mis·al·lo'ca·tion ⟨telb. en n.-telb.zn.⟩ 0.1 onjuiste toewijzing/allocatie ◆ 1.1 ~ of funds onjuiste toewijzing v. fondsen.

mis·an·thrope ['mɪsnθroʊp, 'mɪzn-], **mis·an·thro·pist** [mɪ'sænθrəpɪst‖-'zæn-]⟨telb.zn.⟩ 0.1 misantroop ⇒mensenhater.

mis·an·throp·ic ['mɪsn'θrɒpɪk, 'mɪzn-‖-'θrɑpɪk], **mis·an·throp·i·cal** [-ɪkl]⟨bn.; -(al)ly; →bijw. 3⟩ 0.1 misantropisch.

mis·an·thro·pize [mɪ'sænθrəpaɪz, -'zæn]⟨ww.⟩
I ⟨onov.ww.⟩ 0.1 de mensen haten;
II ⟨ov.ww.⟩ 0.1 tot mensenhater maken.

mis·an·thro·py [mɪ'sænθrəpi, -'zæn-]⟨n.-telb.zn.⟩ 0.1 misantropie ⇒mensenhaat.

'mis·ap·pli'ca·tion ⟨telb. en n.-telb.zn.⟩ 0.1 verkeerde/onjuiste toepassing ⇒verkeerd/onjuist gebruik 0.2 verduistering ⟨v. geld⟩ ◆ 1.1 accused of ~ of the law beschuldigd van wetsmisbruik/verkrachting.

'mis·ap'ply ⟨ov.ww.; →ww. 7⟩ 0.1 verkeerd toepassen ⇒verkeerd gebruiken 0.2 verduisteren ⟨geld⟩.

'mis·ap·pre'hend ⟨ov.ww.⟩⟨schr.⟩ 0.1 misverstaan ⇒verkeerd begrijpen/interpreteren.

'mis·ap·pre'hen·sion ⟨telb. en n.-telb.zn.⟩ 0.1 misverstand ⇒misvatting, verkeerde interpretatie ◆ 6.1 be/labour under a ~ het bij het verkeerde eind hebben; under the ~ that... in de waan dat....

'mis·ap'pro·pri·ate ⟨ov.ww.⟩⟨jur.⟩ 0.1 een onjuiste/onwettige bestemming geven ⇒⟨i.h.b.⟩ verduisteren, zich wederrechtelijk toeëigenen.

'mis·ap·pro·pri'a·tion ⟨telb. en n.-telb.zn.⟩⟨jur.⟩ 0.1 verduistering ◆ 1.1 ~ of public resources verduistering v. overheidsmiddelen.

'mis·be'come ⟨ov.ww.⟩ 0.1 ongepast zijn voor ⇒niet (be)horen ◆ 1.1 his behaviour ~s a gentleman zijn gedrag is voor een gentleman ongepast.

mis·be·got·ten ['mɪsbɪ'gɒtn‖-'gɑtn]⟨bn.⟩
I ⟨bn.⟩⟨schr.⟩ 0.1 onecht ⇒bastaard-, onwettig, natuurlijk 0.2 onder slecht gesternte geboren ◆ 1.1 his ~ son zijn bastaardzoon;
II ⟨bn., attr.⟩⟨pej. of scherts.⟩ 0.1 verachtelijk ⇒berucht, gemeen 0.2 waardeloos ⇒onzalig, rampzalig, wanstaltig ◆ 1.1 a ~ man een verachtelijk mens 1.2 ~ plans onzalige plannen.

'mis·be'have ⟨f1⟩⟨onov. en ov.ww.⟩ 0.1 zich misdragen ⇒zich slecht gedragen ◆ 1.1 a ~d child een ongehoorzaam kind, een naar kind 4.1 ~ o.s zich misdragen.

'mis·be'hav·iour, ⟨AE sp.⟩ **'mis·be·'hav·ior** ⟨f1⟩⟨n.-telb.zn.⟩ 0.1 wangedrag ⇒slecht gedrag.

'mis·be'lief ⟨telb.zn.⟩ 0.1 ketterij ⇒dwaalleer, verkeerd geloof 0.2 misvatting ⇒verkeerde mening.

misc ⟨afk.⟩ miscellaneous.

'mis'cal·cu·late ⟨f1⟩⟨ww.⟩
I ⟨onov.ww.⟩ 0.1 zich misrekenen;
II ⟨ov.ww.⟩ 0.1 verkeerd schatten ⇒onjuist berekenen/calculeren, niet goed incalculeren, misrekenen ◆ 1.1 I had ~d the distance ik had de afstand fout geschat.

'mis·cal·cu'la·tion ⟨f1⟩ ⟨telb. en n.-telb.zn.⟩ **0.1** ***misrekening*** ⇒*rekenfout*.
'mis'call ⟨ov.ww.⟩ **0.1** ⟨meestal pass.⟩ ***verkeerd/ten onrechte noemen*** **0.2** ⟨vero. of gew.⟩ ***uitschelden*** ⇒*beschimpen* ◆ **1.1** a passion ~ed love *een passie ten onrechte liefde genoemd*.
mis·car·riage ['mɪs'kærɪdʒ] ⟨f1⟩ ⟨telb. en n.-telb.zn.⟩ **0.1** ***mislukking*** ⇒*het falen, het niet-slagen* ⟨v.e. plan⟩ **0.2** ***miskraam*** ⇒*ontijdige bevalling* **0.3** ***het verloren gaan*** ⇒*verkeerde bestelling* ⟨v. verzendingen⟩ ◆ **1.1** ~ of justice *rechterlijke dwaling*.
mis·car·ry ['mɪs'kæri] ⟨f1⟩ ⟨onov.ww.⟩ **0.1** ***mislukken*** ⇒*niet slagen, falen* **0.2** ***een miskraam hebben*** ⇒*ontijdig bevallen* **0.3** ***verloren gaan*** ⇒*verkeerd besteld worden* ⟨v. verzendingen⟩.
'mis'cast ⟨f1⟩ ⟨ov.ww.⟩ **0.1** ***verkeerd optellen/berekenen*** **0.2** ⟨meestal pass.⟩ ⟨dram., film.⟩ ***een ongeschikte rol geven aan*** **0.3** ⟨meestal pass.⟩ ⟨dram., film.⟩ ***een slechte/verkeerde cast/rolbezetting kiezen voor*** ◆ **1.3** that film has been totally ~ *die film heeft een erg slechte rolbezetting/cast* **6.2** he was badly ~ **as** Hamlet *hij was heel slecht gecast/gekozen voor de rol van Hamlet*.
mis·ce·ge·na·tion [ˌmɪsɪdʒɪ'neɪʃn‖mɪ'se-] ⟨n.-telb.zn.⟩ **0.1** ***rassenvermenging*** ⇒*verbastering* ⟨vnl. blank met niet-blank ras⟩.
mis·ce·ge·net·ic ['mɪsɪdʒɪ'neṭɪk‖mɪ'se-] ⟨bn.⟩ **0.1** ***v. gemengd ras***.
mis·cel·la·ne·a ['mɪsə'leɪnɪə] ⟨mv.⟩ **0.1** ***miscellanea*** ⇒*mengelwerk*; ⟨journalistiek⟩ *gemengde berichten* **0.2** ***gemengde collectie***.
mis·cel·la·ne·ous ['mɪsə'leɪnɪəs] ⟨f2⟩ ⟨bn.; -ly; -ness⟩ **0.1** ***gemengd*** ⇒*verscheiden, gevarieerd, divers, allerlei* **0.2** ***veelzijdig*** ◆ **1.1** ~ essays *gevarieerde essays, essays over uiteenlopende onderwerpen*.
mis·cel·la·nist [mɪ'selənɪst‖'mɪsəleɪnɪst] ⟨telb.zn.⟩ **0.1** ***compilator/uitgever v. miscellanea*** **0.2** ***auteur v. miscellanea*** **0.3** ***algemeen redacteur***.
mis·cel·la·ny [mɪ'seləni‖'mɪsəleɪni] ⟨f1⟩ ⟨telb.zn.; →mv. 2⟩ **0.1** ***mengeling*** ⇒*mengsel* **0.2** ⟨vaak mv.⟩ ⟨lit.⟩ ***mengelwerk***.
'mis'chance ⟨telb. en n.-telb.zn.⟩ **0.1** ***ongeluk*** ⇒*tegenslag* ◆ **6.1** **by** ~, **through** a ~ *bij/per ongeluk, ongelukkigerwijs*.
mis·chief ['mɪstʃɪf] ⟨f2⟩ ⟨zn.⟩
I ⟨telb.zn.⟩ ⟨inf.⟩ **0.1** ***plaaggeest*** ⇒*onheilstoker, lastpost, kwajongen* ◆ **1.1** that boy is a real ~ *die jongen zit vol kattekwaad*;
II ⟨telb. en n.-telb.zn.⟩ **0.1** ***onheil*** ⇒*schade, ellende, kwaad* ◆ **3.1** ... but the ~ had been done ... *maar het kwaad was al geschied*; he means ~ *hij voert iets in zijn schild*; make ~ between *tweedracht zaaien tussen*; ⟨vnl. BE; vaak scherts.⟩ do s.o./o.s a ~ *aan iem. een ongeluk begaan, (z.) blesseren* **7.1** the ~ of the whole affair is ... *het ellendige v.d. hele zaak is* ... **7.¶** like the very ~ *als de baarlijke duivel, als bezeten*; what the ~ have you done? *wat heb je in godsnaam uitgericht?*;
III ⟨n.-telb.zn.⟩ **0.1** ***kattekwaad*** ⇒*streken, kwaaddoenerij* **0.2** ***ondeugendheid*** ⇒*schalksheid* ◆ **2.2** her eyes were full of ~ *ze keek ondeugend uit haar ogen* **3.1** the children are up to/mean ~ again *de kinderen zinnen weer op kattekwaad*; little boys often get into ~ *kleine jongens halen vaak kattekwaad uit*; keep out of ~ while I'm gone! *haal geen streken uit terwijl ik weg ben!*.
'mis·chief-mak·er, 'mis·chief-mon·ger ⟨telb.zn.⟩ **0.1** ***onruststoker*** ⇒*tweedrachtzaaier*.
mis·chie·vous ['mɪstʃɪvəs] ⟨f2⟩ ⟨bn.; -ly; -ness⟩ **0.1** ***schadelijk*** ⇒*nadelig, ongunstig, kwetsend* **0.2** ***schalks*** ⇒*speels, ondeugend, guitig* ◆ **1.1** ~ rumours about the minister *kwalijke geruchten over de minister*.
misch metal ['mɪʃ meṭl] ⟨n.-telb.zn.⟩ **0.1** ***lanthanidenlegering*** ⟨vnl. gebruikt voor vuursteentjes voor aanstekers⟩.
mis·ci·bil·i·ty ['mɪsə'bɪləṭi] ⟨n.-telb.zn.⟩ **0.1** ***mengbaarheid***.
mis·ci·ble ['mɪsəbl] ⟨bn.⟩ **0.1** ***mengbaar***.
'mis·com·mu·ni'ca·tion ⟨telb. en n.-telb.zn.⟩ **0.1** ***communicatiestoornis***.
'mis·com·pre'hend ⟨ov.ww.⟩ **0.1** ***verkeerd begrijpen***.
'mis·con'ceive ⟨ww.⟩
I ⟨onov.ww.⟩ **0.1** ***een verkeerde opvatting hebben*** ◆ **6.1** he ~s **of** discipline *hij heeft een verkeerde opvatting over discipline*;
II ⟨ov.ww.⟩ **0.1** ***verkeerd begrijpen/opvatten***.
'mis·con'cep·tion ⟨f1⟩ ⟨telb. en n.-telb.zn.⟩ **0.1** ***verkeerde opvatting*** ⇒*misvatting, dwaalbegrip*.
'mis'con·duct[1] ⟨f1⟩ ⟨n.-telb.zn.⟩ **0.1** ***wangedrag*** ⇒*onbetamelijkheid, onfatsoenlijkheid, onwelvoeglijkheid* **0.2** ***overspel*** **0.3** ***wanbeheer*** **0.4** ⟨jur.⟩ ***ambtsmisdrijf*** ⇒*ambtsovertreding*.
'miscon'duct[2] ⟨f1⟩ ⟨ww.⟩
I ⟨onov.ww.; wederk. ww.⟩ **0.1** ***zich misdragen*** ⇒*zich onbetamelijk/onfatsoenlijk/onbehoorlijk gedragen* **0.2** ***overspel plegen*** ◆ **4.2** she was accused of ~ing herself (with several men) *ze werd ervan beschuldigd overspel te plegen (met een aantal mannen)*;
II ⟨ov.ww.⟩ **0.1** ***slecht beheren*** ⇒*oneerlijk besturen*.
'mis·con'struc·tion ⟨f1⟩ ⟨telb. en n.-telb.zn.⟩ **0.1** ***verkeerde interpretatie*** ⇒*misverstand, verkeerde uitleg* **0.2** ⟨taalk.⟩ ***verkeerde constructie/zinsbouw*** ◆ **2.1** that law is open to ~ *die wet kan makkelijk verkeerd geïnterpreteerd worden*.
'mis·con'strue ⟨f1⟩ ⟨ov.ww.⟩ **0.1** ***verkeerd interpreteren*** ⇒*verkeerd begrijpen*; ⟨taalk.⟩ *verkeerd ontleden* ⟨zin⟩ **0.2** ⟨taalk.⟩ ***verkeerd opbouwen*** ⟨zin⟩.
'mis'cop·y ⟨ov.ww.⟩ **0.1** ***verkeerd kopiëren*** ⇒*verkeerd overnemen/overschrijven*.
'mis'count[1] ⟨telb.zn.⟩ **0.1** ***verkeerde telling*** ⟨vnl. v. stemmen⟩.
miscount[2] ⟨ww.⟩
I ⟨onov.ww.⟩ **0.1** ***zich vertellen*** ⇒*zich verrekenen*;
II ⟨ov.ww.⟩ **0.1** ***verkeerd tellen/berekenen***.
mis·cre·ant[1] ['mɪskrɪənt] ⟨telb.zn.⟩ **0.1** ***ploert*** ⇒*schoft, schoelje* **0.2** ⟨vero.⟩ ***ketter*** ⇒*ongelovige*.
miscreant[2] ⟨bn.⟩ **0.1** ***ontaard*** ⇒*verdorven* **0.2** ⟨vero.⟩ ***ketters*** ⇒*ongelovig*.
mis·cre·at·ed ['mɪskrieɪṭɪd] ⟨bn.⟩ **0.1** ***mismaakt*** ⇒*misvormd, monsterlijk* ◆ **1.1** a ~ building *een monsterlijk gebouw*.
'mis'cue[1] ⟨telb.zn.⟩ **0.1** ⟨biljart⟩ ***misstoot*** **0.2** ***blunder*** ⇒*miskleun, flater*.
miscue[2] ⟨ww.⟩
I ⟨onov.ww.⟩ **0.1** ⟨biljart⟩ ***misstoten*** **0.2** ⟨dram.⟩ ***zijn claus missen*** ⇒*een verkeerde repliek geven*;
II ⟨onov. en ov.ww.⟩ ⟨cricket⟩ **0.1** ***misslaan*** ⇒*(de bal) slecht raken*.
'mis'date ⟨ov.ww.⟩ **0.1** ***verkeerd dateren***.
'mis'deal[1] ⟨telb.zn.; meestal enk.⟩ ⟨kaartspel⟩ **0.1** ***het vergeven*** ⇒*het fout delen* ◆ **7.1** there must be a ~ *de kaarten moeten verkeerd gegeven zijn*.
misdeal[2] ⟨ov.ww.⟩ ⟨kaartspel⟩ **0.1** ***vergeven*** ⇒*fout delen*.
'mis'deed ⟨f1⟩ ⟨telb.zn.⟩ ⟨vnl. schr.⟩ **0.1** ***wandaad*** ⇒*misdaad*.
mis·de·mean·ant ['mɪsdɪ'mi:nənt] ⟨telb.zn.⟩ ⟨schr.⟩ **0.1** ***misdadiger***.
'mis·de'mean·our, ⟨AE sp.⟩ **'mis·de·'mean·or** ⟨f1⟩ ⟨telb.zn.⟩ ⟨jur.⟩ **0.1** ***misdrijf*** ⟨minder ernstig dan misdaad, maar zwaarder dan overtreding⟩.
'mis·di'rect ⟨f1⟩ ⟨ov.ww.⟩ **0.1** ***verkeerd leiden*** ⇒*de verkeerde weg wijzen, verkeerd adresseren/richten* **0.2** ⟨jur.⟩ ***verkeerd instrueren*** ⟨rechter tegenover jury mbt. interpretatie v. wet⟩ ◆ **1.1** the boxer ~ed his blows *de bokser richtte zijn slagen verkeerd*; that wrestler ~s his strength through lack of technique *die worstelaar verspilt zijn kracht door een gebrek aan techniek*.
'mis'do·ing ⟨telb.zn.; meestal mv.⟩ ⟨schr.⟩ **0.1** ***misdaad*** ⇒*slechte daad*.
'mis'doubt ⟨ov.ww.⟩ ⟨vero.⟩ **0.1** ***betwijfelen*** ⇒*twijfelen aan* **0.2** ***verdenken*** ⇒*wantrouwen, vrezen* ◆ **1.2** the natives ~ed the man to be the devil *de inboorlingen verdachten de man ervan de duivel te zijn*.
mise-en-scène ['mi:zɑ:n'sen, -'seɪn] ⟨telb.zn.⟩ ⟨dram.⟩ **0.1** ***mise-en-scène*** ⟨ook fig.⟩ ⇒*toneelschikking, bewegingsregie*.
'mis·em'ploy ⟨ov.ww.⟩ **0.1** ***verkeerd gebruiken*** ⇒*misbruiken*.
'mis·em'ploy·ment ⟨telb. en n.-telb.zn.⟩ **0.1** ***verkeerd gebruik*** ⇒*misbruik*.
mi·ser ['maɪzə‖-ər] ⟨f1⟩ ⟨telb.zn.⟩ **0.1** ***vrek*** ⇒*schraper, potter, gierigaard* **0.2** ⟨tech.⟩ ***grondboor***.
mis·er·a·ble ['mɪzrəbl] ⟨f3⟩ ⟨bn.; -ly; -ness; →bijw. 3⟩ **0.1** ***beroerd*** ⇒*ellendig, erbarmelijk, akelig, naar, belabberd* **0.2** ⟨inf.⟩ ***ziekelijk*** **0.3** ***karig*** ⇒*armzalig, armoedig, pover, schamel* **0.4** ***waardeloos*** ◆ **1.3** a ~ pension *een schamel pensioentje* **1.4** that's a ~ car *dat is een ellendige rotwagen* **2.3** miserably small *onooglijk klein*.
mi·sère [mɪ'zeə‖mɪ'zer] ⟨n.-telb.zn.⟩ ⟨kaartspel⟩ **0.1** ***misère***.
mi·se·re·re ['mɪzə'rɪəri‖-'rɪri] ⟨telb.zn.⟩ **0.1** ***miserere*** ⇒*boetpsalm, klaaglied*; ⟨fig.⟩ *roep om medelijden* **0.2** →misericorde 0.4.
mi·ser·i·cord(e) [mɪ'zerɪkɔ:d‖-'zerɪkɔrd] ⟨telb.zn.⟩ **0.1** ***misericordia*** ⟨dispensatie, geoorloofde afwijking v. kloosterregels⟩ **0.2** ***kamer in klooster waar misericordia gold*** **0.3** ***misericorde*** ⟨dolk v. ridder om genadestoot te geven⟩ **0.4** ***misericorde*** ⟨steunstuk aan opklapbare zitting v. koorbank⟩.
mi·ser·ly ['maɪzəli‖-zər-] ⟨f1⟩ ⟨bn.; -ness; →bijw. 3⟩ **0.1** ***vrekkig*** ⇒*schraperig, schraapzuchtig, schriel*.
mis·er·y ['mɪz(ə)ri] ⟨f3⟩ ⟨zn.; →mv. 2⟩
I ⟨telb.zn.⟩ ⟨BE; inf.; bel.⟩ **0.1** ***stuk verdriet*** ⇒*stuk chagrijn, zeurpiet, zeurkous* ◆ **4.1** you ~! *stuk verdriet!*;
II ⟨telb. en n.-telb.zn.⟩ **0.1** ***ellende*** ⇒*nood, lijden, misère*, ⟨B.⟩ *miserie* **0.2** ⟨meestal mv.⟩ ***tegenslag*** ⇒*beproeving* **0.3** ⟨inf.⟩ ***pijn*** ⇒*ziekte, kwaal* ◆ **6.1** put an animal **out of** its ~ *een dier uit zijn lijden helpen*;
III ⟨n.-telb.zn.⟩ ⟨kaartspel⟩ **0.1** ***misère***.
mis·fea·sance [mɪs'fi:zns] ⟨telb. en n.-telb.zn.⟩ ⟨jur.⟩ **0.1** ***misbruik van bevoegdheid*** ⇒*machtsmisbruik, ambtsovertreding*.
'mis'feed ⟨n.-telb.zn.⟩ **0.1** ***papierstoring*** ⟨bij fotokopieerapparaat⟩.
'mis'fire[1] ⟨f1⟩ ⟨telb.zn.⟩ **0.1** ***ketsschot*** ⇒*projectiel dat niet afgaat/afgegaan is* **0.2** ***weigering*** ⇒*het overslaan* ⟨v. verbrandingsmotor⟩ **0.3** ***flop*** ⇒*fiasco*.

misfire[2] ⟨fɪ⟩ ⟨onov.ww.⟩ **0.1** ***ketsen*** ⇒*niet afgaan* **0.2** ***weigeren*** ⇒*niet aanslaan, overslaan* ⟨v. verbrandingsmotor⟩ **0.3** ***niet aanslaan*** ⇒*zijn uitwerking missen, floppen, mislukken* ◆ **1.3** all his jokes ~d *geen van zijn grappen sloeg aan*.

mis·fit [ˈmɪsfɪt] ⟨fɪ⟩ ⟨telb.zn.⟩ **0.1** ***onaangepast iem.*** ⇒*buitenbeentje* **0.2** ***niet passend kledingstuk***.

ˈmis·forˈma·tion ⟨telb. en n.-telb.zn.⟩ **0.1** ***misvorming***.

mis·for·tune [mɪsˈfɔːtʃən‖-fɔr-] ⟨f2⟩ ⟨zn.⟩ ⟨→sprw. 349, 459⟩
I ⟨telb.zn.⟩ ⟨gew.⟩ **0.1** ***ongelukje*** ⟨het ongewenst krijgen v.e. kind⟩ **0.2** ***buitenbeentje*** ⟨onecht kind⟩;
II ⟨telb. en n.-telb.zn.⟩ **0.1** ***ongeluk*** ⇒*tegenspoed, tegenslag* ◆ **1.1** companions in ~ *lotgenoten in rampspoed* **3.1** they suffered ~ *zij hadden met tegenslag te kampen*.

ˈmisˈgive ⟨ww.⟩ ⟨vero.⟩ →misgiving
I ⟨onov.ww.⟩ **0.1** ***een bang vermoeden / voorgevoel hebben*** ⇒*twijfelen* ◆ **1.1** my mind ~s *ik heb een bang voorgevoel;*
II ⟨ov.ww.⟩ **0.1** ***een bang vermoeden / voorgevoel geven*** ◆ **1.1** my heart / mind ~s me about that *ik krijg er een bang voorgevoel van*.

ˈmisˈgiv·ing ⟨f2⟩ ⟨telb.zn.; meestal mv.; oorspr. gerund v. misgive⟩ **0.1** ***onzekerheid*** ⇒*twijfel, wantrouwen, bang vermoeden / voorgevoel* ◆ **3.1** they had serious ~s about recommending him *ze twijfelden er ernstig aan of ze hem konden aanbevelen*.

ˈmisˈgov·ern ⟨ov.ww.⟩ **0.1** ***slecht besturen***.

ˈmisˈgov·ern·ment ⟨n.-telb.zn.⟩ **0.1** ***slecht bestuur***.

misˈguid·ance [mɪsˈgaɪdns] ⟨n.-telb.zn.⟩ **0.1** ***het verkeerd leiden*** ⇒⟨fig.⟩ *het misleiden, misleiding*.

mis·guide [mɪsˈgaɪd] ⟨fɪ⟩ ⟨ov.ww.; meestal pass.⟩ →misguided **0.1** ***verkeerd leiden*** ⇒⟨fig.⟩ *misleiden, op een dwaalspoor brengen*.

mis·guid·ed [mɪsˈgaɪdɪ̣d] ⟨fɪ⟩ ⟨bn.; volt. deelw. v. misguide; -ly; -ness⟩ **0.1** ***misleid*** ⇒*verdwaasd, verblind* **0.2** ***ondoordacht*** ⇒*misplaatst*.

ˈmisˈhan·dle ⟨ov.ww.⟩ **0.1** ***verkeerd / ruw behandelen / hanteren*** ⇒*slecht regelen / afhandelen* **0.2** ***mishandelen*** ◆ **1.1** the organization of the congress was badly ~d *de organisatie v.h. congres was erg slecht aangepakt*.

mis·hap [ˈmɪshæp] ⟨fɪ⟩ ⟨telb. en n.-telb.zn.⟩ **0.1** ***ongeluk(je)*** ⇒*tegenvaller(tje), tegenslag* ◆ **6.1** the journey was **without** ~ *de reis verliep zonder incidenten*.

ˈmisˈhear ⟨ov.ww.⟩ **0.1** ***verkeerd horen***.

ˈmisˈhit[1] ⟨telb.zn.⟩ ⟨sport⟩ **0.1** ***misslag*** ⟨v. bal⟩.

ˈmisˈhit[2] ⟨onov. en ov.ww.⟩ ⟨sport⟩ **0.1** ***misslaan*** ⇒*zich verslaan* ⟨op bal⟩.

mish·mash [ˈmɪʃmæʃ] ⟨fɪ⟩ ⟨telb.zn.; geen mv.⟩ ⟨inf.⟩ **0.1** ***mengelmoes*** ⇒*allegaartje, samenraapsel*.

Mish·na(h) [ˈmɪʃnə] ⟨zn.; ook mishnayoth; →mv. 5⟩ ⟨jud.⟩
I ⟨eig.n.; the⟩ **0.1** ***misjna*** ⟨reeks voorschriften die de basis v.d. Talmoed vormen⟩;
II ⟨telb.zn.; ook m-⟩ **0.1** ***sententie uit de misjna*** ⇒*reeks van zulke sententies* ⟨bv. v. één auteur⟩.

Mish·na·ic [mɪʃˈneɪɪk], **Mish·nic** [ˈmɪʃnɪk], **Mish·ni·cal** [-ɪkl] ⟨bn.⟩ ⟨jud.⟩ **0.1** ***van de / een misjna***.

ˈmis·inˈform ⟨ov.ww.⟩ **0.1** ***verkeerd inlichten / informeren***.

ˈmis·in·forˈma·tion ⟨n.-telb.zn.⟩ **0.1** ***verkeerde inlichting(en) / informatie***.

mis·in·ter·pret [ˈmɪsɪnˈtɜːprɪ̣t‖-ˈtɜr-] ⟨f2⟩ ⟨onov.ww.⟩ **0.1** ***verkeerd interpreteren*** ⇒*verkeerd uitleggen* ◆ **1.1** ~ s.o.'s words *aan iemands woorden een verkeerde betekenis toeschrijven*.

mis·in·ter·pre·ta·tion [ˈmɪsɪntɜːprɪ̣ˈteɪʃn‖-tɜr-] ⟨fɪ⟩ ⟨telb. en n.-telb.zn.⟩ **0.1** ***verkeerde interpretatie*** ◆ **2.1** open to ~ *voor verkeerde uitleg vatbaar*.

mis·judge [mɪsˈdʒʌdʒ] ⟨fɪ⟩ ⟨ww.⟩
I ⟨onov.ww.⟩ **0.1** ***verkeerd oordelen*** ⇒*zich vergissen;*
II ⟨ov.ww.⟩ **0.1** ***verkeerd beoordelen*** ⇒*misrekenen* **0.2** ***zich vergissen in*** ◆ **1.1** ~ the distance *de afstand verkeerd schatten* **1.2** ~ s.o. *zich in iemand vergissen*.

mis·judg(e)·ment [mɪsˈdʒʌdʒmənt] ⟨fɪ⟩ ⟨telb. en n.-telb.zn.⟩ **0.1** ***verkeerd oordeel*** ⇒*verkeerde beoordeling*.

mis·lay [mɪsˈleɪ] ⟨fɪ⟩ ⟨ov.ww.; mislaid, mislaid [mɪsˈleɪd]⟩ **0.1** ***zoekmaken*** ⇒⟨B.⟩ *misleggen;* ⟨euf.⟩ *verliezen* **0.2** ⟨jur.⟩ ***verleggen*** ◆ **1.1** I've mislaid my glasses *ik ben mijn bril kwijt, ik kan mijn bril niet vinden* **1.2** ~ a document *een stuk verleggen* **5.1** ⟨euf.⟩ temporarily mislaid *zoek*.

mis·lead [mɪsˈliːd] ⟨ov.ww.; misled, misled [mɪsˈled]⟩ →misleading **0.1** ***misleiden*** **0.2** ***bedriegen*** **0.3** ***verleiden*** ⇒*op 't verkeerde spoor brengen*.

mis·lead·ing [mɪsˈliːdɪŋ] ⟨f2⟩ ⟨bn.; teg. deelw. v. mislead; -ly⟩ **0.1** ***misleidend*** **0.2** ***bedrieglijk***.

mis·like [mɪsˈlaɪk] ⟨ov.ww.⟩ ⟨vero.⟩ **0.1** ***afkeer hebben van***.

mis·man·age [ˈmɪsˈmænɪdʒ] ⟨ov.ww.⟩ **0.1** ***verkeerd beheren*** ⇒*verkeerd besturen / behandelen / aanpakken*.

mis·man·age·ment [ˈmɪsˈmænɪ̣dʒmənt] ⟨n.-telb.zn.⟩ **0.1** ***wanbeheer*** ⇒*wanbestuur / beleid*.

mis·match[1] [ˈmɪsmætʃ] ⟨telb.zn.⟩ **0.1** ***verkeerde combinatie*** ⇒⟨i.h.b.⟩ *verkeerd / ongeschikt huwelijk* **0.2** ***wanverhouding***.

mismatch[2] [ˈmɪsˈmætʃ] ⟨ov.ww.⟩ **0.1** ***slecht combineren*** ⇒⟨i.h.b.⟩ *een verkeerd / ongeschikt huwelijk doen aangaan, slecht aan elkaar aanpassen, slecht bijeenvoegen* ◆ **1.1** ~ed colours *vloekende kleuren;* ~ed partners *deelnemers die niet tegen elkaar opgewassen zijn; echtpaar dat niet samen past*.

mis·mate [ˈmɪsˈmeɪt] ⟨ww.⟩
I ⟨onov.ww.⟩ **0.1** ***een verkeerd / ongewenst / ongepast huwelijk aangaan;***
II ⟨ov.ww.⟩ **0.1** ***slecht aan elkaar aanpassen*** ◆ **1.1** a ~d couple *een echtpaar dat niet bij elkaar past;* ~ styles *stijlen slecht met elkaar combineren*.

mis·name [ˈmɪsˈneɪm] ⟨fɪ⟩ ⟨ov.ww.⟩ **0.1** ***een verkeerde naam geven*** ⇒*verkeerd (be)noemen*.

mis·no·mer [ˈmɪsˈnoʊmə‖-ər] ⟨fɪ⟩ ⟨telb.zn.⟩ **0.1** ***verkeerde naam / benaming*** ◆ **1.1** the title of the book is a ~ *de titel van het boek past niet bij de inhoud*.

mi·so- [mɪˈsɒ‖mɪˈsɑ] **0.1** ***-haat*** **0.2** ***-hater*** ◆ ¶.**1** misogyny *vrouwenhaat* ¶.**2** misopedist *kinderhater*.

mi·sog·a·mist [mɪ̣ˈsɒgəmɪst‖mɪ̣ˈsɑ-] ⟨telb.zn.⟩ **0.1** ***tegenstander v.h. huwelijk*** ⇒*huwelijkshater*.

mi·sog·a·my [mɪ̣ˈsɒgəmi‖mɪ̣ˈsɑ-] ⟨n.-telb.zn.⟩ **0.1** ***afkeer v.h. huwelijk*** ⇒*huwelijksverachting*.

mi·sog·y·nist [mɪ̣ˈsɒdʒɪ̣nɪst‖mɪ̣ˈsɑ-] ⟨telb.zn.⟩ **0.1** ***vrouwenhater***.

mi·sog·y·ny [mɪ̣ˈsɒdʒɪ̣ni‖mɪ̣ˈsɑ-] ⟨n.-telb.zn.⟩ **0.1** ***vrouwenhaat*** ⇒*afkeer v. vrouwen*.

mi·sol·o·gy [mɪ̣ˈsɒlədʒi‖mɪ̣ˈsɑ-] ⟨n.-telb.zn.⟩ **0.1** ***afkeer v. kennis / wijsheid***.

mis·o·ne·ism [ˈmɪsoʊˈniːɪzm‖ˈmɪsə-] ⟨n.-telb.zn.⟩ **0.1** ***afkeer v.h. nieuwe*** **0.2** ***afkeer v. verandering***.

mis·or·i·en·tate [mɪˈsɔːrɪənteɪt], ⟨AE vnl.⟩ **mis·o·ri·ent** [mɪˈsɔːrɪənt] ⟨ov.ww.⟩ **0.1** ***in de verkeerde richting plaatsen*** **0.2** ***de verkeerde kant op sturen*** ⇒⟨fig.⟩ *misleiden, het verkeerde spoor op sturen* ◆ **1.1** ~ a house *een huis verkeerd (op de zon) bouwen* **1.2** our sense of duty has become ~(e)d *ons plichtsbesef is op een dwaalspoor geleid*.

mis·per·ceive [ˈmɪspəˈsiːv‖-pər-] ⟨ov.ww.⟩ **0.1** ***een verkeerd beeld hebben van***.

mis·pick·el [ˈmɪspɪkl] ⟨n.-telb.zn.⟩ ⟨vero.; geol.⟩ **0.1** ***arsenopyriet***.

mis·place [ˈmɪsˈpleɪs] ⟨f2⟩ ⟨ov.ww.⟩ **0.1** ***misplaatsen*** ⟨ook fig.⟩ ◆ **1.1** ~ a book *een boek op de verkeerde plaats terugzetten;* a ~d remark *een misplaatste opmerking;* ~ the stress *de klemtoon verkeerd leggen*.

mis·place·ment [ˈmɪsˈpleɪsmənt] ⟨zn.⟩
I ⟨telb. en n.-telb.zn.⟩ **0.1** ***misplaatsing;***
II ⟨n.-telb.zn.⟩ **0.1** ***misplaatstheid***.

mis·play[1] [ˈmɪsˈpleɪ] ⟨telb. en n.-telb.zn.⟩ ⟨sport, spel; ook fig.⟩ **0.1** ***slecht / verkeerd spel*** ⇒*geknoei*.

misplay[2] ⟨ov.ww.⟩ ⟨sport, spel; ook fig.⟩ **0.1** ***verkeerd / fout spelen*** ⇒*een speelfout begaan* ◆ **1.1** ~ the service *verkeerd serveren;* he ~ed his hand *hij speelde zijn troeven verkeerd uit* ⟨ook fig.⟩.

mis·print[1] [ˈmɪsprɪnt] ⟨telb.zn.⟩ **0.1** ***drukfout*** ⇒*zetfout*.

misprint[2] ⟨ww.⟩
I ⟨onov.ww.⟩ ⟨jacht.⟩ **0.1** ***mank lopen*** ⟨v. hert⟩ ⇒*onregelmatige sporen nalaten;*
II ⟨ov.ww.⟩ **0.1** ***verkeerd drukken*** ◆ **1.1** ~ a word *een drukfout maken*.

mis·pri·sion [ˈmɪsˈprɪʒn] ⟨zn.⟩
I ⟨telb.zn.⟩ **0.1** ⟨jur.⟩ ***ambtelijke misdaad*** ⇒*plichtsverzuim* **0.2** ⟨jur.⟩ ***verheling*** ⇒*strafbare niet-aangifte* ◆ **1.2** ~ of treason *verheling van verraad;* ~ of felony *verheling van misdaad;*
II ⟨n.-telb.zn.⟩ ⟨vero.⟩ **0.1** ***misprijzen*** ⇒*minachting*.

mis·prize, -prise [ˈmɪsˈpraɪz] ⟨ov.ww.⟩ **0.1** ***misprijzen*** ⇒*minachten* **0.2** ***onderschatten***.

mis·pro·nounce [ˈmɪsprəˈnaʊns] ⟨fɪ⟩ ⟨ov.ww.⟩ **0.1** ***verkeerd uitspreken***.

mis·pro·nun·ci·a·tion [ˈmɪsprənʌnsiˈeɪʃn] ⟨fɪ⟩ ⟨telb. en n.-telb.zn.⟩ **0.1** ***verkeerde uitspraak***.

mis·quo·ta·tion [ˈmɪskwoʊˈteɪʃn] ⟨telb. en n.-telb.zn.⟩ **0.1** ***incorrecte weergave*** ⟨van tekst of iemands woorden⟩.

mis·quote [ˈmɪsˈkwoʊt] ⟨onov. en ov.ww.⟩ **0.1** ***onjuist aanhalen*** ⇒*incorrect citeren* ◆ **1.1** ~ s.o.'s words *iemands woorden onjuist weergeven / verdraaien*.

mis·read [ˈmɪsˈriːd] ⟨fɪ⟩ ⟨ov.ww.; misread, misread [ˈmɪsˈred]⟩ **0.1** ***verkeerd lezen*** **0.2** ***verkeerd interpreteren*** ◆ **1.2** the book is commonly ~ *het boek wordt gewoonlijk verkeerd begrepen;* ~ s.o.'s feelings *zich in iemands gevoelens vergissen*.

mis·re·mem·ber [ˈmɪsrɪˈmembə‖-ər] ⟨ov.ww.⟩ **0.1** ***zich verkeerd herinneren*** ⇒*vergeten zijn*.

mis·re·port ['mɪsrɪ'pɔ:t‖-'pɔrt]⟨ov.ww.⟩ 0.1 ***verkeerd uitslag uitbrengen van*** ⇒*verkeerd weergeven/voorstellen* ◆ ¶.1 s.o. ~ed him as the author of the crime *iem. noemde hem ten onrechte als de misdadiger.*

mis·rep·re·sent ['mɪsreprɪ'zent]⟨f1⟩⟨ov.ww.⟩ 0.1 ***verkeerd voorstellen*** ⇒*in een verkeerd daglicht stellen* 0.2 ***slecht vertegenwoordigen*** ⇒*niet representatief zijn/handelen voor.*

mis·rep·re·sen·ta·tion ['mɪsreprɪzen'teɪʃn]⟨f1⟩⟨telb. en n.-telb.zn.⟩ 0.1 ***onjuiste voorstelling*** ◆ 2.1 ⟨jur.⟩ wilful ~ *zwendel, bedrog.*

mis·rule[1] ['mɪs'ru:l]⟨n.-telb.zn.⟩ 0.1 ***wanbestuur*** ⇒*verkeerd beleid* 0.2 ***wanorde*** ⇒*anarchie.*

misrule[2] ⟨ov.ww.⟩ 0.1 ***slecht/verkeerd besturen.***

miss[1] [mɪs]⟨f2⟩⟨telb.zn.⟩⟨→sprw. 460⟩ 0.1 ***misser*** ⇒*misslag/worp/stoot* 0.2 ⟨verk.⟩ ⟨miscarriage⟩ 0.3 ⟨vero.⟩ ***gemis*** ◆ 1.¶ a ~ is as good as a mile *mis is mis* 2.1 two bombs were very near ~es *twee bommen waren bijna raak* 2.3 he's no great ~ *we kunnen het wel zonder hem* 3.1 give sth. a ~ *iets laten voorbijgaan, iets overslaan, passen;* ⟨biljart⟩ give a ~ *een misstoot maken.*

miss[2] ⟨f4⟩⟨ww.⟩ →missing

I ⟨onov.ww.⟩ 0.1 ***missen*** 0.2 ***haperen*** ⇒*weigeren* 0.3 ⟨enkel in duratieve vormen⟩ ***ontbreken*** 0.4 ***mislopen*** ⇒*falen* 0.5 ⟨verk.⟩ ⟨misfire⟩ 0.6 ⟨vero.⟩ ***niet bereiken*** ◆ 1.1 his shots all ~ed *hij schoot er telkens naast* 1.2 my pen never ~es *mijn pen hapert nooit/laat me nooit in de steek* 1.3 the book is ~ing *het boek ontbreekt* 1.4 the play ~ed on Broadway *het stuk was een flop op Broadway* 1.5 the engine ~ed *de motor sloeg over;* the gun ~ed *het geweer ketste* 5.¶ →miss **out** 6.1 ~ **of** success *geen succes oogsten;*

II ⟨ov.ww.⟩ 0.1 ***missen*** ⇒*niet treffen/raken* 0.2 ***mislopen*** ⇒*te laat komen voor* 0.3 ***ontsnappen aan*** 0.4 ***niet opmerken*** ⇒*niet horen/zien enz.* 0.5 ***(ver)missen*** ⇒*afwezigheid opmerken* 0.6 ***missen*** ⇒*betreuren* 0.7 ***juffrouw noemen*** ⇒*als juffrouw aanspreken* ◆ 1.1 ~ one's footing *grond verliezen* 1.2 ~the bus *de bus missen;* ~ the boat *de boot missen* ⟨ook fig.⟩; ~ the market *een gunstige zaak laten glippen;* ~ s.o. *een afspraak mislopen* 1.3 he narrowly ~ed the accident *hij ontsnapte ternauwernood aan het ongeluk* 1.4 ~ a joke *een mop niet snappen;* ~ the obvious *het te ver zoeken;* she does not ~ a thing *niets ontgaat haar* 1.6 we'll all ~ John *we zullen Jan allemaal missen* 3.3 he ~ed being killed *hij ontsnapte op het nippertje aan de dood* 5.5 they'll never ~ it *ze zullen nooit merken dat het verdwenen is* 5.¶ →miss **out.**

Miss[1] [mɪs]⟨f4⟩⟨telb.zn.⟩ 0.1 ⟨mv. ook Miss⟩ ***Mejuffrouw*** ⇒*Juffrouw* ⟨titel of aanspreekvorm gevolgd door naam⟩ 0.2 ***Miss*** ⟨verkozen schoonheid⟩ 0.3 ⟨ook m-⟩ ***jongedame*** ⟨aanspreekvorm zonder naam⟩ 0.4 ⟨m-⟩ ***juffertje*** ⇒*bakvisje* 0.5 ⟨m-; vaak mv.⟩ ***meisjesmaat in kleding*** ◆ 1.1 ~ Brown *(Me)juffrouw Brown;* ⟨schr.⟩ the ~es Brown, ⟨inf.⟩ the ~ Browns *de (jonge) dames Brown* 1.2 ~ Holland *Miss Holland* 1.¶ ~ Nancy *fatje, flikker, nicht, mie* ¶.3 your turn, ~ *uw beurt, juffrouw.*

Miss[2] ⟨afk.⟩ Mississipi.

mis·sal ['mɪsl]⟨telb.zn.⟩ 0.1 ***missaal*** ⇒*misboek.*

mis·sel ['mɪzl, 'mɪsl], **'missel thrush** ⟨telb.zn.⟩ 0.1 ***grote lijster*** ⇒*mistellijster* ⟨Turdus viscivorus⟩.

mis·shape ['mɪs'ʃeɪp]⟨ov.ww.⟩ 0.1 ***misvormen.***

mis·shapen ['mɪs'ʃeɪpən]⟨bn.⟩ 0.1 ***misvormd*** ⇒*mismaakt, wanstaltig.*

mis·sile ['mɪsaɪl‖'mɪsl]⟨f2⟩⟨telb.zn.⟩ 0.1 ***projectiel*** 0.2 ***raket*** ◆ 3.2 guided ~ *geleide raket.*

'missile base ⟨telb.zn.⟩ 0.1 ***raketbasis.***

'missile ranging ⟨telb. en n.-telb.zn.⟩ 0.1 ***raketbaanbepaling.***

miss·ing ['mɪsɪŋ]⟨f2⟩⟨bn.; teg. deelw. v. miss II 0.3⟩ 0.1 ***ontbrekend*** 0.2 ***vermist*** 0.3 ***verloren*** ⇒*weg* ◆ 1.1 a ~ tooth *een verloren tand;* the ~ part *het mankerende stuk* 1.¶ ⟨inf.⟩ have a screw/slate/tile ~ *ze zien vliegen* 2.2 killed, wounded or ~ *gesneuveld, gewond of vermist.*

mis·sion ['mɪʃn]⟨f2⟩⟨telb.zn.⟩ 0.1 ***afvaardiging*** ⇒*gezantschap, legatie* 0.2 ⟨relig.⟩ ***zending*** ⇒*missie* 0.3 ⟨relig.⟩ ***zendingspost*** ⇒*missiehuis* 0.4 ***roeping*** ⇒*zending* 0.5 ***opdracht*** ◆ 1.4 her ~ in life *haar roeping, haar levenstaak* 2.1 ⟨AE⟩ foreign ~ *gezantschap, ambassade* 3.5 ~ accomplished *taak volbracht, orders uitgevoerd.*

mis·sion·ary[1] ['mɪʃənri‖-əneri]⟨f2⟩⟨telb.zn.; →mv. 2⟩ 0.1 ***missionaris*** ⇒*zendeling* 0.2 ***propagandist.***

missionary[2] ⟨f1⟩⟨bn.⟩ 0.1 ***zendings-*** ⇒*missie-* 0.2 ***zendelings-*** ⇒*missionaris-* ◆ 1.1 ~ box *collectebus/kist voor de zending;* ~ fervor *zendingsijver;* ~ field *zendingsgebied;* ~ work *zendingswerk* 1.¶ ~ position *houding met de vrouw onder* ⟨bij coïtus⟩; ⟨AE; sl.⟩ ~ worker *stakingsbreker, maffer* ⟨door werkgever ingehuurd⟩.

'mission commander ⟨telb.zn.⟩ 0.1 ***gezagvoerder*** ⟨i.h.b. op ruimteschip⟩.

'mission con'trol ⟨n.-telb.zn.⟩⟨ruim.⟩ 0.1 ***(het) controlecentrum.***

'mission furniture ⟨n.-telb.zn.⟩ 0.1 ***meubelen in de stijl v.d. Spaanse missies in Noord-Am.*** ⟨solide, wat plomp⟩.

miss·ish ['mɪsɪʃ]⟨bn.; -ly; -ness⟩ 0.1 ***juffertjesachtig*** ⇒*sentimenteel, geaffecteerd, nuffig* 0.2 ⟨sl.⟩ ***mieus*** ⇒*nichterig, homo.*

Mis·sis·sip·pi·an[1] [mɪsɪ'sɪpɪən]⟨zn.⟩

I ⟨telb.zn.⟩ 0.1 ***inwoner uit Mississippi*** ⟨U.S.A.⟩;

II ⟨n.-telb.zn.; the⟩ ⟨AE; geol.⟩ 0.1 ***Mississippien*** ⇒*Onder-Carboon.*

Mississippian[2] ⟨bn.⟩ 0.1 ***v./mbt./uit Mississippi*** ⟨U.S.A.⟩ 0.2 ⟨AE; geol.⟩ ***v./mbt. het Mississippien.***

mis·sive[1] ['mɪsɪv]⟨telb.zn.⟩ 0.1 ***missive*** ⇒*officieel schrijven* 0.2 ⟨scherts.⟩ ***epistel.***

missive[2] ⟨bn., post.⟩⟨schr.⟩ 0.1 ***gezonden*** ◆ 1.1 letter(s) ~ *officiële brief, officieel schrijven* ⟨i.h.b. gesch., brief waarin vorst de tot bisschop te verkiezen persoon aanduidt⟩.

'miss 'out ⟨f1⟩⟨ww.⟩

I ⟨onov.ww.⟩ 0.1 ***over het hoofd gezien worden*** ◆ 5.1 when sweets are handed out she always misses out because she's never there *als er snoepjes uitgedeeld worden vist ze altijd achter het net omdat ze er nooit is* 6.¶ ~ **on** the fun *de pret mislopen;*

II ⟨ov.ww.⟩ 0.1 ***vergeten*** 0.2 ***overslaan*** ◆ 1.1 his name was missed out on the list *ze waren zijn naam op de lijst vergeten* 1.2 he missed out a line in his song *hij sloeg een regel van zijn liedje over.*

mis·spell ['mɪs'spel]⟨f1⟩⟨ov.ww.; BE ook misspelt, misspelt ['mɪs'spelt]⟩ 0.1 ***verkeerd spellen*** ⇒*misschrijven.*

mis·spend ['mɪs'spend]⟨ov.ww.; misspent, misspent ['mɪs'spent]⟩ 0.1 ***verspillen*** ⇒*onverstandig uitgeven;* ⟨fig.⟩ *vergooien* ◆ 1.1 ~ one's fortune on futilities *zijn fortuin er met onbenulligheden door draaien;* he misspent his youth in foolish pleasures *hij vergooide zijn jeugd aan dwaze genoegens.*

mis·state ['mɪs'steɪt]⟨ov.ww.⟩ 0.1 ***verkeerd uitdrukken*** ⇒*verkeerd voorstellen, verkeerd opgeven* ◆ 1.1 ~ the facts *de feiten onjuist weergeven.*

mis·state·ment ['mɪs'steɪtmənt]⟨telb. en n.-telb.zn.⟩ 0.1 ***onjuiste verklaring*** ⇒*verkeerde voorstelling v. d. feiten* ◆ ¶.1 the minister's speech contained several ~s about the safety regulations *de toespraak v.d. minister bevatte verscheidene onjuistheden inzake de veiligheidsmaatregelen.*

mis·sus, mis·sis ['mɪsɪz]⟨f2⟩⟨telb.zn.⟩ 0.1 ⟨the⟩ ⟨volks., scherts.⟩ ***moeder de vrouw*** 0.2 ⟨dienstpersoneel⟩ ***Mevrouw*** ◆ 7.1 how's the ~ *hoe is het met je vrouw?* 7.2 the ~ will see you in a minute *mevrouw zal U met een ogenblikje ontvangen.*

mis·sy ['mɪsi]⟨f1⟩⟨telb.zn.; →mv. 2⟩⟨inf.⟩ 0.1 ***juffie*** ⇒⟨B.⟩ *meiske.*

mist[1] [mɪst]⟨f2⟩⟨telb. en n.-telb.zn.⟩ 0.1 ***mist*** ⇒*nevel* ⟨ook fig.⟩ 0.2 ***damp*** ⇒*aanslag, waas* ◆ 1.1 lost in the ~ of antiquity *verloren in de nevelen der oudheid;* the season of ~ *het mistseizoen* 1.2 a ~ of tears *een floers v. tranen* 6.1 the mountains were shrouded **in** ~ *de bergen waren in nevelen gehuld;* be **in** a ~ *beneveld zijn, in een roes verkeren; de kluts kwijt zijn* 6.2 he saw things **through** a ~ *hij zag alles in een waas.*

mist[2] ⟨f1⟩⟨ww.⟩

I ⟨onov.ww.⟩ 0.1 ***misten*** 0.2 ***beslaan*** 0.3 ***beneveld worden*** 0.4 ***wazig worden*** ◆ 1.4 his eyes ~ed as he recalled the accident *zijn ogen werden wazig als hij weer aan het ongeluk dacht* 5.2 his glasses kept ~ing **over/up** *zijn bril besloeg voortdurend* 5.3 his brain ~ed **over** for a moment but cleared up soon *zijn verstand raakte even beneveld, maar werd al vlug weer helder* ¶.1 it's ~ing from the marshes *de mist komt uit het moeras opzetten;*

II ⟨ov.ww.⟩ 0.1 ***met nevel bedekken*** ⇒*beslaan* 0.2 ***wazig maken*** ◆ 1.1 the wet air ~ed (up) the windows *door de vochtige lucht besloegen de ramen* 6.2 eyes ~ed **with** tears *ogen met een waas van tranen.*

mis·tak·a·ble [mɪ'steɪkəbl]⟨bn.; -ly; -ness; →bijw. 3⟩ 0.1 ***vatbaar voor vergissing*** ⇒*misleidend* 0.2 ***vatbaar voor verwarring*** ◆ 1.1 vague and ~ indications *onduidelijke en misleidende aanwijzingen* 6.2 the twins are easily ~ **for** each other *de tweelingen zijn moeilijk uit elkaar te houden.*

mis·take[1] [mɪ'steɪk]⟨f3⟩⟨telb.zn.⟩⟨→sprw. 289⟩ 0.1 ***fout, vergissing*** 0.2 ***dwaling*** ◆ 1.2 ⟨jur.⟩ ~ of fact/law *dwaling omtrent de feiten/het recht* 3.1 make the ~ of speaking too soon *de fout begaan voor je beurt te spreken* 4.1 my ~ *mijn fout, ik vergis me* 6.1 **by** ~ *per abuis, per ongeluk;* take s.o.'s umbrella **in** ~ **for** one's own *iemands paraplu i.p.v. zijn eigen meenemen* 6.2 labour **under** a ~ *in dwaling verkeren* 7.1 ⟨inf.⟩ and no ~, there's no ~ about it *daar kun je van op aan; en dat is zeker;* make no ~ *begrijp dat goed.*

mistake[2] ⟨f3⟩⟨ww.; mistook, mistaken⟩ →mistaken

I ⟨onov.ww.⟩⟨vero.⟩ 0.1 ***zich vergissen;***

II ⟨ov.ww.⟩ **0.1** ***verkeerd begrijpen*** ⇒*verkeerd interpreteren* **0.2** ***verkeerd beoordelen*** ⇒*onderschatten* **0.3** ***verkeerd kiezen*** **0.4** ***niet herkennen*** **0.5** ***verwarren met*** ⇒*verkeerdelijk aanzien voor* ◆ **1.1** ~s.o.'s meanings *iemands bedoelingen verkeerd begrijpen* **1.2** they ~ John if they think they can scare him *als ze denken dat ze Jan bang kunnen maken, dan kennen ze hem niet* **1.3** ~ one's road *de verkeerde weg inslaan;* ~ one's vocation *het verkeerde ideaal nastreven* **4.1** don't ~ me *begrijp me niet verkeerd* **6.5** I mistook you **for** your brother *ik verwarde je met je broer* **7.4** there's no mistaking him with his orange hat *je kunt hem eenvoudig niet mislopen met zijn oranje hoed.*

mistaken [mɪ̣'steɪkən]⟨f1⟩⟨bn.; volt. deelw. v. mistake; -ly; -ness⟩ **0.1** ***verkeerd*** ⇒*mis* **0.2** ***op een vergissing berustend*** ◆ **1.1** ~ ideas about foreigners *vooroordelen over vreemdelingen;* ~ notion *dwaalbegrip* **1.2** ~ identity *persoonsverwisseling* **6.1** be ~ **about** *zich vergissen omtrent.*

'mist blower ⟨telb.zn.⟩ **0.1** ***nevelapparaat*** ⇒*nevelspuit, vernevelingsinstallatie.*

mis·ter[1] ['mɪstə‖-ər]⟨f3⟩⟨telb.zn.⟩ **0.1** ⟨meestal afgekort Mr; steeds gevolgd door familienaam of titel⟩ ***Mijnheer*** ⇒*De Heer...* **0.2** ⟨zonder familienaam⟩⟨volks. of kind.⟩ ***mijnheer*** ⇒*meneer* **0.3** ***man zonder titel*** **0.4** ⟨inf.⟩ ***echtgenoot*** ⇒*man* ◆ **1.1** Mr Average *de gewone man;* Mr Chairman *mijnheer de voorzitter;* Mr Smith *Dhr. Smith* **1.¶** ⟨AE; sl.; negers⟩ Mr Charl(e)y *de blanke* **2.¶** ⟨AE; sl.⟩ Mr Big/Right *de grote baas;* ⟨scherts.⟩ Mr Right *de ware Jakob* **4.4** don't tell my ~ *vertel het niet aan mijn man* **7.3** now I'm only a ~, but soon I'll be a doctor *nu heb ik nog geen titel, maar binnenkort promoveer ik* **¶.2** what's the time, ~? *hoe laat is het, mijnheer?.*

mister[2] ⟨ov.ww.⟩ **0.1** ***met meneer aanspreken/aanduiden.***

mis·term ['mɪs'tɜ:m‖-'tɜrm]⟨ov.ww.⟩ **0.1** ***verkeerd (be)noemen*** ⇒*ten onrechte de naam geven* ◆ **1.1** schools ~ing themselves universities *scholen die zich de naam van universiteit aanmatigen.*

mis·time ['mɪs'taɪm]⟨ww.⟩

I ⟨onov. en ov.ww.⟩⟨sport⟩ **0.1** ***verkeerd timen;***

II ⟨ov.ww.⟩ **0.1** ***op het verkeerde/ongepaste ogenblik doen/zeggen*** ⇒*verkeerd timen* **0.2** ***slecht synchroniseren*** ◆ **1.1** he made a ~d remark *hij koos voor zijn opmerking een slecht moment* **1.2** the general ~d his attack *de generaal viel op het verkeerde tijdstip aan.*

'mistle 'thrush [mɪsl]⟨telb.zn.⟩⟨dierk.⟩ **0.1** ***grote lijster*** ⟨Turdus viscivorus⟩.

mis·tle·toe ['mɪsltoʊ]⟨f1⟩⟨n.-telb.zn.⟩ **0.1** ***maretak*** ⇒*mistletoe, vogellijm* ⟨Viscum album⟩ ◆ **3.1** ~ is used as a Christmas decoration *de maretak wordt als kerstversiering gebruikt.*

mis·tral ['mɪstrəl]⟨telb. en n.-telb.zn.; ook M-⟩ **0.1** ***mistral.***

mis·trans·late ['mɪstrænz'leɪt, -træns-]⟨onov. en ov.ww.⟩ **0.1** ***verkeerd vertalen.***

mis·trans·la·tion ['mɪstrænz'leɪʃn, -træns-]⟨telb. en n.-telb.zn.⟩ **0.1** ***verkeerde vertaling.***

mis·treat ['mɪs'tri:t]⟨ov.ww.⟩ **0.1** ***mishandelen.***

mis·treat·ment ['mɪs'tri:tmənt]⟨n.-telb.zn.⟩ **0.1** ***mishandeling.***

mis·tress ['mɪstrɪ̣s]⟨f2⟩⟨telb.zn.⟩⟨→sprw. 178⟩ **0.1** ***vrouw des huizes*** **0.2** ***meesteres*** ⇒*bazin* **0.3** ⟨BE⟩ ***lerares*** **0.4** ⟨schr.⟩ ***geliefde*** **0.5** ***maitresse*** **0.6** ⟨ben. voor⟩ ***beste in haar soort*** ⇒*koningin* **0.7** ⟨M-⟩⟨Sch. E, vero.⟩ ***Mevrouw*** ⇒*Vrouwe* ◆ **1.1** ⟨BE⟩ Mistress of the Robes *hofdame voor de koninklijke garderobe;* the First Lady is ~ of the White House *de presidentsvrouw is meesteres op het Witte Huis* **1.2** a dog and its ~ *een hond en zijn bazin;* she is ~ of the situation *zij is de situatie meester;* ~ of the seas *Groot-Brittannië;* ~ of the World *Rome;* ~ of the Adriatic *Venetië* **1.3** the English ~ *de lerares Engels* **2.2** she is her own ~ *zij is haar eigen baas* **7.2** my ~ ⟨gezegd door dienstbode⟩ *mijn mevrouw;* ⟨school.⟩ second ~ *onderdirectrice.*

mis·tri·al ['mɪs'traɪəl]⟨telb.zn.⟩⟨jur.⟩ **0.1** ***nietig geding*** ⟨wegens procedurefout⟩ **0.2** ⟨AE⟩ ***geding zonder conclusie*** ◆ **3.2** ask for a ~ *verzoeken de zaak te seponeren.*

mis·trust[1] ['mɪs'trʌst]⟨f1⟩⟨telb. en n.-telb.zn.⟩ **0.1** ***wantrouwen*** ◆ **6.1** a great ~ **of** politicians *geen enkel vertrouwen in politici.*

mistrust[2] ⟨f1⟩⟨ww.⟩

I ⟨onov.ww.⟩ **0.1** ***wantrouwig zijn*** ⇒*onzeker zijn;*

II ⟨ov.ww.⟩ **0.1** ***wantrouwen*** ◆ **3.1** he ~ed there was sth. wrong *hij vermoedde dat er iets niet in de haak/pluis was.*

mis·trust·ful [mɪs'trʌstfl]⟨bn.; -ly⟩ **0.1** ***wantrouwig*** ⇒*door wantrouwen gekenmerkt* ◆ **1.1** the ~ atmosphere of cold war *de sfeer van wantrouwen die de koude oorlog kenmerkt* **6.1** be ~ **of** *wantrouwen.*

mist·y ['mɪsti]⟨f2⟩⟨bn.; -er; -ly; -ness; →bijw. 3⟩ **0.1** ***mistig*** **0.2** ***nevelig*** ⇒*wazig;* ⟨fig.⟩ *vaag* ◆ **1.2** eyes ~ with tears *ogen wazig van tranen, betraande ogen;* ~ ideas *vage ideeën.*

mis·un·der·stand ['mɪsʌndə'stænd‖-dər-]⟨f2⟩⟨ov.ww.; misunderstood, misunderstood⟩ **0.1** ***niet begrijpen*** ⇒*waarde niet inzien v.* **0.2** ***verkeerd begrijpen*** ⇒*verkeerd interpreteren* ◆ **1.1** a misunderstood poet *een onbegrepen dichter.*

mis·un·der·stand·ing ['mɪsʌndə'stændɪŋ‖-dər-]⟨f2⟩⟨zn.⟩

I ⟨telb.zn.⟩ **0.1** ***misverstand*** **0.2** ***geschil*** ◆ **6.2** ~s **between** nations *geschillen tussen naties;*

II ⟨n.-telb.zn.⟩ **0.1** ***onbegrip.***

mis·us·age ['mɪs'ju:sɪ̣dʒ]⟨n.-telb.zn.⟩ **0.1** ***mishandeling*** **0.2** ***verkeerd gebruik*** ⇒⟨vnl.⟩ *verkeerd taalgebruik* ◆ **1.1** ~ of the inmates by the attendants *mishandeling v.d. gevangenen door de bewakers* **1.2** many instances of ~ in his copy *veel gevallen van incorrect taalgebruik in zijn tekst.*

mis·use[1] ['mɪs'ju:s]⟨f2⟩⟨telb. en n.-telb.zn.⟩ **0.1** ***misbruik*** **0.2** ***verkeerd gebruik*** ◆ **1.1** ~ of power *machtsmisbruik;* ~ of funds *verduistering van gelden* **1.2** ~ voids the warranty *verkeerd gebruik maakt de garantie ongeldig.*

misuse[2] ['mɪs'ju:z]⟨f2⟩⟨ov.ww.⟩ **0.1** ***misbruiken*** **0.2** ***verkeerd gebruiken*** **0.3** ***mishandelen*** ◆ **1.2** if you ~ the tool you'll damage it *als je het gereedschap verkeerd gebruikt, beschadig je het.*

mis·write ['mɪs'raɪt]⟨ov.ww.; miswrote [-'roʊt], miswritten [-'rɪtn]⟩ **0.1** ***fout schrijven.***

MIT ⟨eig.n.⟩⟨afk.⟩ Massachusetts Institute of Technology.

mite [maɪt]⟨f2⟩⟨telb.zn.⟩ **0.1** ⟨dierk.⟩ ***mijt*** ⟨orde v.d. Acarina⟩ ⇒⟨vnl.⟩ *kaasmijt* ⟨Tyroglyphus sira of Tyrophagus casei⟩ **0.2** ***koperstukje*** ⇒*halve duit, penningske* **0.3** ***kleine bijdrage*** **0.4** ⟨vero.; inf. of schr.⟩ ***ietsjes*** ⇒*tikkeltje* **0.5** ***peuter*** ⇒*dreumes* ◆ **1.2** the widow's ~ *het penningske v.d. weduwe* ⟨Markus 12:42⟩ **1.5** a ~ of a child *een onderkruipsel* **3.3** contribute one's ~ *een duit in het zakje doen* **7.4** not a ~ *geen zier;* only a ~ less expensive *maar een tikkeltje minder duur.*

miter →mitre.

mith·ri·date ['mɪθrɪ̣deɪt]⟨telb.zn.⟩ **0.1** ***tegengif.***

mith·ri·da·tism ['mɪθrɪ̣'deɪtɪ̣zm]⟨n.-telb.zn.⟩ **0.1** ***immuniteit tegen gif*** ⟨door inname van steeds hogere doses⟩.

mith·ri·da·tize, -tise ['mɪθrɪ̣'deɪtaɪz]⟨ov.ww.⟩⟨far.⟩ **0.1** ***mit(h)ridatiseren*** ⇒*aan gif gewennen door telkens grotere doses te geven.*

mit·i·ga·ble ['mɪtɪ̣gəbl]⟨bn.⟩ **0.1** ***voor matiging vatbaar.***

mit·i·gate ['mɪtɪ̣geɪt]⟨f1⟩⟨ov.ww.⟩ **0.1** ***lenigen*** ⇒*verlichten* **0.2** ***matigen*** ⇒*tot bedaren brengen, verzachten* ◆ **1.1** ~ s.o.'s grief *iemands verdriet lenigen* **1.2** ⟨jur.⟩ mitigating circumstances *verzachtende omstandigheden.*

mit·i·ga·tion ['mɪtɪ̣'geɪʃn]⟨f1⟩⟨n.-telb.zn.⟩ **0.1** ***matiging*** ⇒*vermindering* ◆ **1.1** ⟨jur.⟩ ~ of damages *matiging v. schadevergoeding;* ~ of taxes *belastingverlaging.*

mi·ti·ga·to·ry ['mɪtɪ̣geɪtri‖'mɪtɪ̣gətɔri]⟨bn., attr.⟩ **0.1** ***lenigend*** ⇒*verlichtend* **0.2** ***matigend*** ⇒*verzachtend.*

mi·to·sis [maɪ'toʊsɪs]⟨telb. en n.-telb.zn.; mitoses [-si:z]; →mv. 5⟩ ⟨biol.⟩ **0.1** ***mitose*** ⇒*kerndeling, somatische deling.*

mi·tot·ic [maɪ'tɒtɪk‖-'tɑṭɪk]⟨bn., attr.⟩⟨biol.⟩ **0.1** ***mitotisch.***

mi·tral ['maɪtrəl]⟨bn., attr.⟩ **0.1** ***mijtervormig*** **0.2** ⟨med.⟩ ***mitraal*** ⇒*v.h. mijtervormige klapvlies* ◆ **1.2** ~ murmurs *geruis v.h. mijtervormige klapvlies;* ~ valve *tweeslippige hartklep, mitralisklep.*

mi·tre[1], ⟨AE sp.⟩ **mi·ter** ['maɪtə‖'maɪṭər]⟨f1⟩⟨telb.zn.⟩ **0.1** ***mijter*** **0.2** ***schoorsteenkap*** **0.3** ⟨tech.⟩ ***verstek.***

mitre[2], ⟨AE sp.⟩ **miter** ⟨ww.⟩

I ⟨onov.ww.⟩⟨tech.⟩ **0.1** ***onder verstek werken;***

II ⟨ov.ww.⟩ **0.1** ***mijteren*** ⇒*met een mijter sieren, tot bisschop verheffen* **0.2** ⟨tech.⟩ ***onder verstek bewerken.***

'mitre block, 'mitre board, 'mitre box ⟨f1⟩⟨telb.zn.⟩⟨tech.⟩ **0.1** ***verstekbak*** ⇒*verstekblok, versteklade.*

mi·tred, ⟨AE sp.⟩ **mi·ter·ed** ['maɪtəd‖'maɪṭərd]⟨bn.⟩ **0.1** ***gemijterd*** **0.2** ***mijtervormig.***

'mitre joint ⟨telb.zn.⟩⟨tech.⟩ **0.1** ***verstek(naad).***

'mitre square ⟨telb.zn.⟩⟨tech.⟩ **0.1** ***verstekhaak.***

'mitre wheel ⟨telb.zn.⟩⟨tech.⟩ **0.1** ***konisch tandwiel.***

mitt [mɪt]⟨f1⟩⟨zn.⟩

I ⟨telb.zn.⟩ **0.1** ***mitaine*** ⟨lange (vrouwen)handschoen zonder vingers⟩ **0.2** ⟨honkbal⟩ ***(vang/vangers)handschoen*** **0.3** ⟨meestal mv.⟩⟨sl.⟩ ***hand*** ⇒*vuist* **0.4** ⟨AE; sl.⟩ ***arrestatie(bevel)*** **0.5** ⟨AE; sl.⟩ ***gaarkeuken v. liefdadigheidsinstelling*** **0.6** →mitten ◆ **3.3** get your ~s off it! *blijf er met je poten af!* **3.¶** get a frozen ~ *een koele ontvangst krijgen;* get the frozen ~ *een blauwtje lopen; de bons krijgen;*

II ⟨mv.; ~s⟩⟨AE; sl.⟩ **0.1** ***handboeien.***

mit·ten ['mɪtn], ⟨in bet. I 0.1, 0.2 ook⟩ **mitt** ⟨f1⟩⟨telb.zn.⟩ **0.1** ***want*** ⇒*vuisthandschoen* **0.2** ⟨meestal mv.⟩⟨sl.⟩ ***bokshandschoen*** **0.3** ***mitaine*** ◆ **3.¶** get the (frozen) ~ *een blauwtje lopen; de bons krijgen;* give the (frozen) ~ *de bons geven, de zak geven;* ⟨sl.⟩ handle without ~s *zonder handschoenen aanpakken.*

mitt·glom·mer ['mɪtglɒmə‖-glɑmər]⟨telb.zn.⟩⟨AE; sl.⟩ **0.1** ***vleier*** ⇒*slijmerd, stroopsmeerder.*

mit·ti·mus ['mɪṭəməs]⟨telb.zn.⟩ **0.1** ⟨jur.⟩ ***rechterlijk bevel tot opneming in gevangenis*** **0.2** ⟨jur.⟩ ***rechterlijk bevel tot verzenden v. akten aan andere rechtbank***.
'mitt reader ⟨telb.zn.⟩⟨AE;sl.⟩ **0.1** ***handlijnkundige*** ⇒*waarzegster*.
Mit·ty ['mɪṭi]⟨telb.zn.;→mv. 2⟩ **0.1** ***dagdromer*** ⟨naar Walter Mitty, held uit verhaal v. J. Thurber⟩.
mi·ty ['maɪṭi]⟨bn.⟩ **0.1** ***vol mijten***.
mix[1] [mɪks]⟨f1⟩⟨zn.⟩
I ⟨telb.zn.⟩ **0.1** ***mengsel*** ⇒*mengeling, cocktail, mix* **0.2** ⟨inf.⟩ ***mengelmoes*** ⇒*allegaartje, warboel* **0.3** ⟨tech.⟩ ***(geluids)mix*** ⇒*mix(age)* ◆ **1.2** a strange ~ of people *een vreemd allegaartje v. mensen;*
II ⟨telb. en n.-telb.zn.⟩ **0.1** ***beslag*** ⇒*gebruiksklaar mengsel (v. meel, mortel)*.
mix[2] ⟨f3⟩⟨ww.⟩ →mixed ⟨→sprw. 121⟩
I ⟨onov.ww.⟩ **0.1** ***zich (laten)(ver)mengen*** **0.2** ***kunnen opschieten*** ⇒*elkaar verdragen* **0.3** ⟨biol.⟩ ***(zich) kruisen*** **0.4** ⟨BE;inf.⟩ ***tweedracht zaaien*** ◆ **1.1** oil and water don't ~ *olie en water vermengen zich niet* **5.2** they don't ~ well *ze kunnen niet met elkaar opschieten;* he ~es well in any company *hij voelt zich in alle kringen thuis* **5.¶** →mix **in;**
II ⟨ov.ww.⟩ **0.1** ***(ver)mengen*** ⇒*dooreenmengen, door elkaar roeren, dooreengooien* **0.2** ***bereiden*** ⇒*mixen, mengen* **0.3** ⟨biol.⟩ ***kruisen*** **0.4** ⟨tech.⟩ ***mixen*** ⟨geluid⟩ ◆ **1.1** ⟨fig.⟩ ~ business with pleasure *het nuttige met het aangename verenigen;* ~ one's drinks *door elkaar drinken* **1.2** the doctor ~ed me a bottle of medicine *de dokter maakte een drankje voor me klaar;* he was ~ing a cocktail / a salad *hij was een cocktail aan het mixen / een slaatje aan het klaarmaken* **4.¶** ⟨inf.⟩ ~ it (up) *elkaar in de haren zitten, knokken* **5.¶** →mix **in;**→mix **up**.
mix·ed [mɪkst]⟨f2⟩⟨bn.; volt. deelw. v. mix; -ness⟩ **0.1** ***gemengd*** ⇒*vermengd* **0.2** ⟨inf.⟩ ***in de war*** ⇒*versuft, beneveld* ◆ **1.1** ~ biscuits *gemengde biscuits* **3.1** ~ bathing *gemengd zwemmen;* ~ farming *gemengd bedrijf* ⟨landbouw en veeteelt⟩ **6.2** he got ~ **over** the dates *hij haalde de data door elkaar*.
'mixed 'up ⟨f1⟩⟨bn.; volt. deelw. v. mix up⟩
I ⟨bn.⟩ **0.1** ***in de war*** ⇒*versuft, beneveld;*
II ⟨bn., pred.⟩ **0.1** ***betrokken*** ⇒*verwikkeld* ◆ **6.1** he was ~ **in** a doping case *hij was betrokken bij een dopingaffaire;* I'm worried about that older woman my son got ~ **with** *ik maak me zorgen over die oudere vrouw met wie mijn zoon omgaat*.
mix·er ['mɪksə||-ər]⟨f2⟩⟨telb.zn.⟩ **0.1** ⟨ben. voor⟩ ***mengtoestel*** ⇒*mengmachine; (keuken)mixer;* ⟨radio⟩ *mengpaneel* **0.2** ⟨ben. voor⟩ ***menger*** ⇒*mixer;* ⟨tech.⟩ *schakeltechnicus* **0.3** ⟨AE⟩ ***informeel partijtje*** **0.4** ⟨AE⟩ ***frisdrank (of water) om met andere dranken te mixen*** ◆ **2.¶** a bad ~ *een eenzelvig mens;* a good ~ *een gezellig / onderhoudend mens*.
'mix 'in ⟨f1⟩⟨ww.⟩
I ⟨onov.ww.⟩⟨inf.⟩ **0.1** ***op de vuist gaan;***
II ⟨ov.ww.⟩ **0.1** ***goed (ver)mengen*** ◆ **1.1** first add the milk to the flour, then ~ four eggs *voeg eerst de melk bij de bloem en klop er dan vier eieren door*.
mix·ti·li·ne·ar ['mɪksti'lɪnɪə||-ər]⟨bn.⟩ **0.1** ***gemengdlijnig*** ⇒*met rechte en kromme lijnen*.
mix·ture ['mɪkstʃə||-ər]⟨f3⟩⟨zn.⟩
I ⟨telb.zn.⟩⟨muz.⟩ **0.1** ***mixtuur*** ⟨orgelregister⟩ ◆ **3.1** the ~ was reduced from 8 ranks to 5 *de mixtuur 8-sterk werd op 5-sterk teruggebracht;*
II ⟨telb. en n.-telb.zn.⟩ **0.1** ***mengsel*** ⇒*mengeling, mélange* ◆ **1.1** Tom is a bit of a ~: his father was Chinese and his mother English *Tom is een kruising v.e. Chinese vader en een Engelse moeder* **2.1** the engine doesn't start: the ~ is too rich *de motor wil niet starten, het mengsel is te rijk* **5.¶** ⟨inf.⟩ the ~ as before *procedure / behandeling als bekend;*
III ⟨n.-telb.zn.⟩ **0.1** ***het mengen*** ⇒*vermenging* **0.2** ***gespikkelde stof*** ⇒*fantasiestof*.
'mix 'up ⟨f1⟩⟨ov.ww.⟩ →mixed up **0.1** ***verwarren*** **0.2** ***in de war brengen*** **0.3** ***overhoop / door elkaar gooien*** ◆ **1.2** that explanation mixed him up even more *die uitleg bracht hem nog meer in verwarring* **1.3** don't ~ my papers *gooi mijn papieren niet door elkaar* **4.¶** ⟨inf.⟩ mix it up *elkaar in de haren zitten, knokken* **6.1** I always mix him up **with** his brother *ik verwar hem altijd met zijn broer*.
'mix-up ⟨f1⟩⟨telb.zn.⟩⟨inf.⟩ **0.1** ***verwarring*** ⇒*war / knoeiboel* **0.2** ***gevecht***.
miz·(z)en ['mɪzn]⟨telb.zn.⟩⟨scheep.⟩ **0.1** ***bezaan*** **0.2** ***bezaansmast***.
'miz·(z)en·mast ⟨telb.zn.⟩⟨scheep.⟩ **0.1** ***bezaansmast***.
'miz·(z)en·yard ⟨telb.zn.⟩⟨scheep.⟩ **0.1** ***bezaansra***.
miz·zle[1] ['mɪzl]⟨telb. en n.-telb.zn.⟩⟨inf.⟩ **0.1** ***motregen*** ◆ **3.¶** ⟨BE; sl.⟩ do a ~ *zijn biezen pakken*.
mizzle[2] ⟨onov.ww.⟩⟨inf.⟩ **0.1** ***motregenen*** **0.2** ⟨BE⟩ ***'m smeren***.
miz·zly ['mɪzli]⟨bn.⟩ **0.1** ***druilerig***.
Mk ⟨afk.⟩ mark, markka.
MKS(A) ⟨afk.⟩ metre-kilogram-second(-ampere).
mkt ⟨afk.⟩ market.
ml ⟨afk.⟩ mile(s), millilitre(s); mail ⟨AE⟩.
ML ⟨afk.⟩ mean level, medieval Latin, motor launch.
MLA ⟨afk.⟩ Member of Legislative Assembly, Modern Language Association (of America).
MLC ⟨afk.⟩ Member of Legislative Council.
MLD ⟨afk.⟩ minimum lethal dose.
MLF ⟨afk.⟩ multilateral (nuclear) force.
M Litt ⟨afk.⟩ Master of Letters, Master of Literature ⟨Sch. E⟩.
Mlle ⟨afk.⟩ Mademoiselle **0.1** ***Mlle.***.
Mlles ⟨afk.⟩ Mesdemoiselles.
MLR ⟨afk.⟩ minimum lending rate.
MLS ⟨afk.⟩ Master of Library Science ⟨AE⟩.
mm ⟨afk.⟩ **0.1** ⟨mutatis mutandis⟩ ***m.m.***.
MM ⟨afk.⟩ **0.1** ⟨Messieurs⟩ ***M.M.*** **0.2** ⟨Maelzel's metronome⟩ ***M.M.*** **0.3** ⟨(Their) Majesties⟩ **0.4** ⟨Military Medal⟩ ⟨BE⟩.
Mme ⟨afk.⟩ Madame **0.1** ***Mme.*** ⇒*Mad.*.
Mmes ⟨afk.⟩ Mesdames.
mmf ⟨afk.⟩ magnetomotive force.
M Mus ⟨afk.⟩ Master of Music.
MN ⟨afk.⟩ Merchant Navy ⟨BE⟩; Minnesota ⟨AE⟩.
M'Nagh·ten rules [mək'nɔ:tn ru:lz]⟨mv.⟩⟨BE;jur.⟩ **0.1** ***M'Naghtenregels*** ⇒*toerekeningsvatbaarheidsbepalingen*.
mne·mon·ic[1] [nɪ'mɒnɪk||-'mɑ-]⟨zn.⟩
I ⟨telb.zn.⟩ **0.1** ***ezelsbruggetje*** ⇒*geheugensteuntje;*
II ⟨mv.; ~s, ww. meestal enk.⟩ **0.1** ***mnemoniek*** ⇒*mnemotechniek, geheugenleer*.
mnemonic[2], **mne·mon·i·cal** [nɪ'mɒnɪkl||-'mɑ-]⟨bn.; -(al)ly; →bijw. 3⟩ **0.1** ***mnemotechnisch*** ◆ **1.1** ~ device *geheugensteuntje*.
Mngr ⟨afk.⟩ Monseigneur.
mo [moʊ]⟨f2⟩⟨telb.zn.⟩⟨afk.⟩ moment ⟨inf.⟩ **0.1** ***ogenblik*** ⇒*moment* ◆ **2.¶** I won't be half a ~ *ik ben zo terug* **3.1** wait a ~ *'n ogenblikje, wacht eens even*.
-mo ⟨druk.⟩ **0.1** ***-mo*** ⟨duidt formaat aan⟩ ◆ **¶.1** sixteenmo (16mo) *sedecimo*.
Mo, mo ⟨afk.⟩ **0.1** ⟨Monday⟩ ***ma.*** **0.2** ⟨Missouri⟩ **0.3** ⟨month⟩.
MO ⟨afk.⟩ Medical Officer, money order, modus operandi.
mo·a ['moʊə]⟨telb.zn.⟩⟨dierk.⟩ **0.1** ***moa*** ⟨uitgestorven vogelsoort uit Nieuw-Zeeland; fam. Dinornithidae⟩.
Mo·ab·ite[1] ['moʊəbaɪt]⟨telb.zn.⟩ **0.1** ***Moabiet***.
Moabite[2] ⟨bn.⟩ **0.1** ***Moabitisch***.
Mo·a·bit·ic ['moʊə'bɪṭɪk], **Mo·a·bit·ish** [-baɪṭɪʃ]⟨bn.⟩ **0.1** ***Moabitisch***.
moan[1] [moʊn]⟨f1⟩⟨telb.zn.⟩ **0.1** ***(ge)kreun*** ⇒*gekerm* **0.2** ***geklaag*** ⇒*gejammer,* ⟨vaak pej.⟩ *gejeremieer* ◆ **1.1** the ~s of the wounded *het gekreun / kreunen v.d. gewonden* **1.¶** the ~ of the wind *het huilen v.d. wind*.
moan[2] ⟨f2⟩⟨ww.⟩
I ⟨onov.ww.⟩ **0.1** ***kermen*** ⇒*kreunen* **0.2** ***(wee)klagen*** ⇒*jammeren, jeremiëren* ◆ **1.¶** he heard the wind ~ing through the night *hij hoorde de wind huilen in de nacht* **6.2** what's he ~ing **about** now? *waarover zit ie nu weer te zeuren?;*
II ⟨ov.ww.⟩ **0.1** ***betreuren*** ⇒*bejammeren* **0.2** ***klagend uiten*** ◆ **1.2** he ~ed (out) a plea for mercy *hij smeekte klagend om genade*.
moan·er ['moʊnə||-ər]⟨telb.zn.⟩ **0.1** ***klager / klaagster***.
moan·ful ['moʊnfl]⟨bn.⟩ **0.1** ***(wee)klagend***.
moat[1] [moʊt]⟨f1⟩⟨telb.zn.⟩ **0.1** ***(wal)gracht*** ⇒*(vesting / slot / kasteel)gracht*.
moat[2] ⟨ov.ww.⟩ **0.1** ***met een gracht omgeven*** ◆ **1.1** a ~ed castle *een kasteel door een gracht beschermd*.
mob[1] [mɒb||mɑb]⟨f2⟩⟨telb.zn.⟩ **0.1** ⟨the⟩ ***gepeupel*** ⇒*grauw, janhagel, gespuis* **0.2** ***(lawaaierige, onordelijke) menigte*** **0.3** ***bende (gangsters / herrieschoppers)*** **0.4** ⟨Austr. E⟩ ***kudde*** **0.5** ⟨sl.⟩ ***kliek*** ⇒*stel, groep, kring* **0.6** ⟨verk.⟩ ⟨mobcap⟩ ◆ **7.3** the Mob *de maffia*.
mob[2] ⟨f1⟩⟨ww.; →ww. 7⟩
I ⟨onov.ww.⟩ **0.1** ***samenrotten*** ⇒*samenscholen;*
II ⟨ov.ww.⟩ **0.1** ***in bende aanvallen*** ⇒*lastig vallen* **0.2** ***omstuwen*** ⇒*drummen / drommen rondom / naar* ◆ **1.2** Gullit was ~bed by autograph hunters *Gullit werd omzwermd door handtekeningenjagers;* the crowd ~bed the entrance to the railway station *de menigte dromde het station binnen*.
mob·bish ['mɒbɪʃ||'mɑbɪʃ]⟨bn.⟩ **0.1** ***van / als / typisch voor het gepeupel*** **0.2** ***grof*** ⇒*gemeen, plat, laag* **0.3** ***wetteloos***.
'mob·cap, mob ⟨telb.zn.⟩ **0.1** ***mop(muts)***.
mo·bile[1] ['moʊbaɪl||-bi:l]⟨f1⟩⟨telb.zn.⟩ **0.1** ***mobile*** ⇒*mobiel*.
mobile[2] ['moʊbaɪl||-bl]⟨f2⟩⟨bn.⟩ **0.1** ***beweeglijk*** ⇒*mobiel, los* **0.2** ***beweeglijk*** ⇒*levendig, expressief* ⟨v. gezicht⟩ **0.3** ***veranderlijk***

⇒*kwiek, onstandvastig* ⟨v. persoon, geest⟩ **0.4** ***rondtrekkend*** ⟨v. wagen, winkel⟩ **0.5** ***vlottend*** ⟨v. geld, kapitaal⟩ **0.6** ***flexibel*** ⇒*maatschappelijk mobiel* ⟨in staat zijn maatschappelijke positie te wijzigen⟩ ◆ **1.1** John is not ~ to-day *Jan heeft vandaag geen vervoer;* a ~ telephone *een mobilofoon* **1.4** ~ home *sta-caravan;* a ~ library *een bibliobus;* a ~ shop *winkelwagen.*

mo·bil·i·ty [moʊ'bɪləṭi]⟨f1⟩⟨n.-telb.zn.⟩ **0.1** ***beweeglijkheid*** ⇒*mobiliteit.*

mo·bi·li·za·tion, -sa·tion ['moʊbḷaɪ'zeɪʃn‖-lə'zeɪʃn]⟨f1⟩⟨telb. en n.-telb.zn.⟩ **0.1** ⟨mil. of fig.⟩ ***mobilisatie*** **0.2** ⟨ec.⟩ ***het te gelde maken.***

mo·bi·lize, -lise ['moʊbḷaɪz]⟨f2⟩⟨ww.⟩
I ⟨onov. en ov.ww.⟩⟨mil. of fig.⟩ **0.1** ***mobiliseren*** ⇒*mobiel maken* ◆ **1.1** he ~d all his forces *hij verzamelde al zijn krachten;*
II ⟨ov.ww.⟩⟨ec.⟩ **0.1** ***te gelde maken*** ⇒*losmaken.*

'mob justice, 'mob law ⟨n.-telb.zn.⟩ **0.1** ***lynchjustitie*** ⇒*lynchwet, volksjustitie* ◆ **3.1** after the war ~ reigned *na de oorlog was het gepeupel zijn eigen rechter / nam het gepeupel het recht in eigen handen.*

mob·oc·ra·cy [mɒ'bɒkrəsi‖mɑ'bɑ-]⟨zn.;→mv. 2⟩
I ⟨telb. en n.-telb.zn.⟩ **0.1** ***heerschappij v.h. gepeupel;***
II ⟨verz.n.⟩ **0.1** ***gepeupel.***

'mob orator ⟨telb.zn.⟩ **0.1** ***volksmenner*** ⇒*demagoog.*

'mob rule ⟨n.-telb.zn.⟩ **0.1** ***heerschappij v.h. gepeupel.***

mobs·man ['mɒbzmən‖'mɑbz-]⟨telb.zn.; mobsmen [-mən];→mv. 3⟩ **0.1** ***gangster.***

mob·ster ['mɒbstə‖'mɑbstər]⟨f1⟩⟨telb.zn.⟩ **0.1** ***bendelid*** ⇒*gangster* **0.2** ***(gentleman)oplichter.***

'mob violence ⟨n.-telb.zn.⟩ **0.1** ***straatgeweld*** ⇒*straatschenderij.*

mo-camp ['moʊkæmp]⟨telb.zn.⟩ **0.1** ***kampeerwagenterrein*** ⇒*camping.*

moc·ca·sin ['mɒkəsɪn‖'mɑ-]⟨f1⟩⟨telb.zn.⟩ **0.1** ***mocassin*** **0.2** ⟨verk.⟩ ⟨moccasin snake⟩.

'moccasin flower, 'moccasin plant ⟨telb.zn.⟩⟨plantk.⟩ **0.1** ***vrouwenschoentje*** ⟨Cypripedium acaule⟩.

'moccasin snake, moccasin ⟨telb.zn.⟩⟨dierk.⟩ **0.1** ***mocassinslang*** ⟨fam. Agkistrodon⟩.

mo·cha ['moʊkə]⟨n.-telb.zn.⟩ **0.1** ***(mokka)koffie*** **0.2** ***mochale(d)er.***

mock[1] [mɒk‖mɑk]⟨zn.⟩
I ⟨telb.zn.⟩⟨vero.⟩ **0.1** ***voorwerp v. spot*** **0.2** ***namaaksel*** ⇒*imitatie;*
II ⟨telb. en n.-telb.zn.⟩⟨vero., beh. in 3.1⟩ **0.1** ***bespotting*** ⇒*spot, hoon* ◆ **3.1** make (a) ~ of s.o. *met iem. de spot drijven / de draak steken.*

mock[2] ⟨f2⟩⟨bn., attr.⟩ **0.1** ***onecht*** ⇒*nagemaakt, nep, vals, voorgewend, schijn-, pseudo-* ◆ **1.1** ~ auction *zwendelveiling;* ~ battle / combat / fight *spiegelgevecht;* ~ duck / goose *gevuld varkensvlees;* ~ moon *bijmaan;* ⟨dierk.⟩ ~ nightingale *zwartkop* ⟨Silvia atricapilla⟩; ⟨dierk.⟩ *rietzanger* ⟨Acrocephalus schoenobaenus⟩; ⟨plantk.⟩ ~ orange *(boeren)jasmijn* ⟨genus Philadelphus, vnl. P. coronarius⟩; ~ sun *bijzon;* ~ trial *schijnproces;* ~ turtle(soup) *imitatie schildpadsoep.*

mock[3] ⟨f3⟩⟨ww.⟩
I ⟨onov.ww.⟩ **0.1** ***spotten*** ⇒*zich vrolijk maken* ◆ **6.1** don't ~ **at** his efforts *drijf niet de spot met zijn inspanningen;*
II ⟨ov.ww.⟩ **0.1** ***bespotten*** **0.2** ***(minachtend) trotseren*** ⇒*tarten* **0.3** ***bedriegen*** ⇒*misleiden* **0.4** ***(spottend) naäpen*** **0.5** ***namaken*** ⇒*vervalsen.*

mock·er ['mɒkə‖'mɑkər]⟨f1⟩⟨telb.zn.⟩ **0.1** ***spotter*** ◆ **3.¶** ⟨BE; inf.⟩ put the ~s on *een einde maken aan iets, bederven;* ⟨BE; inf.⟩ the rain has put the ~s on our plan *door de regen kunnen we ons plannetje wel vergeten.*

mock·er·y ['mɒkəri‖'mɑ-]⟨f1⟩⟨zn.;→mv. 2⟩
I ⟨telb.zn.⟩ **0.1** ***voorwerp v. spot*** **0.2** ***namaaksel*** **0.3** ***aanfluiting*** ⇒*karikatuur, schijnvertoning* ◆ **1.3** that trial was a ~ *dat proces was een schijnvertoning;*
II ⟨telb. en n.-telb.zn.⟩ **0.1** ***bespotting*** ⇒*spot, hoon* ◆ **3.1** hold s.o. / sth. up to ~ *iem. / iets ridiculiseren;* make a ~ of *de spot drijven met.*

'mock-he'ro·ic[1] ⟨telb.zn.; meestal mv.⟩ **0.1** ***burlesk-heroïsch literair werk.***

mock-heroic[2] ⟨bn.⟩ **0.1** ***komisch-burlesk-heroïsch.***

mock·ie ['mɒki‖'mɑ-]⟨telb.zn.⟩⟨AE; sl.; bel.⟩ **0.1** ***jood.***

mock·ing·ly ['mɒkɪŋli‖'mɑ-]⟨f1⟩⟨bw.⟩ **0.1** ***spottend*** ⇒*honend.*

'mock-up ⟨telb.zn.⟩ **0.1** ***model*** ⇒*bouwmodel, proefmodel* ⟨meestal op ware grootte⟩; ⟨lucht.⟩ *vluchtsimulator* **0.2** ***opmaak*** ⇒*layout.*

mod[1] [mɒd‖mɑd]⟨f1⟩⟨zn.⟩
I ⟨telb.zn.⟩⟨ook M-⟩ **0.1** ***modieus persoon*** **0.2** ⟨vaak mv.⟩⟨BE⟩ ***jeugdige bandiet;***
II ⟨n.-telb.zn.⟩ **0.1** ***modieuze stijl uit de jaren zestig in Engeland;***
III ⟨mv.; ~s⟩ **0.1** →moderation II 0.1.

mod[2] ⟨bn.⟩ **0.1** ***modern*** **0.2** ***modieus*** ⇒*chic* ◆ **1.1** ⟨soms enk.⟩⟨BE⟩ ~ cons *modern comfort.*

mod[3] ⟨afk.⟩ model, moderate, modern, modification.

Mod [mɒd‖moʊd]⟨telb.zn.⟩ **0.1** ***muzikale en literaire jaarlijkse bijeenkomst v.d. Hooglanders.***

MOD, MoD ⟨eig.n.; afk.⟩ Ministry of Defence ⟨BE⟩.

mod·al[1] ['moʊdl]⟨telb.zn.⟩ **0.1** ⟨taalk.⟩ ***modale vorm*** ⇒⟨vnl.⟩ *modaal hulpwerkwoord* **0.2** ⟨logica⟩ ***modale propositie.***

modal[2] ⟨bn.; -ly⟩ **0.1** ***modaal*** ◆ **1.1** ~ auxiliary *modaal hulpwerkwoord.*

mo·dal·i·ty [moʊ'dæləṭi]⟨telb. en n.-telb.zn.;→mv. 2⟩ **0.1** ***modaliteit.***

mode [moʊd]⟨f2⟩⟨zn.⟩
I ⟨telb.zn.⟩ **0.1** ***wijze*** ⇒*manier, methode, modus* **0.2** ***gebruik*** ⇒*procedure* **0.3** ⟨AE; taalk.⟩ ***wijs*** ⇒*modus* **0.4** ⟨muz.⟩ ***toongeslacht*** ⇒*toonaard, hoofdtoonsoort* **0.5** ⟨muz.⟩ ***modus*** **0.6** ⟨fil.⟩ ***modaliteit*** ⇒*suppositie, uitdrukkingswijze* **0.7** ⟨stat.⟩ ***modus*** ◆ **1.1** ~ of speaking *spreekwijze, wijze v. spreken;*
II ⟨n.-telb.zn.⟩⟨vero., beh. in 6.1 en 6.¶⟩ **0.1** ***(heersende) mode*** ◆ **6.1** à la ~ *à la mode, modieus* **6.¶** ⟨cul.⟩ à la ~ *gesmoord in groenten en wijn* ⟨v. vlees⟩; ⟨AE⟩ *(opgediend) met roomijs* **7.1** (all) the ~ *dè (grote) mode.*

mod·el[1] ['mɒdl‖'mɑdl]⟨f3⟩⟨telb.zn.⟩ **0.1** ***model*** ⇒*monster, schaalmodel, maquette;* ⟨BE; fig.⟩ *evenbeeld* **0.2** ***type*** ⇒*model* ⟨v. auto, enz.⟩ **0.3** ***exclusief model*** ⟨kledingstuk⟩ **0.4** ***(foto / schilders)model*** ⇒*mannequin* **0.5** ***toonbeeld*** ⇒*voorbeeld* ◆ **3.4** stand ~ *poseren* **6.1** he's a perfect ~ **of** John *hij is net Jan, hij lijkt precies op Jan.*

model[2] ⟨f2⟩⟨bn., attr.⟩ **0.1** ***model-*** **0.2** ***perfect*** ⇒*voorbeeldig* ◆ **1.1** a ~ car *een miniatuurauto* **1.2** a ~ husband *een modelechtgenoot.*

model[3] ⟨f2⟩⟨ww.;→ww. 7⟩ →modelling
I ⟨onov.ww.⟩ **0.1** ***mannequin / model zijn*** ◆ **3.1** she ~s to earn pocket money *ze poseert om aan zakgeld te komen;*
II ⟨ov.ww.⟩ **0.1** ***modelleren*** ⇒*boetseren, vormgeven, fatsoeneren* **0.2** ***vervaardigen / vormen naar een voorbeeld*** **0.3** ***een model maken van*** **0.4** ***(als mannequin) showen*** ◆ **6.2** ~ sth. **after / (up)on** sth. *iets maken / ontwerpen naar het voorbeeld v. iets;* ⟨fig.⟩ he ~led himself **(up)on** his teacher *hij nam een voorbeeld aan zijn leraar.*

mod·el·ler, ⟨AE sp.⟩ **mod·el·er** ['mɒdl·ə‖'mɑdl·ər]⟨telb.zn.⟩ **0.1** ***modelleur*** ⇒*boetseerder* **0.2** ***modelmaker.***

mod·el·ling, ⟨AE sp.⟩ **mod·el·ing** ['mɒdl·ɪŋ‖'mɑ-]⟨f1⟩⟨n.-telb.zn.; gerund v. model⟩ **0.1** ***het modelleren*** ⇒*het boetseren* **0.2** ***modelleerkunst*** ⇒*boetseerkunst, plastische kunst* **0.3** ***vormgeving*** **0.4** ***het model staan*** **0.5** ***modelbouw*** ◆ **3.4** she used to do some ~ before she married *voor ze trouwde werkte ze als mannequin.*

'modelling clay ⟨n.-telb.zn.⟩ **0.1** ***boetseerklei.***

'Mod·el-'T[1] ⟨telb.zn.⟩ **0.1** ***T-Ford*** ⟨autotype⟩.

Model-T[2] ⟨bn., attr.⟩⟨AE; sl.⟩ **0.1** ***sjofel*** ⇒*armoedig, verlopen.*

mo·dem ['moʊdem]⟨telb.zn.⟩⟨verk.⟩ modulator-demodulator ⟨comp.⟩ **0.1** ***modem*** ⟨verbindt afstandsterminal of computer met andere computer⟩.

Mo·de·na ['mɒdɪnə‖'mɔ:dn·ə]⟨zn.⟩
I ⟨eig.n.⟩ **0.1** ***Modena*** ⟨Italiaanse stad⟩;
II ⟨n.-telb.zn.⟩⟨m-; vaak attr.⟩ **0.1** ***donkerpaars.***

mod·er·ate[1] ['mɒdrət‖'mɑ-]⟨f1⟩⟨telb.zn.⟩ **0.1** ***gematigde.***

moderate[2] ⟨f3⟩⟨bn.; -ly; -ness⟩ **0.1** ***gematigd*** ⇒*matig, middelmatig* ◆ **1.1** ⟨meteo.⟩ ~ breeze *matige koelte / wind* ⟨windkracht 4⟩; a ~ climate *een gematigd klimaat;* ⟨meteo.⟩ ~ gale *harde wind* ⟨windkracht 7⟩; a ~ oven *een matig-warme oven* ⟨ong. 160 à 200° C⟩; ~ prices *redelijke / lage prijzen.*

moderate[3] ['mɒdəreɪt‖'mɑ-]⟨f1⟩⟨ww.⟩
I ⟨onov.ww.⟩ **0.1** ***zich matigen*** ⇒*bedaren* **0.2** ***afnemen*** ⇒*verminderen;*
II ⟨onov. en ov.ww.⟩ **0.1** ***presideren*** ⇒*voorzitten;*
III ⟨ov.ww.⟩ **0.1** ***matigen*** ⇒*verzachten, verlichten.*

mod·er·a·tion ['mɒdə'reɪʃn‖'mɑ-], ⟨in bet. II ook⟩ **mods** ⟨f1⟩⟨zn.⟩ ⟨→sprw. 461⟩
I ⟨n.-telb.zn.⟩ **0.1** ***gematigdheid*** ⇒*matigheid* **0.2** ***matiging*** **0.3** ⟨kernfysica⟩ ***afremming*** ⟨v. neutronen⟩ ◆ **6.1** **in** ~ *met mate;*
II ⟨mv.; ~s; vaak M-⟩ **0.1** ***eerste openbaar examen voor de graad v. B.A. in Oxford.***

mod·e·ra·to[1] ['mɒdə'rɑ:toʊ‖'mɑdə'rɑṭoʊ]⟨telb.zn.⟩ **0.1** ***moderato.***

moderato[2] ⟨bn.⟩ **0.1** ***moderato.***

mod·e·ra·tor ['mɒdəreɪtə‖'mɑdəreɪṭər]⟨f2⟩⟨telb.zn.⟩ **0.1** ***moderator*** ⇒*bemiddelaar, scheidsrechter* **0.2** ***moderator*** ⟨voorzitter v. universitaire examencommissie, i.h.b. v. die der Moderations in Oxford⟩ **0.3** ⟨relig.⟩ ***moderator*** ⟨v. synode enz. in Presbyteriaanse kerk⟩ **0.4** ⟨nat.⟩ ***moderator*** ⟨stof die de snelheid v.e. nucleaire kettingreactie regelt⟩.

mod·ern[1] ['mɒdn‖'mɑdərn]⟨f1⟩⟨telb.zn.⟩ **0.1** ***iem. uit de nieuwe tijd*** **0.2** ***aanhanger v.d. nieuwe tijd*** **0.3** ⟨boek.⟩ ***bepaald lettertype.***

modern[2] ⟨f3⟩⟨bn.; -ly; -ness⟩ **0.1** ***modern*** ⇒*hedendaags, tot de nieu-*

were tijd behorend **0.2** ***nieuwerwets*** **0.3** ⟨taalk.⟩ ***modern*** *⇒nieuw-* ◆ **1.1** ancient and ~ buildings *oudere en eigentijdse gebouwen;* ~ history *nieuwe geschiedenis* **1.3** ~ English *modern Engels;* ~ languages *levende moderne talen;* ~ Latin *modern Latijn, neolatijn;* ~ Greek *Nieuwgrieks.*

'mod·ern-day ⟨bn., attr.⟩ **0.1** ***hedendaags*** *⇒modern.*

mod·ern·ism ['mɒdn·ɪzm‖'mɑdərnɪzm]⟨f1⟩⟨zn.⟩
I ⟨telb.zn.⟩ **0.1** ***modernisme*** *⇒innovatie,* ⟨taalk.⟩ *neologisme;*
II ⟨n.-telb.zn.⟩ **0.1** ***modernisme*** ⟨i.h.b. religieus⟩.

mod·ern·ist ['mɒdn·ɪst‖'mɑdərnɪst]⟨f1⟩⟨telb.zn.⟩ **0.1** ***modernist.***

mod·ern·is·tic ['mɒdn'ɪstɪk‖'mɑdər'nɪstɪk]⟨bn.; -ally; →bijw. 3⟩ **0.1** ***modernistisch*** *⇒opvallend modern, modieus.*

mo·der·ni·ty [mɒ'dɜ:nəti‖mə'dɜrnəṭi]⟨zn.; →mv. 2⟩
I ⟨telb.zn.⟩ **0.1** ***iets moderns*** *⇒iets van/met eigentijds karakter;*
II ⟨n.-telb.zn.⟩ **0.1** ***moderniteit*** *⇒modern karakter.*

mod·ern·i·za·tion, -sa·tion ['mɒdn·aɪ'zeɪʃn‖'mɑdərnə-]⟨f1⟩⟨telb. en n.-telb.zn.⟩ **0.1** ***modernisering*** *⇒aanpassing aan de nieuwe tijd.*

mod·ern·ize, -ise ['mɒdn·aɪz‖'mɑdərnaɪz]⟨f2⟩⟨ww.⟩
I ⟨onov.ww.⟩ **0.1** ***zich aan de moderne tijd aanpassen*** *⇒zich vernieuwen;*
II ⟨ov.ww.⟩ **0.1** ***moderniseren*** *⇒vernieuwen.*

mod·est ['mɒdɪst‖'mɑ-]⟨f3⟩⟨bn.; ook -er; -ly⟩ **0.1** ***bescheiden*** **0.2** ***niet groot*** *⇒niet opzichtig, bescheiden* **0.3** ***redelijk*** *⇒zonder aanmatiging/overdrijving* **0.4** ***zedig*** *⇒eerbaar* ⟨vooral v. vrouw⟩ ◆ **1.3** ~ demands *redelijke eisen* **1.¶** a ~ violet *een bescheiden persoon.*

mod·es·ty ['mɒdɪsti‖'mɑ-]⟨f1⟩⟨n.-telb.zn.⟩ **0.1** ***bescheidenheid*** **0.2** ***redelijkheid*** **0.3** ***zedigheid*** *⇒eerbaarheid, fatsoenlijkheid* ⟨vooral v. vrouw⟩ ◆ **3.1** feigned ~ *valse bescheidenheid* **7.1** in all ~ *zonder grootspraak.*

'modesty vest ⟨telb.zn.⟩⟨mode⟩ **0.1** ***modestie*** ⟨stuk kant gedragen over boezem, om diep décolleté wat bescheidener te maken⟩.

mod·i·cum ['mɒdɪkəm‖'mɑ-]⟨f1⟩⟨telb.zn.; ook modica [-kə]; →mv. 5⟩ **0.1** ***een beetje*** *⇒een kleine hoeveelheid* ◆ **1.1** there isn't a ~ of logic in this reasoning *er zit geen greintje logica in deze argumentatie.*

mod·i·fi·a·ble ['mɒdɪfaɪəbl‖'mɑ-]⟨bn.⟩ **0.1** ***wijzigbaar*** *⇒vatbaar voor wijziging/aanpassing.*

mod·i·fi·ca·tion ['mɒdɪfɪ'keɪʃn‖'mɑ-]⟨f2⟩⟨telb. en n.-telb.zn.⟩ **0.1** ***wijziging*** **0.2** ***verzachting*** *⇒verzwakking, aanpassing* **0.3** ⟨plantk.⟩ ***modificatie*** ⟨niet-erfelijke wijziging⟩ **0.4** ⟨taalk.⟩ ***bepaling*** **0.5** ⟨taalk.⟩ ***klankverandering.***

mod·i·fi·ca·to·ry ['mɒdɪfɪ'keɪtri‖'mɑdɪfəkətɔri]⟨bn.⟩ **0.1** ***wijzigend.***

mod·i·fi·er ['mɒdɪfaɪə‖'mɑdɪfaɪər]⟨f1⟩⟨telb.zn.⟩ **0.1** ***wijzigende factor*** **0.2** ⟨taalk.⟩ ***bepaling.***

mod·i·fy ['mɒdɪfaɪ‖'mɑ-]⟨f3⟩⟨ww.; →ww. 7⟩
I ⟨onov.ww.⟩ **0.1** ***zich wijzigen*** *⇒veranderingen ondergaan;*
II ⟨ov.ww.⟩ **0.1** ***wijzigen*** **0.2** ***verzachten*** *⇒afzwakken* **0.3** ⟨taalk.⟩ ***(nader) bepalen*** *⇒staan bij* ◆ **1.3** 'tall' modifies 'man' in 'a tall man' *'lang' staat bij/bepaalt 'man' in 'een lange man'.*

mo·dil·lion [moʊ'dɪlɪən]⟨telb.zn.⟩⟨bouwk.⟩ **0.1** ***modillon.***

mod·ish ['moʊdɪʃ]⟨bn.; -ly; -ness⟩⟨vaak pej.⟩ **0.1** ***modieus.***

mo·diste [moʊ'di:st]⟨telb.zn.⟩ **0.1** ***modiste.***

mod·u·lar ['mɒdjʊlə‖'mɑdʒələr]⟨bn.⟩ **0.1** ***modulair.***

mod·u·late ['mɒdjʊleɪt‖'mɑdʒə-]⟨f1⟩⟨ww.⟩
I ⟨onov. en ov.ww.⟩ **0.1** ***moduleren*** *⇒met gepaste stembuiging voordragen/zingen* **0.2** ⟨muz.⟩ ***moduleren*** *⇒veranderen/(doen) overgaan van de ene toonsoort in de andere* **0.3** ⟨tech.⟩ ***moduleren*** ◆ **6.2** the music ~s **from** E **to** G *de muziek gaat van E over in G;*
II ⟨ov.ww.⟩ **0.1** ***regelen*** *⇒afstemmen, reguleren, temperen* ◆ **6.1** he ~s his thunders to his victims *hij past zijn banbliksems aan zijn slachtoffers aan.*

mod·u·la·tion ['mɒdjʊ'leɪʃn‖'mɑdʒə-]⟨f1⟩⟨telb. en n.-telb.zn.⟩ **0.1** ***aanpassing*** *⇒regeling, verzachting* **0.2** ⟨muz.⟩ ***modulatie*** *⇒overgang van de ene toonsoort in de andere* **0.3** ***modulatie*** *⇒stembuiging.*

modu'lation distortion ⟨telb. en n.-telb.zn.⟩ **0.1** ***modulatievervorming.***

mod·u·la·tor ['mɒdjʊleɪtə‖'mɑdʒəleɪṭər]⟨telb.zn.⟩⟨radio, telefoon⟩ **0.1** ***modulator.***

mod·ule ['mɒdju:l‖'mɑdʒu:l]⟨f1⟩⟨telb.zn.⟩ **0.1** ***modulus*** *⇒modul(e), maat(staf),* ⟨bouwk.⟩ *bouwmodulus* **0.2** ***module*** ⟨standaardonderdeel v. gebouw, meubels, computer enz.⟩ **0.3** ⟨ruim.⟩ ***module*** ⟨deel v. ruimtetuig dat afzonderlijk gebruikt kan worden⟩ **0.4** ⟨tech.⟩ ***watermeter*** **0.5** ⟨numismatiek⟩ ***modulus*** ◆ **2.3** lunar ~ *maanlander.*

mod·u·lus ['mɒdjʊləs‖'mɑdʒə-]⟨f1⟩⟨telb.zn.; ook moduli [-laɪ]; →mv. 5⟩⟨nat., wisk.⟩ **0.1** ***modulus*** *⇒coëfficiënt, constante* ◆ **1.1** ~ of elasticity *elasticiteitsmodulus.*

mo·dus op·e·ran·di ['moʊdəs 'ɒpə'rændi‖-'ɑpə-]⟨telb.zn.; ook modi operandi ['moʊdaɪ-]; →mv. 5⟩ **0.1** ***modus operandi.***

mo·dus vi·ven·di ['moʊdəs vɪ'vendi]⟨telb.zn.; ook modi vivendi ['moʊdaɪ-]; →mv. 5⟩ **0.1** ***modus vivendi.***

mo·fette [moʊ'fet]⟨telb.zn.⟩⟨geol.⟩ **0.1** ***mofette*** *⇒gasbron* **0.2** ***gasuitwaseming.***

mog [mɒg‖mɑg], **mog·gie, mog·gy** ['mɒgi‖'mɑgi]⟨telb.zn.; →mv. 2⟩⟨BE; sl.⟩ **0.1** ***kat.***

mo·gul[1] ['moʊgl]⟨f1⟩⟨telb.zn.⟩ **0.1** ⟨M-⟩ ***mogol*** ⟨vroegere Mongoolse keizer v. Delhi⟩ **0.2** ⟨M-⟩ ***Mongool*** **0.3** ***mogol*** ⟨invloedrijk (pretentieus) iem.⟩ **0.4** ⟨AE⟩ ***krachtige stoomlocomotief*** **0.5** ***verhoging/heuveltje op skipiste*** *⇒mogul* ◆ **1.3** the ~s of Hollywood *de filmbonzen, de hoge pieten v.d. filmindustrie* **2.1** the Grand/Great Mogul *de grote mogol.*

mogul[2] ⟨bn.⟩ **0.1** ⟨M-⟩ ***Mongools*** **0.2** ***rijk*** *⇒belangrijk, invloedrijk* ◆ **1.1** the Mogul empire *het Mongoolse rijk.*

MOH ⟨afk.⟩ Medical Officer of Health.

mo·hair ['moʊheə‖-her]⟨f1⟩⟨n.-telb.zn.⟩ **0.1** ***mohair*** **0.2** ***pluche.***

Mohammedan →Muhammadan.

Mohammedanism →Muhammadanism.

Mo·hawk ['moʊhɔ:k]⟨zn.; ook Mohawk; →mv. 4⟩
I ⟨eig.n.⟩ **0.1** ***het Mohawk*** *⇒taal v.d. Mohawks;*
II ⟨telb.zn.⟩ **0.1** ***Mohawk*** ⟨lid v. Indianenstam⟩.

mo·hi·can [moʊ'hɪkən]⟨telb.zn.⟩ **0.1** ***hanekam*** ⟨(punk)kapsel⟩ **0.2** ***iem. met een hanekam.***

Mo·ho ['moʊhoʊ]⟨telb.zn.⟩⟨verk.⟩ Mohorovičić discontinuity ⟨geol.⟩ **0.1** ***Moho*** ⟨Mohorovičić-discontinuïteit; niveau waarop de aardkorst in de mantel overgaat⟩.

moi·der ['mɔɪdə‖-ər], **moi·ther** ['mɔɪðə‖-ər]⟨ov.ww.⟩⟨gew.⟩ **0.1** ***in de war brengen*** **0.2** ***kwellen*** *⇒pesten.*

moi·dore ['mɔɪdɔ:‖-dɔr]⟨telb.zn.⟩⟨gesch.⟩ **0.1** ***moidore*** ⟨gouden Portugese/Braziliaanse munt, in omloop in Engeland in de 17e-18e eeuw⟩.

moi·e·ty ['mɔɪəṭi]⟨telb.zn.; →mv. 2⟩⟨jur.⟩ **0.1** ***helft*** *⇒deel.*

moil[1] [mɔɪl]⟨telb. en n.-telb.zn.⟩⟨vero.⟩ **0.1** ***gezwoeg*** **0.2** ***rumoer*** ◆ **1.1** ~ and toil *slaven en zwoegen.*

moil[2] ⟨onov.ww.⟩⟨vero. beh. in 3.1⟩ **0.1** ***zwoegen*** *⇒ploeteren* ◆ **3.1** ~ and toil *slaven en zwoegen.*

moi·ré[1], **moire, moire antique** ['mwɑ:reɪ‖mwɑ'reɪ]⟨n.-telb.zn.⟩ **0.1** ***moiré*** *⇒gevlamde zijde* **0.2** ***moiré tekening.***

moi·ré[2] ⟨bn.⟩ **0.1** ***gevlamd*** *⇒gewaterd.*

moist [mɔɪst]⟨f2⟩⟨bn.; -er; -ly; -ness⟩ **0.1** ***vochtig*** *⇒nattig, klam* **0.2** ***regenachtig*** ◆ **1.1** the ~ wind announced *de vochtige wind* **1.¶** ~ sugar *bastaardsuiker* **6.1** ~ **with** dew *vochtig van (de) dauw;* eyes ~ **with** tears *betraande ogen;* his forehead was ~ **with** sweat *zijn voorhoofd was klam van het zweet.*

moist·en ['mɔɪsn]⟨f1⟩⟨ww.⟩
I ⟨onov.ww.⟩ **0.1** ***vochtig worden;***
II ⟨ov.ww.⟩ **0.1** ***bevochtigen.***

mois·ture ['mɔɪstʃə‖-ər]⟨f2⟩⟨n.-telb.zn.⟩ **0.1** ***vochtigheid*** *⇒vocht* ◆ **2.1** ~ proof *beschermd tegen vocht, vochtdicht;* ~ resistant *vochtbestendig.*

mois·tur·ize, -ise ['mɔɪstʃəraɪz]⟨ov.ww.⟩ **0.1** ***bevochtigen*** ◆ **1.1** moisturizing cream *vochtinbrengende crème.*

moither →moider.

mo·jo ['moʊdʒoʊ]⟨telb.zn.⟩⟨AE; sl.⟩ **0.1** ***magie*** *⇒magische kracht* **0.2** ***verdovend middel.***

moke [moʊk]⟨telb.zn.⟩⟨sl.⟩ **0.1** ⟨BE⟩ ***ezel*** ⟨ook fig.⟩ **0.2** ⟨AE; bel.⟩ ***neger*** **0.3** ⟨Austr. E⟩ ***afgewerkt paard*** *⇒knol.*

mol[1], **mole** [moʊl]⟨telb.zn.⟩⟨schei.⟩ **0.1** ***mol*** *⇒grammolecule.*

mol[2] ⟨afk.⟩ molecular, molecule.

mo·lal ['moʊləl]⟨bn.⟩⟨schei.⟩ **0.1** ***mbt./van één mol.***

mo·lar[1] ['moʊlə‖-ər]⟨f1⟩⟨telb.zn.⟩ **0.1** ***ware kies*** *⇒kies, maaltand.*

molar[2] ⟨f1⟩⟨bn., attr.⟩ **0.1** ***mbt. de maaltand(en)*** *⇒malend, maal-* **0.2** ***mbt. de massa*** **0.3** ⟨schei.⟩ ***molair.***

mo·lar·i·ty [moʊ'lærəṭi]⟨n.-telb.zn.⟩⟨schei.⟩ **0.1** ***molariteit.***

mo·las·ses [mə'læsɪz]⟨f1⟩⟨n.-telb.zn.⟩ **0.1** ***melasse*** **0.2** ⟨AE⟩ ***stroop.***

mold →mould.

molder →moulder.

molding →moulding.

moldy →mouldy.

mole [moʊl]⟨f2⟩⟨telb.zn.⟩ **0.1** ***mol*** **0.2** ***(kleine) moedervlek*** *⇒vlekje* **0.3** ***pier*** *⇒golfbreker, havendam, strekdam* **0.4** ***door havendam beschutte haven*** **0.5** ⟨med.⟩ ***mola*** **0.6** ⟨schei.⟩ ***mol*** **0.7** ⟨inf.⟩ ***spion*** *⇒mol* ⟨tijdelijk niet-actieve geheim agent⟩.

'mole·cast ⟨telb.zn.⟩ **0.1** ***molshoop.***

'mole cricket ⟨telb.zn.⟩⟨dierk.⟩ **0.1** ***veenmol*** ⟨fam. Gryllotalpidae⟩.

mo·lec·u·lar [mə'lekjʊlə‖-kjələr]⟨f2⟩⟨bn.⟩ **0.1** ***moleculair*** ◆ **1.1** ~ weight *molecuulgewicht.*

mol·e·cule ['mɒlɪkju:l‖'mɑ-]⟨f2⟩⟨telb.zn.⟩ **0.1** ***molecule.***

'mole drain ⟨telb.zn.⟩ **0.1** ***draineringskanaal getrokken met een molploeg.***

'mole-'eyed ⟨bn.⟩ **0.1** ***bijziend*** *⇒blind.*

'mole·heap ⟨telb.zn.⟩ **0.1** ***molshoop.***

'mole·hill ⟨f1⟩ ⟨telb.zn.⟩ **0.1** ***molshoop.***

'mole·plough ⟨telb.zn.⟩ **0.1** ***molploeg*** *⇒draineerploeg.*

'mole rat ⟨telb.zn.⟩ ⟨dierk.⟩ **0.1** ***blindmuis*** ⟨fam. Spalacidae⟩.

'mole·skin ⟨zn.⟩
I ⟨telb. en n.-telb.zn.⟩ **0.1** ***mollevel;***
II ⟨n.-telb.zn.⟩ **0.1** ***moleskin*** *⇒Engels leer* ⟨soort dichtgeweven katoenen molton⟩;
III ⟨mv.; ~s⟩ **0.1** ***broek v. Engels leer.***

mo·lest [mə'lest] ⟨f1⟩ ⟨ov.ww.⟩ **0.1** ***lastig vallen*** *⇒molesteren.*

mo·les·ta·tion ['moʊle'steɪʃn‖'mɑlə-] ⟨n.-telb.zn.⟩ **0.1** ***hinder*** *⇒overlast* **0.2** ***het molesteren.***

moll [mɒl‖mɑl] ⟨f1⟩ ⟨telb.zn.⟩ ⟨sl.⟩ **0.1** ***vriendin/handlangster v.e. gangster*** *⇒gangsterliefje* **0.2** ***snol*** *⇒slet, prostituée.*

mollah →mullah.

'moll buzzer ⟨telb.zn.⟩ ⟨sl.⟩ **0.1** ***vrouwenberover*** ⟨i.h.b. v. handtasjes op straat⟩.

mol·li·fi·ca·tion ['mɒlɪfɪ'keɪʃn‖'mɑ-] ⟨telb.zn.⟩ **0.1** ***bedaring*** **0.2** ***vertedering*** **0.3** ***verzachting.***

mol·li·fy ['mɒlɪfaɪ‖'mɑ-] ⟨f1⟩ ⟨ov.ww.; →ww. 7⟩ **0.1** ***bedaren*** *⇒sussen* **0.2** ***vertederen*** *⇒vermurwen* **0.3** ***matigen*** *⇒verzachten, minder streng maken* ◆ **1.3** ~ one's demands *zijn eisen matigen* **3.2** she refused to be mollified by his flatteries *zij liet zich niet vermurwen door zijn vleierij.*

mol·lusc, ⟨AE sp. ook⟩ **mol·lusk** ['mɒləsk‖'mɑ-] ⟨telb.zn.⟩ **0.1** ***weekdier*** *⇒mollusk.*

mol·lus·can, ⟨AE sp. ook⟩ **mol·lus·kan** [mə'lʌskən] ⟨bn., attr.⟩ **0.1** ***weekdier-.***

mol·lus·coid [mə'lʌskɔɪd], **mol·lus·cous** [-əs] ⟨bn.⟩ **0.1** ***weekdierachtig.***

mol·ly ['mɒli‖'mɑ-] ⟨f1⟩ ⟨zn.; →mv. 2⟩
I ⟨eig.n.; M-⟩ **0.1** ⟨ong.⟩ ***Molly*** *⇒Marietje* ⟨koosnaam v. Mary⟩;
II ⟨telb.zn.⟩ ⟨verk.⟩ mollycoddle.

mol·ly·cod·dle[1] ['mɒlikɒdl‖'mɑlikɑdl], **molly** ⟨telb.zn.⟩ ⟨bel.⟩ **0.1** ***moederszoontje*** *⇒slapjanus, verwijfde man.*

mollycoddle[2] ⟨ov.ww.⟩ ⟨pej.⟩ **0.1** ***in de watten leggen*** *⇒verwennen, vertroetelen.*

Mo·loch ['moʊlɒk‖'mɑlək] ⟨zn.⟩
I ⟨eig.n., telb.zn.; fig. ook m-⟩ **0.1** ***Moloch*** *⇒moloch;*
II ⟨telb.zn.; m-⟩ ⟨dierk.⟩ **0.1** ***moloch*** ⟨Australische woestijnhagedis; genus Moloch⟩.

mo·lo·tov cocktail ['mɒlətɒf 'kɒkteɪl‖'mɑlətɔf 'kɑk-] ⟨f1⟩ ⟨telb.zn.⟩ **0.1** ***Molotowcocktail.***

molt →moult.

mol·ten ['moʊltən‖'moʊltn] ⟨bn., attr.; oorspr. volt. deelw. v. melt⟩ **0.1** ***gesmolten*** **0.2** ⟨vero. of bijb.⟩ ***gegoten*** ◆ **1.2** a ~ image *een gegoten beeld.*

mol·to ['mɒltoʊ‖'moʊl-] ⟨bw.⟩ ⟨muz.⟩ **0.1** ***molto.***

mo·ly ['moʊli] ⟨telb.zn.; →mv. 2⟩ **0.1** ***legendarisch toverkruid met witte bloem en zwarte wortel*** **0.2** ***wilde knoflook*** ⟨Allium moly⟩.

mo·lyb·de·nite [mə'lɪbdənaɪt] ⟨n.-telb.zn.⟩ ⟨schei.⟩ **0.1** ***molybdeniet.***

mo·lyb·de·num [mə'lɪbdənəm] ⟨n.-telb.zn.⟩ ⟨schei.⟩ **0.1** ***molybdeen*** ⟨element 42⟩.

mom →mum.

mo·ment ['moʊmənt] ⟨f4⟩ ⟨zn.⟩
I ⟨telb.zn.⟩ **0.1** ***ogenblik*** *⇒moment* **0.2** ***geschikt ogenblik*** *⇒moment* **0.3** ***tijdstip*** *⇒moment* **0.4** ⟨nat.⟩ ***moment*** ◆ **1.2** ~ of truth *uur der waarheid* ⟨ook fig.⟩ **1.4** ~ of inertia *traagheidsmoment;* ~ of momentum *impulsmoment, draaistoot* **2.1** half a ~, please *een ogenblikje alstublieft* **3.1** have one's ~s *zijn goede momenten hebben* **5.1** a ~ ago *(zo)juist, (zo)net* **6.1** **for** the ~ *voorlopig, vooralsnog;* not **for** a ~ *geen moment, nooit;* **in** a ~ *ogenblikkelijk, dadelijk, direct;* I'll be back **in** a ~ *ik ben zo terug* **6.2** not the ~ **for** sth. like that *niet het moment voor zo iets* **6.3** **at** the ~ *op het ogenblik, nu;* **at** ~s *zo nu en dan;* **at** the last ~ *op het laatste moment;* ⟨BE; schr.⟩ **at** this ~ in time *momenteel;* **(up)on** the ~ *ogenblikkelijk;* **to** the ~ *op de minuut af, precies op tijd;* timed **to** the ~ *precies gelijk* ⟨v. uurwerk⟩ **7.1** just a/one ~, please *een ogenblikje alstublieft* **7.3** he'll be back (at) any ~ now *hij kan elk moment terug zijn;* the (very) ~ (that) *zodra;* this ~ *ogenblikkelijk; zojuist;*
II ⟨n.-telb.zn.⟩ **0.1** ***belang*** *⇒gewicht* ◆ **6.1** **of** (great) ~ *v. (groot) belang.*

mo·men·ta·ry ['moʊməntri‖-teri] ⟨f2⟩ ⟨bn.; -ly; -ness; →bijw. 3⟩ **0.1** ***kortstondig*** *⇒snel voorbijgaand, vluchtig* **0.2** ***voortdurend*** *⇒elk ogenblik* ◆ **1.1** his nostalgia was but ~ *zijn heimwee was vlug voorbij* **1.2** they live in ~ fear of earthquakes *ze leven in voortdurende angst voor een aardbeving.*

mo·ment·ly ['moʊməntli] ⟨bw.⟩ **0.1** ***ieder ogenblik*** **0.2** ***ogenblikkelijk*** *⇒gedurende een ogenblik* ◆ **3.1** his fear ~ increased *zijn angst nam met de minuut toe.*

mo·men·tous [moʊ'mentəs] ⟨f2⟩ ⟨bn.; -ly; -ness⟩ **0.1** ***gewichtig*** *⇒ernstig, van het allerhoogste belang, gedenkwaardig* ◆ **1.1** ~ decisions *zwaarwegende beslissingen.*

mo·men·tum [moʊ'mentəm] ⟨f2⟩ ⟨zn.; ook momenta; →mv. 5⟩
I ⟨telb. en n.-telb.zn.⟩ ⟨nat.⟩ **0.1** ***impuls*** ⟨massa maal snelheid⟩ *⇒hoeveelheid v. beweging;*
II ⟨n.-telb.zn.⟩ **0.1** ***vaart*** ⟨ook fig.⟩ *⇒(stuw)kracht, drang* ◆ **3.1** gain/gather ~ *aan stootkracht winnen;* the struggle for independency loses ~ *de onafhankelijkheidsstrijd verliest aan kracht/bloedt dood.*

mom·ism ['mɒmɪzm‖'mɑ-] ⟨n.-telb.zn.⟩ ⟨AE; inf.; pej.⟩ **0.1** ***overdreven respect voor moeders*** *⇒overmatige moederlijke/vrouwelijke invloed op maatschappij.*

mom·ma ['mɒmə‖'mɑmə], **mom·my** ['mɒmi‖'mɑmi] ⟨f1⟩ ⟨telb.zn.; →mv. 2⟩ ⟨AE⟩ **0.1** ⟨kind.⟩ ***mammie*** *⇒mama, moesje* **0.2** ⟨sl.⟩ ***vrouw.***

mo·mo ['moʊmoʊ] ⟨telb.zn.⟩ ⟨AE; sl.⟩ **0.1** ***idioot*** *⇒stommeling.*

mo·mus ['moʊməs] ⟨zn.; ook momi ['moʊmaɪ]; →mv. 5⟩
I ⟨eig.n.; M-⟩ **0.1** ***Momus*** ⟨god v.d. spot in de Griekse mythologie⟩;
II ⟨telb.zn.⟩ **0.1** ***spotgeest*** *⇒hekelaar* **0.2** ***haarklover*** *⇒muggezifter.*

mom·zer, mom·ser ['mɒmzə‖'mɑmzər] ⟨telb.zn.⟩ ⟨AE; sl.⟩ **0.1** ***bietser*** *⇒klaploper* **0.2** ***rotzak*** *⇒schoft.*

Mon ⟨afk.⟩ Monday.

mon·a·c(h)al ['mɒnəkl‖'mɑ-] ⟨bn.⟩ **0.1** ***klooster-*** *⇒monnik(en)-, monachaal, monastiek.*

mon·a·chism ['mɒnəkɪzm‖'mɑ-] ⟨n.-telb.zn.⟩ **0.1** ***kloosterwezen*** *⇒monnikenleven.*

mon·ac·id →monoacid.

mo·nad ['mɒnæd‖'moʊ-] ⟨telb.zn.⟩ **0.1** ⟨fil.⟩ ***monade*** ⟨in Leibniz' stelsel⟩ **0.2** ⟨biol.⟩ ***eencellige*** *⇒afgietseldiertje, infusorie(diertje).*

mon·a·del·phous ['mɒnə'delfəs‖'mɑ-] ⟨bn.⟩ ⟨plantk.⟩ **0.1** ***eenbroederig*** *⇒monadelphus.*

mo·nad·ism ['mɒnædɪzm‖moʊ-] ⟨n.-telb.zn.⟩ **0.1** ***monadenleer*** ⟨van Leibniz⟩ *⇒monadisme, monadologie.*

mo·nan·drous [mə'nændrəs] ⟨bn.⟩ **0.1** ***monandrisch*** *⇒monogaam* **0.2** ⟨plantk.⟩ ***eenhelmig*** *⇒monandrisch.*

mo·nan·dry [mə'nændri] ⟨n.-telb.zn.⟩ **0.1** ***monandrie*** ⟨huwelijk met slechts één man⟩.

mon·arch ['mɒnək‖'mɑnərk] ⟨f2⟩ ⟨telb.zn.⟩ **0.1** ***monarch*** *⇒(alleen) heerser(es), vorst(in)* **0.2** ***uitblinker*** **0.3** ***monarchvlinder*** ⟨Danaus menippe⟩ **0.4** ⟨BE; sl.⟩ ***sovereign*** ⟨de munt⟩ ◆ **2.1** absolute ~ *absoluut vorst;* Grand Monarch *Lodewijk XIV.*

mo·nar·chal [mə'nɑ:kl‖mə'nɑrkl], **mo·nar·chic** [-kɪk], **mo·nar·chi·cal** [-ɪkl] ⟨bn.⟩ **0.1** ***monarchaal*** *⇒vorstelijk.*

mo·nar·chi·an·ism [mɒ'nɑ:kɪənɪzm‖mə'nɑr-] ⟨n.-telb.zn.⟩ **0.1** ***monarchianisme*** ⟨theologische doctrine uit de 2e en 3e eeuw⟩.

mon·ar·chism ['mɒnəkɪzm‖'mɑnər-] ⟨n.-telb.zn.⟩ **0.1** ***alleenheerschappij*** *⇒monarchie, koningschap* **0.2** ***monarchistische gezindheid.***

mon·ar·chist ['mɒnəkɪst‖'mɑnər-] ⟨telb.zn.⟩ **0.1** ***monarchist.***

mon·ar·chy ['mɒnəki‖'mɑnərki] ⟨f2⟩ ⟨telb. en n.-telb.zn.; →mv. 2⟩ **0.1** ***monarchie*** *⇒koninkrijk, (erfelijk) koningschap, alleenheerschappij* ◆ **2.1** limited/constitutional ~ *constitutionele monarchie* **7.1** the Fifth Monarchy *het vijfde koninkrijk, het koninkrijk Gods.*

mon·as·tery ['mɒnəstri‖'mɑnəsteri] ⟨f2⟩ ⟨telb.zn.; →mv. 2⟩ **0.1** ***(mannen)klooster.***

mo·nas·tic[1] [mə'næstɪk] ⟨telb.zn.⟩ **0.1** ***monnik*** *⇒kloosterling.*

monastic[2], **mo·nas·ti·cal** [mə'næstɪkl] ⟨f1⟩ ⟨bn.; -(al)ly; →bijw. 3⟩ **0.1** ***klooster-*** *⇒monnik(en)-, monastiek* ◆ **1.1** ~ vows *kloostergeloften.*

mo·nas·ti·cism [mə'næstɪsɪzm] ⟨n.-telb.zn.⟩ **0.1** ***kloosterwezen*** *⇒monnikenleven.*

mon·a·tom·ic ['mɒnə'tɒmɪk‖'mɑnə'tɑmɪk] ⟨bn.⟩ ⟨schei.⟩ **0.1** ***eenatomig*** *⇒uit moleculen met slechts één atoom opgebouwd* **0.2** ***eenatomair.***

mon·au·ral ['mɒn'ɔ:rəl‖'mɑn'ɔrəl] ⟨bn.⟩ **0.1** ***monauraal*** *⇒voor/met één oor, niet-stereofonisch, mono.*

mon·a·zite ['mɒnəzaɪt‖'mɑ-] ⟨telb.zn.⟩ ⟨schei.⟩ **0.1** ***monaziet.***

mon·daine[1] [mɒn'deɪn‖moʊn-] ⟨telb.zn.⟩ **0.1** ***mondaine/wereldse vrouw.***

mondain(e)[2] ⟨bn.⟩ **0.1** ***mondain*** *⇒werelds, modieus.*

Mon·day ['mʌndi, -deɪ] ⟨f3⟩ ⟨eig.n., telb.zn.⟩ **0.1** ***maandag*** ◆ **2.1** ⟨BE; scherts.⟩ St. ~ *luie maandag* ⟨maandag beschouwd als heilige dag, waarop niet of weinig gewerkt wordt⟩; keep St. ~ *maandag houden* **3.1** he arrives (on) ~ *hij komt (op/a.s.) maandag aan;* ⟨vnl. AE⟩ he works ~s *hij werkt maandags/op maandag/elke maandag* **6.1** **on** ~(s) *maandags, op maandag, de maandag (en), elke maandag* **7.1** ⟨BE⟩ he arrived on the ~ *hij kwam (de) maandag/op maandag aan.*

'Monday Club ⟨eig.n.⟩ ⟨BE⟩ **0.1** ***Monday Club*** ⟨in 1961 gestichte club v. (zeer) rechtse conservatieven⟩.

Mon·day·ish ['mʌndiɪʃ]⟨bn.; zelden m-⟩ **0.1** ***maandagziek*** ⟨uitgeteld ten gevolge v.h. weekend⟩.

'Monday-'morning quarterback ⟨telb.zn.⟩ ⟨AE⟩ **0.1** ***iem. die het goed weet achteraf*** ⇒⟨ong.⟩ *stuurman-aan-(de-)wal.*

mon·di·al ['mɒndɪəl‖'mɑn-]⟨bn.⟩ **0.1** ***mondiaal*** ⇒*wereldomspannend, wereldomvattend, op wereldschaal.*

Mo·nel Metal [mɒ'nel 'meṭl‖moʊ-]⟨n.-telb.zn.⟩ **0.1** ***monel(metaal)*** ⟨nikkel-koper-mangaanlegering⟩.

mon·e·ta·rism ['mʌnɪtrɪzm‖'mɑ-]⟨n.-telb.zn.⟩ ⟨ec.⟩ **0.1** ***monetarisme.***

mon·e·tar·ist[1] ['mʌnɪtrɪst‖'mɑ-]⟨telb.zn.⟩ **0.1** ***monetarist.***

monetarist[2] ⟨bn.⟩ **0.1** ***monetaristisch.***

mon·e·tar·y ['mʌnɪtri‖'mɑnəteri]⟨f1⟩ ⟨bn.; -ly; →bijw.3⟩ **0.1** ***monetair*** ⇒*munt-* ◆ **1.1** ~ reform *munthervorming;* ~ standard *geld/muntstandaard, muntvoet;* ~ system *muntstelsel;* ~ unit *munteenheid.*

mon·e·ti·za·tion, sa·tion ['mʌnɪtaɪ'zeɪʃn‖'mɑnəṭə-]⟨telb. en n.-telb.zn.⟩ **0.1** ***aanmunting*** ⇒*monetisatie.*

mon·e·tize, -tise ['mʌnɪtaɪz‖'mɑnətaɪz]⟨ov.ww.⟩ **0.1** ***aanmunten*** **0.2** ***(als wettig betaalmiddel) in omloop/circulatie brengen.***

mon·ey ['mʌni]⟨f4⟩ ⟨zn.; ook monies⟩ ⟨→sprw. 202, 383, 423, 462-467, 477, 488, 554, 687⟩

I ⟨n.-telb.zn.⟩ **0.1** ***geld*** ⇒*muntgeld, papiergeld* **0.2** ***welstand*** ⇒*rijkdom, weelde* ◆ **1.1** ~ of account *rekenmunt, rekenvaluta, reken(ings)eenheid;* ⟨BE; inf.⟩ ~ for jam/for old rope *iets voor niets, gauw/gemakkelijk verdiend geld;* one's ~'s worth *waar voor je geld* **1.¶** ~ burns a hole in his pocket *hij heeft een gat in z'n hand;* put one's ~ where one's mouth is *de daad bij het woord voegen* **3.1** have ~ to burn *in het geld zwemmen;* coin/mint ~ *geld aanmunten;* ⟨fig.⟩ *geld verdienen als water;* ⟨inf.⟩ made of ~ *stinkend rijk;* make the ~ fly *geld als water uitgeven, met geld smijten;* ⟨AE; inf.⟩ ~ talks *met geld gooi je deuren open;* put ~ into sth. *ergens geld in steken;* put ~ on *wedden/inzetten op;* raise ~ on sth. *iets te gelde maken* ⟨door verkoop of verpanding⟩; throw one's ~ about/around *met geld smijten;* be wallowing in ~ *bulken v.h. geld* **3.2** he made his ~ producing films *hij is rijk geworden als filmproducent;* make ~ *geld maken, goed verdienen;* marry ~ *man/vrouw met geld trouwen* **3.¶** ⟨AE; inf.⟩ folding ~ *papiergeld* **6.1** ⟨inf.⟩ be **in** the ~ *bulken van het geld; in de prijzen vallen; binnenlopen;* there is ~ **in** it *er valt geld aan te verdienen* **6.¶** **for** my ~ *wat mij betreft, naar mijn mening;* Churchill **for** my ~ *geef mij Churchill maar;* ⟨AE; inf.⟩ **on** the ~ *accuraat, volkomen juist;* ⟨AE; inf.⟩ be right **on** the ~ *de spijker op zijn kop slaan* **7.1** I'll bet you any ~ *ik durf er alles onder te verwedden;*

II ⟨mv.; ~s, ook monies⟩ **0.1** ***sommen gelds*** ⇒*gelden.*

'mon·ey·bag ⟨zn.⟩

I ⟨telb.zn.⟩ **0.1** ***geldbuidel*** ⇒*geldzak;*

II ⟨telb.zn.; enk. en mv. ~s; ww. enk.⟩ **0.1** ***rijke stinkerd*** ⇒*rijkaard, geldbuidel, geldzak* ⟨van pers.⟩;

III ⟨mv.; ~s; ww. ook enk.⟩ **0.1** ***rijkdom*** ⇒*welstand.*

'money belt ⟨telb.zn.⟩ **0.1** ***geldgordel*** ⇒*geldriem.*

'money bill ⟨telb.zn.⟩ **0.1** ***belastingwetsontwerp.***

'mon·ey-box ⟨telb.zn.⟩ **0.1** ***geldbus*** ⇒*spaarpot, collectebus.*

'money broker ⟨telb.zn.⟩ **0.1** ***geldhandelaar.***

'money changer ⟨telb.zn.⟩ **0.1** ***(geld)wisselaar*** **0.2** ***geldsorteerbakje.***

'money economy ⟨telb.zn.⟩ **0.1** ***geldeconomie.***

mon·eyed, mon·ied ['mʌnid]⟨bn., attr.⟩ ⟨schr.⟩ **0.1** ***welgesteld*** ⇒*rijk, bemiddeld, vermogend, gefortuneerd* **0.2** ***geldelijk*** ◆ **1.2** ~ assistance *geldelijke ondersteuning/bijstand;* ~ interest *de gegoede klasse.*

mon·ey·er ['mʌnɪə‖-ər]⟨telb.zn.⟩ **0.1** ***muntmeester*** ⇒*munter.*

'mon·ey·grub·ber ⟨telb.zn.⟩ **0.1** ***geldwolf*** ⇒*duitendief, geldduivel.*

'mon·ey·grub·bing[1] ⟨n.-telb.zn.⟩ **0.1** ***schraperigheid*** ⇒*hebzucht.*

moneygrubbing[2] ⟨bn., attr.⟩ **0.1** ***schraperig*** ⇒*inhalig, hebberig.*

'money·lend·er ⟨telb.zn.⟩ **0.1** ***financier*** ⇒*geldschieter* **0.2** ⟨pej.⟩ ***woekeraar.***

mon·ey·less ['mʌniləs]⟨bn.⟩ **0.1** ***geldeloos*** ⇒*berooid.*

'mon·ey·mak·er ⟨f1⟩ ⟨telb.zn.⟩ **0.1** ***moneymaker*** **0.2** ***winstgevende zaak*** ⇒*goudmijn(tje).*

'mon·ey·mak·ing[1] ⟨n.-telb.zn.⟩ **0.1** ***geldmakerij*** ⇒*het verdienen van geld, het vergaren van rijkdom.*

moneymaking[2] ⟨bn., attr.⟩ **0.1** ***winstgevend*** ⇒*lucratief.*

'mon·ey·man ⟨telb.zn.⟩ **0.1** ***geldman*** ⇒*financier, bankier.*

'money market ⟨telb.zn.⟩ **0.1** ***geldmarkt.***

money order ⟨telb.zn.⟩ ⟨geldw.⟩ **0.1** ***postwissel*** **0.2** ***betalingsmandaat.***

'money spider ⟨telb.zn.⟩ **0.1** ***geluksspinnetje.***

'money spinner ⟨f1⟩ ⟨telb.zn.⟩ ⟨BE; inf.⟩ **0.1** ***winstgevende zaak*** ⇒*goudmijn(tje), melkkoetje.*

'money supply ⟨telb.zn.⟩ **0.1** ***geldvoorraad.***

'mon·ey-wash·ing ⟨n.-telb.zn.⟩ **0.1** ***(het) witten*** ⟨v. zwart geld⟩ ⇒*(het) witmaken, (het) witwassen.*

mon·ey·wort ['mʌniwɜ:t‖-wɜrt]⟨n.-telb.zn.⟩ ⟨plantk.⟩ **0.1** ***penningkruid*** ⟨Lysimachia nummularia⟩.

mong·er ['mʌŋgə‖'mɑŋgər]⟨f1⟩ ⟨telb.zn.; vnl. als 2e lid in samenstellingen⟩ **0.1** ***handelaar*** ⇒*koopman, kramer* **0.2** ***verspreider van*** ⇒*zaaier van.*

mon·gol[1] ['mɒŋgl‖'mɑŋgl]⟨f1⟩ ⟨telb.zn.⟩ **0.1** ⟨M-⟩ ***Mongool(se)*** ⇒*inwoner v. Mongolië* **0.2** ***mongool*** ⇒*mongooltje, lijder aan mongolisme.*

mongol[2] ⟨f1⟩ ⟨bn.⟩

I ⟨bn.; M-⟩ **0.1** ***Mongools*** ⇒*Mongolide, Mongolië betreffende;*

II ⟨bn., attr.⟩ **0.1** ***mongools*** ⇒*aan mongolisme lijdend.*

mon·go·li·an [mɒŋ'goʊlɪən‖mɑŋ-]⟨bn.⟩ **0.1** ⟨M-⟩ ***Mongools*** ⇒*mbt. Mongolië, Mongolide* **0.2** ⟨M-⟩ ***Mongools*** ⇒*mbt. Mongoolse taal* **0.3** ***mongools*** ⇒*mongolen betreffende.*

mon·gol·ism ['mɒŋgəlɪzm‖'mɑŋ-]⟨n.-telb.zn.⟩ **0.1** ***mongolisme*** ⇒*ziekte van Down.*

Mon·gol·oid[1] ['mɒŋgəlɔɪd‖'mɑŋ-]⟨telb.zn.⟩ **0.1** ***Mongoloïde*** ⇒*lid v.h. Mongoolse ras.*

Mon·gol·oid[2] ['mɒŋgəlɔɪd‖'mɑŋ-]⟨bn.⟩ **0.1** ***Mongoloïde*** ⇒*mbt. het Mongoolse ras.*

mon·goose ['mɒŋgu:s‖'mɑŋ-]⟨telb.zn.⟩ ⟨dierk.⟩ **0.1** ***mongoeste*** ⟨vnl. Herpestes nyula⟩.

mong·rel[1] ['mʌŋgrəl‖'mɑŋ-]⟨f1⟩ ⟨telb.zn.⟩ **0.1** ***bastaard(hond)*** ⇒*bastaarddier, bastaardplant* **0.2** ⟨scherts., bel.⟩ ***bastaard*** **0.3** ***mengvorm*** ⇒*kruising(sprodukt)* ◆ **2.2** Europe is a continent of energetic ~s *Europa is een werelddeel bewoond door een krachtig vuilnisbakkeras.*

mongrel[2] ⟨bn., attr.⟩ **0.1** ***bastaard-*** ⇒*onzuiver van ras, van gemengd bloed, halfbloed, halfslachtig, heterogeen* ◆ **1.1** ~ dog *bastaardhond;* ~ words *hybridische woorden.*

mon·grel·ism ['mʌŋgrəlɪzm‖'mɑŋ-]⟨n.-telb.zn.⟩ **0.1** ***bastaardij.***

mon·grel·ize, -ise ['mʌŋgrəlaɪz‖'mɑŋ-]⟨ov.ww.⟩ **0.1** ***bastaarderen*** ⇒*verbasteren.*

'mongst ['mʌŋgst]⟨vz.⟩ ⟨dichterlijk⟩ ⟨verk.⟩ amongst.

mo·ni·al ['moʊnɪəl]⟨telb.zn.⟩ **0.1** ***(verticale) middenstijl*** ⟨in raam⟩.

mon·ick·er, mon·i·ker ['mɒnɪkə‖'mɑnɪkər]⟨telb.zn.⟩ ⟨BE; sl.⟩ **0.1** ***(bij)naam.***

monied →moneyed.

monies ⟨mv.⟩ →money.

mon·ism ['mɒnɪzm‖'mɑ-]⟨n.-telb.zn.⟩ ⟨fil.⟩ **0.1** ***monisme.***

mon·ist ['mɒnɪst‖'mɑ-]⟨telb.zn.⟩ ⟨fil.⟩ **0.1** ***monist.***

mo·nis·tic [mə'nɪstɪk]⟨bn.⟩ ⟨fil.⟩ **0.1** ***monistisch.***

mo·ni·tion [mə'nɪʃn]⟨telb.zn.⟩ **0.1** ⟨schr.⟩ ***waarschuwing*** ⇒*(gevaar)signaal* **0.2** ⟨kerk.⟩ ***monitum*** ⟨herderlijke vermaning⟩ **0.3** ⟨jur.⟩ ***dagvaarding.***

mon·i·tor[1] ['mɒnɪṭə‖'mɑnɪṭər]⟨f2⟩ ⟨telb.zn.⟩ **0.1** ***mentor*** ⇒*monitor* ⟨oudere leerling die minder gevorderden onderwijst⟩, *leraarshulpje* **0.2** ***controleapparaat*** ⇒*monitor* ⟨televisie-/radio-ontvanger in studio ter controle v.d. kwaliteit v.h. signaal; meetapparaat voor radioactieve straling⟩ **0.3** ***mee/afluisteraar*** ⟨bij radio en telefonie⟩ ⇒*interceptor, rapporteur* **0.4** ⟨schr.⟩ ***vermaner*** ⇒*raadgever* **0.5** ⟨scheep., gesch.⟩ ***monitor*** ⟨pantserschip voor kustverdediging⟩ **0.6** ⟨mijnw.⟩ ***monitor*** ⟨soort hydraulische spuit⟩ **0.7** →monitor lizard.

monitor[2] ⟨f2⟩ ⟨ww.⟩

I ⟨onov.ww.⟩ **0.1** ***als mentor/monitor optreden*** ⇒*toezicht houden;*

II ⟨ov.ww.⟩ **0.1** ***controleren*** ⇒*meekijken/meeluisteren met, afluisteren, doorlichten* **0.2** ***als mentor/monitor optreden van*** ⇒*toezicht houden op.*

mon·i·to·ri·al ['mɒnɪ'tɔ:rɪəl‖'mɑnə'tɔrɪəl]⟨bn.; -ly⟩ **0.1** ***vermanend*** ⇒*waarschuwend.*

'monitor lizard ⟨telb.zn.⟩ ⟨dierk.⟩ **0.1** ***varaan*** ⟨grote vleesetende hagedis⟩.

mon·i·to·ry[1] ['mɒnɪtri‖'mɑnətɔri]⟨telb.zn.; →mv. 2⟩ ⟨kerk.⟩ **0.1** ***monitumbrief*** ⇒*vermanend schrijven, herderlijke vermaning.*

monitory[2] ⟨bn.⟩ **0.1** ***vermanend*** ⇒*waarschuwend.*

monk [mʌŋk]⟨f2⟩ ⟨telb.zn.⟩ **0.1** ***(klooster)monnik*** ⇒*kloosterling, kloosterbroeder* **0.2** ***monnik*** ⟨vlek bij het drukken⟩ **0.3** ⟨AE; inf.⟩ ***aap*** **0.4** →monkfish.

monk·ery ['mʌŋkəri]⟨telb.zn.; →mv. 2⟩ ⟨vaak pej.⟩ **0.1** ***monnikenleven*** **0.2** ***monnikenstand*** **0.3** ***kloostergemeenschap*** **0.4** ***monnikenpraktijken.***

mon·key[1] ['mʌŋki]⟨f3⟩ ⟨telb.zn.⟩ **0.1** ***aap*** ⟨vooral de kleine primaten met lange staarten⟩ **0.2** ⟨inf.⟩ ***aap*** ⇒*rekel, deugniet, kwajongen, belhamel* **0.3** ⟨AE; inf.⟩ ***doorsneeman*** ⇒*buitenstaander* **0.4** ⟨sl.⟩ ***vijfhonderd pond*** ⟨in Engeland⟩ ⇒*vijfhonderd dollar* ⟨in U.S.A.⟩ **0.5** ⟨tech.⟩ ***heiblok*** ⇒*valblok* **0.6** ⟨mijnw.⟩ ***luchtgalerij***

⇒*ventilatiegalerij* ◆ **1.¶** ⟨sl.⟩ have a ~ on one's back *verslaafd zijn, onder drugverslaving gebukt gaan; wrokgevoelens hebben, wrokken;* a ~ with a long tail *een hypotheek* **3.1** ⟨inf.⟩ make a ~ (out) of s.o. *iem. voor aap/voor schut zetten* **3.¶** ⟨BE; inf.⟩ get one's ~ up *opvliegen, op zijn achterste poten gaan staan;* ⟨sl.⟩ she doesn't give a ~'s (fart) *het kan haar geen barst schelen;* ⟨BE; inf.⟩ put s.o.'s ~ up *iem. op de kast/op stang jagen.*

monkey[2] ⟨ww.⟩
I ⟨onov.ww.⟩ ⟨inf.⟩ **0.1** ***de aap uithangen*** ◆ **5.1** ~ **about/around** *donderjagen, rotzooien* **6.1** don't ~ (about/around) **with** those matches *zit niet met die lucifers te klooien;*
II ⟨ov.ww.⟩ **0.1** ***naäpen*** ⇒*voor de gek houden.*

'mon·key·board ⟨telb.zn.⟩ ⟨BE⟩ **0.1** ***treeplank*** ⟨aan koets of bus⟩.

'monkey bread ⟨telb.zn.⟩ **0.1** ***apebrood*** ⟨vrucht v.d. baobab⟩ **0.2** →monkey bread tree.

'monkey bread tree ⟨telb.zn.⟩ ⟨plantk.⟩ **0.1** ***apebroodboom*** ⇒*baobab* ⟨Adansonia digitata⟩.

'monkey business ⟨n.-telb.zn.⟩ ⟨inf.⟩ **0.1** ***apestreken*** ⇒*kattekwaad, bedriegerij, gezwendel.*

'monkey cup ⟨telb.zn.⟩ ⟨BE⟩ **0.1** ***kannekenskruid*** ⇒*kannetjeskruid, Indische bekerplant* ⟨Nepenthes⟩.

'monkey flower ⟨telb.zn.⟩ **0.1** ***elke plant v.h. genus Mimulus*** ⇒*muskusplant, maskerbloem* **0.2** ***vlasleeuwebek*** ⟨Linaria vulgaris⟩.

mon·key·ish ['mʌŋkiɪʃ] ⟨bn.; -ly; -ness⟩ **0.1** ***aapachtig.***

'monkey jacket ⟨telb.zn.⟩ **0.1** ***matrozenjekker*** **0.2** ⟨inf.; mil.⟩ ***matrozensmoking*** **0.3** ⟨sl.⟩ ***smoking.***

'monkey nut ⟨telb.zn.⟩ ⟨BE⟩ **0.1** ***apenoot(je)*** ⇒*pinda, olienoot(je).*

'monkey puzzle ⟨telb.zn.⟩ **0.1** ***apeboom*** ⇒*apepuzzel* ⟨Araucaria araucana⟩.

'monkey suit ⟨telb.zn.⟩ ⟨AE; inf.⟩ **0.1** ***apepak*** ⇒*(opzichtig) uniform, aperok* **0.2** ***smoking*** ⇒*rokkostuum.*

'mon·key-tricks, ⟨AE⟩ **'mon·key·shines** ⟨mv.⟩ ⟨inf.⟩ **0.1** ***apestreken*** ⇒*trucjes, listen en lagen.*

'monkey wrench ⟨telb.zn.⟩ **0.1** ***Engelse sleutel*** ⇒*verstelbare moersleutel, schroefsleutel* ◆ **3.¶** throw a ~ into sth. *iets in de war schoppen/sturen;* throw a ~ into the works *stokken in de wielen steken.*

'monk·fish ⟨telb.zn.⟩ ⟨dierk.⟩ **0.1** ***zeeduivel*** ⇒*hozemond* ⟨Lophius piscatorius⟩ **0.2** ***zeeëngel*** ⟨Squatina squatina⟩.

monk·hood ['mʌŋkhʊd] ⟨n.-telb.zn.⟩ **0.1** ***monnikschap*** ⇒*monnikendom.*

monk·ish ['mʌŋkɪʃ] ⟨bn.⟩ ⟨vaak pej.⟩ **0.1** ***monnikachtig*** ⇒*monachaal, monastiek.*

'monk's cloth ⟨n.-telb.zn.⟩ **0.1** ***monnikenbaal*** ⇒*molton.*

'monk seal ⟨telb.zn.⟩ **0.1** ***monniksrob*** ⟨genus Monachinae⟩.

'monk shoe ⟨telb.zn.⟩ **0.1** ***gespschoen.***

'monks·hood ⟨telb.zn.⟩ ⟨plantk.⟩ **0.1** ***monnikskap*** ⟨Aconitum napellus⟩.

mon·o[1] ['mɒnoʊ‖'mɑ-] ⟨zn.⟩
I ⟨telb.zn.⟩ **0.1** ***mono-grammofoonplaat;***
II ⟨n.-telb.zn.⟩ **0.1** ***mono-geluidsproduktie*** **0.2** ⟨verk.⟩ ⟨mononucleosis⟩ ⟨vnl. AE⟩.

mono[2] ⟨bn.⟩ ⟨verk.⟩ monophonic **0.1** ***mono.***

mon·o-, ⟨voor klinker ook⟩ **mon- 0.1** ***mono-*** ⇒*één-, alleen-, enkel-.*

mon·o·ac·id, mon·ac·id [mɒnoʊ'æsɪd‖'mɑnoʊ-] ⟨bn.⟩ ⟨schei.⟩ **0.1** ***eenzurig*** ⟨mbt. basen: met 1 OH-groep⟩.

mon·o·car·pic, mono·car·pous ['-'kɑ:pəs‖'-'kɑrpəs] ⟨bn.⟩ ⟨plantk.⟩ **0.1** ***monocarpisch*** ⟨eenmaal vruchtdragend⟩.

mon·o·chord [-kɔ:d‖-kɔrd] ⟨telb.zn.⟩ ⟨muz.⟩ **0.1** ***monochord*** ⇒*monochordium, sonometer.*

mon·o·chro·mati·c [-kroʊ'mæṭɪk] ⟨bn.⟩ **0.1** ***monochromatisch*** ⇒*eenkleurig, van één golflengte.*

mon·o·chrome[1] [-kroʊm] ⟨zn.⟩
I ⟨telb.zn.⟩ **0.1** ***monochromie*** ⟨in één kleur uitgevoerd schilderij e.d.⟩ **0.2** ⟨BE⟩ ***zwart-witfilm;***
II ⟨n.-telb.zn.⟩ **0.1** ***monochromie*** ⟨techniek v.h. maken van monochromieën⟩.

monochrome[2] ⟨bn.⟩ **0.1** ***monochroom*** ⇒*zwart-wit* ◆ **1.1** a ~ television set *zwart-wittelevisie.*

mon·o·cle ['mɒnəkl‖'mɑ-] ⟨fɪ⟩ ⟨telb.zn.⟩ **0.1** ***monocle.***

mon·o·clin·ic ['-'klɪnɪk] ⟨bn.⟩ ⟨geol.⟩ **0.1** ***monoclien*** ⟨kristalstelsel⟩.

mon·o·coque ['mɒnəkɒk‖'mɑnəkoʊk] ⟨telb.zn.⟩ ⟨tech.⟩ **0.1** ***schaalconstructie*** ⇒*zelfdragende carrosserie/koetswerk* ⟨zonder chassis⟩, *monocoque, schaalromp.*

mon·o·cot ['mɒnəkɒt‖'mɑnəkɑt], **mon·o·cot·y·le·don** ['mɒnəkɒtɪ'li:dn‖'mɑnəkɑṭ'li:dn] ⟨telb.zn.⟩ ⟨plantk.⟩ **0.1** ***eenzaadlobbige (plant)*** ⇒*monocotyledon, monocotyle.*

mon·o·cot·y·le·don·ous [-kɒtɪ'li:dnəs‖-kɑṭl-] ⟨bn.⟩ ⟨plantk.⟩ **0.1** ***een(zaad)lobbig.***

mo·noc·ra·cy [mə'nɒkrəsi‖-'nɑ-] ⟨telb.zn.; →mv. 2⟩ **0.1** ***monocratie*** ⇒*alleenheerschappij.*

mon·o·crat ['mɒnəkræt‖'mɑ-] ⟨telb.zn.⟩ **0.1** ***monocraat*** **0.2** ***voorstander der monocratie.***

mo·noc·u·lar [mə'nɒkjʊlə‖-'nɑkjələr] ⟨bn.⟩ **0.1** ***eenogig*** ⇒*voor/van één oog.*

mon·o·cul·ture ['mɒnəkʌltʃə‖'mɑnəkʌltʃər] ⟨n.-telb.zn.⟩ **0.1** ***monocultuur.***

mon·o·cy·cle [-saɪkl] ⟨telb.zn.⟩ **0.1** ***fiets met één wiel*** ⇒*eenwieler.*

mon·o·cyte [-saɪt] ⟨telb.zn.⟩ ⟨med.⟩ **0.1** ***monocyt*** ⟨soort wit bloedlichaampje⟩.

mon·o·dist ['mɒnədɪst‖'mɑ-] ⟨telb.zn.⟩ **0.1** ***maker/zanger van monodie/elegie.***

mon·o·dy ['mɒnədi‖'mɑ-] ⟨telb.zn.; →mv. 2⟩ **0.1** ***monodie*** ⟨in Grieks treurspel⟩ **0.2** ***elegie*** ⇒*klaag/lijkzang* **0.3** ***monodie*** ⇒*eenstemmig acappella gezang.*

mo·noe·cious, mo·ne·cious [mə'ni:ʃəs] ⟨bn.; -ly⟩ **0.1** ⟨plantk.⟩ ***eenhuizig*** **0.2** ⟨dierk.⟩ ***hermafrodiet.***

mo·nog·a·mist [mə'nɒgəmɪst‖-'nɑ-] ⟨telb.zn.⟩ **0.1** ***monogamist.***

mo·nog·a·mous [mə'nɒgəməs‖-'nɑ-] ⟨bn.; -ly⟩ **0.1** ***monogaam.***

mo·nog·a·my [mə'nɒgəmi‖-'nɑ-] ⟨n.-telb.zn.⟩ **0.1** ***monogamie.***

mon·o·gen·e·sis ['mɒnoʊ'dʒenɪsɪs‖'mɑnoʊ-] ⟨n.-telb.zn.⟩ **0.1** ***monogonie*** ⇒*ongeslachtelijke voortplanting* **0.2** ***monogenese*** ⟨afstamming van alle entiteiten uit één, i.h.b. van alle levende wezens uit één cel⟩.

mo·nog·e·nism [mə'nɒdʒənɪzm‖-'nɑ-], **mo·nog·e·ny** [mə'nɒdʒəni‖-'nɑ-] ⟨n.-telb.zn.⟩ **0.1** ***monogenese*** ⟨afstamming v.d. mens van één paar⟩.

mo·no·glot ['mɒnəglɒt‖'mɑnəglɑt] ⟨bn.⟩ **0.1** ***eentalig.***

mon·o·gram[1] ['mɒnəgræm‖'mɑnə-] ⟨telb.zn.⟩ **0.1** ***monogram*** ⇒*naamteken, naamcijfer, initiaalteken.*

monogram[2] ⟨ov.ww.; →ww. 7⟩ **0.1** ***voorzien v.e. monogram.***

mon·o·graph[1] [-grɑ:f‖-græf] ⟨fɪ⟩ ⟨telb.zn.⟩ **0.1** ***monografie.***

monograph[2] ⟨ov.ww.⟩ **0.1** ***een monografie schrijven over.***

mo·nog·ra·ph·er [mə'nɒgrəfə‖-'nɑgrəfər], **mo·nog·ra·phist** [mə'nɒgrəfɪst‖-'nɑ-] ⟨telb.zn.⟩ **0.1** ***monografieënschrijver.***

mon·o·graph·ic ['mɒnə'græfɪk‖'mɑnə-] ⟨bn.⟩ **0.1** ***monografisch.***

mo·nog·y·ny [mə'nɒdʒəni‖-'nɑ-] ⟨n.-telb.zn.⟩ **0.1** ***monogamie.***

mon·o·hull ['mɒnəhʌl‖'mɑnə-] ⟨telb.zn.⟩ **0.1** ***boot met één romp.***

mon·o·ki·ni [-'ki:ni] ⟨fɪ⟩ ⟨telb.zn.⟩ **0.1** ***monokini*** **0.2** ⟨scherts.⟩ ***zeer kort herenbroekje.***

mon·o·lin·gual [-'lɪŋgwəl] ⟨fɪ⟩ ⟨bn.⟩ **0.1** ***eentalig.***

mon·o·lith [-lɪθ] ⟨telb.zn.⟩ **0.1** ***monoliet.***

mon·o·lith·ic [-'lɪθɪk] ⟨fɪ⟩ ⟨bn.⟩ **0.1** ***monolithisch*** ◆ **1.1** the ~ buildings of a great city *de steen/betonkolossen v.e. grote stad;* ~ states are totalitarian *monolithische staten zijn totalitair.*

mo·nol·o·gist, mon·o·logu·ist [mə'nɒlədʒɪst‖'mɑnəlɔgɪst] ⟨telb.zn.⟩ **0.1** ***houder v.e. monoloog*** **0.2** ***iem. die anderen nooit aan het woord laat komen*** ⇒*iem. die de conversatie monopoliseert.*

mo·nol·o·gize, -gise [mə'nɒlədʒaɪz‖-'nɑ-], **mon·o·logu·ize, -ise** ['mɒnəlɒgaɪz‖'mɑnəlɑ-] ⟨onov.ww.⟩ **0.1** ***een monoloog houden.***

mon·o·logue, ⟨AE sp. ook⟩ **mon·o·log** ['mɒnəlɒg‖'mɑnəlɔg, -lɑg] ⟨fɪ⟩ ⟨telb.zn.⟩ **0.1** ***monoloog*** ⇒*alleenspraak.*

mon·o·ma·ni·a ['mɒnə'meɪnɪə‖'mɑnə-] ⟨telb. en n.-telb.zn.⟩ **0.1** ***monomanie.***

mon·o·ma·ni·ac [-'meɪniæk], **mon·o·ma·ni·a·cal** [-mə'naɪəkl] ⟨bn.; -(al)ly; →bijw. 3⟩ **0.1** ***monomaan.***

mon·o·mark [-mɑ:k‖-mark] ⟨telb.zn.⟩ ⟨BE⟩ **0.1** ***(geregistreerd) kenteken*** ⇒*identificatiemerk.*

mon·o·mer ['mɒnəmə‖'mɑnəmər] ⟨telb.zn.⟩ ⟨schei.⟩ **0.1** ***monomeer.***

mon·o·met·al·lism [-'metlɪzm‖-'meṭlɪzm] ⟨n.-telb.zn.⟩ ⟨gesch.⟩ **0.1** ***monometallisme*** ⟨exclusief gebruik van gouden/zilveren standaard in muntstelsel⟩.

mo·no·mi·al [mə'noʊmɪəl] ⟨telb.zn.⟩ ⟨wisk.⟩ **0.1** ***eenterm.***

mon·o·mo·lec·u·lar ['mɒnoʊmə'lekjʊlə‖'mɑnoʊmə'lekjələr] ⟨bn.⟩ **0.1** ***monomoleculair.***

mon·o·mor·phic [-'mɔ:fɪk‖-'mɔrfɪk], **mon·o·mor·phous** [-'mɔ:fəs‖-'mɔrfəs] ⟨bn.⟩ **0.1** ***monomorf*** ⇒*eenvormig.*

mon·o·nu·cle·o·sis [-nju:kli'oʊsɪs‖-nu:-] ⟨telb. en n.-telb.zn.; mononucleoses [-si:z]; →mv. 5⟩ ⟨vnl. AE⟩ **0.1** ***klierkoorts*** ⇒*ziekte van Pfeiffer.*

mon·o·ped [-ped] ⟨telb.zn.⟩ **0.1** ***eenbenige.***

mon·o·pet·al·ous [-'peṭləs] ⟨bn.⟩ ⟨plantk.⟩ **0.1** ***vergroeidbladig.***

mon·o·phon·ic [-'fɒnɪk‖-'fɑnɪk] ⟨bn.⟩ **0.1** ⟨schr.⟩ ***mono*** **0.2** ⟨muz.⟩ ***homofoon.***

mo·noph·o·ny [mə'nɒfəni‖-'nɑ-] ⟨n.-telb.zn.⟩ **0.1** ***mono-geluidsproduktie*** ⇒*mono* **0.2** ⟨muz.⟩ ***homofonie.***

mon·oph·thong ['mɒnəfθɒŋ‖'mɑnəfθɔŋ] ⟨telb.zn.⟩ ⟨taalk.⟩ **0.1** ***monoftong.***

mon·oph·thon·gal ['mɒnəf'θɒŋgl‖'mɑnəf'θɔŋgl] ⟨bn.⟩ ⟨taalk.⟩ **0.1** ***monoftongisch.***

mon·oph·thong·ize, -ise ['mɒnəfθɒŋgaɪz‖'mɑnəfθɔŋgaɪz] ⟨ov.ww.⟩ ⟨taalk.⟩ **0.1** ***monoftongeren.***

mon·o·phy·let·ic ['mɒnoʊfaɪ'letɪk‖'mɑnoʊ-]⟨bn.⟩⟨biol.⟩ **0.1** ***monofyletisch.***
mon·o·plane ['mɒnəpleɪn‖'mɑnə-]⟨telb.zn.⟩ **0.1** ***eendekker.***
mon·o·pole [-poʊl]⟨telb.zn.⟩⟨nat.⟩ **0.1** ***monopool*** ⇒*éénpolige magneet.*
mo·nop·o·list [mə'nɒpəlɪst‖-'nɑ-]⟨telb.zn.⟩ **0.1** ***monopolist*** ⇒*monopoliehouder* **0.2** ***voorstander v.h. monopoliestelsel.***
mo·nop·o·lis·tic [mə'nɒpə'lɪstɪk‖-'nɑ-]⟨bn.;-ally;→bijw.3⟩ **0.1** ***monopolistisch.***
mo·nop·o·li·za·tion, -li·sa·ton [mə'nɒpəlaɪ'zeɪʃn‖-'nɑpələ-]⟨n.-telb.zn.⟩ **0.1** ***monopolisering.***
mo·nop·o·lize, -lise [mə'nɒpəlaɪz‖-'nɑ-]⟨f1⟩⟨ov.ww.⟩ **0.1** ***monopoliseren*** ⇒*voor zich opeisen, geheel in beslag nemen* ◆ **1.1** ~ the conversation *de conversatie naar zich toe trekken.*
mo·nop·o·ly [mə'nɒpəli‖-'nɑ-]⟨f2⟩⟨zn.;→mv.2⟩
I ⟨telb.zn.⟩ **0.1** ***monopolie*** ⇒*alleenrecht, alleenverkoop* ◆ **3.1** have the ~ of sth. *het monopolie van iets hebben;*
II ⟨n.-telb.zn.; M-⟩ **0.1** ***Monopoly(spel).***
mo·nop·so·ny [mə'nɒpsəni‖-'nɑ-]⟨telb.zn.;→mv.2⟩⟨ec.⟩ **0.1** ***monopsonie*** ⇒*kopersmonopolie.*
mon·o·rail ['mɒnəreɪl‖'mɑnə-]⟨telb.zn.⟩ **0.1** ***monorail(baan)*** ◆ **6.1** by ~ *met de monorail.*
mon·o·sex·u·al [-'sekʃʊəl]⟨bn.⟩ **0.1** ***bedoeld voor/gericht op personen van één geslacht.***
mon·o·ski ['mɒnəski:‖'mɑnə-]⟨telb.zn.⟩⟨(water)skiën⟩ **0.1** ***monoski.***
mon·o·sper·mal ['mɒnoʊ'spɜ:ml‖'mɑnoʊ'spɜrml],
mon·o·sper·mous [-məs]⟨bn.⟩⟨dierk.⟩ **0.1** ***bevrucht door één spermatoze.***
mon·o·syl·lab·ic ['mɒnəsɪ'læbɪk‖'mɑnəsɪ-]⟨f1⟩⟨bn.;-ally;→bijw.3⟩ **0.1** ***eenlettergrepig*** ⇒*monosyllabisch;* ⟨fig.⟩ *kort, zwijgzaam* ◆ **1.1** a ~ man *een man van weinig woorden;* ⟨fig.⟩ a ~ reply *een bondig/kortaf antwoord.*
mon·o·syll·a·ble [-sɪləbl]⟨f1⟩⟨telb.zn.⟩ **0.1** ***monosyllabe*** ⇒*eenlettergrepig woord* ◆ **6.1** speak **in** ~s *kortaf/bits spreken.*
mon·o·the·ism [-θi:ɪzm]⟨n.-telb.zn.⟩ **0.1** ***monotheïsme.***
mon·o·the·ist [-θi:ɪst]⟨telb.zn.⟩ **0.1** ***monotheïst.***
mon·o·the·is·tic [-θi:'ɪstɪk]⟨bn.⟩ **0.1** ***monotheïstisch.***
mon·o·tint [-tɪnt]⟨telb.zn.⟩ **0.1** ***monochromie.***
mon·o·tone[1] [-toʊn]⟨f1⟩⟨telb.zn.; geen mv.⟩ **0.1** ***monotone manier v. spreken/zingen*** ⇒*monotone klankreeks* **0.2** ***monotonie*** ⇒*eentonigheid* ◆ **6.1** speak **in** a ~ *monotoon/op één dreun spreken.*
monotone[2], **mon·o·ton·ic** [-'tɒnɪk‖-'tɑnɪk]⟨bn.⟩ **0.1** ***monotoon*** ⇒*eentonig* **0.2** ⟨wisk.⟩ ***monotoon.***
monotone[3] ⟨ov.ww.⟩ **0.1** ***opdreunen*** ⇒*monotoon zeggen/zingen/voordragen.*
mo·not·o·nous [mə'nɒtn·əs‖-'nɑ-]⟨f2⟩⟨bn.;-ly;-ness⟩ **0.1** ***monotoon*** ⇒*eentonig, slaapverwekkend, vervelend, geestdodend.*
mo·not·o·ny [mə'nɒtn·i‖-'nɑ-]⟨f1⟩⟨n.-telb.zn.⟩ **0.1** ***monotonie*** ⇒*eentonigheid.*
mon·o·treme ['mɒnoʊ'tri:m‖'mɑnoʊ-]⟨telb.zn.⟩⟨dierk.⟩ **0.1** ***vogelbekdier*** ⟨orde Monotremata⟩.
mon·o·type ['mɒnətaɪp‖'mɑnə-]⟨zn.⟩
I ⟨telb.zn.; vaak M-⟩⟨graf.⟩ **0.1** ***monotype(machine);***
II ⟨n.-telb.zn.; vaak M-⟩ **0.1** ***monotypie.***
mon·o·un·sat·u·rat·ed ['mɒnoʊʌn'sætʃʊreɪtɪd‖'mɑnoʊʌn'sætʃəreɪtɪd]⟨bn.⟩⟨schei.⟩ **0.1** ***enkelvoudig onverzadigd*** ⟨van vetzuren⟩.
mon·o·va·lent [-'veɪlənt]⟨bn.⟩⟨schei.⟩ **0.1** ***monovalent*** ⇒*eenwaardig.*
mon·ox·ide [mə'nɒksaɪd‖-'nɑk-]⟨telb. en n.-telb.zn.⟩⟨schei.⟩ **0.1** ***monoxide.***
Mon·roe doctrine [mən'roʊ ˌdɒktrɪn, 'mʌnroʊ‖- ˌdɑktrɪn]⟨n.-telb.zn.⟩⟨gesch.⟩ **0.1** ***Monroeleer.***
Mon·sei·gneur ⟨telb.zn.; Messeigneurs;→mv.5⟩⟨ook gesch.⟩ **0.1** ***monseigneur.***
Mon·sieur [mə'sjɜ:‖mə'sjɜr]⟨f1⟩⟨telb.zn.; Messieurs [meɪ'sjɜ:z‖-sjɜrz];→mv.5⟩ **0.1** ***monsieur*** ⟨aanspreektitel voor Franstalige⟩ ⇒*meneer.*
Mon·si·gnor [mɒn'si:njə‖mɑn'si:njər]⟨telb.zn.; ook Monsignori ['mɒnsi:n'jɔ:ri‖'mɑnsi:n'jɔri];→mv.5⟩⟨R.-K.⟩ **0.1** ***monseigneur.***
mon·soon ['mɒn'su:n‖'mɑn-]⟨f1⟩⟨telb.zn.⟩ **0.1** ***moesson(wind)*** ⇒*passaatwind* **0.2** ⟨the⟩ ***natte/kwade moesson*** ⇒*zomermoesson, regenseizoen/tijd* **0.3** ⟨inf.⟩ ***plensbui*** ⇒*stortbui, slagregen.*
mon·ster ['mɒnstə‖'mɑnstər]⟨f3⟩⟨telb.zn.⟩ **0.1** ***monster*** ⇒*gedrocht, monstrum, misgeboorte, wanschepsel* **0.2** ***onmens*** ⇒*bloedhond, beest, monster* **0.3** ⟨vaak attr.⟩ ***bakbeest*** ⇒*kolos, kanjer, joekel* ◆ **1.2** a ~ of cruelty *een monster van wreedheid* **1.3** ~ potatoes *enorme aardappelen.*
mon·strance ['mɒnstrəns‖'mɑn-]⟨telb.zn.⟩⟨relig.⟩ **0.1** ***monstrans.***
mon·stre sa·cré ⟨telb.zn.; monstres sacrés ['mɔ̃strə sæ'kreɪ];→mv.5⟩ **0.1** ***monstre sacré*** ⟨lett. 'geheiligd monster'; beroemdheid wiens afwijkende gedrag wordt gebillijkt of bewonderd door het publiek⟩.
mon·stros·i·ty [mɒn'strɒsəti‖mɑn'strɑsəṭi]⟨f1⟩⟨zn.;→mv.2⟩
I ⟨telb.zn.⟩ **0.1** ***monstruositeit*** ⇒*wanprodukt, misbaksel;*
II ⟨n.-telb.zn.⟩ **0.1** ***monsterlijkheid*** ⇒*wanschapenheid, wanstaltigheid, monstruositeit.*
mon·strous ['mɒnstrəs‖'mɑn-]⟨f2⟩⟨bn.;-ly;-ness⟩ **0.1** ***monsterlijk*** ⇒*monstrueus, monsterachtig, wanstaltig;* ⟨fig. ook⟩ *onmenselijk, schandelijk* **0.2** ***enorm*** ◆ **5.1** it's perfectly ~ that men should be paid more than women for the same job *het is een grof schandaal dat mannen voor hetzelfde werk beter betaald worden dan vrouwen.*
mons ve·ne·ris ['mɒnz 'venərɪs‖'mɑnz-]⟨telb.zn.; montes veneris; →mv.5; ook mons V-⟩ **0.1** ***venusheuvel*** ⇒*schaamheuvel.*
mon·tage ['mɒn'tɑ:ʒ‖'mɑn-]⟨zn.⟩⟨beeld.k., dram., film., foto., muz.⟩
I ⟨telb.zn.⟩ **0.1** ***collage*** ⇒*montage;*
II ⟨n.-telb.zn.⟩ **0.1** ***montering*** ⇒*montage.*
mon·ta·gnard [mɒntən'jɑ:d‖mɑn-, moʊntən'jɑrd]⟨telb.zn.⟩ **0.1** ***bergbewoner*** ⟨i.h.b. van Zuidoost-Azië⟩.
'Mon·ta·gu's 'harrier ['mɒntəgju:‖'mɑn-]⟨telb.zn.⟩⟨dierk.⟩ **0.1** ***grauwe kiekendief*** ⟨Circus pygargus⟩.
mon·tane ['mɒn'teɪn‖'mɑn-]⟨bn., attr.⟩ **0.1** ***montaan*** ⇒*berg-.*
mon·te ['mɒnti‖'mɑnṭi]⟨zn.⟩
I ⟨telb.zn.⟩ **0.1** ***speeltafel voor monte*** **0.2** ***geldstapel v.d. montebankhouder;***
II ⟨n.-telb.zn.⟩ **0.1** ***monte*** ⟨Sp. gokspel met kaarten⟩.
Mon·te Car·lo method ['mɒnti'kɑ:loʊ meθəd‖'mɑnṭi'kɑrloʊ-]⟨telb.zn.⟩⟨wisk.⟩ **0.1** ***Monte Carlomethode*** ⟨gebruik van toevalsmechanismen om wiskundige problemen op te lossen⟩.
Mon·tes·so·ri method ['mɒntɪ'sɔ:ri ˌmeθəd‖'mɑnṭə'sɔri-],
Mon·tes·'so·ri system ⟨telb.zn.⟩ **0.1** ***montessorimethode*** ⇒*montessorisysteem.*
mon·te·zu·ma's re·venge [mɒntə'zu:məz rɪ'ven(d)ʒ‖'mɑn-]⟨n.-telb.zn.⟩⟨scherts.⟩ **0.1** ***(de) racekak*** ⇒*diarree,* ⟨B.⟩ *turista.*
month [mʌnθ]⟨f4⟩⟨telb.zn.⟩ **0.1** ***maand*** ◆ **1.¶** ⟨meestal met negatie⟩⟨inf.⟩ a ~ of Sundays *een eeuwigheid, een eeuwige tijd;* I won't do it in a ~ of Sundays *ik doe het in geen honderd jaar* **2.1** lunar ~ *maanmaand* **4.1** a four-month old baby *een baby van vier maanden.*
month·ly[1] ['mʌnθli]⟨f1⟩⟨zn.;→mv.2⟩
I ⟨telb.zn.⟩ **0.1** ***maandblad*** ⇒*maandschrift;*
II ⟨mv.; monthlies⟩⟨vero.; inf.⟩ **0.1** ***maandstonden.***
monthly[2] ⟨f1⟩⟨bn.⟩ **0.1** ***maandelijks*** ◆ **1.1** ~ nurse *kraamverzorgster die gedurende één maand na de geboorte komt;* ~ rose *maandroos* ⟨bloeit zogezegd ééns per maand⟩.
monthly[3] ⟨f1⟩⟨bw.⟩ **0.1** ***maandelijks.***
'month's mind ⟨telb.zn.⟩⟨relig.⟩ **0.1** ***maandstond*** ⟨mis voor een overledene één maand na zijn overlijden⟩.
mon·ti·cule ['mɒntɪkju:l‖'mɑnṭɪ-]⟨telb.zn.⟩ **0.1** ***heuveltje*** ⇒*kleine vulkaan op een vulkaanhelling; uitstulpinkje op huidoppervlak van een dier; bultje.*
mon·u·ment ['mɒnjʊmənt‖'mɑnjə-]⟨f2⟩⟨zn.⟩
I ⟨eig.n.; M-; the⟩⟨BE⟩ **0.1** ***zuil in Londen, opgericht ter herinnering aan de grote brand van 1666;***
II ⟨telb.zn.⟩ **0.1** ***monument*** ⇒*gedenkteken, gedenkzuil, overblijfsel, relict* **0.2** ***monumentaal geschrift*** ⇒*monument,* ⟨soms iron.⟩ *schoolvoorbeeld* ◆ **1.2** this history of the Roman Empire is a ~ of learning *deze geschiedenis v.h. Romeinse Rijk is een monument van eruditie* **2.1** ⟨vooral AE⟩ national ~ *natuurmonument, rijksmonument* **6.2** ⟨iron.⟩ a ~ **to** foolishness *een monument van dwaasheid;* a ~ **to** the late queen *een gedenkteken voor wijlen de koningin.*
mon·u·men·tal ['mɒnjʊ'mentl‖'mɑnjə'menṭl]⟨f2⟩⟨bn.;-ly⟩
I ⟨bn.⟩ **0.1** ***monumentaal*** ⇒*imponerend, grandioos, magnifiek* **0.2** ***kolossaal*** ⇒*gigantisch, enorm* ◆ **1.2** ~ achievement *kolossale prestatie;* ~ ignorance *monumentale domheid;*
II ⟨bn., attr.⟩ **0.1** ***monumentaal*** ⇒*gedenk-* ◆ **1.1** ~ mason *(graf) steenhouwer;* ~ pillar *gedenkzuil.*
mon·u·men·tal·ize, -ise ['mɒnjʊ'mentlaɪz‖'mɑnjə'menṭlaɪz]⟨ov.ww.⟩ **0.1** ***vereeuwigen/gedenken (als) door/in/met een monument.***
-mo·ny [-məni‖-moʊni;→mv.2] **0.1** ⟨suffix dat vnl. abstracte naamwoorden vormt⟩ ◆ **¶.1** acrimony *scherpheid;* matrimony *huwelijke staat;* testimony *getuigenis, testimonium.*
moo[1] [mu:]⟨f1⟩⟨telb.zn.⟩ **0.1** ***boe(geluid)*** ⟨v.e. koe⟩ **0.2** ⟨BE; sl., bel.⟩ ***troel(a)*** ⇒*trut* **0.3** ⟨AE; sl.⟩ ***biefstuk*** **0.4** ⟨AE; sl.⟩ ***melk*** ⇒*room* ◆ **2.2** silly (old) ~! *stomme koe/trut!.*
moo[2] ⟨f1⟩⟨onov.ww.⟩ **0.1** ***loeien.***
mooch [mu:tʃ]⟨ww.⟩
I ⟨onov.ww.⟩ →mooch about;

II ⟨ov.ww.⟩⟨sl.⟩ **0.1** ***jatten*** ⇒*gappen, pikken, achteroverdrukken* **0.2** ⟨vooral AE⟩ ***bietsen*** ⇒*schooien, op de biets lopen.*

'mooch a'bout, 'mooch a'round ⟨onov.ww.⟩⟨inf.⟩ **0.1** ***rondlummelen*** ⇒*rondhangen, lanterfanten, lopen/staan te niksen.*

mooch·er ['mu:tʃə‖-ər]⟨telb.zn.⟩⟨sl.⟩ **0.1** ***lanterfanter*** ⇒*leegloper* **0.2** ***bietser*** ⇒*uitvreter, klaploper* **0.3** ***jatter.***

moo·cow ['mu:kaʊ]⟨telb.zn.⟩⟨kind.⟩ **0.1** ***koetje-boe.***

mood [mu:d]⟨f3⟩⟨telb.zn.⟩ **0.1** ***stemming*** ⇒*bui, gemoedstoestand, humeur* **0.2** ⟨taalk.⟩ ***wijs*** ⇒*modus* **0.3** ⟨logica⟩ ***modus*** ⟨syllogismepatroon⟩ ⇒*uitdrukkingswijze* ◆ **1.1** a man of ~s *een wispelturig/veranderlijk/humeurig man* **2.1** a bad/happy ~ *een slechte/vrolijke stemming/bui* **2.2** indicative/imperative/subjunctive ~ *aantonende/gebiedende/aanvoegende wijs* **6.1** he is **in** one of his ~s/⟨inf.⟩ **in** a mood *hij heeft weer een van zijn buien, hij is weer eens uit zijn humeur;* (not) **in** the ~ for/to *(niet) in de stemming voor/om;* **in** no ~ for/to *niet in de stemming voor/om.*

'mood drug ⟨telb.zn.⟩ **0.1** ***stemmingsbeïnvloedend middel*** ⇒*pepmiddel, kalmeringsmiddel, tranquilizer.*

mood·y ['mu:di]⟨f2⟩⟨bn.; ook -er; -ly; -ness; →bijw. 3⟩ **0.1** ***humeurig*** ⇒*veranderlijk, wispelturig* **0.2** ***slechtgehumeurd*** ⇒*chagrijnig, kregelig, knorrig.*

Moog syn·the·siz·er ['mu:g 'sɪnθəsaɪzə‖-ər]⟨telb.zn.⟩⟨muz.⟩ **0.1** ***(Moog) synthesizer.***

moo·la(h) ['mu:lə]⟨n.-telb.zn.⟩⟨sl.⟩ **0.1** ***poen*** ⇒*geld.*

moon[1] [mu:n]⟨f3⟩⟨zn.⟩

I ⟨telb.zn.⟩ **0.1** ***maan*** ⟨aardsatelliet⟩ ⇒*satelliet v. andere planeten* **0.2** ⟨vnl. mv.⟩⟨schr.⟩ ***maanmaand*** ⇒*maan* **0.3** ⟨the⟩ ***iets onbereikbaars*** **0.4** ⟨vnl. AE; sl.⟩ ***blote kont/gat*** ◆ **1.1** Saturn has several ~s *Saturnus heeft verscheidene manen* **1.2** age of the ~ *maansouderdom* ⟨tijd verstreken sinds laatste nieuwe maan⟩ **2.1** full ~ *volle maan;* new ~ *nieuwe maan* **3.3** ask for the ~ *het onmogelijke willen;* cry/reach for the ~ *naar de maan reiken, de maan met de handen willen grijpen;* promise s.o. the ~ *iemand gouden bergen/koeien met gouden horens beloven* **3.¶** bay (at) the ~ *tegen de maan blaffen;* ⟨BE; sl.⟩ shoot the ~ *met de noorderzon verhuizen, met stille trom vertrekken* **4.2** for many ~s she abode her lover *vele manen lang wachtte zij op haar geliefde* **6.¶** be **over** the ~ *in de wolken/de zevende hemel zijn, zielsgelukkig zijn;*

II ⟨n.-telb.zn.⟩ **0.1** ⟨verk.⟩ ⟨moonshine⟩.

moon[2] ⟨onov.ww.⟩ **0.1** ⟨vnl. AE; sl.⟩ ***zijn broek laten zakken*** ⟨om billen te tonen aan vooral vrouwen als teken v. minachting⟩ ◆ **5.¶** →moon **about/around;** →moon **away.**

'moon a'bout, 'moon a'round ⟨f1⟩⟨onov.ww.⟩ **0.1** ***(met zijn ziel onder zijn arm) rondhangen.***

'moon a'way ⟨f1⟩⟨ov.ww.⟩ **0.1** ***verlummelen*** ⟨v. tijd⟩ ⇒*verbeuzelen, lusteloos uitzitten, verdromen.*

'moon·beam ⟨f1⟩⟨telb.zn.⟩ **0.1** ***manestraal*** ⇒*straal maanlicht.*

'moon·blind ⟨bn.; -ness⟩ **0.1** ***maanblind*** ⟨van paarden⟩ **0.2** ***nachtblind.***

'moon·bug·gy ⟨telb.zn.⟩ **0.1** ***maanwagentje*** ⟨bij Am. landing op de maan⟩.

'moon·calf ⟨telb.zn.⟩ **0.1** ***misgeboorte*** ⇒*maankind, gedrocht* **0.2** ***geboren idioot*** ⇒*achterlijk figuur, uilskuiken, malloot.*

'moon·craft ⟨telb.zn.⟩ **0.1** ***maanraket*** ⇒*maanschip, ruimtevaartuig.*

'moon·crawl·er ⟨telb.zn.⟩ **0.1** ***maanwagentje.***.

'moon dog ⟨telb.zn.⟩⟨ster.⟩ **0.1** ***bijmaan*** ⇒*tegenmaan.*

moon·er ['mu:nə‖-ər]⟨telb.zn.⟩⟨AE; sl.⟩ **0.1** ***bedrijver van misdrijven zonder geldelijk oogmerk*** ⇒*zedenmisdrijver, verkrachter.*

'moon·eye ⟨n.-telb.zn.⟩ **0.1** ***maanoog*** ⟨bij paarden⟩.

'moon'eyed ⟨bn.⟩ **0.1** ***maanogig*** ⟨van paarden⟩.

'moon·face ⟨telb.zn.⟩ **0.1** ***vollemaansgezicht*** ⇒*blotebillengezicht.*

'moon·fall ⟨telb.zn.⟩ **0.1** ***maanlanding.***

'moon·fish ⟨telb.zn.⟩⟨dierk.⟩ **0.1** ***koningsvis*** ⟨Lampris regius⟩ **0.2** ***plaatje*** ⟨genus Platypoecilus⟩ **0.3** ***maanvis*** ⟨Mola mola⟩ **0.4** ***klompvis*** ⟨Orthagoriscus mola⟩.

'moon·flight ⟨telb.zn.⟩ **0.1** ***maanexpeditie.***

'moon·flow·er ⟨telb.zn.⟩⟨BE⟩ **0.1** ***margriet*** ⟨Chrysanthemum leucanthemum⟩ **0.2** ***(wilde) kamperfoelie*** ⟨Lonicera periclymenum⟩.

'moon·glade ⟨n.-telb.zn.⟩⟨AE; schr.⟩ **0.1** ***glans v.h. maanlicht op het water.***

moon·ie ['mu:ni]⟨telb.zn.⟩ **0.1** ***volgeling v. Moon*** ⟨lid v. relig. sekte⟩.

'moon landing[1] ⟨telb.zn.⟩ **0.1** ***maanlanding.***

moon landing[2] ⟨bn., attr.⟩ **0.1** ***mammoet-*** ◆ **1.1** a project of ~ proportions *een mammoetproject.*

moon·less ['mu:nləs]⟨bn.⟩ **0.1** ***maanloos.***

moon·let ['mu:nlɪt]⟨telb.zn.⟩ **0.1** ***maantje.***

'moon·light[1] ⟨f3⟩⟨zn.⟩

I ⟨telb.zn.⟩ moonlight flit;

II ⟨n.-telb.zn.⟩ **0.1** ***maanlicht*** ◆ **3.¶** ⟨AE; sl.⟩ let ~ into s.o. *iem. met kogels doorzeven.*

moonlight[2] ⟨f1⟩⟨onov.ww.; enkel regelmatige vormen⟩⟨inf.⟩ **0.1** ***een bijbaantje hebben*** ⇒*bijverdienen, klussen, schnabbelen* ⟨vooral 's avonds, na regelmatig werk⟩ **0.2** ***zwart werken*** ◆ **6.1** he ~s **as** a waiter *hij verdient wat bij als kelner.*

'moon·light·er ⟨telb.zn.⟩ **0.1** ***iemand die twee banen/een bijbaantje heeft*** ⇒⟨ong.⟩ *klusser, schnabbelaar.*

'moonlight 'flit ⟨telb.zn.⟩⟨BE; inf.⟩ **0.1** ***vertrek met de noorderzon.***

'moonlight 'flitting ⟨n.-telb.zn.⟩⟨BE; inf.⟩ **0.1** ***verhuizing/vertrek met de noorderzon.***

moon·lit ['mu:nlɪt]⟨bn., attr.⟩ **0.1** ***maanbeschenen*** ⇒*door de maan verlicht, met maanlicht overgoten.*

'moon over ⟨f1⟩⟨onov.ww.⟩ **0.1** ***dagdromen over*** ⇒*zwijmelen, zich verliezen, mijmeren, opgaan in.*

'moon pool ⟨telb.zn.⟩⟨tech.⟩ **0.1** ***boorkoker in scheepsromp*** ⟨voor diepzeeboringen⟩ **0.2** ***duikersgat*** ⟨waardoor duikers/duikklok het water in/uitgaan⟩.

'moon·port ⟨telb.zn.⟩ **0.1** ***lanceerbasis*** ⇒*lanceerplaats.*

'moon·quake ⟨telb.zn.⟩ **0.1** ***maanbeving.***

'moon·rise ⟨n.-telb.zn.⟩ **0.1** ***maansopgang.***

'moon·rock ⟨telb. en n.-telb.zn.⟩ **0.1** ***maansteen*** ⇒*maangesteente.*

'moon's age ⟨n.-telb.zn.⟩ **0.1** ***maansouderdom*** ⟨tijd verstreken sinds laatste nieuwe maan⟩.

moon·scape ['mu:nskeɪp]⟨telb.zn.⟩ **0.1** ***maanlandschap.***

'moon·seed ⟨telb.zn.⟩ **0.1** ***elk gewas v.h. genus Menispermum*** ⟨in Europa niet-inheemse klimplant⟩.

'moon·set ⟨telb.zn.⟩ **0.1** ***maansondergang.***

'moon·shine ⟨f1⟩⟨n.-telb.zn.⟩ **0.1** ***maneschijn*** **0.2** ⟨inf.⟩ ***geklets/gezwam in de ruimte*** ⇒*dromerij, irreëel gedoe* **0.3** ⟨vooral AE; sl.⟩ ***illegaal gestookte/ingevoerde sterkedrank.***

'moon·shin·er ⟨telb.zn.⟩ **0.1** ***illegale-drankstoker*** ⇒*dranksmokkelaar.*

'moon·shin·y ⟨bn.⟩ **0.1** ***maanbeschenen*** **0.2** ***hersenschimmig*** ⇒*dromerig, dweperig.*

'moon·ship ⟨telb.zn.⟩ **0.1** ***maanraket*** ⇒*maanschip, ruimtevaartuig.*

'moon·shot ⟨telb.zn.⟩ **0.1** ***maanraket*** **0.2** ***maanschot*** ⇒*lancering v. maanraket.*

'moon·stone ⟨telb.zn.⟩⟨geol.⟩ **0.1** ***maansteen*** ⇒*parelgrijze veldspaat.*

'moon·stricken, 'moon·struck ⟨bn.⟩ **0.1** ***maanziek*** ⇒*(geestelijk) gestoord* **0.2** ⟨inf.⟩ ***ijlhoofdig*** ⇒*warhoofdig, geschift, daas.*

moon·wort ['mu:nwɜ:t‖-wɜrt]⟨n.-telb.zn.⟩⟨plantk.⟩ **0.1** ***maankruid*** ⇒*judaspenning* ⟨Lunaria annua⟩; *maanvaren* ⟨Botrychium lunaria⟩.

moon·y ['mu:ni]⟨f1⟩⟨bn.; -er; →compar. 7⟩ **0.1** ***maanachtig*** ⇒*maanvormig, maanbeschenen, maanovergoten* **0.2** ⟨inf.⟩ ***dromerig*** ⇒*mijmerend, suffig, sloom* **0.3** ⟨BE; sl.⟩ ***getikt.***

moor[1] [mʊə‖mʊr]⟨f2⟩⟨telb.zn.; vaak mv. met enk. bet.⟩ **0.1** ⟨vnl. BE⟩ ***hei(de)*** ⇒*woeste grond* ⟨waar in Engeland vooral korhoenders worden geschoten in het jachtseizoen⟩, *vogellandschap* **0.2** ⟨AE⟩ ***veenmoeras*** ⇒*moer.*

moor[2] ⟨f1⟩⟨onov. en ov.ww.⟩⟨scheep.⟩ →mooring **0.1** ***(aan/af/vast)meren*** ⇒*(ver)tuien, vastleggen, voor anker komen/gaan.*

Moor [mʊə‖mʊr]⟨telb.zn.⟩ **0.1** ***Moor*** ⇒*Moriaan, Saraceen.*

moor·age ['mʊərɪdʒ‖'mʊr-]⟨zn.⟩⟨scheep.⟩

I ⟨telb. en n.-telb.zn.⟩ **0.1** ***ankerplaats*** ⇒*ligplaats* **0.2** ***ankergeld*** ⇒*meergeld;*

II ⟨n.-telb.zn.⟩ **0.1** ***het af/aanmeren.***

'moor·cock ⟨telb.zn.⟩⟨dierk.⟩ **0.1** ***mannetje v. Schots sneeuwhoen*** ⟨Lagopus scotius⟩ **0.2** ***korhaan*** ⟨mannetje v.d. korhoen; Lyrurus tetrix⟩.

'moor·fowl, 'moor·game ⟨telb.zn.; ook moorfowl, moorgame; →mv. 4⟩⟨dierk.⟩ **0.1** ***Schots sneeuwhoen*** ⟨Lagopus scotius⟩.

'moor·hen ⟨telb.zn.⟩⟨dierk.⟩ **0.1** ***vrouwtje v. Schots sneeuwhoen*** ⟨Lagopus scotius⟩ **0.2** ***waterhoen*** ⟨Gallinula chloropus⟩.

moor·ing ['mʊərɪŋ‖'mʊr-]⟨f1⟩⟨zn.; (oorspr.) gerund v. moor⟩⟨scheep.⟩

I ⟨telb.zn.⟩ **0.1** ***meertros*** ⇒*landvast, meerketting/kabel* **0.2** ⟨ook mv. met enk. bet.⟩ ***ligplaats*** ⇒*ankerplaats* **0.3** ⟨vaak mv. met fig. enk. bet.⟩ ***houvast*** ◆ **3.3** lose one's ~s *zijn houvast verliezen, (geestelijk) op drift raken;*

II ⟨n.-telb.zn.⟩ **0.1** ***het af/aanmeren.***

'mooring buoy ⟨telb.zn.⟩⟨scheep.⟩ **0.1** ***meerboei*** ⇒*tuiboei.*

'mooring mast, 'mooring tower ⟨telb.zn.⟩ **0.1** ***ankermast*** ⟨voor luchtschepen⟩.

moor·ish ['mʊərɪʃ‖'mʊrɪʃ]⟨bn.⟩ **0.1** ***heideaachtig.***

Moor·ish ['mʊərɪʃ‖'mʊrɪʃ]⟨bn.⟩ **0.1** ***Moors*** ⇒*Saraceens* ◆ **1.1** ~ arch *hoefijzerboog, Moorse boog* **1.¶** ⟨dierk.⟩ ~ idol *wimpelvis* ⟨genus Zanclinae, i.h.b. Zanclus cornutus en Zanclus canescens⟩.

moor·land ['mʊələnd||'mʊr-]⟨f1⟩⟨n.-telb.zn.; ook in mv. met enk. bet.⟩⟨BE⟩ **0.1** ***heide(landschap)*** ⇒*woeste grond*.

moor·wort ['mʊəwɜ:t||'mʊrwɜrt]⟨n.-telb.zn.⟩⟨plantk.⟩ **0.1** ***rotsbes*** ⟨genus Andromeda⟩.

moor·y ['mʊəri||'mʊri]⟨bn.; -er; →compar. 7⟩ **0.1** ***heideachtig***.

moose [mu:s]⟨f1⟩⟨telb.zn.; moose; →mv. 4⟩⟨dierk.⟩ **0.1** ***eland*** ⟨Noord-Am.; Alces americana⟩.

'moose·bird ⟨telb.zn.⟩⟨dierk.⟩ **0.1** ***Canadese gaai*** ⟨Perisoreus canadensis⟩.

'moose·wood ⟨telb. en n.-telb.zn.⟩⟨plantk.⟩ **0.1** ***gestreepte ahorn/esdoorn*** ⇒*Noordamerikaanse bergahorn* ⟨Acer pennsylvanicum⟩.

moot[1] [mu:t]⟨telb.zn.⟩ **0.1** ⟨jur.⟩ ***procesnabootsing*** ⟨rechtszaaksimulatie door studenten ter oefening⟩ ⇒*casusdiscussie, pleitavond, dispuutszitting* **0.2** ⟨gesch.⟩ ***volksvergadering*** ⟨vnl. v.d. vrijen v.e. Engels graafschap⟩ **0.3** ⟨gesch.⟩ ***plaats voor een volksvergadering***.

moot[2] ⟨f1⟩⟨bn.⟩ **0.1** ***onbeslist*** ⇒*onuitgemaakt, betwistbaar, discutabel* **0.2** ⟨AE; jur.⟩ ***academisch*** ⇒*theoretisch, hypothetisch, fictief* ◆ **1.1** a ~ point/question *een onopgeloste kwestie/openstaande vraag/onuitgemaakte zaak* **1.2** a ~ case *een studeerkamergeval/zaak die naar de lamp ruikt*.

moot[3] ⟨f1⟩⟨ov.ww.⟩ **0.1** ***aansnijden*** ⇒*entameren, aan de orde stellen, ter sprake/tafel brengen* **0.2** ***debatteren*** ⇒*discussiëren* ◆ **1.1** the question has been ~ed again *de kwestie is weer aan de orde geweest*.

'moot court ⟨telb.zn.⟩⟨jur.⟩ **0.1** ***studentenrechtbank*** ⟨ter behandeling v. hypothetische zaken als oefening⟩.

mop[1] [mɒp||mɑp]⟨f2⟩⟨telb.zn.⟩ **0.1** ***zwabber*** ⇒*stokdweil, raamwasser* **0.2** ***afwaskwast*** ⇒*(borde)kwast, vaatkwast* **0.3** ⟨inf.⟩ ***(dichte) haarbos*** ⇒*ragebol* **0.4** ⟨BE; gesch.⟩ ***feest in de herfst waarop meiden en knechts in dienst genomen werden*** **0.5** ⟨BE; sl.⟩ ***zuiplap*** ◆ **1.¶** ⟨vero.⟩ ~s and mows *grimassen, lelijk gezicht;* ⟨scherts.⟩ Mrs Mop(p) *werkster, boenster* **2.3** a curly, cherubic ~ *een engelachtige krullebol*.

mop[2] ⟨f2⟩⟨ww.; →ww. 7⟩
I ⟨onov.ww.⟩⟨vero.⟩ **0.1** ⟨vnl. in de uitdrukking onder 3.1⟩ ***grimassen maken*** ◆ **3.1** ⟨vero.⟩ ~ and mow *een lelijk gezicht trekken;*
II ⟨ov.ww.⟩ **0.1** ***(aan/schoon) dweilen*** ⇒*zwabberen* **0.2** ***droogwrijven*** ⇒*afwissen, (af)vegen* **0.3** ***betten*** ⇒*opnemen, deppen* ◆ **1.2** ~ one's brow *zich het zweet van het voorhoofd wissen* **1.3** the nurse ~ped the blood from the wound *de verpleegster bette de wond* **5.¶** →mop **up**.

'mop·board ⟨telb.zn.⟩⟨AE⟩ **0.1** ***plint***.

mope[1] [moʊp]⟨zn.⟩
I ⟨telb.zn.⟩ **0.1** ***kniesoor*** ⇒*tobber, brompot, knorrepot, iezegrim* **0.2** ⟨inf.⟩ ***kniesbui*** ◆ **3.2** have a ~ *klagerig zeuren, kankeren;*
II ⟨mv.; ~s; the⟩ **0.1** ***neerslachtigheid*** ⇒*bedruktheid, landerigheid* ◆ **3.1** have a fit of the ~s *in de put zitten, balen, het zat zijn*.

mope[2] ⟨f1⟩⟨onov.ww.⟩ **0.1** ***kniezen*** ⇒*chagrijnen, mokken, druilen* **0.2** ⟨AE; sl.⟩ ***lopen*** ⇒*in beweging blijven, doorlopen* **0.3** ⟨AE; sl.⟩ ***ontsnappen*** ⇒*ervandoorgaan* ◆ **5.1** ~ **about/(a)round** *treurig/lusteloos/landerig rondhangen, neerslachtig rondsloffen, het hoofd laten hangen*.

mo·ped ['moʊped]⟨f1⟩⟨telb.zn.⟩⟨vnl. BE⟩ **0.1** ***rijwiel met hulpmotor*** ⇒*bromfiets, brommertje*.

'moped rider ⟨telb.zn.⟩ **0.1** ***bromfietser***.

mop·er ['moʊpə||-ər]⟨telb.zn.⟩ **0.1** ***zeurpiet*** ⇒*kniesoor, chagrijn*.

'mop·head ⟨telb.zn.⟩⟨scherts.⟩ **0.1** ***ragebol*** ⇒*(persoon met) wilde bos haar*.

mop·ish ['moʊpɪʃ]⟨bn.; -ly⟩ **0.1** ***kniezerig*** ⇒*tobberig, zeurderig, gemelijk*.

mop·pet ['mɒpɪt||'mɑ-]⟨telb.zn.⟩ **0.1** ***snoes(je)*** ⇒*lief klein kindje/meisje* **0.2** ***lappenpop*** **0.3** ***schoothondje***.

mop·py ['mɒpi||'mɑ-]⟨bn.; -er; →compar. 7⟩ **0.1** ***ruig*** ⇒*borstelig* ⟨vnl. v. haar⟩.

'mop·stick ⟨telb.zn.⟩ **0.1** ***steel*** ⟨v. zwabber of ragebol⟩.

'mop 'up ⟨f1⟩⟨ov.ww.⟩ **0.1** ***opdweilen*** ⇒*opnemen* **0.2** ***opslokken*** ⇒*verslinden* **0.3** ⟨inf.⟩ ***afhandelen*** ⇒*afwikkelen* **0.4** ⟨mil.⟩ ***zuiveren*** ⇒*verzetshaarden opruimen* ◆ **1.2** most of the profits were mopped up by taxation *het merendeel van de winst werd opgeslokt door de fiscus* **1.3** I'll ~ the last of the work *ik handel de laatste klusjes (wel) af* **1.4** mopping-up operations *zuiveringsacties* **6.¶** ⟨sl.⟩ ~ **on** *aftuigen, in elkaar slaan*.

'mop-up ⟨f1⟩⟨telb.zn.⟩⟨inf.⟩ **0.1** ⟨fig.⟩ ***grote schoonmaak*** ⇒*opruiming* **0.2** ⟨mil.⟩ ***zuiveringsactie***.

mo·quette [mɒ'ket||moʊ-]⟨n.-telb.zn.⟩ **0.1** ***moquette*** ⇒*trijp*.

MOR ⟨afk.⟩ middle-of-the-road ⟨vnl. mbt. muziek⟩.

mo·raine [mə'reɪn]⟨telb.zn.⟩⟨geol.⟩ **0.1** ***morene*** ⟨opeenhoping van gletsjerpuin⟩.

mor·al[1] ['mɒrəl||'mɔrəl]⟨f2⟩⟨zn.⟩
I ⟨telb.zn.⟩ **0.1** ***moraal*** ⇒*(zeden)les* **0.2** ***stelregel*** ⇒*principe, credo* ◆ **1.1** the ~ of the story *de moraal van het verhaal* **3.1** you may draw your own ~ (from it) *trek er je eigen les(je) maar uit;* point a ~ *een (zeden)les bevatten/bieden;*
II ⟨mv.; ~s⟩ **0.1** ***zeden*** ⇒*zedelijke beginselen, ethiek, seksuele normen, seksueel gedrag* ◆ **2.1** he's a man of loose ~s *op seksueel gebied neemt hij het niet zo nauw;* public ~s *openbare zedelijkheid* **6.1** **without** ~s *gewetenloos*.

moral[2] ⟨f3⟩⟨bn.; -ly⟩
I ⟨bn.⟩ **0.1** ***deugdzaam*** ⇒*zedig, kuis, moreel* ◆ **1.1** she faced ~ dangers in the big city *haar onschuld liep gevaar in de grote stad;*
II ⟨bn., attr.⟩ **0.1** ***moreel*** ⇒*zedelijk, ethisch, zedenkundig* ◆ **1.1** ~ law *moreel recht, morele wet;* ~ philosophy *moraalfilosofie; ethiek;* ~ play *moraliteit, zinnespel;* ~ re-armament ⟨vaak M-R-⟩ *morele herbewapening* ⟨de Oxford Groep⟩; ~ sense *moraal;* in a ~ sense *in morele zin;* ~ theology *moraaltheologie;* a ~ victory *een morele overwinning* **1.¶** ~ majority *fundamentalistische pressiegroep in de U.S.A.;* ⟨pej.⟩ *rechtse fatsoensrakkers/moraalridders* **¶.¶** it's a ~ certainty/~ly certain *het is zo goed als zeker*.

mo·rale [mə'rɑ:l||mə'ræl]⟨f2⟩⟨n.-telb.zn.⟩ **0.1** ***moreel*** ⇒*mentale veerkracht* ◆ **1.1** the ~ of the troops *het moreel van de soldaten*.

mor·al·ism ['mɒrəlɪzm||'mɔr-]⟨n.-telb.zn.⟩ **0.1** ***moralisme***.

mor·al·ist ['mɒrəlɪst||'mɔr-]⟨f1⟩⟨telb.zn.⟩ **0.1** ***moralist*** ⇒*zedenmeester, zedenprediker* **0.2** ***aanhanger van het moralisme***.

mor·al·is·tic ['mɒrə'lɪstɪk||'mɔr-]⟨bn.; -ally; →bijw. 3⟩ **0.1** ***moralistisch*** ⇒*moraliserend*.

mo·ral·i·ty [mə'rælətɪ]⟨f2⟩⟨zn.; →mv. 2⟩
I ⟨telb.zn.⟩ **0.1** ***moraalsysteem*** ⇒*zedenleer, ethiek* **0.2** →morality play ◆ **2.1** commercial ~ *ethiek v.h. zakendoen;*
II ⟨n.-telb.zn.⟩ **0.1** ***moraliteit*** ⇒*zedelijk gedrag, zedelijkheid, moraal, deugdzaamheid* ◆ **2.1** Christian ~ *de christelijke moraal;*
III ⟨mv.; moralities⟩ **0.1** ***zedelijke beginselen***.

mo'rality play ⟨telb.zn.⟩⟨lit.⟩ **0.1** ***moraliteit*** ⇒*zinnespel*.

mor·al·ize, -ise ['mɒrəlaɪz||'mɔr-]⟨f1⟩⟨ww.⟩
I ⟨onov.ww.⟩ **0.1** ***moraliseren*** ⇒*zedenpreken, zedenkundige beschouwingen houden* ◆ **6.1** he ~d **about/(up)on** the failings of the young *hij moraliseerde over de tekortkomingen van de jeugd;*
II ⟨ov.ww.⟩ **0.1** ***zedenkundig duiden*** ⇒*moreel interpreteren, een zedenles trekken uit* **0.2** ***hervormen*** ⇒*de moraal verbeteren van* ◆ **2.1** ~ a fable *de/een moraal trekken uit een fabel*.

mo·rass [mə'ræs]⟨f1⟩⟨telb.zn.⟩ **0.1** ***moeras*** ⇒*laagveen, broekland;* ⟨fig.⟩ *poel;* ⟨fig.⟩ *uitzichtloze situatie* ◆ **1.1** ~ of vice *poel van ontucht, poel des verderfs;* the ~ of insecurity *de ellende der onzekerheid* **3.1** be stuck in the ~ *in het slop geraakt zijn*.

mor·a·to·ri·um ['mɒrə'tɔ:rɪəm||'mɔrə'tɔr-]⟨telb.zn.; ook moratoria [-rɪə]; →mv. 5⟩ **0.1** ***moratorium*** ⇒*algemeen uitstel van betaling* ⟨op rijksvoorschrift⟩ **0.2** ***(tijdelijk) verbod of uitstel*** ⇒*opschorting* **0.3** ***duur van moratorium***.

Mo·ra·vi·an[1] [mə'reɪvɪən]⟨zn.⟩
I ⟨eig.n.⟩ **0.1** ***Moravisch*** ⇒*het dialect v. Moravië;*
II ⟨telb.zn.⟩ **0.1** ***Moraviër*** **0.2** ***hernhutter*** ⇒*Moravische broeder*.

Moravian[2] ⟨bn.⟩ **0.1** ***Moravisch***.

mo·ray [mə'reɪ]⟨telb.zn.⟩ **0.1** ***murene*** ⟨vis v.h. genus Murenidae⟩.

mor·bid ['mɔ:bɪd||'mɔr-]⟨f1⟩⟨bn.; -ly; -ness⟩ **0.1** ***morbide*** ⇒*ziekelijk, ongezond* **0.2** ***zwartgallig*** ⇒*somber* **0.3** ⟨med.⟩ ***ziek*** ⇒*aangetast, ziekte(n)-, pathologisch* ◆ **1.1** a ~ imagination *een ziekelijke fantasie* **1.3** ~ anatomy *pathologische anatomie;* tumours are ~ growths *tumoren zijn ziektegezwellen*.

mor·bid·i·ty [mɔ:'bɪdəti||mɔr'bɪdəṭi]⟨zn.; →mv. 2⟩
I ⟨telb.zn.⟩ **0.1** ***ziekelijkheid*** ⇒*morbiditeit* ◆ **3.1** their passion for privacy verges on ~ *hun hang naar privacy is op het ziekelijke af;*
II ⟨n.-telb.zn.⟩ **0.1** ***ziektecijfer*** ⇒*morbiditeit*.

mor·bif·ic [mɔ:'bɪfɪk||mɔr-]⟨bn.⟩ **0.1** ***ziekteverwekkend*** ⇒*morbigeen, pathogeen, ziekte veroorzakend*.

mor·da·cious [mɔ:'deɪʃəs||mɔr-]⟨bn.; -ly⟩ **0.1** ***bijtend*** ⇒*bijterig;* ⟨fig.⟩ *bits, sarcastisch, scherp, agressief*.

mor·dac·i·ty [mɔ:'dæsəti||mɔr'dæsəṭi]⟨n.-telb.zn.⟩ **0.1** ***(bijtende) scherpte*** ⇒*bitsigheid* ◆ **3.1** his ~ was dreaded everywhere *overal vreesde men zijn scherpe tong*.

mor·dan·cy ['mɔ:dnsi||'mɔr-]⟨n.-telb.zn.⟩ **0.1** ***scherpte***.

mor·dant[1] ['mɔ:dnt||'mɔr-]⟨telb.zn.⟩ **0.1** ***bijtmiddel*** ⟨dat kleurstoffen op weefsels fixeert⟩ ⇒*beits* **0.2** ***etsvloeistof*** ⇒*etswater* **0.3** ***mordant*** ⟨plakmiddel voor bladgoud en -zilver⟩.

mordant[2] ⟨bn.; -ly⟩ **0.1** ***bijtend*** ⇒*bits(ig), scherp, sarcastisch* **0.2** ***snijdend*** ⇒*bijtend, pijnlijk* **0.3** ***etsend*** ⇒*ontvettend*.

mordant[3] ⟨ov.ww.⟩ **0.1** ***beitsen*** ⟨v. weefsels⟩ ⇒*met een bijtmiddel behandelen*.

mor·dent ['mɔ:dnt||'mɔr-]⟨telb.zn.⟩⟨muz.⟩ **0.1** ***mordent*** ⟨versieringsfiguur opgebouwd uit een hoofdtoon en zijn ondersecconde⟩ ◆ **3.1** inverted ~ *pralltriller*.

more[1] [mɔː||mɔr]⟨f4⟩⟨onb.vnw.; vergr. trap v. much en many; →onbepaald woord⟩⟨→sprw. 222, 369, 413, 468, 469, 470-472, 476, 587, 649⟩ **0.1** ***meer*** ◆ **1.1** ~'s the pity *jammer genoeg, des te erger* **4.1** ~ than enough *meer dan genoeg, ruim voldoende, teveel;* $ 50, ~ or less *ongeveer vijftig dollar;* letters? I have to write two ~ *brieven? ik moet er nog twee schrijven* **4.¶** and what's ~ *en wat nog belangrijker is, en daarbij komt nog dat* **6.1** spend ~ **of** one's time at the seaside *een groter gedeelte v. zijn tijd aan de kust doorbrengen* **6.¶** he's ~ **of** a poet than a novelist *hij is een dichter veeleer dan een romanschrijver;* we are going to see ~ **of** him *we gaan hem nog vaker (terug)zien* **7.1** a few ~ *nog enkele (n), nog een paar;* there is no ~ *er is niets meer / er geen meer;* there was much ~ *er was nog veel meer;* there were many ~ *er waren er nog veel meer;* there are no ~ *er zijn er geen meer;* there is some ~ *er is nog wat;* there are some ~ *er zijn er nog enkele(n);* the ~ I give her, the ~ she wants *hoe meer ik haar geef, des te meer wil ze / hoe meer ze wil* **¶.1** he said he would, and ~ than that, he did it *hij zei dat hij het zou doen, en meer nog / en wat meer zegt, hij deed het ook.*

more[2] ⟨f4⟩⟨bw.; vergr. trap v. much⟩ **0.1** ***meer*** ⇒*veeleer, eerder* **0.2** ⟨→comparatie⟩ ***-er*** ⇒*meer* **0.3** ***bovendien*** ◆ **2.2** ~ difficult *moeilijker* **3.1** he works ~ than before *hij werkt meer dan vroeger;* ~ frightened than hurt *geschrokken eerder dan gekwetst* **5.1** I can't go on any ~, I can go on no ~ *ik kan niet meer verder;* ~ or less *min of meer, zo ongeveer;* it's neither ~ nor less than absurd *het is noch min noch meer absurd;* ⟨schr. of iron.⟩ he'll be ~ than a little angry *hij zal nog niet zo'n beetje kwaad zijn, hij zal kwaad zijn, en nog niet zo zuinig ook;* so much the ~ *des te meer;* once ~ *nog eens / een keer, nog eenmaal;* he was angry, and she was even ~ so *hij was kwaad, maar zij was nog veel kwader* **5.2** ~ easily *makkelijker* **5.¶** he is no ~ *hij is er niet meer, hij is overleden;* ⟨schr.⟩ I can't afford it, and no ~ can you *ik kan het mij niet permitteren en jij ook niet / evenmin / net zo min* **7.1** carouse, the ~ the better *zet de bloemetjes buiten, hoe meer hoe liever;* the ~ fool you *des te gekker ben je* **8.1** ~ and ~ *meer en meer, altijd maar meer;* that's ~ like it *dat lijkt er al beter / meer op;* ⟨inf.⟩ ~ than happy *overgelukkig* **¶.3** it's stupid and, ~, it's criminal *het is dom en bovendien misdadig.*

more[3] ⟨f4⟩⟨onb.det.; vergr. trap v. much en many; →onbepaald woord⟩⟨→sprw. 468, 587, 649⟩ **0.1** ***meer*** ◆ **1.1** ~ milk *meer melk;* ~ plans *meer plannen* **7.1** no ~ bread *geen brood meer;* one ~ try *nog een poging;* some ~ water *nog een beetje water;* the ~ people there are the happier he feels *hoe meer mensen er zijn, des te gelukkiger voelt hij zich / hoe gelukkiger hij zich voelt.*

mo·reen [məˈriːn]⟨n.-telb.zn.⟩⟨textiel⟩ **0.1** ***moreen*** ⟨sterk weefsel van Eng. kamgaren⟩.

mor(e)·ish [ˈmɔːrɪʃ]⟨bn.⟩⟨inf.⟩ **0.1** ***lekker*** ⇒*smakend naar meer.*

mo·rel [məˈrel]⟨telb.zn.⟩⟨plantk.⟩ **0.1** ***morille*** ⟨eetbare paddestoel, vnl. Morchella esculenta⟩ **0.2** ***nachtschade*** ⇒⟨vnl.⟩ *zwarte nachtschade* ⟨Solanum nigrum⟩.

mo·rel·lo [məˈreloʊ]⟨telb.zn.⟩ **0.1** ***morel*** ⟨zure, donkere kers⟩ **0.2** ***morelleboom*** ⟨Prunus cerasus austera⟩.

more·over [mɔːˈroʊvə||-ər]⟨f3⟩⟨bw.⟩ **0.1** ***bovendien*** ⇒*daarenboven, voorts, daarnaast, evenzo, tevens.*

mo·res [ˈmɔːreɪz]⟨mv.⟩⟨schr.⟩ **0.1** ***zeden*** ⇒*mores.*

Mo·resque[1] [mɔːˈresk]⟨telb.zn.⟩⟨beeld. k.⟩ **0.1** ***moreske*** ⇒*arabesk van Moorse vorm.*

Moresque[2] ⟨bn.⟩⟨beeld. k.⟩ **0.1** ***Moors*** ⟨v. stijl of vormgeving⟩.

mor·ga·nat·ic [ˈmɔːgəˈnætɪk||ˈmɔrgəˈnæṭɪk]⟨bn.; -ally; →bijw. 3⟩ **0.1** ***morganatisch*** ◆ **1.1** ~ marriage *morganatisch huwelijk, huwelijk met de linkerhand.*

mor·gen [ˈmɔːgən||ˈmɔr-]⟨telb.zn.⟩ **0.1** ***(Rijnlandse) morgen*** ⟨Zuidafrikaanse oppervlaktemaat, ong. 85a⟩.

morgue [mɔːg||mɔrg]⟨f2⟩⟨zn.⟩
I ⟨telb.zn.⟩ **0.1** ***lijkenhuis*** ⇒*morgue* **0.2** ⟨inf.⟩ ***gribus*** ⇒*naargeestige bedoening* **0.3** ⟨inf.⟩ ***archief*** ⟨v. krant of tijdschrift⟩;
II ⟨n.-telb.zn.⟩ **0.1** ***verwaandheid*** ⟨vooral als Engelse eigenschap⟩ ⇒*hoogmoed, hooghartigheid.*

mor·i·bund[1] [ˈmɒrɪbʌnd||ˈmɔ-, ˈmɑ-]⟨telb.zn.⟩ **0.1** ***stervende*** ⇒*zieltogende.*

moribund[2] ⟨bn.⟩ **0.1** ***stervend*** ⇒*zieltogend, ten dode opgeschreven, op sterven na dood.*

mo·ri·on [ˈmɒrɪən||ˈmɔːrɪən]⟨telb.zn.⟩ **0.1** ***stormhoed / helm*** ⟨16-17e-eeuwse helm zonder vizier of kinstuk⟩.

Mo·ris·co[1] [məˈrɪskoʊ]⟨telb.zn.; ook -es; →mv. 2⟩ **0.1** ***morisk*** ⇒*(Spaanse) Moor, morisco* **0.2** ***moriskendans*** ⇒*morisca, moresque.*

Morisco[2] ⟨bn.⟩ **0.1** ***Moors*** ⟨v. stijl of vormgeving⟩.

morish →moreish.

Mor·mon[1] [ˈmɔːmən||ˈmɔr-]⟨f1⟩⟨zn.⟩
I ⟨eig.n.⟩ **0.1** ***Mormon*** ⟨profeet v.d. kerk v. Jezus v.d. heiligen der Laatste Dagen, N.-Am. sekte⟩ ◆ **1.1** the book of ~ *het boek van Mormon;*
II ⟨telb.zn.⟩ **0.1** ***mormoon*** ⇒*volgeling van Joseph Smith.*

Mormon[2] ⟨f1⟩⟨bn.⟩ **0.1** ***mormoons.***

Mor·mon·ism [ˈmɔːmənɪzm||ˈmɔr-]⟨n.-telb.zn.⟩ **0.1** ***mormonisme.***

morn [mɔːn||mɔrn]⟨telb.zn.⟩ **0.1** ⟨schr.⟩ ***dageraad*** ⇒*ochtend (stond), ochtendkrieken* ◆ **1.1** the ~'s ~ *morgenochtend* **7.1** ⟨Sch. E⟩ the ~ *morgen.*

mor·nay [ˈmɔːneɪ||ˈmɔr-], **ˈmornay ˈsauce** ⟨n.-telb.zn.; ook M-⟩ ⟨cul.⟩ **0.1** ***mornaysaus*** ⟨béchamelsaus met geraspte kaas⟩.

morn·ing [ˈmɔːnɪŋ||ˈmɔr-]⟨f4⟩⟨telb. en n.-telb.zn.; ook attr.⟩ ⟨→sprw. 589⟩ **0.1** ***ochtend*** ⇒*morgen, voormiddag;* ⟨fig.⟩ *begin* **0.2** ***deel v.d. dag tussen middernacht en middaguur*** ◆ **1.1** ~ news *ochtendnieuws* **2.1** good ~ *goedemorgen* **3.1** ⟨AE⟩ he works ~s *hij werkt 's morgens* **5.1** ⟨inf.⟩ the ~ **after** *kater, katterig gevoel* **6.1** **in** the ~ *'s morgens; morgenochtend;* she's still **in** the ~ of her life *ze staat nog aan het begin van haar leven;* can't it wait **until** ~? *kan het niet tot morgenochtend wachten?* **6.2** at two o'clock **in** the ~ *vannacht om twee uur* **¶.1** ~! *morgen!, mogge!, och'nd!.*

ˈmorn·ing-ˈaf·ter pill ⟨f1⟩⟨telb.zn.⟩ **0.1** ***morning-after pil(l)*** ⇒*spijtpil.*

ˈmorning ˈcall ⟨telb.zn.⟩ **0.1** ***beleefheidsbezoek vroeg in de middag.***

ˈmorning coat ⟨telb. en n.-telb.zn.⟩ **0.1** ***jacquet.***

ˈmorning dress ⟨f1⟩⟨zn.⟩
I ⟨telb.zn.⟩ **0.1** ***ochtendjapon*** ⇒*ochtendjas;*
II ⟨telb. en n.-telb.zn.⟩ **0.1** ***jacquet(kostuum)*** **0.2** ***colbertkostuum*** ◆ **6.1** he was **in** ~ *hij was in jacquet.*

ˈmorning gift ⟨telb.zn.⟩ **0.1** ***morgengave*** ⇒*huwelijksgift.*

ˈmorning ˈglory ⟨telb.zn.⟩ **0.1** ***dagbloem*** ⇒*haagwinde* ⟨Convulvus sepium⟩, *purperwinde* ⟨Ipomoea purpurea⟩ **0.2** ***dagschone*** ⟨Convulvus tricolor⟩.

ˈmorning gown ⟨telb.zn.⟩ **0.1** ***ochtendjapon*** ⇒*ochtendjas.*

ˈmorning gun ⟨telb.zn.⟩ **0.1** ***morgenschot*** ⟨v. kanon aan het begin v.d. dag⟩.

ˈmorning ˈpaper ⟨f1⟩⟨telb.zn.⟩ **0.1** ***ochtendblad*** ⇒*ochtendkrant.*

ˈMorning ˈPrayer ⟨n.-telb.zn.⟩ **0.1** ***ochtenddienst in de anglicaanse Kerk*** ⇒*morgengebed, metten.*

ˈmorning room ⟨telb.zn.⟩ **0.1** ***('s morgens gebruikte) zitkamer*** ⇒*huiskamer* **0.2** ⟨BE⟩ ***eethoek.***

ˈmorning sickness ⟨n.-telb.zn.⟩ **0.1** ***zwangerschapsmisselijkheid*** ⇒*zwangerschapsbraken.*

ˈmorning star ⟨f1⟩⟨telb.zn.⟩ **0.1** ***morgenster*** **0.2** ⟨gesch.⟩ ***goedendag*** ⟨knots met ijzeren punten⟩.

ˈmorning watch ⟨telb. en n.-telb.zn.⟩⟨scheep.⟩ **0.1** ***dagwacht*** ⟨van 4 tot 8 uur 's morgens⟩.

Mo·ro [ˈmɔːroʊ]⟨telb.zn.; ook Moro; →mv. 4⟩ **0.1** ***Filippijnse moslem.***

Mo·roc·co [məˈrɒkoʊ||məˈrɑ-]⟨f1⟩⟨zn.⟩
I ⟨eig.n.⟩ **0.1** ***Marokko;***
II ⟨n.-telb.zn.; meestal m-⟩ →morocco leather.

moˈrocco ˈleather ⟨n.-telb.zn.⟩ **0.1** ***marokijn(leer).***

mo·ron [ˈmɔːrɒn||ˈmɔrɑn]⟨f1⟩⟨telb.zn.⟩ **0.1** ***zwakzinnige*** ⇒*debiel* **0.2** ⟨bel.⟩ ***imbeciel*** ⇒*zakkewasser, rund.*

mo·ron·ic [məˈrɒnɪk||-ˈrɑ-]⟨bn.; -ally; →bijw. 3⟩ **0.1** ***debiel*** **0.2** ⟨bel.⟩ ***imbeciel*** ⇒*oerstom.*

mo·rose [məˈroʊs]⟨f2⟩⟨bn.; -ly; -ness⟩ **0.1** ***knorrig*** ⇒*chagrijnig, nors, stuurs, narrig* **0.2** ***somber.***

mo·ros·i·ty [məˈrɒsəti||-ˈrɑsəṭi]⟨n.-telb.zn.⟩ **0.1** ***knorrigheid*** ⇒*chagrijn.*

morph [mɔːf||mɔrf]⟨zn.⟩
I ⟨telb.zn.⟩ **0.1** ⟨taalk.⟩ ***(fonologische representatie v.e.) morfeem*** **0.2** ⟨taalk.⟩ ***allomorph*** **0.3** ⟨dierk.⟩ ***variant*** **0.4** ⟨AE; sl.⟩ ***hermafrodiet;***
II ⟨n.-telb.zn.⟩⟨AE; sl.⟩ **0.1** ***morfine.***

mor·pheme [ˈmɔːfiːm||ˈmɔr-]⟨f1⟩⟨telb.zn.⟩⟨taalk.⟩ **0.1** ***morfeem*** ⟨kleinste betekenisdragende eenheid⟩.

mor·phe·mics [mɔːˈfiːmɪks||mɔr-]⟨n.-telb.zn.⟩⟨taalk.⟩ **0.1** ***morfologie*** ⟨vooral Am. structuralistische⟩.

Mor·pheus [ˈmɔːfɪəs, -fjuːs||ˈmɔr-]⟨eig.n.⟩ **0.1** ***Morpheus*** ⟨god v.d. slaap⟩ ◆ **1.1** ⟨schr.⟩ in the arms of ~ *in Morpheus' armen, in slaap.*

mor·phine [ˈmɔːfiːn||ˈmɔr-], **mor·phi·a** [ˈmɔːfɪə||ˈmɔr-]⟨f1⟩⟨n.-telb.zn.⟩ **0.1** ***morfine.***

mor·phin·ism [ˈmɔːfɪnɪzm||ˈmɔr-]⟨n.-telb.zn.⟩ **0.1** ***morfinisme.***

mor·phin·ist [ˈmɔːfɪnɪst||ˈmɔr-]⟨telb.zn.⟩ **0.1** ***morfinist.***

mor·pho·gen·e·sis [ˈmɔːfoʊˈdʒenɪsɪs||ˈmɔr-]⟨n.-telb.zn.⟩⟨biol.⟩ **0.1** ***morfogenese*** ⇒*(leer van de) vormontwikkeling bij organismen.*

mor·pho·log·ic [ˈmɔːfəˈlɒdʒɪk||ˈmɔrfəˈlɑdʒɪk], **mor·pho·log·i·cal** [-ɪkl]⟨f1⟩⟨bn.; -(al)ly; →bijw. 3⟩ **0.1** ***morfologisch.***

mor·phol·o·gist [mɔːˈfɒlədʒɪst||mɔrˈfɑ-]⟨telb.zn.⟩ **0.1** ***morfoloog.***

mor·phol·o·gy [mɔːˈfɒlədʒi||mɔrˈfɑ-]⟨f1⟩⟨n.-telb.zn.⟩⟨biol., taalk., geol.⟩ **0.1** ***morfologie*** ⇒*vormleer.*

mor·ris ['mɒrɪs‖'mɔrɪs], **'morris dance** ⟨telb. en n.-telb.zn.⟩ **0.1** ***morisque*** ⇒*morisca, moriskendans, morris dans* ⟨oude, gekostumeerde Engelse volksdans⟩.

'Morris chair ⟨telb.zn.⟩ **0.1** ***rookstoel*** ⟨armstoel met verstelbare rugleuning⟩.

mor·row ['mɒroʊ‖'mɑroʊ]⟨n.-telb.zn.⟩ **0.1** ⟨the⟩ ⟨schr.⟩ ***volgende dag*** ⇒*dag van morgen, dag erna, tijd die onmiddellijk op iets volgt* **0.2** ⟨vero.⟩ ***morgen*** ◆ **6.1 on** the ~ of their triumph *dadelijk na hun overwinning*.

morse [mɔ:s‖mɔrs]⟨f1⟩⟨zn.⟩
I ⟨telb.zn.⟩ **0.1** ***walrus;***
II ⟨n.-telb.zn.; M-⟩ **0.1** ⟨verk.⟩ ⟨Morse code⟩.

'Morse 'code, 'Morse 'alphabet ⟨f1⟩⟨n.-telb.zn.⟩ **0.1** ***morse(alfabet)***.

mor·sel ['mɔ:sl‖'mɔrsl]⟨f1⟩⟨telb.zn.⟩ **0.1** ***hap*** ⇒*mondvol, stuk(je), brok(je), greintje* ◆ **6.1** he hasn't got a ~ **of** sense *hij heeft geen greintje verstand*.

mort [mɔ:t‖mɔrt]⟨zn.⟩
I ⟨telb.zn.⟩ **0.1** ***hoorngeschal als het wild gedood is*** **0.2** ⟨BE⟩ ***zalm in het 3e levensjaar*** **0.3** ⟨sl.⟩ ***meid*** ⇒*stoot, stuk, mokkel;*
II ⟨n.-telb.zn.⟩⟨BE; gew.⟩ **0.1** ***hoop*** ⇒*stoot, berg* ◆ **6.1** a ~ **of** money *een stoot geld*.

mor·tal[1] ['mɔ:tl‖'mɔrtl]⟨f2⟩⟨telb.zn.⟩ **0.1** ***sterveling*** ⇒⟨scherts.⟩ *wezen, schepsel* ◆ **2.1** what a lazy ~ you are! *wat ben jij een lui wezen!*.

mortal[2] ⟨f2⟩⟨bn.⟩
I ⟨bn.⟩ **0.1** ***sterfelijk*** ⇒*vergankelijk* **0.2** ***dodelijk*** ⇒*moordend, fataal* ⟨ook fig.⟩ ◆ **1.1** the ~ remains *het stoffelijk overschot* **1.2** locked in a ~ combat *in een dodelijk gevecht gewikkeld;* ⟨sl.⟩ ~ lock *handgreep;* ⟨fig.⟩ *zekerheid* **6.2** this fact proved ~ **to** his theory *dit feit betekende het einde van zijn theorie;*
II ⟨bn., attr.⟩ **0.1** ***doods-*** ⇒*dodelijk, zeer hevig/groot, enorm* ⟨vaak als overdrijving⟩ **0.2** ***dodelijk vervelend*** ⇒*vreselijk langdurig, eindeloos* **0.3** ⟨inf.⟩ ***(op aarde) voorstelbaar*** ◆ **1.1** ~ agony *doodsstrijd;* ~ enemy *aartsvijand;* ~ fear *doodsangst(en);* ~ pain *stervensnood;* it's a ~ shame *het is een grof schandaal;* a ~ sin *een doodzonde* **1.2** wait a ~ time *een eeuwigheid wachten* **1.3** she did every ~ thing to please him *ze wrong zich in de gekste bochten om het hem naar de zin te maken*.

mor·tal·i·ty [mɔ:'tæləti‖mɔr'tæləṭi]⟨f1⟩⟨zn.⟩
I ⟨telb.zn.⟩ **0.1** ***sterftecijfer*** ⇒*mortaliteit* **0.2** ⟨verk.⟩ ⟨mortality rate⟩;
II ⟨n.-telb.zn.⟩ **0.1** ***sterfelijkheid*** ⇒*mortaliteit, het sterfelijk zijn, vergankelijkheid* **0.2** ***sterfte*** ⇒*het sterven*.

mor'tality rate ⟨f1⟩⟨telb.zn.⟩ **0.1** ***mortaliteitscoëfficiënt*** ⟨aantal sterfgevallen per jaar per 1000 levenden⟩ ⇒*mortaliteit, sterfte*.

mor'tality table ⟨telb.zn.⟩ **0.1** ***sterftetafel*** ⇒*sterftetabel*.

mor·tal·ly ['mɔ:təli‖'mɔrṭli]⟨f1⟩⟨bw.⟩ **0.1** ***dodelijk*** **0.2** ***doods-*** ⇒*enorm, diep* ◆ **2.2** ~ afraid *doodsbang* **3.1** ~ wounded *dodelijk gewond* **3.2** ~ offended *diep gegriefd*.

mor·tar[1] ['mɔ:tə‖'mɔrṭər]⟨f2⟩⟨zn.⟩
I ⟨telb.zn.⟩ **0.1** ***vijzel*** ⇒*mortier* **0.2** ***mortier;***
II ⟨n.-telb.zn.⟩ **0.1** ***mortel*** ⇒*(metsel)specie*.

mortar[2] ⟨f1⟩⟨ov.ww.⟩ **0.1** ***(vast)metselen*** **0.2** ***met mortiergranaten beschieten***.

'mor·tar·board ⟨telb.zn.⟩ **0.1** ***mortelplank*** ⇒*specieplank, metselplank, voegbord* **0.2** ***baret*** ⟨gedragen door leden v.e. universiteit⟩.

mort·gage[1] ['mɔ:gɪdʒ‖'mɔr-]⟨f3⟩⟨telb.zn.⟩ **0.1** ***hypotheek(bedrag)*** ⇒*onderzetting* **0.2** ⟨verk.⟩ ⟨mortgage deed⟩ ◆ **3.1** take out a ~ *een hypotheek nemen* **6.1** a ~ **for** £ 200,000 *een hypotheek van 200.000 pond*.

mortgage[2] ⟨f1⟩⟨ov.ww.⟩ **0.1** ***(ver)hypothekeren*** ⇒⟨ook fig.⟩ *verpanden* ◆ **1.1** ~ the future *een wissel op de toekomst trekken;* ~ one's heart *zijn hart verpanden* **6.1** ~ one's house **to** s.o. *zijn huis verhypothekeren bij iem.*.

'mortgage bond ⟨telb.zn.⟩ **0.1** ***pandbrief***.

'mortgage deed ⟨telb.zn.⟩ **0.1** ***hypotheekakte***.

mort·ga·gee [mɔ:gə'dʒi:‖mɔr-]⟨telb.zn.⟩ **0.1** ***hypotheeknemer*** ⇒*hypothecaire schuldeiser* **0.2** ***hypotheekhouder*** ⇒*hypothecaris*.

mort·gag·er ['mɔ:gɪdʒə‖'mɔr-], **mort·ga·gor** ['mɔ:gə'dʒɔ:‖'mɔrgə'dʒɔr]⟨telb.zn.⟩ **0.1** ***hypotheekgever*** ⇒*hypothecaire schuldenaar*.

mor·ti·cian [mɔ:'tɪʃn‖mɔr-]⟨f1⟩⟨telb.zn.⟩⟨AE⟩ **0.1** ***begrafenisondernemer*** ⇒*lijkbezorger, aanspreker*.

mor·ti·fi·ca·tion ['mɔ:tɪfɪ'keɪʃn‖'mɔrṭɪ-]⟨n.-telb.zn.⟩ **0.1** ***ascese*** ⇒*zelfkastijding, versterving* **0.2** ***mortificatie*** ⇒*(diepe) gekrenktheid, gekwetstheid, gêne* **0.3** ***gangreen*** ⇒*koudvuur, necrose* ◆ **1.1** ~ of the flesh *mortificatie, het doden v.h. vlees* **6.1 to** his ~ *tot zijn schande*.

mor·ti·fy ['mɔ:tɪfaɪ‖'mɔrṭɪfaɪ]⟨f1⟩⟨ww.; →ww. 7⟩
I ⟨onov.ww.⟩ **0.1** ***zich versterven*** ⇒*ascese beoefenen, ascetisch leven* **0.2** ***(door gangreen) afsterven*** ⇒*mortificeren;*
II ⟨ov.ww.⟩ **0.1** ***tuchtigen*** ⇒*kastijden, mortificeren* **0.2** ***krenken*** ⇒*kwetsen, vernederen, verootmoedigen* ◆ **1.1** ~ the flesh *het vlees doden*.

mor·tise[1], **mor·tice** ['mɔ:tɪs‖'mɔrṭɪs]⟨telb.zn.⟩ **0.1** ***tapgat*** ⇒*spiegat*.

mortise[2], **mortice** ⟨ov.ww.⟩ **0.1** ***inlaten*** ⇒*verbinden met pen-en-gatverbinding* **0.2** ***een tapgat maken in***.

'mortise and 'tenon joint ⟨telb.zn.⟩ **0.1** ***pen-en-gatverbinding***.

'mortise chisel ⟨telb.zn.⟩ **0.1** ***schietbeitel***.

'mortise lock ⟨telb.zn.⟩ **0.1** ***insteekslot***.

mort·main ['mɔ:tmeɪn‖'mɔrt-]⟨n.-telb.zn.⟩⟨jur.⟩ **0.1** ***dode hand*** ⇒*(goederen in) onvererfbare eigendom;* ⟨fig., gezegd v.h. verleden⟩ *verstikkende/beklemmende invloed*.

mor·tu·ar·y[1] ['mɔ:tʃʊəri‖'mɔrtʃʊeri]⟨f1⟩⟨telb.zn.; →mv. 2⟩ **0.1** ***lijkenhuis(je)*** ⇒*mortuarium, lijkenkamer*.

mortuary[2] ⟨f1⟩⟨bn., attr.⟩ **0.1** ***funerair*** ⇒*betrekking hebbend op dood/begrafenis* ◆ **1.1** ~ poetry *lijk- en grafdichten, funeraire poëzie*.

mor·u·la ['mɒrʊlə‖'mɔrələ]⟨telb.zn.; morulae; →mv. 5⟩⟨biol.⟩ **0.1** ***morula*** ⟨volledig gedeelde eicel waaruit zich de kiemblaas vormt⟩.

mo·sa·ic[1] [moʊ'zeɪɪk]⟨f2⟩⟨zn.⟩
I ⟨telb.zn.⟩ **0.1** ***mozaïek(werk)*** ⟨ook fig.⟩ ⇒*mozaïekkaart* ⟨uit luchtfoto's opgebouwde terreinkaart⟩ **0.2** ***mozaïek*** ⟨gevoelige laag in de opnamebuizen voor televisie⟩ **0.3** ⟨biol.⟩ ***hybride*** ⇒*entbastaard;*
II ⟨n.-telb.zn.⟩ **0.1** ***mozaïek(kunst)*** ⇒*mozaïektechniek* **0.2** ⟨verk.⟩ ⟨mosaic disease⟩.

mosaic[2] ⟨ov.ww.; mosaicked, mosaicking⟩ **0.1** ***met mozaïek versieren*** ⇒*tot mozaïek verwerken*.

Mo·sa·ic [moʊ'zeɪɪk], **Mo·sa·i·cal** [-ɪkl]⟨f1⟩⟨bn.⟩ **0.1** ***Mozaïsch*** ◆ **1.1** ~ law *Mozaïsche wet*.

mo'saic disease ⟨n.-telb.zn.⟩ **0.1** ***mozaïek(ziekte)*** ⟨o.a. v. tabak, maïs, aardappelen en suikerriet⟩.

mo'saic 'floor ⟨telb.zn.⟩ **0.1** ***mozaïekvloer***.

mo'saic 'gold ⟨n.-telb.zn.⟩ **0.1** ***musiefgoud*** ⇒*tindisulfide* **0.2** ***doublé*** **0.3** ***goudbronslak***.

mo·sa·i·cist [moʊ'zeɪəsɪst]⟨telb.zn.⟩ **0.1** ***mozaïekwerker***.

mo·sa·sau·rus ['moʊzə'sɔ:rəs]⟨telb.zn.⟩ **0.1** ***mosasaurus*** ⇒*maashagedis*.

mos·cha·tel ['mɒskə'tel‖'mɑs-]⟨telb. en n.-telb.zn.⟩ **0.1** ***muskuskruid*** ⟨Adoxa moschatellina⟩.

Mos·cow ['mɒskoʊ‖'mɑskoʊ]⟨eig.n.⟩ **0.1** ***Moskou***.

Mo·selle [moʊ'zel]⟨zn.⟩
I ⟨eig.n.; the⟩ **0.1** ***Moezel;***
II ⟨n.-telb.zn.; ook m-⟩ **0.1** ***moezel(wijn)***.

Mo·ses ⟨eig.n.⟩ **0.1** ***Mozes***.

mo·sey ['moʊzi]⟨onov.ww.⟩⟨AE; inf.⟩ **0.1** ***(voort)slenteren*** ⇒*kuieren* **0.2** ***er vandoor gaan*** ⇒*'m smeren* ◆ **5.1** just ~ **along/about** *zo'n beetje rondlummelen*.

Moslem →Muslim.

mosque [mɒsk‖mɑsk]⟨f2⟩⟨telb.zn.⟩ **0.1** ***moskee***.

mos·qui·to [mə'ski:ṭoʊ]⟨f2⟩⟨telb.zn.; -es; →mv. 2⟩ **0.1** ***(steek)mug*** ⇒*muskiet, malariamug* **0.2** ***Mosquito*** ⇒*bommenwerper uit 2e wereldoorlog*.

mo'squito boat, mo'squito craft ⟨telb.zn.; craft; →mv. 4⟩ **0.1** ***snel, wendbaar, klein oorlogsschip*** ⇒⟨in Am. zeemacht i.h.b.⟩ *motortorpedoboot, PT-boot*.

mo'squito net, mo'squito bar ⟨f1⟩⟨telb.zn.⟩ **0.1** ***klamboe*** ⇒*muggengordijn/net/scherm, muskietennet/tule*.

moss[1] [mɒs‖mɔs]⟨f2⟩⟨zn.⟩⟨→sprw. 597⟩
I ⟨telb.zn.⟩⟨vnl. Sch. E⟩ **0.1** ***laagveen*** ⇒*moeras;*
II ⟨n.-telb.zn.⟩ **0.1** ***mos*** **0.2** ⟨BE; sl.⟩ ***poen*** ⇒*geld*.

moss[2] ⟨ov.ww.⟩ **0.1** ***met mos bedekken***.

'moss 'agate ⟨telb. en n.-telb.zn.⟩ **0.1** ***mosagaat***.

'moss·back ⟨telb.zn.⟩ **0.1** ***oud schelpdier/oude schildpad met algengroei op de rug*** **0.2** ⟨AE; inf.⟩ ***aartsreactionair*** ⇒*rechtse rakker*.

'moss·bun·ker, 'moss·bank·er ⟨telb. en n.-telb.zn.; ook -bunker; →mv. 4⟩ **0.1** ***soort haring*** ⟨vooral Noordamerikaanse oostkust; Brevoortia tyrannus⟩.

'moss-grown ⟨bn.⟩ **0.1** ***bemost*** ⇒*mossig*.

'moss hag ⟨telb.zn.⟩⟨Sch. E⟩ **0.1** ***veendobbe*** ⇒*veenput* ⟨door ontvening ontstaan meertje⟩.

mos·sie, moz·zie ['mɒzi‖'mɑzi]⟨telb.zn.⟩⟨Austr. E; inf.⟩ **0.1** ***mug***.

mos·so ['mɒsoʊ‖'moʊsoʊ]⟨bw.⟩⟨muz.⟩ **0.1** ***mosso*** ⇒*beweeglijk, levendig*.

'moss rose ⟨telb.zn.⟩ **0.1** ***mosroos*** ⟨Rosa centifolia muscosa⟩.

'moss stitch ⟨n.-telb.zn.⟩ **0.1** ***gerstekorrel(steek)*** ⟨breisteek: een recht, een averecht⟩.

'moss-troop·er ⟨telb.zn.⟩ **0.1** ***struikrover*** ⟨in het Engels-Schotse grensgebied in de 17e eeuw⟩ **0.2** ***stroper*** ⇒*plunderaar*.

moss·y ['mɒsi‖'mɔsi]⟨f1⟩⟨bn.; -er; -ness; →compar. 7⟩ **0.1** ***bemost*** **0.2** ***mossig*** ⟨ook fig.⟩ ⇒*mos-* ◆ **2.2** ~ green *mosgroen*.

most[1] [moʊst]⟨f4⟩⟨onb.vnw.; overtr. trap v. much en many; →onbepaald woord⟩⟨→sprw. 417⟩ **0.1** ***meeste(n)*** ⇒*grootste gedeelte v.* ◆ **6.1** twelve **at** (the) ~ / **at** the very ~ *hoogstens twaalf;* ~ **of** it is / ~ **of** them are poor *het grootste deel ervan is v. slechte kwaliteit* **6.¶** this is **at** ~ but a temporary solution *dit is in het beste geval slechts een tijdelijke oplossing* **¶.1** this is the ~ I can do *dit is al wat ik kan doen, meer kan ik niet doen;* his work is better than ~ *hij werkt beter dan de meeste mensen*.

most[2] ⟨f4⟩⟨bw.; in bet. 0.1 en 0.2 overtr. trap v. much⟩⟨→sprw. 7, 675⟩ **0.1** ***meest*** ⇒*hoogst, zeer, uiterst, aller-* **0.2** ⟨→comparatie⟩ ***-st(e)*** ⇒*meest* **0.3** ⟨AE; inf.⟩ ***bijna*** ⇒*haast* ◆ **2.1** ~ enjoyable *zeer / hoogst vermakelijk;* ~ Reverend Father *Zeereerwaarde Pater* **2.2** the ~ difficult problem *het moeilijkste probleem* **2.3** ~ unbelievable *bijna ongelooflijk* **3.1** what bothers me ~ (of all), what ~ bothers me *wat mij het meest (van allemaal) dwars zit* **5.1** ~ probably he won't come *hoogstwaarschijnlijk komt hij niet* **7.3** ~ every evening *bijna elke avond* **¶.1** ~ of all I like books *bovenal / voor alles houd ik v. boeken*.

most[3] ⟨f4⟩⟨onb.det.; overtr. trap v. much and many; →onbepaald woord⟩⟨→sprw. 65, 115, 139⟩ **0.1** ***meeste*** ◆ **1.1** I have made ~ errors *ik heb de meeste vergissingen begaan;* 'The Cats' made the ~ noise *'The Cats' maakten het meeste / grootste lawaai;* for the ~ part *grotendeels, in het algemeen*.

-most [moʊst] **0.1** ⟨vormt bn. met een superlatief karakter van o.m. voorzetsels⟩ ◆ **¶.1** inmost *binnenste;* ⟨fig.⟩ *intiemste;* topmost *allerhoogst(e)*.

most-fa·voured-'nation clause ⟨telb.zn.⟩⟨hand.⟩ **0.1** ***meestbegunstigingsclausule***.

most·ly ['moʊstli]⟨f3⟩⟨bw.⟩ **0.1** ***grotendeels*** ⇒*voornamelijk, vooral, meestal, in het algemeen* ◆ **1.1** the audience, ~ blacks *de toehoorders, voornamelijk zwarten* **2.1** they are ~ reliable *ze zijn in het algemeen betrouwbaar*.

mot [moʊ]⟨telb.zn.; →mv. 5⟩ **0.1** ***kwinkslag*** ⇒*(bon-)mot*.

MOT ⟨telb.zn.⟩⟨afk.⟩ Ministry of Transport ⟨BE; inf.⟩ **0.1** →M.O.T.-test **0.2** ***(bewijs van) goedkeuring*** ⟨na M.O.T.-test⟩.

mote [moʊt]⟨f1⟩⟨telb.zn.⟩ **0.1** ***stofje*** ⇒*stofdeeltje* ◆ **1.¶** a ~ in s.o.'s eye *een splinter in iemands oog* ⟨naar Matt. 7:3⟩.

mo·tel [moʊ'tel]⟨f2⟩⟨telb.zn.⟩ **0.1** ***motel***.

mo·tet [moʊ'tet]⟨f1⟩⟨telb.zn.⟩⟨muz.⟩ **0.1** ***motet***.

moth [mɒθ‖mɔθ]⟨f2⟩⟨zn.; →mv. 2⟩

I ⟨telb.zn.⟩ **0.1** ***mot*** ⟨fam. Tineidae⟩ **0.2** ***nachtvlinder*** ⇒***uil(tje)***, *nachtkapel* ⟨Heterocera, onderafdeling v.d. orde der Lepidoptera⟩ **0.3** ***iem. die als een vlieg op de stroop afkomt;***

II ⟨n.-telb.zn.; the⟩ **0.1** ***mot*** ◆ **6.1** this sweater has got the ~ **in** it *de mot zit in deze trui*.

'moth·ball[1] ⟨f1⟩⟨telb.zn.⟩ **0.1** ***mottebal*** ◆ **6.1** ⟨fig.⟩ **in** ~s *in de motteballen, opgelegd*.

mothball[2] ⟨ov.ww.⟩ **0.1** ***opleggen*** ⇒*in de motteballen doen*.

'moth-eat·en ⟨bn.⟩ **0.1** ***mottig*** ⇒*aangevreten door de mot, pokdalig* **0.2** ⟨pej.⟩ ***versleten*** ⇒*aftands* ◆ **1.2** a ~ phrase *een afgezaagde uitdrukking, een cliché*.

moth·er[1] ['mʌðə‖-ər]⟨f4⟩⟨zn.⟩⟨→sprw. 177, 279, 481⟩

I ⟨telb.zn.⟩ **0.1** ***moeder*** ⟨ook fig.⟩ ⇒*bron, oorsprong* **0.2** ***moeder (-overste)*** **0.3** ⟨ook M-⟩ ***moeder(tje)*** ⇒*oudere vrouw uit het volk* **0.4** ***broedmachine*** ⇒*kunstmoeder* **0.5** →motherfucker **0.6** ⟨AE; sl.; mil.⟩ ***moedertoestel*** **0.7** ⟨AE; sl.⟩ ***nicht*** ⇒*homoseksueel* ◆ **1.1** Mother of God *Moeder Gods;* misgovernment is often considered the ~ of revolt *wanbestuur wordt vaak beschouwd als dé bron voor opstandigheid* **2.1** adoptive ~ *adoptiefmoeder;* expectant / pregnant ~ *aanstaande moeder* **2.2** ~ superior *moeder-overste* **2.4** artificial ~ *broedmachine, kunstmoeder* **3.1** become a ~ *moeder worden, een kind krijgen* **3.¶** be ~ *thee schenken;* ⟨inf.⟩ does your ~ know you're out? *laat naar je kijken!;* ⟨inf.⟩ go home to your ~ *je tante!;*

II ⟨n.-telb.zn.⟩ **0.1** ***azijnmoer*** ◆ **1.1** ~ of vinegar *azijnmoer*.

mother[2] ⟨f1⟩⟨ov.ww.⟩ **0.1** ***baren*** ⟨vaak fig.⟩ **0.2** ***(be)moederen*** ⇒*als een moeder zorgen voor, betuttelen* **0.3** ***als (geestes)kind erkennen***.

'moth·er·board ⟨telb.zn.⟩⟨comp.⟩ **0.1** ***moederboard***.

Mother Car·ey's chicken ['mʌðə keəriz 'tʃɪkɪn‖'mʌðər ker-]⟨telb.zn.⟩⟨dierk.⟩ **0.1** ***stormvogeltje*** ⟨Hydrobates pelagius⟩.

'Mother Car·ey's 'goose ⟨telb.zn.⟩⟨dierk.⟩ **0.1** ***zuidelijke reuzenstormvogel*** ⟨Macronectes giganteus⟩.

'moth·er-church ⟨telb.zn.⟩ **0.1** ***moederkerk***.

'Mother 'Church ⟨eig.n.⟩⟨relig.⟩ **0.1** ***(onze) moeder (, de Heilige Kerk)***.

'mother country ⟨f1⟩⟨telb.zn.; →mv. 2⟩ **0.1** ***vaderland*** ⇒*geboorteland* **0.2** ***moederland*** ⇒*land v. herkomst*.

'moth·er·craft ⟨n.-telb.zn.⟩ **0.1** ***deskundig moederschap*** ⇒*bedrevenheid als moeder* ◆ **1.1** courses in ~ *baby- en kleuterverzorgingslessen*.

'mother 'earth ⟨n.-telb.zn.⟩ **0.1** ***moederaarde*** ⇒*de grond*.

moth·er·ese [œʌðə'ri:z]⟨n.-telb.zn.⟩ **0.1** ***oudertaal***.

'moth·er·fuck·er, mother ⟨telb.zn.⟩⟨AE; vulg.⟩ **0.1** ***klootzak*** ⇒*lul*.

'Mother 'Goose ⟨eig.n.⟩ **0.1** ***Moeder de Gans***.

'Mother 'Goose rhyme ⟨telb.zn.⟩⟨AE⟩ **0.1** ***kinderversje*** ⇒*berijmde kindervertelling*.

moth·er·hood ['mʌðəhʊd‖-ðər-]⟨f1⟩⟨n.-telb.zn.⟩ **0.1** ***moederschap***.

Mother Hub·bard ['mʌðə 'hʌbəd‖-ər 'hʌbərd]⟨zn.⟩

I ⟨eig.n.⟩ **0.1** ***Mother Hubbard*** ⟨hoofdpersoon uit kinderversje⟩;

II ⟨telb.zn.⟩ **0.1** ***zakjurk*** ⇒*reformjurk* **0.2** ⟨AE; sl.⟩ ***locomotief met cabine in het midden***.

Moth·er·ing Sunday ⟨eig.n.⟩⟨BE⟩ **0.1** ***(Britse) moederdag*** ⟨vierde zondag v.d. vasten⟩.

'moth·er-in-law ⟨f2⟩⟨telb.zn.; mothers-in-law; →mv. 6⟩ **0.1** ***schoonmoeder***.

'moth·er·land ⟨telb.zn.⟩ **0.1** ***vaderland*** ⇒*geboorteland* **0.2** ***moederland*** ⇒*land v. herkomst*.

moth·er·less ['mʌðələs‖-ðər-]⟨bn.⟩ **0.1** ***moederloos***.

moth·er·like ['mʌðəlaɪk‖-ðər-]⟨bn.⟩ **0.1** ***moederlijk*** ⇒*als een moeder*.

moth·er·li·ness ['mʌðəlinəs‖-ðər-]⟨n.-telb.zn.⟩ **0.1** ***moederliefde*** ⇒*moederlijkheid*.

'mother liquor ⟨n.-telb.zn.⟩⟨schei.⟩ **0.1** ***moederloog***.

moth·er·ly ['mʌðəli‖-ðər-]⟨f1⟩⟨bn.⟩ **0.1** ***moederlijk***.

Mother Mc·Cre·a ['mʌðə mə'kreɪ‖'mʌðər -]⟨telb.zn.⟩⟨AE; sl.⟩ **0.1** ***alibi*** **0.2** ***smartlap*** ⟨naar figuur uit Iers volksliedje⟩.

'moth·er-'na·ked ⟨bn.; -ness⟩ **0.1** ***moedernaakt*** ⇒*spiernaakt*.

'Mother 'Nature ⟨n.-telb.zn.⟩ **0.1** ***moeder natuur***.

'moth·er-of-'mil·lions, 'moth·er-of-'thou·sands ⟨telb.zn.⟩⟨plantk.⟩ **0.1** ***muurleeuwebek*** ⟨Linaria cymbalaria⟩.

'moth·er-of-'pearl ⟨n.-telb.zn.⟩ **0.1** ***paarlemoer***.

'moth·er-of-'thyme ⟨n.-telb.zn.⟩⟨plantk.⟩ **0.1** ***wilde tijm*** ⟨Thymus serpyllum⟩.

'mother right ⟨n.-telb.zn.⟩ **0.1** ***moederrecht*** ⇒*matriarchaat*.

mother's boy ['mʌðəz bɔɪ‖-ərz-]⟨telb.zn.⟩ **0.1** ***moederskindje***.

'Mother's Day ⟨eig.n.⟩ **0.1** ⟨BE⟩ →Mothering Sunday **0.2** ⟨AE⟩ ***moederdag***.

'mother's 'help ⟨telb.zn.⟩⟨BE⟩ **0.1** ***kindermeisje***.

'mother ship ⟨telb.zn.⟩⟨vnl. BE⟩ **0.1** ***moederschip***.

'mother's 'milk ⟨n.-telb.zn.⟩ **0.1** ***moedermelk*** ◆ **3.1** drink / suck / take in with one's ~ *met de paplepel ingegeven krijgen*.

'mother's son ⟨telb.zn.⟩ **0.1** ***man*** ◆ **7.1** every ~ *iedereen, niemand uitgezonderd*.

'mother-to-'be ⟨telb.zn.⟩ **0.1** ***aanstaande moeder***.

'mother 'tongue ⟨f1⟩⟨telb.zn.⟩ **0.1** ***moedertaal*** ⇒*stamtaal*.

'mother wit ⟨n.-telb.zn.⟩ **0.1** ***gezond verstand*** ⇒*intelligentie v. huis uit*.

moth·er·wort ['mʌðəwɜ:t‖'mʌðərwɜrt]⟨n.-telb.zn.⟩⟨plantk.⟩ **0.1** ***hartgespan*** ⟨Leonurus cardiaca⟩.

moth·er·y ['mʌðəri]⟨bn.⟩ **0.1** ***schimmelig***.

'moth 'mullein ⟨n.-telb.zn.⟩⟨plantk.⟩ **0.1** ***mottekruid*** ⟨Verbascum blattaria⟩.

'moth·proof[1] ⟨bn.⟩ **0.1** ***motecht***.

mothproof[2] ⟨ov.ww.⟩ **0.1** ***motecht maken***.

moth·y ['mɒθi‖'mɔθi]⟨bn.; -er; →compar. 7⟩ **0.1** ***mottig*** ⇒*vol mot, door mot beschadigd*.

mo·tif [moʊ'ti:f]⟨f1⟩⟨telb.zn.⟩ **0.1** ***(leid)motief*** ⇒*(grond)thema* **0.2** ⟨muz.⟩ ***motief*** **0.3** ***motief*** ⟨zich op regelmatige wijze herhalende vorm of (versierings)figuur⟩ **0.4** ***kantgarnering*** **0.5** ***autovignet*** ⇒*auto-embleem*.

mo·tile ['moʊtaɪl‖'moʊṭl]⟨bn.⟩⟨biol.⟩ **0.1** ***beweeglijk*** ⇒*tot beweging in staat*.

mo·til·i·ty [moʊ'tɪləṭi]⟨n.-telb.zn.⟩⟨biol.⟩ **0.1** ***motiliteit*** ⇒*beweeglijkheid, bewegingsvermogen*.

motion[1] ['moʊʃn]⟨f3⟩⟨zn.⟩

I ⟨telb.zn.⟩ **0.1** ***beweging*** ⇒*gebaar, wenk, verandering v. plaats / houding* **0.2** ***motie*** **0.3** ⟨jur.⟩ ***verzoek om een rechterlijke uitspraak*** **0.4** ***mechaniek*** ⇒*bewegend mechanisme* **0.5** ***impuls*** ⇒*opwelling* ◆ **2.1** her ~s were graceful *haar bewegingen waren gracieus* **3.¶** go through the ~s *plichtmatig / voor de vorm verrichten; de schijn ophouden, net doen alsof;*

II ⟨n.-telb.zn.⟩ **0.1** ***beweging*** ⇒*gang, loop* **0.2** ⟨BE⟩ ***defecatie*** ⇒*ontlasting* ◆ **2.1** the film was shown in slow ~ *de film werd vertraagd afgedraaid* **3.1** put / set sth. in ~ *iets in beweging zetten / op gang brengen* **6.1** the train was already **in** ~ *de trein had zich al in beweging gezet;*

III ⟨mv.; ~s⟩ **0.1** ⟨BE⟩ ***stoelgang*** **0.2** ***ontlasting*** ⇒*uitwerpselen*.

motion[2] ⟨f2⟩⟨ww.⟩

I ⟨onov.ww.⟩ **0.1** ***wenken*** ⇒*door een gebaar beduiden / te kennen*

geven ◆ **6.1** he ~ed **to** her to come nearer *hij gaf haar een teken / beduidde haar dichterbij te komen;*
II ⟨ov.ww.⟩ **0.1** ***(door een handgebaar) beduiden*** ⇒*gebaren* ◆ **1.1** the policeman ~ed the crowd to keep moving *de agent gebaarde de mensen door te lopen* **5.1** ~ **aside / away** *gebaren aan de kant / weg te gaan.*
mo·tion·al ['moʊʃnəl]⟨bn.⟩ **0.1** ***kinetisch*** ⇒*v. beweging.*
mo·tion·less ['moʊʃnləs]⟨f2⟩⟨bn.; -ly; -ness⟩ **0.1** ***onbeweeglijk*** ⇒*doodstil.*
'motion 'picture ⟨f1⟩⟨telb.zn.⟩ **0.1** ***(speel)film*** ⇒*bioscoopfilm.*
'motion sickness ⟨n.-telb.zn.⟩ **0.1** ***bewegingsziekte*** ⇒*zeeziekte, luchtziekte, wagenziekte.*
'motion study ⟨telb.zn.⟩ **0.1** ***arbeidsanalyse*** ⇒*bewegingsstudie* ⟨ook beeld. k.⟩.
'motion work ⟨telb.zn.⟩ **0.1** ***uurwerk.***
mo·ti·vate ['moʊtɪveɪt], **motive** ['moʊtɪv]⟨f2⟩⟨ov.ww.⟩ **0.1** ***motiveren*** ⇒*een aanleiding vormen, een beweegreden opleveren, aanzetten, de interesse prikkelen.*
mo·ti·va·tion ['moʊtɪ'veɪʃn]⟨f2⟩⟨telb. en n.-telb.zn.⟩ **0.1** ***motivering*** **0.2** ***motivatie*** ⇒*gemotiveerdheid.*
mo·ti·va·tion·al ['moʊtɪ'veɪʃnəl]⟨bn.⟩ **0.1** ***mbt. de motivatie*** ⇒*de motivatie betreffend* ◆ **1.1** ~ research *motivatieonderzoek.*
moti'vation research ⟨telb.zn.⟩ **0.1** ***motivatieonderzoek.***
mo·tive[1] ['moʊtɪv]⟨f3⟩⟨telb.zn.⟩ **0.1** ***motief*** ⇒*beweegreden, drijfveer, aanleiding* **0.2** →motif ◆ **6.1** **without** ~ *ongegrond, zonder reden(en).*
motive[2] ⟨bn., attr.⟩ **0.1** ***beweging veroorzakend*** ◆ **1.1** ~ power *beweegkracht, drijfkracht.*
motive[3] →motivate.
mo·tive·less ['moʊtɪvləs]⟨bn.⟩ **0.1** ***ongemotiveerd*** ⇒*zonder motief.*
mo·tiv·i·ty [moʊ'tɪvətɪ]⟨n.-telb.zn.⟩ **0.1** ***beweegkracht*** ⇒*drijfkracht.*
mot juste ⟨telb.zn.; mots justes ['moʊ 'ʒu:st]; →mv. 5⟩ **0.1** ***mot juste*** ⇒*juiste woord, de spijker op de kop.*
mot·ley[1] ['mɒtli‖'mɑtli]⟨zn.⟩
I ⟨telb.zn.⟩ **0.1** ***bonte mengeling*** ⇒*mengelmoes;*
II ⟨n.-telb.zn.⟩ **0.1** ***narrenkledij*** ⇒*narrenpak* ◆ **3.1** put on / wear (the) ~ *zich als nar verkleden; de pias spelen / uithangen.*
motley[2] ⟨bn.⟩
I ⟨bn.⟩ **0.1** ***bont*** ⇒*geschakeerd, uiteenlopend;* ⟨pej.⟩ *samengeraapt* ◆ **1.1** a ~ collection of books *een bonte verzameling boeken;* ~ crew *zootje ongeregeld;*
II ⟨bn., attr.⟩ **0.1** ***(veel)kleurig*** ⇒*bont, geschakeerd* ◆ **1.1** a ~ dress *een kleurige jurk.*
mot·mot ['mɒtmɒt‖'mɑtmɑt]⟨telb.zn.⟩⟨dierk.⟩ **0.1** ***motmot*** ⟨fam. Momotidae⟩.
mo·to ['moʊtoʊ]⟨telb.zn.⟩⟨motorsport⟩ **0.1** ***reeks*** ⇒*manche.*
mo·to·cross ['moʊtoʊkrɒs‖'moʊtoʊkrɔs]⟨f1⟩⟨n.-telb.zn.⟩ **0.1** ***motorcross*** **0.2** ***rallycross.***
mo·tor[1] ['moʊtə‖'moʊtər]⟨f3⟩⟨telb.zn.⟩ **0.1** ***(verbrandings / elektro) motor*** **0.2** ⟨BE⟩ →motorcar **0.3** ***motor*** ⇒*drijvende kracht* **0.4** ⟨biol.⟩ ***motor*** ⟨zenuw / spier die beweging veroorzaakt / uitvoert⟩.
motor[2] ⟨f1⟩⟨bn., attr.⟩ **0.1** ***motor-*** ⇒*met motoraandrijving, auto-* **0.2** ***motorisch*** ◆ **1.1** ~ industry *autoindustrie;* ~ mower *motormaaier* **1.2** ~ nerve *motorische zenuw.*
motor[3] ⟨f1⟩⟨ww.⟩ →motoring
I ⟨onov.ww.⟩ **0.1** ***per auto reizen*** ⇒*rijden* ◆ **6.1** we ~ed **from** Dover **to** London *we gingen met de auto van Dover naar Londen;*
II ⟨ov.ww.⟩ **0.1** ***per auto vervoeren.***
'mo·tor-as'sist·ed ⟨bn.⟩ **0.1** ***voorzien van hulpmotor*** ◆ **1.1** ~ pedal bicycle *rijwiel met hulpmotor, bromfiets.*
'mo·tor·bike ⟨f1⟩⟨telb.zn.⟩ **0.1** ⟨BE⟩ ***motor(fiets)*** **0.2** ⟨AE⟩ ***bromfiets*** ⇒*brommer, lichte motor(fiets)* ◆ **6.1** I came **by** ~ *ik ben met / op de motor.*
'mo·tor·boat ⟨f1⟩⟨telb.zn.⟩ **0.1** ***motorboot*** ⇒*raceboot, speedboat.*
'mo·tor·bus ⟨telb.zn.⟩ **0.1** ***(auto)bus.***
'motor cab ⟨telb.zn.⟩ **0.1** ***taxi.***
mo·tor·cade ['moʊtəkeɪd‖'moʊtər-]⟨telb.zn.⟩⟨vnl. AE⟩ **0.1** ***autocolonne*** ⇒*stoet / optocht v. auto's, autocorso.*
'mo·tor·car ⟨f1⟩⟨telb.zn.⟩ **0.1** ***auto(mobiel).***
'motor caravan ⟨telb.zn.⟩⟨BE⟩ **0.1** ***kampeerbus.***
'motor coach ⟨telb.zn.⟩ **0.1** ***touringcar*** ⇒*reisbus.*
'motor court ⟨telb.zn.⟩⟨AE⟩ **0.1** ***motel.***
'mo·tor·cy·cle ⟨f2⟩⟨telb.zn.⟩ **0.1** ***motor(fiets).***
'motorcycle race ⟨telb.zn.⟩⟨sport⟩ **0.1** ***motorrace.***
'motorcycle racing ⟨n.-telb.zn.⟩⟨sport⟩ **0.1** ***motorrensport.***
'mo·tor·cy·cling ⟨n.-telb.zn.⟩ **0.1** ***het motorrijden*** ⇒*het toeren met de motor(fiets).*
'mo·tor·cy·clist ⟨telb.zn.⟩ **0.1** ***motorrijder.***
'motor fitter ⟨telb.zn.⟩ **0.1** ***automonteur.***
'motor home ⟨f1⟩⟨telb.zn.⟩ **0.1** ***kampeerauto*** ⇒*camper.*
mo·to·ri·al [moʊ'tɔ:rɪəl]⟨bn.⟩ **0.1** ***motorisch*** ⇒*in beweging brengend.*
mo·to·ring ['moʊtərɪŋ]⟨f1⟩⟨n.-telb.zn.; gerund v. motor⟩ **0.1** ***het autorijden*** ⇒*het toeren met de auto.*
mo·tor·ist ['moʊtərɪst]⟨f2⟩⟨telb.zn.⟩ **0.1** ***automobilist*** ⇒*autorijder.*
mo·tor·i·za·tion, -sa·tion ['moʊtəraɪ'zeɪʃn‖'moʊtərə-]⟨n.-telb.zn.⟩ **0.1** ***motorisering.***
mo·tor·ize, -ise ['moʊtəraɪz]⟨ov.ww.⟩ **0.1** ***motoriseren.***
'motor launch ⟨telb.zn.⟩ **0.1** ***motorbarkas.***
'motor lorry ⟨telb.zn.⟩⟨BE⟩ **0.1** ***vrachtauto.***
mo·tor·man ['moʊtəmən‖'moʊtər-]⟨telb.zn.; motormen [-mən]; →mv. 3⟩ **0.1** ***wagenbestuurder*** ⟨v. tram, metro of stadsspoor⟩ **0.2** ***chauffeur*** ⟨v. bus of truck⟩.
'motor mechanic ⟨telb.zn.⟩ **0.1** ***mecanicien*** ⇒*monteur.*
'motor nerve ⟨telb.zn.⟩ **0.1** ***motorische zenuw.***
'motor-paced 'race ⟨telb.zn.⟩⟨wielrennen⟩ **0.1** ***stayerswedstrijd.***
'motor-paced 'racer ⟨telb.zn.⟩⟨wielrennen⟩ **0.1** ***stayer.***
'motor pacer ⟨telb.zn.⟩⟨wielrennen⟩ **0.1** ***gangmaker.***
'motor race ⟨telb.zn.⟩⟨sport⟩ **0.1** ***autorace.***
'motor racing ⟨n.-telb.zn.⟩⟨sport⟩ **0.1** ***autorensport.***
'motor scooter ⟨telb.zn.⟩ **0.1** ***scooter.***
'mo·tor·ship ⟨telb.zn.⟩ **0.1** ***(zeewaardig) motorschip.***
'motor show ⟨telb.zn.⟩ **0.1** ***autotentoonstelling.***
'motor sleigh ⟨telb.zn.⟩ **0.1** ***motorsle(d)e.***
'motor spirit ⟨n.-telb.zn.⟩⟨BE⟩ **0.1** ***motorbrandstof*** ⇒*benzine.*
'mo·tor·truck ⟨telb.zn.⟩⟨AE⟩ **0.1** ***vrachtwagen.***
'motor van ⟨telb.zn.⟩⟨BE⟩ **0.1** ***bestelwagen.***
'motor vehicle ⟨telb.zn.⟩ **0.1** ***motorvoertuig.***
'mo·tor·way ⟨f1⟩⟨telb.zn.⟩⟨BE⟩ **0.1** ***autosnelweg.***
mo·to·ry ['moʊtəri]⟨bn.⟩ **0.1** ***motorisch*** ◆ **1.1** ~ nerves *motorische zenuwen.*
Mo·town ['moʊtaʊn]⟨eig.n.⟩⟨inf.⟩ **0.1** ***Detroit.***
'M.O.'T.-test ⟨telb.zn.⟩⟨BE; inf.⟩ **0.1** ***verplichte jaarlijkse keuring*** ⟨voor auto's ouder dan 3 jaar⟩.
mot·tle[1] ['mɒtl‖'mɑtl]⟨telb.zn.⟩ **0.1** ***vlek*** ⇒*spikkel* **0.2** ***(geschakeerd) vlekkenpatroon.***
mottle[2] ⟨f1⟩⟨ov.ww.; vaak in volt. deelw.⟩ **0.1** ***vlekken*** ⇒*spikkelen, marmeren, aderen, schakeren* ◆ **1.1** the ~d skin of a snake *de gevlekte huid v.e. slang;* ~d linoleum *gemarmerd linoleum.*
mot·to ['mɒtoʊ‖'mɑtoʊ]⟨f2⟩⟨telb.zn.; ook -es; →mv. 2⟩ **0.1** ***devies*** ⇒*wapenspreuk, motto, lijfspreuk* **0.2** ⟨vooral BE⟩ ***ulevellenrijmpje*** ⇒*ulevellenspreuk* **0.3** →motto kiss **0.4** →motto theme ◆ **1.1** the ~s of the chapters tend to be quotations *het motto v.d. hoofdstukken is gewoonlijk een citaat.*
'motto kiss ⟨telb.zn.⟩⟨AE⟩ **0.1** ***ulevel.***
'motto theme ⟨telb.zn.⟩⟨muz.⟩ **0.1** ***leidmotief.***
mouch →mooch.
moue [mu:]⟨telb.zn.⟩ **0.1** ***pruilend gezicht(je)*** ⇒*pruilmond(je).*
mou·flon, mouf·flon ['mu:flɒn‖'mu:flən]⟨telb.zn.⟩⟨dierk.⟩ **0.1** ***moeflon*** ⟨wild schaap op Corsica en Sardinië; Ovis musimon⟩.
mouil·lé ['mu:jeɪ‖-'jeɪ]⟨bn.⟩⟨taalk.⟩ **0.1** ***gemouilleerd*** ⇒*gepalataliseerd.*
mou·jik, mu·zhik ['mu:ʒɪk‖-'ʒɪk]⟨telb.zn.⟩ **0.1** ***moezjiek*** ⇒*Russische (kleine) boer* ⟨vóór 1917⟩.
mould[1], ⟨AE sp.⟩ **mold** [moʊld]⟨f3⟩⟨zn.⟩
I ⟨telb.zn.⟩ **0.1** ⟨ben. voor⟩ ***vorm die als model dient*** ⇒*vorm, lijnen* ⟨vnl. v. dierenlichaam⟩; *mal, matrijs, gietvorm, sjabloon;* ⟨bouwk.⟩ *vorm;* ⟨cul.⟩ *pudding(vorm);* ⟨fig.⟩ *aard, karakter* **0.2** →moulding ◆ **3.1** cast in stubborn / heroic ~ *koppig / heldhaftig (v. karakter);* cast in one / the same ~ *uit hetzelfde hout gesneden, met één sop overgoten;* she's made / cast in her father's ~ *zij heeft een aardje naar haar vaartje;*
II ⟨telb. en n.-telb.zn.⟩ **0.1** ***schimmel*** ◆ **3.1** contract ~ *beschimmelen;*
III ⟨n.-telb.zn.⟩ **0.1** ***teelaarde*** ⇒*bladaarde* **0.2** →IV ◆ **1.1** a man of ~ *sterveling, een mens v. vlees en bloed;*
IV ⟨mv.; ~s; the⟩ **0.1** ***(de aarde v.) het graf.***
mould[2], ⟨AE sp.⟩ **mold** ⟨f3⟩⟨ww.⟩ →moulding
I ⟨onov.ww.⟩⟨AE⟩ **0.1** ***beschimmelen;***
II ⟨ov.ww.⟩ **0.1** ***vormen*** ⇒*vorm geven, kneden, boetseren, modelleren, een gietvorm maken voor* **0.2** ***aanaarden*** ⇒*met aarde bedekken* **0.3** ⟨vero.⟩ ***doen beschimmelen*** ◆ **1.1** ⟨fig.⟩ ~ a person's character *iemands karakter vormen;* ⟨scheep.⟩ ~ed breadth *grootste breedte over de spanten;* ⟨scheep.⟩ ~ed depth *diepte van kielbalk tot dek, grootste diepte;* ~ bread into balls *brood tot balletjes kneden* **6.1** ~ a head **from / in / out of** clay *een kop uit / van klei boetseren;* ~ed **on** *naar het patroon / voorbeeld van.*
mould·a·ble, ⟨AE sp.⟩ **mold·a·ble** ['moʊldəbl]⟨bn.⟩ **0.1** ***kneedbaar.***

'mould·board ⟨telb.zn.⟩ **0.1** ***strijkbord*** ⟨v.e. ploeg⟩ ⇒*ri(e)ster.*
mould·er[1], ⟨AE sp.⟩ **mold·er** ['mouldə‖-ər]⟨telb.zn.⟩ **0.1** ***vormdraaier*** ⇒*vormer, maker v. gietvormen.*
moulder[2], ⟨AE sp.⟩ **molder** ⟨f1⟩ ⟨onov.ww.⟩ **0.1** ***(tot stof) vergaan*** ⇒*vermolmen, verrotten, wegschrompelen* ⟨ook fig.⟩.
mould·ing, ⟨AE sp.⟩ **mold·ing** ['mouldıŋ]⟨f2⟩ ⟨telb.zn.; oorspr. gerund v. mould⟩ **0.1** ***afgietsel*** ⇒*afdruk, moulage* **0.2** ⟨bouwk.⟩ ***lijstwerk*** ⇒*profiel, lofwerk,* ⟨B.⟩ *moulure.*
'moulding board ⟨telb.zn.⟩ **0.1** ***kneedplank.***
'moulding plane ⟨telb.zn.⟩ **0.1** ***profielschaaf.***
'mould loft ⟨telb.zn.⟩ ⟨scheep.⟩ **0.1** ***mal(len)zolder.***
mould·warp, ⟨AE sp.⟩ **mold·warp** ['mouldwɔ:p‖-wɔrp]⟨telb.zn.⟩ ⟨vero. of gew.⟩ **0.1** ***mol.***
mould·y, ⟨AE sp.⟩ **mold·y** ['mouldi]⟨f1⟩ ⟨bn.; -er; -ness; →compar. 7⟩ **0.1** ***beschimmeld*** ⇒*schimmelig* **0.2** ***muf*** **0.3** ***afgezaagd*** ⇒*oudbakken, muf, stoffig, vermolmd* **0.4** ⟨BE; sl.⟩ ***waardeloos*** **0.5** ⟨BE; kind.⟩ ***kinderachtig*** ⇒*streng* **0.6** ⟨BE; kind.⟩ ***miezerig*** ⇒*krenterig* ◆ **1.2** a ~ smell *een muffe lucht* **1.4** what a ~ meal! *wat hebben we beroerd gegeten!* **1.5** a ~ old uncle *een ouwe zuurpruim v.e. oom* **1.6** all we got was a ~ five pence *een rottig/luizig kwartje was al wat we kregen* **1.¶** ⟨AE; sl.⟩ a ~ fig *een ouwe zak* **3.3** his brains are getting rather ~ *het wordt wat stoffig in zijn bovenkamer.*
mou·lin ['mu:lın‖-'lɛ̃]⟨telb.zn.⟩ ⟨geol.⟩ **0.1** ***gletsjermolen.***
moult[1], ⟨AE sp.⟩ **molt** [moult]⟨f1⟩ ⟨telb.zn.⟩ **0.1** ***rui*** ⇒*het ruien, het verharen, het vervellen* ◆ **6.1 in** ~ *in/aan de rui.*
moult[2], ⟨AE sp.⟩ **molt** ⟨f1⟩ ⟨onov. en ov.ww.⟩ **0.1** ***ruien*** ⇒*verharen, vervellen, (veren/huid/horens) verliezen/afleggen/afwerpen* ◆ **1.1** ⟨fig.⟩ ~ one's old notions *afstand doen van zijn oude opvattingen.*
mound[1] [maund]⟨f2⟩ ⟨telb.zn.⟩ **0.1** ***aardhoop*** ⇒*aardverhoging, terp, (graf)heuvel, tumulus;* ⟨fig.⟩ *berg, hoop* **0.2** ***wal*** ⇒*aarden omheining, dam, dijk* **0.3** ⟨honkbal⟩ ***heuvel*** ⇒*werpheuvel* **0.4** ⟨heraldiek⟩ ***rijksappel.***
mound[2] ⟨f1⟩ ⟨ov.ww.⟩ **0.1** ***ophopen*** ⇒*opstapelen* **0.2** ***omwallen*** ⇒*met aarde omringen, bedekken* ◆ **1.2** ~ the roses *de rozen aanaarden.*
'Mound Builder ⟨telb.zn.⟩ **0.1** ***tumuli-bouwer*** ⟨lid v. prehistorische Indianenstam in Mississippi-vallei⟩.
mount[1] [maunt]⟨f3⟩ ⟨telb.zn.⟩ **0.1** ⟨vaak M-; vero. beh. in namen⟩ ***berg*** ⇒*heuvel* **0.2** ⟨handlijnkunde⟩ ***berg*** **0.3** ***rijdier*** **0.4** ***rijwiel*** ⇒*fiets* **0.5** ⟨ben. voor⟩ ***iets waarop men iets plaatst om het tentoon te stellen*** ⇒*standaard* ⟨in etalage⟩, *voet* ⟨v. bokaal⟩; *beslag; zetting, montering* ⟨v. juwelen⟩; *opplak/opzetkarton* ⟨v. foto, plaatje⟩; *rand, montuur, omlijsting; prepareerglaasje, preparaat* **0.6** ***(geschut)wagen*** ⇒*affuit, opzet* ◆ **1.1** Mount Everest *de Everest;* Mount of Olives *de Olijfberg.*
mount[2] ⟨f3⟩ ⟨ww.⟩
I ⟨onov.ww.⟩ **0.1** ***(op)stijgen*** ⇒*(op)klimmen, omhoog gaan, rijzen* **0.2** ***een paard bestijgen/berijden*** **0.3** ⟨BE; sl.⟩ ***meineed plegen*** ⇒*valse getuigenis afleggen* ◆ **1.1** with ~ing indignation *met stijgende/toenemende verontwaardiging* **5.1** the expenses ~ **up** to a huge amount *de uitgaven lopen tot een enorm bedrag op* **6.1** the blood ~ed **over** his cheeks *het bloed vloog naar zijn wangen;* the blood ~ed **to** his head *het bloed steeg hem naar het hoofd, hij bloosde diep* **6.2** ~ed **on** a thoroughbred *gezeten op een volbloed;*
II ⟨ov.ww.⟩ **0.1** ***bestijgen*** ⇒*beklimmen* **0.2** ***opgaan*** ⇒*opklimmen, opstijgen* **0.3** ***bespringen*** ⇒*dekken, copuleren met* **0.4** ***te paard zetten*** ⇒*laten rijden, v. rijdier voorzien* **0.5** ⟨ben. voor⟩ ***iets op iets plaatsen*** ⇒*voeren* ⟨stukken geschut⟩; *opzetten, opstellen* ⟨geweren enz.⟩; *uitstallen, (ver)tonen* ⟨kledingstukken⟩; *opplakken, opzetten* ⟨foto's⟩; *opprikken* ⟨vlinders⟩; *zetten, vatten* ⟨juwelen⟩; *beslaan* ⟨met zilver⟩; *toebereiden, toerusten, uitrusten; prepareren* **0.6** ***organiseren*** ⇒*in stelling brengen* ◆ **1.1** ~ the throne *de troon beklimmen/aanvaarden* **1.2** he ~ed the stairs *hij liep de trap op* **1.3** the bull ~ed the cow *de stier dekte de koe* **1.4** ~ed police *bereden politie;* the stable can ~ all of them *de stal kan ze allemaal van een paard voorzien* **1.6** ~ an attack *een aanval inzetten;* ~ a play *een toneelstuk ensceneren* **5.4** badly ~ed *van slechte rijdieren voorzien* **6.4** he ~ed his son **on** a mule *hij zette zijn zoon op een muilezel;* the soldiers were ~ed **on** black horses *de soldaten bereden zwarte paarden.*
moun·tain ['mauntın‖'mauntn]⟨f3⟩ ⟨zn.⟩ ⟨→sprw. 320⟩
I ⟨eig.n.; M-; The⟩ **0.1** ***La Montagne*** ⟨ultra-revolutionaire Franse partij, 1792-1795⟩ ⇒*de Bergpartij;*
II ⟨telb.zn.⟩ **0.1** ***berg*** ⇒*heuvel, hoop* ◆ **1.1** ~s/a ~ of dirty clothes *een stapel vuile kleren, massa's vuile kleren* **1.¶** the ~ has produced a mole *de berg heeft een muis gebaard;* make a ~ out of a molehill *van een mug een olifant maken* **2.1** ~(s) high waves *huizenhoge golven* **3.¶** move ~s *bergen verzetten, hemel en aarde bewegen.*
'mountain 'ash ⟨telb.zn.⟩ ⟨plantk.⟩ **0.1** ***lijsterbes*** ⇒*sorbeboom* ⟨genus Sorbus, vnl. S. aucuparia⟩ **0.2** ***Australische eucalyptus*** ⇒*gomboom.*
'mountain bicycle, 'mountain bike ⟨telb.zn.⟩ **0.1** ***al-terreinfiets*** ⇒*klimfiets.*
'mountain chain ⟨f1⟩ ⟨telb.zn.⟩ **0.1** ***bergketen.***
'mountain classification ⟨telb.zn.⟩ ⟨wielrennen⟩ **0.1** ***bergklassement.***
'mountain cock ⟨telb.zn.⟩ ⟨dierk.⟩ **0.1** ***auerhaan*** ⟨Tetrao urogallus⟩.
'mountain devil ⟨telb.zn.⟩ ⟨dierk.⟩ **0.1** ***bergduivel*** ⟨Austr. hagedis; genus Moloch⟩.
'mountain dew ⟨telb. en n.-telb.zn.⟩ ⟨inf.⟩ **0.1** ***Schotse whisky*** ⟨vooral illegaal gedistilleerd⟩.
moun·tain·eer[1] ['mauntı̩'nıə‖'mauntn'ır]⟨f1⟩ ⟨telb.zn.⟩ **0.1** ***bergbeklimmer/ster*** **0.2** ***bergbewoner/woonster*** **0.3** ***lid van de Bergpartij*** ⇒*lid van 'La Montagne'.*
mountaineer[2] ⟨onov.ww.⟩ →mountaineering **0.1** ***bergbeklimmen*** ⇒*alpinisme bedrijven.*
moun·tain·eer·ing ['mauntı̩'nıərıŋ‖'mauntn'ırıŋ]⟨f1⟩ ⟨n.-telb.zn.; gerund v. mountaineer⟩ **0.1** ***bergsport*** ⇒*alpinisme.*
'mountain finch ⟨telb.zn.⟩ ⟨dierk.⟩ **0.1** ***keep*** ⟨Fringilla montifringilla⟩.
'mountain goat ⟨telb.zn.⟩ ⟨dierk.⟩ **0.1** ***sneeuwgeit*** ⇒*sneeuwgems* ⟨Oreamnos americanus⟩ **0.2** ⟨alg.⟩ ***berggeit*** ⇒*wilde geit.*
'mountain gorp ⟨n.-telb.zn.⟩ **0.1** ***studentenhaver.***
'mountain laurel ⟨telb.zn.⟩ ⟨plantk.⟩ **0.1** ***breedbladige lepelboom*** ⟨Kalmia latifolia⟩.
'mountain lion ⟨telb.zn.⟩ ⟨dierk.⟩ **0.1** ***poema*** ⟨Felis concolor⟩.
moun·tain·ous ['mauntı̩nəs‖'mauntn-əs]⟨f1⟩ ⟨bn.⟩ **0.1** ***bergachtig*** ⇒*berg-* **0.2** ***gigantisch*** ⇒*reusachtig, huizenhoog, enorm (groot), kolossaal.*
'mountain oyster ⟨telb. en n.-telb.zn.⟩ ⟨cul.⟩ **0.1** ***schape/varkenstestis.***
'mountain range ⟨f1⟩ ⟨telb.zn.⟩ **0.1** ***bergkam*** ⇒*bergketen.*
'mountain refuge ⟨telb.zn.⟩ **0.1** ***berghut.***
'mountain sickness ⟨n.-telb.zn.⟩ **0.1** ***bergziekte*** ⇒*hoogteziekte.*
'moun·tain·side ⟨f1⟩ ⟨telb.zn.⟩ **0.1** ***berghelling.***
'Mountain 'Standard Time, 'Mountain Time ⟨n.-telb.zn.⟩ **0.1** ***Mountain States Time*** ⇒*Mountain standard Time/Tijd.*
'mountain tobacco ⟨n.-telb.zn.⟩ ⟨plantk.⟩ **0.1** ***valkruid*** ⇒*wolverlei* ⟨Arnica montana⟩.
'moun·tain·top ⟨telb.zn.⟩ **0.1** ***bergtop.***
moun·te·bank ['mauntı̩bæŋk]⟨telb.zn.⟩ **0.1** ***(rondtrekkend) kwakzalver*** ⇒*lapzalver, kakadoris* **0.2** ***charlatan*** ⇒*bedrieger, gladakker, oplichter* **0.3** ***clown*** ⇒*nar.*
Moun·tie, Moun·ty ['maunti]⟨telb.zn.; →mv. 2⟩ ⟨inf.⟩ **0.1** ***lid v.d. 'Royal Canadian Mounted Police'.***
mourn [mɔ:n‖mɔrn]⟨f2⟩ ⟨ww.⟩
I ⟨onov.ww.⟩ **0.1** ***rouwen*** ⇒*in de rouw zijn, treuren, van rouw vervuld zijn, weeklagen* **0.2** ***rouw dragen*** ◆ **6.1** he ~s **for/over** the loss of his daughter *hij rouwt om het verlies van zijn dochter;*
II ⟨ov.ww.⟩ **0.1** ***betreuren*** ⇒*bedroefd zijn over, bewenen.*
mourn·er ['mɔ:nə‖mɔrnər]⟨f1⟩ ⟨telb.zn.⟩ **0.1** ***rouwdrager/draagster*** ⇒*treurende* **0.2** ***rouwklager/klaagster*** ⇒*huilebalk.*
'mourners' bench ⟨telb.zn.⟩ ⟨AE⟩ **0.1** ***zondaarsbankje*** ⟨bij bijeenkomsten v. religieuze 'revivalists'⟩.
mourn·ful ['mɔ:nfl‖'mɔrn-]⟨f2⟩ ⟨bn.; -ly; -ness⟩ **0.1** ***bedroefd*** ⇒*triest, treurig, verdrietig, somber.*
mourn·ing ['mɔ:nıŋ‖'mɔr-]⟨f2⟩ ⟨n.-telb.zn.⟩ **0.1** ***rouw*** ⇒*rouwdracht/kledij* **0.2** ***het rouwen*** ⇒*het treuren, het tonen v. smart* **0.3** ***rouwtijd*** ⇒*treurtijd* ◆ **1.1** ⟨inf.⟩ your fingernails are in ~ *je nagels hebben rouwrandjes;* ⟨inf.⟩ your eye is in ~ *je hebt een blauw oog* **2.1** deep ~ *zware rouw;* half ~ *halve rouw* **6.1** stop being **in** ~ *uit de rouw gaan, de rouw afleggen;* go **into** ~ *de rouw aannemen, zich in rouw storten.*
'mourning band ⟨telb.zn.⟩ **0.1** ***rouwband.***
'mourning coach ⟨telb.zn.⟩ **0.1** ***rouwkoets.***
'mourning dove ⟨telb.zn.⟩ ⟨dierk.⟩ **0.1** ***treurduif*** ⟨Zenaidura macroura carolinensis⟩.
'mourning ring ⟨telb.zn.⟩ **0.1** ***ring ter nagedachtenis v.e. overledene*** ⇒*gedachtenisring.*
mouse[1] [maus]⟨f3⟩ ⟨telb.zn.; mice [maıs]; →mv. 3⟩ ⟨→sprw. 402, 473, 741⟩ **0.1** ***muis*** **0.2** ⟨inf.⟩ ***bangerik*** ⇒*bang vogeltje, schuw persoon* ⟨vooral v. vrouw⟩ **0.3** ⟨inf.⟩ ***mop*** ⇒*dotje, schatje* ⟨vooral v. vrouw⟩ **0.4** ⟨comp.⟩ ***muis*** **0.5** ⟨sl.⟩ ***blauw oog*** **0.6** ⟨scheep.⟩ ***muizing*** ⇒*touwverdikking, bindsel* ◆ **3.1** ~-coloured *muiskleurig.*
mouse[2] [mauz]⟨onov.ww.⟩ **0.1** ***muizen*** ⇒*muizen vangen, jacht op muizen maken* **0.2** ***snuffelen*** ⇒*(rond)neuzen, speuren, (rond) sluipen* **0.3** ⟨scheep.⟩ ***muizen*** ⇒*bindselen* ◆ **5.1** ~ **about** *rondsnuffelen* **6.1** ~ **round** libraries *bibliotheken doorsnuffelen.*

'mouse deer ⟨telb.zn.⟩ ⟨dierk.⟩ **0.1** ***dwerghert*** ⟨fam. Tragulidae⟩.
'mouse-ear ⟨telb.zn.⟩ **0.1** ⟨ben. voor⟩ ***plantje met oor/lepelvormige blaadjes*** ⇒*muizeoor* ⟨Hieracium pilosela⟩; *vergeet-mij-nietje* ⟨genus Myosotis⟩; *hoornbloem* ⟨genus Cerastium⟩.
'mouse 'grey ⟨n.-telb.zn.; vaak attr.⟩ **0.1** ***muisvaal*** ⇒*muisgrijs*.
mous·er ['maʊzə||-ər] ⟨telb.zn.⟩ **0.1** ***muizenvanger*** ⇒*muizekat, muizerd*.
mouse·trap[1] ['maʊs·træp] ⟨f2⟩ ⟨telb.zn.⟩ **0.1** ***muizeval*** ⇒*val* **0.2** ⟨AE; sl.⟩ ***derderangs theater/nachtclub*** ⇒*zoldertheater* **0.3** ⟨verk.⟩ ⟨mousetrap cheese⟩.
'mousetrap[2] ⟨ov.ww.; →ww. 7⟩ **0.1** ***in de val doen lopen*** ⇒*misleiden*.
'mousetrap 'cheese ⟨n.-telb.zn.⟩ ⟨vooral BE; scherts.⟩ **0.1** ***inferieure kaas*** ⇒*prutkaas*.
mousse[1] [mu:s] ⟨telb. en n.-telb.zn.⟩ **0.1** ⟨cul.⟩ ***mousse*** **0.2** ***mousse*** ⇒*schuimversteviger*.
mousse[2] ⟨ov.ww.⟩ **0.1** ***mousse/schuimversteviger aanbrengen*** ⟨op het haar⟩ ⇒*verstevigen met een mousse*.
mous·tache, ⟨AE sp. ook⟩ **mus·tache** [mə'stɑ:ʃ||-'stæʃ] ⟨f3⟩ ⟨telb.zn. of mv.⟩ **0.1** ***snor*** ⇒*snorrebaard, knevel* ◆ **1.1** a pair of ~s *een snor(rebaard)*.
mou'stache cup ⟨telb.zn.⟩ **0.1** ***snorrekop***.
mous·tached, ⟨AE sp. ook⟩ **mus·tached** [mə'stɑ:ʃt||-'stæʃt] ⟨bn.⟩ **0.1** ***met een snor(rebaard)*** ◆ **1.¶** ⟨dierk.⟩ ~ warbler *zwartkopriet-zanger* ⟨Acrocephalus melanopogon⟩.
Mous·t(i)e·ri·an [mu:'stɪərɪən||-'stɪr-] ⟨bn.⟩ **0.1** ***Moustérien*** ⇒*uit het (midden paleotische) Moustérien tijdperk afkomstig*.
mous·y, mous·ey ['maʊsi] ⟨bn.; -er; -ness; →bijw. 3⟩ **0.1** ***muisachtig*** **0.2** ***muiskleurig*** ⇒*muisgrijs/vaal* ⟨vooral v. haar⟩ **0.3** ***timide*** ⟨vooral v. vrouw⟩ ⇒*verlegen, bangig* **0.4** ***muisstil***.
mouth[1] [maʊθ] ⟨f4⟩ ⟨zn.; mouths [maʊðz]; →mv. 3⟩
I ⟨telb.zn.⟩ **0.1** ***mond*** ⇒*muil, bek, snoet* **0.2** ⟨ben. voor⟩ ***opening*** ⇒*ingang, toegang; (uit)monding* ⟨v. rivier⟩; *mond* ⟨v. haven, tunnel, rivier, zak, oven, kanon, vulkaan⟩; *zeegat; schacht* ⟨v. mijn⟩; *tromp, muil* ⟨v. kanon⟩; *bek* ⟨v. tang⟩; ⟨muz.⟩ *(klank)beker, paviljoen* ⟨v. blaasinstrument⟩, *mondstuk, klankspleet* ⟨v. orgelpijp⟩ **0.3** ***grijns*** ⇒*scheef gezicht* **0.4** ⟨AE; sl.⟩ ***advocaat*** ◆ **1.1** take the words out of s.o.'s ~ *iem. de woorden uit de mond nemen* **2.1** the horse has a bad/hard ~, not a good one *het paard is hard in de mond, niet zacht* ⟨luistert slecht naar het bit, niet goed⟩; a big ~ *een grote mond;* have a foul ~ *vuilbekken;* a thin ~ *dunne lippen* **2.3** make a wry ~ at *een zuur gezicht trekken tegen* **3.1** have you been blabbing your ~? *heb je je mond voorbijgepraat?;* another ~ to feed *alweer een mond (om) te voeden;* ~-filling talk *gezwollen, bombastisch gepraat;* he didn't open his ~ *hij deed geen bek open;* shut your ~ *hou je mond/bek/klep dicht;* shut/stop s.o.'s ~ *iem. tot zwijgen brengen, iem. de mond snoeren;* keep one's ~ shut *niets verklappen/verraden, zwijgen als het graf;* ⟨AE; gew.⟩ well, shut my ~ *asjemenou, wel heb je me daar, goeie hemel* ⟨uitroep v. verbazing⟩; it makes my ~ water *het is om van te watertanden* **3.3** make ~s/a ~ at *gezichten trekken tegen, een scheve mond trekken tegen* **3.¶** shoot one's ~ off *zijn mond voorbijpraten; zijn mening luidkeels verkondigen* **4.1** it is in everybody's ~ *iedereen heeft er de mond van vol* **5.¶** ⟨inf.⟩ **down** in the ~ *terneergeslagen, bedrukt, ontmoedigd, gedeprimeerd* **6.1 from** ~ **to** ~ *van mond tot mond;* it sounds odd **in** his ~ *uit zijn mond klinkt het gek;* **out of** s.o.'s own ~ *met iemands eigen woorden;* **through** the ~ of James *met Jacob als woordvoerder* **7.1** be in many ~s *over de tong gaan;* with one ~ *uit één mond;*
II ⟨n.-telb.zn.⟩ **0.1** ***uitdrukking*** **0.2** ***geblaf*** ⇒ ⟨jacht⟩ *hals* **0.3** ⟨inf.⟩ ***brutale bek*** ⇒*snavel, onbeschaamdheid* **0.4** ⟨inf.⟩ ***praatzucht*** ⇒*praatziekte, babbelzucht, praatjesmakerij* ◆ **1.4** ⟨inf.⟩ be all ~ and trousers *overal de mond van vol hebben, maar weinig doen,* ⟨ong.⟩ *veel geschreeuw maar weinig wol* **3.1** give ~ to *uitdrukking geven aan* **3.2** the dog gave ~ when it found the track *de hond sloeg aan/gaf hals toen hij het wildspoor vond* **3.3** don't take any ~ from him *je moet je door hem niet laten afbekken*.
mouth[2] [maʊð] ⟨f2⟩ ⟨ww.⟩
I ⟨onov.ww.⟩ **0.1** ***oreren*** ⇒*geaffecteerd/gemaakt spreken, declameren, galmen* **0.2** ***gezichten trekken*** ⇒*bekken trekken, grijnzen* **0.3** ***de lippen (geluidloos) bewegen*** **0.4** ***uitmonden;***
II ⟨ov.ww.⟩ **0.1** ***declameren*** ⇒*geaffecteerd/bombastisch/hoogdravend/met pathos (uit)spreken/zeggen* **0.2** ***met de lippen (geluidloos) vormen*** ⇒*(voor zich uit) mompelen, murmelen, grommen* **0.3** ***de mond zetten aan*** ⇒*met de mond opnemen/grijpen, happen naar, bijten in; in de mond nemen* ⟨v. paard⟩ **0.4** ***zorgvuldig kauwen*** **0.5** ***aan bit laten wennen*** ⟨paard⟩ ◆ **1.1** you can hear them ~ing their multiplication tables *je kunt ze hun tafels v. vermenigvuldiging horen opdreunen* **1.2** she was ~ing the words, but he didn't understand *zij vormde de woorden met haar lippen, maar hij begreep haar niet* **5.3** ~ **down** some food *wat eten naar binnen werken*.
'mouth·breeder ⟨telb.zn.⟩ **0.1** ***mondbroeder***.
'mouth-fill·ing ⟨bn.⟩ **0.1** ***bombastisch*** ⇒*gezwollen, hoogdravend*.
mouth·ful ['maʊθfʊl] ⟨f2⟩ ⟨telb.zn.⟩ **0.1** ***mond(je)vol*** ⇒*hapje, brokje, beet(je)* **0.2** ⟨inf.; scherts.⟩ ***hele mond vol*** ⇒*een lang woord, een woord waar je tong over struikelt* **0.3** ⟨sl.⟩ ***iets belangrijks*** ⇒*gewichtige opmerking/uitdrukking* ◆ **3.2** a large ~ to swallow *moeilijk te slikken/geloven* **3.3** you said a ~ *daar ben ik het roerend mee eens, goed gezegd*.
'mouth organ ⟨f1⟩ ⟨telb.zn.⟩ **0.1** ***mondorgel(tje)*** ⇒*mondharmonica* **0.2** ***pan(s)fluit*** **0.3** ***monddeel*** ⟨v. insekten⟩.
mouth·piece ['maʊθpi:s] ⟨f2⟩ ⟨telb.zn.⟩ **0.1** ***mondstuk*** **0.2** ***sigare/sigarettepijpje*** **0.3** ⟨inf.⟩ ***spreekbuis*** ⇒*woordvoerder, vertolker, orgaan* **0.4** ⟨sl.⟩ ***advocaat*** ⟨v. kwade zaken⟩ **0.5** ⟨bokssport⟩ ***gebitsbeschermer*** ⇒*tandbeschermer,* ⟨inf.⟩ *bit(je)* ◆ **3.1** speak through the ~ *in de hoorn spreken*.
mouth-to-'mouth ⟨bn., attr.⟩ **0.1** ***mond-op-mond*** ◆ **1.1** ~ resuscitation *mond-op-mondbeademing, mondbeaming*.
mouth·wash ['maʊθwɒʃ||-wɔʃ, -wɑʃ] ⟨telb. en n.-telb.zn.⟩ **0.1** ***mondspoeling*** ⇒*spoeldrank, gorgeldrank*.
mouth·y ['maʊθi] ⟨bn.; -er; -ly; -ness; →bijw. 3⟩ **0.1** ***praatziek*** ⇒*babbelziek, zwammerig, zwetserig* **0.2** ***bombastisch*** ⇒*hoogdravend, gezwollen, snoevend*.
move[1] [mu:v] ⟨f3⟩ ⟨telb.zn.⟩ **0.1** ***beweging*** ⇒*verroering* **0.2** ***verhuizing*** ⇒*trek* **0.3** ***zet*** ⇒*beurt, slag* **0.4** ***stap*** ⇒*maatregel, manoeuvre* ◆ **3.1** nobody dared to make a ~ *niemand durfde een vin te verroeren;* ⟨inf.⟩ get a ~ on *in beweging komen, aanpakken; voortmaken, opschieten;* get s.o./sth. on the ~ *iem./iets in beweging brengen* **3.3** learn the ~s *de zetten leren;* make a ~ *een zet doen, zetten;* ⟨schaken⟩ sealed ~ *afgegeven zet* **3.4** make a ~ *opstaan* ⟨v. tafel⟩; *opstappen, het initiatief nemen; maatregelen treffen;* they made a ~ to leave *ze maakten aanstalten om te vertrekken;* make ~s to stop the war *stappen ondernemen om de oorlog te staken* **6.1** large forces were **on** the ~ *grote strijdkrachten waren in beweging/op de been* **6.2** be **on** the ~ *op trek zijn* ⟨v. vogels⟩; *op reis zijn, aan het zwerven/trekken zijn; vooruitkomen, vooruitgang boeken* **7.3** it's your ~ *jij bent aan zet, het is jouw beurt*.
move[2] ⟨f4⟩ ⟨ww.⟩ →moving
I ⟨onov.ww.⟩ **0.1** ***(zich) bewegen*** ⇒*zich verplaatsen, v. positie/houding veranderen, zich in beweging zetten, in beweging komen* **0.2** ***vorderen*** ⇒*vooruitkomen/gaan, (vooruit)gang tonen, opschieten, zich voortbewegen, zich ontwikkelen, marcheren* **0.3** ⟨bordspel⟩ ***een zet doen*** ⇒*zetten* **0.4** ***stappen ondernemen*** ⇒*(eerste) aanzet geven, maatregelen treffen, iets aanvragen* **0.5** ***verkeren*** ⇒*zich bewegen* **0.6** ***verhuizen*** ⇒*(weg)trekken, zich verzetten* **0.7** ***verkocht worden*** ⇒*aftrek vinden* **0.8** ***een voorstel/verzoek doen*** ◆ **1.1** that door wouldn't ~ *er was in die deur geen beweging te krijgen;* it's time to be moving *het is tijd om op te stappen* **1.2** that car is really moving *die auto rijdt echt hard;* the work ~s quickly *het werk vordert snel;* the plot ~s slowly *de plot ontvouwt zich/ontwikkelt zich langzaam* **1.3** the bishop ~s diagonally *de loper beweegt zich diagonaal* **1.4** ~ to halt inflation *iets ondernemen om de inflatie een halt toe te roepen* **1.7** oranges ~ well in winter *sinaasappels lopen goed/vinden grote aftrek in de winter* **3.2** suddenly things began to ~ *plotseling kwam er leven in de brouwerij/begon alles te floreren/vlot te verlopen;* keep moving! *blijf doorgaan!, doorlopen!* **5.1** ~ **along** *doorlopen, opschieten;* he ~d **away** from her *hij ging een stapje opzij, hij verwijderde zich v. haar;* ⟨fig.⟩ ~ carefully *omzichtig te werk gaan;* ~ **off!** *verdwijn!, vertrek!, hoepel op!;* ~ **over** *inschikken, opschuiven;* ~ **over** in favour of a younger person *plaats maken voor een jongere* **5.2** the army ~s **off** *het leger marcheert af/trekt weg* **5.6** they ~d **away/out** *ze trokken weg/verhuisden* **5.¶** →move **about/around;** →move **down;** →move **in;** →move **on;** →move **up** **6.1** ~ **down** a road *een weg afgaan/aflopen/afrijden;* ⟨fig.⟩ ~ **towards** better understanding *tot een beter begrip komen;* ⟨fig.⟩ ~ **with** the times *met zijn tijd meegaan* **6.5** he ~s **in** the highest circles *hij beweegt zich in de hoogste kringen* **6.6** they ~d **into** a flat *ze betrokken een flat* **6.8** ~ **for** adjournment *verdaging voorstellen;*
II ⟨ov.ww.⟩ **0.1** ***bewegen*** ⇒*(ver)roeren, in beweging/beroering brengen, in beweging zetten* **0.2** ***verplaatsen*** ⇒*de houding/positie veranderen v.;* ⟨bordspelen⟩ *zetten, verschuiven* **0.3** ***verhuizen*** ⇒*vervoeren, overbrengen* **0.4** ***opwekken*** ⟨gevoelens⟩ ⇒*(ont)roeren, raken, aangrijpen, ontzetten, overstuur maken, tergen* **0.5** ***drijven*** ⇒*ertoe zetten, aanzetten, bewegen, aansporen* **0.6** ***voorstellen*** ⇒*verzoeken om* **0.7** ***afnemen*** ⟨hoed enz.⟩ ⇒*optillen, aantikken* **0.8** ⟨vnl. sl.⟩ ***verkopen*** ⇒*verpatsen* **0.9** ⟨AE; sl.⟩ ***stelen*** ⇒*jatten, pikken* ◆ **1.2** ⟨bordspelen⟩ white to ~ *wit aan zet* **1.3** we are being ~d by Johnson *we hebben (de firma) Johnson als verhuizer* **1.8** he ~s his cars quickly *hij raakt zijn auto's snel kwijt* **3.5** be ~d to *zich geroepen voelen (om) te* **4.1** ~ it! *vooruit!* **5.2** the police ~d them **along** *de politie dwong hen door te lopen/rij-*

den; →move **on 5.3** →move **in 5.¶** →move **about / around;** ⟨AE; sl.⟩ that ~d him **back** ten grand *dat heeft hem tien mille gekost / armer gemaakt;* →move **down;** ~ s.o. **out** *iem. uit z'n / haar huis zetten, iem. op straat zetten / gooien;* →move **up 6.3** the Council has ~d us **into** a new house *de gemeente heeft ons op een nieuwe woning gezet* **6.4** ~ s.o. **to** laughter *iem. aan het lachen maken, op iemands lachspieren werken;* be ~d **with** pity *v. medelijden vervuld zijn* **6.5** ~ s.o. **from** ancient ideas *iem. v. ouderwetse ideeën afbrengen / ouderwetse ideeën uit het hoofd praten;* it ~d us **to** great activity *het zette ons aan tot grote activiteit* **6.6** ~ s.o. **into** the chair *voorstellen iem. tot voorzitter te benoemen.*

mov(e)·able¹ ['mu:vəbl] ⟨zn.⟩
 I ⟨telb.zn.⟩ **0.1** ***roerend goed*** ⇒*meubelstuk;*
 II ⟨mv.; ~s⟩ **0.1** ***roerende goederen*** ⇒*mobilia.*

mov(e)able² ⟨f1⟩ ⟨bn.; -ly; -ness; →bijw. 3⟩ **0.1** ***beweegbaar*** ⇒*beweeglijk, los* **0.2** ***verplaatsbaar*** ⇒*verstelbaar* **0.3** ***verspringend*** ⇒*veranderlijk;* ⟨R.-K.⟩ *roerend* ⟨v. feestdagen⟩ **0.4** ⟨jur.⟩ ***roerend*** ⇒*vervoerbaar, beweegbaar* ◆ **1.1** ~ scene *coulisse* **1.4** ~ property *roerend goed, roerende goederen* **1.¶** ~ kidney *wandelende nier.*

'move a'bout, 'move a'round ⟨f1⟩ ⟨ww.⟩
 I ⟨onov.ww.⟩ **0.1** ***rondreizen*** ⇒*heel wat afreizen, altijd tussen de wielen zitten, vaak op weg / pad / onderweg zijn, rondtrekken* **0.2** ***zich (voortdurend) bewegen*** ⇒*rondlopen / drentelen, heen en weer gaan* **0.3** ***dikwijls verhuizen*** ⇒*vaak verkassen, vaak v. huis veranderen;*
 II ⟨ov.ww.⟩ **0.1** ***vaak laten verhuizen*** ⇒*vaak verplanten* **0.2** ***dikwijls verschikken*** ⇒*vaak verschuiven / verplaatsen, rondsjouwen.*

'move 'down ⟨f1⟩ ⟨ww.⟩
 I ⟨onov.ww.⟩ **0.1** ***in een lagere klas komen*** ⇒*naar een lagere klas / in rang teruggezet worden* **0.2** ***doorlopen*** ⇒*aan / opschuiven;*
 II ⟨ov.ww.⟩ **0.1** ***naar een lagere klas / in rang terugzetten*** ⇒*overplaatsen, degraderen* ◆ **6.1** ~ **to** another class *naar een andere klas terugzetten.*

'move 'in ⟨f1⟩ ⟨ww.⟩
 I ⟨onov.ww.⟩ **0.1** ***intrekken*** ⇒*gaan wonen, betrekken* ⟨huis, flat, enz.⟩ **0.2** ***binnenvallen*** ⇒*optrekken, aanvallen; tussenbeide komen* **0.3** ***inzoomen*** ⇒*een close-up nemen* ◆ **6.1** ~ **with** s.o. *bij iem. intrekken* **6.2** the police moved in **on** the crowd *de politie reed op de menigte in* **6.3** the camera moved in **on** her face *de camera zoomde in op haar gezicht;*
 II ⟨ov.ww.⟩ **0.1** ***(op / in een woning) zetten*** ⇒*verhuizen* **0.2** ***inzetten*** ⇒*inschakelen* ⟨politie, manschappen⟩.

move·ment ['mu:vmənt] ⟨f3⟩ ⟨zn.⟩
 I ⟨telb.zn.⟩ **0.1** ***gangwerk*** ⇒*mechaniek, mouvement* **0.2** ⟨muz.⟩ ***beweging*** ⇒*deel* ⟨v. symfonie enz.⟩;
 II ⟨telb. en n.-telb.zn.⟩ **0.1** ⟨ben. voor⟩ ***beweging*** ⇒*voortgang, ontwikkeling; impuls; trend, tendens;* ⟨mil.⟩ *manoeuvre;* ⟨ec.⟩ *activiteit, omzet;* ⟨muz.⟩ *tempo;* ⟨med.⟩ *stoelgang, ontlasting;* ⟨taalk.⟩ *verplaatsing* ◆ **2.1** an upward ~ in the price of oil *een stijging v.d. olieprijzen* **3.1** the police watched his ~s *de politie ging zijn gangen na* **6.1** ~ **towards** the left *tendens naar links;*
 III ⟨verz.n.⟩ **0.1** ***beweging*** ⇒*organisatie* ◆ **2.1** the feminist ~ *de vrouwenbeweging.*

'move 'on ⟨f1⟩ ⟨ww.⟩
 I ⟨onov.ww.⟩ **0.1** ***verdergaan*** ⇒*opschieten, doorgaan / lopen* **0.2** ***vooruitkomen*** ⇒*zich opwerken, opklimmen, promotie maken, overstappen* **0.3** ***(naar een betere woning) verhuizen;***
 II ⟨ov.ww.⟩ **0.1** ***iem. gebieden door te lopen / rijden / gaan*** ⇒*verdrijven, verjagen.*

mov·er ['mu:və‖-ər] ⟨f1⟩ ⟨telb.zn.⟩ **0.1** ***iem. die beweegt*** **0.2** ***indiener v.e. voorstel*** **0.3** ***verhuizer*** **0.4** ***emigrant.***

'move 'up ⟨f1⟩ ⟨ww.⟩
 I ⟨onov.ww.⟩ **0.1** ***in een hogere klas komen*** ⇒*naar een hogere klas gaan, in rang opklimmen* **0.2** ***vooruitkomen*** ⇒*het ver brengen, zich opwerken, opklimmen* **0.3** ***stijgen*** ⇒*toenemen, rijzen, hoger worden, omhooggaan* **0.4** ***oprukken*** ⇒*aanvallen;*
 II ⟨ov.ww.⟩ **0.1** ***bevorderen*** ⟨mbt. sport, school enz.⟩ ⇒*promoveren.*

mov·ie ['mu:vi] ⟨f3⟩ ⟨zn.⟩ ⟨AE; inf.⟩
 I ⟨telb.zn.⟩ **0.1** ***film*** **0.2** ***bioscoop;***
 II ⟨mv.; ~s; the⟩ **0.1** ***film*** **0.2** ***bioscoop*** **0.3** ***filmindustrie*** ◆ **3.1** go to the ~ *naar de film gaan.*

mov·ie·go·er ['mu:vigouə‖-ər] ⟨telb.zn.⟩ **0.1** ***bioscoopbezoeker*** ⇒⟨bij uitbr.⟩ *cinefiel.*

'movie house ⟨telb.zn.⟩ ⟨AE⟩ **0.1** ***bioscoop.***

'mov·ie·mak·er ⟨telb.zn.⟩ **0.1** ***filmer*** ⇒*cineast.*

'movie star ⟨f2⟩ ⟨telb.zn.⟩ ⟨AE⟩ **0.1** ***filmster.***

'movie 'tie-in ⟨telb.zn.⟩ **0.1** ***boek dat naar aanleiding v.e. film wordt uitgegeven.***

mov·ing ['mu:vɪŋ] ⟨f1⟩ ⟨bn.; teg. deelw. v. move; -ly⟩
 I ⟨bn.⟩ **0.1** ***ontroerend*** ⇒*aandoenlijk;*
 II ⟨bn., attr.⟩ **0.1** ***bewegend*** ⇒*bewegings-* ◆ **1.1** ⟨tech.⟩ ~ coil *draaispoel;* ~ pavement / ⟨AE⟩ sidewalk *rollend trottoir;* ⟨AE⟩ ~ picture *film;* ~ staircase / stairway *roltrap.*

'moving van ⟨f1⟩ ⟨telb.zn.⟩ **0.1** ***verhuiswagen.***

Mov·i·o·la ['mu:vi'oulə] ⟨telb.zn.⟩ ⟨film.⟩ **0.1** ***montage / viewingtafel.***

mow¹ [mau] ⟨telb.zn.⟩ **0.1** ***hooischelf*** ⇒*hooiberg* **0.2** ***berg graan*** **0.3** ***plaats in schuur voor hooi / graan, enz.*** ⇒*hooizolder, graanzolder* **0.4** ⟨vero.⟩ ***grimas.***

mow² ⟨onov.ww.⟩ ⟨vero.⟩ **0.1** ***gezichten trekken.***

mow³ [mou] ⟨f2⟩ ⟨ov.ww.; volt. deelw. ook mown [moun]⟩ **0.1** ***maaien*** ◆ **1.1** ~ the lawn *het gras / gazon maaien* **5.1** ~ **down** soldiers *soldaten neermaaien.*

mow·burnt ['moubɜ:nt‖-bɜrnt] ⟨bn.⟩ **0.1** ***bedorven door hooibroei.***

mow·er ['mouə‖-ər] ⟨f1⟩ ⟨telb.zn.⟩ **0.1** ***maaier*** **0.2** ***maaimachine*** ⇒*grasmaaier.*

mox·a ['mɒksə‖'mɑ-] ⟨n.-telb.zn.⟩ ⟨med.⟩ **0.1** ***bijvoetwol*** ⟨middel tegen jicht⟩.

mox·ie ['mɒksi‖'mɑ-] ⟨n.-telb.zn.⟩ ⟨AE; inf.⟩ **0.1** ***lef*** ⇒*durf, moed* **0.2** ***ervaring*** ⇒*handigheid, linkheid* **0.3** ***initiatief.***

moy·a ['mɔɪə] ⟨n.-telb.zn.⟩ **0.1** ***vulkanische modder*** ⇒*moya.*

Moz·ar·ab [mou'zærəb] ⟨telb.zn.⟩ ⟨gesch.⟩ **0.1** ***Mozarabier*** ⟨Spaanse christen onder de heerschappij van de Moren⟩.

mozzie →mossie.

mp ⟨afk.⟩ **0.1** ⟨mezzo piano⟩ ***m.p*** **0.2** ⟨melting point⟩.

MP ⟨afk.⟩ Member of Parliament, military police(man) **0.1** ***M.P.*.**

mpg ⟨afk.⟩ miles per gallon.

mph ⟨afk.⟩ miles per hour.

M Phil ⟨afk.⟩ Master of Philosophy ⟨BE⟩.

Mr ['mɪstə‖-ər] ⟨telb.zn.; mv. Messrs ['mesəz‖-sərz]⟩ ⟨afk.⟩ mister **0.1** ***Dhr.*** ⇒*M.* ◆ **1.1** ⟨inf.⟩ ~ Right *de ware Jacob.*

MR ⟨afk.⟩ Master of the Rolls.

MRA ⟨afk.⟩ Moral Re-Armament.

MRC ⟨afk.⟩ Medical Research Council.

Mrs ['mɪsɪz] ⟨telb.zn.; mv. Mmes [meɪ'dɑ:m]⟩ ⟨afk.⟩ mistress **0.1** ***mevr.*** ◆ **1.¶** ~ Grundy *de mensen, de (buiten)wereld, de publieke opinie;* what will ~ Grundy say? *wat zullen de mensen wel niet zeggen?.*

Ms [mɪz] ⟨telb.zn.; mv. Mses, Mss ['mɪzɪz]⟩ ⟨zgn. afk.⟩ **0.1** ***Mw.*** ⟨ipv. Miss of Mrs, die ongewenste informatie over de huwelijkse staat v.d. vrouw verschaffen⟩ ◆ **1.1** ~ Average *de gewone vrouw.*

MS¹ ⟨telb.zn.; mv. MSS⟩ ⟨afk.⟩ manuscript **0.1** ***MS.*** ⇒*ms.*.

MS² ⟨afk.⟩ Master of Science / Surgery, multiple sclerosis.

M Sc ⟨afk.⟩ Master of Science.

MSC ⟨afk.⟩ Manpower Services Commission.

MST ⟨afk.⟩ Mountain Standard Time ⟨AE⟩.

Mt ⟨afk.⟩ Mount.

MT ⟨afk.⟩ mechanical transport.

MTB ⟨afk.⟩ motor torpedo boat.

MTV ⟨eig.n.⟩ ⟨afk.⟩ Music Television.

mu [mju:] ⟨telb.zn.⟩ **0.1** ***mu*** ⟨12e letter v.h. Griekse alfabet⟩ **0.2** ***micro*** ⟨symbool voor een miljoenste deel⟩ ⇒*micron.*

much¹ [mʌtʃ] ⟨f4⟩ ⟨onb.vnw.; vergr. trap more, overtr. trap most; →compar. 6, onbepaald woord⟩ →more, most ⟨→sprw. 476⟩ **0.1** ***veel*** ⇒*een grote hoeveelheid, een groot deel, een belangrijk iets* ◆ **3.1** she told me ~ about herself *ze vertelde me veel over zichzelf* **4.¶** there isn't ~ in it *het maakt niet veel uit* **5.1** as ~ as $2 million *wel / (maar) liefst 2 miljoen dollar;* I've got chutzpa, but my lawyer has as ~ again *ik heb gotspe, maar mijn advocaat heeft er (nog) eens zo veel;* how ~ is it? *hoeveel is / kost het?;* the chapel is not ~ to look at *de kapel ziet er onooglijk uit;* I'm not ~ on maths *ik ben niet erg goed in wiskunde;* too ~ of a good thing *te veel v.h. goede;* it's not up to ~ *het heeft niet veel om het lijf / te betekenen, het stelt niet veel voor* **5.¶** he said as ~ *dat zei hij met zoveel woorden; hij zei zoiets / iets wat daarop neerkwam;* I thought as ~ *dat dacht ik al;* it was as ~ as I could do to stop them *ik had er mijn handen vol mee om ze tegen te houden;* this isn't ~ of a holiday *als vakantie is het niet veel zaaks / geen succes;* he's not ~ of a sportsman *hij is geen sportman, als sportman heeft hij niet veel te betekenen;* so ~ for his high falutin' words *daarmee weten we wat we aan zijn mooie woorden hebben;* so ~ for all my trouble *daar stond ik dan met al mijn inspanningen;* well, so ~ for that *dat was dan dat, dat hebben we ook weer gehad;* ⟨AE; sl.⟩ too ~! *het einde!, fantastisch!;* he was too ~ for me *hij was me te sterk / te slim af, ik kon hem niet aan / de baas;* it is too ~ for me *het is meer dan ik (ver)dragen kan.*

much² ⟨f4⟩ ⟨bw.; vergr. trap more, overtr. trap most⟩ →more, most **0.1** ⟨graad⟩ ***veel*** ⇒*zeer, erg* **0.2** ⟨duur en frequentie⟩ ***veel*** ⇒*vaak, dikwijls, lang* **0.3** ⟨benadering⟩ ***ongeveer*** ◆ **2.1** ~ beloved *zeer geliefd;* ~ older *veel ouder;* ~ the oldest *verreweg de* *oudste* **2.3** ~ the same colour as your dress *bijna dezelfde kleur als je jurk;* ~ the same size *ongeveer even groot;* it amounts to ~ the same thing *het komt vrijwel op hetzelfde neer* **3.1** he was ~ pleased with it *hij was er erg mee ingenomen* **3.2** she doesn't go out ~ *ze gaat niet dikwijls uit;* she didn't stay ~ *ze bleef niet lang* **5.1** he didn't so ~ want to meet John as (to meet) John's sister *hij wilde niet zozeer John ontmoeten als (wel) Johns zuster* **5.3** ~ about as big *zo ongeveer even groot* **8.1** ~ as he would have liked to go *hoe graag hij ook was gegaan* **¶.1** ~ to my surprise *tot mijn grote verrassing* **¶.3** they are ~ of a colour *zij hebben vrijwel dezelfde kleur.*

much[3] ⟨f4⟩ ⟨onb.det.; vergr. trap more, overtr. trap most; →compar. 6, onbepaald woord⟩ →more, most **0.1** ***veel*** ⇒*een grote hoeveelheid* ◆ **1.1** how ~ icecream do you want? *hoeveel ijs wil je?;* not ~ use *niet erg bruikbaar* **5.¶** so ~ rubbish *allemaal/niets dan nonsens.*

much·ness ['mʌtʃnəs] ⟨f1⟩ ⟨telb.zn.⟩ **0.1** ***hoeveelheid*** ⇒*grootte* ◆ **4.1** much of a ~ *lood om oud ijzer.*

mu·ci·lage ['mju:sɪlɪdʒ] ⟨n.-telb.zn.⟩ **0.1** ***plantaardige gom*** ⇒*slijm* **0.2** ⟨vnl. AE⟩ ***vloeibare lijm (uit gom gemaakt).***

mu·ci·lag·i·nous ['mju:sɪ'lædʒɪnəs] ⟨bn.⟩ **0.1** ***gomachtig*** ⇒*kleverig, slijmerig.*

muck[1] [mʌk] ⟨f2⟩ ⟨zn.⟩ ⟨→sprw. 477⟩

I ⟨telb.zn.⟩ ⟨inf.⟩ **0.1** ***troep*** ⇒*rommel, zotzooi* ◆ **3.1** he had made a ~ of his room *hij had zijn hele kamer overhoop gehaald;* make a ~ of a job *niets terecht brengen van een klus;*

II ⟨n.-telb.zn.⟩ **0.1** ***(natte) mest*** ⇒*drek* **0.2** ⟨inf.⟩ ***slijk*** ⇒*slik, viezigheid, vuiligheid, smeerboel* ⟨ook fig.⟩ **0.3** ⟨AE⟩ ***rotsgruis/aarde dat/die bij het mijnwerk naar boven komt*** **0.4** ⟨AE⟩ ***(laag)veen*** ⇒*turf* ◆ **1.2** drag s.o.'s name through the ~ *iem. door het slijk halen.*

muck[2] ⟨ww.⟩

I ⟨onov.ww.⟩ →muck about, muck around →muck in;

II ⟨ov.ww.⟩ **0.1** ***bevuilen*** ⇒*vies maken* **0.2** ***bemesten*** **0.3** ***uitmesten*** ◆ **5.1** ⟨inf.⟩ ~ **up** *bevuilen, verknoeien, in de war gooien;* don't ~ it **up!** *maak er geen potje van!* **5.3** ~ **out** *uitmesten* **5.¶** →muck **about,** muck **around.**

'muck a'bout/a'round ⟨f2⟩ ⟨ww.⟩

I ⟨onov.ww.⟩ **0.1** ***niksen*** ⇒*lummelen* **0.2** ***vervelen*** ⇒*klieren, lastig zijn* ◆ **6.2** ~ **with** *knoeien met;*

II ⟨ov.ww.⟩ **0.1** ***pesten*** **0.2** ***knoeien met.***

muck·a·muck ['mʌkəmʌk], **muck·e·ty·muck** ['mʌkət̬imʌk] ⟨telb.zn.⟩ ⟨AE; inf.⟩ **0.1** ***hoge piet*** ⇒*belangrijk persoon* ◆ **2.1** he's a high ~ *hij is een (hele) hoge piet.*

muck·er ['mʌkə‖-ər] ⟨telb.zn.⟩ ⟨inf.⟩ **0.1** ⟨BE⟩ ***smak*** ⇒*lelijke val/klap* **0.2** ⟨AE⟩ ***onverlaat*** ⇒*proleet, ruw en grof persoon* ◆ **3.1** come/go a ~ *een lelijke smak maken; failliet gaan.*

'muck·heap ⟨telb.zn.⟩ **0.1** ***mesthoop*** ⇒*mestvaalt.*

'muck 'in ⟨onov.ww.⟩ ⟨inf.⟩ **0.1** ***meehelpen*** ⇒*werk samen doen, een handje meehelpen* ◆ **6.1** he always mucks in **with** me *hij komt me altijd een handje helpen.*

muckle →mickle ⟨→sprw. 437⟩.

'muck·rake[1] ⟨telb.zn.⟩ **0.1** ***mestvork*** ⇒*riek, greep.*

muckrake[2] ⟨onov.ww.⟩ →muckraking **0.1** ***(ware of vermeende) schandalen zoeken en roddel verspreiden over beroemdheden*** ⇒*mensen bekladden, vuilspuiten.*

'muck·rak·er ⟨telb.zn.⟩ **0.1** ***iem. die altijd naar/in schandaaltjes zit te wroeten.***

muck·rak·ing ⟨n.-telb.zn.; gerund v. muckrake⟩ **0.1** ***vuilspuiterij.***

'muck·worm ⟨telb.zn.⟩ **0.1** ***mestworm*** ⇒*mestpier* **0.2** ***gierigaard*** ⇒*vrek.*

muck·y ['mʌki] ⟨bn.; -er; →compar. 7⟩ ⟨inf.⟩ **0.1** ***vies*** ⇒*vuil, smerig* **0.2** ***slecht*** ⇒*stormachtig* ⟨van weer⟩.

mu·co·sa [mju:'kousə, -zə] ⟨telb.zn.; ook mucosae [-si:, -zi:]; →mv. 5⟩ **0.1** ***slijmvlies.***

mu·cous ['mju:kəs] ⟨bn.⟩ **0.1** ***slijm afscheidend*** ⇒*slijmig, slijm-* ◆ **1.1** ~ membrane *slijmvlies.*

mu·cus ['mju:kəs] ⟨f1⟩ ⟨n.-telb.zn.⟩ **0.1** ***slijm.***

mud[1] [mʌd] ⟨f3⟩ ⟨n.-telb.zn.⟩ **0.1** ***modder*** ⇒*slijk;* ⟨fig.⟩ *vuiligheid, roddel, laster* **0.2** ***opgedroogde modder*** ⇒*leem* **0.3** ⟨AE; sl.⟩ ***opium*** **0.4** ⟨AE; sl.⟩ ***goedkope kermisprullaria*** **0.5** ⟨AE; sl.⟩ ⟨ben. voor⟩ ***donkere/kleverige massa/vocht*** ⇒*koffie; chocoladepudding; dikke motor olie* ◆ **1.1** drag s.o.'s name through the ~ *iem. door het slijk halen, iem. schandvlekken* **1.¶** ⟨vero.; scherts.⟩ (here's) ~ in your eye! *proost, daar ga je!* **3.1** fling/sling/throw ~ at s.o. *iem. door de modder sleuren, iem. belasteren* **3.¶** ⟨inf.⟩ stick in the ~ *aartsconservatief zijn.*

mud[2] ⟨ov.ww.; →ww. 7⟩ **0.1** ***modderig maken*** ⇒*vies maken, bemodderen, troebel maken, vertroebelen.*

'mud bath ⟨f1⟩ ⟨telb.zn.⟩ **0.1** ***modderbad.***

'mud boat ⟨telb.zn.⟩ **0.1** ***modderschuit*** ⇒*baggerboot, onderlosser.*

'mud cat ⟨telb.zn.⟩ **0.1** ***meervalachtige*** ⟨o.a. Pylodictis olivaris⟩.

mud dauber ['mʌd ,dɔ:bə‖-'dɔbər] ⟨telb.zn.⟩ ⟨dierk.⟩ **0.1** ***urntjeswesp*** ⟨fam. Sphecidae⟩.

mud·dle[1] ['mʌdl] ⟨f1⟩ ⟨telb. en n.-telb.zn.⟩ **0.1** ***verwarring*** ⇒*warboel, knoeiboel* ◆ **3.1** make a ~ of *verknoeien, in de war sturen* **6.1** **in** a ~ *in de war.*

muddle[2] ⟨f1⟩ ⟨ww.⟩

I ⟨onov.ww.⟩ **0.1** ***wat aanknoeien*** ⇒*wat aanmodderen* ◆ **5.1** ~ **along/on** *voortmodderen, verder rommelen/scharrelen;* ~ **through** *erdoorheen sukkelen, met vallen en opstaan het einde halen;*

II ⟨ov.ww.⟩ **0.1** ***benevelen*** ⇒*in de war brengen* **0.2** ***door elkaar gooien*** ⇒*verwarren* **0.3** ***verknoeien*** ⇒*in de war sturen* **0.4** ⟨AE⟩ ***mixen*** ⟨drank⟩ ⇒*mengen* **0.5** ***troebel maken*** ◆ **1.1** Pete was a bit ~d *Piet was een beetje doezelig/lichtjes beneveld* **5.2** ~ **together/up** *door elkaar/in de war gooien;* ~ **out** *ontwarren, uit de knoop halen.*

'mud·dle·head ⟨telb.zn.⟩ **0.1** ***warhoofd*** ⇒*sufferd.*

'mud·dle'head·ed ⟨bn.; -ness⟩ **0.1** ***warrig*** ⇒*warhoofdig, dom, traag van begrip* **0.2** ***beneveld.***

mud·dle·ment ['mʌdlmənt] ⟨telb.zn.⟩ **0.1** ***verwardheid.***

mud·dler ['mʌdlə‖-ər] ⟨telb.zn.⟩ **0.1** ***knoeier*** ⇒*kluns* **0.2** ⟨AE⟩ ***roerstaafje*** ⇒*karnstok.*

mud·dy[1] ['mʌdi] ⟨f2⟩ ⟨bn.; -er; -ly; -ness; →bijw. 3⟩ **0.1** ***modderig*** **0.2** ***troebel*** ⇒*ondoorzichtig, wazig* **0.3** ***vaal*** ⇒*dof, flets* **0.4** ***warhoofdig*** ⇒*verward, vaag* ◆ **1.2** ~ weather *bewolkt* **1.4** a ~ style *een verwarde/vage stijl.*

muddy[2] ⟨ov.ww.; →ww. 7⟩ **0.1** ***bemodderen*** ⇒*vuil maken.*

'mud eel ⟨telb.zn.⟩ **0.1** ***grote sirene*** ⟨soort amfibie; Siren lacertina⟩.

mu·de·jar [mu:'deɪhɑ:‖-hɑr] ⟨telb.zn.; ook mudejares [-hɑ:ri:z]; →mv. 5⟩ **0.1** ***mudejar*** ⟨mohammedaan die na de herovering van Spanje door de christenen zijn geloof behield⟩.

'mud·fish ⟨telb.zn.⟩ ⟨dierk.⟩ **0.1** ⟨ben. voor⟩ ***vis die in het slijk leeft*** ⇒*oostelijke hondsvis* ⟨Umbra limi⟩; *Amerikaanse moddersnoek* ⟨Amia calva⟩.

'mud flap ⟨telb.zn.⟩ **0.1** ***spatlap.***

'mud flat ⟨telb.zn.⟩ **0.1** ***wad*** ⇒*slik.*

'mud·guard ⟨telb.zn.⟩ **0.1** ***spatbord.***

'mud·hole ⟨telb.zn.⟩ **0.1** ***modderpoel*** **0.2** ***vlek*** ⇒*gat, klein dorp/stadje* **0.3** ⟨tech.⟩ ***slijkgat*** ⟨v. ketel⟩.

'mud·lark ⟨telb.zn.⟩ **0.1** ***iem. die in de modder werkt*** ⇒*rioolwerker* **0.2** ⟨BE; sl.⟩ ***straatjongen.***

'mud lava ⟨n.-telb.zn.⟩ **0.1** ***vulkaanmodder.***

'mud·pack ⟨telb.zn.⟩ **0.1** ***kleimasker.***

'mud pie ⟨telb.zn.⟩ **0.1** ***zandtaartje*** ◆ **3.1** the children were baking ~s *de kinderen zaten zandtaartjes te bakken.*

'mud puppy ⟨telb.zn.⟩ ⟨AE; dierk.⟩ **0.1** ***mudpuppy*** ⟨salamander; genus Necturus⟩.

'mud·sill ⟨zn.⟩

I ⟨telb.zn.⟩ **0.1** ***grondbalk*** ⇒*onderste laag steen of hout v.e. gebouw* **0.2** ⟨AE⟩ ***iem. uit de onderste laag v.d. maatschappij;***

II ⟨verz.n.⟩ ⟨AE⟩ **0.1** ***onderste laag v.d. maatschappij.***

'mud·sling·er ⟨telb.zn.⟩ **0.1** ***vuilspuiter*** ⇒*kwaadspreker/spreekster.*

'mud·stone ⟨n.-telb.zn.⟩ ⟨geol.⟩ **0.1** ***kleisteen.***

mues·li ['mju:zli] ⟨f1⟩ ⟨n.-telb.zn.⟩ **0.1** ***muesli.***

mu·ez·zin [mu:'ezɪn] ⟨telb.zn.⟩ **0.1** ***moëddzin*** ⇒*muezzin* ⟨mohammedaanse tempeldienaar die van boven uit de minaret de gelovigen tot het gebed roept⟩.

muff[1] [mʌf] ⟨telb.zn.⟩ **0.1** ***mof*** **0.2** ***onhandig persoon*** ⇒*sufferd, uilskuiken, knoeier* **0.3** ***misser*** ⟨oorspr. bij balspel⟩ ⇒*fiasco, miskleun, knoeiwerk* **0.4** ⟨AE; sl.⟩ ***(sterk behaarde) kut*** **0.5** ⟨AE, sl.⟩ ***pruik*** ◆ **3.3** make a ~ of it *de zaak verknoeien.*

muff[2] ⟨ww.⟩

I ⟨onov.ww.⟩ **0.1** ***een bal missen*** ⇒*knoeien;*

II ⟨ov.ww.⟩ **0.1** ⟨balspelen⟩ ***missen*** ⇒*niet vangen* **0.2** ***verknoeien*** ◆ **1.1** ~ an easy catch *een makkelijke bal missen* **4.2** I know I'll ~ it *ik weet zeker dat ik het verknal.*

muf·fin ['mʌfɪn] ⟨f1⟩ ⟨telb.zn.⟩ **0.1** ⟨BE⟩ ***muffin*** ⇒*theegebakje* ⟨plat, rond cakeje dat warm en beboterd bij de thee gegeten wordt⟩ **0.2** ⟨AE⟩ ***cakeje*** ◆ **2.1** ⟨AE⟩ English ~ *Engelse muffin.*

'muffin bell ⟨telb.zn.⟩ ⟨gesch.⟩ **0.1** ***bel van de muffinverkoper.***

'muffin cap ⟨telb.zn.⟩ **0.1** ***platte, ronde muts*** ⇒*baret.*

muf·fin·eer ['mʌfɪ'nɪə‖-'nɪr] ⟨telb.zn.⟩ **0.1** ***suikerstrooier*** ⇒*zoutstrooier* ⟨voor muffins⟩ **0.2** ***schotel met deksel waarin muffins warmgehouden worden.***

'muffin face ⟨telb.zn.⟩ ⟨inf.⟩ **0.1** ***stom gezicht*** ⇒*stom smoelwerk.*

'muffin man ⟨telb.zn.⟩ **0.1** ***man die muffins verkoopt.***

muf·fle[1] ['mʌfl] ⟨telb.zn.⟩ **0.1** ***snuit*** ⇒*snoet* ⟨v. dieren⟩ **0.2** ***moffel*** ⇒*moffeloven* **0.3** ***geluiddemper*** **0.4** ***gedempt geluid*** **0.5** ⟨vero.⟩ ***das*** ⇒*shawl.*

muffle[2] ⟨f2⟩ ⟨ov.ww.⟩ **0.1** ***warm inpakken*** ⇒*warm toedekken* **0.2**

dempen ⟨geluid⟩ **0.3** *omwikkelen* ⇒*isoleren* ⟨personen⟩, *een doek voor de mond doen* ◆ **1.2** ~d curse *gedempte vloek* **1.3** ~d drum *omfloerste trom* **5.1** ~ **up** *goed/warm inpakken*.

muf·fler [ˈmʌflə‖-ər]⟨f2⟩⟨telb.zn.⟩ **0.1** *das* ⇒*sjaal* **0.2** *geluiddemper* ⇒*klankdemper, sourdine*, ⟨AE⟩ *knalpot, knaldemper* **0.3** *want* ⇒*(halve) handschoen*.

muf·ti [ˈmʌfti]⟨f1⟩⟨telb.zn.⟩ **0.1** *moeftie* ⇒*Mohammedaanse rechtsgeleerde* **0.2** *burgerpak* ◆ **6.2** **in** ~ *in burger, in civiel*.

mug[1] [mʌg]⟨f2⟩⟨telb.zn.⟩ **0.1** *mok* ⇒*beker, kroes* **0.2** ⟨inf.⟩ *kop* ⇒*smoel* **0.3** ⟨BE; inf.⟩ *sufferd* ⇒*sul* **0.4** ⟨AE; inf.⟩ *nozem* ⇒*boef* **0.5** ⟨inf.⟩ *politiefoto* **0.6** ⟨BE; inf.⟩ *blokker(d)* ⇒⟨B.⟩ *blokbeest* ◆ **1.1** ~ of tea *kop thee*.

mug[2] ⟨f1⟩⟨ww.; →ww. 3⟩⟨inf.⟩
I ⟨onov.ww.⟩ **0.1** *gezichten trekken* ⇒*overdreven acteren* **0.2** ⟨BE⟩ *blokken* ⇒*heien, hard studeren* ◆ **5.¶** →mug **up**;
II ⟨ov.ww.⟩ **0.1** *(van achteren) aanvallen en beroven* ⇒*wurgen* **0.2** ⟨BE⟩ *erin stampen* ⇒*erin heien, uit je hoofd leren* **0.3** *fotograferen* ⟨voor politiedossier⟩ ◆ **5.¶** →mug **up**.

mug·ful [ˈmʌgfʊl]⟨telb.zn.; ook mugsful; →mv. 6⟩ **0.1** *beker* ⇒*inhoud v.e. beker*.

mug·ger [ˈmʌgə‖-ər]⟨f1⟩⟨telb.zn.⟩ **0.1** *iem. die (van achteren) aanvalt en beroofd* **0.2** ⟨dierk.⟩ *moeraskrokodil* ⟨Crocodilus palustris⟩ **0.3** ⟨AE; sl.⟩ *iem. die schmiert* ⟨overdreven acterend iem.⟩ ⇒*bekkentrekker* **0.4** ⟨AE; sl.⟩ *portretfotograaf*.

mug·gins [ˈmʌgɪnz]⟨zn.; ook muggins; →mv. 4⟩
I ⟨telb.zn.⟩⟨inf.⟩ **0.1** *sul* ⇒*sufferd*;
II ⟨n.-telb.zn.⟩ **0.1** *soort kaartspel* **0.2** *soort domino*.

mug·gy [ˈmʌgi]⟨bn.; -er; -ly; -ness; →bijw. 3⟩ **0.1** *benauwd* ⇒*drukkend, zwoel*.

ˈmug's game ⟨telb.zn.⟩⟨BE; inf.⟩ **0.1** *zinloze bezigheid* ⇒*gekkenwerk*.

ˈmug shot ⟨telb.zn.⟩⟨inf.⟩ **0.1** *portretfoto* ⟨voor politiedossier⟩.

ˈmug ˈup ⟨ww.⟩⟨inf.⟩
I ⟨onov.ww.⟩ **0.1** *zich grimeren* ⇒*zich schminken* **0.2** *een hapje eten* **0.3** *koffie drinken*;
II ⟨ov.ww.⟩ **0.1** ⟨BE⟩ *uit je hoofd leren* ⇒*erin pompen, erin stampen* **0.2** *grimeren* **0.3** *dronken voeren*.

mug·wort [ˈmʌgwɜːt‖-wɜrt]⟨telb.zn.⟩⟨plantk.⟩ **0.1** *bijvoet* ⟨Artemisia vulgaris⟩.

mug·wump [ˈmʌgwʌmp]⟨telb.zn.⟩⟨AE; inf; pej.⟩ **0.1** *hoge piet* **0.2** *ongebonden politicus* **0.3** *verwaand persoon*.

Mu·ham·ma·dan[1] [mʊˈhæməd(ə)n], **Mo·ham·me·dan** [moʊˈhæmɪd(ə)n], **Ma·hom·et·an** [məˈhɒmətn‖-ˈhɑ-]⟨f1⟩⟨telb.zn.⟩ **0.1** *mohammedaan* ⇒*moslem*.

Muhammadan[2], **Mohammedan, Mahometan** ⟨f1⟩⟨bn.⟩ **0.1** *mohammedaans*.

Mu·ham·ma·dan·ism [mʊˈhæmədn·ɪzm], **Mo·ham·me·dan·ism** [moʊˈhæmɪdn·ɪzm]⟨n.-telb.zn.⟩ **0.1** *mohammedanisme* ⇒*leer v. Mohammed*.

mu·lat·to [mjuːˈlætoʊ‖mʊˈlæṭoʊ]⟨telb.zn.; AE ook -es; →mv. 2⟩ **0.1** *mulat* ⇒*kleurling*.

mul·ber·ry [ˈmʌlbri‖-beri]⟨telb.zn.; →mv. 2⟩ **0.1** *moerbeiboom*.

mulch[1] [mʌltʃ]⟨telb.zn.⟩ **0.1** *mulch* ⇒*muls* ⟨deklaag v. vergaan of rottend materiaal over aanplantingen⟩.

mulch[2] ⟨ov.ww.⟩ **0.1** *met mulch bedekken*.

mulct[1] [mʌlkt]⟨telb.zn.⟩ **0.1** *boete*.

mulct[2] ⟨ov.ww.⟩ **0.1** *beboeten* ⇒*een boete opleggen* **0.2** *aftroggelen* ⇒*afzetten; bezwendelen, beroven* ◆ **1.1** William was ~ed £20 *William kreeg een boete van £20* **6.1** John was ~ed in £30 *John kreeg een boete van £30* **6.2** Charles was ~ed of £40 *Charles werd £40 lichter gemaakt; er werd £40 van Charles gestolen*.

mule [mjuːl]⟨f2⟩⟨telb.zn.⟩ **0.1** *muildier* ⇒*muilezel* **0.2** *stijfkop* ⇒*dwarskop, halsstarrig persoon* **0.3** *bastaard* **0.4** *muiltje* ⇒*slipper, slof(je), pantoffel(tje)* **0.5** ⟨tech.⟩ *fijnspinmachine* **0.6** ⟨AE; sl.⟩ *drugsmokkelaar/koerier* ◆ **2.1** obstinate/stubborn as a ~ *koppig als een ezel*.

mu·le·teer [ˈmjuːlɪˈtɪə‖-ˈtɪr], **ˈmule driver**, ⟨AE⟩ **ˈmule·skin·ner** ⟨telb.zn.⟩ **0.1** *muilezeldrijver*.

mu·li·eb·ri·ty [ˈmjuːliˈebrəṭi]⟨n.-telb.zn.⟩ **0.1** *vrouwelijkheid* **0.2** *vrouwelijke eigenschappen* ⇒*vrouwelijkheid*.

mul·ish [ˈmjuːlɪʃ]⟨f1⟩⟨bn.; -ly; -ness⟩ **0.1** *koppig* ⇒*halsstarrig, obstinaat* **0.2** *als (v.) een muildier*.

mull[1] [mʌl]⟨zn.⟩
I ⟨telb.zn.⟩ **0.1** ⟨BE; inf.⟩ *rommel* ⇒*rotzooi, geknoei* **0.2** ⟨Sch. E⟩ *kaap* ⇒*voorgebergte* **0.3** ⟨Sch. E⟩ *snuifdoos* ◆ **6.1** make a ~ **of** sth. *iets verknoeien*;
II ⟨n.-telb.zn.⟩ **0.1** *fijn neteldoek* ⇒*mul* **0.2** *mul* ⇒*(turf)molm*.

mull[2] ⟨f1⟩⟨ww.⟩
I ⟨onov.ww.⟩ **0.1** ⟨AE; inf.⟩ *piekeren* ◆ **6.1** ~ **over** sth. *ergens over piekeren, iets (grondig) overwegen/overpeinzen*;
II ⟨ov.ww.⟩ **0.1** *overdenken* ⇒*overwegen* **0.2** *verwarmen en kruiden* **0.3** ⟨BE; inf.⟩ *verknoeien* ⇒*verprutsen* ⟨i.h.b. vangbal bij cricket⟩ ◆ **1.2** ~ed wine *bisschopswijn* **5.1** ~ sth. **over** *iets (grondig) overwegen/overpeinzen*.

mul·lah [ˈmʌlə]⟨telb.zn.⟩ **0.1** *molla(h)* ⇒*mulla(h)*, ⟨Mohammedaans⟩ *schriftgeleerde*.

mul·lein [ˈmʌlɪn]⟨n.-telb.zn.⟩⟨plantk.⟩ **0.1** *toorts* ⇒⟨i.h.b.⟩ *koningskaars* ⟨genus Verbascum⟩.

mul·ler [ˈmʌlə‖-ər]⟨telb.zn.⟩ **0.1** *wrijfsteen* **0.2** *wijnketel* ⟨voor bisschopswijn⟩.

mul·let [ˈmʌlɪt]⟨telb. en n.-telb.zn.⟩⟨dierk.⟩ **0.1** *harder* ⟨genus Mugilidae⟩ **0.2** *zeebarbeel* ⟨genus Mullidae⟩ ◆ **2.1** grey ~ *harder* **2.2** red ~ *mul*.

mul·li·gan [ˈmʌlɪgən]⟨telb.zn.⟩⟨AE⟩ **0.1** ⟨cul.⟩ *prutje* ⇒*husseltje, ratjetoe* **0.2** ⟨sl.⟩ *smeris*.

mul·li·ga·taw·ny [ˈmʌlɪgəˈtɔːni]⟨telb. en n.-telb.zn.; →mv. 2⟩⟨cul.⟩ **0.1** *kerriesoep* ⇒*mulligatawny*.

ˈmulligatawny ˈpaste ⟨n.-telb.zn.⟩⟨cul.⟩ **0.1** *kerriepasta* ⟨voor mulligatawny⟩.

mul·li·grubs, mul·ly·grubs [ˈmʌligrʌbz]⟨mv.⟩ **0.1** *kribbigheid* ⇒*slecht humeur* **0.2** *maagpijn*.

mul·lion [ˈmʌlɪən]⟨telb.zn.⟩⟨bouwk.⟩ **0.1** *verticale raamstijl*.

mul·lioned [ˈmʌlɪənd]⟨bn.⟩⟨bouwk.⟩ **0.1** *met verticale raamstijlen*.

mul·lock [ˈmʌlək]⟨n.-telb.zn.⟩⟨Austr. E⟩ **0.1** ⟨ook gew.⟩ *rommel* ⇒*rotzooi* **0.2** *afval v. gouderts* **0.3** *waardeloos gesteente* ⟨zonder goud⟩.

mult·an·gu·lar [mʌlˈtæŋgjʊlə‖-gjələr]⟨bn.⟩ **0.1** *veelhoekig*.

mul·te·i·ty [mʌlˈtiːəṭi]⟨n.-telb.zn.⟩⟨vero.⟩ **0.1** *veelvuldigheid*.

mul·ti- [ˈmʌlti] **0.1** *veel-* ◆ **¶.1** multiplex *veelvoudig*.

mul·ti·cel·lu·lar [-ˈseljʊlə‖-jələr]⟨bn.⟩ **0.1** *meercellig*.

mul·ti·col·our·ed, ⟨AE sp.⟩ **mul·ti·col·or·ed** [ˈmʌltikʌləd‖-kʌlərd]⟨bn.⟩ **0.1** *veelkleurig*.

mul·ti·com·pa·ny [-kʌmpəni]⟨bn., attr.⟩ **0.1** *mbt. een holding company met vele dochterondernemingen*.

mul·ti·cul·tur·al [-ˈkʌltʃrəl]⟨bn.⟩ **0.1** *multicultureel*.

mul·ti·di·men·sion·al [-daɪˈmenʃnəl‖-dɪ-]⟨bn.⟩ **0.1** *gecompliceerd* ⇒*met veel kanten/aspecten* ⟨bv. probleem⟩.

mul·ti·di·rec·tio·nal [-daɪˈrekʃnəl, -dɪ-]⟨bn.⟩ **0.1** *in vele richtingen werkend* ◆ **1.1** ~ lighting *algemene verlichting*.

mul·ti·dis·ci·pli·nar·y [-dɪsɪˈplɪnəri‖-ˈdɪsəplɪneri]⟨bn.⟩ **0.1** *multidisciplinair*.

mul·ti·en·gine [-ˈendʒɪn], **mul·ti·en·gin·ed** [-ˈendʒɪnd]⟨bn.⟩ **0.1** *meermotorig*.

mul·ti·faced [-feɪst]⟨bn.⟩ **0.1** *rijk geschakeerd* ⇒*erg gevarieerd*.

mul·ti·fam·i·ly [-ˈfæm(ɪ)li]⟨bn., attr.⟩ **0.1** *voor meerdere gezinnen* ◆ **1.1** ~ house *meergezinswoning*.

mul·ti·far·i·ous [ˈmʌltɪˈfeərɪəs‖-ˈfer-]⟨f1⟩⟨bn.; -ly; -ness⟩ **0.1** *veelsoortig* ⇒*uiteenlopend, verscheiden, verschillend*.

mul·ti·fid [ˈmʌltifɪd]⟨bn.⟩⟨biol.⟩ **0.1** *met veel spleten*.

mul·ti·flo·rous [-ˈflɔːrəs]⟨bn.⟩⟨plantk.⟩ **0.1** *veelbloemig*.

mul·ti·foil [-fɔɪl]⟨telb.zn.⟩⟨bouwk.⟩ **0.1** *veelpas*.

mul·ti·form [-fɔːm‖-fɔrm]⟨bn.⟩ **0.1** *veelvormig*.

mul·ti·for·mi·ty [-ˈfɔːməti‖-ˈfɔrməṭi]⟨n.-telb.zn.⟩ **0.1** *veelvormigheid*.

multihued →many-hued.

mul·ti·hull [-hʌl]⟨telb.zn.; ook attr.⟩⟨zeilsport⟩ **0.1** *meerrompboot* ⟨algemene benaming voor catamaran of trimaran⟩.

mul·ti·in·dus·try [-ˈɪndəstri]⟨bn., attr.⟩ **0.1** *mbt. veel verschillende bedrijven*.

mul·ti·lat·er·al [-ˈlætrəl‖-ˈlæṭərəl]⟨f1⟩⟨bn.; -ly⟩ **0.1** *veelzijdig* **0.2** ⟨pol.⟩ *multilateraal*.

mul·ti·lin·gual [-ˈlɪŋgwəl]⟨f1⟩⟨bn.⟩ **0.1** *meertalig* ⇒*in veel talen gesteld* **0.2** *polyglot* ⇒*veeltalig*.

mul·ti·lin·gual·ism [-ˈlɪŋgwəlɪzm]⟨n.-telb.zn.⟩ **0.1** *veeltaligheid*.

mul·ti·me·di·a[1] [-miːdɪə]⟨n.-telb.zn.⟩ **0.1** *het (gelijktijdige) gebruik v. versch. media*.

multimedia[2] ⟨bn., attr.⟩ **0.1** *mbt. een totaalprogramma/show* **0.2** *mbt. het gebruik v. versch. media*.

mul·ti·mil·lion·aire [-mɪljəˈneə‖-ˈner]⟨f1⟩⟨telb.zn.⟩ **0.1** *multimiljonair*.

mul·ti·na·tion·al[1] [-ˈnæʃnəl]⟨f1⟩⟨telb.zn.⟩ **0.1** *multinational* ⇒*multinationaal concern, multinationale onderneming*.

multinational[2] ⟨f1⟩⟨bn.⟩ **0.1** *multinationaal* ⇒*vele landen omvattend; v./uit/door verschillende nationaliteiten*.

mul·ti·no·mi·al[1] [-ˈnoʊmɪəl]⟨telb.zn.⟩⟨wisk.⟩ **0.1** *veelterm* ⇒*polynoom*.

multinomial[2] ⟨bn.⟩ **0.1** ⟨wisk.⟩ *multinomiaal* ⇒*veeltermig* **0.2** *veelnamig* ⇒*veel namen bezittend*.

mul·tip·a·rous [mʌlˈtɪpərəs]⟨bn.⟩⟨biol.⟩ **0.1** *met meer dan één jong/kind* **0.2** *meerdere jongen werpend*.

mul·ti·par·tite [ˈmʌltiˈpɑːtaɪt‖-ˈpɑr-]⟨bn.⟩ **0.1** *veeldelig*.

mul·ti-par·ty [-pɑːti‖-pɑrṭi]⟨bn., attr.⟩ **0.1** *meerpartijen-* ◆ **1.1** a ~ government *een meerpartijenregering*.

mul·ti·ped[1] [-ped], **mul·ti·pede** [-pi:d]⟨telb.zn.⟩⟨dierk.⟩ **0.1** ***veelpoot*** ⇒*veelvoet* ⟨insekt⟩.
multiped[2] ⟨bn.⟩⟨dierk.⟩ **0.1** ***veelpotig*** ⇒*veelvoetig*.
mul·ti·phase [-feɪz]⟨bn.⟩⟨elek.⟩ **0.1** ***veelfasig***.
mul·ti·ple[1] ['mʌltɪpl]⟨f1⟩⟨telb.zn.⟩ **0.1** ⟨wisk.⟩ ***veelvoud*** **0.2** ⟨verk.⟩ ⟨multiple shop/store⟩ ◆ **6.1** 45 is a ~ **of** 5 *45 is een veelvoud van 5*.
multiple[2] ⟨f3⟩⟨bn.⟩ **0.1** ***veelvoudig*** ⇒*multipel* **0.2** ***divers*** ⇒*veelsoortig, verspreid voorkomend* **0.3** ⟨plantk.⟩ ***samengesteld*** ◆ **1.1** ~ choice *multiple choice;* ⟨vaak attr.⟩ *meerkeuze-;* ~ collision *kettingbotsing;* ~ personality *meervoudige persoonlijkheid;* ⟨Sch. E; jur.⟩ ~ poinding *akkoord (voor rechter) in faillissement;* ⟨BE⟩ ~ shop/store *grootwinkelbedrijf;* ~ star *dubbelster* **1.2** ⟨med.⟩ ~ sclerosis *multip(e)le sclerose* **1.3** ~ fruit *samengestelde vrucht* **1.¶** ⟨hand.⟩ ~ standard *conversietabel waarmee schuld (v. importeur) aan variabele wisselkoers gekoppeld wordt*.
mul·ti·plet ['mʌltɪplet]⟨telb.zn.⟩⟨kernfysica⟩ **0.1** ***multiplet***.
mul·ti·plex[1] ['mʌltɪpleks]⟨bn.⟩ **0.1** ***veelvoudig*** ⇒*multiplex* ◆ **1.1** ~ eye *samengesteld oog* ⟨v. insekt⟩; ~ telegraphy *multiplextelegrafie*.
multiplex[2] ⟨ov.ww.⟩⟨com.⟩ **0.1** ***simultaan overseinen***.
mul·ti·pli·a·ble ['mʌltɪplaɪəbl], **mul·ti·plic·a·ble** [-plɪkəbl‖-'plɪkəbl] ⟨bn.⟩⟨wisk.⟩ **0.1** ***vermenigvuldigbaar*** ◆ **6.1** ~ **by** *te vermenigvuldigen met*.
mul·ti·pli·cand ['mʌltɪplɪ'kænd]⟨telb.zn.⟩⟨wisk.⟩ **0.1** ***vermenigvuldigtal***.
mul·ti·pli·ca·tion ['mʌltɪplɪ'keɪʃn]⟨f2⟩⟨zn.⟩
I ⟨telb.zn.⟩ **0.1** ⟨wisk.⟩ ***vermenigvuldiging*** ⇒*vermenigvuldigsom;*
II ⟨n.-telb.zn.⟩⟨wisk.⟩ **0.1** ***het vermenigvuldigen*** ⇒*vermenigvuldiging* **0.2** ***vermeerdering*** ⇒*aanwas* ◆ **6.2** the ~ **of** the number of cars *de groei v.h. aantal auto's*.
multipli'cation sign ⟨f1⟩⟨telb.zn.⟩⟨wisk.⟩ **0.1** ***maalteken***.
multipli'cation table ⟨f1⟩⟨telb.zn.⟩⟨wisk.⟩ **0.1** ***tafel v. vermenigvuldiging***.
mul·ti·pli·ca·tive ['mʌltɪ'plɪkətɪv‖-plɪ'keɪṭɪv]⟨bn.; -ly⟩ **0.1** ***vermenigvuldigend*** **0.2** ⟨wisk.⟩ ***vermenigvuldigings-*** ⇒*multiplicatief*.
mul·ti·plic·i·ty ['mʌltɪ'plɪsəṭi]⟨f1⟩⟨telb. en n.-telb.zn.; →mv. 2⟩ **0.1** ***veelheid*** ⇒*massa, menigvuldigheid, veelvoudigheid* **0.2** ***veelsoortigheid*** ⇒*veelvormigheid* ◆ **6.1** the ~ **of** traffic accidents *de grote hoeveelheid verkeersongelukken* **6.2** a ~ **of** ideas *een grote verscheidenheid aan ideeën*.
mul·ti·pli·er ['mʌltɪplaɪə‖-ər]⟨telb.zn.⟩ **0.1** ***vermenigvuldiger*** ⟨ook wisk.⟩ **0.2** ⟨tech.⟩ ***multiplicator*** ⇒*vermenigvuldiger, versterker* **0.3** ⟨ec.⟩ ***multiplier***.
mul·ti·ply[1] ['mʌltiplaɪ]⟨bn., attr.⟩⟨tech.⟩ **0.1** ***multiplex*** ⟨hout⟩.
multiply[2] ['mʌltɪplaɪ]⟨f3⟩⟨ww.; →ww. 7⟩
I ⟨onov.ww.⟩ **0.1** ***zich vermeerderen*** ⇒*aangroeien, meer/groter worden* **0.2** ***zich vermenigvuldigen*** ⇒*zich voortplanten* **0.3** ***een vermenigvuldiging uitvoeren*** ◆ **1.1** Henry saw his chances ~ *Henry zag zijn kansen sterk stijgen;*
II ⟨ov.ww.⟩ **0.1** ***vermenigvuldigen*** **0.2** ***vergroten*** ⇒*vermeerderen* ◆ **1.2** ~ one's chances *zijn kansen doen stijgen* **5.1** ~ two numbers **together** *twee getallen met elkaar vermenigvuldigen* **6.1** ~ three **by** four *drie met vier vermenigvuldigen*.
multiply[3] ['mʌltɪpli]⟨bw.⟩ **0.1** →multiple **0.2** ***veelvoudig*** ⇒*op vele manieren* ◆ **2.2** ~ useful *op vele manieren te gebruiken*.
'mul·ti·ply·ing coil ⟨telb.zn.⟩⟨tech.⟩ **0.1** ***multiplicatorspoel***.
'mul·ti·ply·ing glass ⟨telb.zn.⟩ **0.1** ***vergrootglas***.
mul·ti·point ['mʌltipɔɪnt]⟨bn.⟩ **0.1** ***met meerdere poorten/balies/kassa's*** ◆ **1.1** a ~ immigration lounge *een douanehal met een reeks balies*.
mul·ti·po·lar [-'poʊlə‖-ər]⟨bn.⟩⟨elek.⟩ **0.1** ***veelpolig*** ⇒*multipool*.
mul·ti·pro·ces·sing [-'proʊsesɪŋ‖-'prɑ-]⟨n.-telb.zn.⟩⟨comp.⟩ **0.1** ***multiprocessing*** ⟨verwerking v. programma's door meer processoren tegelijk⟩.
mul·ti·pro·gram·ming [-'proʊgræmɪŋ]⟨n.-telb.zn.⟩⟨comp.⟩ **0.1** ***multiprogrammering*** ⟨uitvoeren v. meer programma's tegelijk door één processor⟩.
mul·ti·pur·pose [-'pɜ:pəs‖-'pɜrpəs]⟨bn.⟩ **0.1** ***veelzijdig*** ⇒*voor meerdere doeleinden geschikt, flexibel*.
mul·ti·ra·cial [-'reɪʃl]⟨bn.⟩ **0.1** ***multiraciaal***.
mul·ti·re·sis·tant [-rɪ'zɪstənt]⟨bn.⟩⟨biol.⟩ **0.1** ***multiresistent*** ⟨v. virus⟩.
mul·ti·role [-roʊl]⟨bn., attr.⟩ **0.1** ***veelzijdig*** ⇒*met veel functies*.
mul·ti·stage [-steɪdʒ]⟨bn., attr.⟩⟨ruim.⟩ **0.1** ***meertrappig*** ⇒*veeltrappig* ⟨v. raket⟩.
mul·ti·sto·rey [-stɔ:ri]⟨bn., attr.⟩ **0.1** ***met meerdere verdiepingen*** ◆ **1.1** ~ block *torenflat;* a ~ carpark *een parkeergarage* ⟨bovengronds⟩.
multi'trip ticket ⟨telb.zn.⟩ **0.1** ⟨ong.⟩ ***strippenkaart*** ⇒⟨B.⟩ *zonekaart*.

mul·ti·tude ['mʌltɪtju:d‖-tu:d]⟨f2⟩⟨telb.zn.⟩⟨→sprw. 75⟩ **0.1** ***massa*** ⇒*grote hoeveelheid, groot aantal* **0.2** ***menigte*** ⇒*massa* ◆ **3.1** that covers a ~ of sins *dat is een handige smoes* **6.1** a ~ **of** ideas *een grote hoeveelheid ideeën* **7.2** the ~ *de grote massa*.
mul·ti·tu·di·nous ['mʌltɪ'tju:dɪnəs‖-'tu:dnəs]⟨bn.; -ly; -ness⟩ **0.1** ***talrijk*** **0.2** ***veelsoortig*** ⇒*v. uiteenlopende aard, verscheiden* **0.3** ***uitgestrekt*** ⟨v. zee⟩ ⇒*onmetelijk*.
mul·ti·va·lent ['mʌlti'veɪlənt]⟨bn.⟩⟨schei.⟩ **0.1** ***veelwaardig*** ⇒*polyvalent*.
mul·ti·valve [-vælv]⟨bn., attr.⟩⟨biol.⟩ **0.1** ***met twee kleppen*** ⟨v. schelp⟩.
mul·ti·ver·si·ty ['mʌlti'vɜ:səti‖-'vɜrsəṭi]⟨telb.zn.; →mv. 2⟩ **0.1** ***grote/uitgebreide universiteit***.
mul·ti·vo·cal [mʌl'tɪvəkl]⟨bn.⟩ **0.1** ***meerduidig*** ⇒*dubbelzinnig*.
mul·ti·vol·um·ed ['mʌlti'vɒlju:md‖-'vɑljəmd]⟨bn., attr.⟩ **0.1** ***uit veel delen bestaand*** ⟨encyclopedie, enz.⟩.
mul·ti·war·head·ed [-'wɔ:hedɪd‖-'wɔr-]⟨bn.⟩ **0.1** ***met meerdere kernkoppen***.
mul·ti·way ['-weɪ]⟨bn.⟩⟨tech.⟩ **0.1** ***meerkanalig*** ◆ **1.1** ~ intersection *meervoudig kruispunt*.
mult·oc·u·lar [mʌl'tɒkjʊlə‖-'tɑkjələr]⟨bn.⟩ **0.1** ***veelogig***.
mum[1] [mʌm], ⟨AE in bet. I 0.1⟩ **mom** [mɒm‖mɑm]⟨f2⟩⟨zn.⟩
I ⟨telb.zn.⟩ **0.1** ⟨vnl. BE; inf.⟩ ***mamma*** ⇒*mam(s), mammie* **0.2** ⟨inf.⟩ ***chrysant;***
II ⟨n.-telb.zn.⟩ **0.1** ⟨inf.⟩ ***stilzwijgen*** **0.2** ⟨vero.⟩ ***Brunswijks bier*** ◆ **1.1** ~'s the word! *mondje dicht!*.
mum[2] ⟨f1⟩⟨bn., pred.⟩ **0.1** ***stil*** ⇒*niets loslatend* ◆ **3.1** keep ~ *zijn mondje dicht houden*.
mum[3] ⟨onov.ww.; →ww. 7⟩ →mumming **0.1** ***in een pantomime spelen*** **0.2** ***een masker dragen*** ⇒*zich vermommen*.
mum[4] ⟨f1⟩⟨tussenw.⟩ **0.1** ***mondje dicht!*** ⇒*sst!, niets zeggen!* ◆ **1.1** ~'s the word! *mondje dicht!*.
mum·ble[1] ['mʌmbl]⟨f2⟩⟨telb.zn.⟩ **0.1** ***gemompeld woord*** ⇒*gemompel, geprevel*.
mumble[2] ⟨f2⟩⟨ww.⟩
I ⟨onov.ww.⟩ **0.1** ***binnensmonds praten*** ⇒*mummelen, murmelen;*
II ⟨ov.ww.⟩ **0.1** ***mompelen*** ⇒*prevelen* **0.2** ***knauwen op*** ⇒*mummelen op* ◆ **1.1** ~ a quick prayer *een schietgebedje mompelen* **1.2** Auntie was mumbling a biscuit *tante zat op een biskwietje te mummelen*.
mum·bo jum·bo ['mʌmboʊ 'dʒʌmboʊ]⟨f1⟩⟨zn.⟩
I ⟨eig.n.; M- J-⟩ **0.1** ***afgod*** ⟨in Soedan⟩;
II ⟨telb.zn.⟩ **0.1** ***afgod*** ⇒*idool* **0.2** ***boeman;***
III ⟨n.-telb.zn.⟩ **0.1** ***gebrabbel*** ⇒*abracadabra* **0.2** ***poppenkast*** ⇒*malle vertoning, komedie*.
mum·chance ['mʌmtʃɑ:ns‖-tʃæns]⟨bn.⟩⟨vero.; gew.⟩ **0.1** ***zwijgend***.
mum·mer ['mʌmə‖-ər]⟨telb.zn.⟩ **0.1** ***pantomimespeler*** **0.2** ***gemaskerde*** **0.3** ⟨gesch.⟩ ***toneelspeler***.
mum·mer·y ['mʌməri]⟨zn.; →mv. 2⟩
I ⟨telb.zn.⟩ **0.1** ***hol ritueel*** ⇒*overdreven ceremonieel, poppenkast, komedie* **0.2** ***pantomime*** **0.3** ***maskerade;***
II ⟨n.-telb.zn.⟩ **0.1** ***mime*** ⇒*het pantomimespelen*.
mum·mi·fi·ca·tion ['mʌmɪfɪ'keɪʃn]⟨n.-telb.zn.⟩ **0.1** ***mummificatie*** ⇒*balseming, het mummificeren/balsemen*.
mum·mi·fy ['mʌmɪfaɪ]⟨ov.ww.; →ww. 7⟩ **0.1** ***mummificeren*** ⇒*balsemen* **0.2** ***doen uitdrogen*** ⇒*laten verschrompelen* ◆ **1.2** mummified fruit *verdroogd fruit*.
mum·ming ['mʌmɪŋ]⟨n.-telb.zn.; gerund v. mum⟩⟨vero.; vnl. BE⟩ **0.1** ***vertoning*** ⇒*maskerade* ◆ **3.1** ⟨gesch.⟩ go ~ *gemaskerd langs de huizen gaan* ⟨met Kerstmis⟩.
mum·my[1] ['mʌmi], ⟨AE in bet. I 0.3⟩ **mom·my** ['mɒmi‖'mɑmi], **mom·ma** ['mɒmə‖'mɑmə], **ma·ma** ['mɑ:mə, mə'mɑ:]⟨f2⟩⟨zn.; →mv. 2⟩
I ⟨telb.zn.⟩ **0.1** ***mummie*** **0.2** ***brij*** ⇒*moes, pulp* **0.3** ⟨BE; inf.⟩ ***mammie*** ⇒*moesje, mam(s)* ◆ **6.2** beat **to** a ~ *tot moes slaan;*
II ⟨n.-telb.zn.⟩ **0.1** ***roodbruine verf***.
mummy[2] ⟨ov.ww.; →ww. 7⟩ **0.1** ***mummificeren*** ⇒*balsemen*.
mump [mʌmp]⟨onov.ww.⟩⟨vero.⟩ **0.1** ***zitten mokken*** **0.2** ***bedelen***.
mump·ish ['mʌmpɪʃ]⟨bn.⟩ **0.1** ***landerig*** ⇒*futloos*.
mumps [mʌmps]⟨f1⟩⟨mv.; the⟩ **0.1** ⟨med.⟩ ***de bof*** **0.2** ***landerigheid*** ⇒*lamlendigheid* ◆ **3.2** have the ~ *zitten kniezen*.
munch[1] [mʌntʃ]⟨n.-telb.zn.⟩ **0.1** ***gekauw*** ⇒*geknaag*.
munch[2] ⟨f1⟩⟨ww.⟩
I ⟨onov.ww.⟩ **0.1** ***op iets kauwen*** ⇒*ergens op knabbelen* ◆ **5.1** ~ **away** at an apple *aan een appel knagen;*
II ⟨ov.ww.⟩ **0.1** ***kauwen op*** ⇒*knabbelen aan, knagen op* ◆ **1.1** ~ an apple *aan een appel knabbelen*.
munch·ies ['mʌntʃi:z]⟨mv.⟩⟨AE; sl.⟩ ◆ **3.¶** have the ~ *trek hebben* ⟨na het roken v. marihuana⟩.
mun·dane ['mʌn'deɪn]⟨f1⟩⟨bn.; -ly; -ness⟩ **0.1** ***gewoon*** ⇒*afgezaagd, doorsnee, routine-, alledaags* **0.2** ***platvloers*** ⇒*gespeend v. visie* **0.3** ***aards*** ⇒*aardgebonden, v. deze wereld* **0.4** ***kosmisch*** ⇒*universeel*.

mun·go ['mʌŋgoʊ]⟨telb. en n.-telb.zn.⟩ **0.1** ***mungo*** ⇒*kunstwol* ⟨herwonnen uit vervilte oude wol⟩.
mungoose →mongoose.
Mu·nich ['mju:nɪk]⟨eig.n.⟩ **0.1** ***München***.
mu·nic·i·pal [mju:'nɪsɪpl]⟨f2⟩⟨bn.;-ly⟩ **0.1** ***gemeentelijk*** ⇒*gemeente-, stedelijk, stads-, municipaal* **0.2** ***lands-*** ⇒*staats-, nationaal* ◆ **1.1** ~ buildings *openbare gebouwen;* ~ corporation *stadsbestuur* **1.2** ~ affairs *binnenlandse aangelegenheden;* ~ law *staatsrecht*.
mu·nic·i·pal·ism [mju:'nɪsɪpəlɪzm]⟨n.-telb.zn.⟩ **0.1** ***gemeentelijk zelfbestuur*** **0.2** ***plaatselijk patriottisme***.
mu·nic·i·pal·i·ty [mju:'nɪsɪ'pæləṭi]⟨f1⟩⟨zn.;→mv. 2⟩
I ⟨telb.zn.⟩ **0.1** ***gemeente;***
II ⟨verz.n.⟩ **0.1** ***gemeentebestuur***.
mu·nic·i·pal·i·za·tion [mju:'nɪsɪpəlaɪ'zeɪʃn‖-pələ-]⟨n.-telb.zn.⟩ **0.1** ***het onder gemeentelijk beheer brengen***.
mu·nic·i·pal·ize [mju:'nɪsɪpəlaɪz]⟨ov.ww.⟩ **0.1** ***onder gemeentelijk beheer brengen***.
mu·nif·i·cence [mju:'nɪfɪsns]⟨n.-telb.zn.⟩⟨schr.⟩ **0.1** ***generositeit*** ⇒*goedgeefsheid, gulheid, vrijgevigheid*.
mu·nif·i·cent [mju:'nɪfɪsnt]⟨bn.;-ly⟩⟨schr.⟩ **0.1** ***genereus*** ⇒*goedgeefs, gul, vrijgevig, royaal*.
mu·ni·ment ['mju:nɪmənt]⟨zn.⟩
I ⟨telb.zn.⟩⟨zelden⟩ **0.1** ***verdedigingsmiddel;***
II ⟨mv.;~s⟩⟨jur.⟩ **0.1** ***akte*** ⇒*bewijs* ⟨v. eigendom/privilege⟩; *documenten, archief*.
mu·ni·tion¹ [mju:'nɪʃn]⟨f1⟩⟨telb.zn.;meestal mv.⟩ **0.1** ⟨ook attrib.⟩ ***munitie*** ⇒*ammunitie, schietvoorraad, schietbenodigdheden* **0.2** ⟨mv.⟩ ***wapens*** **0.3** ⟨mv.⟩ ***bommen*** ⇒*granaten*.
munition² ⟨ov.ww.⟩ **0.1** ***v. munitie voorzien***.
munt·jak, munt·jac ['mʌntdʒæk]⟨telb.zn.⟩⟨dierk.⟩ **0.1** ***muntjak*** ⟨hert v.d. Kleine Soenda Eilanden, genus Muntiacus⟩.
mu·on ['mju:ɒn‖'mju:ɑn]⟨telb.zn.⟩⟨nat.⟩ **0.1** ***muon***.
Mup·pet ['mʊpɪt]⟨telb.zn.⟩ **0.1** ***Muppet*** ⟨pop uit gelijknamige t.v.-serie⟩.
mu·ral¹ ['mjʊərəl‖'mjʊrəl]⟨f1⟩⟨telb.zn.⟩ **0.1** ***muurschildering***.
mural² ⟨f1⟩⟨bn., attr.⟩ **0.1** ***muur-*** ⇒*wand-* **0.2** ***muurachtig*** ◆ **1.1** ⟨gesch.⟩ ~ crown *muurkroon* ⟨voor de eerste soldaat die de muur v.e. belegerde stad beklimt⟩; ~ painting *muurschildering*.
mu·ral·ist ['mjʊərəlɪst‖'mjʊr-]⟨telb.zn.⟩ **0.1** ***muurschilder***.
mur·der¹ ['mɜ:də‖'mɜrdər], ⟨vero.⟩ **mur·ther** ['mɜ:ðə‖'mɜrðər] ⟨f3⟩⟨zn.⟩⟨→sprw. 478⟩
I ⟨telb.zn.⟩ **0.1** ***moord;***
II ⟨n.-telb.zn.⟩ **0.1** ***moord*** ⇒*het ombrengen* **0.2** ⟨inf.⟩ ***heksentoer*** ⇒*hels karwei* **0.3** ⟨inf.⟩ ***beroerde toestand*** ◆ **1.3** this drought is ~ for the garden *deze droogte is funest voor de tuin* **3.1** attempted ~ *poging tot moord;* ⟨inf.⟩ get away with ~ *alles kunnen maken* **3.2** it was ~ to remove the brakes from the car *het was een hels karwei om de remmen uit de auto te halen*.
murder², ⟨vero.⟩ **murther** ⟨f3⟩⟨ov.ww.⟩ **0.1** ***vermoorden*** ⇒*ombrengen, om zeep helpen* **0.2** ⟨inf.⟩ ***verknoeien*** ⇒*ruïneren* **0.3** ⟨sl.⟩ ***volledig inmaken*** ◆ **1.2** two girls were ~ing Mozart at the piano *twee meisjes draaiden Mozart de nek om aan de piano*.
mur·der·er ['mɜ:drə‖'mɜrdərər]⟨f3⟩⟨telb.zn.⟩ **0.1** ***moordenaar***.
mur·der·ess ['mɜ:drɪs‖'mɜrdərɪs]⟨f1⟩⟨telb.zn.⟩ **0.1** ***moordenares***.
mur·der·ous ['mɜ:drəs‖'mɜr-]⟨f1⟩⟨bn.;-ly;-ness⟩ **0.1** ***moordzuchtig*** **0.2** ***moordend*** ⇒*moorddadig* ◆ **1.1** ~ intentions *moordzuchtige bedoelingen* **1.2** ~ heat *moordende hitte*.
mure ['mjʊə‖'mjʊr], ⟨in bet. 0.2 en 0.3 ook⟩ **'mure 'up** ⟨ov.ww.⟩ ⟨vero.⟩ **0.1** ***ommuren*** **0.2** ***dichtmetselen*** **0.3** ***opsluiten***.
mu·rex ['mjʊəreks‖'mjʊr-]⟨telb.zn.; ook murices [-rɪsi:z];→mv. 5⟩ **0.1** ***purperslak*** ⇒*stekelslak*.
mu·ri·ate ['mjʊəriət‖'mjʊr-]⟨telb. en n.-telb.zn.⟩⟨vero.; schei.⟩ **0.1** ***muriaat*** ⇒*chloride* ◆ **1.1** ~ of potash *kaliumchloride*.
mu·ri·at·ic ['mjʊəri'ætɪk‖'mjʊri'æṭɪk]⟨bn., attr.⟩⟨vero.; schei.⟩ ◆ **1.¶** ~ acid *zoutzuur*.
mu·rine ['mjʊəraɪn‖'mjʊr-]⟨bn., attr.⟩ **0.1** ***muizen-*** **0.2** ***ratten-*** ◆ **1.2** ~ plague *door ratten verbreide pest*.
murk¹ [mɜ:k‖mɜrk]⟨n.-telb.zn.⟩ **0.1** ***duisternis*** ⇒*donkerte*.
murk² ⟨bn.⟩⟨vero.⟩ **0.1** ***duister*** ⇒*donker, mistig*.
murk·y ['mɜ:ki‖'mɜrki]⟨f1⟩⟨bn.;-er;-ly;-ness;→bijw. 3⟩ **0.1** ***duister*** ⇒*donker, somber, onheilspellend* **0.2** ***duister*** ⇒*vunzig, kwalijk* **0.3** ***dicht*** ⇒*dik, ondoordringbaar* ◆ **1.1** a ~ evening *een donkere avond* **1.2** ~ affairs *weinig verheffende zaken* **1.3** ~ fog *dichte mist*.
mur·mur¹ ['mɜ:mə‖'mɜrmər]⟨f2⟩⟨telb. en n.-telb.zn.⟩ **0.1** ***gemurmel*** ⇒*geruis* ⟨v. beekje⟩ **0.2** ***gemopper*** ⇒*gebrom, geklaag* **0.3** ***gemompel*** ⇒*geprevel* **0.4** ⟨med.⟩ ***ruis*** ⟨v. harttonen⟩.
murmur² ⟨f3⟩⟨ww.⟩ →murmuring
I ⟨onov.ww.⟩ **0.1** ***mompelen*** ⇒*prevelen* **0.2** ***ruisen*** ⇒*suizen* **0.3** ***mopperen*** ⇒*klagen, murmureren* ◆ **6.3** ~ **against/at** *mopperen op/over;*
II ⟨ov.ww.⟩ **0.1** ***mompelen*** ⇒*prevelen*.
mur·mur·er ['mɜ:mərə‖'mɜrmərər]⟨telb.zn.⟩ **0.1** ***mompelaar(ster)*** **0.2** ***mopperaar(ster)***.
mur·mur·ing ['mɜ:mərɪŋ‖'mɜr-]⟨telb. en n.-telb.zn.; (oorspr.) gerund v. murmur⟩ **0.1** ***gemompel*** ⇒*geprevel* **0.2** ***geruis*** ⇒*gesuis* **0.3** ***gemurmureer*** ⇒*gemopper, geklaag*.
mur·mur·ous ['mɜ:mərəs‖'mɜr-]⟨bn., attr.;-ly⟩ **0.1** ***mompelend*** ⇒*prevelend* **0.2** ***ruisend*** ⇒*suizend, murmelend*.
mur·phy¹ ['mɜ:fi‖'mɜrfi]⟨telb.zn.;→mv. 2⟩⟨sl.; scherts.⟩ **0.1** ***pieper*** ⇒*zandsodemieter* ⟨aardappel⟩ **0.2** ***oplichterij***.
murphy² ⟨ov.ww.⟩⟨AE; sl.⟩ **0.1** ***oplichten***.
'Mur·phy's Law ⟨n.-telb.zn.⟩ **0.1** ***de wet v. Murphy*** ⇒*de wet v.h. behoud v. pech* ⟨als er iets fout kàn gaan, gaat dat ook fout; zie ook Sod's Law⟩.
mur·ra ['mʌrə‖'mɜrə]⟨n.-telb.zn.⟩⟨geol.⟩ **0.1** ***vloeispaat*** ⇒*fluoriet* ⟨in de oudheid gebruikt voor siervoorwerpen⟩ **0.2** ***jade*** **0.3** ***porselein***.
mur·rain ['mʌrɪn‖'mɜrɪn]⟨zn.⟩
I ⟨telb.zn.; alleen enk.⟩⟨vero.⟩ **0.1** ***pest*** ◆ **6.1** a ~ **on** you! *krijg de kolere!;*
II ⟨telb. en n.-telb.zn.⟩ **0.1** ***veepest***.
mur·rey ['mʌri‖'mɜri]⟨n.-telb.zn.; vaak attr.⟩⟨vero.⟩ **0.1** ***purperrood***.
mur·rhine ['mʌrɪn, -raɪn‖'mɜr-]⟨bn., attr.⟩ **0.1** ***uit fluoriet vervaardigd*** **0.2** ***(v.) jade*** ⇒*uit jade vervaardigd* **0.3** ***(van) porselein*** ◆ **1.1** ~ glass *glaswerk uit fluoriet;* ⟨i.h.b.⟩ *millefiori-glas*.
murther →murder.
mus ⟨afk.⟩ **0.1** ⟨museum⟩ **0.2** ⟨music⟩ ***muz.*** **0.3** ⟨musical⟩.
Mus B, Mus Bac ⟨afk.⟩ Bachelor of Music.
mus·ca·dine ['mʌskədaɪn, -dɪn], **mus·cat** ['mʌskət, 'mʌskæt]⟨zn.⟩
I ⟨telb.zn.⟩ **0.1** ***muskadel(druif);***
II ⟨n.-telb.zn.⟩ **0.1** ***muskatel*** ⇒*muskaatwijn*.
mus·ca·rine ['mʌskəri:n, -rɪn]⟨n.-telb.zn.⟩⟨schei.⟩ **0.1** ***muscarine***.
mus·ca·tel ['mʌskə'tel], **mus·ca·del** [-'del]⟨zn.⟩
I ⟨telb.zn.⟩ **0.1** ***muskadel(druif)*** **0.2** ***muskadelrozijn;***
II ⟨n.-telb.zn.⟩ **0.1** ***muscatel*** ⇒*muskaatwijn*.
mus·cle ['mʌsl]⟨f3⟩⟨zn.⟩
I ⟨telb.zn.⟩ **0.1** ***spier*** **0.2** ⟨AE; inf.⟩ ***sterke man*** ⇒*gorilla* ◆ **3.1** flex one's ~s *de spieren losmaken; als vingeroefening doen;* not move a ~ *geen spier vertrekken, zich niet bewegen;*
II ⟨n.-telb.zn.⟩ **0.1** ***spierweefsel*** ⇒*spieren* **0.2** ***spierkracht*** **0.3** ***kracht*** ⇒*macht* ◆ **7.2** Ard has got all the ~ necessary for speed skating *Ard heeft genoeg spierkracht voor hardrijden* **7.3** put some ~ into your attitude! *toon eens wat meer ruggegraat!*.
'mus·cle-bound ⟨bn.⟩ **0.1** ***(overdreven) gespierd*** **0.2** ***stijf*** ⇒*verkrampt*.
mus·cled ['mʌsld]⟨bn.; vaak in samenstellingen⟩ **0.1** ***gespierd***.
'mus·cle-head ⟨telb.zn.⟩⟨sl.⟩ **0.1** ***stommeling***.
'muscle 'in ⟨onov.ww.⟩⟨inf.⟩ **0.1** ***zich indringen*** ◆ **6.1** ~ **on** *zich indringen in*.
'mus·cle·man ⟨telb.zn.; musclemen;→mv. 3⟩ **0.1** ***bodybuilder*** ⇒*Tarzan*.
'muscle 'out ⟨onov.ww.⟩⟨AE; sl.⟩ **0.1** ***met geweld verwijderen***.
mus·co·lo·gy [mʌ'skɒlədʒi‖-'skɑ-]⟨n.-telb.zn.⟩ **0.1** ***leer der mossen*** ⇒*bryologie*.
mus·co·va·do ['mʌskə'vɑ:doʊ‖-'veɪ-]⟨telb. en n.-telb.zn.⟩ **0.1** ***moscovade*** ⟨ruwe, ongeraffineerde suiker⟩.
Mus·co·vite¹ ['mʌskəvaɪt]⟨zn.⟩
I ⟨telb.zn.; M-⟩ **0.1** ***Moskoviet*** ⇒*inwoner v. Moskou* **0.2** ⟨vero.⟩ ***Rus;***
II ⟨n.-telb.zn.; m-⟩⟨geol.⟩ **0.1** ***mica*** ⇒*(kali)glimmer, muskoviet, Moskovisch glas*.
Muscovite² ⟨bn.⟩ **0.1** ***Moskovisch*** **0.2** ⟨vero.⟩ ***Russisch***.
Mus·co·vy ['mʌskəvi]⟨eig.n.⟩ **0.1** ***Moskovië*** **0.2** ⟨vero.⟩ ***Rusland***.
'Muscovy 'duck ⟨telb.zn.⟩⟨dierk.⟩ **0.1** ***muskuseend*** ⟨Cairina moschata⟩.
mus·cu·lar ['mʌskjʊlə‖-kjələr]⟨f2⟩⟨bn.;-ly⟩ **0.1** ***spier-*** ⇒*mbt. de spieren* **0.2** ***gespierd*** ⇒*krachtig* ◆ **1.1** ~ dystrophy *spierdystrofie;* ~ rheumatism *spierreuma(tiek);* ~ stomach *spiermaag* ⟨bv. bij vogels⟩.
mus·cu·lar·i·ty ['mʌskjʊ'lærəti‖-kjə'lærəṭi]⟨n.-telb.zn.⟩ **0.1** ***gespierdheid*** ⇒*kracht*.
mus·cu·la·ture ['mʌskjʊlətʃə‖-kjələtʃər]⟨telb.zn.⟩ **0.1** ***spierstelsel*** ⇒*musculatuur*.
Mus D, Mus Doc ⟨afk.⟩ Doctor of Music.
muse¹ [mju:z]⟨f1⟩⟨zn.⟩
I ⟨telb.zn.⟩ **0.1** ***muze*** **0.2** ⟨vero.⟩ ***afwezige bui*** ⇒*gepeins* ◆ **7.1** The Muses *de (Negen) Muzen, kunsten en wetenschappen;*
II ⟨n.-telb.zn.; the⟩ **0.1** ***muze*** ⇒*inspiratie*.
muse² ⟨f1⟩⟨ww.⟩
I ⟨onov.ww.⟩ **0.1** ***peinzen*** ⇒*mijmeren, nadenken, dromen* ◆ **6.1** ~ **on** *peinzen over, nadenkend beschouwen;* ~ **over/upon** *mijme-*

ren over;
II ⟨ov.ww.⟩ 0.1 ***overdenken*** ⇒*nadenken over* ◆ 1.1 ~ a course of action *een gedragslijn overwegen.*
mu·se·o·lo·gi·cal ['mju:zɪə'lɒdʒɪkl‖-'lɑ-]⟨bn.⟩ 0.1 ***museologisch.***
mu·se·o·lo·gy ['mju:zi'ɒlədʒi‖-'ɑlədʒi]⟨n.-telb.zn.⟩ 0.1 ***museologie*** ⇒*museumkunde.*
mus·er ['mju:zə‖-ər]⟨telb.zn.⟩ 0.1 ***mijmeraar(ster)*** ⇒*dromer/droomster.*
mu·sette [mju:'zet]⟨telb.zn.⟩ 0.1 ***doedelzak*** ⇒*musette* ⟨ook als orgelregister⟩ 0.2 ***musette*** ⇒*dans(wijsje)* ⟨als gespeeld op doedelzak⟩ 0.3 ***officiersransel*** ⇒*musette.*
mu·se·um [mju:'zɪəm]⟨f3⟩⟨telb.zn.⟩ 0.1 ***museum.***
mu'seum piece ⟨telb.zn.⟩ 0.1 ***museumstuk.***
mush[1] [mʌʃ]⟨f1⟩⟨telb.zn.⟩ 0.1 ***moes*** ⇒*brij* 0.2 ⟨AE⟩ ***maïsmeelpap*** 0.3 ⟨inf.⟩ ***sentimenteel geklets/gedoe*** ⇒*geouwehoer, onzin* 0.4 ⟨com.⟩ ***geruis*** 0.5 ⟨AE⟩ ***tocht met een hondenslede*** 0.6 ⟨BE; sl.⟩ ***tronie*** ⇒*smoel, porem* 0.7 ⟨BE; sl.⟩ ***makker*** ⇒*maatje, figuur* 0.8 ⟨sl.⟩ ***mond*** 0.9 ⟨sl.⟩ ***kus*** ◆ 4.7 hey you, ~! *hé makker, jij daar!.*
mush[2] ⟨onov.ww.⟩⟨AE⟩ 0.1 ***een tocht per hondenslede maken*** 0.2 ⟨sl.⟩ ***leven v. zwendel.***
mush[3] ⟨tussenw.⟩⟨AE⟩ 0.1 ***vooruit!*** ⇒*mars!* ⟨tegen sledehonden⟩.
'mush area ⟨telb.zn.⟩⟨com.⟩ 0.1 ***stoorgebied.***
'mush-head ⟨telb.zn.⟩⟨AE; sl.⟩ 0.1 ***stommeling.***
'mush-'head·ed ⟨bn.⟩⟨AE; sl.⟩ 0.1 ***stom.***
'mush ice ⟨n.-telb.zn.⟩⟨AE⟩ 0.1 ***fondantijs*** ⇒*zacht ijs.*
'mush·mouth ⟨telb.zn.⟩⟨AE; sl.⟩ 0.1 ***onduidelijke prater*** ⇒*brabbelaar.*
mush·room[1] ['mʌʃru:m, -rʊm]⟨f2⟩⟨telb.zn.⟩ 0.1 ***champignon*** 0.2 ***(eetbare) paddestoel*** 0.3 ***parvenu*** 0.4 ***atoomwolk*** ⇒*paddestoelwolk* 0.5 ⟨alleen enk.⟩ ***explosieve groei*** 0.6 ***platte breedgerande dameshoed*** ◆ 1.5 the ~ of small boutiques *het snel toegenomen aantal boetiekjes.*
mushroom[2] ⟨f1⟩⟨onov.ww.⟩ →mushrooming 0.1 ***paddestoelen zoeken*** 0.2 ***zich snel ontwikkelen*** ⇒*snel in aantal toenemen, als paddestoelen uit de grond schieten* 0.3 ***een paddestoelvorm aannemen*** ⇒*paddestoelvormig uitwaaieren* ⟨v. rook⟩, *breed/plat uitzetten* ⟨v. kogel⟩ ◆ 1.2 group training is ~ing everywhere *groepstraining is opeens overal erg populair* 3.1 go ~ing *paddestoelen gaan zoeken.*
'mushroom 'cloud ⟨telb.zn.⟩ 0.1 ***atoomwolk*** ⇒*paddestoelwolk.*
'mush·room-col·our, ⟨AE sp.⟩ **'mush·room·col·or** ⟨n.-telb.zn.; vaak attr.⟩ 0.1 ***licht geelbruin.***
'mushroom 'growth ⟨telb.zn.⟩ 0.1 ***snelle ontwikkeling.***
mush·room·ing ['mʌʃru:mɪŋ, -rʊmɪŋ]⟨f1⟩⟨telb. en n.-telb.zn.; gerund v. mushroom⟩ 0.1 ***snelle groei*** ⇒*explosieve toename.*
mush·y ['mʌʃi]⟨f1⟩⟨bn.; -er; -ly; -ness; →bijw. 3⟩ 0.1 ***papperig*** ⇒*zacht, soepig* 0.2 ⟨inf.⟩ ***halfzacht*** ⇒*week(hartig), verliefd, sentimenteel* ◆ 1.1 a ~ pear *een beurse peer* 1.2 a ~ letter *een sentimentele brief.*
mu·sic ['mju:zɪk]⟨f4⟩⟨n.-telb.zn.⟩ 0.1 ***muziek*** 0.2 ***(blad)muziek*** ⇒*partituur* 0.3 ***begeleiding*** 0.4 ⟨AE⟩ ***herrie*** ⇒*leven* ◆ 1.1 ~ of the spheres *harmonie der sferen* 3.¶ face the ~ *de consequenties aanvaarden, de gevolgen onder ogen zien;* ⟨vnl. pej.⟩ ⟨BE⟩ piped/⟨AE⟩ piped-in ~ *ingeblikte muziek, achtergrondmuziek* ⟨bv. in restaurant⟩ 6.1 Will's words were ~ **to** my ears *Wills woorden klonken me als muziek in de oren* 6.3 set a poem **to** ~ *een gedicht op muziek zetten.*
mu·si·cal[1] ['mju:zɪkl]⟨f2⟩⟨telb.zn.⟩ 0.1 ***musical*** 0.2 ⟨zelden⟩ ***muziekavondje*** ⇒*soirée musicale.*
musical[2] ⟨f3⟩⟨bn.; -ly; -ness⟩
I ⟨bn.⟩ 0.1 ***muzikaal*** 0.2 ***welluidend*** ⇒*klankvol, muzikaal* ◆ 1.2 ~ glasses *glasharmonika;* a ~ laugh *een welluidende lach;* ~ saw *zingende zaag;*
II ⟨bn., attr.⟩ 0.1 ***muziek-*** ⇒*(de) muziek betreffend* 0.2 ***muzikaal*** ⇒*op muziek gezet, met muzikale ondersteuning* ◆ 1.1 ~ instrument *muziekinstrument;* ~ sound *klank* ⟨i.t.t. geluid⟩ 1.2 ⟨BE⟩ ~ box *muziekdoos, speeldoos;* ~ chairs *stoelendans;* ~ clock *speelklok;* ⟨vero.⟩ ~ comedy *musical;* ~ film *muziekfilm;* ~ ride *cavalerie-exercitie op muziek.*
mu·si·cale ['mju:zɪ'kɑ:l‖-'kæl]⟨telb.zn.⟩⟨AE⟩ 0.1 ***muziekavondje*** ⇒*soirée musicale.*
mu·si·cal·i·ty ['mju:zɪ'kæləṭi]⟨n.-telb.zn.⟩ 0.1 ***welluidendheid*** ⇒*muzikale kwaliteit* 0.2 ***muzikaliteit*** ⇒*muzikaal gevoel.*
mu·si·cas·sette ['mju:zɪkəset]⟨telb.zn.⟩ 0.1 ***(muziek)cassette.***
'music box ⟨telb.zn.⟩⟨AE⟩ 0.1 ***muziekdoos.***
'music centre ⟨telb.zn.⟩ 0.1 ***audiorack*** ⇒*stereotoren.*
'music drama ⟨telb.zn.⟩ 0.1 ⟨ong.⟩ ***opera*** ⇒*muziekdrama.*
'mu·sic-hall ⟨f1⟩⟨zn.⟩⟨BE⟩
I ⟨telb.zn.⟩ 0.1 ***variété-theater*** 0.2 ***concertzaal;***
II ⟨n.-telb.zn.⟩ 0.1 ***variété(-theater);***
III ⟨mv.; the; ~s⟩ 0.1 ***variété(-theater).***
mu·si·cian [mju:'zɪʃn]⟨f3⟩⟨telb.zn.⟩ 0.1 ***musicus*** ⇒*musicienne, toonkunstenaar, muzikant* 0.2 ***componist.***
mu·si·cian·ship [mju:'zɪʃnʃɪp]⟨n.-telb.zn.⟩ 0.1 ***muzikaal vakmanschap.***
'mu·sic-lo·ver ⟨telb.zn.⟩ 0.1 ***muziekliefhebber/ster*** ⇒*muziekminnaar.*
mu·si·col·o·gist ['mju:zɪ'kɒlədʒɪst‖-'kɑ-]⟨telb.zn.⟩ 0.1 ***musicoloog.***
mu·si·col·o·gy ['mju:zɪ'kɒlədʒi‖-'kɑ-]⟨n.-telb.zn.⟩ 0.1 ***musicologie*** ⇒*muziekwetenschap.*
'music paper ⟨n.-telb.zn.⟩ 0.1 ***muziekpapier.***
'music rack ⟨telb.zn.⟩ 0.1 ***muziekstandaard*** ⇒*muziekhouder.*
'music room ⟨telb.zn.⟩ 0.1 ***muziekkamer.***
'music scene ⟨telb.zn.⟩ 0.1 ***muziekwereld*** ⇒*muziekgebeuren.*
'music stand ⟨telb.zn.⟩ 0.1 ***muziekstandaard.***
'mu·sic-stool ⟨telb.zn.⟩ 0.1 ***pianokruk.***
mus·ing·ly ['mju:zɪŋli]⟨bw.⟩ 0.1 ***peinzend*** ⇒*nadenkend.*
musk[1] [mʌsk], ⟨in bet. I 0.1 ook⟩ **'musk deer** ⟨zn.⟩
I ⟨telb.zn.⟩ 0.1 ***muskusdier*** ⇒*muskushert* 0.2 ***muskusplant;***
II ⟨n.-telb.zn.⟩ 0.1 ***muskus.***
musk[2] ⟨ov.ww.⟩ 0.1 ***met muskus parfumeren.***
'musk duck ⟨telb.zn.⟩⟨dierk.⟩ 0.1 ***muskuseend*** ⟨Cairina moschata⟩ 0.2 ***Australische lobeend*** ⟨Biziura lobata⟩.
mus·keg ['mʌskeg]⟨telb.zn.⟩⟨Can. E⟩ 0.1 ***moeras.***
muskellunge →maskinonge.
mus·ket ['mʌskɪt]⟨f1⟩⟨telb.zn.⟩⟨gesch.⟩ 0.1 ***musket*** ⟨soort geweer⟩.
mus·ket·eer ['mʌskɪ'tɪə‖-'tɪr]⟨f1⟩⟨telb.zn.⟩⟨gesch.⟩ 0.1 ***musketier.***
mus·ket·ry ['mʌskɪtri]⟨n.-telb.zn.⟩ 0.1 ***het geweerschieten*** ⇒*schietoefeningen, schietkunst* 0.2 ***musketten*** ⇒*geweren* 0.3 ***musketvuur*** ⇒*geweervuur* 0.4 ***geweerbehandeling*** 0.5 ⟨vero.⟩ ***met musketten bewapende troepen.***
'musket shot ⟨telb.zn.⟩ 0.1 ***musketschot*** 0.2 ***schietbereik*** ⟨v. musket⟩.
'musk melon ⟨telb.zn.⟩⟨plantk.⟩ 0.1 ***meloen*** ⟨Cucumis melo⟩.
'musk ox ⟨telb.zn.⟩ 0.1 ***muskusos.***
'musk plant ⟨telb.zn.⟩ 0.1 ***muskusplant.***
'musk·rat ⟨telb.zn.⟩ 0.1 ***muskusrat*** ⇒*bizamrat.*
'musk rose ⟨telb.zn.⟩ 0.1 ***muskusroos.***
musk·y ['mʌski]⟨bn.; -er; -ness; →bijw. 3⟩ 0.1 ***muskusachtig.***
Mus·lim[1], **Mus·lem** ['mʌzlɪm, 'mʊz-], **Mos·lem** ['mɒzlɪm‖'mɑz-]⟨f2⟩⟨telb.zn.; ook Muslim, Moslim; →mv. 4⟩ 0.1 ***mohammedaan*** ⇒*islamiet, moslem, moslim* 0.2 ⟨AE⟩ ***lid v.d. Black Muslims.***
Muslim[2], **Muslem, Moslim** ⟨f2⟩⟨bn.⟩ 0.1 ***mohammedaans*** ⇒*islamitisch, moslems, moslims.*
mus·lin ['mʌzlɪn]⟨n.-telb.zn.⟩ 0.1 ***mousseline*** 0.2 ***neteldoek*** 0.3 ⟨AE⟩ ***katoen.***
mus·lin·et ['mʌzlɪ'net]⟨n.-telb.zn.⟩ 0.1 ***grove mousseline.***
Mus M ⟨afk.⟩ Master of Music.
mus·quash ['mʌskwɒʃ‖'mʌskwɑʃ]⟨zn.⟩
I ⟨telb.zn.⟩ 0.1 ***muskusrat;***
II ⟨n.-telb.zn.⟩ 0.1 ***bont v.d. muskusrat.***
muss[1] [mʌs]⟨f1⟩⟨telb. en n.-telb.zn.⟩⟨AE; inf.⟩ 0.1 ***wanorde*** 0.2 ***rommel*** ⇒*rotzooi* 0.3 ***gevecht*** ⇒*kloppartij, schermutseling* ◆ 6.2 **without** ~ or fuss *zonder rommel en drukte.*
muss[2] ⟨f1⟩⟨ov.ww.⟩⟨AE; inf.⟩ 0.1 ***in de war maken*** ⇒*verknoeien* ⟨haar, kleding⟩ ◆ 5.1 ~ **up** one's suit *zijn pak ruïneren.*
mus·sel ['mʌsl]⟨f1⟩⟨telb.zn.⟩ 0.1 ***mossel.***
Mus·sul·man[1] ['mʌslmən]⟨telb.zn.; ook Mussulmen [-mən]; →mv. 3⟩⟨vero.⟩ 0.1 ***mohammedaan*** ⇒*moslim, islamiet;* ⟨gesch.⟩ *muzelman.*
Mussulman[2] ⟨bn.⟩ 0.1 ***mohammedaans*** ⇒*moslims, islamitisch.*
mus·sy ['mʌsi]⟨bn.; -er; -ly; →bijw. 3⟩⟨AE; inf.⟩ 0.1 ***rommelig*** ⇒*in de war, slordig, vuil* ◆ 1.1 a ~ suit *een verkreukeld pak.*
must[1], ⟨in bet. II 0.3 ook⟩ **musth** [mʌst]⟨f2⟩⟨zn.⟩
I ⟨telb.zn.⟩ 0.1 ***schimmel*** 0.2 ⟨alleen enk.⟩⟨inf.⟩ ***noodzaak*** ⇒*vereiste, must* ◆ 1.2 the Louvre is a ~ *je moet beslist naar het Louvre toe;*
II ⟨n.-telb.zn.⟩ 0.1 ***must*** 0.2 ***razernij*** ⟨v. mannetjesolifant/kameel⟩ 0.3 ***mufheid*** ⇒*oudbakkenheid.*
must[2], **musth** ⟨bn.⟩ 0.1 ***razend*** ⟨v. mannetjesolifant/kameel⟩.
must[3] ⟨onov.ww.⟩ 0.1 ***beschimmelen.***
must[4] [məs(t)⟨sterk⟩mʌst]⟨f4⟩⟨ww.; →do-operator, modaal hulpwerkwoord, ww. 3⟩
I ⟨onov.ww.⟩⟨vero.⟩ 0.1 ***moeten gaan*** ◆ 6.1 **to** London we ~ *wij moeten naar Londen gaan;*
II ⟨hww.⟩ 0.1 ⟨→gebod, verplichting en noodzakelijkheid⟩ ***moeten*** ⇒⟨in indirecte rede ook⟩ *moest(en);* ⟨in →voorwaarde v. type III⟩ *zou(den) zeker* 0.2 ⟨→verbod; steeds met ontkenning⟩ ***mogen*** 0.3 ⟨→onderstelling⟩ ***moeten*** ⇒⟨AE ook, met ontkenning⟩ *kunnen* ◆ 3.1 you ~ admit it isn't fair *je moet toch toegeven dat het niet eerlijk is;* ~ I close the window? *moet ik het ven-*

ster sluiten?; you ~ come and see us *je moet ons beslist eens komen opzoeken;* she ~ have drowned if John hadn't saved her *ze was zeker verdronken als John haar niet had gered;* why ~ my plans always fail? *waarom zijn mijn plannen altijd tot mislukken gedoemd?;* if you ~ have your way *als je per se je eigen gang wil gaan;* you really ~ hear this song *dit lied moet je echt gehoord hebben;* ⟨elliptisch⟩ laugh if you ~ *lach maar als je het niet kunt laten;* ~ you really leave it behind? *is het nu echt nodig dat je het achterlaat?;* he said you ~ listen to me *hij zei dat je naar mij moest luisteren;* where ~ I sleep? *waar mag ik slapen?* **3.2** you ~ not go near the water *je mag niet dichtbij het water komen* **3.3** it ~ be almost time to go *het zal bijna tijd zijn om te vertrekken;* you ~ be out of your mind to say such things *je moet wel gek zijn om zulke dingen te zeggen;* ⟨AE⟩ you ~n't be very enthusiastic *je kunt niet heel enthousiast zijn, je bent beslist niet heel enthousiast;* she ~ have known beforehand *ze moet het al van tevoren geweten hebben.*

mustache →moustache.

mus·ta·chio [mə'stɑ:ʃioʊ‖mə'stæ-]⟨telb.zn.; vaak mv.⟩ **0.1** ***(hang) snor*** ⇒*knevel.*

mus·ta·chio·ed [mə'stɑ:ʃioʊd‖mə'stæ-]⟨bn.⟩ **0.1** ***besnord*** ⇒*gekneveld.*

mus·tang ['mʌstæŋ]⟨f1⟩⟨telb.zn.⟩ **0.1** ***mustang*** ⇒*prairiepaard.*

mus·tard ['mʌstəd‖-ərd]⟨f2⟩⟨zn.⟩

I ⟨telb. en n.-telb.zn.⟩ **0.1** ***mosterd(poeder)*** ◆ **3.¶** ⟨AE; sl.⟩ cut the ~ *het 'm flikken, het maken;*

II ⟨n.-telb.zn.⟩ **0.1** ***mosterdplant*** **0.2** ⟨AE; sl.⟩ ***pit*** ⇒*fut, pep* ◆ **1.1** ~ and cress *mosterd en waterkers* ⟨als broodbeleg⟩.

'mustard gas ⟨n.-telb.zn.⟩ **0.1** ***mosterdgas.***

'mustard plaster ⟨telb.zn.⟩ **0.1** ***mosterdpleister.***

'mus·tard-pot ⟨f1⟩⟨telb.zn.⟩ **0.1** ***mosterdpot.***

'mustard seed ⟨telb.zn.⟩ **0.1** ***mosterdzaad.***

mus·tee ['mʌ'sti:]⟨telb.zn.⟩ **0.1** ***mesties*** ⇒*mustie, halfbloed.*

mus·ter¹ ['mʌstə‖-ər]⟨telb.zn.⟩⟨vnl. mil., scheep.⟩ **0.1** ***appel*** ⇒*inspectie, monstering, wapenschouwing* **0.2** ***verzameling*** ⇒*vergadering, bijeenkomst* **0.3** ***monsterrol*** ⇒*alarmrol, presentielijst* **0.4** ⟨hand.⟩ ***monster*** ⇒*specimen* ◆ **3.1** pass ~ *er mee door kunnen* **3.3** call the ~ *alle namen afroepen, de presentielijst checken.*

muster² ⟨f2⟩⟨ww.⟩⟨vnl. mil., scheep.⟩

I ⟨onov.ww.⟩ **0.1** ***zich verzamelen*** ⇒*bijeenkomen* ⟨voor inspectie⟩;

II ⟨ov.ww.⟩ **0.1** ***verzamelen*** ⇒*bijeenroepen, bijeenhalen* ⟨manschappen voor inspectie⟩ **0.2** ***bijeenrapen*** ⇒*verzamelen* ⟨moed⟩ ◆ **5.1** ⟨AE⟩ ~ **in** *recruteren, in dienst nemen;* ⟨AE⟩ ~**out** *ontslaan* **5.2** ~ **up** one's courage *al zijn moed bijeenrapen.*

'mus·ter-book ⟨telb.zn.⟩⟨mil.⟩ **0.1** ***stamboek.***

'mus·ter-roll ⟨telb.zn.⟩⟨mil., scheep.⟩ **0.1** ***monsterrol*** ⇒*alarmrol.*

musth →must.

must·y ['mʌsti]⟨f1⟩⟨bn.; -er; -ly; -ness; →bijw. 3⟩ **0.1** ***muf*** ⇒*onfris, benauwd* **0.2** ***schimmelig*** ⇒*bedorven* **0.3** ***verouderd*** ⇒*achterhaald, afgezaagd* ◆ **1.1** ~ air *bedompte lucht* **1.3** ~ jokes *oudbakken grapjes.*

mut [mʌt]⟨telb.zn.⟩⟨sl.⟩ **0.1** ***straathond.***

mu·ta·bil·i·ty ['mju:ṭə'bɪləṭi]⟨n.-telb.zn.⟩ **0.1** ***veranderlijkheid*** ⇒*wisselvalligheid* **0.2** ***wispelturigheid*** ⇒*ongedurigheid, grilligheid.*

mu·ta·ble ['mju:ṭəbl]⟨bn.; -ly; -ness; →bijw. 3⟩ **0.1** ***veranderlijk*** ⇒*wisselvallig* **0.2** ***wispelturig*** ⇒*ongedurig, grillig.*

mu·ta·gen ['mju:ṭədʒen]⟨telb.zn.⟩⟨biol.⟩ **0.1** ***mutagens*** ⇒*mutageen middel.*

mu·ta·gen·ic ['mju:ṭə'dʒenɪk]⟨bn.; -ally; →bijw. 3⟩⟨biol.⟩ **0.1** ***mutageen.***

mu·tant¹ ['mju:tnt]⟨telb.zn.⟩⟨biol.⟩ **0.1** ***mutant.***

mutant² ⟨bn., attr.⟩⟨biol.⟩ **0.1** ***door mutatie ontstaan*** ⇒*gemuteerd.*

mu·tate [mju:'teɪt‖'mju:teɪt]⟨ww.⟩⟨vaak biol., taalk.⟩

I ⟨onov.ww.⟩ **0.1** ***veranderen*** ⇒*wisselen, verschuiven;*

II ⟨ov.ww.⟩ **0.1** ***doen veranderen*** ⇒*muteren.*

mu·ta·tion [mju:'teɪʃn]⟨f1⟩⟨telb. en n.-telb.zn.⟩ **0.1** ***verandering*** ⇒*wisseling, wijziging* **0.2** ⟨biol.⟩ ***mutatie*** **0.3** ⟨vero.; taalk.⟩ ***umlaut*** ⇒*verschuiving.*

mu'tation stop ⟨telb.zn.⟩ **0.1** ***vulstem*** ⟨orgelregister⟩.

mu·ta·tis mu·tan·dis [mu:'tɑ:tɪs mu:'tændɪs‖-mu:'tɑndɪs]⟨bw.⟩ **0.1** ***mutatis mutandis*** ⇒*met de nodige veranderingen.*

mutch [mʌtʃ]⟨telb.zn.⟩⟨Sch. E⟩ **0.1** ***kindermutsje*** **0.2** ***vrouwenmuts.***

mutch·kin ['mʌtʃkɪn]⟨telb.zn.⟩⟨Sch. E⟩ **0.1** ***mutchkin*** ⟨inhoudsmaat⟩.

mute¹ [mju:t]⟨f1⟩⟨telb.zn.⟩ **0.1** ***(doof)stomme*** **0.2** ***pantominespeler*** **0.3** ***figurant*** **0.4** ***doodbidder*** ⇒*kraai* **0.5** ⟨taalk.⟩ ***ploffer*** ⇒*explosief* **0.6** ⟨taalk.⟩ ***onuitgesproken letter*** **0.7** ⟨muz.⟩ ***demper*** ⇒*sourdine.*

mute² ⟨f1⟩⟨bn.; -er; -ly; -ness; →bijw. 3⟩ **0.1** ***stom*** **0.2** ***zwijgend*** ⇒*stil, sprakeloos* **0.3** ⟨taalk.⟩ ***plof-*** ⇒*explosief* **0.4** ⟨taalk.⟩ ***onuitgesproken*** ⟨v. letter⟩ ◆ **1.2** ~ adoration *stille aanbidding* **1.¶** ⟨dierk.⟩ ~ swan *knobbelzwaan* ⟨Cygnus olor⟩ **3.2** ⟨jur.⟩ stand ~ of malice *opzettelijk weigeren te verdedigen.*

mute³ ⟨f2⟩⟨ww.⟩

I ⟨onov.ww.⟩ **0.1** ***defeceren*** ⟨v. vogel⟩;

II ⟨ov.ww.⟩ **0.1** ***dempen*** ⟨vnl. muziekinstrument⟩ ◆ **1.1** ~d trombone *trombone con sordino.*

mu·ti·late ['mju:ṭɪleɪt]⟨f2⟩⟨ov.ww.⟩ **0.1** ***verminken*** ⇒*mutileren, toetakelen* ⟨ook fig.⟩.

mu·ti·la·tion ['mju:ṭɪ'leɪʃn]⟨f1⟩⟨telb. en n.-telb.zn.⟩ **0.1** ***verminking.***

mu·ti·la·tor ['mju:tɪleɪtə‖'mju:ṭɪleɪṭər]⟨telb.zn.⟩ **0.1** ***verminker.***

mu·ti·neer ['mju:tɪ'nɪə‖'mju:tn'ɪr]⟨f1⟩⟨telb.zn.⟩ **0.1** ***muiter.***

mu·ti·nous ['mju:tɪnəs‖'mju:tn-əs]⟨f1⟩⟨bn.; -ly⟩ **0.1** ***muitend*** ⇒*muitziek, rebels, opstandig, oproerig.*

mu·ti·ny¹ ['mju:tɪni‖'mju:tn-i]⟨f1⟩⟨telb.zn.; →mv. 2⟩ **0.1** ***muiterij*** ⇒*rebellie, opstand, oproer* ◆ **7.1** ⟨gesch.⟩ the (Indian/Sepoy) Mutiny *opstand der Bengaalse troepen* ⟨1857-58⟩.

mutiny², ⟨vero.⟩ **mutineer** ⟨f1⟩⟨onov.ww.; →ww. 7⟩ **0.1** ***muiten*** ⇒*rebelleren, in opstand komen* ◆ **6.1** ~ **against** *in opstand komen tegen.*

'Mutiny Act ⟨n.-telb.zn.; the⟩⟨BE; gesch.⟩ **0.1** ⟨ong.⟩ ***jaarlijkse verordening mbt. de krijgstucht.***

mut·ism ['mju:ṭɪzm]⟨n.-telb.zn.⟩ **0.1** ***stomheid*** **0.2** ***(stil)zwijgen*** ⇒*zwijgzaamheid* **0.3** ⟨psych.⟩ ***mutisme.***

mutt [mʌt]⟨f1⟩⟨telb.zn.⟩⟨verk.⟩ mutton-head **0.1** ⟨sl.⟩ ***halve gare*** ⇒*idioot, stomkop* **0.2** ⟨pej.⟩ ***straathond*** ⇒*mormel, bastaard.*

mut·ter¹ ['mʌtə‖'mʌṭər]⟨f1⟩⟨telb.zn.; meestal enk.⟩ **0.1** ***gemompel*** ⇒*geprevel, gemurmel* **0.2** ***gemopper*** ⇒*gepruttel.*

mutter² ⟨f3⟩⟨ww.⟩

I ⟨onov.ww.⟩ **0.1** ***mompelen*** ⇒*prevelen* **0.2** ***mopperen*** ⇒*foeteren, pruttelen* **0.3** ***rommelen*** ⟨v. onweer⟩ ◆ **6.2** ~ **against/at** *mopperen over;*

II ⟨ov.ww.⟩ **0.1** ***mompelen*** ⇒*prevelen* ◆ **1.1** he ~ed an oath *hij vloekte zachtjes.*

mut·ter·er ['mʌtərə‖'mʌṭərər]⟨telb.zn.⟩ **0.1** ***mompelaar(ster)*** **0.2** ***mopperaar(ster).***

mut·ton ['mʌtn]⟨f2⟩⟨zn.⟩

I ⟨telb.zn.⟩⟨scherts.⟩ **0.1** ***schaap*** ◆ **3.¶** return to one's ~s *weer terzake komen, weer op zijn chapiter terugkeren;*

II ⟨n.-telb.zn.⟩ **0.1** ***schapevlees*** ◆ **3.¶** ~ dressed as lamb *een te jeugdig geklede vrouw;* eat s.o.'s ~ *iemands gastvrijheid accepteren.*

'mut·ton-bird ⟨telb.zn.⟩⟨dierk.⟩ **0.1** ***grauwe pijlstormvogel*** ⟨Puffinus griseus⟩.

'mut·ton-'chop [⟨in bet. II 0.1⟩ 'mʌtntʃɒps‖-tʃɑps]⟨f1⟩⟨zn.⟩

I ⟨telb.zn.⟩ **0.1** ***schaapskotelet;***

II ⟨mv.; ~s⟩ **0.1** ***bakkebaarden.***

'muttonchop 'whiskers ⟨mv.⟩ **0.1** ***bakkebaarden.***

'mutton 'fist ⟨telb.zn.⟩ **0.1** ***grote dikke hand*** ⇒*kolenschop.*

'mut·ton·head, 'mut·ton·top ⟨telb.zn.⟩⟨inf.⟩ **0.1** ***stomkop*** ⇒*sufferd.*

'mut·ton'head·ed, mut·ton·y ['mʌtn-i]⟨bn.⟩⟨inf.⟩ **0.1** ***stompzinnig*** ⇒*koeiig, schaapachtig.*

mu·tu·al ['mju:tʃʊəl]⟨f3⟩⟨bn.; -ly⟩ **0.1** ***wederzijds*** ⇒*wederkerig, onderling* **0.2** ⟨inf.⟩ ***gemeenschappelijk*** ⇒*onderling* ◆ **1.1** ~ admiration society *wederzijdse schouderklopperij;* ~ consent *wederzijds goedvinden;* ~ feelings *wederkerige gevoelens;* ⟨elek.⟩ ~ induction *(coëfficiënt v.) wederzijdse inductie;* on ~ terms *au pair* **1.2** ⟨AE⟩ ~ fund *beleggingsmaatschappij;* ~ insurance *onderlinge verzekering;* ~ interests *gemeenschappelijke belangen.*

mu·tu·al·ism ['mju:tʃʊəlɪzm]⟨n.-telb.zn.⟩⟨biol.⟩ **0.1** ***symbiose*** ⇒*mutualisme.*

mu·tu·al·i·ty ['mju:tʃʊ'ælәṭi]⟨n.-telb.zn.⟩ **0.1** ***wederkerigheid*** **0.2** ***gemeenschappelijkheid.***

muu muu ['mu:mu:]⟨telb.zn.⟩ **0.1** ***muu-muu*** ⟨zeer wijde jurk⟩.

muv·ver ['mʌvə]⟨telb.zn.⟩⟨BE; sl.⟩ **0.1** ***ma(ms).***

mu·zak ['mju:zæk]⟨n.-telb.zn.⟩⟨vaak pej.⟩ **0.1** ***muzak*** ⇒*(nietszeggende) achtergrondmuziek, muziekbehang.*

muzhik →moujik.

muz·zle¹ ['mʌzl]⟨f2⟩⟨telb.zn.⟩ **0.1** ***snuit*** ⇒*snoet, muil, bek* ⟨v. dier⟩ **0.2** ***mond*** ⇒*tromp* ⟨v. geweer⟩ **0.3** ***muilkorf*** ⇒*muilband.*

muzzle² ⟨f1⟩⟨ov.ww.⟩ **0.1** ***muilkorven*** ⟨ook fig.⟩ ⇒*de mond snoeren, het zwijgen opleggen* **0.2** ⟨scheep.⟩ ***innemen*** ⟨zeil⟩ **0.3** ⟨sl.⟩ ***kussen*** ⇒*vrijen.*

'muz·zle·load·er ⟨telb.zn.⟩ **0.1** ***voorlader.***

'muzzle velocity ⟨telb. en n.-telb.zn.; →mv. 2⟩⟨mil.⟩ **0.1** ***mondingssnelheid*** ⇒*aanvangssnelheid.*

muz·zy ['mʌzi]⟨bn.; -er; -ly; -ness; →bijw. 3⟩ **0.1** ***duf*** ⇒*saai, dof, geestloos* **0.2** ***wazig*** ⇒*vaag* **0.3** ***beneveld*** ⇒*verward, warrig* ◆ **1.1** a ~ afternoon *een saaie middag* **1.2** ~ picture *vage foto.*

MV ⟨afk.⟩ motor vessel **0.1** ***M.S.***
MVO ⟨afk.⟩ Member of the Royal Victorian Order ⟨BE⟩.
MVP ⟨afk.⟩ most valuable player.
mW ⟨afk.⟩ milliwatt(s).
MW ⟨afk.⟩ Master of Wine, medium wave, megawatt(s).
'M-way ⟨telb.zn.⟩ ⟨BE⟩ **0.1** ***autosnelweg.***
MWB ⟨afk.⟩ Metropolitan Water Board ⟨BE⟩.
Mx ⟨afk.⟩ maxwell(s), Middlesex.
MX ⟨afk.⟩ missile experimental.
my[1] [maɪ⟨inf.⟩mi], ⟨vero. voor klinker ook⟩ **mine** [maɪn]⟨f4⟩ ⟨bez.det.⟩ **0.1** ***mijn*** ◆ **1.1** ~ dear boy *beste jongen;* that was ~ day *het was mijn grote dag;* ~ family and friends *mijn familie en vrienden;* I know ~ job *ik ken mijn vak;* yes ~ lord *ja heer;* here you are ~ love *asjeblieft kind;* I can spot ~ man *ik kan de man die ik zoek herkennen* **3.1** he disapproved of ~ going out *hij vond het niet goed dat ik uitging.*
my[2] [maɪ]⟨tussenw.⟩ **0.1** ***o jee*** **0.2** ***wel*** ◆ ¶.**1** ~ (oh ~), what have you done now! *hee / lieve help / o god, wat heb je nu weer gedaan!* ¶.**2** ~, ~ *wel, wel.*
my·al·gi·a [maɪ'ældʒə]⟨telb. en n.-telb.zn.⟩ **0.1** ***spierpijn*** ⇒*myalgie* **0.2** ***spierreumatiek.***
my·all ['maɪəl‖-ɔl]⟨zn.⟩⟨Austr. E⟩
I ⟨telb.zn.⟩ **0.1** ***(Australische) acacia;***
II ⟨n.-telb.zn.⟩ **0.1** ***acaciahout.***
my·as·the·ni·a ['maɪəs'θi:nɪə]⟨telb. en n.-telb.zn.⟩ **0.1** ***myasthenie*** ⇒*spierzwakte.*
my·ce·li·al [maɪ'si:lɪəl]⟨bn., attr.⟩ **0.1** ***mycelium-*** ⇒*mbt. het mycelium.*
my·ce·li·um [maɪ'si:lɪəm]⟨telb.zn.; mycelia [-'si:lɪə]; →mv. 5⟩ ⟨plantk.⟩ **0.1** ***zwamvlok*** ⇒*mycelium.*
My·ce·nae·an ['maɪsə'ni:ən]⟨bn.⟩ **0.1** ***Myceens.***
my·ce·to·ma ['maɪsɪ'toʊmə]⟨telb.zn.; ook mycetomata; →mv. 5⟩ ⟨med.⟩ **0.1** ***madoeravoet*** ⟨schimmelinfectie⟩.
my·col·o·gist [maɪ'kɒlədʒɪst‖-'kɑ-]⟨telb.zn.⟩ **0.1** ***mycoloog.***
my·col·o·gy [maɪ'kɒlədʒi‖-'kɑ-]⟨n.-telb.zn.⟩ **0.1** ***mycologie*** ⟨kennis der zwammen⟩.
my·cor·rhi·za ['maɪkə'raɪzə]⟨telb.zn.; mycorrhizae [-zi:]; →mv. 5⟩ ⟨plantk.⟩ **0.1** ***mycorrhiza*** ⟨symbiose v. plantewortels met schimmels⟩.
my·cor·rhi·zal ['maɪkə'raɪzl]⟨bn., attr.⟩⟨plantk.⟩ **0.1** ***mycorrhizaal.***
my·co·sis [maɪ'koʊsɪs]⟨telb.zn.; mycoses [-si:z]; →mv. 5⟩⟨plantk., med.⟩ **0.1** ***mycose.***
my·dri·a·sis [maɪ'draɪəsɪs, mɪ-]⟨telb. en n.-telb.zn.⟩⟨med.⟩ **0.1** ***abnormale pupilverwijding*** ⇒*mydriasis.*
my·e·lin ['maɪəlɪn]⟨n.-telb.zn.⟩⟨biol.⟩ **0.1** ***myeline*** ⇒*mergschede.*
my·e·li·tis ['maɪə'laɪtɪs]⟨telb. en n.-telb.zn.⟩ **0.1** ***ruggemergontsteking*** ⇒*myelitis.*
my·e·lo·ma ['maɪə'loʊmə]⟨telb.zn.; ook myelomata [-'loʊmətə]; →mv. 5⟩⟨med.⟩ **0.1** ***tumor v.h. beendermerg*** ⇒*myeloom.*
my·gale ['mɪgəli]⟨telb.zn.⟩ **0.1** ***vogelspin.***
myna(h), mi·na ['maɪnə]⟨telb.zn.⟩ **0.1** ***Aziatische spreeuw*** ⇒⟨vnl.⟩ *beo* ⟨Gracula religiosa⟩.
myn·heer [maɪn'hɪə, mə'nɪə‖maɪn'her, -'hɪr]⟨zn.; ook M-⟩
I ⟨telb.zn.⟩⟨inf.⟩ **0.1** ***Nederlander*** ⇒*Hollander;*
II ⟨n.-telb.zn.⟩ **0.1** ***mijnheer*** ⟨tegen Nederlander⟩.
my·o- ['maɪoʊ] **0.1** ***spier-*** ◆ ¶.**1** myocardium *hartspierweefsel;* (electro)myography *(elektro)myografie.*
my·ol·o·gy [maɪ'ɒlədʒi‖-'ɑlədʒi]⟨n.-telb.zn.⟩ **0.1** ***myologie*** ⟨leer der spieren⟩.
my·ope ['maɪoʊp]⟨telb.zn.⟩ **0.1** ***bijziend persoon*** ⇒*kippig iemand.*
my·o·pi·a [maɪ'oʊpɪə], **my·o·py** ['maɪəpi]⟨zn.⟩
I ⟨telb. en n.-telb.zn.⟩ **0.1** ***bijziendheid*** ⇒*myopie, kippigheid;*
II ⟨n.-telb.zn.⟩ **0.1** ***kortzichtigheid.***
my·op·ic [maɪ'ɒpɪk‖-'ɑpɪk]⟨f1⟩⟨bn.; -ally; →bijw. 3⟩ **0.1** ***bijziend*** ⇒*myoop, kippig* **0.2** ***kortzichtig.***
myosis →miosis.
my·o·so·tis ['maɪə'soʊtɪs], **my·o·sote** [-soʊt]⟨n.-telb.zn.⟩ **0.1** ***vergeet-mij-niet*** ⇒⟨o.a.⟩ *moerasvergeet-mij-niet.*
myr·i·ad[1] ['mɪrɪəd]⟨f1⟩⟨telb.zn.⟩ **0.1** ⟨schr.⟩ ***horde*** ⇒*groot aantal, myriade* **0.2** ⟨vero.⟩ ***tienduizendtal*** ⇒*myriade* ◆ **6.1** ~s **of** people *drommen mensen.*
myriad[2] ⟨bn., attr.⟩⟨schr.⟩ **0.1** ***ontelbaar*** ⇒*onmetelijk, talloos.*
myr·i·a·pod[1] ['mɪrɪəpɒd‖-pɑd]⟨telb.zn.⟩⟨dierk.⟩ **0.1** ***duizendpoot*** ⟨genus Myriapoda⟩.
myriapod[2] ⟨bn., attr.⟩⟨dierk.⟩ **0.1** ***veelpotig.***
myr·mi·don ['mɜ:mɪdən‖'mɜr-]⟨telb.zn.⟩ **0.1** ***slaafse volgeling*** **0.2** ***huurling*** ⇒*trawant* ◆ **1.1** ~ of the law *politieagent, deurwaarder.*
my·rob·a·lan [maɪ'rɒbələn, mɪ-‖-'rɑ-]⟨n.-telb.zn.⟩ **0.1** ***myrobalaan*** ⟨Oostindische vrucht⟩.
myrrh [mɜ:‖mɜr]⟨f1⟩⟨n.-telb.zn.⟩ **0.1** ***mirre*** **0.2** ***roomse kervel.***
myrrh·ic ['mɜ:rɪk]⟨bn., attr.⟩ **0.1** ***mirre-*** ⇒*v. mirre.*
myr·tle [mɜ:tl‖mɜrtl]⟨telb.zn.⟩⟨plantk.⟩ **0.1** ***mirt(e)*** ⟨genus Myrtus⟩ **0.2** ⟨AE⟩ ***maagdenpalm*** ⟨genus Vinca⟩ **0.3** ***gagel*** ⟨Myrica gale⟩.
'myr·tle-ber·ry ⟨telb.zn.⟩ **0.1** ***mirtebes*** **0.2** ***blauwe bosbes.***
my·self [maɪ'self⟨inf.⟩mɪ-]⟨f4⟩⟨wdk.vnw.; 1e pers. enk.⟩ **0.1** ***mij*** ⇒*me, mezelf* **0.2** ⟨→-self/-selves als nadrukwoord⟩ ***zelf*** ◆ **1.2** ~ a strong man I can help you lift it *als sterke man kan ik je helpen om het op te tillen* **3.1** I am not ~ today *ik voel me niet al te best vandaag;* I could see ~ in the glass *ik kon mezelf in het glas zien* **3.2** I'll go ~ *ik zal zelf gaan;* ⟨inf.⟩ Jack and ~ would be delighted to go *Jack en ik zouden graag gaan;* ⟨vero.⟩ ~ visited the shrine *ik bezocht in eigen persoon de schrijn* **4.2** I ~ told her so *ik zelf heb het haar gezegd* **6.1** I'm thinking **of** ~ *ik denk aan mezelf* **6.2** none know so well as ~ *niemand weet het zo goed als ikzelf;* it was aimed at Jill and ~ *het was gericht op Jill en mij.*
mys·ta·gog·ic ['mɪstə'gɒdʒɪk‖-'gɑ-]⟨bn.⟩ **0.1** ***mystagogisch*** ⇒*in de mysteriën inwijdend.*
mys·ta·gogue ['mɪstəgɒg‖-gɑg]⟨telb.zn.⟩ **0.1** ***mystagoog*** ⇒*hiërofant, inwijder in mysteriën.*
mys·te·ri·ous [mɪ'stɪərɪəs‖-'stɪr-]⟨f3⟩⟨bn.; -ly; -ness⟩ **0.1** ***geheimzinnig*** ⇒*mysterieus, duister, raadselachtig.*
mys·ter·y ['mɪstri]⟨f3⟩⟨zn.; →mv. 2⟩
I ⟨telb.zn.⟩ **0.1** ***geheim*** ⇒*mysterie, raadsel* **0.2** ***mysteriespel*** **0.3** ⟨vero.⟩ ***beroep*** ⇒*vak, handwerk* **0.4** ⟨vero.⟩ ***gilde;***
II ⟨n.-telb.zn.⟩ **0.1** ***geheimzinnigheid*** ⇒*geheimzinnigdoenerij* ◆ **7.1** there's a lot of ~ about his descent *zijn afkomst is in nevelen gehuld;*
III ⟨mv.; mysteries⟩ **0.1** ***geheime riten*** ⇒*mysteriën* ⟨in antieke oudheid⟩.
'mystery novel ⟨telb.zn.⟩ **0.1** ***detectiveroman.***
'mystery play ⟨telb.zn.⟩ **0.1** ***mysteriespel.***
'mystery ship ⟨telb.zn.⟩⟨mil.⟩ **0.1** ***decoy-ship*** ⇒*Q-ship* ⟨gecamoufleerd oorlogsschip⟩.
'mystery tour, 'mystery trip ⟨f1⟩⟨telb.zn.⟩ **0.1** ***tocht met onbekende bestemming*** ⇒*verrassingstocht.*
mys·tic[1] ['mɪstɪk]⟨f2⟩⟨telb.zn.⟩ **0.1** ***mysticus.***
mystic[2] ⟨f1⟩⟨bn.⟩ **0.1** ***mystiek*** ⇒*allegorisch, symbolisch, mystisch* **0.2** ***occult*** ⇒*esoterisch* **0.3** ***raadselachtig*** ⇒*mysterieus, verborgen* **0.4** ***wonderbaarlijk*** ⇒*onvoorstelbaar.*
mys·ti·cal ['mɪstɪkl]⟨f2⟩⟨bn.; -ly; -ness; →bijw. 3⟩ **0.1** ***mystiek*** ⇒*symbolisch* **0.2** ***occult*** ⇒*esoterisch, verborgen.*
mys·ti·cism ['mɪstɪsɪzm]⟨f1⟩⟨n.-telb.zn.⟩ **0.1** ***mystiek*** **0.2** ***mysticisme*** ⇒*wondergeloof.*
mys·ti·fi·ca·tion ['mɪstɪfɪ'keɪʃn]⟨f1⟩⟨zn.⟩
I ⟨telb.zn.⟩ **0.1** ***mystificatie*** ⇒*misleiding;*
II ⟨n.-telb.zn.⟩ **0.1** ***het misleiden*** ⇒*het mystificeren.*
mys·ti·fy ['mɪstɪfaɪ]⟨f1⟩⟨ov.ww.⟩ **0.1** ***misleiden*** ⇒*bedriegen, voor de gek houden, mystificeren* **0.2** ***verbijsteren*** ⇒*verwarren, voor een raadsel stellen* ◆ **1.2** her behaviour mystified me *ik begreep niets v. haar gedrag.*
mys·tique [mɪ'sti:k]⟨f1⟩⟨telb.zn.; meestal enk.⟩ **0.1** ***aura*** ⇒*bijzondere aantrekkingskracht* **0.2** ***geheime techniek / vaardigheid.***
myth[1] [mɪθ]⟨f3⟩⟨zn.⟩
I ⟨telb.zn.⟩ **0.1** ***mythe*** **0.2** ***fabel*** ⇒*allegorie* **0.3** ***verzinsel*** ⇒*fictie* ◆ **1.3** your fear of flying is a ~ *je vliegangst is een fabeltje;*
II ⟨n.-telb.zn.⟩ **0.1** ***mythen*** ⇒*mythologie.*
myth[2] ⟨ov.ww.⟩ **0.1** ***tot een legende maken*** ⇒*een mythe maken v..*
myth·i·cal ['mɪθɪkl]⟨f1⟩⟨bn.; -ly⟩ **0.1** ***mythisch*** **0.2** ***fictief*** ⇒*imaginair, verzonnen.*
myth·i·cize, -cise ['mɪθɪsaɪz]⟨ov.ww.⟩ **0.1** ***mythologisch analyseren.***
my·thog·ra·pher [mɪ'θɒgrəfə‖-'θɑgrəfər]⟨telb.zn.⟩ **0.1** ***mythograaf*** ⇒*verteller / optekenaar / schrijver v. mythen.*
my·thol·o·ger [mɪ'θɒlədʒə‖-'θɑlədʒər]⟨telb.zn.⟩ **0.1** ***mytholoog.***
myth·o·log·i·cal ['mɪθə'lɒdʒɪkl‖-'lɑ-], **myth·o·log·ic** [-'lɒdʒɪk‖-'lɑ-] ⟨f1⟩⟨bn.; -(al)ly; →bijw. 3⟩ **0.1** ***mythologisch*** **0.2** ***mythisch*** **0.3** ***denkbeeldig*** ⇒*imaginair* ◆ **1.3** children have ~ proclivities *kinderen zijn geneigd hun eigen droomwereld te creëren.*
my·thol·o·gist [mɪ'θɒlədʒɪst‖-'θɑ-]⟨telb.zn.⟩ **0.1** ***mytholoog.***
my·thol·o·gize [mɪ'θɒlədʒaɪz‖-'θɑ-]⟨ww.⟩
I ⟨onov.ww.⟩ **0.1** ***een mythe vertellen / bedenken*** **0.2** ***over een mythe schrijven;***
II ⟨ov.ww.⟩ **0.1** ***mythologiseren.***
my·thol·o·gy [mɪ'θɒlədʒi‖-'θɑ-]⟨f2⟩⟨telb. en n.-telb.zn.; →mv. 2⟩ **0.1** ***mythologie.***
myth·o·ma·ni·a ['mɪθə'meɪnɪə]⟨n.-telb.zn.⟩ **0.1** ***mythomanie*** ⇒*ziekelijke fantasering, leugenzucht.*
myth·o·poe·ia ['mɪθə'pi:ə]⟨n.-telb.zn.⟩ **0.1** ***het maken / bedenken v. mythen.***
myth·o·poe·ic ['mɪθə'pi:ɪk]⟨bn.⟩ **0.1** ***aanleiding gevend tot mythen*** **0.2** ***geneigd tot het bedenken v. mythen.***
myth·us ['maɪθəs], **myth·os** ['maɪθɒs, 'mɪθɒs‖-ɑs]⟨telb.zn.; mythi ['maɪθaɪ], mythoi [-θɔɪ]; →mv. 5⟩⟨vero.⟩ **0.1** ***mythe.***

myx·oe·de·ma, ⟨AE sp. ook⟩ **myx·e·de·ma** ['mɪksə'di:mə]⟨telb. en n.-telb.zn.⟩⟨med.⟩ **0.1** ***myxoedeem.***
myx·o·ma [mɪk'soumə]⟨telb.zn.; ook myxomata [-mət̬ə]; →mv. 5⟩ ⟨med.⟩ **0.1** ***myxoma.***
myx·o·ma·to·sis ['mɪksəmə'tousɪs]⟨telb. en n.-telb.zn.; myxomatoses [-si:z]; →mv. 5⟩⟨med.⟩ **0.1** ***myxomatose.***

n¹, N [en]⟨telb.zn.; n's, N's, zelden ns, Ns⟩ **0.1** ***(de letter) n, N*** ◆ **6.1** **to** the ~th *tot de macht n;* ⟨fig.⟩ *tot het uiterste.*
n², N ⟨afk.⟩ **0.1** ⟨neuter⟩ ***n*** **0.2** ⟨newton(s), North(ern)⟩ ***N*** **0.3** ⟨knight, name, nano-, nephew, net, neutron, new, nominative, noon, normal, Norse, note, noun, November, number⟩.
NA ⟨afk.⟩ no advice, North America(n), not available.
NAACP ⟨afk.⟩ National Association for the Advancement of Colored People ⟨AE⟩.
NAAFI ['næfi]⟨eig.n., telb.zn.⟩⟨afk.⟩ Navy, Army, and Air Force Institutes ⟨BE⟩ **0.1** ***kantinedienst*** ⟨v.d. strijdkrachten⟩ **0.2** ***legerkantine.***
nab [næb]⟨f1⟩⟨ov.ww.; →ww. 7⟩⟨inf.⟩ **0.1** ***snappen*** ⇒*(op)pakken, inrekenen* **0.2** ***(mee)pikken*** ⇒*te pakken krijgen* **0.3** ***inpikken*** ⇒*gappen, jatten* ◆ **1.2** mind if I ~ a cupa tea before we go? *is het goed als ik nog snel even een kop thee drink voor we gaan?* **6.1** ⟨sl.⟩ ~ **at** *happen naar.*
NAB ⟨afk.⟩ National Assistance Board ⟨BE⟩.
nabe [neɪb]⟨telb.zn.⟩⟨AE; sl.⟩ **0.1** ***plaatselijke bioscoop.***
na·bob ['neɪbɒb‖-bɑb]⟨telb.zn.⟩ **0.1** ***nabob*** ⇒*inheems vorst* **0.2** ***rijkaard.***
na·bob·ess ['neɪbɒ'bes‖-bɑbɪs]⟨telb.zn.⟩ **0.1** ***vrouwelijke nabob.***
nac·a·rat ['nækəræt]⟨telb.zn.⟩ **0.1** ***oranje rood.***
na·celle [næ'sel]⟨telb.zn.⟩ **0.1** ***motorgondel.***
na·cre ['neɪkə‖-ər]⟨n.-telb.zn.⟩ **0.1** ***paarlemoer.***
na·cre·ous ['neɪkrɪəs], **na·crous** [-krəs]⟨bn.⟩ **0.1** ***paarlemoer-*** ⇒*paarlemoeren, paarlemoerachtig.*
na·dir ['neɪdɪə‖-dər]⟨f1⟩⟨telb.zn.⟩ **0.1** ***nadir*** ⇒*voetpunt* **0.2** ***dieptepunt.***
nae·vus, ⟨AE sp. ook⟩ **ne·vus** ['ni:vəs]⟨telb.zn.; n(a)evi [-vaɪ]; →mv. 5⟩⟨med.⟩ **0.1** ***moedervlek*** ⇒*pigmentvlek; wijnvlek.*
naff [næf], **naf·fing** ['næfɪŋ]⟨bn.⟩⟨BE; sl.⟩ **0.1** ***noppes*** ⇒*niks waard, waardeloos.*
'naff 'off ⟨tussenw.⟩⟨BE; sl.⟩ **0.1** ***donder op*** ⇒*rot/sodemieter op.*
nag¹ [næg]⟨f1⟩⟨telb.zn.⟩ **0.1** ***klein paard(je)*** ⇒*pony* **0.2** ⟨inf.⟩ ***knol*** ⇒*slecht/oud renpaard* **0.3** ⟨inf.⟩ ***zeur(kous)*** ⇒*zeurder.*
nag² ⟨f3⟩⟨onov. en ov.ww.; →ww. 7⟩ **0.1** ***zeuren*** ⇒*zaniken, vitten* **0.2** ***sarren*** ⇒*treiteren* ◆ **1.1** a ~ging headache *een zeurende hoofdpijn* **6.1** ~ **at** s.o. *tegen iem. zeuren, iem. aan het hoofd zeuren;* he was ~ged **into** coming along *er werd net zolang gezeurd tot hij meeging.*
na·ga·na, n'ga·na [nə'gɑ:nə]⟨telb. en n.-telb.zn.⟩ **0.1** ***nagana*** ⇒*tseetseeziekte.*
nag·ger ['nægə‖-ər]⟨telb.zn.⟩ **0.1** ***zeur(kous)*** ⇒*zeurder* **0.2** ***treiteraar.***

nag·ging·ly ['nægɪŋli]⟨bw.⟩ **0.1** ***zeurend.***

nag·gish ['nægɪʃ], **nag·gy** ['nægi]⟨bn.; -er; →compar. 7⟩ **0.1** ***zeurderig*** ⇒*vitterig.*

na·gor ['neɪgɔː||-gɔr]⟨telb.zn.⟩⟨dierk.⟩ **0.1** ***rietbok*** ⇒*isabelantilope* ⟨Redunca redunca⟩.

nai·ad ['naɪæd||'neɪəd]⟨telb.zn.; ook naiades [-ədiːz]; →mv. 5⟩ **0.1** ***najade*** ⇒*waternimf, bronnimf* **0.2** ⟨plantk.⟩ ***najade*** ⇒*nimfkruid* ⟨Najas⟩ **0.3** ***najade*** ⇒*zoetwatermossel* **0.4** ***pop*** ⟨v. libelle, eendagsvlieg⟩.

naïf →naïve.

nail[1] [neɪl]⟨f3⟩⟨telb.zn.⟩⟨→sprw. 210⟩ **0.1** ***nagel*** **0.2** ***spijker*** ⇒*nagel* **0.3** ***2¹/₄ duim*** ⟨oude lengtemaat⟩ ◆ **1.¶** be a ~ in s.o.'s coffin, drive/hammer a ~ into s.o.'s coffin *een nagel aan iemands doodkist zijn* **3.1** bite one's ~s *nagelbijten* **3.2** hit the (right) ~ on the head *de spijker op de kop slaan* **3.¶** let's add another ~ to our coffin *laten we er nog eentje nemen* **6.¶** pay **on** the ~ *dadelijk/contant betalen.*

nail[2] ⟨f3⟩⟨ov.ww.⟩ **0.1** ***(vast)spijkeren*** **0.2** ***fixeren*** ⇒*concentreren, vastleggen/zetten* **0.3** ***zich verzekeren van*** ⇒*bemachtigen, te pakken krijgen* **0.4** ***met spijkers beslaan*** **0.5** ⟨inf.⟩ ***betrappen*** ⇒*snappen* ⟨bv. inbreker⟩ **0.6** ⟨inf.⟩ ***raken*** ⇒*neerhalen/schieten* **0.7** ⟨inf.⟩ ***aan de kaak stellen*** **0.8** ⟨inf.⟩ ***gappen*** ⇒*pikken* ◆ **1.2** he was ~ed to his seat *hij zat als vastgenageld op zijn stoel;* she had her eyes ~ed to the stage *ze hield haar blik strak op het podium gevestigd* **1.3** he ~ed me as soon as I came in *hij schoot me direct aan toen ik binnenkwam;* he ~ed the source of the rumours *hij wist te achterhalen wie de geruchten had verspreid* **1.6** with his second shot he ~ed a partridge *met zijn tweede schot raakte hij een patrijs* **1.7** ~ a lie/liar *een leugenaar aan de kaak stellen* **5.1** he ~ed the boards **together** *hij timmerde/spijkerde de planken aan elkaar* **5.¶** →nail **down;** →nail **up** **6.1** a sign was ~ed **on/onto/to** the door *er werd een bordje aan de deur gespijkerd.*

'nail bed ⟨telb.zn.⟩ **0.1** ***nagelbed.***

'nail-biting ⟨f1⟩⟨n.-telb.zn.⟩ **0.1** ***het nagelbijten*** **0.2** ***nervositeit*** ⇒*zenuwachtigheid.*

'nail bomb ⟨telb.zn.⟩ **0.1** ***spijkerbom*** ⟨spijkers om staven dynamiet gebonden⟩.

'nail brush ⟨telb.zn.⟩ **0.1** ***nagelborstel.***

'nail 'down ⟨f1⟩⟨ov.ww.⟩ **0.1** ***vastspijkeren*** ⇒*vasttimmeren* **0.2** ***(nauwkeurig) vaststellen*** ⇒*bepalen* **0.3** ***vastleggen*** ⇒*houden aan* ◆ **1.2** ~ the facts *de feiten nauwkeurig vaststellen;* John had nailed him down *John had hem precies door* **1.3** Tom is not easy to ~ *Tom legt zich niet gemakkelijk ergens op vast* **6.3** it's difficult to nail him down **on** any subject *hij zegt niet gauw wat hij ergens van denkt;* we nailed him down **to** his promise *we hielden hem aan zijn belofte.*

'nail enamel ⟨n.-telb.zn.⟩⟨AE⟩ **0.1** ***nagellak.***

nail·er ['neɪlə||-ər]⟨telb.zn.⟩ **0.1** ***spijkermaker.***

nail·er·y ['neɪləri]⟨telb.zn.; →mv. 2⟩ **0.1** ***spijkerfabriek.***

'nail file ⟨telb.zn.⟩ **0.1** ***nagelvijl.***

'nail·head ⟨telb.zn.⟩ **0.1** ***spijkerkop.***

nail·less ['neɪlləs]⟨bn.⟩ **0.1** ***zonder nagels*** **0.2** ***spijkerloos.***

'nail polish ⟨f1⟩⟨n.-telb.zn.⟩⟨AE⟩ **0.1** ***nagellak.***

'nail puller ⟨telb.zn.⟩ **0.1** ***nageltang*** ⇒*spijkertang/klauw/trekker.*

'nail scissors ⟨f1⟩⟨mv.⟩ **0.1** ***nagelschaar(tje).***

'nail 'up ⟨ov.ww.⟩ **0.1** ***dichtspijkeren*** ⇒*dichttimmeren* **0.2** ***(op)hangen.***

'nail varnish ⟨f1⟩⟨n.-telb.zn.⟩⟨BE⟩ **0.1** ***nagellak.***

nain·sook ['neɪnsʊk]⟨n.-telb.zn.⟩ **0.1** ***nansoek*** ⟨dun katoenen weefsel⟩.

na·ïve, na·ive [naɪ'iːv||nɑ'iːv], **na·ïf, na·if** [nɑː'iːf]⟨f2⟩⟨bn.; naïvely, naively, naïveness, naiveness⟩ **0.1** ***naïef*** ⇒*natuurlijk, ongekunsteld, eenvoudig* **0.2** ***onnozel*** ⇒*naïef, dom.*

na·ïve·ty, na·ive·ty [naɪ'iːvəti||nɑ'iːvəṭi], **na·ïve·té, na·ive·té** [naɪ'iːvteɪ||'nɑ·iːv'teɪ]⟨f1⟩⟨telb. en n.-telb.zn.; naïveties, naiveties; →mv. 2⟩ **0.1** ***naïveteit*** ⇒*natuurlijke openhartigheid, onschuld, ongekunstelde eenvoud* **0.2** ***onnozelheid*** ⇒*naïveteit.*

na·ked ['neɪkɪd]⟨f3⟩⟨bn.; -ly; -ness⟩ **0.1** ***naakt*** ⇒*bloot* **0.2** ***onbedekt*** ⇒*kaal* **0.3** ***niet opgetuigd*** ⟨v. rij/trekdier⟩ ⇒*ongezadeld* **0.4** ***onopgesmukt*** ⇒*kaal, schraal* **0.5** ***weerloos*** ⇒*onbeschermd, ongewapend* **0.6** ⟨elek.⟩ ***blank*** ⟨draad, bv.⟩ ◆ **1.¶** ⟨plantk.⟩ ~ boys/lady/ladies *herfsttijloos* ⟨Colchium autumnale⟩; the ~ eye *het blote oog;* ~conviction *op niets berustende overtuiging, rotsvaste overtuiging;* ~ light *open licht;* ~ order *bevel zonder meer;* ~ sword *ontbloot zwaard;* ~ truth *naakte waarheid* **6.¶** ~ **of** comfort *arm, behoeftig;* a wall ~ **of** paintings *een wand zonder schilderijen.*

NALGO ['nælgoʊ]⟨afk.⟩ National and Local Government Officers' Association ⟨BE⟩.

Nam [næm]⟨eig.n.; the⟩⟨sl.; sold.⟩ **0.1** ***Vietnam.***

NAM ⟨afk.⟩ National Association of Manufacturers ⟨AE⟩.

nam·by ['næmbi]⟨bn.⟩⟨afk.⟩ not in anyone's backyard ⟨AE; inf.⟩ **0.1** ***niet in de achtertuin*** ⟨bv. doelend op kerncentrales⟩.

nam·by-pam·by[1] ['næmbi'pæmbi]⟨telb.zn.; →mv. 2⟩ **0.1** ***sentimentaliteit*** ⇒*zoetelijkheid* **0.2** ***slapheid*** ⇒*dweperigheid* **0.3** ***slappeling.***

namby-pamby[2] ⟨bn.⟩ **0.1** ***sentimenteel*** ⇒*zoetelijk* **0.2** ***slap*** ⇒*dweperig* ◆ **1.2** ~ boys *moederskindjes.*

name[1] [neɪm]⟨f4⟩⟨telb.zn.⟩⟨→sprw. 217, 236, 506, 599, 626⟩ **0.1** ***naam*** ⇒*benaming* **0.2** ***reputatie*** ⇒*naam, faam, bekendheid, roem* ◆ **1.¶** ⟨inf.⟩ his ~ is dirt/mud *hij heeft een reputatie van lik-me-vessie;* ⟨inf.⟩ the ~ of the game *waar het om gaat, het geheim v.d. smid;* drag s.o.'s ~ through the mire *iemands naam door het slijk halen* **3.1** enter/put down one's ~ for *zich opgeven voor;* just give it a ~ *geef er maar een naam aan, als het beestje maar een naam heeft;* could you leave your ~, please? *zou u uw naam willen opgeven?, mag ik uw naam even?;* he used my ~ to get a job *hij noemde mijn naam om een baantje te krijgen* **3.2** make/win a ~ for o.s., win o.s. a ~ *naam maken* **3.¶** call s.o. ~s *iem. uitschelden;* a ~ to conjure with *een naam die wonderen verricht/die alle deuren opent, een invloedrijke naam;* lend one's ~ to *zijn naam lenen aan* **4.1** what's-his/her/its-name? *hoe heet hij/zij/het ook al weer?, dinges;* what's in a ~? *wat zegt een naam?* **6.1** a man, John **by** ~ *een man, die John heet/John genaamd;* a man **by/of** the ~ of Jones *iemand die Jones heet, een zekere Jones;* go **by** the ~ of *bekend staan als;* he knows all his students **by** ~ *hij weet hoe al zijn studenten heten/kent al zijn studenten bij naam;* I know him **by** ~ *ik ken hem van naam;* **in** ~ only *alleen in naam;* it's **in** my ~ *het staat op mijn naam;* **in** one's own ~ *à titre personnel, op persoonlijke titel; op eigen initiatief;* **in** s.o.'s ~ *in iemands naam, namens iemand;* take one's ~ **off** the books *zich laten uitschrijven, zijn lidmaatschap opzeggen;* keep one's ~ **on** the books *ingeschreven blijven staan, lid blijven;* the article was published **over** my ~ *mijn naam stond onder het artikel;* he hasn't a penny **to** his ~ *hij heeft geen cent;* he has several publications **to** his ~ *hij heeft diverse publicaties op zijn naam staan;* put one's ~ **to** a list *zijn naam op een lijst (laten) zetten;* I can't put a ~ **to** him *ik kan hem niet precies thuisbrengen;* I can't put a ~ **to** it *ik weet niet precies hoe ik het moet zeggen, ik kan het niet precies aanduiden;* Brian Nolan wrote **under** the ~ of Flann O'Brien *Brian Nolan schreef onder de naam Flann O'Brien* **6.2** he has a ~ **for** avarice *hij staat als gierig bekend* **6.¶** **in** the ~ of *in (de) naam van, omwille van;* **in** the ~ of common sense, what are you up to? *wat ben je in vredesnaam/'s hemelsnaam van plan?* **7.1** first ~ *voornaam;* ⟨vnl. BE⟩ second ~ *familienaam, achternaam.*

name[2] ⟨f3⟩⟨ov.ww.⟩ **0.1** ***noemen*** ⇒*benoemen, een naam geven* **0.2** ***dopen*** ⟨schip⟩ **0.3** ***(op)noemen*** **0.4** ***benoemen*** ⇒*aanstellen* **0.5** ***vaststellen*** **0.6** ⟨vnl. pass.⟩ ***de naam vrijgeven van*** ◆ **1.1** ⟨hand.⟩ bill of lading to a ~d person *connossement op naam* **1.3** ~ names *namen noemen;* ~ your price *noem maar een prijs* **1.5** ~ the day *de trouwdag/huwelijksdatum vaststellen* **4.¶** ⟨inf.⟩ you ~ it *het maakt niet uit wat, noem maar op, je kunt het zo gek niet bedenken* **6.1** she was ~d **after** her mother, ⟨AE ook⟩ she was ~d **for** her mother *ze was naar haar moeder genoemd* **6.5** they ~d 14 September **for** their wedding day *ze besloten om op 14 september te gaan trouwen* **6.¶** he's not to be ~d **on/in** the same day with you *hij is veel minder goed dan jij, hij haalt het lang niet bij jou* **8.6** the victim has been ~d as John Smith *de naam v.h. slachtoffer is vrijgegeven; het is John Smith.*

name·a·ble, nam·a·ble ['neɪməbl]⟨bn.⟩ **0.1** ***noembaar*** ⇒*te noemen* ◆ **1.1** ~ objects *voorwerpen die men kan benoemen.*

'name brand ⟨telb.zn.⟩ **0.1** ***merkartikel.***

'name-call·ing ⟨n.-telb.zn.⟩ **0.1** ***het schelden*** ⇒*het beschimpen, scheldpartij.*

'name·check ⟨ov.ww.⟩⟨vnl. AE; inf.⟩ **0.1** ***bij naam noemen.***

'name-child ⟨telb.zn.⟩ **0.1** ***naamgenoot*** ◆ **1.1** he's a ~ of his granddad's *hij is naar zijn opa vernoemd.*

'name day ⟨telb.zn.⟩ **0.1** ***naamdag*** **0.2** ⟨BE; beurs⟩ ***tweede rescontredag.***

'name·drop ⟨onov.ww.⟩ →namedropping **0.1** ***opscheppen*** ⇒*snoeven, indruk maken, met namen strooien* ⟨van bekende persoonlijkheden⟩.

'name·drop·per ⟨telb.zn.⟩ **0.1** ***opschepper*** ⇒*snoever, snob.*

'name·drop·ping ⟨f1⟩⟨n.-telb.zn.; gerund v. namedrop⟩ **0.1** ***opschepperij*** ⇒*snoeverij, snobisme.*

name·less ['neɪmləs]⟨f1⟩⟨bn.; -ly; -ness⟩ **0.1** ***naamloos*** ⇒*anoniem, onbekend* **0.2** ***gruwelijk*** ⇒*afschuwelijk, afgrijselijk, vreselijk* **0.3** ***vaag*** ⇒*onduidelijk, ondefinieerbaar* ◆ **1.2** ~ crimes *afschuwelijke misdaden* **1.3** ~ desires *vage verlangens* **4.1** a person who shall be ~ *iemand wiens naam ik niet zal noemen.*

name·ly ['neɪmli]⟨f2⟩⟨bw.⟩ **0.1** ***namelijk.***

'name part ⟨telb.zn.⟩ **0.1** ***titelrol*** ⇒*hoofdrol.*

'name·plate ⟨f1⟩⟨telb.zn.⟩ **0.1** ***naambord(je)*** ⇒*naamplaat(je).*

nam·er ['neɪmə||-ər]⟨telb.zn.⟩ **0.1** ***naamgever.***

name·sake ['neɪmseɪk]⟨f1⟩⟨telb.zn.⟩ **0.1** ***naamgenoot*** ◆ **1.1** she is her mother's ~ *ze is naar haar moeder vernoemd, ze heet naar haar moeder.*

'name tape ⟨telb.zn.⟩ **0.1** ***(kleding)merk(je)***.

Na·mur [næ'mʊə‖nə'mʊr]⟨eig.n.⟩ **0.1** ***Namen***.

nan [næn], **nan·(n)a** ['nænə]⟨telb.zn.⟩⟨kindertaal⟩ **0.1** ***oma***.

nan·cy ['nænsi]⟨telb.zn.;→mv.2⟩⟨bel.⟩ **0.1** ***mietje*** ⇒*nicht, flikker*.

nan·keen [næn'ki:n]⟨n.-telb.zn.⟩ **0.1** ***nanking***.

nan·keens [næn'ki:nz]⟨mv.⟩ **0.1** ***nanking broek***.

nan·ny ['næni]⟨f2⟩⟨telb.zn.;→mv.2⟩ **0.1** ***kinderjuffrouw***.

'nanny goat ⟨telb.zn.⟩ **0.1** ***geit***.

na·no- ['nænoʊ, 'neɪnoʊ] **0.1** ***nano-*** ⇒*één miljardste deel*.

nap[1] [næp]⟨f2⟩⟨zn.⟩

I ⟨telb.zn.⟩ **0.1** ***dutje*** ⇒*slaapje, tukje* **0.2** ***vleug*** ⟨v. weefsel⟩ **0.3** ***inzet*** ⟨bij paardenrennen⟩ **0.4** ***tip*** ⟨bij paardenrennen⟩ **0.5** ***napoleon*** ⟨gouden 20-frankstuk⟩ **0.6** ⟨golf⟩ ***vleug*** ⟨richting waarin gras v.d. green groeit/valt⟩;

II ⟨n.-telb.zn.⟩ **0.1** ***nap*** ⟨kaartspel⟩ ◆ **3.¶** go ~ *het maximum aantal (= vijf) slagen bieden;* ⟨vero.; inf.⟩ go ~ on *alles riskeren omwille van*.

nap[2] ⟨f1⟩⟨ww.⟩

I ⟨onov.ww.⟩ **0.1** ***dutten*** ⇒*doezelen, dommelen, soezen* ◆ **3.1** catch s.o. ~ping *iem. betrappen/overrompelen;*

II ⟨ov.ww.⟩ **0.1** ***omhoogborstelen*** ⟨de vleug v. textiel⟩ ⇒*ruw/ruig maken* **0.2** ***tippen*** ⟨v. renpaard⟩.

na·palm ['neɪpɑ:m‖-pɑ(l)m]⟨f1⟩⟨n.-telb.zn.⟩ **0.1** ***napalm***.

nape [neɪp]⟨f1⟩⟨telb.zn.⟩ **0.1** ***(achterkant v.d.) nek*** ◆ **1.1** ~ of the neck *nek*.

na·per·y ['neɪpəri]⟨n.-telb.zn.⟩ **0.1** ***tafellinnen***.

'nap hand ⟨telb.zn.⟩ **0.1** ***winstkans*** ◆ **3.1** have a ~ *er goed voor staan, een goede kans maken om te winnen/slagen*.

naph·tha ['næfθə, 'næpθə]⟨n.-telb.zn.⟩⟨schei.⟩ **0.1** ***nafta***.

naph·tha·lene ['næfθəli:n, 'næp-], **naph·tha·lin(e)** [-lɪn]⟨n.-telb.zn.⟩⟨schei.⟩ **0.1** ***naftaleen***.

naph·thene ['næfθi:n, 'næp-]⟨n.-telb.zn.⟩⟨schei.⟩ **0.1** ***nafteen***.

naph·then·ic [næf'θi:nɪk, næp-]⟨bn.⟩⟨schei.⟩ ◆ **1.¶** ~ acid *nafteenzuur*.

Na·pier·i·an [nə'pɪərɪən‖-'pɪr-]⟨bn.⟩⟨wisk.⟩ **0.1** ***Neper(iaan)s*** ◆ **1.1** ~ log *log v. Napier*.

nap·kin ['næpkɪn]⟨f2⟩⟨telb.zn.⟩ **0.1** ***servet*** **0.2** ***vingerdoekje*** **0.3** ***(hand)doekje*** **0.4** ⟨BE⟩ ***luier*** ◆ **3.¶** lay up in a ~ *ongebruikt laten*.

'napkin ring ⟨f1⟩⟨telb.zn.⟩ **0.1** ***servetring*** ⇒*servetband*.

Na·ples ['neɪplz]⟨eig.n.⟩ **0.1** ***Napels***.

nap·less ['næpləs]⟨bn.⟩ **0.1** ***kaal*** ⇒*versleten*.

'Naples 'yellow ⟨n.-telb.zn.⟩ **0.1** ***Napels geel*** ⟨verfstof⟩.

na·po·le·on [nə'poʊlɪən]⟨zn.⟩

I ⟨telb.zn.⟩ **0.1** ***napoleon*** ⟨gouden 20-frankstuk⟩ **0.2** ***hoge laars*** **0.3** ⟨AE; cul.⟩ ***tompoes;***

II ⟨n.-telb.zn.⟩ **0.1** ***nap*** ⇒*napoleon* ⟨kaartspel⟩.

Na·po·le·on·ic [nə'poʊlɪ'ɒnɪk‖-'ɑnɪk]⟨bn.; -ally; →bijw.3⟩ **0.1** ***Napoleontisch***.

nap·pa, nap·a ['næpə]⟨n.-telb.zn.⟩ **0.1** ***nappa(leer)***.

nap·per ['næpə‖-ər]⟨telb.zn.⟩⟨BE; sl.⟩ **0.1** ***kop*** ⇒*kersepit, test, harses*.

nap·ping ['næpɪŋ]⟨n.-telb.zn.⟩⟨paardesport⟩ **0.1** ***verzet*** ⟨weigering v. paard om verder te gaan⟩.

nap·py[1], **nap·pie** ['næpi]⟨f1⟩⟨telb.zn.;→mv.2⟩⟨BE; inf.⟩ **0.1** ***luier***.

nappy[2] ⟨bn.; -er; →compar.7⟩ **0.1** ***donzig*** ⇒*harig* **0.2** ***koppig*** ⇒*sterk, krachtig, schuimend* ⟨v. dranken⟩ **0.3** ⟨vero.⟩ ***aangeschoten*** ⇒*tipsy*.

'nappy rash ⟨telb.zn.⟩⟨inf.⟩ **0.1** ***rode billetjes*** ⟨v. baby⟩.

narc, narco →nark[1] 0.2.

nar·ce·ine ['nɑ:si:n‖'nɑrsii:n]⟨n.-telb.zn.⟩ **0.1** ***narceïne***.

nar·cis·sism ['nɑ:sɪsɪzm‖'nɑr-], **nar·cism** ['nɑ:sɪzm‖'nɑr-]⟨n.-telb.zn.⟩ **0.1** ***narcisme***.

nar·cis·sist ['nɑ:sɪsɪst‖'nɑr-]⟨telb.zn.⟩ **0.1** ***narcist***.

nar·cis·sis·tic ['nɑ:sɪ'sɪstɪk‖'nɑr-]⟨bn.; -ally; →bijw.3⟩ **0.1** ***narcistisch***.

nar·cis·sus [nɑ:'sɪsəs‖'nɑr-]⟨f1⟩⟨telb.zn.; ook narcissi [-saɪ]; →mv.5⟩ **0.1** ***(witte) narcis***.

nar·co·dol·lar ['nɑ:koʊdɒlə‖'nɑrkoʊdɑlər]⟨telb.zn.; vaak mv.⟩ **0.1** ***drugdollar***.

nar·co·lep·sy ['nɑ:kəlepsi‖'nɑr-]⟨telb. en n.-telb.zn.;→mv.2⟩⟨med.⟩ **0.1** ***narcolepsie***.

nar·co·lept ['nɑ:koʊlept‖'nɑr-]⟨telb.zn.⟩⟨med.⟩ **0.1** ***narcolepticus***.

nar·co·lep·tic ['nɑ:kə'leptɪk‖'nɑr-]⟨bn.⟩⟨med.⟩ **0.1** ***narcoleptisch***.

nar·co·mania ['nɑ:kə'meɪnɪə‖'nɑr-]⟨n.-telb.zn.⟩ **0.1** ***narcomanie*** ⇒*verslaving aan verdovende middelen*.

nar·co·mil·lion·aire ['nɑ:koʊmɪlɪə'neə‖'nɑrkoʊmɪlɪə'ner]⟨telb.zn.⟩ **0.1** ***miljonair dankzij drugsverkoop***.

nar·co·sis [nɑ:'koʊsɪs‖nɑr-]⟨f1⟩⟨telb.zn.; narcoses [-si:z]; →mv.5⟩ **0.1** ***narcose*** ⇒*verdoving, bedwelming*.

nar·cot·ic[1] [nɑ:'kɒtɪk‖nɑr'kɑṭɪk]⟨f1⟩⟨telb.zn.⟩ **0.1** ***narcoticum*** ⇒*verdovend/bedwelmend middel* **0.2** ***slaapmiddel*** ⟨ook fig.⟩ ◆ **1.1** he was arrested on a ~s charge *hij werd gearresteerd wegens het in bezit hebben v. verdovende middelen*.

narcotic[2] ⟨f1⟩⟨bn.; -ally; →bijw.3⟩ **0.1** ***narcotisch*** ⇒*verdovend, bedwelmend, slaapverwekkend* ◆ **1.1** ~ addiction *verslaving aan verdovende middelen*.

nar·co·tism ['nɑ:kətɪzm‖'nɑrkətɪzm]⟨n.-telb.zn.⟩ **0.1** ***narcose*** ⇒*verdoving, bedwelming* **0.2** ***verslaving (aan verdovende middelen)*** **0.3** ***slaapzucht***.

nar·co·tist ['nɑ:kətɪst‖'nɑrkəṭɪst]⟨telb.zn.⟩ **0.1** ***verslaafde*** ⟨aan verdovende middelen⟩.

nar·co·ti·za·tion ['nɑ:kətaɪ'zeɪʃn‖'nɑrkəṭə-]⟨telb.zn.⟩ **0.1** ***narcotisering*** ⇒*het onder narcose brengen, bedwelming, verdoving*.

nar·co·tize ['nɑ:kətaɪz‖'nɑr-]⟨ov.ww.⟩ **0.1** ***narcotiseren*** ⇒*onder narcose brengen, bedwelmen, verdoven*.

nard [nɑ:d‖nɑrd]⟨n.-telb.zn.⟩ **0.1** ***nardus*** **0.2** ***nardusolie***.

nar·g(h)i·le, nar·gi·leh ['nɑ:gɪli, -leɪ‖'nɑr-]⟨telb.zn.⟩ **0.1** ***nargileh*** ⇒*(oosterse) waterpijp*.

nark[1], ⟨in bet. 0.2 ook⟩ **narc** [nɑ:k‖nɑrk], ⟨in bet. 0.2 ook⟩ **nar·co** [nɑ:koʊ‖nɑrkoʊ]⟨telb.zn.⟩ **0.1** ⟨BE; sl.⟩ ***verlinker*** ⇒*verklikker, aanbrenger, tipgever, politiespion* **0.2** ⟨AE; sl.⟩ ***drugspeurder*** ⇒*rechercheur v.d. narcotica/drugbrigade*.

nark[2] ⟨f1⟩⟨ww.⟩⟨BE⟩

I ⟨onov.ww.⟩ **0.1** ⟨inf.⟩ ***zeuren*** **0.2** ⟨sl.⟩ ***spioneren*** ⇒*verlinken, verklikken, aanbrengen* ◆ **3.1** stop ~ing! *hou op met dat gezeur!;*

II ⟨ov.ww.⟩ **0.1** ⟨inf.⟩ ***kwaad maken*** ⇒*ergeren, irriteren* **0.2** ⟨sl.⟩ ***verlinken*** ⇒*verklikken, aanbrengen, bespioneren* ◆ **4.¶** ~ it! *kop dicht!* **6.1** she felt ~ed **at/by** his words *zijn woorden ergerden haar*.

nark·y ['nɑ:ki‖'nɑr-]⟨bn.; -er; →compar.7⟩⟨BE; inf.⟩ **0.1** ***geërgerd*** ⇒*geïrriteerd, pissig* ◆ **1.1** he got ~ *hij kreeg de pest in*.

nar·rate [nə'reɪt‖'næreɪt, næ'reɪt]⟨onov. en ov.ww.⟩ **0.1** ***vertellen*** ⇒*verhalen, beschrijven* ◆ **1.1** a famous actor was going to ~ in the new film *een beroemd acteur zou in de film optreden als verteller*.

nar·ra·tion [nə'reɪʃn‖næ-]⟨f1⟩⟨zn.⟩

I ⟨telb.zn.⟩ **0.1** ***verhaal*** ⇒*vertelling, beschrijving, verslag;*

II ⟨n.-telb.zn.⟩ **0.1** ***het vertellen***.

nar·ra·tive[1] ['nærəṭɪv]⟨f2⟩⟨zn.⟩

I ⟨telb.zn.⟩ **0.1** ***verhaal*** ⇒*vertelling, beschrijving, commentaar;*

II ⟨n.-telb.zn.⟩ **0.1** ***het vertellen***.

narrative[2] ⟨f1⟩⟨bn.; -ly⟩ **0.1** ***verhalend*** ⇒*verhaal-, narratief* ◆ **1.1** ~ power *vertelkunst*.

nar·ra·tor [nə'reɪtə‖'næreɪṭər, næ'reɪṭər]⟨f1⟩⟨telb.zn.⟩ **0.1** ***verteller***.

nar·ra·tress ['nærətrɪs]⟨telb.zn.⟩ **0.1** ***vertelster***.

nar·row[1] ['næroʊ]⟨f1⟩⟨telb.zn.; vaak mv.⟩ **0.1** ⟨ben. voor⟩ ***engte*** ⇒*zeeëngte, bergengte, smalle plaats in rivier, smalle doorgang*.

narrow[2] ⟨f3⟩⟨bn.; -ness⟩ **0.1** ***smal*** ⇒*nauw, eng, benauwd* **0.2** ***beperkt*** ⇒*gering, klein, krap* **0.3** ***bekrompen*** ⇒*beperkt, kleingeestig* **0.4** ***nauwgezet*** ⇒*precies, nauwkeurig* **0.5** ⟨gew.⟩ ***krenterig*** ⇒*gierig, schriel* **0.6** ⟨taalk.⟩ ***gespannen*** ◆ **1.1** ~ gauge *smalspoor* **1.2** ~ circumstances *behoeftige omstandigheden, armoede;* a ~ group of people *een kleine groep mensen;* a ~ majority *een kleine meerderheid;* a ~ market *een krappe markt* ⟨op beurs⟩ **1.4** a ~ examination *een zorgvuldig onderzoek;* in the ~est sense *in de meest strikte zin, strikt genomen* **1.¶** ~ bed/cell/house *graf, laatste rustplaats;* ~ cloth *stof met een breedte van minder dan 132 cm;* it was a ~ escape/⟨inf.⟩ shave/squeak/squeeze *het was op het nippertje, op het kantje af; we zijn door het oog van de naald gekropen;* ~ goods *garen en band;* walk a very ~ line *spitsroeden lopen;* ⟨BE⟩ the ~ seas *het Kanaal en de Ierse Zee;* the ~ way *het smalle/rechte pad, het pad der deugd/rechtschapenheid* ⟨Mt. 7:14⟩.

narrow[3] ⟨f2⟩⟨onov. en ov.ww.⟩ **0.1** ***versmallen*** ⇒*vernauwen, verengen* **0.2** ***verkleinen*** ⇒*verminderen, beperken, inperken* **0.3** ***minderen*** ⟨bij breien⟩ ◆ **1.1** she ~ed her eyes in the sunlight *ze kneep haar ogen dicht tegen het zonlicht* **5.¶** →narrow **down**.

'narrow boat ⟨telb.zn.⟩ **0.1** ***aak*** ⇒*kanaalschip*.

'narrow 'down ⟨f1⟩⟨ov.ww.⟩ **0.1** ***beperken*** ⇒*terugbrengen, reduceren* ◆ **1.1** ~ the number of suspects *het aantal verdachten beperken* **3.1** let's ~ what we mean by honesty *laten we nauwkeurig vaststellen wat we met eerlijkheid bedoelen* **6.1** it narrowed down **to** this *het kwam (ten slotte) hierop neer*.

'nar·row-'gauge railway ⟨telb. en n.-telb.zn.⟩ **0.1** ***smalspoor***.

nar·row·ly ['næroʊli]⟨f2⟩⟨bw.⟩ **0.1** →narrow **0.2** ***net*** ⇒*juist, ternauwernood* **0.3** ***zorgvuldig*** ⇒*nauwgezet, nauwlettend, onderzoekend* ◆ **3.2** the sailor ~ escaped drowning *de zeeman ontkwam maar net aan de verdrinkingsdood* **3.3** I watched him ~ *ik hield hem goed in de gaten*.

'nar·row-'mind·ed ⟨f1⟩⟨bn.; -ly; -ness⟩ **0.1** ***bekrompen*** ⇒*kleingeestig, vooringenomen*.

nar·thex ['nɑːθeks‖'nɑr-]⟨telb.zn.⟩⟨bouwk.⟩ **0.1** ***narthex*** ⇒*voorhal, portaal* ⟨v. kerk.⟩.

nar·whal ['nɑːwəl‖'nɑrhwɑl]⟨telb.zn.⟩⟨dierk.⟩ **0.1** ***narwal*** ⟨Monodon monoceros⟩.

nar·y ['neəri‖'neri]⟨bn., attr.⟩⟨AE⟩ **0.1** ***geen*** ◆ **7.1** ~ a *geen (enkele).*

NASA ['næsə]⟨afk.⟩ National Aeronautics and Space Administration ⟨AE⟩.

na·sal[1] ['neɪzl]⟨telb.zn.⟩ **0.1** ***neusklank*** ⇒*nasaal* **0.2** ***neusstuk*** ⟨v. helm⟩ **0.3** ***neusbeen(tje).***

nasal[2] ⟨f1⟩⟨bn., attr.; -ly⟩ **0.1** ***neus-*** **0.2** ***nasaal*** ⇒*door de neus uitgesproken* ◆ **1.1** ⟨scherts.⟩ ~ organ *reukorgaan.*

na·sal·i·ty [neɪ'zæləṭi]⟨telb. en n.-telb.zn.; →mv. 2⟩ **0.1** ***nasaliteit*** ⇒*nasaal geluid, neusgeluid.*

na·sal·i·za·tion ['neɪzəlaɪ'zeɪʃn‖-lə-]⟨telb.zn.⟩ **0.1** ***nasal(is)ering.***

na·sal·ize, -ise ['neɪzəlaɪz]⟨onov. en ov.ww.⟩ **0.1** ***nasaleren*** ⇒*nasaliseren, door de neus (uit)spreken.*

nas·cen·cy ['næsnsi‖'neɪsnsi]⟨telb.zn.; →mv. 2⟩ **0.1** ***oorsprong*** ⇒*ontstaan, geboorte.*

nas·cent ['næsnt‖'neɪsnt]⟨bn.⟩ **0.1** ***ontluikend*** ⇒*beginnend, opkomend, ontstaand* **0.2** ⟨schei.⟩ ***in wordingstoestand*** ◆ **1.2** ~ hydrogen *waterstof in wordingstoestand / in statu nascendi.*

NASDAQ ⟨afk.⟩ National Association of Securities Dealers Automated Quotes ⟨oorspr. in U.S.A.⟩.

nase·ber·ry ['neɪzbri‖-beri]⟨telb.zn.; →mv. 2⟩⟨plantk.⟩ **0.1** ***sapotilleboom*** ⇒*kauwgomboom, sapodilla* ⟨Achras zapota⟩ **0.2** ***sapodilla(vrucht)*** ⇒*chiku.*

NASL ⟨afk.⟩ North American Soccer League.

na·so- ['neɪzoʊ] **0.1** ***naso-*** ⇒*neus-* ◆ ¶**.1** naso-frontal *v. neus en voorhoofd.*

nas·tic ['næstɪk]⟨bn.⟩⟨plantk.⟩ **0.1** ***nastisch*** ◆ **1.1** ~ movements *nastische bewegingen.*

na·stur·tium [nə'stɜːʃm‖-'stɜr-]⟨telb.zn.⟩⟨plantk.⟩ **0.1** ***Oostindische kers*** ⟨Tropaeolum⟩ **0.2** ***waterkers*** ⟨Nasturtium⟩.

nas·ty ['nɑːsti‖'næsti]⟨f3⟩⟨bn.; -er; -ly; -ness; →bijw. 3⟩ **0.1** ***smerig*** ⇒*vuil, vies, goor* **0.2** ***schunnig*** ⇒*schuin, obsceen, vies, smerig* **0.3** ***onaangenaam*** ⇒*onprettig, onplezierig, vies, kwalijk, onsmakelijk, lelijk* **0.4** ***lastig*** ⇒*moeilijk, hinderlijk, vervelend, gevaarlijk* **0.5** ***gemeen*** ⇒*vals, hatelijk, akelig, onbeschoft, lelijk* **0.6** ***ernstig*** ⇒*hevig, zwaar, ingrijpend* **0.7** ***guur*** ◆ **1.2** ~ jokes *schuine moppen;* he has a ~ mind *hij denkt altijd aan viezigheid* **1.3** a ~ interior *een lelijk / smakeloos interieur;* the bill was a ~ shock *de rekening zorgde voor een onaangename verrassing* **1.5** ⟨inf.⟩ a ~ bit / piece of work *een stuk ongeluk, een rotzak, een etter;* a ~ look *een boze / dreigende / niet veel goeds belovende blik;* that dog has a ~ temper *die hond is vals* **1.6** a ~ accident *een ernstig ongeluk;* a ~ blow *een flinke / harde klap, opstopper; een tegenvaller;* a ~ bruise *een lelijke blauwe plek;* a ~ cold *een zware verkoudheid;* a ~ sea *een woeste / woelige zee* **1.7** ~ weather! *wat een vies weertje!* **1.¶** sling a ~ ankle / foot *bedreven dansen* **3.5** he turned ~ when I refused to leave *hij werd giftig / onbeschoft toen ik niet wilde weggaan* **4.¶** that's a ~ one *dat is een rotopmerking; dat is een rotstreek; dat is lastig, dat is een moeilijke vraag; die was raak, dat is een goeie (klap)* **6.5** was he ~ **to** you? *deed hij onaardig / onvriendelijk tegen je?.*

nat ⟨afk.⟩ national, nationalist, native, natural.

na·tal ['neɪṭl]⟨f1⟩⟨bn., attr.⟩ **0.1** ***geboorte-*** ⇒*nataal* ◆ **1.1** his ~ day *zijn verjaardag.*

na·tal·i·ty [nə'tæləṭi]⟨telb.zn.; →mv. 2⟩ **0.1** ***geboortencijfer.***

na·ta·tion [nə'teɪʃn]⟨n.-telb.zn.⟩ **0.1** ***het zwemmen*** ⇒*de zwemkunst.*

na·ta·to·ri·al ['neɪṭə'tɔːrɪəl], **na·ta·to·ry** [-tri‖-tɔri]⟨bn.⟩ **0.1** ***zwem-*** ⇒*zwemmend.*

na·ta·to·ri·um ['neɪṭə'tɔːrɪəm]⟨telb.zn.; ook natatoria [-ɪə]; →mv. 5⟩⟨AE⟩ **0.1** ***overdekt zwembad*** ⇒*binnenbad.*

natch [nætʃ]⟨tussenw.⟩⟨verk.⟩ naturally ⟨inf.⟩ **0.1** ***'tuurlijk*** ⇒*vanzelf.*

na·tes ['neɪtiːz]⟨mv.⟩ **0.1** ***zitvlak*** ⇒*achterste, achterwerk, derrière, posterieur.*

nathe·less ['neɪθləs], **nath·less** ['næθləs]⟨bw.⟩⟨vero.⟩ **0.1** ***(desal) niettemin.***

na·tion[1] ['neɪʃn]⟨f3⟩⟨telb.zn.⟩ **0.1** ***natie*** ⇒*volk* **0.2** ***land*** ⇒*staat* **0.3** ***(Indianen)stam*** ⇒*volk* **0.4** ***hoop*** ⇒*heleboel* ◆ **3.2** ⟨hand.⟩ most favoured ~ *meest begunstigde Natie* **6.¶** what **in** the ~ shall we do? *wat moeten we in vredesnaam doen?.*

nation[2] ⟨bn., attr.⟩⟨vnl. gew.⟩ **0.1** ***veel*** ⇒*hoop, heleboel, heel wat.*

na·tion·al[1] ['næʃnəl]⟨telb.zn.⟩ **0.1** ***landgenoot*** **0.2** ***staatsburger*** ⇒*onderdaan* **0.3** ⟨N-⟩⟨BE⟩ ***Grand National*** ⇒*jaarlijkse hindernisrace te Aintree.*

national[2] ⟨f3⟩⟨bn.; -ly⟩ **0.1** ***nationaal*** ⇒*rijks-, staats-, volks-* **0.2** ***landelijk*** ⇒*nationaal* ◆ **1.1** ~ anthem *volkslied;* National Assembly *nationale vergadering;* ⟨vaak N- A-⟩⟨BE⟩ ~ assistance *steun, bijstand;* ⟨AE⟩ ~ bank *handelsbank* ⟨met wettelijk verplichte deposito's bij de Am. centrale bank⟩; *nationale bank;* ⟨BE⟩ National Covenant *het Grote Covenant v. 1638;* ⟨BE⟩ ~ debt *staatsschuld, nationale schuld;* National Front *Nationale Front* ⟨Britse fascistoïde, politieke organisatie⟩; ~ government *nationaal kabinet;* ⟨vnl. N- G-⟩⟨AE⟩ ~ guard *nationale garde;* ⟨BE⟩ (on the) National Health Service *(op kosten v.d.) Nationale Gezondheidszorg;* ⟨ong.⟩ *(v. / op kosten v. het) ziekenfonds;* ~ income *nationaal inkomen;* ⟨BE⟩ National Insurance *sociale verzekering;* ~ monument *historisch monument, bezienswaardigheid;* ~ park *nationaal park;* ~ security *staatsveiligheid;* ⟨vaak N- S-⟩ ⟨BE⟩ ~ service *militaire dienst, dienstplicht;* National Socialism *nationaal-socialisme;* National Socialist *nationaal-socialist;* ⟨BE⟩ National Trust ⟨ong.⟩ *monumentenzorg* **1.2** ⟨AE⟩ ~ convention *nationale conventie, partijcongres;* ⟨BE⟩ ~ grid *landelijk hoogspanningsnet;* ~ holiday *nationale feestdag / vrije dag;* ~ news *binnenlands nieuws;* ~ newspaper *landelijk dagblad.*

na·tion·al·ism ['næʃnəlɪzm]⟨f2⟩⟨n.-telb.zn.⟩ **0.1** ***nationalisme.***

na·tion·al·ist[1] ['næʃnəlɪst]⟨f2⟩⟨telb.zn.⟩ **0.1** ***nationalist.***

nationalist[2], **na·tion·al·is·tic** ['næʃnə'lɪstɪk]⟨f2⟩⟨bn.; -(ic)ally; →bijw. 3⟩ **0.1** ***nationalistisch.***

na·tion·al·i·ty ['næʃə'næləṭi]⟨f2⟩⟨telb. en n.-telb.zn.; →mv. 2⟩ **0.1** ***nationaliteit*** **0.2** ***volkskarakter*** ⇒*volksaard.*

na·tion·al·i·za·tion, -sa·tion ['næʃnəlaɪ'zeɪʃn‖-lə-]⟨f1⟩⟨telb.zn.⟩ **0.1** ***nationalisatie*** ⇒*nationalisering, naasting* **0.2** ***naturalisatie*** **0.3** ***vorming v.e. natie.***

na·tion·al·ize, -ise ['næʃnəlaɪz]⟨f2⟩⟨ov.ww.⟩ **0.1** ***nationaliseren*** ⇒*naasten* **0.2** ***naturaliseren*** **0.3** ***tot een natie maken.***

na·tion·hood ['neɪʃnhʊd]⟨n.-telb.zn.⟩ **0.1** ***bestaan als natie / volk / land*** ◆ **1.1** colonies receiving the status of ~ *kolonies die zelfstandige naties worden;* a strong sense of ~ *een sterk nationaal bewustzijn.*

'nation 'state ⟨telb.zn.⟩ **0.1** ***nationale staat.***

'na·tion'wide ⟨f2⟩⟨bn.⟩ **0.1** ***landelijk*** ⇒*door het hele land, nationaal.*

na·tive[1] ['neɪṭɪv]⟨f2⟩⟨telb.zn.⟩ **0.1** ***inwoner*** ⇒*bewoner* **0.2** ⟨vaak mv.⟩⟨vaak pej.⟩ ***inboorling*** ⇒*inlander, ingeborene, inheemse, autochtoon* **0.3** ⟨Z. Afr. E⟩ ***kleurling*** ⇒*zwarte, neger* **0.4** ***inheemse dier / plantesoort*** **0.5** ***oester*** ⟨in Engeland gekweekt⟩ ◆ **1.1** are you a ~ here? *woont u hier?, komt u hier vandaan?* **1.4** the wolf was once a ~ of Western Europe *wolven kwamen vroeger (overal) in West-Europa voor* **6.2** a ~ **of** Dublin *een geboren Dubliner.*

native[2] ⟨f3⟩⟨bn.; -ly; -ness⟩

I ⟨bn.⟩ **0.1** ***autochtoon*** ⇒*inheems, binnenlands* **0.2** ***aangeboren*** ⇒*ingeboren* ◆ **3.1** go ~ *zich aanpassen aan de autochtone / plaatselijke bevolking / gebruiken* **6.1** an animal ~ **to** Europe *een inheemse Europese diersoort* **6.2** a type of shrewdness ~ **to** some people *een soort schranderheid die sommige mensen aangeboren is;* a talent ~ **to** his countrymen *een gave waarover al zijn landgenoten v. nature beschikken;*

II ⟨bn., attr.⟩ **0.1** ***geboorte-*** **0.2** ⟨vaak pej.⟩ ***inlands*** ⇒*inheems, autochtoon* **0.3** ***natuurlijk*** ⇒*ongekunsteld* **0.4** ⟨ook geol.⟩ ***gedegen*** ⟨v. metalen e.d.⟩ ◆ **1.1** Native American *Indiaan;* his ~ Canada *zijn geboorteland Canada;* ~ language *moedertaal;* a ~ speaker of English *iem. met Engels als moedertaal* **1.2** ~ bear *koala;* ~ rock *autochtoon gesteente* **1.4** ~ elements *gedegen elementen.*

na·tiv·ism ['neɪṭɪvɪzm]⟨n.-telb.zn.⟩ **0.1** ⟨fil.⟩ ***nativisme*** **0.2** ⟨AE; pol.⟩ ***begunstiging v. ingezetenen boven immigranten.***

na·tiv·ist ['neɪṭɪvɪst]⟨telb.zn.⟩ **0.1** ⟨fil.⟩ ***nativist*** **0.2** ⟨AE; pol.⟩ ***voorstander v.d. begunstiging v. ingezetenen boven immigranten.***

na·tiv·i·ty [nə'tɪvəṭi]⟨f1⟩⟨telb.zn.; →mv. 2⟩ **0.1** ⟨vnl. enk.; the; N-⟩ ⟨ben. voor⟩ ***geboorte(feest) v. Christus / H. Maagd / Johannes de Doper*** ⇒*Kerstmis / Maria-Geboorte / St.-Jan* **0.2** ⟨vnl. N-⟩ ***afbeelding v. Christus' geboorte*** ⇒*kerstvoorstelling* **0.3** ***geboorte*** **0.4** ***nativiteit*** ⇒*horoscoop* ◆ **1.1** the ~ of the Virgin Mary *Maria-Geboorte* **1.3** the place of my ~ *de plaats waar ik geboren ben.*

na'tivity play ⟨telb.zn.; vaak N- P-⟩ **0.1** ***kerstspel.***

Nato, NATO ['neɪṭoʊ]⟨f2⟩⟨eig.n.⟩⟨afk.⟩ North Atlantic Treaty Organization **0.1** ***Navo*** ⇒*Nato.*

na·tron ['neɪtrən‖'neɪtrɑn]⟨n.-telb.zn.⟩⟨mineralogie⟩ **0.1** ***natron.***

nat·ter[1] ['nætə‖'næṭər]⟨f1⟩⟨telb.zn.; g. mv.⟩⟨BE; inf.⟩ **0.1** ***babbeltje*** ⇒*kletspraatje, gebabbel* **0.2** ***gemopper*** ◆ **3.1** have a bit of a ~ *wat babbelen / kletsen.*

natter[2] ⟨f1⟩⟨onov.ww.⟩⟨BE; inf.⟩ **0.1** ***kletsen*** ⇒*beuzelen, babbelen* **0.2** ***mopperen.***

nat·ter·jack (toad) ['nætədʒæk‖'næṭər-]⟨telb.zn.⟩⟨dierk.⟩ **0.1** ***rugstreeppad*** ⟨Bufo calamita⟩.

nat·ty ['næṭi]⟨bn.; -er; -ly; -ness; →bijw. 3⟩⟨inf.⟩ **0.1** ***sjiek*** ⇒*netjes, keurig, proper, elegant* **0.2** ***handig*** ⇒*vaardig, bedreven* ◆ **1.1**

John's a very ~ dresser *John ziet er altijd uit om door een ringetje te halen*.

nat·u·ral[1] ['nætʃrəl]⟨f1⟩⟨telb.zn.⟩ **0.1** ***zwakzinnige*** ⇒*idioot, debiel, imbeciel* **0.2** ⟨vnl. enk.⟩⟨inf.⟩ ***kanshebber*** ⇒*geboren winnaar, favoriet, meest geschikte persoon*, ⟨fig.⟩ *kanspaard* **0.3** ⟨muz.⟩ ***stamtoon*** **0.4** ⟨muz.⟩ ***herstellingsteken*** ⇒*naturel* **0.5** ***naturel*** ⇒*beige, grauwgeel* **0.6** ⟨AE⟩ ***Afro-kapsel*** ⇒*Afro-look* ◆ **1.1** John's a ~ *John is achterlijk* **1.2** that horse is a ~ to win the race *dat paard is de grootste kanshebber voor deze race / wint deze race beslist* **6.2** John's a ~ **for** the job *John is geknipt voor die baan*.

natural[2] ⟨f4⟩⟨bn.; -ness⟩⟨→sprw. 129⟩
I ⟨bn.⟩ **0.1** ***natuurlijk*** ⇒*natuur-* **0.2** ***aangeboren*** ⇒*ingeschapen, natuurlijk* **0.3** ***normaal*** ⇒*gewoon, verklaarbaar, begrijpelijk, te verwachten, natuurlijk* **0.4** ***ongedwongen*** ⇒*ongekunsteld, natuurlijk* **0.5** ⟨muz.⟩ ***natuurlijk*** ⇒*naturel, zonder verplaatsingsteken* **0.6** ⟨AE⟩ ***Afro-*** ⇒*in Afro-stijl* ◆ **1.1** ~ childbirth *natuurlijke geboorte*; ⟨biol.⟩ ~ classification *natuurlijk stelsel*; ~ death *natuurlijke dood*; ~ food *natuurlijke voeding*; ~ forces / phenomena *natuurverschijnselen*; ~ gas *aardgas*; ~ historian *bioloog*; ~ history *natuurlijke historie, biologie*; ~ language *natuurlijke taal*; ~ law *natuurwet; natuurlijke zedenwet*; ~ life *(natuurlijke) levensduur*; ~ magic *natuurlijke magie*; ⟨plantk.⟩ ~ orders *natuurlijk systeem*; ~ philosopher *natuurkundige*; ~ philosophy *natuurkunde*; ~ resources *natuurlijke hulpbronnen / rijkdommen*; ~ science *natuurwetenschap*; ~ selection *natuurlijke selectie*; ~ therapist *natuurgenezer*; ~ uranium *natuurlijk uranium*; ~ year *zonnejaar* **1.2** ~ religion *natuurlijke godsdienst, deïsme*; ~ theology *natuurlijke theologie*; ~ virtues *kardinale deugden, hoofddeugden* **1.5** B ~, B sharp, B flat *b, bis, bes*; ~ horn *natuurhoorn*; ~ key / scale *natuurlijke toonladder*; ~ note *stamtoon*; ~ trumpet *natuur / Bachtrompet* **1.¶** ~ logarithm *natuurlijk logaritme*; ~ numbers *natuurlijke getallen*; ~ person *natuurlijke rechtspersoon* **6.¶** learning languages comes ~ **to** him *talen leren gaat hem heel gemakkelijk af*;
II ⟨bn., attr.⟩ **0.1** ***geboren*** ⇒*van nature* **0.2** ***natuurlijk*** ⇒*onecht, buitenechtelijk* **0.3** ***echt*** ⇒*natuurlijk* ⟨v. familiebetrekkingen⟩ ◆ **1.1** he's a ~ linguist *hij heeft een talenknobbel* **1.3** John never knew his ~ parents *John heeft zijn echte ouders nooit gekend*.

'nat·u·ral-'born ⟨bn., attr.⟩ **0.1** ***geboren*** **0.2** ***geboortig*** ◆ **1.1** a ~ writer *een geboren schrijver* **1.2** in the U.S.A. only ~ citizens can be elected President *alleen staatsburgers die in de V.S. zelf geboren zijn kunnen tot president worden gekozen*.

'nat·u·ral-'col·oured ⟨bn.⟩ **0.1** ***zonder kleurstof(fen)***.

nat·u·ral·ism ['nætʃrəlɪzm]⟨f1⟩⟨n.-telb.zn.⟩ **0.1** ***instinctief gedrag*** **0.2** ***naturalisme*** ⟨ook fil., lit.⟩ **0.3** ***onverschilligheid voor conventies***.

nat·u·ral·ist[1] ['nætʃrəlɪst]⟨f1⟩⟨telb.zn.⟩ **0.1** ***naturalist*** **0.2** ***natuurkenner*** ⇒*naturalist* **0.3** ⟨BE⟩ ***handelaar in dieren*** **0.4** ⟨BE⟩ ***preparateur*** ⇒*opzetter v. dieren*.

naturalist[2], **nat·u·ral·is·tic** ['nætʃrə'lɪstɪk]⟨f1⟩⟨bn.; -(ic)ally; →bijw. 3⟩ **0.1** ***naturalistisch***.

nat·u·ral·i·za·tion, -sa·tion ['nætʃrəlaɪ'zeɪʃn‖-lə-]⟨n.-telb.zn.⟩ **0.1** ***het naturaliseren*** ⇒*naturalisatie* **0.2** ***het inburgeren*** ⇒*acclimatisering* **0.3** ***het inheems maken*** ⟨v. planten, dieren⟩.

nat·u·ral·ize, -ise ['nætʃrəlaɪz]⟨f1⟩⟨ww.⟩
I ⟨onov.ww.⟩ **0.1** ***inburgeren*** ⇒*acclimatiseren* **0.2** ***de natuur bestuderen;***
II ⟨ov.ww.⟩ **0.1** ***naturaliseren*** **0.2** ***doen inburgeren*** ⇒*overnemen* **0.3** ***inheems maken*** ⇒*inburgeren, uitzetten* ⟨planten, dieren⟩ **0.4** ***een natuurlijk aanzien geven*** **0.5** ***naturalistisch maken*** ◆ **1.3** rabbits have become ~d in Australia *konijnen zijn in Australië een inheemse diersoort geworden* **6.2** many English words have been ~d **in / into** Dutch *veel Engelse woorden zijn in het Nederlands ingeburgerd geraakt*.

nat·u·ral·ly ['nætʃrəli‖'nætʃərli]⟨f3⟩⟨bw.⟩ **0.1** →natural **0.2** ***natuurlijk*** ⇒*vanzelfsprekend, uiteraard* **0.3** ***van nature*** ◆ **3.¶** it comes ~ / ⟨inf.⟩ natural to her *het gaat haar gemakkelijk af, het komt haar aanwaaien*.

na·ture ['neɪtʃə‖-ər]⟨f4⟩⟨zn.⟩⟨→sprw. 479, 606⟩
I ⟨telb.zn.⟩ **0.1** ***wezen*** ⇒*natuur, aard, karakter, kenmerk, eigenschap* **0.2** ***soort*** ⇒*aard* ◆ **1.2** things of this ~ *dit soort dingen* **4.2** sth. of that ~ *iets v. dien aard* **6.1** he is stubborn **by** ~ *hij is koppig v. aard / v. nature koppig*; **by / from / in** the (very) ~ of the case / of things *uit de aard der zaak* **6.2** her request was **in / of** the ~ of a command *haar verzoek was eigenlijk / had meer weg van een bevel*;
II ⟨n.-telb.zn.⟩ **0.1** ⟨vaak N-⟩ ***de natuur*** ⟨ook als personificatie⟩ **0.2** ***lichaamsfunctie*** ⇒*natuurlijke functie* ◆ **1.1** one of Nature's gentlemen *een heer van nature* **3.1** ⟨fig.⟩ let ~ take its course *de zaken op hun beloop laten, zien wat er van komt* **3.2** ease / relieve ~ *zijn behoefte doen; wateren*; that diet doesn't support ~ *van dat dieet blijft men niet op krachten* **6.1 against / contrary to** ~ *wonderbaarlijk; onnatuurlijk, tegennatuurlijk*; paint **from** ~ *schilderen naar de natuur*; back **to** ~ *terug naar de natuur*; **in** ~ *bestaand; ter wereld, wat / waar dan ook*.

'Nature 'Conservancy 'Council ⟨n.-telb.zn.⟩ **0.1** ***natuur / milieubescherming(sraad)***.

'nature conservation, ⟨BE ook⟩ **'nature conservancy** ⟨n.-telb.zn.⟩ **0.1** ***natuurbehoud*** ⇒*natuurbescherming*.

'nature cure ⟨telb.zn.⟩ **0.1** ***natuurgeneeswijze***.

'na·ture-'friend·ly ⟨bn.⟩ **0.1** ***milieuvriendelijk***.

'nature lover ⟨telb.zn.⟩ **0.1** ***natuurvriend*** ⇒*natuurliefhebber*.

'nature printing ⟨n.-telb.zn.⟩ **0.1** ***natuurdruk***.

'nature reserve ⟨telb.zn.⟩ **0.1** ***natuurreservaat***.

'nature study ⟨n.-telb.zn.⟩ **0.1** ***natuurstudie***.

'nature trail ⟨telb.zn.⟩ **0.1** ***natuurpad***.

'nature worship ⟨n.-telb.zn.⟩ **0.1** ***animisme*** ⇒*natuurgodsdienst*.

na·tur·ism ['neɪtʃərɪzm]⟨n.-telb.zn.⟩ **0.1** ***naturisme*** ⇒*nudisme*.

na·tur·ist ['neɪtʃərɪst]⟨telb.zn.⟩ **0.1** ***naturist*** ⇒*nudist*.

na·tur·o·path ['neɪtʃrəpæθ]⟨telb.zn.⟩ **0.1** ***natuurgenezer*** ⇒*naturopaat*.

na·tur·o·path·ic ['neɪtʃrə'pæθɪk]⟨bn.; -ally; →bijw. 3⟩ **0.1** ***mbt. natuurgeneeswijzen***.

na·tur·op·a·thy ['neɪtʃə'rɒpəθi‖-'rɑ-]⟨n.-telb.zn.⟩ **0.1** ***natuurgeneeswijze(n)*** ⇒*natuurgeneeskunde*.

naught[1], **nought** [nɔ:t‖nɒt, nɑt]⟨f1⟩⟨onb.vnw.⟩⟨vero., schr.⟩ **0.1** ***niets*** ⇒⟨fig.⟩ *onbelangrijk, waardeloos, v. generlei waarde* ◆ **1.1** Anthony thinks he's an artist, but he is ~ *Anthony denkt dat hij een kunstenaar is, maar hij is een nul*; these rags are ~ *deze vodden zijn waardeloos* **2.1** the ghost disappeared into the black ~ *het spook verdween in het zwarte niets* **3.1** we could do ~ but stare, amazed *we konden alleen maar verbaasd staren* **6.1** he is ~ **to** me *hij betekent niets voor mij*.

naught[2], **nought** →nought[2].

naugh·ty ['nɔ:ṭi]⟨f2⟩⟨bn.; -er; -ly; -ness; →bijw. 3⟩ **0.1** ***ondeugend*** ⇒*stout, ongehoorzaam* **0.2** ***slecht*** ⇒*onfatsoenlijk, onbehoorlijk, gewaagd, pikant*.

Nau·mann's thrush ['naʊmænz 'θrʌʃ]⟨telb.zn.⟩⟨dierk.⟩ **0.1** ***Naumanns lijster*** ⟨Turdus naumanni naumanni⟩.

nau·pli·us ['nɔ:plɪəs]⟨telb.zn.; nauplii ['nɔ:pliaɪ]; →mv. 5⟩⟨dierk.⟩ **0.1** ***nauplius***.

nau·se·a ['nɔ:zɪə, -sɪə‖-ʃə]⟨f2⟩⟨n.-telb.zn.⟩ **0.1** ***misselijkheid*** **0.2** ***zeeziekte*** **0.3** ***walging*** ⇒*afkeer*.

nau·se·ate ['nɔ:zieɪt, -si-‖-ʒi-]⟨f2⟩⟨ww.⟩
I ⟨onov.ww.⟩ **0.1** ***misselijk worden*** ⟨ook fig.⟩ ⇒*van walging / afkeer vervuld worden, walgen;*
II ⟨ov.ww.⟩ **0.1** ***misselijk maken*** ◆ **1.1** a nauseating taste *een walgelijke smaak*; his job ~s him *hij is (dood)ziek v. zijn baan; hij walgt v. zijn werk*; he was ~d by the movement of the boat *hij werd misselijk door het bewegen v.d. boot* **6.1** he was ~d **at** the sight of such cruelty *het zien v. zoveel wreedheid vervulde hem met afschuw*.

nau·seous ['nɔ:zɪəs, -sɪəs‖-ʃəs]⟨f1⟩⟨bn.; -ly; -ness⟩ **0.1** ***misselijk makend*** ⟨ook fig.⟩ ⇒*walgelijk*.

nautch [nɔ:tʃ]⟨n.-telb.zn.⟩ **0.1** ***Indiase dansshow***.

'nautch girl ⟨telb.zn.⟩ **0.1** ***Indiase danseres***.

nau·ti·cal ['nɔ:ṭɪkl]⟨f1⟩⟨bn.; -ly⟩ **0.1** ***nautisch*** ⇒*zee(vaart)-, scheep(vaart)-, zeevaartkundig* ◆ **1.1** ~ almanac *scheepsalmanak*; ~ league *(Engelse) league* ⟨5559,55 m; →t1⟩; *internationale league* ⟨5556 m; →t1⟩; ~ mile *(Engelse) zeemijl* ⟨1853,18 m; →t1⟩; *internationale zeemijl* ⟨1852 m; →t1⟩; ~ tables *zeevaartkundige tafels, koers- en verheidstafels*; ~ terms *zeevaarttermen, scheepstermen*.

nau·ti·lus ['nɔ:ṭɪləs]⟨telb.zn.; ook nautili [-laɪ]; →mv. 5⟩⟨dierk.⟩ **0.1** ***nautilus***.

nav·aid ['næveɪd]⟨telb.zn.⟩⟨verk.⟩ navigational aid **0.1** ***navigatie(hulp)middel*** **0.2** ***navigatiesysteem***.

na·val ['neɪvl]⟨f3⟩⟨bn.; -ly⟩ **0.1** ***zee-*** ⇒*scheeps-* **0.2** ***marine-*** ⇒*vloot-* ◆ **1.1** ~ architect *scheepsbouwkundig ingenieur, scheepsbouwkundige* **1.2** ~ academy *officiersopleiding v.d. marine*; ~ battle *zeeslag*; ~ cadet *adelborst (tweede klasse)*; Naval Lord *tot de marine behorend lid v.d. Admiraliteit*; ~ officer *marineofficier, zeeofficier*; ~ power *zeemacht, zeemogendheid*; ~ shipyard *marinewerf*; ~ stores *scheepsbehoeften; harsprodukten* ⟨terpentijn, pek, harsolie, e.d. voor scheepsreparatie⟩.

nave [neɪv]⟨f1⟩⟨telb.zn.⟩ **0.1** ***schip*** ⟨v. kerk⟩ **0.2** ***naaf*** ⟨v. wiel⟩.

na·vel ['neɪvl]⟨f1⟩⟨telb.zn.⟩ **0.1** ***navel*** **0.2** ***middelpunt*** ⇒*centrum, midden* **0.3** ***navel(sinaasappel)*** ◆ **3.1** contemplate one's ~ *navelstaren*.

'navel 'orange ⟨telb.zn.⟩ **0.1** ***navelsinaasappel***.

'navel 'string ⟨f1⟩⟨telb.zn.⟩ **0.1** ***navelstreng***.

na·vel·wort ['neɪvlwɜ:t‖-wɜrt]⟨telb.zn.⟩⟨plantk.⟩ **0.1** ***waternavel***

⟨Hydrocotyle vulgaris⟩ **0.2** ***Am. vergeet-mij-nietje*** ⟨Omphalodes verna⟩.

na·vic·u·lar[1] [nə'vɪkjʊlə‖-kjələr], **na·vic·u·la·re** [nə'vɪkjʊ'lɑ:ri‖nə'vɪkjə'læri]⟨telb.zn.⟩⟨anat.⟩ **0.1** ***scheepvormig been(tje)*** ⟨hand/voetwortelbeentje⟩.

navicular[2] ⟨bn.⟩ **0.1** ***scheep/bootvormig*** **0.2** ⟨anat.⟩ ***mbt./v.h. scheepvormig been*** ◆ **1.1** ⟨anat.⟩ ~ bone *scheepvormig been(tje)*.

nav·i·ga·ble ['nævɪgəbl]⟨f1⟩⟨bn.; -ly; -ness; →bijw. 3⟩ **0.1** ***bevaarbaar*** **0.2** ***zeewaardig*** **0.3** ***bestuurbaar***.

nav·i·gate ['nævɪgeɪt]⟨f1⟩⟨ww.⟩
I ⟨onov.ww.⟩ **0.1** ***navigeren*** ⇒*een schip/vliegtuig besturen* **0.2** ***varen*** **0.3** ***de route aangeven*** ⇒*de weg wijzen* ⟨in auto⟩ ◆ **1.1** navigating officer *navigatieofficier;*
II ⟨ov.ww.⟩ **0.1** ***bevaren*** ⇒*varen op/over/door* **0.2** ***oversteken*** ⇒*vliegen over, bevliegen* **0.3** ***besturen*** **0.4** ***loodsen*** ⟨fig.⟩ ⇒*(ge)leiden*.

nav·i·ga·tion ['nævɪ'geɪʃn]⟨f2⟩⟨zn.⟩
I ⟨telb.zn.⟩ **0.1** ***(zee)reis;***
II ⟨n.-telb.zn.⟩ **0.1** ***navigatie*** ⇒*het navigeren, stuurmanskunst* **0.2** ***navigatie*** ⇒*scheep/zeevaart* **0.3** ***luchtvaart*** ◆ **2.2** inland ~ *binnen(scheep)vaart, binnenschipperij*.

nav·i·ga·tion·al ['nævɪ'geɪʃnəl]⟨bn.⟩ **0.1** ***navigatie-*** ⇒*mbt./v.d. scheepvaart/luchtvaart*.

navi'gation coal ⟨n.-telb.zn.⟩ **0.1** ***stoomkolen***.

navi'gation light ⟨telb.zn.⟩ **0.1** ***navigatielicht*** ⇒*positielicht* ⟨v. vliegtuig⟩.

nav·i·ga·tor ['nævɪgeɪtə‖-geɪṭər]⟨f2⟩⟨telb.zn.⟩ **0.1** ⟨lucht.⟩ ***navigator*** **0.2** ⟨scheep.⟩ ***navigatieofficier*** **0.3** ***zeevaarder***.

nav·vy[1] ['nævi]⟨telb.zn.; →mv. 2⟩⟨BE⟩ **0.1** ***grondwerker*** **0.2** ***graafmachine*** ⇒*excavateur*.

navvy[2] ⟨onov.ww.; →ww. 7⟩ **0.1** ***grondwerker zijn*** ⇒*grondwerk doen*.

na·vy ['neɪvi]⟨f3⟩⟨zn.⟩
I ⟨telb.zn.⟩ **0.1** ***oorlogsvloot*** ⇒*zeemacht* **0.2** ⟨vero.⟩ ***vloot*** ⇒⟨i.h.b.⟩ *handelsvloot;*
II ⟨telb., verz.n.; vaak N-⟩ **0.1** ***marine*** ◆ **3.1** follow the ~ *bij de marine zijn;* join the ~ *bij de marine gaan;*
III ⟨n.-telb.zn.⟩⟨verk.⟩ navy blue **0.1** ***marineblauw***.

'navy bean ⟨telb.zn.⟩⟨vnl. AE⟩ **0.1** ***witte boon***.

'navy 'blue ⟨f1⟩⟨n.-telb.zn.; ook attr.⟩ **0.1** ***marineblauw***.

'navy cut ⟨n.-telb.zn.⟩⟨BE⟩ **0.1** ***fijn gesneden tabak***.

'Navy List ⟨telb.zn.⟩⟨BE⟩ **0.1** ***naam- en ranglijst v. marineofficieren***.

'navy yard ⟨telb.zn.⟩⟨AE⟩ **0.1** ***marinewerf***.

na·wab [nə'wɑ:b]⟨telb.zn.⟩⟨gesch.⟩ **0.1** ***nabob*** ⟨titel v. goeverneur in India⟩.

nay[1] [neɪ]⟨f1⟩⟨telb. en n.-telb.zn.⟩ **0.1** ***nee(n)*** **0.2** ***tegenstemmer*** ⇒*stem tegen* **0.3** ***weigering*** ◆ **3.2** the ~s have it *de motie/het (wets)voorstel is verworpen* ⟨in parlement⟩ **3.3** say ~ *weigeren, verbieden; tegenspreken; ontkennen;* I will not take ~ *ik wil geen nee(n) horen, ik accepteer geen weigering*.

nay[2] ⟨bw.⟩ **0.1** ⟨schr.⟩ ***ja (zelfs)*** **0.2** ⟨vero.⟩ ***neen*** ◆ **¶.1** aren't we all different, ~, unique? *zijn we niet allemaal anders, ja uniek?*.

Naz·a·rene[1] ['næzə'ri:n]⟨telb.zn.⟩ **0.1** ***Nazarener*** ⇒*Nazareeër* ⟨inwoner v. Nazaret⟩ **0.2** ***Nazarener*** ⇒*lid v. eerste joods-christelijke groepering* **0.3** ***christen*** **0.4** ***Nazarener*** ⇒*lid v.d. Am.,* ⟨methodistische⟩ *Nazarenerkerk* ◆ **7.1** the ~ *de Nazarener, Christus*.

Nazarene[2] ⟨bn.⟩ **0.1** ***Nazareens*** **0.2** ***christelijk***.

Naz·a·rite, ⟨in bet. 0.2 ook⟩ **Naz·i·rite** ['næzəraɪt]⟨telb.zn.⟩ **0.1** ***Nazarener*** ⇒*Nazareeër* ⟨inwoner v. Nazaret⟩ **0.2** ***nazireeër***.

naze [neɪz]⟨telb.zn.⟩ **0.1** ***landtong*** ⇒*kaap, voorgebergte*.

Na·zi ['nɑ:tsi]⟨f3⟩⟨telb.zn.; vaak attr.⟩ **0.1** ***nazi*** ⇒*nationaal-socialist*.

Na·zism ['nɑ:tsɪzm], **Na·zi·ism** ['nɑ:tsiɪzm]⟨f1⟩⟨n.-telb.zn.⟩ **0.1** ***nazisme*** ⇒*nationaal-socialisme*.

NB ⟨afk.⟩ **0.1** ⟨nota bene⟩ *N.B.* **0.2** ⟨New Brunswick⟩ **0.3** ⟨Nebraska⟩ **0.4** ⟨North Britain⟩ **0.5** ⟨no ball⟩.

NBC ⟨afk.⟩ National Broadcasting Company ⟨AE⟩.

NBG ⟨afk.⟩ no bloody good ⟨BE; inf.⟩.

N by E, NbE ⟨afk.⟩ north by east.

N by W, NbW ⟨afk.⟩ north by west.

NC ⟨afk.⟩ North Carolina, numerical control.

NCB ⟨afk.⟩ National Coal Board ⟨BE⟩.

NCC ⟨afk.⟩ Nature Conservancy Council ⟨in GB⟩.

NCCL ⟨afk.⟩ National Council for Civil Liberties.

NCO ⟨afk.⟩ noncommissioned officer.

NCR ⟨afk.⟩ no carbon required.

NCU ⟨afk.⟩ National Cyclists' Union ⟨BE⟩.

ND, nd ⟨afk.⟩ neutral density, North Dakota, no date.

N Dak ⟨afk.⟩ North Dakota.

NDE ⟨afk.⟩ near-death-experience.

N'D filter ⟨telb.zn.⟩⟨foto.⟩ **0.1** ***grijsfilter***.

NE ⟨afk.⟩ New England, northeast(ern), no effects.

NEA ⟨afk.⟩ National Education Association, National Endowment for the Arts ⟨AE⟩.

Ne·an·der·thal [ni'ændətɑ:l‖-dərtəl, -tɑl]⟨telb.zn.⟩ **0.1** ***Neanderthaler*** ⟨ook inf., scherts.⟩ ⇒*holbewoner, barbaar, primitieveling, conservatieveling, iem. uit het jaar nul*.

Ne'anderthal man ⟨telb.zn.⟩ **0.1** ***Neanderthaler*** ⇒*Neanderdalmens*.

neap[1] [ni:p], **'neap tide** ⟨telb.zn.⟩ **0.1** ***doodtij***.

neap[2] ⟨onov.ww.⟩ **0.1** ***kleiner worden*** ⟨v. getijdeverschillen⟩ ⇒*lager worden* ⟨v. hoogwaterstand⟩ **0.2** ***de hoogste stand v. doodtij bereiken*** ◆ **1.1** the tides are ~ing *de getijdeverschillen worden kleiner, het wordt doodtij* **3.¶** be ~ed *(door doodtij) vastzitten/niet uit kunnen varen*.

Ne·a·pol·i·tan[1] [nɪə'pɒlɪtn‖-'pɑ-]⟨telb.zn.⟩ **0.1** ***Napolitaan(se)***.

Neapolitan[2] ⟨bn.⟩ **0.1** ***Napolitaans*** ⇒*v./mbt. Napels* ◆ **1.¶** ~ ice cream *blok(je) ijs met lagen v. verschillende kleuren en smaken*.

near[1] [nɪə‖nɪr]⟨bn.; -er; -ness⟩⟨→sprw. 415, 480⟩
I ⟨bn.⟩ **0.1** ***dichtbij(gelegen)*** ⇒*nabij(gelegen), naburig* **0.2** ***kort*** ⟨weg⟩ **0.3** ***nauw verwant*** ⇒*naverwant* **0.4** ***intiem*** ⇒*persoonlijk* ⟨vriend⟩ **0.5** ***krenterig*** ⇒*op de centen, gierig* **0.6** ***nauwkeurig*** ⇒*woordelijk, getrouw* ⟨vertaling⟩ **0.7** ***sprekend/veel lijkend op*** ⇒*veel weg hebbend van, imitatie-* ◆ **1.1** Near East *Nabije Oosten;* ⟨vero.⟩ *Balkan;* ⟨voetbal⟩ ~ post *eerste paal;* we walked on the ~ side of the river *we liepen aan deze kant v.d. rivier;* ~ work *werk dat je vlak voor je ogen moet houden, priegelwerk* **1.3** ~ affairs *nauw verwante zaken;* ⟨geldw.⟩ ~ money *bijna-geld, secundaire liquiditeiten* ⟨bv. wissels⟩; my ~est relation *mijn naaste bloedverwant* **1.7** ⟨AE⟩ ~ beer *(bijna) alcoholvrij bier* **1.¶** he had a ~ escape, ⟨inf.⟩ it was a ~ thing/go *het scheelde maar een haartje, het was maar op het nippertje;* it was a ~ guess, Peter! *je had het bijna geraden/je was heel warm, Peter!;* ~ likeness/resemblance *sprekende/sterke gelijkenis;* it was a ~ miss *het was bijna raak* ⟨ook fig.⟩; a ~ touch *net mis;* that was a ~ touch *dat was maar nèt aan* **7.3** our ~est and dearest *zij die ons het meest dierbaar zijn;*
II ⟨bn., attr.⟩ **0.1** ***bijde(r)hands*** ⇒*linker* ◆ **1.1** ~ front wheel *linker voorwiel*.

near[2] ⟨f2⟩⟨onov. en ov.ww.⟩ **0.1** ***naderen*** ⇒*dichterbij/naderbij komen*.

near[3] ⟨f3⟩⟨bw.⟩ **0.1** ***dichtbij*** ⇒*nabij* **0.2** ⟨vero.⟩ ***bijna*** ⇒*vrijwel, nagenoeg, zo goed als* **0.3** ⟨vero.⟩ ***karig*** ⇒*schriel, spaarzaam, krenterig* ◆ **3.1** draw ~ *naderen, dichterbij komen;* they were ~ famished *ze waren bijna v.d. honger gestorven;* go ~ to doing sth. *iets bijna doen, op het punt staan iets te doen* **5.1** she came **as** ~ as could be to being drowned *het scheelde maar een haartje of ze was verdronken;* **as** ~ as makes no difference *zo goed als;* ~ **by** *dichtbij;* far and ~ *overal;* from far and ~ *v. heinde en ver;* ⟨inf.⟩ he is nowhere/not anywhere ~ as clever as his brother *hij is lang niet zo slim als zijn broer* **5.2** not ~ so bad *lang niet zo slecht* **6.1** she was ~ **to** tears *ze begon bijna te huilen, het huilen stond haar nader dan het lachen*.

near[4] ⟨f3⟩⟨vz.⟩ **0.1** ⟨duidt nabijheid aan; ook fig.⟩ ***dichtbij*** ⇒*nabij, naast* ◆ **1.1** returned ~ Christmas *kwam rond Kerstmis thuis;* she was ~ death *ze was bijna/op sterven na dood;* lived ~ his sister *woonde niet ver van zijn zuster* **3.1** go/come ~ doing sth. *iets bijna doen, op het punt staan iets te doen*.

near- [nɪə‖nɪr] **0.1** ***bijna*** ⇒*nagenoeg, vrijwel, praktisch, zo goed als* **0.2** ***nauw*** ◆ **¶.1** near-monopoly *net geen monopolie;* near-perfect *vrijwel perfect;* near-win *bijna bereikte overwinning* **¶.2** near-related *nauw verwant*.

'near-'ac·ci·dent ⟨telb.zn.⟩ **0.1** ***bijna gebeurd ongeluk***.

'near'by[1] ⟨f2⟩⟨bn.⟩ **0.1** ***dichtbij(gelegen)*** ⇒*nabij(gelegen), naburig*.

nearby[2] ⟨f2⟩⟨bw., vz.⟩ **0.1** ***dichtbij***.

near-'death-ex·pe·ri·ence ⟨telb. en n.-telb.zn.⟩ **0.1** ***bijna-dood-ervaring*** ⟨waarbij men buiten eigen lichaam treedt⟩.

near·ly ['nɪəli‖'nɪrli]⟨f4⟩⟨bw.⟩ **0.1** ***bijna*** ⇒*(wel)haast, schier, vrijwel, zo goed als* **0.2** ***nauw*** ⇒*na, van nabij* ◆ **1.1** is his book ~ finished? *is zijn boek nu al eens/haast af?* **3.2** it concerns me ~ *het ligt me na aan het hart;* ~ related *nauw verwant* **5.¶** not ~ *lang niet, op geen stukken na*.

'near·side ⟨bn., attr.⟩⟨vnl. BE⟩ **0.1** ***bijde(r)hands*** ⇒*linker* ◆ **1.1** the ~ wheel *het linker wiel*.

'near'sight·ed ⟨f1⟩⟨bn.; -ly; -ness⟩ **0.1** ***bijziend***.

'near-term ⟨bn., attr.⟩ **0.1** ***op korte termijn***.

'near'win ⟨telb.zn.⟩ **0.1** ***bijna bereikte overwinning***.

neat[1] [ni:t]⟨zn.; neat; →mv. 4⟩⟨vero.⟩
I ⟨telb.zn.⟩ **0.1** ***rund;***
II ⟨verz.n.⟩ **0.1** ***(rund)vee***.

neat[2] ⟨f3⟩⟨bn.; -er; -ly; -ness⟩ **0.1** ***net(jes)*** ⇒*keurig* **0.2** ***proper*** ⇒*zin-*

delijk **0.3** ***puur*** *⇒onversneden, zonder ijs/water* ⟨v. drank⟩ **0.4** ***handig*** *⇒vaardig, behendig, slim, kunstig, mooi* **0.5** ***sierlijk*** *⇒bekoorlijk, smaakvol, fraai, gracieus, elegant* **0.6** ⟨AE⟩ ***schoon*** *⇒netto* **0.7** ⟨AE; inf.⟩ ***gaaf*** *⇒prima, flitsend* **0.8** ***bondig*** *⇒kernachtig, compact, goed/trefzeker geformuleerd* ◆ **1.1** ~ clothes *nette kleren;* his room was ~ *zijn kamer was netjes/aan kant* **1.4** a ~ solution *een mooie/elegante oplossing* **1.5** a ~ figure *een mooi figuurtje* **1.8** ~ style *bondige stijl* **1.¶** as ~ as a (new) pin *keurig, om door een ringetje te halen.*

neat·en ['ni:tən]⟨ov.ww.⟩ **0.1** ***net(jes) maken*** *⇒opruimen.*

neath, 'neath [ni:θ]⟨schr.⟩ →beneath.

'neat-'hand·ed ⟨bn.⟩ **0.1** ***handig*** *⇒vaardig, behendig.*

'neat's-foot ⟨telb. en n.-telb.zn.⟩⟨cul.⟩ **0.1** ***runderpoot*** *⇒schenkel.*

'neat's-foot 'oil ⟨n.-telb.zn.⟩ **0.1** ***klauwolie/vet.***

'neat's-leath·er ⟨n.-telb.zn.⟩ **0.1** ***rundleer.***

'neat's-tongue ⟨telb. en n.-telb.zn.⟩⟨cul.⟩ **0.1** ***rundertong*** *⇒ossetong.*

neb [neb]⟨telb.zn.⟩⟨vnl. Sch. E⟩ **0.1** ***sneb(be)*** *⇒snavel, neb(be)* **0.2** ***snuit*** *⇒neus, snoet* **0.3** ***uitsteeksel*** *⇒sneb(be), tuit, punt.*

NEB ⟨afk.⟩ National Enterprise Board, New English Bible.

neb·bish[1] ['nebɪʃ]⟨telb.zn.⟩ **0.1** ***schlemiel*** *⇒nebbisjmannetje.*

nebbish[2] ⟨bn.⟩ **0.1** ***schlemielig*** *⇒nebbisj.*

Nebr ⟨afk.⟩ Nebraska.

neb·u·chad·nez·zar [nebjʊkəd'nezə‖-zər]⟨zn.⟩
I ⟨eig.n.; N-⟩ **0.1** ***Nebukadnezar;***
II ⟨telb.zn.⟩ **0.1** ***Nebukadnezar*** ⟨wijnfles met inhoud v. 20 'gewone' flessen⟩.

neb·u·la ['nebjʊlə‖-bjə-]⟨telb.zn.; ook nebulae [-li]; →mv. 5⟩ **0.1** ⟨ster.⟩ ***nevel*** *⇒diffuse/lichtende nevel, emissienevel; donkere nevel; reflectienevel; galactische nevel* **0.2** ⟨med.⟩ ***nebula*** *⇒troebele plek in het hoornvlies.*

neb·u·lar ['nebjʊlə‖-bjələr]⟨bn.⟩ **0.1** ***mbt. een nevel/nevels*** *⇒nevelachtig, nevel-* ◆ **1.1** ~ hypothesis/theory *contractie/nevelhypothese* ⟨mbt. het ontstaan v.h. heelal⟩.

neb·u·li·um ['nebjʊləm‖-bjə-]⟨n.-telb.zn.⟩⟨schei.⟩ **0.1** ***nebulium*** ⟨hypothetisch element⟩.

neb·u·lize ['nebjʊlaɪz‖-bjə-]⟨ov.ww.⟩ **0.1** ***verstuiven*** *⇒vernevelen, vaporiseren.*

neb·u·liz·er ['nebjʊlaɪzə‖'nebjəlaɪzər]⟨telb.zn.⟩ **0.1** ***verstuiver*** *⇒nevelapparaat/spuit.*

neb·u·los·i·ty ['nebjʊ'lɒsəti‖'nebjə'lɑsəṭi]⟨n.-telb.zn.⟩ **0.1** ***neveligheid*** *⇒vaagheid.*

neb·u·lous ['nebjʊləs‖-bjə-], ⟨zelden⟩ **neb·u·lose** [-loʊs]⟨f1⟩⟨bn.; -ly; -ness⟩ **0.1** ***nevelig*** *⇒troebel, vaag, mistig, wazig* **0.2** ***nevel/wolk/waasvormig*** **0.3** ⟨ster.⟩ ***nevelvormig*** *⇒nevel-* ◆ **1.3** ~ star *nevelster.*

NEC ⟨afk.⟩ National Executive Committee.

necessarian →necessitarian.

necessarianism →necessitarianism.

nec·es·sar·i·ly ['nesɪ'serɪli]⟨f3⟩⟨bw.⟩ **0.1** ***noodzakelijk(erwijs)*** *⇒onvermijdelijk, onontkoombaar, per definitie, uiteraard, per se.*

nec·es·sar·y[1] ['nesɪsri‖'nesɪseri]⟨f1⟩⟨zn.; →mv. 2; vnl. mv.⟩
I ⟨telb.zn.⟩ **0.1** ***behoefte*** *⇒vereiste, noodzaak* ◆ **7.1** the ~ *het benodigde;* ⟨i.h.b.⟩ *geld;*
II ⟨mv.; necessaries⟩ **0.1** ***benodigdheden*** *⇒vereisten* **0.2** ***(levens) behoeften.***

necessary[2] ⟨f4⟩⟨bn.⟩ **0.1** ***noodzakelijk*** *⇒nodig, benodigd, vereist* **0.2** ***onontbeerlijk*** *⇒onmisbaar, essentieel, noodzakelijk* **0.3** ***onontkoombaar*** *⇒onvermijdelijk, onafwendbaar, noodwendig, noodzakelijk* ◆ **1.3** ~ evil *noodzakelijk kwaad.*

ne·ces·si·tar·i·an[1] [nɪ'sesɪ'teərɪən‖-'ter-], **nec·es·sar·i·an** ['nesɪ'seərɪən‖-'ser-]⟨telb.zn.⟩ **0.1** ***determinist.***

necessitarian[2], **necessarian** ['nesɪ'seərɪən‖-'ser-]⟨bn.⟩ **0.1** ***deterministisch.***

ne·ces·si·tar·i·an·ism [nɪ'sesɪ'teərɪənɪzm‖-'ter-], **nec·es·sar·i·an·ism** ['nesɪ'seərɪənɪzm‖-'ser-]⟨n.-telb.zn.⟩ **0.1** ***determinisme.***

ne·ces·si·tate [nɪ'sesɪteɪt]⟨f2⟩⟨ov.ww.⟩ **0.1** ***noodzaken*** *⇒nopen tot, verplichten tot* **0.2** ***vereisen*** *⇒dwingen tot, nodig maken.*

ne·ces·si·tous [nɪ'sesɪṭəs]⟨bn.; -ly⟩⟨schr.⟩ **0.1** ***behoeftig*** *⇒nooddruftig, misdeeld* **0.2** ***urgent*** *⇒dringend, dwingend.*

ne·ces·si·ty [nɪ'sesəṭi]⟨f3⟩⟨zn.; →mv. 2⟩⟨→sprw. 481, 482⟩
I ⟨telb.zn.⟩ **0.1** ***behoefte*** *⇒vereiste* **0.2** ***noodzakelijkheid*** *⇒noodwendigheid* ◆ **2.2** a logical ~ *een logische noodzakelijkheid;*
II ⟨n.-telb.zn.⟩ **0.1** ***noodzaak*** *⇒dwang, gedwongenheid, nood (druft)* ◆ **1.1** in case of ~ *in geval v. nood* **3.1** driven/forced by ~ *noodgedwongen* **3.¶** bow to ~ *zich schikken in het onvermijdelijke;* lay s.o. under ~ *iem. dwingen* **6.¶ by/of** ~ *noodzakelijkerwijs, onvermijdelijk;* be **under** the ~ of *zich genoopt/genoodzaakt zien te, het noodzakelijk achten om.*

neck[1] [nek]⟨f3⟩⟨zn.⟩
I ⟨telb.zn.⟩ **0.1** ***hals*** *⇒nek, halslengte* **0.2** ***hals(lijn)*** *⇒kraag* **0.3** ⟨ben. voor⟩ ***hals(vormig voorwerp)*** *⇒flessehals; vioolhals; tandhals; ribbe/baarmoederhals;* ⟨bouwk.⟩ *zuilhals* **0.4** ⟨geol.⟩ ***lavaprop*** **0.5** ***(zee/land/berg/dal/stroom)engte*** **0.6** ⟨BE, gew.⟩ ***laatste garf*** ⟨bij de oogst⟩ ◆ **1.5** a ~ of land *een landengte, een landtong* **1.¶** ⟨vero.⟩ ~ and crop *volledig, finaal, geheel en al;* ⟨vnl. AE; sl.⟩ ~ of the woods *buurt, omgeving, plaats* **3.1** wring a chicken's ~ *een kip de nek omdraaien* **3.¶** break one's ~ *zijn hals/nek breken;* ⟨inf.⟩ *zich uit de naad werken;* ⟨inf.⟩ breathe down s.o.'s ~ *iem. op de hielen zitten; iem. op de vingers zien, over iemands schouder meekijken;* ⟨BE; sl.⟩ have the ~ to do sth. *het (gore) lef hebben/zo brutaal zijn iets te doen;* ⟨sl.⟩ get it in the ~ *het voor zijn kiezen krijgen, het zwaar te verduren hebben;* risk one's ~ *zijn leven wagen;* ⟨inf.⟩ save one's ~ *zijn hachje (zien te) redden, het vege lijf redden;* ⟨inf.⟩ stick one's ~ out *zijn nek uitsteken, zijn hachje wagen, risico nemen;* ⟨sl.⟩ talk through (the back of) one's ~ *uit zijn nek(haren) kletsen;* tread on the ~ of s.o. *iem. de voet op de nek zetten* **5.¶** ~ or nothing *alles of niets, erop of eronder, op leven en dood* **6.1** ⟨sport⟩ **by** a ~ *met een halslengte (verschil)* **6.¶ down (on)** s.o.'s ~ *achter iem. aan; op iem. voorzien hebbend;* ⟨inf.⟩ **up to** one's ~ in (debt) *tot zijn nek in (de schuld)* **¶.1** ⟨sport⟩ ~ and ~ *nek aan nek, gelijk liggend;*
II ⟨telb. en n.-telb.zn.⟩⟨cul.⟩ **0.1** ***hals/nek(stuk).***

neck[2] ⟨f2⟩⟨ww.⟩
I ⟨onov. en ov.ww.⟩ **0.1** ***vernauwen*** **0.2** ⟨inf.⟩ ***vrijen (met)*** *⇒kussen, strelen, omhelzen;*
II ⟨ov.ww.⟩ **0.1** ***nekken*** *⇒de nek omdraaien.*

'neck·band ⟨telb.zn.⟩ **0.1** ***(hals)boord(je)*** *⇒kraag.*

'neck·cloth ⟨telb.zn.⟩ **0.1** ***das(je)*** *⇒stropdas.*

-necked [nekt] **0.1** ***-genekt*** *⇒-gehalst* ◆ **¶.1** a low~ dress *een laag uitgesneden japon;* a V~ sweater *een trui met een V-hals.*

neck·er·chief ['nekətʃɪf‖-kər-]⟨telb.zn.⟩ **0.1** ***halsdoek(je)*** *⇒sjaaltje.*

neck·ing ['nekɪŋ]⟨telb.zn.⟩⟨bouwk.⟩ **0.1** ***zuilhals*** **0.2** ***insnoering.***

neck·lace ['neklɪs]⟨f2⟩⟨telb.zn.⟩ **0.1** ***halsband/snoer*** *⇒(hals)ketting.*

neck·let ['neklɪt]⟨f1⟩⟨telb.zn.⟩ **0.1** ***halsbandje*** *⇒(hals)kettinkje, halssieraad* **0.2** ***bontje*** *⇒boa.*

'neck·line ⟨f1⟩⟨telb.zn.⟩ **0.1** ***kraag/halslijn.***

'neck·piece ⟨telb.zn.⟩ **0.1** ***sjaal*** **0.2** ***bontje*** *⇒boa.*

'neck·spring ⟨telb.zn.⟩⟨gymnastiek⟩ **0.1** ***nekoverslag.***

'neck·tie ⟨f1⟩⟨telb.zn.⟩⟨vnl. AE⟩ **0.1** ***stropdas.***

'neck·verse ⟨telb.zn.⟩⟨gesch.⟩ **0.1** ***miserere*** ⟨beroep op immuniteit ter ontkoming v. straf⟩.

'neck·wear ⟨f1⟩⟨n.-telb.zn.⟩ **0.1** ***boorden en dassen.***

ne·cro-, necr- ['nekroʊ] **0.1** ***necro-*** *⇒lijk(e)-* ◆ **¶.1** necrology *necrologie.*

nec·ro·bi·o·sis ['nekroʊbaɪ'oʊsɪs]⟨n.-telb.zn.⟩⟨biol.⟩ **0.1** ***necrobiose*** *⇒celafsterving.*

nec·ro·log·i·cal ['nekrə'lɒdʒɪkl‖-'lɑ-]⟨bn.⟩ **0.1** ***necrologisch.***

ne·crol·o·gist [ne'krɒlədʒɪst‖-'krɑ-]⟨telb.zn.⟩ **0.1** ***necroloog*** *⇒necrologieënschrijver.*

ne·crol·o·gy [ne'krɒlədʒi‖-'krɑ-]⟨telb.zn.; →mv. 2⟩ **0.1** ***necrologie*** *⇒lijst v. overledenen* **0.2** ***necrologie*** *⇒levensbeschrijving v. overledene.*

nec·ro·man·cer ['nekrəmænsə‖-ər]⟨telb.zn.⟩ **0.1** ***dodenbezweerder*** **0.2** ***tovenaar.***

nec·ro·man·cy ['nekrəmænsi]⟨n.-telb.zn.⟩ **0.1** ***necromantie*** *⇒dodenbezwering* **0.2** ***magie*** *⇒zwarte kunst, tovenarij.*

nec·ro·man·tic ['nekrə'mænṭɪk]⟨bn.⟩ **0.1** ***necromantisch.***

ne·croph·a·gous [ne'krɒfəgəs‖-'krɑ-]⟨bn.⟩ **0.1** ***necrofaag*** *⇒aasetend.*

nec·ro·phil·i·a ['nekroʊ'fɪlɪə], **ne·croph·i·lism** [ne'krɒfɪlɪzm‖-'krɑ-]⟨n.-telb.zn.⟩ **0.1** ***necrofilie.***

nec·ro·phil·i·ac[1] ['nekroʊ'fɪlɪæk, -rə-], **nec·ro·phil(e)** [-faɪl]⟨telb.zn.⟩ **0.1** ***necrofiel.***

necrophiliac[2] ⟨bn.⟩ **0.1** ***necrofiel.***

ne·croph·o·rus [ne'krɒfərəs‖-'krɑ-]⟨telb.zn.⟩⟨dierk.⟩ **0.1** ***doodgraver*** ⟨kever; Necrophorus vespillo⟩.

ne·crop·o·lis [ne'krɒpəlɪs‖-'krɑ-]⟨telb.zn.; ook necropoleis [-leɪs]; →mv. 5⟩ **0.1** ***necropolis*** *⇒necropool, dodenstad.*

nec·rop·sy ['nekrɒpsi‖-krɑ-], **ne·cros·co·py** [ne'krɒskəpi‖-'krɑ-]⟨telb.zn.; →mv. 2⟩ **0.1** ***necropsie*** *⇒lijkopening, lijkschouwing.*

ne·crose [ne'kroʊs], **nec·ro·tize** ['nekrətaɪz]⟨onov.ww.⟩⟨biol.⟩ **0.1** ***necrotiseren*** *⇒aan necrose onderhevig zijn, af/versterven.*

ne·cro·sis [ne'kroʊsɪs]⟨telb. en n.-telb.zn.; necroses [-si:z]; →mv. 5⟩⟨biol.⟩ **0.1** ***necrose*** *⇒versterf, afsterving.*

nec·tar ['nektə‖-ər]⟨f2⟩⟨n.-telb.zn.⟩ **0.1** ***nectar*** *⇒godendrank* **0.2** ***nectar*** *⇒honingsap.*

nec·tar·i·fer·ous ['nektə'rɪfrəs]⟨bn.⟩ **0.1** ***nectar afscheidend/producerend.***

nec·tar·ine ['nektəri:n‖-'ri:n]⟨f1⟩⟨telb.zn.⟩ **0.1** ***nectarine(perzik).***

nec·tar·ous ['nektrəs], **nec·tar·e·ous** [-ɪəs]⟨bn.⟩ **0.1** ***nectarachtig*** *⇒naar nectar geurend/smakend, zoet als nectar.*

nec·ta·ry ['nektri]⟨telb.zn.;→mv. 2⟩⟨plantk.⟩ **0.1** ***honingklier*** *⇒nectarium.*

NEDC ⟨afk.⟩ National Economic Development Council.

Ned·dy ['nedi]⟨eig.n.;→mv. 2⟩⟨BE; inf.⟩ **0.1** ⟨ook n-⟩ ***grauwtje*** *⇒ezel(tje)* **0.2** ***Neddy*** *⇒N.E.D.C.*.

née, ⟨AE sp. ook⟩ **nee** [neɪ]⟨bn., post.⟩ **0.1** ***geboren*** ◆ **1.1** Mrs Albert Corde(,) ~ Raresh *Mevr. Corde, geboren Raresh.*

need[1] [ni:d]⟨f4⟩⟨zn.⟩⟨→sprw. 211⟩
I ⟨telb. en n.-telb.zn.⟩ **0.1** ***behoefte*** *⇒nood* ◆ **3.1** as/if/when the ~ arises *als de behoefte zich voordoet, naar behoefte* **6.1** a ~ **for** love *een behoefte aan liefde;* have ~ **of** *behoefte/gebrek hebben aan;* people in ~ **of** help *hulpbehoevenden;*
II ⟨n.-telb.zn.⟩ **0.1** ***noodzaak*** **0.2** ***behoeftigheid*** *⇒armoede, nood, gebrek* ◆ **1.2** ⟨inf.⟩ a friend in ~ *een echte/ware vriend* **6.1** there's no ~ **for** you to leave yet *je hoeft nog niet weg (te gaan)* **6.2 at** ~ *in tijd van nood* **¶.¶** if ~ be *desnoods, zo nodig, als het moet.*

need[2] ⟨f4⟩⟨ww.⟩⟨→sprw. 7, 241, 275⟩
I ⟨onov.ww.⟩ **0.1** ***nood lijden*** **0.2** ⟨vero.⟩ ***nodig zijn*** ◆ **4.1** help all who ~ *alle noodlijdenden helpen* **4.2** it ~s not *het is niet nodig* **8.2** more/greater/⟨enz.⟩ than ~s *meer/groter/⟨enz.⟩ dan nodig (is);*
II ⟨ov.ww.⟩ **0.1** ***nodig hebben*** *⇒behoefte hebben aan, vereisen* ◆ **1.1** they ~ more room to play *ze hebben meer speelruimte nodig* **3.1** this ~s doing/to be done urgently *dit moet dringend gedaan worden;* he ~s to be praised *hij heeft er behoefte aan geprezen te worden* **4.1** he worked as hard as (it was) ~ed *hij werkte zo hard als nodig was;* as elaborate as (it) ~s to be *zo uitgebreid als nodig is;*
III ⟨34; 3e pers. enk. need, ontkenning need not, ontkenning, verk. needn't, vragend need I?, enz.; →do-operator, modaal hulpwerkwoord, onderstelling, verplichting en noodzakelijkheid, ww. 3⟩ **0.1** ***hoeven*** *⇒moeten,* ⟨met ontkenning, in →voorwaarde v. type III⟩ *had (niet) hoeven* ◆ **3.1** you had ~ ask first *je had het eerst moeten vragen;* all he ~ do is... *al wat hij moet doen is...;* one ~ only look at him *men hoeft hem maar aan te kijken;* he ~ not panic *hij hoeft niet in paniek te raken;* we ~ not have worried *we hadden ons geen zorgen hoeven te maken.*

'need·fire ⟨telb.zn.⟩ **0.1** ⟨folk.⟩ ***noodvuur*** **0.2** ***baken/vreugdevuur.***

need·ful ['ni:dfl]⟨bn.; -ly; -ness⟩ **0.1** ***noodzakelijk*** *⇒benodigd, nodig* **0.2** ⟨zelden⟩ →needy ◆ **7.¶** ⟨inf.⟩ do the ~ *doen wat er gedaan moet worden;* ⟨i.h.b.⟩ *met het nodige geld over de brug komen.*

nee·dle[1] ['ni:dl]⟨f3⟩⟨telb.zn.⟩ **0.1** ***naald*** *⇒naaldvormig voorwerp; speld; naai(machine)naald, stopnaald; breinaald; haaknaald; borduurnaald; magneetnaald; ets/graveernaald; injectienaald; grammofoonnaald; gedenknaald, obelisk; dennenaald; wijzer(naald)* **0.2** ***prikkel*** *⇒stimulans* **0.3** ⟨ook attr.⟩ ***sterke rivaliteit*** ◆ **1.1** look for a ~ in a haystack/in a bottle of hay *een speld in een hooiberg zoeken, onbegonnen werk doen* **1.3** ~ match *wedstrijd op het scherp v.d. snede* **3.¶** ⟨inf.⟩ get the (dead) ~ to s.o. *kwaad/pissig worden op iem.;* ⟨inf.⟩ give s.o. the ~ *iem. stangen* **7.¶** the ~ *de zenuwen;* ⟨AE; sl.⟩ *de naald/spuit, heroïne.*

needle[2] ⟨f1⟩⟨ww.⟩
I ⟨onov.ww.⟩ **0.1** ***naaldvormig kristalliseren;***
II ⟨onov. en ov.ww.⟩ **0.1** ***naaien*** *⇒naaiwerk doen, een naald halen door, (door)prikken;*
III ⟨ov.ww.⟩ **0.1** ⟨inf.⟩ ***stangen*** *⇒zieken, pesten, plagen* **0.2** ⟨AE; inf.⟩ ***oppeppen*** *⇒opvoeren* ⟨drank, door alcohol toe te voegen⟩ **0.3** ***(zich ergens doorheen) slingeren/wurmen.***

'nee·dle·bath ⟨telb.zn.⟩ **0.1** ***prikdouche*** *⇒stortbad met zeer fijne straaltjes.*

'nee·dle·book ⟨telb.zn.⟩ **0.1** ***naaldenboekje/etui.***

'needle candy ⟨n.-telb.zn.⟩⟨sl.⟩ **0.1** ***de spuit*** *⇒drug die gespoten wordt.*

needle contest →needle game.

'nee·dle·cord ⟨n.-telb.zn.⟩ **0.1** ***needlecord*** *⇒fijn corduroy.*

'nee·dle·craft ⟨n.-telb.zn.⟩ **0.1** ***naaldvaardigheid*** *⇒naaikunst, borduurkunst.*

needle fight →needle game.

'nee·dle·fish ⟨telb.zn.⟩⟨dierk.⟩ **0.1** ***geepvis*** ⟨genus Belonidae⟩ *⇒*⟨i.h.b.⟩ *geep* ⟨Belone belone⟩ **0.2** ***naaldvis*** ⟨fam. Syngnathidae⟩.

nee·dle·ful ['ni:dlfʊl]⟨telb.zn.⟩ **0.1** ***(in een naald gestoken) draad.***

'nee·dle·furze ⟨telb.zn.⟩⟨plantk.⟩ **0.1** ***stekelbrem*** ⟨Genista anglica⟩.

'needle game ⟨telb.zn.⟩⟨BE⟩ **0.1** ***wedstrijd op het scherp v.d. snede*** *⇒felle/verbeten/verhitte strijd.*

'needle lace ⟨n.-telb.zn.⟩ **0.1** ***naaldkant.***

needle match →needle game.

'nee·dle·point ⟨zn.⟩
I ⟨telb.zn.⟩ **0.1** ***speldepunt;***
II ⟨n.-telb.zn.⟩ **0.1** ***naaldkant*** **0.2** ***borduurwerk*** *⇒(kruissteek) borduursel;* ⟨i.h.b.⟩ *gros point.*

'needle printer ⟨telb.zn.⟩⟨comp.⟩ **0.1** ***matrix/naaldprinter.***

'needle's 'eye ⟨telb.zn.; the⟩ **0.1** ***oog v.d. naald.***

need·less ['ni:dləs]⟨f2⟩⟨bn.; -ly; -ness⟩ **0.1** ***nodeloos*** *⇒onnodig, overbodig* ◆ **3.1** ~ to say ... *het hoeft geen betoog ..., overbodig te zeggen ....*

'needle time ⟨n.-telb.zn.⟩⟨radio⟩ **0.1** ***tijd voor grammofoonmuziek.***

'needle valve ⟨telb.zn.⟩ **0.1** ***naaldklep.***

'nee·dle·wom·an ⟨telb.zn.⟩ **0.1** ***naaister.***

'nee·dle·work ⟨f1⟩⟨n.-telb.zn.⟩ **0.1** ***naaiwerk*** **0.2** ***naaldwerk*** *⇒handwerk(en), borduurwerk, kantwerk.*

nee·dling [ni:dlɪŋ]⟨n.-telb.zn.⟩ **0.1** ***gepor*** *⇒geprik.*

need·ments ['ni:dmənts]⟨mv.⟩ **0.1** ***(reis)benodigdheden.***

need·n't ['ni:dnt]⟨hww.⟩⟨samentr. v. need not⟩.

needs [ni:dz]⟨bw.⟩⟨vero. behalve in combinatie met must⟩⟨→sprw. 483⟩ **0.1** ***noodzakelijkerwijs*** ◆ **3.1** he ~ must *hij kan niet anders;* at a moment like this, he must ~ go *uitgerekend op een moment als dit moet hij zo nodig/met alle geweld weg.*

'needs test ⟨telb.zn.⟩ **0.1** ***onderzoek naar (primaire) behoeften.***

need·y ['ni:di]⟨f2⟩⟨bn.; -er; -ly; -ness; →bijw. 3⟩ **0.1** ***behoeftig*** *⇒nooddruftig, arm, noodlijdend* ◆ **7.1** the poor and ~ *de armen en hulpbehoevenden.*

ne'er [neə‖ner]⟨bw.⟩⟨schr.⟩ **0.1** ***nimmer.***

'ne'er-do-well, ne'er-do-weel ['neədu:'wi:l]⟨telb.zn.⟩ **0.1** ***nietsnut.***

nef [nef]⟨telb.zn.⟩⟨gesch.⟩ **0.1** ***tafelschip.***

ne·far·i·ous [nɪ'feərɪəs‖-'fer-]⟨bn.; -ly; -ness⟩⟨schr.⟩ **0.1** ***snood*** *⇒misdadig, infaam, schandelijk.*

neg ⟨afk.⟩ negative.

ne·gate [nɪ'geɪt]⟨f1⟩⟨ov.ww.⟩ **0.1** ***tenietdoen*** *⇒ontkrachten, nietig maken/verklaren* **0.2** ***loochenen*** *⇒ontkennen, uitsluiten.*

ne·ga·tion [nɪ'geɪʃn]⟨f1⟩⟨telb. en n.-telb.zn.⟩ **0.1** ***ontkenning*** ⟨ook taalk.⟩ *⇒loochening, negatie.*

ne·ga·tion·ist [nɪ'geɪʃənɪst]⟨telb.zn.⟩ **0.1** ***negativist.***

neg·a·tive[1] ['negətɪv]⟨f2⟩⟨telb.zn.⟩ **0.1** ***afwijzing*** *⇒afwijzend(e) antwoord/reactie, verwerping* **0.2** ***ontkenning*** *⇒ontkennend antwoord, loochening* **0.3** ***weigering*** **0.4** ⟨foto.⟩ ***negatief*** **0.5** ⟨taalk.⟩ ***ontkennende vorm*** *⇒ontkennend(e) woord/zin, negatie, ontkenning* **0.6** ⟨wisk.⟩ ***negatief (getal)*** *⇒negatieve grootheid* **0.7** ***negatieve eigenschap*** **0.8** ⟨zelden⟩ ***vetorecht*** ◆ **6.2** the answer is **in** the ~ *het antwoord luidt nee/is ontkennend* **6.5** put that sentence **in(to)** the ~ *zet die zin in de ontkennende vorm.*

negative[2] ⟨f3⟩⟨bn.; -ly; -ness⟩ **0.1** ***negatief*** **0.2** ***ontkennend*** *⇒afwijzend, negatief* **0.3** ⟨med.⟩ ***resus-negatief*** ◆ **1.1** ~ feedback *negatieve terugkoppeling;* ⟨biol.⟩ ~ geotropism *negatieve geotropie;* ~ income tax *negatieve inkomstenbelasting;* ~ instance *negatief geval, tegenvoorbeeld;* the ~ pole *de negatieve pool;* ⟨scherts.⟩ ~ quantity *negatieve hoeveelheid, niets;* the ~ sign *het minteken;* ~ virtue *negatieve deugdzaamheid* **1.2** ~ answer *ontkennend/afwijzend antwoord;* ~ criticism *negatieve/afbrekende kritiek;* ~ evidence *negatief bewijsmateriaal;* ~ proposition *negatieve propositie, negatie* **1.¶** ⟨AE⟩ ~ option *inertia selling, inertiaverkoop* ⟨toezending v. onbestelde goederen⟩.

negative[3] ⟨ov.ww.⟩ **0.1** ***verbieden*** *⇒zijn goedkeuring onthouden, afwijzen, verwerpen, zijn veto uitspreken over* **0.2** ***ontkennen*** *⇒loochenen, tegenspreken* **0.3** ***logenstraffen*** *⇒weerleggen, de onjuistheid aantonen van, ontzenuwen* **0.4** ***tegengaan*** *⇒ontkrachten, neutraliseren.*

negative[4] ⟨tussenw.⟩ **0.1** ***nee.***

neg·a·tiv·ism ['negəṭɪvɪzm]⟨n.-telb.zn.⟩ **0.1** ***negativisme.***

neg·a·tiv·ist ['negəṭɪvɪst]⟨telb.zn.⟩ **0.1** ***negativist.***

neg·a·tiv·i·ty ['negə'tɪvəṭi]⟨n.-telb.zn.⟩ **0.1** ***negativiteit.***

neg·a·tory [nɪ'geɪtri‖'negətɔri]⟨bn.⟩ **0.1** ***ontkennend.***

ne·glect[1] [nɪ'glekt]⟨f2⟩⟨n.-telb.zn.⟩ **0.1** ***verwaarlozing*** *⇒veronachtzaming* **0.2** ***onachtzaamheid*** **0.3** ***verzuim*** ◆ **1.3** ~ of duty *plichtsverzuim.*

neglect[2] ⟨f3⟩⟨ov.ww.⟩ **0.1** ***veronachtzamen*** *⇒geen acht slaan op, verwaarlozen, laten sloffen* **0.2** ***verzuimen*** *⇒nalaten* ◆ **1.1** ~ a warning *een waarschuwing in de wind slaan.*

ne·glect·ful [nɪ'glektfl]⟨f1⟩⟨bn.; -ly; -ness⟩ **0.1** ***achteloos*** *⇒onachtzaam, slordig, onoplettend, nalatig* ◆ **6.1** he's ~ **of** his duties *hij verzuimt zijn plichten.*

neg·li·gee, nég·li·gé, neg·li·gé(e) ['neglɪʒeɪ‖-'ʒeɪ]⟨f1⟩⟨zn.⟩
I ⟨telb.zn.⟩ **0.1** ***negligé;***
II ⟨n.-telb.zn.⟩ **0.1** ***vrijetijdskleding.***

neg·li·gence ['neglɪdʒəns]⟨f1⟩⟨n.-telb.zn.⟩ **0.1** ***achteloosheid*** *⇒onachtzaamheid, slordigheid, onoplettendheid, (toestand v.) verwaarlozing* **0.2** ⟨jur.⟩ ***nalatigheid*** *⇒plichtsverzaking* **0.3** ***moeiteloosheid*** *⇒ongedwongenheid, achteloos gemak.*

neg·li·gent ['neglɪdʒənt]⟨f2⟩⟨bn.; -ly⟩ **0.1** ***onachtzaam*** *⇒achteloos, slordig, onoplettend, nalatig* **0.2** ***moeiteloos*** *⇒achteloos, ongedwongen.*

neg·li·gi·ble ['neglɪdʒəbl]⟨f2⟩⟨bn.; -ly; -ness; →bijw. 3⟩ **0.1** ***ver-***

waarloosbaar ⇒*niet noemenswaardig, te verwaarlozen, onaanzienlijk, miniem, minimaal* ◆ **1.1** ~ quantity *quantité négligeable*.
né·go·ciant [neɪ'goʊsiɑ̃‖'neɪgoʊ'sjɑ̃]⟨telb.zn.⟩ **0.1** ***(wijn)handelaar***.
ne·go·tia·bil·i·ty [nɪ'goʊʃə'bɪləţi]⟨n.-telb.zn.⟩ **0.1** ***bespreekbaarheid*** **0.2** ***verhandelbaarheid*** **0.3** ***begaanbaarheid***.
ne·go·tia·ble [nɪ'goʊʃəbl]⟨f1⟩⟨bn.⟩ **0.1** ***bespreekbaar*** ⇒*voor onderhandeling vatbaar* **0.2** ***verhandelbaar*** ⇒*converteerbaar, inwisselbaar* **0.3** ⟨inf.⟩ ***begaan/berijd/bevaarbaar*** ⇒*neembaar, doenlijk* ◆ **1.1** salary ~ *salaris nader overeen te komen/n.o.t.k.* **1.2** ~ instruments *verhandelbare waardepapieren*.
ne·go·ti·ant [nɪ'goʊʃnt]⟨telb.zn.⟩ **0.1** ***onderhandelaar***.
ne·go·ti·ate [nɪ'goʊʃieɪt]⟨f2⟩⟨ww.⟩
I ⟨onov.ww.⟩ **0.1** ***onderhandelen*** ⇒*onderhandelingen voeren;*
II ⟨ov.ww.⟩ **0.1** ***(na onderhandeling) sluiten*** ⇒*afsluiten* **0.2** ⟨inf.⟩ ***nemen*** ⇒*passeren, door/overheen komen;* ⟨bij uitbr.⟩ *zich heen slaan door, tot een goed einde brengen* **0.3** ***inwisselen*** ⇒*verzilveren, verhandelen* ◆ **1.2** ~ a sharp bend *een scherpe bocht nemen;* ~ a difficult passage *goed door een moeilijke passage heen komen*.
ne'gotiating table ⟨f1⟩⟨telb.zn.⟩ **0.1** ***onderhandelingstafel***.
ne·go·ti·a·tion [nɪ'goʊʃi'eɪʃn]⟨f2⟩⟨zn.⟩
I ⟨telb. en n.-telb.zn.⟩ **0.1** ⟨vaak mv.⟩ ***onderhandeling*** ⇒*bespreking* **0.2** ***(af)sluiting*** ◆ **3.1** enter into/open/start ~s with *in onderhandeling gaan met* **6.1** salary **by** ~ *salaris nader overeen te komen;*
II ⟨n.-telb.zn.⟩ **0.1** ⟨vero.⟩ ***inwisseling*** ⇒*verzilvering, verhandeling*.
ne·go·ti·a·tor [nɪ'goʊʃieɪtə‖-eɪţər]⟨f1⟩⟨telb.zn.⟩ **0.1** ***onderhandelaar***.
ne·go·ti·a·tress [nɪ'goʊʃətrɪs], **ne·go·ti·a·trix** [-trɪks]⟨telb.zn.⟩ **0.1** ***onderhandelaarster***.
Ne·gress ['ni:grɪs]⟨f1⟩⟨telb.zn.⟩⟨vooral in U.S.A. bel.⟩ **0.1** ***negerin*** ⇒*zwartje, zwarte vrouw*.
Ne·gril·lo [nɪ'grɪloʊ]⟨telb.zn.; ook -es; →mv. 2⟩ **0.1** ***negrillo*** ⇒*dwergneger;* ⟨ong.⟩ *pygmee*.
Ne·grit·ic [nɪ'grɪţɪk]⟨bn.⟩ **0.1** ***negritisch***.
Ne·gri·to [nɪ'gri:ţoʊ]⟨telb.zn.⟩ **0.1** ***negrito*** **0.2** ***negrillo***.
ne·gri·tude ['negrɪtju:d, 'ni:-‖-tu:d]⟨n.-telb.zn.; ook N-⟩ **0.1** ***zwartheid*** ⇒*negerschap* **0.2** ***bevestiging v. waarde v. negercultuur***.
Ne·gro[1] [ni:groʊ]⟨f3⟩⟨telb.zn.; -es; →mv. 2⟩ **0.1** ***neger*** ⇒*zwarte*.
Negro[2] ⟨bn.⟩ **0.1** ***zwart*** ⇒*negride, negroïde* **0.2** ⟨n-⟩ ***nègre*** ⟨v. dieren⟩ ◆ **1.1** ~ minstrel *black minstrel, negro-minstrel, negerzanger;* ~ spiritual *negro-spiritual*.
'ne·gro-head, ⟨in bet. 0.1 ook⟩ **nig·ger·head** ⟨n.-telb.zn.⟩ **0.1** ***negrohead*** ⇒*donkere pruimtabak* **0.2** ***negro-head*** ⇒*slechte kwaliteit gummi*.
Ne·gro·hood ['ni:groʊhʊd], **Ne·gro·ness** [-nəs]⟨n.-telb.zn.⟩ **0.1** ***negerschap*** ⇒*zwartheid, negerras, negerafkomst*.
Ne·groid[1] ['ni:grɔɪd]⟨telb.zn.⟩ **0.1** ***negroïde*** ⇒*neger(achtige)*.
Negroid[2] ⟨bn.⟩ **0.1** ***negroïde*** ⇒*negride, neger-*.
Ne·groid·al [nɪ'grɔɪdl]⟨bn.⟩ **0.1** ***negerachtig***.
Ne·gro·ism ['ni:groʊɪzm]⟨zn.⟩
I ⟨telb.zn.⟩ **0.1** ***negeruitdrukking/woord*** ⇒*zwart idioom;*
II ⟨n.-telb.zn.⟩ **0.1** ***negeremancipatie***.
ne·gro·phile ['ni:groʊfaɪl]⟨telb.zn.; ook N-⟩ **0.1** ***negervriend***.
ne·gro·pho·bi·a ['ni:groʊ'foʊbɪə]⟨n.-telb.zn.; ook N-⟩ **0.1** ***negerhaat/vrees***.
ne·gus ['ni:gəs]⟨zn.⟩
I ⟨telb.zn.; N-⟩⟨gesch.⟩ **0.1** ***negus*** ⟨(titel v.d.) keizer v. Ethiopië⟩;
II ⟨n.-telb.zn.⟩ **0.1** ***negus*** ⟨warme gekruide wijn⟩.
Neh ⟨eig.n.⟩⟨afk.⟩ Nehemiah **0.1** ***Neh.*** ⟨bijbelboek⟩.
NEH ⟨afk.⟩ National Endowment for the Humanities ⟨AE⟩.
Neh·ru ['neəru:‖'neru:], **'Nehru coat, 'Nehru jacket** ⟨telb.zn.⟩ **0.1** ***nehru-jas*** ⇒*mao-jas*.
'Nehru suit ⟨telb.zn.⟩ **0.1** ***nehru-pak*** ⇒*mao-pak*.
neigh[1] [neɪ]⟨telb.zn.⟩ **0.1** ***hinnik(geluid)*** ⇒*gehinnik*.
neigh[2] ⟨f1⟩⟨onov.ww.⟩ **0.1** ***hinniken***.
neigh·bour[1], ⟨AE sp.⟩ **neigh·bor** ['neɪbə‖-ər]⟨f3⟩⟨telb.zn.⟩ ⟨→sprw. 234, 425⟩ **0.1** ***buurman/vrouw*** ⇒*nabuur;* ⟨bij uitbr.⟩ *naburig/belendend ding* **0.2** ***medemens*** ⇒*naaste* ◆ **1.1** my ~ at dinner *mijn tafelgenoot, mijn tafelheer/dame* **1.2** duty to one's ~ *(ver)plicht(ing) t.o.v. zijn naaste* **2.1** the next-door ~s *de buren v. hiernaast*.
neighbour[2], ⟨AE sp.⟩ **neighbor** ⟨ww.⟩ →neighbouring
I ⟨onov.ww.⟩ **0.1** ***belenden*** ⇒*naburig zijn, aan elkaar grenzen* ◆ **6.1** ~ **on** *grenzen aan;*
II ⟨ov.ww.⟩ **0.1** ***grenzen aan*** ⇒*liggen naast*.
neigh·bour·hood, ⟨AE sp.⟩ **neigh·bor·hood** ['neɪbəhʊd‖-bər-]⟨f2⟩ ⟨zn.⟩
I ⟨telb.zn.⟩ **0.1** ***buurt*** ⇒*wijk;*
II ⟨n.-telb.zn.⟩ **0.1** ***nabijheid*** ⇒*omgeving, omtrek* **0.2** ***nabuurschap*** ◆ **6.¶** I paid a sum **in** the ~ of 150 dollars *ik heb rond de/om en nabij de/zo'n 150 dollar betaald*.
'neighbourhood group ⟨telb.zn.⟩ **0.1** ***buurtvereniging***.
'neighbourhood 'watch ⟨telb., verz.n.⟩ **0.1** ***buurtwacht*** ⇒*wijkbescherming*.
neigh·bour·ing, ⟨AE sp.⟩ **neigh·bor·ing** ['neɪbrɪŋ]⟨f2⟩⟨bn.; teg. deelw. v. neighbour⟩ **0.1** ***belendend*** ⇒*naburig, aangrenzend*.
neigh·bour·ly, ⟨AE sp.⟩ **neigh·bor·ly** ['neɪbəli‖-bər-]⟨f1⟩⟨bn.; -ness; →bijw. 3⟩ **0.1** ***zoals een goede buur betaamt*** ⇒*behulpzaam, vriendelijk, gemoedelijk*.
nei·ther[1] ['naɪðə‖'ni:ðər]⟨f2⟩⟨onb.vnw.; →onbepaald woord⟩ **0.1** ***geen van beide(n)*** ⇒⟨zelden⟩ *geen van allen, geen (enkele)* ◆ **3.1** there were four clerks but ~ looked up *er waren vier bedienden aanwezig maar geen enkele keek op;* Ann and Jill both took the exam but ~ passed *Ann en Jill namen beiden deel aan het examen maar geen van beiden slaagde* **6.1** ~ **of** us wanted it *we wilden het geen van beiden*.
neither[2] ⟨f2⟩⟨bw.⟩ **0.1** ⟨tgo. also⟩ ***evenmin*** ⇒*ook niet* **0.2** ⟨als tweede deel v.e. dubbele of meervoudige ontkenning⟩⟨substandaard⟩ ***ook niet*** ◆ **3.1** he was not pleased and ~ was his colleague *hij was niet tevreden en zijn collega evenmin/ook niet/net zo min als zijn collega* **3.2** I couldn't even read it ~ *ik kon het ook zelfs niet lezen*.
neither[3] ⟨f2⟩⟨onb.det.; →onbepaald woord⟩ **0.1** ***geen van beide*** ⇒⟨zelden⟩ *geen (enkele)* ◆ **1.1** ~ candidate *geen van beide kandidaten*.
neither[4] ⟨f3⟩⟨nevensch.vw.⟩ **0.1** ⟨leidt het eerste v. twee (inf. ook v. meer) negatieve alternatieven in; correlatief met nor⟩ ***noch*** **0.2** ***en (ook) niet*** ⇒*en evenmin, noch ook* ◆ **1.1** ~ Jack nor Jill (⟨inf.⟩ nor Jonathan) *noch Jack, noch Jill (noch Jonathan)* **3.1** she could ~ laugh nor cry *ze kon (noch) lachen noch huilen* **¶.2** they toil not, ~ do they spin *zij arbeiden en spinnen niet*.
nek·ton ['nektən]⟨verz.n.⟩⟨biol.⟩ **0.1** ***nekton***.
nel·ly ['neli]⟨telb.zn.; soms N-⟩ **0.1** ***stormvogel*** ◆ **4.¶** ⟨BE; sl.⟩ not on your ~ *schrijf het maar op je buik, voor geen goud, over m'n lijk*.
nel·son ['nelsn]⟨telb.zn.⟩⟨worstelen⟩ **0.1** ***nelson*** ⇒*okselnekgreep* ◆ **2.1** a half/full ~ *een halve/dubbele nelson, een halve/dubbele okselnekgreep*.
ne·lum·bo [nɪ'lʌmboʊ]⟨telb.zn.⟩⟨plantk.⟩ **0.1** ***Indische lotus*** ⟨Nelumbo nucifera⟩.
nem·a·to·cyst ['neməţəsɪst, nɪ'mæţə-]⟨telb.zn.⟩⟨dierk.⟩ **0.1** ***netelkapsel*** ⇒*nematocyst* ⟨holte in netelcel⟩.
nem·a·tode ['nemətoʊd]⟨telb.zn.⟩⟨dierk.⟩ **0.1** ***draad/rondworm*** ⟨klasse Nematoda⟩.
Nem·bu·tal ['nembjʊtɔl‖'nembjətɔl]⟨n.-telb.zn.; ook n-⟩⟨handelsmerk⟩ **0.1** ***Nembutal*** ⟨kalmeringsmiddel; pentobarbital⟩.
nem con ['nem 'kɒn‖-'kɑn]⟨bw.⟩⟨afk.⟩ nemine contradicente **0.1** ***met algemene stemmen*** ⇒*unaniem, eenstemmig*.
Nem·ean [nɪ'mi:ən‖'ni:mɪən]⟨bn.⟩ **0.1** ***Nemeïsch*** ◆ **1.1** ~ games *Nemeïsche spelen;* ~ lion *Nemeïsche leeuw*.
nem·er·tine ['nemətaɪn‖'nemərtɪn], **ne·mer·te·an** [nɪ'mɜ:tɪən‖nɪ'mɜrţɪən]⟨telb.zn.⟩⟨dierk.⟩ **0.1** ***snoerworm*** ⟨stam Nemertini⟩.
nem·e·sis ['nemɪsɪs]⟨zn.; ook nemeses [-si:z]; →mv. 5⟩
I ⟨eig.n.; N-⟩ **0.1** ***Nemesis*** ⇒*godin der wraak;*
II ⟨telb.zn.⟩ **0.1** ***wreker*** ⇒*wraaknemer, wraakgodin* **0.2** ***verwoester*** ⇒*vernietiger, ondergang* **0.3** ***sterke/onverslaanbare tegenstander*** ⇒*meerdere* ◆ **6.3** English grammar, the ~ **of** my students *Engelse grammatica, de schrik v. al mijn studenten;*
III ⟨n.-telb.zn.⟩ **0.1** ***wrekende gerechtigheid***.
ne·ne ['neɪneɪ]⟨telb.zn.⟩⟨dierk.⟩ **0.1** ***ne-ne*** ⟨Hawaii-gans; Branta sandvicensis⟩.
ne·nu·phar ['nenjʊfɑ:‖'nenjəfɑr]⟨telb.zn.⟩ **0.1** ***waterlelie***.
ne·o-, Ne·o- ['ni:oʊ] **0.1** ***neo/Neo-*** ⇒*nieuw-* ◆ **¶.1** Neo-Fascism *neofascisme*.
ne·o·clas·si·cal ['ni:oʊ'klæsɪkl], **ne·o·clas·sic** [-'klæsɪk]⟨bn.⟩⟨vnl. bouwk., muz.⟩ **0.1** ***neoklassiek***.
ne·o·col·on·i·al·ism [-kə'loʊnɪəlɪzm]⟨f1⟩⟨n.-telb.zn.⟩ **0.1** ***neokolonialisme***.
ne·o·con·ser·va·tism [-kən'sɜ:vətɪzm‖-'sɜrvəţɪzm]⟨n.-telb.zn.⟩ **0.1** ***neoconservatisme***.
ne·o·con·ser·va·tive[1] [-kən'sɜ:vətɪv‖-'sɜrvəţɪv], ⟨inf.⟩ **ne·o·con** [-'kɒn‖-'kɑn]⟨telb.zn.⟩ **0.1** ***neoconservatief***.
neoconservative[2] ⟨bn.⟩ **0.1** ***neoconservatief***.
ne·o·dym·i·um [-'dɪmɪəm]⟨n.-telb.zn.⟩⟨schei.⟩ **0.1** ***neodymium*** ⟨element 60⟩.
ne·o·fas·cist[1] [-'fæʃɪst]⟨telb.zn.⟩ **0.1** ***neofascist***.
neofascist[2] ⟨bn.⟩ **0.1** ***neofascistisch***.
ne·o·gram·mar·ian [-grə'meərɪən‖-'merɪən]⟨telb.zn.⟩ **0.1** ***neogrammaticus***.

ne·o·lith·ic ['ni:ə'lɪθɪk]⟨bn.; ook N-⟩ **0.1** ***neolithisch*** ◆ **7.1** the Neolithic *het Neolithicum*.
ne·o·lo·gi·an[1] ['ni:oʊ'loʊdʒɪən], **ne·ol·o·gist** [ni'ɒlədʒɪst‖-'ɑl-] ⟨telb.zn.⟩⟨theol.⟩ **0.1** ***neoloog***.
neologian[2], **neologist** ⟨bn.⟩⟨theol.⟩ **0.1** ***neologisch***.
ne·ol·o·gism [ni'ɒlədʒɪzm‖-'ɑlə-], **ne·ol·o·gy** [ni'ɒlədʒi‖-'ɑlə-]⟨zn.; →mv. 2⟩
I ⟨telb.zn.⟩⟨taalk.⟩ **0.1** ***neologisme*** ⇒*nieuwvorming, nieuw woord, nieuwe betekenis (v.e. woord);*
II ⟨n.-telb.zn.⟩ **0.1** ⟨taalk.⟩ ***gebruik/introductie v. neologismen*** **0.2** ⟨theol.⟩ ***neologie***.
ne·ol·o·gize [ni'ɒlədʒaɪz‖-'ɑlə-]⟨onov.ww.⟩ **0.1** ***nieuwvormingen/nieuwe woorden maken*** **0.2** ***nieuwe betekenissen maken***.
ne·o·my·cin ['ni:oʊ'maɪsɪn]⟨n.-telb.zn.⟩ **0.1** ***neomycine*** ⟨antibioticum⟩.
ne·on ['ni:ɒn‖'ni:ɑn]⟨f1⟩⟨n.-telb.zn.⟩⟨schei.⟩ **0.1** ***neon*** ⟨element 10⟩.
ne·o·nate ['ni:oʊneɪt]⟨telb.zn.⟩ **0.1** ***nieuw/pasgeborene***.
'neon light, 'neon lamp ⟨f1⟩⟨zn.⟩
I ⟨telb.zn.⟩ **0.1** ***neonlamp*** ⇒*t.l.-buis/lamp;*
II ⟨n.-telb.zn.⟩ **0.1** ***neonlicht*** ⇒*neonverlichting*.
'neon sign ⟨f1⟩⟨telb.zn.⟩ **0.1** ***licht/neonreclame***.
ne·o·pa·gan·ism ['ni:oʊ'peɪgənɪzm]⟨n.-telb.zn.⟩ **0.1** ***nieuw/hernieuwd heidendom***.
ne·o·phil·i·a [-'fɪlɪə]⟨n.-telb.zn.⟩ **0.1** ***neofilisme*** ⇒*voorkeur voor het nieuwe, vernieuwingsdrang, veranderingsgezindheid*.
ne·o·phyte ['nɪəfaɪt]⟨telb.zn.⟩ **0.1** ***beginner*** ⇒*nieuweling, beginneling* **0.2** ***nieuwbekeerde*** ⇒*neofiet* **0.3** ⟨R.-K.⟩ ***neofiet*** ⇒*neomist*.
ne·o·plasm ['ni:oʊplæzm]⟨telb. en n.-telb.zn.⟩⟨med.⟩ **0.1** ***neoplasma*** ⇒*nieuwgroei, gezwel* ⟨vnl. kwaadaardig⟩.
Ne·o-Pla·to·nism [-'pleɪtn·ɪzm]⟨n.-telb.zn.⟩⟨fil.⟩ **0.1** ***neoplatonisme***.
ne·o·prene ['ni:əpri:n]⟨n.-telb.zn.⟩⟨handelsmerk⟩ **0.1** ***neopreen*** ⟨synthetische rubber⟩.
Ne·o-Scho·las·ti·cism ['ni:oʊskə'læstɪsɪzm]⟨n.-telb.zn.⟩⟨fil.⟩ **0.1** ***neoscholastiek***.
ne·o·ter·ic ['ni:ə'terɪk]⟨bn.⟩ **0.1** ***nieuwerwets*** ⇒*v. recente oorsprong, modern*.
Ne·o·trop·i·cal ['ni:oʊ'trɒpɪkl‖-'trɑ-]⟨bn.⟩ **0.1** ***neotropisch***.
Ne·o·zo·ic [-'zoʊɪk]⟨bn.⟩ **0.1** ***Neozoïsch***.
NEP ⟨eig.n.⟩⟨afk.⟩ New Economic Policy **0.1** ***NEP***.
Nep·al·ese[1] ['nepə'li:z], **Ne·pali** [nɪ'pɔ:li]⟨zn.; Nepalese; →mv. 4⟩
I ⟨eig.n.⟩ **0.1** ***Nepalees*** ⇒*de Nepalese taal;*
II ⟨telb.zn.⟩ **0.1** ***Nepalees/Nepalese*** ⇒*inwoner/inwoonster v. Nepal*.
Nepalese[2], **Nepali** ⟨bn.⟩ **0.1** ***Nepalees*** ⇒*v./mbt. Nepal*.
ne·pen·the [nə'penθi], **ne·pen·thes** [-θi:z]⟨telb.zn.⟩ **0.1** ***middel dat/drank die vergetelheid schenkt*** ⇒*nepent(hes), bron v. vergetelheid, leed/pijnverzachter* **0.2** ⟨plantk.⟩ ***bekerplant*** ⟨genus Nepenthes⟩.
neph·e·lom·e·ter ['nefɪ'lɒmɪtə‖-'lɑmɪṭər]⟨telb.zn.⟩ **0.1** ***nefelometer***.
neph·e·lo·met·ric ['nefɪloʊ'metrɪk]⟨bn.⟩ **0.1** ***nefelometrisch***.
neph·ew ['nevju:, 'nef-‖'nefju:]⟨f3⟩⟨telb.zn.⟩ **0.1** ***neef*** ⇒*oom/tantezegger*.
ne·phol·o·gy [nɪ'fɒlədʒi‖-'fɑ-]⟨n.-telb.zn.⟩ **0.1** ***wolkenkunde***.
ne·phrec·to·my [nɪ'frektəmi]⟨telb.zn.; →mv. 2⟩⟨med.⟩ **0.1** ***nefrectomie*** ⇒*operatieve verwijdering v.e. nier*.
neph·rite ['nefraɪt]⟨telb. en n.-telb.zn.⟩ **0.1** ***nefriet*** ⟨soort jade⟩.
ne·phrit·ic [nɪ'frɪṭɪk]⟨bn.⟩⟨med.⟩ **0.1** ***nefritisch*** ⇒*nier-*.
ne·phri·tis [nɪ'fraɪṭɪs]⟨telb. en n.-telb.zn.⟩⟨med.⟩ **0.1** ***nefritis*** ⇒*nierontsteking/ziekte*.
ne·phrol·o·gy [nɪ'frɒlədʒi‖-'frɑ-]⟨n.-telb.zn.⟩⟨med.⟩ **0.1** ***nefrologie*** ⟨wetenschap v.d. nierziekten⟩.
ne·phrot·o·my [nɪ'frɒtəmi‖nɪ'frɑṭəmi]⟨telb.zn.; →mv. 2⟩⟨med.⟩ **0.1** ***nefrotomie*** ⇒*insnijding in de nier, nieroperatie*.
ne plus ul·tra ['ni: plʌs 'ʌltrə, 'neɪ-]⟨n.-telb.zn.; the⟩⟨schr.⟩ **0.1** ***ne/nec/non plus ultra*** ⇒*toppunt, culminatie, climax, maximum*.
nep·o·tism ['nepətɪzm]⟨n.-telb.zn.⟩ **0.1** ***nepotisme***.
nep·o·tist ['nepəṭɪst]⟨telb.zn.⟩ **0.1** ***nepotist***.
Nep·tune ['neptju:n‖-tu:n]⟨zn.⟩
I ⟨eig.n.⟩ **0.1** ***Neptunus*** ⟨Romeinse god⟩ **0.2** ⟨ster.⟩ ***Neptunus*** ⟨planeet⟩;
II ⟨n.-telb.zn.⟩⟨schr.⟩ **0.1** ***Neptunus*** ⇒*zee*.
'Neptune's 'cup ⟨telb.zn.⟩⟨biol.⟩ **0.1** ***neptunusbeker*** ⟨spons; Poterion neptuni⟩.
Nep·tu·ni·an[1] [nep'tju:nɪən‖-'tu:-], **Nep·tun·ist** ['neptju:nɪst‖-tu:-] ⟨telb.zn.⟩⟨geol.⟩ **0.1** ***aanhanger v.h. Neptunisme***.
Neptunian[2], **Neptunist** ⟨bn.⟩⟨geol.⟩ **0.1** ***geproduceerd door de activiteit v. water*** **0.2** ***v./mbt. Neptunisme***.
nep·tun·ism ['neptju:nɪzm‖-tu:-]⟨n.-telb.zn.⟩⟨geol.⟩ **0.1** ***neptunisme*** ⟨leer dat gesteenten een mariene oorsprong hebben⟩.
nep·tu·ni·um [nep'tju:nɪəm‖-'tu:-]⟨n.-telb.zn.⟩⟨schei.⟩ **0.1** ***neptunium*** ⟨element 93⟩.
NERC ⟨afk.⟩ Natural Environment Research Council ⟨BE⟩.
nerd, nurd [nɜ:d‖nɜrd]⟨telb.zn.⟩⟨AE; inf.⟩ **0.1** ***lul*** ⇒*sul, oen, druiloor, klungel*.
nerd·y, nurd·y ['nɜ:di‖'nɜrdi]⟨bn.⟩⟨AE; inf.⟩ **0.1** ***lullig*** ⇒*sullig, dom, naïef*.
ne·re·i·d ['nɪərɪɪd‖'nɪr-], **ne·re·is** ['nɪərɪɪs‖'nɪrɪɪs]⟨telb.zn.; nereides [nɪ'ri:ədi:z]; →mv. 5⟩⟨dierk.⟩ **0.1** ***zeeduizendpoot*** ⟨worm; genus Nereis⟩.
Ne·re·id ['nɪərɪɪd‖'nɪr-]⟨zn.⟩
I ⟨eig.n.⟩⟨ster.⟩ **0.1** ***Nereïde*** ⟨zeenimf, satelliet v. Neptunus⟩;
II ⟨telb.zn.; ook n-⟩ **0.1** ***nereïde*** ⇒*zeenimf*.
ne·rit·ic [ne'rɪtɪk]⟨bn.⟩⟨geol.⟩ **0.1** ***neritisch*** ◆ **1.1** ~ zone *neritische zone, vlakzeezone*.
ner·o·li ['nɪərəli‖'nerəli]⟨n.-telb.zn.⟩ **0.1** ***neroli(-olie)*** ⇒*(bittere) oranjebloesemolie*.
Ne·ro·ni·an [nɪ'roʊnɪən]⟨bn.⟩ **0.1** ***Nero-*** ⇒*v./mbt. Nero* **0.2** ***nero-*** ⇒*tiranniek, wreed, meedogenloos*.
nerts [nɜ:ts‖nɜrts]⟨mv.⟩⟨AE; sl.⟩ **0.1** ***gelul*** ⇒*onzin, larie*.
ner·vate ['nɜ:veɪt‖'nɜr-]⟨bn.⟩⟨plantk.⟩ **0.1** ***generfd***.
ner·va·tion [nɜ:'veɪʃn‖nɜr-]⟨n.-telb.zn.⟩ **0.1** ***generfdheid*** **0.2** ***nervatuur*** ⇒*nervenpatroon*.
nerve[1] [nɜ:v‖nɜrv]⟨f3⟩⟨zn.⟩
I ⟨telb.zn.⟩ **0.1** ***zenuw*** **0.2** ⟨g.mv.⟩ ***lef*** ⇒*brutaliteit, onbeschaamdheid* **0.3** ⟨plantk.⟩ ***(blad)nerf*** **0.4** ⟨vero.⟩ ***zenuw*** ⇒*pees* ◆ **3.1** ⟨fig.⟩ hit/strike/touch a (raw) ~ *een zenuw/gevoelige plek raken* **3.2** have a ~ *zelfverzekerd/brutaal zijn, lef hebben;* you've got a ~! *jij durft, zeg!;* he had the ~ to tell me he's been married before *hij presteerde het me te zeggen/hij zei me doodleuk dat hij al eens eerder getrouwd is geweest;*
II ⟨n.-telb.zn.⟩ **0.1** ***moed*** ⇒*durf, vastberadenheid, zelfbeheersing, wilskracht* ◆ **3.1** get up the ~ to do sth. *de moed opbrengen om iets te doen;* lose one's ~ *de moed verliezen; verlegen/besluiteloos worden;*
III ⟨mv.; ~s⟩ **0.1** ***zenuwen*** ⇒*nervositeit, zenuwachtigheid* **0.2** ***zenuwen*** ⇒*zelfbeheersing, koelbloedigheid* ◆ **1.2** ~s of steel *stalen zenuwen* **3.1** get on s.o.'s ~s *iem. op de zenuwen werken;* he does not know what ~s are *hij kent geen zenuwen*.
nerve[2] ⟨f1⟩⟨ov.ww.⟩ **0.1** ***sterken*** ⇒*stalen, kracht verlenen* ◆ **6.1** ~ o.s. **for** *zich oppeppen voor/moed inspreken om, zich schrap zetten om*.
'nerve cell ⟨telb.zn.⟩ **0.1** ***zenuwcel***.
'nerve centre ⟨f1⟩⟨telb.zn.⟩ **0.1** ⟨med.⟩ ***zenuwknoop*** **0.2** ⟨fig.⟩ ***zenuwcentrum***.
nerved [nɜ:vd‖nɜrvd]⟨bn.⟩ **0.1** ***generfd*** ⇒*nervig*.
'nerve fibre ⟨telb.zn.⟩ **0.1** ***zenuwvezel***.
'nerve gas ⟨telb. en n.-telb.zn.⟩ **0.1** ***zenuwgas***.
'nerve impulse ⟨telb.zn.⟩ **0.1** ***zenuwimpuls***.
nerve·less ['nɜ:vləs‖'nɜr-]⟨f1⟩⟨bn.; -ly; -ness⟩ **0.1** ***krachteloos*** ⇒*zwak, slap, lusteloos, futloos, zenuwloos* **0.2** ***koelbloedig*** ⇒*onverstoorbaar, beheerst* **0.3** ***ongenerfd***.
'nerve war ⟨telb.zn.⟩ **0.1** ***zenuw(en)oorlog***.
'nerve-(w)rack·ing ⟨f1⟩⟨bn.⟩ **0.1** ***zenuwslopend***.
nerv·ine[1] ['nɜ:vi:n‖'nɜr-]⟨telb.zn.⟩⟨med.⟩ **0.1** ***zenuwmiddel*** ⇒⟨i.h.b.⟩ *zenuwstiller*.
nervine[2] ⟨bn.⟩⟨med.⟩ **0.1** ***de zenuwen betreffend*** ⇒*zenuw-* **0.2** ***de zenuwen beïnvloedend*** ⇒⟨i.h.b.⟩ *zenuwstillend*.
ner·vos·i·ty [nɜ:'vɒsəti‖nɜr'vɑsəṭi]⟨n.-telb.zn.⟩ **0.1** ***nervositeit*** ⇒*nerveusheid, zenuwachtigheid*.
nerv·ous ['nɜ:vəs‖'nɜr-]⟨f3⟩⟨bn.; -ly; -ness⟩ **0.1** ***zenuwachtig*** ⇒*nerveus, geagiteerd, gejaagd, gespannen* **0.2** ***nerveus*** ⇒*nervaal, v./mbt. het zenuwstelsel, zenuw-* **0.3** ***angstig*** ⇒*bang(ig), huiverig, benauwd, beducht* **0.4** ***energiek*** ⇒*kloek, robuust* **0.5** ⟨vero.⟩ ***pezig*** ⇒*gespierd* **0.6** ⟨sl.⟩ ***kleurrijk*** ⇒*enthousiast, opwindend* ◆ **1.2** ~ breakdown *zenuwinstorting/inzinking;* ~ disorders *zenuwstoringen;* ~ exhaustion/prostration *zenuwzwakte;* (central) ~ system *(centraal) zenuwstelsel* **1.¶** ~ pudding *gelatinepudding* **3.1** you're making me ~ *ik krijg de zenuwen van je* **6.3** ~ **of** *bang voor/om te*.
ner·vure ['nɜ:vjʊə‖'nɜrvjər]⟨telb.zn.⟩ **0.1** ⟨plantk.⟩ ***nerf*** ⇒⟨i.h.b.⟩ *hoofd/middennerf* **0.2** ⟨dierk.⟩ ***ader*** ⟨v. insektevleugel⟩.
nerv·y ['nɜ:vi‖'nɜrvi]⟨f1⟩⟨bn.; -er; →compar. 7⟩ **0.1** ⟨vnl. BE; inf.⟩ ***zenuwachtig*** ⇒*schrikkerig* **0.2** ⟨vnl. AE; sl.⟩ ***koel(bloedig)*** ⇒*onverschillig* **0.3** ***zenuwslopend*** ⇒*veel vergend v.d. zenuwen, zenuwe-, inspannend* **0.4** ⟨inf.⟩ ***brutaal*** ⇒*vrijpostig, onbeschaamd* **0.5** ⟨vero.⟩ ***pezig*** ⇒*gespierd*.
nes·cience ['nesɪəns‖'neʃns]⟨n.-telb.zn.⟩⟨schr.⟩ **0.1** ***onwetendheid*** ⇒*onkundigheid, onkunde* **0.2** ***agnosticisme*** ◆ **6.1** ~ **of** *onbekendheid met*.
nes·cient[1] ['nesɪənt‖'neʃnt]⟨telb.zn.⟩ **0.1** ***onwetende*** **0.2** ***agnosticus***.

nescient[2] ⟨bn.⟩ **0.1** ***onwetend*** ⇒*onkundig* **0.2** ***agnostisch***.
ness [nes]⟨telb.zn.⟩⟨vnl. in plaatsnamen⟩ **0.1** ***nes(se)*** ⇒*landtong, kaap*.
-ness [nəs]⟨vormt abstr. nw. uit bijv. nw.⟩ **0.1** ⟨ong.⟩ ***-heid*** ⇒*-te, -schap* ◆ ¶.1 happiness *blijdschap, geluk;* illness *ziekte;* sadness *droefheid*.
nest[1] [nest]⟨f3⟩⟨telb.zn.⟩ **0.1** ⟨ook mil.⟩ ***nest*** ⟨ook fig.⟩ ⇒*nestje, hol(letje)* **0.2** ***broeinest*** ⇒*haard* ◆ **1.1** a ~ of robbers *een roversnest;* ~ of tables *mimi(etje)* **3.¶** feather one's ~ *zijn zakken vullen, zich (ongeoorloofd) verrijken;* foul one's own ~ *het eigen nest bevuilen*.
nest[2] ⟨f2⟩⟨ww.⟩
I ⟨onov.ww.⟩ **0.1** ***(zich) nestelen*** **0.2** ***nesten uithalen*** ⇒*eieren rapen/zoeken;*
II ⟨onov. en ov.ww.⟩ **0.1** ***nesten*** ⇒*inbedden, in elkaar passen*.
'nest egg ⟨f1⟩⟨telb.zn.⟩ **0.1** ***nestei*** **0.2** ***appeltje voor de dorst*** ⇒*(geld) reserve, potje*.
nest·le ['nesl]⟨f1⟩⟨ww.⟩
I ⟨onov.ww.⟩ **0.1** ***zich nestelen*** ⇒*zich (neer)vlijen, lekker (gaan) zitten/liggen, het zich behaaglijk maken* **0.2** ***(half) verscholen liggen*** ⇒*(in een) beschut(ting) liggen* **0.3** ***schurken*** ⇒*(dicht) aankruipen, zich,* ⟨tegen iem.⟩ *aan drukken* **0.4** ⟨zelden⟩ ***zich nestelen*** ⇒*een nest bouwen/zoeken* ◆ **6.3** ~ **up against/to** s.o. *dicht tegen iem. aankruipen;*
II ⟨ov.ww.⟩ **0.1** ***vlijen*** **0.2** ***tegen zich aan drukken*** ⇒*in zijn armen nemen, vasthouden, wiegen* ◆ **6.1** ~ one's head **against/on** s.o.'s shoulder *zijn hoofd tegen/op iemands schouder leggen*.
nest·ling ['nes(t)lɪŋ]⟨f1⟩⟨telb.zn.⟩ **0.1** ***nestvogel*** ⇒*jong vogeltje*.
Nes·tor ['nestɔ:, 'nestə||'nestɔr, 'nestər]⟨eig.n., telb.zn.; soms n-⟩ **0.1** ***nestor*** ⇒*Nestor, wijze oude raadgever*.
Nes·to·rian[1] [ne'stɔ:rɪən]⟨telb.zn.⟩⟨theol.⟩ **0.1** ***Nestoriaan***.
Nestorian[2] ⟨bn.⟩⟨theol.⟩ **0.1** ***Nestoriaans***.
Nes·to·ri·an·ism [ne'stɔ:rɪənɪzm]⟨n.-telb.zn.⟩⟨theol.⟩ **0.1** ***Nestorianisme***.
net[1] [net]⟨f3⟩⟨zn.⟩⟨→sprw. 15⟩
I ⟨telb.zn.⟩ **0.1** ⟨ben. voor⟩ ***net*** ⇒*vis/vogel/vlindernet; haarnet; ladingnet; muggen/vliegen/muskietennet; tennisnet; vangnet; doelnet; spinneweb; televisienet* **0.2** ⟨fig.⟩ ***net*** ⇒*web, valkuil, list, strik* **0.3** ⟨sport⟩ ***netbal*** ⇒*in het net geslagen bal* **0.4** ⟨vnl. enk.⟩ ⟨cricket⟩ ***training(speriode) in de netkooi*** **0.5** ⟨vaak mv.⟩ ***kooi*** ⇒*ijshockeydoel* **0.6** ***nettobedrag*** ◆ **3.1** ⟨vis.⟩ cast(ing) ~ *werpnet;*
II ⟨n.-telb.zn.⟩ **0.1** ***netmateriaal*** ⇒*mousseline, tule, vitrage;*
III ⟨mv.; ~s; the⟩⟨cricket⟩ **0.1** ***netkooi***.
net[2], ⟨BE sp. ook⟩ **nett** [net]⟨f2⟩⟨bn.⟩ **0.1** ***netto*** ⇒*schoon, zuiver, per saldo* ◆ **1.1** ~ profit *nettowinst, netto-opbrengst;* the ~ result *per saldo, het uiteindelijke resultaat;* ~ ton *nettoton;* ⟨ec.⟩ ~ worth *nettowaarde* ⟨activa minus passiva⟩ **1.¶** ~ price *bodem/minimumprijs*.
net[3], ⟨in bet. 0.8 en 0.9 BE sp. ook⟩ **nett** ⟨f2⟩⟨ww.; →ww. 7⟩ →netting
I ⟨onov.ww.⟩ **0.1** ***netten breien/boeten/maken;***
II ⟨ov.ww.⟩ **0.1** ***(in een net) vangen*** ⇒⟨ook fig.⟩ *(ver)strikken* **0.2** ***(met een net) af/bedekken*** **0.3** ***netten/fuiken zetten in*** ⇒*bevissen* **0.4** ⟨sport⟩ ***in/tegen het net slaan*** **0.5** ⟨sport⟩ ***in het doel schieten*** ⇒*inschieten, het net doen trillen, scoren* **0.6** ***(met/van netmateriaal) breien/knopen*** **0.7** ***een ruitjespatroon aanbrengen op*** **0.8** ***(als winst) opleveren*** ⇒*(netto) opbrengen* **0.9** ***winnen*** ⇒*opstrijken, (netto) verdienen* ◆ **5.¶** ~ **down** a gross sum *een bruto bedrag tot de nettowaarde reduceren*.
'net·ball ⟨f1⟩⟨zn.⟩
I ⟨telb.zn.⟩⟨tennis, volleybal⟩ **0.1** ***netbal;***
II ⟨n.-telb.zn.⟩⟨sport⟩ **0.1** ***netball*** ⟨soort (dames)korfbal⟩.
'net-cord judge ⟨telb.zn.⟩⟨tennis⟩ **0.1** ***netrechter***.
'net 'curtain ⟨telb.zn.⟩ **0.1** ***vitrage***.
'net fault ⟨telb.zn.⟩⟨tennis, volleybal⟩ **0.1** ***netfout***.
neth·er ['neðə||-ər]⟨f1⟩⟨bn., attr.⟩⟨vero. of scherts.⟩ **0.1** ***onder-*** ⇒*neder-, beneden-* ◆ **1.1** ~ garments *broek;* ~ lip *onderlip;* ~ man/person *onderdanen, benen;* ~ regions/world *schimmenrijk, onderwereld*.
Neth·er·land·er ['neðələndə||'neðərlændər]⟨telb.zn.⟩ **0.1** ***Nederlander***.
Neth·er·land·ish ['neðələndɪʃ||-ðər-]⟨bn.⟩ **0.1** ***Nederlands***.
Neth·er·lands ['neðələndz||-ðər-]⟨eig.n.; the⟩ **0.1** ***Nederland*** ⇒*Koninkrijk der Nederlanden* **0.2** ⟨gesch.⟩ ***(de) Nederlanden***.
neth·er·most ['neðəmoʊst||-ðər-]⟨bn.⟩⟨schr.⟩ **0.1** ***onderste*** ⇒*laagste, diepste*.
neth·er·ward ['neðəwəd||'neðərwərd], **neth·er·wards** [-wədz||-wərdz]⟨bw.⟩ **0.1** ***neerwaarts***.
'net·mind·er ⟨telb.zn.⟩⟨ijshockey⟩ **0.1** ***doelman*** ⇒*keeper*.
'net post ⟨telb.zn.⟩⟨tennis⟩ **0.1** ***netpaal***.
'net serve ⟨telb.zn.⟩⟨tennis, volleybal⟩ **0.1** ***netserve***.
'net strap, 'net strop ⟨telb.zn.⟩⟨tennis⟩ **0.1** ***nethouder***.
net·suke ['netsʊkeɪ]⟨telb.zn.; ook netsuke; →mv. 4⟩ **0.1** ***netsuke*** ⇒*gordelknoop*.
nett →net.
net·ting ['neṭɪŋ]⟨f1⟩⟨zn.; (oorspr.) gerund v. net⟩
I ⟨telb.zn.⟩ **0.1** ***(stuk) net*** ⇒*gaas/netwerk;*
II ⟨n.-telb.zn.⟩ **0.1** ***het netten maken*** **0.2** ***netvisserij*** **0.3** ***(kippe/metaal)gaas***.
net·tle[1] ['neṭl]⟨f1⟩⟨telb.zn.⟩⟨→sprw. 287⟩ **0.1** ⟨plantk.⟩ ***(brand)netel*** ⟨genus Urtica⟩ **0.2** ***kwelling*** ⇒*(bron v.) ergernis, crime* ◆ **3.¶** ⟨vero.⟩ grasp the ~ *de koe bij de horens vatten, doortastend optreden*.
nettle[2] ⟨f1⟩⟨ov.ww.⟩ **0.1** ***prikken*** ⇒*steken, branden, netelen* **0.2** ***irriteren*** ⇒*ergeren, sarren, stangen*.
'nettle cell ⟨telb.zn.⟩ **0.1** ***netelcel***.
'nettle rash ⟨telb. en n.-telb.zn.⟩⟨med.⟩ **0.1** ***netelroos***.
net·tle·some ['neṭlsəm]⟨bn.⟩ **0.1** ***irriteerbaar*** **0.2** ***irriterend*** ⇒*ergerlijk*.
'net·work[1] ⟨f2⟩⟨telb.zn.⟩ **0.1** ***net(werk)*** **0.2** ***radio- en televisiemaatschappij*** ⇒*omroep* **0.3** ⟨comp.⟩ ***netwerk*** ⟨interconnectie v. computersystemen⟩.
network[2] ⟨ov.ww.⟩ →networking **0.1** ***via een netwerk uitzenden*** **0.2** ⟨comp.⟩ ***d.m.v. netwerk verbinden***.
'network analysis ⟨n.-telb.zn.⟩ **0.1** ***netwerkanalyse/planning***.
net·work·ing ['netwɜ:kɪŋ||-wɜrkɪŋ]⟨n.-telb.zn.; gerund v. network⟩ **0.1** ⟨comp.⟩ ***(het) werken met/in een network(systeem)*** **0.2** ⟨AE⟩ ***netwerken*** ⟨het gebruik maken v. relaties voor uitbouw v. carrière⟩.
neume, neum [nju:m||nu:m]⟨telb.zn.; vnl. mv.⟩⟨gesch., muz.⟩ **0.1** ***neum***.
neu·ral ['njʊərəl||'nʊrəl]⟨bn.⟩ **0.1** ***neuraal*** ⇒*de zenuwen/het zenuwstelsel betreffend, zenuw-* **0.2** ***aan de rugzijde liggend*** ⇒*rug-, ruggemergs-*.
neu·ral·gia [njʊ'rældʒə||nʊ-]⟨n.-telb.zn.⟩ **0.1** ***neuralgie*** ⇒*zenuwpijn*.
neu·ral·gic [njʊ'rældʒɪk||nʊ-]⟨bn.⟩ **0.1** ***neuralgisch***.
neu·ras·the·ni·a ['njʊərəs'θi:nɪə||'nʊrəs-]⟨n.-telb.zn.⟩ **0.1** ***neurasthenie*** ⇒*zenuwzwakte*.
neu·ras·then·ic[1] ['njʊərəs'θenɪk||'nʊrəs-]⟨telb.zn.⟩ **0.1** ***neurasthenicus*** ⇒*zenuwlijder/patiënt*.
neurasthenic[2] ⟨bn.; -ally; →bijw. 3⟩ **0.1** ***neurasthenisch*** ⇒*zenuwzwak*.
neu·rit·ic [njʊ'rɪtɪk||nʊ'rɪṭɪk]⟨bn.⟩ **0.1** ***v./mbt. een zenuwontsteking***.
neu·ri·tis [njʊ'raɪtɪs||nʊ'raɪṭɪs]⟨n.-telb.zn.⟩ **0.1** ***neuritis*** ⇒*zenuwontsteking*.
neur(o)- ['njʊəroʊ||'nʊroʊ] **0.1** ***neur(o)-*** ⇒*zenuw-* ◆ ¶.1 neuralgia *zenuwpijn;* neurosurgeon *neurochirurg*.
neu·rog·li·a [njʊ'rɒglɪə||nʊ'roʊglɪə]⟨n.-telb.zn.⟩ **0.1** ***(neuro)glia*** ⇒*soort steunweefsel*.
neu·ro·lin·guis·tics ['njʊəroʊlɪŋ'gwɪstɪks||'nʊ-]⟨n.-telb.zn.⟩ **0.1** ***neuro-linguïstiek*** ⟨studie v. neurologische taalstoornissen⟩.
neu·ro·log·i·cal ['njʊərə'lɒdʒɪkl||'nʊrə'lɑ-]⟨bn.⟩ **0.1** ***neurologisch***.
neu·rol·o·gist [njʊ'rɒlədʒɪst||nʊ'rɑ-]⟨f1⟩⟨telb.zn.⟩ **0.1** ***neuroloog***.
neu·rol·o·gy [njʊ'rɒlədʒi||nʊ'rɑ-]⟨f1⟩⟨n.-telb.zn.⟩ **0.1** ***neurologie***.
neu·ro·ma [njʊ'roʊmə||nʊ-]⟨telb.zn.; ook neuromata [-məṭə]; →mv. 5⟩ **0.1** ***neuroma*** ⇒*neuroom, zenuwgezwel*.
neu·ron ['njʊərɒn||'nʊrɑn], **neu·rone** ['njʊəroʊn||'nʊr-]⟨telb.zn.⟩ **0.1** ***neuron*** ⇒*zenuwcel*.
neu·ro·path ['njʊəroʊpæθ||'nʊrə-]⟨telb.zn.⟩ **0.1** ***neuropaat***.
neu·ro·path·ic ['njʊərə'pæθɪk||'nʊrə-]⟨bn.⟩ **0.1** ***neuropathisch***.
neu·ro·pa·thol·o·gy ['njʊəroʊpə'θɒlədʒi||'nʊrəpə'θɑ-]⟨n.-telb.zn.⟩ **0.1** ***neuropathologie*** ⇒*leer/kennis der zenuwziekten*.
neu·rop·a·thy [njʊ'rɒpəθi||nʊ'rɑ-]⟨n.-telb.zn.⟩ **0.1** ***neuropathie***.
neu·ro·phar·ma·col·o·gy ['njʊəroʊfɑ:mə'kɒlədʒi||'nʊroʊfɑrmə'kɑlədʒi]⟨n.-telb.zn.⟩ **0.1** ***neurofarmacologie***.
neu·rop·ter·ous [njʊ'rɒptərəs||nʊ'rɑp-]⟨bn.⟩⟨dierk.⟩ **0.1** ***netvleugelig***.
neu·ro·sci·ence ['njʊəroʊsaɪəns||'nʊroʊ-]⟨telb. en n.-telb.zn.⟩ **0.1** ***neurotechnisch onderzoek*** ⇒*neurologie, leer v.h. zenuwstelsel*.
neu·ro·sis [njʊ'roʊsɪs||nʊ-]⟨f2⟩⟨telb. en n.-telb.zn.; neuroses [-si:z]; →mv. 5⟩ **0.1** ***neurose***.
neu·ro·sur·ge·ry ['njʊəroʊ'sɜ:dʒəri||'nʊrə'sɜr-]⟨n.-telb.zn.⟩ **0.1** ***neurochirurgie***.
neu·rot·ic[1] [njʊ'rɒtɪk||nʊ'rɑṭɪk]⟨f1⟩⟨telb.zn.⟩ **0.1** ***neuroticus*** ⇒*neuroot*.
neurotic[2] ⟨f2⟩⟨bn.; -ally; →bijw. 3⟩ **0.1** ***neurotisch***.
neu·rot·o·my [njʊ'rɒtəmi||nʊ'rɑṭəmi]⟨telb. en n.-telb.zn.⟩ **0.1** ***chirurgische verwijdering v. (deel v.) zenuw***.
neu·ro·trans·mit·ter ['njʊəroʊtrænz'mɪtə||'nʊroʊtræns'mɪṭər]⟨telb.zn.⟩ **0.1** ***neurotransmitter*** ⇒*prikkeloverdrager*.
neu·ter[1] ['nju:tə||'nu:ṭər]⟨telb.zn.⟩ **0.1** ⟨taalk.⟩ ***neutrum*** ⇒*onzij-*

dig, onzijdig(e) vorm/genus/woord **0.2** ⟨biol.⟩ ***geslachtloos/gecastreerd dier*** **0.3** ***geslachtloze plant*** **0.4** ***onpartijdige*** *⇒neutraal.*

neuter[2] ⟨f1⟩ ⟨bn.⟩ **0.1** ⟨taalk.⟩ ***onzijdig*** **0.2** ⟨biol.⟩ ***geslachtloos*** *⇒aseksueel* **0.3** ⟨vero.; taalk.⟩ ***onovergankelijk*** **0.4** ***onpartijdig*** *⇒neutraal* ◆ **3.4** stand ~ *zich neutraal opstellen, zich afzijdig houden.*

neuter[3] ⟨ov.ww.⟩ **0.1** ⟨BE; euf.⟩ ***helpen*** *⇒castreren, steriliseren* ⟨dier⟩ **0.2** ***neutraliseren.***

neu·tral[1] ['nju:trəl‖'nu:-] ⟨zn.⟩
I ⟨telb.zn.⟩ **0.1** ***neutrale*** *⇒onpartijdige, partijloze, neutrale staat* **0.2** ***neutrale kleur;***
II ⟨n.-telb.zn.⟩ **0.1** ⟨tech.⟩ ***vrijloop*** ◆ **6.1 in** ~ *in z'n vrij.*

neutral[2] ⟨f3⟩ ⟨bn.; -ly⟩ **0.1** ***neutraal*** ⟨ook schei.⟩ *⇒onpartijdig, onbestemd* **0.2** ***onzijdig*** *⇒geslachtloos* ◆ **1.1** ⟨bokssport⟩ ~ corner *neutrale hoek;* ~ tint *neutrale kleur/tint, grijs;* ~ vowel *stomme klinker;* ⟨Am. voetbal⟩ ~ zone *neutraal gebied* ⟨lengtestrook tussen de twee scrimmage-lijnen⟩ **1.¶** ~ equilibrium *indifferent evenwicht;* in ~ gear *in z'n vrij.*

neu·tral·ism ['nju:trəlɪzm‖'nu:-] ⟨n.-telb.zn.⟩ **0.1** ***neutralisme.***

neu·tral·ist ['nju:trəlɪst‖'nu:-] ⟨f1⟩ ⟨telb.zn.⟩ **0.1** ***neutralist.***

neu·tral·i·ty [nju:'trælətì‖nu:'træləţi] ⟨f1⟩ ⟨n.-telb.zn.⟩ **0.1** ***neutraliteit*** ◆ **3.1** armed ~ *gewapende neutraliteit.*

neu·tral·i·za·tion, -sa·tion ['nju:trəlaɪ'zeɪʃn‖'nu:trələ-] ⟨f1⟩ ⟨n.-telb.zn.⟩ **0.1** ***neutralisatie*** *⇒neutralisering.*

neu·tral·ize, -ise ['nju:trəlaɪz‖'nu:-] ⟨f1⟩ ⟨ov.ww.⟩ **0.1** ***neutraliseren*** *⇒het effect tegengaan/tenietdoen van, opheffen.*

neu·tral·iz·er, -is·er ['nju:trəlaɪzə‖'nu:trəlaɪzər] ⟨telb.zn.⟩ **0.1** ***iem. die/iets dat neutraliseert.***

neu·tri·no [nju:'tri:noʊ‖nu:-] ⟨telb.zn.⟩ ⟨nat.⟩ **0.1** ***neutrino.***

neu·tron ['nju:trɒn‖'nu:trɑn] ⟨f1⟩ ⟨telb.zn.⟩ ⟨nat.⟩ **0.1** ***neutron.***

'neutron bomb ⟨telb.zn.⟩ **0.1** ***neutronenbom.***

'neutron star ⟨telb.zn.⟩ **0.1** ***neutronenster.***

Nev ⟨afk.⟩ Nevada.

né·vé ['neveɪ‖neɪ'veɪ] ⟨telb. en n.-telb.zn.⟩ **0.1** ***firn(veld/sneeuw)*** ⟨(gebied met) korrelige sneeuw boven aan gletsjer⟩.

nev·er ['nevə‖-ər] ⟨f4⟩ ⟨bw.⟩ **0.1** ***nooit*** *⇒nimmer* ◆ **3.1** ~-ceasing *onophoudelijk, niet-aflatend;* ~-dying *onsterfelijk;* ~-ending *altijddurend;* ~-failing *gegarandeerd, geheid, onvermijdelijk;* ~-to-be-forgotten *onvergetelijk;* ⟨inf.⟩ I ~ heard you come in *ik heb je helemaal niet horen binnenkomen;* I ~ remember her saying that *ik kan me niet herinneren dat ze dat ooit gezegd heeft* **3.¶** this'll ~ do *dit is niks, dit is niet goed genoeg;* you ~ left the door unlocked! *je hebt de deur toch wel op slot gedaan?!;* though he try ~ so hard *al doet hij nog zo zijn best* **5.1** ~ ever *nooit ofte nimmer* **5.¶** he ~ so/as much as looked! *hij keek niet eens!* **7.¶** ~ a *geen (enkel);* ~ a one *niet één;* she is ~ the better for it *ze is er niets mee opgeschoten* **¶.¶** well, I ~ (did)! *(wel) heb je (nu) ooit!;* the Never Never (Land) *het eldorado, luilekkerland; de rimboe, het niets;* ⟨i.h.b.⟩ *Noord-Queensland* ⟨in Australië⟩; ⟨sl.⟩ ~ was/wuzzer *mislukkeling, pechvogel;* ~! *geen sprake van!, uitgesloten!, nooit (van mijn leven)!.*

nev·er·more ['nevə'mɔ:‖nevər'mɔr] ⟨f1⟩ ⟨bw.⟩ **0.1** ***nooit weer*** *⇒nimmermeer.*

nev·er-'nev·er, never-'never system ⟨n.-telb.zn.; the⟩ ⟨BE; inf.⟩ **0.1** ***huurkoop(systeem)*** ◆ **6.1 on** the ~ *op afbetaling.*

nev·er·the·less ['nevəðə'les‖-vər-] ⟨f3⟩ ⟨bw.⟩ **0.1** ***niettemin*** *⇒desondanks, toch, evengoed.*

nevus →naevus.

new [nju:‖nu:] ⟨f4⟩ ⟨bn.; -er; -ness⟩ ⟨→sprw. 344, 494, 667, 771⟩ **0.1** ***nieuw*** *⇒ongebruikt, vers, fris, recent, modern* ◆ **1.1** ~ bread *vers brood;* New Latin *Neolatijn;* New Left *New Left, Nieuw Links* ⟨vnl. in U.S.A.⟩; a ~ life *een nieuw leven;* a ~ look *een nieuw aanzien;* ⟨theol.⟩ ~ man *de nieuwe mens;* ⟨theol.⟩ put on the ~ man *de nieuwe mens aandoen* ⟨Eph. 4:24⟩; ~ mathematics *nieuwe wiskunde* ⟨op basis v.d. verzamelingenleer⟩; ~ moon *(eerste fase v.d.) wassende maan, nieuwe maan;* ⟨zelden⟩ *maansikkel;* ~ penny *nieuwe penny;* the ~ poor *de nieuwe armen;* ~ potatoes *nieuwe aardappelen;* the ~ rich *de nieuwe rijken;* ~ star *nieuwe ster, nova;* ⟨ook N- S-⟩ ~ style *nieuwe stijl, gregoriaanse tijdrekening;* the New Testament *het Nieuwe Testament;* ~ town *new town, nieuwbouwstad, overloopgemeente* ⟨vnl. in Engeland⟩; the New World *de Nieuwe Wereld, Noord- en Zuid-Amerika;* ~ year *jaarwisseling; nieuw jaar;* ⟨vnl. BE⟩ *begin(tijd) v.e. (nieuw) jaar;* ⟨AE⟩ New Year's *nieuwjaarsdag;* New Zealand *Nieuw-Zeeland;* New Zealander *Nieuwzeelander* **1.¶** ⟨theol.⟩ ~ birth *wedergeboorte;* ~ broom *nieuwe bezem, frisse wind;* ⟨gesch.⟩ New Christian *nieuwe christen, maraan* ⟨joodse schijnbekeerling⟩; ⟨Austr. E⟩ ~ chum *pas geïmmigreerde, nieuwkomer;* ⟨gesch.⟩ New Deal *New Deal* ⟨v. Roosevelt⟩; ⟨gesch.⟩ New Dealer *New Dealer, aanhanger/voorstander v.d. New Deal;* ~ economics *neo-keynesianisme;* New Englander *inwoner v. New England* ⟨in U.S.A.⟩; put a ~ face on *een nieuw gezicht geven;* ⟨ook N- F-⟩ ⟨kerk.⟩ ~ foundation *nieuwe/postreformatorische stichting;* break ~ ground ⟨lett.⟩ *op een nieuw terrein/nieuwe grond beginnen;* ⟨fig.⟩ *baanbrekend werk/pioniersarbeid verrichten, nieuwe wegen banen;* turn over a ~ leaf *met een schone lei beginnen, een nieuw begin maken, een nieuwe weg inslaan;* ⟨gesch.⟩ New Learning *Humanisme;* get/give (s.o./sth.) a ~ lease of/⟨AE⟩ on life *het leven verlengen (v. persoon/voorwerp), de levensduur verlengen, genezen, repareren, een hart onder de riem steken;* ⟨vnl. theol.⟩ ~ light *nieuwlichter, modernist;* cast a ~ light on *een nieuw licht werpen op;* ⟨gesch., mode⟩ the New Look *de New Look;* ⟨gesch.⟩ the New Model *the New Model* ⟨hervorming v.h. parlementsleger in 1645⟩; of the ~ school *nieuwerwets, modern;* New Wave *Nouvelle Vague* ⟨film⟩; *new wave* ⟨muz., mode⟩; ~ wine in old bottles *radicale vernieuwing, vernieuwing die zich niet door oude vormen laat tegenhouden;* ⟨gesch.; vnl. pej.⟩ the ~ woman *de nieuwe vrouw* ⟨laat 19e-eeuwse feministe⟩ **2.1** as good as ~ *zo goed als nieuw;* Happy New Year! *gelukkig nieuwjaar!* **2.¶** ⟨gesch.⟩ New Economic Policy *Nieuwe economische politiek* ⟨in Rusland⟩ **4.¶** what's ~? *is er nog nieuws?* **6.¶** ~ **from** school *vers van school;* ⟨inf.⟩ it's a ~ one **on** me *het is voor mij een onbekende;* that's ~ **to** me *dat is nieuw voor me;* I'm ~ **to** the job *ik werk hier nog maar pas, ik ben hier nieuw* **7.1** the ~ *het nieuwe, de nieuwen.*

new- [nju:‖nu:] **0.1** ***pas(-)*** *⇒nieuw(-)* ◆ **¶.1** new-cut *pasgemaaid;* new-made *pasgemaakt, splinternieuw.*

'new-'blood ⟨bn., attr.⟩ **0.1** ***dynamisch, creatief en jong.***

'new-blown ⟨bn.⟩ **0.1** ***pas ontloken*** *⇒pril.*

'new·born ⟨f2⟩ ⟨bn., attr.⟩ **0.1** ***pasgeboren*** **0.2** ***herboren*** *⇒herwonnen, hervonden.*

New·cas·tle disease ['nju:kɑ:sl dɪ,si:z‖'nu:kæsl -] ⟨telb. en n.-telb.zn.⟩ ⟨dierk.⟩ **0.1** ***pseudovogelpest.***

'new-come ⟨bn.⟩ **0.1** ***pas gearriveerd*** *⇒pas aangekomen, net binnen.*

new·com·er ['nju:kʌmə‖'nu:kʌmər] ⟨f2⟩ ⟨telb.zn.⟩ **0.1** ***nieuwkomer*** *⇒nieuwe(ling), beginner, beginneling* ◆ **6.1** a ~ **to** *een nieuwkomer in, iem. die nieuw is op het gebied van.*

new·el ['nju:əl‖'nu:əl] ⟨telb.zn.⟩ **0.1** ***trap/wentelspil*** **0.2** ***trapstijl*** *⇒hoofdbaluster, trappaal, aanzetpost/stijl* **0.3** ***trapbaluster/spijl.***

'new'fan·gled ⟨bn.; -ness⟩ ⟨pej.⟩ **0.1** ***nieuwlichterig*** *⇒nieuwerwets, modern(istisch), modieus.*

'new-'fash·ioned ⟨bn.⟩ **0.1** ***nieuw(erwets)*** *⇒modern, modieus.*

'new-'found ⟨bn.⟩ **0.1** ***pas ontdekt*** *⇒pas gevonden.*

New·found·land ['nju:fəndlənd‖'nu:-], **'Newfoundland 'dog** ⟨telb.zn.⟩ **0.1** ***newfoundlander*** ⟨hond⟩.

New·gate ['nju:gɪt, -geɪt‖'nu:-] ⟨eig.n., telb.zn.⟩ **0.1** ***Newgate*** *⇒*⟨bij uitbr.⟩ *gevangenis.*

new·ish ['nju:ɪʃ‖'nu:ɪʃ] ⟨bn.⟩ **0.1** ***tamelijk/vrij nieuw.***

'new-'laid ⟨bn.⟩ **0.1** ***pas gelegd*** *⇒vers* ⟨v. ei⟩.

new·ly ['nju:li‖'nu:li] ⟨f3⟩ ⟨bw.⟩ **0.1** ***op nieuwe wijze*** *⇒anders* **0.2** ***onlangs*** *⇒pas, recentelijk* **0.3** ***opnieuw*** *⇒wederom* ◆ **3.2** ~ wed *pas getrouwd.*

'new·ly-wed ⟨f2⟩ ⟨telb.zn.; vnl. mv.⟩ **0.1** ***jonggehuwde*** *⇒pas getrouwde.*

New·mar·ket ['nju:mɑ:kɪt‖'nu:mɑrkɪt], ⟨in bet. I ook⟩ **'Newmarket 'coat** ⟨zn.⟩
I ⟨telb.zn.⟩ ⟨vero.⟩ **0.1** ***Newmarket*** *⇒nauwsluitende overjas;*
II ⟨n.-telb.zn.; ook n-⟩ **0.1** ***newmarket*** ⟨kaartspel⟩.

'new'mint·ed ⟨bn.⟩ **0.1** ***fris*** *⇒opgefleurd.*

'new-'mod·el ⟨ov.ww.⟩ **0.1** ***opnieuw vormgeven*** *⇒reorganiseren, herstructureren.*

'new-'mown ⟨bn.⟩ **0.1** ***pas gemaaid.***

news [nju:z‖nu:z] ⟨f3⟩ ⟨zn.⟩ ⟨→sprw. 31, 331, 507⟩
I ⟨telb.zn.; geen mv.⟩ **0.1** ⟨verk.⟩ ⟨newspaper⟩;
II ⟨n.-telb.zn.⟩ **0.1** ***nieuws*** **0.2** ⟨the⟩ ***nieuws(berichten)*** *⇒journaal(uitzending)* ◆ **3.1** ⟨inf.⟩ break the ~ to s.o. *(als eerste) iem. het (slechte) nieuws vertellen;* ⟨sl.⟩ *in elkaar slaan* **6.1** be **in** the ~ *in het nieuws zijn;* that is ~ **to** me *dat is nieuw voor mij.*

'news agency ⟨f1⟩ ⟨telb.zn.⟩ **0.1** ***nieuws/persagentschap*** *⇒nieuws/persbureau.*

'news agent ⟨f1⟩ ⟨telb.zn.⟩ ⟨BE⟩ **0.1** ***kioskhouder*** *⇒kranten/tijdschriftenverkoper.*

'news·boy ⟨f1⟩ ⟨telb.zn.⟩ **0.1** ***krantenjongen*** *⇒(kranten)bezorger.*

'news bulletin ⟨telb.zn.⟩ **0.1** ***nieuwsbulletin.***

'news·cast ⟨f1⟩ ⟨telb.zn.⟩ **0.1** ***nieuwsuitzending*** *⇒journaal, nieuwsbericht(en).*

news·cast·er ['nju:zkɑ:stə‖'nu:zkæstər] ⟨f1⟩ ⟨telb.zn.⟩ **0.1** ***nieuwslezer.***

'news cinema ⟨telb.zn.⟩ ⟨BE⟩ **0.1** ***nieuwsbioscoop*** ⟨vertoont vnl. nieuws⟩.

'news conference ⟨telb.zn.⟩ **0.1** ***persconferentie.***

'news dealer ⟨f1⟩ ⟨telb.zn.⟩ ⟨AE⟩ **0.1** ***kioskhouder*** *⇒kranten/tijdschriftenverkoper.*

newsey →newsy.
'news·flash ⟨telb.zn.⟩ **0.1** ***nieuwsflits*** ⇒*kort nieuwsbericht.*
'news·girl ⟨telb.zn.⟩ **0.1** ***krantenmeisje*** ⇒*(kranten)bezorgster.*
'news·hawk, 'news·hound ⟨telb.zn.⟩ ⟨AE⟩ **0.1** ***nieuwsjager.***
'news headlines ⟨mv.⟩ **0.1** ***hoofdpunten v.h. nieuws.***
newsie →newsy.
'news-leak ⟨telb.zn.⟩ **0.1** ***nieuwslek.***
news·less ['nju:zləs‖'nu:z-]⟨bn.⟩ **0.1** ***zonder nieuws.***
'news·let·ter ⟨f1⟩ ⟨telb.zn.⟩ **0.1** ***mededelingenblad*** ⇒*club/verenigingsblad, bedrijfsorgaan, bulletin* **0.2** ⟨gesch.⟩ ***nieuwsbrief.***
'news·mag·a·zine ⟨f1⟩ ⟨telb.zn.⟩ **0.1** ***weekblad*** ⇒*opinieblad.*
'news·ma·ker ⟨telb.zn.⟩ **0.1** ***gebeurtenis/persoon met nieuwswaarde*** ⇒*publiciteitstrekker.*
news·man ['nju:zmən‖'nu:z-]⟨f1⟩ ⟨telb.zn.⟩ ⟨AE⟩ **0.1** ***verslaggever*** ⇒*krante/persman* **0.2** ***kioskhouder.***
'news media ⟨mv.; the⟩ **0.1** ***(nieuws)media.***
'news·mon·ger ⟨telb.zn.⟩ **0.1** ***roddelaar(ster)*** ⇒*nieuwtjesjager.*
news·pa·per ['nju:speɪpə‖'nu:zpeɪpər]⟨f3⟩ ⟨zn.⟩
I ⟨telb.zn.⟩ **0.1** ***krant*** ⇒*dag/nieuwsblad* **0.2** ***krant(ebedrijf);***
II ⟨n.-telb.zn.⟩ **0.1** ***krant(enpapier)*** ◆ **1.1** a piece of ~ *een stuk krant.*
'newspaper article ⟨telb.zn.⟩ **0.1** ***kranteartikel.***
news·pa·per·man ['nju:speɪpəmən‖'nu:zpeɪpərmən]⟨f1⟩ ⟨telb.zn.⟩ **0.1** ***kranteman.***
'newspaper report ⟨telb.zn.⟩ **0.1** ***krantebericht.***
'newspaper story ⟨telb.zn.⟩ **0.1** ***kranteverhaal.***
'newspaper tycoon ⟨telb.zn.⟩ **0.1** ***krantenmagnaat.***
New·speak ['nju:spi:k‖'nu:-]⟨n.-telb.zn.; ook -n⟩ **0.1** ***nieuwspraak*** ⇒*newspeak* ⟨naar '1984' v. Orwell⟩.
'news·print ⟨n.-telb.zn.⟩ **0.1** ***krantenpapier.***
'news·read·er ⟨f1⟩ ⟨telb.zn.⟩ ⟨BE⟩ **0.1** ***nieuwslezer.***
'news·reel ⟨f1⟩ ⟨telb.zn.⟩ **0.1** ***(bioscoop)journaal*** ⇒*nieuwsfilm.*
'news reporter ⟨telb.zn.⟩ **0.1** ***verslaggever*** ⇒*journalist.*
'news·room ⟨telb.zn.⟩ **0.1** ***redactie(kamer)*** **0.2** ***leeszaal*** ⇒*kranten- en tijdschriftenzaal.*
'news·sheet ⟨telb.zn.⟩ **0.1** ***nieuwsblad/bulletin.***
'news·stall ⟨f1⟩ ⟨telb.zn.⟩ ⟨BE⟩ **0.1** ***krantenstalletje*** ⇒*krantenkiosk.*
'news·stand ⟨f1⟩ ⟨telb.zn.⟩ **0.1** ***kiosk.***
'news theatre ⟨telb.zn.⟩ **0.1** ***nieuwsbioscoop.***
'news·ven·dor ⟨telb.zn.⟩ **0.1** ***krantenverkoper.***
'news·wom·an ⟨telb.zn.⟩ **0.1** ***verslaggeefster*** ⇒*journaliste.*
'news·wor·thy ⟨f1⟩ ⟨bn.⟩ **0.1** ***met voldoende nieuwswaarde*** ⇒*actueel.*
news·y[1]**, news·ey, news·ie** ['nju:zi‖'nu:zi]⟨telb.zn.; →mv. 2⟩ ⟨inf.⟩ **0.1** ***krantenjongen.***
newsy[2] ⟨f1⟩ ⟨bn.; -er; -ness; →compar. 7⟩ ⟨inf.⟩ **0.1** ***met nieuwtjes (gevuld)*** ⇒*vol nieuwtjes, roddel-.*
newt [nju:t‖nu:t]⟨f1⟩ ⟨telb.zn.⟩ ⟨dierk.⟩ **0.1** ***watersalamander*** ⟨genus Triturus⟩.
new·ton ['nju:tn‖'nu:tn]⟨telb.zn.⟩ ⟨nat.⟩ **0.1** ***newton*** ⟨eenheid v. kracht⟩.
New·to·ni·an[1] [nju:'toʊnɪən‖nu:-]⟨telb.zn.⟩ **0.1** ***Newtoniaan*** ⇒*aanhanger/volgeling v. Newton.*
Newtonian[2] ⟨bn.⟩ **0.1** ***Newtoniaans*** ⇒*à la Newton, Newton-* ◆ **1.1** ~ telescope *Newtonkijker.*
new·y, new·ey, new·ie ['nju:i‖'nu:i]⟨telb.zn.; →mv. 2⟩ ⟨sl.⟩ **0.1** ***nieuwtje*** ⇒*iets nieuws.*
'New Year's 'Day ⟨f1⟩ ⟨eig.n.⟩ **0.1** ***nieuwjaarsdag.***
'New Year's 'Eve ⟨f1⟩ ⟨eig.n.⟩ **0.1** ***oudejaarsavond*** **0.2** ***oudejaar (sdag).***
New Yorker ['nju: 'jɔ:kə‖'nu: 'jɔrkər]⟨telb.zn.⟩ **0.1** ***Newyorker.***
next[1] [nekst]⟨f4⟩ ⟨bn.; adnominaal ook te beschouwen als aanw.; →determinator⟩ **0.1** ***volgend*** ⟨v.plaats⟩ ⇒*na, naast, dichtstbijzijnd* **0.2** ***volgend*** ⟨v. tijd⟩ ⇒*aanstaand* ◆ **1.1** she lives ~ door *ze woont hiernaast;* the girl ~ door *het meisje v. hiernaast/v.d. buren, het buurmeisje;* be ~ door to *zich bevinden naast;* ⟨fig.⟩ *grenzen aan, neerkomen op, gelijkstaan aan;* Mary is ~ in line *Mary is de volgende;* the ~ shop is two streets away *de dichtstbijzijnde/eerste winkel is twee straten verderop* **1.2** the ~ day *de volgende dag, de dag daarna/daarop;* ~ Monday *volgende week/aanstaande maandag;* the ~ few weeks *de komende weken* **1.¶** ⟨jur.⟩ ~ friend *zaakwaarnemer* ⟨v.minderjarige/handelingsonbekwame⟩; ⟨ong.⟩ *voogd, curator;* as concerned as the ~ man *even bezorgd als ieder ander/om het even wie;* the ~ thing I knew I was lying in the gutter *vóór ik goed wist wat er gebeurde lag ik in de goot;* knock s.o. into the middle of ~ week *iem. het ziekenhuis in slaan;* the ~ world *het hiernamaals* **2.1** the ~ best *het beste op één na, de tweede keus* **6.¶** ⟨AE; sl.⟩ Mary was ~ **to** all their secrets *Mary was deelgenote v. al hun geheimen;* ⟨AE; sl.⟩ Sheila was ~ **to** the ringleader *Sheila was intiem met de leider v.d. opstand* **¶.1** the ~ but one *de volgende op één na.*
next[2] ⟨f2⟩ ⟨aanw.vnw., telw.⟩ **0.1** ***(eerst)volgende*** ◆ **1.¶** ~ of kin *(naaste) bloedverwant(en), nabestaande(n)* **3.1** to be continued in our ~ *wordt vervolgd in het eerstvolgende nummer* **9.1** ~, please *volgende graag* **¶.¶** ~! *volgende!.*
next[3] ⟨f3⟩ ⟨bw.⟩ **0.1** ⟨plaats; ook fig.⟩ ***daarnaast*** **0.2** ⟨tijd; ook fig.⟩ ***daarna*** ⇒*daaropvolgend, de volgende keer* ◆ **2.2** the ~ best thing *op één na het beste;* the ~ tallest girl *op één na het grootste meisje;* Sheila is the tiniest of all; the ~ smallest child is May *Sheila is het kleinste v. allemaal; het kleinste kind na Sheila is May* **3.2** who comes ~? *wie volgt?, wie is er nu aan de beurt?;* ~ we had tea *daarna dronken we thee;* when they ~ met *de volgende keer dat ze elkaar zagen;* they'll be winning against Manchester ~ *straks winnen ze nog tegen Manchester* **4.1** what ~? *wat (krijgen we) nu?;* ⟨pej.⟩ *kan het nog gekker?;* who's ~? *wie is er aan de beurt?, wie volgt?* **6.1** ~ **to** Jill *naast/vergeleken bij Jill;* he placed his chair ~ **to** mine *hij zette zijn stoel naast de mijne* **6.¶** ~ **to** impossible *haast/bijna onmogelijk;* for ~ **to** nothing *voor een appel en een ei;* there was ~ **to** nothing left *er schoot bijna niets over;* ⟨inf.⟩ get ~ **to** s.o. *iem. (goed) leren kennen, met iem. bevriend raken;* ⟨sl.⟩ *intiem worden met* ⟨meisje⟩; ⟨sl.⟩ get ~ **to** o.s. *beseffen hoe vervelend* ⟨enz.⟩ *men is* **¶.¶** he came ~ after/before Sheila *hij kwam onmiddellijk na/voor Sheila.*
next[4] ⟨vz.⟩ ⟨vero.⟩ **0.1** ***naast*** ⇒*dichtstbij, vlak naast* ⟨ook fig.⟩ ◆ **1.1** she sat ~ a young boy *zij zat naast een jongen;* she loved him ~ her own children *ze hield v. hem als v. haar eigen kinderen.*
'next-'door ⟨f1⟩ ⟨bn., attr.⟩ **0.1** ***naburig*** ⇒*aangrenzend* ◆ **1.1** we are ~ neighbours *we wonen naast elkaar.*
nex·us ['neksəs]⟨telb.zn.; ook nexus; →mv. 5⟩ **0.1** ***nexus*** ⇒*(ver)band, samenhang, (dwars)verbinding* **0.2** ***reeks*** ⇒*groep, keten.*
NF ⟨afk.⟩ National Front, Newfoundland, No Funds.
NFL ⟨afk.⟩ National Football League ⟨in U.S.A.⟩.
Nfld ⟨afk.⟩ Newfoundland.
NFU ⟨afk.⟩ National Farmers' Union ⟨in Engeland⟩.
NGA ⟨afk.⟩ National Graphical Association.
NGO ⟨afk.⟩ non-governmental organization.
NH ⟨afk.⟩ New Hampshire.
NHS ⟨afk.⟩ National Health Service ⟨in Engeland⟩.
NI ⟨afk.⟩ National Insurance, Northern Ireland.
ni·a·cin ['naɪəsɪn]⟨n.-telb.zn.⟩ **0.1** ***niacine*** ⇒*nicotinezuur.*
Ni·ag·a·ra [naɪ'ægrə]⟨telb.zn.⟩ **0.1** ***Niagara*** ⇒*waterval, stortvloed.*
nib[1] [nɪb]⟨f1⟩ ⟨zn.⟩
I ⟨telb.zn.⟩ **0.1** ***pen*** ⇒*kroontjespen* **0.2** ***sneb(be)*** ⇒*snavel* **0.3** ***punt(ig uiteinde)*** ⇒*spits;*
II ⟨mv.; ~s⟩ **0.1** ***gepulpte/gepelde (koffie/cacao)bonen.***
nib[2] ⟨ov.ww.; →ww. 7⟩ **0.1** ***(aan)punten*** ⇒*(bij)slijpen* **0.2** ***van een pen voorzien*** ⇒*een pen doen in.*
nib·ble[1] ['nɪbl]⟨telb.zn.⟩ **0.1** ***hapje*** ⇒*mondjevol* **0.2** ⟨vnl. v. vis aan aas⟩ ***rukje*** **0.3** ***gegadigde*** ⇒*geïnteresseerde, kandidaat, potentiële klant.*
nibble[2] ⟨f2⟩ ⟨ww.⟩ ⟨→sprw. 198⟩
I ⟨onov.ww.⟩ **0.1** ***kleine hapjes nemen*** ⇒*knabbelen, knagen, peuzelen* **0.2** ***interesse tonen*** ⇒*geïnteresseerd zijn, op het punt staan toe te happen, snuffelen* **0.3** ***muggeziften*** ⇒*vitten* ◆ **5.1** ~ **away/off** *weg/afknabbelen, weg/afknagen* **6.1** ~ **at** *knabbelen/knagen aan* **6.2** ~ **at** sth. *ergens wel iets voor voelen;*
II ⟨ov.ww.⟩ **0.1** ***beknabbelen*** ⇒*knabbelen/knagen aan, kleine hapjes nemen van, oppeuzelen* ◆ **1.¶** ~ a hole in sth. *ergens een gat in knagen;* ~ one's way through sth. *zich ergens doorheen knagen.*
nib·lick ['nɪblɪk]⟨telb.zn.⟩ **0.1** ***niblick*** ⟨zwaar type golfstok⟩.
nibs [nɪbz]⟨telb.zn.; geen mv.⟩ ⟨BE; sl.⟩ **0.1** ***vervelend iem.*** ◆ **7.1** His ~ *Zijne Kaleneterigheid;* we're waiting here in the rain, while His ~ takes a taxi *wij staan hier te wachten in de regen, terwijl meneer een taxi neemt.*
nic·co·lite ['nɪkəlaɪt]⟨n.-telb.zn.⟩ **0.1** ***nikkelien*** ⇒*niccoliet* ⟨mineraal⟩.
nice [naɪs]⟨f4⟩ ⟨bn.; -er; -ness; →compar. 7⟩ **0.1** ***aardig*** ⇒*vriendelijk* **0.2** ***mooi*** ⇒*goed, aardig, fraai* **0.3** ***leuk*** ⇒*prettig, aangenaam, lekker, jofel* **0.4** ***genuanceerd*** ⇒*verfijnd, subtiel, delicaat* **0.5** ⟨soms pej.⟩ ***fijn*** ⇒*net, keurig, beschaafd, precieus* **0.6** ***kies(keurig)*** ⇒*scrupuleus, gewetensvol, precies, nauwgezet, kritisch* ◆ **1.1** ⟨iron.⟩ you're a ~ friend! *mooie vriend ben jij!;* ⟨sl.⟩ ~ guy *prima kerel* **1.2** ~ work *goed zo, keurig, vakwerk* **1.3** a ~ day *een mooie dag, mooi weer* **1.4** a ~ observer *een oplettend/subtiel observator* **1.5** a ~ accent *een beschaafd/keurig/* ⟨pej.⟩ *bekakt accent* **1.¶** ⟨sl.⟩ a ~ bit (of stuff) *een lekker stuk, een knappe meid;* ⟨sl.⟩ ~ Nellie *preuts persoon* **3.3** ~ to meet you *aangenaam;* ~ to have met you *het was me aangenaam* **4.2** ⟨inf.⟩ ~ one *mooi zo, keurig* ⟨ook iron.⟩ **5.1** not very ~ *niet zo aardig, vervelend* **8.¶** ~ and warm/fast *lekker warm/hard* **¶.3** have a ~ day *nog een prettige dag,* ⟨bij afscheid ook⟩ *tot ziens, dààg.*
niceish →nicish.

'nice-'look·ing ⟨f1⟩⟨bn.⟩ **0.1** ***mooi*** ⇒*goed uitziend, knap.*

nice·ly ['naɪsli]⟨f2⟩⟨bw.⟩ **0.1** ***aardig*** **0.2** ***goed*** **0.3** ***fraai*** **0.4** ***subtiel*** **0.5** ***precies*** ◆ **3.¶** this'll do ~ *dit is mooi zat zo, dit is ruim voldoende.*

Ni·cene Council ['naɪsi:n 'kaʊnsl]⟨eig.n.⟩⟨gesch.⟩ **0.1** ***Concilie v. Nicea.***

'Ni·cene 'Creed ⟨eig.n.⟩⟨relig.⟩ **0.1** ***geloofsbelijdenis v. Nicea.***

ni·ce·ty ['naɪsəṭi]⟨f1⟩⟨zn.;→mv. 2⟩
I ⟨telb.zn.; vaak mv.⟩ **0.1** ***detail*** ⇒*bijzonderheid, subtiliteit, nuance, fijn onderscheid* **0.2** ***aantrekkelijke kant*** ⇒*geneugte* **0.3** ***finesse*** ◆ **6.¶** to a ~ *exact, precies, tot in detail/de finesses, tot op de millimeter nauwkeurig;*
II ⟨n.-telb.zn.⟩ **0.1** ***nauwkeurigheid*** ⇒*precisie* **0.2** ***subtiliteit*** ⇒*verfijning, kiesheid.*

nic·ey-nice ['naɪsi'naɪs]⟨bn.⟩⟨sl.⟩ **0.1** ***overdreven aardig*** **0.2** ***verwijfd.***

niche[1] [nɪtʃ, ni:ʃ]⟨f2⟩⟨telb.zn.⟩ **0.1** ***nis*** **0.2** ***stek*** ⇒*plek(je), hoekje, passende omgeving* **0.3** ***niche*** ⇒*(natuurlijk) leefmilieu* ◆ **1.¶** he has a ~ in the temple of fame *hij heeft zijn plaats onder de groten der mensheid/een hoekje in de eregalerij* **3.2** he's found his ~ *hij heeft zijn draai gevonden.*

niche[2] ⟨ov.ww.; vnl. als volt. deelw.⟩ **0.1** ***in een nis plaatsen*** ◆ **4.¶** ~ o.s. *zich nestelen, wegkruipen.*

nicht [nɪxt]⟨telb.zn.⟩⟨Sch. E⟩ **0.1** ***nacht*** ⇒*avond.*

nic·ish ['naɪsɪʃ]⟨bn.⟩ **0.1** ***wel aardig*** ⇒*niet onaardig.*

nick[1] [nɪk]⟨f1⟩⟨zn.⟩
I ⟨telb.zn.⟩ **0.1** ***kerf*** ⟨ook boek.⟩ ⇒*keep, insnijding, inkeping, kartel, deuk(je)* **0.2** ***snee(tje)*** ⇒*kras* **0.3** ⟨BE; inf.⟩ ***bajes*** ⇒*nor* **0.4** ⟨BE; inf.⟩ ***politiebureau*** ◆ **1.¶** in the ~ of time *op het nippertje, nog net op tijd;*
II ⟨n.-telb.zn.⟩⟨BE; inf.⟩ **0.1** ***toestand*** ⇒*staat, gesteldheid, vorm, conditie* ◆ **6.1** **in** bad/poor ~ *er slecht/belazerd aan toe;* **in** good ~ *in prima conditie.*

nick[2] ⟨f2⟩⟨ov.ww.⟩ **0.1** ***inkepen/kerven*** ⇒*kartelen, (in)snijden, krassen, deuken, met een kerfje markeren* **0.2** ⟨vnl. BE; inf.⟩ ***jatten*** ⇒*gappen, pikken, achteroverdrukken* **0.3** ⟨BE; sl.⟩ ***in de kraag grijpen*** ⇒*arresteren, vatten* **0.4** ⟨vnl. AE; inf.⟩ ***tillen*** ⇒*afzetten, oplichten* **0.5** ***insnijden*** ⟨(staartaanzetting v.) paard, ter verkrijging v.e. hogere staartdracht⟩ **0.6** ***(op het nippertje/nog net) halen*** ⟨trein, tijdstip⟩.

nick·el[1] ['nɪkl]⟨f2⟩⟨zn.⟩
I ⟨telb.zn.⟩ **0.1** ***vijfcentstuk*** ⟨in Canada en U.S.A.⟩ ⇒*stuiver* **0.2** ⟨AE; sl.⟩ ***vijf dollar*** ⇒*vijfie* **0.3** ⟨AE; sl.⟩ ***pakje drugs v. vijf dollar;***
II ⟨n.-telb.zn.⟩⟨ook schei.⟩ **0.1** ***nikkel*** ⟨element 28⟩.

nickel[2] ⟨ov.ww.;→ww. 7⟩ **0.1** ***vernikkelen.***

'nick·el-and-'dime ⟨ov.ww.⟩⟨AE; inf.⟩ **0.1** ***krentenkakkerig letten op*** **0.2** ***krentenkakkeriger behandelen*** ◆ **4.1** ~ it through college *goed op de kleintjes letten/passen terwijl je studeert.*

'nickel 'brass ⟨n.-telb.zn.⟩ **0.1** ***nikkelbrons.***

nick·el·ic [nɪ'kelɪk]⟨bn.⟩ **0.1** ***nikkelachtig*** ⇒*nikkel-* **0.2** ***van/met driewaardig nikkel.***

nick·el·if·er·ous ['nɪkə'lɪfrəs]⟨bn.⟩ **0.1** ***nikkelhoudend.***

nickel nurs·er ['nɪkl ˌnɜ:sə‖-ˌnɜrsər]⟨telb.zn.⟩⟨AE; sl.⟩ **0.1** ***vrek.***

nick·el·o·de·on ['nɪkə'loʊdɪən]⟨telb.zn.⟩⟨AE⟩ **0.1** ***jukebox*** **0.2** ***pianola*** **0.3** ⟨vero.⟩ ***bioscoop*** ⇒*theatertje, filmhuis.*

nick·el·ous ['nɪkələs]⟨bn.⟩ **0.1** ***nikkelachtig*** ⇒*nikkel-* **0.2** ***van/met tweewaardig nikkel.***

'nick·el-'plate ⟨ov.ww.⟩ **0.1** ***vernikkelen.***

'nickel 'silver ⟨n.-telb.zn.⟩ **0.1** ***nikkelmessing*** ⇒*nikkelzilver.*

'nickel 'steel ⟨n.-telb.zn.⟩ **0.1** ***nikkelstaal.***

'nickel 'up ⟨onov.ww.⟩⟨AE; sl.⟩ **0.1** ***vijf cent bieden*** ⟨v. bedelaar, voor iets dat veel duurder is⟩.

nick·er ['nɪkə‖-ər]⟨telb.zn.; nicker;→mv. 4⟩⟨BE; sl.⟩ **0.1** ***pond*** ⟨£⟩.

nicknack →knickknack.

nick·name[1] ['nɪkneɪm]⟨f2⟩⟨telb.zn.⟩ **0.1** ***bijnaam*** **0.2** ***roepnaam.***

nickname[2] ⟨f1⟩⟨ov.ww.⟩ **0.1** ***een bijnaam geven (aan)*** **0.2** ***aanspreken met een bijnaam*** ◆ **¶.1** ~d *bijgenaamd.*

ni·col prism ['nɪkl ˌprɪzm]⟨telb.zn.⟩ **0.1** ***nicolprisma.***

ni·co·ti·an·a [nɪ'koʊʃi'ɑ:nə‖-'ænə]⟨n.-telb.zn.⟩ **0.1** ***nicotiana*** ⟨plantengeslacht⟩.

nic·o·tine ['nɪkəti:n, -'ti:n]⟨f1⟩⟨n.-telb.zn.⟩ **0.1** ***nicotine.***

'nicotine 'fit ⟨telb.zn.⟩⟨scherts.⟩ **0.1** ***aanval v. nicotinezucht*** ⇒*rookdrang.*

nic·o·tin·ic ['nɪkə'ti:nɪk, -'tɪnɪk]⟨bn.⟩ **0.1** ***nicotine(zuur) betreffende*** ⇒*nicotine-, niacine-* ◆ **1.1** ~ acid *nicotinezuur, niacine.*

nic·o·tin·ism ['nɪkəti:nɪzm]⟨n.-telb.zn.⟩ **0.1** ***nicotinevergiftiging.***

nic·o·to·nize ['nɪkəti:naɪz]⟨ov.ww.⟩ **0.1** ***met nicotine behandelen/verdoven.***

nic·ti·tate ['nɪktɪteɪt], **nic·tate** ['nɪkteɪt]⟨ov.ww.⟩ **0.1** ***knippen*** ⇒*knipperen* ◆ **1.1** ⟨dierk.⟩ nic(ti)tating membrane *derde ooglid.*

nic·ti·ta·tion ['nɪktɪ'teɪʃn]⟨n.-telb.zn.⟩ **0.1** ***knippering.***

nid·der·ing[1], **nid·er·ing** ['nɪdrɪŋ]⟨telb.zn.⟩⟨vero.⟩ **0.1** ***bloodaard*** ⇒*lafaard.*

niddering[2], **nidering** ⟨bn.⟩⟨vero.⟩ **0.1** ***blo(de)*** ⇒*laf.*

nid·dle-nod·dle[1] ['nɪdlnɒdl‖-'nɑdl]⟨bn.⟩ **0.1** ***waggelend*** ⇒*wankelend, wiebelend.*

niddle-noddle[2] ⟨onov.ww.⟩ **0.1** ***knikkebollen*** ⇒*(met het hoofd) waggelen/wiebelen.*

nide [naɪd]⟨telb.zn.⟩ **0.1** ***fazantenest.***

nid·i·fi·ca·tion ['nɪdɪfɪ'keɪʃn]⟨n.-telb.zn.⟩ **0.1** ***nestbouw.***

nid·i·fy ['nɪdɪfaɪ]⟨onov.ww.;→ww. 7⟩ **0.1** ***nestelen*** ⇒*een nest/nesten bouwen.*

nid-nod ['nɪdnɒd‖-nɑd]⟨onov.ww.;→ww. 7⟩ **0.1** ***knikkebollen.***

ni·dus ['naɪdəs]⟨telb.zn.; ook nidi ['naɪdaɪ];→mv. 5⟩ **0.1** ***nest*** ⇒⟨fig.⟩ *bakermat* **0.2** ***(infectie/besmettings)haard*** ⇒⟨fig.⟩ *broeinest.*

niece [ni:s]⟨f3⟩⟨telb.zn.⟩ **0.1** ***nicht*** ⇒*oom/tantezegster.*

ni·el·lo[1] [ni'eloʊ]⟨zn.; ook nielli [ni'elaɪ‖-li];→mv. 5⟩
I ⟨telb.zn.⟩ **0.1** ***niëllo(poeder)*** **0.2** ***niëllo-oppervlak*** ⇒*niëllowerk;*
II ⟨n.-telb.zn.⟩ **0.1** ***niëllokunst/techniek.***

niello[2] ⟨ov.ww.⟩ **0.1** ***met niëllowerk verfraaien.***

Nier·stein·er ['nɪəstaɪnə‖'nɪrstaɪnər]⟨telb. en n.-telb.zn.⟩ **0.1** ***Niersteiner(wijn).***

Nie·tzsche·an[1] ['ni:tʃɪən]⟨telb.zn.⟩ **0.1** ***Nietzscheaan.***

Nietzschean[2] ⟨bn.⟩ **0.1** ***Nietzscheaans.***

Nie·tzsche·an·ism ['ni:tʃɪənɪzm], **Nie·tzsche·ism** ['ni:tʃiɪzm]⟨n.-telb.zn.⟩ **0.1** ***Nietzscheanisme*** ⇒⟨i.h.b.⟩ *Übermensch-idee.*

niff [nɪf]⟨telb.zn.; geen mv.⟩⟨BE; inf.⟩ **0.1** ***lucht*** ⇒*stank.*

nif·fy ['nɪfi]⟨bn.⟩⟨BE; inf.⟩ **0.1** ***stinkend.***

nif·ty[1] ['nɪfti]⟨telb.zn.;→mv. 2⟩⟨sl.⟩ **0.1** ***geintje*** **0.2** ***handigheidje*** ⇒*nieuwigheidje, slimmigheidje* **0.3** ***geestigheid*** ⇒*geestige/rake opmerking.*

nifty[2] ⟨bn.⟩⟨sl.⟩ **0.1** ***jofel*** ⇒*tof, gis, snel, eindeloos, link* **0.2** ***handig*** ⇒*behendig* **0.3** ***sjiek*** ⇒*snel, hip, gek.*

Ni·ge·ri·an[1] [naɪ'dʒɪərɪən‖-'dʒɪr-]⟨f1⟩⟨telb.zn.⟩ **0.1** ***Nigeriaan.***

Nigerian[2] ⟨f1⟩⟨bn.⟩ **0.1** ***Nigeriaans*** ⇒*v./uit/mbt. Nigeria.*

nig·gard[1] ['nɪgəd‖-ərd]⟨telb.zn.⟩⟨pej.⟩ **0.1** ***vrek*** ⇒*krent(enweger).*

niggard[2], **nig·gard·ly** ['nɪgədli‖-gərd-]⟨f1⟩⟨bn.; niggardliness; →bijw. 3⟩⟨pej.⟩ **0.1** ***vrekkig*** ⇒*gierig, krenterig* **0.2** ***karig*** ⇒*schamel, schraal.*

nig·ger ['nɪgə‖-ər]⟨f2⟩⟨telb.zn.⟩ **0.1** ⟨bel.⟩ ***nikker*** ⇒*neger, zwartjoekel, zwarte* **0.2** ***gediscrimineerde*** ⇒*achtergestelde, kansarme, onderdrukte, lid v.e. minderheid* ◆ **1.¶** ⟨sl.⟩ a ~ in the woodpile/⟨AE⟩ fence *een adder onder het gras, een slang in het paradijs* **3.¶** work like a ~ *werken als een paard, zwoegen.*

niggerhead →negro-head.

'nigger heaven ⟨telb.zn.⟩⟨AE; sl.⟩ **0.1** ***engelenbak.***

'nig·ger·toe ⟨telb.zn.⟩⟨sl.⟩ **0.1** ***paranoot.***

nig·gle[1] ['nɪgl]⟨telb.zn.⟩ **0.1** ***(kleingeestige) aanmerking*** ⇒*(onbeduidende) klacht, kinderachtigheid.*

niggle[2] ⟨f1⟩⟨ww.⟩ →niggling
I ⟨onov.ww.⟩ **0.1** ***beuzelen*** ⇒*tutten, mieren* **0.2** ***muggeziften*** ⇒*vitten, kankeren* **0.3** ***doorzeuren*** ⇒*knagen, kwellen* ◆ **6.2** don't ~ **over** a few dollars *maak niet zo'n drukte over een paar dollar* **6.3** ~ **at** s.o.'s mind *iem. niet met rust/meer los laten;*
II ⟨ov.ww.⟩ **0.1** ***knagen aan*** ⇒*irriteren, dwarszitten, hinderen, ongerust maken* **0.2** ***vitten/kankeren op.***

nig·gling[1] ['nɪglɪŋ]⟨n.-telb.zn.; gerund v. niggle⟩ **0.1** ***gepietepeuter*** ⇒*gemier, gepruts.*

niggling[2] ⟨f1⟩⟨bn., attr.; oorspr. teg. deelw. v. niggle; -ly⟩ **0.1** ***kinderachtig*** ⇒*tuttig, pietluttig, kleingeestig* **0.2** ***knagend*** ⇒*hardnekkig, doorvretend* **0.3** ***pietepeuterig*** ⟨ook v. handschrift⟩ ⇒*bekrompen.*

nig·gra ['nɪgrə]⟨telb.zn.⟩⟨sl.; bel.⟩ **0.1** ***nikker*** ⇒*neger, zwartjoekel, zwarte.*

nigh[1] [naɪ]⟨bn.⟩⟨vero.; gew.⟩ **0.1** ***na(bij)*** **0.2** ***vrekkig*** ⇒*krenterig.*

nigh[2] ⟨f1⟩⟨bw.⟩⟨vero.; gew.⟩ **0.1** ***na(bij)*** ◆ **3.1** draw ~ *naken, naderbijkomen* **5.¶** well ~ *welhaast, bijkans, bijna.*

nigh[3] →near.

night [naɪt]⟨f4⟩⟨telb.zn.⟩⟨→sprw. 589⟩ **0.1** ***nacht*** ⇒*avond* ◆ **1.1** ~ and day *dag en nacht;* turn ~ into day *van de nacht een dag maken* **3.1** spend the ~ with *overnachten bij, slapen bij/met, naar bed gaan met;* stay the ~ *blijven logeren/slapen;* work ~s *'s nachts/'s avonds werken, nachtdienst hebben* **3.¶** ⟨inf.⟩ let's call it a ~ *laten we er (voor vanavond) een punt achter zetten;* make a ~ of it *nachtbraken, de hele nacht doorfeesten, een nachtje gaan stappen* **5.1** ~ **off** *vrije avond;* ~ **out** *avondje uit; vrije avond* **6.1** ~ **after** ~ *avond aan avond;* **at** ~ *'s nachts, 's avonds; bij invallende avond;* **before** ~ *voor de avond valt, voor (het) donker;* **by** ~ *'s nachts, 's avonds, bij avond, in het donker;* vanish **into** the ~ *verdwijnen in de nacht/het duister* **7.1** all ~ (long) *heel de avond/*

nacht; first ~ *première(-avond), eerste avond;* last ~ *gisteravond, vannacht, afgelopen nacht* **¶.¶** ⟨inf.; scherts.⟩ ~! *goeienacht!, truste!.*
'night·bell ⟨telb.zn.⟩ **0.1** ***nachtbel/schel*** ⟨bv. bij arts⟩.
'night·bird ⟨telb.zn.⟩ **0.1** ***nachtvogel*** **0.2** ***nachtbraker*** ⇒*nachtvogel.*
'night-blind ⟨bn.; -ness⟩ **0.1** ***nachtblind.***
'night·boat ⟨telb.zn.⟩ **0.1** ***nachtboot.***
'night·cap ⟨f1⟩ ⟨telb.zn.⟩ **0.1** ***nachtmuts*** ⇒*slaapmuts* **0.2** ***slaapmutsje.***
'night·chair, 'night stool ⟨telb.zn.⟩ **0.1** ***nachtstoel*** ⇒*stilletje.*
'night·clothes ⟨mv.⟩ **0.1** ***nachtgoed/kleding/kledij.***
'night·club ⟨f1⟩ ⟨telb.zn.⟩ **0.1** ***nachtclub.***
night commode →nightchair.
'night crawler ⟨telb.zn.⟩ ⟨AE⟩ **0.1** ***aard/aasworm.***
'night·dress, 'night·gown, ⟨inf.⟩ **night·ie, night·y** ['naɪṱi] ⟨f1⟩ ⟨telb.zn.; →mv. 2⟩ **0.1** ***nachthemd/(ja)pon*** ⇒*nachtgewaad.*
'night editor ⟨telb.zn.⟩ **0.1** ***nachtredacteur.***
night·ery ['naɪṱəri] ⟨telb.zn.; →mv. 2⟩ **0.1** ***nachtclub.***
'night·fall ⟨f1⟩ ⟨n.-telb.zn.⟩ **0.1** ***vallen v.d. avond*** ⇒*avondval.*
'night fighter ⟨telb.zn.⟩ ⟨lucht.⟩ **0.1** ***nachtjager.***
'night glass ⟨telb.zn.⟩ **0.1** ***nachtglas/kijker.***
nightgown →nightdress.
'night hag ⟨telb.zn.⟩ **0.1** ***nachtfeeks/heks/merrie.***
'night·hawk ⟨telb.zn.⟩ **0.1** →nightjar **0.2** ⟨dierk.⟩ ***Amerikaanse nachtzwaluw*** ⟨Chordeiles minor⟩ **0.3** ⟨inf.⟩ ***nachtbraker/mens/raaf.***
'night heron ⟨telb.zn.⟩ ⟨dierk.⟩ **0.1** ***kwak*** ⟨Nycticorax nycticorax⟩.
night·in·gale ['naɪṱɪŋgeɪl] ⟨f2⟩ ⟨telb.zn.⟩ **0.1** ***nachtegaal*** **0.2** ⟨sl.⟩ ***verklikker.***
'night·jar ⟨telb.zn.⟩ ⟨dierk.⟩ **0.1** ***nachtzwaluw*** ⟨fam. Caprimulgidae, i.h.b. Caprimulgus europaeus⟩.
'night latch ⟨telb.zn.⟩ **0.1** ***nachtslot.***
'night letter ⟨telb.zn.⟩ **0.1** ***nachttelegram.***
'night·life ⟨f1⟩ ⟨n.-telb.zn.⟩ **0.1** ***nachtleven.***
'night·light ⟨telb.zn.⟩ **0.1** ***nachtkaars/lamp(je)/licht(je).***
'night·line ⟨telb.zn.⟩ ⟨vis.⟩ **0.1** ***('s nachts gebruikte) zetlijn.***
'night·long[1] ⟨bn.⟩ **0.1** ***nachtelijk*** ⇒*een nacht lang, nacht-.*
'nightlong[2] ⟨bw.⟩ **0.1** ***nachtelijk*** ⇒*een nacht lang, 's nachts.*
night·ly[1] ['naɪtli] ⟨f1⟩ ⟨bn.⟩ **0.1** ***nachtelijk*** ⇒*avondlijk, avond/nacht-.*
nightly[2] ⟨f1⟩ ⟨bw.⟩ **0.1** ***'s nachts/avonds*** ⇒*nachtelijk, avondlijk, elke nacht/avond.*
night·man ['naɪtmən] ⟨telb.zn.; nightmen; →mv. 3⟩ **0.1** ***nachtwerker*** ⇒*beersteker, riool/sekreetruimer.*
'night·mare ⟨f3⟩ ⟨telb.zn.⟩ **0.1** ***nachtmerrie.***
night·mar·ish ['naɪtmeərɪʃ‖-merɪʃ] ⟨f1⟩ ⟨bn.; -ly; -ness⟩ **0.1** ***nachtmerrieachtig.***
'night-'night, night·y-night ['naɪṱi'naɪt] ⟨tussenw.⟩ ⟨inf.⟩ **0.1** ***truste*** ⇒*lekker slapies doen, welterusten.*
'night nurse ⟨telb.zn.⟩ **0.1** ***nachtzuster.***
'night owl ⟨telb.zn.⟩ **0.1** ***nachtuil*** ⇒⟨inf.⟩ *nachtbraker/mens.*
'night people ⟨verz.n.⟩ ⟨sl.⟩ **0.1** ***nachtmensen*** **0.2** ***non-conformisten.***
'night piece ⟨telb.zn.⟩ **0.1** ***nachtstuk/gezicht*** ⇒*(schilderij v.) avondlijk/nachtelijk landschap.*
'night porter ⟨telb.zn.⟩ **0.1** ***nachtportier.***
'night rail ⟨telb.zn.⟩ ⟨gesch.⟩ **0.1** ***nacht/ochtendjapon.***
'night·rid·er ⟨telb.zn.⟩ ⟨gesch.⟩ **0.1** ***nachtelijke terrorist*** ⇒*wraakcommando, terreurverspreider* ⟨vnl. in het zuiden v.d. U.S.A.⟩.
'night·robe ⟨telb.zn.⟩ **0.1** ***nachthemd*** ⇒*nacht(ja)pon, nachtgewaad.*
nights [naɪts] ⟨f1⟩ ⟨bw.⟩ ⟨vnl. AE⟩ **0.1** ***'s nachts.***
'night safe ⟨telb.zn.⟩ **0.1** ***nachtkluis.***
'night school ⟨f1⟩ ⟨telb. en n.-telb.zn.⟩ **0.1** ***avondschool.***
'night·shade ⟨telb.zn.⟩ ⟨plantk.⟩ **0.1** ***nachtschade*** ⟨genus Solanum⟩.
'night shift ⟨f1⟩ ⟨zn.⟩
I ⟨telb.zn.⟩ **0.1** ***nachtdienst*** **0.2** ***nachthemd;***
II ⟨verz.n.⟩ **0.1** ***nachtploeg.***
'night·shirt ⟨telb.zn.⟩ **0.1** ***nachthemd.***
'night·side ⟨telb.zn.⟩ **0.1** ***nachtzijde*** ⇒*achterkant v.d. maan/v.e. planeet* **0.2** ***donkere/verborgen/onbekende kant.***
'night·sight ⟨telb.zn.⟩ **0.1** ***nachtvizier.***
'night soil ⟨n.-telb.zn.⟩ ⟨euf.⟩ **0.1** ***sekreetmest*** ⇒*drek, beer.*
'night·spot ⟨telb.zn.⟩ ⟨inf.⟩ **0.1** ***nachtclub/tent.***
'night·stick ⟨telb.zn.⟩ ⟨AE⟩ **0.1** ***(politie)knuppel.***
night stool →nightchair.
'night table ⟨telb.zn.⟩ **0.1** ***nachtkastje/tafeltje.***
'night terror ⟨n.-telb.zn.⟩ **0.1** ***het plotseling wakker schrikken.***
'night·tide, 'night·time ⟨f2⟩ ⟨n.-telb.zn.⟩ **0.1** ***nacht(elijk uur).***
'night·town ⟨telb.zn.⟩ **0.1** ***nachtelijke stad*** ⇒*stad bij nacht.*
'night viewer ⟨telb.zn.⟩ **0.1** ***nachtkijker.***
'night·walk·er ⟨telb.zn.⟩ **0.1** ***nachtloper/zwerver*** **0.2** ⟨AE; gew.⟩ ***aard/aasworm.***
'night 'watch ⟨zn.⟩
I ⟨telb.zn.⟩ **0.1** ***nachtwake*** ◆ **6.1** **in** the ~es *in het nachtelijk uur, tijdens de bange/doorwaakte nacht;*
II ⟨telb., verz.n.⟩ **0.1** ***nachtwacht.***
'night 'watchman ⟨f1⟩ ⟨telb.zn.⟩ **0.1** ***nachtwaker.***
'night·work ⟨n.-telb.zn.⟩ **0.1** ***nachtwerk*** ⇒*avondwerk.*
nighty →nightdress.
nig·nog ['nɪgnɒg‖-nɑg] ⟨telb.zn.⟩ ⟨BE; sl.; pej.⟩ **0.1** ***nikker*** ⇒*neger.*
ni·gres·cence [naɪ'gresns] ⟨n.-telb.zn.⟩ **0.1** ***(ver)zwarting*** ⇒*verdonkering* **0.2** ***zwartheid*** ⇒*donkerte.*
ni·gres·cent [naɪ'gresnt] ⟨bn.⟩ **0.1** ***zwartig*** ⇒*tegen zwart aan, bijna zwart.*
nig·ri·tude ['nɪgrɪtju:d‖-tu:d] ⟨n.-telb.zn.⟩ **0.1** ***zwartheid.***
ni·hil·ism ['naɪɪlɪzm] ⟨f1⟩ ⟨n.-telb.zn.⟩ ⟨fil., gesch., pol.⟩ **0.1** ***nihilisme.***
ni·hil·ist ['naɪɪlɪst] ⟨f1⟩ ⟨telb.zn.⟩ ⟨fil., gesch., pol.⟩ **0.1** ***nihilist.***
ni·hil·is·tic ['naɪɪ'lɪstɪk] ⟨f1⟩ ⟨bn.⟩ ⟨fil., gesch., pol.⟩ **0.1** ***nihilistisch.***
ni·hil·i·ty [naɪ'hɪləṱi] ⟨n.-telb.zn.⟩ **0.1** ***niets.***
ni·hil ob·stat ['naɪɪl 'ɒbstæt‖-'ɑb-] ⟨telb.zn.; g. mv.⟩ ⟨R.-K.⟩ **0.1** ***nihil obstat*** ⟨ook fig.⟩.
-nik [nɪk] ⟨inf., meestal pej./scherts.⟩ **0.1** ⟨vormt persoonsaanduidend zn.⟩ ◆ **¶.1** beatnik *beatnik;* cinenik *cinefiel;* nogoodnik *nietsnut;* peacenik *vredesvoorstander.*
nil [nɪl] ⟨f1⟩ ⟨n.-telb.zn.⟩ **0.1** ***nihil*** ⇒*niets, nul* ◆ **¶.1** ⟨BE; sport⟩ three goals to ~, three-~, 3-0 *drie tegen nul, drie-nul, 3-0.*
nil·gai ['nɪlgaɪ] ⟨telb.zn.⟩ ⟨dierk.⟩ **0.1** ***nijlgau*** ⟨soort antilope; Boselaphus tragocamelus⟩.
nilly-willy →willy-nilly.
Ni·lot·ic [naɪ'lɒtɪk‖-'lɑṱɪk] ⟨bn.⟩ **0.1** ***de Nijl betreffende*** ⇒*Nijl-* **0.2** ***mbt. de (talen v.d.) Niloten.***
nim·ble ['nɪmbl] ⟨f1⟩ ⟨bn.; ook -er; -ly; -ness; →bijw. 3⟩ **0.1** ***behendig*** ⇒*vlug, wendbaar, vaardig, lichtvoetig* **0.2** ***alert*** ⇒*levendig, gevat, ad rem, spits.*
nim·bo·stra·tus ['nɪmboʊ'strɑ:təs‖-'streɪṱəs, -'stræṱəs] ⟨telb.zn.; ook nimbostrati [-taɪ]; →mv. 5⟩ ⟨meteo.⟩ **0.1** ***nimbostratus*** ⇒*dicht grijs wolkendek.*
nim·bus ['nɪmbəs] ⟨telb.zn.; ook nimbi [-baɪ]; →mv. 5⟩ **0.1** ***nimbus*** ⇒*stralenkroon, aura, aureool* **0.2** ⟨vero.; meteo.⟩ ***nimbus*** ⇒*regenwolk.*
nim·by ['nɪmbi] ⟨bn.⟩ ⟨afk.⟩ not in my back yard ⟨AE; inf.⟩ **0.1** ***niet in mijn achtertuin*** ⟨bv. doelend op kerncentrales⟩.
ni·mi·e·ty [nɪ'maɪəṱi] ⟨n.-telb.zn.⟩ ⟨schr.⟩ **0.1** ***overdaad.***
nim·i·ny-pim·i·ny ['nɪmɪni'pɪmɪni] ⟨bn.⟩ **0.1** ***gemaakt*** ⇒*geaffecteerd, tuttig, nuffig, precieus.*
Nim·rod ['nɪmrɒd‖-rɑd] ⟨eig.n., telb.zn.; ook n-⟩ **0.1** ***nimrod*** ⇒*Nimrod, (voortreffelijk) jager.*
nin·com·poop ['nɪŋkəmpu:p] ⟨f1⟩ ⟨telb.zn.⟩ **0.1** ***oelewapper*** ⇒*druiloor, uilskuiken, druif, malloot.*
nine [naɪn] ⟨f3⟩ ⟨telw.⟩ **0.1** ***negen*** ⟨ook voorwerp/groep ter waarde/grootte v. negen⟩ ⇒⟨i.h.b. AE; honkbal⟩ *negental, honkbalteam* ◆ **1.1** ~ children *negen kinderen* **3.1** ⟨sport⟩ formed a ~ *vormden een negental;* he made ~ *hij maakte er negen* **4.1** from ~ to five *van negen tot vijf, tijdens de kantooruren* **4.¶** ⟨BE⟩ 999 *nationaal alarmnummer;* ⟨Belgisch equivalent⟩ *de honderd* ⟨vroeger de negenhonderd⟩ **5.1** at ~ o'clock *om negen uur* **6.1** arranged **in** ~s *per negen gerangschikt* **6.¶** (up) **to** the ~s *tot in de puntjes;* he was dressed (up) **to** the ~s *hij was piekfijn gekleed* **7.1** the (sacred) Nine *de Muzen.*
'nine days' 'wonder ⟨telb.zn.⟩ **0.1** ***eendagsvlieg*** ⇒*modeverschijnsel, gril, kortstondige rage, iets waar het nieuwtje snel van af is.*
nine·fold ['naɪnfoʊld‖-'foʊld] ⟨bn.⟩ **0.1** ***negenvoudig/hoekig/zijdig.***
'nine·pin ⟨f1⟩ ⟨telb.zn.⟩ **0.1** ***kegel.***
'nine·pins ⟨n.-telb.zn.⟩ **0.1** ***kegelen*** ⇒*kegelspel.*
nine·teen ['naɪn'ti:n] ⟨f3⟩ ⟨telw.⟩ **0.1** ***negentien*** ⟨ook voorwerp/groep ter waarde/grootte v. 19⟩.
nine·teenth ['naɪn'ti:nθ] ⟨f2⟩ ⟨telw.⟩ **0.1** ***negentiende.***
nine·ti·eth ['naɪnṱiɪθ] ⟨f1⟩ ⟨telw.⟩ **0.1** ***negentigste.***
'nine-to-'five ⟨onov.ww.⟩ ⟨inf.⟩ **0.1** ***een vaste baan hebben.***
nine-to-fiv·er ['naɪntə'faɪvə‖'naɪnṱə'faɪvər], **nine-to-five** ⟨telb.zn.⟩ ⟨sl.⟩ **0.1** ***iem. met een vaste baan*** **0.2** ⟨pej., scherts.⟩ ***betrouwbaar persoon*** **0.3** ⟨inf.⟩ ***vaste baan.***
nine·ty ['naɪnṱi] ⟨f2⟩ ⟨telw.⟩ **0.1** ***negentig*** ◆ **2.1** the gay nineties *de vrolijke jaren (achttien)negentig* **6.1** he was **in** his nineties *hij was in de negentig;* temperatures **in** the nineties *temperaturen boven de negentig (graden).*
Ni·ne·vite ['nɪnəvaɪt] ⟨telb.zn.⟩ **0.1** ***inwoner v. Ninive*** ⇒*Ninivieter.*
nin·ja ['nɪndʒɑ:‖-dʒə] ⟨telb.zn.⟩ ⟨vechtsport⟩ **0.1** ***ninja*** ⇒*schaduwkrijger.*
nin·jut·su [nɪn'dʒʊtsʊ], **nin·jit·su** [nɪn'dʒɪtsʊ] ⟨n.-telb.zn.⟩ ⟨vechtsport⟩ **0.1** ***ninjutsu, ninjitsu*** ⟨Japanse krijgskunst v.d. ninja⟩.
nin·ny ['nɪni] ⟨f1⟩ ⟨telb.zn.; →mv. 2⟩ **0.1** ***imbeciel*** ⇒*sukkel, onnozele hals, sufferd.*

ni·non ['ni:nɒn‖'ni:nɔ̃]⟨n.-telb.zn.⟩ **0.1** ***dunne (kunst)zijden/nylon stof*** ⟨voor dameskleding⟩.
ninth [naɪnθ]⟨f2⟩⟨telw.; -ly⟩ **0.1** ***negende*** ⇒⟨muz.⟩ *none* ◆ **2.1** she is the ~ tallest of the class *ze is op acht na de grootste van de klas* ¶.**1** ~ly *ten negende, in/op de negende plaats*.
Ni·o·be·an [naɪ'oʊbɪən]⟨bn.⟩ **0.1** ***(zo)als Niobe*** ⇒*ontroostbaar*.
ni·o·bi·um [naɪ'oʊbɪəm]⟨n.-telb.zn.⟩⟨schei.⟩ **0.1** ***niobium*** ⟨element 41⟩.
nip[1] [nɪp]⟨f2⟩⟨telb.zn.; vnl. enk.⟩ **0.1** ***kneep*** ⇒*neep, het knijpen, beet* **0.2** ***steek*** ⇒*vinnigheid, scherpe opmerking* **0.3** ***kou*** ⇒*bijtende kou* **0.4** ***beschadiging v. planten door kou*** **0.5** ⟨AE⟩ ***pikante smaak*** **0.6** ***klein stukje*** ⇒*snippertje* **0.7** ⟨inf.⟩ ***slokje*** ⇒*borrel* ◆ **1.3** there was a ~ in the air *het was nogal fris(jes)* **1.¶** ⟨AE⟩ ~ and tuck *nek aan nek*.
nip[2] ⟨f2⟩⟨ww.; →ww. 7⟩ →nipping
I ⟨onov.ww.⟩ **0.1** ⟨BE; inf.⟩ ***wippen*** ⇒*snellen, vliegen, rennen* **0.2** ⟨inf.⟩ ***pimpelen*** ⇒*een slokje nemen* ◆ **5.1** ~ **in** *binnenwippen; naar links/rechts schieten;* I'll ~ **out** and get it *ik wip even naar buiten om het te halen;*
II ⟨ov.ww.⟩ **0.1** ***knijpen*** ⇒*nijpen, beknellen, klemmen, bijten* **0.2** ***bijten*** ⟨v. dier⟩ **0.3** ***in de groei stuiten*** ⇒*in de kiem smoren* **0.4** ***beschadigen*** ⟨v. kou⟩ **0.5** ***doen verkleumen*** **0.6** ⟨sl.⟩ ***grissen*** ⇒*gappen, achteroverdrukken* ◆ **1.3** ~ in the bud *in de kiem smoren* **5.1** ~ **in** *innemen* ⟨kleding⟩; ~ **off** *afknijpen, afhalen, dieven* ⟨zijscheuten⟩ **6.2** ~ **at** *happen naar*.
Nip[1] [nɪp]⟨telb.zn.⟩⟨sl.; pej.⟩ **0.1** ***Jap***.
Nip[2] ⟨bn.⟩⟨sl.; pej.⟩ **0.1** ***Japans***.
ni·pa ['ni:pə]⟨zn.⟩
I ⟨telb.zn.⟩⟨plantk.⟩ **0.1** ***nipa(palm)*** ⟨moeraspalm; Nipa fruticans⟩;
II ⟨n.-telb.zn.⟩ **0.1** ***palmwijn*** ⟨v.d. nipapalm⟩.
nip·per ['nɪpə‖-ər]⟨f1⟩⟨zn.⟩
I ⟨telb.zn.⟩ **0.1** ***nijper*** **0.2** ⟨inf.⟩ ***pimpelaar*** **0.3** ⟨AE; dierk.⟩ ***lipvis*** ⟨fam. Labridae⟩ **0.4** ⟨BE; sl.⟩ ***koter*** ⇒*peuter, jochie, meisje* **0.5** ***snijtand v. paard*** **0.6** ***schaar*** ⟨v. kreeft⟩;
II ⟨mv.; ~s⟩ **0.1** ***tang*** ⇒*forceps, nijptang, buigtang* **0.2** ⟨sl.⟩ ***armbandjes*** ⇒*handboeien*.
nip·ping ['nɪpɪŋ]⟨bn., attr.; teg. deelw. v. nip⟩ **0.1** ***bijtend*** ⇒*vinnig, scherp, sarcastisch*.
nip·ple ['nɪpl]⟨f1⟩⟨telb.zn.⟩ **0.1** ***tepel*** ⇒*speen, tiet* **0.2** ***speen*** ⟨v. zuigfles⟩ **0.3** ***uitsteeksel*** ⇒*verhoging, heuveltje* **0.4** ⟨gesch.⟩ ***uitsteeksel v.h. geweerslot waarop het slaghoedje geplaatst werd*** **0.5** ***smeernippel*** **0.6** ⟨AE⟩ ***nippel*** ⇒*paspijp*.
nip·ple·wort ['nɪplwɜ:t‖-wɜrt]⟨n.-telb.zn.⟩⟨plantk.⟩ **0.1** ***akkerkool*** ⟨Lapsana communis⟩.
Nip·pon ['nɪpɒn‖'nɪpɑn]⟨eig.n.⟩ **0.1** ***Nippon*** ⇒*Japan*.
Nip·pon·i·an[1] [nɪ'poʊnɪən]⟨telb.zn.⟩ **0.1** ***Japanner***.
Nipponian[2], **Nip·pon·ese** ['nɪpə'ni:z]⟨bn.⟩ **0.1** ***Japans***.
nip·py ['nɪpi]⟨f1⟩⟨bn.; -er; -ly; -ness; →bijw. 3⟩ **0.1** ⟨BE; inf.⟩ ***vlug*** ⇒*snel, rap* **0.2** ***fris(jes)*** ⟨v. kou⟩ ⇒*beetje koud* ◆ **3.1** look ~! *schiet op!, vlug wat!*.
nir·va·na [nɪə'vɑ:nə, nɜ:-‖nɪr-, nɜr-]⟨zn.⟩
I ⟨eig.n.; vnl. N-⟩ **0.1** ***nirvana;***
II ⟨telb. en n.-telb.zn.; ook N-⟩ **0.1** ***gelukzaligheid*** ⇒*hemel*.
Ni·sei [ni:'seɪ]⟨telb.zn.; ook Nisei; →mv. 4⟩ **0.1** ***Japanner v.d. tweede generatie in U.S.A.***.
ni·si ['naɪsaɪ]⟨bn., post.⟩⟨jur.⟩ **0.1** ***nisi*** ⇒*tenzij, onder/met opschortende voorwaarde* ◆ **1.1** decree ~ *voorlopig vonnis v. echtscheiding*.
ni·si pri·us ['naɪsaɪ 'praɪəs]⟨telb.zn.⟩⟨jur.⟩ **0.1** ***behandeling v.e. civiele zaak door het Crown Court*** ⟨gerechtshof voor strafzaken⟩ ***door het Hof v. Assizen*** ⟨gesch.⟩.
Nis·sen hut ['nɪsn hʌt]⟨telb.zn.⟩ **0.1** ***Nissenhut*** ⟨tunnelvormige barak v. gegolfd plaatijzer met een vloer van cement⟩.
nit [nɪt]⟨f1⟩⟨telb.zn.⟩ **0.1** ***neet*** ⇒*luizeëi* **0.2** ⟨inf.⟩ ***imbeciel*** ⇒*idioot, stommeling, uilskuiken* **0.3** ⟨sl.⟩ ***nul (komma nul)*** ⇒*niets*.
ni·te·ry ['naɪţəri]⟨telb.zn.⟩⟨sl.⟩ **0.1** ***nachtclub***.
nit·pick ['nɪtpɪk]⟨onov.ww.⟩⟨inf.⟩ →nitpicking **0.1** ***muggeziften*** ⇒*vitten*.
nit-pick·er ['nɪtpɪkə‖-ər]⟨telb.zn.⟩⟨sl.⟩ **0.1** ***muggezifter*** ⇒*kommaneuker* **0.2** ***betweter***.
nit·pick·ing[1] ['nɪtpɪkɪŋ]⟨n.-telb.zn.; gerund v. nitpick⟩⟨inf.⟩ **0.1** ***muggezifterij*** ⇒*vitterij, haarkloverij*.
nitpicking[2] ⟨bn.; teg. deelw. v. nitpick⟩⟨inf.⟩ **0.1** ***muggezifterig*** ⇒*vitterig*.
ni·trate[1] ['naɪtreɪt, -trət]⟨f1⟩⟨telb. en n.-telb.zn.⟩⟨schei.⟩ **0.1** ***nitraat*** **0.2** ***nitraatmeststof*** ⟨kalium- of natriumnitraat⟩ ◆ **1.1** ~ of lime *kalksalpeter*.
nitrate[2] ⟨ov.ww.⟩⟨schei.⟩ **0.1** ***nitreren*** ⇒*behandelen met salpeterzuur*.
ni·tre, ⟨AE sp.⟩ **ni·ter** ['naɪtə‖'naɪţər]⟨n.-telb.zn.⟩⟨schei.⟩ **0.1** ***salpeter*** ⇒*kalisalpeter, kaliumnitraat, salpeterzure potas*.
ni·tric ['naɪtrɪk]⟨bn., attr.⟩⟨schei.⟩ **0.1** ***salpeter-*** ◆ **1.1** ~ acid *salpeterzuur, sterk water;* ~ oxide *stikstofmonoxide*.
ni·tride ['naɪtraɪd]⟨telb.zn.⟩⟨schei.⟩ **0.1** ***nitride***.
ni·tri·fi·ca·tion ['naɪtrɪfɪ'keɪʃn]⟨n.-telb.zn.⟩⟨schei.⟩ **0.1** ***nitrificatie*** ⇒*salpetervorming*.
ni·tri·fy ['naɪtrɪfaɪ]⟨ov.ww.; →ww. 7⟩⟨schei.⟩ **0.1** ***nitrificeren*** ⇒*met stikstof behandelen, tot salpeter vormen*.
ni·trile ['naɪtraɪl, -trɪl]⟨telb. en n.-telb.zn.⟩⟨schei.⟩ **0.1** ***nitril*** ⇒*cyanide*.
ni·trite ['naɪtraɪt]⟨telb. en n.-telb.zn.⟩⟨schei.⟩ **0.1** ***nitriet***.
ni·tro ['naɪtroʊ]⟨n.-telb.zn.⟩⟨verk.⟩ nitroglycerin ⟨inf.⟩ **0.1** ***nitroglycerine***.
ni·tro- ['naɪtroʊ]⟨schei.⟩ **0.1** ***nitro-***.
ni·tro·ben·zene [-'benzi:n]⟨n.-telb.zn.⟩⟨schei.⟩ **0.1** ***nitrobenzeen***.
ni·tro·cel·lu·lose [-'seljʊloʊs‖-'seljə-]⟨n.-telb.zn.⟩⟨schei.⟩ **0.1** ***nitrocellulose*** ⇒*schietkatoen*.
ni·tro·chalk ['naɪtrətʃɔ:k]⟨n.-telb.zn.⟩⟨BE; schei.⟩ **0.1** ***kalkammonsalpeter*** ⟨kunstmest⟩.
'ni·tro·com·pound ⟨telb.zn.⟩⟨schei.⟩ **0.1** ***nitroverbinding***.
'ni·tro·ex'plo·sive ⟨telb.zn.⟩ **0.1** ***springstof vervaardigd met salpeterzuur***.
ni·tro·gen ['naɪtrədʒən]⟨f1⟩⟨n.-telb.zn.⟩⟨schei.⟩ **0.1** ***stikstof*** ⇒*nitrogenium* ⟨element 7⟩.
'nitrogen cycle ⟨n.-telb.zn.; the⟩ **0.1** ***stikstofkringloop***.
'nitrogen fi'xation ⟨n.-telb.zn.⟩ **0.1** ***stikstofbinding***.
ni·trog·e·nous [naɪ'trɒdʒɪnəs‖-'trɑ-]⟨bn.⟩ **0.1** ***stikstofhoudend***.
ni·tro·glyc·er·in(e) ['naɪtroʊ'glɪsərɪn, -ri:n]⟨n.-telb.zn.⟩⟨schei.⟩ **0.1** ***nitroglycerine*** ⇒*nitroglycerol*.
'nitro group ⟨telb.zn.⟩⟨schei.⟩ **0.1** ***nitrogroep***.
ni·tro·lime ['naɪtrəlaɪm]⟨n.-telb.zn.⟩⟨schei.⟩ **0.1** ***kalkstikstof*** ⟨calciumcyaanamide, gebruikt als kunstmest⟩.
'ni·tro·pow·der ['naɪtroʊpaʊdə‖-ər]⟨n.-telb.zn.⟩ **0.1** ***springstof vervaardigd uit salpeterzuur***.
ni·trous ['naɪtrəs]⟨bn.⟩⟨schei.⟩ **0.1** ***salpeterachtig*** ◆ **1.1** ~ acid *salpeterigzuur;* ~ oxide *lachgas*.
nit·ty-grit·ty ['nɪţi'grɪţi]⟨n.-telb.zn.; the⟩ **0.1** ***kern*** ⇒*essentie* ◆ **3.1** let's get down to the ~ *laten we nu de harde feiten eens bekijken*.
nit·wit ['nɪtwɪt]⟨f1⟩⟨telb.zn.⟩⟨inf.⟩ **0.1** ***imbeciel*** ⇒*idioot, stommeling, uilskuiken*.
'nit'wit·ted ⟨bn.⟩⟨inf.⟩ **0.1** ***imbeciel*** ⇒*idioot, stom, leeghoofdig*.
nix[1] [nɪks]⟨zn.⟩
I ⟨telb.zn.⟩ **0.1** ***nix*** ⇒*nikker* ⟨watergeest in de Germaanse mythologie⟩;
II ⟨n.-telb.zn.⟩⟨sl.⟩ **0.1** ***niks*** ⇒*niets, noppes*.
nix[2] ⟨ww.⟩
I ⟨onov.ww.⟩ →nix out;
II ⟨ov.ww.⟩⟨AE; sl.⟩ **0.1** ***een streep halen door*** ⇒*een veto uitspreken over, nee zeggen tegen*.
nix[3] ⟨bw.⟩⟨AE; sl.⟩ **0.1** ***nee***.
nix[4] ⟨tussenw.⟩⟨BE⟩ **0.1** ***pas op!***.
nix·ie, ⟨in bet. 0.2 ook⟩ **nix·y** ['nɪksi]⟨telb.zn.; →mv. 2⟩ **0.1** ***nixe*** ⇒*nikker* ⟨vr. watergeest in de Germaanse mythologie⟩ **0.2** ⟨AE; sl.⟩ ***onbestelbaar poststuk***.
'nix 'out ⟨onov.ww.⟩⟨sl.⟩ **0.1** ***'m smeren*** ⇒*er vandoor gaan, zijn biezen pakken*.
ni·zam [naɪ'zæm‖nɪ'zæm]⟨telb.zn.; nizam; →mv. 4⟩ **0.1** ***Turks soldaat***.
Ni·zam ⟨telb.zn.⟩⟨gesch.⟩ **0.1** ***Nizam*** ⟨vorst v. Hyderabad, India⟩.
NJ ⟨afk.⟩ New Jersey.
NL ⟨afk.⟩ **0.1** ⟨New Latin⟩ **0.2** ⟨north latidude⟩ ***N.Br.***.
NLC ⟨afk.⟩ National Liberal Club.
NLP ⟨afk.⟩ Natural Language Processing ⟨taalk.⟩.
NLQ ⟨afk.⟩ Near Letter Quality.
NLRB ⟨afk.⟩ National Labor Relations Board.
nm ⟨afk.⟩ nautical mile, nuclear magneton.
NM, N Mex ⟨afk.⟩ New Mexico.
NNE ⟨afk.⟩ north-northeast **0.1** ***N.N.O.***.
NNW ⟨afk.⟩ north-northwest **0.1** ***N.N.W.***.
no[1] [noʊ]⟨f1⟩⟨telb.zn.; -es; →mv. 2⟩ **0.1** ***neen*** ⇒*ontkenning, weigering* **0.2** ***negatieve stem*** ⇒*neen-stemmer* ◆ **2.1** my ~ is definite *mijn neen blijft neen* **3.2** the ~es had it *de tegenstemmers waren in de meerderheid;* I won't take ~ for an answer *ik accepteer geen neen, je kunt niet weigeren;* twelve yesses to one ~ *twaalf voor tegen een tegen*.
no[2], **noh** [noʊ]⟨telb.zn.; no, noh; →mv. 4; vaak N-⟩ **0.1** ***Nô*** ⟨Japans klassiek toneel(spel)⟩.
no[3] ⟨f4⟩⟨bw.⟩ **0.1** ***nee(n)*** **0.2** ⟨in sommige uitdrukkingen en alg. in Sch. E⟩ ***niet*** ⇒*geenszins, in geen enkel opzicht* ◆ **2.1** she is pretty, ~ a beautiful lady *ze is een aantrekkelijke, neen zelfs een*

mooie dame **2.2** her cooking is ~ better than yours *zij kookt niet beter dan jij;* this course is ~ different from that one *deze cursus verschilt in niets van die;* ~ mean thing *geen kleinigheid;* ~ small victory *een grote overwinning;* he told her in ~ uncertain terms *hij zei het haar in duidelijke bewoordingen* **3.2** ⟨Sch. E⟩ he did ~ like to come *hij kwam niet graag* **5.1** none will escape, ~ not one *niemand zal ontsnappen, neen, geen enkele* **8.2** tell me whether or ~ you are coming *zeg me of je komt of niet* **9.1** oh ~! *'t is niet waar!;* oh ~, not again! *ach, toch niet weer/opnieuw!* **¶.1** did you tell her? ~ I didn't *heb je het haar gezegd? neen;* ~ he didn't finish it *neen, hij heeft het niet afgemaakt;* ~! *neen toch!;* ~, that's impossible! *neen, dat kan toch niet!;* ⟨inf.⟩ ~ can do *(ik) kan 't niet* **¶.2** ⟨iron.⟩ she came herself, ~ less *ze kwam in hoogsteigen persoon;* the mayor himself, ~ less *niemand minder dan de burgemeester (zelf).*

no[4] ⟨f4⟩ ⟨onb.det.; →onbepaald woord⟩ **0.1** ***geen*** ⇒*geen enkele, helemaal geen* **0.2** ***haast geen*** ⇒*bijna geen, heel weinig, een minimum van* ◆ **1.1** that was ~ holiday but a nightmare *dat was helemaal geen vakantie maar een nachtmerrie;* I'm ~ philosopher *ik ben geen filosoof* **1.2** it's ~ distance to the next town *de volgende stad is vlakbij;* in ~ time *in een (mini)mum van tijd* **3.1** there's ~ escaping *er is geen ontsnappen mogelijk;* there was ~ talking sense with her *je kon er niet mee praten* **4.1** →no-one; ~ two were alike *er waren geen twee dezelfde* **7.1** ~ one man could do that *er is geen mens die dat in z'n eentje zou kunnen* **8.1** king or ~ king *koning of geen koning.*

no[5], **No** ⟨afk.⟩ number **0.1** ***nr.*** ⟨nummer⟩.

no[6] ⟨afk.⟩ not out ⟨cricket⟩.

No ⟨afk.⟩ north, northern **0.1** ***N.*** ⟨noord⟩.

NOAA ⟨afk.⟩ National Oceanic and Atmospheric Administration (of the United States).

'no-account[1] ⟨telb.zn.⟩ ⟨AE; gew.; inf.⟩ **0.1** ***vent van niets*** ⇒*nietsdoener, nietsnut(ter), onnut.*

no-account[2] ⟨bn., attr.⟩ ⟨AE; gew.; inf.⟩ **0.1** ***waardeloos*** ⇒*van niets, prullerig, onnut, nietsdoend.*

No·a·chi·an [noʊ'eɪkɪən], **No·ach·ic** [-'ækɪk‖-'eɪkɪk] ⟨bn., attr.⟩ **0.1** ***van (de tijd van) Noach/Noe*** **0.2** ***uit de arke Noachs*** ⇒*ouderwets, verouderd.*

No·ah's ark ['noʊəz 'ɑ:k‖-'ɑrk] ⟨zn.⟩
I ⟨telb.zn.⟩ **0.1** ***ark*** ⟨kinderspeelgoed⟩ **0.2** ***grote/ouderwetse/moeilijk te hanteren koffer*** **0.3** ***groot/ouderwets/moeilijk te manoeuvreren voertuig*** ⇒*schuit* **0.4** ⟨dierk.⟩ ***(soort) arkschelp*** ⇒*ark v. Noach* ⟨Arca noae⟩;
II ⟨n.-telb.zn.⟩ ⟨bijb.⟩ **0.1** ***Ark v. Noach/Noe*** ⇒*Arke Noachs/Noe's* ⟨Gen. 5-9⟩.

nob [nɒb‖nɑb] ⟨f1⟩ ⟨telb.zn.⟩ ⟨sl.⟩ **0.1** ***knikker*** ⟨hoofd⟩ ⇒*kop, kanis* **0.2** ***hoge ome/piet*** ◆ **4.1** ⟨kaartspel; cribbage⟩ his ~ ⟨ong.⟩ *troefboer.*

'no-'ball[1] ⟨telb.zn.⟩ ⟨cricket⟩ **0.1** ***no ball*** ⇒*tegen de regels gebowlde bal* **0.2** ***no ball*** ⟨uitroep v. scheidsrechter dat de aangooi niet reglementair is⟩.

no-ball[2] ⟨ov.ww.⟩ ⟨ong.⟩ **0.1** ***een no-ball geven*** ⇒*verklaren dat een bal tegen de regels gebowld is* ⟨persoon, bowler⟩.

nob·ble ['nɒbl‖'nɑbl] ⟨ov.ww.⟩ ⟨BE; sl.⟩ **0.1** ⟨sport⟩ ***uitschakelen*** ⟨paard, hond; i.h.b. door doping⟩ ⇒*dopen, doping toedienen (aan)* **0.2** ***omkopen*** **0.3** ***aanschieten*** ⇒*bedotten* ⟨persoon⟩ **0.4** ***gappen*** ⇒*kapen, jatten* ⟨geld⟩ **0.5** ***vangen*** ⇒*grijpen, inrekenen* ⟨misdadiger⟩.

nob·bler ['nɒblə‖'nɑblər] ⟨telb.zn.⟩ ⟨BE; sl.⟩ **0.1** ⟨sport⟩ ***iem. die doping toedient*** ⟨aan paard, hond⟩ **0.2** ***omkoper*** ⇒*bedotter* **0.3** ***gapper*** ⇒*jatter* **0.4** ***iem. die inrekent*** ⟨misdadiger⟩.

nob·by ['nɒbi‖'nɑbi] ⟨bn.⟩ ⟨sl.⟩ **0.1** ***chic*** ⇒*(piek)fijn, tiptop.*

no·bel·i·um [noʊ'bi:lɪəm‖-'be-] ⟨n.-telb.zn.⟩ ⟨schei.⟩ **0.1** ***nobelium*** ⟨element 102⟩.

No·bel Prize ['noʊbel 'praɪz] ⟨f1⟩ ⟨telb.zn.⟩ **0.1** ***Nobelprijs*** ◆ **6.1** the ~ **in** (the field of) medicine *de Nobelprijs voor geneeskunde.*

no·bil·i·ary [noʊ'bɪlɪəri] ⟨bn., attr.⟩ **0.1** ***adellijk*** ⇒*adel-, van adel* ◆ **1.1** ~ particle *voorzetsel in adellijke familienaam* ⟨als von in het Duits⟩.

no·bil·i·ty [noʊ'bɪləṭi] ⟨f2⟩ ⟨n.-telb.zn.⟩ **0.1** ⟨the⟩ ***adel*** ⇒*adelstand* **0.2** ***adellijkheid*** ⇒*adeldom* **0.3** ***edelheid*** ⇒*adel, verhevenheid, voortreffelijkheid* ◆ **3.1** marry into the ~ *met iem. van adel trouwen* **6.3 with** ~ *uit edelmoedigheid.*

no·ble[1] ['noʊbl] ⟨f1⟩ ⟨telb.zn.⟩ **0.1** ***edele*** ⇒*edelman/edelvrouw* **0.2** ⟨gesch.⟩ ***nobel*** ⇒*rozenobel* ⟨Engelse gouden munt⟩.

noble[2] ⟨f3⟩ ⟨bn.; -er; -ness; →compar. 7⟩
I ⟨bn.⟩ **0.1** ***adellijk*** ⇒*van adel* **0.2** ***edel*** ⇒*edelaardig* **0.3** ***prachtig*** ⇒*groots, statig, indrukwekkend, imposant, bewonderenswaardig* ◆ **1.2** ~ savage *edele wilde* **1.¶** the ~ art/science *de bokssport;*
II ⟨bn., attr.⟩ ⟨schei.⟩ **0.1** ***edel*** ⇒*inert, indifferent* ◆ **1.1** ~ gas *edelgas, inert/indifferent gas;* ~ metal *edel metaal.*

no·ble·man ['noʊblmən] ⟨f1⟩ ⟨telb.zn.; noblemen [-mən]; →mv. 3⟩ **0.1** ***edelman*** ⇒*pair* ⟨lid v.d. Eng. adel⟩; *edelman die zitting heeft in het Eng. Hogerhuis.*

'noble-'mind·ed ⟨telb.zn.; -ly; -ness⟩ **0.1** ***grootmoedig*** ⇒*met nobele inborst* **0.2** ***edelmoedig*** ⇒*onzelfzuchtig, gul.*

no·blesse [noʊ'bles] ⟨n.-telb.zn.⟩ ⟨→sprw. 496⟩ **0.1** ***adel*** ⇒*adelstand* **0.2** ***adellijkheid*** ⇒*adeldom* ◆ **3.1** ~ oblige *noblesse oblige, adeldom schept verplichtingen.*

'no·ble·wom·an ⟨telb.zn.; noblewomen; →mv. 3⟩ **0.1** ***edelvrouw*** ⇒*dame van adel.*

no·bly ['noʊbli] ⟨f2⟩ ⟨bw.⟩ **0.1** →noble **0.2** ***op grootmoedige/onzelfzuchtige/edelmoedige wijze*** **0.3** ***adellijk*** ⇒*met een adellijke titel* ◆ **3.3** ~ born *van adel, van adellijke geboorte/afkomst.*

no·bod·y[1] ['noʊbədi‖-bɑdi, -bədi] ⟨f2⟩ ⟨telb.zn.; →mv. 2⟩ **0.1** ***onbelangrijk persoon*** ⇒*nul, niemendal* ◆ **2.1** she's a mere ~ *zij is van geen belang/niemendal.*

nobody[2] ⟨f3⟩ ⟨onb.vnw.; →onbepaald woord⟩ **0.1** ***niemand*** ◆ **1.¶** ⟨inf.⟩ he's ~'s socialist *hij is een socialistisch buitenbeentje, hij is een eigensoortig/zinnig socialist* **3.1** I hurt ~ *ik heb niemand pijn gedaan.*

nock[1] [nɒk‖nɑk] ⟨telb.zn.⟩ ⟨handboogschieten⟩ **0.1** ***keep*** ⟨in een boog/pijl⟩ ⇒*nok, hieltje, bekje.*

nock[2] ⟨ov.ww.⟩ ⟨handboogschieten⟩ **0.1** ***kepen*** ⇒*inkepen, een keep maken in* ⟨pijl, boog⟩ **0.2** ***op de boog zetten*** ⟨pijl⟩.

no-'claim bonus, no-'claims bonus ⟨telb.zn.⟩ **0.1** ***no-claim korting.***

no-'confidence motion ⟨telb.zn.⟩ **0.1** ***motie v. wantrouwen.***

noc·tam·bu·lant [nɒk'tæmbjʊlənt‖nɑk'tæmbjə-] ⟨bn.⟩ **0.1** ***slaapwandelend*** ⇒*die slaapwandelt, slaapwandel-.*

noc·tam·bu·lism [nɒk'tæmbjʊlɪzm‖nɑk'tæmbjə-] ⟨n.-telb.zn.⟩ **0.1** ***het slaapwandelen*** ⇒*noctambulisme, somnambulisme.*

noc·tam·bu·list [nɒk'tæmbjʊlɪst‖nɑk'tæmbjə-] ⟨telb.zn.⟩ **0.1** ***slaapwandelaar(ster)*** ⇒*noctambule, somnambule.*

noct(i)- ['nɒkt(i)‖'nɑkt(i)] **0.1** ***noct(i)*** ⇒*nacht-* ◆ **¶.1** nocturnal *nachtelijk.*

noc·ti·flo·rous ['nɒktɪ'flɔ:rəs‖'nɑk-] ⟨bn.⟩ ⟨plantk.⟩ **0.1** ***'s nachts bloeiend.***

noc·ti·va·gant [nɒk'tɪvəgənt‖'nɑk-], **noc·ti·va·gous** [-gəs] ⟨bn.⟩ **0.1** ***'s nachts rondzwervend.***

noc·tu·id ['nɒktjʊɪd‖'nɑk-] ⟨telb.zn.⟩ ⟨dierk.⟩ **0.1** ***uil(tje)*** ⇒*nachtuil* ⟨nachtvlinder; fam. Noctuidae⟩.

noc·tule ['nɒktju:l‖'nɑktʃu:l] ⟨telb.zn.⟩ ⟨dierk.⟩ **0.1** ***rosse vleermuis*** ⟨genus Nyctalus⟩.

noc·turn ['nɒktɜ:n‖'nɑktɜrn] ⟨telb.zn.⟩ ⟨R.-K.⟩ **0.1** ***nocturne*** ⟨hoofdbestanddeel der metten⟩.

noc·tur·nal [nɒk'tɜ:nl‖nɑk'tɜrnl] ⟨bn.; -ly⟩ **0.1** ***nachtelijk*** ⇒*nacht-* ⟨ook biol.⟩ ◆ **1.1** ~ emission *pollutie* ⟨onwillekeurige zaadlozing in de slaap⟩.

noc·turne ['nɒktɜ:n‖'nɑktɜrn] ⟨telb.zn.⟩ **0.1** ⟨muz.⟩ ***nocturne*** **0.2** ⟨schilderkunst⟩ ***nachtstuk*** ⇒*nachttafereel.*

noc·u·ous ['nɒkjʊəs‖'nɑk-] ⟨bn.; -ly⟩ **0.1** ***schadelijk*** ⇒*verderfelijk.*

nod[1] [nɒd‖nɑd] ⟨f2⟩ ⟨zn.⟩ ⟨→sprw. 508, 509⟩
I ⟨telb.zn.⟩ **0.1** ***knik(je)*** ⇒*wenk(je)* **0.2** ⟨AE; sl.⟩ ***roes*** ⟨v. drugs⟩ ◆ **3.1** ⟨inf.⟩ get the ~ *uitverkoren worden, toestemming krijgen, goedgekeurd worden;* give (s.o.) a ~ *(iem. toe)knikken;* ⟨inf.⟩ give the ~ *uitkiezen, toestemming geven, goedkeuren* **3.¶** ⟨AE; sl.⟩ collar a ~ *een dutje/tukje doen;* ⟨sl.⟩ dig (o.s.) a ~ *een potje pitten* **6.1** be **at** s.o.'s ~/be dependent **on** s.o.'s ~ *in iemands macht zijn, geheel v. iem. afhangen* **6.2** go **on** a ~ *in een roes/bedwelmd/suf raken, buiten westen raken* **6.¶** ⟨inf.⟩ **on** the ~ *op de pof, op krediet; zonder discussie/formele stemming;*
II ⟨n.-telb.zn.⟩ **0.1** ***het knikken*** ⇒*het wenken.*

nod[2] ⟨f3⟩ ⟨ww.; →ww. 7⟩ →nodding ⟨→sprw. 148⟩
I ⟨onov.ww.⟩ **0.1** ***knikken*** ⟨als groet, bevel⟩ ⇒*ja knikken* ⟨als goedkeuring⟩ **0.2** ***knikkebollen*** ⇒*indutten, in slaap vallen* **0.3** ***suffen*** ⇒*niet opletten, een fout(je) maken* **0.4** ***overhangen*** ⇒*overhellen* ⟨gebouw⟩, *het kopje laten hangen* ⟨bloem, plant⟩ **0.5** ***dansen*** ⇒*wippen* ⟨veren⟩ **0.6** ⟨AE; sl.⟩ ***in een roes/bedwelmd/suf zijn*** ⟨door drugs⟩ ⇒*buiten westen zijn* ◆ **5.2** ⟨inf.⟩ ~ **off** *in slaap vallen, indutten;*
II ⟨ov.ww.⟩ **0.1** ***knikken met*** ⟨hoofd⟩ **0.2** ***door knikken/wenken te kennen geven*** ⟨goedkeuring, groet, toestemming⟩ **0.3** ***wenken*** ◆ **1.2** ~ approval *ten teken van goedkeuring knikken, goedkeurend knikken;* ~ a greeting *goedendag knikken* **5.3** ~ s.o. **out** *iem. beduiden/wenken weg te gaan* **6.3** ~ s.o. **into** a place *iem. naar binnen wenken.*

nod·al ['noʊdl] ⟨bn., attr.⟩ ⟨wisk.⟩ **0.1** ***knoop-.***

nod·ding ['nɒdɪŋ‖'nɑ-] ⟨bn., attr.; teg. deelw. v. nod⟩ **0.1** ***afhangend*** **0.2** ***oppervlakkig*** ◆ **1.2** have a ~ acquaintance with s.o./sth. *iem./iets oppervlakkig kennen.*

nod·dle[1] ['nɒdl‖'nɑdl] ⟨telb.zn.⟩ ⟨inf.; vaak scherts.⟩ **0.1** ***knikker*** ⇒*kop, hersenpan.*

noddle[2] ⟨onov. en ov.ww.⟩ **0.1** ***herhaaldelijk knikken*** ⇒*schudden* ⟨hoofd⟩.

nod·dy ['nɒdi‖'nɑdi]⟨telb.zn.; →mv. 2⟩ **0.1** ***sul*** ⇒*simpele geest, sukkel* **0.2** ⟨dierk.⟩ ***noddy*** ⟨genus Anous, tropische stern⟩.

node [noʊd]⟨f1⟩⟨telb.zn.⟩ **0.1** ***knoest*** ⇒*knobbel* **0.2** ⟨med.⟩ ***jichtknobbel*** ⇒*gezwel* **0.3** ⟨plantk., ster., nat., wisk., taalk.⟩ ***knoop*** ⇒*knooppunt*.

no·dose ['noʊdoʊs], **nod·u·lar** ['nɒdjʊlə‖'nɑdʒələr], **nod·u·lat·ed** ['nɒdjʊleɪtɪd‖'nɑdʒəleɪṭɪd]⟨bn.⟩ **0.1** ***knoestig*** ⇒*knobbelig, met knoesten/knobbels*.

no·dos·i·ty [noʊ'dɒsəti‖-'dɑsəṭi]⟨n.-telb.zn.⟩ **0.1** ***knoestigheid*** ⇒*knobbeligheid*.

nod·ule ['nɒdju:l‖'nɑdʒu:l]⟨telb.zn.⟩ **0.1** ***knoestje*** ⇒*knobbeltje* **0.2** ⟨plantk.⟩ ***knoopje*** **0.3** ⟨plantk.⟩ ***gezwel (als) van knolvoet*** ⟨op wortels⟩ **0.4** ⟨anat.⟩ ***knobbeltje*** ⇒*klein gezwel, klompje*.

no·dus ['noʊdəs]⟨telb.zn.; nodi [-daɪ]; →mv. 5⟩ **0.1** ***netelig punt*** ⇒*netelige situatie/kwestie, moeilijkheid* **0.2** ***verwikkeling*** ⟨in een verhaal⟩.

no·el [noʊ'el]⟨f1⟩⟨telb.zn.⟩ **0.1** ***kerstlied*** **0.2** ⟨N-⟩⟨schr.⟩ ***Kerst(mis)*** ⟨vnl. in kerstliederen⟩.

no·et·ic[1] [noʊ'eṭɪk]⟨telb.zn.; vaak mv.⟩ **0.1** ***verstandsleer***.

noetic[2] ⟨bn.⟩ **0.1** ***verstandelijk*** ⇒*intellectueel, geestelijk, verstands-* **0.2** ***abstract*** ⇒*(alleen) verstandelijk kenbaar* **0.3** ***beschouwend*** ⇒*bespiegelend, theoretiserend*.

'no-fault ⟨bn., attr.⟩⟨AE⟩ **0.1** ⟨ong.⟩ ***all-risk***.

'no-frill(s) ⟨bn., attr.⟩ **0.1** ***zonder franje*** ⇒*zonder overbodigheden, kaal, eenvoudig*.

nog[1] [nɒg‖nɑg]⟨zn.⟩
I ⟨telb.zn.⟩ **0.1** ***houten pen*** **0.2** ***houten blokje*** ⇒⟨bouwk.⟩ *ingemetseld stuk hout* **0.3** ***knoest*** ⟨v. boom⟩;
II ⟨n.-telb.zn.⟩ **0.1** ⟨BE⟩ ***zwaar bier*** ⟨uit East Anglia⟩ **0.2** ⟨verk.⟩ ⟨eggnog⟩ ***flip*** ⇒*(soort) advocaat*.

nog[2] ⟨ov.ww.; →ww. 7⟩⟨bouwk.⟩ →nogging **0.1** ***met pennen bevestigen*** **0.2** ***met metselwerk opvullen*** ⟨vakken in vakwerk⟩.

nog·gin ['nɒgɪn‖'nɑ-]⟨telb.zn.⟩ **0.1** ***kroesje*** ⇒*mokje* **0.2** ***noggin*** ⇒*gill* ⟨i.h.b. sterke drank; U.K. 0,142 l; U.S.A. 0,118 l⟩ **0.3** ⟨inf.⟩ ***knikker*** ⇒*kop, hersenpan*.

nog·ging ['nɒgɪŋ‖'nɑ-]⟨n.-telb.zn.; gerund v. nog⟩⟨bouwk.⟩ **0.1** ***vakwerk*** ⇒*metselwerk in houtwerk*.

'no-'go ⟨f1⟩⟨bn.⟩
I ⟨bn.⟩⟨AE; sl.⟩ **0.1** ***slecht functionerend*** **0.2** ***onaf*** ⇒*niet klaar* **0.3** ***nutteloos*** ⇒*vergeefs* **0.4** ***verboden*** ⇒*niet toegestaan* ◆ **3.4** singing was ~ there *zingen mocht daar niet/was er daar niet bij;*
II ⟨bn., attr.⟩⟨BE⟩ **0.1** ***verboden*** ⇒*niet toegankelijk* ⟨voor bep. groepen mensen⟩ ◆ **1.1** ~ area *verboden wijk/buurt/gebied* ⟨vnl. in Noord-Ierland, voor Britse soldaten⟩.

'no-good[1] ⟨f1⟩⟨telb.zn.⟩⟨inf.⟩ **0.1** ***nietsnut***.

'no-'good[2] ⟨f1⟩⟨bn.⟩⟨inf.⟩ **0.1** ***waardeloos***.

'no-'growth ⟨telb. en n.-telb.zn.; ook attr.⟩ **0.1** ***nulgroei*** ◆ **1.1** a ~ budget ⟨inf.⟩ *een budget zonder verhoging*.

noh →no[2].

'no-'hit·ter ⟨telb.zn.⟩⟨AE; honkbal⟩ **0.1** ***no-hitter*** ⟨wedstrijd waarbij een team niet het eerste honk kan bereiken⟩.

'no-'hop·er ⟨telb.zn.⟩⟨Austr. E⟩ **0.1** ***vent v. niets*** ⇒*nietsnut, onnut*.

'no·how ⟨bw.⟩⟨inf.⟩ **0.1** ⟨scherts.⟩ ***op geen enkele manier*** ⇒*helemaal niet, van geen kant* **0.2** ⟨gew.⟩ ***niet in zijn sas*** ⇒*niet lekker, zijn draai niet hebbend, akelig, onwel* ◆ **3.1** we couldn't find the thing ~ *we konden het ding helemaal nergens vinden* **3.2** feel ~ *niet in zijn sas zijn;* look ~ *er pips uitzien*.

noil [nɔɪl]⟨zn.⟩
I ⟨n.-telb.zn.⟩ **0.1** ***kammeling*** ⟨korte wolharen⟩;
II ⟨mv.; ~s⟩ **0.1** ***kammeling*** ⟨korte wolharen⟩.

noise[1] [nɔɪz]⟨f3⟩⟨zn.⟩
I ⟨telb.zn.⟩ **0.1** ***geluid*** ⇒*gerucht* **0.2** ⟨sl.⟩ ***blaffer*** ⇒*revolver* ◆ **2.1** hear funny ~s/a strange ~ *rare geluiden/een vreemd geluid horen;* make encouraging/polite ~s *een bemoedigend/beleefd woordje spreken* **5.1** ⟨dram.⟩ ~s **off** *geluiden van achter de coulissen;*
II ⟨telb. en n.-telb.zn.⟩ **0.1** ***lawaai*** ⇒*leven, rumoer* ◆ **3.¶** ⟨inf.⟩ make a/some ~ about sth. *luidruchtig klagen over iets, ergens een zaak van maken;* ⟨vero.⟩ make a ~ in the world *beroemd worden, van zich doen spreken* **4.1** not make any ~ *geen lawaai maken;*
III ⟨n.-telb.zn.⟩ **0.1** ***lawaai*** ⇒*geschreeuw* **0.2** ⟨sl.⟩ ***geklets*** ⇒*onzin* **0.3** ⟨tech.⟩ ***(ge)ruis*** ⇒*storing;*
IV ⟨mv.; ~s⟩ **0.1** ***klanken*** ⇒*geluiden, uitlatingen* ◆ **2.1** make sympathetic ~s *gunstig reageren, zich gunstig/aanmoedigend uitlaten*.

noise[2] ⟨ww.⟩
I ⟨onov.ww.⟩ **0.1** ***kletsen*** ⇒*veel praten* **0.2** ⟨vero.⟩ ***(veel) lawaai maken;***
II ⟨ov.ww.; vaak pass.⟩ **0.1** ***ruchtbaar maken*** ⇒*bekend/openbaar maken, aankondigen* ◆ **5.1** ~ **about/around** *openbaar maken, ruchtbaarheid geven aan;* it is being noised **abroad** that *het gerucht loopt/gaat dat*.

'noise abatement ⟨n.-telb.zn.⟩ **0.1** ***bestrijding v. geluidshinder***.

noise·less ['nɔɪzləs]⟨f1⟩⟨bn.; -ly; -ness⟩ **0.1** ***geruisloos*** ⇒*stil, zonder lawaai/geluid/rumoer*.

'noise·mak·er ⟨telb.zn.⟩ **0.1** ***herriemaker*** **0.2** ⟨ben. voor⟩ ***iets dat herrie maakt*** ⇒*ratel, toeter, knalerwt, rotje*.

'noise pollution ⟨f1⟩⟨n.-telb.zn.⟩ **0.1** ***geluidshinder*** ⇒*lawaai(hinder)*.

'noise reducer ⟨telb.zn.⟩ **0.1** ***ruisonderdrukker*** ⇒⟨ong.⟩ *dolby* ⟨op cassetterecorder e.d.⟩.

noi·sette [nwɑ:'zet‖nwə-]⟨telb.zn.⟩ **0.1** ⟨plantk.⟩ ***noisette*** ⟨soort roos⟩ **0.2** ***klein stukje vlees*** ⇒*blokje*.

noi·some ['nɔɪsm]⟨bn.; -ly; -ness⟩⟨schr.⟩ **0.1** ***schadelijk*** ⇒*ongezond, verderfelijk* **0.2** ***stinkend*** ⇒*kwalijk/walgelijk riekend* **0.3** ***walgelijk*** ⇒*laakbaar, aanstootgevend*.

nois·y ['nɔɪzi]⟨f3⟩⟨bn.; -er; -ly; -ness; →bijw. 3⟩ **0.1** ***lawaaierig*** ⇒*luidruchtig, (veel) lawaai makend, druk, gehorig* **0.2** ***schreeuwend*** ⟨bv. kleur, kleding⟩.

no·li-me-tan·ge·re ['noʊli meɪ 'tæŋgəreɪ]⟨telb.zn.⟩ **0.1** ***noli me tangere*** ⟨waarschuwing tegen aanraking/bemoeiing; lett. raak me niet aan⟩ **0.2** ⟨fig.⟩ ***kruidje-roer-me-niet*** ⇒⟨ong.⟩ *heilige koe, heilig huisje* ⟨personen en zaken⟩ **0.3** ⟨relig.⟩⟨ben. voor⟩ ***afbeelding v. Christus*** ⟨zoals hij aan Maria Magdalena verscheen bij het graf; Joh. 20:17⟩ **0.4** ⟨vero.; med.⟩ ***lupus*** ⇒*wolf* ⟨huidaandoening⟩.

nol·le pros·e·qui ['nɒli 'prɒsɪkwaɪ‖'nɑli 'prɑ-]⟨telb.zn.⟩⟨jur.⟩ **0.1** ***intrekking v. (deel v.) d. aanklacht*** ⇒⟨ong.⟩ *seponering, ontslag v. rechtsvervolging*.

'no'load ⟨bn.⟩⟨hand.⟩ **0.1** ***zonder commissie***.

no·lo con·ten·de·re ['noʊloʊ kən'tendəri]⟨telb.zn.⟩⟨AE; jur.⟩ **0.1** ***verklaring v.h. afzien v. ontkennen*** ⇒⟨ong.⟩ *schuldigverklaring, erkenning v.d. feiten*.

nol pros ⟨afk.⟩ nolle prosequi.

nol-pros ['nɒl'prɒs‖'nɑl'prɑs]⟨ov.ww.; →ww. 7⟩⟨jur.⟩ **0.1** ***de aanklacht intrekken (d.m.v. een 'nolle prosequi')***.

nom ⟨afk.⟩ nominative.

no·mad[1] ['noʊmæd]⟨f1⟩⟨telb.zn.⟩ **0.1** ***nomade*** **0.2** ***zwerver*** ⟨ook fig.⟩.

nomad[2], **no·mad·ic** [noʊ'mædɪk]⟨bn., attr.; -(al)ly; →bijw. 3⟩ **0.1** ***nomadisch*** ⇒*als (van) een nomade, nomaden-* **0.2** ***(rond)zwervend***.

no·mad·ism ['noʊmædɪzm]⟨n.-telb.zn.⟩ **0.1** ***nomadenleven*** **0.2** ***zwerversbestaan***.

no·mad·ize ['noʊmædaɪz]⟨onov.ww.⟩ **0.1** ***een nomadenleven leiden*** **0.2** ***een zwerversbestaan leiden***.

'no man's land ⟨f1⟩⟨telb.zn.; vnl. enk.⟩ **0.1** ***niemandsland*** ⇒*no man's-land* ⟨ook fig.; mil.⟩.

nom de guerre ['nɒm də 'geə‖'nɑm də 'ger]⟨telb.zn.; noms de guerre ['nɒm(z)-‖'nɑm(z)]; →mv. 5, 6⟩ **0.1** ***pseudoniem*** ⇒*schuilnaam*.

nom de plume ['nɒm də 'plu:m‖'nɑm-]⟨telb.zn.; noms de plume ['nɒm(z)-‖'nɑm(z)-]; →mv. 5, 6⟩ **0.1** ***nom de plume*** ⇒*pseudoniem, schuilnaam* ⟨v. schrijver⟩.

nome [noʊm]⟨telb.zn.⟩ **0.1** ⟨gesch.⟩ ***provincie*** ⟨in Egypte⟩ ⇒*gouw* **0.2** ***provincie*** ⟨in Griekenland⟩.

no·men·cla·tor ['noʊmenkleɪtə‖-kleɪṭər]⟨telb.zn.⟩ **0.1** ⟨gesch.⟩ ***nomenclator*** ⟨slaaf die bezoekers aankondigde in het oude Rome⟩ **0.2** ⟨vnl. biol., schei.⟩ ***nomenclator***.

no·men·cla·ture [noʊ'menklətʃə‖'noʊmənkleɪtʃər]⟨f1⟩⟨zn.⟩
I ⟨telb.zn.⟩ **0.1** ***naamregister*** ⇒*namenlijst, nomenclator;*
II ⟨telb. en n.-telb.zn.⟩ **0.1** ***nomenclatuur*** ⇒*naamgeving* **0.2** ⟨jur.⟩ ***terminologie*** **0.3** ⟨jur.⟩ ***systematische naamgeving***.

nom·i·nal[1] ['nɒmɪnl‖'nɑ-]⟨telb.zn.⟩⟨taalk.⟩ **0.1** ***nomen*** ⇒*naamwoord; nominale groep*.

nominal[2] ⟨f2⟩⟨bn.⟩ **0.1** ⟨taalk.⟩ ***nominaal*** ⇒*naamwoordelijk, (als) v.e. naamwoord* **0.2** ***(als) v.e. naam*** ⇒*op naam, naam(s)-, nominaal, met name (genoemd)* **0.3** ***in naam (alléén)*** ⇒*theoretisch, niet echt, slechts formeel* **0.4** ***zo goed als geen*** ⇒*miniem, niet noemenswaardig, onbetekenend, symbolisch* ⟨bv. bedrag⟩ **0.5** ***naamgevend*** ⇒*met namen, naam-* **0.6** ⟨ec.⟩ ***nominaal*** **0.7** ⟨lit., taalk.⟩ ***nominaal*** ⇒*met (te) veel naamwoorden* **0.8** ⟨vnl. AE⟩ ***gepland*** ⇒*zoals voorzien* ◆ **1.1** ~ phrase *bijzin in de functie v.e. zelfstandig naamwoord* **1.2** ~ definition *woordverklaring, naamverklaring* **1.3** ~ partner *vennoot in naam (alléén);* ~ ruler *heerser in naam (alléén);* ⟨geldw., hand.⟩ ~ price *indicatieprijs, geïndiceerde koers; nominale waarde, pariwaarde* **1.4** at (a) ~ price *voor een spotprijs;* ~ rent *zo goed als geen huur, een symbolisch huurbedrag* **1.5** ~ list/roll *namenlijst* **1.6** ~ value *nominale waarde* **1.¶**

⟨boekhouden⟩ ~ accounts *inkomsten-en-uitgavenrekening;* ⟨ec.⟩ ~ capital *maatschappelijk / vennootschappelijk kapitaal*.
nom·i·nal·ism ['nɒmɪnəlɪzm‖'nɑ-]⟨n.-telb.zn.⟩⟨fil.⟩ **0.1** ***nominalisme***.
nom·i·nal·ist ['nɒmɪnəlɪst‖'nɑ-]⟨telb.zn.⟩⟨fil.⟩ **0.1** ***nominalist***.
nom·i·nal·ly ['nɒmɪnəli‖'nɑ-]⟨f1⟩⟨bw.⟩ **0.1** →nominal **0.2** ***slechts in naam*** ⇒*niet echt* **0.3** ***symbolisch***.
nom·i·nate ['nɒmɪneɪt‖'nɑ-]⟨f2⟩⟨ov.ww.⟩ **0.1** ***kandidaat stellen*** ⇒*(als kandidaat) voordragen* **0.2** ***benoemen*** **0.3** ***noemen*** ◆ **6.1** ~ s.o. **for** President / the Presidency *iem. voordragen als presidentskandidaat / voor het presidentschap* **6.2** ~ s.o. **to** an office *iem. in een ambt benoemen* **¶.2** ~ s.o. to be / as *iem. benoemen tot*.
nom·i·na·tion ['nɒmɪ'neɪʃn‖'nɑ-]⟨f2⟩⟨zn.⟩
I ⟨telb.zn.⟩ **0.1** ***kandidaatstelling*** ⇒*voordracht, nominatie* **0.2** ***benoeming*** ⇒*nominatie* ◆ **6.1** place s.o.'s name **in** ~ *iem. op de nominatie / voordracht plaatsen, iem. voordragen;*
II ⟨n.-telb.zn.⟩ **0.1** ***het voordragen*** ⇒*voordracht, kandidaatstelling* **0.2** ***benoemingsrecht*** ⇒*nominatie*.
nom·i·na·tive[1] ['nɒm(ɪ)nətɪv‖'nɑm(ɪ)nət̬ɪv]⟨telb.zn.⟩⟨taalk.⟩ **0.1** ***nominatief*** ⇒*eerste naamval, onderwerpsvorm*.
nominative[2] ⟨f1⟩⟨bn.⟩ **0.1** ***voorgedragen*** ⇒*op de voordracht* **0.2** ***benoemd*** **0.3** ***op naam*** **0.4** ⟨taalk.⟩ ***nominatief-*** ◆ **1.1** ~ principles *voorgedragen stelregels* **1.3** ~ shares *aandelen op naam* **1.4** ~ case *nominatief, eerste naamval*.
nom·i·na·tor ['nɒmɪneɪtə‖'nɑmɪneɪt̬ər]⟨telb.zn.⟩ **0.1** ***voordrager*** **0.2** ***(be)noemer***.
nom·i·nee ['nɒmɪ'ni:‖'nɑ-]⟨f1⟩⟨telb.zn.⟩ **0.1** ***voorgedragene*** ⇒*kandidaat* **0.2** ***benoemde*** **0.3** ⟨geldw.⟩ ***gevolmachtigde*** ⟨die onder geheimhouding v. opdrachtgever beurstransacties verricht⟩.
nom·o- ['nɒmoʊ‖'nɑ-] **0.1** ***nomo-*** ⇒*wet(s)-, recht(s)-* ◆ **¶.1** nomothetic *nomot(h)etisch, wetgevend*.
nom·o·gram ['nɒməgræm‖'nɑ-], **nom·o·graph** [-grɑ:f‖-græf] ⟨telb.zn.⟩⟨wisk.⟩ **0.1** ***nomogram***.
no·mog·ra·phy [nə'mɒgrəfi‖-'mɑ-]⟨n.-telb.zn.⟩⟨wisk.⟩ **0.1** ***nomografie***.
'no-mus·cle ⟨bn., attr.⟩ **0.1** ***krachteloos***.
-no·my [nəmi] **0.1** ***-nomie*** ◆ **¶.1** autonomy *autonomie*.
non- [nɒn‖nɑn] **0.1** ***non-*** ⇒*niet(-), on-, a-* ◆ **¶.1** non-aggression *non-agressie;* nonflammable *onbrandbaar*.
non·ab·stain·er [-əb'steɪnə‖-ər]⟨telb.zn.⟩ **0.1** ***persoon die (wel) alcohol drinkt*** ⇒*niet-onthouder*.
non·ac·cess [-'ækses]⟨n.-telb.zn.⟩⟨jur.⟩ **0.1** ***onmogelijkheid v. geslachtsgemeenschap*** ⟨bij vaderschapsonderzoek⟩.
'non-a'chiev·er ⟨telb.zn.⟩⟨vnl. AE⟩ **0.1** ***iem. die niets presteert*** ⇒*nul, non-valeur, mislukkeling;* ⟨i.h.b. school⟩ *zakker*.
non·ad·dict [-'ædɪkt]⟨telb.zn.⟩ **0.1** ***niet verslaafde druggebruiker***.
non·ad·dict·ing [-ə'dɪktɪŋ], **non·ad·dict·ive** [-tɪv]⟨bn.⟩ **0.1** ***niet verslavend*** ⟨v. drugs⟩ ⇒*geen gewenning veroorzakend*.
'non-'aer·o·sol ⟨bn., attr.⟩ **0.1** ***zonder drijfgas*** ⇒*freonvrij*.
non·age ['noʊnɪdʒ‖'nɑ-]⟨n.-telb.zn.⟩⟨vnl. jur.⟩ **0.1** ***minderjarigheid*** ⇒*onrijpheid, onvolwassenheid*.
non·a·ge·nar·i·an ['noʊnədʒɪ'neərɪən‖-'nerɪən]⟨telb.zn.; ook attr.⟩ **0.1** ***negentiger*** ⇒*negentigjarige* ⟨tussen 90 en 99 jaar oud⟩.
non·ag·gres·sion ['nɒnə'greʃn‖'nɑn-]⟨n.-telb.zn.⟩ **0.1** ***non-agressie*** ⇒*(belofte v.) het niet aanvallen*.
nonag'gression pact, nonag'gression agreement, nonaggression treaty ⟨telb.zn.⟩ **0.1** ***non-agressiepact*** ⇒*niet-aanvalsverdrag / pact*.
non·a·gon ['nɒnəgən‖'nɑnəgɑn]⟨telb.zn.⟩ **0.1** ***negenhoek***.
non-al·co·hol·ic ['nɒnælkə'hɒlɪk‖'nɑnælkə'hɔlɪk]⟨f1⟩⟨bn.⟩ **0.1** ***alcoholvrij*** ⇒*niet-alcoholisch*.
non·a·ligned ['nɒnə'laɪnd‖'nɑn-]⟨bn.⟩⟨pol.⟩ **0.1** ***niet gebonden*** ⇒*neutraal* ⟨land, politiek⟩.
non·a·lign·ment [-ə'laɪnmənt]⟨n.-telb.zn.⟩⟨pol.⟩ **0.1** ***het neutraal / niet gebonden zijn*** ⇒*niet-gebondenheid*.
'no'name ⟨telb.zn.⟩ **0.1** ***wit artikel*** ⟨tgo. merkartikel⟩ ⇒*huismerk*.
'no-name ⟨bn., attr.⟩ **0.1** ***onbekend*** ⇒*huis-, wit* ⟨v. merk⟩.
non·ap·pear·ance ['nɒnə'pɪərəns‖'nɑnə'pɪr-]⟨telb.zn.⟩⟨vnl. jur.⟩ **0.1** ***het niet (ter zitting) verschijnen*** ⇒*afwezigheid, verstek, ontstentenis*.
non·a·ry[1] ['noʊnəri]⟨telb.zn.; →mv. 2⟩ **0.1** ***negental***.
nonary[2] ⟨bn., attr.⟩⟨wisk.⟩ **0.1** ***negentallig*** ⇒*van negen* ⟨bv. schaal⟩.
non·as·sert·ive ['nɒnə'sɜ:tɪv‖'nɑnə'sɜrt̬ɪv]⟨bn.; -ly⟩⟨taalk.⟩ **0.1** ***niet bevestigend*** ⟨zin, woord e.d.⟩.
non·a·vail·a·bil·i·ty [-əveɪlə'bɪlət̬i]⟨n.-telb.zn.⟩ **0.1** ***het niet beschikbaar zijn***.
non·bel·lig·er·ent [-bɪ'lɪdʒərənt]⟨telb.zn.; ook attr.⟩ **0.1** ***niet oorlogvoerende partij*** ⇒⟨mv.⟩ *non-belligerenten*.
non·can·di·da·cy [-'kændɪdəsi]⟨telb.zn.⟩ **0.1** ***het niet kandidaat zijn***.
non·can·di·date [-'kændɪdət‖-deɪt]⟨telb.zn.⟩ **0.1** ***niet-kandidaat*** ⇒*iem. die zijn kandidatuur (nog) niet heeft gesteld / wil stellen*.
nonce [nɒns‖nɑns]⟨f1⟩⟨telb.zn.⟩ **0.1** ⟨vnl. enk.; the⟩ ***moment*** ⇒*ogenblik, keer* **0.2** ⟨sl.; gevangenen⟩ ⟨ben. voor⟩ ***iem. die seksueel misdrijf heeft gepleegd*** ⇒*verkrachter, kinderlokker* ◆ **6.1** **for** the ~ *voor het ogenblik, voorlopig; voor de gelegenheid*.
'nonce word ⟨telb.zn.⟩ **0.1** ***gelegenheidswoord*** ⇒*ad hoc gevormd woord, hapax legomenon*.
non·cha·lance ['nɒnʃələns‖'nɑnʃə'lɑns]⟨telb.zn.⟩ **0.1** ***nonchalance*** ⇒*onverschilligheid, nalatigheid, achteloosheid*.
non·cha·lant ['nɒnʃələnt‖'nɑnʃə'lɑnt]⟨f1⟩⟨bn.; -ly⟩ **0.1** ***nonchalant*** ⇒*onverschillig, nalatig, achteloos*.
non·claim ['nɒn'kleɪm‖'nɑn-]⟨telb.zn.⟩⟨jur.⟩ **0.1** ***verzuim om binnen wettelijke periode een eis in te stellen***.
non·col·leg·i·ate [-kə'li:dʒɪət]⟨bn.⟩ **0.1** ***niet verbonden aan een 'college'*** **0.2** ***zonder 'college'***.
non·com [-'kɒm‖-'kɑm]⟨telb.zn.⟩⟨verk.⟩ noncommissioned officer ⟨mil.⟩ **0.1** ***onderofficier***.
non·com·bat·ant [-'kɒmbətənt‖-kəm'bætnt]⟨f1⟩⟨telb.zn.; ook attr.⟩ **0.1** ***non-combattant*** ⇒*niet-strijder*.
non·com·mis·sioned [-kə'mɪʃnd]⟨f1⟩⟨bn., attr.⟩⟨mil.⟩ **0.1** ***zonder officiersaanstelling*** ◆ **1.1** ~ officer *onderofficier*.
non·com·mit·tal [-kə'mɪt̬l]⟨f1⟩⟨bn.; -ly⟩ **0.1** ***neutraal*** ⇒*(opzettelijk) vaag, vrijblijvend, tot niets verbindend, zich niet blootgevend, een slag om de arm houdend* ⟨antwoord⟩, *nietszeggend* ⟨gelaatsuitdrukking⟩.
non·com·mit·ted [-kə'mɪt̬ɪd]⟨bn.⟩ **0.1** ***niet gebonden*** ⇒*neutraal* ⟨bv. land⟩.
non·com·pli·ance [-kəm'plaɪəns]⟨n.-telb.zn.⟩ **0.1** ***het niet inschikkelijk zijn*** ⇒*weigering, niet nakoming, het zich niet houden aan*.
non com·pos men·tis [-'kɒmpɒs 'mentɪs‖-'kɑmpəs 'ment̬ɪs]⟨bn., pred.⟩⟨jur.⟩ **0.1** ***niet gezond v. geest*** ⇒⟨ong.⟩ *niet toerekeningsvatbaar, niet handelingsbekwaam*.
non·con·duct·ing [-kən'dʌktɪŋ]⟨bn.⟩⟨tech.⟩ **0.1** ***niet geleidend*** ⇒*isolerend*.
non·con·duc·tor [-kən'dʌktə‖-ər]⟨telb.zn.⟩⟨tech.⟩ **0.1** ***niet-geleider*** ⇒*niet geleidend materiaal, isolator*.
non·con·form·ist [-kən'fɔ:mɪst‖-'fɔr-]⟨f1⟩⟨telb.zn.; vaak attr.⟩ **0.1** ***non-conformist*** **0.2** ⟨N-⟩⟨relig.⟩ ***niet anglicaans protestant*** **0.3** ⟨relig.⟩ ***iem. die niet akkoord gaat met de leer v.e. gevestigde kerk / staatskerk***.
non·con·form·i·ty [-kən'fɔ:məti‖-'fɔrmət̬i], **non·con·form·ism** [-'fɔ:mɪzm‖-'fɔr-]⟨n.-telb.zn.⟩ **0.1** ⟨relig.⟩ ***non-conformiteit*** ⇒*non-conformistische principes* **0.2** ***non-conformisme*** ⇒*het zich niet schikken / regelen / voegen* **0.3** ***gebrek aan overeenkomst / overeenstemming***.
non·con·tent [-kən'tent]⟨telb.zn.⟩⟨BE⟩ **0.1** ***tegenstem(mer)*** ⇒*stem tegen* ⟨in het Hogerhuis⟩.
non·con·ten·ti·ous [-kən'tenʃəs]⟨bn.⟩ **0.1** ***niet controversieel*** ⇒*(waarschijnlijk) onbetwistbaar, onbetwist, niet aangevochten*.
non·con·trib·u·tor·y [-kən'trɪbjʊtri‖-bjətɔri]⟨bn.⟩ **0.1** ***zonder premiebetaling*** ⟨bv. pensioenregeling⟩.
non·co·op·er·a·tion [-koʊɒpə'reɪʃn‖-ɑpə-]⟨telb.zn.⟩ **0.1** ***het niet samenwerken*** ⇒*weigering v. medewerking* **0.2** ⟨pol.⟩ ***non-coöperatie*** ⟨bv. v. Gandhi⟩.
non·de·grad·a·ble [-dɪ'greɪdəbl]⟨bn.⟩ **0.1** ***niet (chemisch) afbreekbaar***.
non·de·li·ve·ry [-dɪ'lɪvri]⟨telb.zn.⟩ **0.1** ***het niet leveren*** ⟨v. goederen⟩ ⇒*niet-levering* **0.2** ***het niet bezorgen*** ⟨v. brief⟩ ⇒*niet-bestelling, verlies*.
non·de·nom·i·na·tion·al [-dɪnɒmɪ'neɪʃnəl‖-dɪnɑ-]⟨bn.⟩⟨relig.⟩ **0.1** ***niet gebonden aan een kerkgenootschap*** ⇒*niet confessioneel, onkerkelijk*.
non·de·script[1] [-dɪskrɪpt]⟨telb.zn.⟩ **0.1** ***niet te beschrijven persoon / zaak*** **0.2** ***nietszeggend iem. / iets***.
nondescript[2] ⟨f1⟩⟨bn.⟩ **0.1** ***nondescript*** ⇒*niet / moeilijk te beschrijven, onopvallend* **0.2** ***nietszeggend*** ⇒*onbeduidend*.
non·dis·pos·a·ble [-dɪ'spoʊzəbl]⟨bn.⟩ **0.1** ***die / dat niet weggegooid kan worden*** ⇒*met statiegeld, niet-wegwerp-* ⟨v. produkt e.d.⟩.
non-drink·er [-'drɪŋkə‖-ər]⟨telb.zn.⟩ **0.1** ***niet-drinker*** ◆ **3.1** be a ~ *geen alcohol drinken*.
non·dri·ver [-'draɪvə‖-ər]⟨telb.zn.⟩ **0.1** ***niet-rijder***.
non·du·ra·bles [-'djʊərəblz‖-'dʊr-]⟨mv.⟩ **0.1** ***verbruiksgoederen*** ⇒*consumptiegoederen*.
none[1] [nʌn]⟨f3⟩⟨onb.vnw.; →onbepaald woord⟩ **0.1** ***geen (enkele)*** ⇒*geen ervan, geen van hen, niemand, niets* **0.2** ***geen zulke*** ⇒*er geen, helemaal geen* **0.3** ⟨vero.⟩ ***helemaal niet*** ⇒*niets van* ◆ **1.2** scholars we are ~ *geleerden zijn wij niet;* make a hero of one who is ~ *een held maken van iem. die er geen is* **3.1** I'll have ~ of your tricks *ik moet niets hebben van jouw streken;* there is ~ left *er is niets meer over;* I want ~ of him *ik wil met hem niets te maken hebben;* ~ were there to meet him *niemand was hem komen afhalen* **4.1** ~ other than the President *niemand anders dan de Pre-*

sident **6.1** ~ **of** the students *niemand v.d. studenten* **6.2** a leaking roof is better **than** ~ *een lekkend dak is beter dan helemaal geen dak* **6.3** thou art ~ **of** my father *gij zijt helemaal niet mijn vader*.
none² ⟨f1⟩ ⟨bw.⟩ **0.1** ***helemaal niet*** ⇒*niet erg, niet veel, niet al* ◆ **3.1** she's ~ too bright *ze is niet al te slim;* they were ~ too rich *ze waren helemaal niet rijk;* she was ~ the wiser *ze was er niets wijzer op/van geworden* **4.¶** →nonetheless.
non-earth·ly ['nɒn'ɜ:θli‖'nɑn'ɜrθli]⟨bn.⟩ **0.1** ***buitenaards***.
non·ef·fec·tive¹ ['nɒnɪ'fektɪv‖'nɑn-]⟨telb.zn.⟩⟨mil.⟩ **0.1** ***niet tot het effectief behorend militair***.
noneffective² ⟨bn.⟩ **0.1** ***ondoeltreffend*** ⇒*niet effectief* **0.2** ⟨mil.⟩ ***niet effectief*** ⇒*niet tot het effectief behorend, niet inzetbaar, niet werkelijk*.
non·e·go [-'i:gou, -'egou]⟨telb.zn.⟩⟨fil.⟩ **0.1** ***non-ego*** ⇒*Nicht-ich* ⟨alle ik-vreemde ervaringen⟩.
non·en·ti·ty [nɒ'nentəti‖nɑ'nenṭəṭi]⟨f1⟩⟨zn.;→mv. 2⟩
I ⟨telb.zn.⟩ **0.1** ***onbetekenend(e) persoon/zaak*** ⇒*nul, onbeduidendheid, onbeduidende persoon;*
II ⟨n.-telb.zn.⟩ **0.1** ***het niet bestaan*** **0.2** ***het onbetekenend/onbeduidend zijn***.
nones [nounz]⟨mv.⟩ **0.1** ***negende dag voor de ides*** ⟨Romeinse kalender⟩ **0.2** ⟨R.-K.⟩ ***nonen*** **0.3** ⟨R.-K.⟩ ***tijd/dienst v.d. nonen***.
non·es·sen·tial ['nɒnɪ'senʃl‖'nɑn-]⟨bn.⟩ **0.1** ***niet essentieel*** ⇒*niet wezenlijk/werkelijk, onbelangrijk*.
nonesuch →nonsuch.
no·net ['nou'net]⟨zn.⟩
I ⟨telb.zn.⟩ **0.1** ⟨muz.⟩ ***nonet*** ⇒*negenstemmig stuk;*
II ⟨verz.n.⟩ **0.1** ⟨muz.⟩ ***nonet*** ⟨ensemble⟩ **0.2** ⟨nat.⟩ ***groep v. negen kerndeeltjes***.
none·the·less ['nʌnðə'les]⟨f2⟩⟨bw.⟩ **0.1** ***(desal)niettemin*** ⇒*echter, evenwel, toch*.
non-Eu·clid·e·an ['nɒnju:'klɪdɪən‖'nɑnju-]⟨bn.⟩⟨wisk.⟩ **0.1** ***niet-Euclidisch*** ⟨meetkunde⟩.
non·e·vent [-ɪ'vent]⟨f1⟩⟨telb.zn.⟩⟨inf.⟩ **0.1** ***afknapper***.
non·ex·ist·ent [-ɪg'zɪstənt]⟨f2⟩⟨bn.⟩ **0.1** ***niet-bestaand***.
non·fea·sance [-'fi:zns]⟨telb.zn.⟩⟨jur.⟩ **0.1** ***nalatigheid*** ⇒*plichtsverzaking*.
non·fer·rous [-'ferəs]⟨bn.⟩ **0.1** ***niet ijzer(houdend)*** ⇒*non-ferro(-)*.
non·fic·tion [-'fɪkʃn]⟨f1⟩⟨n.-telb.zn.⟩⟨boek.⟩ **0.1** ***non-fiction*** ⇒⟨oneig.⟩ *niet-literair*.
non-fi·nan·cial [-'fɪ'nænʃl]⟨bn.⟩⟨Austr. E⟩ **0.1** ***contributie niet betaald hebbend*** ◆ **1.1** ~ member *lid dat contributie niet betaald heeft/dat niet bij is met betaling v. contributie*.
non·flam [-'flæm], **non·flam·ma·ble** [-əbl], **non·in·flam·ma·ble** [-ɪn-]⟨f1⟩⟨bn.⟩ **0.1** ***onbrandbaar***.
non-'flush·ing ⟨bn.⟩ **0.1** ***zonder (water)spoeling*** ⟨v. w.c.⟩.
non·grad·ed [-'greɪdɪd]⟨bn.⟩ **0.1** ***niet voorzien v.e. graad*** ⇒*ongegradeerd, ongesorteerd, zonder categorie* **0.2** ⟨AE; school.⟩ ***niet verdeeld in niveaugroepen/klassen***.
non·hu·man [-'hju:mən‖'(h)ju:-]⟨bn.⟩ **0.1** ***niet menselijk*** ⇒*niet tot het menselijk ras behorend*.
no·nil·lion [nou'nɪlɪən]⟨telb.zn.⟩ **0.1** ⟨BE⟩ ***noniljoen*** ⟨10^{54}⟩ **0.2** ⟨AE⟩ ***quintiljoen*** ⟨10^{30}⟩.
non·in·dict·a·ble ['nɒnɪn'daɪtəbl‖'nɑnɪn'daɪṭəbl]⟨bn.⟩⟨jur.⟩ **0.1** ***niet vervolgbaar***.
non·in·ter·fer·ence [-ɪntə'fɪərəns‖-ɪṇṭər'fɪrəns], **non·in·ter·ven·tion** [-'venʃn]⟨telb.zn.⟩ **0.1** ***non-interventie*** ⟨ook pol.⟩ ⇒*het niet tussenbeide komen*.
non·in·tox·i·cant¹ [-ɪn'tɒksɪkənt‖-'tɑk-]⟨telb.zn.⟩ **0.1** ***niet bedwelmende drank*** ⇒*niet alcoholhoudende drank*.
nonintoxicant² ⟨bn.⟩ **0.1** ***niet bedwelmend*** ⇒*zonder alcohol*.
non·in·volve·ment [-ɪn'vɒlvmənt‖-ɪn'vɑlv-]⟨n.-telb.zn.⟩ **0.1** ***niet-inmenging***.
non·i·ron [-'aɪən‖-'aɪərn]⟨f1⟩⟨bn.⟩ **0.1** ***no-iron*** ⇒*zelfstrijkend*.
no·ni·us ['nounɪəs]⟨telb.zn.⟩ **0.1** ***nonius*** ⇒*latje als hulpschaalverdeler*.
non·join·der ['nɒn'dʒɔɪndə‖'nɑn'dʒɔɪndər]⟨telb.zn.⟩⟨jur.⟩ **0.1** ***verzuim waardoor men niet tot de partij behoort***.
non·ju·ring [-'dʒʊərɪŋ‖-'dʒʊr-]⟨bn., attr.⟩ **0.1** ***de eed weigerend*** ⇒⟨i.h.b. gesch.⟩ *die weigert de eed v. trouw aan Willem III en Maria af te leggen* ⟨1689; v. geestelijke⟩.
non·ju·ror [-'dʒʊərə‖-'dʒʊrər]⟨telb.zn.⟩ **0.1** ***iem. die een eed weigert*** ⇒*eedweigeraar;* ⟨i.h.b.⟩⟨N-⟩⟨gesch.⟩ *iem. die weigerde de eed v. trouw aan Willem III en Maria af te leggen* ⟨1689; v. geestelijke⟩.
non·ju·ry [-'dʒʊəri‖-'dʒʊri]⟨bn., attr.⟩⟨jur.⟩ **0.1** ***(berecht) zonder jury***.
non·lead [-'led], **non·lead·ed** [-'ledɪd]⟨bn., attr.⟩⟨tech.⟩ **0.1** ***zonder lood*** ⇒*niet loodhoudend, loodvrij*.
non-le·thal [-'li:θl]⟨bn.⟩ **0.1** ***niet-dodelijk***.
non·lin·e·ar [-'lɪnɪə‖-ər]⟨bn.⟩⟨wisk.⟩ **0.1** ***niet-lineair***.
non·log·i·cal [-'lɒdʒɪkl‖-'lɑ-]⟨bn.⟩ **0.1** ***niet logisch***.
'non'market-e·con·o·my ⟨telb.zn.⟩ **0.1** ***geleide economie***.
non·mem·ber [-'membə‖-ər]⟨telb.zn.⟩ **0.1** ***niet-lid***.
non·mem·ber·ship [-'membəʃɪp‖-bərʃɪp]⟨n.-telb.zn.⟩ **0.1** ***het niet lid zijn***.
non·met·al [-'meṭl]⟨telb.zn.⟩⟨schei.⟩ **0.1** ***niet-metaal***.
non·me·tal·lic [-mɪ'tælɪk]⟨bn.⟩ **0.1** ***niet metallisch*** ⟨ook schei.⟩.
non·mor·al [-'mɒrəl‖-'mɔ-]⟨bn.⟩ **0.1** ***amoreel***.
non·nat·u·ral [-'nætʃrəl]⟨bn.⟩ **0.1** ***niet natuurlijk***.
non·nu·cle·ar [-'nju:klɪə‖-'nu:klɪər, -'nu:kjələr]⟨bn., attr.⟩ **0.1** ***niet nucleair*** ⇒⟨i.h.b. biol., atoomfysica⟩ *niet atoom-*.
'no-no ⟨telb.zn.⟩⟨AE; sl.⟩ **0.1** ***taboe*** ◆ **¶.1** that's a ~ *dat mag niet*.
non·ob·ser·vance ['nɒnəb'zɜ:vəns‖'nɑnəb'zɜr-]⟨n.-telb.zn.⟩ **0.1** ***het niet inachtnemen*** ⇒*het verwaarlozen, schending*.
'no-'non·sense ⟨f1⟩⟨bn., attr.⟩ **0.1** ***ernstig*** ⇒*zakelijk, gemeend, nononsense* **0.2** ***zonder tierelantijntjes/franjes*** ⟨bv. jurk⟩.
non·pa·reil ['nɒnpə'rel‖'nɑn-]⟨telb.zn.⟩ **0.1** ⟨ook attr.⟩ ***weergaloze persoon/zaak*** ⇒*uniek iets/iemand, toonbeeld v. volmaaktheid, onvergelijkelijke persoon/zaak* **0.2** ⟨druk.⟩ ***nonpareille/nonparel*** ⟨kleine drukletter ter grootte v. zes punten⟩ **0.3** ⟨druk.⟩ ***gegoten regel ter grootte v. zes punten*** **0.4** ***bonbon/flikje met suikerkristalletjes***.
non-pa'role period ⟨telb.zn.⟩⟨jur.⟩ **0.1** ***deel v. vonnis (zonder aftrek v. remissies) in detentie door te brengen*** ⟨voordat gevangene in aanmerking komt voor parool⟩.
non·par·ty [-'pɑ:ti‖-'pɑrṭi]⟨f1⟩⟨bn., attr.⟩⟨pol.⟩ **0.1** ***niet aan een partij gebonden***.
non·pay·ment [-'peɪmənt]⟨telb.zn.⟩ **0.1** ***wanbetaling*** ⇒*het niet betalen*.
non·play·ing [-pleɪɪŋ]⟨bn., attr.⟩⟨vnl. sport⟩ **0.1** ***niet-spelend*** ◆ **1.1** ~ captain *niet-spelende aanvoerder*.
non·plus¹ [-'plʌs]⟨telb.zn.⟩ **0.1** ***verlegenheid*** ⇒*verbijstering, verwarring, nauw, klem* ◆ **6.1** **at a** ~ *verbijsterd, verward, onthutst, in het nauw gedreven, perplex;* reduce **to a** ~ *in verlegenheid brengen, in het nauw drijven/brengen, perplex doen staan*.
nonplus² ⟨f1⟩⟨ov.ww.;→ww. 7⟩ **0.1** ***in verlegenheid brengen*** ⇒*in het nauw drijven, perplex doen staan*.
non pos·su·mus [-pɒ's(j)u:məs‖-'pɑs(j)əməs]⟨telb.zn.⟩⟨jur.⟩ **0.1** ⟨ong.⟩ ***verklaring v. onmacht*** ⟨tot handelen in een bep. zaak⟩.
non·prof·it [-'prɒfɪt‖-'prɑ-], ⟨AE ook⟩ **not-for-'profit** ⟨f1⟩⟨bn.⟩ **0.1** ***zonder winstbejag***.
non'prof·it·mak·ing ⟨bn.⟩ **0.1** ***niet commercieel*** ⇒*die/dat geen winst maakt* **0.2** ⟨BE⟩ →nonprofit.
non·pro·lif·er·a·tion [-prəlɪfə'reɪʃn]⟨n.-telb.zn.⟩ **0.1** ⟨vaak attr.⟩ ***non-proliferatie*** ⟨v. kernwapens⟩ **0.2** ***niet-vermeerdering*** ⇒*nietverspreiding, het voorkomen v. woekering*.
'nonprolife'ration treaty ⟨telb.zn.⟩ **0.1** ***non-proliferatieverdrag*** ⇒*kernstopverdrag, verdrag tegen kernproliferatie*.
non·rec·og·ni·tion [-'rekəg'nɪʃn]⟨n.-telb.zn.⟩ **0.1** ***het niet erkennen***.
non·re·cur·rent [-rɪ'kʌrənt‖-'kɜr-]⟨bn.⟩ **0.1** ***eenmalig*** ◆ **1.1** ~ allowance *eenmalige uitkering*.
non·res·i·dent [-'rezɪdənt]⟨f1⟩⟨telb.zn.; ook attr.⟩ **0.1** ⟨ben. voor⟩ ***persoon die niet verblijft*** ⟨in bep. land, hotel, plaats⟩ ⇒*vreemdeling, forens, in het buitenland verblijvende, bezoeker* ⟨v.e. hotel⟩ ◆ **1.1** ~ student *externe, niet inwonende student*.
non·re·sis·tance [-rɪ'zɪstəns]⟨n.-telb.zn.⟩ **0.1** ***passieve gehoorzaamheid*** **0.2** ***het niet resistent zijn*** **0.3** ***geweldloosheid***.
non·re·stric·tive [-rɪ'strɪktɪv]⟨bn.⟩ **0.1** ***niet restrictief*** ⟨ook taalk.⟩ ⇒*zonder voorbehoud, niet beperkend, uitbreidend*.
non·re·turn·a·ble [-rɪ'tɜ:nəbl‖-rɪ'tɜr-]⟨bn.⟩ **0.1** ⟨ong.⟩ ***zonder statiegeld***.
non·rig·id [-'rɪdʒɪd]⟨bn.⟩
I ⟨bn.⟩ **0.1** ***buigbaar*** ⇒*niet stijf/strak/star;*
II ⟨bn., attr.⟩⟨tech.⟩ **0.1** ***niet v.h. stijve type*** ⟨luchtschip, luchtvaartuig⟩.
non·sense ['nɒnsns‖'nɑnsens]⟨f3⟩⟨zn.⟩
I ⟨telb. en n.-telb.zn.⟩ **0.1** ⟨ook attr.⟩ ***onzin*** ⇒*nonsens, gekheid, flauwekul, dwaasheid, klets(praat)* ◆ **3.1** make ~ of/⟨BE ook⟩ make a ~ of *verijdelen, tenietdoen, het effect/resultaat bederven van;* stand no ~ *geen gekheid/flauwekul dulden, geen gekheid verdragen;* talk ~ *onzin uitkramen* **4.¶** there is no ~ about him *het is een ernstige kerel/vent uit één stuk, hij weet wat hij wil* **7.1** what ~/⟨BE ook⟩ what a ~ *(wat een) flauwekul* **¶.¶** ~! *flauwekul!, nonsens!, geklets!;*
II ⟨n.-telb.zn.⟩ **0.1** ***nonsensversjes/poëzie*** **0.2** ***prullaria*** ⇒*waardeloos spul*.
'non·sense-book ⟨telb.zn.⟩ **0.1** ***nonsensboek(je)***.
non·sen·si·cal [nɒn'sensɪkl‖nɑn-]⟨f1⟩⟨bn.; -ly⟩ **0.1** ***onzinnig*** ⇒*ongerijmd, absurd, dwaas, gek, zot*.
non seq ⟨afk.⟩ non sequitur.
non se·qui·tur ['nɒn 'sekwɪtə‖'nɑn 'sekwɪṭər]⟨telb.zn.⟩⟨schr.⟩ **0.1**

⟨logica⟩ *non sequitur* ⇒*onlogische gevolgtrekking* **0.2** ***bewering waarop geen redelijk/aanvaardbaar antwoord is.***

non·sex·u·al [-'sekʃʊəl]⟨bn.⟩ **0.1** ***niet seksueel/geslachtelijk*** ⇒*geslachtloos.*

non-shrink [nɒn'ʃrɪŋk‖nɑn-]⟨bn.⟩ **0.1** ***krimpvrij.***

non·skid [-'skɪd]⟨bn.⟩ **0.1** ***niet slippend*** ⇒*anti-slip* ⟨v. autoband⟩.

non·smok·er [-'smoʊkə‖-ər]⟨f1⟩⟨telb.zn.⟩ **0.1** ***niet-roker*** **0.2** ⟨BE⟩ ***coupé voor niet-rokers*** ⇒*niet-roken(coupé).*

non-'smok·ing ⟨bn.⟩ **0.1** ***niet-rokend*** ⇒*bestemd voor niet-rokers* ◆ **1.1** ~ area *zone voor niet-rokers, niet-roken(zone).*

non-speak·ing [-'spi:kɪŋ]⟨bn.⟩ **0.1** ***(stil)zwijgend*** ◆ **1.1** a ~ role *een stille rol.*

non·stan·dard [-'stændəd‖-'stændərd]⟨bn.⟩ **0.1** ***niet-standaard*** ⟨ook taalk.⟩ ⇒*non-standaard, niet in overeenstemming met de norm; niet gangbaar.*

non·start·er [-'stɑ:tə‖-'stɑrtər]⟨telb.zn.; vnl. enk.⟩⟨BE; inf.⟩ **0.1** ⟨paardesport⟩ ***(ingeschreven) niet-gestart paard*** **0.2** ⟨fig.⟩ ***kansloze persoon/zaak*** ⇒*waardeloos iets/iem.*.

non·stick [-'stɪk]⟨bn.⟩ **0.1** ***die/dat aanbakken tegengaat*** ⇒*(met een) antiaanbak(laag).*

non·stop[1] [-'stɒp‖-'stɑp]⟨telb.zn.⟩ **0.1** ***doorgaande trein*** **0.2** ***vlucht zonder tussenlandingen.***

nonstop[2] ⟨f1⟩⟨bn.; bw.⟩ **0.1** ***non-stop*** ⇒*zonder te stoppen, doorgaand* ⟨trein⟩, *zonder tussenlandingen* ⟨vlucht⟩, *direct* ⟨verbinding⟩, *doorlopend* ⟨voorstelling⟩.

non·such, none·such ['nʌnsʌtʃ]⟨telb.zn.; vnl. enk; ook attr.⟩⟨schr.⟩ **0.1** ***weergaloze persoon/zaak*** ⇒*uniek iemand/iets, toonbeeld v. volmaaktheid* **0.2** ⟨plantk.⟩ ***hopklaver*** ⟨Medicago lupulina⟩.

non·suit[1] ['nɒnsu:t‖'nɑn-]⟨telb.zn.⟩⟨jur.⟩ **0.1** ***royering*** ⇒*afwijzing v.e. aanklacht.*

nonsuit[2] ⟨ov.ww.⟩⟨jur.⟩ **0.1** ⟨ong.⟩ ***de eis ontzeggen*** ⇒*niet ontvankelijk verklaren.*

non·tar·iff [-'tærɪf]⟨bn.⟩ **0.1** ***tolvrij*** ◆ **1.1** ~ barriers *tolvrije grenzen.*

non·trade [-'treɪd]⟨bn., attr.⟩ **0.1** ***niet-handels-*** ◆ **1.1** ~ accounts *niet-handelsrekeningen* ⟨op betalingsbalans⟩.

non-U [-'ju:]⟨f1⟩⟨bn.⟩⟨vnl. BE; inf.; scherts.⟩ **0.1** ***niet gebruikelijk bij de hogere standen*** ⟨bv. v. woord, uitdrukking⟩.

non·un·ion [-'ju:nɪən]⟨bn., attr.⟩ **0.1** ***niet aangesloten bij een vakbond*** ⇒⟨B.⟩ *niet gesyndiceerd* **0.2** ***niet in verband met een vakvereniging*** ⇒*geen vakbonds-.*

non·un·ion·ist [-'ju:nɪənɪst]⟨telb.zn.⟩ **0.1** ***iem. die geen lid is v.e. vakbond*** ⇒*niet-lid, niet aangeslotene,* ⟨B.⟩ *niet-gesyndiceerde.*

non·us·er [-'ju:zə‖-'ju:zər]⟨telb.zn.⟩⟨jur.⟩ **0.1** ***niet-uitoefening*** ⟨v. recht⟩ ⇒*verbeuring.*

non·ver·bal [-'vɜ:bl‖-'vɜrbl]⟨bn.; -ly⟩ **0.1** ***niet-verbaal*** ⟨communicatie⟩.

non·vi·o·lence [-'vaɪələns]⟨f1⟩⟨n.-telb.zn.⟩⟨vnl. pol.⟩ **0.1** ***geweldloosheid.***

non·vi·o·lent [-'vaɪələnt]⟨f1⟩⟨bn.; -ly⟩ **0.1** ***geweldloos*** ⟨demonstratie e.d.⟩.

non-vot·ing [-'voʊtɪŋ]⟨bn.⟩ **0.1** ***niet-stemmend*** **0.2** ⟨geldw.⟩ ***zonder stemrecht*** ◆ **1.2** ~ shares *aandelen zonder stemrecht.*

non·white[1] [-'waɪt‖-'hwaɪt]⟨f1⟩⟨telb.zn.⟩ **0.1** ***niet-blanke.***

nonwhite[2] ⟨f1⟩⟨bn.⟩ **0.1** ***niet blank.***

non-work·ing [-'wɜ:kɪŋ‖-'wɜr-]⟨bn.⟩ **0.1** ***niet-werkend.***

noo·dle[1] ['nu:dl]⟨f1⟩⟨telb.zn.⟩ **0.1** ⟨vnl. mv.⟩ ***(soort eier)vermicelli*** ⇒*(soort) mie; noedels* **0.2** ***uilskuiken*** ⇒*domkop, ezel* **0.3** ⟨sl.⟩ ***kop*** ⇒*knikker, knar.*

noodle[2] ⟨onov. en ov.ww.⟩⟨sl.⟩ **0.1** ***(over)denken*** ⇒*(be)studeren* **0.2** ⟨muz.⟩ ***(zomaar (wat)) improviseren.***

nook [nʊk]⟨telb.zn.⟩⟨vnl. scherts.⟩ **0.1** ***hoek(je)*** **0.2** ***veilig(e) plek (je)*** ⇒*rustig(e)/verborgen hoek(je), schuilhoek* ◆ **4.1** ⟨inf.⟩ search every ~ and cranny *in elk hoekje en gaatje/overal zoeken.*

nook·(e)y, nook·ie ['nʊki]⟨zn.; →mv. 2⟩⟨sl.⟩
I ⟨telb.zn.⟩ **0.1** ***(lekker) stuk*** **0.2** ***kut;***
II ⟨telb. en n.-telb.zn.⟩ **0.1** ***partijtje vrijen*** ⇒*potje neuken.*

nook·y ['nʊki]⟨bn.⟩ **0.1** ***hoekig.***

noon[1] [nu:n]⟨f3⟩⟨telb. en n.-telb.zn.; ook attr.⟩ **0.1** ***middag(uur)*** ⇒*twaalf uur 's middags* **0.2** ***hoogtepunt*** ◆ **1.2** ⟨schr.⟩ ~ of night *middernacht.*

noon[2] ⟨onov.ww.⟩⟨AE; gew.⟩ **0.1** ***het middagmaal gebruiken*** **0.2** ***'s middags rusten.***

'noon·day, 'noon·tide, 'noon·time ⟨n.-telb.zn.; ook attr.⟩ **0.1** ***middag*** ◆ **1.1** the ~ sun *de middagzon.*

no-one ['noʊwʌn]⟨f1⟩⟨onb.vnw.; →onbepaald woord⟩ **0.1** ***niemand*** ◆ **3.1** there was ~ at home *er was niemand thuis.*

noon·ing ['nu:nɪŋ]⟨telb. en n.-telb.zn.⟩⟨AE; gew.⟩ **0.1** ***middagmaal*** ⇒*twaalfuurtje* **0.2** ***middagslaapje*** **0.3** ***middagpauze.***

noose[1] [nu:s]⟨f2⟩⟨telb.zn.⟩ **0.1** ***lus*** ⇒*strik, strop, schuifknoop* **0.2** ***val(strik)*** ⇒*hinderlaag* **0.3** ***huwelijksband.***

noose[2] ⟨ov.ww.⟩ **0.1** ***strikken*** ⇒*in een strik/strop/lus vangen, verstrikken* **0.2** ***strikken/lussen*** ⟨touw, koord⟩ **0.3** ***opknopen*** ⇒*ophangen.*

nop ⟨afk.⟩ not otherwise provided for.

no·pal ['noʊpl]⟨telb.zn.⟩⟨plantk.⟩ **0.1** ***nopal*** ⟨genus Nopalea⟩ ⇒⟨vaak⟩ *cochenillecactus* ⟨Nopalea coccinellifera⟩ **0.2** ***(soort) vijgcactus*** ⟨Opuntia lindheimeri⟩.

nope [noʊp]⟨tussenw.⟩⟨vnl. AE; inf.⟩ **0.1** ***nee*** ⇒*nee hoor.*

'no place ⟨f1⟩⟨bw.⟩⟨vnl. AE; inf.⟩ **0.1** ***nergens.***

nor[1] [nɔ:‖nɔr]⟨bw.⟩⟨BE⟩ **0.1** ***evenmin*** ⇒*ook niet* ◆ **¶.1** it didn't cost much and/but ~ was it palatable *het kostte niet veel en/maar het was dan ook niet te pruimen.*

nor[2] ⟨f4⟩⟨vw.⟩
I ⟨ondersch.vw.; na vergrotende trap⟩⟨Sch. E of gew.⟩ **0.1** ***dan*** ⇒*als* ◆ **1.1** taller ~ John *groter dan John;*
II ⟨nevensch.vw.; in negatieve constructies⟩ **0.1** ⟨voor volgende element v.e. reeks, i.h.b. na neither⟩ ***noch*** ⇒*en ook niet, en evenmin* **0.2** ⟨zelden⟩ ***en niet*** **0.3** ⟨als eerste element v.e. reeks⟩ ⟨vero.⟩ ***noch*** **0.4** ⟨in dubbele of meervoudige ontkenning substandaard⟩ ***niet*** ◆ **1.1** I don't like you, ~ your brother, ~ your friends *ik mag jou niet, noch je broer, noch je vrienden;* neither Jill ~ Sheila *noch Jill noch Sheila* **1.3** ~ Jill nor Sheila appealed to him *hij vond noch Jill noch Sheila aantrekkelijk* **¶.1** she was not ill, ~ did she seem unhappy *ze was niet ziek en ze leek ook niet ongelukkig* **¶.2** repent ~ look back *heb geen spijt en zie niet om* **¶.4** I cannot ~ I will not consent *ik kan niet en ik wil niet toegeven.*

nor'- [nɔ:‖nɔr]⟨afk.⟩ north.

Nor·dic[1] ['nɔ:dɪk‖'nɔr-]⟨f1⟩⟨telb.zn.⟩ **0.1** ***Noordeuropeaan*** ⇒*Scandinaviër.*

Nordic[2] ⟨bn., attr.⟩ **0.1** ***Noords*** ⇒*Noordeuropees, Scandinavisch* **0.2** ⟨ook n-⟩⟨sport⟩ ***noords*** ⟨langlauf, skispringen⟩ ◆ **1.2** ~ cross-country *langlaufen,* ⟨B.⟩ *fondskiën* **3.2** ~ skiing *het noordse skiën* ⟨langlauf en schansspringen⟩.

'Nordic com'bined ⟨n.-telb.zn.⟩⟨sport⟩ **0.1** ***noordse combinatie*** ⇒*noordse combiné* ⟨schanssprong- en langlaufwedstrijd⟩.

Nor·folk jacket ['nɔ:fək 'dʒækɪt‖'nɔr-]⟨telb.zn.⟩ **0.1** ***jasje*** ⟨los herenjasje met een rij knopen, ceintuur, zakken en dubbele plooien voor en achter⟩.

'Norfolk 'plover ⟨telb.zn.⟩⟨dierk.⟩ **0.1** ***griel*** ⟨Burhinus oedicnemus⟩.

no·ri·a ['nɔ:rɪə]⟨telb.zn.⟩ **0.1** ***noria*** ⇒⟨ong.⟩ *kettingmolen* ⟨met emmers/bakjes⟩.

nor·land ['nɔ:lənd‖'nɔr-]⟨n.-telb.zn.; ook N-⟩⟨BE; schr.⟩ **0.1** ***noordelijke streken.***

norm[1] [nɔ:m‖nɔrm]⟨f2⟩⟨telb.zn.⟩ **0.1** ***norm*** ⇒*standaard, regel, richtsnoer* **0.2** ***(verwachte) gemiddelde.***

norm[2] ⟨afk.⟩ normal.

nor·mal[1] ['nɔ:ml‖'nɔrml]⟨f2⟩⟨zn.⟩
I ⟨telb.zn.⟩ **0.1** ***het normale*** **0.2** ***gemiddelde*** **0.3** ***normale temperatuur*** **0.4** ⟨wisk.⟩ ***normaal*** ⇒*loodlijn;*
II ⟨n.-telb.zn.⟩ **0.1** ***normale/gewone toestand/hoogte*** ◆ **6.1** **above/below** ~ *boven/onder het normale.*

normal[2] ⟨f4⟩⟨bn.⟩
I ⟨bn.; -ly⟩ **0.1** ***normaal*** ⟨ook psych.⟩ ⇒*gewoon, typisch, standaard, overeenkomstig de regel* **0.2** ⟨wisk.⟩ ***loodrecht*** ⇒*volgens de normaal/loodlijn* ◆ **1.¶** ⟨geol.⟩ ~ fault *afschuiving;*
II ⟨bn., attr.⟩⟨schei.⟩ **0.1** ***normaal-*** ⟨oplossing⟩.

nor·mal·i·ty [nɔ:'mæləti‖nɔr'mæləṭi], ⟨vnl. AE ook⟩ **nor·mal·cy** ['nɔ:mlsi‖'nɔr-]⟨f1⟩⟨n.-telb.zn.⟩ **0.1** ***normaliteit*** ⟨ook schei.⟩ ⇒*het normaal zijn, normale toestand, het overeenstemmen met de norm.*

nor·mal·i·za·tion, -sa·tion ['nɔ:məlaɪ'zeɪʃn‖'nɔrmələ-]⟨n.-telb.zn.⟩ ⟨ook boek., tech.⟩ **0.1** ***normalisatie.***

nor·mal·ize, -ise ['nɔ:məlaɪz‖'nɔr-]⟨f1⟩⟨ww.⟩
I ⟨onov.ww.⟩ **0.1** ***normaal worden;***
II ⟨ov.ww.⟩ **0.1** ***normaliseren*** ⟨ook boek.⟩ ⇒*in overeenstemming brengen met een norm* **0.2** ⟨tech.⟩ ***normaalgloeien*** ⟨staal⟩.

'normal school ⟨telb.zn.⟩ **0.1** ***pedagogische academie*** ⇒*kweekschool;* ⟨B.⟩ *(lagere) normaalschool voor onderwijzers/onderwijzeressen* ⟨o.a. in Frankrijk, en voorheen in de U.S.A. en Canada⟩.

Nor·man[1] ['nɔ:mən‖'nɔr-]⟨zn.⟩
I ⟨eig.n.⟩ **0.1** ***Norman*** **0.2** ⟨gesch.⟩ ***Normandisch Frans*** ⟨taal⟩;
II ⟨telb.zn.⟩ **0.1** ***Normandiër*** **0.2** ***Noorman;***
III ⟨n.-telb.zn.⟩ **0.1** ⟨bouwk.⟩ ***Normandische (rondboog)stijl.***

Norman[2] ⟨f2⟩⟨bn.⟩ **0.1** ***Normandisch*** ◆ **1.1** ~ architecture/style *Normandische (rondboog)stijl;* the ~ Conquest *de verovering (v. Engeland) door de Normandiërs* ⟨1066⟩; ~ English *Normandisch Engels;* ~ French *Normandisch Frans.*

Nor·man·ism ['nɔ:mənɪzm‖'nɔr-]⟨telb.zn.⟩ **0.1** ***typisch Normandisch(e) iets/gewoonte/neiging.***

Nor·man·i·za·tion, -sa·tion ['nɔ:mənaɪ'zeɪʃn||'nɔrmənə-] ⟨n.-telb.zn.⟩ **0.1** ***het Normandisch maken/worden.***
Nor·man·ize, -ise ['nɔ:mənaɪz||'nɔr-] ⟨ww.⟩
I ⟨onov.ww.⟩ **0.1** ***Normandisch worden;***
II ⟨ov.ww.⟩ **0.1** ***Normandisch maken.***
nor·ma·tive ['nɔ:mətɪv||'nɔrmət̬ɪv] ⟨bn.; -ly; -ness⟩ **0.1** ***normatief*** *⇒bindend.*
Norn [nɔ:n||nɔrn] ⟨telb.zn.; ook Nornir ['nɔ:nɪə||'nɔrnɪr]; →mv. 5⟩ **0.1** ***een der nornen*** *⇒schikgodin (uit de Germaanse mythologie).*
Norse¹ [nɔ:s||nɔrs] ⟨zn.⟩
I ⟨eig.n.⟩ **0.1** ***Noors*** *⇒de Noorse taal* **0.2** ***Scandinaafs*** *⇒de Scandinavische talen;*
II ⟨verz.n.; the⟩ **0.1** ***Scandinaviërs*** ⇒⟨vaak⟩ *Noren, Oud-Noren.*
Norse² ⟨bn.⟩ **0.1** ***Scandinavisch*** ⇒⟨vaak⟩ *(Oud) Noors* **0.2** ***Westscandinavisch*** *⇒Noors, IJslands, Faröers* **0.3** ***Noorweegs/Noors.***
Norse·land ['nɔ:slənd||'nɔrs-] ⟨eig.n.⟩ **0.1** ***Noorwegen.***
Norse·man ['nɔ:smən||'nɔrs-] ⟨f1⟩ ⟨telb.zn.; Norsemen [-mən]; →mv. 3⟩ ⟨gesch.⟩ **0.1** ***Noorman.***
north¹ [nɔ:θ||nɔrθ] ⟨f3⟩ ⟨n.-telb.zn.; in bet. 0.1 soms the; in bet. 0.2, 0.3 altijd the; vaak N-⟩ **0.1** ***noorden*** ⟨windrichting⟩ *⇒noord* **0.2** ***het noorden*** ⟨v. land⟩ ⇒⟨Am. gesch.⟩ *oostelijke staten ten noorden v. Washington D.C.;* ⟨Eng.⟩ *het noorden v. Engeland* ⟨vanaf de lijn Manchester - Hull⟩ **0.3** ⟨bridge⟩ ***noord*** **0.4** ***noordenwind*** ◆ **1.1** ~ and south *langs een lijn v. noord naar zuid* **1.3** love all, dealer ~ *noord gever, niemand kwetsbaar* **3.1** face (the) ~ *op het noorden liggen* **5.1** where is (the) ~? *waar is het noorden?* **6.1** (to the) ~ **of** *ten noorden van, noordwaarts van.*
north² ⟨f2⟩ ⟨bn., attr.; vaak N-⟩ **0.1** ***noord(-)*** *⇒noorden-, noorder-, noordelijk, noordwaarts* ◆ **1.1** North Atlantic Treaty Organization *Noordatlantische Verdragsorganisatie;* North Britain *Schotland;* North Briton *Schot;* a ~ light *licht uit het noorden, noordelijk licht* ⟨bij atelier, fabriek, enz.⟩; the North Pole *de Noordpool;* the North Sea *de Noordzee;* the North Star *de Poolster.*
north³ ⟨onov.ww.⟩ **0.1** ***naar het noorden draaien/gaan/keren*** ⟨v.d. wind⟩.
north⁴ ⟨f2⟩ ⟨bw.⟩ **0.1** ***noordwaarts*** *⇒van/naar/in het noorden* ◆ **3.1** face ~ *op het noorden liggen;* travel ~ *noordwaarts/naar het noorden reizen* **5.1** ⟨inf.⟩ live **up** ~ *in het noorden v.h. land wonen;* travel **up** ~ *naar het noorden reizen* **6.1** ~ **by** east/west *noord ten oosten/ten westen* ⟨11° 15'⟩.
'North-A'·mer·i·can ⟨f2⟩ ⟨telb.zn.; ook attr.⟩ **0.1** ***Noordamerikaan (s)*** *⇒Amerikaan(s), Canadees.*
'north·bound ⟨bn.⟩ **0.1** ***die/dat naar het noorden gaat/reist*** ⟨verkeer⟩.
'North country ⟨telb. en n.-telb.zn.; the⟩ ⟨BE⟩ **0.1** ***het noorden v. Engeland*** ⟨boven de lijn Manchester - Hull⟩.
'North-'country·man ⟨telb.zn.; North countrymen; →mv. 3⟩ **0.1** ⟨ong.⟩ ***noorderling*** ⟨bewoner v.h. noorden van Engeland⟩.
'north'east¹, ⟨vnl. scheep.⟩ **'nor·'east, 'nor''east** ⟨f2⟩ ⟨n.-telb.zn.; the⟩ **0.1** ***noordoosten.***
northeast² ⟨bn.⟩ **0.1** ***noordoostelijk*** *⇒noordoosten-.*
northeast³, ⟨vnl. scheep.⟩ **nor-east, nor'east** ⟨f1⟩ ⟨bw.⟩ **0.1** ***naar/v.h. noordoosten*** *⇒in/uit noordoostelijke richting.*
'north'east·er ['nɔ:θ'i:stə||'nɔrθ'i:stər] ⟨telb.zn.; vnl. enk.⟩ **0.1** ***noordooster*** *⇒noordoostenwind.*
'north'east·er·ly ⟨bn., attr.⟩ **0.1** ***naar/uit het noordoosten*** *⇒noordoostelijk.*
'north'east·ern ⟨f1⟩ ⟨bn., attr.; vaak N-⟩ **0.1** ***uit/v.h. noordoosten*** *⇒noordoostelijk.*
'north'east·ward ⟨bn., attr.⟩ **0.1** ***noordoostelijk*** *⇒in noordoostelijke richting.*
'north'east·wards, ⟨AE ook⟩ **north·east·ward** ⟨bw.⟩ **0.1** ***naar het noordoosten.***
north·er ['nɔ:ðə||'nɔrðər] ⟨telb.zn.⟩ ⟨AE⟩ **0.1** ***koude noordenwind*** ⟨in Texas, Florida, Golf van Mexico, in herfst/winter⟩.
north·er·ly¹ ['nɔ:ðəli||'nɔrðərli] ⟨telb.zn.; →mv. 2⟩ **0.1** ***noorderwind/storm.***
northerly² ⟨f1⟩ ⟨bn.⟩ **0.1** ***noordelijk*** *⇒uit/naar/in het noorden.*
northerly³ ⟨bw.⟩ **0.1** ***uit/naar/in noordelijke richting*** *⇒noordwaarts.*
north·ern¹ ['nɔ:ðən||'nɔrðərn] ⟨telb.zn.⟩ **0.1** ***noorderling*** ⇒⟨vnl.⟩ *bewoner v.d. noordelijke staten in de U.S.A.* **0.2** ***noorderwind.***
northern² ⟨f3⟩ ⟨bn., attr.; vaak N-⟩ **0.1** ***noord(-)*** *⇒noorden-, noordelijk* ◆ **1.1** the ~ lights *het noorderlicht, aurora borealis* **1.¶** ⟨dierk.⟩ great ~ diver *ijsduiker* ⟨Gavia immer⟩.
north·ern·er ['nɔ:ðənə||'nɔrðənər] ⟨f1⟩ ⟨telb.zn.; vaak N-⟩ **0.1** ***noorderling*** ⟨bewoner v.h. noorden v. Engeland, Amerika, Europa⟩.
north·ern·most ['nɔ:ðənmoust||'nɔrðərn-] ⟨bn., attr.⟩ **0.1** ***noordelijkst*** *⇒meest noordelijk.*
North-Ger·man·ic¹ ⟨eig.n.⟩ **0.1** ***Noordgermaans*** ⟨taal⟩.
'North-Ger'manic² ⟨bn.⟩ **0.1** ***Noordgermaans*** *⇒Scandinaafs.*
north·ing ['nɔ:θɪŋ||'nɔr-] ⟨telb.zn.⟩ ⟨scheep.⟩ **0.1** ***noorderdeclinatie*** *⇒noordelijke declinatie* **0.2** ***afgelegde afstand in noordelijke richting.***
North·land ['nɔ:θlənd||'nɔrθ-] ⟨zn.⟩ ⟨schr.⟩
I ⟨eig.n.⟩ **0.1** ***Scandinavië;***
II ⟨telb.zn.; n-⟩ **0.1** ***noordelijke streken.***
North·man ['nɔ:θmən||'nɔrθ-] ⟨telb.zn.; Northmen [-mən]; →mv. 3⟩ **0.1** ***Scandinaviër*** ⇒⟨vnl.⟩ *Noor,* ⟨ook⟩ *Noorman.*
'north-north'east¹, ⟨vnl. scheep.⟩ **'nor-nor-'east** ⟨n.-telb.zn.; vaak attr.⟩ **0.1** ***noordnoordoost*** *⇒noordnoordoostelijk.*
north-northeast² ⟨bw.⟩ **0.1** ***noordnoordoostelijk.***
'north-north'west¹, ⟨vnl. scheep.⟩ **'nor-nor-'west** ⟨f2⟩ ⟨n.-telb.zn.; vaak attr.⟩ **0.1** ***noordnoordwest*** *⇒noordnoordwestelijk.*
north-northwest², ⟨vnl. scheep.⟩ **nor-nor-west** ⟨bw.⟩ **0.1** ***noordnoordwestelijk.***
'North-'South dialogue ⟨telb.zn.⟩ ⟨pol.⟩ **0.1** ***Noord-Zuiddialoog.***
North·um·bri·an¹ [nɔ:'θʌmbrɪən||nɔr-] ⟨zn.⟩
I ⟨eig.n.⟩ **0.1** ⟨gesch.⟩ ***dialect v. Northumbria*** **0.2** ***dialect v. Northumberland;***
II ⟨telb.zn.⟩ **0.1** ⟨gesch.⟩ ***inwoner v. Northumbria*** **0.2** ***inwoner v. Northumberland.***
Northumbrian² ⟨bn.⟩ **0.1** ⟨gesch.⟩ ***uit/van Northumbria*** **0.2** ***uit/van Northumberland*** ◆ **1.2** ⟨taalk.⟩ ~ burr *huig-r, gebrouwde r.*
north·ward ['nɔ:θwəd||'nɔrθwərd] ⟨f2⟩ ⟨bn., attr.⟩ **0.1** ***in/naar het noorden (gaand)*** *⇒noordelijk, noordwaarts.*
north·wards ['nɔ:θwədz||'nɔrθwərdz], ⟨AE ook⟩ **north·ward** ⟨f2⟩ ⟨bw.⟩ **0.1** ***noordwaarts*** *⇒naar het noorden.*
'north'west¹ ⟨f2⟩ ⟨n.-telb.zn.; the⟩ **0.1** ***noordwesten*** **0.2** ⟨N-⟩ ⟨benvoor⟩ ***noordwesten*** ⟨v.e. land⟩ *⇒Noordwest Canada;* ⟨gesch.⟩ *gebied ten noorden v.d. Missouri en ten westen v.d. Mississippi; het noordwesten v.d. U.S.A.* ⟨Washington, Oregon, Idaho⟩.
northwest² ⟨bn.⟩ **0.1** ***noordwest(elijk)*** ◆ **1.1** the Northwest Passage *de Noordwestelijke (pool-)doorvaart.*
northwest³ ⟨f1⟩ ⟨bw.⟩ **0.1** ***noordwestwaarts*** *⇒ten noordwesten van.*
north·west·er ['nɔ:θ'westə||'nɔrθ'westər] ⟨telb.zn.⟩ **0.1** ***noordwester*** *⇒noordwestenwind.*
'north'west·er·ly ⟨bn.⟩ **0.1** ***noordwestelijk*** *⇒uit/naar/in het noordwesten.*
'north'west·ern ⟨f1⟩ ⟨bn., attr.⟩ **0.1** ***noordwest(elijk).***
'north'west·ward ⟨bn., attr.⟩ **0.1** ***noordwest(elijk).***
'north'west·wards, ⟨AE ook⟩ **north·west·ward** ⟨bw.⟩ **0.1** ***noordwestelijk.***
Norw ⟨afk.⟩ Norway.
Nor·way ['nɔ:weɪ||'nɔr-] ⟨eig.n.⟩ **0.1** ***Noorwegen.***
'Norway 'lobster ⟨telb.zn.⟩ ⟨dierk.⟩ **0.1** ***keizerskreeft*** ⟨Nephrops norvegicus⟩.
'Norway 'rat ⟨telb.zn.⟩ ⟨dierk.⟩ **0.1** ***bruine rat*** ⟨Rattus norvegicus⟩.
Nor·we·gian¹ ['nɔ:'wi:dʒən||'nɔr-] ⟨f2⟩ ⟨zn.⟩
I ⟨eig.n.⟩ **0.1** ***Noors*** *⇒Noorse taal;*
II ⟨telb.zn.⟩ **0.1** ***Noor.***
Norwegian² ⟨f2⟩ ⟨bn.⟩ **0.1** ***Noors.***
'nor'-'west·er ⟨telb.zn.⟩ **0.1** ***noordwester*** *⇒noordwestenwind* **0.2** ***glaasje sterke drank*** *⇒borrel, hart(ver)sterking* **0.3** ***zuidwester*** ⟨geoliede regenhoed⟩.
nos, Nos ⟨afk.⟩ numbers.
nose¹ [nouz] ⟨f3⟩ ⟨telb.zn.⟩ ⟨→sprw. 270⟩ **0.1** ***neus*** *⇒reukorgaan,* ⟨fig.⟩ *reukzin* **0.2** ***geur*** *⇒reuk* **0.3** ***(smalle) opening*** *⇒tuit, hals, pijp, uiteinde* ⟨v. pijp, leiding, buis, balg, kolf⟩ **0.4** ⟨sl.⟩ ***stille*** *⇒rechercheur* **0.5** ***neuslengte*** **0.6** ***aanbrenger*** *⇒verklikker* ⟨bij politie⟩ **0.7** ***punt*** *⇒neus* ⟨v. schip, vliegtuig, auto⟩ **0.8** ***(trap)randje*** *⇒bies, ronde rand* ◆ **1.¶** with one's ~ in the air *uit de hoogte, hautain* **3.1** speak through one's ~ *door de neus praten* **3.¶** bite/snap s.o.'s ~ off *iem. zijn neus afbijten, iem. afsnauwen, iem. toesnauwen;* bloody s.o.'s ~ *iem. beledigen;* count/tell ~s *neuzen tellen, de aanwezigen tellen;* cut off one's ~ to spite one's face *(in een woedebui) zijn eigen glazen/ruiten ingooien;* follow one's ~ *rechtuit gaan, zijn ingeving/instinct volgen;* ⟨inf.⟩ get up s.o.'s ~ *iem. op de zenuwen werken, iem. ergeren/irriteren;* have a ~ for sth. *ergens een fijne neus voor hebben;* have/hold/keep one's ~ to the grindstone *zwoegen, ploeteren, voortdurend hard werken;* hold/keep s.o.'s ~ to the grindstone *iem. afbeulen, iem. ongenadig aan het werk houden;* hold one's ~ *zijn neus dichtknijpen;* keep one's ~ out of s.o.'s affairs *zich met zijn eigen zaken bemoeien;* ⟨inf.⟩ lead s.o. by the ~ *iem. bij de neus leiden, met iem. kunnen doen wat men wil;* look down one's ~ at s.o. *de neus voor iem. ophalen, neerkijken op iem.;* ⟨inf.⟩ pay through the ~ (for) *moeten bloeden (voor), zich laten afzetten (voor);* poke/put/shove/stick/thrust one's ~ in(to) sth./s.o.'s affairs *zijn neus in iets/andermans zaken steken;* put s.o.'s ~ out *iem. jaloers maken;* ⟨inf. vnl. BE⟩ put s.o.'s ~ out of joint *iem. verdringen in iem. anders waardering/liefde, iem. jaloers maken;* ⟨vnl. BE; inf.⟩ rub

s.o.'s ~ in it/the dirt *iem. iets onder de neus wrijven, iem. iets inpeperen;* see no further than one's ~ *niet verder kijken dan zijn neus lang is;* thumb one's ~ at *een lange neus maken naar;* turn up one's ~ at sth./s.o. *zijn neus ophalen voor iets/iem.* **6.1** ⟨BE; inf.⟩ **on** the ~ *precies!;* ⟨inf.⟩ (right) **under** s.o.'s (very) ~ *vlak voor zijn neus/ogen* **6.5** (win) **by** a ~ *een neuslengte vóór zijn, met een kleine marge winnen.*

nose² ⟨f2⟩⟨ww.⟩ →nosing
I ⟨onov.ww.⟩ **0.1** ***snuffelen*** ⇒*ruiken* **0.2** ***zich (voorzichtig) een weg banen*** ⟨v. schip, auto⟩ ◆ **5.1** nose **about** ⟨AE ook⟩ **around** *rondneuzen/snuffelen* **5.2** →nose out **6.1** nose **about** ⟨AE ook⟩ **around** the house for sth. *op zoek naar iets rondsnuffelen in huis;* ~ **at** sth. *snuffelen aan, ruiken aan;* ~ **after/for** sth. *zoeken/snuffelen naar; zijn neus ergens insteken, iets (bemoeiziek) proberen te weten te komen;* ~ **into** sth. *zijn neus steken in iets, zich bemoeien met andermans zaken;*
II ⟨ov.ww.⟩ **0.1** ***besnuffelen*** ⇒*(be)ruiken;* ⟨fig.⟩ *in de neus krijgen, erachterkomen* **0.2** ***met de neus wrijven tegen*** **0.3** ***zich banen*** ⟨een weg⟩ ⇒*voortduwen/bewegen* **0.4** ***met de neus/snoet openduwen*** **0.5** ***door de neus (uit)spreken*** ◆ **1.3** the ship/car ~s its way *het schip/de auto baant zich een weg;* she ~d the car through the traffic *ze manoeuvreerde de auto door het verkeer* **1.4** the cat nosed the door open *de kat duwde de deur open met haar snoet* **5.1** →nose out.

'nose-ape ⟨telb.zn.⟩⟨dierk.⟩ **0.1** ***neusaap*** ⟨Nasalis larvatus⟩.

'nose·bag ⟨telb.zn.⟩⟨vnl. BE⟩ **0.1** ***voederzak*** ⟨v. paard⟩ **0.2** ⟨sl.⟩ ***eetketeltje*** ⇒*broodtrommeltje;* ⟨bij uitbr.⟩ *maaltijd, boterham* ◆ **3.2** ⟨fig.⟩ put on the ~ *eten.*

'nose·band ⟨telb.zn.⟩ **0.1** ***neusriem*** ⟨v. paardehoofdstel⟩.

'nose·bleed ⟨f1⟩⟨telb.zn.⟩ **0.1** ***neusbloeding*** **0.2** ⟨plantk.⟩ ***duizendblad*** ⟨Achillea millefolium⟩.

'nose bob, 'nose job ⟨telb.zn.⟩⟨AE; sl.⟩ **0.1** ***neusoperatie*** ⟨ter verfraaiing⟩.

'nose candy ⟨n.-telb.zn.⟩⟨AE; sl.⟩ **0.1** ***te snuiven drug*** ⇒⟨i.h.b.⟩ *cocaïne.*

'nose cone ⟨telb.zn.⟩⟨tech.⟩ **0.1** ***neuskegel*** ⟨v. raket, e.d.⟩.

-nosed [noʊzd] **0.1** ***-geneusd/neuzig*** ⇒*met een... neus* ◆ **¶.1** long-nosed *met een lange neus.*

'nose dive ⟨telb.zn.⟩ **0.1** ⟨lucht.⟩ ***duikvlucht*** **0.2** ***duik*** ⇒*daling* **0.3** ⟨inf.⟩ ***plotselinge (prijs)daling.***

'nose-dive ⟨onov.ww.⟩ **0.1** ⟨lucht.⟩ ***een duikvlucht maken*** **0.2** ***plotseling dalen/duiken/vallen.***

'nose flute ⟨telb.zn.⟩ **0.1** ***neusfluit.***

'nose·gay ⟨telb.zn.⟩ **0.1** ***ruiker(tje)*** ⇒*boeketje.*

'nose'heav·y ⟨bn.⟩⟨lucht., scheep.⟩ **0.1** ***koplastig.***

'nose monkey ⟨telb.zn.⟩⟨dierk.⟩ **0.1** ***neusaap*** ⟨Nasalis larvatus⟩.

'nose 'out ⟨f1⟩⟨ww.⟩
I ⟨onov.ww.⟩ **0.1** ***zich (voorzichtig) een weg banen*** ⇒*een vrije doorgang zoeken* ⟨v. schip, auto⟩;
II ⟨ov.ww.⟩⟨inf.⟩ **0.1** ***ontdekken*** ⇒*erachter komen* **0.2** ⟨AE⟩ ***op het nippertje winnen*** ⇒*met een neuslengte winnen* ◆ **6.2** he was nosed out by her *zij was hem net even neuslengte voor.*

'nose·piece ⟨telb.zn.⟩ **0.1** ***neusriem*** ⟨v. paardehoofdstel⟩ **0.2** ***neusstuk*** ⟨v. helm⟩ **0.3** ⟨tech.⟩ ***objectiefverwisselaar*** ⟨v. microscoop⟩.

'nose·pipe ⟨telb.zn.⟩ **0.1** ***tuit*** ⟨v. waterslang, pijp, buis⟩.

nos·er ['noʊzə‖-ər]⟨telb.zn.⟩ **0.1** ***krachtige tegenwind.***

'nose·rag ⟨telb.zn.⟩⟨sl.⟩ **0.1** ***zakdoek.***

'nose·ring ⟨telb.zn.⟩ **0.1** ***neusring.***

'nose·warm·er ⟨telb.zn.⟩ **0.1** ***neuswarmertje*** ⇒*kort pijpje.*

'nose·wheel ⟨telb.zn.⟩⟨lucht.⟩ **0.1** ***neuswiel.***

nosey →nosy.

nosh¹ [nɒʃ‖nɑʃ]⟨telb. en n.-telb.zn.⟩⟨vnl. BE; sl.⟩ **0.1** ***bik*** ⇒*eten, hap* ◆ **2.1** the ~ is good *de bik is goed* **3.1** have a ~ *bikken, een hapje eten.*

nosh² ⟨onov. en ov.ww.⟩⟨vnl. BE; sl.⟩ **0.1** ***bikken*** ⇒*eten, een hapje (tussendoor) nemen.*

nosh·er ['nɒʃə‖'nɑʃər]⟨telb.zn.⟩⟨vnl. BE; sl.⟩ **0.1** ***bikker*** ⇒*eter.*

'no-'show¹ ⟨zn.⟩
I ⟨telb.zn.⟩ **0.1** ***iem. die het laat afweten/niet komt opdagen*** ⇒⟨i.h.b.⟩ *(vliegtuig)passagier die niet komt opdagen;*
II ⟨telb. en n.-telb.zn.⟩ **0.1** ***het niet komen opdagen*** ⇒*het niet verschijnen* ◆ **1.1** witness ~s *getuigen die niet komen opdagen.*

no-show² ⟨bn.⟩⟨inf.⟩ **0.1** ***als/van iem. op een loonlijst die niet werkt*** ⇒*als/van een niet bestaand iem. op een loonlijst.*

'nosh-up ⟨telb.zn.⟩⟨sl.⟩ **0.1** ***grote/goede maaltijd.***

nos·i·ness ['noʊzinəs]⟨n.-telb.zn.⟩ **0.1** ***bemoeizucht*** ⇒*nieuwsgierigheid, weetgierigheid.*

nos·ing ['noʊzɪŋ]⟨telb.zn.; oorspr. gerund v. nose⟩ **0.1** ***(trap)randje*** ⇒*bies, ronde rand.*

no·so- ['nɒsoʊ] **0.1** ***noso-*** ⇒*ziekte-* ◆ **¶.1** nosography *nosografie, systematische ziektebeschrijving.*

no·sol·o·gy [-'sɒlədʒi‖-'sɑ-]⟨telb.zn.; →mv. 2⟩ **0.1** ***ziekteleer*** ⇒*nosologie.*

nos·tal·gi·a [nɒ'stældʒə‖nɑ-]⟨f1⟩⟨n.-telb.zn.⟩ **0.1** ***nostalgie*** ⇒*heimwee, verlangen (naar het verleden).*

nos·tal·gic [nɒ'stældʒɪk‖nɑ-]⟨f1⟩⟨bn.; -ally; →bijw. 3⟩ **0.1** ***nostalgisch*** ⇒*met/vol heimwee, vol verlangen (naar het verleden).*

nos·toc ['nɒstɒk‖'nɑstɑk]⟨n.-telb.zn.⟩⟨plantk.⟩ **0.1** ***nostoc*** ⇒*blauwwier* ⟨Cyanophyta⟩.

Nos·tra·da·mus ['nɒstrə'deɪməs‖'nɑ-]⟨zn.⟩
I ⟨eig.n.⟩ **0.1** ***Nostradamus*** ⇒*Nostredame* ⟨Michel de Nostre-Dame, Frans astroloog en waarzegger 1503-1566⟩;
II ⟨telb.zn.⟩ **0.1** ***(beroeps)waarzegger*** ⇒*(beroeps)voorspeller.*

nos·tril ['nɒstrɪl‖'nɑ-]⟨f2⟩⟨telb.zn.⟩ **0.1** ***neusgat*** **0.2** ***neusvleugel*** ◆ **3.¶** stink in the ~s of s.o. *aanstootgevend/beledigend zijn voor iem..*

nos·trum ['nɒstrəm‖'nɑ-]⟨telb.zn.⟩ **0.1** ***(geheim) middel*** ⇒*geneesmiddel, kwakzalversmiddel, panacee, wondermiddel;* ⟨fig.⟩ *alleenzaligmakend middel* ⟨politiek, sociaal⟩.

nos·y¹, nos·ey ['noʊzi]⟨f1⟩⟨telb.zn.⟩ **0.1** ***persoon met een lange neus*** ⇒⟨fig.⟩ *'neus'.*

nosy², nosey ⟨f1⟩⟨bn.; -er; -ly; →bijw. 3⟩ **0.1** ⟨inf.; bel.⟩ ***bemoeiziek*** ⇒*nieuwsgierig, weetgierig* **0.2** ***met een lange neus*** **0.3** ***met een kenmerkende/bepaalde (goede/slechte) geur*** ◆ **1.1** ⟨BE; inf.; bel.⟩ Nosey Parker *bemoeial;* you Nosey Parker *je neus is geen kapstok.*

not [nɒt‖nɑt], ⟨samentr.⟩ **n't** [nt]⟨f4⟩⟨bw.; →zwakke en samengetrokken vormen⟩ **0.1** ***niet*** ⇒*geen, helemaal niet, zelfs niet* ◆ **1.1** ~ a thing *helemaal niets;* ~ a word *geen woord* **3.1** I do ~ hope that *ik hoop niet dat;* I hope ~ *ik hoop van niet;* I do ~ know, ⟨vero.⟩ I know ~ *ik weet (het) niet;* ⟨inf.⟩ ~ to say *bijna zelfs, misschien zelfs, om niet te zeggen* **5.1** ~ at all *geen dank;* ~ least *vooral, boven al(les);* as likely as ~ *waarschijnlijk;* ~ once or twice *vaak;* ~ only... but (also) *niet alleen..., maar (ook);* as soon as ~ *vlug, weldra, spoedig;* ⟨sl.⟩ ~ all there *niet helemaal bij, een beetje geschift;* ~ too/so well *niet zo best, een beetje ziek;* ⟨BE; inf.⟩ ~ half *heel erg* **7.1** ~ such a fool ⟨vero.⟩ but/⟨schr.⟩ but that/⟨niet-standaard⟩ but what he can see it *niet zo stom, dat hij het niet ziet* **8.1** ⟨vero.⟩ ~ but, ⟨schr.⟩ ~ but that, ⟨niet-standaard⟩ ~ but what *hoewel, niettegenstaande (het feit) (dat);* ~ a bus but a tram *geen bus maar een tram;* ~ hard but easy *niet moeilijk maar makkelijk;* if ~ *indien niet, anders;* ~ that I want to know *niet (om)dat ik het wil weten, ik wil het trouwens helemaal niet weten.*

no·ta be·ne ['noʊtə 'beneɪ‖'noʊt̬ə 'bi:ni]⟨tussenw.⟩ **0.1** ***nota bene*** ⇒*let wel, geef acht, merk op.*

no·ta·bil·i·ty ['noʊt̬ə'bɪlət̬i]⟨zn.; →mv. 2⟩
I ⟨telb.zn.⟩ **0.1** ***voornaam persoon*** ⇒*notabele, belangrijk/vooraanstaand persoon, kopstuk;*
II ⟨n.-telb.zn.⟩ **0.1** ***opmerkelijkheid*** ⇒*merkwaardigheid* **0.2** ⟨vero. of gew.⟩ ***huishoudelijkheid*** ⇒*handigheid in het huishouden.*

no·ta·ble¹ ['noʊt̬əbl]⟨telb.zn.⟩ **0.1** ***voornaam persoon*** ⇒*notabele, belangrijk/vooraanstaand persoon, kopstuk* **0.2** ⟨gesch.⟩ ***notabele*** ⟨vóór Franse revolutie⟩.

notable² ⟨f2⟩⟨bn.; -ness⟩ **0.1** ***opmerkelijk*** ⇒*merkwaardig, opvallend, bijzonder* **0.2** ***vooraanstaand*** ⇒*aanzienlijk, voornaam, eminent* **0.3** ⟨vero. of gew.⟩ ***huishoudelijk*** ⟨v. vrouw⟩ ⇒*efficiënt (te werk gaand), vlijtig* ⟨in huishouden⟩ ◆ **1.2** ~ guests *voorname gasten;* ~ scientist *vooraanstaand wetenschapsman* **6.1** a woman ~ **for** her beauty *een door haar schoonheid opvallende vrouw.*

no·ta·bly ['noʊt̬əbli]⟨f2⟩⟨bw.⟩ **0.1** →notable **0.2** ***in het bijzonder*** ⇒*met name, speciaal* ◆ **1.2** others, ~ the Americans and the English, didn't want to talk about it *anderen, met name de Amerikanen en Engelsen, wilden er niet over praten.*

no·tar·i·al [noʊ'teərɪəl‖-'ter-]⟨bn.; -ly⟩ **0.1** ***notarieel*** ◆ **1.1** ~ certificate *notariële verklaring;* ~ deed *notariële akte.*

no·ta·rize, -rise ['noʊt̬əraɪz]⟨ov.ww.⟩⟨vnl. AE⟩ **0.1** ***legaliseren*** ⇒*notarieel bekrachtigen, (als notaris) authentiseren.*

no·ta·ry ['noʊt̬əri]⟨f1⟩⟨telb.zn.; →mv. 2⟩ **0.1** ***notaris*** ◆ **2.1** ~ public *notaris.*

no·tate [noʊ'teɪt]⟨ov.ww.⟩ **0.1** ***noteren*** ⟨ook muz.⟩ ⇒*beschrijven.*

no·ta·tion [noʊ'teɪʃn]⟨f2⟩⟨zn.⟩
I ⟨telb.zn.⟩⟨AE⟩ **0.1** ***aantekening*** ⇒*noot;*
II ⟨telb. en n.-telb.zn.; vnl. enk.⟩ **0.1** ***notatie*** ⟨muziek, schaken e.d.⟩ ⇒*(wijze v.) noteren, schrijfwijze, tekenschrift* ◆ **1.1** the ~ of chess *het notatiesysteem v. schaken* **2.1** chemical ~ *chemisch tekenschrift;* musical ~ *muzieknotatie.*

notch¹ [nɒtʃ‖nɑtʃ]⟨f2⟩⟨telb.zn.⟩ **0.1** ***keep*** ⟨ook fig. op kerfstok⟩ ⇒*kerf, inkeping, insnijding, streepje* **0.2** ⟨inf.⟩ ***graad*** ⇒*tre(d)e, klasse, stuk(je)* **0.3** ⟨AE⟩ ***bergpas*** ⇒*bergengte* ◆ **2.1** this film is ~es better than your last one *deze film is stukken/klassen beter* dan je vorige 6.2 a ~ **above** een graad hoger dan, een tre(d)e boven, een klasse beter dan; an excellent play, ~es **above** his other writings een uitstekend stuk, met kop en schouders uitstekend boven zijn andere werken.

notch[2] ⟨f1⟩⟨ov.ww.⟩ 0.1 **(in)kepen** ⇒(in)kerven, insnijden, ⟨i.h.b.⟩ tanden 0.2 **noteren** ⇒aantekenen 0.3 **inlaten** ⇒door kepen in elkaar voegen, vergaren 0.4 ⟨inf.⟩ **(be)halen** ⟨overwinning, punten⟩ ⇒boeken, binnenhalen, maken 0.5 ⟨inf.⟩ **bezorgen** ⇒opleveren ◆ 1.5 his two films ~ed him a place in 'Cinema a Critical Dictionary' zijn twee films leverden hem een plaats op in 'Cinema a Critical Dictionary' 5.4 ~ **up** halen, bereiken ⟨bep. aantal⟩; we ~ed **up** nine victories in a row we behaalden negen overwinningen op een rij.

'notch·back ⟨telb.zn.⟩⟨AE⟩ 0.1 **notchback** ⇒sedan met kort kontje ⟨type auto⟩.

'notch·board ⟨telb.zn.⟩ 0.1 **trapwang**.

notch·er·y ['nɒtʃəri||'nɑ-]⟨telb.zn.⟩⟨sl.⟩ 0.1 **bordeel**.

note[1] [noʊt]⟨f4⟩⟨zn.⟩

I ⟨telb.zn.⟩ 0.1 ⟨vaak mv.⟩ **aantekening** ⇒notitie, ⟨bij uitbr.⟩ kort verslag, nota 0.2 **briefje** ⇒berichtje, ⟨i.h.b.⟩ (diplomatieke) nota, brief, schrijven, memorandum 0.3 **(voet)noot** ⇒aantekening, annotatie 0.4 **biljet** ⇒briefje, lapje, papier 0.5 **promesse** ⇒orderbriefje 0.6 ⟨ben. voor⟩ **teken** ⇒kenmerk, kenteken 0.7 **toon** ⇒geluid, teneur 0.8 **toets** ⟨v. piano e.d.⟩ 0.9 **gezang** ⇒roep, schreeuw, geluid ⟨vnl. v. vogels⟩ 0.10 ⟨muz.⟩ **toon** 0.11 ⟨muz.⟩ **noot** ⇒⟨bij uitbr.⟩ lied, melodie, wijsje ◆ 1.1 ~ of charges onkostennota 1.4 fifty pounds in ~s vijftig pond aan papiergeld 1.5 ~ of hand promesse 1.6 that's a ~ of classicism dat is een kenmerk v.h. classicisme 1.7 a ~ of carelessness een zekere achteloosheid, iets v. achteloosheid; there was a ~ of pessimism in his latest poems zijn laatste gedichten hadden iets pessimistisch; sound/strike a ~ of warning against sth. tegen iets waarschuwen, een waarschuwend geluid tegen iets laten horen 2.1 you must make a mental ~ to see the dentist tomorrow je moet goed onthouden/niet vergeten morgen naar de tandarts te gaan; make a mental ~ of an address een adres in je geheugen prenten 3.1 make ~s, make a ~ aantekeningen maken, kort verslag schrijven, noteren; make a ~ of your expenses noteer je onkosten, houd bij wat voor onkosten je maakt; speak without ~s/a ~ spreken zonder iets op papier te hebben, voor de vuist weg praten 3.2 a covering ~ een begeleidend schrijven; there was a ~ for er lag een briefje voor haar 3.7 change one's ~ een toontje lager (gaan) zingen 3.¶ ⟨fig.⟩ compare ~s elkaars gedachten/standpunten/ervaringen naast elkaar leggen, ervaringen/ideeën/indrukken uitwisselen, beraadslagen; he and his brother have been comparing ~s on their holidays in Sweden hij en zijn broer hebben met elkaar zitten praten over hun vakantieervaringen in Zweden; compare ~s with s.o. indrukken met iem. uitwisselen 7.11 ⟨AE⟩ sixteenth/thirty-second note zestiende/tweeëndertigste noot;

II ⟨n.-telb.zn.⟩ 0.1 **aanzien** ⇒belang, gewicht, reputatie 0.2 **aandacht** ⇒acht, nota, notitie, kennisname ◆ 2.2 worthy of ~ opmerkenswaardig 3.2 take ~ of notitie nemen van, kennis nemen van, aandacht schenken aan 6.1 **of** ~ v. gewicht, v. belang, met een reputatie; a director **of** ~ een belangrijk/beroemd regisseur; his political views are a matter **of** ~ zijn politieke opvattingen hebben nogal wat bekendheid gekregen.

note[2] ⟨f3⟩⟨ov.ww.⟩ →noted 0.1 **nota nemen van** ⇒aandacht schenken aan, letten op 0.2 **(op)merken** ⇒bemerken, bespeuren, waarnemen 0.3 **aandacht vestigen op** ⇒opmerken 0.4 **vermelden** ⇒melding maken van, laten zien, noemen 0.5 **opschrijven** ⇒noteren, aantekenen 0.6 **annoteren** ⇒v. noten voorzien ⟨boek⟩ 0.7 ⟨ec.⟩ **laten protesteren** ⟨wissel⟩ ◆ 1.1 please ~ my advice luister alsjeblieft goed naar mijn raad 1.2 the disease is to be ~d first in the arms and legs de ziekte valt het eerst waar te nemen in de armen en benen 1.3 he ~d the uniqueness of the meeting hij vestigde de aandacht op het unieke karakter v.d. bijeenkomst 1.5 ~ names on a piece of paper namen op een vel papier schrijven 1.7 ⟨geldw.⟩ bill (of exchange) ~d for protest geprotesteerde wissel 5.5 ~ **down** the date and place de datum en plaats noteren 8.1 please ~ that you still have to pay last month's bill neemt u er nota v. dat u de rekening v.d. afgelopen maand nog moet voldoen 8.2 you may have ~d that het zal je wel opgevallen zijn/je zal wel gemerkt hebben dat 8.4 the report didn't ~ that she'd died last week het rapport vermeldde niet dat zij afgelopen week was overleden.

'note·book ⟨f2⟩⟨telb.zn.⟩ 0.1 **notitieboekje** ⇒aantekenboekje, zakboekje.

'note·case ⟨telb.zn.⟩ 0.1 **(zak)portefeuille**.

not·ed ['noʊt̬ɪd]⟨f2⟩⟨bn.; volt. deelw. v. note; -ly; -ness⟩ 0.1 **beroemd** ⇒bekend 0.2 **belangrijk** ⇒opmerkelijk ◆ 6.1 this city is ~ **for** its architecture deze stad is beroemd/bekend om haar bouwkunst.

'note·head ⟨n.-telb.zn.⟩⟨vnl. AE⟩ 0.1 **postpapier** ⟨met gedrukt/geperst hoofd⟩.

note·let ['noʊtl̥ɪt]⟨telb.zn.⟩ 0.1 **briefje**.

'note·pa·per ⟨n.-telb.zn.⟩ 0.1 **postpapier**.

'note·wor·thy ⟨f1⟩⟨bn.; -ly; -ness; →bijw. 3⟩ 0.1 **opmerkenswaardig** ⇒opmerkelijk.

not-for-profit →nonprofit.

noth·ing[1] ['nʌθɪŋ]⟨f2⟩⟨telb.zn.⟩ 0.1 ⟨vnl. enk.⟩ **nul** ⇒waardeloos iem., lul, prul 0.2 **kleinigheid** ⇒nietigheid, niets, niemendalletje 0.3 **nietszeggende opmerking** ⇒nietszeggend woord, ⟨i.h.b.⟩ woordje ◆ 1.1 the new teacher was a ~ de nieuwe leraar was een nul/lul 2.3 whisper soft/sweet ~s zoete/lieve woordjes fluisteren, kozen, troetelwoordjes fluisteren 3.1 ⟨sl.⟩ if he asks, you (don't) know from ~ als hij het je vraagt, weet je van niets; ⟨sl.⟩ ~ doing nee!; waardeloos 6.2 pleased **with** every ~ he gave her blij met elk kleinigheidje dat hij haar gaf 7.¶ ⟨inf.⟩ this town has no films, no theatre, no sports, no ~ dit gat heeft geen films, geen toneel, geen sport, niks/noppes.

nothing[2] ⟨bn.⟩⟨inf.⟩ 0.1 **onbetekenend** ⇒v. niks, v. geen betekenis, klein, nietig 0.2 **saai** ⇒slaapverwekkend, kleurloos ◆ 1.1 a ~ play een stuk v. niks, een onbetekenend stuk.

nothing[3] ⟨f4⟩⟨onb.vnw.; →onbepaald woord⟩ 0.1 **niets** ⇒⟨wisk.⟩ nul; ⟨oneig.⟩ niets belangrijks/moeilijks/waars/⟨enz.⟩ ◆ 3.1 ~ indicated trouble er was niets dat op moeilijkheden wees; I saw ~ ik heb niets gezien 3.¶ ⟨inf.⟩ be ~ bij geen enkele kerk horen; ⟨inf.⟩ have ~ on ... niets zijn vergeleken bij ... 4.1 it's ~ 't is niets, 't stelt niets voor, 't heeft geen belang, 't maakt niets uit; ~ less than niets minder dan, minstens; he expected ~ less than a slap in the face hij verwachtte minstens een klap in z'n gezicht te zullen krijgen 4.¶ it's ~ 't is niets, geen dank, graag gedaan; ~ less than ⟨zelden⟩ helemaal niet, het tegendeel v. 5.1 I had expected ~ less than this dit had ik wel het allerminst verwacht 6.1 ~ **of** those days remains niets uit die tijd is overgebleven; there's ~ **of** gentleness in him er zit niets zachtzinnigs in hem 6.¶ they don't call Atticus 'One-Shot Finch' **for** ~ ze noemen Atticus niet voor niets 'Eén-Schot Finch'; there was ~ **for** it but to call a doctor er zat niets anders op dan een dokter op te bellen; **for** ~ tevergeefs, onverrichterzake; gratis, voor niets; zo maar, zonder reden; John has ~ **in** him John is een vent v. niks; there's ~ **in/to** it er is niets van aan, er klopt niets van; er is niets aan, 't is een makkie, 't is een koud kunstje; ⟨sport⟩ there's ~ **in** it er is geen winnaar, zij staan/lopen ⟨enz.⟩ gelijk; sport's ~ **to** it sport is er niets bij; it's ~ **to** me het betekent niets voor mij, het doet me niets 8.1 she did ~ (else) but/than grumble ze deed niets (anders) dan mopperen 8.¶ ~ if not sly uitermate/heel erg sluw.

nothing[4] ⟨f3⟩⟨bw.⟩ 0.1 **helemaal niet** ⇒lang niet, niets ◆ 3.1 crying helps you ~ huilen helpt je niets 5.1 ~ **like/near** bij lange niet, op geen stukken na, in de verste verte niet; my painting is ~ **like/near** as/so good as yours mijn schilderij is bij lange na niet zo goed als de jouwe ¶.¶ ⟨AE; inf.⟩ is this a Mondriaan? Mondriaan ~; it's just trash is dit een Mondriaan? niks Mondriaan/Mondriaan, kom nou/Mondriaan, maak het een beetje; het is gewoon troep.

noth·ing·ar·i·an ['nʌθɪŋ'geərɪən||-'ger-]⟨telb.zn.⟩ 0.1 **vrijdenker** ⇒atheïst, ongelovige ◆ 1.1 the new neighbours are ~s de nieuwe buren zijn niks.

noth·ing·ness ['nʌθɪŋnəs]⟨f1⟩⟨zn.⟩

I ⟨telb.zn.⟩ 0.1 **nietigheid** ⇒bagatel, iets v. weinig/geen belang, niets;

II ⟨n.-telb.zn.⟩ 0.1 **niets** ⇒het niet zijn 0.2 **onbelangrijkheid** ⇒zinloosheid, onbeduidendheid, leegte 0.3 **ruimte** ⇒leegte ◆ 1.1 he was afraid of the ~ after death hij was bang voor het niets/de grote leegte na de dood 1.2 he had a feeling of ~ hij had het gevoel dat het allemaal niet meer hoefde.

no·tice[1] ['noʊt̬ɪs]⟨f3⟩⟨zn.⟩

I ⟨telb.zn.⟩ 0.1 **mededeling** ⇒bericht, aankondiging 0.2 ⟨vaak mv.⟩ **bespreking** ⇒recensie ◆ 1.1 ~ of death overlijdensadvertentie/bericht; the ~ on the coffee machine said 'out of order' op het briefje op de koffieautomaat stond 'buiten werking'; ~ of marriage huwelijksaankondiging 2.2 his new book got good ~s zijn nieuwe boek kreeg goede recensies/kritieken;

II ⟨n.-telb.zn.⟩ 0.1 **(voorafgaande) kennisgeving** ⇒aanzegging, aankondiging, waarschuwing, ⟨i.h.b.⟩ opzegging ⟨v. huur/arbeidscontract⟩, ontslagaanzegging 0.2 **aandacht** ⇒belangstelling, acht, attentie, notitie ◆ 3.1 give ~ (of) kennis geven (van), op de hoogte stellen (van), (van tevoren) verwittigen (over); give an employer one's ~ opzeggen bij een baas, zijn ontslag indienen bij een werkgever; give the maid (a month's) ~, give (a month's) ~ to the maid de dienstbode (met een maand) opzeggen; give s.o. ~ to quit iem. de huur opzeggen; leave without ~ vertrekken zonder op te zeggen; we received a three month's ~ to quit de huur is ons met drie maanden opgezegd 3.2 be beneath one's ~ je aan-

dacht niet waard zijn; I'd like to bring this book to your ~ *ik zou graag je aandacht op dit boek vestigen / dit boek onder uw aandacht willen brengen;* come into / to / under ~ *de aandacht trekken, in de belangstelling komen;* it has come to our ~ that... *wij hebben gemerkt dat...;* escape one's ~ *aan iemands aandacht ontsnappen;* sit up and take ~ *wakker worden / schrikken* ⟨alleen fig.⟩; *geïnteresseerd raken, interesse tonen; weer belangstelling tonen voor de omgeving* ⟨v. zieke⟩; this new film will make the critics sit up and take ~ *deze nieuwe film zal de critici versteld doen staan, deze nieuwe film zal niet ongemerkt aan de critici voorbij gaan;* take ~ of *acht slaan op, belangstelling tonen voor, notitie nemen van;* take no ~ of *geen acht slaan op, niet letten op; niet ingaan op, niet reageren op;* take particular ~ of your style *let speciaal op je stijl;* take ~ that ... *let op dat ...* **6.1 at** a moment's / a minute's ~ *direct, ogenblikkelijk, zonder bericht vooraf;* can you be here **at** two hours' ~? *kun je hier binnen twee uur zijn?;* ⟨vnl. AE⟩ **on** ~ *gewaarschuwd, ingelicht;* they all are **on** ~ that ..., everybody is put **on** ~ that ... *ze zijn allen gewaarschuwd dat ..., iedereen is ingelicht dat ...;* they are **under** ~ (to leave) *zij zijn opgezegd, de dienst / huur is hun opgezegd.*

notice[2] ⟨f4⟩ ⟨ov.ww.⟩ **0.1** ***(op)merken*** ⇒*zien, waarnemen, bespeuren* ⟨met zintuigen⟩ **0.2** ***letten op*** ⇒*nota nemen van, opmerken* ⟨met verstand⟩ **0.3** ***attent zijn voor*** ⇒*hoffelijk behandelen* **0.4** ***vermelden*** ⇒*noemen, terloops opmerken, een opmerking maken over* **0.5** ***bespreken*** ⇒*recenseren* **0.6** ***de huur / dienst opzeggen*** ◆ **1.2** ~ the differences *let op de verschillen* **1.4** he started his lecture by noticing the absence of many students *hij begon zijn college met een opmerking over de afwezigheid v. veel studenten* **4.1** didn't you want to ~ me yesterday *wilde je me gisteren niet zien / herkennen* **8.1** the teacher didn't ~ that many boys had a crush on her *de lerares had niet in de gaten dat veel jongens smoorverliefd op haar waren.*

no·tice·a·ble ['noʊṱɪsəbl] ⟨f2⟩ ⟨bn.; -ly; →bijw. 3⟩ **0.1** ***merkbaar*** ⇒*zichtbaar, duidelijk* ⟨v. smaak⟩, *waarneembaar* **0.2** ***opmerkelijk*** ⇒*opmerkenswaardig, belangrijk* **0.3** ***opvallend*** ⇒*in het oog lopend* ◆ **1.2** there's a ~ rise in the number of divorces *er is een opmerkelijke stijging in het aantal echtscheidingen.*

'notice board ⟨f1⟩ ⟨telb.zn.⟩ ⟨BE⟩ **0.1** ***mededelingenbord*** ⇒*prikbord, aanplakbord.*

no·ti·fi·a·ble ['noʊṱɪfaɪəbl] ⟨bn.⟩ ⟨vnl. BE⟩ **0.1** ***met aangifteplicht*** ⇒*waarvan aangifte verplicht is, waarvan men de autoriteiten in kennis moet stellen* ⟨i.h.b. v. bep. ziekten⟩.

no·ti·fi·ca·tion ['noʊṱɪfɪ'keɪʃn] ⟨f1⟩ ⟨telb. en n.-telb.zn.⟩ **0.1** ***aangifte*** **0.2** ***informatie*** ⇒*mededeling, bericht, het in kennis stellen* ◆ **1.2** ⟨hand.⟩ date of ~ *datum v. advies.*

no·ti·fy ['noʊṱɪfaɪ] ⟨f2⟩ ⟨ov.ww.; →ww. 7⟩ **0.1** ***informeren*** ⇒*berichten, op de hoogte stellen, in kennis stellen* **0.2** ⟨vnl. BE⟩ ***bekend maken*** ⇒*aankondigen, rapporteren, berichten, aangeven* ◆ **1.1** ⟨hand.⟩ ~ the beneficiary *aan de begunstigde adviseren* **1.2** ~ a birth / a theft *aangifte doen v.e. geboorte / v. diefstal* **6.1** ~ **of** when he may arrive *berichten wanneer hij aankomt.*

no·tion ['noʊʃn] ⟨f3⟩ ⟨zn.⟩

I ⟨telb.zn.⟩ **0.1** ***begrip*** ⇒*concept, notie* **0.2** ***idee*** ⇒*gedachte, mening, veronderstelling, theorie, indruk* **0.3** ***gril*** ⇒*wild idee* **0.4** ***neiging*** ⇒*bedoeling* ◆ **3.2** get ~s into one's head *malle ideeën krijgen;* she had no ~ of what I was talking about *ze had geen benul waar ik het over had;* I had a vague ~ that they were making fun of me *ik had vaag het idee dat ze me voor de gek hielden* **3.3** take a ~ to *het in zijn hoofd krijgen / halen om te* **6.2** the ~ **of** her leaving home at sixteen is too ridiculous for words *het idee dat ze op haar zestiende uit huis zou gaan, is te belachelijk om over te praten* **7.1** first / second ~s *primaire / secundaire begrippen* **8.2** the ~ that the earth is flat *het denkbeeld dat de aarde plat is;*

II ⟨mv.; ~s⟩ ⟨AE⟩ **0.1** ***kleine artikelen*** ⇒⟨i.h.b.⟩ *fournituren.*

no·tion·al ['noʊʃnəl] ⟨bn.; -ly⟩ **0.1** ***speculatief*** ⇒*niet proefondervindelijk, theoretisch, abstract, nominaal* **0.2** ***denkbeeldig*** ⇒*onwerkelijk, in de fantasie* **0.3** ***grillig*** ⇒*dwaas* **0.4** ⟨taalk.⟩ ***zelfstandig*** ⟨met lexicale betekenis⟩ ◆ **1.4** ~ verb *zelfstandig werkwoord.*

no·to·chord ['noʊtəkɔ:d‖'noʊṱəkɔrd] ⟨telb.zn.⟩ ⟨biol.⟩ **0.1** ***rudimentaire ruggegraat / ruggemerg.***

no·to·ri·e·ty ['noʊṱə'raɪəṱi] ⟨f1⟩ ⟨n.-telb.zn.⟩ **0.1** ***notoriteit*** ⇒*algemene bekendheid* **0.2** ***beruchtheid.***

no·to·ri·ous [noʊ'tɔ:rɪəs] ⟨f2⟩ ⟨bn.; -ly; -ness⟩ **0.1** ***algemeen bekend*** ⇒*notoor, notoir* **0.2** ***berucht*** ⇒*roemrucht, ongunstig bekend, notoir* ◆ **1.2** ~ criminals *notoire misdadigers* **6.2** ~ **for** his bloodcurdling tales *berucht om zijn bloedstollende verhalen.*

'no-'trump, 'no-'trumps ⟨telb. en n.-telb.zn.; no-trump, no-trumps; →mv. 4⟩ ⟨bridge⟩ **0.1** ***sans atout*** ⇒*zonder troef.*

Notts [nɒts‖nɑts] ⟨afk.⟩ Nottinghamshire.

not·with·stand·ing[1] ['nɒtwɪð'stændɪŋ, -wɪθ-‖'nɑt-] ⟨f1⟩ ⟨bw.⟩ ⟨schr.⟩ **0.1** ***desondanks*** ⇒*desniettegenstaande, ondanks / niettegenstaande dat, toch* ◆ **3.1** he liked her ~ *hij mocht haar toch graag.*

notwithstanding[2] ⟨f1⟩ ⟨vz.; soms achtergeplaatst⟩ ⟨schr.⟩ **0.1** ***ondanks*** ⇒*niettegenstaande, in weerwil v.* ◆ **1.1** his thesis was rejected, ~ its importance / its importance ~ *zijn dissertatie werd geweigerd ondanks het belang ervan.*

notwithstanding[3] ⟨ondersch.vw.⟩ ⟨vero.⟩ **0.1** ***niettegenstaande*** ◆ **8.1** ~ that he had gone *niettegenstaande (het feit) dat hij vertrokken was* ¶**.1** recognisable, ~ he had been away so long *herkenbaar niettegenstaande (het feit) dat hij zo lang was weggeweest.*

nou·gat ['nu:gɑ:‖-gət] ⟨f1⟩ ⟨n.-telb.zn.⟩ **0.1** ***noga.***

nought[1] →naught[1].

nought[2], ⟨AE sp.⟩ **naught** [nɔ:t‖nɔt, nɑt] ⟨f1⟩ ⟨telw.; niet als numerieke determinator⟩ **0.1** ***nul*** ◆ **1.**¶ ⟨BE⟩ ~ and crosses *boter, melk, kaas (ik speel de baas), boter, kaas en eieren* ⟨kinderspel⟩.

nou·me·nal ['nu:mɪnl] ⟨bn.⟩ ⟨fil.⟩ **0.1** ***noumenaal.***

nou·me·non ['nu:mɪnɒn‖-nɑn] ⟨telb.zn.; noumena [-mɪnə]; →mv. 5⟩ ⟨fil.⟩ **0.1** ***noumenon*** **0.2** ***ding in zichzelf*** ⇒*Ding an sich.*

noun [naʊn] ⟨f2⟩ ⟨telb.zn.⟩ ⟨taalk.⟩ **0.1** ***(zelfstandig) naamwoord*** ⇒*nomen, substantief.*

noun·al ['naʊnl] ⟨bn.; -ly⟩ **0.1** ***substantivisch*** ⇒*v.h. zelfstandig naamwoord.*

'noun phrase ⟨telb.zn.⟩ ⟨taalk.⟩ **0.1** ***nominale constituent*** ⇒*substantiefgroep, zelfstandignaamwoordgroep.*

nour·ish ['nʌrɪʃ‖'nɜrɪʃ] ⟨f2⟩ ⟨ov.ww.⟩ ⟨→sprw. 102⟩ **0.1** ***voeden*** ⟨ook fig.⟩ ⇒*ondersteunen, onderhouden, bevorderen* **0.2** ***koesteren*** ◆ **1.1** ~ a baby *een baby voeden / eten geven;* ⟨i.h.b.⟩ *een baby borstvoeding geven;* ~ing food *voedzaam eten;* ~ land *land bemesten* **1.2** ~ a dislike for s.o. *een afkeer v. iem. hebben;* ~ a distrust of s.o. *wantrouwen tegen iem. koesteren;* ~ the hope to *de hoop koesteren om te.*

nour·ish·ment ['nʌrɪʃmənt‖'nɜrɪʃ-] ⟨f1⟩ ⟨n.-telb.zn.⟩ **0.1** ***voeding*** ⟨ook fig.⟩ ⇒*het voeden / gevoed worden* **0.2** ***voeding*** ⇒*voedsel, eten.*

nous [naʊs‖nu:s] ⟨n.-telb.zn.⟩ **0.1** ⟨fil.⟩ ***geest*** **0.2** ⟨BE; inf.⟩ ***hersens*** ⇒*verstand, esprit.*

nou·veau riche ['nu:voʊ 'ri:ʃ] ⟨telb.zn.; nouveaux riches [-ri:ʃ]; →mv. 5⟩ ⟨vaak mv.⟩ ⟨vnl. pej.⟩ **0.1** ***nouveau riche*** ⇒*parvenu.*

Nov ⟨afk.⟩ November.

no·va ['noʊvə] ⟨telb.zn.; ook novae [-vi:]; →mv. 5⟩ ⟨ster.⟩ **0.1** ***nova.***

no·va·tion [noʊ'veɪʃn] ⟨telb.zn.⟩ ⟨geldw.⟩ **0.1** ***novatie*** ⇒*schuldvernieuwing.*

nov·el[1] ['nɒvl‖'nɑvl] ⟨f3⟩ ⟨telb.zn.⟩ **0.1** ***roman*** **0.2** ⟨jur.⟩ ***novelle*** ◆ **7.1** the ~ *de roman, de romanliteratuur.*

novel[2] ⟨f2⟩ ⟨bn.⟩ **0.1** ***nieuw*** ⇒*onbekend, ongekend, ongewoon, baanbrekend, oorspronkelijk* ◆ **1.1** ~ ideas *verrassende ideeën.*

nov·el·ese ['nɒvə'li:z‖'nɑ-] ⟨n.-telb.zn.⟩ **0.1** ***triviaal geschrijf*** ⇒*romannetjesstijl, banale stijl.*

nov·el·ette ['nɒvə'let‖'nɑ-] ⟨telb.zn.⟩ **0.1** ***novelle*** **0.2** ⟨BE⟩ ***romannetje*** ⇒*keukenmeidenroman* **0.3** ⟨muz.⟩ ***novelette*** ⟨pianostuk⟩.

nov·el·et·tish ['nɒvə'letɪʃ‖'nɑvə'leṱɪʃ] ⟨bn.; -ly⟩ **0.1** ***sentimenteel*** ⇒*weeïg, zoetelijk-romantisch.*

nov·el·ist ['nɒv(ə)lɪst‖'nɑ-] ⟨f2⟩ ⟨telb.zn.⟩ **0.1** ***romanschrijver*** ⇒*schrijver, romancier.*

nov·el·is·tic ['nɒvə'lɪstɪk‖'nɑ-] ⟨bn.; -ally; →bijw. 3⟩ **0.1** ***roman-*** ⇒*van romans.*

nov·el·ize, -ise ['nɒvəlaɪz‖'nɑ-] ⟨ov.ww.⟩ **0.1** ***romantiseren*** ⇒*tot een roman maken / omwerken* **0.2** ***romantiseren*** ⇒*fictionaliseren, aandikken, overdrijven.*

no·vel·la [noʊ'velə] ⟨telb.zn.; ook novelle [-li:]; →mv. 5⟩ **0.1** ***vertelling*** ⇒*verhaal* **0.2** ***korte roman*** ⇒*novelle.*

nov·el·ty ['nɒvlti‖'nɑ-] ⟨f2⟩ ⟨zn.; →mv. 2⟩

I ⟨telb.zn.⟩ **0.1** ⟨vaak mv.⟩ ***nieuwigheidje*** ⇒*modesnufje, nouveauté, noviteit* **0.2** ***nieuwigheid*** ⇒*nieuws, iets onbekends, iets vreemds* ◆ **6.2** that was no ~ **to** me *dat was niets nieuws voor mij;*

II ⟨n.-telb.zn.⟩ **0.1** ***vreemdheid*** ⇒*nieuwigheid, onbekendheid* ◆ **3.1** the ~ soon wore off *het nieuwe / vreemde was er al gauw af.*

No·vem·ber [noʊ'vembə‖-ər] ⟨f3⟩ ⟨eig.n.⟩ **0.1** ***november.***

no·ve·na [noʊ'vi:nə] ⟨telb.zn.; ook novenae [-ni:]; →mv. 5⟩ ⟨R.-K.⟩ **0.1** ***noveen*** ⇒*novene.*

no·ven·ni·al [noʊ'venɪəl] ⟨bn.⟩ **0.1** ***negenjaarlijks*** ⇒*elke negen jaar.*

no·ver·cal [noʊ'vɜ:kl‖-'vɜr-] ⟨bn.⟩ ⟨vero.⟩ **0.1** ***stiefmoederlijk.***

nov·ice ['nɒvɪs‖'nɑ-] ⟨f2⟩ ⟨telb.zn.⟩ **0.1** ⟨relig.⟩ ***novice*** **0.2** ***beginneling*** ⇒*nieuweling* **0.3** ***bekeerling.***

no·vi·ci·ate, no·vi·ti·ate [noʊ'vɪʃɪət] ⟨f1⟩ ⟨zn.⟩

I ⟨telb.zn.⟩ **0.1** ⟨relig.⟩ ***noviciaat*** ⇒*novicenhuis* **0.2** ⟨relig.⟩ ***novice*** **0.3** ***beginneling;***

II ⟨n.-telb.zn.⟩ **0.1** ⟨relig.⟩ ***noviciaat*** ⇒*proeftijd* **0.2** ***begintijd*** ⇒*nieuwelingschap.*

no·vo·cain ['noʊvəkeɪn] ⟨n.-telb.zn.⟩ ⟨med.⟩ **0.1** ***novocaïne*** ⇒*procaïne hydrochloride* ⟨narcoticum⟩.

now[1] [naʊ]⟨f3⟩⟨n.-telb.zn.⟩ **0.1** ***nu*** ⇒*dit ogenblik, deze tijd* ◆ **5.1** every ~ and again/then *zo nu en dan, v. tijd tot tijd* **6.1** **before** ~ *hiervoor, eerder, tot nu toe;* **by** ~ *onderhand;* **for** ~ *voorlopig, tot een later tijdstip;* goodbye **for** ~ *tot dan/ziens/later;* as **from** ~, from ~ **on** *v. nu af aan;* as **of** ~ *nu;* **until/up till/up to** ~ *tot op heden.*

now[2] ⟨bn., attr.; →bijw. 1⟩ **0.1** ⟨schr.⟩ ***huidig*** ⇒*eigentijds* **0.2** ⟨sl.⟩ ***in*** ⇒*hip* ◆ **1.1** the ~ generation *de huidige generatie.*

now[3] ⟨f4⟩⟨bw.⟩ **0.1** ⟨mbt. heden⟩ ***nu*** ⇒*op dit ogenblik, tegenwoordig, thans* **0.2** ⟨mbt. verleden⟩ ***nu*** ⇒*toen, op dat ogenblik* **0.3** ⟨mbt. de toekomst⟩ ***dadelijk*** ⇒*zo meteen, nu* **0.4** ***(van) nu/toen (af aan)*** ⇒*onder deze/die omstandigheden* **0.5** ***nu*** ⇒*vervolgens* **0.6** ***nu (al)weer*** ⇒*weer, nog meer* **0.7** ***nou*** ⇒*(wel)nu, toch;* ⟨soms contrastief⟩ *maar* ◆ **1.3** they'll be here any minute ~ *ze kunnen elk ogenblik aankomen* **3.1** he has three children ~ *op het ogenblik heeft hij drie kinderen* **3.2** ~ they were doomed *nu was het met ze gedaan* **3.3** I'm going home ~ *ik ga nu naar huis* **3.4** she cannot ~ ever go there again after what happened *ze kan daar nu nooit meer naar toe gaan, na wat er gebeurd is* **3.5** let's ~ try out the first recipe *we gaan nu het eerste recept uitproberen* **3.6** what did he want ~? *wat moest hij nu weer?* **3.7** come ~! *toe nou!; nou zeg!;* ~ what do you mean? *maar wat bedoel je nu eigenlijk?;* he never said that ~ *dat heeft hij immers nooit gezegd;* why didn't you tell me ~? *waarom heb je me dat dan niet gezegd?;* ~ your mum was a tough lady, so ... *nu was je moeder voor geen kleintje vervaard, dus ...* **5.1** even ~ *zelfs/ook nu;* just ~ *nu, op dit ogenblik;* ~ or never *nu of nooit;* right ~ I'm working for B. *tegenwoordig werk ik voor B.* **5.2** he came in just/⟨vero.⟩ even/⟨vero.⟩ but ~ *hij is daarnet/zoëven/zopas binnengekomen* **5.7** ~ really! *nee maar!;* ~ then, where do you think you're going? *zo, en waar dacht jij heen te gaan?;* there ~ *nou, hè hè; kalmpjes aan* **5.¶** (every) ~ and again/then *zo nu en dan, af en toe, v. tijd tot tijd;* ⟨vero.⟩ how ~? *hoe/wat nu?, wat betekent dit?* **6.7** ~ **for** the next question *en nu de volgende vraag* **¶.1** it's ~ 5 o'clock *het is nu vijf uur* **¶.6** it's ~ two years since he died *het is nu (alweer) twee jaar geleden dat hij overleed* **¶.7** ~ ~! *nou nou!, zeg eens!; kalmpjes aan!;* I wouldn't know. Now, if Ann were here, she could help you *ik zou het niet weten. Maar Ann, als die eens hier was, die zou je kunnen helpen* **¶.¶** with prices ~ rising/skyhigh, ~ falling/rockbottom low *met prijzen die nu eens stijgen/torenhoog zijn, dan weer dalen/afgrijselijk laag zijn.*

now[4] ⟨f2⟩⟨ondersch.vw.⟩ **0.1** ***nu (dat)*** ⇒*gezien (dat)* ◆ **¶.1** ~ that he has succeeded nothing will stop him *nu dat hij geslaagd is zal niets meer hem tegenhouden;* ~ you are here I will show you *nu je hier bent zal ik het je laten zien.*

NOW ⟨afk.⟩ National Organization for Women.

now·a·day ['naʊədeɪ], **now·a·days** [-deɪz]⟨bn., attr.⟩ **0.1** ***hedendaags*** ⇒*huidig, tegenwoordig.*

now·a·days[1] ['naʊədeɪz]⟨n.-telb.zn.⟩ **0.1** ***huidige tijd*** ⇒*tegenwoordige tijd.*

nowadays[2] ⟨f3⟩⟨bw.⟩ **0.1** ***tegenwoordig*** ⇒*vandaag de dag, nu, thans, hedentendage.*

'no-'war pact, 'no-'war treaty ⟨telb.zn.⟩ **0.1** ***niet-aanvalspact*** ⇒*niet-aanvalsverdrag.*

Nowel(l) →noel.

no·whence ['noʊwens‖-hwens]⟨bw.⟩⟨vero.⟩ **0.1** ***nergens vandaan.***

no·where[1] ['noʊweə‖-(h)wer]⟨f1⟩⟨telb.zn.⟩ **0.1** ***het niets*** ◆ **2.1** lost in the eternal ~ *verloren in het eeuwige niets.*

no·where[2] ['noʊweə‖-hwer]⟨bn.⟩⟨sl.⟩ **0.1** ***saai*** ⇒*stom, square.*

nowhere[3], ⟨AE gew. ook⟩ **no·wheres** ['noʊweəz‖-hwerz]⟨f3⟩⟨bw.; →onbepaald woord⟩ **0.1** ***nergens*** ⟨ook fig.⟩ ⇒*nergens heen* ◆ **3.1** the work was going/leading ~ *het werk leverde niets op;* it got/led him ~ *hij kwam er niet verder mee, het bracht hem niets op;* he has friends ~ *hij heeft nergens vrienden;* she is ~ when it comes to running *als het op rennen aankomt, is zij nergens;* he travelled ~ *hij reisde nergens heen;* I'm visiting ~ *ik bezoek niets* **3.¶** ⟨paardesport⟩ Mayfly came in/was ~ *Mayfly kwam er niet aan te pas/was helemaal nergens* **5.1** she is ~ near as bright as him *ze is lang niet zo intelligent als hij* **6.1** she lived miles away **from** ~ *ze leefde mijlen van de bewoonde wereld vandaan;* he started **from** ~ but became famous *hij kwam uit het niets maar werd beroemd;* the idea emerged **out of** ~ *het idee kwam uit het niets.*

no·whith·er ['noʊwɪðə‖-hwɪðər]⟨bw.⟩⟨vero.⟩ **0.1** ***nergens (heen).***

nowt [naʊt]⟨onb.vnw.⟩⟨Sch. E⟩ **0.1** ***niets*** ⇒*niks.*

nox·ious ['nɒkʃəs‖'nɑk-]⟨f1⟩⟨bn.; -ly; -ness⟩⟨ook fig.⟩ **0.1** ***schadelijk*** ⇒*ongezond, verderfelijk* ◆ **1.1** ~ fumes *schadelijke/kwalijke/giftige dampen;* ~ influence *verderfelijke invloed.*

no·yade ['nwɑ:'jɑ:d]⟨telb.zn.⟩ **0.1** ***(massale) executie door verdrinking*** ⟨i.h.b. in Frankrijk, 1794⟩.

no·yau ['nwaɪoʊ‖'nwɑ:'joʊ]⟨telb. en n.-telb.zn.; noyaux [-z]; →mv. 5⟩ **0.1** ***persico*** ⟨soort notenlikeur⟩ ⇒*crême de noyaux.*

noz·zle ['nɒzl‖'nɑzl]⟨f1⟩⟨telb.zn.⟩ **0.1** ***tuit*** ⇒*pijp* **0.2** ⟨tech.⟩ ***(straal)pijp*** ⇒*mondstuk, straalbuis* **0.3** ***tromp*** ⟨v. geweer⟩ **0.4** ⟨AE; sl.⟩ ***snufferd*** ⇒*neus, snotter, snuit.*

np ⟨afk.⟩ new paragraph, no place of publication.

NP ⟨afk.⟩ neuropsychiatric, neuropsychiatry, Notary Public; noun phrase ⟨taalk.⟩.

NPA ⟨afk.⟩ Newspaper Publishers' Association ⟨BE⟩.

NPL ⟨afk.⟩ National Physical Laboratory ⟨BE⟩.

np or d ⟨afk.⟩ no place or date.

npt ⟨afk.⟩ normal pressure and temperature.

NPT ⟨afk.⟩ nonproliferation treaty.

nr ⟨afk.⟩ near.

NR ⟨afk.⟩ North Riding.

NRA ⟨afk.⟩ National Recovery Administration ⟨AE⟩; National Rifle Association ⟨BE⟩.

ns, NS ⟨afk.⟩ new series, not specified.

NS ⟨afk.⟩ **0.1** ⟨new style⟩ ***N.S.*** **0.2** ⟨not sufficient⟩ **0.3** ⟨Nova Scotia⟩ **0.4** ⟨nuclear ship⟩ ***N.S.***.

NSB ⟨afk.⟩ National Savings Bank ⟨BE⟩.

NSC ⟨afk.⟩ National Security Council ⟨AE⟩.

NSF ⟨afk.⟩ National Science Foundation ⟨AE⟩; not sufficient funds ⟨geldw.⟩.

NSPCA ⟨afk.⟩ National Society for the Prevention of Cruelty to Animals ⟨AE⟩.

NSPCC ⟨afk.⟩ National Society for the Prevention of Cruelty to Children ⟨BE⟩.

NSW ⟨afk.⟩ New South Wales.

-n't [nt]⟨verk.⟩ not.

NT ⟨afk.⟩ **0.1** ⟨National Trust⟩ **0.2** ⟨New Testament⟩ ***N.T.*** **0.3** ⟨Austr. E⟩ ⟨Northern Territory⟩ **0.4** ⟨no trumps⟩.

nth [enθ]⟨f1⟩⟨bn., attr.⟩ **0.1** ⟨wisk.⟩ ***nde*** **0.2** ⟨inf.⟩ ***uiterst*** ⇒*hoogst, laatst* **0.3** ⟨inf.⟩ ***zoveelste*** ◆ **1.1** ~ power *nde macht* **1.2** boring to the ~ degree *uiterst vervelend, zo vervelend als maar kan* **1.3** for the ~ time *voor de zoveelste keer* **6.1** **to** the ~ *tot de nde macht;* ⟨fig.⟩ *tot het uiterste.*

Nth ⟨afk.⟩ North **0.1** ***N.***.

ntp, NTP ⟨afk.⟩ normal temperature and pressure.

nu [nju:‖nu:]⟨telb.zn.⟩ **0.1** ***nu*** ⟨13e letter v.h. Griekse alfabet⟩.

nu·ance[1] ['nju:ɑ:ns‖nu:'ɑns]⟨f1⟩⟨telb.zn.⟩ **0.1** ***nuance*** ⇒*(kleur) schakering, fijn onderscheid, klein verschil.*

nuance[2] ⟨f1⟩⟨ov.ww.⟩ **0.1** ***nuanceren.***

nub [nʌb]⟨telb.zn.⟩ **0.1** ***brok(je)*** ⇒*klompje,* ⟨i.h.b.⟩ *noot* ⟨bep. maat stukkolen⟩ **0.2** ***stomp(je)*** ⇒*knobbel(tje)* **0.3** ⟨vnl. enk.⟩ ⟨inf.⟩ ***kern(punt)*** ⇒*pointe, essentie* ◆ **6.3** ~ **of** the matter *kern v.d. zaak.*

nub·bin ['nʌbɪn]⟨telb.zn.⟩⟨AE⟩ **0.1** ***onvolgroeid iets*** ⇒⟨i.h.b.⟩ *onvolgroeide maïskolf/vrucht* **0.2** →nub.

nub·ble ['nʌbl]⟨telb.zn.⟩ **0.1** ***knobbeltje*** ⇒*stompje* **0.2** ***brok(je).***

nub·bly ['nʌbli]⟨bn.; -er; →compar. 7⟩ **0.1** ***knobbelig*** ⇒*bultig, bobbelig.*

Nu·bi·an[1] ['nju:bɪən‖'nu:-]⟨zn.⟩

I ⟨eig.n.⟩ **0.1** ***Nubisch*** ⇒*de Nubische taal;*

II ⟨telb.zn.⟩ **0.1** ***Nubiër*** **0.2** ***Nubische geit*** **0.3** ***Nubisch paard.***

Nubian[2] ⟨bn.⟩ **0.1** ***Nubisch*** ⇒*mbt. Nubië/de Nubiërs/Nubische taal.*

nu·bile ['nju:baɪl‖'nu:bl]⟨bn.⟩ **0.1** ***huwbaar*** ⟨v. vrouw⟩ ⇒*manbaar, nubiel* **0.2** ***(seksueel) aantrekkelijk.***

nu·bil·i·ty [nju:'bɪləti‖nu:'bɪləṭi]⟨n.-telb.zn.⟩ **0.1** ***huwbaarheid*** ⇒*nubiliteit.*

nu·chal ['nju:kl‖'nu:kl]⟨bn.⟩ **0.1** ***mbt. de nek*** ⇒*v.d. nek, nek-.*

nu·ci- ['nju:si‖'nu:si] **0.1** ***noot-*** ◆ **¶.1** nuciferous *nootdragend;* nuciform *nootvormig;* nucivorous *nootetend.*

nu·cle·ar[1] ['nju:klɪə‖'nu:klɪər, -kjələr]⟨telb.zn.⟩ **0.1** ***kernwapen*** ⇒*atoomwapen* **0.2** ***kernmogendheid*** ⇒*kernmacht.*

nuclear[2] ⟨f3⟩⟨bn.⟩ **0.1** ***mbt. de kern(en)*** ⇒*kern-, tot de kern behorend* **0.2** ⟨nat.⟩ ***nucleair*** ⇒*kern-, atoom-* ◆ **1.1** ⟨sociologie⟩ ~ family *nucleair gezin* **1.2** ~ armament *kernbewapening;* ~ arms/weapons *kernwapens;* ~ arms-race *nucleaire bewapeningswedloop;* ~ bomb *atoombom;* ⟨vnl. AE⟩ ~ capacity *kernstrijdmacht;* ~ cutting *kernwapenvermindering;* ~ disarmament *kernontwapening, nucleaire ontwapening;* ~ energy *kern/atoomenergie;* ~ explosion *kernontploffing/explosie;* ~ fission *kern/atoomsplitsing, kern/atoomsplijting;* ~ (strike) force *kernstrijdmacht;* ~ freeze *kernwapenstop;* ~ fuel *kernbrandstof;* ~ fusion *kernfusie;* ⟨med.⟩ ~ medicine *nucleaire geneeskunde;* ~ missiles *kernraketten;* ~ physicist *kernfysicus;* ~ physics *kernfysica, kernwetenschap, nucleonica;* ~ power *kernenergie; kernmogendheid, kernmacht;* ~ (power) plant/station *kerncentrale;* ~ reactor *kern/atoomreactor;* ~ magnetic resonance *kernmagnetische resonantie;* ~ ships *nucleaire schepen, atoomschepen;* ~ submarine *atoomduikboot;* ~ test *kernproef;* ~ testing *nucleaire proefne-*

mingen; ~ war *kern/atoomoorlog;* ~ warfare *nucleaire oorlogvoering;* ~ warhead *atoomkernkop;* ~ waste *kernafval;* ~ weapon *kern/atoomwapen;* ~ winter *nucleaire winter.*
'nuclear-'pow·ered ⟨bn.⟩ **0.1** ***nucleair*** ⇒*atoom-, met kernaandrijving, gebruik makend v. kernenergie* ◆ **1.1** ~ ship *nucleair schip, atoomschip;* ~ submarine *atoomduikboot.*
nu·cle·ase ['nju:klieɪz‖'nu:-]⟨telb.zn.⟩⟨schei.⟩ **0.1** ***nuclease.***
nu·cle·ate[1] ['nju:klieɪt‖'nu:-]⟨bn.⟩ **0.1** ***met kern(en).***
nucleate[2] ⟨ww.⟩
I ⟨onov.ww.⟩ **0.1** ***de kern vormen;***
II ⟨ov.ww.⟩ **0.1** ***tot kern maken*** **0.2** ***kern zijn voor*** ⇒*als kern dienen voor.*
nuclei ⟨mv.⟩ →nucleus.
nu·cle·ic [nju:'kli:ɪk‖nu:-]⟨bn., attr.⟩⟨bioch.⟩ ◆ **1.¶** ~ acid *nucleïnezuur* ⟨twee groepen: DNA en RNA⟩.
nu·cle·o- ['nju:klioʊ‖'nu:-], **nu·cle-** ['nju:kli‖'nu:-]⟨biol., schei.⟩ **0.1** ***nucleo-*** ⇒*kern-* ◆ **¶.1** nucleophilic *nucleofiel;* nucleoplasm *nucleoplasma, karyoplasma;* nucleosynthesis *nucleosynthese, nucleogenese.*
nu·cle·o·lar ⟨bn.⟩⟨biol.⟩ **0.1** ***nucleolair*** ⇒*mbt. de nucleolus.*
nu·cle·o·lus ['nju:kli'oʊləs‖'nu:-], **nu·cle·ole** [-oʊl]⟨telb.zn.; 1e variant nucleoli [-laɪ]; →mv. 5⟩⟨biol.⟩ **0.1** ***nucleolus*** ⇒*kernlichaampje, plasmasoon, karyosoom.*
nu·cle·on ['nju:kliɒn‖'nu:kliɑn]⟨telb.zn.⟩⟨nat.⟩ **0.1** ***nucleon*** ⟨proton/neutron⟩ ⇒*kerndeeltje.*
nu·cle·on·ic ['nju:kli'ɒnɪk‖'nu:kli'ɑ-]⟨bn.⟩⟨nat.⟩ **0.1** ***mbt. een nucleon*** **0.2** ***kernfysisch*** ⇒*mbt. nucleonica.*
nu·cle·on·ics ['nju:kli'ɒnɪks‖'nu:kli'ɑ-]⟨n.-telb.zn.⟩⟨nat.⟩ **0.1** ***kernfysica*** ⇒*kernwetenschap, nucleonica.*
nu·cle·o·pro·tein ['nju:klioʊ'proʊti:n‖'nu:-]⟨telb.zn.⟩ **0.1** ***nucleoproteïne*** ⇒*nucleoproteïde.*
nu·cle·o·side ['nju:klɪəsaɪd‖'nu:-]⟨telb.zn.⟩⟨schei.⟩ **0.1** ***nucleoside.***
nu·cle·o·tide ['nju:klɪətaɪd‖'nu:-]⟨telb.zn.⟩⟨schei.⟩ **0.1** ***nucleotide.***
nu·cle·us ['nju:klɪəs‖'nu:-]⟨f2⟩⟨telb.zn.; meestal nuclei [-kliaɪ]; →mv. 5⟩ **0.1** ⟨ben. voor⟩ ***kern*** ⟨alleen fig.⟩ ⇒*hart, middelpunt; begin(sel), basis, uitgangspunt* **0.2** ⟨nat., ster.⟩ ***kern*** ⇒*nucleus* **0.3** ⟨biol.⟩ ***(cel)kern*** ⇒*nucleus, kiem* **0.4** ⟨med.⟩ ***nucleus*** ⟨groep zenuwcellen in centrale zenuwstelsel⟩ ◆ **1.1** the ~ of a collection *de kern v.e. verzameling;* the ~ of an idea *de kern/het uitgangspunt v.e. idee;* ~ of the story *kern v.h. verhaal.*
nu·clide ['nju:klaɪd‖'nu:-]⟨telb.zn.⟩⟨nat.⟩ **0.1** ***nuclide*** ⟨kernsoort⟩ ⇒*nucleïde.*
nu·clid·ic [nju:'klɪdɪk‖'nu:-]⟨bn.⟩⟨nat.⟩ **0.1** ***mbt. een nuclide.***
nude[1] [nju:d‖nu:d]⟨f1⟩⟨zn.⟩
I ⟨telb.zn.⟩ **0.1** ***naakt iem.*** **0.2** ⟨kunst⟩ ***naakt (model)*** ⇒*naaktfiguur;*
II ⟨n.-telb.zn.; the⟩ **0.1** ***naaktheid*** ◆ **6.1** **in** the ~ *naakt, in zijn nakie.*
nude[2] ⟨f2⟩⟨bn.; -er; -ly; -ness; →compar. 7⟩ **0.1** ***naakt*** ⇒*bloot, ongekleed* **0.2** ***vleeskleurig*** ⟨vnl. v. kousen⟩ **0.3** ⟨jur.⟩ ***niet bindend*** ⇒*eenzijdig* ◆ **1.1** ~ beach *naaktstrand, nudistenstrand;* ~ swimming *naakt/naturistisch zwemmen* **1.¶** ⟨jur.⟩ ~ contract *nudum pactum.*
'nude scene ⟨telb.zn.⟩ **0.1** ***naaktscene.***
nudge[1] [nʌdʒ]⟨f1⟩⟨telb.zn.⟩ **0.1** ***por*** ⇒*stoot(je), duwtje* **0.2** ⟨AE; sl.⟩ ***zeur*** ⇒*bemoeial, kwal, klier.*
nudge[2] ⟨f2⟩⟨ov.ww.⟩ **0.1** ***(zachtjes) aanstoten*** ⟨met de elleboog⟩ ⇒*een por geven* **0.2** ***de aandacht trekken v.*** **0.3** ***lichtjes/langzaam duwen*** ⇒*schuiven* ◆ **1.3** he ~d his neigbour out of the way *hij duwde zijn buur zachtjes opzij.*
nu·di- ['nju:di‖'nu:-]⟨biol.⟩ **0.1** ***naakt-*** ◆ **¶.1** nudibranch *zeenaaktslak;* nudicaul *met kale/bladloze stengel.*
nud·ie[1] ['nju:di‖'nu:di]⟨telb.zn.⟩⟨sl.⟩ **0.1** ***blote film*** ⇒*seksfilm* **0.2** ***seksblad*** **0.3** ***naaktshow*** **0.4** ***naaktdanseres.***
nudie[2] ⟨bn., attr.⟩⟨sl.⟩ **0.1** ***met veel bloot*** ◆ **1.1** ~ magazine *seksblad.*
nud·ism ['nju:dɪzm‖'nu:-]⟨f1⟩⟨n.-telb.zn.⟩ **0.1** ***naaktloperij*** ⇒*nudisme, naturisme.*
nud·ist ['nju:dɪst‖'nu:-]⟨f1⟩⟨telb.zn.⟩ **0.1** ***naaktloper*** ⇒*nudist, naturist.*
'nudist camp, 'nudist colony ⟨f1⟩⟨telb.zn.⟩ **0.1** ***nudistenkamp*** ⇒*naturistenkamp.*
nu·di·ty ['nju:dəti‖'nu:dəṭi]⟨f1⟩⟨zn.; →mv. 2⟩
I ⟨telb.zn.⟩⟨kunst⟩ **0.1** ***naakt(figuur);***
II ⟨n.-telb.zn.⟩ **0.1** ***naaktheid*** ⇒*nuditeit* ◆ **1.1** a lot of ~ *veel naakt/bloot.*
nud·nik, nud·nick ['nʊdnɪk]⟨telb.zn.⟩⟨sl.⟩ **0.1** ***klier*** ⇒*klootzak.*
nuff [nʌf]⟨f1⟩⟨bw.⟩⟨verk.⟩ enough ⟨inf.⟩ **0.1** ***genoeg.***
nu·gae ['nju:dʒi:‖'nu:-]⟨mv.⟩ **0.1** ***kleinigheden*** ⇒*futiliteiten, nietigheden, beuzelarijen.*
nu·ga·to·ry ['nju:gətri‖'nu:gətɔri]⟨bn.⟩⟨schr.⟩ **0.1** ***waardeloos*** ⇒*futiel, nietig, onbeduidend, beuzelachtig, triviaal* **0.2** ***ongeldig*** ⇒*niet v. kracht, nietig.*
nug·gar ['nʌgə‖nə'gɑr]⟨telb.zn.⟩ **0.1** ***vrachtboot*** ⟨op boven-Nijl⟩.
nug·get ['nʌgɪt]⟨f1⟩⟨telb.zn.⟩ **0.1** ***(goud)klompje*** **0.2** ***juweel(tje)*** ⟨alleen fig.⟩ ◆ **1.2** ~ of information *informatie die goud waard is, belangrijke informatie.*
nug·get·y ['nʌgəṭi]⟨bn.⟩ **0.1** ***als een (goud)klompje*** **0.2** ⟨Austr. E; inf.⟩ ***gedrongen*** ⟨v. gestalte⟩.
nui·sance ['nju:sns‖'nu:-]⟨f2⟩⟨zn.; vnl. enk.⟩
I ⟨telb.zn.⟩ **0.1** ***lastig iem./iets*** ⇒*lastpost, plaag* ◆ **3.1** don't be such a ~ *wees niet zo vervelend/lastig;* make a ~ of o.s. *vervelend/lastig zijn;*
II ⟨telb. en n.-telb.zn.⟩ **0.1** ***(over)last*** ⇒*hinder* ◆ **3.¶** commit no ~ *verboden te wateren; afval in de bak, verboden hier afval te deponeren* **4.1** what a ~ *wat vervelend, wat een ellende.*
'nuisance tax ⟨telb.zn.⟩ **0.1** ⟨ong.⟩ ***verbruikersbelasting.***
'nuisance value ⟨telb. en n.-telb.zn.; g. mv.⟩ **0.1** ***waarde als tegenwicht/iets hinderlijks*** ◆ **1.1** the ~ of minor political parties *de waarde v. kleine politieke partijen als stoorzender/tegenwicht.*
NUJ ⟨afk.⟩ National Union of Journalists ⟨BE⟩.
nuke[1] [nju:k‖nu:k]⟨f1⟩⟨telb.zn.⟩⟨verk.⟩⟨vnl. AE; inf.⟩ **0.1** ⟨nuclear bomb⟩ ***atoombom*** **0.2** ⟨nuclear weapon⟩ ***kernwapen*** **0.3** ⟨nuclear power plant⟩ ***kerncentrale.***
nuke[2] ⟨ov.ww.⟩ **0.1** ***met kernwapens aanvallen*** ⇒*kernwapens gebruiken tegen.*
'nul hypothesis ⟨telb.zn.⟩⟨stat.⟩ **0.1** ***nulhypothese.***
null[1] ⟨f1⟩⟨bn.⟩ **0.1** ⟨jur.⟩ ***niet bindend*** ⇒*niet v. kracht, nietig, ongeldig* **0.2** ***zinloos*** ⇒*waardeloos, onbelangrijk* **0.3** ***nietszeggend*** **0.4** ***niet bestaand*** ⇒*v. niets, nihil* **0.5** ⟨tech.⟩ ***met nullezing*** **0.6** ⟨wisk.⟩ ***leeg*** ⟨v. verzameling⟩ **0.7** ⟨wisk.⟩ ***mbt. nul*** ⇒*v. nul, nul-* ◆ **1.3** ~ face *nietszeggende (gelaats)uitdrukking* **1.5** ~ indicator *nulindicator* **1.6** ~ set *lege verzameling* **1.7** ~ set *nulverzameling* **2.1** ~ and void *v. nul en gener waarde.*
null[2] ⟨ov.ww.⟩ **0.1** ***nietig verklaren*** ⇒*vernietigen, annuleren* **0.2** ***opheffen*** ⇒*afschaffen.*
null[3] [nʌl]⟨telw.⟩ **0.1** ***nul*** ⟨in cijfer⟩.
nul·la ['nʌlə], **'nul·la-'nul·la** ⟨telb.zn.⟩⟨Austr. E⟩ **0.1** ***hardhouten stok/knots.***
nul·la·bo·na ['nʌlə 'boʊnə]⟨telb.zn.⟩⟨jur.⟩ **0.1** ***nulla bonna*** ⟨sheriffs verklaring: geen goederen (waarop beslag gelegd kan worden)⟩.
nul·lah ['nʌlə]⟨telb.zn.⟩⟨Ind. E⟩ **0.1** ***waterloop*** ⇒*stroom(bedding)* **0.2** ***ravijn.***
nul·li·fi·ca·tion ['nʌlɪfɪ'keɪʃn]⟨n.-telb.zn.⟩ **0.1** ***ongeldigheidsverklaring*** ⇒*nietigverklaring, vernietiging, nullificering* **0.2** ***opheffing*** ⇒*het te niet doen, neutralisering.*
nul·li·fid·i·an[1] ['nʌlɪ'fɪdɪən]⟨telb.zn.⟩ **0.1** ***ongelovige*** ⇒*heiden.*
nullifidian[2] ⟨bn.⟩ **0.1** ***ongelovig*** ⇒*niet-godsdienstig.*
nul·li·fy ['nʌlɪfaɪ]⟨f1⟩⟨ov.ww.; →ww. 7⟩ **0.1** ***nietig/ongeldig verklaren*** ⇒*vernietigen, nullificeren, te niet doen* **0.2** ***opheffen*** ⇒*het effect wegnemen van, neutraliseren, te niet doen* ◆ **1.1** ~ a contract *een contract nietig/ongeldig verklaren* **1.2** ~ the rise in prices by lower taxes *de prijsverhogingen te niet doen/opheffen door lagere belastingen.*
nul·lip·a·ra [nʌ'lɪpərə]⟨telb.zn.; ook nulliparae [-ri:]; →mv. 5⟩⟨med.⟩ **0.1** ***kinderloze vrouw*** ⇒*nullipara* ⟨vrouw die niet gebaard heeft⟩.
nul·lip·a·rous [nʌ'lɪpərəs]⟨bn.⟩⟨med.⟩ **0.1** ***kinderloos*** ⇒*niet gebaard hebbend* ⟨v. vrouw⟩.
nul·li·pore ['nʌləpɔ:‖-pɔr]⟨telb.zn.⟩⟨plantk.⟩ **0.1** ***roodwier*** ⟨Rhodophyceae⟩.
nul·li·ty ['nʌləṭi]⟨zn.; →mv. 2⟩
I ⟨telb.zn.⟩ **0.1** ***oppervlakkig iets/iem.*** ⇒*nul, nulliteit* **0.2** ***ongeldig(e) document/wet;***
II ⟨n.-telb.zn.⟩ **0.1** ⟨jur.⟩ ***nietigheid*** ⟨i.h.b. v. huwelijk⟩ ⇒*ongeldigheid, nulliteit* **0.2** ***zinloosheid*** ⇒*onbelangrijkheid, onbeduidendheid* ◆ **1.1** decree of ~ of marriage *echtscheiding* **1.2** the ~ of life *de zinloosheid v.h. leven.*
'nullity suit ⟨telb.zn.⟩ **0.1** ***echtscheidingsproces.***
num ⟨afk.⟩ number, numeral.
Num ⟨afk.⟩ Numbers ⟨O.T.⟩ **0.1** ***Num..***
NUM ⟨afk.⟩ National Union of Mineworkers ⟨BE⟩.
numb[1] [nʌm]⟨f2⟩⟨bn.; -er; -ly; -ness⟩ **0.1** ***verstijfd*** ⇒*verdoofd, verlamd,* ⟨i.h.b. door koude⟩ *verkleumd* **0.2** ⟨AE⟩ ***stom*** ⇒*dom, onhandig* ◆ **6.1** ~ **with** cold *verkleumd;* ~ **with** fear *verstijfd v. angst, door angst verlamd.*
numb[2] ⟨f2⟩⟨ww.⟩
I ⟨onov.ww.⟩ **0.1** ***verstijven*** ⇒*verstarren, verkleumen;*
II ⟨ov.ww.⟩ **0.1** ***verlammen*** ⟨ook fig.⟩ ⇒*doen verstijven/verstarren* **0.2** ***verdoven*** ◆ **1.2** medicines ~ed the pain *medicijnen verzachtten de pijn.*

num·bat ['nʌmbæt]⟨telb.zn.⟩⟨dierk.⟩ **0.1** ***numbat*** ⟨buidelmiereneter; Myrmecobius fasciatus⟩.

num·ber[1] ['nʌmbə‖-ər]⟨f4⟩⟨zn.⟩⟨→sprw. 673⟩
I ⟨telb.zn.⟩ **0.1** ***getal*** **0.2** ***aantal*** **0.3** ⟨ben. voor⟩ ***nummer*** ⇒*volgnummer, rangnummer, getalmerk; maat; registratienummer; telefoonnummer; deel, aflevering; optreden, programmaonderdeel; song, liedje* ⟨op plaat⟩ **0.4** ***gezelschap*** ⇒*groep* **0.5** ⟨inf.⟩ ***mens*** ⇒*persoon(tje), vent, kerel, nummer, meid, stuk, griet* **0.6** ⟨inf.⟩ ⟨ben. voor⟩ ***ding*** ⇒*exemplaar, geval;* ⟨i.h.b.⟩⟨hand.⟩ *kledingstuk, jurk, stuk* **0.7** ⟨inf.⟩ ***werk*** ⇒*job* **0.8** ⟨sl.⟩ ***psychologische truc*** ◆ **1.1** the ~ of the house *het huisnummer* **3.1** mixed ~ *gemengd getal* **3.2** there are ~s who live in great poverty *er zijn tal v. mensen die in grote armoede leven* **3.¶** ⟨AE; sl.⟩ do a ~ on *kleineren; met minachting spreken / schrijven over; een loer draaien, belazeren; inmaken, in de pan hakken;* ⟨sl.⟩ do one's ~ *met gezag spreken / schrijven; zijn rol spelen;* when my ~ comes up *wanneer ik iets win / in de prijzen val;* ⟨inf.⟩ have / get s.o.'s ~ *iem. doorhebben;* ⟨inf.⟩ make one's ~ with *bij de kraag vatten, aanspreken* **4.¶** ⟨BE; inf.; mil.⟩ ~ nine *purgeermiddel;* ~ one *de eerste, (nummer) een;* ⟨sl.⟩ *heel goed, best;* ⟨kind.; euf.⟩ *plasje, kleine boodschap;* ⟨BE; sl.⟩ *eerste officier* ⟨v. marine⟩; be ~ one *nummer een zijn, de belangrijkste zijn;* always look after / take care of / think of ~ one *altijd alleen maar aan zichzelf denken;* public enemy ~ one *volksvijand nummer een;* my ~ one problem *mijn grootste probleem;* ⟨sl.⟩ ~ one boy *baas; eerste assistent; jaknikker; tijdelijk geëngageerde filmacteur;* ⟨BE⟩ Number Ten (Downing Street) *Downing Street 10, de ambtswoning v.d. Eerste Minister;* ⟨sl.⟩ ~ ten *heel slecht, ergst;* ~ two *de tweede, (nummer) twee;* ⟨kind.; euf.⟩ *grote boodschap, hoopje;* be s.o.'s ~ two *iemands rechterhand zijn* **5.¶** ⟨inf.⟩ your ~ is / has come **up** *het is met je gedaan, je bent er geweest / erbij, je gaat eraan* **6.1 by** ~s, ⟨AE⟩ **by** the ~s *stap voor stap, volgens genummerde instructie* ⟨i.h.b. v. mil. oefeningen⟩; ⟨inf.⟩ *mechanisch, werktuigelijk* **6.2 beyond / out of / without** ~ *ontelbaar, talloos;* **in** ~ *in aantal, in getal;* ~s **of** cats and dogs *een heleboel katten en honden;* **to** the ~ **of** (twenty) *ten getale van (twintig), (twintig) in getal* **6.3** published **in** ~s *in afleveringen verschenen* **7.2** any ~ of *ontelbaar veel, ik weet niet hoeveel;*
II ⟨n.-telb.zn.⟩ **0.1** ⟨taalk.⟩ ***getal;***
III ⟨mv.; ~s; in bet. 0.3 ww. ook enk.⟩ **0.1** ***aantallen*** ⇒*hoeveelheid,* ⟨i.h.b.⟩ *grote aantallen, overmacht* **0.2** ***getallen*** ⇒*het rekenen, het cijferen* **0.3** ⟨the⟩⟨AE⟩ ***loterij*** ◆ **2.2** be good / bad at ~s *goed / slecht zijn in rekenen* **3.1** win by (force / weight of) ~s *winnen door getalsterkte* **6.1** they came **in** (great) ~s *ze kwamen in groten getale.*

number[2] ⟨f3⟩⟨ww.⟩
I ⟨onov. en ov.ww.⟩ **0.1** ***tellen*** **0.2** ***vormen*** ⟨aantal⟩ ⇒*zijn, bedragen* **0.3** ***tellen*** ⇒*behoren tot, tellen / geteld worden onder, beschouwen / beschouwd worden als* ◆ **4.2** we ~ed eleven *we waren met ons elven* **5.¶** ⟨mil.⟩ ~ **off** *(laten) nummeren, de nummers (laten) afroepen* **6.1** ~ **to** ten *tot tien tellen* **6.2** the people ~ed **in** the thousands *er waren duizenden mensen* **6.3** I ~ him **among** my best friends, he ~s **among** my best friends *hij behoort tot mijn beste vrienden;* she ~s **with** our enemies *ze is een v. onze vijanden;*
II ⟨ov.ww.⟩ **0.1** ***nummeren*** ⇒*nummers geven* **0.2** ***tellen*** ⇒*bezitten, hebben, bevatten, bestaan uit* **0.3** ***(op)noemen*** ⇒*opsommen* **0.4** ***tellen*** ⟨jaren⟩ ⇒*de leeftijd hebben van* ◆ **1.1** ~ the questions (from) one to six *de vragen v. een tot en met zes nummeren;* ~ing machine *numeroteur;* ~ing system *nummersysteem* **1.2** the collection ~s 700 pieces *de verzameling telt 700 stuks* **5.¶** ⟨mil.⟩ ~ **off** *(laten) nummeren, de nummers (laten) afroepen.*

'number cruncher ⟨telb.zn.⟩⟨comp.⟩ **0.1** ***getallenkraker.***

'number crunching ⟨n.-telb.zn.⟩⟨comp.⟩ **0.1** ***(het) getallenkraken*** ⟨verwerking v. grote hoeveelheid numerieke data⟩.

'num·ber-fudg·ing ⟨n.-telb.zn.⟩ **0.1** ***al te gunstige voorstelling*** ⟨v. statistische gegevens⟩ ⇒*flattering, window-dressing.*

num·ber·less ['nʌmbələs‖-bər-]⟨bn.⟩ **0.1** ***ontelbaar*** ⇒*talloos* **0.2** ***zonder nummer.***

'number plate ⟨f1⟩⟨telb.zn.⟩⟨BE⟩ **0.1** ***nummerplaat / bord*** ⟨v. auto⟩.

Num·bers ['nʌmbəz‖-ərz]⟨eig.n.⟩⟨bijb.⟩ **0.1** ***Numeri.***

'numbers game, ⟨in bet. 0.2 ook⟩ **'numbers pool, 'numbers racket** ⟨telb.zn.⟩ **0.1** ⟨BE⟩ ***rekenwerk*** **0.2** ⟨AE⟩ ***getallenloterij.***

'numb·fish ⟨telb.zn.⟩⟨dierk.⟩ **0.1** ***sidderrog*** ⟨Torpedinidae⟩.

num·bles, nom·bles ['nʌmblz]⟨mv.⟩⟨vero.⟩ **0.1** ***herteïngewanden.***

numb·ly ['nʌmli]⟨bw.⟩ **0.1** →numb **0.2** ***gevoelloos*** **0.3** ***verbijsterd*** ⇒*verslagen, verstomd.*

num(b)·skull ['nʌmskʌl]⟨f1⟩⟨telb.zn.⟩⟨inf.⟩ **0.1** ***ezel*** ⇒*stomkop, sufferd* **0.2** ***stomme kop*** ⇒*harses.*

nu·men ['nju:mən‖'nu:-]⟨telb.zn.; numina [-mɪnə]; →mv. 5⟩ **0.1** ***huisgod*** **0.2** ***genius*** ⇒*geest, scheppend vermogen* **0.3** ***ziel.***

nu·mer·a·ble ['nju:mrəbl‖'nu:-]⟨bn.⟩ **0.1** ***telbaar.***

nu·mer·a·cy ['nju:mrəsi‖'nu:-]⟨n.-telb.zn.⟩⟨BE⟩ **0.1** ***wiskundige onderlegdheid*** ⇒*het hebben v.e. rekenkundige / wiskundige basiskennis, het met getallen kunnen omgaan.*

nu·mer·al[1] ['nju:mrəl‖'nu:-]⟨f1⟩⟨zn.⟩
I ⟨telb.zn.⟩ **0.1** ***cijfer*** **0.2** ***telwoord;***
II ⟨mv.; ~s⟩⟨AE⟩ **0.1** ***eindexamen / afstudeerjaar*** ◆ **1.1** everybody wore a badge with their ~s on it *iedereen droeg een speldje met zijn eindexamenjaar.*

numeral[2] ⟨bn.; -ly⟩ **0.1** ***getal(s)-*** ⇒*v. getallen.*

nu·mer·ate[1] ['nju:mərət‖'nu:-]⟨bn.⟩⟨BE⟩ **0.1** ***met een wiskundige basiskennis.***

numerate[2] ['nju:məreɪt‖'nu:-]⟨ov.ww.⟩ **0.1** ***opsommen*** **0.2** ***tellen.***

nu·mer·a·tion ['nju:mə'reɪʃn‖'nu:-]⟨telb. en n.-telb.zn.⟩ **0.1** ***rekenmethode*** **0.2** ***berekening*** **0.3** ***uitspraak v. getallen.***

nu·mer·a·tor ['nju:məreɪtə‖'nu:məreɪṭər]⟨f1⟩⟨telb.zn.⟩⟨ook wisk.⟩ **0.1** ***teller.***

nu·mer·ic [nju:'merɪk‖nu:-]⟨bn.⟩ **0.1** ***getal(s)-*** ⇒*in getallen uitgedrukt* ◆ **1.1** ~ code *cijfercode, numerieke code.*

nu·mer·i·cal [nju:'merɪkl‖nu:-]⟨f2⟩⟨bn.; -ly⟩ **0.1** ***getallen-*** ⇒*rekenkundig* **0.2** ***numeriek*** ⇒*in aantal* **0.3** ***numeriek*** ⇒*getals-* ◆ **1.1** ~ skill *rekenkundige bekwaamheid* **1.2** ⟨vnl. mil.⟩ ~ superiority *(overmacht door) getalsterkte* **1.3** ~ control *numerieke besturing;* ~ symbol *getalsymbool, getalteken;* ⟨ook wisk.⟩ ~ value *numerieke waarde, getalswaarde.*

nu·mer·ol·o·gy ['nju:mə'rɒlədʒi‖'nu:mə'rɑ-]⟨n.-telb.zn.⟩ **0.1** ***leer der getalsymboliek.***

nu·mer·ous ['nju:mrəs‖'nu:-]⟨f2⟩⟨bn.; -ly; -ness⟩ **0.1** ***talrijk*** ⇒*groot, veelomvattend, uitgebreid* **0.2** ***talrijke*** ⇒*vele* **0.3** ⟨vero.⟩ ***veelvoudig*** ⇒*veeltallig, uit velen bestaand, v. velen afkomstig* ◆ **1.1** a ~ family *een grote familie, een groot gezin* **1.2** ~ children *veel kinderen* **1.3** ~ song *gezang uit vele kelen.*

Nu·mid·i·an[1] [nju:'mɪdɪən‖nu:-]⟨telb.zn.⟩ **0.1** ***Numidiër.***

Numidian[2] ⟨bn.⟩ **0.1** ***Numidisch*** ◆ **1.¶** ⟨dierk.⟩ ~ crane *jufferkraan* ⟨vogel; Anthropoides virgo⟩.

numina ⟨mv.⟩ →numen.

nu·mi·nous ['nju:mɪnəs‖'nu:-]⟨bn.; -ness⟩ **0.1** ***goddelijk*** ⇒*heilig, sacraal* **0.2** ***ontzagwekkend*** **0.3** ***spiritueel*** **0.4** ***bovennatuurlijk*** ⇒*magisch, toverachtig.*

nu·mis·mat·ic ['nju:mɪz'mætɪk‖'nu:mɪzmæṭɪk]⟨bn., attr.; -ally; →bijw. 3⟩ **0.1** ***numismatisch*** ⇒*mbt. munt- en penningkunde.*

nu·mis·mat·ics ['nju:mɪz'mætɪks‖'nu:mɪz'mæṭɪks], **nu·mis·ma·tol·o·gy** [-mə'tɒlədʒi‖-mə'tɑlədʒi]⟨n.-telb.zn.⟩ **0.1** ***numismatiek*** ⇒*munt- en penningkunde.*

nu·mis·ma·tist [nju:'mɪzmətɪst‖nu:'mɪzməṭɪst]⟨telb.zn.⟩ **0.1** ***numismaticus.***

num·ma·ry ['nʌməri]⟨bn.⟩ **0.1** ***munten-*** ⇒*geld-.*

num·mu·lar ['nʌmjʊlə‖-mjələr]⟨bn.⟩⟨med.⟩ **0.1** ***nummulair*** ⇒*muntvormig.*

num·mu·lite ['nʌmjʊlaɪt‖-mjə-]⟨telb.zn.⟩ **0.1** ***nummuliet*** ⟨fossiele schelp⟩.

numskull →num(b)skull.

nun [nʌn]⟨f2⟩⟨telb.zn.⟩ **0.1** ***non*** ⇒*kloosterzuster, religieuze* **0.2** ***noen*** ⟨14[e] letter v. Hebr. alfabet, 25[e] letter v. Arab. alfabet⟩ **0.3** ***non*** ⟨duif⟩ **0.4** ⟨dierk.⟩ ***nonvlinder*** ⟨Lymantria monacha⟩ **0.5** ⟨BE; dierk.⟩ ***nonnetje*** ⟨Mergus albellus⟩ **0.6** ⟨BE, gew.; dierk.⟩ ***pimpelmees*** ⟨Parus caeruleus⟩ ◆ **1.1** ~s of the Visitation *Zusters / Orde v.d. Visitatie.*

'nun buoy ⟨telb.zn.⟩⟨scheep.⟩ **0.1** ***spitse boei*** ⇒*kegelboei.*

nunc di·mit·tis ['nʊŋk dɪ'mɪṭɪs]⟨n.-telb.zn.⟩ **0.1** ***nunc dimittis*** ⟨Luk. 2:29⟩ **0.2** ***toestemming om te vertrekken*** ◆ **3.¶** sing ~ *gewillig afscheid nemen (v.h. leven).*

nun·ci·a·ture ['nʌnsɪətʃə‖-tʃʊr]⟨telb. en n.-telb.zn.⟩⟨R.-K.⟩ **0.1** ***nuntiatuur*** ⇒*functie / ambtstermijn v. nuntius.*

nun·ci·o ['nʌnsioʊ]⟨telb.zn.⟩⟨R.-K.⟩ **0.1** ***nuntius*** ⇒*pauselijk gezant.*

nun·cle ['nʌŋkl]⟨telb.zn.⟩⟨vero.⟩ **0.1** ***oom*** ⇒*nonkel.*

nun·cu·pate ['nʌŋkjʊpeɪt‖-kjə-]⟨ov.ww.⟩⟨jur.⟩ **0.1** ***mondeling kenbaar maken*** ⟨testament⟩.

nun·cu·pa·tion ['nʌŋkjʊ'peɪʃn‖-kjə-]⟨telb.zn.⟩⟨jur.⟩ **0.1** ***mondeling testament.***

nun·cu·pa·tive [nʌŋ'kju:pətɪv‖'nʌŋkjəpeɪṭɪv]⟨bn.⟩⟨jur.⟩ **0.1** ***mondeling*** ⟨v. testament⟩.

nun·ner·y ['nʌnəri]⟨f1⟩⟨telb.zn.; →mv. 2⟩ **0.1** ***vrouwenklooster*** ⇒*nonnenklooster.*

'nun's cloth, 'nun's veiling ⟨n.-telb.zn.⟩⟨conf.⟩ **0.1** ***voile*** ⇒*dunne, fijne stof.*

NUPE ['nju:pi‖'nu:pi]⟨afk.⟩ National Union of Public Employees ⟨BE⟩.

nu·phar ['nju:fə‖'nu:fər]⟨telb.zn.⟩⟨plantk.⟩ **0.1** ***nuphar*** ⇒*gele plomp* ⟨genus Nuphar⟩.

nup·tial ['nʌpʃl]⟨bn., attr.⟩ **0.1** ***huwelijks-*** ⇒*bruids-*, ⟨dierk.⟩ *parings-* ◆ **1.1** ~ feast *huwelijksfeest;* ⟨dierk.⟩ ~ flight *bruidsvlucht.*
nup·tials ['nʌpʃlz]⟨mv.⟩⟨schr.⟩ **0.1** ***huwelijk*** ⇒*bruiloft.*
NUR ⟨afk.⟩ National Union of Railwaymen ⟨BE⟩.
nurd →nerd.
nurse[1] [nɜ:s‖nɜrs]⟨f3⟩⟨zn.⟩
I ⟨telb.zn.⟩ **0.1** ***verpleegster/pleger*** ⇒*ziekenverpleegster, ziekenbroeder, verpleegkundige, verzorger/ster* **0.2** ***kindermeisje*** ⇒*kinderjuffrouw* **0.3** ***min*** ⇒*voedster* **0.4** ***windbreking*** ⇒*boom als beschutting voor kleinere* **0.5** ***werkbij*** **0.6** ***werkmier*** **0.7** ⟨dierk.⟩ ***bakerhaai*** ⟨fam. Orectolobidae⟩ ◆ **2.1** male ~ *verpleger, ziekenbroeder* **3.1** registered ~ *gediplomeerd verpleegkundige met staatsdiploma* **3.3** put a baby out to ~ *een baby naar een min brengen;* ⟨fig.⟩ put one's estate to ~ *zijn bezittingen in beheer geven* **6.3** **at** ~ *bij een min uitbesteed/gebracht* **¶.1** ~! *zuster!;*
II ⟨n.-telb.zn.⟩ **0.1** ***verpleging*** ⇒*verzorging* **0.2** ***het zogen*** **0.3** ***beheer*** **0.4** ⟨fig.⟩ ***bakermat.***
nurse[2] ⟨f3⟩⟨ww.⟩ →nursing
I ⟨onov.ww.⟩ **0.1** ***in de verpleging zijn*** ⇒*als verpleegkundige werken* **0.2** ***min zijn*** **0.3** ***kindermeisje zijn*** **0.4** ***zuigen*** ⇒*aan de borst zijn/drinken* ◆ **6.4** be nursing **at** one's mother's breast *de borst krijgen;*
II ⟨ov.ww.⟩ **0.1** ***verplegen*** **0.2** ***verzorgen*** **0.3** ***zogen*** ⇒*borstvoeding geven* **0.4** ***behandelen*** ⇒*genezen* **0.5** ⟨vaak pass.⟩ ***grootbrengen*** **0.6** ***bevorderen*** ⇒*tot ontwikkeling brengen, beheren, zuinig zijn met, beschermen, koesteren* **0.7** ***vasthouden*** ⇒*beetpakken, omklemmen, koesteren* **0.8** ⟨BE;pol.⟩ ***te vriend houden*** ⟨kiezers⟩ ⇒*in de gunst proberen te komen v.d. kiezers van* **0.9** ⟨biljart⟩ ***bijeenhouden*** ⟨ballen, voor een verzamelstoot⟩ ◆ **1.3** nursing mother *zogende moeder* **1.4** ~ a cold *een verkoudheid uitvieren;* ~ a disease *een kwaal behandelen* **1.6** ~ a drink *een drankje koesteren;* ~ a fire *dichtbij/vlak op een vuur zitten;* ~ a grievance /grudge against s.o. *een grief/wrok tegen iem. koesteren;* ~ one's hatred *zijn haat voeden;* ~ plants *planten met zorg omgeven/koesteren* **6.4** ~ s.o. back **to** health *door verpleging iem. weer gezond krijgen/maken* **6.5** ~d in luxury *opgegroeid in weelde.*
'nurse-child ⟨telb.zn.⟩ **0.1** ***pleegkind*** **0.2** ***zoogkind.***
'nurse frog ⟨telb.zn.⟩ **0.1** ***vroedmeesterpad.***
'nurse·hound ⟨telb.zn.⟩⟨dierk.⟩ **0.1** ***kathaai*** ⟨Scyliorhinus stellaris⟩.
nurs(e)·ling ['nɜ:slɪŋ‖'nɜrs-]⟨telb.zn.⟩ **0.1** ***zuigeling*** ⇒⟨i.h.b.⟩ *zoogkind, kind dat door een min wordt gevoed* **0.2** ***troetelkind*** **0.3** ***voedsterling*** ⇒*voedsterkind.*
'nurse·maid ⟨f1⟩⟨telb.zn.⟩ **0.1** ***kindermeisje*** **0.2** ***verzorger/ster*** ◆ **6.2** be ~ **to** *de verzorger zijn van.*
nurs·er·y ['nɜ:sri‖'nɜr-]⟨f3⟩⟨telb.zn.;→mv. 2⟩ **0.1** ***kinderkamer*** **0.2** ***kinderbewaarplaats*** ⇒*crèche, kinderdagverblijf, peuterklas* **0.3** ***kweekplaats/school*** ⟨fig.⟩ ⇒*bakermat* **0.4** ***(boom/planten)kwekerij*** **0.5** ***kweek/pootvijver*** **0.6** ***(paarden)wedren voor tweejarigen.***
'nursery governess ⟨telb.zn.⟩ **0.1** ***kinderjuffrouw.***
nurs·er·y·man ['nɜ:srimən‖'nɜr-]⟨f1⟩⟨telb.zn.; nurserymen [-mən]; →mv. 3⟩ **0.1** ***(boom/planten)kweker.***
'nursery rhyme ⟨f1⟩⟨telb.zn.⟩ **0.1** ***kinderversje/liedje*** ⇒*bakerrijmpje.*
'nursery school ⟨f1⟩⟨telb. en n.-telb.zn.⟩ **0.1** ***peuterklas*** ⟨voor kinderen beneden de vijf jaar⟩.
'nursery slopes ⟨mv.⟩⟨skiën⟩ **0.1** ***oefenhelling*** ⇒*oefenpiste (voor beginners).*
'nursery stakes ⟨telb.zn.⟩ **0.1** ***(paarden)wedren voor tweejarigen.***
'nursery tale ⟨telb.zn.⟩ **0.1** ***(baker)sprookje.***
nurs·ing ['nɜ:sɪŋ‖'nɜr-]⟨f2⟩⟨n.-telb.zn.; gerund v. nurse⟩ **0.1** ***verpleging*** ⇒*verzorging, zorg, oppas(sing), het verplegen/verzorgen/oppassen* **0.2** ***verpleegkunde.***
'nursing-father ⟨telb.zn.⟩ **0.1** ***pleegvader.***
'nursing home ⟨f1⟩⟨telb.zn.⟩ **0.1** ***(particulier) verpleeghuis/verzorgings(te)huis*** **0.2** ⟨BE⟩ ***particulier ziekenhuis*** ⇒⟨i.h.b.⟩ *particuliere kraamkliniek.*
'nursing mother ⟨telb.zn.⟩ **0.1** ***pleegmoeder.***
nur·tur·ance ['nɜ:tʃərəns‖'nɜrtʃə-]⟨n.-telb.zn.⟩ **0.1** ***koestering*** ⇒*koesterende zorg.*
nur·tur·ant ['nɜ:tʃərənt‖'nɜrtʃə-]⟨bn.⟩ **0.1** ***koesterend*** ⇒*zorgend.*
nur·ture[1] ['nɜ:tʃə‖'nɜrtʃər]⟨f1⟩⟨n.-telb.zn.⟩⟨schr.⟩ **0.1** ***voeding*** ⇒*voedsel, eten* **0.2** ***opvoeding*** ⇒*vorming, het grootbrengen.*
nurture[2] ⟨f1⟩⟨ov.ww.⟩⟨schr.⟩ **0.1** ***voeden*** **0.2** ***koesteren*** ⇒*verzorgen* **0.3** ***opvoeden*** ⇒*vormen, grootbrengen.*
NUS ⟨afk.⟩ National Union of Students ⟨BE⟩.
nut[1] [nʌt]⟨f3⟩⟨telb.zn.⟩⟨→sprw. 277⟩ **0.1** ***noot*** **0.2** ***moer*** **0.3** ***slof*** ⟨v. strijkstok⟩ **0.4** ***zadel*** ⇒*kam* ⟨v. snaarinstrument⟩ **0.5** ***neut*** ⟨v. anker⟩ **0.6** ***kern*** ⟨v. zaak⟩ **0.7** ⟨vnl. mv.⟩ ***noot*** ⟨steenkolenformaat⟩ **0.8** ⟨sl.⟩ ***kop*** ⇒*knar, test, hoofd* **0.9** ⟨sl.⟩ ***halve gare*** ⇒*gek, idioot, mafkees, lijp, zot* **0.10** ⟨sl.⟩ ***enthousiast*** ⇒*fan, fanaat, gek* **0.11** ⟨AE;inf.⟩ ***bom geld*** ⟨i.h.b. voor theaterproduktie⟩ **0.12** ⟨sl.⟩ ***smeergeld*** ⇒*steekpenningen* ⟨aan politieman⟩ **0.13** ⟨vnl. mv.⟩ ⟨AE;sl.⟩ ***bal*** ⇒*testikel* ◆ **1.¶** ⟨inf.⟩ ~s and bolts *grondbeginselen, hoofdzaken;* I know nothing about the ~s and bolts of this machine *ik heb geen flauw idee hoe deze motor werkt/in elkaar zit;* crack/break a ~ with a sledgehammer *met een kanon op een mug schieten* **3.¶** ⟨BE;sl.⟩ do one's ~(s) *als een gek tekeergaan, als een bezetene te werk gaan; zich suf piekeren* ⟨v. bezorgdheid⟩; *razend zijn* **6.8** **off** one's ~ *(van lotje) getikt* **6.¶** ⟨vnl. BE; inf.⟩ she can't sing **for** ~s *ze kan totaal niet zingen* **¶.¶** ⟨sl.⟩ ~s! *onzin!, gelul!;* ~s (to you)! *krijg het heen-en-weer/de klere!, stik!, barst!.*
nut[2] ⟨ww.;→ww. 7⟩
I ⟨onov.ww.⟩ **0.1** ***noten plukken/zoeken;***
II ⟨ov.ww.⟩⟨BE;sl.⟩ **0.1** ***een kopstoot geven.***
NUT ⟨afk.⟩ National Union of Teachers ⟨BE⟩.
nu·tant ['nju:tnt‖'nu:-]⟨bn.⟩⟨plantk.⟩ **0.1** ***(over)hangend*** ⇒*(neer) buigend.*
nu·ta·tion [nju:'teɪʃn‖nu:-]⟨n.-telb.zn.⟩ **0.1** ***het knikken*** ⇒*knikbeweging* ⟨v. hoofd⟩ **0.2** ⟨plantk.; ster.⟩ ***nutatie.***
'nut-'brown ⟨bn.⟩ **0.1** ***hazelnootbruin*** ⇒*roodbruin.*
'nut·case ⟨telb.zn.⟩⟨sl.⟩ **0.1** ***halve gare*** ⇒*gek, idioot, mafkees, zot.*
'nut·crack·er ⟨f1⟩⟨telb.zn.⟩ **0.1** ***notekraker*** **0.2** ⟨dierk.⟩ ***notenkraker*** ⟨vogel; Nucifraga caryocatactes⟩ **0.3** →nuthatch ◆ **7.1** haven't you got a ~/any ~s/a pair of ~s? *heb je geen notekraker?.*
'nut·gall ⟨telb.zn.⟩ **0.1** ***galnoot*** ⇒*gal(appel).*
'nut·hatch ⟨telb.zn.⟩⟨dierk.⟩ **0.1** ***boomklever*** ⟨vogel; fam. Sittidae⟩.
'nut·house ⟨f1⟩⟨telb.zn.⟩⟨sl.⟩ **0.1** ***gekkenhuis.***
nut·let ['nʌtlɪt]⟨telb.zn.⟩ **0.1** ***nootje*** **0.2** ***pit*** ⟨v. kers, enz.⟩.
nut·meg[1] ['nʌtmeg]⟨f1⟩⟨zn.⟩
I ⟨telb.zn.⟩ **0.1** ***muskaatnoot*** **0.2** ⟨N-⟩⟨AE; inf.⟩ ***inwoner v. Connecticut;***
II ⟨n.-telb.zn.⟩ **0.1** ***notemuskaat*** ⇒*nootmuskaat.*
nutmeg[2] ⟨ov.ww.⟩⟨voetbal⟩ **0.1** ***de bal door de benen spelen.***
'nutmeg apple ⟨telb.zn.⟩ **0.1** ***muskaatnoot.***
'nutmeg butter ⟨n.-telb.zn.⟩ **0.1** ***muskaatboter.***
'nutmeg oil ⟨n.-telb.zn.⟩ **0.1** ***muskaat(note)olie*** **0.2** ***muskaatboter.***
'nut oil ⟨n.-telb.zn.⟩ **0.1** ***nootolie*** ⇒*noteolie.*
nu·tri·a ['nju:trɪə‖'nu:-]⟨zn.⟩
I ⟨telb.zn.⟩⟨dierk.⟩ **0.1** ***beverrat*** ⟨Myocastor coypus⟩;
II ⟨n.-telb.zn.⟩ **0.1** ***nutria*** ⇒*beverbont.*
nu·tri·ent[1] ['nju:trɪənt‖'nu:-]⟨telb.zn.⟩ **0.1** ***nutriënt*** ⇒*voedings/bouwstof, voedingsmiddel.*
nutrient[2] ⟨bn.⟩ **0.1** ***voedend*** ⇒*voedings-, voedingswaarde hebbend.*
nu·tri·ment ['nju:trɪmənt‖'nu:-]⟨telb. en n.-telb.zn.⟩ **0.1** ***voeding*** ⇒*voedsel, voedingsmiddel.*
nu·tri·ment·al ['nju:trɪ'mentl‖'nu:trɪ'menṭl]⟨bn.⟩ **0.1** ***voedend*** ⇒*voedzaam.*
nu·tri·tion [nju:'trɪʃn‖nu:-]⟨f1⟩⟨n.-telb.zn.⟩ **0.1** ***voeding*** **0.2** ***voedingsleer.***
nu·tri·tion·al [nju:'trɪʃnəl‖nu:-]⟨f1⟩⟨bn.; -ly⟩ **0.1** ***voedings-.***
nu·tri·tion·ist [nju:'trɪʃənɪst‖nu:-]⟨telb.zn.⟩ **0.1** ***voedingsdeskundige.***
nu·tri·tious [nju:'trɪʃəs‖nu:-]⟨f1⟩⟨bn.; -ly; -ness⟩ **0.1** ***voedzaam*** ⇒*voedend, voedingswaarde hebbend.*
nu·tri·tive[1] ['nju:trətɪv‖'nu:trəṭɪv]⟨telb.zn.⟩ **0.1** ***voedingsmiddel.***
nutritive[2] ⟨bn.; -ly; -ness⟩ **0.1** ***voedings-*** **0.2** ***voedzaam*** ⇒*voedend, voedingswaarde hebbend* ◆ **1.1** ~ value *voedingswaarde.*
nuts [nʌts]⟨f2⟩⟨bn., pred.⟩⟨inf.⟩ **0.1** ***gek*** ⇒*dol, (van lotje) getikt, hoteldebotel, mesjokke* ◆ **3.1** go ~ *gek worden* **6.1** be ~ **about/on/over** *weg zijn van, dol/gek zijn op, wild enthousiast zijn over;* she's ~ **about/over** him *ze is smoor(verliefd) op hem.*
'nuts-and-'bolts ⟨bn.; inf.⟩ **0.1** ***praktisch*** **0.2** ***fundamenteel.***
'nut·shell[1] ⟨f1⟩⟨telb.zn.⟩ **0.1** ***notedop*** ⟨ook fig.⟩ ◆ **6.1** **in** a ~ *in een notedop, kort samengevat.*
nutshell[2] ⟨ov.ww.⟩ **0.1** ***kort samenvatten*** ⇒*in een paar woorden weergeven/uiteenzetten.*
nut·ter ['nʌtə‖'nʌṭər]⟨f1⟩⟨telb.zn.⟩ **0.1** ***notenplukker*** **0.2** ⟨sl.⟩ ***halve gare*** ⇒*gek, idioot, zot, mafkees.*
'nut·tree ⟨telb.zn.⟩ **0.1** ***noteboom*** **0.2** ***hazelaar.***
nut·ty ['nʌṭi]⟨f1⟩⟨bn.; -er; -ly; -ness;→bijw. 3⟩ **0.1** ***met (veel) noten*** ⇒*vol noten* **0.2** ***naar noten smakend*** **0.3** ***smakelijk*** ⇒*vol (v. smaak), geurig, pittig, kruidig* **0.4** ⟨inf.⟩ ***gek*** ⇒*(van lotje) getikt, mesjokke* ◆ **1.4** as ~ as a fruitcake *stapelgek/mesjokke* **6.4** be ~ **about/on** *weg zijn van, dol/gek zijn op, smoor(verliefd)/verkikkerd zijn op.*
'nut weevil ⟨telb.zn.⟩⟨dierk.⟩ **0.1** ***noteboorder*** ⟨kever die eitjes legt in noten⟩.
nux vom·i·ca ['nʌks 'vɒmɪkə‖-'vɑ-]⟨telb.zn.⟩ **0.1** ***braaknoot*** **0.2** ⟨plantk.⟩ ***braaknoteboom*** ⟨Strychnos nux-vomica⟩.
nuz·zle ['nʌzl]⟨f1⟩⟨ww.⟩

I ⟨onov.ww.⟩ **0.1** ***snuffelen*** **0.2** ***wroeten*** **0.3** ***zich nestelen*** ⇒*zich vlijen* ◆ **6.1** ~ (up) **against** *met de neus duwen/wrijven tegen, besnuffelen* **6.2** ~ **into** *de neus steken in, wroeten in;*
II ⟨ov.ww.⟩ **0.1** ***besnuffelen*** ⇒*met de neus aanraken* **0.2** ***wroeten in*** **0.3** ***vlijen*** ◆ **4.3** ~ o.s. *zich nestelen/vlijen.*
NV ⟨afk.⟩ Nevada, new version, non-vintage.
NW ⟨afk.⟩ northwest(ern) **0.1** ***N.W.***.
NWT ⟨afk.⟩ Northwest Territories.
NY ⟨afk.⟩ New York.
nyala →inyala.
NYC ⟨afk.⟩ New York City.
nyc·ta·lo·pi·a [ˈnɪktəˈloʊpɪə]⟨n.-telb.zn.⟩ **0.1** ***nachtblindheid*** **0.2** ***dagblindheid*** ⇒*nachtziendheid, nyctalopie.*
nyc·tit·ro·pism [nɪkˈtɪtrəpɪzm]⟨n.-telb.zn.⟩⟨plantk.⟩ **0.1** ***het aannemen v.e. slaapstand*** ⟨v. plant⟩.
NYD ⟨afk.⟩ not yet diagnosed.
nye [naɪ]⟨telb.zn.⟩⟨BE⟩ **0.1** ***broedsel fazanten.***
nylghau →nilgai.
ny·lon [ˈnaɪlɒn‖-lɑn]⟨f2⟩⟨zn.⟩
I ⟨n.-telb.zn.⟩ **0.1** ***nylon;***
II ⟨mv.; ~s⟩ **0.1** ***nylons*** ⇒*nylonkousen.*
nymph [nɪmf]⟨f2⟩⟨telb.zn.⟩ **0.1** ***nimf*** **0.2** ⟨schr.⟩ ***nimf*** ⇒*jonge schoonheid, bekoorlijk meisje* **0.3** ⟨dierk.⟩ ***nimf*** ⟨v. insekt⟩ **0.4** ⟨dierk.⟩ ***pop*** ⟨v. insekt⟩ **0.5** ⟨hengelsport⟩ ***nimf.***
nym·pha [ˈnɪmfə]⟨zn.; nymphae [-fi:]; →mv. 5⟩
I ⟨telb.zn.⟩⟨dierk.⟩ **0.1** ***nimf*** ⟨v. insekt⟩;
II ⟨mv.; nymphae⟩⟨anat.⟩ **0.1** ***kleine schaamlippen.***
nym·phe·an [ˈnɪmfɪən], **nymph·like** [ˈnɪmflaɪk], **nymph·ish** [ˈnɪmfɪʃ] ⟨bn.⟩ **0.1** ***nimfachtig*** ⇒*(als) v.e. nimf, nimf(en)-.*
nym·phet [nɪmˈfet, ˈnɪmfɪt‖nɪmˈfet], **nym·phette** [nɪmˈfet]⟨telb.zn.⟩ **0.1** ***nimfje*** **0.2** ⟨inf.⟩ ***vampje*** ⇒*vroegrijp meisje.*
nym·pho [ˈnɪmfoʊ]⟨telb.zn.⟩⟨verk.⟩ nymphomaniac ⟨inf.⟩ **0.1** ***nymfomane.***
nym·pho·lep·sy [ˈnɪmfəlepsi]⟨telb. en n.-telb.zn.; →mv. 2⟩ **0.1** ***extase*** ⟨veroorzaakt door nimfen⟩ **0.2** ***bezeten drang naar onbereikbaar iets/ideaal.***
nym·pho·lept [ˈnɪmfəlept]⟨telb.zn.⟩ **0.1** ***bezeten idealist.***
nym·pho·ma·ni·a [ˈnɪmfəˈmeɪnɪə]⟨n.-telb.zn.⟩ **0.1** ***nymfomanie.***
nym·pho·ma·ni·ac[1] [ˈnɪmfəˈmeɪnɪæk]⟨telb.zn.⟩ **0.1** ***nymfomane.***
nymphomaniac[2], **nym·pho·ma·ni·a·cal** [ˈnɪmfoʊməˈnaɪəkl]⟨bn.⟩ **0.1** ***nymfomaan.***
NYP ⟨afk.⟩ not yet published.
NYSE ⟨afk.⟩ New York Stock Exchange.
nys·tag·mus [nɪˈstægməs]⟨n.-telb.zn.⟩⟨med.⟩ **0.1** ***nystagmus*** ⇒*oogsiddering* ⟨oogaandoening, vaak bij mijnwerkers⟩.
NZ ⟨afk.⟩ New Zealand.

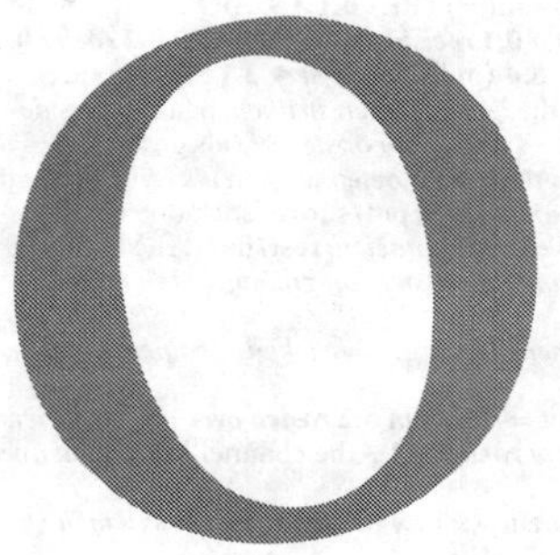

o[1], **O** [oʊ]⟨zn.; ook o's, O's, zelden os, Os⟩
I ⟨telb.zn.⟩ **0.1** ***(de letter) o, O*** **0.2** ***O-vorm(ig iets/voorwerp)*** ⇒*o'tje, cirkel;*
II ⟨telb. en n.-telb.zn.⟩ **0.1** ***nul*** ⟨in telefoonnummer⟩.
o[2] ⟨afk.⟩ old.
o' [ə]⟨f2⟩⟨vz.⟩⟨vero. of gew., beh. in sommige uitdr. of samenstellingen⟩ **0.1** ⟨verk.⟩ ⟨on⟩ ***op*** **0.2** ⟨verk.⟩ ⟨of⟩ ***van*** ◆ **1.1** the colour ~ her cheeks *de kleur op haar wangen* **1.2** five ~clock *vijf uur;* the colour ~ your coat *de kleur van je jas.*
-o [oʊ] **0.1** ⟨vormt inf. of sl. varianten⟩ ◆ **¶.1** righto! *okido!.*
O[1] [oʊ]⟨tussenw.⟩⟨schr.⟩ **0.1** ***o*** ◆ **¶.1** O God! *o God!.*
O[2] ⟨afk.⟩ object ⟨taalk.⟩ **0.1** ⟨object⟩ ⟨taalk.⟩ ***O*** ⇒*object, voorwerp* **0.2** ⟨Ohio⟩.
O' [oʊ] **0.1** ***O'*** ⟨in Ierse namen: afstammelingen van⟩.
OA ⟨afk.⟩ on account, open account.
oaf [oʊf]⟨f1⟩⟨telb.zn.; ook oaves [oʊvz]; →mv. 3⟩ **0.1** ***klungel*** ⇒*sukkel, onnozele hals, domoor, druif* **0.2** ***lummel*** ⇒*pummel, lomperd, boer.*
oaf·ish [ˈoʊfɪʃ]⟨bn.; -ly; -ness⟩ **0.1** ***klungelig*** ⇒*onnozel, ezelachtig, sullig* **0.2** ***lomp*** ⇒*pummelig.*
oak[1] [oʊk]⟨f2⟩⟨zn.⟩⟨→sprw. 245, 409⟩
I ⟨telb.zn.⟩ **0.1** ***eik*** **0.2** ***buitendeur*** ⟨v. College in Cambridge of Oxford⟩ ◆ **3.¶** sport one's ~ *de buitendeur sluiten;* ⟨fig.⟩ *niet gestoord willen worden, niet thuis geven* **7.¶** ⟨BE⟩ the Oaks *jaarlijkse wedren te Epsom voor driejarige volbloedmerries;*
II ⟨n.-telb.zn.⟩ **0.1** ⟨ook attr.⟩ ***eiken*** ⇒*eikehout* **0.2** ⟨ook attr.⟩ ***eiken*** ⟨kleur bruin⟩ **0.3** ***eikeloof;***
III ⟨verz.n.⟩⟨schr.⟩ **0.1** ***houten schepen.***
oak[2] ⟨bw.⟩⟨sl.⟩ **0.1** ***okee*** ⇒*ja.*
'oak apple, 'oak fig, 'oak gall, 'oak plum, 'oak potato, 'oak spangle, 'oak wart ⟨telb.zn.⟩ **0.1** ***galappel*** ⇒*galnoot.*
'oak-ap·ple day ⟨eig.n.⟩⟨BE⟩ **0.1** ***oak-apple day*** ⟨29 mei, dag v.d. restauratie v. Karel II⟩.
'oak egger ⟨telb.zn.⟩⟨dierk.⟩ **0.1** ***hageheld*** ⟨nachtvlinder; Lasiocampa quercus⟩.
oak·en [ˈoʊkən]⟨bn.⟩⟨schr.⟩ **0.1** ***eiken*** ⇒*eikehouten.*
oak·ette [oʊˈket]⟨bn.⟩ **0.1** ***imitatie-eiken.***
'oak fern ⟨telb.zn.⟩⟨plantk.⟩ **0.1** ***gebogen beukvaren*** ⟨Thelypteris dryopteris⟩.
'oak lappet ⟨telb.zn.⟩⟨dierk.⟩ **0.1** ***eikeblad*** ⟨nachtvlinder; Gastropacha quercifolia⟩.
'oak leaf roller ⟨telb.zn.⟩⟨dierk.⟩ **0.1** ***eikebladrolkever*** ⟨Attelabus nitens⟩.

oak·let ['oʊklɪt], **oak·ling** ['oʊklɪŋ]⟨telb.zn.⟩ **0.1** ***eikeboompje***.
'oak tree ⟨f1⟩⟨telb.zn.⟩ **0.1** ***eikeboom*** ⇒*eik*.
oa·kum ['oʊkəm]⟨n.-telb.zn.⟩ **0.1** ***werk*** ⇒*uitgeplozen touw, breeuwwerk* ⟨vnl. voor het kalfaten⟩ ◆ **3.1** pick ~ *touwpluizen* ⟨i.h.b. als gevangeniswerk⟩.
'oak wood ⟨zn.⟩
I ⟨telb.zn.⟩ **0.1** ***eikenbos;***
II ⟨n.-telb.zn.⟩ **0.1** ***eikehout*** ⇒*eiken* **0.2** ***eike(hak)hout***.
OAP ⟨afk.⟩ old age pension(er) ⟨BE⟩ **0.1** ***A.O.W.('er)***.
oar[1] [ɔ:‖ɔr]⟨f1⟩⟨telb.zn.⟩ **0.1** ***roeispaan*** ⇒*(roei)riem* **0.2** ***roeier*** **0.3** ***vlerk*** ⇒*vin, arm, poot* **0.4** ⟨ind.⟩ ***roerarm*** ◆ **2.1** pull a good ~ *goed roeien* **3.1** back the ~s *de riemen strijken;* peak the ~s *de riemen opsteken;* toss ~s *de riemen opsteken* ⟨als groet⟩ **3.¶** ⟨vero.⟩ be chained to the ~(s) *moeten werken als een galeislaaf;* have an ~ in *zich bemoeien met;* put/shove/stick one's ~ in *tussenbeide komen, zich ermee bemoeien;* rest/lie/⟨AE⟩ lay on one's ~s *zich ontspannen, uitrusten, op zijn lauweren rusten*.
oar[2] ⟨ww.⟩
I ⟨onov.ww.⟩ **0.1** ***roeien*** ⟨ook fig.⟩ ⇒*wieken, zwaaien, maaien, slaan;*
II ⟨ov.ww.⟩ **0.1** ***roeien*** ⇒*roeien in* **0.2** ***roeien over*** ⇒*overroeien* ◆ **1.1** ~ a boat *een boot roeien* **1.2** ~ the channel *het kanaal overroeien*.
oar·age ['ɔ:rɪdʒ]⟨n.-telb.zn.⟩⟨schr.⟩ **0.1** ***het roeien*** **0.2** ***riemen*** ⟨v. boot⟩.
oared [ɔ:d‖ɔrd]⟨bn.⟩ **0.1** ***met roeispanen/riemen***.
'oar·fish ⟨telb.zn.; ook oarfish; →mv. 4⟩⟨dierk.⟩ **0.1** ***lintvis*** ⟨genus Regalecus⟩.
'oar·lock ⟨telb.zn.⟩⟨AE⟩⟨scheep.⟩ **0.1** ***dol***.
oars·man ['ɔ:zmən‖'ɔrz-]⟨telb.zn.; oarsmen [-mən]; →mv. 3⟩ **0.1** ***roeier***.
oars·man·ship ['ɔ:zmənʃɪp‖'ɔrz-]⟨n.-telb.zn.⟩ **0.1** ***roeikunst***.
'oars·wo·man ⟨telb.zn.; oarswomen; →mv. 3⟩ **0.1** ***roeister***.
OAS ⟨afk.⟩ on active service, Organization of American States.
o·a·sis [oʊ'eɪsɪs]⟨f1⟩⟨telb.zn.; oases [-si:z]; →mv. 5⟩ **0.1** ***oase*** ⟨ook fig.⟩ ⇒*welkome afwisseling* ◆ **1.1** an ~ in the desert *een oase in de woestijn* ⟨vnl. fig.⟩.
oast [oʊst]⟨telb.zn.⟩⟨BE⟩ **0.1** ***eest*** ⇒*droogvloer;* ⟨B.⟩ *ast* ⟨vnl. voor hop⟩.
'oast-house ⟨telb.zn.⟩⟨BE⟩ **0.1** ***eest(huis)*** ⇒⟨B.⟩ *ast* ⟨vnl. voor hop⟩.
oat [oʊt]⟨f2⟩⟨zn.⟩
I ⟨telb.zn.⟩⟨plantk.⟩ **0.1** ***haverplant*** ⟨Avena sativa⟩ **0.2** ⟨plantk.⟩ ***haversoort*** ⟨genus Avena⟩ **0.3** ⟨schr.⟩ ***halm*** ⇒*herdersfluit* ◆ **2.2** wild ~ *oot* ⟨Avena fatua⟩;
II ⟨n.-telb.zn.⟩ **0.1** ***herderspoëzie*** ⇒*bucolische poëzie;*
III ⟨mv.; ~s⟩ **0.1** ***haver*** ⇒*haverkorrels/meel/vlokken* ◆ **3.1** rolled ~s *havervlokken* **3.¶** feel one's ~s *bruisen v. energie;* ⟨AE ook⟩ *zelfgenoegzaam/verwaand doen* **6.¶** ⟨inf.⟩ **off** one's ~s *zonder eetlust, niet lekker*.
'oat·cake ⟨telb. en n.-telb.zn.⟩ **0.1** ***haverkoek***.
oat·en ['oʊtn]⟨bn., attr.⟩ **0.1** ***haver-*** ⇒*v. havermeel/stro* ◆ **1.1** ~ fodder *havervoer*.
oat·er ['oʊtə‖-ər]⟨telb.zn.⟩⟨AE; sl.⟩ **0.1** ***(stereotiepe) western***.
'oat·grass ⟨n.-telb.zn.⟩⟨plantk.⟩ **0.1** ***oot*** ⟨Avena fatua⟩ **0.2** ***glanshaver*** ⟨genus Arrhenatherum⟩.
oath [oʊθ]⟨f3⟩⟨telb.zn.; oaths [oʊðz‖oʊðz, oʊθs]; →mv. 3⟩ **0.1** ***eed*** **0.2** ***vloek*** ⇒*godslastering* ◆ **1.1** ~ of office *ambtseed* **3.1** administer an ~ to s.o. *iem. een eed afnemen;* make/take/swear an ~ *een eed afleggen, zweren* **6.1 on/under** ~ *onder ede;* **on** my ~ *dat zweer ik, eerlijk waar;* put s.o. **under** ~ *iem. een eed afnemen*.
'oat·meal ⟨f1⟩⟨n.-telb.zn.⟩ **0.1** ***havermeel/vlokken*** **0.2** ***havermout (pap)*** **0.3** ⟨vaak attr.⟩ ***beige-grijs***.
OAU ⟨afk.⟩ Organization of African Unity.
ob ⟨afk.⟩ obiit **0.1** ***Ob.***.
ob-, ⟨voor c⟩ **oc-**, ⟨voor f⟩ **of-**, ⟨voor p⟩ **op- 0.1** ***ob-*** ⇒*oc-, of-, op-* ⟨vnl. met bet. v. openheid, gerichtheid, vijandigheid⟩ ◆ **¶.1** object *object;* oblong *oblong;* occasion *gelegenheid;* offensive *offensief;* opponent *tegenstander, opponent;* opportune *opportuun*.
OB ⟨afk.⟩ Old Boy, outside broadcast ⟨BE⟩.
Obad ⟨afk.⟩ Obadiah ⟨O.T.⟩.
O·ba·di·ah ['oʊbə'daɪə]⟨eig.n.⟩⟨O.T.⟩ **0.1** ***Obadja*** ⟨profeet⟩.
ob·bli·ga·to[1], ⟨AE sp. ook⟩ **ob·li·ga·to** ['ɒblɪ'gɑ:toʊ‖ɑblɪ'gɑt̬oʊ]⟨telb.zn.⟩⟨muz.⟩ **0.1** ***obligaat*** ⇒*obligaatpartij*.
obbligato[2], ⟨AE sp. ook⟩ **obligato** ⟨bn., post.⟩⟨muz.⟩ **0.1** ***obligaat***.
ob·cor·date [ɒb'kɔ:deɪt‖ɑb'kɔr-]⟨bn.⟩⟨plantk.⟩ **0.1** ***hartvormig***.
ob·du·ra·bil·i·ty ['ɒbdjʊrə'bɪləti‖'ɑbdərə'bɪlət̬i]⟨n.-telb.zn.⟩ **0.1** ***hardheid*** ⇒*weerstandsvermogen* ⟨v. stoffen⟩.
ob·du·ra·cy ['ɒbdjʊrəsi‖'ɑbdə-]⟨n.-telb.zn.⟩⟨schr.⟩ **0.1** ***onverbeterlijkheid*** ⇒*verstoktheid* **0.2** ***onverzettelijkheid*** ⇒*ontoegeeflijkheid*.
ob·du·rate ['ɒbdjʊrət‖'ɑbdə-]⟨bn.; -ly; -ness⟩⟨schr.⟩ **0.1** ***onverbeterlijk*** ⇒*verstokt, koppig, niet te beïnvloeden* **0.2** ***onverzettelijk*** ⇒*hard, onvermurwbaar, niet over te halen*.
OBE ⟨afk.⟩ Officer (of the Order) of the British Empire ⟨BE⟩.
o·be·ah ['oʊbɪə], **o·bi** ['oʊbi]⟨zn.⟩⟨antr.⟩
I ⟨telb.zn.⟩ **0.1** ***obeahfetisj;***
II ⟨n.-telb.zn.⟩ **0.1** ***obeah*** ⇒*religieuze tovenarij v. Westindische negers*.
o·be·di·ence [ə'bi:dɪəns]⟨f2⟩⟨n.-telb.zn.⟩ **0.1** ***gehoorzaamheid*** **0.2** ⟨relig.⟩ ***obediëntie*** ⇒*gehoorzaamheid, dienstplicht, taak* ⟨in klooster⟩ **0.3** ⟨R.-K.⟩ ***(kerkelijk) gezag*** ⇒*(geestelijke) jurisdictie* ◆ **1.3** the ~ of Rome *het gezag v. Rome/v.d. paus* **2.1** passive ~ *passieve gehoorzaamheid; onvoorwaardelijke gehoorzaamheid* **6.1 in ~ to** *gehoorzamend aan*.
o·be·di·ent [ə'bi:dɪənt]⟨f2⟩⟨bn.; -ly⟩ **0.1** ***gehoorzaam*** ⇒*gehoorzamend, gewillig, plichtsgetrouw* **0.2** ***onderworpen*** ◆ **1.1** ⟨BE⟩ your ~ servant *uw dienstwillige dienaar* ⟨slotformule in officiële brieven⟩.
o·be·di·en·tia·ry [oʊ'bi:di'enʃəri]⟨telb.zn.; →mv. 2⟩ **0.1** ***kloosterling onder gezag*** ⟨v. abt⟩.
o·bei·sance [oʊ'beɪsns]⟨zn.⟩
I ⟨telb. en n.-telb.zn.⟩ **0.1** ***buiging*** ⇒*révérence, kniebuiging* ◆ **3.1** make an/do/pay ~ *een buiging maken, groeten;*
II ⟨n.-telb.zn.⟩ **0.1** ***eerbied*** ⇒*respect, eerbetoon* ◆ **3.1** do/make/pay ~ to *zijn respect betuigen aan*.
o·bei·sant [oʊ'beɪsnt]⟨bn.; -ly⟩ **0.1** ***eerbiedig*** ⇒*onderdanig*.
ob·e·lis·cal ['ɒbə'lɪskl‖'ɑbə-]⟨bn.⟩ **0.1** ***obeliskachtig*** ⇒*obeliskvormig, obelisk-*.
ob·e·lisk ['ɒbəlɪsk‖'ɑbə-]⟨f1⟩⟨telb.zn.⟩ **0.1** ***obelisk*** ⇒*naald* **0.2** ***-. of ÷-teken*** ⟨gebruikt in oude manuscripten om aan te duiden dat een woord/passage verdacht/onecht is⟩ **0.3** ***dolkteken*** ⇒*kruisje* ⟨† als referentieteken⟩ ◆ **2.2** double ~ *dubbel kruis*.
ob·e·lis·koid ['ɒbə'lɪskɔɪd‖'ɑbə-]⟨bn.⟩ **0.1** ***obeliskvormig***.
ob·e·lize, -lise ['ɒbəlaɪz‖'ɑbə-]⟨ov.ww.⟩ **0.1** ***met een dolkteken*** ⟨†⟩ ***merken*** ⇒*v.e. dolkteken voorzien;* ⟨fig.⟩ *als twijfelachtig beschouwen*.
ob·e·lus ['ɒbɪləs‖'ɑbɪ-]⟨obeli [-laɪ]; →mv. 5⟩ →obelisk 0.2.
o·bese [oʊ'bi:s]⟨bn.; -ness⟩⟨schr.⟩ **0.1** ***zwaarlijvig*** ⇒*gezet, vet, corpulent, vlezig*.
o·be·si·ty [oʊ'bi:sət̬i]⟨n.-telb.zn.⟩ **0.1** ***zwaarlijvigheid*** ⇒*corpulentie*.
o·bey [ə'beɪ]⟨f3⟩⟨ww.⟩⟨→sprw. 267⟩
I ⟨onov.ww.⟩ **0.1** ***gehoorzamen*** ⇒*gehoorzaam/volgzaam zijn;*
II ⟨ov.ww.⟩ **0.1** ***gehoorzamen (aan)*** ⇒*opvolgen, nakomen, volbrengen* **0.2** ***gehoorzamen (aan)*** ⇒*toegeven aan, gehoor geven aan, zich laten leiden door* **0.3** ***gehoorzamen (aan)*** ⇒*onderworpen zijn aan, in beweging/werking gebracht worden door* ◆ **1.1** ~ one's parents *(aan) zijn ouders gehoorzamen;* ~ an order *(aan) een bevel gehoorzamen, een bevel opvolgen* **1.2** ~ one's passions *aan zijn driften gehoorzamen/toegeven, zich door zijn driften laten meeslepen* **1.3** a falling apple ~s a natural law *een vallende appel is aan een natuurwet onderworpen*.
ob·fus·cate ['ɒbfəskeɪt‖'ɑb-]⟨ov.ww.⟩⟨schr.⟩ **0.1** ***verduisteren*** ⇒*verdonkeren, donker/duister maken;* ⟨fig.⟩ *vertroebelen, benevelen, versluieren* **0.2** ***verwarren*** ⇒*in de war brengen, verbijsteren* ◆ **1.1** the clouds ~d the sun *de wolken verduisterden de zon;* he ~d the topic *hij versluierde het onderwerp* **1.2** the tragic circumstances had ~d his mind *de tragische omstandigheden hadden zijn geest in de war gebracht* **¶.¶** ⟨sl.⟩ ~d *dronken, in de wind, beneveld*.
ob·fus·ca·tion ['ɒbfə'skeɪʃn‖'ɑb-]⟨telb. en n.-telb.zn.⟩⟨schr.⟩ **0.1** ***verduistering*** ⇒*verdonkering;* ⟨fig.⟩ *vertroebeling, beneveling* **0.2** ***verwarring*** ⇒*verbijstering*.
o·bi ['oʊbi]⟨zn.; in bet. I ook obi; →mv. 4⟩
I ⟨telb.zn.⟩ **0.1** ***obi*** ⟨Japanse gordel in de oude dracht, gedragen door vrouwen en kinderen⟩;
II ⟨telb. en n.-telb.zn.⟩ →obeah.
O·bie ['oʊbi]⟨telb.zn.⟩ **0.1** ***jaarlijkse persprijs voor niet op Broadway opgevoerde theaterstukken*** ⟨oorspr. afk. OB, off-Broadway⟩.
o·bi·it ['ɒbiɪt‖'oʊbiɪt] **0.1** ***hij/zij is gestorven/overleden*** ⟨gevolgd door datum; oorspr. Latijn⟩.
o·bit ['ɒbɪt‖'oʊbɪt]⟨telb.zn.⟩ **0.1** ***(aantekening v.) overlijdensdatum*** **0.2** ⟨inf.⟩ ***overlijdensbericht*** ⟨in de krant⟩ **0.3** ⟨gesch.⟩ ***ziel(e)mis*** ⇒*herdenkingsdienst* ⟨v. dood v. stichter of weldoener⟩; *jaarmis, jaargetijde*.
o·bi·ter dic·tum ['ɒbɪtə 'dɪktəm‖'oʊbɪt̬ər-]⟨telb.zn.; obiter dicta [-tə]; →mv. 5⟩⟨schr.; jur.⟩ **0.1** ***terloopse opmerking***.
o·bi·tu·ar·ist [ə'bɪtʃʊərɪst‖oʊ'bɪtʃərɪst]⟨telb.zn.⟩ **0.1** ***necroloog***.
o·bit·u·ar·y[1] [ə'bɪtʃʊəri‖oʊ'bɪtʃʊeri]⟨f1⟩⟨telb.zn.; →mv. 2⟩ **0.1** ***necrologie*** ⇒*overlijdensbericht* ⟨met korte biografie⟩ **0.2** ***necrologie*** ⇒*dodenlijst, lijst v. afgestorvenen, obituarium*.
obituary[2] ⟨bn., attr.⟩ **0.1** ***overlijdens-*** ⇒*stervens-, doden-, doods-* ◆ **1.1** ~ notice *overlijdensbericht*.

obj ⟨afk.⟩ object, objective, objection.

ob·ject[1] ['ɒbdʒɪkt‖'ɑb-]⟨f3⟩⟨telb.zn.⟩ **0.1** ***voorwerp*** *⇒ding, object* **0.2** ***doel*** *⇒oogmerk, bedoeling* **0.3** ***onderwerp*** ⟨v. studie, enz.⟩ **0.4** ⟨BE; inf.⟩ ***sujet*** ⟨belachelijk/meelijwekkend/verachtelijk iets of iem.⟩ *⇒voorwerp* **0.5** ⟨fil.⟩ ***object*** *⇒buitenwereld, het niet-ik* **0.6** ⟨taalk.⟩ ***voorwerp*** ◆ **1.1** ~ of virtu *kleinood, kunstvoorwerp* **1.6** ~ of a preposition *voorzetselvoorwerp* **2.6** direct ~ (of a verb) *lijdend voorwerp, direct object;* indirect ~ (of a verb) *meewerkend voorwerp, indirect object;* prepositional ~ *voorzetselvoorwerp* **7.¶** money is no ~ *geld speelt geen rol/is bijzaak.*

object[2] [əb'dʒekt]⟨f3⟩⟨ww.⟩
I ⟨onov.ww.⟩ **0.1** ***bezwaar hebben/maken*** *⇒tegenwerpingen maken, afkerig staan, zijn afkeuring laten blijken* ◆ **6.1** he ~ed **to** being called Irish *hij wou niet voor een Ier doorgaan* **¶.1** if you don't ~ *als je er geen bezwaar tegen hebt;*
II ⟨ov.ww.⟩ **0.1** ***aanvoeren*** *⇒tegenwerpen, inbrengen (tegen)* ◆ **6.1** ~ **against** s.o. that... *tegen iem. aanvoeren dat....*

'object ball ⟨telb.zn.⟩⟨biljart⟩ **0.1** ***aangespeelde (rode/witte) bal.***

'object clause ⟨telb.zn.⟩⟨taalk.⟩ **0.1** ***voorwerpszin.***

'ob·ject-find·er ⟨telb.zn.⟩⟨foto., nat.⟩ **0.1** ***zoeker.***

'object glass, 'object lens ⟨telb.zn.⟩⟨foto.⟩ **0.1** ***objectief*** *⇒lens, objectglas, voorwerpglas.*

ob·jec·ti·fi·ca·tion [əb'dʒektɨfɨ'keɪʃn]⟨zn.⟩
I ⟨telb. en n.-telb.zn.⟩ **0.1** ***objectivering*** *⇒belichaming;*
II ⟨n.-telb.zn.⟩⟨psych.⟩ **0.1** ***het objectiveren*** ⟨v. hallucinaties⟩.

ob·jec·ti·fy [əb'dʒektɨfaɪ]⟨ov.ww.; →ww. 7⟩ **0.1** ***objectiveren*** *⇒objectief/concreet/gekwantificeerd voorstellen, belichamen* **0.2** ⟨psych.⟩ ***objectiveren*** *⇒een visuele uiterlijke vorm geven aan* ⟨hallucinatie⟩.

ob·jec·tion [əb'dʒekʃn]⟨f3⟩⟨zn.⟩
I ⟨telb.zn.⟩ **0.1** ***bezwaar*** *⇒tegenwerping, bedenking, objectie* **0.2** ***gebrek*** *⇒tekort, schaduwzijde* ◆ **3.1** raise ~s *bezwaren maken/opperen;*
II ⟨telb. en n.-telb.zn.⟩ **0.1** ***afkeuring*** *⇒afkeer, tegenzin, hekel* ◆ **3.1** he took ~ to my intervention *hij had bezwaar tegen mijn tussenkomst.*

ob·jec·tion·a·ble [əb'dʒekʃnəbl]⟨f1⟩⟨bn.; -ly; -ness; →bijw. 3⟩ **0.1** ***niet onbedenkelijk*** *⇒aan bezwaar/bedenking onderhevig* **0.2** ***ongewenst*** *⇒onaangenaam* **0.3** ***aanstootgevend*** *⇒aanstotelijk* **0.4** ***laakbaar*** *⇒afkeurenswaardig* ◆ **1.2** an ~ smell *een onaangename reuk.*

ob·jec·ti·val ['ɒbdʒɪk'taɪvl‖'ɑb-]⟨bn.⟩⟨taalk.⟩ **0.1** ***(met de kenmerken) v./mbt. een voorwerp*** *⇒voorwerp(s)-.*

ob·jec·tive[1] [əb'dʒektɪv]⟨f3⟩⟨telb.zn.⟩ **0.1** ***doel*** *⇒oogmerk, doelstelling* **0.2** ⟨foto., nat.⟩ ***objectief*** *⇒lens* **0.3** ⟨taalk.⟩ ***voorwerpsnaamval*** *⇒accusatief* **0.4** ⟨mil.⟩ ***doel(wit)*** *⇒operatiedoel.*

objective[2] ⟨f3⟩⟨bn.; -ly; -ness⟩ **0.1** ***objectief*** *⇒onpartijdig, feitelijk, echt* **0.2** ⟨taalk.⟩ ***voorwerps-*** *⇒(met de kenmerken) v./mbt. een voorwerp* ◆ **1.2** ~ case *voorwerpsnaamval;* ~ complement *voorzetselvoorwerp;* ~ genitive *voorwerpsgenitief* **1.¶** ⟨mil.⟩ ~ point *doel(wit), operatiedoel;* ⟨fig.⟩ *doel, oogmerk.*

ob·jec·tiv·ism [əb'dʒektɪvɪzm]⟨n.-telb.zn.⟩ **0.1** ***objectivisme*** ⟨vnl. fil.⟩.

ob·jec·tiv·ist [əb'dʒektɪvɪst]⟨telb.zn.⟩ **0.1** ***objectivist*** ⟨vnl. fil.⟩.

ob·jec·tiv·is·tic [əb'dʒektɪ'vɪstɪk]⟨bn.⟩ **0.1** ***objectivistisch*** ⟨vnl. fil.⟩.

ob·jec·tiv·i·ty ['ɒbdʒek'tɪvəti‖'ɑbdʒek'tɪvəṭi]⟨f1⟩⟨n.-telb.zn.⟩ **0.1** ***objectiviteit*** *⇒onpartijdigheid.*

'object language ⟨telb.zn.⟩ **0.1** ⟨fil., taalk.⟩ ***objecttaal*** **0.2** ⟨comp.⟩ ***doeltaal.***

ob·ject·less ['ɒbdʒɪktləs‖'ɑb-]⟨bn.; -ly; -ness⟩ **0.1** ***doelloos.***

'object lesson ⟨telb.zn.⟩ **0.1** ***aanschouwelijke les*** **0.2** ***praktisch voorbeeld*** *⇒toonbeeld.*

object of virtu ['ɒbdʒɪkt əv vɜ:'tu:‖'ɑbdʒɪkt əv vɜr'tu:], **objet de vertu** ['ɒbʒeɪ də-‖'ɑbʒeɪ də-]⟨telb.zn.; 'objects of 'virtu ['ɒbdʒɪkts əv-‖'ɑbdʒɪkts əv-], objets de vertu [-ʒeɪ-]; →mv. 6; vnl. mv.⟩⟨kunst⟩ **0.1** ***kleinood*** *⇒kunstvoorwerp.*

ob·jec·tor [əb'dʒektə‖-ər]⟨f1⟩⟨telb.zn.⟩ **0.1** ***tegenstander*** *⇒opponent, tegenspreker, wie bezwaar maakt.*

'object teaching ⟨n.-telb.zn.⟩ **0.1** ***aanschouwelijk onderwijs.***

ob·jet d'art ['ɒbʒeɪ 'dɑ:‖'ɑbʒeɪ 'dɑr]⟨telb.zn.; objets d'art [-ʒeɪ-]; →mv. 6⟩ **0.1** ***(klein) kunstvoorwerp.***

ob·jet trou·vé ['ɒbʒeɪ tru:'veɪ‖'ɑb-]⟨telb.zn.; objets trouvés [-ʒeɪ-]; →mv. 6⟩⟨kunst⟩ **0.1** ***object*** ⟨tot kunstwerk verheven gevonden voorwerp⟩.

ob·jur·gate ['ɒbdʒəgeɪt‖'ɑbdʒər-]⟨ov.ww.; →ww. 7⟩⟨schr.⟩ **0.1** ***berispen*** *⇒gispen, schelden op, hekelen, laken, verwijten.*

ob·jur·ga·tion ['ɒbdʒə'geɪʃn‖'ɑbdʒər-]⟨telb. en n.-telb.zn.⟩⟨schr.⟩ **0.1** ***berisping*** *⇒uitbrander, verwijt.*

ob·jur·ga·to·ry [ɒb'dʒɜ:gətri‖əb'dʒɜrgətɔri]⟨bn.; -ly; →bijw. 3⟩ **0.1** ***berispend*** *⇒gispend, scheldend, hekelend, lakend, verwijtend.*

obl ⟨afk.⟩ oblique, oblong.

ob·lan·ce·o·late [ɒb'lɑ:nsɪələt, -leɪt‖ɑb'læn-]⟨bn.⟩⟨plantk.⟩ **0.1** ***omgekeerd lancetvormig.***

ob·last ['ɒblɑ:st‖'ɑblæst]⟨telb.zn.; ook oblasti [-ti]; →mv. 5⟩ **0.1** ***provincie*** *⇒gewest, district* ⟨in Rusland⟩.

ob·late[1] ['ɒbleɪt‖'ɑb-]⟨telb.zn.⟩⟨kerk.⟩ **0.1** ***oblaat/oblate.***

oblate[2] ⟨bn.; -ly; -ness⟩⟨wisk.⟩ **0.1** ***afgeplat (aan de polen)*** *⇒afgeplat bolvormig, sferoïdaal* ◆ **1.1** ~ sphere *afgeplatte bol, sferoïde.*

ob·la·tion [ə'bleɪʃn]⟨telb. en n.-telb.zn.⟩⟨schr.⟩ **0.1** ***offering*** *⇒offer* **0.2** ⟨R.-K.⟩ ***offerande*** *⇒opdracht (v. brood en wijn).*

ob·la·tion·al [ə'bleɪʃnəl], **ob·la·to·ry** ['ɒblətri‖'ɑblətɔri]⟨bn.⟩ **0.1** ***als een offer*** *⇒offer-.*

ob·li·gate[1] ['ɒblɨgət‖'ɑblɨ-]⟨bn.⟩ **0.1** ***onontbeerlijk*** *⇒onmisbaar, noodzakelijk, essentieel* **0.2** ⟨biol.⟩ ***obligaat*** **0.3** ⟨vero.⟩ ***verplicht*** *⇒gedwongen.*

obligate[2] ['ɒblɨgeɪt‖'ɑb-]⟨f1⟩⟨ov.ww.⟩⟨schr.⟩ **0.1** ***verplichten*** *⇒(ver)binden, dwingen* ⟨wettelijk, moreel⟩ ◆ **3.1** ~ s.o. to do sth. *iem. verplichten iets te doen;* feel ~d to do sth. *zich verplicht voelen iets te doen.*

ob·li·ga·tion ['ɒblɨ'geɪʃn‖'ɑb-]⟨f2⟩⟨zn.⟩
I ⟨telb.zn.⟩ **0.1** ***plicht*** *⇒(zware) taak, dure plicht* **0.2** ⟨geldw.⟩ ***obligatie*** *⇒schuldbekentenis, promesse, schuldbrief;*
II ⟨telb. en n.-telb.zn.⟩ **0.1** ***verplichting*** *⇒verbintenis, contract* ◆ **1.¶** ⟨R.-K.⟩ day of ~ *verplichte feestdag* **3.1** be/lie under an ~ to s.o. *aan iem. verplichtingen hebben;* lay/place/put s.o. under an ~ *iem. aan zich verplichten* **6.1 of** ~ *verplicht, (ver)bindend, vereist.*

obligato →obbligato.

o·blig·a·to·ry [ə'blɪgətri‖-tɔri]⟨f1⟩⟨bn.; -ly; -ness; →bijw. 3⟩ **0.1** ***verplicht*** *⇒obligatoir, obligatorisch, (ver)bindend, vereist, met bindende kracht* **0.2** ⟨biol.⟩ ***obligaat*** ◆ **6.1** obedience is ~ **on** soldiers *soldaten zijn tot gehoorzaamheid verplicht.*

o·blige [ə'blaɪdʒ]⟨f3⟩⟨ww.⟩ →obliging (→sprw. 496)
I ⟨onov.ww.⟩ **0.1** ***het genoegen doen*** *⇒ten beste geven, voordragen, brengen, zingen* **0.2** ***gewenst zijn*** ◆ **1.2** full particulars will ~ *volledige inlichtingen gewenst;* an early reply will ~ *wij hopen op een spoedig antwoord* **6.1** ~ **with** a song *een lied ten beste geven;*
II ⟨ov.ww.⟩ **0.1** ***aan zich verplichten*** *⇒een dienst bewijzen, een genoegen doen, obligeren* **0.2** ⟨vnl. pass., beh. vero. en jur.⟩ ***verplichten*** *⇒(ver)binden, dwingen* ⟨door eed, belofte, contract⟩ ◆ **3.2** the law ~s me to do this *de wet verplicht me dit te doen;* I feel ~d to say that ... *ik voel me verplicht te zeggen dat ...;* they were ~d to sell their house *ze moesten hun huis verkopen* **5.1** (I'm) much ~d (to you) *dank u zeer, ik ben u ten zeerste dankbaar* **6.1** ~ me **by** leaving this house *wees zo goed/gelieve dit huis te verlaten;* could you ~ me **by** opening the door? *wilt u zo vriendelijk zijn de deur voor mij te openen?;* we're ~d **to** you **for** your hospitality *wij zijn u ten zeerste dankbaar voor uw gastvrijheid;* could you ~ me **with** your pen? *mag ik uw pen even lenen?.*

ob·li·gee ['ɒblɨ'dʒi:‖'ɑblɨ-]⟨telb.zn.⟩ **0.1** ***wie zich verplicht voelt jegens een ander*** **0.2** ⟨jur.⟩ ***schuldeiser*** *⇒crediteur, rechthebbende, aan wie men zich bij contract verbindt/verplicht.*

o·blig·er [ə'blaɪdʒə‖-ər]⟨telb.zn.⟩ **0.1** ***wie (aan zich) verplicht.***

o·blig·ing [ə'blaɪdʒɪŋ]⟨f2⟩⟨bn.; oorspr. teg. deelw. v. oblige; -ly; -ness⟩ **0.1** ***hoffelijk*** *⇒beleefd, wellevend* **0.2** ***attent*** *⇒vriendelijk, voorkomend, behulpzaam.*

ob·li·gor ['ɒblɨ'gɔ:‖ɑblɨ'gɔr]⟨telb.zn.⟩⟨jur.⟩ **0.1** ***schuldenaar*** *⇒wie zich bij contract verbindt/verplicht.*

o·blique[1] [ə'bli:k]⟨f1⟩⟨zn.⟩
I ⟨telb.zn.⟩ **0.1** ***schuin(e) streep(je)/lijn*** **0.2** ⟨med.⟩ ***schuine spier;***
II ⟨telb. en n.-telb.zn.⟩ **0.1** ⟨taalk.⟩ ***casus obliquus*** *⇒verbogen naamval* **0.2** ***schuine richting*** ⟨ook scheep.⟩.

oblique[2] ⟨f2⟩⟨bn.; -ly; -ness⟩ **0.1** ***schuin*** *⇒scheef, hellend; scherp, stomp* ⟨v. hoek⟩ **0.2** ***eromheen draaiend*** *⇒indirect, onduidelijk, dubbelzinnig* **0.3** ***slinks*** *⇒niet rechtuit, misleidend, oneerlijk, onoprecht* **0.4** ***zijdelings*** *⇒indirect; collateraal, in de zijlinie* ⟨v. verwantschap⟩ **0.5** ⟨plantk.⟩ ***ongelijkzijdig*** ⟨v. blad⟩ **0.6** ⟨taalk.⟩ ***verbogen*** *⇒indirect* ◆ **1.1** ~ angle *scheve hoek;* ~ stroke *schuin(e) streep(je);* ~ section *schuine doorsnede;* ~ triangle *scheefhoekige driehoek* **1.6** ~ case *casus obliquus, verbogen naamval;* ~ narration/oration/speech *indirecte rede;* ~ question *indirecte vraag.*

oblique[3] ⟨onov.ww.⟩ **0.1** ***een schuine richting hebben/nemen*** **0.2** ⟨vnl. mil.⟩ ***in schuine richting marcheren/oprukken/vooruitgaan.***

oblique[4] ⟨bw.⟩⟨mil.⟩ **0.1** ***schuins*** ◆ **2.1** left ~, march! *schuinlinks, mars!.*

o'blique-an·gled ⟨bn.⟩ **0.1** ***scheefhoekig.***

o·bliq·ui·tous [ə'blɪkwəṭəs]⟨bn.⟩ **0.1** ***afwijkend*** *⇒scheef.*

o·bliq·ui·ty [ə'blɪkwəṭi]⟨zn.; →mv. 2⟩
I ⟨telb.zn.⟩ **0.1** ***afwijkingshoek*** *⇒afwijkingsgraad, divergentie;*
II ⟨telb. en n.-telb.zn.⟩ **0.1** ***afwijking*** *⇒perversiteit, verdorvenheid, ontaarding, verkeerdheid, aberratie* **0.2** ***onduidelijkheid***

⇒duisterheid, verwardheid;
III ⟨n.-telb.zn.⟩ **0.1** ***schuinsheid*** *⇒scheefheid, schuinte, schuine/scheve richting* **0.2** ***afwijking*** *⇒deviatie, helling* **0.3** ⟨ster.⟩ ***helling v.d. ecliptica*** ◆ **1.3** ~ of the ecliptic *helling v.d. ecliptica.*

o·blit·er·ate [ə'blɪtəreɪt]⟨f1⟩⟨ov.ww.⟩ **0.1** ***uitwissen*** *⇒doorhalen, vernietigen, uitroeien, oblitereren* **0.2** ***doen verdwijnen*** *⇒verwijderen* ◆ **1.1** ~ a postage stamp *een postzegel (af)stempelen* **4.1** ⟨fig.⟩ ~ o.s. *zichzelf wegcijferen.*

o·blit·er·a·tion [ə'blɪtə'reɪʃn]⟨f1⟩⟨n.-telb.zn.⟩ **0.1** ***uitwissing*** *⇒doorhaling, vernietiging, uitroeiing, obliteratie* **0.2** ***afstempeling*** ⟨v. postzegel⟩.

o·blit·er·a·tive [ə'blɪtrətɪv‖ə'blɪtəreɪtɪv]⟨bn.; -ly⟩ **0.1** ***uitwissend*** *⇒doorhalend, vernietigend.*

o·blit·er·a·tor [ə'blɪtəreɪtə‖ə'blɪtəreɪtər]⟨telb.zn.⟩ **0.1** ***uitwisser*** *⇒doorhaler, vernietiger* **0.2** ***stempelmachine.***

o·bliv·i·on [ə'blɪvɪən]⟨f1⟩⟨n.-telb.zn.⟩ **0.1** ***vergetelheid*** **0.2** ***het vergeten*** **0.3** ***veronachtzaming*** **0.4** ***onbewustheid*** **0.5** ⟨jur.⟩ ***amnestie*** **0.6** ***vergeetachtigheid*** ◆ **1.5** ⟨gesch.⟩ Bill/Act of Oblivion *Amnestiewet* **3.1** fall/sink into ~ *in vergetelheid raken.*

o·bliv·i·ous [ə'blɪvɪəs]⟨f2⟩⟨bn.; -ly; -ness⟩ **0.1** ***vergeetachtig*** **0.2** ***onbewust*** *⇒zich niet bewust* ◆ **6.2** ~ **of** *niet lettend op, niet denkend om, vergetend;* ~ **of/to** *zich niet bewust v..*

ob·long[1] ['ɒblɒŋ‖'ɑblɔŋ]⟨f1⟩⟨telb.zn.⟩ **0.1** ***rechthoek*** *⇒langwerpige figuur.*

oblong[2] ⟨f1⟩⟨bn.; -ly; -ness⟩ **0.1** ***langwerpig*** *⇒oblong* **0.2** ***rechthoekig*** **0.3** ***ellipsvormig*** ◆ **1.1** ⟨plantk.⟩ ~ leaves *langwerpige bla(de)ren.*

ob·lo·quy ['ɒbləkwi‖'ɑb-]⟨n.-telb.zn.⟩⟨schr.⟩ **0.1** ***(be)laster(ing)*** *⇒smaad, scheldwoorden* **0.2** ***schande*** *⇒oneer, diskrediet, slechte naam.*

ob·mu·tes·cence ['ɒbmju:'tesns‖'ɑbmjə-]⟨n.-telb.zn.⟩⟨vero.⟩ **0.1** ***hardnekkige zwijgzaamheid/stilte.***

ob·mu·tes·cent ['ɒbmju:'tesnt‖'ɑbmjə-]⟨bn.⟩⟨vero.⟩ **0.1** ***hardnekkig zwijgzaam/zwijgend.***

ob·nox·ious [əb'nɒkʃəs‖-'nɑk-]⟨f1⟩⟨bn.; -ly; -ness⟩⟨schr.⟩ **0.1** ***aanstootgevend*** *⇒aanstotelijk, afschuwelijk, verfoeilijk, hatelijk* **0.2** ***(uiterst) onaangenaam*** *⇒onhebbelijk* **0.3** ***verafschuwd*** *⇒gehaat* **0.4** ⟨vero.⟩ ***onderhevig*** *⇒blootgesteld* ◆ **1.2** an ~ child *een stierlijk vervelend kind* **6.4** ~ **to** *onderhevig aan.*

ob·nu·bi·late [ɒb'nju:bɪleɪt‖ɑb'nu:-]⟨ov.ww.⟩⟨schr.⟩ **0.1** ***verduisteren*** *⇒benevelen* ⟨ook fig.⟩.

ob·nu·bi·la·tion [ɒb'nju:bɪ'leɪʃn‖ɑb'nu:-]⟨telb. en n.-telb.zn.⟩⟨schr.⟩ **0.1** ***verduistering*** *⇒beneveling* ⟨ook fig.⟩.

o·boe ['oʊboʊ]⟨f1⟩⟨telb.zn.⟩ **0.1** ***hobo*** ⟨bep. orgelregister⟩ **0.2** ***hoboïst.***

o·bo·ist ['oʊboʊɪst]⟨telb.zn.⟩ **0.1** ***hoboïst.***

ob·ol ['ɒbɒl‖'ɑbl], **ob·o·lus** ['ɒbələs‖'ɑb-]⟨telb.zn.; 2e variant oboli [-laɪ]; →mv. 5⟩ **0.1** ***obool*** ⟨Oudgriekse pasmunt/gewichtseenheid⟩ **0.2** ***obool*** ⟨ben. voor klein muntstuk; vnl. in de Middeleeuwen⟩.

ob·o·vate [ɒb'oʊveɪt‖ɑb-]⟨bn.⟩⟨plantk.⟩ **0.1** ***obovaal*** *⇒omgekeerd eivormig* ⟨v. blad⟩.

ob·o·void [ɒb'oʊvɔɪd‖ɑb-]⟨bn.⟩⟨plantk.⟩ **0.1** ***obovaal*** *⇒omgekeerd eivormig* ⟨v. vrucht⟩.

ob·rep·tion [ɒ'brepʃn‖ɑ'brepʃn]⟨n.-telb.zn.⟩ **0.1** ***verschalking*** *⇒misleiding, verwerving/verkrijging door list/sluwheid.*

ob·rep·ti·tious ['ɒbrep'tɪʃəs‖'ɑb-]⟨bn.; -ly⟩ **0.1** ***slinks*** *⇒sluw, arglistig, op sluwe wijze verworven/verkregen.*

obs ⟨afk.⟩ obscure, observation, observatory, obsolete, obstetric, obstetrician, obstetrics.

Obs ⟨afk.⟩ observatory.

ob·scene [əb'si:n]⟨f2⟩⟨bn.; -ly; -ness⟩ **0.1** ***obsceen*** *⇒onzedelijk, onwelvoeglijk, onfatsoenlijk, schunnig* **0.2** ⟨inf.⟩ ***aanstootgevend*** *⇒aanstotelijk, vies* **0.3** ⟨BE; jur.⟩ ***verderfelijk*** *⇒corrupt* **0.4** ⟨vero.⟩ ***walgelijk*** *⇒weerzinwekkend, afstotelijk.*

ob·scen·i·ty [əb'senəti]⟨f2⟩⟨zn.; →mv. 2⟩
I ⟨telb. en n.-telb.zn.⟩ **0.1** ***obsceniteit*** *⇒onzedelijkheid, onwelvoeglijkheid, onfatsoenlijkheid, schunnigheid; vies woord;*
II ⟨mv.; obscenities⟩ **0.1** ***vuile taal*** *⇒vuiligheden.*

ob·scur·ant[1] [ɒb'skjʊərənt‖əb'skjʊrənt]⟨telb.zn.⟩ **0.1** ***obscurant*** *⇒duisterling, domper* **0.2** ⟨gesch.⟩ ***vijand v. beschaving en verlichting*** ⟨18e eeuw⟩.

obscurant[2] ⟨bn.⟩ **0.1** ***v.e. obscurant*** *⇒domper-* **0.2** ***verduisterend.***

ob·scur·ant·ism ['ɒbskjʊ'ræntɪzm‖'ɑbskjə'ræntɪzm]⟨n.-telb.zn.⟩ **0.1** ***obscurantisme*** ⟨leer/stelsel om de beschaving en verlichting v.h. volk tegen te houden⟩.

ob·scur·ant·ist[1] ['ɒbskjʊ'ræntɪst‖'ɑbskjə'ræntɪst]⟨telb.zn.⟩ **0.1** ***obscurantist*** *⇒obscurant, duisterling, domper.*

obscurantist[2] ⟨bn.⟩ **0.1** ***obscurantistisch*** *⇒v.e. obscurant, domper-.*

ob·scu·ra·tion ['ɒbskjʊə'reɪʃn‖'ɑbskjə-]⟨telb. en n.-telb.zn.⟩ **0.1** ***verduistering.***

ob·scure[1] [əb'skjʊə‖əb'skjʊr]⟨telb. en n.-telb.zn.⟩⟨schr.⟩ **0.1** ***duisterheid*** *⇒duister(nis).*

obscure[2] ⟨f2⟩⟨bn.; -ly; -ness⟩ **0.1** ***obscuur*** *⇒donker, duister, somber* **0.2** ***onduidelijk*** *⇒onbepaald, vaag, zwak* ⟨v. beeld, geluid⟩ **0.3** ***verborgen*** *⇒afgelegen, onopgemerkt, onopvallend* **0.4** ***obscuur*** *⇒onbekend, weinig bekend, nederig* **0.5** ***obscuur*** *⇒cryptisch, moeilijk, onverklaard, onbegrepen* **0.6** ⟨taalk.⟩ ***dof*** *⇒neutraal* ⟨v. klinker⟩ ◆ **1.1** an ~ room *een duistere kamer* **1.2** an ~ sign *een onduidelijk teken;* an ~ sound *een zwak geluid* **1.3** an ~ hiding-place *een afgelegen schuilplaats;* an ~ genius *een verborgen genie* **1.4** an ~ writer *een onbekend schrijver;* of ~ descent *v. nederige afkomst* **1.5** an ~ statement *een cryptische verklaring;* the ~ cause of the accident *de onverklaarde oorzaak v.h. ongeval* **1.6** an ~ vowel *een doffe klinker.*

obscure[3] ⟨f2⟩⟨ov.ww.⟩ **0.1** ***verduisteren*** *⇒verdonkeren, obscuur/onduidelijk/onbegrijpelijk/onverstaanbaar maken, verdoezelen, doen vervagen, versluieren* **0.2** ***overschaduwen*** *⇒in de schaduw stellen, kleineren, v. zijn glans beroven* **0.3** ***verbergen*** **0.4** ***belemmeren*** *⇒(ver)hinderen, versperren* **0.5** ⟨taalk.⟩ ***verdoffen*** ⟨klinker⟩.

ob·scu·ri·ty [əb'skjʊərəti‖əb'skjʊrəti]⟨f1⟩⟨zn.; →mv. 2⟩
I ⟨telb.zn.⟩ **0.1** ***onbekende grootheid;***
II ⟨n.-telb.zn.⟩ **0.1** ***duisterheid*** *⇒donker(te), duister(nis)* **0.2** ***onbekendheid*** **0.3** ***onduidelijkheid*** *⇒onbegrijpelijkheid, duister punt* ◆ **6.2** live **in** ~ *een obscuur leven leiden.*

ob·se·crate ['ɒbsɪkreɪt‖'ɑb-]⟨ov.ww.⟩⟨vero.⟩ **0.1** ***smeken*** *⇒dringend verzoeken.*

ob·se·cra·tion ['ɒbsɪ'kreɪʃn‖'ɑb-]⟨telb. en n.-telb.zn.⟩⟨vero.⟩ **0.1** ***smeekbede*** *⇒afsmeking.*

ob·se·qui·al [əb'si:kwɪəl]⟨bn., attr.⟩ **0.1** ***uitvaart-*** *⇒begrafenis-, rouw-, lijk-, treur-.*

ob·se·quies ['ɒbsɪkwiz‖'ɑb-]⟨mv.⟩ **0.1** ***uitvaart*** *⇒begrafenisplechtigheid, teraardebestelling.*

ob·se·qui·ous [əb'si:kwɪəs]⟨f1⟩⟨bn.; -ly; -ness⟩ **0.1** ***kruiperig*** *⇒slaafs, onderworpen, onderdanig, overbeleefd, overgedienstig* **0.2** ⟨vero.⟩ ***gehoorzaam*** *⇒plichtsgetrouw, inschikkelijk.*

ob·serv·a·ble[1] [əb'zɜ:vəbl‖-'zɜr-]⟨telb.zn.⟩ **0.1** ***waarneembaar feit*** *⇒fenomeen.*

observable[2] ⟨f1⟩⟨bn.; -ly; -ness; →bijw. 3⟩ **0.1** ***waarneembaar*** *⇒merkbaar* **0.2** ***opmerkenswaard(ig)*** *⇒opmerkelijk* **0.3** ***in acht te nemen*** *⇒die/dat nageleefd moet worden.*

ob·ser·vance [əb'zɜ:vns‖-'zɜr-]⟨f2⟩⟨zn.⟩
I ⟨telb.zn.⟩ **0.1** ⟨vaak mv.⟩ ***(godsdienstige) plechtigheid*** *⇒ritus, ceremonie* **0.2** ***voorschrift*** *⇒regel;* ⟨relig.⟩ ***gebruik*** **0.3** ***kloosterorde*** *⇒klooster(gebouw);*
II ⟨n.-telb.zn.⟩ **0.1** ***inachtneming*** *⇒naleving, viering, eerbiediging* ⟨v. wet, plicht, riten⟩ **0.2** ***observantie*** ⟨v. relig. voorschriften⟩ **0.3** ***waarneming*** ⟨v.d. natuur⟩ **0.4** ⟨vero.⟩ ***eerbied*** *⇒achting.*

ob·ser·vant[1] [əb'zɜ:vnt‖-'zɜr-]⟨telb.zn.⟩⟨R.-K.⟩ **0.1** ***observant*** *⇒streng franciscaan/karmeliet.*

observant[2] ⟨f1⟩⟨bn.; -ly; -ness⟩ **0.1** ***opmerkzaam*** *⇒oplettend, alert, waakzaam* **0.2** ***inachtnemend*** *⇒eerbiedigend, nalevend* ⟨wet, plicht, riten⟩ ◆ **6.2** be ~ **of** the rules *de regels streng naleven.*

ob·ser·va·tion ['ɒbzə'veɪʃn‖'ɑbzər-]⟨f3⟩⟨zn.⟩
I ⟨telb.zn.⟩ **0.1** ***opmerking*** *⇒commentaar;*
II ⟨telb. en n.-telb.zn.⟩ **0.1** ***waarneming*** *⇒observatie* **0.2** ⟨scheep.⟩ ***het schieten*** ⟨v. zon/ster⟩ *⇒hoogtebepaling* ◆ **2.1** military ~s *militaire waarnemingen, verkenning* **3.1** come/fall under ~ *onder de aandacht komen/vallen;* escape ~ *aan de aandacht ontsnappen;* keep s.o. under ~ *iem. in de gaten (blijven) houden/schaduwen; iem. in observatie houden* **3.2** ⟨scheep.⟩ take an ~ *een ster/de zon schieten* **6.1** **of** ~ *waarnemings-;*
III ⟨n.-telb.zn.⟩ **0.1** ***waarnemingsvermogen*** **0.2** ⟨ben. voor⟩ ***soort geheugenspel*** **0.3** ⟨vero.⟩ ***inachtneming*** *⇒naleving, viering, eerbiediging* ⟨v. wet, plicht, riten⟩ **0.4** ***observantie*** ⟨v. relig. voorschriften⟩ **0.5** ⟨vero.⟩ ***aandacht*** *⇒zorg, achting;*
IV ⟨mv.; ~s⟩ **0.1** ***(wetenschappelijk) rapport.***

ob·ser·va·tion·al ['ɒbzə'veɪʃnəl‖'ɑbzər-]⟨f1⟩⟨bn.; -ly⟩ **0.1** ***waarnemings-*** *⇒observatie-.*

obser'vation balloon ⟨telb.zn.⟩⟨mil.⟩ **0.1** ***observatieballon*** *⇒waarnemingsballon.*

obser'vation car ⟨telb.zn.⟩⟨vnl. AE⟩ **0.1** ***uitzichtrijtuig*** *⇒panoramarijtuig* ⟨in trein⟩.

obser'vation plane ⟨telb.zn.⟩ **0.1** ***observatievliegtuig*** *⇒waarnemingsvliegtuig,* ⟨ong.⟩ *verkenningsvliegtuig.*

obser'vation post ⟨f1⟩⟨telb.zn.⟩⟨mil.⟩ **0.1** ***observatiepost.***

ob·ser·va·to·ry [əb'zɜ:vətri‖əb'zɜrvətɔri]⟨f1⟩⟨telb.zn.; →mv. 2⟩ **0.1** ***observatiepost*** *⇒observatieplaats, uitkijktoren, uitkijkpost* **0.2** ⟨ster.⟩ ***observatorium*** *⇒sterrenwacht.*

ob·serve [əb'zɜ:v‖əb'zɜrv]⟨f3⟩⟨ww.⟩ →observing

I ⟨onov. en ov.ww.⟩ **0.1** ***opmerken*** ⇒*een opmerking maken, zeggen* ◆ **6.1** ~ **(up)on** *opmerkingen maken over* **8.1** he ~d that *hij merkte op dat;*
II ⟨ov.ww.⟩ **0.1** ***naleven*** ⇒*in acht nemen, zich houden aan, respecteren* **0.2** ***vieren*** ⇒*celebreren, fêteren* **0.3** ***(be)merken*** ⇒*gewaar worden, zien* **0.4** ***gadeslaan*** ⇒*observeren* **0.5** ***waarnemen*** ⇒*observeren, opmerken* ◆ **1.1** ~ a command *een bevel opvolgen;* ~ the law *de wet(ten) naleven / eerbiedigen;* ~ the silence *de stilte bewaren* **1.2** ~ Christmas *Kerstmis vieren* **1.4** ~ the behaviour of a child *het gedrag v.e. kind observeren* **3.3** he was ~d to break in, ~d breaking in *hij werd gezien terwijl hij aan het inbreken was;* I've never ~d him make a mistake *ik heb nooit gemerkt dat hij een fout maakte* **8.3** he ~d that it had snowed again *hij zag dat het weer gesneeuwd had.*

ob·ser·ver [əb'zɜ:və‖əb'zɜrvər]⟨f3⟩⟨telb.zn.⟩ **0.1** ***iem. die iets naleeft*** **0.2** ***opmerker*** ⇒*iem. die een opmerking maakt* **0.3** ***iem. die gadeslaat*** ⇒*toeschouwer* **0.4** ***waarnemer / neemster*** ⟨ook lucht.⟩ ⇒*observeerder, observator* ◆ **2.1** a strict ~ of the law *iem. die zich stipt aan de wet houdt* **3.¶** the observed of all ~s *degene op wie alle aandacht gericht is.*

ob·serv·ing [əb'zɜ:vɪŋ‖-'zɜr-]⟨f1⟩⟨bn.; (oorspr.) teg. deelw. v. observe; -ly⟩ **0.1** ***opmerkzaam*** ⇒*oplettend.*

ob·sess [əb'ses]⟨f2⟩⟨ov.ww.⟩ **0.1** ***obsederen*** ⇒*geheel in beslag nemen, niet loslaten, onophoudelijk achtervolgen, kwellen* **0.2** ***in bezit nemen*** ⟨v. kwade geest⟩ ◆ **6.1** ~ed **by / with** *geobsedeerd / bezeten door, vervuld v.* **6.2** ~ed **by** an evil spirit *bezeten door een kwade geest.*

ob·ses·sion [əb'seʃn]⟨f2⟩⟨zn.⟩
I ⟨telb.zn.⟩ **0.1** ***obsessie*** ⇒*dwanggedachte, dwangvoorstelling* ◆ **6.1** have an ~ **about** sth. *bezeten zijn door iets;*
II ⟨telb. en n.-telb.zn.⟩ **0.1** ***bezetenheid*** ⇒*het bezeten-zijn.*

ob·ses·sion·al [əb'seʃnəl]⟨f1⟩⟨bn.; -ly⟩ **0.1** ***tot een obsessie geworden*** ⇒*iem. achtervolgend* **0.2** ***geobsedeerd*** ⇒*bezeten.*

ob·ses·sive[1] [əb'sesɪv]⟨telb.zn.⟩ **0.1** ***bezetene*** ⇒*iem. die geobsedeerd is.*

obsessive[2] ⟨f1⟩⟨bn.; -ly; -ness⟩ **0.1** ***obsederend*** ⇒*iem. achtervolgend* **0.2** ***bezeten.***

ob·sid·i·an [əb'sɪdɪən]⟨n.-telb.zn.⟩⟨geol.⟩ **0.1** ***obsidiaan*** ⇒*zwart / grauw vulkanisch glas, lavaglas.*

ob·so·les·cence ['ɒbsə'lesns‖'ɑb-]⟨n.-telb.zn.⟩ **0.1** ***het verouderen*** ⇒*het in onbruik raken* **0.2** ⟨biol.⟩ ***het geleidelijk verdwijnen*** ⇒*het rudimentair worden;* ⟨med.⟩ *atrofie.*

ob·so·les·cent ['ɒbsə'lesnt‖'ɑb-]⟨f1⟩⟨bn.; -ly⟩ **0.1** ***verouderend*** ⇒*in onbruik rakend* **0.2** ⟨biol.⟩ ***geleidelijk verdwijnend*** ⇒*rudimentair.*

ob·so·lete ['ɒbsəli:t‖'ɑbsə'li:t]⟨f2⟩⟨bn.; -ly; -ness⟩ **0.1** ***verouderd*** ⇒*obsoleet, in onbruik (geraakt), achterhaald* **0.2** ⟨biol.⟩ ***rudimentair*** ◆ **1.1** an ~ word *een verouderd woord* **3.1** be ~ ⟨ook⟩ *afgedaan hebben.*

ob·so·let·ism ['ɒbsəli:tɪzm‖'ɑbsəli:t̬ɪzm]⟨zn.⟩
I ⟨telb.zn.⟩ **0.1** ***iets dat verouderd is*** ⇒*iets dat in onbruik is;*
II ⟨n.-telb.zn.⟩ **0.1** ***het verouderd zijn*** ⇒*het in onbruik zijn.*

ob·sta·cle ['ɒbstəkl‖'ɑb-]⟨f3⟩⟨telb.zn.⟩ **0.1** ***obstakel*** ⇒*belemmering, hindernis, hinderpaal, sta-in-de-weg* ◆ **3.1** put ~s in one's way *iem. hindernissen in de weg leggen* **6.1** form an ~ **to** freedom of establishment *een beletsel vormen voor de vrijheid v. vestiging.*

'obstacle race ⟨telb.zn.⟩ **0.1** ***hindernisren.***

ob·stet·ric [əb'stetrɪk], **ob·stet·ri·cal** [-ɪkl]⟨bn.; -(al)ly; →bijw. 3⟩ **0.1** ***obstetrisch*** ⇒*verloskundig* ◆ **1.1** obstetric clinic *kraamkliniek / inrichting;* ~ ward *verloskundige afdeling, kraamafdeling* **1.¶** ⟨dierk.⟩ obstetrical toad *vroedmeesterpad* ⟨Alytes obstetricans⟩.

ob·ste·tri·cian ['ɒbst̩'trɪʃn‖'ɑb-]⟨telb.zn.⟩ **0.1** ***obstetricus / ca*** ⇒*verloskundige, arts voor verloskunde.*

ob·stet·rics [əb'stetrɪks]⟨mv.; ww. ook enk.⟩ **0.1** ***obstetrie*** ⇒*verloskunde.*

ob·sti·na·cy ['ɒbst̩nəsi‖'ɑb-]⟨f1⟩⟨telb. en n.-telb.zn.; →mv. 2⟩ **0.1** ***halsstarrigheid*** ⇒*obstinaatheid, koppigheid, onbuigzaamheid, eigenzinnigheid* **0.2** ***hardnekkigheid*** ⟨ook v. ziekte⟩.

ob·sti·nate ['ɒbst̩nət‖'ɑb-]⟨f2⟩⟨bn.; -ly; -ness⟩ **0.1** ***halsstarrig*** ⇒*koppig, onbuigzaam, eigenzinnig, obstinaat* **0.2** ***hardnekkig*** ⇒*niet willende wijken* ◆ **1.1** as ~ as a mule *koppig als een ezel* **1.2** an ~ cold *een hardnekkige verkoudheid.*

ob·strep·er·ous [əb'strepрəs]⟨bn.; -ly; -ness⟩ **0.1** ***luidruchtig*** ⇒*rumoerig, lawaaiig* **0.2** ***woelig*** ⇒*recalcitrant, weerspannig.*

ob·struct [əb'strʌkt]⟨f1⟩⟨ww.⟩
I ⟨onov.ww.⟩⟨sport, i.h.b. voetbal⟩ **0.1** ***obstructie plegen;***
II ⟨ov.ww.⟩ **0.1** ***versperren*** ⇒*blokkeren, ondoorgankelijk maken, obstrueren* **0.2** ***belemmeren*** ⇒*hinderen, ophouden, obstructie voeren, verhinderen* **0.3** ⟨sport, i.h.b. voetbal⟩ ***obstructie plegen tegen*** ◆ **1.1** ~ a road *een weg versperren* **1.2** ~ the view *het uitzicht belemmeren.*

ob·struc·tion [əb'strʌkʃn]⟨f1⟩⟨zn.⟩
I ⟨telb.zn.⟩ **0.1** ***belemmering*** ⇒*hinderpaal, hindernis* **0.2** ***versperring*** ⇒*obstakel* ◆ **1.1** ~ of justice *belemmering v.d. rechtsgang* **1.2** an ~ in the road *een versperring op de weg;*
II ⟨telb. en n.-telb.zn.⟩⟨med.⟩ **0.1** ***obstructie*** ⇒*verstopping;*
III ⟨n.-telb.zn.⟩ **0.1** ***het versperren*** ⇒*het blokkeren, het obstrueren* **0.2** ***obstructie*** ⟨ook sport, i.h.b. voetbal⟩ ⇒*het hinderen, het afhouden* ◆ **3.2** adopt a policy of ~, practice ~ *obstructie voeren.*

ob·struc·tion·ism [əb'strʌkʃənɪzm]⟨n.-telb.zn.⟩ **0.1** ***obstructionisme*** ⇒*obstructiepolitiek.*

ob·struc·tion·ist [əb'strʌkʃənɪst]⟨telb.zn.⟩ **0.1** ***obstructionist*** ⇒*dwarsdrijver.*

ob·struc·tive[1] [əb'strʌktɪv]⟨telb.zn.⟩ **0.1** ***obstructionist*** ⇒*dwarsdrijver* **0.2** ***belemmering*** ⇒*hinderpaal, hindernis.*

obstructive[2] ⟨bn.; -ly; -ness⟩ **0.1** ***obstructief*** ⇒*obstructie voerend* **0.2** ***belemmerend*** ⇒*hinderend* ◆ **6.2** that is ~ **to** trade *dat vormt een belemmering voor de handel.*

ob·struc·tor, ob·struct·er [əb'strʌktə‖-ər]⟨telb.zn.⟩ **0.1** ***iem. die (de doorgang) verspert*** **0.2** ***iem. die (de voortgang) belemmert*** ⇒*obstructionist.*

ob·tain [əb'teɪn]⟨f3⟩⟨ww.⟩
I ⟨onov.ww.⟩ **0.1** ***bestaan*** ⇒*algemeen zijn, heersen, gelden* ◆ **1.1** this custom has ~ed for many years *deze gewoonte bestaat al jaren;*
II ⟨ov.ww.⟩ **0.1** ***(ver)krijgen*** ⇒*verwerven, behalen* ◆ **1.1** ~ an antique cupboard *een antieke kast bemachtigen.*

ob·tain·a·ble [əb'teɪnəbl]⟨f2⟩⟨bn.⟩ **0.1** ***verkrijgbaar*** ⇒*te verwerven, te behalen, beschikbaar.*

ob·tain·ment [əb'teɪnmənt], ⟨in bet. I ook⟩ **ob·ten·tion** [əb'tenʃn] ⟨zn.⟩
I ⟨telb.zn.⟩ **0.1** ***verworvenheid*** ⇒*iets dat verkregen / behaald is;*
II ⟨n.-telb.zn.⟩ **0.1** ***verkrijging*** ⇒*verwerving, het verkrijgen, het behalen.*

ob·test [ɒb'test‖ɑb-]⟨ww.⟩
I ⟨onov.ww.⟩ **0.1** ***protesteren*** ◆ **6.1** ~ **against / with** *protesteren tegen;*
II ⟨ov.ww.⟩ **0.1** ***bezweren*** ⇒*smeken* **0.2** ***tot getuige nemen.***

ob·tes·ta·tion ['ɒbte'steɪʃn‖'ɑb-]⟨telb. en n.-telb.zn.⟩ **0.1** ***bezwering*** ⇒*het smeken.*

ob·trude [əb'tru:d]⟨f1⟩⟨ww.⟩
I ⟨onov.ww.⟩ **0.1** ***opdringerig zijn / worden*** ⇒*zich opdringen* ◆ **1.1** memories kept obtruding (upon my mind) *herinneringen bleven zich opdringen;*
II ⟨ov.ww.⟩ **0.1** ***opdringen*** ⇒*ongevraagd naar voren brengen* **0.2** ⟨schr.⟩ ***(voor)uitsteken*** ◆ **6.1** he ~d his views **(up)on** the guests *hij drong zijn mening op aan de gasten.*

ob·trud·er [əb'tru:də‖-ər]⟨telb.zn.⟩ **0.1** ***iem. die zich opdringt*** ⇒*opdringerig pers..*

ob·trun·cate [ɒb'trʌŋkeɪt‖ɑb-]⟨ov.ww.⟩⟨schr.⟩ **0.1** ***onthoofden*** **0.2** ***de kop / top afhalen v.*** ⇒*toppen* ⟨bomen⟩.

ob·tru·sion [əb'tru:ʒn]⟨zn.⟩
I ⟨telb.zn.⟩ **0.1** ***iets dat zich opdringt;***
II ⟨telb. en n.-telb.zn.⟩ **0.1** ***in / opdringing.***

ob·tru·sive [əb'tru:sɪv]⟨f1⟩⟨bn.; -ly; -ness⟩ **0.1** ***opdringerig*** ⇒*zich opdringend* **0.2** ***opvallend*** ⇒*opzichtig* **0.3** ⟨schr.⟩ ***(voor)uitstekend*** ◆ **1.1** ~ behaviour *opdringerig gedrag.*

ob·tund [ɒb'tʌnd‖ɑb-]⟨ov.ww.⟩ **0.1** ***afstompen*** ⟨zintuigen⟩ **0.2** ***verdoven*** ⟨pijn⟩ ⇒*verzwakken.*

ob·tun·dent[1] [ɒb'tʌndənt‖ɑb-]⟨telb.zn.⟩ **0.1** ***pijnstiller*** ⇒*pijnstillend / verdovend middel.*

obtundent[2] ⟨bn., attr.⟩ **0.1** ***pijnstillend*** ⇒*verdovend, verzachtend.*

ob·tu·rate ['ɒbtjʊəreɪt‖'ɑbtjə-]⟨ov.ww.⟩ **0.1** ***afsluiten*** ⟨i.h.b. staartstuk v. geweer⟩ ⇒*verstoppen.*

ob·tu·ra·tion ['ɒbtjʊə'reɪʃn‖'ɑbtjə-]⟨telb. en n.-telb.zn.⟩ **0.1** ***afsluiting*** ⇒*verstopping.*

ob·tu·ra·tor ['ɒbtjʊəreɪtə‖'ɑbtjəreɪt̬ər]⟨telb.zn.⟩⟨ook med.⟩ **0.1** ***obturator*** ⇒*afsluiter.*

ob·tuse [əb'tju:s‖əb'tu:s]⟨f1⟩⟨bn.; -ly; -ness⟩ **0.1** ***stomp*** ⟨ook wisk.⟩ ⇒*bot* **0.2** ***dof*** ⇒*niet scherp* **0.3** ***traag v. begrip*** ⇒*dom, stompzinnig, afgestompt* ◆ **1.1** an ~ angle *een stompe hoek* **1.2** an ~ pain *een doffe pijn.*

ob·tu·sion [ɒb'tju:ʒn‖ɑb'tu:ʒn]⟨zn.⟩
I ⟨telb. en n.-telb.zn.⟩ **0.1** ***verstomping*** ⇒*afstomping, versuffing;*
II ⟨n.-telb.zn.⟩ **0.1** ***het verstompt-zijn*** **0.2** ***stompzinnigheid*** ⇒*domheid.*

ob·tu·si·ty [ɒb'tju:səti‖ɑb'tu:sət̬i]⟨n.-telb.zn.⟩ **0.1** ***stompheid*** ⇒*botheid* **0.2** ***stompzinnigheid*** ⇒*domheid.*

ob·verse[1] ['ɒbvɜ:s‖'ɑbvɜrs]⟨n.-telb.zn.; the⟩ **0.1** ***obvers*** ⟨bovenzijde v.e. penning die geen beeldenaar draagt⟩ **0.2** ⟨schr.⟩ ***front***

⇒*voorkant* **0.3** ***het omgekeerde*** ⟨v. stelling⟩ ⇒*het tegengestelde, de keerzijde.*

obverse² ⟨bn.; -ly⟩ **0.1** ***smaller aan de voet dan aan de top*** ⟨ook plantk.⟩ **0.2** ***tegengesteld*** ⇒*omgekeerd* **0.3** ***toegekeerd*** ◆ **1.3** ~ side *voorzijde;* the ~ side of a statue *het vooraanzicht v.e. standbeeld.*

ob·ver·sion [ɒb'vɜ:ʃn‖ɑb'vɜrʒn]⟨zn.⟩
I ⟨telb.zn.⟩ **0.1** ***omgekeerde stelling;***
II ⟨n.-telb.zn.⟩ **0.1** ***omkering.***

ob·vert [ɒb'vɜ:t‖ɑb'vɜrt]⟨ov.ww.⟩ **0.1** ***een andere kant naar voren draaien*** **0.2** ***omkeren*** ⟨stelling⟩.

ob·vi·ate ['ɒbvieɪt‖'ɑb-]⟨ov.ww.⟩ **0.1** ***ondervangen*** ⇒*afwenden, uit de weg ruimen, voorkomen* ◆ **1.1** ~ the necessity/need of sth. *iets overbodig maken.*

ob·vi·ous ['ɒbvɪəs‖'ɑb-]⟨f3⟩⟨bn.; -ness⟩
I ⟨bn.⟩ **0.1** ***duidelijk*** ⇒*zonneklaar, kennelijk, onmiskenbaar* **0.2** ***voor de hand liggend*** ⇒*doorzichtig* ◆ **1.1** an ~ lie *een aperte leugen;*
II ⟨bn., attr.⟩ **0.1** ***aangewezen*** ⇒***juist*** ◆ **1.1** the ~ man for the job *de aangewezen man voor het karweitje.*

ob·vi·ous·ly ['ɒbvɪəsli‖'ɑb-]⟨f3⟩⟨bw.⟩ **0.1** →obvious **0.2** ***duidelijk*** ⇒*kennelijk, klaarblijkelijk.*

o/c ⟨afk.⟩ overcharge.

oc- →ob-.

OC ⟨afk.⟩ Officer Commanding.

oc·a·ri·na [ɒkə'ri:nə‖ɑkə-]⟨telb.zn.⟩⟨muz.⟩ **0.1** ***ocarina.***

oc·ca·sion¹ [ə'keɪʒn]⟨f3⟩⟨zn.⟩
I ⟨telb.zn.⟩ **0.1** ***gebeurtenis*** ⇒*voorval* **0.2** ***evenement*** ⇒*gelegenheid, feest* ◆ **3.2** we'll make an ~ of it *we zullen het vieren;*
II ⟨telb. en n.-telb.zn.⟩ **0.1** ***gelegenheid*** **0.2** ***aanleiding*** ◆ **1.¶** take ~ by the forelock *de gelegenheid/kans aangrijpen* **2.1** he seemed to be equal to the ~ *hij leek tegen de situatie opgewassen te zijn;* on rare ~s *zelden, heel af en toe* **3.1** have few ~s to speak Russian *weinig gelegenheid hebben om Russisch te spreken;* rise to the ~ *opgewassen zijn tegen de situatie;* he took ~ to say a few words *hij maakte v.d. gelegenheid gebruik om een paar woorden te zeggen* **3.2** give ~ to *aanleiding geven tot* **6.1** **on** the ~ **of** your birthday *ter gelegenheid v. je verjaardag;* **on** ~ *bij gelegenheid; zo nodig; nu en dan;*
III ⟨n.-telb.zn.⟩ **0.1** ***reden*** ⇒*grond, noodzaak, behoefte* ◆ **3.1** you have no ~ to leave *jij hebt geen reden om weg te gaan* **6.1** **by** ~ **of** *vanwege;* there was no ~ **for** saying it so bluntly *het was niet nodig geweest om het zo botweg te zeggen;*
IV ⟨mv.; ~s⟩ **0.1** ***bezigheden*** ⇒*zaken* ◆ **2.1** go about one's lawful ~s *zich met zijn eigen zaken bemoeien.*

occasion² ⟨f1⟩⟨ov.ww.⟩ **0.1** ***veroorzaken*** ⇒*aanleiding geven tot* ◆ **3.1** it ~ed him to reconsider *het deed hem de zaak opnieuw overwegen.*

oc·ca·sion·al [ə'keɪʒnəl]⟨f3⟩⟨bn.⟩
I ⟨bn.⟩ **0.1** ***incidenteel*** ⇒*occasioneel, nu en dan voorkomend, toevallig, irregulier* **0.2** ***aanleidend*** ⇒*veroorzakend* **0.3** ***extra*** ⇒*bijzet-* ◆ **1.1** ⟨BE⟩ an ~ licence *een drankvergunning voor bep. plaatsen en tijden;* ~ showers *verspreide buien;* then there is the ~ tramp *en dan komt er af en toe een zwerver* **1.2** ~ cause *aanleidende oorzaak* **1.3** ~ chairs *extra stoelen;* an ~ table *een bijzettafel;*
II ⟨bn., attr.⟩ **0.1** ***gelegenheids-*** ◆ **1.1** ~ verse *gelegenheidspoëzie;* an ~ waiter *een ober voor de gelegenheid.*

oc·ca·sion·al·ism [ə'keɪʒnəlɪzm]⟨n.-telb.zn.⟩⟨fil.⟩ **0.1** ***occasionalisme.***

oc·ca·sion·al·ly [ə'keɪʒnəli]⟨f3⟩⟨bw.⟩ **0.1** →occasional **0.2** ***nu en dan*** ⇒*af en toe, v. tijd tot tijd, bij gelegenheid.*

Oc·ci·dent ['ɒksɪdənt‖'ɑksɪdənt]⟨n.-telb.zn.; the⟩⟨schr.⟩ **0.1** ***occident*** ⇒*westen, avondland, westerse beschaving.*

Oc·ci·den·tal¹ ['ɒksɪ'dentl‖'ɑksɪ'dentl]⟨telb.zn.; ook o-⟩⟨schr.⟩ **0.1** ***westerling.***

Occidental² ⟨bn.; -ly; ook o-⟩⟨schr.⟩ **0.1** ***occidentaal*** ⇒*westers, westerlijk.*

Oc·ci·den·tal·ism ['ɒksɪ'dentəlɪzm‖'ɑksɪ'dentə-]⟨n.-telb.zn.; ook o-⟩ **0.1** ***kenmerk(en) v.d. westerse beschaving.***

Oc·ci·den·tal·ize ['ɒksɪ'dentəlaɪz‖'ɑksɪ'dentl-]⟨ov.ww.; ook o-⟩ **0.1** ***verwestersen.***

oc·cip·i·tal [ɒk'sɪpɪtl‖ɑk'sɪpɪtl]⟨bn., attr.; -ly⟩ **0.1** ***occipitaal*** ⇒*betreffend/gelegen bij het achterhoofd.*

oc·ci·put ['ɒksɪpʌt‖'ɑksɪ-]⟨telb.zn.; ook occipita [ɒk'sɪpɪtə‖ɑk'sɪpɪtə]; →mv. 5⟩ **0.1** ***achterhoofd.***

oc·clude [ə'klu:d]⟨ov.ww.⟩ **0.1** ***afsluiten*** ⇒*afdichten* **0.2** ⟨schei.⟩ ***occluderen*** ⟨gassen⟩ ◆ **1.¶** ⟨meteo.⟩ an ~d front *een occlusiefront.*

oc·clu·sion [ə'klu:ʒn]⟨zn.⟩
I ⟨telb.zn.⟩⟨meteo.⟩ **0.1** ***occlusiefront;***
II ⟨telb. en n.-telb.zn.⟩⟨taalk., meteo., schei., tandheelk.⟩ **0.1** ***occlusie*** ⇒*het afsluiten, het afdichten.*

oc·cult¹ ['ɒkʌlt, ə'kʌlt‖'ɑkʌlt]⟨f1⟩⟨bn.; -ly; -ness⟩ **0.1** ***occult*** ⟨ook med.⟩ ⇒*esoterisch, geheim, verborgen* **0.2** ***mysterieus*** ⇒*duister, raadselachtig, geheimzinnig, magisch* ◆ **1.1** ~ blood *occult bloed;* ~ sciences *occulte wetenschappen* **7.1** the ~ *het occulte.*

occult² ⟨ww.⟩
I ⟨onov.ww.⟩ **0.1** ***onderbroken worden*** ⟨v. licht⟩ ◆ **1.1** ~ing light *afgebroken licht* ⟨v. vuurtoren⟩;
II ⟨ov.ww.⟩⟨ster.⟩ **0.1** ***verduisteren*** ⇒*bedekken, eclipseren.*

oc·cul·ta·tion ['ɒkʌl'teɪʃn‖'ɑkʌl-]⟨zn.⟩
I ⟨telb.zn.⟩⟨ster.⟩ **0.1** ***eclips*** ⇒*occultatie, verduistering;*
II ⟨n.-telb.zn.⟩ **0.1** ***het verborgen zijn*** ⇒*vergetelheid.*

oc·cult·ism ['ɒkʌltɪzm‖ə'kʌl-]⟨n.-telb.zn.⟩ **0.1** ***occultisme.***

oc·cult·ist ['ɒkʌltɪst‖ə'kʌl-]⟨telb.zn.⟩ **0.1** ***occultist(e)*** ⇒*beoefenaar v.h. occultisme.*

oc·cu·pan·cy ['ɒkjʊpənsi‖'ɑkjə-]⟨f1⟩⟨n.-telb.zn.⟩ **0.1** ***inbezitneming*** **0.2** ***bewoning*** ⇒*pachting, huur, verblijf* **0.3** ***bezetting*** ⇒*het bekleden* ⟨v. ambt⟩, *het innemen* ⟨v. plaats of ruimte⟩ **0.4** ***bezettingsgraad*** ⟨v. hotel⟩.

oc·cu·pant ['ɒkjʊpənt‖'ɑkjə-]⟨f2⟩⟨telb.zn.⟩ **0.1** ***bezitter/ster*** ⇒⟨i.h.b.⟩ *landbezitter/ster* **0.2** ***bewoner/woonster*** **0.3** ***inzittende*** ⇒*opvarende* **0.4** ***bezitnemer/neemster*** ⇒⟨i.h.b.⟩ *eerste bezitnemer/neemster* **0.5** ***bekleder/kleedster*** ⟨v. ambt⟩.

oc·cu·pa·tion ['ɒkjʊ'peɪʃn‖'ɑkjə-]⟨f2⟩⟨zn.⟩
I ⟨telb.zn.⟩ **0.1** ***beroep*** **0.2** ***bezigheid*** ⇒*activiteit* ◆ **2.2** ⟨ec.⟩ commercial ~s *handelsactiviteiten;*
II ⟨n.-telb.zn.⟩ **0.1** ***bezetting*** ⇒*occupatie* **0.2** ***bewoning*** ⇒*het bewonen* **0.3** ***bezit*** **0.4** ***het bezetten*** ⇒*bekleding* ⟨v. ambt⟩ **0.5** ***het bezet-worden*** ◆ **1.1** army of ~ *bezettingsleger.*

oc·cu·pa·tion·al ['ɒkjʊ'peɪʃnəl‖'ɑkjə-]⟨f2⟩⟨bn.; -ly⟩ **0.1** ***mbt. een beroep*** ⇒*beroeps-* **0.2** ***mbt. een bezigheid*** ⇒*bezigheids-* **0.3** ***mbt. een bezetting*** ⇒*bezettings-* ◆ **1.1** ~ disease/illness *beroepsziekte;* ~ hazard *beroepsrisico;* ~ injury *beroepsongeval;* ~ psychology *arbeidspsychologie* **1.2** ~ therapist *bezigheidstherapeut;* ~ therapy *bezigheidstherapie.*

occu'pation bridge ⟨telb.zn.⟩ **0.1** ***particuliere brug*** ⟨die twee delen v.e. particulier terrein met elkaar verbindt⟩.

occu'pation franchise ⟨n.-telb.zn.⟩⟨BE⟩ **0.1** ***stemrecht als bewoner*** ⟨v. gebouw⟩.

occu'pation road ⟨telb.zn.⟩ **0.1** ***particuliere weg.***

oc·cu·pi·er ['ɒkjʊpaɪə‖'ɑkjəpaɪər]⟨f1⟩⟨telb.zn.⟩⟨BE⟩ **0.1** ***bewoner/woonster*** ⇒*huurder/ster, eigenaar/nares* **0.2** ***bezetter*** ⇒***lid*** *v.h. bezettingsleger.*

oc·cu·py ['ɒkjʊpaɪ‖'ɑkjə-]⟨f3⟩⟨ov.ww.; →ww. 7⟩ **0.1** ***bezetten*** ⇒*bezet houden, bezit nemen v., occuperen* **0.2** ***in beslag nemen*** ⇒*beslaan, innemen* **0.3** ***bezighouden*** ⇒*zich occuperen* **0.4** ***bekleden*** ⟨ambt⟩ **0.5** ***bewonen*** ⇒*betrekken* ◆ **1.1** ~ a building *een gebouw bezetten* **1.2** it will ~ a lot of his time *het zal veel v. zijn tijd in beslag nemen;* ~ space *ruimte innemen* **1.3** it occupies my mind *het houdt me bezig* **4.3** ~ o.s. with *zich bezighouden met* **6.3** he was too occupied **with** his own thoughts *hij was te zeer bezig met zijn eigen gedachten;* be occupied **in** writing *bezig zijn met schrijven.*

oc·cur [ə'kɜ:‖ə'kɜr]⟨f4⟩⟨onov.ww.; →ww. 7⟩ **0.1** ***voorkomen*** ⇒*aangetroffen worden* **0.2** ***opkomen*** ⇒*invallen* **0.3** ***gebeuren*** ⇒*plaatsvinden, voorvallen, zich voordoen* ◆ **6.2** it simply did not ~ **to** him *het kwam eenvoudigweg niet bij hem op.*

oc·cur·rence [ə'kʌrəns‖ə'kɜrəns]⟨f2⟩⟨zn.⟩
I ⟨telb.zn.⟩ **0.1** ***voorval*** ⇒*gebeurtenis;*
II ⟨n.-telb.zn.⟩ **0.1** ***het voorkomen*** ⇒*het aangetroffen worden, aangetroffen hoeveelheid* ◆ **6.1** it is **of** frequent ~ *het komt dikwijls voor.*

o·cean ['oʊʃn]⟨f3⟩⟨zn.⟩
I ⟨telb.zn.⟩ **0.1** ⟨vaak O-⟩ ***oceaan*** ⇒*wereldzee* **0.2** ⟨vaak mv.⟩ ***overstelpend grote massa*** ⇒*oceaan* ◆ **1.2** ~s of money *een zee v. geld;* ~s of time *zeeën v. tijd* **2.1** Pacific Ocean *Stille Zuidzee;*
II ⟨n.-telb.zn.; the⟩ **0.1** ***oceaan*** ⇒⟨schr.⟩ *zee.*

'o·cean-'floor ⟨telb.zn.⟩ **0.1** ***oceaanbodem.***

'o·cean·go·ing ⟨bn.⟩ **0.1** ***zee-*** ⇒*oceaan-* ⟨i.t.t. kust-⟩ ◆ **1.1** ~ vessel *zeeschip, oceaanboot.*

'ocean 'greyhound ⟨telb.zn.⟩ **0.1** ***snel passagiersschip.***

o·ce·an·ic ['oʊʃi'ænɪk]⟨f1⟩⟨bn.⟩ **0.1** ⟨O-⟩ ***Oceanisch*** ⇒*v. Oceanië* **0.2** ***oceanisch*** ⇒*de oceaan betreffend, oceaan-* **0.3** ***immens*** ⇒*onmetelijk* ◆ **1.2** ~ island *oceaaneiland.*

O·ce·a·nid [oʊ'sɪənɪd]⟨telb.zn.; ook Oceanides ['oʊsi'ænɪdi:z]; →mv. 5⟩⟨mythologie⟩ **0.1** ***oceanide*** ⇒*najade, dochter v.d. zeegod.*

'ocean lane ⟨telb.zn.⟩ **0.1** ***zeeroute.***

'ocean liner ⟨telb.zn.⟩ **0.1** ***oceaanboot.***

o·cean·og·ra·pher ['oʊʃə'nɒgrəfə‖-'nɑgrəfər]⟨telb.zn.⟩ **0.1** ***oceanograaf.***

o·cean·o·graph·i·cal ['oʊʃənə'græfɪkl]⟨bn.; -ly⟩ **0.1** ***oceanografisch***.
o·cean·og·ra·phy ['oʊʃə'nɒgrəfi||-'nɑ-]⟨n.-telb.zn.⟩ **0.1** ***oceanografie***.
'ocean tramp, 'ocean steamer ⟨telb.zn.⟩ **0.1** ***tramp(boot)*** *⇒vrachtzoeker*.
oc·el·late ['ɒsɪleɪt||oʊ'seleɪt], **oc·el·lat·ed** [-eɪṭɪd]⟨bn.⟩ **0.1** ⟨dierk.⟩ ***met een puntoog*** *⇒met puntogen* **0.2** ***oogvormig*** **0.3** ***met oogvormige vlekken*** *⇒gevlekt*.
o·cel·lus [oʊ'seləs]⟨telb.zn.; ocelli [-laɪ]; →mv. 5⟩ **0.1** ⟨dierk.⟩ ***ocel*** *⇒puntoog* **0.2** ⟨dierk.⟩ ***facet*** ⟨v. oog⟩ **0.3** ***oogvormige vlek*** *⇒oogje*.
oc·e·lot ['ɒsɪlɒt||'ɑsɪlɑt]⟨telb.zn.⟩⟨dierk.⟩ **0.1** ***ocelot*** ⟨Felis pardalis⟩.
och [ɒx||ɑx]⟨tussenw.⟩⟨IE, Sch. E⟩ **0.1** ***och*** *⇒ach, ah*.
oche ['ɒkɪ||'ɑkɪ]⟨telb.zn.⟩⟨darts⟩ **0.1** ***teenlijn*** *⇒werplijn*.
och·loc·ra·cy [ɒk'lɒkrəsi||ɑk'lɑ-]⟨telb. en n.-telb.zn.; →mv. 2⟩ **0.1** ***ochlocratie*** *⇒regering v.h. gepeupel*.
och·lo·crat ['ɒkləkræt||'ɑk-]⟨telb.zn.⟩ **0.1** ***ochlocraat*** *⇒volksmenner, aanvoerder v.h. gepeupel*.
och·lo·crat·ic, -i·cal ['ɒklə'krætɪk||'ɑklə'kræṭɪk]⟨bn.; -(al)ly; →bijw. 3⟩ **0.1** ***ochlocratisch***.
och·o·ne, o·ho·ne [ɒ'xoʊn||ɑ-]⟨tussenw.⟩⟨Sch.E, IE⟩ **0.1** ***ach!*** *⇒helaas!, wee!*.
o·chre, ⟨AE sp.⟩ **o·cher** ['oʊkə||-ər]⟨f1⟩⟨n.-telb.zn.⟩ **0.1** ***oker*** ⟨kleiaarde met ijzeroxide vermengd⟩ **0.2** ⟨vaak attr.⟩ ***oker (kleur)*** **0.3** ⟨sl.⟩ ***poen***.
o·chre·ous ['oʊkrɪəs], **o·chrous,** ⟨AE sp. ook⟩ **o·cher·ous** ['oʊkrəs], **o·chry** ['oʊkri]⟨bn.⟩ **0.1** ***okerachtig*** *⇒okerkleurig, oker-*.
-ock [ək] **0.1** ***-je*** ◆ **¶.1** hillock *heuveltje*.
ock·er ['ɒkə||'ɑkər]⟨telb.zn.⟩⟨Austr. E; inf.⟩ **0.1** ***onbehouwen Australiër***.
o'clock [ə'klɒk||ə'klɑk]⟨f3⟩⟨bw.⟩ **0.1** ***uur*** ◆ **7.1** ten ~ *tien uur*.
OCR ⟨afk.⟩ optical character reader, optical character recognition ⟨comp.⟩.
-ocracy ['ɒkrəsi||'ɑ-] →-cracy.
-ocrat [əkræt] →-crat.
-ocratic [ə'kræṭɪk] →-cratic.
Oct ⟨afk.⟩ October **0.1** ***okt***.
oc·ta-, oct- [ɒkt||ɑkt], **oc·to-** ['ɒktə||'ɑktə] **0.1** ***octa-*** *⇒octo-, acht-* ◆ **¶.1** ⟨schei.⟩ octavalent *achtwaardig*.
oc·ta·chord[1] ['ɒktəkɔ:d||'ɑktəkɔrd]⟨telb.zn.⟩ **0.1** ***achtsnarig instrument*** **0.2** ***achttonige toonschaal***.
octachord[2] ⟨bn.⟩ **0.1** ***achtsnarig***.
oc·tad ['ɒktæd||'ɑk-]⟨telb.zn.⟩ **0.1** ***achttal*** *⇒groep v. acht*.
oc·ta·gon ['ɒktəgən||'ɑktəgɑn]⟨telb.zn.⟩ **0.1** ***achthoek*** *⇒octogoon* **0.2** ***achthoekig(e) voorwerp/constructie*** *⇒achthoekig(e) kamer/gebouw;* ⟨bouwk.⟩ *octogoon, achtkant*.
oc·tag·o·nal [ɒk'tægənl||ɑk'tægənl]⟨bn.; -ly⟩ **0.1** ***achthoekig*** *⇒octogonaal*.
oc·ta·he·dral ['ɒktə'hi:drəl, -'he-||'ɑktə-]⟨bn.; -ly⟩ **0.1** ***achtvlakkig*** *⇒met acht vlakken*.
oc·ta·he·drite ['ɒktə'hi:draɪt, -'he-||'ɑktə-]⟨telb. en n.-telb.zn.⟩ **0.1** ***octaëdriet*** *⇒anataas* ⟨mineraal⟩.
oc·ta·he·dron ['ɒktə'hi:drən, -'he-||'ɑktə-]⟨telb.zn.; ook octahedra [-drə]; →mv. 5⟩ **0.1** ***achtvlak*** *⇒octaëder* **0.2** ***achtvlakkig voorwerp*** *⇒*⟨i.h.b.⟩ *achtvlakkig kristal* ◆ **2.1** regular ~ *regelmatig achtvlak*.
oc·tam·e·ter [ɒk'tæmɪṭə||ɑk'tæmɪṭər]⟨telb.zn.⟩⟨lit.⟩ **0.1** ***achtvoetig vers***.
oc·tane ['ɒkteɪn||'ɑk-]⟨f1⟩⟨telb. en n.-telb.zn.⟩⟨schei.⟩ **0.1** ***octaan***.
'octane number, 'octane rating ⟨telb.zn.⟩ **0.1** ***octaangetal/waarde***.
oc·tan·gu·lar [ɒk'tæŋgjʊlə||ɑk'tæŋgjələr]⟨bn.⟩ **0.1** ***achthoekig*** *⇒octogonaal*.
oc·tant ['ɒktənt||'ɑk-]⟨zn.⟩
I ⟨telb.zn.⟩ **0.1** ***1/8 deel v.e. cirkel*** *⇒boog v. 45°* **0.2** ⟨wisk.⟩ ***octant*** **0.3** ***octant*** ⟨meetinstrument⟩;
II ⟨telb. en n.-telb.zn.⟩⟨ster.⟩ **0.1** ***octant*** ⟨benaming voor fasen v.d. maan⟩;
III ⟨n.-telb.zn.; O-⟩⟨ster.⟩ **0.1** ***Octant*** ⟨sterrenbeeld⟩.
oc·tar·chy ['ɒktɑ:ki||'ɑktɑrki]⟨telb.zn.; →mv. 2⟩ **0.1** ***regering die uit acht personen bestaat*** **0.2** ***confederatie v. acht koninkrijken***.
octaroon →octoroon.
oc·ta·style[1] ['ɒktəstaɪl||'ɑk-]⟨telb.zn.⟩ **0.1** ***gebouw met acht frontzuilen*** **0.2** ***achtzuilig portiek***.
octastyle[2] ⟨bn., attr.⟩ **0.1** ***achtzuilig***.
Oc·ta·teuch ['ɒktətju:k||'ɑktətu:k]⟨eig.n.⟩⟨bijb.⟩ **0.1** ***1e acht boeken v.h. O.T.***.
oc·tave ['ɒktɪv||'ɑk-]⟨f1⟩⟨telb.zn.⟩ **0.1** ***achttal*** **0.2** ⟨muz.⟩ ***octaaf*** **0.3** ⟨relig.⟩ ***octaaf*** ⟨tijdperk v. acht dagen voor viering v. kerkfeest⟩ **0.4** ⟨relig.⟩ ***octaafdag*** **0.5** ⟨lit.⟩ ***octaaf*** ⟨twee kwatrijnen v.e. sonnet⟩ **0.6** ⟨lit.⟩ ***ottava rima*** *⇒achtregelige strofe* **0.7** ⟨schermen⟩ ***octave*** ⟨achtste handpositie⟩ *⇒de wering acht* **0.8** ⟨BE⟩ ***(wijnvat met een inhoud v.)*** ***$^1/_8$ pijp*** ⟨$13^1/_2$ gallons⟩ ◆ **7.2** second ~ *noot die twee octaven hoger/lager ligt dan een gegeven noot;* third ~ *noot die drie octaven hoger/lager ligt dan een gegeven noot*.
'octave coupler ⟨telb.zn.⟩⟨muz.⟩ **0.1** ***octaafkoppeling*** ⟨register op harmoniumorgel waardoor de hogere en lagere octaaf meespeelt⟩.
'octave flute ⟨telb.zn.⟩⟨muz.⟩ **0.1** ***octaaffluit*** *⇒piccolo* **0.2** ***fluitregister dat een octaaf hoger is***.
'octave jump ⟨telb.zn.⟩⟨muz.⟩ **0.1** ***octaafsprong***.
oc·ta·vo [ɒk'teɪvoʊ||ɑk-]⟨telb. en n.-telb.zn.⟩⟨druk.⟩ **0.1** ***octavo*** ⟨boek/papierformaat⟩.
oc·ten·ni·al [ɒk'tenɪəl||ɑk-]⟨bn.⟩ **0.1** ***achtjarig*** **0.2** ***achtjaarlijks***.
oc·tet(te) [ɒk'tet||ɑk-]⟨zn.⟩
I ⟨telb.zn.⟩ **0.1** ⟨muz.⟩ ***octet*** *⇒achtstemmig stuk* **0.2** ⟨lit.⟩ ***octaaf*** ⟨2 kwatrijnen v.e. sonnet⟩;
II ⟨verz.n.⟩ **0.1** ***achttal*** *⇒*⟨muz.⟩ *octet* ⟨ensemble⟩; ⟨nat.⟩ *octet* ⟨groep v. 8 elektronen in buitenste schil v. atoom⟩.
oc·til·lion [ɒk'tɪlɪən||ɑk-]⟨telb.zn.⟩ **0.1** ⟨BE⟩ ***miljoen tot de achtste*** ⟨10^{48}⟩ **0.2** ⟨AE⟩ ***triljard*** ⟨10^{27}⟩.
octo- →octa-.
Oc·to·ber [ɒk'toʊbə||ɑk'toʊbər]⟨f3⟩⟨eig.n.⟩ **0.1** ***oktober***.
Oc'tober Revo'lution ⟨eig.n.; the⟩ **0.1** ***Oktoberrevolutie*** ⟨in Rusland, 1917⟩.
oc·to·cen·ten·a·ry ['ɒktoʊsen'ti:nəri||-'sentn·eri], **oc·to·cen·ten·ni·al** [-sen'tenɪəl]⟨telb.zn.; →mv. 2⟩ **0.1** ***800-jarige gedenkdag*** *⇒800ste verjaardag(sfeest)*.
oc·to·dec·i·mo ['ɒktoʊ'desɪmoʊ||'ɑktoʊ-]⟨telb.zn.⟩⟨boek.⟩ **0.1** ***octodecimo*** *⇒een boek op octodecimoformaat* ⟨18°⟩.
oc·to·ge·nar·i·an[1] ['ɒktoʊdʒɪ'neərɪən||'ɑktoʊdʒɪ'nerɪən], **oc·tog·e·nar·y** [ɒk'tɒdʒɪnəri||ɑk'tɑdʒɪneri]⟨telb.zn.; →mv. 2⟩ **0.1** ***tachtiger*** *⇒tachtigjarige* ⟨tussen 80 en 90⟩.
octogenarian[2], **octogenary** ⟨bn.⟩ **0.1** ***tachtigjarig*** *⇒tussen de 80 en de 90 jaar oud, v.e. tachtiger*.
oc·to·nar·i·us ['ɒktə'neərɪəs||'ɑktə'nerɪəs]⟨telb.zn.; octonarii [-iaɪ]; →mv. 5⟩⟨lit.⟩ **0.1** ***achtvoetig vers***.
oc·to·nar·y[1] ['ɒktənəri||'ɑktəneri]⟨telb.zn.; →mv. 2⟩ **0.1** ***achttal*** *⇒groep/reeks van acht* **0.2** ⟨lit.⟩ ***achtregelige strofe*** *⇒octet*.
octonary[2] ⟨bn.⟩ **0.1** ***achttallig*** *⇒op acht gebaseerd, uit acht leden bestaand*.
oc·to·pod[1] ['ɒktəpɒd||'ɑktəpɑd]⟨telb.zn.⟩⟨dierk.⟩ **0.1** ***achtpotig weekdier*** *⇒*⟨i.h.b.⟩ *octopus* ⟨orde der Octopoda⟩.
octopod[2] ⟨bn.⟩ **0.1** ***achtpotig***.
oc·to·pus ['ɒktəpəs||'ɑk-]⟨f1⟩⟨telb.zn.; ook octopodes [ɒk'tɒpədi:z||ɑk'tɑ-], octopi ['ɒktəpaɪ||'ɑk-]; →mv. 5⟩ **0.1** ⟨dierk.⟩ ***octopus*** ⟨inktvis; genus Octopus⟩ **0.2** ***moloch*** *⇒wijdvertakte organisatie, om zich heen grijpende macht* **0.3** ***spin(binder)***.
oc·to·push ['ɒktəpʊʃ||'ɑk-]⟨n.-telb.zn.⟩⟨inf.; sport⟩ **0.1** ***onderwaterhockey***.
oc·to·roon, oc·ta·roon ['ɒktə'ru:n||'ɑk-]⟨telb.zn.⟩ **0.1** ***octaroon*** ⟨kind v.e. blanke en een quarterone, met 1/8 negerbloed⟩.
oc·to·syl·lab·ic[1] ['ɒktoʊsɪ'læbɪk||'ɑk-]⟨zn.⟩⟨lit.⟩
I ⟨telb.zn.⟩ **0.1** ***achtlettergrepig vers;***
II ⟨n.-telb.zn.⟩ **0.1** ***poëzie met achtlettergrepige verzen***.
octosyllabic[2] ⟨bn.⟩ **0.1** ***achtlettergrepig***.
oc·to·syl·la·ble ['ɒktoʊsɪləbl||'ɑk-]⟨telb.zn.⟩⟨lit.⟩ **0.1** ***achtlettergrepig woord*** **0.2** ***achtlettergrepig vers*** **0.3** ***achtlettergrepige versregel***.
oc·troi ['ɒktrwɑ:||'ɑktrɔɪ]⟨telb.zn.⟩⟨gesch.⟩ **0.1** ***octrooi*** ⟨soort accijns die betaald moest worden om met bep. goederen een stad binnen te komen⟩ **0.2** ***octrooiontvanger*** **0.3** ***octrooikantoor***.
OCTU ⟨afk.⟩ Officer Cadet(s) Training Unit ⟨BE⟩.
oc·tu·ple[1] ['ɒktjʊpl||'ɑktu:pl]⟨telb.zn.⟩ **0.1** ***achtvoud*** *⇒het achtvoudige*.
octuple[2] ⟨bn.⟩ **0.1** ***achtvoudig*** *⇒met acht vermenigvuldigd* **0.2** ***achtdelig*** *⇒achtledig*.
octuple[3] ⟨onov. en ov.ww.⟩ **0.1** ***verachtvoudigen*** *⇒met acht vermenigvuldigen*.
oc·u·lar[1] ['ɒkjʊlə||'ɑkjələr]⟨telb.zn.⟩ **0.1** ***oculair*** *⇒oculairlens, oogglas*.
ocular[2] ⟨f1⟩⟨bn.; -ly⟩⟨schr.; med.⟩ **0.1** ***oculair*** *⇒oog-, gezichts-* **0.2** ***zichtbaar*** *⇒visueel* ◆ **1.¶** ~ demonstration/proof *zichtbaar bewijs*.
oc·u·lar·ist ['ɒkjʊlərɪst||'ɑkjə-]⟨telb.zn.⟩ **0.1** ***kunstogenmaker***.
oc·u·list ['ɒkjʊlɪst||'ɑkjə-]⟨f1⟩⟨telb.zn.⟩ **0.1** ***oculist*** *⇒oogarts, oftalmoloog, oogheelkundige* **0.2** ***optometrist***.
oc·u·lo·mo·tor ['ɒkjʊloʊ'moʊtə||'ɑkjələ'moʊṭər]⟨bn., attr.⟩ **0.1** ***oculomotorisch*** *⇒mbt. de bewegingen v.d. oogbol* ◆ **1.1** ~ nerve *oculomotorische zenuw*.
o/d ⟨afk.⟩ overdraft, overdrawn.
od[1] [ɒd||ɑd]⟨telb.zn.⟩⟨vero.⟩ **0.1** ***od*** ⟨eertijds hypothetisch voor-

opgestelde natuurkracht ter verklaring van allerlei natuurverschijnselen⟩.

od[2]**, OD** ⟨afk.⟩ Doctor of Optometry, officer of the day; Old Dutch ⟨taalk.⟩; olive drab, on demand, ordnance datum, outer/outside diameter, overdose, overdraft, overdrawn.

Od [ɒd‖ɑd] ⟨tussenw.⟩ ⟨euf.⟩ **0.1** ***pot(ver)*** ◆ **3.1** ~ rot it *potverdorie, potverdomme*.

OD[1] ['oʊ'di:] ⟨telb.zn.⟩ ⟨sl.⟩ **0.1** ***overdosis (drugs)***.

OD[2]**, oh-dee** ⟨onov.ww.; OD'd/ODed, OD'ing⟩ ⟨oorspr. afk.⟩ overdose ⟨sl.⟩ **0.1** ***ziek worden v./sterven aan een overdosis*** ⇒*een overdosis (drugs) innemen* ◆ **6.1** she ODed **on** heroin *zij heeft een overdosis heroïne ingenomen;* ⟨fig.⟩ I'm ODing **on** work *ik ben me te pletter aan het werken*.

o·da·lisque, o·da·lisc, o·da·lisk ['oʊdəlɪsk] ⟨telb.zn.⟩ **0.1** ***odalisk(e)*** ⟨oosterse slavin of concubine⟩.

odd[1] [ɒd‖ɑd] ⟨f3⟩ ⟨zn.⟩

I ⟨telb.zn.⟩ **0.1** ***oneven nummer*** ⇒*overblijvend persoon, oneven getal* **0.2** ⟨golf⟩ ***slag meer dan de tegenpartij*** **0.3** ⟨golf⟩ ***voorgift v. één slag*** ⇒*handicap v. één slag;*

II ⟨mv.; ~s; mv. soms enk.⟩ **0.1** ***ongelijkheid*** ⇒*verschil* **0.2** ***onenigheid*** ⇒*onmin, conflict, ruzie* **0.3** ***(grote) kans*** ⇒*waarschijnlijkheid, voordeel* **0.4** ***verhouding tussen de inzetten bij weddenschap*** **0.5** ⟨golf⟩ ***voorgift*** ⟨v. één slag⟩ **0.6** ***overschotjes*** ⇒*kleinigheden* ◆ **1.¶** ~s and ends *bric-à-brac, snuisterijen, prullen, miscellanea, allerlei spullen/karweitjes, van alles;* ⟨BE; sl.⟩ ~s and sods *troep, rommel, prullen* **2.1** make ~s even *verschillen wegwerken, gelijkmaken* **2.3** the ~s are even *er is evenveel kans voor als tegen;* face fearful ~s *tgo. een geweldige overmacht staan* **3.1** that makes no ~s *dat maakt niets uit;* what's the ~s? *wat zou dat?, wat doet dat ertoe?* **3.4** fixed ~s *vaste uitbetaling* ⟨ongeacht aantal inzetten⟩; ~s of ten to one *een inzet v. tien tegen één;* take ~s of one to ten *een inzet accepteren van één tegen tien, een ongelijke weddenschap aannemen* **3.5** give/receive ~s *voorgift geven/krijgen* **3.¶** give/lay ~s (on) *wedden (op);* have the ~s stacked against o.s. *tot mislukken gedoemd zijn, alles tegen zich hebben;* I'll lay ~s (on it) that he won't win *ik durf te wedden dat hij niet wint;* play the ~s *op de notering v.d. winnaar gokken* **6.2** be **at** ~s with ⟨v. pers.⟩ *in onenigheid leven met;* ⟨v. zaken⟩ *niet stroken met* **6.3** the ~s are **against/on** his winning the election *naar alle waarschijnlijkheid zal hij de verkiezingen verliezen/winnen;* **by** all ~s *zeker, ongetwijfeld, naar alle waarschijnlijkheid* **6.¶ against** (all the) ~s, **against** all ~s *tegen alle verwachtingen;* **over** the ~s *meer dan verwacht, te veel, meer dan de overeengekomen prijs* **8.3** the ~s are that she will do it *de kans is groot dat ze het doet*.

odd[2] ⟨f3⟩ ⟨bn.; in bet. I 0.2 -er; -ly; -ness⟩

I ⟨bn.⟩ **0.1** ***oneven*** **0.2** ***vreemd*** ⇒*zonderling, ongewoon, excentriek, eigenaardig, onaangepast* ◆ **1.2** ⟨inf.⟩ an ~ fish *een vreemde vogel;* an ~ habit *een gekke gewoonte* **2.1** ~ and even *even en oneven* ⟨kansspel⟩; ⟨ong.⟩ *banzaaien;*

II ⟨bn., attr.⟩ **0.1** ***overblijvend*** ⇒*overschietend* **0.2** ***toevallig*** ⇒*onverwacht, onberekenbaar, onvoorspelbaar, onregelmatig* **0.3** ***los*** ⇒*niet behorend tot een reeks, zonder bijbehoren(de), ongepaard* ◆ **1.1** you can keep the ~ change *je mag het wisselgeld/het overschot houden;* the ~ man at the table *de man die aan tafel overschiet* ⟨nadat de anderen in paren gegroepeerd zijn⟩; the ~ vegetable *wat groente* ⟨die je toevallig nog over had⟩ **1.2** ~ hand *los werkman;* earn some ~ money during the weekends *tijdens het weekend iets extra verdienen;* he drops in at ~ times *hij komt zo nu en dan eens langs* **1.3** an ~ glove *een handschoen waarvan de tweede weg is;* an ~ issue *een losse aflevering;* ~ job *klusje, los karweitje* **1.¶** ~ man *man met doorslaggevende stem in een vergadering; klusjesman, los werkman;* ~ man out *het opgooien/tossen, middel om door kruis of munt iem. uit een groep te selecteren;* ⟨inf.⟩ *vreemde eend, buitenbeentje; overblijver, overschot;* what's the ~ man out in the following list? *wie/wat hoort in het volgende rijtje niet thuis?;* ~ trick ⟨whist⟩ *winnende slag* ⟨dertiende slag wanneer elke partij er zes gewonnen heeft⟩; ⟨robberbridge⟩ *slag boven het boekje;*

III ⟨bn., post.; ook na numerieke vnw.⟩ **0.1** ***iets meer dan*** ◆ **1.1** sixty pounds ~ *iets meer dan/ruim/een goeie zestig pond* **4.1** three hundred ~ *driehonderd en nog wat, tussen drie- en vierhonderd;* 60-odd persons *ruim 60 personen, tussen 60 en 70 personen*.

'oddball[1] ⟨telb.zn.⟩ ⟨vnl. AE; inf.⟩ **0.1** ***rare snuiter*** ⇒*rare,* ⟨B.⟩ *vieze apostel, vreemde kwant/snaak, vreemd heerschap*.

'oddball[2] ⟨bn.⟩ ⟨vnl. AE; inf.⟩ **0.1** ***vreemd*** ⇒*raar, excentriek*.

'Odd Fellow ⟨telb.zn.⟩ **0.1** ***lid v.d. broederschap der Oddfellows*** ⟨soort vrijmetselaarsorde⟩.

odd·ish ['ɒdɪʃ‖'ɑ-] ⟨bn.⟩ **0.1** ***enigszins vreemd*** ⇒*nogal/vrij/tamelijk eigenaardig/ongewoon*.

odd·i·ty ['ɒdəti‖'ɑdəṭi] ⟨f1⟩ ⟨zn.; →mv. 2⟩

I ⟨telb.zn.⟩ **0.1** ***eigenaardigheid*** ⇒*vreemde eigenschap* **0.2** ***vreemde snuiter*** **0.3** ***iets vreemds*** ⇒*vreemd(e) object/gebeurtenis;*

II ⟨n.-telb.zn.⟩ **0.1** ***vreemdheid*** ⇒*excentriciteit, curiositeit*.

'odd-'job·ber, 'odd-'job·man ⟨f1⟩ ⟨telb.zn.; 'odd-'jobmen; →mv. 3⟩ **0.1** ***manusje van alles*** ⇒*klusjesman, scharrelaar, los werkman*.

odd·ment ['ɒdmənt‖'ɑd-] ⟨zn.⟩

I ⟨telb.zn.⟩ **0.1** ***overschot*** ⇒*overblijfsel, rest, restant;*

II ⟨mv.; ~s⟩ **0.1** ***miscellanea*** ⇒*prullaria, snuisterijen, rommel* **0.2** ⟨BE; boek.⟩ ***voorwerk***.

'odd-'pin·nate ⟨telb.zn.⟩ ⟨plantk.⟩ **0.1** ***geveerd blad met ongepaard eindblaadje***.

'odds·mak·er ⟨telb.zn.⟩ **0.1** ***gokker***.

'odds-'on ⟨bn.⟩ **0.1** ***hoogstwaarschijnlijk*** ⇒*te verwachten, zo goed als zeker* ◆ **1.1** an ~ favourite *een uitgesproken favoriet*.

ode [oʊd] ⟨f1⟩ ⟨telb.zn.⟩ **0.1** ***ode*** ⟨verheven gedicht⟩ **0.2** ⟨gesch.⟩ ***lied*** ⇒*ode* ◆ **2.2** choral ~ *koorlied*.

-ode [oʊd] **0.1** ***-ode*** ⇒*-achtig, v.d. aard van* **0.2** ⟨tech.⟩ ***-ode*** ⟨vormt namen v. elektroden⟩ ◆ **¶.1** phyllode *bladachtige bladstengel;* geode *geode* ⟨bolvormige holte in gesteente⟩ **¶.2** cathode *kathode*.

o·de·um ['oʊdɪəm], **o·de·on** [-ɪən‖-ɪɑn] ⟨telb.zn.; ook odea [-ɪə]; →mv. 5⟩ **0.1** ***odeon*** ⟨gebouw waar in de Oudheid muzikale concoursen werden gehouden⟩ **0.2** ***concertgebouw*** ⇒*opera, odeon*.

o·di·ous ['oʊdɪəs] ⟨f1⟩ ⟨bn.; -ly; -ness⟩ ⟨→sprw. 86⟩ **0.1** ***hatelijk*** ⇒*ergerlijk, verfoeilijk, afschuwelijk, afstotelijk, weerzinwekkend*.

o·di·um ['oʊdɪəm] ⟨n.-telb.zn.⟩ ⟨schr.⟩ **0.1** ***odium*** **0.2** ***blaam*** ⇒*oneer, schande, stigma, odium* ◆ **2.1** ~ theologicum *odium theologicum* ⟨haat uit onenigheid over geloofskwesties⟩ **3.1** his crime exposed him to ~ *zijn misdaad maakte hem bij iedereen gehaat*.

o·dom·e·ter [oʊ'dɒmɪtə‖oʊ'dɑmɪṭər] ⟨telb.zn.⟩ **0.1** ***(h)odometer*** ⇒*afstands/wegmeter;* ⟨i.h.b.⟩ *kilometerteller*.

o·dont- ['oʊdɒnt‖-dɑnt], **o·don·to-** [oʊ'dɒntə‖oʊ'dɑnṭə] **0.1** ***tand-*** ◆ **¶.1** odontalgia *tandpijn;* odontalgic *tandpijnmiddel;* odontology *odontologie, tandheelkunde*.

o·don·to·glos·sum [oʊ'dɒntə'glɒsəm‖oʊ'dɑnṭə'glɑsəm] ⟨telb.zn.⟩ ⟨plantk.⟩ **0.1** ***odontoglossum*** ⟨orchideeëngeslacht⟩.

o·don·toid [oʊ'dɒntɔɪd‖oʊ'dɑnṭɔɪd] ⟨bn.⟩ **0.1** ***tandachtig*** ⇒*tandvormig* ◆ **1.¶** ~ process *tandvormig uitsteeksel op de tweede halswervel*.

o·do·rif·er·ous ['oʊdə'rɪfərəs] ⟨bn.; -ly; -ness⟩ ⟨schr.⟩ **0.1** ***geurig*** ⇒*(wel)riekend*.

o·dor·ous ['oʊd(ə)rəs] ⟨bn.; -ly; -ness⟩ ⟨schr.⟩ **0.1** ***geurig*** ⇒*welriekend* **0.2** ***slechtriekend*** ⇒*stinkend*.

o·dour, ⟨AE sp.⟩ **o·dor** ['oʊdə‖-ər] ⟨f2⟩ ⟨zn.⟩

I ⟨telb.zn.⟩ **0.1** ***geur*** ⇒*reuk, stank, lucht(je);* ⟨fig.⟩ *zweem* **0.2** ⟨vnl. mv.⟩ ⟨vero.⟩ ***reukwerk*** ⇒*parfumerie* ◆ **1.1** there is an ~ of melancholy in the evening air *de avondlucht heeft iets melancholisch;* an ~ of sanctity *een geur v. heiligheid;*

II ⟨n.-telb.zn.⟩ **0.1** ***faam*** ⇒*reputatie, naam* ◆ **2.1** be in good/bad/ill ~ with *goed/slecht aangeschreven staan bij*.

'odour control ⟨n.-telb.zn.⟩ **0.1** ***stankbestrijding***.

o·dour·less ['oʊdələs‖-dər-] ⟨bn.; -ly⟩ **0.1** ***geurloos*** ⇒*reukloos*.

'odour nuisance ⟨n.-telb.zn.⟩ **0.1** ***stankoverlast***.

od·ys·sey ['ɒdəsi‖'ɑ-] ⟨zn.⟩

I ⟨eig.n.; the; O-⟩ **0.1** ***Odyssee*** ⟨heldendicht v. Homerus⟩;

II ⟨telb.zn.⟩ **0.1** ***odyssee*** ⟨lange, avontuurlijke reis⟩.

OE ⟨afk.⟩ Old English.

OECD ⟨eig.n.⟩ ⟨afk.⟩ Organization for Economic Cooperation and Development **0.1** ***OESO*** ⟨Organisatie voor Economische Samenwerking en Ontwikkeling⟩.

oe·cist ['i:sɪst] ⟨telb.zn.⟩ **0.1** ***kolonist***.

oecology →ecology.

oecumenical →ecumenical.

OED ⟨afk.⟩ Oxford English Dictionary.

oe·de·ma, ⟨AE sp. ook⟩ **e·de·ma** [ɪ'di:mə] ⟨telb.zn.; ook (o)edemata [-məṭə]; →mv. 5⟩ ⟨med.⟩ **0.1** ***oedeem***.

oe·de·ma·tose [ɪ'di:mətoʊs], ⟨AE sp.⟩ **oe·de·ma·tous** [-məṭəs] ⟨bn.⟩ ⟨med.⟩ **0.1** ***waterzuchtig***.

Oe·di·pal ['i:dɪpl‖'edɪpl] ⟨bn.⟩ ⟨psych.⟩ **0.1** ***oedipaal***.

Oe·di·pus com·plex ['i:dɪpəs ˌkɒmpleks‖'edɪpəs ˌkɑm-] ⟨telb.zn.⟩ ⟨psych.⟩ **0.1** ***Oedipoescomplex***.

OEEC ⟨eig.n.⟩ ⟨afk.⟩ Organization for European Economic Cooperation ⟨gesch.⟩ **0.1** ***O.E.E.S.*** ⟨Organisatie voor Europese Economische Samenwerking⟩.

oeil·lade [ɜ:'jɑ:d‖ʊi'jɑd] ⟨telb.zn.⟩ **0.1** ***lonk***.

oe·no·log·i·cal ['i:nə'lɒdʒɪkl‖-'lɑ-] ⟨bn.⟩ **0.1** ***v./mbt. oenologie***.

oe·nol·o·gist [i:'nɒlədʒɪst‖i:'nɑ-] ⟨telb.zn.⟩ **0.1** ***oenoloog***.

oe·nol·o·gy, ⟨AE sp. ook⟩ **e·nol·o·gy** [i:'nɒlədʒi‖-'nɑ-], **oi·nol·o·gy** [ɔɪ-] ⟨n.-telb.zn.⟩ **0.1** ***oenologie*** ⟨leer v.d. wijn en de wijnbouw⟩.

oe·no·mel ['i:nəmel] ⟨telb. en n.-telb.zn.⟩ **0.1** ***mede*** ⇒*honingwijn*.

oe·no·phile ['i:nəfaɪl], **oe·noph·i·list** [i:'nɒfɪlɪst||i:'nɑ-]⟨telb.zn.⟩ **0.1** ***wijnkenner***.
OEO ⟨afk.⟩ Office of Economic Opportunity ⟨AE⟩.
OEP ⟨afk.⟩ Office of Emergency Planning/Preparedness ⟨AE⟩.
o'er →over.
oer·sted ['ɜ:sted||'ɜr-]⟨telb. en n.-telb.zn.⟩ ⟨nat.⟩ **0.1** ***oersted*** ⟨eenheid v. magnetische veldsterkte; symbool Oe⟩.
oe·soph·a·ge·al, e·soph·a·ge·al [i:'sɒfə'dʒi:əl||i:'sɑ-]⟨bn.⟩ **0.1** ***v./mbt. de slokdarm*** ⇒*slokdarm-*.
oe·soph·a·gus, e·soph·a·gus [i:'sɒfəgəs||i:'sɑ-]⟨telb.zn.; ook (o)esophagi [-gaɪ]; →mv. 5⟩ ⟨med.⟩ **0.1** ***slokdarm***.
oes·tro·gen, es·tro·gen ['i:strədʒən||'es-]⟨telb. en n.-telb.zn.⟩ **0.1** ***(o)estrogeen (hormoon)*** ⇒*oestrogene stof*.
oes·tro·gen·ic, es·tro·gen·ic ['i:strə'dʒenɪk||'es-]⟨bn.; -ally⟩ **0.1** ***(o) estrogeen***.
oes·trous, es·trous ['i:strəs||'es-]⟨bn.⟩ **0.1** ***v./mbt. oestrum/oestrus*** **0.2** ***bronstig*** ⇒*tochtig* ◆ **1.1** ~ cycle *oestrus, oestrum*.
oes·trum, es·trum ['i:strəm||'e-], **oes·trus, es·trus** ['i:strəs||'e-]⟨n.-telb.zn.⟩ **0.1** ⟨biol.⟩ ***oestrus/oestrum*** ⇒*vruchtbare periode, bronst, paardrift*.
'oestrus cycle, 'estrus cycle ⟨n.-telb.zn.⟩ ⟨biol.⟩ **0.1** ***oestrus*** ⇒*oestrum, vruchtbare periode, bronst, paardrift*.
oeu·vre ['ɜ:v(rə)||'ɜ(r)v(rə)]⟨zn.⟩
I ⟨telb.zn.⟩ **0.1** ***(kunst)werk;***
II ⟨n.-telb.zn.⟩ **0.1** ***oeuvre***.
of [ə(v)⟨sterk⟩ɒv||ə(v)⟨sterk⟩ɑv,ʌv]⟨f4⟩⟨vz.⟩ **0.1** ⟨afstand in plaats of tijd; ook fig.⟩ ***van*** ⇒*verwijderd v., v.... af, v.... vandaan* **0.2** ⟨uitgangspunt, herkomst, reden⟩ ***(afkomstig) van*** ⇒*uit, (veroorzaakt/gemaakt) door* **0.3** ⟨samenstelling, inhoud, hoeveelheid⟩ ***bestaande uit*** ⇒*van* **0.4** ***betreffende*** ⇒*over, van, met betrekking tot* **0.5** ⟨identificerend kenmerk, zoals hoedanigheid, plaats, tijd, ouderdom enz.⟩ ***van*** ⇒*te, bij, met* **0.6** ⟨bezit; ook fig.; ook dubbele →genitief⟩ ***van*** ⇒*behorend tot* **0.7** ⟨voorwerpsgenitief⟩ ***van*** ⇒*tot, naar, voor* **0.8** ⟨partitieve genitief⟩ ***van*** ⇒*onder, der* **0.9** ⟨relatie individu-klasse; onvertaald⟩ **0.10** ⟨identiteit⟩ ***van*** **0.11** ⟨tijd⟩ ***op*** ⇒*des* **0.12** ⟨tijd⟩⟨AE⟩ ***voor*** ◆ **1.1** south ~ the city *ten zuiden v.d. stad;* rob s.o. ~ his happiness *iem. v. zijn geluk beroven;* upwards ~ an hour *meer dan een uur;* cured ~ his illness *v. zijn ziekte genezen;* go wide ~ the mark *ver naast het doel schieten;* within a month ~ their wedding *minder dan een maand voor/na hun huwelijk* **1.2** music ~ Beethoven *muziek v. Beethoven;* a girl ~ Belfast *een meisje v. Belfast;* ~ my own choice *zelf gekozen;* the grace ~ God *de genade v. God;* that's too much to ask ~ Jane *dat is te veel v. Jane gevraagd;* ~ necessity *uit noodzaak, noodzakelijkerwijze;* born ~ wealthy parents *geboren uit rijke ouders;* she demanded hard work ~ her pupils *zij eiste v. haar leerlingen dat ze hard zouden werken;* die ~ shame *doodgaan v. schaamte;* I bought it ~ a street vender *ik heb het v.e. straatventer gekocht;* it tastes ~ sugar *het smaakt naar suiker;* proud ~ his work *trots op zijn werk* **1.3** a plate ~ beans *een bord bonen;* ⟨vero.⟩ paved ~ gold *met goud geplaveid;* a distance ~ 50 km *een afstand v. 50 km;* a gown ~ silk *een zijden gewaad;* he was all ~ a tremble *hij beefde v. kop tot teen* **1.4** five years ~ age *vijf jaar oud;* rumours ~ his death *geruchten over zijn dood;* greedy ~ gain *op winst uit;* think ~ Jill *denk aan Jill;* ⟨gew.⟩ what's the matter ~ May? *wat is er met May aan de hand?;* dream ~ peace *vredesdroom;* the truth ~ the story was ... *de waarheid was ...;* quick ~ understanding *snel v. begrip* **1.5** men ~ courage *mannen met moed;* the house ~ her dreams *haar droomhuis;* the queen ~ England *de koningin v. Engeland;* all men ~ goodwill *alle mensen v. goede wil;* a girl ~ infinite good humour *een meisje dat altijd goedgehumeurd is;* the university ~ Oxford *de universiteit van/te Oxford;* a child ~ six *een kind v. zes jaar;* the battle ~ Waterloo *de slag bij Waterloo* **1.6** the toys ~ my children *het speelgoed v. mijn kinderen;* a book ~ May's *een boek v. May, een v. Mays boeken* **1.7** fear ~ the dark *angst voor het donker;* her explanation ~ the events *haar uitleg v. wat er gebeurd was;* love ~ nature *liefde voor de natuur;* ⟨gew.⟩ stop teasing ~ your sister *hou op je zus te plagen;* in pursuit ~ success *op zoek naar succes;* ⟨gew.⟩ a curse ~ the tyrants *een vloek over de tirannen;* he is sparing ~ words *hij is een man v. weinig woorden* **1.8** he ate ~ the cake *hij at v.d. taart;* a pound ~ flour *een pond bloem;* none ~ his friends *geen v. zijn vrienden;* ~ all the impudence! *zo'n brutaliteit slaat alles!, wat een brutaliteit!;* twenty years ~ marriage *twintig jaar huwelijk;* partake ~ the meal *aan de maaltijd deelnemen;* most ~ the men *de meeste mannen, de meesten;* you ~ all people! *uitgerekend/juist jij!;* a queen ~ queens *op en top een koningin* **1.9** the name ~ Jones *de naam Jones;* the sin ~ laziness *de zonde der luiheid;* the Isle ~ Man *het eiland Man* **1.10** an angel ~ a husband *een engel v.e. man* **1.11** they like to go out ~ an evening *ze gaan graag eens een avondje uit;* they left ~ a Tuesday *zij vertrokken op een dinsdag* **1.12** a quarter ~ the hour *een kwartier vóór het uur* **2.8** his temper is ~ the quickest *hij is uiterst lichtgeraakt* **3.2** a dress ~ her own making *een zelfgemaakte jurk;* ⟨bij passief, i.p.v. by⟩ ⟨vero.⟩ rejected ~ men *verworpen door de mensen* **3.5** be ~ importance/value *v. belang/waarde zijn, belang/waarde hebben* **4.1** it fell within four inches ~ her *het viel geen tien centimeter van haar vandaan* **4.2** ~ itself *vanzelf, uit zichzelf;* that's sweet ~ you *dat is lief van je* **4.3** he made a good job ~ it *hij heeft het er goed van af gebracht;* they had a hard time ~ it *ze hebben het hard te verduren gehad* **4.6** look at that sweater ~ hers! *kijk eens naar die trui van d'r!* **4.8** five ~ us *vijf mensen v./uit onze groep* **4.10** the three ~ them *met z'n drieën*.
of- →ob-.
o·fay ['oʊ'feɪ]⟨telb.zn.⟩ ⟨AE; sl.; negers⟩ **0.1** ***bleekscheet*** ⇒*witte, blanke*.
off[1] [ɒf||ɔf]⟨zn.⟩
I ⟨telb.zn.⟩ **0.1** ***start*** ⟨v. race⟩ ⇒*af* ◆ **6.1** **from** the ~ *v.h. begin af aan;*
II ⟨n.-telb.zn.; the⟩ **0.1** ***off side*** ⟨deel v. cricketveld rechts v.e. rechtshandige slagman⟩.
off[2] ⟨f3⟩⟨bn.⟩
I ⟨bn.⟩ **0.1** ***vrij*** ⇒*onbezet* **0.2** ***minder (goed)*** ⇒*slecht(er), teleurstellend, beneden de maat* ◆ **1.1** my husband is ~ today *mijn man is er vandaag niet, mijn man heeft vandaag vrij* **1.2** production was ~ *de produktie was slechter;* her singing was ~ tonight *haar zang was niet zo best/teleurstellend vanavond;*
II ⟨bn., attr.⟩ **0.1** ***verder (gelegen)*** ⇒*ver(ste)* **0.2** ⟨vnl. BE⟩ ***rechter(-)*** ⟨v. kant v.e. paard, voertuig⟩ ⇒*vandehands, rechts* **0.3** ***rustig*** ⇒*stil* **0.4** ***(hoogst) onwaarschijnlijk*** **0.5** ⟨sl.⟩ ***gek*** ⇒*excentriek, niet goed snik* **0.6** ⟨cricket⟩ ***off-*** ⇒*mbt. de off side* ◆ **1.1** the ~ side of the house *de verste kant v.h. huis* **1.2** the ~ hind leg *rechterachterbeen/poot* **1.3** during the ~ season *in de slappe/stille tijd, buiten het (hoog)seizoen* **1.4** ~ chance *kleine/geringe kans;* ⟨inf.⟩ go somewhere on the ~ chance *op goed geluk ergens naar toe gaan* **1.6** ~ break *afwijking v.d. bal weg v.d. off side, off-break;*
III ⟨bn., pred.⟩ **0.1** ***bedorven*** ⟨v. voedsel⟩ ⇒*zuur* **0.2** ***(v.h. menu) afgevoerd*** ⇒*v.d. kaart, niet (meer) verkrijgbaar* **0.3** ***oneerlijk*** ⇒*stiekem* **0.4** ***v.d. baan*** ⇒*afgelast, uitgesteld* **0.5** ***weg*** ⇒*vertrokken, gestart* **0.6** ***uit(geschakeld)*** ⇒*buiten werking, niet aan, afgesloten* **0.7** ***uit*** ⇒*af* ⟨v. kleding⟩ **0.8** ***mis*** ⇒*naast* ◆ **1.1** the milk is ~ *de melk is zuur/bedorven;* this sausage is ~ *dit worstje is bedorven/is niet meer te eten* **1.2** banana cream pie is ~ *ze serveren geen bananenroomtaart meer* **1.3** a bit ~ *niet in de haak, niet zoals het hoort* **1.4** the meeting is ~ *de bijeenkomst gaat niet door;* the wedding is ~ *het huwelijk is v.d. baan* **1.5** be/get ~ to a good/bad start *goed/slecht v. start gaan, goed/slecht beginnen* **1.6** the water is ~ *het water is afgesloten/niet aangesloten* **1.7** your coat was ~ *je had je jas niet aan* **1.8** his guess was slightly ~ *hij zat er enigszins naast* **1.¶** the gilt is ~ *het sprookje is voorbij, de glans is eraf* **4.5** they're ~ *ze zijn weg/v. start/vertrokken* ⟨paarden, renners⟩ **6.5** (be) ~ **with** you *maak dat je wegkomt*.
off[3] ⟨ww.⟩
I ⟨onov.ww.; vaak geb. w.⟩ **0.1** ***vertrekken*** ⇒*weggaan;*
II ⟨ov.ww.⟩ **0.1** ***uittrekken/doen*** ⟨kleding⟩ **0.2** ⟨inf.⟩ ***zich (willen) terugtrekken uit*** ⇒*(willen) op/afzeggen* **0.3** ⟨inf.⟩ ***uitmaken met*** ⟨verloofde⟩ ⇒*breken met* **0.4** ⟨sl.⟩ ***neuken (met)*** **0.5** ⟨AE; sl.⟩ ***afmaken*** ⇒*koudmaken, doden*.
off[4] ⟨f4⟩⟨bw.; vaak predikatief⟩ **0.1** ⟨verwijdering of afstand in ruimte of tijd⟩ ***verwijderd*** ⇒*weg, (er)af, van zich af, ver, hiervandaan, uit;* ⟨dram.⟩ *af, achter de coulissen;* ⟨scheep.⟩ *v.d. wind weg* **0.2** ⟨einde, voltooiing of onderbreking⟩ ***af*** ⇒*uit, helemaal, ten einde* **0.3** ⟨vaak overdrachtelijk⟩ ***ondergeschikt*** ⇒*minder belangrijk, minderwaardig, onder de norm, onder de maat* ◆ **1.1** three miles ~ *drie mijl daarvandaan* **1.2** a day ~ *een dagje vrij* **1.3** 5% ~ *5% vermindering, 5% lager/korting* **3.1** buy ~ a favour *een gunst afkopen;* chase the dog ~ *de hond wegjagen;* clear ~! *hoepel op!;* fight ~ sleep *vechten tegen de slaap;* go ~ *weggaan;* run a few pounds ~ *er een paar pondjes afrennen;* send ~ a letter *een brief versturen;* ~ shopping *uit winkelen;* take one's clothes ~ *zijn kleren uitdoen;* turn ~ *afslaan* **3.2** he broke ~ in the middle of a sentence *hij brak zijn zin af;* drink ~ one's glass *zijn glas ledigen;* kill ~ *uitroeien;* write ~ *afschrijven* **3.¶** →be off **5.1** far ~ in the mountains *ver weg in de bergen* **5.¶** ~ and on *af en toe, nu en dan* **6.1** ⟨scheep.⟩ ~ **to** sea *zeewaarts;* ~ **with** his head *maak hem een kopje kleiner;* ~ **with** it *weg ermee;* ~ **with** you *maak dat je wegkomt* **7.3** ⟨bridge⟩ one ~ *één down, één te kort* **8.1** he ~ and bought a car *kocht hij, warempel, een auto;* ~ or I shoot *maak je weg of ik schiet* **¶.1** ~ in the mountains *(ver weg) in de bergen* **¶.2** know ~ by heart *volledig v. buiten kennen*.
off[5] ⟨f4⟩⟨vz.⟩ **0.1** ⟨plaats of richting mbt. een beweging; ook fig.⟩

van ⇒*van af, vandaan, verwijderd van* **0.2** ⟨bron⟩ *op* ⇒*van, met, uit* **0.3** ⟨einde of onderbreking v. bezigheid of toestand⟩ ***van de baan*** ⇒*van ... af, afgestapt van* **0.4** ⟨ligging mbt. een plaats; ook fig.⟩ ***van ... af*** ⇒*naast, opzij van, uit* **0.5** ⟨afwijking v.e. norm⟩ ***onder*** ⇒*beneden, achter zijn, minder dan* **0.6** ⟨golf⟩ ***met een officiële handicap v.*** ◆ **1.1** he got ~ the bus *hij stapte uit de bus;* she fell ~ the chair *zij viel van de stoel* **1.2** took the responsibility ~ John *nam de verantwoordelijkheid van John zijn schouders;* ate ~ a plate *at van een bord;* turn ~ the road *afslaan;* take it ~ the table *pak het van de tafel;* bounced ~ the wall *ketste van de muur terug;* he sponges ~ his friends *hij gaat bij zijn vrienden bedelen;* I bought it ~ a gypsy *ik heb het v.e. zigeuner gekocht;* dined ~ honey and rice *aten honing en rijst;* I got this information ~ John *ik heb deze informatie van John gekregen;* live ~ the land *van het land leven;* he lives ~ his mother *hij leeft op zijn moeders kosten;* he earns money ~ our refuse *hij verdient geld met onze afval* **1.3** ~ duty *vrij (van dienst), buiten dienst* **1.4** two inches ~ centre *twee duim van het middelpunt af;* it was ~ the mark *het miste zijn doel* ⟨ook fig.⟩; ~ New York *op de hoogte v. New York;* a house ~ the road *een huis opzij van de weg;* an alley ~ the square *een steegje dat op het plein uitkomt;* lives ~ the square *woont vlak bij het plein;* ~ the subject *van het onderwerp afgeweken;* ⟨scheep.⟩ ~ the wind *van de wind af* **1.5** he is ~ his usual condition *hij is niet in zijn gewone conditie;* three figures ~ the winning number *met drie cijfers van het winnende nummer af;* three percent ~ the price *drie procent onder de prijs* **3.3** I've gone ~ fishing *ik vis niet meer;* he went ~ smoking *hij heeft het roken opgegeven* **4.1** he had his watch stolen ~ him *hij werd van zijn horloge beroofd;* take your hands ~ me *hou je handen thuis* **4.5** he's ~ it *hij zit ernaast, hij vergist zich;* a year or two ~ sixty *een jaar of wat onder de zestig* **4.6** play ~ four *spelen met een officiële handicap v. vier.*

off[6] ⟨afk.⟩ office, officer, official.

of·fal ['ɒfl‖'ɔfl, 'ɑfl]⟨f1⟩⟨zn.⟩
I ⟨n.-telb.zn.⟩ **0.1** ***afval*** ⇒*overschot, vuil(nis);* ⟨fig.⟩ *uitschot, uitvaagsel* **0.2** ***afval*** ⟨minderwaardige delen v. geslachte dieren⟩ ⇒*slachtafval* **0.3** ***kreng*** ⇒*aas, rot vlees, kadaver* **0.4** ***goedkope vis*** ⟨o.m. kabeljauw⟩ **0.5** ***droesem*** ⇒*bezinksel, (koffie)dik, drab, grondsop, moer* **0.6** ***zemelen;***
II ⟨mv.; ~s⟩ **0.1** ***zemelen.***

'off artist ⟨telb.zn.⟩⟨sl.⟩ **0.1** ***dief.***

'off 'base ⟨bn.⟩⟨sl.⟩ **0.1** ***hondsbrutaal*** ⇒*impertinent.*

'off·beat[1] ⟨f1⟩⟨telb. en n.-telb.zn.⟩⟨muz.⟩ **0.1** ***onbeklemtoond maatdeel.***

'off'beat[2] ⟨f1⟩⟨bn.⟩ **0.1** ⟨inf.⟩ ***ongebruikelijk*** ⇒*excentriek, extravagant, onconventioneel* **0.2** ⟨muz.⟩ ***v./mbt. het onbeklemd maatdeel.***

'off-'Broad·way ⟨bn.⟩⟨AE; dram.⟩ **0.1** ***off-Broadway*** ⇒*experimenteel, niet-commercieel* ⟨v. theaterproduktie⟩.

'off-cam·er·a ⟨bn.⟩ **0.1** ***buiten bereik v.d. camera.***

'off·cast ⟨bn.⟩ **0.1** ***afgewezen*** ⇒*verworpen, versmaad, afgedankt.*

'off-'cen·tre ⟨bn.⟩ **0.1** ***niet in het midden*** ⇒*niet helemaal goed, excentrisch* **0.2** ***excentriek*** ⇒*buitenissig, zonderling, vreemd.*

'off-'col·our ⟨bn.⟩ **0.1** ***zonder de juiste/vereiste tint*** ⇒*getint* ⟨v. diamant⟩ **0.2** ***ongepast*** ⇒*onbetamelijk, onfatsoenlijk, onkies* **0.3** ⟨vnl. BE⟩ ***onwel*** ⇒*niet lekker* ◆ **1.2** an ~ joke *een schuine/gewaagde grap;* an ~ reputation *een twijfelachtige reputatie* **3.3** you're looking ~ *je ziet er een beetje pips uit.*

'off·cut ⟨telb.zn.⟩ **0.1** ***restant*** ⟨v. papier⟩ **0.2** ***(stuk) houtafval.***

'off-day ⟨f1⟩⟨telb.zn.⟩⟨inf.⟩ **0.1** ***ongeluksdag*** ◆ **3.1** this is one of my ~s *ik heb vandaag mijn dag niet.*

'off-drive[1] ⟨telb.zn.⟩⟨cricket⟩ **0.1** ***slag in de off.***

off-drive[2] ⟨ov.ww.⟩⟨cricket⟩ **0.1** ***in de off slaan*** ⟨bal⟩.

of·fence, ⟨AE sp. ook⟩ **of·fense** [ə'fens]⟨f3⟩⟨zn.⟩
I ⟨telb.zn.⟩ **0.1** ***kwelling*** ⇒*ongenoegen; plaag, ergernis* **0.2** ***overtreding*** ⇒*misdrijf, delict, misdaad, vergrijp, zonde, wangedrag* ◆ **3.2** commit an ~ *een overtreding begaan;* make an act an ~ *een daad strafbaar stellen* **6.1** his swearing is an ~ **to** the company *zijn gescheld is een bron v. ergernis voor het gezelschap* **7.2** a first ~ *eerste misdrijf* ⟨waaraan iem. zich schuldig maakt⟩;
II ⟨n.-telb.zn.⟩ **0.1** ***het aanvallen*** ⇒*aanval, aggressief gedrag;* ⟨sport⟩ *aanval* **0.2** ***het beledigen*** ⇒*belediging, aanstoot, ergernis* ◆ **1.1** the best defence is ~ *de aanval is de beste verdediging;* weapons of ~ *aanvalswapens* **3.2** cause/give ~ to s.o. *iem. beledigen;* take ~ at *aanstoot nemen aan;* he is quick to take ~ *hij is lichtgeraakt* **7.1** no ~ *sorry, pardon, ik wilde je niet beledigen;* no ~ was meant *het was niet kwaad bedoeld.*

of·fence·less [ə'fensləs]⟨bn.⟩ **0.1** ***onschuldig*** ⇒*argeloos, onschadelijk, inoffensief.*

of·fend [ə'fend]⟨f3⟩⟨ww.⟩
I ⟨onov.ww.⟩ **0.1** ***kwaad doen*** ⇒*misdoen, zondigen* ◆ **6.1** the verdict ~s **against** all principles of justice *het vonnis is een aanfluiting v. alle rechtsprincipes;*
II ⟨ov.ww.⟩ **0.1** ***beledigen*** ⟨ook fig.⟩ ⇒*grieven, boos maken, verontwaardigen, ontstemmen, ergeren, irriteren* ◆ **1.1** glaring colours that ~ the eye *schreeuwende kleuren die pijn doen aan de ogen* **6.1** his sense of justice was ~ed **at/by** the rashness of the verdict *het overhaaste oordeel krenkte zijn rechtsgevoel;* don't be ~ed **by/with** me *wees niet boos op me.*

of·fend·er [ə'fendə‖-ər]⟨f2⟩⟨telb.zn.⟩ **0.1** ***overtreder*** ⇒*zondaar, misdadiger* ◆ **2.1** an old ~ *een recidivist* **7.1** first ~ *first offender* ⟨iem. met een voordien blanco strafblad⟩.

of·fense·ful [ə'fensfl]⟨bn.⟩ **0.1** ***kwellend*** ⇒*hatelijk, grievend, ergernisgevend, aanstootgevend.*

of·fen·sive[1] [ə'fensɪv]⟨f2⟩⟨telb.zn.⟩ **0.1** ***aanval*** ⇒*offensief;* ⟨fig.⟩ *campagne, beweging* ◆ **3.1** take/go into the ~ *aanvallen, in het offensief gaan* **6.1** act/be **on** the ~ *in de aanval zijn, offensief optreden.*

offensive[2] ⟨f2⟩⟨bn.; -ly; -ness⟩ **0.1** ***offensief*** ⇒*aggressief, aanvallend* **0.2** ***beledigend*** ⇒*kwetsend, aanstootgevend* **0.3** ***walgelijk*** ⇒*onaangenaam, afschuwelijk, weerzinwekkend* ◆ **1.1** ~ power *aanvalskracht;* an ~ war *een aanvalsoorlog;* ~ weapon *aanvalswapen* **1.2** ~ language *beledigingen* **1.3** cheese with an ~ smell *kaas met een misselijke geur.*

of'fensive zone ⟨telb.zn.⟩⟨ijshockey⟩ **0.1** ***aanvalszone/vak.***

of·fer[1] ['ɒfə‖'ɔfər, 'ɑ-]⟨f3⟩⟨zn.⟩
I ⟨telb.zn.⟩ **0.1** ***aanbod*** ⇒*aanbieding, offerte, bod, voorstel* **0.2** ***poging*** **0.3** ⟨jur.⟩ ***wetsvoorstel*** ⇒*wetsontwerp* **0.4** ⟨dierk.⟩ ***onontwikkelde geweitak*** ◆ **1.1** an ~ of marriage *een huwelijksaanzoek;* ⟨geldw.⟩ ~ for sale *emissie/uitgifteaanbod* ⟨v. aandelen⟩ **2.1** be open to an ~ *te koop zijn* **6.1** be **on** ~ *in de aanbieding/te koop zijn;* ⟨BE⟩ this house is **under** ~ *op dit huis is een bod gedaan;*
II ⟨n.-telb.zn.⟩ **0.1** ***het aanbieden*** ⇒*het voorstellen.*

offer[2] ⟨f3⟩⟨ww.⟩ →offering
I ⟨onov. en ov.ww.; wederk. ww.⟩ **0.1** ***voorkomen*** ⇒*gebeuren, zich aanbieden, ontstaan, verschijnen, optreden* **0.2** ⟨vero.⟩ ***ten huwelijk vragen*** ◆ **1.1** act when the right moment ~s itself *het ijzer smeden terwijl het heet is;* as occasion ~s *wanneer de gelegenheid zich voordoet;* we turned into the first side-road that ~ed *we sloegen de eerste zijstraat in die we tegenkwamen;*
II ⟨ov.ww.⟩ **0.1** ***(aan)bieden*** ⇒*geven, schenken;* ⟨relig.⟩ *(op)offeren, sacrifiëren* **0.2** ***te koop aanbieden*** ⇒*aanbieden, tonen* **0.3** ***pogen*** ⇒*trachten, bereidheid/bedoeling tonen, aanstalten maken* **0.4** ***(behaald) hebben*** ⇒*in het bezit zijn van* ⟨diploma⟩ ◆ **1.1** ~ battle *(tot de strijd) uitdagen;* ~ one's hand *zijn hand uitsteken;* ~ one's opinions *zijn mening ten beste geven;* ~ a prize *een prijs uitloven;* he ~ £ 100 for my old car *hij bood honderd pond voor mijn oude auto* **3.1** he ~ed to drive me home *hij bood aan me naar huis te brengen* **3.3** he will ~ to do anything for you *hij is bereid om alles voor jou te doen;* he did not ~ to hide *hij probeerde niet zich te verbergen* **5.1** ⟨relig.⟩ ~ **up** *(op)offeren, sacrifiëren.*

of·fer·ing ['ɒfrɪŋ‖'ɔ-, 'ɑ-]⟨f2⟩⟨zn.; (oorspr.) gerund v. offer⟩
I ⟨telb.zn.⟩ **0.1** ***offergave*** ⇒*offer(ande), offergift* **0.2** ***aanbieding*** ⇒*aanbod, bod, gift* **0.3** ***onderwerp*** ⟨v.e. college, les⟩ ◆ **2.2** foreign ~s on the market *buitenlandse koopwaar op de markt* **2.3** ⟨AE⟩ new ~s *nieuwe collegeonderwerpen/colleges;*
II ⟨n.-telb.zn.⟩ **0.1** ***het aanbieden*** ⇒*het offeren, offering.*

'offer price ⟨telb.zn.⟩⟨geldw.⟩ **0.1** ***vraagprijs*** ⟨vnl. voor effecten⟩.

of·fer·to·ry ['ɒfətri‖'ɔfərtəri, 'ɑ-]⟨telb.zn.; →mv. 2⟩⟨relig.⟩ **0.1** ⟨vaak O-⟩ ***offerande(gebed/zang)*** ⇒*offertorium, oblatie* **0.2** ***offergave*** ⇒*offergeld, offergift, offerpenning* **0.3** ***collecte.***

'of·fer·to·ry-box ⟨telb.zn.⟩⟨relig.⟩ **0.1** ***offerbus*** ⇒*offerblok, collectebus.*

'off'hand ⟨f2⟩⟨bn.⟩
I ⟨bn.⟩ **0.1** ***nonchalant*** ⇒*achteloos, ruw, onachtzaam, kortaf, oneerbiedig;*
II ⟨bn., attr.⟩ **0.1** ***onvoorbereid*** ⇒*geïmproviseerd* ◆ **1.1** avoid making ~ remarks *maak geen ondoordachte opmerkingen.*

'off'hand·ed ⟨f1⟩⟨-ly; -ness⟩ →offhand.

of·fice ['ɒfɪs‖'ɔ-, 'ɑ-]⟨f4⟩⟨zn.⟩
I ⟨telb.zn.⟩ **0.1** ⟨vaak mv.⟩ ***dienst*** ⇒*hulp, bijstand, attentie, zorg* **0.2** ***plicht*** ⇒*functie, taak, opdracht* **0.3** ***kantoor*** ⇒*bureau, zetel* ⟨v. firma⟩ **0.4** ⟨AE⟩ ***spreekkamer*** ⇒*kantoor* ⟨v. dokter, advocaat⟩ **0.5** ⟨vaak O-⟩⟨BE⟩ ***ministerie*** ⇒*departement* **0.6** ⟨vaak O-⟩⟨AE⟩ ***subdivisie v.e. departement v.d. federale regering*** **0.7** ⟨vaak mv.; soms O-⟩⟨relig.⟩ ***rite*** ⇒*ritus, ceremonie, mis* **0.8** ⟨soms O-⟩⟨relig.⟩ ***officie*** ⟨o.m. getijden⟩ **0.9** ⟨sl.⟩ ***tip*** ⇒*wenk, teken, sein, vingerwijzing* **0.10** ⟨sl.⟩ ***secreet*** ⇒*bestekamer, plee;* ⟨B.⟩ *kabinet, privaat* ◆ **1.3** our Brighton ~ *ons filiaal in Brighton* **1.7** Office for the Dead *lijkdienst, dodenmis* **2.1** good ~s *goede diensten, bijstand;* ill ~s *(een) slechte dienst(en)* **2.5** the Foreign ~ *het ministerie v. Buitenlandse Zaken* **2.7** perform the last ~s *de laatste eer bewijzen* **3.8** say (divine) ~ *getijden bidden, brevieren* **3.9**

take the ~ *een tip krijgen;*
II ⟨telb. en n.-telb.zn.⟩ **0.1** ***ambt*** ⇒*openbare betrekking, functie, officie;* ⟨i.h.b.⟩ *regeringsambt, staatsbetrekking* ◆ **3.1** accept / enter (upon) / take ~ *een ambt aanvaarden;* hold ~ *een ambt bekleden / uitoefenen;* lay down / leave / resign / go out of / retire from ~ *een ambt / zijn portefeuille neerleggen;* seek ~ *solliciteren naar een ambt* **6.¶** be **in** ~ *in de regering zetelen, aan het bewind zijn;* be **out of** ~ *niet meer aan het bewind zijn;*
III ⟨mv.; ~s⟩ ⟨vnl. BE⟩ **0.1** ***bijgebouw(en).***
'of·fice-ap·pli·ances ⟨mv.⟩ **0.1** ***kantoorbehoeften.***
'office automation ⟨n.-telb.zn.⟩ **0.1** ***kantoorautomatisering.***
'of·fice-bear·er, 'of·fice-hold·er ⟨telb.zn.⟩ **0.1** ***(staats)ambtenaar*** ⇒*ambtsbekleder, beambte, functionaris.*
'of·fice-block ⟨telb.zn.⟩ **0.1** ***kantoorgebouw.***
'office boy, 'of·fice clerk ⟨f1⟩ ⟨telb.zn.⟩ **0.1** ***loopjongen*** ⇒*kantoorjongen, bediende.*
'office building / block ⟨f1⟩ ⟨telb.zn.⟩ **0.1** ***kantoorgebouw.***
'office hours ⟨f1⟩ ⟨mv.⟩ **0.1** ***kantooruren*** **0.2** ***spreekuren.***
of·fi·cer[1] ['ɒfɪsə‖'ɔfɪsər, 'ɑ-] ⟨f3⟩ ⟨telb.zn.⟩ **0.1** ***ambtenaar*** ⇒*functionaris* **0.2** ⟨ben. voor⟩ ***iem. die een belangrijke functie bekleedt*** ⇒*directeur; voorzitter; schatbewaarder; secretaris* **0.3** ⟨ben. voor⟩ ***gerechtsdienaar*** ⇒*politieman, politieagent, diender; deurwaarder* **0.4** ***officier*** ⟨mil., koopvaardij, ridderorde⟩ ◆ **1.1** Officer of Health *ambtenaar v.d. gezondheidsdienst;* Officer of the Household *officier / beambte in de koninklijke hofhouding* **1.2** ~ of state *minister* **1.4** ~ of arms *(wapen)heraut, wapenkoning;* ~ of the day *officier v.d. dag;* ~ of the deck *dekofficier* **2.1** medical ~ *ambtenaar v.d. gezondheidsdienst* **2.2** clerical / executive ~ *(hoge) regeringsfunctionaris* **2.4** medical ~ *officier v. gezondheid* **3.4** ~ commanding *commandant;* commissioned ~ *hoge officier;* non-commissioned ~ *onderofficier.*
officer[2] ⟨ov.ww.; vnl. volt. deelw.⟩ **0.1** ***van officieren voorzien*** **0.2** ***aanvoeren*** ⇒*leiden, bevelen, het commando voeren over.*
'of·fice-seek·er ⟨telb.zn.⟩ **0.1** ***sollicitant*** ⟨naar overheidsbetrekking⟩.
'office worker ⟨telb.zn.⟩ **0.1** ***bediende*** ⇒*beambte.*
of·fi·cial[1] [ə'fɪʃl], ⟨in bet. 0.2 ook⟩ **of'ficial 'principal** ⟨f3⟩ ⟨telb.zn.⟩ **0.1** ***beambte*** ⇒*functionaris, (staats)ambtenaar, officiant;* ⟨sport⟩ *official, wedstrijdcommissaris* **0.2** ***officiaal*** ⟨voorzitter / rechter v. geestelijke rechtbank⟩.
official[2] ⟨f3⟩ ⟨bn.; -ly⟩ **0.1** ***officieel*** ⇒*ambtelijk, ambts-, dienst-, regerings-* **0.2** ***vormelijk*** ⇒*officieel, ambtelijk, deftig* **0.3** ⟨med.⟩ ***officinaal*** ⟨bereid volgens recept v.d. farmacopee⟩ ⇒*in de apotheek verkrijgbaar* ◆ **1.1** ~ duties *ambtsbezigheden;* ~ newspaper *staatscourant;* ~ receiver *curator* ⟨bij faillissement⟩; in ~ uniform *in dienstkleding / uniform* **1.2** an ~ face *een deftig gezicht* **1.¶** ⟨BE⟩ Official Referee *onderzoeksrechter.*
of·fi·cial·dom [ə'fɪʃldəm] ⟨n.-telb.zn.⟩ ⟨vaak pej.⟩ **0.1** ***ambtenarij*** ⇒*ambtenarenstand / korps* **0.2** ***bureaucratie*** ⇒*ambtenarij.*
of·fi·cial·ese [ə'fɪʃə'li:z] ⟨n.-telb.zn.⟩ ⟨pej.⟩ **0.1** ***stadhuistaal*** ⇒*ambtenarenlatijn, ambtelijk jargon, kanselarijtaal.*
of·fi·cial·ism [ə'fɪʃəlɪzm] ⟨n.-telb.zn.⟩ **0.1** ***bureaucratie*** ⇒*ambtenarij.*
of·fi·cial·ize, -ise [ə'fɪʃəlaɪz] ⟨ov.ww.⟩ **0.1** ***officieel maken*** ⇒*bureaucratiseren.*
of'fi·cial-rid·den ⟨bn.⟩ **0.1** ***bureaucratisch.***
of·fi·ci·ant [ə'fɪʃɪənt] ⟨telb.zn.⟩ ⟨R.-K.⟩ **0.1** ***officiant*** ⇒*celebrant.*
of·fi·ci·ar·y[1] [ə'fɪʃəri‖ə'fɪʃieri] ⟨telb.zn.; →mv. 2⟩ **0.1** ***ambtenarencomité*** **0.2** ***officierencomité.***
officiary[2] ⟨bn.⟩ **0.1** ***officieel*** ⇒*ambtelijk* ⟨mbt. titel, functie⟩.
of·fi·ci·ate [ə'fɪʃieɪt] ⟨f1⟩ ⟨onov.ww.⟩ **0.1** ⟨R.-K.⟩ ***officiëren*** ⇒*celebreren, de mis opdragen* **0.2** ***officieel optreden / handelen*** **0.3** ⟨sport⟩ ***arbitreren*** ⇒*scheidsrechteren* ◆ **1.2** ~ as chairman *(officieel) als voorzitter dienst doen;* ~ as speaker *een officiële toespraak houden* **6.1** ~ **at** a marriage ceremony *een huwelijksmis celebreren.*
of·fic·i·nal[1] ['ɒfɪ'saɪnl‖'ɔfɪ-] ⟨telb.zn.⟩ **0.1** ***officieel geneesmiddel.***
officinal[2] ⟨bn.; -ly⟩ **0.1** ***officinaal*** ⟨bereid volgens de regels v.d. farmacopee⟩ ⇒*in de apotheek verkrijgbaar* **0.2** ***geneeskrachtig.***
of·fi·cious [ə'fɪʃəs] ⟨bn.; -ly; -ness⟩ **0.1** ***bemoeiziek*** ⇒*opdringerig, indringerig* **0.2** ***overgedienstig*** **0.3** ⟨dipl.⟩ ***officieus*** ⇒*onofficieel, informeel.*
off·ing ['ɒfɪŋ‖'ɔ-, 'ɑ-] ⟨f1⟩ ⟨zn.⟩
I ⟨telb.zn.⟩ **0.1** ***volle zee*** ⇒*open zee, (het) ruime sop* ◆ **3.1** keep an ~ *in volle zee / van de kust weg blijven;* take the ~ *in zee steken, het ruime sop kiezen;*
II ⟨n.-telb.zn.; the⟩ **0.1** ***zichtbaar gedeelte v.d. volle zee*** ⟨vanaf de kust⟩ ◆ **1.1** a ship in the ~ *een schip in zicht* **6.¶** ⟨fig.⟩ **in** the ~ *in het verschiet, op handen.*
off·ish ['ɒfɪʃ‖'ɔ-, 'ɑ-] ⟨bn.; -ly; -ness⟩ ⟨inf.⟩ **0.1** ***koel*** ⇒*afstandelijk, gereserveerd, terughoudend.*
'off-is·land[1] ⟨telb.zn.⟩ **0.1** ***eiland voor de kust.***
'off-'is·land[2] ⟨bw.⟩ **0.1** ***van het eiland weg.***
'off-is·lander ⟨telb.zn.⟩ ⟨AE⟩ **0.1** ***eilandbezoeker*** ⇒*tijdelijk eilandbewoner.*
'off-'key ⟨bn.⟩ **0.1** ***vals*** ⇒*uit de toon* ⟨ook fig.⟩.
'off-li·cence[1] ⟨f1⟩ ⟨telb.zn.⟩ ⟨BE⟩ **0.1** ***slijtvergunning*** **0.2** ***slijterij*** ⇒*drankzaak* ⟨waarbij drank niet ter plekke mag worden geconsumeerd⟩.
off-licence[2] ⟨f1⟩ ⟨bn., attr.⟩ ⟨BE⟩ **0.1** ***met slijtvergunning*** ◆ **1.1** ~ shop *slijterij.*
'off-'line ⟨bn.; bw.⟩ **0.1** ⟨comp.⟩ ***off-line*** ⇒*niet-gekoppeld* ⟨niet direct kunnende communiceren met de centrale computer⟩ **0.2** ⟨tech.⟩ ***uitgeschakeld*** ⇒*buiten werking* ⟨bv. kernreactor⟩.
'off-'load ⟨ov.ww.⟩ **0.1** ***afladen*** ⇒*lossen, ontladen* ⟨voertuig, vnl. vliegtuig; vuurwapen⟩ **0.2** ⟨BE⟩ ***kwijtraken*** ⇒*van de hand doen, dumpen* **0.3** ⟨ruim.⟩ ***lanceren met gedeeltelijk gevulde tanks*** ⟨raketten, om hun zwaartepunt te verplaatsen⟩.
'off-night ⟨telb.zn.⟩ **0.1** ***vrije avond.***
'off-off-'Broad·way ⟨bn.⟩ ⟨AE; dram.⟩ **0.1** ***off-off-Broadway*** ⇒*avant-garde, sterk experimenteel.*
'off-'peak ⟨f1⟩ ⟨bn., attr.⟩ **0.1** ***buiten het hoogseizoen / de spits / piek (uren)*** ⟨v. gebruik, verkeer⟩ ⇒*goedkoop; minder druk, rustig, kalm* ◆ **1.1** in the ~ hours *buiten de spitsuren, tijdens de daluren;* ~ tariff *goedkoop tarief, nachttarief* ⟨v. stroom⟩.
'off-po·si·tion ⟨telb.zn.⟩ ⟨elek.⟩ **0.1** ***uitgeschakelde stand.***
'off·print[1] ⟨f1⟩ ⟨telb.zn.⟩ **0.1** ***overdruk.***
offprint[2] ⟨ov.ww.⟩ **0.1** ***overdrukken*** ⇒*een overdruk maken v..*
'off-'put·ting ⟨f1⟩ ⟨bn.⟩ ⟨BE⟩ **0.1** ***ontmoedigend*** ⇒*onthutsend, verwarrend* **0.2** ⟨inf.⟩ ***walgelijk*** ⇒*afstotelijk, onaantrekkelijk.*
'off-'road ⟨bn., attr.⟩ **0.1** ***terrein-*** ◆ **1.1** ~ vehicles *terreinvoertuigen.*
'off'sad·dle ⟨ov.ww.⟩ ⟨vnl. BE⟩ **0.1** ***afzadelen.***
'off-sale ⟨telb.zn.⟩ **0.1** ***verkoop v. alcoholhoudende drank voor verbruik elders.***
'off·scour·ing ⟨zn.⟩
I ⟨telb.zn.⟩ **0.1** ***verstoteling*** ⇒*verworpeling, onaangepaste;*
II ⟨mv.; ~s⟩ **0.1** ***afval*** ⇒*vuilnis;* ⟨fig.⟩ *uitschot, uitvaagsel, heffe* ◆ **1.1** ~s of humanity *gepeupel.*
'off·scum ⟨n.-telb.zn.⟩ **0.1** ***schuim*** ⇒*uitvaagsel, uitschot.*
'off-sea·son[1], **'off-time** ⟨f1⟩ ⟨telb. en n.-telb.zn.⟩ **0.1** ***stille / slappe tijd*** ⇒*komkommertijd.*
'off-'season[2] ⟨bn., attr.⟩ **0.1** ***buiten het seizoen.***
off·set[1] ['ɒfset‖'ɔ-] ⟨f1⟩ ⟨zn.⟩
I ⟨telb.zn.⟩ **0.1** ***scheut*** ⇒*spruit, loot; zijwortel, wortelscheut, bijwortel; bijbol; uitloper* ⟨v. gebergte / plant⟩ **0.2** ***tegenwicht*** ⇒*compensatie, vergoeding* **0.3** ⟨landmeting⟩ ***ordinaat*** **0.4** ⟨bouwk.⟩ ***versnijding*** **0.5** ⟨tech.⟩ ***bocht*** ⟨in pijp / staaf, om hindernis heen⟩ **0.6** ⟨mijnw.⟩ ***afwijkende mijnader;***
II ⟨n.-telb.zn.⟩ ⟨druk.⟩ **0.1** ***het afgeven*** ⟨v. inkt⟩ **0.2** ***offset(druk).***
offset[2] ['ɒf'set‖'ɔ-] ⟨f2⟩ ⟨ww.⟩
I ⟨onov.ww.⟩ **0.1** ***(uit)schieten*** ⟨v. planten⟩;
II ⟨onov. en ov.ww.⟩ **0.1** ***in offset drukken;***
III ⟨ov.ww.⟩ **0.1** ***compenseren*** ⇒*tegenwicht vormen, opwegen tegen, in evenwicht brengen, vergoeden, neutraliseren, ondervangen, teniet doen* **0.2** ***buigen*** ⟨pijp, staaf⟩ **0.3** ⟨bouwk.⟩ ***versnijden*** **0.4** ⟨druk.⟩ ***besmeuren*** ⟨door afgeven v. inkt⟩ ◆ **6.1** ~ **against** *zetten tegenover.*
'offset process ⟨telb.zn.⟩ **0.1** ***offsetprocédé.***
'off·shoot ⟨telb.zn.⟩ **0.1** ***uitloper*** ⟨ook fig.⟩ ⇒*scheut, spruit, zijtak, afstammeling.*
'off'shore[1] ⟨f2⟩ ⟨bn.⟩
I ⟨bn.⟩ **0.1** ***in zee*** ⇒*voor / uit de kust, buitengaats* **0.2** ***aflandig*** ◆ **1.1** ~ fishing *zeevisserij* **1.2** ~ wind *aflandige wind;*
II ⟨bn., attr.⟩ **0.1** ***buitenlands*** ◆ **1.1** ~ purchases *aankopen in het buitenland.*
'off'shore[2] ⟨f2⟩ ⟨bw.⟩ **0.1** ***voor de kust*** ⇒*off-shore* **0.2** ***v.d. kust af*** ⇒*zeewaarts* ⟨v. wind⟩ **0.3** ***in het buitenland.***
'offshore racing ⟨n.-telb.zn.⟩ ⟨zeilsport⟩ **0.1** ***(het) zeezeilen*** ⇒*(het) wedstrijdzeilen op zee.*
'off·side[1] ⟨f1⟩ ⟨zn.⟩
I ⟨telb.zn.⟩ ⟨vnl. BE⟩ **0.1** ***rechterkant*** ⟨v. auto, v. weg⟩ **0.2** ***verste / afgelegen kant;***
II ⟨telb. en n.-telb.zn.⟩ ⟨sport⟩ **0.1** ***buitenspel(positie).***
'off'side[2] ⟨f1⟩ ⟨bn.⟩
I ⟨bn.⟩ ⟨sport⟩ **0.1** ***buitenspel-*** ◆ **1.1** the ~ rule *de buitenspelregel;*
II ⟨bn., attr.⟩ ⟨vnl. BE⟩ **0.1** ***rechts*** ⇒*rechter* ⟨v. auto, paard, weg enz.⟩.
'off'side[3] ⟨f1⟩ ⟨bw.⟩ **0.1** ⟨sport⟩ ***buitenspel*** ⇒*off side* **0.2** ⟨vnl. BE⟩ ***rechts*** ⇒*aan de rechterkant* ⟨v. auto, paard, weg enz.⟩.
off·sid·er ⟨telb.zn.⟩ ⟨Austr. E; inf.⟩ **0.1** ***helper*** ⇒*assistent, bondgenoot, hulp(je).*

'offside trap ⟨telb.zn.⟩ ⟨voetbal⟩ **0.1** ***buitenspelval***.
'off-size ⟨telb.zn.⟩ **0.1** ***incourante maat***.
'off·spring ⟨f2⟩ ⟨telb.zn.; offspring; →mv. 4⟩ **0.1** ***kroost*** ⇒*afstammeling(en), jong(en), nakomeling(en), spruit(en), telg(en)* **0.2** ***vrucht*** ⟨fig.⟩ ⇒*resultaat, produkt, uitkomst* ◆ **1.1** their ~ comes of a tainted stock *hun nageslacht is erfelijk belast*.
'off'stage ⟨f1⟩ ⟨bn.; bw.⟩ **0.1** ***achter (de coulissen/schermen)*** **0.2** ***privé*** **0.3** ***onzichtbaar***.
'off'steer·ed ⟨bn.⟩ ⟨sl.⟩ **0.1** ***op een zijpad gebracht***.
'off-street ⟨bn., attr.⟩ **0.1** ***op een parkeerstrook*** ⇒*naast de weg, in een zijstraat* ◆ **1.1** there are ~ parking facilities *er is parkeergelegenheid (in een zijweg), er is parkeerruimte in de buurt*.
'off·take ⟨telb. en n.-telb.zn.⟩ **0.1** ***afzet*** ⇒*omzet*.
'off-the-'job ⟨bn., attr.⟩ **0.1** ***vrijetijds-*** ⇒*werkloos*.
'off-the-'peg, 'off-the-'rack ⟨bn., attr.⟩ **0.1** ***confectie-*** ⟨v. kleding⟩.
'off-the-'record[1] ⟨f1⟩ ⟨bn.⟩ **0.1** ***onofficieel*** ⇒*binnenskamers, onuitgegeven, niet genotuleerd*.
off-the-record[2] ⟨f1⟩ ⟨bw.⟩ **0.1** ***onofficieel*** ⇒*onder vier ogen, achter de coulissen*.
'off-the-'shelf ⟨bn.⟩ **0.1** ***overal verkrijgbaar*** ◆ **1.¶** ~ sale *directe verkoop*.
'off-the-'wall ⟨bn.; bw.⟩ ⟨inf.⟩ **0.1** ***onconventioneel*** ⇒*ongewoon, ongebruikelijk* **0.2** ⟨vnl. AE; inf.⟩ ***(al) te gek*** ⇒*absurd, maf, geschift* ◆ **1.1** ~ questions *ongewone/niet-stereotiepe/originele vragen*.
'off-time ⟨n.-telb.zn.⟩ **0.1** ***rustige/kalme periode*** ⇒*komkommertijd, slappe tijd* **0.2** ***vrije tijd*** ⇒*vrijaf*.
'off-'track ⟨bn.⟩ ⟨gokspel⟩ **0.1** ***niet op de renbaan*** ◆ **1.1** ~ betting *gokken buiten de renbaan* ⟨bv. op kantoor verbonden met renbaan⟩.
off·ward ['ɒfwəd‖'ɔfwərd], **off·wards** ['ɒfwədz‖'ɔfwərdz] ⟨bw.⟩ **0.1** ***zeewaarts***.
'off-'white[1] ⟨n.-telb.zn.⟩ **0.1** ***gebroken wit***.
off-white[2] ⟨bn.⟩ **0.1** ***gebroken wit***.
'off year ⟨telb.zn.⟩ ⟨AE⟩ **0.1** ***jaar zonder nationale verkiezingen*** ⇒⟨i.h.b.⟩ *jaar zonder presidentsverkiezingen*.
OFM ⟨afk.⟩ Ordinis Fratrum Minorum **0.1** ***O.F.M.*** ⟨orde der minderbroeders⟩.
OFS ⟨afk.⟩ Orange Free State.
oft [ɒft‖ɔft] ⟨bw.⟩ ⟨vero.⟩ **0.1** ***menigmaal*** ⇒*veelvuldig, herhaaldelijk, dikwijls* ◆ **1.1** many time and ~ *menigmaal, dikwerf* **¶.1** an oft-told story *een vaak verteld verhaal*.
of·ten[1] ['ɒfn, 'ɒftən‖'ɔ-] ⟨bn.; -er, -est⟩ ⟨vero.⟩ **0.1** ***menigvuldig*** ⇒*veelvuldig, talrijk, frequent, vaak voorkomend*.
often[2] ⟨f4⟩ ⟨bw.; ook -er, soms -est; →compar. 3⟩ **0.1** ***dikwijls*** ⇒*vaak, herhaaldelijk, veelvuldig, meermaals* ◆ **5.1** as ~ as *zo vaak als, elke keer/telkens wanneer;* as ~ as not *de helft v.d. keren, vaak;* more ~ than not *meer wel dan niet;* ~ and ~ *telkens opnieuw, heel vaak;* once too ~ *één keer te veel* **5.¶** every so ~ *nu en dan, af en toe, v. tijd tot tijd* **8.1** ~ as I beg him to, he never studies *hoewel ik hem er vaak om smeek, studeert hij nooit* **¶.1** an often-repeated warning *een vaak herhaalde waarschuwing*.
of·ten·times ['ɒfntaɪmz, 'ɒftən-‖'ɔ-], **'oft-times** ⟨bw.⟩ ⟨vero.⟩ **0.1** ***menigmaal*** ⇒*dikwerf, veelvuldig*.
og·am, og·ham ['ɒgəm‖'ɑ-] ⟨telb. en n.-telb.zn.⟩ **0.1** ***ogam*** ⇒*ogamalfabet/inscriptie/karakter/steen* ⟨Oudiers alfabet⟩.
og·do·ad ['ɒgdoʊæd‖'ɑg-] ⟨telb.zn.⟩ **0.1** ***acht(tal)***.
o·gee ['oʊdʒi:‖'oʊ'dʒi:], ⟨in bet. 0.3 ook⟩ **'ogee 'arch** ⟨telb.zn.⟩ ⟨bouwk.⟩ **0.1** ***ojief*** ⇒*vloeilijst, talon* **0.2** ***S-vormige lijn/boog*** **0.3** ***ojiefboog*** ⇒*ezelsrug*.
o·geed, o·gee'd ['oʊdʒi:d‖'oʊ'dʒi:d] ⟨bn.⟩ **0.1** ***ojiefvormig*** ⇒*S-vormig, met een ojief/ojieven*.
og·fray ['ɒgfreɪ‖'ɑg-] ⟨telb.zn.⟩ ⟨sl.; bel.⟩ **0.1** ***Fransoos***.
ogi·val [oʊ'dʒaɪvl] ⟨bn.⟩ **0.1** ***ogivaal*** ⇒*spitsboogvormig* **0.2** ***ojiefvormig*** ⇒*S-vormig*.
o·give ['oʊdʒaɪv‖'oʊ'dʒaɪv] ⟨telb.zn.⟩ ⟨bouwk.⟩ **0.1** ***ogief*** ⇒*graatrib, welfrib, diagonaalrib* **0.2** ***ogief*** ⇒*punt/spitsboog, puntgewelf* **0.3** ⟨stat.⟩ ***cumulatieve frequentieverdeling***.
o·gle[1] ['oʊgl] ⟨telb.zn.; g. mv.⟩ **0.1** ***lonk***.
ogle[2] ⟨f1⟩ ⟨ww.⟩
I ⟨onov.ww.⟩ **0.1** ***lonken*** ◆ **6.1** ~ at *lonken naar;*
II ⟨ov.ww.⟩ **0.1** ***toelonken*** ⇒*lonken naar*.
o·gler ['oʊglə‖-ər] ⟨telb.zn.⟩ **0.1** ***lonker/lonkster***.
OGO ⟨afk.⟩ Orbiting Geophysical Observatory.
Ogpu, OGPU, G P Oe ['ɒgpu:‖'ɔgpu:, 'ɑg-] ⟨eig.n.⟩ ⟨afk.⟩ Obedinennoe Gosudarstvennoe Politicheskoe Upravlenie ⟨gesch.⟩ **0.1** ***G.P.Oe.*** ⇒*Gepoe* ⟨afdeling v.d. Sovjet Geheime Politie⟩.
o·gre ['oʊgə‖-ər] ⟨f1⟩ ⟨telb.zn.⟩ **0.1** ***mensenetende reus*** ⇒⟨bij uitbr.⟩ *boeman, wildeman, bullebak, bruut*.
o·gress ['oʊgrɪs] ⟨telb.zn.⟩ **0.1** ***reusachtige menseneetster*** ⇒*mensenetende reuzin,* ⟨bij uitbr.⟩ *angstaanjagende/bloeddorstige/wilde vrouw*.
o·grish, o·gre·ish ['oʊg(ə)rɪʃ] ⟨bn.; -ly⟩ **0.1** ***kannibaals*** ⇒*angstaanjagend, bruut, wild, bloeddorstig, wreedaardig*.
Ogyg·i·an [ɒ'dʒɪdʒɪən‖oʊ-] ⟨bn.⟩ **0.1** ***voorhistorisch*** ⇒*prehistorisch, oorspronkelijk, oeroud, archaïsch*.
oh, O, o [oʊ] ⟨f4⟩ ⟨tussenw.⟩ **0.1** ***o!*** ⇒*och! ach!* ◆ **1.1** ⟨sl.⟩ ~ fudge *verdikkie* **1.¶** ~ boy! *sjonge!, jeetje!* **5.1** oh no! *zeker niet!, dat niet!, o nee!;* oh yes *o ja!, ja zeker!;* oh yes? *zo?, o ja?* **9.1** oh-oh *o, wat jammer!;* oh well *och, och kom, och ja*.
OHC ⟨afk.⟩ Overhead Camshaft.
O·hi·o·an [oʊ'haɪoʊən] ⟨telb.zn.⟩ **0.1** ***inwoner v. Ohio***.
'Ohio 'buckeye ⟨telb.zn.⟩ ⟨plantk.⟩ **0.1** ***Amerikaanse paardekastanje*** ⟨Aesculus glabia⟩.
ohm [oʊm] ⟨f1⟩ ⟨telb.zn.⟩ **0.1** ***ohm*** ⟨eenheid v. elek. weerstand⟩.
ohm·age ['oʊmɪdʒ] ⟨telb.zn.⟩ **0.1** ***ohmweerstand***.
ohm·ic ['oʊmɪk] ⟨bn., attr.⟩ **0.1** ***ohm-*** ⇒*gemeten in ohm*.
'ohm·me·ter ⟨telb.zn.⟩ **0.1** ***ohmmeter*** ⟨elektrisch meetinstrument⟩.
OHMS ⟨afk.⟩ On His/Her Majesty's Service.
Ohm's law ['oʊmz lɔ:] ⟨eig.n.⟩ ⟨elek.⟩ **0.1** ***de wet v. Ohm***.
o·ho ['oʊ'hoʊ] ⟨tussenw.⟩ **0.1** ***oho*** ⇒*(h)aha!*.
-o·hol·ic, -a·hol·ic [ə'hɒlɪk, -'hɑ-] ⟨vormt zn.⟩ ⟨inf.⟩ **0.1** ***-freak*** ⇒*-idioot, -verslaafde, -maniak* ◆ **¶.1** bookaholic *boekenfanaat;* Coke-oholic *verwoed coladrinker;* footballaholic *voetbalfan*.
ohone →ochone.
ohv ⟨afk.⟩ overhead valve.
-oid [ɔɪd] ⟨vormt (bijv.) nw. uit nw.⟩ **0.1** ***-ide*** ⇒*-achtig, -lijk* ◆ **¶.¶** anthropoid *antropoïde, mensachtig;* asteroid *stervormig; asteroïde;* ⟨pej.⟩ humanoid *mensachtig*.
-oid·al ['ɔɪdl] ⟨vormt bijv. nw. uit nw.; -ly⟩ **0.1** ***-idaal*** ⇒*-vormig, -achtig* ◆ **¶.1** rhomboidal *romboïdaal, ruitvormig*.
'oik [ɔɪk] ⟨telb.zn.⟩ ⟨BE; sl.⟩ **0.1** ***onbenul*** ⇒*pummel, boerenkinkel*.
oil[1] [ɔɪl] ⟨f3⟩ ⟨zn.⟩ ⟨→sprw. 568⟩
I ⟨telb.zn.⟩ **0.1** ⟨vnl. mv.⟩ ***olieverf*** **0.2** ⟨vnl. mv.⟩ ***olieverfschilderij*** **0.3** ⟨vnl. mv.⟩ ***oliepak*** ⇒*oliejas, oliejekker* ◆ **6.1** paint in ~s *in/met olieverf schilderen;*
II ⟨n.-telb.zn.⟩ **0.1** ***(aard)olie*** ⇒⟨B.⟩ *petroleum* **0.2** ⟨ben. voor⟩ ***aardolie-derivaat*** ⇒*petroleum; kerosine, parrafine-olie, lampenpetroleum; stookolie, dieselbrandstof; smeerolie* **0.3** ⟨inf.⟩ ***gatlikkerij*** ⇒*gevlei* **0.4** ⟨sl.⟩ ***onzin*** ⇒*larie* **0.5** ⟨sl.⟩ ***(omkoop)geld*** ◆ **1.1** ~ of juniper *jeneverbesseolie;* ~ of turpentine *terpentijnolie;* ~ of vitriol *zwavelzuur, vitriool* **1.¶** pour ~ on the flames, add ~ to the fire *olie op het vuur gieten, de gemoederen ophitsen;* ~ and vinegar/water *water en vuur;* pour ~ on the waters/on troubled waters *olie op de golven gooien, de gemoederen bedaren* **3.1** fixed ~ *vette/niet-vluchtige olie;* penetrating ~ *kruipolie;* strike ~ *olie aanboren;* ⟨fig.⟩ *op een goudader stuiten, plotseling rijk worden;*
III ⟨mv.; ~s⟩ **0.1** ***olies*** ⇒*oliewaarden, petroleumaandelen*.
oil[2] ⟨f2⟩ ⟨ww.⟩ →oiled
I ⟨onov. en ov.ww.⟩ **0.1** ***smelten*** ⇒*vloeibaar maken/worden* **0.2** ***tanken*** ⇒*voltanken, bijtanken;*
II ⟨ov.ww.⟩ **0.1** ***smeren*** ⇒*(be)oliën, insmeren, besmeren, invetten* **0.2** ***vleien*** ⇒*spreken met gladde/fluwelen tong, met de stroopkan/pot lopen* **0.3** ⟨sl.⟩ ***omkopen*** **0.4** ⟨sl.⟩ ***slaan*** ◆ **1.1** ~ed silk *oliezijde*.
'oil bath ⟨telb.zn.⟩ **0.1** ***oliebad***.
'oil-bear·ing ⟨bn.⟩ **0.1** ***oliehoudend***.
'oil beetle ⟨telb.zn.⟩ ⟨dierk.⟩ **0.1** ***oliekever*** ⟨Meloë proscarbeus⟩.
'oil·berg ⟨telb.zn.⟩ **0.1** ***oliereus*** ⇒*mammoettanker*.
'oil·bird ⟨telb.zn.⟩ ⟨dierk.⟩ **0.1** ***olievogel*** ⟨Steatornis cripensis⟩.
'oil-bomb ⟨telb.zn.⟩ **0.1** ***benzinebom***.
'oil burner ⟨telb.zn.⟩ **0.1** ⟨ben. voor⟩ ***olieverbruikende machine*** ⇒*olieketel, oliestookketel; petroleumkachel; oliemotor*.
'oil bust ⟨telb.zn.⟩ **0.1** ***oliecrisis***.
'oil cake ⟨n.-telb.zn.⟩ **0.1** ***lijnkoek(en)*** ⇒*oliekoek(en)*.
'oil·can ⟨telb.zn.⟩ **0.1** ***oliebusje*** ⇒*smeerbus, oliekan, oliespuit*.
'oil cartel ⟨telb.zn.⟩ **0.1** ***oliekartel***.
'oil-change ⟨telb.zn.⟩ **0.1** ***olieverversing*** ◆ **3.1** do an ~ *de olie verversen*.
'oil·cloth ⟨n.-telb.zn.⟩ **0.1** ***wasdoek*** ⇒*oliegoed, zeildoek, geoliede stof* **0.2** ***oliejasstof*** ⇒*oliejekkerstof* **0.3** ⟨BE⟩ ***linoleum***.
'oil-coat ⟨telb.zn.⟩ **0.1** ***oliejas***.
'oil col·our ⟨f1⟩ ⟨telb.zn.; vnl. mv.⟩ **0.1** ***olieverf***.
'oil-com·pa·ny ⟨telb.zn.⟩ **0.1** ***oliemaatschappij*** ⇒*petroleummaatschappij*.
'oil consumption ⟨telb. en n.-telb.zn.⟩ **0.1** ***oliegebruik***.
'oil 'coun·try ⟨telb.zn.⟩ **0.1** ***olieland***.
'oil crisis ⟨f1⟩ ⟨telb.zn.⟩ **0.1** ***oliecrisis***.
'oil-crush·er, 'oil-press·er ⟨telb.zn.⟩ **0.1** ***olieslager***.
'oil-der·rick ⟨telb.zn.⟩ **0.1** ***olieboortoren***.
'oil discovery, 'oil find ⟨telb.zn.⟩ **0.1** ***olievondst***.
'oil drum ⟨telb.zn.⟩ **0.1** ***olievat*** ⇒*olieton*.
oiled [ɔɪld] ⟨bn.; volt. deelw. v. oil⟩ ⟨inf.⟩ **0.1** ***bezopen*** ⇒*in de olie*.

'oil embargo ⟨telb.zn.⟩ **0.1** ***olie-embargo***.
'oil engine ⟨telb.zn.⟩ **0.1** ***oliemotor*** ⇒*dieselmotor, petroleummotor*.
oil·er ['ɔɪlə‖-ər]⟨zn.⟩
I ⟨telb.zn.⟩ **0.1** ***oliebusje*** ⇒*smeerbus* **0.2** ***olietanker*** ⇒*petroleumtanker* **0.3** ⟨AE⟩ ***oliebron*** ⇒*petroleumbron* **0.4** ***olieman*** ⇒*machinesmeerder* **0.5** ***met olie gestookte boot;***
II ⟨mv.; ~s⟩⟨AE⟩ **0.1** ***oliepak***.
'oil exploration ⟨telb. en n.-telb.zn.⟩ **0.1** ***onderzoek naar aardolie***.
'oil export ⟨telb.zn.; vaak mv.⟩ **0.1** ***olie-uitvoer***.
oil-ex'port·ing ⟨bn., attr.⟩ **0.1** ***olie-exporterend***.
'oil field ⟨telb.zn.⟩ **0.1** ***olieveld***.
'oil-fired ⟨bn., attr.⟩ **0.1** ***met olie gestookt*** ◆ **1.1** ~ central heating *centrale verwarming op stookolie*.
'oil-fu·el ⟨n.-telb.zn.⟩ **0.1** ***stookolie***.
'oil-gauge ⟨telb.zn.⟩ **0.1** ***hydrometer om de zwaarte v. oliën te meten*** **0.2** ***oliepeilstok*** ⇒*oliemeter*.
'oil gland ⟨telb.zn.⟩ **0.1** ***vetklier***.
'oil heater ⟨telb.zn.⟩ **0.1** ***petroleumkachel*** ⇒*oliekachel*.
'oil-hole ⟨telb.zn.⟩ **0.1** ***oliegat***.
'oil import ⟨telb.zn.; vaak mv.⟩ **0.1** ***olie-invoer***.
'oil-im·port·ing ⟨bn., attr.⟩ **0.1** ***olie-importerend***.
'oil industry ⟨telb.zn.⟩ **0.1** ***aardolie-industrie*** ⇒*petroleumindustrie*.
'oil-lamp ⟨telb.zn.⟩ **0.1** ***olielamp***.
oil·less ['ɔɪlləs]⟨bn.⟩ **0.1** ***zonder olie*** ⇒*niet oliehoudend*.
'oil·man ⟨telb.zn.; oilmen; →mv. 3⟩ **0.1** ***olieman*** ⇒*oliehandelaar* **0.2** ***olieverfhandelaar*** **0.3** ⟨AE⟩ ***eigenaar v.e. oliebron*** ⇒*oliebaas*.
'oil-meal ⟨n.-telb.zn.⟩ **0.1** ***gemalen lijnkoek***.
'oil mill ⟨telb.zn.⟩ **0.1** ***oliemolen***.
'oil minister ⟨telb.zn.⟩ **0.1** ***olieminister***.
'oil nut ⟨telb.zn.⟩ **0.1** ***olienoot***.
'oil output ⟨telb. en n.-telb.zn.⟩ **0.1** ***olieproduktie***.
'oil paint ⟨telb. en n.-telb.zn.⟩ **0.1** ***olieverf***.
'oil paint·ing ⟨f1⟩⟨zn.⟩
I ⟨telb.zn.⟩ **0.1** ***olieverfschilderij*** ◆ **7.¶** ⟨inf.; scherts.⟩ he's no ~ *hij/het is geen Andonis;*
II ⟨n.-telb.zn.⟩ **0.1** ***het schilderen met olieverf***.
'oil palm, 'oil-tree ⟨telb.zn.⟩⟨plantk.⟩ **0.1** ***oliepalm*** ⟨Elaeis guineensis⟩.
'oil pan ⟨telb.zn.⟩ **0.1** ***oliecarter***.
'oil·pa·per ⟨telb. en n.-telb.zn.⟩ **0.1** ***oliepapier***.
'oil pipeline ⟨telb.zn.⟩ **0.1** ***oliepijpleiding***.
'oil-plant ⟨telb.zn.⟩ **0.1** ***olieplant***.
'oil platform ⟨telb.zn.⟩ **0.1** ***olieboorplatform*** ⇒*boorplatform*.
'oil-'pow·ered ⟨bn.⟩ **0.1** ***met olie gestookt*** ◆ **1.1** ~ central heating *oliestook*.
'oil-press ⟨telb.zn.⟩ **0.1** ***oliepers***.
oil-presser →oil-crusher.
'oil price ⟨telb.zn.; vaak mv.⟩ **0.1** ***olieprijs***.
'oil producer ⟨telb.zn.⟩ **0.1** ***olieproducent***.
'oil-pro·duc·ing ⟨bn., attr.⟩ **0.1** ***olieproducerend***.
'oil production ⟨telb. en n.-telb.zn.⟩ **0.1** ***olieproduktie***.
oil refinery ⟨telb.zn.⟩ **0.1** ***olieraffinaderij***.
'oil reserve ⟨telb.zn.⟩ **0.1** ***oliereserve***.
'oil-rich ⟨bn.⟩ **0.1** ***olierijk***.
'oil rig ⟨f1⟩⟨telb.zn.⟩ **0.1** ***booreiland***.
'oil sand ⟨telb. en n.-telb.zn.⟩ **0.1** ***oliezand*** **0.2** ***oliehoudend(e) gesteente/laag***.
'oil·seed ⟨telb.zn.⟩ **0.1** ***oliezaad***.
'oil-shale ⟨telb.zn.⟩ **0.1** ***oliehoudende leisteen***.
'oil-share ⟨telb.zn.⟩ **0.1** ***olieaandeel*** ⇒*petroleumaandeel*.
'oil-sheik ⟨telb.zn.⟩ **0.1** ***olie-sjeik***.
'oil-silk ⟨n.-telb.zn.⟩ **0.1** ***oliezijde***.
'oil·skin ⟨f1⟩⟨zn.⟩
I ⟨telb.zn.⟩ **0.1** ***oliejas*** ⇒*oliejekker;*
II ⟨telb. en n.-telb.zn.⟩ **0.1** ***geolied doek*** ⇒*wasdoek;*
III ⟨mv.; ~s⟩ **0.1** ***oliepak***.
'oil slick ⟨telb.zn.⟩ **0.1** ***olievlek*** ⟨op water⟩.
'oil spill ⟨telb.zn.⟩ **0.1** ***olieverlies*** ⟨v. schepen⟩.
'oil-stock ⟨zn.⟩
I ⟨telb.zn.⟩⟨R.-K.⟩ **0.1** ***Heilige-Olievaatje;***
II ⟨n.-telb.zn.⟩ **0.1** ***oliewaarden*** ⇒*olies*.
'oil-stone ⟨telb.zn.⟩ **0.1** ***oliesteen***.
'oil storage ⟨n.-telb.zn.⟩ **0.1** ***olieopslag***.
'oil·stove ⟨telb.zn.⟩ **0.1** ***oliekachel*** ⇒*petroleumkachel* **0.2** ***oliestel***.
'oil stratum ⟨telb.zn.⟩ **0.1** ***aardolielaag***.
'oil supply ⟨telb.zn.⟩ **0.1** ***(aard)olievoorraad***.
'oil tanker ⟨telb.zn.⟩ **0.1** ***olietanker***.
'oil terminal ⟨telb.zn.⟩ **0.1** ***olieterminal*** ⇒*oliehaven*.
oil-tree →oil palm.
'oil well, 'oil spring ⟨telb.zn.⟩ **0.1** ***(aard)oliebron*** ⇒*petroleumbron, olieput*.
oil·y ['ɔɪli]⟨f2⟩⟨bn.; -er; -ly; -ness; →bijw. 3⟩ **0.1** ***olieachtig*** ⇒*geolied, vettig* **0.2** ⟨pej.⟩ ***kruiperig*** ⇒*vleiend, flemend, zalvend* ◆ **1.2** an ~ tongue *een gladde tong*.
oink[1] [ɔɪŋk]⟨f1⟩⟨telb.zn.⟩ **0.1** ***knor*** ⟨geluid⟩.
oink[2] ⟨f1⟩⟨onov.ww.⟩ **0.1** ***knorren*** ⇒*snorken*.
oint·ment ['ɔɪntmənt]⟨f2⟩⟨telb.zn.⟩ **0.1** ***zalf*** ⇒*smeersel*.
Oi·reach·tas ['erəkθəs, 'erəxtəs]⟨eig.n.⟩ **0.1** ***(het) Ierse Parlement***.
OK ⟨afk.⟩ Oklahoma.
O.K.[1], **OK, o·kay** ['oʊ'keɪ]⟨telb.zn.⟩⟨inf.⟩ **0.1** ***goedkeuring*** ⇒*akkoord, fiat*.
O.K.[2], **OK, o·kay** ⟨f3⟩⟨bn.⟩⟨inf.⟩ **0.1** ***oké*** ⇒*o.k., in orde; voldoende* ◆ **3.1** it looks ~ now *nu ziet het er goed uit*.
O.K.[3], **OK, o·kay** ⟨ov.ww.⟩⟨inf.⟩ **0.1** ***haar/zijn fiat geven aan*** ⇒*goedkeuren, akkoord gaan met*.
O.K.[4], **OK, o·kay** ⟨f3⟩⟨bw.⟩⟨inf.⟩ **0.1** ***oké*** ⇒*o.k., in orde, akkoord, afgesproken, ja*.
o·ka·pi [oʊ'kɑ:pi]⟨f1⟩⟨telb.zn.; ook okapi; →mv. 4⟩ **0.1** ***okapi***.
o·key-do·ke(y), o·kie-do·kie ['oʊki'doʊki]⟨f1⟩⟨bn., pred.; bw.⟩⟨sl.⟩ **0.1** ***okido*** ⇒*o.k., goed, in orde, akkoord, afgesproken*.
O·kie ['oʊki]⟨telb.zn.⟩⟨inf.; bel.⟩ **0.1** ***verarmde migrant*** ⟨oorspr. uit Oklahoma⟩ **0.2** ***bewoner v. Oklahoma***.
Okla. ⟨verk.⟩ Oklahoma.
o·kra ['oʊkrə]⟨telb.zn.⟩⟨plantk.⟩ **0.1** ***okra*** ⟨Hibiscus esculentus; tropische plant met eetbare peulvruchten⟩.
-ol [ɒl‖ɔl, oʊl], **-ole** [oʊl]⟨vormt namen v. alcoholen/koolwaterstoffen⟩ **0.1** ***-ol*** ◆ **¶.1** benzol *benzol;* phenol *fenol*.
-olatry →-latry.
old[1] [oʊld]⟨f3⟩⟨zn.⟩⟨→sprw. 433⟩
I ⟨telb.zn.; in samenstellingen⟩ **0.1** ***persoon v. bepaalde leeftijd*** **0.2** ***dier v. bepaalde leeftijd*** ⟨vnl. renpaarden⟩ ◆ **1.1** twelve-year-olds *twaalfjarigen;*
II ⟨n.-telb.zn.⟩ **0.1** ***vroeger tijden*** ⇒*het verleden* ◆ **6.1** of ~ there were dwarves *lang geleden bestonden er dwergen;* heroes **of** ~ *helden uit het verleden*.
old[2] ⟨f4⟩⟨bn.; -er; ook elder, eldest; -ness; →compar. 5⟩ →elder, eldest ⟨→sprw. 49, 433, 494, 523, 524, 532, 659, 769, 771⟩
I ⟨bn.⟩ **0.1** ***oud*** ⇒*bejaard, antiek* **0.2** ***versleten*** ⇒*oud, gebruikt, vervallen, afgedankt, afgeleefd, ouwelijk* **0.3** ***oud*** ⇒*v.d. leeftijd v.* **0.4** ***ervaren*** ⇒*bekwaam, gerijpt, bedreven, wijs, oud* **0.5** ***verouderd*** ⇒*ouderwets, in onbruik geraakt* ◆ **1.1** ~ age *ouderdom, oude dag, hoge leeftijd;* ⟨sl.⟩ the ~ army game *zwendel;* ~ bachelor *verstokte vrijgezel;* ⟨B.⟩ *oude jonkman;* my ~ bones *mijn oude botten;* (not) make ~ bones *(niet) oud worden;* ⟨vnl. BE; inf.⟩ ~ boy/girl *vadertje, moedertje, oudje;* ~ foundation *gebouw v. voor de reformatie;* ~ gold *donker goud, bruin-goud(en kleur);* ~ maid *oude vrijster;* (as) ~ as the hills *(zo) oud als de weg naar Rome/Kralingen;* ⟨B.⟩ *oud als de straat;* ⟨inf.⟩ ~ man *oudje, ouwe, (groot)vadertje;* an ~ name *een gevestigde naam;* the ~est profession *het oudste beroep, prostitutie;* an ~ retainer *een oude trouwe dienaar;* of ~ standing *gevestigd;* the Old Testament *het Oude Testament;* the ~ year *het oude jaar* **1.2** ~ clothes *oude/versleten kleren; afdankertjes, afleggertjes* **1.3** a 17-year-~ girl *een zeventienjarig meisje* **1.4** an ~ campaigner *een veteraan;* an ~ hand at poaching *een doorgewinterde stroper;* ⟨sl.⟩ an ~ lag *een bajesklant;* an ~ offender *een recidivist;* ~ soldier *oud soldaat, veteraan* ⟨ook fig.⟩; ~ stager *oude rot, veteraan* **1.5** ⟨inf.⟩ ~ buffer *ouwe sok/zak;* ⟨BE⟩ ~ face *druklettertype dat de achttiende-eeuwse lettervorm imiteert;* you ~ fog(e)y *ouwe sok, ouwe paai;* the ~ guard *de oude garde;* the ~ guard/school *mensen v.d. oude stempel;* of the ~ school/style *v.d. oude stempel, ouderwets* **1.¶** that joke is as ~ as Adam *die mop heeft een heel lange baard;* an ~ bird *een slimme vogel;* like ~ boots *van jewelste, enorm, ontzettend;* he worked like ~ boots *hij werkte berehard/steenhard;* you bet your ~ boots *daar kun je gif op innemen/donder op zeggen;* a chip off the ~ block *helemaal zijn/haar vader/moeder;* there's life in the ~ dog yet *ik ben nog heel wat mans;* Old Glory *nationale vlag v.d. U.S.A.;* ⟨sl.⟩ ~ goat *ouwe zak/trut;* pay off an ~ grudge *een oude rekening vereffenen;* an ~ head on young shoulders *vroegrijp/vroegwijs iem.;* the ~ leaven *het oude zuurdeeg* ⟨Korinthiërs 5:6-7⟩; ~ maid *lastige/bangelijke/vitterige vent/vrouw;* ⟨kaartspel⟩ *het zwartepieten;* old-man-and-woman *huislook;* ~ man of the sea *iem. die je niet gemakkelijk kwijtraakt, plakker;* ~ moon *laatste kwartier v.d. maan;* ~ moon in new moon's arms *(maan in) het eerste kwartier* ⟨wanneer het donkere gedeelte zichtbaar is⟩; Old Pretender *oude troonpretendent* ⟨J.F.E. Stuart, zoon v. Jakobus II⟩; money for ~ rope *iets voor niets, gauw/gemakkelijk verdiend geld;* ~ salt *oud zeiler, zeerot;* come/play the ~ soldier (over s.o.) *de baas spelen (over iem.)* ⟨op basis v. grotere ervaring/vaardigheid⟩; ⟨dierk.⟩ ~ squaw *ijseend* ⟨Glangula bryemalis⟩; ⟨vnl. AE⟩ ~ style *druklettertype dat de achttiende-eeuwse lettervorm imiteert;* Old Style *oude stijl; Ju-*

liaanse tijdrekening; ⟨inf.⟩ ~ sweat *veteraan, ouwe rot;* ⟨inf.⟩ ~ woman *lastige/bangelijke/vitterige vent/vrouw* **2.1** young and ~ *jong en oud, iedereen* **4.¶** Old Hundredth *hymne naar Psalm 100* **6.4** be ~ **in** diplomacy *een doorgewinterde diplomaat zijn;* be ~ **in** knavery *een doortrapte schurk zijn* **7.1** the ~ *de bejaarden, de oude mensen, de ouderen;*
II ⟨bn., attr.⟩ **0.1** ***oud*** ⇒*lang bekend* **0.2** ***voormalig*** ⇒*vroeger, gewezen, ex-, oud-* ◆ **1.1** ⟨AE⟩ Old Abe *Old Abe* ⟨Abraham Lincoln⟩; ⟨vnl. BE; inf.⟩ ~ boy/girl *ouwe/beste jongen, beste meid;* ⟨inf.⟩ hello ~ chap *hallo ouwe jongen;* ⟨inf.⟩ good ~ John *allerbeste Jan;* ⟨inf.; scherts.⟩ you ~ rascal *jij ouwe schurk;* the (same) ~ story *het oude liedje, hetzelfde deuntje;* ~ stuff *oud nieuws, oude koek* **1.2** the good ~ days/times *de goede oude tijd;* Old English *Oudengels, Angelsaksisch;* ~ Etonian *oud-leerling v. Eton;* ~ fashions *oude gewoonte(n)/mode(s);* Old French *Oudfrans;* ~ London/Paris/England *Londen/Parijs/Engeland van vroeger;* ~ Prussian *Oudpruisisch;* ~ school *oude, vroegere school;* ⟨fig.⟩ pay off ~ scores *een oude rekening vereffenen;* for ~ times' sake, for ~ times *ter wille v.d. oude vriendschap* **1.¶** the Old Adam *de oude mens/Adam;* Old Bailey *Old Bailey* ⟨naam v.d. straat waar de Central Criminal Court gevestigd is, in Londen⟩; ⟨vero.; BE; sl.⟩ ~ bean/cock/egg/fruit/stick/top *ouwe/beste (jongen);* Old Believer *oudgelovige* ⟨lid v. Russische sekte⟩; ~ boy/girl *oud-leerling(e) (v. Engelse school);* Old Catholic *oud-katholiek;* the Old Colony *The Old Colony* ⟨Massachusetts⟩; ⟨inf.⟩ the Old Contemptibles *de Old Contemptibles* ⟨verwijzing naar Britse leger in Frankrijk in 1914⟩; ~ country *land in de Oude Wereld;* ⟨the⟩ *moederland, geboorteland;* ⟨Austr. E; sl.⟩ the Old Dart *Engeland;* ⟨AE⟩ Old Dominion *Virginia;* ~ faggot *vervelend mens;* ⟨inf.⟩ the ~ gentleman *Heintje Pik;* ⟨Austr. E; gesch.⟩ ~ hand *ex-gevangene* ⟨19e eeuw⟩; ⟨inf.⟩ Old Harry/Nick/Scratch *Heintje Pik;* ⟨inf.⟩ ~ hat *ouwe koek;* ⟨sl.⟩ ~ Joe *sjanker;* ⟨inf.⟩ the/my ~ lady *mijn ouwetje; moeder (de vrouw); mijn maîtresse/vriendin/kamergenote;* ⟨BE; scherts.⟩ Old Lady of Threadneedle Street *Bank v. Engeland;* ~ man ⟨the⟩ ⟨inf.⟩ *de ouwe* ⟨ook scheepskapitein⟩; *de baas* ⟨ook echtgenoot⟩; *mijn ouweheer/ouwe; vaste vriend; souteneur; suikeroompje; citroenkruid;* ⟨theol.⟩ *de oude Adam/mens;* ⟨Austr. E⟩ *volwassen mannetjeskangoeroe;* ⟨theol.⟩ put off the ~ man *de oude mens afleggen;* ~ master *(schilderij v.) oude meester;* ⟨inf.⟩ in any ~ place *waar je maar kan denken;* ⟨sl.⟩ ~ saw *gezegde, spreuk;* the ~ Serpent *de duivel* ⟨naar Gen. 3⟩; ⟨BE; vulg.⟩ ~ sod *ouwe gabber;* ⟨inf.⟩ the ~ sod *het vaderland;* ⟨sl.⟩ Old Sol *zon;* ⟨Sch. E⟩ the Old/Auld Thief *de duivel;* ⟨inf.⟩ ~ thing *ouwe rakker, ouwe/beste (jongen/meid);* ⟨inf.⟩ any ~ thing will do *alles is goed/bruikbaar;* ⟨inf.⟩ any ~ time *om het even wanneer;* ⟨inf.⟩ the ~ woman *moeder de vrouw;* the Old World *de Oude Wereld, de oostelijke hemisfeer;* ⟨AE⟩ *(Continentaal) Europa, de Oude Wereld* **2.1** ⟨AE; scherts.⟩ little ~ wife/dog/cat *oudje* **4.¶** ~ one *ouwetje, versleten grap;* ⟨inf.⟩ the ~ one *de boze, de duivel* **7.¶** ⟨inf.⟩ any ~ how *om het even hoe, hoe ook.*

'old-age 'pension ⟨telb.zn.⟩ **0.1** ***ouderdomspensioen*** ⇒*AOW.*

'old-age 'pensioner ⟨telb.zn.⟩ **0.1** ***gepensioneerde*** ⇒*AOW'er.*

'old 'boy network ⟨f1⟩ ⟨telb.zn.; vnl. the⟩ ⟨BE⟩ **0.1** ***solidariteit v. oud-leerlingen*** ⇒*oudleerlingennetwerk, vriendjespolitiek* ⟨v. vroegere schoolgenoten, vnl. v. public schools⟩.

'old-'clothes-man ⟨telb.zn.⟩ **0.1** ***voddenboer*** ⇒*lompenhandelaar.*

old·en[1] ['ouldən] ⟨f1⟩ ⟨bn., attr.⟩ ⟨schr.⟩ **0.1** ***voormalig*** ⇒*vroeger, voorbij, oud* ◆ **1.1** in ~ days/times *weleer, voorheen;* the ~ time *vervlogen jaren.*

olden[2] ⟨onov. en ov.ww.⟩ ⟨schr.⟩ **0.1** ***verouderen*** ⇒*oud(er) maken/worden.*

'Old English 'sheepdog ⟨telb.zn.⟩ **0.1** ***bobtail.***

'old-es'tab·lished ⟨bn.⟩ **0.1** ***gevestigd*** ⇒*vanouds bestaand.*

olde-worlde ['ouldi 'wɜ:ldi‖-'wɜrldi] ⟨bn., attr.⟩ ⟨BE; scherts.⟩ **0.1** ***ouderwets*** ⇒*antiek, verouderd.*

'old-'fash·ion·ed[1] ⟨telb.zn.⟩ ⟨AE⟩ **0.1** ***cocktail met whisky.***

old-fashioned[2] ⟨f3⟩ ⟨bn.⟩ **0.1** ***ouderwets*** ⇒*verouderd, conservatief* ◆ **1.¶** ~ look *terechtwijzende/afkeurende blik.*

'old'fo·g(e)y·ish ⟨bn.⟩ **0.1** ***ouderwets*** ⇒*ouwepaaiachtig.*

old·ie ['ouldi] ⟨f1⟩ ⟨telb.zn.⟩ ⟨inf.⟩ **0.1** ***oudje*** ⇒*ouwe, oude grap/grammofoonplaat.*

old·ish ['ouldɪʃ] ⟨bn.⟩ **0.1** ***ouwelijk*** ⇒*oudachtig, nogal oud, oud uitziend.*

'old-line ⟨bn., attr.⟩ ⟨AE⟩ **0.1** ***conservatief*** ⇒*reactionair, gevestigd.*

old·ly ['ouldli] ⟨bn.⟩ **0.1** ***verouderd*** ⇒*v. vroeger.*

'old-'maid·ish ⟨bn.; -ly; -ness⟩ **0.1** ***ouwevrijsters-*** ⇒*vitterig, nuffig, bangelijk.*

'old-'man 'cactus ⟨telb.zn.⟩ ⟨plantk.⟩ **0.1** ***grijsaard(cactus)*** ⟨Cephalocereus senilis⟩.

'old-man's-'beard ⟨telb.zn.⟩ ⟨plantk.⟩ **0.1** ***clematis*** ⟨genus Clematis⟩ **0.2** ***bosrank*** ⇒*bosdruif, meelbloem* ⟨Clematis vitalba⟩ **0.3** ***soort mos*** ⟨Tillandsia usneoides⟩.

'Old 'Pals Act ⟨eig.n.; the⟩ ⟨BE; scherts.⟩ **0.1** ***Old Pals Act*** ⟨vriendensolidariteit⟩ ⇒*vriendjespolitiek.*

'old-school 'tie ⟨zn.⟩
I ⟨telb.zn.⟩ **0.1** ***schooldas*** ⟨v. oud-leerlingen v. dezelfde school⟩ ⇒⟨fig.⟩ *teken v. sterke behoudsgezindheid;*
II ⟨n.-telb.zn.⟩ **0.1** ***oudleerlingensolidariteit*** ⇒*vriendjespolitiek* ⟨v. oud-leerlingen v. Engelse scholen⟩ **0.2** ***kliekgeest*** ⇒*clanmentaliteit.*

old·ster ['oul(d)stə‖-ər] ⟨telb.zn.⟩ ⟨inf.⟩ **0.1** ***oudje*** ⇒*ouder lid, oudgediende* **0.2** ⟨marine⟩ ***vierdejaarsadelborst.***

'Old 'Stone Age ⟨eig.n.; the⟩ **0.1** ***Paleolithicum.***

old-time ['oultaɪm] ⟨bn., attr.⟩ **0.1** ***oud*** ⇒*v. vroeger, v. weleer, ouderwets.*

'old-'tim·er ⟨f1⟩ ⟨telb.zn.⟩ ⟨vnl. AE⟩ **0.1** ***oudgediende*** ⇒*oude rot, veteraan* **0.2** ***oude bewoner*** **0.3** ***iets ouds/ouderwets*** ⇒⟨i.h.b.⟩ *oude auto* **0.4** ***oudje.***

old-ti·m(e)y ['oul'taɪmi] ⟨bn.⟩ ⟨sl.⟩ **0.1** ***nostalgisch.***

'old·wife ⟨telb.zn.⟩ ⟨dierk.⟩ **0.1** ***ijseend*** ⟨Clangula hyemalis⟩ **0.2** ⟨ben. voor⟩ ***haringachtige vissoorten*** ⟨Alosa pseudoharengus, Brevoortia tyrannus⟩.

'old 'wives' tale ⟨telb.zn.⟩ **0.1** ***oudewijvenverhaal*** ⇒*oudewijvenpraat, bijgeloof* **0.2** ***overgeleverd verhaal*** ⇒*oud geloof.*

'old-'wom·an·ish ⟨bn.⟩ **0.1** ***ouwewijven-*** ⇒*van/zoals een oude vrouw; bangelijk; vitterig.*

'old-world ⟨f1⟩ ⟨bn., attr.⟩ **0.1** ***ouderwets*** ⇒*verouderd, v. vroeger* **0.2** ⟨vaak O-W-⟩ ***v.d. Oude Wereld*** ◆ **1.1** ~ atmosphere *ouderwetse/traditionele sfeer.*

-ol(e) [oul] ⟨schei.⟩ **0.1** ***-ool*** ⟨vormt namen v. hetero-cyclische verbindingen⟩ **0.2** ***-ool*** ⟨vormt namen v. verbindingen die geen hydroxylgroep bevatten⟩ ◆ **¶.1** pyrrole *pyrrool* **¶.2** eucalyptol *eucalyptool, cineool.*

ole·a·ceous ['ouli'eɪʃəs] ⟨bn.⟩ ⟨plantk.⟩ **0.1** ***v.d. familie Oleaceae.***

o·le·ag·i·nous ['ouli'ædʒɪnəs] ⟨bn.; -ly; -ness⟩ **0.1** ***olieachtig*** ⇒*vettig, glibberig, olieproducerend* **0.2** ***zalvend.***

o·le·an·der ['ouli'ændə‖-ər] ⟨telb.zn.⟩ ⟨plantk.⟩ **0.1** ***oleander*** ⟨Nerium oleander⟩.

o·le·as·ter ['ouli'æstə‖-ər] ⟨telb.zn.⟩ ⟨plantk.⟩ **0.1** ***oleaster*** ⇒*wilde olijfboom* ⟨Olea oleaster⟩ **0.2** ***olijfwilg*** ⟨Elaeagnus angustifolia⟩.

o·le·ate ['ouliert] ⟨n.-telb.zn.⟩ ⟨schei.⟩ **0.1** ***oleaat*** ⟨zout v. oliezuur⟩.

o·lec·ra·non [ou'lekrənɒn‖-nan] ⟨telb.zn.⟩ **0.1** ***olecranon*** ⇒*ellepijpshoofd.*

ole·fi·ant ['oulə'faɪənt] ⟨bn.⟩ **0.1** ***olievormend*** ⟨v. gas⟩.

o·le·fin(e) ['ouləfɪn] ⟨telb. en n.-telb.zn.⟩ ⟨schei.⟩ **0.1** ***olefine*** ⇒*alkeen* ⟨onverzadigde koolwaterstof⟩.

o·le·ic [ou'li:ɪk] ⟨bn.⟩ ◆ **1.¶** ~ acid *oliezuur.*

ole·if·er·ous [ouli'ɪfrəs] ⟨bn.⟩ **0.1** ***oliegevend.***

o·le·in(e) ['ouli:n] ⟨telb. en n.-telb.zn.⟩ ⟨schei.⟩ **0.1** ***oleïne*** ⇒*olievet.*

o·le·o ['ouliou] ⟨telb. en n.-telb.zn.⟩ ⟨verk.⟩ oleomargarine ⟨AE⟩ **0.1** ***oleomargarine.***

o·le·(o)- ['ouli(ou)] **0.1** ***olie-*** ⇒*olieachtig, met/van/voor olie* ◆ **¶.1** oleometer *oleometer* ⟨om dichtheid en zuiverheid v. olie te meten⟩.

o·le·o·graph ['oulɪəgra:f‖-græf] ⟨telb.zn.⟩ **0.1** ***oleografie*** ⟨reproduktie in olieverf⟩ **0.2** ***vorm v. druppel olie op water.***

o·le·og·ra·phy ['ouli'ɒgrəfi‖-'agrəfi] ⟨n.-telb.zn.⟩ **0.1** ***oleografie*** ⟨procédé voor het maken v. reprodukties in olieverf⟩.

o·le·o·mar·ga·rine, ⟨AE sp. ook⟩ **o·le·o·mar·ga·rin** ['oulioumɑ:dʒə'ri:n‖-'mardʒrɪn] ⟨n.-telb.zn.⟩ **0.1** ***oleomargarine*** ⟨grondstof voor bereiding v. margarine⟩ **0.2** ⟨AE⟩ ***margarine bereid uit plantaardige oliën.***

o·le·o·phil·ic ['oulioʊ'fɪlɪk] ⟨bn.⟩ **0.1** ***oliezuigend*** ⇒*olie aantrekkend.*

o·le·o·res·in ['oulioʊ'rezɪn] ⟨n.-telb.zn.⟩ **0.1** ***oliehoudend hars*** ⟨o.a. v. pijnbomen⟩.

o·le·um ['oulɪəm] ⟨telb. en n.-telb.zn.; ook olea [-lɪə]; →mv. 5⟩ **0.1** ***oleum*** ⟨rokend zwavelzuur⟩.

'O level ⟨f1⟩ ⟨telb.zn.⟩ ⟨afk.⟩ ordinary level ⟨BE⟩ **0.1** ***(examenvak op) eindexamenniveau*** ⟨ong. havo⟩.

ol·fac·tion [ɒl'fækʃn‖al-] ⟨n.-telb.zn.⟩ ⟨med.⟩ **0.1** ***het ruiken*** **0.2** ***olfactie*** ⇒*reukzin.*

ol·fac·tion·ics ['ɒlfækʃi'ɒnɪks‖'alfækʃi'a-] ⟨n.-telb.zn.⟩ **0.1** ***reukstudie.***

ol·fac·to·ry [ɒl'fækt(ə)ri‖al-] ⟨bn.⟩ ⟨med.⟩ **0.1** ***olfactorisch*** ⇒*reuk-, v.d. reukzin, (dienend) om te ruiken* ◆ **1.1** ~ nerves *reukzenuwen.*

o·lib·a·num [ɒ'lɪbənəm‖ou-] ⟨n.-telb.zn.⟩ **0.1** ***olibanum*** ⟨soort gomhars⟩.

ol·i·garch ['ɒlɪgɑ:k‖'ɑlɪgɑrk]⟨telb.zn.⟩ **0.1** ***oligarch.***
oli·gar·chic ['ɒlɪ'gɑ:kɪk‖'ɑlɪ'gɑrkɪk], **oli·gar·chi·cal** [-ɪkl]⟨bn.; -(al) ly⟩ **0.1** ***oligarchisch.***
ol·i·gar·chy ['ɒlɪgɑ:ki‖'ɑlɪgɑrki]⟨f1⟩⟨zn.;→mv. 2⟩
I ⟨telb.zn.⟩ **0.1** ***oligarchie*** ⟨regering v. enkele dictators⟩ **0.2** ***oligarchie*** ⟨land bestuurd door een oligarchie⟩;
II ⟨verz.n.⟩ **0.1** ***(leden v.e.) oligarchie.***
ol·i·go- ['ɒlɪgoʊ‖'ɑlɪgoʊ] **0.1** ***oligo-*** ⇒*weinig, enkele(n)* ◆ ¶.1 oligocarpus *weinig vruchten dragend;* ⟨schei.⟩ oligomer *oligomeer.*
Ol·i·go·cene[1] ['ɒlɪgoʊsi:n, ɒ'lɪ-‖'ɑlɪ-, ɑ'lɪ-]⟨n.-telb.zn.; the⟩⟨geol.⟩ **0.1** ***Oligoceen*** ⟨tijdvak v.h. Tertiair⟩.
Oligocene[2] ⟨bn.⟩⟨geol.⟩ **0.1** ***Oligoceen.***
ol·i·go·gene [-dʒi:n]⟨telb.zn.⟩ **0.1** ***oligogen*** ⟨gen die de belangrijkste erfelijke eigenschappen draagt⟩.
o·lig·o·nu·cle·o·tide [-'nju:klɪətaɪd‖-'nu:-]⟨telb.zn.⟩ **0.1** ***substantie samengesteld uit een klein aantal nucleotiden.***
ol·i·go·phre·ni·a [-'fri:nɪə]⟨n.-telb.zn.⟩ **0.1** ***oligofrenie*** ⇒*zwakzinnigheid.*
ol·i·go·phren·ic [-'frenɪk]⟨bn.⟩ **0.1** ***oligofreen*** ⇒*zwakzinnig.*
oli·gop·o·lis·tic ['ɒlɪgɒpə'lɪstɪk‖'ɑlɪgɑ-]⟨bn.⟩⟨ec.⟩ **0.1** ***oligopolide.***
ol·i·gop·o·ly ['ɒlɪ'gɒpəli‖'ɑlɪ'gɑ-]⟨telb.zn.;→mv. 2⟩⟨ec.⟩ **0.1** ***oligopolie*** ⟨marktvorm met weinig aanbieders⟩.
ol·i·gop·so·nis·tic ['ɒlɪgɒpsə'nɪstɪk‖'ɑlɪgɑp-]⟨bn.⟩⟨ec.⟩ **0.1** ***oligopsonide.***
ol·i·gop·so·ny ['ɒlɪ'gɒpsəni‖'ɑlɪ'gɑp-]⟨telb.zn.;→mv. 2⟩ **0.1** ***oligopsonie*** ⟨marktvorm met weinig afnemers⟩.
o·li·o ['oʊlioʊ]⟨telb.zn.⟩ **0.1** ***olla podrida*** ⟨hutspot v. vlees, groenten en kekers⟩ **0.2** ***mengeling*** ⇒*mengelmoes, allegaartje, zootje, poespas* **0.3** ⟨lit., muz.⟩ ***mengelwerk*** ⇒*potpourri* **0.4** ***vaudeville*** ⟨gespeeld tussen de bedrijven v.e. andere opvoering⟩.
ol·i·va·ceous ['ɒlɪ'veɪʃəs‖'ɑ-]⟨bn.⟩ **0.1** ***olijfgroen*** ⇒*geelgroen* ◆ 1.¶ ⟨dierk.⟩ ~ warbler *vale spotvogel* ⟨Hippolais pallida⟩.
ol·i·var·y ['ɒlɪvəri‖'ɑlɪveri]⟨bn.⟩ **0.1** ***olijfvormig*** ⇒*ovaal.*
ol·ive[1] ['ɒlɪv‖'ɑ-]⟨f2⟩⟨zn.⟩
I ⟨telb.zn.⟩ **0.1** ⟨plantk.⟩ ***olijf(boom)*** ⟨Olea europaea⟩ **0.2** ***olijf*** **0.3** ***olijftak*** ⇒*olijftwijg, olijfkrans* **0.4** ⟨dierk.⟩ ***zeeslak*** ⟨genus Oliva⟩ **0.5** ***olijfschelp*** ⟨schelp v. zeeslak⟩ **0.6** ⟨anat.⟩ ***olijf*** **0.7** ***ovale knoop*** ⟨voor lussluiting⟩;
II ⟨n.-telb.zn.⟩ **0.1** ***olijfhout*** **0.2** ***olijfgroen*** ⇒*geelgroen, olijfkleur* **0.3** ***olijfbruin*** ⇒*geelbruin, donker bruinachtig-groen* ⟨huidskleur⟩;
III ⟨mv.; ~s⟩⟨cul.⟩ **0.1** ***vleesrolletjes*** ⇒*mini-rollades.*
olive[2] ⟨bn.⟩ **0.1** ***olijfkleurig*** ⇒*geelachtig groen/bruin.*
'ol·ive-'backed ⟨bn.⟩⟨dierk.⟩ ◆ 1.¶ ~ thrush *dwerglijster* ⟨Catharus ustulatus⟩.
'olive branch ⟨telb.zn.⟩ **0.1** ***olijftak*** ⇒*olijftwijg;* ⟨scherts.; fig.⟩ *olijfscheut, kind* ⟨naar Psalm 128:3⟩ ◆ 3.¶ hold out an/the ~ *een vredesduif loslaten, de hand reiken.*
'olive crown ⟨telb.zn.⟩ **0.1** ***lauwerkrans*** ⇒*lauwerkroon, olijfkrans.*
'olive 'drab[1] ⟨zn.⟩
I ⟨telb.zn.⟩ **0.1** ***grijsbruin uniform*** ⟨v.h. Am. leger⟩;
I ⟨telb. en n.-telb.zn.⟩ **0.1** ***grijsbruine stof*** ⟨v. Am. legeruniformen⟩;
II ⟨mv.; ~s⟩ **0.1** ***grijsbruinachtig uniform*** ⟨v.h. Am. leger⟩.
olive drab[2] ⟨bn.⟩ **0.1** ***grijsbruin*** ⇒*olijfgrijs* ⟨kleur v.h. Am. legeruniform⟩.
'olive 'green ⟨telb. en n.-telb.zn.⟩ **0.1** ***olijfgroen/kleur*** ⇒*geelachtig groen.*
olive-green ⟨bn.⟩ **0.1** ***olijfgroen*** ⇒*geelgroen, olijfkleurig.*
o·liv·e·nite [ɒ'lɪvənaɪt‖oʊ-]⟨n.-telb.zn.⟩⟨schei.⟩ **0.1** ***oliveniet.***
'olive 'oil ⟨f1⟩⟨n.-telb.zn.⟩ **0.1** ***olijfolie.***
'olive tree ⟨f1⟩⟨telb.zn.⟩⟨plantk.⟩ **0.1** ***olijfboom*** ⟨Olea europaea⟩.
'olive tree 'warbler ⟨telb.zn.⟩⟨dierk.⟩ **0.1** ***Griekse spotvogel*** ⟨Hippolais olivetorum⟩.
ol·i·vine ['ɒlɪvi:n‖'ɑ-]⟨zn.⟩
I ⟨telb.zn.⟩ **0.1** ***chrysoliet*** ⇒*krysoliet, peridoot* ⟨edelsteen v. olivijn⟩;
II ⟨n.-telb.zn.⟩⟨geol.⟩ **0.1** ***olivijn*** ⇒*olivien* ⟨mineraal⟩.
o·lla po·dri·da ['ɒlə pɒ'dri:də‖'ɑlə pə-]⟨telb.zn.; ook ollas podridas;→mv. 6⟩ **0.1** ***olla podrida*** ⇒*hutspot* **0.2** ***mengelmoes*** ⇒*hutspot, olla podrida, allegaartje, ratjetoe, poespas.*
olm [oʊlm]⟨telb.zn.⟩ **0.1** ***olm*** ⇒*grotsalamander* ⟨Proteus anguinus⟩.
-ol·o·gist →-logist.
ol·o·gy ['ɒlədʒi‖'ɑ-]⟨telb.zn.;→mv. 2⟩⟨inf.⟩ **0.1** ***ologie*** ⇒*wetenschap, theorie, doctrine.*
-ology →-logy.
olo·ro·so ['ɒlə'roʊsoʊ, 'oʊ-]⟨telb. en n.-telb.zn.⟩ **0.1** ***oloroso*** ⟨soort sherry⟩.
O·lym·pi·ad [ə'lɪmpiæd]⟨telb.zn.; ook o-⟩ **0.1** ***olympiade*** ⟨periode v. vier jaar tussen de Griekse Olympische spelen⟩ **0.2** ***olympiade*** ⟨internationale sportwedstrijd⟩.
O·lym·pi·an[1] [ə'lɪmpɪən]⟨telb.zn.⟩ **0.1** ***olympiër*** ⟨ook fig.⟩ **0.2** ***deelnemer aan de Griekse Olympische spelen.***
Olympian[2] ⟨bn.⟩ **0.1** ***olympisch*** ⟨ook fig.⟩ ⇒*goddelijk, superieur, verheven, majestueus; ongenaakbaar, minzaam* **0.2** ***olympisch*** ⇒*van/voor de Olympische spelen* ◆ 1.1 ~ calm *olympische kalmte.*
O·lym·pic [ə'lɪmpɪk]⟨f2⟩⟨bn., attr.⟩ **0.1** ***Olympisch*** ⇒*mbt. de Olympische Spelen* **0.2** ***Olympisch*** ⇒*v. Olympia* ◆ 1.1 the ~ Games *de Olympische Spelen;* the ~ torch *de Olympische fakkel.*
O·lym·pics [ə'lɪmpɪks]⟨f1⟩⟨mv.; (the)⟩ **0.1** ***Olympische Spelen*** **0.2** ***olympiade.***
O·lym·pus [ə'lɪmpəs]⟨eig.n.; the⟩ **0.1** ***Olympus*** ⇒*hemel, godenverblijf.*
OM ⟨afk.⟩ (Member of the) Order of Merit ⟨BE⟩.
O & M ⟨afk.⟩ organisation and methods.
-o·ma ['oʊmə] **0.1** ***-oom*** ⟨vormt namen v. tumors⟩ ◆ ¶.1 carcinoma *carcinoom;* fibroma *fibroom.*
om·a·dhaun ['ɒmədɔ:n‖'ɑmədən]⟨telb.zn.⟩⟨IE⟩ **0.1** ***idioot*** ⇒*gek.*
o·ma·sum [oʊ'meɪsəm]⟨telb.zn.; omasa [-sə];→mv. 5⟩⟨dierk.⟩ **0.1** ***boekmaag*** ⇒*bladmaag, boekpens.*
-o·mat [əmæt] **0.1** ***-omaat*** ⟨vormt namen v. toestellen met betaalautomaten⟩ ◆ ¶.1 laundromat *wasserij met zelfbediening.*
OMB ⟨afk.⟩ Office of Management & Budget.
om·bre, om·ber, hom·bre ['ɒmbrə‖'ɑmbər]⟨n.-telb.zn.⟩⟨kaartspel⟩ **0.1** ***omber(spel).***
om·bro- ['ɒmbroʊ-] **0.1** ***ombro-*** ⇒*regen-* ◆ ¶.1 ombrometer *ombrometer, regenmeter.*
om·buds·man ['ɒmbʊdzmən‖'ɑm-]⟨f1⟩⟨telb.zn.; ombudsmen [-mən];→mv. 3; ook O-⟩ **0.1** ***ombudsman.***
om·buds·man·ship ['ɒmbʊdzmənʃɪp‖'ɑm-]⟨n.-telb.zn.⟩ **0.1** ***ombudsmanschap.***
'om·buds·wom·an ⟨telb.zn.⟩ **0.1** ***ombudsvrouw.***
-ome [-oʊm]⟨biol.⟩ **0.1** ***-oom*** ⟨vormt namen v. groepen, groepsdelen en substanties⟩ ◆ ¶.1 trichome *trichoom* ⟨haar op opperhuid v. planten⟩.
o·me·ga ['oʊmɪgə‖oʊ'megə, -'meɪ-]⟨telb.zn.⟩ **0.1** ***omega*** ⟨24e en laatste letter v.h. Griekse alfabet⟩ ⇒⟨fig.⟩ *slot, besluit, afloop, afwikkeling.*
om·e·let(te) ['ɒmlɪt‖'ɑm-]⟨f1⟩⟨telb.zn.⟩⟨→sprw. 767⟩ **0.1** ***omelet*** ◆ 2.1 savoury ~ *kruidenomelet;* sweet ~ *omelet met suiker/jam.*
o·men[1] ['oʊmən]⟨f2⟩⟨telb.zn.⟩ **0.1** ***omen*** ⇒*voorteken, voorgevoel, voorspelling, teken aan de wand, aankondiging, voorbode* ◆ 2.1 be of good ~ *een gunstig voorteken zijn.*
omen[2] ⟨ov.ww.⟩ **0.1** ***voorspellen*** ⇒*een voorteken zijn van, aankondigen; waarzeggen, profeteren.*
o·men·tal [oʊ'mentəl]⟨bn., attr.⟩⟨anat.⟩ **0.1** ***v. h. omentum*** ⇒*voor/mbt. het omentum.*
o·men·tum [oʊ'mentəm]⟨telb.zn.; ook omenta [-'mentə];→mv. 5⟩⟨anat.⟩ **0.1** ***omentum*** ⇒*net, darmscheil.*
om·i·cron [oʊ'maɪkrən‖'ɑmɪkrɑn]⟨telb.zn.⟩ **0.1** ***o-mikron*** ⟨15e letter v.h. Griekse alfabet⟩ ⇒*Griekse o.*
om·i·nous ['ɒmɪnəs‖'ɑ-]⟨f2⟩⟨bn.; -ly; -ness⟩ **0.1** ***veelbetekenend*** ⇒*veelzeggend, voorspellend, omineus* **0.2** ***onheilspellend*** ⇒*dreigend* ◆ 6.2 ~ **of** calamity *een ramp voorspellend.*
o·mis·si·ble [ə'mɪsəbl]⟨bn.⟩ **0.1** ***weglaatbaar*** ⇒*verwaarloosbaar.*
o·mis·sion [ə'mɪʃn]⟨f1⟩⟨zn.⟩
I ⟨telb.zn.⟩ **0.1** ***weglating*** ⇒*omissie, uitlating; verwaarlozing, verzuim, veronachtzaming;*
II ⟨n.-telb.zn.⟩ **0.1** ***het weglaten*** ⇒*het overslaan, het verwaarlozen, het verzuimen, het nalaten* ◆ 1.1 sins of ~ and commission *zonden door verzuim en doorwerken.*
o·mis·sive [ə'mɪsɪv]⟨bn.; -ly⟩ **0.1** ***nalatig*** ⇒*onachtzaam; verwaarlozend, verzuimend, veronachtzamend, weglatend.*
o·mit [ə'mɪt]⟨f2⟩⟨ov.ww.;→ww. 7⟩ **0.1** ***weglaten*** ⇒*uitlaten, omitteren, overslaan* **0.2** ***verzuimen*** ⇒*nalaten, verwaarlozen, veronachtzamen, over het hoofd zien* ◆ 6.1 ~ all insinuations **from** a speech *alle insinuaties in een toespraak achterwege laten.*
om·ma·tid·i·um ['ɒmə'tɪdɪəm‖'ɑmə-]⟨telb.zn.; ommatidia [-dɪə];→mv. 5⟩⟨dierk.⟩ **0.1** ***ommatidium*** ⟨afzonderlijk element v. facetoog⟩.
om·ni- ['ɒmni‖'ɑmni] **0.1** ***omni-*** ⇒*allen-/alles-, overal, algemeen, universeel* ◆ ¶.1 omnicompetent *met alle bevoegdheden;* omnific *allesscheppend;* omnigenious *alzijdig, van/met alle soorten/variëteiten.*
om·ni·bus[1] ['ɒmnɪbəs‖'ɑm-]⟨f1⟩⟨telb.zn.⟩ **0.1** ⟨vero.⟩ ***(auto)bus*** **0.2** ⟨boek.⟩ ***omnibus(uitgave).***
omnibus[2] ⟨bn., attr.⟩ **0.1** ***omnibus-*** ⇒*verzamel-* ◆ 1.1 ⟨elek.⟩ ~ bar *verzamelrail;* ~ bill *verzamel(wets)ontwerp;* ~ book/edition/volume *omnibus(uitgave);* ~ box *avant-scène* ⟨in theater⟩; ~ clause *omnibusclausule;* ~ train *boemeltrein, stoptrein.*
om·ni·di·rec·tion·al ['ɒmnɪdɪ'rekʃnəl‖'ɑmnidaɪ-]⟨bn.⟩ **0.1** ***alzijdig-gericht*** ⟨v. zender/ontvanger⟩.

om·ni·fac·et·ed [-'fæsɪṭɪd]⟨bn.⟩ **0.1** ***alzijdig*** *⇒allesomvattend.*
om·ni·far·i·ous [-'feəriəs‖-fer-]⟨bn.; -ly; -ness⟩ **0.1** ***alzijdig*** *⇒veelsoortig, veelzijdig, veelvormig.*
om·ni·fo·cal [-'foʊkl]⟨bn.⟩ **0.1** ***omnifocaal.***
om·nip·o·tence [ɒm'nɪpətəns‖ɑm'nɪpəṭəns]⟨f1⟩⟨n.-telb.zn.⟩ **0.1** ***almacht*** *⇒alvermogen, almogendheid, omnipotentie.*
om·nip·o·tent [ɒm'nɪpətənt‖ɑm'nɪpəṭənt]⟨f1⟩⟨bn.; -ly⟩ **0.1** ***almachtig*** *⇒al(ver)mogend, omnipotent* ◆ **7.1** the Omnipotent *de Almachtige, God.*
om·ni·pres·ence ['ɒmni'prezns‖'ɑmni-]⟨f1⟩⟨n.-telb.zn.⟩ **0.1** ***alomtegenwoordigheid*** *⇒omnipresentie.*
om·ni·pres·ent [-'preznt]⟨f1⟩⟨bn.; -ly⟩ **0.1** ***alomtegenwoordig*** *⇒overal aanwezig.*
om·nis·cience [ɒm'nɪʃns‖ɑm-]⟨f1⟩⟨n.-telb.zn.⟩ **0.1** ***alwetendheid.***
om·nis·cient [ɒm'nɪʃnt‖ɑm-]⟨f1⟩⟨bn.; -ly⟩ **0.1** ***alwetend*** ◆ **7.1** the Omniscient *de Alwetende, God.*
om·ni·um-gath·er·um ['ɒmnɪəm'gæðərəm‖'ɑm-]⟨telb.zn.⟩ **0.1** ***allegaartje*** *⇒mengelmoes, hutspot, zootje, ratjetoe.*
om·ni·vore ['ɒmnɪvɔː‖'ɑmnɪvər]⟨telb.zn.⟩⟨dierk.⟩ **0.1** ***omnivoor*** *⇒alleseter.*
om·niv·o·rous [ɒm'nɪvərəs‖ɑm-]⟨bn.; -ly; -ness⟩⟨dierk.; ook fig.⟩ **0.1** ***allesetend*** ◆ **1.1** an ~ reader *een allesverslindende lezer.*
om·pha·lo- ['ɒmfəloʊ‖'ɑm-]⟨anat.⟩ **0.1** ***navel-*** ◆ **¶.1** omphalotomy *het doorsnijden v.d. navelstreng;* omphalocele *navelbreuk.*
om·pha·los ['ɒmfəlɒs‖'ɑmfəlɑs]⟨telb.zn.; omphali [-laɪ]; →mv. 5⟩ **0.1** ***ronde verhevenheid*** ⟨in midden v. schild⟩ **0.2** ***omphalos*** ⟨kegelvormige steen in Delphi, beschouwd als centrum v.d. wereld⟩ **0.3** ***centrum*** *⇒midden, middelpunt, naaf* **0.4** ⟨anat.⟩ ***navel.***
on[1] [ɒn‖ɑn]⟨n.-telb.zn.; the⟩ **0.1** ***on side*** ⟨deel v. cricketveld links v.e. rechtshandige slagman⟩.
on[2] ⟨f3⟩⟨bn.⟩
I ⟨bn., attr.⟩⟨cricket⟩ **0.1** ***on-*** *⇒aan de on side v.d. wicket;*
II ⟨bn., pred.⟩ **0.1** ***aan(gesloten)*** *⇒ingeschakeld, ingedrukt, open* **0.2** ***aan de gang*** *⇒gaande, te doen* **0.3** ***op*** ⟨toneel⟩ **0.4** ***aan de beurt*** *⇒dienstdoend;* ⟨i.h.b. cricket⟩ *bowlend* **0.5** ⟨sl.⟩ ***blauw*** *⇒aangeschoten, zat, in de olie* **0.6** ⟨beurs⟩ ***stijgend*** ◆ **1.1** I think one of the taps is ~ *ik denk dat er een kraan open staat;* the telly is always ~ there *daar staat de t.v. altijd aan* **1.2** the match is ~ *de wedstrijd is aan de gang* **1.6** oil ~ to $16 *olie stijgt tot $16* **3.3** you're ~ in five minutes *je moet over vijf minuten op* **3.4** be ~ *aan de beurt zijn, dienst hebben, werken;* ⟨cricket⟩ *bowlen* ⟨v. bowler⟩ **3.¶** ⟨inf.⟩ be ~ *willen meedoen, goedvinden/keuren; gokken, wedden; doorgaan; er mee door kunnen* ⟨v. plan⟩; *acceptabel zijn;* I'm ~! *o.k., ik doe mee;* the match is ~ for Sunday *de wedstrijd zal zondag gespeeld worden;* your plan is not ~ *je plan (netje) gaat niet door; je plan kon er niet mee door;* the wedding is ~ *de trouwpartij gaat door;* you're ~ *daar houd ik je aan!* **4.2** what's ~ tonight? *wat is er vanavond te doen?, welke film draait er vanavond?, wat is er op t.v. vanavond?* **¶.4** ⟨sl.⟩ ~ *in beeld.*
on[3] ⟨f4⟩⟨bw.; vaak predikatief⟩ **0.1** ***in werking*** *⇒aan, in functie* **0.2** ⟨v. kledingstukken⟩ ***aan*** *⇒gekleed in, bekleed met* **0.3** ⟨vordering in tijd of ruimte⟩ ***verder*** *⇒later, voort, door* **0.4** ⟨plaats- of richtingaanduidend; ook fig.⟩ ***op*** *⇒tegen, aan, toe* ◆ **1.3** five years ~ *vijf jaar na dato/later* **1.4** end ~ *met de achterkant naar voren (gericht);* they collided head ~ *ze botsten frontaal, ze reden recht op elkaar in* **3.1** leave the light ~ *het licht aan laten;* put a record ~ *zet een plaat op;* turn the lights ~ *steek het licht aan* **3.2** she's got a funny hat ~ *ze heeft een rare hoed op;* he had a white suit ~ *hij droeg een wit pak;* put ~ your new dress *trek je nieuwe jurk aan* **3.3** come ~! *haast je wat!, schiet op!;* go ~! *ga maar door, toe!;* the circus is moving ~ *het circus trekt verder;* slept ~ through the noise *sliep door het lawaai heen;* speak ~ *dóórpraten, door blijven praten;* they travelled ~ for miles *ze reisden vele mijlen verder;* wait ~ *blijven wachten* **3.4** she looked ~ *ze keek toe* **3.¶** →be on; →have on **5.3** later ~ *later;* and so ~ *enzovoort, etcetera;* well ~ into the night *diep in de nacht;* well ~ in years *op gevorderde leeftijd* **5.¶** ~ and off *af en toe, v. tijd tot tijd, (zo) nu en dan* **6.¶** it's getting ~ **for** 4 o'clock *het loopt (al) tegen vieren* **8.3** (talk) ~ and ~ *alsmaar door/zonder onderbreking (praten)* **¶.3** ~! *vooruit!;* from that moment ~ *vanaf dat ogenblik.*
on[4], ⟨meer schr., in sommige uitdr. en in bet. 0.7⟩ **upon,** ⟨verk.⟩ **'pon** ⟨f4⟩⟨vz.⟩ **0.1** ⟨plaats of richting; ook fig.⟩ ***op*** *⇒in, aan, bovenop* **0.2** ⟨nabijheid of verband; ook fig.⟩ ***bij*** *⇒nabij, aan, verbonden aan* **0.3** ⟨tijd⟩ ***op*** *⇒bij* **0.4** ⟨toestand⟩ ***in*** *⇒met* **0.5** ***over*** *⇒met betrekking tot, aangaande, betreffende* **0.6** ***ten koste van*** *⇒op kosten van, in het nadeel v.* **0.7** ⟨middel⟩⟨vero.⟩ ***door*** *⇒aan* ◆ **1.1** ~ good authority *uit betrouwbare bron;* the sun revolves ~ its axis *de zon draait om haar as;* swear ~ the Bible *bij de Bijbel zweren;* live ~ bread and water *leven v. water en brood;* ride ~ a bus *met de bus gaan;* stand ~ the chair *op de stoel staan;* ⟨schr.⟩ the Madonna smiled ~ her child *de Madonna keek glimlachend neer op haar kind;* sleep was still ~ the child *het kind was slaapdronken;* stay ~ course *koers houden;* start ~ a new course *v. koers veranderen, een nieuwe koers inslaan;* a stain ~ her dress *een vlek op haar jurk;* they marched ~ the enemy *ze marcheerden op de vijand af;* lean ~ a friend *steunen op een vriend;* fate smiled ~ Jill *het lot was Jill gunstig gezind;* hurt herself ~ the ledge *bezeerde zich aan de rand;* upon my life *bij mijn leven;* pay off a sum ~ the loan *een som op de lening afbetalen;* play ~ the piano *(op de) piano spelen;* gain six pence ~ the pound *zes pence op een pond winnen;* war ~ poverty *oorlog tegen de armoede;* a hit ~ the screen *een succes op het scherm;* a shop ~ the main street *een winkel in de hoofdstraat;* he had just come ~ the town *hij was nieuw in de stad;* encounter trial upon trial *de ene beproeving na de andere doorstaan;* hang ~ the wall *aan de muur hangen* **1.2** the dog's ~ the chain *de hond ligt aan de ketting;* ~ one condition *op een voorwaarde;* ~ the east *naar het oosten;* ~ your right *aan de rechterkant;* a house ~ the river *een huis bij de rivier;* ~ the side of the building *opzij van het gebouw;* she works ~ the town *ze werkt bij de gemeente* **1.3** ~ his departure *bij zijn vertrek;* arrive ~ the hour *op het uur aankomen;* pay ~ receipt of the goods *betaal bij ontvangst van de goederen;* come ~ Tuesday *kom dinsdag* **1.4** the patient is ~ antibiotics *de patiënt krijgt antibiotica;* cut ~ the bias *schuin gesneden;* ~ sale *te koop;* beer ~ tap *bier uit het vat;* ~ trial *op proef;* business is ~ the way down *de zaken gaan slecht* **1.5** be at variance ~ the implications *van mening verschillen over de implicaties;* a satire ~ city life *een satire op het stadsleven;* take pity ~ the poor *medelijden hebben met de armen;* have a monopoly ~ shoes *een monopolie hebben van schoenen;* agree ~ a solution *tot een akkoord komen over een oplossing;* work ~ a sum *aan een som werken;* ⟨gew.⟩ be jealous ~ the winner *jaloers zijn op de winnaar* **1.6** she left ~ her husband and children *ze liet haar man en kinderen in de steek;* the strain told ~ John *John was getekend door de spanning;* the joke was ~ Mary *de grap was ten koste van Mary;* his work has nothing ~ Mary's *zijn werk haalt het niet bij dat van Mary;* she has a year ~ her opponents in age *ze is een jaar ouder dan haar tegenkandidaten* **1.7** ~ the hand of a woman *door toedoen van een vrouw;* he died ~ my sword *hij stierf door mijn zwaard* **3.1** the charge ~ parking *het tarief om te parkeren, het parkeertarief* **3.2** ⟨vero.⟩ he was upon leaving *hij stond op het punt te vertrekken* **3.3** ~ opening the door *bij het openen v.d. deur;* upon reading the letter she fainted *(net) toen ze de brief gelezen had viel ze flauw* **3.¶** →be on **4.1** I had no money ~ me *ik had geen geld op zak* **4.2** winter is ~ us *de winter staat voor de deur* **4.6** the glass fell and broke ~ me *tot mijn ergernis viel het glas en brak;* don't you do that ~ me *doe mij dat niet aan;* this round is ~ me *dit rondje is voor mij/op mijn kosten* **5.2** just ~ sixty people *amper zestig mensen.*
-on [ɒn, ən‖ɑn]⟨vormt zelfst. nw.⟩⟨nat., schei.⟩ **0.1** ***-on*** ◆ **¶.1** neutron *neutron;* photon *foton;* interferon *interferon.*
ON ⟨afk.⟩ Old Norse ⟨taalk.⟩.
'on-a·gain, 'off-a·gain ⟨bn., attr.⟩⟨vnl. AE⟩ **0.1** ***wisselvallig*** *⇒nu-weer-wel-dan-weer-niet, geen peil op te trekken.*
on·a·ger ['ɒnədʒə‖'ɑnədʒər]⟨telb.zn.⟩ **0.1** ⟨dierk.⟩ ***onager*** ⟨wilde Aziatische ezel; Equus onager⟩ **0.2** ***onager*** ⟨oud krijgswerktuig⟩.
'on-and-'off·ish ⟨bn.⟩⟨inf.⟩ **0.1** ***op en af*** *⇒wispelturig, onbetrouwbaar.*
o·nan·ism ['oʊnənɪzm]⟨n.-telb.zn.⟩ **0.1** ***onanie*** *⇒masturbatie, zelfbevrediging* **0.2** ⟨bijb.⟩ ***coïtus interruptus.***
o·nan·ist ['oʊnənɪst]⟨telb.zn.⟩ **0.1** ***onanist.***
o·nan·is·tic ['oʊnə'nɪstɪk]⟨bn.⟩ **0.1** ***onanistisch*** *⇒mbt. onanie.*
'on-ball ⟨telb.zn.⟩⟨biljarten⟩ **0.1** ***aanspeelbal*** *⇒aan te spelen bal.*
'on·board ⟨bn., attr.⟩ **0.1** ***aan boord*** *⇒boord-* ◆ **1.1** ~ computer *boordcomputer.*
ONC ⟨afk.⟩ Ordinary National Certificate ⟨BE⟩.
once[1] [wʌns]⟨telb.zn.⟩ **0.1** ***één keer/maal*** ◆ **7.1** he only said it the ~ *hij zei het maar één keer;* that/this ~ *die/deze ene keer.*
once[2] ⟨f1⟩⟨bn., attr.⟩ **0.1** ***vroeger*** *⇒voorbij, gewezen* ◆ **1.1** Arthur, the ~ and future king *Arthur, koning voor eens en altijd;* the ~ popular artist *de eens zo populaire kunstenaar;* the ~ trade centre of the nation *het voormalige handelscentrum v.h. land.*
once[3] ⟨f4⟩⟨bw.⟩ **0.1** ***eenmaal*** *⇒eens, één keer* **0.2** ***vroeger*** *⇒ooit, ooit eens* ◆ **5.1** ~ again/more *opnieuw, nogmaals, weer, nog eens;* ~ too often *een keer teveel;* ~ or twice/~ and again *een paar keer, zo nu en dan, af en toe, van tijd tot tijd* **5.¶** (for) ~ and away *definitief, voorgoed; af en toe, nu en dan, van tijd tot tijd* **6.1** (all) **at** ~ *tegelijk(ertijd), samen;* (just) **for** (this) ~ *(net) (voor) deze/die éne keer;* ~ and **for** all *voorgoed, definitief, voor eens en altijd; voor de laatste keer;* **(for)** ~ **in** a while/⟨BE⟩ way *een enkele keer, zelden;* (every) ~ **in** a while *van tijd tot tijd, af en toe, nu en dan* **6.2** ~ **upon** a time there was a beautiful princess *er was*

eens een mooie prinses **6.¶ at** ~ *onmiddellijk, meteen, dadelijk;* all **at** ~ *plots(eling), eensklaps, in/opeens.*
once[4] ⟨f3⟩ ⟨ondersch.vw.⟩ **0.1** ***eens (dat)*** *⇒als eenmaal, zodra* ◆ **8.1** ~ that you insult me I'll leave you for good *als je mij eenmaal beledigt zal ik voorgoed vertrekken* **¶.1** ~ she had noticed she distrusted them in everything *toen zij het gemerkt had wantrouwde zij hen in alles.*
'once-and-for-all ⟨bn., attr.⟩ **0.1** ***allerlaatste.***
'once-marked ⟨bn., attr.⟩ ⟨muz.⟩ **0.1** ***ééngestreept.***
'once-over ⟨n.-telb.zn.⟩ ⟨inf.⟩ **0.1** ***kijkje*** *⇒vluchtig overzicht, globale inspectie* **0.2** ***vluchtige afwerking*** ◆ **3.1** give s.o. the ~ *iem. globaal opnemen, iem. vluchtig bekijken.*
onc·er ['wʌnsə‖-ər]⟨telb.zn.⟩ **0.1** ⟨inf.⟩ ***iem. die éénmaal iets doet*** *⇒*⟨i.h.b.⟩ *iem. die éénmaal per week naar de kerk gaat* **0.2** ⟨BE; sl.⟩ ***briefje v. één pond.***
on·co- ['ɒŋkoʊ‖'ɑŋkoʊ]⟨med.⟩ **0.1** ***onco-*** *⇒gezwel-, tumor-* ◆ **¶.1** oncogenic, oncogenous *oncogeen, gezwellen veroorzakend.*
on·co·gene ['ɒŋkoʊdʒi:n‖'ɑŋ-]⟨telb.zn.⟩ ⟨med.⟩ **0.1** ***oncogen*** ⟨gezwellen veroorzakend gen⟩.
on·co·ge·nic·i·ty ['ɒŋkoʊdʒə'nɪsəti‖'ɑŋkoʊdʒə'nɪsət̬i]⟨n.-telb.zn.⟩ ⟨med.⟩ **0.1** ***oncogeniciteit.***
on·col·o·gy [ɒŋ'kɒlədʒi‖ɑŋ'kɑ-]⟨n.-telb.zn.⟩ ⟨med.⟩ **0.1** ***oncologie*** *⇒leer v.d. gezwellen.*
'on·com·ing[1] ⟨telb.zn.⟩ ⟨vero.⟩ **0.1** ***nadering*** *⇒(aan)komst/tocht.*
oncoming[2] ⟨f1⟩ ⟨bn., attr.⟩ **0.1** ***naderend*** *⇒aanstaand* **0.2** ***tegemoetkomend*** ⟨ook fig.⟩ ◆ **1.1** the ~ shift *de opkomende ploeg* ⟨bij werk in ploegen⟩; the ~ war *de op handen zijnde oorlog* **1.2** ~ traffic *tegenliggers.*
on·cost ['ɒnkɒst‖'ɑn-]⟨telb.zn.⟩ ⟨BE⟩ **0.1** ***algemene/vaste (on)kosten.***
on dit ['ɒn'di:‖'ɔ̃'di:]⟨telb.zn.⟩ **0.1** ***gerucht*** *⇒geroddel, praatje.*
'on-drive[1] ⟨telb.zn.⟩ ⟨cricket⟩ **0.1** ***slag in de on.***
on-drive[2] ⟨ov.ww.⟩ ⟨cricket⟩ **0.1** ***in de on slaan*** ⟨bal⟩.
one[1] [wʌn]⟨f4⟩ ⟨telb.zn.⟩ **0.1** ***één*** *⇒*⟨ben. voor⟩ *iets ter grootte/waarde v. één* ◆ **1.1** the figure ~ *het cijfer één;* by ~s and twos *alleen of in groepjes v. twee;* ⟨fig.⟩ *heel geleidelijk, druppelsgewijze* **3.1** ⟨spel⟩ draw/throw a ~ *een één trekken/gooien* **6.1** these come only **in** ~s *deze worden alleen in verpakkingen v. één/per stuk verkocht* **7.1** ⟨inf.⟩ I've got four ~s *ik heb vier biljetten v. één* **¶.¶** ⟨sl.⟩ ~ and only *lief(je).*
one[2], ⟨in bet. I 0.1 en I 0.2 inf. ook⟩ **'un** [ən]⟨f4⟩ ⟨vnw.⟩
I ⟨onb.vnw.; →onbepaald woord⟩ **0.1** ⟨als pro-vorm v. nw.; meestal onvertaald⟩ ***(er) een*** *⇒*⟨ben. voor⟩ *(er) eentje* ⟨grap, verhaal, drankje, slag, snuiter enz.⟩ **0.2** ⟨schr.⟩ ***men*** **0.3** ⟨vero.⟩ ***iemand*** ◆ **1.1** what kind of a ~ do you want? *welke soort wil je?* **2.1** the best ~s *de beste(n);* like ~ dead *als een dode;* ⟨schr.⟩ many a ~ *vele(n);* ⟨inf.⟩ you are a nice ~ *jij bent me d'r eentje, een fraaie jongen ben jij* **3.1** give him ~ *geef hem er een van; geef hem een optater;* let's have (a quick) ~ *laten we er (gauw) eentje gaan drinken* **3.2** ~ must never pride ⟨BE⟩ oneself/⟨AE⟩ himself on ⟨BE⟩ one's/⟨AE⟩ his achievements *men mag nooit trots zijn/prat gaan op zijn prestaties* **3.3** ~ entered and announced the king's arrival *er kwam iemand binnen en kondigde 's konings komst aan* **5.1** the One above *de Heer hierboven;* I'll go him ~ better *ik zal hem een slag voor zijn/overtroeven;* never a ~ *geen enkele;* he was ~ **up** on me *hij was me een slag voor, hij was me net de baas* **6.1** the ~ **about** the generous Scot *die mop/dat verhaal over de vrijgevige Schot;* he's a ~ **for** music *hij is een muziekliefhebber;* this ~'s **on** me *ik trakteer* **7.1** this ~ *deze hier;* you are a ~ *je bent me d'r eentje;*
II ⟨telw.; →telwoord⟩ **0.1** ***één*** ◆ **3.1** become ~ *één worden, samenvallen/smelten* **4.1** ~ after another *een voor een, de een na de andere;* ~ or another *de ene of de andere;* ~ or two *één of twee, een paar* **4.¶** ~ and all *iedereen, jan en alleman, alle(n) zonder uitzondering;* →one another; ~ with another *door elkaar genomen, samengenomen;* ⟨inf.⟩ have/be ~ over the eight *er eentje te veel op hebben, dronken zijn;* I was ~ too many for him *ik was hem te sterk/te slim af/de baas, mij kon hij niet aan* **5.¶** ⟨vero.; inf.⟩ like ~ o'clock *als een dolle/gek, energiek* **6.1** he and I are **at** ~ (with one another) *hij en ik zijn het (roerend) eens (met elkaar);* ~ **by** ~ *een voor een, de een na de ander;* ~ **of** the members *een v.d. leden;* ~ **to** ~ *één op/tegen één;* ~ **to** ~ match *één op één/puntsgewijze overeenkomst;* I am ~ **with** the Father *ik ben één/verenigd met de Vader;* I am ~ **with** you in your sorrow *ik voel met je mee* **6.¶** I, **for** ~, will refuse *ik, tenminste/bij voorbeeld, zal weigeren;* (all) **in** ~ *(allemaal) tegelijkertijd/gecombineerd;* ⟨inf.⟩ done it **in** ~! *in één keer!, de eerste keer goed!* **8.1** as ~ *als één man* **¶.1** ⟨gew.⟩ go with John or stay at home, ~ *ga met John mee of blijf thuis, één v.d. twee.*
one[3] ⟨f4⟩ ⟨det.⟩
I ⟨onb.det.; →onbepaald woord⟩ **0.1** ***een zeker(e)*** *⇒één of ander (e), ene* ◆ **1.1** ~ day he left *op een goeie dag vertrok hij;* we'll meet again ~ day *we zullen elkaar ooit weer ontmoeten;* ~ Mr Smith called for you *een zekere Mr Smith heeft jou gebeld;*
II ⟨telw.; →telwoord⟩ **0.1** ***één*** *⇒enig;* ⟨fig.⟩ *de/hetzelfde, ondeelbaar, verenigd;* ⟨als versterker⟩ ⟨AE; inf.⟩ *enig, hartstikke* ◆ **1.1** this is ~ good book *dit is een hartstikke goed/keigoed boek;* it all went to make ~ cake *het werd allemaal gebruikt om één en dezelfde taart te maken;* from ~ chore to another *v.h. ene klusje naar het andere;* they are all ~ colour *ze hebben allemaal dezelfde kleur;* that's ~ comfort *dat is toch één troost;* ~ day out of six *één op de zes dagen, om de zes dagen;* ~ man in a ten thousand *bijna niemand;* my hammer is the ~ thing of all others that I need now *en het is uitgerekend mijn hamer die ik nu nodig heb* **1.¶** for ~ thing *ten eerste; (al was het) alleen maar omdat;* neither ~ thing nor the other *vis noch vlees, het een noch het ander* **2.1** my ~ and only friend *mijn enige echte vriend;* the ~ and only truth *de alleenzaligmakende waarheid;* ~ and the same thing *één en dezelfde zaak, precies hetzelfde.*
-one [oʊn]⟨vormt zelfst. nw.⟩ ⟨schei.⟩ **0.1** ⟨geeft ketonen aan⟩ ***-on*** ◆ **¶.1** acetone *aceton;* ketone *keton.*
'one-'act·er ⟨telb.zn.⟩ **0.1** ***eenakter.***
'one an'other ⟨f3⟩ ⟨wkg.vnw.⟩ **0.1** ***elkaar*** *⇒elkander, mekaar* ◆ **3.1** they loved ~ *ze hielden v. elkaar.*
'one-'armed ⟨f1⟩ ⟨bn.⟩ **0.1** ***eenarmig*** ◆ **1.1** ⟨inf.⟩ ~ bandit *eenarmige bandiet* ⟨gokautomaat⟩.
'one-bag·ger ⟨telb.zn.⟩ ⟨sl.; honkbal⟩ **0.1** ***honkslag.***
'one-base 'hit ⟨telb.zn.⟩ ⟨honkbal⟩ **0.1** ***honkslag.***
'one-de'sign ⟨bn., attr.⟩ ⟨zeilsport⟩ **0.1** ***uit de eenheidsklasse.***
'one-dol·lar 'bill ⟨telb.zn.⟩ **0.1** ***dollarbiljet.***
'one 'down ⟨telb.zn.⟩ ⟨sl.⟩ **0.1** ***het eerste dat tot stand gebracht is*** **0.2** ***eerste hindernis die genomen is.***
'one-eye ⟨telb.zn.⟩ ⟨sl.⟩ **0.1** ***stommeling*** *⇒achterlijke, idioot.*
'one-'eyed ⟨f1⟩ ⟨bn.⟩ ⟨→sprw. 336⟩ **0.1** ***eenogig*** **0.2** ⟨sl.⟩ ***bekrompen*** *⇒eng* ⟨v. blik⟩.
one·fold ['wʌnfoʊld‖-'foʊld]⟨bn.⟩ **0.1** ***enkelvoudig*** *⇒in enkelvoud.*
'one-'hand·ed ⟨bn.⟩ **0.1** ***eenhandig.***
'one-horse ⟨bn., attr.⟩ **0.1** ***met één paard*** ⟨rijtuig e.d.⟩ **0.2** ⟨inf.⟩ ***derderangs*** *⇒slecht (toegerust), pover* ◆ **1.2** ~ town *gat.*
'one-i'dea'd, 'one-i'dea·ed ⟨bn.⟩ **0.1** ***beheerst door één gedachte/idee*** *⇒v. één gedachte bezeten.*
o·nei·ric [oʊ'naɪrɪk]⟨bn.⟩ **0.1** ***onirisch*** *⇒v.e. droom, hersenschimmig.*
o·nei·ro- [oʊ'naɪroʊ] **0.1** ***droom-*** *⇒oniro-, v. dromen* ◆ **¶.1** oneirocritic *droomuitlegger/verklaarder;* oneirology *droomstudie;* oneiromancy *oniromancie, droomuitlegging/voorspelling.*
'one-'legged ⟨f1⟩ ⟨bn.⟩ **0.1** ***eenbenig*** *⇒met een been* **0.2** ***eenzijdig*** *⇒ongelijk* ⟨v. strijd⟩.
'one'lin·er ⟨telb.zn.⟩ **0.1** ***(heel) korte grap/mop.***
'one-man ⟨f1⟩ ⟨bn., attr.⟩ **0.1** ***eenmans-*** *⇒eenpersoons* ◆ **1.1** ~ band *eenmansformatie, straatmuzikant;* ~ show *one-manshow, solovoorstelling.*
one·ness ['wʌnnəs]⟨f1⟩ ⟨zn.⟩
I ⟨telb.zn.⟩ **0.1** ***eenheid*** *⇒enkelvoudigheid* **0.2** ***integratie*** *⇒eenheid, homogeniteit* **0.3** ***harmonie*** *⇒eenheid, eendracht; verbondenheid, het één zijn* **0.4** ***identiteit*** *⇒eenheid, gelijkheid, onveranderlijkheid;*
II ⟨n.-telb.zn.⟩ **0.1** ***het uniek zijn*** *⇒uniciteit.*
'one-night 'stand ⟨f1⟩ ⟨telb.zn.⟩ ⟨inf.⟩ **0.1** ***eenmalig optreden/concert*** **0.2** ***eendagsvlieg*** ⟨fig.⟩ *⇒korte affaire, liefje/liefde voor een nacht.*
'one-of-a-'kind ⟨bn.⟩ **0.1** ***uniek*** *⇒eenmalig.*
'one-'off[1] ⟨telb.zn.⟩ ⟨BE⟩ **0.1** ***iets eenmaligs.***
one-off[2] ⟨bn., attr.⟩ **0.1** ***exclusief*** ⟨v. kleding, bediening⟩ *⇒uniek* **0.2** ⟨BE⟩ ***eenmalig.***
'one-on-'one ⟨bn.⟩ **0.1** ⟨sport⟩ ***één tegen één*** **0.2** ⟨AE⟩ ***individueel*** ⟨bv. mbt. onderwijs⟩.
'one-parent 'family ⟨telb.zn.⟩ **0.1** ***eenoudergezin.***
'one-'piece ⟨f1⟩ ⟨bn., attr.⟩ **0.1** ***uit één stuk*** *⇒eendelig* ◆ **1.1** ~ bathing suit *badpak* ⟨tgo. bikini⟩.
on·er ['wʌnə‖-ər]⟨telb.zn.⟩ ⟨BE; inf.⟩ **0.1** ***kraan*** *⇒baas, kei, merkwaardig/uitzonderlijk iem./iets* **0.2** ***opstopper*** *⇒harde klap.*
'one-room ⟨f1⟩ ⟨bn., attr.⟩ **0.1** ***eenkamer-*** ◆ **1.1** a ~ flat *een eenkamerwoning.*
on·er·ous ['ɒnərəs‖'ɑ-]⟨f1⟩ ⟨bn.; -ly; -ness⟩ **0.1** ***lastig*** *⇒drukkend, moeilijk* **0.2** ⟨jur.⟩ ***onereus*** *⇒bezwarend, verplichtend* ◆ **1.2** ~ property *bezwaard eigendom.*
'one-'seat·er ⟨telb.zn.⟩ **0.1** ***eenpersoons auto.***
one·self [wʌn'self]⟨f2⟩ ⟨wdk.vnw.⟩ **0.1** ***zich*** *⇒zichzelf* **0.2** ⟨→-self/-selves als nadrukwoord⟩ ***zelf*** **0.3** ***zichzelf*** *⇒zijn eigen persoon (lijkheid)* ◆ **3.1** be ~ *zichzelf zijn;* come to ~ *bijkomen, tot zichzelf komen; zichzelf worden* **3.2** better than ~ could do it *beter*

dan men het zelf zou kunnen doen **6.1 by** ~ *in z'n eentje, alleen;* pleased **with** ~ *met zichzelf ingenomen.*

'one-shot[1] ⟨telb.zn.⟩ ⟨sl.⟩ **0.1** ***eenmalige publikatie*** **0.2** ***eenmalige gebeurtenis*** **0.3** ***vrouw die eenmaal seksueel verkeer toestaat.***

one-shot[2] ⟨bn., attr.⟩ ⟨inf.⟩ **0.1** ***effectief*** ⇒*afdoende, in één keer (raak), eenmalig.*

'one-'sid·ed ⟨f1⟩ ⟨bn.; -ly; -ness⟩ **0.1** ***eenzijdig*** **0.2** ***bevooroordeeld*** ⇒*partijdig* **0.3** ***aan een kant begroeid/beplant/bebouwd*** ⟨enz.⟩ ◆ **1.3** ~ street *straat met aan een kant huizen, aan een kant bebouwde straat.*

'one-step ⟨telb.zn.⟩ **0.1** ***snelle foxtrot.***

one-'stop shop ⟨telb.zn.⟩ **0.1** ***grote supermarkt*** ⟨waar alles te koop is⟩.

one-·syl·la·ble ⟨f1⟩ ⟨bn., attr.⟩ **0.1** ***eenlettergrepig*** ⇒*monosyllabisch.*

'one-'third ⟨n.-telb.zn.⟩ **0.1** ***een derde.***

'one-time ⟨f1⟩ ⟨bn., attr.⟩ **0.1** ***voormalig*** ⇒*vroeger, oud-* **0.2** ***(voor) eenmalig (gebruik).***

'one-to-'one, ⟨in bet. 0.3 ook⟩ **'one-'one** ⟨f1⟩ ⟨bn.⟩ **0.1** ***een-op-een*** ⇒*punt voor punt* **0.2** ***individueel*** ⟨bv. mbt. onderwijs⟩ **0.3** ⟨wisk.⟩ ***isomorf*** ◆ **1.1** ~ correspondence *overeenkomst op elk punt* **1.3** ~ mapping *één-één afbeelding.*

'one-track ⟨bn., attr.⟩ **0.1** ***beperkt*** ⟨fig.⟩ ⇒*eenzijdig* ◆ **1.1** have a ~ mind *bij alles aan één ding denken.*

'one-'two ⟨f1⟩ ⟨telb.zn.⟩ ⟨inf.; sport, i.h.b. voetbal⟩ **0.1** ***één-twee (tje).***

'one-'up[1] ⟨f1⟩ ⟨bn., pred.⟩ **0.1** ⟨sport⟩ ***een (punt) voor*** **0.2** ***een stap voor*** ⇒*in het voordeel.*

one-up[2] ⟨ov.ww.⟩ **0.1** ***een stap/slag voor zijn op*** ⟨fig.⟩.

one-'up·man·ship ⟨f1⟩ ⟨n.-telb.zn.⟩ ⟨inf.⟩ **0.1** ⟨ong.⟩ ***slagvaardigheid*** ⇒*kunst de ander steeds een slag voor te zijn.*

'one-'way ⟨f2⟩ ⟨bn.⟩ **0.1** ***in één richting*** ⇒*eenrichtings-, unilateraal* **0.2** ⟨AE⟩ ***enkel*** ⟨v. (spoor)kaartje⟩ ◆ **1.1** ~ street *straat met eenrichtingverkeer, verboden in te rijden;* ~ traffic *eenrichtingverkeer* **1.2** ~ ticket (to) *enkele reis (naar), enkeltje (naar).*

'one-wom·an ⟨bn., attr.⟩ **0.1** ***one-woman*** ⇒*uit één vrouw bestaand* ◆ **1.1** a ~ ballet *een solo voor ballerina.*

'on·fall ⟨telb.zn.⟩ **0.1** ***aanval*** ⇒*bestorming, offensief.*

'on·flow ⟨telb. en n.-telb.zn.⟩ **0.1** ***(voortdurende) stroom.***

'on·glide ⟨telb.zn.⟩ **0.1** ***beginklank*** ⇒*overgangsklank, aanzet tot een klank.*

'on·go·ing ⟨f1⟩ ⟨bn., attr.; -ness⟩ **0.1** ***voortdurend*** ⇒*aanhoudend, gestadig, aan de gang; doorgaand, zich voortzettend* **0.2** ***groeiend*** ⇒*zich ontwikkelend* ◆ **1.1** ~ development of *verdere ontwikkeling v.;* ~ research *lopend onderzoek.*

'on·go·ings ⟨mv.⟩ ⟨inf.; vnl. pej.⟩ **0.1** ***gedraging*** ⇒*handelswijze* **0.2** ***gebeurtenissen*** ⇒*voorvallen, activiteiten.*

onhanger →hanger-on.

on·ion[1] ['ʌnjən] ⟨f2⟩ ⟨telb. en n.-telb.zn.⟩ **0.1** ***ui*** ⟨Allium cepa⟩ **0.2** ⟨sl.⟩ ***knikker*** ⇒*bol, kop* **0.3** ⟨sl.⟩ ***rampzalig (uitgevoerd) plan*** ◆ **3.¶** flaming ~s *kettingvormig projectiel v. afweergeschut;* ⟨sl.⟩ know one's ~s *zijn vak verstaan, van wanten weten* **6.2** be **off** one's ~ *gek zijn, niet goed snik zijn.*

onion[2] ⟨ov.ww.⟩ **0.1** ***met een ui doen tranen*** ⇒*een ui gebruiken voor.*

'onion dome ⟨telb.zn.⟩ **0.1** ***uivormig koepeldak.***

'on·ion·skin ⟨telb. en n.-telb.zn.⟩ **0.1** ***uieschil*** **0.2** ***licht doorschijnend papier*** ⇒*cellofaan.*

on·ion·y ['ʌnjəni] ⟨bn.⟩ **0.1** ***uiachtig*** ⇒*met de geur/smaak v.e. ui.*

'on-li·cence[1] ⟨telb.zn.⟩ ⟨BE⟩ **0.1** ***tapvergunning*** **0.2** ***café*** ⇒*kroeg.*

on-licence[2] ⟨bn.⟩ ⟨BE⟩ **0.1** ***met tapvergunning.***

'on-line ⟨bn.; bw.⟩ **0.1** ***on-line*** ⇒*gekoppeld* ⟨met directe communicatiemogelijkheid met centrale computer⟩.

'on·look·er ⟨f1⟩ ⟨telb.zn.⟩ **0.1** ***toeschouwer*** ⇒*(toe)kijker.*

'on·look·ing ⟨bn., attr.⟩ **0.1** ***toekijkend*** ⇒*toeschouwend.*

on·ly[1] ['oʊnli] ⟨f4⟩ ⟨bn., attr.⟩ **0.1** ***enig*** **0.2** ***best*** ⇒*(meest) geschikt, juist* ◆ **1.1** the onlie/~ begetter *de enige bewerker/verwekker/vader* ⟨naar opdracht in Shakespeare's Sonnets⟩; an ~ child *een enig kind;* we were the ~ people wearing hats *we waren de enigen met een hoed (op);* the ~ thing now is to call the police *het enige wat je nu nog kunt doen, is er de politie bijhalen* **1.2** Pete is the ~ person for this job *Pete is de enige die deze klus aankan/voor deze job geschikt is;* I think boxing is the ~ sport *voor mij is de bokssport helemaal het einde;* holidays abroad are the ~ thing these days *je moet tegenwoordig wel naar het buitenland voor je vakantie* **1.¶** you're not the ~ pebble on the beach *je bent niet alleen op de wereld, je moet ook met anderen rekening houden; er zijn ook nog anderen te krijgen* **7.1** his one and ~ friend *zijn enige echte vriend;* my one and ~ hope *de enige hoop die me nog rest.*

only[2] ⟨f4⟩ ⟨bw.⟩ **0.1** ***slechts*** ⇒*alleen (maar), maar, enkel, amper* **0.2** ⟨bij tijdsbepalingen⟩ ***pas*** ⇒*(maar) eerst, nog* ◆ **3.1** ~ think! *stel je voor!* **5.1** I've ~ just enough money *ik heb maar net genoeg geld;* she was ~ too glad *ze was wat/maar al te blij;* it was ~ too obvious *het was overduidelijk* **5.2** the train has ~ just left *de trein is nog maar net weg;* she told me ~ last week that *ze vertelde het me vorige week nog dat;* he arrived ~ yesterday *hij arriveerde gisteren pas* **7.1** ~ five minutes more *nog vijf minuten, niet meer* **8.1** if and ~ if *als en alleen als;* if ~ *als... maar, ik wou dat...;* if ~ you had come earlier! *was je maar wat vroeger gekomen!;* if ~ to/because *al was het alleen maar om;* we walked for two hours, ~ to find out the path led back to the village *we liepen twee uur, maar enkel om te ontdekken dat het pad naar het dorp terugvoerde.*

only[3] ⟨f3⟩ ⟨ondersch.vw.; beperkend⟩ **0.1** ⟨drukt tegenstelling uit⟩ ***maar*** ⇒*alleen, echter, nochtans* **0.2** ⟨voorwaardelijk⟩ ***maar*** ⇒*alleen, op voorwaarde dat, ware het niet dat, behalve dat* ◆ **¶.1** I like it ~ I cannot afford it *ik vind het mooi, maar ik kan het niet betalen* **¶.2** you can play outside, ~ don't get your clothes dirty *je mag buiten spelen, zorg er alleen voor dat je je kleren niet vuil maakt;* I would have phoned, ~ I didn't know your number *ik zou gebeld hebben maar ik wist je nummer niet.*

'on·ly·be'got·ten ⟨bn.⟩ **0.1** ***eniggeboren*** ◆ **1.1** the Only-Begotten Son *de Eniggeboren Zoon* ⟨Jezus⟩.

'on-'off ⟨bn., attr.⟩ **0.1** ***aan-(en-)uit-*** ◆ **1.1** an ~ dialogue *een dialoog die afwisselend stop- en dan weer voortgezet wordt;* ~ switch *aan-(en-)uitschakelaar.*

on·o·ma·si·ol·o·gy [ɒnoʊmeɪsɪ'ɒlədʒi‖ɑnoʊmeɪsɪ'ɑlədʒi] ⟨n.-telb.zn.⟩ ⟨taalk.⟩ **0.1** ***onomasiologie.***

on·o·mas·tic ['ɒnə'mæstɪk‖'ɑnə-] ⟨bn.⟩ ⟨taalk.⟩ **0.1** ***onomastisch*** ⇒*naamkundig.*

on·o·mas·tics ['ɒnə'mæstɪks‖'ɑnə-] ⟨n.-telb.zn.⟩ ⟨taalk.⟩ **0.1** ***onomastiek*** ⇒*naamkunde.*

on·o·ma·tope [ə'nɒmətoʊp‖'ɑnə-] ⟨telb.zn.⟩ **0.1** ***onomatopee*** ⇒*klanknabootsing.*

on·o·mat·o·poe·ia ['ɒnəmætə'pɪə‖'ɑnəmæṭə'pɪə] ⟨zn.⟩
I ⟨telb. en n.-telb.zn.⟩ **0.1** ***klanknabootsing*** ⇒*onomatopee, onomatopoësis;*
II ⟨n.-telb.zn.⟩ **0.1** ***onomatopoëtisch taalgebruik*** ⇒*gebruik v. onomatopeeën.*

on·o·mat·o·poe·ic [-'pi:ɪk], **on·o·mat·o·po·et·ic** [-poʊ'eṭɪk] ⟨bn.; -ally; →bijw. 3⟩ **0.1** ***onomatopoëtisch*** ⇒*klanknabootsend.*

on·rush ['ɒnrʌʃ‖'ɑn-] ⟨telb.zn.; vnl. enk.⟩ **0.1** ***toeloop*** ⇒*toestroming, stormloop, het voortsnellen, het komen aanstormen* **0.2** ***aanval*** ⇒*overval, bestorming* ◆ **1.1** the ~ of industrialization *de sterk toenemende industrialisering.*

on·rush·ing ['ɒnrʌʃɪŋ‖'ɑn-] ⟨bn., attr.⟩ **0.1** ***toelopend*** ⇒*toestromend, voortsnellend, aanstormend.*

on·set ['ɒnset‖'ɑn-] ⟨f2⟩ ⟨n.-telb.zn.; the⟩ **0.1** ***aanval*** ⇒*(plotselinge) bestorming* **0.2** ***begin*** ⇒*aanvang, start, aanzet* ◆ **1.2** the ~ of scarlet fever *het begin/de eerste symptomen van roodvonk* **2.2** at the first ~ *bij het (eerste) begin.*

'on'shore[1] ⟨bn., attr.⟩ **0.1** ***aanlandig*** ⇒*zee-* **0.2** ***kust-*** ⇒*aan/langs/op de kust gelegen, binnenlands* ◆ **1.1** ~ breeze *zeebries;* an ~ gale *een aanlandige stormwind* **1.2** ~ fishing *kustvisserij;* an ~ patrol *een patrouille v.d. kustwacht.*

onshore[2] ⟨bw.⟩ **0.1** ***land(in)waarts*** ⇒*naar het land/de kust toe, langs de kust* **0.2** ***aan land*** ⇒*aan (de)/op de wal.*

'on'side ⟨bn., attr.; bw.⟩ ⟨sport⟩ **0.1** ***niet off-side/buitenspel*** ◆ **1.1** an ~ player *een speler die on-side staat/zich niet in buitenspelpositie bevindt.*

'onside(s) kick ⟨telb.zn.⟩ ⟨Am. voetbal⟩ **0.1** ***korte aftrap*** ⟨om in balbezit te blijven⟩.

'on-'site ⟨bn.⟩ **0.1** ***plaatselijk*** ⇒*ter plekke* ◆ **1.1** perform an ~ inspection *een onderzoek ter plaatse uitvoeren;* ~ (cara)van *stacaravan.*

on·slaught ['ɒnslɔ:t‖'ɑn-] ⟨f1⟩ ⟨telb.zn.⟩ **0.1** ***(hevige) aanval*** ⇒*(scherpe) uitval, aanslag* ◆ **1.1** an ~ of fever *een zware koortsaanval* **2.1** her husband's verbal ~s *de woedeuitbarstingen/scheldkanonnades v. haar man* **6.1** an ~ **on** *een woeste aanval op.*

'on'stage ⟨bn.; bw.⟩ **0.1** ***op het toneel*** ⇒*op, op de planken/bühne, op het podium* ◆ **1.1** ~ experience *toneelpraktijk, ervaring als toneelspeler.*

'on-street ⟨bn., attr.⟩ **0.1** ***straat-*** ◆ **1.1** ~ parking *parkeren in de straat/op straat.*

Ont ⟨afk.⟩ Ontario.

'on-the-job-'train·ing ⟨telb. en n.-telb.zn.⟩ **0.1** ***opleiding in de praktijk.***

'on-the spot ⟨bn., attr.⟩ **0.1** ***ter plekke/plaatse*** ⇒*hier en nu.*

on to, on·to ['ɒntə, 'ɒntʊ⟨sterk⟩'ɒntu:‖'ɑnṭə, 'ɑnṭʊ⟨sterk⟩'ɑntu:] ⟨f3⟩ ⟨vz.⟩ **0.1** ⟨richting⟩ ***op*** **0.2** ***op het spoor v.*** **0.3** ⟨plaats⟩ ⟨gew.⟩ ***op*** ⇒*aan* ◆ **1.1** leapt ~ the roof *sprong op het dak* **1.2** the police

are ~ the murderer *de politie is de moordenaar op het spoor* **1.3** she wore a ribbon ~ her bonnet *ze droeg een lint aan haar kap.*
on·to·gen·e·sis ['ɒntə'dʒenɪsɪs‖'ɑnt̬ə-], **on·tog·e·ny** [ɒn'tɒdʒəni‖ɑn'tɑ-]⟨n.-telb.zn.⟩⟨biol.⟩ **0.1** ***ontogenese.***
on·to·ge·net·ic ['ɒntədʒɪ'netɪk‖'ɑnt̬ədʒɪ'net̬ɪk], **on·to·gen·ic** [-dʒi:nɪk]⟨bn.; -ally; →bijw. 3⟩⟨biol.⟩ **0.1** ***ontogenetisch*** *⇒mbt. de ontogenese.*
on·to·log·i·cal ['ɒntə'lɒdʒɪkl‖'ɑnt̬ə'lɑdʒɪkl]⟨bn.; -ly⟩ **0.1** ***ontologisch*** *⇒mbt. de zijnsleer/het zijn, zijns-* ◆ **1.1** the ~ argument for the existence of God *het ontologisch godsbewijs.*
on·tol·o·gy [ɒn'tɒlədʒi‖ɑn'tɑ-]⟨n.-telb.zn.⟩ **0.1** ***ontologie*** *⇒zijnsleer.*
o·nus ['oʊnəs]⟨f2⟩⟨n.-telb.zn.; the⟩ **0.1** ***last*** *⇒plicht, taak, verantwoordelijkheid* **0.2** ***blaam*** *⇒schuld* ◆ **1.1** the ~ of proof falls on/lies with her *het is aan haar om het bewijs te leveren;* the ~ of proof rests with the plaintiff *de bewijslast rust op/ligt bij de eiser* **3.2** put/shift the ~ onto *de schuld geven aan, de schuld schuiven/werpen op* **6.2** she tried to shift the ~ **for** starting the quarrel onto me *ze probeerde mij voor de ruzie te laten opdraaien.*
onus probandi ['oʊnəs proʊ'bændaɪ, -di:]⟨n.-telb.zn.; the⟩ **0.1** ***onus probandi*** *⇒bewijslast.*
on·ward[1] ['ɒnwəd‖'ɑnwərd]⟨f1⟩⟨bn., attr.; -ness⟩ **0.1** ***voorwaarts*** *⇒voortgaand* ◆ **1.1** the ~ course of events *het verdere verloop v.d. gebeurtenissen;* the ~ march of technology *de technologische vooruitgang.*
onward[2], ⟨vnl. BE ook⟩ **on·wards** ['ɒnwədz‖'ɑnwərdz]⟨f2⟩⟨bw.⟩ **0.1** ***voorwaarts*** *⇒vooruit, voort* ◆ **1.1** from the 16th century ~ *sedert/vanaf de 16de eeuw;* in section 58 ~ *in artikel 58 en volgende* **3.1** move ~ *doorlopen, naar voren/verder gaan* **5.1** farther ~ *verderop.*
on·y·mous ['ɒnɪməs‖'ɑnɪ-]⟨bn.; -ly⟩ **0.1** ***niet anoniem*** *⇒ondertekend* ⟨brief, kranteartikel enz.⟩.
on·yx ['ɒnɪks‖'ɑnɪks]⟨zn.⟩
I ⟨telb. en n.-telb.zn.; vnl. enk.⟩⟨geol.⟩ **0.1** ***onyx(soort/steen)*** ⟨soort kwartsgesteente⟩;
II ⟨n.-telb.zn.⟩ **0.1** ***onyx(marmer).***
'onyx 'marble ⟨n.-telb.zn.⟩ **0.1** ***onyx(marmer)*** ⟨oosters albast⟩.
oo·dles ['u:dlz]⟨mv.⟩⟨sl.⟩ **0.1** ***hopen*** *⇒een massa, een hoop* ◆ **1.1** have ~ of money *hopen geld hebben, bulken van de centen.*
oof[1] [u:f]⟨n.-telb.zn.⟩⟨sl.⟩ **0.1** ***poen*** *⇒spie, splint, duiten.*
oof[2] ⟨tussenw.⟩ **0.1** ***oef*** *⇒oeh, bah, pf.*
oof·y ['u:fi]⟨bn.⟩⟨sl.⟩ **0.1** ***rijk*** *⇒goed bij kas, met splint.*
o·o·gen·e·sis ['oʊə'dʒenɪsɪs]⟨n.-telb.zn.⟩⟨biol.⟩ **0.1** ***oögenesis*** *⇒oögenese, eicelvorming.*
o·o·lite ['oʊəlaɪt], **o·o·lith** [-lɪθ]⟨telb. en n.-telb.zn.⟩ **0.1** ***oöliet*** *⇒kuitsteen, eiergesteente* ⟨i.h.b. kalksteenrots⟩.
o·ol·o·gy [oʊ'ɒlədʒi‖-'ɑlədʒi]⟨n.-telb.zn.⟩ **0.1** ***oölogie*** *⇒eierkunde, het verzamelen v. vogeleieren.*
oo·long ['u:lɒŋ‖-lɔŋ]⟨n.-telb.zn.⟩ **0.1** ***woeloengthee*** ⟨donkere Chinese thee⟩.
oomiak →umiak.
oom·pah ['u:mpɑ:]⟨n.-telb.zn.⟩ **0.1** ***(hoempa)gedreun*** *⇒(h)oempageluid, (eentonig) gehoempapa* ⟨v. militaire kapel, fanfarekorps enz.⟩.
oomph [ʊm(p)f]⟨n.-telb.zn.; ook attr.⟩⟨sl.⟩ **0.1** ***charme*** *⇒aantrekkingskracht, persoonlijkheid, sex-appeal, zwier(igheid)* **0.2** ***geestdrift*** *⇒spirit, pit, animo, enthousiasme, vitaliteit.*
o·o·pho·rec·to·my ['oʊəfə'rektəmi]⟨telb. en n.-telb.zn.; →mv. 2⟩⟨med.⟩ **0.1** ***ovariotomie*** ⟨het wegnemen v. een/beide eierstokken⟩.
oops [ʊps]⟨f1⟩⟨tussenw.⟩⟨inf.⟩ **0.1** ***oei*** *⇒jee(tje), nee maar, pardon.*
'oops-a-dai·sy ⟨tussenw.⟩⟨inf.⟩ **0.1** ***hup(sakee)*** *⇒hoepla(la), hop.*
ooze[1] [u:z]⟨zn.⟩
I ⟨telb.zn.⟩ **0.1** ***looistofextract*** *⇒runaftreksel, runsap* **0.2** ***(modderig/drabbig) stroompje*** **0.3** ***(stuk) moddergrond*** *⇒moeras, veengrond;*
II ⟨n.-telb.zn.⟩ **0.1** ***modder*** *⇒slijk, drab, slib(brij), slik* **0.2** ***(binnen/door/in)sijpeling*** *⇒afscheiding, druppeling, het (binnen)lekken* **0.3** ***aanslibbing*** *⇒slikafzetting.*
ooze[2] ⟨f2⟩⟨ww.⟩
I ⟨onov.ww.⟩ **0.1** ***(binnen/door/in)sijpelen*** *⇒doordringen, druipen, druppelen* **0.2** ***(uit)zweten*** *⇒vocht afscheiden, lekken;* ⟨i.h.b.⟩ *bloed opgeven* **0.3** ⟨sl.⟩ ***slenteren*** *⇒kuieren* ◆ **5.¶** his courage ~d **away** *de moed zonk hem in de schoenen;* ~ **forward** *(naar voren) dringen;* ~ **on** *langzaam vooruitgaan/voorbijgaan, traag opschieten, zich voortslepen;* ~ **out** *uitlekken* ⟨v. geheim⟩; ⟨sl.⟩ *wegsluipen* **6.1** ~ **out of/from** *sijpelen/druppelen/lekken/vloeien uit* **6.¶** ~ **with** *druipen/doortrokken zijn v.;* his letter ~d **with** hatred *zijn brief zat vol hatelijke toespelingen;*
II ⟨ov.ww.⟩ **0.1** ***afscheiden*** *⇒afgeven, (uit)zweten, uitwasemen;* ⟨fig.⟩ *druipen/blaken van, doortrokken zijn van, uitstralen* **0.2** ***laten uitlekken*** *⇒doorspelen* ◆ **1.1** a boy oozing confidence *een jongen vol zelfvertrouwen;* her voice ~d sarcasm *er klonk sarcasme in haar stem;* they ~ self-importance *de verwaandheid druipt van hen af* **1.¶** ~ information *informatie doorspelen/laten uitlekken.*
ooz·y ['u:zi]⟨bn.; -er; in bet. 0.2 -ly; -ness; →bijw. 3⟩ **0.1** ***sijpelend*** *⇒druipend, lekkend;* ⟨bij uitbr.⟩ *vochtig, klam* **0.2** ***modderig*** *⇒slijkerig, slibachtig, drassig.*
op[1] [ɒp‖ɑp]⟨telb.zn.⟩⟨verk.⟩ operation ⟨BE; inf.; med., mil.⟩ **0.1** ***operatie.***
op[2] ⟨afk.⟩ **0.1** ⟨opus⟩ ***op.*** **0.2** ⟨operation, operator, opposite, optical, out of print, overproof⟩.
op- →ob-.
Op ⟨afk.⟩ **0.1** ⟨opus⟩ ***Op.*** **0.2** ⟨operation, out of print⟩.
OP ⟨afk.⟩ observation plane, observation post, Old Pale, old prices, open policy, opposite prompt (side), Order of Preachers.
o·pac·i·ty [oʊ'pæsət̬i]⟨zn.; →mv. 2⟩
I ⟨telb. en n.-telb.zn.⟩ **0.1** ***onduidelijkheid*** *⇒onbegrijpelijkheid, ondoorgrondelijkheid, duisterheid;*
II ⟨n.-telb.zn.⟩ **0.1** ***ondoorschijnendheid*** *⇒opaciteit, (graad v.) ondoorzichtigheid, matheid; dekvermogen* ⟨v. verf, kleur⟩ **0.2** ***stompzinnigheid*** *⇒botheid, domheid, traagheid v. begrip, sufferigheid.*
o·pah ['oʊpə]⟨telb.zn.⟩⟨dierk.⟩ **0.1** ***koningsvis*** ⟨Lampris regius⟩.
o·pal ['oʊpl]⟨f1⟩⟨zn.⟩
I ⟨telb. en n.-telb.zn.⟩⟨geol.⟩ **0.1** ***opaal(steen)*** ⟨(amorfe) kwartsvariëteit⟩;
II ⟨n.-telb.zn.⟩ **0.1** ***opaalglas*** *⇒melkglas.*
'opal 'blue ⟨telb. en n.-telb.zn.⟩ **0.1** ***opaal-blauw*** *⇒bleu de Lyon.*
o·pal·esce ['oʊpə'les]⟨onov.ww.⟩ **0.1** ***opaliseren*** *⇒glanzen/schitteren/iriseren (als opaal).*
o·pal·es·cence ['oʊpə'lesns]⟨n.-telb.zn.⟩ **0.1** ***opalescentie*** *⇒opaalglans, kleurenschittering/glinstering (als v.e. opaal).*
o·pal·es·cent ['oʊpə'lesnt], **o·pal·esque** [-'lesk], **o·pal·ine** ['oʊpəlaɪn]⟨bn.⟩ **0.1** ***opaalachtig*** *⇒opalen, opaal-* **0.2** ***opaliserend*** *⇒glanzend, schitterend, iriserend (als opaal).*
o·pal·ine[1] ['oʊpəli:n, -laɪn], **'opal glass** ⟨n.-telb.zn.⟩ **0.1** ***opaalglas*** *⇒melkglas, opalineglas.*
opaline[2] →opalescent.
o·paque[1] [oʊ'peɪk]⟨telb.zn.⟩ **0.1** ⟨ben. voor⟩ ***opake substantie*** *⇒opake verf; dekkleur;* ⟨foto.⟩ *(af)dekverf.*
opaque[2] ⟨f1⟩⟨bn.; soms -er; -ly; -ness; →compar. 7⟩ **0.1** ***opaak*** *⇒ondoorschijnend, ondoorzichtig, ondoordringbaar;* ⟨i.h.b.⟩ *dekkend* ⟨v. verf, kleur⟩ **0.2** ***mat*** ⟨ook fig.⟩ *⇒glansloos, saai, slap, eentonig* **0.3** ***onduidelijk*** *⇒onbegrijpelijk, ondoorgrondelijk, moeilijk verklaarbaar, obscuur* **0.4** ***stompzinnig*** *⇒bot, dom, traag v. begrip, weinig snugger* ◆ **1.1** ~ colour *dekverf* **6.1** be ~ **to** X-rays *geen röntgenstralen doorlaten.*
opaque[3] ⟨ov.ww.⟩ **0.1** ***opaak/ondoorzichtig maken*** *⇒een opake stof aanbrengen op* **0.2** ⟨foto.⟩ ***(af)dekken*** ⟨deel v. negatief/afdruk⟩.
'op art ⟨f1⟩⟨n.-telb.zn.⟩⟨afk.⟩ optical art ⟨beeld. k.⟩ **0.1** ***op art*** *⇒kinetische kunst, bewegingskunst.*
op cit ⟨afk.⟩ opere citato **0.1** ***op. cit.*** *⇒o.c..*
ope[1] [oʊp]⟨bn.⟩⟨schr.⟩ **0.1** ***open.***
ope[2] ⟨ww.⟩⟨schr.⟩
I ⟨onov.ww.⟩ **0.1** ***opengaan*** *⇒zich ontsluiten;*
II ⟨ov.ww.⟩ **0.1** ***openen*** *⇒openmaken, open doen, ontsluiten.*
OPEC ['oʊpek]⟨eig.n.⟩⟨afk.⟩ Organization of Petroleum Exporting Countries **0.1** ***O.P.E.C..***
op-ed·i·to·ri·al ['ɒpedɪ'tɔ:rɪəl‖'ɑp-]⟨bn., attr.⟩ **0.1** ***v./mbt. de opiniepagina.***
o·pen[1] ['oʊpən]⟨f2⟩⟨zn.⟩
I ⟨telb.zn.⟩ **0.1** ***opening*** *⇒*⟨i.h.b.⟩ *open plek, laar* **0.2** ***open kampioenschap*** *⇒wedstrijd/toernooi voor profs en amateurs* **0.3** ***breuk*** *⇒onderbreking, defect* ⟨in elektrische leiding⟩;
II ⟨n.-telb.zn.; the⟩ **0.1** ⟨ben. voor⟩ ***(de) open ruimte*** *⇒buitenlucht, vlakte, open lucht/veld/zee;* ⟨fig.⟩ *openbaarheid* ◆ **3.1** be in the ~ *(algemeen) bekend/(voor iedereen) duidelijk zijn, voor de hand liggen, openbaar/publiek (gemaakt) zijn;* bring into the ~ *aan het licht brengen, bekend/openbaar/publiek maken, in de openbaarheid brengen; onthullen, verduidelijken, openleggen;* come (out) into the ~ *zich nader verklaren, openhartig zijn/spreken, open kaart spelen* ⟨v. iem.⟩; *aan het licht komen, (publiek) bekend raken/worden, (voor iedereen) duidelijk worden* ⟨v. iets⟩; why don't you come into the ~ and say exactly what's on your mind? *kom, vertel nu eens eerlijk wat je precies dwars zit* **6.1** **in** the ~ *buiten(shuis), in de open lucht/buitenlucht; in het open/vrije veld, op het land; in volle zee.*
open[2] ⟨f4⟩⟨bn.; -er; -ness⟩⟨→sprw. 125, 546⟩ **0.1** ⟨ben. voor⟩ ***open*** *⇒geopend; met openingen; onbedekt, niet (af/in)gesloten, vrij*

0.2 ⟨ben. voor⟩ ***open(staand)*** ⇒*beschikbaar, onbeschut, blootgesteld; vacant; onbeslist, onbepaald* **0.3** ***openbaar*** ⇒*(algemeen) bekend, duidelijk, openlijk, onverholen* **0.4** ***open(hartig)*** ⇒*oprecht, rondborstig, mededeelzaam* **0.5** ***open(baar)*** ⇒*voor iedereen/vrij toegankelijk, publiek, vrij, zonder beperkingen* **0.6** ⟨AE; Am. voetbal⟩ ***ongedekt*** ⇒*vrijstaand* ⟨v. speler⟩ ◆ **1.1** ⟨BE⟩ ~ access *openkast-systeem* ⟨in bibliotheek⟩; ~ boat *open boot* ⟨zonder dek⟩; ~ book *open(geslagen) boek;* ⟨taalk.⟩ ~ compound *niet-aaneengeschreven samenstelling;* the ~ country *het open landschap;* ⟨muz.⟩ ~ diapason *geopend register;* ⟨fig.⟩ keep an eye ~ (for) *opletten (op), in de gaten houden;* keep one's eyes ~ *goed opletten, uitkijken, in de gaten houden;* ⟨fig.⟩ with one's eyes ~ *bij zijn/haar volle verstand;* ⟨fig.⟩ you bought that old car with your eyes ~ *je wist wat je deed toen je die oude auto kocht;* ~ harbour *ijsvrije haven;* ⟨muz.⟩ ~ horn *ongedempte hoorn* ⟨zonder geluiddemper⟩; ⟨sport, i.h.b. voetbal⟩ ~ net *open/leeg doel;* ⟨mil.⟩ ~ order *open gelid, verspreide formatie;* ~ passage *vrije doorgang;* ~ prison *open gevangenis;* ~ sandwich *canapé, belegde boterham;* ⟨AE⟩ ~ shelf *openkast-systeem;* ⟨Austr. E; inf.; fig.⟩ ~ slather *vrije teugel, het onbeperkt handelen;* ⟨BE⟩ ~ station *open station* ⟨zonder kaartjescontrole bij in- of uitgang⟩; ⟨taalk.⟩ ~ vowel *open klinker;* ~ weave *los weefsel;* ~ winter *open/zachte winter* **1.2** ⟨BE; geldw.⟩ ~ cheque *ongekruiste cheque;* ⟨mil.⟩ ~ city *open stad;* an ~ question *een open vraag;* ~ return ticket *retourkaartje geldig voor onbepaalde duur;* ⟨jur.⟩ ~ verdict *jury-uitspraak mbt. een overlijden waarbij geen melding wordt gemaakt van de juiste doodsoorzaak* **1.3** ~ contempt *onverholen minachting;* ~ hostilities *openlijke vijandigheden;* an ~ letter *een open brief;* be an ~ member of *openlijk lid zijn v.;* an ~ secret *een publiek geheim* **1.4** with ~ heart *met een open hart, openhartig, ronduit* **1.5** ~ champion *winnaar v.e. open kampioenschap;* ~ championship *open kampioenschap;* ⟨jur.⟩ ~ court *terechtzitting met open deuren;* ~ day/⟨AE⟩ house *open dag/huis,* ⟨B.⟩ *open-deur(-dag);* ⟨hand.⟩ (policy of) the ~ door *opendeurpolitiek, vrijhandel;* ~ examination *openbaar examen;* ⟨hand.⟩ ~ market *open/vrije markt;* ~ meeting *openbare vergadering;* ~ scholarship *beurs verkrijgbaar voor iedereen* ⟨zonder toelatingsvoorwaarden⟩; ~ shop *atelier/bedrijf/werkplaats waar zowel leden als niet-leden v.e. vakvereniging mogen werken;* the Open University *de Open Universiteit/School* ⟨met vrije inschrijving, veel studierichtingen en onderwijsvormen⟩ **1.¶** with ~ arms *met open armen, hartelijk;* force an ~ door ⟨ong.⟩ *een open deur intrappen;* with ~ ears *met open/gespitste oren, met rode oortjes, aandachtig;* ~ education *vrij/niet-traditioneel/antroposofisch onderwijs;* with ~ eyes *aandachtig, scherp toekijkend; met grote ogen, verbaasd;* have an ~ field *het veld voor zich alleen hebben, vrij spel hebben;* with ~ hands/an ~ hand *gul, royaal;* ⟨muz.⟩ ~ harmony *open harmony;* ~ house *open huis,* ⟨B.⟩ *open deur; open-huisfeest,* ⟨B.⟩ *open-deurdag* ⟨AE⟩ *kijkwoning;* keep ~ house *erg gastvrij zijn, open huis houden;* ~ marriage *vrij/open huwelijk;* have/keep an ~ mind on *openstaan voor, onbevooroordeeld staan tgo., een open oor hebben voor;* with ~ mouth *met open mond, aandachtig, sprakeloos van verbazing; zonder een blad voor de mond te nemen;* ⟨muz.⟩ ~ note *grondtoon* ⟨v. instrument⟩; *halve/hele noot* ⟨in notenschrift⟩; lay o.s. ~ to ridicule *zich belachelijk maken, voor schut staan;* ⟨muz.⟩ ~ score *enkelvoudige partituur* ⟨met één partij per balk⟩; ⟨AE⟩ ~ town *gokstad* ⟨bv. Las Vegas⟩ **3.2** it is ~ to you to *het staat je vrij te;* there are four courses ~ to us *we kunnen vier dingen doen;* lay ~ *openleggen, openhalen* ⟨bv. hand⟩; ⟨fig.⟩ *blootleggen, uiteenzetten;* lay o.s. (wide) ~ to *zich (helemaal) blootstellen aan;* leave/keep one's options ~ *zich nergens op vastleggen;* ⟨ong.⟩ *zich op de vlakte houden;* throw ~ *opengooien, openstellen* ⟨bv. voor publiek⟩ **3.3** fight s.o. ~ly *iem. met open vizier bestrijden* **3.4** admit ~ly *rondborstig/eerlijk uitkomen voor* **3.¶** be ~ to an offer *bereid zijn een aanbod in overweging te nemen* **6.1** **in** the ~ air *buiten(shuis), in de open lucht;* ~ **to** *open/geopend/toegankelijk voor* **6.4** be ~ **with** *openhartig spreken/zijn met, open kaart spelen met* **6.¶** be ~ **to** *openliggen voor;* ⟨fig.⟩ *beschikbaar zijn voor; openstaan voor, oog/een open oor hebben voor, vatbaar zijn voor; blootgesteld zijn aan, aanleiding geven tot;* ~ **to** doubt *betwijfelbaar* **¶.1** doors ~ at 7.00 p.m. *zaal geopend om 19.00 uur.*

open[3] ⟨f4⟩ ⟨ww.⟩ →opening ⟨→sprw. 740⟩

I ⟨onov.ww.⟩ **0.1** ***opengaan*** ⇒*(zich) openen, geopend worden* **0.2** ***zichtbaar worden*** ⇒*in het gezicht komen, zich vertonen/ontrollen;* ⟨fig.⟩ *zich openbaren* **0.3** ***openen*** ⇒*beginnen, starten, een aanvang nemen, van wal steken* ⟨v. spreker⟩ **0.4** ***tot inzicht komen*** ⇒*ontvankelijk/vatbaar worden, zijn gemoed openstellen* **0.5** ***openlijk/vrijuit spreken*** ⇒*voor zijn mening uitkomen, zijn plannen toelichten, zijn hart openleggen* **0.6** ***opendoen*** ⇒*de deur openen* **0.7** ***een boek openslaan*** **0.8** ***aanslaan*** ⟨v. jachthond⟩ ◆ **1.1** the shop does not ~ on Mondays *de zaak/winkel is 's maandags niet open* **1.2** a lovely vista ~ed (out) before our eyes/us *een prachtig vergezicht ontrolde zich voor onze ogen* **5.1** the gate ~s **outwards** *het hek gaat naar buiten open* **5.¶** →open **out;** →open **up** **6.1** the back door ~s **into** a blind alley *de achterdeur komt uit op/in een blinde steeg;* ~ **onto** the garden *uitkomen op de tuin* **6.3** ⟨muz.⟩ ~ **for** *in het voorprogramma staan/spelen bij;* the opera season ~ed **with** Peter Grimes by Britten *het operaseizoen begon/werd geopend met Peter Grimes v. Britten* **6.7** I ~ed **at** page 58 *ik deed/sloeg het boek open op bladzijde 58;*

II ⟨ov.ww.⟩ **0.1** ⟨ben. voor⟩ ***openen*** ⇒*opendoen, openmaken, ontsluiten, losmaken, openleggen, openstellen, openzetten, openvouwen, toegankelijk/vrij maken;* ⟨inf.⟩ *opereren* **0.2** ***openen*** ⇒*voor geopend verklaren, inleiden, beginnen, starten, in exploitatie brengen* **0.3** ***openleggen*** ⇒*blootleggen, verduidelijken, toelichten, openlijk meedelen* **0.4** ***openstellen*** ⇒*ontvankelijk/vatbaar maken, verruimen* **0.5** ⟨scheep.⟩ ***in het gezicht komen (te liggen) v.*** ⟨door koerswijziging⟩ ⇒*in het gezicht krijgen* **0.6** ⟨sl.⟩ ***beroven*** ◆ **1.1** ~ a bottle *een fles ontkurken/aanbreken;* ~ a can *een blik opendraaien;* a cathartic to ~ the bowels *een purgatief om de stoelgang te bevorderen;* ~ a credit *een krediet openen;* ~ ground *de grond omploegen/losploegen;* ~ a passage *een doorgang vrij maken;* ⟨mil.⟩ ~ ranks *de gelederen openen, in open gelid gaan staan;* ~ a new road through the jungle *een nieuwe weg aanleggen door de rimboe;* ~ a well *een bron aanboren* **1.2** ~ the bidding *als eerste bieden* ⟨op veiling, bij kaartspel⟩; ~ the card game *bij het kaarten als eerste bieden/inzetten, uitkomen* **1.3** ~ one's heart/mind to s.o. *zijn hart voor iem. openleggen, bij iem. zijn hart uitstorten/luchten* **1.4** ~ one's heart to *zijn gemoed openstellen voor, zich laten vermurwen door* **5.¶** →open **out;** →open **up** **6.1** ~ the paper **at** the sports page *de krant op de sportpagina openvouwen/openleggen;* ~ the door **to** s.o. *voor iem. opendoen* **6.2** ~ fire **at/on** *het vuur openen, onder vuur nemen.*

'o·pen-'air ⟨f1⟩ ⟨bn., attr.⟩ **0.1** ***openlucht-*** ⇒*buiten-, in de open lucht* ◆ **1.1** ~ concert *buitenconcert;* ~ meeting *openluchtbijeenkomst;* ~ school *openluchtschool, buitenschool.*

'o·pen-and-'shut ⟨bn.⟩ **0.1** ***(dood)eenvoudig*** ⇒*(over)duidelijk, makkelijk/in een handomdraai op te lossen/te regelen* ◆ **1.1** an ~ case *een uitgemaakte zaak.*

'o·pen-'bor·der trade ⟨telb.zn.⟩ **0.1** ***vrijhandel.***

'o·pen'cast, ⟨AE ook⟩ **'o·pen·'cut** ⟨bn.⟩ **0.1** ***bovengronds*** ⇒*in de open lucht, in dagbouw* ◆ **1.1** ~ coalmine *open steenkoolgroeve;* ~ mining *(ontginning/exploitatie in) dagbouw.*

o·pen-'date ⟨telb.zn.; vaak attr.⟩ **0.1** ***versheidsdatum*** ⇒*uiterste gebruiksdatum, uiterste verkoopdatum.*

'o·pen-'door ⟨bn., attr.⟩ ⟨hand.⟩ **0.1** ***opendeur-*** ⇒*open* ◆ **1.1** ~ policy *opendeurpolitiek, vrijhandelstelsel.*

'o·pen-'eared ⟨bn.⟩ **0.1** ***aandachtig (luisterend/volgend)*** ⇒*met open/gespitste oren* **0.2** ***tot luisteren bereid*** ⇒*met een open oor, begrijpend.*

'o·pen-'end ⟨bn., attr.⟩ ⟨AE⟩ **0.1** ⟨geldw.⟩ ***zonder vast kapitaal*** **0.2** →open-ended ◆ **1.1** ~ investment company *beleggingsfonds* ⟨zonder gefixeerd aantal participatiebewijzen⟩.

'o·pen-'end·ed, ⟨AE ook⟩ **'o·pen-'end** ⟨f1⟩ ⟨bn.⟩ **0.1** ***open*** ⇒*met een open einde, niet afgesloten/beëindigd/vastomlijnd, (geldig) voor onbepaalde duur* **0.2** ***open aan de uiteinden/het uiteinde*** ◆ **1.1** ~ discussion *vrije/open discussie;* ~ proposal *ruw voorstel* **1.2** ~ spanner *steeksleutel, gaffelsleutel.*

o·pen·er ['oʊpənə‖-ər] ⟨f1⟩ ⟨zn.⟩

I ⟨telb.zn.⟩ **0.1** ⟨ben. voor⟩ ***iem. die/iets dat opent*** ⇒*(blik/fles) opener;* ⟨spinnerij⟩ *opener, duivel, wolf; openingsnummer; openingsronde, eerste manche/partij/spel/ronde* ⟨enz.⟩; ⟨kaartspel⟩ *inzetter, speler die als eerste inzet* **0.2** ⟨sl.⟩ ***berover*** ⇒*overvaller* ◆ **2.1** a standard ~ *een klassiek begin;*

II ⟨mv.; ~s⟩ ⟨kaartspel⟩ **0.1** ***kaarten waarbij iem. als eerste mag inzetten.***

'o·pen-'eyed ⟨bn.⟩ **0.1** ***aandachtig*** ⇒*nauwlettend, waakzaam, met de ogen wijd open* **0.2** ***verbaasd*** ⇒*verrast, met grote ogen (v. verbazing)* **0.3** ***met open ogen*** ⇒*welingelicht, volledig op de hoogte.*

'o·pen-'faced ⟨bn.⟩ **0.1** ***betrouwbaar*** ⇒*eerlijk (v. gezicht), openhartig, met een open gelaat, bonafide* **0.2** ***(aan één kant) open/onbedekt*** ⇒*zonder bovenkant/voorkant/deksel* ◆ **1.2** ~ sandwich *canapé, belegde boterham;* an ordinary ~ watch *een gewoon (pols) horloge* ⟨met onbedekte wijzerplaat, i.t.t. savonethorloge⟩.

'o·pen-'field ⟨bn., attr.⟩ ⟨gesch., landb.⟩ **0.1** ***mbt. het engstelsel*** ⟨middeleeuws landbouwstelsel⟩ ◆ **1.1** ~ system *eng/enk/esstelsel.*

'o·pen'hand·ed ⟨f1⟩ ⟨bn.; -ly; -ness⟩ **0.1** ***met zijn hand open/geopend*** **0.2** ***gul(hartig)*** ⇒*royaal, genereus, vrijgevig.*

'o·pen-'heart ⟨bn., attr.⟩ **0.1** ***openhart-*** ◆ **1.1** ~ surgery *openhartchirurgie.*

'o·pen-'heart·ed ⟨f1⟩ ⟨bn.; -ly; -ness⟩ **0.1** ***openhartig*** *⇒eerlijk, oprecht, rondborstig* **0.2** ***hartelijk*** *⇒edelmoedig, ontvankelijk, open, met een open hart.*

'o·pen-'hearth ⟨bn., attr.⟩ **0.1** ***SM-*** *⇒martin-, mbt. de Siemens-Martinmethode v. staalbereiding* ◆ **1.1** ~ furnace *SM-oven, siemens-martinoven;* ~ process *Siemens-Martinprocédé;* ~ steel *SM-staal, martinstaal.*

o·pen·ing[1] ['oʊpənɪŋ] ⟨f3⟩ ⟨zn.; (oorspr.) gerund v. open⟩
I ⟨telb.zn.⟩ **0.1** ***opening*** *⇒begin(fase/periode/stadium), inleiding;* ⟨schaken, dammen⟩ *opening(szet), beginspel* **0.2** ***opening*** *⇒kans, (gunstige) gelegenheid, geschikt ogenblik;* ⟨sport⟩ *scoringskans, doelkans* **0.3** ***vacature*** *⇒vacante plaats, openstaande betrekking* ◆ **6.2** new ~s **for** trade *nieuwe afzetgebieden/afzetmogelijkheden;*
II ⟨telb. en n.-telb.zn.⟩ **0.1** ⟨ben. voor⟩ ***opening*** *⇒het openen/opendoen/openstellen/opengaan/geopend worden; bres, doorgang, gat, spleet, uitweg* **0.2** ⟨sl.⟩ ***beroving*** ◆ **1.1** hours of ~ are Tuesdays 1 to 5 *openingsuren/geopend/open op dinsdag van 1 tot 5.*

opening[2] ⟨f2⟩ ⟨bn., attr.; teg.deelw.v.open⟩ **0.1** ***openings-*** *⇒inleidend* ◆ **1.1** a few ~ remarks *enkele opmerkingen vooraf;* ⟨biljart⟩ ~ shot *acquitstoot.*

'opening ceremony ⟨telb.zn.⟩ **0.1** ***openingsplechtigheid.***

'o·pen·ing 'night ⟨f1⟩ ⟨telb.zn.⟩ **0.1** ***première.***

'opening price ⟨telb.zn.⟩ ⟨geldw.⟩ **0.1** ***openingskoers.***

'opening time ⟨f1⟩ ⟨telb. en n.-telb.zn.⟩ **0.1** ***openingstijd*** ⇒⟨i.h.b.⟩ *tijdstip waarop de pubs opengaan.*

o·pen·ly ['oupənli] ⟨f3⟩ ⟨bw.⟩ **0.1** ***open*** *⇒openhartig, openlijk, vrijuit* ◆ **3.1** you can speak ~ *u kunt vrijuit spreken.*

'o·pen-'mind·ed ⟨f1⟩ ⟨bn.; -ly; -ness⟩ **0.1** ***onbevooroordeeld*** *⇒voor rede vatbaar, ruimdenkend.*

'o·pen-'mouthed[1] ⟨f1⟩ ⟨bn.⟩ **0.1** ***met de mond wijd open(gesperd)*** *⇒gulzig, happig* **0.2** ***verrast*** *⇒sprakeloos v. verbazing, verstomd* **0.3** ***luidruchtig*** *⇒schreeuwerig, een grote mond opzettend.*

open-mouthed[2], ⟨AE ook⟩ **o·pen-mouthed·ly** ['oupən'maʊðɪdli] ⟨f1⟩ ⟨bw.⟩ **0.1** ***met de mond wijd open(gesperd)*** *⇒gulzig* **0.2** ***verrast*** *⇒sprakeloos v. verbazing, met open mond* **0.3** ***luidkeels*** *⇒met klem.*

'open 'out ⟨f1⟩ ⟨ww.⟩
I ⟨onov.ww.⟩ **0.1** ***verbreden*** *⇒breder worden, zich uitbreiden/uitstrekken* **0.2** ***opengaan*** *⇒(naar buiten) openslaan, (zich) ontrollen, zich ontplooien, openbloeien;* ⟨fig.⟩ *loskomen, zijn hart luchten, vrijuit (gaan) spreken* **0.3** ***versnellen*** *⇒gas (op de plank) geven, de remmen losgooien* **0.4** ⟨mil.⟩ ***de gelederen openen*** *⇒deployeren* ◆ **1.2** both sides ~ *beide zijden gaan naar buiten open/kunnen worden opengeslagen* **6.1** ~ **into** *uitmonden in* ⟨v. rivier⟩; ~ **to** *zich uitstrekken naar;*
II ⟨ov.ww.⟩ **0.1** ***openvouwen*** *⇒openleggen, uitslaan, blootleggen.*

'open-'pit (mine) ⟨telb.zn.⟩ **0.1** ***dagbouwmijn*** *⇒open groeve, bovengrondse mijn.*

'o·pen-'plan ⟨bn., attr.⟩ ⟨bouwk.⟩ **0.1** ***met weinig tussenmuren*** ◆ **1.1** an ~ office *een kantoortuin.*

'open season ⟨n.-telb.zn.; the⟩ **0.1** ***open seizoen*** ⇒⟨i.h.b.⟩ *jachtseizoen, hengelseizoen, (open) vistijd.*

'open 'sesame ⟨telb.zn.; ook O-⟩ **0.1** ***(middel zoals) 'sesam open u!'*** ⟨onfeilbaar middel tot toegang/succes⟩ ◆ **6.1** be an ~ **to** *toegang verschaffen/onmiddellijk leiden tot, een magisch passe-partout zijn voor.*

'open 'up ⟨f1⟩ ⟨ww.⟩
I ⟨onov.ww.⟩ **0.1** ***opengaan*** *⇒zich openen, zich ontplooien, openbloeien;* ⟨fig.⟩ *loskomen, zijn hart luchten, vrijuit (gaan) spreken;* ⟨pej.⟩ *opspelen* **0.2** ⟨vnl. geb. w.⟩ ***(de deur) opendoen*** **0.3** ⟨mil.⟩ ***het vuur openen*** *⇒beginnen te schieten* **0.4** ***aanslaan*** ⟨v. jachthond⟩ **0.5** ⟨sport⟩ ***levendiger/spannender/aantrekkelijker worden*** ◆ **1.1** in the second half the game opened up *in de tweede helft werd er aantrekkelijker gespeeld* **6.1** ~ **about** *openhartig (gaan) spreken over* **6.3** ~ **on** *het vuur openen op* **¶.2** ~ in the name of the law *in naam der wet, doe open;*
II ⟨ov.ww.⟩ **0.1** ***openen*** *⇒openmaken, toegankelijk/vrij maken, openstellen;* ⟨i.h.b.⟩ *opensnijden* **0.2** ***zichtbaar maken*** ⟨ook fig.⟩ *⇒blootleggen, onthullen, aan het licht brengen;* ⟨sl.⟩ *verraden, verlinken* **0.3** ***openen*** *⇒beginnen* **0.4** ⟨sport⟩ ***meer leven/spanning brengen in*** ⟨spel, wedstrijd⟩ ◆ **1.1** ~ a breach *(zich) een bres slaan;* ~ new oil fields *nieuwe olievelden in exploitatie brengen/nemen;* ~ a room *een kamer weer in gebruik nemen* **1.3** ~ negotiations *onderhandelingen beginnen* **6.1** ~ a new area **to** trade *een nieuw afzetgebied openen.*

'o·pen·work ⟨n.-telb.zn.⟩ **0.1** ⟨ben. voor⟩ ***open(gewerkte) constructie*** *⇒vakwerk; ajourwerk* ◆ **2.1** wrought-iron ~ *open smeedwerk.*

'openwork 'lace ⟨n.-telb.zn.⟩ **0.1** ***opengewerkt kant.***

'openwork 'stocking ⟨telb.zn.⟩ **0.1** ***ajour-kous*** *⇒opengewerkte kous, netkous.*

op·er·a[1] ['ɒprə‖'ɑprə] ⟨f3⟩ ⟨telb. en n.-telb.zn.⟩ **0.1** ***opera*** *⇒opera-uitvoering, operagebouw, operagezelschap, operamuziek* ◆ **2.1** ~ buffa *opera buffa, opéra bouffe;* comic ~ *opéra comique, komische opera;* grand ~ *grand opéra, grote opera;* ~ seria *opera seria, ernstige opera.*

o·pe·ra[2] ⟨mv.⟩ →opus.

op·er·a·bil·i·ty ['ɒprə'bɪləti‖'ɑprə'bɪləṭi] ⟨n.-telb.zn.⟩ ⟨med.⟩ **0.1** ***operabiliteit*** *⇒opereerbaarheid.*

op·er·a·ble ['ɒprəbl‖'ɑprəbl] ⟨bn.; -ly; →bijw. 3⟩ **0.1** ***operationeel*** *⇒bruikbaar, hanteerbaar, functionerend* **0.2** ***uitvoerbaar*** *⇒realiseerbaar, haalbaar, doenlijk* **0.3** ⟨med.⟩ ***operabel*** *⇒opereerbaar, te opereren.*

'opera cloak, 'opera hood ⟨telb.zn.⟩ **0.1** ***sortie*** *⇒avondmantel, capuchon, cape.*

'opera glass ⟨telb.zn.⟩ **0.1** ***toneelkijker.***

'opera glasses ⟨mv.⟩ **0.1** ***toneelkijker.***

'opera hat ⟨telb.zn.⟩ **0.1** ***klak(hoed)*** *⇒klap(cilinder)hoed, gibus.*

'opera house ⟨f1⟩ ⟨telb.zn.⟩ **0.1** ***opera(gebouw).***

op·er·and ['ɒpərænd‖'ɑpə'rænd] ⟨telb.zn.⟩ ⟨wisk.⟩ **0.1** ***operand.***

op·er·ate ['ɒpəreɪt‖'ɑ-] ⟨f3⟩ ⟨ww.⟩ →operating
I ⟨onov.ww.⟩ **0.1** ⟨ben. voor⟩ ***in werking/werkzaam zijn*** *⇒werken, functioneren, lopen* ⟨ook v. trein⟩; *draaien* ⟨v. motor⟩, *te werk gaan* **0.2** ***(de juiste) uitwerking hebben*** *⇒werken, (het gewenste) resultaat geven, invloed uitoefenen, van kracht zijn, gelden* ⟨v. tarief, verdrag, wet⟩ **0.3** ⟨ben. voor⟩ ***te werk gaan*** *⇒opereren;* ⟨med. ook⟩ *een operatie doen, ingrijpen; operatief ingrijpen;* ⟨mil. ook⟩ *militaire acties ondernemen/bewegingen uitvoeren;* ⟨hand. ook⟩ *beursoperaties verrichten, beurstransacties tot stand brengen, speculeren* ◆ **1.1** our business is also operating abroad *ons bedrijf is ook werkzaam/doet ook zaken in het buitenland;* the gang usually ~d at night *de bende ging gewoonlijk 's nachts op pad* **1.2** the new cutbacks will not ~ till next month *de nieuwe bezuinigingsmaatregelen treden pas volgende maand in werking* **3.2** his behaviour ~d to cause a lot of trouble *zijn gedrag veroorzaakte flink wat narigheid* **6.1** the tractor ~s **on** diesel oil *de tractor rijdt op dieselolie* **6.2** ~ **against** *tegenwerken, in het nadeel spelen van;* ~ **to** s.o.'s advantage *in iemands voordeel/kaart spelen, gunstig uitvallen voor iem.;* ~ **(up)on** *(in)werken op, (proberen te) beïnvloeden, effect hebben op* **6.3** ~ **on** crude ore *ruw erts bewerken;* ~ **on** s.o. **for** appendicitis *iem. opereren aan de blindedarm* **6.¶** ~ **(up)on** s.o.'s credulity *(handig) gebruik/misbruik maken van, inspelen op iemands lichtgelovigheid;*
II ⟨ov.ww.⟩ **0.1** ***bewerken*** *⇒veroorzaken, teweegbrengen, tot stand brengen, leiden tot* **0.2** ***bedienen*** ⟨machine, toestel⟩ *⇒besturen* ⟨ook auto, schip⟩, *laten werken, in werking/beweging brengen, (aan)drijven* **0.3** ***beheren*** *⇒besturen, leiden, runnen* **0.4** ⟨vnl. AE; med.⟩ ***opereren*** *⇒een operatie verrichten op* ◆ **1.3** ~ a coalmine *een steenkoolmijn exploiteren;* ~ a grocery store *een kruidenierswinkel houden* **6.2** be ~d **by** *werken op, (aan)gedreven worden door* ⟨stoom, elektriciteit⟩.

op·er·at·ic ['ɒpə'rætɪk‖'ɑpə'ræṭɪk] ⟨f1⟩ ⟨bn.; -ally; →bijw. 3⟩ **0.1** ***opera-achtig*** *⇒opera-;* ⟨fig.⟩ *theatraal, melodramatisch, bombastisch* ◆ **1.1** ~ aria *opera-aria;* an ~ character *een operette/schertsfiguur.*

op·er·at·ics ['ɒpə'rætɪks‖'ɑpə'ræṭɪks] ⟨mv.; ww. ook enk.⟩ **0.1** ***theatraal/pathetisch gedoe*** *⇒kouwe drukte, bombarie.*

op·er·a·ting ['ɒpəreɪtɪŋ‖'ɑpəreɪṭɪŋ] ⟨bn.; teg. deelw. v. operate⟩
I ⟨bn.⟩ **0.1** ***werkzaam*** *⇒(goed) werkend/functionerend/lopend;*
II ⟨bn., attr.⟩ **0.1** ***werk(ings)-*** *⇒bedrijfs-, mbt. de werking* ⟨v. machine, bedrijf⟩ ◆ **1.1** ~ box *cabine* ⟨v. bioscoop⟩; ~ efficiency *bedrijfsefficiëntie, bedrijfsrendement* ⟨v. motor⟩; ~ expenses *bedrijfskosten;* the ~ safety of a sparking plug *de bedrijfszekerheid v.e. bougie;* ~ voltage *werkspanning, bedrijfsspanning.*

'operating room ⟨telb.zn.⟩ **0.1** ***operatiekamer*** *⇒operatiezaal.*

'operating system ⟨telb.zn.⟩ ⟨comp.⟩ **0.1** ***besturingssysteem.***

'operating table ⟨f1⟩ ⟨telb.zn.⟩ **0.1** ***operatietafel.***

'operating theatre ⟨f1⟩ ⟨telb.zn.⟩ **0.1** ***operatiezaal*** *⇒operatiekamer* ⟨oorspr. praktijklokaal voor studenten⟩.

op·er·a·tion ['ɒpə'reɪʃn‖'ɑ-] ⟨f3⟩ ⟨zn.⟩
I ⟨telb.zn.⟩ **0.1** ⟨ben. voor⟩ ***operatie*** *⇒activiteit, handeling, verrichting; campagne;* ⟨med. ook⟩ *chirurgische ingreep;* ⟨mil. ook⟩ *manoeuvre, militaire actie, troepenbeweging;* ⟨hand. ook⟩ *beursoperatie, (beurs/handels)transactie;* ⟨wisk. ook⟩ *(wiskundige) bewerking* ⟨bv. vermenigvuldiging⟩ **0.2** ***onderneming*** *⇒bedrijf, zaak* ◆ **1.1** ~ of breathing *ademhaling(sbeweging/sfunctie);* Operation Overlord *Operatie Overlord* ⟨codenaam v. mil. campagne⟩ **2.1** Caesarian ~ *keizersnede* **3.1** begin ~s *de werkzaamheden aanvangen* **6.1** perform an ~ **on** s.o. **for** appendicitis *iem.*

opereren aan de blindedarm;
II ⟨n.-telb.zn.⟩ **0.1** ***(uit)werking*** ⇒*het werken / functioneren* **0.2** ***bediening*** ⇒*besturing, het (aan)drijven / regelen* **0.3** ***beheer*** ⇒*leiding, exploitatie, het runnen* ◆ **2.1** ready for ~ *bedrijfsklaar, gebruiksklaar, operationeel* **3.1** be in ~ *in werking / van kracht zijn, gelden;* bring / put sth. into ~ *iets in werking brengen / zetten;* come into ~ *in werking treden, ingaan* ⟨v. wet⟩.

op·er·a·tion·al ['ɒpə'reɪʃnəl‖'ɑ-]⟨f2⟩⟨bn.; -ly⟩
I ⟨bn.⟩ **0.1** ***operationeel*** ⇒*gebruiksklaar, bedrijfsklaar;* ⟨i.h.b.⟩ *gevechtsklaar* ◆ **1.1** an ~ airplane *een startklaar / operationeel vliegtuig* **3.1** be ~ *werken, functioneren, in werking / orde zijn;*
II ⟨bn., attr.⟩ **0.1** ***operationeel*** ⇒*operatie-, bedrijfs-, werk(ings)-* ◆ **1.1** ~ costs *werkingskosten, bedrijfskosten;* ~ fluctuations *bedrijfsschommelingen;* ⟨vnl. BE⟩ ~ research *operationele research, toegepaste bedrijfsresearch.*

ope'rations re'search, ope'ration re'search ⟨n.-telb.zn.⟩ ⟨vnl. AE; ec.⟩ **0.1** ***operationele research*** ⇒*operationeel onderzoek, toegepaste bedrijfsresearch, bedrijfseconometrie, besliskunde.*

ope'rations room ⟨telb.zn.⟩ ⟨mil.⟩ **0.1** ***controlekamer*** ⟨bij manoeuvres⟩ ⇒*commandopost, hoofdkwartier.*

op·er·a·tive[1] ['ɒprətɪv‖'ɑprəṭɪv, 'ɑpəreɪṭɪv]⟨telb.zn.⟩ **0.1** ⟨vaak euf.⟩ ***(geschoold) handarbeider*** ⇒*werkman, (fabrieks / staal)arbeider, mecanicien* **0.2** ⟨AE⟩ ***(privé-)detective*** ⇒*speurder, stille.*

operative[2] ⟨f2⟩ ⟨bn.; -ly; -ness⟩
I ⟨bn.⟩ **0.1** ***doeltreffend*** ⇒*functioneel, efficiënt* **0.2** ***werkzaam*** ⇒*werkend, functionerend, in werking, van kracht* **0.3** ***praktisch*** ⟨i.t.t. theoretisch⟩ ⇒*praktijkgericht* **0.4** ⟨med.⟩ ***operatief*** ⇒*heelkundig, chirurgisch* ◆ **1.1** an ~ dose *een gepaste dosis* **1.2** the ~ force *de drijvende kracht* **1.3** ~ skills *praktische bekwaamheden* **1.4** ~ treatment *heelkundige behandeling* **3.2** become ~ *in werking treden, ingaan* ⟨v. wet⟩;
II ⟨bn., attr.⟩ **0.1** ***invloedrijk*** ⇒*krachtig, voornaamste, meest relevant* ◆ **1.1** ⟨jur.⟩ an ~ mistake *een cruciale / vernietigende fout* ⟨bv. in contract⟩; the ~ word *het sleutelwoord, het woord waar het om gaat;* the ~ words *de belangrijkste / relevante woorden / regels* ⟨bv. in testament⟩.

op·er·a·tize, -tise ['ɒprətaɪz‖'ɑ-]⟨ov.ww.⟩ **0.1** ***voor de / als opera bewerken*** ⇒*tot (een) opera omwerken.*

'opera top ⟨bn., attr.⟩ ⟨BE⟩ **0.1** ***met een operahals*** ⇒*laag uitgesneden.*

op·er·a·tor ['ɒpəreɪtə‖'ɑpəreɪṭər]⟨f3⟩⟨telb.zn.⟩ **0.1** ⟨ben. voor⟩ ***iem. die machine / toestel / schakelbord bedient / voertuig bestuurt*** ⇒*operateur, (machine / proces)operator / operatrice; bedienings(vak)man, regulist; machinedrijver, machineman; telefonist(e), telefoonjuffrouw; telegrafist(e); bestuurder* **0.2** ***ondernemer*** ⇒*handelaar, zelfstandige;* ⟨i.h.b.⟩ *(beurs)speculant* **0.3** ⟨AE⟩ ***bedrijfsleider*** ⇒*beheerder, directeur, eigenaar, werkgever* **0.4** ⟨wisk., logica⟩ ***operator*** ⇒*bewerking(steken), functie* **0.5** ⟨inf.; vaak pej.⟩ ***linkmichel*** ⇒*charmeur, blitsmaker, mannetjesputter, gladjanus, goochemerd* **0.6** ⟨sl.⟩ ***dief*** ⇒*oplichter, zwendelaar* **0.7** ⟨sl.⟩ ***actieve student*** ◆ **2.5** a clever ~ *een gewiekst / succesvol zakenman;* a slick ~ *een uitgeslapen / schrandere vent, een lepe kerel.*

o·per·cu·lar [ɒ'pɜ:kjʊlə‖oʊ'pɜrkjələr]⟨bn.; -ly⟩⟨biol.⟩ **0.1** ***van / mbt. / als een operculum*** ◆ **1.1** ~ bone *kieuwplaatje.*

o·per·cu·late [ɒ'pɜ:kjʊlət‖oʊ'pɜrkjələt], **o·per·cu·lat·ed** [-leɪṭɪd] ⟨bn.⟩⟨biol.⟩ **0.1** ***met / voorzien v.e. operculum.***

o·per·cu·lum [ɒ'pɜ:kjʊləm‖oʊ'pɜrkjələm]⟨telb.zn.; ook opercula [-lə]; →mv. 5⟩⟨biol.⟩ **0.1** ***operculum*** ⇒*(sluit)klep, (kieuw)deksel, dekvlies, lid.*

op·e·ret·ta ['ɒpə'retə‖'ɑpə'reṭə]⟨f1⟩⟨telb.zn.⟩ **0.1** ***operette.***

op·er·ose ['ɒpəroʊs‖'ɑ-]⟨bn.; -ly; -ness⟩ **0.1** ***vermoeiend*** ⇒*moeilijk, zwaar, inspannend* **0.2** ***bedrijvig*** ⇒*werkzaam, ijverig, nijver* ◆ **3.1** progress ~ly *moeizaam vooruitkomen.*

oph·i·cleide ['ɒfɪklaɪd‖'ɑ-]⟨telb.zn.⟩ **0.1** ***ophicleïde*** ⟨verouderd koperen blaasinstrument v.h. klephoorntype; soort orgelpijp⟩.

o·phid·i·an[1] [ɒ'fɪdɪən‖oʊ-]⟨telb.zn.⟩⟨dierk.⟩ **0.1** ***slang*** ⟨Ophidia, Serpentes⟩.

ophidian[2] ⟨bn.; -ly⟩ **0.1** ***slangachtig*** ⇒*slangvormig.*

oph·i·ol·a·try ['ɒfi'ɒlətri‖'ɑfi'ɑ-]⟨n.-telb.zn.⟩ **0.1** ***slangenaanbidding*** ⇒*slangendienst, slangenverering.*

oph·i·ol·o·gy ['ɒfi'ɒlədʒi‖'ɑfi'ɑ-]⟨n.-telb.zn.⟩ **0.1** ***ofiologie*** ⇒*slangenkunde, leer der slangen.*

oph·ite ['ɒfaɪt‖'ɑ-]⟨zn.⟩
I ⟨telb.zn.; ook O-⟩ **0.1** ***slangenaanbidder / dienaar*** ⟨lid v. sekte⟩;
II ⟨telb. en n.-telb.zn.⟩ **0.1** ***ofiet*** ⇒*serpentijn (marmer / steen), slangesteen.*

o·phit·ic [ɒ'fɪtɪk‖ɑ'fɪṭɪk]⟨bn.⟩ **0.1** ***ofitisch*** ⇒*serpentijn-.*

oph·thal·mia [ɒf'θælmɪə‖ɑf-], **oph·thal·mi·tis** ['ɒfθæl'maɪtɪs‖'ɑfθæl'maɪṭɪs]⟨n.-telb.zn.⟩ **0.1** ***oftalmie*** ⇒*oogontsteking* ⟨i.h.b. bindvliesontsteking⟩.

oph·thal·mic [-mɪk]⟨bn.⟩⟨med.⟩ **0.1** ***oculair*** ⇒*van / mbt. het oog, oog-* **0.2** ***ontstoken*** ⟨v. oog⟩ ⇒*aangetast door oftalmie* **0.3** ***oogheelkundig*** ⇒*oog(lijders)-* ◆ **1.1** ~ glass *brilleglas* **1.3** ~ ointment *oogzalf;* ⟨BE⟩ ~ optician *optometrist, (gediplomeerd) opticien.*

oph·thal·mol·o·gist ['ɒfθæl'mɒlədʒɪst‖'ɑfθæl'mɑ-]⟨telb.zn.⟩ **0.1** ***oftalmoloog*** ⇒*oogheelkundige, oculist, oogarts.*

oph·thal·mol·o·gy [-'mɒlədʒi‖-'mɑ-]⟨n.-telb.zn.⟩ **0.1** ***oftalmologie*** ⇒*oogheelkunde.*

oph·thal·mo·scope [ɒf'θælməskoʊp‖ɑf'θæl-]⟨telb.zn.⟩ **0.1** ***oftalmoscoop*** ⇒*oogspiegel.*

o·pi·ate[1] ['oʊpɪət]⟨telb.zn.⟩ **0.1** ***opiaat*** ⇒*slaapmiddel, pijnstiller* ⟨op basis v. opium⟩; ⟨fig.⟩ *verzachting(smiddel), verlichting, troost* ◆ **6.1** an ~ **to** grief *een pleister op de wonde.*

opiate[2] ⟨bn.⟩ **0.1** ***opium bevattend*** **0.2** ***slaap(ver)wekkend*** ⇒*pijnstillend, verdovend, bedwelmend;* ⟨fig.⟩ *verzachtend, kalmerend, sussend.*

opiate[3] ['oʊpieɪt]⟨ov.ww.⟩ **0.1** ***met opium (ver)mengen*** ⇒*opium mengen door* **0.2** ***verdoven*** ⇒*bedwelmen;* ⟨fig.⟩ *verzachten, kalmeren, in slaap wiegen, sussen.*

o·pine [oʊ'paɪn]⟨ov.ww.⟩⟨schr.⟩ **0.1** ***menen*** ⇒*van mening / opinie / oordeel zijn* ◆ **8.1** ~ that *de mening toegedaan zijn dat.*

o·pin·ion [ə'pɪnjən]⟨f3⟩⟨zn.⟩
I ⟨telb.zn.⟩ **0.1** ***advies*** ⇒*oordeel, mening* ⟨v. deskundige⟩ **0.2** ⟨AE; jur.⟩ ***motivering*** ⟨v. redenen v. vonnis⟩ ◆ **1.1** a legal ~ *een rechtskundig advies* **7.1** have a second ~ *bijkomend advies inwinnen, (nog) iem. anders / een specialist / vakman raadplegen;*
II ⟨telb. en n.-telb.zn.⟩ **0.1** ***mening*** ⇒*oordeel, opinie, opvatting;* ⟨i.h.b.⟩ *publieke / algemene opinie* **0.2** ***(hoge) dunk*** ⇒*waardering, (gunstig) denkbeeld* ◆ **1.1** have the courage of one's ~s *voor zijn opvattingen durven uitkomen;* a matter of ~ *een kwestie v. opvatting;* in the ~ of most people *volgens (de opinie / het oordeel v.) de meeste mensen, de meeste mensen zijn v. mening / vinden dat* **2.1** her political ~s *haar politieke overtuiging / denkbeelden* **2.2** have a high ~ of *een hoge dunk hebben van, hoog aanslaan;* have no mean / a great ~ of o.s. *v. zichzelf geen geringe / een hoge dunk hebben, niet bepaald bescheiden zijn* **3.1** act up to one's ~s *consequent handelen;* ~ has changed *de publieke opinie is omgeslagen* **6.1 in** my ~ *naar mijn mening / gevoel, voor zover ik weet;* be **of** (the) ~ that *v. opinie / oordeel / mening zijn dat, menen / vinden / ervan overtuigd zijn dat;* give one's ~ **on** *zijn mening zeggen over* **7.2** have no ~ of *niets moeten hebben v., geen hoge dunk hebben v..*

o·pin·ion·at·ed [ə'pɪnjəneɪṭɪd]⟨f1⟩⟨bn.; -ly; -ness⟩ **0.1** ***koppig*** ⇒*eigenwijs, eigenzinnig, verwaand, zelfverzekerd.*

o·pin·ion·a·tive [ə'pɪnjəneɪṭɪv]⟨bn.; -ly; -ness⟩ **0.1** ***gemotiveerd*** ⇒*gebaseerd op een mening / overtuiging* **0.2** ***koppig*** ⇒*eigenwijs, eigenzinnig, verwaand, zelfverzekerd.*

o'pinion poll ⟨f1⟩⟨telb.zn.⟩ **0.1** ***opinieonderzoek*** ⇒*opiniepeiling.*

o·pi·um ['oʊpɪəm]⟨f2⟩⟨n.-telb.zn.⟩ **0.1** ***opium.***

'opium den, 'opium dive, 'opiumsmoking dive ⟨telb.zn.⟩ **0.1** ***opiumkit*** ⇒*opiumhol.*

'opium poppy ⟨telb.zn.⟩⟨plantk.⟩ **0.1** ***maankop*** ⇒*slaapbol* ⟨Papaver somniferum⟩.

'opium smoker ⟨telb.zn.⟩ **0.1** ***opiumschuiver*** ⇒*opiumroker.*

o·pos·sum [ə'pɒsəm‖ə'pɑ-]⟨zn.; ook opossum; →mv. 4⟩
I ⟨telb.zn.⟩⟨dierk.⟩ **0.1** ***opossum*** ⟨buidelrat; Didelphis marsupialis⟩ **0.2** ⟨ben. voor⟩ ***klimbuideldier*** ⟨fam. Phalangeridae⟩ ⇒⟨vnl.⟩ *koeskoes* ⟨Phalanger⟩;
II ⟨n.-telb.zn.; vaak attr.⟩ **0.1** ***(bont / huid / pels v.e.) opossum.***

opp ⟨afk.⟩ opportunity, opposed, opposite.

op·pi·dan[1] ['ɒpɪdən‖'ɑ-]⟨telb.zn.⟩ **0.1** ***stedeling*** ⇒*stadsbewoner* **0.2** ***extern (leerling)*** ⟨v. Eton College⟩.

oppidan[2] ⟨bn.⟩ **0.1** ***stedelijk*** ⇒*stads-.*

op·pi·late ['ɒpɪleɪt‖'ɑ-]⟨ov.ww.⟩⟨vero.; med.⟩ **0.1** ***verstoppen.***

op·pi·la·tion ['ɒpɪ'leɪʃn‖'ɑ-]⟨n.-telb.zn.⟩⟨vero.; med.⟩ **0.1** ***verstopping.***

op·po ['ɒpoʊ‖'ɑ-]⟨telb.zn.⟩⟨verk.⟩ opposite number ⟨BE; sl.⟩ **0.1** ***collega*** ⇒*compagnon, kameraad, gabber, (boezem)vriend.*

op·po·nen·cy [ə'poʊnənsi]⟨n.-telb.zn.⟩ **0.1** ***het opponeren*** ⇒*tegenwerking, tegenstand, oppositie.*

op·po·nent[1] [ə'poʊnənt]⟨f2⟩⟨telb.zn.⟩ **0.1** ***opponent*** ⇒*opposant, tegenpartij, tegenstander, tegenspeler, tegenkandidaat* **0.2** ⟨med.⟩ ***antagonist*** ⇒*tegen(over)steller* ⟨(musculus)opponens⟩.

opponent[2] ⟨f1⟩⟨bn.⟩ **0.1** ***tegenwerkend*** ⇒*opponerend* **0.2** ***tegengesteld*** ⇒*strijdig, tegendraads* **0.3** ***tegenovergelegen*** ⇒*tegenoverliggend* ◆ **1.1** ⟨med.⟩ ~ muscle *antagonistische spier, tegen(over)steller* ⟨(musculus) opponens⟩ **1.3** ⟨fig.⟩ ~ armies *vijandige legers.*

op·por·tune ['ɒpətju:n‖'ɑpər'tu:n]⟨f1⟩⟨bn.; -ly; -ness⟩ **0.1** ***opportuun*** ⇒*gelegen, geschikt, gunstig (gekozen), op het juiste ogenblik komend* ◆ **1.1** the most ~ moment *het meest geschikte ogenblik;* that remark is not ~ now *die opmerking is nu niet oppor-*

tuun **5.1** be particularly ~ *zeer gelegen / uitermate van pas komen.*

op·por·tun·ism ['ɒpə'tju:nɪzm‖'ɑpər'tu:-]⟨f1⟩⟨n.-telb.zn.⟩ **0.1** ***opportunisme.***

op·por·tun·ist[1] ['ɒpə'tju:nɪst‖'ɑpər'tu:-]⟨f1⟩⟨telb.zn.⟩ **0.1** ***opportunist.***

opportunist[2], **op·por·tun·is·tic** ['ɒpətju:'nɪstɪk‖'ɑpərtu:-]⟨f1⟩⟨bn.; opportunistically⟩ **0.1** ***opportunistisch.***

op·por·tu·ni·ty ['ɒpə'tju:nəti‖'ɑpər'tu:nəṭi]⟨f3⟩⟨telb. en n.-telb.zn.; →mv. 2⟩⟨→sprw. 547, 548⟩ **0.1** ***(gunstige / geschikte) gelegenheid*** *⇒kans, opportuniteit* ◆ **3.1** I found no ~ to see him *ik zag geen kans hem onder vier ogen te spreken;* give s.o. the ~ to pursue his education *iem. in de gelegenheid stellen verder te studeren;* grasp / seize the ~ to *de gelegenheid (met beide handen) aangrijpen om;* leap at an ~ *een gelegenheid met beide handen aangrijpen;* see one's ~ *zijn kans schoon zien;* I take this ~ to inform you *ik maak v.d. gelegenheid gebruik om u te melden;* take the first ~ of slipping away *de eerste de beste gelegenheid aangrijpen / te baat nemen om weg te glippen* **6.1** not a single ~ **for** counteroffensive was lost / missed *men liet geen enkele gelegenheid voor een tegenoffensief voorbijgaan;* she had ample ~ **for** talking him out of it *ze had ruimschoots de gelegenheid om het hem uit zijn hoofd te praten.*

oppor'tunity cost ⟨telb. en n.-telb.zn.⟩⟨ec.⟩ **0.1** ***alternatieve kost (en).***

op·pos·a·bil·i·ty [ə'poʊzə'bɪləṭi]⟨n.-telb.zn.⟩ **0.1** ***het bestrijdbaar zijn*** *⇒weerstaanbaarheid, aanvechtbaarheid* **0.2** ***opponeerbaarheid.***

op·pos·a·ble [ə'poʊzəbl]⟨bn.⟩ **0.1** ***bestrijdbaar*** *⇒vatbaar voor oppositie / tegenkanting / tegenwerking, weerstaanbaar, weerlegbaar, aanvechtbaar* **0.2** ***opponeerbaar*** ◆ **1.2** the thumb is an ~ digit *de duim is een opponeerbare vinger* **6.2** be ~ **to** sth. *geplaatst kunnen worden tegenover iets, opponeerbaar zijn t.o.v. iets.*

op·pose [ə'poʊz]⟨f3⟩⟨ww.⟩ →opposed, opposing

I ⟨onov.ww.⟩ **0.1** ***(zich) opponeren*** *⇒oppositie voeren, zich verzetten, als opponent optreden;*

II ⟨ov.ww.⟩ **0.1** ***tegen(over)stellen*** *⇒tegenover plaatsen / zetten, contrasteren, tegenover elkaar stellen, opponeren* **0.2** ***zich verzetten tegen*** *⇒oppositie voeren / zich kanten tegen, tegenstand bieden aan, bestrijden, tegenwerken* ◆ **1.1** ~ a desperate resistance to *wanhopig weerstand bieden aan;* you are opposing things that are practically identical *je maakt een onderscheid tussen dingen die vrijwel identiek zijn* **1.2** ~ unilateral disarmament *tegen eenzijdige ontwapening (gekant) zijn* **6.1** ~ sth. **against / to** *iets plaatsen / stellen tegenover / contrasteren met / inbrengen tegen.*

op·posed [ə'poʊzd]⟨f2⟩⟨bn.; volt. deelw. v. oppose⟩ **0.1** ***tegen(over) gesteld*** *⇒tegenoverstaand, tegenoverliggend* **0.2** ***tegen*** *⇒afkerig, vijandig* ◆ **6.1** be ~ **to** *tegen(over)gesteld zijn aan, het tegen (over)gestelde zijn van* **6.2** be ~ **to** *(gekant) zijn tegen, het oneens zijn met, niet te vinden zijn voor, afkeuren, verwerpen* **6.¶** as ~ **to** *tegen(over), in tegenstelling met / tot, onderscheiden van.*

op·pose·less [ə'poʊzləs]⟨bn.⟩⟨schr.⟩ **0.1** ***onweerstaanbaar.***

op·pos·er [ə'poʊzə‖-ər]⟨telb.zn.⟩ **0.1** ***opposant*** *⇒opponent.*

op·pos·ing [ə'poʊzɪŋ]⟨f1⟩⟨bn.; teg. deelw. v. oppose; -ly⟩ **0.1** ***tegenoverstaand*** *⇒tegenoverliggend* **0.2** ***tegenwerkend*** *⇒tegen-, ⟨sport⟩ vijandig* ◆ **1.1** ⟨AE⟩ ~ train *tegenligger* ⟨trein op hetzelfde spoor uit tegenovergestelde richting⟩ **1.2** ~ force *tegenkracht;* the ~ team *de tegenpartij / tegenspelers.*

op·po·site[1] ['ɒpəzɪt‖'ɑ-]⟨f2⟩⟨telb. en n.-telb.zn.⟩ **0.1** ***tegen(over)gestelde*** *⇒tegendeel, tegenpool, tegenstelling, omgekeerde* ◆ **3.1** be ~s *elkaars tegenpolen zijn;* she meant quite the ~ *ze bedoelde juist het tegendeel* **6.1** the ~ **of** *het tegen(over)gestelde van.*

opposite[2] ⟨f3⟩⟨bn.; -ly; -ness⟩

I ⟨bn.⟩ **0.1** ***tegen(over)gesteld*** *⇒tegenoverliggend, tegenoverstaand, overstaand / tegengesteld ⟨v. bladeren, hoeken⟩, tegenover elkaar gelegen / liggend / geplaatst, tegen-* ◆ **1.1** a ship coming from the ~ direction *een tegenliggend schip;* ~ number *ambtgenoot, collega, tegenhanger, evenknie, equivalent;* the ~ sex *het andere geslacht;* on the ~ side *aan de overkant;* the ~ sides of a building *de parallel lopende zijden v.e. gebouw;* on ~ sides of the square *aan weerszijden v.h. plein;* the ~ way round *andersom, het tegenovergestelde* **6.1** be ~ **from / to** *tegen(over)gesteld zijn aan, het tegendeel zijn van, diametraal liggen / staan tegenover, radicaal verschillen van;*

II ⟨bn., post.⟩ **0.1** ***tegenover*** *⇒aan de overkant (gelegen / liggend)* ◆ **1.1** the houses ~ *de huizen hier tegenover / aan de overkant.*

opposite[3] ⟨f1⟩⟨bw.⟩ **0.1** ***tegenover (elkaar)*** *⇒aan de overkant / andere kant* ◆ **3.1** she lives ~ *ze woont hiertegenover* **5.1** just ~ *recht tegenover, vis-à-vis* **6.1** ~ **to** *tegenover, vis-à-vis.*

opposite[4] ⟨f3⟩⟨vz.⟩ **0.1** ***tegenover*** *⇒tegenovergesteld aan, aan de overkant van* ◆ **1.1** ~ a fat boy *tegenover een dikke jongen;* ⟨dram.⟩ she played ~ Yul Brynner *Yul Brynner was haar tegenspeler;* put a cross ~ your name *zet een kruisje naast je naam* **¶.¶** ⟨vnl. BE; dram.⟩ ~ prompt *rechter(voor)kant v.d. scène* ⟨links vanuit de zaal⟩.

op·po·si·tion ['ɒpə'zɪʃn‖'ɑ-]⟨f3⟩⟨zn.⟩

I ⟨telb. en n.-telb.zn.⟩ **0.1** ***oppositie*** ⟨ook in logica, schaakspel⟩ *⇒tegen(over)stelling, tegen(over)stand, tegenoverplaatsing, tegengestelde positie / stand* ◆ **6.1** ⟨astr., ster.⟩ **in** ~ *in oppositie / tegen(over)stand (met de zon)* ⟨i.t.t. in conjunctie⟩; **in** ~ **to** *tegen (over), (in een positie) tegen(over)gesteld aan, (op een standpunt) verschillend van;*

II ⟨n.-telb.zn.⟩ **0.1** ***oppositie*** *⇒verzet, tegenstand, tegenwerking* ◆ **3.1** meet with strong ~ *op hevig verzet stuiten;* offer determined ~ to *vastberaden oppositie voeren tegen / weerstand bieden aan* **6.1** be **in** ~ *in de oppositie zijn / zitten;* **in** ~ **to** public opinion *in strijd met de publieke opinie, tegen de publieke opinie in;*

III ⟨verz.n.; ww. vnl. enk.; vaak O-; the⟩ **0.1** ***oppositie(groep / partij)*** *⇒tegenpartij, opponenten, tegenstanders* ◆ **1.1** the Leader of the Opposition *de oppositieleider;* The / Her Majesty's Opposition *de oppositie* ⟨in Engeland⟩.

op·po·si·tion·al ['ɒpə'zɪʃnəl‖'ɑ-]⟨bn.⟩ **0.1** ***oppositioneel*** *⇒oppositie-, tegen-.*

op·po·si·tive [ə'pɒzətɪv‖ə'pɑzəṭɪv]⟨bn.; -ly⟩ **0.1** ***tegengesteld*** *⇒tegenstellend, tegenwerkend, tegendraads, in de contramine.*

op·press [ə'pres]⟨f2⟩⟨ov.ww.⟩ **0.1** ***onderdrukken*** *⇒verdrukken, onderwerpen, opprimeren* **0.2** ***benauwen*** *⇒(zwaar) drukken / wegen (op), opprimeren, beklemmen, neerslachtig maken, deprimeren* **0.3** ***overweldigen*** *⇒overstelpen, verpletteren* ◆ **3.1** be ~ed *in onderdrukking leven* **6.2** ~ed **by** anxiety *doodsbenauwd;* feel ~ed **with** the heat *het benauwd hebben door / last ondervinden v.d. hitte.*

op·pres·sion [ə'preʃn]⟨f2⟩⟨telb. en n.-telb.zn.⟩ **0.1** ***oppressie*** *⇒benauwing, beklemming, druk, last, neerslachtigheid* **0.2** ***oppressie*** *⇒onderdrukking(smaatregel), verdrukking* ◆ **1.1** an ~ of spirits *een lamlendig / zwaarmoedig gevoel.*

op·pres·sive [ə'presɪv]⟨f1⟩⟨bn.; -ly; -ness⟩ **0.1** ***onderdrukkend*** *⇒streng, hard(vochtig), tiranniek* **0.2** ***benauwend*** *⇒drukkend, deprimerend, lastig, zwaar* ◆ **1.1** an ~ measure *een onderdrukkingsmaatregel* **2.2** ~ly hot *drukkend / ondraaglijk heet.*

op·pres·sor [ə'presə‖-ər]⟨f1⟩⟨telb.zn.⟩ **0.1** ***onderdrukker*** *⇒verdrukker, overheerser, tiran, dwingeland.*

op·pro·bri·ous [ə'proʊbrɪəs]⟨bn.; -ly; -ness⟩⟨schr.⟩ **0.1** ***honend*** *⇒smalend, beledigend, geringschattend* **0.2** ***schandelijk*** *⇒smadelijk, verachtelijk, snood* ◆ **1.1** ~ language *schimp(taal);* ~ laughter *hoongelach;* ~ words *scheldwoorden, smaadwoorden, geschimp.*

op·pro·bri·um [ə'proʊbrɪəm]⟨zn.⟩⟨schr.⟩

I ⟨telb.zn.⟩ **0.1** ***(publiek) schandaal*** *⇒schanddaad, schande, aanstotelijkheid, onbetamelijkheid;*

II ⟨n.-telb.zn.⟩ **0.1** ***schande(lijkheid)*** *⇒oneer* **0.2** ***smaad*** *⇒afkeer, minachting* ◆ **1.2** a term of ~ *een smaadwoord / minachtende term* **3.1** attach ~ to *als een schande beschouwen, (een) schande vinden.*

op·pugn [ə'pju:n]⟨ov.ww.⟩ **0.1** ***bestrijden*** *⇒betwisten, zich verzetten tegen, in twijfel trekken, een vraagteken plaatsen bij, tegenspreken.*

op·pug·nance [ə'pʌgnəns], **op·pug·nan·cy** [-si]⟨n.-telb.zn.⟩ **0.1** ***bestrijding*** *⇒betwisting, verzet, tegenstand, tegenwerking.*

op·pug·nant [ə'pʌgnənt]⟨bn.⟩ **0.1** ***aanvallend*** *⇒betwistend, zich verzettend, vijandig, tegenwerkend.*

op·si·math ['ɒpsɪmæθ‖'ɑp-]⟨telb.zn.⟩ **0.1** ***student-op-latere-leeftijd.***

op·son·ic [ɒp'sɒnɪk‖ɑp'sɑ-]⟨bn.⟩⟨med.⟩ **0.1** ***opsonisch*** *⇒opsonine-.*

op·so·nin ['ɒpsənɪn‖'ɑp-]⟨telb. en n.-telb.zn.⟩⟨med.⟩ **0.1** ***opsonine*** ⟨substantie in bloed(serum) die helpt bij fagocytose⟩.

opt[1] [ɒpt‖ɑpt]⟨f2⟩⟨onov.ww.⟩ **0.1** ***opteren*** *⇒kiezen* ◆ **1.1** ~ in favour of *de voorkeur geven aan, kiezen voor, besluiten tot* **3.1** we ~ed to spend the weekend in Venice *we besloten het weekend in Venetië door te brengen* **5.¶** →opt **out** **6.1** ~ **between** two alternatives *een keuze doen uit / kiezen tussen twee alternatieven;* ~ **for** *opteren voor.*

opt[2] ⟨afk.⟩ operate, optative, optical, optician, optics, optimum, option(al).

op·tant ['ɒptənt‖'ɑp-]⟨telb.zn.⟩ **0.1** ***iem. die opteert*** *⇒optant.*

op·ta·tive[1] ['ɒptətɪv‖'ɑptəṭɪv]⟨telb.zn.⟩⟨taalk.⟩ **0.1** ***optatief*** *⇒wensende wijs* **0.2** ***optatieve (werkwoords)vorm*** *⇒werkwoord in de optatief.*

optative[2] ⟨bn.; -ly⟩⟨taalk.⟩ **0.1** ***optatief*** *⇒wensend, wens-* ◆ **1.1** ~ mood *optatief, wensende wijs, optativus.*

op·tic[1] ['ɒptɪk‖'ɑp-]⟨f1⟩⟨telb.zn.⟩ **0.1** ***optisch onderdeel*** *⇒onderdeel v.e. optisch instrument* **0.2** ⟨vero., beh. scherts.⟩ ***gezichtsorgaan*** *⇒oog* **0.3** ⟨BE⟩ ***maatdop.***

optic² ⟨bn., attr.⟩ **0.1** ***gezichts-*** ⇒*oog-, mbt. het gezicht/oog, optisch* ◆ **1.1** ~ angle *gezichtshoek, optische hoek;* ~ axis *optische (hoofd)as, gezichts/oogas;* ~ lobe *gezichtscentrum;* ~ nerve *gezichts/oogzenuw.*

op·ti·cal ['ɒptɪkl‖'ɑp-]⟨f2⟩⟨bn., attr.; -ly⟩ **0.1** ***optisch*** ⇒*gezichts-, mbt. het gezicht/zien* **0.2** ***optisch*** ⇒*mbt. de optica, gezichtkundig* ◆ **1.1** ~ art *op art, kinetische kunst, bewegingskunst;* ~ fibre *glasvezel;* ~ illusion *optisch bedrog, gezichtsbedrog;* ⟨comp.⟩ ~ (character) reader *optische lezer* **1.2** ⟨schei.⟩ ~ly active *optisch actief.*

op·ti·cian [ɒp'tɪʃn‖ɑp-]⟨f1⟩⟨telb.zn.⟩ **0.1** ***opticien*** ⇒*maker v./handelaar in optische instrumenten, brillenmaker.*

op·tics ['ɒptɪks‖'ɑp-]⟨n.-telb.zn.⟩ **0.1** ***optica*** ⇒*gezichtkunde, leer v.h. zien/licht* **0.2** ***optiek*** ⇒*(onderdelen v.) optische uitrusting.*

op·ti·mism ['ɒptɪmɪzm‖'ɑp-]⟨f2⟩⟨n.-telb.zn.⟩ **0.1** ***optimisme*** ⟨ook fil.⟩ ⇒*optimistische ingesteldheid/levensbeschouwing, levensvreugde.*

op·ti·mist ['ɒptɪmɪst‖'ɑp-]⟨f1⟩⟨telb.zn.⟩ **0.1** ***optimist*** ⇒⟨i.h.b.⟩ *aanhanger v.h. optimisme.*

op·ti·mis·tic ['ɒptɪ'mɪstɪk‖'ɑp-], **op·ti·mis·ti·cal** [-ɪkl], **op·ti·mist** ⟨f2⟩ ⟨bn.; optimistically; →bijw. 3⟩ **0.1** ***optimist(isch)*** ⇒*vol optimisme, gunstig.*

op·ti·mize, -mise ['ɒptɪmaɪz‖'ɑp-], ⟨in bet. II 0.1 ook⟩ **op·ti·mal·ize, -ise** ['ɒptɪməlaɪz‖'ɑp-]⟨ww.⟩
I ⟨onov.ww.⟩ **0.1** ***optimist(isch) zijn*** ◆ **6.1** ~ **about** *optimist(isch) zijn over, optimistisch inzien/voorstellen;*
II ⟨ov.ww.⟩ **0.1** ***optimaliseren*** ⇒*optimaal maken/doen functioneren, tot grotere efficiëntie brengen, perfectioneren* **0.2** ***optimaal aanwenden/benutten/gebruik maken van*** ⇒*zo veel mogelijk/zijn voordeel (proberen te) doen met, uitbuiten* ⟨kans, gelegenheid, toestand⟩, *het beste zien te maken van.*

op·ti·mum¹ ['ɒptɪməm‖'ɑp-]⟨f2⟩⟨telb.zn.; ook optima [-mə]; →mv. 5⟩ **0.1** ***optimum*** ⇒*optimale/beste/gunstigste (voor)waarde/hoeveelheid, hoogtepunt, beste compromis/oplossing.*

optimum², op·ti·mal ['ɒptɪml‖'ɑp-]⟨f2⟩⟨bn., attr.; optimally⟩ **0.1** ***optimaal*** ⇒*best, gunstigst, geschikst, grootst mogelijk.*

op·tion ['ɒpʃn‖'ɑpʃn]⟨f2⟩⟨zn.⟩
I ⟨telb.zn.⟩⟨geldw., hand.⟩ **0.1** ***optie*** ⇒*(recht v.) keuze/voorkeur;* ⟨i.h.b.⟩ *premie(affaire)* ◆ **1.1** buyer of an ~ *optant, premiegever;* dealer in ~s *premiemakelaar;* term of an ~ *optietermijn, premieperiode* **3.1** naked ~ *ongedekte optie* **6.1** have an ~ **on** *in optie hebben, de voorkeur hebben van;* take an ~ **on** a piece of land *een lap grond in optie nemen;*
II ⟨telb. en n.-telb.zn.⟩ **0.1** ***keus/keuze*** ⇒*het (ver)kiezen/opteren, keuzemogelijkheid, alternatief, oplossing;* ⟨i.h.b., vnl. BE⟩ *keuzevak* ◆ **3.1** have an ~ between *de keuze hebben tussen;* keep /leave one's ~s open *zich nergens op vastleggen;* ⟨ong.⟩ *zich op de vlakte houden;* she has kept her ~s open *ze kan nog alle kanten uit;* make one's ~ *zijn keuze bepalen/doen, kiezen, opteren* **6.1** **at** ~ *naar keuze;* **at** the student's ~ *ter keuze v.d. student, als de student het verkiest;* **at/in** one's ~ *naar zijn keuze, naar men verkiest/wil* **7.1** I had little ~ *ik had weinig keus, er werd mij weinig keus gelaten;* have no ~ but to go *geen andere keus hebben dan te gaan;* we had no ~ but to leave *er bleef ons geen andere keuze over dan te vertrekken.*

op·tion·al ['ɒpʃnəl‖'ɑp-]⟨f2⟩⟨bn.; -ly⟩ **0.1** ***keuze-*** ⇒*facultatief, naar (eigen) keuze, vrij, optioneel* ◆ **1.1** ~ subject *keuzevak* **3.1** render sth. ~ *iets facultatief stellen* **6.1** it is ~ **on/with** you to *het staat u vrij te;* be ~ **with** *facultatief zijn voor;* ⟨geldw.⟩ ~ **with** the buyer *naar kopers keus.*

'option business ⟨n.-telb.zn.⟩⟨geldw., hand.⟩ **0.1** ***premiezaken*** ⇒*premieaffaires.*

'options exchange ⟨telb.zn.⟩⟨geldw., hand.⟩ **0.1** ***optiebeurs.***

op·tom·e·ter [ɒp'tɒmɪtə‖ɑp'tɑmɪtər]⟨telb.zn.⟩ **0.1** ***optometer*** ⇒*gezichtsmeter.*

op·tom·e·trist [ɒp'tɒmɪtrɪst‖ɑp'tɑ-]⟨telb.zn.⟩ **0.1** ***optometrist*** ⇒*specialist in de optometrie, (gediplomeerd) opticien.*

op·tom·e·try [ɒp'tɒmɪtri‖ɑp'tɑ-]⟨n.-telb.zn.⟩ **0.1** ***optometrie*** ⇒*oogmeetkunde.*

op·to·phone ['ɒptəfoʊn‖'ɑp-]⟨telb.zn.⟩ **0.1** ***optofoon*** ⟨leesinstrument voor blinden⟩.

'opt 'out ⟨onov.ww.⟩ **0.1** ***niet meer (willen) meedoen*** ⇒*zich terugtrekken, weggaan, zijn verantwoordelijkheid ontduiken* ◆ **6.1** ~ **of** *niet meer (willen) meedoen aan, afzien van, zich onttrekken aan, zich terugtrekken uit, ontvluchten, opgeven, laten varen* ⟨idee, plan⟩; *afschuiven* ⟨verantwoordelijkheid⟩; *ontduiken* ⟨verbintenis⟩; *opzeggen* ⟨contract⟩.

op·u·lence ['ɒpjʊləns‖'ɑpjə-], **op·u·len·cy** [-si]⟨n.-telb.zn.⟩ **0.1** ***(enorme) rijkdom*** ⇒*opulentie, overvloed, weelde(righeid), weligheid, volheid.*

op·u·lent ['ɒpjʊlənt‖'ɑpjə-]⟨f1⟩⟨bn.; -ly⟩ **0.1** ***overvloedig*** ⇒*(schat) rijk, opulent, weelderig, welig (groeiend/tierend)* ◆ **1.1** an ~ beard *een volle/dichte baard;* ~ vegetation *welige plantengroei.*

o·pun·ti·a [oʊ'pʌnʃə‖-tʃə]⟨telb. en n.-telb.zn.⟩⟨plantk.⟩ **0.1** ***opuntia*** ⇒*opuntie* ⟨cactus; genus Opuntia⟩ **0.2** ***vijge(n)cactus*** ⟨Opuntia ficus-indica⟩.

o·pus ['oʊpəs]⟨f1⟩⟨telb.zn.; ook opera ['ɒpərə‖'oʊpərə]; →mv. 5; vnl. enk.⟩ **0.1** ⟨vaak O-⟩⟨muz.⟩ ***opus*** ⇒*(muziek)werk, muziekstuk, compositie* ⟨meestal door nummer aangeduid⟩ **0.2** ⟨vaak iron., hoogdravend⟩ ***opus*** ⇒*werk(stuk), kunstwerk, gewrocht* ◆ **2.2** ~ magnum/magnum ~ *opus magnum, meesterwerk;* ⟨i.h.b.⟩ *groots opgevat literair werk.*

o·pus·cule [ɒ'pʌskju:l‖oʊ-], **o·pus·cle** [ɒ'pʌsl‖oʊ-], **o·pus·cu·lum** [ɒ'pʌskjʊləm‖oʊ'pʌskjələm]⟨telb.zn.; ook opuscula [-lə]; →mv. 5⟩ **0.1** ***opusculum*** ⇒*minder belangrijk (literair/muzikaal) werkje.*

o·quas·sa [oʊ'kwɒsə‖oʊ'kwɑsə]⟨telb.zn.; ook oquassa; →mv. 4⟩ ⟨dierk.⟩ **0.1** ***oquassa*** ⟨soort zalmforel; Salvelinus oquassa⟩.

or¹ [ɔ:‖ɔr]⟨n.-telb.zn.⟩⟨heraldiek⟩ **0.1** ***goud(kleur).***

or² ⟨bn., post.⟩⟨vnl. heraldiek⟩ **0.1** ***gouden*** ⇒*goudkleurig, goudgeel, van goud.*

or³ ⟨vz.⟩⟨vero. of gew.⟩ **0.1** ⟨tijd⟩ ***vóór*** ◆ **1.1** it was not long ~ the lord's return *het was niet lang vóór de terugkeer v. de heer.*

or⁴ ⟨f4⟩⟨vw.⟩
I ⟨ondersch.vw.⟩⟨vero. of gew.⟩ **0.1** ⟨tijd⟩ ***vóór(aleer)*** ⇒*tot, alvorens* **0.2** ⟨na vergrotende trap⟩ ***dan*** ◆ **¶.1** he will be dead ~ (ever/ere) I come *hij zal dood zijn voor ik kom* **¶.2** he ran faster ~ they could catch him *hij liep te snel dan dat zij hem konden vangen;*
II ⟨nevensch.vw.⟩ **0.1** ⟨leidt aantal alternatieven in⟩ ***of*** ⇒*en, ofwel, of ook/nog/misschien* **0.2** ⟨vero.⟩ ⟨leidt het eerste v. twee alternatieven in⟩ ***hetzij*** ⇒*of* **0.3** ⟨leidt een gevolgaanduidende zin in die volgt op een gebod⟩ ***of (anders)*** ◆ **1.1** he dislikes cats ~ dogs *hij heeft een hekel aan katten of honden;* tea ~ coffee *thee of koffie;* she wrote a book, ~ a treatise *ze schreef een boek of, beter gezegd, een verhandeling* **2.2** ~ guilty or innocent *hetzij schuldig hetzij onschuldig* **3.1** she fell ~ tripped *ze viel, of, anders gezegd, struikelde* **¶.3** tell us ~ we'll execute you *vertel het ons of we stellen je terecht.*

-or [ə, ɔ:‖ər, ɔr] **0.1** ⟨vormt persoonsnaam uit ww.⟩ ***-er*** ⇒*-eur, -aar* **0.2** ⟨vormt abstract nw.⟩ ***-ing*** **0.3** ⟨vormt bijv. nw. met compar. betekenis⟩ ***-er*** **0.4** →-our ◆ **¶.1** actor *acteur;* inventor *uitvinder;* obligor *schuldenaar* **¶.2** error *vergissing;* tremor *huivering* **¶.3** major *groter;* senior *ouder.*

Or, ⟨als postcode⟩ **OR** ⟨afk.⟩ Oregon.

OR ⟨afk.⟩ operational research, operations research, other ranks.

or·ach(e) ['ɒrɪtʃ‖'ɑ-]⟨n.-telb.zn.⟩⟨plantk.⟩ **0.1** ***melde*** ⟨genus Atriplex⟩ ⇒⟨i.h.b.⟩ *tuinmelde* ⟨A. hortensis⟩.

or·a·cle ['ɒrəkl‖'ɔr-, 'ɑr-]⟨f1⟩⟨telb.zn.⟩ **0.1** ***orakel*** ⟨tempel/heiligdom waar orakelen worden gegeven⟩ **0.2** ⟨jud.⟩ ***allerheiligste*** ⇒*heilige der heiligen* ⟨1 Kon. 6:16⟩ **0.3** ⟨ben. voor⟩ ***orakelachtige uitspraak*** ⇒*orakel(spreuk/taal), godsspraak; goddelijke inspiratie/openbaring; profetie; raadselachtig(e)/dubbelzinnig(e) antwoord/raadgeving; onomstotelijke waarheid* **0.4** ***orakel*** ⇒*profeet;* ⟨fig.⟩ *raadsman, vraagbaak, (onfeilbare) autoriteit/gids/leidraad, bron v. wijsheid* ◆ **3.4** consult the ~ *het orakel raadplegen;* ⟨BE⟩ work the ~ *het orakel (heimelijk) beïnvloeden/manipuleren* **3.¶** ⟨BE; inf.⟩ work the ~ *slagen* ⟨in iets moeilijks⟩; *stiekem te werk gaan, achter de schermen opereren.*

o·rac·u·lar [ə'rækjʊlə‖-jələr]⟨bn.; -ly; -ness⟩ **0.1** ***orakelachtig*** ⇒*orakel-, profetisch, raadselachtig, dubbelzinnig* ◆ **1.1** ~ utterances *orakelspreuken, orakeltaal.*

or·a·cy ['ɔrəsi]⟨n.-telb.zn.⟩ **0.1** ***spreekvaardigheid.***

o·ral¹ ['ɔ:rəl]⟨f1⟩⟨telb.zn.; vnl. mv.⟩ **0.1** ***mondeling (examen).***

oral² ⟨f3⟩⟨bn.; -ly⟩ **0.1** ***mondeling*** ⇒*oraal, gesproken, bij monde (overgebracht)* **0.2** ***oraal*** ⇒*door/mbt./van/voor de mond, mond-* **0.3** ⟨taalk.⟩ ***oraal*** ⟨gerealiseerd met afgesloten neusholte, i.t.t. nasaal⟩ **0.4** ⟨psych.⟩ ***oraal*** ⇒*mbt. de orale fase* ◆ **1.1** ~ agreement *mondelinge overeenkomst;* ~ history *geschiedschrijving gebaseerd op orale overlevering, oral history;* ⟨sociologie⟩ ~ society *orale samenleving* ⟨v. analfabeten⟩; ~ tradition *mondelinge overlevering* **1.2** ~ administration *orale toediening* ⟨v. geneesmiddel⟩; ~ contraceptive *oraal contraceptief* ⟨de 'pil'⟩; ~ hygiene *mondhygiëne;* ~ mucous membrane *mondslijmvlies;* ~ sex *orale seks;* ~ surgeon *mondarts* **1.¶** ⟨sl.⟩ ~ days *goede oude tijd* ⟨voor totalisator bij paardenrennen⟩.

or·ange¹ ['ɒrɪndʒ‖'ɔ-, 'ɑ-]⟨f3⟩⟨zn.⟩
I ⟨eig.n.; O-⟩ **0.1** ***Oranje(huis)*** ⟨naam v.h. Nederlandse vorstenhuis sinds 1815⟩ ◆ **1.1** the House of Orange *het Huis v. Oranje;*
II ⟨telb.zn.⟩ **0.1** ***sinaasappel*** ⇒*oranje (appel/vrucht)* **0.2** ***oranje (boom)*** ⇒*sinaasappelboom* ◆ **3.¶** ⟨fig.⟩ squeezed ~ *uitgeknepen citroen;*
III ⟨n.-telb.zn.⟩ **0.1** ***oranje(kleur)*** ⇒*roodgeel.*

orange[2] ⟨f3⟩⟨bn.⟩ **0.1** ***oranje(kleurig)*** *⇒roodgeel* **0.2** ⟨O-⟩ ***Oranje-*** *⇒mbt. het Huis v. Oranje, Oranjegezind, orangistisch* **0.3** ⟨O-⟩ ⟨vnl. gesch.⟩ ***orangistisch*** *⇒mbt. de orangisten* ⟨protestantse Engelsgezinde partij in Noord-Ierland, opgericht in 1795⟩, *extreem protestants* ◆ **1.1** ⟨BE⟩ ~ fin *(soort) jonge zeeforel;* ⟨plantk.⟩ ~ milkweed *(oranje) zijdeplant* ⟨Asclepias tuberosa⟩; ~ pekoe *oranje pecco(thee);* ~ tip *oranjetip(vlinder), peterselievlinder* **1.2** Orange flag *Oranjevlag, vlag v.h. Huis v. Oranje.*

or·ange·ade ['ɒrɪn'dʒeɪd‖'ɔr-, 'ɑr-]⟨n.-telb.zn.⟩ **0.1** ***orangeade*** *⇒sinaasappeldrank, ranja, sinas.*

'orange blossom ⟨telb. en n.-telb.zn.⟩ **0.1** ***oranjebloesem.***

'orange flower ⟨telb.zn.⟩ **0.1** ***oranjebloesem.***

'orange flower oil ⟨n.-telb.zn.⟩ **0.1** ***oranjebloesemolie*** *⇒neroli(-olie).*

'orange flower water ⟨n.-telb.zn.⟩ **0.1** ***oranjebloesemwater*** ⟨oplossing v. neroli in water⟩.

'Orange 'Free State ⟨eig.n.⟩ **0.1** ***Oranje-Vrijstaat.***

'orange juice ⟨f1⟩⟨telb. en n.-telb.zn.⟩ **0.1** ***jus d'orange*** *⇒sinaasappelsap.*

Or·ange·man ['ɒrɪndʒmən‖'ɔ-, 'ɑ-]⟨telb.zn.; Orangemen [-mən]; →mv. 3⟩ ⟨vnl. gesch.⟩ **0.1** ***orangist*** *⇒aanhanger v.h. orangisme, lid v.d. partij v.d. orangisten* ⟨protestantse Engelsgezinde partij in Noord-Ierland, opgericht in 1795⟩; ⟨alg.⟩ *protestantse Ier* ⟨i.h.b. uit Ulster⟩.

'Orangeman's Day ⟨eig.n.⟩ **0.1** ***orangistendag*** ⟨12 juli, protestantse gedenkdag in Noord-Ierland⟩.

'orange 'marmalade ⟨f1⟩⟨n.-telb.zn.⟩ **0.1** ***sinaasappelmarmelade*** *⇒oranjemarmelade.*

'orange peel ⟨f1⟩⟨n.-telb.zn.⟩ **0.1** ***oranjeschil*** *⇒sinaasappelschil.*

or·ange·ry ['ɒrɪndʒri‖'ɔ-, 'ɑ-]⟨telb.zn.; →mv. 2⟩ **0.1** ***oranjerie*** *⇒kas.*

'orange 'soda →orangeade.

'orange spoon ⟨telb.zn.⟩ **0.1** ***(gepunt/getand) dessertlepeltje*** ⟨voor citrusvruchten/meloenen⟩.

'orange 'squash ⟨telb. en n.-telb.zn.⟩ **0.1** ***sinaasappeldrank(je)*** *⇒sinaasappel(limonade), sinas, ranja.*

'orange stick ⟨telb.zn.⟩ **0.1** ***oranje stick*** *⇒(soort) nagelvijltje/nagelmesje* ⟨puntige stift uit oranjebomehout⟩.

'or·ange·wood ⟨n.-telb.zn.⟩ **0.1** ***oranje(bome)hout*** *⇒(hout v.d.) oranjeboom/sinaasappelboom.*

Or·ang·ism, Or·ange·ism ['ɒrɪndʒɪzm‖'ɔr-, 'ɑr-]⟨n.-telb.zn.⟩ ⟨gesch.⟩ **0.1** ***orangisme*** ⟨protestantse Engelsgezinde politieke beweging in Noord-Ierland⟩.

o·rang-u·tan(g), o·rang·ou·tan(g) [ɔ:ræŋu:'tæn, -tæŋ‖ə'ræŋətæn, -tæŋ]⟨f1⟩⟨telb.zn.⟩ **0.1** ***orang-oetan(g).***

o·rate [ɔ:'reɪt]⟨onov.ww.⟩ **0.1** ***oreren*** *⇒een oratie/rede(voering)/toespraak houden, een speech afsteken, (plechtig) het woord voeren.*

o·ra·tion [ɔ:'reɪʃn]⟨f1⟩⟨zn.⟩
 I ⟨telb.zn.⟩ **0.1** ***oratie*** *⇒(hoogdravende) rede(voering), toespraak, voordracht, vertoog* ◆ **2.1** a funeral ~ *een grafrede* **3.1** deliver an ~ on *een oratie/voordracht houden over, het in gezwollen bewoordingen hebben over;*
 II ⟨n.-telb.zn.⟩⟨vero.; taalk.⟩ **0.1** ***rede*** ⟨manier v. weergeven v. iemands woorden⟩ ◆ **2.1** direct ~ *directe rede;* indirect/oblique ~ *indirecte rede.*

or·a·tor ['ɒrətə‖'ɔrət̬ər, 'ɑ-]⟨f2⟩⟨telb.zn.⟩ **0.1** ***(begaafd) redenaar*** *⇒orator, (goed/vlot) spreker, (officiële) woordvoerder* **0.2** ⟨AE; jur.⟩ ***klagende partij*** *⇒eiser, verzoeker* ⟨i.h.b. in burgerlijke zaken⟩.

or·a·to·ri·an[1] ['ɒrə'tɔ:rɪən‖'ɔrə'tɔrɪən, 'ɑ-]⟨telb.zn.; vaak O-⟩⟨R.-K.⟩ **0.1** ***oratoriaan*** ⟨seculier priester⟩ *⇒lid v.e. oratorium* ⟨i.h.b. v.h. Oratorium v.d. H. Filippo Neri⟩.

oratorian[2] ⟨bn.; vaak O-⟩⟨R.-K.⟩ **0.1** ***oratorium-*** *⇒mbt. de oratorianen.*

or·a·tor·i·cal ['ɒrə'tɒrɪkl‖'ɔrə'tɑ-, 'ɑ-]⟨f1⟩⟨bn.; -ly⟩ **0.1** ***oratorisch*** *⇒retorisch, redekunstig, redenaars-;* ⟨soms pej.⟩ *hoogdravend, bombastisch* ◆ **1.1** ~ contest *voordrachtwedstrijd;* ~ gestures *retorische gebaren;* ~ phrase *oratorische wending.*

or·a·to·ri·o ['ɒrə'tɔ:rioʊ‖'ɔrə'tɔrioʊ, 'ɑ-]⟨f1⟩⟨telb. en n.-telb.zn.⟩ ⟨muz.⟩ **0.1** ***oratorium.***

or·a·to·ry ['ɒrətri‖'ɔrətɔri, 'ɑ-]⟨f1⟩⟨zn.; →mv. 2⟩
 I ⟨eig.n.; O-; the⟩⟨R.-K.⟩ **0.1** ***(de congregatie van) de Oratorianen;***
 II ⟨telb.zn.⟩ **0.1** ***oratorium*** *⇒(bid/huis)kapel, bidvertrek;*
 III ⟨n.-telb.zn.⟩ **0.1** ***retorica*** *⇒redenaarskunst, welsprekendheid* **0.2** ⟨soms pej.⟩ ***retoriek*** *⇒het oreren/gekunsteld spreken, bombast, holle/hoogdravende/mooie woorden.*

or·a·tress ['ɒrətrɪs‖'ɔrətrɪs, 'ɑrə-]⟨telb.zn.⟩ **0.1** ***redenares*** *⇒vrouwelijke redenaar.*

or·a·trix ['ɒrətrɪks‖'ɔrə-, 'ɑrə-]⟨telb.zn.; oratrices [-'traɪsi:z]; →mv. 5⟩ **0.1** ***redenares*** *⇒vrouwelijke redenaar.*

orb[1] [ɔ:b‖ɔrb]⟨telb.zn.⟩ **0.1** ⟨ben. voor⟩ ***bolvormig iets*** *⇒(hemel) bol, globe, hemellichaam; (hemel)sfeer, hemelgewelf; rijksappel;* ⟨vnl. mv.; schr. en sl.⟩ *oog(appel/bol);* ⟨vero.⟩ *(de) aardbol* **0.2** ***bereik*** ⟨fig.⟩ *⇒(invloeds)sfeer, (werkings)gebied* **0.3** ⟨vero.⟩ ⟨ben. voor⟩ ***cirkelvormig iets*** *⇒cirkel, kring, wiel, rad* ⟨ook fig.⟩; *baan, kringloop, omloop* ⟨v. planeet/satelliet⟩.

orb[2] ⟨ww.⟩ →orbed
 I ⟨onov.ww.⟩ **0.1** ***een baan beschrijven/doorlopen*** *⇒in een baan/het rond bewegen, omwentelen* **0.2** ***(zich) ronden;***
 II ⟨ov.ww.⟩ **0.1** ***bolvormig/cirkelvormig maken*** *⇒tot een bol/cirkel/schijf (om)vormen, ronden, opvullen, samenballen* **0.2** ⟨vero.⟩ ***omsluiten*** *⇒insluiten, omhullen, omwelven, om(k)ringen.*

orbed [ɔ:bd‖ɔrbd]⟨bn.; volt. deelw. v. orb⟩⟨schr.⟩ **0.1** ***(ge)rond*** *⇒bol(vormig).*

or·bic·u·lar [ɔ:'bɪkjʊlə‖ɔr'bɪkjələr]⟨bn.; -ly⟩ **0.1** ***orbiculair*** *⇒(k) ringvormig, cirkelvormig* **0.2** ***(ge)rond*** *⇒bol(rond/vormig), sferisch* **0.3** ***afgerond*** ⟨alleen fig.⟩ *⇒compleet, volledig (uitgewerkt)* ◆ **1.1** ⟨anat.⟩ ~ muscle *kring/sluitspier, sfincter.*

or·bic·u·lar·i·ty [ɔ:'bɪkjʊ'lærəti‖ɔr'bɪkjə'lærət̬i]⟨n.-telb.zn.⟩ **0.1** ***orbiculariteit*** *⇒(k)ringvormigheid, cirkelvormigheid* **0.2** ***rondheid*** *⇒bolvormigheid* **0.3** ***afgerondheid*** *⇒volledigheid.*

or·bic·u·late [ɔ:'bɪkjʊlət‖ɔr'bɪkjə-], **or·bic·u·lat·ed** [-leɪt̬ɪd]⟨bn.; orbiculately⟩⟨plantk.⟩ **0.1** ***rond*** ⟨v. blad⟩.

or·bit[1] ['ɔ:bɪt‖'ɔr-]⟨f2⟩⟨telb.zn.⟩ **0.1** ***oogkas*** *⇒ooghoIte; oogrand* ⟨v. insekt/vogel⟩; *oogvlies* ⟨v. vogel⟩ **0.2** ***kring*** ⟨alleen fig.⟩ *⇒(invloeds/interesse)sfeer, (werkings)gebied/veld, (ervarings) wereld* **0.3** ***baan*** ⟨v. planeet, satelliet, elektron enz.⟩ *⇒omloop, kring, omwenteling* ◆ **1.3** the ~ of the earth around the sun *de omloop v.d. aarde om de zon* **6.3** put **into** ~ round the earth *in een baan rond de aarde brengen.*

orbit[2] ⟨f2⟩⟨ww.⟩
 I ⟨onov.ww.⟩ **0.1** ***een (cirkel)baan beschrijven/doorlopen*** *⇒een cirkelbeweging maken, cirkelen, (in kringen) ronddraaien;*
 II ⟨ov.ww.⟩ **0.1** ***een baan beschrijven/doorlopen rond*** *⇒bewegen/zich bevinden in een baan om/rond, cirkelen/draaien/wentelen om* **0.2** ***in een baan brengen/schieten*** ◆ **1.1** the moon ~s the earth *de maan draait om de aarde.*

or·bit·al[1] ['ɔ:bɪtl‖'ɔrbɪt̬l]⟨telb.zn.⟩ **0.1** ⟨nat.⟩ ***(atoom)orbit(aal)*** **0.2** ⟨BE; verkeer⟩ ***ring(baan)*** **0.3** ⟨ruim., ster.⟩ ***(omloop)baan.***

orbital[2] ⟨f1⟩⟨bn.; -ly⟩ **0.1** ⟨anat.⟩ ***orbitaal*** *⇒mbt. de oogkas(sen)* **0.2** ⟨ruim., nat.⟩ ***orbitaal*** *⇒omloop-* **0.3** ***ring-*** ⟨v. (auto/spoor) baan⟩ ◆ **1.2** ~ electron *schilelektron;* ~ velocity *omloopsnelheid.*

or·bit·er ['ɔ:bɪtə‖'ɔrbɪt̬ər]⟨telb.zn.⟩ **0.1** ***satelliet*** *⇒(rond de aarde cirkelend) ruimtevaartuig.*

orc [ɔ:k‖ɔrk], ⟨in bet. 0.1 en 0.2 ook⟩ **or·ca** ['ɔ:kə‖'ɔrkə]⟨telb.zn.⟩ **0.1** ⟨dierk.⟩ ***orka*** *⇒zwaardwalvis* ⟨genus Orca⟩ **0.2** ***(zee)monster/gedrocht*** **0.3** ⟨verk. orchestra⟩⟨sl.⟩ ***orkest*** *⇒band.*

ORC ⟨afk.⟩ Opinion Research Corporation.

Or·ca·di·an[1] [ɔ:'keɪdɪən‖ɔr-]⟨telb.zn.⟩ **0.1** ***bewoner v.d. Orcaden/Orkney eilanden.***

Orcadian[2] ⟨bn.⟩ **0.1** ***Orcadisch*** *⇒mbt./v.d. (bewoners v.d.) Orcaden/Orkney eilanden.*

orch[1] [ɔ:k‖ɔrk]⟨telb.zn.⟩⟨verk.⟩ orchestra ⟨sl.⟩ **0.1** ***orkest*** *⇒band.*

orch[2] ⟨afk.⟩ orchestra(tion), orchestrated by.

or·chard ['ɔ:tʃəd‖'ɔrtʃərd]⟨f2⟩⟨telb.zn.⟩ **0.1** ***boomgaard*** *⇒fruitkwekerij, fruittuin.*

'orchard grass ⟨n.-telb.zn.⟩⟨AE; plantk.⟩ **0.1** ***kropaar*** ⟨Dactylis glomerata⟩.

or·chard·ing ['ɔ:tʃədɪŋ‖'ɔrtʃərdɪŋ]⟨n.-telb.zn.⟩ **0.1** ***fruitteelt*** *⇒fruitkwekerij, het kweken v. fruitbomen* ⟨soms ook v. notebomen⟩.

or·chard·ist ['ɔ:tʃədɪst‖'ɔrtʃər-], **or·chard·man** [-mən]⟨telb.zn.; orchardmen [-mən]; →mv. 3⟩ **0.1** ***fruitteler*** *⇒fruitkweker.*

or·ches·tic [ɔ:'kestɪk]⟨bn.⟩ **0.1** ***dans-*** *⇒mbt. het dansen/de dans (kunst).*

or·ches·tics [ɔ:'kestɪks]⟨mv.; ww. vnl. enk.⟩ **0.1** ***danskunst.***

or·ches·tra ['ɔ:kɪstrə‖'ɔr-]⟨f2⟩⟨zn.⟩
 I ⟨telb.zn.⟩ **0.1** ***orkest(ra)*** ⟨in het Griekse theater⟩ **0.2** ***orkest (ruimte/bak)*** **0.3** ⟨AE⟩ ***orkest(plaatsen)*** *⇒stalles(plaatsen);* ⟨bij uitbr.⟩ *parket;*
 II ⟨verz.n.⟩ **0.1** ***orkest.***

'orchestra bells ⟨mv.⟩ **0.1** ***klokkenspel*** *⇒glockenspiel.*

or·ches·tral [ɔ:'kestrəl‖ɔr-]⟨f2⟩⟨bn.; -ly⟩ **0.1** ***orkestraal*** ⟨ook fig.⟩ *⇒orkest-, door/mbt./voor/v.e. orkest* ◆ **1.1** ~ performance *orkestuitvoering.*

'orchestra pit ⟨f1⟩⟨telb.zn.⟩ **0.1** ***orkest(bak/ruimte).***

'orchestra stalls ⟨mv.⟩ **0.1** ***orkest(plaatsen)*** *⇒stalles(plaatsen); voorste parketplaatsen.*

or·ches·trate ['ɔ:kɪstreɪt‖'ɔr-]⟨ov.ww.⟩ **0.1** ***orkestreren*** *⇒voor or-*

kest arrangeren / bewerken / componeren, instrumenteren; ⟨fig.⟩ *(harmonieus / natuurlijk / doeltreffend) samenbrengen / combineren / integreren; (zorgvuldig) organiseren.*

or·ches·tra·tion [ˌɔ:kəˈstreɪʃn‖ˌɔr-]⟨fɪ⟩⟨telb. en n.-telb.zn.⟩ **0.1** ***orkestratie*** ⇒*(orkestrale) bewerking / compositie, instrumentatie, arrangement;* ⟨fig.⟩ *het (harmonieus / ordelijk / natuurlijk / doeltreffend) samenbrengen / ineenwerken, combinatie, integratie.*

or·ches·tra·tor, or·ches·tra·ter [ˈɔ:kɪstreɪtə‖ˈɔrkɪstreɪtər]⟨telb.zn.⟩ **0.1** ***orkestrator*** ⇒*bewerker, arrangeur.*

or·ches·tri·na [ˌɔ:kɪˈstri:nə], ⟨AE ook⟩ **or·ches·tri·on** [ɔ:ˈkestrɪən‖ɔr-]⟨telb.zn.⟩⟨muz.⟩ **0.1** ***orkestrion*** ⟨kabinetorgel dat de blaasinstrumenten nabootst⟩.

or·chid [ˈɔ:kɪd‖ˈɔr-]⟨f2⟩⟨zn.⟩
I ⟨telb.zn.⟩⟨plantk.⟩ **0.1** ***orchidee(ëbloem)*** ⟨fam. Orchidaceae⟩;
II ⟨n.-telb.zn.⟩ **0.1** ***lichtpaars;***
III ⟨mv.; ~s⟩ **0.1** ***lofbetuigingen*** ◆ **3.1** extend ~s to *met lof overgieten.*

or·chi·da·ceous [ˌɔ:kɪˈdeɪʃəs‖ˌɔr-]⟨bn.; -ly⟩ **0.1** ***orchidee(ë / ën)-*** ⇒*behorend tot / mbt. de familie v.d. orchideeën, orchideeachtig* **0.2** ***opvallend (mooi)*** ⟨als een orchidee⟩ ⇒*opzichtig, luisterrijk, weelderig.*

or·chid·ist [ˈɔ:kɪdɪst‖ˈɔr-]⟨telb.zn.⟩ **0.1** ***orchideeënkweker*** **0.2** ***orchideeënliefhebber.***

or·chid·ol·o·gy [ˌɔ:kɪˈdɒlədʒi‖ˌɔrkɪˈdɑ-]⟨n.-telb.zn.⟩ **0.1** ***orchidologie*** ⇒*orchidee(ën)leer.*

or·chil [ˈɔ:tʃɪl‖ˈɔr-], **or·chil·la** [ɔ:ˈtʃɪlə‖ɔr-], **ar·chil** [ˈɑ:tʃɪl‖ˈɑr-]⟨n.-telb.zn.⟩ **0.1** ⟨plantk.⟩ ***korstmos*** ⇒⟨i.h.b.⟩ *orseillemos* ⟨Roccella tinctoria⟩ **0.2** ***orseille*** ⟨purperrode kleurstof⟩.

or·chis [ˈɔ:kɪs‖ˈɔr-]⟨telb. en n.-telb.zn.⟩⟨plantk.⟩ **0.1** ***orchis*** ⟨genus Orchis⟩ ⇒*standelkruid, orchidee.*

ord ⟨afk.⟩ order, orderly, ordinal, ordinance, ordinary, ordnance.

or·dain [ɔ:ˈdeɪn‖ɔr-]⟨f2⟩⟨ov.ww.⟩ **0.1** ⟨relig.⟩ ***(tot geestelijke / priester) wijden*** ⇒*ordenen / aanstellen (als)* ⟨predikant, rabbijn⟩, *ordineren* **0.2** ***(ver)ordineren*** ⇒*(voor)beschikken, (voor)bestemmen* ⟨v. God, noodlot⟩ **0.3** ***verordenen*** ⇒*vestigen, (in / vast)stellen, voorschrijven, bepalen* ⟨wet, gezagsorgaan⟩ ◆ **1.1** ~ s.o. king *iem. tot koning kronen / zalven;* ⟨R.-K.⟩ be ~ed priest *tot priester worden gewijd* **3.2** ~ed to fail *voorbestemd te mislukken / tot mislukking;* fate has ~ed us to die *het noodlot heeft beschikt dat wij moeten sterven* **8.2** ~ that *(het zo) beschikken / beslissen / willen dat* **8.3** ~ that *bevelen / het bevel uitvaardigen dat.*

or·dain·ment [ɔ:ˈdeɪnmənt‖ɔr-]⟨telb.zn.⟩ **0.1** ***verordening*** ⇒*verordinering, (voor)beschikking* ◆ **1.1** ⟨R.-K.⟩ God's ~s *de verordineringen Gods.*

or·deal [ɔ:ˈdi:l‖ɔr-]⟨f2⟩⟨zn.⟩
I ⟨telb.zn.⟩ **0.1** ***beproeving*** ⇒*bezoeking;* ⟨fig.⟩ *penitentie, vuurproef, pijnlijke ervaring* ◆ **1.1** the ~ of the climb *de afmattende / moeilijke beklimming* **3.1** pass through terrible ~s *harde beproevingen doorstaan, door de hel gaan;* undergo a severe ~ *een zware vuurproef ondergaan;*
II ⟨n.-telb.zn.⟩⟨gesch.⟩ **0.1** ***ordale*** ⇒*ordalium, godsoordeel / gericht* ◆ **1.1** ~ by battle *tweegevecht-ordale, beslechting door het zwaard;* ~ by fire *vuurproef, vuur-ordale;* trial by ~ *godsgericht / oordeel.*

or'deal bean ⟨telb.zn.⟩⟨plantk.⟩ **0.1** ***Calabarboon*** ⟨giftig zaad v. Afrikaanse klimplant, Physostigma venenosum⟩.

or'deal tree ⟨telb.zn.⟩⟨plantk.⟩ **0.1** ***oepas(boom)*** ⟨Antiaris toxicaria⟩.

or·der[1] [ˈɔ:də‖ˈɔrdər]⟨f4⟩⟨zn.⟩
I ⟨telb.zn.⟩ **0.1** ***orde*** ⟨ook biol.⟩ ⇒*stand, rang, (sociale) klasse / laag;* ⟨schr.⟩ *soort, aard* **0.2** ***(klooster / ridder)orde*** ⇒*(geestelijke) vereniging, congregatie* **0.3** ***orde(teken)*** ⇒*waardigheidsteken, onderscheidingsteken* ⟨v.e. orde⟩; ⟨i.h.b.⟩ *ridderorde, ridderteken* **0.4** ***orde*** ⟨rang bij de geestelijkheid⟩ ⇒*wijding(sgraad)* **0.5** ⟨R.-K.⟩ ***engelenkoor*** ⟨een v.d. negen klassen / rangen v. engelen rond Gods troon⟩ **0.6** ⟨bouwk.⟩ ***(bouw / zuilen)orde*** ⇒*(bouw)stijl* ⟨vnl. mbt. de zuil⟩ **0.7** ***orde (v. grootte)*** ⟨ook nat., wisk.⟩ ⇒*rang, (moeilijkheids)graad* **0.8** ⟨relig.⟩ ***ordinarium*** ⇒*formulier* ⟨vastgelegde vorm / orde v. eredienst e.d.⟩ **0.9** ***toelatingsbewijs*** ⇒*entreebewijs, (entree / contributie / reductie)kaart, pas(je)* ◆ **1.1** all ~s and degrees of men *mensen v. alle rangen en standen;* ~ of knights *ridderstand, ridderorde* **1.2** the Order of the Bath *de Bath-orde;* the Order of the Garter *de Orde v.d. Kouseband* ⟨hoogste ridderorde in Engeland⟩; the Order of Merit *de Orde v. Verdienste* ⟨in Engeland⟩; Order of Preachers *orde der predikheren / dominicanen;* the Order of St. Benedict *de Orde v. St. Benedictus, de benedictijnenorde;* ⟨IE⟩ the Order of St. Patrick *de Orde v. St. Patrick;* the ~ of Templars *de (ridder)orde v.d. Tempeliers* **1.3** the ~ of the Golden Fleece *de ordeketen v.h. Gulden Vlies* **1.4** ~ of priesthood ⟨R.-K.⟩ *priesterschap;* ⟨Prot.⟩ *predikdienst, tweede orde v. geestelijkheid* ⟨tussen diaken- en bisschopsambt⟩ **1.7** a derivative of the first ~ *een afgeleide v.d. eerste orde;* ~ of magnitude *orde (v. grootte), grootte-orde, grootteklasse* **1.8** ~ of baptism *doopformulier, doopplechtigheid* **2.1** clerical ~ *geestelijke stand, clerus;* poetry of a high ~ *eersterangspoëzie;* the lower ~s *de lagere volksklassen, het gepeupel / klootjesvolk;* military ~ *militaire stand, soldatenstand* **2.2** monastic ~ *kloosterorde, monnikenorde* **2.4** holy ~s *hogere orden / wijdingen* ⟨bv. diaconaat⟩; minor ~s *kleine orden, kleinere / lagere wijdingen* ⟨bv. lectoraat⟩ **2.6** a cathedral of the Gothic ~ *een kathedraal in gotische stijl* **3.9** ⟨BE⟩ an ~ to view *een bezichtigingsbriefje* ⟨v. makelaar gekregen, tot bezichtiging v. huis⟩ **6.7** ⟨BE⟩ **in / of /** ⟨AE⟩ **on** the ~ **of** *in de orde (v. grootte) / v.d. orde / rang van, ongeveer, om en (na)bij* **6.¶** ⟨AE⟩ **on** the ~ **of** *zoals, in de stijl / trant van, vergelijkbaar met;* ⟨AE⟩ be much **on** the ~ **of** *veel / aardig wat weg hebben van;* ⟨AE⟩ sth. **on** the ~ **of** a large automobile *zoiets als een / een soort grote auto* **7.6** the five (classical) ~s *de vijf (klassieke) orden;*
II ⟨telb. en n.-telb.zn.⟩ **0.1** ⟨vaak mv.⟩ ***bevel*** ⇒*order, opdracht, instructie, dienstvoorschrift;* ⟨jur.⟩ *vonnis / rechterlijk bevel* **0.2** ⟨geldw.⟩ ***(betalings)opdracht*** ⇒*order(briefje), (betalings)mandaat, (bank / post)assignatie, (post)wissel(formulier)* **0.3** ***bestelling*** ⇒*order, opdracht, levering, leveringsopdracht* ◆ **1.1** ~ of adjudication *(vonnis v.) faillietverklaring;* Order in Council *Koninklijk Besluit, raadsbesluit, bestuursmaatregel* ⟨in Engeland, op advies v.d. Privy Council door de koning(in) genomen⟩ **1.3** two ~s of French fries *twee porties frites / patat* **1.¶** ⟨inf.⟩ ~s are ~s *een bevel is een bevel* **2.1** executive ~ *uitvoeringsbesluit;* ⟨i.h.b. AE⟩ *presidentieel besluit;* ⟨mil.⟩ mention in general ~s *bij dagorder vermelden* **2.2** postal ~ *postwissel;* ⟨beurs⟩ standing ~ *legorder* **3.1** buying ~ *kooporder;* he gave ~s for the settlements to be bulldozed to the ground *hij gaf bevel de nederzettingen met de grond gelijk te maken;* ~s to let no one in *instructie(s) / opdracht om niemand binnen te laten;* make / issue an ~ *een bevel uitvaardigen;* obey ~s *een bevel / bevelen gehoorzamen;* pass an ~ *een vonnis wijzen;* take one's ~s from *zijn bevelen krijgen van / uit* **3.2** ~ to pay *betalingsmandaat;* ~ to transfer *(giro-)overschrijving* **3.3** book an ~ *een bestelling / order boeken / noteren;* cancel an ~ *een bestelling annuleren / order intrekken;* fill an ~ *een bestelling uitvoeren;* made to ~ *op bestelling / maat gemaakt;* ⟨fig.⟩ *perfect, precies wat werd gevraagd;* take ~s *bestellingen opnemen* ⟨v. winkelier, firma, ober enz.⟩ **6.1 by** doctor's ~s *op doktersvoorschrift;* **by** ~ **of** *op bevel / in opdracht van;* **by** (an) ~ **of** the court *bij rechterlijk vonnis, krachtens / op rechterlijk bevel;* be **under** marching ~s *marsorders ontvangen hebben;* be **under** ~s to leave for the Pacific *bevel (gekregen) hebben te vertrekken naar de Stille Zuidzee;* **under** the ~s of *onder bevel / aanvoering van* **6.2** ~ **for** payment *assignatie, betalingsopdracht;* issue an ~ **for** the payment of *opdracht / order geven tot uitbetaling van;* cheque **to** ~ *cheque aan order;* payable **to** the ~ **of** *betaalbaar aan de order van* **6.3** give s.o. an ~ **for** sth. *iets bij iem. bestellen;* place an ~ **for** six tons of coal *zes ton kolen bestellen;* be **on** ~ *in bestelling / besteld zijn;* **per** your ~ *volgens uw order;* **to** the ~ **of** *op bestelling / in opdracht / voor rekening van;*
III ⟨n.-telb.zn.⟩ **0.1** ***(rang / volg)orde*** ⇒*op(een)volging* **0.2** ⟨ben. voor⟩ ***ordelijke schikking / inrichting / toestand*** ⇒*orde, ordelijkheid, ordening, het geordend zijn; regeling, regelmaat, geregeldheid, netheid;* ⟨mil.⟩ *opstelling, gelid, formatie; stelsel, (maatschappij)structuur, regime* **0.3** ***(dag)orde*** ⇒*agenda, reglement (v. orde), (voorgeschreven) verloop / procedure* ⟨v. vergadering, bijeenkomst enz.⟩ **0.4** ***orde*** ⇒*tucht, regel, gehoorzaamheid* **0.5** ⟨mil.⟩ ***tenue*** ⇒*uitrusting* **0.6** ***bedoeling*** ⇒*doel, intentie* ◆ **1.2** in ~ of battle *in slagorde, in gevechtsformatie;* the ~ of things *de orde der dingen;* the ~ of the world *de wereldorde* **1.3** Order! (Order!) *Tot de orde!* ⟨protest als iem. buiten de orde gaat⟩; be the ~ of the day *aan de orde v.d. dag zijn* ⟨ook fig.⟩; introduce a motion of ~ *een motie v. orde stellen;* rise to a point of ~ *een procedurekwestie stellen, een vraag stellen over de orde* **2.1** in the reverse ~ *in omgekeerde volgorde* **2.2** advance in close ~ *in gesloten orde / gelederen oprukken;* in good ~ *piekfijn / netjes in orde;* the troops retired in good ~ *in goede orde trokken de troepen terug* **2.4** disturb public ~ *de openbare orde verstoren* **3.2** bring some ~ into / to *een beetje / wat orde brengen in;* ⟨mil.⟩ in extended ~ *in verspreide orde;* leave one's affairs in ~ *orde op zaken stellen, zijn zaken mooi geregeld achterlaten;* put / set sth. in ~ *orde scheppen in iets, iets in orde brengen* **3.3** call s.o. to ~ *iem. tot de orde roepen;* call (a meeting) to ~ *een vergadering openen / voor geopend verklaren;* proceed to the ~ of the day *tot de orde v.d. dag overgaan* **3.4** keep ~ *orde houden, de orde handhaven;* keep (the class) in ~ *orde houden (in de klas);* restore ~ *de orde herstellen* **3.5** in fighting ~ *in gevechtstenue, in gevechtsuitrusting* **6.1 in** ~ *in (de juiste) / (mooi) op volgorde;* **in** alphabetical ~ *in alfabeti-*

sche (volg)orde, alfabetisch gerangschikt; **in** ~ **of** importance *in (volg)orde v. belangrijkheid;* **out of** ~ *niet in/op volgorde, door elkaar* **6.2 in** ~ *in/op orde, (bedrijfs/gebruiks)klaar, o.k.;* be **in** perfect running/working ~ *perfect in orde zijn, functioneren, werken, lopen* ⟨v. machine, motor enz.⟩; **out of** ~ *defect, niet (bedrijfs/gebruiks)klaar, in wanorde, in de war, van streek, buiten gebruik/werking, onklaar;* the phone is **out of** ~ *de telefoon werkt niet (meer)* **6.3** be **in** ~ *niet buiten de orde/het reglement v. orde gaan* ⟨v. spreker⟩; *aan de orde zijn, op de agenda staan, tot de dagorde behoren* ⟨v. voorstel, zaak enz.⟩; ⟨schr.⟩ **in** ~ *in orde, in overeenstemming met de regels, geoorloofd, toegelaten;* be **out of** ~ *buiten de orde/het reglement v. orde gaan* ⟨v. spreker⟩; *(nog) niet aan de orde zijn* ⟨v. voorstel, zaak enz.⟩ **6.6** ⟨schr.⟩ **in** ~ that *opdat, (met de bedoeling) om, ten einde;* she has left early **in** ~ that she may not miss the train *ze is vroeg weggegaan om de trein niet te missen;* **in** ~ to *om, ten einde, met het oog op;* **in** ~ for the dog not to escape *opdat de hond niet zou ontsnappen, om de hond niet te laten ontsnappen* **7.¶** ⟨mil.⟩ the ~ *de positie v. geweer bij voet, de houding met afgezet geweer;*
IV ⟨mv.; ~s⟩⟨relig.⟩ **0.1** ⟨ben. voor⟩ ***geestelijke staat*** ⇒*predikantschap, priesterschap, priesterambt* ◆ **3.1** take (holy) ~s *(tot) geestelijke/priester worden (gewijd), als predikant geordend/bevestigd worden* **6.1** be **in** (holy) ~s *geestelijke/predikant/priester zijn.*

order² ⟨f2⟩⟨ww.⟩ →ordered, ordering
I ⟨onov.ww.⟩ **0.1** ***bevelen (geven)*** ⇒*het bevel hebben/voeren* **0.2** ***bestellen*** ⇒*een bestelling doen, een order plaatsen;*
II ⟨ov.ww.⟩ **0.1** ***ordenen*** ⇒*in orde brengen, regelen, (rang)schikken, inrichten* **0.2** ⟨ben. voor⟩ ***(een) bevel/order/opdracht/dwingend advies geven*** ⇒*het bevel geven (tot); verordenen, gelasten; vragen/verzoeken om; aanraden, voorschrijven* ⟨v. dokter⟩; *(ver)ordineren, beschikken* ⟨v. God, noodlot⟩ **0.3** ***bestellen*** ⇒*een order plaatsen voor, laten bezorgen/brengen/komen/maken* ⟨enz.⟩ **0.4** ⟨relig.⟩ ***ordineren*** ⇒*ordenen, wijden* ◆ **1.1** ~ one's affairs better *zijn zaken beter regelen/behartigen* **1.2** ~ new elections *nieuwe verkiezingen uitschrijven/laten houden;* ~ s.o. a month's rest *iem. een maand rust voorschrijven;* ~ silence *stilte eisen/verzoeken* **1.¶** ⟨mil.⟩ ~ arms (!) *zet af het geweer!* **3.2** he ~ed the troops to open fire *hij gaf de troepen bevel het vuur te openen* **4.3** ~ o.s. two weenies *(voor zichzelf) twee hot dogs bestellen* **5.¶** ~ s.o. **about/around** *iem. commanderen/voortdurend de wet voorschrijven, iem. afbeulen, over iem. de baas spelen;* she is used to ~ing people **about** *ze is gewend te bevelen;* ~ s.o. **away** *iem. wegsturen/doorsturen/wegbonjouren;* ~ home *naar huis/het vaderland (terug)sturen/terugroepen;* ~ s.o. **off** *van/uit het veld sturen* ⟨v. scheidsrechter⟩; →order **out;** ~ **round** *laten komen, laten halen;* ~ **up** *(naar) boven laten komen;* ⟨mil.⟩ *oproepen, laten oprukken, naar het front sturen;* the regiment was ~ed **up** (to the front) *het regiment kreeg bevel naar het front te trekken* **6.2** ~ s.o. **about** the place *iem. commanderen, iem. altijd maar bevelen geven/afjakkeren;* ~ a player **off** the field *een speler van/uit het veld sturen;* be ~ed **to** an outpost *naar een buitenpost worden (weg)gestuurd/moeten vertrekken* **¶.2** it was so ~ed of God *dat was zo van God verordineerd;* ⟨AE⟩ the Defense Minister has ~ed the journalists barred from the area *de minister v. defensie heeft de journalisten verboden in het gebied te komen.*

'order book ⟨f1⟩⟨telb.zn.⟩ **0.1** ⟨hand.⟩ ***orderboek*** ⇒*bestel(lingen) boek* **0.2** ⟨ook O- B-⟩ ***agenda*** ⇒*dagorde* ⟨v. vergadering v.h. Engelse Lagerhuis⟩.

'order cheque ⟨telb.zn.⟩ **0.1** ***ordercheque*** ⇒*cheque aan order.*

or·dered ['ɔ:dəd||'ɔrdərd]⟨f1⟩⟨bn.; volt. deelw. v. order⟩ **0.1** ***geordend*** ⇒*geregeld, ordelijk, regelmatig.*

'order form ⟨f1⟩⟨telb.zn.⟩⟨hand.⟩ **0.1** ***bestelformulier*** ⇒*bestelbiljet, orderbriefje.*

or·der·ing ['ɔ:drɪŋ||'ɔr-]⟨f1⟩⟨telb. en n.-telb.zn.; (oorspr.) gerund v. order⟩ **0.1** ***ordening*** ⇒*regeling, schikking, inrichting, indeling.*

or·der·ly¹ ['ɔ:dəli||'ɔrdərli]⟨f1⟩⟨telb.zn.; →mv. 2⟩ **0.1** ⟨mil.⟩ ***ordonnans*** ⇒*adjudant, (officiers)oppasser, soldaat-huisknecht, legerbode* **0.2** ***(zieken)oppasser*** ⇒*ziekenbroeder, verpleeghulp, zaalhulp* ⟨in ziekenhuis⟩; ⟨mil.⟩ *hospitaalsoldaat, kamerwacht* ⟨in hospitaal⟩ **0.3** ⟨BE⟩ ***straatveger*** ◆ **2.2** medical ~ *verpleeghulp, hulpverpleger, verpleegassistent* **3.2** nursing ~ *hospitaalsoldaat, (soldaat-)oppasser.*

orderly² ⟨f2⟩⟨bn.; -ness; →bijw. 3⟩
I ⟨bn.⟩ **0.1** ***ordelijk*** ⇒*geordend, geregeld, regelmatig; in/op orde, netjes (opgeruimd); ordelievend, gedisciplineerd, methodisch; ordentelijk, fatsoenlijk, rustig, vreedzaam (verlopend);*
II ⟨bn., attr.⟩⟨mil.⟩ **0.1** ***bevel(en)-*** ⇒*order-, bevelvoerend, v. dienst* ◆ **2.1** ⟨BE⟩ ~ book *bevelenboek/instructieboek (v.h. regiment/v.d. compagnie);* ~ man *ordonnans; hospitaalsoldaat;* ⟨BE⟩ ~ officer *officier v.d. dag; ordonnans;* ~ room *administratiekamer, bureau v.e. compagnie/kazerne.*

orderly³ ⟨bw.⟩ **0.1** ***ordelijk*** ⇒*regelmatig, systematisch, in/op orde, netjes, behoorlijk.*

'order 'out ⟨f1⟩⟨ov.ww.⟩ **0.1** ***wegsturen*** ⇒*bevelen naar buiten/weg te gaan, de deur wijzen, eruit bonjouren/gooien* **0.2** ***laten uitrukken*** ⇒*een beroep doen op, de hulp inroepen v., erop uitsturen* ⟨oproerpolitie, soldaten, veiligheidstroepen enz.⟩ ◆ **6.1** order s.o. out **of** the room *iem. de kamer uit sturen.*

'order paper ⟨telb.zn.⟩ **0.1** ***agenda*** ⇒*dagorde* ⟨v. vergadering, (parlements)zitting enz.⟩.

'order sheet ⟨telb.zn.⟩ **0.1** ***bestelformulier*** ⇒*bestelbiljet, orderformulier.*

'order word ⟨telb.zn.⟩ **0.1** ***parool.***

or·di·nal¹ ['ɔ:dɪnl||'ɔrdn·əl]⟨f1⟩⟨telb.zn.⟩ **0.1** ***rangtelwoord*** ⇒*ranggetal* **0.2** ⟨relig.⟩ ***misboek*** ⇒*altaarboek, formulierboek.*

ordinal² ⟨f1⟩⟨bn.⟩ **0.1** ***ordinaal*** ⇒*rang-* **0.2** ⟨biol.⟩ ***v./mbt. een orde*** ⇒*orde-* ◆ **1.1** ~ numbers *rangtelwoorden, ranggetallen, ordinalia* **1.2** the ~ name of these fishes *de naam v. deze orde v. vissen.*

or·di·nance ['ɔ:dɪnəns||'ɔrdn·əns]⟨f2⟩⟨telb.zn.⟩ **0.1** ***verordening*** ⇒*ordonnantie, bepaling, voorschrift, decreet, ordinantie* **0.2** ***ritueel*** ⇒*religieuze plechtigheid;* ⟨i.h.b.⟩ *communieritus* **0.3** ***regel (ing)*** ⇒*gewoonte, (vast) gebruik* ◆ **1.1** ~ of the city council *raadsbesluit, besluit v.d. gemeenteraad, stedelijke ordonnantie.*

or·di·nand ['ɔ:dɪnænd||'ɔr-]⟨telb.zn.⟩⟨relig.⟩ **0.1** ***ordinandus*** ⇒*kandidaat voor het predikambt/priesterambt/tot de Heilige Dienst, proponent, wijdeling.*

or·di·nar·i·ly ['ɔ:dnərɪli||'ɔrdn'erɪli]⟨f2⟩⟨bw.⟩ **0.1** →ordinary² I **0.2** ***(zoals) gewoonlijk*** ⇒*doorgaans, door de band, in de regel, normaliter.*

or·di·nar·y¹ ['ɔ:dnri||'ɔrdn·eri]⟨f1⟩⟨zn.; →mv. 2⟩
I ⟨telb.zn.⟩ **0.1** ***vélocipède*** ⇒*acatène* **0.2** ⟨BE⟩ ***(eenvoudige) maaltijd*** ⟨tegen vaste prijs⟩ ⇒*dagschotel* **0.3** ⟨vnl. BE⟩ ***gaarkeuken*** ⇒*ordinaris, eethuis* **0.4** ⟨AE⟩ ***herberg*** ⇒*taverne* **0.5** ⟨BE⟩⟨ben. voor⟩ ***overheidspersoon met volledige bevoegdheid*** ⇒⟨jur.⟩ *rechter* ⟨met directe bevoegdheid⟩; ⟨kerkrecht⟩ *ordinari(u)s, kerkelijk rechter* **0.6** ⟨R.-K.⟩ ***ordinarium*** ⇒*gewone orde v.d. Heilige Mis* **0.7** ⟨wapenkunde⟩ ***herautstuk*** ⇒*(eenvoudig) wapenbeeld* ⟨paal, faas, keper, sint-andrieskruis enz.⟩ **0.8** ⟨vaak mv.⟩⟨BE; geldw.⟩ ***(gewoon) aandeel*** ⟨i.t.t. preferent/uitgesteld aandeel⟩ ◆ **7.5** the Ordinary *de ordinaris* ⟨bv. aartsbisschop in een kerkprovincie⟩;
II ⟨n.-telb.zn.⟩ **0.1** ***het gewone*** ◆ **6.1 by** ~ *gewoonlijk, door de band, normaliter;* ⟨in titels⟩ **in** ~ *gewoon, vast (benoemd/in dienst), lijf-, hof-;* physician **in** ~ **to** Her Majesty *lijfarts v. Hare Majesteit;* **out of** the ~ *ongewoon, uitzonderlijk, bijzonder;* nothing **out of** the ~ *niets abnormaals/noemenswaardigs* **7.1** the ~ *de gewone/normale gang v. zaken;*
III ⟨mv.; ordinaries⟩ **0.1** ***alledaagse dingen*** ◆ **1.1** the little ordinaries of life *de kleine, alledaagse dingen v.h. leven.*

ordinary² ⟨f3⟩⟨bn.; -ness; →bijw. 3⟩
I ⟨bn.⟩ **0.1** ***gewoon*** ⇒*alledaags, gebruikelijk, normaal, vertrouwd, routine-* **0.2** ⟨pej.⟩ ***ordinair*** ⇒*gewoontjes, gemeen, doordeweeks, middelmatig, tweederangs* ◆ **1.1** ⟨BE⟩ ~ level *standaarddiploma/eindexamen (v.d. middelbare school)* ⟨in Groot-Brittannië⟩; ~ seaman *(rang v.) lichtmatroos, gemeen matroos;* ⟨BE⟩ ~ shares *gewone aandelen* ⟨i.t.t. preferente/uitgestelde aandelen⟩ **1.2** the ~ run of things *de doorsnee/middelmaat* **6.1 in** an ~ way *in gewone omstandigheden;* **in** the ~ way *gewoonlijk, normaal, eigenlijk, in gewone omstandigheden; op de gewone manier;*
II ⟨bn., pred., bn., post.⟩⟨jur.⟩ **0.1** ***bevoegd*** ⇒*met rechterlijke bevoegdheid, ambtshalve met rechtsmacht voorzien* ◆ **1.1** Lord Ordinary *Lord Ordinary* ⟨een v.d. vijf rechters v.h. Court of Session in Schotland⟩.

or·di·nate¹ ['ɔ:dɪnət||'ɔrdn·ət]⟨f1⟩⟨telb.zn.⟩⟨wisk.⟩ **0.1** ***ordinaat*** ⇒⟨meestal⟩ *tweede coördinaat* ⟨afstand v.e. punt tot de x-as⟩.

ordinate² ⟨bn.⟩ **0.1** ***in rijen geordend/geplaatst*** ⇒*in/op regelmatige rijen, gerijd.*

or·di·na·tion ['ɔ:dɪ'neɪʃn||'ɔrdn'eɪʃn]⟨telb. en n.-telb.zn.⟩ **0.1** ***ordening*** ⇒*rangschikking, indeling, classificatie* **0.2** ***verordinering*** ⟨v. God, Voorzienigheid⟩ ⇒*(voor)beschikking, (ver)ordening, ordinantie* **0.3** ⟨relig.⟩ ***ordinatie*** ⇒*wijding.*

or·di·nee ['ɔ:dɪ'ni:||'ɔrdn'i:]⟨telb.zn.⟩ **0.1** ***pas gewijd/geordend geestelijke*** ⇒*gewijde, wijdeling, aankomend predikant/priester.*

ordn ⟨afk.⟩ ordnance.

ord·nance ['ɔ:dnəns||'ɔr-]⟨f1⟩⟨n.-telb.zn.⟩ **0.1** ***(zwaar) geschut*** ⇒*artillerie, kanonnen* **0.2** ***militaire voorraden en materieel*** ⟨wapenarsenaal, munitie, voertuigen, onderhoudsmateriaal enz.⟩ ⇒*oorlogsmateriaal, logistiek* **0.3** ***logistieke dienst*** ⇒*bevoorradingsdienst/onderhoudsdienst (v.h. leger).*

'Ordnance Corps ⟨eig.n.; the⟩⟨AE⟩ **0.1** ***logistieke dienst*** ⟨v.h. leger⟩ ⇒*bevoorradingskorps*.
'ordnance datum ⟨n.-telb.zn.⟩⟨BE⟩ **0.1** ***normaal zeeniveau/peil*** ⟨bepaald door de Ordnance Survey⟩.
'ordnance map ⟨telb.zn.⟩⟨BE⟩ **0.1** ***topografische kaart*** ⇒*stafkaart*.
'ordnance 'survey ⟨zn.⟩⟨BE⟩
I ⟨eig.n.; the; ook O- S-⟩ **0.1** ***topografische dienst*** ⟨v. Groot-Brittannië en vroeger Ierland⟩ ⇒*karteringsbureau;*
II ⟨telb.zn.⟩ **0.1** ***topografische kaart*** ⇒*stafkaart;*
III ⟨n.-telb.zn.⟩ **0.1** ***kartering*** ⇒*topografische opmeting/verkenning/waarneming*.
or·do ['ɔ:doʊ||'ɔr-]⟨telb.zn.; ook ordines ['ɔ:dɪni:z||'ɔr-]; →mv. 5⟩ ⟨R.-K.⟩ **0.1** ***(mis)kalender***.
or·don·nance ['ɔ:dənəns||'ɔr-]⟨telb.zn.⟩ **0.1** ***ordonnantie*** ⇒*bouw, compositie, structuur* ⟨v. literair werk/kunstwerk/gebouw⟩ **0.2** ⟨gesch.⟩ ***ordonnance*** ⇒*ordonnantie, koninklijk besluit, voorschrift(en), wet(ten)* ⟨in Frankrijk⟩.
Or·do·vi·cian[1] ['ɔ:doʊ'vɪʃn||'ɔrdə-]⟨eig.n.; the⟩⟨geol.⟩ **0.1** ***Ordovicium*** ⟨2e periode v.h. Paleozoïcum⟩.
Ordovician[2] ⟨bn.⟩⟨geol.⟩ **0.1** ***ordovicisch*** ⇒*v./mbt. het Ordovicium*.
or·dure ['ɔ:djʊə||'ɔrdʒər]⟨zn.⟩⟨schr.⟩
I ⟨telb. en n.-telb.zn.⟩ **0.1** ***vuil(igheid)*** ⇒*viezigheid, smeerlapperij, obsceniteit, obscene/vuile taal, vuilbekkerij;*
II ⟨n.-telb.zn.⟩ **0.1** ***uitwerpselen*** ⇒*drek*.
ore [ɔ:||ɔr]⟨f2⟩⟨telb. en n.-telb.zn.⟩ **0.1** ***erts*** **0.2** ⟨schr.⟩ ***(edel)metaal*** ⇒*goud*.
Ore ⟨afk.⟩ Oregon.
o·re·ad ['ɔ:riæd]⟨telb.zn.⟩ **0.1** ***oreade*** ⇒*bergnimf*.
orec·tic [ɒ'rektɪk||ɔ'rek-]⟨bn.⟩ **0.1** ***begerend*** ⇒*begeerte-, begeer-*.
'ore dressing ⟨n.-telb.zn.⟩ **0.1** ***ertsverwerking*** ⇒*ertsscheiding*.
Oreg ⟨afk.⟩ Oregon.
o·reg·a·no ['ɒrɪ'gɑ:noʊ||ə'regənoʊ]⟨zn.⟩
I ⟨telb.zn.⟩ **0.1** →origan;
II ⟨n.-telb.zn.⟩ **0.1** ***oregano*** ⇒*wilde marjolein* ⟨specerij⟩.
Or·e·gon ['ɒrɪgən||'ɔrɪ-, 'ɑrɪ-]⟨zn.⟩
I ⟨eig.n.⟩ **0.1** ***Oregon*** ⟨westelijke staat v.d. U.S.A.⟩;
II ⟨n.-telb.zn.⟩ **0.1** ***oregon*** ⇒*(soort) grenehout*.
'Oregon 'fir, 'Oregon 'pine ⟨zn.⟩⟨vnl. AE⟩
I ⟨telb.zn.⟩ **0.1** ***douglas(den)*** ⇒*douglasspar;*
II ⟨n.-telb.zn.⟩ **0.1** ***douglas(hout)*** ⇒*oregon(hout)* ⟨soort grenehout⟩.
Or·e·go·ni·an[1] ['ɒrɪ'goʊnɪən||'ɔrɪ-, 'ɑrɪ-]⟨telb.zn.⟩ **0.1** ***inwoner v. Oregon***.
Oregonian[2] ⟨bn.⟩ **0.1** ***van/uit Oregon*** ⇒*Oregon-*.
oreide →oroide.
orfe [ɔ:f||ɔrf]⟨telb.zn.⟩⟨dierk.⟩ **0.1** ***winde*** ⟨siervis; Idus idus⟩.
orfray, orfrey →orphrey.
org[1] [ɔ:g||ɔrg]⟨telb.zn.⟩⟨inf.⟩ **0.1** ***organisatie***.
org[2] ⟨afk.⟩ organic, organization, organized.
or·gan ['ɔ:gən||'ɔr-]⟨f3⟩⟨telb.zn.⟩ **0.1** ***orgel*** ⇒*harmonium, huisorgel; draaiorgel, straatorgel; mondharmonika* **0.2** ***orgaan*** ⇒⟨euf.⟩ *penis* **0.3** ***orgaan*** ⇒*werktuig, instrument, instelling, dienst* **0.4** ***orgaan*** ⇒*spreekbuis, blad, krant* ◆ **1.2** ~s of speech *spraakorganen* **1.4** the ~s of public opinion *de media*.
organa ⟨mv.⟩ →organon, organum.
'or·gan-bel·lows ⟨mv.; ww. soms enk.⟩ **0.1** ***orgelblaasbalg***.
'or·gan·bird ⟨telb.zn.⟩⟨dierk.⟩ **0.1** ***witrugfluitvogel*** ⟨Gymnorhina hyperleuca⟩.
'or·gan-blow·er ⟨telb.zn.⟩ **0.1** ***orgeltrapper*** ⇒*orgeltreder*.
'or·gan-build·er ⟨f1⟩⟨telb.zn.⟩ **0.1** ***orgelbouwer***.
or·gan·die, or·gan·dy ['ɔ:gəndi||'ɔr-]⟨telb. en n.-telb.zn.; →mv. 2⟩ **0.1** ***organdie*** ⇒*(soort) mousseline*.
or·gan·elle ['ɔ:gə'nel||'ɔr-], **or·gan·el·la** ['ɔ:gə'nelə||'ɔr-]⟨telb.zn.⟩ ⟨biol.⟩ **0.1** ***organel*** ⇒*organoïde*.
'organ grinder ⟨telb.zn.⟩ **0.1** ***orgeldraaier*** ⇒*orgelman, liereman*.
or·ga·nic[1] [ɔ:'gænɪk||ɔr-]⟨telb.zn.⟩ **0.1** ***organische stof***.
organic[2] ⟨f2⟩⟨bn.; -ally; →bijw. 3⟩ **0.1** ***organisch*** ⇒*bewerktuigd; wezenlijk, essentieel, vitaal* **0.2** ***biologisch*** ⇒*organisch-biologisch, natuurlijk* **0.3** ***organiek*** ⇒*constitutioneel, grondwettelijk* ◆ **1.1** ~ chemistry *organische scheikunde;* ~ unity *organisch geheel* **1.2** ~ gardening *biologisch tuinieren, biotuinieren;* ~ food *natuurvoeding* **1.3** ~ act *organieke wet;* ~ law *staatsrecht, organieke wet*.
or·gan·i·cism [ɔ:'gænɪsɪzm||ɔr-]⟨n.-telb.zn.⟩⟨biol., med., sociologie⟩ **0.1** ***organicisme***.
or·gan·ism ['ɔ:gənɪzm||'ɔr-]⟨f2⟩⟨telb.zn.⟩ **0.1** ***organisme***.
or·gan·is·mal ['ɔ:gə'nɪzml||'ɔr-], **or·gan·is·mic** [-mɪk]⟨bn.; organismically; →bijw. 3⟩ **0.1** ***organisch*** **0.2** ***organicistisch***.
or·gan·ist ['ɔ:gənɪst||'ɔr-]⟨f1⟩⟨telb.zn.⟩ **0.1** ***organist*** ⇒*orgelspeler*.
or·gan·iz·able, -is·able ['ɔ:gənaɪzəbl||'ɔr-]⟨bn.⟩ **0.1** ***organiseerbaar***.
or·gan·i·za·tion, -sa·tion ['ɔ:gənaɪ'zeɪʃn||'ɔrgənə-]⟨f3⟩⟨telb. en n.-telb.zn.⟩ **0.1** ***organisatie*** ⇒*het organiseren, organisme, structuur, vereniging* ◆ **1.1** ⟨ec.⟩ ~ and method(s) *organisatieleer, arbeidsanalyse/studie* ⟨v. administratie⟩.
or·gan·i·za·tion·al, -sa·tion·al ['ɔ:gənaɪ'zeɪʃnəl||'ɔrgənə-]⟨f1⟩⟨bn.; -ly⟩ **0.1** ***organisatorisch*** ⇒*organisatie-*.
or·gan·ize, -ise ['ɔ:gənaɪz||'ɔr-]⟨f3⟩⟨ww.⟩ →organized
I ⟨onov.ww.⟩ **0.1** ***organisch worden*** **0.2** ***zich organiseren/verenigen;***
II ⟨ov.ww.⟩ **0.1** ***organisch maken*** ⇒*organisch doen worden, v. organen voorzien* **0.2** ***organiseren*** ⇒*regelen, tot stand brengen, oprichten, verenigen* **0.3** ***lid worden v.*** ⟨vakbond⟩ ⇒*zich verenigen in, zich aansluiten bij*.
or·gan·ized, -ised ['ɔ:gənaɪzd||'ɔr-]⟨f3⟩⟨bn.; oorspr. volt. deelw. v. organize⟩ **0.1** ***georganiseerd*** ⇒*aangesloten* ⟨v. vakbondsleden⟩; ⟨B.⟩ *gesyndikeerd* **0.2** ***organisch*** ⇒*gestructureerd* **0.3** ***organisch*** ⇒*georganiseerd, v. organen voorzien* ⟨v. leven e.d.⟩ ◆ **1.1** ~ labour *bij een vakbond aangesloten arbeiders, georganiseerden,* ⟨B.⟩ *gesyndikeerden*.
or·gan·iz·er, -is·er ['ɔ:gənaɪzə||'ɔrgənaɪzər]⟨f2⟩⟨telb.zn.⟩ **0.1** ***organisator*** **0.2** ***systematische agenda***.
'or·gan-loft ⟨telb.zn.⟩ **0.1** ***orgelgalerij*** ⇒*orgelkoor,* ⟨R.-K.⟩ *oksaal, doxaal*.
or·gan·o·gen·e·sis [-'dʒenɪsɪs]⟨telb.zn.; organogeneses [-si:z]; →mv. 5⟩ **0.1** ***organogenese*** ⇒*orgaanvorming, orgaanontwikkeling*.
or·gan·o·ge·net·ic [-dʒɪ'neṭɪk]⟨bn.; -ally; →bijw. 3⟩ **0.1** ***organogenetisch***.
or·gan·o·graph·i·cal ['ɔ:gənoʊ'græfɪkl||'ɔr-]⟨bn.⟩ **0.1** ***organografisch***.
or·gan·og·ra·phy ['ɔ:gə'nɒgrəfi||'ɔrgə'nɑ-]⟨telb. en n.-telb.zn.⟩ **0.1** ***organografie*** ⇒*orgaanbeschrijving*.
or·gan·o·lep·tic ['ɔ:gənoʊ'leptɪk||'ɔr-]⟨bn.; -ally; →bijw. 3⟩ **0.1** ***organoleptisch*** ⇒*d.m.v. zintuigen* ◆ **1.1** an ~ investigation *een organoleptisch/sensorisch onderzoek*.
or·gan·o·log·ic [-'lɒdʒɪk||-'lɑdʒɪk], **or·gan·o·log·i·cal** [-ɪkl]⟨bn.; -(al)ly; →bijw. 3⟩ **0.1** ***organologisch***.
or·gan·ol·o·gy ['ɔ:gə'nɒlədʒi||'ɔrgə'nɑ-]⟨telb. en n.-telb.zn.; →mv. 2⟩ **0.1** ***orgaanleer*** ⇒*organologie*.
or·gan·o·metallic ['ɔ:gənoʊmɪ'tælɪk||'ɔr-]⟨bn.⟩ **0.1** ***metaal-alkyl-*** ◆ **1.1** ~ compound *metaal-alkylverbinding, organometaalverbinding*.
or·ga·non ['ɔ:gənɒn||'ɔrgənɑn], **or·ga·num** ['ɔ:gənəm||'ɔr-]⟨telb.zn.; ook organa ['ɔ:gənə||'ɔr-]; →mv. 5⟩ **0.1** ⟨fil.⟩ ***organon*** ⟨naar Aristoteles' logische geschriften⟩ **0.2** ⟨muz.⟩ ***organum*** ⇒⟨oudste manier van⟩ *meerstemmig zingen*.
or·gan·o·ther·a·peu·tic [-θerə'pju:ṭɪk]⟨bn.⟩ **0.1** ***organotherapeutisch***.
or·gan·o·ther·a·py [-'θerəpi]⟨n.-telb.zn.⟩⟨med.⟩ **0.1** ***organotherapie***.
'or·gan-pipe ⟨f1⟩⟨telb.zn.⟩ **0.1** ***orgelpijp***.
'or·gan-point ⟨telb.zn.⟩ **0.1** ***orgelpunt***.
'organ stop ⟨telb.zn.⟩ **0.1** ***orgelregister***.
organum →organon.
or·gan·za [ɔ:'gænzə||ɔr-]⟨telb. en n.-telb.zn.⟩ **0.1** ***organza***.
or·gan·zine ['ɔ:gən'zi:n||'ɔr-]⟨telb. en n.-telb.zn.⟩ **0.1** ***organzin*** ⇒*ketting/organzinzijde*.
or·gasm ['ɔ:gæzm||'ɔr-]⟨f2⟩⟨telb. en n.-telb.zn.⟩ **0.1** ***orgasme*** ⇒*het klaarkomen* **0.2** ***opwinding*** ⇒*vervoering* **0.3** ***paroxisme*** ⇒*(vlaag v.) woede, smart enz.*.
or·gas·mic [ɔ:'gæzmɪk||ɔr-], **or·gas·tic** [ɔ:'gæstɪk||ɔr-]⟨bn.⟩ **0.1** ***orgastisch***.
or·geat ['ɔ:ʒɑ:||'ɔrʒɑ]⟨n.-telb.zn.⟩ **0.1** ***orgeade*** ⇒*amandelmelk*.
or·gi·as·tic ['ɔ:dʒi'æstɪk||'ɔr-], **or·gi·as·ti·cal** [-ɪkl]⟨bn.; -(al)ly; →bijw. 3⟩ **0.1** ***orgiastisch*** ⇒*dol, als een orgie, bacchanalisch*.
or·gu·lous ['ɔ:gjʊləs||'ɔrgələs], **or·gil·lous** ['ɔ:gɪləs||'ɔr-]⟨bn.; -ly⟩ ⟨vero.⟩ **0.1** ***hooghartig*** ⇒*trots*.
or·gy, or·gie ['ɔ:dʒi||'ɔr-]⟨f1⟩⟨telb.zn.; →mv. 2⟩ **0.1** ***orgie*** ⇒*zwelgpartij, bacchanaal, braspartij, uitspatting;* ⟨fig.⟩ *weelde, overvloed, overdaad* ◆ **1.1** an ~ of parties *een eindeloze reeks feestjes;* an ~ of spending *teugelloze verkwisting*.
or·i·bi ['ɒrəbi||'ɔr-], **ou·re·bi** ['ʊrəbi]⟨telb.zn.; ook oribi; →mv. 4⟩ ⟨dierk.⟩ **0.1** ***oribi(e)*** ⟨kleine Afrikaanse antiloop; genus Ourebia⟩.
o·rie-eyed ['ɔ:ri'aɪd]⟨bn.⟩⟨sl.⟩ **0.1** ***bezopen***.
o·ri·el ['ɔ:rɪəl]⟨telb.zn.⟩ **0.1** ***erker*** ⇒*oriel, erkervenster, arkel*.
'oriel window ⟨telb.zn.⟩ **0.1** ***erkervenster***.
o·ri·ent[1] ['ɔ:rɪənt]⟨f2⟩⟨zn.⟩
I ⟨eig.n.; O-; the⟩⟨vnl. schr.⟩ **0.1** ***Oriënt*** ⇒*Oosten, Morgenland* **0.2** ***oosten;***
II ⟨telb.zn.⟩ **0.1** ***parel*** ⟨met uitzonderlijke glans⟩;
III ⟨n.-telb.zn.⟩ **0.1** ***parelglans***.

orient[2] ⟨bn., attr.⟩ **0.1** ⟨schr.⟩ ***oriëntaal*** *⇒oosters, oostelijk* **0.2** ***glanzend*** *⇒schitterend, v.h. zuiverste water* ⟨v. parels⟩ **0.3** ⟨vero.⟩ ***rijzend*** *⇒opgaand* ⟨v. zon of maan⟩.

orient[3] ['ɔ:rıent], ⟨vnl. BE ook⟩ **o·ri·en·tate** ['ɔ:rıənteıt] ⟨f2⟩ ⟨ww.⟩
I ⟨onov.ww.⟩ **0.1** ***naar het oosten keren*** **0.2** ***(naar het oosten) gericht worden;***
II ⟨ov.ww.⟩ **0.1** ***(naar het oosten) richten*** **0.2** ***oriënteren*** *⇒situeren* ◆ **4.2** ~ o.s. *zich oriënteren* **5.2** environmentally-oriented research *milieu-technisch onderzoek*.

o·ri·en·tal ['ɔ:ri'entl] ⟨f2⟩ ⟨bn., attr.; -ly⟩ **0.1** ⟨vaak O-⟩ ***oosters*** *⇒oostelijk, oriëntaal* **0.2** ***glanzend*** *⇒schitterend, v.h. zuiverste water* ⟨v. parel⟩ **0.3** ⟨vero.⟩ ***oostelijk*** *⇒oosten-* ⟨o.m. v. wind⟩ ◆ **1.1** ~ rug/carpet *oosters tapijt;* ~ poppy *oosterse papaver* **1.¶** ~ ruby *echte/oosterse robijn;* ~ topaz *oosterse topaas*.

O·ri·en·tal ⟨telb.zn.⟩ **0.1** ***oosterling*** *⇒Aziaat*.

o·ri·en·tal·ism ['ɔ:ri'entəlızm] ⟨n.-telb.zn.; ook O-⟩ **0.1** ***oriëntalisme*** *⇒oosters karakter* **0.2** ***oriëntalistiek*** *⇒kennis/leer/studie v.h. oosten/oosterse talen*.

o·ri·en·tal·ist ['ɔ:ri'entəlıst] ⟨telb.zn.; ook O-⟩ **0.1** ***oriëntalist***.

o·ri·en·tal·ize ['ɔ:ri'entəlaız] ⟨ww.; ook O-⟩
I ⟨onov.ww.⟩ **0.1** ***oosters worden*** **0.2** ***oosters lijken*** *⇒er oosters uitzien;*
II ⟨ov.ww.⟩ **0.1** ***oosters maken*** *⇒er oosters uit laten zien*.

orientate →orient[3].

o·ri·en·ta·tion ['ɔ:rıən'teıʃn] ⟨f2⟩ ⟨telb. en n.-telb.zn.⟩ **0.1** ***oriëntatie*** *⇒oriëntering, plaatsbepaling, gerichtheid, in/voorlichting* **0.2** ***oriënteringsvermogen***.

orien'tation course ⟨telb.zn.⟩ **0.1** ***oriëntatiecursus*** *⇒voorlichtingscursus, propaedeuse*.

-o·ri·ent·ed [ɔ:ri'entıd] ⟨vormt bijv. nw.⟩ **0.1** ***gericht/georiënteerd op*** ◆ **¶.1** outdoor-oriented *op het buitenleven gericht*.

o·ri·en·teer ['ɔ:rıən'tıə‖'ɔrıən'tır] ⟨telb.zn.⟩ **0.1** ***oriëntatieloper***.

o·ri·en·teer·ing ['ɔ:rıən'tıərıŋ‖'ɔrıən'tırıŋ] ⟨n.-telb.zn.⟩ ⟨sport⟩ **0.1** ***oriëntatieloop*** *⇒oriënteringsloop/sport*.

or·i·fice ['ɒrıfıs‖'ɔrı-, 'ɑrı-] ⟨telb.zn.⟩ ⟨schr.⟩ **0.1** ***opening*** *⇒gat, mond*.

or·i·flamme, aur·i·flamme ['ɒrıflæm‖'ɔrı-] ⟨telb.zn.⟩ ⟨gesch.⟩ **0.1** ***oriflamme*** *⇒banier (van St. Denis),* ⟨ook fig.⟩ *vaandel, wimpel, vlag*.

orig ⟨afk.⟩ origin, original, originally.

o·ri·ga·mi ['ɒrı'gɑ:mi‖'ɔrı'gɑmi] ⟨n.-telb.zn.⟩ **0.1** ***origami*** ⟨Japanse papiervouwkunst⟩.

or·i·gan ['ɒrıgən‖'ɔrı-], **or·i·gane** ['ɒrıgæn, -geın‖'ɔrı-], **o·rig·a·num** [ə'rıgənəm], **o·reg·a·no** ['ɒrı'gɑ:noʊ‖ə'regənoʊ] ⟨telb.zn.⟩ ⟨plantk.⟩ **0.1** ***wilde marjolein*** ⟨Origanum vulgare⟩.

or·i·gin ['ɒrıdʒın‖'ɔrı-, 'ɑrı-] ⟨f3⟩ ⟨telb. en n.-telb.zn.; vaak mv. met enk. bet.⟩ **0.1** ⟨ben. voor⟩ ***oorsprong*** *⇒origine, ontstaan; begin(punt), bron; afkomst, herkomst; oorzaak* **0.2** ⟨anat.⟩ ***aanhechtingspunt*** ⟨v.e. spier⟩ ◆ **1.1** the ~(s) of civilization *de bakermat v.d. beschaving;* country of ~ *land v. herkomst;* the ~ of a fight *de oorzaak v.e. ruzie;* the ~ of a river *de bron(nen) v.e. rivier* **2.1** a word of Greek ~ *een woord v. Griekse oorsprong;* of noble ~(s) *v. hoge geboorte/afkomst*.

o·rig·i·nal[1] [ə'rıdʒnəl] ⟨f2⟩ ⟨telb.zn.⟩ **0.1** ⟨vaak the⟩ ***(het) origineel*** *⇒oorspronkelijk(e) stuk/versie/taal, eerste exemplaar, voorbeeld, model* **0.2** ***vernieuwer*** **0.3** ⟨vero.⟩ ***zonderling*** *⇒origineel* ◆ **3.1** read Dante in the ~ *Dante in het Italiaans lezen*.

original[2] ⟨f3⟩ ⟨bn.; -ly⟩ **0.1** ⟨ben. voor⟩ ***origineel*** *⇒oorspronkelijk, vroegst, aanvankelijk; onvervalst, authentiek; fris, inventief, creatief; verrassend, zonderling* ◆ **1.1** ~ capital *stamkapitaal;* an ~ mind *een creatieve geest;* ~ print *eerste druk;* ~ sin *erfzonde*.

o·rig·i·nal·i·ty [ə'rıdʒə'næləti] ⟨f2⟩ ⟨zn.⟩
I ⟨telb.zn.; →mv. 2⟩ **0.1** ***iets origineels;***
II ⟨n.-telb.zn.⟩ **0.1** ***originaliteit*** *⇒oorspronkelijkheid, echtheid*.

o·rig·i·nate [ə'rıdʒəneıt] ⟨f3⟩ ⟨ww.⟩
I ⟨onov.ww.⟩ **0.1** ***ontstaan*** *⇒beginnen, voortkomen, ontspruiten* ◆ **6.1** ~ **from/in** sth. *voortkomen uit/uitgaan van iets;* ~ **from/with** s.o. *aanvangen met/in 't leven geroepen worden door iem., opkomen bij iem.;*
II ⟨ov.ww.⟩ **0.1** ***doen ontstaan*** *⇒voortbrengen, scheppen, in het leven roepen*.

o·rig·i·na·tion [ə'rıdʒə'neıʃn] ⟨telb.zn.⟩ **0.1** ***ontstaan*** *⇒opkomst, oorsprong, begin* **0.2** ***voortbrenging*** *⇒produktie, verwekking, schepping, creatie*.

o·rig·i·na·tive [ə'rıdʒənətıv‖-neıtıv] ⟨bn.; -ly⟩ **0.1** ***creatief*** *⇒scheppend, voortbrengend, vindingrijk*.

o·rig·i·na·tor [ə'rıdʒəneıtə‖-neıtər] ⟨telb.zn.⟩ **0.1** ***voortbrenger*** *⇒schepper, grondlegger, oorsprong*.

o·ri·ole ['ɔ:rioʊl], ⟨in bet. 0.1 ook⟩ **'golden 'oriole,** ⟨in bet. 0.2 ook⟩ **'Baltimore 'oriole** ⟨telb.zn.⟩ ⟨dierk.⟩ **0.1** ***wielewaal*** ⟨fam. Oriolidae, i.h.b. Oriolus oriolus⟩ **0.2** ***oriool*** ⟨genus Icterus⟩ ⇒⟨i.h.b.⟩ *Baltimoretroepiaal* ⟨Icterus galbula⟩.

O·ri·on [ə'raıən] ⟨eig.n.⟩ ⟨ster.⟩ **0.1** ***Orion*** ◆ **1.1** ~'s belt *Gordel v. Orion*.

O'rion's 'hound ⟨eig.n.⟩ **0.1** ***Sirius*** *⇒Hondsster*.

or·i·son ['ɒrızn‖'ɑrısn] ⟨telb.zn.; vaak mv.⟩ ⟨vero.⟩ **0.1** ***gebed***.

-o·ri·um ['ɔ:rıəm] **0.1** ⟨vormt zelfst. nw.⟩ ***-orium*** ◆ **¶.1** auditorium *auditorium;* crematorium *crematorium*.

O·ri·ya [ɔ:'ri:ə] ⟨zn.⟩
I ⟨eig.n.⟩ **0.1** ***Orija*** ⟨taal gesproken in Orissa, India⟩;
II ⟨telb.zn.; ook Oriya; →mv. 4⟩ **0.1** ***inwoner v. Orissa***.

ork, orc, orch [ɔ:k‖ɔrk] ⟨telb.zn.⟩ ⟨sl.⟩ **0.1** ***orkest*** *⇒band*.

Ork·ney Islands ['ɔ:kni ˌaılən(d)z‖'ɔrk-], **Ork·neys** ['ɔ:kniz‖'ɔrk-] ⟨eig.n.; the⟩ **0.1** ***Orkaden***.

orle [ɔ:l‖ɔrl] ⟨telb.zn.⟩ **0.1** ***binnenzoom*** ⟨v. wapenschild⟩.

Or·leans [ɔ:'li:nz‖'ɔrlıənz] ⟨zn.⟩
I ⟨eig.n.⟩ **0.1** ***Orleans*** ⟨stad in Frankrijk⟩;
II ⟨telb.zn.⟩ **0.1** ***(soort van) pruim;***
III ⟨n.-telb.zn.⟩ **0.1** ***orleans*** ⟨geweven stof⟩.

Or·lon ['ɔ:lɒn‖'ɔrlɑn] ⟨n.-telb.zn.⟩ **0.1** ***orlon*** ⟨kunstvezel⟩.

or·lop ['ɔ:lɒp‖'ɔrlɑp], **'orlop deck** ⟨telb.zn.⟩ ⟨scheep.⟩ **0.1** ***koebrug (dek)*** *⇒benedentussendek*.

or·mer ['ɔ:mə‖'ɔrmər] ⟨telb.zn.⟩ ⟨BE; dierk.⟩ **0.1** ***gewone zeeoor*** ⟨schelpdier, genus Haliotis⟩.

or·mo·lu ['ɔ:məlu:‖'ɔr-] ⟨zn.⟩
I ⟨telb. en n.-telb.zn.⟩ **0.1** ***ormulu-artikel(en)*** ⇒⟨fig.⟩ *dure rommel;*
II ⟨n.-telb.zn.; vaak attr.⟩ **0.1** ***ormulu*** *⇒schelpgoud, goudbrons, klatergoud*.

or·na·ment[1] ['ɔ:nəmənt‖'ɔr-] ⟨f2⟩ ⟨zn.⟩
I ⟨telb.zn.⟩ **0.1** ***ornament*** *⇒sieraad,* ⟨fig.⟩ *aanwinst, trots* **0.2** ⟨vnl. mv.⟩ ⟨relig.⟩ ***accessoire voor eredienst*** **0.3** ⟨vaak mv.⟩ ⟨muz.⟩ ***ornament*** *⇒versiering* ◆ **6.1** ⟨fig.⟩ she's an ~ **to** her profession *ze doet haar beroep eer aan;*
II ⟨n.-telb.zn.⟩ **0.1** ***versiering*** *⇒decoratie, ornamentatie* ◆ **2.1** a ceiling rich in ~ *een rijkversierd plafond*.

ornament[2] ⟨f2⟩ ⟨ov.ww.⟩ **0.1** ***(ver)sieren*** *⇒ornamenteren, tooien*.

or·na·men·tal[1] ['ɔ:nə'mentl‖'ɔrnə'mentl] ⟨telb.zn.⟩ **0.1** ***ornament*** ⇒⟨i.h.b.⟩ *sierplant*.

ornamental[2] ⟨f1⟩ ⟨bn.; -ly⟩ ⟨ook pej.⟩ **0.1** ***sier-*** *⇒ornamenteel, (ver)sierend, (louter) decoratief* ◆ **1.1** ~ art *ornamentiek, versieringskunst;* ~ painter *decoratieschilder*.

or·na·men·tal·ism ['ɔ:nə'mentəlızm‖'ɔrnə'mentəlızm] ⟨telb. en n.-telb.zn.⟩ **0.1** ***ornamentalisme***.

or·na·men·ta·tion ['ɔ:nəmen'teıʃn‖'ɔr-] ⟨telb. en n.-telb.zn.⟩ **0.1** ***ornamentatie*** *⇒versiering*.

or·nate [ɔ:'neıt‖ɔr-] ⟨f1⟩ ⟨bn.; -ly; -ness⟩ **0.1** ***sierlijk*** *⇒overladen, barok, bloemrijk*.

or·ner·y ['ɔ:nəri‖'ɔr-] ⟨bn.; -er; -ness; →compar. 7⟩ ⟨vnl. AE; inf.⟩ **0.1** ***gewoon*** *⇒van lage kwaliteit* **0.2** ***chagrijnig*** *⇒knorrig, koppig* **0.3** ***gemeen*** *⇒smerig* ⟨streek⟩.

or·nith·ic [ɔ:'nıθık‖ɔr-] ⟨bn.⟩ **0.1** ***vogel-*** *⇒ornithologisch*.

or·ni·tho·log·i·cal ['ɔ:nıθə'lɒdʒıkl‖'ɔrnıθə'lɑdʒıkl], **or·ni·tho·log·ic** [-'lɒdʒık‖-'lɑdʒık] ⟨bn.; -(al)ly; →bijw. 3⟩ **0.1** ***ornithologisch*** *⇒vogel-*.

or·ni·thol·o·gist ['ɔ:nı'θɒlədʒıst‖'ɔrnı'θɑ-] ⟨telb.zn.⟩ **0.1** ***ornitholoog*** *⇒vogelkenner*.

or·ni·thol·o·gy ['ɔ:nı'θɒlədʒi‖'ɔrnı'θɑ-] ⟨zn.⟩
I ⟨telb.zn.⟩ **0.1** ***ornithologisch geschrift;***
II ⟨n.-telb.zn.⟩ **0.1** ***ornithologie*** *⇒vogelkunde, leer der vogels*.

or·ni·tho·man·cy ['ɔ:nıθoʊmænsi‖ɔr'nıθəmænsi] ⟨n.-telb.zn.⟩ **0.1** ***vogelwichelarij***.

or·ni·thop·ter ['ɔ:nıθɒptə‖'ɔrnıθɑptər] ⟨telb.zn.⟩ **0.1** ***ornithopter*** *⇒klapvliegtuig*.

or·ni·tho·ryn·chus ['ɔ:nıθoʊ'rıŋkəs‖ɔr'nıθə-] ⟨telb.zn.⟩ **0.1** ***vogelbekdier***.

or·ni·thos·co·py ['ɔ:nı'θɒskəpi‖'ɔrnı'θɑ-] ⟨n.-telb.zn.⟩ **0.1** ***vogelwichelarij*** **0.2** ***vogelobservatie***.

or·o·gen·e·sis ['ɒrə'dʒenısıs‖'ɔroʊ-], **o·rog·e·ny** [ɒ'rɒdʒəni‖ɔ'rɑ-] ⟨telb. en n.-telb.zn.; orogeneses [-si:z]; →mv. 2, 5⟩ ⟨geol.⟩ **0.1** ***orogenese*** *⇒gebergtevorming, plooiing v.d. aardkorst*.

or·o·ge·net·ic ['ɒrədʒı'netık‖'ɔrədʒı'netık], **or·o·gen·ic** ['ɒrɒ'dʒenık‖'ɔrə-] ⟨bn.; -ally; →bijw. 3⟩ ⟨geol.⟩ **0.1** ***orogenetisch*** *⇒mbt. gebergtevorming*.

or·o·graph·ic ['ɒrə'græfık‖'ɔrə-], **or·o·graph·i·cal** [-ıkl] ⟨bn.; -(al)ly; →bijw. 3⟩ **0.1** ***orografisch*** *⇒gebergtebeschrijvend*.

o·rog·ra·phy [ɒ'rɒgrəfi‖ɔ'rɑ-] ⟨n.-telb.zn.⟩ **0.1** ***orografie*** *⇒gebergtebeschrijving*.

o·ro·ide ['ɔ:roʊaıd], **o·re·ide** ['ɔ:riaıd] ⟨n.-telb.zn.⟩ **0.1** ***oreïd*** *⇒kunstgoud*.

o·ro·log·i·cal ['ɒrə'lɒdʒıkl‖'ɔrə'lɑ-] ⟨bn.; -ly⟩ **0.1** ***orologisch***.

o·rol·o·gist [ɒ'rɒlədʒıst‖ɔ'rɑ-] ⟨telb.zn.⟩ **0.1** ***oroloog***.

o·rol·o·gy [ɒ'rɒlədʒi‖ɔ'rɑ-] ⟨n.-telb.zn.⟩ **0.1** ***orologie*** *⇒(vergelijkende) gebergteleer*.

o·ro·tund ['ɒroʊtʌnd‖'ɔrə-]⟨bn.⟩ **0.1** *vol* ⟨v. klank⟩ ⇒*imposant, waardig, indrukwekkend* **0.2** *bombastisch* ⇒*gezwollen, pretentieus, hoogdravend.*

or·phan[1] ['ɔ:fn‖'ɔrfn]⟨f2⟩⟨telb.zn.⟩ **0.1** *wees* ⇒*ouderloos kind;* ⟨fig.⟩ *verstoteling.*

orphan[2], **or·phan·ize** ['ɔ:fənaɪz‖'ɔr-]⟨f1⟩⟨ov.ww.⟩ →orphaned **0.1** *tot wees maken* ⇒*v. zijn/haar ouders beroven.*

or·phan·age ['ɔ:fṇɪdʒ‖'ɔr-]⟨f1⟩⟨zn.⟩
I ⟨telb.zn.⟩ **0.1** *weeshuis;*
II ⟨n.-telb.zn.⟩ **0.1** *verweesdheid* ⇒*ouderloosheid;*
III ⟨verz.n.⟩ **0.1** *wezen.*

'orphan child ⟨telb.zn.⟩ **0.1** *weeskind.*

or·phaned ['ɔ:fnd‖'ɔr-]⟨bn.; volt. deelw. v. orphan⟩ **0.1** *ouderloos* ⇒*verweesd;* ⟨fig.⟩ *weerloos.*

'orphan home ⟨telb.zn.⟩ **0.1** *weeshuis.*

or·phan·hood [ɔ:fnhʊd‖'ɔr-]⟨n.-telb.zn.⟩ **0.1** *verweesdheid* ⇒*ouderloosheid.*

Or·phe·an ['ɔ:fɪən‖'ɔr-]⟨bn.⟩ **0.1** *verrukkelijk* ⇒*melodieus, meeslepend* ⟨vnl. v. muz.⟩ ◆ **1.¶** ⟨dierk.⟩ ~ warbler *Orfeusgrasmus* ⟨Sylvia hortensis⟩.

Or·phic ['ɔ:fɪk‖'ɔr-], **Or·phic·al** [-ɪkl]⟨bn.; -(al)ly; →bijw. 3⟩ **0.1** *orfisch* ⇒*(als) v. Orpheus, mystiek, orakelachtig, esoterisch* **0.2** *verrukkelijk* ⇒*melodieus, meeslepend* ⟨vnl. v. muz.⟩.

Or·phism ['ɔ:fɪzm‖'ɔr-]⟨n.-telb.zn.⟩ **0.1** *orfisme* ⟨religieuze beweging in Oudheid⟩.

or·phrey, or·fray, or·frey ['ɔ:fri‖'ɔr-]⟨telb. en n.-telb.zn.⟩ **0.1** *(rand v.) goudborduursel.*

or·pi·ment ['ɔ:pɪmənt‖'ɔr-], **'orpiment 'yellow** ⟨n.-telb.zn.⟩ **0.1** *auripigment* ⇒*operment, goudkleur, koningsgeel.*

or·pin(e) ['ɔ:pɪn‖'ɔr-]⟨telb.zn.⟩⟨plantk.⟩ **0.1** *hemelsleutel* ⟨Sedum telephium⟩ ⇒*vetkruid.*

Or·ping·ton ['ɔ:pɪŋtən‖'ɔr-]⟨telb. en n.-telb.zn.⟩ **0.1** *Orpington* ⟨(kip v.) als braadhoen gekweekt ras⟩.

or·ra, or·row ['ɒrə‖'ɑrə]⟨bn., attr.⟩⟨Sch. E⟩ **0.1** *ongeregeld* ⇒*toevallig, occasioneel* **0.2** *vrij* ◆ **1.1** ~ jobs *karweitjes;* ~ man *klusjesman, manusje-van-alles* ⟨op boerderij⟩ **1.2** ~ hours *lege uurtjes.*

or·re·ry ['ɒrəri‖'ɑ-]⟨telb.zn.; →mv. 2⟩ **0.1** *planetarium* ⟨vnl. v.h. type ontworpen door Charles Boyle, graaf v. Orrery⟩.

or·ris ['ɒrɪs‖'ɔrɪs]⟨zn.⟩
I ⟨telb.zn.⟩⟨plantk.⟩ **0.1** *Florentijnse iris* ⟨Iris Florentina⟩;
II ⟨n.-telb.zn.⟩ **0.1** *iriswortel* ⇒*viooltjeswortel* ⟨wortelstok v. I 0.1⟩ **0.2** *goud/zilvergalon.*

'or·ris·pow·der ⟨n.-telb.zn.⟩ **0.1** *poudre de riz* ⇒*poudre d'iris* ⟨poeder v.d. wortelstok v.d. Florentijnse iris⟩.

'or·ris·root ⟨n.-telb.zn.⟩ **0.1** *iriswortel* ⇒*viooltjeswortel.*

ort [ɔ:t‖ɔrt]⟨telb.zn.; vnl. mv.⟩⟨vero.⟩ **0.1** *kliekje* ⇒*restje, restantje.*

orth ⟨afk.⟩ orthopedic, orthopedics.

or·thi·con ['ɔ:θɪkɒn‖'ɔrθɪkɑn]⟨telb.zn.⟩ **0.1** *orthicon* ⟨opneembuis v.e. televisiecamera⟩.

or·tho- ['ɔ:θoʊ‖'ɔr-], **orth-** [ɔ:θ‖ɔrθ] **0.1** *orth(o)* ⇒*ort(o)* ◆ **¶.1** orthicon *orthicon;* orthogonal *orthogonaal.*

or·tho·cen·tre, ⟨AE sp. ook⟩ **or·tho·cen·ter** ['ɔ:θoʊsentə‖'ɔrθoʊ'sentər]⟨telb.zn.⟩⟨wisk.⟩ **0.1** *hoogtepunt* ⟨v.e. driehoek⟩ ⇒*orthocentrum.*

or·tho·ce·phal·ic ['ɔ:θoʊsɪ'fælɪk‖'ɔrθə-], **or·tho·ceph·a·lous** [-'sefələs]⟨bn.⟩ **0.1** *orthocefaal* ⟨met schedelbreedte tussen $^3/_4$ en $^4/_5$ v.d. lengte⟩.

or·tho·chro·mat·ic ['ɔ:θəkrə'mætɪk‖'ɔrθəkrə'mæṭɪk]⟨bn.⟩ **0.1** *orthochromatisch* ⇒*isochromatisch.*

or·tho·clase ['ɔ:θəkleɪs‖'ɔr-]⟨telb. en n.-telb.zn.⟩⟨geol.⟩ **0.1** *orthoklaas* ⟨een kaliveldspaat⟩.

or·tho·don·tia ['ɔ:θə'dɒnʃə‖'ɔrθə'dɑnʃə]⟨n.-telb.zn.⟩ **0.1** *orthodontie.*

or·tho·don·tic ['ɔ:θə'dɒntɪk‖'ɔrθə'dɑnṭɪk]⟨bn.⟩ **0.1** *orthodontisch.*

or·tho·don·tics ['ɔ:θə'dɒntɪks‖'ɔrθə'dɑnṭɪks]⟨f1⟩⟨mv.; ww. ook enk.⟩ **0.1** *orthodontie.*

or·tho·don·tist ['ɔ:θə'dɒntɪst‖'ɔrθə'dɑnṭɪst]⟨telb.zn.⟩ **0.1** *orthodontist* ⇒*tandorthopedist.*

or·tho·dox[1] ['ɔ:θədɒks‖'ɔrθədɑks]⟨telb.zn.; ook orthodox; →mv. 4⟩ **0.1** *orthodox* ⇒*rechtgelovige, rechtzinnige,* ⟨vnl. O-⟩ *lid v.d. Orthodoxe Kerk.*

orthodox[2] ⟨f2⟩⟨bn.; -ly; -ness⟩ **0.1** *orthodox* ⇒*rechtgelovig, rechtzinnig,* ⟨vnl. O-⟩ *oosters-orthodox;* ⟨oneig.⟩ *katholiek, koosjer* **0.2** *conservatief* ⇒*conventioneel, ouderwets, gebruikelijk, gewoon, gepast* **0.3** *orthodox* ⟨mbt. slaap⟩ ⇒*langzaam* ◆ **1.1** the Orthodox Church *de Orthodoxe/Oosterse/Grieks-Katholieke Kerk;* Orthodox Judaism *Orthodox Jodendom* **1.¶** ~ sleep *NREM-slaap, S-state, droomloze slaap.*

or·tho·dox·y [-dɒksi‖-dɑksi]⟨f1⟩⟨zn.; →mv. 2⟩
I ⟨telb.zn.⟩ **0.1** *orthodox(e) praktijk/gewoonte/idee;*
II ⟨n.-telb.zn.⟩ **0.1** *orthodoxie* ⇒*rechtzinnigheid.*

or·tho·ep·ic ['ɔ:θoʊ'epɪk‖'ɔr-], **or·tho·ep·i·cal** [-ɪkl]⟨bn.; -(al)ly; →bijw. 3⟩ **0.1** *orthoëpisch* ⇒*orthofonisch.*

or·tho·e·pist ['ɔ:θoʊepɪst‖ɔr'θoʊ·əpɪst]⟨telb.zn.⟩ **0.1** *uitspraakkundige.*

or·tho·e·py ['ɔ:θoʊepi‖ɔr'θoʊ·əpi]⟨zn.; →mv. 2⟩
I ⟨telb. en n.-telb.zn.⟩ **0.1** *juiste uitspraak;*
II ⟨n.-telb.zn.⟩ **0.1** *orthoëpie* ⇒*uitspraakleer, orthofonie.*

or·tho·gen·e·sis ['ɔ:θə'dʒenɪsɪs‖'ɔrθə-]⟨n.-telb.zn.⟩⟨biol., sociologie⟩ **0.1** *orthogenese* ⇒*orthogenesis.*

or·tho·ge·net·ic [-dʒɪ'netɪk‖-dʒɪ'neṭɪk]⟨bn.; -ally; →bijw. 3⟩ **0.1** *orthogenetisch.*

or·thog·na·thous [ɔ:'θɒgnəθəs‖ɔr'θɑg-], **or·thog·nath·ic** ['ɔ:θɒg'næθɪk‖'ɔrθə(g)-]⟨bn.⟩ **0.1** *orthognaat* ⟨met niet uitstekende kaken⟩.

or·thog·o·nal [ɔ:'θɒgənl‖ɔr'θɑ-]⟨bn.; -ly⟩⟨wisk.⟩ **0.1** *orthogonaal* ⇒*orthogonisch, rechthoekig* ◆ **1.1** ~ projection *orthogonale projectie.*

or·thog·ra·pher [ɔ:'θɒgrəfə‖ɔr'θɑgrəfər], **or·thog·ra·phist** [-fɪst]⟨telb.zn.⟩ **0.1** *spellingkundige.*

or·tho·graph·ic ['ɔ:θə'græfɪk‖'ɔr-], **or·tho·graph·i·cal** [-ɪkl]⟨f1⟩⟨bn.; -(al)ly; →bijw. 3⟩ **0.1** *orthografisch* ⇒*spellings-* **0.2** ⟨wisk.⟩ *orthogonaal* ⇒*orthogonisch, rechthoekig.*

or·thog·ra·phy [ɔ:'θɒgrəfi‖ɔr'θɑ-]⟨f1⟩⟨telb. en n.-telb.zn.; →mv. 2⟩ **0.1** *orthografie* ⇒*spelkunst, spellingsleer, juiste spelling.*

or·tho·hy·dro·gen ['ɔ:θə'haɪdrədʒṇ‖'ɔr-]⟨n.-telb.zn.⟩ **0.1** *orthowaterstof.*

or·tho·pae·dic, ⟨AE sp. vnl.⟩ **or·tho·pe·dic** ['ɔ:θə'pi:dɪk‖'ɔrθə-]⟨f2⟩⟨bn.; -ally; →bijw. 3⟩ **0.1** *orthopedisch* ◆ **1.1** ~ surgeon *orthopedisch chirurg, orthopedist.*

or·tho·pae·dics, ⟨AE sp. vnl.⟩ **or·tho·pe·dics** [-'pi:dɪks]⟨mv.; ww. ook enk.⟩ **0.1** *orthopedie.*

or·tho·pae·dist, ⟨AE sp. vnl.⟩ **or·tho·pe·dist** [-'pi:dɪst]⟨f1⟩⟨telb.zn.⟩ **0.1** *orthopedist* ⇒*orthopeed.*

or·tho·pae·dy, ⟨AE sp. vnl.⟩ **or·tho·pe·dy** [-pi:di]⟨f1⟩⟨n.-telb.zn.⟩ **0.1** *orthopedie.*

or·tho·psy·chi·at·ric ['ɔ:θoʊsaɪkɪ'ætrɪk‖'ɔrθoʊ-], **or·tho·psy·chi·at·ri·cal** [-ɪkl]⟨bn.⟩ **0.1** *orthopsychiatrisch* ⇒*preventief-psychiatrisch.*

or·tho·psy·chi·a·trist [-saɪ'kaɪətrɪst]⟨telb.zn.⟩ **0.1** *orthopsychiater.*

or·tho·psy·chi·a·try [-saɪ'kaɪətri]⟨n.-telb.zn.⟩ **0.1** *orthopsychiatrie* ⇒*preventieve psychiatrie.*

or·thop·tic [ɔ:'θɒptɪk‖ɔr'θɑ-]⟨bn.⟩ **0.1** *orthoptisch.*

or·thop·tics [ɔ:'θɒptɪks‖ɔr'θɑ-]⟨mv.; ww. ook enk.⟩ **0.1** *orthoptie.*

or·thop·tist [ɔ:'θɒptɪst‖ɔr'θɑ-]⟨telb.zn.⟩ **0.1** *orthoptist(e).*

or·tho·rhom·bic ['ɔ:θə'rɒmbɪk‖'ɔrθə'rɑm-]⟨bn.⟩⟨geol.⟩ **0.1** *r(h)ombisch.*

or·tho·scope [-skoʊp]⟨telb.zn.⟩ **0.1** *orthoscoop.*

or·tho·scop·ic [-'skɒpɪk‖-'skɑpɪk]⟨bn.⟩ **0.1** *orthoscopisch* ⇒*onvervormd.*

or·thos·ti·chous [ɔ:'θɒstəkəs‖ɔr'θɑ-]⟨bn.⟩⟨plantk.⟩ **0.1** *orthostichisch.*

or·tho·trop·ic ['ɔ:θə'trɒpɪk‖'ɔrθə'trɑpɪk], **or·thot·ro·pous** [ɔ:'θɒtrəpəs‖ɔr'θɑ-]⟨bn.; -(al)ly; →bijw. 3⟩⟨plantk.⟩ **0.1** *orthotroop.*

or·to·lan ['ɔ:tələn‖'ɔrṭə-], ⟨in bet. 0.1 ook⟩ **'ortolan 'bunting** ⟨telb.zn.⟩⟨dierk.⟩ **0.1** *ortolaan* ⟨soort gors; Emberiza hortulana⟩ **0.2** *tapuit* ⟨Oenanthe oenanthe⟩ **0.3** *bobolink* ⇒*rijsttroepiaal* ⟨Dolichonyx oryzivorus⟩.

or·vi·e·tan ['ɔ:vi'i:tn‖'ɔrvi'eɪtn]⟨n.-telb.zn.⟩ **0.1** *orvietaan* ⟨soort v. tegengif⟩.

Or·well·ian [ɔ:'welɪən‖ɔr-]⟨bn.⟩ **0.1** *Orwelliaans* ⇒*totalitair* ⟨naar een boek v. G. Orwell⟩.

-o·ry [(ə)ri:‖ɔri] **0.1** ⟨vormt zelfst. nw.⟩ *-orium* **0.2** ⟨vormt zelfst. nw. en bijv. nw.⟩ ◆ **¶.1** conservatory *conservatorium;* laboratory *laboratorium* **¶.2** accessory *bijkomstig, bijkomstigheid;* promissory *belovend.*

o·ryx ['ɒrɪks‖'ɔ-]⟨telb.zn.; ook oryx; →mv. 4⟩ **0.1** *spiesbok* ⇒*algazel, gemsbok, beisa, Arabische oryx* ⟨genus Oryx⟩.

os[1] [ɒs‖ɑs]⟨telb.zn.; ora ['ɔ:rə]; →mv. 5⟩⟨anat.⟩ **0.1** *os* ⇒*mond, opening, ingang.*

os[2] ⟨telb.zn.; ossa ['ɒsə‖'ɑsə]; →mv. 5⟩⟨anat.⟩ **0.1** *os* ⇒*been, bot.*

os[3], **ose** [oʊs]⟨telb.zn.; ook osar ['oʊsə‖-ər]; →mv. 5⟩⟨aardr.⟩ **0.1** *esker* ⇒*smeltwaterrug, oos.*

o.s., o/s ⟨afk.⟩ out of stock.

OS ⟨afk.⟩ Old Style, ordinary seaman, ordnance survey, outsize, Old Series, out of stock, Old Saxon.

OSA ⟨afk.⟩ Order of St. Augustine.

O·sage [oʊ'seɪdʒ]⟨zn.⟩
I ⟨eig.n.⟩ **0.1** *Osage* ⟨taal v.d. Osage-indianen⟩;
II ⟨telb.zn.⟩ **0.1** ⟨ook Osage; →mv. 4⟩ *Osage(-indiaan)* **0.2** →Osage orange I;

III ⟨n.-telb.zn.⟩ **0.1** →Osage orange II;
IV ⟨verz.n.; the⟩ **0.1** ***Osage*** ⟨Indianenstam⟩.

'Osage 'orange ⟨zn.⟩
I ⟨telb.zn.⟩ ⟨plantk.⟩ **0.1** ***Am. oranjeappel*** ⟨Maclura pomifera⟩;
II ⟨n.-telb.zn.⟩ **0.1** ***iroko*** ⇒*kambala* ⟨hout v.d. Maclura excelsa⟩ **0.2** ***maclurageel*** ⟨geelachtige kleurstof uit Maclura tinctoria⟩.

OSB ⟨eig.n.⟩ ⟨afk.⟩ Order of St. Benedict **0.1** ***O.S.B.***.

Os·can[1] ['ɒskən‖'ɑs-] ⟨eig.n.⟩ **0.1** ***Oskisch*** ⟨taal v.d. Osken⟩.

Oscan[2] ⟨bn.⟩ **0.1** ***Oskisch*** ⇒*van/mbt. de Osken/het Oskisch*.

Os·car ['ɒskə‖'ɑskər] ⟨f1⟩ ⟨zn.⟩
I ⟨eig.n.⟩ **0.1** ***Oskar;***
II ⟨telb.zn.⟩ **0.1** ***Oscar*** ⟨jaarlijkse Amerikaanse filmprijs⟩ ⇒⟨ong.⟩ *onderscheiding*.

os·cil·late ['ɒsɪleɪt‖'ɑ-] ⟨f1⟩ ⟨ww.⟩
I ⟨onov.ww.⟩ **0.1** ⟨vnl. tech.⟩ ***oscilleren*** ⇒*trillen, (heen en weer) slingeren/schommelen* **0.2** ***weifelen*** ⇒*heen en weer geslingerd worden, in dubio staan, wankelen* ◆ **1.1** oscillating current *wisselstroom* **6.2** she kept oscillating **between** the two *ze kon er niet toe komen een v.d. twee te nemen;*
II ⟨ov.ww.⟩ **0.1** ***doen oscilleren*** ⇒*doen trillen/slingeren/schommelen*.

os·cil·la·tion ['ɒsɪ'leɪʃn‖'ɑ-] ⟨f1⟩ ⟨telb. en n.-telb.zn.⟩ **0.1** ***oscillatie*** ⇒*slingering, schommeling, trilling* **0.2** ***besluiteloosheid***.

os·cil·la·tor ['ɒsɪleɪtə‖'ɑsɪleɪtər] ⟨telb.zn.⟩ ⟨tech.⟩ **0.1** ***oscillator*** ⇒*trillingsgenerator*.

os·cil·la·to·ry ['ɒsɪlətri‖'ɑsɪlətɔri] ⟨bn.⟩ **0.1** ***oscillerend*** ⇒*trillend, slingerend, schommelend, oscillatie-*.

os·cil·lo·gram [ə'sɪləgræm] ⟨telb.zn.⟩ **0.1** ***oscillogram***.

os·cil·lo·graph [ə'sɪləgrɑ:f‖-græf] ⟨telb.zn.⟩ **0.1** ***oscillograaf***.

os·cil·lo·scope [ə'sɪləskoup] ⟨telb.zn.⟩ **0.1** ***oscilloscoop*** ⇒*kathodestraaloscillograaf, glimlichtoscilloscoop*.

os·cine ['ɒsaɪn‖'ɑsn], **os·ci·nine** ['ɒsɪnaɪn‖'ɑ-] ⟨bn.⟩ **0.1** ***zangvogel-*** ⇒*roestvogel-, musachtig*.

os·ci·tan·cy ['ɒsɪtənsi‖'ɑsɪtənsi], **os·ci·tance** ['ɒsɪtəns‖'ɑsɪtəns] ⟨telb. en n.-telb.zn.; →mv. 2⟩ **0.1** ***sufheid*** ⇒*loomheid, luiheid* **0.2** ***gegeeuw*** ⇒*gegaap*.

os·ci·tant ['ɒsɪtənt‖'ɑsɪtənt] ⟨bn.⟩ **0.1** ***geeuwend*** **0.2** ***suf*** ⇒*slaperig, loom*.

os·ci·ta·tion ['ɒsɪ'teɪʃn‖'ɑ-] ⟨telb. en n.-telb.zn.⟩ **0.1** ***(ge)geeuw*** ⇒*sufheid, loomheid* **0.2** ***onoplettendheid*** ⇒*onachtzaamheid*.

os·cu·lar ['ɒskjʊlə‖'ɑskjələr] ⟨bn., attr.⟩ **0.1** ***mond-*** ⇒*oraal* **0.2** ⟨vaak scherts.⟩ ***kus-*** ⇒*kussend*.

os·cu·late ['ɒskjʊleɪt‖'ɑskjə-] ⟨ww.⟩
I ⟨onov.ww.⟩ ⟨biol.⟩ **0.1** ***(indirect) verwant zijn*** ⟨v. soorten⟩;
II ⟨onov. en ov.ww.⟩ ⟨vero. of scherts.⟩ **0.1** ***kussen;***
III ⟨ov.ww.⟩ ⟨wisk.⟩ **0.1** ***osculeren*** ⇒*driepuntig raken*.

os·cu·la·tion ['ɒskjʊ'leɪʃn‖'ɑskjə-] ⟨zn.⟩
I ⟨telb.zn.⟩ **0.1** ⟨scherts.⟩ ***kus;***
II ⟨telb. en n.-telb.zn.⟩ **0.1** ***aanraking*** ⇒⟨wisk.⟩ *osculatie, raakpunt;*
III ⟨n.-telb.zn.⟩ ⟨scherts.⟩ **0.1** ***gekus***.

os·cu·la·to·ry[1] ['ɒskjʊlətri‖'ɑskjələtɔri] ⟨telb.zn.; →mv. 2⟩ ⟨R.-K.⟩ **0.1** ***Christus/Mariabeeld*** ⟨vroeger gekust voor de communie⟩.

osculatory[2] ⟨bn.⟩ **0.1** ***kus-*** ⇒*kussend* **0.2** ⟨wisk.⟩ ***osculatie-*** ⇒*osculatorisch*.

os·cule ['ɒskju:l‖'ɑs-], **os·cu·lum** ['ɒskjʊləm‖'ɑskjə-] ⟨telb.zn.; oscula [-lə]; →mv. 5⟩ ⟨dierk.⟩ **0.1** ***osculum*** ⟨v. spons⟩ ⇒*uitstromingsopening*.

OSD ⟨afk.⟩ Order of St. Dominic.

-ose [-oʊs] **0.1** ⟨vormt bijv. nw.⟩ ⟨ong.⟩ ***-oos*** **0.2** ⟨vormt nw.⟩ ⟨schei.⟩ ***-ose*** ◆ **¶.1** grandiose *grandioos;* morose *morose;* verbose *breedsprakig* **¶.2** fructose *fructose, vruchtensuiker;* cellulose *cellulose*.

OSF ⟨afk.⟩ Order of St. Francis.

o·sier ['oʊzɪə‖'oʊʒər] ⟨telb.zn.⟩ **0.1** ⟨plantk.⟩ ***katwilg*** ⇒*bindwilg, teenwilg* ⟨Salix viminalis⟩ **0.2** ***(bind)rijs*** ⇒*twijg, (wilge)teen*.

'osier 'basket ⟨telb.zn.⟩ **0.1** ***tenen mand(je)***.

'o·sier-bed ⟨telb.zn.⟩ **0.1** ***griend*** ⇒*teenwilgaanplant*.

-o·sis ['oʊsɪs] ⟨vormt nw.⟩ **0.1** ***-ose*** ◆ **¶.1** metamorphosis *metamorfose;* acidosis *acidose, zuurvergiftiging;* morphosis *morfose*.

-os·i·ty ['ɒsəti‖'ɑsəti] ⟨vormt nw.⟩ **0.1** ⟨ong.⟩ ***-ositeit*** ◆ **¶.1** verbosity *verbositeit;* curiosity *nieuwsgierigheid*.

Os·man·li[1] [ɒz'mænli‖ɑz-] ⟨zn.⟩
I ⟨eig.n.⟩ **0.1** ***Osmanli*** ⇒*Turks, Turkse taal;*
II ⟨telb.zn.⟩ **0.1** ***Osmaan*** ⇒*Ottoman, Turk*.

Osmanli[2] ⟨bn., attr.⟩ **0.1** ***Osmaans*** ⇒*Turks, Osmanisch, Ottomaans*.

os·mat·ic [ɒz'mætɪk‖ɑz'mæṭɪk] ⟨bn.⟩ **0.1** ***reuk-***.

os·mic ['ɒzmɪk‖'ɑz-] ⟨bn.⟩ **0.1** ***osmium-*** **0.2** ***reuk-*** ◆ **1.1** ~ acid *osmiumtetroxide*.

os·mi·rid·i·um [ɒzmɪ'rɪdɪəm‖ɑz-] ⟨telb. en n.-telb.zn.⟩ **0.1** ***osmiridium*** ⟨osmium-iridiumlegering⟩.

os·mi·um ['ɒzmɪəm‖'ɑz-] ⟨n.-telb.zn.⟩ ⟨schei.⟩ **0.1** ***osmium*** ⟨element 76⟩.

os·mose ['ɒzmoʊs‖'ɑz-], **os·mo·sis** [ɒz'moʊsɪs‖ɑz-] ⟨telb. en n.-telb.zn.; osmoses [-si:z]; →mv. 5⟩ **0.1** ***osmose***.

os·mot·ic [ɒz'mɒtɪk‖ɑz'mɑṭɪk] ⟨bn.; -ally; →bijw. 3⟩ **0.1** ***osmotisch***.

os·mous ['ɒzməs‖'ɑz-], **os·mi·ous** [-mɪəs] ⟨bn.⟩ **0.1** ***osmium-***.

os·mund ['ɒzmənd‖'ɑz-], **os·mun·da** [ɒz'mʌndə‖ɑz-] ⟨telb.zn.⟩ ⟨plantk.⟩ **0.1** ***osmunda*** ⟨genus Osmunda⟩ ⇒⟨i.h.b.⟩ *koningsvaren* ⟨O. regalis⟩.

'osmund 'royal ⟨telb.zn.⟩ ⟨plantk.⟩ **0.1** ***koningsvaren*** ⟨Osmunda regalis⟩.

os·na·burg ['ɒznəbɜ:g‖'ɑznəbɜrg] ⟨n.-telb.zn.⟩ **0.1** ***grof linnen*** ⇒*zakkenlinnen*.

os·prey ['ɒspri, -preɪ‖'ɑ-] ⟨telb.zn.⟩ **0.1** ⟨dierk.⟩ ***visarend*** ⟨Pandion haliaetus⟩ **0.2** ***aigrette*** ⇒*reigerveer* ⟨als versiersel⟩.

ossa ['ɒsə‖'ɑsə] ⟨mv.⟩ →os[2].

os·se·in ['ɒsɪən‖'ɑ-] ⟨n.-telb.zn.⟩ **0.1** ***beenderlijm***.

os·se·ous ['ɒsɪəs‖'ɑ-] ⟨bn.; -ly⟩ **0.1** ***osteoïd*** ⇒*beenachtig, benig, been-*.

os·sia ['ɒsɪə‖oʊ'sɪə] ⟨nevensch.vw.⟩ ⟨muz.⟩ **0.1** ***ossia*** ⇒*of (ook)* ⟨duidt alternatieve, vnl. eenvoudigere uitvoering v.e. passage aan⟩.

Os·si·an·ic ['ɒsɪ'ænɪk‖'ɑ-], **Os·si·an·esque** ['ɒsɪə'nesk‖'ɑ-] ⟨bn.⟩ **0.1** ***Ossiaans*** ⇒*bombastisch, gezwollen, hoogdravend*.

os·si·cle ['ɒsɪkl‖'ɑ-] ⟨telb.zn.⟩ ⟨anat.⟩ **0.1** ***ossiculum*** ⇒*(gehoor) beentje*.

Os·sie ['ɒzi‖'ɑzi] ⟨telb.zn.⟩ ⟨sl.⟩ **0.1** ***Aussie*** ⇒*Australiër*.

os·si·fer ['ɒsɪfə‖'ɑsɪfər] ⟨telb.zn.⟩ ⟨AE; inf.; pej.⟩ **0.1** ***(leger)officier*** **0.2** ***(politie)agent***.

os·sif·ic [ɒ'sɪfɪk‖ɑ-] ⟨bn.⟩ **0.1** ***beenvormend***.

os·si·fi·ca·tion ['ɒsɪfɪ'keɪʃn‖'ɑ-] ⟨telb. en n.-telb.zn.⟩ **0.1** ⟨med.⟩ ***ossificatie*** ⇒*bot/beenvorming, verbening* **0.2** ***verstarring*** ⇒*afstomping, verharding*.

os·si·frage ['ɒsɪfrɪdʒ‖'ɑ-] ⟨telb.zn.⟩ ⟨dierk.⟩ **0.1** ***visarend*** ⟨Pandion haliaetus⟩ **0.2** ***lammergier*** ⟨Gypaëtus barbatus⟩.

os·si·fy ['ɒsɪfaɪ‖'ɑ-] ⟨ww.; →ww. 7⟩
I ⟨onov.ww.⟩ **0.1** ***verbenen*** ⇒*in been veranderen, verstenen;* ⟨fig.⟩ *verharden, verstarren, afstompen;*
II ⟨ov.ww.⟩ **0.1** ***doen verbenen*** ⇒*in been (doen) veranderen, (doen) verstenen;* ⟨fig.⟩ *verharden, verstarren*.

os·su·ar·y ['ɒsjʊəri‖'ɑ-] ⟨telb.zn.; →mv. 2⟩ **0.1** ***ossuarium*** ⇒*knekel/beenderhuis, beenderurn* **0.2** ***beenderengrot*** ⇒*beenderhoop, begraafplaats*.

os·te·i·tis ['ɒsti'aɪtɪs‖'ɑsti'aɪṭɪs] ⟨telb.zn.; osteitides ['ɒsti'ɪtɪdi:z‖'ɑsti'ɪṭə-]; →mv. 5⟩ ⟨med.⟩ **0.1** ***ost(e)itis*** ⇒*bot/beenontsteking*.

Ost·end [ɒ'stend‖ɑ-] ⟨eig.n.⟩ **0.1** ***Oostende***.

os·ten·si·ble [ɒ'stensəbl‖ɑ-] ⟨f2⟩ ⟨bn.; -ly; →bijw. 3⟩ **0.1** ***ogenschijnlijk*** ⇒*schijnbaar, voorgewend, zogenaamd, gewaand*.

os·ten·sion [ɒ'stenʃn‖ɑ-] ⟨telb. en n.-telb.zn.⟩ ⟨R.-K.⟩ **0.1** ***opheffing*** ⟨v.d. hostie tijdens de consecratie⟩.

os·ten·sive [ɒ'stensɪv‖ɑ-] ⟨bn.; -ly⟩ **0.1** ***ostensief*** ⇒*aanschouwelijk, nadrukkelijk, aantonend, deiktisch, aanwijzend* **0.2** ***ogenschijnlijk*** ⇒*schijnbaar, voorgewend*.

os·ten·so·ri·um ['ɒstən'sɔ:rɪəm‖ɑ-], **os·ten·so·ry** [ɒ'stensəri‖ɑ-] ⟨telb.zn.; ostensoria [-rɪə]; →mv. 2, 5⟩ ⟨R.-K.⟩ **0.1** ***ostensorium*** ⇒*monstrans*.

os·ten·ta·tion ['ɒstən'teɪʃn‖'ɑ-] ⟨n.-telb.zn.⟩ **0.1** ***vertoon*** ⇒*praal (zucht), bluf, pralerij, ostentatie*.

os·ten·ta·tious ['ɒstən'teɪʃəs‖'ɑ-] ⟨f1⟩ ⟨bn.; -ly⟩ **0.1** ***opzichtig*** ⇒*praalziek, pretentieus, blufferig, ostentatief*.

os·teo- ['ɒstioʊ‖'ɑ-] **0.1** ***osteo-*** ⇒*been-, bot-* ◆ **¶.1** osteogenesis *osteogenese, been/botvorming*.

os·te·o·ar·thri·tis ['ɒstioʊɑ:'θraɪtɪs‖'ɑstioʊɑr'θraɪṭɪs] ⟨n.-telb.zn.⟩ ⟨med.⟩ **0.1** ***osteoartritis***.

os·te·o·blast ['ɒstɪəblɑ:st‖'ɑstɪəblæst] ⟨telb.zn.⟩ ⟨med.⟩ **0.1** ***osteoblast***.

os·te·oc·la·sis ['ɒsti'ɒkləsɪs‖'ɑsti'ɑ-] ⟨telb. en n.-telb.zn.⟩ ⟨med.⟩ **0.1** ***osteoclasie***.

os·te·o·clast ['ɒstɪəklɑ:st‖'ɑstɪəklæst] ⟨telb.zn.⟩ ⟨med.⟩ **0.1** ***osteoclast***.

os·te·o·gen·e·sis ['ɒstioʊ'dʒenɪsɪs‖'ɑ-] ⟨n.-telb.zn.⟩ ⟨med.⟩ **0.1** ***osteogenese*** ⇒*been(weefsel)vorming, botvorming*.

os·te·og·ra·phy ['ɒsti'ɒgrəfi‖'ɑsti'ɑ-] ⟨n.-telb.zn.⟩ ⟨med.⟩ **0.1** ***beenderbeschrijving***.

os·te·oid ['ɒstɪɔɪd‖'ɑ-] ⟨bn.⟩ **0.1** ***osteoïd*** ⇒*benig, beenachtig*.

os·te·ol·o·gy ['ɒsti'ɒlədʒi‖'ɑsti'ɑ-] ⟨zn.; →mv. 2⟩ ⟨med.⟩
I ⟨telb.zn.⟩ **0.1** ***beendergestel*** ⇒*beenderstelsel;*
II ⟨n.-telb.zn.⟩ **0.1** ***osteologie*** ⇒*beenderleer*.

os·te·o·ma ['ɒsti'oʊmə‖'ɑ-] ⟨telb.zn.; ook osteomata [-məṭə]; →mv. 5⟩ ⟨med.⟩ **0.1** ***osteoom*** ⇒*osteoma, beenweefselgezwel*.

os·te·o·ma·la·cia ['ɒstioʊmə'leɪʃə‖'ɑ-] ⟨n.-telb.zn.⟩ ⟨med.⟩ **0.1** ***osteomalacie*** ⇒*bot/beenverweking*.

os·te·o·my·e·li·tis ['ɒstioumaɪə'laɪtɪs||'ɑstioumaɪə'laɪṭɪs]⟨n.-telb.zn.⟩⟨med.⟩ **0.1** ***osteomyelitis*** ⇒*beenmergontsteking*.
os·te·o·path ['ɒstɪəpæθ||'ɑ-], **os·te·op·a·thist** ['ɒsti'ɒpəθɪst||'ɑsti'ɑ-]⟨telb.zn.⟩ **0.1** ***osteopaat*** ⇒*orthopedist*.
os·te·op·a·thy ['ɒsti'ɒpəθi||'ɑsti'ɑ-]⟨n.-telb.zn.⟩⟨med.⟩ **0.1** ***osteopathie*** ⇒*beenderziekte* **0.2** ***osteopathie*** ⇒*orthopedie*.
os·te·o·phyte ['ɒstɪəfaɪt||'ɑ-]⟨telb.zn.⟩⟨med.⟩ **0.1** ***osteofyt*** ⇒*beenderuitwas*.
os·te·o·plas·tic ['ɒstiou'plæstɪk||'ɑ-]⟨bn.⟩⟨med.⟩ **0.1** ***osteoplastisch***.
os·te·o·plas·ty ['ɒstioupl æsti||'ɑ-]⟨n.-telb.zn.⟩⟨med.⟩ **0.1** ***osteoplastiek***.
os·te·o·po·ro·sis ['ɒstɪoupɔ:'rousɪs||'ɑ-]⟨n.-telb.zn.⟩ **0.1** ***osteoporose***.
os·ti·ar·y ['ɒstɪəri||'ɑ-]⟨telb.zn.;→mv. 2⟩ **0.1** ***deurwachter*** **0.2** ⟨R.-K.⟩ ***ostiarius***.
os·ti·na·to[1] ['ɒstɪ'nɑ:tou||'ɑstɪ'nɑṭou]⟨telb.zn.⟩⟨muz.⟩ **0.1** ***ostinato***.
ostinato[2] ⟨bn.⟩⟨muz.⟩ **0.1** ***ostinato***.
os·ti·ole ['ɒstioul||'ɑ-], **os·ti·um** ['ɒstɪəm||'ɑ-]⟨telb.zn.; ostia [-tɪə]; →mv. 5⟩⟨biol.⟩ **0.1** ***ostium*** ⇒*instromingsopening*.
os·tler ['ɒslə||'ɑslər]⟨telb.zn.⟩ **0.1** ***stalknecht*** ⟨in herberg⟩.
os·tra·cism ['ɒstrəsɪzm||'ɑ-]⟨telb. en n.-telb.zn.⟩ **0.1** ***ostracisme*** ⇒*schervengericht;* ⟨fig.⟩ *verbanning, doodverklaring*.
os·tra·cize, -cise ['ɒstrəsaɪz||'ɑ-]⟨f1⟩⟨ov.ww.⟩ **0.1** ***verbannen*** ⟨door schervengericht⟩ ⇒*ostraciseren;* ⟨fig.⟩ *uitstoten, doodverklaren, mijden*.
os·tra·con, os·tra·kon ['ɒstrə'kɒn||'ɑstrə'kɑn]⟨telb.zn.; ostraca, ostraka [-kə];→mv. 5; meestal mv.⟩⟨gesch.⟩ **0.1** ***ostrakon*** ⇒*potscherf*.
os·trei·cul·ture ['ɒstrɪəkʌltʃə||'ɑstrɪəkʌltʃər]⟨telb. en n.-telb.zn.⟩ **0.1** ***oesterteelt***.
os·trich ['ɒstrɪtʃ||'ɑ-]⟨f2⟩⟨telb.zn.; ook ostrich;→mv. 4⟩⟨dierk.⟩ **0.1** ***struisvogel*** ⟨genus Struthio; ook fig.⟩ **0.2** ***rhea*** ⟨Zuidamerikaanse struisvogel; genus Rheidae⟩ ◆ **1.1** have the digestion of an ~ *een struisvogelmaag hebben*.
'ostrich farm ⟨bn.⟩ **0.1** ***struisvogelkwekerij***.
'ostrich fern ⟨telb.zn.⟩⟨plantk.⟩ **0.1** ***struis(veer)varen*** ⟨Matteuccia Struthiopteris⟩.
os·trich·like ['ɒstrɪtʃlaɪk||'ɑ-]⟨bn.⟩ **0.1** ***struisvogel-*** ⇒*struisvogelachtig*.
'ostrich plume ⟨telb.zn.⟩ **0.1** ***struisvogelveer*** ⇒*struisveer*.
'ostrich policy ⟨f1⟩⟨telb.zn.⟩ **0.1** ***struisvogelpolitiek***.
'ostrich tip ⟨telb.zn.⟩ **0.1** ***struisveerpunt***.
Os·tro·goth ['ɒstrəgɒθ||'ɑstrəgɑθ]⟨telb.zn.⟩ **0.1** ***Oostgoot*** ⇒*Ostrogoot*.
Os·tro·goth·ic[1] ['ɒstrə'gɒθɪk||'ɑstrə'gɑθɪk]⟨eig.n.⟩ **0.1** ***Oostgotisch*** ⇒*Ostrogotisch* ⟨taal⟩.
Ostrogothic[2] ⟨bn.⟩ **0.1** ***Oostgotisch*** ⇒*Ostrogotisch*.
Os·ty·ak, Os·ti·ak ['ɒstiæk||'ɑ-]⟨zn.⟩
I ⟨eig.n.⟩ **0.1** ***Ostjaaks*** ⟨Finno-Oegrische taal⟩;
II ⟨telb.zn.⟩ **0.1** ***Ostjaak***.
-ot [ət, ɒt||ət, ɑt], **-ote** [out]⟨vormt nw.⟩ **0.1** ***-(o)ot*** ◆ **¶.1** Cypriot *Cyprioot;* patriot *patriot*.
OT ⟨eig.n.⟩⟨afk.⟩ Old Testament **0.1** ***O.T.***.
OTB ⟨afk.⟩ off-track belting ⟨AE⟩.
OTC ⟨afk.⟩ Officer in Tactical Command, Officers' Training Corps, over the counter.
oth·er[1] ['ʌðə||'ʌðər]⟨f1⟩⟨telb.zn.; the⟩ **0.1** ***het complement*** ⇒*de tegenhanger, het tegenovergestelde* ◆ **6.1** reality is the ~ **of** perception *de realiteit is de tegenhanger van de perceptie*.
other[2] ⟨bn., pred.⟩ **0.1** ***anders*** ⇒*verschillend* ◆ **4.1** none ~ than John *niemand anders/minder dan John* **6.1** I don't want you to be ~ **than/** ⟨vero.⟩ **from** what you are *ik wil niet dat je anders zou zijn dan je bent*.
other[3] ⟨f4⟩⟨onb.vnw.;→onbepaald woord⟩ **0.1** ***(nog/weer) andere (n)*** ⇒*overige(n), nieuwe* ◆ **1.1** some man or ~ *een of andere man;* some time or ~ *ooit eens* **3.1** ~s arrived later *anderen kwamen later;* ~ of the members complained *andere leden klaagden;* each followed the ~ closely *elk volgde dicht op de andere* **4.1** someone or ~ *iemand* **4.¶** →each other; this, that and the ~ *allerhand, ditjes en datjes, koetjes en kalfjes* **6.1** one **after** the ~ *na elkaar;* **among** ~s *onder andere;* tell one **from** the ~ *ze uit elkaar houden;* one or ~ **of** them *één van hen* **7.1** ⟨vero.⟩ no ~ *niets anders* **¶.1** on that day/the one day of all ~s *uitgerekend/juist op die éne dag;* →A.N. Other; →other than.
other[4] ⟨f1⟩⟨bw.⟩ ◆ **8.¶** ⟨als voorz.⟩ ~ than *behalve, buiten;* you can't get there ~ than by walking *je kunt daar alleen maar lopend komen/niet komen behalve door te lopen*.
other[5] ⟨onb.det.;→onbepaald woord⟩ **0.1** ***ander(e)*** ⇒*nog een, verschillend(e), bijkomend(e), overblijvend(e)* ◆ **1.1** every ~ day *om de andere dag;* the ~ evening *gisteravond; een paar avonden geleden;* she hurt her ~ foot *ze bezeerde haar andere voet;* on the ~ hand *daarentegen;* she could take no ~ pupils *ze kon er geen leerlingen meer bijnemen;* ~ things being equal I'd agree *als alles verder gelijk blijft, behalve dit, dan zou ik ermee akkoord gaan;* ⟨inf.⟩ the ~ thing *het tegenovergestelde;* if he does not want to go, he can do the ~ thing *als hij niet wil gaan, dan kan hij blijven* **1.¶** the ~ day/night/week *een paar dagen/avonden/weken geleden;* in ~ days *vroeger* **4.1** keep the ~ one *houd de andere maar*.
oth·er·ness ['ʌðənəs||'ʌðər-]⟨telb. en n.-telb.zn.⟩ **0.1** ***het anders zijn*** ⇒*diversiteit, verschil, iets anders*.
oth·er·wise[1] ['ʌðəwaɪz||'ʌðər-]⟨f1⟩⟨bn.⟩⟨→sprw. 617⟩ **0.1** ***anders*** ⇒*verschillend, tegengesteld* ◆ **1.1** their ~ dullness *hun saaiheid onder andere omstandigheden, hun gebruikelijke saaiheid;* her ~ equals *haars gelijken in andere opzichten;* the evidence is ~ *alles wijst op het tegendeel* **8.1** mothers, married and/or ~ *moeders, al dan niet gehuwd;* be ~ than happy *allesbehalve gelukkig zijn*.
otherwise[2] ⟨f3⟩⟨bw.⟩ **0.1** ***anders*** ⇒*op een andere manier, andersom, in andere opzichten, overigens, alias* ◆ **1.1** Judas, ~ (called/known as) Iscariot *Judas, ook wel Iscariot genoemd* **2.1** he is not ~ blameworthy *in andere opzichten treft hem geen blaam;* an ~ excellent move *een overigens mooie zet* **3.1** act ~ *zich anders gedragen;* be ~ engaged *andere dingen te doen hebben* **5.1** he could say it no ~ *hij kon het niet anders zeggen* **8.1** the advantages and/or ~ *de voor- en nadelen;* by train or ~ *per trein of hoe dan ook;* I would rather stay than ~ *ik zou liever blijven dan weggaan* **¶.1** go now; ~ it'll be too late *ga nu, anders wordt het te laat*.
'oth·er·wise-'mind·ed ⟨bn.⟩ **0.1** ***andersdenkend*** ⇒*een andere mening toegedaan*.
oth·er·world ['ʌðəwɜ:ld||'ʌðərwɜrld]⟨telb.zn.⟩ **0.1** ***bovennatuur*** ⇒*hiernamaals*.
oth·er·world·ly ['ʌðə'wɜ:ldli||'ʌðər'wɜrldli]⟨bn.; -ness;→bijw. 3⟩ **0.1** ***bovenaards*** ⇒*bovennatuurlijk, bovenzinnelijk, transcendentaal,* ⟨pej.⟩ *zwevend, onrealistisch, irreëel*.
Oth·man ['ɒθmən||'ɑθ-]⟨telb.zn.⟩⟨schr.⟩ **0.1** ***Turk*** ⇒*Osmaan, Otoman*.
o·tic ['ɒtɪk||'ouṭɪk]⟨bn.⟩ **0.1** ***oor-*** ⇒*gehoors-*.
-o·tic ['ɒtɪk||'ɑṭɪk] **0.1** ⟨vormt bijv. nw.⟩ ***-otisch*** **0.2** ⟨vormt nw.⟩ ***-oticum/-oticus*** ◆ **¶.1** hypnotic *hypnotisch;* neurotic *neurotisch* **¶.2** narcotic *narcoticum*.
o·ti·ose ['ouʃious, 'ouṭi-]⟨bn.; -ly; -ness⟩⟨schr.⟩ **0.1** ***overbodig*** ⇒*onbetekenend, vruchteloos, nutteloos, waardeloos, vergeefs* **0.2** ***nietsdoend*** ⇒*traag, lui, vadsig*.
o·ti·tis [ou'taɪṭɪs]⟨telb. en n.-telb.zn.; otitides [-ṭɪdi:z];→mv. 5⟩⟨med.⟩ **0.1** ***otitis*** ⇒*oorontsteking*.
otitis media [ou'taɪṭɪs 'mi:dɪə]⟨telb. en n.-telb.zn.⟩⟨med.⟩ **0.1** ***middenoorontsteking***.
o·to·cyst ['ouṭəsɪst]⟨telb.zn.⟩⟨anat.⟩ **0.1** ***otocyste*** ⇒*statocyste*.
o·to·lar·yn·go·log·i·cal ['outoulərɪŋgə'lɒdʒɪkl||'ouṭəlærɪŋgə'lɑ-], **o·to·rhi·no·lar·yn·go·log·i·cal** [-raɪnou-]⟨bn.⟩ **0.1** ***neus-, keel- en oor-***.
o·to·lar·yn·gol·o·gist ['outoulærɪŋ'gɒlədʒɪst||'ouṭəlærɪŋ'gɑ-], **o·to·rhi·no·lar·yn·gol·o·gist** [-raɪnou-]⟨telb.zn.⟩ **0.1** ***neus-, keel- en oorspecialist***.
o·to·lar·yn·gol·o·gy ['outoulærɪŋ'gɒlədʒi||'ouṭəlærɪŋ'gɑ-], **o·to·rhi·no·lar·yn·gol·o·gy** [-raɪnou-]⟨n.-telb.zn.⟩⟨med.⟩ **0.1** ***otorinolaryngologie*** ⇒*neus-, keel- en oorheelkunde*.
o·to·lith ['ouṭəlɪθ]⟨telb.zn.⟩ **0.1** ***otoliet*** ⇒*(ge)hoor/evenwichtssteentje*.
o·tol·o·gist [ou'tɒlədʒɪst||-'tɑ-]⟨telb.zn.⟩ **0.1** ***otoloog*** ⇒*oorspecialist, oorarts/chirurg*.
o·tol·o·gy [ou'tɒlədʒi||-'tɑ-]⟨n.-telb.zn.⟩ **0.1** ***otologie*** ⇒*leer v.h. oor*.
o·to·scope ['ouṭəskoup]⟨telb.zn.⟩ **0.1** ***otoscoop*** ⇒*oorspiegel*.
OTT ⟨afk.⟩ over the top.
ottar →attar.
ot·ta·va [ou'tɑ:və]⟨bw.⟩⟨muz.⟩ **0.1** ***ottava*** ⟨een octaaf lager of hoger⟩.
ottava ri·ma [ou'tɑ:və'ri:mə]⟨telb. en n.-telb.zn.⟩⟨lit.⟩ **0.1** ***ottava rima*** ⟨achtregelige strofe met rijm abababcc⟩ ⇒*stanza, stance*.
ot·ter ['ɒtə||'ɑṭər]⟨f1⟩⟨zn.; ook otter;→mv. 4⟩
I ⟨telb.zn.⟩ **0.1** ***(vis)otter*** ⟨genus Lutra⟩ **0.2** ⟨vis.⟩ ***ottertrawl*** ⟨schrobnet met korplanken⟩ **0.3** ⟨scheep.⟩ ***otter*** ⇒*paravaan, mijnenvanger;*
II ⟨n.-telb.zn.⟩ **0.1** ***otter(bont)***.
'otter 'board ⟨telb.zn.⟩⟨vis.⟩ **0.1** ***korplank*** ⇒*visbord*.
'ot·ter·dog, 'ot·ter·hound ⟨telb.zn.⟩ **0.1** ***otterhond*** ⟨gebruikt bij otterjacht⟩.
'otter spear ⟨telb.zn.⟩ **0.1** ***otterspeer*** ⟨gebruikt bij otterjacht⟩.
'Ot·to engine ⟨telb.zn.⟩ **0.1** ***ottomotor*** ⇒*viertaktmotor*.
ot·to·man ['ɒtəmən||'ɑṭə-]⟨zn.⟩
I ⟨telb.zn.⟩ **0.1** ***ottomane*** ⟨soort sofa⟩ **0.2** ⟨O-⟩ ***Turk*** ⇒*Osmaan,*

Ottoman;
II ⟨n.-telb.zn.⟩ **0.1** *ottoman* ⟨wollen of zijden ribsweefsel⟩.
Ottoman ⟨bn., attr.⟩ **0.1** ***Osmaans*** ⇒*Ottomaans, Turks* ◆ **1.1** ~ Empire *Osmaanse/Ottomaanse Rijk;* ⟨gesch.⟩ the ~ Porte *de Porte* ⟨het Turkse rijk, de regering v. Turkije⟩.
OU ⟨afk.⟩ ⟨BE⟩ Open University, Oxford University.
oua·ba·in [wɑː'bɑːɪn] ⟨n.-telb.zn.⟩ **0.1** ***ouabaïne*** ⟨soort v. giftig glucoside⟩.
ou·bli·ette ['uːbli'et] ⟨telb.zn.⟩ **0.1** ***oubliëtte*** ⇒*onderaardse kerker.*
ouch[1] [aʊtʃ] ⟨telb.zn.⟩ ⟨vero.⟩ **0.1** ***broche*** ⇒*sierspeld* ⟨met juwelen bezet⟩ **0.2** ***zetting*** ⇒*invatting* ⟨v. edelsteen⟩.
ouch[2] ⟨f1⟩ ⟨tussenw.⟩ **0.1** ***ai*** ⇒*au, oh, oe* ⟨uitroep v. pijn, ergernis e.d.⟩.
OUDS ⟨afk.⟩ Oxford University Dramatic Society.
ought →aught.
ought to ['ɔːṭə, 'ɔːṭʊ] ⟨f4⟩ ⟨hww.; substandaard ontkennend didn't ought to, hadn't ought to; vero. 2e pers. enk. oughtest to ['ɔːṭɪstə, -stʊ], oughtst to ['ɔːtstə, -tʊ]; elliptisch soms zonder to; →do-operator, modaal hulpwerkwoord, ww. 3⟩ **0.1** ⟨→gebod 5, verbod 2, verplichting en noodzakelijkheid 4⟩ ***moeten*** ⇒*zou moeten* **0.2** ⟨→onderstelling⟩ ***moeten*** ⇒*zullen, zou moeten* ◆ **3.1** you ~ have been at the party *je had op het feestje moeten zijn;* you ~ be grateful *je zou dankbaar moeten zijn;* ⟨elliptisch⟩ he did as he ought (to) *hij deed wat hij moest doen;* one ~ help one's neighbour *men moet zijn naaste helpen;* you ~ try this one *probeer deze eens* **3.2** this ~ do the trick *dit zou het probleem moeten oplossen.*
oui·ja ['wiːdʒə], **'ouija board** ⟨telb.zn.; vaak O-⟩ **0.1** ***ouija*** ⟨letterplankje gebruikt bij spiritisme⟩.
ouis·ti·ti, wis·ti·ti ['wɪstɪtiː], **wis·tit** ⟨telb.zn.⟩ ⟨dierk.⟩ **0.1** ***penseelaapje*** ⟨Callithrix jacchus⟩.
ounce [aʊns] ⟨f2⟩ ⟨telb.zn.⟩ ⟨→sprw. 550⟩ **0.1** ***(Engels/Amerikaans) ons*** ⇒*ounce* ⟨'avoirdupois', 28,349 g; →t1⟩; ⟨fig.⟩ *klein beetje, greintje* **0.2** ***ounce*** ⇒*8 drachmes* ⟨UK 28,41 ml; USA 29,57 ml; →t1⟩ **0.3** ***ounce*** ⇒*apothekersons, 8 drachmes* ⟨ook 'troy', 31,103 g; →t1⟩ **0.4** ⟨dierk.⟩ ***sneeuwpanter*** ⟨Uncia uncia⟩ **0.5** ⟨vero.⟩ ***los*** ⇒*lynx* ◆ **1.1** an ~ of common sense *een greintje gezond verstand;* ⟨sl.⟩ an ~ of lead *een blauwe boon.*
OUP ⟨afk.⟩ Oxford University Press.
our ['aʊə‖-ər] ⟨f4⟩ ⟨bez.det.⟩ **0.1** ***ons*** ⇒*onze, van ons* ◆ **1.1** ~ children *onze kinderen;* ~ day *onze grote dag, onze geluksdag;* he's ~ man *hij is de man die we moeten hebben, hij is ons gunstig gezind;* she knew ~ place *ze wist waar wij wonen* **3.1** ~ welcoming her in *het feit dat wij haar verwelkomden.*
-our, ⟨AE sp.⟩ **-or** [ə‖ər] **0.1** ⟨vormt nw. en ww.⟩ ◆ **¶.1** colour *kleur/kleuren;* honour *eer/eren;* labour *werk/werken.*
ourebi →oribi.
ours ['aʊəz‖'aʊərz] ⟨f3⟩ ⟨bez.vnw.; →naamval⟩ **0.1** ⟨predikatief gebruikt⟩ ***van ons*** ⇒*de/het onze* **0.2** ***de onze(n)/het onze*** ◆ **1.1** the decision is ~ *de beslissing ligt bij ons;* victory is ~ *de overwinning is aan ons;* the house was all ~ *we hadden het huis helemaal voor ons* **3.2** hers was saved, ~ were lost *het hare werd gered, de onze/die van ons gingen verloren* **6.2** a friend **of** ~ *een vriend van ons, één van onze vrienden;* that son **of** ~ *die zoon van ons toch.*
our·selves [aʊə'selvz‖aʊər-], ⟨verwijzend naar majesteitsmeervoud⟩ **our·self** ⟨f3⟩ ⟨wdk.vnw.⟩ **0.1** ***ons*** ⇒*onszelf* **0.2** ⟨→-self/-selves als nadrukwoord⟩ ***zelf*** ⇒*wij zelf, ons zelf* ◆ **3.1** we bought ~ a new car *we kochten een nieuwe auto;* we busied ~ with organizing the party *we hielden ons bezig met het organiseren van het feestje* **3.2** we, the King, ourself have decreed this *wij, de Koning, hebben dit zelf verordend;* it dismayed ~ but not the others *wij waren ontzet maar de anderen niet;* ⟨gew. of vero.⟩ ~ have the honour of escorting you *wij zelf hebben de eer u te mogen begeleiden;* we went ~ *we gingen zelf* **4.1** we are ~ again *we zijn weer de oude* **4.2** we ~ would do no such thing *wij zelf zouden zoiets nooit doen* **6.1** we did it **for** ~ *we deden het voor onszelf;* we came **to** ~ *we kwamen bij, we kwamen weer tot onszelf.*
-ous [əs] ⟨vormt bijv. nw.⟩ **0.1** ⟨ong.⟩ ***-eus*** **0.2** ⟨ong.⟩ ***-achtig*** ⇒*-ig* ◆ **¶.1** fabulous *fabuleus;* glorious *glorieus* **¶.2** sulphurous *zwavelig;* mountainous *bergachtig.*
ousel →ouzel.
oust [aʊst] ⟨f1⟩ ⟨ov.ww.⟩ **0.1** ***ver/uitdrijven*** ⇒*ont/afzetten, uitzetten, wegdoen/zenden, ontslaan, verwijderen, de voet lichten* **0.2** ***verdringen*** ⇒*vervangen* **0.3** ⟨jur.⟩ ***onteigenen*** ⇒*uit het bezit stoten, weg/ontnemen, beroven* ◆ **6.1** ~ s.o. **from/of** *iem. ontheffen van/uit, iem. ontzetten uit, iem. iets ontnemen.*
oust·er ['aʊstə‖-ər] ⟨telb.zn.⟩ ⟨vnl. AE⟩ **0.1** ***uitzetting*** ⟨ook jur.⟩ ⇒*ontzetting, verdrijving, afzetting, ontslag* **0.2** ***ontzetter.***
out[1] [aʊt] ⟨f1⟩ ⟨zn.⟩
I ⟨telb.zn.⟩ **0.1** ***uitweg*** ⟨ook fig.⟩ **0.2** ***uitvlucht*** ⇒*excuus* **0.3** ⟨vnl. mv.⟩ ***persoon/partij die niet (meer) aan de macht is*** ⇒*oppositie* **0.4** ⟨AE⟩ ***buitenkant*** **0.5** ⟨AE⟩ ***vertoning*** ⇒*schouwspel* **0.6** ⟨AE⟩ ***schaduwzijde*** ⇒*nadeel, gebrek, schoonheidsfout(je)* **0.7** ⟨AE; vnl. mv.⟩ ***uitverkocht artikel*** ⇒*artikel dat niet meer in voorraad/voorradig is* **0.8** ⟨sport, i.h.b. tennis⟩ ***out (geslagen) bal*** ⇒*uitbal* **0.9** ⟨honkbal⟩ ***uit-spel*** ⟨met uitgetikte speler⟩ **0.10** ⟨honkbal⟩ ***uitgetikte speler*** ◆ **1.3** the ins and ~s *de regeringspartij(en) en de oppositie* **2.5** the old temples made a poor ~ *de oude tempels waren een zielig schouwspel* **6.4** the width of the building **from** ~ **to** ~ *de breedte v.h. gebouw aan de buitenkant* **7.6** the pill has few ~s *de pil heeft weinig nadelen;*
II ⟨mv.; ~s⟩ **0.1** ⟨BE⟩ ***uitgaven*** ⇒*uitgegeven bedragen* ◆ **6.¶** be **at** ~s/**on** the ~s with *op slechte voet staan/ruzie hebben met.*
out[2] ⟨f2⟩ ⟨bn.⟩ **0.1** ***niet-in*** ⇒*niet-populair/modieus, uit* **0.2** ***uit*** ⟨v. apparatuur⟩ **0.3** ***voor uitgaande post*** ◆ **1.3** ~ box/tray *brievenbak voor/met uitgaande post.*
out[3] ⟨f4⟩ ⟨bw.; vaak predikatief⟩ **0.1** ⟨plaats, richting; ook fig. en sport⟩ ***uit*** ⇒*buiten, weg* **0.2** ***weg*** ⇒*onzichtbaar* **0.3** ***buiten bewustzijn*** ⇒*buiten gevecht* ⟨ook fig.⟩; ⟨inf.⟩ *uitgeteld, in slaap;* ⟨sl.⟩ *dronken* **0.4** ***niet (meer) in werking*** ⇒*uit* **0.5** ***uit*** ⇒*openbaar, tevoorschijn, naar buiten* **0.6** ***uit*** ⇒*volledig, geheel, af, leeg* **0.7** ***uit (de mode)*** ⇒*passé, niet meer in* **0.8** ***ernaast*** ⟨bij schattingen⟩ ◆ **1.1** an evening ~ *een avondje uit;* voyage ~ *heenreis;* ⟨scheep.⟩ some way ~ *een eindje buitengaats* **1.4** day ~ *vrije dag* **2.3** ~ cold *finaal v.d. kaart* **3.1** he's ~ playing in the garden *hij speelt buiten in de tuin;* the ball was ~ *de bal was uit;* smoking is ~! *er wordt niet gerookt!;* you're ~ *je doet/telt niet (meer) mee;* contract ~ *uitbesteden;* cry ~ *het uitschreeuwen;* dealt ~ money *deelde geld uit;* dine ~ *uit eten gaan;* go ~ *uitgaan;* looked ~ to the hills *keek uit op de bergen;* pour ~ a drink *iets inschenken;* your shirt is sticking ~ *je hemd steekt uit (je broek);* they took his lung ~ *ze haalden zijn long weg;* he was voted ~ *hij werd weggestemd* **3.2** paint ~ an inscription *een inschrift overschilderen* **3.4** put ~ the light *doe het licht uit* **3.5** the results are ~ *de resultaten zijn bekend;* when does the magazine come ~? *wanneer verschijnt het tijdschrift?;* send ~ invitations *uitnodigingen versturen;* they all turned ~ to welcome him *ze kwamen allemaal opdagen om hem te verwelkomen;* ⟨schr.⟩ truth will ~ *de waarheid komt toch aan het licht* **3.6** he cried himself ~ *hij huilde uit;* drawn ~ *lang uitgesponnen;* she grew ~ into a beautiful woman *ze groeide op tot een mooie vrouw* **3.¶** →be out **5.1** inside ~ *binnenste buiten;* ~ there *daarginds, ginder ver* **5.¶** ~ and **about** *(weer) op de been, in de weer;* ~ and away *veruit;* way ~ *te gek, excentriek* **6.5** ~ **with** it! *vertel op!, zeg het maar!* **6.¶** she's ~ **for** trouble *ze zoekt moeilijkheden;* →out of **8.6** ~ and ~ *door en door, tot in de grond, compleet* **¶.1** ~ in Canada *daarginds in Canada;* ~ it goes/with it! *vertel op!, voor de dag ermee!;* ~! *d'r uit!.*
out[4] ⟨f4⟩ ⟨vz.; richtingaanduidend⟩ **0.1** ***uit*** ⇒*naar buiten* **0.2** ***langs*** ⇒*uit* ◆ **1.1** chased the animal ~ the door *joeg het dier de deur uit;* chuck it ~ the window *gooi het door het venster;* looked ~ the window *keken uit het venster* **1.2** they drove ~ Jubilee Road *ze reden over de J. Road weg* **6.1** **from** ~ the window *vanuit het raam.*
'out·a'chieve ⟨ov.ww.⟩ **0.1** ***overtreffen*** ⇒*het beter doen dan.*
'out'act ⟨ov.ww.⟩ **0.1** ***overspelen*** ⟨als acteur⟩ ⇒*overschaduwen, beter spelen/acteren dan.*
out·age ['aʊṭɪdʒ] ⟨telb.zn.⟩ **0.1** ***defect*** ⇒*black-out* **0.2** ***ontbrekende hoeveelheid*** ⟨v. verzonden of opgeslagen goederen⟩ ◆ **2.1** there has been a short ~ *er is een korte stroomonderbreking geweest.*
'out-and-a·bout ⟨bn., attr.⟩ **0.1** ***buitenshuis plaatsvindend.***
'out-and-'out ⟨bn., attr.⟩ **0.1** ***volledig*** ⇒*door en door, grondig, radicaal, helemaal, voortreffelijk* ◆ **1.1** an ~ supporter of the programme *een verdediger v.h. programma door dik en dun.*
'out-and-'out·er ⟨telb.zn.⟩ ⟨vero.; inf.⟩ **0.1** ***uitblinker*** ⇒*kei, kraan, prachtexemplaar* **0.2** ***extremist*** ⇒*(ultra-)radicaal.*
'out-and-re'turn course ⟨telb.zn.⟩ ⟨zweefvliegen⟩ **0.1** ***retourvluchtparcours.***
'out'ar·gue ⟨ov.ww.⟩ **0.1** ***overtroeven*** ⟨in discussie⟩ ⇒*onder tafel praten, platpraten.*
out·a·site, out·a·sight ['aʊṭə'saɪt] ⟨bn.⟩ ⟨AE; inf.⟩ **0.1** ***fantastisch*** ⇒*te gek, prachtig.*
out·back[1] ['aʊtbæk] ⟨f1⟩ ⟨n.-telb.zn.; the⟩ ⟨vnl. Austr. E⟩ **0.1** ***binnenland*** ⇒*woeste/afgelegen streek, rimboe.*
outback[2] ⟨f1⟩ ⟨bn.⟩ ⟨vnl. Austr. E⟩ **0.1** ***van/in het binnenland*** ⇒*afgelegen* ◆ **1.1** ~ life *het leven in de rimboe.*
'out'bal·ance ⟨f1⟩ ⟨ov.ww.⟩ **0.1** ***zwaarder wegen dan*** ⇒*overwicht hebben op, overtreffen, belangrijker zijn dan.*
'out'bid ⟨f1⟩ ⟨ov.ww.⟩ **0.1** ***meer bieden dan*** ⇒*overbieden, overtreffen, de loef afsteken, overtroeven.*
'out'blaze ⟨ww.⟩
I ⟨onov.ww.⟩ **0.1** ***oplaaien;***

II ⟨ov.ww.⟩ **0.1** ***overschitteren*** ⇒*overstralen, in glans overtreffen, in de schaduw stellen.*

'out·board ⟨f1⟩⟨bn., attr.; bw.⟩ **0.1** ***buitenboord(s)*** ◆ **1.1** ~ motor *buitenboordmotor.*

'out·bound ⟨bn.⟩ **0.1** ***uitgaand*** ⇒*op de uitreis, vertrekkend* ◆ **1.1** ~ traffic *uitgaand verkeer.*

'out'brag ⟨ov.ww.⟩ **0.1** ***overtreffen in het grootspreken.***

'out'brave ⟨ov.ww.⟩ **0.1** ***tarten*** ⇒*trotseren, uitdagen, het hoofd bieden.*

out·break ['aʊtbreɪk]⟨f2⟩⟨zn.⟩

I ⟨telb.zn.⟩ **0.1** ***uitbarsting*** ⇒*uitbraak, het uitbreken, het uitbarsten* **0.2** ***opstand*** ⇒*oproer, opstootje* **0.3** ⟨geol.⟩ ***dagzomende aardlaag/ader;***

II ⟨n.-telb.zn.⟩⟨geol.⟩ **0.1** ***het dagzomen*** ⟨v. aardlaag, ader enz.⟩.

'out'breed ⟨ov.ww.⟩⟨biol.⟩ **0.1** ***kruisen.***

'out'breed·ing ⟨telb. en n.-telb.zn.⟩ **0.1** ⟨biol.⟩ ***kruising*** **0.2** ***exogamie*** ⟨huwelijk buiten stamverband⟩.

'out·build·ing ⟨f1⟩⟨telb.zn.⟩ **0.1** ***bijgebouw*** ⇒*paviljoen.*

out·burst ['aʊtbɜ:st||-bɜrst]⟨f2⟩⟨zn.⟩

I ⟨telb.zn.⟩ **0.1** ***uitbarsting*** ⇒*uitval, uitstorting, ontboezeming* **0.2** ⟨geol.⟩ ***dagzomende aardlaag/ader*** ◆ **1.1** ~ of anger *woedeuitbarsting;*

II ⟨n.-telb.zn.⟩⟨geol.⟩ **0.1** ***het dagzomen*** ⟨v. aardlaag, ader enz.⟩.

out-by(e) ['aʊt'baɪ]⟨bw.⟩⟨vnl. Sch. E⟩ **0.1** ***buiten*** ⇒*in de openlucht* **0.2** ***(naar) buiten*** **0.3** ***ver*** ⇒*veraf.*

out·cast[1] ['aʊtkɑ:st||-kæst]⟨f1⟩⟨telb.zn.⟩ **0.1** ***verschoppeling*** ⇒*outcast, verworpene, uitgestotene, paria, verstotene* **0.2** ⟨Sch. E⟩ ***ruzie.***

outcast[2] ⟨f1⟩⟨bn.⟩ **0.1** ***uitgestoten*** ⇒*verstoten, verworpen, verbannen, veracht, versmaad.*

out·caste[1] ['aʊtkɑ:st||-kæst]⟨telb.zn.⟩ **0.1** ***paria*** ⇒*uit zijn kaste gestotene, kasteloze.*

outcaste[2] ⟨bn.⟩ **0.1** ***kasteloos*** ⇒*uit zijn kaste gestoten, paria-.*

outcaste[3] ⟨ov.ww.⟩ **0.1** ***uit zijn kaste stoten.***

'out'class ⟨f1⟩⟨ov.ww.⟩ **0.1** ***overtreffen*** ⇒*overklassen, een klasse beter zijn dan.*

out·clear·ing ['aʊtklɪərɪŋ||-klɪrɪŋ]⟨n.-telb.zn.⟩⟨BE; geldw.⟩ **0.1** ***het verzenden v. checks/wissels (naar het clearing-house)*** **0.2** ***(naar het clearing-house) te verzenden checks/wissels.***

'out·col·lege ⟨bn., attr.⟩⟨vnl. BE⟩ **0.1** ***extern*** ⇒*uitwonend* ◆ **1.1** ~ students *externen.*

out·come ['aʊtkʌm]⟨f2⟩⟨telb.zn.; vnl. enk.⟩ **0.1** ***resultaat*** ⇒*gevolg, uitslag, uitkomst, effect* **0.2** ***uitingsmogelijkheid*** ⇒*uitweg* ◆ **1.1** the ~ of the elections *de uitslag v.d. verkiezingen.*

out·crop[1] ['aʊtkrɒp||-krɑp]⟨f1⟩⟨zn.⟩

I ⟨telb.zn.⟩ **0.1** ⟨geol.⟩ ***dagzomende aardlaag/ader*** **0.2** ***uitbarsting;***

II ⟨n.-telb.zn.⟩⟨geol.⟩ **0.1** ***het dagzomen*** ⟨v. aardlaag, ader enz.⟩.

'out'crop[2] ⟨onov.ww.; →ww. 7⟩ **0.1** ⟨geol.⟩ ***dagzomen*** ⇒*te voorschijn treden* ⟨v. aardlaag enz.⟩ **0.2** ***zich manifesteren.***

out·cry ['aʊtkraɪ]⟨f1⟩⟨zn.; →mv. 2⟩

I ⟨telb.zn.⟩ **0.1** ***schreeuw*** ⇒*kreet, geschreeuw, misbaar;*

II ⟨telb. en n.-telb.zn.⟩ **0.1** ***(publiek) protest*** ⇒*tegenwerping, dringend verzoek* ◆ **6.1** public ~ **against/over** *publiek protest tegen;* an ~ **for** *een dringend verzoek om.*

out·curve ['aʊtkɜ:v||-kɜrv]⟨telb.zn.⟩⟨honkbal⟩ **0.1** ***wijkende bal*** ⇒*v.d. plaat wegdraaiende bal.*

'out'dance ⟨ov.ww.⟩ **0.1** ***beter dansen dan.***

'out'dare ⟨ov.ww.⟩ **0.1** ***overbluffen*** ⇒*tarten, trotseren* **0.2** ***overtreffen in waaghalzerij.***

'out'date ⟨ov.ww.⟩ **0.1** ***voorbijstreven*** ⇒*doen verouderen.*

'out'dat·ed, 'out-of-'date ⟨f2⟩⟨bn.⟩ **0.1** ***achterhaald*** ⇒*ouderwets, verouderd, uit de tijd.*

'out'dis·tance ⟨f1⟩⟨ov.ww.⟩ **0.1** ***achter zich laten*** ⇒*voorbijgaan/lopen, overtreffen, overvleugelen.*

'out'do ⟨f1⟩⟨ov.ww.⟩ **0.1** ***overtreffen*** **0.2** ***overwinnen*** ⇒*verslaan, de loef afsteken, verdringen, uit het zadel lichten.*

out·door ['aʊtdɔ:||-dɔr], **'out-of-'door, out (-of-) doors** ['aʊtəv'dɔ:z||'aʊt̬əv'dɔrz]⟨f3⟩⟨bn., attr.⟩ **0.1** ***openlucht-*** ⇒*buiten(shuis)-* **0.2** ***buiten de/een instelling*** ⇒*(t)huiszittend/zijnd* ⟨armen, bejaarden enz.⟩ **0.3** ***buiten het Parlement*** ⇒*onder het volk* ◆ **1.1** ~ advertising *buitenreclame* **1.2** ⟨vnl. BE; gesch.⟩ ~ relief *steun voor (t)huiszittende armen* **1.3** ~ agitation *opwinding in den lande/onder het volk.*

out·doors[1] ['aʊt'dɔ:z||-'dɔrz], **out-of-doors** ⟨f1⟩⟨n.-telb.zn.; the⟩ **0.1** ***openlucht*** ⇒*buiten* ◆ **1.1** a man of the ~ *een buitenmens.*

outdoors[2], **out-of-doors** ⟨f1⟩⟨bw.⟩ **0.1** ***buiten(shuis)*** ⇒*in (de) openlucht.*

out·er[1] ['aʊtə||'aʊt̬ər]⟨telb.zn.⟩ **0.1** ***rand v. schietschijf*** ⟨buiten de buitenste ring⟩ **0.2** ***randschot*** ⟨schot in rand v. schietschijf⟩.

outer[2] ⟨f3⟩⟨bn., attr.⟩ **0.1** ***buitenste*** ⇒*aan de buitenzijde, buiten-, over-* **0.2** ***uiterlijk*** ⇒*uitwendig* ◆ **1.1** ⟨AE⟩ ~ city *voorstad;* ~ door *buitendeur;* ~ ear *uitwendig oor;* ~ garments/wear *bovenkleding;* Outer-Mongolia *Buiten-Mongolië;* ~ office *kantoor v.h. personeel;* ~ space *de (kosmische) ruimte;* the ~ world *de buitenwereld* **1.2** ~ man/woman *het uiterlijk, het voorkomen* **1.¶** ⟨BE⟩ ~ bar *advocaten die nog geen Queen's/King's Counsel zijn;* ⟨ong.⟩ *jonge balie.*

out·er·most ['aʊtəmoʊst||'aʊt̬ər-], **out·most** ['aʊtmoʊst]⟨f1⟩⟨bn., attr.⟩ **0.1** ***buitenste*** ⇒*uiterste.*

'out'face ⟨f1⟩⟨ov.ww.⟩ **0.1** ***(de blik) trotseren (van)*** ⇒*de ogen doen neerslaan, in verlegenheid brengen, van zijn stuk brengen.*

out·fall ['aʊtfɔ:l]⟨telb.zn.⟩ **0.1** ***(uit)lozing*** ⇒*mond(ing), afvloeiing, afvoerkanaal.*

'outfall sewer ⟨telb.zn.⟩ **0.1** ***eindriool*** ⇒*afvoerriool/kanaal* ⟨v. stad naar buiten⟩.

'outfall works ⟨telb.zn.⟩ **0.1** ***rioolgemaal.***

'out·field ⟨zn.⟩

I ⟨telb.zn.⟩ **0.1** ***afgelegen veld*** ⟨v. boerderij⟩;

II ⟨n.-telb.zn.; the⟩⟨cricket, honkbal⟩ **0.1** ***verreveld*** ⇒*buitenveld;*

III ⟨verz.n.; the⟩⟨cricket, honkbal⟩ **0.1** ***verrevelders*** ⇒*buitenvelders.*

'out·field·er ⟨telb.zn.⟩⟨cricket, honkbal⟩ **0.1** ***verrevelder*** ⇒*buitenvelder.*

'out'fight ⟨ov.ww.⟩ **0.1** ***overwinnen*** ⇒*beter vechten dan.*

out·fight·ing ['aʊtfaɪt̬ɪŋ]⟨n.-telb.zn.⟩ **0.1** ***het vechten op afstand*** ⇒*het boksen op armslengte.*

out·fit[1] ['aʊtfɪt]⟨f2⟩⟨zn.⟩

I ⟨telb.zn.⟩ **0.1** ***uitrusting*** ⇒*toerusting, gereedschap, outfit, kostuum, outillage* ◆ **2.1** ⟨inf.⟩ the whole ~ *de hele handel/santekraam;*

II ⟨n.-telb.zn.⟩ **0.1** ***het uitrusten;***

III ⟨verz.n.⟩⟨inf.⟩ **0.1** ***groep*** ⇒*(reis)gezelschap, team, ploeg;* ⟨mil.⟩ *compagnie.*

outfit[2] ⟨f1⟩⟨ww.⟩

I ⟨onov.ww.⟩ **0.1** ***zich uitrusten*** ⇒*zich toerusten;*

II ⟨ov.ww.⟩ **0.1** ***uitrusten*** ⇒*outilleren, voorzien v., verschaffen* ◆ **6.1** ~ **with** *voorzien van.*

out·fit·ter ['aʊtfɪtə||-fɪt̬ər]⟨telb.zn.⟩ **0.1** ***uitrustingsleverancier*** ⇒*sportwinkel/magazijn* **0.2** ***(heren)modehandelaar*** ⇒*herenmodezaak.*

'out'flank ⟨ov.ww.⟩ **0.1** ⟨mil.⟩ ***overvleugelen*** ⇒*omtrekken* **0.2** ***verschalken*** ⇒*beetnemen.*

'out·flow ⟨telb.zn.⟩ **0.1** ***uitloop*** ⇒*afvoer, debiet* **0.2** ***uitstroming*** ⇒*uit/afvloeiing, uitstorting* ◆ **1.2** an ~ of abusive language *een vloed v. scheldwoorden;* an ~ of gold bullion *een stroom v. ongemunt goud.*

out·flung ['aʊtflʌŋ]⟨bn.⟩ **0.1** ***gestrekt*** ⇒*(open)gespreid* ◆ **1.1** ~ arms *open armen.*

'out'fly ⟨ov.ww.⟩ **0.1** ***sneller/verder vliegen dan.***

'out'fox ⟨ov.ww.⟩ **0.1** ***verschalken*** ⇒*te slim af zijn.*

'out-'front ⟨bn.⟩⟨inf.⟩ **0.1** ***rechtuit*** ⇒*ronduit, openhartig.*

'out'frown ⟨ov.ww.⟩ **0.1** ***de ogen doen neerslaan*** ⇒*in verlegenheid brengen* **0.2** ***somberder kijken dan.***

out·gas [aʊt'gæs]⟨ww.⟩

I ⟨onov.ww.⟩ **0.1** ***gas afgeven/uitwasemen;***

II ⟨ov.ww.⟩ **0.1** ***ontgassen.***

'out'gen·er·al ⟨ov.ww.; →ww. 7⟩ **0.1** ***overtreffen als strateeg*** **0.2** ***te slim af zijn.***

out·giv·ing[1] ['aʊtgɪvɪŋ]⟨telb.zn.⟩⟨AE⟩ **0.1** ***(officiële) verklaring*** ⇒*uitspraak.*

outgiving[2] ['aʊt'gɪvɪŋ]⟨bn.⟩ **0.1** ***open*** ⇒*extravert.*

out·go[1] ['aʊtgoʊ]⟨telb.zn.; -es; →mv. 2⟩ **0.1** ***uitgave*** ⇒*verbruik* **0.2** ***uitgang*** ⇒*uitweg.*

'out'go[2] ⟨ov.ww.⟩ →outgoing **0.1** ***overschrijden*** ⇒*overtreffen, te boven gaan.*

out·go·er ['aʊtgoʊə||-ər]⟨telb.zn.⟩ **0.1** ***vertrekkend persoon*** ⇒*vertrekkend huurder, de dienst verlatend ambtenaar.*

out·go·ing[1] ['aʊtgoʊɪŋ]⟨f1⟩⟨zn.; oorspr. gerund v. outgo⟩

I ⟨telb.zn.⟩ **0.1** ***vertrek*** ⇒*beëindiging* **0.2** ***afloop*** ⇒*eb, afvloeiing, lozing;*

II ⟨mv.; ~s⟩ **0.1** ***uitgaven*** ⇒*verbruik, onkosten.*

outgoing[2] ⟨f1⟩⟨bn.; (oorspr.) teg. deelw. v. outgo⟩

I ⟨bn.; -ness⟩ **0.1** ***extravert*** ⇒*vriendelijk, gezellig, hartelijk, vlot;*

II ⟨bn., attr.⟩ **0.1** ***vertrekkend*** ⇒*uitgaand, heengaand* **0.2** ***uittredend*** ⇒*aftredend, ontslag nemend* ◆ **1.1** ~ goods *uitgaande goederen;* ~ tide *aflopend/gaand tij.*

'out'grow ⟨f2⟩⟨ov.ww.⟩ **0.1** ***ontgroeien (aan)*** ⇒*te groot worden* *voor, groeien uit, afleren, te boven komen* **0.2** ***boven het hoofd groeien*** ⇒*sneller groeien dan, groter worden dan* ◆ **1.1** ~ one's clothes *uit zijn kleren groeien;* ~ one's strength *uit zijn krachten groeien* **1.2** ~ one's brothers *zijn broers boven het hoofd groeien.*

out·growth ['aʊtgroʊθ]⟨f1⟩⟨zn.⟩
I ⟨telb.zn.⟩ **0.1** ***produkt*** ⇒*resultaat, gevolg, uitvloeisel, voortvloeisel* **0.2** ***uitwas*** ⇒*uitgroeisel, zijtak, uitloper;*
II ⟨n.-telb.zn.⟩ **0.1** ***het groeien uit.***

'out'guess ⟨ov.ww.⟩ **0.1** ***doorzien*** **0.2** ***te slim af zijn.***

'out'gun ⟨ov.ww.⟩ **0.1** ***overtreffen (in geschutsterkte)*** ⇒*overtroeven.*

out·her·od [aʊt'herəd]⟨ov.ww.⟩ **0.1** ***overtreffen in kwaadaardigheid*** ◆ **1.1** ~ Herod *de baarlijke duivel zijn.*

out·house ['aʊthaʊs]⟨f1⟩⟨telb.zn.⟩ **0.1** ***bijgebouw*** ⇒*aanbouw* **0.2** ⟨vnl. AE⟩ ***gemakhuisje*** ⇒*buiten w.c., privaathuisje.*

out·ing ['aʊţɪŋ]⟨f2⟩⟨telb.zn.⟩ **0.1** ***uitstap(je)*** ⇒*uitje, tochtje, excursie* **0.2** ***wandeling*** ⇒*ommetje* **0.3** ⟨sport⟩ ***wedstrijd*** ⇒*(oefen) tochtje* ⟨v. roeiteam, enz.⟩, *(oefen)rit* ⟨v. renpaard⟩.

'out'jock·ey ⟨ov.ww.⟩ **0.1** ***te slim af zijn*** ⇒*bij de neus nemen, bedriegen.*

'out·land ⟨zn.⟩
I ⟨telb.zn.⟩ **0.1** ***vreemd land*** ⇒*buitenland* **0.2** ⟨gesch.⟩ ***verpachte grond*** ⟨buiten eigenlijk landgoed⟩;
II ⟨mv.; ~s; the⟩ **0.1** ***provincie*** ⇒*platteland.*

out·land·ing [aʊt'lændɪŋ]⟨telb.zn.⟩⟨zweefvliegen⟩ **0.1** ***buitenlanding.***

out·land·ish ['aʊt'lændɪʃ]⟨f1⟩⟨bn.; -ly; -ness⟩ **0.1** ***vreemd*** ⇒*bizar, zonderling, excentriek* **0.2** ***afgelegen*** **0.3** ⟨vero.⟩ ***buitenlands.***

'out'last ⟨f1⟩⟨ov.ww.⟩ **0.1** ***langer duren/meegaan dan*** ⇒*overleven, het langer uithouden dan.*

out·law[1] ['aʊtlɔ:]⟨f2⟩⟨telb.zn.⟩ **0.1** ***vogelvrijverklaarde*** ⇒*balling, misdadiger, bandiet, outlaw* **0.2** ***wild/ontembaar/onhandelbaar dier.***

outlaw[2] ⟨bn.⟩ **0.1** ***onwettig*** ◆ **1.1** ~ strike *wilde/onwettige staking.*

'out'law[3] ⟨f1⟩⟨ov.ww.⟩ **0.1** ***(ver)bannen*** ⇒*buiten de wet stellen, verbieden, vogelvrij verklaren* **0.2** ⟨AE; jur.⟩ ***van onwaarde verklaren*** ◆ **1.2** ~ a claim *een beslag v. onwaarde verklaren.*

out·law·ry ['aʊtlɔ:ri]⟨n.-telb.zn.⟩ **0.1** ***vogelvrijverklaring*** ⇒*verbanning* **0.2** ***ballingschap*** **0.3** ***het leven buiten de wet*** **0.4** ⟨AE; jur.⟩ ***nietigverklaring*** ⟨v. schuld, beslag, recht enz.⟩.

out·lay[1] ['aʊtleɪ]⟨f1⟩⟨telb. en n.-telb.zn.; vnl. enk.⟩ **0.1** ***uitgave(n)*** ⇒*onkosten, bedrag* ◆ **6.1** ~ **on/for** his college education *uitgaven voor zijn universitaire opleiding.*

'out'lay[2] ⟨f1⟩⟨ov.ww.⟩ **0.1** ***uitgeven*** ⇒*besteden, spenderen.*

out·let ['aʊtlet]⟨f3⟩⟨telb.zn.⟩ **0.1** ***uitlaat(klep)*** ⇒*afvoerkanaal/buis/opening/leiding, uitlaatbuis/opening, uitgang, uitweg;* ⟨fig.⟩ *uitingsmogelijkheid* **0.2** ***afzetgebied*** ⇒*markt* **0.3** ***vestiging*** ⇒*verkooppunt* **0.4** ***verdeelkap*** ⟨v. schovenblazer⟩ **0.5** ⟨vnl. AE; elek.⟩ ***(wand)contactdoos*** ⇒*stopcontact.*

out·li·er ['aʊtlaɪə‖-ər]⟨telb.zn.⟩ **0.1** ***geïsoleerd deel*** ⇒*uitloper* **0.2** ⟨geol.⟩ ***outlier*** ⟨beperkt gebied v. jongere gesteenten dat volledig omsloten is door oudere gesteenten⟩ ⇒⟨bv.⟩ *getuigeberg* **0.3** ⟨ook stat.⟩ ***uitschieter*** ⇒*uitbijter* **0.4** ***forens*** ⇒*uitwonende* **0.5** ⟨AE; gesch.⟩ ***woudloper*** ⇒*struikrover* **0.6** ***zwerfdier*** **0.7** ***buitenstaander.***

out·line[1] ['aʊtlaɪn]⟨f3⟩⟨zn.⟩
I ⟨telb.zn.⟩ **0.1** ***omtrek(lijn)*** ⇒*contour, silhouet* **0.2** ***schets*** ⇒*omtrek/contourtekening; samenvatting, overzicht, synopsis; ontwerp, plan* ◆ **2.2** in broad ~ *in grote trekken, grof geschetst;*
II ⟨mv.; ~s; the⟩ **0.1** ***(hoofd)trekken*** ⇒*hoofdpunten, kern, beginselen* ◆ **3.1** agree on the ~s *het eens zijn over de hoofdlijnen.*

outline[2] ⟨f3⟩⟨ov.ww.⟩ **0.1** ***schetsen*** ⇒*in grote trekken weergeven, samenvatten* **0.2** ***omlijnen*** ⇒*de contouren tekenen van, aftekenen* **0.3** ***uitzetten*** ⇒*afbakenen, aftekenen* ◆ **6.2** ~d **against** *afgetekend/zich aftekenend tegen.*

out·lin·e·ar [aʊt'lɪnɪə‖-ər]⟨bn.⟩ **0.1** ***schetsmatig*** ⇒*in hoofdtrekken.*

'out'live ⟨f1⟩⟨ov.ww.⟩ **0.1** ***overleven*** ⇒*langer leven/duren/meegaan dan, doorléven, te boven komen, doorstaan* ◆ **1.1** not ~ the night *de morgen niet halen;* ~ the pain *de pijn te boven komen.*

out·look ['aʊtlʊk]⟨f3⟩⟨telb.zn.⟩ **0.1** ***uitkijk(post)*** **0.2** ***uitzicht*** ⇒*gezicht* **0.3** ***vooruitzicht*** ⇒*verwachting* **0.4** ***kijk*** ⇒*oordeel, mening, opvatting, zienswijze, visie* ◆ **6.1** be **on** the ~ **for** *uitzien/kijken naar* **6.4** a narrow ~ **on** life *een bekrompen levensopvatting.*

out·ly·ing ['aʊtlaɪɪŋ]⟨f1⟩⟨bn., attr.⟩ **0.1** ***buiten-*** ⇒*afgelegen, verwijderd, perifeer;* ⟨fig.⟩ *bijkomstig, extra* **0.2** ***vreemd*** ◆ **1.1** ⟨mil.⟩ ~ picket *veldwacht/dienst, buitenpost.*

'out'ma·noeu·vre, ⟨AE sp.⟩ **'out·ma·'neu·ver** ⟨ov.ww.⟩ **0.1** ***handiger manoeuvreren dan*** **0.2** ***verschalken*** ⇒*te slim af zijn, in de luren leggen.*

'out'march ⟨ov.ww.⟩ **0.1** ***beter/sneller/langer marcheren dan*** ⇒*achter zich laten, vóórkomen, eruitlopen.*

'out'match ⟨ov.ww.⟩⟨vnl. pass.⟩ **0.1** ***overtreffen*** ⇒*de baas zijn, overklassen.*

'out'meas·ure ⟨ov.ww.⟩ **0.1** ***overtreffen in grootte/omvang.***

out·mod·ed [aʊt'moʊdɪd]⟨bn.⟩ **0.1** ***uit de mode*** ⇒*ouderwets* **0.2** ***verouderd*** ⇒*achterhaald.*

outmost →outermost.

out·ness ['aʊtnəs]⟨n.-telb.zn.⟩ **0.1** ***uitwendigheid*** ⇒*uiterlijkheid.*

'out'num·ber ⟨f1⟩⟨ov.ww.⟩ **0.1** ***in aantal overtreffen*** ⇒*talrijker zijn dan* ◆ **1.1** our men were ~ed *onze mannen waren in de minderheid.*

'out of ⟨f3⟩⟨vz.⟩ **0.1** ⟨plaats en richting; ook fig.⟩ ***buiten*** ⇒*naar buiten uit, uit, uit ... weg* **0.2** ⟨duidt oorsprong, herkomst, oorzaak enz. aan⟩ ***uit*** ⇒*vanuit, komende uit* **0.3** ***zonder*** ⇒*-loos* ◆ **1.1** took it ~ the bag *haalde het uit de zak;* the car got ~ control *hij verloor de controle over de auto;* ~ danger *buiten gevaar;* she swam until she was ~ her depth *ze zwom tot waar ze niet meer kon staan;* turned ~ doors *de straat opgejaagd;* it was good ~ all expectation *het was buiten verwachting goed;* marry ~ one's faith *met iem. van een ander geloof trouwen;* was voted ~ office *werd uit zijn functie weggestemd;* ~ the port *uit de haven;* ~ her reach *buiten haar bereik;* walked ~ the room *ging de kamer uit* **1.2** he made a fortune ~ carpets *hij maakte een fortuin met het verkopen van tapijten;* financed ~ hard-won earnings *gefinancierd met zuur verdiende centen;* translated ~ Greek *vertaald uit het Grieks;* only one ~ four marriages survives *slechts één op de vier huwelijken houdt stand;* a girl ~ the mountains *een meisje uit de bergen;* act ~ pity *uit medelijden handelen;* wake up ~ a deep sleep *uit een diepe slaap ontwaken;* a foal ~ a thoroughbred *een veulen uit een volbloed(merrie) geboren* **1.3** ~ breath *buiten adem;* I'm ~ cash *ik zit aan de grond;* we had run ~ milk *we hadden geen melk meer;* he was cheated ~ his money *z'n geld werd hem ontfutseld* **2.1** ~ the ordinary *ongewoon* **4.1** he knew nothing and felt altogether ~ it *hij wist v. niets en voelde zich buitengesloten.*

'out-of-'court ⟨bn., attr.⟩ **0.1** ***buiten het gerecht/de rechtbank om*** ◆ **1.1** an ~ settlement *een overeenkomst zonder tussenkomst v.h. gerecht.*

out-of-date →outdated.

out-of-door →outdoor.

out-of-doors →outdoors.

'out-of-'pocket ⟨f1⟩⟨bn., attr.⟩ **0.1** ***contant*** ⇒*in specie* ◆ **1.1** ~ expenses *contante uitgaven, verschotten.*

out-of-sight →outasite.

out-of-sync ['aʊţəv'sɪŋk]⟨bn.⟩ **0.1** ***uit de toon vallend*** ⇒*niet in de pas lopend.*

'out-of-the-'way ⟨f1⟩⟨bn.⟩ **0.1** ***afgelegen*** ⇒*afgezonderd* **0.2** ***onbekend*** ⇒*ongewoon, buitenissig.*

'out-of-'work[1] ⟨telb.zn.⟩ **0.1** ***werk(e)loze.***

out-of-work[2] ⟨bn., attr.⟩ **0.1** ***werk(e)loos.***

'out'pace ⟨ov.ww.⟩ **0.1** ***achter zich laten*** ⇒*sneller gaan dan* **0.2** ***voorbijstreven*** ⇒*overtreffen.*

'out·par·ty ⟨telb.zn.⟩⟨pol.⟩ **0.1** ***oppositiepartij.***

'out·pa·tient ⟨f1⟩⟨telb.zn.⟩ **0.1** ***niet in ziekenhuis verpleegd patiënt*** ⇒*poliklinische patiënt.*

'outpatient(s') clinic ⟨telb.zn.⟩ **0.1** ***polikliniek.***

'outpatient(s') department ⟨telb.zn.⟩ **0.1** ***poliklinische afdeling.***

'out'place ⟨ov.ww.⟩⟨AE⟩ **0.1** ***plaatsen (bij een andere werkgever).***

'out'play ⟨ov.ww.⟩ **0.1** ***beter spelen dan*** ⇒*overspelen, een klasse beter spelen dan, overklassen.*

'out'point ⟨ov.ww.⟩ **0.1** ***hoger scoren dan*** **0.2** ⟨vnl. bokssport⟩ ***op punten verslaan*** **0.3** ***overtreffen.***

'out·port ⟨telb.zn.⟩ **0.1** ***secundaire haven*** ⇒*kleinere haven* ⟨in Engeland elke havenstad behalve Londen⟩ **0.2** ***uitvoer/exporthaven*** **0.3** ***voorhaven.***

out·post ['aʊtpoʊst]⟨f1⟩⟨telb.zn.⟩ **0.1** ***voorpost*** **0.2** ***buitenpost.***

out·pour·ing ['aʊtpɔ:rɪŋ]⟨telb.zn.⟩ **0.1** ***uit/afvloeiing*** ⇒*stroom* **0.2** ⟨vnl. mv.⟩ ***ontboezeming.***

'out·pro'duce ⟨ov.ww.⟩ **0.1** ***meer produceren dan.***

out·put[1] ['aʊtpʊt]⟨f3⟩⟨telb. en n.-telb.zn.⟩ **0.1** ***opbrengst*** ⇒*produktie, debiet, prestatie; nuttig effect; vermogen, capaciteit;* ⟨elek.⟩ *uitgangsvermogen/spanning;* ⟨comp.⟩ *uitvoer, output.*

output[2] ⟨ov.ww.; ook output, output; →ww. 7⟩ **0.1** ***voortbrengen*** ⇒*produceren, opleveren* **0.2** ⟨comp.⟩ ***uitvoeren*** ⇒*als output leveren.*

out·rage[1] ['aʊtreɪdʒ]⟨f2⟩⟨telb. en n.-telb.zn.⟩ **0.1** ***geweld(daad)*** ⇒*wandaad, euveldaad, misdaad/drijf, vergrijp; aanslag, aanranding, verkrachting; belediging, smaad; schandaal* **0.2** ⟨vnl. AE⟩ ***verontwaardiging*** ⇒*verbolgenheid.*

outrage[2] ⟨f2⟩⟨ov.ww.⟩ **0.1** ***geweld aandoen*** ⇒*zich vergrijpen aan; schenden, overtreden, met voeten treden; een aanslag plegen op, aanranden, verkrachten; beledigen, krenken* **0.2** ⟨vnl. AE⟩ ***verontwaardigen*** ⇒*verbolgen maken* ◆ **3.2** I felt ~d by what they had done *ik was buiten mezelf over wat ze gedaan hadden.*

out·ra·geous [aʊt'reɪdʒəs]⟨f2⟩⟨bn.;-ly;-ness⟩ **0.1** ***buitensporig*** *⇒onmatig, extravagant* **0.2** ***gewelddadig*** *⇒misdadig, wreed, onbeheerst* **0.3** ***schandelijk*** *⇒grof, beledigend; ongehoord, ergerlijk, afschuwelijk.*

'out'range ⟨ov.ww.⟩ **0.1** ***verder dragen dan*** ⟨v. vuurwapens⟩ **0.2** ***verder reiken dan*** *⇒overtreffen.*

'out'rank ⟨ov.ww.⟩ **0.1** ***hoger zijn in rang dan*** *⇒belangrijker zijn dan, overtreffen.*

ou·tré ['u:treɪ‖u:'treɪ]⟨bn.;-ness⟩ **0.1** ***buitenissig*** *⇒onbehoorlijk, eccentriek, bizar, extravagant.*

out·reach[1] ['aʊtri:tʃ]⟨f1⟩⟨zn.⟩
I ⟨telb.zn.⟩ **0.1** ***reikwijdte*** **0.2** ***(uitbreiding v.) dienstverlening;***
II ⟨n.-telb.zn.⟩ **0.1** ***het reiken.***

'out'reach[2] ⟨f1⟩⟨ww.⟩
I ⟨onov.ww.⟩ **0.1** ***reiken*** *⇒zich uitstrekken* **0.2** ***te ver gaan;***
II ⟨ov.ww.⟩ **0.1** ***verder reiken dan*** *⇒overtreffen, overschrijden* **0.2** ***beetnemen*** *⇒bedriegen* **0.3** ⟨schr.⟩ ***uitstrekken*** *⇒uitsteken.*

'out·re·lief ⟨n.-telb.zn.⟩⟨gesch.⟩ **0.1** ***steun (aan armen) buiten het armenhuis.***

'out'ride ⟨ov.ww.⟩ **0.1** ***sneller/beter rijden dan*** *⇒achter zich laten, voorbijrijden, er afrijden* **0.2** ⟨scheep.; ook fig.⟩ ***afrijden*** *⇒doorstaan* ⟨v. schip in storm⟩.

'out·rid·er ⟨telb.zn.⟩ **0.1** ***voorrijder*** *⇒escorte, begeleider* ⟨te paard, op motorfiets enz.⟩ **0.2** ⟨AE⟩ ***outrider*** ⟨cowboy die afgedwaald vee binnen grenzen v.d. ranch moet houden⟩.

'out·rigged ⟨bn.⟩ **0.1** ***met uitlegger*** *⇒met drijver, met vlerk, vlerk-, buitenboord.*

'out·rig·ger ⟨zn.⟩
I ⟨telb.zn.⟩ **0.1** ⟨scheep.⟩ ***vlerk*** *⇒drijver, uitlegger* **0.2** ⟨scheep.⟩ ***vlerkprauw*** **0.3** ⟨scheep.⟩ ***roeidol op klamp*** *⇒outrigger* **0.4** ⟨scheep.⟩ ***boot met outriggers*** ⟨zie 0.3⟩ **0.5** ⟨scheep.⟩ ***uithouder*** *⇒fokkeloet, papegaaistok, botteloef* **0.6** ***kraanbalk*** ⟨ook scheep.⟩ **0.7** ***verlengstuk v. zwenghout*** ⟨zodat extra paard buiten lamoen kan worden ingespannen⟩ **0.8** ***extra paard*** ⟨buiten lamoen⟩ **0.9** ⟨AE; elek.⟩ ***draadklem;***
II ⟨mv.; ~s⟩ **0.1** ***(stel) steunbalken*** ⟨v. mobiele kraan⟩.

out·right[1] ['aʊtraɪt]⟨f2⟩⟨bn., attr.;-ly;-ness⟩ **0.1** ***totaal*** *⇒volledig, geheel, volkomen, grondig* **0.2** ***volstrekt*** *⇒absoluut, duidelijk, onmiskenbaar* **0.3** ***onverdeeld*** *⇒onvoorwaardelijk, zonder voorbehoud, open, uitgesproken* **0.4** ***direct*** *⇒rechtstreeks, onmiddellijk* ◆ **1.2** ~ nonsense *je reinste onzin, klinkklare flauwekul.*

'out'right[2] ⟨f2⟩⟨bw.⟩ **0.1** ***helemaal*** *⇒geheel (en al), eens en voor al, volstrekt, totaal* **0.2** ***ineens*** *⇒ter plaatse, onmiddellijk* **0.3** ***openlijk*** *⇒ronduit/weg, openhartig, zonder voorbehoud* ◆ **3.2** kill ~ *ter plaatse afmaken.*

'out'ri·val ⟨ov.ww.⟩ **0.1** ***overtreffen*** *⇒het winnen van, overtroeven.*

'out'roar ⟨ov.ww.⟩ **0.1** ***overstemmen*** *⇒harder brullen dan.*

'out'run ⟨f1⟩⟨ov.ww.⟩ **0.1** ***harder/verder/beter lopen dan*** *⇒inhalen, achter zich laten* **0.2** ***ontlopen*** *⇒ontvluchten, ontsnappen aan, ontduiken, ontwijken* **0.3** ***passeren*** *⇒voorbijstreven, overtreffen, het verder brengen dan* **0.4** ***te buiten gaan*** *⇒de grenzen overschrijden van* ◆ **1.4** let one's ambition ~ one's ability *te hoog mikken, te ambitieus zijn.*

'out·run·ner ⟨telb.zn.⟩ **0.1** ***(be)geleider*** ⟨die naast of voor rijtuig loopt⟩ **0.2** ***extra paard*** ⟨buiten het lamoen ingespannen⟩ **0.3** ***koploper*** ⟨v. hondespan⟩ **0.4** ***voorloper.***

'out·rush ⟨telb.zn.⟩ **0.1** ***(snelle) uitstroming*** *⇒uit/afvloeiing, uitstorting.*

'out'sail ⟨ov.ww.⟩ **0.1** ***harder/verder zeilen dan*** *⇒voorbijzeilen/varen.*

'out'sell ⟨ov.ww.⟩ **0.1** ***meer verkopen dan*** **0.2** ***meer verkocht worden dan*** *⇒in verkoop/opbrengst overtreffen.*

out·set ['aʊtset]⟨f2⟩⟨n.-telb.zn.; the⟩ **0.1** ***begin*** *⇒aanvang* ◆ **6.1** **at** the (very) ~ *(al dadelijk) bij/in het begin;* **from** the (very) ~ *van meet/het begin af aan.*

'out·set·tle·ment ⟨telb.zn.⟩ **0.1** ***afgelegen nederzetting*** *⇒buitenpost.*

'out'shine ⟨ww.⟩
I ⟨onov.ww.⟩ **0.1** ***uitblinken*** *⇒er bovenuit schitteren/steken, afsteken;*
II ⟨ov.ww.⟩ **0.1** ***overstralen*** *⇒in glans/luister overtreffen;* ⟨fig.⟩ *overschaduwen, overtreffen, in de schaduw stellen.*

'out·shoot[1] ⟨telb.zn.⟩ **0.1** ***uitsteeksel*** *⇒vooruitspringend deel* **0.2** ***uitstroming*** *⇒uitstorting, uit/afvloeiing.*

'out'shoot[2] ⟨ww.⟩
I ⟨onov.ww.⟩ **0.1** ***te voorschijn schieten/komen*** *⇒uitschieten, uitsteken;*
II ⟨ov.ww.⟩ **0.1** ***beter/verder schieten dan*** **0.2** ***voorbijgroeien*** *⇒verder uitschieten dan, hoger opschieten dan* **0.3** ***verder reiken dan*** *⇒voorbijstreven.*

out·side[1] ['aʊtsaɪd]⟨f3⟩⟨zn.⟩
I ⟨telb.zn.⟩ **0.1** ⟨vnl. BE; gesch.⟩ ***passagier op buitenzit*** ⟨v. koets⟩ **0.2** ⟨sport⟩ ***buitenspeler*** *⇒vleugelspeler;*
II ⟨n.-telb.zn.; the⟩ **0.1** ***buiten(kant)*** *⇒buitenste, buitenzijde, uiterlijk, uitwendige, voorkomen* **0.2** ***buitenwereld*** **0.3** ***uiterste*** *⇒(uiterste) grens* ◆ **5.1** ~ **in** *binnenste buiten* **6.1** **from** the ~ *van buiten;* **on** the ~ *van buiten, buitenop, bovenop* **6.3** **at** the (very) ~ *uiterlijk, op zijn laatst;*
III ⟨mv.; ~s⟩ **0.1** ***buitenste boeken/vellen*** ⟨v. riem papier⟩.

'outside[2] ⟨f3⟩⟨bn., attr.⟩ **0.1** ***buitenste*** *⇒buiten-, van buiten, buitenstaand, uitwendig, aan de buitenzijde, uiterlijk* **0.2** ***gering*** *⇒klein, summier* **0.3** ***uiterst*** *⇒hoogst, laagst, maximum, minimum* ◆ **1.1** ~ broadcast *uitzending/reportage v. buiten de studio;* ~ broker *effectenmakelaar die geen lid is v.d. Beurs, outsider;* ⟨cricket⟩ the ~ edge *buitenkant* ⟨v. bat, t.o.v. batsman⟩; ⟨kunstrijden⟩ do the ~ edge *buitenwaarts rijden, kantrijden, beentje over rijden;* ~ opinion *opinie v. buitenstaanders;* ~ patient *poliklinisch patiënt;* ⟨AE; televisie⟩ ~ pickup *buitenopname/reportage;* ~ seat *zitplaats aan de zijkant* ⟨v. rij zitplaatsen⟩; ⟨basketbal⟩ ~ shot *afstandsschot;* ~ shutter *(raam)luik, buitenblind;* ~ track *buitenbaan;* ~ window *tochtraam;* ~ work *buitenwerk, werk 'op karwei';* the ~ world *de buitenwereld* **1.2** an ~ chance *een miniem kansje* **1.3** ~ price *uiterste prijs.*

outside[3] ⟨f3⟩⟨bw.⟩ **0.1** ***buiten*** *⇒buitenshuis* **0.2** ***aan de buitenkant*** *⇒langs buiten* **0.3** ⟨sl.⟩ ***buiten*** *⇒op vrije voeten* ◆ **1.3** Bill's still ~ *Bill loopt nog vrij rond* **3.1** I don't often get ~ *ik kom niet vaak in de frisse lucht;* wait ~ please *wacht alstublieft buiten;* went ~ to the garden *ging naar buiten, de tuin in* **3.2** the paint was coming off ~ *de verf kwam er aan de buitenkant af* **6.¶** →outside (of).

'out'side (of) ⟨f3⟩⟨vz.⟩ **0.1** ⟨plaats- en richtingaanduiding⟩ ***buiten*** ⟨ook fig.⟩ *⇒naar buiten, uit, aan de buitenkant van* **0.2** ***behalve*** *⇒uitgezonderd, buiten* ◆ **1.1** rushed ~ the building *haastte zich het gebouw uit;* ~ all our hopes *boven al onze verwachtingen;* ~ the law *buiten de wet;* she talked ~ the subject *ze praatte om het onderwerp heen;* the rose ~ my window *de roos buiten, vóór mijn venster* **1.2** none ~ John and me *niemand behalve Jan en ik.*

out·sid·er ['aʊt'saɪdə‖-ər]⟨f2⟩⟨telb.zn.⟩ **0.1** ***buitenstaander*** *⇒outsider, oningewijde, leek, niet-lid* **0.2** ***zonderling*** **0.3** ⟨sport⟩ ***outsider*** ⟨mededinger, vnl. paard met weinig kans op de overwinning⟩.

'out·sight ⟨n.-telb.zn.⟩ **0.1** ***waarneming(svermogen).***

'out'sit ⟨ov.ww.⟩ **0.1** ***langer zitten dan*** *⇒blijven zitten tot na.*

'out·size[1] ⟨telb.zn.⟩ **0.1** ***(kledingstuk in) extra grote maat*** *⇒buitenmodel, persoon met extra grote maat.*

outsize[2], **'out·sized** ⟨f1⟩⟨bn., attr.⟩ **0.1** ***extra groot*** *⇒reuze-, buitenmaat-.*

out·skirt ['aʊtskɜ:t‖-skɜrt]⟨f2⟩⟨zn.⟩
I ⟨telb.zn.⟩ **0.1** ***rand*** *⇒zoom, grens, buitenkant, buitenwijk;*
II ⟨mv.; ~s⟩ **0.1** ***buitenwijken*** *⇒randgebied, periferie* ◆ **6.1** ⟨fig.⟩ **on** the ~s of society *aan de zelfkant der maatschappij;* **on** the ~s of town *aan de rand v.d. stad.*

'out'smart ⟨f1⟩⟨ov.ww.⟩⟨inf.⟩ **0.1** ***verschalken*** *⇒te slim af zijn, in de luren leggen* ◆ **4.1** ~ o.s. *in zijn eigen strikken gevangen worden.*

'out'soar ⟨ov.ww.⟩ **0.1** ***uitstijgen boven*** *⇒overvleugelen.*

out·span[1] ['aʊtspæn]⟨zn.⟩⟨Z. Afr. E⟩
I ⟨telb.zn.⟩ **0.1** ***uitspanning*** *⇒rustplaats* ⟨met stalhouderij of waar uitgespannen paarden kunnen grazen⟩;
II ⟨n.-telb.zn.⟩ **0.1** ***het uitspannen.***

'out'span[2] ⟨onov. en ov.ww.⟩⟨Z. Afr. E⟩ **0.1** ***uitspannen.***

out·speak ⟨ww.⟩ →outspoken
I ⟨onov.ww.⟩ **0.1** ***vrijuit spreken;***
II ⟨ov.ww.⟩ **0.1** ***overtreffen in spreekvaardigheid*** **0.2** ***vrijuit zeggen.***

'out'spend ⟨ov.ww.⟩ **0.1** ***meer uitgeven dan.***

'out'spo·ken ⟨f1⟩⟨bn.; oorspr. volt. deelw. v. outspeak; -ly; -ness⟩ **0.1** ***open(hartig)*** *⇒onverbloemd, onomwonden, oprecht, ronduit* **0.2** ***onmiskenbaar*** *⇒duidelijk waarneembaar* ⟨v.e. ziekte⟩.

'out'spread[1] ⟨telb. en n.-telb.zn.⟩ **0.1** ***uitspreiding*** *⇒het uitspreiden.*

outspread[2] ⟨bn.⟩ **0.1** ***uitgespreid*** *⇒uitgestrekt* ◆ **1.1** with arms ~, with ~ arms *met gestrekte/gespreide armen.*

outspread[3] ⟨ww.⟩
I ⟨onov.ww.⟩ **0.1** ***zich strekken*** *⇒zich uitspreiden/uitstrekken;*
II ⟨ov.ww.⟩ **0.1** ***uitspreiden*** *⇒uitstrekken.*

out·stand ['aʊt'stænd]⟨onov.ww.⟩ **0.1** ***uitsteken*** *⇒uitblinken* **0.2** ⟨scheep.⟩ ***onder zeil gaan.***

out·stand·ing ['aʊt'stændɪŋ]⟨f3⟩⟨bn.;-ly⟩ **0.1** ***opmerkelijk*** *⇒bijzonder, markant, opvallend, opzienbarend; uitmuntend, voortreffelijk, eminent* **0.2** ***onafgedaan*** *⇒onbeslist, onopgelost; onbetaald, uitstaand, achterstallig* **0.3** ***uitstaand*** *⇒uitstekend, naar buiten staand* ◆ **1.1** of ~ importance *van bijzonder belang* **1.2** ~ debts *uitstaande schulden;* one of the ~ mysteries *één v.d. onopgeloste mysteries;* ~ work *werk dat nog afgehandeld moet worden* **1.3** ~ ears *uitstaande oren, flaporen.*

'out'stare ⟨ov.ww.⟩ **0.1** ***kijken naar zonder de ogen neer te slaan*** ⇒*(de blikken) trotseren (van); in verlegenheid / van zijn stuk brengen.*
'out·sta·tion ⟨telb.zn.⟩ **0.1** ***buitenpost*** ⇒*afgelegen standplaats.*
'out'stay ⟨ov.ww.⟩ **0.1** ***langer blijven dan*** ⇒*nablijven* ◆ **1.1** ~ one's welcome *langer blijven dan men welkom is.*
'out'step ⟨ov.ww.⟩ **0.1** ***te buiten gaan*** ⇒*overschrijden.*
'out'stretch ⟨f1⟩ ⟨ov.ww.⟩ **0.1** ***uitstrekken*** ⇒*uitspreiden* **0.2** ***verder reiken dan*** ⇒*te buiten gaan, overschrijden.*
'out'strip ⟨ov.ww.⟩ **0.1** ***achter zich laten*** ⇒*inhalen, voorbijlopen* **0.2** ***overtreffen*** ⇒*voorbijstreven, de loef afsteken.*
'out·stroke ⟨telb.zn.⟩ **0.1** ***buitenwaartse slag*** ⟨vnl. v. zuiger in motor⟩.
'out·swing·er ⟨telb.zn.⟩ ⟨cricket, voetbal⟩ **0.1** ***outswinger*** ⟨v. been / doel wegdraaiende bal⟩.
'out·take ⟨telb.zn.⟩ ⟨film, t.v.⟩ **0.1** ***fragment.***
'out'talk ⟨ov.ww.⟩ **0.1** ***overbluffen*** ⇒*omverpraten.*
'out'throw ⟨zn.⟩
I ⟨telb.zn.⟩ **0.1** ***voortbrengsel*** ◆ **2.1** a creative ~ *een creatieve worp;*
II ⟨n.-telb.zn.⟩ **0.1** ***het uitgooien*** ⇒*het opzijwerpen* **0.2** ***het opzijgeworpene*** ⇒*afval.*
'out'thrust ⟨telb.zn.⟩ **0.1** ***buitenwaartse druk*** **0.2** ***uitsteeksel.***
'out'top ⟨ov.ww.⟩ **0.1** ***uitsteken boven*** ⇒*overstijgen, overtreffen.*
'out'trump ⟨ov.ww.⟩ **0.1** ***overtroeven*** ⇒*verschalken.*
out·turn ['aʊttɜ:n‖-tɜrn] ⟨telb.zn.⟩ **0.1** ***produktie*** ⇒*output.*
'outturn sample ⟨telb.zn.⟩ **0.1** ***uitvalmonster.***
'out'val·ue ⟨ov.ww.⟩ **0.1** ***meer waard zijn dan.***
'out'vie ⟨ov.ww.⟩ **0.1** ***overtreffen*** ⇒*voorbijstreven, het winnen van.*
'out'voice ⟨ov.ww.⟩ **0.1** ***overschreeuwen.***
'out'vote ⟨f1⟩ ⟨ov.ww.⟩ **0.1** ***overstemmen*** ⟨door meerderheid v. stemmen⟩ ⇒*wegstemmen.*
'out·vot·er ⟨telb.zn.⟩ ⟨BE⟩ **0.1** ***buiten het district wonend kiezer.***
'out'walk ⟨ov.ww.⟩ **0.1** ***verder / sneller wandelen dan.***
out·ward¹ ['aʊtwəd‖-wərd] ⟨zn.⟩
I ⟨telb.zn.⟩ **0.1** ***buiten(kant)*** ⇒*buitenste, buitenzijde, uiterlijk (heid), uitwendige, voorkomen;*
II ⟨n.-telb.zn.; the⟩ **0.1** ***buitenwereld.***
outward² ⟨f3⟩ ⟨bn., attr.⟩ **0.1** ***buitenwaarts*** ⇒*naar buiten (gekeerd), uit-, uitgaand* **0.2** ***uitwendig*** ⇒*lichamelijk, materieel, uiterlijk* **0.3** ⟨vero.⟩ ***buitenste*** ⇒*buiten-* ◆ **1.1** ~ mail *uitgaande post;* ~ passage / journey *uitreis, heenreis* **1.2** to all ~ appearances *ogenschijnlijk, naar alle schijn;* the ~ eye *het (lichamelijk) oog* ⟨tgo. het geestesoog⟩; ~ form *vóórkomen;* the ~ man *de uitwendige mens, het uiterlijk;* ~ things *de buitenwereld, de wereld om ons* **3.2** to ~ seeming *ogenschijnlijk.*
outward³, out·wards ['aʊtwədz‖-wərdz] ⟨f2⟩ ⟨bw.⟩ **0.1** ***naar buiten*** ⇒*buitenwaarts* **0.2** ***klaarblijkelijk*** **0.3** ⟨vero.⟩ ***aan de buitenkant*** ⇒*uiterlijk* ◆ **2.1** ~ bound *uitgaand, op de uitreis.*
out·ward·ly ['aʊtwədli‖-wərd-] ⟨bw.⟩ **0.1** ***klaarblijkelijk*** ⇒*ogenschijnlijk* **0.2** ⟨schr.⟩ ***naar buiten*** ⇒*buitenwaarts* **0.3** ***aan de buitenkant*** ⇒*uiterlijk.*
out·ward·ness ['aʊtwədnəs‖-wərd-] ⟨n.-telb.zn.⟩ **0.1** ***uitwendig bestaan*** ⇒*objectiviteit, uitwendigheid, uiterlijke schijn* **0.2** ***aandacht voor uiterlijkheden.***
'out'watch ⟨ov.ww.⟩ **0.1** ***langer waken dan*** **0.2** ***uitwaken*** ⇒*wakend doorbrengen* ◆ **1.2** ~ the night *de nacht uitwaken / ⟨B.⟩ doordoen.*
'out'wear ⟨f1⟩ ⟨ov.ww.⟩ →outworn **0.1** ***langer meegaan dan*** **0.2** ***overleven*** ⇒*te boven komen, ontgroeien* **0.3** ***verslijten*** ⇒*afdragen, opgebruiken, uitputten* ◆ **1.1** good shoes ~ cheap ones *goede schoenen gaan langer mee dan goedkope.*
'out'weigh ⟨f1⟩ ⟨ov.ww.⟩ **0.1** ***zwaarder wegen dan*** ⇒*te zwaar zijn voor* **0.2** ***belangrijker zijn dan*** ⇒*voorgaan, primeren over* **0.3** ***goedmaken*** ⇒*compenseren* **0.4** ***tenietdoen*** ◆ **1.3** ~ the disadvantages *de nadelen compenseren* **1.4** ~ the advantages *de voordelen tenietdoen.*
'out'wing ⟨ov.ww.⟩ **0.1** ***sneller / verder vliegen dan*** **0.2** ⟨mil.⟩ ***overvleugelen.***
'out'wit ⟨f1⟩ ⟨ov.ww.; →ww.7⟩ **0.1** ***te slim af zijn*** ⇒*verschalken, foppen, beetnemen, om de tuin leiden.*
outwith ['aʊtwɪθ, -wɪð] ⟨vz.⟩ ⟨vnl. Sch. E⟩ **0.1** ***buiten*** ⇒*aan de buitenkant v.* **0.2** ***behalve*** ⇒*buiten* ◆ **1.1** ~ the house *buiten het huis* **1.2** nothing ~ an old coat and cap *niets op een oude mantel en een muts na.*
'out·work¹ ⟨zn.⟩
I ⟨telb.zn.; vnl. mv.⟩ ⟨mil.⟩ **0.1** ***buitenwerk*** ⇒*ravelijn;*
II ⟨n.-telb.zn.⟩ **0.1** ***thuiswerk*** ⇒*huisarbeid* **0.2** ***buitenwerk*** ⟨buiten fabriek enz.⟩.
'out'work² ⟨ov.ww.⟩ **0.1** ***beter / sneller werken dan*** **0.2** ***afwerken*** ⇒*afmaken.*
'out·work·er ⟨telb.zn.⟩ **0.1** ***thuiswerker / ster.***
'out'worn ⟨bn.; volt. deelw. v. outwear⟩ **0.1** ***versleten*** ⇒*afgedragen, uitgeput* **0.2** ***verouderd*** ⇒*achterhaald, afgezaagd.*
ou·zel, ou·sel [u:zl], ⟨in bet. 0.1 ook⟩ **'ring ouzel / ousel,** ⟨in bet. 0.2 ook⟩ **'water ouzel / ousel** ⟨telb.zn.⟩ ⟨dierk.⟩ **0.1** ***beflijster*** ⟨Turdus torquatus⟩ **0.2** ***waterspreeuw*** ⟨Cinclus cinclus⟩ **0.3** ⟨vero.⟩ ***merel*** ⟨Turdus merula⟩.
ou·zo ['u:zoʊ] ⟨telb. en n.-telb.zn.⟩ **0.1** ***ouzo*** ⟨Griekse sterke drank⟩.
ova ['oʊvə] ⟨mv.⟩ →ovum.
o·val¹ ['oʊvl] ⟨f1⟩ ⟨telb.zn.⟩ **0.1** ***ovaal*** **0.2** ***(ren)baan*** **0.3** ⟨sl.; Am. voetbal⟩ ***voetbal*** ◆ **7.1** ⟨BE⟩ the Oval *de Oval* ⟨cricketterrein in Londen⟩.
oval² ⟨f1⟩ ⟨bn.; -ly; -ness⟩ **0.1** ***ovaal(vormig)*** ⇒*eirond, eivormig, ellipsvormig* ◆ **1.1** ~ lathe *ovaaldraaibank;* the Oval Office / Room *het ovale kantoor / Oval Office;* ⟨fig.⟩ *het presidentschap.*
o·val·i·ty [oʊ'væləṭi] ⟨n.-telb.zn.⟩ **0.1** ***ovaalvormigheid.***
o·var·i·al [oʊ'veəriəl‖-'veriəl], **o·var·i·an** [oʊ'veəriən‖-'veriən] ⟨bn.⟩ **0.1** ***ovariaal*** ⇒*v.d. eierstok(ken)* **0.2** ⟨plantk.⟩ ***v.h. vruchtbeginsel.***
o·var·i·ec·to·my [oʊ'veəri'ektəmi‖-'veri-] ⟨telb.zn.; →mv. 2⟩ ⟨med.⟩ **0.1** ***ovariëctomie*** ⇒*verwijdering v.d. eierstok(ken), ovariotomie.*
o·va·ri·tis ['oʊvə'raɪṭɪs] ⟨telb.zn.; ovaritides ['oʊvə'rɪṭɪdi:z]; →mv. 5⟩ **0.1** ***ovaritis*** ⇒*eierstokontsteking.*
o·va·ry ['oʊvəri] ⟨f1⟩ ⟨telb.zn.; →mv. 2⟩ **0.1** ***ovarium*** ⇒*eierstok;* ⟨plantk.⟩ *vruchtbeginsel.*
o·vate¹ ['oʊveɪt] ⟨telb.zn.⟩ **0.1** ***(soort) bard*** ⟨in Wales⟩.
ovate² ⟨bn.⟩ **0.1** ***ovaal(vormig)*** ⇒*eirond, eivormig.*
o·va·tion [oʊ'veɪʃn] ⟨f1⟩ ⟨telb.zn.⟩ **0.1** ***ovatie*** ⇒*hulde(betoon)* ◆ **3.1** standing ~ *staande ovatie.*
ov·en ['ʌvn] ⟨f3⟩ ⟨telb.zn.⟩ **0.1** ***(bak)oven*** ⇒*fornuis* **0.2** ***heteluchtkamer*** ⇒*droogkamer* ◆ **3.1** drying ~ *droogoven* **6.1 like** an ~ *snikheet.*
'ov·en·bird ⟨telb.zn.⟩ ⟨dierk.⟩ **0.1** ***ovenvogel*** ⟨genus Furnarius⟩ **0.2** ***goudkopzanger*** ⟨Seiurus aurocapillus⟩.
'oven glove ⟨telb.zn.⟩ **0.1** ***ovenhandschoen.***
'ov·en-'read·y ⟨bn.⟩ **0.1** ***bakklaar.***
'ov·en·ware ⟨n.-telb.zn.⟩ **0.1** ***vuurvaste schotels / potten.***
o·ver¹ ['oʊvə‖-ər] ⟨telb.zn.⟩ **0.1** ***overschot*** ⇒*surplus* **0.2** ⟨cricket⟩ ***over*** ⟨6, in Australië 8, achtereenvolgende gebowlde ballen vanaf één kant v.d. pitch⟩ **0.3** ⟨jacht⟩ ***sprong*** ⟨over hindernis enz.⟩.
over² ⟨f3⟩ ⟨bn.⟩
I ⟨bn., bn., post.⟩ **0.1** ***over*** ⇒*meer, extra, te veel* ◆ **1.1** ~ curiousness *overdreven nieuwsgierigheid;* five dollars ~ *vijf dollar extra / te veel* **3.1** leave sth. ~ *iets over houden;*
II ⟨bn., attr.⟩ **0.1** ***bovenste*** **0.2** ***buitenste*** ◆ **7.1** the ~ and the nether *de bovenste en de onderste;*
III ⟨bn., pred.⟩ **0.1** ***over*** ⇒*voorbij, uit, gedaan, afgelopen* ◆ **1.1** the rain is ~ *het regent niet meer, het is droog;* the war is ~ *de oorlog is voorbij* **3.1** get sth. ~ (with) *iets afmaken* **6.1** it's all ~ **with** us *ons spelletje is uit;*
IV ⟨bn., post.⟩ **0.1** ***aan twee kanten gebakken*** ◆ **1.1** a couple of eggs ~ *een paar eieren aan twee kanten gebakken.*
o·ver³, ⟨vero.⟩ **o'er** [ɔ:, 'oʊə‖ɔr, 'oʊər] ⟨f4⟩ ⟨bw.⟩ **0.1** ⟨richting; ook fig.⟩ ***over-*** ⇒*naar de overkant, omver, naar de andere kant, overboord, voorbij* **0.2** ⟨plaats⟩ ***daarover*** ⇒*aan de overkant, voorbij, verderop, ginder;* ⟨AE⟩ *ommezijde* **0.3** ⟨graad⟩ ***boven*** ⇒*meer, over-, te* **0.4** ⟨plaats⟩ ***boven*** ⇒*bovenop, bedekt, overdekt* **0.5** ***ten einde*** ⇒*af, over, gedaan, helemaal, volledig, tot het einde* **0.6** ***opnieuw*** ⇒*over-, her-* ◆ **1.3** we're five minutes ~ *we zijn vijf minuten over tijd* **1.6** a few times ~ *een paar keer opnieuw / achter elkaar;* you'll pay for this a hundred times ~ *dit zet ik je dubbel en dwars betaald* **2.3** she's ~ sensitive *ze is overgevoelig* **3.1** boil ~ *overkoken;* bowled ~ *omvergekegeld / verbluft;* he called her ~ *hij riep haar bij zich;* they came ~ to see us *ze kwamen ons bezoeken;* John fell ~ *John viel omver;* he tried to get the message ~ *hij probeerde de boodschap over te laten komen;* it measures two meters ~ *het heeft twee meter doorsnede;* she ran ~ to see what was up *zij liep ernaartoe om te zien wat er gaande was;* throw the ball ~ *gooi de bal naar de overkant;* throw the anchor ~ *het anker overboord gooien;* turn it ~ *draai het om;* he went ~ to greet her *hij ging haar begroeten* **3.2** ~ in France they eat snails *(daarginds) in Frankrijk eten ze slakken;* she lives four houses ~ *ze woont vier huizen verderop;* she's ~ at her aunt's *ze is naar haar tante* **3.3** have sth. ~ *iets overhebben* **3.4** a jet flew ~ *er vloog een straaljager over;* she painted the stains ~ *ze verfde over de vlekken heen* **3.5** look something ~ *iets doornemen / goed bekijken;* the show is ~ *het spektakel is afgelopen;* it's ~ and done (with) *het is uit;* they talked the matter ~ *de zaak werd grondig besproken;* she thought it ~ *ze dacht er goed over na* **3.6** I've done it

twice ~ already *ik heb het al twee keer opnieuw gedaan;* read it ~ *herlees het nog eens* **3.¶** →be over **4.3** a hundred and ~ *honderd, ja zelfs nog meer, meer dan honderd* **5.2** ~ here *hier (te lande), bij ons;* ~ there *daarginds, bij jullie* **5.3** not ~ well *niet al te best* **5.4** he's mud all ~ *hij zit onder de modder* **5.6** ~ again *opnieuw, nog eens;* ~ and ~ again *telkens/altijd weer, herhaaldelijk* **5.¶** ~ and above *bovendien;* that's him all ~ *dat is typisch voor hem, zo is hij nu eenmaal* **6.1** turned the job ~ **to** Mary *gaf het karwei aan Mary over* **6.2** ~ **against** *tegenover* **6.¶** five for John (as) ~ **against** seven for Pete *vijf voor John tegenover/vergeleken bij zeven voor Pete* **¶.2** ~ at your place *bij jou thuis;* ⟨radio⟩ ~ (to you) *over;* ⟨alg., fig.⟩ *jouw beurt.*

over[4] ⟨f4⟩ ⟨vz.⟩ **0.1** ⟨plaats; ook fig.⟩ ***over*** ⇒*op, boven ... uit, over ... heen* **0.2** ⟨afstand⟩ ***tot boven*** **0.3** ⟨lengte, oppervlakte enz.⟩ ***doorheen*** ⇒*door, over, via, langs, gedurende* **0.4** ⟨richting⟩ ***naar de overkant van*** ⇒*over* **0.5** ⟨plaats⟩ ***aan de overkant van*** ⇒*aan de andere kant van* **0.6** ***betreffende*** ⇒*met betrekking tot, over, om* **0.7** ⟨wisk.⟩ ***gedeeld door*** ◆ **1.1** put a cover ~ the child *leg een deken over het kind;* chat ~ a cup of tea *keuvelen bij een kopje thee;* gain the victory ~ one's enemy *de zege behalen op zijn vijand;* buy nothing ~ fifty francs *koop niets boven de vijftig frank;* she hit him ~ the head *ze sloeg hem op het hoofd;* I could see ~ the heads of the crowd *ik kon over de hoofden van de massa zien;* ~ the hill *over de heuvel;* have a lead ~ one's opponents *een voorsprong hebben op zijn tegenstanders;* they lived ~ the post office *zij woonden boven het postkantoor;* cost ~ a pound *meer dan een pond kosten;* he has it ~ Sam *hij krijgt de bovenhand v. Sam, hij wint het v. Sam;* he wrote the letter ~ his father's signature *hij schreef de brief boven de handtekening van zijn vader;* she towers ~ Sonny *zij steekt hoog boven Sonny uit;* get ~ his sorrow *zijn verdriet te boven komen;* prefer fruit ~ sweets *fruit boven snoep verkiezen;* a fog hung ~ the town *er hing een mist boven de stad;* we gained nothing ~ last year *we hebben geen vooruitgang geboekt ten opzichte van vorig jaar* **1.2** sink ~ his knees in mud *tot over zijn knieën in de modder zakken* **1.3** broadcast ~ the air *uitzenden over de radio;* spots all ~ my arm *vlekken over mijn hele arm;* we came ~ the motorway *we zijn via de autoweg gekomen;* speak ~ the phone *door de telefoon spreken;* he worked ~ the weekends *hij werkte de weekeinden door;* ~ the past five weeks *gedurende de afgelopen vijf weken;* where shall we stay ~ winter? *waar zullen we de winter doorbrengen?;* he has travelled ~ the world *hij heeft de wereld rondgereisd* **1.4** ~ the hills and far away *ver weg over de bergen;* he climbed ~ the wall *hij klom over de muur* **1.5** the girl ~ the road *het meisje van de overkant* **1.6** watch ~ the child *waak over het kind;* pause ~ the details *bij de details blijven stilstaan;* he fell into disgrace ~ some serious debts *hij viel in ongenade omdat hij zware schulden had gemaakt;* they quarrelled ~ a girl *ze maakten ruzie om een meisje;* he got soft ~ Jane *hij raakte door Jane vertederd;* cheat s.o. ~ a transaction *iem. met een zaak bedriegen;* all this fuss ~ a trifle *zo'n drukte om een kleinigheid* **3.¶** →be over **4.7** eight ~ four equals two *acht gedeeld door vier is twee* **5.3** all ~ England *in/over heel Engeland* **6.1** but ~ and **above** these problems there are others *maar behalve/buiten/naast deze problemen zijn er nog andere.*

over- ['oʊvə‖-ər] ⟨vormt nw., bijv.nw., bijw., ww.⟩ **0.1** *over-* ⇒*al te.*

'o·ver·a'bound ⟨onov.ww.⟩ **0.1** ***al te overvloedig zijn*** ⇒*in overdreven overvloed voorkomen* **0.2** ***in overvloed hebben*** ◆ **6.2** ~ **in/with** *overvloed hebben van.*

'o·ver·a'bun·dance ⟨n.-telb.zn.⟩ **0.1** ***(overdreven) overvloed*** ⇒*weelde, overdadigheid, oververzadiging.*

'o·ver·a'bun·dant ⟨bn.; -ly⟩ **0.1** ***al te overvloedig*** ⇒*overmatig, overdadig.*

'o·ver·a'chieve ⟨onov.ww.⟩ **0.1** ***beter presteren (dan verwacht).***

'o·ver·a'chiev·er ⟨telb.zn.⟩ **0.1** ***iem. die/iets dat meer presteert*** ⟨dan verwacht⟩.

'o·ver'act ⟨onov. en ov.ww.⟩ **0.1** ***overdrijven*** ⇒*overacteren, chargeren.*

'o·ver'ac·tive ⟨bn.⟩ **0.1** ***hyperactief.***

'o·ver·ac'tiv·i·ty ⟨n.-telb.zn.⟩ **0.1** ***hyperactiviteit.***

o·ver·age[1] ['oʊvərɪdʒ] ⟨telb.zn.⟩ **0.1** ***overschot*** ⇒*surplus, teveel.*

overage[2] ['oʊvə'reɪdʒ] ⟨bn.⟩ **0.1** ***te oud*** ⇒*over de leeftijdsgrens.*

o·ver·all[1] ['oʊvərɔ:l] ⟨f1⟩ ⟨zn.⟩

I ⟨telb.zn.⟩ ⟨BE⟩ **0.1** ***overal*** ⇒*(werk)kiel, werk/stofjas, jasschort;*

II ⟨mv.; ~s⟩ **0.1** ***overal(l)*** ⇒*ketelpak, monteurspak, werkpak* **0.2** ⟨BE⟩ ***cavaleristenbroek.***

overall[2] ⟨f3⟩ ⟨bn., attr.⟩ **0.1** ***totaal*** ⇒*geheel, alles omvattend* **0.2** ***globaal*** ⇒*algemeen* **0.3** ⟨scheep.⟩ ***tussen de loodlijnen*** ◆ **1.1** ~ efficiency *totaal rendement;* ~ length *totale/volle lengte;* ⟨sport⟩ ~ standings *algemene rangschikking* **1.2** ~ picture *globaal/algemeen beeld;* ~ sales *globale verkoop.*

overall[3] ['oʊvə'rɔ:l] ⟨f3⟩ ⟨bw.⟩ **0.1** ***in totaal*** ⇒*in toto, van kop tot teen* **0.2** ***globaal*** ⇒*in het algemeen* **0.3** ***overal*** ◆ **3.1** measure three feet ~ *een totale lengte hebben v. drie voet;* ⟨scheep.⟩ dressed ~ *met alle vlaggen gehesen.*

'o·ver·an'x·i·e·ty ⟨telb. en n.-telb.zn.⟩ **0.1** ***overbezorgdheid.***

'o·ver'anx·ious ⟨bn.; -ly⟩ **0.1** ***overbezorgd.***

'o·ver'arch ⟨ov.ww.⟩ **0.1** ***overwelven*** ◆ **1.1** ~ing structure *overkoepelende constructie.*

'o·ver·arm ⟨bn., attr.; bw.⟩ ⟨sport⟩ **0.1** ***bovenarms.***

'o·ver'awe ⟨f1⟩ ⟨ov.ww.⟩ **0.1** ***imponeren*** ⇒*ontzag inboezemen, intimideren.*

'o·ver·bal·ance[1] ⟨telb. en n.-telb.zn.⟩ **0.1** ***overwicht*** ⇒*surplus, extra, meerderheid* **0.2** ***onevenwichtigheid.***

'over'balance[2] ⟨ww.⟩

I ⟨onov.ww.⟩ **0.1** ***het evenwicht verliezen*** ⇒*kapseizen/omslaan;*

II ⟨ov.ww.⟩ **0.1** ***zwaarder wegen dan*** **0.2** ***belangrijker zijn dan*** ⇒*meer dan opwegen tegen* **0.3** ***uit het evenwicht brengen*** ⇒*doen kapseizen/omslaan.*

'o·ver'bear ⟨ww.⟩ →overbearing

I ⟨onov.ww.⟩ **0.1** ***te veel vruchten dragen;***

II ⟨ov.ww.⟩ **0.1** ***doen zwichten*** ⇒*overwinnen, overtreffen, tot toegeven dwingen, overbluffen* **0.2** ***belangrijker zijn dan*** ◆ **1.1** ~ an argument *een argument omverwerpen/ontkrachten.*

'o·ver'bear·ing ⟨f1⟩ ⟨bn.; teg. deelw. v. overbear; -ly⟩ **0.1** ***domineerend*** ⇒*bazig, hooghartig, aanmatigend, arrogant* ◆ **1.1** ~ manner *arrogante houding.*

'overbed 'table ⟨telb.zn.⟩ **0.1** ***zwenktafel(tje).***

'o·ver·bid[1] ⟨telb.zn.⟩ **0.1** ***hoger bod*** **0.2** ***te hoog bod.***

'over'bid[2] ⟨onov. en ov.ww.⟩ **0.1** ***overbieden*** ⇒*meer bieden (dan), hoger annonceren (dan), te veel bieden;* ⟨i.h.b. kaartspel⟩ *aangetrokken/te hoog bieden.*

'o·ver·bite ⟨telb.zn.⟩ ⟨tandheelkunde⟩ **0.1** ***het overbijten.***

'o·ver·blouse ⟨telb.zn.⟩ **0.1** ***blouse*** ⟨gedragen boven rok of broek⟩.

'o·ver'blow ⟨ww.⟩ →overblown

I ⟨onov.ww.⟩ **0.1** ***overwaaien*** ⇒*gaan liggen, uitrazen* ⟨v. storm enz.⟩ **0.2** ⟨muz.⟩ ***te krachtig blazen*** ⟨op blaasinstrument⟩;

II ⟨ov.ww.⟩ **0.1** ***wegblazen*** ⇒*doen wegwaaien* **0.2** ***overblazen*** ⇒*blazen/waaien over* **0.3** ⟨muz.⟩ ***te krachtig blazen op*** ⟨instrument⟩.

'o·ver'blown ⟨bn.; verl. deelw. v. overblow⟩ **0.1** ***overgewaaid*** ⇒*uitgeraasd* ⟨v. storm enz.⟩ **0.2** ***overdreven*** ⇒*gezwollen, hoogdravend* **0.3** ***(bijna) uitgebloeid*** ⇒*te ver opengebloeid.*

'o·ver·board ⟨f2⟩ ⟨bw.⟩ **0.1** ***overboord*** ◆ **3.1** fall/be lost ~ *overboord vallen/slaan;* ⟨inf.⟩ go ~ (for/about) *wild enthousiast worden/zijn (over);* throw ~ *overboord gooien;* ⟨ook fig.⟩ *prijsgeven.*

'o·ver'boil ⟨ww.⟩

I ⟨onov.ww.⟩ **0.1** ***overkoken;***

II ⟨ov.ww.⟩ **0.1** ***te gaar/hard koken.***

'o·ver'bold ⟨bn.⟩ **0.1** ***vrijpostig*** ⇒*al te stout/vrijmoedig, overmoedig.*

'o·ver'book ⟨onov. en ov.ww.⟩ **0.1** ***te vol boeken*** ⟨vliegtuig enz.⟩.

'o·ver·boot ⟨telb.zn.⟩ **0.1** ***overlaars*** ⇒*bovenlaars.*

'o·ver'brew ⟨ov.ww.⟩ **0.1** ***te lang laten trekken*** ⟨thee⟩.

'o·ver'brim ⟨ww.⟩

I ⟨onov.ww.⟩ **0.1** ***overlopen;***

II ⟨ov.ww.⟩ **0.1** ***stromen/vloeien over.***

'o·ver'build ⟨ov.ww.⟩ **0.1** ***te dicht bebouwen.***

'o·ver·bur·den[1] ⟨telb. en n.-telb.zn.⟩ **0.1** ***overbelasting*** ⇒*overlast* **0.2** ⟨mijnw.⟩ ***deklaag.***

'over'burden[2] ⟨ov.ww.⟩ ⟨ook fig.⟩ **0.1** ***overbelasten*** ⇒*overladen* ◆ **6.1** ~ed **with** *overladen met, gebukt onder.*

'o·ver'bus·y ⟨bn.⟩ **0.1** ***te druk (bezig)*** ⇒*te druk bezet.*

'o·ver'buy ⟨onov. en ov.ww.⟩ **0.1** ***te veel kopen.***

'o·ver·call[1] ⟨telb.zn.⟩ **0.1** ***hoger bod*** **0.2** ⟨bridge⟩ ***volgbod.***

'over'call[2] ⟨onov. en ov.ww.⟩ **0.1** ***overbieden*** ⇒*meer bieden (dan), hoger annonceren (dan);* ⟨bridge⟩ *volgen, een volgbod doen* **0.2** ⟨vnl. BE⟩ ***te veel bieden.***

'o·ver'can·o·py ⟨ov.ww.⟩ ⟨schr.⟩ **0.1** ***(als) met een baldakijn overdekken.***

'o·ver·ca'pac·i·ty ⟨telb. en n.-telb.zn.⟩ **0.1** ***overcapaciteit.***

'o·ver·cap·i·tal·i'za·tion, 'sa·tion ⟨telb. en n.-telb.zn.⟩ **0.1** ***overkapitalisatie*** ⇒*kapitaalverwatering.*

'o·ver'cap·i·tal·ize, -ise ⟨ov.ww.⟩ **0.1** ***overkapitaliseren.***

'o·ver·care ⟨n.-telb.zn.⟩ **0.1** ***overzorgvuldigheid*** ⇒*te grote zorg.*

'o·ver'care·ful ⟨bn.; -ly⟩ **0.1** ***overzorgvuldig*** ⇒*al te voorzichtig.*

'o·ver'car·ry ⟨ov.ww.⟩ **0.1** ***te ver meenemen*** ⟨goederen⟩.

'o·ver·cast[1] ⟨zn.⟩

I ⟨telb.zn.⟩ **0.1** ***overhandse naad/steek*** **0.2** ⟨mijnw.⟩ ***luchtkruising*** **0.3** ⟨vis.⟩ ***te verre worp;***

II ⟨n.-telb.zn.⟩ **0.1** ***bewolking*** ⇒*mist, wolkendek.*

'over'cast[2] ⟨f1⟩⟨bn.; volt. deelw. v. overcast⟩ **0.1** ***betrokken*** ⇒*bewolkt, mistig* **0.2** ***donker*** ⇒*somber* **0.3** ***overhands genaaid***.
'over'cast[3] ⟨ov.ww.⟩ →overcast **0.1** ***bewolken*** ⇒*betrekken* **0.2** ***verduisteren*** ⇒*overschaduwen* **0.3** ***overhands naaien*** **0.4** ***overslaan*** ⟨goederen⟩ **0.5** ⟨vis.⟩ ***te ver werpen***.
'o·ver·cau·tion ⟨n.-telb.zn.⟩ **0.1** ***overdreven voorzichtigheid***.
'o·ver'cau·tious ⟨bn.; -ly; -ness⟩ **0.1** ***te voorzichtig***.
'o·ver·cen·tral·i'za·tion, -'sa·tion ⟨n.-telb.zn.⟩ **0.1** ***overcentralisatie***.
'o·ver·charge[1] ⟨f1⟩⟨telb.zn.⟩ **0.1** ***overbelasting*** ⇒*overlading, te zware/sterke lading* **0.2** ***overvraging*** ⇒*surplus*.
'over'charge[2] ⟨f1⟩⟨ww.⟩ →overcharged
I ⟨onov.ww.⟩ **0.1** ***overvragen*** ⇒*te veel vragen* ◆ **6.1** ~ **by** five dollars **for** sth. *vijf dollars te veel voor iets vragen;*
II ⟨ov.ww.⟩ **0.1** ***overbelasten*** ⇒*overladen, te zwaar/sterk laden* **0.2** ***chargeren*** ⇒*overladen, overdrijven* **0.3** ***overvragen*** ⇒*te veel vragen/in rekening brengen (voor)* ◆ **1.3** ~ a person *iem. te veel laten betalen;* ~ a thing *te veel vragen voor iets* **6.2** ~ed **with** emotion *te emotioneel geladen*.
'o·ver'charged ⟨f1⟩⟨bn.; volt. deelw. v. overcharge⟩ **0.1** ***afgeladen*** ⇒*overvol*.
'o·ver·check ⟨telb. en n.-telb.zn.⟩ **0.1** ***(stof met) combinatie v. twee niet even grote ruitpatronen***.
'o·ver·choice ⟨telb.zn.⟩ **0.1** ***te grote keuze***.
'o·ver'clothe ⟨ov.ww.⟩ **0.1** ***te dik aankleden***.
'o·ver'cloud ⟨onov. en ov.ww.⟩ **0.1** ***bewolken*** ⇒*betrekken* **0.2** ***verdonkeren*** ⇒*verduisteren, overschaduwen*.
'o·ver·coat ⟨f2⟩⟨telb.zn.⟩ **0.1** ***overjas*** **0.2** ***deklaag*** ⟨verf enz.⟩.
'o·ver'col·our, ⟨AE sp.⟩ **o·ver·col·or** ⟨ov.ww.⟩ **0.1** ***te sterk kleuren***.
'o·ver'come[1] ⟨bn., pred.; volt. deelw. v. overcome⟩ **0.1** ***overwonnen*** ⇒*overmand, overstelpt, van streek, onder de indruk* ◆ **6.1** ~ **by** the heat *door de warmte bevangen;* ~ **by/with** grief *door leed overmand;* ~ **with** liquor *dronken*.
overcome[2] ⟨f3⟩⟨onov. en ov.ww.⟩ →overcome **0.1** ***overwinnen*** ⇒*zegevieren, te boven komen, overweldigen* ◆ **1.1** ~ a drawback *een bezwaar ondervangen;* ~ a disaster *een ramp te boven komen;* ~ a bad habit *een slechte gewoonte afleren;* ~ a temptation *een verleiding weerstaan*.
'o·ver'com·pen·sate ⟨onov. en ov.ww.⟩ **0.1** ***overcompenseren***.
'o·ver·com·pen'sa·tion ⟨telb. en n.-telb.zn.⟩ **0.1** ***overcompensatie***.
'o·ver'con·fi·dence ⟨n.-telb.zn.⟩ **0.1** ***overmoed*** ⇒*te groot (zelf)vertrouwen*.
'o·ver'con·fi·dent ⟨bn.; -ly⟩ **0.1** ***overmoedig*** ⇒*met overdreven zelfvertrouwen*.
'o·ver'cooked ⟨bn.⟩ **0.1** ***overgaar***.
'o·ver·cre'du·li·ty ⟨n.-telb.zn.⟩ **0.1** ***lichtgelovigheid***.
'o·ver'cred·u·lous ⟨bn.⟩ **0.1** ***(al te) lichtgelovig***.
'o·ver'crop ⟨ov.ww.⟩ →overcropping **0.1** ***door roofbouw uitputten***.
'o·ver'crop·ping ⟨n.-telb.zn.; gerund v. overcrop⟩ **0.1** ***roofbouw***.
'o·ver'crow ⟨ov.ww.⟩ **0.1** ***triomferen over***.
'o·ver'crowd ⟨f1⟩⟨ov.ww.⟩ →overcrowded, overcrowding **0.1** ***overladen*** **0.2** ***overbevolken***.
'o·ver'crowd·ed ⟨f1⟩⟨bn.; volt. deelw. v. overcrowd⟩ **0.1** ***overvol*** ⇒*stampvol* **0.2** ***overbevolkt***.
'o·ver'crowd·ing ⟨n.-telb.zn.⟩ **0.1** ***overlading*** **0.2** ***overbevolking***.
'o·ver·cu·ri'os·i·ty ⟨telb. en n.-telb.zn.⟩ **0.1** ***te grote nieuwsgierigheid***.
'o·ver'cu·ri·ous ⟨bn.; -ly⟩ **0.1** ***al te nieuwsgierig***.
'o·ver'del·i·ca·cy ⟨n.-telb.zn.⟩ **0.1** ***overgevoeligheid***.
'o·ver'del·i·cate ⟨bn.⟩ **0.1** ***overgevoelig***.
'o·ver·den·tures ⟨mv.⟩ **0.1** ***(overkappings)prothese***.
'o·ver·de'vel·op ⟨ov.ww.⟩ **0.1** ***overontwikkelen*** ⟨ook foto.⟩ ⇒*te sterk ontwikkelen*.
'o·ver·de'vel·op·ment ⟨telb. en n.-telb.zn.⟩ **0.1** ***overontwikkeling*** ⟨ook foto.⟩ ⇒*te sterke ontwikkeling*.
'o·ver'do ⟨f2⟩⟨ov.ww.⟩ **0.1** ***overdrijven*** ⇒*te ver gaan in, te veel gebruiken* **0.2** ***uitputten*** ⇒*te veel vergen van, (te zeer) vermoeien,* ⟨B.⟩ *overdoen* **0.3** ***te gaar koken*** ⇒*overbakken* ◆ **1.1** ~ the salt in the sauce *te veel zout in de saus doen;* ~ things/it *te hard werken, overdrijven, te ver gaan, te hard v. stapel lopen* **1.3** ~ne meat *overgaar vlees*.
'o·ver·door ⟨telb.zn.⟩ **0.1** ***versiering boven de deur***.
'o·ver·dose[1] ⟨f1⟩⟨telb.zn.⟩ **0.1** ***overdosis*** ⇒*te grote/zware dosis*.
'over'dose[2] ⟨ov.ww.⟩ **0.1** ***overdoseren*** ⇒*een overdosis toedienen/nemen van*.
'o·ver·draft ⟨f1⟩⟨zn.⟩
I ⟨telb.zn.⟩ **0.1** ***overdispositie*** ⇒*bankschuld, debet, voorschot in lopende rekening;*
II ⟨n.-telb.zn.⟩ **0.1** ***het overdisponeren***.
'o·ver'dram·a·tize ⟨onov. en ov.ww.⟩ **0.1** ***overdreven dramatiseren***.
'o·ver'draw ⟨f1⟩⟨ww.⟩
I ⟨onov. en ov.ww.⟩ **0.1** ***overdisponeren*** ◆ **1.1** ~ one's account *overdisponeren;*
II ⟨ov.ww.⟩ **0.1** ***overdrijven*** ⇒*te sterk kleuren* **0.2** ***overspannen*** ⇒*te sterk spannen* ⟨boog enz.⟩.
'o·ver·dress[1] ⟨telb.zn.⟩ **0.1** ***overkleed*** ⇒*bovenjurk/kleed*.
'over'dress[2] ⟨ww.⟩
I ⟨onov.ww.⟩ **0.1** ***zich te zeer opdirken;***
II ⟨ov.ww.⟩ **0.1** ***te opzichtig kleden*** ⇒*te zeer opdirken*.
'o·ver'drink ⟨onov.ww.⟩ **0.1** ***overdadig drinken***.
'o·ver·drive[1] ⟨f1⟩⟨telb. en n.-telb.zn.⟩ **0.1** ***oververснelling*** ⇒*overdrive*.
'over'drive[2] ⟨ov.ww.⟩ →overdriven **0.1** ***te ver/lang rijden met*** **0.2** ***afmatten*** ⇒*afjakkeren, afbeulen, uitbuiten*.
'o·ver'driv·en ⟨bn.; volt. deelw. v. overdrive⟩ **0.1** ***afgezaagd***.
'o·ver'due ⟨f2⟩⟨bn.⟩ **0.1** ***te laat*** ⇒*over (zijn) tijd, achterstallig, over de vervaltijd/dag* ◆ **1.1** the baby is a week ~ *de baby is al een week over tijd* **5.1** the book is long ~ *het boek had al lang moeten verschijnen*.
'o·ver'ea·ger ⟨bn.; -ly; -ness⟩ **0.1** ***(al) te enthousiast***.
'o·ver'ear·nest ⟨bn.⟩ **0.1** ***(al) te ernstig***.
'o·ver'eat ⟨f1⟩⟨onov.ww.⟩ **0.1** ***zich overeten*** ⇒*te veel eten*.
'o·ver'em·pha·sis ⟨telb.zn.⟩ **0.1** ***te sterke beklemtoning***.
'o·ver'em·pha·size ⟨ov.ww.⟩ **0.1** ***te sterk de nadruk leggen op***.
'o·ver'es·ti·mate[1], **'o·ver·es·ti·'ma·tion** ⟨telb.zn.⟩ **0.1** ***overschatting***.
'over'estimate[2] ⟨f1⟩⟨ov.ww.⟩ **0.1** ***overschatten*** ⇒*te hoog ramen*.
'o·ver·ex'cite ⟨ov.ww.⟩ **0.1** ***te zeer opwinden***.
'o·ver·e'x·ert ⟨onov. en ov.ww.; wederk. ww.⟩ **0.1** ***(zich) te zeer inspannen*** ◆ **4.1** ~ o.s. *zich te zeer inspannen*.
'o·ver·e'x·er·tion ⟨telb.zn.⟩ **0.1** ***overdreven inspanning***.
'o·ver·ex'pose ⟨ov.ww.⟩ **0.1** ***te lang blootstellen*** ⇒⟨foto.⟩ *overbelichten*.
'o·ver·ex'po·sure ⟨n.-telb.zn.⟩ **0.1** ***te lange blootstelling*** ⇒⟨foto.⟩ *overbelichting*.
'o·ver·ex'tend·ed ⟨f1⟩⟨bn.⟩ **0.1** ***langdradig*** ⇒*al te zeer uitgesponnen, te wijdlopig* **0.2** ⟨mil.⟩ ***te sterk verspreid*** ⇒*verstrooid* **0.3** ⟨geldw.⟩ ***die te grote (financiële) risico's neemt/draagt*** ◆ **1.1** an ~ address *een langdradige toespraak* **1.2** ~ positions *te sterk verspreide posities* **1.3** an ~ account *een overtrokken rekening;* an ~ speculator *een roekeloos speculant*.
'o·ver'face ⟨ov.ww.⟩⟨paardesport⟩ **0.1** ***overbelasten*** ⇒*teveel vergen van* ⟨paard⟩.
'o·ver·fall ⟨telb.zn.⟩ **0.1** ***onstuimige zee*** **0.2** ***overlaat***.
'o·ver·fa'tigue[1] ⟨n.-telb.zn.⟩ **0.1** ***oververmoeidheid***.
overfatigue[2] ⟨ov.ww.⟩ **0.1** ***oververmoeien***.
'o·ver'feed ⟨ww.⟩
I ⟨onov.ww.⟩ **0.1** ***zich overeten;***
II ⟨ov.ww.⟩ **0.1** ***overmatig voeden***.
'o·ver'fill ⟨ww.⟩
I ⟨onov.ww.⟩ **0.1** ***te vol worden*** ⇒*zich te zeer vullen;*
II ⟨ov.ww.⟩ **0.1** ***te vol doen***.
'o·ver'fish ⟨ov.ww.⟩ **0.1** ***overbevissen*** ⇒*leegvissen*.
'o·ver·flow[1], ⟨in bet. I 0.1 ook⟩ **'overflow pipe** ⟨f2⟩⟨zn.⟩
I ⟨telb.zn.⟩ **0.1** ***overloop(pijp)*** ⇒*overlaat* **0.2** ***overschot*** ⇒*overvloed, teveel, surplus;*
II ⟨telb. en n.-telb.zn.⟩ **0.1** ***overstroming*** ⇒*overvloeiing* **0.2** ⟨comp.⟩ ***overloop***.
'over'flow[2] ⟨f2⟩⟨onov. en ov.ww.⟩⟨ook fig.⟩ **0.1** ***overstromen*** ⇒*(doen) overlopen, overvloeien, blank zetten, buiten de oevers treden* ◆ **2.1** full to ~ing *boordevol* **6.1** ~ **with** *overlopen van, barsten van*.
'overflow meeting ⟨telb.zn.⟩ **0.1** ***nevenvergadering*** ⟨voor wie bij de hoofdvergadering geen plaats vinden⟩.
'o·ver'fly ⟨ov.ww.⟩ **0.1** ***vliegen over***.
'o·ver·fold ⟨telb.zn.⟩⟨geol.⟩ **0.1** ***overhellende/overkipte plooi*** ⟨(soort) anticlinaal⟩.
'o·ver'fond ⟨bn.⟩ **0.1** ***al te gek (op)*** ◆ **6.1** be ~ **of** *te verzot zijn op*.
'o·ver·ful'fil, ⟨AE sp.⟩ **'o·ver·ful·'fill** ⟨ov.ww.; →ww. 7⟩ **0.1** ***meer dan vervullen***.
'o·ver'full ⟨bn.; -ness⟩ **0.1** ***overvol*** ⇒*boordevol, tot barstens toe gevuld*.
'o·ver'gild ⟨ov.ww.⟩ **0.1** ***vergulden***.
'o·ver·glaze[1] ⟨telb.zn.⟩ **0.1** ***bovenste glazuurlaag***.
overglaze[2] ⟨bn., attr.⟩ **0.1** ***op de glazuurlaag***.
'over'glaze[3] ⟨ov.ww.⟩ **0.1** ***glazuren*** ⇒*verglazen*.
'o·ver'go ⟨ov.ww.⟩⟨BE; gew.⟩ **0.1** ***oversteken*** ⇒*gaan over/door* **0.2** ***overtreffen*** ⇒*overweldigen*.
'o·ver'go·vern ⟨ov.ww.⟩ **0.1** ***te sterk reguleren***.
'o·ver·ground ⟨bn.⟩ **0.1** ***bovengronds***.
'o·ver'grow ⟨ww.⟩ →overgrown
I ⟨onov.ww.⟩ **0.1** ***te groot worden*** **0.2** ***overwoekerd worden;***
II ⟨ov.ww.⟩ **0.1** ***overgroeien*** ⇒*groeien over, begroeien, bedekken, overdekken* **0.2** ***verstikken*** ⇒*overwoekeren, harder groeien*

dan **0.3** ***te groot worden voor*** ⇒*ontgroeien, boven het hoofd groeien* ◆ **1.3** ~ the bounds *de perken te buiten gaan* **4.3** ~ o.s. *te sterk/uit zijn krachten groeien.*

'o·ver'grown ⟨f2⟩ ⟨bn.; volt. deelw. v. overgrow⟩ **0.1** ***overgroeid*** ⇒*begroeid, bedekt, overwoekerd* **0.2** ***verwilderd*** ⇒*overwoekerd* **0.3** ***uit zijn krachten gegroeid*** ⇒*opgeschoten* ◆ **6.1** ~ **with** *overgroeid/overwoekerd door.*

'o·ver·growth ⟨telb. en n.-telb.zn.; g. mv.⟩ **0.1** ***te welige/snelle groei*** ⇒*wildgroei* **0.2** ***overgroeiing*** ⇒*overwoekering* **0.3** ***overvloed.***

'o·ver·hand[1] ⟨telb.zn.⟩ **0.1** ⟨sport⟩ ***bovenhandse slag/worp*** **0.2** ⟨naaien⟩ ***overhandse steek/zoom.***

overhand[2], 'o·ver·'hand·ed ⟨bn.⟩ **0.1** ⟨sport⟩ ***bovenhands*** ⇒*bovenarms,* ⟨zwemmen⟩ *bovenwater-* **0.2** ***overhands*** ◆ **1.1** ~ stroke *bovenwater-overhaal* **1.2** ~ knot *overhandse knoop, halve knoop.*

'over'hand[3] ⟨ov.ww.⟩ **0.1** ***overhands naaien.***

overhand[4] ⟨bw.⟩ **0.1** ⟨sport⟩ ***bovenhands*** ⇒*boven water* **0.2** ***overhands.***

'o·ver·hang[1] ⟨f1⟩ ⟨zn.⟩
I ⟨telb.zn.⟩ **0.1** ***overhang(end gedeelte)*** ⇒*overstek, uitsteeksel, oversteeksel* **0.2** ⟨lucht.⟩ ***overhang*** **0.3** ⟨elek.⟩ ***overstek;***
II ⟨n.-telb.zn.⟩ **0.1** ***het overhangen.***

'over'hang[2] ⟨f1⟩ ⟨ww.⟩
I ⟨onov. en ov.ww.⟩ **0.1** ***overhangen*** ⇒*uit/oversteken, vooruitspringen;*
II ⟨ov.ww.⟩ **0.1** ***behangen*** ⟨met sieraden enz.⟩ **0.2** ***boven het hoofd hangen*** ⇒*voor de deur staan, dreigen.*

'o·ver'haste ⟨n.-telb.zn.⟩ **0.1** ***al te grote haast.***

'o·ver'hast·y ⟨bn.; -ly; -ness; →bijw. 3⟩ **0.1** ***overhaast*** ⇒*overijld.*

'o·ver·haul[1] ⟨f1⟩ ⟨telb.zn.⟩ **0.1** ***revisie*** ⇒*grondig(e) inspectie/onderzoek/controle, controlebeurt.*

'over'haul[2] ⟨f1⟩ ⟨ov.ww.⟩ **0.1** ***grondig nazien*** ⇒*reviseren, onderzoeken, inspecteren;* ⟨bij uitbr.⟩ *repareren, herstellen; onder handen nemen, een beurt geven* **0.2** ⟨vnl. scheep.⟩ ***inhalen*** ⇒*voorbijsteken/varen* **0.3** ⟨scheep.⟩ ***schaken*** ⟨touwwerk⟩.

'o·ver·head[1] ⟨f2⟩ ⟨zn.⟩
I ⟨telb.zn.⟩ **0.1** ***zoldering*** ⇒*plafond* ⟨in schip⟩ **0.2** ⟨tennis⟩ ***overhead*** ⇒*smash;*
II ⟨n.-telb.zn.⟩ ⟨AE⟩ **0.1** ***overheadkosten*** ⇒*vaste bedrijfsuitgaven, algemene onkosten;*
III ⟨mv.; ~s⟩ ⟨BE⟩ **0.1** ***overheadkosten*** ⇒*vaste bedrijfsuitgaven, algemene onkosten.*

overhead[2] ⟨f2⟩ ⟨bn., attr.⟩ **0.1** ***hoog (aangebracht)*** ⇒*boven-, bovengronds, lucht-, boven het hoofd, in de lucht* **0.2** ***algemeen*** ⇒*vast* ◆ **1.1** ~ bridge *luchtbrug;* ~ camshaft *bovenliggende nokkenas* ⟨v. automotor⟩; ⟨mil.⟩ ~ cover *horizontale dekking;* ⟨mil.⟩ ~ fire *vuur over eigen troepen;* ~ projector *overheadprojector;* ~ railway *luchtspoorweg;* ⟨voetbal⟩ ~ volley *achterwaartse omhaal* **1.2** ~ cost/charges/expenses *overheadkosten, algemene onkosten, vaste bedrijfsuitgaven;* ~ price *prijs met alles inbegrepen.*

'over'head[3] ⟨f2⟩ ⟨bw.⟩ **0.1** ***boven het hoofd*** ⇒*(hoog) in de lucht, (naar) boven, daarboven.*

'o·ver'hear ⟨f2⟩ ⟨ov.ww.⟩ **0.1** ***toevallig horen/opvangen*** **0.2** ***afluisteren.***

'o·ver'heat ⟨f1⟩ ⟨ww.⟩ ⟨ook fig.⟩
I ⟨onov.ww.⟩ **0.1** ***oververhit worden*** ⇒*warmlopen;*
II ⟨ov.ww.⟩ **0.1** ***te heet maken/stoken*** ⇒*oververhitten, te veel verhitten* ◆ **1.1** ~ed by insults *opgehitst door beledigingen.*

'o·ver'housed ⟨bn.⟩ **0.1** ***te ruim behuisd.***

'o·ver·in'dulge ⟨onov. en ov.ww.⟩ **0.1** ***al te veel toegeven*** ⇒*te inschikkelijk/toegeeflijk zijn.*

'o·ver·in'dul·gence ⟨telb. en n.-telb.zn.⟩ **0.1** ***te grote toegeeflijkheid.***

'o·ver·in'dul·gent ⟨bn.⟩ **0.1** ***al te toegeeflijk.***

'o·ver'is·sue[1] ⟨telb.zn.⟩ **0.1** ***te grote uitgifte.***

overissue[2] ⟨ov.ww.⟩ **0.1** ***te veel uitgeven*** ⇒*te veel in omloop brengen* ⟨bankbiljetten e.d.⟩.

'o·ver'joyed ⟨f1⟩ ⟨bn.⟩ **0.1** ***in de wolken*** ⇒*in de zevende hemel, verrukt, dolblij* ◆ **6.1** ~ **at** *verrukt om.*

'o·ver·kill ⟨n.-telb.zn.⟩ **0.1** ***overkill*** ⇒*overdreven (gebruik v.) vernietigingspotentieel.*

'o·ver'la·bour, ⟨AE sp.⟩ **o·ver·la·bor** ⟨ww.⟩
I ⟨onov.ww.⟩ **0.1** ***zich afjakkeren*** ⇒*te hard werken, zich overwerken;*
II ⟨ov.ww.⟩ **0.1** ***afjakkeren*** ⇒*te hard doen werken* **0.2** ***te fijn bewerken.***

'o·ver'lade ⟨ov.ww.⟩ →overladen **0.1** ***overladen.***

'o·ver'la·den ⟨bn.; volt. deelw. v. overlade⟩ **0.1** ***overladen*** ⇒*overbelast.*

'o·ver·land[1] ⟨f1⟩ ⟨bn., attr.⟩ **0.1** ***over land (gaand)*** ◆ **1.1** ~ hauler *lange-afstandvervoerder;* ~ mail *over-landmail, post over land, landpost.*

overland[2] ⟨ww.⟩ ⟨Austr. E⟩
I ⟨onov.ww.⟩ **0.1** ***vee drijven (over lange afstanden);***
II ⟨ov.ww.⟩ **0.1** ***drijven (over lange afstanden)*** ⟨vee⟩.

'over'land[3] ⟨f1⟩ ⟨bw.⟩ **0.1** ***te land*** ⇒*over land.*

'o·ver·land·er ⟨telb.zn.⟩ **0.1** ***reiziger over land*** **0.2** ⟨Austr. E⟩ ***veedrijver.***

'o·ver·lap[1] ⟨f1⟩ ⟨telb. en n.-telb.zn.⟩ **0.1** ***overlap(ping)*** ⇒*verdubbeling, (gedeeltelijke) bedekking.*

'over'lap[2] ⟨f2⟩ ⟨ww.⟩
I ⟨onov.ww.⟩ **0.1** ***elkaar overlappen*** ⇒*elkaar gedeeltelijk bedekken, in elkaar grijpen, gedeeltelijk samenvallen;*
II ⟨ov.ww.⟩ **0.1** ***overlappen*** ⇒*gedeeltelijk bedekken* **0.2** ⟨schr.⟩ ***verder reiken dan.***

'o·ver'large ⟨bn.⟩ **0.1** ***te groot*** ⇒*buitenmatig.*

'o·ver·lay[1] ⟨f1⟩ ⟨telb.zn.⟩ **0.1** ⟨ben. voor⟩ ***bekleding*** ⇒*bedekking; (bedde)overtrek; tafelkleedje; bovenmatras* **0.2** ***deklaagje*** ⇒*fineerplaat* **0.3** ***overplakker*** **0.4** ⟨druk.⟩ ***pikeersel.***

'over'lay[2] ⟨f1⟩ ⟨ov.ww.⟩ **0.1** ***bedekken*** ⇒*bekleden, overtrekken, overlagen* **0.2** ***fineren*** **0.3** ***overplakken*** **0.4** ⟨druk.⟩ ***toestellen.***

'o·ver'leaf ⟨f1⟩ ⟨bw.⟩ **0.1** ***aan ommezijde*** ⇒*op de keerzijde.*

'o·ver'leap ⟨ov.ww.⟩ **0.1** ***springen over*** ⇒*overspringen* **0.2** ***verder reiken dan*** **0.3** ***overslaan*** ◆ **4.2** ~ o.s. *te ver springen/gaan, zich vergalopperen.*

'o·ver·leath·er ⟨n.-telb.zn.⟩ **0.1** ***overle(d)er.***

'o·ver'lie ⟨ov.ww.⟩ **0.1** ***liggen over/op*** ⇒*bedekken* **0.2** ***doodliggen*** ⟨kind⟩ ◆ **1.1** overlying strata *deklagen.*

'o·ver·line ⟨ov.ww.⟩ **0.1** ***een lijn trekken boven*** **0.2** ***boven de lijn schrijven*** **0.3** ***aan de buitenkant bekleden.***

'o·ver·load[1] ⟨f1⟩ ⟨telb.zn.; vnl. enk.⟩ **0.1** ***overbelasting*** ⇒*te zware (be)last(ing), overlading.*

'over'load[2] ⟨f1⟩ ⟨ov.ww.⟩ **0.1** ***te zwaar (be)laden*** ⇒*overbelasten.*

'o·ver'long ⟨bn.; bw.⟩ **0.1** ***te lang.***

'o·ver·look[1] ⟨telb. en n.-telb.zn.⟩ **0.1** ***uitkijk(post)*** ⇒*uitzicht* **0.2** ***vergissing*** ⇒*het over het hoofd zien* **0.3** ***negering*** **0.4** ***toezicht*** ⇒*surveillance* **0.5** ***onderzoek*** ⇒*inspectie* **0.6** ***beheksing*** ⟨door het boze oog⟩.

'over'look[2] ⟨f3⟩ ⟨ov.ww.⟩ **0.1** ***overzien*** ⇒*uitkijken op, uitzicht bieden op* **0.2** ***over het hoofd zien*** ⇒*voorbijzien, vergeten* **0.3** ***door de vingers zien*** ⇒*negeren* **0.4** ***in het oog houden*** ⇒*toezien op, surveilleren, toezicht houden op* **0.5** ***onderzoeken*** ⇒*inspecteren, in/doorkijken* **0.6** ***beheksen*** ⟨door het boze oog⟩ ◆ **¶.4** we're being ~ed here *we worden hier op de vingers gekeken.*

'o·ver'look·er ⟨telb.zn.⟩ **0.1** ***opzichter*** ⇒*ploegbaas.*

'o·ver·lord ⟨telb.zn.⟩ **0.1** ***opperheer.***

'o·ver·lord·ship ⟨n.-telb.zn.⟩ **0.1** ***opperheerschappij.***

o·ver·ly ['oʊvəli‖'oʊvərli] ⟨f2⟩ ⟨bw.⟩ ⟨vnl. AE, Sch. E⟩ **0.1** ***(al) te*** ⇒*overdreven* ◆ **2.1** ~ protective *overdreven beschermend.*

'o·ver·man[1], o·vers·man ['oʊvəzmən‖-vərz-] ⟨telb.zn.; over(s)men [-mən]; →mv. 3⟩ **0.1** ***opzichter*** ⇒*ploegbaas, voorman* ⟨vnl. in mijn⟩ **0.2** ⟨vnl. Sch. E⟩ ***scheidsrechter*** **0.3** ⟨fil.⟩ ***übermensch.***

'over'man[2] ⟨ov.ww.⟩ **0.1** ***overbemannen*** ⇒*van teveel personeel voorzien.*

'o·ver'man·tel ⟨telb.zn.⟩ **0.1** ***schoorsteenstuk*** ⇒*schoorsteenspiegel.*

'o·ver'ma·ny ⟨bn.⟩ **0.1** ***al te veel.***

'o·ver'mast ⟨ov.ww.⟩ **0.1** ***van te hoge/zware masten voorzien.***

'o·ver'mas·ter ⟨ov.ww.⟩ **0.1** ***overmeesteren*** ⇒*overweldigen, overstelpen, overwinnen, overheersen.*

'o·ver·match[1] ⟨telb.zn.⟩ **0.1** ***ongelijke (wed)strijd*** **0.2** ***meerdere*** ⇒*te zware partij.*

'over'match[2] ⟨ov.ww.⟩ **0.1** ***de baas zijn*** ⇒*aankunnen, overtreffen, overwinnen, verslaan* **0.2** ***tegen een te zware tegenstander doen spelen.***

'o·ver·mat·ter ⟨n.-telb.zn.⟩ **0.1** ***te veel gezette kopij.***

'o·ver·mea·sure ⟨telb.zn.⟩ **0.1** ***overmaat*** ⇒*extra, toegift.*

'o·ver'mo·dest ⟨bn.; -ly⟩ **0.1** ***overbescheiden.***

'o·ver'much[1] ⟨n.-telb.zn.⟩ **0.1** ***overmaat.***

overmuch[2] ⟨bn.; bw.⟩ **0.1** ***te hard/veel*** ⇒*overdreven, overmatig, te zeer* ◆ **3.1** ⟨scherts.⟩ he doesn't like to work ~ *hij maakt zich niet graag moe.*

'o·ver'nice ⟨bn.; -ly; -ness⟩ **0.1** ***te aardig*** **0.2** ***te nauwgezet*** ⇒*te kieskeurig.*

'o·ver'nice·ty ⟨n.-telb.zn.⟩ **0.1** ***overdreven aardigheid*** **0.2** ***overdreven nauwgezetheid*** ⇒*overdreven kieskeurigheid.*

'o·ver'night[1] ⟨telb.zn.⟩ **0.1** ***vooravond*** ⇒*vorige avond.*

'overnight[2] ⟨f2⟩ ⟨bn., attr.⟩ **0.1** ***van de vorige avond*** **0.2** ***nachtelijk*** ⇒*nacht-* **0.3** ***voor één dag*** **0.4** ***plotseling*** ⟨bv. succes⟩ ◆ **1.2** ~ journey *nachtelijke reis;* for ~ use only *alleen tot de volgende ochtend te gebruiken* **1.3** ~ money *voor één dag geleend geld.*

'over'night[3] ⟨onov.ww.⟩ **0.1** ***overnachten.***

overnight[4] ⟨f3⟩ ⟨bw.⟩ **0.1** ***de avond/nacht te voren*** ⇒*op de vooravond* **0.2** ***tijdens de nacht*** **0.3** ***in één nacht*** ⇒*van de ene op de andere dag, zomaar ineens, in een vloek en een zucht* ◆ **3.2** leave ~

een nacht laten staan; stay ~ *overnachten, blijven slapen;* travel ~ *'s nachts reizen* **3.3** become famous ~ *v.d. ene dag op de andere beroemd worden.*

'o·ver'paint ⟨ov.ww.⟩ **0.1** ***overschilderen*** **0.2** ***te sterk kleuren.***

'o·ver·par'ti·cu·lar ⟨bn.⟩ **0.1** ***te kieskeurig*** **0.2** ***te nauwgezet.***

'o·ver·pass[1] ⟨telb.zn.⟩ **0.1** ***viaduct*** ⇒*bovenkruising.*

'over'pass[2] ⟨ov.ww.⟩ →overpassed, overpast **0.1** ***oversteken*** ⇒*overkruisen* **0.2** ***overschrijden*** ⇒*te buiten gaan, uitsteken over* **0.3** ***voorbijgaan*** ⇒*over het hoofd zien, overslaan, passeren* **0.4** ***overtreffen*** ⇒*te boven komen.*

'o·ver'passed, 'o·ver·'past ⟨bn.; volt. deelw. v. overpass⟩ **0.1** ***voorbij (gegaan)*** ⇒*gedaan.*

'o·ver'pay ⟨onov. en ov.ww.⟩ **0.1** ***te veel betalen.***

'o·ver'pay·ment ⟨n.-telb.zn.⟩ **0.1** ***te veel loon*** ⇒*teveel betaald bedrag.*

'o·ver'peo·pled ⟨bn.⟩ **0.1** ***overbevolkt*** ⇒*te dicht bevolkt.*

'o·ver'per'suade ⟨ov.ww.⟩ **0.1** ***overreden*** ⇒*bepraten, overhalen.*

'o·ver'pitch ⟨ov.ww.⟩ **0.1** ⟨cricket⟩ ***zo bowlen dat de bal te dicht bij de stumps stuit*** **0.2** ***overdrijven.***

'o·ver'play ⟨ov.ww.⟩ **0.1** ***overdreven acteren*** ⇒*overdrijven, chargeren* **0.2** ⟨golf⟩ ***buiten de green slaan.***

'o·ver·plus ⟨telb.zn.; →mv. 2⟩ **0.1** ***overschot*** ⇒*surplus, teveel, extra.*

'o·ver'pop·u·la·ted ⟨bn.⟩ **0.1** ***overbevolkt.***

'o·ver·pop·u'la·tion ⟨n.-telb.zn.⟩ **0.1** ***overbevolking.***

'o·ver'pow·er ⟨f2⟩ ⟨ov.ww.⟩ →overpowering **0.1** ***bedwingen*** ⇒*beteugelen, onderwerpen* **0.2** ***overweldigen*** ⇒*overmannen, overstelpen* **0.3** ***bevangen*** **0.4** ***van te veel (drijf)kracht voorzien.***

'o·ver'pow·er·ing ⟨f2⟩ ⟨bn.; teg. deelw. v. overpower; -ly⟩ **0.1** ***overweldigend*** ⇒*overstelpend* **0.2** ***onweerstaanbaar.***

'o·ver·praise[1] ⟨n.-telb.zn.⟩ **0.1** ***overdreven lof.***

'over'praise[2] ⟨ov.ww.⟩ **0.1** ***overdreven lof toezwaaien.***

'o·ver·pres·sure ⟨n.-telb.zn.⟩ **0.1** ⟨tech.⟩ ***overdruk*** ⇒*te hoge druk.*

'o·ver'price ⟨ov.ww.⟩ **0.1** ***teveel vragen voor*** ⇒*te duur maken.*

'o·ver·print[1] ⟨telb.zn.⟩ **0.1** ***overdruk*** ⇒*opdruk, indruk.*

'over'print[2] ⟨ov.ww.⟩ **0.1** ***te veel drukken van*** ⇒*over-exemplaren drukken* **0.2** ***overdrukken*** ⇒*opdrukken, v.e. opdruk voorzien* **0.3** ⟨foto.⟩ ***te donker afdrukken.***

'o·ver·pro'duce ⟨ov.ww.⟩ **0.1** ***overproduceren.***

'o·ver·pro'duc·tion ⟨f1⟩ ⟨telb. en n.-telb.zn.⟩ **0.1** ***overproduktie.***

'o·ver'proof ⟨bn.⟩ **0.1** ***boven de normale sterkte*** ⇒*met meer dan 50% alcohol.*

'o·ver·pro'tect ⟨ov.ww.⟩ **0.1** ***overbeschermen*** ⇒*te angstvallig beschermen.*

'o·ver·pro'tec·tive ⟨bn.⟩ **0.1** ***overbezorgd*** ⇒*al te bezorgd.*

'o·ver'rate ⟨f1⟩ ⟨ov.ww.⟩ **0.1** ***overschatten*** ⇒*overwaarderen.*

'o·ver'reach ⟨f1⟩ ⟨ww.⟩

I ⟨onov.ww.⟩ **0.1** ***aanslaan*** ⇒*(zich) strijken* ⟨v. paard⟩ **0.2** ***te ver reiken*** ⇒*te ver gaan, zich verrekken;*

II ⟨ov.ww.⟩ **0.1** ***oplichten*** ⇒*te slim af zijn, verschalken, beetnemen, bedriegen* **0.2** ***verder reiken dan*** ⇒*voorbijschieten/streven* **0.3** ***uitsteken boven*** ⇒*uitreiken boven* **0.4** ***inhalen*** ◆ **1.2** ~ one's goal *zijn doel voorbij schieten* **4.2** ~ o.s. *te veel wagen, te slim (willen) zijn, zich vergalopperen, te veel hooi op zijn vork nemen;* ⟨lett.⟩ *te ver reiken;* his ambition ~ed itself *hij werd het slachtoffer v. zijn ambitie.*

'o·ver·re'act ⟨onov.ww.⟩ **0.1** ***te sterk reageren.***

'o·ver·re'ac·tion ⟨telb. en n.-telb.zn.⟩ **0.1** ***overdreven/te sterke reactie.***

'o·ver·re'fine ⟨ov.ww.⟩ **0.1** ***te zeer verfijnen.***

'o·ver·ride[1] ⟨telb.zn.⟩ **0.1** ***commissieloon*** ⟨v. topfunctionaris⟩.

'over'ride[2] ⟨f2⟩ ⟨ov.ww.⟩ →overriding **0.1** ***met voeten treden*** ⇒*terzijde schuiven, te niet doen, opheffen, voorbijgaan aan* **0.2** ***onder de voet lopen*** ⟨land⟩ **0.3** ***onder de duim houden*** ⇒*onderdrukken, overheersen* **0.4** ***overrijden*** ⇒*omverrijden, vertrappen* **0.5** ***uitsteken/schuiven over*** ⟨v. stuk(ken) gebroken been⟩ **0.6** ***(te paard) doorkruisen*** **0.7** ***afrijden*** ⇒*afjakkeren* ⟨paard⟩ ◆ **1.1** ~ one's commission *zijn boekje te buiten gaan;* ~ a law *een wet ter zijde schuiven;* ~ s.o.'s wishes *iemands wensen terzijde schuiven.*

'o·ver·rid·er ⟨telb.zn.⟩ ⟨BE⟩ **0.1** ***(verticale) bumperbeschermer.***

'o·ver'ri·ding ⟨f1⟩ ⟨bn.; teg. deelw. v. override⟩ **0.1** ***doorslaggevend*** ⇒*allergrootste* ◆ **1.1** of ~ importance *van doorslaggevend belang.*

'o·ver'ripe ⟨f1⟩ ⟨bn.; -ness⟩ **0.1** ***overrijp*** **0.2** ***decadent*** ⇒*afgestompt.*

'o·ver'ruff ⟨ov.ww.⟩ **0.1** ***overtroeven.***

'o·ver'rule ⟨f1⟩ ⟨ov.ww.⟩ **0.1** ***verwerpen*** ⇒*afwijzen, terzijde schuiven* **0.2** ***herroepen*** ⇒*intrekken, annuleren, nietig verklaren* **0.3** ***overheersen*** ⇒*domineren, overstemmen, overreden* ◆ **1.1** ~ an objection *een bezwaar terzijde schuiven* **1.2** ~ a decision *een beslissing herroepen* **1.3** his passion ~ed his conscience *zijn geweten moest zwichten voor zijn hartstocht* **3.3** be ~ed *overstemd worden, in de minderheid blijven.*

'o·ver·run[1] ⟨telb. en n.-telb.zn.; vnl. enk.⟩ **0.1** ***overstroming*** **0.2** ***overschrijding*** **0.3** ***wrijvingsverlies*** ⟨v. auto⟩.

'over'run[2] ⟨f2⟩ ⟨ww.⟩

I ⟨onov.ww.⟩ **0.1** ***óverstromen*** ⇒*óverlopen* **0.2** ⟨fig.⟩ ***uitlopen*** ◆ **1.2** the meeting overran *de vergadering liep uit;*

II ⟨ov.ww.⟩ **0.1** ***overstrómen*** ⟨ook fig.⟩ **0.2** ***onder de voet lopen*** ⇒*aflopen, afstropen, platlopen, veroveren* **0.3** ***overschrijden*** ⟨tijdslimiet⟩ **0.4** ***overgroeien*** ⇒*overwoekeren* **0.5** ***overdrukken*** ⇒*over-exemplaren drukken van* **0.6** ⟨druk.⟩ ***laten verlopen*** **0.7** ⟨vero.⟩ ***voorbijlopen*** ⇒*harder lopen dan* ◆ **1.2** the new ideas overran the country *de nieuwe ideeën veroverden het hele land* **4.7** ~ o.s. *te hard lopen.*

'o·ver'sail ⟨ww.⟩

I ⟨onov.ww.⟩ **0.1** ***uitsteken*** ⇒*oversteken* ⟨v. stenen v. gebouw⟩;

II ⟨ov.ww.⟩ **0.1** ***bevaren*** ⇒*bezeilen, doorzeilen* **0.2** ***doen uit/oversteken*** ⟨(bak)stenen v. gebouw⟩.

'o·ver'score ⟨ov.ww.⟩ **0.1** ***doorstrepen.***

'o·ver'scru·pu·lous ⟨bn.⟩ **0.1** ***al te nauwgezet.***

'o·ver'seas[1], **'o·ver·'sea** ⟨f3⟩ ⟨bn.⟩ **0.1** ***overzees*** ⇒*buitenlands* ◆ **1.1** ⟨hand.⟩ ~ agent *agent, importeur;* ~ countries *overzeese landen;* ~ territories *overzeese gebiedsdelen;* ~ trade *overzeese handel.*

overseas[2], **oversea** ⟨f3⟩ ⟨bw.⟩ **0.1** ***overzee*** ⇒*in (de) overzeese gebieden, in het buitenland.*

'o·ver'see ⟨ww.⟩

I ⟨onov.ww.⟩ **0.1** ***toezicht houden*** ⇒*surveilleren;*

II ⟨ov.ww.⟩ **0.1** ***toezicht houden op*** ⇒*toezien op* **0.2** ⟨vero.⟩ ***overzien*** ⇒*nakijken, onderzoeken, nalopen* **0.3** ⟨gew.⟩ ***over het hoofd zien*** ⇒*verwaarlozen.*

'o·ver'se·er ⟨f1⟩ ⟨telb.zn.⟩ **0.1** ***opzichter*** ⇒*inspecteur, surveillant, voorman, ploegbaas* ◆ **1.1** ⟨vnl. BE; gesch.⟩ ~ of the poor *armbestuurder, armenverzorger* **3.1** working ~ *meesterknecht, ploegbaas.*

'o·ver'sell ⟨onov. en ov.ww.⟩ **0.1** ***te veel verkopen*** ⇒*meer verkopen dan men kan leveren* **0.2** ***overdreven (aan)prijzen*** **0.3** ***(zijn waren) opdringen*** ⇒*opdringerig aanpraten.*

'o·ver'sen·si·tive ⟨bn.; -ness⟩ **0.1** ***overgevoelig*** ⇒*hypersensitief.*

'o·ver'set ⟨ww.⟩

I ⟨onov.ww.⟩ **0.1** ***omslaan*** ⇒*omvallen* **0.2** ***van zijn stuk raken*** ⇒*in de war raken* **0.3** ⟨druk.⟩ ***te breed zetten;***

II ⟨ov.ww.⟩ **0.1** ***doen omslaan*** ⇒*omgooien, om(ver)werpen* **0.2** ***in de war brengen*** ⇒*van zijn stuk brengen* **0.3** ⟨druk.⟩ ***te breed zetten.***

'o·ver'sew ⟨ov.ww.⟩ **0.1** ***overhands naaien*** **0.2** ***overhands opnaaien*** ⟨katernen v.e. boek⟩.

'o·ver'sexed ⟨f1⟩ ⟨bn.⟩ **0.1** ***oversekst*** ⇒*seksueel geobsedeerd* ◆ **1.1** ~ person *seksmaniak.*

'o·ver'shad·ow ⟨f1⟩ ⟨ov.ww.⟩ **0.1** ***overschaduwen*** ⇒*beschutten;* ⟨fig.⟩ *in de schaduw stellen, domineren.*

'o·ver·shoe ⟨telb.zn.⟩ **0.1** ***overschoen.***

'o·ver·shoot[1] ⟨zn.⟩

I ⟨telb.zn.⟩ ⟨lucht.⟩ **0.1** ***doorgeschoten landing*** **0.2** ***schijnlanding*** ⇒*niet doorgezette landing;*

II ⟨n.-telb.zn.⟩ **0.1** ***het door/voorbijschieten.***

'over'shoot[2] ⟨ww.⟩ →overshot

I ⟨onov.ww.⟩ **0.1** ***te ver gaan/schieten*** ⟨ook fig.⟩ **0.2** ***doorschieten*** ⟨v. vliegtuig bij landing⟩;

II ⟨ov.ww.⟩ **0.1** ***voorbijschieten*** ⇒*schieten over, verder gaan/schieten dan* **0.2** ***overspoelen*** ◆ **1.1** ~ the runway *de landingsbaan voorbijschieten, doorschieten op de landingsbaan* ⟨v. vliegtuig⟩; ~ the mark/o.s. *te ver gaan, zijn mond voorbijpraten, zijn doel voorbijschieten, het geheel bij het verkeerde eind hebben.*

'o·ver'shot ⟨bn.; volt. deelw. v. overshoot+2⟩ **0.1** ***voorbijgeschoten*** **0.2** ***(met) vooruitstekend (bovengedeelte)*** ⇒*met vooruitstekend bovenkaaksbeen, met overbeet* **0.3** ***bovenslags-*** ◆ **1.3** ~ wheel *bovenslagsrad* ⟨v. watermolen⟩.

'o·ver·side[1] ⟨telb.zn.⟩ **0.1** ***flipside*** ⇒*B-kant* ⟨v. grammofoonplaat⟩.

overside[2] ⟨bn., attr.; bw.⟩ **0.1** ***over de railing*** ⇒*over de verschansing* ⟨v. schip⟩ **0.2** ***op de B-kant/flipside*** ⟨v. grammofoonplaat⟩.

'o·ver·sight ⟨f1⟩ ⟨zn.⟩

I ⟨telb. en n.-telb.zn.⟩ **0.1** ***onoplettendheid*** ⇒*vergissing;*

II ⟨n.-telb.zn.⟩ **0.1** ***supervisie*** ⇒*toezicht.*

'o·ver·sim·pli·fi'ca·tion ⟨f1⟩ ⟨telb. en n.-telb.zn.⟩ **0.1** ***oversimplificatie*** ⇒*(al) te eenvoudige voorstelling.*

'o·ver'sim·pli·fy ⟨f1⟩ ⟨ov.ww.⟩ **0.1** ***oversimplificeren*** ⇒*(al) te eenvoudig voorstellen.*

'o·ver'sing ⟨onov.ww.⟩ **0.1** ***te luid/nadrukkelijk zingen*** ⇒*brullen, blèren.*

'o·ver·size[1] ⟨f1⟩ ⟨telb.zn.⟩ **0.1** ***extra grote maat*** **0.2** ***bovenmaats exemplaar.***

oversize[2], **'o·ver·sized** ⟨f1⟩ ⟨bn.⟩ **0.1** ***bovenmaats.***

'o·ver·skirt ⟨telb.zn.⟩ **0.1** ***overrok.***

o·ver·slaugh[1] ['oʊvəslɔː‖-vər-]⟨telb. en n.-telb.zn.⟩⟨BE; mil.⟩ **0.1** ***vrijstelling*** ⟨v. verplichting omwille v. belangrijker taak⟩.
overslaugh[2] ⟨ov.ww.⟩ **0.1** ⟨BE; mil.⟩ ***vrijstellen*** **0.2** ⟨AE⟩ ***passeren*** ⇒*overslaan* ⟨bij promotie⟩.
'o·ver'sleep ⟨f1⟩⟨ww.⟩
I ⟨onov. en ov.ww.; wederk. ww.⟩ **0.1** ***zich verslapen*** ⇒*te lang slapen* ◆ **4.1** ~ o.s. *zich verslapen;*
II ⟨ov.ww.⟩ **0.1** ***verslapen*** ⇒*slapen tot na* ◆ **1.1** ~ an appointment *een afspraak verslapen.*
'o·ver·sleeve ⟨telb.zn.⟩ **0.1** ***overmouw*** ⇒*morsmouw.*
'o·ver·so'lic·i·tous ⟨bn.⟩ **0.1** ***overbezorgd*** **0.2** ***(al) te nauwgezet.***
'o·ver·so'lic·i·tude ⟨n.-telb.zn.⟩ **0.1** ***overbezorgdheid*** **0.2** ***overdreven nauwgezetheid.***
'o·ver·soul ⟨n.-telb.zn.; the⟩ **0.1** ***Algeest.***
'o·ver'spend ⟨ww.⟩ →overspent
I ⟨onov. en ov.ww.; wederk. ww.⟩ **0.1** ***te veel uitgeven*** ⇒*op te grote voet leven;*
II ⟨ov.ww.⟩ **0.1** ***meer uitgeven dan*** **0.2** ***uitputten*** ◆ **1.1** ~ one's income *op te grote voet leven* **1.2** ~ one's strength *zijn krachten uitputten.*
'o·ver'spent ⟨bn.; volt. deelw. v. overspend⟩ **0.1** ***te veel uitgegeven*** **0.2** ***uitgeraasd*** ⟨v. storm⟩ **0.3** ***uitgeput*** ⇒*afgemat.*
'o·ver·spill[1] ⟨telb.zn.⟩ **0.1** ***overloop*** ⇒*gemorst/overtollig water, enz.* **0.2** ***surplus*** ⇒*teveel* **0.3** ⟨vnl. BE⟩ ***overloop*** ⇒*migratie* ⟨v. bevolkingsoverschot⟩.
'over'spill[2] ⟨onov.ww.⟩ **0.1** ***overlopen.***
'overspill town ⟨telb.zn.⟩ **0.1** ***overloopgemeente*** ⇒*voorstad, satellietstad, groeikern.*
'o·ver'spread ⟨ov.ww.⟩ **0.1** ***overspreiden*** ⇒*(zich) verspreiden over, overdekken, bedekken* ◆ **6.1** ~ **with** *overspreiden/bedekken met.*
'o·ver'staff ⟨ov.ww.⟩ **0.1** ***overbezetten*** ⇒*van te veel personeel voorzien, overbemannen.*
'o·ver'state ⟨f1⟩⟨ov.ww.⟩ **0.1** ***overdrijven*** ⇒*te sterk stellen* ◆ **1.1** ~ one's age *zijn leeftijd te hoog opgeven;* ~ one's case *overdrijven.*
'o·ver'state·ment ⟨f1⟩⟨telb. en n.-telb.zn.⟩ **0.1** ***overdrijving*** ⇒*te sterke bewering.*
'o·ver'stay ⟨ov.ww.⟩ **0.1** ***langer blijven dan.***
'o·ver·stay·er ⟨telb.zn.⟩⟨vnl. Austr. E⟩ **0.1** ***immigrant wiens verblijfsvergunning verlopen is*** ⇒*illegale immigrant.*
'o·ver·steer[1] ⟨n.-telb.zn.⟩ **0.1** ***overstuur*** ⟨v. auto⟩.
'over'steer[2] ⟨onov.ww.⟩ **0.1** ***oversturen*** ⇒*overstuurd zijn* ⟨v. auto⟩.
'o·ver'step ⟨f1⟩⟨ov.ww.⟩ **0.1** ***overschrijden*** ◆ **1.1** ~ one's authority *zijn boekje te buiten gaan.*
'o·ver·stock[1] ⟨telb.zn.⟩ **0.1** ***te grote voorraad.***
'over'stock[2] ⟨ww.⟩
I ⟨onov.ww.⟩ **0.1** ***een te grote voorraad aanhouden;***
II ⟨ov.ww.⟩ **0.1** ***v.e. te grote voorraad voorzien*** ⇒*overmatig vullen, overladen, overvoeren* **0.2** ***een te grote voorraad aanhouden/opslaan van*** ◆ **6.1** ~ **with** *overladen met, overvoeren met/van.*
'o·ver·strain[1] ⟨telb. en n.-telb.zn.⟩ **0.1** ***overspanning*** ⇒*verrekking.*
'over'strain[2] ⟨ww.⟩
I ⟨onov.ww.⟩ **0.1** ***zich te zeer inspannen*** ⇒*te veel vergen van zichzelf, overdrijven, zich verrekken;*
II ⟨ov.ww.⟩ **0.1** ***overspannen*** ⇒*te zeer (in)spannen, verrekken, te veel vergen van.*
'o·ver'stress ⟨ov.ww.⟩ **0.1** ***overbeklemtonen*** ⇒*te zeer benadrukken* **0.2** ***overspannen*** ⇒*overbelasten* ◆ **1.1** it is impossible to ~ this point *dit punt kan niet genoeg benadrukt worden.*
'o·ver'stretch ⟨ww.⟩
I ⟨onov.ww.⟩ **0.1** ***zich verrekken*** ⇒*zich overrekken;*
II ⟨ov.ww.⟩ **0.1** ***overspannen*** ⇒*spannen over, uitstrekken over* **0.2** ***te ver (uit)rekken*** ⇒*verrekken, overrekken;* ⟨fig.⟩ *overbelasten.*
'o·ver'strung ⟨bn.⟩ **0.1** ***overspannen*** ⇒*overgevoelig, prikkelbaar, nerveus* **0.2** ***kruissnarig*** ⟨v. piano⟩.
'o·ver·study[1] ⟨n.-telb.zn.⟩ **0.1** ***overdreven studie*** ⇒*teveel aan studie, te grondige studie.*
'over'study[2] ⟨ww.⟩
I ⟨onov.ww.⟩ **0.1** ***te veel studeren;***
II ⟨ov.ww.⟩ **0.1** ***te grondig bestuderen.***
'o·ver'stuff ⟨ov.ww.⟩ →overstuffed **0.1** ***te zeer/vast opvullen*** **0.2** ***(luxeus) bekleden*** ⇒*stofferen* ⟨meubelen⟩.
'o·ver'stuffed ⟨bn.; volt. deelw. v. overstuff⟩ **0.1** ***overvuld*** ⇒*overvol* **0.2** ***corpulent*** ⇒*vol, zwaarlijvig* **0.3** ***goed gestoffeerd*** ⟨v. meubelen⟩.
'o·ver·sub'scribe ⟨ov.ww.; vnl. volt. deelw.⟩ **0.1** ***overtékenen*** ⟨vnl. hand.; v. lening enz.⟩ ◆ **1.1** the opera season is oversubscribed *er zijn teveel aanvragen voor het operaseizoen.*
'o·ver'sub·tle ⟨bn.⟩ **0.1** ***(al) te subtiel.***
'o·ver·sup·ply[1] ⟨telb.zn.⟩ **0.1** ***surplus*** ⇒*overbevoorrading.*
'over'supply[2] ⟨ov.ww.⟩ **0.1** ***overbevoorraden*** **0.2** ***te veel leveren van.***
'o·ver'swell ⟨ww.⟩
I ⟨onov.ww.⟩ **0.1** ***te sterk zwellen*** ⇒*overstromen;*
II ⟨ov.ww.⟩ **0.1** ***te sterk doen zwellen*** ⇒*overstromen.*
'o·ver'swing ⟨onov.ww.⟩ **0.1** ***te krachtig (uit)zwaaien*** ⟨vnl. golf⟩.
o·vert ['oʊvɜːt‖oʊ'vɜrt]⟨f2⟩⟨bn.; -ly⟩⟨schr.⟩
I ⟨bn.⟩ **0.1** ***open*** ⇒*openlijk* ◆ **1.1** ~ hostility *openlijke vijandigheid;*
II ⟨bn., post.⟩ **0.1** ⟨jur.⟩ ***openbaar*** **0.2** ⟨heraldiek⟩ ***(open)gespreid*** ◆ **1.1** market ~ *openbare markt* **1.¶** letters ~ *octrooibrieven.*
'o·ver'take ⟨f2⟩⟨ov.ww.⟩ **0.1** ***inhalen*** ⇒*voorbijlopen/rennen/stevenen/streven* **0.2** ***overvallen*** ⇒*verrassen* ◆ **1.2** ~n by the events *verrast door de gebeurtenissen;* ~n by surprise *uit het lood geslagen, verbouwereerd.*
over'taking power ⟨n.-telb.zn.⟩⟨auto⟩ **0.1** ***acceleratievermogen.***
'o·ver'talk ⟨n.-telb.zn.⟩ **0.1** ***woordenkramerij*** ⇒*vloed v. woorden.*
'o·ver'task ⟨ov.ww.⟩ **0.1** ***overbelasten*** ⇒*te veel vergen van.*
'o·ver'tax ⟨ov.ww.⟩ **0.1** ***te zwaar belasten*** **0.2** ***overbelasten*** ⇒*te veel vergen van* ◆ **1.2** ~ s.o.'s patience *iemands geduld op de proef stellen.*
'over-the-'counter ⟨bn., attr.⟩ **0.1** ⟨hand.⟩ ***incourant*** **0.2** ***zonder (dokters)recept verkrijgbaar*** ⇒*bij de drogist verkrijgbaar* ◆ **1.1** ~ market *markt v. incourante fondsen;* ~ securities *incourante fondsen* **1.2** ~ drug *vrij geneesmiddel, geneesmiddel zonder voorschrift.*
'o·ver·throw[1] ⟨f1⟩⟨telb.zn.⟩ **0.1** ⟨vnl. the; vnl. enk.⟩ ***val*** ⇒*omverwerping, nederlaag* **0.2** ⟨honkbal, cricket⟩ ***foute aangooi (die te ver gaat)*** ⟨v. veldspeler⟩ ⇒⟨bij uitbr.⟩ *run gescoord t.g.v. een foute aangooi.*
'over'throw[2] ⟨f1⟩⟨ov.ww.⟩ **0.1** ***om(ver)werpen*** ⇒*omgooien* **0.2** ***omverwerpen*** ⇒*ten val brengen, overwinnen, ten gronde richten, teniet doen* **0.3** ⟨honkbal, cricket⟩ ***te ver gooien*** ⇒*fout aangooien.*
o·ver·throw·al ['oʊvə'θroʊəl‖-ər-]⟨telb.zn.⟩ **0.1** ***omverwerping*** ⇒*nederlaag, val.*
'o·ver·thrust[1], **'overthrust fault** ⟨telb.zn.⟩⟨geol.⟩ **0.1** ***overschuiving*** ⟨breukvlak met geringe hellingshoek⟩.
'over'thrust[2] ⟨onov.ww.⟩⟨geol.⟩ **0.1** ***overschuiven.***
'o·ver·time[1] ⟨f2⟩⟨n.-telb.zn.⟩ **0.1** ***(loon voor) overuren*** ⇒*overwerk (geld), overtijd* **0.2** ⟨AE, Can. E; sport⟩ ***(extra) verlenging*** ◆ **6.1** be **on** ~ *overwerken, overuren maken* **6.2** go **into** ~ *verlengd worden.*
overtime[2] ⟨f1⟩⟨bw.⟩ **0.1** ***over-*** ⇒*meer dan de normale tijd* ◆ **3.1** ⟨AE, Can. E; sport⟩ go ~ *extra verlengd worden;* work ~ *overwerken, overuren maken.*
'overtime parking ⟨n.-telb.zn.⟩ **0.1** ***het te lang parkeren.***
'o·ver'tip ⟨onov. en ov.ww.⟩ **0.1** ***(een) hoge fooi(en) geven.***
'o·ver'tire ⟨ov.ww.⟩ **0.1** ***uitputten*** ⇒*afmatten.*
'o·ver·tone[1] ⟨f2⟩⟨telb.zn.⟩ **0.1** ⟨muz.⟩ ***boventoon*** ⇒*bijtoon, harmonische (toon)* **0.2** ⟨vnl. mv.⟩ ⟨fig.⟩ ***ondertoon*** ⇒*bijbetekenis, implicatie* ◆ **1.2** ~s of envy *een ondertoon v. afgunst.*
'over'tone[2] ⟨ov.ww.⟩ **0.1** ***overstemmen*** **0.2** ⟨foto.⟩ ***te sterk/diep tonen.***
'o·ver'top ⟨ov.ww.⟩ **0.1** ***hoger zijn/worden dan*** ⇒*zich verheffen/uitsteken boven* **0.2** ***overtreffen*** ⇒*belangrijker zijn dan, voorbijstreven.*
'o·ver'trade ⟨onov. en ov.ww.⟩ **0.1** ***te veel inkopen.***
'o·ver'train ⟨ww.⟩
I ⟨onov.ww.⟩ **0.1** ***zich overtrainen;***
II ⟨ov.ww.⟩ **0.1** ***overtrainen.***
'o·ver·trick ⟨telb.zn.⟩⟨kaartspel⟩ **0.1** ***overslag.***
'o·ver'trump ⟨onov. en ov.ww.⟩⟨kaartspel⟩ **0.1** ***overtroeven*** ⟨ook fig.⟩.
o·ver·ture ['oʊvətʃʊə‖'oʊvərtʃʊr]⟨f2⟩⟨telb.zn.⟩ **0.1** ⟨muz.⟩ ***ouverture*** **0.2** ⟨vaak mv.⟩ ***ouverture*** ⇒*inleiding* ⟨v. gedicht, tot onderhandeling, enz.⟩, *voorstel, aanbod, opening, eerste stap, avance* ◆ **3.2** make ~s (to) *toenadering zoeken (tot), avances doen/maken, een opening maken (naar).*
'o·ver·turn[1] ⟨telb.zn.⟩ **0.1** ***omverwerping*** ⇒*val, nederlaag.*
'over'turn[2] ⟨f2⟩⟨ww.⟩
I ⟨onov.ww.⟩ **0.1** ***omslaan*** ⇒*omvallen, kantelen, ten val komen, verslagen worden;*
II ⟨ov.ww.⟩ **0.1** ***doen omslaan*** ⇒*doen omvallen, kantelen, om (ver)werpen, ten val brengen, verslaan, vernietigen, te niet doen.*
'o·ver·use[1] ⟨n.-telb.zn.⟩ **0.1** ***overdadig gebruik*** ⇒*misbruik, roofbouw.*
'over'use[2] ⟨ov.ww.⟩ **0.1** ***te veel gebruiken*** ⇒*roofbouw plegen op.*
'o·ver·value[1] ⟨telb.zn.⟩ **0.1** ***overwaarde*** ⇒*overdreven schatting/prijs.*
'over'value[2] ⟨ov.ww.⟩ **0.1** ***overwaarderen*** ⇒*overschatten.*
'o·ver·view ⟨telb.zn.⟩ **0.1** ***overzicht*** ⇒*samenvatting.*
'o·ver'walk ⟨onov. en ov.ww.; wederk. ww.⟩ **0.1** ***te veel lopen.***

o·ver·ween·ing ['ouvə'wi:nɪŋ‖-vər-]⟨bn.; -ly; -ness⟩⟨schr.⟩ **0.1** ***aanmatigend*** ⇒*arrogant, verwaand* **0.2** ***buitensporig*** ⇒*overdreven* ◆ **1.2** ~ ambition *tomeloze ambitie*.

'o·ver'weigh ⟨ov.ww.⟩ **0.1** ***meer wegen dan*** **0.2** ***overbelasten*** ⇒*overladen*.

'o·ver·weight[1] ⟨f1⟩⟨n.-telb.zn.⟩ **0.1** ***over(ge)wicht*** ⇒*extra gewicht, te zware last* ⟨ook fig.⟩ ◆ **3.1** he suffers from ~ *hij heeft last van zwaarlijvigheid*.

overweight[2] ⟨f1⟩⟨bn.⟩ **0.1** ***te zwaar*** ◆ **1.1** ~ luggage *te zware bagage;* ~ person *corpulent persoon* **6.1** ~ **by** two pounds *twee pond te zwaar*.

'over'weight[3] ⟨f1⟩⟨ov.ww.⟩ **0.1** ***overladen*** ⇒*overbelasten* **0.2** ***overbeklemtonen*** ⇒*overaccentueren, te zeer benadrukken*.

o·ver·whelm ['ouvə'welm‖'ouvər'hwelm]⟨f2⟩⟨ov.ww.⟩ →overwhelming **0.1** ***bedelven*** ⇒*overstromen, verpletteren, overstelpen, overweldigen* ◆ **6.1** ~ed **by** the enemy *door de vijand onder de voet gelopen;* ~ed **by** a flood *totaal overstroomd;* ~ed **by** work *bedolven onder het werk;* ~ed **with** grief *door leed overmand*.

o·ver·whelm·ing ['ouvə'welmɪŋ‖'ouvər'hwelmɪŋ]⟨f2⟩⟨bn.; teg. deelw. v. overwhelm; -ly⟩ **0.1** ***overweldigend*** ⇒*verpletterend, onweerstaanbaar* ◆ **1.1** ~ majority *overgrote/ruime/absolute meerderheid;* ~ victory *verpletterende overwinning*.

o·ver·wind ['ouvə'waɪnd‖-vər-]⟨ov.ww.⟩ **0.1** ***te sterk opwinden*** ⇒*kapotdraaien* ⟨horloge enz.⟩.

'o·ver'win·ter ⟨ww.⟩
I ⟨onov.ww.⟩ **0.1** ***overwinteren;***
II ⟨ov.ww.⟩ **0.1** ***laten overwinteren***.

'o·ver·work[1] ⟨f1⟩⟨n.-telb.zn.⟩ **0.1** ***te veel/zwaar werk*** ⇒*overwerk*.

'over'work[2] ⟨f1⟩⟨ww.⟩
I ⟨onov.ww.⟩ **0.1** ***te hard werken*** ⇒*zich overwerken, zich uitputten;*
II ⟨ov.ww.⟩ **0.1** ***te hard laten werken*** ⇒*uitputten, afmatten* **0.2** ***te vaak gebruiken*** ⇒*verslijten, tot cliché maken* ◆ **1.1** ~ a horse *een paard afjakkeren* **1.2** ~ed metaphor *afgezaagde metafoor* **4.1** ~ o.s. *zich overwerken*.

'o·ver'write ⟨ww.⟩
I ⟨onov. en ov.ww.; wederk. ww.⟩ **0.1** ***te veel schrijven;***
II ⟨ov.ww.⟩ **0.1** ***beschrijven*** ⇒*schrijven op* **0.2** ***te veel schrijven over*** ⇒*overstileren*.

o·ver·wrought ['ouvə'rɔ:t]⟨f1⟩⟨bn.⟩ **0.1** ***overspannen*** ⇒*overwerkt, geagiteerd, opgewonden* **0.2** ***overdadig*** ⇒*te gedetailleerd, te verfijnd*.

'o·ver·zeal ⟨n.-telb.zn.⟩ **0.1** ***overdreven ijver***.

'o·ver'zeal·ous ⟨bn.; -ly; -ness⟩ **0.1** ***(al) te ijverig*** ⇒*overijverig*.

o·vi- ['ouvi] **0.1** ***ovi-*** ⇒*eier-, ei-* **0.2** ***schaap-*** ⇒*schapen-* ◆ **¶.1** oviduct *oviduct, eileider* **¶.2** ovine *schaapachtig*.

o·vi·bos ['ouvɪbɒs‖-bɑs]⟨telb.zn.; ovibos; →mv. 4⟩⟨dierk.⟩ **0.1** ***muskusos*** ⟨Ovibos moschatus⟩.

o·vi·bo·vine[1] ['ouvɪ'bouvaɪn]⟨telb.zn.⟩⟨dierk.⟩ **0.1** ***muskusos*** ⟨Ovibos moschatus⟩.

ovibovine[2] ⟨bn.⟩ **0.1** ***v.d. muskusos*** ⇒*muskusachtig, muskusos-*.

o·vi·ci·dal ['ouvɪ'saɪdl]⟨bn.⟩ **0.1** ***eierdodend***.

o·vi·cide ['ouvɪsaɪd]⟨zn.⟩
I ⟨telb.zn.⟩ **0.1** ***eierdodend middel;***
II ⟨telb. en n.-telb.zn.⟩⟨scherts.⟩ **0.1** ***schapenmoord*** ⇒*ovicide*.

Ov·id ['ɒvɪd‖'ɑ-]⟨eig.n.⟩ **0.1** ***Ovidius***.

Ov·id·i·an [ɒ'vɪdɪən‖ɑ-]⟨bn.⟩ **0.1** ***Ovidisch*** ⇒*(in de stijl) v. Ovidius*.

o·vi·duct ['ouvɪdʌkt]⟨telb.zn.⟩⟨anat.⟩ **0.1** ***oviduct*** ⇒*eileider, buis v. Fallopio*.

o·vif·er·ous [ou'vɪfərəs]⟨bn.⟩ **0.1** ***eicellen producerend***.

o·vi·form ['ouvɪfɔ:m‖-fɔrm]⟨bn.⟩ **0.1** ***eivormig***.

o·vine[1] ['ouvaɪn]⟨telb.zn.⟩ **0.1** ***schaapachtig dier***.

ovine[2] ⟨bn.⟩ **0.1** ***schapen-*** ⇒*schaapachtig*.

o·vi·par·i·ty ['ouvɪ'pærəṭi]⟨n.-telb.zn.⟩ **0.1** ***het eierleggen*** ⇒*ovipariteit*.

o·vip·a·rous [ou'vɪpərəs]⟨bn.; -ly; -ness⟩ **0.1** ***ovipaar*** ⇒*eierleggend*.

o·vi·pos·it ['ouvɪ'pɒzɪt‖-'pɑzɪt]⟨onov.ww.⟩ **0.1** ***eitjes leggen*** ⟨vnl. v. insekten⟩.

o·vi·po·si·tion ['ouvɪpə'zɪʃn]⟨n.-telb.zn.⟩ **0.1** ***het eitjes leggen***.

o·vi·pos·i·tor ['ouvɪ'pɒzɪtə‖-'pɑzɪṭər]⟨telb.zn.⟩ **0.1** ***legboor*** ⟨orgaan v. insekt⟩.

o·vi·sac ['ouvɪsæk]⟨telb.zn.⟩⟨anat.⟩ **0.1** ***(Graafse) follikel***.

ovo- ['ouvou] **0.1** ***ovo-*** ⇒*eier-, ei-*.

o·void[1] ['ouvɔɪd]⟨zn.⟩
I ⟨telb.zn.⟩ **0.1** ***eivormig lichaam/oppervlak;***
II ⟨mv.; ~s⟩ **0.1** ***eierbriketten*** ⇒*eierkolen*.

ovoid[2], **o·voi·dal** [ou'vɔɪdl]⟨bn.⟩ **0.1** ***ovoïde*** ⇒*eivormig*.

o·vo·lac·tar·i·an [ouvoulæk'teərɪən]⟨telb.zn.⟩ **0.1** ***lacto-vegetariër***.

o·vo·vi·vip·a·rous ['ouvouvɪ'vɪpərəs]⟨bn.; -ly; -ness⟩ **0.1** ***ovovivipaar*** ⇒*eierlevendbarend*.

o·vu·lar ['ɒvjʊlə‖'ouvjələr]⟨bn.⟩ **0.1** ***eier-***.

o·vu·late ['ɒvjʊleɪt‖'ouvjə-]⟨onov.ww.⟩ **0.1** ***ovuleren***.

o·vu·la·tion ['ɒvjʊ'leɪʃn‖'ouvjə-]⟨telb. en n.-telb.zn.⟩ **0.1** ***ovulatie*** ⇒*eisprong*.

o·vu·la·to·ry ['ɒvjʊlətri‖'ouvjələtɔri]⟨bn.⟩ **0.1** ***ovulatie-*** ⇒*v./m.b.t. de ovulatie*.

o·vule ['ɒvju:l‖'ou-]⟨telb.zn.⟩ **0.1** ⟨dierk.⟩ ***(onbevrucht) eitje*** **0.2** ⟨plantk.⟩ ***zaadknop*** ⇒*ovulum*.

o·vum ['ouvəm]⟨f1⟩⟨telb.zn.; ova [-və]; →mv. 5⟩ **0.1** ***ovum*** ⇒*ei(tje), eicel*.

ow [au]⟨f2⟩⟨tussenw.⟩ **0.1** ***ai*** ⇒*au*.

owe [ou]⟨f3⟩⟨ww.⟩ →owing
I ⟨onov.ww.⟩ **0.1** ***schuld(en) hebben*** ◆ **6.1** ~ **for** everything one has *voor alles wat men heeft nog (ten dele) moeten betalen;*
II ⟨ov.ww.⟩ **0.1** ***schuldig zijn*** ⇒*verplicht/verschuldigd zijn* **0.2** ***te danken hebben*** ⇒*toeschrijven* ◆ **1.1** ~ a person sth. *iem. iets schuldig zijn* **6.1** ~ s.o. **for** sth. *iem. verplicht zijn wegens iets;* ~ it **to** o.s. to do sth. *aan zichzelf verplicht zijn iets te doen;* ~ sth. **to** s.o. *iem. iets schuldig zijn* **6.2** ~ sth. **to** s.o. *iets aan iem. te danken hebben;* ~ one's wealth **to** hard work *zijn weelde toeschrijven aan hard werk*.

OWI ⟨afk.⟩ Office of War Information.

ow·ing ['ouɪŋ]⟨f3⟩⟨bn., pred.; teg. deelw. v. owe⟩ **0.1** ***verschuldigd*** ⇒*schuldig, onbetaald, te betalen* **0.2** ***te danken*** ⇒*toe te schrijven, te wijten* ◆ **3.1** pay what/all that is ~ *betalen wat er (nog) staat* **6.1** how much is ~ **to** you? *hoeveel komt u nog toe?* **6.2** it is ~ **to** your carelessness *het komt door uw onvoorzichtigheid* **6.¶** →owing **to**.

'owing to ⟨f3⟩⟨vz.⟩ **0.1** ***wegens*** ⇒*ten gevolge van* ◆ **1.1** ~ the rain *ten gevolge van de regen*.

owl [aul]⟨f2⟩⟨telb.zn.⟩ **0.1** ***uil*** ⟨ook fig.⟩ ◆ **2.1** ⟨dierk.⟩ little ~ *steenuil* ⟨Athena noctua⟩.

owl·er·y ['auləri]⟨zn.; →mv. 2⟩
I ⟨telb.zn.⟩ **0.1** ***uilenest*** ⇒*uileverblijf;*
II ⟨n.-telb.zn.⟩ **0.1** ***uilachtigheid***.

owl·et ['aulɪt]⟨telb.zn.⟩ **0.1** ***jonge/kleine uil*** ⇒*uiltje, uilskuiken*.

'owlet moth ⟨telb.zn.⟩⟨vnl. AE⟩⟨dierk.⟩ **0.1** ***uiltje*** ⟨nachtvlinder; fam. Noctuidae⟩.

owl·ish ['aulɪʃ], **owl·like** ['aullaɪk], **owl·y** ['auli]⟨bn.; owlishly; owlishness⟩ **0.1** ***uilachtig*** ⇒*uilig* ⟨ook fig.⟩.

'owl light ⟨n.-telb.zn.⟩ **0.1** ***schemerlicht*** ⇒*schemering*.

'owl monkey ⟨telb.zn.⟩⟨dierk.⟩ **0.1** ***nachtaap*** ⟨genus Aotes⟩.

'owl parrot ⟨telb.zn.⟩⟨vero.; dierk.⟩ **0.1** ***kakapo*** ⟨uilpapegaai; Strigops habroptilus⟩.

own[1] [oun]⟨f4⟩⟨bn., vnw.bn.⟩⟨→sprw. 108, 152, 157, 164, 449, 710, 745⟩
I ⟨bn., bez.vnw.; steeds na bezittelijke determinator/genitief⟩ **0.1** ***eigen*** ⇒*van... zelf, eigen bezit/familie* ◆ **1.1** pull o.s. up by one's ~ bootlaces/bootstraps *zichzelf opwerken, het helemaal alleen maken;* mind one's ~ business *zich met zijn eigen zaken bemoeien;* they ate of their ~ cooking *zij aten uit hun eigen keuken;* my ~ country *mijn vaderland;* name your ~ day *bepaal zelf de dag;* leave s.o. to his/her ~ devices/resources *iem. aan zijn lot overlaten, iem. iets alleen laten klaren;* put/set one's ~ house in order *voor zijn eigen deur vegen, orde op zijn (eigen) zaken stellen;* I saw it with my ~ eyes *ik heb het met eigen ogen gezien;* stand on one's ~ (two) feet *op eigen benen staan;* take the law into one's ~ hands *het recht in eigen hand nemen, voor eigen rechter spelen;* take matters into one's ~ hands *de zaak zelf onder handen nemen/aanpakken;* let s.o. stew in his ~ juice *iem. in zijn eigen vet/sop gaar laten koken;* be one's ~ lawyer *zijn eigen advocaat zijn;* be one's ~ man/master *zijn eigen heer en meester/onafhankelijk zijn;* the truth for its ~ sake is often hard to accept *de waarheid op zich(zelf) is vaak moeilijk te aanvaarden;* ⟨sl.⟩ do one's ~ thing *zijn (eigen) zin doen;* my time is my ~ *ik heb de tijd aan mezelf;* appropriate sth. for one's ~ use *iets voor zichzelf gebruiken* **3.1** not have a moment/minute/second to call one's ~ *geen moment voor zichzelf hebben, geen tijd hebben om te doen waar men zin in heeft;* he finally came into his ~ *eindelijk verkreeg hij zijn rechtmatig bezit/erfdeel, eindelijk kreeg hij wat hem toekwam;* let me have my ~ *geef me wat me toekomt;* make sth. one's ~ *zich iets eigen maken, iets verwerven* **3.¶** ⟨inf.⟩ have/get (some of) one's ~ back on s.o. *het iem. betaald zetten, iem. iets inpeperen, zich op iem. wreken;* hold one's ~ *standhouden, niet wijken; niet achteruitgaan* ⟨mbt. gezondheid⟩; hold one's ~ with/against *standhouden, opgewassen zijn tegen; kunnen wedijveren met* **5.1** it has a value all its ~ *het heeft een heel bijzondere waarde;* it is my very ~ *het is echt v. mij/helemaal v. mij alleen* **6.1** may I have it **for** my ~? *mag ik het echt hebben?/houden?;* he has a computer **of** his ~ *hij heeft zijn eigen computer;* he has nothing **of** his ~ *hij bezit niets (dat echt v. hem is);* he resigned for reasons **of** his ~ *hij nam ontslag om persoonlijke redenen;* he has

a way **of** his ~ *hij heeft zo zijn eigen manier van doen* **6.¶ on** one's ~ *in zijn eentje, alleen, alleenstaand; op zichzelf, onafhankelijk; op/voor eigen risico, voor eigen rekening, op eigen houtje; ongeëvenaard; een klasse apart, zonder weerga* **7.1** ⟨bijb.⟩ he came unto his ~, and his ~ received him not *Hij kwam tot het zijne, en de zijnen hebben hem niet aangenomen;* I'll give you one of my ~ *ik geef je een v. de/het mijne;* that is my ~ *dat is van mij/mijn eigendom;* my ~ self *ikzelf, ik persoonlijk* **7.¶** my ~ (sweetheart)! *schat!, (mijn) liefste!;*
II ⟨bn., attr.⟩ **0.1** ***(bloed)eigen*** ⇒*vol* ◆ **1.1** an ~ brother/sister *een volle broer/zus;* his ~ children *zijn (bloed)eigen kinderen;* an ~ cousin *een volle neef;* an ~ goal *een doelpunt/goal in eigen doel* **1.¶** paddle one's ~ canoe, ⟨AE⟩ hoe one's ~ row *z'n eigen boontjes doppen;* ⟨vulg.⟩ to one's ~ cheek *van/voor/op z'n eige;* beat s.o. at his ~ game *iem. op zijn eigen terrein/met zijn eigen wapens verslaan;* ⟨inf.⟩ in one's ~ right *op zichzelf (staande);* ⟨inf.⟩ in his ~ (good) time *wanneer het hem zo uitkomt.*

own² ⟨f3⟩ ⟨ww.⟩
I ⟨onov.ww.⟩ **0.1** ***bekennen*** ⇒*toegeven* ◆ **5.1** ⟨inf.⟩ ~ **up** to mischief *kattekwaad opbiechten* **6.1** he ~ed **to** having said that *hij gaf toe dat hij dat gezegd had;* he ~ed **to** his real motives *hij gaf zijn ware beweegredenen toe;*
II ⟨ov.ww.⟩ **0.1** ***eigenaar/eigenares zijn van*** ⇒*in eigendom hebben, bezitten* **0.2** ***toegeven*** ⇒*bekennen, erkennen; zwichten voor* **0.3** ⟨vnl. met wederk. vnw.⟩ ***erkennen te zijn*** ◆ **1.2** he ~ed such a strong argument *hij zwichtte voor een zo sterk argument;* he wouldn't ~ that old car *hij wou niet toegeven/weten dat die oude auto van hem was;* he wouldn't ~ the child *hij wou (het vaderschap van) het kind niet erkennen* **3.2** he ~ed (that) he had failed *hij gaf toe dat hij gefaald had* **4.3** he ~ed himself a supporter of the union *hij erkende een aanhanger v.d. vakbond te zijn;* ~ o.s. (to be) beaten *zijn nederlaag toegeven.*

'own-'brand, 'own-'la·bel ⟨bn., attr.⟩ ⟨BE⟩ **0.1** ***huis-*** ⇒*van eigen merk, huismerk-.*

own·er ['oʊnə‖-ər] ⟨f3⟩ ⟨telb.zn.⟩ **0.1** ***eigenaar*** **0.2** ***scheepseigenaar*** ⇒*reder* **0.3** ⟨sl.⟩ ***kapitein*** ◆ **1.1** ~'s mark *eigendomsmerk;* at ~'s risk *op risico v.d. eigenaar.*

'own·er-'driv·er ⟨telb.zn.⟩ ⟨vnl. BE⟩ **0.1** ***bestuurder v. eigen voertuig.***

own·er·less ['oʊnələs‖-nər-] ⟨bn.⟩ **0.1** ***zonder eigenaar*** ⇒*onbeheerd.*

'own·er-'oc·cu·pied ⟨bn.⟩ ⟨vnl. BE⟩ **0.1** ***door de eigenaar bewoond.***

'own·er-'oc·cu·pi·er ⟨f1⟩ ⟨telb.zn.⟩ ⟨vnl. BE⟩ **0.1** ***bewoner v. eigen woning*** ⇒*eigenaar-bewoner.*

own·er·ship ['oʊnəʃɪp‖-nər-] ⟨f2⟩ ⟨n.-telb.zn.⟩ **0.1** ***eigenaarschap*** ⇒*eigendom, bezit* **0.2** ***eigendom(srecht)*** ◆ **1.2** land of uncertain ~ *grond met onbekende eigenaar.*

ox [ɒks‖ɑks] ⟨f2⟩ ⟨telb.zn.; oxen ['ɒksn‖'ɑksn]; →mv. 3⟩ **0.1** ***os*** **0.2** ***rund*** ◆ **2.2** ⟨inf.; fig.⟩ dumb ~ *rund, grote stommeling.*

ox- [ɒks-‖ɑks-], **ox·a-** ['ɒksə-‖'ɑksə-] **0.1** ***ox-*** ⇒*oxa-* ◆ **¶.1** oxacillin *oxacilline.*

ox·a·late¹ ['ɒksəleɪt‖'ɑk-] ⟨telb. en n.-telb.zn.⟩ ⟨schei.⟩ **0.1** ***oxalaat*** ⇒*zuringzuur zout.*

oxalate² ⟨ov.ww.⟩ **0.1** ***behandelen met zuringzuur (zout).***

ox·al·ic [ɒk'sælɪk‖ɑk-] ⟨bn., attr.⟩ ⟨schei.⟩ **0.1** ***oxaal-*** ◆ **1.1** ~ acid *oxaalzuur, zuringzuur, dicarbonzuur.*

ox·a·lis ['ɒksəlɪs‖ɑk'sælɪs] ⟨n.-telb.zn.⟩ ⟨plantk.⟩ **0.1** ***klaverzuring*** ⟨genus Oxalis⟩.

'ox·bird ⟨telb.zn.⟩ ⟨dierk.⟩ **0.1** ***bonte strandloper*** ⟨Calidris alpina⟩ **0.2** ***ossepikker*** ⟨genus Buphagus⟩.

'ox·blood, 'oxblood 'red ⟨n.-telb.zn.⟩ **0.1** ***ossebloed*** ⇒*wijnrood.*

'ox·bow ⟨telb.zn.⟩ **0.1** ***halsgordel*** ⇒*gareel* ⟨v. ossejuk⟩ **0.2** ⟨aardr.⟩ ***U-bocht*** ⟨in rivier⟩ **0.3** →oxbow lake.

'oxbow lake ⟨telb.zn.⟩ ⟨aardr.⟩ **0.1** ***hoefijzermeer.***

Ox·bridge ['ɒksbrɪdʒ‖'ɑks-] ⟨eig.n.⟩ ⟨BE⟩ **0.1** ***Oxbridge*** ⇒*Oxford en Cambridge.*

'ox·cart ⟨telb.zn.⟩ **0.1** ***ossekar.***

oxen ⟨mv.⟩ →ox.

ox·er ['ɒksə‖'ɑksər] ⟨telb.zn.⟩ **0.1** ***sterke omheining*** ⟨met heg en vaak sloot⟩ **0.2** ⟨paardesport⟩ ***oxer.***

'ox·eye ⟨telb.zn.⟩ **0.1** ***osseoog*** ⇒*koeieoog* ⟨ook fig.⟩ **0.2** ⟨plantk.⟩ ⟨ben. voor⟩ ***osseoog*** ⇒*wilde kamille* ⟨Anthemis arvensis⟩; *margriet* ⟨Chrysanthemum leucanthemum⟩ **0.3** ⟨plantk.⟩ ***gele ganzebloem*** ⟨Chrysanthemum segetum⟩ **0.4** ⟨plantk.⟩ ***koeieoog*** ⟨genus Buphtalmum⟩ **0.5** ⟨plantk.⟩ ***rudbeckia*** ⟨genus Rudbeckia⟩ **0.6** ⟨dierk.⟩ ***Amerikaanse kleinste strandloper*** ⟨Calidris minutella⟩ **0.7** ⟨dierk.⟩ ***zilverplevier*** ⟨Squatarola squatarola⟩ **0.8** ⟨BE; gew.; dierk.⟩ ***bonte strandloper*** ⟨Calidris alpina⟩ **0.9** ⟨BE, gew.; dierk.⟩ ***koolmees*** ⟨Parus major⟩ **0.10** ***oeil de boeuf*** ⟨rond venster⟩.

'ox-'eyed ⟨bn.⟩ **0.1** ***met koeieogen.***

'oxeye 'daisy ⟨telb.zn.⟩ **0.1** ***margriet.***

Ox·fam ['ɒksfæm‖'ɑks-] ⟨afk.⟩ Oxford Committee for Famine Relief.

'ox fence ⟨telb.zn.⟩ **0.1** ***sterke omheining*** ⟨met heg en vaak sloot⟩.

Ox·ford ['ɒksfəd‖'ɑksfərd] ⟨zn.⟩
I ⟨eig.n.⟩ **0.1** ***Oxford*** ⟨Engelse universiteitsstad⟩;
II ⟨telb.zn.; vnl. o-⟩ ⟨vnl. AE⟩ **0.1** ⟨verk.⟩ ⟨Oxford shoe⟩;
III ⟨n.-telb.zn.; vnl. o-⟩ ⟨vnl. AE⟩ **0.1** ⟨verk.⟩ ⟨Oxford cloth, Oxford gray⟩.

'Oxford 'accent ⟨telb.zn.⟩ **0.1** ***Oxford accent*** ⇒*geaffecteerde uitspraak.*

'Oxford 'bag ⟨zn.⟩
I ⟨telb.zn.⟩ **0.1** ***(grote) reiszak;***
II ⟨mv.; Oxford bags⟩ ⟨BE⟩ **0.1** ***wijde broek.***

'Oxford 'blue ⟨n.-telb.zn.⟩ **0.1** ***donkerblauw.***

'Oxford 'clay ⟨n.-telb.zn.⟩ **0.1** ***blauwe klei.***

'Oxford 'cloth ⟨n.-telb.zn.⟩ **0.1** ***oxford*** ⟨bonte katoenen stof⟩.

'Oxford 'frame ⟨telb.zn.⟩ **0.1** ***Oxfordlijst*** ⟨schilderijlijst met kruisvormige hoeken⟩.

'Oxford 'gray ⟨n.-telb.zn.⟩ **0.1** ***donkergrijs.***

'Oxford Group, 'Oxford Group Movement ⟨eig.n.; the⟩ **0.1** ***Oxfordgroep(beweging)*** ⟨godsdienstig-ethische beweging⟩.

'Oxford man ⟨telb.zn.⟩ **0.1** ***Oxfordiaan.***

'Oxford Movement ⟨eig.n.; the⟩ **0.1** ***Oxfordbeweging*** ⇒*(het) traktarianisme* ⟨katholiserende beweging in de anglicaanse kerk; 19de eeuw⟩.

'Oxford 'shoe ⟨telb.zn.⟩ **0.1** ***lage rijgschoen.***

'Oxford 'Tracts ⟨eig.n.; the⟩ **0.1** ***Oxfordtraktaten*** ⟨basis v.d. Oxfordbeweging⟩.

'Oxford 'trousers ⟨mv.⟩ **0.1** ***wijde broek.***

'ox·gall ⟨n.-telb.zn.⟩ **0.1** ***ossegal.***

'ox·heart ⟨telb.zn.⟩ **0.1** ***hartvormige zoete kers.***

'ox·herd ⟨telb.zn.⟩ **0.1** ***veehoeder*** ⇒*ossehoeder.*

'ox·hide ⟨telb. en n.-telb.zn.⟩ **0.1** ***(leer v.) ossehuid.***

ox·i·dant ['ɒksɪdənt‖'ɑk-] ⟨telb.zn.⟩ **0.1** ***oxydatiemiddel.***

ox·i·dase ['ɒksɪdeɪz‖'ɑk-] ⟨telb.zn.⟩ **0.1** ***oxydase.***

ox·i·date ['ɒksɪdeɪt‖'ɑk-] ⟨onov. en ov.ww.⟩ **0.1** ***oxyderen.***

ox·i·da·tion ['ɒksɪ'deɪʃn‖'ɑk-] ⟨f2⟩ ⟨n.-telb.zn.⟩ **0.1** ***oxydatie.***

ox·i·da·tive ['ɒksɪdeɪtɪv‖'ɑksɪdeɪṭɪv] ⟨bn.; -ly⟩ **0.1** ***oxyderend.***

ox·ide, ox·yde ['ɒksaɪd‖'ɑk-] ⟨f2⟩ ⟨telb. en n.-telb.zn.⟩ **0.1** ***oxyde.***

ox·i·diz·a·ble ['ɒksɪdaɪzəbl‖'ɑk-] ⟨bn.⟩ **0.1** ***oxydeerbaar.***

ox·i·di·za·tion ['ɒksɪdaɪ'zeɪʃn‖'ɑksɪdə-] ⟨n.-telb.zn.⟩ **0.1** ***oxydatie.***

ox·i·dize, -dise ['ɒksɪdaɪz‖'ɑk-] ⟨f2⟩ ⟨onov. en ov.ww.⟩ **0.1** ***oxyderen.***

ox·i·diz·er ['ɒksɪdaɪzə‖'ɑksɪdaɪzər] ⟨telb.zn.⟩ **0.1** ***oxydatiemiddel.***

'ox·lip ⟨telb.zn.⟩ ⟨plantk.⟩ **0.1** ***slanke sleutelbloem*** ⇒*primula* ⟨Primula elatior⟩.

Ox·on¹ ['ɒksɒn‖'ɑksɑn] ⟨eig.n.⟩ ⟨verk.⟩ Oxonia **0.1** ***(het graafschap) Oxford.***

Oxon² ⟨bn., post.⟩ ⟨verk.⟩ Oxoniensis **0.1** ***van (de universiteit/het bisdom) Oxford*** ⟨in titels⟩.

Ox·o·ni·an¹ [ɒk'soʊnɪən‖ɑk-] ⟨telb.zn.⟩ **0.1** ***Oxfordiaan*** **0.2** ***Oxforder.***

Oxonian² ⟨bn.⟩ **0.1** ***van Oxford.***

'ox·peck·er ⟨telb.zn.⟩ ⟨dierk.⟩ **0.1** ***ossepikker*** ⟨genus Buphagus⟩.

'ox·tail ⟨f1⟩ ⟨telb.zn.⟩ **0.1** ***ossestaart.***

'oxtail 'soup ⟨f1⟩ ⟨n.-telb.zn.⟩ **0.1** ***ossestaartsoep.***

ox·ter¹ ['ɒkstə‖'ɑkstər] ⟨telb.zn.⟩ ⟨Sch.E, gew.⟩ **0.1** ***oksel.***

oxter² ⟨ov.ww.⟩ ⟨Sch.E, gew.⟩ **0.1** ***ondersteunen*** ⇒*onder de arm nemen.*

'ox·tongue ⟨f1⟩ ⟨telb.zn.⟩ **0.1** ***ossetong*** **0.2** ⟨plantk.⟩ ***ossetong*** ⟨Anchusa officinalis⟩ **0.3** ⟨plantk.⟩ ***bitterkruid*** ⟨genus Picris⟩.

ox·y- ['ɒksi‖'ɑksi] **0.1** ***oxy-*** ◆ **¶.1** oxygen *oxygenium, zuurstof.*

ox·y·a·cet·y·lene¹ ['ɒksɪə'setɪli:n‖'ɑksɪə'seṭli:n] ⟨n.-telb.zn.⟩ **0.1** ***acetyleen-zuurstofmengsel.***

oxyacetylene² ⟨bn., attr.⟩ **0.1** ***met acetyleen en zuurstof*** ◆ **1.1** ~ blowpipe/torch *lasbrander;* ~ burner *snijbrander, acetyleen(-zuurstof)brander* **3.1** ~ welding *(het) lassen met zuurstof en acetyleen.*

ox·y·ac·id ['ɒksiæsɪd‖'ɑk-] ⟨telb.zn.⟩ **0.1** ***oxyzuur.***

ox·y·carp·ous ['ɒksɪ'kɑ:pəs‖'ɑksɪ'kɑrpəs] ⟨bn.⟩ ⟨plantk.⟩ **0.1** ***met puntvormige vruchten.***

ox·y·ce·phal·ic ['ɒksɪsɪ'fælɪk‖'ɑk-], **ox·y·ceph·a·lous** [-'sefələs] ⟨bn.⟩ ⟨med.⟩ **0.1** ***oxycefaal*** ⇒*met puntvormige schedel.*

ox·y·ceph·a·ly ['ɒksɪ'sefəli‖'ɑk-] ⟨n.-telb.zn.⟩ ⟨med.⟩ **0.1** ***oxycefalie*** ⇒*torenschedel.*

ox·y·gas ['ɒksɪgæs‖'ɑk-] ⟨n.-telb.zn.⟩ **0.1** ***oxygas.***

ox·y·gen ['ɒksɪdʒən‖'ɑk-] ⟨f2⟩ ⟨n.-telb.zn.⟩ ⟨schei.⟩ **0.1** ***zuurstof*** ⇒*oxygenium* ⟨element 8⟩.

ox·y·gen·ate ['ɒksɪdʒəneɪt‖'ɑk-], **ox·y·gen·ize, -ise** [-naɪz] ⟨ov.ww.⟩ **0.1** ⟨schei.⟩ ***oxyderen*** ⇒*met zuurstof mengen/verbinden* **0.2** ***van zuurstof voorzien*** ⟨bloed⟩.

ox·y·gen·a·tion ['ɒksɪdʒə'neɪʃn‖'ɑk-]⟨n.-telb.zn.⟩⟨schei.⟩ **0.1** ***oxygenatie.***
ox·y·gen·ic ['ɒksɪ'dʒenɪk‖'ɑk-], **ox·yg·e·nous** [ɒk'sɪdʒənəs‖ɑk-] ⟨bn.; oxygenically; →bijw. 3⟩⟨schei.⟩ **0.1** ***zuurstof-*** ⇒*zuurstofhoudend.*
'oxygen mask ⟨f1⟩⟨telb.zn.⟩ **0.1** ***zuurstofmasker.***
'oxygen tent ⟨telb.zn.⟩ **0.1** ***zuurstoftent.***
ox·y·hae·mo·glo·bin, ⟨AE sp.⟩ **ox·y·he·mo·glo·bin** ['ɒksɪ hi:mə'gloʊbɪn‖'ɑksɪ'hi:məgloʊbɪn]⟨n.-telb.zn.⟩ **0.1** ***oxyhemoglobine.***
ox·y·hy·dro·gen ['ɒksɪ'haɪdrədʒən‖'ɑk-]⟨bn., attr.⟩ **0.1** ***knalgas-*** ◆ **1.1** ~ blowpipe *knalgasbrander;* ~ flame *knalgasvlam* **3.1** ~ welding *het autogeen lassen met knalgasvlam.*
ox·y·mo·ron ['ɒksɪ'mɔ:rɒn‖'ɑksɪ'mɔrɑn]⟨telb.zn.; oxymora [-'mɔ:rə]; →mv. 5⟩ **0.1** ***oxymoron*** ⟨stijlfiguur⟩.
ox·y·o·pi·a ['ɒksi'oʊpɪə‖'ɑk-]⟨n.-telb.zn.⟩ **0.1** ***oxyopie*** ⇒*scherpziendheid.*
ox·y·salt ['ɒksɪsɔ:lt‖'ɑksɪsɔlt]⟨telb.zn.⟩ **0.1** ***oxyzout.***
ox·y·to·cin ['ɒksɪ'toʊsɪn‖'ɑk-]⟨telb.zn.⟩⟨bioch.⟩ **0.1** ***oxytocine.***
oy·er ['ɔɪə‖'ɔɪər]⟨telb.zn.⟩⟨jur.⟩ **0.1** ***verhoor*** ⇒*rechtszitting* ◆ **1.1** ~ and terminer *verhoor, rechtszitting;* ⟨AE⟩ *hoog gerechtshof;* ⟨BE⟩ *rogatoire commissie.*
o·yez, o·yes [oʊ'jez, oʊ'jes]⟨tussenw.⟩⟨gesch., jur.⟩ **0.1** ***hoort!*** ⟨driemaal herhaalde uitroep door stadsomroeper of voor rechtszitting⟩.
oys·ter[1] ['ɔɪstə‖-ər]⟨f2⟩⟨zn.⟩
I ⟨telb.zn.⟩ **0.1** ***oester*** **0.2** ⟨fig.⟩ ***lekkernij*** ⇒*delicatesse* **0.3** ⟨sl.⟩ ***oester*** ⇒*zwijger* ◆ **2.3** mum as an ~ *gesloten als een oester;*
II ⟨n.-telb.zn.⟩ **0.1** ⟨verk.⟩ ⟨oyster white⟩.
oyster[2] ⟨onov.ww.⟩ **0.1** ***oesters vissen/vangen.***
'oyster bank ⟨telb.zn.⟩ **0.1** ***oesterbank.***
'oyster bar ⟨telb.zn.⟩ **0.1** ***oesterbar*** ⟨(in) restaurant⟩.
'oyster bed ⟨telb.zn.⟩ **0.1** ***oesterbed.***
'oyster brood ⟨n.-telb.zn.⟩ **0.1** ***oesterbroed.***
'oys·ter·catch·er, 'oys·ter·bird ⟨telb.zn.⟩⟨dierk.⟩ **0.1** ***scholekster*** ⟨genus Haematopus⟩.
'oyster culture ⟨n.-telb.zn.⟩ **0.1** ***oesterteelt*** ⇒*oestercultuur.*
'oys·ter-'cul·tur·ist ⟨telb.zn.⟩ **0.1** ***oesterkweker.***
'oyster dredge ⟨telb.zn.⟩ **0.1** ***oesterkor*** ⇒*oesternet.*
'oyster dredging ⟨n.-telb.zn.⟩ **0.1** ***oestervangst.***
'oyster farm ⟨f1⟩⟨telb.zn.⟩ **0.1** ***oesterkwekerij.***
'oyster knife ⟨telb.zn.⟩ **0.1** ***oestermes.***
'oyster park ⟨telb.zn.⟩ **0.1** ***oesterbed*** **0.2** ***oesterkwekerij.***
'oyster plant ⟨telb.zn.⟩ **0.1** ***schorseneer.***
'oys·ter·seed ⟨n.-telb.zn.⟩ **0.1** ***oesterzaad*** ⇒*oesterbroed.*
'oys·ter·shell ⟨telb.zn.⟩ **0.1** ***oesterschelp.***
'oyster spat ⟨telb. en n.-telb.zn.⟩ **0.1** ***oesterbroed*** ⇒*oesterzaad.*
'oyster 'white ⟨n.-telb.zn.⟩ **0.1** ***oesterwit*** ⇒*grijswit.*
oz ⟨afk.⟩ ounce(s).
Oz [ɒz‖ɑz]⟨eig.n.⟩⟨Austr. E; sl.⟩ **0.1** ***Australië.***
o·zo·ce·rite ['oʊzoʊ'sɪəraɪt‖'oʊzə'sɪraɪt], **o·zo·ke·rite** [-'kɪəraɪt‖-'kɪraɪt]⟨n.-telb.zn.⟩ **0.1** ***ozokeriet*** ⇒*aardwas.*
o·zone ['oʊzoʊn]⟨f1⟩⟨n.-telb.zn.⟩ **0.1** ⟨schei.⟩ ***ozon*** **0.2** ⟨inf.⟩ ***frisse/zuivere lucht*** **0.3** ⟨inf.⟩ ***opbeurende invloed.***
'ozone depletion ⟨n.-telb.zn.⟩ **0.1** ***ozonafbraak*** ⇒*ozonvermindering.*
'ozone hole ⟨telb.zn.⟩ **0.1** ***gat in ozonlaag.***
'ozone layer ⟨telb.zn.⟩ **0.1** ***ozonlaag.***
o·zon·er ['oʊzoʊnə‖-ər]⟨telb.zn.⟩⟨sl.⟩ **0.1** ***openluchtbioscoop/theater.***
'ozone shield ⟨telb.zn.⟩ **0.1** ***ozonlaag.***
o·zo·nic [oʊ'zɒnɪk‖-'zɑ-], **o·zon·ous** ['oʊzoʊnəs]⟨bn.⟩ **0.1** ***ozon-*** ⇒*ozonhoudend.*
o·zo·nize ['oʊzoʊnaɪz]⟨ov.ww.⟩ **0.1** ***ozoniseren*** ⇒*in ozon omzetten, met ozon vullen/behandelen, tot ozon omvormen.*
o·zon·iz·er ['oʊzoʊnaɪzə‖-ər]⟨telb.zn.⟩⟨tech.⟩ **0.1** ***ozonisator.***
oztr, ⟨AE⟩ **ozt, oz t** ⟨afk.⟩ troy ounce(s).
'Oz·zie ['ɒzi:‖'ɑzi:]⟨telb.zn.⟩⟨Austr. E; sl.⟩ **0.1** ***Australiër.***

p[1], **P** [pi:]⟨telb.zn.; p's, P's, zelden ps, Ps⟩ **0.1** ***(de letter) p, P*** ◆ **3.¶** mind/watch one's ~'s and q's *op zijn woorden/tellen passen, zijn woorden wikken en wegen.*
p[2] ⟨afk.⟩ **0.1** ⟨page, piano⟩ ***p.*** **0.2** ⟨part, participle, (decimal) penny/pence, per, perch(es), peseta, peso, pico-, pint, pipe, pole, population, pro, proton, purl⟩.
p[3], **P** ⟨afk.⟩ president, prince.
P ⟨afk.⟩ **0.1** ⟨parking⟩ ***P*** **0.2** ⟨priest⟩ ***pr.*** **0.3** ⟨parity, pawn, poise, pressure⟩.
pa[1] [pɑ:]⟨f2⟩⟨telb.zn.⟩⟨inf.⟩ **0.1** ***pa*** ⇒*va* **0.2** →pah.
pa[2] ⟨afk.⟩ per annum.
Pa ⟨afk.⟩ Pennsylvania.
PA, PA ⟨afk.⟩ personal assistant, press agent, Press Association, prosecuting attorney, public address (system).
P/A ⟨afk.⟩ power of attorney, private account.
pab·u·lum ['pæbjʊləm‖-bjə-]⟨n.-telb.zn.⟩⟨schr.; fig.⟩ **0.1** ***voedsel*** ◆ **2.1** mental ~ *voedsel voor de geest, geestelijk voedsel.*
PABX ⟨afk.⟩ private automatic branch (telephone) exchange ⟨BE⟩.
pac, pack [pæk]⟨telb.zn.⟩ **0.1** ***mocassin*** ⟨in laars gedragen⟩.
PAC ⟨afk.⟩ Public Affairs Committee.
pa·ca ['pækə, 'pɑ:kə]⟨telb.zn.⟩⟨dierk.⟩ **0.1** ***paca*** ⟨Cuniculus paca⟩.
pace[1] [peɪs]⟨f3⟩⟨telb.zn.⟩ **0.1** ***pas*** ⇒*stap, schrede, tred(e)* **0.2** ***gang*** ⇒*pas, loop, telgang, tred, pasgang* **0.3** ***tempo*** ⇒*snelheid, gang, tred, pace* ◆ **1.2** the ~s of a horse *de gangen v.h. paard* **1.3** ⟨vnl. sport⟩ change of ~ *tempowisseling* **3.2** put a horse through its ~s *een paard laten voordraven* **3.3** force the ~ *het tempo opdrijven;* ⟨fig.⟩ *de zaak/de gang v. zaken forceren;* go the ~ *er een flinke tred in zetten;* ⟨fig.⟩ *er op los leven;* keep ~ (with) *gelijke tred houden (met);* keep one's ~ *niet te veel van zijn krachten vergen;* mend one's ~ *zijn tred verhaasten;* set/make the ~ (for s.o.) *het tempo aangeven (voor iem.);* ⟨fig.⟩ *de toon aangeven;* slow down one's ~ *zijn gang vertragen;* stand/stay the ~ *het tempo aanhouden/volhouden* **3.¶** go through one's ~s *tonen wat iem. kan;* put s.o. through his ~s *iem. uittesten/aan de tand voelen/laten tonen wat hij kan;* show (off) one's ~s *laten zien wat men kan* **6.3** **at** a slow ~ *met een trage gang, langzaam, rustig;* **at** a good ~ *met flinke/vaste tred, met een flinke vaart;* ⟨sl.; sport⟩ **off** the ~ *(op de) tweede plaats;* **within** one's ~ *volgens zijn eigen tempo, zonder (zich) te forceren.*
pace[2] ⟨f3⟩⟨ww.⟩ →paced, pacing
I ⟨onov.ww.⟩ **0.1** ***stappen*** ⇒*kuieren* **0.2** ***in de telgang gaan/lopen*** ⟨v. paard⟩ ◆ **5.1** ~ **up** and **down** *op en neer lopen/stappen, ijsbe-*

ren;
II ⟨ov.ww.⟩ **0.1** ***op en neer stappen in*** ⇒*aftreden* **0.2** ***afstappen*** ⇒*afpassen, aftreden* **0.3** ***het tempo aangeven voor*** ⇒*gang maken, pacen* **0.4** ***in de telgang doen gaan/lopen*** ⟨paard⟩ ◆ **1.1** ~ a room *heen en weer lopen in een kamer* **5.2** ~ **off/out** *afpassen.*

pa·ce³ ['peɪsi]⟨vz.⟩⟨schr.⟩ **0.1** ***met alle respect voor*** ◆ **1.1** ~ Prof. M. I disagree *met alle respect voor Prof. M., ik ben het niet met hem eens.*

'pace bowler, 'pace man ⟨telb.zn.⟩⟨cricket⟩ **0.1** ***snelle bowler.***

paced [peɪst]⟨bn.; volt. deelw. v. pace⟩ **0.1** ***afgepast*** ⇒*afgemeten* **0.2** ⟨sport⟩ ***met gangmaker*** ⇒⟨atletiek⟩ *met haas.*

'pace·line ⟨telb.zn.⟩⟨wielrennen⟩ **0.1** ***(renners)lint.***

'pace·mak·er, ⟨in bet. 0.1 en 0.2 vnl. AE ook⟩ **'pace·set·ter** ⟨f1⟩ ⟨telb.zn.⟩ **0.1** ⟨sport⟩ ***gangmaker*** ⇒*pacemaker;* ⟨atletiek⟩ *haas, tempoloper* **0.2** ***koploper*** ⇒*leider, toonaangever* **0.3** ⟨med.⟩ ***pacemaker.***

pac·er ['peɪsə‖-ər]⟨telb.zn.⟩ **0.1** ***gangmaker*** **0.2** ***telganger*** **0.3** ***wadloper*** ⟨type trein⟩ **0.4** →pacemaker 0.1.

pacha →pasha.

pa·chin·ko [pə'tʃɪŋkoʊ]⟨telb. en n.-telb.zn.⟩ **0.1** ***pachinko.***

pa·chi·si [pə'tʃi:zi]⟨n.-telb.zn.⟩ **0.1** ***pachisi*** ⟨Indisch soort triktrak⟩.

pach·y·derm ['pækɪdɜ:m‖-dɜrm]⟨telb.zn.⟩ **0.1** ***pachyderm*** ⇒*dikhuid(ige)* ⟨ook fig.⟩.

pach·y·der·ma·tous ['pækɪ'dɜ:mətəs‖-'dɜrməţəs], **pach·y·der·mous** [-'dɜ:məs‖-'dɜr-]⟨bn.⟩ **0.1** ***dikhuidig*** ⇒*pachydermisch* ⟨ook fig.⟩.

pa·cif·ic [pə'sɪfɪk]⟨f2⟩⟨bn.; -ally; →bijw. 3⟩
I ⟨bn.⟩ **0.1** ***vreedzaam*** ⇒*vredelievend;*
II ⟨bn., attr.; P-⟩ **0.1** ***mbt. de Grote Oceaan*** ◆ **1.1** the Pacific Ocean *de Grote Oceaan, de Stille Oceaan/Zuidzee;* Pacific Time *tijd in de zone langs de Grote Oceaan* ⟨in Amerika⟩.

Pa·cif·ic [pə'sɪfɪk]⟨eig.n.; the⟩ **0.1** ***(de) Grote/Stille Oceaan*** ⇒*(de) Stille Zuidzee, (de) Pacific.*

pac·i·fi·ca·tion ['pæsɪfɪ'keɪʃn]⟨f1⟩⟨telb. en n.-telb.zn.⟩⟨schr.⟩ **0.1** ***pacificatie*** ⇒*vrede(sluiting), vredesverdrag* ◆ **1.1** the Pacification of Ghent *de pacificatie v. Gent.*

pa·cif·i·ca·tor ['pæsɪfɪkeɪtə‖-keɪţər]⟨telb.zn.⟩⟨schr.⟩ **0.1** ***pacificator*** ⇒*vredestichter.*

pa·cif·i·ca·to·ry [pə'sɪfɪkətri‖-tɔri]⟨bn.⟩⟨schr.⟩ **0.1** ***vreedzaam*** ⇒*vredelievend, vredes-.*

pac·i·fi·er ['pæsɪfaɪə‖-ər]⟨f1⟩⟨telb.zn.⟩ **0.1** ⟨vnl. AE⟩ ***fopspeen*** **0.2** ⟨vnl. AE⟩ ***bijtring*** **0.3** ⟨schr.⟩ ***pacificator*** ⇒*vredestichter.*

pac·i·fism ['pæsɪfɪzm]⟨f1⟩⟨n.-telb.zn.⟩ **0.1** ***pacifisme.***

pac·i·fist¹ ['pæsɪfɪst]⟨f1⟩⟨telb.zn.⟩ **0.1** ***pacifist.***

pacifist², pac·i·fis·tic ['pæsɪ'fɪstɪk]⟨f1⟩⟨bn.⟩ **0.1** ***pacifistisch.***

pac·i·fy ['pæsɪfaɪ]⟨f1⟩⟨ov.ww.; →ww. 7⟩ **0.1** ***pacificeren*** ⇒*pacifiëren, bedaren, kalmeren, stillen, tot rust/bedaren/vrede brengen.*

pac·ing ['peɪsɪŋ]⟨telb. en n.-telb.zn.; gerund v. pace⟩ **0.1** ***harddraverij*** ⟨met sulky, voor telgangers⟩.

pack¹ [pæk]⟨f3⟩⟨zn.⟩⟨→sprw. 157⟩
I ⟨telb.zn.⟩ **0.1** ***pak*** ⇒*bundel, (rug)zak; last; ransel, bepakking; mars* ⟨v. kramer⟩; *verpakking; pakket* **0.2** ***pak*** ⇒*hoop, collectie; pak vis/vlees/fruit; (verpakte) vangst/oogst* ⟨v.e. seizoen⟩; ⟨BE⟩ *pak/spel kaarten;* ⟨AE⟩ *pakje* ⟨sigaretten⟩ **0.3** ***veld v. pakijs*** **0.4** ⟨med.⟩ ***kompres*** ⇒*(natte) omslag* **0.5** ⟨cosmetica⟩ ***(klei)masker*** **0.6** →pac ◆ **1.2** ~ of lies *pak leugens;* ~ of nonsense *hoop onzin;* this season's ~ of salmon *de zalmvangst v. dit seizoen;*
II ⟨telb. en n.-telb.zn.⟩ **0.1** ***pakijs;***
III ⟨verz.n.⟩ **0.1** ***troep*** ⇒*bende, groep, afdeling; horde, meute; vloot;* ⟨sport⟩ *peloton;* ⟨rugby⟩ *pack* ⟨de voorwaartsen v.e. team bij een scrum⟩ ◆ **1.1** ~ of hounds *meute honden;* ~ of thieves *bende dieven* **3.1** ⟨fig.⟩ hunt in the same ~ *hetzelfde doel nastreven, hetzelfde wild najagen.*

pack² ⟨f3⟩⟨ww.⟩ →packed, packing
I ⟨onov.ww.⟩ **0.1** ***(in)pakken*** ⇒*zijn koffer pakken* **0.2** ***inpakken*** ⇒*zich laten inpakken* **0.3** ***samenklitten*** ⇒*samenklonteren, samentroepen, zich verenigen, zich ophopen* **0.4** ***opkrassen*** ⇒*opkarren, zijn biezen/boeltje pakken, zich wegpakken;* ⟨sport, i.h.b. wielrennen⟩ *opgeven* **0.5** ***pakken dragen*** ◆ **1.2** dishes ~ more easily than cups *borden zijn gemakkelijker in te pakken dan kopjes* **1.3** the rain made the dirt ~ *de regen deed de grond samenpakken* **5.3** ⟨rugby⟩ ~ **down** *een scrum vormen;* ~ **up** *zich samenpakken* **5.4** ~ **away/off** (to) *opkrassen (naar);* ⟨inf.⟩ ~ **in/up** *opkrassen, zijn biezen pakken, het opgeven, het begeven* ⟨ook v. machine⟩; ⟨inf.⟩ ~ **up** on s.o. *iem. in de steek laten* **6.3** ~ **into** an overcrowded bus *zich verdringen in een propvolle bus* **6.4** ~ **into** the mountains *met pak en zak de bergen intrekken;*
II ⟨ov.ww.⟩ **0.1** ***(in)pakken*** ⇒*verpakken; inmaken* ⟨fruit enz.⟩ **0.2** ***samenpakken*** ⇒*samenpersen, ophopen* **0.3** ***wegsturen*** ⇒*doen opkrassen* **0.4** ***bepakken*** ⇒*beladen, volproppen, opvullen, dichten* **0.5** ***inwikkelen*** ⇒*omsluiten, omwikkelen* **0.6** ⟨med.⟩ ***van een kompres voorzien*** **0.7** ***manipuleren*** ⇒*partijdig samenstellen* ⟨jury⟩ **0.8** ⟨vnl. AE; inf.⟩ ***op zak hebben*** ⇒*bij de hand hebben* **0.9** ⟨scheep.⟩ ***bijzetten*** ⟨zeilen⟩ ◆ **1.1** ⟨fig.⟩ ~ one's bags *zijn biezen pakken;* ~ed lunch *lunchpakket* **1.2** ~ clay and straw into bricks *klei en stro tot stenen persen* **1.4** ~ a valve *een kraan dichten* **1.8** ~ a pistol *een revolver dragen* **5.2** ~ **in** crowds *volle zalen trekken* **5.3** ~ s.o. **off** *iem. (ver) wegsturen* **5.4** ~ **out** *volproppen;* ⟨inf.⟩ ~ed **out** *overvol, propvol* **5.9** ~ **on** all sails *alle zeilen bijzetten* **5.¶** ⟨inf.⟩ ~ it **in** *er alles uithalen; toegeven* ⟨mislukking⟩; ⟨inf.⟩ ~ it **in/up** *ermee ophouden.*

pack·a·ble ['pækəbl]⟨bn.⟩ **0.1** ***in/verpakbaar.***

pack·age¹ ['pækɪdʒ]⟨f3⟩⟨telb.zn.⟩ **0.1** ***pakket*** ⇒*pak(je), bundel;* ⟨comp.⟩ *programmapakket, standaardprogramma* **0.2** ***verpakking*** ⇒*emballage, doos, zak, baal* **0.3** ⟨sl.⟩ ***stoot*** ⇒*sexy meisje* **0.4** ⟨sl.⟩ ***massa geld*** **0.5** →package deal ◆ **1.1** ⟨AE⟩ a ~ of cigarettes *een pakje sigaretten* **1.2** number of ~s *aantal colli* **3.¶** ⟨sl.⟩ have a ~ (on) *bezopen zijn.*

package² ⟨f2⟩⟨ov.ww.⟩ →packaging **0.1** ***verpakken*** ⇒*inpakken* **0.2** ***groeperen*** ⇒*ordenen.*

'package deal ⟨f1⟩⟨telb.zn.⟩ **0.1** ***speciale aanbieding*** **0.2** ***package-deal*** ⇒*koppeltransactie, koppelverkoop.*

'package holiday, 'package tour ⟨f1⟩⟨telb.zn.⟩ **0.1** ***geheel verzorgde vakantie*** ⇒*georganiseerde reis.*

'package offer ⟨telb.zn.⟩ **0.1** ***speciale aanbieding.***

'package store ⟨telb.zn.⟩ **0.1** ***drankwinkel*** ⇒*slijterij.*

pack·ag·ing ['pækɪdʒɪŋ]⟨telb. en n.-telb.zn.; (oorspr.) gerund v. package⟩ **0.1** ***verpakking.***

'pack animal ⟨telb.zn.⟩ **0.1** ***pakdier*** ⇒*lastdier.*

'pack drill ⟨telb. en n.-telb.zn.⟩⟨mil.⟩⟨→sprw. 506⟩ **0.1** ***strafexercitie.***

packed [pækt]⟨f1⟩⟨bn.; volt. deelw. v. pack⟩ **0.1** →pack **0.2** ***opeengepakt*** **0.3** ***volgepropt*** ⇒*overvol* ⟨vnl. met mensen⟩ ◆ **1.2** ~ (in/together) like sardines *als haringen opeengepakt* **6.3** the theatre was ~ **with** people *het theater was afgeladen.*

pack·er ['pækə‖-ər]⟨f1⟩⟨telb.zn.⟩ **0.1** ***(in)pakker*** ⇒*emballeur, verpakker* ⟨vnl. v. voedingswaren⟩ **0.2** ***groothandelaar*** ⇒*conservenfabrikant* **0.3** ***pakmachine*** **0.4** ***perser*** ⇒*persmachine* **0.5** ***drager*** **0.6** ⟨vero.; Austr. E⟩ ***pakpaard*** **0.7** ***vulstuk*** ⇒*inzetstuk, tussenstuk.*

pack·et¹ [pækɪt]⟨f2⟩⟨telb.zn.⟩ **0.1** ***pak(je)*** **0.2** ⟨inf.⟩ ***pak/bom geld*** **0.3** ***pakketboot*** ◆ **1.1** a ~ of cigarettes *een pakje sigaretten;* ~ soup *soep uit een pakje;* ⟨fig.⟩ a ~ of trouble *een hoop last* **3.¶** ⟨BE; sl.⟩ catch/cop/get/stop a ~ *zich in de nesten werken, harde klappen krijgen, (zwaar) gewond raken.*

packet² ⟨ov.ww.⟩ **0.1** ***verpakken*** ⇒*inpakken.*

'packet boat ⟨telb.zn.⟩ **0.1** ***pakketboot*** ⇒*pakketvaartuig.*

'pack·horse ⟨telb.zn.⟩ **0.1** ***pakpaard*** ⇒*lastpaard.*

'pack ice ⟨n.-telb.zn.⟩ **0.1** ***pakijs.***

pack·ing ['pækɪŋ]⟨f2⟩⟨zn.; gerund v. pack⟩
I ⟨telb. en n.-telb.zn.⟩ **0.1** ***verpakking*** **0.2** ***pakking*** ⇒*dichtingsmiddel, opvulsel, vulling, vulplaat;*
II ⟨n.-telb.zn.⟩⟨med.⟩ **0.1** ***het kompressen leggen.***

'packing box, 'packing case, ⟨in bet. 0.2 ook⟩ **'packing gland** ⟨telb.zn.⟩ **0.1** ***pakkist*** **0.2** ***pakkingbus.***

'packing cloth ⟨n.-telb.zn.⟩ **0.1** ***paklinnen.***

'pack·ing house, 'packing plant, 'packing station ⟨telb.zn.⟩ **0.1** ***verpakkingsbedrijf*** ⟨voor levensmiddelen⟩ **0.2** ***conservenfabriek.***

'packing list ⟨telb.zn.⟩⟨hand.⟩ **0.1** ***paklijst.***

'packing material ⟨telb. en n.-telb.zn.⟩ **0.1** ***verpakkingsmateriaal*** ⇒*emballage.*

'packing needle ⟨telb.zn.⟩ **0.1** ***paknaald.***

'packing piece ⟨telb.zn.⟩ **0.1** ***vulstuk*** ⇒*tussenstuk.*

'packing press, 'packing screw ⟨telb.zn.⟩ **0.1** ***pakpers.***

'packing ring ⟨telb.zn.⟩ **0.1** ***pakkingring.***

'packing room ⟨telb.zn.⟩ **0.1** ***pakkamer.***

'packing sheet ⟨telb. en n.-telb.zn.⟩ **0.1** ***pakdoek*** ⇒*paklinnen* **0.2** ⟨med.⟩ ***kompresdoek*** **0.3** ⟨hand.⟩ ***paklijst.***

'pack rat ⟨telb.zn.⟩⟨AE⟩ **0.1** ⟨dierk.⟩ ***hamsterrat*** ⟨Neotoma Cinerea⟩ **0.2** ⟨sl.⟩ ***kruimeldief*** **0.3** ⟨sl.⟩ ***verzamelaar*** **0.4** ⟨sl.⟩ ***kruier.***

'pack·sack ⟨telb.zn.⟩ **0.1** ***rugzak.***

'pack·sad·dle ⟨telb.zn.⟩ **0.1** ***pakzadel.***

'pack·thread ⟨n.-telb.zn.⟩ **0.1** ***pakgaren.***

'pack·train ⟨telb.zn.⟩ **0.1** ***groep pakdieren.***

pact [pækt]⟨f1⟩⟨telb.zn.⟩ **0.1** ***pact*** ⇒*verdrag, overeenkomst, verbond.*

pad¹ [pæd]⟨f3⟩⟨telb.zn.⟩ **0.1** ⟨ben. voor⟩ ***kussen(tje)*** ⇒*vulkussen, opvulling, opvulsel; stootkussen, bekleding, beschermlaag; onderlegger; inktkussen, stempelkussen;* ⟨cricket⟩ *beenbeschermer; dempingslid* ⟨v. telefoon⟩ **0.2** ***dameszadel*** ⇒*zacht zadel; olifantenzadel* **0.3** ***blok papier*** ⇒*blocnote, schrijfblok, tekenblok; vloei-*

blok, vloeiboek, buvard **0.4** ***(landings/lanceer)platform*** ⟨voor helicopter, raket⟩ **0.5** ***zoolkussen(tje)*** ⟨v. dier⟩ ⇒*poot* ⟨v. vos, haas enz.⟩; *muis* ⟨v. hand⟩; *spoor, afdruk* ⟨ook v. vinger⟩ **0.6** ***gedempt geluid*** **0.7** ***handvat*** ⟨voor verschillende werktuigen⟩ **0.8** ⟨vnl. gew.⟩ ***mand*** ⟨als maat⟩ **0.9** ***zeester*** **0.10** ⟨AE⟩ ***drijfblad*** ⟨v. waterplanten⟩ **0.11** ⟨sl.⟩ ***bed*** ⇒*verblijf, huis* **0.12** ⟨sl.⟩ ***steekpenning*** **0.13** ⟨vero.⟩ ***licht lopend paard*** ⇒*telganger* **0.14** ⟨vero.; sl.⟩ ***pad*** ⇒*weg* **0.15** ⟨sl.⟩ ***kentekenplaat*** **0.16** ⟨sl.⟩ ***lijst v. omgekochte personen*** ◆ **1.14** gentleman/knight/squire of the ~ *struikrover* **3.11** ⟨sl.⟩ hit/knock the ~ *gaan zitten* **6.12** be **on** the ~ *steekpenningen krijgen* ⟨i.h.b. politieman⟩.

pad[2] ⟨f2⟩ ⟨ww.; →ww. 7⟩ →padding
 I ⟨onov.ww.⟩ **0.1** ***draven*** ⇒*trippelen* **0.2** ***lopen*** ⇒*stappen, te voet gaan/dolen/zwerven* ◆ **5.1** ~ **along** *meelopen* ⟨v. hond enz.⟩;
 II ⟨ov.ww.⟩ **0.1** ***(op)vullen*** ⇒*stofferen, bekleden, watteren, capitonneren, van kussens voorzien* **0.2** ***overladen*** ⇒*rekken* ⟨zin, tekst enz.⟩ **0.3** ***aflopen*** ⇒*lopen/zwerven langs* ◆ **1.1** ~ded cell *gecapitonneerde isoleercel* **1.2** ~ a bill *een te hoge rekening maken, fictieve posten op zijn rekening zetten* **4.3** ⟨BE; sl.⟩ ~ it *te voet gaan* **5.1** ~ **out** with *opvullen met* **5.2** ~ded **out** with references *overladen met referenties*.

padauk →padouk.

pad·ding ['pædɪŋ] ⟨f1⟩ ⟨n.-telb.zn.; gerund v. pad⟩ **0.1** ***opvulling*** ⇒*(op)vulsel* **0.2** ***bladvulling/vulsel***.

pad·dle[1] ['pædl] ⟨f2⟩ ⟨telb.zn.⟩ **0.1** ***paddel*** ⇒*peddel, pagaai, roeispaan, riem(blad)* **0.2** ***paddel*** ⇒*schoep, bord* ⟨v. scheprad⟩ **0.3** ⟨ben. voor⟩ ***paddelvormig instrument*** ⇒*grote lepel; spatel; wasbord; bat* ⟨voor tafeltennis⟩; *palet* ⟨v. pottenbakker⟩ **0.4** ⟨dierk.⟩ ***vin*** ⇒*zwempoot/voet* **0.5** ***raderboot*** **0.6** ***scheprad*** **0.7** ***paddeltochtje*** ◆ **2.1** double ~ *paddel met twee bladen* **3.7** go for a ~ *gaan paddelen*.

paddle[2] ⟨f2⟩ ⟨ww.⟩
 I ⟨onov.ww.⟩ **0.1** ***pootjebaden*** ⇒*plassen (met water), waden, kalmpjes zwemmen* **0.2** ***waggelen*** ⇒*trippelen, met onvaste pasjes lopen* ⟨v. kind⟩;
 II ⟨onov. en ov.ww.⟩ **0.1** ***(voort)paddelen*** ⇒*pagaaien, rustig roeien;*
 III ⟨ov.ww.⟩ ⟨vnl. AE; inf.⟩ **0.1** ***voor de billen geven*** ⟨met plat voorwerp⟩ ⇒*een pak slaag geven, klappen/ervan langs geven*.

'paddle ball ⟨n.-telb.zn.⟩ ⟨AE⟩ **0.1** ***(soort) squash*** ⟨met houten racket⟩.

'paddle boat, 'paddle steamer ⟨telb.zn.⟩ **0.1** ***rader(stoom)boot***.

'paddle box ⟨telb.zn.⟩ ⟨scheep.⟩ **0.1** ***raderkast***.

'pad·dle·fish ⟨telb.zn.; ook paddlefish; →mv. 4⟩ ⟨dierk.⟩ **0.1** ***lepelsteur*** ⟨fam. Polyodontidae; i.h.b. Polyodon spathula⟩ **0.2** ***zwaardsteur*** ⟨Psephurus gladius⟩.

'paddle wheel ⟨telb.zn.⟩ **0.1** ***scheprad***.

'paddling pool ⟨telb.zn.⟩ **0.1** ***pierenbad*** ⇒*pierenbak, kinder(zwem)bad*.

pad·dock ['pædək] ⟨f2⟩ ⟨telb.zn.⟩ **0.1** ***paddock*** ⇒*omheinde wei* ⟨bij stal of renbaan⟩ **0.2** ⟨Austr. E⟩ ***(omheind) veld*** ⇒*(omheinde) akker/wei* **0.3** ⟨vero., gew.; vnl. BE⟩ ***pad*** ⇒*kikvors*.

pad·dy ['pædi] ⟨f1⟩ ⟨zn.; →mv. 2⟩
 I ⟨eig.n.; P-⟩ **0.1** ***Pat*** ⇒*Patrick;*
 II ⟨telb.zn.⟩ **0.1** ⟨P-⟩ ⟨inf.⟩ ***Ier*** **0.2** ⟨sl.⟩ ***sul*** ⇒*lul* **0.3** ⟨AE; sl.; bel.⟩ ***bleekscheet*** ⇒*blanke* **0.4** ⟨verk.⟩ ⟨paddybird, paddy field, paddywhack⟩;
 III ⟨n.-telb.zn.⟩ **0.1** ⟨verk.⟩ ⟨paddy rice⟩ ***padie*** ⟨rijst⟩.

'pad·dy·bird ⟨telb.zn.⟩ ⟨dierk.⟩ **0.1** ***rijstvogel*** ⟨Padda oryzivora⟩.

'paddy field ⟨telb.zn.⟩ **0.1** ***padieveld*** ⇒*rijstveld*.

'paddy rice ⟨n.-telb.zn.⟩ **0.1** ***padie***.

'paddy wagon ⟨telb.zn.⟩ ⟨AE; inf.⟩ **0.1** ***boevenwagen*** ⇒*gevangenwagen, arrestantenauto, politiebusje*.

pad·dy·whack[1] ['pædiwæk] ⟨telb.zn.⟩ **0.1** ⟨vaak P-⟩ ⟨sl.⟩ ***Ier*** **0.2** ⟨vnl. BE; inf.⟩ ***woedeaanval*** ⇒*woedeuitbarsting, boze bui* **0.3** ***pak slaag***.

paddywhack[2] ⟨ov.ww.⟩ **0.1** ***een pak slaag geven*** ⇒*afstraffen*.

pad·e·mel·on, pad·dy·mel·on ['pædimelən] ⟨telb.zn.; ook pademelon, paddymelon; →mv. 4⟩ **0.1** ***kleine kangoeroe***.

'pad horse, 'pad·nag ⟨telb.zn.⟩ **0.1** ***licht lopend paard*** ⇒*telganger, draver*.

pa·di·shah ['pɑ:dɪʃɑ:] ⟨telb.zn.⟩ **0.1** ⟨vaak P-⟩ ***padisjah*** ⇒*sjah, sultan, keizer, heerser* **0.2** ⟨vnl. AE; inf.⟩ ***hoge piet*** ⇒*hoge ome*.

pad·lock[1] ['pædlɒk‖-lɑk] ⟨f1⟩ ⟨telb.zn.⟩ ⟨→sprw. 722⟩ **0.1** ***hangslot***.

padlock[2] ⟨ov.ww.⟩ **0.1** ***met een hangslot vastmaken***.

pa·douk, pa·dauk [pə'daʊk] ⟨zn.⟩
 I ⟨telb.zn.⟩ ⟨plantk.⟩ **0.1** ***padoekboom*** ⟨genus Pterocarpus⟩;
 II ⟨n.-telb.zn.⟩ **0.1** ***padoek(hout)***.

pa·dre ['pɑ:dri‖'padreɪ] ⟨f1⟩ ⟨telb.zn.; vaak P-⟩ **0.1** ***padre*** ⟨aanspreektitel voor priester, vnl. in Latijns Amerika, Spanje, Italië⟩ **0.2** ⟨inf.⟩ ***aal(moezenier)*** ⇒*veld/vlootpredikant* **0.3** ⟨vnl. BE; inf.⟩ ***dominee***.

pa·dro·ne [pə'droʊni‖-neɪ] ⟨telb.zn.; ook padroni [-ni:]; →mv. 5⟩ **0.1** ***patroon*** ⇒*baas, meester* **0.2** ***eigenaar*** ⇒*huisbaas* **0.3** ***waard*** ⟨v. herberg⟩.

'pad saw ⟨telb.zn.⟩ ⟨tech.⟩ **0.1** ***(smalle) handzaag***.

pad·u·a·soy ['pædʒʊəsɔɪ] ⟨zn.⟩
 I ⟨telb.zn.⟩ **0.1** ***paduazijden kledingstuk;***
 II ⟨n.-telb.zn.⟩ **0.1** ***paduazijde***.

pae·an, pe·an ['pi:ən] ⟨telb.zn.⟩ **0.1** ***paean*** ⇒*overwinnings/triomflied, lofzang, danklied*.

paed-, paedo- →ped-, pedo-.

paederast →pederast.

paederasty →pederasty.

paediatric →pediatric.

paediatrician →pediatrician.

paediatrics →pediatrics.

paediatrist →pediatrician.

pae·do·gen·e·sis, pe·do·gen·e·sis ['pi:doʊ'dʒenɪsɪs] ⟨n.-telb.zn.⟩ **0.1** ***pedogenesis*** ⟨het levende larven baren v.d. made⟩.

pae·dol·o·gy, ⟨AE sp. ook⟩ **pe·dol·o·gy** [pi:'dɒlədʒi‖-'dɑ-] ⟨n.-telb.zn.⟩ **0.1** ***kinderontwikkelingspsychologie*** ⇒*kindergedragswetenschap*.

pa·e·lla [paɪ'elə‖pɑ-] ⟨telb. en n.-telb.zn.⟩ **0.1** ***paella*** ⟨Spaanse schotel⟩.

pae·on ['pi:ən] ⟨telb.zn.⟩ **0.1** ***metrische versvoet***.

paeony →peony.

pa·gan[1] ['peɪgən] ⟨f1⟩ ⟨telb.zn.⟩ **0.1** ***heiden*** ⇒*ongelovige, goddeloze*.

pagan[2], **pa·gan·ish** ['peɪgənɪʃ] ⟨f2⟩ ⟨bn.⟩ **0.1** ***heidens*** ⇒*ongelovig, goddeloos, ongodsdienstig*.

pa·gan·dom ['peɪgəndəm], **pa·gan·ism** [-ɪzm] ⟨n.-telb.zn.⟩ **0.1** ***heidendom*** ⇒*afgodendienst*.

pa·gan·ize ['peɪgənaɪz] ⟨ww.⟩
 I ⟨onov.ww.⟩ **0.1** ***heidens worden;***
 II ⟨ov.ww.⟩ **0.1** ***heidens maken***.

page[1] [peɪdʒ] ⟨f4⟩ ⟨telb.zn.⟩ **0.1** ***pagina*** ⇒*bladzijde* **0.2** ***page*** ⇒*(schild)knaap, wapendrager; hofjonker, livreijongen, piccolo; bruidsjonker, sleepdrager*.

page[2] [pɑ:ʒ] ⟨telb.zn.⟩ ◆ **6.¶** **à la** ~ *modieus, naar de laatste mode*.

page[3] [peɪdʒ] ⟨f1⟩ ⟨ww.⟩ →paging
 I ⟨onov.ww.⟩ **0.1** ***bladeren;***
 II ⟨ov.ww.⟩ **0.1** ***pagineren*** **0.2** ***in pagina's opmaken*** **0.3** ***doorbladeren*** **0.4** ***als page dienen*** **0.5** ***oproepen*** ⇒*de naam laten omroepen van* ⟨in restaurant, hotel enz.⟩ **0.6** ***oppiepen*** ◆ **5.2** ~ **up** *in pagina's opmaken*.

pag·eant ['pædʒənt] ⟨f2⟩ ⟨zn.⟩
 I ⟨telb.zn.⟩ **0.1** ***(praal)vertoning*** ⇒*pronkstoet, groots schouwspel, spektakelstuk, tableau* **0.2** ***historische optocht*** ⇒*historisch schouwspel* ◆ **2.1** naval ~ *vlootrevue, vlootschouw;*
 II ⟨n.-telb.zn.⟩ **0.1** ***praal*** ⇒*pracht, pralend vertoon*.

'pageant play ⟨telb.zn.⟩ **0.1** ***spektakelstuk***.

pag·eant·ry ['pædʒəntri] ⟨f1⟩ ⟨telb. en n.-telb.zn.; →mv. 2⟩ **0.1** ***praal(vertoning)***.

'page boy, ⟨in bet. 0.2 ook⟩ **'page·boy** ⟨f1⟩ ⟨telb.zn.⟩ **0.1** ***page*** ⇒*livreijongen, piccolo; bruidsjonker* **0.2** ***pagekop(je)***.

'page break ⟨telb.zn.⟩ ⟨comp.⟩ **0.1** ***vaste paginaovergang/scheiding***.

page·hood ['peɪdʒhʊd], **page·ship** [-ʃɪp] ⟨n.-telb.zn.⟩ **0.1** ***pageschap***.

'page proof ⟨telb.zn.⟩ **0.1** ***in pagina's opgemaakte proef***.

pag·er ['peɪdʒə‖-ər] ⟨telb.zn.⟩ **0.1** ***pieper*** ⇒*oppiepapparaat, semafoon*.

'page·turn·er ⟨telb.zn.⟩ ⟨inf.⟩ **0.1** ***spannend boek*** ⇒*boek dat je in één adem uitleest*.

pag·i·nal ['pædʒɪnl], **pag·i·na·ry** ['pædʒɪnri‖-neri] ⟨bn.⟩ **0.1** ***pagina-*** ⇒*bladzijde voor bladzijde, per bladzijde*.

pag·i·nate ['pædʒɪneɪt] ⟨ov.ww.⟩ **0.1** ***pagineren***.

pag·i·na·tion ['pædʒɪ'neɪʃn] ⟨telb. en n.-telb.zn.⟩ **0.1** ***paginering*** ⇒*paginatuur, bladzijdenummering*.

'pag·ing ['peɪdʒɪŋ] ⟨n.-telb.zn.; gerund v. page⟩ ⟨comp.⟩ **0.1** ***paginering***.

pa·go·da [pə'goʊdə] ⟨telb.zn.⟩ **0.1** ***pagode***.

pa'goda stone, pa·go·dite [pə'goʊdaɪt‖'pægədaɪt] ⟨telb. en n.-telb.zn.⟩ **0.1** ***pagodiet*** ⇒*agalmatoliet, Chinese speksteen*.

pa'goda tree ⟨telb.zn.⟩ ⟨plantk.⟩ **0.1** ⟨ben. voor⟩ ***pagodevormige boom*** ⟨i.h.b. Ficus indica⟩.

pa·gu·ri·an [pə'gjʊərɪən‖-'gjʊr-] ⟨telb.zn.⟩ ⟨dierk.⟩ **0.1** ***heremietkreeft*** ⟨genus Pagurus⟩.

pah[1], **pa** ⟨telb.zn.⟩ **0.1** ***(versterkt) Maori dorp***.

pah[2] [pɑ:] ⟨f1⟩ ⟨tussenw.⟩ **0.1** ***bah!***.

pa·ho·e·ho·e [pə'hoʊihoʊi] ⟨n.-telb.zn.⟩ ⟨geol.⟩ **0.1** ***pahoehoe*** ⇒*touwlava*.

paid[1] [peɪd] ⟨f2⟩ ⟨bn.; volt. deelw. v. pay⟩ **0.1** ***betaald*** ⇒*voldaan* **0.2** ***betaald*** ⇒*bezoldigd* **0.3** ***betaald*** ⇒*gehuurd, te betalen* ◆ **1.2** ~ of-

ficials *bezoldigde ambtenaren;* ~ vacation *betaald verlof* **1.3** ~ broadcasting time *gehuurde zendtijd* **3.¶** ⟨BE⟩ put ~ to *afrekenen met, een eind maken aan, de kop indrukken.*
paid[2] ⟨verl. t.⟩ →pay.
'paid-'up ⟨f1⟩ ⟨bn.⟩ **0.1** ***betaald*** ⇒*voldaan* ◆ **1.1** ~ member *lid dat zijn contributie heeft betaald;* ~ policy *premievrije polis;* ~ shares *volgestorte aandelen.*
pail [peɪl] ⟨f2⟩ ⟨telb.zn.⟩ **0.1** ***emmer(vol)*** **0.2** ⟨AE; sl.⟩ ***buik*** ⇒*maag.*
pail·ful ['peɪlfʊl] ⟨telb.zn.⟩ **0.1** ***emmervol.***
paillasse →palliasse.
pail·lette [pæl'jet‖paɪ'et] ⟨telb.zn.⟩ **0.1** ***paillet(te)*** ⇒*(metalen) lovertje, sierblaadje.*
pain[1] [peɪn] ⟨f3⟩ ⟨zn.⟩ ⟨→sprw. 498, 511⟩
I ⟨telb.zn.⟩ ⟨inf.⟩ **0.1** ***lastpost*** **0.2** ⟨sl.⟩ ***ergernis*** ◆ **2.1** he's a real ~ (in the neck / ass) *hij is werkelijk onuitstaanbaar;*
II ⟨telb. en n.-telb.zn.⟩ **0.1** ***pijn*** ⇒*leed, lijden* ◆ **3.1** give ~ *pijn doen;* weep for / with ~ *huilen v. (d.) pijn* **6.1** be **in** ~ *pijn hebben;* put s.o. **out of** his ~ *iem. uit zijn lijden verlossen;* cry **with** ~ *huilen v. pijn* **6.¶ on / under / upon** ~ **of** *op straffe van;*
III ⟨mv.; ~s⟩ **0.1** ***(barens)weeën*** ⇒*pijnen* **0.2** ***moeite*** ⇒*last* **0.3** ***(be)straf(fing)*** ◆ **1.3** ~s and penalties *straf en boete* **3.2** get little thanks / a thrashing for one's ~s *stank voor dank krijgen;* go to / take great ~s (with / over sth. / to do sth.) *zich veel moeite geven / getroosten (voor iets / om iets te doen);* spare no ~s *geen moeite ontzien* **3.¶** ⟨sl.⟩ feel no ~ *zat, dronken zijn* **6.2** be **at** ~s (to do sth.) *zich tot het uiterste inspannen (om iets te doen).*
pain[2] ⟨f1⟩ ⟨onov. en ov.ww.⟩ →pained **0.1** ***pijn doen*** ⇒*pijnigen, leed doen, smarten, bedroeven, pijnlijk treffen, beledigen.*
'pain barrier ⟨telb.zn.⟩ ⟨vnl. sport⟩ **0.1** ***pijngrens.***
pained [peɪnd] ⟨f1⟩ ⟨bn.; volt. deelw. v. pain⟩ **0.1** ***gepijnigd*** ⇒*pijnlijk, bedroefd, beledigd* ◆ **1.1** ~ look *pijnlijke blik.*
pain·ful ['peɪnfl] ⟨f3⟩ ⟨bn.; -ly; -ness⟩ **0.1** ***pijnlijk*** ⇒*zeer* **0.2** ***moeilijk*** ⇒*moeizaam* **0.3** ⟨inf.⟩ ***verschrikkelijk (slecht).***
'pain·kill·er, 'pain reliever ⟨f1⟩ ⟨telb.zn.⟩ **0.1** ***pijnstiller*** ⇒*pijnstillend middel.*
pain·less ['peɪnləs] ⟨f2⟩ ⟨bn.; -ly; -ness⟩ **0.1** ***pijnloos*** **0.2** ⟨inf.⟩ ***moeiteloos.***
pains·tak·ing[1] ['peɪnzteɪkɪŋ] ⟨n.-telb.zn.⟩ **0.1** ***moeite*** ⇒*nauwgezetheid, ijver.*
painstaking[2] ⟨f1⟩ ⟨bn.; -ly⟩ **0.1** ***nauwgezet*** ⇒*ijverig, zorgvuldig, onverdroten* ◆ **3.1** avoid s.o. ~ly *iem. angstvallig vermijden.*
paint[1] [peɪnt] ⟨f3⟩ ⟨zn.⟩
I ⟨telb.zn.⟩ **0.1** ***kleurstof*** ⇒*verf;*
II ⟨n.-telb.zn.⟩ **0.1** ***verf*** **0.2** ⟨vaak pej.⟩ ***maquillage*** ⇒*blanketsel, schmink, rouge* ◆ **1.1** two coats of ~ *twee lagen verf* **2.1** wet ~! *pas geverfd!;* ⟨inf.⟩ as fresh as ~ *zo goed als nieuw* **2.2** facial ~ *maquillage;*
III ⟨mv.; ~s⟩ **0.1** ***verfdoos*** ⇒*kleur / schilderdoos* ◆ **1.1** box of ~s *kleur / verfdoos.*
paint[2] ⟨f3⟩ ⟨ww.⟩ →painted, painting ⟨→sprw. 107⟩
I ⟨onov.ww.⟩ **0.1** ***(zich laten) verven*** ◆ **1.1** this surface ~s badly *dit oppervlak is moeilijk te verven;*
II ⟨onov. en ov.ww.⟩ **0.1** ***verven*** ⇒*(be)schilderen* **0.2** ***(af)schilderen*** ⇒*portretteren* **0.3** ⟨vaak pej.⟩ ***(zich) verven*** ⇒*maquilleren, (zich) schminken / opmaken* ◆ **5.1** ~ **in** *aanbrengen* ⟨op schilderij⟩; ~ **out** *overschilderen* **6.1** ~ **on(to)** walls *op muren schilderen* **6.2** ~ **in** oils / water colours *in olie / waterverf schilderen;*
III ⟨ov.ww.⟩ **0.1** ***afschilderen*** ⇒*beschrijven, weergeven, vertellen* **0.2** ***penselen*** ⟨wond⟩ ◆ **1.1** ~ a picture of *een beeld schetsen van* **2.1** not so black as he is ~ed *niet zo slecht als hij wordt afgeschilderd* **5.1** ~ **in** *aanbrengen, invullen.*
'paint box ⟨f1⟩ ⟨telb.zn.⟩ **0.1** ***verfdoos*** ⇒*kleurdoos.*
'paint·brush ⟨f1⟩ ⟨telb.zn.⟩ **0.1** ***verfkwast*** **0.2** ***penseel.***
paint·ed ['peɪnt̬ɪd] ⟨f1⟩ ⟨bn.; volt. deelw. v. paint⟩ **0.1** ***geverfd*** ⇒*geschilderd;* ⟨fig.⟩ *(te) zwaar opgemaakt* **0.2** ***kleurrijk*** **0.3** ***kunstmatig*** ⇒*artificieel, vals, hol, leeg* ◆ **1.3** ~ expressions *lege uitdrukkingen* **1.¶** ⟨dierk.⟩ ~ lady *distelvlinder* ⟨Vanessa cardui⟩.
paint·er ['peɪntə‖'peɪnt̬ər] ⟨f2⟩ ⟨telb.zn.⟩ **0.1** ***schilder*** ⇒*kunstschilder, huisschilder, verver* **0.2** ⟨scheep.⟩ ***vanglijn*** ⇒*meertouw* **0.3** ⟨gew.⟩ ***panter*** ⇒*lynx* ◆ **3.2** cut the ~ *de touwen losgooien;* ⟨vero.; fig.⟩ *de banden verbreken, zich afscheiden;* ⟨sl.⟩ *hem smeren.*
paint·er·ly ['peɪntəli‖'peɪnt̬ərli] ⟨bn.⟩ **0.1** ***kunstzinnig*** ⇒*artistiek* **0.2** ***schilderkunstig*** **0.3** ***flou*** ⇒*vloeiend* ⟨v. schilderij⟩.
'painter's 'colic ⟨n.-telb.zn.⟩ **0.1** ***loodkoliek*** ⇒*schilderskoliek.*
paint·ing ['peɪntɪŋ] ⟨f3⟩ ⟨zn.; (oorspr.) gerund v. paint⟩
I ⟨telb.zn.⟩ **0.1** ***schilderij*** ⇒*schilderstuk, schildering;*
II ⟨n.-telb.zn.⟩ **0.1** ***schilderkunst*** **0.2** ***schildersambacht / werk.***
'paint remover ⟨telb. en n.-telb.zn.⟩ **0.1** ***oplosmiddel voor verf / om verf te verwijderen*** ⇒*verf-remover.*
paint·ress ['peɪntrɪs] ⟨telb.zn.⟩ **0.1** ***schilderes.***
'paint roller ⟨telb.zn.⟩ **0.1** ***verfroller.***
'paint·work ⟨n.-telb.zn.⟩ **0.1** ***lak*** ⇒*verfwerk, verflaag* ⟨v. auto enz.⟩.
paint·y ['peɪnti] ⟨bn.⟩ **0.1** ***verfachtig*** **0.2** ***vol verf(vlekken)*** **0.3** ***met verf overladen*** ⟨v. schilderij enz.⟩ ◆ **1.1** ~ odour *verfgeur* **1.2** her clothes were all ~ *haar kleren zaten vol verf.*
pair[1] [peə‖per] ⟨f3⟩ ⟨zn.⟩ ⟨→sprw. 541⟩
I ⟨telb.zn.; ook pair; →mv. 4⟩ **0.1** ***paar*** ⇒*twee(tal), koppel, paartje, stelletje* **0.2** ***andere*** ⟨v.e. paar⟩ **0.3** ***tweespan*** **0.4** ***twee gelijkwaardige speelkaarten*** **0.5** ⟨cricket⟩ ***brilstand*** **0.6** ⟨parlement⟩ ***(één v.) twee afwezigen*** ⟨v. verschillende partij, bij stemming⟩ **0.7** ***(vaste / losse) trap*** **0.8** ⟨sl.⟩ ***(mooie) tieten*** ◆ **1.1** a ~ of gloves *een paar handschoenen;* I have only one ~ of hands! *ik heb maar twee handen!, ik kan toch niet meer doen dan ik al doe!* **1.2** where is the ~ to this sock? *waar is de tweede sok?* **1.3** a ~ of horses *een tweespan* **1.4** a ~ of aces *twee azen* **1.7** ~ of stairs *trap;* ~ of steps *(vaste / losse) trap* **1.¶** ~ of bellows *blaasbalg;* two / three ~s of bellows *twee / drie blaasbalgen;* ~ of compasses *passer;* ~ of pliers *(buig)tang;* ~ of scales *weegschaal;* ~ of scissors *schaar;* ~ of spectacles *bril;* ⟨cricket⟩ *brilstand;* ~ of tongs *tang;* ~ of trousers *broek;* ~ of tweezers *pincet* **2.1** ⟨vaak iron.⟩ a fine / pretty ~ *een mooi duo / stelletje / span;* the happy ~ *het jonge paar* **3.5** bag / get / make a ~ *twee nullen scoren* **3.6** find / strike up a ~ *iem. (v.d. tegenpartij) bereid vinden de stemming niet bij te wonen / zich te onthouden* **4.1** the ~ of them *allebei;* there's a ~ of you *jullie zijn een mooi stelletje / zijn aan elkaar gewaagd* **5.7** two ~ (of stairs) **up** *twee hoog* **6.1** **in** ~s *twee aan twee, bij paren, paarsgewijs* **8.1** ~ and ~ *twee aan twee;*
II ⟨mv.; ~s⟩ ⟨roeisport⟩ **0.1** ***(wedstrijd voor) twee (roeiers).***
pair[2] ⟨f2⟩ ⟨ww.⟩
I ⟨onov.ww.⟩ **0.1** ***paren*** ⟨v. honden⟩;
II ⟨onov. en ov.ww.⟩ **0.1** ***paren*** ⇒*een paar (doen) vormen, (zich) verenigen; koppelen, huwen; huwen, een paar / stel worden; paarsgewijze rangschikken* ◆ **5.1** ~ **off** *in paren plaatsen / heengaan;* ⟨parlement⟩ *zich beiden bereid verklaren zich te onthouden / de stemming niet bij te wonen* ⟨v. twee leden v. verschillende partijen⟩; ⟨inf.⟩ ~ **off** *paren, aan elkaar paren, koppelen, huwen;* ~ **off** with *huwen met, een stel vormen met;* ~ **up** *paren (doen) vormen* ⟨bij werk, sport enz.⟩ **6.1** ~ **with** *een paar (doen) vormen met.*
'pair-horse ⟨bn., attr.⟩ **0.1** ***tweespans.***
'pairing season ⟨telb.zn.⟩ **0.1** ***paartijd.***
'pair-oar ⟨telb.zn.⟩ **0.1** ***tweeriemsboot.***
'pair-oared ⟨bn.⟩ **0.1** ***tweeriemig.***
'pair production ⟨n.-telb.zn.⟩ ⟨nat.⟩ **0.1** ***paarvorming.***
'pair 'royal ⟨telb.zn.; pairs royal of pair royal; →mv. 4⟩ **0.1** ***drie gelijkwaardige speelkaarten*** **0.2** ***drie gelijk gegooide dobbelstenen*** **0.3** ***drietal.***
'pair skating ⟨n.-telb.zn.⟩ ⟨schaatssport⟩ **0.1** ***(het) paarrijden.***
pai·sa ['paɪsə] ⟨telb.zn.; ook paise [-seɪ]; →mv. 5⟩ **0.1** ***paisa*** ⟨munt⟩.
pai·san ['paɪsn], **pai·sa·no** [paɪ'sɑ:noʊ] ⟨telb.zn.⟩ **0.1** ***landgenoot*** **0.2** ⟨sl.⟩ ***makker*** ⇒*kameraad.*
pais·ley ['peɪzli] ⟨telb. en n.-telb.zn.; soms P-⟩ **0.1** ***paisley*** ⟨(produkt gemaakt v.) wollen stof met gedraaide kleurige motieven⟩.
Pais·ley·ite ['peɪzliaɪt] ⟨telb.zn.⟩ **0.1** ***volgeling v. Paisley*** ⇒*Paisley-aanhanger* ⟨militant protestant in Ulster⟩.
pajamas →pyjamas.
Pak [pæk], **Pak·i** ['pæki] ⟨telb.zn.⟩ ⟨BE; sl.⟩ **0.1** ***Pakistaner*** ⇒*Pakistaan.*
pa·ke·ha ['pɑ:kəhɑ:] ⟨telb.zn.; ook pakeha; →mv. 4⟩ ⟨Nieuwzeelands E⟩ **0.1** ***blanke.***
'pakeha 'Maori ⟨telb.zn.⟩ ⟨Nieuwzeelands E⟩ **0.1** ***blanke die als Maori leeft.***
Pak·i·stan·i[1] ['pækɪ'stɑ:ni‖-'stæni] ⟨f1⟩ ⟨telb.zn.; ook Pakistani; →mv. 4⟩ **0.1** ***Pakistaner*** ⇒*Pakistani, Pakistaan.*
Pakistani[2] ⟨f1⟩ ⟨bn.⟩ **0.1** ***Pakistaans.***
pal[1] [pæl] ⟨f2⟩ ⟨telb.zn.⟩ ⟨inf.⟩ **0.1** ***makker*** ⇒*kameraad, vriend(je).*
pal[2] ⟨f1⟩ ⟨onov.ww.; →ww. 7⟩ ⟨inf.⟩ **0.1** ***maatjes zijn / worden*** ⇒*bevriend zijn / worden* ◆ **5.1** ~ **around** for years (with) *jarenlang bevriend zijn (met);* ~ **up** (with) *maatjes zijn / worden (met).*
pal·ace ['pælɪs] ⟨f3⟩ ⟨zn.⟩
I ⟨telb.zn.⟩ **0.1** ***paleis*** ◆ **1.1** the Palace of Westminster *de Parlementsgebouwen;*
II ⟨n.-telb.zn.; the⟩ **0.1** ***het hof.***
'palace revo'lution ⟨f1⟩ ⟨telb.zn.⟩ **0.1** ***paleisrevolutie.***
pal·a·din ['pælədɪn] ⟨telb.zn.⟩ **0.1** ***paladijn*** ⇒*voorvechter.*
pa·lae·o-, ⟨AE sp.⟩ **pa·le·o-** ['pælioʊ‖'peɪlioʊ], **pa·lae-**, ⟨AE sp.⟩ **pa·le-** ['pæli‖'peɪli] **0.1** ***paleo-*** ⇒*prehistorisch, oud* ◆ **¶.1** palaearctic *pale(o)arctisch;* palaeoanthropology *paleoantropologie;* palaeobotany *paleobotanie;* palaeomagnetism *paleomagnetisme.*
Pal·ae·o·cene[1] ['pælioʊsi:n], ⟨AE sp.⟩ **Pa·le·o·cene** ['peɪ-] ⟨eig.n.; the⟩ ⟨geol.⟩ **0.1** ***Paleoceen*** ⟨tijdvak v.h. Tertiair⟩.

Palaeocene[2], ⟨AE sp.⟩ **Paleocene** ⟨bn.⟩⟨geol.⟩ **0.1** ***(uit/van het) Paleoceen.***
pal·ae·o·cli·ma·tol·o·gy, ⟨AE sp.⟩ **pa·le·o·cli·ma·tol·o·gy** ['pælioʊklaɪmə'tɒlədʒi‖'peɪlioʊklaɪmə'tɑlədʒi]⟨n.-telb.zn.⟩ **0.1** ***paleoklimatologie.***
pal·ae·og·ra·pher, ⟨AE sp.⟩ **pa·le·og·ra·pher** ['pæli'ɒgrəfə‖'peɪli'ɑgrəfər]⟨telb.zn.⟩ **0.1** ***paleograaf.***
pal·ae·o·graph·ic, ⟨AE sp.⟩ **pa·le·o·graph·ic** ['pælɪə'græfɪk‖'peɪ-], **pal·ae·o·graph·i·cal,** ⟨AE sp.⟩ **pa·le·o·graph·i·cal** [-ɪkl]⟨bn.⟩ **0.1** ***paleografisch.***
pal·ae·og·ra·phy, ⟨AE sp.⟩ **pa·le·og·ra·phy** ['pæli'ɒgrəfi‖'peɪli'ɑgrəfi]⟨zn.;→mv. 2⟩
I ⟨telb.zn.⟩ **0.1** ***oude handschriften;***
II ⟨telb. en n.-telb.zn.⟩ **0.1** ***oud(e) hand(schrift)/wijze v. schrijven;***
III ⟨n.-telb.zn.⟩ **0.1** ***paleografie*** ⟨studie v. I en II⟩.
Pal·ae·o·lith·ic[1], ⟨AE sp.⟩ **Pa·le·o·lith·ic** ['pælɪə'lɪθɪk‖'peɪ-]⟨eig.n.⟩ **0.1** ***Paleolithicum.***
Palaeolithic[2], ⟨AE sp.⟩ **Paleolithic** ⟨bn.; soms ook p-⟩ **0.1** ***paleolithisch.***
pal·ae·on·tol·o·gist, ⟨AE sp.⟩ **pa·le·on·tol·o·gist** ['pæliɒn'tɒlədʒɪst‖'peɪliɑn'tɑ-]⟨telb.zn.⟩⟨geol.⟩ **0.1** ***paleontoloog.***
pal·ae·on·tol·o·gy, ⟨AE sp.⟩ **pa·le·on·tol·o·gy** ['pæliɒn'tɒlədʒi‖'peɪliɑn'tɑ-]⟨n.-telb.zn.⟩⟨geol.⟩ **0.1** ***paleontologie.***
Pal·ae·o·zo·ic[1], ⟨AE sp.⟩ **Pa·le·o·zo·ic** ['pælɪə'zoʊɪk‖'peɪ-]⟨eig.n.; the⟩⟨geol.⟩ **0.1** ***Paleozoïcum*** ⟨hoofdtijdperk⟩.
Palaeozoic[2], ⟨AE sp.⟩ **Paleozoic** ⟨bn.⟩⟨geol.⟩ **0.1** ***paleozoïsch.***
pa·laes·tra, pa·les·tra [pə'lestrə], **pa·lais·tra** [-'laɪstrə]⟨telb.zn.; ook palaestrae, palestrae, palaistrae [-tri:];→mv. 5⟩⟨gesch.⟩ **0.1** ***palaestra*** ⇒*turnzaal, worstelschool.*
pal·a·fitte ['pæləfɪt, -fi:t]⟨telb.zn.; ook palafitti [-'fɪṭi, -'fi:ṭi];→mv. 5⟩ **0.1** ***paalwoning.***
pa·lais ['pæleɪ‖pæ'leɪ], ⟨in bet. 0.2 ook⟩ **palais de danse** [-də 'dɑ:ns]⟨telb.zn.; palais;→mv. 5⟩ **0.1** ***(residentie)paleis*** **0.2** ***danszaal.***
pal·an·quin, pal·an·keen ['pælən'ki:n]⟨telb.zn.⟩ **0.1** ***palankijn*** ⇒*(Indische/Chinese) draagstoel.*
pal·at·a·bil·i·ty ['pæləṭə'bɪləṭi]⟨n.-telb.zn.⟩ **0.1** ***eetbaarheid*** **0.2** ***aanvaardbaarheid.***
pal·at·a·ble ['pæləṭəbl]⟨f1⟩⟨bn.; -ly; -ness;→bijw. 3⟩ **0.1** ***smakelijk*** ⇒*eetbaar* **0.2** ***aangenaam*** ⇒*aanvaardbaar, bevredigend* ◆ **1.2** ~ solution *aanvaardbare/bevredigende oplossing.*
pal·a·tal[1] ['pælətl]⟨telb.zn.⟩ **0.1** ***gehemeltebeen*** **0.2** ⟨taalk.⟩ ***palataal*** ⇒*palatale klank/klinker/medeklinker.*
palatal[2] ⟨bn.⟩ **0.1** ***gehemelte-*** **0.2** ⟨taalk.⟩ ***palataal.***
pal·a·tal·i·za·tion ['pælətəlaɪ'zeɪʃn‖'pæləṭlə'zeɪʃn]⟨telb. en n.-telb.zn.⟩⟨taalk.⟩ **0.1** ***palatalisering*** ⇒*mouillering.*
pal·a·tal·ize ['pæləṭlaɪz]⟨ov.ww.⟩⟨taalk.⟩ **0.1** ***palataliseren*** ⇒*mouilleren.*
pal·ate ['pælət]⟨f1⟩⟨telb.zn.⟩ **0.1** ***gehemelte*** ⇒*verhemelte* **0.2** ***gehemelte*** ⟨fig.⟩ ⇒*smaak, tong* ◆ **2.1** the hard ~ *het harde gehemelte;* the soft ~ *het zachte gehemelte* **3.1** cleft ~ *gespleten gehemelte* **3.2** pleasing to the ~ *het gehemelte/de tong strelend, delicieus.*
pa·la·tial [pə'leɪʃl]⟨f1⟩⟨bn.; -ly⟩ **0.1** ***paleisachtig*** ⇒*prachtig, schitterend, vorstelijk, paleis-.*
pa·lat·i·nate [pə'læṭṇət‖-'lætn-ət]⟨zn.⟩
I ⟨telb.zn.⟩ **0.1** ***palatinaat*** ⇒*paltsgraafschap, (de) palts* **0.2** ⟨BE⟩ ***lichtpaars sportjasje*** ⟨vnl. v. universiteit v. Durham⟩ ◆ **7.1** the Palatinate *de Palts;*
II ⟨n.-telb.zn.⟩⟨BE⟩ **0.1** ***licht paars.***
pal·a·tine[1] ['pælətaɪn]⟨telb.zn.⟩ **0.1** ⟨gesch.⟩ ***paltsgraaf*** **0.2** ***paleiswachter*** **0.3** ⟨gesch.⟩ ***palatine*** ⇒*damespelskraag* **0.4** ***gehemeltebeen.***
palatine[2] ⟨bn.⟩
I ⟨bn.⟩ **0.1** ***gehemelte*** ⇒*verhemelte-* **0.2** ***paleiselijk*** ◆ **1.1** ~ bones *verhemeltebeenderen;*
II ⟨bn., post.; vaak P-⟩ **0.1** ***paltsgrafelijk*** ◆ **1.1** Count/Earl Palatine *paltsgraaf;* County Palatine *palatinaat, paltsgraafschap.*
pal·a·to·gram ['pæləṭəgræm]⟨telb.zn.⟩ **0.1** ***palatogram.***
pa·lav·er[1] [pə'lɑ:və‖pə'lævər]⟨f1⟩⟨zn.⟩
I ⟨telb.zn.⟩ **0.1** ***palaver*** ⇒*bespreking, onderhandeling* **0.2** ⟨sl.⟩ ***zaak;***
II ⟨n.-telb.zn.⟩ **0.1** ***gepalaver*** ⇒*gewauwel, over en weer gepraat* **0.2** ⟨inf.⟩ ***gezanik*** ⇒*gezeur, drukte* **0.3** ***vleierij*** ⇒*vleitaal.*
palaver[2] ⟨ww.⟩
I ⟨onov.ww.⟩ **0.1** ***palaveren*** ⇒*wauwelen;*
II ⟨ov.ww.⟩ **0.1** ***vleien*** **0.2** ***bepraten*** ◆ **6.2** ~ a person **into** doing sth. *iem. ertoe overhalen iets te doen.*
pale[1] [peɪl]⟨f1⟩⟨zn.⟩
I ⟨telb.zn.⟩ **0.1** ***(schutting)paal*** ⇒*staak, (puntige) heklat* **0.2** ***(omheind) gebied*** ⇒*omsloten ruimte, grenzen* ⟨ook fig.⟩ **0.3** ⟨vero.⟩ ***schutting*** ⇒*(om)heining* ◆ **6.2** **beyond/outside** the ~ *buiten de perken, over de schreef, ongeoorloofd, onbetamelijk;* **beyond/outside/out of** the ~ **of** civilization *ver weg van alle beschaving;* **within** the ~ *geoorloofd, binnen de perken;* **within** the ~ **of** the Church *in de schoot v.d. Kerk* **7.2** ⟨gesch.⟩ the Pale *de Tsjerta* ⟨Joods ghettogebied in Rusland⟩; the (English) Pale *deel v. Ierland onder Engels bewind;*
II ⟨telb. en n.-telb.zn.⟩⟨heraldiek⟩ **0.1** ***paal*** ◆ **6.1** **in** ~ *paalswijs, paalswijze;* **per** ~ *door een paal gescheiden* ⟨v. blazoen⟩.
pale[2] ⟨f3⟩⟨bn.; -er; -ly; -ness;→bijw. 3⟩ **0.1** ***(ziekelijk) bleek*** ⇒*lijkbleek, wit(jes), licht-, vaal, flets, dof, mat* **0.2** ***zwak*** ⇒*minderwaardig* ◆ **1.1** ~ ale *pale ale* ⟨licht Engels bier⟩; ~ blue *lichtblauw;* ~ sun *flets/bleek zonnetje* **3.1** look ~ *er pips uitzien, wat wit om de neus zien;* turn ~ *verbleken* **6.1** ~ **with** rage *(krijt)wit v. woede.*
pale[3] ⟨f2⟩⟨ww.⟩
I ⟨onov.ww.⟩ **0.1** ***bleek worden*** ⇒*verbleken* ⟨ook fig.⟩ ◆ **6.1** ~ **at** the thought *verbleken bij de gedachte;* ~ **before/beside/by** (the side of) *verbleken bij, niet te vergelijken zijn met;*
II ⟨ov.ww.⟩ **0.1** ***doen verbleken*** **0.2** ***omheinen*** ⇒*insluiten, omgeven.*
pa·le·a ['peɪlɪə]⟨telb.zn.; paleae ['peɪlɪi:];→mv. 5⟩⟨plantk.⟩ **0.1** ***palea*** ⇒*schub(be).*
'pale·face ⟨telb.zn.⟩ **0.1** ***bleekgezicht*** ⇒*blanke* **0.2** ⟨AE; inf.⟩ ***whisky*** **0.3** ⟨AE; inf.⟩ ***clown.***
'pale'faced ⟨bn.⟩ **0.1** ***met bleke gelaatskleur*** ⇒*bleek.*
paleo- →palaeo-.
Pal·es·tin·i·an[1] ['pælɪ'stɪnɪən]⟨f1⟩⟨telb.zn.⟩ **0.1** ***Palestijn.***
Palestinian[2] ⟨f1⟩⟨bn.⟩ **0.1** ***Palestijns.***
palestra →palaestra.
pal·e·tot ['pæl(ə)toʊ]⟨telb.zn.⟩ **0.1** ***paletot*** ⇒*korte/losse overjas.*
pal·ette ['pælɪt]⟨f1⟩⟨telb.zn.⟩ **0.1** ***(schilders)palet*** ⇒*verfbord* **0.2** ***(kleuren)palet*** ⇒*kleurmenging, schilderwijze.*
'palette knife, 'pallet knife ⟨telb.zn.⟩ **0.1** ***paletmes*** ⇒*tempermes, spatel.*
pal·frey ['pɔ:lfri]⟨telb.zn.⟩⟨vero.⟩ **0.1** ***hakkenei*** ⇒*telganger.*
Pa·li ['pɑ:li]⟨eig.n.⟩ **0.1** ***Pali*** ⟨heilige taal der Boeddisten⟩.
pal·i·mo·ny ['pælɪməni‖-moʊni]⟨n.-telb.zn.⟩⟨AE⟩ **0.1** ***alimentatie*** ⟨voor partner met wie men lang ongetrouwd heeft samengewoond⟩.
pal·imp·sest ['pælɪmpsest]⟨telb.zn.⟩ **0.1** ***palimpsest*** ⟨meermaals beschreven perkamentrol⟩ ⇒*dubbel gebruikte gedenkplaat.*
pal·in·drome ['pælɪndroʊm]⟨telb.zn.⟩ **0.1** ***palindroom*** ⇒*omkeerwoord/zin/vers* ⟨bv.: parterretrap⟩.
pal·in·drom·ic ['pælɪn'drɒmɪk‖-'drɑ-]⟨bn.; -ally;→bijw. 3⟩ **0.1** ***palindromisch.***
pal·ing ['peɪlɪŋ]⟨f1⟩⟨zn.⟩
I ⟨telb.zn.⟩ **0.1** ***(schutting)paal*** ⇒*staak, puntige heklat* **0.2** ***schutting*** ⇒*palissade, omheining, staketsel;*
II ⟨n.-telb.zn.⟩ **0.1** ***paalhout*** **0.2** ***(houten) palen*** **0.3** ***(om)paling;***
III ⟨mv.; ~s⟩ **0.1** ***schutting*** ⇒*omheining.*
pal·in·gen·e·sis ['pælɪn'dʒenɪsɪs]⟨telb. en n.-telb.zn.; palingeneses [-si:z];→mv. 5⟩ **0.1** ***palingenese*** ⟨ook biol.⟩ ⇒*(geestelijke) wedergeboorte, herleving, regeneratie.*
pal·in·ge·net·ic ['pælɪndʒɪ'neṭɪk]⟨bn.; -ally;→bijw. 3⟩ **0.1** ***palingenetisch*** ⟨ook biol.⟩.
pal·i·node ['pælɪnoʊd]⟨telb.zn.⟩ **0.1** ***palinodie*** ⟨gedicht ter herroeping v. vroeger spotdicht⟩ ⇒⟨bij uitbr.⟩ *(formele) herroeping, intrekking.*
pal·i·sade[1] ['pælɪ'seɪd]⟨zn.⟩
I ⟨telb.zn.⟩ **0.1** ***palissade*** ⇒*(paal)heining* **0.2** ⟨mil.⟩ ***schanspaal;***
II ⟨mv.; ~s⟩⟨AE⟩ **0.1** ***(steile) kliffen.***
palisade[2] ⟨ov.ww.⟩ **0.1** ***palisaderen*** ⇒*afsluiten/versterken (met palissaden).*
pal·i·san·der ['pælɪ'sændə‖-ər]⟨telb. en n.-telb.zn.⟩⟨AE⟩ **0.1** ***palissander(hout).***
pal·ish ['peɪlɪʃ]⟨bn.⟩ **0.1** ***bleekjes*** ⇒*witjes.*
pall[1] [pɔ:l]⟨f1⟩⟨telb.zn.⟩ **0.1** ***baarkleed*** ⇒*lijkkleed* **0.2** ⟨AE⟩ ***doodkist*** ⇒*lijkkist* **0.3** ⟨relig.⟩ ***pallium*** ⇒*schouderband* ⟨v. paus, aartsbisschop⟩, *kelkkleedje,* ⟨vero.⟩ *altaarkleed* **0.4** ***mantel*** ⟨alleen fig.⟩ ⇒*sluier, domper* **0.5** ⟨heraldiek⟩ ***vorkkruis*** ◆ **1.4** ~ of darkness *mantel der duisternis;* ~ of smoke *rooksluier.*
pall[2] ⟨f1⟩⟨ww.⟩
I ⟨onov.ww.⟩ **0.1** ***vervelend/smakeloos worden*** ⇒*zijn aantrekkelijkheid verliezen* **0.2** ***verzadigd raken*** ⇒*overladen worden* ◆ **6.1** his stories began to ~ **(up)on** them *zijn verhaaltjes begonnen hen te vervelen/tegen te staan, ze raakten zijn verhaaltjes zat;*
II ⟨ov.ww.⟩ **0.1** ***(over)verzadigen*** ⇒*tegenstaan, doen walgen.*
Pal·la·di·an [pə'leɪdɪən]⟨bn.⟩ **0.1** ⟨bouwk.⟩ ***Palladiaans*** ⟨v./mbt. de stijl v. A. Palladio⟩ **0.2** ***v./mbt. Pallas Athene*** ⇒⟨bij uitbr.⟩ *wijs, geleerd* ◆ **1.1** ~ window *venster met twee zijvenstertjes.*
pal·la·di·um [pə'leɪdɪəm]⟨zn.; ook palladia [-dɪə];→mv. 5⟩
I ⟨eig.n., telb.zn.⟩ **0.1** ***Palladium*** ⟨Pallasbeeld dat Troje be-

schermde⟩ ⇒*beveiliging, bescherming, waarborg;*
II ⟨n.-telb.zn.⟩⟨schei.⟩ 0.1 ***palladium*** ⟨element 46⟩.
'Pallas's 'grasshopper ['pæləs], **'Pallas's 'warbler** ⟨telb.zn.⟩⟨dierk.⟩ 0.1 ***Siberische snor*** ⟨Locustella certhiola⟩.
'Pal·las's 'leaf warbler ⟨telb.zn.⟩⟨dierk.⟩ 0.1 ***Pallas' boszanger*** ⟨Phylloscopus proregulus⟩.
'pall·bear·er ⟨f1⟩⟨telb.zn.⟩ 0.1 ***slippedrager*** ⟨niet fig.⟩ ⇒*(baar)drager.*
pal·let ['pælɪt]⟨f1⟩⟨telb.zn.⟩ 0.1 ***strozak*** ⇒*kermisbed, stromatras, veldbed, hard bed* 0.2 ***palet*** ⇒*spatel, strijkmes* ⟨gereedschap v. pottenbakker, stucadoor, e.d.⟩ 0.3 ***(schilders)palet*** 0.4 ***pal*** ⇒*pen; anker* ⟨in uurwerk⟩ 0.5 ***windklep*** ⟨in orgel⟩ 0.6 ***pallet*** ⇒*laadbord, stapelbord* 0.7 ***verguldstaafje*** ⇒*verguldstempel* ⟨boekbindersinstrument⟩ 0.8 ***droogplank*** ⇒*pallet* ⟨voor gebakken stenen⟩.
pal·let·ize ['pælɪṭaɪz]⟨ov.ww.⟩ 0.1 ***palletiseren*** ⇒*op pallets stapelen / vervoeren* 0.2 ***geschikt maken voor / overschakelen op vervoer met pallets.***
pal·lette ['pælɪt]⟨telb.zn.⟩ 0.1 ***okselschijf*** ⟨v.e. harnas⟩.
pal·liasse, pail·lasse ['pæliæs‖'pæli'æs]⟨telb.zn.⟩ 0.1 ***strozak.***
pal·li·ate ['pælieɪt]⟨ov.ww.⟩⟨schr.⟩ 0.1 ***verzachten*** ⇒*verlichten, lenigen, verminderen* 0.2 ***vergoelijken*** ⇒*goedpraten, verbloemen.*
pal·li·a·tion ['pæli'eɪʃn]⟨telb. en n.-telb.zn.⟩⟨schr.⟩ 0.1 ***verzachting*** ⇒*verlichting, leniging* 0.2 ***vergoelijking*** ⇒*verbloeming, bewimpeling.*
pal·li·a·tive[1] ['pælɪətɪv‖'pælieɪṭɪv]⟨telb.zn.⟩ 0.1 ***pijnstiller*** ⇒*pijnstillend middel, lapmiddel, palliatief* 0.2 ***uitvlucht*** ⇒*excuus, verbloeming.*
palliative[2] ⟨bn.; -ly⟩ 0.1 ***verzachtend*** ⇒*lenigend, pijnstillend* 0.2 ***verbloemend*** ⇒*vergoelijkend.*
pal·lid ['pælɪd]⟨f1⟩⟨bn.; -ly; -ness⟩ 0.1 ***(ziekelijk) bleek*** ⇒*vaal, flets, kleurloos* 0.2 ***mat*** ⇒*flauw, zwak, lusteloos, saai* ◆ 1.¶ ⟨dierk.⟩ ~ harrier *steppenkiekendief* ⟨Circus macrourus⟩; ⟨dierk.⟩ ~ swift *vale gierzwaluw* ⟨Apus pallidus⟩.
pal·lid·i·ty [pæ'lɪdəṭi]⟨n.-telb.zn.⟩ 0.1 ***bleekheid*** ⇒*bleke kleur.*
pal·li·um ['pælɪəm]⟨telb.zn.; ook pallia [-lɪə]; →mv. 5⟩ 0.1 ***pallium*** ⟨mantel bij oude Grieken en Romeinen⟩ 0.2 ⟨relig.⟩ ***pallium*** ⇒*schouderband, altaardoek* 0.3 ⟨anat.⟩ ***hersenmantel*** ⇒*pallium* 0.4 ***mantel*** ⟨v. vogels⟩ 0.5 ***pallium*** ⇒*mantel* ⟨v. weekdieren⟩.
pall-mall ['pæl'mæl, 'pel'mel]⟨zn.⟩
I ⟨eig.n.; P- M-⟩ 0.1 ***Pall Mall*** ⟨straat in Londen⟩;
II ⟨telb.zn.⟩⟨gesch.⟩ 0.1 ***maliebaan*** ⇒*kolfbaan;*
III ⟨n.-telb.zn.⟩⟨gesch.⟩ 0.1 ***maliespel*** ⇒*kolfspel.*
pal·lor ['pælə‖-ər]⟨f1⟩⟨telb. en n.-telb.zn.; geen mv.⟩ 0.1 ***(ziekelijke) bleekheid*** ⇒*bleke gelaatskleur.*
pal·ly ['pæli]⟨f1⟩⟨bn., pred.; -er; →compar. 7⟩⟨inf.⟩ 0.1 ***vriendschappelijk*** ⇒*kameraadschappelijk, vertrouwelijk* ◆ 6.1 be ~ **with** *beste maatjes zijn met.*
palm[1] [pɑ:m‖pɑ(l)m]⟨f2⟩⟨telb.zn.⟩ 0.1 ***palm(boom)*** 0.2 ***palm(blad / tak)*** ⇒⟨bij uitbr.⟩ *zegepalm, triomf, overwinning, verdienste* 0.3 ***palmtak*** ⟨voor Palmzondag⟩ 0.4 ***(hand)palm*** ⟨ook v. handschoen⟩ 0.5 ***zool*** ⟨v. zoogdieren⟩ 0.6 ***palm*** ⇒*handbreed(te), handlengte* ⟨lengtemaat⟩ 0.7 ***blad*** ⟨v. roeispaan⟩ 0.8 ***ankerblad*** ⇒*ankerhand, vloei* 0.9 ***zeilhand*** ⇒*zeilhans* ⟨handbeschermer v. zeilmaker⟩ ◆ 1.¶ be in the ~ of s.o.'s hand *uit iemands hand eten, voor iemand kruipen;* have / hold s.o. in the ~ of one's hand *iem. geheel in zijn macht hebben* 3.2 ⟨schr.⟩ bear / carry off the ~ *met de zegepalm gaan strijken, de overwinning behalen, boven alle anderen uitsteken;* ⟨schr.⟩ yield / give the ~ *zich gewonnen geven, het veld ruimen* 3.¶ cross s.o.'s ~ (with silver) *iem. omkopen;* grease / oil s.o.'s ~ *iem. omkopen / smeergeld geven;* have an itching ~ *inhalig / hebberig zijn, op geld uit zijn, alles doen voor geld.*
palm[2] ⟨f1⟩⟨ov.ww.⟩ →palmed 0.1 ***palmeren*** ⇒*wegtoveren, (in de hand) verbergen, heimelijk doen verdwijnen, weggrissen, wegpikken* 0.2 ***(met de hand) aanraken*** ⇒*strelen, aaien, de hand drukken* 0.3 ***omkopen*** ⇒*smeergeld geven* 0.4 ***aansmeren*** ◆ 5.4 →palm off 6.4 ~ sth. **on(to) / upon** s.o. *iem. iets aansmeren / in de handen stoppen.*
pal·ma·ceous [pæl'meɪʃəs]⟨bn.⟩ 0.1 ***palmachtig*** ⇒*palm-.*
pal·ma Chris·ti ['pælmə 'krɪsti], **palm·crist** ['pɑ:mkrɪst‖'pɑ(l)m-]⟨telb.zn.; palmae Christi ['pælmi: 'krɪstaɪ]; →mv. 5⟩⟨plantk.⟩ 0.1 ***ricinusboom*** ⇒*wonderboom, ricinusplant* ⟨Ricinus communis⟩.
pal·mar ['pælmə‖-ər]⟨bn., attr.⟩ 0.1 ***(hand)palm-.***
pal·ma·ry ['pælməri]⟨bn.⟩ 0.1 ***lofwaardig*** ⇒*uitstekend, voortreffelijk, markant, uitmuntend, eminent.*
pal·mate ['pælmeɪt], **pal·ma·ted** [-meɪṭɪd]⟨bn.; -ly⟩ 0.1 ***handvormig*** ⇒*gevingerd, gelobd* ⟨blad⟩, *met zwemvliezen* ⟨watervogels⟩ ◆ 1.1 ~ antlers *handvormig gewei;* ~ foot *zwempoot.*
pal·ma·tion [pæl'meɪʃn]⟨zn.⟩
I ⟨telb.zn.⟩ 0.1 ***(deel van) handvormige / vingervormige structuur*** ⇒*lob, vingervormig uiteinde, (afzonderlijk) blaadje;*
II ⟨n.-telb.zn.⟩ 0.1 ***handvormigheid*** ⇒*gevingerdheid, gelobdheid.*
'Palm 'Beach ⟨zn.⟩
I ⟨eig.n.⟩ 0.1 ***Palm Beach*** ⟨vakantieoord in Florida, U.S.A.⟩;
II ⟨n.-telb.zn.; ook attr.⟩ 0.1 ***palmbeach*** ⇒*tropenstof* ⟨lichte stof voor herenkostuums⟩.
'palm civet, 'palm cat ⟨telb.zn.⟩⟨dierk.⟩ 0.1 ***palmmarter*** ⟨Paradoxorus⟩.
palmed [pɑ:md‖pɑ(l)md]⟨bn.; oorspr. volt. deelw. v. palm⟩ 0.1 ***van handpalmen voorzien*** 0.2 →palmate.
pal·mer ['pɑ:mə‖'pɑ(l)mər]⟨f2⟩⟨telb.zn.⟩ 0.1 ⟨gesch.⟩ ***pelgrim*** ⇒*bedevaartganger* ⟨met palmtakken uit het Heilige Land terugkerend⟩ 0.2 ***bedelmonnik*** 0.3 →palmerworm 0.4 ⟨hengelsport⟩ ***palmer*** ⟨soort kunstvlieg⟩ 0.5 ⟨gesch.; school.⟩ ***plak*** 0.6 ***goochelaar*** ⇒*valsspeler, bedrieger* ⟨met kaarten, dobbelstenen⟩.
'palmer fly ⟨telb.zn.⟩⟨hengelsport⟩ 0.1 ***palmer*** ⟨soort kunstvlieg⟩.
'pal·mer·worm ⟨telb.zn.⟩⟨dierk.⟩ 0.1 ***harige rups.***
pal·mette [pæl'met]⟨telb.zn.⟩ 0.1 ***palmet*** ⇒*palmetversiering* ⟨waaiervormige palmtak⟩.
pal·met·to [pæl'meṭoʊ]⟨zn.; ook -es; →mv. 2⟩
I ⟨telb.zn.⟩⟨plantk.⟩ 0.1 ⟨ben. voor⟩ ***kleine palmboom*** ⇒*dwergpalm* ⟨Chamaerops humilis⟩; *koolpalm* ⟨Sabal palmetto⟩; *waaierpalm* ⟨genera Thrinax, Coccothrinax⟩;
II ⟨n.-telb.zn.⟩ 0.1 ***palmbladrepen*** ⟨voor vlechtwerk⟩.
palm·ful ['pɑ:mfʊl‖'pɑ(l)m-]⟨telb.zn.⟩ 0.1 ***handvol.***
'palm honey ⟨n.-telb.zn.⟩ 0.1 ***palmhoning.***
pal·mi·ped[1] ['pælmɪped], **pal·mi·pede** [-pi:d]⟨telb.zn.⟩ 0.1 ***zwemvogel*** ⇒*watervogel.*
palmiped[2], **palmipede** ⟨bn., attr.⟩ 0.1 ***met zwemvliezen / zwempoten*** ◆ 1.1 ~ birds *zwemvogels.*
palm·ist ['pɑ:mɪst‖'pɑ(l)mɪst], **palm·is·ter** [-mɪstə‖-mɪstər]⟨f1⟩⟨telb.zn.⟩ 0.1 ***handlijnkundige*** ⇒*handkijker, handlezer.*
palm·is·try ['pɑ:mɪstri‖'pɑ(l)-]⟨f1⟩⟨n.-telb.zn.⟩ 0.1 ***handlijnkunde*** ⇒*chiromantie, handleeskunst* 0.2 ***vingervlugheid*** ⇒*zakkenrollerij.*
'palm kernel ⟨telb.zn.⟩ 0.1 ***palmpit.***
'palm 'off ⟨ov.ww.⟩⟨inf.⟩ 0.1 ***aansmeren*** ⇒*aanpraten, in de handen stoppen, opzadelen met* 0.2 ***afschepen*** ⇒*zoet houden* ◆ 6.1 palm sth. off **on** s.o. *iem. iets aansmeren / aanpraten;* palm o.s. off **as** *zich uitgeven voor* 6.2 ~ s.o. **with** some story *iem. zoethouden met een verhaaltje.*
'palm oil ⟨f1⟩⟨n.-telb.zn.⟩ 0.1 ***palmolie*** 0.2 ⟨sl.⟩ ***steekpenning(en)*** ⇒*omkoopgeld.*
'palm reader ⟨telb.zn.⟩ 0.1 ***handlezer*** ⇒*handkijker, handlijnkundige.*
'palm strap ⟨telb.zn.⟩⟨gymnastiek⟩ 0.1 ***handbeschermer.***
'palm sugar ⟨n.-telb.zn.⟩ 0.1 ***palmsuiker.***
'Palm 'Sunday ⟨eig.n.⟩ 0.1 ***Palmzondag.***
'palm tree ⟨f1⟩⟨telb.zn.⟩ 0.1 ***palm(boom)*** ⟨genus Palmae⟩.
'palm wine ⟨n.-telb.zn.⟩ 0.1 ***palmwijn.***
palm·y ['pɑ:mi‖'pɑ(l)mi]⟨bn.; -er; →compar. 7⟩ 0.1 ***palm(bomen)...*** ⇒*palmachtig, vol palmbomen* 0.2 ***voorspoedig*** ⇒*bloeiend, gelukkig, welvarend, zegevierend* ◆ 1.2 ~ days ⟨fig.⟩ *bloeitijd, bloeiperiode.*
pal·my·ra [pæl'maɪərə]⟨zn.⟩
I ⟨telb.zn.⟩⟨plantk.⟩ 0.1 ***palmyra(palm)*** ⇒*lontar(palm)* ⟨Borassus flabellifera⟩;
II ⟨n.-telb.zn.⟩ 0.1 ***palmyra*** ⟨vezelstof⟩.
pal·o·lo [pə'loʊloʊ], **pa'lolo worm** ⟨telb.zn.⟩⟨dierk.⟩ 0.1 ***palolo-worm*** ⟨Eunice viridis⟩.
pal·omi·no ['pælə'mi:noʊ]⟨telb.zn.⟩ 0.1 ***palomino*** ⟨goud / roomkleurig paard⟩.
pa·loo·ka [pə'lu:kə]⟨telb.zn.⟩⟨AE; sl.; sport⟩ 0.1 ***kluns*** ⇒*klungel, knoeier, klojo, dommekracht* 0.2 ⟨bokssport⟩ ***maaier*** ⇒*logge bokser.*
pa·lo·ver·de ['pæloʊ'vɜ:di‖-'vɜrdi]⟨telb.zn.⟩⟨plantk.⟩ 0.1 ***paloverde*** ⟨genus Cercidium⟩.
palp[1] [pælp]⟨telb.zn.⟩ 0.1 ***voeler*** ⇒*taster, voeldraad, voelhoorn, voelspriet, antenne* ⟨bij weekdieren, insekten⟩.
palp[2] ⟨ov.ww.⟩ 0.1 ***betasten*** ⇒*(be)voelen.*
pal·pa·bil·i·ty ['pælpə'bɪləṭi]⟨telb. en n.-telb.zn.; →mv. 2⟩ 0.1 ***voelbaarheid*** ⇒*tastbaarheid.*
pal·pa·ble ['pælpəbl]⟨f1⟩⟨bn.; -ly; -ness; →bijw. 3⟩ 0.1 ***tastbaar*** ⇒*voelbaar, palpabel;* ⟨fig.⟩ *duidelijk, manifest, zonneklaar.*
pal·pal ['pælpl]⟨bn., attr.⟩ 0.1 ***voeler-*** ⇒*voelspriet-, voel-, tast-.*
pal·pate[1] ['pælpeɪt]⟨bn., attr.⟩ 0.1 ***met voelers / voelsprieten.***
palpate[2] ⟨ov.ww.⟩⟨vnl. med.⟩ 0.1 ***palperen*** ⇒*betasten, bekloppen.*
pal·pa·tion [pæl'peɪʃn]⟨telb. en n.-telb.zn.⟩⟨vnl. med.⟩ 0.1 ***palpatie*** ⇒*betasting, bevoeling.*

pal·pe·bral ['pælpəbrəl]⟨bn., attr.⟩ **0.1** *van de oogleden.*
pal·pi·tate ['pælpɪteɪt]⟨onov.ww.⟩ **0.1** ***(hevig/snel) kloppen*** ⇒*bonzen, jagen* ⟨v. hart⟩ **0.2** ***trillen*** ⇒*beven, rillen, sidderen* ◆ **6.2** ~ **with** fear *beven van angst.*
pal·pi·ta·tion [pælpɪ'teɪʃn]⟨zn.⟩
 I ⟨telb. en n.-telb.zn.⟩⟨med.⟩ **0.1** ***hartklopping*** ⇒*palpitatie;*
 II ⟨n.-telb.zn.⟩ **0.1** ***klopping*** ⇒*het bonzen* **0.2** ***het trillen.***
pal·pus ['pælpəs]⟨telb.zn.; palpi [-paɪ]; →mv. 5⟩ **0.1** ***voeler*** ⇒*taster, voelhoorn, voelspriet, voeldraad.*
pal·s(e)y-wal·s(e)y ['pælzi'wælzi]⟨bn.⟩⟨inf.⟩ **0.1** ***familiaar*** ⇒*intiem, gemeenzaam, kameraadschappelijk* ◆ **6.1** be ~ **with** *de beste/dikke maatjes zijn met.*
pals·grave ['pɔ:lzgreɪv]⟨telb.zn.⟩⟨gesch.⟩ **0.1** ***paltsgraaf.***
pal·sied ['pɔ:lzid]⟨bn.; volt. deelw. v. palsy⟩⟨med.⟩ **0.1** ***geparalyseerd*** ⇒*verlamd, lam.*
pal·stave ['pɔ:lsteɪv]⟨telb.zn.⟩⟨gesch.⟩ **0.1** ***voorhistorische (bronzen) beitel/bijl*** ⇒*vuistbijl.*
pal·sy[1] ['pɔ:lzi]⟨f1⟩⟨telb. en n.-telb.zn.; →mv. 2⟩⟨med.⟩ **0.1** ***paralyse*** ⇒*verlamming,* ⟨i.h.b.⟩ *ziekte v. Parkinson* ◆ **2.1** cerebral ~ *hersenverlamming.*
palsy[2] ⟨ov.ww.; →ww. 7⟩⟨vero. of med.⟩ →palsied **0.1** ***paralyseren*** ⇒*verlammen;* ⟨fig.⟩ *ontzenuwen, krachteloos maken.*
pal·ter ['pɔ:ltə‖-ər]⟨onov.ww.⟩ **0.1** ***dubbelzinnig spreken*** ⇒*mooipraten, er omheen praten/draaien, vals spelen* **0.2** ***afdingen*** ⇒*marchanderen, pingelen, beknibbelen* **0.3** ***beuzelen*** ⇒*een spelletje spelen, keutelen* ◆ **6.1** ~ **with** s.o. *iem. misleiden, iem. om de tuin leiden, iem. in de luren leggen* **6.2** ~ **with** s.o. **about** sth. *met iem. over iets sjacheren* **6.3** ~ **with** the truth *het niet (erg) nauw nemen met de waarheid.*
pal·try, paul·try ['pɔ:ltri]⟨f1⟩⟨bn.; -er; -ly; -ness; →bijw. 3⟩ **0.1** ***waardeloos*** ⇒*prull(er)ig, minderwaardig, nietig, schamel, onbetekenend, onbeduidend* **0.2** ***verachtelijk*** ⇒*laag, gemeen, walgelijk* ◆ **1.1** ~ excuse *gebrekkig excuus;* two ~ dollars *twee armzalige dollars* **1.2** ~ trick *goedkoop trukje/foefje.*
pa·lu·dal [pə'lju:dl‖pə'lu:dl]⟨bn.⟩⟨vero.⟩ **0.1** ***moerassig*** ⇒*moeras-* **0.2** ***malaria-.***
pal·u·dism ['pæljʊdɪzm‖-jə-]⟨n.-telb.zn.⟩⟨vero.⟩ **0.1** ***paludisme*** ⇒*moeraskoorts, malaria.*
pal·u·drine ['pæljʊdri:n‖-jə-]⟨n.-telb.zn.⟩ **0.1** ***paludrine*** ⟨middel tegen malaria⟩.
'pal 'up ⟨f1⟩⟨onov.ww.⟩⟨inf.⟩ **0.1** ***vriendjes worden*** ◆ **6.1** ~ **with** s.o. *goede maatjes worden/aanpappen met iem..*
pal·y ['peɪli]⟨bn.; -er; →compar. 7⟩⟨heraldiek⟩ **0.1** ***gepaald.***
pal·y·no·log·i·cal ['pælɪnə'lɒdʒɪkl‖-'lɑ-]⟨bn.; -ly⟩⟨plantk.⟩ **0.1** ***palynologisch*** ⇒*mbt. stuifmeelanalyse.*
pal·y·nol·o·gy ['pælɪ'nɒlədʒi‖-'nɑ-]⟨n.-telb.zn.⟩⟨plantk.⟩ **0.1** ***palynologie*** ⇒*pollenonderzoek, stuifmeelanalyse.*
pam [pæm]⟨zn.⟩
 I ⟨telb.zn.⟩ **0.1** ⟨kaartspelen⟩ ***klaverboer*** ⟨hoogste kaart bij het lanterlu⟩ **0.2** ⟨AE; inf.⟩ ***pamflet*** ⇒*strooibiljet;*
 II ⟨n.-telb.zn.⟩⟨kaartspelen⟩ **0.1** ***lanterlu(i)*** ⇒⟨gew.⟩ *lanteren.*
pam·pa ['pæmpə]⟨telb. en n.-telb.zn.; vnl. mv.⟩ **0.1** ***pampa.***
pampas grass ['pæmpəs grɑ:s‖-græs]⟨n.-telb.zn.⟩⟨plantk.⟩ **0.1** ***pampa(s)gras*** ⟨Cortaderia selloana⟩.
pam·per ['pæmpə‖-ər]⟨f2⟩⟨ov.ww.⟩ **0.1** ***(al te veel) toegeven aan*** ⇒*zich helemaal overgeven aan, inwilligen, koesteren, verwennen, knuffelen* **0.2** ⟨vero.⟩ ***(over)verzadigen*** ⇒*overvoeden.*
pam·pe·ro [pæm'peroʊ]⟨telb.zn.⟩ **0.1** ***pampero*** ⇒*pampawind.*
pam·phlet ['pæmflɪt]⟨f2⟩⟨telb.zn.⟩ **0.1** ***pamflet*** ⇒*strooibiljet, folder, boekje,* ⟨i.h.b.⟩ *vlugschrift, spotschrift, smaadschrift.*
pam·phlet·eer[1] ['pæmflɪ'tɪə‖-'tɪr]⟨telb.zn.⟩ **0.1** ***pamfletschrijver*** ⇒*pamflettist.*
pamphleteer[2] ⟨onov.ww.⟩ **0.1** ***pamfletten schrijven en publiceren.***
pan[1] [pæn]⟨f3⟩⟨telb.zn.⟩⟨→sprw. 313⟩ **0.1** ***pan*** ⇒*braadpan, koekepan* **0.2** ⟨ben. voor⟩ ***panvormig inhoudsvat*** ⇒*vat, bekken, ketel; schaal* ⟨v. weegschaal⟩; *toiletpot; kruitpan* ⟨v. antiek geweer⟩; *(goud)zeef* **0.3** ⟨ben. voor⟩ ***komvormige laagte*** ⇒*waterbekken; zoutpan; duinpan* **0.4** ***harde ondergrond*** ⇒*oerbank* **0.5** ***ijsschots*** **0.6** ***hevige uitval*** ⇒*slechte kritiek* ⟨bv. op uitvoering⟩ **0.7** ⟨sl.⟩ ***gezicht*** ⇒*tronie, toet, wafel, smoel, snuit* **0.8** ⟨film.⟩ ***pan*** ⇒*panorama* ◆ **6.6** his policy is **on** the ~ *zijn politiek wordt volledig gekraakt* **6.¶** ⟨inf.⟩ go **down** the ~ *bestemd zijn voor de schroothoop.*
pan[2] [pɑ:n]⟨telb.zn.⟩ **0.1** ***betelblad*** **0.2** ***sirih(pruim).***
pan[3] [pæn]⟨f2⟩⟨ww.; →ww. 7⟩
 I ⟨onov.ww.⟩ **0.1** ***(goud)erts wassen*** **0.2** ***goud opleveren*** **0.3** ⟨film.⟩ ***pannen*** ⇒*panoramisch filmen* ◆ **5.2** →pan **out;**
 II ⟨ov.ww.⟩ **0.1** ***wassen in goudzeef*** **0.2** ⟨inf.⟩ ***scherp bekritiseren*** ⇒*afkammen, kraken* **0.3** ⟨film.⟩ ***pannen*** ⇒*panorameren, laten meedraaien* ⟨camera⟩ ◆ **5.1** ~ **off** the gravel for gold *het grind wassen op zoek naar goud;* →pan **out.**

pan- [pæn]⟨ook P-⟩ **0.1** ***pan-*** ⇒*al-, universeel* ◆ **¶.1** Pan-American *Panamerikaans.*
pan·a·ce·a ['pænə'si:ə]⟨f1⟩⟨telb.zn.⟩⟨vaak pej.⟩ **0.1** ***panacee*** ⇒*universeel geneesmiddel, wondermiddel.*
pa·nache [pə'næʃ, pə'nɑ:ʃ]⟨zn.⟩
 I ⟨telb.zn.⟩ **0.1** ***vederbos*** ⇒*helmbos, pluimbos, panache;*
 II ⟨n.-telb.zn.⟩ **0.1** ***panache*** ⇒*zwier, (veel) vertoon, opschepperij, lef.*
pa·na·da [pə'nɑ:də]⟨n.-telb.zn.⟩ **0.1** ***broodpap*** ⇒*bloempap.*
Pan-African ['pæn'æfrɪkən]⟨bn.⟩ **0.1** ***panafrikaans.***
pan·a·ma ['pænə'mɑ:‖-mɑ]⟨zn.⟩
 I ⟨eig.n.; P-⟩ **0.1** ***Panama;***
 II ⟨telb.zn.⟩ **0.1** ***panama(hoed).***
'panama 'hat ⟨telb.zn.⟩ **0.1** ***panama(hoed).***
Pan·a·ma·ni·an[1] ['pænə'meɪnɪən]⟨telb.zn.⟩ **0.1** ***Panamees, Panamese.***
Panamanian[2] ⟨bn.⟩ **0.1** ***Panamees*** ⇒*mbt./van Panama.*
Pan-A·mer·i·can ['pænə'merɪkən]⟨bn.⟩ **0.1** ***Panamerikaans.***
Pan-An·gli·can ['pæn'æŋglɪkən]⟨bn.⟩ **0.1** ***Panangliсaans.***
Pan-Ar·ab ['pæn'ærəb]⟨bn.⟩ **0.1** ***panarabisch.***
Pan-Ar·ab·ism ['pæn'ærəbɪzm]⟨n.-telb.zn.⟩ **0.1** ***panarabisme.***
pan·a·tel·(l)a, pan·e·tel·(l)a ['pænə'telə]⟨telb.zn.⟩ **0.1** ***panatella*** ⟨sigaar⟩.
pan·cake[1] ['pæŋkeɪk]⟨f1⟩⟨telb.zn.⟩ **0.1** ***pannekoek*** ⇒⟨oneig.⟩ *flensje* **0.2** ***pancake*** ⇒*make up-basis* **0.3** ⟨verk.⟩ ⟨pancake landing⟩ **0.4** ⟨AE; inf.⟩ ***(hard)wijf*** ⇒*bikkelharde meid* ◆ **2.1** as flat as a ~ *zo plat als een dubbeltje.*
pancake[2] ⟨ww.⟩
 I ⟨onov.ww.⟩ **0.1** ⟨lucht.⟩ ***doorzakken*** ⇒*door de wielen zakken* **0.2** ⟨zwemsport⟩ ***plat duiken*** ⇒⟨fig.⟩ *als een blok neerkomen;*
 II ⟨ov.ww.⟩ **0.1** ⟨lucht.⟩ ***(door de wielen) doen zakken.***
'Pancake Day, 'Pancake 'Tuesday ⟨eig.n.⟩⟨inf.⟩ **0.1** ***vastenavond.***
'pancake 'landing ⟨telb.zn.⟩⟨lucht.⟩ **0.1** ***brokkenlanding*** ⇒*noodlanding* ⟨waarbij vliegtuig vernield/beschadigd wordt⟩.
'pancake 'roll ⟨telb.zn.⟩⟨BE⟩ **0.1** ***loempia.***
pan·cha·yat [pʌn'tʃaɪət]⟨telb.zn.⟩⟨Ind. E⟩ **0.1** ***dorpsraad.***
pan·chres·ton ['pæn'krestɒn‖-stɑn]⟨telb.zn.⟩ **0.1** ***alles regelende verklaring*** ⇒*overgeneralisatie, passe-partoutverklaring.*
pan·chro·mat·ic ['pænkrə'mæṭɪk]⟨bn.⟩⟨foto.⟩ **0.1** ***panchromatisch*** ⟨gevoelig voor alle kleuren⟩.
pan·cra·ti·um ['pæn'kreɪʃɪəm], **pan·cra·ti·on** [-'kreɪʃn]⟨telb.zn.⟩⟨gesch.⟩ **0.1** ***pankration*** ⇒*pancratium* ⟨worstel- en bokskamp bij Grieken⟩.
pan·cre·as ['pæŋkrɪəs]⟨telb.zn.⟩ **0.1** ***pancreas*** ⇒*alvleesklier.*
pan·cre·at·ic ['pæŋkri'æṭɪk]⟨bn.⟩ **0.1** ***mbt./van de pancreas*** ⇒*pancreas-, alvleesklier-* ◆ **1.1** ~ juice *pancreassap, alvleessap.*
pan·cre·a·tin ['pæŋkrɪəṭɪn]⟨n.-telb.zn.⟩⟨med.⟩ **0.1** ***pancreatine.***
pan·cre·a·ti·tis ['pæŋkrɪə'taɪṭɪs]⟨telb. en n.-telb.zn.⟩⟨med.⟩ **0.1** ***pancreatitis*** ⇒*alvleesklierontsteking.*
pan·da ['pændə]⟨f1⟩⟨telb.zn.⟩⟨dierk.⟩ **0.1** ***panda*** ⇒*katbeer* ⟨Ailurus fulgens⟩ **0.2** ***reuzenpanda*** ⇒*bamboebeer* ⟨Ailuropoda melanoleuca⟩ ◆ **2.1** lesser/red ~ *panda, katbeer.*
'Panda car ⟨f1⟩⟨telb.zn.⟩⟨BE; inf.⟩ **0.1** ***(politie) patrouillewagen.***
'Panda crossing ⟨f1⟩⟨telb.zn.⟩⟨BE⟩ **0.1** ***zebra(pad)*** ⇒*oversteekplaats* ⟨met drukknopbediening⟩.
pan·da·nus ['pæn'deɪnəs]⟨telb.zn.⟩⟨plantk.⟩ **0.1** ***pandan*** ⇒*pandanus, schroefpalm, steltpalm* ⟨genus Pandanus⟩.
Pan·de·an ['pæn'dɪən‖'pændɪən]⟨bn., attr.⟩ **0.1** ***Pan(s)-*** ⇒*panisch, van/mbt. Pan* ◆ **1.1** ~ pipe *pan(s)fluit.*
pan·dect ['pændekt]⟨zn.⟩
 I ⟨telb.zn.⟩ **0.1** ***verzamelwerk*** ⇒*pandecten, compendium;*
 II ⟨mv.; ~s⟩ **0.1** ***wettenverzameling*** ⇒*codex* **0.2** ⟨gesch.⟩ ***pandecten*** ⇒*(Justiniaanse) wettenverzameling.*
pan·dem·ic[1] ['pæn'demɪk]⟨telb.zn.⟩ **0.1** ***pandemie*** ⇒*algemene volksziekte.*
pandemic[2] ⟨bn.⟩ **0.1** ***pandemisch*** ⇒*algemeen verbreid* ⟨v. ziekte⟩; *algemeen, overal verspreid, universeel.*
pan·de·mo·ni·um ['pændɪ'moʊnɪəm]⟨zn.⟩
 I ⟨telb.zn.⟩ **0.1** ***pandemonium*** ⟨rijk der demonen⟩ **0.2** ***hel*** ⟨ook fig.⟩ ⇒*inferno, hels spektakel, pandemonium;*
 II ⟨n.-telb.zn.⟩ **0.1** ***volstrekte verwarring*** ⇒*hels lawaai, chaos, tumult.*
pan·der[1] ['pændə‖-ər], **pan·der·er** ['pændrə‖-ər]⟨telb.zn.⟩ **0.1** ***koppelaar*** ⇒*pooier, souteneur* **0.2** ***verleider*** ⇒*verlokker, uitbuiter, mefisto.*
pander[2] ⟨ww.⟩⟨vero.⟩
 I ⟨onov.ww.⟩ **0.1** ***pooi(er)en*** ⇒*koppelen, souteneur zijn/spelen* ◆ **6.¶** ~ **to** *toegeven aan, inspelen op, voeden, exploiteren, uitbuiten;*
 II ⟨ov.ww.⟩ **0.1** ***koppelen*** ⇒*verlokken, vleien, uitbuiten.*
pandit →pundit.

pan·dora [pæn'dɔ:rə], **pan·dore** [pæn'dɔ:‖'pændɔr]⟨telb.zn.⟩ ⟨muz.⟩ **0.1** ***pandora*** ⟨antieke Griekse luit⟩ **0.2** ***pandora*** *⇒pandara* ⟨Engelse continuoluit⟩ **0.3** ***landura*** ⟨Russische citergitaar⟩.

Pan·do·ra [pæn'dɔ:rə]⟨eig.n.⟩⟨mythologie⟩ **0.1** ***Pandora*** ◆ **1.1** ~'s box *de doos v. Pandora.*

pan·dow·dy [pæn'daʊdi]⟨telb.zn.;→mv. 2⟩⟨AE⟩ **0.1** ***appeltaart.***

p and p ⟨afk.⟩ postage and packing.

pane[1] [peɪn]⟨f1⟩⟨telb.zn.⟩ **0.1** ***(venster)ruit*** *⇒glasruit* **0.2** ***paneel*** *⇒vlak, (muur)vak* **0.3** ***zijvlak*** ⟨o.a. van meerkantige boutkop⟩ *⇒(hamer)pin* ◆ **1.3** ~ of a diamond *facet v.e. diamant.*

pane[2] ⟨ov.ww.⟩ **0.1** ***uitbanen*** ⟨stof⟩ **0.2** ***van ruiten voorzien.***

pan·e·gyr·ic[1] ['pænɪ'dʒɪrɪk]⟨zn.⟩⟨schr.⟩

I ⟨telb.zn.⟩ **0.1** ***panegyriek*** *⇒lofrede, lofspreuk, lofdicht, éloge* ◆ **6.1** ~ **(up)on** s.o. *lofrede op iemand;*

II ⟨n.-telb.zn.⟩ **0.1** ***lof(spraak)*** *⇒lofprijzing, éloge.*

pan·e·gyr·ic[2], **pan·e·gyr·i·cal** ['pænɪ'dʒɪrɪkl]⟨bn.;-(al)ly;→bijw. 3⟩ **0.1** ***lovend*** *⇒prijzend, lof-.*

pan·e·gyr·ist ['pænɪ'dʒɪrɪst]⟨telb.zn.⟩⟨schr.⟩ **0.1** ***lofredenaar*** *⇒panegyrist, panegyricus.*

pan·e·gy·rize, -rise ['pænɪdʒɪraɪz]⟨onov. en ov.ww.⟩ **0.1** ***een lofrede houden(op)*** *⇒(overdreven) loven/prijzen, verheerlijken.*

pan·el[1] ['pænl]⟨f2⟩⟨zn.⟩

I ⟨telb.zn.⟩ **0.1** ***paneel*** *⇒vlak, (muur)vak, beschot, (wand)plaat;* ⟨boek.⟩ *titelblad, frontispice; luik* ⟨v. triptiek⟩ **0.2** ***(gekleurd) inzetstuk*** ⟨v. kleed⟩ *⇒geer, oplegwerk* **0.3** ***schakelbord*** *⇒controlebord/paneel, bedieningspaneel, instrumentenbord* **0.4** ⟨schilderkunst⟩ ***paneel*** *⇒schilderijtje* ⟨op hout⟩ **0.5** →panel photograph **0.6** ⟨ben. voor⟩ ***naamlijst*** *⇒lijst v. juryleden;* ⟨BE; gesch.⟩ *lijst v. ziekenfondsartsen/ziekenfondspatienten* ◆ **6.6** be **on** the ~ *(patiënt v.e.) ziekenfonds(arts) zijn;*

II ⟨verz.n.⟩ **0.1** ⟨ook attr.⟩ ***panel*** *⇒commissie, comité, groep, forum* **0.2** ***jury*** **0.3** ⟨Sch. E; jur.⟩ ***beschuldigde(n)*** ◆ **3.2** serve on the ~ *jurylid zijn* **6.3** be **in/(up)on** the ~ *terechtstaan.*

panel[2] ⟨f2⟩⟨ov.ww.;→ww. 7⟩ **0.1** ***met panelen bekleden*** *⇒lambrizeren, van panelen voorzien, in panelen/vakken verdelen* **0.2** ***op de lijst v. juryleden plaatsen*** *⇒samenstellen, selecteren* ⟨jury⟩ **0.3** ⟨vnl. pass.⟩ ⟨Sch. E; jur.⟩ ***voorbrengen*** *⇒aanklagen.*

'panel beater ⟨telb.zn.⟩ **0.1** ***uitdeuker*** *⇒carrosseriehersteller, plaatwerker.*

'panel discussion ⟨f1⟩ ⟨telb.zn.⟩ **0.1** ***forum(gesprek).***

'panel doctor ⟨telb.zn.⟩ **0.1** ***ziekenfondsarts.***

pane·less ['peɪnləs]⟨bn.⟩ **0.1** ***zonder ruiten.***

'panel game ⟨telb.zn.⟩ **0.1** ***panelspel*** *⇒panelquiz.*

'panel 'gardening ⟨n.-telb.zn.⟩ **0.1** ***mozaïekaanleg*** ⟨v. tuin⟩.

'panel 'heating ⟨n.-telb.zn.⟩ **0.1** ***paneelverwarming.***

pan·el·ling, ⟨AE sp.⟩ **pan·el·ing** ['pænl·ɪŋ]⟨f1⟩⟨n.-telb.zn.⟩ **0.1** ***lambrizering*** *⇒paneelwerk.*

pan·el·list, ⟨AE sp.⟩ **pan·el·ist** ['pænl·ɪst]⟨telb.zn.⟩ **0.1** ***panellid.***

'panel photograph ⟨telb.zn.⟩ **0.1** ***lange smalle foto*** *⇒foto van staand formaat.*

'panel pin ⟨telb.zn.⟩⟨tech.⟩ **0.1** ***draadnagel met verloren kop*** *⇒hardboardspijker.*

'panel saw ⟨telb.zn.⟩ **0.1** ***fineerzaag(je).***

'panel truck ⟨telb.zn.⟩⟨AE⟩ **0.1** ***(kleine) bestelwagen*** *⇒pick-up.*

'pan·el·work ⟨n.-telb.zn.⟩ **0.1** ***lambrizering*** *⇒paneelwerk, vakwerk.*

pan·e·to·ne ['pænə'toʊni]⟨telb.zn.; ook panetoni [-ni];→mv. 5⟩ **0.1** ***panetone*** ⟨Italiaans feestgebak⟩.

'pan fish ⟨telb.zn.⟩ **0.1** ***pan(ne)vis*** *⇒bakvis, gebakken vis.*

'pan·fry ⟨ov.ww.;→ww. 7⟩ **0.1** ***bakken in de (koeke)pan*** *⇒sauteren.*

pang [pæŋ]⟨f2⟩⟨telb.zn.⟩ **0.1** ***plotselinge pijn*** ⟨ook fig.⟩ *⇒steek, scheut, kwelling, ellendig/naar gevoel* ◆ **1.1** ~s of remorse *hevige gewetenswroeging;* ~s of hunger *knagende honger.*

pan·ga ['pæŋgə]⟨telb.zn.⟩ **0.1** ***machete*** *⇒Afrikaans kapmes.*

pan·ge·ne·sis ['pæn'dʒenɪsɪs]⟨n.-telb.zn.⟩⟨biol.⟩ **0.1** ***pangenesis*** ⟨Darwiniaanse celtheorie⟩.

Pan-Ger·man·ism ['pæn'dʒɜ:mənɪzm‖-'dʒɜr-]⟨n.-telb.zn.⟩ **0.1** ***pangermanisme*** ⟨streven naar Groot-Duitse eenheid⟩.

Pan·gloss·ian ['pæŋ'glɒsɪən‖-'glɑ-]⟨bn.⟩ **0.1** ***Panglossiaans*** *⇒uiterst optimistisch* ⟨naar Pangloss, uit Voltaires Candide⟩.

pan·go·lin [pæŋ'goʊlɪn]⟨telb.zn.⟩⟨dierk.⟩ **0.1** ***schubdier*** ⟨genus Manis⟩ *⇒*⟨i.h.b.⟩ *pangolin.*

pan·gram ['pæŋgræm]⟨telb.zn.⟩ **0.1** ***pangram*** ⟨zin met alle letters v.h. alfabet⟩.

'pan·han·dle[1] ⟨telb.zn.⟩ **0.1** ***steel v.e. pan*** **0.2** ⟨ook P-⟩ ⟨AE⟩ ***smalle strook*** ⟨vnl. v. Am. staat⟩ **0.3** ⟨badminton⟩ ***mattekloppergreep.***

panhandle[2] ⟨onov. en ov.ww.⟩⟨AE; inf.⟩ **0.1** ***bedelen*** *⇒schooie(re)n, bietsen, afbedelen, bij elkaar bedelen, schobberdebonken.*

pan·han·dler ['pænhændlə‖-ər]⟨telb.zn.⟩⟨AE; inf.⟩ **0.1** ***bedelaar*** *⇒bietser, schooier.*

pan·ic[1] ['pænɪk]⟨f3⟩⟨zn.⟩

I ⟨telb.zn.⟩⟨AE; sl.⟩ **0.1** ***giller*** *⇒dolkomisch iem.;*

II ⟨telb. en n.-telb.zn.⟩ **0.1** ⟨ook attr.⟩ ***paniek*** *⇒panische angst, koortsachtige schrik, vertwijfeling* **0.2** ⟨geldw.⟩ ***beurspaniek*** *⇒plotselinge koersdaling, koersval* ◆ **3.2** spread a ~ *paniek zaaien* **6.1** to be **at** ~ stations **(over** sth.) *(iets) overijld moeten doen, paniekerig/vertwijfeld handelen;* be **in** a ~ *in paniek zijn;* get **into** a ~ **(about)** *in paniek raken (over);*

III ⟨n.-telb.zn.⟩ **0.1** →panic grass.

panic[2] ⟨f1⟩⟨bn., attr.⟩ **0.1** ***panisch*** *⇒vertwijfeld, ongegrond, blind* **0.2** ⟨P-⟩ ***mbt./van Pan*** *⇒panisch* ◆ **1.1** ~ fear/terror *panische angst;* ~ haste *blinde/dwaze haast.*

panic[3] ⟨f2⟩⟨ww.;→ww. 7⟩

I ⟨onov.ww.⟩ **0.1** ***in paniek raken*** *⇒angstig/bang worden* **0.2** ⟨AE; inf.⟩ ***zich belachelijk maken*** *⇒zich vastliegen/kletsen;*

II ⟨ov.ww.⟩ **0.1** ***in paniek brengen*** *⇒angstig/bang maken* **0.2** ⟨AE; inf.⟩ ***op zijn kop zetten*** *⇒publiek op de stoelen brengen.*

'panic bolt ⟨telb.zn.⟩ **0.1** ***panieksluiting.***

'panic button ⟨telb.zn.⟩ **0.1** ***noodknop*** *⇒noodsignaal* ◆ **3.1** ⟨inf.⟩ push the ~ *aan de noodrem trekken, ondoordacht handelen.*

'panic grass ⟨n.-telb.zn.⟩⟨plantk.⟩ **0.1** ***vingergras*** *⇒panikgras* ⟨genus Panicum⟩.

pan·ick·y ['pænɪki]⟨f1⟩⟨bn.;-ness;→bijw. 3⟩⟨inf.⟩ **0.1** ***paniekerig*** *⇒angstig, in paniek, schichtig* **0.2** ⟨AE; inf.⟩ ***schitterend*** *⇒opwindend, verrukkelijk, mieters.*

pan·i·cle ['pænɪkl]⟨telb.zn.⟩⟨plantk.⟩ **0.1** ***pluim*** ⟨bloeiwijze⟩.

'pan·ic-mon·ger ⟨telb.zn.⟩ **0.1** ***paniekzaaier.***

'pan·ic-strick·en, 'pan·ic-struck ⟨bn.⟩ **0.1** ***angstig*** *⇒in paniek, bang, paniekerig.*

pan·jan·drum [pæn'dʒændrəm]⟨telb.zn.⟩⟨scherts.⟩ **0.1** ***hoge piet*** *⇒bons, seigneur, opschepper, druktemaker.*

'pan-lift·er ⟨telb.zn.⟩⟨AE; inf.⟩ **0.1** ***pannelap.***

pan·nage ['pænɪdʒ]⟨n.-telb.zn.⟩⟨BE⟩ **0.1** ***varkensweiden*** ⟨vnl. in bossen⟩ **0.2** ***het recht op varkensweiden*** *⇒betaling voor het varkensweiden* **0.3** ***mast*** ⟨eikels, beukenoten als varkensvoer⟩.

panne [pæn], **'panne 'velvet** ⟨n.-telb.zn.⟩ **0.1** ***geplet fluweel.***

pan·nel ['pænl]⟨telb.zn.⟩ **0.1** ***zadelkussen*** *⇒zadelkleed.*

pan·nier ['pænɪə‖-ər]⟨telb.zn.⟩ **0.1** ***(draag)mand*** *⇒(draag)korf, rugmand, bun* **0.2** ***fietstas*** **0.3** ***instrumentenmand*** ⟨v. veldhospitaal⟩ **0.4** ***hoepelwerk*** ⟨voor rok⟩ *⇒hoepelrok, crinoline, panier* **0.5** ⟨inf.⟩ ***bediende*** ⟨Inner Temple, Londen⟩.

pan·ni·kin ['pænɪkɪn]⟨telb.zn.⟩⟨BE⟩ **0.1** ***(saus)pannetje*** **0.2** ***kroes.***

pan·o·plied ['pænəplid]⟨bn.⟩⟨ook fig.⟩ **0.1** ***volledig toegerust*** *⇒in feesttooi, met alles erop en eraan.*

pan·o·ply ['pænəpli]⟨zn.;→mv. 2⟩

I ⟨telb.zn.⟩ **0.1** ***wapenrek*** ⟨als wandversiering⟩;

II ⟨telb. en n.-telb.zn.⟩ **0.1** ***(volledige) wapenrusting*** *⇒panoplie, arsenaal;* ⟨fig. ook⟩ *beschutting* **0.2** ***(volledige) uitrusting*** *⇒verzameling, reeks* ⟨met alle toebehoren⟩ **0.3** ***feestgewaad*** *⇒tooi, dos, fraaie kledij, praal, prachtvertoning* ◆ **6.1** **in** ~ *in volledige uitrusting* **6.3** **in** ~ *in vol ornaat.*

pan·op·tic ['pæn'ɒptɪk‖-'ɑptɪk], **pan·op·ti·cal** [-ɪkl]⟨bn.⟩ **0.1** ***panoptisch*** *⇒alles met één blik omvattend, alziend, allesomvattend.*

pan·op·ti·con [pæn'ɒptɪkən‖-'ɑptɪkɑn]⟨telb.zn.⟩⟨AE⟩ **0.1** ***koepelgevangenis.***

pan·o·rama ['pænə'rɑ:mə‖-'ræmə]⟨f1⟩⟨telb.zn.⟩ **0.1** ***panorama*** *⇒diorama, vergezicht, panoramische foto, overzicht, serie, cyclorama* ⟨ook gebouw⟩ ◆ **1.1** ~ of American history *overzicht v.d. Am. geschiedenis;* vast ~ of problems *een waaier van problemen.*

pan·o·ram·ic ['pænə'ræmɪk]⟨f1⟩⟨bn.;-ally;→bijw. 3⟩ **0.1** ***panoramisch.***

pan 'out ⟨ww.⟩

I ⟨onov.ww.⟩ **0.1** ***goud opleveren*** **0.2** ⟨fig.⟩ ***(goed) uitvallen*** *⇒succes hebben, slagen, aflopen* ◆ **1.2** how will the economy ~? *wat zal er van de economie worden?* **5.2** ~ **well** *een groot succes worden;*

II ⟨ov.ww.⟩ **0.1** ***wassen*** ⟨op zoek naar goud⟩.

'pan·pipe ⟨f1⟩⟨zn.⟩

I ⟨telb.zn.⟩ **0.1** ***pan(s)fluit;***

II ⟨mv.; ~s; ww. soms enk.⟩ **0.1** ***pan(s)fluit.***

pan·si·fied ['pænzifaɪd]⟨bn.⟩⟨AE; inf.⟩ **0.1** ***verwijfd*** *⇒aanstellerig.*

Pan-Slav ['pæn'slɑ:v], **Pan-Slav·ic** ['pæn'slɑ:vɪk]⟨bn.⟩ **0.1** ***panslavisch.***

Pan-Slav·ism ['pæn'slɑ:vɪzm]⟨n.-telb.zn.⟩ **0.1** ***panslavisme.***

Pan's pipes ['pænz paɪps]⟨mv.⟩ **0.1** ***pan(s)fluit.***

pan·sy ['pænzi]⟨f2⟩⟨telb.zn.;→mv. 2⟩ **0.1** ⟨plantk.⟩ ***(driekleurig) viooltje*** ⟨Viola tricolor⟩ **0.2** ⟨vaak attr.⟩ ***paars*** *⇒violet(kleurig)* **0.3** →pansy boy.

'pansy boy, pansy ⟨telb.zn.⟩⟨pej.⟩ **0.1** ***verwijfde man/jongen*** **0.2** ***nicht*** *⇒flikker, mietje.*

pant[1] [pænt]⟨f2⟩⟨zn.⟩

I ⟨telb.zn.⟩ **0.1** ***hijgende beweging*** *⇒snak* **0.2** ***puf*** *⇒stoot* **0.3** ***klop (ping)*** ⟨v. hart⟩;

II ⟨n.-telb.zn.⟩ **0.1** ***gehijg.***

pant[2] [pænt]⟨f3⟩⟨ww.⟩
I ⟨onov.ww.⟩ **0.1** ***hijgen*** ⇒⟨fig.⟩ *snakken, (vurig) verlangen, hunkeren, smachten* **0.2** ***snuiven*** ⇒*blazen, sissen, puffen* ⟨v. stoomtrein⟩ **0.3** ***hevig/snel kloppen*** ⇒*slaan, jagen, palpiteren* ⟨v. hart⟩ ◆ **5.1** ~ **along** *hijgend/puffend rennen/lopen* **6.1** ~ing **for/after** breath *naar adem snakkend;* be ~ing **for** attention *snakken naar aandacht;*
II ⟨ov.ww.⟩ **0.1** ***hijgend uitbrengen*** ⇒*uitstoten* ◆ **5.1** he could only ~ **out** a few words *hij kon maar enkele woorden uitbrengen.*
Pan·ta·gru·el·i·an ['pæntəgru:'elɪən]⟨bn.⟩ **0.1** ***Pantagruelesk*** ⇒*boertig* ⟨naar Pantagruel v. Rabelais⟩.
Pan·ta·gru·el·ism ['pæntə'gruəlɪzm]⟨n.-telb.zn.⟩ **0.1** ***pantagruelisme*** ⇒*boertigheid, aardse humor.*
pan·ta·let·tes, pan·ta·lets ['pæntə'lets]⟨mv.⟩⟨gesch.⟩ **0.1** ***lange damesonderbroek*** ⟨met kantjes aan pijpen, 19e eeuw⟩ ⇒*(wijde) directoire* ⟨tot de knie⟩, *fietsbroek, wijde damesbroek.*
pan·ta·loon ['pæntə'lu:n]⟨zn.⟩
I ⟨eig.n.; P-⟩ **0.1** ***Pantalone*** ⟨dwaze, rijke heer uit commedia dell'arte⟩;
II ⟨telb.zn.⟩⟨dram.⟩ **0.1** ***hansworst*** ⇒*paljas, pias;*
III ⟨mv.; ~s; enk. ook attr.⟩ **0.1** ***kniebroek*** **0.2** ⟨vero. of scherts.⟩ ***(lange) broek*** ⇒*pantalon.*
'pant·dress ⟨telb.zn.⟩ **0.1** ***broekjurk.***
pan·tech·ni·con [pæn'teknɪkən‖-kɑn], ⟨in bet. 0.2 ook⟩ **pantechnicon van** ⟨telb.zn.⟩⟨vero.; BE⟩ **0.1** ***meubelmagazijn*** ⇒*meubelwinkel* **0.2** ***(grote) verhuiswagen.***
pan·the·ism ['pænθiɪzm]⟨f1⟩⟨n.-telb.zn.⟩ **0.1** ***pantheïsme.***
pan·the·ist ['pænθiɪst]⟨telb.zn.⟩ **0.1** ***pantheïst.***
pan·the·ist·ic ['pænθi'ɪstɪk], **pan·the·ist·ic·al** [-ɪkl]⟨bn.; -(al)ly; →bijw. 3⟩ **0.1** ***pantheïstisch.***
pan·the·on ['pænθɪən‖'pænθiɑn]⟨f1⟩⟨zn.⟩
I ⟨eig.n.; P-⟩ **0.1** ***Pantheon*** ⟨in Rome⟩;
II ⟨telb.zn.⟩ **0.1** ***pantheon*** ⟨tempel voor alle goden of vermaarde doden⟩ ⇒*eretempel, erehal* **0.2** ***godendom.***
pan·ther ['pænθə‖-ər], ⟨in bet. II ook⟩ **'panther 'piss** ⟨f1⟩⟨zn.⟩
I ⟨telb.zn.⟩ **0.1** ***panter*** ⇒*luipaard* ⟨Panthera pardus⟩ **0.2** ⟨AE⟩ ***poema*** ⟨Felis concolor⟩ **0.3** ⟨P-⟩⟨verk.⟩ ⟨Black Panther⟩ ***(Zwarte) Panter*** ⟨lid v. militante negerbeweging in de U.S.A.⟩;
II ⟨n.-telb.zn.⟩⟨AE; sl.⟩ **0.1** ***slechte whiskey*** ⇒*puur vergif, bocht.*
pan·ther·ess ['pænθrɪs]⟨telb.zn.⟩ **0.1** ***wijfjespanter.***
'pantie belt, ⟨AE⟩ **'pantie girdle** ⟨telb.zn.⟩ **0.1** ***gordeltje*** ⇒*step-in.*
pant·ies ['pænti:z]⟨f1⟩⟨mv.; attr. panty of pantie; →mv. 2; ook attr.⟩ **0.1** ***slipje*** ⇒*(dames)broekje* **0.2** ***kinderbroekje*** ◆ **1.1** a pair of ~ *een (dames)slipje.*
'pantihose →pantyhose.
pan·tile ['pæntaɪl]⟨telb.zn.⟩ **0.1** ***(S-vormige) dakpan.***
pant·i·soc·ra·cy ['pæntɪ'sɒkrəsi‖'pæntɪ'sɑ-]⟨telb.zn.⟩ **0.1** ***pantisocratie*** ⇒*gelijkheerschappij* ⟨utopische staat⟩.
pan·to ['pæntoʊ]⟨telb. en n.-telb.zn.⟩⟨verk.⟩ pantomime[1] II 0.2 ⟨BE; inf.⟩.
pan·to- ['pæntoʊ] **0.1** ***al-*** ⇒*universeel, alomvattend* ◆ **¶.1** pantology *pantologie;* pantomorphic *alle vormen aannemend;* pantoscopic glasses *pantoscopische bril* ⟨voor ver- en bijziendheid⟩.
pan·to·graph ['pæntəgrɑ:f‖'pæntəgræf]⟨telb.zn.⟩ **0.1** ***pantograaf*** ⇒*tekenaap* **0.2** ⟨elek.⟩ ***pantograaf*** ⇒*stroomafnemer, (tram)beugel.*
pan·to·mime[1] ['pæntəmaɪm]⟨f2⟩⟨zn.⟩
I ⟨telb.zn.⟩ **0.1** ⟨gesch.⟩ ***pantomimist*** ⇒*(panto)mimespeler;*
II ⟨telb. en n.-telb.zn.⟩ **0.1** ⟨dram.⟩ ***(panto)mime*** ⇒⟨bij uitbr.⟩ *gebarenspel, mime* **0.2** ⟨BE⟩ ***(humoristische) kindermusical*** ⇒*sprookjesvoorstelling* ⟨vnl. rond kerstmis opgevoerd⟩.
pantomime[2] ⟨ww.⟩
I ⟨onov.ww.⟩ **0.1** ***zich door gebaren uitdrukken*** ⇒*gebarentaal spreken;*
II ⟨ov.ww.⟩ **0.1** ***door gebaren/mime uitdrukken*** ⇒*mimen.*
pan·to·mim·ic ['pæntə'mɪmɪk], **pan·to·mim·i·cal** [-ɪkl]⟨bn.; -(al)ly; →bijw. 3⟩ **0.1** ***pantomimisch*** ⇒*gebaren-.*
pan·to·mim·ist ['pæntəmaɪmɪst]⟨telb.zn.⟩ **0.1** ***pantomimist*** ⇒*gebarenspeler, mimespeler.*
pan·to·then·ic ['pæntəθenɪk]⟨bn.⟩⟨schei.⟩ **0.1** ***pantotheen-*** ◆ **1.1** ~ acid *pantotheenzuur* ⟨vitamine B_5⟩.
pan·try ['pæntri]⟨f2⟩⟨telb.zn.; →mv. 2⟩ **0.1** ***provisiekast*** ⇒*voorraadkamer, kelderkast, etenskast, aanrechtkeuken;* ⟨lucht., scheep.⟩ *pantry* ◆ **1.1** butler's/housemaid's ~ *kamer voor het eetgerei.*
pan·try·man ['pæntrimən]⟨telb.zn.; pantrymen [-mən]; →mv. 3⟩ **0.1** ***butler*** ⇒*chef de cuisine.*
pants [pænts]⟨f3⟩⟨mv.; ww. soms enk.; enk. ook attr.⟩⟨inf.⟩ **0.1** ⟨vnl. AE⟩ ***(lange) broek*** **0.2** ***(dames)onderbroek*** ⇒*directoire, kinderbroek(je), panties* **0.3** ⟨vnl. BE⟩ ***(heren)onderbroek*** ◆ **3.1** ⟨iron.⟩ dust s.o.'s ~ *iem. het stof uit z'n broek kloppen, iem. een pak voor de broek geven;* ⟨fig.⟩ wear the ~ *de broek aanhebben/*⟨B.⟩ *dragen;* wet one's ~ *het in zijn broek doen* ⟨ook fig.⟩; *doodsbenauwd zijn* **3.¶** ⟨inf.⟩ bore s.o.'s ~ off *iem. gruwelijk/dood vervelen;* scare s.o.'s ~ off *de stuipen/doodsangst op het lijf jagen;* talk s.o.'s ~ off *iem. de oren van het hoofd/murw/suf praten* **5.¶** ⟨sl.⟩ with one's ~ **down** *met de broek op de enkels, in een penibele situatie, onverhoeds.*
'pant·skirt ⟨telb.zn.⟩ **0.1** ***broekrok.***
'pants-leg ⟨telb.zn.⟩⟨AE; inf.; lucht.⟩ **0.1** ***windzak*** ⇒*slurf.*
'pant(s)·suit ⟨f1⟩⟨telb.zn.⟩ **0.1** ***broekpak.***
panty →panties.
pant·y·hose, pant·i·hose ['pæntihoʊz]⟨f1⟩⟨verz.n.; ww. steeds mv.⟩⟨vnl. AE, Austr. E⟩ **0.1** ***panty*** ⇒⟨B.⟩ *kousebroek* ◆ **1.1** two pairs of ~ *twee panties.*
'panty shield ⟨telb.zn.⟩ **0.1** ***inlegkruisje.***
pant·y·waist ['pæntiweɪst]⟨telb.zn.⟩⟨AE⟩ **0.1** ***hemdbroek*** ⇒*combinaison* **0.2** ⟨ook attr.⟩ ***verwijfde man*** ⇒*mietje, doetje, moederskindje.*
pan·zer ['pænzə, -tsə‖-ər]⟨zn.⟩
I ⟨telb.zn.; ook P-; vaak attr.⟩ **0.1** ***(Duitse) tank*** ⇒*(Duitse) pantserwagen/auto* ◆ **1.1** ~ division *pantserdivisie;* ~ troops *pantsertroepen;*
II ⟨mv.; ~s⟩ **0.1** ***(Duitse) pantsertroepen/divisie.***
pap [pæp]⟨f1⟩⟨zn.⟩
I ⟨telb.zn.⟩⟨vero. of gew.⟩ **0.1** ***tepel*** ⇒*tiet;* ⟨bij uitbr.; vaak mv.⟩ *heuvel, kegelvormige heuveltop;*
II ⟨n.-telb.zn.⟩ **0.1** ***pap*** ⇒*brij, moes, pulp* **0.2** ***geleuter*** ⇒*kinderpraat, trivialiteit, leesvoer, keukenmeidenroman* **0.3** ⟨AE; inf.⟩ ***vriendjespolitiek*** ⇒*bevoordeling, bevordering* ◆ **2.2** intellectual ~ *intellectueel gebeuzel.*
pa·pa [pə'pɑ:‖'pɑpə]⟨f2⟩⟨telb.zn.⟩⟨kind.⟩ **0.1** ***papa*** ⇒*vader, pa, paps, pappie* **0.2** ⟨AE; inf.⟩ ***minnaar*** ⇒*liefje, vrijer.*
pa·pa·cy ['peɪpəsi]⟨f1⟩⟨zn.; →mv. 2⟩
I ⟨telb.zn.⟩ **0.1** ***pausdom*** ⇒*regering/regeringstijd/ambtstermijn v.e. paus;*
II ⟨n.-telb.zn.⟩ **0.1** ***pausschap*** ⇒*pausdom, pauselijk(e) waardigheid/gezag* **0.2** ⟨ook P-⟩ ***pausdom*** ⇒*(systeem v.) pauselijke heerschappij, papaal systeem.*
pa·pa·in [pə'peɪɪn, -'paɪ-]⟨n.-telb.zn.⟩ **0.1** ***papaïne*** ⟨gedroogd melksap uit de papaja⟩.
pa·pal ['peɪpl]⟨f1⟩⟨bn.; -ly⟩ **0.1** ***pauselijk*** ⇒*papaal, van de paus* **0.2** ***rooms-katholiek*** ◆ **1.1** ~ bull *pauselijke bul;* ~ crown *tiara.*
pa·pal·ism ['peɪpl·ɪzm]⟨n.-telb.zn.⟩ **0.1** ***papisme*** ⇒*pausdom, pausschap, pausgezindheid.*
pa·pal·ist ['peɪpl·ɪst]⟨telb.zn.; ook attr.⟩ **0.1** ***pausgezinde*** ⇒*papist.*
pa·pal·ize, -ise ['peɪpl·aɪz]⟨ov.ww.⟩ **0.1** ***pausgezind maken*** ⇒*tot het roomskatholiek geloof bekeren.*
'Papal 'States ⟨mv.⟩⟨gesch.⟩ **0.1** ***Pauselijke Staat.***
pa·pa·raz·zo ['pæpə'rætsoʊ‖'pɑpə'rɑtsoʊ]⟨telb.zn.; paparazzi [-tsi]; →mv. 5⟩ **0.1** ***paparazzo*** ⟨aggressieve persfotograaf⟩.
pa·pav·er·a·ceous [pə'peɪv(ə)'reɪʃəs‖pe'pæv(ə)-]⟨bn.⟩ **0.1** ***tot de papaverachtigen/papaveraceeën behorend.***
pa·pav·er·ine [pə'peɪv(ə)ri:n, -ɪn‖pə'pæ-]⟨n.-telb.zn.⟩⟨med.⟩ **0.1** ***papaverine.***
pa·pav·er·ous [pə'peɪv(ə)rəs‖pə'pæ-]⟨bn.⟩ **0.1** ***papaverachtig.***
pa·paw, paw·paw ['pɔ:pɔ:]⟨zn.⟩⟨plantk.⟩
I ⟨telb.zn.⟩ **0.1** ⟨vnl. AE⟩ ***pawpaw*** ⟨Asimina triloba⟩ **0.2** ***papaja*** ⇒*meloenboom* ⟨Carica papaya⟩;
II ⟨telb. en n.-telb.zn.⟩ **0.1** ⟨vnl. AE⟩ ***pawpaw(vrucht)*** **0.2** ***papaja (vrucht).***
pa·pa·ya [pə'paɪə]⟨zn.⟩⟨plantk.⟩
I ⟨telb.zn.⟩ **0.1** ***papaja*** ⇒*meloenboom* ⟨Carica papaya⟩;
II ⟨telb. en n.-telb.zn.⟩ **0.1** ***papaja(vrucht).***
pa·per[1] ['peɪpə‖-ər]⟨f4⟩⟨zn.⟩
I ⟨telb.zn.⟩ **0.1** ***blad/vel papier*** ⇒*papiertje, blad, vel, wikkel(tje), zak(je)* **0.2** ⟨inf.⟩ ***dagblad*** ⇒*krant(je)* **0.3** ***(schriftelijke) test*** **0.4** ***paper*** ⇒*verhandeling, essay, thesis, voordracht* **0.5** ***document*** ◆ **1.1** a ~ of needles *een brief naalden, een naaldenboekje* **3.3** set a ~ *een test opgeven* **3.4** read/deliver a ~ *een lezing houden;*
II ⟨telb. en n.-telb.zn.⟩ **0.1** ***behang(selpapier);***
III ⟨n.-telb.zn.⟩ **0.1** ***papier*** **0.2** ***(waarde)papier*** ⇒*papiergeld, bankbiljetten, wissels, cheques* **0.3** ⟨sl.⟩ ***vals geld*** **0.4** ⟨sl.⟩ ***(publiek) met vrijkaartjes*** ◆ **3.1** ⟨schr.⟩ commit to ~ *op papier zetten, aan het papier toevertrouwen;* ⟨tech.⟩ laid ~ *vergé-papier;* ⟨tech.⟩ squared ~ *ruitjespapier* **6.1** ⟨fig.⟩ **on** ~ *op papier, in theorie;*
IV ⟨mv.; ~s⟩ **0.1** ***papieren*** ⇒*identiteits/scheeps/legitimatiepapieren, geloofsbrieven, bescheiden* **0.2** ***(verzamelde) geschriften/werken*** ◆ **3.¶** ⟨AE; sl.⟩ put one's ~s in *zich inschrijven* ⟨voor school e.d.⟩; *zijn ontslag indienen; met pensioen gaan;* ⟨BE; mil.⟩ send in one's ~s *zijn ontslag aanvragen.*

paper[2] ⟨f1⟩ ⟨ww.⟩
I ⟨onov.ww.⟩ **0.1** ***behangen;***
II ⟨ov.ww.⟩ **0.1** ***in papier wikkelen/pakken*** **0.2** ***behangen*** ⇒*met papier bekleden/beplakken/bedekken* **0.3** ***schuren*** ⟨met schuurpapier⟩ **0.4** ⟨sl.⟩ ***vol laten lopen (door het uitdelen van vrijkaarten)*** ⟨schouwburg e.d.⟩ **0.5** ⟨sl.⟩ ***betalen met vals geld/ongedekte cheques*** ◆ **1.4** ~ the house *met vrijkaartjes de zaal vol krijgen* **5.2** ~ **over** *(met papier) overplakken/beplakken/bedekken;* ⟨fig.⟩ *verdoezelen, verbloemen, verbergen, wegmoffelen;* ~ **up** *(met papier) overplakken/beplakken.*
'pa·per·back[1] ⟨f2⟩ ⟨telb.zn.; ook attr.⟩ **0.1** ***paperback*** ⇒*pocket (boek)* ◆ **6.1** (available) **in** ~ *als pocket (verkrijgbaar).*
paperback[2] ⟨ov.ww.⟩ **0.1** ***uitgeven als pocket/paperback.***
'pa·per·backed, 'pa·per·bound ⟨bn.⟩ **0.1** ***in paperback*** ⇒*paperback.*
'pa·per·bel·ly ⟨telb.zn.⟩ ⟨sl.⟩ **0.1** ***iem. die niet tegen sterke drank kan.***
'pa·per·board ⟨n.-telb.zn.⟩ **0.1** ***karton.***
'paper boy ⟨telb.zn.⟩ **0.1** ***krantenjongen.***
'paper case ⟨telb.zn.⟩ **0.1** ***schrijfmap.***
'paper chase ⟨f1⟩ ⟨telb.zn.⟩ **0.1** ***snipperjacht.***
'pa·per·clip ⟨f1⟩ ⟨telb.zn.⟩ **0.1** ***paperclip*** ⇒*papierklem, papierbinder.*
'paper 'credit ⟨n.-telb.zn.⟩ ⟨geldw.⟩ **0.1** ***wisselkrediet.***
'paper 'cup ⟨telb.zn.⟩ **0.1** ***kartonnen bekertje*** ⇒*wegwerpbekertje.*
'paper cutter ⟨telb.zn.⟩ **0.1** ***papiermes*** ⇒*vouwbeen, papiersnijmachine.*
'paper fastener ⟨telb.zn.⟩ **0.1** ***papierklem.***
'paper feed ⟨n.-telb.zn.⟩ ⟨comp.⟩ **0.1** ***papierdoorvoer.***
'paper folder ⟨telb.zn.⟩ **0.1** ***vouwbeen*** ⇒*papiermes.*
'paper girl ⟨telb.zn.⟩ **0.1** ***krantenbezorgster*** ⇒*krantenmeisje.*
'paper 'gold ⟨n.-telb.zn.⟩ **0.1** ***papiergoud*** ⟨monetaire reserve⟩.
'pa·per·hang·er ⟨f1⟩ ⟨telb.zn.⟩ **0.1** ***behanger*** **0.2** ***verspreider v. valsgeld.***
'pa·per·hang·ing ⟨n.-telb.zn.⟩ **0.1** ***het behangen*** **0.2** ⟨sl.⟩ ***het uitgeven v. ongedekte cheques.***
'pa·per·house ⟨telb.zn.⟩ ⟨sl.⟩ **0.1** ***theater/circus met veel bezoekers met vrijkaartjes.***
'paper hunt ⟨telb.zn.⟩ **0.1** ***snipperjacht.***
'pa·per·knife ⟨telb.zn.⟩ **0.1** ***papiermes*** ⇒*briefopener.*
pa·per·like ['peɪpəlaɪk‖-pər-] ⟨bn.⟩ **0.1** ***papierachtig.***
'pa·per·mak·er ⟨telb.zn.⟩ **0.1** ***papiermaker*** ⇒*papierfabrikant.*
'paper mill ⟨f1⟩ ⟨telb.zn.⟩ **0.1** ***papierfabriek*** ⇒*papiermolen.*
'paper money, 'paper currency ⟨n.-telb.zn.⟩ **0.1** ***papiergeld*** ⇒*bankbiljetten, cheques.*
'paper 'mulberry ⟨telb. en n.-telb.zn.⟩ ⟨plantk.⟩ **0.1** ***papiermoerbei*** ⟨Broussonetia papyrifera⟩.
'paper 'nautilus ⟨telb.zn.⟩ ⟨dierk.⟩ **0.1** ***papiernautilus*** ⟨Argonauta argo⟩.
'paper plant, 'paper reed, 'paper rush ⟨telb.zn.⟩ ⟨plantk.⟩ **0.1** ***papierplant*** ⇒*papierriet, papyrus* ⟨Cyperus papyrus⟩.
'paper 'profit ⟨telb.zn.⟩ **0.1** ***denkbeeldige winst*** ⇒*winst op papier.*
'paper stain·er ⟨telb.zn.⟩ **0.1** ***behangfabrikant.***
'paper tape ⟨telb. en n.-telb.zn.⟩ ⟨comp.⟩ **0.1** ***ponsband.***
'paper 'tiger ⟨telb.zn.⟩ **0.1** ***papieren tijger*** ⇒*schijnmacht.*
'paper tree ⟨telb.zn.⟩ ⟨plantk.⟩ **0.1** ***papierboom.***
'paper 'warfare ⟨n.-telb.zn.⟩ **0.1** ***pennestrijd.***
'pa·per·weight ⟨f1⟩ ⟨telb.zn.⟩ **0.1** ***presse-papier.***
'pa·per·work ⟨f1⟩ ⟨n.-telb.zn.⟩ **0.1** ***papierwerk*** ⇒*papierwinkel, administratief werk, administratie, schrijfwerk.*
pa·per·y ['peɪp(ə)ri] ⟨bn.⟩ **0.1** ***papierachtig.***
pap·e·terie ['pæpətri] ⟨telb.zn.⟩ **0.1** ***schrijfmap.***
Pa·phi·an[1] ['peɪfɪən] ⟨telb.zn.⟩ **0.1** ***prostituée*** **0.2** ⟨gesch.⟩ ***inwoner v. Pafos*** ⟨stad gewijd aan Venus⟩.
Paphian[2] ⟨bn.⟩ **0.1** ***wulps*** ⇒*wellustig, ontuchtig, liefdes-* **0.2** ⟨gesch.⟩ ***van/uit Pafos.***
pa·pier-mâ·ché ['pæpieɪ 'mæʃeɪ, -'peɪpə-‖'peɪpər mə'ʃeɪ] ⟨f1⟩ ⟨n.-telb.zn.; vaak attr.⟩ **0.1** ***papier-maché.***
pa·pil·i·o·na·ceous [pə'pɪlɪə'neɪʃəs] ⟨bn.⟩ ⟨plantk.⟩ **0.1** ***vlinderachtig*** ⇒⟨vnl.⟩ *vlinderbloemig.*
pa·pil·la [pə'pɪlə] ⟨telb.zn.; papillae [-li:]; →mv. 5⟩ **0.1** ***papil*** ⟨ook plantk.⟩ ⇒*smaakpapil, huidpapil.*
pap·il·lar·y [pə'pɪləri‖'pæpəleri], **pap·il·lar** [pə'pɪlə‖'pæpələr] ⟨bn.⟩ **0.1** ***papillair*** ⇒*papilvormig, papil-.*
pap·il·late ['pæpɪleɪt], **pap·il·lose** [-lous] ⟨bn.⟩ **0.1** ***met papillen bedekt*** **0.2** ***papilvormig*** ⇒*papillair.*
pap·il·lo·ma ['pæpɪ'loumə] ⟨telb.zn.; ook papillomata [-mətə]; →mv. 5⟩ ⟨med.⟩ **0.1** ***papilloma*** ⇒*papilloom* ⟨wratachtig gezwel⟩.
pap·il·lon ['pæpɪlɒn‖-lɑn] ⟨telb.zn.⟩ **0.1** ***vlinderhondje*** ⇒*(soort) miniatuur/schoothondje* ⟨vaak spaniel⟩.
pa·pist ['peɪpɪst] ⟨f1⟩ ⟨telb.zn.⟩ **0.1** ***papist*** ⇒*pausgezinde* **0.2** ⟨bel.⟩ ***paap.***
pa·pis·tic [pə'pɪstɪk], **pa·pis·ti·cal** [-ɪkl] ⟨bn.; -(al)ly; →bijw. 3⟩ **0.1** ***papistisch*** ⇒*pausgezind* **0.2** ⟨bel.⟩ ***paaps.***
pa·pi·stry ['peɪpɪstri] ⟨n.-telb.zn.⟩ **0.1** ***papisterij*** ⇒*papisme* **0.2** ⟨bel.⟩ ***paapsheid*** ⇒*papendom.*
pa·poose, pap·poose [pə'pu:s] ⟨telb.zn.⟩ **0.1** ***papoose*** ⟨Indiaans woord voor baby⟩ ⇒⟨bij uitbr.⟩ *rugzak* ⟨waarin de baby wordt gedragen⟩.
pap·pose ['pæpous], **pap·pous** ['pæpəs] ⟨bn.⟩ **0.1** ⟨plantk.⟩ ***met zaadpluimpjes*** **0.2** ***donzig*** ⇒*pluizig.*
pap·pus ['pæpəs] ⟨telb.zn.; pappi [-aɪ]; →mv. 5⟩ **0.1** ⟨plantk.⟩ ***zaadpluimpje*** ⇒*vruchtpluis, zaadpluis* **0.2** ***donshaar*** ⟨vnl. v. baard⟩.
pap·py[1] ['pæpi] ⟨telb.zn.; →mv. 2⟩ ⟨vnl. AE; inf.⟩ **0.1** ***pappie.***
pappy[2] ⟨bn.; -er; →compar. 7⟩ **0.1** ***papachtig*** ⇒*papperig, slap.*
'pappy guy ⟨telb.zn.⟩ ⟨sl.⟩ **0.1** ***oude baas*** ⇒*oudste.*
pa·pri·ka ['pæprɪkə‖pə'pri:kə] ⟨f1⟩ ⟨zn.⟩
I ⟨telb. en n.-telb.zn.⟩ **0.1** ***rode paprika;***
II ⟨n.-telb.zn.⟩ **0.1** ***paprika(poeder).***
Pap test ['pæp test], **'Pap smear** ⟨telb.zn.⟩ ⟨med.⟩ **0.1** ***Pap test*** ⟨uitstrijkje vnl. voor opsporing v. kanker⟩.
Pap·u·an[1] ['pæpjuən] ⟨zn.⟩
I ⟨eig.n.⟩ **0.1** ***Papoe(a)*** ⇒*Papoea(taal);*
II ⟨telb.zn.⟩ **0.1** ***Papoea*** ⇒*inwoner v. West-Irian.*
Papuan[2] ⟨bn.⟩ **0.1** ***Papoe(aa)s.***
pap·u·lar ['pæpjələ‖-ər] ⟨bn.⟩ **0.1** ***papuleus*** ⇒*papel-, pukkelvormig.*
pap·ule ['pæpju:l], **pap·u·la** ['pæpjələ] ⟨telb.zn.; 2e variant ook papulae [-li:]; →mv. 5⟩ **0.1** ***papel*** ⇒*pukkel(tje), huidknobbeltje* **0.2** ⟨plantk.⟩ ***papil(letje).***
pap·u·lose ['pæpjəlous], **pap·u·lous** [-ləs] ⟨bn.⟩ **0.1** ***bedekt met pukkels/knobbeltjes*** ⇒*papuleus.*
pa·py·ra·ceous ['pæpɪ'reɪʃəs] ⟨bn.⟩ **0.1** ***papyrusachtig*** ⇒*papyrus-, papieren, papierachtig.*
pa·py·ro·log·i·cal ['pæpɪrə'lɒdʒɪkl‖pə'paɪrə'lɑ-] ⟨bn.⟩ **0.1** ***papyrologisch.***
pap·y·rol·o·gist ['pæpɪ'rɒlədʒɪst‖-'rɑ-] ⟨telb.zn.⟩ **0.1** ***papyroloog.***
pa·py·rol·o·gy ['pæpɪ'rɒlədʒi‖-'rɑ-] ⟨n.-telb.zn.⟩ **0.1** ***papyrologie.***
pa·py·rus [pə'paɪrəs] ⟨f1⟩ ⟨zn.; ook papyri [-raɪ]; →mv. 5⟩
I ⟨telb.zn.⟩ **0.1** ***papyrus(tekst/rol);***
II ⟨n.-telb.zn.⟩ **0.1** ⟨plantk.⟩ ***papyrus(plant)*** ⇒*papierplant, papierriet* ⟨Cyperus papyrus⟩ **0.2** ***papyrus*** ⟨papier⟩.
par[1] [pɑ:‖pɑr] ⟨f2⟩ ⟨zn.⟩
I ⟨telb.zn.⟩ **0.1** ⟨geen mv.⟩ ***gelijkheid*** ⇒*gelijkwaardigheid* **0.2** ⟨verk.⟩ ⟨paragraph⟩ ⟨BE; inf.⟩ ***(krante)berichtje/stukje/artikeltje*** **0.3** →parr ◆ **6.1** be **on/to** a ~ **(with)** *gelijk zijn (aan), op één lijn staan (met);* put **(up)on** a ~ *gelijkstellen, op één lijn stellen, op gelijke hoogte brengen;*
II ⟨n.-telb.zn.⟩ **0.1** ⟨ook attr.⟩ ⟨geldw.⟩ ***pari*** ⇒*pariteit, nominale waarde* **0.2** ***gemiddelde/normale toestand*** **0.3** ⟨golf⟩ ***par*** ⟨maximum aantal slagen dat een goede speler onder normale omstandigheden nodig heeft om bal in hole te krijgen⟩ ◆ **1.1** ~ of exchange *wisselpari;* the ~ value of these bonds is £100 *de nominale waarde v. deze aandelen is honderd pond* **1.¶** ~ for the course *de gebruikelijke procedure, wat je kunt verwachten, gemiddeld* **6.1** **above** ~ *boven pari, boven de nominale waarde, met winst;* **at** ~ *op pari;* **below** ~ *onder pari* **6.2** ⟨inf.⟩ **above** ~ *in (de) beste conditie, kiplekker, prima;* ⟨inf.⟩ **below/under** ~ *wat van streek, ondermaats;* ⟨inf.⟩ be **up to** ~ *zich goed voelen, voldoende zijn.*
par[2] ⟨ov.ww.; →ww. 7⟩ **0.1** ***op één lijn zetten*** ⇒*gelijk stellen* **0.2** ⟨golf⟩ ***par spelen*** ⟨zie par[1] II 0.3⟩.
par[3] ⟨afk.⟩ **0.1** ⟨paragraph⟩ ***par.*** ⇒*al.* **0.2** ⟨parallel⟩ **0.3** ⟨parenthesis⟩ **0.4** ⟨parish⟩.
par·a ['pærə] ⟨f1⟩ ⟨telb.zn.⟩ ⟨inf.⟩ **0.1** ⟨verk.⟩ ⟨parachutist⟩ ***para*** **0.2** ⟨verk.⟩ ⟨paragraph⟩ ***(krante) berichtje/artikeltje/stukje.***
par·a- ['pærə], ⟨in bet. 0.1 voor klinker of h⟩ **par-** **0.1** ***par(a)-*** **0.2** ***para-*** ⇒*parachute-* ◆ **¶.1** paramedical *paramedisch;* paresthesia *paresthesie* **¶.2** parasol *zonnescherm, parasol;* paratroops *paratroepen.*
par·ab·a·sis [pə'ræbəsɪs] ⟨telb.zn.; parabases [-si:z]; →mv. 5⟩ **0.1** ***parabase*** ⇒*koorlied* ⟨in oudgriekse komedie⟩.
par·a·bi·o·sis ['pærəbaɪ'ousɪs] ⟨telb.zn.; parabioses [-si:z]; →mv. 5⟩ ⟨biol.⟩ **0.1** ***parabiose*** ⟨vereniging/dubbelgroei v. organismen⟩.
par·a·bi·ot·ic ['pærəbaɪ'ɒtɪk‖-'ɑtɪk] ⟨bn.; -ally; →bijw. 3⟩ ⟨biol.⟩ **0.1** ***parabiotisch.***
par·a·ble ['pærəbl] ⟨f2⟩ ⟨telb.zn.⟩ **0.1** ***parabel*** ⇒*gelijkenis, allegorie* ◆ **3.1** ⟨schr.⟩ speak in ~s *in gelijkenissen spreken.*
pa·rab·o·la [pə'ræbələ] ⟨telb.zn.⟩ ⟨wisk.⟩ **0.1** ***parabool.***
par·a·bol·ic ['pærə'bɒlɪk‖-'bɑ-], **par·a·bol·i·cal** [-ɪkl] ⟨bn.; -(al)ly; →bijw. 3⟩ **0.1** ***parabolisch*** ⇒*in/d.m.v. gelijkenissen* **0.2** ***parabolisch*** ⇒*paraboolvormig, parabool-.*
pa·rab·o·loid [pə'ræbəlɔɪd] ⟨telb.zn.⟩ ⟨wisk.⟩ **0.1** ***paraboloïde*** ◆ **1.1** ~ of revolution *omwentelingsparaboloïde.*

pa·rab·o·loi·dal [pəˈræbəˈlɔɪdl]⟨bn.⟩⟨wisk.⟩ **0.1** ***paraboloïdaal.***
par·a·ce·ta·mol [ˈpærəˈsetəmɒl, -ˈsi:-‖-ˈsi:ṭəmɑl]⟨telb. en n.-telb.zn.⟩ **0.1** ***paracetamol*** ⟨(tablet) koorts- en pijnwerend middel⟩.
pa·rach·ro·nism [pəˈrækrənɪzm]⟨telb.zn.⟩ **0.1** ***parachronisme*** ⟨te laat geplaatste gebeurtenis; tgo. anachronisme⟩.
par·a·chute[1] [ˈpærəʃu:t]⟨f2⟩⟨telb.zn.; ook attr.⟩ **0.1** ***parachute*** ⇒*valscherm.*
parachute[2] ⟨f1⟩⟨ww.⟩→parachuting
I ⟨onov.ww.⟩ **0.1** ***aan/met een parachute neerkomen;***
II ⟨ov.ww.⟩ **0.1** ***parachuteren*** ⇒*aan een parachute neerlaten.*
ˈparachute flare ⟨telb.zn.⟩ **0.1** ***parachutefakkel*** ⇒*parachutelicht.*
ˈparachute troops ⟨f1⟩⟨mv.⟩ **0.1** ***para(chute)troepen.***
par·a·chut·ing [ˈpærəʃʊ:tɪŋ]⟨n.-telb.zn.; gerund v. parachute⟩ ⟨sport⟩ **0.1** ***(het) parachutespringen*** ⇒*(het) valschermspringen.*
par·a·chut·ist [ˈpærəʃu:ṭɪst]⟨f1⟩⟨telb.zn.⟩ **0.1** ***parachutist*** ⇒*valschermspringer.*
par·a·clete [ˈpærəkli:t]⟨zn.⟩
I ⟨eig.n.; P-; vaak the⟩⟨relig.⟩ **0.1** ***Parakleet*** ⟨H. Geest⟩;
II ⟨telb.zn.⟩ **0.1** ***bemiddelaar*** ⇒*trooster, verdediger.*
pa·rade[1] [pəˈreɪd]⟨f3⟩⟨zn.⟩
I ⟨telb.zn.⟩ **0.1** ***parade*** ⇒*vertoning, (uiterlijk) vertoon, show* **0.2** ***paradeplaats*** ⇒*exercitieplein* **0.3** ***stoet*** ⇒*optocht, processie, rij, paradetroepen,* ⟨BE⟩ *modeshow* **0.4** ***promenade*** ⇒*(zee)boulevard, winkelcentrum;* ⟨bij uitbr.⟩ *(groep) wandelaars* **0.5** ⟨schermen⟩ ***parade*** ⇒*wering* ◆ **1.3** ~ of fashions *opeenvolging v. trends;* ~ of songs *liedjesprogramma, tour de chant* **3.1** make a ~ of *paraderen/pronken met, te koop lopen met;*
II ⟨telb. en n.-telb.zn.⟩⟨vnl. mil.⟩ **0.1** ***parade*** ⇒*wapenschouwing, defilé* ◆ **6.1** be **on** ~ *parade houden, paraderen; pronken.*
parade[2] ⟨f2⟩⟨ww.⟩
I ⟨onov.ww.⟩ **0.1** ***paraderen*** ⇒*een optocht houden, marcheren, in een stoet voorbijtrekken, defileren* **0.2** ***paraderen*** ⇒*pronken, pralen* **0.3** ⟨mil.⟩ ***aantreden*** ⇒*aanrukken, parade houden* ◆ **1.2** old ideas parading as new ones *oude wijn in nieuwe zakken;*
II ⟨ov.ww.⟩ **0.1** ***paraderen door*** ⇒*een optocht houden door, marcheren door* **0.2** ***paraderen met*** ⇒*te koop lopen met* **0.3** ***(opzichtig) heen en weer lopen in/op*** ⇒*rondparaderen in/op* **0.4** ⟨mil.⟩ ***parade laten houden*** ⇒*laten aanrukken/aantreden* ◆ **1.3** she was parading the room in her new evening-dress *ze liep door de kamer te paraderen in haar nieuwe avondjapon.*
paˈrade duty ⟨n.-telb.zn.⟩⟨mil.⟩ **0.1** ***appèl.***
paˈrade ground ⟨telb.zn.⟩ **0.1** ***paradeplaats*** ⇒*exercitieplein.*
paˈrade march ⟨telb.zn.⟩ **0.1** ***parademars.***
paˈrade step ⟨telb.zn.⟩ **0.1** ***paradepas.***
par·a·di·chlor·o·ben·zene [ˈpærədaɪklɔ:rəˈbenzi:n]⟨n.-telb.zn.⟩ **0.1** ***paradichloorbenzeen*** ⟨bestrijdingsmiddel tegen mot⟩.
par·a·did·dle [ˈpærəˈdɪdl]⟨telb.zn.⟩ **0.1** ***roffel*** ⟨op trom⟩.
par·a·digm [ˈpærədaɪm]⟨f1⟩⟨telb.zn.⟩ **0.1** ***paradigma*** ⟨ook fil.⟩ ⇒*voorbeeld, model* **0.2** ⟨taalk.⟩ ***paradigma*** ⇒*modelwoord, verbuigingsschema, vervoegingsschema.*
par·a·dig·mat·ic [ˈpærədɪgˈmæṭɪk], **par·a·dig·mat·i·cal** [-ɪkl]⟨bn.; -(al)ly; →bijw. 3⟩ **0.1** ***paradigmatisch*** ⇒*model-* **0.2** ⟨taalk.⟩ ***paradigmatisch*** ⟨tgo. syntagmatisch⟩.
par·a·dise [ˈpærədaɪs]⟨f2⟩⟨zn.⟩
I ⟨telb.zn.⟩ **0.1** ***dierenpark/tuin*** ⇒*vogelpark/tuin;*
II ⟨telb. en n.-telb.zn.⟩ **0.1** ***paradijs*** ⇒*zevende hemel, eldorado, geluk* ◆ **1.1** a ~ for children *een paradijs voor kinderen;* ~ of married life *gelukzaligheid v.h. huwelijksleven;*
III ⟨n.-telb.zn.⟩⟨vaak P-⟩ **0.1** ***het (aardse) paradijs*** ⇒*de hof van Eden* **0.2** ***het (hemelse) paradijs*** ⇒*hemel(hof).*
par·a·dise·an [ˈpærəˈdɪsɪən]⟨bn.⟩ **0.1** ***paradijsvogel-*** ⇒*van/behorend tot de paradijsvogels* **0.2** ⟨zelden⟩ ***paradijsachtig*** ⇒*paradijselijk.*
par·a·di·si·a·cal [ˈpærədɪˈsaɪəkl], **par·a·di·si·ac** [-dɪˈsaɪæk], **par·a·di·sa·ic** [-dɪˈseɪɪk], **par·a·di·sa·i·cal** [-dɪˈseɪɪkl], **par·a·di·sal** [-ˈdaɪsl], **par·a·dis·i·al** [-ˈdɪsɪəl], **par·a·dis·i·an** [-ˈdɪsɪən], **par·a·dis·ic** [-ˈdɪsɪk], **par·a·dis·i·cal** [-ˈdɪsɪkl]⟨f1⟩⟨bn.; paradisiacal(ly), paradisaical(ly); →bijw. 3⟩ **0.1** ***paradijsachtig*** ⇒*paradijselijk, paradijs-.*
par·a·dos [ˈpærədɒs‖-dɑs]⟨telb.zn.; ook parados; →mv. 5⟩⟨mil.⟩ **0.1** ***parados*** ⇒*rugwering, achterwaartse gronddekking.*
par·a·dox [ˈpærədɒks‖-dɑks]⟨f2⟩⟨telb. en n.-telb.zn.⟩ **0.1** ***paradox*** ⇒*(schijnbare) tegenstrijdigheid/ongerijmdheid/contradictie.*
par·a·dox·i·cal [ˈpærəˈdɒksɪkl‖-ˈdɑk-]⟨f2⟩⟨bn.; -ly; -ness⟩ **0.1** ***paradoxaal*** ⇒*tegenstrijdig, ongerijmd* ◆ **1.1** ~ sleep *REM-slaap, paradoxale slaap.*
par·a·dox·i·cal·i·ty [ˈpærədɒksɪˈkæləti‖-dɑksɪˈkæləṭi], **par·a·dox·y** [-dɒksi‖-dɑksi]⟨telb. en n.-telb.zn.; →mv. 2⟩ **0.1** ***paradoxie.***
par·a·dox·ist [ˈpærədɒksɪst‖-dɑk-], **par·a·dox·er** [ˈpærədɒksə‖-dɑksər]⟨telb.zn.⟩ **0.1** ***liefhebber van paradoxen*** ⇒*spreker in paradoxen.*
par·a·dox·ure [ˈpærəˈdɒkʃə‖-ˈdɑkʃər]⟨telb.zn.⟩⟨dierk.⟩ **0.1** ***palmmarter*** ⟨genus Paradoxurus⟩.
par·a·drop [ˈpærədrɒp‖-drɑp]⟨telb.zn.⟩ **0.1** ***(parachute)dropping.***
par·aes·the·sia, ⟨AE sp.⟩ **par·es·the·sia** [ˈpærɪsˈθi:ʒə]⟨telb. en n.-telb.zn.⟩ **0.1** ***parest(h)esie*** ⟨verkeerde gevoelswaarneming⟩.
par·af·fin[1] [ˈpærəfɪn]⟨f1⟩⟨zn.⟩
I ⟨telb. en n.-telb.zn.⟩⟨schei.⟩ **0.1** ***paraffine*** ⇒*alkaan;*
II ⟨n.-telb.zn.⟩ **0.1** ***(harde) paraffine*** **0.2** ⟨BE⟩ ***kerosine*** ⇒*paraffine-olie, (lampen)petroleum.*
paraffin[2] ⟨ov.ww.⟩ **0.1** ***paraffineren.***
ˈparaffin ˈoil ⟨f1⟩⟨n.-telb.zn.⟩⟨BE⟩ **0.1** ***kerosine*** ⇒*paraffine-olie, (lampen)petroleum.*
ˈparaffin ˈwax ⟨n.-telb.zn.⟩ **0.1** ***(harde) paraffine.***
par·a·form·al·de·hyde [ˈpærəfɔ:ˈmældəhaɪd‖-fɔr-], **par·a·form** [-fɔ:m‖-fɔrm]⟨n.-telb.zn.⟩ **0.1** ***paraform(aldehyde)*** ⟨desinfectiemiddel⟩.
par·a·glid·er [ˈpærəglaɪdə‖-ər]⟨telb.zn.⟩⟨sport⟩ **0.1** ***zweefparachutist.***
par·a·glid·ing [ˈpærəglaɪdɪŋ]⟨n.-telb.zn.⟩⟨sport⟩ **0.1** ***zweefparachutisme.***
par·a·go·ge [ˈpærəgoʊdʒi]⟨telb.zn.⟩⟨taalk.⟩ **0.1** ***paragoge*** ⟨klanktoevoeging achteraan een woord⟩.
par·a·gog·ic [ˈpærəˈgɒdʒɪk‖-ˈgɑ-], **par·a·gog·i·cal** [-ɪkl]⟨bn.; -(al)ly; →bijw. 3⟩⟨taalk.⟩ **0.1** ***paragogisch.***
par·a·gon[1] [ˈpærəgən‖-gɑn]⟨f1⟩⟨zn.⟩
I ⟨telb.zn.⟩ **0.1** ***toonbeeld*** ⇒*voorbeeld, model* **0.2** ***para(n)gon*** ⟨diamant van meer dan 100 karaat⟩ ◆ **1.1** ~ of virtue *toonbeeld van deugd;*
II ⟨telb. en n.-telb.zn.⟩⟨druk.⟩ **0.1** ***para(n)gon*** ⟨18 punts lettersoort⟩.
paragon[2] ⟨ov.ww.⟩⟨schr.⟩ **0.1** ***vergelijken*** ⇒*op één lijn stellen* **0.2** ***evenaren.***
par·a·graph[1] [ˈpærəgrɑ:f‖-græf]⟨f3⟩⟨telb.zn.⟩ **0.1** ***alinea*** ⇒*paragraaf, hoofdstuk,* ⟨jur.⟩ *lid* **0.2** ***paragraaf(teken)*** ⇒*verwijzingsteken* **0.3** ***krantebericht(je)*** ⇒*(krante)artikeltje/stukje, entrefilet* ◆ **3.1** hanging ~ *paragraaf waarvan alle regels (behalve de eerste) inspringen.*
paragraph[2] ⟨f1⟩⟨ww.⟩
I ⟨onov.ww.⟩ **0.1** ***(krante)berichtjes/stukjes schrijven;***
II ⟨ov.ww.⟩ **0.1** ***paragraferen*** ⇒*in paragrafen verdelen* **0.2** ***(krante)berichtjes/stukjes schrijven over.***
par·a·graph·er [ˈpærəgrɑ:fə‖-græfər], **par·a·graph·ist** [-fɪst] ⟨telb.zn.⟩ **0.1** ***stukjesschrijver*** ⇒*kranteschrijver, columnist.*
par·a·graph·ic [ˈpærəˈgræfɪk], **par·a·graph·i·cal** [-ɪkl]⟨bn.; -(al)ly; →bijw. 3⟩ **0.1** ***paragrafisch*** ⇒*paragraaf-, in paragrafen.*
Par·a·guay·an[1] [pærəˈgwaɪən]⟨telb.zn.⟩ **0.1** ***Paraguayaan(se)*** ⇒*Paraguees/guese.*
Paraguayan[2] ⟨bn.⟩ **0.1** ***Paraguayaans*** ⇒*Paraguees.*
par·a·keet, ⟨AE sp. ook⟩ **par·ra·keet** [ˈpærəki:t], **par·(r)o·quet** [-ket]⟨f1⟩⟨telb.zn.⟩ **0.1** ***parkiet.***
par·a·kite [ˈpærəkaɪt]⟨telb.zn.⟩ **0.1** ***zweefsportvlieger.***
par·a·kit·ing [ˈpærəkaɪṭɪŋ]⟨n.-telb.zn.⟩ **0.1** ***parasailing.***
par·a·lan·guage [ˈpærəlæŋgwɪdʒ]⟨n.-telb.zn.⟩ **0.1** ***parataal*** ⇒*paralinguale verschijnselen, paratalige aspekten* ⟨bv. gebaren, spreeksnelheid⟩.
par·al·de·hyde [pəˈrældəhaɪd]⟨n.-telb.zn.⟩⟨med.⟩ **0.1** ***paraldehyde*** ⟨vnl. slaapmiddel⟩.
par·a·lin·guis·tic [ˈpærəlɪŋˈgwɪstɪk]⟨bn.⟩ **0.1** ***paralinguïstisch*** ⇒*paratalig, paralinguaal.*
par·a·lin·guis·tics [ˈpærəlɪŋˈgwɪstɪks]⟨mv.; ww. vnl. enk.⟩ **0.1** ***paralinguïstiek.***
par·a·li·pom·e·na, par·a·lei·pom·e·na [ˈpærəlaɪˈpɒmənə‖-lɪˈpɑ-] ⟨mv.⟩ **0.1** ***paralipomena*** ⇒*aanvullingen, supplementen* ⟨in bijb.⟩.
par·a·lip·sis [ˈpærəˈlɪpsɪs], **par·a·leip·sis** [-ˈlaɪpsɪs]⟨telb. en n.-telb.zn.; paralipses [-si:z], paraleipses [-si:z]; →mv. 5⟩ **0.1** ***paral(e)ipsis*** ⇒*praeteritio* ⟨stijlfiguur die iets benadrukt door het schijnbaar te negeren⟩.
par·al·lac·tic [ˈpærəˈlæktɪk]⟨bn.⟩ **0.1** ***parallactisch.***
par·al·lax [ˈpærəlæks]⟨n.-telb.zn.⟩ **0.1** ***parallax*** ⇒*verschilzicht, parallactische verschuiving, parallaxis.*
par·al·lel[1] [ˈpærəlel]⟨f3⟩⟨zn.⟩
I ⟨telb.zn.⟩ **0.1** ⟨aardr.⟩ ***parallel*** ⇒*breedtecirkel* **0.2** ***parallelteken*** ⟨verwijzingsteken⟩ ◆ **1.1** ~ of latitude *breedtecirkel;*
II ⟨telb. en n.-telb.zn.⟩ **0.1** ***parallel*** ⇒*evenwijdige lijn;* ⟨fig.⟩ *gelijkenis, overeenkomst, equivalent* **0.2** ⟨elek.⟩ ***parallel(schakeling)*** ◆ **3.1** draw a ~ (between) *een parallel trekken (tussen), een vergelijking maken (tussen)* **6.1** **on** a ~ **with** *parallel/evenwijdig/op één lijn met;* **without** (a) ~ *zonder weerga* **6.2** **in** ~ *parallel geschakeld.*
parallel[2] ⟨f2⟩⟨bn.; -ly⟩ **0.1** ***parallel*** ⇒*evenwijdig;* ⟨fig.⟩ *overeenko-*

mend, vergelijkbaar, corresponderend ◆ **1.1** ⟨gymnastiek⟩ ~ bars *brug met gelijke leggers;* ⟨muz.⟩ ~ fifths *kwintenparallellen;* ~ passage *parallelplaats* ⟨in tekst⟩; ⟨taalk.⟩ ~ phrases *(syntactisch) gelijke zinsdelen;* ⟨comp.⟩ ~ processing *paralleluitvoering* **6.1** ~ **to/with** *parallel/evenwijdig met; vergelijkbaar met.*

parallel[3] ⟨f1⟩ ⟨ww.; →ww. 7⟩
I ⟨onov.ww.⟩ **0.1** ***parallel lopen;***
II ⟨ov.ww.⟩ **0.1** ***vergelijken*** *⇒op één lijn stellen* **0.2** ***evenaren*** *⇒vergelijkbaar zijn met, overeenstemmen/corresponderen met* **0.3** ***parallel (doen) lopen met*** *⇒evenwijdig (doen) lopen/zijn met* ◆ **1.3** the tracks ~ the road *de sporen lopen parallel met de weg* **6.1** ~ sth. **with** *iets op één lijn stellen met.*

par·al·lel·e·pi·ped, par·al·lel·o·pi·ped ['pærəlelə'paɪped] ⟨telb.zn.⟩ ⟨wisk.⟩ **0.1** ***parallelepipedum.***

par·al·lel·ism ['pærəlelɪzm] ⟨telb. en n.-telb.zn.⟩ **0.1** ***parallellisme*** ⟨ook als stijlfiguur⟩ *⇒evenwijdigheid, parallellie;* ⟨fig.⟩ *overeenkomst, gelijk(aardig)heid* ◆ **3.1** find a ~ (between) *een parallel vinden (tussen).*

par·al·lel·o·gram ['pærə'leləgræm] ⟨f1⟩ ⟨telb.zn.⟩ ⟨wisk.⟩ **0.1** ***parallellogram*** ◆ **1.1** ~ of forces *krachtenparallellogram.*

'parallel 'rule, 'parallel 'ruler ⟨telb.zn.⟩ **0.1** ***parallelliniaal.***

pa·ral·o·gism [pə'rælədʒɪzm] ⟨telb.zn.⟩ **0.1** ***paralogisme*** ⟨vals syllogisme⟩ *⇒onjuiste redenering/gevolgtrekking, drogreden, valse sluitrede.*

pa·ral·o·gist [pə'rælədʒɪst] ⟨telb.zn.⟩ **0.1** ***drogredenaar.***

pa·ral·o·gize [pə'rælədʒaɪz] ⟨onov.ww.⟩ **0.1** ***onjuist redeneren*** *⇒valse gevolgtrekkingen maken.*

Par·a·lym·pics [pærə'lɪmpɪks] ⟨mv.; the⟩ **0.1** ***Olympiade/Olympische Spelen voor (lichamelijk) gehandicapten.***

par·a·ly·sa·tion, -za·tion ['pærəlaɪ'zeɪʃn‖'pærələ-] ⟨telb. en n.-telb.zn.⟩ **0.1** ***verlamming*** ⟨ook fig.⟩ *⇒ontregeling, machteloosheid.*

par·a·lyse, ⟨vnl. AE sp.⟩ **-lyze** ['pærəlaɪz] ⟨f2⟩ ⟨ov.ww.⟩ →paralyzed **0.1** ***verlammen*** ⟨ook fig.⟩ *⇒krachteloos/onbruikbaar maken, lamleggen, paralyseren* ◆ **1.1** ~d by the news *als aan de grond genageld door het nieuws.*

pa·ral·y·sis [pə'ræl̩sɪs] ⟨f1⟩ ⟨telb. en n.-telb.zn.; paralyses [-si:z]; →mv. 5⟩ **0.1** ***verlamming*** *⇒paralys(i)e;* ⟨fig.⟩ *machteloosheid, onmacht.*

paralysis ag·i·tans [- 'ædʒɪtænz] ⟨n.-telb.zn.⟩ ⟨med.⟩ **0.1** ***paralysis agitans*** *⇒ziekte van Parkinson.*

par·a·lyt·ic[1] ['pærə'lɪt̬ɪk] ⟨f1⟩ ⟨telb.zn.⟩ **0.1** ***lamme*** ⟨ook fig.⟩ *⇒verlamde* **0.2** ⟨BE; sl.⟩ ***bezopene*** *⇒lamme, dronken lor, dronkelap.*

paralytic[2] ⟨f1⟩ ⟨bn.; -ally; →bijw. 3⟩ **0.1** ***verlamd*** *⇒paralytisch, lam;* ⟨fig.⟩ *krachteloos, machteloos* **0.2** ***verlammend*** ⟨ook fig.⟩ **0.3** ⟨BE; sl.⟩ ***lam*** *⇒bezopen, afgeladen, teut* ◆ **1.2** ~ laughter *(lach) stuip;* ~ seizure/stroke *beroerte.*

par·a·lyzed ['pærəlaɪzd] ⟨bn.; oorspr. volt. deelw. v. paralyze⟩ ⟨AE; inf.⟩ **0.1** ***stomdronken*** *⇒lam, ladderzat.*

par·a·mag·net·ic ['pærəmæg'net̬ɪk] ⟨bn.⟩ ⟨nat.⟩ **0.1** ***paramagnetisch.***

par·a·mag·net·ism [-'mægnɪt̬ɪzm] ⟨n.-telb.zn.⟩ ⟨nat.⟩ **0.1** ***paramagnetisme.***

paramatta →par(r)amatta.

par·a·me·ci·um, par·a·moe·ci·um [-'mi:sɪəm‖-'mi:ʃəm] ⟨telb.zn.; ook param(o)ecia [-sɪə‖-ʃə]; →mv. 5⟩ ⟨dierk.⟩ **0.1** ***pantoffeldiertje*** ⟨genus Paramaecium⟩.

par·a·med·ic [-'medɪk] ⟨telb.zn.⟩ **0.1** ***paramedicus.***

par·a·med·i·cal [-'medɪkl] ⟨bn.⟩ **0.1** ***paramedisch.***

pa·ram·e·ter [pə'ræmɪtə‖-mɪt̬ər] ⟨f2⟩ ⟨telb.zn.⟩ **0.1** ***parameter*** *⇒kenmerkende grootheid;* ⟨bij uitbr.⟩ *factor, kenmerk* **0.2** ⟨inf.⟩ ***limiet*** *⇒beperking* ◆ **6.2** **within** the ~s of the budget *binnen het budget.*

pa·ram·e·ter·ize, -ise [pə'ræmɪt̬əraɪz], **pa·ram·e·trize, -trise** [-traɪz] ⟨ov.ww.⟩ **0.1** ***de parameter(s) bepalen van.***

par·a·met·ric ['pærə'metrɪk] ⟨f1⟩ ⟨bn.; -ally; →bijw. 3⟩ **0.1** ***parametrisch*** *⇒parameter-.*

par·a·mil·i·tary ['pærə'mɪlɪtri‖-'mɪlɪteri] ⟨f1⟩ ⟨bn.⟩ **0.1** ***paramilitair.***

pa·ra·mo ['pærəmoʊ] ⟨telb.zn.⟩ **0.1** ***paramo*** ⟨hoogvlakte⟩.

par·a·mount[1] ['pærəmaʊnt] ⟨telb.zn.⟩ **0.1** ***opperste*** *⇒opperheer.*

paramount[2] ⟨f1⟩ ⟨bn.; -ly⟩ **0.1** ***opperst*** *⇒opper-, hoogst, voornaamst, overheersend* ◆ **1.1** ~ chief *opperhoofd;* of ~ importance *van het grootste belang* **6.1** ~ **over/to** *hoger dan, van meer belang dan.*

par·a·mount·cy ['pærəmaʊntsi] ⟨n.-telb.zn.⟩ **0.1** ***opperheerschappij.***

par·a·mour ['pærəmʊə, -mɔ:‖-mʊr] ⟨telb.zn.⟩ ⟨vero.⟩ **0.1** ***minnaar/minnares*** *⇒maîtresse, liefje.*

pa·rang ['pɑ:ræŋ‖pə'rɑŋ] ⟨telb.zn.⟩ **0.1** ***parang*** ⟨dolkmes⟩.

par·a·noi·a ['pærə'nɔɪə] ⟨f1⟩ ⟨telb. en n.-telb.zn.⟩ ⟨med.⟩ **0.1** ***paranoia*** *⇒vervolgingswaanzin, grootheidswaanzin; (abnormale) achterdochtigheid.*

par·a·noi·ac[1] ['pærə'nɔɪæk], **par·a·noid** ['pærənɔɪd] ⟨f1⟩ ⟨telb.zn.⟩ ⟨med.⟩ **0.1** ***paranoicus*** *⇒paranoialijder.*

paranoiac[2], **paranoid** ⟨f1⟩ ⟨bn.; paranoiacally; →bijw. 3⟩ ⟨med.⟩ **0.1** ***paranoïde.***

par·a·nor·mal ['pærə'nɔ:ml‖-'nɔrml] ⟨bn.; -ly⟩ **0.1** ***paranormaal.***

par·a·pet ['pærəpɪt, -pet] ⟨f1⟩ ⟨telb.zn.⟩ **0.1** ***balustrade*** *⇒(brug)leuning, reling, muurtje* **0.2** ⟨mil.⟩ ***parapet*** *⇒borstwering, verschansing.*

par·a·pet·ed ['pærəpet̬ɪd] ⟨bn.⟩ **0.1** ***voorzien v.e. leuning/balustrade.***

par·aph[1] ['pærəf] ⟨f1⟩ ⟨telb.zn.⟩ **0.1** ***paraaf.***

paraph[2] ⟨f1⟩ ⟨ov.ww.⟩ **0.1** ***paraferen*** *⇒aftekenen.*

par·a·pher·na·lia ['pærəfə'neɪlɪə‖-fər-] ⟨f1⟩ ⟨mv.; ww. ook enk.⟩ **0.1** ***persoonlijk(e) eigendom/bezittingen*** ⇒ ⟨jur.⟩ *parafernalia* ⟨persoonlijke goederen v.e. vrouw⟩ **0.2** ***uitrusting*** *⇒toebehoren, apparatuur, accessoires, attributen, parafernalia* **0.3** ⟨inf.⟩ ***troep*** *⇒(overbodige) dingetjes* ◆ **2.2** photographic ~ *fotospullen/spulletjes.*

par·a·phrase[1] ['pærəfreɪz] ⟨f1⟩ ⟨zn.⟩
I ⟨telb.zn.⟩ **0.1** ***(bijbel)parafrase*** ⟨in verzen⟩;
II ⟨telb. en n.-telb.zn.⟩ **0.1** ***parafrase*** *⇒omschrijving, vrije weergave, verduidelijking.*

paraphrase[2] ⟨f2⟩ ⟨ww.⟩
I ⟨onov.ww.⟩ **0.1** ***een parafrase geven;***
II ⟨ov.ww.⟩ **0.1** ***parafraseren*** *⇒omschrijven, vrij weergeven.*

par·a·phras·tic [-'fræstɪk], **par·a·phras·ti·cal** [-ɪkl] ⟨bn.; -(al)ly; →bijw. 3⟩ **0.1** ***omschrijvend*** *⇒vrij weergegeven.*

par·a·ple·gi·a ['pærə'pli:dʒə] ⟨telb. en n.-telb.zn.⟩ ⟨med.⟩ **0.1** ***paraplegie.***

par·a·ple·gic[1] [-'pli:dʒɪk] ⟨telb.zn.⟩ ⟨med.⟩ **0.1** ***paraplegielijder.***

paraplegic[2] ⟨bn.; -ally; →bijw. 3⟩ ⟨med.⟩ **0.1** ***paraplegisch*** *⇒verlamd in de onderste ledematen.*

par·a·pro·fes·sion·al ['pærəprə'feʃnəl] ⟨bn.⟩ **0.1** ***paraprofessioneel*** *⇒assisterend* ◆ **7.1** a ~ (worker) *een paraprofessionele kracht/medewerker, een assistent.*

par·a·psy·cho·log·i·cal [-saɪkə'lɒdʒɪkl‖-'lɑ-] ⟨bn.⟩ **0.1** ***parapsychologisch.***

par·a·psy·chol·o·gist [-saɪ'kɒlədʒɪst‖-'kɑ-] ⟨telb.zn.⟩ **0.1** ***parapsycholoog.***

par·a·psy·chol·o·gy [-saɪ'kɒlədʒi‖-'kɑ-] ⟨n.-telb.zn.⟩ **0.1** ***parapsychologie.***

par·as ['pærəz] ⟨f1⟩ ⟨mv.⟩ ⟨verk.⟩ paratroops ⟨inf.⟩ **0.1** ***para's*** *⇒paratroepen.*

par·a·sail·ing ['pærəseɪlɪŋ] ⟨n.-telb.zn.⟩ ⟨sport⟩ **0.1** ***para-sailing*** ⟨door motorvoertuig/motorboot voorttrekken v. parachutist⟩.

par·a·sang ['pærəsæŋ] ⟨telb.zn.⟩ **0.1** ***parasang*** ⟨oude Perzische lengtemaat, ong. 6 km⟩.

par·a·scend·ing [-sendɪŋ] ⟨n.-telb.zn.⟩ ⟨sport⟩ **0.1** ***(het) parachutezweven*** *⇒(het) parachutevliegen.*

par·a·se·le·ne ['pærəsɪ'li:ni] ⟨telb.zn.; paraselenae [-ni:]; →mv. 5⟩ **0.1** ***bijmaan*** ⟨haloverschijnsel⟩.

par·a·site ['pærəsaɪt] ⟨f2⟩ ⟨telb.zn.⟩ **0.1** ***parasiet*** *⇒woekerdier/plant/kruid;* ⟨fig.⟩ *klaploper, profiteur, tafelschuimer* ◆ **6.1** be a ~ **on** *parasiteren op.*

par·a·sit·ic [-'sɪt̬ɪk], **par·a·sit·i·cal** [-ɪkl] ⟨f1⟩ ⟨bn.; -(al)ly; →bijw. 3⟩ **0.1** ***parasitisch*** *⇒parasitair, woekerend;* ⟨fig.⟩ *profiterend, klaplopend* ◆ **1.1** ~ disease *parasitaire ziekte.*

par·a·sit·i·cide [-'sɪt̬ɪsaɪd] ⟨telb.zn.⟩ **0.1** ***parasietenverdelger/doder.***

par·a·sit·ism [-saɪt̬ɪzm] ⟨n.-telb.zn.⟩ **0.1** ***parasitisme*** ⟨ook fig.⟩ *⇒klaploperij.*

par·a·sit·ize, -ise [-sɪt̬aɪz, -saɪt̬aɪz] ⟨ov.ww.; vnl. pass.⟩ **0.1** ***parasiteren op*** ⟨ook fig.⟩ *⇒klaplopen op, een plaag zijn voor* **0.2** ***met parasieten teisteren.***

par·a·si·tol·o·gy [-saɪ'tɒlədʒi‖-'tɑ-] ⟨n.-telb.zn.⟩ **0.1** ***parasitologie.***

par·a·ski ['pærəski:] ⟨onov.ww.⟩ ⟨sport⟩ **0.1** ***paraskiën.***

par·a·sol ['pærəsɒl‖-sɔl, -sɑl] ⟨f2⟩ ⟨telb.zn.⟩ **0.1** ***parasol*** *⇒zonnescherm.*

par·a·sta·tal [-'steɪtl] ⟨bn.⟩ **0.1** ***parastataal*** *⇒gelijkgesteld aan staatsinstelling.*

par·a·su·i·cide ['pærə'su:ɪsaɪd] ⟨zn.⟩
I ⟨telb.zn.⟩ **0.1** ***persoon die zelfmoordpoging doet;***
II ⟨telb. en n.-telb.zn.⟩ **0.1** ***(gefingeerde) zelfmoordpoging.***

par·a·sym·pa·thet·ic [-sɪmpə'θet̬ɪk] ⟨bn.⟩ ⟨med.⟩ **0.1** ***parasympathisch*** ◆ **1.1** ~ nervous system *parasympathisch zenuwstelsel.*

par·a·syn·the·sis [-'sɪnθəsɪs] ⟨n.-telb.zn.⟩ ⟨taalk.⟩ **0.1** ***samenstellende afleiding.***

par·a·syn·thet·ic [-'sɪnθet̬ɪk] ⟨bn.⟩ ⟨taalk.⟩ **0.1** ***v./mbt./gevormd door samenstellende afleiding.***

par·a·tac·tic [-'tæktɪk], **par·a·tac·ti·cal** [-ɪkl] ⟨bn.; -(al)ly; →bijw. 3⟩ **0.1** ***paratactisch.***

par·a·tax·is [-'tæksɪs] ⟨n.-telb.zn.⟩ ⟨taalk.⟩ **0.1** ***parataxis*** ⟨nevenschikking zonder voegwoord⟩.

par·a·thi·on ['pærə'θaɪɒn||-ɑn]⟨n.-telb.zn.⟩ **0.1** ***parathion*** ⟨insektenverdelger⟩.
par·a·thy·roid[1] [-'θaɪrɔɪd]⟨telb.zn.⟩⟨anat.⟩ **0.1** ***bijschildklier*** ⇒*epit(h)eellichaampje, parathyroïde.*
parathyroid[2] ⟨bn., attr.⟩⟨anat.⟩ **0.1** ***naast de schildklier (gelegen)*** **0.2** ***bijschildklier-*** ◆ **1.1** ~ gland *bijschildklier, epit(h)eellichaampje, parathyroïde.*
par·a·troop·er ['pærətru:pə||-ər]⟨f1⟩⟨telb.zn.⟩ **0.1** ***para*** ⇒*paratroeper, parachutist, valschermjager.*
par·a·troops [-tru:ps]⟨f1⟩⟨mv.⟩ **0.1** ***para(chute)troepen*** ⇒*parachutisten, para's, valschermjagers.*
par·a·ty·phoid[1] [-'taɪfɔɪd]⟨telb. en n.-telb.zn.⟩⟨med.⟩ **0.1** ***paratyfus.***
paratyphoid[2] ⟨bn., attr.⟩⟨med.⟩ **0.1** ***tyfusachtig*** **0.2** ***paratyfus-*** ◆ **1.1** ~ fever *paratyfus.*
par·a·vane ['pærəveɪn]⟨telb.zn.⟩ **0.1** ***paravaan*** ⇒*paravane* ⟨apparaat tegen zeemijnen⟩.
par·a·wing ['pærəwɪŋ]⟨telb.zn.⟩ **0.1** ***valschermzwever.***
par·boil ['pɑ:bɔɪl||'pɑr-]⟨ov.ww.⟩⟨cul.⟩ **0.1** ***blancheren*** ⇒*even aan de kook brengen;* ⟨fig.⟩ *doen zweten, gaarstoven.*
par·buck·le[1] ['pɑ:bʌkl||'pɑr-]⟨telb.zn.⟩ **0.1** ***schrooitouw.***
parbuckle[2] ⟨ov.ww.⟩ **0.1** ***schrooien.***
par·cel[1] ['pɑ:sl||'pɑrsl]⟨f2⟩⟨zn.⟩
I ⟨telb.zn.⟩ **0.1** ***pak(je)*** ⇒*pakket, bundel* **0.2** ***perceel*** ⇒*kavel, lap / stuk grond* **0.3** ***partij*** ⟨goederen⟩ **0.4** ***groep*** ⇒⟨vaak pej.⟩ *troep, bende, stel, zootje* **0.5** ⟨vero.⟩ ***deel*** ◆ **1.2** ~ of land *perceel* **1.4** ~ of idiots *stelletje idioten;*
II ⟨mv.; ~s⟩ **0.1** ***bestelgoed(eren)*** ⇒*stukgoed(eren).*
parcel[2] ⟨f1⟩⟨ov.ww.; →ww. 7⟩ →parcelling **0.1** ***verdelen*** **0.2** ***inpakken*** **0.3** ⟨scheep.⟩ ***smarten*** ◆ **5.1** ~ **out** *verdelen, uitdelen, toebedelen, indelen, kavelen* **5.2** ~ **up** *inpakken, inwikkelen.*
parcel[3] ⟨bw.⟩⟨vero.⟩ **0.1** ***gedeeltelijk.***
'parcel bomb ⟨telb.zn.⟩ **0.1** ***bompakket.***
'parcel delivery ⟨n.-telb.zn.⟩ **0.1** ***besteldienst.***
'par·cel-'gilt ⟨bn.⟩ **0.1** ***gedeeltelijk verguld*** ⇒⟨i.h.b.⟩ *binnenin verguld.*
par·cel·ling, ⟨AE sp.⟩ **par·ce·ling** ['pɑ:slɪŋ||'pɑr-]⟨n.-telb.zn.; gerund v. parcel⟩⟨scheep.⟩ **0.1** ***smarting(doek).***
'parcel post ⟨n.-telb.zn.⟩ **0.1** ***pakketpost.***
'parcel rate ⟨telb.zn.⟩ **0.1** ***pakkettarief*** ⇒*stukgoedtarief.*
'parcels office ⟨telb.zn.⟩ **0.1** ***bestelgoedbureau*** ⇒*bagagedepot.*
par·ce·nar·y ['pɑ:sɪnri||'pɑrsɪneri], **co·par·ce·nar·y** [koʊ'pɑ:sɪnri||-ɪ ˌneri]⟨n.-telb.zn.⟩⟨jur.⟩ **0.1** ***medeërfgenaamschap.***
par·ce·ner ['pɑ:sɪnə||'pɑrsɪnər], **co·par·ce·ner** [koʊ'pɑ:sɪnə||-ɪnər]⟨telb.zn.⟩⟨jur.⟩ **0.1** ***medeërfgenaam.***
parch [pɑ:tʃ||pɑrtʃ]⟨f2⟩⟨onov. en ov.ww.⟩ **0.1** ***verdorren*** ⇒*uitdrogen, verdrogen, roosteren, verschroeien, (doen) versmachten, (doen) verschrompelen* ◆ **1.1** ~ed with thirst *versmacht van de dorst.*
Par·chee·si [pɑ:'tʃi:zi||pɑr-]⟨n.-telb.zn.⟩ **0.1** ***parcheesi*** ⟨oud Indiaas bordspel⟩.
parch·ment ['pɑ:tʃmənt||'pɑr-]⟨f1⟩⟨zn.⟩
I ⟨telb.zn.⟩ **0.1** ***perkament*** ⇒⟨i.h.b.⟩ *oorkonde, diploma* **0.2** ***hoornschil*** ⟨v. koffieboon⟩;
II ⟨n.-telb.zn.⟩ **0.1** ***perkament*** **0.2** ***perkamentpapier.***
'parchment paper ⟨n.-telb.zn.⟩ **0.1** ***perkamentpapier.***
parch·ment·y ['pɑ:tʃmənti||'pɑrtʃmənṭi]⟨bn.⟩ **0.1** ***perkamentachtig.***
par·close ['pɑ:kloʊz||'pɑr-]⟨telb.zn.⟩ **0.1** ***hek*** ⇒*traliewerk* ⟨in kerk⟩.
pard [pɑ:d||pɑrd], ⟨in bet. 0.1 ook⟩ **pard·ner** ['pɑ:dnə||'pɑrdnər]⟨telb.zn.⟩ **0.1** ⟨AE; inf.⟩ ***partner*** ⇒*kameraad, vriendje, maat, makker* **0.2** ⟨vero.⟩ ***luipaard.***
pardon[1] ['pɑ:dn||'pɑrdn]⟨f2⟩⟨zn.⟩⟨→sprw. 485⟩
I ⟨telb.zn.⟩ **0.1** ***pardon*** ⇒*begenadiging, kwijtschelding* **0.2** ⟨jur.⟩ ***kwijtschelding (v. straf)*** ⇒*gratie(verlening), amnestie* **0.3** ⟨R.-K.⟩ ***aflaat*** ⇒*aflatenfeest* ◆ **2.2** general ~ *amnestie;*
II ⟨n.-telb.zn.⟩ **0.1** ***vergiffenis*** ⇒*vergeving, pardon, genade, gratie* ◆ **3.¶** (I) beg (your) ~ *neemt u mij niet kwalijk, excuseer, pardon, wat zei u?* ⟨ook iron.⟩ **¶.¶** ~ *excuseert U, pardon, wat zei u?.*
pardon[2] ⟨f2⟩⟨ov.ww.⟩ **0.1** ***vergeven*** ⇒*genade / vergiffenis schenken, een straf kwijtschelden, gratie verlenen, begenadigen* **0.2** ***verontschuldigen*** ⇒*excuseren, verschonen* ◆ **4.¶** ~ me *excuseer, pardon, wat zei u?* **6.2** ~ me **for** coming too late *neemt u mij niet kwalijk dat ik te laat kom.*
par·don·a·ble ['pɑ:dnəbl||'pɑr-]⟨bn.; -ly; →bijw. 3⟩ **0.1** ***vergeeflijk*** ⇒*pardonnabel.*
par·don·er ['pɑ:dnə||'pɑrdnər]⟨telb.zn.⟩⟨relig.⟩ **0.1** ***aflaatverkoper*** ⇒*aflaatkramer, aflaatpredikant.*
pare [peə||per]⟨f1⟩⟨ov.ww.⟩ →paring **0.1** ***(af)knippen*** ⇒*bijknippen, schillen, snoeien, afvijlen, afschaven* **0.2** ***afsnijden*** ⇒*wegsnijden* **0.3** ***reduceren*** ⇒*besnoeien, beperken, beknotten, verminderen, beknibbelen* ◆ **5.2** ~ **down** the meat to the bone *het vlees tot aan het bot afsnijden;* ~ **away / off** the bark *de schors wegsnijden* **5.3** ~ **away / down** the expenses *de uitgaven beperken.*
par·e·gor·ic[1] ['pærə'gɒrɪk||-'gɔ-]⟨zn.⟩
I ⟨telb.zn.⟩ **0.1** ***pijnstiller*** ⇒*pijnstillend middel;*
II ⟨n.-telb.zn.⟩ **0.1** ***opiumtinctuur.***
paregoric[2], **par·e·gor·i·cal** ['pærə'gɒrɪkl||-'gɔ-]⟨bn.; -(al)ly; →bijw. 3⟩ **0.1** ***pijnstillend*** ◆ **1.1** ⟨BE⟩ ~ elixer *opiumtinctuur.*
pa·ren·chy·ma [pə'reŋkɪmə]⟨telb. en n.-telb.zn.; parenchymata; →mv. 5⟩ **0.1** ⟨plantk.⟩ ***parenchym*** ⇒*grondweefsel, celweefsel* ⟨v. plant⟩ **0.2** ⟨med.⟩ ***parenchym*** ⇒*orgaanweefsel, edel weefsel.*
pa·ren·chy·mal [pə'reŋkɪml], **pa·ren·chy·ma·tic** [pə'reŋkɪ'mæṭɪk], **pa·ren·chym·a·tous** ['pærɪŋ'kɪməṭəs]⟨bn.; -ly⟩⟨med., plantk.⟩ **0.1** ***parenchymatisch*** ⇒*parenchym-.*
par·ent ['peərənt||'per-]⟨f4⟩⟨telb.zn.⟩ **0.1** ***ouder*** ⇒*vader, moeder* **0.2** ***voorouder*** ⇒*voorvader, voorzaat* **0.3** ***voogd*** ⇒*beschermer, pleegvader* **0.4** ⟨vaak attr.⟩⟨biol.⟩ ***moederdier*** ⇒*moederplant;* ⟨fig.⟩ *moederinstelling* **0.5** ***oorsprong*** ⇒*oorzaak, bron, moeder, vader* ◆ **1.5** the ~ of evil *de bron van alle kwaad* **7.¶** our first ~s *onze stamouders, Adam en Eva.*
par·ent·age ['peərəntɪdʒ||'per-]⟨f1⟩⟨n.-telb.zn.⟩ **0.1** ***ouderschap*** **0.2** ***afkomst*** ⇒*afstamming, geboorte, familie* ◆ **2.1** child of unknown ~ *kind v. onbekende ouders.*
pa·ren·tal [pə'renṭl]⟨f2⟩⟨bn.; -ly⟩ **0.1** ***ouderlijk*** ⇒*ouder-* ◆ **1.1** ~ authority *ouderlijk gezag.*
'parent company ⟨telb.zn.⟩ **0.1** ***moedermaatschappij.***
par·en·ter·al [pæ'rentrəl||pə'renṭərəl]⟨bn.; -ly⟩⟨med.⟩ **0.1** ***parenteraal.***
pa·ren·the·sis [pə'renθɪsɪs]⟨f2⟩⟨telb.zn.; parentheses [pə'renθɪ si:z]; →mv. 5⟩ **0.1** ⟨taalk.⟩ ***parenthese*** ⇒*inlassing, uitweiding, tussenzin* **0.2** ⟨vaak mv.⟩ ***ronde haak / haken*** ⟨ook wisk.⟩ ⇒*haakje(s), parenthese* **0.3** ***pauze*** ⇒*intermezzo, interludium, tussenspel, interval* ◆ **6.2** **in** ~ / parentheses *tussen (twee) haakjes, bij parenthese* ⟨ook fig.⟩.
pa·ren·the·size, -sise [pə'renθɪsaɪz]⟨ov.ww.⟩ **0.1** ***inlassen*** ⇒*tussenvoegen, invoegen* **0.2** ***tussen haakjes zetten*** **0.3** ***(overvloedig) van uitweidingen voorzien.***
par·en·thet·ic ['pærən'θeṭɪk], **par·en·thet·i·cal** [-ɪkl]⟨f1⟩⟨bn.; -(al) ly; →bijw. 3⟩ **0.1** ***parenthetisch*** ⇒*ingelast, tussen haakjes, verklarend* **0.2** ***met parenthesen*** ◆ **1.1** ~ remark *verklarende opmerking* **1.2** ~ speech *voordracht vol uitweidingen* **3.1** say sth. ~ally *iets langs zijn neus weg zeggen.*
par·ent·hood ['peərənthʊd||'per-]⟨n.-telb.zn.⟩ **0.1** ***ouderschap.***
pa·rent·ing ['peərəntɪŋ||'perənṭɪŋ]⟨n.-telb.zn.⟩ **0.1** ***het ouderschap.***
'parent organisation ⟨telb.zn.⟩ **0.1** ***moederinstelling.***
'parent plant ⟨telb.zn.⟩ **0.1** ***moederplant.***
'parent rock ⟨n.-telb.zn.⟩ **0.1** ***moedergesteente*** ⇒*oergesteente.*
'parents' evening ⟨telb.zn.⟩ **0.1** ***ouderavond.***
'parent ship ⟨telb.zn.⟩ **0.1** ***moederschip.***
'par·ent-'teach·er association ⟨f1⟩⟨telb.zn.⟩ **0.1** ***oudercommissie*** ⇒*oudervereniging* ⟨v. school⟩.
par·er ['peərə||'perər]⟨telb.zn.⟩ **0.1** ***schilmesje*** ⇒*aardappelschiller, kaasschaaf.*
par·er·gon [pæ'rɜ:gɒn||-'rɜrgɑn]⟨telb.zn.; parerga [-gə]; →mv. 5⟩ ⟨schr.⟩ **0.1** ***bijwerk*** ⇒*bijverdienste* **0.2** ***versiersel*** ⇒*verfraaiing.*
pa·re·sis ['pærəsɪs||pə'ri:sɪs]⟨telb. en n.-telb.zn.⟩⟨med.⟩ **0.1** ***parese*** ⟨gedeeltelijke verlamming⟩ **0.2** ***progressieve paralyse*** ◆ **2.1** general ~ *progressieve paralyse.*
pa·ret·ic[1] [pə'reṭɪk]⟨telb.zn.⟩ **0.1** ***pareselijder*** ⇒*gedeeltelijk verlamde.*
paretic[2] ⟨bn.; -ally; →bijw. 3⟩ **0.1** ***paretisch*** ⇒*gedeeltelijk verlamd.*
par ex·cel·lence ['pɑ:r 'eksəlɑ:ns]⟨bw.⟩ **0.1** ***par excellence*** ⇒*bij uitstek, bij uitnemendheid.*
par·fait [pɑ:'feɪ||pɑr-]⟨telb.zn.⟩⟨cul.⟩ **0.1** ***parfait*** ⟨dessert met ijs en fruit⟩.
par·get[1] ['pɑ:dʒɪt||'pɑr-]⟨zn.⟩
I ⟨telb. en n.-telb.zn.⟩ **0.1** ***(versierd) pleisterwerk*** ⇒*pleisterornamenten;*
II ⟨n.-telb.zn.⟩ **0.1** ***pleister*** ⇒*(ruwe) pleisterkalk, witkalk.*
parget[2] ⟨ov.ww.; →ww. 7⟩ →parget(t)ing **0.1** ***pleisteren*** ⇒*stukadoren, met stuc versieren.*
par·get·ting, ⟨AE sp.⟩ **par·get·ing** ['pɑ:dʒɪtɪŋ||'pɑrdʒɪṭɪŋ]⟨telb. en n.-telb.zn.; (oorspr.) gerund v. parget⟩ **0.1** ***versierd pleisterwerk*** ⇒*stukadoorwerk, pleisterornament.*
par·he·li·a·cal ['pɑ:hɪ'laɪəkl||'pɑr-], **par·he·lic** [-'hi:lɪk, -'helɪk]⟨bn.; -(al)ly-; →bijw. 3⟩⟨ster.⟩ **0.1** ***parhelisch*** ◆ **1.1** ~ circle *parhelische ring.*
par·he·li·on [pɑ:'hi:lɪən||pɑr-]⟨telb.zn.; parhelia [-lɪə]; →mv. 5⟩ ⟨ster.⟩ **0.1** ***bijzon*** ⇒*parhelium.*

pa·ri·ah [pə'raɪə]⟨telb.zn.⟩ **0.1** ***paria*** ⟨lid v. de laagste klasse in Indië⟩ **0.2** ***verstoteling*** ⇒*verschoppeling, outcast, verworpeling.*

pa'riah dog ⟨telb.zn.⟩ **0.1** ***pariahond*** ⇒*kamponghond, gladakker.*

Par·i·an[1] ['peərɪən‖'per-]⟨zn.⟩

I ⟨telb.zn.⟩ **0.1** ***inwoner v. Paros;***

II ⟨n.-telb.zn.⟩ **0.1** ***ivoorporselein*** ⇒*Parisch porselein.*

Parian[2] ⟨bn.⟩ **0.1** ***Parisch*** ◆ **1.1** ~ marble *Parisch marmer.*

pa·ri·e·tal [pə'raɪəţl]⟨bn.⟩ **0.1** ⟨biol.; med.⟩ ***pariëtaal*** ⇒*wand-, wandbeen-* **0.2** ⟨plantk.⟩ ***wandstandig*** **0.3** ⟨AE⟩ ***universiteits-*** ⇒*intern, huis-* ◆ **1.1** ~ bone *wandbeen;* ~ lobe *pariëtale hersenkwab* **1.3** ~ rules *reglement v.d. universiteit.*

pa·ri·e·tals [pə'raɪəţlz]⟨mv.⟩⟨AE⟩ **0.1** ***bezoekregels*** ⟨in universiteit, voor man. en vr. studentenhuizen⟩.

par·i·mu·tu·el ['pærɪ'mju:tjʊəl‖-tʃʊəl]⟨telb.zn.; in bet. 0.1 ook paris-mutuels; →mv. 6⟩ **0.1** ***(soort) weddenschap*** **0.2** ***totalisator.***

par·ing ['peərɪŋ‖'per-]⟨telb.zn.; oorspr. gerund v. pare; vaak mv.⟩ **0.1** ***schil*** ⇒*afknipsel.*

'paring knife ⟨telb.zn.⟩ **0.1** ***schilmesje*** **0.2** ⟨tech.⟩ ***hoefmes*** ⇒*veegmes.*

pa·ri pas·su ['pæri'pæsu:]⟨bw.⟩ **0.1** ***gelijklopend*** ⇒*in hetzelfde tempo, gelijkmatig/tijdig, gelijkelijk.*

Par·is ⟨eig.n.⟩ **0.1** ***Parijs.***

Par·is daisy ['pærɪs 'deɪzi]⟨telb.zn.⟩⟨plantk.⟩ **0.1** ***struikmargriet*** ⟨Chrysanthemum frutescens⟩.

'Paris 'doll ⟨telb.zn.⟩ **0.1** ***kleermakerspop.***

'Paris 'green ⟨n.-telb.zn.⟩ **0.1** ***Parijs groen*** ⟨giftig, groen poeder⟩.

pa·rish ['pærɪʃ]⟨f2⟩⟨zn.⟩

I ⟨telb.zn.⟩ **0.1** ***parochie*** ⇒*kerkdorp, kerkelijke gemeente,* ⟨vero.⟩ *kerspel* **0.2** ⟨BE⟩ ***gemeente*** ⇒*dorp, district* **0.3** ⟨AE⟩ ***district*** ⟨'county' in Louisiana⟩ **0.4** ⟨inf.⟩ ***werkterrein*** ⇒*gebied, bevoegdheid, ressort, tak* ◆ **2.1** ⟨BE⟩ Ecclesiastical ~ *kerkgemeente / dorp, parochie* **2.2** ⟨BE⟩ Civil ~ *gemeente, dorp, district* **3.2** buried by the ~ *als arme begraven* **6.2** go **on** the ~ *steun krijgen van de gemeente, armlastig worden;*

II ⟨verz.n.⟩ **0.1** ***parochie(gemeenschap)*** ⇒*parochianen, gemeente.*

'parish 'clerk ⟨telb.zn.⟩ **0.1** ***koster*** ⇒*kerkbewaarder.*

'parish 'council ⟨f1⟩⟨verz.n.⟩⟨BE⟩ **0.1** ***gemeenteraad*** ⇒*dorpsraad.*

'parish 'hall ⟨telb.zn.⟩ **0.1** ***parochiehuis*** ⇒*parochiezaal.*

pa·rish·ion·er [pə'rɪʃənə‖-ər]⟨f1⟩⟨telb.zn.⟩ **0.1** ***parochiaan*** ⇒*gemeentelid.*

'parish 'lantern ⟨telb.zn.⟩⟨BE⟩ **0.1** ***maan.***

'parish priest ⟨telb.zn.⟩ **0.1** ***parochiepriester*** ⇒*pastoor.*

'pa·rish-'pump ⟨bn., attr.⟩ **0.1** ***bekrompen*** ⇒*kleinsteeds, peuterig* ◆ **1.1** ~ politics *pietluttige politiek.*

'parish 'register ⟨telb.zn.⟩ **0.1** ***kerkelijk register*** ⇒*kerkboek.*

'parish 'relief ⟨n.-telb.zn.⟩ **0.1** ***armensteun*** ⇒*onderstand.*

Pa·ri·sian[1] [pə'rɪzɪən‖pə'rɪʒn, -'ri:-]⟨f1⟩⟨telb.zn.⟩ **0.1** ***Parijzenaar, Parisienne.***

Parisian[2] ⟨f1⟩⟨bn.⟩ **0.1** ***Parijs.***

par·i·son, par·ai·son ['pærɪsn]⟨telb.zn.⟩⟨tech.⟩ **0.1** ***glasklomp*** ⇒*glasmassa, glaspasta.*

'Paris 'white ⟨n.-telb.zn.⟩ **0.1** ***gebrande gips*** **0.2** ***polijstkalk.***

par·i·ty ['pærəţi]⟨f1⟩⟨n.-telb.zn.⟩ **0.1** ***gelijkheid*** ⇒*gelijkwaardigheid, gelijkgerechtigdheid, pariteit* **0.2** ***overeenkomst*** ⇒*analogie, gelijkenis, gelijk(aardig)heid, overeenstemming* **0.3** ⟨geldw.⟩ ***pari (teit)*** ⇒*omrekeningskoers, wisselkoers* **0.4** ⟨nat.; wisk.⟩ ***pariteit*** **0.5** ⟨med.⟩ ***pariteit*** ⟨aantal zwangerschappen⟩ ◆ **1.1** ~ of pay *gelijke wedde* **1.3** ~ of exchange *wisselkoers* **3.2** by ~ of reasoning *analoog redenerend.*

park[1] [pɑ:k‖pɑrk]⟨f3⟩⟨telb.zn.⟩ **0.1** ***park*** ⇒*domein, landgoed, natuurpark, natuurreservaat, wildpark;* ⟨BE; jur.⟩ *jachtterrein* **0.2** ***parkeerplaats*** ⇒*parkeerterrein* **0.3** ***oesterbank*** ⇒*oesterkwekerij, oesterbed* **0.4** ⟨mil.⟩ ***(artillerie)park*** **0.5** ⟨AE⟩ ***stadion*** ⇒*sportpark, speelveld, sportterrein;* ⟨i.h.b.⟩ *honkbalstadion* **0.6** ⟨vaak the⟩⟨BE; inf.; voetbal⟩ ***voetbalveld*** ◆ **2.1** national ~ *nationaal park, natuurreservaat.*

park[2] ⟨f3⟩⟨ww.⟩ →parking

I ⟨onov. en ov.ww.⟩ **0.1** ***parkeren*** **0.2** ⟨inf.⟩ ***knuffelen*** ⇒*vrijen* ⟨(oorspr.) in geparkeerde auto⟩ ◆ **3.1** ~ and ride *de auto bij het station / de bushalte achterlaten en verder rijden met openbaar vervoer;*

II ⟨ov.ww.⟩ **0.1** ***omheinen*** ⇒*insluiten, omsluiten, als park aanleggen* **0.2** ⟨inf.⟩ ***(tijdelijk) plaatsen*** ⇒*neerzetten, wegzetten, deponeren, (achter)laten* **0.3** ⟨mil.⟩ ***parkeren*** ⇒*opstellen* ⟨geschut e.d.⟩ ◆ **4.2** ⟨inf.⟩ ~ o.s. *gaan zitten* **6.2** don't always ~ your books **on** my desk! *laat je boeken niet altijd op mijn bureau slingeren!.*

par·ka ['pɑ:kə‖'pɑrkə]⟨telb.zn.⟩ **0.1** ***parka*** ⇒*anorak.*

par·ker ['pɑ:kə‖pɑrkər]⟨f2⟩⟨telb.zn.⟩ **0.1** ***parkeerder.***

par·kin ['pɑ:kɪn‖'pɑr-]⟨n.-telb.zn.⟩⟨Sch. E⟩ **0.1** ***(fijne) ontbijtkoek*** ⇒*(soort) peperkoek.*

park·ing ['pɑ:kɪŋ‖'pɑr-]⟨f2⟩⟨n.-telb.zn.; gerund v. park⟩ **0.1** ***(het) parkeren*** ⇒*parkeerruimte, parkeergelegenheid* ◆ **¶.1** no ~ *verboden te parkeren.*

'parking bay ⟨telb.zn.⟩⟨Austr. E⟩ **0.1** ***parkeerhaven.***

'parking brake ⟨telb.zn.⟩ **0.1** ***parkeerrem*** ⇒*handrem.*

'parking disc ⟨telb.zn.⟩ **0.1** ***parkeerschijf.***

'parking fee ⟨telb.zn.⟩ **0.1** ***parkeergeld.***

'parking lane ⟨telb.zn.⟩ **0.1** ***parkeerstrook.***

'parking lot ⟨f1⟩⟨telb.zn.⟩⟨AE⟩ **0.1** ***parkeerplaats*** ⇒*parkeerterrein.*

'parking meter ⟨f1⟩⟨telb.zn.⟩ **0.1** ***parkeermeter.***

'parking orbit ⟨telb.zn.⟩⟨ruim.⟩ **0.1** ***parkeerbaan.***

'parking place ⟨f1⟩⟨telb.zn.⟩ **0.1** ***parkeerplaats*** ⇒*parkeerterrein.*

'parking space ⟨telb. en n.-telb.zn.⟩ **0.1** ***parkeerruimte*** ⇒*parkeergelegenheid, parkeerplaats.*

'parking station ⟨telb.zn.⟩⟨Austr. E⟩ **0.1** ***parkeergarage.***

'parking ticket ⟨telb.zn.⟩ **0.1** ***parkeerbon.***

Par·kin·son's disease ['pɑ:kɪnsnz dɪ,zi:z‖pɑr-], **par·kin·son·ism** ['pɑ:kɪnsnɪzm‖'pɑr-]⟨n.-telb.zn.⟩⟨med.⟩ **0.1** ***ziekte v. Parkinson.***

'Parkinson's Law ⟨eig.n.; ook p- l-⟩⟨scherts.⟩ **0.1** ***de wet v. Parkinson*** ⟨o.a. werk duurt net zo lang als er tijd voor beschikbaar is⟩.

'park keeper ⟨f1⟩⟨telb.zn.⟩⟨BE⟩ **0.1** ***parkwachter*** ⇒*parkopziener.*

'park·land ⟨n.-telb.zn.⟩ **0.1** ***open grasland*** ⟨met bomen bezaaid⟩ **0.2** ***parkgrond.***

'park·way ⟨telb.zn.⟩⟨AE⟩ **0.1** ***snelweg*** ⟨weg door fraai landschap⟩.

park·y[1] ['pɑ:ki‖'pɑrki]⟨telb.zn.; →mv. 2⟩⟨BE; sl.; kind.⟩ **0.1** ***parkwachter.***

parky[2] ⟨bn.⟩⟨BE; sl.⟩ **0.1** ***kil*** ⇒*koud, koel, ijzig.*

Parl ⟨afk.⟩ Parliament, parliamentary.

par·lance ['pɑ:ləns‖'pɑr-]⟨f1⟩⟨zn.⟩

I ⟨telb.zn.⟩⟨vero.⟩ **0.1** ***gesprek*** ⇒*debat, conversatie, discussie;*

II ⟨n.-telb.zn.⟩ **0.1** ***zegswijze*** ⇒*uitdrukkingsvorm, taal* ◆ **2.1** in common ~ *eenvoudig / verstaanbaar / duidelijk uitgedrukt;* in legal ~ *in rechtstaal, in juridische termen.*

par·lan·do [pɑ:'lændoʊ‖pɑr-], **par·lan·te** [-'lænteɪ]⟨bn.; bw.⟩⟨muz.⟩ **0.1** ***parlando*** ⟨meer gesproken dan gezongen⟩.

par·lay[1] ['pɑ:li‖'pɑrleɪ]⟨telb.zn.⟩⟨AE⟩ **0.1** ***nieuwe inzet*** ⟨in kansspel⟩.

parlay[2] ⟨ov.ww.⟩⟨AE⟩ **0.1** ***opnieuw inzetten*** **0.2** ***munt slaan uit*** ⇒*gebruik maken van, (volledig) benutten, uitbouwen, vermeerderen, vergroten* **0.3** ⟨sl.⟩ ***begrijpen*** ◆ **6.2** ~ one's talents **into** a glamourous career *zijn talenten uitbouwen tot een prachtcarrière.*

par·ley[1] ['pɑ:li‖'pɑrli]⟨f1⟩⟨telb.zn.⟩ **0.1** ***debat*** ⇒*discussie, vergadering;* ⟨i.h.b.⟩ ***(wapenstilstands)onderhandeling*** **0.2** ***gesprek*** ⇒*conversatie, bespreking, onderhoud* ◆ **3.1** beat/sound a ~ *onderhandelingen aanvragen met de trom / trompet.*

parley[2] ⟨f1⟩⟨ww.⟩

I ⟨onov.ww.⟩ **0.1** ***onderhandelen*** ⇒*(vredes/wapenstilstands)onderhandelingen voeren, parlementeren;*

II ⟨ov.ww.⟩⟨scherts.⟩ **0.1** ***spreken*** ⇒*babbelen, brabbelen* ⟨vreemde taal⟩.

par·ley·voo[1] ['pɑ:li'vu:‖'pɑr-]⟨zn.⟩⟨scherts.⟩

I ⟨telb.zn.⟩ **0.1** ⟨P-⟩ ***Fransman;***

II ⟨n.-telb.zn.⟩ **0.1** ***Frans.***

parley-voo[2] ⟨onov.ww.⟩⟨scherts.⟩ **0.1** ***Frans spreken*** **0.2** ⟨sl.⟩ ***een vreemde taal spreken / begrijpen*** **0.3** ⟨sl.⟩ ***praten.***

par·lia·ment ['pɑ:ləmənt‖'pɑr-]⟨f3⟩⟨zn.⟩

I ⟨eig.n.; P-⟩ **0.1** ***het (Britse) parlement*** ◆ **1.1** act of Parliament *(parlementaire) wet* **3.1** Parliament is adjourned *het parlement gaat uiteen;* enter Parliament *in het parlement gekozen worden;* Parliament rises *het parlement gaat uiteen / op reces;* Parliament sits *het parlement zetelt;* summon Parliament *het parlement bijeenroepen;*

II ⟨telb.zn.; ook P-⟩ **0.1** ***parlement*** ⇒*volksvertegenwoordiging.*

par·lia·men·tar·i·an [pɑ:ləmen'teərɪən‖'pɑrləmen'terɪən] ⟨telb.zn.⟩ **0.1** ***(ervaren) parlementariër*** ⇒*parlementslid* **0.2** ⟨vnl. P-; the⟩ ***adviseur v.d. parlementsvoorzitter mbt. procedure*** ⟨zelf parlementslid⟩ **0.3** ⟨vaak P-⟩⟨gesch.⟩ ***rondkop*** ⟨aanhanger v.h. parlement tijdens Eng. burgeroorlog⟩.

par·lia·men·ta·ry ['pɑ:lə'mentri‖'pɑrlə'menţəri], **parlementarian** [-'teərɪən‖-'terɪən]⟨f2⟩⟨bn.⟩ **0.1** ***parlementair*** ⇒*parlements-;* ⟨ook P-⟩ *door het (Brits) parlement goedgekeurd* **0.2** ⟨inf.⟩ ***parlementair*** ⇒*beleefd, omzichtig, hoffelijk* ◆ **1.1** ⟨BE⟩ ~ agent *parlementair agent* ⟨behartigt belangen v. privaat persoon in parlementaire zaken⟩; ⟨gesch.⟩ ~ army *parlementair leger, leger v.d. rondkoppen* ⟨Eng. burgeroorlog⟩; ⟨BE⟩ Parliamentary Commissioner for Administration, ~ commissioner *officieel ombudsman;* ~ decree *parlementair besluit;* ~ immunity *parlementaire immuniteit / onschendbaarheid;* ~ law *parlementair recht;* ~ party *kamerfractie;* ~ privilege *parlementair privilege / voorrecht;* ~ procedures *parlementaire handelingen;* Parliamentary (Private /

Under-) Secretary *parlementair ministersassistent* ⟨in Groot-Brittannië⟩; ~ state *parlementaire/democratische staat* **1.2** ~ language *hoffelijke/parlementaire taal*.
par·lour, ⟨AE sp.⟩ **par·lor** ['pɑ:lə||'pɑrlər]⟨f2⟩⟨telb.zn.⟩ **0.1** ***salon*** ⇒*ontvangkamer, mooie kamer;* ⟨bij uitbr.⟩ *woonkamer, leefkamer, zitkamer* **0.2** ***spreekkamer(tje)*** ⇒*parloir, gastenkamer* ⟨in klooster⟩; *salon, lounge* ⟨in hotel⟩ **0.3** ⟨AE; hand.⟩ ***salon*** **0.4** ***melkhuisje***.
'parlour car ⟨telb.zn.⟩⟨AE⟩ **0.1** ***salonwagen***.
'parlour game ⟨telb.zn.⟩ **0.1** ***gezelschapsspel*** ⇒⟨i.h.b.⟩ *woordspel*.
'par·lour·maid ⟨telb.zn.⟩⟨BE⟩ **0.1** ***dienstmeisje*** ⇒*tafelmeisje*.
'parlour 'pink ⟨telb.zn.⟩⟨AE; sl.⟩ **0.1** ***saloncommunist/socialist***.
'parlour 'socialist ⟨telb.zn.⟩ **0.1** ***salonsocialist***.
'parlour tricks ⟨mv.⟩⟨pej.⟩ **0.1** ***maniertjes*** ⇒*complimentjes*.
par·lous[1] ['pɑ:ləs||'pɑr-]⟨bn.⟩ **0.1** ***gevaarlijk*** ⇒*hachelijk, moeilijk, riskant* **0.2** ⟨vero.; scherts.⟩ ***gewiekst*** ⇒*leep, bijdehand*.
parlous[2] ⟨bw.⟩ **0.1** ***bijzonder*** ⇒*buitengewoon, uitzonderlijk, vreselijk*.
Par·ma violet ['pɑ:mə 'vaɪəlɪt||'pɑrmə-]⟨telb.zn.⟩⟨plantk.⟩ **0.1** ***geurig viooltje*** ⇒*welriekend/maarts viooltje* ⟨Viola odorata sempervirens⟩.
Par·me·san[1] [pɑ:mɪ'zæn||'pɑrmɪzən]⟨telb. en n.-telb.zn.⟩ **0.1** ***parmezaan(kaas)*** ⇒*parmezaanse kaas*.
Parmesan[2] ⟨bn.⟩ **0.1** ***Parmezaans*** ◆ **1.1** ~ cheese *parmezaanse kaas*.
Par·nas·si·an[1] [pɑ:'næsɪən||pɑr-]⟨telb.zn.⟩⟨lit.⟩ **0.1** ***Parnassien***.
Parnassian[2] ⟨bn.⟩ **0.1** ***mbt. de Parnasberg*** ⇒*Parnas-* **0.2** ***poëtisch*** ⇒*dichterlijk* **0.3** ***Parnassiaans*** ⟨mbt. Franse dichtersgroep⟩.
Par·nas·sus [pɑ:'næsəs||pɑr-]⟨zn.⟩
I ⟨eig.n.⟩ **0.1** ***Parnas(sus)*** ⇒*Parnasberg, muzenberg;*
II ⟨telb.zn.⟩ **0.1** ⟨vero.⟩ ***bundel/verzameling gedichten*** ⇒*dichtbundel, verzenbundel*.
pa·ro·chi·aid [pə'roʊkieɪd]⟨n.-telb.zn.⟩⟨AE⟩ **0.1** ***regeringssubsidie*** ⟨voor confessionele school⟩.
pa·ro·chi·al [pə'roʊkɪəl]⟨f2⟩⟨bn.; -ly⟩ **0.1** ***parochiaal*** ⇒*parochie-, gemeentelijk, dorps-* **0.2** ⟨AE⟩ ***confessioneel*** **0.3** ***bekrompen*** ⇒*eng, kortzichtig, beperkt, kleingeestig, kleinsteeds, provinciaal* ◆ **1.1** ~ church council *kerkeraad, kerkfabriek* ⟨in Eng. kerk⟩ **1.2** ~ school *confessionele school;* ⟨R.-K.⟩ *parochieschool* **1.3** ~ mind *bekrompen geest;* ~ point of view *kortzichtig standpunt*.
pa·ro·chi·al·ism [pə'roʊkɪəlɪzm], **pa·ro·chi·al·i·ty** [pə'roʊki'æləṭi]⟨n.-telb.zn.⟩ **0.1** ***bekrompenheid*** ⇒*kleingeestigheid, kortzichtigheid, kleinsteedsheid, esprit de clocher*.
pa·ro·chial·ize, -ise [pə'roʊkɪəlaɪz]⟨ww.⟩
I ⟨onov.ww.⟩ **0.1** ***parochiaal werk doen;***
II ⟨ov.ww.⟩ **0.1** ***parochiaal maken***.
pa·rod·ic [pə'rɒdɪk||pə'rɑ-], **pa·rod·i·cal** [-ɪkl]⟨bn.⟩ **0.1** ***parodiërend*** ⇒*parodistisch*.
par·o·dist ['pærədɪst]⟨telb.zn.⟩⟨lit.⟩ **0.1** ***parodist*** ⇒*parodieënschrijver, parodieënmaker*.
par·o·dy[1] ['pærədi]⟨f2⟩⟨zn.; →mv. 2⟩
I ⟨telb.zn.⟩ **0.1** ***parodie*** ⇒*karikatuur, travestie, vertekening* ◆ **1.1** this trial is a ~ of justice *dit proces is een karikatuur v. rechtvaardigheid;*
II ⟨telb. en n.-telb.zn.⟩ **0.1** ***parodie*** ⇒*parodiëring, nabootsing* ◆ **6.1** ~ **on/of** a poem *parodie op een gedicht*.
parody[2] ⟨f1⟩⟨ov.ww.; →ww. 7⟩ **0.1** ***parodiëren*** ⇒*navolgen*.
pa·roe·mia [pə'ri:mɪə]⟨telb.zn.⟩⟨schr.⟩ **0.1** ***spreekwoord***.
pa·roe·mi·ol·o·gist [pə'ri:mi'ɒlədʒɪst||-'ɑlə-]⟨telb.zn.⟩ **0.1** ***par(o)emioloog/par(o)emiologe*** ⇒*spreekwoordkundige*.
pa·roe·mi·ol·o·gy [pə'ri:mi'ɒlədʒi||-'ɑlə-]⟨n.-telb.zn.⟩ **0.1** ***par(o)emiologie*** ⇒*spreekwoordenleer*.
pa·rol[1] [pə'roʊl]⟨telb.zn.⟩⟨jur.⟩ **0.1** ***mondelinge verklaring*** ⇒*uitspraak* ◆ **6.1 by** ~ *mondeling, door mondelinge overeenkomst*.
parol[2] ⟨bn.⟩⟨jur.⟩ **0.1** ***mondeling*** **0.2** ***ongezegeld*** ⇒*onbekrachtigd* ◆ **1.1** ~ evidence *getuigenbewijs, mondeling bewijs* **1.2** ~ contract *niet formeel/ongezegeld contract*.
pa·role[1] [pə'roʊl]⟨f1⟩⟨zn.⟩
I ⟨telb.zn.⟩ **0.1** ***erewoord*** ⇒*parool, woord* **0.2** ⟨mil.⟩ ***wachtwoord*** **0.3** ***mondelinge verklaring*** ⇒*uitspraak* ◆ **1.1** ~ of honour *erewoord* **3.1** break one's ~ *zijn parool breken;*
II ⟨telb. en n.-telb.zn.⟩⟨jur.⟩ **0.1** ***voorwaardelijke vrijlating*** ⇒*paroolrijd* ◆ **6.1 on** ~ *voorwaardelijk vrijgelaten, op parool*.
parole[2] ⟨f1⟩⟨ov.ww.⟩⟨jur.⟩ **0.1** ***voorwaardelijk vrijlaten***.
pa'role board ⟨telb.zn.⟩⟨jur.⟩ **0.1** ***paroolcommissie***.
pa·rol·ee [pəroʊ'li:]⟨telb.zn.⟩⟨jur.⟩ **0.1** ***voorwaardelijk vrijgelatene***.
par·o·no·ma·sia ['pærənoʊ'meɪzɪə||-'meɪʒə]⟨telb. en n.-telb.zn.⟩ **0.1** ***paronomasie*** ⇒*woordspeling*.
par·o·no·mas·tic ['pærənoʊ'mæstɪk]⟨bn.; -ally; →bijw. 3⟩ **0.1** ***woordspelig***.
par·o·nym ['pærənɪm]⟨telb.zn.⟩ **0.1** ***paroniem*** ⇒*stamverwant woord* **0.2** ***(woord gevormd door) leenvertaling***.
pa·ron·y·mous [pə'rɒnɪməs||-'rɑ-], **par·o·nym·ic** ['pærə'nɪmɪk]⟨bn.⟩ **0.1** ***stamverwant*** **0.2** ***leenvertaald***.
paroquet →parakeet.
pa·rot·id[1] [pə'rɒtɪd||pə'rɑṭɪd]⟨telb.zn.⟩⟨med.⟩ **0.1** ***parotis*** ⇒*oorspeekselklier*.
parotid[2] ⟨bn., attr.⟩⟨med.⟩ **0.1** ***(gelegen) bij de oorspeekselklier/parotis*** ◆ **1.1** ~ duct *kanaal v. Steno;* ~ gland *oorspeekselklier, parotis*.
par·o·ti·tis ['pærə'taɪṭɪs], **pa·rot·i·di·tis** [pə'rɒtɪ'daɪtɪs||-'rɑṭɪ'daɪṭɪs]⟨telb. en n.-telb.zn.; parotites, parotidites; →mv. 5⟩⟨med.⟩ **0.1** ***parotitis*** ⇒*oorspeekselklierontsteking;* ⟨i.h.b.⟩ *bof* ⟨parotitis epidemica⟩.
-pa·rous [pərəs] **0.1** ***-barend*** ◆ ¶.**1** viviparous *levendbarend*.
par·ox·ysm ['pærəksɪzm]⟨telb.zn.⟩ **0.1** ⟨med.⟩ ***paroxisme*** ⇒*(acute ziekte)aanval, kramp, spasme, hoogtepunt* **0.2** ***(gevoels)uitbarsting*** ⇒*uitval, aanval* ◆ **1.2** ~ of anger *woedeaanval;* ~ of laughter *hevige lachbui*.
par·ox·ys·mal ['pærək'sɪzml], **par·ox·ys·mic** ['pærək'sɪzmɪk]⟨bn.; -(al)ly; →bijw. 3⟩ **0.1** ***paroxysmaal*** ⇒*spasmisch, convulsief, krampachtig*.
par·pen ['pɑ:pən||'pɑr-], **par·pend** [-pənd], **per·pend** ['pɜ:pənd||'pɜr-], **per·pent** [-pənt]⟨telb.zn.⟩⟨bouwk.⟩ **0.1** ***(bewerkte) bindsteen***.
par·quet[1] ['pɑ:keɪ, 'pɑ:ki||pɑr'keɪ]⟨f1⟩⟨zn.⟩
I ⟨telb.zn.⟩⟨AE; dram.⟩ **0.1** ***parket*** ⇒*stalles;*
II ⟨telb. en n.-telb.zn.; ook attr.⟩ **0.1** ***parket*** ⇒*parketvloer/werk*.
parquet[2] ⟨ov.ww.⟩ **0.1** ***parketteren*** ⇒*parket leggen in*.
par'quet circle ⟨telb.zn.⟩⟨AE; dram.⟩ **0.1** ***parterre***.
par'quet floor ⟨telb.zn.⟩ **0.1** ***parket(vloer)***.
par·quet·ry ['pɑ:kɪtri||'pɑr-]⟨n.-telb.zn.⟩ **0.1** ***parket(werk)*** ⇒*inlegwerk*.
parr [pɑ:||pɑr]⟨telb.zn.; ook parr; →mv. 4⟩ **0.1** ***kleine zomerzalm*** ⇒⟨bij uitbr.⟩ *jonge vis*.
parrakeet →parakeet.
par·(r)a·mat·ta ['pærə'mæṭə]⟨n.-telb.zn.⟩ **0.1** ***paramat*** ⟨gekeperde stof v. katoen en wol⟩.
par·ri·cid·al ['pærɪ'saɪdl]⟨bn.; -ly⟩ **0.1** ***mbt. vadermoord/landverraad*** **0.2** ***schuldig aan vadermoord/landverraad***.
par·ri·ci·de ['pærɪsaɪd]⟨zn.⟩
I ⟨telb.zn.⟩ **0.1** ***vadermoordenaar/moedermoordenaar*** **0.2** ***familiemoordenaar*** **0.3** ***landverrader;***
II ⟨n.-telb.zn.⟩ **0.1** ***vadermoord/moedermoord*** **0.2** ***familiemoord*** **0.3** ***landverraad***.
parroquet →parakeet.
par·rot[1] ['pærət]⟨f3⟩⟨telb.zn.⟩ **0.1** ***papegaai*** ⟨ook fig.⟩ ⇒*naprater, naäper*.
parrot[2] ⟨ww.⟩
I ⟨onov.ww.⟩ **0.1** ***snateren*** ⇒*ratelen;*
II ⟨ov.ww.⟩ **0.1** ***papegaaien*** ⇒*napraten, naäpen, nabootsen* **0.2** ***leren papegaaien***.
'parrot 'crossbill ⟨telb.zn.⟩⟨dierk.⟩ **0.1** ***grote kruisbek*** ⟨Loxia pytyopsittacus⟩.
'par·rot-cry ⟨telb.zn.⟩ **0.1** ***slogan*** ⇒*leus, (holle) frase, kreet, slagzin*.
'parrot fashion ⟨bn., attr.; bw.⟩⟨inf.⟩ **0.1** ***onnadenkend*** ⇒*machinaal, uit het hoofd* ◆ **3.1** pray ~ *gebeden afratelen*.
'parrot fever, 'parrot disease ⟨telb. en n.-telb.zn.⟩⟨med.⟩ **0.1** ***papegaaieziekte*** ⇒*psittacosis*.
'par·rot·fish ⟨telb.zn.⟩⟨dierk.⟩ **0.1** ***papegaaivis*** ⟨genus Scarus⟩.
par·rot·let ['pærətlɪt]⟨telb.zn.⟩⟨dierk.⟩ **0.1** ***muspapegaai*** ⟨genus Forpus⟩.
par·rot·ry ['pærətri]⟨n.-telb.zn.⟩ **0.1** ***napraterij*** ⇒*naäperij, gepapegaai*.
par·ry[1] ['pæri]⟨telb.zn.; →mv. 2⟩ **0.1** ***afweermanoeuvre*** ⇒*wering;* ⟨i.h.b. schermen⟩ *parade* **0.2** ***ontwijking*** ⇒*ontwijkend antwoord*.
parry[2] ⟨f1⟩⟨ww.; →ww. 7⟩
I ⟨onov.ww.⟩ **0.1** ***een aanval afwenden/afkeren*** ⟨ook fig.⟩;
II ⟨ov.ww.⟩ **0.1** ***afwenden*** ⇒*(af)weren, afkeren;* ⟨schermen⟩ *pareren* **0.2** ***ontwijken*** ⇒*(ver)mijden, ontduiken* ◆ **1.1** ~ a blow *een stoot afwenden* **1.2** ~ a question *zich van een vraag afmaken*.
parse [pɑ:z||pɑrs]⟨f1⟩⟨ww.⟩⟨taalk.⟩
I ⟨onov.ww.⟩ **0.1** ***ontleden*** ⇒*analyseren, parseren* **0.2** ***zich laten ontleden (in directe constituenten)*** ◆ **1.2** the sentence did not ~ easily *de zin was niet makkelijk te ontleden;*
II ⟨ov.ww.⟩ **0.1** ***ontleden in directe constituenten*** ⇒*(syntactisch) analyseren/ontleden, parseren*.
par·sec ['pɑ:sek||'pɑr-]⟨telb.zn.⟩⟨ster.⟩ **0.1** ***parsec*** ⟨3,26 lichtjaar⟩.
Par·see, Par·si [pɑ:'si:||'pɑrsi:]⟨zn.⟩

I ⟨eig.n.⟩ **0.1** ***Perzisch*** *⇒de Perzische taal* ⟨uit de tijd der Sassaniden⟩;
II ⟨telb.zn.⟩ **0.1** ***pars*** ⟨aanhanger v.d. leer v. Zoroaster⟩.
Par·see·ism, Par·si·ism ['pɑ:si:ɪzm‖'pɑr-], **Par·sism** [-sɪzm]⟨n.-telb.zn.⟩ **0.1** ***parsisme*** ⟨leer v. Zoroaster⟩.
pars·er ['pɑ:zə‖'pɑrsər]⟨telb.zn.⟩⟨comp.⟩ **0.1** ***parser*** *⇒automatische ontleder*.
par·si·mo·ni·ous [pɑ:sɪ'moʊnɪəs‖'pɑr-]⟨bn.;-ly;-ness⟩ **0.1** ***spaarzaam*** *⇒sober, karig, gierig, krenterig, schriel, vrekkig*.
par·si·mo·ny ['pɑ:sɪməni‖'pɑrsɪmoʊni]⟨n.-telb.zn.⟩⟨schr.⟩ **0.1** ***spaarzaamheid*** *⇒soberheid, karigheid, schrielheid, gierigheid, krenterigheid, vrekkigheid* ⟨ook immaterieel⟩.
pars·ley ['pɑ:sli‖'pɑr-]⟨f1⟩⟨n.-telb.zn.⟩⟨plantk.⟩ **0.1** ***peterselie*** ⟨Petroselinum crispum⟩.
'parsley fern ⟨telb.zn.⟩⟨plantk.⟩ **0.1** ⟨ben. voor⟩ ***peterselieachtige plant*** *⇒gekroesde rolvaren* ⟨Cryptogramma crispa⟩; *wijfjesvaren* ⟨Athyrium felix feminina⟩; *streepvaren* ⟨genus Asplenium⟩; *boerenwormkruid* ⟨Tanacetum vulgare⟩.
parsley piert ['pɑ:sli 'pɪət‖'pɑrsli 'pɪrt]⟨zn.⟩⟨plantk.⟩
I ⟨telb. en n.-telb.zn.⟩ **0.1** ***akkerleeuweklauw*** ⟨Aphanes/Alchemilla arvensis⟩;
II ⟨n.-telb.zn.⟩ **0.1** ***dopheide*** *⇒erica* ⟨genus Erica⟩.
'parsley 'sauce ⟨telb. en n.-telb.zn.⟩ **0.1** ***peterseliesaus***.
pars·nip ['pɑ:snɪp‖'pɑr-]⟨telb. en n.-telb.zn.⟩⟨plantk.⟩⟨→sprw. 192⟩ **0.1** ***pastinaak*** ⟨Pastinaca sativa⟩ *⇒pastinaakwortel*.
par·son ['pɑ:sn‖'pɑrsn]⟨f2⟩⟨telb.zn.⟩ **0.1** ***predikant*** ⟨in anglicaanse kerk⟩ ⇒⟨inf.⟩ *dominee, (parochie)priester, pastoor, geestelijke*.
par·son·age ['pɑ:snɪdʒ‖'pɑr-]⟨telb.zn.⟩ **0.1** ***pastorie***.
'parson bird ⟨telb.zn.⟩⟨dierk.⟩ **0.1** ***pastoorvogel*** ⟨Prosthemadere novaeseelandiae⟩.
par·son·ic [pɑ:'sɒnɪk‖pɑr'sɑ-], **par·son·i·cal** [-ɪkl]⟨bn.⟩ **0.1** ***domineeachtig*** *⇒dominees-, priester-, pastoors-* **0.2** ***geestelijk***.
parson's nose ['pɑ:snz 'noʊz‖'pɑr-]⟨telb.zn.⟩⟨inf.⟩ **0.1** ***stuit*** ⟨v. gebraden gevogelte⟩.
part[1] [pɑ:t‖pɑrt]⟨f4⟩⟨zn.⟩⟨→sprw. 112⟩
I ⟨telb.zn.⟩ **0.1** ***(onder)deel*** *⇒aflevering, (reserve)onderdeel;* ⟨biol.⟩ *lid, orgaan;* ⟨wisk.⟩ *deel, deelverzameling* **0.2** ⟨dram.⟩ ***rol*** **0.3** ⟨muz.⟩ ***partij*** *⇒stem* **0.4** ⟨AE⟩ ***scheiding*** ⟨in het haar⟩ ◆ **1.1** two ~s of flour *twee delen bloem;* the ~s of the digestive tract *de organen v.h. spijsverteringsstelsel* **2.1** component ~ *bestanddeel* **3.2** look the ~ *er naar uitzien;* ⟨fig.⟩ play a ~ *een rol spelen, veinzen, huichelen;* ⟨fig.⟩ play a ~ in *een rol spelen bij/in, van invloed zijn op, een factor zijn in;* ⟨fig.⟩ play an unworthy ~ *zich onwaardig gedragen;* top one's ~ *zijn rol volmaakt uitvoeren/perfect spelen* **3.3** sing in three ~s *driestemmig zingen* **7.¶** the ~s *de geslachtsdelen, de genitaliën;* three ~s *drie kwart;*
II ⟨telb. en n.-telb.zn.⟩ **0.1** ⟨ook attr.⟩ ***deel*** *⇒gedeelte, stuk* **0.2** ***aandeel*** *⇒part, plicht, taak, functie* **0.3** ***houding*** *⇒gedragslijn* ◆ **1.1** it is ~ of the game *het hoort er bij* **1.¶** ~ and parcel of *een essentieel onderdeel van;* ⟨taalk.⟩ ~ of speech *woordsoort/klasse* **2.1** the better/best/greater/most ~ *de meerderheid, het overgrote deel;* a great ~ *een groot deel, heel wat;* the dreadful ~ of it *het verschrikkelijke ervan* **2.2** have an important ~ at the election *een belangrijke taak vervullen bij de verkiezing* **2.3** silence usually is the better ~ *zwijgen is gewoonlijk verstandiger* **3.2** do one's ~ *zijn plicht vervullen;* have a ~ in *iets te maken hebben met, de hand hebben in* **3.¶** bear a ~ in *deelnemen aan, een rol spelen in, delen in;* take ~ in *deelnemen aan, betrokken zijn bij* **6.1** ~ **by** ~ *stuk voor stuk* **6.¶** **for** my ~ *wat mij betreft;* **in** ~(s) *gedeeltelijk, deels, ten dele, voor een gedeelte;* **on** the ~ **of** *van de kant van, van (wege)* **7.¶** for the most ~ *meestal, in de meeste gevallen; overwegend, vooral;*
III ⟨n.-telb.zn.⟩ **0.1** ***zijde*** *⇒kant* ◆ **3.1** take the ~ of, take ~ with *steunen, de zijde kiezen van* **6.1** a contract between X **of** one ~ and Y **of** the other ~ *een contract tussen X ter ene zijde en Y ter andere zijde;*
IV ⟨mv.; ~s⟩ **0.1** ***streek*** *⇒gebied, gewest* **0.2** ***bekwaamheid*** *⇒talent(en), capaciteiten, gaven, begaafdheid* ◆ **1.2** a man of good/many ~s *een erg bekwaam/begaafd man*.
part[2] ⟨f2⟩⟨ww.⟩ →parted, parting ⟨→sprw. 45, 202⟩
I ⟨onov.ww.⟩ **0.1** ***van/uit elkaar gaan*** *⇒scheiden, breken, scheuren, losgaan, losraken, splitsen* **0.2** ⟨euf.⟩ ***heengaan*** *⇒sterven* **0.3** ⟨vero.⟩ ***vertrekken*** **0.4** ⟨inf.⟩ ***afstand doen v. zijn geld*** *⇒betalen, geld uitgeven* ◆ **1.1** the clouds ~ *de wolken breken open;* the curtain ~s *het gordijn scheurt;* ~ (as) friends *als vrienden uit elkaar gaan;* the paths ~ here *hier splitsen de wegen zich;* the rope ~ed *het touw brak* **6.¶** →part **from**; →part **with**;
II ⟨ov.ww.⟩ **0.1** ***scheiden*** *⇒(ver)delen, breken;* ⟨scheep.⟩ *losslaan van* **0.2** ***scheiden*** *⇒afzonderen, uit elkaar houden* **0.3** ***een scheiding kammen/leggen in*** ⟨haar⟩ ◆ **1.1** the ship ~ed her moorings *het schip sloeg los van de kabels* **1.2** till death us do ~ *tot de dood ons scheidt;* ~ the fighting dogs *de vechtende honden scheiden* **6.2** he wouldn't be ~ed **from** his money *hij wilde niet betalen*.
part[3] ⟨bw.⟩ **0.1** ***deels*** *⇒gedeeltelijk, voor een deel, ten dele*.
par·take [pɑ:'teɪk‖pɑr-]⟨f1⟩⟨ww.; partook [pɑ:'tʊk‖pɑr-], partaken [-'teɪkən]⟩
I ⟨onov.ww.⟩ **0.1** ***deelnemen*** *⇒participeren, deelhebben, delen* ◆ **6.1** ~ **in** the festivities **with** s.o. *met iem. aan de festiviteiten deelnemen* **6.¶** →partake **of**;
II ⟨ov.ww.⟩⟨vero.⟩ **0.1** ***deelnemen aan*** *⇒deel hebben aan, delen (in)*.
par'take of ⟨onov.ww.⟩ **0.1** ***deelnemen aan*** *⇒participeren in, deel hebben aan, delen (in)* **0.2** ***delen*** *⇒(een stukje) eten (van), (wat) drinken (van)* **0.3** ***iets hebben van*** ◆ **1.2** will you ~ our lowly fare? *wilt u onze nederige maaltijd delen?* **1.3** his nature partakes of arrogance *hij heeft iets arrogants*.
par·tan ['pɑ:tn‖'pɑrtn]⟨telb.zn.⟩⟨Sch. E⟩ **0.1** ***krab***.
'part 'author ⟨telb.zn.⟩ **0.1** ***medeauteur***.
'part de'livery, 'part 'order ⟨telb.zn.⟩ **0.1** ***gedeeltelijke levering***.
part·ed ['pɑ:tɪd‖'pɑrt̬ɪd]⟨bn.; volt. deelw. v. part⟩ **0.1** ***(af)gescheiden*** *⇒verdeeld, (in)gedeeld, gekloofd, uit elkaar* **0.2** ⟨biol.⟩ ***gedeeld*** ◆ **1.2** ~ leaves *gedeeld bladeren*.
par·terre [pɑ:'teə‖pɑr'ter]⟨telb.zn.⟩ **0.1** ***bloemperk(en)*** *⇒bloemenbed, parterre* **0.2** ⟨dram.⟩ ***parterre***.
'part ex'change ⟨telb.zn.⟩ **0.1** ***goederenruil*** ⟨als gedeeltelijke betaling⟩.
'part from ⟨onov.ww.⟩ **0.1** ***verlaten*** *⇒achterlaten, weggaan, scheiden van* **0.2** ***afstand doen van*** *⇒afstaan, opgeven*.
par·the·no·car·py [pɑ:'θi:noʊkɑ:pi‖'pɑrθənoʊkɑrpi]⟨n.-telb.zn.⟩⟨plantk.⟩ **0.1** ***parthenocarpie*** ⟨vruchtvorming zonder bevruchting⟩.
par·the·no·gen·e·sis ['pɑ:θɪnoʊ'dʒenɪsɪs‖'pɑr-]⟨n.-telb.zn.⟩⟨biol.⟩ **0.1** ***parthenogenese*** ⟨voortplanting zonder bevruchting⟩.
par·the·no·ge·net·ic [-dʒɪ'net̬ɪk]⟨bn.; -ally; →bijw. 3⟩ **0.1** ***parthenogenetisch***.
par·the·no·ge·none ['pɑ:θɪ'nɒdʒənoʊn‖'pɑrθə'nɑ-]⟨telb.zn.⟩ **0.1** ***parthenogenon*** ⟨organisme dat zich zonder bevruchting kan voortplanten⟩.
Par·thi·an[1] ['pɑ:θɪən‖'pɑr-]⟨telb.zn.⟩ **0.1** ***Parth***.
Parthian[2] ⟨bn.⟩ **0.1** ***Parthisch*** ◆ **1.¶** ~ shot/shaft *laatste schot, venijnige opmerking, hatelijke toespeling, trap na*.
par·ti ['pɑ:ti:‖'pɑr-]⟨telb.zn.⟩ **0.1** ***partij*** *⇒huwelijkspartner*.
par·tial[1] ['pɑ:ʃl‖'pɑrʃl]⟨telb.zn.⟩ **0.1** ⟨muz.⟩ ***deeltoon*** **0.2** ⟨wisk.⟩ ***partiële afgeleide***.
partial[2] ⟨f3⟩⟨bn.⟩
I ⟨bn.⟩ **0.1** ***partijdig*** *⇒gunstig gezind, vooringenomen, bevooroordeeld, eenzijdig* **0.2** ***gedeeltelijk*** *⇒deel-, partieel* ◆ **1.2** ⟨wisk.⟩ ~ derivative *partiële afgeleide;* ⟨wisk.⟩ ~ differentiation *partiële differentiatie;* ~ lunar eclipse *gedeeltelijke maansverduistering;* ~ solar eclipse *gedeeltelijke zonsverduistering;* ⟨wisk.⟩ ~ differential equation *partiële differentiaalvergelijking;* ⟨wisk.⟩ ~ fraction *partiële breuk;* ⟨wisk.⟩ ~ product *deelprodukt;* ⟨muz.⟩ ~ tone *deeltoon;* ⟨jur.⟩ ~ verdict *deelvonnis, deeluitspraak* ⟨iem. gedeeltelijk schuldig bevinden⟩ **6.1** be ~ **towards** pretty girls *mooie meisjes bevoorrechten;*
II ⟨bn., pred.⟩ **0.1** ***verzot*** *⇒gek, gesteld, dol, verkikkerd, verlekkerd* ◆ **6.1** be ~ **to** *erg houden van, een voorliefde hebben voor, gek zijn op*.
par·ti·al·i·ty ['pɑ:ʃi'æləti‖'pɑrʃi'æləti]⟨f1⟩⟨zn.; →mv. 2⟩
I ⟨telb.zn.⟩ **0.1** ***voorkeur*** *⇒voorliefde, zwak, predilectie* ◆ **6.1** a ~ **for** French cuisine *een voorliefde voor de Franse keuken;*
II ⟨n.-telb.zn.⟩ **0.1** ***partijdigheid*** *⇒bevoorrechting, vriendjespolitiek, vooringenomenheid, vooroordeel*.
par·tial·ly ['pɑ:ʃəli‖'pɑr-]⟨f3⟩⟨bw.⟩ **0.1** ***gedeeltelijk*** *⇒deels, partieel*.
par·ti·ble ['pɑ:təbl‖'pɑrt̬əbl]⟨bn.⟩ **0.1** ***(ver)deelbaar*** *⇒scheidbaar* ⟨vnl. mbt. erfenis⟩ ◆ **6.1** ~ **among** *deelbaar onder*.
par·tic·i·pance [pɑ:'tɪsɪpəns‖pɑr-]⟨n.-telb.zn.⟩ **0.1** ***deelname***.
par·tic·i·pant[1] [pɑ:'tɪsɪpənt‖pɑr-], **par·tic·i·pa·tor** [-peɪtə‖-peɪt̬ər]⟨f2⟩⟨telb.zn.⟩ **0.1** ***deelnemer*** *⇒deelhebber, participant*.
participant[2] ⟨bn., attr.⟩ **0.1** ***deelnemend*** *⇒participerend*.
par·tic·i·pate [pɑ:'tɪsɪpeɪt‖pɑr-]⟨f3⟩⟨ww.⟩ →participating
I ⟨onov.ww.⟩ **0.1** ***deelnemen*** *⇒participeren, delen, deelhebben, meewerken, meedoen* **0.2** ***iets hebben*** ◆ **6.1** everyone ~d **in** the strike *iedereen was betrokken bij de staking;* ~ **in** s.o.'s joy *in iemands vreugde delen* **6.2** ~ **of** the nature of humour *iets humoristisch hebben;*
II ⟨ov.ww.⟩ **0.1** ***delen (in)*** *⇒deelnemen aan*.
par·tic·i·pa·ting [pɑ:'tɪsɪpeɪtɪŋ‖pɑr'tɪsɪpeɪt̬ɪŋ]⟨bn., attr.; teg. deelw. v. participate⟩ **0.1** ***deelnemend*** **0.2** ⟨AE⟩ ***winstdelend***.
par·tic·i·pa·tion [pɑ:'tɪsɪ'peɪʃn‖pɑr-]⟨f2⟩⟨zn.⟩

I ⟨telb.zn.⟩ **0.1** ***aandeel;***
II ⟨n.-telb.zn.⟩ **0.1** ***participatie*** ⇒*deelname, deelneming, medewerking, inspraak, medezeggenschap* ⟨ook in bedrijf⟩ **0.2** ⟨ec.⟩ ***winstdeling.***

par·tic·i·pa·tor·y [pɑː'tɪsɪ'peɪtri‖pɑr'tɪsɪpətɔri]⟨bn., attr.⟩ **0.1** ***deelnemend*** ◆ **1.1** ~ democracy *groepsdemocratie;* ~ theatre *participatietheater.*

par·ti·cip·i·al ['pɑːtɪ'sɪpɪəl‖'pɑrṭɪ-]⟨bn.⟩⟨taalk.⟩ **0.1** ***participiaal*** ⇒*deelwoord-.*

par·ti·ci·ple ['pɑːtsɪpl‖'pɑrṭɪ-]⟨f1⟩⟨telb.zn.⟩⟨taalk.⟩ **0.1** ***deelwoord*** ⇒*participium* ◆ **2.1** past ~ *voltooid/verleden deelwoord;* present ~ *onvoltooid/tegenwoordig deelwoord* **3.1** ⟨AE⟩ dangling ~ *onverbonden/zwevend participium.*

par·ti·cle ['pɑːtɪkl‖'pɑrṭɪkl]⟨f2⟩⟨telb.zn.⟩ **0.1** ***deeltje*** ⇒*partikel;* ⟨fig.⟩ *beetje, greintje, zier(tje), aasje* **0.2** ⟨taalk.⟩ ***partikel*** **0.3** ⟨taalk.⟩ ***affix*** **0.4** ⟨vero.⟩ ***clausule*** ⇒*paragraaf(je), hoofdstukje* **0.5** ⟨R.-K.⟩ ***partikel*** ⟨deel v. gewijde hostie⟩ ◆ **1.1** not a ~ of common sense *geen greintje gezond verstand* **2.1** ⟨nat.⟩ elementary ~ *elementair deeltje.*

'particle accelerator ⟨telb.zn.⟩⟨nat.⟩ **0.1** ***deeltjesversneller.***

'particle physics ⟨n.-telb.zn.⟩ **0.1** ***elementaire-deeltjesfysica.***

'par·ti-col·oured, 'par·ty-col·oured ⟨bn.⟩ **0.1** ***bont*** ⇒*veelkleurig.*

par·tic·u·lar[1] [pə'tɪkjʊlə‖pər'tɪkjələr]⟨f2⟩⟨zn.⟩
I ⟨telb. en n.-telb.zn.⟩ **0.1** ***bijzonderheid*** ⇒*detail, (individueel) punt/feit* **0.2** ⟨logica⟩ ***particuliere propositie*** ◆ **2.1** correct in every ~ *juist op elk punt* **3.1** go into ~s *in detail treden* **6.1 in** ~ *in het bijzonder, voornamelijk, hoofdzakelijk, vooral;*
II ⟨mv.; ~s⟩ **0.1** ***feiten*** ⇒*(volledig) verslag, informatie, inlichtingen* **0.2** ***personalia.***

particular[2] ⟨f4⟩⟨bn.⟩
I ⟨bn.⟩ **0.1** ***bijzonder*** ⇒*afzonderlijk, specifiek, bepaald, individueel, particulier* **0.2** ***nauwgezet*** ⇒*kieskeurig, veeleisend, (angstvallig) precies* **0.3** ***omstandig*** ⇒*uitvoerig, gedetailleerd, exact* **0.4** ⟨logica⟩ ***particulier*** ◆ **1.1** this ~ case *dit specifieke geval;* the ~ demands of the job *de specifieke eisen v.h. werk;* ⟨relig.⟩ ~ election *uitverkiezing;* my ~ opinion *mijn persoonlijke mening* **1.3** full and ~ account *omstandig verslag* **1.4** ~ proposition *particuliere propositie* **1.¶** ~ average *bijzondere/particuliere/kleine averij;* ⟨gesch.⟩ Particular Baptists *uitverkoren baptisten* ⟨Britse calvinistische Baptistensekte, 17e-19e eeuw⟩ **5.2** he's **over** ~ *'t is een pietje precies;* he's not **over** ~ *hij neemt het zo nauw niet* **6.2** ~ **about/over** *kieskeurig met;*
II ⟨bn., attr.⟩ **0.1** ***bijzonder*** ⇒*uitzonderlijk, merkwaardig, speciaal, ongewoon* **0.2** ***intiem*** ⇒*persoonlijk, particulier* ◆ **1.1** of ~ importance *v. uitzonderlijk belang;* ⟨relig.⟩ ~ intention *bijzondere/speciale intentie;* for no ~ reason *niet om een speciale reden, zomaar;* take ~ trouble *ongewoon veel moeite doen* **1.2** ~ friend *intieme vriend.*

par·tic·u·lar·ism [pə'tɪkjʊlərɪzm‖pər'tɪkjə-]⟨n.-telb.zn.⟩ **0.1** ***particularisme*** **0.2** ⟨relig.⟩ ***leer der uitverkiezing.***

par·tic·u·lar·ist [pə'tɪkjʊlərɪst‖pər'tɪkjə-]⟨telb.zn.⟩ **0.1** ***particularist.***

par·tic·u·lar·is·tic [pə'tɪkjʊlə'rɪstɪk]⟨bn.⟩ **0.1** ***particularistisch.***

par·tic·u·lar·i·ty [pə'tɪkjʊ'lærəti‖pər'tɪkjə'lærəṭi]⟨f1⟩⟨zn.; →mv. 2⟩
I ⟨telb.zn.⟩ **0.1** ***bijzonderheid*** ⇒*detail, eigenaardigheid;*
II ⟨n.-telb.zn.⟩ **0.1** ***bijzonderheid*** ⇒*individualiteit, specificiteit* **0.2** ***omstandigheid*** ⇒*exactheid, uitvoerigheid* **0.3** ***kieskeurigheid*** ⇒*nauwgezetheid.*

par·tic·u·lar·i·za·tion, -sa·tion [pə'tɪkjʊləraɪ'zeɪʃn‖pər'tɪkjələrə-]⟨telb. en n.-telb.zn.⟩ **0.1** ***detailbehandeling*** ⇒*nauwkeurige omschrijving.*

par·tic·u·lar·ize, -ise [pə'tɪkjʊləraɪz‖pər'tɪkjə-]⟨f1⟩⟨ww.⟩
I ⟨onov.ww.⟩ **0.1** ***details geven*** ⇒*in bijzonderheden treden;*
II ⟨ov.ww.⟩ **0.1** ***particulariseren*** ⇒*specificeren, nauwkeurig aangeven, punt voor punt opnoemen.*

par·tic·u·lar·ly [pə'tɪkj(ʊl)əli‖pər'tɪkjələrli]⟨f3⟩⟨bw.⟩ **0.1** →particular[2] **0.2** ***(in het) bijzonder*** ⇒*vooral, voornamelijk, hoofdzakelijk, gedetailleerd* ◆ **2.2** not ~ smart *niet bepaald slim.*

par·tic·u·late [pɑː'tɪkjʊlət‖pɑr'tɪkjəleɪt]⟨bn.⟩ **0.1** ***corpusculair*** ⇒*partikel-, deeltjes-.*

par·ting ['pɑːtɪŋ‖'pɑrṭɪŋ]⟨f2⟩⟨zn.; oorspr. gerund v. part⟩
I ⟨telb.zn.⟩ **0.1** ***scheidingslijn*** ⇒⟨vnl. AE⟩ *scheiding* ⟨in het haar⟩ **0.2** ⟨tech.⟩ ***naad*** ⟨v. gietvorm⟩ **0.3** ⟨geol.⟩ ***scheur*** ⇒*breuk, scheidingslaag* **0.4** ⟨geol.⟩ ***breukvlak;***
II ⟨telb. en n.-telb.zn.; ook attr.⟩ **0.1** ***scheiding*** ⇒*(het) breken, breuk* **0.2** ***vertrek*** ⇒*afscheid, afreis,* ⟨euf.⟩ *dood* ◆ **1.1** at the ~ of the ways *op de tweesprong (der wegen)* ⟨ook fig.⟩.

'parting 'kiss ⟨telb.zn.⟩ **0.1** ***afscheidskus.***

'parting sand ⟨n.-telb.zn.⟩⟨tech.⟩ **0.1** ***modelzand*** ⇒*koolzand.*

'parting 'shot ⟨telb.zn.⟩ **0.1** ***laatste woord*** ⇒*hatelijke toespeling/blik, trap na.*

parti pris ['pɑːtiː'priː‖'pɑrṭiː]⟨telb. en n.-telb.zn.; partis pris; →mv. 5⟩ **0.1** ***vooroordeel*** ⇒*partijdigheid, vooringenomenheid.*

par·ti·san[1], **par·ti·zan** ['pɑːtɪ'zæn‖'pɑrṭɪzn]⟨f1⟩⟨telb.zn.⟩ **0.1** ***partijganger*** ⇒*partijgenoot, volgeling, aanhanger* **0.2** ⟨ook attr.⟩ ***partizaan*** ⇒*guerrillastrijder, partizanenleider* **0.3** ***partizaan*** ⟨hellebaard⟩.

partisan[2], **partizan** ⟨bn.⟩ **0.1** ***partijgebonden*** ⇒*partij-, partijdig, bevooroordeeld* ◆ **1.1** ~ politics *partijpolitiek;* ~ spirit *partijgeest.*

par·ti·san·ship ['pɑːtɪzænʃɪp‖'pɑrṭɪzn-]⟨n.-telb.zn.⟩ **0.1** ***partijgeest*** ⇒*eenzijdigheid, partijdigheid, vooroordeel.*

'partisan 'troops, 'partisan 'forces ⟨mv.⟩ **0.1** ***partizanentroepen.***

par·ti·ta [pɑː'tiːtə‖pɑr'tiːṭə]⟨telb.zn.; partitae [-'tiːṭiː]; →mv. 5⟩ ⟨muz.⟩ **0.1** ***partita*** ⇒*suite, (reeks) variaties* ⟨instrumentale muz.⟩.

par·ti·te ['pɑːtaɪt‖'pɑrtaɪt]⟨bn.⟩ **0.1** ***verdeeld*** ⇒*-delig* **0.2** ⟨biol.⟩ ***gespleten*** ◆ **1.2** ~ leaf *gespleten blad.*

par·ti·tion[1] [pɑː'tɪʃn‖pɑr-]⟨f2⟩⟨zn.⟩
I ⟨telb.zn.⟩ **0.1** ***deel*** ⇒*gedeelte, ruimte, sectie* **0.2** ***scheid(ing) smuur*** ⇒*tussenmuur, (tussen)schot, plaat, paneel* **0.3** ⟨muz.⟩ ***partituur*** **0.4** ⟨wisk.⟩ ***scheiding*** ⟨variabelen⟩ ⇒*partitie, onderverdeling* ⟨matrix⟩ ◆ **3.2** folding ~ *vouwscherm;*
II ⟨n.-telb.zn.⟩ **0.1** ***(ver)deling*** ⇒*scheiding, indeling, afzondering;* ⟨jur.⟩ *verdeling* **0.2** ⟨logica⟩ ***verdeling.***

partition[2] ⟨f1⟩⟨ov.ww.⟩ **0.1** ***(ver)delen*** ⇒*indelen, afscheiden, afschieten* ◆ **5.1** ~ **off** *afscheiden* ⟨d.m.v. scheidsmuur⟩.

par·ti·tive[1] ['pɑːtɪtɪv‖'pɑrṭɪṭɪv]⟨telb.zn.⟩⟨taalk.⟩ **0.1** ***deelaanduidend woord*** **0.2** ***partitivus*** ⇒*partitief* ⟨naamval⟩.

partitive[2] ⟨bn.; -ly⟩ **0.1** ***(ver)delend*** **0.2** ⟨taalk.⟩ ***partitief*** ⇒*deelaanduidend* ◆ **1.2** ~ genitive *genitivus partitivus, partitieve genitief.*

par·ti·tur ['pɑːtɪtʊə‖'pɑrṭɪtʊr], **par·ti·tu·ra** [-'tʊərə‖-'tʊrə] ⟨telb.zn.⟩⟨muz.⟩ **0.1** ***partituur.***

part·let ['pɑːtlɪt‖'pɑrt-]⟨telb.zn.⟩ **0.1** ***kip*** ⇒*hen* **0.2** ***plooikraag*** ⇒*pijpkraag* **0.3** ⟨pej.⟩ ***wijf.***

part·ly ['pɑːtli‖'pɑrtli]⟨f3⟩⟨bw.⟩ **0.1** ***gedeeltelijk*** ⇒*deels, ten dele* ◆ **¶.1** ~ ..., ~ ... ⟨ook⟩ *enerzijds ..., anderzijds ....*

part·ner[1] ['pɑːtnə‖'pɑrṭnər]⟨f3⟩⟨zn.⟩
I ⟨telb.zn.⟩ **0.1** ***partner*** ⇒*deelgenoot* **0.2** ⟨hand.⟩ ***vennoot*** ⇒*handelsgenoot, compagnon, partner, firmant* **0.3** ***(huwelijks)partner*** ⇒*echtgeno(o)t(e), (levens)gezel(lin)* **0.4** ***partner*** ⇒*danspartner, cavalier, medespeler, tafelgenoot/dame/heer* **0.5** ⟨i.h.b. als aanspreekvorm⟩⟨vnl. AE; inf.⟩ ***makker*** ⇒*maat(je), vriend* ◆ **1.¶** ~ in crime *medeplichtige* **2.2** active ~ *actieve vennoot;* dormant/silent/sleeping ~ *stille vennoot* **6.4** be ~s **with** *de partner zijn van;* ⟨i.h.b.⟩ *spelen met;*
II ⟨mv.; ~s⟩⟨scheep.⟩ **0.1** ***vissingstuk.***

partner[2] ⟨f1⟩⟨ww.⟩
I ⟨onov.ww.⟩ **0.1** ***partner zijn*** ◆ **5.1** →partner **off;** →partner **up** **6.1** ~ **with** *de partner zijn van;*
II ⟨ov.ww.⟩ **0.1** ***associëren*** ⇒*samengaan met, passen bij, verbinden, samenbrengen* **0.2** ***de partner zijn van*** ◆ **5.1** →partner **off;** →partner **up.**

'partner 'off ⟨ww.⟩
I ⟨onov.ww.⟩ **0.1** ***een partner kiezen/vinden*** ◆ **6.1** everyone had partnered off **with** s.o. *iedereen had een partner gevonden;*
II ⟨ov.ww.⟩ **0.1** ***een partner bezorgen*** ◆ **6.1** ~ **with** *als partner geven.*

part·ner·ship ['pɑːtnəʃɪp‖'pɑrṭnər-]⟨f2⟩⟨zn.⟩
I ⟨telb.zn.⟩⟨hand.⟩ **0.1** ***vennootschap*** ⇒*associatie(contract);*
II ⟨n.-telb.zn.⟩ **0.1** ***partnerschap*** ⇒*deelgenootschap, deelhebberschap, associatie* ◆ **3.1** enter into ~ with *zich associëren met.*

'partner 'up ⟨ww.⟩
I ⟨onov.ww.⟩ **0.1** ***partner zijn*** ⇒*een koppel vormen* ◆ **1.1** we ~ for the game *wij vormen een team* **6.1** ~ **with** *de partner zijn van;*
II ⟨ov.ww.⟩ **0.1** ***associëren*** ⇒*verbinden, samenbrengen* ◆ **1.1** ~ two people *twee mensen samenbrengen.*

par·ton ['pɑːtɒn‖'pɑrtɑn]⟨telb.zn.⟩⟨nat.⟩ **0.1** ***parton.***

partook [pɑː'tʊk‖pɑr-]⟨verl. t.⟩ →partake.

part order →part delivery.

'part 'owner ⟨telb.zn.⟩ **0.1** ***medeëigenaar*** ⇒⟨scheep.⟩ *medereder.*

par·tridge ['pɑːtrɪdʒ‖'pɑr-]⟨f1⟩⟨telb. en n.-telb.zn.⟩⟨dierk.⟩ **0.1** ***patrijs*** ⇒*veldhoen* ⟨genus Perdix, i.h.b. P. perdix; ook genus Alectoris⟩ **0.2** ***kraaghoen*** ⟨Bonasa umbellus⟩ **0.3** ***boomkwartel*** ⟨Colinus virginianus⟩ ◆ **2.1** common/grey ~ *patrijs* ⟨Perdix perdix⟩.

'partridge cane ⟨telb.zn.⟩ **0.1** ***stok v. patrijshout.***

'partridge chick ⟨telb.zn.⟩ **0.1** ***patrijzejong.***

'partridge wood ⟨n.-telb.zn.⟩ **0.1** ***partridgewood*** ⇒*patrijshout, cochenille, fazantehout* **0.2** ***gevlekt kernhout.***

'part-sing·ing ⟨n.-telb.zn.⟩ **0.1** ***meerstemmig gezang.***

'part-song ⟨telb.zn.⟩ **0.1** ***meerstemmig lied.***

'part-'time ⟨f3⟩⟨bn.; bw.⟩ **0.1** ***in deeltijd*** ◆ **1.1** ⟨sport⟩ ~ pro *semi-*

prof; ~ work *deel(tijd)arbeid, part-time werk* **3.1** work ~ *een deeltijdbaan hebben.*

'part-'tim·er ⟨f1⟩⟨telb.zn.⟩ **0.1** ***deeltijdarbeider*** ⇒*part-timer.*

par·tu·ri·ent [pɑ:'tjʊərɪənt‖pɑr'tʊrɪənt]⟨bn.⟩ **0.1** ***barend*** ⇒*weeën hebbend, bevallings-* **0.2** ***zwanger*** ⟨fig., v. ideeën⟩.

par·tu·ri·tion ['pɑ:tjʊ'rɪʃn‖'pɑrtə-]⟨n.-telb.zn.⟩ **0.1** ***baring*** ⇒*partus, geboorte, bevalling* ⟨ook fig.⟩.

'part·way ⟨bw.⟩ **0.1** ***voor een deel*** ⇒*ergens.*

'part with ⟨onov.ww.⟩ **0.1** ***afstand doen van*** ⇒*afstaan, opgeven, laten varen, afgeven, weggeven* **0.2** ***verlaten*** ⇒*weggaan van.*

'part work ⟨telb.zn.⟩ **0.1** ***boek in afleveringen.***

par·ty[1] ['pɑ:ti‖'pɑrti]⟨f4⟩⟨zn.;→mv. 2⟩⟨→sprw. 2⟩

I ⟨telb.zn.⟩ **0.1** ***feestje*** ⇒*partij(tje), party* **0.2** ***partij*** ⇒*participant, deelhebber, medeplichtige* **0.3** ⟨inf.⟩ ***persoon*** ⇒*individu, figuur, mannetje, vrouwtje* **0.4** ⟨jur.⟩ ***partij*** ⇒⟨i.h.b.⟩ *procesvoerende partij, litigant* **0.5** ⟨sl.⟩ ***neuk/vrijpartij*** ◆ **2.3** old ~ *ouwe rakker;* queer ~ *rare snuiter* **3.2** contracting ~ *contractant;* ~ interested/concerned *belanghebbende, betrokkene* **6.2** be a ~ **to** *deelnemen aan;* ⟨pej.⟩ *medeplichtig zijn aan;* become a ~ **to** *toetreden tot, deelnemen aan* **7.4** third ~ *derde;*

II ⟨n.-telb.zn.⟩ **0.1** ***partij(geest)*** ⇒*partijzucht, partijdigheid, vooringenomenheid* ◆ **1.1** the king is above ~ *de koning staat boven de partijen;*

III ⟨verz.n.⟩ **0.1** ***(politieke) partij*** **0.2** ***gezelschap*** ⇒*groep, stel, vereniging* **0.3** ⟨mil.⟩ ***afdeling*** ⇒*detachement* ◆ **7.¶** the Party *de (communistische) partij.*

party[2] ⟨bn.⟩⟨heraldiek⟩ **0.1** ***vertikaal verdeeld (in)*** **0.2** ***in gelijke delen verdeeld*** ⟨vlag, schild⟩.

party[3] ⟨ww.;→ww. 7⟩⟨inf.⟩

I ⟨onov.ww.⟩ **0.1** ***een feestje bouwen*** ⇒*naar een feest gaan, fuiven;*

II ⟨ov.ww.⟩ **0.1** ***op een feest onthalen.***

'party al'legiance, 'party at'tachment ⟨n.-telb.zn.⟩ **0.1** ***partijband*** ⇒*partijgevoel.*

'party 'chairman ⟨telb.zn.⟩⟨pol.⟩ **0.1** ***partijvoorzitter.***

partycoloured →particoloured.

'party 'congress ⟨telb.zn.⟩⟨pol.⟩ **0.1** ***partijcongres.***

'party 'discipline ⟨n.-telb.zn.⟩ **0.1** ***partijdiscipline*** ⇒*partijtucht.*

'party dress ⟨telb.zn.⟩ **0.1** ***avondjapon*** ⇒*avondjurk.*

'party 'leader ⟨telb.zn.⟩ **0.1** ***partijleider.***

'party 'leadership ⟨verz.n.⟩ **0.1** ***partijleiding.***

'party line ⟨f1⟩⟨zn.⟩

I ⟨telb.zn.⟩ **0.1** ***gemeenschappelijke (telefoon)lijn*** **0.2** ⟨AE⟩ ***scheid(ing)slijn*** ⟨tussen aangrenzende eigendommen⟩;

II ⟨n.-telb.zn.⟩ **0.1** ***partijlijn*** ⇒*partijpolitiek, partijprogramma* ◆ **3.1** follow the ~ *handelen volgens het partijbeleid/de partijlijn.*

'party ma'chine ⟨n.-telb.zn.⟩ **0.1** ***partijmachine*** ⇒*partijorganisatie.*

'party man ⟨telb.zn.⟩ **0.1** ***partijganger*** ⇒*partijman.*

'party 'member ⟨telb.zn.⟩ **0.1** ***partijlid.***

'party piece ⟨telb.zn.⟩⟨vaak scherts.⟩ **0.1** ***vast/favoriet nummer*** ⟨bij feestjes e.d.⟩ ⇒*stokpaardje.*

'party 'platform ⟨n.-telb.zn.⟩ **0.1** ***partijprogramma*** ⇒*partijplatform.*

'party po'litical ⟨bn., attr.⟩ **0.1** ***partijpolitiek.***

'party 'politics ⟨mv.; ww. ook enk.⟩ **0.1** ***partijpolitiek.***

par·ty-poop·er ['pɑ:tipu:pə‖'pɑrtipu:pər]⟨telb.zn.⟩⟨AE; sl.⟩ **0.1** ***spelbreker.***

'party 'spirit ⟨f1⟩⟨n.-telb.zn.⟩ **0.1** ***partijgeest*** **0.2** ***enthousiasme voor feestjes*** ⇒*feeststemming.*

'party tent ⟨telb.zn.⟩ **0.1** ***feesttent.***

'party 'wall ⟨telb.zn.⟩⟨jur.⟩ **0.1** ***gemeenschappelijke muur.***

'par 'value ⟨n.-telb.zn.⟩ **0.1** ***pari(teit)*** ⇒*nominale waarde* **0.2** ***wisselkoers.***

par·ve·nu[1] ['pɑ:vənju:‖'pɑrvənu:]⟨f1⟩⟨telb.zn.⟩ **0.1** ***parvenu.***

parvenu[2] ⟨bn.⟩ **0.1** ***parvenuachtig.***

par·vis(e) ['pɑ:vɪs‖'pɑr-]⟨telb.zn.⟩⟨bouwk.⟩ **0.1** ***paradijs*** ⇒*voorplein, voorplaats, voorhof* ⟨v.e. kerk⟩ **0.2** ***kerkportaal.***

pas [pɑ:]⟨zn.; pas [pɑ:(z)];→mv. 5⟩

I ⟨telb.zn.⟩⟨dansk.⟩ **0.1** ***(dans)pas*** ⇒*stap;*

II ⟨n.-telb.zn.⟩ **0.1** ***voorrang*** ⇒*prioriteit* ◆ **3.1** give/yield the ~ to *voorrang geven aan;* take the ~ of/over *voorrang nemen, prevaleren boven, komen voor.*

pas·cal [pæ'skæl]⟨telb.zn.⟩⟨nat.⟩ **0.1** ***pascal*** ⟨eenheid v. druk⟩.

PAS·CAL, Pas·cal ['pæskl, 'pæskæl]⟨eig.n.⟩⟨comp.⟩ **0.1** ***Pascal*** ⟨computertaal⟩.

pas·chal ['pæskl]⟨bn., attr.; ook P-⟩ **0.1** ***paas-*** ◆ **1.1** ~ feast *paasfeest;* ~ lamb *paaslam;* Paschal Lamb *Lam Gods, Paaslam* **1.¶** ⟨plantk.⟩ ~ flower *wildemanskruid* ⟨Anemone pulsatilla⟩.

pas de chat ['pɑ: də 'ʃæ]⟨telb.zn.; pas de chat;→mv. 5⟩⟨dansk.⟩ **0.1** ***kattesprong*** ⇒*pas de chat.*

pas de deux ['pɑ: də 'dɜ:‖-'du:]⟨telb.zn.; pas de deux;→mv. 5⟩⟨dansk.⟩ **0.1** ***dans voor twee*** ⇒*pas de deux.*

pa·se ['pɑ:seɪ]⟨telb.zn.⟩ **0.1** ***capebeweging*** ⟨v. matador⟩.

pas glissé ['pɑ: glɪ'seɪ]⟨telb.zn.; pas glissés;→mv. 5⟩⟨dansk.⟩ **0.1** ***glijpas*** ⇒*sleeppas.*

pash [pæʃ]⟨telb.zn.⟩⟨sl.⟩ **0.1** ***vlam*** ◆ **3.1** have a ~ for s.o. *smoor (verliefd)/gek zijn op iemand.*

pa·sha, pa·cha ['pæʃə, 'pɑ:ʃə], ⟨vero.⟩ **ba·shaw** ⟨telb.zn.⟩ **0.1** ***pasja*** ⟨Turks officier⟩.

pa·sha·lic, pa·cha·lic, pa·sha·lik [pə'ʃɑ:lɪk]⟨telb. en n.-telb.zn.⟩ **0.1** ***ambtsgebied/rechtsgebied v.e. pasja.***

pashm ['pæʃm]⟨n.-telb.zn.⟩ **0.1** ***wolhaar*** ⇒*onderhaar.*

Pash·to ['pʌʃtoʊ], **Push·tu** [-tu:]⟨eig.n.⟩ **0.1** ***Pashto*** ⇒*Poesjtoe, Zuidafghaans* ⟨taal⟩.

pa·so do·ble ['pæsoʊ 'doʊbleɪ]⟨telb.zn.; paso dobles ['doʊbleɪz], pasos dobles ['pæsoʊz-];→mv. 5⟩ **0.1** ***paso doble*** ⇒*dubbelpas* ⟨Latijnsamerikaanse marspas, (muziek voor) gezelschapsdans⟩.

pasque·flow·er ['pæskflaʊə‖-ər]⟨telb.zn.⟩⟨plantk.⟩ **0.1** ***wildemanskruid*** ⇒*paarse anemoon* ⟨Anemone pulsatilla, Pulsatilla vulgaris⟩.

pas·qui·nade[1] ['pæskwɪ'neɪd], **pas·quil** ['pæskwɪl]⟨telb.zn.⟩ **0.1** ***schotschrift*** ⇒*paskwil, pamflet, satire.*

pasquinade[2] ⟨ov.ww.⟩ **0.1** ***hekelen (met een spotschrift)*** ⇒*belachelijk maken, doorhalen.*

pass[1] [pɑ:s‖pæs]⟨f2⟩⟨zn.⟩

I ⟨telb.zn.⟩ **0.1** ***(berg)pas*** ⇒*toegang, weg, doorgang, doorvaart, bergengte, zeeëngte* **0.2** ***vaargeul*** ⇒*visdoorgang* ⟨aan dam⟩ **0.3** ***geslaagd examen*** ⇒⟨BE⟩ *voldoende* **0.4** ***kritische toestand*** ⇒*gevaarlijk punt, hachelijke situatie* **0.5** ⟨ben. voor⟩ ***pas*** ⇒*vrijgeleide, vrijbrief; toegangsbewijs; paspoort; ticket, pasje, abonnement;* ⟨mil.⟩ *verlofbrief* **0.6** ***scheervlucht*** ⟨v. vliegtuig⟩ **0.7** ***handbeweging*** ⇒*goocheltrucje, pas* ⟨v. goochelaar⟩, *strijkbeweging* ⟨v. hypnotiseur⟩ **0.8** ⟨schermen⟩ ***passe*** ⇒*uitval* **0.9** ***avance*** **0.10** ⟨voetbal⟩ ***pass*** ⇒*toegespeelde bal* **0.11** ⟨honkbal⟩ ***vrije loop*** **0.12** ⟨tennis⟩ ***passeerslag*** **0.13** ⟨kaartspel⟩ ***pas*** **0.14** ***capebeweging*** ⟨v. matador⟩ ◆ **3.4** bring to ~ *tot stand brengen;* ⟨inf.⟩ things came to/reached a (pretty/fine/sad) ~ *het is een mooie boel geworden, we zijn lelijk in de knel komen te zitten;* it/things had come to such a ~ that *het was zo ver gekomen dat* **3.9** ⟨inf.⟩ make a ~ at a girl *een meisje trachten te versieren, avances maken bij een meisje* **3.¶** hold the ~ *de (goede) zaak verdedigen;* sell the ~ *de stelling opgeven;* ⟨fig.⟩ *de (goede) zaak verraden* **7.3** very few ~es this year *erg weinig geslaagden dit jaar;*

II ⟨telb. en n.-telb.zn.⟩ **0.1** ***passage*** ⇒*doorgang, doortocht.*

pass[2] ⟨f4⟩⟨ww.⟩ →passing

I ⟨onov.ww.⟩ **0.1** ***(verder) gaan*** ⇒*(door)lopen, voortgaan, verdergaan* **0.2** ⟨ben. voor⟩ ***voorbijgaan*** ⇒*passeren, inhalen; voorbijtrekken, voorbijkomen, voorbijstromen, circuleren; overgaan, eindigen* **0.3** ***passeren*** ⇒*er door(heen) (ge)raken/komen, verder raken, een weg banen, doorbreken* **0.4** ***circuleren*** ⇒*gangbaar zijn, algemeen aangenomen/verspreid zijn, algemeen gekend zijn;* ⟨i.h.b. AE⟩ *doorgaan voor/aanvaard worden als (de gelijke v.) een blanke* ⟨v. neger⟩ **0.5** ***overgeplaatst/verplaatst worden*** ⇒*overstappen, veranderen* **0.6** ***vertrekken*** ⇒*weggaan, sterven, heengaan* **0.7** ***aanvaard/aangenomen worden*** ⇒*slagen, door de beugel kunnen, bekrachtigd worden* **0.8** ⟨schr.⟩ ***gebeuren*** ⇒*plaatsvinden* **0.9** ***uitspraak doen*** ⇒*geveld worden* **0.10** ⟨kaartspel⟩ ***passen*** **0.11** ***overgemaakt/overgedragen worden*** **0.12** ⟨sport⟩ ***passeren*** ⇒*een pass geven;* ⟨tennis⟩ *een passeerslag geven/maken* ◆ **1.1** the carriage couldn't ~ *de wagen kwam niet vooruit* **1.2** his anger will ~ *zijn woede gaat wel voorbij;* two cars can't ~ here *twee auto's kunnen elkaar hier niet voorbij;* time ~es quickly *de tijd vliegt voorbij;* ~ on the left *links inhalen* **1.3** the bus couldn't ~ *de bus kwam er niet door;* ⟨schaken⟩ a ~ed pawn *een vrijpion* **1.4** ~ by/under the name of *bekend staan als, passeren/doorgaan voor;* these coins won't ~ here *deze munten worden hier niet aangenomen/zijn niet gangbaar* **1.7** the bill ~ed *het wetsvoorstel werd aangenomen;* the candidate ~ed *de kandidaat slaagde;* let the matter ~ *laat de zaak maar doorgaan;* such crudeness cannot ~ *zulke grofheid kan niet door de beugel* **1.8** angry words ~ed *verwensingen werden naar elkaars hoofd geslingerd* **1.9** judgment ~ed for the plaintiff *de uitspraak was in het voordeel v.d. eiser* **1.11** the estate ~ed to the elder son *het landgoed werd aan de oudste zoon vermaakt* **2.2** ~ unnoticed *niet opgemerkt worden, onopgemerkt blijven* **3.3** no ~ing permitted *geen doorgang;* please, let me ~ *mag ik er even langs* **3.8** bring to ~ *tot stand brengen;* come to ~ *gebeuren* **4.2** everything must ~ *aan alles moet een einde komen* **5.1** ~ **along** *verdergaan, doorlopen, voortgaan* **5.3** we are only ~ing **through** *we zijn enkel op doorreis* **5.6** ~ **hence** *heengaan* **5.12** ~ **forward** *een voorwaartse pas geven* **5.¶** →pass away; →pass by; →pass off; →pass on; →pass out; →pass over **6.1** clouds ~ed **across** the sun *wolken gleden voor de zon;* ~ **to** other matters *overgaan naar/tot andere*

zaken **6.2** the wine ~ed **around** the table *de wijn ging de tafel rond;* ~ **behind** s.o. *achter iemand langslopen;* ~ **down** the street *de straat aflopen;* ⟨fig.⟩ ~ **down** the centuries *de eeuwen doorlopen* **6.4** ~ **as/for** *doorgaan/passeren voor* **6.5** ~ **from** one prison **to** another *v.d. ene gevangenis naar de andere overgebracht worden;* ~ **from** a solid **to** an oily state *van een vaste in een olieachtige stof overgaan* **6.¶** →pass **between;** →pass **in(to);** ⟨jur.⟩ ~ **on/upon** a constitutional question *een uitspraak doen/vonnis vellen/zetelen/zitting houden over een grondwettelijke kwestie;* let's ~ **over** yesterday's results *laat ons eens kort teruggaan naar de resultaten v. gisteren;* →pass **through;**
II ⟨ov.ww.⟩ **0.1** ***passeren*** ⇒*voorbijlopen, voorbijtrekken, voorbijkomen, achter (zich) laten, inhalen* **0.2** ***oversteken*** ⇒*gaan/lopen door, komen over, trekken door, doorlopen* **0.3** ***(door)geven*** ⇒*overhandigen, laten rondgaan;* ⟨i.h.b.⟩ *uitgeven* ⟨geld⟩, *laten circuleren* **0.4** ***goedkeuren*** ⇒*aanvaarden, bevestigen, bekrachtigen, laten passeren, doorlaten* **0.5** ***slagen in/voor*** **0.6** ***komen door*** ⇒*aanvaard/bekrachtigd worden door* **0.7** ***overschrijden*** ⇒*te boven gaan, overtreffen, overvleugelen* **0.8** ***laten glijden*** ⇒*(doorheen) laten gaan* **0.9** ⟨sport⟩ ***passeren*** ⇒*toespelen, doorspelen, werpen* **0.10** ***uiten*** **0.11** ***vermaken*** ⇒*overdragen* **0.12** ***doorbrengen*** ⇒*spenderen* **0.13** ***afscheiden*** ⇒*ontlasten, ledigen* **0.14** ***passeren*** ⇒*niet uitkeren* ⟨dividend⟩ ◆ **1.1** ~ a car *een auto inhalen;* ~ the details *de details eruit laten;* turn right after ~ing the post office *ga naar rechts wanneer je het postkantoor voorbij bent* **1.2** ~ the mountains *over de bergen trekken;* ⟨fig.⟩ no secret ~ed her lips *er kwam geen geheim over haar lippen;* ~ the straits *de zeeëngte doorvaren* **1.3** ~ a cheque *een cheque uitschrijven;* ~ counterfeit money *vals geld uitgeven/in omloop brengen;* ~ the salt *het zout doorgeven;* ~ the wine *de wijn laten rondgaan* **1.4** ~ a bill *een wetsvoorstel goedkeuren;* ~ all the candidates *alle kandidaten er door laten;* ~ the patient *de patiënt (medisch) goedkeuren;* ~ sth. for press *iets persklaar verklaren* **1.5** ~ an exam *voor een examen slagen* **1.6** the bill ~ed the senate *het wetsvoorstel werd door de senaat bekrachtigd* **1.7** this ~es my comprehension *dit gaat mijn petje te boven;* ~ all expectations *alle verwachtingen overtreffen* **1.8** ~ the flour through the sieve *de bloem zeven;* ~ one's hand across/over one's forehead *met zijn hand over zijn voorhoofd strijken;* ~ the liquid through a filter *de vloeistof filteren;* ~ a rope around *een touw leggen om/rond* **1.9** ~ the ball back and forth *de bal heen en weer werpen, de bal rondspelen* **1.10** ~ an affront (up)on *beledigen;* ~ criticism *kritiek leveren;* ~ a comment/remark *een opmerking maken;* ~ judgment (up)on *een oordeel vellen over;* ~ an opinion *een oordeel/idee geven* **1.11** ~ a property under will *een eigendom bij testamentaire beschikking vermaken* **1.12** ~ the winter *de winter doorbrengen* **1.13** ~ blood *bloed afscheiden* **1.14** ~ a dividend *een dividend passeren/niet uitkeren* **5.3** ~ the wine **(a)round** *de wijn rondgeven;* ~ the word **(a)round** *vertel het verder/rond, doorgeven, zegt het voort;* ~ **in** *inleveren, overhandigen, indienen* **5.¶** →pass **away;** →pass **by;** →pass **down;** →pass **off;** →pass **on;** →pass **out;** →pass **over;** →pass **up.**

pass³ ⟨afk.⟩ passage, passenger, passive.

pass·a·ble ['pɑːsəbl‖'pæ-]⟨f1⟩⟨bn.⟩ **0.1** ***passabel*** ⇒*passeerbaar, begaanbaar, doorwaardbaar* **0.2** ***gangbaar*** **0.3** ***passabel*** ⇒*redelijk, tamelijk, vrij goed* ◆ **1.2** ~ currency *gangbare munt.*

pas·sa·ca·glia ['pæsə'kɑːlɪə]⟨telb.zn.⟩⟨muz.⟩ **0.1** ***passacaglia*** ⟨dansstuk in driekwartsmaat⟩.

pas·sage¹ ['pæsɪdʒ]⟨f3⟩⟨zn.⟩
I ⟨telb.zn.⟩ **0.1** ***passage*** ⇒*doorgang, kanaal, weg, opening, ingang, uitgang* **0.2** ***passage*** ⇒*(zee)reis, overtocht, vlucht, plaats, passagegeld, passagebiljet* **0.3** ***gang*** ⇒*corridor* **0.4** ***passage*** ⇒*passus, plaats* ⟨bv. in boek⟩ **0.5** ***ontlasting*** ⇒*stoelgang* **0.6** ⟨muz.⟩ ***passage*** ⇒*loopje* ◆ **1.¶** ~ at/of arms *strijd, gevecht, dispuut, woordenwisseling* **2.1** auditory ~ *gehoorgang;* urinary ~ *urinekanaal* **2.2** home ~ *thuisreis;* outward ~ *uit/heenreis;* rough ~ *ruwe overtocht* **2.4** famous ~ *bekende passage* **3.1** force a ~ through the crowd *zich een doorgang banen door de menigte* **3.2** book a ~ *passage boeken;* work one's ~ *voor zijn overtocht aan boord werken;*
II ⟨n.-telb.zn.⟩ **0.1** ***(het) voorbijgaan*** ⇒*doorgang, doortocht, (het) doorlaten, overgang, passage, verloop, (het) verstrijken* **0.2** ***(recht op) doortocht*** ⇒*vrije doorgang/ingang, doorvaart* **0.3** ***aanneming*** ⇒*goedkeuring, verordening* ⟨v.e. wet⟩ ◆ **3.1** the Indians didn't allow the ~ of their domain *de Indianen lieten niemand door hun grondgebied trekken;* give s.o. ~ *iemand doorgang verlenen;*
III ⟨mv.; ~s⟩ **0.1** ***uitwisseling*** ⇒⟨i.h.b.⟩ *woordenwisseling.*

passage² ['pæsɪdʒ, 'pæsɑːʒ]⟨telb.zn.⟩⟨paardesport⟩ **0.1** ***passage.***

passage³ ['pæsɪdʒ, 'pæsɑːʒ]⟨ww.⟩
I ⟨onov.ww.⟩ **0.1** ***zijwaarts stappen/bewegen*** ⟨v. paard in dressuur⟩;
II ⟨ov.ww.⟩ **0.1** ***zijwaarts doen stappen.***

'passage boat ⟨telb.zn.⟩ **0.1** ***veerboot*** ⇒*overzetboot.*

'passage money ⟨n.-telb.zn.⟩⟨scheep.⟩ **0.1** ***passagegeld*** ⇒*overtochtkosten.*

'pas·sage·way ⟨f1⟩⟨telb.zn.⟩ **0.1** ***gang*** ⇒*corridor.*

pass·a·long ['pɑːsəlɒŋ‖'pæsəlɔŋ]⟨telb.zn.⟩ **0.1** ***doorberekening.***

pas·sant ['pæsnt]⟨bn., pred.⟩⟨heraldiek⟩ **0.1** ***stappend.***

'pass a'way ⟨f1⟩⟨ww.⟩
I ⟨onov.ww.⟩ **0.1** ***sterven*** ⇒*heengaan* **0.2** ***voorbijgaan*** ⇒*stoppen, eindigen, weggaan* ◆ **1.2** the storm passed away *het onweer luwde;*
II ⟨ov.ww.⟩ **0.1** ***verdrijven*** ⇒*doen voorbijgaan, spenderen* ◆ **1.1** playing cards passes the time away *kaarten doet de tijd voorbijgaan.*

'pass be'tween ⟨onov.ww.⟩ **0.1** ***lopen/gaan door*** **0.2** ***gebeuren tussen*** ⇒*uitgewisseld worden tussen* ◆ **1.1** ~ the slopes *tussen de hellingen door marcheren* **1.2** no friendly words passed between them *zij hadden nog geen vriendelijk woord tegen elkaar gezegd* **¶.2** don't forget what passed between us *vergeet niet wat er tussen ons is geweest.*

'pass·book ⟨telb.zn.⟩ **0.1** ***bankboekje*** ⇒*spaarboekje, depositoboekje, rekeningboek(je)* **0.2** ***kredietboek(je)*** ⟨bij handelaar⟩ **0.3** ***(toegangs)pas*** ⟨in Z. Afr. voor niet-blanken⟩.

'pass 'by ⟨f2⟩⟨ww.⟩
I ⟨onov.ww.⟩ **0.1** ***voorbijgaan*** ⇒*voorbijwandelen, voorbijkomen, voorbijvliegen* ⟨tijd⟩;
II ⟨ov.ww.⟩ **0.1** ***over het hoofd zien*** ⇒*veronachtzamen, in de wind slaan, vergeten, links laten liggen, schuwen, geen aandacht schenken aan* ◆ **1.1** his friends pass him by *zijn vrienden mijden hem/laten hem links liggen;* life passes her by *het leven gaat aan haar voorbij;* ~ a section *een passage overslaan.*

'pass check ⟨telb.zn.⟩⟨AE⟩ **0.1** ***contramerk*** ⇒*sortie* **0.2** ***toegangskaartje.***

'pass degree ⟨telb.zn.⟩⟨BE⟩ **0.1** ***(universitaire) graad zonder lof*** ⇒*voldoende.*

'pass 'down ⟨ov.ww.⟩ **0.1** ***overleveren*** ⇒*doorgeven.*

pas·sé ['pɑːseɪ‖pæ'seɪ]⟨bn.⟩ **0.1** ***verouderd*** ⇒*ouderwets, oudmodisch, achterhaald, uit de tijd, passé* **0.2** ***verouderd*** ⇒*uitgebloeid, verwelkt, verflenst* ◆ **1.2** ~ beauty *uitgebloeide schoonheid.*

pas·sel ['pæsl]⟨telb.zn.⟩⟨AE; inf.⟩ **0.1** ***(grote) groep*** ⇒*troep, stel* ◆ **6.1** a ~ **of** letters *een heleboel brieven.*

passe·men·terie [pæs'mentri]⟨n.-telb.zn.⟩ **0.1** ***passementerie*** ⇒*passementwerk* ⟨decoratief boordsel⟩.

pas·sen·ger ['pæsɪndʒə‖-ər]⟨f3⟩⟨telb.zn.⟩ **0.1** ***passagier*** ⇒*reiziger* **0.2** ⟨inf.⟩ ***profiteur*** ⟨in groep⟩ ⇒*klaploper, parasiet* **0.3** ⟨motorsport⟩ ***bakkenist*** **0.4** ⟨vero.⟩ ***doortrekkend reiziger*** ⇒*zwerver.*

'passenger car ⟨telb.zn.⟩ **0.1** ***passagiersrijtuig*** ⟨in trein⟩ **0.2** ***personenwagen.***

'passenger lift ⟨telb.zn.⟩ **0.1** ***personenlift.***

'pas·sen·ger-mile ⟨telb.zn.⟩ **0.1** ***passagiersmijl*** ⟨als eenheid v. verkeer⟩.

'passenger pigeon ⟨telb.zn.⟩⟨dierk.⟩ **0.1** ***trekduif*** ⟨Ectopistes migratorius⟩.

'passenger race ⟨telb.zn.⟩⟨motorsport⟩ **0.1** ***motorzijspanrace.***

'passenger seat ⟨telb.zn.⟩ **0.1** ***passagierszetel.***

'passenger ship ⟨telb.zn.⟩ **0.1** ***passagiersschip.***

'passenger traffic ⟨n.-telb.zn.⟩ **0.1** ***reizigersverkeer*** ⇒*passagiersverkeer.*

'passenger train ⟨telb.zn.⟩ **0.1** ***passagierstrein*** ⇒*reizigerstrein.*

passe-par·tout ['pæspɑː'tuː‖-pər'tuː]⟨zn.⟩
I ⟨telb.zn.⟩ **0.1** ***loper*** ⇒*passe-partout* **0.2** ***passe-partout*** ⟨om een foto⟩ **0.3** ***fotolijst*** ⟨v. glas en gegomd papier⟩;
II ⟨n.-telb.zn.⟩ **0.1** ***gegomd papier*** ⟨om foto's in te lijsten⟩.

pas·ser¹ ['pɑːsə‖'pæsər]⟨telb.zn.⟩ **0.1** ***mus.***

passer² ⟨telb.zn.⟩ **0.1** ***voorbijganger.***

'pas·ser-'by ⟨f1⟩⟨telb.zn.; 'passers-'by; →mv. 6⟩ **0.1** ***(toevallige) voorbijganger*** ⇒*passant.*

pas·ser·ine¹ ['pæsəraɪn]⟨telb.zn.⟩⟨dierk.⟩ **0.1** ***zangvogel*** ⟨Passeriformes⟩.

passerine² ⟨bn., attr.⟩⟨dierk.⟩ **0.1** ***v.d. zangvogel(s).***

pas seul ['pɑː 'sʌl]⟨telb.zn.; pas seuls [-l(z)]; →mv. 5⟩⟨dansk.⟩ **0.1** ***solodans*** ⇒*pas seul.*

'pass-'fail ⟨n.-telb.zn.; ook attr.⟩ **0.1** ***geslaagd-niet geslaagd systeem*** ⇒*voldoende-onvoldoende systeem* ⟨zonder cijfers⟩.

pas·si·bil·i·ty ['pæsə'bɪləṭi]⟨n.-telb.zn.⟩ **0.1** ***gevoeligheid*** ⇒*sensitiviteit.*

pas·si·ble ['pæsəbl]⟨bn.⟩⟨vnl. theol.⟩ **0.1** ***gevoelig*** ⇒*sensitief, vatbaar voor indrukken* **0.2** ***tot lijden in staat.***

pas·sim ['pæsɪm]⟨bw.⟩ **0.1** ***passim*** ⇒*verspreid, op verschillende plaatsen* ⟨in boek, bij schrijver⟩ ◆ **3.1** this word occurs in Shakespeare ~ *dit woord komt in heel Shakespeare's werk voor.*

'pass in ⟨telb.zn.⟩ **0.1** ***toelatingsvoorwaarde.***

pas·sing[1] ['pɑ:sɪŋ‖'pæ-]⟨f1⟩⟨n.-telb.zn.; gerund v. pass⟩ **0.1** ***het voorbijgaan*** ⇒*het verdwijnen, einde, het overschrijden, het passeren* **0.2** ⟨euf.⟩ ***het heengaan*** ⇒*dood* ◆ **1.1** the ~ of old customs *het verdwijnen v. oude gewoonten;* the ~ of the old year *de jaarwisseling* **6.1 in** ~ *terloops, tussen haakjes, in het voorbijgaan.*

passing[2] ⟨f1⟩⟨bn., attr.; teg. deelw. v. pass⟩ **0.1** ***voorbijgaand*** ⇒*voorbijtrekkend* **0.2** ***vluchtig*** ⇒*snel, vlug, kortstondig, voorbijgaand* **0.3** ***vluchtig*** ⇒*haastig, oppervlakkig, terloops.*

passing[3] ⟨bw.⟩ **0.1** ***uitzonderlijk*** ⇒*zeer, heel.*

'passing bell ⟨f1⟩⟨telb.zn.⟩ **0.1** ***doodsklok.***

'passing grade ⟨telb.zn.⟩ **0.1** ***voldoende*** ◆ **3.1** get a ~ for an exam *slagen voor een examen.*

'passing lane ⟨telb.zn.⟩ **0.1** ***inhaalstrook.***

'passing note ⟨telb.zn.⟩⟨muz.⟩ **0.1** ***overgangstoon.***

'passing-'out ceremony ⟨telb.zn.⟩⟨BE⟩ **0.1** ***promotieplechtigheid.***

'passing-'out parade ⟨telb.zn.⟩⟨BE⟩ **0.1** ***promotieoptocht.***

'passing shot ⟨f1⟩⟨telb.zn.⟩⟨tennis⟩ **0.1** ***passeerslag.***

'passing tone ⟨telb.zn.⟩⟨AE; muz.⟩ **0.1** ***overgangstoon.***

'pass into, ⟨in bet. 0.2 ook⟩ **'pass in** ⟨onov.ww.⟩ **0.1** ***overgaan in*** **0.2** ***toegelaten worden tot*** ⇒*toegang krijgen tot* **0.3** ***veranderen in*** ⇒*overgaan in, deel gaan uitmaken van, worden* **0.4** ***raken in*** ⇒*terecht komen in, vallen in* ⟨slaap, trance e.d.⟩ ◆ **1.1** oxygen passes into the blood *zuurstof wordt door het bloed opgenomen* **1.2** ~ a college through exams *tot een universiteit worden toegelaten d.m.v. examens* **1.3** his words passed into history *zijn woorden werden geschiedenis;* ~ a proverb *spreekwoordelijk worden* **1.4** ~ a deep sleep *in een diepe slaap vallen.*

pas·sion[1] ['pæʃn]⟨f3⟩⟨zn.⟩

I ⟨telb.zn.⟩ **0.1** ***(hevige) gevoelsuitbarsting*** ⇒⟨i.h.b.⟩ *woedeaanval, driftbui, toorn, ergernis* **0.2** ⟨P-; the⟩⟨relig.⟩ ***passie(verhaal)*** ⇒*lijden v. Christus, lijdensverhaal, passiespel* ◆ **3.1** break into a ~ of tears *in tranen uitbarsten;* fly into a ~ *in woede uitbarsten;*

II ⟨telb. en n.-telb.zn.⟩ **0.1** ***passie*** ⇒*(hartstochtelijke) liefde, verliefdheid, hartstocht, lust, (seksuele) begeerte, emotie, gevoelen* **0.2** ***passie*** ⇒*zwak, voorliefde; geestdrift, enthousiasme* ◆ **1.2** his ~ for a good cause *zijn enthousiasme voor een goede zaak;* he's got a ~ for skiing *hij is een hartstochtelijk skiër* **2.1** his former ~s *zijn vroegere liefdes;*

III ⟨n.-telb.zn.⟩ **0.1** ***passiviteit*** **0.2** ***martelaarschap.***

passion[2] ⟨ww.⟩⟨schr.⟩

I ⟨onov.ww.⟩ **0.1** ***hartstochtelijk zijn*** ⇒*met hartstocht vervuld raken;*

II ⟨ov.ww.⟩ **0.1** ***hartstochtelijk maken*** ⇒*met hartstocht vervullen.*

pas·sion·al[1] ['pæʃnəl]⟨telb.zn.⟩⟨relig.⟩ **0.1** ***passionaal*** ⟨boek over het lijden der heiligen⟩ **0.2** ***passieboek*** ⟨over martelaars⟩.

passional[2] ⟨bn.⟩ **0.1** ***hartstochtelijk*** ⇒*gepassioneerd, geestdriftig, vurig.*

pas·sion·ate ['pæʃnət]⟨f3⟩⟨bn.; -ly; -ness⟩ **0.1** ***gepassioneerd*** ⇒*hartstochtelijk, vurig, heftig, hevig, geestdriftig, enthousiast, onstuimig, emotioneel* **0.2** ***begerig*** ⇒*wellustig, verliefd* **0.3** ***opvliegend*** ⇒*lichtgeraakt, oplopend, driftig* ◆ **1.1** ~ plea *geestdriftig pleidooi;* ~ woman *vurige vrouw* **1.3** ~ nature *(licht) ontvlambaar karakter.*

'passion flower ⟨telb.zn.⟩⟨plantk.⟩ **0.1** ***passiebloem*** ⟨genus Passiflora⟩.

'passion fruit ⟨telb.zn.⟩ **0.1** ***passievrucht*** ⇒*granandilla, markoeza* ⟨eetbare vrucht v. passiebloem⟩.

Pas·sion·ist ['pæʃnɪst]⟨telb.zn.⟩ **0.1** ***passionist*** ⟨lid v.d. kloosterorde v.h. H. Kruis⟩.

pas·sion·less ['pæʃnləs]⟨bn.; -ly; -ness⟩ **0.1** ***zonder hartstocht*** ⇒*rustig, bedaard, koud, koel, onverschillig.*

'passion play ⟨telb.zn.; ook P-⟩⟨relig.⟩ **0.1** ***passiespel.***

'Passion 'Sunday ⟨eig.n.⟩⟨relig.⟩ **0.1** ***Passiezondag.***

'Pas·sion·tide ⟨eig.n.; the⟩⟨relig.⟩ **0.1** ***passietijd*** ⇒⟨Prot.⟩ *lijdenstijd.*

'Passion Week ⟨eig.n.; the⟩⟨relig.⟩ **0.1** ***passieweek*** ⇒*lijdensweek, goede/heilige/stille week* **0.2** ***week tussen Passie- en Palmzondag.***

pas·si·vate ['pæsɪveɪt]⟨ov.ww.⟩⟨schei.⟩ **0.1** ***passiveren*** ⇒*passief/inactief maken.*

pas·si·va·tion ['pæsɪ'veɪʃn]⟨telb. en n.-telb.zn.⟩⟨schei.⟩ **0.1** ***passivering.***

pas·sive[1] ['pæsɪv]⟨f2⟩⟨telb. en n.-telb.zn.⟩⟨taalk.⟩ **0.1** ***passief*** ⇒*lijdende/passieve vorm, passivum.*

passive[2] ⟨f3⟩⟨bn.; -ly; -ness⟩ **0.1** ***passief*** ⇒*lijdend, lijdelijk, duldend, ondergaand, lethargisch* **0.2** ***passief*** ⇒*onderdanig, onderworpen, inschikkelijk, meegaand* **0.3** ***passief*** ⟨ook tech.⟩ ⇒*inactief, rustig;* ⟨pej.⟩ *traag, loom, log, inert, onverschillig* **0.4** ⟨ec.⟩ ***renteloos*** ⇒*zonder interest* **0.5** ⟨taalk.⟩ ***passief*** ⇒*lijdend* ◆ **1.1** ~ resistance *passieve tegenstand, lijdelijk verzet;* ~ smoker *meeroker, passieve roker* **1.3** ~ knowledge of a language *passieve/latente kennis v.e. taal;* ⟨telecommunicatie⟩ ~ communication satellite *passieve communicatiesatelliet;* ⟨med.⟩ ~ immunization *passieve immunisatie;* ⟨schei.⟩ ~ iron *passief ijzer* **1.¶** a ~ balance of trade *een passieve/ongunstige handelsbalans;* ~ obedience *onvoorwaardelijke gehoorzaamheid* **3.1** ~ smoking *passief roken.*

pas·siv·ism ['pæs$hwvɪzm]⟨n.-telb.zn.⟩ **0.1** ***passivisme*** ⇒*passiviteit, lijdelijkheid, passief karakter, onverschilligheid.*

pas·siv·i·ty [pæ'sɪvəṭi]⟨f1⟩⟨n.-telb.zn.⟩ **0.1** ***passiviteit*** ⇒*lijdelijkheid, onverschilligheid, berusting, onderdanigheid, inertie.*

pas·siv·i·za·tion, -sa·tion ['pæsɪvaɪ'zeɪʃn‖-və-]⟨telb. en n.-telb.zn.⟩⟨taalk.⟩ **0.1** ***passivisering.***

pas·siv·ize, -ise ['pæsɪvaɪz]⟨ww.⟩⟨taalk.⟩

I ⟨onov.ww.⟩ **0.1** ***gepassiviseerd worden;***

II ⟨ov.ww.⟩ **0.1** ***passiviseren.***

'pass·key ⟨f1⟩⟨telb.zn.⟩ **0.1** ***privésleutel*** ⇒*huissleutel* **0.2** ***loper.***

'pass·man ⟨telb.zn.; 'passmen; →mv. 3⟩⟨BE⟩ **0.1** ***student die een graad behaalt zonder lof.***

'pass-mark ⟨telb.zn.⟩ **0.1** ***minimumcijfer*** ⟨om te slagen⟩.

'pass 'off ⟨f1⟩⟨ww.⟩

I ⟨onov.ww.⟩ **0.1** ***(geleidelijk) voorbijgaan*** ⇒*weggaan, wijken, stoppen, opheffen, niet meer gevoeld worden* ◆ **1.1** the day passed off smoothly *de dag verliep rimpelloos;*

II ⟨ov.ww.⟩ **0.1** ***negeren*** ⇒*niet ingaan op, heenglijden over, ontwijken* **0.2** ***uitgeven*** ⇒*laten doorgaan, aansmeren, in handen stoppen* **0.3** ***afgeven*** **0.4** ***verdrijven*** ◆ **1.1** pass sth. off with a smile *zich met een glimlachje v. iets afmaken* **6.2** pass o.s. off **as** *zich voordoen als;* pass s.o. off **for** *iem. laten doorgaan voor;* ~ sth. **on** s.o. *iem. iets aansmeren.*

'pass 'on ⟨f1⟩⟨ww.⟩

I ⟨onov.ww.⟩ **0.1** ***verder lopen*** ⇒*doorlopen, doorgaan* **0.2** ***sterven*** ⇒*heengaan* ◆ **6.1** ~ **to** *overgaan tot, overstappen naar* **¶.1** please ~ *doorlopen s.v.p.;*

II ⟨ov.ww.⟩ **0.1** ***doorgeven*** ⇒*(verder)geven, doorzenden, afstaan, doorvertellen* **0.2** ***doorberekenen aan*** ⇒*laten genieten van* ◆ **1.1** ~ the job to s.o. else *het werk aan iem. anders overgeven* **1.2** ~ the decreased costs to the public *de verlaagde prijzen ten goede laten komen aan de bevolking* **4.1** pass it on *zegt het voort.*

'pass 'out ⟨f1⟩⟨ww.⟩

I ⟨onov.ww.⟩ **0.1** ⟨inf.⟩ ***flauw vallen*** ⇒*bewusteloos worden, van zijn stokje gaan* **0.2** ***sterven*** ⇒*heengaan* **0.3** ⟨BE⟩ ***promoveren*** ⟨op/aan mil. academie⟩ ⇒*zijn diploma behalen, meelopen in de promotieoptocht; de school verlaten;*

II ⟨ov.ww.⟩ **0.1** ***verdelen*** ⇒*uitdelen, ronddelen, verspreiden.*

'pass-out, ⟨in bet. 0.1 ook⟩ **'pass-out check** ⟨telb.zn.⟩ **0.1** ***contramerk*** ⇒*sortie* **0.2** ***toegangskaartje*** **0.3** ⟨AE⟩ ***flauwte*** **0.4** ⟨sl.⟩ ***uitdeling*** **0.5** ⟨sl.⟩ ***bewusteloze*** ⟨door drank⟩.

'pass 'over, ⟨in bet. II 0.1 ook⟩ **'pass 'up** ⟨ww.⟩

I ⟨onov.ww.⟩ **0.1** ***sterven*** ⇒*heengaan;*

II ⟨ov.ww.⟩ **0.1** ***laten voorbijgaan*** ⇒*laten schieten, overslaan, niet te baat nemen* **0.2** ***voorbijgaan aan*** ⇒*overslaan, vergeten, over het hoofd zien, links laten liggen, niet onder ogen zien, door de vingers zien* **0.3** ***overhandigen*** ⇒*aanreiken, aangeven, overbrengen* ◆ **1.1** ~ an opportunity *een kans laten schieten* **1.2** ~ the subject of sex *het onderwerp seks vermijden* **4.2** pass it over in silence *er zwijgend aan voorbijgaan.*

Pass·o·ver ['pɑ:souvə‖'pæsouvər]⟨zn.⟩⟨relig.⟩

I ⟨eig.n.⟩ **0.1** ***Pascha*** ⟨joods paasfeest⟩;

II ⟨telb.zn.⟩ **0.1** ***paaslam.***

'Passover bread, 'Passover cake ⟨n.-telb.zn.⟩⟨relig.⟩ **0.1** ***paasbrood*** ⇒*matse, ongezuurd brood.*

pass·port ['pɑ:spɔ:t‖'pæspɔrt]⟨f2⟩⟨telb.zn.⟩ **0.1** ***paspoort*** ⇒*(reis)pas* **0.2** ***vrijgeleide*** **0.3** ***zeebrief*** ⇒*zeepas* **0.4** ***toegang*** ⟨fig.⟩ ⇒*weg, sleutel* ◆ **6.4** the ~ **to** happiness *de sleutel tot het geluk.*

'pass through ⟨onov.ww.⟩ **0.1** ***ervaren*** ⇒*doormaken, meemaken, ondergaan, ondervinden, beleven* **0.2** ***passeren*** ⇒*trekken door, reizen door, lopen/rijden door, (er) door (ge)raken, raken/komen door* ◆ **1.1** ~ a difficult period *een moeilijke periode doormaken;* ~ police training *de politieopleiding doorlopen* **1.2** ~ the crowd *zich een weg banen door de menigte;* blood passes through the lungs *het bloed loopt door de longen.*

'pass-through ⟨telb.zn.⟩ **0.1** ***doorgeefluik.***

'pass-through cupboard ⟨telb.zn.⟩ **0.1** ***doorgeefkast.***

'pass 'up ⟨f1⟩⟨ov.ww.⟩ **0.1** ***laten voorbijgaan*** ⇒*laten schieten, overslaan, niet te baat nemen* **0.2** ***(naar boven) aanreiken*** ⇒*aangeven.*

'pass·word ⟨f1⟩⟨telb.zn.⟩ **0.1** ***wachtwoord*** ⇒*parool, herkenningswoord.*

past[1] [pɑ:st‖pæst]⟨f3⟩⟨telb.zn.⟩ **0.1** ***verleden*** ⇒*verleden tijd* ⟨ook taalk.⟩ ◆ **1.1** ⟨euf.⟩ a woman with a ~ *een vrouw met een verleden* **2.1** ~ definite/historic *verleden tijd* ⟨mbt. volt. handeling; in het Eng. de niet-duratieve verl. t.⟩; ~ perfect *voltooid verleden tijd.*

past[2] ⟨f3⟩⟨bn.; -ness⟩⟨→sprw. 457⟩
I ⟨bn.⟩ **0.1** ***voorbij(gegaan)*** ⇒*over, gepasseerd* ◆ **1.1** our ~ youth *onze voorbije jeugd(jaren);* the war is ~ *de oorlog is voorbij* **1.¶** ~ history *voltooid verleden tijd, 'ouwe koe';*
II ⟨bn., attr.⟩ **0.1** ***vroeger*** ⇒*gewezen, vorig, oud-* **0.2** ⟨taalk.⟩ ***verleden*** ◆ **1.1** ~ senator *oud-senator* **1.2** ~ participle *verleden/voltooid deelwoord;* ~ tense *verleden tijd* **1.¶** ~ master *ex-meester* ⟨in gilde/vrijmetselaarsloge⟩; ⟨fig.⟩ *vakman, echte kenner, ware meester;* ~ mistress *ervaren/volleerde vrouw, echte kenner, kunstenares;*
III ⟨bn., attr., bn., post.⟩ **0.1** ***voorbij(gegaan)*** ⇒*vroeger, geleden* **0.2** ***voorbij*** ⇒*vorig, laatst, verleden* ◆ **1.1** in times ~ *in vroegere tijden;* fifty years ~ *vijftig jaar geleden/terug;* live in a ~ world *in een vroegere wereld leven* **1.2** the ~ weeks *de laatste/afgelopen weken;* for some time ~ *sinds enige tijd;* an hour ~ *sedert een uur, het laatste uur* **4.2** your letter of the fifteenth ~ *uw brief v. vijftien dezer/v.d. vijftiende jl..*

past[3] ⟨f2⟩⟨bw.⟩ **0.1** ***voorbij*** ⇒*langs* **0.2** ⟨Sch. E en IE⟩ ***opzij*** ⇒*weg* ◆ **3.1** the soldiers marched ~ *de soldaten marcheerden langs;* a man rushed ~ *een man kwam voorbijgestormd* **3.2** he put the book ~ *hij legde het boek opzij.*

past[4] ⟨f3⟩⟨vz.⟩ **0.1** ⟨plaats in tijd of ruimte; ook fig.⟩ ***voorbij*** ⇒*verder dan, later dan, ouder dan* ◆ **1.1** he is ~ his contemporaries in originality *in originaliteit steekt hij boven zijn tijdgenoten uit;* he looked ~ Debbie *hij keek langs Debbie heen;* ~ help *niet meer te helpen;* ~ all hope *hopeloos;* cycled ~ our house *fietste voorbij/langs ons huis;* that was ~ John *dat ging John z'n macht/verstand te boven;* the shop ~ the post office *de winkel voorbij het postkantoor;* just ~ sixty *net over de zestig* **3.1** it's ~ our understanding *het gaat ons begrip te boven;* she's ~ writing school essays *ze is te oud om nog opstellen te moeten schrijven* **4.1** ⟨inf.⟩ he's ~ it *hij is er te oud voor;* ⟨BE, gew.⟩ ~ o.s. (with joy) *buiten zichzelf (v. vreugde);* half ~ three *half vier.*

pas·ta ['pæstə‖'pɑ-]⟨zn.⟩⟨cul.⟩
I ⟨telb.zn.⟩ **0.1** ***gerecht met pasta/deegwaren*** ⇒⟨i.h.b.⟩ *macaroni/spaghetti/ravioli/lasagna(gerecht);*
II ⟨n.-telb.zn.⟩ **0.1** ***pasta*** ⇒*deegwaren.*

paste[1] [peɪst]⟨f2⟩⟨zn.⟩
I ⟨telb.zn.⟩ **0.1** ***similidiamant*** ⇒*imitatiediamant* **0.2** ***klap*** ⇒*oplawaai, opduvel, draai, opstopper;*
II ⟨telb. en n.-telb.zn.⟩ **0.1** ***deeg*** ⟨voor gebak⟩ **0.2** ***(amandel)pas*** **0.3** ***pastei*** ⇒*pâté, puree* **0.4** ***stijfsel(pap)*** ⇒*plakstijfsel, plaksel, plakmiddel, (meel)pap* **0.5** ***pasta*** ⇒*brij(achtige massa)* **0.6** ***stras*** ⇒*glasvloed* ⟨voor namaakjuwelen⟩ **0.7** ***kleibrij*** ⟨voor pottenbakken, porselein⟩.

paste[2] ⟨f2⟩⟨ww.⟩ →pasting
I ⟨onov.ww.⟩ →paste up;
II ⟨ov.ww.⟩ **0.1** ***kleven*** ⇒*plakken, vastkleven, samenkleven, beplakken, volplakken* **0.2** ***uitsmeren*** **0.3** ***pasta maken van*** ⇒*in een pasta verwerken* **0.4** ⟨sl.⟩ ***afranselen*** ⇒*op zijn donder geven, afdrogen, aframmelen, afrossen* **0.5** ⟨sl.⟩ ***beschuldigen*** ⇒*een aanklacht indienen tegen* ◆ **5.1** ~ **down** *vastplakken, vastkleven;* ~ **over** *dichtplakken, overplakken* **5.¶** →paste **up** **6.1** ~ the walls **with** *de muren volplakken met;* ~ sth. **on** *iets plakken op.*

paste·board[1] ['peɪs(t)bɔ:d‖-bɔrd]⟨zn.⟩
I ⟨telb.zn.⟩ **0.1** ***rolplank*** ⟨voor deeg⟩ **0.2** ⟨sl.⟩ ***kaart(je)*** ⇒*ticket, toegangskaartje, treinkaart, visitekaart, speelkaart;*
II ⟨n.-telb.zn.⟩ **0.1** ***karton.***

pasteboard[2] ⟨bn., attr.⟩ **0.1** ***kartonnen*** **0.2** ***zwak*** ⇒*nietig, ondegelijk, prutsig* **0.3** ***voorgewend*** ⇒*onecht, vals* ◆ **1.2** ~ soldier *slappe soldaat* **1.3** ~ romanticism *valse romantiek.*

'paste·down ⟨telb.zn.⟩⟨druk.⟩ **0.1** ***vastgeplakt deel v. schutblad.***

'paste job ⟨telb.zn.⟩ **0.1** ***mengelmoes*** ⇒*allegaartje, samenraapsel.*

pas·tel ['pæstl‖pæ'stel]⟨f1⟩⟨zn.⟩
I ⟨telb.zn.⟩ **0.1** ***pastelstift*** **0.2** ***pasteltekening*** **0.3** ⟨ook attr.⟩ ***pastelkleur*** **0.4** ***licht prozastukje*** **0.5** ⟨plantk.⟩ ***wede*** ⟨Isatis tinctoria⟩;
II ⟨n.-telb.zn.⟩ **0.1** ⟨ook attr.⟩ ***pastel*** ⟨grondstof⟩ **0.2** ***pastel (schilderen)*** **0.3** ***wedeblauw.***

'pastel colour ⟨telb.zn.⟩ **0.1** ***pastelkleur*** ⇒*delicate/lichte kleur.*

pas·tel·list, pas·te·list ['pæstəlɪst‖pæ'stelɪst]⟨telb.zn.⟩ **0.1** ***pastellist*** ⇒*pastelschilder, pasteltekenaar.*

'pastel shade ⟨telb.zn.⟩ **0.1** ***pasteltint.***

pas·tern ['pæstən‖-tərn]⟨telb.zn.⟩ **0.1** ***koot*** ⟨vnl. bij paarden⟩.

'paste 'up ⟨f1⟩⟨ww.⟩
I ⟨onov.ww.⟩⟨druk.⟩ **0.1** ***plakvellen maken;***
II ⟨ov.ww.⟩ **0.1** ***aanplakken*** **0.2** ***dichtplakken*** ⇒*overplakken, verzegelen* **0.3** ⟨druk.⟩ ***(op)plakken*** ⟨kopij⟩ ◆ **1.3** ~ the text to the illustrations *de tekst bij de illustraties plakken.*

'paste-up ⟨f1⟩⟨telb.zn.⟩ **0.1** ***collage*** **0.2** ⟨druk.⟩ ***plakvel.***

pas·teur·i·za·tion, -sa·tion ['pæstʃəraɪ'zeɪʃn‖-rə-]⟨telb. en n.-telb.zn.⟩ **0.1** ***pasteurisatie.***

pas·teur·ize, -ise ['pæstʃəraɪz]⟨f1⟩⟨ov.ww.⟩ **0.1** ***pasteuriseren.***

pas·teur·iz·er, -is·er ['pæstʃəraɪzə‖-ər]⟨telb.zn.⟩ **0.1** ***pasteurisatieapparaat.***

pas·tiche [pæ'sti:ʃ], **pas·tic·cio** [pæ'stɪtʃoʊ‖-'sti:-]⟨zn.; ook pasticci [-tʃi:]; →mv. 5⟩
I ⟨telb.zn.⟩ **0.1** ***mengelmoes*** ⇒*allegaartje;* ⟨muz.⟩ *potpourri* **0.2** ⟨muz.⟩ ***pastiche*** ⇒⟨alg.⟩ *(slechte) kopie;*
II ⟨n.-telb.zn.⟩ **0.1** ***het pasticheren*** ⇒*nabootsing.*

pas·tille [pæ'sti:l]⟨zn.⟩
I ⟨telb.zn.⟩ **0.1** ***pastille*** ⇒*reukbal(letje)* **0.2** ⟨med.⟩ ***pastille*** ⇒*hoesttablet* **0.3** ***pastelstift;***
II ⟨n.-telb.zn.⟩ **0.1** ***pastel*** ⟨grondstof⟩.

pas·time ['pɑ:staɪm‖'pæs-]⟨f2⟩⟨telb.zn.⟩ **0.1** ***tijdverdrijf*** ⇒*hobby, ontspanning, vermaak, amusement.*

past·ing ['peɪstɪŋ]⟨telb.zn.; oorspr. gerund v. paste⟩ **0.1** ***pak slaag*** ⇒*opdonder, oplawaai, afstraffing, zware nederlaag.*

pas·tor ['pɑ:stə‖'pæstər]⟨f2⟩⟨telb.zn.⟩ **0.1** ***predikant*** ⇒*dominee, pastoor, priester* **0.2** ***zielenherder*** ⇒*zielzorger, pastor, geestelijk leider* **0.3** ⟨vero.⟩ ***herder*** **0.4** ⟨dierk.⟩ ***roze spreeuw*** ⟨Pastor/Sturnus roseus⟩.

pas·to·ral[1] ['pɑ:strəl‖'pæs-]⟨zn.⟩
I ⟨telb.zn.⟩ **0.1** ***pastorale*** ⇒*herdersspel, herdersdicht, herderszang, idylle* **0.2** ***landelijk tafereel/schilderij*** **0.3** ⟨R.-K.⟩ ***herderlijke/bisschoppelijke brief*** ⇒*herderlijk schrijven, zendbrief* **0.4** ⟨relig.⟩ ***bisschopsstaf*** ⇒*kromstaf* **0.5** ⟨muz.⟩ ***pastorale;***
II ⟨n.-telb.zn.⟩ **0.1** ***pastorale/arcadische poëzie*** ⇒*herderspoëzie, pastoraal toneel;*
III ⟨mv.; ~s; ook P-; the⟩⟨R.-K.⟩ **0.1** ***pastorale brieven/epistels.***

pastoral[2] ⟨f2⟩⟨bn.; -ly; -ness⟩ **0.1** ***herders-*** ⇒*herderlijk, v./mbt. herders* **0.2** ***gras-*** **0.3** ***pastoraal*** ⇒*landelijk, ruraal, idyllisch, herderlijk, arcadisch* **0.4** ⟨relig.⟩ ***pastoraal*** ⇒*herderlijk, zielverzorgend* ◆ **1.1** ~ people *herdersvolk* **1.2** inferior ~ land *slecht gras/weiland* **1.3** ~ poetry *herderspoëzie, pastorale gedichten, arcadische poëzie;* ~ scene *idyllisch tafereel* **1.4** ~ care *zielzorg, geestelijke (gezondheids)zorg;* the Pastoral Epistles *de pastorale brieven/epistels* ⟨v. Timotheus en Titus⟩; ~ letter *herderlijke/bisschoppelijke brief, herderlijk schrijven;* ~ staff *bisschopsstaf;* ~ theology *pastorale theologie.*

pas·to·rale ['pæstə'rɑ:li‖-'ræl]⟨telb.zn.; ook pastorali [-li:]; →mv. 5⟩⟨muz.⟩ **0.1** ***pastorale*** ⟨landelijk(e) opera/muziekstuk⟩.

pas·tor·al·ism ['pɑ:strəlɪzm‖'pæs-]⟨n.-telb.zn.⟩ **0.1** ***landelijk karakter*** **0.2** ⟨lit.⟩ ***pastorale stijl.***

pas·to·ral·ist ['pɑ:strəlɪst‖'pæ-]⟨telb.zn.⟩ **0.1** ***pastoralecomponist*** **0.2** ⟨vnl. Austr. E⟩ ***veefokker*** ⇒*schapenfokker.*

pas·tor·ate ['pɑ:strət‖'pæ-]⟨zn.⟩
I ⟨telb.zn.⟩ **0.1** ***ambtstermijn v. predikant/dominee/priester*** **0.2** ⟨AE⟩ ***pastorie;***
II ⟨n.-telb.zn.⟩ **0.1** ***pastoraat*** ⇒*predikambt, herderlijk ambt* **0.2** ***predikanten*** ⇒*pastoors, geestelijken.*

pas·tor·ship ['pɑ:stəʃɪp‖'pæstərʃɪp]⟨n.-telb.zn.⟩ **0.1** ***herderlijk(e) ambt/waardigheid.***

pas·tra·mi [pə'strɑ:mi]⟨n.-telb.zn.⟩⟨cul.⟩ **0.1** ***gerookt, sterk gekruid schouderstuk*** ⟨v. rund⟩.

pas·try ['peɪstri]⟨f2⟩⟨zn.; →mv. 2⟩
I ⟨telb.zn.⟩ **0.1** ***gebakje*** ⇒*(vruchten)taart(je), pasteitje;*
II ⟨n.-telb.zn.⟩ **0.1** ***(korst)deeg*** ⇒*pasteikorst, pasteideeg, taartedeeg* **0.2** ***gebak(jes)*** ⇒*taart, vruchtentaartjes, pasteitjes.*

'pas·try·cook ⟨telb.zn.⟩ **0.1** ***pasteibakker*** ⇒*banketbakker.*

pas·tur·a·ble ['pɑ:stʃərəbl‖'pæs-]⟨bn.⟩ **0.1** ***geschikt voor weiland*** ⇒*(goed) om op te grazen, weide-.*

pas·tur·age ['pɑ:stʃərɪdʒ‖'pæs-]⟨n.-telb.zn.⟩ **0.1** ***weiderecht*** ⇒*het weiden, het laten grazen* ⟨vee⟩ **0.2** ***(weide)gras*** ⇒*veevoe(de)r* **0.3** ***grasland*** ⇒*weiland, weide.*

pas·ture[1] ['pɑ:stʃə‖'pæstʃər]⟨f3⟩⟨zn.⟩
I ⟨telb. en n.-telb.zn.⟩ **0.1** ***weiland*** ⇒*wei(de), grasland* ◆ **2.1** common ~ *gemeenschappelijk (gebruik v.) weiland* **3.¶** ⟨inf.; fig.⟩ put out to ~ *op stal zetten;*
II ⟨n.-telb.zn.⟩ **0.1** ***(weide)gras*** ⟨als voedsel⟩.

pasture[2] ⟨f1⟩⟨ww.⟩
I ⟨onov.ww.⟩ **0.1** ***grazen*** ⇒*weiden;*
II ⟨ov.ww.⟩ **0.1** ***weiden*** ⇒*op de wei plaatsen/drijven, laten grazen* **0.2** ***(genoeg) gras voortbrengen voor*** **0.3** ***afgrazen*** **0.4** ***als weiland gebruiken*** ⇒*laten afgrazen* **0.5** ***gras voeren*** ◆ **1.1** ~ the cows on the open range *de koeien op de open vlakte laten grazen* **1.2** rich fields can ~ many cows *een goede wei kan veel koeien voeden* **2.3** ~d bare *kaal gevreten.*

'pas·ture·land ⟨telb. en n.-telb.zn.⟩ **0.1** ***weiland*** ⇒*wei(de), grasland.*

pas·ty[1] ['pæsti]⟨f1⟩⟨telb.zn.; →mv. 2⟩ **0.1** ***(vlees)pastei*** ⇒*(vlees)taart(je), vruchtentaart(je)* **0.2** ***tepellapje*** ⟨o.a. bij strip-tease danseressen⟩.

pasty[2] ⟨f1⟩⟨bn.; -er; -ly; -ness; →bijw. 3⟩ 0.1 ***pasta-achtig*** *⇒deegachtig, pappig, kleverig, brijig* **0.2** ***bleek(jes)*** *⇒mat, flets, ziekelijk.*
pas·ty-faced ['peɪsti feɪst]⟨bn.⟩ **0.1** ***bleek(jes)*** *⇒mat, flets, ziekelijk.*
pat[1] [pæt]⟨f2⟩⟨telb.zn.⟩ **0.1** ***klopje*** *⇒tikje, klapje, aaitje, streling* **0.2** ***stukje*** *⇒brokje, klompje, klontje* ⟨vnl. boter⟩ **0.3** ***geklop*** *⇒getik, geklap, licht getrappel* **0.4** ⟨P-⟩ ***Ier*** ⟨bijnaam⟩ ◆ **1.¶** ~ on the back *(goedkeurend) (schouder)klopje;* ⟨fig.⟩ *aanmoedigend woordje;* give o.s. a ~ on the back *zichzelf feliciteren, trots zijn op zichzelf.*
pat[2] ⟨f1⟩⟨bn.; -ly; -ness⟩ **0.1** ***passend*** *⇒geschikt, pasklaar, net v. pas komend* **0.2** ***ingestudeerd*** *⇒(al te) gemakkelijk, oppervlakkig, (te) vlot, luchtig* **0.3** ***paraat*** *⇒gereed, klaar, bij de hand, onmiddellijk* **0.4** ***perfect (geleerd)*** *⇒exact (juist)* **0.5** ⟨sl.⟩ ***vast*** *⇒onbeweeglijk;* ⟨fig.⟩ *niet te veranderen, niet te verbeteren* ◆ **1.1** a ~ solution *een pasklare oplossing* **1.2** a ~ answer to a difficult problem *een al te gemakkelijk antwoord op een moeilijk probleem* **1.4** ⟨kaartspel⟩ a ~ hand *een sterk spel, een mooie kaart, perfecte kaarten;* ~ to time *precies op tijd.*
pat[3] ⟨f3⟩⟨ww.; →ww. 7⟩
I ⟨onov.ww.⟩ **0.1** ***tikken*** *⇒(zacht) kloppen, slaan* **0.2** ***huppelen;***
II ⟨ov.ww.⟩ **0.1** ***tikken op*** *⇒(zachtjes) kloppen op, slaan op* **0.2** ***(zacht) platslaan*** *⇒platkloppen* **0.3** ***aaien*** *⇒strelen* ◆ **5.2** →pat down.
pat[4] ⟨f1⟩⟨bw.⟩ **0.1** ***geschikt*** *⇒gepast, goed/net van pas* **0.2** ***paraat*** *⇒gereed, onmiddellijk, bij de hand* **0.3** ***perfect (aangeleerd)*** *⇒exact (juist), onder de knie* ◆ **3.1** the intervention came ~ *de interventie kwam op het juiste moment* **3.2** have one's answer ~ *zijn antwoord klaar hebben* **3.3** have/know sth. (off) ~ *iets perfect kennen/kunnen dromen; iets uit het hoofd/op zijn duimpje kennen;* ⟨inf.⟩ have sth. down ~ *iets onder de knie hebben;* recite a poem ~ *een gedicht perfect uit het hoofd opzeggen.*
pat[5]**, Pat** ⟨afk.⟩ patent.
pat-a-cake ['pæṭəkeɪk]⟨n.-telb.zn.⟩ **0.1** ***handjeklap.***
pa·ta·gi·um [pə'teɪdʒɪəm]⟨telb.zn.; patagia [-dʒɪə]; →mv. 5⟩ **0.1** ***vlieghuid*** ⟨o.a. bij vleermuizen⟩ **0.2** ***huidplooi*** ⟨tussen vleugels en lichaam⟩ **0.3** ***schildje over vleugelgewricht*** *⇒patagium.*
Pat·a·go·ni·an[1] ['pæṭə'goʊnɪən]⟨telb.zn.⟩ **0.1** ***Patagoniër.***
Patagonian[2] ⟨bn.⟩ **0.1** ***Patagonisch.***
pat·a·phys·i·cal ['pæṭə'fɪzɪkl]⟨bn.⟩ **0.1** ***patafysisch.***
pat·a·phys·ics ['pæṭə'fɪzɪks]⟨n.-telb.zn.⟩ **0.1** ***patafysica*** ⟨satire v. wetenschappelijk denken⟩.
pat·a·vin·i·ty ['pæṭə'vɪnəṭi]⟨zn.; →mv. 2⟩
I ⟨telb.zn.⟩ **0.1** ***provincialisme*** *⇒gewestelijke uitdrukking/woord;*
II ⟨n.-telb.zn.⟩ **0.1** ⟨lit.⟩ ***dialectkenmerken v. Padua*** ⟨bij Livius⟩ **0.2** ***dialectgebruik*** **0.3** ***provincialisme*** *⇒kleinsteedsheid.*
'pat-ball ⟨n.-telb.zn.⟩ **0.1** ***slecht gespeeld tennis/cricket*** **0.2** ***rounders*** ⟨soort honkbal⟩.
patch[1] [pætʃ]⟨f3⟩⟨telb.zn.⟩ **0.1** ⟨ben. voor⟩ ***lap(je)*** *⇒stuk (stof); metalen plaatje; ooglap; (hecht)pleister;* ⟨mil.⟩ *insigne, kenteken* **0.2** ***schoonheidspleister(tje)*** *⇒mouche, moesje, pronkpleistertje* **0.3** ***vlek*** *⇒plek, huidvlek* **0.4** ***lapje grond*** **0.5** ⟨BE; inf.⟩ ***district*** *⇒gebied, werkterrein* **0.6** ***stuk(je)*** *⇒beetje, flard, rest, plaats* ⟨bv. in boek⟩ **0.7** ⟨comp.⟩ ***provisorische programmacorrectie*** ◆ **1.3** dog with white ~es *hond met witte vlekken* **1.6** ~es of fog *mistbanken, flarden mist;* ~es of blue sky *flarden blauwe hemel* **6.6** **in** ~es *op sommige plaatsen/momenten* **6.¶** ⟨inf.⟩ not a ~ **on** *het niet halend bij.*
patch[2] ⟨f2⟩⟨ov.ww.⟩ **0.1** ***(een) lap(pen) naaien op/in*** **0.2** ***(op)lappen*** *⇒verstellen, (slordig/tijdelijk) herstellen/repareren, opkalefateren* **0.3** ***(haastig/tijdelijk) bijleggen*** *⇒beslechten* **0.4** ***(slordig) samenlappen*** *⇒samenflansen, aan elkaar lappen* **0.5** ***v. patchwork maken*** **0.6** ***als vlekken verschijnen op*** *⇒vlekken maken op, uitslaan op* **0.7** ***moesjes plakken op*** ⟨gezicht⟩ **0.8** ⟨elek.⟩ ***onderling verbinden*** ⟨elektrische circuits⟩ **0.9** ***corrigeren*** ⟨computerprogramma⟩ ◆ **1.2** material to ~ the holes *stof om de gaten te verstellen* **1.6** the paint ~es the wall *de verf slaat uit op de muur* **5.4** ~ **together** a thesis *een dissertatie samenflansen* **5.¶** →patch up.
'patch·board, 'patch panel ⟨telb.zn.⟩⟨elek.⟩ **0.1** ***schakelbord.***
'patch cord ⟨telb.zn.⟩⟨elek.⟩ **0.1** ***verbindingskabel.***
patch·er ['pætʃə‖-ər]⟨telb.zn.⟩ **0.1** ***(op)lapper*** *⇒versteller, hersteller* **0.2** ***knoeier.***
patch·er·y ['pætʃəri]⟨n.-telb.zn.⟩ **0.1** ***lapwerk*** *⇒knoeiwerk, half werk* **0.2** ***het (op)lappen*** *⇒het verstellen.*
patch·ou·li, patch·ou·ly, pach·ou·li [pə'tʃu:li‖'pætʃəli]⟨zn.; tweede variant; →mv. 2⟩
I ⟨telb.zn.⟩⟨plantk.⟩ **0.1** ***patchoeli*** ⟨Pogostemon patchouli⟩;
II ⟨n.-telb.zn.⟩ **0.1** ***patchoeli(parfum).***
'patch pocket ⟨telb.zn.⟩ **0.1** ***opgenaaide zak.***
'patch test ⟨telb.zn.⟩⟨med.⟩ **0.1** ***allergie-test.***
'patch 'up ⟨f1⟩⟨ov.ww.⟩ **0.1** ***(op)lappen*** *⇒verstellen, (slordig/tijdelijk) herstellen, opkalefat(er)en* **0.2** ***(haastig) bijleggen*** *⇒beslechten* **0.3** ***samenflansen*** *⇒aan elkaar lappen* ◆ **1.1** ~ a car *een auto (wat) oplappen;* ~ a soldier *een soldaat oplappen* **1.2** ~ a quarrel *een ruzie bijleggen.*
'patch·work ⟨f2⟩⟨zn.; vaak attr.⟩
I ⟨telb.zn.⟩ **0.1** ***mengelmoes*** *⇒allergaartje;*
II ⟨telb. en n.-telb.zn.⟩ **0.1** ***patchwork*** *⇒lapjeswerk* **0.2** ***lapwerk*** *⇒knoeiwerk* ◆ **1.1** ⟨fig.⟩ a ~ of fields *een bonte schakering/lappendeken velden.*
'patchwork 'quilt ⟨f1⟩⟨telb.zn.⟩ **0.1** ***lappendeken.***
patch·y ['pætʃi]⟨f1⟩⟨bn.; -er; -ly; -ness; →bijw. 3⟩ **0.1** ***gelapt*** *⇒vol lappen, v. lappen gemaakt* **0.2** ***gevlekt*** *⇒vol vlekken* **0.3** ***in flarden voorkomend*** *⇒ongelijk* ⟨v. mist e.d.⟩ **0.4** ***onregelmatig*** *⇒ongelijk, zonder eenheid, fragmentarisch, samengeflanst* ◆ **1.2** a ~ curtain *een vuil gordijn, een gordijn vol vlekken* **1.3** ~ fog *flarden mist* **1.4** ~ knowledge *fragmentarische kennis;* ~ work *ongelijk werk.*
'pat 'down ⟨ov.ww.⟩ **0.1** ***(zacht) platslaan*** *⇒platkloppen* ◆ **1.1** ~ one's hair *zijn haar platstrijken.*
'pat-down search ⟨telb.zn.⟩⟨AE⟩ **0.1** ***fouillering*** ⟨door aftasting; tgo. visitatie⟩.
pate [peɪt]⟨telb.zn.⟩⟨vero., nu inf.⟩ **0.1** ***kop*** *⇒hoofd, knikker, schedel,* ⟨scherts.⟩ *hersens, koppie* ◆ **2.1** bald ~ *kale knikker.*
pâ·té ['pæteɪ‖pɑ'teɪ]⟨f1⟩⟨zn.⟩
I ⟨telb.zn.⟩ **0.1** ***(vlees/vis)pastei;***
II ⟨telb. en n.-telb.zn.⟩ **0.1** ***pâté*** *⇒patee, wildpastei, ganzeleverpastei.*
-pated ['peɪṭɪd] **0.1** ***-hoofdig*** ◆ **¶.1** baldpated *kaalhoofdig.*
pâté de foie gras ['pæteɪ də'fwɑ: 'grɑ:‖pɑ'teɪ -]⟨n.-telb.zn.⟩ **0.1** ***ganzeleverpastei.***
pa·tel·la [pə'telə]⟨telb.zn.; patellae [-li:]; →mv. 5⟩ **0.1** ***knieschijf*** **0.2** ***schoteltje*** *⇒schaaltje, kommetje, nap, pannetje* ⟨bij Romeinen⟩.
pa·tel·lar [pə'telə‖-ər]⟨bn.⟩ **0.1** ***knieschijf-.***
pa·tel·late [pə'telət, -leɪt], **pa·tel·li·form** [-'telɪfɔ:m‖-fɔrm]⟨bn.⟩ **0.1** ***napvormig*** *⇒schotelvormig, schaalvormig, schijfvormig.*
pat·en, pat·in ['pætn], **pat·ine** [pæ'ti:n]⟨telb.zn.⟩ **0.1** ⟨R.-K.⟩ ***pateen*** *⇒hostieschoteltje* **0.2** ***metalen schijf*** **0.3** ***plaat*** *⇒bord, schaal.*
pa·ten·cy ['peɪtnsi‖'pæ-]⟨n.-telb.zn.⟩ **0.1** ***duidelijkheid*** *⇒klaarheid.*
pat·ent[1] ['peɪtnt‖'pætnt]⟨f2⟩⟨zn.⟩
I ⟨telb.zn.⟩ **0.1** ***patent*** *⇒octrooi* **0.2** ***gepatenteerde uitvinding*** *⇒gepatenteerd artikel* **0.3** ***vergunning*** *⇒machtiging, diploma, licentie, geloofsbrief* **0.4** ***exclusief recht*** *⇒monopolie* **0.5** ⟨inf.⟩ ***schranderheid*** *⇒vindingrijkheid, bekwaamheid, vernuft* **0.6** ⟨AE⟩ ***(akte v.) landoverdracht*** **0.7** ***lakleer*** ◆ **3.1** take out a ~ for *een patent nemen op;*
II ⟨n.-telb.zn.⟩ **0.1** ***patentbloem/meel.***
patent[2] ['peɪtnt⟨alleen bet. II⟩['pætnt]⟨f1⟩⟨bn.; -ly⟩
I ⟨bn.⟩ **0.1** ***open(baar)*** *⇒niet geobstrueerd, niet verstopt* **0.2** ***duidelijk*** *⇒klaar, evident;*
II ⟨bn., attr.⟩ **0.1** ⟨ben. voor⟩ ***patent-*** *⇒gepatenteerd; mbt. patent* **0.2** ***patent-*** *⇒kwaliteits-* ⟨v. bloem, meel⟩ **0.3** ⟨inf.⟩ ***slim*** *⇒schrander, patent, vindingrijk, voortreffelijk* ◆ **1.1** ~ law *patentwet, octrooiwet; octrooirecht;* ~ lock *gepatenteerd slot;* ~ medicine *patentgeneesmiddel(en); wondermiddel* **1.2** ~ flour *patentmeel/bloem, kwaliteitsmeel* **1.3** ~ device *vindingrijk middel* **1.¶** ~ leather *lakleer;* ~ leathers *lakschoenen;* ⟨scheep.⟩ ~ log *patentlog;* ~ still *continustokerij;*
III ⟨bn., post.⟩⟨jur.⟩ ◆ **1.¶** letters ~ *(getuigschrift v.e.) patent.*
patent[3] ['peɪtnt‖'pætnt]⟨f1⟩⟨ov.ww.⟩ **0.1** ***een patent verkrijgen voor*** **0.2** ***een patent/octrooi verlenen aan*** *⇒patenteren, octrooieren, door patent machtigen* **0.3** ***patenteren*** *⇒een patent/octrooi nemen op.*
pat·ent·a·ble ['peɪtntəbl‖'pæ-]⟨bn.; -ly; →bijw. 3⟩ **0.1** ***octrooieerbaar.***
'patent agent ⟨telb.zn.⟩ **0.1** ***octrooigemachtigde.***
'patent attorney ⟨telb.zn.⟩⟨AE⟩ **0.1** ***octrooigemachtigde.***
pat·ent·ee ['peɪtn'ti:‖'pæ-]⟨telb.zn.⟩ **0.1** ***patenthouder*** **0.2** ***patentnemer.***
'patent office ⟨telb.zn.; ook P- O-⟩ **0.1** ***patentbureau*** *⇒octrooibureau.*
pat·en·tor ['peɪtntə‖'pætnṭər]⟨telb.zn.⟩ **0.1** ***octrooigemachtigde*** *⇒patentverlener.*
'patent right ⟨n.-telb.zn.⟩ **0.1** ***patentrecht.***
'patent rolls ⟨mv.; ook P- R-⟩ **0.1** ***octrooiregister.***
pa·ter ['peɪtə‖'peɪṭər]⟨telb.zn.⟩⟨BE; sl.⟩ **0.1** ***ouwe heer.***
pat·er·a ['pæṭərə]⟨telb.zn.⟩ **0.1** ***drinkschaal*** *⇒offerschaal.*
pa·ter·fa·mil·i·as ['peɪtəfə'mɪliæs‖'peɪṭər-]⟨telb.zn.; patresfamilias ['pɑ:treɪs-, 'peɪtri:s-]; →mv. 5⟩⟨scherts.⟩ **0.1** ***gezinshoofd*** *⇒huisvader, pater familias.*
pa·ter·nal [pə'tɜ:nl‖-'tɜr-]⟨f1⟩⟨bn.; -ly⟩ **0.1** ***vaderlijk*** *⇒vader-;*

⟨fig.⟩ *beschermend, welwillend, paternalistisch* **0.2** ***langs vaderszijde*** ◆ **1.1** ~ care *vaderlijke zorgen;* ~ government *bemoeizieke regering* **1.2** ~ grandmother *grootmoeder v. vaders kant.*

pa·ter·nal·ism [pəˈtɜːnəlɪzm‖-ˈtɜr-]⟨f1⟩⟨n.-telb.zn.⟩⟨vaak pej.⟩ **0.1** ***paternalisme*** ⇒*bevoogding, vaderlijke zorg (v. regering), bemoeizucht.*

pa·ter·nal·ist [pəˈtɜːnəlɪst‖-ˈtɜr-], **pa·ter·nal·is·tic** [-ˈlɪstɪk]⟨f1⟩⟨bn.; -(ic)ally;→bijw. 3⟩⟨vaak pej.⟩ **0.1** ***paternalistisch*** ⇒*vaderlijk, beschermend, bemoeiziek.*

pa·ter·ni·ty [pəˈtɜːnəti‖-ˈtɜrnəṭi]⟨f1⟩⟨n.-telb.zn.⟩ **0.1** ***vaderschap*** ⇒*paterniteit* **0.2** ***auteurschap*** ⇒*bron, oorsprong, ontstaan, vaderschap.*

paˈternity suit ⟨telb.zn.⟩⟨jur.⟩ **0.1** ***vaderschapsactie.***

paˈternity test ⟨telb.zn.⟩ **0.1** ***vaderschapsonderzoek.***

pa·ter·nos·ter [ˈpætəˈnɒstə‖ˈpæṭərˈnɑstər]⟨telb.zn.⟩ **0.1** ⟨ook P-⟩ ***onzevader*** ⇒*paternoster* **0.2** ***paternosterkraal*** **0.3** ***gebed*** ⇒*(magische) formule, toverspreuk* **0.4** ***paternosterlift*** **0.5** ⟨vis.⟩ ***paternoster*** ⇒*zetlijn* ◆ **3.1** say ten ~s *tien onzevaders bidden.*

paterˈnoster line ⟨telb.zn.⟩⟨vis.⟩ **0.1** ***paternoster*** ⇒*zetlijn.*

path[1] [pɑːθ‖pæθ]⟨f3⟩⟨telb.zn.; paths [pɑːðz‖pæðz, pæθs];→mv. 3⟩ **0.1** ***pad*** ⇒*weg, paadje,* ⟨B.⟩ *wegeltje* **0.2** ***pad*** ⇒*fietspad, voetpad* **0.3** ***baan*** ⇒*route;* ⟨fig. ook⟩ *weg, pad* ◆ **1.1** ~ through the forest *weg door het bos* **1.3** ~ of a bullet *baan v.e. kogel;* comet's ~ *baan v.e. komeet;* ~ to success *weg naar het succes;* ~ strewn with roses *een heerlijk leven, een zorgeloos bestaan* **1.¶** beat a ~ to s.o.'s door *in groten getale op iem. afkomen* **3.1** beat/clear a ~ *zich een weg banen* ⟨ook fig.⟩ **3.3** cross the ~ of s.o. *iemands pad kruisen, iem. dwarsbomen/tegenwerken;* stand in the ~ of *in de weg staan van, verhinderen.*

path[2] ⟨afk.⟩ pathological, pathology.

-path [pæθ] **0.1** ***-paat*** ⟨specialist⟩ **0.2** ***-paat*** ⟨lijder⟩ ◆ **¶.1** homeopath *homeopaat* **¶.2** neuropath *zenuwlijder, zenuwzieke.*

Pa·than [pəˈtɑːn]⟨telb.zn.⟩ **0.1** ***Afghaan*** ⟨lid v. belangrijkste Afghaanse stam⟩.

ˈpath·break·ing ⟨bn.⟩ **0.1** ***baanbrekend*** ⇒*revolutionair.*

pa·thet·ic [pəˈθeṭɪk]⟨f2⟩⟨bn.; -ally;→bijw. 3⟩ **0.1** ***pathetisch*** ⇒*gevoelvol, aandoenlijk, roerend, meelijwekkend* **0.2** ***zielig*** ⇒*(hopeloos) ontoereikend, erbarmelijk, jammerlijk* **0.3** ***waardeloos*** ⇒*oninteressant* ◆ **1.1** ~ lament *meelijwekkend geklaag;* ~ sight *treurig gezicht* **1.2** ~ attempts to learn a new language *bedroevende pogingen om een nieuwe taal te leren* **1.3** ~ people *vervelende mensen* **1.¶** the ~ fallacy *het toekennen v. menselijke gevoelens aan de natuur.*

pa·thet·ics [pəˈθeṭɪks]⟨mv.; ww. vnl. enk.⟩ **0.1** ***emoties*** ⇒*sentimentaliteit, pathetisch vertoon* **0.2** ***studie der emoties.***

ˈpath·find·er ⟨f1⟩⟨telb.zn.⟩ **0.1** ***verkenner*** ⇒*padvinder;* ⟨fig.⟩ *pionier, baanbreker, voorloper* **0.2** ⟨mil.⟩ ***verkenningsvliegtuig*** ⇒*verkenner* ⟨o.a. om doel aan te duiden voor bombardement⟩.

path·ic [ˈpæθɪk]⟨telb.zn.⟩ **0.1** ***passieve partij*** ⇒*(seks)vriendje.*

path·less [ˈpɑːθləs‖ˈpæθ-]⟨bn.; -ness⟩ **0.1** ***ongebaand*** ⇒*onbegaanbaar.*

path·o- [ˈpæθoʊ] **0.1** ***patho-*** ⇒*mbt. ziekte* ◆ **¶.1** pathognomonic *kenmerkend voor een ziekte.*

path·o·gen [ˈpæθədʒən], **path·o·gene** [-dʒiːn]⟨telb.zn.⟩ **0.1** ***ziekteverwekker*** ⇒*pathogene stof, ziektekiem.*

path·o·gen·e·sis [ˈpæθəˈdʒenɪsɪs], **pa·thog·e·ny** [pəˈθɒdʒəni‖-ˈθɑ-]⟨n.-telb.zn.⟩ **0.1** ***pathogenese*** ⟨ontstaan v.e. ziekte⟩.

path·o·ge·net·ic [ˈpæθoʊdʒɪˈneṭɪk], **path·o·gen·ic** [-ˈdʒenɪk], **path·o·gen·ous** [pæˈθɒdʒənəs‖-ˈθɑ-]⟨bn.⟩ **0.1** ***pathogeen*** ⇒*ziekteverwekkend, ziekteveroorzakend* **0.2** ***pathogenetisch*** ⟨mbt. tot de leer v.h. ontstaan v. ziekten⟩.

path·og·no·mon·ic [pəˈθɒgnəˈmɒnɪk‖-ˈθɑgnəˈmɑnɪk], **path·og·no·mon·i·cal** [-ɪkl]⟨bn.; -(al)ly;→bijw. 3⟩ **0.1** ***pathognostisch*** ⇒*typisch voor een ziekte.*

path·og·no·my [pəˈθɒgnəmi‖-ˈθɑg-]⟨n.-telb.zn.⟩ **0.1** ***studie v. emoties/gevoelens.***

path·o·log·i·cal [ˈpæθəˈlɒdʒɪkl‖-ˈlɑ-], **path·o·log·ic** [-ˈlɒdʒɪk‖-ˈlɑ-]⟨f2⟩⟨bn.⟩

I ⟨bn.⟩ **0.1** ***pathologisch*** ⇒*ziekelijk, ziek, ziekte-* **0.2** ***pathologisch*** ⇒*onredelijk, onnatuurlijk, ziekelijk* ◆ **1.1** ~ liar *pathologische/ziekelijke leugenaar;* ~ processes *ziekteverschijnselen;* ~ tissue *ziek weefsel* **1.2** ~ fear *onnatuurlijke/denkbeeldige angst;*

II ⟨bn., attr.⟩ **0.1** ***pathologisch*** ◆ **1.1** ~ lab *pathologisch lab.*

pa·thol·o·gist [pəˈθɒlədʒɪst‖-ˈθɑ-]⟨f1⟩⟨telb.zn.⟩ **0.1** ***patholoog.***

pa·thol·o·gy [pəˈθɒlədʒi‖-ˈθɑ-]⟨f1⟩⟨n.-telb.zn.⟩ **0.1** ***pathologie*** ⇒*ziektenleer.*

pa·thos [ˈpeɪθɒs‖-θɑs]⟨f1⟩⟨n.-telb.zn.⟩ **0.1** ***pathos*** ⇒*aandoenlijkheid* ⟨in lit.⟩ **0.2** ***medelijden.***

pa·tho·type [ˈpæθoʊtaɪp]⟨telb.zn.⟩ **0.1** ***pathogeen organisme.***

ˈpath·way ⟨f1⟩⟨telb.zn.⟩ **0.1** ***pad*** ⇒*weg, baan.*

-pa·thy [pəθi] **0.1** ***-pat(h)ie*** ◆ **¶.1** homeopathy *homeopat(h)ie.*

pa·tience [ˈpeɪʃns]⟨f3⟩⟨zn.⟩⟨→sprw. 553⟩

I ⟨telb. en n.-telb.zn.⟩⟨plantk.⟩ **0.1** ***patiëntie*** ⇒*spinaziezuring* ⟨Rumex patientia⟩;

II ⟨n.-telb.zn.⟩ **0.1** ***geduld*** ⇒*lijdzaamheid, verdraagzaamheid, volharding, doorzettingsvermogen, inschikkelijkheid, toegevendheid* **0.2** ⟨BE⟩ ***patience*** ⟨kaartspel⟩ ◆ **1.1** ~ of Job *jobsgeduld* **3.1** have no ~ with *niet kunnen verdragen, geïrriteerd worden door;* lose one's ~ *zijn geduld verliezen, ongeduldig worden* **6.1** be **out of** ~ **with** *niet langer kunnen verdragen.*

pa·tient[1] [ˈpeɪʃnt]⟨f3⟩⟨telb.zn.⟩ **0.1** ***patiënt*** ⇒*zieke, lijder,* ⟨bij uitbr.⟩ *klant* **0.2** ***passieve partij*** ◆ **1.1** ~s at the beauty shop *klanten bij de kapper* **1.2** ~ of the action *object v.d. handeling.*

patient[2] ⟨f3⟩⟨bn.; -ly⟩ **0.1** ***geduldig (verdragend)*** ⇒*lijdzaam, verdraagzaam, tolerant, volhardend, volhoudend* ◆ **6.¶** ~ **of** two interpretations *vatbaar voor twee interpretaties/tweeërlei uitleg.*

ˈpa·tient-day ⟨telb.zn.⟩ **0.1** ***verpleegdag.***

pa·tient·hood [ˈpeɪʃnthʊd]⟨n.-telb.zn.⟩ **0.1** ***het patiënt zijn.***

patin →paten.

pat·i·na [ˈpæṭɪnə], ⟨in bet. II 0.1 ook⟩ **pa·tine** [pæˈtiːn]⟨zn.; ook patinae [-niː];→mv. 5⟩

I ⟨telb.zn.⟩⟨R.-K.⟩ **0.1** ***pateen*** ⇒*hostieschoteltje;*

II ⟨telb. en n.-telb.zn.⟩ **0.1** ***patina(laag)*** ⇒*patijn, oxidatielaag, kopergroen, laag* **0.2** ***ouderdomsglans*** ⟨op hout⟩ **0.3** ***patina*** ⇒*glans, eerbiedwaardig uitzicht* ◆ **1.1** ~ of ice *ijslaagje* **1.3** ~ of wealth *glans der rijkdom.*

pat·i·nat·ed [ˈpæṭɪneɪṭɪd]⟨bn.; oorspr. volt. deelw. v. patinate⟩ **0.1** ***gepatineerd.***

pat·i·na·tion [ˈpæṭɪˈneɪʃn]⟨telb. en n.-telb.zn.⟩ **0.1** ***patinering.***

pa·tine[1] [pæˈtiːn]⟨zn.⟩

I ⟨telb.zn.⟩ **0.1** →paten;

II ⟨telb. en n.-telb.zn.⟩ **0.1** →patina.

patine[2], **pat·i·nate** [ˈpæṭɪneɪt]⟨ov.ww.⟩ →patinated **0.1** ***patineren.***

pat·i·nous [ˈpæṭɪnəs]⟨bn.⟩ **0.1** ***gepatineerd.***

pat·i·o [ˈpæṭioʊ]⟨f1⟩⟨telb.zn.⟩ **0.1** ***patio*** ⇒*binnenhof, binnenplaats,* ⟨bij uitbr.⟩ *terras.*

pa·tis·se·rie [pəˈtiːsəri]⟨zn.⟩

I ⟨telb.zn.⟩ **0.1** ***patisserie*** ⇒*banketbakkerij, pasteibakkerij;*

II ⟨n.-telb.zn.⟩ **0.1** ***patisserie*** ⇒*gebakjes, taartjes.*

Pat·na rice [ˈpætnə raɪs]⟨n.-telb.zn.⟩ **0.1** ***patnarijst*** ⟨langkorrelige rijst⟩.

pat·ois [ˈpætwɑː]⟨telb. en n.-telb.zn.; patois [-z];→mv. 5⟩ **0.1** ***patois*** ⇒*dialect, volkstaal,* ⟨pej.⟩ *(plat) taaltje* **0.2** ***patois*** ⇒*jargon, bargoens.*

pa·too·tie [pəˈtuːṭi]⟨telb.zn.⟩⟨sl.⟩ **0.1** ***liefje*** ⇒*schatje* **0.2** ***(mooi) meisje.***

pa·tri- [ˈpeɪtri], **pat·r-** [pætr], **pa·tro-** [ˈpeɪtroʊ] **0.1** ***patri-*** ⇒*vader-* ◆ **¶.1** patricide *vadermoord, vadermoordenaar.*

pa·tri·al[1] [ˈpeɪtriəl]⟨telb.zn.⟩⟨BE⟩ **0.1** ⟨ook attr.⟩ ***niet-Brit met Brits staatsburgerschap*** ⟨door in Groot-Brittannië geboren ouders⟩.

patrial[2] ⟨bn.⟩ **0.1** ***vaderlands*** ⇒*nationaal.*

pa·tri·al·i·ty [ˈpeɪtriˈæləṭi]⟨n.-telb.zn.⟩⟨BE⟩ **0.1** ***Brits staatsburgerschap v. niet-Brit*** ⟨door in Groot-Brittannië geboren ouders⟩.

pa·tri·arch [ˈpeɪtriɑːk‖-ɑrk]⟨f1⟩⟨telb.zn.⟩ **0.1** ***patriarch*** ⇒*stamhoofd, familiehoofd,* ⟨bijb.⟩ *stamvader, aartsvader;* ⟨fig.⟩ *oude grijsaard, ouderling, veteraan, stichter, grondlegger, nestor* **0.2** ⟨relig.⟩ ***patriarch*** ⟨ben. voor kerkelijk hoofd⟩ ◆ **1.1** ~ of the herd *oudste dier v.d. kudde;* ~ of the meat industry *grondlegger v.d. vleesindustrie* **7.1** the three ~s *de drie aartsvaders* ⟨Abraham, Izaak, Jacob⟩.

pa·tri·ar·chal [ˈpeɪtriˈɑːkl‖-ˈɑrkl], **pa·tri·ar·chic** [-kɪk]⟨f1⟩⟨bn.; patriarchally⟩ **0.1** ***patriarchaal*** ⇒*vaderrechtelijk,* ⟨bijb.⟩ *aartsvaderlijk* **0.2** ***eerbiedwaardig*** ⇒*deftig, oud* ◆ **1.1** ~ basilica *patriarchale basiliek;* ⟨heraldiek⟩ ~ cross *patriarchaal kruis;* ~ society *patriarchale maatschappij;* ~ territory *patriarchaal gebied.*

pa·tri·ar·chal·ism [ˈpeɪtriˈɑːkəlɪzm‖-ˈɑr-]⟨n.-telb.zn.⟩ **0.1** ***patriarchaat.***

pa·tri·ar·chate [ˈpeɪtriɑːkət‖-ɑr-]⟨telb. en n.-telb.zn.⟩ **0.1** ⟨relig.⟩ ***patriarchaat*** ⇒*patriarchaal gebied, patriarchale waardigheid* **0.2** ***patriarchaat*** ⇒*vaderrecht.*

pa·tri·ar·chy [ˈpeɪtriɑːki‖-ɑr-]⟨telb. en n.-telb.zn.;→mv. 2⟩ **0.1** ***patriarchaat*** ⇒*vaderrecht.*

pa·tri·cian[1] [pəˈtrɪʃn]⟨telb.zn.⟩ **0.1** ***patriciër*** ⟨ook gesch.⟩ ⇒*edelman, aristocraat, heer, gentleman, gecultiveerd persoon.*

patrician[2] ⟨bn.; -ly⟩ **0.1** ***patricisch*** ⇒*edel, aristocratisch, aanzienlijk.*

pat·ri·cid·al [ˈpætrɪˈsaɪdl]⟨bn.⟩ **0.1** ***mbt. vadermoord*** ⇒*schuldig aan vadermoord.*

pat·ri·cide [ˈpætrɪsaɪd]⟨zn.⟩

I ⟨telb.zn.⟩ **0.1** ***vadermoordenaar;***

II ⟨telb. en n.-telb.zn.⟩ **0.1** ***vadermoord.***

pat·ri·lin·e·al ['pætrɪ'lɪnɪəl]⟨bn.⟩ **0.1** ***patrilineaal*** ⟨langs de mannelijke lijn, bv. erfopvolging⟩.
pat·ri·lo·cal ['pætrɪ'loukl]⟨bn.⟩ **0.1** ***patrilokaal***.
pat·ri·mo·ni·al ['pætrɪ'mounɪəl]⟨bn.; -ly⟩ **0.1** ***patrimoniaal*** ⇒*geërfd, erf-*.
pat·ri·mo·ny ['pætrɪməni‖-mouni]⟨f1⟩⟨telb. en n.-telb.zn.; →mv. 2⟩ **0.1** ***patrimonium*** ⇒*(vaderlijk) erfdeel, erfgoed, vermogen;* ⟨ook fig.⟩ *erfenis* **0.2** ***kerkgoed***.
pa·tri·ot ['pætrɪət‖'peɪ-]⟨f2⟩⟨telb.zn.⟩ **0.1** ***patriot*** ⇒*goed vaderlander*.
pa·tri·ot·eer ['pætrɪə'tɪə‖'peɪtrɪə'tɪr]⟨telb.zn.; ook attr.⟩⟨AE⟩ **0.1** ***chauvinist***.
pa·tri·ot·ic ['pætri'ɒtɪk‖'peɪtri'ɑṭɪk]⟨f2⟩⟨bn.; -ally; →bijw. 3⟩ **0.1** ***patriottisch*** ⇒*vaderlandslievend*.
pa·tri·ot·ism ['pætrɪətɪzm‖'peɪ-]⟨f2⟩⟨n.-telb.zn.⟩ **0.1** ***patriottisme*** ⇒*vaderlandsliefde, burgerzin, nationalisme*.
pa·tris·tic [pə'trɪstɪk], **pa·tris·ti·cal** [-ɪkl]⟨bn.; -(al)ly; →bijw. 3⟩ **0.1** ***patristisch*** ⇒*v.d. kerkvaders*.
pa·tris·tics [pə'trɪstɪks]⟨n.-telb.zn.⟩ **0.1** ***patristiek*** ⇒*patrologie*.
pa·trol[1] [pə'troul]⟨f3⟩⟨zn.⟩
I ⟨n.-telb.zn.⟩ **0.1** ***patrouille*** ⇒*(inspectie)ronde, wachtronde, routinevlucht/reis, (routine)controle* ◆ **6.1 on** ~ *op patrouille;*
II ⟨verz.n.⟩ **0.1** ***(verkennings)patrouille*** ⇒*(verkennings)eenheid, verkenningsvliegtuig/schip, detachement, wacht, wachtronde* ◆ **1.1** A.A. ~ *wegenwacht*.
patrol[2] ⟨f1⟩⟨ww.; →ww. 7⟩
I ⟨onov.ww.⟩ **0.1** ***patrouilleren*** ⇒*de ronde doen, op patrouille/verkenning zijn;*
II ⟨ov.ww.⟩ **0.1** ***afpatrouilleren*** ⇒*de ronde doen van* **0.2** ***rondbanjeren over/in*** ⇒*in groepen zwerven/trekken over/in*.
pa'trol boat ⟨telb.zn.⟩ **0.1** ***patrouilleboot/vaartuig***.
pa'trol car ⟨f1⟩⟨telb.zn.⟩ **0.1** ***politiewagen*** ⇒*politieauto*.
pa'trol leader ⟨telb.zn.⟩ **0.1** ***patrouilleleider***.
pa·trol·man [pə'troulmən]⟨f1⟩⟨telb.zn.⟩ **0.1** ⟨BE⟩ ***wegenwachter*** **0.2** ⟨AE⟩ ***politieagent*** ⇒*opziener*.
pa·trol·o·gist [pə'trɒlədʒɪst‖-'trɑ-]⟨telb.zn.⟩ **0.1** ***patroloog***.
pa·trol·o·gy [pə'trɒlədʒi‖-'trɑ-]⟨n.-telb.zn.⟩ **0.1** ***patrologie*** ⇒*patristiek*.
pa'trol plane ⟨telb.zn.⟩ **0.1** ***patrouillevliegtuig***.
pa'trol wagon ⟨telb.zn.⟩⟨AE⟩ **0.1** ***arrestantenwagen*** ⇒*gevangenwagen, boevenwagen, politiebusje*.
pa'trol·wom·an ⟨telb.zn.⟩⟨AE⟩ **0.1** ***politieagente***.
pa·tron ['peɪtrən]⟨f2⟩⟨telb.zn.⟩ **0.1** ***patroon*** ⇒*beschermheer, beschermvrouw, steuner, beschermer, begunstiger, weldoener, bevorderaar, voorstander* **0.2** ***(geregelde/vaste) klant*** ⇒*-ganger* **0.3** ***patroon(heilige)*** ⇒*beschermheilige, naamheilige, schutspatroon* **0.4** ⟨gesch.⟩ ***patroon*** ⇒*beschermheer* ⟨v. cliënt, slaaf⟩ **0.5** ⟨relig.⟩ ***patroon*** ⇒*collator, begever* **0.6** ***patroon*** ⇒*chef, baas, hoofd, uitbater* ◆ **1.1** ~ of the arts *mecenas*.
pa·tron·age ['pætrənɪdʒ‖'peɪ-]⟨f2⟩⟨zn.⟩
I ⟨telb. en n.-telb.zn.⟩ **0.1** ***klandizie*** ⇒*clientèle* ◆ **1.1** store with a considerable ~ *goed beklante winkel;*
II ⟨n.-telb.zn.⟩ **0.1** ***steun*** ⇒*bescherming, begunstiging, aanmoediging* **0.2** ⟨BE⟩ ***patronaatsrecht*** ⇒*collatierecht, begevingsrecht* **0.3** ***benoemingsrecht*** **0.4** ***(neerbuigende) minzaamheid*** ⇒*paternalisme* ◆ **1.1** foundation with/under the ~ of *stichting onder de bescherming van* **1.3** ⟨pej.⟩ man with a great deal of ~ *iem. die aan vriendjespolitiek doet*.
pa·tron·al [pə'trounl‖'peɪtrənl]⟨bn.⟩ **0.1** ***patronaal***.
pa·tron·ess ['peɪtrənɪs]⟨telb.zn.⟩ **0.1** ***patrones*** ⇒*beschermheilige, beschermvrouw*.
pa·tron·ize, -ise ['pætrənaɪz‖'peɪ-]⟨f1⟩⟨ov.ww.⟩ →patronizing **0.1** ***patron(is)eren*** ⇒*beschermen, begunstigen, steunen, bevorderen* **0.2** ***klant zijn van*** ⇒*frequenteren, vaak bezoeken, gebruiken* **0.3** ***uit de hoogte behandelen*** ⇒*minzaam/paternalistisch behandelen, bevoogden* ◆ **1.2** well ~d store *goed beklante winkel*.
pa·tron·iz·er, -is·er ['pætrənaɪzə‖'peɪtrənaɪzər]⟨telb.zn.⟩ **0.1** ***beschermer*** ⇒*begunstiger, bevorderaar, patroon* **0.2** ***klant***.
pa·tron·iz·ing, -is·ing ['pætrənaɪzɪŋ‖'peɪ-]⟨f1⟩⟨bn.; oorspr. onvolt. deelw. v. patronize; -ly⟩ **0.1** ***neerbuigend*** ⇒*minzaam, uit de hoogte, paternalistisch, bevoogdend*.
pa·tronne [pə'trɔ:n]⟨telb.zn.⟩ **0.1** ***bazin*** ⇒*uitbaatster, chef*.
'patron 'saint ⟨telb.zn.⟩ **0.1** ***patroon(heilige)*** ⇒*beschermheilige, naamheilige, schutspatroon*.
pat·ro·nym·ic[1] ['pætrə'nɪmɪk]⟨telb.zn.⟩⟨taalk.⟩ **0.1** ***patronymicum*** ⇒*patroniem, vadersnaam, familienaam, geslachtsnaam*.
patronymic[2], **pat·ro·nym·i·cal** ['pætrə'nɪmɪkl]⟨bn.; -(al)ly; →bijw. 3⟩⟨taalk.⟩ **0.1** ***patronymisch*** ⇒*familie-, geslachts-* ◆ **1.1** ~ name *patronymicum*.
pa·troon [pə'tru:n]⟨telb.zn.⟩⟨AE⟩ **0.1** ***geprivilegieerd grootgrondbezitter*** ⟨uit koloniale tijd v. U.S.A.⟩.
pat·sy ['pætsi]⟨telb.zn.; →mv. 2⟩⟨AE; sl.⟩ **0.1** ***dupe*** ⇒*slachtoffer, sufferd, sukkel, klungel* ◆ **3.1** be the ~ *de lul zijn*.
pat·ten ['pætn]⟨telb.zn.⟩ **0.1** ***klomp*** ⇒*steltschoen* **0.2** ⟨vero.⟩ ***sokkel*** ⇒*voetstuk, zuilvoet*.
pat·ter[1] ['pætə‖'pæṭər]⟨f1⟩⟨zn.⟩
I ⟨telb. en n.-telb.zn.⟩ **0.1** ***jargon*** ⇒*taaltje, koeterwaals, patois, dieventaal* **0.2** ***geratel*** ⇒*gerammel, het afraffelen* ⟨o.a. v. tekst door komiek⟩ **0.3** ***geklets*** ⇒*gekakel, gesnater, gesnap, gezwam, geleuter* **0.4** ***gekletter*** ⇒*geplets, geknetter, getrappel, getrippel* ◆ **1.1** thieves' ~ *bargoens;* salesman's ~ *verkoperstaaltje* **1.4** ~ of feet *getrippel v. voeten;* ~ of rain *geplets v.d. regen;*
II ⟨n.-telb.zn.⟩ **0.1** ***tekst*** ⇒*woorden* ⟨v. humoristisch lied⟩ **0.2** ***gebabbel*** ⟨in humoristisch lied⟩.
patter[2] ⟨f1⟩⟨ww.⟩
I ⟨onov.ww.⟩ **0.1** ***ratelen*** ⇒*rammelen* **0.2** ***kletsen*** ⇒*snateren, kakelen, babbelen* **0.3** ***kletteren*** ⇒*knetteren, pletsen* **0.4** ***trippelen*** ⇒*trappelen* ◆ **5.4** ~ **about/(a)round** *rondtrippelen;*
II ⟨ov.ww.⟩ **0.1** ***aframmelen*** ⇒*afraffelen, afratelen* **0.2** ***doen kletteren***.
pat·tern[1] ['pætn‖'pæṭərn]⟨f3⟩⟨telb.zn.⟩ **0.1** ⟨ook attr.⟩ ***model*** ⇒*toonbeeld, voorbeeld, prototype* **0.2** ⟨ben. voor⟩ ***patroon*** ⇒*(giet)model, mal; plan, schema; borduurpatroon;* ⟨geldw.⟩ *proefmunt;* ⟨lucht.⟩ *landingspatroon;* ⟨taalk.⟩ *patroon, constructie* **0.3** ⟨vaak in samenstellingen⟩ ***patroon*** ⇒*tekening, dessin, ontwerp, stijl* **0.4** ***staal*** ⇒*monster* **0.5** ***patroon*** ⇒*vorm, volgorde* **0.6** ***trefferbeeld*** ⇒*kogelpatroon, bompatroon, schietbeeld* **0.7** ***coupon*** ⟨voor kledingstuk⟩ ◆ **1.1** a ~ of virtue *een toonbeeld v. deugd;* a ~ wife *een modelechtgenote, een droomvrouw* **1.2** a ~ for a coat *een patroon voor een jas* **1.3** a flower ~ on a dress *een bloemendessin op een jurk* **1.5** the ~ of the illness *het ontwikkelingspatroon v.d. ziekte* **2.3** geometric ~s *geometrische figuren* **2.5** historical ~s *historische wetmatigheden* **3.2** cut to one ~ *op dezelfde leest geschoeid*.
pattern[2] ⟨f2⟩⟨ww.⟩ →patterning
I ⟨onov.ww.⟩ **0.1** ***een patroon/tekening/(treffer)beeld vormen*** **0.2** ⟨taalk.⟩ ***een taalpatroon/constructie vormen*** ◆ **6.2** ~ **like/after** *geconstrueerd worden als;* 'avoid' ~s **with** the gerund *'avoid' krijgt/wordt geconstrueerd met de gerund;*
II ⟨ov.ww.⟩ **0.1** ***vormen*** ⇒*maken, modelleren, nabouwen, natekenen* **0.2** ***met een patroon/tekening versieren*** ⇒*schakeren* ◆ **5.1** ~ **out** *aanleggen volgens een bepaald patroon/model* **6.1** ~ **after/(up)on** *modelleren/vormen naar;* ~ o.s. **on** a movie star *een filmster tot voorbeeld nemen, zich richten naar een filmster* **6.2** ~ **with** flowers *met een bloemendessin versieren*.
'pattern bombing ⟨n.-telb.zn.⟩ **0.1** ***bombardement v.e. hele streek*** ⇒*bomtapijt, systematisch bombardement*.
'pattern book ⟨f1⟩⟨telb.zn.⟩ **0.1** ***stalenboek***.
pat·tern·ing ['pætn·ɪŋ‖'pæṭərnɪŋ]⟨f1⟩⟨n.-telb.zn.; gerund v. pattern⟩ **0.1** ***patroon*** ⇒*schakering, versiering, samenstelling* **0.2** ***gedragspatroon*** **0.3** ⟨med.⟩ ***patroontherapie***.
'pat·tern·mak·er ⟨telb.zn.⟩ **0.1** ***modelmaker*** ⟨in gieterij⟩ ⇒*patroontekenaar*.
'pattern reading ⟨n.-telb.zn.⟩ **0.1** ***modellectuur*** ⟨voorlezen als model⟩.
'pattern recognition ⟨n.-telb.zn.⟩⟨comp.⟩ **0.1** ***patroonherkenning***.
'pat·tern-room, 'pat·tern-shop ⟨telb.zn.⟩ **0.1** ***modelmakerij*** ⟨in gieterij⟩.
pat·ty, pat·tie ['pæṭi]⟨f1⟩⟨telb.zn.; eerste variant; →mv. 2⟩ **0.1** ***pasteitje*** ⇒*gebakje, taartje* **0.2** ⟨AE⟩ ***vleeskoekje*** ⇒*hamburgerkoekje, hapje*.
'pat·ty·pan ⟨telb.zn.⟩ **0.1** ***gebakjespan***.
'pattypan squash ⟨telb.zn.⟩ **0.1** ***(soort) zomerpompoen***.
'patty shell ⟨telb.zn.⟩ **0.1** ***pasteitje***.
pat·u·lous ['pætjələs]⟨bn.; -ly; -ness⟩ **0.1** ***(wijd) open*** ⇒*openstaand, opengespalkt, gapend* **0.2** ***uitgespreid*** ⇒*breedgetakt* ◆ **1.1** ~ wound *gapende wonde* **1.2** ~ beech *breedgetakte beuk*.
pat·zer ['pætsə‖-ər]⟨telb.zn.⟩⟨sl.⟩ **0.1** ***slechte schaker***.
PAU ⟨afk.⟩ Pan American Union.
pau·a ['pauə]⟨telb.zn.⟩ **0.1** ⟨dierk.⟩ ***zeeoor*** ⟨genus Haliotis⟩ **0.2** ***zeeoorschelp***.
pau·ci·ty ['pɔ:səṭi]⟨telb. en n.-telb.zn.; g. mv.⟩ **0.1** ***geringheid*** ⇒*kleine hoeveelheid, gebrek, schaarste*.
Paul [pɔ:l]⟨eig.n.⟩ **0.1** ***Paul*** ⇒*Paulus* ◆ **1.¶** ~ Jones *Paul Jones* ⟨dans met veel partnerwissel⟩; ⟨fig.⟩ *partnerwissel;* ~ Pry *nieuwsgierig iem./Aagje, bemoeial*.
paul·dron ['pɔ:ldrən], **poul·dron** ['poul-]⟨telb.zn.⟩ **0.1** ***schouderstuk*** ⇒*schouderplaat*.
Paul·ine[1] ['pɔ:laɪn]⟨telb.zn.⟩ **0.1** ***(oud-)student v. St. Paul*** ⟨school in Londen⟩.
Pauline[2] ⟨bn.⟩ **0.1** ***Paulinisch*** ◆ **1.1** ~ epistles *epistelen v. Paulus*.
Paul·in·ism ['pɔ:lɪnɪzm], **Paul·ism** ['pɔ:lɪzm]⟨n.-telb.zn.⟩ **0.1** ***Paulinisme*** ⇒*Paulinische denktrant/theologie*.

Paul·in·ist ['pɔ:lɪ̯nɪst]⟨telb.zn.⟩ **0.1** ***Paulinist.***
pau·low·ni·a [pɔ:'loʊnɪə]⟨telb.zn.⟩⟨plantk.⟩ **0.1** ***paulownia*** ⟨genus Paulownia⟩.
paultry →paltry.
paunch[1] [pɔ:ntʃ]⟨f1⟩⟨telb.zn.⟩ **0.1** ***buik(je)*** ⇒*maag,* ⟨pej.⟩ *pens, dikke buik* **0.2** ⟨dierk.⟩ ***pens*** ⟨eerste maag v. herkauwers⟩ **0.3** ⟨scheep.⟩ ***stootmat*** ⇒*wrijfhout* ⟨aan mast⟩.
paunch[2] ⟨ov.ww.⟩ **0.1** ***ontweien*** ⇒*de buik openrijten, de ingewanden uithalen van* **0.2** ***een stoot/steek in de buik geven.***
'paunch mat ⟨telb.zn.⟩⟨scheep.⟩ **0.1** ***stootmat.***
paunch·y ['pɔ:ntʃi]⟨bn.;-ness;→bijw. 3⟩ **0.1** ***dik(buikig)*** ⇒*corpulent.*
pau·per[1] ['pɔ:pə‖-ər]⟨f1⟩⟨telb.zn.⟩ **0.1** ***pauper*** ⇒*arme, bedelaar, armlastige, bedeelde* **0.2** ⟨jur.⟩ ***genieter v. armenrecht*** ⇒*pro Deo procederende.*
pauper[2], **pau·per·ize, -ise** ['pɔ:pəraɪz]⟨ov.ww.⟩ **0.1** ***(ver)pauperiseren*** ⇒*verarmen, armlastig maken.*
pau·per·ism ['pɔ:pərɪzm], **pau·per·dom** ['pɔ:pədəm‖-pər-]⟨n.-telb.zn.⟩ **0.1** ***pauperisme*** ⇒*armoede, verarming* **0.2** ***de armen*** ⇒*de armlastigen.*
pau·per·i·za·tion, -sa·tion ['pɔ:pəraɪ'zeɪʃn‖-ə'zeɪʃn]⟨n.-telb.zn.⟩ **0.1** ***pauperisatie*** ⇒*verpaupering, verarming.*
pause[1] [pɔ:z]⟨f3⟩⟨telb.zn.⟩ **0.1** ***pauze*** ⇒*onderbreking, rust(punt), stop, stilte, adempauze;* ⟨i.h.b.⟩ *weifeling, aarzeling* **0.2** ***gedachtenstreep*** **0.3** ⟨muz.⟩ ***orgelpunt*** ⇒*fermate* **0.4** ⟨lit.⟩ ***cesuur*** ◆ **3.1** make a ~ *pauzeren, rusten, rust/pauze houden;* ~ to take a breath *adempauze* **3.¶** give ~ to *doen aarzelen/weifelen, tot nadenken brengen.*
pause[2] ⟨f3⟩⟨onov.ww.⟩ **0.1** ***pauzeren*** ⇒*pauze/rust houden, wachten* **0.2** ***talmen*** ⇒*dralen, blijven hangen* **0.3** ***aarzelen*** ⇒*weifelen, nadenken over* ◆ **6.2** ~ **(up)on** *aanhouden* ⟨muzieknoot⟩; *stilstaan bij, blijven staan op/bij.*
pav·age ['peɪvɪdʒ]⟨n.-telb.zn.⟩ **0.1** ***bestrating*** ⇒*(het) bestraten, (het) plaveien* **0.2** ***straatbelasting.***
pa·van, pa·vane [pə'væn], **pa·vin** ['pævɪ̯n]⟨telb.zn.⟩ **0.1** ***pavane*** ⟨(muziek voor) oude Italiaanse dans⟩.
pave [peɪv]⟨f1⟩⟨ov.ww.⟩ →paved, paving ⟨→sprw. 596⟩ **0.1** ***bestraten*** ⟨ook fig.⟩ ⇒*plaveien, bevloeren, bedekken, verharden, beleggen* ◆ **1.1** ~ with flowers *met bloemen bedekken.*
pa·vé ['pæveɪ‖pæ'veɪ]⟨zn.⟩
 I ⟨telb.zn.⟩ **0.1** ***voetpad*** ⇒*trottoir, stoep;*
 II ⟨n.-telb.zn.; ook attr.⟩ **0.1** ***het dicht bij elkaar plaatsen*** ⟨v. diamanten⟩ ◆ **1.1** brooch in ~ *broche met dicht bij elkaar geplaatste diamanten.*
paved ['peɪvd]⟨f1⟩⟨bn.; volt. deelw. v. pave⟩ **0.1** ***bestraat*** ⇒*geplaveid, bedekt, verhard* **0.2** ***vol (van)*** ⇒*vergemakkelijkt (door)* ◆ **6.2** ~ **with** good intentions *vol goede voornemens;* a life ~ **with** success *een succesrijk leven.*
pave·ment ['peɪvmənt]⟨f2⟩⟨zn.⟩
 I ⟨telb.zn.⟩ **0.1** ***bestrating*** ⇒*wegdek, (stenen) vloer* **0.2** ⟨BE⟩ ***trottoir*** ⇒*voetpad, stoep* **0.3** ⟨AE⟩ ***rijweg*** ⇒*straat* **0.4** ⟨biol.⟩ ***tegelvormige ordening*** ◆ **1.4** ~ cells *tegelvormig geordende cellen;*
 II ⟨n.-telb.zn.⟩ **0.1** ***bestrating*** ⇒*plaveisel, straatstenen, verharding.*
'pavement artist ⟨f1⟩⟨telb.zn.⟩ **0.1** ***trottoirschilder/tekenaar.***
'pavement 'cafe ⟨telb.zn.⟩ **0.1** ***terrasje.***
pav·er ['peɪvə‖-ər]⟨telb.zn.⟩ **0.1** ***straatmaker*** ⇒*plaveier, tegellegger* **0.2** ***straatsteen*** ⇒*vloersteen, (vloer)tegel, trottoirsteen* **0.3** ***betonmolen.***
pav·id ['pævɪ̯d]⟨bn.⟩ **0.1** ***bang*** ⇒*timide, beschroomd, bedeesd.*
pa·vil·ion[1] [pə'vɪlɪən]⟨f2⟩⟨telb.zn.⟩ **0.1** ⟨ben. voor⟩ ***paviljoen*** ⇒*(leger)tent, tuinpaviljoen, amusementsgebouw; bijgebouw, dependance; stand, tentoonstellingsgebouw/tent; zomerhuis, tuinhuis, buitenverblijf;* ⟨BE⟩ *cricketpaviljoen, clubhuis* **0.2** ***paviljoen*** ⟨v. edelsteen⟩.
pavilion[2] ⟨ov.ww.⟩ **0.1** ***(als) in een paviljoen/tent onderbrengen*** ⇒*omhullen, omgeven, beschermen* **0.2** ***met tenten bedekken.***
pav·ing ['peɪvɪŋ]⟨f1⟩⟨zn.; (oorspr.) gerund v. pave⟩
 I ⟨telb.zn.⟩ **0.1** ***bestrating*** ⇒*wegdek, (stenen) vloer, rijweg, straat* **0.2** ***straatsteen*** ⇒*plavei;*
 II ⟨n.-telb.zn.⟩ **0.1** ***bestrating*** ⇒*het bestraten, het plaveien* **0.2** ***bestrating*** ⇒*plaveisel, straatstenen, verharding.*
'paving beetle ⟨telb.zn.⟩ **0.1** ***straatstamper*** ⇒*juffer.*
'paving stone ⟨f1⟩⟨telb.zn.⟩ **0.1** ***straatsteen*** ⇒*tegel, plavei, vloersteen.*
'paving tile ⟨telb.zn.⟩ **0.1** ***(vloer)tegel*** ⇒*trottoirtegel, muurtegel.*
pav·iour, ⟨AE sp. ook⟩ **pav·ior, pav·ier** ['peɪvɪə‖-ər]⟨telb.zn.⟩ **0.1** ***straatmaker*** ⇒*tegellegger* **0.2** ***straatsteen*** ⇒*vloersteen, (vloer)tegel, plaveisel* **0.3** ***straatstamper*** ⇒*juffer.*
pav·is, pav·ise ['pævɪ̯s]⟨telb.zn.⟩⟨gesch.⟩ **0.1** ⟨ben. voor⟩ ***groot bol schild.***
pav·lo·va [pæ'vloʊvə]⟨telb.zn.⟩⟨Austr. E⟩ **0.1** ***schuimtaart.***
pav·o·nine ['pævənaɪn]⟨bn.⟩ **0.1** ***pauwachtig*** **0.2** ***pauwestaartachtig*** ⇒*iriserend, regenboogkleurig, schitterend, pauwblauw.*
paw[1] [pɔ:]⟨f2⟩⟨telb.zn.⟩ **0.1** ***poot*** ⟨met klauw⟩ ⇒*klauw* **0.2** ⟨inf.⟩ ***hand*** ⇒*poot, klauw.*
paw[2] ⟨f2⟩⟨ww.⟩
 I ⟨onov.ww.⟩ **0.1** ***klauwen*** ⇒*krabben, (wild) grijpen, trappen, slaan, stampen, stampvoeten* **0.2** ***onhandig (rond)klauwen*** ⇒*klungelen,* ⟨B.⟩ *potelen* ◆ **5.2** →paw **about 6.1** ~ **at** *klauwen naar, (wild) grijpen naar, stampen op* **6.2** ~ **about/around** a trunk for a book *rondklauwen in een koffer op zoek naar een boek;*
 II ⟨ov.ww.⟩ **0.1** ***klauwen naar*** ⇒*krabben, (wild) grijpen naar, trappen op, schuren over, stampen op* **0.2** ***klauwen naar*** ⇒*onhandig aanpakken, betasten, bepoetelen,* ⟨B.⟩ *bepotelen* ◆ **5.2** →paw **about;** →paw **around.**
'paw a'bout, 'paw a'round ⟨ww.⟩
 I ⟨onov.ww.⟩ **0.1** ***rondklauwen*** ⇒*rondklungelen, bepoetelen, tasten;*
 II ⟨ov.ww.⟩ **0.1** ***onhandig/ruw aanpakken/behandelen*** ⇒*betasten, bepoetelen* ◆ **1.1** ~ a girl *een meisje lastig vallen.*
paw·ky ['pɔ:ki]⟨bn.;-ly;-ness;→bijw. 3⟩⟨BE, Sch. E⟩ **0.1** ***drooggeestig*** **0.2** ***scherp(zinnig)*** ⇒*slim, schrander, listig* **0.3** ***levendig*** ⇒*brutaal, onbeschaamd* ◆ **1.1** ~ humour *droge humor.*
pawl[1], **pall, paul** [pɔ:l]⟨telb.zn.⟩ **0.1** ***pal*** ⟨ook scheep.⟩ ⇒*klink, sluithaak, pen, anker* ⟨in horloge⟩.
pawl[2] ⟨ov.ww.⟩ **0.1** ***met een pal vastzetten.***
pawn[1] [pɔ:n]⟨f1⟩⟨zn.⟩
 I ⟨telb.zn.⟩ **0.1** ***(onder)pand*** ⇒*belofte, garantie* **0.2** ⟨schaken⟩ ***pion*** ⇒⟨fig.⟩ *mannetje, marionet, stroman* ◆ **3.2** doubled ~s *dubbelpion;* isolated ~ *geïsoleerde pion;* passed ~ *vrijpion;*
 II ⟨n.-telb.zn.⟩ **0.1** ***(onder)pand*** ⇒*verpanding* ◆ **6.1** **at/in** ~ *in pand, verpand.*
pawn[2] ⟨f1⟩⟨ov.ww.⟩ **0.1** ***verpanden*** ⇒*in pand geven, belenen* **0.2** ***verpanden*** ⟨fig.⟩ ⇒*plechtig beloven op, op het spel zetten, wagen, riskeren* ◆ **1.2** ~ one's life *zijn leven op het spel zetten;* ~ one's word/honour *plechtig beloven op zijn woord van eer.*
pawn·a·ble ['pɔ:nəbl]⟨bn.⟩ **0.1** ***verpandbaar.***
pawn·age ['pɔ:nɪdʒ]⟨telb.zn.⟩ **0.1** ***verpanding.***
'pawn·bro·ker ⟨f1⟩⟨telb.zn.⟩ **0.1** ***lommerdhouder*** ⇒*pandjesbaas.*
'pawn·bro·king ⟨n.-telb.zn.⟩ **0.1** ***een lommerd/pandjeshuis houden.***
pawn·ee [pɔ:'ni]⟨telb.zn.⟩ **0.1** ***pandhouder*** ⇒*pandbezitter.*
pawn·er ['pɔ:nə‖-ər]⟨telb.zn.⟩ **0.1** ***pandgever.***
'pawn·shop ⟨f1⟩⟨telb.zn.⟩ **0.1** ***pandjeshuis*** ⇒*lommerd, bank v. lening.*
'pawn ticket ⟨telb.zn.⟩ **0.1** ***pandbewijs*** ⇒*lommerbriefje.*
pawpaw →papaw.
pax[1] [pæks]⟨telb.zn.⟩ **0.1** ***vrede(s)kus*** ⇒*pax, vredeswens, vredesteken* **0.2** ⟨R.-K.⟩ ***paxtafeltje.***
pax[2] ⟨tussenw.⟩⟨BE; sl.⟩ **0.1** ***stop*** ⇒*genoeg, vrede, wapenstilstand.*
PAX ⟨afk.⟩ private automatic (telephone) exchange ⟨BE⟩.
Pax Ro·man·a ['pæks roʊ'mɑ:nə]⟨eig.n.⟩ **0.1** ***Pax Romana.***
'pax·wax ⟨telb.zn.⟩⟨gew.⟩ **0.1** ***nekband.***
pay[1] [peɪ]⟨f3⟩⟨n.-telb.zn.; ook attr.⟩ **0.1** ***betaling*** **0.2** ***loon*** ⇒*salaris, wedde, soldij, gage, premie, toeslag* **0.3** ***betaler*** **0.4** ***rijke/produktieve (erts)laag*** ◆ **2.2** on full ~ *met behoud v. salaris/v. volle wedde* **2.3** the Japanese are good ~ *de Japanners zijn goede betalers* **6.¶** **in** the ~ **of** *in dienst van, betaald/bezoldigd door.*
pay[2] ⟨f4⟩⟨ww.; paid, paid [peɪd]; →ww. 7⟩ →paid, paying ⟨→sprw. 92, 290, 554⟩
 I ⟨onov.ww.⟩ **0.1** ***betalen*** ⇒⟨fig.⟩ *boeten* **0.2** ***renderen*** ⇒*lonend zijn, de moeite lonen* **0.3** ⟨scheep.⟩ ***afdrijven*** ◆ **2.2** it ~s to be honest *eerlijk duurt het langst* **3.1** make s.o. ~ *iem. laten boeten* **4.2** it doesn't ~ *het is de moeite niet* **5.1** ~ **down** *contant betalen* **5.¶** →pay **off;** →pay **out;** →pay **up 6.¶** →pay **for;**
 II ⟨ov.ww.⟩ **0.1** ***betalen*** ⇒*afbetalen, uitbetalen, voldoen, vereffenen, vergoeden, honoreren, afdokken* **0.2** ***belonen*** ⟨fig.⟩ ⇒*vergoeden, schadeloosstellen, vergelden, betaald zetten, straffen* **0.3** ***schenken*** ⇒*verlenen, bewijzen, maken* **0.4** ***renderen voor*** ⇒*lonend zijn (voor), iets opbrengen (voor), winst opleveren* ◆ **1.1** ~ cash *contant betalen;* ~ a dividend *een dividend uitkeren;* ⟨fig.⟩ ~ the penalty of the crime *boeten voor een misdaad;* ~ high wages *een hoog loon betalen* **1.2** ~ s.o. for his loyalty *iem. voor zijn trouw belonen* **1.3** ~ attention *opletten, aandacht schenken;* ~ a compliment *een compliment(je) maken, gelukwensen;* ~ court to *het hof maken, met eerbied bejegenen;* ~ heed to *letten op, acht slaan op;* ~ homage *eer betuigen;* ~ lip service to *lippendienst bewijzen aan;* ~ tribute *hulde brengen;* ~ a visit *bezoeken, een (beleefdheids)bezoek afleggen* **1.4** the investment ~s five percent *de investering levert een winst v. vijf procent op* **3.¶** ~ as you earn *loonbelasting; voorheffing op loon* ⟨voor belasting⟩ **4.4** it didn't ~ him at all *het bracht hem niets op* **5.1** ~ **down** *als voorschot be-*

talen; ~ **over** *(uit)betalen* **5.¶** →pay **away;**→pay **back;**→pay **off;** →pay **out;**→pay **up 6.1** ~ money **in** the bank/**into** s.o.'s account *geld op de bank/op iemands rekening storten.*

pay[3] ⟨ov.ww.; ook paid, paid⟩⟨scheep.⟩ **0.1** ***teren*** ⇒*pikken, harpuizen, kal(e)faten.*

pay·a·ble ['peɪəbl]⟨f1⟩⟨bn.; -ly;→bijw. 3⟩
I ⟨bn.⟩ **0.1** ***rendabel*** ⇒*lonend, produktief, winstgevend;*
II ⟨bn., pred., bn., post.⟩ **0.1** ***betaalbaar*** ⇒*te betalen, verschuldigd* ◆ **1.1** ⟨vnl. AE; boekhouden⟩ accounts ~ *te betalen rekeningen* **3.1** be(come) ~ *vervallen* ⟨v. wissel⟩; make ~ *betaalbaar stellen* ⟨wissel⟩ **6.1** ~ **to** *betaalbaar aan, uit te betalen aan, ten gunste van.*

'pay a'way ⟨ov.ww.⟩ **0.1** ***uitbetalen*** **0.2** ***betalen*** ⇒*uitgeven, weggeven, weggooien* ⟨geld⟩ **0.3** ⟨BE⟩ ***terugbetalen*** ⇒*met gelijke munt betalen, (weer)wraak nemen, betaald zetten, vergelden* **0.4** ***vieren*** ⟨touw, kabel⟩.

'pay·back, ⟨in bet. 0.2 ook⟩ **pay'back time, pay'back period** ⟨telb.zn.⟩ **0.1** ***opbrengst*** ⇒*resultaat, rendement* **0.2** ***terugverdientijd.***

'pay 'back ⟨f1⟩⟨ov.ww.⟩ **0.1** ***terugbetalen*** ⇒*teruggeven, vergoeden, restitueren* **0.2** ***terugbetalen*** ⇒*met gelijke munt betalen, (weer) wraak nemen, betaald zetten, vergelden* ◆ **1.2** she paid him back his infidelities *ze zette hem zijn avontuurtjes betaald.*

'pay-bed ⟨telb.zn.⟩ **0.1** ***ziekenhuisbed*** ⟨waarvoor betaald moet worden door particulier verzekerde⟩.

'pay-bill ⟨telb.zn.⟩ **0.1** ***loonlijst*** ⇒*betaalstaat.*

'pay·book ⟨telb.zn.⟩⟨mil.⟩ **0.1** ***zakboekje.***

'pay·box ⟨telb.zn.⟩⟨BE⟩ **0.1** ***kas(sa)*** ⇒*(plaatskaarten)loket.*

'pay·check ⟨telb.zn.⟩⟨AE⟩ **0.1** ***looncheque*** ⇒*salaris, loon.*

'pay claim ⟨telb.zn.⟩ **0.1** ***eis/aanvraag tot weddeverhoging.***

'pay·day ⟨f1⟩⟨telb.zn.⟩ **0.1** ***betaaldag*** ⇒*traktementsdag* **0.2** ⟨geldw.⟩ ***rescontre(dag)*** ◆ **3.¶** ⟨sl.⟩ make a ~ *geld versieren* ⟨zonder te werken⟩.

'pay dirt, 'pay gravel ⟨n.-telb.zn.⟩ **0.1** ***rijke/produktieve (ertshoudende) grond*** ⇒⟨bij uitbr.⟩ *(waardevolle) vondst* **0.2** ⟨sl.⟩ ***doel (gebied)*** ◆ **3.¶** ⟨sl.⟩ hit the ~ *succes hebben.*

PAYE ⟨afk.⟩ pay as you earn.

pay·ee [peɪ'i:]⟨f1⟩⟨telb.zn.⟩ **0.1** ***begunstigde*** ⇒*ontvanger, remittent, nemer* ⟨v. wissel e.d.⟩.

'pay envelope ⟨telb.zn.⟩⟨AE⟩ **0.1** ***loonzakje.***

pay·er ['peɪə‖-ər]⟨telb.zn.⟩ **0.1** ***betaler/betaalster.***

'pay for ⟨onov.ww.⟩ **0.1** ***betalen (voor)*** ⇒*de kosten betalen van;* ⟨fig.⟩ *boeten/opdraaien voor* ◆ **1.1** ~ the trip *het reisje betalen;* the house is all paid for *het huis is helemaal afbetaald.*

'pay freeze ⟨telb.zn.⟩ **0.1** ***loonstop.***

pay gravel →pay dirt.

'pay hike ⟨telb.zn.⟩ **0.1** ***loonsverhoging*** ⇒*weddeverhoging.*

pay·ing ['peɪɪŋ]⟨f1⟩⟨bn.; teg. deelw. v. pay⟩ **0.1** ***lonend*** ⇒*produktief, winstgevend, rendabel.*

paying 'guest ⟨telb.zn.⟩ **0.1** ***kostganger*** ⇒*kamerbewoner, betalende logé.*

'pay·ing-'in slip ⟨telb.zn.⟩ **0.1** ***stortingsbewijs/reçu.***

'pay·ing-la·dle ⟨telb.zn.⟩⟨scheep.⟩ **0.1** ***peklepel.***

'pay·load, 'paying load ⟨telb.zn.⟩ **0.1** ***betalende vracht*** ⇒*nuttige last/vracht* ⟨in schip, vliegtuig⟩ **0.2** ***nuttige last*** ⇒*springlading* ⟨in bom/raket⟩, *meetapparatuur* ⟨v. satelliet⟩ **0.3** ***netto lading/laadvermogen.***

'pay·mas·ter ⟨telb.zn.⟩ **0.1** ***betaalmeester.***

'paymaster 'general ⟨telb.zn.; ook paymasters general;→mv. 6⟩ **0.1** ⟨P- G-⟩⟨BE⟩ ***minister v. financiën*** **0.2** ⟨mil.⟩ ***algemene betaalmeester.***

pay·ment ['peɪmənt]⟨f3⟩⟨zn.⟩
I ⟨telb.zn.⟩ **0.1** ***betaalde som*** ⇒*bedrag, (af)betaling* **0.2** ***betaling*** ⇒*loon, soldij* ◆ **3.1** make monthly ~s *maandelijks afbetalen;*
II ⟨telb. en n.-telb.zn.⟩ **0.1** ***vergoeding*** ⇒*beloning, (verdiende) loon, straf, vergelding, wraak* ◆ **1.1** in ~ for services rendered *als beloning voor bewezen diensten;*
III ⟨n.-telb.zn.⟩ **0.1** ***(uit)betaling*** ⇒*vereffening, het uitbetalen* **0.2** ***(af)betaling*** ◆ **2.1** prompt ~ *onmiddellijke betaling* **3.¶** deferred ~, ~ on deferred terms *betaling in termijnen;* ⟨i.h.b.⟩ *afbetaling.*

pay·ment-in-kind ⟨telb. en n.-telb.zn.; payments-in-kind;→mv. 6⟩ **0.1** ***(af)betaling in natura.***

pay·nim ['peɪnɪm]⟨telb.zn.⟩⟨vero.⟩ **0.1** ***heiden(se)*** ⇒*ongelovige, mohammedaan, saraceen.*

pay·nize ['peɪnaɪz]⟨ov.ww.⟩ **0.1** ***met bederfwerende oplossing laten doortrekken*** ⟨hout⟩.

'pay·off ⟨f1⟩⟨telb.zn.; ook attr.⟩⟨inf.⟩ **0.1** ***uitbetaling*** ⟨v. loon⟩ ⇒*betaaldag, afrekening* **0.2** ⟨fig.⟩ ***afrekening*** ⇒*vergelding, weerwraak* **0.3** ***resultaat*** ⇒*inkomsten, winst, loon, beloning* **0.4** ***steekpenningen*** ⇒*omkoopsom, omkoopgeld* **0.5** ***afvloeiingspremie*** ⇒*gouden handdruk* **0.6** ***climax*** ⇒*hoogtepunt, ontknoping* **0.7** ***beslissende/doorslaggevende factor*** **0.8** ***iets onverwachts*** **0.9** ***iets absurds.***

'pay 'off ⟨f1⟩⟨ww.⟩
I ⟨onov.ww.⟩ **0.1** ***renderen*** ⇒*(de moeite) lonen, de moeite waard zijn, winst/resultaat opleveren* **0.2** ⟨scheep.⟩ ***lijwaarts draaien*** ⇒*onder de wind draaien* ⟨v. schip⟩;
II ⟨ov.ww.⟩ **0.1** ***betalen en ontslaan*** ⇒*afmonsteren* **0.2** ***(af)betalen*** ⇒*vereffenen, aflossen, voldoen* **0.3** ***steekpenningen geven*** ⇒*omkopen, afkopen* **0.4** ***terugbetalen*** ⇒*met gelijke munt betalen, (weer)wraak nemen op, (het) betaald zetten, vergelden.*

'pay-of·fice ⟨telb.zn.⟩ **0.1** ***betaalkantoor.***

pay·o·la [peɪ'oʊlə]⟨zn.⟩
I ⟨telb. en n.-telb.zn.; g. mv.⟩ **0.1** ***steekpenning;***
II ⟨n.-telb.zn.⟩ **0.1** ***omkoperij*** ⟨vnl. v. disc-jockeys⟩.

'pay ore ⟨n.-telb.zn.⟩ **0.1** ***rijk/produktief erts.***

'pay 'out ⟨f1⟩⟨ww.⟩
I ⟨onov.ww.⟩ **0.1** ***uitbetalen*** **0.2** ***geld uitgeven/weggeven*** ◆ **6.2** ~ **on** school uniforms *geld weggeven voor schooluniformen;*
II ⟨ov.ww.⟩ **0.1** ***uitbetalen*** **0.2** ***betalen*** ⇒*uitgeven, weggeven, weggooien* ⟨geld⟩ **0.3** ⟨BE⟩ ***terugbetalen*** ⇒*met gelijke munt betalen, (weer)wraak nemen op, (het) betaald zetten, vergelden* **0.4** ***vieren*** ⟨touw, kabel⟩ ◆ **1.2** ~ millions *miljoenen uitgeven.*

'pay-out ⟨telb.zn.⟩ **0.1** ***uitgave*** ⇒*betaling.*

'pay packet ⟨telb.zn.⟩⟨BE⟩ **0.1** ***loonzakje.***

'pay pause ⟨telb.zn.⟩ **0.1** ***loonpauze.***

'pay phone, 'pay telephone ⟨f1⟩⟨telb.zn.⟩ **0.1** ***(publieke) telefooncel*** ⇒*munttelefoontoestel.*

'pay rise ⟨telb.zn.⟩ **0.1** ***loons/wedde/salarisverhoging.***

'pay rock ⟨n.-telb.zn.⟩ **0.1** ***rijk/produktief (ertshoudend) gesteente.***

'pay·roll, ⟨in bet. 0.1 ook⟩ **'pay sheet** ⟨f1⟩⟨telb.zn.⟩ **0.1** ***loonlijst*** ⇒*betaalstaat* **0.2** ***loonkosten*** ◆ **6.1** be **on** the ~ *op de loonlijst staan.*

'payroll 'tax ⟨telb. en n.-telb.zn.⟩ **0.1** ***personeelsbelasting.***

pay·sage [peɪ'zɑ:ʒ‖'peɪsɪdʒ]⟨telb.zn.⟩ **0.1** ***landschap*** ⇒*landelijk tafereel* **0.2** ***landschapschildering.***

pay·sa·gist ['peɪzɑ:ʒɪst‖-sədʒɪst]⟨telb.zn.⟩ **0.1** ***landschapschilder.***

'pay scale ⟨telb.zn.⟩ **0.1** ***loon/salarisschaal.***

'pay settlement ⟨telb.zn.⟩ **0.1** ***loonovereenkomst.***

'pay slip ⟨telb.zn.⟩ **0.1** ***loonslip/strookje.***

'pay station ⟨telb.zn.⟩⟨AE⟩ **0.1** ***(publieke) telefooncel.***

pay streak →pay dirt.

'pay television, ⟨in bet. II ook⟩ **'pay cable** ⟨zn.⟩
I ⟨telb.zn.⟩ **0.1** ***munttelevisietoestel;***
II ⟨n.-telb.zn.⟩ **0.1** ***abonnee/betaaltelevisie.***

'pay toilet ⟨telb.zn.⟩ **0.1** ***munttoilet.***

'pay train ⟨telb.zn.⟩ **0.1** ***trein waarin je je kaartje bij de conducteur moet kopen.***

'pay 'up ⟨f1⟩⟨onov. en ov.ww.⟩ **0.1** ***betalen*** ⇒*het volledige bedrag betalen, (helemaal) afbetalen;* ⟨i.h.b.⟩ *volstorten* ⟨aandelen⟩ ◆ **1.1** ⟨geldw.⟩ paid-up capital *gestort kapitaal.*

pazazz →pizzazz.

PB ⟨afk.⟩ passbook, prayer book.

PBI ⟨afk.⟩ poor bloody infantry ⟨inf.⟩.

PBX ⟨afk.⟩ private branch exchange.

p/c, P/C ⟨afk.⟩ petty cash, price current.

pc ⟨afk.⟩ after meals, per cent, personal computer, petty cash, piece, post card, price.

PC ⟨afk.⟩ Personal Computer, police constable, Privy Council(lor), Post Commander.

PCB ⟨afk.⟩ **0.1** ⟨polychlorinated biphenyl⟩ ***PCB*** ⇒*polychloorbifenyl* **0.2** ⟨Printed Circuit Board⟩.

PCP ⟨afk.⟩ Portable Code Processor.

pct ⟨afk.⟩ per cent ⟨AE⟩.

pd ⟨afk.⟩ paid, per diem.

PD ⟨afk.⟩ police department ⟨AE⟩.

Pd B ⟨afk.⟩ Bachelor of Pedagogy.

Pd D ⟨afk.⟩ Doctor of Pedagogy.

Pd M ⟨afk.⟩ Master of Pedagogy.

pdq ⟨afk.⟩ pretty damn quick ⟨sl.⟩.

PDT ⟨afk.⟩ pacific daylight time ⟨AE⟩.

p/e ⟨afk.⟩ price/earnings ratio.

PE ⟨afk.⟩ physical education.

pea [pi:]⟨f2⟩⟨zn.⟩
I ⟨telb.zn.⟩ **0.1** ⟨plantk.⟩ ***erwt*** ⟨Pisum sativum⟩ ⇒*doperwt* **0.2** ⟨plantk.⟩⟨ben. voor⟩ ***op erwt lijkende plant/peul*** ⇒*lathyrus* ⟨genus Lathyrus; i.h.b. L. odoratus⟩; *keker* ⟨Cicer arietinum⟩; *kousebAND, katjang pandang* ⟨Vigna sinensis⟩ **0.3** ***stukje erts/kool*** ⇒*kiezelsteentje* ◆ **2.1** green ~s *erwtjes* **6.¶** as **like** as two ~s (in a pod) *(op elkaar lijkend) als twee druppels water;*
II ⟨mv.; ~s⟩ **0.1** ***doperwtjes.***

'pea beetle, 'pea bug, 'pea weevil ⟨telb.zn.⟩⟨dierk.⟩ **0.1** ***erwtekever*** ⟨Bruchus pisorum⟩.

'pea·bird ⟨telb.zn.⟩⟨dierk.⟩ 0.1 ⟨BE; gew.⟩ ***draaihals*** ⟨Jynx torquilla⟩ 0.2 ***Baltimoretroepiaal*** ⟨Icterus galbula⟩.
Pea·bod·y bird ['pi:bɒdi 'bɜ:d‖-bɑdi 'bɜrd]⟨telb.zn.⟩⟨dierk.⟩ 0.1 ***witkeelgors*** ⟨Zonotrichia albicollis⟩.
peace [pi:s]⟨f3⟩⟨zn.⟩⟨→sprw. 329, 555, 663⟩
I ⟨telb.zn.⟩ 0.1 ***vrede(speriode)*** 0.2 ⟨vnl. P-⟩ ***vredesverdrag*** ⇒*vredesakkoord* ◆ 2.1 a brief ~ *een korte (periode v.) vrede* 3.2 the countries signed a Peace *de landen ondertekenden een vredesakkoord;*
II ⟨n.-telb.zn.⟩ 0.1 ***vrede*** ⇒*vredestijd, vredesbestand* 0.2 ⟨vnl. the⟩ ***openbare orde*** ⇒*openbare rust, openbare veiligheid* 0.3 ***rust*** ⇒*kalmte, tevredenheid, sereniteit* 0.4 ***harmonie*** ⇒*goede verstandhouding, eensgezindheid* ◆ 1.2 the ~ of the realm *de binnenlandse orde* 1.3 ~ of mind *gemoedsrust, gewetensrust;* in ~ and quiet *in rust en vrede, in alle rust* 3.1 make ~ with *vrede sluiten met* 3.2 break the ~ *de openbare orde verstoren, oproer zaaien;* keep the ~ *de openbare orde handhaven* 3.3 hold/keep one's ~ *zich koest houden, rustig blijven, zwijgen* 3.4 keep one's ~ with *op goede voet blijven met, geen ruzie zoeken met;* make one's ~ with *zich verzoenen met, vrede sluiten met* 6.3 **in** ~ ~ *in alle rust;* do let me finish this job **in** ~ *laat me dit werkje nu toch rustig afmaken;* leave me **in** ~ *laat me met rust* 6.4 **at** ~ **with** *in harmonie met, in goede verstandhouding met;* the thief never felt **at** ~ **with** himself *de dief leefde steeds in onvrede met zichzelf* 6.¶ be **at** ~ *de eeuwige rust genieten, dood zijn;* ~ **to** his ashes *hij ruste in vrede.*
peace·a·ble [pi:səbl]⟨f2⟩⟨bn.; -ly; -ness; →bijw. 3⟩ 0.1 ***vredelievend*** ⇒*vreedzaam* 0.2 ***vredig*** ⇒*rustig, kalm, ongestoord.*
'peace conference ⟨telb.zn.⟩ 0.1 ***vredesconferentie.***
'Peace Corps ⟨verz.n.⟩ 0.1 ***Peace Corps*** ⇒*Vredescorps* ⟨Am. overheidsinstelling voor vrijwilligershulp aan ontwikkelingslanden⟩.
'peace demonstration ⟨telb.zn.⟩ 0.1 ***vredesbetoging.***
'peace feeler ⟨telb.zn.⟩ 0.1 ***vredesverkenner*** ⇒*vredesverkenning, proefballonnetje naar vredesgezindheid* ◆ 3.1 put out ~s toward a country *(via diplomaten) de vredesgezindheid v.e. land peilen.*
peace·ful ['pi:sfl]⟨f3⟩⟨bn.; -ly; -ness⟩ 0.1 ***vredig*** ⇒*stil, rustig, tevreden, in vrede levend* 0.2 ***vreedzaam*** ⇒*zonder oorlogsdoeleinden, op vrede gericht, vredesgezind* ◆ 1.2 ~ coexistence *vreedzame coëxistentie;* ~ uses of nuclear energy *vreedzaam gebruik van atoomenergie.*
'peace·keep·er ⟨telb.zn.⟩ 0.1 ***vredestichter*** ⇒*vredebrenger.*
'peacekeeping force ⟨telb.zn.⟩ 0.1 ***vredesstrijdkrachten*** ⇒*vredesmacht.*
'peace·mak·er ⟨telb.zn.⟩ 0.1 ***vredestichter*** ⇒*vredebrenger* 0.2 ⟨AE; scherts.⟩ ***revolver.***
'peace-mon·ger·ing ⟨bn.⟩⟨pej.⟩ 0.1 ***vredestichtend.***
'peace movement ⟨f1⟩⟨verz.n.⟩ 0.1 ***vredesbeweging.***
'peace negotiations →peace talks.
peace·nik ['pi:s·nɪk]⟨telb.zn.⟩⟨AE; sl.⟩ 0.1 ***pacifist*** ⇒*vredesactivist.*
'peace offering ⟨telb.zn.⟩ 0.1 ***zoenoffer*** 0.2 ⟨bijb.⟩ ***dankoffer.***
'peace pipe ⟨telb.zn.⟩ 0.1 ***vredespijp*** ⇒*calumet* ◆ 3.1 smoke the ~ *de vredespijp roken;* ⟨fig.⟩ *zich verzoenen.*
'peace plan ⟨telb.zn.⟩ 0.1 ***vredesplan.***
'peace shield ⟨telb.zn.⟩ 0.1 ***vredesschild.***
'peace sign ⟨telb.zn.⟩ 0.1 ⟨vnl. the⟩ ***vredesteken*** ⇒*V-teken* ⟨met de vingers⟩ 0.2 ***vredessymbool.***
'peace symbol ⟨telb.zn.⟩ 0.1 ***vredessymbool*** ⇒*ban-de-bom teken.*
'peace talks ⟨f1⟩⟨mv.⟩ 0.1 ***vredesonderhandelingen*** ⇒*vredesbesprekingen.*
'peace·time ⟨f2⟩⟨n.-telb.zn.⟩ 0.1 ***vredestijd.***
'peace treaty ⟨f1⟩⟨telb.zn.⟩ 0.1 ***vredesverdrag.***
peach[1] [pi:tʃ]⟨f2⟩⟨zn.⟩
I ⟨telb.zn.⟩ 0.1 ***perzik*** 0.2 ***perzikboom*** 0.3 ⟨inf.⟩⟨ben. voor⟩ ***bijzonder aantrekkelijk persoon of zaak*** ⇒*prachtstuk, prachtexemplaar; prachtmeid, knap ding, knap meisje, snoesje* ◆ 1.3 a ~ of a dress *een snoezig jurkje/prachtjapon/jurkje om van te smullen;* a ~ of a girl *een schat/dotje/droom v.e. meisje;* a ~ of a housewife *een prima huisvrouw, een heerlijke, ouderwetse huisvrouw;* a ~ of a week-end *een heerlijk weekend, zó'n weekend* 1.¶ all ~es and cream *met een perzikhuidje, met perzikwangen;*
II ⟨n.-telb.zn.⟩ 0.1 ***perzik(kleur).***
peach[2] ⟨onov.ww.⟩⟨sl.⟩ 0.1 ***klikken*** ⇒*een klikspaan zijn* ◆ 6.1 he's always ~ing **against/on** his classmates **to** the headmaster *hij klikt altijd over zijn klasgenoten bij de directeur, hij verlinkt zijn klasgenoten steeds bij de directeur;* ~ **against/on** an accomplice *een medeplichtige verraden.*
'peach·blow ⟨n.-telb.zn.⟩ 0.1 ⟨ook attr.⟩ ***paarsroze (kleur)*** 0.2 ***paarsroze glazuur.***
'peach 'brandy ⟨telb. en n.-telb.zn.⟩ 0.1 ***(glaasje) persico*** ⇒*(glaasje) perzikbrandewijn.*
pea·chick ['pi:tʃɪk]⟨telb.zn.⟩ 0.1 ***jonge pauw.***
peach mel·ba ['pi:tʃ 'melbə], **pêche melba** ['peʃ-‖'pi:tʃ-, 'peʃ-]⟨telb.zn.⟩⟨cul.⟩ 0.1 ***pêche melba*** ⟨perzik met roomijs enz.⟩.
peach·y ['pi:tʃi]⟨bn.; -er; -ly; -ness; →bijw. 3⟩ 0.1 ***perzikachtig*** ⇒*perzikkleurig, zacht, donzig* 0.2 ⟨AE; inf.⟩ ***reuze*** ⇒*fijn, leuk, puik, prima.*
pea coat →pea jacket.
pea·cock[1] ['pi:kɒk‖-kɑk]⟨f2⟩⟨zn.⟩
I ⟨telb.zn.⟩ 0.1 ***(mannetjes)pauw*** ⟨ook fig.⟩ ⇒*pronker, protser, poehamaker, dikdoener* 0.2 ⟨verk.⟩ ⟨peacock butterfly⟩ ◆ 1.1 ⟨heraldiek⟩ ~ in his pride *pronkende pauw* 2.1 as proud as a ~ *zo trots als een pauw;*
II ⟨n.-telb.zn.⟩ 0.1 ***pauwblauw*** ⇒*groenblauw.*
peacock[2] ⟨ww.⟩
I ⟨onov.ww.⟩ 0.1 ***paraderen*** ⇒*pronken, pralen, met zichzelf te koop lopen;*
II ⟨ov.ww.⟩ 0.1 ⟨vnl. wederk. ww.⟩ ***bewieroken*** ⇒*pochen/bluffen over* 0.2 ⟨Austr. E; sl.⟩ ***het beste inpikken*** ⟨landbouwgrond⟩.
'peacock 'blue ⟨n.-telb.zn.⟩ 0.1 ***pauwblauw*** ⇒*groenblauw.*
'peacock 'butterfly ⟨telb.zn.⟩⟨dierk.⟩ 0.1 ***dagpauwoog*** ⟨Vanessa io⟩.
pea·cock·er·y ['pi:kɒkəri‖-kɑ-]⟨n.-telb.zn.⟩ 0.1 ***pronkerij*** ⇒*protserigheid, dikdoenerij.*
'pea·cock-fish ⟨telb.zn.⟩⟨dierk.⟩ 0.1 ***pauwvis*** ⟨Crenilabrus pavo⟩.
'pea·fowl ⟨telb.zn.⟩ 0.1 ***pauw.***
peag(e) [pi:g], **peak** [pi:k]⟨n.-telb.zn.⟩⟨AE⟩ 0.1 ***wampumgeld*** ⟨geld v. kralenstrengen bij Noordam. Indianen⟩.
'pea 'green ⟨n.-telb.zn.; ook attr.⟩ 0.1 ***erwtegroen*** ⇒*geelgroen.*
'pea·head ⟨telb.zn.⟩⟨AE; inf.⟩ 0.1 ***sufferd*** ⇒*stommerd, idioot.*
pea·hen ['pi:hen]⟨telb.zn.⟩ 0.1 ***pauwin.***
'pea jacket, 'pea coat ⟨telb.zn.⟩ 0.1 ***(pij)jekker*** ⇒*jopper, duffel, wambuis.*
peak[1] [pi:k]⟨f3⟩⟨telb.zn.⟩ 0.1 ***piek*** ⇒*spits, punt, kop, uitsteeksel;* ⟨fig.⟩ *hoogtepunt, toppunt, uitschieter, maximum* 0.2 ***(berg)piek*** ⇒*(hoge) berg, berg (met piek), top* 0.3 ***klep*** ⟨v. pet⟩ 0.4 ⟨scheep.⟩ ***piek*** ⇒*achter/vooronder* 0.5 ⟨scheep.⟩ ***nokhoek*** 0.6 ⟨scheep.⟩ ***gaffelpiek/nok*** ⇒*gaffeltop* ◆ 1.1 the ~ of a beard *de punt v.e. baard;* a ~ of hair *een haarpiek;* the ~ of a roof *de nok/punt v.e. dak* 2.1 waves with high ~s *golven met hoge koppen.*
peak[2] ⟨f2⟩⟨ww.⟩ →peaked
I ⟨onov.ww.⟩ 0.1 ***een piek/hoogtepunt bereiken*** ⇒⟨sport⟩ *pieken* 0.2 ***wegkwijnen*** ⇒*zwak(jes) worden, wegteren* 0.3 ***pieken vormen*** 0.4 ***loodrecht duiken*** ⟨v. walvis, met de staartvin recht omhoog⟩ ◆ 1.1 the traffic ~s at 6 *om 6 uur is het spitsuur (in het verkeer)* 1.3 beat the egg whites until they ~ *klop de eiwitten stijf* 3.2 ~ and pine *wegteren, versmachten;*
II ⟨ov.ww.⟩ 0.1 ***een piek doen vormen*** 0.2 ***een hoogtepunt/piek doen bereiken*** ⇒*maximaliseren* 0.3 ⟨scheep.⟩ ***pieken*** ⇒*toppen, rechtbrassen, in het kruis zetten* ⟨ra⟩ 0.4 ⟨scheep.⟩ ***pieken*** ⇒*(op) hijsen* ⟨gaffel⟩ 0.5 ***opsteken*** ⇒*rechtop zetten* ⟨staartvin v. walvis⟩ ◆ 1.1 she ~ed her eyebrows *ze trok haar wenkbrauwen op* 1.2 the shop ~ed the summer stocks *de winkel sloeg een zo groot mogelijke zomervoorraad in* 1.3 ~ the yards *de ra's toppen* 1.5 ~ the oars *de roeispanen opsteken;* the whale ~ed its flukes *de walvis dook loodrecht met de staartvin rechtomhoog.*
peaked [pi:kt]⟨f1⟩⟨bn.; oorspr. volt. deelw. v. peak⟩ 0.1 ***ziekelijk*** ⇒*mager, bleek* 0.2 ***gepunt*** ⇒*puntig, spits, scherp* ◆ 1.2 a ~ cap *een (klep)pet;* a ~ roof *een puntdak.*
'peak hour ⟨f1⟩⟨telb. en n.-telb.zn.⟩ 0.1 ***spitsuur*** ⇒*piekuur.*
'peak 'load ⟨telb.zn.⟩⟨elek.⟩ 0.1 ***piekbelasting.***
'peak month ⟨telb.zn.⟩ 0.1 ***topmaand.***
'peak per'formance ⟨telb.zn.⟩ 0.1 ***topprestatie*** ⟨v. machines/atleten⟩.
peak·y ['pi:ki]⟨bn.; -er; →compar. 7⟩ 0.1 ***ziekelijk*** ⇒*mager, bleek* 0.2 ***puntig*** ⇒*scherp, spits.*
peal[1] [pi:l]⟨f1⟩⟨telb. en n.-telb.zn.⟩ 0.1 ***klokkengelui*** ⇒*galm, klokgebeier* 0.2 ***klokkenspel*** ⇒*carillon, beiaard* 0.3 ***luide klank*** ⇒*galm, geluidssalvo, geschal, resonantie* 0.4 ***(jonge)zalm*** ◆ 1.3 ~s of applause *stormachtige bijval;* ~s of laughter *lachsalvo's;* the loud ~ of the telephone *het luide gerinkel v.d. telefoon;* a ~ of thunder *een donderslag.*
peal[2] ⟨f1⟩⟨onov. en ov.ww.⟩ 0.1 ***luiden*** 0.2 ***galmen*** ⇒*(doen) klinken, weerklinken, luid verkondigen* ◆ 1.2 she ~ed her success through the whole neighbourhood *ze verkondigde haar succes luidkeels in heel de buurt* 5.2 ~ **out** *weerklinken, weergalmen;* her voice ~ed **out** over the classroom *haar stem galmde door de klas.*
pean →paean.
pea·nut ['pi:nʌt]⟨f2⟩⟨zn.⟩
I ⟨telb.zn.⟩ 0.1 ***pinda*** ⇒*apenootje, olienootje, pindanootje, aardnoot* 0.2 ⟨plantk.⟩ ***pinda(plant)*** ⟨Arachis hypogaea⟩ 0.3 ⟨AE; sl.⟩ ***onderdeur(tje)*** ⇒*mannetje van niks, prutsventje, prulventje,*

magere spiering, onderkruiper, onderkruipsel;
II ⟨n.-telb.zn.; vaak attr.⟩ **0.1** ***vlaskleur;***
III ⟨mv.; ~s⟩⟨AE; inf.⟩ **0.1** ⟨ben. voor⟩ ***onbeduidend iets*** ⇒*kleinigheid, bagatel, kinderspel, habbekrats, prikje, spotprijs(je), een appel en een ei* ◆ **1.1** this problem is ~s to what is standing in store for you *dit probleem is nog niks/een lachertje vergeleken bij wat je nog te wachten staat* **3.1** shoes are going for ~s at that store *schoenen kosten zo goed als niks/gaan voor een habbekrats de deur uit in die winkel* **¶.¶** ~s! *flauwekul!, onzin!, prietpraat!*.
'peanut 'brittle ⟨n.-telb.zn.⟩ **0.1** ***pindarotsjes***.
'peanut butter ⟨f1⟩⟨n.-telb.zn.⟩ **0.1** ***pindakaas***.
'peanut gallery ⟨telb.zn.⟩⟨AE; inf.; dram.⟩ **0.1** ***schellinkje*** ⇒*engelenbak*.
'peanut oil ⟨n.-telb.zn.⟩ **0.1** ***arachideolie*** ⇒*aardnotenolie*.
'peanut policy ⟨n.-telb.zn.⟩⟨AE⟩ **0.1** ***kruidenierspolitiek***.
'peanut politician ⟨telb.zn.⟩ **0.1** ***onbeduidende/onbetekenende politicus*** ⇒*krenterige/bekrompen politicus*.
'pea·pod ⟨telb.zn.⟩ **0.1** ***erwtedop*** ⇒*erwtebast, peulschil*.
pear [peə‖per]⟨f2⟩⟨telb.zn.⟩ **0.1** ***peer*** **0.2** ***pereboom*** ⇒*perelaar*.
'pear drop ⟨zn.⟩
I ⟨telb.zn.⟩ **0.1** ***peervormig juweel*** ⇒*(oor)hangertje;*
II ⟨telb. en n.-telb.zn.⟩ **0.1** ***peerdrops*** ⇒*peerdrups, peerdrop*.
'pear haw, 'pear hawthorn ⟨telb.zn.⟩⟨plantk.⟩ **0.1** ***(soort) meidoorn*** ⟨Crataegus uniflora⟩.
pearl[1] [pɜ:l‖pɜrl]⟨f2⟩⟨zn.⟩
I ⟨telb.zn.⟩ **0.1** ***parel*** ⟨ook fig.⟩ ⇒*parelvormig voorwerp* **0.2** ⟨BE⟩ ***picot*** ⇒*picootje* ◆ **1.1** ~s of dew *dauwdruppels, dauwpareltjes;* his mother is a ~ among women *zijn moeder is een parel v.e. vrouw* **1.¶** ⟨vero.⟩ cast ~s before swine *paarlen voor de zwijnen werpen;*
II ⟨telb. en n.-telb.zn.⟩⟨druk.⟩ **0.1** ***parel*** ⇒*vijfpunts(letter);*
III ⟨n.-telb.zn.⟩ **0.1** ***paarlemoer*** **0.2** ***parelgrijs;***
IV ⟨mv.; ~s⟩ **0.1** ***parelsnoer***.
pearl[2] ⟨ww.⟩ →pearled
I ⟨onov.ww.⟩ **0.1** ***parelen*** **0.2** ***parelduiken*** ◆ **6.1** tears are ~ing **down** his face *de tranen parelen/biggelen over zijn wangen;*
II ⟨ov.ww.⟩ **0.1** ***beparelen*** **0.2** ***parelen*** ⇒*parelvormig/parelkleurig maken, afronden* **0.3** ⟨BE⟩ ***met picot afzetten*** ◆ **1.1** dew ~ed the grass *het gras was met dauw bepareld* **1.2** ~ barley *gerst parelen*.
'pearl ash ⟨n.-telb.zn.⟩ **0.1** ***parelas*** ⇒*(gezuiverde) potas*.
'pearl 'barley ⟨n.-telb.zn.⟩ **0.1** ***parelgerst*** ⇒*geparelde gerst, parelgort*.
'pearl 'button ⟨telb.zn.⟩ **0.1** ***paarlemoeren knoopje***.
'pearl disease ⟨telb. en n.-telb.zn.⟩ **0.1** ***parelziekte*** ⟨t.b.c. bij rundvee⟩.
'pearl diver ⟨telb.zn.⟩ **0.1** ***parelduiker*** ⇒*parelvisser* **0.2** ⟨inf.; scherts.⟩ ***bordenwasser***.
pearled [pɜ:ld‖pɜrld]⟨bn.; oorspr. volt. deelw. v. pearl+2⟩ **0.1** ***bepareld*** ⇒*(bedekt) met parels/druppels* **0.2** ***parelachtig*** ⇒*paarlen-*.
pearl·er ['pɜ:lə‖'pɜrlər]⟨telb.zn.⟩ **0.1** ***parelduiker*** ⇒*parelvisser* **0.2** ***parelhandelaar*** **0.3** ***parelvissersboot***.
'pearl eye ⟨zn.⟩
I ⟨telb.zn.⟩ **0.1** ***kraaloog*** ⟨v.e. vogel⟩;
II ⟨n.-telb.zn.⟩ **0.1** ***pareloog*** ⟨oogaandoening bij hoenders⟩.
'pearl fisher ⟨telb.zn.⟩ **0.1** ***parelduiker*** ⇒*parelvisser*.
'pearl fishery ⟨telb.zn.⟩ **0.1** ***parelvisserij*** ⟨zeebedding met pareloesters⟩.
'pearl 'grey ⟨n.-telb.zn.⟩ **0.1** ***parelgrijs***.
'pearl hen ⟨telb.zn.⟩ **0.1** ***parelhoen*** ⇒*poelepetaat*.
pearl·ies ['pɜ:liz‖'pɜr-]⟨mv.⟩ **0.1** ***met paarlemoeren knopen versierde kleren*** ⟨v. marktventerskoning/koningin⟩ **0.2** ***marktkramerskoning(inn)en*** **0.3** ⟨sl.⟩ ***bijtertjes*** ⇒*tanden*.
pearl·ite, ⟨in bet. 0.1 ook⟩ **per·lite** ['pɜ:laɪt‖'pɜr-]⟨n.-telb.zn.⟩ **0.1** ***perliet*** ⟨vulkanisch glas⟩ **0.2** ***parelsteen***.
pearl·ized ['pɜ:laɪzd‖'pɜrl-]⟨bn.⟩ **0.1** ***met paarlemoerglans*** ⇒*paarlemoeren*.
'pearl 'millet ⟨telb. en n.-telb.zn.⟩⟨plantk.⟩ **0.1** ***kattestaartgierst*** ⟨Pennisetum glaucum⟩.
'pearl mussel ⟨telb.zn.⟩ **0.1** ***parelmossel***.
'pearl oyster, 'pearl shell ⟨telb.zn.⟩⟨dierk.⟩ **0.1** ***pareloester*** ⟨genus Avicula of Pinctada, i.h.b. P. margaritifera⟩.
'pearl powder, 'pearl 'white ⟨n.-telb.zn.⟩ **0.1** ***parelwit*** ⟨verfstof⟩.
'pearl 'sago ⟨n.-telb.zn.⟩ **0.1** ***parelsago*** ⇒*geparelde sago*.
'pearl 'tea ⟨n.-telb.zn.⟩ **0.1** ***parelthee*** ⇒*joosjesthee, buskruitthee*.
pearl·y ['pɜ:li‖'pɜrli]⟨f1⟩⟨bn.; -er; -ness; →bijw. 3⟩ **0.1** ***parelachtig*** ⇒*parelvormig, parelkleurig* **0.2** ***bepareld*** **0.3** ***met paarlemoer bedekt*** **0.4** ***paarlen*** ◆ **1.1** ~ teeth *parelwitte tanden* **1.4** the Pearly Gates (of Heaven) *de paarlen (hemel)poorten* ⟨Openb. 21:21⟩
1.¶ ⟨BE; sl.⟩ ~ gates *tanden;* ⟨BE⟩ ~ king/queen ⟨ong.⟩ *marktventerskoning/koningin* ⟨zie ook pearlies⟩; ⟨dierk.⟩ ~ nautilus *nautilus, poliepslak* ⟨Nautilus pompilius⟩.
pear·main ['peəmeɪn‖'per-]⟨telb.zn.⟩⟨BE⟩ **0.1** ***(soort) rode appel***.
peart →pert.
peas·ant ['peznt]⟨f3⟩⟨telb.zn.⟩ **0.1** ***(kleine) boer*** ⇒*boertje, keuterboer, pachtboer* **0.2** ***plattelander*** ⇒*landman, buitenman* **0.3** ***lomperik*** ⇒*(boeren)kinkel, lomperd, (lompe) boer*.
peas·ant·ry ['pezntri]⟨f1⟩⟨zn.⟩
I ⟨n.-telb.zn.⟩ **0.1** ***boerse manieren;***
II ⟨verz.n.; vnl. the⟩ **0.1** ***plattelandsbevolking*** ⇒*plattelandsbewoners, landvolk, boeren* **0.2** ***boerenstand***.
pease [pi:z]⟨telb.zn.; ook pease, peasen, peason ['pi:zn]; →mv. 3, 4⟩ ⟨vero.⟩ **0.1** ***erwt***.
peas(e)·cod ['pi:zkɒd‖-kɑd]⟨telb.zn.⟩⟨vero.⟩ **0.1** ***erwtepeul***.
'peas(e) 'pudding ⟨telb. en n.-telb.zn.⟩ **0.1** ***erwtenbrij*** ⇒*erwtenpap/soep/pastei*.
'pea·shoot·er ⟨telb.zn.⟩ **0.1** ***(erwte)blaaspijp*** ⇒*proppeschieter* **0.2** ⟨scherts.⟩ ***proppeschieter*** ⇒*pistool* ⟨i.h.b. klein kaliber⟩.
'pea 'soup ⟨telb. en n.-telb.zn.⟩ **0.1** ***erwtensoep*** ⇒*snert* **0.2** ⟨inf.⟩ ***erwtensoep*** ⇒*dikke mist*.
'pea-'soup·er ⟨zn.⟩
I ⟨telb.zn.⟩⟨Can. E; bel.⟩ **0.1** ***Frans(talig) Canadees;***
II ⟨telb. en n.-telb.zn.⟩⟨inf.⟩ **0.1** ***erwtensoep*** ⇒*dikke mist*.
pea-'soup·y ['pi:'su:pi]⟨bn.⟩ **0.1** ***brijachtig*** ⇒*snerterig, erwtensoepachtig* ◆ **1.1** ~ fog *mist als erwtensoep*.
'pea-stick ⟨telb.zn.⟩ **0.1** ***erwterijs***.
peat [pi:t]⟨f1⟩⟨telb. en n.-telb.zn.⟩ **0.1** ***turf*** ⇒*(laag)veen* ◆ **1.1** the ~s in the fire *de turven op het vuur*.
'peat bog, 'peat moor ⟨f1⟩⟨telb. en n.-telb.zn.⟩ **0.1** ***veenland*** ⇒*veengrond, turfland*.
'peat dust ⟨n.-telb.zn.⟩ **0.1** ***turfmolm*** ⇒*turfmot, turfstrooisel*.
peat·er·y ['pi:t̬əri]⟨telb.zn.; →mv. 2⟩ **0.1** ***veenderij*** ⇒*veenplaats* **0.2** ***veenland*** ⇒*turfland, veengrond*.
'peat hag ⟨telb.zn.⟩ **0.1** ***steil talud v.e. veengeul*** ⇒*in hooggelegen veengrond*.
'peat moss ⟨telb. en n.-telb.zn.⟩ **0.1** ⟨plantk.⟩ ***veenmos*** ⟨genus Sphagnum⟩ **0.2** ***veenland*** ⇒*turfland, veengrond*.
'peat-reek ⟨n.-telb.zn.⟩ **0.1** ***turfrook*** ⇒*turfdamp* **0.2** ***turfwhisky*** ⟨boven turfvuur gestookte whisky⟩.
peat·y ['pi:t̬i]⟨bn.; -er; →compar. 7⟩ **0.1** ***turfachtig*** ⇒*veenachtig*.
pea·ve·y, pea·ve·y ['pi:vi]⟨telb.zn.; →mv. 2⟩⟨AE⟩ **0.1** ***kant(s)haak***.
peb·ble[1] ['pebl]⟨f2⟩⟨zn.⟩
I ⟨telb.zn.⟩ **0.1** ***kiezelsteen*** ⇒*rolsteentje, kiezel, grind* **0.2** ***lens van bergkristal*** **0.3** ⟨inf.⟩ ***dik brilleglas*** ⇒*jampotbodem, uilelens* **0.4** ***edelsteentje*** ⇒*agaat(steentje)* ◆ **1.1** a path with ~s *een kiezelpad, een grindpad;*
II ⟨n.-telb.zn.⟩ **0.1** ***bergkristal*** **0.2** ***greinleer*** **0.3** ***vlaskleur***.
pebble[2] ⟨ov.ww.⟩ **0.1** ***met steentjes gooien naar*** **0.2** ***(met kiezelstenen) plaveien*** ⇒*met grind bedekken* **0.3** ***korrelen*** ⇒*granuleren, greineren, krispelen, nerven* ◆ **1.2** ~d plains *grindvlakten*.
'pebble dash ⟨n.-telb.zn.⟩ **0.1** ***grindpleister*** ⇒*grindsteen*.
'pebble leather ⟨n.-telb.zn.⟩ **0.1** ***greinleer*** ⇒*gegranuleerd leer*.
'pebble stone ⟨telb.zn.⟩ **0.1** ***kiezelsteen*** ⇒*rolsteentje, kiezel, grind*.
peb·bly ['pebli]⟨bn.⟩ **0.1** ***bekiezeld*** ⇒*met grind bedekt, kiezel-, grind-, kiezelachtig*.
pec ⟨afk.⟩ photoelectric cell.
pe·can [pɪ'kæn‖pɪ'kɑn]⟨telb.zn.⟩ **0.1** ⟨plantk.⟩ ***pecannoteboom*** ⟨Carya illinoensis⟩ **0.2** ***pecannoot***.
pec·ca·bil·i·ty ['pekə'bɪlət̬i]⟨n.-telb.zn.⟩ **0.1** ***zondigheid***.
pec·ca·ble ['pekəbl]⟨bn.⟩ **0.1** ***zondig***.
pec·ca·dil·lo ['pekə'dɪloʊ]⟨f1⟩⟨telb.zn.; ook -es; →mv. 2⟩ **0.1** ***pekelzonde*** ⇒*peccadille, kleine zonde, slippertje*.
pec·can·cy ['pekənsi]⟨zn.; →mv. 2⟩
I ⟨telb.zn.⟩ **0.1** ***vergrijp*** ⇒*zonde, fout, overtreding;*
II ⟨n.-telb.zn.⟩ **0.1** ***slechtheid*** ⇒*corruptheid, zondigheid*.
pec·cant ['pekənt]⟨bn.; -ly⟩ **0.1** ***zondig*** ⇒*slecht, kwaad, corrupt* **0.2** ***dwalend*** ⇒*verkeerd, onjuist* **0.3** ***ziekelijk*** ⇒*kwijnend morbide*.
pec·ca·ry ['pekəri]⟨telb.zn.; →mv. 2⟩⟨dierk.⟩ **0.1** ***pekari*** ⟨genus Tayassu⟩ ⇒⟨i.h.b.⟩ *halsbandpekari* ⟨T. tajacu⟩, *bisamzwijn* ⟨T. pecari⟩.
pec·ca·vi [pe'kɑ:vi:]⟨telb.zn.⟩ **0.1** ***peccavi*** ⇒*schuldbelijdenis, schuldbekentenis* ◆ **3.1** cry ~ *schuld bekennen* **¶.¶** ~! *peccavi!, ik heb gezondigd!*.
pêche melba →peach melba.
peck[1] [pek]⟨f1⟩⟨zn.⟩⟨→sprw. 165, 556⟩
I ⟨telb.zn.⟩ **0.1** ***pik*** ⇒*prik, steek, gaatje* **0.2** ⟨inf.⟩ ***vluchtige zoen*** ⇒*vluchtig kusje* **0.3** ***peck*** ⟨voor vloeistoffen 9,092 l; voor droge waren 8,809 l; →t1; ook vaatje v. een peck⟩ **0.4** ***hoop*** ⇒*massa* **0.5** ⟨AE; sl.⟩ ***blanke*** ◆ **1.4** a ~ of dirt *een pak/stamp vuil, een vuile troep;* a ~ of troubles *een hoop narigheid;*
II ⟨n.-telb.zn.⟩⟨inf.⟩ **0.1** ***voer*** ⇒*vreten, kost, hap*.

peck[2] ⟨f2⟩ ⟨ww.⟩
I ⟨onov.ww.⟩ **0.1** ***pikken*** ⇒*kloppen, hakken* **0.2** ***eten*** ⇒*knabbelen, bikken* ◆ **6.1** ~ **at** *pikken in/naar, kloppen op;* ⟨fig.⟩ *vitten op, afgeven op;* the birds are ~ing (away) **at** the berries *de vogels pikken van/naar de bessen;* ~ (away) **at** the keys *op de toetsen hameren* **6.2** ~ **at** *knabbelen op/van; kieskauwen, met lange tanden eten van;*
II ⟨ov.ww.⟩ **0.1** ***steken*** ⇒*prikken, pikken, kappen, (af)bikken, openhakken* **0.2** ***oppikken*** ⇒*wegpikken, afpikken, uitpikken, kapotpikken* **0.3** ⟨inf.⟩ ***vluchtig zoenen*** ⇒*snel/even een zoen geven* ◆ **1.1** the cock ~ed a hole in the bag *de haan pikte een gat in de zak* **1.2** the hens are ~ing the corn *de kippen pikken het graan (op)* **5.1** ~ **out** *pikken, (af)bikken, (in/uit)hakken;* ~ **out** a drawing on a rock *een tekening in een steen hakken* **5.2** ~ **up** *oppikken.*

peck·er ['pekə||-ər] ⟨telb.zn.⟩ **0.1** ⟨ben. voor⟩ ***iets dat pikt*** ⇒*pikker; specht; pikhaak, (pik)houweel, prikstok* **0.2** ***snavel*** ⇒*sneb, bek* **0.3** ⟨BE; sl.⟩ ***neus*** ⇒*gok* **0.4** ⟨AE; vulg.⟩ ***lul*** ⇒*pik* ◆ **3.¶** ⟨BE; inf.⟩ keep your ~ up *kop op!, hou de moed erin!.*

'peck·ing order, 'peck order ⟨telb. en n.-telb.zn.⟩ **0.1** ***pikorde*** ⟨bep. hiërarchie bij vogels⟩ **0.2** ⟨scherts.⟩ ***hiërarchie*** ⇒*(rang)orde* ◆ **1.2** poor boy, he's at the bottom of the ~ *arme jongen, hij komt helemaal achteraan/heeft niets in te brengen.*

peck·ish ['pekɪʃ] ⟨f1⟩ ⟨bn.⟩ **0.1** ⟨inf.⟩ ***hongerig*** **0.2** ⟨AE⟩ ***vitterig*** ⇒*vitachtig, prikkelbaar, geïrriteerd* ◆ **3.1** I'm feeling ~ *ik rammel (v.d. honger), ik zou wel wat lusten.*

'Peck's Bad 'Boy ⟨telb.zn.⟩ ⟨AE⟩ **0.1** ***enfant terrible*** ⇒*zwart schaap* ⟨naar een romanfiguur v. G.W. Peck, 1840-1916⟩.

Peck·sniff ['peksnɪf] ⟨telb.zn.⟩ **0.1** ***hypocriet*** ⇒*farizeeër, huichelaar* ⟨naar een romanfiguur in Dickens' Martin Chuzzlewit⟩.

Peck·sniff·i·an ['pek'snɪfɪən] ⟨bn.⟩ **0.1** ***hypocriet*** ⇒*huichelachtig.*

pec·ten ['pektɪ̣n] ⟨telb.zn.; ook pectines [-ni:z]; →mv. 5⟩ ⟨dierk.⟩ **0.1** ***kam*** ⇒*kamvormig voorwerp, kamvormig uitsteeksel* **0.2** ***kamschelp*** ⟨genus Pecten⟩.

pec·tic ['pektɪk], **pec·tin·ous** ['pektɪ̣nəs] ⟨bn., attr.⟩ ⟨schei.⟩ **0.1** ***pectinehoudend*** ◆ **1.1** ~ acid *pectinezuur.*

pec·tin ['pektɪ̣n] ⟨n.-telb.zn.⟩ ⟨schei.⟩ **0.1** ***pectine.***

pec·ti·nate ['pektɪ̣neɪt], **pec·ti·nat·ed** ['pektɪ̣neɪṭɪ̣d] ⟨bn.⟩ **0.1** ***gekamd*** ⇒*getand* **0.2** ***kamvormig.***

pec·ti·na·tion ['pektɪ̣'neɪʃn] ⟨zn.⟩
I ⟨telb.zn.⟩ **0.1** ***kam(vorm);***
II ⟨n.-telb.zn.⟩ **0.1** ***kamvormigheid.***

pec·to·ral[1] ['pekt(ə)rəl] ⟨telb.zn.⟩ **0.1** ***borstspier*** **0.2** ***borstvin*** **0.3** ***borstmiddel*** ⇒*pectoraal* **0.4** ***borstversiering*** ⇒*pectorale, pectoraal, borststuk, borstlap* **0.5** ***borstkruis*** ⇒*pectorale, pectoraal.*

pectoral[2] ⟨bn., attr.; -ly⟩ **0.1** ***borst-*** ⇒*pectoraal, mbt./van/voor de borst, op de borst gedragen, thoracaal* **0.2** ***oprecht*** ⇒*vurig, innig, subjectief* ◆ **1.1** ~ arch/girdle *schoudergordel, schoudergewrichten;* ~ cross *borstkruis, pectorale, pectoraal;* ~ fin *borstvin;* ~ muscle *borstspier;* ~ syrup *borstsiroop, thoracale siroop* **1.¶** ⟨dierk.⟩ ~ sandpiper *Amerikaanse gestreepte zandloper* ⟨Calidris melanotos⟩.

pec·to·ra·lis ['pektə'rælɪs] ⟨telb.zn.; pectorales [-li:z]; →mv. 5⟩ ⟨anat.⟩ **0.1** ***borstspier*** ◆ **2.1** ~ major *grote borstspier;* ~ minor *kleine borstspier.*

pec·u·late ['pekjʊleɪt||-kjə-] ⟨ww.⟩ ⟨schr.⟩
I ⟨onov.ww.⟩ **0.1** ***frauderen*** ⇒*fraude plegen, geld verduisteren;*
II ⟨ov.ww.⟩ **0.1** ***verduisteren*** ⇒*achterhouden.*

pec·u·la·tion ['pekjʊ'leɪʃn||-kjə-] ⟨zn.⟩
I ⟨telb.zn.⟩ **0.1** ***geval v. verduistering;***
II ⟨n.-telb.zn.⟩ **0.1** ***verduistering*** ⇒*fraude, het verduisteren.*

pec·u·la·tor ['pekjʊleɪtə||'pekjəleɪṭər] ⟨telb.zn.⟩ **0.1** ***verduisteraar*** ⇒*fraudeur.*

pe·cu·liar[1] [pɪ'kju:lɪə||-ər] ⟨telb.zn.⟩ **0.1** ***particulier iets*** ⇒*privébezit, (persoonlijk) privilege, persoonlijke kwestie* **0.2** ⟨BE; relig.⟩ ***onafhankelijke parochie*** **0.3** ⟨P-; kerk.⟩ ***Uitverkorene*** ⟨lid v.d. sekte v.d. Peculiar People⟩ ⇒*gezondbidder, gebedsgenezer.*

peculiar[2] ⟨f3⟩ ⟨bn.; -ly⟩
I ⟨bn.⟩ **0.1** ***vreemd*** ⇒*ongewoon, eigenaardig, bijzonder* **0.2** ***bijzonder*** ⇒*speciaal, buitengewoon, groot* **0.3** ***excentriek*** ⇒*gek, raar, vreemd* **0.4** ***eigen*** ⇒*typisch, persoonlijk, uniek, individueel* ◆ **1.1** ~ galaxy *vreemdvormig melkwegstelsel;* ~ smell *rare/verdachte/onaangename geur* **1.2** a matter of ~ interest *een zaak v. bijzonder belang* **1.4** a ~ habit of their own *een (typische) gewoonte van hen* **1.¶** (God's) ~ people *de uitverkorenen Gods, het uitverkoren volk, de Joden;* ⟨kerk.⟩ Peculiar People *Uitverkoren Volk, gezondbidders* ⟨sekte⟩ **2.2** ~ly difficult *bijzonder/heel/erg moeilijk* **6.4** a habit ~ **to** him *een gewoonte hem eigen;* this mistake is ~ **to** beginners *deze fout is eigen aan/typisch voor/karakteristiek voor beginnelingen;*
II ⟨bn., pred.⟩ ⟨inf.⟩ **0.1** ***ziek*** ⇒*onwel* ◆ **3.1** I feel rather ~ *ik voel me niet zo lekker.*

pe·cu·li·ar·i·ty [pɪ'kju:li'ærəṭi] ⟨f1⟩ ⟨zn.; →mv. 2⟩
I ⟨telb.zn.⟩ **0.1** ***eigenheid*** ⇒*(typisch) kenmerk, (karakteristieke) eigenschap, individualiteit* ◆ **6.1** this is a ~ **of** *dit is een typisch kenmerk v./is eigen aan;*
II ⟨telb. en n.-telb.zn.⟩ **0.1** ***eigenaardigheid*** ⇒*eigenheid, bijzonderheid, merkwaardigheid, gril.*

pe·cu·ni·ar·y [pɪ'kju:nɪəri||-nieri] ⟨f1⟩ ⟨bn.; -ly; →bijw. 3⟩ ⟨schr.⟩ **0.1** ***pecuniair*** ⇒*geldelijk, geld-, financieel* **0.2** ⟨jur.⟩ ***met (geld) boete*** ⇒*met (geld)straf, op straffe v. (geld)boete* ◆ **1.1** ~ loss *geldverlies* **1.2** ~ offence *overtreding waarop een geldboete staat, lichte overtreding.*

-ped [ped], **-pede** [pi:d] ⟨vormt (bijv.) nw.⟩ **0.1** ⟨ong.⟩ ***-voet(er)*** ⇒*-voetig, -poot* ◆ **¶.1** maxilliped(e) *kaakpoot.*

ped·a·gog·ic ['pedə 'gɒdʒɪk||-'gɑ-, -'goʊ-], **ped·a·gog·i·cal** [-ɪkl] ⟨f1⟩ ⟨bn.; -(al)ly; →bijw. 3⟩ **0.1** ***opvoedkundig*** ⇒*pedagogisch* **0.2** ***schoolmeesterachtig*** ⇒*pedant.*

ped·a·gog·ics ['pedə'gɒdʒɪks||-'gɑ-, -'goʊ-] ⟨n.-telb.zn.⟩ **0.1** ***pedagogie(k)*** ⇒*onderwijskunde, didaktiek, opvoedkunde.*

ped·a·gogue, ⟨AE sp. ook⟩ **ped·a·gog** ['pedəgɒg||-gɑg] ⟨f1⟩ ⟨telb.zn.⟩ **0.1** ***pedagoog*** ⇒*opvoedkundige* **0.2** ⟨vero.; bel.⟩ ***schoolmeester*** ⇒*schoolfrik.*

ped·a·gog(u)·ism ['pedəgɒgɪzm||-gɑ-] ⟨n.-telb.zn.⟩ **0.1** ***schoolvosserij*** ⇒*betweterij, frikkerigheid* **0.2** ***het opvoedkundige*** ⇒*opvoedkundig karakter.*

ped·a·gog·y ['pedəgɒdʒi||-goʊ] ⟨f1⟩ ⟨n.-telb.zn.⟩ **0.1** ***pedagogiek*** ⇒*onderwijskunde, opvoedkunde* **0.2** ***het onderwijzen*** ⇒*onderricht.*

ped·al[1] ['pedl] ⟨f2⟩ ⟨telb.zn.⟩ **0.1** ***pedaal*** ⇒*trapper, trede* **0.2** ⟨muz.⟩ ***fermata*** ⇒*orgelpunt, point d'orgue* ◆ **3.1** ⟨muz.⟩ sustaining ~ *rechterpedaal; middenpedaal* ⟨bij piano's met drie pedalen; houdt één noot aan⟩.

pedal[2] ['pedl ⟨in bet. 0.2 ook⟩ 'pi:dl] ⟨f1⟩ ⟨bn., attr.⟩ **0.1** ***pedaal-*** ⇒*trap(s)-, met pedalen voortbewogen* **0.2** ⟨dierk.⟩ ***poot-*** ⇒*voet-.*

pedal[3] ['pedl] ⟨f1⟩ ⟨ww.; →ww. 7⟩
I ⟨onov.ww.⟩ **0.1** ***peddelen*** ⇒*fietsen, trappen;*
II ⟨onov. en ov.ww.⟩ **0.1** ***trappen*** ⇒*treden.*

'pedal bin ⟨telb.zn.⟩ **0.1** ***pedaalemmer.***

'pedal boat ⟨f1⟩ ⟨telb.zn.⟩ **0.1** ***waterfiets*** ⇒*pedalo.*

'pedal cycle ⟨telb.zn.⟩ **0.1** ***(trap)fiets*** ⇒*rijwiel.*

ped·al·(l)o ['pedəloʊ] ⟨telb.zn.⟩ **0.1** ***waterfiets.***

'pedal push·ers ⟨mv.⟩ **0.1** ***kuitbroek*** ⇒*fietsbroek, rijbroek.*

ped·ant ['pednt] ⟨f1⟩ ⟨telb.zn.⟩ **0.1** ***pedant*** ⇒*muggezifter, schoolmeester, schoolvos, betweter* **0.2** ***boek(en)geleerde*** ⇒*theoreticus, theorist, doctrinair (persoon)* **0.3** ***geleerddoener*** ⇒*iem. die met zijn kennis te koop loopt, iem. die moet laten zien dat hij gestudeerd heeft, waanwijze* **0.4** ⟨vero.⟩ ***schoolmeester*** ⇒*onderwijzer, leermeester, pedagoog.*

pe·dan·tic [pɪ'dænṭɪk], ⟨vero.⟩ **pe·dan·ti·cal** [-ɪkl] ⟨f1⟩ ⟨bn.; -(al)ly; →bijw. 3⟩ **0.1** ***pedant*** ⇒*schoolmeesterachtig, vitterig, betweterig, pietepeuterig, waanwijs* **0.2** ***(louter) theoretisch*** ⇒*geleerd, saai, doctrinair, formalistisch.*

pe·dan·tize, -ise ['pedntaɪz] ⟨ww.⟩
I ⟨onov.ww.⟩ **0.1** ***schoolmeesteren*** ⇒*vitten, muggeziften, haarkloven* **0.2** ***pedant worden*** ⇒*vitterig/een vitter worden, muggezifterig/een muggezifter worden* ◆ **3.1** he's really pedantizing *hij hangt werkelijk de schoolmeester uit;*
II ⟨ov.ww.⟩ **0.1** ***pedant maken*** ⇒*tot schoolvos maken, vitterig maken.*

ped·ant·ry ['pedntri] ⟨f1⟩ ⟨zn.; →mv. 2⟩
I ⟨telb. en n.-telb.zn.⟩ **0.1** ***pedanterie*** ⇒*schoolvosserij, schoolmeesterachtigheid, muggezifterij, vitterij;*
II ⟨n.-telb.zn.⟩ **0.1** ***geleerddoenerij*** ⇒*getheoretiseer, waanwijsheid, boek(en)geleerdheid, boekenwijsheid.*

ped·ate ['pedeɪt] ⟨bn.⟩ **0.1** ***voetvormig*** ⇒*voetachtig, als voet(en) dienend* **0.2** ⟨dierk.⟩ ***gepoot*** **0.3** ⟨plantk.⟩ ***voetvormig*** ◆ **1.1** ~ appendages *voetachtige aanhangsels* **1.3** ~ leaves *voetvormige bladeren.*

ped·dle ['pedl] ⟨f1⟩ ⟨ww.⟩ →peddling
I ⟨onov.ww.⟩ **0.1** ***leuren*** ⇒*venten, met waren/produkten lopen, aan de deur verkopen* **0.2** ***beuzelen*** ⇒*zeuren, kissebissen* ◆ **5.1** ⟨sl.⟩ ~ **out** *uitverkoop houden, zijn laatste bezittingen verkopen* **6.2** ~ **with** the terminology *beuzelen over de terminologie;*
II ⟨ov.ww.⟩ **0.1** ***(uit)venten*** ⇒*leuren met, (aan de deur) verkopen, aan de man brengen* **0.2** ***(in kleine hoeveelheden) verspreiden*** ⇒*rondstrooien, rondvertellen* **0.3** ***ingang doen vinden*** ⇒*verspreiden* ◆ **1.1** ~ ice from a booth *ijs in een kraampje verkopen;* ⟨sl.⟩ go ~ your papers *rot op, bemoei je met je eigen zaken* **1.2** ~ dope *drugs verkopen;* ~ gossip *roddel(praatjes) verkopen;* ~ bad stories about s.o. *praatjes rondstrooien over iem.* **1.3** he can't stop peddling his theories *hij kan het niet nalaten zijn theorieën te verkondigen.*

peddlery →pedlary.

ped·dling ['pedlɪŋ]⟨bn.; -ly; oorspr. tegenw. deelw. v. peddle⟩ **0.1** ***onbeduidend*** ⇒*nietig, beuzelachtig, onbelangrijk, triviaal.*

-pede →-ped.

ped·er·ast, paed·er·ast ['pedəræst, 'pi:-]⟨telb.zn.⟩ **0.1** ***pederast.***

ped·er·as·ty, paed·er·as·ty ['pedəræsti, 'pi:-]⟨n.-telb.zn.⟩ **0.1** ***pederastie.***

ped·es·tal[1] ['pedɪstl]⟨f1⟩⟨telb.zn.⟩ **0.1** ***voetstuk*** ⟨ook fig.⟩ ⇒*piëdestal, pedestal, postament, sokkel* **0.2** ⟨vaak attr.⟩ ***poot*** ⟨i.h.b. met laden⟩ ⇒*kolompoot* **0.3** ***steunstuk*** ⇒*fondament, grondslag, basis* ⟨ook fig.⟩ ◆ **3.1** ⟨fig.⟩ knock s.o. off his ~ *iem. van zijn voetstuk stoten;* ⟨fig.⟩ place/put/set s.o. on a ~ *iem. op een voetstuk plaatsen.*

pedestal[2] ⟨ov.ww.; →ww. 7⟩ **0.1** ***van een voetstuk voorzien*** ⇒*ondersteunen, funderen;* ⟨fig.⟩ *op een voetstuk plaatsen, verheerlijken.*

'pedestal cupboard ⟨telb.zn.⟩ **0.1** ***nachtkastje*** ⇒*nachttafeltje.*

'pedestal desk, 'pedestal 'writing-table ⟨telb.zn.⟩ **0.1** ***bureau(-ministre)*** ⇒*schrijftafel.*

pe·des·tri·an[1] [pɪ'destrɪən]⟨f2⟩⟨telb.zn.⟩ **0.1** ***voetganger*** ⇒*wandelaar.*

pedestrian[2] ⟨f2⟩⟨bn.⟩ **0.1** ***voetgangers-*** ⇒*wandel-, voet-, lopend/te voet* **0.2** ***(dood)gewoon*** ⇒*alledaags, nuchter, prozaïsch* ◆ **1.1** ~ crossing *voetgangersoversteekplaats, zebrapad;* ~ island *vluchtheuvel;* ~ journey *voetreis/tocht, wandeltocht;* ~ precinct *autovrij/verkeersvrij gebied, voetgangersgebied/zone;* ~ shopping area, ⟨AE, Austr. E⟩ ~ mall *winkelpromenade,* ⟨B.⟩ *winkelwandelstraat;* ~ subway *voetgangerstunnel.*

pe·des·tri·an·ism [pɪ'destrɪənɪzm]⟨n.-telb.zn.⟩ **0.1** ***wandelsport*** ⇒*het wandelen, het te voet gaan, het lopen* **0.2** ***alledaagsheid*** ⇒*banaliteit, onbeduidendheid, gewoonheid.*

pe·des·tri·an·ize, -ise [pɪ'destrɪənaɪz]⟨ov.ww.⟩ **0.1** ***verkeersvrij maken*** ⇒*tot voetgangersgebied maken* ◆ **1.1** ~d shopping centre *verkeersvrij winkelcentrum.*

pe·di·at·ric, pae·di·at·ric ['pi:di'ætrɪk]⟨bn.⟩ **0.1** ***kindergeneeskundig*** ⇒*v./mbt. de kindergeneeskunde/pediatrie.*

pe·di·a·tri·cian, pae·di·a·tri·cian ['pi:dɪə'trɪʃn], **pe·di·at·rist, pae·di·a·trist** ['pi:di'ætrɪst]⟨telb.zn.⟩ **0.1** ***pediater*** ⇒*kinderarts.*

pe·di·at·rics, pae·di·at·rics ['pi:di'ætrɪks]⟨n.-telb.zn.⟩ **0.1** ***pediatrie*** ⇒*kindergeneeskunde, leer v.d. kinderziekten.*

ped·i·cab ['pedɪkæb]⟨telb.zn.⟩ **0.1** ***riksjafiets*** ⇒*riksjadriewieler, fietstaxi* ⟨vervoermiddel in bep. Aziatische landen⟩.

ped·i·cel ['pedɪsel], **ped·i·cle** [-ɪkl]⟨telb.zn.⟩ **0.1** ⟨biol., med.⟩ ***steel(tje)*** ⇒*stengeltje* ◆ **1.1** the ~ of a sporangium *het steeltje v.e. sporenkapsel;* the ~ of a tumour *de steel v.e. gezwel.*

ped·i·cel·lar ['pedɪ'selə‖-ər], **ped·i·cel·late** [-'selət], **ped·i·cel·lat·ed** [-'seleɪtɪd], **pe·dic·u·late** [pɪ'dɪkjələt], **pe·dic·u·lat·ed** [-kjəleɪtɪd]⟨bn.⟩⟨biol., med.⟩ **0.1** ***gesteeld*** ◆ **1.1** ~ leaves *gesteelde bladeren.*

pe·dic·u·lar [pɪ'dɪkjələ‖-ər], **pe·dic·u·lous** [-ləs]⟨bn.⟩ **0.1** ***luizig*** ⇒*vol luizen, luis-, luizen-.*

pe·dic·u·lo·sis [pɪ'dɪkjʊ'loʊsɪs‖-kjə-]⟨telb. en n.-telb.zn.; pediculoses [-si:z]; →mv. 5⟩ **0.1** ***luizenplaag.***

ped·i·cure[1] ['pedɪkjʊə‖-kjʊr], ⟨in bet. I 0.2 ook⟩ **ped·i·cur·ist** [-kjʊərɪst‖-kjʊr-]⟨f1⟩⟨zn.⟩
I ⟨telb.zn.⟩ **0.1** ***voetbehandeling*** ⇒*pedicurebeurt* **0.2** ***pedicure*** ⇒*voetverzorger/ster;*
II ⟨n.-telb.zn.⟩ **0.1** ***pedicure*** ⇒*voetverzorging.*

pedicure[2] ⟨ov.ww.⟩ **0.1** ***pedicuren*** ⇒*de voeten verzorgen v..*

ped·i·form ['pedɪfɔ:m‖-fɔrm]⟨bn.⟩ **0.1** ***voetvormig.***

ped·i·gree[1] ['pedɪgri:]⟨f1⟩⟨zn.⟩
I ⟨telb.zn.⟩ **0.1** ***stamboom*** ⇒*genealogie, stamtafel, geslachtslijst, geslachtsboom* **0.2** ***pedigree*** ⇒*stamboek* ⟨v. dieren⟩ **0.3** ***pedigree*** ⟨lijst v. vroegere eigenaars v. kunstwerk, e.d.⟩ ◆ **1.1** the ~ of an idea *de genealogie/herkomst/achtergrond/wordingsgeschiedenis/voorgeschiedenis v.e. idee;* the ~ of a word *de oorsprong/geschiedenis v.e. woord* **2.1** a family with long ~s *een familie met lange stamtafels/van hoge komaf, een zeer oude familie;*
II ⟨telb. en n.-telb.zn.⟩ **0.1** ***afstamming*** ⇒*voorgeslacht, (aanzienlijke) afkomst, voorvaderen* ◆ **1.1** a family of ~ *een familie v. goede komaf.*

pedigree[2] ⟨f1⟩⟨bn., attr.⟩ **0.1** ***ras-*** ⇒*raszuiver/echt, volbloed, stamboek-* ◆ **1.1** ~ dog *rashond;* ~ cattle *rasvee, stamboekvee.*

ped·i·greed ['pedɪgrid]⟨f1⟩⟨bn.⟩ **0.1** ***ras-*** ⇒*raszuiver/echt, volbloed, stamboek-* ◆ **1.1** ~ dog *rashond;* ~ cattle *rasvee, stamboekvee.*

ped·i·ment ['pedɪmənt]⟨telb.zn.⟩⟨bouwk.⟩ **0.1** ***fronton*** ⇒*timpaan, geveldriehoek/veld.*

ped·lar, ⟨AE sp. ook⟩ **ped·ler, ped·dler** ['pedlə‖-ər]⟨f2⟩⟨telb.zn.⟩ **0.1** ***venter*** ⇒*leurder, mars/marktkramer, straathandelaar* **0.2** ***drug-dealer*** ⇒*drugshandelaar, pusher* **0.3** ***verspreider*** **0.4** ⟨AE; inf.⟩ ***boemel(trein)*** ⇒*stoptrein, langzame stukgoederentrein* ◆ **1.3** a ~ gossip *een roddelaar(ster), iem. die praatjes rondstrooit.*

ped·lar·y, ⟨AE sp. ook⟩ **ped·ler·y, ped·dler·y** ['pedləri]⟨n.-telb.zn.⟩ **0.1** ***venterij*** ⇒*het venten, mars/marktkramerij, het leuren* **0.2** ***kramerswaren*** ⇒*kramerij, prullen, snuisterijen.*

pe·do-, pae·do- ['pedoʊ, 'pi:doʊ], **ped-, paed-** [ped, pi:d] **0.1** ***kinder-*** ⇒*ped(o)-* ◆ **¶.1** pedobaptism *kinderdoop;* pedophilia *pedofilie.*

pe·do·don·tia ['pi:doʊ'dɒnʃɪə‖-'dɑn-]⟨n.-telb.zn.⟩ **0.1** ***kindertandheelkunde*** ⇒*pedodontie.*

pedogenesis →paedogenesis.

pe·dol·o·gy [pɪ'dɒlədʒi‖-'dɑ-]⟨n.-telb.zn.⟩ **0.1** →paedology **0.2** ***aardkunde*** ⇒*geologie, bodemkunde, agrologie.*

pe·dom·e·ter [pɪ'dɒmɪtə‖pɪ'dɑmɪtər]⟨telb.zn.⟩ **0.1** ***schredenteller*** ⇒*stappenteller, pedo/hodometer.*

pe·dun·cle [pɪ'dʌŋkl‖'pi:dʌŋkl]⟨telb.zn.⟩ **0.1** ⟨plantk.⟩ ***bloemsteel*** ⟨m.n. hoofdsteel v. vertakte bloeiwijze⟩ ⇒*pedunculus* **0.2** ⟨biol.⟩ ***steelvormige verbinding*** **0.3** ⟨ontleedkunde⟩ ***staaf v. verbindingsvezels*** ⇒*hersensteel.*

pe·dun·cu·late [pɪ'dʌŋkjələt], **pe·dun·cu·lat·ed** [-leɪtɪd]⟨bn.⟩ **0.1** ⟨biol., anat.⟩ ***gesteeld.***

pee[1] [pi:]⟨f1⟩⟨zn.⟩⟨inf.⟩
I ⟨telb.zn.⟩ **0.1** ***plas(je)*** ⇒*kleine boodschap* ◆ **3.1** go for/have/take a ~ *een plasje gaan doen, (gaan) plassen;*
II ⟨n.-telb.zn.⟩ **0.1** ***pi(e)s*** ⇒*urine.*

pee[2] ⟨f1⟩⟨onov.ww.⟩⟨inf.⟩ **0.1** ***pissen*** ⇒*piesen, een plas/kleine boodschap doen, plassen, wateren* ◆ **5.¶** ⟨sl.⟩ be ~d **off** *er genoeg van hebben, de pest in hebben.*

peek[1] [pi:k]⟨f1⟩⟨telb.zn.⟩ **0.1** ***(vluchtige/steelse) blik*** ⇒*kijkje* ◆ **6.1** have a ~ **at** *een (vlugge) blik werpen/slaan op.*

peek[2] ⟨f2⟩⟨onov.ww.⟩ **0.1** ***gluren*** ⇒*piepen, loeren, spieden* **0.2** ***vluchtig kijken*** ⇒*een kijkje nemen, even gluren* ◆ **5.1** the sun ~ed **in** through a window *de zon gluurde door een raam naar binnen;* the sun ~ed **out** from behind a cloud *de zon kwam achter een wolk gluren/te voorschijn* **6.2** ~ **at** *een (vluchtige) blik werpen/slaan op.*

peek·a·boo[1] ['pi:kə'bu:], ⟨BE vnl.⟩ **peep-bo** ['pi:pboʊ]⟨n.-telb.zn.⟩ **0.1** ***kiekeboe(-spelletje)*** ◆ **¶.¶** ~! *kiekeboe!.*

'peekaboo[2] ⟨bn., attr.⟩ **0.1** ***doorkijk-*** ◆ **1.1** a ~ blouse *een doorkijkbloes.*

peel[1] [pi:l]⟨f2⟩⟨zn.⟩
I ⟨telb.zn.⟩ **0.1** ***schieter*** ⇒*schietschop/plank* ⟨schop om brood in de oven te steken⟩ **0.2** ⟨gesch.⟩ ***versterkte toren;***
II ⟨telb. en n.-telb.zn.⟩ **0.1** ***schil*** ⇒*schel, pel* ◆ **3.1** candied ~ *sukade, gekonfijte schil.*

peel[2] ⟨f2⟩⟨ww.⟩ →peeling
I ⟨onov.ww.⟩ **0.1** ***afpellen*** ⇒*afschilferen, afbladderen, los komen/laten* **0.2** ⟨inf.⟩ ***zich uitkleden*** ⇒*zijn kleren/iets uitdoen* ◆ **1.1** my nose ~ed *mijn neus vervelde;* this potato ~s easily *deze aardappel pelt/schilt gemakkelijk (af)* **5.1** ~ **off** *afpellen, afschilferen, afbladderen, los komen/laten* **5.2** ~ **off** *zich uitkleden, iets uitdoen* **5.¶** ~ **away** (from) *weggaan (van);* ~ **off** *zich verspreiden, zich afsplitsen, de groep/formatie verlaten;* the aircraft ~ed **off** for an attack *het vliegtuig verliet de formatie voor een aanval;* ⟨AE; sl.⟩ ~ **out** *er vandoor gaan, plotseling vertrekken* **6.1** ~ **off** *los komen van, afpellen van, afschilferen van, afbladderen van;* the bark ~s **off** the tree *de schors komt van de boom af;*
II ⟨ov.ww.⟩ **0.1** ***schillen*** ⇒*pellen, schellen, ontschorsen* **0.2** ⟨croquet⟩ ***door een poortje slaan*** ⟨bal v.d. tegenspeler⟩ ◆ **5.1** ~ **off** *(af)pellen, schillen, los trekken/maken;* ~ **off** the bark from a tree *een boom van een schors ontdoen, een boom ontschorsen;* ~ **off** the skin *het vel eraf halen* **5.¶** ⟨inf.⟩ ~ **off** *uittrekken, uitdoen* ⟨kleren⟩ **6.1** ~ **from/off** *(af)trekken van, los trekken/maken van;* ~ a stamp **from** an envelope *een zegel van een envelop trekken;* ~ the skin **off** a banana *de schil van een banaan afhalen.*

peel·er ['pi:lə‖-ər]⟨telb.zn.⟩ **0.1** ⟨ben. voor⟩ ***persoon/zaak die schilt*** ⇒*schiller; aardappelmesje, schilmes(je), schilmachine, schilwerktuig* **0.2** ⟨vaak P-⟩⟨BE; gesch.⟩ ***Peeler*** ⟨politieman v. korps gesticht door Sir R. Peel⟩ ⇒⟨vero.; sl.⟩ *smeris, klabak* **0.3** ⟨AE; sl.⟩ ***stripteaseuse.***

peelgarlic →pilgarlic.

peel·ing ['pi:lɪŋ]⟨f1⟩⟨telb.zn.; oorspr. gerund v. peel; vnl. mv.⟩ **0.1** ***(aardappel)schil*** ⇒*stuk (aardappel)schil.*

peen[1] [pi:n]⟨telb.zn.⟩ **0.1** ***hamerpin*** ⇒*pen.*

peen[2] ⟨ov.ww.⟩ **0.1** ***(be)hameren (met hamerpin)*** ⇒*uithameren.*

peep[1] [pi:p]⟨f1⟩⟨zn.⟩
I ⟨telb.zn.⟩ **0.1** ***piep*** ⇒*piepgeluid, gepiep, tsjilp(geluid)* **0.2** ⟨inf.; kind.⟩ ***toeter*** ⇒*toet(geluid), claxon* **0.3** ***kik*** ⇒*geluid, woord, nieuws* **0.4** ***(vluchtige/steelse) blik*** ⇒*kijkje* **0.5** ⟨AE; dierk.⟩ ***strandloper*** ⟨bv. Erolia minutilla, Ereunetes posillus⟩ **0.6** ⟨BE; dierk.⟩ ***graspieper*** ⟨Anthos prutensis⟩ ◆ **3.3** I don't want to hear a ~ out of you *ik wil geen kik/woord van je horen;* I haven't had a ~ of him for weeks *ik heb al weken niets meer/geen nieuws v. hem gehoord* **3.4** get a (quick) ~ *(nog net) een glimp opvangen;*

take a ~ at *vluchtig bekijken, een vlugge blik werpen op;*
II ⟨n.-telb.zn.⟩ **0.1** ***(het) gloren*** ⇒*(het) krieken, (het) aanbreken* ⟨v.d. dag⟩ ◆ **1.1** at the ~ of dawn *bij het krieken v.d. dag.*

peep² ⟨f2⟩ ⟨ww.⟩ ⟨→sprw. 291⟩
I ⟨onov.ww.⟩ **0.1** ***gluren*** ⇒*loeren, spieden* **0.2** ***vluchtig kijken*** ⇒*een kijkje nemen* **0.3** ***te voorschijn komen*** ⇒*uitsteken* **0.4** ***piepen*** ⇒*tsjirpen* ◆ **1.4** a ~ing voice *een pieperig stemmetje, een piepende stem* **5.3** ~ **out** *(opeens) te voorschijn komen, opduiken;* his superstition ~s **out** every now and then *zijn bijgeloof steekt af en toe de kop op* **6.1** ~ **at** *begluren, bespieden, gluren/staren naar;* ~ **from** *komen kijken/gluren vanuit/vanachter;* ~ **through** a keyhole *door een sleutelgat loeren/gluren* **6.2** ~ **at** *een (vluchtige) blik werpen/slaan op, vluchtig kijken naar* **6.3** the flowers are ~ing **through** the soil *de bloemen steken hun kopjes boven de grond;*
II ⟨ov.ww.⟩ **0.1** ***doen piepen*** **0.2** ***doen uitsteken*** ⇒*doen kijken, doen vertonen.*

peepal →pipal.

peep-bo →peekaboo.

peep·er ['pi:pə‖-ər] ⟨telb.zn.⟩ **0.1** ⟨ben. voor⟩ ***dier dat piepgeluid maakt*** ⇒*pieper; piepkuiken, jong kuiken; kikker* **0.2** ***voyeur*** ⇒*gluurder; loerder* **0.3** ⟨vnl. mv.⟩ ⟨sl.⟩ ***oog*** ⇒⟨mv.⟩ *doppen;* ⟨AE⟩ *zonnebril.*

'peep·hole ⟨f1⟩ ⟨telb.zn.⟩ **0.1** ***kijkgaatje*** ⇒*kijkgat, loergat.*

'peep-of-'day boys ⟨mv.⟩ ⟨gesch.⟩ **0.1** ***peep-of-day boys*** ⟨Ierse protestantse organisatie die 's ochtends vroeg huizen v. tegenstanders op wapens onderzocht⟩.

'peep·show ⟨f1⟩ ⟨telb.zn.⟩ **0.1** ***kijkkast*** ⇒*rarekiek(kast), kiekkas(t), kijkdoos* **0.2** ***peepshow*** ⟨seksattractie⟩.

'peep sight ⟨telb.zn.⟩ **0.1** ***oogdopvizier.***

'peep-toe, 'peep-'toed ⟨bn.⟩ **0.1** ***met open neus*** ⟨v. schoenen⟩.

peepul →pipal.

peer¹ [pɪə‖pɪr] ⟨f2⟩ ⟨telb.zn.⟩ **0.1** ***edelman*** ⇒*adellijke, edele* **0.2** ***peer*** ⟨in Engeland een lid v.d. hoge adel; in Frankrijk een leenman op één lijn met de vorst⟩ **0.3** ***gelijke*** ⇒*we(d)erga, collega, mede-* **0.4** ⟨vero.⟩ ***gezel*** ⇒*compagnon, maat* ◆ **1.3** the pupils have to teach their ~s *de leerlingen moeten lesgeven aan hun medeleerlingen* **1.¶** ~ of the realm *edelman die lid is v. het Hogerhuis* **3.3** he doesn't find his ~ *hij vindt zijn(s) gelijke niet.*

peer² ⟨f3⟩ ⟨ww.⟩
I ⟨onov.ww.⟩ **0.1** ***turen*** ⇒*staren, spieden* **0.2** ***gluren*** ⇒*te voorschijn komen, zich vertonen* ◆ **6.1** ~ **at** *turen/staren naar/op;* ~ **into** a dark corner *naar een donkere hoek turen;* he's ~ing into the flames *hij zit in de vlammen te staren* **6.¶** →peer **with;**
II ⟨ov.ww.⟩ **0.1** ***(doen) evenaren*** ⇒*evenwaardig (doen) zijn met, zijn gelijke (doen) vinden in, (doen) opwegen tegen.*

peer·age ['pɪərɪdʒ‖'pɪrɪdʒ] ⟨f1⟩ ⟨zn.⟩
I ⟨telb.zn.⟩ **0.1** ***adelboek*** ⇒*stamboek der peers;*
II ⟨n.-telb.zn.⟩ **0.1** ***peerdom*** ⇒*adel(dom), aristocratie* **0.2** ***peerschap*** ⇒*adelstand, adellijkheid, edelheid* ◆ **3.2** raise s.o. to the ~ *iem. in/tot de adelstand verheffen, iem. adelen.*

peer·ess ['pɪərɪs‖'pɪrɪs] ⟨f1⟩ ⟨telb.zn.⟩ **0.1** ***(vrouwelijke) peer*** ⇒*edelvrouw, vrouw v. adel* **0.2** ***vrouw v.e. peer*** ◆ **1.1** she's a ~ in her own right *ze heeft zelf de rang v. peer.*

'peer group ⟨f1⟩ ⟨telb.zn.⟩ **0.1** ***groep v. gelijken*** ⇒*gelijken, collega's, -genoten* ◆ **2.1** my son seems so much younger than his ~ *mijn zoon lijkt zoveel jonger dan zijn leeftijdgenoten.*

peer·less ['pɪələs‖'pɪr-] ⟨f1⟩ ⟨bn.; -ly; -ness⟩ **0.1** ***weergaloos*** ⇒*ongeëvenaard, zonder weerga, zonder gelijke.*

'peer re'view ⟨telb. en n.-telb.zn.⟩ **0.1** ***bespreking/beoordeling door een vakgenoot.***

'peer with ⟨onov.ww.⟩ **0.1** ***evenaren*** ⇒*evenwaardig zijn met, zijn gelijke vinden in, opwegen tegen.*

peet·weet ['pi:twi:t] ⟨telb.zn.⟩ ⟨AE; dierk.⟩ **0.1** ***gevlekte oeverloper*** ⟨Actitis macularia⟩.

peeve¹ [pi:v] ⟨zn.⟩ ⟨inf.⟩
I ⟨telb.zn.⟩ **0.1** ***slechte bui*** ⇒*slecht humeur, kwade luim, boze stemming* **0.2** ***verdriet(je)*** ⇒*wrok, pik* ◆ **2.2** a pet ~ of his *één v. zijn gekoesterde verdrietjes* **6.1** be **in** a ~ *uit zijn humeur zijn;*
II ⟨telb. en n.-telb.zn.⟩ **0.1** ***ergernis*** ⇒*irritatie, ontstemming.*

peeve² ⟨f1⟩ ⟨ov.ww.⟩ ⟨inf.⟩ **0.1** ***ergeren*** ⇒*irriteren, ontstemmen, prikkelen* ◆ **1.1** a ~d woman *een knorrige/prikkelbare vrouw* **3.1** get ~d quickly *lichtgeraakt zijn, vlug op zijn tenen getrapt zijn.*

pee·vish ['pi:vɪʃ] ⟨f1⟩ ⟨bn.; -ly; -ness⟩ **0.1** ***chagrijnig*** ⇒*slechtgeluimd /gemutst/gehumeurd, knorrig, bromm(er)ig, gemelijk, twistziek* **0.2** ***weerbarstig*** ⇒*dwars, bokkig, tegendraads.*

peewit →pewit.

peg¹ [peg] ⟨f2⟩ ⟨telb.zn.⟩ **0.1** ***pin*** ⇒*pen, plug, wig, nagel* **0.2** ***schroef*** ⟨v.e. snaarinstrument⟩ **0.3** ***(tent)haring*** ⇒*piket(paal), tentpin* **0.4** ***paal*** ⇒*grens/land/limietpaal* **0.5** ***kapstok*** ⟨ook fig.⟩ ⇒*haak, voorwendsel, aanknopingspunt* **0.6** ⟨BE⟩ ***wasknijper*** ⇒*pen;* ⟨B.⟩ *wasspeld* **0.7** ⟨BE⟩ ***borrel(tje)*** ⟨i.h.b. whisky-soda of brandy-soda⟩ **0.8** ⟨inf.⟩ ***(houten) been*** ⇒*kunstbeen;* ⟨scherts.⟩ *been* **0.9** ⟨BE, Austr. E; sl.; cricket⟩ ***wicketpaaltje*** ⇒*stump* **0.10** ⟨sportvissen⟩ ***stek(kie)*** ◆ **3.5** the meeting was used as a ~ to hang their complaints on/on which to hang their complaints *de vergadering werd gebruikt als voorwendsel om te kunnen klagen* **3.¶** come down a ~ (or two) *een (paar) toontje(s) lager zingen;* ⟨geldw.⟩ crawling ~ *tijdelijke bevriezing v. wisselkoersen;* take/bring s.o. down a ~ (or two) *iem. een toontje lager doen zingen, iem. op zijn plaats zetten* **6.5** **off** the ~ *confectie-;* buy clothes **off** the ~ *confectiekleding kopen;* buy sth. **off** the ~ *iets kant en klaar kopen.*

peg² ⟨f1⟩ ⟨ww.; →ww. 7⟩
I ⟨onov.ww.⟩ **0.1** ***zwoegen*** ⇒*doorwerken, wroeten, volhouden, doorzetten* **0.2** ***scoren*** ◆ **2.2** level ~ging *gelijke stand, gelijke vooruitgang* ⟨ook fig.⟩ **5.1** ~ **away** (at) *doorwerken/zwoegen/zich afjakkeren (aan)* **5.¶** →peg **out;**
II ⟨ov.ww.⟩ **0.1** ***vastpennen*** ⇒*vastpinnen/pluggen/maken* **0.2** ⟨BE⟩ ***(met wasknijpers) ophangen*** **0.3** ***doorpriemen*** ⇒*met een pin doorsteken* **0.4** ⟨ec.⟩ ***stabiliseren*** ⇒*vastleggen, blokkeren, bevriezen* **0.5** ***aanduiden*** ⇒*aangeven* ⟨score⟩ **0.6** ⟨sl.⟩ ***plaatsen*** ⇒*herkennen als, klassificeren* ◆ **1.4** ~ the price of meat *de prijs v. vlees stabiliseren/blokkeren* **5.1** ~ **down** a flap *een zeil vastpennen/vastmaken;* ~ s.o. **down** *iem. inperken, iem. beperkingen opleggen;* ⟨inf.⟩ *iem. vastpinnen/leggen;* he's hard to ~ **down** *je krijgt moeilijk vat op hem, het is moeilijk hem eraan te houden;* ~ **down** to *doen houden aan, doen volgen, beperken tot;* ~ s.o. **down** to a new course of action *iem. een nieuwe koers doen volgen* **5.4** ~ **down** (a price)(at) *(de prijs) bevriezen/blokkeren (op/aan)* **5.¶** →peg **out** **6.4** ~ (wage increases) **at** a certain percentage *(loonsverhogingen) op een bep. percentage vastleggen/blokkeren.*

'peg·board ⟨telb.zn.⟩ **0.1** ***pennenbord*** ⇒*pegboard, geperforeerd bord, bord met gaatjes* ⟨v. gezelschapsspel⟩.

'peg·box ⟨telb.zn.⟩ **0.1** ***kop*** ⟨snaarinstrument⟩.

'peg leg ⟨telb.zn.⟩ ⟨inf.⟩ **0.1** ***houten been*** ⇒*staak, kunstbeen* **0.2** ***mank(e)poot*** ⇒*iem. met een houten been.*

peg·ma·tite ['pegmətaɪt] ⟨n.-telb.zn.⟩ ⟨geol.⟩ **0.1** ***pegmatiet.***

'peg 'out ⟨ww.⟩
I ⟨onov.ww.⟩ ⟨inf.⟩ **0.1** ***zijn laatste adem uitblazen*** ⇒*het hoekje omgaan, het afleggen, sterven, peigeren* **0.2** ⟨croquet⟩ ***het piket raken met de bal*** ⟨waarna bal uit het spel wordt genomen⟩ ◆ **3.1** to feel pegged out *omvallen v. moeheid, nog nauwelijks op zijn benen kunnen staan, er haast bij neervallen;*
II ⟨ov.ww.⟩ **0.1** ***afpalen*** ⇒*afbakenen, afzetten, uitbakenen* **0.2** ***aangeven*** ⟨score, bij cribbage⟩ ◆ **1.1** ~ a claim *(een stuk land) afbakenen;* the army pegged out claims well inland *het leger veroverde grondgebied tot ver in het binnenland;* ~ a claim to a piece of land *een stuk land afpalen, beslag leggen op een stuk land.*

'peg top ⟨telb.zn.⟩ **0.1** ***priktol.***

'peg-top, peg-topped ['pegtɒpt‖-tɑpt] ⟨bn.⟩ **0.1** ***bovenaan wijd en onderaan smal*** ⇒*tolvormig* ◆ **1.1** ~ trousers ⟨ong.⟩ *heupbroek.*

PEI ⟨afk.⟩ Prince Edward Island.

pei·gnoir ['peɪnwɑ:‖'pen'wɑr] ⟨telb.zn.⟩ **0.1** ***peignoir*** ⇒*ochtendjas, kamerjas* ⟨voor vrouwen⟩.

pej·o·ra·tion ['pi:dʒə'reɪʃn‖'pe-] ⟨telb. en n.-telb.zn.⟩ **0.1** ⟨taalk.⟩ ***het pejoratief worden*** ⟨v. betekenis⟩ **0.2** ***verslecht(er)ing*** ⇒*achteruitgang, degeneratie.*

pe·jor·a·tive¹ [pɪ'dʒɒrətɪv‖-'dʒɔrəṭɪv, -'dʒɑ-] ⟨telb.zn.⟩ **0.1** ***pejoratief*** ⇒*woord met ongunstige betekenis.*

pejorative² ⟨f1⟩ ⟨bn.⟩ **0.1** ***pejoratief*** ⇒*ongunstig, kleinerend, slecht* ◆ **1.1** a ~ word *een woord met ongunstige betekenis.*

pek·an ['pekən] ⟨telb.zn.⟩ ⟨dierk.⟩ **0.1** ***vismarter*** ⟨Martes pennanti⟩.

peke [pi:k] ⟨telb.zn.⟩ ⟨verk.⟩ pekingese ⟨inf.⟩ **0.1** ***pekinees*** ⟨hond⟩.

pe·kin ['pi:'kɪn] ⟨zn.⟩
I ⟨telb.zn.⟩ ⟨vnl. P-⟩ **0.1** ***pekingeend;***
II ⟨n.-telb.zn.⟩ ⟨vaak P-⟩ **0.1** ***pekin(g)*** ⟨zijden weefsel⟩.

Pe·king·ese ['pi:kɪŋ'i:z], **Pe·kin·ese** ['pi:kə'ni:z] ⟨zn.; ook Pekingese, Pekinese; →mv. 4⟩
I ⟨eig.n.⟩ **0.1** ***het Pekinees*** ⟨dialect v. Peking⟩;
II ⟨telb.zn.⟩ **0.1** ⟨ook p-⟩ ***pekinees*** ⟨hond⟩ **0.2** ***Pekinees*** ⟨inwoner v. Peking⟩.

Pe·king·ol·o·gy ['pi:kɪŋ'ɒlədʒi‖-'ɑlədʒi], **Pe·kin·ol·o·gy** ['pi:kə'nɒlədʒi‖-'nɑ-] ⟨n.-telb.zn.⟩ **0.1** ***kennis/studie v. communistisch China*** ⇒*pekinologie.*

pe·koe ['pi:koʊ] ⟨n.-telb.zn.⟩ ⟨soms P-⟩ **0.1** ***pecco(thee).***

pel·age ['pelɪdʒ] ⟨telb.zn.⟩ **0.1** ***vacht*** ⇒*pels, bont.*

pe·la·gi·an¹ [pɪ'leɪdʒɪən] ⟨telb.zn.⟩ **0.1** ⟨vnl. P-⟩ ⟨theol.⟩ ***pelagiaan*** ⟨aanhanger v. Pelagius⟩ **0.2** ***zeebewoner.***

pelagian[2] ⟨bn.⟩ **0.1** ⟨vnl. P-⟩ ⟨theol.⟩ ***Pelagiaans*** ⟨v./mbt. de leer v. Pelagius⟩ **0.2** ***v.d. zee*** ⇒*zee-*.

Pe·la·gi·an·ism [pɪ'leɪdʒənɪzm] ⟨n.-telb.zn.⟩ ⟨theol.⟩ **0.1** ***pelagianisme***.

pe·la·gic [pɪ'lædʒɪk] ⟨bn.⟩ **0.1** ***pelagisch*** ⇒*(diep)zee, v.d. zee* ◆ **1.1** ~ fish *diepzeevis*.

pel·ar·go·ni·um ['pelə'gounɪəm‖-lɑr-] ⟨telb.zn.⟩ ⟨plantk.⟩ **0.1** ***pelargonium*** ⟨genus Pelargonium⟩ ⇒*ooievaarsbek,* ⟨oneig.⟩ *geranium*.

Pe·las·gi·an[1] [pe'læzgɪən‖pe'lædʒɪən] ⟨telb.zn.⟩ **0.1** ⟨mv.⟩ ***Pelasgen*** ⟨prehistorische bewoners v. Griekenland⟩.

Pelasgian[2], **Pe·las·gic** [pe'læzgɪk‖-dʒɪk] ⟨bn.⟩ **0.1** ***Pelasgisch***.

pel·er·ine ['pelәri:n‖-'ri:n] ⟨telb.zn.⟩ **0.1** ***pelerine*** ⇒*schoudermanteltje*.

pelf [pelf] ⟨n.-telb.zn.⟩ ⟨bel.⟩ **0.1** ***(onverdiende) rijkdom*** ⇒*geld, welvaart* ◆ **2.1** before penniless, he now possesses uncounted ~ *vroeger bezat hij geen cent, en nu zwemt hij in/barst hij van de poen*.

pel·i·can ['pelɪkən] ⟨f1⟩ ⟨telb.zn.⟩ **0.1** ***pelikaan*** **0.2** →pelican crossing.

'pelican crossing ⟨f1⟩ ⟨telb.zn.⟩ ⟨vnl. BE⟩ **0.1** ***oversteekplaats*** ⟨met door de voetganger te bedienen verkeerslichten⟩.

'Pelican State ⟨eig.n.⟩ ⟨AE⟩ **0.1** ***Pelican State*** ⇒*Louisiana*.

pel·isse [pe'li:s] ⟨telb.zn.⟩ **0.1** ***pellies*** ⇒*lange (bont)mantel, lange (bont)cape* ⟨vnl. voor vrouwen⟩ **0.2** ***huzarenmantel*** ⇒*huzarenjasje*.

pe·lite ['pi:laɪt] ⟨n.-telb.zn.⟩ **0.1** ***schalie***.

pel·lag·ra [pɪ'lægrə, -'leɪ-] ⟨n.-telb.zn.⟩ ⟨med.⟩ **0.1** ***pellagra***.

pel·lag·rin [pɪ'lægrɪn, -'leɪ-] ⟨telb.zn.⟩ ⟨med.⟩ **0.1** ***pellagralijder***.

pel·lag·rous [pɪ'lægrəs, -'leɪ-] ⟨bn.⟩ ⟨med.⟩ **0.1** ***pellagreus***.

pel·let[1] ['pelɪt] ⟨f1⟩ ⟨telb.zn.⟩ **0.1** ***balletje*** ⇒*bolletje, prop(je), pellet* **0.2** ***kogeltje*** ⇒*hagelkorrel;* ⟨mv.⟩ *hagel, schroot* **0.3** ***(stenen) kogel*** ⇒*kanonbal* **0.4** ⟨vnl. BE⟩ ***tablet*** ⇒*pil(letje)* **0.5** ***braakbal*** **0.6** ***keutel*** **0.7** ***bolvormige uitstulping*** ⟨in lijstwerk⟩ **0.8** ⟨sl.⟩ ***honk/voet/golfbal***.

pellet[2] ⟨ov.ww.⟩ **0.1** ***bekogelen*** ⇒*(met proppen) beschieten, (met proppen) gooien naar, bewerpen* **0.2** ***tot een balletje rollen*** ⇒*in/tot balletjes kneden, pelletiseren*.

pel·let·ize, -ise ['pelɪt̬aɪz] ⟨ov.ww.⟩ **0.1** ***tot een balletje rollen*** ⇒*in/tot balletjes kneden, pelletiseren*.

pel·li·cle ['pelɪkl] ⟨telb.zn.⟩ **0.1** ***vlies*** ⇒*(dun) huidje, vel(letje), membraan, film*.

pel·lic·u·lar [pə'lɪkjələ‖-ər] ⟨bn.⟩ **0.1** ***vliezig*** ⇒*vliesachtig, vlies-*.

pel·li·to·ry ['pelɪtri‖'pelɪt̬ɔri] ⟨telb. en n.-telb.zn.; →mv. 2⟩ ⟨plantk.⟩ **0.1** ***glaskruid(plant)*** ⟨Parietaria⟩.

'pel·li·to·ry-of-the-'wall ⟨telb. en n.-telb.zn.⟩ ⟨plantk.⟩ **0.1** ***glaskruid (plant)*** ⟨Parietaria⟩.

pell-mell[1] ['pel'mel] ⟨telb. en n.-telb.zn.⟩ **0.1** ***warboel*** ⇒*verwarring, wanorde, pêle-mêle, mêlee, vechtpartij, handgemeen* **0.2** ***mengelmoes*** ⇒*allegaartje, potpourri, (bont) samenraapsel* ◆ **1.1** they met in a ~ of greetings *ze ontmoetten elkaar in een kluwen v. begroetingen* **6.1** everything was **in** a ~ *alles lag overhoop*.

pell-mell[2] ⟨bn., attr.⟩ **0.1** ***verward*** ⇒*wanordelijk, onstuimig, onbesuisd* **0.2** ***luidruchtig*** ⇒*lawaai(er)ig, rumoerig, druk*.

pell-mell[3] ⟨f1⟩ ⟨bw.⟩ **0.1** ***door elkaar*** ⇒*pêle-mêle, verward, wanordelijk* **0.2** ***hals over kop*** ⇒*holderdebolder, onstuimig, in aller ijl*.

pel·lu·cid [pɪ'lu:sɪd] ⟨bn.; -ly; -ness⟩ **0.1** ***doorzichtig*** ⇒*transparant, helder* ⟨ook fig.⟩ ◆ **1.1** ~ reasonings *heldere/duidelijke redeneringen*.

pel·lu·cid·i·ty ['pelu:'sɪdəti‖'peljə'sɪdət̬i] ⟨n.-telb.zn.⟩ **0.1** ***doorzichtigheid*** ⇒*transparantie, helderheid* ⟨ook fig.⟩.

pel·met ['pelmɪt] ⟨telb.zn.⟩ **0.1** ***lambrekijn*** ⇒*gordijnval, gordijnkap, deklat*.

Pel·o·pon·ne·sian[1] ['peləpə'ni:ʃn‖-'ni:ʒn] ⟨telb.zn.⟩ **0.1** ***Peloponnesiër***.

Peloponnesian[2] ⟨bn.⟩ **0.1** ***Peloponnesisch*** ⇒*v./mbt. de Peloponnesus*.

pe·lo·ri·a [pə'lɔ:rɪə] ⟨telb.zn.⟩ ⟨plantk.⟩ **0.1** ***pelorie***.

pelt[1] [pelt] ⟨f1⟩ ⟨zn.⟩

I ⟨telb.zn.⟩ **0.1** ***vacht*** ⇒*huid, vel;*

II ⟨n.-telb.zn.⟩ **0.1** ***het kloppen*** ⇒*het meppen, het hameren, het slaan* ◆ **1.1** the ~ of the rain *het gekletter/gedruis v.d. regen*.

pelt[2] ⟨f1⟩ ⟨ww.⟩

I ⟨onov.ww.⟩ **0.1** ***(neer)kletteren*** ⇒*(neer)kletsen/plenzen, hagelen* **0.2** ***hollen*** ⇒*snellen, rennen* **0.3** ***kloppen*** ⇒*hameren* **0.4** ***vuren*** ⇒*gooien, werpen, schieten* ◆ **1.1** ~ing rain *kletterende regen* **5.1** ~ **down** *neerkletteren/kletsen/plenzen/hagelen;* it's ~ing **down** *het regent dat het giet, het klettert/stroomt v.d. regen, het stortregent* **6.1** ⟨vnl. BE⟩ it's ~ing **with** rain *het regent dat het giet, het klettert/stroomt v.d. regen, het stortregent* **6.2** ~ **along** the houses *langs/voorbij de huizen hollen;* ~ **down** a hill *een heuvel afrennen* **6.3** the smith ~s (away) **at** his iron *de smid hamert op het ijzer* **6.4** they started ~ing **at** one another with snowballs *ze begonnen elkaar te bekogelen met sneeuwballen;*

II ⟨ov.ww.⟩ **0.1** ***bekogelen*** ⇒*beschieten, gooien naar, (al gooiend) bestormen, afvuren op, naar het hoofd gooien* ⟨ook fig.⟩ **0.2** ***raken*** ⇒*slaan/kletteren/botsen tegen* ◆ **6.1** the journalists ~ed the president **with** questions *de journalisten onderwierpen de president aan een vragenvuur*.

pel·ta ['peltə] ⟨zn.; peltae [-ti:]; →mv. 5⟩

I ⟨telb.zn.⟩ ⟨gesch.⟩ **0.1** ***peltè*** ⇒*licht leren schild* ⟨v.d. peltasten, Griekse soldaten⟩ **0.2** ⟨plantk.⟩ ***schildvormige structuur***.

pel·tate ['pelteɪt] ⟨bn.⟩ ⟨plantk.⟩ **0.1** ***peltaat*** ⇒*schildvormig*.

pelt·er ['peltə‖-ər] ⟨telb.zn.⟩ ⟨AE; sl.⟩ **0.1** ***slecht paard*** **0.2** ***snel paard***.

pel·try ['peltri] ⟨n.-telb.zn.⟩ **0.1** ***bontwerk*** ⇒*pelterij* **0.2** ***dierehuiden***.

pel·vic ['pelvɪk] ⟨bn., attr.⟩ ⟨anat.⟩ **0.1** ***bekken-*** ⇒*aan/in/van het bekken* ◆ **1.1** ~ arch *bekkengordel;* ~ artery *bekkenader;* ~ fin *buikvin;* ~ girdle *bekkengordel*.

pel·vis ['pelvɪs] ⟨f1⟩ ⟨telb.zn.; ook pelves [-vi:z]; →mv. 5⟩ ⟨anat.⟩ **0.1** ***bekken*** ⇒*pelvis* **0.2** ***nierbekken*** ◆ **2.2** renal ~ *nierbekken*.

Pemb, Pembs ⟨afk.⟩ Pembrokeshire ⟨graafschap in Wales⟩.

Pem·broke ['pembrʊk], **'Pembroke table** ⟨telb.zn.⟩ **0.1** ***klaptafel***.

pem·i·can, pem·mi·can ['pemɪkən] ⟨n.-telb.zn.⟩ **0.1** ***pemmik(a)an*** ⟨koek met vlees, vet en vruchten⟩.

pen[1] [pen] ⟨f3⟩ ⟨telb.zn.⟩ ⟨→sprw. 557⟩ **0.1** ***pen*** ⇒*(ganze)veer, balpen, vulpen, viltstift, pennetje, penpunt, stiftpunt* **0.2** ⟨vnl. enk.⟩ ⟨schr.⟩ ***pen*** ⇒*auteur(schap), schrijver(schap)* **0.3** ⟨vnl. enk.⟩ ***pen*** ⇒*stijl, schrijftrant* **0.4** ***hok*** ⇒*kooi, cel,* ⟨B.⟩ *kot* **0.5** ***(baby)box*** ⇒*loophek/rek/hok* **0.6** ***bunker voor onderzeeërs*** ⇒*duikbootdok* **0.7** ***(vee)boerderij*** ⇒*plantage* ⟨op Jamaica⟩ **0.8** ***vrouwtjeszwaan*** **0.9** ⟨verk.⟩ ⟨penitentiary⟩ ⟨AE; sl.⟩ ***gevangenis*** ⇒*bak, nor* ◆ **1.1** ~ and ink *pen en inkt; schrijfgerief, pen en papier; het schrijven* **1.3** a view as no ~ can describe *een uitzicht dat met geen pen te beschrijven is* **2.2** a novel by an unknown ~ *een roman van een onbekende auteur* **3.1** dip one's ~ in gall *zijn pen in gal dopen;* put/set ~ to paper *de pen op het papier zetten;* ⟨schr.⟩ take up one's ~ *de pen opvatten/opnemen/ter hand nemen* **3.2** live by one's ~ *van zijn pen leven* **3.3** wield a formidable ~ *een indrukwekkende stijl gebruiken, een schrijver v. formaat zijn* **3.¶** drive a ~ *schrijven, de pen voeren;* push a ~ *pennelikker zijn*.

pen[2] ⟨f1⟩ ⟨ov.ww.; →ww. 7⟩ **0.1** ***op papier zetten*** ⇒*(op/neer)schrijven, (neer)pennen*.

pen[3] ⟨f1⟩ ⟨ov.ww.; ook pent, pent [pent]; →ww. 7⟩ →pent **0.1** ***opsluiten*** ⟨ook fig.⟩ ⇒*afzonderen, isoleren, beperken* ◆ **5.1** ~ **in** *opsluiten, beperken;* feel ~ned **in** by one's marriage *zich opgesloten in/beperkt door zijn huwelijk voelen;* all the sheep were ~ned **in** *alle schapen zaten in de schaapskooi;* ~ **up** *opsluiten*.

pen[4] ⟨afk.⟩ penetration, peninsula, penitent.

PEN [pen] ⟨eig.n.⟩ ⟨afk.⟩ International Association of Poets, Playwrights, Editors, Essayists and Novelists **0.1** ***P.E.N.*** ⇒*Penclub*.

pe·nal ['pi:nl] ⟨f1⟩ ⟨bn.; -ly⟩ **0.1** ***straf-*** ⇒*p(o)enaal* **0.2** ***strafbaar*** ⇒*p(o)enaal, verboden* **0.3** ***zwaar*** ⇒*(heel) ernstig, (heel) onaangenaam, (heel) nadelig, afstraffend* ◆ **1.1** ~ code *strafwetboek, wetboek v. strafrecht;* ~ laws *strafwetten, strafrecht;* ~ sum *geldstraf, boete, schadeloosstelling* **1.2** ~ offence *strafbaar feit, wetsovertreding, wetsschennis* **1.3** ~ taxes *zware/hoge belastingen;* these terms are ~ to multinationals *deze overeenkomsten zijn (heel) nadelig voor multinationals* **1.¶** ~ servitude *dwangarbeid*.

'penal colony, 'penal settlement ⟨telb.zn.⟩ **0.1** ***strafkolonie***.

pe·nal·i·za·tion, -sa·tion ['pi:n(ə)laɪ'zeɪʃn‖-lə'zeɪʃn] ⟨zn.⟩

I ⟨telb.zn.⟩ **0.1** ***straf;***

II ⟨n.-telb.zn.⟩ **0.1** ***het straffen*** ⇒*bestraffing* **0.2** ***het geven v.e. handicap/achterstand*** **0.3** ⟨sport⟩ ***het toekennen v.e. strafschop/penalty*** **0.4** ***het strafbaar stellen***.

pe·nal·ize, -ise ['pi:n(ə)laɪz] ⟨f1⟩ ⟨ov.ww.⟩ **0.1** ***straffen*** ⇒*een straf opleggen/geven* **0.2** ***een handicap/achterstand geven*** ⇒*benadelen, achterstellen, handicappen, penaliseren* **0.3** ⟨sport⟩ ***een strafschop/penalty toekennen*** **0.4** ***strafbaar stellen*** ⇒*strafbaar maken, verbieden* ◆ **6.2** ~ **for** *iem. een handicap geven wegens*.

pen·al·ty ['penlti] ⟨f2⟩ ⟨telb.zn.; →mv. 2⟩ **0.1** ⟨vnl. enk.⟩ ⟨jur.⟩ ***(geld/gevangenis)straf*** ⇒*(geld)boete,* ⟨bridge⟩ *straf* **0.2** ***(nadelig) gevolg*** ⇒*nadeel, schade, verlies* **0.3** ⟨sport⟩ ***handicap*** ⇒*achterstand, strafpunt* **0.4** ⟨voetbal⟩ ***strafschop*** ⇒*penalty(-kick)* **0.5** ⟨robberbridge⟩ ***score voor downslagen*** ⇒*punten boven de streep* ◆ **3.1** pay the ~ *de straf ondergaan* **3.2** pay the ~ of *de gevolgen dragen van* **6.1** **on/under** ~ **of** *op straffe van* **6.2** the ~ **of** *het nadeel van;* the ~ **of** fame is that everybody recognizes you *één v.d. nadelen v. roem is dat iedereen je herkent*.

'penalty arc ⟨telb.zn.⟩ ⟨voetbal⟩ **0.1** ***strafschopcirkel***.

'penalty area ⟨f1⟩ ⟨telb.zn.⟩ ⟨voetbal⟩ **0.1** ***strafschopgebied***.

'penalty bench ⟨telb.zn.⟩⟨sport, i.h.b. ijshockey⟩ **0.1** ***strafbank(je)***.
'penalty box ⟨telb.zn.⟩⟨ijshockey⟩ **0.1** ***strafbank*** *⇒strafhok(je)*.
'penalty bully ⟨telb.zn.⟩⟨ijshockey⟩ **0.1** ***strafbal*** *⇒strafbully*.
'penalty card ⟨telb.zn.⟩⟨bridge⟩ **0.1** ***strafkaart***.
'penalty clause ⟨telb.zn.⟩⟨jur.⟩ **0.1** ***(paragraaf/passage met) strafbepaling*** *⇒boeteclausule*.
'penalty corner ⟨telb.zn.⟩⟨veldhockey⟩ **0.1** ***strafhoekschop*** *⇒strafcorner, korte corner*.
'penalty double ⟨telb.zn.⟩⟨bridge⟩ **0.1** ***strafdoublet***.
'penalty flag ⟨telb.zn.⟩⟨Am. voetbal⟩ **0.1** ***strafvlag*** ⟨door officials op het veld gegooid ter aanduiding v. (plaats v.) overtreding⟩.
'penalty goal ⟨telb.zn.⟩ **0.1** ⟨voetbal⟩ ***penalty-doelpunt*** *⇒benutte strafschop* **0.2** ⟨polo⟩ ***strafgoal***.
'penalty hit ⟨telb.zn.⟩⟨polo⟩ **0.1** ***strafslag***.
'penalty kick, 'penalty shot ⟨f1⟩⟨telb.zn.⟩⟨voetbal⟩ **0.1** ***strafschop*** *⇒penalty(-kick)*.
'penalty marker →penalty flag.
'penalty minute ⟨telb.zn.⟩⟨sport⟩ **0.1** ***strafminuut***.
'penalty pass ⟨telb.zn.⟩⟨netbal⟩ **0.1** ***vrije worp***.
'penalty point ⟨telb.zn.⟩⟨sport⟩ **0.1** ***strafpunt***.
'penalty rates ⟨mv.⟩⟨Austr. E⟩ **0.1** ***onregelmatigheidstoeslag***.
'penalty spot ⟨telb.zn.⟩ **0.1** ***strafschopstip***.
'penalty stroke ⟨telb.zn.⟩⟨golf, hockey⟩ **0.1** ***strafslag***.
'penalty throw ⟨telb.zn.⟩⟨sport⟩ **0.1** ***strafworp***.
'penalty zone ⟨telb.zn.⟩⟨paardesport⟩ **0.1** ***strafzone*** ⟨rechthoekig gebied om hindernis waar paard niet mag stilstaan⟩.
pen·ance[1] ['penəns]⟨f2⟩⟨zn.⟩
I ⟨telb.zn.⟩⟨scherts.⟩ **0.1** ***penitentie*** *⇒bezoeking, straf, onaangename taak;*
II ⟨n.-telb.zn.⟩ **0.1** ⟨relig.⟩ ***penitentie*** ⟨ook fig.⟩ *⇒boete(doening)* **0.2** ⟨relig.⟩ ***biecht*** **0.3** ***berouw*** *⇒spijt, boetvaardigheid* ◆ **3.1** do ~ for *boeten voor, boete doen voor*.
penance[2] ⟨ov.ww.⟩ **0.1** ***boete laten doen*** *⇒boetedoening opleggen, doen boeten, straffen*.
'pen-and-'ink ⟨bn., attr.⟩ **0.1** ***pen-*** ◆ **1.1** ~ drawing/sketch *pentekening*.
pe·na·tes [pə'nɑ:ti:z, -teɪz‖pə'neɪţi:z]⟨mv.⟩⟨gesch.⟩ **0.1** ***penaten*** *⇒huisgoden*.
pence [pens]⟨f1⟩⟨mv.⟩ →penny.
pen·chant ['pentʃənt, 'pɑ:nʃɑ̃]⟨telb.zn.; vnl. enk.⟩ **0.1** ***hang*** *⇒neiging, voorliefde, trek* ◆ **6.1** a ~ **for** *(een) hang tot, een voorliefde voor*.
pen·cil[1] ['pensl]⟨f3⟩⟨zn.; vaak attr.⟩
I ⟨telb.zn.⟩ **0.1** ***potlood*** *⇒vulpotlood, stift, griffel, waskrijtje;* ⟨bij uitbr.⟩ *schrijfgerei, (bal)pen* **0.2** ***pen*** *⇒penseel, teken/schilderstijl, manier v. beschrijven* **0.3** ⟨med., kosmetiek⟩ ***(maquilleer) stift*** **0.4** ⟨nat.⟩ ***stralenbundel*** *⇒(smalle, weinig con- of divergerende) lichtbundel* **0.5** ⟨wisk.⟩ ***bundel*** *⇒waaier* **0.6** ⟨vero.⟩ ***penseel*** **0.7** ⟨AE; vulg.⟩ ***potlood*** *⇒pik* ◆ **1.4** a ~ of rays *een stralenbundel* **2.2** the characters were drawn with a strong ~ *de personages waren sterk uitgetekend/goed in de verf gezet* **2.3** a styptic ~ *een bloedstelpende stift;*
II ⟨n.-telb.zn.⟩ **0.1** ***potlood*** *⇒grafiet*.
pencil[2] ⟨f1⟩⟨ov.ww.; →ww. 7⟩ **0.1** ***(met potlood) kleuren*** *⇒met potlood tinten/merken* **0.2** ***schetsen*** *⇒tekenen* ⟨ook fig.⟩ **0.3** ***in potlood (op/uit)schrijven*** **0.4** ***voorlopig (op/uit)schrijven*** **0.5** ⟨med.⟩ ***penselen*** *⇒(met een penseel) bevochtigen* **0.6** ⟨BE; sl.⟩ ***inschrijven*** ⟨naam v.e. paard bij weddenschappen⟩ ◆ **1.1** ~led eyebrows *zwartgemaakte/gepenseelde wenkbrauwen* **1.4** ~ an essay *de voorlopige versie v.e. essay uitschrijven* **1.5** ~ one's throat *de keel penselen*.
'pencil case ⟨telb.zn.⟩ **0.1** ***potloodetui*** *⇒potloodkoker*.
'pencil drawing ⟨telb.zn.⟩ **0.1** ***potloodtekening***.
pen·cil·ler ['pens(ə)lə‖-ər]⟨telb.zn.⟩ **0.1** ⟨BE; sl.⟩ ***bookmaker*** ⟨beroepswedder bij paardenwedrennen⟩ **0.2** ***(potlood)tekenaar*** *⇒schrijver*.
'pencil pusher ⟨telb.zn.⟩⟨AE; sl.⟩ **0.1** ***pennelikker***.
'pencil sharpener ⟨f1⟩⟨telb.zn.⟩ **0.1** ***potloodslijper/scherper*** *⇒punteslijper*.
'pencil skirt ⟨telb.zn.⟩⟨BE⟩ **0.1** ***kokerrok***.
pen·dant, pen·dent ['pendənt]⟨f1⟩⟨telb.zn.⟩ **0.1** ***hanger(tje)*** *⇒oorhanger, pendentief, pendeloque* **0.2** ***luster*** *⇒hangende luchter, kroonkandelaar* **0.3** ⟨bouwk.⟩ ***hangend versiersel*** **0.4** ***pendant*** *⇒tegenhanger/stuk, complement, parallel* **0.5** ***ring*** *⇒beugel* ⟨v. zakhorloge, waaraan ketting bevestigd wordt⟩ **0.6** ⟨scheep.⟩ ***schinkel*** **0.7** ⟨scheep.⟩ ***wimpel*** *⇒scheepsvaan, signaalvlag*.
pen·den·cy ['pendənsi]⟨n.-telb.zn.⟩ **0.1** ***het hangende zijn*** *⇒onzekerheid, onbeslistheid*.
pendent, pendant ['pendənt]⟨bn.; -ly⟩ **0.1** ***(neer)hangend*** *⇒neerbengelend* **0.2** ***overhangend*** *⇒uitstekend* **0.3** ⟨schr.⟩ ***hangend*** *⇒onbeslist, onafgedaan, in behandeling, nog gaande, zwevend* **0.4** ⟨vero.⟩ ***zwevend*** **0.5** ***onvolledig*** *⇒onaf* ⟨v.e. spraakkundige constructie⟩ ◆ **1.2** ~ rocks *overhangende rotsen* **1.5** ~ nominative *losse nominatief, absolute nominatief, nominatief zonder bijhorend ww.*.
pen·den·tive [pen'denţɪv]⟨telb.zn.⟩⟨bouwk.⟩ **0.1** ***pendentief*** *⇒gewelfzwik, hoekzwik, hangboog*.
pend·ing[1] ['pendɪŋ]⟨f1⟩⟨bn.⟩ **0.1** ***hangend*** *⇒onbeslist, onafgedaan, in behandeling, nog gaande, zwevend* **0.2** ***ophanden (zijnd)*** *⇒aanstaand, dreigend* ◆ **1.1** patent ~ *octrooi/patent aangevraagd;* what are the problems ~? *welke problemen moeten er nog afgehandeld worden?* **1.2** a climax is ~ *er is een climax ophanden*.
pending[2] ⟨f1⟩⟨vz.; oorspr. teg. deelw. v. pend⟩ **0.1** ***gedurende*** *⇒in de loop van* **0.2** ***in afwachting van*** ◆ **1.1** a steady economic decline ~ the years before the war *een gestadig economisch verval gedurende de jaren vóór de oorlog* **1.2** temporary regulations ~ the new laws *tijdelijke maatregelen in afwachting van de nieuwe wetten*.
pen·drag·on [pen'drægən]⟨telb.zn.⟩⟨gesch.⟩ **0.1** ***(oorlogs)leider*** *⇒hoofd, koning* ⟨bij de vroegere Britten⟩.
pen·du·lar ['pendjʊlə‖-dʒələr]⟨bn.⟩ **0.1** ***over en weer gaand*** *⇒slingerend, wisselvallig*.
pen·du·late ['pendjʊleɪt‖-dʒə-]⟨onov.ww.⟩ **0.1** ***(heen en weer) slingeren*** ⟨ook fig.⟩ *⇒schommelen, twijfelen* ◆ **6.1** ~ **between** love and hate *heen en weer geslingerd worden tussen haat en liefde*.
pen·du·line ['pendʒʊlɪn, -laɪn‖-dʒə-]⟨bn., attr.⟩ **0.1** ***hangend*** ⟨v. nest⟩ **0.2** ***een hangnest bouwend*** ⟨v. vogel⟩ ◆ **1.1** ~ nest *hangnest* **1.2** ~ birds *hangnestvogels* **1.¶** ⟨dierk.⟩ ~ tit *buidelmees* ⟨Remiz pendulinus⟩.
pen·du·lous ['pendjʊləs‖-dʒə-]⟨bn.; -ly; -ness⟩ **0.1** ***(neer)hangend*** *⇒bengelend, schommelend* **0.2** ***schommelend*** *⇒twijfelend, weifelend, variërend* ◆ **1.1** ~ cheeks/jowls *hang/kwabwangen*.
pen·du·lum ['pendjʊləm‖-dʒə-]⟨f2⟩⟨zn.⟩
I ⟨telb.zn.⟩ **0.1** ***slinger*** ◆ **1.1** a clock with a ~ *een slingeruurwerk, een pendule* **2.1** compound ~ *samengestelde slinger;* simple ~ *enkelvoudige slinger;*
II ⟨n.-telb.zn.⟩ **0.1** ***pendelbeweging*** *⇒verandering, kentering, het heen en weer slingeren* ◆ **1.1** the ~ of public opinion *de slingerbeweging/het omslaan v.d. publieke opinie*.
Pe·nel·o·pe [pɪ'neləpi]⟨eig.n., telb.zn.⟩ **0.1** ***Penelope*** *⇒bijzonder trouwe vrouw, toonbeeld v. huwelijkstrouw*.
pe·ne·plain, pe·ne·plane ['pi:nɪpleɪn]⟨telb.zn.⟩⟨geol.⟩ **0.1** ***peneplain*** *⇒schiervlakte* ⟨vlakte ontstaan door erosie⟩.
pen·e·tra·bil·i·ty ['penɪtrə'bɪləţi]⟨n.-telb.zn.⟩ **0.1** ***doordringbaarheid*** *⇒penetrabiliteit, toegankelijkheid*.
pen·e·tra·ble ['penɪtrəbl]⟨bn.; -ly; →bijw. 3⟩ **0.1** ***doordringbaar*** **0.2** ***ontvankelijk*** ◆ **6.2** ~ **to** your kind entreaties *ontvankelijk voor uw vriendelijke verzoeken*.
pen·e·tra·li·um ['penɪ'treɪlɪəm]⟨telb.zn.; penetralia [-lɪə]; →mv. 5⟩ ⟨15⟩ **0.1** ***binnenste (deel)*** *⇒diepste (deel)* ◆ **1.1** the ~ of the soul *de diepste diepten/roerselen v.d. ziel;* the ~ of a temple *het heiligste deel/het heiligdom v.e. tempel*.
pen·e·trant ['penɪtrənt]⟨bn.⟩ **0.1** ***doordringend*** *⇒penetrant, scherp*.
pen·e·trate ['penɪtreɪt]⟨f3⟩⟨ww.⟩ →penetrating
I ⟨onov.ww.⟩ **0.1** ***doordringen*** *⇒penetreren, doortrekken, drenken* **0.2** ***doordringen*** *⇒begrepen/gesnapt worden* **0.3** ***binnendringen*** *⇒indringen, dringen in* ◆ **1.2** the hint didn't ~ *de wenk kwam niet over/werd niet gevat* **6.1** ~ **into** *dóórdringen (tot) in, dóórdringen tot;* ~ **into** the mysteries of nature *in/tot de geheimen v.d. natuur dóórdringen, de geheimen v.d. natuur uitvorsen/doorgronden/doorvorsen;* ~ **through** *dringen door;* ~ **to** *dóórdringen tot;*
II ⟨ov.ww.⟩ **0.1** ***doordringen*** *⇒(dóór)dringen (tot) in, dringen door, binnendringen (bij/in), penetreren, zich boren in* **0.2** ***doordringen*** *⇒(ver)vullen* **0.3** ***doorgronden*** *⇒door/uitvorsen, vatten, penetreren* **0.4** ***doorzien*** *⇒achterhalen* **0.5** ***dringen door(heen)*** *⇒zien door(heen)* **0.6** ***betreden*** *⇒binnengaan in* ◆ **1.1** the cold ~d the bones *de koude drong tot op het bot door* **1.4** ~ s.o.'s disguise *iemands vermomming doorzien, iemands identiteit achterhalen* **1.5** our eyes couldn't ~ the darkness *onze ogen konden niet door de duisternis zien/heendringen* **1.6** ~ a house *een huis betreden/binnengaan* **6.2** ~ s.o. **with** *iem. doordringen van/vervullen met*.
pen·e·trat·ing ['penɪtreɪţɪŋ]⟨f2⟩⟨bn.; -ly; (oorspr.) teg. deelw. v. penetrate⟩ **0.1** ***doordringend*** *⇒scherp(zinnig)* **0.2** ***doordringend*** *⇒scherp, snijdend* **0.3** ***doordringend*** ⟨v. geluid⟩ *⇒scherp, luid, vérdragend* **0.4** ***diepgaand*** *⇒grondig, gedetailleerd* ◆ **1.¶** ~ oil *kruipolie*.
pen·e·tra·tion [penɪ'treɪʃn]⟨f1⟩⟨zn.⟩
I ⟨telb.zn.⟩ **0.1** ***penetratie*** *⇒inbrenging, doordringing;*
II ⟨n.-telb.zn.⟩ **0.1** ***penetratie*** *⇒doordringing, indringing* **0.2**

doordringingsvermogen **0.3** ***indringingsvermogen*** ⇒*indringingsdiepte* ⟨v. projectiel⟩ **0.4** ***scherpzinnigheid*** ⇒*in/doorzicht, scherpte* ◆ **2.1** peaceful ~ *vreedzame uitbreiding v.d. invloedssfeer.*

pen·e·tra·tive ['penɪtrətɪv‖-treɪṭɪv]⟨bn.; -ly⟩ **0.1** ***doordringend*** ⇒*met doordringingsvermogen* **0.2** ***doordringend*** ⇒*scherp(zinnig), intelligent.*

'pen feather ⟨telb.zn.⟩ **0.1** ***slagpen*** ⇒*slagveer, schacht.*

'pen-friend, ⟨AE⟩ **'pen pal** ⟨f1⟩⟨telb.zn.⟩ **0.1** ***penvriend(in)*** ⇒*(buitenlandse) correspondentievriend(in).*

pen·guin ['peŋgwɪn]⟨f2⟩⟨telb.zn.⟩ **0.1** ***pinguïn*** ⇒*pingoeïn, vetgans.*

'penguin suit ⟨telb.zn.⟩⟨sl.; ruim.⟩ **0.1** ***pinguïnpak*** ⇒*ruimtepak.*

'pen·hold·er ⟨telb.zn.⟩ **0.1** ***pen(ne)houder.***

pen·i·cil·late [penɪ'sɪlət, -leɪt]⟨bn.; -ly⟩⟨biol.⟩ **0.1** ***met oorpluimen*** **0.2** ***met/in pluimen*** ⟨bloeiwijze⟩.

pen·i·cil·lin [penɪ'sɪlɪn]⟨f2⟩⟨n.-telb.zn.⟩ **0.1** ***penicilline.***

pen·i·cil·li·um [penɪ'sɪlɪəm]⟨telb.zn.; ook penicillia [-lɪə]; →mv. 5⟩⟨plantk.⟩ **0.1** ***penseelschimmel*** ⟨Penicillium⟩.

pe·nile ['pi:naɪl‖'pi:nl], **pe·ni·al** ['pi:nɪəl]⟨bn.⟩⟨anat.⟩ **0.1** ***v.d. penis*** ⇒*penis-.*

pen·in·su·la [pɪ'nɪnsjʊlə‖-sjələ]⟨f2⟩⟨zn.⟩

I ⟨eig.n.; P-; the⟩⟨verk.⟩ the Iberian Peninsula **0.1** ***het Iberisch schiereiland;***

II ⟨telb.zn.⟩ **0.1** ***schiereiland.***

pen·in·su·lar[1] [pɪ'nɪnsjʊlə‖-sjələr]⟨telb.zn.⟩ **0.1** ***bewoner v.e. schiereiland.***

peninsular[2] ⟨bn.⟩ **0.1** ***als/van/mbt. een schiereiland*** **0.2** ⟨vnl. P-⟩ ***Iberisch*** ◆ **1.2** the Peninsular War *de Napoleontische oorlog.*

pe·nis ['pi:nɪs]⟨f2⟩⟨telb.zn.; ook penes [-ni:z]; →mv. 5⟩⟨anat.⟩ **0.1** ***penis*** ⇒*(mannelijk) lid.*

'penis envy ⟨n.-telb.zn.⟩⟨psych.⟩ **0.1** ***penisnijd.***

pen·i·tence ['penɪtəns]⟨f1⟩⟨n.-telb.zn.⟩ **0.1** ***boete(doening)*** ⇒*penitentie* **0.2** ***berouw*** ⇒*spijt, boetvaardigheid* ◆ **6.2** ~ **for** *berouw over.*

pen·i·tent[1] ['penɪtənt], **pen·i·ten·tial** [penɪ'tenʃl]⟨telb.zn.⟩ **0.1** ***boetvaardige*** ⇒*berouwvol iem.* **0.2** ⟨relig.⟩ ***boeteling*** ⇒*penitent* **0.3** ⟨relig.⟩ ***biechteling(e)*** **0.4** ⟨vaak P-⟩⟨relig.⟩ ***broeder penitent.***

penitent[2], ⟨in bet. 0.1 ook⟩ **penitential** ⟨f1⟩⟨bn.; -ly⟩ **0.1** ***berouwvol*** ⇒*berouwhebbend, boetvaardig* **0.2** ***boete doend*** ⇒*boetend* ◆ **3.2** be ~ *boete doen.*

pen·i·ten·tial[1] [penɪ'tenʃl]⟨zn.⟩

I ⟨telb.zn.⟩ **0.1** ***boeteboek*** ⇒*biechtboek* **0.2** →penitent;

II ⟨mv.; ~s⟩ **0.1** ***boetgewaden*** ⇒*boet(e)klederen, boet(e)kledij.*

penitential[2] ⟨bn.; -ly⟩ **0.1** ***berouwvol*** ⇒*berouwhebbend, boetvaardig* **0.2** ***boet(e)-*** ◆ **1.2** ~ psalms *boetpsalmen.*

pen·i·ten·tia·ry[1] [penɪ'tenʃəri]⟨f1⟩⟨telb.zn.; →mv. 2⟩ **0.1** ***penitentiaire inrichting*** ⇒*heropvoedingsgevangenis/gesticht, verbeteringsgesticht, rehabilitatiecentrum* **0.2** ⟨AE⟩ ***federale gevangenis*** **0.3** ⟨R.-K.⟩ ***penitentiaire*** ⟨hoogste kerkelijk gerechtshof⟩ **0.4** ⟨soms P-⟩⟨R.-K.⟩ ***p(o)enitentiaris*** ⇒*poenitentiarius, grootpenitencier, penitentiër* **0.5** ⟨R.-K.⟩ ***p(o)enitentiaris*** ⇒*boetepriester, biechtvader* **0.6** ⟨R.-K.⟩ ***boetegeestelijke*** ⟨geestelijke die administratie v. boetedoening bijhoudt⟩ ◆ **2.4** Grand Penitentiary *grootpenitencier.*

penitentiary[2] ⟨bn.⟩ **0.1** ***penitentiair*** ⇒*straf-, boet(e)-* **0.2** ***heropvoedings-*** ⇒*rehabilitatie-, verbeterings-* **0.3** ⟨AE; jur.⟩ ***op straffe v. gevangenneming*** ⇒*met gevangenisstraf.*

'pen·knife ⟨f1⟩⟨telb.zn.⟩ **0.1** ***pennemes*** ⇒*zak(knip)mes.*

'pen·light ⟨telb.zn.⟩ **0.1** ***zaklampje*** ⟨in de vorm v.e. vulpen⟩.

pen·man ['penmən]⟨telb.zn.⟩ **0.1** ***(schoon)schrijver*** ⇒*kalligraaf* **0.2** ***schrijver*** ⟨op een bep. manier⟩ **0.3** ***schrijver*** ⇒*auteur* **0.4** ***(af)schrijver*** ⇒*kopiist, klerk* **0.5** ⟨sl.⟩ ***vervalser*** ◆ **2.2** he's a bad ~ *hij heeft een lelijk handschrift;* he's a good shorthand ~ *hij is goed in steno;* a swift ~ *een vlugge schrijver.*

pen·man·ship ['penmənʃɪp]⟨n.-telb.zn.⟩ **0.1** ***kalligrafie*** ⇒*schoonschrijfkunst* **0.2** ***(hand)schrift*** ⇒*schrijfwijze* **0.3** ***schrijfstijl*** ⇒*schrijftrant.*

Penn, Penna ⟨afk.⟩ Pennsylvania.

'pen name ⟨telb.zn.⟩ **0.1** ***schrijversnaam*** ⇒*pseudoniem.*

pen·nant ['penənt]⟨f1⟩⟨telb.zn.⟩ **0.1** ⟨scheep.⟩ ***wimpel*** ⇒*scheepsvaan, signaalvlag* **0.2** ⟨scheep.⟩ ***schinkel*** **0.3** ***pennoen*** ⇒*ridder/lansvaantje, vaandel* **0.4** ⟨vnl. AE; i.h.b. honkbal⟩ ***kampioenschapsvaan/vlag*** ⇒*kampioenschap.*

pen·ni·less ['peniləs]⟨f2⟩⟨bn.; -ly; -ness⟩ **0.1** ***zonder geld*** ⇒*blut* **0.2** ***arm*** ⇒*behoeftig* ◆ **2.1** a ~ purse *een lege portemonnee* **3.1** be ~ *blut/platzak zijn, zonder geld zitten, geen rode duit meer hebben, op zwart zaad zitten.*

pen·non ['penən]⟨telb.zn.⟩ **0.1** ***pennoen*** ⇒*ridder/lansvaantje, lanswimpel, vaandel* **0.2** ***vlag*** ⇒*wimpel, banier, vaandel* **0.3** ⟨scheep.⟩ ***wimpel*** ⇒*scheepsvaan, signaalvlag* **0.4** ⟨vnl. AE; i.h.b. honkbal⟩ ***kampioenschapsvaan/vlag*** ⇒*kampioenschap* **0.5** ⟨AE⟩ ***schoolembleem*** **0.6** ⟨schr.⟩ ***wiek*** ⇒*vlerk, vleugel.*

pen·noned ['penənd]⟨bn.⟩ **0.1** ***met een pennoen*** **0.2** ***met een wimpel/vlag*** ⇒*bewimpeld.*

penn'orth ⟨telb.zn.⟩⟨samentr. v. pennyworth⟩.

Penn·syl·va·nia Dutch [penslveɪnɪə 'dʌtʃ], **'Pennsylvania 'German** ⟨eig.n.⟩ **0.1** ***Pennsilvaans*** ⟨het Duits in Pennsylvania gesproken⟩.

Penn·syl·va·nian[1] [pensl'veɪnɪən]⟨zn.⟩

I ⟨telb.zn.⟩ **0.1** ***inwoner v. Pennsylvania*** ⟨U.S.A.⟩;

II ⟨n.-telb.zn.; the⟩⟨AE; geol.⟩ **0.1** ***Pennsylvanien*** ⇒*Boven-Carboon.*

Pennsylvanian[2] ⟨bn.⟩ **0.1** ***v./mbt./uit Pennsylvania*** ⟨U.S.A.⟩ **0.2** ⟨AE; geol.⟩ ***v./mbt. het Pennsylvanien.***

pen·ny ['peni]⟨f3⟩⟨telb.zn.; pence [pens], in bet. 0.1 pennies; →mv. 2, 3⟩⟨→sprw. 32, 335, 558, 559, 641⟩ **0.1** ***muntstuk v. één penny*** ⇒*stuiver, cent, duit* **0.2** ***(nieuwe) penny*** ⟨£ 0.01 sinds 1971⟩ **0.3** ***(oude) penny*** ⟨£ $^1/_{240}$ tot 1970⟩ **0.4** ⟨AE, Can. E⟩ ***cent*** ⟨$ 0.01⟩ **0.5** ⟨gesch.⟩ ***denarius*** ⟨Romeinse munt⟩ ◆ **1.¶** pennies from heaven *geld dat (als manna) uit de hemel komt vallen;* not have/be without a ~ to one's name *geen rooie duit bezitten;* a ~ for your thoughts *een cent voor je gedachten, wat gaat er in je om?, hé dagdromer* **2.1** he's not a ~ the worse for it *hij is er geen cent armer om/door geworden;* it's not worth a ~ *het is niets/geen cent waard* **3.¶** cut s.o. off without a ~ *iem. zonder een cent/*⟨B.⟩ *frank laten zitten, iem. geen cent/*⟨B.⟩ *frank nalaten* ⟨in testament⟩; ⟨BE; inf.⟩ the ~ has dropped *ik* ⟨enz.⟩ *heb het door, ik snap 'm;* I haven't got a ~ *ik heb geen rooie duit;* ⟨inf.; euf.⟩ spend a ~ *een kleine boodschap doen* **4.¶** ⟨BE; inf.⟩ two/ten (for) a ~ *twaalf/dertien in een dozijn.*

pen·ny-a-lin·er [penɪə'laɪnə‖-ər]⟨telb.zn.⟩ **0.1** ***broodschrijver*** ⇒*commercieel schrijver, middelmatig auteur, auteur v. stuiversromans* **0.2** ***journalist*** ⇒*dagbladschrijver.*

'penny 'ante ⟨n.-telb.zn.⟩⟨AE⟩ **0.1** ***poker met lage inzet*** ⇒*pennypoker* **0.2** ⟨inf.⟩ ***geldzaakje v. niets.***

'penny 'black ⟨telb.zn.; vaak P- B-⟩ **0.1** ***penny black*** ⟨eerste postzegel; gemaakt in 1840 in Groot-Brittannië⟩.

'penny 'blood, 'penny 'dreadful ⟨telb.zn.⟩⟨BE; inf.⟩ **0.1** ***stuiversroman*** ⇒*keukenmeidenroman, sensatieblad.*

'pen·ny·cress ⟨telb.zn.⟩⟨plantk.⟩ **0.1** ***boerenkers*** ⟨Thlaspi⟩ **0.2** ***witte krodde*** ⟨Thlaspi arvense⟩.

'pen·ny-'far·thing ⟨telb.zn.⟩⟨BE; gesch.⟩ **0.1** ***vélocipède*** ⇒*hoge fiets.*

'penny 'gaff ⟨telb.zn.⟩⟨BE⟩ **0.1** ***volkstheater.***

'pen·ny-'half·pen·ny ⟨telb.zn.⟩⟨BE⟩ **0.1** ***anderhalve penny.***

'penny number ⟨telb.zn.⟩ **0.1** ***klein getal*** ◆ **6.1** in ~s *in kleine hoeveelheden, beetje bij beetje.*

'penny pincher ⟨telb.zn.⟩⟨inf.⟩ **0.1** ***vrek*** ⇒*gierigaard.*

'pen·ny-pinch·ing[1] ⟨n.-telb.zn.⟩ **0.1** ***vrekkigheid*** ⇒*gierigheid, geldzucht, hebzucht.*

penny-pinching[2] ⟨bn.⟩ **0.1** ***vrekkig*** ⇒*gierig, hebzuchtig.*

'pen·ny-'plain ⟨bn.⟩ **0.1** ***doodgewoon*** ⇒*alledaags.*

'penny 'post ⟨n.-telb.zn.⟩⟨gesch.⟩ **0.1** ***penny-post*** ⟨posttarief⟩.

'pen·ny'roy·al ⟨telb.zn.⟩⟨plantk.⟩ **0.1** ***polei*** ⟨Mentha pulegium⟩ **0.2** ⟨AE⟩ ***Noordamerikaanse polei*** ⟨Hedeoma pulegioides⟩ **0.3** ⟨AE⟩ ***(soort) aromatische plant*** ⇒*bergamotplant, monarda* ⟨Monardella⟩.

'pen·ny·weight ⟨telb.zn.⟩ **0.1** ***pennyweight*** ⟨1.555 g; →t1⟩.

'penny whistle ⟨telb.zn.⟩ **0.1** ***(speelgoed)fluitje*** ⇒*bekfluitje.*

'pen·ny-'wise ⟨bn.⟩ **0.1** ***op de kleintjes lettend/passend*** ◆ **2.¶** ~ and pound-foolish *zuinig met muntjes maar kwistig met briefjes.*

pen·ny·wort ['peniwɜ:t‖-wɜrt]⟨telb.zn.⟩⟨plantk.⟩ **0.1** ***navelkruid*** ⟨Umbilicus rupestris⟩ **0.2** ***waternavel*** ⟨Hydrocotyle vulgaris⟩ **0.3** ⟨AE⟩ ***pennywort*** ⟨Obolaria virginica⟩.

pen·ny·worth, pen·n'orth ['peniwəθ, 'penəθ‖'peniwərθ, 'penərθ] ⟨f1⟩⟨telb.zn.; ook pennyworth, penn'orth; →mv. 4⟩ **0.1** ***(de waarde v.e.) penny*** **0.2** ***koopje*** **0.3** ***beetje*** ⇒*ietsje* ◆ **2.2** a good ~ *een koopje* **6.1** give me a ~ **of** sweets *geef me (voor) een penny snoepjes* **6.3** he hasn't got a ~ **of** sense *hij heeft geen greintje/geen cent verstand.*

pe·no·log·i·cal [pi:nə'lɒdʒɪkl‖-'lɑ-]⟨bn.; -ly⟩ **0.1** ***penologisch*** ⇒*v./mbt. de penologie/strafwetenschap.*

pe·nol·o·gist [pi:'nɒlədʒɪst‖-'nɑ-]⟨telb.zn.⟩ **0.1** ***kenner v.d. penologie/strafwetenschap.***

pe·nol·o·gy, poe·nol·o·gy [pi:'nɒlədʒi‖-'nɑ-]⟨n.-telb.zn.⟩ **0.1** ***p(o)enologie*** ⇒*strafwetenschap, leer v.d. straffen.*

pen pal →pen-friend.

'pen-push·er ⟨telb.zn.⟩⟨bel.⟩ **0.1** ***pennelikker*** ⇒*klerk.*

pen·sile ['pensaɪl‖'pensl]⟨bn.; -ness⟩ **0.1** ***(neer)hangend*** ⇒*bengelend, schommelend* **0.2** ***een hangnest bouwend*** ⟨v. vogel⟩ ◆ **1.2** ~ bird *hangnestvogel.*

pen·sion[1] ['pɑ:nsjɔ̃‖'pɑn'sjɔ̃]⟨telb.zn.⟩ **0.1** ***pension*** ⇒*kosthuis* **0.2** ***pension*** ⇒*kostgeld* ◆ **6.1** en ~ *in (een) pension;* live en ~ *in pension zijn, in de kost zijn, in een pension wonen* **6.2** en ~ *tegen kostgeld.*

pension[2] ['penʃn]⟨f3⟩⟨telb.zn.⟩ **0.1** ***pensioen*** ⇒*ouderdomspensioen, jaargeld, (geld)uitkering, toelage, geldelijke gift* ◆ **1.1** Pension's Act *pensioenwet* **3.1** draw one's ~ *zijn pensioen krijgen;* retire on a ~ *met pensioen gaan.*

pension[3] ['pɑ:nsjɔ̃‖'pɑn'sjɔ̃]⟨onov.ww.⟩ **0.1** ***in pension zijn*** ⇒*in een pension wonen, logeren (en pension).*

pension[4] ['penʃn]⟨f1⟩⟨ov.ww.⟩ **0.1** ***een pensioen/jaargeld/subsidie toekennen/uitkeren*** **0.2** ***pensioneren*** ⇒*op pensioen stellen* **0.3** ***met een pensioen/jaargeld/subsidie omkopen*** ◆ **5.¶** →pension **off.**

pen·sion·able ['penʃnəbl]⟨bn.⟩ **0.1** ***pensioengerechtigd*** **0.2** ***recht gevend op een pensioen.***

pen·sion·ar·y[1] ['penʃənri‖-neri]⟨telb.zn.;→mv. 2⟩ **0.1** ***huurling*** ⇒*(om)gekochte (persoon)* **0.2** ⟨gesch.⟩ ***pensionaris*** ⇒*stadsadvocaat* **0.3** →pensioner ◆ **1.1** the council consisted of pensionaries of the French King *de raad bestond uit huurlingen/spionnen v.d. Franse koning* **2.2** Grand Pensionary *raadpensionaris;* ⟨ong.⟩ *eerste minister* ⟨in Holland en Westfriesland tijdens de Republiek⟩.

pensionary[2] ⟨bn.⟩ **0.1** ***pensioentrekkend*** ⇒*een jaargeld ontvangend* **0.2** ***een pensioen/jaargeld uitmakend*** ⇒*pensioen(s)-* **0.3** ***(om)gekocht*** ⇒*gehuurd, corrupt, als huurling (werkend).*

pen·sion·er ['penʃənə‖-ər]⟨f2⟩⟨telb.zn.⟩ **0.1** ***gepensioneerde*** ⇒*pensioentrekkende* **0.2** ***financiële beschermeling/gunsteling*** **0.3** ⟨BE⟩ ***pensioner*** ⟨interne Cambridge-student zonder beurs⟩ **0.4** ⟨vero.⟩ ***(koninklijke) lijfwacht.***

'pension 'off ⟨f1⟩⟨ov.ww.⟩ **0.1** ***op pensioen stellen*** ⇒*pensioneren, met pensioen sturen, met een pensioen ontslaan* **0.2** ***afdanken*** ⇒*afschaffen, buiten gebruik stellen* ◆ **1.1** pensioned-off teachers *op pensioen gestelde/gepensioneerde leerkrachten.*

'pension scheme, 'pension system ⟨f1⟩⟨telb.zn.⟩ **0.1** ***pensioenregeling.***

pen·sive ['pensɪv]⟨f1⟩⟨bn.;-ly;-ness⟩ **0.1** ***peinzend*** ⇒*(diep) in gedachten, in gepeins verzonken, nadenkend, meditatief* **0.2** ***droefgeestig*** ⇒*zwaarmoedig, melancholisch, somber, treurig.*

pen·ste·mon [pen'sti:mən], **pent·ste·mon** [pent-]⟨telb.zn.⟩ ⟨plantk.⟩ **0.1** ***schildpadbloem*** ⟨Pen(t)stemon⟩.

pen·stock ['penstɒk‖-stɑk]⟨telb.zn.⟩ **0.1** ***sluis*** ⇒*sas, sluispoort(je)* **0.2** ***water(aanvoer)buis*** ⇒*waterpijp* ⟨bij waterrad of turbine⟩.

pent [pent]⟨bn., attr.; volt. deelw. v. pen⟩ **0.1** ***in/opgesloten*** ⇒*vastzittend* ◆ **5.1** ~ **in** *opgesloten* **5.¶** →pent-up.

pent- [pent], **pen·ta-** ['pentə] **0.1** ***penta-*** ⇒*vijf-* ◆ **¶.1** pentagon *pentagoon, vijfhoek;* pentagram *pentagram.*

pen·ta·chord ['pentəkɔ:d‖'pentəkɔrd]⟨telb.zn.⟩⟨muz.⟩ **0.1** ***pentafoon*** ⟨vijfsnarig instrument⟩ **0.2** ***reeks v. vijf noten.***

pen·ta·cle ['pentəkl]⟨telb.zn.⟩ **0.1** ***pentakel*** ⇒*pentagram.*

pen·tad ['pentæd]⟨telb.zn.⟩ **0.1** ***(het getal/nummer) vijf*** **0.2** ***vijftal*** ⇒*groep v. vijf* **0.3** ***lustrum*** ⇒*vijfjarige periode.*

pen·ta·dac·tyl ['pentə'dæktɪl], **pen·ta·dac·ty·late** [-'dæktɪlət]⟨bn.⟩ **0.1** ***vijfvingerig/tenig.***

pen·ta·gon ['pentəgɒn‖'pentəgɑn]⟨f1⟩⟨zn.⟩
I ⟨eig.n.; P-; the⟩ **0.1** ***Pentagon*** ⟨ministerie v. defensie v.d. U.S.A.; het vijfhoekig gebouw waarin dit ministerie gevestigd is⟩;
II ⟨telb.zn.⟩ **0.1** ***pentagoon*** ⇒*vijfhoek.*

pen·tag·o·nal [pen'tægənl]⟨bn.;-ly⟩ **0.1** ***pentagonaal*** ⇒*vijfhoekig.*

pen·ta·gram ['pentəgræm], **pen·tan·gle** ['pentæŋgl]⟨telb.zn.⟩ **0.1** ***pentagram*** ⇒*vijfpuntige ster, druïdenvoet.*

pen·ta·he·dral ['pentə'hi:drəl, -'he-]⟨bn.⟩ **0.1** ***pentaëdrisch*** ⇒*vijfvlakkig.*

pen·ta·he·dron [-'hi:drən, -'hedrən]⟨telb.zn.; ook pentahedra [-drə];→mv. 5⟩ **0.1** ***pentaëder*** ⇒*vijfvlak.*

pen·tam·er·ous ['pen'tæmərəs]⟨bn.⟩ **0.1** ***vijfdelig*** ⇒*pentameer, vijftallig* ◆ **1.1** the calyx is ~ *de kelk is vijfdelig.*

pen·tam·e·ter [pen'tæmɪtə‖-mɪtər]⟨telb.zn.⟩⟨lit.⟩ **0.1** ***pentameter*** ⇒*vijfvoetig vers* **0.2** ***heroïsch vers*** ⇒*dactylische hexameter.*

pen·tane ['penteɪn]⟨n.-telb.zn.⟩⟨schei.⟩ **0.1** ***pentaan*** ◆ **2.1** normal ~ *gewoon pentaan.*

pen·tan·gle ['pentæŋgl]⟨telb.zn.⟩ **0.1** ***pentagram.***

pen·tan·gu·lar ['pen'tæŋgjələ‖-ər]⟨bn.⟩ **0.1** ***vijfhoekig.***

pen·tar·chy ['pentɑ:ki‖'pentɑrki]⟨telb.zn.;→mv. 2⟩ **0.1** ***pentarchie*** ⇒*oppermacht v. vijf vorsten.*

Pen·ta·teuch ['pentətju:k‖'pentətu:k]⟨eig.n.; the⟩ **0.1** ***Pentateuch*** ⟨vijf boeken die het eerste deel v.h. Oude Testament vormen⟩.

Pen·ta·teuch·al ['pentə'tju:kl‖'pentə'tu:kl]⟨bn.⟩ **0.1** ***v.d. Pentateuch.***

pen·tath·lete [pen'tæθli:t]⟨telb.zn.⟩⟨atletiek, biljart⟩ **0.1** ***vijfkamper/ster.***

pen·tath·lon [pen'tæθlɒn‖-lɑn]⟨telb.zn.⟩⟨atletiek, biljart⟩ **0.1** ***vijfkamp*** ◆ **2.1** modern ~ *moderne vijfkamp.*

pen·ta·ton·ic ['pentə'tɒnɪk‖'pentə'tɑnɪk]⟨bn.⟩⟨muz.⟩ **0.1** ***pentatonisch*** ◆ **1.1** ~ scale *pentatonische/vijftonige (toon)schaal.*

pen·ta·va·lent ['pentə'veɪlənt]⟨bn.⟩⟨schei.⟩ **0.1** ***vijfwaardig*** ⇒*met valentie vijf.*

Pen·te·cost ['pentɪkɒst‖'pentɪkɔst, -kɑst]⟨f1⟩⟨eig.n.⟩ **0.1** ⟨vnl. AE⟩ ⟨relig.⟩ ***Pinksterzondag*** ⇒*Pinksteren* **0.2** ⟨jud.⟩ ***Pinksterfeest*** ⇒*Wekenfeest, oogstfeest, feest der eerstelingen.*

pen·te·cos·tal[1] ⟨telb.zn.⟩ **0.1** ***lid v.e. pinksterkerk*** ⇒*pinkstergelovige.*

pentecostal[2] ['pentɪ'kɒstl‖'pentɪ'kɔstl, -'kɑstl]⟨bn., attr.; vaak P-⟩ **0.1** ***Pinkster-*** ⇒*mbt. Pinksteren* ◆ **1.1** ~ churches *pinksterkerken;* ~ movement *pinksterbeweging.*

pen·te·cost·al·ist ['pentɪ'kɒstəlɪst‖'pentɪ'kɔ-]⟨telb.zn.⟩ **0.1** ***lid v.d. pinksterbeweging/v.e. pinksterkerk*** ⇒*pinkstergelovige.*

'pent·house ⟨f1⟩⟨telb.zn.⟩ **0.1** ***penthouse*** ⇒*dakwoning, dakappartement* **0.2** ***afdak*** ⇒*luifel, penthouse* **0.3** ***machine/trap/liftruimte*** ⇒*machine/trap/liftkoepel* ⟨op dak v.e. gebouw⟩ **0.4** ***bergplaats*** ⇒*berghok, schuur, loods, hut* ⟨i.h.b. met schuin dak⟩.

pen·to·bar·bi·tone ['pentə'bɑ:bɪtoʊn‖'pentoʊ'bɑrbətɑn], ⟨AE⟩ **pen·to·bar·bi·tal** [-'bɑ:bɪtɒl‖-'bɑrbɪtɑl]⟨n.-telb.zn.⟩ **0.1** ***pentobarbituraat.***

pen·tode ['pentoʊd]⟨telb.zn.⟩⟨elek.⟩ **0.1** ***pent(h)ode.***

pen·to·san ['pentəsæn]⟨telb.zn.⟩⟨biol.⟩ **0.1** ***pentosaan.***

pen·tose ['pentoʊs]⟨telb.zn.⟩ **0.1** ***pentose*** ⟨suikersoort⟩.

'pent roof, 'penthouse roof ⟨telb.zn.⟩ **0.1** ***lessenaar(s)dak.***

pentstemon →penstemon.

'pent-up ⟨f1⟩⟨bn., attr.; volt. deelw. v. pen up⟩ **0.1** ***op/ingesloten*** ⇒*vastzittend* **0.2** ***opgekropt*** ⇒*onderdrukt, ingehouden* ◆ **1.2** ~ emotions *opgekropte gevoelens;* ~ energy *opgestapelde energie.*

pen·tyl ['pentɪl]⟨n.-telb.zn.⟩⟨schei.⟩ **0.1** ***pentyl*** ⇒*amyl.*

penuchle, penuckle →pinochle.

pe·nult[1] [pɪ'nʌlt‖'pi:nʌlt], **pe·nul·ti·ma** [pɪ'nʌltɪmə]⟨telb.zn.⟩ **0.1** ⟨taalk.⟩ ***penultima*** ⇒*voorlaatste lettergreep.*

penult[2] ⟨bn., attr.⟩ **0.1** ***voorlaatst*** ⇒*op één na laatst.*

pe·nul·ti·mate[1] [pɪ'nʌltɪmət]⟨telb.zn.⟩ **0.1** ***voorlaatst*** ⇒*op één na laatst* **0.2** ⟨taalk.⟩ ***penultima*** ⇒*voorlaatste lettergreep.*

penultimate[2] ⟨f1⟩⟨bn., attr.⟩ **0.1** ***voorlaatst*** ⇒*op één na laatst* **0.2** ⟨taalk.⟩ ***op de/v.d. penultima*** ⇒*op de/v.d. voorlaatste lettergreep* ◆ **1.2** ~ stress *klemtoon op de voorlaatste lettergreep.*

pe·num·bra [pɪ'nʌmbrə]⟨telb.zn.; ook penumbrae [-bri:];→mv. 5⟩ **0.1** ***halfschaduw*** ⇒*schemerdonker, halfdonker, halve duisternis* **0.2** ⟨nat.; ster.⟩ ***penumbra*** **0.3** ***randgebied*** ⇒*periferie, overgangsgebied, zelfkant* ◆ **1.2** the ~ of a sunspot *de penumbra v.e. zonnevlek.*

pe·num·bral [pɪ'nʌmbrəl], **pe·num·brous** [-brəs]⟨bn.⟩ **0.1** ***halfduister*** ⇒*halfdonker, v.d. halfschaduw.*

pe·nu·ri·ous [pɪ'njʊrɪəs‖-nʊr-]⟨bn.;-ly;-ness⟩⟨schr.⟩ **0.1** ***zeer behoeftig*** ⇒*straatarm* **0.2** ***hebzuchtig*** ⇒*gierig, vrekkig* **0.3** ***armoedig*** ⇒*armzalig, schamel, karig, schraal, onvruchtbaar.*

pen·u·ry ['penjʊri‖-jə-]⟨n.-telb.zn.⟩⟨schr.⟩ **0.1** ***grote behoeftigheid*** ⇒*grote armoede, ontbering* **0.2** ***grote schaarste*** ⇒*(nijpend) gebrek, (geld)nood, penurie.*

'pen·wip·er ⟨telb.zn.⟩ **0.1** ***inktlap*** ⇒*pennelap.*

pe·on[1] ['pi:ən‖'pi:ɑn]⟨telb.zn.; ook peones [pi'oʊneɪz, -neɪs];→mv. 5⟩ **0.1** ***peón*** ⇒*(ongeschoold) arbeider, dagloner* ⟨in Latijns-Amerika en in het zuidwesten v.d. U.S.A.⟩ **0.2** ***pandeling*** ⇒*schuldslaaf* ⟨in Latijns-Amerika en in het zuidwesten v.d. U.S.A.⟩ **0.3** ***helper*** ⟨bij stierengevecht; in Latijns-Amerika⟩ **0.4** ***slavenarbeider*** ⇒*knecht, dienstbode* **0.5** ⟨gesch.⟩ ***dwangarbeider*** ⟨in het zuiden v.d. U.S.A.⟩.

peon[2] ⟨telb.zn.⟩⟨Ind. E⟩ **0.1** ***loopjongen*** ⇒*boodschappenjongen, bode* **0.2** ***infanteriesoldaat*** **0.3** ***(inheems) politieagent.***

pe·on·age ['pi:ənɪdʒ], **pe·on·ism** [-ɪzm]⟨n.-telb.zn.⟩ **0.1** ***het péon zijn*** ⇒*staat v. péon* **0.2** ***pandelingschap.***

pe·o·ny, pae·o·ny ['pi:əni]⟨f1⟩⟨telb.zn.;→mv. 2⟩ **0.1** ***pioen.***

peo·ple[1] ['pi:pl]⟨f4⟩⟨zn.;→mv. 4⟩⟨→sprw. 742⟩
I ⟨telb.zn.⟩ **0.1** ***volk*** ⇒*gemeenschap, ras, stam* **0.2** ***staat*** ⇒*natie* **0.3** ***volkje*** ⇒*wezentjes* ◆ **1.1** the ~ of the Book *het joodse volk* **2.1** the English ~ *de Engelsen* **2.3** the little ~ *het kaboutervolkje;*
II ⟨verz.n.⟩ **0.1** ***mensen*** ⇒*personen, volk, lui* **0.2** ***de mensen*** ⇒*ze, men* **0.3** ⟨the; vaak P-⟩ ***(gewone) volk*** ⇒*massa, plebs, gepeupel* **0.4** ⟨inf.⟩ ***huisgenoten*** ⇒*ouwelui, oudjes, (naaste) familie, verwanten* **0.5** ***volgelingen*** ⇒*aanhangers, gemeenschap* **0.6** ***onderdanen*** ⇒*volk* **0.7** ***(huis)bedienden*** **0.8** ⟨the⟩ ***kiezers(korps)*** ⇒*kiezersbevolking* ◆ **1.3** government of the ~, by the ~, for the ~ *regering door het volk, voor het volk en van/met het volk* **2.1** were there many ~ at the party? *waren er veel mensen/aanwezigen op het feestje?* **3.2** what will ~ say? *wat zullen de mensen/ze wel zeggen?;* ~ say that he's a thief *men zegt dat hij een dief is* **3.¶** the

chosen ~ *het uitverkoren volk, de joden, het Godsvolk;* go to the ~ *een volksraadpleging / volksstemming / referendum houden, naar de kiezers gaan.*

people[2] ⟨f2⟩⟨ww.⟩
I ⟨onov.ww.⟩ **0.1** ***bevolkt / bewoond geraken;***
II ⟨ov.ww.⟩ **0.1** ***bevolken*** ⟨ook fig.⟩ ⇒*voorzien van (inwoners), vullen, bezetten* **0.2** ***bevolken*** ⇒*bewonen, leven in / op, wonen in / op* ◆ **1.1** dreams ~d with strange creatures *met vreemde wezens bevolkte dromen;* a sky ~d with stars *een met sterren bezaaide hemel;* a thickly ~d town *een dicht bevolkte stad* **1.2** the Indians have ~d this region for centuries *de Indianen hebben sinds eeuwen deze streek bevolkt.*

'people mover, people mover 'system ⟨telb.zn.⟩⟨verkeer⟩ **0.1** ***geautomatiseerd personenvervoersysteem.***

'people's 'front ⟨n.-telb.zn.⟩⟨pol.⟩ **0.1** ***volksfront.***

'People's Party ⟨eig.n.⟩ **0.1** ***People's Party*** ⇒*volkspartij* ⟨in 1891 opgerichte Am. pol. partij o.m. ter verdediging v.d. landbouw⟩.

'people's re'public ⟨f1⟩⟨telb.zn.⟩ **0.1** ***volksrepubliek.***

pep[1] [pep]⟨f1⟩⟨n.-telb.zn.⟩⟨inf.⟩ **0.1** ***fut*** ⇒*vuur, energie, pit, pep.*

pep[2] ⟨f1⟩⟨ov.ww.; →ww. 7⟩⟨inf.⟩ **0.1** ***oppeppen*** ⇒*opkikkeren, opwekken, doen opleven* ◆ **5.1** ~ **up** *oppeppen, opkikkeren, (doen) opfleuren, doen opleven, stimulans geven aan;* ~ **up** a dish by adding spice *een gerecht smaak geven door er kruiden aan toe te voegen.*

PEP ⟨afk.⟩ Personal Equity Plan; Political and Economic Planning ⟨vnl. BE⟩.

pep·er·i·no ['pepə'ri:noʊ]⟨n.-telb.zn.⟩ **0.1** ***peperine*** ⟨tufsteen⟩.

Pep·in ['pepɪn]⟨eig.n.⟩ **0.1** ***Pepijn*** ◆ **2.1** ~ the Short *Pepijn de Korte.*

pep·los, pep·lus ['pepləs]⟨telb.zn.⟩ **0.1** ***peplos*** ⟨Grieks overkleed⟩.

pep·lum ['pepləm]⟨telb.zn.; ook pepla [-lə]; →mv. 5⟩ **0.1** ***peplos*** ⟨Grieks overkleed⟩ **0.2** ***aangerimpeld rokje*** ⟨aan bloes, jurk⟩.

pe·po ['pi:poʊ]⟨telb.zn.⟩ **0.1** ***komkommervrucht*** ⇒*pepo.*

pep·per[1] ['pepə‖-ər]⟨f2⟩⟨zn.⟩
I ⟨telb.zn.⟩ **0.1** ⟨plantk.⟩ ***peper(plant)*** ⇒*peperstruik / boom* ⟨i.h.b. Piper nigrum⟩ **0.2** ⟨plantk.⟩ ***paprika(plant)*** ⇒*(Hongaarse) peper* ⟨Capsicum frutescens, Capsicum annuum⟩ **0.3** ***peper / paprika(vrucht)*** **0.4** ***sterk iets*** ⇒*kruidig / krachtig / gepeperd iets* ⟨ook fig.⟩ ◆ **2.3** green ~s *groene paprika's;* hot ~s *sterke / pittige Spaanse paprika's;* long ~s *langwerpige / Spaanse pepers;* red ~s *rode paprika's;* sweet ~s *zachte pepers, paprika's;*
II ⟨n.-telb.zn.⟩ **0.1** ***peper*** **0.2** ***paprika*** ◆ **2.1** black ~ *zwarte peper;* white ~ *witte peper.*

pepper[2] ⟨f1⟩⟨ov.ww.⟩ **0.1** ***peperen*** **0.2** ***bezaaien*** ⇒*bespikkelen, bestippelen, bestrooien* **0.3** ***bekogelen*** ⇒*bestoken, afvuren op* ⟨ook fig.⟩ **0.4** ***flink kruiden*** ⇒*levendig / bijtend maken* **0.5** ***afstraffen*** ⇒*streng straffen, afranselen, inpeperen* ◆ **6.2** ~ed **with** *bezaaid met* **6.3** ~ **with** *bekogelen met;* ~ s.o. **with** insults *iem. beledigingen naar het hoofd gooien / in het gezicht slingeren;* ~ s.o. **with** questions *vragen op iem. afvuren* **6.4** ~ a speech **with** witty remarks *een toespraak doorspekken / kruiden met grappige opmerkingen.*

'pepper-and-'salt ⟨bn.⟩ **0.1** ***peper-en-zout(kleurig).***

'pep·per·box, ⟨in bet. 0.1 ook⟩ **'pepper caster, 'pepper pot** ⟨f1⟩ ⟨telb.zn.⟩ **0.1** ***pepervaatje*** ⇒*peperbus, pepervat, peperpot* **0.2** ***peperbus*** ⇒*torentje* **0.3** ***heethoofd*** ⇒*driftkop.*

'pep·per·bush ⟨telb.zn.⟩ **0.1** ⟨plantk.⟩ ***peperheester*** ⟨Clethra alnifolia⟩.

'pep·per·corn, ⟨in bet. 0.3 ook⟩ **'peppercorn 'rent** ⟨f1⟩⟨telb.zn.⟩ **0.1** ***peperkorrel*** ⇒*peperbol* **0.2** ***niemendalletje*** ⇒*kleinigheid, akkefietje, bagatel* **0.3** ***onbeduidende huursom*** ⇒*een huur van niets.*

'peppered moth, 'pepper-and-salt moth ⟨telb.zn.⟩⟨dierk.⟩ **0.1** ***berkespanner*** ⟨vlinder; Biston betularia⟩.

'pepper gas ⟨n.-telb.zn.⟩ **0.1** ***pepergas*** ⟨strijdgas⟩.

'pep·per·grass ⟨telb. en n.-telb.zn.⟩⟨plantk.⟩ **0.1** ***kruidkers*** ⟨genus Lepidium⟩ ⇒⟨i.h.b.⟩ *tuinkers* ⟨L. sativum⟩; *Amerikaanse kruidkers* ⟨L. virginicum⟩.

'pepper mill ⟨f1⟩⟨telb.zn.⟩ **0.1** ***pepermolen.***

'pep·per·mint ⟨f1⟩⟨zn.⟩
I ⟨telb.zn.⟩ **0.1** ***pepermunt(je)*** ⇒*pepermunttabletje;*
II ⟨n.-telb.zn.⟩ **0.1** ⟨plantk.⟩ ***pepermunt*** ⟨Mentha piperita⟩ **0.2** ***pepermunt(olie)*** **0.3** ***pepermuntsmaak.***

'pepper pot ⟨zn.⟩
I ⟨telb.zn.⟩ **0.1** →pepperbox **0.2** ⟨inf.⟩ ***Jamaïcaan;***
II ⟨n.-telb.zn.⟩ **0.1** ***vleesschotel*** ⇒*vleesragoût* ⟨in West-Indië⟩.

'pepper steak ⟨telb.zn.⟩ **0.1** ***steak au poivre*** **0.2** ***steak met paprikasaus.***

'pep·per-'up·per ⟨telb.zn.⟩⟨AE; sl.⟩ **0.1** ***oppepper.***

pep·per·wort ['pepəwɜ:t‖'pepərwərt]⟨telb. en n.-telb.zn.⟩ ⟨plantk.⟩ **0.1** ***kruidkers*** ⟨genus Lepidium⟩ ⇒⟨i.h.b.⟩ *veldkruidkers* ⟨L. campestre⟩ **0.2** ***(soort) watervaren*** ⟨genus Marsilea⟩.

pep·per·y ['pepəri]⟨f1⟩⟨bn.⟩ **0.1** ***peperig*** ⇒*peperachtig, gepeperd, pikant, sterk, bijtend* **0.2** ***bijtend*** ⇒*scherp, hekelend* **0.3** ***heethoofdig*** ⇒*driftig, heetgebakerd, opvliegend.*

'pep pill ⟨f1⟩⟨telb.zn.⟩⟨inf.⟩ **0.1** ***peppil*** ⇒*pepmiddel.*

pep·py ['pepi]⟨bn.; -ness; →bijw. 3⟩⟨inf.⟩ **0.1** ***pittig*** ⇒*levendig, energiek, vol vuur.*

'pep rally ⟨telb.zn.⟩⟨AE; sl.⟩ **0.1** ***bijeenkomst om de aanwezigen op te peppen.***

pep·sin ['pepsɪn]⟨n.-telb.zn.⟩ **0.1** ***pepsine*** ⇒*pepsase* ⟨maagsapenzym⟩.

'pep talk ⟨f1⟩⟨telb. en n.-telb.zn.⟩ **0.1** ***opwekkend gesprek*** ⇒*peptalk, peppraatjes, aanmoedigingen.*

pep·tic ['peptɪk]⟨bn., attr.⟩ **0.1** ***peptisch*** ⇒*maag-, spijsverterings-* **0.2** ***de vertering bevorderend*** ⇒*digestief* **0.3** ***met een goede spijsvertering*** ◆ **1.1** ~ glands *spijsverteringsklieren; maagsapklieren;* ~ ulcer *maagzweer.*

pep·ti·dase ['peptɪdeɪs]⟨n.-telb.zn.⟩ **0.1** ***peptidase.***

pep·tize, -tise ['peptaɪz]⟨ov.ww.⟩ **0.1** ***peptiseren.***

pep·tone ['peptoʊn]⟨telb.zn.⟩ **0.1** ***pepton.***

pep·to·nize, -nise ['peptənaɪz]⟨ov.ww.⟩ **0.1** ***peptoniseren*** ⇒*in peptonen omzetten, laten verteren met peptonen, met peptonen combineren.*

per[1] [pɜ:‖pər]⟨bw.⟩⟨sl.⟩ **0.1** ***elk*** ⇒*per eenheid* **0.2** ***gewoonlijk*** ◆ **1.1** I paid 6 franks ~ *ik heb 6 fr. per stuk betaald* **8.2** he found her in the office, as ~ *hij vond haar in het kantoor zoals gewoonlijk.*

per[2] [pə⟨sterk⟩pɜ:‖pər⟨sterk⟩pɜr]⟨f3⟩⟨vz.⟩ **0.1** ***via*** ⇒*per, door, met behulp van, door toedoen van* **0.2** ***per*** ⇒*voor, elk(e), in elk (e)* **0.3** ***volgens*** ⇒*in overeenkomst met* ◆ **1.1** enters the body ~ the oral cavity *komt het lichaam binnen langs de mondholte;* transport ~ ship *vervoer per schip* **1.2** 60 km ~ hour *zestig km per uur;* 5 apples ~ pound *5 appels per pond* **1.3** she was paid ~ number of items sold *ze werd betaald naar het aantal verkochte stuks* **8.3** they acted as ~ his explicit instructions *ze handelden volgens / overeenkomstig zijn expliciete instructies.*

per[3] ⟨afk.⟩ **0.1** ⟨period⟩ **0.2** ⟨person⟩ ***pers.***

per- [pɜ:‖pɜr] **0.1** ⟨schei.⟩ ***per-*** **0.2** ⟨ong.⟩ ***per-*** ⇒*ver-, be-, door-* ◆ ¶**.1** perchloric acid *perchloorzuur;* peroxide *(su)peroxyde* ¶**.2** perceive *bemerken;* pervade *doordringen, vervullen.*

per·ac·id ['pɜ:ræsɪd]⟨n.-telb.zn.⟩⟨schei.⟩ **0.1** ***perzuur.***

per·ad·ven·ture[1] ['pɜ:rəd'ventʃə‖'pɜrəd'ventʃər]⟨zn.⟩
I ⟨telb.zn.⟩ **0.1** ***veronderstelling*** ⇒*vermoeden, gissing, giswerk;*
II ⟨telb. en n.-telb.zn.⟩ **0.1** ***twijfel*** ⇒*onzekerheid, mogelijkheid* ◆ **6.1** **beyond / without** (a / all) ~ *buiten / zonder twijfel.*

peradventure[2] ⟨bw.⟩⟨vero.⟩ **0.1** ***mogelijkerwijs / wijze*** ⇒*mogelijk, misschien, wellicht* ◆ **8.**¶ if / lest ~ *voor het geval, indien, als... toevallig.*

per·am·bu·late [pə'ræmbjʊleɪt‖-bjə-]⟨ww.⟩
I ⟨onov.ww.⟩ **0.1** ***rondwandelen*** ⇒*kuieren, slenteren, op en neer wandelen;*
II ⟨ov.ww.⟩ **0.1** ***doorwandelen*** ⇒*afwandelen* **0.2** ***(ter inspectie) doorreizen / afreizen*** ⇒*(in processie) afbakenen* **0.3** ⟨scherts.⟩ ***in een kinderwagen voortduwen*** ◆ **1.2** ~ the parish *in processie de grenzen v.d. parochie inspecteren / bepalen* ⟨oud gebruik⟩.

per·am·bu·la·tion [pə'ræmbjʊ'leɪʃn‖-bjə-]⟨telb.zn.⟩ **0.1** ***wandeling*** ⇒*kuiering, tochtje, toertje* **0.2** ***voetreis*** **0.3** ***inspectiereis*** ⇒*rondgang, schouwing* **0.4** ***grens*** ⇒*omtrek, gebied.*

per·am·bu·la·tor [pə'ræmbjʊleɪtə‖-bjəleɪtər]⟨telb.zn.⟩⟨vnl. BE; schr.⟩ **0.1** ***kinderwagen.***

per·am·bu·la·to·ry [pə'ræmbjʊlətri‖-bjələtɔri]⟨bn.⟩ **0.1** ***rondwandelend*** ⇒*kuierend, slenterend* **0.2** ***rondtrekkend*** ⇒*rondreizend* **0.3** ***afdwalend*** ⇒*uitweidend, breedsprakig.*

per an·num [pə 'rænəm]⟨bw.⟩ **0.1** ***per jaar*** ⇒*jaarlijks, in ieder jaar.*

per·cale [pə'keɪl‖pər-]⟨n.-telb.zn.⟩⟨textiel⟩ **0.1** ***katoenbatist*** ⇒*perkal.*

per·ca·line ['pɜ:kəlɪn, -li:n‖'pɜr-]⟨n.-telb.zn.⟩⟨textiel⟩ **0.1** ***perkaline.***

per cap·i·ta [pə 'kæpɪtə‖pər 'kæpɪtə], **per cap·ut** [-'kæpət]⟨bn., attr.; bw.⟩ **0.1** ***per hoofd (v.d. bevolking)*** ⇒*per persoon* ◆ **1.1** ~ consumption *verbruik per hoofd.*

per·ceiv·a·ble [pə'si:vəbl‖pər-]⟨bn.; -ly; →bijw. 3⟩ **0.1** ***waarneembaar*** **0.2** ***begrijpelijk*** ⇒*bevattelijk, vatbaar.*

per·ceive [pə'si:v‖pər-]⟨f2⟩⟨ov.ww.⟩ →perceiving **0.1** ***waarnemen*** ⇒*bespeuren, (be)merken, zien* **0.2** ***bemerken*** ⇒*beseffen, vatten, begrijpen* ◆ **3.1** I ~d him to be an idiot *ik merkte dat hij een idioot was;* I ~d him leaving the house *ik zag hem het huis verlaten* **8.2** I ~d that I'd better leave *ik zag / merkte dat ik beter kon weggaan.*

per·ceiv·ing [pə'si:vɪŋ‖pər-]⟨bn.; teg. deelw. v. perceive⟩ **0.1** ***opmerkzaam*** ⇒*oplettend* **0.2** ***scherpzinnig*** ⇒*verstandig.*

per cent[1], **per·cent** [pə'sent‖pər-]⟨f4⟩⟨zn.; ook per cent, percent; →mv. 4⟩

I ⟨telb.zn.⟩ 0.1 ***procent*** ⇒*percent, ten honderd* 0.2 ***honderdste*** 0.3 ***percentage*** ⇒*deel* ◆ 7.1 sixty ~ of the students has/have passed the examination *zestig procent v.d. studenten is/zijn voor het examen geslaagd* 7.2 ten per cents *tien honderdsten;*
II ⟨mv.; ~s⟩ ⟨BE⟩ 0.1 ***effecten*** ◆ 7.1 three ~s *effecten met drie procent interest, effecten v. drie procent.*

per cent[2] ⟨f2⟩ ⟨bw.⟩ 0.1 ***procent*** ⇒*percent, ten honderd* ◆ 7.1 I'm one hunderd ~ in agreement with you *ik ben het (voor) honderd procent/ten volle/volledig met je eens.*

per·cen·tage[1] [pə'sentɪdʒ‖pər'sen̩tɪdʒ] ⟨f3⟩ ⟨telb.zn.; vnl. enk.; vaak attr.⟩ 0.1 ***percentage*** ⟨verhouding ten honderd⟩ 0.2 ***percentage*** ⇒*deel, gehalte, verhouding* ⟨tot een geheel⟩ 0.3 ***percent*** ⇒*procent, commissie(loon), tantième* 0.4 ⟨inf.⟩ ***winst*** ⇒*voordeel, percentje* ◆ 3.¶ play the ~s *geen risico's nemen, het zekere voor het onzekere nemen* 6.1 a large ~ **of** *een groot percentage van* 6.2 only a small ~ **of** children like wine *slechts een klein aantal kinderen lust wijn* 7.4 there is no ~ in this job *van dit werk valt geen profijt te trekken.*

percentage[2] ⟨bn., attr.⟩ ⟨sport, spel⟩ 0.1 ***gelijkmatig*** ⇒*berekend.*

per·cen·tile [pə'sentaɪl‖pər'sen̩taɪl] ⟨telb.zn.⟩ ⟨stat.⟩ 0.1 ***percentiel.***

per·cept ['pɜ:sept‖'pɜr-] ⟨telb.zn.⟩ 0.1 ***(zintuiglijk) waargenomen iets*** 0.2 ***beeld*** ⇒*voorstelling* ⟨v.h. zintuiglijk waargenomene⟩.

per·cep·ti·bil·i·ty [pə'septə'bɪləti‖pər'septə'bɪlət̬i] ⟨n.-telb.zn.⟩ 0.1 ***waarneembaarheid*** ⇒*merkbaarheid, perceptibiliteit* 0.2 ***begrijpelijkheid*** ⇒*bevattelijkheid, duidelijkheid, vatbaarheid.*

per·cep·ti·ble [pə'septəbl‖pər-] ⟨f1⟩ ⟨bn.; -ly; →bijw. 3⟩ 0.1 ***waarneembaar*** ⇒*(be)merkbaar, perceptibel, hoorbaar, zichtbaar, voelbaar* 0.2 ***begrijpelijk*** ⇒*bevattelijk, duidelijk, vatbaar* ◆ 3.1 he worsened perceptibly *hij ging zienderogen achteruit.*

per·cep·tion [pə'sepʃn‖pər-] ⟨f2⟩ ⟨zn.⟩
I ⟨telb.zn.⟩ 0.1 ***voorstelling*** ⇒*beeld, perceptie, concept* 0.2 ⟨vnl. enk.⟩ ***(in)zicht*** ⇒*(ap)perceptie, besef, visie* ◆ 6.2 a clear ~ **of** *een duidelijk inzicht in, een goed(e) zicht op/visie op;*
II ⟨telb. en n.-telb.zn.⟩ 0.1 ***waarneming*** ⇒*gewaarwording, observatie* 0.2 ⟨jur.⟩ ***perceptie*** ⇒*ontvangst, inning.*

per·cep·tion·al [pə'sepʃnəl‖pər-] ⟨bn.⟩ 0.1 ***op waarneming gebaseerd/gericht*** ⇒*waarnemings-, perceptie-.*

per·cep·tive [pə'septɪv‖pər-] ⟨f2⟩ ⟨bn.; -ly; -ness⟩ 0.1 ***opmerkzaam*** ⇒*oplettend, aandachtig* 0.2 ***scherp(zinnig)*** ⇒*verstandig, doordringend* 0.3 ***sensitief*** ⇒*(fijn)gevoelig* 0.4 ***perceptief*** ⇒*perceptie-, onderscheidings-, op waarneming gebaseerd/gericht, mbt. waarnemingsvermogen.*

per·cep·tiv·i·ty ['pɜ:sep'tɪvəti‖pər'sep'tɪvət̬i] ⟨n.-telb.zn.⟩ 0.1 ***opmerkzaamheid*** ⇒*oplettendheid, aandacht* 0.2 ***scherp(zinnig)heid*** ⇒*verstand(igheid)* 0.3 ***sensitiviteit*** ⇒*(fijn)gevoeligheid* 0.4 ***waarnemingsvermogen*** ⇒*perceptievermogen, waarnemingstalent.*

per·cep·tu·al [pə'septʃʊəl‖pər'septʃəl] ⟨f1⟩ ⟨bn.; -ly⟩ 0.1 ***op waarneming gebaseerd/gericht*** ⇒*v.d. perceptie, mbt. het waarnemingsvermogen, waarnemings-, onderscheidings-* ◆ 1.1 a large part of our knowledge is ~ *een groot deel v. onze kennis is op waarneming gebaseerd.*

perch[1] [pɜ:tʃ‖pɜrtʃ] ⟨f1⟩ ⟨telb.zn.⟩ 0.1 ***stok(je)*** ⇒*stang, staaf, roest* ⟨voor vogel⟩ 0.2 ***hoge plaats*** ⟨ook fig.⟩ ⇒*toppositie, hoge positie* 0.3 ⟨scherts.⟩ ***(rust/zit)plaats*** 0.4 ⟨vnl. BE⟩ ***roe(de)*** ⟨5,029 m; →t1⟩ 0.5 ⟨vnl. BE⟩ ***vierkante roe(de)*** ⇒*perch* ⟨25,29 m^2; →t1⟩ 0.6 ⟨vnl. BE⟩ ***perch*** ⟨volume-eenheid; varieert v. streek tot streek; vnl. 16,5 ft^3 = 0,46 m^3 of ong. 25 ft^3 = 0,7 m^3⟩ 0.7 ***polsstok*** ⇒*staaf, paal* ◆ 2.4 square ~ *vierkante roe(de), perch* 3.2 have a ~ in a firm *een toppositie/goed plaatsje in een bedrijf bezetten* 3.¶ ⟨inf.⟩ come off your ~ *laat die pretentie eens varen, doe niet zo verwaand/eigenwijs;* knock s.o. off his ~ *iem. op zijn nummer zetten, iem. van zijn voetstuk stoten.*

perch[2] ⟨telb.zn.; vnl. perch; →mv. 4⟩ ⟨dierk., cul.⟩ 0.1 ***baars*** ⟨Perca; i.h.b. P. flavescens/fluviatilis⟩.

perch[3] ⟨f2⟩ ⟨ww.⟩ →perching
I ⟨onov.ww.⟩ 0.1 ***neerstrijken*** ⇒*neerkomen, roesten* ⟨v. vogels⟩ 0.2 ***neerstrijken*** ⇒*plaatsnemen, zich neerzetten, rusten* 0.3 ⟨sl.⟩ ***vrijen*** ◆ 6.1 ~ **on/upon** *neerstrijken (boven)op* 6.2 guests ~ed **on** barstools *de gasten zaten hoog op hun barkrukken;*
II ⟨ov.ww.; vnl. als volt. deelw.⟩ 0.1 ***(neer)zetten*** ⇒*(neer)plaatsen, (neer)leggen* ⟨i.h.b. op iets hoogs⟩ ◆ 6.1 the boy was ~ed on the wall *de jongen zat (hoog) bovenop de muur;* a village ~ed **on** a hill *een dorp hoog op een heuvel (gelegen).*

per·chance [pə'tʃɑ:ns‖pər'tʃæns] ⟨bw.⟩ ⟨vero.⟩ 0.1 ***mogelijkerwijs*** ⇒*mogelijk, misschien, wellicht* ◆ 8.1 if ~ *indien toevallig(erwijs);* lest ~ *tenzij toevallig(erwijs).*

perch·er ['pɜ:tʃə‖'pɜrtʃər] ⟨telb.zn.⟩ 0.1 ***roestvogel.***

Per·che·ron ['pɜ:ʃərɒn‖'pɜ:tʃərɑn] ⟨telb.zn.; ook p-⟩ 0.1 ***Percheron.***

perch·ing ['pɜ:tʃɪŋ‖'pɜr-] ⟨bn., attr.; teg. deelw. v. perch⟩ 0.1 ⟨dierk.⟩ ***zang-*** 0.2 ***neerstrijkend*** ◆ 2.1 ~ birds *zangvogels.*

per·chlo·rate[1] [pɜ:'klɔ:reɪt‖pɜr'klɔreɪt] ⟨telb. en n.-telb.zn.⟩ ⟨schei.⟩ 0.1 ***perchloraat.***

perchlorate[2] ⟨bn., attr.⟩ ⟨schei.⟩ 0.1 ***perchloor-.***

per·cip·i·ence [pə'sɪpɪəns‖pər-], **per·cip·i·en·cy** [-si] ⟨n.-telb.zn.⟩ 0.1 ***waarneming*** ⇒*gewaarwording* 0.2 ***opmerkzaamheid*** ⇒*oplettendheid, aandacht, scherp(zinnig)heid.*

per·cip·i·ent[1] [pə'sɪpɪənt‖pər-] ⟨telb.zn.⟩ 0.1 ***waarnemer*** ⇒*opmerker, observator* 0.2 ***percipiënt*** ⟨passief waarnemer bij telepathie⟩.

percipient[2] ⟨bn.⟩ 0.1 ***met waarnemingsvermogen*** ⇒*waarnemend* 0.2 ***opmerkzaam*** ⇒*oplettend, aandachtig, scherp(zinnig).*

per·co·late ['pɜ:kəleɪt‖'pɜr-] ⟨f1⟩ ⟨ww.⟩
I ⟨onov.ww.⟩ 0.1 ***sijpelen*** ⟨ook fig.⟩ ⇒*(door)dringen, vloeien, lekken, infiltreren* 0.2 ***filteren*** ⇒*filtreren, door een filter lopen* 0.3 ⟨AE; inf.⟩ ***opkikkeren*** ⇒*opleven, opfleuren* 0.4 ⟨sl.⟩ ***koken*** ⟨v. motor⟩ 0.5 ⟨sl.⟩ ***lekker lopen*** ⟨auto, motor⟩ 0.6 ⟨sl.⟩ ***efficiënt denken/handelen*** 0.7 ⟨sl.⟩ ***lopen*** ⇒*slenteren, kuieren* ◆ 1.2 wait until the coffee has ~d *wacht tot de koffie doorgelopen/door de filter gelopen is* 5.1 the ideas ~d **through** to the new members *de ideeën drongen door tot de nieuwe leden* 6.1 the rumours had ~d **into** the country *de geruchten waren het land binnengesijpeld* 6.3 ~ **with** *opleven van;*
II ⟨ov.ww.⟩ 0.1 ***doorsijpelen*** ⇒*doorzijgen, doordringen* 0.2 ***ziften*** ⇒*zeven* 0.3 ***filteren*** ⇒*filtreren, met een percolator zetten, percoleren* ⟨i.h.b. koffie⟩.

per·co·la·tion ['pɜ:kə'leɪʃn‖'pɜr-] ⟨telb. en n.-telb.zn.⟩ 0.1 ***doorsijpeling*** ⇒*infiltratie* 0.2 ***filtrering*** ⇒*percolatie.*

per·co·la·tor ['pɜ:kəleɪtə‖'pɜrkəleɪt̬ər] ⟨f1⟩ ⟨telb.zn.⟩ 0.1 ***percolator*** ⇒*filtreerkan, koffiezetapparaat* 0.2 ***filter(apparaat)*** ⇒*percolator* 0.3 ⟨sl.⟩ ***feest*** ⟨waarvoor de gasten allemaal iets betalen⟩.

per con·tra ['pɜ: 'kɒntrə‖'pɜr 'kɑntrə] ⟨bw.⟩ ⟨schr.⟩ 0.1 ***integendeel.***

per·cuss [pə'kʌs‖pər-] ⟨onov. en ov.ww.⟩ 0.1 ⟨med.⟩ ***percuteren*** ⇒*(be)kloppen.*

per·cus·sion [pə'kʌʃn‖pər-], ⟨in bet. II ook⟩ **percussion section** ⟨f2⟩ ⟨zn.⟩
I ⟨telb. en n.-telb.zn.⟩ 0.1 ***percussie*** ⇒*botsing, schok, slag, stoot* 0.2 ⟨vaak attr.⟩ ***percussie*** ⇒*slag, schok* ⟨bij ontsteking v. wapens⟩ 0.3 ⟨med.⟩ ***percussie;***
II ⟨verz.n.⟩ ⟨muz.⟩ 0.1 ***slagwerk*** ⇒*slaginstrumenten, percussie.*

per'cussion cap ⟨telb.zn.⟩ 0.1 ***percussiedopje*** ⇒*slaghoedje* 0.2 ***klappertje.***

per'cussion fuse ⟨telb.zn.⟩ 0.1 ***schokbuis.***

per'cussion instrument ⟨f1⟩ ⟨telb.zn.⟩ ⟨muz.⟩ 0.1 ***slaginstrument*** ⇒*percussie-instrument.*

per·cus·sion·ist [pə'kʌʃənɪst‖pər-] ⟨telb.zn.⟩ 0.1 ***slagwerker*** ⇒*drummer.*

per'cussion lock ⟨telb.zn.⟩ 0.1 ***percussieslot*** ⇒*slagslot* ⟨v. geweer⟩.

per'cussion shell ⟨telb.zn.⟩ 0.1 ***percussiegranaat.***

per·cus·sive [pə'kʌsɪv‖pər-] ⟨bn.; -ly; -ness⟩ 0.1 ***slaand*** ⇒*schokkend, slag-, percussie-.*

per·cu·ta·ne·ous ['pɜ:kju'teɪnɪəs‖'pɜr-] ⟨bn.; -ly⟩ ⟨med.⟩ 0.1 ***percutaan*** ⇒*door de huid (heen)* ◆ 1.1 ~ absorption *absorptie door de huid (heen).*

per di·em[1] ['pɜ: 'di:em, -'daɪəm‖'pɜr 'di:em] ⟨telb.zn.⟩ 0.1 ***bedrag/betaling per dag*** ⇒*dagvergoeding, dagloon.*

per diem[2] ⟨bn.; bw.⟩ ⟨schr.⟩ 0.1 ***per dag*** ⇒*dagelijks* ◆ 1.1 ~ costs *dagelijkse kosten.*

per·di·tion [pə'dɪʃn‖pər-] ⟨n.-telb.zn.⟩ 0.1 ***verdoemenis*** ⇒*verdommenis, vervloeking* 0.2 ***hel*** 0.3 ⟨vero.⟩ ***ondergang*** ⇒*verderf, vernietiging.*

per·du, per·due [pɜ:'dju:‖pər'du:] ⟨bn., pred.⟩ 0.1 ⟨mil.⟩ ***verdekt (opgesteld)*** ⇒*verscholen, in hinderlaag* 0.2 ***onopgemerkt*** ⇒*verstopt, verborgen* ◆ 3.1 be/lie ~ *verdekt liggen, verscholen zijn* 3.2 he hid in a cave and remained ~ for a week *hij verstopte zich in een grot en hield zich een week schuil.*

per·du·ra·bil·i·ty [pə'djuərə'bɪləti‖pər'durə'bɪlət̬i] ⟨n.-telb.zn.⟩ 0.1 ***duurzaamheid*** ⇒*onverwoestbaarheid* 0.2 ***permanentie*** ⇒*het permanente/blijvende bestaan* 0.3 ***eeuwigheid.***

per·du·ra·ble [pə'djuərəbl‖pər'durəbl] ⟨bn.; -ly; -ness; →bijw. 3⟩ 0.1 ***(heel) duurzaam*** ⇒*(goed) blijvend, (lang) durend, onverwoestbaar* 0.2 ***permanent*** ⇒*gedurig, aanhoudend, voortdurend* 0.3 ***eeuwig.***

per·e·gri·nate ['perɪgrɪneɪt] ⟨ww.⟩ ⟨vero. of scherts.⟩
I ⟨onov.ww.⟩ 0.1 ***(rond)trekken*** ⇒*(rond)reizen, (rond)zwerven;*
II ⟨ov.ww.⟩ 0.1 ***doorreizen*** ⇒*doorzwerven* ◆ 1.1 ~ Europe *Europa doortrekken, Europa 'doen'.*

per·e·gri·na·tion ['perɪgrɪ'neɪʃn] ⟨zn.⟩
I ⟨telb.zn.⟩ ⟨vero.⟩ 0.1 ***verblijf (in het buitenland);***
II ⟨telb. en n.-telb.zn.⟩ ⟨vero. of scherts.⟩ 0.1 ***het rondtrekken*** ⇒*zwerftocht, trektocht, rondzwerving, peregrinatie.*

per·e·gri·na·tor ['perɪgrɪneɪtə‖-neɪt̬ər] ⟨telb.zn.⟩ ⟨vero. of scherts.⟩ 0.1 ***reiziger*** ⇒*trekker.*

per·e·grine[1] ['perɪgrɪn], ⟨in bet. 0.2 vnl.⟩ **'peregrine 'falcon** ⟨telb.zn.⟩ **0.1** ⟨vero.⟩ ***reiziger*** *⇒trekker, pelgrim* **0.2** ⟨dierk.⟩ ***slechtvalk*** ⟨Falco peregrinus⟩.

peregrine[2] ⟨bn.⟩ ⟨vero.⟩ **0.1** ***(rond)trekkend*** *⇒(rond)reizend, (rond)zwervend, periëgetisch.*

per·emp·to·ry [pə'rem(p)tri] ⟨bn.; -ly; -ness; →bijw. 3⟩ ⟨schr.⟩ **0.1** ***gebiedend*** *⇒bevelend, geen tegenspraak duldend, commanderend, onverbiddelijk* **0.2** ***dwingend*** *⇒dringend* **0.3** ***peremptoir*** *⇒afdoend, onweerlegbaar, absoluut* **0.4** ***dogmatisch*** *⇒dictatoriaal* **0.5** ***hooghartig*** *⇒hautain, hoogmoedig* **0.6** ***onontbeerlijk*** *⇒essentieel, wezenlijk, noodzakelijk* **0.7** ⟨jur.⟩ ***definitief*** *⇒beslissend* ◆ **1.1** ~ obedience *onvoorwaardelijke gehoorzaamheid* **1.7** ~ decree *definitief / laatste / onherroepelijk vonnis, eindvonnis* **1.¶** ⟨jur.⟩ ~ challenge *wraking om dringende redenen;* ⟨BE; jur.⟩ ~ writ *schriftelijke dagvaarding.*

per·en·ni·al[1] [pə'renɪəl] ⟨f1⟩ ⟨telb.zn.⟩ ⟨plantk.⟩ **0.1** ***overblijvende plant*** ◆ **2.1** hardy ~s *vorstbestendige overblijvende planten.*

perennial[2] ⟨f1⟩ ⟨bn.; -ly⟩ **0.1** ***het hele jaar durend / bestaand*** **0.2** ***vele jaren durend*** *⇒langdurig* **0.3** ***eeuwig*** *⇒blijvend, durend, permanent* **0.4** ***telkens weer opduikend*** *⇒terugkerend, wederkomend* **0.5** ⟨plantk.⟩ ***overblijvend*** *⇒perennerend* ◆ **1.1** a ~ stream *een stroom die het hele jaar door blijft vloeien / die nooit opdroogt* **1.2** ~ snow *eeuwige sneeuw.*

per·e·stroi·ka ['perɪstrɔɪkə] ⟨n.-telb.zn.⟩ ⟨pol.⟩ **0.1** ***perestrojka.***

perf ⟨afk.⟩ **0.1** ⟨perfect⟩ **0.2** ⟨taalk.⟩ ⟨perfect⟩ ***perf.*** *⇒volt.* **0.3** ⟨perforated⟩ **0.4** ⟨performance⟩.

per·fect[1] ['pɜ:fɪkt‖'pɜr-] ⟨f1⟩ ⟨telb.zn.; vnl. enk.⟩ ⟨taalk.⟩ **0.1** ***(werkwoord in een) voltooide tijd*** *⇒(werkwoord in) het perfectum / de voltooid tegenwoordige tijd, perfectumvorm* ◆ **2.1** future ~ *(werkwoord in de) voltooid toekomende tijd;* past ~ *(werkwoord in) de voltooid verleden tijd / het plusquamperfectum;* present ~ *(werkwoord in) de voltooid tegenwoordige tijd / het perfectum.*

perfect[2] ⟨f3⟩ ⟨bn.; -ly; -ness⟩ ⟨→sprw. 570⟩

I ⟨bn.⟩ **0.1** ***perfect*** *⇒volmaakt, ideaal, volkomen, echt* **0.2** ***perfect*** *⇒uitstekend, voortreffelijk, heel bekwaam, geperfectioneerd* **0.3** ***perfect*** *⇒volledig, (ge)heel, volkomen gaaf, ongeschonden* **0.4** ***perfect*** *⇒onberispelijk, volledig correct, foutloos, vlekkeloos* **0.5** ***zuiver*** *⇒puur, onvermengd* **0.6** ⟨wisk.⟩ ***perfect*** *⇒volkomen* **0.7** ⟨muz.⟩ ***rein*** *⇒volmaakt* **0.8** ⟨taalk.⟩ ***voltooid*** **0.9** ⟨plantk.⟩ ***volkomen*** ◆ **1.1** a ~ circle *een perfecte cirkel;* the ~ crime *de volmaakte misdaad;* ~ gas *ideaal gas;* a ~ timing *een perfecte / uiterst nauwkeurige timing* **1.2** a ~ artist *een topartiest* **1.3** have a ~ set of teeth *een volledig gaaf gebit hebben* **1.5** ~ blue *zuiver blauw* **1.6** a ~ number *een perfect / volkomen getal* **1.7** a ~ cadence *een ritme eindigend op een volmaakt akkoord / op een zuivere prime;* a ~ interval *een rein interval* **1.8** ~ participle *voltooid deelwoord, participium perfectum;* ~ tense *(werkwoord in de) voltooide tijd;* future ~ tense *(werkwoord in de) voltooid toekomende tijd;* past ~ tense *(werkwoord in) de voltooid verleden tijd / in het plusquamperfectum;* present ~ tense *(werkwoord in) de voltooid tegenwoordige tijd / het perfectum, perfectumvorm* **1.9** a ~ flower *een volkomen bloem* **1.¶** ⟨muz.⟩ ~ pitch *absoluut gehoor;* have a ~ right (to do sth.) *het volste recht hebben (om iets te doen);* ⟨wisk.⟩ ~ square *volkomen kwadraat(getal)* **2.2** ~ly capable of *alleszins in staat om* **5.1** more ~ *dichter bij de perfectie;* in order to form a more ~ union *om een zo perfect / ideaal mogelijke eenheid te vormen* ⟨tekst uit de Am. constitutie⟩ **5.2** very ~ *schitterend, uitmuntend, voortreffelijk* **6.1** ~ **for** *uitermate / volmaakt geschikt voor* **6.2** ~ **in** *heel bekwaam / heel bedreven in;*

II ⟨bn., attr.⟩ **0.1** ***volslagen*** *⇒volledig, volstrekt, totaal* ◆ **1.1** a ~ fool *een volslagen idioot;* ~ nonsense *je reinste onzin, klinkklare nonsens, gebeuzel;* a ~ stranger *een volslagen vreemdeling / onbekende* **2.1** ~ly good *bijzonder goed, voortreffelijk;* ~ly ugly *vreselijk lelijk.*

perfect[3] [pə'fekt‖pər-] ⟨f2⟩ ⟨ov.ww.⟩ **0.1** ***perfectioneren*** *⇒vervolmaken, perfect maken* **0.2** ***voltooien*** *⇒beëindigen, voltrekken, perfectioneren* **0.3** ***verbeteren*** *⇒beter doen worden* **0.4** ⟨boek.⟩ ***de keerzijde bedrukken van*** ◆ **1.3** ~ one's English *zijn Engels verbeteren* **6.1** ~ oneself **in** sth. *zich bekwamen in iets, iets tot in de perfectie leren.*

per·fect·i·bil·i·ty [pə'fektə'bɪləti‖pər'fektə'bɪləṭi] ⟨n.-telb.zn.⟩ **0.1** ***(ver)volmaakbaarheid*** *⇒perfectibiliteit.*

per·fect·i·ble [pə'fektəbl‖pər-] ⟨bn.⟩ **0.1** ***(ver)volmaakbaar.***

per·fec·tion [pə'fekʃn‖pər-] ⟨f2⟩ ⟨zn.⟩

I ⟨telb.zn.⟩ **0.1** ***hoogtepunt*** *⇒perfect voorbeeld, toonbeeld* ◆ **1.1** the ~ of beauty *het toppunt v. schoonheid, de schoonheid in perfectie / haar volmaakte vorm;* this portrait is a ~ of the art of painting *dit portret is een hoogtepunt in de schilderkunst;*

II ⟨telb. en n.-telb.zn.⟩ **0.1** ***perfectie*** *⇒volmaaktheid, volkomenheid* **0.2** ***perfectie*** *⇒voortreffelijkheid, uitmuntendheid, onberispelijkheid* **0.3** ***perfectionering*** *⇒(ver)volmaking, het perfectioneren* **0.4** ***voltooiing*** *⇒volledige / volle ontwikkeling* ◆ **1.1** her beauty was ~ (itself) *haar schoonheid was de perfectie zelf* **6.1** bring sth. **to** ~ *iets tot perfectie brengen, iets tot de perfectie voeren* **6.2** do sth. **to** ~ *iets op een voortreffelijke manier doen / uitvoeren;* the dish was cooked **to** ~ *het gerecht was voortreffelijk / perfect klaargemaakt;* the task was performed **to** ~ *de opdracht was onberispelijk uitgevoerd.*

per·fec·tion·ism [pə'fekʃənɪzm‖pər-] ⟨f1⟩ ⟨n.-telb.zn.⟩ **0.1** ***perfectionisme.***

per·fec·tion·ist [pə'fekʃənɪst‖pər-] ⟨f1⟩ ⟨telb.zn.⟩ **0.1** ***perfectionist*** **0.2** ⟨pej.⟩ ***vitter*** *⇒muggezifter, haarklover.*

per·fec·tive [pə'fektɪv‖pər-] ⟨bn.; -ly; -ness⟩ **0.1** ⟨taalk.⟩ ***perfectief*** **0.2** ⟨vero.⟩ ***perfectief*** *⇒tot perfectie neigend / komend / brengend* ◆ **1.1** the ~ aspect *het perfectief aspect.*

per·fer·vid ['pɜ:'fɜ:vɪd‖'pɜr'fɜrvɪd] ⟨bn.; -ly; -ness⟩ ⟨schr.⟩ **0.1** ***fervent*** *⇒vurig, gloedvol* **0.2** ***fervent*** *⇒heel ijverig.*

per·fid·i·ous [pə'fɪdɪəs‖pər-] ⟨bn.; -ly; -ness⟩ ⟨schr.⟩ **0.1** ***perfide*** *⇒trouweloos, verraderlijk, vals.*

per·fi·dy ['pɜ:fɪdi‖'pɜr-] ⟨zn.; →mv. 2⟩ ⟨schr.⟩

I ⟨telb.zn.⟩ **0.1** ***trouwelooshei d*** *⇒trouweloze / verraderlijke handeling, trouwbreuk, valsheid;*

II ⟨n.-telb.zn.⟩ **0.1** ***perfidie*** *⇒trouweloosheid, ontrouwheid, bedrog.*

per·fo·li·ate ['pɜ:'foulɪət‖'pɜr-] ⟨bn.⟩ ⟨plantk.⟩ **0.1** ***doorgroeid*** *⇒perfoliaat.*

per·fo·rate[1] ['pɜ:fərət‖'pɜr-] ⟨bn.⟩ **0.1** ***geperforeerd*** *⇒doorboord, open* ◆ **1.1** ⟨biol.⟩ ~ shell *open (navelvormige) schelp.*

perforate[2] ['pɜ:fəreɪt‖'pɜr-] ⟨f1⟩ ⟨ww.⟩

I ⟨onov.ww.⟩ **0.1** ***dóórdringen*** *⇒penetreren, dóórbreken, perforeren* ◆ **1.1** an ulcer may ~ under the skin *een zweer kan onderhuids doorbreken / perforeren* **6.1** ~ **into** *dringen in, dóórbreken in;* ~ **through** *dringen / penetreren door;*

II ⟨ov.ww.⟩ **0.1** ***perforeren*** *⇒een gat / gaatjes maken in, doorprikken, doorboren* **0.2** ***perforeren*** *⇒een perforatielijn maken in* **0.3** ***doordringen*** *⇒penetreren, zich uitbreiden over* ◆ **1.1** bays perforating the coast *baaien die in de kust inspringen, inspringende baaien;* a ~d box *een doos met gaatjes;* ~d tape *ponsband;* ~ a tumour *een gezwel perforeren* **1.2** ~d sheets of paper *geperforeerde bladen papier, bladen papier met perforatielijnen;* stamps with ~d edges *postzegels met tandjes;* ~d stamps *geperforeerde postzegels.*

per·fo·ra·tion ['pɜ:fə'reɪʃn‖'pɜr-] ⟨f1⟩ ⟨zn.⟩

I ⟨telb.zn.⟩ **0.1** ***perforatie(lijn)*** *⇒doorboring, gaatje(s), gat(en), opening(en);*

II ⟨n.-telb.zn.⟩ **0.1** ***perforatie*** *⇒het perforeren / doorboren, doorboring, het maken v. gaatjes in.*

per·fo·ra·tive ['pɜ:fərətɪv‖'pɜrfəreɪṭɪv], **per·fo·ra·to·ry** ['pɜ:fərətri‖'pɜrfərətɔri] ⟨bn.⟩ **0.1** ***om te perforeren*** *⇒perforeer-, perforatie-.*

per·fo·ra·tor ['pɜ:fəreɪtə‖'pɜrfəreɪṭər] ⟨f1⟩ ⟨telb.zn.⟩ **0.1** ***perforator*** *⇒perforateur, perforeermachine* **0.2** ***perforator*** *⇒perforeerder* ⟨persoon⟩ **0.3** ⟨med.⟩ ***perforatorium*** *⇒schedelboor.*

per·force [pə'fɔ:s‖pər'fɔrs] ⟨bw.⟩ **0.1** ***noodgedwongen*** *⇒noodzakelijk(erwijs), onvermijdelijk.*

per·form [pə'fɔ:m‖pər'fɔrm] ⟨f3⟩ ⟨ww.⟩ →performing

I ⟨onov.ww.⟩ **0.1** ***optreden*** *⇒een uitvoering / voorstelling geven, spelen, acteren* **0.2** ***presteren*** *⇒werken, functioneren* ⟨i.h.b. v. machines⟩ **0.3** ⟨inf.⟩ ***presteren*** *⇒*⟨i.h.b.⟩ *het goed doen, zijn beste beentje voorzetten, zich van zijn sterkste kant laten zien* **0.4** ⟨inf.⟩ ***goed zijn in bed*** *⇒alles doen* ⟨seksueel⟩ **0.5** ***doen*** *⇒handelen* **0.6** ⟨sl.⟩ ***afzuigen*** *⇒pijpen* ◆ **1.2** the car ~s well *de auto loopt goed / doet het goed* **5.4** he can really ~ *hij is heel goed in bed* **6.1** ~ **at** the piano *op de piano spelen, een pianoconcert geven;* ~ **on** the flute *fluit spelen, een fluitconcert geven* **¶.5** not only promise, but also ~ *niet alleen beloven, maar ook doen, de daad bij het woord voegen;*

II ⟨ov.ww.⟩ **0.1** ***uitvoeren*** *⇒volbrengen / voeren, ten uitvoer brengen, doen, verrichten* **0.2** ***vervullen*** *⇒nakomen* ⟨een belofte⟩, *uitvoeren* **0.3** ⟨dram.⟩ ***uit / opvoeren*** *⇒(ver)tonen, presenteren, een voorstelling geven van, spelen, acteren, uitbeelden* **0.4** ***afmaken*** *⇒afhandelen, beëindigen, ten einde brengen* ◆ **1.1** ~ miracles *wonderen doen / bewerken;* this herb ~s miracles in curing a cold *dit kruid doet wonderen bij / voor de genezing v.e. verkoudheid;* ~ an operation *een operatie uitvoeren* **1.3** what play will be ~ed tomorrow? *welk stuk speelt er morgen?, welk stuk wordt er morgen gespeeld?* **1.4** ~ed distance *afgelegde weg.*

per·form·able [pə'fɔ:məbl‖pər'fɔrməbl] ⟨bn.⟩ **0.1** ***uitvoerbaar*** *⇒doenbaar, vervulbaar, te volbrengen* **0.2** ***uitvoerbaar*** *⇒speelbaar, vertoonbaar, geschikt om gespeeld / uitgevoerd te worden* ◆ **1.1** an easily ~ course *een cursus die gemakkelijk gedaan / afgemaakt kan worden;* a distance ~ on foot *een afstand die te voet gedaan / afgelegd kan worden;* a ~ service *een dienst die verleend* *kan worden;* a ~ task *een uitvoerbare opdracht, een taak die te doen valt* **1.2** this music is not ~ *die muziek is niet te spelen.*

per·form·ance [pə'fɔ:məns‖pər'fɔr-]⟨f3⟩⟨zn.⟩
I ⟨telb.zn.⟩ **0.1** ***voorstelling*** ⇒*op/uitvoering, tentoonstelling, uitbeelding* **0.2** ***prestatie*** ⇒*succes, opmerkelijke daad* **0.3** ***(test)uitslag*** ⇒*(test)resultaat, prestatie* **0.4** ⟨inf.⟩ ***karwei*** ⇒*klus, werk* **0.5** ⟨inf.⟩ ***scène*** ⇒*komedie, aanstellerij* ◆ **2.1** theatrical ~ *toneelopvoering* **2.2** that was a good ~ *dat heb je er goed afgebracht* **2.4** making this cake is quite a ~ *deze taart maken is een heel karwei/heel werk/flinke klus/hele toer;* that was a good ~ *dat heb je goed gedaan* **3.5** make a ~ *een scène/spektakel maken* **6.1** his ~ **of** Romeo *zijn uitbeelding/vertolking/rolopvatting v. Romeo* **7.5** what a ~! *zo'n scène!, zo'n komedie!, wat een spel!, wat een gedrag!* **8.1** his ~ as Romeo *zijn spel als Romeo, zijn uitbeelding/vertolking/rolopvatting v. Romeo* ¶**.4** be too much of a ~ *een te lastig karwei zijn;*
II ⟨n.-telb.zn.⟩ **0.1** ***uitvoering*** ⇒*volbrenging, verrichting, vervulling* **0.2** ***prestaties*** ⇒*werking* **0.3** ⟨taalk.⟩ ***performance*** ⇒*performantie, taalgebruik/gedrag* ⟨tgo. competence⟩ ◆ **1.2** a car's ~ *de prestaties/werking v.e. auto;* our team's ~ was excellent this year *onze ploeg heeft dit jaar een schitterende prestatie geleverd* **1.3** Chomsky distinguishes competence and ~ *Chomsky onderscheidt competence en performance/taalkennis en taalgebruik.*

per'formance appraisal ⟨telb.zn.⟩ **0.1** ***beoordeling*** ⇒*functiewaardering.*

per'formance art ⟨n.-telb.zn.⟩ **0.1** ***performance kunst.***

per·for·ma·tive[1] [pə'fɔ:mətɪv‖pər'fɔrməṭɪv]⟨telb.zn.⟩⟨taalk., fil.⟩ **0.1** ***performatief (werkwoord).***

performative[2] ⟨bn.; -ly⟩⟨taalk., fil.⟩ **0.1** ***performatief.***

per·form·er [pə'fɔ:mə‖pər'fɔrmər]⟨f2⟩⟨telb.zn.⟩ **0.1** ***uitvoerder/ster*** **0.2** ***artiest*** ⇒*(toneel)speler/speelster, acteur/actrice, zanger(es).*

per·form·ing [pə'fɔ:mɪŋ‖pər'fɔr-]⟨f1⟩⟨bn., attr.; teg. deelw. v. perform⟩ **0.1** ***gedresseerd*** ⇒*afgericht* **0.2** ***uitvoerend*** ⇒*dramatisch* ◆ **1.1** ~ animals *gedresseerde dieren, dieren die kunstjes ten beste (kunnen) geven* **1.2** ~ arts *uitvoerende kunsten.*

per'forming rights ⟨mv.⟩ **0.1** ***auteursrechten*** ⟨op op/uitvoering⟩.

per·fume[1] ['pɜ:fju:m‖'pɜr-, pər'fju:m]⟨f2⟩⟨telb. en n.-telb.zn.⟩ **0.1** ***parfum*** ⇒*reukwater, reukstof* **0.2** ***parfum*** ⇒*(aangename) geur.*

perfume[2] [pə'fju:m‖pər-]⟨f1⟩⟨ov.ww.⟩ **0.1** ***parfumeren*** ⇒*parfum doen op* **0.2** ⟨schr.⟩ ***parfumeren*** ⇒*welriekend/geurig maken, doorgeuren, met een aangename geur vervullen.*

per·fum·er [pə'fju:mə‖pər'fju:mər], **per·fum·i·er** [pə'fju:mɪə‖pər'fju:mɪər]⟨telb.zn.⟩ **0.1** ***parfumeur*** **0.2** ***parfumcomponist.***

per·fum·er·y [pə'fju:mri‖pər-]⟨zn.; →mv. 2⟩
I ⟨telb.zn.⟩ **0.1** ***parfumerie*** ⇒*parfumwinkel;*
II ⟨n.-telb.zn.⟩ **0.1** ***parfumerie*** ⇒*het maken v. parfum* **0.2** ***parfumerie*** ⇒*reukwerk, parfumwaren, parfumerieën.*

per·func·to·ry [pə'fʌŋktri‖pər-]⟨f1⟩⟨bn.; -ly; -ness; →bijw. 3⟩ **0.1** ***plichtmatig (handelend)*** ⇒*plichtshalve gedaan/handelend, obligaat, werktuiglijk, machinaal, mechanisch, ongeïnteresseerd* **0.2** ***nonchalant*** ⇒*oppervlakkig, vluchtig, met de Franse slag (gedaan)* ◆ **1.1** a ~ visit *een plichtshalve afgelegd bezoek, een routinebezoek;* ~ inspection *routine-inspectie* **1.2** a ~ person *iem. die zich er steeds met de Franse slag v. afmaakt, een minimalist.*

per·fuse [pə'fju:z‖pər-]⟨ov.ww.⟩ **0.1** ***(doen) doortrekken*** ⇒*(doen) doordringen, (doen) verspreiden* **0.2** ***door/overgieten*** ⇒*doordrenken* **0.3** ***besprenkelen*** ⇒*besproeien, bedruppelen.*

per·fu·sion [pə'fju:ʒn‖pər-]⟨telb. en n.-telb.zn.⟩ **0.1** ⟨med.⟩ ***ononderbroken infusie/infuus*** **0.2** ***doordringing*** ⇒*verspreiding* **0.3** ***over/begieting*** **0.4** ***besprenkeling.***

per·ga·me·ne·ous ['pɜ:gə'mi:nɪəs‖'pɜr-]⟨bn.⟩ **0.1** ***perkamentachtig.***

per·go·la ['pɜ:gələ‖'pɜr-]⟨telb.zn.⟩ **0.1** ***pergola.***

per·haps [pə'hæps‖pər-]⟨f4⟩⟨bw.⟩ **0.1** ***misschien*** ⇒*mogelijk(erwijs), wellicht.*

pe·ri ['pɪəri‖'pɪri]⟨telb.zn.⟩ **0.1** ***peri*** ⇒*fee, elf, goede geest* ⟨in de Perzische mythologie⟩ **0.2** ***gracieus wezen*** ⇒*prachtige vrouw.*

pe·ri- ['peri] **0.1** ***peri-*** ⇒*(rond)om-* ◆ ¶**.1** perimeter *perimeter.*

per·i·anth ['periænθ]⟨telb.zn.⟩⟨plantk.⟩ **0.1** ***periant*** ⇒*bloembekleedsel.*

per·i·apt ['periæpt]⟨telb.zn.⟩ **0.1** ***amulet*** ⇒*afweermiddel.*

per·i·car·di·ac ['perɪ'kɑ:diæk‖'perɪ'kɑr-], **per·i·car·di·al** [-dɪəl]⟨bn., attr.⟩⟨med.⟩ **0.1** ***pericardiaal*** ⇒*van/aan het pericard(ium)/hartzakje* ◆ **1.1** ~ inflammation *ontsteking v.h. hartzakje.*

per·i·car·di·tis [-kɑ:'daɪtɪs‖-kɑr'daɪṭɪs]⟨telb. en n.-telb.zn.; pericarditides; →mv. 5⟩⟨med.⟩ **0.1** ***pericarditis.***

per·i·car·di·um [-'kɑ:dɪəm‖-'kɑr-]⟨telb.zn.; pericardia [-dɪə]; →mv. 5⟩⟨anat.⟩ **0.1** ***pericard(ium)*** ⇒*hartzakje.*

per·i·carp [-kɑ:p‖-kɑrp]⟨telb.zn.⟩⟨plantk.⟩ **0.1** ***vruchtwand*** ⇒*pericarp* **0.2** ***zaadhuisje*** ⇒*klokhuis.*

per·i·chon·dri·um [-'kɒndrɪəm‖-'kɑn-]⟨telb.zn.; perichondria [-drɪə]; →mv. 5⟩⟨anat.⟩ **0.1** ***kraakbeenvlies*** ⇒*perichondrium.*

per·i·clase ['perɪkleɪs]⟨n.-telb.zn.⟩⟨geol.⟩ **0.1** ***periklaas.***

per·i·cope [pə'rɪkəpi]⟨telb.zn.⟩ **0.1** ***perikoop*** ⟨voorgelezen bijbelpassage⟩ **0.2** ***passage*** ⇒*paragraaf, fragment.*

per·i·cra·ni·um ['perɪ'kreɪnɪəm]⟨telb.zn.; pericrania [-nɪə]; →mv. 5⟩ **0.1** ⟨anat.⟩ ***pericranium*** ⇒*schedelvlies* **0.2** ⟨vero. of scherts.⟩ ***hersenpan*** ⇒*hersens, verstand, schedel* ◆ **3.2** he doesn't use his ~ *hij gebruikt zijn grijze cellen/substantie niet.*

per·i·cycle [-saɪkl]⟨telb.zn.⟩⟨plantk.⟩ **0.1** ***pericykel*** ⇒*pericambium.*

per·i·cyn·thi·on [-'sɪnθɪən]⟨telb.zn.⟩⟨ruim.⟩ **0.1** ***periluna*** ⟨dichtst bij de maan gelegen punt v. satellietbaan⟩.

per·i·derm [-dɜ:m‖-dɜrm]⟨telb. en n.-telb.zn.⟩⟨plantk.⟩ **0.1** ***periderm*** ⇒*kurkweefsel.*

per·i·dot ['perɪdɒt‖-doʊ]⟨telb.zn.⟩ **0.1** ***peridoot*** ⇒*chrysoliet.*

per·i·gee ['perɪdʒi]⟨telb.zn.⟩⟨ster.⟩ **0.1** ***perigeum*** ⟨het dichtst bij de aarde gelegen punt v. (kunst)maan⟩.

per·i·gla·cial ['perɪ'gleɪʃl]⟨bn.⟩ **0.1** ***periglaciaal*** ⇒*periglaciair.*

pe·rig·y·nous [pə'rɪdʒɪnəs]⟨bn.⟩⟨plantk.⟩ **0.1** ***perigynisch*** ⇒*rondom-standig.*

per·i·he·li·on ['perɪ'hi:lɪən]⟨telb.zn.; perihelia [-lɪə]; →mv. 5⟩⟨ster.⟩ **0.1** ***perihelium*** ⟨het dichtst bij de zon gelegen punt v. omloopbaan om de zon⟩.

per·il[1] ['perɪl]⟨f2⟩⟨telb. en n.-telb.zn.⟩ **0.1** ***(groot/levens)gevaar*** ⇒*perikel, risico* ◆ **6.1 at** one's ~ *op/voor eigen risico, op eigen verantwoordelijkheid;* you do it **at** your ~ *je doet het op/voor eigen risico/verantwoordelijkheid;* **in** ~ **of** *op gevaar af (van), met het risico (van);* be **in** ~ **of** death/one's life *met de dood bedreigd worden, in levensgevaar verkeren;* **in** ~ **of** one's life *met levensgevaar.*

peril[2] ⟨ov.ww.; →ww. 7⟩⟨schr.⟩ **0.1** ***in gevaar brengen*** ⇒*riskeren.*

per·i·lous ['perɪləs]⟨f2⟩⟨bn.; -ly; -ness⟩ **0.1** ***(levens)gevaarlijk*** ⇒*periculeus, gevaarvol, riskant, hachelijk* ◆ **2.1** a ~ condition *een hachelijke toestand.*

per·i·lune ['perɪlu:n]⟨telb.zn.⟩⟨ruim.⟩ **0.1** ***periluna*** ⟨dichtst bij de maan gelegen punt v. satellietbaan⟩.

pe·rim·e·ter [pə'rɪmɪtə‖-mɪṭər]⟨f2⟩⟨telb.zn.; vaak attr.⟩ **0.1** ⟨wisk.⟩ ***omtrek*** ⇒*perimeter* **0.2** ***omtrek*** ⇒*buitenrand, grenzen* **0.3** ⟨mil.⟩ ***versterkte grens/strook*** **0.4** ***perimeter*** ⇒*gezichtsveldmeter.*

pe'rimeter fence ⟨telb.zn.⟩ **0.1** ***grensschutting.***

pe'rimeter track ⟨telb.zn.⟩⟨lucht.⟩ **0.1** ***randrijbaan*** ⟨weg rondom vliegveld⟩.

per·i·my·si·um ['perɪ'mɪzɪəm]⟨telb.zn.; perimysia [-zɪə]; →mv. 5⟩⟨anat.⟩ **0.1** ***perimysium*** ⇒*spiervlies, spierschede.*

per·i·na·tal [-'neɪtl]⟨bn.⟩ **0.1** ***perinataal*** ◆ **1.1** ~ mortality *perinatale sterfte.*

per·i·neph·ri·um [-'nefrɪəm]⟨telb.zn.; perinephria [-frɪə]; →mv. 5⟩⟨anat.⟩ **0.1** ***nieromhulsel*** ⟨bind- en vetweefsel rondom de nier⟩.

per·i·ne·um, per·i·nae·um [-'ni:əm]⟨telb.zn.; perinea [-'ni:ə]; →mv. 5⟩⟨anat.⟩ **0.1** ***bilnaad*** ⇒*perineum, bodem v.d. buikholte.*

per·i·neu·ri·um [-'njʊrɪəm]⟨telb.zn.; perineuria [-rɪə]; →mv. 5⟩⟨anat.⟩ **0.1** ***zenuwschede*** ⇒*perineurium.*

pe·ri·od[1] ['pɪərɪəd‖'pɪr-]⟨f4⟩⟨telb.zn.⟩ **0.1** ***periode*** ⟨ook geol.⟩ ⇒*tijdperk, tijdvak, fase, stadium* **0.2** ***lestijd*** ⇒*lesuur, les* **0.3** ⟨vaak mv.⟩ ***(menstruatie)periode*** ⇒*ongesteldheid, maandstonden, regels* **0.4** ***rustpunt*** ⇒*pauze, rust* ⟨na een zin⟩ **0.5** ⟨vnl. AE⟩ ***punt*** ⟨interpunctie-teken⟩ **0.6** ⟨med.⟩ ***duur*** ⟨v.e. ziekte⟩ ⇒*stadium, periode* **0.7** ⟨ster.⟩ ***periode*** ⇒*omlooptijd, cyclus, tijdkring* **0.8** ⟨nat.⟩ ***periode*** ⟨constante tijdsduur tussen opeenvolgend voorkomen v. dezelfde toestand in een beweging⟩ **0.9** ⟨taalk.⟩ ***periode*** ⇒*volzin;* ⟨mv.⟩ *retorische/overladen taal, barokstijl* **0.10** ⟨muz.⟩ ***periode*** ⇒*muzikale volzin* **0.11** ⟨schei.⟩ ***periode*** ⟨alle elementen tussen twee opeenvolgende edelgassen in de tabel v.h. periodieke systeem⟩ **0.12** ⟨wisk.⟩ ***periode*** ⇒*terugkerende cijfergroep bij repeterende breuk, periodieke functie* ◆ **1.1** costumes of the ~ *kleren uit die periode/tijd;* habits of the ~ *gewoonten uit die/*⟨i.h.b.⟩ *onze tijd;* a ~ of happiness *een periode/tijd v. geluk, een gelukkige periode;* the ~ of incubation of a disease *de incubatietijd/fase/tijdperk v. een ziekte;* the ~ of the Russian Revolution *het tijdperk/de periode v.d. Russische Revolutie* **1.2** there are six ~s in the schoolday *er zijn zes lestijden in een schooldag* **2.1** Picasso's blue ~ *Picasso's blauwe periode/fase;* ⟨meteo.⟩ there will be showers with bright ~s in the afternoon *in de namiddag zullen er buien zijn met opklaringen;* the rainy ~ in Africa *het regenseizoen in Afrika* **2.3** menstrual ~ *menstruatieperiode* **3.2** teaching ~ *lestijd* **3.3** miss a/one's ~ *(haar menstruatie) een keertje overslaan* **3.5** turned ~ *punt bovenaan de regel* **3.**¶ put a ~ to *een punt zetten achter, een eind maken aan* **7.1** the first ~ of a game *de eerste speeltijd/ronde in een spel* ¶**.5** I won't do it, ~! *ik doe het niet, punt uit/en daarmee uit/basta!.*

period[2] ⟨f2⟩⟨bn., attr.⟩ **0.1** ***historisch*** ⇒*in/met een historische stijl, in/volgens de stijl v. (e. bep. periode), d'époque* ◆ **1.1** ~ costumes *historische klederdrachten;* ~ furniture *stijlmeubelen;* ~ piece *stijlmeubel;* ⟨inf.; scherts.⟩ *historisch stuk, ouderwets geval* ⟨ook v. personen⟩; a ~ play *een historisch toneelstuk;* a ~ room *een stijlkamer.*

'period appointment ⟨telb.zn.⟩ **0.1** ***tijdelijke benoeming/aanstelling.***

pe·ri·od·ic[1] ['pɪəri'ɒdɪk‖'pɪri'ɑdɪk], ⟨in bet. 0.1 t/m 0.4 ook⟩ **pe·ri·od·i·cal** ⟨f2⟩ ⟨bn.; -(al)ly; →bijw. 3⟩ **0.1** ***periodiek*** *⇒regelmatig terugkerend, zich regelmatig herhalend* **0.2** ***(periodiek) terugkerend*** *⇒zich herhalend, telkens weer opduikend, occasioneel* **0.3** ***periodiek*** *⇒cyclisch, omloop(s)-, kring-, periodisch* **0.4** ⟨nat., schei., wisk.⟩ ***periodiek*** **0.5** ***retorisch*** ◆ **1.1** ~ motion *periodieke beweging;* ~ revolution *periodieke omwenteling* **1.2** ~ attacks of epilepsy *(periodiek) terugkerende aanvallen v. epilepsie* **1.3** ~ vibrations *periodieke/isochrone trillingen* **1.4** ~ function *periodieke functie;* ~ table/system *periodiek systeem* **1.¶** ~ time *periode;* ⟨ster.⟩ ~ variation *kortstondige omloopsafwijking.*

periodic[2] ⟨bn., attr.⟩ ⟨schei.⟩ **0.1** ***perjood-*** ◆ **1.1** ~ acid *perjoodzuur.*

pe·ri·od·i·cal[1] ['pɪəri'ɒdɪkl‖'pɪri'ɑdɪkl] ⟨f2⟩ ⟨telb.zn.⟩ **0.1** ***periodiek*** *⇒(periodiek verschijnend) tijdschrift.*

periodical[2] ⟨f2⟩ ⟨bn.; -ly⟩ **0.1** →periodic **0.2** ***periodiek*** *⇒regelmatig/met regelmatige tussenpozen verschijnend* **0.3** ***mbt. een tijdschrift.***

pe·ri·o·dic·i·ty ['pɪərɪə'dɪsəti‖'pɪrɪə'dɪsəṭi] ⟨n.-telb.zn.⟩ **0.1** ***periodiciteit*** *⇒geregelde/periodieke terugkeer.*

pe·ri·od·i·za·tion ['pɪərɪədaɪ'zeɪʃn‖'pɪrɪədə-] ⟨telb. en n.-telb.zn.⟩ **0.1** ***periodisering*** *⇒indeling in tijdvakken.*

per·i·o·don·tal ['periou'dɒntl‖-'dɑnṭl] ⟨bn.⟩ ⟨med.⟩ **0.1** ***peri-odontaal*** *⇒parodontaal, paradontaal, mbt. het wortelvlies.*

per·i·o·don·tics [-ou'dɒntɪks‖-ou'dɑnṭɪks], **per·i·o·don·tia** [-ou'dɒnʃə‖-ou'dɑnʃə] ⟨n.-telb.zn.⟩ ⟨med.⟩ **0.1** ***peri-odontologie*** *⇒paradontologie, parodontologie.*

per·i·os·te·um [-'ɒstɪəm‖-'ɑs-] ⟨telb.zn.; periostea [-stɪə]; →mv. 5⟩ ⟨anat.⟩ **0.1** ***periost*** *⇒beenvlies.*

per·i·os·ti·tis [-ɒ'staɪtɪs‖-ɑ'staɪṭɪs] ⟨n.-telb.zn.⟩ ⟨med.⟩ **0.1** ***periostitis*** *⇒beenvliesontsteking.*

per·i·pa·tet·ic[1] ['perɪpə'teṭɪk] ⟨zn.⟩

I ⟨telb.zn.⟩ **0.1** ⟨meestal P-⟩ ***peripateticus*** *⇒Aristoteliaan, leerling/aanhanger v. Aristoteles* **0.2** ⟨scherts.⟩ ***peripateticus*** ⟨iem. die veel rondloopt⟩ **0.3** ***(handels)reiziger*** *⇒zwerver, rondtrekkend handelaar;*

II ⟨mv.; ~s⟩ ⟨scherts.⟩ **0.1** ***omzwervingen.***

peripatetic[2] ⟨bn.; -ally; →bijw. 3⟩ **0.1** ⟨meestal P-⟩ ***peripatetisch*** *⇒aristotelisch* **0.2** ***rondreizend*** *⇒rondzwervend/trekkend/dwalend, v.d. ene plaats naar de andere trekkend* **0.3** ***om mee rond te reizen*** *⇒verplaatsbaar, vervoerbaar* ◆ **1.2** ⟨vnl. BE⟩ ~ teachers *rondreizende leerkrachten.*

per·i·pa·tet·i·cism ['perɪpə'teṭɪsɪzm] ⟨n.-telb.zn.⟩ **0.1** ***Aristoteliaanse filosofie*** *⇒peripatetisme.*

per·i·pe·te·ia, per·i·pe·ti·a ['perɪpə'taɪə, -'ti:ə], **pe·rip·e·ty** [pə'rɪpəṭi] ⟨telb.zn.; →mv. 2⟩ **0.1** ***peripetie*** *⇒onvoorziene wending, lotswending, om(me)keer* ⟨i.h.b. in literair werk⟩.

pe·riph·er·al[1] [pə'rɪfrəl] ⟨telb.zn.⟩ **0.1** ***randapparaat/apparatuur.***

peripheral[2], **per·i·pher·ic** ['perɪ'ferɪk], **per·i·pher·i·cal** [-ɪkl] ⟨f2⟩ ⟨bn.; -(al)ly; →bijw. 3⟩ **0.1** ***ondergeschikt*** *⇒marginaal, relatief onbelangrijk, bijkomstig* **0.2** ***perifeer*** *⇒langs/aan de omtrek, aan de/v.d. buitenkant, niet centraal (gelegen), rand-* ⟨ook fig.⟩ **0.3** ⟨med.⟩ ***perifeer*** **0.4** ⟨comp.⟩ ***perifeer*** *⇒mbt. randapparatuur* ◆ **1.1** considerations of ~ interest *overwegingen v. marginaal belang* **1.2** ~ shops *niet centraal gelegen winkels, winkels aan de rand v.d. stad;* ~ wars *randoorlogen* **1.3** the ~ nervous system *het perifere zenuwstelsel* **1.4** ~ equipment *randapparatuur.*

pe·riph·er·y [pə'rɪfri] ⟨f1⟩ ⟨telb.zn.; vnl. enk.; →mv. 2⟩ **0.1** ***periferie*** *⇒(cirkel)omtrek* **0.2** ***periferie*** *⇒buitenkant, buitenzijde, rand* ⟨ook fig.⟩ **0.3** ***buitenoppervlak*** **0.4** ⟨med.⟩ ***periferie*** ◆ **1.2** the ~ of a political party *de periferie/randfiguren v.e. politieke partij.*

pe·riph·ra·sis [pə'rɪfrəsɪs], **pe·riph·rase** ['perɪfreɪz] ⟨zn.; eerste variant periphrases [pə'rɪfrəsi:z]; →mv. 5⟩

I ⟨telb. en n.-telb.zn.⟩ **0.1** ***perifrase*** *⇒omschrijving;*

II ⟨n.-telb.zn.⟩ **0.1** ***het (overbodig) gebruik v. omschrijvingen*** *⇒omhaal.*

per·i·phras·tic ['perɪ'fræstɪk] ⟨bn.; -ally; →bijw. 3⟩ **0.1** ***perifrastisch*** *⇒omschrijvend* ◆ **1.1** ⟨taalk.⟩ ~ conjugation *samengestelde/perifrastische tijden* ⟨gevormd met hulpww.⟩.

pe·rip·ter·al[1] [pə'rɪptərəl] ⟨telb.zn.⟩ ⟨bouwk.⟩ **0.1** ***peripteros.***

peripteral[2] ⟨bn.⟩ ⟨bouwk.⟩ **0.1** ***met zuilengangen omgeven.***

pe·rique [pə'ri:k] ⟨n.-telb.zn.⟩ **0.1** ***perique*** ⟨tabakssoort⟩.

per·i·scope ['perɪskoup] ⟨f1⟩ ⟨telb.zn.⟩ **0.1** ***periscoop.***

per·i·scop·ic ['perɪ'skɒpɪk‖-'skɑpɪk], **per·i·scop·i·cal** [-ɪkl] ⟨bn.; -(al)ly; →bijw. 3⟩ **0.1** ***periscopisch*** *⇒met ruim gezichtsveld.*

per·ish[1] ['perɪʃ] ⟨telb.zn.⟩ ⟨Austr. E⟩ **0.1** ***ontbering*** ◆ **3.¶** do a ~ *bijna omkomen v. honger/dorst/kou.*

perish[2] ⟨f2⟩ ⟨ww.⟩ →perishing

I ⟨onov.ww.⟩ **0.1** ***omkomen*** ⟨ook fig.⟩ *⇒(vroegtijdig) om het leven komen, het leven verliezen, sterven* **0.2** ***vergaan*** *⇒verteren, wegteren, (ver)rotten, wegrotten, verslijten, ten onder gaan* ◆ **6.1** ~ **by** *omkomen door;* ~ **by** the sword *door het zwaard omkomen/vergaan;* ~ **for** want of love *geestelijk omkomen door gebrek aan liefde;* ~ **in** an earthquake *omkomen in een aardbeving;* ~ **with** cold *vergaan van de kou;*

II ⟨ov.ww.⟩ **0.1** ⟨vaak pass.⟩ ***vernietigen*** *⇒vernielen* **0.2** ***verslijten*** *⇒doen slijten* **0.3** ⟨Sch. E⟩ ***verspillen*** *⇒verkwisten* ◆ **1.1** these shoes ~ my feet *deze schoenen zijn funest voor mijn voeten* **6.1** be ~ed **with** *omkomen/vergaan van;* they were ~ed **with** hunger *zij vergingen van de honger.*

per·ish·able[1] ['perɪʃəbl] ⟨f1⟩ ⟨telb.zn.; vnl. mv.⟩ **0.1** ***beperkt houdbaar (voedsel)produkt*** *⇒* ⟨mv.⟩ *snel bedervende goederen/(voedsel)produkten, aan bederf onderhevige waren.*

perishable[2] ⟨f1⟩ ⟨bn.; -ly; -ness; →bijw. 3⟩ **0.1** ***vergankelijk*** *⇒kortstondig, onbestendig* **0.2** ***(licht) bederfelijk*** *⇒vatbaar voor bederf, beperkt houdbaar* ◆ **1.2** ~ goods *aan bederf onderhevige waren.*

per·ish·er ['perɪʃə‖-ər] ⟨telb.zn.⟩ **0.1** ⟨inf.⟩ ***stouterd(je)*** *⇒deugniet, dondersteen* **0.2** ⟨inf.⟩ ***stakker*** *⇒(arme) donder* **0.3** ⟨sl.⟩ ***ellendeling*** *⇒mispunt, stuk ongeluk* ◆ **2.1** go away, you little ~! *ga weg, dondersteen!* **2.2** the poor little ~ *de arme stakker.*

per·ish·ing ['perɪʃɪŋ] ⟨bn.; -ly; teg. deelw. v. perish⟩ ⟨inf.⟩

I ⟨bn., attr.⟩ **0.1** ***beestachtig*** *⇒moordend, ijzig* **0.2** ***vervloekt*** *⇒ellendig* ◆ **1.1** ~ cold *beestachtige kou* **1.2** you ~ blighter! *vervloekte ellendeling!, ellendige vent!;* a ~ shame *een vervloekte schande;*

II ⟨bn., pred.⟩ **0.1** ***beestachtig koud*** *⇒ijzig/moordend koud* ◆ **5.1** it's really ~ today! *'t is werkelijk niet te harden v.d. kou vandaag!.*

per·i·sperm ['perɪspɜ:m‖-spɜrm] ⟨n.-telb.zn.⟩ ⟨plantk.⟩ **0.1** ***perisperm.***

pe·ris·so·dac·tyl [pə'rɪsou'dæktɪl], **pe·ris·so·dac·ty·late** [-'dæktɪlət], **pe·ris·so·dac·tyle** [-'dæktaɪl] ⟨bn.⟩ ⟨dierk.⟩ **0.1** ***onevenhoevig.***

pe·ri·sta·lith [pə'rɪstəlɪθ] ⟨telb.zn.⟩ ⟨archeologie⟩ **0.1** ***steenkring.***

per·i·stal·sis ['perɪ'stælsɪs‖-'stɔlsɪs] ⟨zn.; peristalses [-si:z]; →mv. 5⟩ ⟨biol.⟩

I ⟨telb.zn.⟩ **0.1** ***peristaltische beweging*** *⇒wormvormige beweging* ⟨i.h.b. v. darmen⟩;

II ⟨n.-telb.zn.⟩ **0.1** ***peristaltiek*** *⇒peristaltische bewegingen.*

per·i·stal·tic [-'stæltɪk‖-'stɔltɪk] ⟨bn.; -ally; →bijw. 3⟩ ⟨biol.⟩ **0.1** ***peristaltisch*** *⇒wormvormig.*

per·i·stome [-stoum] ⟨telb.zn.⟩ **0.1** ⟨plantk.⟩ ***peristoma*** ⟨getande rand rond huidmondje⟩ **0.2** ⟨dierk.⟩ ***mondslijm(vlies).***

per·i·style [-staɪl] ⟨telb.zn.⟩ ⟨bouwk.⟩ **0.1** ***peristyle*** *⇒peristiel, peristil(i)um, zuilengang, zuilengalerij.*

per·i·to·ne·al ['perɪṭə'ni:əl] ⟨bn.⟩ ⟨anat.⟩ **0.1** ***peritoneaal.***

per·i·to·ne·um ['perɪṭə'ni:əm] ⟨telb.zn.; ook peritonea [-'ni:ə]; →mv. 5⟩ ⟨anat.⟩ **0.1** ***peritoneum*** *⇒buikvlies.*

per·i·to·ni·tis ['perɪṭə'naɪṭɪs] ⟨telb. en n.-telb.zn.⟩ ⟨med.⟩ **0.1** ***peritonitis*** *⇒buikvliesontsteking.*

pe·ri·tus [pə'ri:təs] ⟨telb.zn.; periti [-ti:]; →mv. 5⟩ **0.1** ***peritus*** ⟨theologisch raadgever tijdens het tweede Vaticaans concilie⟩.

per·i·wig ['perɪwɪg] ⟨telb.zn.⟩ ⟨vnl. gesch.⟩ **0.1** ***pruik.***

per·i·wigged ['perɪwɪgd] ⟨bn.⟩ **0.1** ***bepruikt*** *⇒met een pruik.*

per·i·win·kle ['perɪwɪŋkl], ⟨in bet. II 0.1 ook⟩ **'periwinkle 'blue** ⟨zn.⟩

I ⟨telb.zn.⟩ **0.1** ⟨plantk.⟩ ***maagdenpalm*** ⟨Vinca⟩ **0.2** ⟨dierk.⟩ ***alikruik*** ⟨eetbare zeeslak; i.h.b. genus Littorina⟩;

II ⟨n.-telb.zn.⟩ **0.1** ***maagdenpalmblauw.***

per·jure ['pɜ:dʒə‖'pɜrdʒər] ⟨f1⟩ ⟨ov.ww.; wederk. ww.⟩ **0.1** ***meineed plegen*** *⇒een meineed doen* ◆ **1.1** a ~d witness *een meinedige getuige* **4.1** the witness ~ed himself *de getuige pleegde meineed.*

per·jur·er ['pɜ:dʒərə‖'pɜrdʒərər] ⟨telb.zn.⟩ **0.1** ***meinedige*** *⇒eedbreker/breekster.*

per·ju·ri·ous [pɜ:'dʒʊərɪəs‖pər'dʒʊrɪəs] ⟨bn.; -ly⟩ **0.1** ***meinedig.***

per·ju·ry ['pɜ:dʒəri‖'pɜr-] ⟨f1⟩ ⟨telb. en n.-telb.zn.; →mv. 2⟩ **0.1** ***meineed*** **0.2** ***meinedige getuigenis*** *⇒eedbreuk, woordbreuk.*

perk[1] [pɜ:k‖pɜrk] ⟨f1⟩ ⟨telb.zn.; vnl. mv.⟩ ⟨verk.⟩ perquisite ⟨BE; inf.⟩ **0.1** ***extra verdienste*** *⇒* ⟨mv.⟩ *extra's, extraatjes, emolumenten* **0.2** ***(extra) voordeel*** *⇒meegenomen extraatje, faciliteit* ◆ **1.2** one of the ~s of my job *één v.d. voordelen v. mijn werk.*

perk[2] ⟨f1⟩ ⟨ww.⟩

I ⟨onov.ww.⟩ **0.1** ***op/herleven*** *⇒opfleuren, opkikkeren* **0.2** ***omhoogsteken*** *⇒uitsteken/springen* **0.3** ***zijn neus in de wind steken*** *⇒zich aanstellen, een hoge borst zetten* **0.4** ***opspringen*** **0.5** ⟨verk.⟩ ⟨percolate⟩ ⟨inf.⟩ ***pruttelen*** *⇒borrelen* ⟨i.h.b. v. koffie (pot)⟩; ⟨fig.⟩ *lekker lopen* ⟨v. auto, motor, e.d.⟩ ◆ **1.3** the man ~ed down the room *de man beende hooghartig door de kamer*

5.1 ~ **up** *op/herleven, opfleuren, opkikkeren* **5.¶** ⟨vero.; Austr. E; sl.⟩ ~ **up** *kotsen, overgeven* **6.2** a red handkerchief ~ed **from** his pocket *een rode zakdoek hing uit zijn zak* **6.3** he ~s **over** his colleagues *hij waant zich beter dan zijn collega's;*
II ⟨ov.ww.⟩ **0.1** ***opkikkeren*** *⇒opmonteren, opbeuren, opvrolijken* **0.2** ***(met een ruk) oprichten*** *⇒overeind brengen/zetten* **0.3** ⟨wederk. ww.⟩ ***zich opmaken*** *⇒zich mooi maken* **0.4** ⟨verk.⟩ ⟨percolate⟩ ⟨inf.⟩ ***filteren*** *⇒filtreren* ⟨i.h.b. koffie⟩ ◆ **1.4** ~ a cup of coffee *een kopje koffie zetten/brouwen* **5.1** ~ **up** *opkikkeren, opmonteren, opbeuren, opvrolijken* **5.2** ~ **up** one's head *zijn hoofd oprichten;* the dog ~ed **up** his ears *de hond zette zijn oren overeind/spitste de oren;* ~ed **up** ears *rechtopstaande oren* **5.3** ~ o.s. **up** *zich opmaken/mooi maken.*

perk·y ['pɜ:ki||'pɜrki], **perk** ⟨f1⟩ ⟨bn.; -er; -ly; -ness; →bijw. 3⟩ **0.1** ***levendig*** *⇒opgewekt, geestdriftig, kwiek, parmantig, zwierig* **0.2** ***verwaand*** *⇒hoogmoedig, aanmatigend, brutaal* **0.3** ***uitstekend*** *⇒uitspringend.*

per·lite, pearl·ite ['pɜ:laɪt||'pɜr-] ⟨n.-telb.zn.⟩ ⟨geol.⟩ **0.1** ***perliet.***

per·lo·cu·tion [pɜ:lɒ'kju:ʃn||pɜrlɑ-] ⟨telb.zn.⟩ ⟨taalk., fil.⟩ **0.1** ***perlocutie*** ⟨effect dat door het spreken wordt bereikt⟩.

perm[1] [pɜ:m||pɜrm] ⟨f1⟩ ⟨telb.zn.⟩ ⟨vnl. BE; inf.⟩ **0.1** ⟨verk.⟩ ⟨permanent (wave)⟩ ***permanent*** *⇒blijvende haargolf/ondulatie* **0.2** ⟨verk.⟩ ⟨permutation⟩ ***combinatie*** *⇒selectie* ⟨bij voetbaltoto⟩.

perm[2] ⟨f1⟩ ⟨ww.⟩ ⟨inf.⟩
I ⟨onov.ww.⟩ **0.1** ***gepermanent zijn*** *⇒een permanent hebben* ◆ **1.1** her hair ~s *ze heeft een permanent in haar haar (laten zetten);*
II ⟨ov.ww.⟩ **0.1** ***permanenten*** *⇒een permanent geven* **0.2** ⟨verk.⟩ ⟨permute⟩ ***een combinatie kiezen*** ⟨i.h.b. in voetbaltoto⟩ ◆ **6.2** ~ 2 teams **from** 3 *uit 3 ploegen een combinatie van 2 kiezen.*

perm[3] ⟨afk.⟩ permanent.

per·ma·frost ['pɜ:məfrɒst||'pɜrməfrɔst] ⟨n.-telb.zn.⟩ **0.1** ***permafrost*** ⟨altijd bevroren grondlaag, in polaire gebieden⟩.

perm·al·loy ['pɜ:məlɔɪ||'pɜr-] ⟨n.-telb.zn.⟩ **0.1** ***permalloy*** ⟨gemakkelijk (ont)magnetiseerbare legering v. nikkel en ijzer⟩.

per·ma·nence ['pɜ:mənəns||'pɜr-] ⟨f1⟩ ⟨n.-telb.zn.⟩ **0.1** ***permanentie*** *⇒bestendigheid, duurzaamheid, blijvendheid, vastheid.*

per·ma·nen·cy ['pɜ:mənənsi||'pɜr-] ⟨f1⟩ ⟨zn.; →mv. 2⟩
I ⟨telb.zn.⟩ **0.1** ***permanent iem./iets*** *⇒blijvend/vast element/figuur* ◆ **3.1** is your new address a ~ or merely temporary? *is je nieuwe adres permanent of slechts tijdelijk?;*
II ⟨n.-telb.zn.⟩ **0.1** ***permanentie*** *⇒bestendigheid, duurzaamheid, blijvendheid, vastheid.*

per·ma·nent[1] ['pɜ:mənənt||'pɜr-] ⟨f1⟩ ⟨telb.zn.⟩ **0.1** ***permanent*** *⇒blijvende haargolf/ondulatie, permanent wave.*

permanent[2] ⟨f3⟩ ⟨bn.⟩ ⟨→sprw. 668⟩ **0.1** ***permanent*** *⇒blijvend, bestendig, duurzaam, vast* ◆ **1.1** ~ address *permanent/vast adres;* ~ bridge *vaste brug;* ~ gas *permanent gas;* ~ magnet *permanente magneet;* a ~ position *een vaste betrekking;* ~ set *blijvende vervorming;* ~ teeth *definitieve tanden;* ~ wave *permanente, blijvende haargolf/ondulatie, permanent wave* **1.¶** ~ press *blijvende (linnen)pressing;* ⟨BE⟩ Permanent (Under-)Secretary *vaste (onder)secretaris* ⟨hoge ambtenaar op ministerie⟩; ⟨BE⟩ ~ way *spoorbaan* ⟨ballast, dwarsliggers en spoorstaven⟩.

per·ma·nent·ly ['pɜ:mənəntli||'pɜr-] ⟨f3⟩ ⟨bw.⟩ **0.1** →permanent **0.2** ***voorgoed*** *⇒voor altijd, definitief.*

per·man·ga·nate [pə'mæŋgəneɪt||pər-] ⟨n.-telb.zn.⟩ ⟨schei.⟩ **0.1** ***permanganaat*** ◆ **1.1** ~ of potash/potassium *kaliumpermanganaat.*

per·man·gan·ic ['pɜ:mæŋ'gænɪk||'pɜr-] ⟨bn., attr.⟩ ⟨schei.⟩ **0.1** ***permangaan-*** ◆ **1.1** ~ acid *permangaanzuur.*

per·me·a·bil·i·ty ['pɜ:mɪə'bɪləti||'pɜrmɪə'bɪləṭi] ⟨n.-telb.zn.⟩ **0.1** ***permeabiliteit*** *⇒doorlaatbaarheid, doordringbaarheid* **0.2** ⟨magnetisme⟩ ***permeabiliteit*** **0.3** ***waterdampdoorlaatbaarheid*** ◆ **1.1** the ~ of a membrane *de permeabiliteit v.e. membraan* **1.2** magnetic ~ *magnetische permeabiliteit;* relative ~ *relatieve permeabiliteit.*

per·me·a·ble ['pɜ:mɪəbl||'pɜr-] ⟨bn.; -ly; →bijw. 3⟩ **0.1** ***doordringbaar*** *⇒permeabel, poreus, doorlatend* ◆ **1.1** a ~ membrane *een permeabel membraan.*

per·me·ance ['pɜ:mɪəns||'pɜr-] ⟨n.-telb.zn.⟩ **0.1** ***permeantie*** ⟨ook nat.⟩ *⇒(magnetisch) geleidingsvermogen.*

per·me·ate ['pɜ:mieɪt||'pɜr-] ⟨f1⟩ ⟨ww.⟩
I ⟨onov.ww.⟩ **0.1** ***dringen*** *⇒trekken, zich (ver)spreiden* ◆ **6.1** the new ideas have ~d **among** the people *de nieuwe ideeën hebben zich onder de mensen verspreid;* ~ **through** *dringen/trekken door, doordringen;*
II ⟨ov.ww.⟩ **0.1** ***doordringen*** *⇒doortrekken, vullen* ◆ **1.1** the liquid ~d the membrane *de vloeistof drong door het membraan;* a revolt ~d the country *een opstand verspreidde zich over het land.*

per·me·a·tion ['pɜ:mi'eɪʃn||'pɜr-] ⟨telb. en n.-telb.zn.⟩ **0.1** ***doordringing*** *⇒permeatie, verspreiding.*

per men·sem ['pɜ: 'mensəm||'pɜr-] ⟨bw.⟩ ⟨schr.⟩ **0.1** ***per maand*** *⇒maandelijks.*

Per·mi·an[1] ['pɜ:mɪən||'pɜr-] ⟨eig.n.; the⟩ ⟨geol.⟩ **0.1** ***Perm.***

Permian[2] ⟨bn.⟩ ⟨geol.⟩ **0.1** ***permisch.***

per mil(l) [pə'mɪl||pər-] ⟨bw.⟩ ⟨schr.⟩ **0.1** ***pro mille*** *⇒per duizend.*

per·mil·lage [pə'mɪlɪdʒ||pər-] ⟨telb.zn.⟩ **0.1** ***promillage.***

per·mis·si·ble [pə'mɪsəbl||pər-] ⟨f1⟩ ⟨bn.; -ly; →bijw. 3⟩ **0.1** ***toelaatbaar*** *⇒admissibel, toegestaan, ge/veroorloofd, duldbaar.*

per·mis·sion [pə'mɪʃn||pər-] ⟨f3⟩ ⟨telb. en n.-telb.zn.⟩ **0.1** ***toestemming*** *⇒permissie, vergunning, verlof, goedkeuring, instemming* ◆ **2.1** a written ~ *een schriftelijke vergunning* **3.1** have s.o.'s ~ (to do sth.) *iemands toestemming hebben (om iets te doen)* **6.1** by whose ~ did you enter? *met wiens toestemming ben jij binnengekomen?;* **with** your ~ *met uw permissie/verlof.*

per·mis·sive[1] [pə'mɪsɪv||pər-], **per·mis·sion·ist** [-'mɪʃənɪst], **per·mis·si·vist** [-'mɪsɪvɪst] ⟨telb.zn.⟩ **0.1** ***verdediger v. vrije moraal.***

permissive[2] ⟨f2⟩ ⟨bn.; -ly; -ness⟩ **0.1** ***(al te) toegeeflijk*** *⇒toegevend, verdraagzaam, lankmoedig, tolerant, liberaal* ⟨i.h.b. op moreel/seksueel gebied⟩ **0.2** ***toestemming/vergunning gevend*** *⇒veroorlovend, toelatend* **0.3** ***vrijblijvend*** *⇒niet verplicht* ⟨i.h.b. in wetgeving⟩ ◆ **1.1** the ~ society *the permissive society, de tolerante maatschappij* **1.3** ~ legislation *vrijblijvende/optionele/rechtscheppende wetten.*

per·mis·si·vism [pə'mɪsɪvɪzm||pər-] ⟨n.-telb.zn.⟩ **0.1** ***toegeeflijkheid*** *⇒tolerantie, verdraagzaamheid, vrije moraal.*

per·mit[1] ['pɜ:mɪt||'pɜr-, pər'mɪt] ⟨f2⟩ ⟨telb.zn.⟩ **0.1** ***verlofbrief*** *⇒permissiebriefje/biljet/bewijs, pasje, machtigingsbrief/formulier, geleidebiljet* ⟨v. goederen⟩ **0.2** ***(schriftelijke) vergunning*** *⇒(schriftelijke) toestemming, verlof, machtiging.*

permit[2] [pə'mɪt||pər-] ⟨f3⟩ ⟨ww.; →ww. 7⟩
I ⟨onov.ww.⟩ **0.1** ***toestaan*** *⇒toelaten, veroorloven, niet in de weg staan* ◆ **1.1** weather ~ting *als het weer het toelaat* **6.1** ⟨vnl. in ontkennende zinnen⟩ ⟨schr.⟩ ~ **of** *toelaten, toestaan, veroorloven;* circumstances do not ~ **of** any delay *de omstandigheden laten geen uitstel toe;*
II ⟨ov.ww.⟩ **0.1** ***toestaan*** *⇒toelaten, veroorloven, vergunnen, permitteren, mogelijk maken* ◆ **1.1** ~ s.o. access to *iem. toegang verlenen tot;* appeals are ~ted *het is mogelijk in beroep te gaan;* circumstances ~ no indecision *de omstandigheden laten geen besluiteloosheid toe.*

per·mit·tiv·i·ty ['pɜ:mɪ'tɪvəti||'pɜrmɪ'tɪvəṭi] ⟨telb.zn.; →mv. 2⟩ ⟨elek., nat.⟩ **0.1** ***diëlektrische constante.***

per·mu·ta·tion ['pɜ:mjʊ'teɪʃn||'pɜrmjə-] ⟨telb. en n.-telb.zn.⟩ **0.1** ***permutatie*** *⇒verwisseling, verschikking, herordening* **0.2** ***wijziging*** *⇒verandering, transformatie, omzetting* **0.3** ***combinatie*** *⇒selectie* ⟨i.h.b. in voetbaltoto⟩ **0.4** ⟨wisk.⟩ ***permutatie.***

'permu'tation lock ⟨telb.zn.⟩ **0.1** ***combinatieslot*** *⇒ring/letterslot.*

per·mute [pə'mju:t||pər-] ⟨ov.ww.⟩ **0.1** ***herschikken*** *⇒herordenen, verwisselen, verplaatsen, omzetten* **0.2** ⟨wisk.⟩ ***permuteren*** *⇒de permutaties geven van.*

pern [pɜ:n||pɜrn] ⟨telb.zn.⟩ ⟨dierk.⟩ **0.1** ***wespendief*** ⟨Pernis apivorus⟩.

per·ni·cious [pə'nɪʃəs||pər-] ⟨bn.; -ly; -ness⟩ **0.1** ***schadelijk*** *⇒kwaadaardig, pernicieus, nadelig* **0.2** ***dodelijk*** *⇒fataal* **0.3** ***verderfelijk*** *⇒slecht, funest* ◆ **1.1** ⟨med.⟩ ~ anaemia *pernicieuze anemie;* ~ habits *schadelijke gewoonten* **1.3** a ~ philosophy *een verderfelijke filosofie* **6.1** ~ **to** *schadelijk/pernicieus/nadelig voor.*

per·nick·e·ty [pə'nɪkəti||pər'nɪkəṭi], ⟨AE ook⟩ **per·snick·e·ty** [-'snɪ-] ⟨bn.; persnicketiness⟩ ⟨inf.⟩ **0.1** ***kieskeurig*** *⇒snobistisch* **0.2** ***angstvallig nauwgezet*** *⇒vitterig, muggezifterig* **0.3** ***lastig*** *⇒veeleisend, netelig, delicaat, hachelijk.*

per·noc·ta·tion ['pɜ:nɒk'teɪʃn||'pɜrnɑk-] ⟨telb. en n.-telb.zn.⟩ ⟨vnl. relig.⟩ **0.1** ***nachtwake.***

per·o·ne·al ['perə'ni:əl] ⟨bn., attr.⟩ ⟨anat.⟩ **0.1** ***peroneaal*** *⇒kuitbeen-.*

per·o·rate ['perəreɪt] ⟨onov.ww.⟩ **0.1** ***(per)oreren*** *⇒druk, ononderbroken spreken* **0.2** ***peroreren*** *⇒recapituleren, afsluiten.*

per·o·ra·tion ['perə'reɪʃn] ⟨telb.zn.⟩ **0.1** ***peroratie*** *⇒slotrede, recapitulatie, samenvatting* **0.2** ***peroratie*** *⇒hoogdravende oratie, hoogdravende redevoering, declamatie.*

per·ox·ide[1] [pə'rɒksaɪd||pə'rɑk-], **per·ox·id** [pə'rɒksɪd||pə'rɑk-] ⟨n.-telb.zn.⟩ ⟨schei.⟩ **0.1** ***peroxyde*** **0.2** ⟨verk.⟩ ⟨hydrogen peroxide⟩ ⟨inf.⟩ ***superoxyde*** *⇒waterstof(su)peroxyde* ⟨i.h.b. als bleekmiddel⟩ ◆ **1.2** ~ of hydrogen *waterstof(su)peroxyde.*

peroxide[2], **peroxid** ⟨ov.ww.⟩ **0.1** ***met superoxyde bleken*** *⇒blonderen* **0.2** ***met peroxyde behandelen.***

pe'roxide 'blonde ⟨telb.zn.⟩ ⟨bel.⟩ **0.1** ***geblondeerde (vrouw).***

perpend[1], **perpent** →parpen.

per·pend[2] [pə'pend||pər-] ⟨ww.⟩ ⟨vero.⟩
I ⟨onov.ww.⟩ **0.1** ***peinzen*** *⇒(na)denken, reflecteren;*
II ⟨ov.ww.⟩ **0.1** ***overpeinzen*** *⇒overwegen, bepeinzen, nadenken over.*

per·pen·dic·u·lar[1] ['pɜ:pən'dɪkjʊlə||'pɜrpən'dɪkjələr]⟨f1⟩⟨zn.⟩
I ⟨eig.n.; P-; the⟩⟨bouwk.⟩ **0.1** ***Perpendiculaire stijl/gotiek;***
II ⟨telb.zn.⟩ **0.1** ***loodlijn*** ⇒*verticaal, loodrechte/verticale lijn* **0.2** ⟨ben. voor⟩ ***instrument om verticaallijn te bepalen*** ⇒*schiet/pas/dieplood, waterpas* **0.3** ***(bijna) loodrecht vlak*** ⇒*(bijna) verticaal vlak* **0.4** ***loodrechte positie/stand*** **0.5** ***(bijna) loodrechte (berg) wand;***
III ⟨n.-telb.zn.; vaak the⟩ **0.1** ***loodrechte stand*** ⇒*loodrecht vlak* ◆ **6.1** be **out of** (the) ~ *niet in het lood staan, niet loodrecht zijn.*
perpendicular[2] ⟨f2⟩⟨bn.; -ly⟩ **0.1** ***loodrecht*** ⇒*perpendiculair, rechtstandig; heel steil* **0.2** ***verticaal*** **0.3** ***rechtop(staand)*** **0.4** ⟨vaak P-⟩⟨bouwk.⟩ ***perpendiculair*** ⟨laat-Engelse gotiek, 14de en 15de eeuw⟩ ◆ **1.4** Perpendicular style *perpendiculaire stijl* **6.1** ~ **to** *loodrecht op.*
per·pen·dic·u·lar·i·ty ['pɜ:pəndɪkjʊ'lærəti||'pɜrpəndɪkjə'lærəṭi]⟨n.-telb.zn.⟩ **0.1** ***loodrechte stand/houding.***
per·pe·trate ['pɜ:pɪtreɪt||'pɜr-]⟨f1⟩⟨ov.ww.⟩ **0.1** ⟨schr. of scherts.⟩ ***plegen*** ⇒*bedrijven, begaan, uitvoeren* **0.2** ⟨scherts.⟩ ***produceren*** ⇒*plegen, maken, zich bezondigen/schuldig maken aan* ◆ **1.1** ~ a blunder *een blunder begaan;* ~ a crime *een misdaad plegen* **1.2** who ~d this awful poem? *wie heeft dit afschuwelijk gedicht geproduceerd?;* ~ a pun *een (slechte) woordspeling produceren.*
per·pe·tra·tion ['pɜ:pɪ'treɪʃn||'pɜr-]⟨n.-telb.zn.⟩ **0.1** ⟨schr. of scherts.⟩ ***het plegen*** ⇒*het bedrijven, het begaan, het uitvoeren* **0.2** ⟨scherts.⟩ ***het produceren*** ⇒*produktie, het plegen.*
per·pe·tra·tor ['pɜ:pɪtreɪtə||'pɜrpɪtreɪṭər]⟨telb.zn.⟩⟨schr. of scherts.⟩ **0.1** ***dader*** ⇒*bedrijver, pleger, verrichter.*
per·pet·u·al[1] [pə'petʃʊəl||pər-]⟨telb.zn.⟩⟨plantk.⟩ **0.1** ***het hele seizoen doorbloeiende plant.***
perpetual[2] ⟨f2⟩⟨bn.; -ly; -ness⟩ **0.1** ***eeuwig(durend)*** ⇒*blijvend, bestendig, permanent, vast, perpetueel* **0.2** ***eeuwig(durend)*** ⇒*langdurig, duurzaam* **0.3** ***eeuwig*** ⇒*onafgebroken, gedurig, aanhoudend, onophoudelijk* **0.4** ⟨plantk.⟩ ***het hele seizoen door bloeiend*** ◆ **1.1** ~ calendar *eeuwkalender, eeuwige/eeuwigdurende kalender;* ~ check *eeuwig schaak;* ~ snow *eeuwige sneeuw;* ⟨gesch.⟩ ~ curate *vaste hulpprediker;* ~ friendship *levenslange vriendschap;* ~ president *vaste voorzitter, voorzitter voor het leven* **1.¶** ~ motion *perpetuum mobile;* ~ screw *schroef zonder einde, worm (schroef)* **3.3** he nags her ~ly *hij pest haar zonder ophouden.*
per·pet·u·ate [pə'petʃʊeɪt||pər-]⟨f2⟩⟨ov.ww.⟩ **0.1** ***vereeuwigen*** ⇒*onsterfelijk maken, voor altijd bewaren, vastleggen* **0.2** ***bestendigen*** ⇒*doen voortduren, perpetueren.*
per·pet·u·a·tion [pə'petʃʊ'eɪʃn||pər-], ⟨soms⟩ **per·pet·u·ance** [pə'petʃʊəns||pər-]⟨telb. en n.-telb.zn.⟩ **0.1** ***vereeuwiging*** **0.2** ***bestendiging.***
per·pe·tu·i·ty ['pɜ:pɪ'tju:əti||'pɜrpɪ'tu:əṭi]⟨zn.; →mv. 2⟩
I ⟨telb.zn.⟩ **0.1** ***levenslang bezit*** **0.2** ***levenslange lijfrente;***
II ⟨n.-telb.zn.⟩ **0.1** ***eeuwigheid*** ⇒*eindeloosheid, eeuwige/eindeloze duur* ◆ **6.1** **in/for/to** ~ *in eeuwigheid, voor altijd, definitief.*
per·plex [pə'pleks||pər-]⟨f2⟩⟨ov.ww.⟩ →perplexed **0.1** ***verwarren*** ⇒*onthutsen, verbluffen, van zijn stuk/van streek brengen, verbijsteren* **0.2** ***ingewikkeld(er) maken*** ⇒*bemoeilijken, compliceren, verwikkelen* ◆ **1.2** ~ a matter *een zaak ingewikkelder maken;* a ~ing task *een hoofdbrekend karwei* **6.1** ~ **with** *overstelpen/overrompelen met.*
per·plexed [pə'plekst||pər-]⟨f1⟩⟨bn.; volt. deelw. v. perplex; -ly⟩ **0.1** ***perplex*** ⇒*onthutst, verward, verbijsterd* **0.2** ***ingewikkeld*** ⇒*gecompliceerd, moeilijk, lastig* **0.3** ⟨vero.⟩ ***in elkaar gestrengeld*** ⇒*door elkaar gevlochten, verstrengeld* ◆ **3.1** be ~ *perplex staan.*
per·plex·i·ty [pə'pleksəti||pər'pleksəṭi]⟨f1⟩⟨zn.; →mv. 2⟩
I ⟨telb.zn.⟩ **0.1** ***verbijsterend iets*** ⇒*onthutsend/verwarrend iets;*
II ⟨telb. en n.-telb.zn.⟩ **0.1** ***perplexiteit*** ⇒*perplexheid, verwarring, onthutsing, verbijstering* **0.2** ***complexiteit*** ⇒*ingewikkeldheid.*
per pro·cu·ra·ti·on·em ['pɜ: prɒkʊrɑ:ti'oʊnem||'pɜr prɑkərɑṭi'oʊnem]⟨bw.⟩ **0.1** ***per procurationem*** ⇒*bij volmacht* **0.2** ***per procuratorum*** ⇒*door een gevolmachtigde, via een agent, via een tussenpersoon.*
per·qui·site ['pɜ:kwɪzɪt||'pɜr-]⟨telb.zn.; vaak mv.⟩ **0.1** ***faciliteit*** ⇒*(extra/meegenomen) voordeel, (extra) voorziening* **0.2** ***extra verdienste*** ⇒⟨vaak mv.⟩ *emolument, supplementair inkomen, vaste vergoeding, extra-legaal voordeel; bijkomstige baten* **0.3** ***fooi*** ⇒*drinkgeld* ⟨i.h.b. als vaste toelage⟩ **0.4** ***monopolie*** ⇒*alleenrecht, voorrecht* **0.5** ***afdankertje*** ⇒*tweedehands voorwerp* ⟨in gebruik bij ondergeschikte⟩.
per·ron ['perən]⟨telb.zn.⟩ **0.1** ***bordes(trap).***
per·ry ['peri]⟨telb. en n.-telb.zn.; →mv. 2⟩ **0.1** ***perencider*** ⇒*perenwijn.*
pers ⟨afk.⟩ **0.1** ⟨person, personal⟩ ***pers.*** **0.2** ⟨P-⟩ ⟨Persia, Persian⟩.
perse [pɜ:s||pɜrs]⟨n.-telb.zn.; vaak attr.⟩⟨vero.⟩ **0.1** ***blauwgrijs.***
per se ['pɜ: 'seɪ||'pɜr 'si:, -'seɪ]⟨bw.⟩ **0.1** ***per/in se*** ⇒*perse, op zichzelf gezien, als zodanig, noodzakelijkerwijs.*
per·se·cute ['pɜ:sɪkju:t||'pɜr-]⟨f2⟩⟨ov.ww.⟩ **0.1** ***vervolgen*** ⇒*achtervolgen, najagen, nazetten, achterna zitten, persecuteren;* ⟨fig.⟩ *kwellen, pijnigen, vervelen, lastig vallen* ◆ **6.1** ~ s.o. **with** questions *iem. voortdurend lastig vallen met vragen.*
per·se·cu·tion ['pɜ:sɪ'kju:ʃn||'pɜr-]⟨f2⟩⟨telb. en n.-telb.zn.⟩ **0.1** ***vervolging*** ⇒*persecutie;* ⟨fig.⟩ *kwelling* ◆ **3.1** suffer ~ for one's beliefs *wegens zijn geloof vervolgd worden.*
perse'cution complex, perse'cution mania ⟨telb.zn.⟩ **0.1** ***achtervolgingswaan*** ⇒*achtervolgingscomplex.*
per·sec·u·tive [pɜ:'sɪkju:tɪv||pɜr-]⟨f2⟩⟨bn.; -ness⟩ **0.1** ***vervolgziek*** ⇒*vervolgzuchtig, vervolg(ings)-.*
per·se·cu·tor ['pɜ:sɪkju:tə||'pɜrsɪkju:ṭər]⟨telb.zn.⟩ **0.1** ***vervolger*** ⇒⟨fig.⟩ *kweller.*
per·se·cu·to·ry ['pɜ:sɪkju:təri||'pɜrsɪkju:ṭəri]⟨bn.⟩ **0.1** ***vervolgend.***
per·se·cu·trix ['pɜ:sɪ'kju:trɪks||'pɜr-]⟨telb.zn.; persecutrices [-trɪsi:z]; →mv. 5⟩ **0.1** ***vervolgster*** ⇒⟨fig.⟩ *kwelster.*
Per·se·id ['pɜ:siɪd||'pɜr-]⟨telb.zn.; ook Perseides [pɜ:'si:ɪdi:z||pɜr-]; →mv. 5⟩⟨ster.⟩ **0.1** ***Perseïde.***
per·se·ver·ance ['pɜ:sɪ'vɪərəns||'pɜrsə'vɪrəns]⟨f1⟩⟨n.-telb.zn.⟩ **0.1** ***volharding*** ⇒*doorzetting(svermogen), vasthoudendheid, standvastigheid* **0.2** ⟨Prot.⟩ ***levenslange genade*** ⇒*levenslange gratie.*
per·se·ver·ant [pə'sevərənt||pər-]⟨bn.⟩ **0.1** ***volhardend*** ⇒*doorzettend, vasthoudend, hardnekkig, wilskrachtig, standvastig.*
per·sev·er·ate [pə'sevəreɪt||pər-]⟨onov.ww.⟩ **0.1** ***steeds weerkeren*** ⇒*(te lang) volhouden* **0.2** ⟨vnl. psych.⟩ ***telkens weerkeren*** ⇒*steeds weer opduiken, spontaan terugkeren* ◆ **1.2** perseverating thoughts *dwanggedachten.*
per·sev·er·a·tion [pə'sevə'reɪʃn||pər-]⟨n.-telb.zn.⟩ **0.1** ***volharding*** ⇒*hardnekkigheid, inflexibiliteit* **0.2** ⟨vnl. psych.⟩ ***perseveratie*** ⇒*dwangmatige herhaling, het steeds weerkeren.*
per·se·vere ['pɜ:sɪ'vɪə||'pɜrsɪ'vɪr]⟨f1⟩⟨onov.ww.⟩ →persevering **0.1** ***volharden*** ⇒*doorzetten, doorbijten, volhouden, persevereren* ◆ **6.1** ~ **at/in/with** *volharden in/bij, vasthouden aan, doorzetten;* ~ **in** doing sth. *volharden in iets, iets doorzetten.*
per·se·ver·ing ['pɜ:sɪ'vɪərɪŋ||'pɜrsɪ'vɪrɪŋ]⟨bn.; teg. deelw. v. persevere; -ly⟩ **0.1** ***hardnekkig*** ⇒*volhardend, steeds terugkerend* **0.2** ***volharding vereisend*** ⇒*doorzetting(svermogen) vereisend.*
Per·sia ['pɜ:ʃə, 'pɜ:ʒə||'pɜrʒə]⟨eig.n.⟩ **0.1** ***Perzië*** ⇒*Iran.*
Per·sian[1] ['pɜ:ʃn, 'pɜ:ʒn||'pɜrʒn]⟨f2⟩⟨zn.⟩
I ⟨eig.n.⟩ **0.1** ***Perzisch*** ⇒*de Perzische taal, (het) Iranees;*
II ⟨telb.zn.⟩ **0.1** ***Pers*** ⇒*Iraniër* **0.2** ***Pers*** ⇒*Perzische kat;*
III ⟨mv.; ~s⟩ **0.1** ***persiennes*** ⇒*zonneblinden.*
Persian[2] ⟨f2⟩⟨bn.⟩ **0.1** ***Perzisch*** ◆ **1.1** ~ carpet/rug *Perzisch tapijt, oosters tapijt, pers;* ~ cat *Perzische kat, Pers* **1.¶** ~ blinds *persiennes, zonneblinden;* ~ lamb *persianer, Perzisch lam; persianer, astrakan, breitschwanz* ⟨bont v. Perzisch lam⟩; ⟨tech.⟩ ~ wheel *emmerrad.*
per·si·ennes ['pɜ:si'enz||'pɜr-]⟨mv.⟩ **0.1** ***persiennes*** ⇒*zonneblinden.*
per·si·flage ['pɜ:sɪflɑ:ʒ||'pɜr-]⟨n.-telb.zn.⟩ **0.1** ***(zachte) spot*** ⇒*(lichte) spotternij, (lichte) bespotting, persiflage* **0.2** ***speels geplaag*** ⇒*speelse plagerij, badinage* **0.3** ***licht spottende stijl*** ⇒*persifleren-de stijl.*
per·sim·mon [pə'sɪmən||pər-]⟨telb.zn.⟩⟨plantk.⟩ **0.1** ***dadelpruim*** ⟨genus Diospyros⟩ ⇒*persimoen(pruim).*
per·sist [pə'sɪst||pər-]⟨f3⟩⟨onov.ww.⟩ **0.1** ***volharden*** ⇒*(hardnekkig) doorzetten, (koppig) volhouden, persisteren, blijven aandringen, insisteren* **0.2** ***(blijven) duren*** ⇒*voortduren, standhouden* ◆ **1.2** the rain will ~ all over the country *de regen zal over heel het land aanhouden;* traditions may ~ through centuries *tradities kunnen eeuwen standhouden/overleven* **6.1** ~ **in/with** *(koppig) volharden in/bij, (hardnekkig) doorgaan met, (tegen beter weten in) vasthouden aan/blijven bij, blijven werken aan.*
per·sist·ence [pə'sɪstəns||pər-], **per·sis·ten·cy** [-si]⟨f1⟩⟨n.-telb.zn.⟩ **0.1** ***volharding*** ⇒*doorzetting(svermogen), vasthoudendheid, persistentie* **0.2** ***hardnekkigheid*** ⇒*halsstarrigheid, onverzettelijkheid, koppigheid* **0.3** ***nawerking*** ◆ **1.3** ~ of vision *nawerking v.h. oog.*
per·sist·ent [pə'sɪstənt||pər-]⟨f2⟩⟨bn.; -ly⟩ **0.1** ***vasthoudend*** ⇒*volhardend, doorzettend, standvastig* **0.2** ***voortdurend*** ⇒*blijvend, aanhoudend, herhaald, persistent* **0.3** ***hardnekkig*** ⇒*koppig, halsstarrig, aandringend, insisterend* **0.4** ⟨plantk.⟩ ***blijvend*** ⇒*bladhoudend* **0.5** ⟨dierk.⟩ ***definitief*** **0.6** ***moeilijk afbreekbaar*** ⟨v. chemische produkten⟩ ⇒*persistent* ◆ **1.2** a ~ cough *een hardnekkige hoest;* ~ rain *aanhoudende regen* **1.3** a ~ lock of hair *een weerbarstige haarlok;* a ~ thief *een onverbeterlijke dief* **1.4** ~ leaves *niet afvallende bladeren* **1.5** ~ gills *definitieve kieuwen.*
persnickety →pernickety.
per·son ['pɜ:sn||'pɜrsn]⟨f4⟩⟨zn.⟩
I ⟨telb.zn.⟩ **0.1** ***persoon*** ⇒*individu, mens, man/vrouw, figuur* **0.2** ***lichaam*** ⇒*uiterlijk, voorkomen* **0.3** ***persoonlijkheid*** ⇒*karakter, persoon* **0.4** ⟨euf.⟩ ***geslachtsdelen*** **0.5** ⟨jur.⟩ ***rechtspersoon*** **0.6** ***personage*** ⇒*rol, karakter* **0.7** ⟨vaak P-⟩⟨theol.⟩ ***(goddelijk) per-***

soon **0.8** ⟨taalk.⟩ ***persoon*** **0.9** ⟨inf.⟩ ***liefhebber*** ⟨i.h.b. van huisdieren⟩ ◆ **2.2** attracted by her fine ~ *aangetrokken door haar fraaie voorkomen* **3.1** you are the ~ I am looking for *jij bent de man/vrouw/persoon die ik zoek;* ⟨euf.⟩ displaced ~ *ontheemde, vluchteling* **3.4** expose one's ~ *zijn geslachtsdeel ontbloten* **4.1** ~s under eighteen not admitted *verboden voor personen onder de achttien jaar;* ⟨pej.⟩ some ~ or other has torn up my diary *iemand/een of ander individu heeft mijn dagboek verscheurd* **6.2** **in** the ~ **of** *in de persoon/gedaante/figuur van;* have sth. **on/about** one's ~ *iets bij zich hebben;* nothing was found **on/about** his ~ *er werd niets op hem gevonden* **7.7** ⟨relig.⟩ First Person *Vader;* Second Person *Zoon;* Third Person *Heilige Geest* **7.8** first ~ singular *eerste persoon enkelvoud;*
II ⟨n.-telb.zn.⟩ **0.1** ***fysieke persoon*** ◆ **1.1** offence against the ~ *mishandeling* **6.1** the President appeared **in** his own proper ~ *de president verscheen in hoogsteigen persoon.*

-per·son [pɜ:sn‖pɜrsn]⟨vormt nw.⟩⟨soms scherts.⟩ **0.1** ***-persoon*** ⟨gebruikt i.p.v. -man i.v.m. discriminatie tgo. vrouwen; vrijwel uitsluitend mbt. vrouw⟩ ◆ **¶.1** chairperson *voorzit(s)ter.*

per·so·na[1] [pəˈsounə‖pər-]⟨telb.zn.⟩⟨psych.⟩ **0.1** ***persona*** ⇒*imago, façade.*

persona[2] ⟨telb.zn.; personae [-ni:];→mv. 5; vnl. mv.⟩ **0.1** ***personage*** ⇒*rol, karakter.*

per·son·a·ble [ˈpɜ:snəbl‖ˈpɜr-]⟨f1⟩⟨bn.; -ly; -ness;→bijw. 3⟩ **0.1** ***knap*** ⇒*voorkomend, bevallig, aardig, goed gevormd.*

per·son·age [ˈpɜ:snɪdʒ‖ˈpɜr-]⟨f1⟩⟨telb.zn.⟩ **0.1** ***personage*** ⇒*voornaam/eminent/belangrijk persoon* **0.2** ***persoon*** ⇒*individu, figuur* **0.3** ***personage*** ⇒*rol, karakter.*

per·so·na gra·ta [pəˈsounə ˈgrɑ:tə‖pərˈsounə ˈgræt̬ə]⟨telb.zn.; personae gratae [-ˈsouni ˈgrɑ:ti:‖-ˈgræt̬i:];→mv. 5⟩ **0.1** ***persona grata*** ⇒*persoon die in de gunst staat* ⟨i.h.b. bij de regering v.e. land⟩.

per·son·al[1] [ˈpɜ:snəl‖ˈpɜr-]⟨telb.zn.⟩ **0.1** ***kort kranteartikel over lokale personages*** **0.2** ***persoonlijke advertentie*** **0.3** ⟨vero.; taalk.⟩ ***persoonlijk voornaamwoord*** **0.4** ⟨basketbal, Am. voetbal⟩ ***persoonlijke fout*** **0.5** ⟨vnl. mv.⟩⟨vero.; jur.⟩ ***persoonlijk bezit*** ⇒⟨in mv. ook⟩ *roerend goed.*

personal[2] ⟨f3⟩⟨bn.⟩
I ⟨bn.⟩ **0.1** ***persoonlijk*** ⇒*individueel, particulier, privaat, eigen* **0.2** ⟨vaak pej.⟩ ***persoonlijk*** ⇒*à titre personnel, vertrouwelijk, intiem, beledigend* ◆ **1.1** ~ affairs *persoonlijke aangelegenheden;* ~ assistant *persoonlijke medewerker;* ~ belongings *persoonlijke bezittingen;* ⟨telefoon⟩ ~ call *persoonlijk gesprek;* a ~ computer *een pc, een personalcomputer;* elimination of the ~ equation in historical writing *eliminatie v.d. persoonlijke fout bij geschiedschrijving;* ⟨basketbal, Am. voetbal⟩ ~ foul *persoonlijke fout;* ~ property *persoonlijk eigendom;* ⟨jur.⟩ ~ service *bestelling op naam;* ~ tax *personele belasting,* ⟨B.⟩ *personenbelasting;* ~ touch *persoonlijk cachet, persoonlijke toets* **1.2** ~ remarks *persoonlijke/beledigende opmerkingen* **1.¶** ⟨boekhouden⟩ ~ accounts *persoonlijke rekening, personenrekening;* ⟨BE⟩ ~ allowance *belastingvrije grens, onbelastbaar inkomen* **3.2** he was very ~ in his letters *hij was erg persoonlijk/beledigend in zijn brieven;* let us not become ~! *laten we niet (te) persoonlijk worden;*
II ⟨bn., attr.⟩ **0.1** ***persoonlijk*** ⇒*in (eigen) persoon verricht, uit eigen naam, zelf* **0.2** ***persoonlijk*** ⇒*een zelfstandige persoon uitmakend* **0.3** ***fysiek*** ⇒*lichamelijk, uiterlijk* **0.4** ⟨jur.⟩ ***roerend*** **0.5** ⟨taalk.⟩ ***persoonlijk*** ◆ **1.1** a ~ visit by the Queen *een persoonlijk bezoek v.d. koningin, een bezoek v.d. koningin zelf* **1.2** a ~ god *een persoonlijke god* **1.3** ~ hygiëne *persoonlijke/intieme hygiëne, lichaamshygiëne* **1.4** ~ estate/property, things ~ *roerend goed, roerende goederen* **1.5** ~ pronoun *persoonlijk voornaamwoord.*

ˈpersonal column ⟨f1⟩⟨telb.zn.⟩ **0.1** ***de rubriek 'persoonlijk'*** ⟨in blad⟩ ⇒*familieberichten.*

per·son·al·ism [ˈpɜ:snəlɪzm‖ˈpɜr-]⟨zn.⟩
I ⟨telb. en n.-telb.zn.⟩ **0.1** ***idiosyncrasie*** ⇒*individualisme;*
II ⟨n.-telb.zn.⟩⟨fil.⟩ **0.1** ***personalisme*** ⇒*subjectief idealisme.*

per·son·al·i·ty [ˈpɜ:səˈnæləti‖ˈpɜrsəˈnælət̬i]⟨f3⟩⟨zn.;→mv. 2⟩
I ⟨telb.zn.⟩ **0.1** ***persoonlijkheid*** ⇒*bekende figuur, beroemdheid;*
II ⟨telb. en n.-telb.zn.⟩ **0.1** ***persoonlijkheid*** ⇒*karakter, inborst, aard, natuur* **0.2** ***persoonlijkheid*** ⇒*bestaan als persoon, individualiteit, subjectiviteit, zelfbewustzijn* **0.3** ***karakter*** ⇒*sfeer, eigenheid* ◆ **1.2** respect for a child's ~ *respect voor de individualiteit v.e. kind* **1.3** the house has a lot of ~ *het huis heeft veel sfeer* **3.1** ⟨psych.⟩ split ~ *gespleten persoonlijkheid;* Walter has a weak ~ *Walter is zwak v. karakter;*
III ⟨n.-telb.zn.⟩ **0.1** ***(sterk) karakter*** ⇒*persoonlijkheid* ◆ **1.1** the job requires a great deal of ~ *voor de baan is een flinke dosis persoonlijkheid vereist;*
IV ⟨mv.; personalities⟩ **0.1** ***persoonlijkheden*** ⇒*(persoonlijk bedoelde) beledigingen, kwetsende/krenkende opmerkingen, personaliteiten* ◆ **3.1** indulge in ~ *in beledigingen vervallen.*

persoˈnality cult ⟨telb.zn.⟩ **0.1** ***persoonlijkheidscultus*** ⇒*persoonsverering.*

per·son·al·iza·tion, -isa·tion [ˈpɜ:snəlaɪˈzeɪʃn‖ˈpɜrsnələ-]⟨telb. en n.-telb.zn.⟩ **0.1** ***personificatie*** ⇒*verpersoonlijking* **0.2** ***personalisatie*** ⇒*individualisering.*

per·son·al·ize, -ise [ˈpɜ:snəlaɪz‖ˈpɜr-]⟨ww.⟩
I ⟨onov. en ov.ww.⟩ **0.1** ***subjectiveren*** ⇒*persoonlijk opvatten, subjectief interpreteren* ◆ **1.1** ~ a remark *een opmerking persoonlijk nemen* **5.1** let us not ~ *laten we objectief blijven;*
II ⟨ov.ww.⟩ **0.1** ***personifiëren*** ⇒*verpersoonlijken, antropomorfiseren* **0.2** ***merken*** ⇒*labelen* ◆ **1.2** ~d handkerchiefs *gemerkte zakdoeken;* ~d luggage *gelabelde bagage;* ~d stationery *postpapier op naam.*

per·son·al·ly [ˈpɜ:snəli‖ˈpɜr-]⟨f2⟩⟨bw.⟩ **0.1** ***persoonlijk*** ⇒*in (eigen) persoon, zelf* **0.2** ***als persoon*** **0.3** ***voor mijn part*** ⇒*voor zoveel mij aangaat, wat mij betreft* **0.4** ***van persoon tot persoon*** **0.5** ***persoonlijk*** ⇒*als een persoonlijke belediging* ◆ **3.4** speak ~ to s.o. about sth. *iets onder vier ogen met iem. bespreken* **3.5** take sth. ~ *iets als een persoonlijke belediging opvatten.*

per·son·al·ty [ˈpɜ:snəlti‖ˈpɜr-]⟨telb. en n.-telb.zn.;→mv. 2⟩⟨jur.⟩ **0.1** ***roerend goed.***

per·so·na non gra·ta [pəˈsounə nɒn ˈgrɑ:tə‖pərˈsounə nɑn ˈgræt̬ə]⟨telb.zn.; personae non gratae [-ˈsouni: -ˈgrɑ:ti‖-ˈgræt̬i:];→mv. 5⟩ **0.1** ***persona non grata*** ⇒*persoon die niet in de gunst staat* ⟨i.h.b. mbt. de regering v.e. land⟩, *ongewenste vreemdeling.*

per·son·ate[1] [ˈpɜ:sənət, -neɪt‖ˈpɜr-]⟨bn.⟩⟨plantk.⟩ **0.1** ***gemaskerd.***

personate[2] [ˈpɜ:səneɪt‖ˈpɜr-]⟨ov.ww.⟩ **0.1** ***vertolken*** ⇒*voorstellen, uitbeelden, representeren, de rol spelen v.* **0.2** ***personifiëren*** ⇒*verpersoonlijken, belichamen* **0.3** ***zich uitgeven voor*** ⇒*zich voordoen als, zich laten doorgaan voor.*

per·son·a·tion [ˈpɜ:səˈneɪʃn‖ˈpɜr-]⟨telb. en n.-telb.zn.⟩ **0.1** ***vertolking*** ⇒*impersonatie, voorstelling, uitbeelding, representatie* **0.2** ***personificatie*** ⇒*verpersoonlijking, belichaming* **0.3** ***persoonsvervalsing*** ⇒*(bedrieglijke) impersonatie.*

per·son·a·tor [ˈpɜ:səneɪtə‖ˈpɜrsəneɪt̬ər]⟨telb.zn.⟩ **0.1** ***vertolker*** ⇒*impersonator* **0.2** ***personificatie*** ⇒*verpersoonlijking, belichaming* **0.3** ***persoonsvervalser*** ⇒*bedrieglijk impersonator.*

ˈper·son-day ⟨telb.zn.⟩ **0.1** ***mandag.***

per·son·i·fi·ca·tion [pəˈsɒnɪfɪkeɪʃn‖pərˈsɑ-]⟨f1⟩⟨telb. en n.-telb.zn.⟩ **0.1** ***personificatie*** ⇒*verpersoonlijking, belichaming, symbool* ◆ **6.1** John is the ~ **of** vanity *John is de ijdelheid in persoon.*

per·son·i·fy [pəˈsɒnɪfaɪ‖pərˈsɑ-]⟨f1⟩⟨ov.ww.;→ww. 7⟩ **0.1** ***personifiëren*** ⇒*verpersoonlijken, antromorfiseren* **0.2** ***belichamen*** ⇒*verpersoonlijken, incarneren, symboliseren, representeren* ◆ **1.2** John is vanity personified *John is de ijdelheid in persoon.*

per·son·nel [ˈpɜ:səˈnel‖ˈpɜr-]⟨f2⟩⟨zn.⟩
I ⟨n.-telb.zn.⟩ **0.1** ***personeelsafdeling*** ⇒*(dienst) personeelszaken;*
II ⟨verz.n.⟩ **0.1** ***personeel*** ⇒*staf, werknemers, medewerkers* **0.2** ⟨mil.⟩ ***personele hulpmiddelen*** ⇒*troepen, manschappen.*

personˈnel carrier ⟨telb.zn.⟩⟨mil.⟩ **0.1** ***(gepantserde) troepentransportwagen.***

personˈnel manager ⟨telb.zn.⟩ **0.1** ***personeelschef.***

ˈper·son-to-ˈper·son ⟨f1⟩⟨bn.; bw.⟩⟨vnl. telefoon⟩ **0.1** ***van persoon tot persoon*** ⇒*persoonlijk* ◆ **1.1** ~ call *persoonlijk gesprek.*

per·spec·ti·val [ˈpɜ:spekˈtaɪvl‖pəˈspektɪvl]⟨bn.; -ly⟩ **0.1** ***perspectivisch.***

per·spec·tive[1] [pəˈspektɪv‖pər-]⟨f3⟩⟨zn.⟩
I ⟨telb.zn.⟩ **0.1** ***perspectieftekening*** ⇒*perspectivische tekening* **0.2** ***perspectief*** ⟨ook fig.⟩ ⇒*verhouding, dimensie, proportie, configuratie* **0.3** ***vergezicht*** ⇒*uitzicht, perspectief* **0.4** ***overzicht*** ⇒*perspectief* **0.5** ***gezichtspunt*** ⟨ook fig.⟩ ⇒*oogpunt, standpunt* **0.6** ***toekomstperspectief*** ⇒*vooruitzicht, verschiet* ◆ **3.2** experience altered all ~s *de ervaring wijzigde alle verhoudingen* **3.5** a distorted ~ of the matter *een vervormde kijk op de zaak* **3.6** a disappointing ~ *een teleurstellend toekomstperspectief* **6.4** a ~ **of** the history of Belgium *een historisch perspectief v. België* **6.5** see/look at sth. **in** its/the right ~ *iets vanuit de goede/juiste hoek bekijken, een juiste kijk op iets hebben;* see/look at sth. **in** its/the wrong ~ *iets vanuit een verkeerde hoek benaderen;*
II ⟨n.-telb.zn.⟩ **0.1** ***perspectief*** ⇒*doorzichtkunde, perspectivisch tekenen, dieptezicht* ⟨ook fig.⟩ **0.2** ⟨wisk.⟩ ***perspectief*** **0.3** ***objectiviteit*** ⇒*relativiteit, (de) juiste verhoudingen* ◆ **3.3** try to get ~ on your problems *tracht je moeilijkheden in een juist daglicht te plaatsen/in hun juiste verhoudingen te zien* **6.1** **in** ~ *in perspectief;* the picture is not **in** ~ *er zit geen perspectief in die tekening;* ⟨fig.⟩ see/look at sth. **in** ~ *iets relativeren;* **out of** ~ *niet in perspectief* **6.2** **in** ~ *homoloog.*

perspective[2] ⟨bn.; -ly⟩ **0.1** ***perspectivisch*** **0.2** ⟨wisk.⟩ ***perspectief*** ⇒*perspectivisch gelegen.*

per·spex ['pɜ:speks‖'pɜr-]⟨n.-telb.zn.; vaak P-⟩ **0.1** ***(soort) plexiglas*** ⇒*perspex*.

per·spi·ca·cious ['pɜ:spɪ'keɪʃəs‖'pɜr-]⟨bn.; -ly; -ness⟩⟨schr.⟩ **0.1** ***scherpzinnig*** ⇒*schrander, pienter, spits*.

per·spi·cac·i·ty ['pɜ:spɪ'kæsəti‖'pɜrspɪ'kæsəṭi]⟨n.-telb.zn.⟩⟨schr.⟩ **0.1** ***scherpzinnigheid*** ⇒*doorzicht, spitsheid, perspicaciteit*.

per·spi·cu·i·ty ['pɜ:spɪ'kju:əti‖'pɜrspɪ'kju:əṭi]⟨n.-telb.zn.⟩⟨schr.⟩ **0.1** ***helderheid*** ⇒*luciditeit, klaarheid, begrijpelijkheid* **0.2** →perspicacity.

per·spic·u·ous [pə'spɪkjuəs‖pər-]⟨bn.; -ly; -ness⟩⟨schr.⟩ **0.1** ***doorzichtig*** ⇒*helder, limpide, duidelijk, lucide*.

per·spi·ra·tion ['pɜ:spə'reɪʃn‖'pɜr-]⟨f2⟩⟨n.-telb.zn.⟩ **0.1** ***transpiratie*** ⇒*het transpireren, het zweten* **0.2** ***zweet***.

per·spir·a·to·ry [pə'spɪrətri‖pər'spaɪrətɔri]⟨bn.⟩ **0.1** ***zweet-*** ⇒ *zweetafscheidend, zweetdrijvend*.

per·spire [pə'spaɪə‖pər'spaɪər]⟨f2⟩⟨ww.⟩
I ⟨onov.ww.⟩ **0.1** ***transpireren*** ⇒*zweten;*
II ⟨ov.ww.⟩ **0.1** ***uitzweten*** ⇒*afscheiden, uitwasemen*.

per·suad·a·ble [pə'sweɪdəbl‖pər-], **per·sua·si·ble** [pə'sweɪzəbl‖pər-]⟨bn.; -ly; -ness; →bijw. 3⟩ **0.1** ***overtuigend*** ⇒*overredend, klemmend, afdoend* **0.2** ***overreedbaar*** ⇒*(licht/gemakkelijk) te overtuigen/over te halen*.

per·suade [pə'sweɪd‖pər-]⟨f3⟩⟨ov.ww.⟩ **0.1** ***overreden*** ⇒*overhalen* **0.2** ***overtuigen*** ⇒*klemmen, bepraten* ◆ **3.2** ~ s.o. to do sth. *iem. tot iets overhalen* **6.1** ~ s.o. **into** doing sth. *iem. iets aanpraten, iem. brengen/bewegen tot iets;* ~ s.o. **out of** doing sth. *iem. v. iets afbrengen, iem. iets uit het hoofd praten* **6.2** ~ o.s. **of** sth. *zich met eigen ogen v. iets overtuigen, zich v. iets vergewissen; zichzelf iets wijsmaken;* ~ s.o. **of** sth. *iem. v. iets overtuigen* **8.2** ~ s.o. that *iem. ervan overtuigen dat*.

per·suad·er [pə'sweɪdə‖pər'sweɪdər]⟨telb.zn.⟩ **0.1** ***iem. die (gemakkelijk) overtuigt*** ⇒*pleitbezorger* **0.2** ⟨inf.⟩ ***klem*** ⇒*dwangmiddel* ⟨geweer, zweep e.d.⟩ **0.3** ⟨sl.⟩⟨ben. voor⟩ ***wapen*** ⇒⟨i.h.b.⟩ *revolver, schietijzer*.

per·sua·si·bil·i·ty [pə'sweɪzə'bɪləti‖pər'sweɪzə'bɪləṭi]⟨n.-telb.zn.⟩ **0.1** ***het overtuigend zijn*** **0.2** ***het overreedbaar zijn***.

per·sua·sion [pə'sweɪʒn‖pər-]⟨f2⟩⟨zn.⟩
I ⟨telb.zn.⟩ **0.1** ***overtuiging*** ⇒*convictie, mening, geloof, beginsel* **0.2** ***(godsdienstige) overtuiging*** ⇒*denominatie, sekte, (religieuze) groepering, godsdienst* **0.3** ⟨vnl. enk.⟩⟨vaak scherts.⟩ ***slag*** ⇒*soort, genre, geslacht* ◆ **2.2** be of the Roman Catholic ~ *behoren tot de rooms-katholieke kerk;* people of different ~s *mensen met verschillende (geloofs)overtuiging;*
II ⟨telb. en n.-telb.zn.⟩ **0.1** ***overtuiging*** ⇒*overreding;*
III ⟨n.-telb.zn.⟩ **0.1** ***overtuigdheid*** ⇒*het overtuigd zijn* **0.2** ***overtuigingskracht*** ⇒*overredingskracht*.

per·sua·sive[1] [pə'sweɪsɪv‖pər-]⟨telb.zn.⟩ **0.1** ***overredingsmiddel*** ⇒*motief, beweegreden, drijfveer*.

persuasive[2] ⟨f2⟩⟨bn.; -ly; -ness⟩ **0.1** ***overtuigend*** ⇒*overredend, klemmend, afdoend*.

pert [pɜ:t‖pɜrt], ⟨in bet. 0.3 AE ook⟩ **peart** [pɪət‖pɪrt]⟨f1⟩⟨bn.; -er; -ly; -ness⟩ **0.1** ***vrijpostig*** ⇒*brutaal, stout, bijdehand* **0.2** ***zwierig*** ⇒*kwiek, elegant, sierlijk, parmantig, pront* **0.3** ⟨vnl. AE⟩ ***monter*** ⇒*levendig, opgewekt, vrolijk*.

per·tain [pə'teɪn‖pər-]⟨onov.ww.⟩⟨schr.⟩ **0.1** ***passen*** ⇒*geschikt/pertinent/relevant zijn* ◆ **6.¶** →pertain to.

per'tain to ⟨f2⟩⟨onov.ww.⟩⟨schr.⟩ **0.1** ***behoren tot*** ⇒*deel uitmaken v.* **0.2** ***eigen zijn aan*** ⇒*karakteristiek zijn voor, passend/geschikt zijn voor* **0.3** ***betrekking hebben op*** ⇒*verband houden met, in relatie staan tot/met, gerelateerd zijn aan*.

per·ti·na·cious ['pɜ:tɪ'neɪʃəs‖'pɜrṭə'neɪʃəs]⟨bn.; -ly; -ness⟩⟨schr.⟩ **0.1** ***halsstarrig*** ⇒*hardnekkig, koppig, obstinaat, volhardend*.

per·ti·nac·i·ty ['pɜ:tɪ'næsəti‖'pɜrṭə'næsəṭi]⟨n.-telb.zn.⟩⟨schr.⟩ **0.1** ***halsstarrigheid*** ⇒*balsturigheid, stijfhoofdigheid, volharding*.

per·ti·nence ['pɜ:tɪnəns‖'pɜrtn·əns], **per·ti·nen·cy** [-nsi]⟨n.-telb.zn.⟩⟨schr.⟩ **0.1** ***pertinentie*** ⇒*relevantie, toepasselijkheid*.

per·ti·nent[1] ['pɜ:tɪnənt‖'pɜrtn·ənt]⟨telb.zn.; vnl. mv.⟩⟨Sch. E; jur.⟩ **0.1** ***toebehoren*** ⇒*afhankelijkheden*.

pertinent[2] ⟨f2⟩⟨bn.; -ly⟩⟨schr.⟩ **0.1** ***relevant*** ⇒*raak, ad rem, ter zake, gepast, pertinent* ◆ **6.1** ~ **to** *toepasselijk op, betrekking hebbend op*.

per·turb [pə'tɜ:b‖pər'tɜrb]⟨f1⟩⟨ov.ww.⟩ **0.1** ⟨schr.⟩ ***in de war brengen*** ⟨ook fig.⟩ ⇒*verfomfaaien, in verwarring brengen, van streek brengen, verontrusten* **0.2** ⟨tech.⟩ ***(ver)storen*** ⇒*de baan/beweging (ver)storen v.*.

per·tur·ba·tion ['pɜ:tə'beɪʃn‖'pɜrṭər-]⟨zn.⟩
I ⟨telb.zn.⟩⟨tech.⟩ **0.1** ***(ver)storing*** ⇒*stoornis, afwijking* ⟨in baan v. hemellichaam, elektron e.d.⟩;
II ⟨telb. en n.-telb.zn.⟩⟨schr.⟩ **0.1** ***verwarring*** ⇒*storing, opschudding, agitatie, wanorde, ontsteltenis*.

per·tus·sis [pə'tʌsɪs‖pər-]⟨n.-telb.zn.⟩⟨med.⟩ **0.1** ***kinkhoest***.

pe·ruke [pə'ru:k]⟨telb.zn.⟩⟨vnl. gesch.⟩ **0.1** ***(lange) pruik***.

pe·rus·al [pə'ru:zl]⟨telb. en n.-telb.zn.⟩ **0.1** ***het doorlezen*** ⇒*nalezing, (nauwkeurige/grondige) lezing* **0.2** ***het bestuderen*** ⇒*analyse, uitpluizing* ◆ **2.1** the article demands careful ~ *het artikel vereist nauwkeurige lezing, dient nauwkeurig/aandachtig gelezen te worden* **6.1** **for** ~ *ter inzage*.

pe·ruse [pə'ru:z]⟨ov.ww.⟩ **0.1** ***doorlezen*** ⇒*nalezen, (nauwkeurig/grondig) lezen, doornemen* **0.2** ***bestuderen*** ⇒*analyseren, uitpluizen*.

Pe·ru·vi·an[1] [pə'ru:vɪən]⟨f1⟩⟨telb.zn.⟩ **0.1** ***Peruaan*** ⇒*Peruviaan*.

Peruvian[2] [pə'ru:vɪən]⟨f1⟩⟨bn.⟩ **0.1** ***Peruaans*** ◆ **1.¶** ~ bark *kinabast*.

per·vade [pə'veɪd‖pər-]⟨f1⟩⟨ww.⟩
I ⟨onov.ww.⟩ **0.1** ***algemeen verspreid/verbreid zijn*** ⇒*heersen;*
II ⟨ov.ww.⟩ **0.1** ***doordringen*** ⟨ook fig.⟩ ⇒*zich verspreiden in, doortrekken, diffunderen, vervullen* ◆ **1.1** his spirit ~s the entire book *zijn geest is in het hele boek aanwezig;* the smell of roses ~d the air *de lucht was doordrongen v. rozegeur*.

per·va·sion [pə'veɪʒn‖pər-]⟨n.-telb.zn.⟩ **0.1** ***doordringing*** ⟨ook fig.⟩ ⇒*verspreiding, diffusie, doordrongenheid* **0.2** ***doordrongenheid*** ⟨ook fig.⟩ ⇒*verzadiging* **0.3** ***algemene verspreiding/verbreiding***.

per·va·sive [pə'veɪsɪv‖pər-]⟨f1⟩⟨bn.; -ly; -ness⟩ **0.1** ***doordringend*** ⟨ook fig.⟩ ⇒*diepgaand* **0.2** ***algemeen verspreid/verbreid*** ⇒*alomtegenwoordig, overal tegenwoordig*.

per·verse [pə'vɜ:s‖pər'vɜrs]⟨f2⟩⟨bn.; -ly; -ness⟩ **0.1** ***pervers*** ⇒*verkeerd, verdorven, slecht* **0.2** ***dwars*** ⇒*tegendraads, contrarie* **0.3** ***eigenzinnig*** ⇒*koppig, onhandelbaar, gemelijk, balorig, vervelend, onaangenaam* **0.4** ***pervers*** ⇒*tegennatuurlijk*.

per·ver·sion [pə'vɜ:ʃn‖pər'vɜrʒn]⟨f1⟩⟨zn.⟩
I ⟨telb.zn.⟩ **0.1** ***perversiteit*** ⇒*perversie* ⟨i.h.b. seksueel⟩;
II ⟨telb. en n.-telb.zn.⟩ **0.1** ***pervertering*** ⇒*verdraaiing, verwringing, vervorming, verkeerde voorstelling/opvatting/toepassing* ◆ **6.1** a ~ **of** the law *een verdraaiing/valse uitlegging v.d. wet;* a ~ **of** the truth *een verwrongen voorstelling v.d. waarheid;*
III ⟨n.-telb.zn.⟩ **0.1** ***perversie*** ⇒*het pervers zijn* ⟨i.h.b. seksueel⟩.

per·ver·si·ty [pə'vɜ:səti‖pər'vɜrsəṭi]⟨f1⟩⟨telb. en n.-telb.zn.; →mv. 2⟩ **0.1** ***perversiteit*** ⇒*vorm/uiting v. perversiteit, perversie*.

per·ver·sive [pə'vɜ:sɪv‖pər'vɜr-]⟨bn.⟩ **0.1** ***verderfelijk*** ⇒*verdraaiend*.

per·vert[1] ['pɜ:vɜ:t‖'pɜrvɜrt]⟨f1⟩⟨telb.zn.⟩ **0.1** ***pervers persoon*** ⇒*ontaarde, verdorvene, gedegenereerde, geperverteerde* ⟨i.h.b. seksueel⟩ **0.2** ***afvallige***.

pervert[2] [pə'vɜ:t‖pər'vɜrt]⟨f1⟩⟨ov.ww.⟩ →perverted **0.1** ***verkeerd aanwenden*** ⇒*misbruiken, aantasten, verstoren* **0.2** ***verdraaien*** ⇒*verwringen, vervormen, verkeerd voorstellen/opvatten/toepassen* **0.3** ***perverteren*** ⇒*corrumperen, bederven, afvallig maken, doen ontaarden/degenereren* ◆ **1.1** ~ evidence *bewijsmateriaal misbruiken;* ~ the course of justice *verhinderen dat het recht zijn loop heeft, dilatoire middelen gebruiken* **1.2** his ideas had been ~ed by shrewd politicians *zijn opvattingen waren door gewiekste politici verkeerd voorgesteld;* ~ the law *het recht naar zijn hand zetten*.

per·vert·ed [pə'vɜ:tɪd‖pər'vɜrṭɪd]⟨f1⟩⟨bn.; -ly; volt. deelw. v. pervert⟩ **0.1** ***verdraaid*** ⇒*verwrongen, vervormd* **0.2** ***geperverteerd*** ⇒*pervers, gecorrumpeerd, verdorven* **0.3** ***ontaard*** ⇒*gedegenereerd*.

per·vert·i·ble [pə'vɜ:təbl‖pər'vɜrṭəbl]⟨bn.⟩ **0.1** ***vatbaar voor verdraaiing*** **0.2** ***vatbaar voor corruptie***.

per·vi·ous ['pɜ:vɪəs‖'pɜr-]⟨bn., attr.; -ly; -ness⟩⟨schr.⟩ **0.1** ***toegankelijk*** ⟨ook fig.⟩ ⇒*bereikbaar, accessibel, vatbaar, genaakbaar* **0.2** ***doordringbaar*** ⇒*doorlatend* ◆ **6.1** to be ~ **to** reason *vatbaar zijn voor rede* **6.2** ~ **to** water *waterdoorlatend;* a metal that is ~ **to** heat *een metaal dat goed warmte geleidt*.

Pe·sach, Pe·sah ['peɪsɑ:k, -sɑ:x]⟨zn.⟩⟨jud.⟩
I ⟨eig.n.⟩ **0.1** ***Pesach*** ⇒*Pascha* ⟨joods paasfeest⟩;
II ⟨telb.zn.⟩ **0.1** ***paaslam***.

pes·ky ['peski]⟨bn.; -er; -ly; -ness; →bijw. 3⟩⟨AE⟩⟨inf.⟩ **0.1** ***verduiveld*** ⇒*hinderlijk, irriterend, vervelend, beroerd, ellendig*.

pes·sa·ry ['pesəri]⟨telb.zn.; →mv. 2⟩ **0.1** ***pessarium***.

pes·si·mism ['pesɪmɪzm]⟨f1⟩⟨n.-telb.zn.⟩ **0.1** ***pessimisme*** ⟨ook fil.⟩ ⇒*zwartkijkerij; negativisme*.

pes·si·mist ['pesɪmɪst]⟨f1⟩⟨telb.zn.⟩ **0.1** ***pessimist*** ⟨ook fil.⟩ ⇒*zwartkijker; negativist*.

pes·si·mis·tic ['pesɪ'mɪstɪk], ⟨soms⟩ **pes·si·mis·ti·cal** [-ɪkl]⟨f1⟩⟨bn.; -(al)ly; →bijw. 3⟩ **0.1** ***pessimistisch*** ⟨ook fil.⟩ ⇒*zwartgallig; negativistisch*.

pest [pest]⟨f2⟩⟨zn.⟩
I ⟨telb.zn.⟩ **0.1** ***pest*** ⇒*schadelijke/onverdraaglijke persoon, lastpost, lastpak, plaag* **0.2** ***schadelijk dier/schadelijke plant*** **0.3** ***pest***

⇒*plaag, verderf, kwelling* **0.4** ⟨vero.⟩ ***pest*** ⇒*epidemie, plaag;*
II ⟨mv.; ~s⟩ **0.1** ***ongedierte*** ⇒*schadelijk gedierte.*

'pest control ⟨n.-telb.zn.⟩ ⟨landb.⟩ **0.1** ***bestrijding v. plagen*** ⇒*ongediertebestrijding, plantenziektebestrijding.*

pes·ter ['pestə‖-ər] ⟨f2⟩ ⟨ov.ww.⟩ **0.1** ***kwellen*** ⇒*lastig vallen, pesten, aandringen bij, drammen bij* ◆ **3.1** ~ s.o. to do sth. *iem. ertoe nopen iets te doen, iem. door te blijven zeuren, dwingen tot het doen v. iets* **6.1** ~ s.o. **for** sth. *iem. om iets lastig vallen, bij iem. om iets zeuren;* ⟨fig.⟩ ~ the life **out of** s.o. *iem. het leven zuur/onmogelijk maken, iem. de calvarieberg opleiden;* ~ s.o. **with** sth. *iem. met iets lastig vallen/teisteren.*

pes·ter·er ['pestərə‖-ər] ⟨telb.zn.⟩ **0.1** ***kwelgeest*** ⇒*zeur, drammer.*

'pest house ⟨telb.zn.⟩ ⟨gesch.⟩ **0.1** ***pesthuis*** ⇒*lazaret.*

pes·ti·cide ['pestɪsaɪd] ⟨telb. en n.-telb.zn.⟩ **0.1** ***pesticide*** ⇒*verdelgings/bestrijdingsmiddel.*

pes·tif·er·ous [pə'stɪfərəs] ⟨bn.; -ly; -ness⟩ **0.1** ***schadelijk*** ⇒*pernicieus, besmettelijk, verpestend* **0.2** ***verderfelijk*** ⇒*funest, pestilent, corrumperend, verpestend* **0.3** ⟨inf.⟩ ***vervelend*** ⇒*irriterend, lastig.*

pes·ti·lence ['pestɪləns] ⟨zn.⟩
I ⟨telb.zn.⟩ **0.1** ***pestilentie*** ⇒*(pest)epidemie* **0.2** ***pestilentie*** ⇒*pestbuil, pest;*
II ⟨telb. en n.-telb.zn.⟩ **0.1** ***pest*** ⇒ ⟨vnl.⟩ *builenpest.*

pes·ti·lent ['pestɪlənt], **pes·ti·len·tial** [-'lenʃl] ⟨bn.; -(al)ly⟩ **0.1** ***fataal*** ⇒*dodelijk, funest, vernietigend, letaal* **0.2** ***verderfelijk*** ⇒*corrumperend, verpestend, pestilent* **0.3** ***besmettelijk*** ⇒*verpestend, pestilent, pesterig, pestziek, pestachtig* **0.4** ⟨inf.⟩ ***(dood)vervelend*** ⇒*irriterend, lastig, drammerig, zeurderig* ◆ **1.4** these ~ children give me no peace *die zeurende/drenzerige kinderen laten me niet met rust.*

pes·tle[1] [pesl,pestl] ⟨f1⟩ ⟨telb.zn.⟩ **0.1** ***stamper.***

pestle[2] ⟨f1⟩ ⟨onov. en ov.ww.⟩ **0.1** ***stampen*** ⇒*fijnstampen.*

pes·tol·o·gy [pe'stɒlədʒi‖-'stɑ-] ⟨n.-telb.zn.⟩ **0.1** ***studie v. schadelijk gedierte.***

pet[1] [pet] ⟨f2⟩ ⟨telb.zn.⟩ **0.1** ***huisdier*** ⇒*troeteldier, lievelingsdier* **0.2** ***lieveling*** ⇒*favoriet, gunsteling, troetel* **0.3** ⟨inf.⟩ ***snoes*** **0.4** ***boze bui*** ◆ **1.2** the teacher's ~ *het lievelingetje/de oogappel v.d. leraar* **1.3** what a ~ of a dress! *wat een snoes/schat v.e. jurk!* **6.4** be **in** a ~ *een bui hebben.*

pet[2] ⟨f1⟩ ⟨bn., attr.⟩ **0.1** ***tam*** ⇒*huis-, gedomesticeerd* **0.2** ***bestemd voor huisdieren*** **0.3** ***favoriet*** ⇒*geliefkoosd, lievelings-, troetel-* ◆ **1.1** ~ snake *huisslang* **1.2** ~ food *voedsel voor huisdieren, honde-en kattevoer* **1.3** politicians are my ~ aversion *aan politici heb ik een hartgrondige hekel, ik verfoei politici;* ⟨inf.⟩ ~ hate *iets/iem. waar men een (grondige) hekel aan heeft;* ~ name *koosnaam, vleinaam;* one of his ~ theories *een van zijn lievelingsideeën;* ~ topic *stokpaardje.*

pet[3] ⟨f2⟩ ⟨ww.; →ww.7⟩
I ⟨onov.ww.⟩ **0.1** ***een kwade bui hebben*** ⇒*zich gepikeerd voelen, verontwaardigd/geraakt/gekwetst zijn, pruilen* **0.2** ***vrijen*** ⇒*minnekozen, flikflooien* ◆ **2.2** heavy ~ting *stevige vrijpartij;*
II ⟨ov.ww.⟩ **0.1** ***(ver)troetelen*** ⇒*verwennen, koesteren* **0.2** ***strelen*** ⇒*aaien, liefkozen, aanhalen, vrijen met.*

pet·a- ['petə‖'peṭə] **0.1** ***peta-*** ⟨factor v. 10^{15}⟩.

pet·al ['peṭl] ⟨f2⟩ ⟨telb.zn.⟩ ⟨plantk.⟩ **0.1** ***bloemblad*** ⇒*kroonblad, petaal.*

pet·al·ine ['peṭlaɪn] ⟨bn.⟩ ⟨plantk.⟩ **0.1** ***mbt./van een bloemblad*** **0.2** ***bloembladachtig.***

pet·alled, ⟨AE sp. ook⟩ **pet·aled** ['peṭld] ⟨bn.⟩ ⟨plantk.⟩ **0.1** ***met bloembladen.***

pet·al·oid ['peṭlɔɪd] ⟨bn.⟩ ⟨plantk.⟩ **0.1** ***bloembladachtig.***

pe·tard [pɪ'tɑ:d‖-'tɑrd] ⟨telb.zn.⟩ **0.1** ***petard*** ⇒*springbus* **0.2** ***voetzoeker*** ⇒*klapper, bommetje* ◆ **3.¶** be hoist with one's own ~ *in de kuil vallen die je voor een ander gegraven hebt.*

pet·a·sus, pet·a·sos ['peṭəsəs] ⟨telb.zn.⟩ **0.1** ***petasos*** ⇒*Hermeshoed.*

'pet·cock ⟨telb.zn.⟩ **0.1** ***snuifkraan(tje)*** ⇒*proefkraan(tje).*

Pete [pi:t] ⟨eig.n.⟩ **0.1** ***Pete*** ⇒*Piet* ◆ **1.¶** ⟨inf.⟩ for ~'s sake *in 's hemelsnaam, in godsnaam.*

pe·te·chia [pɪ'ti:kɪə] ⟨telb.zn.; petechiae [-kɪi:]; →mv.5⟩ ⟨med.⟩ **0.1** ***petechie.***

pe·ter[1] ['pi:tə‖'pi:ṭər] ⟨telb.zn.⟩ **0.1** ⟨kaartspel⟩ ***invite*** **0.2** ⟨sl.⟩ ***cachot*** ⇒*cel, bak, nor* **0.3** ⟨sl.⟩ ***(brand)kast*** ⇒*kluis, safe* **0.4** ⟨sl.⟩ ***getuigenbank*** **0.5** ⟨vnl. AE; sl.⟩ ***piemel*** ⇒*pik, fluit.*

peter[2] ⟨f1⟩ ⟨onov.ww.⟩ **0.1** ***afnemen*** ⇒*uitsterven, slinken, verminderen, verzwakken* **0.2** ***uitgeput raken*** ⇒*opraken, doodlopen, uitgaan, doven, opdrogen* **0.3** ⟨kaartspel⟩ ***inviteren*** ⇒*een invite doen* ◆ **5.1** our food supply is ~ing **out** *onze voedselvoorraad slinkt* **5.2** the Victorian age ~ed **out** at about the end of 1918 *het Victoriaanse tijdperk liep tegen het einde v. 1918 af.*

Pe·ter ['pi:tə‖'pi:ṭər] ⟨eig.n.⟩ **0.1** ***Peter*** ⇒*Piet(er), Petrus* **0.2** ⟨bijb.⟩ ***(brief v.) Petrus*** ◆ **3.¶** rob ~ to pay Paul *het ene gat met het andere vullen* **¶.1** St. ~'s Keys *de sleutels v. Sint Pieter, het wapen v.d. Paus.*

pe·ter·man ['pi:təmən‖'pi:ṭər-] ⟨telb.zn.⟩ ⟨inf.⟩ **0.1** ***brandkastkraker.***

'Peter penny, Peter's penny ['pi:təz 'peni‖'pi:ṭərz-], **'Peter pence, 'Peter's 'pence** ⟨n.-telb.zn.⟩ **0.1** ***Sint-Pieterspenning.***

pe·ter·sham ['pi:təʃəm‖'pi:ṭər-] ⟨zn.⟩
I ⟨telb.zn.⟩ **0.1** ***geribd zijden lint*** **0.2** ***zware (wollen) overjas;***
II ⟨n.-telb.zn.⟩ **0.1** ***zware (wollen) stof.***

pet·i·o·lar ['petiouIə‖'peṭi'oulər] ⟨bn.⟩ ⟨plantk.⟩ **0.1** ***mbt./van de bladstengel*** **0.2** ***groeiend op een bladstengel.***

pet·i·o·late ['peṭiouleɪt, -lət], **pet·i·o·lat·ed** [-leɪṭɪd] ⟨bn.⟩ ⟨plantk.⟩ **0.1** ***met een bladstengel.***

pet·i·ole ['peṭioul] ⟨telb.zn.⟩ ⟨plantk.⟩ **0.1** ***bladstengel.***

pet·it ['peṭi] ⟨bn., attr.⟩ **0.1** ⟨jur.⟩ ***klein*** ⇒*gering* ◆ **1.1** ~ jury *jury* ⟨met twaalf leden⟩; ~ larceny *kruimeldiefstal;* ~ sessions *kantongerecht,* ⟨B.⟩ *politierechtbank* **1.¶** ~ bourgeois *lagere middenstander;* ⟨pej.⟩ *bourgeois, bekrompen burger;* ~ four *petit-four.*

pe·tite [pə'ti:t] ⟨bn.⟩ **0.1** ***tenger*** ⇒*fijn, sierlijk, keurig* ⟨v. vrouw⟩ ◆ **1.¶** ~ bourgeoisie *lagere middenstand, kleine burgerij.*

pe·ti·tion[1] [pɪ'tɪʃn] ⟨f2⟩ ⟨telb.zn.⟩ **0.1** ***verzoek*** ⇒*vraag, smeking, smeekbede* **0.2** ***petitie*** ⇒*smeekschrift, verzoek(schrift), rekest, adres, petitionnement* **0.3** ⟨jur.⟩ ***verzoek(schrift)*** ⇒*aanvraag* ◆ **1.2** ~ to the Crown *adres aan de Koning;* ⟨BE; gesch.⟩ ~ of right *petition of right* ⟨verzoekschrift om willekeur v. Koning te beperken⟩ **1.3** ~ in bankruptcy *faillissementsaanvraag;* file a ~ for divorce *een aanvraag tot echtscheiding indienen;* ⟨BE⟩ ~ of right *aanvraag tot rechtsherstel* ⟨tegen de Kroon⟩.

petition[2] ⟨f2⟩ ⟨ww.⟩
I ⟨onov.ww.⟩ **0.1** ***petitioneren*** ⇒*rekestreren, een petitie indienen, smeken* ◆ **1.1** ~ing creditor *faillissement aanvragende crediteur/schuldeiser* **6.1** several associations ~ed **for** a change in the law *verscheidene verenigingen dienden een petitie tot wetswijziging in/petitioneerden om een wetswijziging te verkrijgen;*
II ⟨ov.ww.⟩ **0.1** ***petitioneren*** ⇒*rekestreren, bij petitie verzoeken, een petitie richten tot* ◆ **1.1** ten organizations ~ed the government for the release of the detainees *tien organisaties verzochten de regering bij petitie de gedetineerden vrij te laten.*

pe·ti·tion·ar·y [pɪ'tɪʃənri‖-neri] ⟨bn.⟩ **0.1** ***verzoek-*** ⇒*smeek-, smekend, biddend.*

pe·ti·tion·er [pɪ'tɪʃənə‖-ər] ⟨f1⟩ ⟨telb.zn.⟩ **0.1** ***petitionaris*** ⇒*verzoeker, rekestrant, adressant, requirant* **0.2** ⟨BE; jur.⟩ ***eiser*** ⟨in een echtscheidingsgeding⟩.

pe·ti·ti·o prin·ci·pi·i [pɪ'tɪʃiou prɪn'sɪpiaɪ] ⟨telb.zn.⟩ **0.1** ⟨fil.⟩ ***petitio principii*** ⇒*schijnbewijs* ⟨bewijs met gebruikmaking v.d. te bewijzen stelling⟩ **0.2** ***het ontwijken v.d. moeilijkheid.***

petit mal ['peti 'mæl‖pə'ti: 'mɑl] ⟨n.-telb.zn.⟩ ⟨med.⟩ **0.1** ***petit mal*** ⇒*(vorm v.) epilepsie.*

petit point ['peti 'pɔɪnt] ⟨n.-telb.zn.⟩ **0.1** ***petit point*** ⟨halve kruissteek⟩ **0.2** ***borduurwerk in petit point.***

pet·nap·per ['petnæpə‖-ər] ⟨telb.zn.⟩ **0.1** ***persoon die huisdieren steelt.***

pet·nap·ping ['petnæpɪŋ] ⟨n.-telb.zn.⟩ **0.1** ***het stelen v. huisdieren.***

pet·rel ['petrəl] ⟨telb.zn.⟩ ⟨dierk.⟩ **0.1** ***stormvogel*** ⟨orde der Procellariiformes⟩ ◆ **2.1** stormy ~ *stormvogeltje* ⟨Hydrobates pelagicus⟩.

Pe·tri dish ['pi:tri dɪʃ] ⟨telb.zn.⟩ **0.1** ***petrischaal.***

pet·ri·fac·tion ['petrɪ'fækʃn], **pet·ri·fi·ca·tion** ['petrɪfɪ'keɪʃn] ⟨zn.⟩
I ⟨telb.zn.⟩ **0.1** ***verstening*** ⇒*versteend lichaam, fossiel, petre fact;*
II ⟨n.-telb.zn.⟩ **0.1** ***verstening*** ⇒*petrificatie* **0.2** ***verstijving*** ⇒*verbijstering, ontzetting, verlamming.*

pet·ri·fy ['petrɪfaɪ] ⟨f2⟩ ⟨ww.⟩
I ⟨onov.ww.⟩ **0.1** ***verstenen*** ⇒*petrifiëren, petrificeren, tot steen worden, fossiliseren* ⟨ook fig.⟩ ◆ **1.1** the Petrified Forest *het Petrified Forest, het versteende woud* ⟨in Arizona, U.S.A.⟩;
II ⟨ov.ww.⟩ **0.1** ***(doen) verstenen*** ⇒*tot steen maken* **0.2** ***doen verstijven*** ⇒*verbijsteren, ontzetten, verlammen* **0.3** ***verharden*** ⇒*verstompen, doen verschalen* ◆ **6.2** be petrified **by/with** terror *verstijfd/ontzet zijn v. schrik, verlamd zijn door angst.*

pet·ro- ['petrou] **0.1** ***olie-*** ⇒*petro-* **0.2** ***petro-*** ⇒*mbt./van gesteenten, rots-* ◆ **¶.1** petrodollar *oliedollar* **¶.2** petroglyph *rotstekening.*

pet·ro·chem·i·cal[1] ['petrou'kemɪkl] ⟨telb.zn.⟩ **0.1** ***petrochemische stof*** ⇒ ⟨mv.⟩ *petrochemicaliën.*

petrochemical[2] ⟨bn.⟩ **0.1** ***petrochemisch.***

pet·ro·chem·is·try ['petrou'kemɪstri] ⟨n.-telb.zn.⟩ **0.1** ***petrochemie.***

pet·ro·dol·lar ['petrou dɒlə‖-dɑ-] ⟨telb.zn.⟩ **0.1** ***petrodollar*** ⇒*oliedollar.*

pet·ro·glyph ['petrəglɪf] ⟨telb.zn.⟩ ⟨gesch.⟩ **0.1** ***rotstekening.***

pe·trog·ra·pher [pɪ'trɒgrəfə‖pɪ'trɑgrəfər] ⟨telb.zn.⟩ **0.1** ***petrograaf.***

pet·ro·graph·ic ['petrə'græfɪk], **pet·ro·graph·i·cal** [-ɪkl] ⟨bn.; -(al)ly; →bijw.3⟩ **0.1** ***petrografisch.***

pe·trog·ra·phy [pɪ'trɒgrəfi‖pɪ'trɑ-]⟨n.-telb.zn.⟩ **0.1** ***petrografie***.
pet·rol ['petrəl]⟨f2⟩⟨n.-telb.zn.⟩⟨BE⟩ **0.1** ***benzine*** ◆ **3.1** fill the car up with ~ *de wagen vol tanken*.
pet·ro·la·tum ['petrə'leɪṭəm]⟨f2⟩⟨n.-telb.zn.⟩⟨AE⟩ **0.1** ***petrolatum*** ⇒*vaseline* ⟨gezuiverd⟩, *smeervet* **0.2** ⟨vnl. med.⟩ ***paraffine-olie*** ⇒*paraffinum liquidum*.
'petrol bomb ⟨telb.zn.⟩ **0.1** ***benzinebom***.
pe·tro·le·um [pɪ'troulɪəm]⟨f2⟩⟨n.-telb.zn.⟩ **0.1** ***aardolie***.
pe'tro·le·um-bear·ing ⟨bn.⟩ **0.1** ***(aard)oliehoudend***.
pe'troleum industry ⟨telb.zn.⟩ **0.1** ***(aard)olieindustrie***.
pe'troleum 'jelly ⟨n.-telb.zn.⟩⟨BE⟩ **0.1** ***petrolatum*** ⇒*vaseline* ⟨gezuiverd⟩, *smeervet*.
'petrol gauge ⟨telb.zn.⟩ **0.1** ***benzinemeter***.
pe·trol·ic [pɪ'trɒlɪk‖-'trɑ-]⟨bn.⟩ **0.1** ***benzine-*** **0.2** ***aardolie-***.
pet·ro·log·ic ['petrə'lɒdʒɪk‖-'lɑ-], **pet·ro·log·i·cal** [-ɪkl]⟨bn.; -(al)ly; →bijw. 3⟩⟨geol.⟩ **0.1** ***petrologisch***.
pe·trol·o·gist [pɪ'trɒlədʒɪst‖-'trɑ-]⟨telb.zn.⟩⟨geol.⟩ **0.1** ***petroloog***.
pe·trol·o·gy [pɪ'trɒlədʒi‖-'trɑ-]⟨n.-telb.zn.⟩⟨geol.⟩ **0.1** ***petrologie*** ⇒*wetenschap der gesteenten*.
'petrol pump ⟨f1⟩⟨telb.zn.⟩ **0.1** ***benzinepomp***.
'petrol station ⟨f1⟩⟨telb.zn.⟩⟨BE⟩ **0.1** ***tank/benzinestation***.
pet·ro·pound ['petroupaund]⟨telb.zn.⟩ **0.1** ***petropond*** ⇒*oliepond*.
pe·tro·sal [pə'trousl]⟨bn.⟩⟨biol.⟩ **0.1** ***mbt. het rotsbeen***.
pet·rous ['petrəs]⟨bn.⟩ **0.1** ***rots-*** ⇒*rotsachtig, rotsig* **0.2** ***hard*** **0.3** →petrosal.
'pet shop ⟨telb.zn.⟩ **0.1** ***dierenwinkel***.
pet·ti·coat[1] ['peṭikout]⟨f1⟩⟨telb.zn.⟩ **0.1** ***(onder)rok*** ⇒*pettycoat* **0.2** ***kinderjurk*** **0.3** ⟨inf.; vaak bel.⟩ ***meid*** ⇒*vrouw/meisje;* ⟨in mv.⟩ *vrouw/rokkenvolk, het vrouwelijke geslacht* **0.4** ***als onderrok afgewerkt materiaal*** ◆ **6.1** she's a Cromwell **in** ~s *ze is een vrouwelijke Cromwell* **6.2** I have known him since he was **in** ~s *ik ken hem van kindsbeen af*.
petticoat[2] ⟨f1⟩⟨bn., attr.; vaak bel.⟩ **0.1** ***vrouwelijk*** ⇒*door/van vrouwen* ◆ **1.1** ~ government *vrouwenregering, gynocratie, overheersing v.d. man door de vrouw*.
pet·ti·coat·ed ['peṭikouṭɪd]⟨bn.⟩ **0.1** ***in onderrok*** **0.2** ***versierd met smokwerk***.
pet·ti·fog ['petifɒg‖'peṭifɑg, -fɔg]⟨onov.ww.; →ww. 7⟩ **0.1** ***juristerij gebruiken*** ⇒*door de mazen v.d. wet kruipen, chicaneren* **0.2** ***beunhazen*** **0.3** ***haarkloven*** ⇒*muggeziften, vitten*.
pet·ti·fog·ger [-fɒgə‖-fɑgər]⟨telb.zn.⟩ **0.1** ***procédurier*** ⇒*chicaneur, advocaat v. kwade zaken* **0.2** ***beunhaas*** ⇒*brekebeen, kluns, roffelaar* **0.3** ***haarklover*** ⇒*muggezifter, vitter*.
pet·ti·fog·gery [-fɒgəri‖-fɑ-]⟨telb. en n.-telb.zn.; →mv. 2⟩ **0.1** ***juristerij*** ⇒*chicane, advocaterij, captie* **0.2** ***beunhazerij*** ⇒*onbevoegdheid, knoeierij* **0.3** ***haarkloverij*** ⇒*muggezifterij, vitterij*.
pet·ti·fog·ging [-fɒgɪŋ‖-fɑ-]⟨bn.⟩ **0.1** ***chicanerend*** **0.2** ***muggezifterig*** ⇒*vitterig, kleingeestig* **0.3** ***beuzelachtig*** ⇒*nietig, onbeduidend*.
pet·tish ['peṭɪʃ]⟨bn.; -ly; -ness⟩ **0.1** ***humeurig*** ⇒*lichtgeraakt, nukkig, gemelijk, kribbig*.
pet·ti·toes ['peṭitouz]⟨mv.⟩⟨cul.⟩ **0.1** ***varkenspootjes***.
pet·ty ['peṭi]⟨f3⟩⟨bn.; -er; -ly; -ness; →bijw. 3⟩
I ⟨bn.⟩ **0.1** ***onbetekenend*** ⇒*onbelangrijk, onbeduidend, triviaal, nietig* **0.2** ***kleingeestig*** ⇒*enggeestig, bekrompen, klein, verachtelijk* **0.3** ***klein*** ⇒*kleinschalig, tweederangs, ondergeschikt* ◆ **1.1** ~ details *onbelangrijke details;* ~ troubles *overkomelijke moeilijkheden* **1.2** ~ act of unkindness *verachtelijke daad v. liefdeloosheid;* ~ outlook *bekrompen kijk* **1.3** ~ bourgeois *lagere middenstander;* ⟨pej.⟩ *bourgeois, bekrompen burger;* ~ bourgeoisie *lagere middenstand;* ~ cash *kleine kas;* ~ farmers *kleine boeren;* ⟨scheep.⟩ ~ officer *onderofficier;* ~ shopkeepers *kleine winkeliers;*
II ⟨bn., attr.⟩⟨jur.⟩ **0.1** ***klein*** ⇒*gering* ⟨vnl. tgo. grand⟩ ◆ **1.1** ~ jury *jury* ⟨bestaande uit twaalf leden⟩; ~ larceny *gewone diefstal, kruimeldiefstal;* ~ sessions *politierechtbank* ⟨in B.⟩; *kantongerecht* ⟨in Ned.⟩; ⟨jur., gesch.⟩ ~ treason *misdaad tegen een v. 's konings onderdanen;* ⟨i.h.b.⟩ *moord op een meerdere* ⟨knecht op meester, vrouw op man, enz.; tgo. high treason⟩.
pet·u·lance ['petʃʊləns‖-tʃə-], ⟨AE ook⟩ **pet·u·lan·cy** [-si]⟨f1⟩⟨n.-telb.zn.⟩ **0.1** ***prikkelbaarheid*** ⇒*humeurigheid, nukkigheid*.
pet·u·lant ['petʃʊlənt‖-tʃə-]⟨f1⟩⟨bn.; -ly⟩ **0.1** ***prikkelbaar*** ⇒*humeurig, gemelijk, nukkig, kregelig*.
pe·tu·nia [pɪ'tju:nɪə‖pɪ'tu:-]⟨zn.⟩
I ⟨telb.zn.⟩⟨plantk.⟩ **0.1** ***petunia*** ⟨genus Petunia⟩;
II ⟨n.-telb.zn.; ook attr.⟩ **0.1** ***donkerpaars***.
pew [pju:]⟨f1⟩⟨telb.zn.⟩ **0.1** ***kerkbank*** **0.2** ⟨inf.⟩ ***stoel*** ⇒*zitplaats* ◆ **3.2** ⟨BE⟩ find/take a ~ *ga zitten*.
pew·age ['pju:ɪdʒ]⟨n.-telb.zn.⟩ **0.1** ***stoelengeld*** ⇒*plaatsgeld*.
'pew·hold·er ⟨telb.zn.⟩ **0.1** ***huurder/eigenaar v.e. kerkbank***.
pe·wit, pee·wit ['pi:wɪt]⟨telb.zn.⟩ **0.1** ⟨dierk.⟩ ***kievit*** ⟨Vanellus vanellus⟩ **0.2** ⟨verk.⟩ ⟨pewit gull⟩ **0.3** ***piewiet*** ⟨vogelroep⟩.
'pewit gull, 'peewit gull ⟨telb.zn.⟩⟨dierk.⟩ **0.1** ***kokmeeuw*** ⟨Larus ridibundus⟩.
'pew-o·pen·er ⟨telb.zn.⟩ **0.1** ***plaatsaanwijzer van kerkgangers***.
'pew rent ⟨n.-telb.zn.⟩ **0.1** ***stoelengeld*** ⇒*plaatsgeld*.
pew·ter[1] ['pju:tə‖'pju:ṭər]⟨f1⟩⟨zn.⟩
I ⟨telb.zn.⟩⟨BE; inf.⟩ **0.1** ***(ere)beker;***
II ⟨n.-telb.zn.⟩ **0.1** ***peauter*** ⇒⟨zgn.⟩ *tin* **0.2** ***tin*** ⇒*tinnegoed, tinnen vaatwerk, tinwerk*.
pewter[2] ⟨bn., attr.⟩ **0.1** ***tinnen*** ⇒*uit peauter vervaardigd* ◆ **1.1** ~ dishes *tinnen schotels;* ~ mugs *tinnen kroezen*.
pew·ter·er ['pju:tərə‖'pju:ṭərər]⟨telb.zn.⟩ **0.1** ***tinnegieter***.
'pewter ware ⟨n.-telb.zn.⟩ **0.1** ***tinnegoed*** ⇒*tinnen vaatwerk*.
pe·yo·te [peɪ'ouṭi], ⟨AE ook⟩ **pe·yo·tl** [peɪ'ouṭl]⟨zn.⟩
I ⟨telb.zn.⟩⟨plantk.⟩ **0.1** ***peotl(cactus)*** ⇒*peyote* ⟨vnl. Lophophora williamsii⟩;
II ⟨n.-telb.zn.⟩ **0.1** ***mescaline*** ⟨drug uit de peyote⟩.
Pfc ⟨afk.⟩ private first class.
PG ⟨afk.⟩ Parental Guidance ⟨AE: v. film⟩; paying guest.
pH ⟨telb.zn.⟩⟨afk.⟩ potential of hydrogen ⟨schei.⟩ **0.1** ***pH***.
PH ⟨afk.⟩ Purple Heart.
pha·e·ton ['feɪtn‖'feɪətn]⟨telb.zn.⟩ **0.1** ***faëton*** ⟨licht vierwielig rijtuigje⟩ **0.2** ⟨AE⟩ ***cabriolet*** ⟨auto⟩.
phage [feɪdʒ]⟨telb.zn.⟩⟨verk.⟩ bacteriophage ⟨dierk.⟩ **0.1** ***faag*** ⇒*bacteriofaag*.
phag·e·den·ic, phag·e·daen·ic ['fædʒə'di:nɪk‖-'denɪk]⟨bn.⟩⟨med.⟩ **0.1** ***fagedenisch*** ⇒*in de omgeving doordringend* ⟨v.e. zweer⟩.
phag·o·cyte ['fægəsaɪt]⟨telb.zn.⟩⟨dierk.⟩ **0.1** ***fagocyt***.
phag·o·cyt·ic ['fægə'sɪṭɪk]⟨bn.⟩⟨dierk.⟩ **0.1** ***fagocytair***.
phag·o·cyt·ize, -ise ['fægəsaɪṭaɪz]⟨ov.ww.⟩⟨dierk.⟩ **0.1** ***fagocyteren***.
phag·o·cy·to·sis ['fægəsaɪ'tousɪs]⟨telb.zn.; phagocytoses [-si:z]; →mv. 5⟩⟨dierk.⟩ **0.1** ***fagocytose***.
-pha·gous [fəgəs] **0.1** ***-etend*** ◆ ¶.**1** ichthyophagous *visetend*.
-pha·gy [fədʒi], **-pha·gia** ['feɪdʒɪə] **0.1** ***-fagie*** ◆ ¶.**1** ichthyophagy *ichtyofagie;* aerophagy *aërofagie*.
pha·lange ['fælændʒ‖fə'lændʒ]⟨telb.zn.⟩⟨anat.⟩ **0.1** ***falanx*** ⇒*vinger/teenkootje*.
pha·lan·ge·al [fə'lændʒɪəl], **pha·lan·gal** [fə'læŋgl]⟨bn.⟩⟨anat.⟩ **0.1** ***van/mbt. de falanx/falanxen***.
pha·lan·ger [fə'lændʒə‖-ər]⟨telb.zn.⟩⟨dierk.⟩ **0.1** ***klimbuideldier*** ⟨fam. Phalangeridae⟩.
pha·lan·gist [fə'lændʒɪst]⟨telb.zn.⟩⟨pol.⟩ **0.1** ***falangist***.
phal·an·ste·ri·an[1] ['fælən'stɪərɪən‖-'stɪr-]⟨telb.zn.⟩ **0.1** ***lid v.e. falanx*** **0.2** ***Fourierist***.
phalansterian[2] ⟨bn.⟩ **0.1** ***van/mbt. een falanx/het Fourierisme***.
phal·an·ster·y ['fælənstri‖-steri]⟨telb.zn.; →mv. 2⟩ **0.1** ***falanstère*** ⇒*falanx* ⟨werkeenheid waarvan de leden in gemeenschap leven; uitgedacht door Fourier⟩ **0.2** ***falanstère*** ⇒*falansterium* ⟨verblijfplaats v. zo'n werkeenheid⟩.
pha·lanx ['fælæŋks‖'feɪ-]⟨f1⟩⟨telb.zn.; ook phalanges [fə'lændʒi:z]; →mv. 5⟩ **0.1** ***falanx*** ⟨ook fig.⟩ ⇒*slagorde, gevechtsformatie, schare* **0.2** →phalanstery **0.3** ⟨anat.⟩ ***falanx*** ⇒*vinger/teenkootje* **0.4** ⟨plantk.⟩ ***bundel meeldraden***.
phal·a·rope ['fælərroup]⟨telb.zn.⟩⟨dierk.⟩ **0.1** ***franjepoot*** ⟨soort watervogel fam. Phalaropodidae⟩.
phal·lic ['fælɪk]⟨f1⟩⟨bn.⟩ **0.1** ***fallisch*** ⇒*van/mbt. de fallus/het fallisme* ◆ **1.1** ~ symbol *fallussymbool;* ~ worship *fallusverering*.
phal·li·cism ['fælɪsɪzm], **phal·lism** ['fælɪzm]⟨n.-telb.zn.⟩ **0.1** ***fallisme***.
phal·lo·crat ['fæloukræt]⟨telb.zn.⟩ **0.1** ***fallocraat*** ⇒*mannetje, macho*.
phal·lus ['fæləs]⟨telb.zn.; ook phalli ['fælaɪ]; →mv. 5⟩ **0.1** ***fallus*** ⇒*penis* **0.2** ⟨anat.⟩ ***fallus*** ⟨huidvergroeiing bij embryo waaruit penis/clitoris ontstaat⟩.
phan·er·o·gam ['fænərəgæm]⟨telb.zn.⟩⟨plantk.⟩ **0.1** ***fanerogaam*** ⇒*zaadplant*.
phan·er·o·gam·ic ['fænərə'gæmɪk], **phan·er·og·a·mous** [-'rɒgəməs‖-'rɑ-]⟨bn.⟩⟨plantk.⟩ **0.1** ***fanerogaam*** ⇒*zichtbaar bloeiend*.
Phan·er·o·zo·ic[1] [fænərə'zouɪk]⟨eig.n.; the⟩⟨geol.⟩ **0.1** ***Fanerozoïcum*** ⟨omvat het Cambrium t/m het Kwartair⟩.
Phanerozoic[2] ⟨bn.⟩⟨geol.⟩ **0.1** ***Fanerozoïsch*** ⇒*v./mbt. het Fanerozoïcum*.
phantasize →fantasize.
phan·tasm ['fæntæzm]⟨telb.zn.⟩ **0.1** ***fantasma*** ⇒*fantoom, hallucinatie, hersenschim, illusie* **0.2** ***(geest)verschijning*** ⇒*fantoom, geest, spook, schim*.
phan·tas·ma·go·ri·a [fæn'tæzmə'gɔ:rɪə, 'fæntæz-], **phan·tas·ma·go·ry** [fæn'tæzməgəri‖-gɔri]⟨telb.zn.; →mv. 2⟩ **0.1** ***fantasmagorie*** ⟨ook fig.⟩ ⇒*geestverschijning, toverij, schimmenspel*.
phan·tas·ma·gor·ic ['fæntæzmə'gɔ:rɪk‖fæn'tæzmə'gɔrɪk, -'gɑrɪk], **phan·tas·ma·gor·i·cal** [-ɪkl]⟨bn.; -ally⟩ **0.1** ***fantasmagorisch***.

phan·tas·mal [fæn'tæzml], **phan·tas·mic** [-mɪk]⟨bn.; -ally; →bijw. 3⟩ **0.1** ***fantastisch*** ⇒*denkbeeldig, illusoir, imaginair, hersenschimmig.*

phantast →fantast.

phantasy →fantasy.

phan·tom¹, ⟨AE sp. ook⟩ **fan·tom** ['fæntəm]⟨f2⟩⟨telb.zn.⟩ **0.1** ***spook*** ⟨ook fig.⟩ ⇒*geestverschijning, geest, schim, fantoom* **0.2** ***schijn*** ⇒*schaduw, vertoon* **0.3** ***fantoom*** ⇒*(droom)beeld; hallucinatie, hersenschim, illusie* **0.4** ⟨med.⟩ ***fantoom*** ⇒*anatomisch model* ◆ **6.1** the ~ **of** war and violence *het schrikbeeld v. oorlog en geweld* **6.2** he is only a ~ **of** a king *hij is slechts in naam koning.*

phantom², ⟨AE sp. ook⟩ **fantom** ⟨f1⟩⟨bn., attr.⟩ **0.1** ***spook-*** ⇒*spookachtig, schimmig* **0.2** ***schijn-*** ⇒*schijnbaar, vals, denkbeeldig, illusoir, imaginair, hersenschimmig, onecht* ◆ **1.1** ~ ship *spookschip* **1.2** ⟨com.⟩ ~ circuit *fantoomverbinding, fantoom;* ~ government *schijnregering;* ⟨med.⟩ ~ limb *denkbeeldig(e) arm/been;* ⟨med.⟩ ~ (limb)pain *fantoompijn, denkbeeldige pijn;* ⟨med.⟩ ~ pregnancy *schijnzwangerschap;* ⟨med.⟩ ~ swelling *fantoomgezwel, schijngezwel.*

phar, Phar, pharm, Pharm ⟨afk.⟩ pharmaceutical, pharmacist, pharmacopocia, pharmacy.

phar·a·oh ['feərou||'ferou]⟨f1⟩⟨telb.zn.; ook P-⟩ **0.1** ***farao.***

'pharaoh ant ⟨telb.zn.⟩⟨dierk.⟩ **0.1** ***faraomier*** ⟨Monomorium pharaonis⟩.

'pharaoh's serpent ⟨telb.zn.⟩ **0.1** ***faraoslang*** ⇒*slangetje, salamander.*

phar·a·on·ic [feə'rɒnɪk||'fereɪ'ɑnɪk]⟨bn.; ook P-⟩ **0.1** ***faraonisch.***

Phar B ⟨afk.⟩ Bachelor of Pharmacy.

Phar D ⟨afk.⟩ Doctor of Pharmacy.

phar·i·sa·ic ['færɪ'seɪɪk], **phar·i·sa·i·cal** [-ɪkl]⟨bn.; -(al)ly; -ness⟩ **0.1** ⟨vnl. P-⟩ ***farizees*** ⇒*farizeïsch* **0.2** ***farizees*** ⇒*schijnheilig, huichelachtig, hypocriet.*

phar·i·sa·ism ['færɪseɪɪzm], ⟨AE ook⟩ **phar·i·see·ism** ['færɪsiːɪzm] ⟨n.-telb.zn.⟩ **0.1** ⟨P-⟩ ***farizeïsme*** **0.2** ***schijnheiligheid*** ⇒*huichelarij.*

phar·i·see ['færɪsiː]⟨f1⟩⟨telb.zn.⟩ **0.1** ⟨P-⟩ ***Farizee*** ⇒*een v.d. farizeeën* **0.2** ***farizeeër*** ⇒*schijnheilige, huichelaar, hypocriet, schijnvrome.*

Phar M ⟨afk.⟩ Master of Pharmacy.

phar·ma·ceu·ti·cal ['fɑːmə'sjuːtɪkl||'fɑrmə'suːtɪkl], **phar·ma·ceu·tic** [-ɪk], **phar·ma·cal** [-məkl]⟨f1⟩⟨bn.; -(al)ly; →bijw. 3⟩ **0.1** ***farmaceutisch*** ⇒*artsenijkundig* ◆ **1.1** ~ chemist *apotheker.*

phar·ma·ceu·tics ['fɑːmə'sjuːtɪks||'fɑrmə'suːtɪks]⟨n.-telb.zn.⟩ **0.1** ***farmacie*** ⇒*artsenijmengkunde.*

phar·ma·cist [-sɪst], **phar·ma·ceu·tist** [-'sjuːtɪst||-'suːtɪst]⟨telb.zn.⟩ **0.1** ***farmaceut*** ⇒*apotheker.*

phar·ma·co·dy·nam·ics [-koudaɪ'næmɪks]⟨n.-telb.zn.⟩ **0.1** ***farmacodynamie.***

phar·ma·co·log·ic [-kə'lɒdʒɪk||-kə'lɑdʒɪk], **phar·ma·co·log·i·cal** [-ɪkl]⟨bn.; -(al)ly; →bijw. 3⟩ **0.1** ***farmacologisch*** ⇒*artsenijkundig.*

phar·ma·col·o·gist [-'kɒlədʒɪst||-'kɑ-]⟨telb.zn.⟩ **0.1** ***farmacoloog.***

phar·ma·col·o·gy [-'kɒlədʒi||-'kɑ-]⟨n.-telb.zn.⟩ **0.1** ***farmacologie.***

phar·ma·co·poe·ia, ⟨AE ook⟩ **phar·ma·co·peia** [-kə'piːə]⟨telb.zn.⟩ **0.1** ***farmacopee*** ⇒*artsenijboek, apothekersboek* **0.2** ***voorraad geneesmiddelen*** **0.3** ***lijst v. toegelaten geneesmiddelen.***

phar·ma·co·poe·ial [-kə'piːəl]⟨bn.⟩ **0.1** ***in overeenstemming met de farmacopee.***

phar·ma·cy ['fɑːməsi||'fɑr-]⟨f1⟩⟨zn.⟩
I ⟨telb.zn.; →mv. 2⟩ **0.1** ***apotheek*** ⇒*farmacie;*
II ⟨n.-telb.zn.⟩ **0.1** ***farmacie*** ⇒*artsenijmengkunde.*

pha·ros ['feərɒs||'feɪrɑs]⟨telb.zn.⟩ **0.1** ***farus*** ⇒*vuurtoren, baken.*

phar·yng- [fə'rɪŋg-], **phar·yng·o-** [fə'rɪŋgou-] **0.1** ***faryng(o)-*** ⇒*v./mbt. de keel(holte)* ◆ **¶.1** pharyngoscope *faryngoscoop.*

pha·ryn·gal [fə'rɪŋgl], **pha·ryn·ge·al** ['færɪn'dʒiːəl||fə'rɪndʒl]⟨bn.⟩ **0.1** ***faryngeaal*** ⇒*v./mbt. de keelholte.*

phar·yn·gi·tis ['færɪn'dʒaɪtɪs]⟨n.-telb.zn.⟩⟨med.⟩ **0.1** ***faryngitis*** ⇒*keelholteontsteking, ontsteking v.d. farynx.*

phar·ynx ['færɪŋks]⟨telb.zn.; ook pharynges [fə'rɪndʒiːz]; →mv. 5⟩ **0.1** ***farynx*** ⇒*keelholte, keel.*

phase¹ [feɪz]⟨f3⟩⟨telb.zn.⟩ **0.1** ***fase*** ⇒*stadium, trap, tijdperk, periode* **0.2** ⟨ster.⟩ ***fase*** ⇒*schijngestalte* **0.3** ***aspect*** ⇒*facet* **0.4** ⟨dierk.⟩ ***fase*** ⇒*kleurvariatie* **0.5** ⟨nat., schei.⟩ ***fase*** ◆ **2.1** a new ~ in the relations between the two nations *een nieuwe fase in de betrekkingen tussen de twee naties;* the most productive ~ in the author's life *de meest produktieve periode in het leven v.d. auteur* **2.3** the moral ~ of the problem *de morele kant v.h. probleem* **6.1** he's just going **through** a ~ *het is maar een bevlieging* **6.2** the ~s **of** the moon *de schijngestalten v.d. maan* **6.5** **in** ~ *in fase, gelijkfasig; corresponderend;* **out of** ~ *niet in fase, ongelijkfasig; niet corresponderend.*

phase² ⟨f1⟩⟨ov.ww.⟩ **0.1** ***faseren*** ⇒*in periodes doen verlopen* ◆ **1.1** the ~d introduction of *het geleidelijke invoeren v.* **5.1** a well- ~d programme *een goed gedoseerd programma* **5.¶** →phase **down;** →phase **in;** →phase **out.**

'phase 'down ⟨f1⟩⟨ov.ww.⟩ **0.1** ***geleidelijk elimineren*** ⇒*geleidelijk doen afvloeien/verdwijnen, geleidelijk opheffen, ophouden te produceren, uit de produktie nemen.*

'phase-down ⟨f1⟩⟨telb.zn.⟩ **0.1** ***geleidelijke eliminatie*** ⇒*geleidelijke wegwerking/verwijdering.*

'phase 'in ⟨f1⟩⟨ov.ww.⟩ **0.1** ***geleidelijk introduceren*** ⇒*geleidelijk invoeren.*

'phase 'out ⟨f1⟩⟨ov.ww.⟩ **0.1** ***geleidelijk elimineren*** ⇒*geleidelijk doen afvloeien/verdwijnen, geleidelijk opheffen/stopzetten, ophouden te produceren, uit de produktie nemen.*

'phase-out ⟨f1⟩⟨telb.zn.⟩ **0.1** ***geleidelijke eliminatie*** ⇒*geleidelijke wegwerking/verwijdering.*

'phase rule ⟨n.-telb.zn.⟩⟨schei.⟩ **0.1** ***fasenregel*** ⟨v. Gibbs⟩.

pha·sic ['feɪzɪk]⟨bn.⟩ **0.1** ***gefaseerd.***

phat·ic ['fætɪk]⟨bn.⟩⟨taalk.⟩ **0.1** ***fatisch*** ◆ **1.1** ~ communion *fatische communicatie;* the ~ level of speech *de fatische laag v. taal.*

Ph B ⟨afk.⟩ Bachelor of Philosophy.

Ph D ⟨afk.⟩ Doctor of Philosophy, Philosophiae Doctor.

pheas·ant ['feznt]⟨f2⟩⟨zn.; ook pheasant; →mv. 4⟩
I ⟨telb.zn.⟩ **0.1** ***fazant*** **0.2** ⟨AE⟩ ***boshoen;***
II ⟨n.-telb.zn.⟩ **0.1** ***(vlees v.e.) fazant.***

'pheas·ant-'eyed ⟨bn.⟩ **0.1** ⟨v. bloemen⟩ ***lijkend op het oog v.e. fazant.***

pheas·ant·ry ['fezntri]⟨telb.zn.; →mv. 2⟩ **0.1** ***fazantenpark/hok.***

'pheas·ant's-eye ⟨telb.zn.⟩⟨plantk.⟩ **0.1** ***(herfst)adonis*** ⟨Adonis annua/autumnalis⟩ **0.2** ***witte narcis*** ⟨Narcissus poeticus⟩ **0.3** ***grasanjer*** ⟨Dianthus plumarius⟩.

phe·nac·e·tin, ⟨AE ook⟩ **phe·nac·e·tine** [fɪ'næsɪtɪn]⟨n.-telb.zn.⟩ **0.1** ***fenacetine*** ⇒*acetylfenetidine.*

phenix →phoenix.

phe·no- ['fiːnou], **phen-** ['fiːn] **0.1** ***feno-/fen-*** ◆ **¶.1** phenolphthalein *fenolftaleïne.*

phe·no·bar·bi·tone ['fiːnou'bɑːbɪtoun||-'bɑr-], ⟨AE⟩ **phe·no·bar·bi·tal** [-bɪtl||-bɪtɔl]⟨n.-telb.zn.⟩ **0.1** ***fenobarbital*** ⇒*farmacol.*

phe·no·cryst ['fiːnəkrɪst]⟨telb.zn.⟩⟨mineralogie⟩ **0.1** ***fenokrist*** ⇒*eersteling, inzet.*

phe·nol ['fiːnɒl||-nəl, -nɑl]⟨n.-telb.zn.⟩⟨schei.⟩ **0.1** ***fenol*** ⇒*carbolzuur.*

phe·no·log·i·cal ['fiːnə'lɒdʒɪkl||-'lɑ-]⟨bn.⟩⟨vnl. biol.⟩ **0.1** ***fenologisch.***

phe·nol·o·gist [fɪ'nɒlədʒɪst||-'nɑ-]⟨telb.zn.⟩⟨vnl. biol.⟩ **0.1** ***beoefenaar der fenologie.***

phe·nol·o·gy [fɪ'nɒlədʒi||-'nɑ-]⟨n.-telb.zn.⟩⟨vnl. biol.⟩ **0.1** ***fenologie.***

phe·nom [fɪ'nɒm||fɪ'nɑm]⟨telb.zn.⟩⟨AE; inf.⟩ **0.1** ***uitblinker*** ⇒*fenomeen.*

phe·nom·e·nal [fɪ'nɒmɪnl||-'nɑ-]⟨f2⟩⟨bn.; -ly⟩ **0.1** ***fenomenaal*** ⇒*(zintuiglijk) waarneembaar* **0.2** ***fenomenaal*** ⇒*uitzonderlijk, schitterend* ◆ **1.1** the ~ sciences *de wetenschappen der waarneembare verschijnselen;* the ~ world *de waarneembare wereld, de wereld der uiterlijke verschijnselen* **1.2** ~ profits *fenomenale winsten;* ~ strength *uitzonderlijke kracht.*

phe·nom·e·nal·ism [fɪ'nɒmɪnəlɪzm||-'nɑ-]⟨n.-telb.zn.⟩⟨fil.⟩ **0.1** ***fenomenalisme.***

phe·nom·e·nal·ist [-lɪst]⟨telb.zn.⟩⟨fil.⟩ **0.1** ***aanhanger v.h. fenomenalisme.***

phe·nom·e·nal·is·tic [-'lɪstɪk]⟨bn.; -ally; →bijw. 3⟩⟨fil.⟩ **0.1** ***fenomenalistisch.***

phe·nom·e·no·log·i·cal [-'lɒdʒɪkl||-'lɑdʒɪkl]⟨bn.; -ly⟩ **0.1** ***fenomenologisch.***

phe·nom·e·nol·o·gist [fɪ'nɒmɪ'nɒlədʒɪst||fɪ'nɑmɪ'nɑ-]⟨telb.zn.⟩ **0.1** ***fenomenoloog.***

phe·nom·e·nol·o·gy [-'nɒlədʒi||-'nɑlədʒi]⟨n.-telb.zn.⟩ **0.1** ***fenomenologie*** ⇒*leer der verschijnselen.*

phe·nom·e·non [fɪ'nɒmɪnən||fɪ'nɑmɪnɑn, -nən]⟨f3⟩⟨telb.zn.; ook phenomena [-mɪnə]; →mv. 5⟩ **0.1** ***fenomeen*** ⇒*(waarneembaar) verschijnsel, natuurverschijnsel* **0.2** ⟨fil.⟩ ***fenomeen*** ⇒*verschijningsvorm* **0.3** ***fenomeen*** ⇒*wonder, bijzonderheid* ◆ **2.1** surrealism was an international ~ *het surrealisme was een internationaal verschijnsel* **6.3** that man is a ~ **at** arithmetic *die man is een rekenwonder.*

phe·no·type ['fiːnoutaɪp]⟨telb.zn.⟩⟨biol.⟩ **0.1** ***fenotype.***

phe·no·typ·ic ['fiːnou'tɪpɪk], **phe·no·typ·i·cal** [-ɪkl]⟨bn.; -(al)ly; →bijw. 3⟩⟨biol.⟩ **0.1** ***fenotypisch.***

phen·yl ['fenɪl, 'fiː-]⟨n.-telb.zn.⟩⟨schei.⟩ **0.1** ***fenyl.***

pher·o·mone ['ferəmoun]⟨telb.zn.⟩⟨biol.⟩ **0.1** ***feromoon.***

phew [pfff], **whew** [hju:]⟨f2⟩⟨tussenw.⟩ **0.1** *oef* ⇒*hè, poe*.
phi [faɪ]⟨telb.zn.⟩ **0.1** *phi* ⟨21e letter v.h. Griekse alfabet⟩.
phi·al ['faɪəl], **vial** ['vaɪəl]⟨f2⟩⟨telb.zn.⟩ **0.1** *fiool* ⇒*(medicijn)flesje*.
Phi Be·ta Kap·pa ['faɪ 'bi:tə 'kæpə‖-'beɪţə-]⟨eig.n.⟩⟨afk.⟩ philosophia biou kubernètès ⟨AE⟩ **0.1** ***Phi Beta Kappa*** ⟨oudste academische broederschap in de U.S.A.⟩.
Phil ⟨afk.⟩ Philadelphia, Philharmonic, Philippians, Philosophy, Philippines.
philabeg →filibeg.
Phil·a·del·phi·a Lawyer [fɪlə'delfɪə 'lɔɪə‖-ər]⟨telb.zn.⟩⟨AE⟩ **0.1** ***uitmuntend/geslepen jurist***.
phi·lan·der [fɪ'lændə‖-ər]⟨onov.ww.⟩ **0.1** ***achter de vrouwen/meisjes aanzitten*** ⇒*sjansen, op de versiertoer zijn*.
phi·lan·der·er [fɪ'lændrə‖-ər]⟨telb.zn.⟩ **0.1** ***rokkenjager*** ⇒*Don Juan, versierder*.
phil·an·throp·ic ['fɪlən'θrɒpɪk‖-'θrɑ-], **phil·an·throp·i·cal** [-ɪkl]⟨f1⟩⟨bn.;-(al)ly;→bijw.3⟩ **0.1** ***filantropisch*** ⇒*menslievend, liefdadig, humaan, welwillend* ◆ **1.1** ~ institutions *filantropische instellingen, liefdadigheidsinstellingen*.
phi·lan·thro·pist [fɪ'lænθrəpɪst], **phi·lan·thro·pe** ['fɪlənθroʊp]⟨f1⟩⟨telb.zn.⟩ **0.1** ***filantroop*** ⇒*mensenvriend*.
phi·lan·thro·pize, -pise [fɪ'lænθrəpaɪz]⟨ww.⟩
I ⟨onov.ww.⟩ **0.1** ***filantropisch handelen*** ⇒*de filantropie beoefenen;*
II ⟨ov.ww.⟩ **0.1** ***filantropisch behandelen*** ⇒*filantropisch maken*.
phi·lan·thro·py [fɪ'lænθrəpi]⟨f1⟩⟨n.-telb.zn.⟩ **0.1** ***filantropie*** ⇒*menslievendheid, liefdadigheid, humaniteit, welwillendheid*.
phil·a·tel·ic ['fɪlə'telɪk], **phil·a·tel·i·cal** [-ɪkl]⟨bn.;-(al)ly;→bijw.3⟩ **0.1** ***filatelistisch*** ◆ **1.1** ~ exhibition *filatelistische tentoonstelling*.
phi·lat·e·list [fɪ'læţlɪst]⟨telb.zn.⟩ **0.1** ***filatelist*** ⇒*postzegelverzamelaar*.
phi·lat·e·ly [fɪlæţli]⟨n.-telb.zn.⟩ **0.1** ***filatelie*** ⇒*postzegelkunde*.
-phile [faɪl], **-phil** [fɪl]⟨vormt nw. en bijv. nw.⟩ **0.1** ***-fiel*** ◆ **¶.1** Anglophil(e) *anglofiel;* bibliophil(e) *bibliofiel*.
Philem ⟨afk.⟩ Philemon.
phil·har·mon·ic[1] ['fɪlə'mɒnɪk, 'fɪl(h)ɑ:-‖'fɪlər'mɑ-, 'fɪl(h)ɑr-]⟨f1⟩⟨telb.zn.⟩ **0.1** ⟨P-⟩ ***filharmonisch orkest/genootschap*** **0.2** ⟨P-⟩ ***filharmonisch concert***.
philharmonic[2] ⟨f1⟩⟨bn.⟩ **0.1** ⟨P-⟩ ***filharmonisch*** ⇒*toonkunstminnend, muzieklievend* ◆ **1.1** ~ orchestra *filharmonisch orkest;* ~ society *filharmonisch genootschap;* the Royal Philharmonic Society *het Koninklijk Filharmonisch Genootschap*.
phil·hel·lene [fɪl'heli:n], **phil·hel·len·ist** [fɪl'helɪnɪst]⟨telb.zn.⟩ **0.1** ***filhelleen*** ⇒*graecofiel, Grieksgezinde*.
phil·hel·len·ic ['fɪlhe'li:nɪk‖-'lenɪk]⟨bn.⟩ **0.1** ***filhelleens*** ⇒*graecofiel, Grieksgezind*.
phil·hel·len·ism [fɪl'helɪnɪzm]⟨n.-telb.zn.⟩ **0.1** ***filhellenisme*** ⇒*graecofilie*.
-phil·i·a ['fɪlɪə]⟨vormt abstract nw.⟩ **0.1** ***-filie*** ◆ **¶.1** Anglophilia *anglofilie;* haemophilia *hemofilie;* necrophilia *necrofilie*.
-phil·i·ac ['fɪliæk]⟨vormt nw. en bijv. nw.⟩ **0.1** ***-fiel*** ◆ **¶.1** haemophiliac *hemofilie-patiënt, hemofiel;* necrophiliac *necrofiel*.
-phil·ic ['fɪlɪk], **-phi·lous** [fɪləs]⟨vormt bijv. nw.⟩ **0.1** ***-fiel*** ◆ **¶.1** bibliophilic *bibliofiel*.
Phi·lip·pi·an [fɪ'lɪpɪən]⟨zn.⟩
I ⟨telb.zn.⟩ **0.1** ***inwoner v. Filippi;***
II ⟨mv.; ~s; ww. enk.⟩⟨bijb.⟩ **0.1** ***(brief aan de) Filippenzen***.
phi·lip·pic [fɪ'lɪpɪk]⟨telb.zn.⟩ **0.1** ***filippica*** ⇒*strafrede, smaadrede* **0.2** ⟨vnl. F-⟩ ***Filippica*** ⟨redevoering v. Demosthenes of Cicero⟩.
phil·ip·pi·na ['fɪlɪ'pi:nə], **phil·ip·pine** [-pi:n], **phil·o·poe·na,** ⟨AE sp. ook⟩ **phil·o·pe·na** [-'pi:nə]⟨telb.zn.⟩ **0.1** ***filippine***.
Phi·lis·tine[1] ['fɪlɪstaɪn‖-sti:n]⟨f1⟩⟨zn.⟩
I ⟨eig.n.⟩ **0.1** ***Filistijn;***
II ⟨telb.zn.; p-⟩ **0.1** ***cultuurbarbaar*** ⇒*filister*.
Philistine[2] ⟨f1⟩⟨bn.⟩ **0.1** ***Filistijns*** **0.2** ⟨vaak p-⟩ ***acultureel*** ⇒*barbaars, alledaags, prozaïsch, droogstoppelig*.
Phi·lis·tin·ism ['fɪlɪstɪnɪzm]⟨n.-telb.zn.; ook p-⟩ **0.1** ***filisterij*** ⇒*platburgerlijkheid, bekrompenheid, ploertigheid, filisterdom*.
Phil·lips screw ['fɪlɪps skru:]⟨telb.zn.⟩ **0.1** ***kruiskopschroef***.
'Phillips screwdriver ⟨telb.zn.⟩ **0.1** ***kruiskopschroevedraaier***.
phil·lu·men·ist [fɪ'lu:mənɪst]⟨telb.zn.⟩ **0.1** ***fillumenist*** ⇒*verzamelaar v. lucifersdoosjes*.
Phil·ly ['fɪli]⟨eig.n.; ook attr.⟩⟨sl.⟩ **0.1** ***Philadelphia***.
phi·lo- ['fɪloʊ], **phil-** [fɪl] **0.1** ***filo-*** ⇒*fil-, -liefhebber, -vriend, -fiel* ◆ **¶.1** philobiblic *bibliofiel*.
phil·o·bib·lic ['fɪlə'bɪblɪk]⟨bn.⟩ **0.1** ***bibliofiel***.
phil·o·den·dron ['fɪlə'dendrən]⟨zn.; ook philodendra [-drə]; →mv. 5⟩⟨plantk.⟩
I ⟨eig.n.; P-⟩ **0.1** ***Philodendron*** ⟨genus v. klimheesters⟩;
II ⟨telb.zn.⟩ **0.1** ***philodendron*** ⇒*klim/slingerplant* ⟨als kamerplant⟩.
phil·o·log·i·cal ['fɪlə'lɒdʒɪkl‖-'lɑ-], **phil·o·log·ic** [-'lɒdʒɪk‖-'lɑ-]⟨f1⟩⟨bn.;-(al)ly;→bijw.3⟩ **0.1** ***filologisch***.
phi·lol·o·gist [fɪ'lɒlədʒɪst‖-'lɑ-], **phi·lol·o·ger** [-dʒə‖-dʒər], **phil·o·lo·gi·an** ['fɪlə'loʊdʒən]⟨f1⟩⟨telb.zn.⟩ **0.1** ***filoloog***.
phi·lol·o·gize [fɪ'lɒlədʒaɪz‖-'lɑ-]⟨ww.⟩
I ⟨onov.ww.⟩ **0.1** ***aan filologie doen;***
II ⟨ov.ww.⟩ **0.1** ***filologisch behandelen/onderzoeken***.
phi·lol·o·gy [fɪ'lɒlədʒi‖-'lɑ-]⟨f2⟩⟨n.-telb.zn.⟩ **0.1** ***filologie*** ⟨vnl. historische en/of vergelijkende taal- en literatuurwetenschap⟩.
phil·o·mel ['fɪləmel], **phil·o·me·la** [-'mi:lə]⟨telb.zn.; ook P-⟩⟨schr.⟩ **0.1** ***filomeel*** ⇒*nachtegaal*.
philopena →philippina.
philopoena →philippina.
phil·o·pro·gen·i·tive ['fɪloʊproʊ'dʒenəţɪv]⟨bn.⟩ **0.1** ***vruchtbaar*** ⇒*veel nageslacht voortbrengend* **0.2** ***kinderminnend*** **0.3** ***mbt. de liefde tot kinderen***.
phi·los·o·pher [fɪ'lɒsəfə‖fɪ'lɑsəfər]⟨f3⟩⟨telb.zn.⟩ **0.1** ***filosoof*** ⟨ook fig.⟩ ⇒*wijsgeer*.
phi'losopher's stone, phi'losophers' stone ⟨telb.zn.⟩ **0.1** ***steen der wijzen*** ⟨ook fig.⟩ ⇒*elixer*.
phil·o·soph·i·cal ['fɪlə'sɒfɪkl‖-'sɑ-], **phil·o·soph·ic** [-'sɒfɪk‖-'sɑfɪk]⟨f3⟩⟨bn.;-(al)ly;→bijw.3⟩ **0.1** ***filosofisch*** ⇒*wijsgerig* **0.2** ***filosofisch*** ⇒*kalm, gematigd, wijs, sereen*.
phi·los·o·phize, -phise [fɪ'lɒsəfaɪz‖-'lɑ-]⟨ww.⟩
I ⟨onov.ww.⟩ **0.1** ***filosoferen*** ⇒*speculeren, theoretiseren, moraliseren;*
II ⟨ov.ww.⟩ **0.1** ***filosofisch behandelen*** ⇒*bespiegelen, overpeinzen*.
phi·los·o·phy [fɪ'lɒsəfi‖-'lɑ-]⟨f3⟩⟨zn.;→mv.2⟩
I ⟨telb.zn.⟩ **0.1** ***filosofie*** ⇒*wijsgerig stelsel* **0.2** ***filosofie*** ⇒*levensbeschouwing, wereldbeschouwing, opvatting, bedoeling* ◆ **6.1** the ~ of Aristotle *de filosofie v. Aristoteles;*
II ⟨n.-telb.zn.⟩ **0.1** ***filosofie*** ⇒*(wetenschap der) wijsbegeerte* **0.2** ***sereniteit*** ⇒*gelijkmoedigheid, kalmte, bedaardheid* ◆ **2.1** moral ~ *moraalfilosofie;* natural ~ *natuurfilosofie*.
-phi·lous [fɪləs], **phil·ic** ['fɪlɪk] **0.1** ***-fiel*** ◆ **¶.1** hygrophilous *hygrofiel*.
phil·tre[1], ⟨AE sp.⟩ **phil·ter** ['fɪltə‖-ər]⟨telb.zn.⟩ **0.1** ***filtrum*** ⇒*drank;* ⟨i.h.b.⟩ *minnedrank, toverdrank*.
philtre[2], ⟨AE sp.⟩ **philter** ⟨ov.ww.⟩ **0.1** ***(als) onder de invloed v.e. filtrum brengen*** ⇒*ophitsen, fascineren, in vervoering brengen*.
-phi·ly [fəli]⟨vormt abstr. nw.⟩ **0.1** ***-filie*** ◆ **¶.1** hydrophily *hydrofilie*.
phi·mo·sis [faɪ'moʊsɪs]⟨telb. en n.-telb.zn.; phimoses [-si:z]; →mv. 5⟩⟨med.⟩ **0.1** ***fimosis*** ⇒*fimose*.
phiz [fɪz], **phiz·og** ['fɪzɒg‖'fɪzɑg]⟨telb.zn.; vnl. enk.⟩⟨verk.⟩ physiognomy ⟨vero.; BE; inf.⟩ **0.1** ***facie*** ⇒*tronie, gezicht, gelaatsuitdrukking*.
phle·bit·ic [flɪ'bɪţɪk]⟨bn.⟩⟨med.⟩ **0.1** ***mbt./v. flebitis*** ⇒*mbt./v. aderontsteking*.
phle·bi·tis [flɪ'baɪţɪs]⟨telb. en n.-telb.zn.; phlebitides; →mv. 5⟩⟨med.⟩ **0.1** ***flebitis*** ⇒*aderontsteking*.
phle·bot·o·mist [flɪ'bɒtəmɪst‖-'bɑţə-]⟨telb.zn.⟩⟨med.⟩ **0.1** ***aderlater***.
phle·bot·o·mize, -mise [flɪ'bɒtəmaɪz‖-'bɑţə-]⟨ww.⟩⟨med.⟩
I ⟨onov.ww.⟩ **0.1** ***flebotomie uitvoeren;***
II ⟨ov.ww.⟩ **0.1** ***aderlaten***.
phle·bot·o·my [flɪ'bɒtəmi‖-'bɑţə-]⟨telb. en n.-telb.zn.;→mv.2⟩⟨gesch.; med.⟩ **0.1** ***flebotomie*** ⇒*aderlating, venesectie*.
phlegm [flem]⟨f1⟩⟨n.-telb.zn.⟩ **0.1** ***slijm*** ⇒*fluim, kwalster, mucus* **0.2** ***flegma*** ⇒*onverstoorbaarheid, kalmte* **0.3** ***onverschilligheid*** ⇒*apathie*.
phleg·mat·ic [fleg'mæţɪk], **phleg·mat·i·cal** [-ɪkl]⟨f1⟩⟨bn.;-(al)ly; -ness;→bijw.3⟩ **0.1** ***flegmatiek*** ⇒*flegmatisch, onverstoorbaar, koel, ongevoelig*.
phleg·mon ['flegmɒn‖-mɑn]⟨telb. en n.-telb.zn.⟩⟨med.⟩ **0.1** ***flegmone*** ⇒*flegmoon, bindweefselontsteking, (bloed)zweer*.
phlegm·y ['flemi]⟨bn.⟩ **0.1** ***fluimachtig*** ⇒*slijmachtig, slijmerig, viskeus* ◆ **1.1** ~ cough *slijmhoest, kinkhoest*.
phlo·em ['floʊəm]⟨n.-telb.zn.⟩⟨plantk.⟩ **0.1** ***floëem*** ⇒*bastweefsel*.
phlo·gis·tic [flɒ'dʒɪstɪk‖floʊ-]⟨bn.⟩ **0.1** ⟨schei.⟩ ***mbt. flogiston*** **0.2** ⟨med.⟩ ***ontstekings-*** ⇒*ontstoken*.
phlo·gis·ton [flɒ'dʒɪstən‖floʊ-]⟨n.-telb.zn.⟩⟨schei.⟩ **0.1** ***flogiston***.
phlox [flɒks‖flɑks]⟨telb.zn.; ook phlox; →mv. 4⟩⟨plantk.⟩ **0.1** ***flox*** ⇒*vlambloem, herfstsering* ⟨fam. Polemoniaceae⟩.
-phobe [foʊb] **0.1** ***-foob*** ⇒*-hater, pers. met -fobie* ◆ **¶.1** xenophobe *vreemdelingenhater*.
pho·bi·a ['foʊbɪə]⟨telb.zn.⟩ **0.1** ***fobie*** ⇒*angst(beklemming), (ziekelijke) vrees, afkeer*.
-pho·bi·a ['foʊbɪə] **0.1** ***-fobie*** ◆ **¶.1** agoraphobia *agorafobie*.
pho·bic[1] ['foʊbɪk]⟨telb.zn.⟩ **0.1** ***persoon met een fobie*** ⇒*fobie-patiënt*.

phobic[2] ⟨bn.⟩ **0.1** ***gekenmerkt door een fobie.***

-pho·bic ['foubɪk] **0.1** ***-foob*** **0.2** ***met -fobie*** ⇒*hatend.*

pho·ca ['foukə]⟨telb.zn.⟩⟨dierk.⟩ **0.1** ⟨soort⟩ ***rob*** ⇒⟨vnl.⟩ *(gewone) zeehond* ⟨Phoca vitulina⟩.

phoe·be ['fi:bi]⟨zn.⟩
I ⟨eig.n., n.-telb.zn.; P-⟩ **0.1** ***Phoebe*** ⇒*Febe, de maan;*
II ⟨telb.zn.⟩⟨dierk.⟩ **0.1** ⟨soort⟩ ***Tyranvliegenvanger*** ⟨Sayornis phoebe⟩;
III ⟨n.-telb.zn.; P-⟩⟨sl.⟩ **0.1** ***vijf*** ⟨bij dobbelen⟩.

Phoe·bus ['fi:bəs]⟨eig.n.⟩ **0.1** ***Phoebus*** ⇒*Febus, de lichtende.*

Phoe·ni·cian[1] [fɪ'ni:ʃn]⟨zn.⟩
I ⟨eig.n.⟩ **0.1** ***Fenicisch*** ⇒*de Fenicische taal;*
II ⟨telb.zn.⟩ **0.1** ***Feniciër.***

Phoenician[2] ⟨bn.⟩ **0.1** ***Fenicisch.***

phoe·nix, ⟨AE sp. ook⟩ **phe·nix** ['fi:nɪks]⟨f2⟩⟨telb.zn.⟩ **0.1** ***feniks*** ⟨ook fig.⟩ ⇒*unicum, zeldzaamheid.*

pho·las ['fouləs]⟨telb.zn.; pholades [-lədi:z]; →mv. 5⟩⟨dierk.⟩ **0.1** ***gewone boormossel*** ⟨Pholas dactylus⟩.

phon [fɒn‖fɑn]⟨telb.zn.⟩⟨nat.⟩ **0.1** ***foon*** ⟨eenheid v. luidheid⟩.

phon- [foun] **0.1** ***fon(e)-*** ◆ **¶.1** phoneme *foneem;* phonetics *fonetiek.*

pho·nate ['fou'neɪt‖'founeɪt]⟨onov.ww.⟩ **0.1** ***spraakklanken produceren*** ⇒*stemgeluid voortbrengen, de stembanden doen trillen.*

pho·na·tion [fou'neɪʃn]⟨n.-telb.zn.⟩ **0.1** ***produktie v. spraakklanken*** ⇒*het voortbrengen v. stem, fonatie.*

phone[1] [foun]⟨f3⟩⟨telb.zn.⟩ **0.1** ⟨inf.⟩ ***telefoon*** **0.2** ⟨taalk.⟩ ***spraakklank.***

phone[2] ⟨f3⟩⟨onov. en ov.ww.⟩⟨inf.⟩ **0.1** ***telefoneren*** ⇒*opbellen* ◆ **5.1** ~ **back** *terugbellen;* →phone **in;** ~ **up** *opbellen.*

-phone [foun] **0.1** ***-foon*** **0.2** ***-foon*** ⇒*-talig* ◆ **¶.1** dictaphone *dictafoon* **¶.2** francophone *francofoon, Franstalig, Franssprekend.*

'phone-booth ⟨telb.zn.⟩ **0.1** ***telefooncel*** ⇒*spreekcel.*

'phone call ⟨f1⟩⟨telb.zn.⟩ **0.1** ***telefoontje.***

'phone·card ⟨telb.zn.⟩ **0.1** ***tele(foon)kaart*** **0.2** ***kaarttelefoon*** ⇒*telemaat* ⟨werkt alleen op tele(foon)kaarten⟩.

'phone 'in ⟨onov. en ov.ww.⟩⟨BE⟩ **0.1** ***deelnemen aan een radio- of televisieprogramma via de telefoon*** ◆ **1.1** listeners can ~ their questions to Radio 3's request programme *luisteraars kunnen via de telefoon hun vragen kwijt in het verzoekprogramma v. Radio 3.*

'phone-in ⟨telb.zn.⟩⟨BE⟩ **0.1** ***opbelprogramma*** ⇒*radio/t.v.-programma met deelname v. luisteraars/kijkers* ⟨via telefoon⟩.

pho·neme ['founi:m]⟨f1⟩⟨telb.zn.⟩⟨taalk.⟩ **0.1** ***foneem.***

pho·ne·mic [fə'ni:mɪk], **pho·ne·mat·ic** ['founɪ'mæt̬ɪk]⟨f1⟩⟨bn.; -ally; →bijw. 3⟩⟨taalk.⟩ **0.1** ***fonologisch*** ⇒*fonemisch.*

pho·ne·mics [fə'ni:mɪks]⟨n.-telb.zn.⟩⟨taalk.⟩ **0.1** ***fonologie*** ⇒*studie v.d. fonemen* ⟨vooral Am. structuralistisch⟩.

pho·net·ic [fə'net̬ɪk]⟨f1⟩⟨bn.; -ally; →bijw. 3⟩⟨taalk.⟩ **0.1** ***fonetisch*** ◆ **1.1** ~ alphabet *fonetisch alfabet;* ~ spelling *fonetische spelling.*

pho·ne·ti·cian ['founɪ'tɪʃn], **pho·net·i·cist** [fə'net̬ɪsɪst]⟨f1⟩⟨telb.zn.⟩⟨taalk.⟩ **0.1** ***foneticus.***

pho·net·i·cize, -cise [fou'net̬ɪsaɪz]⟨ov.ww.⟩⟨taalk.⟩ **0.1** ***fonetisch spellen*** ⇒*fonetisch maken.*

pho·net·ics [fə'net̬ɪks]⟨f1⟩⟨n.-telb.zn.⟩⟨taalk.⟩ **0.1** ***fonetiek*** ⇒*fonetica, klankleer, uitspraak(leer).*

pho·ne·tist ['founət̬ɪst]⟨telb.zn.⟩⟨taalk.⟩ **0.1** ***foneticus*** **0.2** ***voorstander v. fonetische spelling.***

pho·ney[1], **pho·ny** ['founi]⟨f2⟩⟨telb.zn.; →mv. 2⟩⟨sl.⟩ **0.1** ***valsaard*** ⇒*gluiper(d), bedrieger, huichelaar* **0.2** ***namaaksel*** ⇒*nep, namaak, bedrog* **0.3** ***opschepper*** ⇒*patser, snob.*

phoney[2], **phony** ⟨f2⟩⟨bn.; phonier; phonily; ook phoniness; →bijw. 3⟩⟨sl.⟩ **0.1** ***vals*** ⇒*nagemaakt, onecht, bedrieglijk, voorgewend, nep.*

'phoney 'up ⟨onov.ww.⟩⟨sl.⟩ **0.1** ***opkloppen*** ⇒*liegen, overdrijven.*

phon·ic ['fɒnɪk‖'fɑ-]⟨bn.; -ally; →bijw. 3⟩ **0.1** ***(spraak)klank-*** ⇒*fonisch, akoestisch.*

phon·ics ['fɒnɪks‖'fɑ-]⟨n.-telb.zn.⟩ **0.1** ***geluidsleer*** ⇒*acustica, gehoorleer* **0.2** ***fonetische leesmethode.***

pho·no ['founou]⟨telb.zn.⟩⟨verk.⟩ phonograph ⟨AE; inf.⟩ **0.1** ***grammofoon.***

pho·no- ['founou] **0.1** ***fono-*** ◆ **¶.1** phonolite *fonoliet, klinksteen;* phonometer *fonometer.*

pho·no·gram ['founəgræm]⟨telb.zn.⟩ **0.1** ***klankteken*** ⇒*fonetisch teken* **0.2** ***fonogram*** ⇒*fonografische opname.*

pho·no·graph[1] ['founəgrɑ:f‖-græf]⟨f2⟩⟨telb.zn.⟩ **0.1** ***fonograaf*** **0.2** ⟨vnl. AE⟩ ***grammofoon.***

phonograph[2] ⟨ov.ww.⟩ **0.1** ***opnemen/weergeven door de fonograaf*** ⇒*fonografisch opnemen/weergeven.*

pho·no·graph·ic ['founə'græfɪk]⟨bn.; -ally; →bijw. 3⟩ **0.1** ***fonografisch.***

pho·nog·ra·phy [fou'nɒgrəfi‖-'nɑ-]⟨n.-telb.zn.⟩ **0.1** ***fonetische transcriptie*** **0.2** ***fonetische stenografie*** **0.3** ***fonografie.***

pho·no·lite ['founəlaɪt]⟨n.-telb.zn.⟩ **0.1** ***fonoliet.***

pho·no·log·i·cal ['fɒnə'lɒdʒɪkl‖'founə'lɑdʒɪkl], ⟨zelden⟩ **pho·no·log·ic** [-lɒdʒɪk‖-'lɑdʒɪk]⟨f1⟩⟨bn.; -(al)ly; →bijw. 3⟩ ⟨taalk.⟩ **0.1** ***fonologisch*** **0.2** ***v./mbt. de fonetiek/uitspraak*** ⟨vnl. in Am. structuralisme⟩.

pho·nol·o·gist [fə'nɒlədʒɪst‖-'nɑ-]⟨telb.zn.⟩⟨taalk.⟩ **0.1** ***fonoloog*** **0.2** ***fonoloog-foneticus*** ⟨vnl. in Am. structuralisme⟩.

pho·nol·o·gy [fə'nɒlədʒi‖-'nɑ-]⟨f1⟩⟨telb. en n.-telb.zn.; →mv. 2⟩ ⟨taalk.⟩ **0.1** ***fonologie*** **0.2** ***foniek*** ⟨vnl. in Am. structuralisme⟩.

pho·nom·e·ter [fə'nɒmɪtə‖fə'nɑmɪt̬ər]⟨telb.zn.⟩ **0.1** ***fonometer*** ⇒*geluidsmeter.*

pho·non ['founɒn‖-nɑn]⟨telb.zn.⟩⟨nat.⟩ **0.1** ***fonon.***

pho·no·scope ['founəskoup]⟨telb.zn.⟩ **0.1** ***fonoscoop*** ⇒*klankschouwer.*

pho·no·type ['founətaɪp]⟨zn.⟩⟨druk.⟩
I ⟨telb.zn.⟩ **0.1** ***fonetisch letterteken;***
II ⟨telb. en n.-telb.zn.⟩ **0.1** ***fonetisch lettertype*** ⇒*fonetisch gedrukte tekst.*

pho·nus bo·lo·nus ['founəs bə'lounəs]⟨n.-telb.zn.; the⟩⟨sl.⟩ **0.1** ***rotzooi*** ⇒*namaak, troep.*

phony →phoney.

phoo·ey ['fu:i]⟨tussenw.⟩ **0.1** ***poe*** ⟨als uitdrukking v. afkeer/ongeloof⟩.

-phore [fɔ:‖fɔr] **0.1** ***-foor*** ◆ **¶.1** chromatophore *chromatofoor.*

-pho·re·sis [-fə'ri:sɪs] **0.1** ***-forese*** ⇒*-overdracht.*

-pho·rous [fərəs] **0.1** ***-dragend*** ◆ **¶.1** ascophorous *sporendragend.*

phos·gene ['fɒzdʒi:n‖'fɑz-]⟨n.-telb.zn.⟩⟨schei.⟩ **0.1** ***fosgeen*** ⇒*carbonylchloride, koolstofoxychloride, mosterdgas.*

phos·phate ['fɒsfeɪt‖'fɑs-]⟨f1⟩⟨telb. en n.-telb.zn.⟩ **0.1** ⟨schei.⟩ ***fosfaat*** **0.2** ⟨vaak mv.⟩ ***(fosfaten bevattende) kunstmeststof*** **0.3** ***fosfaat bevattend bruisdrankje.***

'phosphate 'slag ⟨telb.zn.⟩ **0.1** ***fosfaatslak.***

phos·phat·ic [fɒs'fætɪk‖fɑs'fæt̬ɪk]⟨bn.⟩⟨schei.⟩ **0.1** ***fosfaat-*** ⇒*fosfaathoudend.*

phos·phene ['fɒsfi:n‖'fɑs-]⟨telb.zn.⟩ **0.1** ***verschijning v. lichtringen bij externe druk op oogbal.***

phos·phide ['fɒsfaɪd‖'fɑs-], **phos·phid** [-fɪd]⟨telb. en n.-telb.zn.⟩ ⟨schei.⟩ **0.1** ***fosfide.***

phos·phine ['fɒsfi:n‖'fɑs-], **phos·phin** [-fɪn]⟨telb. en n.-telb.zn.⟩ ⟨schei.⟩ **0.1** ***fosfine*** ⇒*gasvormig fosforwaterstof.*

phos·phite ['fɒsfaɪt‖'fɑs-]⟨telb. en n.-telb.zn.⟩⟨schei.⟩ **0.1** ***fosfiet.***

phos·pho- ['fɒsfou‖'fɑs-] **0.1** ***fosfo-*** ◆ **¶.1** phosphoprotein *fosfoproteïne.*

phos·phor ['fɒsfə‖'fɑsfər]⟨f1⟩⟨telb. en n.-telb.zn.⟩ **0.1** ***fosforescerende stof*** **0.2** →phosphorus.

phos·pho·rate ['fɒsfəreɪt‖'fɑs-]⟨ov.ww.⟩⟨schei.⟩ **0.1** ***met fosfor verbinden/impregneren.***

'phosphor 'bronze ⟨n.-telb.zn.⟩ **0.1** ***fosforbrons.***

phos·pho·resce ['fɒsfə'res‖'fɑs-]⟨onov.ww.⟩ **0.1** ***fosforesceren.***

phos·pho·res·cence ['fɒsfə'resns‖'fɑs-]⟨n.-telb.zn.⟩ **0.1** ***fosforescentie.***

phos·pho·res·cent ['fɒsfə'resnt‖'fɑs-]⟨f1⟩⟨bn.; -ly⟩ **0.1** ***fosforescerend.***

phos·phor·ic [fɒs'fɒrɪk‖fɑs'fɔ-]⟨bn.⟩⟨schei.⟩ **0.1** ***fosfor-*** ⇒*fosforisch, fosforachtig, fosforhoudend* ⟨vijfwaardig⟩ ◆ **1.1** ~ acid *(ortho)fosforzuur.*

phos·pho·rism ['fɒsfərɪzm‖'fɑs-]⟨telb. en n.-telb.zn.⟩ **0.1** ***fosforvergiftiging.***

phos·pho·rite ['fɒsfəraɪt‖'fɑs-]⟨n.-telb.zn.⟩ **0.1** ***fosforiet.***

phos·pho·rous ['fɒsfrəs‖'fɑs-]⟨f1⟩⟨bn.⟩⟨schei.⟩ **0.1** ***fosfor-*** ⇒*fosforisch, fosforachtig, fosforhoudend* ◆ **1.1** ~ acid *fosforigzuur.*

phos·pho·rus ['fɒsfrəs‖'fɑs-]⟨n.-telb.zn.⟩⟨schei.⟩ **0.1** ***fosfor*** ⇒*fosforus* ⟨element 15⟩.

phos·sy ['fɒsi‖'fɑsi]⟨bn., attr.⟩⟨inf.⟩ **0.1** ***fosfor-*** ◆ **1.¶** ~ jaw *kaakgangreen* ⟨door fosforvergiftiging⟩.

phot [fɒt, fout‖fɑt, fout]⟨telb.zn.⟩⟨nat.⟩ **0.1** ***fot*** ⟨lichteenheid⟩.

pho·tic ['fout̬ɪk]⟨bn.; -ally⟩ **0.1** ***foto-*** ⇒*licht-* **0.2** ***binnen het bereik v. zonlicht*** ⟨mbt. water⟩.

pho·to ['fout̬ou]⟨f1⟩⟨telb.zn.⟩⟨verk.⟩ photograph ⟨inf.⟩ **0.1** ***foto.***

pho·to- ['fout̬ou] **0.1** ***foto-*** ◆ **¶.1** photocell *fotocel.*

'pho·to·call, ⟨AE vnl.⟩ **'photo opportunity** ⟨telb.zn.⟩ **0.1** ***fotosessie*** ⟨i.h.b. voor de pers⟩ ⇒*foto-uurtje.*

pho·to·cell ['fout̬ousel]⟨telb.zn.⟩ **0.1** ***fotocel*** ⇒*foto-elektrische cel, foto-kathodebuis, elektronisch oog.*

pho·to·chem·i·cal [-'kemɪkl]⟨bn.; -ly⟩ **0.1** ***fotochemisch.***

pho·to·chem·is·try [-'kemɪstri]⟨n.-telb.zn.⟩ **0.1** ***fotochemie.***

pho·to·chro·mic [-'kroumɪk]⟨bn.⟩ **0.1** ***fotochromisch*** ◆ **1.1** ~ glass *fotochromisch glas.*

pho·to·chro·mism [-'kroumɪzm]⟨n.-telb.zn.⟩ **0.1** ***fotochromie.***

pho·to·com·po·si·tion [-kɒmpə'zɪʃn‖-kɑm-]⟨n.-telb.zn.⟩⟨AE; druk.⟩ **0.1** ***fototypografie*** ⇒*het fotografisch zetten.*

pho·to·con·duc·tiv·i·ty [-kɒndʌk'tɪvəti‖-kɑndʌk'tɪvəṭi]⟨n.-telb.zn.⟩ ⟨nat.⟩ **0.1** ***fotogeleidingsvermogen.***

pho·to·cop·i·er [-kɒpɪə‖-kɑpɪər]⟨f1⟩⟨telb.zn.⟩ **0.1** ***fotokopieerapparaat*** ⇒*fotokopieertoestel.*

pho·to·cop·y[1] [-kɒpi‖-kɑpi]⟨f1⟩⟨telb.zn.; →mv. 2⟩ **0.1** ***fotokopie.***

photocopy[2] ⟨f1⟩⟨ov.ww.; →ww. 7⟩ **0.1** ***fotokopiëren*** ⇒*een fotokopie maken v..*

pho·to·e·lec·tric [-ɪ'lektrɪk], **pho·to·e·lec·tri·cal** [-ɪkl]⟨f1⟩⟨bn.; -(al) ly; →bijw. 3⟩ **0.1** ***foto-elektrisch*** ◆ **1.1** ~ cell *foto-elektrische cel, fotocel, foto-kathodebuis, elektronisch oog.*

'photo 'finish ⟨f1⟩⟨telb.zn.⟩⟨ook fig.⟩ **0.1** ***fotofinish.***

'photo-finish 'camera ⟨telb.zn.⟩⟨sport⟩ **0.1** ***fotofinish-camera.***

Pho·to·fit ['foʊṭoʊfɪt]⟨telb.zn.; ook p-; ook attr.⟩ **0.1** ***robotfoto*** ⇒*compositiefoto.*

pho·to·flash [-flæʃ]⟨telb.zn.⟩ **0.1** ***flitslampje.***

pho·tog ['foʊtɒg,fə'tɒg‖'foʊṭɑg,fə'tɑg]⟨telb.zn.⟩⟨sl.⟩ **0.1** ***fotograaf.***

pho·to·gen·ic ['foʊṭoʊ'dʒenɪk]⟨f1⟩⟨bn.; -ally⟩ **0.1** ***lichtgevend*** ⇒*lichtend, luminescent* **0.2** ***fotogeniek.***

pho·to·gram ['foʊṭəgræm]⟨telb.zn.⟩⟨foto.⟩ **0.1** ***foto*** **0.2** ***fotogram.***

pho·to·gram·me·try ['foʊṭə'græmɪ̥tri]⟨n.-telb.zn.⟩ **0.1** ***fotogrammetrie.***

pho·to·graph[1] ['foʊtəgrɑ:f‖'foʊṭəgræf]⟨f3⟩⟨telb.zn.⟩ **0.1** ***foto*** ⇒*fotografie, portret* ◆ **3.1** have one's ~ taken *zich laten fotograferen;* take a ~ *een foto nemen/maken.*

photograph[2] ⟨f2⟩⟨ww.⟩

I ⟨onov.ww.⟩ **0.1** ***zich laten fotograferen*** ◆ **5.1** she ~s well/badly *ze laat zich goed/slecht fotograferen;*

II ⟨onov. en ov.ww.⟩ **0.1** ***fotograferen*** ⇒*foto's maken; een foto nemen v..*

pho·tog·ra·pher [fə'tɒgrəfə‖-'tɑgrəfər]⟨f2⟩⟨telb.zn.⟩ **0.1** ***fotograaf/grafe*** ◆ **2.1** amateur ~ *amateur-fotograaf;* professional ~ *(beroeps)fotograaf.*

pho·to·graph·ic ['foʊṭə'græfɪk], **-i·cal** [-ɪkl]⟨f2⟩⟨bn.; -(al)ly; →bijw. 3⟩ **0.1** ***fotografisch*** ⇒*fotografie-* ◆ **1.1** ~ goods *fotografie-benodigdheden;* a ~ lens *een fotografische lens;* a ~ memory *een fotografisch geheugen.*

pho·tog·ra·phy [fə'tɒgrəfi‖-'tɑ-]⟨f2⟩⟨n.-telb.zn.⟩ **0.1** ***fotografie.***

pho·to·gra·vure ['foʊtəgrə'vjʊə‖'foʊṭəgrə'vjʊr]⟨telb. en n.-telb.zn.⟩ **0.1** ***fotogravure.***

'pho·to'jour·nal·ist ⟨telb.zn.⟩ **0.1** ***fotojournalist(e)*** ⇒*persfotograaf/grafe.*

pho·to·li·thog·ra·phy ['foʊtoʊlɪ'θɒgrəfi‖'foʊṭoʊlɪ'θɑ-]⟨n.-telb.zn.⟩ **0.1** ***fotolithografie*** ⇒*lichtsteendruk.*

pho·tol·y·sis [foʊ'tɒlɪsɪs‖-'tɑ-]⟨n.-telb.zn.⟩⟨schei.⟩ **0.1** ***fotolyse*** ⇒*fotochemische ontleding.*

pho·tom·e·ter [foʊ'tɒmɪ̥tə‖-'tɑmɪ̥ṭər]⟨telb.zn.⟩ **0.1** ***fotometer*** ⇒*lichtmeter.*

pho·to·met·ric ['foʊṭə'metrɪk], **pho·to·met·ri·cal** [-ɪkl]⟨bn.; -(al)ly; →bijw. 3⟩ **0.1** ***fotometrisch.***

pho·tom·e·try [foʊ'tɒmɪ̥tri‖-'tɑ-]⟨n.-telb.zn.⟩⟨nat.⟩ **0.1** ***fotometrie.***

pho·to·mi·cro·graph ['foʊtə'maɪkrəgrɑ:f‖'foʊṭə'maɪkrəgræf] ⟨telb.zn.⟩ **0.1** ***microfoto.***

pho·to·mi·crog·ra·phy [-maɪ'krɒgrəfi‖-'krɑ-]⟨n.-telb.zn.⟩ **0.1** ***microfotografie.***

'pho·to·mon'tage ⟨telb. en n.-telb.zn.⟩ **0.1** ***fotomontage.***

pho·ton ['foʊtɒn‖'foʊtɑn]⟨telb.zn.⟩⟨nat.⟩ **0.1** ***foton*** ⇒*lichtquant.*

'pho·to-'off·set ⟨n.-telb.zn.⟩ **0.1** ***foto-offset.***

photo opportunity →photocall.

pho·to·pe·ri·od ['foʊṭoʊpɪərɪəd‖-pɪr-]⟨telb.zn.⟩⟨biol.⟩ **0.1** ***fotoperiode.***

pho·to·pe·ri·od·ism [-pɪərɪədɪzm‖-pɪrɪədɪzm]⟨n.-telb.zn.⟩⟨biol.⟩ **0.1** ***fotoperiodiciteit.***

pho·to·pho·bi·a ['foʊṭoʊ'foʊbɪə]⟨telb. en n.-telb.zn.⟩ **0.1** ***fotofobie*** ⇒*lichtschuwheid.*

pho·to·phone [-foʊn]⟨telb.zn.⟩ **0.1** ***fotofoon*** ⇒*lichttelefoon.*

pho·to·sen·si·tive [-'sensəṭɪv]⟨bn.⟩ **0.1** ***lichtgevoelig.***

pho·to·sen·si·ti·za·tion, -sa·tion [-sensɪ̥taɪ'zeɪʃn‖-sɪ̥ṭə-]⟨telb. en n.-telb.zn.⟩ **0.1** ***lichtgevoelig-making*** **0.2** ⟨med.⟩ ***fotosensibilisatie*** ⇒*lichtgevoelig-making.*

pho·to·sen·si·tize, -tise [-'sensɪ̥taɪz]⟨ov.ww.⟩ **0.1** ***lichtgevoelig maken.***

pho·to·set·ting ['foʊtoʊseṭɪŋ]⟨n.-telb.zn.⟩⟨druk.⟩ **0.1** ***fototypografie*** ⇒*het fotografisch zetten.*

pho·to·sphere ['foʊtəsfɪə‖'foʊṭəsfɪr]⟨n.-telb.zn.⟩ **0.1** ***fotosfeer.***

pho·to·spher·ic [-'sferɪk]⟨bn.⟩ **0.1** ***mbt. de fotosfeer.***

pho·to·stat[1] ['foʊṭəstæt]⟨telb.zn.; ook P-⟩ **0.1** ***fotokopie*** **0.2** ***fotokopieerapparaat*** ⇒*fotokopieertoestel* ⟨oorspr. handelsmerk⟩.

photostat[2] ⟨ov.ww.; ook P-; →ww. 7⟩ **0.1** ***fotokopiëren*** ⇒*een fotokopie maken v..*

pho·to·stat·ic ['foʊṭə'stæṭɪk]⟨bn.; ook P-⟩ **0.1** ***fotokopie-.***

pho·to·syn·the·sis ['foʊṭoʊ'sɪnθɪ̥sɪs]⟨n.-telb.zn.⟩⟨biol.⟩ **0.1** ***fotosynthese.***

pho·to·syn·thet·ic [-sɪn'θeṭɪk]⟨bn.; -ally; →bijw. 3⟩⟨biol.⟩ **0.1** ***fotosynthetisch.***

pho·to·te·leg·ra·phy [-tɪ̥'legrəfi]⟨n.-telb.zn.⟩ **0.1** ***beeldtelegrafie*** ⇒*facsimiletelegrafie.*

pho·to·ther·a·py [-'θerəpi], **pho·to·ther·a·peu·tics** [-θerə'pju:ṭɪks] ⟨n.-telb.zn.⟩ **0.1** ***fototherapie*** ⇒*lichttherapie.*

pho·to·trop·ic [-'trɒpɪk‖-'trɑpɪk]⟨bn.; -ally; →bijw. 3⟩⟨biol.⟩ **0.1** ***fototroop.***

pho·tot·ro·pism [foʊ'tɒtrəpɪzm‖-'tɑ-], **pho·tot·ro·py** [-trəpi]⟨n.-telb.zn.⟩⟨biol.⟩ **0.1** ***fototropie.***

pho·to·type ['foʊṭoʊtaɪp]⟨telb.zn.⟩ **0.1** ***fototypie*** ⇒*lichtdruk* **0.2** ***lichtdrukplaat.***

pho·to·vol·ta·ic [-vɒl'teɪɪk‖-vɑl-]⟨bn.⟩ **0.1** ***fotovoltaïsch*** ⟨elektrische spanning voortbrengend d.m.v. licht⟩.

phr, phrs ⟨afk.⟩ phrase.

phras·al ['freɪzl]⟨f1⟩⟨bn.; -ly⟩⟨taalk.⟩ **0.1** ***v./mbt./bestaand uit een woordgroep*** ◆ **1.1** ~ verb *woordgroep die als werkwoord fungeert* ⟨ww. en bijw. en/of vz.⟩.

phrase[1] [freɪz]⟨f3⟩⟨telb.zn.⟩ **0.1** ***fraseologie*** ⇒*uitdrukkingswijze, bewoordingen, zinsnede, dictie* **0.2** ***frase*** ⇒*spreekwijze, gezegde, uitdrukking* **0.3** ⟨taalk.⟩ ***constituent*** ⇒*woordgroep, zinsdeel, constructie* **0.4** ***kernspreuk*** ⇒*sententie, kernachtig gezegde* **0.5** ⟨muz.⟩ ***frase*** ◆ **1.1** a turn of ~ *stijl, uitdrukkingswijze* **2.3** participial ~ *participiumconstructie, deelwoordconstructie* **3.4** turn a ~ *een rake uitspraak doen* **3.¶** coin a ~ *een uitdrukking smeden, een neologisme bedenken;* ⟨iron.⟩ to coin a ~ *om het maar eens origineel uit te drukken, zogezegd* **6.1** in Shakespeare's ~ *in de bewoordingen v. Shakespeare.*

phrase[2] ⟨f2⟩⟨ov.ww.⟩ →phrasing **0.1** ***uitdrukken*** ⇒*verwoorden, formuleren, onder woorden brengen* **0.2** ⟨vnl. muz.⟩ ***fraseren*** ⇒*in frasen verdelen* ◆ **1.1** ~ one's thoughts *zijn gedachten uitdrukken/formuleren* **5.1** a politely-~d apology *een beleefd geformuleerde verontschuldiging.*

'phrase book ⟨f1⟩⟨telb.zn.⟩ **0.1** ***(ver)taalgids.***

'phrase·mak·er ⟨telb.zn.⟩ **0.1** ***fraseur*** ⇒*praatjesmaker.*

'phrase marker, 'p-mark·er ⟨telb.zn.⟩⟨taalk.⟩ **0.1** ***p(hrase)-marker*** ⇒*boom(structuur), boom/zinsdiagram.*

'phrase·mong·er ⟨telb.zn.⟩ **0.1** ***fraseur*** ⇒*praatjesmaker.*

phra·se·o·gram ['freɪzɪəgræm]⟨telb.zn.⟩ **0.1** ***(stenografisch) symbool voor uitdrukking/woordgroep.***

phra·se·o·log·i·cal ['freɪzɪə'lɒdʒɪkl‖-'lɑ-]⟨bn.; -ly⟩ **0.1** ***fraseologisch.***

phra·se·ol·o·gy ['freɪzi'ɒlədʒi‖-'ɑlə-]⟨f2⟩⟨telb. en n.-telb.zn.; →mv. 2⟩ **0.1** ***fraseologie*** ⇒*idioom, woordenkeus, stijl, uitdrukkingswijze* ◆ **2.1** scientific ~ *wetenschappelijk jargon.*

'phrase structure ⟨telb.zn.⟩⟨taalk.⟩ **0.1** ***constituentenstructuur.***

'phrase structure rule ⟨telb.zn.⟩⟨taalk.⟩ **0.1** ***herschrijfregel.***

phras·ing ['freɪzɪŋ]⟨f1⟩⟨zn.; (oorspr.) gerund v. phrase⟩

I ⟨telb.zn.⟩ **0.1** ***bewoording*** ⇒*uitdrukkingswijze;*

II ⟨telb. en n.-telb.zn.⟩⟨vnl. muz.⟩ **0.1** ***frasering.***

phre·at·ic [fri'æṭɪk]⟨bn.⟩⟨geol.⟩ **0.1** ***freatisch.***

phre·net·ic[1], **fre·net·ic** [frɪ'neṭɪk]⟨telb.zn.⟩⟨vero.⟩ **0.1** ***krankzinnige*** ⇒*bezetene, waanzinnige, razende.*

phrenetic[2], **frenetic, -i·cal** [frɪ'neṭɪkl]⟨bn.; -(al)ly; →bijw. 3⟩ **0.1** ***frenetiek*** ⇒*dol, bezeten, razend, koortsachtig, fanatiek.*

phren·ic ['frenɪk]⟨bn.⟩ **0.1** ⟨anat.⟩ ***mbt. het diafragma*** ⇒*mbt. het middenrif, diafragma-, middenrifs-* **0.2** ⟨vero.⟩ ***mentaal*** ⇒*v.d. geest.*

phren·o·log·ic ['frenə'lɒdʒɪk‖-'lɑ-], **phren·o·log·i·cal** [-ɪkl]⟨bn.; -ally; →bijw. 3⟩ **0.1** ***frenologisch*** ⇒*mbt. de schedelvorm.*

phre·nol·o·gist [frɪ'nɒlədʒɪst‖-'nɑ-]⟨telb.zn.⟩ **0.1** ***frenoloog*** ⇒*schedelkundige.*

phre·nol·o·gy [frɪ'nɒlədʒi‖-'nɑ-]⟨n.-telb.zn.⟩ **0.1** ***frenologie.***

Phryg·i·an[1] ['frɪdʒɪən]⟨zn.⟩

I ⟨eig.n.⟩ **0.1** ***Frygisch*** ⇒*de Frygische taal;*

II ⟨telb.zn.⟩ **0.1** ***Frygiër.***

Phrygian[2] ⟨bn.⟩ **0.1** ***Frygisch*** ◆ **1.1** ~ cap/bonnet *Frygische muts, vrijheidsmuts;* ⟨muz.⟩ ~ mode *Frygische toonschaal/toonaard.*

phthal·ic ['θælɪk]⟨bn.⟩⟨verk.⟩ naphthalic ⟨schei.⟩ **0.1** ***ftaal-*** ⇒*afgeleid v. naftaleen* ◆ **1.1** ~ acid *ftaalzuur.*

phthis·ic ['θaɪsɪk‖'tɪzɪk], **-i·cal** [-ɪkl]⟨bn.⟩⟨med.⟩ **0.1** ***teringachtig*** ⇒*tuberculeus.*

phthi·sis ['θaɪsɪs, 'taɪ-]⟨telb. en n.-telb.zn.⟩⟨med.⟩ **0.1** ***ftisis*** ⇒*(long)tering, (long)tuberculose.*

phut [fʌt]⟨bw.⟩⟨inf.⟩ **0.1** ***pfft*** ◆ **3.1** go ~ *in elkaar zakken, de pijp aan Maarten geven, op de fles gaan.*

phy·lac·ter·y [fɪ'lækt(ə)ri]⟨telb.zn.; →mv. 2⟩ **0.1** ***joodse gebedsriem*** **0.2** ***godsdienstijver*** ⇒*geloofsijver, vroomheidsvertoon* **0.3** ***fylacterion*** ⇒*beschermmiddel, amulet, talisman* **0.4** ***relikwieënkastje.***

phy·let·ic [faɪ'leṭɪk], **phy·lo·ge·net·ic** ['faɪloʊdʒɪ̥'neṭɪk]⟨bn.; -ally; →bijw. 3⟩⟨biol.⟩ **0.1** ***fylogenetisch.***

phyl·lo- ['fɪloʊ] **0.1** ***fyllo-*** ◆ **¶.1** phyllophagous *fyllofaag*.

phyl·lode ['fɪloʊd]⟨telb.zn.⟩ **0.1** ***fyllodium*** ⟨verbrede bladsteel zonder bladschijf⟩.

phyl·loph·a·gous [fɪ'lɒfəgəs‖-'lɑ-]⟨bn.⟩⟨dierk.⟩ **0.1** ***fyllofaag*** ⇒*bladetend*.

phyl·lo·pod[1] ['fɪləpɒd‖-pɑd], **phyl·lop·o·dan** [fɪ'lɒpədən‖-'lɑ-]⟨telb.zn.⟩⟨dierk.⟩ **0.1** ***bladpootkreeft*** ⟨Phyllopoda⟩.

phyllopod[2], **phyllopodan, phyl·lop·o·dous** [fɪ'lɒpədəs‖-'lɑ-]⟨bn.⟩⟨dierk.⟩ **0.1** ***fyllopood*** ⇒*bladpotig* **0.2** ***mbt. de bladpootkreeften***.

phyl·lo·tax·y ['fɪloʊ'tæksi], **phyl·lo·tax·is** [-sɪs]⟨telb. en n.-telb.zn.; 2e variant phyllotaxes; →mv. 2, 5⟩⟨plantk.⟩ **0.1** ***bladstand*** ⇒*fyllotaxis, fyllotaxie*.

phyl·lox·e·ra ['fɪlɒk'sɪərə‖fɪ'lɑksərə]⟨telb.zn.; phylloxerae [-ri:]; →mv. 5⟩⟨dierk.⟩ **0.1** ***phylloxera*** ⟨genus Phylloxera⟩ ⇒⟨i.h.b.⟩ *druifluis* ⟨P. vastatrix⟩.

phy·log·e·ny [fɪ'lɒdʒəni‖faɪ'lɑ-], **phy·lo·gen·e·sis** ['faɪloʊ'dʒenɪsɪs]⟨telb. en n.-telb.zn.; 2e variant phylogeneses [-si:z]; →mv. 2, 5⟩ **0.1** ***fylogenese*** ⇒*fylogenie*.

phy·lum ['faɪləm]⟨telb.zn.; phyla ['faɪlə]; →mv. 5⟩⟨biol.⟩ **0.1** ***fylum*** ⇒*stam, divisie*.

phys ⟨afk.⟩ physical, physician, physicist, physics, physiological, physiology.

phys·i- ['fɪzi], **phys·i·o-** ['fɪzioʊ] **0.1** ***fysi(o)*** ◆ **¶.1** physiatry *fysiatrie*.

phys·i·at·rics ['fɪzɪ'ætrɪks]⟨n.-telb.zn.⟩⟨AE⟩ **0.1** ***fysiotherapie***.

phys·ic[1] ['fɪzɪk]⟨f3⟩⟨zn.⟩
I ⟨telb. en n.-telb.zn.⟩⟨vero., beh. scherts.⟩ **0.1** ***medicijn*** ⇒*geneesmiddel, artsenij* ◆ **1.1** take a good dose of ~ *flink wat medicamenten tot zich nemen/pillen slikken;*
II ⟨n.-telb.zn.⟩ **0.1** ***geneeskunde*** ⇒*geneeskunst* **0.2** ***medisch ambt*** **0.3** ⟨vero.⟩ ***natuurkunde;***
III ⟨mv.; ~s; ww. vnl. enk.⟩ **0.1** ***fysica*** ⇒*natuurkunde, natuurwetenschap*.

physic[2] ⟨ov.ww.; physicked; →ww. 7⟩ **0.1** ***medicijn toedienen*** ⇒*genezen* ⟨ook fig.⟩ **0.2** ***een purgeermiddel geven***.

phys·i·cal[1] ['fɪzɪkl]⟨f3⟩⟨telb.zn.⟩⟨AE⟩ **0.1** ***lichamelijk onderzoek*** ⇒*medische keuring*.

physical[2] ⟨bn.; -ly⟩
I ⟨bn.⟩ **0.1** ***fysiek*** ⇒*natuurlijk, lichamelijk, natuur-* **0.2** ***materieel*** ◆ **1.1** ~ education, ⟨ook⟩ PE, ~ training, ⟨ook⟩ PT *lichamelijke oefening, gymnastiek;* ~ examination *lichamelijk onderzoek;* ~ exercise *lichaamsbeweging;* ~ forces *natuurlijke krachten;* ⟨scherts.⟩ ~ jerks *gym, lichamelijke oefening(en);* ~ medicine *fysiotherapie;* ⟨vnl. AE⟩ ~ therapy *fysische therapie, fysiotherapie;*
II ⟨bn., attr.⟩ **0.1** ***natuurkundig*** ⇒*fysisch* ◆ **1.1** ~ anthropology *fysische antropologie;* ~ chemistry *fysico-chemie, fysische chemie;* ~ geography *fysische geografie, natuurkundige aardrijkskunde;* ~ science *natuurkunde, natuurwetenschap* **1.¶** a ~ impossibility *absolute/technische onmogelijkheid* **2.¶** ~ly impossible *absoluut onmogelijk*.

phys·i·cal·ism ['fɪzɪkəlɪzm]⟨n.-telb.zn.⟩ **0.1** ***fysicalisme***.

phys·i·cal·ist ['fɪzɪkəlɪst]⟨telb.zn.⟩ **0.1** ***aanhanger v.h. fysicalisme***.

'physic garden ⟨telb.zn.⟩ **0.1** ***tuin met geneeskrachtige kruiden***.

phy·si·cian [fɪ'zɪʃn]⟨f3⟩⟨telb.zn.⟩⟨→sprw. 560⟩ **0.1** ***arts*** ⇒*dokter, medicus, geneesheer* ⟨vaak i.t.t. chirurg⟩, *internist* **0.2** ***genezer*** ⟨fig.⟩.

phy'sician's as'sistant ⟨telb.zn.⟩ **0.1** ***doktersassistent(e)***.

phys·i·cist ['fɪzɪsɪst]⟨f2⟩⟨telb.zn.⟩ **0.1** ***fysicus*** ⇒*natuurkundige*.

phys·ick·y ['fɪzɪki]⟨bn.⟩ **0.1** ***medicijnachtig***.

phys·i·co·chem·i·cal ['fɪzɪkoʊ'kemɪkl]⟨bn.; -ly⟩ **0.1** ***fysico-chemisch***.

phy·si·o ['fɪzioʊ]⟨zn.⟩⟨inf.⟩
I ⟨telb.zn.⟩ **0.1** ***fysiotherapeut(e);***
II ⟨n.-telb.zn.⟩ **0.1** ***fysio(therapie)***.

phys·i·oc·ra·cy ['fɪzi'ɒkrəsi‖-'ɑkrə-]⟨telb.zn.; →mv. 2⟩ **0.1** ***(regering volgens het) fysiocratisch systeem/denkbeeld***.

phys·i·o·crat ['fɪzioʊkræt‖'fɪzɪə-]⟨telb.zn.⟩ **0.1** ***fysiocraat***.

phys·i·og·nom·ic ['fɪzɪə'nɒmɪk‖-'(g)nɑmɪk], **phys·i·og·nom·i·cal** [-ɪkl]⟨bn.; -(al)ly; →bijw. 3⟩ **0.1** ***mbt. de fysionomie*** ⇒*gelaatkundig, gelaat-*.

phys·i·og·no·mist ['fɪzi'ɒnəmɪst‖-'ɑ(g)nə-]⟨telb.zn.⟩ **0.1** ***fysionomist*** ⇒*gelaatkundige*.

phys·i·og·no·my [fɪzi'ɒnəmi‖-'ɑ(g)nə-]⟨f1⟩⟨zn.; →mv. 2⟩
I ⟨telb.zn.⟩ **0.1** ***fysionomie*** ⇒*uiterlijk, gezicht, gelaat(suitdrukking)* **0.2** ***kenmerk*** ⇒*kenteken;*
II ⟨n.-telb.zn.⟩ **0.1** ***fysiognomiek*** ⇒*gelaatkunde* **0.2** ***natuurlijke kenmerken*** ⟨v.e. land, gebied enz.⟩.

phys·i·o·graph·ic ['fɪzɪə'græfɪk], **phys·i·o·graph·i·cal** [-ɪkl]⟨bn.; -(al)ly; →bijw. 3⟩ **0.1** ***mbt. de fysische geografie*** **0.2** ***fysiografisch***.

phys·i·og·ra·phy ['fɪzi'ɒgrəfi‖-'ɑgrə-]⟨n.-telb.zn.⟩ **0.1** ***fysische geografie*** ⇒*natuurkundige aardrijkskunde* **0.2** ***fysiografie*** ⇒*natuurbeschrijving*.

phys·i·o·log·ic ['fɪzɪə'lɒdʒɪk‖-'lɑ-], **-i·cal** [-ɪkl]⟨f2⟩⟨bn.; -(al)ly; →bijw. 3⟩ **0.1** ***fysiologisch*** ◆ **1.1** a ~al salt solution *een fysiologische zoutoplossing*.

phys·i·ol·o·gist ['fɪzi'ɒlədʒɪst‖-'ɑlə-]⟨telb.zn.⟩ **0.1** ***fysioloog***.

phys·i·ol·o·gy ['fɪzɪ'ɒlədʒi‖-'ɑlə-]⟨f2⟩⟨n.-telb.zn.⟩ **0.1** ***fysiologie*** ⇒*verrichtingsleer* **0.2** ***levensfuncties***.

phys·i·o·ther·a·pist ['fɪzioʊ'θerəpɪst]⟨f1⟩⟨telb.zn.⟩ **0.1** ***fysiotherapeut(e)***.

phys·i·o·ther·a·py ['fɪzioʊ'θerəpi]⟨f1⟩⟨n.-telb.zn.⟩ **0.1** ***fysiotherapie***.

phy·sique [fɪ'zi:k]⟨f1⟩⟨telb. en n.-telb.zn.⟩ **0.1** ***fysiek*** ⇒*lichaamsbouw/gestel*.

-phyte [faɪt]⟨biol.⟩ **0.1** ***-fyt*** ◆ **¶.1** saprophyte *saprofyt*.

-phyt·ic ['fɪtɪk]⟨biol.⟩ **0.1** ***-fytisch***.

phy·to- ['faɪtoʊ]⟨biol.⟩ **0.1** ***fyto-*** ◆ **¶.1** phytogeography *fytogeografie*.

phy·to·chem·is·try ['faɪtoʊ'kemɪstri]⟨n.-telb.zn.⟩⟨biol.⟩ **0.1** ***fytochemie***.

phy·to·gen·e·sis ['faɪtoʊ'dʒenɪsɪs], **phy·tog·e·ny** [faɪ'tɒdʒəni‖-'tɑ-]⟨n.-telb.zn.⟩ **0.1** ***ontstaan der planten*** **0.2** ***ontwikkeling der planten***.

phy·tog·ra·phy [faɪ'tɒgrəfi‖-'tɑ-]⟨n.-telb.zn.⟩ **0.1** ***fytografie*** ⇒*plantenbeschrijving, beschrijvende plantkunde*.

phy·to·mer ['faɪtəmə‖'faɪtəmər]⟨telb.zn.⟩ **0.1** ***plantedeel***.

phy·to·pa·thol·o·gy ['faɪtoʊpə'θɒlədʒi‖'faɪtoʊpə'θɑ-]⟨n.-telb.zn.⟩ **0.1** ***fytopathologie*** ⟨leer v.d. ziekten der planten⟩.

phy·toph·a·gous [faɪ'tɒfəgəs‖-'tɑ-]⟨bn.⟩ **0.1** ***plantenetend*** ⇒*fytofaag*.

phy·to·plank·ton ['faɪtə'plæŋktən‖'faɪtoʊ-]⟨n.-telb.zn.⟩ **0.1** ***fytoplankton*** ⟨plantaardige plankton⟩.

phy·to·tom·y [faɪ'tɒtəmi‖-'tɑtəmi]⟨n.-telb.zn.⟩ **0.1** ***fytotomie*** ⇒*plantenanatomie*.

phy·to·tox·ic ['faɪtə'tɒksɪk‖'faɪtə'tɑk-]⟨bn.⟩ **0.1** ***giftig voor planten***.

phy·to·zo·on [-'zoʊɒn‖-'zoʊɑn]⟨telb.zn.; phytozoa [-'zoʊə]; →mv. 5⟩ **0.1** ***zoöfiet*** ⇒*plantdier*.

pi[1] [paɪ]⟨f1⟩⟨zn.⟩
I ⟨telb.zn.⟩ **0.1** ***pi*** ⟨16e letter v.h. Griekse alfabet; ook wisk.⟩;
II ⟨telb. en n.-telb.zn.⟩ →pie.

pi[2] ⟨bn., pred.⟩⟨BE; sl.⟩ **0.1** ***braaf*** ⇒*heilig* ◆ **3.1** she is terribly ~ *zij is zo'n heilig boontje*.

pi[3] →pie.

pi·ac·u·lar [paɪ'ækjʊlə‖-'ækjələr]⟨bn.⟩ **0.1** ***zoen-*** ⇒*verzoenend* **0.2** ***zondig*** ⇒*verdorven, slecht, misdadig*.

piaffe[1] [pi'æf], **piaf·fer** [pi'æfə‖-ər]⟨telb. en n.-telb.zn.⟩⟨paardesport⟩ **0.1** ***piaffe*** ⟨verzamelde draf op de plaats⟩.

piaffe[2] ⟨onov.ww.⟩⟨paardesport⟩ **0.1** ***een piaffe maken***.

pi·a ma·ter ['paɪə'meɪtə‖-'meɪtər]⟨n.-telb.zn.⟩ **0.1** ***pia mater*** ⟨zachte hersenvlies⟩.

pi·a·ni·no ['pɪə'ni:noʊ]⟨telb.zn.⟩ **0.1** ***pianino*** ⟨gewone piano⟩.

pi·an·ism ['pɪənɪzm]⟨n.-telb.zn.⟩ **0.1** ***pianistiek***.

pi·a·nis·si·mo[1] ['pɪə'nɪsɪmoʊ]⟨telb.zn.; ook pianissimi [-mi]; →mv. 5⟩⟨muz.⟩ **0.1** ***pianissimo*** ⟨zeer zacht te spelen passage⟩.

pianissimo[2] ⟨bn.; bw.⟩⟨muz.⟩ **0.1** ***zeer zacht*** ⇒*pianissimo*.

pi·an·ist ['pɪənɪst‖pi'ænɪst]⟨f2⟩⟨telb.zn.⟩ **0.1** ***pianist(e)*** ⇒*pianospeler/speelster*.

pi·a·nis·tic ['pɪə'nɪstɪk]⟨bn.; -ally; →bijw. 3⟩ **0.1** ***goed piano kunnen spelen*** **0.2** ***piano-*** **0.3** ***aangepast voor de piano***.

pi·an·o[1] [pi'ænoʊ(in bet. 0.2)pi'ɑ:noʊ]⟨f3⟩⟨telb.zn.⟩ **0.1** ***piano*** ⇒*klavier* **0.2** ***piano*** ⟨zacht te spelen passage⟩.

piano[2] [pi'ɑ:noʊ]⟨bn.; bw.⟩⟨muz.⟩ **0.1** ***zacht*** ⇒*piano*.

pi'ano ac'cordion ⟨telb.zn.⟩ **0.1** ***accordeon*** ⇒*trekharmonica*.

pi·an·o·for·te [pi'ænoʊ'fɔ:ti‖-'fɔrti]⟨telb.zn.⟩ **0.1** ***piano*** ⇒*klavier*.

pi·a·no·la ['pɪə'noʊlə]⟨telb.zn.⟩ **0.1** ***pianola*** **0.2** ⟨ben. voor⟩ ***iets dat gemakkelijk is*** ⇒*kinderspel, makkie;* ⟨vero.; bridge⟩ *vlijer, leggertje, kinderkaart* ⟨oorspr. merknaam⟩.

pi'ano organ ⟨telb.zn.⟩ **0.1** ***piano-orgel***.

pi'ano player ⟨telb.zn.⟩ **0.1** ***pianist(e)*** **0.2** ***pianola***.

pi'ano stool ⟨telb.zn.⟩ **0.1** ***pianokruk*** **0.2** ***muziekstandaard voor piano***.

pi'ano tuner ⟨telb.zn.⟩ **0.1** ***pianostemmer/stemster***.

pi·as·sa·va ['pɪə'sɑ:və], **pi·as·sa·ba** [-'sɑ:bə]⟨n.-telb.zn.⟩ **0.1** ***piassava*** ⟨stijve borstelvezels uit de bladeren v. palmbomen⟩.

pi·as·tre, ⟨AE sp.⟩ **pi·as·ter** [pi'æstə‖-ər]⟨telb.zn.⟩ **0.1** ***piaster*** ⟨muntje in landen v.h. Midden-Oosten⟩.

pi·az·za [pi'ætsə]⟨telb.zn.⟩ **0.1** ***piazza*** ⇒*(markt)plein* **0.2** ⟨BE⟩ ***zuilengalerij*** ⇒*zuilengang* **0.3** ⟨AE⟩ ***veranda*** ⇒*buitengalerij*.

pi·broch ['pi:brɒk, -brɒx‖-brɑx]⟨telb.zn.⟩⟨muz.⟩ **0.1** ***serie variaties op een thema voor doedelzak*** ⟨vnl. mars- en treurmuziek⟩.

pic [pɪk]⟨telb.zn.; ook pix⟩⟨verk.⟩ picture ⟨inf.⟩ **0.1** ***foto*** ⇒*plaatje, illustratie* **0.2** ***film***.

pi·ca ['paɪkə]⟨zn.⟩

I ⟨telb.zn.⟩ **0.1** ***pica*** ⟨Angelsaksische typografische eenheid⟩;
II ⟨telb. en n.-telb.zn.⟩ ⟨med.⟩ **0.1** ***pica*** ⟨ziekelijke lust tot het eten v. bizarre dingen⟩;
III ⟨n.-telb.zn.⟩ **0.1** ***cicero*** ⟨drukletter v. 12 punten⟩.

pic·a·dor ['pɪkədɔ:‖-dɔr] ⟨telb.zn.; ook picadores [-'dɔ:ri:z]; →mv. 5⟩ **0.1** ***picador*** ⟨ruiter bij het stieregevecht⟩.

pic·a·resque ['pɪkə'resk] ⟨bn.⟩ **0.1** ***picaresk*** ⇒*schelmen-* ◆ **1.1** a ~ novel *een schelmenroman.*

pic·a·roon ['pɪkə'ru:n] ⟨telb.zn.⟩ **0.1** ***picaro*** ⇒*bandiet, schelm* **0.2** ***dief*** **0.3** ***piraat*** ⇒*kaper, zeerover* **0.4** ***piratenschip*** ⇒*kaper.*

pic·a·yune[1] ['pɪkə'ju:n] ⟨telb.zn.⟩ ⟨AE⟩ **0.1** ***geldstukje*** ⇒⟨i.h.b.⟩ *vijf dollarcent* **0.2** ⟨inf.⟩ ***kleinigheid*** ⇒*bagatel, prul* **0.3** ⟨inf.⟩ ***onbelangrijk pers.*** ⇒*nul* ◆ **2.1** not worth a ~ *geen stuiver waard.*

picayune[2], **pic·a·yun·ish** ['pɪkə'ju:nɪʃ] ⟨bn.⟩ ⟨AE⟩ **0.1** ***armzalig*** ⇒*miezerig, schamel, onbeduidend* **0.2** ***kleingeestig*** ⇒*pietluttig.*

pic·ca·lil·li ['pɪkə'lɪli] ⟨n.-telb.zn.⟩ ⟨cul.⟩ **0.1** ***piccalilli.***

pic·ca·nin·ny, ⟨AE sp.⟩ **pick·a·nin·ny** ['pɪkə'nɪni, 'pɪkənɪni] ⟨telb.zn.; →mv. 2⟩ ⟨vero.⟩ **0.1** ***negerkindje*** ⇒*nikkertje.*

pic·co·lo ['pɪkəloʊ] ⟨f1⟩ ⟨telb.zn.⟩ **0.1** ***piccolo(fluit)*** **0.2** ***piccolospeler/speelster.***

'piccolo player ⟨telb.zn.⟩ **0.1** ***piccolospeler/speelster*** **0.2** ⟨AE; sl.⟩ ***afzuiger/ster.***

pice [paɪs] ⟨telb.zn.; pice; →mv. 4⟩ ⟨Ind. E; geldw.⟩ **0.1** $^1/_{100}$ ***ropij*** **0.2** ⟨gesch.⟩ $^1/_4$ ***anna*** ⇒$^1/_{64}$ *ropij.*

pich·i·ci·e·go, pich·i·ci·a·go ['pɪtʃɪsi'eɪgoʊ, -'ɑgoʊ] ⟨telb.zn.⟩ ⟨dierk.⟩ **0.1** ***gordelmol*** ⟨Chlamyphorus truncatus⟩ **0.2** ***burmeister-gordelmol*** ⟨Burmeisteria retusa⟩.

pick[1] [pɪk] ⟨f2⟩ ⟨zn.⟩
I ⟨telb.zn.⟩ **0.1** ***pikhouweel*** **0.2** ⟨ben. voor⟩ ***puntig instrument(je)*** ⇒⟨muz.⟩ *plectrum; tandenstoker; slothaak, loper* **0.3** ***pluk*** ⇒*oogst;*
II ⟨n.-telb.zn.⟩ **0.1** ***keus*** ⇒*keur, selectie* **0.2** ⟨the⟩ ***beste*** ⇒*puikje* ◆ **1.2** the ~ of the bunch *het neusje v.d. zalm, de crème de la crème* **3.1** take your ~ *zoek maar uit.*

pick[2] ⟨f3⟩ ⟨ww.⟩ →picked, picking
I ⟨onov. en ov.ww.⟩ **0.1** ***(zorgvuldig) kiezen*** ⇒*selecteren, uitzoeken* **0.2** ***plukken*** ⇒*oogsten* **0.3** ***pikken*** ⟨v. vogels⟩ ⇒*bikken* **0.4** ***stelen*** ⇒*pikken, gappen* **0.5** ***met kleine hapjes eten*** ⇒*kieskauwen (met), peuzelen/knabbelen (aan)* ◆ **1.1** ⟨sport⟩ ~ sides *teams kiezen;* ~ one's steps/way *voorzichtig een weg zoeken;* ⟨fig.⟩ *behoedzaam te werk gaan;* ~ the winner *op het goede/winnende paard wedden;* ~ one's words *zijn woorden zorgvuldig kiezen, zijn woorden wikken en wegen* **3.1** ~ and choose *zorgvuldig kiezen, kieskeurig zijn* **3.4** ~ and steal *pikken, gappen* **5.¶** ⟨Am. voetbal⟩ ~ **off** *een pass onderscheppen;* ~ **over** *uitziften, de beste halen uit; doorzeuren/malen over, steeds terugkomen op;* →pick **up** **6.1** ~ **on** *(uit)kiezen;* why should you ~ **on** me to do that *waarom moet je mij nou hebben/nemen om dat te doen* **6.5** ~ **at** a meal *zitten te kieskauwen* **6.¶** ~ **at** *plukken/pulken/peuteren aan; vitten/hakken op;* ~ **on** *vitten/hakken/afgeven op;*
II ⟨ov.ww.⟩ **0.1** ***hakken (in)*** ⇒*bikken, prikken, opensteken* ⟨slot⟩ **0.2** ***peuteren in*** ⟨tanden bv.⟩ ⇒*wroeten in, pulken in* ⟨neus⟩ **0.3** ***afkluiven*** ⇒*kluiven op, ontdoen v.* ⟨vlees⟩ **0.4** ***uit elkaar halen*** ⇒*pluizen* **0.5** ⟨AE⟩ ***plukken*** ⟨gevogelte⟩ **0.6** ⟨AE⟩ ***tokkelen (op)*** ◆ **1.1** ~ a hole in *een gat maken in* **1.4** ~ oakum *touw pluizen* **5.4** ~ **apart** *uit elkaar halen;* ⟨fig.⟩ the play was ~ed **apart** by the critics *de critici lieten geen spaan heel v.h. stuk* **5.¶** ~ **off** *één voor één neerschieten; uitpikken; afplukken;* →pick **out;** →pick **up.**

pickaback →pig·gy·back.

pickaninny →piccaninny.

'pick·axe[1], ⟨AE sp.⟩ **pick·ax** ⟨telb.zn.⟩ **0.1** ***pikhouweel.***

pickaxe[2], ⟨AE sp.⟩ **pickax** ⟨ww.⟩
I ⟨onov.ww.⟩ **0.1** ***een pikhouweel gebruiken;***
II ⟨ov.ww.⟩ **0.1** ***loshakken*** ⟨met een pikhouweel⟩ ⇒*bikken.*

picked [pɪkt] ⟨bn., attr.; (oorspr.) volt. deelw. v. pick⟩ **0.1** ***uitgelezen*** ⇒*uitgezocht, keur-, elite-* **0.2** ***geplukt*** **0.3** ***(met de pikhouweel) losgehakt*** **0.4** ***gesorteerd.***

pick·er ['pɪkə‖-ər] ⟨f1⟩ ⟨telb.zn.⟩ **0.1** ***iem. die een houweel gebruikt*** **0.2** ***houweel*** **0.3** ***plukker*** **0.4** ***iem. die spullen uitzoekt/sorteert*** **0.5** ***slothaak*** **0.6** ***tandenstoker*** **0.7** ***dief/dievegge.***

pick·er·el ['pɪkrəl] ⟨telb.zn.; ook pickerel; →mv. 4⟩ ⟨dierk.⟩ **0.1** ***snoek*** ⟨genus Esox⟩ ⇒⟨i.h.b.⟩ *ketensnoek* ⟨E. niger⟩, *grassnoek* ⟨E. vermiculatus⟩ **0.2** ⟨BE⟩ ***jonge snoek*** **0.3** ⟨vnl. AE⟩ ***snoekbaars*** ⟨Stizostedium lucioperca⟩.

pick·er-up·per ['pɪkə'rʌpə‖-ər] ⟨telb.zn.⟩ ⟨sl.⟩ **0.1** ***opraper*** **0.2** ***aanpapper*** **0.3** ***opkikkertje.***

pick·et[1], ⟨in bet. III ook⟩ **pi·quet** ['pɪkɪt] ⟨f2⟩ ⟨zn.⟩
I ⟨telb.zn.⟩ **0.1** ***piket*** ⇒*paal, staak* **0.2** ***post(er)*** ⟨bij staking⟩ **0.3** ⟨verk.⟩ ⟨picket line⟩ ⟨inf.⟩ ◆ **3.2** flying ~s *vliegende/mobiele stakingsposten;*
II ⟨n.-telb.zn.⟩ ⟨gesch., mil.⟩ **0.1** ***straf waarbij men met één voet op een piket moest staan;***
III ⟨verz.n.⟩ ⟨mil.⟩ **0.1** ***piket*** **0.2** ***patrouille*** ⟨soort militaire politie⟩ ◆ **2.1** inlying ~ *piket;* outlying ~ *veldwacht.*

picket[2] ⟨f1⟩ ⟨ww.⟩
I ⟨onov. en ov.ww.⟩ **0.1** ***posten*** ⇒*postend bewaken* ◆ **1.1** ~ a factory/people *een bedrijf/mensen posten;*
II ⟨ov.ww.⟩ **0.1** ***omheinen*** ⇒*ompalen, versterken met piketten* **0.2** ***vastzetten*** ⟨dier⟩ ⇒*tuien, aan een paal binden* **0.3** ***als post neerzetten.***

pick·et·er ['pɪkɪtə‖'pɪkɪtər] ⟨f1⟩ ⟨telb.zn.⟩ **0.1** ***poster*** ⟨iem. die bij stakingen post⟩.

'picket fence ⟨telb.zn.⟩ **0.1** ***staketsel.***

'picket line ⟨f1⟩ ⟨telb.zn.⟩ **0.1** ***groep posters*** ⇒*stakerspost.*

'picket ship ⟨telb.zn.⟩ **0.1** ***patrouilleschip*** ⇒*verkenningsschip.*

pick·ing ['pɪkɪŋ] ⟨f1⟩ ⟨zn.; (oorspr.) gerund v. pick⟩
I ⟨n.-telb.zn.⟩ **0.1** ***het kiezen*** **0.2** ***(het) pluk(ken)*** ⇒*oogst* **0.3** ***het stelen;***
II ⟨mv.; ~s⟩ **0.1** ***restjes*** ⇒*kliekjes, overschot* **0.2** ***emolumenten*** ⇒*profijtjes, bijkomende voordeeltjes, wat men achterover kan drukken, iets te halen* ◆ **2.2** there are easy ~s to be made *daar valt wel wat te snaaien.*

pick·le[1] ['pɪkl] ⟨f2⟩ ⟨zn.⟩
I ⟨telb.zn.⟩ **0.1** ***ingelegde ui*** ⇒*Amsterdamse ui* **0.2** ⟨AE⟩ ***augurk*** **0.3** ⟨BE; inf.⟩ ***ondeugd*** ⇒*deugniet, rakker;*
II ⟨telb. en n.-telb.zn.⟩ **0.1** ***pekel*** ⟨ook fig.⟩ ⇒*pekelnat; moeilijk parket, knoei* ◆ **2.1** be in a sad/sorry/nice ~ *zich in een moeilijk parket bevinden, lelijk in de knoei zitten, in de pekel zitten;*
III ⟨n.-telb.zn.⟩ **0.1** ⟨cul.⟩ ***zuur*** ⇒*azijn* **0.2** ***bijtmiddel*** ⟨voor metalen⟩ ◆ **1.1** vegetables in ~ *groenten in het zuur;*
IV ⟨mv.; ~s⟩ ⟨cul.⟩ **0.1** ***tafelzuur*** ⇒*zoetzuur.*

pickle[2] ⟨f1⟩ ⟨ov.ww.⟩ →pickled **0.1** ***pekelen*** **0.2** ***inleggen*** ⇒*inmaken* **0.3** ***met een bijtmiddel behandelen*** ⇒*blank bijten, blancheren.*

pick·led ['pɪkld] ⟨f1⟩ ⟨bn.; (oorspr.) volt. deelw. v. pickle⟩
I ⟨bn.⟩ **0.1** ***ingelegd (in het zuur/de pekel);***
II ⟨bn., pred.⟩ ⟨sl.⟩ **0.1** ***in de olie*** ⇒*lazarus.*

'pick·lock ⟨telb.zn.⟩ **0.1** ***insluiper*** ⇒*inbreker* **0.2** ***slothaak*** ⇒*loper.*

'pick-me-up ⟨f1⟩ ⟨telb.zn.⟩ ⟨inf.⟩ **0.1** ***opkikkertje.***

'pick 'out ⟨f2⟩ ⟨ov.ww.⟩ **0.1** ***(uit)kiezen*** ⇒*eruit halen, uitpikken* **0.2** ***onderscheiden*** ⇒*zien, ontdekken, eruit halen* **0.3** ***op het gehoor spelen*** **0.4** ***doen uitkomen*** ⇒*afsteken, ophalen, accentueren, doen opvallen* **0.5** ***vangen*** ⟨in licht⟩ ◆ **1.2** ~ the meaning *achter de betekenis komen;* ~ one's son in the crowd *zijn zoon in de menigte ontdekken* **1.4** the trees in the picture were picked out in red *de bomen op het plaatje staken af door hun rode kleur* **6.4** picked out **with** white *door de witte kleur goed uitkomend.*

'pick·pock·et ⟨f1⟩ ⟨telb.zn.⟩ **0.1** ***zakkenroller.***

'pick·up ⟨f2⟩ ⟨zn.⟩
I ⟨telb.zn.⟩ **0.1** ***vondst*** **0.2** ⟨ook ec.⟩ ***herstel*** ⇒*opleving* **0.3** ⟨inf.⟩ ⟨ben. voor⟩ ***iem. die men oppikt*** ⇒*taxipassagier, vrachtje; lifter; vreemde* ⟨met seksuele bedoelingen⟩ **0.4** ***pick-up*** ⇒*toonopnemer* **0.5** ⟨verk.⟩ ⟨pickup truck⟩ **0.6** ⟨verk.⟩ ⟨pickup point⟩ **0.7** ⟨sl.⟩ ***arrestatie*** **0.8** ⟨sl.⟩ ***opkikkertje*** ◆ **1.2** a ~ of five seats in the Senate *een vooruitgang v. vijf zetels in de Senaat;*
II ⟨telb. en n.-telb.zn.⟩ **0.1** ***acceleratievermogen;***
III ⟨n.-telb.zn.⟩ **0.1** ***het ophalen*** ⇒*het innemen, het aan boord nemen* **0.2** ***het aannemen*** ⟨v. smaak e.d.⟩.

'pick 'up ⟨f3⟩ ⟨ww.⟩
I ⟨onov.ww.⟩ **0.1** ***beter worden*** ⇒*opknappen, er bovenop komen;* ⟨ec.⟩ *opleven, aantrekken* **0.2** ***snelheid vermeerderen*** ⇒*vaart krijgen, accelereren, aanwakkeren* ⟨v. wind⟩ **0.3** ⟨sport⟩ ***teams kiezen*** ◆ **1.1** the weather is picking up *het weer wordt weer beter* **6.¶** ~ **with** *aanpappen met, leren kennen;*
II ⟨onov. en ov.ww.⟩ **0.1** ***opruimen*** **0.2** ***weer beginnen*** ⇒*hervatten* ◆ **1.2** ~ the threads *de draad weer opvatten* **6.1** ~ (the room) **after** the children *de rommel v.d. kinderen (in de kamer) opruimen;*
III ⟨ov.ww.⟩ **0.1** ***oppakken*** ⇒*opnemen/rapen, optillen;* ⟨sl.⟩ *verschutten, in hechtenis nemen* **0.2** ***opdoen*** ⇒*oplopen, zich eigen maken, oppikken* **0.3** ***opvangen*** ⟨radio/lichtsignalen⟩ ⇒*krijgen, ontvangen* **0.4** ***ophalen*** ⇒*een lift geven, meenemen, innemen, aan boord nemen* **0.5** ***(terug)vinden*** ⇒*terugkrijgen* **0.6** ***(bereid zijn te) betalen*** ⟨rekening⟩ **0.7** ***op(en)breken*** ⟨met houweel⟩ ⇒*omhakken* **0.8** ***opkikkeren*** ⇒*oppeppen* **0.9** ***op de kop tikken*** ⇒*toevallig tegenaan lopen* **0.10** ***berispen*** ⇒*op de vingers tikken* **0.11** ⟨AE; sl.⟩ ***vatten*** ⇒*begrijpen* ◆ **1.1** ~ your feet *til je voeten op;* ~ a stitch *een steek ophalen* ⟨bij het breien⟩ **1.2** I must have picked up a germ *ik moet een virus opgelopen hebben;* ~ a language *zich een taal eigen maken;* ~ a livelihood *zijn kostje bijeenscharrelen;* she picked up a nice profit *zij heeft een aardig winstje gemaakt;* ~ speed *vaart vermeerderen/krijgen* **1.5** ~ courage *moed vatten;* ~ flesh *aankomen;* ~ one's health *weer beter/gezond*

worden; ~ strength *zijn krachten terugkrijgen;* ~ the trail *het spoor terugvinden* **3.1** pick s.o. up for questioning *iem. oppakken om te verhoren* **3.¶** ~ and leave *zijn spullen pakken en vertrekken;* ⟨AE; sl.⟩ pick 'em up and lay 'em down *dansen; rennen, vliegen* **4.1** pick o.s. up *overeind krabbelen* **4.2** he picked her up in one of those bars *hij heeft haar in een v. die bars opgepikt;* where did you pick that up? *waar heb je dat geleerd?* **4.4** I'll pick you up at seven *ik kom je om zeven uur ophalen* **6.10** ~ s.o. **on** sth. *iem. over iets berispen.*

'pickup point ⟨telb.zn.⟩ **0.1** ***(afgesproken) plaats*** ⟨waar je iets ophaalt / iem. oppikt⟩ ⇒*afhaalplaats.*

'pickup truck ⟨telb.zn.⟩ **0.1** ***pick-up*** ⇒*kleine open bestelauto.*

Pick·wick·i·an ['pɪk'wɪkɪən] ⟨bn., attr.⟩ **0.1** ***speciaal*** ⇒*anders dan gewoon, niet letterlijk, Pickwickiaans* ⟨v. woorden⟩ ◆ **1.1** in a ~ sense *in een speciale betekenis* ⟨naar Dickens⟩.

pick·y ['pɪki] ⟨bn.; -er; -ness; →bijw. 3⟩ ⟨AE; inf.⟩ **0.1** ***pietluttig*** ⇒*pietepeuterig* **0.2** ***kieskeurig.***

pic·nic[1] ['pɪknɪk] ⟨f3⟩ ⟨telb.zn.⟩ **0.1** ***picknick*** **0.2** ⟨inf.⟩ ***makkie*** ⇒*fluitje v.e. cent* **0.3** ⟨sl.⟩ ***geweldig feest*** ◆ **5.2** it is no ~ *het valt niet mee, het is geen sinecure / pretje.*

picnic[2] ⟨f1⟩ ⟨onov.ww.; picknicked; →ww. 7⟩ **0.1** ***picknicken.***

'picnic hamper ⟨telb.zn.⟩ **0.1** ***picknickmand.***

pic·nick·er ['pɪknɪkə‖-ər] ⟨f1⟩ ⟨telb.zn.⟩ **0.1** ***picknicker.***

pic·nick·y ['pɪknɪki] ⟨bn.⟩ **0.1** ***als een picknick.***

pi·co- ['paɪkou, 'pi:kou] **0.1** ***pico-*** ⟨biljoenste deel⟩.

pi·cot ['pi:kou] ⟨telb.zn.⟩ **0.1** ***picot*** ⟨uitstekend puntje als versiering aangebracht bij borduur- en haakwerk⟩.

pic·o·tee ['pɪkə'ti:] ⟨telb.zn.⟩ ⟨plantk.⟩ **0.1** ***(gerande) tuinanjer*** ⟨Dianthus caryophyllus⟩.

picquet →picket, piquet.

pic·ric acid ['pɪkrɪk 'æsɪd] ⟨n.-telb.zn.⟩ ⟨schei.⟩ **0.1** ***picrinezuur.***

pic·ro- ['pɪkrou] **0.1** ***picro-*** ◆ **¶.1** picrotoxin *picrotoxine.*

Pict [pɪkt] ⟨telb.zn.⟩ **0.1** ***Pict.***

Pict·ish[1] [pɪktɪʃ] ⟨eig.n.⟩ **0.1** ***Pictisch*** ⟨taal der Picten⟩.

Pictish[2] ⟨bn.⟩ **0.1** ***Pictisch.***

pic·to·gram ['pɪktəgræm], **pic·to·graph** [-grɑ:f‖-græf] ⟨telb.zn.⟩ **0.1** ***pictogram*** **0.2** ***beeldschriftteken*** ⇒*hiëroglief.*

pic·to·graph·ic ['pɪktə'græfɪk] ⟨bn.; -ally; →bijw. 3⟩ **0.1** ***pictografisch.***

pic·tog·ra·phy [pɪk'tɒgrəfi‖-'tɑ-] ⟨n.-telb.zn.⟩ **0.1** ***pictografie*** ⇒*beeldschrift.*

Pic·tor ['pɪktə‖-ər] ⟨eig.n.⟩ ⟨ster.⟩ **0.1** ***Pictor*** ⇒*Schilder* ⟨sterrenbeeld⟩.

pic·to·ri·al[1] [pɪk'tɔ:rɪəl] ⟨telb.zn.⟩ **0.1** ***geïllustreerd tijdschrift / blad / magazine*** **0.2** ***postzegel met afbeelding(en).***

pictorial[2] ⟨f1⟩ ⟨bn.; -ly⟩ **0.1** ***schilder-*** ⇒*beeld-* **0.2** ***geïllustreerd*** **0.3** ***schilderachtig*** ⇒*picturaal, aanschouwelijk.*

pic·ture[1] ['pɪktʃə‖-ər] ⟨f4⟩ ⟨zn.⟩

I ⟨telb.zn.⟩ **0.1** ⟨ben. voor⟩ ***afbeelding*** ⇒*schilderij, plaat, prent, tekening, schets, portret, foto, afbeeldsel, beeltenis, schildering, beeld, tafereel* **0.2** ***plaatje*** ⇒*iets beeldschoons* **0.3** ***toonbeeld*** ⇒*zinnebeeld, belichaming* **0.4** ***evenbeeld*** **0.5** ***(speel)film*** **0.6** ***beeld*** ⟨op t.v.⟩ **0.7** ***aanschouwelijke beschrijving*** **0.8** ***situatie*** ⇒*omstandigheden* **0.9** ***tableau vivant*** ⇒*levend schilderij* ◆ **1.2** her hat is a ~ *zij heeft een beeld v.e. hoedje* **1.3** he looks / is the (very) ~ of health *hij blaakt v. gezondheid* **2.2** (as) pretty as a ~ *beeldschoon* **3.¶** enter the ~, come into the ~ *een rol gaan spelen, verschijnen; plaatsgrijpen;* fit into the ~ *bij het geheel passen;* ⟨inf.⟩ get the ~ *het snappen / verstaan;* make a ~ of s.o. *iem. danig toetakelen* **6.¶** put s.o. **in** the ~ *iem. op de hoogte brengen;* (be) **in** the ~ *op de hoogte (zijn);* ⟨inf.⟩ **out of** the ~ *niet ter zake, niet toepasselijk, zonder belang, irrelevant; niet op de hoogte;* be **out of** the ~ *niet meetellen, er niet bij horen, niet in aanmerking komen;* leave **out of** the ~ *erbuiten laten, terzijde laten;*

II ⟨mv.; ~s; the⟩ ⟨vnl. BE⟩ **0.1** ***film*** ⇒*bioscoop.*

picture[2] ⟨f3⟩ ⟨ov.ww.⟩ **0.1** ***afbeelden*** ⇒*schilderen, tekenen* **0.2** ***beschrijven*** **0.3** ***zich voorstellen*** ⇒*zich inbeelden* ◆ **6.1** ~ **to** o.s. *zich voorstellen.*

'picture bag ⟨telb.zn.⟩ **0.1** ***platehoes met foto('s).***

'picture book ⟨f1⟩ ⟨telb.zn.⟩ **0.1** ***prentenboek.***

'picture card ⟨telb.zn.⟩ **0.1** ***prentkaart*** **0.2** ***pop*** ⟨kaartspel⟩.

'picture disc ⟨telb.zn.⟩ **0.1** ***picture-disc*** ⟨met afbeelding op het vinyl⟩.

'picture gallery ⟨telb.zn.⟩ **0.1** ***schilderijenkabinet*** ⇒*galerie / zaal voor schilderijen, schilderijenmuseum, prentenkabinet* **0.2** ***schilderijenverzameling*** ⇒*prentenverzameling* **0.3** ⟨sl.⟩ ***fotoverzameling*** ⟨v. bekende / gezochte misdadigers⟩.

pic·ture-go·er ['pɪktʃəgouə‖-tʃərgouər] ⟨telb.zn.⟩ ⟨BE⟩ **0.1** ***(regelmatige) bioscoopbezoeker.***

'picture hat ⟨telb.zn.⟩ **0.1** ***chique breedgerande dameshoed.***

'picture moulding ⟨telb.zn.⟩ **0.1** ***schilderijlijst*** ⟨aan muur⟩.

'picture palace, 'picture theatre ⟨telb.zn.⟩ ⟨vero.; BE, Austr. E⟩ **0.1** ***bioscoop.***

'picture 'postcard ⟨telb.zn.⟩ **0.1** ***prentbriefkaart*** ⇒*ansicht(kaart).*

'picture puzzle ⟨telb.zn.⟩ **0.1** ***legpuzzel.***

'picture show ⟨telb.zn.⟩ ⟨AE⟩ **0.1** ***schilderijententoonstelling*** **0.2** ***bioscoopvoorstelling*** **0.3** ***bioscoop.***

pic·tur·esque ['pɪktʃə'resk] ⟨f1⟩ ⟨bn.; -ly; -ness⟩ **0.1** ***schilderachtig*** ⇒*pittoresk.*

'picture telephone ⟨telb.zn.⟩ **0.1** ***videofoon.***

'picture tube ⟨telb.zn.⟩ **0.1** ***beeldbuis.***

'picture 'window ⟨telb.zn.⟩ **0.1** ***venster met weids uitzicht.***

'picture writing ⟨n.-telb.zn.⟩ **0.1** ***beeldschrift.***

pic·ul ['pɪkl] ⟨telb.zn.⟩ **0.1** ***pikol*** ⟨Chinees gewicht; ±60 kg⟩.

pid·dle[1] ['pɪdl] ⟨f1⟩ ⟨telb.zn.⟩ ⟨inf.⟩ **0.1** ***plasje*** ⇒⟨B.⟩ *piepie.*

piddle[2] ⟨f1⟩ ⟨ww.⟩ →piddling

I ⟨onov.ww.⟩ **0.1** ***beuzelen*** ⇒*peuteren, prutsen, zijn tijd verdoen* **0.2** ***kieskauwen*** **0.3** ⟨inf.⟩ ***een plasje doen*** ⇒⟨B.⟩ *piepie doen* ◆ **5.1** stop piddling **around** *schiet toch eens op;*

II ⟨ov.ww.⟩ **0.1** ***verspillen*** ⇒*verspelen, verdoen* ⟨tijd⟩ ◆ **5.1** ~ **away** one's time *zijn tijd verspillen.*

pid·dler ['pɪdlə‖-ər] ⟨telb.zn.⟩ **0.1** ***beuzelaar*** ⇒*prutser.*

pid·dling ['pɪdlɪŋ] ⟨bn.; teg. deelw. v. piddle⟩ ⟨inf.; pej.⟩ **0.1** ***belachelijk (klein)*** ⇒*onbenullig, te verwaarlozen.*

pid·dock ['pɪdək] ⟨telb.zn.⟩ ⟨dierk.⟩ **0.1** ***(gewone) boormossel*** ⟨genus Pholas, i.h.b. Ph. dactylus⟩.

pidg·in ['pɪdʒɪn] ⟨f1⟩ ⟨telb. en n.-telb.zn.⟩ **0.1** ***pidgin*** ⇒*pidgin / mengtaal* ⟨vnl. op basis v.h. Engels⟩.

'Pidgin 'English ⟨eig.n.; ook p-⟩ **0.1** ***pidginengels*** ⟨handelstaal op basis v.h. Engels⟩.

pie[1], ⟨in bet. II 0.3 AE sp. ook⟩ **pi** [paɪ] ⟨f3⟩ ⟨zn.⟩

I ⟨telb.zn.⟩ **0.1** ***ekster*** **0.2** ***bonte / gevlekte vogel*** **0.3** ⟨vero.⟩ ***klapekster*** ⇒*babbelkous, klappei* **0.4** ⟨BE; gesch.⟩ ***dienstalmanak*** ⟨in de Eng. Kerk vóór de Reformatie⟩ **0.5** ⟨gesch.⟩ ***munteenheid in India en Pakistan;***

II ⟨telb. en n.-telb.zn.⟩ **0.1** ***pastei*** **0.2** ***taart*** **0.3** ***pastei*** ⟨door elkaar gevallen zetsel⟩ ⇒⟨fig.⟩ *warboel, chaos* ◆ **1.¶** ⟨inf.⟩ ~ in the sky (when you die) *rijstebrij met gouden lepels, gouden bergen, koeien met gouden horens, luchtkasteel* **3.3** fall into ~ *in pastei vallen;* ⟨fig.⟩ *in de war lopen / (ge)raken;* ⟨fig.⟩ make ~ of *verknoeien, in de war sturen.*

pie[2], ⟨AE sp. ook⟩ **pi** ⟨ov.ww.⟩ ⟨druk.⟩ **0.1** ***in pastei doen vallen*** ⟨zetsel⟩ ⇒⟨fig.⟩ *door elkaar gooien, verwarren.*

'pie alley ⟨telb.zn.⟩ ⟨AE; sl.; bowling⟩ **0.1** ***makkelijke baan.***

pie·bald[1] ['paɪbɔ:ld] ⟨f1⟩ ⟨telb.zn.⟩ **0.1** ***gevlekt / bont dier / paard.***

piebald[2] ⟨f1⟩ ⟨bn.⟩ **0.1** ***gevlekt*** ⟨vnl. wit en zwart⟩ ⇒*bont* ⟨ook fig.⟩ **0.2** ***halfslachtig*** ⇒*bastaard-, gemengd, heterogeen, hybride* ◆ **1.¶** ⟨sl.⟩ ~ eye *blauw oog.*

'pie-can ⟨telb.zn.⟩ ⟨sl.⟩ **0.1** ***idioot.***

piece[1] [pi:s] ⟨f4⟩ ⟨telb.zn.⟩ **0.1** ⟨ben. voor⟩ ***stuk*** ⇒*portie, brok; onderdeel, deel* ⟨ook tech.⟩; *stukje (land), lapje, eindje; schaakstuk; damschijf; munt / geldstuk; artikel; muziek / toneelstuk;* ⟨mil.⟩ *geschut, kanon, vuurmond, geweer;* ⟨sl.⟩ *schietijzer, blaffer;* ⟨sl.⟩ *aandeel* **0.2** ***staaltje*** ⇒*voorbeeld* **0.3** ⟨vulg.⟩ ***stuk*** ⇒*stoot, spetter* **0.4** ⟨AE; gew.⟩ ***stukje*** ⇒*eindje, korte afstand* **0.5** ⟨AE⟩ ***tijdje*** **0.6** ⟨BE; gew.⟩ ***lunchpakket*** **0.7** ⟨sl.⟩ ***graffiti op metrotrein*** **0.8** ⟨vulg.⟩ ***kut*** ⇒*pruim* ◆ **1.1** ⟨sl.⟩ ~ of the action *aandeel;* ~ of advice *raad, advies;* ~ of bread and butter *boterham;* five cents a ~ *vijf cent per stuk;* ~ of furniture *meubel(stuk);* ~ of information *inlichting, mededeling;* ~ of land *stuk land;* ~ of (good) luck *buitenkansje;* ~ of music *muziekstuk;* ~ of news *nieuwtje;* ~ of paper *stukje papier;* ~ of string *eindje touw, touwtje;* ~ of wallpaper *baan behangpapier;* ~ of water *vijver, meertje, waterpartij;* ~ of work *stuk(je) werk;* that's a fine ~ of work *dat ziet er prachtig / prima uit* **1.2** ~ of cheek *staaltje v. brutaliteit, brutaal stukje;* ~ of impudence *staaltje v. onbeschaamdheid;* ~ of nonsense / folly *dwaasheid, onzinnige grap;* ~ of wit *geestige zet* **1.3** ~ of ass / tail *stuk, stoot; neukpartij* **1.¶** ⟨BE; inf.⟩ it was a ~ of cake *het was een makkie / peuleschilletje / fluitje v.e. cent;* ⟨sl.⟩ ~ of change / jack *poen;* ⟨inf.⟩ give s.o. a ~ of one's mind *iem. flink de waarheid zeggen, iem. een uitbrander geven, iem. zijn vet geven;* ⟨vulg.⟩ ~ of piss *makkie, peuleschilletje;* ⟨sl.⟩ ~ of shit *leugen, gelul; rotzooi; klotevoorstelling, rotprodukt* ⟨enz.⟩; like a ~ of chewed string *zo slap als een vaatdoek, uitgeteld;* ⟨sl.⟩ ~ of trade *hoer; stuk, stoot;* ⟨BE⟩ (nasty) ~ of work / goods *(gemene) vent / griet* **2.1** fixed ~ *veldstuk* **3.1** break sth. to ~s *iets stukmaken;* break to / fall in ~s *in stukken / uit elkaar vallen;* ⟨inf.⟩ come / go (all) to ~s *(helemaal) kapot gaan* ⟨ook fig.⟩; *instorten, in / uit elkaar vallen, bezwijken; mislukken, op de fles gaan;* come / take to ~s *uit elkaar genomen kunnen worden;* ⟨fig.⟩ cut to ~s *in de pan hakken;* ⟨inf.⟩ pick / pull / take / tear to ~s *uit elkaar halen;* ⟨fig.⟩ *scherp kritiseren / hekelen, afbreken, afkammen, vitten op;* ⟨inf.⟩

say/speak/state one's ~ *zijn stuk(je) voordragen;* ⟨fig.⟩ *zijn zegje doen, zijn mening zeggen, een woordje meespreken;* take sth. to ~s *iets uit elkaar nemen/demonteren* **3.¶** ⟨inf.⟩ pick up the ~s *de stukken/brokken lijmen;* ⟨inf.⟩ (all) shot to ~s *(helemaal, compleet) kapot, ontzet, verslagen; ontzenuwd* ⟨argumenten⟩; *de bodem ingeslagen* ⟨verwachtingen⟩ **4.1** ~ of eight *(oude) Spaanse dollar, acht realen* **6.1** ~ **by** ~ *stuk voor stuk;* be paid **by** the ~ *per stuk betaald krijgen, stukloon krijgen;* **in** one ~ *in één stuk;* ⟨fig.⟩ *heel, ongedeerd, onbeschadigd;* **in** ~s *in/aan stukken;* **of** one ~ *uit één stuk;* ⟨fig.⟩ be (all) **of** a ~ **with** *(helemaal) van dezelfde aard zijn als, eenvormig zijn met, in overeenstemming zijn met, verenigbaar zijn met, van hetzelfde slag zijn als; uit hetzelfde hout gesneden zijn als;* **of** a ~ *in/uit één stuk;* ⟨fig.⟩ be all **to** ~s *helemaal kapot zijn.*

piece[2] ⟨f1⟩ ⟨ww.⟩
I ⟨onov.ww.⟩ ⟨spinnerij⟩ **0.1** ***gebroken draden aanhechten*** **0.2** ⟨gew.⟩ ***eten tussen de maaltijden*** ⇒*knabbelen;*
II ⟨ov.ww.⟩ **0.1** ***lappen*** ⇒*verstellen* **0.2** ***samenvoegen*** ⇒*in elkaar zetten, aaneenzetten, aaneenhechten, verbinden* ◆ **5.1** ~ **up** *oplappen, verstellen* **5.2** ~ **in** *invoegen;* ~ **together** *aaneenhechten, aaneenvoegen, in elkaar zetten, aaneenflansen, samenlappen, samenstellen; opbouwen* ⟨uit afzonderlijke stukken⟩; *reconstrueren* ⟨verhaal⟩ **5.¶** ~ **out** *aanvullen, de stukken bij elkaar brengen* ⟨verhaal⟩; *bijwerken, samenstellen; verlengen, vermeerderen, vergroten, rekken* **6.2** ~ **on to** *vasthechten aan, verbinden met.*

-piece [pi:s] **0.1** ***-delig*** ◆ **¶.1** fifteen-piece tea-set *vijftiendelig theeservies;* six-piece band *orkestje v. zes man.*

pièce de resistance [pi'es də rezi'stɑ:s] ⟨telb.zn.; pièces de resistance; →mv. 5⟩ **0.1** ***hoofdschotel*** ⇒*pièce de resistance* **0.2** ***pronkstuk.***

'piece goods ⟨mv.⟩ **0.1** ***(geweven) stukgoed*** ⇒*ellegoed, manufacturen.*

piece·meal ['pi:smi:l] ⟨f1⟩ ⟨bn., attr.; bw.⟩ **0.1** ***stuksgewijs*** ⇒*geleidelijk, stuk(je) voor stuk(je), bij stukjes en beetjes, trapsgewijze.*

piec·er ['pi:sə‖-ər] ⟨telb.zn.⟩ ⟨spinnerij⟩ **0.1** ***arbeider/ster die gebroken draden knoopt/aanhecht.***

'piece-rate ⟨telb.zn.⟩ **0.1** ***stuktarief.***

'piece-wa·ges ⟨mv.⟩ **0.1** ***stukloon.***

'piece·work ⟨f1⟩ ⟨n.-telb.zn.⟩ **0.1** ***stukwerk.***

'piece·work·er ⟨telb.zn.⟩ **0.1** ***stukwerker/ster.***

'pie chart ⟨telb.zn.⟩ **0.1** ***cirkeldiagram.***

'pie·crust ⟨telb. en n.-telb.zn.⟩ ⟨→sprw. 578⟩ **0.1** ***pasteikorst.***

'piecrust table ⟨telb.zn.⟩ **0.1** ***ronde Chippendale tafel.***

pied [paɪd] ⟨f1⟩ ⟨bn.⟩ **0.1** ***bont*** ⇒*gevlekt* ◆ **1.1** ⟨dierk.⟩ ~ flycatcher *bonte vliegenvanger* ⟨Ficedula hypoleuca⟩; ⟨dierk.⟩ ~ wheatear *bonte tapuit* ⟨Oenanthe pleshanka⟩ **1.¶** the Pied Piper (of Hamelin) *de rattenvanger v. Hameln;* ⟨ook P- P-⟩ ⟨fig.⟩ ~ piper *verleider;* ⟨dierk.⟩ ~ wagtail *rouwkwikstaart* ⟨Motacilla alba⟩.

pied-à-terre [pi'eɪdɑ:'teə‖pi'edə'ter] ⟨telb.zn.; pieds-à-terre; →mv. 5⟩ **0.1** ***optrekje*** ⇒*buitenhuisje, pied-à-terre.*

pied·mont ['pi:dmɒnt‖-mɑnt] ⟨zn.⟩
I ⟨eig.n.; P-⟩ **0.1** ***Piëmont*** ⟨in Italië⟩ **0.2** ***Piedmont*** ⟨in U.S.A.⟩;
II ⟨telb.zn.⟩ **0.1** ***piedmonttrap*** **0.2** ***streek aan de voet v.e. berg.***

Pied·mon·tese[1] ['pi:dmən'ti:z] ⟨telb.zn.; Piedmontese; →mv. 4⟩ **0.1** ***Piëmontees.***

Piedmontese[2] ⟨bn.⟩ **0.1** ***Piëmontees.***

pie-dog →pye-dog.

'pie-eat·er ⟨telb.zn.⟩ ⟨Austr. E; inf.; bel.⟩ **0.1** ***vent v. niks.***

'pie-'eyed ⟨bn.⟩ ⟨sl.⟩ **0.1** ***lazarus*** ⇒*stomdronken, zwaar beschonken.*

pie·man ['paɪmən] ⟨telb.zn.; piemen [-mən]; →mv. 3⟩ ⟨BE; vero.⟩ **0.1** ***pasteibakker*** **0.2** ***pasteitjesverkoper.***

'pie·plant ⟨n.-telb.zn.⟩ ⟨AE; gew.⟩ **0.1** ***rabarber.***

pier [pɪə‖pɪr] ⟨f3⟩ ⟨telb.zn.⟩ **0.1** ***pier*** ⇒*havenhoofd/dam, strekdam, golfbreker* **0.2** ***pijler*** ⇒*brugpijler* **0.3** ⟨bouwk.⟩ ***penant*** ⇒*(muur)dam.*

pier·age ['pɪərɪdʒ‖'pɪrɪdʒ] ⟨n.-telb.zn.⟩ **0.1** ***liggeld*** ⇒*kaaigeld.*

pierce [pɪəs‖pɪrs] ⟨f3⟩ ⟨ww.⟩ →piercing
I ⟨onov.ww.⟩ **0.1** ***doordringen*** ⇒*(binnen)dringen, boren, steken;*
II ⟨ov.ww.⟩ **0.1** ***doordringen*** ⇒*binnendringen in, doorboren, doorsteken, heendringen door* **0.2** ***opensteken*** ⟨vat⟩ ⇒*een gaatje maken in* ⟨oorlel⟩ **0.3** ***zich een weg banen door*** **0.4** ***doorgronden*** ⇒*doorzien* ⟨mysterie⟩ **0.5** ***diep schokken*** ⇒*als aan de grond nagelen.*

pierce·a·ble ['pɪəsəbl‖'pɪrsəbl] ⟨bn.⟩ **0.1** ***doordringbaar*** ⇒*doorboorbaar, doorgrondbaar.*

pierc·er ['pɪəsə‖'pɪrsər] ⟨telb.zn.⟩ **0.1** ***priem*** ⇒*stilet* **0.2** ***angel*** **0.3** ***legboor*** ⟨v. insekt⟩ **0.4** ***boorder*** **0.5** ⟨tech.⟩ ***pons*** ⇒*doorslag, doorn, boor.*

pierc·ing ['pɪəsɪŋ‖'pɪr-] ⟨f1⟩ ⟨bn.; teg. deelw. v. pierce; -ly⟩ **0.1** ***doordringend*** ⇒*onderzoekend* ⟨ook v. blik⟩ **0.2** ***scherp*** ⇒*snijdend* ⟨wind, koude⟩; *stekend* ⟨pijn⟩; *snerpend* ⟨geluid⟩.

'pier-glass ⟨telb.zn.⟩ **0.1** ***penantspiegel.***

'pier-head ⟨telb.zn.⟩ **0.1** ***uiteinde v.e. pier.***

Pi·e·ri·an [paɪ'ɪərɪən‖-'ɪrɪən] ⟨bn.⟩ **0.1** ***Piërisch*** ⇒*v.d. Piëriden/muzen* ◆ **1.1** ~ Spring *Piërische bron;* ⟨fig.⟩ *inspiratiebron.*

pier·rette ['pɪə'ret‖'pɪ'ret] ⟨telb.zn.; ook P-⟩ **0.1** ***pierrette*** ⟨vrouwelijke witte clown⟩.

pier·rot ['pɪəroʊ] ⟨telb.zn.; ook P-⟩ **0.1** ***pierrot.***

pie·tà [pi:eɪ'tɑ:] ⟨telb.zn.⟩ **0.1** ***piëta.***

pi·e·tism ['paɪətɪzm] ⟨n.-telb.zn.⟩ **0.1** ***piëtisme*** **0.2** ***vroomheid*** **0.3** ***kwezelarij.***

pi·e·tist ['paɪətɪst] ⟨telb.zn.⟩ **0.1** ***piëtist*** **0.2** ***kwezel.***

pi·e·tis·tic ['paɪə'tɪstɪk], **pi·e·tis·ti·cal** [-ɪkl] ⟨bn.; -(al)ly; →bijw. 3⟩ **0.1** ***piëtistisch*** **0.2** ***kwezelachtig.***

pi·e·ty ['paɪəṭi] ⟨f1⟩ ⟨telb. en n.-telb.zn.; →mv. 2⟩ **0.1** ***vroomheid*** ⇒*piëteit; getrouwheid, trouw* ⟨aan ouders, fam.⟩ ◆ **2.1** filial ~ *kinderlijke liefde/trouw.*

'pie wagon ⟨telb.zn.⟩ ⟨sl.⟩ **0.1** ***boevenwagen.***

pi·e·zo- [paɪ'i:zoʊ‖pi'eɪzoʊ] **0.1** ***piëzo-*** ⇒*druk-.*

pi·e·zo·e·lec·tric [-ɪ'lektrɪk], **pi·e·zo·e·lec·tri·cal** [-ɪkl] ⟨bn.; -(al)ly; →bijw. 3⟩ ⟨nat.⟩ **0.1** ***piëzo-elektrisch.***

pi·e·zo·e·lec·tric·i·ty [-ɪlek'trɪsəṭi] ⟨n.-telb.zn.⟩ ⟨nat.⟩ **0.1** ***piëzo-elektriciteit.***

pi·e·zom·e·ter ['paɪə'zɒmɪ̣tə‖pɪə'zɑmɪ̣ṭər] ⟨telb.zn.⟩ ⟨nat.⟩ **0.1** ***piëzometer*** ⇒*drukmeter.*

pi·e·zo·met·ric [paɪ'i:zoʊ'metrɪk‖pi'eɪ-], **pi·e·zo·met·ri·cal** [-ɪkl] ⟨bn.⟩ ⟨nat.⟩ **0.1** ***piëzometrisch.***

pi·e·zom·e·try ['paɪə'zɒmɪ̣tri‖pɪə'zɑ-] ⟨n.-telb.zn.⟩ ⟨nat.⟩ **0.1** ***piëzometrie*** ⇒*drukmeting.*

pif·fle[1] ['pɪfl] ⟨n.-telb.zn.⟩ ⟨inf.⟩ **0.1** ***nonsens*** ⇒*kletskoek, kletspraat, onzin* **0.2** ***geleuter*** ⇒*geklets, gebeuzel, gewauwel* ◆ **¶.1** ~! *kom nou!, loop heen!, barst!.*

piffle[2] ⟨onov.ww.⟩ ⟨inf.⟩ **0.1** ***leuteren*** ⇒*kletsen, beuzelen, wauwelen.*

pif·fler ['pɪflə‖-ər] ⟨telb.zn.⟩ ⟨inf.⟩ **0.1** ***leuteraar*** ⇒*kletsmajoor, beuzelaar, wauwelaar.*

pif·fling [pɪflɪŋ] ⟨bn.⟩ ⟨inf.⟩ **0.1** ***belachelijk (klein)*** ⇒*onbeduidend, waardeloos* **0.2** ***onbenullig*** ⇒*triviaal.*

pig[1] [pɪg] ⟨f3⟩ ⟨zn.⟩ ⟨→sprw. 146, 561⟩
I ⟨telb.zn.⟩ **0.1** ***varken*** ⇒*(wild) zwijn;* ⟨fig.; inf.⟩ *schrok, gulzigaard, slokop; vuilik; knorrepot; stijfkop; zanik, zeiker(d); lomperik, hufter, lomperd,* ⟨B.⟩ *onbeschofterik; kwezel; fascist, racist* **0.2** ⟨AE⟩ ***big*** **0.3** ⟨sl.; bel.⟩ ***klabak*** ⇒*smeris, kit* **0.4** ⟨sl.⟩ ***partje*** ⟨v. sinaasappel⟩ **0.5** ⟨sl.; mil.⟩ ***gepantserd voertuig*** **0.6** ⟨sl.⟩ ***knol*** ⇒*slecht renpaard* **0.7** ⟨sl.⟩ ***leren portefeuille*** ◆ **1.¶** ⟨inf.⟩ live like ~s in clover *leven als een vorst;* ⟨sl.⟩ in a/the ~'s eye *zeker niet;* ~ in the middle *jan modaal, de man in de straat;* ⟨spel⟩ *lummelen;* be ~(gy) in the middle *tussen twee vuren zitten* **3.¶** bleed like a (stuck) ~ *bloeden als een rund;* buy a ~ in a poke *een kat in de zak kopen;* and ~s might fly! *ja, je kan me nog meer vertellen!;* make a ~ of o.s. *zich als een varken gedragen, schrokken, zuipen;* ⟨sl.⟩ please the ~s *als de omstandigheden het toelaten;* ⟨inf.⟩ sweat like a ~ *etter/* ⟨B.⟩ *water en bloed zweten* **6.¶** **in** ~ *drachtig* ⟨v. zeug⟩ **¶.¶** it was a real ~ *het was een vreselijk lastig karwei;*
II ⟨telb. en n.-telb.zn.⟩ ⟨tech.⟩ **0.1** ***gieteling*** ⇒*piekijzer, geus* ⟨blok ruw ijzer⟩; *schuitje* ⟨tin⟩;
III ⟨n.-telb.zn.⟩ **0.1** ***varkensvlees.***

pig[2] ⟨ww.; →ww. 7⟩
I ⟨onov.ww.⟩ **0.1** ***biggen*** ⇒*biggen werpen* **0.2** ***(samen)hokken*** ⇒*samenwonen/liggen* **0.3** ***zich als een varken gedragen*** ◆ **5.2** ~ **together** *samenhokken* **5.¶** ~ **in** *schrokken;* ⟨AE⟩ ~ **out** *zich volvreten/volproppen* **6.2** ~ **in with** s.o. *met iem. samenhokken;*
II ⟨ov.ww.⟩ **0.1** ***werpen*** ⟨biggen, jongen⟩ **0.2** ***bij elkaar stoppen*** ⇒*samenpakken, opeenpakken, opeenhopen* **0.3** ⟨inf.⟩ ***(naar binnen) schrokken*** ◆ **4.¶** ⟨vnl. BE⟩ ~ it *als een varken leven;* ⟨sl.⟩ *ophouden met rennen, snelheid minderen, als een varken gaan lopen;* ~ o.s. *zich volvreten/volstoppen.*

'pig·bed ⟨telb.zn.⟩ **0.1** ***varkensstal*** ⇒*varkenskot* **0.2** ⟨tech.⟩ ***zandbed voor gieteling.***

'pig·boat ⟨telb.zn.⟩ ⟨sl.⟩ **0.1** ***duikboot*** ⇒*onderzeeër.*

pi·geon[1] ['pɪdʒɪn] ⟨f2⟩ ⟨telb.zn.⟩ **0.1** ***duif*** **0.2** ***kleiduif*** **0.3** ⟨inf.⟩ ***sul*** ⇒*onnozelaar, onnozele bloed* **0.4** ⟨inf.⟩ ***zaak*** ⇒*zaken, verantwoordelijkheid, aangelegenheid* **0.5** ⟨sl.⟩ ***verklikker*** ⇒*politiespion* **0.6** ⟨sl.⟩ ***duifje*** ⇒*liefje, meisje* **0.7** ⟨sl.⟩ ***vals/ongeldig kaartje/lot*** ⟨enz.⟩ **0.8** →pidgin ◆ **7.4** it's not my ~ *het zijn mijn zaken niet.*

pigeon[2] ⟨ov.ww.⟩ **0.1** ***plukken*** ⇒*beetnemen, geld afzetten.*

'pigeon breast ⟨telb.zn.⟩ **0.1** ***kippeborst.***

'pi·geon-'breast·ed, 'pi·geon-'chest·ed ⟨bn.⟩ **0.1** ***met een kippeborst.***

pigeon English →Pidgin English.

'pigeon fancier ⟨telb.zn.⟩ **0.1** ***duivenmelker.***

'pigeon flyer ⟨telb.zn.⟩ **0.1** ***postduivenhouder*** ⇒*duivenliefhebber.*

'pigeon hawk ⟨telb.zn.⟩⟨dierk.⟩ **0.1** ***smelleken*** ⟨Falco columbarius⟩.
'pi·geon-'heart·ed ⟨bn.⟩ **0.1** ***laf(hartig)*** ⇒*bang* **0.2** ***timide*** ⇒*bedeesd*.
'pi·geon-hole[1] ⟨f1⟩⟨telb.zn.⟩ **0.1** ***duivegat*** ⇒*poortje in duiventil* **0.2** ***loket*** ⇒*hokje, (post)vakje* **0.3** ***kamertje*** ⇒*vertrekje* ◆ **1.2** set of ~s *loketkast*.
pigeon-hole[2] ⟨f1⟩⟨ov.ww.⟩ **0.1** ***in een vakje leggen*** ⟨document⟩ ⇒*opbergen* **0.2** ***in vakjes verdelen*** ⇒*van vakjes voorzien* **0.3** ***onder het loodje leggen*** ⇒*opzijleggen, op de lange baan schuiven, de behandeling uitstellen van* **0.4** ***vastleggen*** ⇒*een plaats toekennen* ⟨in het geheugen⟩ **0.5** ***in vakjes ordenen*** ⇒*classificeren, categoriseren*.
'pigeon house ⟨telb.zn.⟩ **0.1** ***duiventil***.
'pi·geon-'liv·ered ⟨bn.⟩ **0.1** ***laf(hartig)*** ⇒*bang* **0.2** ***zacht*** ⇒*vriendelijk*.
'pigeon loft ⟨telb.zn.⟩ **0.1** ***duivenplat***.
'pigeon milk, 'pigeon's milk ⟨n.-telb.zn.⟩ **0.1** ***duivemelk*** **0.2** ⟨BE⟩ ***aprilboodschap*** ⇒*aprilgrap*.
'pigeon pair ⟨telb.zn.⟩⟨BE⟩ **0.1** ***tweelingpaar*** **0.2** ***jongen en meisje*** ⟨als enige kinderen⟩.
'pigeon race ⟨telb.zn.⟩⟨sport⟩ **0.1** ***duivenwedstrijd***.
'pigeon racing ⟨n.-telb.zn.⟩⟨sport⟩ **0.1** ***(het) wedstrijdvliegen met duiven*** ⇒*duivensport*.
pi·geon·ry ['pɪdʒɪnri]⟨telb.zn.;→mv. 2⟩ **0.1** ***duivenhok***.
'pi·geon-'toed ⟨bn.⟩ **0.1** ***met naar binnen gekeerde tenen***.
'pig-eyed ⟨bn.⟩ **0.1** ***met varkensoogjes***.
'pig·farm ⟨telb.zn.⟩ **0.1** ***varkensboerderij*** ⇒*varkensbedrijf*.
pig·ger·y ['pɪgəri]⟨telb.zn.;→mv. 2⟩ **0.1** ***varkensfokkerij*** **0.2** ***varkensstal*** ⇒*varkenskot* **0.3** ***zwijnerij***.
pig·gin ['pɪgɪn]⟨telb.zn.⟩⟨gew.⟩ **0.1** ***handemmer*** ⟨houten emmer⟩.
pig·gish ['pɪgɪʃ]⟨bn.;-ly;-ness⟩ **0.1** ***varkensachtig*** ⇒*varkens-* **0.2** ***vuil*** ⇒*smerig* **0.3** ***gulzig*** **0.4** ***onbeschoft*** ⇒*ongemanierd* **0.5** ⟨vnl. BE;inf.⟩ ***gemeen*** **0.6** ⟨vnl. BE;inf.⟩ ***koppig***.
pig·gy[1] ['pɪgi]⟨f1⟩⟨telb.zn.;→mv. 2⟩⟨inf.⟩ **0.1** ***big*** ⇒*varkentje* ⟨vnl. voor kind⟩ **0.2** ***teen*** ⇒*vinger* ⟨v. kind⟩ **0.3** ***pinkerspel*** ⇒*timpspel* ◆ **1.¶** ~ in the middle *jan modaal, de man in de straat;* ⟨spel⟩ *lummelen;* be ~ in the middle *tussen twee vuren zitten*.
piggy[2] ⟨bn.;-er;→compar. 7⟩ **0.1** ***varkensachtig*** ⇒*varkens-* **0.2** ***drachtig*** ⟨v. zeug⟩ **0.3** →piggish.
pig·gy·back[1] ['pɪgibæk], **pick·a·back** ['pɪkəbæk]⟨f1⟩⟨zn.⟩
I ⟨telb.zn.⟩ **0.1** ***ritje op de rug/schouders*** ◆ **3.1** will you give me a ~? *mag ik even op je rug?;*
II ⟨n.-telb.zn.⟩ **0.1** ***vervoer (v. opleggers) op platte open goederenwagons***.
piggyback[2], **pickaback** ⟨bn., attr.; bw.⟩ **0.1** ***op de rug/schouders*** **0.2** ***per open platte goederenwagon*** ◆ **1.1** he used to give me ~ rides *vroeger mocht ik op zijn rug zitten/rijden* **1.2** ~ car *platte spoorwagen voor opleggers;* ~ service *vervoer per spoor v. opleggers* **1.¶** ~ commercial *supplementaire reclamespot;* ~ load *extra lading* ⟨i.h.b. in/op ruimtevaartuig⟩ **3.1** carry s.o. ~ *iem. op de rug dragen*.
piggyback[3], **pickaback** ⟨ov.ww.⟩ **0.1** ***op de rug/schouders vervoeren /laten rijden*** **0.2** ***ophijsen*** ⟨opleggers op spoorwagens⟩ ◆ **1.¶** the janitors ~ed their demands on the teacher's strike *de schoonmakers gebruikten de lerarenstaking om hun eisen op tafel te leggen*.
'piggyback rig ⟨telb.zn.⟩⟨parachutespringen⟩ **0.1** ***tandemsysteem*** ⟨reservechute⟩.
'piggy bank ⟨f1⟩⟨telb.zn.⟩ **0.1** ***spaarvarken(tje)***.
'pig'head·ed ⟨bn.;-ly;-ness⟩ **0.1** ***koppig*** ⇒*stijfhoofdig, eigenwijs*.
'pig 'ignorant ⟨bn.⟩⟨sl.⟩ **0.1** ***zo stom als het achtereind v.e. varken*** ⇒*ezelsdom, oerstom*.
'pig iron ⟨n.-telb.zn.⟩ **0.1** ***ruw ijzer*** ⇒*gieteling, piekijzer*.
'pig-jump[1] ⟨telb.zn.⟩⟨Austr. E;sl.⟩ **0.1** ***sprong met de vier poten in de lucht*** ⟨v. paarden⟩.
pig-jump[2] ⟨onov.ww.⟩⟨Austr. E;sl.⟩ **0.1** ***met de vier poten in de lucht springen*** ⟨v. paarden⟩.
'pig Latin ⟨telb. en n.-telb.zn.⟩ **0.1** ***jargon met systematische woordverminking*** ⟨bv.: igpay atinlay voor pig Latin⟩.
pig·let ['pɪglɪt], **pig·ling** [-lɪŋ]⟨telb.zn.⟩ **0.1** ***big*** ⇒*biggetje, schram*.
pig·like ['pɪglaɪk]⟨bn.⟩ **0.1** ***varkensachtig*** ⇒*varkens-*.
'pig-meat ⟨n.-telb.zn.⟩ **0.1** ⟨BE⟩ ***varkensvlees*** ⇒*ham, spek* **0.2** ⟨sl.⟩ ***afgeschreven bokser*** **0.3** ⟨sl.⟩ ***iem. die op sterven na dood is***.
pig·ment[1] ['pɪgmənt]⟨f2⟩⟨telb. en n.-telb.zn.⟩ **0.1** ***pigment*** ⇒*kleurstof, verfstof*.
pigment[2] [pɪg'ment]⟨ov.ww.⟩ **0.1** ***kleuren*** ⇒*pigmenteren*.
pig·men·tal [pɪg'mentl], **pig·men·tary** ['pɪgməntri‖-teri]⟨bn.⟩ **0.1** ***van pigment*** ⇒*pigment-*.
pig·men·ta·tion ['pɪgmən'teɪʃn]⟨telb. en n.-telb.zn.⟩ **0.1** ***pigmentatie*** **0.2** ***kleuring***.
'pigment cell ⟨telb.zn.⟩ **0.1** ***pigmentcel***.
pigmy →pygmy.

'pig·nut ⟨telb.zn.⟩⟨plantk.⟩ **0.1** ***aardnoot*** ⇒⟨i.h.b.⟩ *Franse aardkastanje* ⟨Conopodium majus⟩.
'pig·pen ⟨telb.zn.⟩⟨AE⟩ **0.1** ***varkensstal*** ⟨ook fig.⟩ ⇒*varkenskot*.
pig's ear ['pɪgz 'ɪə‖-'ɪr]⟨zn.⟩
I ⟨telb.zn.⟩ **0.1** ***knoeiboel*** ◆ **3.1** make a ~ of sth. *ergens een potje van maken;*
II ⟨n.-telb.zn.⟩⟨sl.⟩ **0.1** ***bier***.
'pig·skin ⟨f1⟩⟨n.-telb.zn.⟩ **0.1** ***varkenshuid*** **0.2** ***varkensleer*** **0.3** ⟨AE; inf.⟩ ***zadel*** ⟨v. jockey⟩ **0.4** ⟨inf.; Am. voetbal⟩ ***leer*** ⇒*rugbybal*.
'pig-stick·er ⟨telb.zn.⟩ **0.1** ***varkensslachter*** **0.2** ***wilde-zwijnejager*** **0.3** ***slagersmes*** ⇒*hartsvanger*.
'pig-stick·ing ⟨n.-telb.zn.⟩ **0.1** ***wilde-zwijnejacht*** ⟨te paard met speren⟩.
'pig·sty ⟨f1⟩⟨telb.zn.⟩ **0.1** ***varkensstal*** ⟨ook fig.⟩ ⇒*varkenskot*.
'pig sweat ⟨n.-telb.zn.⟩⟨sl.⟩ **0.1** ***bier*** **0.2** ***bocht*** ⇒*uilezeik*.
'pig's 'whisper ⟨telb.zn.⟩ **0.1** ***gefluister*** ◆ **6.¶** ⟨sl.⟩ **in** a ~ *in een handomdraai/mum*.
pig·swill ['pɪgswɪl], **pig's wash** ['pɪgzwɑʃ‖-wɔʃ]⟨n.-telb.zn.⟩ **0.1** ***varkensdraf*** ⇒*spoeling* **0.2** ⟨inf.⟩ *slootwater* ⇒*zwijnekost, varkensvoer*.
'pig·tail ⟨f1⟩⟨telb.zn.⟩ **0.1** ***varkensstaart*** **0.2** ***(haar)vlecht*** ⇒*staartje, pruikstaartje* **0.3** ***rol tabak*** **0.4** ⟨inf.⟩ ***Chinees***.
'pig·tailed ⟨bn.⟩ **0.1** ***met een staart/haarvlecht***.
'pig·weed ⟨telb.zn.⟩⟨plantk.⟩ **0.1** ***papegaaiekruid*** ⟨Amaranthus retroflexus⟩ **0.2** ***meelganzevoet*** ⟨Chenopedium album⟩.
pi·jaw[1] ['paɪdʒɔ:]⟨telb.zn.⟩⟨BE;sl.⟩ **0.1** ***zedenpreek***.
pijaw[2] ⟨ov.ww.⟩⟨BE;sl.⟩ **0.1** ***de levieten lezen*** ⇒*de les lezen*.
PIK ⟨afk.⟩ payment-in-kind.
pi·ka ['pi:kə]⟨telb.zn.⟩⟨dierk.⟩ **0.1** ***fluithaas*** ⟨genus Ochotona⟩.
pike[1] [paɪk]⟨f2⟩⟨telb.zn.⟩ **0.1** ***piek*** ⇒*spies* **0.2** ***tolboom*** **0.3** ***tol*** **0.4** ***tolweg*** **0.5** ***(speer)punt*** **0.6** ⟨vnl. BE⟩ ***piek*** ⇒*spitse heuveltop* **0.7** ⟨gew.⟩ ***hooivork*** **0.8** ⟨sport, i.h.b. gymnastiek⟩ ***gehoekte houding***.
pike[2] ⟨telb.zn.; ook pike;→mv. 4⟩⟨dierk.⟩ **0.1** ***snoek*** ⟨Esox lucius⟩.
pike[3] ⟨f1⟩⟨ww.⟩ →piked
I ⟨onov.ww.⟩⟨inf.⟩ **0.1** ***gaan*** ◆ **5.1** ~ **along** *zijn weg (wel) vinden;* ⟨sl.⟩ ~ **off** *er tussenuit knijpen;* ⟨fig.⟩ *het loodje leggen, de pijp uitgaan;* ~ **on/out** *er tussenuit uitknijpen, de plaat poetsen, vertrekken;*
II ⟨ov.ww.⟩ **0.1** ***doorsteken*** ⇒*doorprikken, doodsteken*.
piked [paɪkt]⟨bn.; volt. deelw. v. pike⟩ **0.1** ***puntig*** ⇒*stekelig* **0.2** ⟨sport, i.h.b. gymnastiek⟩ ***gehoekt*** ⟨v. (af)sprong⟩.
'pike jump ⟨telb.zn.⟩⟨gymnastiek⟩ **0.1** ***hoeksprong***.
pike·let ['paɪklɪt]⟨telb.zn.⟩ **0.1** ***rond theegebakje***.
pike·man ['paɪkmən]⟨telb.zn.; pikemen [-mən];→mv. 3⟩ **0.1** ⟨gesch.⟩ ***piekenier*** **0.2** ***tolbaas*** ⇒*tolgaarder* **0.3** ***ertshouwer***.
'pike perch ⟨telb.zn.⟩⟨dierk.⟩ **0.1** ***baars*** ⟨genus Stinostedion⟩ ⇒⟨i.h.b.⟩ *snoekbaars* ⟨S. lucioperca⟩; *Canadese baars* ⟨S. canadense⟩.
pik·er ['paɪkə‖-ər]⟨telb.zn.⟩⟨sl.⟩ **0.1** ***schrielhannes*** ⇒*vrek;* ⟨B.⟩ *gierige pin* **0.2** ⟨AE⟩ ***voorzichtige gokker*** **0.3** ***lafaard***.
pike·staff ['paɪkstɑ:f‖-stæf]⟨telb.zn.⟩ **0.1** ***piekschacht*** **0.2** ***wandelstok met ijzeren/metalen punt*** ⇒*prikstok*.
pi·laf(f) ['pɪlæf‖pɪ'lɑf], **pi·lau, pi·law** [pɪ'laʊ, 'pi:laʊ]⟨telb. en n.-telb.zn.⟩⟨cul.⟩ **0.1** ***pilau*** ⇒*pilav, rijstmoes* ⟨scherpe rijstschotel⟩.
pi·lar ['paɪlə‖-ər]⟨bn.⟩ **0.1** ***haar-*** ⇒*harig, behaard, haarachtig*.
pi·las·ter [pɪ'læstə‖-ər]⟨telb.zn.⟩ **0.1** ***pilaster***.
pilch [pɪltʃ]⟨telb.zn.⟩ **0.1** ***driehoekige luier*** ⇒*luierbroekje*.
pil·chard ['pɪltʃəd‖-ərd]⟨f1⟩⟨telb.zn.⟩⟨dierk.⟩ **0.1** ***pelser*** ⇒*sardien* ⟨Sardina pilchardus⟩.
pile[1] [paɪl]⟨f3⟩⟨zn.⟩
I ⟨telb.zn.⟩ **0.1** ***paal*** ⇒*heipaal, staak, pijler, steigerpaal, juffer* **0.2** ***stapel*** ⇒*hoop* **0.3** ⟨vaak enk.⟩⟨inf.⟩ ***hoop/berg geld*** ⇒*fortuin* **0.4** ***rot*** ⟨geweren⟩ **0.5** ***brandstapel*** **0.6** ***hoog/groot gebouw(encomplex)*** ⇒*blok gebouwen* **0.7** ***pijlpunt*** **0.8** ***aambei*** **0.9** ⟨heraldiek⟩ ***wigvormig wapenbeeld*** ⇒*(naar beneden gerichte) paalpunt* **0.10** ⟨elek.⟩ ***zuil*** ⇒*zuil v. Volta, batterij, element* **0.11** ⟨nat.⟩ ***(kern) reactor*** ◆ **1.2** ~s of books *stapels boeken;* ⟨inf.⟩ ~s of work *een berg/stoot werk* **1.¶** ⟨inf.⟩ like a ~ of bricks *dat het een aard heeft, hard, duchtig;* ⟨sl.⟩ ~ of shit *gelul; klote/kut ding; klootzak, kutwijf* **2.11** atomic ~ *kernreactor* **3.3** make a/one's ~ *fortuin maken;* he has made his ~ *hij is binnen, hij heeft zijn schaapjes op het droge;*
II ⟨n.-telb.zn.⟩ **0.1** ***dons*** ⇒*wol, vacht, haar* **0.2** ***pool*** ⟨op fluweel, pluche, tapijt⟩ ⇒*pluis, nop*.
pile[2] ⟨f3⟩⟨ww.⟩ →piling
I ⟨onov.ww.⟩ **0.1** ***zich ophopen/opstapelen*** ⇒*samentroepen/stromen* ◆ **5.1** ~ **in** *binnenstromen/drommen;* ~ **off** *(in drommen) weggaan, wegstromen;* ~ **out** (of the cinema) *(uit de bioscoop)*

naar buiten stromen/drommen; ~ **up** *zich opstapelen* **5.¶** ⟨inf.⟩ ~ **in!** *kom (maar) binnen!, kom erbij!, val aan!, tast toe!;* ~ **up** *stranden, aan de grond lopen* ⟨v. schip⟩; *op elkaar inrijden* ⟨v. auto's⟩ **6.1** they ~d **into** the car *ze persten zich in de auto;* seven people ~d **out of** that car *zeven mensen kropen uit die auto (naar buiten)* **6.¶** ⟨inf.⟩ ~ **after** s.o. *iem. achterna rennen;* ⟨inf.⟩ ~ **into** s.o. *iem. te lijf gaan;*
II ⟨ov.ww.⟩ **0.1** ***heien*** **0.2** ***voorzien v. palen*** ⇒*ondersteunen/verstevigen/uitrusten met palen* **0.3** ***stapelen*** ⇒*opstapelen, ophopen, beladen, vullen, bedekken, volzetten* ◆ **1.3** ~ arms *de geweren aan rotten zetten* **5.3** ~ the luggage **in** *de bagage opladen;* ~ wood **on(to)** the fire *hout op het vuur gooien;* ~ **on/up** sth. *iets opstapelen;* ~ the pressure **on** *de druk verhogen, onder grotere druk zetten;* ⟨cricket⟩ ~ **on** runs *aan de lopende band runs scoren* **5.¶** ⟨inf.⟩ ~ it **on** (thick) *overdrijven, de waarheid geweld aandoen, het er dik opleggen;* ~ **up** a ship *een schip aan de grond doen lopen;* ~ **up** a car *een auto in de kreukels/vernieling rijden* **6.¶** ~ sth. **onto** s.o. *iem. met iets opschepen.*

pi·le·at·ed ['paılieıţ ı d], **pi·le·ate** ['paılıət, -lieıt] ⟨bn.⟩ **0.1** ⟨plantk.⟩ ***met een hoed*** ⟨v. paddestoel⟩ **0.2** ⟨dierk.⟩ ***met een kuif*** ⟨v. vogel⟩.

'pile driver ⟨telb.zn.⟩ **0.1** ***heimachine*** ⇒*heikar* **0.2** ***heier*** **0.3** ⟨inf.⟩ ***opstopper*** ⇒*opduvel, optater, (harde) knal/slag/stoot* ⟨vnl. in boksen⟩; *(harde) trap/schop* **0.4** ⟨inf.⟩ ***beuker*** ⇒*rammer.*

'pile dwelling, 'pile house ⟨telb.zn.⟩ **0.1** ***paalwoning.***

'pile-up ⟨f1⟩ ⟨telb.zn.⟩ **0.1** ***opeenstapeling*** ⇒*op(een)hoping* **0.2** ***kettingbotsing.***

pi·le·us ['paılıəs, 'pıl-] ⟨telb.zn.; pilei [-liaı]; →mv. 5⟩ **0.1** ⟨plantk.⟩ ***hoed*** ⟨v. paddestoel⟩ **0.2** ⟨R.-K.⟩ ***kalot*** ⇒*pileolus, solidee* **0.3** ⟨gesch.⟩ ***pilos*** ⇒*pileus* ⟨Romeinse muts⟩.

'pile·worm ⟨telb.zn.⟩ ⟨dierk.⟩ **0.1** ***paalworm*** ⟨genus Teredo⟩.

pile·wort ['paılwɜ:t‖-wɜrt] ⟨telb. en n.-telb.zn.⟩ ⟨plantk.⟩ **0.1** ***speenkruid*** ⟨Ranunculus ficaria⟩ **0.2** ***helmkruid*** ⟨genus Scrophularia⟩.

pil·fer ['pılfə‖-ər] ⟨f1⟩ ⟨onov. en ov.ww.⟩ **0.1** ***stelen*** ⇒*pikken* ◆ **1.1** my room's been ~ed *er is iem. met lange vingers op mijn kamer geweest.*

pil·fer·age ['pılfrıdʒ] ⟨zn.⟩
I ⟨telb. en n.-telb.zn.⟩ **0.1** ***kruimeldiefstal*** ⇒*gegap, gepik;*
II ⟨n.-telb.zn.⟩ **0.1** ***gestolen goed*** ⇒*gegapte spullen, buit.*

pil·fer·er ['pılfrə‖-ər] ⟨telb.zn.⟩ **0.1** ***kruimeldief.***

pil·gar·lic [pıl'gɑ:lık‖-'gɑr-] ⟨telb.zn.⟩ ⟨vero.⟩ **0.1** ***kaalkop*** ⇒*kale,* ⟨B.⟩ *kletskop* **0.2** ***kaal hoofd*** **0.3** ***stumperd.***

pil·grim¹ ['pılgrım] ⟨f2⟩ ⟨zn.⟩
I ⟨telb.zn.⟩ **0.1** ***pelgrim*** **0.2** ***reiziger;***
II ⟨mv.; Pilgrims; the⟩ **0.1** →Pilgrim Fathers.

pilgrim² ⟨onov.ww.⟩ **0.1** ***op bedevaart gaan*** ⇒*een bedevaart doen, een pelgrimstocht ondernemen* **0.2** ***rondzwerven als een pelgrim.***

pil·grim·age¹ ['pılgrımıdʒ] ⟨f1⟩ ⟨telb. en n.-telb.zn.⟩ **0.1** ***bedevaart*** ⇒*pelgrimstocht; pelgrimage, pelgrimsreis;* ⟨fig.⟩ *levensreis* ◆ **3.1** go on (a) ~, go in ~ *op bedevaart gaan.*

pilgrimage² ⟨onov.ww.⟩ **0.1** ***op bedevaart gaan*** ⇒*een bedevaart doen.*

'Pilgrim 'Fathers ⟨f1⟩ ⟨mv.; the⟩ **0.1** ***Pilgrim Fathers*** ⟨Engelse puriteinen die in 1620 de kolonie Plymouth stichtten in Massachusetts⟩.

pil·grim·ize ['pılgrımaız] ⟨ww.⟩
I ⟨onov.ww.⟩ **0.1** ***op bedevaart gaan*** ⇒*een bedevaart doen, een pelgrimstocht ondernemen;*
II ⟨ov.ww.⟩ **0.1** ***tot pelgrim maken*** ⇒*een pelgrim maken v..*

pi·lif·er·ous [paı'lıf(ə)rəs] ⟨bn.⟩ **0.1** ***behaard, harig*** ⟨vnl. plantk.⟩ **0.2** ***haar producerend.***

pil·i·form ['paılıfɔ:m‖-fɔrm] ⟨bn.⟩ **0.1** ***haarvormig.***

pil·ing ['paılıŋ] ⟨n.-telb.zn.; (oorspr.) gerund v. pile⟩ **0.1** ***het heien*** ⇒*heiwerk* **0.2** ***paalwerk*** ⇒*palen.*

pill¹ [pıl] ⟨f3⟩ ⟨zn.⟩
I ⟨telb.zn.⟩ **0.1** ***pil*** ⟨ook fig.⟩ ⇒*bittere pil* **0.2** ⟨inf.; vnl. scherts.⟩ ***bal*** ⟨kanonbal, tennisbal, honkbal, golfbal⟩ **0.3** ⟨inf.⟩ ***klootzak*** ⇒*klier* **0.4** ⟨sl.⟩ ***peuk*** ⇒*sigaret* **0.5** ⟨sl.⟩ ***opiumballetje*** ⇒ ⟨bij uitbr.⟩ *drug* ◆ **2.1** a bitter ~ (to swallow) *een bittere pil (om te slikken)* **3.1** gild/sweeten/sugar(coat) the ~ *de pil vergulden;*
II ⟨n.-telb.zn.; vaak P-; the⟩ **0.1** ***(anticonceptie)pil*** ◆ **3.1** go on the ~ *de pil gaan gebruiken/slikken* **6.1** (be) **on** the ~ *aan de pil (zijn);*
III ⟨mv.; ~s⟩ **0.1** ⟨BE; inf.⟩ ***biljart*** **0.2** ⟨sl.⟩ ***ballen*** ⇒*testikels.*

pill² ⟨ww.⟩
I ⟨onov.ww.⟩ **0.1** ***pluizen*** ⟨v. stof⟩ **0.2** ⟨vero.⟩ ***plunderen*** ⇒*roven;*
II ⟨ov.ww.⟩ **0.1** ***pillen toedienen/voorschrijven*** ⇒*met pillen behandelen* **0.2** ***pillen maken v.*** **0.3** ⟨sl.⟩ ***deballoteren*** ⇒*uitsluiten, stemmen tegen, afwijzen* **0.4** ⟨vero.; BE⟩ ***plunderen*** **0.5** ⟨vero., beh. gew.; BE⟩ ***pellen*** ◆ **3.3** he was ~ed *hij was gezakt.*

pil·lage¹ ['pılıdʒ] ⟨f1⟩ ⟨n.-telb.zn.⟩ **0.1** ***plundering*** ⇒*roof* **0.2** ***buit.***

pillage² ⟨f1⟩ ⟨onov. en ov.ww.⟩ **0.1** ***plunderen*** ⇒*(be)roven.*

pil·lag·er ['pılıdʒə‖-ər] ⟨telb.zn.⟩ **0.1** ***plunderaar.***

pil·lar¹ ['pılə‖-ər] ⟨f2⟩ ⟨telb.zn.⟩ **0.1** ***pilaar*** ⇒*zuil, steunpilaar* ⟨ook fig.⟩ **0.2** ***zuil*** ⇒*kolom* ⟨rook, water, lucht, rots, zout⟩ **0.3** ⟨mijnw.⟩ ***(steun)pijler*** ◆ **1.1** ~s of the state *steunpilaren v.d. staat* **1.2** ~ of smoke *rookzuil* **1.¶** Pillars of Hercules *zuilen v. Hercules* ⟨rotsen aan weerszijden v. Straat v. Gibraltar⟩; ⟨fig.⟩ *uiterste grens;* (driven) from ~ to post *v.h. kastje naar de muur/v. Pontius naar Pilatus (gestuurd).*

pillar² ⟨ww.⟩
I ⟨onov.ww.⟩ **0.1** ***met pilaren ondersteund worden;***
II ⟨ov.ww.⟩ **0.1** ***(als) met pilaren ondersteunen/versterken.***

'pil·lar-box ⟨f1⟩ ⟨telb.zn.⟩ ⟨BE⟩ **0.1** ***ronde brievenbus*** ⟨op straat⟩.

'pillar-box 'red ⟨n.-telb.zn.⟩ ⟨BE⟩ **0.1** ***helderrood.***

pil·lared ['pıləd‖'pılərd] ⟨f1⟩ ⟨bn.⟩ **0.1** ***met pilaren (ondersteund).***

pil·lar·et ['pılərət] ⟨telb.zn.⟩ **0.1** ***kleine pilaar*** ⇒*zuiltje.*

'pill·box ⟨telb.zn.⟩ **0.1** ***pillendoosje*** **0.2** ***klein rond (dames)hoedje*** **0.3** ⟨scherts.⟩ ***poppenhuisje*** **0.4** ⟨mil.⟩ ***kleine bunker*** ⟨met kanon, vnl. ter versterking langs kust⟩ ⇒*bomvrije schuilplaats.*

'pill bug ⟨telb.zn.⟩ ⟨dierk.⟩ **0.1** ***pissebed.***

'pill·head ⟨telb.zn.⟩ ⟨sl.⟩ **0.1** ***(pillen)slikker.***

pil·lion ['pılıən] ⟨f1⟩ ⟨telb.zn.⟩ **0.1** ***duozitting*** ⇒*buddy-seat* **0.2** ⟨gesch.⟩ ***licht vrouwenzadel*** **0.3** ⟨gesch.⟩ ***zadelkussen*** ⟨voor vrouw, achter zadel⟩ ◆ **3.1** ride ~ *achterop zitten, duopassagier zijn.*

'pillion passenger, 'pillion rider ⟨telb.zn.⟩ **0.1** ***duopassagier(e).***

pil·li·winks ['pılıwıŋks] ⟨mv.; ww. ook enk.⟩ ⟨gesch.⟩ **0.1** ***duimschroeven.***

pil·lock ['pılək] ⟨zn.⟩ ⟨BE; inf.⟩
I ⟨telb.zn.⟩ **0.1** ***dwaas*** ⇒*idioot, klootzak;*
II ⟨mv.; ~s⟩ **0.1** ***onzin*** ⇒*gelul.*

pil·lo·ry¹ ['pıləri] ⟨telb.zn.; →mv. 2⟩ ⟨gesch.⟩ **0.1** ***blok*** ⇒*schandpaal, kaak* ◆ **6.1** **in** the ~ *in het blok, aan de schandpaal.*

pillory² ⟨f1⟩ ⟨ov.ww.; →ww. 7⟩ **0.1** ***aan de kaak stellen*** ⇒*aan de schandpaal nagelen, hekelen* **0.2** ⟨gesch.⟩ ***in het blok slaan.***

pil·low¹ ['pıloʊ] ⟨f3⟩ ⟨telb.zn.⟩ **0.1** ***(hoofd)kussen*** **0.2** ***(sier)kussen*** **0.3** ***kantkussen*** **0.4** ⟨tech.⟩ ***kussenblok*** **0.5** ⟨honkbal⟩ ***(honk)kussen.***

pillow² ⟨ww.⟩
I ⟨onov.ww.⟩ **0.1** ***(als) op een kussen rusten*** ⇒*zijn hoofd op een kussen leggen;*
II ⟨ov.ww.⟩ **0.1** ***(als) op een kussen laten rusten*** **0.2** ***als een kussen liggen onder*** ⇒*als kussen dienen voor* **0.3** ***met kussens steunen.***

'pillow block ⟨telb.zn.⟩ ⟨tech.⟩ **0.1** ***kussenblok.***

'pil·low-case, 'pillow slip ⟨f1⟩ ⟨telb.zn.⟩ **0.1** ***kussensloop.***

'pil·low-fight ⟨telb.zn.⟩ **0.1** ***kussengevecht.***

'pil·low-lace ⟨n.-telb.zn.⟩ **0.1** ***kloskant.***

'pillow 'lava ⟨n.-telb.zn.⟩ ⟨geol.⟩ **0.1** ***kussenlava.***

'pillow mate ⟨telb.zn.⟩ ⟨sl.⟩ **0.1** ***bedgenoot.***

'pillow puncher ⟨telb.zn.⟩ ⟨sl.⟩ **0.1** ***dienst/kamermeisje.***

'pillow talk ⟨n.-telb.zn.⟩ **0.1** ***intiem gesprek tussen minnaars in bed.***

pil·low·y ['pıloʊi] ⟨bn.⟩ **0.1** ***als/v.e. kussen*** ⇒*zacht.*

'pill pad ⟨telb.zn.⟩ ⟨sl.⟩ **0.1** ***verzamelplaats v. druggebruikers.***

'pill peddler, 'pill pusher, 'pill roller ⟨telb.zn.⟩ ⟨sl.⟩ **0.1** ***pil*** ⇒*pillendraaier, apotheker, arts.*

pillule →pilule.

pill·wort ['pılwɜ:t‖-wɜrt] ⟨telb. en n.-telb.zn.⟩ ⟨plantk.⟩ **0.1** ***pilvaren*** ⟨Pilularia globulifera⟩.

pi·lose ['paıloʊs], **pi·lous** ['paıləs] ⟨bn.⟩ **0.1** ***behaard*** ⇒*harig.*

pi·los·i·ty [paı'lɒsəti‖-'lɑsəţi] ⟨n.-telb.zn.⟩ **0.1** ***behaardheid*** ⇒*harigheid.*

pi·lot¹ ['paılət] ⟨f3⟩ ⟨telb.zn.⟩ ⟨→sprw. 334⟩ **0.1** ***loods*** **0.2** ***piloot*** ⇒*vlieger, bestuurder* **0.3** ***gids*** ⇒*leider* **0.4** ***waakvlam(metje)*** **0.5** ***controlelamp(je)*** ⇒*verklikkerlamp(je)* **0.6** ***experimenteel radio/t.v.-programma*** ⇒*proefprogramma/uitzending* **0.7** ⟨t.v.⟩ ***trailer*** ⇒*voorproefje* ⟨v. serie⟩ **0.8** ⟨AE⟩ ***baanschuiver*** ⟨v. locomotief⟩ **0.9** ⟨tech.⟩ ***geleider*** ⇒*geleiding* **0.10** ⟨AE⟩ ***manager v.e. honkbalteam*** **0.11** ⟨vero.⟩ ***stuurman*** ⇒*roerganger* ◆ **3.¶** ⟨vero.⟩ drop the ~ *een vertrouwd raadsman afdanken/aan de kant zetten.*

pilot² ⟨f1⟩ ⟨ov.ww.⟩ **0.1** ***loodsen*** ⇒*(be)sturen, vliegen, (ge)leiden, de koers bepalen v.* ⟨ook fig.⟩ **0.2** ***als loods bevaren*** ◆ **6.1** ~ a ship **into** port *een schip de haven binnenloodsen;* ~ a bill **through** Parliament *een wetsontwerp door het parlement loodsen.*

pi·lot·age ['paıləţıdʒ] ⟨n.-telb.zn.⟩ **0.1** ***het loodsen*** ⇒*het (be)sturen, loodskunst* **0.2** ***loodsgeld*** **0.3** ***loodswezen*** **0.4** ***loodsbetrekking*** **0.5** ***vliegkunst*** ⟨op zicht/radar⟩.

'pilot balloon ⟨telb.zn.⟩ ⟨meteo.⟩ **0.1** ***proefballon.***

'pilot bird ⟨telb.zn.⟩ ⟨dierk.⟩ **0.1** ***zilverplevier*** ⟨Pluvialis squatarola⟩.

'pilot boat ⟨telb.zn.⟩ **0.1** ***loodsboot.***

'pilot bread ⟨n.-telb.zn.⟩ **0.1** ***scheepsbeschuit.***
'pilot burner, 'pilot flame ⟨telb.zn.⟩ **0.1** ***waakvlam(metje).***
'pilot cell ⟨telb.zn.⟩ **0.1** ***controlebatterij(tje).***
'pilot chute ⟨telb.zn.⟩⟨parachutespringen⟩ **0.1** ***loods-chute*** ⟨die hoofdparachute te voorschijn trekt⟩.
'pilot cloth ⟨n.-telb.zn.⟩ **0.1** ***donkerblauwe stof*** ⟨voor marine-uniform⟩.
'pilot coat ⟨telb.zn.⟩ **0.1** ***pijjekker.***
'pilot engine ⟨telb.zn.⟩ **0.1** ***(losse) locomotief.***
'pilot film ⟨telb.zn.⟩⟨t.v.⟩ **0.1** ***trailer*** ⇒*voorproefje* ⟨v.serie⟩.
'pilot fish ⟨telb.zn.⟩⟨dierk.⟩ **0.1** ***loodsmannetje*** ⟨vis; Naucrates ductor⟩.
'pi·lot·house ⟨telb.zn.⟩⟨scheep.⟩ **0.1** ***stuurhuis.***
'pilot jack, 'pilot flag ⟨telb.zn.⟩ **0.1** ***loodsvlag.***
'pilot lamp ⟨telb.zn.⟩ **0.1** ***controlelamp(je).***
'pilot light ⟨f1⟩⟨telb.zn.⟩ **0.1** ***waakvlam(metje)*** **0.2** ***controlelamp(je).***
'pilot model ⟨telb.zn.⟩ **0.1** ***proefmodel*** ⇒*prototype.*
'pilot officer ⟨telb.zn.⟩⟨BE⟩ **0.1** ***tweede luitenant-vlieger*** ⟨in de RAF⟩.
'pilot plant ⟨telb.zn.⟩ **0.1** ***proeffabriek.***
'pilot project ⟨f1⟩⟨telb.zn.⟩ **0.1** ***proefproject.***
'pilot scheme ⟨telb.zn.⟩ **0.1** ***proefontwerp.***
'pilot study ⟨f1⟩⟨telb.zn.⟩ **0.1** ***proefonderzoek*** ⇒*vooronderzoek.*
'pilot valve ⟨telb.zn.⟩⟨tech.⟩ **0.1** ***regelklep.***
'pilot whale ⟨telb.zn.⟩⟨dierk.⟩ **0.1** ***griend*** ⟨Globicephala melaena⟩.
pilous →pilose.
pil·sner, pil·sen·er ['pɪlznə‖-ər]⟨telb. en n.-telb.zn.; ook P-⟩ **0.1** ***pilsener*** ⇒*pils.*
pil·u·lar, pil·lu·lar ['pɪljʊlə‖-jələr], **pil·u·lous, pil·lu·lous** [-ləs]⟨bn.⟩ **0.1** ***pilvormig*** ⇒*pilachtig, pil(len)-.*
pil·ule, pil·lule ['pɪlju:l]⟨telb.zn.⟩ **0.1** ***pil(letje).***
pi·men·to [pɪ'mentou]⟨zn.; ook pimento; →mv. 4⟩
I ⟨telb.zn.⟩⟨plantk.⟩ **0.1** ***pimentboom*** ⟨Pimenta officinalis⟩ **0.2** ***Spaanse peper*** ⟨Capsicum annuum⟩;
II ⟨n.-telb.zn.⟩ **0.1** ***piment*** ⇒*jamaïcapeper, nagelbollen/gruis* **0.2** ***Spaanse peper.***
pi·mien·to [pɪ'mjentou‖pɪ'mentou]⟨zn.; ook pimiento; →mv. 4⟩
I ⟨telb.zn.⟩⟨plantk.⟩ **0.1** ***Spaanse peper*** ⟨Capsicum annuum⟩;
II ⟨n.-telb.zn.⟩ **0.1** ***Spaanse peper.***
pimp[1] [pɪmp]⟨f1⟩⟨telb.zn.⟩ **0.1** ***souteneur*** ⇒*pooier, koppelaar* **0.2** ⟨Austr. E; sl.⟩ ***tipgever*** ⇒*aanbrenger, spion* **0.3** ⟨sl.⟩ ***homoprostitué.***
pimp[2] ⟨bn.⟩⟨sl.⟩ **0.1** ***verwijfd.***
pimp[3] ⟨onov.ww.⟩ **0.1** ***pooi(er)en*** ⇒*souteneur zijn* **0.2** ⟨Austr. E; sl.⟩ ***als tipgever optreden*** ⇒*spion zijn* ◆ **6.2** ~ **on** *aanbrengen.*
pim·per·nel ['pɪmpənel‖-pər-]⟨telb.zn.⟩⟨plantk.⟩ **0.1** ***guichelheil*** ⇒*guichelkruid, rode basterdmuur* ⟨genus Anagallis⟩.
pimp·ing ['pɪmpɪŋ]⟨bn.⟩ **0.1** ***klein*** ⇒*nietig, onbeduidend, ziekelijk.*
pim·ple ['pɪmpl]⟨f1⟩⟨telb.zn.⟩ **0.1** ***puist*** ⇒*puistje, pukkel* **0.2** ⟨sl.⟩ ***heuveltje*** **0.3** ⟨AE; sl.⟩ ***kop*** ⇒*kanis, smoel, tronie* **0.4** ⟨AE; inf.⟩ ***(rij)zadel.***
pim·pled ['pɪmpld]⟨bn.⟩ **0.1** ***puistig*** ⇒*puisterig, vol puisten.*
pim·ply ['pɪmpli]⟨f1⟩⟨bn.; -er; →compar. 7⟩ **0.1** ***puistig*** ⇒*puisterig, vol puisten.*
pin[1] [pɪn]⟨f3⟩⟨zn.⟩
I ⟨telb.zn.⟩ **0.1** ***speld*** ⇒*sierspeld, broche* **0.2** ***pin*** ⇒*pen, stift;* ⟨tech.⟩ *splitpen, bout, tap, spie, nagel, luns* **0.3** ***deegrol*** **0.4** ***vaatje*** ⟨25 liter⟩ ⇒⟨fig.⟩ *kleinigheid, bagatel, zier(tje)* **0.5** ***kegel*** ⟨bowling⟩ **0.6** ***sleutel*** ⇒*schroef* ⟨v. snaarinstrument⟩ **0.7** ***vlaggestok*** ⟨in een 'hole' bij golf⟩ **0.8** ***pijp*** ⟨v. sleutel⟩ **0.9** ⟨schaken⟩ ***penning*** **0.10** ⟨scheep.⟩ ***korvijnagel*** **0.11** ⟨scheep.⟩ ***roeipen*** ⇒*roeipin* ◆ **1.¶** I have ~s and needles in my arm/my arm is all ~s and needles *mijn arm slaapt* **3.1** you could hear a ~ drop *je kon een speld horen vallen* **3.4** I don't care/give a ~/two ~s *ik geef er geen zier om* **6.¶** be **on** ~s and needles *op hete kolen zitten* **7.4** for two ~s I'd do it *wat let me of ik doe het;*
II ⟨mv.; ~s⟩⟨inf.⟩ **0.1** ***stelten*** ⇒*benen* ◆ **2.1** she's quick on her ~s *ze is goed ter been* **3.1** knock s.o. off his ~s *iem. beentje lichten/ten val brengen;* ⟨fig.⟩ *iem. onderuithalen.*
pin[2] ⟨f3⟩⟨ov.ww.; →ww. 7⟩ **0.1** ***spelden*** ⇒*vastspelden, vastmaken, vasthechten, prikken, vastklemmen, vastpennen* ⟨met speld, pin, enz.⟩ **0.2** ***doorboren*** ⇒*doorsteken* **0.3** ***vasthouden*** ⇒*vastgrijpen, knellen, drukken; (met de schouders) op de grond krijgen/hebben* ⟨worstelen⟩ **0.4** ***opsluiten*** ⇒*schutten* ⟨vee⟩ **0.5** ⟨schaken⟩ ***pennen*** **0.6** ***toeschrijven*** ⇒*toekennen* ⟨schuld, misdaad⟩ **0.7** ⟨AE⟩ ***verloven*** ⟨door het laten uitwisselen v.e. insigne⟩ ◆ **5.1** ~ sth. **down** *iets vastprikken/neerdrukken;* ~ documents **together** *documenten samenhechten;* ~ **up** a notice *een bericht opprikken/ophangen;* ~ **up** butterflies *vlinders opzetten/opprikken* **5.3** ~ s.o. **down** *iem. neerdrukken/op de grond houden;* ⟨fig.⟩ he was ~ned **down** to a point *hij werd op één punt in het nauw gedreven* **5.¶** ⟨vnl. BE; inf.⟩ ~ **back** your ears! *spits je oren!, luister nu eens goed!;* the soldiers were ~ned **down** in the trenches by heavy shelling *zwaar granaatvuur hield de soldaten in de loopgraven;* it's difficult to ~ **down** in words *het is moeilijk onder woorden te brengen;* ~ s.o. **down** on sth. *iem. dwingen zijn wensen/plannen/bedoeling i.v.m. iets kenbaar te maken;* ~ s.o. **down** to his promise *iem. aan zijn belofte houden, iem. op zijn toezegging vastpinnen* **6.1** ~ a flower **on/to** a dress *een bloem op een japon spelden* **6.3** ~ s.o. **against** the wall *iem. tegen de muur drukken;* she got ~ned **under** the car *ze lag onder de auto bekneld* **6.¶** ~ sth. **on/to** s.o. *iem. iets in de schoenen schuiven.*
PIN [pɪn]⟨telb.zn.; afk.⟩ personal identification number **0.1** ***persoonlijk identificatienummer.***
pin·a·fore ['pɪnəfɔ:‖-fɔr], ⟨inf.⟩ **pin·ny** ['pɪni]⟨f1⟩⟨telb.zn.; tweede variant; →mv. 2⟩ **0.1** ***schort*** ⇒*kinderschort.*
'pinafore dress ⟨telb.zn.⟩ **0.1** ***overgooier.***
pi·nas·ter [paɪ'næstə‖-ər]⟨telb.zn.⟩⟨plantk.⟩ **0.1** ***zeeden*** ⇒*zeepijnboom* ⟨Pinus pinaster⟩.
'pin·ball ⟨f1⟩⟨n.-telb.zn.⟩ **0.1** ***flipper(spel)*** ⇒*trekspel.*
'pinball arcade ⟨telb.zn.⟩ **0.1** ***gokautomatenhal*** ⇒⟨B.⟩ *lunapark.*
'pinball machine ⟨f1⟩⟨telb.zn.⟩ **0.1** ***flipper(kast)*** ⇒*trekbiljart.*
'pin·board ⟨telb.zn.⟩ **0.1** ***prikbord.***
pince-nez ['pæns 'neɪ, 'pɪns -]⟨telb.zn.; pince-nez; →mv. 5⟩ **0.1** ***pince-nez*** ⇒*knijpbril.*
'pincer movement ⟨telb.zn.⟩⟨mil.⟩ **0.1** ***tangbeweging.***
pin·cers ['pɪnsəs‖-ərz], **pin·chers** ['pɪntʃəz‖-ərz]⟨f1⟩⟨mv.; ww. vnl. mv.⟩ **0.1** ***nijptang*** ⇒*tang* **0.2** ***schaar*** ⇒*tang* ⟨v. kreeft⟩ **0.3** ⟨mil.⟩ ***tang(beweging)*** ◆ **1.1** a pair of ~ *een nijptang.*
pin·cette [pæn'set]⟨telb.zn.⟩ **0.1** ***pincet.***
pinch[1] [pɪntʃ]⟨f1⟩⟨telb.zn.⟩ **0.1** ***kneep*** **0.2** ⟨the⟩ ***klem*** ⇒*knel, druk, spanning, uiterste nood, noodsituatie* **0.3** ***snuifje*** ⇒*heel klein beetje, iets tussen duim en vinger* **0.4** ⟨inf.⟩ ***diefstal*** **0.5** ⟨sl.⟩ ***arrestatie*** ◆ **1.2** the ~ of poverty/hunger *de nijpende armoede/honger* **1.3** a ~ of salt *een snuifje zout;* take sth. with a ~ of salt *iets met een korreltje zout nemen;* a ~ of snuff *een snuifje* **3.1** give s.o. a ~ *iem. knijpen* **3.2** if it comes to the ~ *als het begint te knijpen, als de nood aan de man komt;* feel the ~ *de nood voelen* **6.¶** **at/in** a ~ *desnoods, in geval van nood.*
pinch[2] ⟨f3⟩⟨ww.⟩⟨→sprw. 545⟩
I ⟨onov.ww.⟩ **0.1** ***krenterig zijn*** ⇒*gierig/vrekkig/schraperig zijn* **0.2** ⟨scheep.⟩ ***te hoog aan de wind zeilen*** ⇒*knijpen* ◆ **3.1** ~ and save/scrape *kromliggen;*
II ⟨onov. en ov.ww.⟩ **0.1** ***knellen*** ⇒*pijn doen* ◆ **1.1** these shoes ~ my toes *mijn tenen doen pijn in deze schoenen;*
III ⟨ov.ww.⟩ **0.1** ***knijpen*** ⇒*dichtknijpen, knellen, klemmen, nijpen, plooien* **0.2** ***kwellen*** ⇒*in het nauw brengen* **0.3** ***verkleumen*** ⇒*verschrompelen, verdorren* **0.4** ***karig toemeten*** ⇒*karig zijn met, sparen, krap houden, beknibbelen, gebrek laten lijden* **0.5** ***inkorten*** ⇒*snoeien* ⟨planten⟩ **0.6** ***(met een koevoet) oplichten*** **0.7** ***aanzetten*** ⇒*aansporen* ⟨paard⟩ **0.8** ⟨inf.⟩ ***gappen*** ⇒*ritselen, achterover drukken; bestelen* **0.9** ⟨inf.⟩ ***inrekenen*** ⇒*in de kraag grijpen, snappen, arresteren* ◆ **1.2** a ~ed face *een mager gezicht* **1.4** ~ pennies *op de kleintjes passen, elke cent driemaal omdraaien* **1.6** who ~ed my ball-point? *wie heeft mijn balpen gejat?* **3.8** ⟨sl.⟩ be ~ed *blut zijn* **4.4** ~ o.s. *zich bekrimpen* **5.5** ~ **back/down** plants *planten inkorten/terugsnoeien;* ~ **off** the tops of the plants *de planten aftoppen;* ~ **out** the shoots *de scheuten afknijpen/dieven* **6.2** ~ed **with** anxiety *door zorgen gekweld* **6.3** ~ **by** the frost *afgevroren;* ~ed **with** cold *verkleumd van de kou* **6.4** be ~ed **for** money *er krap bij zitten;* ~ s.o. **for/in/of** money *iem. krap houden/financieel in de tang houden.*
'pinch-bar ⟨telb.zn.⟩ **0.1** ***koevoet*** ⇒*breekijzer.*
pinch·beck[1] ['pɪntʃbek]⟨n.-telb.zn.⟩ **0.1** ***pinsbek*** ⇒*klatergoud.*
pinchbeck[2] ⟨bn.⟩ **0.1** ***klatergouden*** ⇒*onecht, vals, namaak.*
'pinch·cock ⟨telb.zn.⟩⟨schei.⟩ **0.1** ***klemkraantje.***
pinch·er ['pɪntʃə‖-ər]⟨telb.zn.⟩ **0.1** ***knijper*** **0.2** ***vrek*** ⇒*schraper, beknibbelaar, gierigaard, schrielhannes* **0.3** ⟨inf.⟩ ***gapper*** ⇒*langvinger.*
pinchers →pincers.
'pinch-fist ⟨telb.zn.⟩ **0.1** ***vrek*** ⇒*schraper, gierigaard.*
'pinch-'fist·ed ⟨bn.⟩ **0.1** ***vrekkig*** ⇒*schriel, gierig, inhalig.*
'pinch-'hit ⟨onov.ww.⟩⟨AE; honkbal; ook fig.⟩ **0.1** ***vervangen*** ⇒*als pinch hitter optreden/ingezet worden.*
'pinch 'hitter ⟨telb.zn.⟩⟨AE; honkbal⟩ **0.1** ***pinch hitter*** ⟨vervangende slagman in kritieke fase⟩ ⇒⟨fig.⟩ *invaller, plaatsvervanger.*
'pinch-pen·ny ⟨telb.zn.⟩ **0.1** ***duitendief*** ⇒*vrek, schraper.*
'pin-cush·ion ⟨f1⟩⟨telb.zn.⟩ **0.1** ***speldenkussen.***
pine[1] [paɪn]⟨f2⟩⟨zn.⟩
I ⟨telb.zn.⟩ **0.1** ***pijn(boom)*** **0.2** ***ananas;***
II ⟨n.-telb.zn.⟩ **0.1** ***vurehout*** ⇒*grenehout, dennehout, naaldhout, pijn(boom)hout* **0.2** ⟨vero.⟩ ***smart*** ⇒*hartzeer, smachting.*

pine[2] ⟨f1⟩⟨ww.⟩
I ⟨onov.ww.⟩ **0.1** ***kwijnen*** ⇒*verkwijnen; treuren* ⟨dieren⟩ **0.2** ***smachten*** ⇒*verlangen, hunkeren* ◆ **3.2** ~ to do sth. *ernaar hunkeren iets te doen* **5.1** ~ **away** *wegkwijnen* **6.1** ~ **from** hunger *wegkwijnen van honger* **6.2** ~ **after/for** sth. *naar iets smachten;*
II ⟨ov.ww.⟩⟨vero.⟩ **0.1** ***betreuren***.
pin·e·al ['pɪnɪəl,'paɪ-]⟨bn., pred.⟩ **0.1** ***pijnappelvormig*** ⇒*denneappelvormig* ◆ **1.1** ⟨anat.⟩ ~ body/gland/organ *pijnappelklier, epifyse*.
'pine·ap·ple ⟨f2⟩⟨telb. en n.-telb.zn.⟩ **0.1** ***ananas*** **0.2** ⟨sl.⟩ ***handgranaat***.
'pine-bar·ren ⟨telb.zn.⟩⟨AE⟩ **0.1** ***met pijnbomen begroeide dorre grond***.
'pine box ⟨telb.zn.⟩⟨bergsport⟩ **0.1** ***dodelijke val***.
'pine 'bunting ⟨telb.zn.⟩⟨dierk.⟩ **0.1** ***witkopgors*** ⟨Emberiza leucocephala⟩.
'pine-clad ⟨bn.⟩ **0.1** ***met pijnbomen begroeid***.
'pine·cone ⟨f1⟩⟨telb.zn.⟩ **0.1** ***denneappel*** ⇒*pijnappel*.
'pine gros·beak ⟨telb.zn.⟩⟨dierk.⟩ **0.1** ***haakbek*** ⟨Pinicola enucleator⟩.
'pine marten ⟨telb.zn.⟩⟨dierk.⟩ **0.1** ***boommarter*** ⟨Martes martes⟩.
'pine-nee·dle ⟨f1⟩⟨telb.zn.⟩ **0.1** ***dennenaald***.
'pine nut ⟨telb.zn.⟩ **0.1** ***(eetbare) pijnappel*** ⇒*denneappel*.
pin·er·y ['paɪn(ə)ri]⟨telb.zn.;→mv. 2⟩ **0.1** ***ananaskwekerij*** **0.2** ***dennenbos*** ⇒*pijnwoud*.
'pine-straw ⟨n.-telb.zn.⟩ **0.1** ***dennenaalden***.
'pine-tags ⟨mv.⟩ **0.1** ***dennenaalden***.
'pine-tree ⟨f1⟩⟨telb.zn.⟩ **0.1** ***pijnboom*** ⇒*grove den* ⟨Pinus sylvestris⟩.
pi·ne·tum [paɪ'ni:ṭəm]⟨telb.zn.; pineta [-ṭə];→mv. 5⟩ **0.1** ***pinetum*** ⇒*dennenaanplant*.
'pine·wood ⟨f1⟩⟨zn.⟩
I ⟨telb.zn.⟩ **0.1** ***dennenbos*** ⇒*pijnbos, pijnwoud;*
II ⟨n.-telb.zn.⟩ **0.1** ***vurehout*** ⇒*grenen, pitchpine, dennehout*.
piney →piny.
'pin·fall →fall[1] 0.7.
'pin-feath·er ⟨telb.zn.⟩ **0.1** ***stoppelveer***.
'pin-fire ⟨bn., attr.⟩ **0.1** ***met slagnaaldontsteking*** ⟨v. patroon⟩.
'pin·fold[1] ⟨telb.zn.⟩ **0.1** ***schutstal***.
pinfold[2] ⟨ov.ww.⟩ **0.1** ***schutten*** ⇒*opsluiten* ⟨verdwaald vee⟩.
ping[1] [pɪŋ]⟨telb.zn.⟩ **0.1** ***ping*** ⇒*kort tinkelend geluid*.
ping[2] ⟨onov.ww.⟩ **0.1** ***'ping' doen*** ⟨een kort tinkelend geluid maken⟩ **0.2** ⟨AE⟩ ***pingelen*** ⟨v. verbrandingsmotor⟩.
pin·go ['pɪŋgoʊ]⟨telb.zn.⟩ **0.1** ***pingo*** ⇒*vorstheuvel*.
'ping-pong[1] ⟨f1⟩⟨n.-telb.zn.⟩⟨inf.⟩ **0.1** ***pingpong*** ⇒*tafeltennis*.
ping-pong[2] ⟨ov.ww.⟩⟨AE; med.; inf.⟩ **0.1** ***(nodeloos) van de ene naar de andere specialist sturen***.
pin·guid ['pɪŋgwɪd]⟨bn.⟩⟨vnl. scherts.⟩ **0.1** ***vettig*** ⇒*vet, zalvend*.
pin·guin ['pɪŋgwɪn]⟨telb. en n.-telb.zn.⟩⟨plantk.⟩ **0.1** ***(vrucht van) Westindische bromelia*** ⟨Bromelia pinguin⟩.
'pin-head ⟨f1⟩⟨telb.zn.⟩ **0.1** ***speldekop*** **0.2** ***kleinigheid*** **0.3** ⟨inf.⟩ ***uilskuiken*** ⇒*domoor, domkop, sufferd, malloot*.
'pin-'head·ed ⟨bn.⟩⟨inf.⟩ **0.1** ***dom*** ⇒*stom, stupide, leeghoofdig*.
'pin-'high ⟨bn.⟩⟨golf⟩ **0.1** ***liggend ter hoogte v. de hole/vlag*** ⟨v. bal⟩.
'pin·hold·er ⟨telb.zn.⟩ **0.1** ***bloemenprikker***.
'pin-hole ⟨telb.zn.⟩ **0.1** ***speldeprik*** ⇒*speldegaatje*.
'pin-hole camera ⟨telb.zn.⟩ **0.1** ***gaatjescamera***.
pin·ion[1] ['pɪnɪən]⟨telb.zn.⟩ **0.1** ***vleugelpunt*** **0.2** ***slagpen*** **0.3** ⟨schr.⟩ ***wiek*** ⇒*vleugel* **0.4** ⟨tech.⟩ ***rondsel*** ⇒*klein(ste) tandwiel* ◆ **1.4** rack and ~ *tandheugel met rondsel*.
pinion[2] ⟨ov.ww.⟩ **0.1** ***kortwieken*** **0.2** ***binden*** ⇒*knevelen, vastbinden* ⟨armen⟩; *boeien* ⟨handen⟩.
pink[1] [pɪŋk]⟨f3⟩⟨zn.⟩
I ⟨telb.zn.⟩ **0.1** ***anjelier*** ⇒*anjer* **0.2** ⟨BE⟩ ***rode jagersjas*** ⇒*vossejager* **0.3** ⟨scheep.⟩ ***pink*** ⟨vaartuig⟩ **0.4** ⟨BE⟩ ***jonge zalm*** ⇒⟨gew.⟩ *voorn(tje)* **0.5** ⟨sl.; pol.⟩ ***(gematigd) radicaal*** ⇒*rozerode, communisten/socialistenvriend* **0.6** ⟨AE; sl.⟩ ***blanke;***
II ⟨n.-telb.zn.⟩ **0.1** ***roze*** ⇒*rozerood* **0.2** ***puikje*** ⇒*toppunt, toonbeeld, perfectie, volmaaktheid* **0.3** ***geelachtig verfpigment*** **0.4** ⟨BE⟩ ***jagersrood*** ◆ **1.2** the ~ of elegance *het toppunt v. elegantie* **6.2** ⟨inf.⟩ **in** the ~ (of condition/health) *in blakende vorm/gezondheid*.
pink[2] ⟨f2⟩⟨bn.; -er; -ly; -ness⟩ **0.1** ***roze*** **0.2** ⟨sl.⟩ ***gematigd links*** ⇒*rozerood, met socialistische/communistische sympathieën* **0.3** ⟨BE⟩ ***jagersrood*** ◆ **1.1** ~ disease *acrodynie* ⟨kinderziekte⟩; ~ elephants *witte muizen, roze olifanten* ⟨dronkemanshallucinaties⟩; ~ gin *glaasje gin met angostura elixer;* ⟨ong.⟩ *jonge angst;* ~ lady *cocktail met o.a. grenadine* **1.¶** ⟨AE; inf.⟩ ~ slip *ontslagbriefje;* ⟨AE; inf.⟩ ~ tea *formele bijeenkomst, elite-bijeenkomst* **3.¶** ⟨sl.⟩ strike me ~! *krijg nou wat!, hoe bestaat het!;* ⟨inf.⟩ tickled ~ *bijzonder ingenomen/opgetogen/in zijn sas;* be tickled ~ with sth. *in de wolken zijn over iets*.

pink[3] ⟨f1⟩⟨ww.⟩
I ⟨onov.ww.⟩ **0.1** ***pingelen*** ⟨v. motor⟩ **0.2** ***roze worden;***
II ⟨ov.ww.⟩ **0.1** ***doorboren*** ⇒*doorsteken, prikken, perforeren* **0.2** ***versieren*** ⟨vnl. leder, door perforaties⟩ ⇒*met een kartelschaar knippen, uittanden, uitschulpen* **0.3** ***roze maken*** ◆ **6.2** ~ **out** *uittanden, uitschulpen, versieren, tooien*.
'pink-'collar ⟨bn., attr.⟩ **0.1** ***v./mbt. vrouwelijke werkers in kosmetische branche*** **0.2** ***v./mbt. vrouwenbanen*** ◆ **1.2** ~ jobs *vrouwenbanen*.
Pin·ker·ton ['pɪŋkətən‖-ərtn]⟨telb.zn.⟩⟨AE; inf.⟩ **0.1** ***(particulier) detective*** ⇒*speurder, speurneus*.
'pink-eye ⟨telb. en n.-telb.zn.⟩⟨med.⟩ **0.1** ***bindvliesontsteking*** ⇒*conjunctivitis* **0.2** ***paardegriep***.
'pink-'foot·ed ⟨bn.⟩⟨dierk.⟩ ◆ **1.¶** ~ goose *kleine rietgans* ⟨Anser brachyrhynchus⟩.
pink·ie, pink·y ['pɪŋki]⟨f1⟩⟨telb.zn.;→mv. 2⟩ **0.1** ⟨Sch.E; AE⟩ ***pink*** ⟨kleinste vinger⟩ **0.2** ⟨scheep.⟩ ***pink*** ⟨vaartuig⟩.
'pink·ing shears, 'pinking scissors ⟨mv.⟩ **0.1** ***kartelschaar***.
pink·ish ['pɪŋkɪʃ]⟨bn.; -ness⟩ **0.1** ***rozeachtig*** ⇒*licht roze*.
pink·o ['pɪŋkoʊ]⟨telb.zn.; ook pinkoes;→mv. 2⟩⟨inf.⟩ **0.1** ***(gematigd) radicaal*** ⇒*rozerode; communisten/socialistenvriend*.
pink·slip ['pɪŋk'slɪp]⟨ov.ww.⟩⟨AE; inf.⟩ **0.1** ***ontslaan*** ⇒*de zak geven*.
'pink·ster flower, 'pinx·ter flower ⟨telb.zn.⟩ **0.1** ***roze azalea***.
pinky[1] →pinkie.
pin·ky[2] ⟨bn.⟩ **0.1** ***rozeachtig***.
'pin-mon·ey ⟨n.-telb.zn.⟩ **0.1** ***speldengeld***.
pin·na ['pɪnə]⟨telb.zn.; ook pinnae [-ni:];→mv. 5⟩ **0.1** ***oorschelp*** **0.2** ⟨plantk.⟩ ***blaadje v. geveerd blad*** **0.3** ***vin*** ⇒*veer, vleugel*.
pin·nace ['pɪnɪs]⟨telb.zn.⟩⟨scheep.⟩ **0.1** ***pinas*** ⇒*sloep*.
pin·na·cle[1] ['pɪnəkl]⟨f1⟩⟨telb.zn.⟩ **0.1** ***pinakel*** ⇒*siertorentje* **0.2** ***(berg)top*** ⇒*spits, piek;* ⟨fig.⟩ *toppunt, hoogtepunt, climax*.
pinnacle[2] ⟨ov.ww.⟩ **0.1** ***op een toren zetten*** ⇒*verheffen* **0.2** ***van pinakels/siertorentjes voorzien*** **0.3** ***(be)kronen*** ⇒*het toppunt zijn van*.
pin·nate ['pɪneɪt], **pin·nat·ed** [-eɪṭɪd]⟨bn.; -ly⟩ **0.1** ⟨plantk.⟩ ***geveerd*** ⇒*veervormig vertakt, gevind, vinnervig* **0.2** ⟨dierk.⟩ ***getakt***.
pin·ni·grade[1] ['pɪnɪgreɪd], **pin·ni·ped** ['pɪnɪped]⟨telb.zn.⟩ **0.1** ***vinpotig dier***.
pinnigrade[2], **pinniped** ⟨bn.⟩ **0.1** ***vinpotig***.
pin·nule ['pɪnju:l], **pin·nu·la** ['pɪnjələ]⟨telb.zn.; tweede variant pinnulae [-li:];→mv. 5⟩ **0.1** ⟨plantk.⟩ ***geveerd blaadje*** **0.2** ⟨dierk.⟩ ***vin*** ⇒*vleugeltje* **0.3** ***vizier*** ⟨v. hoekmeter⟩.
pinny →pinafore.
pi·noch·le, pi·noc·le ['pi:nɒkl‖-nɑkl], **pe·nuch·le, pe·nuck·le** ['pi:nʌkl]⟨n.-telb.zn.⟩⟨AE⟩ **0.1** ***pinochle*** ⟨kaartspel vergelijkbaar met bezique⟩ **0.2** ***pinochle*** ⟨combinatie v. schoppenvrouw en ruitenboer⟩.
pi·no·le [pɪ'noʊli]⟨n.-telb.zn.⟩⟨AE⟩ **0.1** ***pinole*** ⟨meel⟩.
pi·ñon, pin·yon ['pɪnjən,-'joʊn]⟨telb.zn.; 1e variant ook pi+n1ones [-ni:z];→mv. 5⟩⟨plantk.⟩ **0.1** ***pijnboom (met eetbare pijnappels)*** ⟨Pinus edulis⟩.
'pin-point[1] ⟨f1⟩⟨telb.zn.⟩ **0.1** ***speldepunt*** **0.2** ***stipje*** ⇒*kleinigheid, greintje, puntje* **0.3** ⟨mil.⟩ ***uiterst precies omschreven doel*** ⇒*scherpschuttersdoel*.
pin-point[2] ⟨f1⟩⟨bn., attr.⟩ **0.1** ***uiterst precies/nauwkeurig*** ⇒*haarfijn* **0.2** ***minuscuul***.
pin-point[3] ⟨f2⟩⟨ov.ww.⟩ **0.1** ***doorpriemen*** **0.2** ***uiterst precies lokaliseren*** ⇒*uiterst nauwkeurig aanduiden/aanwijzen/vaststellen/vastleggen* **0.3** ⟨mil.⟩ ***nauwkeurig mikken/aanleggen op*** ⇒*scherpschieten, het doel treffen/bombarderen*.
'pin-prick[1] ⟨telb.zn.⟩⟨ook fig.⟩ **0.1** ***speldeprik*** ⇒*hatelijke opmerking*.
pin-prick[2] ⟨ww.⟩
I ⟨onov.ww.⟩ **0.1** ***speldeprikken geven;***
II ⟨ov.ww.⟩ **0.1** ***prikken***.
'pin printer ⟨telb.zn.⟩⟨comp.⟩ **0.1** ***pinprinter***.
'pin·set·ter ⟨telb.zn.⟩ **0.1** ***kegelzetter*** ⟨persoon of machine⟩.
'pin·spot·ter ⟨telb.zn.⟩⟨bowling⟩ **0.1** ***kegelzetter***.
'pin-stripe ⟨telb.zn.⟩ **0.1** ***smal streepje*** ⟨als patroon op stof enz.⟩.
'pin-striped ⟨bn.⟩ **0.1** ***met dunne streepjes*** ⟨stof, pak enz.⟩.
pint [paɪnt]⟨f3⟩⟨telb.zn.⟩ **0.1** ***pint*** ⟨voor vloeistof, UK 0,568 l, USA 0,473 l; voor droge waren 0,550 l;→t1⟩ **0.2** ⟨inf.⟩ ***pint(je)*** ⇒*grote pils*.
pint·a ['paɪnṭə]⟨f1⟩⟨telb.zn.⟩⟨BE; inf.⟩ **0.1** ***pint*** ⟨melk⟩.
'pin-ta·ble ⟨f1⟩⟨telb.zn.⟩⟨BE⟩ **0.1** ***flipperkast*** ⇒*trekbiljart*.
pin·ta·do [pɪn'tɑ:doʊ], ⟨in bet. 0.1 ook⟩ **pin'tado 'petrel,** ⟨in bet. 0.3 ook⟩ **pin·ta·da** [-də]⟨telb.zn.; eerste variant ook pintadoes;→mv. 2⟩⟨dierk.⟩ **0.1** ***Kaapse duif*** ⟨Daption capense⟩ **0.2** ***parelhoen*** ⟨Numida meleagris⟩ **0.3** ***soort Spaanse makreel*** ⟨Scomberomorus regalis⟩.
'pin-tail ⟨telb.zn.; ook pin-tail;→mv. 4⟩⟨dierk.⟩ **0.1** ***pijlstaart*** ⟨eend; Anas acuta⟩.

pin·ta·no [pɪn'tɑ:noʊ]⟨telb.zn.; ook pintano; →mv. 4⟩⟨dierk.⟩ **0.1** ***(soort) rifbaars*** ⟨Abudefduf marginatus⟩.

pin·tle ['pɪntl]⟨telb.zn.⟩ **0.1** ⟨tech.⟩ ***pin*** ⇒*pen, bout, scharnierpen* **0.2** ⟨scheep.⟩ ***roerpin/pen*** ⇒*roerhaak*.

pin·to[1] ['pɪntoʊ]⟨telb.zn.; ook pintoes; →mv. 2⟩⟨AE⟩ **0.1** ***gevlekt/gespikkeld paard*** **0.2** ⟨sl.⟩ ***doodkist*** ⇒*lijkkist*.

pinto[2] ⟨bn.⟩⟨AE⟩ **0.1** ***bont*** ⇒*gevlekt*.

'pint-'pot ⟨telb.zn.⟩ **0.1** ***(tinnen) pot/beker/kroes van een pint***.

'pint-size, 'pint-sized ⟨bn.⟩⟨inf.; vaak pej.⟩ **0.1** ***nietig*** ⇒*klein, minuscuul*.

'pin-tuck ⟨telb.zn.⟩ **0.1** ***fijne figuurnaad*** ⇒*gepaspelde naad*.

'pin-up[1] ⟨f1⟩⟨telb.zn.⟩⟨inf.⟩ **0.1** ***pin-up*** ⇒*prikkelpop*.

pin-up[2] ⟨f1⟩⟨bn., attr.⟩ **0.1** ***pin-up-*** **0.2** ***muur-*** ◆ **1.1** ~ girl *pin-up-girl; prikkelpop* **1.2** ~ lamp *muurlamp*.

'pin-wheel ⟨telb.zn.⟩ **0.1** ***molentje*** ⟨kinderspeelgoed⟩ **0.2** ***vuurrad*** **0.3** ⟨tech.⟩ ***pennenrad*** ⇒*kroonwiel, pignon*.

'pin-worm ⟨telb.zn.⟩⟨dierk.⟩ **0.1** ***draadworm*** ⟨Enterobius vermicularis⟩.

pinx·it ['pɪŋksɪt]⟨telb.zn.⟩ **0.1** ***(hij) heeft (dit) geschilderd*** ⟨vroeger deel v.d. handtekening v.e. schilder⟩.

pinxter flower →pinkster flower.

pin·y, pine·y ['paɪni]⟨bn.; -er; →compar. 7⟩ **0.1** ***pijnboom-***.

Pin·yin ['pɪn'jɪn]⟨n.-telb.zn.⟩ **0.1** ***Pinyin*** ⟨gebruik v. Romeinse letters voor Chinese karakters⟩.

pinyon →piñon.

pi·o·let [pjoʊ'leɪ‖'pɪə-]⟨telb.zn.⟩ **0.1** ***ijshouweel*** ⇒*ijshaak*.

pi·on ['paɪɒn‖'paɪɑn]⟨telb.zn.⟩⟨nat.⟩ **0.1** ***pion*** ⟨π-meson⟩.

pi·o·neer[1] ['paɪə'nɪə‖-'nɪr]⟨f3⟩⟨telb.zn.⟩ **0.1** ***pionier*** ⇒*voortrekker, baanbreker, wegbereider*.

pioneer[2] ⟨f1⟩⟨ww.⟩
I ⟨onov.ww.⟩ **0.1** ***pionieren*** ⇒*pionierswerk verrichten, baanbrekend werk verrichten, de weg bereiden, de stoot geven;*
II ⟨ov.ww.⟩ **0.1** ***exploreren*** ⇒*toegankelijk maken, koloniseren* **0.2** ***leiden*** ⇒*geleiden, beginnen met*.

'pioneer 'spirit ⟨telb.zn.⟩ **0.1** ***pioniersgeest***.

pi·os·i·ty [paɪ'ɒsəti‖-'ɑsəṭi]⟨n.-telb.zn.⟩ **0.1** ***ostentatieve vroomheid*** ⇒*overdreven godsvrucht*.

pi·ous ['paɪəs]⟨f2⟩⟨bn.; -ly; -ness⟩
I ⟨bn.⟩ **0.1** ***vroom*** ⇒*godvruchtig, devoot* **0.2** ***hypocriet*** ⇒*braaf* **0.3** ***stichtelijk*** ⇒*gewijd, godsdienstig* ⟨lectuur⟩ **0.4** ⟨vero.⟩ ***gehoorzaam*** ⇒*trouw;*
II ⟨bn., attr.⟩ **0.1** ***vroom*** ⟨wens, bedrog, hoop⟩ ⇒*niet te vervullen, ijdel, goedbedoeld* **0.2** ***lofwaardig*** ⇒*prijzenswaardig* ◆ **1.1** ~ fraud *vroom bedrog;* ~ hope *ijdele hoop;* ~ wish *vrome wens* **1.2** ~ attempt *lofwaardige poging*.

pip[1] [pɪp]⟨f2⟩⟨zn.⟩
I ⟨telb.zn.⟩ **0.1** ***oog*** ⇒*oogje* ⟨op dobbelsteen e.d.⟩ **0.2** ***bloempje*** ⟨in bloemtros⟩ **0.3** ***schub*** ⟨v. ananas⟩ **0.4** ***impuls*** ⇒*signaal* ⟨dat voorwerp aanduidt op radarscherm⟩ **0.5** ***pit*** ⟨v. fruit⟩ **0.6** ***b(l)iep*** ⇒*tikje, toontje* ⟨tijdsein, radiosignaal⟩ **0.7** ***letter P*** ⟨bij het telegraferen⟩ **0.8** ⟨BE⟩ ***ster*** ⟨op uniform⟩ **0.9** ⟨sl.⟩ ***pracht*** ⟨van een meid e.d.⟩ **0.10** ⟨AE; sl.⟩ ***uitblinker*** ⇒*opmerkelijk iem.* ◆ **1.9** a ~ of a plan *een juweeltje van een plan* **3.5** squeeze s.o. until/till the ~s squeak *iem. uitknijpen als een citroen;*
II ⟨n.-telb.zn.; the⟩ **0.1** ***pip*** ⟨hoender- en vogelziekte⟩ **0.2** ⟨BE; sl.⟩ ***aanval v. neerslachtigheid*** ⇒*humeurigheid* ◆ **3.2** get the ~ *het op zijn heupen krijgen;* she gives me the ~ *ik krijg de pip van haar, ze werkt op mijn zenuwen;* have the ~ *humeurig/terneergeslagen/landerig zijn*.

pip[2] ⟨ww.; →ww. 7⟩
I ⟨onov.ww.⟩ **0.1** ***piepen*** ⇒*tsjilpen* **0.2** ***uitkomen*** ⟨v. kuiken enz.⟩ ⇒*openbreken* ⟨v. eierschaal⟩ **0.3** ⟨sl.⟩ ***zakken*** ⟨voor examen⟩ ◆ **5.¶** ~ **out** *het afpiepen, sterven, doodgaan;*
II ⟨ov.ww.⟩ **0.1** ***doorbreken*** ⟨eierschaal door kuiken enz.⟩ **0.2** ***pitten*** ⇒*van de pitten ontdoen* **0.3** ⟨BE; sl.⟩ ***laten zakken*** ⇒⟨B.⟩ *buizen* ⟨bij examen⟩ **0.4** ⟨BE; sl.⟩ ***deballoteren*** ⇒*uitsluiten, afwijzen* **0.5** ⟨BE; sl.⟩ ***neerknallen*** ⇒*neerschieten, raken, treffen, verwonden, doden* **0.6** ⟨BE; sl.⟩ ***verslaan***.

pi·pa ['pi:pə]⟨telb.zn.⟩⟨dierk.⟩ **0.1** ***pipa*** ⟨Surinaamse pad; Pipa pipa⟩.

pip·age, pipe·age ['paɪpɪdʒ]⟨n.-telb.zn.⟩ **0.1** ***vervoer door buizen*** **0.2** ***prijs voor vervoer door buizen*** **0.3** ***buizen*** ⇒*buizensysteem*.

pi·pal, pee·pal, pee·pul ['pi:pl]⟨telb.zn.⟩ **0.1** ***heilige Indische vijgeboom*** ⟨Ficus religiosa⟩.

pipe[1] [paɪp]⟨f3⟩⟨zn.⟩
I ⟨telb.zn.⟩ **0.1** ***pijp*** ⇒*buis, leiding(buis); orgelpijp, tabakspijp, pijpje tabak; kraterpijp* **0.2** ***fluit(je)*** ⇒*bootsmansfluitje; fluitsignaal* **0.3** ***vat*** ⇒*kanaal, buis* ⟨in dierlijk lichaam⟩ **0.4** ***cilindrische ertsader*** ⇒*vertikale diamantader* **0.5** ***vat*** ⇒*pijp* **0.6** ⟨tech.⟩ ***krimpholte*** ⟨in gietmetaal⟩ **0.7** ⟨sl.⟩ ***makkie*** ⇒*lichte taak, gemakkelijk werk;* ⟨vnl. school.⟩ *gemakkelijke kursus* **0.8** ⟨AE; sl.⟩ ***telefoon*** **0.9** ⟨Can. E; inf.; ijshockey⟩ ***(doel)paal*** ◆ **1.1** ~ of peace *vredespijp* **3.1** knock one's ~ out *zijn pijp uitkloppen* **3.¶** ⟨AE; sl.⟩ hit the ~ *opium schuiven, marihuana roken;* ⟨inf.⟩ put that in your ~ and smoke it *die kun je in je zak steken;*
II ⟨n.-telb.zn.⟩⟨vero.⟩ **0.1** ***(zang)stem*** ⇒*vogelzang, gefluit, vogelroep, gepiep, geluid v. schrille stemmen;*
III ⟨mv.; ~s⟩ **0.1** ***doedelzak(ken)*** **0.2** ***pan(s)fluit*** **0.3** ⟨inf.⟩ ***luchtpijpen*** ⇒*stembanden, keel, strot*.

pipe[2] ⟨f2⟩⟨ww.⟩ →piping
I ⟨onov.ww.⟩ **0.1** ⟨tech.⟩ ***krimpholtes vormen*** ⟨in gietmetaal⟩;
II ⟨onov. en ov.ww.⟩ **0.1** ***pijpen*** ⇒*fluiten, op de doedelzak spelen* **0.2** ***piepen*** ⇒*kwelen, zingen* **0.3** ⟨scheep.⟩ ***door een fluitsignaal verwittigen/oproepen/verwelkomen*** ⟨scheepsbemanning⟩ **0.4** ⟨AE; sl.⟩ ***(een brief) schrijven*** ⇒*(een boodschap) sturen* **0.5** ⟨AE; sl.⟩ ***praten*** ⇒*vertellen, doorslaan, loslippig zijn* ◆ **1.3** ~ all hands on deck *alle hens aan dek fluiten;* ~ the side *aan boord verwelkomen* ⟨hogere officier⟩; *fluiten bij het aan wal gaan* ⟨v. hogere officier⟩ **5.3** ~ **aboard** *aan boord verwelkomen* ⟨v. hogere officier⟩; ~ **away** *de afvaart fluiten* ⟨v.e. schip⟩; ~ **down** *(matrozen) door een fluitsignaal v.e. activiteit ontslaan* **5.¶** ⟨inf.⟩ ~ **down** *een toontje lager zingen, zijn mond houden;* ⟨inf.⟩ ~ **up** *beginnen te spelen/zingen/spreken/fluiten, aanheffen, opspreken;*
III ⟨ov.ww.⟩ **0.1** ***door buizen leiden/aanvoeren*** **0.2** ***van buizen voorzien*** ⇒*met buizen verbinden* **0.3** ***leiden*** ⇒*lokken* ⟨door fluitspel⟩ **0.4** ***versieren*** ⟨bv. gebak, met reepjes suikerglazuur⟩ ⇒*zomen* ⟨bv. kledingstuk, met biezen/galons⟩ **0.5** ***stekken*** ⟨planten⟩ **0.6** ***door kabelverbinding overbrengen*** ⟨muziek, radioprogramma⟩ **0.7** ⟨AE; sl.⟩ ***opmerken*** ⇒*zien, kijken naar* ◆ **5.1** ~ **away** *door buizen afvoeren*.

'pipe bomb ⟨telb.zn.⟩ **0.1** ***zelfgemaakte bom*** ⟨in ijzeren buis⟩.

'pipe-bowl ⟨f1⟩⟨telb.zn.⟩ **0.1** ***pijpekop***.

'pipe clay[1] ⟨n.-telb.zn.⟩ **0.1** ***pijpaarde***.

pipe clay[2] ⟨ov.ww.⟩ **0.1** ***met pijpaarde wit maken/reinigen*** **0.2** ⟨fig.⟩ ***in orde brengen*** ⇒*schoonmaken, opknappen*.

'pipe cleaner ⟨telb.zn.⟩ **0.1** ***pijperager*** ⇒*pijpewisser, pijpreiniger*.

'pipe dream ⟨telb.zn.⟩ **0.1** ⟨inf.⟩ ***opiumdroom*** **0.2** ***droombeeld*** ⇒*luchtkasteel, hersenschim, onuitvoerbaar plan, onmogelijk idee*.

'pipe·fish ⟨telb.zn.; ook pipefish; →mv. 4⟩⟨dierk.⟩ **0.1** ***zeenaald*** ⟨genus Syngnathus⟩.

'pipe·fit·ter ⟨telb.zn.⟩ **0.1** ***loodgieter***.

'pipe·fit·ting ⟨zn.⟩
I ⟨telb.zn.⟩ **0.1** ***pijpfitting*** ⟨hulpstuk in buisleiding⟩;
II ⟨n.-telb.zn.⟩ **0.1** ***loodgieterij***.

pipe·ful ['paɪpfʊl]⟨telb.zn.⟩ **0.1** ***pijpvol***.

'pipe·line[1] ⟨f2⟩⟨telb.zn.⟩ **0.1** ***pijpleiding*** ⇒*buisleiding,* ⟨i.h.b.⟩ *oliepijpleiding* **0.2** ⟨fig.⟩ ***toevoerkanaal*** ⟨goederen, informatie enz.⟩ ⇒*informatiebron* ◆ **6.¶** **in** the ~ *onderweg, op stapel*.

pipeline[2] ⟨ww.⟩
I ⟨onov.ww.⟩ **0.1** ***een pijpleiding aanleggen;***
II ⟨ov.ww.⟩ **0.1** ***in een pijpleiding vervoeren***.

'pipe 'major ⟨telb.zn.⟩ **0.1** ***eerste doedelzakspeler***.

pipe·man ['paɪpmən]⟨telb.zn.; pipemen [-mən]; →mv. 2⟩⟨AE⟩ **0.1** ***pijpfitter*** **0.2** ***spuitgast*** ⇒*brandweerman*.

pip em·ma[1] ['pɪp 'emə]⟨telb. en n.-telb.zn.⟩⟨BE⟩ **0.1** ***namiddag*** ⇒*avond* ⟨seinerstaal voor p.m.⟩.

pip emma[2] ⟨bw.⟩⟨BE⟩ **0.1** ***in de namiddag*** ⇒*'s avonds*.

'pipe opener ⟨telb.zn.⟩⟨BE⟩ **0.1** ***vooroefening***.

'pipe organ ⟨telb.zn.⟩ **0.1** ***pijporgel***.

pip·er ['paɪpə‖-ər]⟨f2⟩⟨telb.zn.⟩⟨→sprw. 290⟩ **0.1** ***pijper*** ⇒*fluitspeler, doedelzakspeler* ⟨vnl. rondtrekkend⟩ **0.2** ***fitter*** **0.3** ***dampig paard*** **0.4** ***jonge duif*** **0.5** ⟨dierk.⟩ ***poon*** ⟨genus Trigla⟩ ◆ **3.¶** pay the ~ *het gelag betalen;* he who pays the ~ calls the tune *wie betaalt, bepaalt*.

'pipe rack ⟨telb.zn.⟩ **0.1** ***pijpenrek***.

'pipe-rolls ⟨f2⟩⟨mv.; the⟩⟨BE⟩ **0.1** ***voormalige archieven v.d. Britse schatkist***.

'pipe-stem ⟨telb.zn.⟩ **0.1** ***pijpesteel***.

'pipe stone ⟨n.-telb.zn.⟩ **0.1** ***rode pijpaarde***.

pi·pette, pi·pet [pɪ'pet‖paɪ'pet]⟨telb.zn.⟩ **0.1** ***pipet***.

'pipe wrench ⟨telb.zn.⟩ **0.1** ***pijptang*** ⇒*buistang*.

'pip·ing[1] ['paɪpɪŋ]⟨f1⟩⟨n.-telb.zn.; gerund v. pipe⟩ **0.1** ***buisleiding*** ⇒*pijpleiding, buizennet* **0.2** ***het pijpen*** ⇒*het fluitspelen, het doedelzakspelen, doedelzakmuziek* **0.3** ***biesversiering*** ⇒*zoom, omboordsel, omzoming, bies, galon* ⟨op kledij, meubelen enz.⟩; *suikerbiesje, suikerglazuur in reepjes* ⟨op gebak⟩ **0.4** ⟨(the)⟩ ***vogelzang*** ⇒*vogelgefluit, vogelroep, gepiep, geluid v. schrille stemmen* ◆ **3.2** dance to s.o.'s ~ *naar iemands pijpen dansen*.

piping[2] ⟨f1⟩⟨bn., attr.; teg. deelw. v. pipe⟩ **0.1** ***schril*** ⟨stem⟩ ◆ **1.¶** the ~ time(s) of peace *de kalme/rustige vredestijd*.

piping[3] ⟨f1⟩⟨bw.⟩ **0.1** ***zeer*** ⇒*erg* ◆ **2.1** ~ hot *kokend heet*.

pip·it ['pɪpɪt]⟨telb.zn.⟩⟨dierk.⟩ **0.1** ***pieper*** ⟨genus Anthus⟩.
pip·kin ['pɪpkɪn]⟨telb.zn.⟩ **0.1** ***aarden potje/pannetje*** **0.2** ⟨AE; gew.⟩ ***houten emmertje/tobbe***.
pip·less ['pɪpləs]⟨bn.⟩ **0.1** ***pitloos*** ⇒*zonder pit*.
pip·pin ['pɪpɪn]⟨telb.zn.⟩ **0.1** ***pippeling*** ⟨appel⟩ **0.2** ***pit*** ⟨v. vrucht⟩ **0.3** ⟨sl.⟩ ***fantastische kerel*** ⇒*prachtmeid, je van het, fantastisch ding*.
'pip-'pip ⟨tussenw.⟩⟨BE; sl.⟩ **0.1** ***ajuus***.
'pip-squeak ⟨telb.zn.⟩⟨sl.⟩ **0.1** ***nul*** ⇒*vent van niks, onbeduidend mens* **0.2** ⟨mil.⟩ ***kleine granaat*** ⟨W.O.I⟩.
pip·y ['paɪpi]⟨bn.; -er; →compar. 7⟩ **0.1** ***buisvormig*** ⇒*pijpachtig*.
pi·quan·cy ['pi:kənsi]⟨n.-telb.zn.⟩ **0.1** ***pikanterie*** ⇒*het pikante*.
pi·quant ['pi:kənt]⟨bn.; -ly; -ness⟩ **0.1** ***pikant*** ⇒*prikkelend* **0.2** ⟨vero.⟩ ***scherp*** ⇒*bijtend*.
pique[1] [pi:k]⟨f1⟩⟨zn.⟩
I ⟨telb. en n.-telb.zn.⟩ **0.1** ***gepikeerdheid*** ⇒*wrok, verbolgenheid, wrevel* ◆ **1.1** in a fit of ~ *in een nijdige bui* **3.1** she took a ~ against me *ze heeft de pik op mij* **6.1** go away **in** a ~ *nijdig/gepikeerd opstappen;*
II ⟨n.-telb.zn.⟩ **0.1** ***het behalen v. dertig punten tegen nul*** ⟨bij piket⟩.
pique[2] ⟨f1⟩⟨ww.⟩
I ⟨onov.ww.⟩ **0.1** ***30 punten winnen*** ⟨bij piket⟩;
II ⟨ov.ww.⟩ **0.1** ***kwetsen*** ⟨trots, eigendunk⟩ ⇒*irriteren, pikeren* **0.2** ***prikkelen*** ⟨nieuwsgierigheid⟩ **0.3** ***dertig punten winnen van*** ⟨bij piket⟩ ◆ **6.¶** ~ o.s. **(up)on** sth. *zich op iets laten voorstaan, op iets prat gaan*.
pi·qué ['pi:keɪ‖pi:'keɪ]⟨n.-telb.zn.⟩ **0.1** ***piqué*** ⟨stof⟩.
pi·quet, pic·quet [pɪ'ket‖pi:'keɪ]⟨telb.zn.⟩ **0.1** ***piket*** ⟨kaartspel⟩ **0.2** →picket.
pi·ra·cy ['paɪərəsi]⟨f1⟩⟨telb. en n.-telb.zn.; →mv. 2⟩ **0.1** ***zeeroverij*** ⇒*piraterij* ⟨ook fig.⟩, *letterdieverij, plagiaat*.
pi·ra·gua [pɪ'rɑ:gwə, -'ræ-], **pi·rogue** [pɪ'roʊg‖'pi:roʊg]⟨telb.zn.⟩ **0.1** ***boomkano*** **0.2** ***prauw*** ⟨met twee masten⟩.
pi·rate[1] ['paɪərət]⟨f2⟩⟨telb.zn.⟩ **0.1** ***zeerover*** ⇒*piraat, stroper, plunderaar* **0.2** ***zeeroversschip*** ⇒*piratenschip* **0.3** ***letterdief*** ⇒*plagiator* **0.4** ***etherpiraat***.
pirate[2] ⟨f1⟩⟨ww.⟩
I ⟨onov.ww.⟩ **0.1** ***aan zeeroverij doen*** ⇒*zeeroof plegen;*
II ⟨ov.ww.⟩ **0.1** ***plunderen*** **0.2** ***plagiëren*** ⇒*nadrukken*.
'pirate copy ⟨telb.zn.⟩ **0.1** ***illegale kopie*** ⟨bv. v. computer/videoband⟩.
pi·rat·ic [paɪ'rætɪk], **pi·rat·i·cal** [-ɪkl]⟨bn.; -(al)ly; →bijw. 3⟩ **0.1** ***zeerovers-*** ⇒*piraten-* **0.2** ***ongeoorloofd/wederrechtelijk (nagedrukt)*** ⇒*nadruk plegend, roof-* ◆ **1.2** ~ edition *roofdruk*.
pir·ou·ette[1] [pɪrʊ'et]⟨f1⟩⟨telb.zn.⟩ **0.1** ***pirouette***.
pirouette[2] ⟨f1⟩⟨onov.ww.⟩ **0.1** ***pirouette draaien***.
pis·ca·ry ['pɪsk(ə)ri]⟨telb.zn.; →mv. 2⟩ **0.1** ***visplaats*** ⇒*visgrond* **0.2** ⟨vero.; jur.⟩ ***visrecht*** ◆ **1.2** Common of ~ *visrecht*.
pis·ca·to·ri·al [pɪskə'tɔ:rɪəl], **pis·ca·to·ry** ['pɪskətri‖-tɔri]⟨bn.; piscatorially⟩ **0.1** ***vissers-*** ⇒*visserij-, hengelaars-, vis-* **0.2** ***verslaafd aan de hengelsport***.
Pis·ces ['paɪsi:z]⟨zn.⟩
I ⟨eig.n.⟩⟨astr., ster.⟩ **0.1** ***(de) Vissen;***
II ⟨telb.zn.⟩⟨astr.⟩ **0.1** ***vis*** ⟨iem. geboren onder I⟩.
pis·ci- ['pɪsi] **0.1** ***vis-*** ◆ **¶.1** pisciform *visvormig*.
pi·sci·cide ['pɪsɪsaɪd]⟨zn.⟩
I ⟨telb.zn.⟩ **0.1** ***visdodend middel;***
II ⟨n.-telb.zn.⟩ **0.1** ***het doden v. vis*** ⇒*vissterfte*.
pi·sci·cul·tur·al [pɪsɪ'kʌltʃrəl]⟨bn.⟩ **0.1** ***de visteelt betreffend*** ⇒*visteelt-*.
pi·sci·cul·ture ['pɪsɪkʌltʃə‖-ər]⟨n.-telb.zn.⟩ **0.1** ***piscicultuur*** ⇒*visteelt*.
pi·sci·cul·tur·ist [pɪsɪ'kʌltʃrɪst]⟨telb.zn.⟩ **0.1** ***viskweker***.
pi·sci·na [pɪ'si:nə, pɪ'saɪnə]⟨telb.zn.; ook piscinae [-ni:]; →mv. 5⟩ **0.1** ***piscine*** ⇒*visvijver;* ⟨relig.⟩ *stenen nis met waterafvoer* **0.2** ***Romeins zwembassin***.
pi·scine[1] ['pɪsi:n‖pɪ'si:n]⟨telb.zn.⟩ **0.1** ***zwembad*** ⇒*zwembassin*.
piscine[2] ['pɪsaɪn]⟨telb.zn.⟩ **0.1** ***vis-*** ⇒*visachtig*.
pi·sciv·o·rous [pɪ'sɪv(ə)rəs]⟨bn.⟩ **0.1** ***visetend***.
pi·sé [pi:'zeɪ]⟨n.-telb.zn.⟩ **0.1** ***pisé*** ⇒*stampaarde*.
Pis·gah sight ['pɪzgə saɪt]⟨telb.zn.⟩ **0.1** ***uitzicht op iets onbereikbaars***.
pish[1] [pɪʃ]⟨telb.zn.⟩⟨sl.⟩ **0.1** ***schavuitewater*** ⇒*borrel, whisky*.
pish[2] ⟨ww.⟩
I ⟨onov.ww.⟩ **0.1** ***foei/bah zeggen;***
II ⟨ov.ww.⟩ **0.1** ***foei/bah zeggen tegen*** ⇒*met verachting behandelen/wegzenden/verwerpen*.
pish[3] [pʃʃʃ]⟨tussenw.⟩ **0.1** ***foei*** ⇒*bah*.
pi·si·form[1] ['paɪsɪfɔ:m‖-fɔrm], **'pisiform 'bone** ⟨telb.zn.⟩⟨anat.⟩ **0.1** ***erwtbeentje***.
pisiform[2] ⟨bn.⟩ **0.1** ***erwtvormig*** ⇒*als een erwt, erwt-*.
pis·mire ['pɪsmaɪə‖'pɪzmaɪər]⟨telb.zn.⟩⟨gew.⟩ **0.1** ***mier*** ⟨genus Formicidae⟩.
piss[1] [pɪs]⟨f1⟩⟨telb. en n.-telb.zn.⟩⟨vulg.⟩ **0.1** ***pis*** ⇒*zeik* **0.2** ***het pissen*** **0.3** ⟨sl.⟩ ***scharrebier*** ⇒*paardepis* ◆ **1.¶** a piece of ~ *een niemendalletje* **3.¶** ⟨inf.⟩ frighten the ~ out of s.o. *iem. de stuipen op het lijf jagen;* go on the ~ *aan de zwier gaan;* take a ~ *een plasje plegen;* take the ~ out of s.o. *iem. voor de gek houden*.
piss[2] ⟨f2⟩⟨ww.⟩⟨vulg.⟩ →pissed
I ⟨onov.ww.⟩ **0.1** ***pissen*** ⇒*zeiken* ◆ **5.¶** ⟨BE⟩ ~ **about/around** *rotzooien, knoeien;* ⟨BE⟩ it's ~ing **(down)** *het zeikt uit de lucht, het regent pijpestelen;* ⟨BE⟩ ~ **off** *opdonderen, oprotten, ophoepelen;*
II ⟨ov.ww.⟩ **0.1** ***bepissen*** ◆ **4.¶** ~ o.s. *het bescheuren, zich rot lachen* **5.¶** it ~es me **off/I'm** ~ed **off** with it *ik ben het beu, ik ben woest*.
'piss-art·ist ⟨telb.zn.⟩⟨BE; sl.⟩ **0.1** ***praatjesmaker*** ⇒*oplichter* **0.2** ***zuipschuit***.
pissed [pɪst]⟨bn., pred.; volt. deelw. v. piss⟩⟨vulg.⟩ **0.1** ***bezopen*** ⇒*teut, lam* **0.2** ⟨AE⟩ ***kwaad*** ⇒*boos* ◆ **1.1** ~ up to the eyebrows/ ~ out of one's head/mind/ ~ as a newt *straalbezopen, stomdronken, volslagen lazarus* **5.2** be ~ **off** at s.o. *woest zijn op iem.*.
pis·soir ['pɪswɑ:‖pɪ'swɑr]⟨telb.zn.⟩ **0.1** ***pissoir*** ⇒*urinoir*.
'piss-pot ⟨f1⟩⟨telb.zn.⟩⟨vulg.⟩ **0.1** ***pispot***.
'piss-up ⟨telb.zn.⟩⟨vnl. BE; vulg.⟩ **0.1** ***zuippartij***.
pis·ta·chi·o [pɪ'stɑ:ʃɪoʊ‖-'stæ-], ⟨in bet. II ook⟩ **pi'stachio 'green** ⟨zn.⟩
I ⟨telb.zn.⟩ **0.1** ***pistache*** ⇒*groene amandel, pimpernoot* **0.2** ***pistacheboom*** ⟨Pistacia vera⟩;
II ⟨n.-telb.zn.⟩ **0.1** ***pistachegroen*** ⇒*pistachesmaak*.
piste [pi:st]⟨telb.zn.⟩ **0.1** ***(ski)piste***.
pis·til ['pɪstl]⟨telb.zn.⟩⟨plantk.⟩ **0.1** ***stamper***.
pis·til·lar·y ['pɪstɪlri‖'pɪstl·eri], **pis·til·line** ['pɪstɪlaɪn]⟨bn.⟩ ⟨plantk.⟩ **0.1** ***stamper-*** ⇒*v.d. stamper, tot de stamper behorend*.
pis·til·late ['pɪstɪleɪt], **pis·til·lif·er·ous** ['pɪstɪ'lɪf(ə)rəs]⟨bn.⟩ ⟨plantk.⟩ **0.1** ***met (alleen) stamper(s)***.
pis·tol[1] ['pɪstl]⟨f3⟩⟨telb.zn.⟩ **0.1** ***pistool*** **0.2** ***pistoolvormig werktuig*** ◆ **3.1** hold a ~ to s.o.'s head *iem. een pistool tegen de slaap houden*.
pistol[2] ⟨f1⟩⟨ov.ww.; →ww. 7⟩ **0.1** ***met een pistool neerschieten***.
pis·tole [pɪ'stoʊl]⟨telb.zn.⟩ **0.1** ***pistolet*** ⟨oud Spaans goudstuk⟩.
pis·to·leer ['pɪstə'lɪə‖-'lɪr]⟨telb.zn.⟩⟨vero.⟩ **0.1** ***pistoolschutter***.
'pis·tol-grip ⟨telb.zn.⟩ **0.1** ***pistoolgreep*** ⟨ook v. werktuigen⟩.
'pistol shooting ⟨n.-telb.zn.⟩⟨sport⟩ **0.1** ***(het) pistoolschieten***.
'pis·tol-shot ⟨telb.zn.⟩ **0.1** ***pistoolschot***.
'pis·tol-whip ⟨ov.ww.; →ww. 7⟩ **0.1** ***met de kolf van een pistool neerslaan***.
pis·ton ['pɪstən]⟨f2⟩⟨telb.zn.⟩ **0.1** ⟨tech.⟩ ***zuiger*** ⇒*piston* **0.2** ⟨AE; muz.⟩ ***cornet à piston*** ⇒*(ventiel) trombone*.
'piston en·gined ⟨bn.⟩ **0.1** ***aangedreven door zuigermotoren***.
'piston ring ⟨telb.zn.⟩ **0.1** ***zuigerveer***.
'piston rod ⟨telb.zn.⟩ **0.1** ***zuigerstang***.
'piston stroke ⟨telb.zn.⟩ **0.1** ***zuigerslag***.
'piston valve ⟨telb.zn.⟩ **0.1** ***zuigerklep***.
pit[1] [pɪt]⟨f3⟩⟨zn.⟩
I ⟨telb.zn.⟩ **0.1** ***kuil*** ⇒*put, groeve, (kool)mijn, mijnschacht, valkuil;* ⟨fig.⟩ *onraad, valstrik, verborgen gevaar* **0.2** ***dierenkuil*** ⟨in dierentuin⟩ ⇒*hanenkampplaats, hanenmat* **0.3** ***kuiltje*** ⇒*(pok) putje, diepte, holte* **0.4** ***werkkuil*** ⇒*smeerkuil* ⟨in autowerkplaats⟩; ⟨vnl.mv.⟩ *pit(s)* ⟨op autocircuit⟩ **0.5** ***orkestbak*** ⇒⟨BE⟩ *parterre* ⟨theater⟩ **0.6** ⟨AE⟩ ***hoek*** ⟨op de beurs⟩ **0.7** ⟨the⟩⟨bijb.⟩ ***hel*** ⇒*afgrond* **0.8** ⟨BE; scherts.⟩ ***nest*** ⇒*koffer, bed* **0.9** ⟨AE⟩ ***pit*** ⇒*steen* ⟨v. vrucht⟩ ◆ **1.3** ~ of the stomach *maagkuil* **1.7** the (bottomless) ~ of hell *de hellepoel, de hellekolk* **3.1** dig a ~ for s.o. *voor iem. een kuil graven;*
II ⟨mv.; ~s; the⟩⟨AE; inf.⟩ **0.1** ***(een) ramp*** ⇒*het afschuwelijkste/ergste, de meest verschrikkelijke (persoon/plaats)* ⟨enz.⟩.
pit[2] ⟨f1⟩⟨ww.; →ww. 7⟩ →pitted
I ⟨onov.ww.⟩ **0.1** ***kuilen/kuiltjes/putjes krijgen*** **0.2** ⟨med.⟩ ***een kuiltje achterlaten*** ⟨na vingerdruk⟩;
II ⟨ov.ww.⟩ **0.1** ***inkuilen*** **0.2** ***als tegenstander opstellen*** ⇒*uitspelen, laten vechten* **0.3** ***kuilen/kuiltjes/putjes maken in*** ⇒*met kuiltjes bedekken* ⟨gezicht⟩ **0.4** ***pitten*** ⟨vruchten⟩ ◆ **6.2** ~ cocks **against** each other *hanen tegen elkaar opzetten;* ~ one's strength **against** s.o. *zijn krachten met iem. meten;* ~ s.o. **against** s.o. else *iem. tegen iem. anders opzetten*.
pit·a·pat[1] ['pɪtə'pæt], **'pit·pat** ⟨n.-telb.zn.⟩ **0.1** ***gerikketik*** ⇒*getiktak, geklop, getrippel*.
pitapat[2], **pit·pat** ⟨onov.ww.; →ww. 7⟩ **0.1** ***rikketikken*** ⇒*tiktakken, snel kloppen, trippelen*.
pitapat[3] ⟨bw.⟩ **0.1** ***rikketik*** ⇒*tiktak, klopklop, triptrip, triptrap* ◆

3.1 his heart went ~ *zijn hartje sloeg van rikketik;* the horse went ~ *trippeltrappel ging het paard.*

'pit boss ⟨telb.zn.⟩⟨AE; inf.⟩ **0.1** ***voorman.***

pitch[1] [pɪtʃ]⟨f3⟩⟨zn.⟩

I ⟨telb.zn.⟩ **0.1** ⟨ook sport⟩ ***worp*** ⇒*(wijze v.) het werpen, werpafstand;* ⟨golf⟩ *pitch* ⟨met tegeneffect hoog geslagen bal die na het neerkomen slechts weinig verder rolt⟩ **0.2** ***top(punt)*** ⇒*hoogtepunt* **0.3** ⟨BE; sport⟩ ***(sport)terrein*** ⇒*veld, grasmat;* ⟨cricket⟩ *pitch* ⟨rechthoekig deel midden op het veld tussen de wickets⟩ **0.4** ⟨inf.⟩ ***(slim) verkoopverhaal*** ⇒*handigheid in het aanprijzen / verkopen;* ⟨BE⟩ *babbelpraatje* **0.5** ⟨BE⟩ ***standplaats*** ⇒*stalletje, (hoeveelheid) uitgestalde goederen* ⟨v. marktkoopman⟩; *visplaats, stek(kie);* ⟨sl.⟩ *rustplaats, standplaats voor circus of show* **0.6** ⟨verk.⟩ ***pitch shot*** ◆ **3.1** ⟨fig.⟩ make a / one's ~ for sth. *zich meester proberen te maken v. iets, een gooi naar iets doen, proberen af te snoepen;* ⟨BE⟩ queer the ~ for s.o., queer s.o.'s ~ *iemands kansen bederven, roet in iemands eten gooien* **6.2** sing **at** the ~ of one's voice *luidkeels zingen, zingen zo hard men kan;*

II ⟨telb. en n.-telb.zn.⟩ **0.1** ***hoogte*** ⇒*graad, trap, intensiteit, vlucht / verdiepinghoogte;* ⟨muz.⟩ *toon(hoogte)* **0.2** ⟨tech.⟩⟨ben. voor⟩ ***verhouding, regelmatige afstand*** ⇒*spoed* ⟨v. schroef⟩; *steek* ⟨v. tandwiel⟩; *afstand tussen perforaties* ⟨v. film⟩; *aantal lettertekens (per duim)* ⟨op schrijfmachine / printer⟩; *(dak)helling, schuinte* ⟨ook bouwk.⟩ ◆ **3.2** fly a high ~ *hoog vliegen, een hoge vlucht nemen* ⟨ook fig.⟩;

III ⟨n.-telb.zn.⟩ **0.1** ***pik*** ⇒*pek, asfaltbitumen, pijnhars* **0.2** ***het stampen*** ⟨v. schip⟩ **0.3** ***pitch*** ⟨kaartspel waarbij de eerst uitgekomen kaart de troef bepaalt⟩ ◆ **2.1** as black / dark as ~ *pikzwart / donker* **3.¶** touch ~ *met pek / slechte mensen omgaan.*

pitch[2] ⟨f3⟩⟨ww.⟩ →pitching

I ⟨onov.ww.⟩ **0.1** ***(voorover)vallen*** ⇒*neervallen, neerstorten* **0.2** ***stampen*** ⟨v. schip⟩ ⇒*op en neer gaan, steigeren* ⟨v. vliegtuig⟩; *bokken* ⟨v. paard⟩ **0.3** ***neerkomen*** ⇒⟨cricket⟩ *stuiten* ⟨v. gebowlde bal⟩ **0.4** ***afhellen*** ⇒*aflopen* ⟨v. dak⟩ **0.5** ***strompelen*** ⇒*slingeren* **0.6** ***kwartier maken*** ⇒*kamperen, zich vestigen* **0.7** ⟨AE; inf.⟩ ***overdrijven*** **0.8** ⟨AE; inf.⟩ ***avances maken*** ◆ **5.3** ~ **up** *de bal dichter bij de batsman gooien* **5.¶** ⟨inf.⟩ ~ **in** *aan het werk gaan, aanpakken, hem van katoen geven; bijdragen, meehelpen / doen;* ~ **in** with an offer to help *aanbieden om mee te helpen;* ⟨Am. voetbal⟩ ~ **out** *een zijwaartse / achterwaartse pass geven* **6.¶** ~ **into** (food) *toetasten, aanvallen, beginnen te eten van;* ⟨inf.⟩ ~ **into** s.o. *iem. er van langs geven, op iem. los slaan, iem. te lijf gaan, iem. met verwijten overladen, iem. uitschelden;* ~ **into** work *aan het werk slaan, de hand aan de ploeg slaan;* ~ **(up)on** sth. *zijn keus laten vallen op iets; op iets komen;*

II ⟨ov.ww.⟩ **0.1** ***pikken*** ⇒*pekken, met pik insmeren / bestrijken* **0.2** ***opslaan*** ⟨tent, kamp⟩ **0.3** ***bevestigen*** ⇒*opstellen, (overeind) zetten, planten* **0.4** ***bestraten*** **0.5** ***doen afhellen / aflopen*** ⟨dak⟩ **0.6** ***(op een handige manier) aanpraten*** ⇒*aansmeren* **0.7** ***uitkomen*** ⟨kaart; om troefkleur te bepalen⟩ **0.8** ⟨muz.⟩ ***op toon stemmen*** ⇒*op een bepaalde toon zetten, (toon) aangeven;* ⟨fig.⟩ *een bepaalde toon geven aan* **0.9** ***werpen*** ⇒*(op)gooien;* ⟨cricket⟩ *doen neerkomen bij het wicket* ⟨bal⟩; *opsteken* ⟨hooi⟩ **0.10** ⟨golf⟩ ***met een pitch slaan*** ⟨bal⟩ **0.11** ⟨BE; sl.⟩ ***opdissen*** **0.12** ⟨vnl. BE⟩ ***uitstallen*** ⇒*uitkramen* ⟨goederen⟩ **0.13** ⟨AE; inf.⟩ ***geven*** ⟨een feest⟩ ⇒⟨een fuif⟩ *houden* ◆ **1.2** ~ one's tent *zijn tenten opslaan, zich vestigen* **1.3** ⟨cricket⟩ ~ wickets *wickets overeind zetten* **1.5** ~ed roof *schuin dak* **1.11** ~ a yarn / tale / story *een verhaal ophangen / verzinnen* **1.¶** ~ one's expectation high *zijn verwachtingen hoog spannen* **2.¶** ⟨inf.⟩ ~ it a bit too strong *het een beetje te kras uitdrukken, overdrijven* **5.¶** ~ s.o. **out** *iem. eruit gooien.*

'pitch-and-'toss ⟨n.-telb.zn.⟩ **0.1** ⟨ong.⟩ ***kruis of munt.***

'pitch-'black ⟨f1⟩⟨bn.⟩ **0.1** ***pikzwart.***

pitch·blende ['pɪtʃblend]⟨n.-telb.zn.⟩ **0.1** ***pekblende*** ⇒*uraniet.*

'pitch control ⟨telb. en n.-telb.zn.⟩ **0.1** ***toerentalsturing*** ⇒*toerentalregeling* ⟨op draaitafel⟩.

'pitch-'dark ⟨f1⟩⟨bn.; -ness⟩ **0.1** ***pikdonker.***

pitch·er ['pɪtʃə‖-ər]⟨f2⟩⟨telb.zn.⟩⟨→sprw. 408, 562⟩ **0.1** ***grote (aarden) kruik*** ⇒⟨AE⟩ *kan* **0.2** ***straatsteen*** ⇒*straatkei* **0.3** ⟨plantk.⟩ ***bladurn*** **0.4** ⟨sport⟩ ***pitcher*** ⟨golfstok met sterk gebogen uiteinde⟩ **0.5** ⟨honkbal⟩ ***pitcher*** ⇒*werper,* ⟨softbal ook⟩ *opwerper* **0.6** ⟨vnl. BE⟩ ***standwerker*** ⇒*straatventer.*

pitch·er·ful ['pɪtʃəfʊl‖-ər-]⟨telb.zn.⟩ **0.1** ***kruikvol.***

'pitch·er-plant ⟨telb.zn.⟩ **0.1** ***bekerplant.***

'pitcher's mound ⟨telb.zn.⟩⟨honkbal⟩ **0.1** ***werpheuvel.***

'pitcher's plate ⟨telb.zn.⟩⟨honkbal, softbal⟩ **0.1** ***werpplaat.***

'pitch·fork[1] ⟨f1⟩⟨telb.zn.⟩ **0.1** ***hooivork.***

pitchfork[2] ⟨f1⟩⟨ov.ww.⟩ **0.1** ***(met een hooivork) opsteken*** ⇒*(op)gooien* ◆ **6.¶** he was ~ed **into** the chairmanship *hij werd tot voorzitter gebombardeerd;* ~ s.o. **into** a job *iem. in een baantje werken.*

pitch·ing ['pɪtʃɪŋ]⟨zn.; gerund v. pitch⟩

I ⟨telb.zn.⟩ **0.1** ***bestrating*** ⇒*stenen glooiing;*

II ⟨n.-telb.zn.⟩ **0.1** ***het werpen*** ⇒*het gooien* **0.2** ***het neervallen*** **0.3** ***het oprichten*** ⇒*het opzetten* **0.4** ***het uitstallen*** **0.5** ***het stampen*** ⟨v. schip⟩.

pitch·man ['pɪtʃmən]⟨telb.zn.; pitchmen [-mən]; →mv. 2⟩⟨AE⟩ **0.1** ***standwerker*** ⇒*straatventer, marktkoopman* **0.2** ***aanprijzer*** ⇒*handige verkoper.*

pitch·out ['pɪtʃaʊt]⟨telb.zn.⟩⟨Am. voetbal⟩ **0.1** ***zijwaartse / achterwaartse pass.***

'pitch-pine ⟨f1⟩⟨telb. en n.-telb.zn.⟩⟨plantk.⟩ **0.1** ***pitchpine*** ⟨Pinus rigida⟩ ⇒*Amerikaans grenehout.*

'pitch pipe ⟨telb.zn.⟩ **0.1** ***stemfluitje.***

'pitch shot ⟨telb.zn.⟩⟨golf⟩ **0.1** ***effectbal*** ⟨die door tegeneffect slechts weinig verder rolt⟩.

'pitch·stone ⟨telb.zn.⟩ **0.1** ***peksteen.***

pitch·y ['pɪtʃi]⟨bn.; -er; -ness; →compar. 7⟩ **0.1** ***pikachtig*** ⇒*pikzwart, -donker.*

'pit coal ⟨n.-telb.zn.⟩ **0.1** ***steenkool.***

'pit dwelling ⟨telb.zn.⟩ **0.1** ***holwoning.***

pit·e·ous ['pɪtɪəs]⟨f1⟩⟨bn.; -ly; -ness⟩ **0.1** ***beklagenswaardig*** ⇒*meelijwekkend, jammerlijk, deerniswekkend, zielig* **0.2** ⟨vero.⟩ ***vol medelijden*** ⇒*medelijdend, meedogend.*

'pit·fall ⟨f1⟩⟨telb.zn.⟩ **0.1** ***valkuil*** ⇒⟨fig.⟩ *valstrik.*

pith[1] [pɪθ]⟨f1⟩⟨n.-telb.zn.⟩ **0.1** ***merg*** ⇒*pit, hart, het wit en de velletjes* ⟨v. citrusvruchten⟩ **0.2** ***kern*** ⇒*essentie, kwintessens, het beste* **0.3** ***geestkracht*** ⇒*energie, kracht, sterkte* **0.4** ***betekenis*** ⇒*belang, gewicht* ◆ **1.2** the ~ (and marrow) of the matter *de kern van de zaak* **2.4** enterprises of great ~ and moment *ondernemingen van groot gewicht* ⟨Shakespeare, Hamlet⟩.

pith[2] ⟨ov.ww.⟩ **0.1** ***slachten door het ruggemerg door te snijden*** **0.2** ⟨plantk.⟩ ***het merg verwijderen van / uit.***

'pit·head ⟨telb.zn.⟩ **0.1** ***mijningang*** ⇒*terrein rond mijningang.*

pith·e·can·thrope ['pɪθi'kænθroʊp], **pith·e·can·thro·pus** [-kæn'θroʊpəs, -'kænθrəpəs]⟨telb.zn.; tweede variant pithecanthropi [-paɪ]; →mv. 5⟩ **0.1** ***pithecanthropus*** ⇒*aapmens.*

pith·e·coid[1] ['pɪθɪkɔɪd, pɪ'θi:-]⟨telb.zn.⟩ **0.1** ***aapmens.***

pithecoid[2] ⟨bn.⟩ **0.1** ***aapachtig.***

'pith hat, 'pith helmet ⟨telb.zn.⟩ **0.1** ***tropenhelm*** ⟨v. gedroogd merg⟩.

pith·less ['pɪθləs]⟨bn.⟩ **0.1** ***zonder pit / fut*** ⇒*futloos, slap.*

pi·thos ['pɪθɒs, 'paɪ-‖-θɑs]⟨telb.zn.; pithoi [-θɔɪ]; →mv. 5⟩ **0.1** ***grote aarden kruik*** ⟨oudheid⟩.

pith·y ['pɪθi]⟨bn.; -er; -ly; -ness; →bijw. 3⟩ **0.1** ***mergachtig*** ⇒*vol merg, rijk aan merg* **0.2** ***pittig*** ⇒*krachtig, bondig, kernachtig.*

pit·i·a·ble ['pɪtɪəbl]⟨f1⟩⟨bn.; -ly; -ness; →bijw. 3⟩ **0.1** ***beklagenswaardig*** ⇒*meelijwekkend, deerniswekkend, zielig, erbarmelijk, jammerlijk* **0.2** ***verachtelijk*** ⇒*waardeloos, armzalig, miserabel, nietig.*

pit·i·ful ['pɪtɪfl]⟨f2⟩⟨bn.; -ly; -ness⟩ **0.1** ***beklagenswaardig*** ⇒*meelijwekkend, deerniswekkend, zielig, erbarmelijk, jammerlijk* **0.2** ***verachtelijk*** ⇒*waardeloos, armzalig, miserabel, nietig* **0.3** ⟨vero.⟩ ***vol medelijden*** ⇒*medelijdend, meedogend.*

pit·i·less ['pɪtɪləs]⟨f1⟩⟨bn.; -ly; -ness⟩ **0.1** ***meedogenloos*** ⇒*onmeedogend, zonder medelijden.*

'pit lizard ⟨telb.zn.⟩⟨AE; sl.⟩ **0.1** ***pitspoes.***

pit·man ['pɪtmən]⟨f1⟩⟨telb.zn.; ook pitmen [-mən]; →mv. 2⟩ **0.1** ***kolenmijnwerker*** **0.2** ⟨AE; tech.⟩ ***drijfstang*** ⇒*krukstang.*

pi·ton ['pi:tɒn‖'pi:tɑn]⟨telb.zn.⟩⟨bergsport⟩ **0.1** ***rotshaak*** ⟨met oog waaraan karabiner wordt bevestigd⟩ ⇒*piton.*

pi·tot tube ['pi:toʊ tju:b‖pi:'toʊ tu:b]⟨telb.zn.⟩ **0.1** ***pitotbuis.***

pitpat →pitapat.

'pit pony ⟨telb.zn.⟩⟨BE⟩ **0.1** ***mijnpony.***

'pit-prop ⟨telb.zn.⟩ **0.1** ***mijnhout*** ⇒*mijnstut.*

'pit road ⟨telb.zn.⟩⟨autosport⟩ **0.1** ***pitsstraat.***

'pit·saw ⟨telb.zn.⟩ **0.1** ***boomzaag*** ⇒*grote trekzaag, kraanzaag.*

pit·ta (bread) ['pɪtə]⟨telb.zn.⟩ **0.1** ***pitta-broodje.***

pit·tance ['pɪtns]⟨f1⟩⟨telb.zn.⟩ **0.1** ***hongerloon*** ⇒*karig loon, mager salaris, schrale toelage / beloning* **0.2** ***schijntje*** ⇒*klein beetje, schimmetje, aalmoes* **0.3** ⟨gesch.⟩ ***vroom legaat aan klooster voor het opdragen v. rouwmissen / voor extra voedsel*** ◆ **2.1** a mere ~ *een bedroevend klein beetje.*

pit·ted ['pɪtɪd]⟨bn.; volt. deelw. v. pit⟩ **0.1** ***met kuiltjes / putjes*** ⇒*pokdalig* **0.2** ***gepit.***

pitter-patter →pitapat.

pit·tite ['pɪtaɪt]⟨telb.zn.⟩⟨vnl. BE; inf.⟩ **0.1** ***parterrezitter.***

pi·tu·i·tar·y[1] [pɪ'tju:ɪtri‖pɪ'tu:ɪteri]⟨telb.zn.; →mv. 2⟩⟨med.⟩ **0.1** ***hypofyse*** ⇒*hersenaanhangsel* **0.2** ***pituïtrine*** ⇒*hypofyse-extract, hypofysepreparaat.*

pituitary[2] ⟨bn.⟩⟨med.⟩ **0.1** ***van de hypofyse*** ⇒*hypofyse-* **0.2** ⟨vero.⟩ ***slijmafscheidend*** ⇒*slijmachtig, slijmig, slijm-* ◆ **1.1** ~ body / gland *hypofyse.*

pi·tu·i·tous [pɪ'tju:ɪtəs‖pɪ'tu:ɪṭəs]⟨bn.⟩ **0.1** ***slijmafscheidend*** ⇒*slijmachtig, slijmig, slijm-*.

'pit viper ⟨telb.zn.⟩⟨dierk.⟩ **0.1** ***groefkopadder*** ⟨genus Crotalidae⟩.

pit·y[1] [pɪṭi]⟨f3⟩⟨zn.;→mv. 2⟩⟨→sprw. 406, 563⟩
I ⟨telb.zn.⟩ **0.1** ***betreurenswaardig/jammerlijk feit*** ◆ **2.1** it is a great ~/a thousand pities *het is erg jammer/doodzonde* **7.1** what a ~! *wat jammer!;* the ~ is that... *het jammerlijke/spijtige is dat...;* ⟨inf.⟩ more's the ~ *jammer genoeg, des te erger;*
II ⟨n.-telb.zn.⟩ **0.1** ***medelijden*** ◆ **1.¶** for ~'s sake *in godsnaam, in 's hemelsnaam* **3.1** have/take ~ on s.o. *medelijden hebben met iem.* **6.1** **out of** ~ *uit medelijden*.

pity[2] ⟨f2⟩⟨ov.ww.;→ww. 7⟩ →pitying **0.1** ***medelijden hebben met*** ⇒*beklagen, te doen hebben met* ◆ **4.1** she is much to be pitied *zij is zeer te beklagen*.

pit·y·ing ['pɪtiɪŋ]⟨bn.;-ly; teg. deelw. v. pity⟩ **0.1** ***vol medelijden*** ⇒*medelijdend*.

piv·ot[1] ['pɪvət]⟨f1⟩⟨telb.zn.⟩ **0.1** ***spil*** ⟨ook mil. en sport⟩ ⇒*tap, taats, draaipunt, draaipen;* ⟨fig.⟩ *centrale figuur, hoofdpersoon, iem./iets waar alles om draait, hoofdpunt*.

pivot[2] ⟨f1⟩⟨ww.⟩
I ⟨onov.ww.⟩ **0.1** ***om een spil/steunpunt draaien*** ⇒⟨fig.⟩ *draaien, steunen;* ⟨mil.⟩ *zwenken* ◆ **6.1** ~ **(up)on** sth. *om iets draaien, op iets steunen, afhangen van;*
II ⟨ov.ww.⟩ **0.1** ***v.e. spil voorzien*** ⇒*met een spil bevestigen*.

piv·ot·al ['pɪvəṭl]⟨f1⟩⟨bn.;-ly⟩ **0.1** ***als spil dienend*** ⇒*spil-* **0.2** ***centraal*** ⇒*v. groot belang, onmisbaar, waar alles om draait, hoofd-* ◆ **1.2** ~ question *cruciale vraag*.

'pivot bridge ⟨telb.zn.⟩ **0.1** ***draaibrug***.

'pivot foot ⟨telb.zn.⟩⟨sport⟩ **0.1** ***draaivoet***.

'pivot joint ⟨telb.zn.⟩ **0.1** ***draaigewricht***.

'piv·ot·man ⟨telb.zn.⟩⟨sport⟩ **0.1** ***pivot*** ⇒*post* ⟨speler met taak onder de basket v.d. tegenpartij⟩.

pix[1] →pyx.

pix[2] [pɪks]⟨mv.⟩⟨sl.⟩ **0.1** ***foto's*** ⇒⟨AE; tech.⟩ *fotomateriaal, illustraties, artwork* **0.2** ***film*** ⇒*bioscoop;* ⟨AE⟩ *films, de filmindustrie*.

pix·el ['pɪksl]⟨telb.zn.⟩ **0.1** ***pixel*** ⇒*beeldelement, beeldpunt* ⟨op beeldscherm⟩.

pix·ie[1], **pix·y** ['pɪksi], ⟨in bet. 0.2 ook⟩ **'pixie hat, 'pixie hood** ⟨telb.zn.;→mv. 2⟩ **0.1** ***fee*** ⇒*elf, tovergodin, kabouter* **0.2** ***punthoedje*** **0.3** ⟨AE⟩ ***mannenkopje*** ⇒*bobbykopje* ⟨kapsel⟩.

pixie[2], **pixy** ⟨bn.⟩ **0.1** ***ondeugend***.

pix·i(l)·lat·ed ['pɪksɪleɪṭɪd]⟨bn.⟩⟨vnl. AE; scherts.; inf.⟩ **0.1** ***confuus*** ⇒*in de war* **0.2** ***dazig*** ⇒*getikt, geschift* **0.3** ***aangeschoten*** ⇒*dronken*.

pizz ⟨afk.⟩ pizzicato.

piz·za ['pi:tsə]⟨f1⟩⟨telb. en n.-telb.zn.⟩ **0.1** ***pizza***.

'pizza parlor ⟨telb.zn.⟩ **0.1** ***pizzeria***.

pi(z)·zazz, pa(z)·zazz [pɪ'zæz], **pzazz** [pə'zæz], **bi(z)·zazz** [bɪ-]⟨n.-telb.zn.⟩⟨AE; inf.⟩ **0.1** ***pit*** ⇒*fut, lef* **0.2** ***overbodige versiering*** ⇒*franje*.

piz·ze·ri·a ['pi:tsə'ri:ə]⟨f1⟩⟨telb.zn.⟩ **0.1** ***pizzeria*** ⇒*pizza restaurant*.

piz·zi·ca·to[1] ['pɪtsɪ'kɑ:ṭou]⟨telb.zn.; ook pizzicati [-ti];→mv. 5⟩ ⟨muz.⟩ **0.1** ***pizzicato*** ⇒*pizzicatospel, getokkelde passage*.

pizzicato[2] ⟨bn.; bw.⟩⟨muz.⟩ **0.1** ***pizzicato*** ⇒*getokkeld*.

piz·zle [pɪzl]⟨telb.zn.⟩⟨vulg.⟩ **0.1** ***lul*** ⇒*tamp, roede* ⟨v. grotere dieren⟩ **0.2** ***bullepees***.

PJ's ⟨afk.⟩ pajamas ⟨AE; inf.⟩.

pk ⟨afk.⟩ pack, park, peak, peck.

pkg, pkge ⟨afk.⟩ package.

pkt ⟨afk.⟩ packet.

pl ⟨afk.⟩ place, plate, plural, platoon.

PL ⟨afk.⟩ Poet Laureate.

PLA ⟨afk.⟩ Port of London Authority ⟨BE⟩.

plac·a·bil·i·ty ['plækə'bɪləṭi]⟨n.-telb.zn.⟩ **0.1** ***verzoenlijkheid*** ⇒*vergevensgezindheid*.

plac·a·ble ['plækəbl]⟨bn.;-ly;→bijw. 3⟩ **0.1** ***verzoenlijk*** ⇒*vergevensgezind, tolerant, toegevend, meegaand, soepel*.

plac·ard[1] ['plækɑ:d‖'plækərd]⟨f1⟩⟨telb.zn.⟩ **0.1** ***plakkaat*** ⇒*poster, aanplakbiljet, raambiljet;* ⟨i.h.b.⟩ *bord* ⟨v. demonstrant, met leus erop⟩.

placard[2] ⟨ov.ww.⟩ **0.1** ***beplakken*** ⇒*v. posters voorzien, aanplakken, afficheren; v. borden met protestleuzen voorzien* **0.2** ***door posters/aanplakbiljetten aanprijzen/bekend maken***.

pla·cate [plə'keɪt‖'pleɪ-]⟨f1⟩⟨ov.ww.⟩ **0.1** ***tot bedaren brengen*** ⇒*kalmeren, sussen, verzoenen, bedaren, stillen, gunstig stemmen, bevredigen*.

pla·cat·er [plə'keɪtə‖'pleɪkeɪṭər]⟨telb.zn.⟩ **0.1** ***verzoener***.

pla·ca·tion [plə'keɪʃn‖pleɪ'keɪʃn]⟨n.-telb.zn.⟩ **0.1** ***verzoening***.

pla·ca·to·ry ['plækətri, plə'keɪ-‖'pleɪkətɔri], **pla·ca·tive** ['plækətɪv, plə'keɪ-‖'pleɪkəṭɪv]⟨bn.⟩ **0.1** ***verzoenend*** ⇒*verzoenings-*.

place[1] [pleɪs]⟨f4⟩⟨zn.⟩⟨→sprw. 398, 564, 664⟩
I ⟨telb.zn.⟩ **0.1** ⟨ben. voor⟩ ***verblijfplaats*** ⇒*gemeente, stad, dorp, woonplaats;* ⟨inf.⟩ *huis, woning, flat(je);* ⟨met hoofdl. na eigennaam⟩ *villa, buitenplaats, landgoed, kleine straat, plein* **0.2** ***gelegenheid*** ⟨café e.d.⟩ **0.3** ***passage*** ⟨in boek⟩ **0.4** ***stand*** ⇒*rang, positie* **0.5** ***ereplaats*** ⇒*plaats bij de eerste drie* ⟨bij wedren⟩ **0.6** ***(staats)betrekking*** ⇒*positie, ambt, aanstelling, baan(tje)* **0.7** ***taak*** ⇒*functie, rol* ◆ **1.1** ~ in the country *landgoed; huis op het platteland* **1.2** ~ of amusement *ontspanningsgelegenheid;* ~ of worship *bedehuis, huis des gebeds, kerk, kapel* **3.1** come round to my ~ some time *kom eens (bij mij) langs* **3.3** I can't find/have lost my ~ *ik weet niet waar ik gebleven ben* ⟨in boek⟩ **3.4** know one's ~ *zijn plaats kennen/weten* **3.7** it is not my ~ to do that *het is niet mijn taak/het ligt niet op mijn weg dat te doen* **6.1** **at** our ~ *bij ons (thuis);* ⟨fig.⟩ it's all **over** the ~ *de hele stad weet het;*
II ⟨telb. en n.-telb.zn.⟩ **0.1** ***plaats*** ⇒*plek, ruimte, zitplaats* ◆ **1.1** ⟨fig.⟩ there's no ~ for doubt *er is geen reden tot twijfel;* ⟨scheep.⟩ ~ of call *plaats/haven die men (regelmatig) aandoet;* ⟨fig.⟩ a ~ in the sun *een plaatsje onder de zon, een gunstige positie* **2.1** ⟨fig.⟩ have one's heart in the right ~ *het hart op de juist plaats dragen/hebben* **3.1** calculate to five decimal ~s/to five ~s of decimals *tot op 5 decimalen/cijfers na de komma uitrekenen;* change ~s with s.o. *met iem. van plaats verwisselen/ruilen;* ⟨fig.⟩ give ~ *plaats maken, toegeven, zwichten;* ⟨fig.⟩ give ~ to s.o. *voor iem. de plaats ruimen/wijken;* ⟨inf.⟩ go ~s *op reis gaan, ergens naar toe gaan;* ⟨fig.⟩ *succes boeken/behalen, het ver brengen; een interessant/opwindend leven leiden* ⟨vnl. in het buitenland⟩; have a (prominent/minor) ~ in *een (belangrijke/onbelangrijke) plaats innemen in;* lay/set a ~ for s.o. *voor iem. dekken;* ⟨fig.⟩ make ~ for s.o. *de voorrang verlenen aan iem., voorbijgegaan worden door iem.* ⟨bij promotie⟩; ⟨fig.⟩ put/keep s.o. in his (proper) ~ *iem. op zijn plaats zetten/houden;* ⟨fig.⟩ put yourself in my ~ *stel je in mijn plaats;* ⟨fig.⟩ take ~ *plaatshebben, plaatsgrijpen, plaatsvinden, gebeuren;* ⟨fig.⟩ take one's ~ *zijn plaats innemen/krijgen;* ⟨fig.⟩ take s.o.'s/sth.'s ~, take the ~ of s.o./sth. *iemands plaats innemen, iem./iets vervangen;* take your ~s *neem uw plaatsen in* **3.¶** fall into ~ *op zijn plaats/terecht komen, klikken, duidelijk worden* **6.1** ⟨fig.⟩ **in** ~ *op zijn plaats, passend, geschikt;* **in** ~ **of** *in plaats van;* **in** ~s *hier en daar;* ⟨inf.⟩ all **over** the ~ *overal, overal rondslingerend, slordig, wanordelijk;* ⟨fig.⟩ *in de war, van streek, van zijn stuk;* ⟨fig.⟩ **out of** ~ *misplaatst, niet op zijn plaats, niet passend/geschikt* **7.1** ⟨fig.⟩ in the first ~ *in de eerste plaats, meteen, eerst en vooral;* be in two ~s at once *op twee plaatsen tegelijk zijn* **7.¶** ⟨BE⟩ another ~ *het andere Huis* ⟨in het Lagerhuis gebruikt om het Hogerhuis aan te duiden en omgekeerd⟩; ⟨BE; scherts.⟩ the other ~ ⟨in Cambridge⟩ *Oxford;* ⟨in Oxford⟩ *Cambridge*.

place[2] ⟨f4⟩⟨ww.⟩
I ⟨onov.ww.⟩ **0.1** ***zich plaatsen*** ⇒*bij de eerste drie eindigen;* ⟨AE⟩ *als tweede eindigen* ⟨bij wedren⟩;
II ⟨ov.ww.⟩ **0.1** ***plaatsen*** ⇒*stellen, zetten, aanbrengen* **0.2** ***aanstellen*** ⇒*een betrekking geven, een plaats bezorgen* **0.3** ***beleggen*** ⇒*uitzetten, investeren* ⟨geld⟩; *van de hand doen, verkopen* ⟨goederen⟩ **0.4** ***thuisbrengen*** ⇒*identificeren, een rang/positie toekennen aan, rangschikken, schatten, herkennen, dateren* **0.5** ***inschalen*** **0.6** ***laten uitgeven*** ⇒*een uitgever/producer vinden voor* ⟨roman/toneelstuk⟩ **0.7** ***een ereplaats toekennen*** ⟨bij wedren⟩ **0.8** ***scoren na placekick*** ⟨football, rugby⟩ **0.9** ***toon aangeven*** ◆ **1.1** ⟨fig.⟩ ~ a bet *een weddenschap aangaan;* ⟨fig.⟩ ~ one's cards (up)on the table *open kaart spelen;* ⟨fig.⟩ ~ confidence in/on s.o. *in iem. vertrouwen stellen;* ⟨fig.⟩ what construction am I to ~ on that? *hoe moet ik dat interpreteren?;* ⟨fig.⟩ ~ a/one's finger to one's lips *de vinger op de lippen leggen;* ⟨fig.⟩ ~ one's head in the lion's mouth *zijn hoofd in de muil v.d. leeuw steken;* ⟨fig.⟩ ~ importance on sth. *belang hechten aan iets;* ~ a match to sth. *iets aansteken;* ~ an order for goods with a firm *bij een firma goederen bestellen;* ~ in alphabetical order *alfabetiseren;* ⟨fig.⟩ ~ a premium on s.o./sth. *een premie op iem./iets zetten/stellen;* ⟨fig.⟩ ~ pressure (up)on s.o./sth. *druk uitoefenen op iem./iets;* ⟨fig.⟩ ~ a strain (up)on s.o. *iem. onder druk zetten;* ~ a telephone-call *een telefoongesprek aanvragen;* ⟨fig.⟩ ~ one's trust in s.o. *vertrouwen stellen in iem.* **1.4** I can't ~ that man *ik kan die man niet thuisbrengen* **1.7** the horse is ~d *het paard heeft zich geplaatst/is bij de eerste drie geëindigd* **5.1** ⟨fig.⟩ she's differently ~d *met haar is het anders gesteld, zij staat er anders voor* **6.1** ⟨fig.⟩ ~ sth. **above** sth. else *aan iets boven iets anders de voorkeur geven;* ~ sth. **before** s.o. *iets aan iem. voorleggen;* ⟨fig.⟩ ~ s.o. **in** an awkward position *iem. in een netelige positie brengen;* ~ **in** inverted commas *tussen aanhalingstekens plaatsen* ⟨ook fig.⟩; ⟨fig.⟩ ~ **in** jeopardy *in gevaar brengen;* ⟨fig.⟩ ~ **on** one side *opzij leggen* **6.3** ~ **on** the market *op de markt brengen* **6.4** ⟨fig.⟩ ~ sth. **at** a premium *iets hoog aanslaan*.

'place-bet ⟨telb.zn.⟩ **0.1** ***weddenschap bij paardenrennen dat een paard*** ⟨BE⟩ ***bij de eerste drie*** ⟨AE⟩ ***bij de eerste twee zal eindigen.***

pla·ce·bo [plə'si:boʊ]⟨zn.; in bet. I ook placeboes; →mv. 2⟩
I ⟨telb.zn.⟩⟨med.⟩ **0.1** ***placebo*** ⇒*schijnpil;*
II ⟨telb. en n.-telb.zn.⟩⟨R.-K.⟩ **0.1** ***(openingsantifoon in de) vespers voor de doden.***

pla'cebo effect ⟨telb.zn.⟩⟨med.⟩ **0.1** ***placebo-effect.***

'place-brick ⟨telb.zn.⟩ **0.1** ***blekerd*** ⟨baksteen⟩.

'place card ⟨telb.zn.⟩ **0.1** ***tafelkaartje.***

'place-hunt·er ⟨telb.zn.⟩ **0.1** ***baantjesjager.***

'place-hunt·ing ⟨n.-telb.zn.⟩ **0.1** ***ambtsbejag*** ⇒*baantjesjagerij.*

'place kick ⟨telb.zn.⟩⟨Am. voetbal, rugby⟩ **0.1** ***plaatstrap*** ⇒*place kick.*

'place-kick ⟨onov.ww.⟩⟨sport⟩ **0.1** ***plaatstrap uitvoeren/nemen*** **0.2** ***scoren (met een plaatstrap).***

place·man ['pleɪsmən]⟨telb.zn.; placemen [-mən]; →mv. 3⟩⟨BE⟩ **0.1** ***verpolitiekt ambtenaar.***

'place-mat ⟨telb.zn.⟩ **0.1** ***onderleggertje*** ⇒*place-mat.*

place·ment ['pleɪsmənt]⟨f2⟩⟨zn.⟩
I ⟨telb.zn.⟩ **0.1** ⟨Am. voetbal, rugby⟩ ***plaatstrap*** ⇒*place kick* **0.2** ⟨tennis⟩ ***goedgeplaatste bal*** ⟨vaak moeilijk te retourneren⟩;
II ⟨telb. en n.-telb.zn.⟩ **0.1** ***plaatsing.***

'placement test ⟨telb.zn.⟩ **0.1** ***niveautest.***

'place-name ⟨f1⟩⟨telb.zn.⟩ **0.1** ***plaatsnaam*** ⇒*toponiem.*

pla·cen·ta [plə'sent̬ə]⟨telb.zn.; ook placentae [plə'sent̬i:]; →mv. 5⟩ **0.1** ⟨dierk.⟩ ***placenta*** ⇒*moederkoek, nageboorte* **0.2** ⟨plantk.⟩ ***zaadkoek.***

pla·cen·tal [plə'sent̬l]⟨bn., attr.⟩ **0.1** ***mbt. de placenta.***

place-of-'safety order ⟨telb.zn.⟩⟨BE; jur.⟩ **0.1** ***bevel tot uithuisplaatsing.***

plac·er ['pleɪsə‖-ər]⟨telb.zn.⟩ **0.1** ***placer*** ⇒*goudbedding, open groeve (met goudhoudend zand of grind)* **0.2** ***goudwasserij.***

'placer miner ⟨telb.zn.⟩⟨vnl. AE⟩ **0.1** ***goudwasser.***

'placer mining ⟨n.-telb.zn.⟩⟨vnl. AE⟩ **0.1** ***het goudwassen.***

'place-set·ting ⟨telb.zn.⟩ **0.1** ***couvert.***

plac·id ['plæsɨd]⟨f2⟩⟨bn.; -ly; -ness⟩ **0.1** ***vreedzaam*** ⇒*rustig, kalm, onbewogen* **0.2** ***evenwichtig.***

pla·cid·i·ty [plə'sɪdət̬i]⟨n.-telb.zn.⟩ **0.1** ***vreedzaamheid*** ⇒*rust, kalmte, onbewogenheid* **0.2** ***evenwichtigheid.***

'placing judge ⟨telb.zn.⟩⟨zwemsport⟩ **0.1** ***finishrechter*** ⇒*keerpuntrechter.*

plack·et ['plækɨt], ⟨in bet. 0.1 ook⟩ **'placket hole** ⟨telb.zn.⟩ **0.1** ***split*** ⟨in japon, blouse e.d.⟩ **0.2** ***zak*** ⟨in rok⟩.

plac·oid[1] ['plækɔɪd]⟨telb.zn.⟩⟨dierk.⟩ **0.1** ***vis met plaatvormige schubben.***

placoid[2] ⟨bn., attr.⟩⟨dierk.⟩ **0.1** ***plaatvormig*** ⟨v. schubben⟩.

pla·gal ['pleɪgl]⟨bn.⟩⟨muz.⟩ **0.1** ***plagaal*** ◆ **1.1** ~ cadence/close *plagale cadens, kerkelijk slot.*

plage [plɑ:ʒ]⟨telb.zn.⟩ **0.1** ***strand*** ⟨i.h.b. v. mondaine badplaats⟩.

pla·gia·rism ['pleɪdʒərɪzm]⟨f1⟩⟨telb. en n.-telb.zn.⟩ **0.1** ***plagiaat*** ⇒*letterdieverij.*

pla·gia·rist ['pleɪdʒərɪst], **pla·gia·riz·er** ['pleɪdʒəraɪzə‖-ər]⟨telb.zn.⟩ **0.1** ***plagiaris*** ⇒*plagiator, letterdief.*

pla·gia·ris·tic ['pleɪdʒə'rɪstɪk]⟨bn.⟩ **0.1** ***plagiaat-.***

pla·gia·rize, -rise ['pleɪdʒəraɪz]⟨f1⟩⟨ww.⟩
I ⟨onov.ww.⟩ **0.1** ***plagiaat plegen;***
II ⟨ov.ww.⟩ **0.1** ***plagiëren*** ⇒*naschrijven.*

pla·gia·ry ['pleɪdʒəri]⟨zn.; →mv. 2⟩⟨vero.⟩
I ⟨telb.zn.⟩ **0.1** ***plagiaris*** ⇒*plagiator, letterdief;*
II ⟨telb. en n.-telb.zn.⟩ **0.1** ***plagiaat*** ⇒*letterdieverij.*

pla·gi·o- ['pleɪdʒioʊ] **0.1** ***schuin-*** ◆ **¶.1** ⟨dierk.⟩ plagiostome *dwarsbek.*

pla·gi·o·clase ['pleɪdʒioʊkleɪz]⟨telb. en n.-telb.zn.⟩⟨geol.⟩ **0.1** ***plagioklaas*** ⟨mineraal⟩.

plague[1] [pleɪg]⟨f2⟩⟨telb.zn.⟩ **0.1** ***plaag*** ⇒*teistering, (goddelijke) straf* **0.2** ***lastpost*** **0.3** ***pest*** ⇒*pestilentie* ◆ **1.1** a ~ of caterpillars *een rupsenplaag* **3.3** ⟨fig.⟩ avoid s.o./sth. like the ~ *iem./iets schuwen als de pest* **6.¶** ⟨vero.; schr.⟩ (a) ~ **on** you! *de duivel hale je!* **7.3** the ~ *de builenpest, longpest.*

plague[2] ⟨f2⟩⟨ov.ww.⟩ **0.1** ***teisteren*** ⇒*treffen, bezoeken (met plaag)* **0.2** ⟨inf.⟩ ***lastig vallen*** ⇒*kwellen, pesten, het leven zuur maken* ◆ **6.2** ~ s.o. **with** sth. *iem. met iets (voortdurend) lastig vallen.*

plague·some ['pleɪgsəm]⟨bn.⟩⟨inf.⟩ **0.1** ***beroerd*** ⇒*vervelend, lastig, ergerlijk, drommels, donders.*

'plague-spot ⟨telb.zn.⟩ **0.1** ***pestbuil*** **0.2** ***pesthol*** ⇒*verderfelijke plaats* **0.3** ***schandvlek*** ⇒*wonde plek* ⟨alleen fig.⟩.

pla·guy[1], ⟨AE sp.⟩ **pla·guey** ['pleɪgi]⟨bn.; -ly; →bijw. 3⟩⟨vero.; inf.⟩ **0.1** ***beroerd*** ⇒*vervelend, lastig, ergerlijk.*

plaguy[2], ⟨AE sp.⟩ **plaguey** ⟨bw.⟩⟨vero.; inf.⟩ **0.1** ***beroerd*** ⇒*drommels, donders.*

plaice [pleɪs]⟨f1⟩⟨telb. en n.-telb.zn.; ook plaice; →mv. 4⟩⟨dierk.⟩ **0.1** ***schol*** ⟨Pleuronectes platessa⟩ **0.2** ⟨AE⟩ ***platvis*** ⇒⟨i.h.b.⟩ *lange schar* ⟨Hippoglossoides platessoides⟩.

plaid[1] [plæd]⟨f1⟩⟨telb. en n.-telb.zn.⟩ **0.1** ***plaid*** ⇒*tartan.*

plaid[2] ⟨f1⟩⟨bn., attr.⟩ **0.1** ***plaid-*** ⇒*met Schots patroon.*

plaid·ed ['plædɨd]⟨bn.⟩ **0.1** ***met een plaid*** **0.2** ***met Schots patroon.***

plain[1] [pleɪn]⟨f3⟩⟨telb.zn.; vaak mv. met enkelvoudige bet.⟩ **0.1** ***vlakte*** ⇒*prairie* **0.2** ⟨breien⟩ ***rechte steek*** **0.3** ⟨biljart⟩ ***(speler met de) gewone witte bal.***

plain[2] ⟨f3⟩⟨bn.; -er; -ly; -ness⟩
I ⟨bn.⟩ **0.1** ***duidelijk*** ⇒*klaar, evident* **0.2** ⟨ben. voor⟩ ***eenvoudig*** ⇒*simpel, niet ingewikkeld, niet in code, onopgesmukt, ongebloemd, onversierd, ongekleurd; onvermengd, puur* ⟨water, whisky e.d.⟩; *(dood)gewoon, alledaags; sober* ⟨levenswijze⟩; *niet luxueus; lelijk, weinig attractief* ⟨vrouw, meisje⟩; *ongelijnd* ⟨papier⟩ **0.3** ***ronduit*** ⇒*openhartig, onomwonden, onverbloemd, rechtuit, eerlijk, open, oprecht, ongecompliceerd, ongekunsteld, rondborstig* **0.4** ***vlak*** ⇒*effen, glad* ⟨ring⟩, *plat* **0.5** ***recht*** ⟨breisteek⟩ ◆ **1.1** in ~ English/language/speech/terms/words *in duidelijke taal, zonder omwegen, ronduit, onverbloemd;* ⟨inf.⟩ as ~ as day/a pikestaff/the nose on your face *klaar als een klontje* **1.2** ~ cake *cake zonder krenten/chocoladebrokjes/*⟨enz.⟩; ~ chocolate *pure chocola;* ~ cigarette *sigaret zonder filter/mondstuk;* in ~ clothes *in burger(kleren);* ~ cook *kok die burgerpot kookt;* under ~ cover *onopvallend;* ~ flour *bloem zonder bakpoeder;* a ~ man *een eenvoudig man;* ~er than an old shoe *doodgewoon, zonder enige opsmuk* **1.5** ⟨breien⟩ ~ stitch *rechte steek* **1.¶** ~ card *bijkaart, niet-pop;* ⟨relig.⟩ ~ service *gelezen dienst/mis, stille mis;* ~ suit *bijkaarten, kleur die geen troef is;* ~ time worker *niet-overwerker;* ~ work *nuttige handwerken; effen metselwerk* **3.2** ~ cooking *burgerpot, burgerkost;* ~ knitting *rechtsbreien;* ~ living (and high thinking) *sobere levenswijze (gewijd aan filosofie), monnikenleven* **3.3** be ~ with s.o. *iem. onomwonden de waarheid/zijn mening zeggen, openhartig zijn tegen iem.;* ~ dealing *eerlijk(heid), oprecht(heid), openhartig(heid)* **3.¶** ~ sailing ⟨scheep.⟩ *het varen volgens de planiglobe/naar de gelijkgradige kaart;* ⟨fig.⟩ *gemakkelijk werk, doodgewone zaak, licht karwei;* it was ~ sailing all the way *het liep allemaal v.e. leien dakje, het was allemaal rechttoe rechtaan;* ~ sewing *nuttige handwerken;* ~ weaving *kruisweven;*
II ⟨bn., attr.⟩ **0.1** ***volslagen*** ⇒*totaal, zuiver, rein, klinkklaar* ⟨onzin⟩ ◆ **1.1** it's ~ foolishness *het is je reinste dwaasheid.*

plain[3] ⟨ww.⟩
I ⟨onov.ww.⟩ **0.1** ***een rechte steek breien*** **0.2** ⟨vero.⟩ ***weeklagen*** ⇒*klagen, jammeren;*
II ⟨ov.ww.⟩ **0.1** ***vlakken*** ⇒*gelijkmaken* **0.2** ***met een rechte steek breien.***

plain[4] ⟨f3⟩⟨bw.⟩⟨inf.⟩ **0.1** ***duidelijk*** **0.2** ***ronduit*** **0.3** ***volslagen*** ⇒*gewoonweg.*

plain·chant ['pleɪntʃɑ:nt‖-tʃænt], **plain·song** ['pleɪnsɒŋ‖-sɔŋ]⟨n.-telb.zn.⟩ **0.1** ***eenstemmig/Gregoriaans kerkgezang.***

'plain·clothes ⟨bn., attr.⟩ **0.1** ***in burger(kleren).***

plain·clothes·man [pleɪn'kloʊðzmən]⟨telb.zn.; plainclothesmen [-mən]; →mv. 3⟩ **0.1** ***politieman in burger*** ⇒*rechercheur.*

plain·ly ['pleɪnli]⟨f2⟩⟨bw.⟩ **0.1** →plain **0.2** ***ronduit*** ⇒*ongedwongen, openhartig* **0.3** ***zonder meer.***

plains·man ['pleɪnzmən]⟨telb.zn.; plainsmen [-mən]; →mv. 3⟩ **0.1** ***prairiebewoner*** ⇒*vlaktebewoner.*

'plain'spo·ken ⟨bn.⟩ **0.1** ***openhartig*** ⇒*rond(borstig), oprecht.*

plaint [pleɪnt]⟨zn.⟩
I ⟨telb.zn.⟩⟨schr.⟩ **0.1** ***weeklacht*** ⇒*jammerklacht, klacht;*
II ⟨telb. en n.-telb.zn.⟩⟨vnl. jur.⟩ **0.1** ***aanklacht*** ⇒*beschuldiging.*

plain·tiff ['pleɪnt̬ɪf]⟨f2⟩⟨telb.zn.⟩⟨jur.⟩ **0.1** ***aanklager*** ⇒*klager, eiser.*

plain·tive ['pleɪnt̬ɪv]⟨f1⟩⟨bn.; -ly; -ness⟩ **0.1** ***klagend*** ⇒*klaaglijk, klaag-* **0.2** ***treurig*** ⇒*droef, triest.*

plaister →plaster.

plait[1] [plæt‖pleɪt], ⟨in bet. 0.1 ook⟩ **plat** [plæt]⟨f1⟩⟨telb.zn.; vaak mv.⟩ **0.1** ***vlecht*** **0.2** ***plooi*** ⇒*vouw.*

plait[2], ⟨in bet. 0.1 ook⟩ **plat** ⟨f1⟩⟨ov.ww.⟩ **0.1** ***vlechten*** **0.2** ***vouwen*** ⇒*plooien.*

plan[1] [plæn]⟨f3⟩⟨telb.zn.⟩ **0.1** ***plan*** ⇒*voornemen* **0.2** ***plattegrond*** ⇒*schets, tekening, bovenaanzicht, stadsplan* **0.3** ***tabel*** ⇒*planbord* **0.4** ***ontwerp*** ⇒*opzet, methode, stelsel* **0.5** ⟨vaak mv.⟩⟨tech.⟩ ***schema*** ⇒*ontwerp* **0.6** ***verticaalvlak*** ⇒⟨perspectieftekenen⟩ *horizontale projectie* ◆ **1.4** ~ of action/campaign/battle *plan de campagne* **3.1** go according to ~ *volgens plan verlopen;* what are your ~s for tonight? *wat ga je vanavond doen?.*

plan[2] ⟨f4⟩⟨ww.; →ww. 7⟩ →planning
I ⟨onov.ww.⟩ **0.1** ***plannen maken/smeden*** ◆ **6.1** he hadn't ~ned **for/on** so many guests *hij had zoveel gasten niet voorzien;* ⟨inf.⟩ ~ **on** doing sth. *er op rekenen iets te (kunnen) doen;*

II ⟨ov.ww.⟩ **0.1** ***een plan maken van*** ⇒*in kaart brengen, schetsen, ontwerpen* **0.2** ***plannen*** ⇒*zich voornemen, van plan zijn, van zins zijn, programmeren, beramen, het erop aanleggen* ◆ **1.2** ⟨ec.⟩ ~ned economy *planeconomie, geleide economie;* ⟨ec.⟩ ~ned obsolescence *geplande veroudering* **3.2** ~ to do sth. *van plan/zins zijn iets te doen* **5.2** ~ everything **ahead** *alles van tevoren regelen;* ~ **out** *ontwerpen;* he had it all ~ned **out** *hij had alles tot in de details geregeld.*

pla·nar ['pleɪnə‖-ər]⟨bn., attr.⟩⟨wisk.⟩ **0.1** ***vlak*** ⇒*plat, in een vlak liggend* **0.2** ***van/mbt. een vlak*** ⇒*vlak-*.

pla·nar·i·an [plə'neərɪən‖-'næ-]⟨telb.zn.⟩⟨dierk.⟩ **0.1** ***(zoetwater) planaria*** ⟨platworm v.d. orde Tricladida⟩.

planch·et ['plɑːntʃɪt‖'plæntʃɪt]⟨telb.zn.⟩⟨tech.⟩ **0.1** ***muntplaatje***.

plan·chette [plɑːn'ʃet‖plæn'ʃet]⟨telb.zn.⟩ **0.1** ***planchette*** ⟨plankje met 2 rolletjes en een potlood bij spiritistische seances⟩.

Planck's constant ['plæŋks 'kɒnstənt‖-'kɑn-], **'Planck 'constant** ⟨n.-telb.zn.⟩⟨nat.⟩ **0.1** ***de constante v. Planck***.

plane[1] [pleɪn], ⟨in bet. 0.1 ook⟩ **'plane tree** ⟨f3⟩⟨telb.zn.⟩ **0.1** ⟨plantk.⟩ ***plataan*** ⟨genus Platanus⟩ **0.2** ***schaaf*** **0.3** ***vlak*** ⇒*plat vlak; draagvlak, vleugel* ⟨v. vliegtuig⟩ **0.4** ***plan*** ⇒*peil, niveau* ⟨alleen fig.⟩ **0.5** ⟨inf.⟩ ***vliegtuig*** ⇒*toestel* **0.6** ⟨mijnw.⟩ ***vervoergang*** ⇒*horizontale gang* **0.7** ⟨wisk.⟩ ***vlak***.

plane[2] ⟨f1⟩⟨bn., attr.⟩ **0.1** ***vlak*** ⇒*plat, effen, in een vlak liggend* ◆ **1.1** ~ angle *vlakke hoek;* ~ chart *wassende kaart* ⟨in Mercatorprojectie⟩; ~ figure *vlakke figuur;* ~ geometry *vlakke meetkunde, planimetrie* **3.1** ~ sailing ⟨scheep.⟩ *het varen op een gelijkgradige kaart/volgens de planiglobe;* ⟨fig.⟩ *gemakkelijk werk, doodgewone zaak;* it was ~ sailing all the way *het liep allemaal v.e. leien dakje.*

plane[3] ⟨f1⟩⟨ww.⟩
I ⟨onov.ww.⟩ **0.1** ***glijden*** ⇒*planeren, zweven, zeilen* ⟨vliegtuig⟩; *vliegen* ⟨in vliegtuig⟩; *scheren* ⟨v. speedboot⟩ **0.2** ***schaven;***
II ⟨ov.ww.⟩ **0.1** ***schaven*** ⇒*effen/glad maken* ◆ **5.1** ~ **away/down/off** *afschaven.*

'plane bit, 'plane iron ⟨telb.zn.⟩ **0.1** ***schaafmes*** ⇒*schaafijzer*.

'plane crash ⟨f1⟩⟨telb.zn.⟩ **0.1** ***vliegtuigongeluk***.

'plane load ⟨telb.zn.⟩ **0.1** ***vliegtuiglading***.

plan·er ['pleɪnə‖-ər]⟨telb.zn.⟩ **0.1** ***schaver*** **0.2** ***schaafmachine*** **0.3** ⟨tech.⟩ ***klophout*** ⇒⟨druk.⟩ *dresseerplank*.

'plane·side[1] ⟨telb.zn.⟩ **0.1** ***vliegtuigzijde*** ◆ **6.1** an interview **at** ~ *een interview bij het vliegtuig.*

planeside[2] ⟨bn., attr.⟩ **0.1** ***bij/naast het vliegtuig***.

plan·et ['plænɪt]⟨f2⟩⟨telb.zn.⟩ **0.1** ***planeet*** **0.2** ***kazuifel*** ◆ **2.1** major ~s *grote planeten;* minor ~s *kleine planeten, asteroïden.*

'plane table[1] ⟨telb.zn.⟩⟨wwb.⟩ **0.1** ***planchet*** ⇒⟨landmeetkunde⟩ *meettafel(tje)*.

plane table[2] ⟨ov.ww.⟩⟨wwb.⟩ **0.1** ***met een planchet opmeten***.

plan·e·tar·i·um ['plænɪ'teərɪəm‖-'ter-]⟨telb.zn.; ook planetaria; →mv. 5⟩ **0.1** ***planetarium***.

plan·e·tar·y ['plænɪtri‖-teri]⟨f1⟩⟨bn.⟩ **0.1** ***planetair*** ⇒*planeet-* **0.2** ***aards*** ⇒*werelds, ondermaans* **0.3** ***dwalend*** ⇒*erratisch* **0.4** ⟨tech.⟩ ***planetair*** ⟨v. versnellingsapparaat⟩ ◆ **1.1** ~ nebula *planetaire nevelvlek, planeetnevel.*

plan·e·toid ['plænɪtɔɪd]⟨telb.zn.⟩⟨ster.⟩ **0.1** ***planetoïde*** ⟨op een planeet gelijkend hemellichaam⟩ ⇒*asteroïde, kleine planeet.*

plan·e·to·logi·cal ['plænɪtə'lɒdʒɪkl‖-nɪt̬l'ɑ-]⟨bn.⟩ **0.1** ***planetologisch***.

plan·e·tol·o·gist ['plænɪ'tɒlədʒɪst‖-'tɑ-]⟨telb.zn.⟩ **0.1** ***planetoloog***.

plan·e·tol·o·gy ['plænɪ'tɒlədʒi‖-'tɑ-]⟨n.-telb.zn.⟩ **0.1** ***planetologie***.

'plan·et-strick·en, 'plan·et-struck ⟨bn.⟩⟨astr.⟩ **0.1** ***onder een slechte planeet staand/geboren*** ⇒⟨fig.⟩ *verdoemd*.

'planet wheel ⟨telb.zn.⟩⟨tech.⟩ **0.1** ***planeetwiel***.

plan·gen·cy ['plændʒənsi]⟨telb. en n.-telb.zn.; →mv. 2⟩ **0.1** ***weergalming*** ⇒*het schallen* **0.2** ***het klotsen*** **0.3** ***het weeklagen***.

plan·gent ['plændʒənt]⟨bn.; -ly⟩⟨schr.⟩ **0.1** ***luid*** ⇒*weerklinkend, weergalmend, luid klinkend* **0.2** ***klotsend*** **0.3** ***klagend*** ⇒*klaaglijk*.

plani- →plano-.

pla·nim·e·ter [plæ'nɪmɪtə‖plə'nɪmət̬ər]⟨telb.zn.⟩⟨tech.⟩ **0.1** ***planimeter*** ⇒*vlaktemeter*.

pla·ni·met·ric ['plænɪ'metrɪk], **pla·ni·met·ri·cal** [-ɪkl]⟨bn.; (al)ly; →bijw. 3⟩ **0.1** ***planimetrisch***.

pla·nim·e·try [plæ'nɪmɪtri‖plə-]⟨n.-telb.zn.⟩ **0.1** ***planimetrie*** ⇒*vlakke meetkunde*.

planing machine ['pleɪnɪŋ məˌʃiːn]⟨telb.zn.⟩ **0.1** ***schaafmachine***.

plan·ish ['plænɪʃ]⟨ov.ww.⟩⟨tech.⟩ **0.1** ***planeren*** ⇒*pletten, gladhameren, vlakken, uitslaan, uitsmeden, polijsten* ⟨metaal⟩.

pla·ni·sphere ['plænɪsfɪə‖-sfɪr]⟨telb.zn.⟩ **0.1** ***planisfeer*** ⟨voorstelling v.d. aarde/sterrenhemel in een plat vlak⟩.

pla·ni·spher·ic ['plænɪ'sferɪk], **pla·ni·spher·i·cal** [-ɪkl]⟨bn.⟩ **0.1** ***planisferisch***.

plank[1] [plæŋk]⟨f2⟩⟨telb.zn.⟩ **0.1** ***(zware) plank*** **0.2** ***grondslag*** ⇒*steun* **0.3** ⟨pol.⟩ ***punt/basisprincipe v. (partij)programma*** ◆ **3.¶** make s.o. walk the ~ *iem. de voeten spoelen* ⟨eertijds bij piraten⟩.

plank[2] ⟨f1⟩⟨ww.⟩ →planking
I ⟨onov. en ov.ww.⟩⟨sl.⟩ **0.1** ***neuken;***
II ⟨ov.ww.⟩ **0.1** ***met planken beleggen*** ⇒*beplanken, bevloeren, van planken voorzien* **0.2** ⟨AE; cul.⟩ ***(klaarmaken en) op een plank opdienen*** ◆ **5.¶** ⟨inf.⟩ ~ **down** *neersmakken;* ⟨inf.⟩ ~ **down/out/up** *dokken, opdokken* ⟨geld⟩.

'plank-bed ⟨telb.zn.⟩ **0.1** ***brits***.

plank·ing ['plæŋkɪŋ]⟨f1⟩⟨zn.; (oorspr.) gerund v. plank⟩
I ⟨telb.zn.⟩ **0.1** ***planken vloer*** ⇒*planken, beplanking;*
II ⟨n.-telb.zn.⟩ **0.1** ***het planken leggen*** ⇒*het beplanken*.

plank·ton ['plæŋktən]⟨f1⟩⟨n.-telb.zn.⟩ **0.1** ***plankton***.

plank·ton·ic [plæŋk'tɒnɪk‖-'tɑ-]⟨bn., attr.⟩ **0.1** ***plankton-***.

plan·less ['plænləs]⟨bn.; -ly⟩ **0.1** ***planloos*** ⇒*zonder enig plan, stelselloos* ◆ **3.1** ~ building *lukraak/weinig systematisch/zonder enig beleid bouwen.*

plan·ner ['plænə‖-ər]⟨f1⟩⟨telb.zn.⟩ **0.1** ***ontwerper*** **0.2** ⟨stadsontwikkeling⟩ ***planoloog***.

plan·ning ['plænɪŋ]⟨f1⟩⟨n.-telb.zn.; gerund v. plan⟩ **0.1** ***planning*** ⇒*ordening*.

'plan·ning de·part·ment ⟨telb.zn.⟩ **0.1** ***afdeling planologie*** ⇒*planologische afdeling*.

'planning permission ⟨n.-telb.zn.⟩⟨vnl. BE⟩ **0.1** ***bouwvergunning***.

pla·no- ['pleɪnoʊ], **pla·ni-** ['plæni] **0.1** ***plano-*** ◆ **¶.1** planoconcave *planconcaaf;* planoconvex *planconvex*.

pla·no·graph ['pleɪnəgrɑːf‖'plænəgræf]⟨ov.ww.⟩ **0.1** ***vlakdrukken***.

pla·no·graph·ic ['pleɪnə'græfɪk‖'plænə-]⟨bn.; -ally; →bijw. 3⟩ **0.1** ***planografisch*** ⇒*vlakdruk-*.

pla·nog·ra·phy [plə'nɒgrəfi‖-'nɑ-]⟨n.-telb.zn.⟩ **0.1** ***planografie*** ⇒*vlakdruk*.

pla·nom·e·ter [plæ'nɒmɪtə‖plə'nɑmɪt̬ər]⟨telb.zn.⟩⟨tech.⟩ **0.1** ***planometer***.

pla·nom·e·try [plæ'nɒmɪtri‖-'nɑ-]⟨n.-telb.zn.⟩ **0.1** ***planometrie***.

plant[1] [plɑːnt‖plænt]⟨f3⟩⟨zn.⟩
I ⟨telb.zn.⟩ **0.1** ***plant*** ⇒*gewas* **0.2** ***machine*** ⇒*apparaat* **0.3** ***fabriek*** ⇒*bedrijf* **0.4** ⟨dram.⟩ ***claqueur*** **0.5** ***ogenschijnlijk onbelangrijk detail in verhaal of toneelstuk*** **0.6** ***val*** ⇒*valstrik* **0.7** ***bergplaats v. gestolen goederen*** **0.8** ***houding*** ⇒*manier v. staan, postuur* **0.9** ⟨inf.⟩ ***stille (diender)*** ⇒*infiltrant, politiespion, geheim agent* **0.10** ⟨sl.⟩ ***doorgestoken kaart*** ⇒*zwendel, komplot, verlakkerij, fopperij, ondergeschoven bewijsstuk, canard;*
II ⟨n.-telb.zn.⟩ **0.1** ***machinerie*** ⇒*opstand, opstal, inrichting, complex, uitrusting, benodigdheden, outillage, materieel, installatie* **0.2** ***gestolen goederen***.

plant[2] ⟨f3⟩⟨ov.ww.⟩ **0.1** ***planten*** ⇒*poten, zetten* ⟨ook vis⟩; *beplanten, aanplanten, aanleggen* **0.2** ***(met kracht) neerzetten*** ⟨voeten⟩ ⇒*plaatsen* ⟨bom⟩; *posteren* ⟨spion⟩; *stationeren* **0.3** ***vestigen*** ⇒*stichten, grondvesten, oprichten* **0.4** ⟨inf.⟩ ***achterlaten*** ⇒*laten staan, in de steek laten* **0.5** ***zaaien*** ⟨alleen fig.⟩ ⇒*de kiem leggen van, veroorzaken; in het geheim verspreiden* ⟨bericht⟩; *aan de man brengen* **0.6** ⟨inf.⟩ ***toebrengen*** ⟨slag⟩ ⇒*steken* ⟨mes⟩ **0.7** ⟨sl.⟩ ***onderschuiven*** ⇒*verbergen* ⟨gestolen goederen⟩; *met iets opknappen, laten opdraaien voor, in de schoenen schuiven, op de hals laden;* ⟨B.⟩ *opmaken; vooraf beramen/afspreken, opzetten, bekonkelen* **0.8** ⟨AE; inf.⟩ ***begraven*** ◆ **1.2** ~ one's feet wide apart *met gespreide benen gaan staan;* ⟨fig.⟩ he has his feet ~ed (firmly) on the ground *hij staat met beide voeten (stevig) op de grond;* with one's feet ~ed (firmly) on the ground *met beide voeten (stevig) op de grond* **1.6** ~ a blow on s.o.'s ear *iem. een draai om de oren geven;* ~ a dagger in s.o.'s heart *iem. een dolk in het hart steken* **1.7** ~ false evidence *vals bewijsmateriaal onderschuiven* **4.2** ~ o.s. *positie kiezen/innemen* **5.1** ~ **out** *verplanten, uitplanten* **6.7** ~ s.o./sth. **on** s.o. *iem. iets in de schoenen schuiven.*

plant·a·ble ['plɑːntəbl‖'plænt̬əbl]⟨bn.⟩ **0.1** ***plantbaar*** ⇒*verplantbaar*.

plan·tain ['plæntɪn‖'plæntn]⟨telb. en n.-telb.zn.⟩⟨plantk.⟩ **0.1** ***weegbree*** ⟨fam. Plantago⟩ **0.2** ***pisang*** ⟨Musa paradisiaca⟩.

'plantain 'lily ⟨telb.zn.⟩⟨plantk.⟩ **0.1** ***Hosta*** ⟨fam. Liliaceae⟩.

plan·tar ['plæntə‖'plænt̬ər]⟨bn., attr.⟩ **0.1** ***plantair*** ⇒*voetzool-*.

plan·ta·tion [plæn'teɪʃn, plɑːn-‖plæn-]⟨f2⟩⟨telb.zn.⟩ **0.1** ***beplanting*** ⇒*aanplant, aanplanting* **0.2** ***plantage*** **0.3** ⟨vero.⟩ ***vestiging***.

plan'tation rubber ⟨telb. en n.-telb.zn.⟩ **0.1** ***plantagerubber*** ⇒*ondernemingsrubber*.

plan'tation song ⟨telb.zn.⟩ **0.1** ***plantagelied*** ⟨v. negers⟩.

plant·er ['plɑːntə‖'plænt̬ər]⟨f2⟩⟨telb.zn.⟩ **0.1** ***planter*** ⇒*plantagebezitter* **0.2** ***grondlegger*** ⇒*stichter* **0.3** ***kolonist*** ⇒⟨IE; gesch.⟩ *Engelse kolonist* **0.4** ***plantmachine*** ⇒*zaaimachine* **0.5** ⟨AE⟩ ***bloembak/pot***.

plan·ti·grade[1] ['plænt̬ɪgreɪd]⟨telb.zn.⟩⟨dierk.⟩ **0.1** ***zoolganger***.

plantigrade[2] ⟨bn.⟩⟨dierk.⟩ **0.1** ***op de zolen lopend.***
plant·let ['plɑ:ntlɪt||'plænt-]⟨telb.zn.⟩ **0.1** ***plantje.***
'plant louse ⟨telb.zn.⟩ **0.1** ***bladluis.***
plan·toc·ra·cy [plɑ:n'tɒkrəsi||plæn'tɑ-]⟨telb. en n.-telb.zn.;→mv. 2⟩ **0.1** ***plantersheerschappij*** ⇒*heersende klasse v. planters.*
planx·ty ['plæŋksti]⟨telb.zn.⟩⟨IE⟩ **0.1** ***planxty*** ⟨harpmelodie⟩.
plaque [plɑ:k||plæk]⟨f1⟩⟨zn.⟩
I ⟨telb.zn.⟩ **0.1** ***plaque*** ⇒*plaat* ⟨v. metaal, porselein⟩, *gedenkplaat* **0.2** ***insigne*** ⇒*ordeteken, decoratie, broche* **0.3** ⟨med.⟩ ***vlek*** ⟨op huid⟩;
II ⟨n.-telb.zn.⟩⟨med.⟩ **0.1** ***plaque*** ⇒*plak, tandaanslag.*
pla·quette [plæ'ket]⟨telb.zn.⟩ **0.1** ***plaquette*** ⇒*plaatje, reliëfplaatje.*
plash[1] [plæʃ]⟨zn.⟩
I ⟨telb.zn.⟩ **0.1** ***(moerassige) poel*** ⇒*plas;*
II ⟨telb. en n.-telb.zn.⟩⟨vnl. schr.⟩ **0.1** ***geplas*** ⇒*geplons, geklater, gespat, gekabbel.*
plash[2] ⟨ww.⟩
I ⟨onov. en ov.ww.⟩⟨vnl. schr.⟩ **0.1** ***plassen*** ⇒*plonzen, klateren, kabbelen, (doen) spatten;*
II ⟨ov.ww.⟩ **0.1** ***in elkaar vlechten*** ⟨takken, twijgen⟩ ⇒*maken, vernieuwen* ⟨haag⟩.
plash·y ['plæʃi]⟨bn.⟩ **0.1** ***drassig*** ⇒*nat, vol plassen, moerassig* **0.2** ***plassend*** ⇒*plonzend, klaterend, kletterend, spattend.*
-pla·si·a ['pleɪzɪə||'pleɪʒə], **-plas·y** [pleɪzi||pleɪsi, plæsi]⟨biol.⟩ **0.1** ***-plasie*** ◆ ¶.1 metaplasia *metaplasie.*
-plasm [plæzm]⟨biol.⟩ **0.1** ***-plasma*** ⟨materie voor celvorming⟩ ◆ ¶.1 protoplasm *protoplasma.*
plas·ma ['plæzmə], **plasm** [plæzm]⟨f2⟩⟨n.-telb.zn.⟩ **0.1** ***(bloed)plasma*** **0.2** ***protoplasma*** ⇒*cytoplasma* **0.3** ***(melk)wei*** **0.4** ⟨nat.⟩ ***plasma*** ⟨deels geïoniseerde, elektrisch neutrale gasmassa⟩ **0.5** ⟨geol.⟩ ***plasma*** ⟨donkergroene kwarts-variëteit⟩.
plas·mat·ic [plæz'mætɪk], **plas·mic** ['plæzmɪk]⟨bn., attr.⟩ **0.1** ***(proto)plasma-.***
plas·mo·di·um [plæz'moʊdɪəm]⟨zn.; plasmodia [-dɪə];→mv. 5⟩ ⟨biol.⟩
I ⟨telb.zn.⟩ **0.1** ***plasmodium*** ⇒*malariaparasiet;*
II ⟨telb. en n.-telb.zn.⟩ **0.1** ***plasmodium*** ⟨protoplasma(organisme) met talrijke celkernen⟩.
plas·mol·y·sis [plæz'mɒlɪsɪs||-'mɑ-]⟨telb. en n.-telb.zn.; plasmolyses;→mv. 5⟩⟨biol.⟩ **0.1** ***plasmolyse*** ⟨celkrimping⟩.
plas·mo·lyze, -lyse ['plæzməlaɪz]⟨ww.⟩⟨biol.⟩
I ⟨onov.ww.⟩ **0.1** ***samenkrimpen*** ⟨v. protoplasma⟩;
II ⟨ov.ww.⟩ **0.1** ***doen samenkrimpen*** ⟨protoplasma⟩.
plas·ter[1] ['plɑ:stə||'plæstər]⟨f2⟩⟨zn.⟩
I ⟨telb.zn.⟩ **0.1** ⟨BE⟩ ***pleister*** ⇒*hechtpleister* **0.2** ⟨sl.⟩ ***achtervolger*** **0.3** ⟨sl.⟩ ***bankbiljet*** **0.4** ⟨sl.⟩ ***dagvaarding*** **0.5** ⟨sl.⟩ ***arrestatiebevel;***
II ⟨n.-telb.zn.⟩ **0.1** ***pleister*** **0.2** ***pleisterkalk*** **0.3** ***gips*** **0.4** ***mosterdpleister*** ◆ **1.3** ~ of Paris *(gebrand) gips.*
plaster[2] ⟨f2⟩⟨bn., attr.⟩ **0.1** ***pleisteren*** ⇒*gipsen, gips-* ◆ **1.¶** ~ saint *heilig boontje.*
plaster[3] ⟨f2⟩⟨ov.ww.⟩ →plastered, plastering **0.1** ***pleisteren*** ⇒*bepleisteren, (be)plakken, besmeren, bekladden, bedekken, maskéren* **0.2** ⟨fig.⟩ ***overladen*** ⇒*beladen* **0.3** ⟨sl.⟩ ***hevig bombarderen*** ⇒*platgooien* **0.4** ***een pleister leggen op*** ⟨ook fig.⟩ **0.5** ⟨inf.; sport⟩ ***verpletteren*** ⇒*in de pan hakken, inmaken* **0.6** ⟨sl.⟩ ***een hypotheek nemen op*** ◆ **1.1** ~ make-up on one's face *zich zwaar schminken* **5.1** ⟨inf.⟩ ~ one's hair **down** *zijn haar pommaderen;* ~ **over/up** *dichtpleisteren* **6.1** ~ sth. **with** sth., ~ sth. **on** sth. *iets dik besmeren / bedekken / beplakken met iets* **6.2** ~ s.o. **with** praise *iem. met lof overladen / ophemelen / vleien.*
'plas·ter·board ⟨n.-telb.zn.⟩ **0.1** ***gipsplaat.***
'plaster 'cast ⟨telb.zn.⟩ **0.1** ***gipsafgietsel / afdruk*** **0.2** ***gipsverband.***
plas·tered ['plɑ:stəd||'plæstərd]⟨bn., pred.; oorspr. volt. deelw. v. plaster⟩⟨sl.; scherts.⟩ **0.1** ***lazarus*** ⇒*dronken.*
plas·ter·er ['plɑ:strə||'plæstrər]⟨telb.zn.⟩ **0.1** ***stukadoor*** ⇒*pleisteraar.*
plas·ter·ing ['plɑ:strɪŋ||'plæ-]⟨zn.; (oorspr.) gerund v. plaster⟩
I ⟨telb.zn.⟩ **0.1** ⟨inf.; sport⟩ ***verpletterende nederlaag;***
II ⟨n.-telb.zn.⟩ **0.1** ***bepleistering*** ⇒*het bepleisteren.*
plas·ter·y ['plɑ:stri||'plæ-]⟨bn.⟩ **0.1** ***pleisterachtig*** ⇒*gipsachtig.*
plas·tic[1] ['plæstɪk]⟨f3⟩⟨zn.⟩
I ⟨telb. en n.-telb.zn.⟩ **0.1** ***plastic*** ⇒*plastiek, kunsthars, kunststof;*
II ⟨mv.; ~s; ww. vnl. enk.⟩ **0.1** ***kennis / wetenschap v. (het maken v.) plastic*** **0.2** ***plastische chirurgie.***
plastic[2] ⟨f3⟩⟨bn.; -ally;→bijw. 3⟩
I ⟨bn.⟩ **0.1** ***plastisch*** ⇒*kneedbaar, gekneed, gemodelleerd* **0.2** ***plastic*** ⇒*plastieken, synthetisch* **0.3** ***goedgevormd*** ⇒*mooi* **0.4** ⟨pej.⟩ ***kunstmatig*** ⇒*kunst-, artificieel, onecht, vals* ◆ **1.1** ~ bullet *plastickogel;* ~ clay *pottenbakkersklei;* ~ explosive, ⟨vnl. AE⟩ ~ bomb *kneedbom, plasticbom* **1.2** ⟨AE⟩ ~ wrap *huishoudfolie, plastic folie* **1.¶** ~ money *plastic geld* ⟨via betaalpas, creditcard⟩;
II ⟨bn., attr.⟩ **0.1** ***plastisch*** ⇒*beeldend, vormend* ◆ **1.1** ~ arts *beeldende kunsten;* ~ surgeon *plastisch chirurg;* ~ surgery *plastische chirurgie.*
-plas·tic ['plæstɪk] **0.1** ⟨duidt vorming, groei aan⟩ ◆ ¶.1 thermoplastic *thermoplastisch.*
plas·ti·cine ['plæstɪsi:n]⟨n.-telb.zn.; ook P-⟩ **0.1** ***plasticine*** ⇒*boetseerklei.*
plas·tic·i·ty [plæ'stɪsəṭi]⟨f1⟩⟨n.-telb.zn.⟩ **0.1** ***plasticiteit*** ⇒*kneedbaarheid, vormbaarheid, smijdigheid.*
plas·ti·cize, -cise ['plæstɪsaɪz]⟨ww.⟩
I ⟨onov.ww.⟩ **0.1** ***kneedbaar / week worden;***
II ⟨ov.ww.⟩ **0.1** ***plastificeren*** ⇒*kneedbaar / week maken.*
plas·ti·ciz·er, -cis·er ['plæstɪsaɪzə||-ər]⟨telb. en n.-telb.zn.⟩ **0.1** ***weekmaker*** ⇒*plastificeermiddel.*
plas·tid ['plæstɪd]⟨telb.zn.⟩⟨plantk.⟩ **0.1** ***plastide.***
plas·tron ['plæstrən]⟨telb.zn.⟩ **0.1** ***plastron*** ⇒*borstlap* ⟨v. schermer⟩; *borststuk, front* ⟨v. keursje / hemd⟩; *buikschild* ⟨v. schildpad⟩; *borstplaat, kurasplaat* ⟨v. harnas⟩.
-plasy →-plasia.
plat[1] [plæt]⟨telb.zn.⟩ **0.1** ***vlecht*** **0.2** ⟨AE⟩ ***plan*** ⇒*plattegrond, tekening* **0.3** ⟨AE; vero.⟩ ***lapje grond.***
plat[2] [plɑ:]⟨telb.zn.; plats;→mv. 5⟩ **0.1** ***schotel*** ◆ ¶.1 ~ du jour *dagschotel.*
plat[3] [plæt]⟨ov.ww.⟩ **0.1** ***vlechten*** **0.2** ⟨AE⟩ ***een plattegrond / plan maken van.***
plat[4] ⟨afk.⟩ platform, platoon.
plat·an ['plætn]⟨telb.zn.⟩⟨plantk.⟩ **0.1** ***plataan*** ⟨genus Platanus⟩.
plat·band ['plætbænd]⟨telb.zn.⟩ **0.1** ⟨bouwk.⟩ ***platte lijst*** ⇒*architraaf, epistyl, bovendrempel* ⟨v. deur, venster⟩ **0.2** ***rand*** ⟨v. bloemen, zoden⟩ ⇒*smal bloembed.*
plate[1] [pleɪt]⟨f3⟩⟨zn.⟩
I ⟨telb.zn.⟩ **0.1** ⟨ben. voor⟩ ***plaat*** ⇒*plaatje, metalen plaat, naamplaatje, naambordje, schild; nummerbord / plaat; cliché, afbeelding, illustratie, etsplaat; harnas(plaat);* ⟨AE⟩ *anode* ⟨v. radiobuis⟩; ⟨bouwk.⟩ *muurplaat;* ⟨geol.⟩ *plaat* ⟨groot stuk continentale / oceanische aardkorst⟩; ⟨foto.⟩ *plaat* **0.2** ***renbeker*** ⇒*prijs, wedstrijd om gouden of zilveren beker* **0.3** ***bord*** ⇒*schotel, bordvol* ⟨eten⟩ **0.4** ***collecteschaal*** ⇒*collecte* **0.5** ***gebitplaat*** ⇒*kunstgebit, tandprothese* **0.6** ***licht hoefijzer voor renpaard*** **0.7** ***dun sneetje rundvlees v. borststuk*** **0.8** ⟨AE⟩ ***hoofdmaaltijd op één bord geserveerd*** ⇒*maaltijd voor geldinzameling* **0.9** ⟨vaak mv.⟩⟨BE; scherts.⟩ ***voet*** **0.10** ⟨honkbal⟩ ***(thuis)plaat*** **0.11** ⟨sl.⟩ ***chique gekleed persoon*** **0.12** ⟨sl.⟩ ***stuk*** ⇒*aantrekkelijke vrouw* ◆ **1.¶** ⟨BE; sl.⟩ ~ of meat *straat;* ⟨BE; sl.⟩ ~s of meat *voeten;* ⟨BE; sl.⟩ ~s and dishes *kusjes, zoentjes* **2.5** dental ~ *plaat, kunstgebit* **3.2** selling ~ *wedren waarbij het winnend paard moet worden verkocht* **3.¶** ⟨inf.⟩ hand / give s.o. sth. on a ~ *iem. iets in de schoot werpen;* ⟨inf.⟩ have enough / a lot / too much on one's ~ *genoeg / (te) veel om handen hebben, te veel hooi op zijn vork hebben;* put up one's ~ ⟨v. dokter e.d.⟩ *zich vestigen;* ⟨AE; sl.⟩ read one's ~ *in stilte (moeten) eten;*
II ⟨n.-telb.zn.⟩⟨BE⟩ **0.1** ***zilveren / gouden bestek / vaatwerk*** ⇒*verzilverd / verguld bestek / vaatwerk, pleet* ⟨soms v. niet edel metaal⟩.
plate[2] ⟨f1⟩⟨ov.ww.⟩ →plated, plating **0.1** ***pantseren*** ⇒*met metaalplaten / staal bekleden* ⟨schip⟩ **0.2** ***plateren*** ⇒*vergulden, verzilveren, vertinnen* **0.3** ⟨druk.⟩ ***galvano's / stereotypeplaten maken van*** **0.4** ***satineren*** ⟨papier⟩ ◆ **1.2** ~d ware *pleetwerk.*
'plate 'armour ⟨telb.zn.⟩ **0.1** ***pantser.***
pla·teau ['plætoʊ||plæ'toʊ]⟨f2⟩⟨telb.zn.; ook plateaux [-toʊz]; →mv. 5⟩ **0.1** ***plateau*** ⇒*tafelland;* ⟨fig. ook⟩ *stilstand* ⟨in groei, vooruitgang⟩ **0.2** ***schenkblad*** ⇒*presenteerblad* **0.3** ***plaque*** ⇒*plaat* **0.4** ***platte vrouwenhoed.***
'plate-bas·ket ⟨telb.zn.⟩⟨BE⟩ **0.1** ***bestekmandje*** ⇒*messenbak.*
'plate clutch ⟨telb.zn.⟩⟨tech.⟩ **0.1** ***platenkoppeling*** ⟨v. automotor⟩.
plat·ed ['pleɪṭɪd]⟨bn.; (oorspr.) volt. deelw. v. plate⟩ **0.1** ***geplateerd*** ⇒*verguld, verzilverd* **0.2** ***gepantserd*** ⇒*met metaalplaten bedekt* **0.3** ***tweekleurig / tweesoortig gebreid.***
plate·ful ['pleɪtfʊl]⟨telb.zn.⟩ **0.1** ***bordvol*** **0.2** ⟨inf.⟩ ***hoop*** ⇒*boel.*
'plate 'glass ⟨f1⟩⟨n.-telb.zn.⟩ **0.1** ***spiegelglas.***
'plate-hold·er ⟨telb.zn.⟩⟨foto.⟩ **0.1** ***plaathouder*** ⇒*chassis.*
'plate-i·ron ⟨n.-telb.zn.⟩ **0.1** ***plaatijzer.***
'plate·lay·er ⟨telb.zn.⟩⟨tech.⟩⟨BE⟩ **0.1** ***lijnwerker*** ⇒*raillegger, wegwerker, legger v. spoorstaven.*
plate·let ['pleɪtlɪt]⟨telb.zn.⟩ **0.1** ***bloedplaatje.***
'plate-mark ⟨telb.zn.⟩ **0.1** ***stempel*** ⇒*keur, waarmerk.*
plat·en ['plætn]⟨telb.zn.⟩ **0.1** ⟨tech.⟩ ***opspantafel*** **0.2** ⟨druk.⟩ ***degel.***
'plate-pow·der ⟨n.-telb.zn.⟩ **0.1** ***poetspoeder*** ⇒*zilverpoeder, zilverpoets.*

plat·er ['pleɪtə||'pleɪtɪər]⟨telb.zn.⟩ **0.1** ***plateerder*** ⇒*vergulder* **0.2** ***iem. die schepen met staalplaten bekleedt*** **0.3** ⟨inf.⟩ ***(minderwaardig) renpaard*** **0.4** ***hoefsmid die renpaarden met lichte hoefijzers beslaat***.

'plate-rack ⟨f1⟩⟨telb.zn.⟩⟨BE⟩ **0.1** ***(af)druiprek*** ⇒*bordenrek*.

'plate tec'tonics ⟨n.-telb.zn.⟩⟨geol.⟩ **0.1** ***plaattektoniek***.

plat·form[1] ['plætfɔ:m||-fɔrm]⟨f3⟩⟨telb.zn.⟩ **0.1** ***platform*** ⟨ook schoonspringen⟩ ⇒*verhoging, terras* **0.2** ***podium*** ⇒*tribune, spreekgestoelte;* ⟨fig.⟩ *sprekers op de tribune, stijl v. deze sprekers* **0.3** ⟨verk.⟩ ⟨platform sole⟩ **0.4** ⟨the⟩⟨vnl. BE⟩ ***balkon*** ⟨v. bus, tram, (AE ook) trein⟩ **0.5** ⟨BE⟩ ***perron*** **0.6** ***partijprogram*** ⇒*kiesplatform, politiek program* **0.7** ⟨AE⟩ ***geschutemplacement*** ⟨op hoogte⟩ **0.8** ⟨ruim.⟩ ***navigatiesysteem***.

platform[2] ⟨ww.⟩
 I ⟨onov.ww.⟩ **0.1** ***van op het podium spreken;***
 II ⟨ov.ww.⟩ **0.1** ***(als) op een platform plaatsen***.

'platform balance ⟨telb.zn.⟩ **0.1** ***gelijkarmige weegschaal*** ⟨meestal met verplaatsbaar ruitertje⟩.

'platform car ⟨telb.zn.⟩⟨AE⟩ **0.1** ***platte goederenwagen***.

'platform 'diving ⟨n.-telb.zn.⟩⟨schoonspringen⟩ **0.1** ***(het) torenspringen***.

'platform rocker ⟨telb.zn.⟩⟨AE⟩ **0.1** ***soort schommelstoel***.

'platform scale ⟨telb.zn.⟩ **0.1** ***balans*** ⇒*weegbrug*.

'platform 'sole ⟨telb.zn.⟩ **0.1** ***plateauzool***.

'platform ticket ⟨f1⟩⟨telb.zn.⟩ **0.1** ***perronkaartje***.

plat·in- ['plætɪn], **plat·i·ni-** ['plætɪni], **plat·i·no-** ['plætɪnoʊ] **0.1** ***platina-*** ⇒*platini-, platino-* ◆ **¶.1** platinotype *platinotypie, platinadruk*.

plat·ing ['pleɪtɪŋ]⟨f1⟩⟨zn.; (oorspr.) gerund v. plate⟩
 I ⟨telb.zn.⟩ **0.1** ***laagje zilver/goud*** ⇒*verguldsel;*
 II ⟨telb. en n.-telb.zn.⟩ **0.1** ***pantsering;***
 III ⟨n.-telb.zn.⟩ **0.1** ***het plateren/vergulden/verzilveren*** ⇒*verguldung, verzilvering*.

pla·tin·ic [plə'tɪnɪk]⟨bn.⟩ **0.1** ***van platina*** ⇒*platina-, platini-*.

plat·i·nif·er·ous ['plætɪ'nɪfrəs||'plætn'ɪfrəs]⟨bn.⟩ **0.1** ***platinahoudend***.

plat·i·nize, -nise ['plætɪnaɪz||'plætn-]⟨ov.ww.⟩ **0.1** ***platineren***.

plat·i·noid[1] ['plætɪnɔɪd||'plætn-]⟨telb. en n.-telb.zn.⟩ **0.1** ***metaal v.d. platinagroep*** **0.2** ***platinoïde*** ⟨legering v. koper, nikkel, tungsten en zink⟩.

platinoid[2] ⟨bn.⟩ **0.1** ***platina-achtig***.

plat·i·nous ['plætɪnəs||'plætn·əs]⟨bn.⟩ **0.1** ***van platina*** ⇒*platina-, platinahoudend*.

plat·i·num ['plætɪnəm||'plætn·əm]⟨f2⟩⟨n.-telb.zn.⟩⟨ook schei.⟩ **0.1** ***platina*** ⟨element 78⟩.

'platinum 'black ⟨n.-telb.zn.⟩ **0.1** ***platinazwart***.

'platinum 'blond ⟨n.-telb.zn.⟩ **0.1** ***platinablond*** ⇒*witblond*.

'platinum 'blonde ⟨telb.zn.⟩⟨inf.⟩ **0.1** ***blondine*** ⇒*blondje*.

'platinum 'metal ⟨n.-telb.zn.⟩ **0.1** ***platinametaal***.

'platinum 'record ⟨telb.zn.⟩ **0.1** ***platinaplaat***.

plat·i·tude ['plætɪtju:d||'plætɪtu:d]⟨f1⟩⟨telb. en n.-telb.zn.⟩ **0.1** ***platitude*** ⇒*gemeenplaats, alledaagsheid, platheid, banaliteit*.

plat·i·tu·di·nar·i·an[1] ['plætɪtju:dɪ'neərɪən||'plætɪtu:dn'erɪən]⟨telb.zn.⟩ **0.1** ***verkondiger v. gemeenplaatsen/platheden***.

platitudinarian[2] ⟨bn.⟩ **0.1** ***vol gemeenplaatsen***.

plat·i·tu·di·nize ['plætɪ'tju:dɪnaɪz||'plætɪ'tu:dn-]⟨onov.ww.⟩ **0.1** ***platheden/gemeenplaatsen/banaliteiten/afgezaagde waarheden verkopen***.

plat·i·tu·di·nous ['plætɪ'tju:dɪnəs||'plætɪ'tu:dn·əs]⟨bn.⟩ **0.1** ***banaal*** ⇒*alledaags, gewoon, vol gemeenplaatsen, nietszeggend*.

pla·ton·ic [plə'tɒnɪk||-'tɑ-]⟨f1⟩⟨bn.; -ally; →bijw. 3; ook P-⟩ **0.1** ***platonisch*** ◆ **1.1** ~ love *platonische liefde* **1.¶** ⟨geom.⟩ ~ body/solid *regelmatige veelvlak;* ~ year *platonisch jaar* ⟨± 26.000 jaar⟩.

Pla·to·nism ['pleɪtənɪzm||'pleɪtn·ɪzm]⟨n.-telb.zn.⟩ **0.1** ***platonisme*** ⟨(navolging v.d.) filosofie v. Plato⟩.

Pla·to·nist ['pleɪtənɪst||'pleɪtn·ɪst]⟨telb.zn.⟩ **0.1** ***platonist***.

Pla·to·nize, -nise ['pleɪtənaɪz||'pleɪtn·aɪz]⟨onov. en ov.ww.⟩ **0.1** ***platoniseren*** ⇒*platonisch redeneren; platonisch maken*.

pla·toon[1] [plə'tu:n]⟨f2⟩⟨telb.zn.⟩ **0.1** ***peloton*** ⇒*groep* **0.2** ⟨Am. voetbal⟩ ***groep wisselspelers*** ⇒*wisselgroep* ⟨die voor bep. spelfase wordt ingezet⟩.

platoon[2] ⟨ww.; AE; sl.; sport⟩
 I ⟨onov.ww.⟩ **0.1** ***zich specialiseren in bepaald(e) spel/positie*** **0.2** ***van plaats verwisselen*** ⇒*wisselspelers opstellen* ⟨met dezelfde opdracht⟩;
 II ⟨ov.ww.⟩ **0.1** ***van plaats doen veranderen*** ⇒*opstellen* ⟨wisselspeler met dezelfde opdracht⟩ ◆ **1.1** ~ a player in left field *een speler op links laten spelen*.

plat·te·land ['plɑ:tələ:nt]⟨n.-telb.zn.; the⟩⟨Z. Afr. E⟩ **0.1** ***platteland***.

plat·ter ['plætə||'plætɪər]⟨f2⟩⟨telb.zn.⟩⟨AE⟩ **0.1** ⟨ook vero. in BE⟩ *plat bord* ⇒*platte schotel* ⟨vnl. v. hout⟩; *maaltijd, gang* ⟨op platte schotel⟩ **0.2** ⟨inf.⟩ ***(grammofoon)plaat*** ◆ **6.¶ on** a ~ *op een gouden schotel*.

plat·y- ['plætɪ] **0.1** ***breed*** ⇒*plat* ◆ **¶.1** platyhelminth *platworm*.

plat·y·pus ['plætɪpəs]⟨telb.zn.⟩⟨dierk.⟩ **0.1** ***vogelbekdier*** ⟨Ornithorhynchus anatinus⟩ ◆ **2.1** duck-billed ~ *vogelbekdier*.

plat·yr·rhine[1] ['plætɪraɪn], **plat·yr·rhin·i·an** [-'rɪnɪən]⟨telb.zn.⟩ **0.1** ***breedneus*** ⟨breedneuzig(e) persoon/aap⟩.

platyrrhine[2], **platyrrhinian** ⟨bn.⟩ **0.1** ***breedneuzig***.

plau·dit ['plɔ:dɪt]⟨telb.zn.; vnl. mv.⟩ **0.1** ***toejuiching*** ⇒*bijval, applaus*.

plau·di·to·ry ['plɔ:dɪtri||'plɔdətɔri]⟨bn.⟩ **0.1** ***toejuichend*** ⇒*lovend*.

plau·si·bil·i·ty ['plɔ:zə'bɪləti]⟨zn.; →mv. 2⟩
 I ⟨telb.zn.⟩ **0.1** ***plausibel argument/excuus;***
 II ⟨n.-telb.zn.⟩ **0.1** ***plausibiliteit*** ⇒*aannemelijkheid*.

plau·si·ble ['plɔ:zəbl]⟨f2⟩⟨bn.; -ly; -ness; →bijw. 3⟩ **0.1** ***plausibel*** ⇒*aannemelijk, aanvaardbaar, geloofwaardig, niet onwaarschijnlijk, passend* **0.2** ***glad*** ⇒*gewiekst, schijnbaar te vertrouwen, bedrieglijk innemend* **0.3** ***bedrieglijk overtuigend*** ⇒*schoonschijnend*.

play[1] [pleɪ]⟨f4⟩⟨zn.⟩⟨→sprw. 22⟩
 I ⟨telb.zn.⟩ **0.1** ***toneelstuk*** ⇒*drama, voorstelling, spel, opvoering* **0.2** ***beurt*** ⇒*zet;* ⟨AE; vnl. sport⟩ *manoeuvre, spel(fase)* **0.3** ***speelwijze*** ⇒*speelstijl, manier v. spelen* ◆ **1.1** the ~s of Shakespeare *de stukken v. Shakespeare* **2.¶** as good as a ~ *compleet een film* **3.2** ⟨AE; sl.⟩ make a ~ for sth. *iets proberen te krijgen;* ⟨AE; sl.⟩ he made a ~ for the girl *hij probeerde het meisje te versieren;* set ~ *ingestudeerd spel(patroon)/manoeuvre* **6.1** go **to** the ~ *naar de schouwburg gaan* **7.2** it's your ~ *'t is jouw beurt;*
 II ⟨telb. en n.-telb.zn.⟩ **0.1** ***spel*** **0.2** ***actie*** ⇒*werking, activiteit, beweging* **0.3** ⟨tech.⟩ ***speling*** **0.4** ⟨gew.⟩ ***werkstaking*** ⇒*vakantie, verlof* **0.5** ⟨vnl. in samenstellingen⟩ ***hantering*** ⇒*het hanteren* ◆ **1.1** ~ of colours *kleurenspel;* ~ (up)on words *woordspeling* **1.¶** what's the state of ~? *hoe staan de zaken?, wat is de stand van zaken?* **2.2** in full ~ *in volle gang;* the lively ~ of fancy *het rijke verbeeldingsspel, de rijke fantasie* **2.3** not have sufficient ~ *niet genoeg speling hebben, klemmen* **3.1** allow/give full/free ~ to sth. *iets vrij spel laten* **3.2** bring/call into ~ *in het spel brengen, erbij betrekken, laten gelden;* come into ~ *mee gaan spelen, in het spel komen* **3.¶** give ~ to one's talents *zijn talenten niet onbenut laten;* make ~ *zich weren;* make great ~ about/of *sterk benadrukken, erg de nadruk leggen op;* make ~ with sth. *iets uitbuiten, met iets schermen, erg de nadruk op iets leggen, het uitvoerig hebben over iets* **6.1** ⟨verkeersbord⟩ children **at** ~ *spelende kinderen;* he lost all his money **in** an hour's ~ *met een uur spelen verloor hij al zijn geld;* the ball is **in ~/out of** ~ *de bal is in/buiten het spel;* hold/keep **in** ~ *bezig/aan de gang/aan de praat houden* **6.2** say/do sth. **in** ~ *iets voor de grap zeggen/doen* **7.3** there's too much ~ in the rope *het touw heeft te veel speling*.

play[2] ⟨f4⟩⟨ww.⟩⟨→sprw. 656, 741⟩
 I ⟨onov.ww.⟩ **0.1** ***spelen*** **0.2** ***werken*** ⇒*spuiten* ⟨fontein, water⟩ **0.3** ***zich vermaken*** ⇒*pret maken, schertsen, grappen, dartelen, beuzelen, futselen* **0.4** ***aan zet zijn*** ⟨schaak⟩ **0.5** ***glinsteren*** ⇒*flikkeren* ⟨licht⟩ **0.6** ***zich laten spelen*** ⟨toneelstuk⟩ **0.7** ***vrijen*** ⇒*gemeenschap hebben, paren* **0.8** ⟨sport⟩ ***bespeelbaar zijn*** ⇒*geschikt zijn om bespeeld te worden* ⟨voetbalveld, tennisbaan⟩ **0.9** ⟨tech.⟩ ***zich vrij bewegen*** ⇒*speelruimte hebben* **0.10** ⟨gew.⟩ ***rusten*** ⇒*staken, zonder werk/werkloos zijn, niets doen* **0.11** ⟨sl.⟩ ***toebijten*** ◆ **1.1** ⟨voetbal⟩ ~ (as/at) half-back *op het middenveld spelen;* a smile ~ed on her lips *een glimlach speelde om haar lippen;* ⟨fig.⟩ Tom won't ~ any more *Tom doet/speelt niet meer mee* **1.2** the fountains ~ from nine till five *de fonteinen werken van negen tot vijf* **1.6** that scene doesn't ~ well *die scène is lastig om te spelen* **2.1** ~ dead *doen alsof men dood is* **3.11** she wouldn't ~ *ze wou niet toebijten* **4.¶** ~ with o.s. *met zichzelf spelen* ⟨masturberen⟩ **5.1** ⟨cricket⟩ ~ **on** *de bal (onopzettelijk) in eigen wicket spelen;* ~ **on** *doorspelen;* ⟨sport⟩ ~ **through** *doorspelen* ⟨bij golf, terwijl de andere spelers wachten⟩ **5.8** the pitch ~s well/badly *het veld is goed/slecht bespeelbaar* **5.¶** ~ **about/around** *ronddartelen, stoeien;* ⟨sl.⟩ *aanklooien; onzin uitkramen;* ~ **around** *diverse vriend(inn)en eropna houden; zijn vrouw/haar man bedriegen, vreemd gaan;* ~ **down** to s.o. *zich aan iem. aanpassen, zich aanpassen aan iemands bevattingsvermogen/niveau/smaak, tegemoet komen aan iem.;* ⟨vero.⟩ ~ false with s.o. *iem. bedriegen* ⟨vnl. in (liefdes)relatie⟩; →play **off;** →play **out;** →play **up** **6.1** ~ **at** soldiers/keep-shop/hide-and-seek/blind-man's buff *soldaatje/winkeltje/verstoppertje/blindemannetje spelen;* ⟨fig.⟩ ~ **at** sth. *iets niet ernstig nemen, iets doen voor de pret/het plezier ervan, liefhebberen in iets;* ⟨fig.⟩ he ~ed **round** the idea... *hij speelde met het idee...;* ⟨fig.⟩ ~ **with** fire *met vuur spelen;* ⟨fig.⟩ ~ **with** the idea of... *met het idee spelen om...;* ⟨fig.⟩ ~ **with** s.o.

iem. voor de gek houden 6.¶ ~ along with s.o.'s ideas doen alsof men met iemands ideeën akkoord gaat; ~ about/around with s.o. iem. voor de gek houden; ⟨pej.⟩ zich afgeven met iem.; ⟨inf.⟩ what on earth are you ~ing at? wat heeft dit allemaal te betekenen?; ~ at fighting niet ernstig vechten, doen alsof men vecht; make sure that light does not ~ on it geef het licht geen kans erop in te werken; (up)on s.o.'s fears/credulity van iemands angst/lichtgelovigheid misbruik maken; ~ (up)on s.o.'s feelings op iemands gevoelens werken;
II ⟨ov.ww.⟩ 0.1 spelen ⇒bespelen, laten spelen, spelen met/op/tegen/voor, zich voordoen als, uithangen; slaan ⟨bal⟩; uitspelen ⟨kaart⟩; verzetten ⟨schaakstuk⟩; opvoeren ⟨toneelstuk⟩; voorstellingen geven/optreden/spelen in; afdraaien ⟨grammofoonplaat⟩ 0.2 richten ⇒spuiten ⟨water⟩; mikken 0.3 afmatten ⇒laten uitspartelen ⟨vis⟩ 0.4 uitvoeren ⇒uithalen ⟨grap⟩; doen 0.5 hanteren 0.6 (zwaar) speculeren op ⟨beurs⟩ 0.7 verwedden ⇒op het spel zetten, wedden op, inzetten 0.8 ⟨sport⟩ opstellen ⟨speler⟩ 0.9 ⟨sl.⟩ klant zijn van 0.10 ⟨sl.⟩ zaken doen met 0.11 ⟨sl.⟩ afspreken met ⇒uitgaan met ◆ 1.1 ⟨fig.⟩ ~ one's ace/trump card zijn troeven uitspelen; ⟨inf.⟩ ~ the ape/fool/(giddy) goat/giddy ox de gek uithangen; ⟨sport⟩ ~ the ball, not the man op de bal spelen, niet op de man; ⟨inf.⟩ ~ the bear de beest uithangen; ~ the drum op de trom(mel) slaan; ⟨fig.⟩ ~ God voor God spelen; ~ host(ess) als gastheer/vrouw optreden, de honneurs waarnemen; ~ London in Londen optreden; ⟨schr.; fig.⟩ ~ the man de dappere/held uithangen; ~ one's part well zijn rol goed spelen; ⟨fig.⟩ ~ a(big/small) part/role (in sth.) (in iets) een grote/kleine rol spelen 1.2 ~ one's guns (on the enemy) de kanonnen (op de vijand) laten spelen; ~ searchlights on sth. zoeklichten op iets richten; ~ water on a burning house water spuiten op een brandend huis 1.3 ~ a fish een vis laten uitspartelen 1.4 ~ a joke on s.o. met iem. een grap uithalen; ~ s.o. a (mean/dirty) trick/tricks on s.o. iem. een (lelijke) poets bakken, met iem. een (lelijke) grap/grappen uithalen 1.6 ~ the market speculeren 1.7 ⟨inf.⟩ ~ the horses op paarden wedden; he ~ed his last dollar hij zette zijn laatste dollar in; ⟨AE⟩ ~ the races op paarden wedden 1.8 England will be ~ing J. Engeland zal J. opstellen 4.1 ~ oneself in zich inspelen 5.1 ~ back a ball een bal terugspelen; ~ back a tape een band afspelen/weergeven; ~ the congregation in het orgel bespelen bij het binnentreden v.d. kerkgangers; ~ the New Year in het nieuwe jaar (met muziek) verwelkomen; ~ in s.o. (muziek) spelen bij iemands aankomst 5.8 we ~ed them offside we zetten hen buitenspel 5.¶ ~ s.o. along iem. aan het lijntje houden; ~ sth. down iets bagatelliseren/minimaliseren/afzwakken/verbloemen/verzachten; ~ s.o. false/foul een smerig spelletje met iem. spelen, iem. bedriegen ⟨vnl. in (liefdes)relatie⟩; ⟨voetbal⟩ ~ on s.o. iem. niet buitenspel zetten, iem. vrijspelen; →play off; →play out; →play up 6.1 ⟨fig.⟩ ~ s.o. against s.o. else iem. tegen iem. anders uitspelen; ~ people into the church het orgel spelen terwijl de mensen de kerk betreden; ⟨cricket⟩ ~ the ball onto the stumps de bal tegen eigen wicket slaan; ~ Desdemona to s.o.'s Othello Desdemona spelen als tegenspeelster v. iem. in de rol v. Othello.

pla·ya ['plaɪə]⟨telb.zn.⟩ 0.1 strand 0.2 ⟨aardr.⟩ playa ⟨woestijndepressie met periodieke meren (en zoutafzetting ten gevolge v. indamping)⟩.

play·a·ble ['pleɪəbl]⟨bn.⟩ 0.1 speelbaar ⇒bespeelbaar 0.2 ⟨cricket⟩ maakbaar ⇒te maken ⟨mbt. bal⟩.

'play-act ⟨f1⟩⟨onov.ww.⟩ 0.1 doen alsof ⇒toneelspelen.

'play-act·ing ⟨f1⟩⟨n.-telb.zn.⟩ 0.1 komedie(spel) ⇒uiterlijk vertoon.

'play-act·or ⟨telb.zn.⟩⟨vero.⟩ 0.1 acteur 0.2 ⟨pej.; fig.⟩ komediant.

'play·back ⟨f1⟩⟨zn.⟩
I ⟨telb.zn.⟩ 0.1 opname op tape ⟨die onmiddellijk kan worden weergegeven⟩ 0.2 weergavetoets 0.3 weergaveapparaat;
II ⟨n.-telb.zn.⟩ 0.1 het terugspelen ⟨v. tape⟩.

'play·bill ⟨telb.zn.⟩ 0.1 affiche ⟨voor theatervoorstelling⟩ 0.2 ⟨AE⟩ (theater)programma.

'play·book ⟨telb.zn.⟩ 0.1 gedrukt toneelstuk 0.2 boek met toneelstukken 0.3 ⟨AE; sport, i.h.b. Am. voetbal⟩ speltactiekboekje.

'play·boy ⟨f1⟩⟨telb.zn.⟩ 0.1 playboy ⟨rijk uitgaanstype⟩.

'play-by-'play ⟨telb.zn.; ook attr.⟩⟨AE⟩ 0.1 gedetailleerd/doorlopend verslag ⟨v. sportwedstrijd⟩.

play·er ['pleɪə‖-ər]⟨f3⟩⟨telb.zn.⟩ 0.1 speler 0.2 ⟨sl.⟩ pooier 0.3 ⟨inf.⟩ liefhebber v. groepsseks en partnerruil 0.4 ⟨vero.⟩ toneelspeler.

'play·er-'coach ⟨telb.zn.⟩⟨sport⟩ 0.1 trainer-speler.

player pi'ano ⟨telb.zn.⟩ 0.1 pianola ⇒mechanische piano.

'play·fel·low ⟨telb.zn.⟩ 0.1 speelmakker ⇒speelkameraad.

play·ful ['pleɪfl]⟨f2⟩⟨bn.; -ly; -ness⟩ 0.1 speels ⇒vrolijk, schertsend, schalks, niet ernstig.

play·go·er ['pleɪgoʊə‖-ər]⟨telb.zn.⟩ 0.1 schouwburgbezoeker.

'play·ground ⟨f2⟩⟨telb.zn.⟩ 0.1 speelplaats ⇒⟨fig.⟩ geliefkoosd(e) recreatiegebied/werkkring ◆ 1.¶ the ~ of Europe Zwitserland.

'play·group ⟨f1⟩⟨verz.n.⟩ 0.1 groep speelkameraadjes ⟨peuters⟩ 0.2 peuter/kleuterklasje ⟨niet officieel georganiseerd⟩.

'play·house ⟨f1⟩⟨telb.zn.⟩ 0.1 schouwburg 0.2 ⟨AE⟩ speelgoedhuis ⇒hut.

'playing card ⟨telb.zn.⟩ 0.1 speelkaart.

'playing field ⟨f1⟩⟨telb.zn.⟩ 0.1 speelveld ⇒sportveld, speelterrein, sportterrein 0.2 speelweide.

play·let ['pleɪlɪt]⟨telb.zn.⟩ 0.1 toneelstukje.

'play·list ⟨telb.zn.⟩ 0.1 platenlijst ⟨v. radiostation⟩.

'play·mak·er ⟨f1⟩⟨telb.zn.⟩⟨sport⟩ 0.1 spelmaker ⇒spelverdeler.

'play·mate ⟨f1⟩⟨telb.zn.⟩ 0.1 speelmakker ⇒speelkameraad 0.2 pin-up.

'play 'off ⟨f1⟩⟨ww.⟩
I ⟨onov.ww.⟩⟨sport⟩ 0.1 de beslissingsmatch spelen;
II ⟨ov.ww.⟩⟨sport⟩ 0.1 beëindigen ⇒uitspelen ⟨spel, match⟩ 0.2 uitspelen ◆ 1.2 he played his parents off hij speelde zijn ouders tegen elkaar uit 1.¶ ~ one's talents met zijn talenten te koop lopen 6.2 she played him off against her father ze speelde hem tegen haar vader uit.

'play-off ⟨f1⟩⟨telb.zn.⟩⟨sport⟩ 0.1 beslissingsmatch 0.2 ⟨vnl. AE, Can. E⟩ play-off(s) ⟨serie wedstrijden om kampioenschap⟩.

'play 'out ⟨f1⟩⟨ov.ww.⟩ 0.1 beëindigen ⟨spel; ook fig.⟩ 0.2 helemaal uitspelen 0.3 met muziek uitgeleide doen 0.4 uitbeelden ◆ 1.1 ⟨sport⟩ ~ time op safe spelen, geen risico's nemen 1.3 play the congregation out het orgel bespelen terwijl de gelovigen de kerk verlaten; play the Old Year out met muziek afscheid nemen v.h. oude jaar ¶.¶ played out uitgespeeld, afgedaan; uitgeput; ouderwets.

'play·pen ⟨f1⟩⟨telb.zn.⟩ 0.1 loophek ⇒babybox, kinderbox.

'play·pit ⟨telb.zn.⟩⟨BE⟩ 0.1 zandbak ⟨voor kinderen⟩.

'play·room ⟨f1⟩⟨telb.zn.⟩ 0.1 speelkamer.

'play·street ⟨telb.zn.⟩ 0.1 speelstraat.

'play·suit ⟨telb.zn.⟩ 0.1 speelpakje.

'play·thing ⟨f1⟩⟨telb.zn.⟩ 0.1 stuk speelgoed ⇒⟨fig.⟩ speelbal.

'play·time ⟨f1⟩⟨telb.zn.⟩ 0.1 speelkwartier ⇒pauze.

'play 'up ⟨f1⟩⟨ww.⟩
I ⟨onov.ww.⟩ 0.1 ⟨BE; inf.⟩ slecht functioneren ⇒het laten afweten ⟨v. toestel⟩ ◆ 6.¶ ⟨inf.⟩ ~ to s.o. iem. vleien/naar de mond praten; ~ to each other elkaar (onder)steunen ⟨op het toneel⟩ ¶.¶ ⟨vero.; sl.; sport⟩ ~, boys! hup, jongens!, zet 'm op, jongens!;
II ⟨onov. en ov.ww.⟩ 0.1 last bezorgen ⇒vervelend/lastig zijn (tegen), pijn doen, pesten, plagen ◆ 1.1 my leg is playing up again ik heb weer last van mijn been 6.1 ⟨inf.⟩ this played up with our plans dit stuurde onze plannen in de war;
III ⟨ov.ww.⟩ 0.1 benadrukken ⇒(teveel) nadruk geven, accentueren, ophemelen.

'play·wright ⟨f2⟩⟨telb.zn.⟩ 0.1 toneelschrijver.

pla·za ['plɑ:zə‖'plæzə]⟨f1⟩⟨telb.zn.⟩ 0.1 plein ⇒marktplein ⟨vnl. in Spaanse stad⟩ 0.2 ⟨AE⟩ brede geplaveide toegangsweg ⟨tot de tolhuisjes op autoweg⟩ 0.3 ⟨AE⟩ parkeerterrein ⟨bij servicestation op autoweg⟩ 0.4 ⟨AE⟩ modern winkelcomplex.

PLC, plc ⟨afk.⟩ Public Limited Company ⟨BE⟩ 0.1 N.V..

plea [pli:]⟨f3⟩⟨telb.zn.⟩ 0.1 verontschuldiging ⇒voorwendsel, uitvlucht, argument 0.2 smeking ⇒smeekbede, verzoek, appèl 0.3 ⟨jur.⟩ verweer ⇒pleit, pleidooi, verdediging, betoog, exceptie 0.4 ⟨gesch.⟩ rechtsgeding ⇒pleitgeding, proces ◆ 1.3 ~ of tender verweer waarbij beklaagde aanvoert dat hij zijn schuld steeds heeft willen voldoen en dat nog wil 2.3 special ~ het aanvoeren v.e. nieuw feit 3.3 ⟨sl.⟩ make/cop a ~ schuld bekennen ⟨om strafvermindering te krijgen⟩ 6.1 on/under/with the ~ of onder voorwendsel van.

'plea bargaining ⟨n.-telb.zn.⟩⟨vnl. AE; jur.⟩ 0.1 het bepleiten v. strafvermindering in ruil voor schuldbekentenis.

pleach [pli:tʃ]⟨ov.ww.⟩⟨vnl. BE⟩ 0.1 vlechten ⇒ineenvlechten.

plead [pli:d]⟨f3⟩⟨ww.; gew. AE of Sch. E ook pled, pled [pled]⟩ →pleading
I ⟨onov.ww.⟩ 0.1 pleiten ⇒zich verdedigen, zijn zaak uiteenzetten, argumenten/bewijzen aanvoeren, een exceptie opwerpen 0.2 smeken ⇒dringend verzoeken ◆ 2.1 ~ guilty/not guilty schuld bekennen/ontkennen 6.1 ~ for s.o. with s.o. iemands zaak bij iem. bepleiten; ~ for/against s.o./sth. voor/tegen iem./iets pleiten 6.2 ~ with s.o. for sth./to do sth. iem. dringend verzoeken iets te doen;
II ⟨ov.ww.⟩ 0.1 bepleiten ⇒verdedigen 0.2 aanvoeren ⟨als verdediging/verontschuldiging⟩ ⇒zich beroepen op, voorwenden ◆ 1.1 ~ s.o.'s cause iemands zaak bepleiten 1.2 ~ ignorance onwetendheid voorwenden.

plead·a·ble ['pli:dəbl]⟨bn.⟩ 0.1 rechtsgeldig ⇒aanvoerbaar, afdoend.

plead·er ['pli:də‖-ər]⟨telb.zn.⟩ 0.1 pleiter ⇒verdediger.

plead·ing[1] ['pli:dɪŋ]⟨zn.; (oorspr.) gerund v. plead⟩

I ⟨telb.zn.⟩ **0.1** ***pleidooi*** *⇒pleitrede, betoog, uiteenzetting;*
II ⟨n.-telb.zn.⟩ **0.1** ***het pleiten;***
III ⟨mv.; ~s⟩⟨jur.⟩ **0.1** ***schriftelijke uiteenzettingen v.d. zaak v. beide partijen*** ⟨ingediend vóór de zitting⟩.

pleading[2] ⟨bn.; teg. deelw. v. plead; -ly⟩ **0.1** ***smekend.***

pleas·ance ['plezns]⟨zn.⟩
I ⟨telb.zn.⟩ **0.1** ***lusthof*** *⇒lustwarande;*
II ⟨telb. en n.-telb.zn.⟩⟨vero.⟩ **0.1** ***genieting*** *⇒genot, vermaak, genoegen, plezier, vreugde.*

pleas·ant ['pleznt]⟨f3⟩⟨bn.; ook -er; -ly; -ness; →compar. 3⟩ ⟨→sprw. 565⟩ **0.1** ***aangenaam*** *⇒prettig* **0.2** ***aardig*** *⇒sympathiek, vriendelijk* **0.3** ***mooi*** *⇒heerlijk, fijn* ⟨weer⟩ **0.4** ⟨vero.⟩ ***grappig*** *⇒snaaks, schertsend, vrolijk* ◆ **1.1** ~ room *prettige/gezellige kamer.*

pleas·ant·ry ['plezntri]⟨f1⟩⟨zn.; →mv. 2⟩
I ⟨telb.zn.⟩ **0.1** ***grap(je)*** *⇒aardigheid(je), scherts;*
II ⟨n.-telb.zn.⟩ **0.1** ***vrolijkheid*** *⇒gekheid, grappigheid, humor.*

please[1] [pli:z]⟨f3⟩⟨onov. en ov.ww.⟩ →pleased, pleasing ⟨→sprw. 410⟩ **0.1** ***behagen*** *⇒bevallen, aanstaan, voldoen, plezieren, tevredenstellen, bevredigen, een genoegen doen* **0.2** ***believen*** *⇒verkiezen, willen, wensen* ◆ **1.1** ⟨schr.⟩ (may it) ~ your Majesty *met Uwer Majesteits verlof;* ⟨schr., iron.⟩ Her Majesty has been graciously ~ed to *het heeft Hare Majesteit goedgunstig behaagd om* **1.2** ~ God *als het God belieft, als God wil, laten we hopen* **2.1** she's hard to ~ *het is haar moeilijk naar de zin te maken* **3.2** do as you ~! *doe zoals je wilt/wenst/verkiest!* **4.2** ~ yourself! *ga je gang!, doe zoals je wilt/wenst/verkiest!* **8.2** ⟨schr.⟩ if you ~ *als ik zo vrij mag zijn, als u mij toestaat, als het u belieft;* ⟨iron.⟩ *nota bene, waarachtig, geloof me of geloof me niet.*

please[2] ⟨f3⟩⟨tussenw.⟩ **0.1** ⟨excuus⟩ ***alstublieft*** *⇒pardon* **0.2** ⟨verzoek⟩ ***gelieve*** *⇒wees zo goed, alstublieft* **0.3** ***graag (dank u)*** ◆ **1.1** ~, sir, I can't follow! *pardon, meneer, ik kan het niet volgen!* **3.1** may I come in, ~? *mag ik alstublieft binnenkomen?* **3.2** do come in, ~! *komt u toch binnen, alstublieft!;* ~ return it soon *wees zo goed/gelieve het spoedig terug te sturen* **5.3** 'Yes, ~' *'Ja, graag'.*

pleased [pli:zd]⟨f2⟩⟨bn.; volt. deelw. v. please; -ly; →compar. 2⟩ **0.1** ***tevreden*** *⇒blij, vergenoegd* ◆ **1.1** a ~ smile *een tevreden glimlach* **3.1** I shall be ~ to hear *het zal mij verheugen te vernemen* **6.1** be ~ **at** sth. *zich over iets verheugen;* be ~ **with** sth. *met iets tevreden zijn;* she is very well/highly ~ **with** herself *ze is erg ingenomen met/tevreden over zichzelf.*

pleas·ing ['pli:zɪŋ]⟨f2⟩⟨bn.; teg. deelw. v. please; -ly; -ness⟩ **0.1** ***aangenaam*** *⇒prettig, welgevallig, innemend, charmant, behaaglijk* **0.2** ***bevredigend*** ◆ **1.2** a ~ result *een bevredigend resultaat* **6.1** ~ **to** the ear *aangenaam voor het oor.*

pleas·ur·a·ble ['pleʒrəbl]⟨f2⟩⟨bn.; -ly; -ness; →bijw. 3⟩⟨schr.⟩ **0.1** ***genoeglijk*** *⇒aangenaam, prettig.*

pleas·ure[1] ['pleʒə‖-ər]⟨f3⟩⟨zn.⟩⟨→sprw. 511, 632⟩
I ⟨telb. en n.-telb.zn.⟩ **0.1** ***genoegen*** *⇒plezier, genot, lust, vermaak, vreugde, pret* ◆ **1.1** with all the ~ in life *met alle plezier in/van de wereld;* man of ~ *losbol, genotzoeker, genotsmens* **3.1** it's been a ~ to meet you *het was me een waar genoegen u te ontmoeten;* we have ~ in sending you... *we hebben het genoegen u... te sturen, met genoegen sturen we u...;* may I have the ~ of your company for dinner? *mag ik u voor het diner uitnodigen?;* take (a) ~ in sth. *behagen scheppen/plezier hebben in iets;* ⟨vnl. schr.⟩ take great/no ~ in sth. *groot/geen behagen scheppen in iets;* ⟨vero.⟩ take one's ~ *zich amuseren, zich vermaken;* it was a ~ (to me) *het was me een genoegen; graag gedaan* **4.1** the ~ is ours *het is ons een genoegen* **6.1** I'm only here **for** ~ *ik ben hier slechts voor mijn plezier/uit liefhebberij/met vakantie;* her life is given (up) **to** ~ *ze brengt haar dagen door in vreugde en genot;* **with** ~ *met genoegen, graag, gaarne, zeker* **7.1** a/my/our ~ *met genoegen, het is me/ons een genoegen, gaarne, graag (gedaan);*
II ⟨n.-telb.zn.⟩ **0.1** ⟨schr.⟩ ***verkiezing*** *⇒believen, welgevallen, welbehagen, goeddunken, wens, verlangen* ◆ **1.1** ⟨BE; jur.⟩ be detained during Her Majesty's ~ *gevangen gehouden worden zolang het Hare Majesteit behaagt* **3.1** consult s.o.'s ~ *met iemands wensen rekening houden* **6.1** **at** ~ *naar verkiezing/eigen goeddunken/believen* **7.1** ⟨schr.⟩ it is Our ~ to... *het heeft Ons behaagd te....*

pleasure[2] ⟨ww.⟩
I ⟨onov.ww.⟩ **0.1** ***behagen/genoegen scheppen*** **0.2** ***plezier zoeken*** *⇒zich amuseren, zich vermaken* ◆ **6.1** ~ **in** sth. *in iets behagen scheppen;*
II ⟨ov.ww.⟩ **0.1** ***plezieren*** *⇒een genoegen/plezier doen aan, voldoen aan* **0.2** ***seksueel bevredigen.***

'pleas·ure-boat ⟨telb.zn.⟩ **0.1** ***plezierboot.***

'pleas·ure-ground ⟨telb.zn.⟩ **0.1** ***lusthof*** *⇒park.*

'pleas·ure-lov·ing ⟨bn.⟩ **0.1** ***genotziek.***

'pleasure principle ⟨n.-telb.zn.⟩⟨psych.⟩ **0.1** ***lustprincipe.***

'pleas·ure-re·sort ⟨telb.zn.⟩ **0.1** ***ontspanningsoord.***

'pleas·ure-seek·er ⟨telb.zn.⟩ **0.1** ***genotzoeker.***

'pleas·ure-seek·ing ⟨bn.⟩ **0.1** ***genotzuchtig.***

'pleas·ure-trip ⟨telb.zn.⟩ **0.1** ***pleziertochtje.***

'pleas·ure-yacht ⟨telb.zn.⟩ **0.1** ***plezierjacht.***

pleat[1] [pli:t]⟨f1⟩⟨telb.zn.⟩ **0.1** ***platte plooi*** *⇒plooi, vouw* ◆ **3.1** inverted ~ *dubbele plooi aan de binnenkant v.e. stof.*

pleat[2] ⟨f1⟩⟨ov.ww.⟩ **0.1** ***plooien*** *⇒plisseren* ◆ **1.1** ~ed skirt *plooirok, plissérok.*

pleat·er ['pli:tə‖'pli:t̬ər]⟨telb.zn.⟩ **0.1** ***plisseermachine.***

pleb [pleb]⟨telb.zn.⟩⟨inf.⟩ **0.1** ⟨pej.⟩ ***plebejer*** *⇒proleet* **0.2** ⟨AE⟩ ***eerstejaarscadet.***

pleb·by ['plebi]⟨bn.; -er; →compar. 7⟩⟨BE; pej.⟩ **0.1** ***plebejisch*** *⇒onbeschaafd, vulgair, plat.*

plebe [pli:b]⟨telb.zn.⟩⟨AE⟩ **0.1** ***eerstejaarscadet.***

ple·be·ian[1] [plɪ'bi:ən]⟨telb.zn.⟩⟨pej.⟩ **0.1** ***plebejer*** *⇒proleet.*

plebeian[2] ⟨bn.⟩⟨pej.⟩ **0.1** ***plebejisch*** *⇒proleterig, onbeschaafd, vulgair, plat, grof, ruw, laag, gemeen.*

ple·be·ian·ism [plɪ'bi:ənɪzm]⟨n.-telb.zn.⟩ **0.1** ***vulgariteit*** *⇒grofheid, gemeenheid.*

ple·bis·ci·tar·y [plɪ'bɪsɪtri‖-teri]⟨bn.⟩ **0.1** ***plebiscitair.***

pleb·i·scite ['plebɪsɪt‖-saɪt]⟨telb.zn.⟩⟨pol.⟩ **0.1** ***plebisciet*** *⇒volksbesluit, volksstemming, referendum.*

plebs [plebz]⟨zn.⟩
I ⟨verz.n.; plebes ['pli:bi:z]; →mv. 5⟩ **0.1** ***plebs*** ⟨in het oude Rome⟩;
II ⟨mv.⟩ **0.1** ***plebs*** *⇒plebejers, proleten, gepeupel, grauw.*

plec·trum ['plektrəm]⟨telb.zn.; ook plectra [-trə]; →mv. 5⟩⟨muz.⟩ **0.1** ***plectrum*** *⇒tokkelplaatje* **0.2** ***pen*** ⟨v. klavecimbel⟩.

pled [pled]⟨verl. t. en volt. deelw.⟩ →plead.

pledge[1] [pledʒ]⟨f2⟩⟨zn.⟩
I ⟨telb.zn.⟩ **0.1** ⟨vero.⟩ ***toost*** *⇒(heil)dronk* **0.2** ⟨AE; vnl. stud.⟩ ***aspirant-lid*** ⟨v. sociëteit⟩;
II ⟨telb. en n.-telb.zn.⟩ **0.1** ***pand*** *⇒onderpand, borgtocht, teken, bewijs;* ⟨fig.⟩ *liefdepand, kind* **0.2** ***plechtige belofte*** *⇒gelofte(,* ⟨scherts.⟩ *geheelonthouder te worden/,* ⟨AE⟩ *tot een broederschap toe te treden/,* ⟨pol.⟩ *om een bepaalde politieke lijn te volgen)* ◆ **3.1** hold sth. in ~ *iets in pand houden;* goods lying in/taken out of ~ *verpande/ingeloste goederen;* put sth. in ~ *iets verpanden* **3.2** ⟨inf.; scherts.⟩ take/sign/keep the ~ *ridder van de blauwe knoop zijn, geheelonthouder worden* **6.2** under ~ of secrecy *met belofte van geheimhouding.*

pledge[2] ⟨f2⟩⟨ww.⟩
I ⟨onov.ww.⟩ **0.1** ***een plechtige gelofte doen*** **0.2** ***toosten;***
II ⟨ov.ww.⟩ **0.1** ***verpanden*** *⇒in pand geven, belenen* **0.2** ***een toost uitbrengen op*** *⇒drinken op de gezondheid v., toosten op* **0.3** ***plechtig beloven*** *⇒(ver)binden* **0.4** ⟨AE; vnl. stud.⟩ ***aanvaarden*** ⟨als toekomstig lid v.e. broederschap⟩ ◆ **3.3** ⟨AE; vnl. stud.⟩ ~ to join a fraternity *(plechtig) beloven/zich ertoe verbinden lid te worden v.e. studentenvereniging* **4.3** ~ o.s. *zijn woord geven, zich (op erewoord) verbinden.*

pledge·able ['pledʒəbl]⟨bn.⟩ **0.1** ***beleenbaar*** *⇒verpandbaar.*

pledg·ee [ple'dʒi:]⟨telb.zn.⟩ **0.1** ***pandnemer*** *⇒pandhouder.*

pledg·er ['pledʒə‖-ər]⟨telb.zn.⟩ **0.1** ***pandgever.***

pledg·et ['pledʒɪt]⟨telb.zn.⟩ **0.1** ***tampon*** *⇒propje, dot* ⟨watten⟩.

pledg·or, pledge·or ['ple'dʒɔ:‖'ple'dʒɔr]⟨telb.zn.⟩⟨jur.⟩ **0.1** ***pandgever.***

-ple·gi·a ['pli:dʒə]⟨med.⟩ **0.1** ***-plegie*** ◆ **¶.1** paraplegia *paraplegie.*

Ple·iad, ple·iad(e) ['plaɪəd‖'pli:əd]⟨zn.; ook pleiades [-di:z]; →mv. 5⟩
I ⟨telb.zn.⟩ **0.1** ***Pleiade*** ⟨een v.d. dochters v. Atlas in de Griekse mythologie⟩ **0.2** ***één v.d. sterren in de Plejaden/het zevengesternte;***
II ⟨mv.; Pleiades⟩ **0.1** ***Pleiaden*** ⟨zeven dochters v. Atlas in de Griekse mythologie⟩ **0.2** ***Plejaden*** *⇒zevengesternte;*
III ⟨verz.n.⟩ **0.1** ***Pléiade*** *⇒plejade* ⟨groep illustere personen⟩.

Pleis·to·cene[1] ['plaɪstəsi:n]⟨n.-telb.zn.; the⟩⟨geol.⟩ **0.1** ***Pleistoceen*** *⇒*⟨vero. ook⟩ *Diluvium, IJstijdvak.*

Pleistocene[2] ⟨bn.; ook p-⟩⟨geol.⟩ **0.1** ***pleistoceen*** *⇒*⟨vero. ook⟩ *diluviaal, uit de ijstijd.*

ple·na·ry ['pli:nəri, 'plenəri]⟨f1⟩⟨bn.; -ly; -ness; →bijw. 3⟩ **0.1** ***volkomen*** *⇒volledig, geheel, compleet, absoluut, onbeperkt* **0.2** ***plenair*** *⇒voltallig* ◆ **1.1** ⟨R.-K.⟩ ~ indulgence *volle aflaat;* ~ inspiration *goddelijke inspiratie;* with ~ powers *met volmacht(en)* **1.2** ~ assembly/meeting/session *plenaire vergadering/zitting.*

plen·i·po·ten·ti·ar·y[1] ['plenɪpə'tenʃəri‖-ʃieri]⟨telb.zn.; →mv. 2⟩ ⟨pol.⟩ **0.1** ***gevolmachtigde.***

plenipotentiary[2] ⟨bn.⟩⟨pol.⟩ **0.1** ***gevolmachtigd*** **0.2** ***absoluut*** ⟨macht⟩.

plen·i·tude ['plenɪtju:d‖-tu:d]⟨n.-telb.zn.⟩ **0.1** ⟨schr.⟩ ***volkomenheid*** *⇒volheid, volledigheid* **0.2** ***overvloed.***

plen·te·ous ['plentɪəs]⟨bn.; -ly; -ness⟩⟨schr.⟩ **0.1** ***overvloedig*** ⇒*rijkelijk, copieus.*

plen·ti·ful ['plentɪfl]⟨f2⟩⟨bn.; -ly; -ness⟩ **0.1** ***overvloedig*** ⇒*rijkelijk, copieus* ◆ **1.1** they're as ~ as blackberries *ze liggen voor het grijpen.*

plen·ty[1] ['plenti]⟨f2⟩⟨n.-telb.zn.; →onbepaald woord⟩⟨→sprw. 555⟩ **0.1** ***overvloed*** ◆ **3.¶** he has ~ going for him *alles loopt hem mee* **6.1** there are apples **in** ~ *er zijn appelen genoeg;* live **in** ~ *in overvloed leven;* we are **in** ~ of time *we hebben tijd zat;* ~ **of** money *geld genoeg, volop geld.*

plenty[2] ⟨f2⟩⟨bn., pred.⟩⟨inf.⟩ **0.1** ***overvloedig*** ⇒*veel, talrijk, genoeg.*

plenty[3] ⟨f1⟩⟨bw.⟩⟨inf.⟩ **0.1** ***ruimschoots*** **0.2** ⟨AE⟩ ***zeer*** ⇒*heel (erg)* ◆ **2.1** ~ big enough *ruimschoots / meer dan groot genoeg* **2.2** it is ~ cold *het is bitter koud.*

ple·num ['pli:nəm]⟨telb.zn.; ook plena ['pli:nə]; →mv. 5⟩ **0.1** ***voltallige vergadering*** ⇒*plenum* **0.2** ⟨nat.⟩ ***met gecomprimeerd(e) lucht / gas gevulde ruimte*** **0.3** ⟨fil., vero. in nat.⟩ ***geheel gevulde ruimte*** **0.4** ***volheid.***

ple·o- ['pli:oʊ], **plei·o-, pli·o-** ['plaɪoʊ] **0.1** ***pleo-*** ⇒*meer-, veel-* ◆ **¶.1** ⟨nat.⟩ pleochroic *pleochroïtisch.*

ple·o·nasm ['pli:ənæzm]⟨f1⟩⟨telb. en n.-telb.zn.⟩ **0.1** ***pleonasme.***

ple·o·nas·tic [pli:ə'næstɪk]⟨bn.; -ally; →bijw. 3⟩ **0.1** ***pleonastisch.***

ple·si·o·saur ['pli:sɪəsɔ:||'pli:səsɔr], **ple·si·o·sau·rus** [-'sɔ:rəs] ⟨telb.zn.; ook plesiosauri [-'sɔ:raɪ]; →mv. 5⟩⟨dierk.⟩ **0.1** ***plesiosaurus*** ⇒*slangehagedis* ⟨voorwereldlijk, uitgestorven reptiel⟩.

pleth·o·ra ['pleθərə]⟨telb. en n.-telb.zn.⟩ **0.1** ⟨med.⟩ ***plethora*** ⇒*volbloedigheid* **0.2** ⟨schr.⟩ ***overvloed*** ⇒*overmaat, oververzadiging.*

ple·thor·ic [ple'θɒrɪk||-'θɔrɪk]⟨bn.; -ally; →bijw. 3⟩ **0.1** ⟨med.⟩ ***volbloedig*** **0.2** ⟨schr.⟩ ***overvol*** ⇒*overvloedig; gezwollen, hoogdravend.*

pleu·ra ['plʊərə||'plʊrə]⟨telb.zn.; pleurae [-ri:]; →mv. 5⟩ **0.1** ⟨med.⟩ ***pleura*** ⇒*borstvlies* **0.2** ⟨dierk.⟩ ***borststukplaat*** ⟨v.d. geleedpotigen⟩.

pleu·ral ['plʊərəl||'plʊr-]⟨bn.⟩⟨med.⟩ **0.1** ***borstvlies-.***

pleu·ri·sy ['plʊərɪsi||'plʊr-], **pleu·ri·tis** [plʊə'raɪtɪs||plʊ'raɪtɪs]⟨f2⟩ ⟨telb. en n.-telb.zn.; 2e variant pleuritides [-tɪdi:z]; →mv. 2, 5⟩ ⟨med.⟩ **0.1** ***pleuritis*** ⇒*pleuris, borstvliesontsteking.*

pleu·rit·ic [plʊə'rɪtɪk||plʊ'rɪtɪk]⟨bn.⟩⟨med.⟩ **0.1** ***pleuritisch.***

pleu·ro- ['plʊəroʊ||'plʊroʊ] **0.1** ***pleur*** ⇒*pleura, zijde, rib* ◆ **¶.1** pleurotomy *pleurotomie;* pleurodynia *steek / pijn in de zijde.*

pleu·ron ['plʊərɒn||'plʊrɑn]⟨telb.zn.; pleura [-rə]; →mv. 5⟩ ⟨dierk.⟩ **0.1** ***borststukplaat*** ⟨v.d. geleedpotigen⟩.

pleu·ro·pneu·mo·nia ['plʊəroʊnju'moʊnɪə||'plʊroʊnu-]⟨telb. en n.-telb.zn.⟩⟨med.⟩ **0.1** ***pleuropneumonie.***

plex·i·form ['pleksɪfɔ:m||-fɔrm]⟨bn.⟩⟨med.⟩ **0.1** ***netwerkvormig.***

plex·i·glas(s) ['pleksɪglɑ:s||-glæs]⟨n.-telb.zn.⟩ **0.1** ***plexiglas.***

plex·im·e·ter [plek'sɪmɪtə||-mɪtər], **ples·sim·e·ter** [ple-]⟨telb.zn.⟩ ⟨med.⟩ **0.1** ***plessimeter*** ⟨percussieplaatje⟩.

plex·or ['pleksə||-ər], **ples·sor** ['plesə||-ər]⟨telb.zn.⟩⟨med.⟩ **0.1** ***percussiehamer.***

plex·us ['pleksəs]⟨telb.zn.; ook plexus ['pleksəsɪz]; →mv. 5⟩ ⟨med.⟩ **0.1** ***plexus*** ⇒*net / vlechtwerk* ⟨v. zenuwen, bloedvaten⟩ ◆ **2.1** solar ~ *zonnevlecht.*

plf ⟨afk.⟩ plaintiff.

pli·a·bil·i·ty [plaɪə'bɪləti], **pli·an·cy** ['plaɪənsi]⟨n.-telb.zn.⟩ **0.1** ***buigzaamheid*** ⇒*buigbaarheid, plooibaarheid;* ⟨fig.⟩ *gedweeheid.*

pli·a·ble ['plaɪəbl]⟨f1⟩⟨bn.; -ly; -ness; →bijw. 3⟩ **0.1** ***buigzaam*** ⇒*plooibaar, buigbaar, flexibel;* ⟨fig.⟩ *smijdig, gedwee, volgzaam.*

pli·an·cy ['plaɪənsi]⟨n.-telb.zn.⟩ **0.1** ***buigzaamheid*** ⟨ook fig.⟩.

pli·ant ['plaɪənt]⟨f1⟩⟨bn.; -ly; -ness⟩ **0.1** ***buigzaam*** ⇒*plooibaar, buigbaar, flexibel, soepel;* ⟨fig.⟩ *gedwee, volgzaam, docieI.*

pli·ca ['plaɪkə]⟨zn.; plicae ['plaɪsi:, 'plaɪki:]; →mv. 5⟩

I ⟨telb.zn.⟩⟨dierk.⟩ **0.1** ***(huid)plooi;***

II ⟨n.-telb.zn.⟩⟨med.⟩ **0.1** ***Poolse (haar)vlecht*** ⟨haarziekte⟩.

pli·cate ['plaɪkeɪt], **plic·at·ed** [-keɪtɪd]⟨bn.; plicately; plicateness⟩ ⟨biol., geol.⟩ **0.1** ***geplooid.***

pli·ca·tion [plaɪ'keɪʃn], **plic·a·ture** ['plɪkətʃʊə||-tʃʊr]⟨zn.⟩⟨biol., geol.⟩

I ⟨telb.zn.⟩ **0.1** ***plooi;***

II ⟨n.-telb.zn.⟩ **0.1** ***het plooien*** ⇒*het geplooid zijn, plooivorming.*

pli·é ['pli:eɪ]⟨telb.zn.⟩ **0.1** ***plié*** ⟨ballethouding⟩.

pli·er ['plaɪə||-ər]⟨zn.⟩

I ⟨telb.zn.⟩ **0.1** ***plooier;***

II ⟨mv.; ~s⟩ **0.1** ***buigtang*** ⇒*combinatietang* ◆ **1.1** a pair of ~ *een buigtang.*

plight[1] [plaɪt]⟨f1⟩⟨telb.zn.⟩ **0.1** ***(benarde) toestand*** ⇒*positie, conditie, situatie, staat* **0.2** ⟨vero.⟩ ***gelofte*** ⇒*belofte, verbintenis* ◆ **2.1** a sorry / evil / hopeless ~ *een benarde / hopeloze toestand;* in sorry ~ *er slecht aan toe.*

plight[2] ⟨ov.ww.⟩⟨vero.⟩ **0.1** ***plechtig beloven*** ⇒*verpanden* ⟨woord⟩ ◆ **1.1** ~ one's troth / faith to s.o. *iem. trouw zweren / zijn woord geven* ⟨met huwelijksbelofte⟩; ~ed lovers *(trouwe) verloofden* **4.1** ~ o.s. *zijn woord geven, zich verloven.*

plim·sol(l), plim·sole ['plɪmsl, -soʊl]⟨f1⟩⟨telb.zn.⟩⟨BE⟩ **0.1** ***gymschoen*** ⇒*gympje, gymnastiekschoen.*

Plimsoll, 'Plimsoll line / mark ⟨telb.zn.⟩⟨scheep.⟩ **0.1** ***plimsollmerk*** ⇒*uitwateringsmerk, lastlijn.*

plink [plɪŋk]⟨ww.⟩⟨AE⟩

I ⟨onov.ww.⟩ **0.1** ***rinkelen*** **0.2** ***paffen*** ⇒*lukraak schieten;*

II ⟨ov.ww.⟩ **0.1** ***doen rinkelen*** **0.2** ***paffen op*** ⇒*lukraak schieten op.*

plinth [plɪnθ], ⟨in bet. 0.2 ook⟩ **'plinth course** ⟨f1⟩⟨telb.zn.⟩ ⟨bouwk.⟩ **0.1** ***plint*** ⇒*voetstuk, zuilvoet, sokkel* **0.2** ***stenen rand*** ⟨aan onderkant v. muur⟩.

Pli·o·cene[1] ['plaɪəsi:n]⟨n.-telb.zn.; the⟩⟨geol.⟩ **0.1** ***Plioceen*** ⟨tijdvak v.h. Tertiair⟩.

Pliocene[2] ⟨bn.; ook p-⟩⟨geol.⟩ **0.1** ***plioceen.***

PLO ⟨eig.n.⟩⟨afk.⟩ Palestine Liberation Organization **0.1** ***PLO.***

plod[1] [plɒd||plɑd]⟨telb.zn.⟩ **0.1** ***geploeter*** ⇒*gezwoeg, getob, gesjouw* **0.2** ***zware stap*** ⇒*zware / slepende gang / tred.*

plod[2] ⟨f2⟩⟨ww.⟩ →plodding

I ⟨onov.ww.⟩ **0.1** ***ploeteren*** ⇒*zwoegen, sloven, tobben, sjouwen, hard werken, zich afbeulen, blokken, hengsten* ◆ **5.1** ~ **along / on** *zich voortslepen, voortsukkelen;* ~ **away / along at / through** one's work all night *de hele nacht door zwoegen / blokken / hengsten;*

II ⟨ov.ww.⟩ **0.1** ***afsjokken*** ◆ **1.1** ~ the streets *de straten afsjokken;* ~ one's way *zich voortslepen, voortsukkelen.*

plod·der ['plɒdə||'plɑdər]⟨telb.zn.⟩ **0.1** ***ploeteraar*** ⇒*zwoeger, blokker.*

plod·ding ['plɒdɪŋ||'plɑdɪŋ]⟨bn., attr.; teg. deelw. v. plod; -ly⟩ **0.1** ***moeizaam*** ⇒*onverdroten, ijverig, volhardend.*

-ploid [plɔɪd]⟨biol.⟩ **0.1** ***-ploïde*** ◆ **¶.1** polyploid *polyploïde.*

plonk[1] [plɒŋk||plɑŋk]⟨zn.⟩

I ⟨telb.zn.⟩ →plunk;

II ⟨n.-telb.zn.⟩⟨BE, Austr. E; inf.⟩ **0.1** ***goedkope wijn.***

plonk[2] →plunk.

plop[1] [plɒp||plɑp]⟨f1⟩⟨telb.zn.⟩⟨inf.⟩ **0.1** ***plons*** ⇒*floep, plof* ⟨in water⟩; *knal* ⟨v. champagnekurk⟩.

plop[2] ⟨f1⟩⟨ww.; →ww. 7⟩⟨inf.⟩

I ⟨onov.ww.⟩ **0.1** ***met een plons neervallen*** ⇒*plonzen, ploffen; knallen* ⟨v. champagnekurk⟩;

II ⟨ov.ww.⟩ **0.1** ***doen (neer)plonzen*** ⇒*laten ploffen / plonzen.*

plop[3] ⟨f1⟩⟨bw.⟩⟨inf.⟩ **0.1** ***met een plons / plof*** ⇒*plons, plof.*

plo·sion ['ploʊʒn]⟨telb. en n.-telb.zn.⟩⟨taalk.⟩ **0.1** ***plof.***

plo·sive[1] ['ploʊsɪv]⟨telb.zn.⟩⟨taalk.⟩ **0.1** ***explosief*** ⇒*plofklank, ploffer.*

plosive[2] ⟨bn.⟩⟨taalk.⟩ **0.1** ***explosief*** ⇒*plof-.*

plot[1] [plɒt||plɑt]⟨f3⟩⟨telb.zn.⟩ **0.1** ***stuk(je) / lap(je) grond*** ⇒*perceel* **0.2** ***intrige*** ⇒*verwikkeling, plot* ⟨v. toneelstuk, roman⟩; *komplot, samenzwering, kuiperij, geheim plan* **0.3** ***grafische voorstelling*** ⇒*curve* **0.4** ⟨AE⟩ ***plattegrond*** ⇒*kaart, diagram* ◆ **3.2** the ~ thickens *de zaak wordt ingewikkelder.*

plot[2] ⟨f3⟩⟨ww.; →ww. 7⟩

I ⟨onov.ww.⟩ **0.1** ***samenzweren*** ⇒*intrigeren, plannen / een komplot smeden, samenspannen, komplotteren* **0.2** ***liggen*** ⇒*gelokaliseerd zijn;*

II ⟨ov.ww.⟩ **0.1** ***in kaart brengen*** ⇒*intekenen, kaartpassen, uitzetten, afbakenen, ontwerpen* ⟨grafiek, diagram⟩; *grafisch voorstellen* **0.2** ***in percelen indelen*** ⟨land⟩ **0.3** ***verzinnen*** ⇒*de plot bedenken van, plotten* ⟨intrige v. toneelstuk, roman⟩ **0.4** ***beramen*** ⇒*smeden* ⟨komplot⟩ ◆ **5.2** ~ **out** *in percelen verdelen.*

plot·less ['plɒtləs||'plɑt-]⟨bn.⟩ **0.1** ***zonder intrige / handeling*** ⟨toneelstuk, roman⟩.

plot·ter ['plɒtə||'plɑtər]⟨telb.zn.⟩ **0.1** ***traceur*** ⇒*ontwerper* **0.2** ***samenzweerder*** ⇒*intrigant* **0.3** ⟨comp.⟩ ***plotter*** ⟨door computer bestuurde tekenmachine⟩.

plough[1], ⟨vero. of AE sp.⟩ **plow** [plaʊ]⟨f2⟩⟨zn.⟩

I ⟨eig.n.; P-; the⟩⟨ster.⟩ **0.1** ***de Grote Beer;***

II ⟨telb.zn.⟩ **0.1** ***ploeg*** **0.2** ***ploegschaaf*** ⟨v. timmerman⟩ **0.3** ***ploegmes*** ⇒*snijmachine* ⟨v. boekbinder⟩ **0.4** ⟨sl.⟩ ***zak*** ⇒*bons,* ⟨B.⟩ *buis* ⟨bij examen⟩ ◆ **3.1** ⟨fig.⟩ follow the ~ *boer zijn;* ⟨schr.; bijb.; fig.⟩ put / set one's hand to the ~ *de hand aan de ploeg slaan* **6.1** ⟨fig.⟩ **under** the ~ *gebruikt voor graanteelt* ⟨bouwland⟩;

III ⟨n.-telb.zn.⟩ **0.1** ***omgeploegd land.***

plough[2], ⟨vero. of AE sp.⟩ **plow** ⟨f2⟩⟨ww.⟩

I ⟨onov.ww.⟩ **0.1** ***ploegen*** ⇒⟨fig.⟩ *ploeteren, zwoegen, hard werken* **0.2** ***beploegbaar zijn*** ⟨land⟩ **0.3** ⟨BE; sl.⟩ ***stralen*** ⟨voor examen⟩ ◆ **5.2** this land ~s easily *dit land laat zich makkelijk ploegen* **6.1** ~ **through** a dull book *een vervelend boek doorwor-*

stelen; ~ **through** the snow *door de sneeuw ploegen, zich door de sneeuw heenworstelen* **6.¶** ⟨AE; inf.⟩ ~ **into** work *aan het werk schieten;*

II ⟨ov.ww.⟩ **0.1** ***ploegen*** ⇒*beploegen, omploegen, doorploegen* **0.2** ⟨BE; sl.⟩ ***laten zakken*** ⇒⟨B.⟩ *buizen* ⟨in examen⟩ ◆ **1.1** ⟨fig.⟩ ~ money into *geld pompen/investeren in;* the ship ~ed the ocean *het schip ploegde/doorkliefde de oceaan;* ⟨fig.⟩ ~ one's way through sth. *zich (moeizaam) een weg banen door iets* **5.1** ~ **back/down/in/under** *onderploegen, inploegen;* ~ **out** *uitploegen, uithollen, uitroeien;* ~ **up** *omploegen, blootleggen, aan de oppervlakte brengen, uit de grond ploegen* **5.¶** ~ **back** profits into equipment *winsten in apparatuur (her)investeren.*

plough·able ['plaʊəbl]⟨bn.⟩ **0.1** ***(be)ploegbaar*** ⇒*bebouwbaar.*

'plough-beam ⟨telb.zn.⟩ **0.1** ***ploegboom*** ⇒*ploegbalk.*

'plough-boy ⟨telb.zn.⟩ **0.1** ***boerenjongen*** **0.2** ⟨vero.⟩ ***ploegjongen.***

plough·er ['plaʊə‖-ər]⟨telb.zn.⟩ **0.1** ***ploeger.***

'plough-land ⟨zn.⟩

I ⟨telb.zn.⟩ **0.1** ***stuk ploegland*** ⇒*stuk akker/bouwland* **0.2** ⟨BE; gesch.⟩ ***taxeereenheid in Noord- en Oostengelse graafschappen;***

II ⟨n.-telb.zn.⟩ **0.1** ***ploegland*** ⇒*akker/bouwland.*

plough·man ['plaʊmən]⟨f1⟩⟨telb.zn.; ploughmen [-mən]; →mv. 3⟩ **0.1** ***ploeger*** **0.2** ***boer*** ⇒*plattelander.*

'ploughman's 'lunch, ⟨inf.⟩ **'ploughman's** ⟨telb.zn.⟩⟨BE⟩ **0.1** ***boerenlunch*** ⟨brood- en kaasmaaltijd met bier⟩.

'ploughman's 'spikenard ⟨telb.zn.⟩⟨plantk.⟩ **0.1** ***donderkruid*** ⟨Inula squarrosa⟩.

'Plough 'Monday ⟨eig.n.⟩ **0.1** ***eerste maandag na Driekoningen.***

'plough·share ⟨f1⟩⟨telb.zn.⟩⟨landb.⟩ **0.1** ***ploegschaar.***

'plough-shoe ⟨telb.zn.⟩⟨landb.⟩ **0.1** ***ploegschoen*** ⟨beschermt en ondersteunt de ploegschaar⟩.

'plough-staff ⟨telb.zn.⟩⟨landb.⟩ **0.1** ***ploeghak.***

'plough-tail ⟨telb.zn.⟩⟨landb.⟩ **0.1** ***ploegstaart*** ◆ **6.1** ⟨fig.⟩ be **at** the ~ *landarbeid verrichten.*

plov·er ['plʌvə‖-ər]⟨telb.zn.; ook plover; →mv. 4⟩⟨dierk.⟩ **0.1** ***plevier*** ⟨fam. der Charadriidae, waaronder de kievit⟩ ◆ **3.¶** ringed ~ *bontbekplevier* ⟨Charadrius hiaticula⟩; little ringed ~ *kleine plevier* ⟨Charadrius pluvius⟩.

plow →plough.

ploy [plɔɪ]⟨f1⟩⟨telb.zn.⟩⟨inf.⟩ **0.1** ***truc(je)*** ⇒*list, listigheid(je), manoeuvre, zet* **0.2** ⟨vnl. Sch. E⟩ ***bezigheid*** ⇒*werk, baan, karwei* **0.3** ***onderneming*** ⇒*expeditie.*

PLP ⟨afk.⟩ Parliamentary Labour Party ⟨BE⟩.

PLR ⟨afk.⟩ Public Lending Right ⟨BE⟩.

plu ⟨afk.⟩ plural.

pluck[1] [plʌk]⟨f1⟩⟨zn.⟩

I ⟨telb.zn.⟩ **0.1** ***ruk(je)*** ⇒*trek, getokkel* **0.2** ⟨the⟩ ***hart, lever en longen v. geslacht dier;***

II ⟨n.-telb.zn.⟩ **0.1** ***moed*** ⇒*durf, lef.*

pluck[2] ⟨f2⟩⟨ww.⟩ →plucked

I ⟨onov.ww.⟩ **0.1** ***rukken*** ⇒*trekken* **0.2** ***tokkelen*** ◆ **6.1** ~ **at** sth. *aan iets rukken/trekken;*

II ⟨ov.ww.⟩ **0.1** ***plukken*** ⟨schr. ook mbt. bloemen⟩ ⇒*trekken, pluimen* **0.2** ***betokkelen*** **0.3** ***bedotten*** ⇒*oplichten, beroven, pluimen* **0.4** ⟨sl.⟩ ***neuken*** ◆ **1.3** ~ a pigeon *een sul bedotten* **5.1** ~ **away/out/off/up** *wegtrekken/uittrekken/aftrekken;* ~ sth. **up from** the floor *iets van de vloer oppikken.*

plucked [plʌkt]⟨bn.; (oorspr.) volt. deelw. v. pluck⟩ **0.1** ***dapper*** ⇒*moedig, kranig* **0.2** ***geplukt*** ⇒*gepluimd.*

pluck·y ['plʌki]⟨f1⟩⟨bn.; -er; -ly; -ness; →bijw. 3⟩ **0.1** ***dapper*** ⇒*moedig, kranig.*

plug[1] [plʌg]⟨f3⟩⟨telb.zn.⟩ **0.1** ***plug*** ⇒*stop, tap, prop, pin, pen, tandvulling* **0.2** ***stekker*** ⇒*steekcontact, contactstop* **0.3** ***brandkraan*** ⇒*hydrant* **0.4** ***bougie*** ⟨v. auto⟩ **0.5** ***pruim*** ⇒*pluk tabak* **0.6** ⟨tech.⟩ ***smeltprop*** ⟨bij stoomketels⟩ **0.7** ⟨inf.⟩ ***contactdoos*** **0.8** ⟨inf.⟩ ***closet-spoeler*** ⇒*waterspoeling* **0.9** ⟨inf.⟩ ***aanbeveling*** ⇒*reclame/spot, gunstige publiciteit* ⟨op radio, t.v.⟩ **0.10** ⟨med.⟩ ***steen*** ⇒*knobbel* **0.11** ⟨geol.⟩ ***zuilvormige vulkaanprop*** **0.12** ⟨hengelsport⟩ ***plug*** ⇒*schijnvis* **0.13** ⟨AE; sl.⟩ ***ouwe knol*** **0.14** ⟨AE; sl.⟩ ***matige bokser*** **0.15** ⟨sl.⟩ ***valse munt*** ◆ **3.2** pull the ~ *de stekker eruit halen* ⟨i.h.b. v. ademhalingsapparaat v. comateuze patiënten⟩ **3.8** pull the ~ *de w.c. doortrekken* **3.¶** ⟨inf.⟩ pull the ~ on sth. *iets cancellen/niet laten doorgaan, een eind maken aan iets.*

plug[2] ⟨f2⟩⟨ww.; →ww. 7⟩

I ⟨onov.ww.⟩⟨inf.⟩ **0.1** ***ploeteren*** ⇒*zwoegen, blokken, hengsten* **0.2** ⟨sl.⟩ ***knallen*** ⇒*schieten* ◆ **5.1** ~ **away/along at** one's work all night *de hele nacht doorzwoegen/blokken/hengsten* **6.1** ~ **for** sth. *zich voor iets uitsloven;*

II ⟨ov.ww.⟩ **0.1** ***vullen*** ⇒*opvullen, toeproppen, dichtstoppen, verstoppen, plomberen;* ⟨med.⟩ *tamponneren* **0.2** ***elektrisch aansluiten*** **0.3** ⟨sl.⟩ ***neerknallen*** ⇒*neer/beschieten, een blauwe boon door het lijf jagen* **0.4** ⟨sl.⟩ ***een opdoffer/opduvel/opstopper geven*** **0.5** ⟨inf.⟩ ***pluggen*** ⇒*reclame maken voor, aanbevelen* ⟨op radio, t.v.⟩, *voortdurend hameren op* **0.6** ⟨sl.; sport⟩ ***oppeppen*** ◆ **5.1** ~ **up** *opvullen, dichtstoppen, toeproppen* **5.2** ~ **in** *aansluiten, de stekker insteken, inschakelen* **6.2** ~ **into** *aansluiten op.*

'plug·board ⟨telb.zn.⟩ **0.1** ***schakelbord.***

'plug hat ⟨telb.zn.⟩⟨AE; sl.⟩ **0.1** ***hoge hoed.***

'plug·hole ⟨telb.zn.⟩⟨BE⟩ **0.1** ***afvoer*** ⇒*gootsteengat.*

'plug-in[1] ⟨telb.zn.⟩ **0.1** ***elektrisch toestel.***

plug-in[2] ⟨bn., attr.⟩ **0.1** ***insteek-.***

plug·o·la [plʌ'goʊlə]⟨n.-telb.zn.⟩⟨inf.⟩ **0.1** ***omkoping*** ⟨v. omroepers⟩ ⇒*steekpenningen* **0.2** ***tendentieuze berichtgeving.***

'plug-ug·ly ⟨telb.zn.; →mv. 2⟩⟨AE; sl.⟩ **0.1** ***ploert*** ⇒*schoft, schurk, gangster* **0.2** ***beroepsbokser.***

plum[1] [plʌm]⟨f2⟩⟨zn.⟩

I ⟨telb.zn.⟩ **0.1** ***pruim*** **0.2** ***pruimeboom*** ⇒*pruim* **0.3** ***rozijn*** ⟨bv. in cake⟩ **0.4** ⟨inf.⟩ ***iets heel goeds/begerenswaardigs*** ⇒*het neusje van de zalm* **0.5** ***suikerbonbon*** ◆ **1.4** this job is a ~ *het is een moordbaan/een zeer goed betaalde baan* **1.¶** have a ~ in one's mouth *bekakt praten, praten alsof men een hete aardappel in zijn mond heeft;*

II ⟨n.-telb.zn.; vaak attr.⟩ **0.1** ***donkerrood/paars.***

plum[2] →plumb.

plum·age ['plu:mɪdʒ]⟨f1⟩⟨telb. en n.-telb.zn.⟩ **0.1** ***veren(kleed)*** ⟨v. vogel⟩ ⇒*gevederte/pluimage, vederbos/tooi* **0.2** ***overdadige kleding*** ⇒*opsmuk* ◆ **3.¶** plume o.s. with borrowed ~ *pronken met andermans veren.*

plumb[1] [plʌm]⟨f1⟩⟨telb.zn.⟩ **0.1** ⟨amb.⟩ ***(loodje v.) schietlood*** ⇒*paslood* **0.2** ⟨scheep.⟩ ***(loodje v.) dieplood*** ⇒*peil/werplood* ◆ **6.1** **off/out of** ~ *niet loodrecht, niet in het lood.*

plumb[2], ⟨in bet. II ook⟩ **plum** ⟨f2⟩⟨bn.⟩

I ⟨bn.⟩ **0.1** ***loodrecht*** ⇒*precies verticaal/horizontaal, in het vlak* ⟨bv. v. wicket⟩;

II ⟨bn., attr.⟩⟨vnl. AE; inf.⟩ **0.1** ***uiterst*** ⇒*absoluut, volledig* ◆ **1.1** a ~ fool *een absolute domoor;* ~ nonsense *je reinste onzin.*

plumb[3] ⟨f1⟩⟨ww.⟩ →plumbing

I ⟨onov.ww.⟩ **0.1** ***als loodgieter werken*** ⇒*loodgieterswerk verrichten;*

II ⟨ov.ww.⟩ **0.1** ***loden*** ⇒*peilen met dieplood, meten met schietlood* **0.2** ***in het lood zetten*** ⇒*vertikaal zetten, loodrecht maken* **0.3** ***verzegelen (als) met lood*** ⇒*loden, plomberen* **0.4** ***(trachten te) doorgronden*** ⇒*peilen* **0.5** ***van (gas/water)leiding(en) voorzien*** ◆ **1.4** ~ a mystery *een geheim doorgronden* **5.2** ~ sth. **up** *iets loodrecht maken.*

plumb[4], ⟨in bet. 0.2 ook⟩ **plum** ⟨f1⟩⟨bw.⟩ **0.1** ***loodrecht*** ⇒*precies in het lood/verticaal* **0.2** ⟨vnl. AE; inf.⟩ ***volkomen*** ⇒*compleet, helemaal* ◆ **1.1** ~ in the middle *precies in het midden* **2.2** ~ crazy *volslagen gek;* ~ tired *doodmoe* **5.1** ~ **down** *(lood)recht naar beneden.*

plum·bag·i·nous [plʌm'beɪdʒɪnəs]⟨bn.⟩ **0.1** ***van/uit grafiet*** ⇒*grafiet bevattend, grafietachtig.*

plum·ba·go [plʌm'beɪgoʊ]⟨zn.⟩

I ⟨telb.zn.⟩⟨plantk.⟩ **0.1** ***plumbago*** ⇒*loodkruid, soda plant* ⟨genus Plumbago⟩;

II ⟨n.-telb.zn.⟩⟨mijnw.⟩ **0.1** ***grafiet*** ⇒*potlood.*

'plumb bob ⟨telb.zn.⟩ **0.1** ***loodje*** ⇒*gewicht v. diep/schietlood.*

plum·be·ous ['plʌmbɪəs]⟨bn.⟩ **0.1** ***van lood*** ⇒*loden, loodachtig* **0.2** ***(bedekt) met loodglazuur*** ⇒*gelood.*

plumb·er ['plʌmə‖-ər]⟨f2⟩⟨telb.zn.⟩ **0.1** ***loodgieter*** ⟨ook fig., iem. die het uitlekken v. geheimen probeert te stoppen⟩ ⇒*gas- en waterfitter.*

plumber's helper ['plʌməz 'helpə‖'plʌmərz 'helpər], **'plumber's 'friend** ⟨telb.zn.⟩⟨AE; inf.⟩ **0.1** ***(afvoer/gootsteen)ontstopper*** ⇒*plopper.*

plumb·er·y ['plʌm(ə)ri]⟨telb. en n.-telb.zn.; →mv. 2⟩ **0.1** ***loodgieterij*** ⇒*gas/waterfitterij; loodgieterswerk(plaats).*

plumb·ic ['plʌmbɪk]⟨bn.⟩ **0.1** ***loodhoudend*** ⇒⟨ook med.⟩ *lood-.*

plum·bif·er·ous [plʌm'bɪf(ə)rəs]⟨bn.⟩ **0.1** ***loodhoudend.***

plumb·ing ['plʌmɪŋ]⟨f2⟩⟨zn.; gerund v. plumb⟩

I ⟨telb. en n.-telb.zn.⟩ **0.1** ***loodgieterswerk*** ⇒*(het aanleggen v.e.) systeem v. afvoerbuizen* **0.2** ⟨inf.⟩ ***sanitair;***

II ⟨n.-telb.zn.⟩ **0.1** ***het loden*** ⇒*het gebruiken v.e. loodlijn.*

plum·bism ['plʌmbɪzm]⟨telb. en n.-telb.zn.⟩ **0.1** ***loodvergiftiging*** ⇒*saturnisme.*

plumb·less ['plʌmləs]⟨bn.⟩ **0.1** ***peilloos*** ⇒*ondoorgrondelijk.*

'plumb line ⟨telb.zn.⟩ **0.1** ***loodlijn*** ⇒*(lijn v.) diep/schietlood.*

'plum book ⟨telb.zn.⟩⟨AE; inf.⟩ **0.1** ***banenboek*** ⟨officiële publikatie waarin staatsbetrekkingen staan die de President bij benoeming kan vergeven⟩.

'plumb rule ⟨telb.zn.⟩⟨amb.⟩ **0.1** ***schietlood*** ⇒*(plankje met) loodlijn.*

'plum·cake ⟨f1⟩⟨telb. en n.-telb.zn.⟩⟨vnl. BE⟩ **0.1** ***rozijnencake*** *⇒krentencake.*

'plum'duff ⟨telb. en n.-telb.zn.⟩⟨cul.⟩ **0.1** ***jan-in-de-zak*** ⟨meelspijs, vaak met krenten of rozijnen⟩.

plume[1] [plu:m]⟨f2⟩⟨telb.zn.⟩ **0.1** ⟨vaak mv.⟩ ***pluim*** *⇒(sier)veer, vederbos* **0.2** ***pluim*** *⇒sliert, wolkje* **0.3** ⟨plantk.⟩ ***pluim*** ◆ **1.2** a ~ of smoke *een rookpluim;* a ~ of steam *een stoomwolk* **3.¶** show off in borrowed ~s *met geleende kleren pronken;* ⟨fig.⟩ *met andermans veren pronken.*

plume[2] ⟨ww.⟩

I ⟨onov.ww.⟩ **0.1** ***pluimen vormen;***

II ⟨ov.ww.⟩ **0.1** ***voorzien van pluimen/veren*** *⇒met pluimen/veren bedekken/tooien* **0.2** ***met andermans kleren tooien/uitdossen*** **0.3** ***schoonmaken*** *⇒gladstrijken* ⟨v. vogel⟩ ◆ **4.3** the bird ~d itself *de vogel streek zijn veren glad* **6.¶** ~ o.s. **on/upon** *trots zijn op, zich laten voorstaan op, pochen op.*

plume·let ['plu:mlɪt]⟨telb.zn.⟩ **0.1** ***pluimpje.***

plum·met[1] ['plʌmɪt]⟨telb.zn.⟩ **0.1** ***(loodje v.) loodlijn*** *⇒(gewicht v.) diep/schietlood;* ⟨hengelsport⟩ *paternosterlood, schietlood* **0.2** ***zinklood*** **0.3** ***last*** *⇒druk.*

plummet[2] ⟨onov.ww.⟩ **0.1** ***pijlsnel vallen/zakken*** *⇒scherp dalen, in/neerstorten* ◆ **1.1** prices ~ed *de prijzen kelderden* **5.1** the aircraft ~ed **down** to earth *het vliegtuig dook naar beneden.*

plum·my ['plʌmi]⟨bn.; -er; →compar. 7⟩ **0.1** ***pruimachtig*** *⇒vol/v. pruimen/rozijnen* **0.2** ⟨inf.⟩ ***(zeer) goed*** *⇒lekker, prima, fantastisch* **0.3** ⟨inf.⟩ ***vol*** ⟨vnl. v. stem⟩ ⇒⟨i.h.b.⟩ *te vol, geaffecteerd* ◆ **1.2** a ~ job *een vet baantje.*

plu·mose ['plu:moʊs]⟨bn.; -ly⟩ **0.1** ***gevederd*** *⇒met veren* **0.2** ***veder/veerachtig.***

plump[1] [plʌmp]⟨f1⟩⟨telb.zn.⟩ **0.1** ***(plotselinge) val*** *⇒smak* **0.2** ***(harde) plof*** *⇒klap, slag* **0.3** ⟨vero.⟩ ***troep*** *⇒groep, zwerm.*

plump[2] ⟨f1⟩⟨bn.; -er; -ly, -ness⟩ **0.1** ***stevig*** ⟨vaak euf.⟩ *⇒rond, mollig, goedgevuld, vlezig* **0.2** ⟨inf.⟩ ***bot*** *⇒kort, plomp* ◆ **1.1** a ~ armchair *een grote luie stoel;* ~ cheeks *volle/bolle wangen;* a ~ reward *een royale beloning* **1.2** a ~ answer *een bot/kort antwoord;* a ~ lie *een regelrechte leugen.*

plump[3] ⟨f1⟩⟨ww.⟩

I ⟨onov.ww.⟩ **0.1** ***rond/stevig/mollig worden*** *⇒uitdijen, uitzetten* **0.2** ***neervallen*** *⇒neerzakken/ploffen* **0.3** ⟨vnl. AE⟩ ***plotseling arriveren/vertrekken*** ◆ **5.1** the baby ~ed **out/up** *de baby werd mollig* **5.2** ~ **down** (on/upon) *neerploffen/vallen (in/op)* **5.3** ~ **in** *(plotseling/snel) binnenvallen;* ~ **out** *(plotseling/snel) weggaan, haastig vertrekken* **6.2** ~ **into** a chair *in een stoel neerploffen* **6.¶** →plump **for;**

II ⟨ov.ww.⟩ **0.1** ***rond/stevig/mollig maken*** *⇒doen uitzetten, mesten* **0.2** ***(plotseling) neergooien*** *⇒neerploffen/kwakken, laten vallen, plompen* **0.3** ⟨inf.⟩ ***eruit flappen*** ◆ **5.1** ~ **out/up** a cushion/pillow *een kussen opschudden* **5.2** ~ **down** a heavy bag *een zware tas neergooien* **5.3** ~ **out** a remark *een onverwachte opmerking maken/eruit flappen* **6.2** ~ a stone **into** the water *een steen in het water gooien/smijten.*

plump[4] ⟨f1⟩⟨bw.⟩ **0.1** ***met een smak*** *⇒met een (harde) klap/plof* **0.2** ***botweg*** *⇒plompverloren, zonder omwegen* **0.3** ***plotseling*** *⇒onverwachts, pardoes, zonder waarschuwing* ◆ **3.3** fall ~ into a hole *opeens/onverhoeds in een kuil vallen.*

'plump for ⟨onov.ww.⟩⟨BE⟩ **0.1** ***(overtuigd) kiezen voor*** *⇒stemmen op, zich uitspreken voor, volledige steun geven aan.*

'plum 'pudding ⟨f1⟩⟨telb. en n.-telb.zn.⟩ **0.1** ***plumpudding.***

plump·y ['plʌmpi]⟨bn.; -er; →compar. 7⟩ **0.1** ***stevig*** *⇒rond, mollig.*

plu·mule ['plu:mju:l]⟨telb.zn.⟩ **0.1** ⟨plantk.⟩ ***pluimpje*** **0.2** ***(klein) donzen veertje.***

plum·y ['plu:mi]⟨bn.; -er; →compar. 7⟩ **0.1** ***gevederd*** *⇒gepluimd, getooid met veren* **0.2** ***donzig*** **0.3** ***vederachtig*** *⇒lijkend op een veer/veren.*

plun·der[1] ['plʌndə||-ər]⟨f1⟩⟨n.-telb.zn.⟩ **0.1** ***plundering*** *⇒roof, beroving* **0.2** ***buit*** **0.3** ⟨inf.⟩ ***winst*** *⇒voordeel* **0.4** ⟨AE, gew.; inf.⟩ ***bagage*** *⇒vracht* **0.5** ⟨AE; inf.⟩ ***uitrusting.***

plunder[2] ⟨f2⟩⟨ww.⟩

I ⟨onov.ww.⟩ **0.1** ***stelen*** *⇒roven, plunderen, diefstal plegen;*

II ⟨ov.ww.⟩ **0.1** ***plunderen*** *⇒(be)roven, (be)stelen* **0.2** ***verduisteren*** *⇒achterhouden, achteroverdrukken* ◆ **1.1** ~ a shop *een winkel leegroven;* ~ an old woman *een oude vrouw beroven;* ~ valuables *kostbaarheden stelen* **6.1** ~ s.o. **of** his money *iem. v. zijn geld beroven.*

plun·der·age ['plʌndərɪdʒ]⟨n.-telb.zn.⟩ **0.1** ***plundering*** *⇒beroving* **0.2** ***verduistering*** ⟨v. goederen op schip⟩ **0.3** ***(op een schip) verduisterde goederen*** **0.4** ***buit.***

plun·der·er ['plʌndərə||-ər]⟨f1⟩⟨telb.zn.⟩ **0.1** ***plunderaar*** *⇒(be)rover.*

plunge[1] [plʌndʒ]⟨f2⟩⟨telb.zn.⟩ **0.1** ***duik*** *⇒sprong, (onder)dompeling, plons* **0.2** ***(zwem)bad*** *⇒plaats om te baden/duiken* **0.3** ***ruk*** *⇒duw, zet* ◆ **3.1** make a ~ downstairs *naar beneden rennen* **3.¶** take the ~ *de knoop doorhakken, de beslissende stap nemen, de sprong wagen.*

plunge[2] ⟨f3⟩⟨ww.⟩

I ⟨onov.ww.⟩ **0.1** ***zich werpen*** *⇒duiken, springen, zich storten, plonzen* **0.2** ***(plotseling) neergaan*** *⇒dalen, steil aflopen* **0.3** ***onstuimig binnenkomen*** *⇒binnenvallen* **0.4** ***stampen*** ⟨v. schip⟩ **0.5** ***bokken*** ⟨v. paard: plotseling naar voren en omlaag springen⟩ **0.6** ⟨inf.⟩ ***(grof) gokken*** *⇒speculeren* **0.7** ⟨inf.⟩ ***(grote) schulden maken*** ◆ **1.2** plunging fire *plongerend vuur;* a plunging neckline *een diep uitgesneden hals, een decolleté;* house prices have ~d *de prijzen v.d. huizen zijn gekelderd;* this road ~s *deze weg loopt heel steil naar beneden* **5.1** the water was cold but he ~d **in** *het water was koud maar hij dook/sprong erin* **6.1** he ~d **into** debt *hij stak zich diep in de schulden* **6.3** he ~d **into** the room *hij stormde de kamer binnen;*

II ⟨ov.ww.⟩ **0.1** ***werpen*** *⇒stoten, gooien, duwen, (onder)dompelen, storten* **0.2** ***poten*** ⟨potplant⟩ ◆ **1.1** he was ~d in gloom *hij was zeer somber;* be ~d in thought *in gedachten verzonken zijn* **6.1** he was ~d **into** grief *hij werd door verdriet overmand;* the country was ~d **into** war *het land raakte plotseling in een oorlog verwikkeld.*

'plunge bath ⟨telb.zn.⟩ **0.1** ***diep (zwem)bad.***

plung·er ['plʌndʒə||-ər]⟨f1⟩⟨telb.zn.⟩ **0.1** ***duiker*** **0.2** ***(gootsteen/afvoer)ontstopper*** **0.3** ***plunjer*** *⇒zuiger v. (pers)pomp, dompelaar* **0.4** ⟨inf.⟩ ***roekeloze gokker*** *⇒speculant.*

plunk[1] [plʌŋk], **plonk** [plɒŋk||plɑŋk]⟨f1⟩⟨telb.zn.⟩ **0.1** ***tokkelend geluid*** ⟨bv. v. snaarinstrument⟩ *⇒getokkel, getingel* **0.2** ⟨inf.⟩ ***plof*** *⇒(harde) klap, bonk* **0.3** ⟨sl.⟩ ***goedkope wijn.***

plunk[2], **plonk** ⟨f1⟩⟨onov. en ov.ww.⟩⟨inf.⟩ **0.1** ***tokkelen*** *⇒tokkelend (doen) klinken, tingelen (op)* **0.2** ***neerploffen*** *⇒luidruchtig (laten) vallen* **0.3** ⟨vnl. AE⟩ ***(onverwachts) slaan*** ◆ **5.2** ~ **down** (money) *geld neersmijten/neergooien; betalen, lammeren, dokken.*

plunk[3], **plonk** ⟨f1⟩⟨bw.⟩ **0.1** ***met een plof/klap*** **0.2** ***precies*** *⇒juist* ◆ **1.2** ~ in the middle *precies in het midden.*

plu·per·fect[1] ['plu:'pɜ:fɪkt||-'pɜr-]⟨telb.zn.⟩⟨taalk.⟩ **0.1** ***(werkwoordsvorm in de) voltooid verleden tijd.***

pluperfect[2] ⟨bn.⟩⟨taalk.⟩ **0.1** ***voltooid verleden*** *⇒in/van de voltooid verleden tijd* ◆ **1.1** a ~ form *een vorm in de volt. verl. t..*

plu·ral[1] ['plʊərəl||'plʊrəl]⟨f2⟩⟨telb.zn.⟩⟨taalk.⟩ **0.1** ***meervoud(svorm)*** *⇒pluralis(vorm), meervoudige vorm.*

plural[2] ⟨f1⟩⟨bn.; -ly⟩ **0.1** ⟨taalk.⟩ ***meervoudig*** *⇒in/van het meervoud, meervouds-* **0.2** ***meervoudig*** *⇒met meer dan één* ◆ **1.1** the ~ number *het meervoudige getal, het meervoud* **1.2** a ~ society *een multiraciale samenleving/pluriforme maatschappij;* a ~ voter *iem. die in meer dan één kiesdistrict stemt.*

plu·ral·ism ['plʊərəlɪzm||'plʊr-]⟨n.-telb.zn.⟩ **0.1** ⟨pol.⟩ ***pluralisme*** **0.2** ⟨fil.⟩ ***pluralisme*** *⇒veelheidsleer* **0.3** ⟨vaak pej.⟩ ***het bekleden v. meer dan één (kerkelijk) ambt tegelijkertijd*** **0.4** ***het meervoudig zijn.***

plu·ral·ist[1] ['plʊərəlɪst||'plʊr-]⟨telb.zn.⟩ **0.1** ⟨fil., pol.⟩ ***pluralist*** *⇒aanhanger v.h. pluralisme* **0.2** ***iem. met meer dan één (kerkelijk) ambt.***

pluralist[2], **plu·ral·is·tic** ['plʊərə'lɪstɪk||'plʊr-]⟨bn.⟩ **0.1** ⟨fil., pol.⟩ ***pluralistisch*** **0.2** ***meer dan één (kerkelijk) ambt bekledend.***

plu·ral·i·ty [plʊ'ræləṭi]⟨zn.; →mv. 2⟩

I ⟨telb.zn.⟩ **0.1** ***groot aantal*** *⇒menigte* **0.2** ***meerderheid*** **0.3** ⟨vnl. AE⟩ ***grootste aantal stemmen*** ⟨maar geen absolute meerderheid⟩ **0.4** ***(kerkelijk) ambt bekleed naast een tweede*** ◆ **1.2** ~ of votes *meerderheid v. stemmen;*

II ⟨n.-telb.zn.⟩ **0.1** ⟨taalk.⟩ ***meervoudigheid*** *⇒het meervoudig zijn* **0.2** ***het bekleden v. meer dan één (kerkelijk) ambt tegelijkertijd.***

plu·ral·ize, -ise ['plʊərəlaɪz||'plʊr-]⟨ww.⟩

I ⟨onov.ww.⟩ **0.1** ***meer dan één (kerkelijk) ambt tegelijk bekleden*** **0.2** ***meervoud(ig) worden*** *⇒pluraliseren;*

II ⟨ov.ww.⟩ **0.1** ***pluraliseren*** *⇒meervoud(ig) maken, veelvormig maken* **0.2** ***in het meervoud uitdrukken.***

plu'ri- ['plʊəri||'plʊri] **0.1** ***veel-*** *⇒multi-, (met/van) verscheidene, (met/van) meer dan één* ◆ **¶.1** plurilateral *veelzijdig, multilateraal;* plurilingual *veeltalig; met/in verscheidene talen;* plurisyllabic *met meer dan één lettergreep.*

plu·ri·lit·e·ral ['plʊəri'lɪtrəl||'plʊrɪlɪṭərəl]⟨bn.⟩⟨taalk.⟩ **0.1** ***met meer dan drie letters in de stam*** ⟨in het Hebreeuws⟩.

plu·ri·pres·ence ['plʊəri'prezns||'plʊri-]⟨n.-telb.zn.⟩⟨relig.⟩ **0.1** ***bilocatie*** ⟨aanwezigheid in meer dan één plaats tegelijkertijd⟩.

plus[1] [plʌs]⟨f3⟩⟨telb.zn.; AE ook -ses; →mv. 2⟩ **0.1** ***plus*** *⇒plusteken* **0.2** ***extra hoeveelheid*** *⇒plus, overschot* **0.3** ⟨inf.⟩ ***plus(punt)*** *⇒voordeel, (bijkomend) positief element, iets extra's* ◆ **1.3** she is clever and her beauty is a ~ *ze is slim en nog mooi ook.*

plus[2] ⟨f3⟩⟨bn.⟩
I ⟨bn., attr.⟩ **0.1** ***extra*** ⇒*plus, additioneel, toegevoegd, bijkomend, gunstig* **0.2** ⟨wisk.⟩ ***plus*** ⇒*groter dan nul* **0.3** ⟨elek.⟩ ***plus*** ⇒*positief* ◆ **1.1** a ~ benefit *een extra / bijkomend voordeel* **1.2** a ~ quantity *een positieve hoeveelheid;*
II ⟨bn., post.⟩ **0.1** ***ten minste*** ⇒*of ouder, minimaal* **0.2** ⟨inf.⟩ ***meer dan*** ⇒*ook nog, op de koop toe* ◆ **1.1** I got a B ~ *ik kreeg een ruime B / B plus* ⟨in Eng. / Am. waarderingssysteem⟩ **1.2** she's got beauty ~ *ze is meer dan knap;* he is a personality ~ *hij is meer dan een persoonlijkheid / een bijzonder grote persoonlijkheid* **4.1** you have to be twelve ~ for this *hier moet je minimaal twaalf jaar / twaalf of ouder voor zijn.*

plus[3] [plʌs]⟨f3⟩⟨vz.⟩ **0.1** ***plus*** ⇒*vermeerderd met, met... meer, en;* ⟨meteo.⟩ *plus, boven nul / het vriespunt* **0.2** ⟨inf.⟩ ***met*** ◆ **1.1** he paid back the loan ~ interest *hij betaalde de lening terug met de rente* **1.2** he returned from his travels ~ a cither and a pet elephant *hij kwam terug van zijn reis, een citer en een tamme olifant rijker* **4.1** six ~ six makes twelve *zes plus zes is twaalf;* ~ six (degrees centigrade) *zes graden boven nul.*

'plus 'fours ⟨mv.⟩ **0.1** ***plusfour*** ⇒*pofbroek* ⟨tot net over de knie⟩, *knickerbockers.*

plush[1] [plʌʃ]⟨f1⟩⟨zn.⟩
I ⟨n.-telb.zn.⟩ **0.1** ***pluche*** **0.2** ⟨sl.⟩⟨ben. voor⟩ ***luxueus / duur / weelderig voorwerp / gebouw / materiaal;***
II ⟨mv.; ~es⟩ **0.1** ***korte pluchen broek*** ⟨bv. v. lakei⟩.

plush[2] ⟨f1⟩⟨bn.; -er⟩ **0.1** ***pluchen*** ⇒*van pluche* **0.2** ⟨inf.⟩ ***sjiek*** ⇒*luxueus, duur aandoend, stijlvol.*

plush[3] ⟨onov.ww.⟩⟨sl.⟩ **0.1** ***rijk zijn*** ⇒*weelderig leven.*

plush·er·y ['plʌʃəri]⟨telb.zn.; →mv. 2⟩⟨sl.⟩ **0.1** ***sjieke tent*** ⇒*duur hotel, dure nachtclub.*

plush·y ['plʌʃi]⟨bn.; -er; -ly; -ness; →bijw. 3⟩ **0.1** ***plucheachtig*** **0.2** ⟨inf.⟩ ***sjiek*** ⇒*luxueus, duur aandoend, stijlvol.*

'plus-point ⟨telb.zn.⟩ **0.1** ***pluspunt*** ⇒*voordeel.*

'plus sign ⟨f1⟩⟨telb.zn.⟩ **0.1** ***plus(teken)*** ⇒*het symbool +.*

plu·tarch·y ['plu:tɑ:ki‖-tɑr-]⟨telb. en n.-telb.zn.; →mv. 2⟩ **0.1** ***plutocratie.***

Plu·to ['plu:toʊ]⟨eig.n.⟩ **0.1** ***Pluto*** ⟨Griekse god⟩ **0.2** ⟨ster.⟩ ***Pluto*** ⟨planeet⟩.

plu·toc·ra·cy [plu:'tɒkrəsi‖-'tɑ-]⟨telb. en n.-telb.zn.; →mv. 2⟩ **0.1** ***plutocratie*** ⇒*heerschappij v.d. rijken.*

plu·to·crat ['plu:ṭəkræt]⟨telb.zn.⟩ **0.1** ***plutocraat.***

plu·to·crat·ic ['plu:ṭə'kræṭɪk], **plu·to·crat·i·cal** [-ɪkl]⟨bn.; -(al)ly; →bijw. 3⟩ **0.1** ***plutocratisch.***

plu·tol·a·try [plu:'tɒlətri‖-'tɑ-]⟨n.-telb.zn.⟩ **0.1** ***geldaanbidding.***

plu·ton ['plu:tɒn‖'plu:tɑn]⟨telb.zn.⟩ **0.1** ⟨geol.⟩ ***plutoon*** ⇒*plutonisch gesteentelichaam.*

Plu·to·ni·an [plu:'toʊnɪən], **Plu·ton·ic** [plu:'tɒnɪk‖-'tɑ-]⟨bn.⟩ **0.1** ***mbt. / van (Pluto, god v.) de onderwereld*** **0.2** ***hels*** ⇒*duivels* **0.3** ***mbt. / van de planeet Pluto.***

plu·ton·ic [plu:'tɒnɪk‖-'tɑ-]⟨bn.⟩ **0.1** ⟨geol.⟩ ***plutonisch*** ⟨v. gesteente⟩ **0.2** ⟨P-⟩ →Plutonian ◆ **1.1** ~ rock *plutonisch gesteente, plutoniet, dieptegesteente.*

Plu·ton·ism ['plu:tn·ɪzm]⟨n.-telb.zn.⟩ **0.1** ***plutonisme*** ⇒*dieptevulkanisme* **0.2** ⟨p-⟩ ***plutoniumvergiftiging.***

plu·to·ni·um [plu:'toʊnɪəm]⟨n.-telb.zn.⟩⟨schei.⟩ **0.1** ***plutonium*** ⟨element 94⟩.

plu·vi·al[1] ['plu:vɪəl]⟨telb.zn.⟩ **0.1** ***pluviaal(tijd)*** ⇒*regentijd, regen(achtige) / natte tijd, pluviale periode* **0.2** ⟨R.-K.⟩ ***pluviale*** ⇒*koorkap.*

pluvial[2] ⟨bn.⟩ **0.1** ***pluviaal*** ⇒*van / mbt. regen, regenachtig, regen-* **0.2** ⟨geol.⟩ ***pluviaal*** ⇒*veroorzaakt / ontstaan door regen.*

plu·vi·om·e·ter ['plu:vi'ɒmɪṭə‖-'ɑmɪṭər]⟨telb.zn.⟩ **0.1** ***pluviometer*** ⇒*regenmeter.*

plu·vi·o·met·ric ['plu:vioʊ'metrɪk], **plu·vi·o·met·ri·cal** [-ɪkl]⟨bn.; -(al)ly; →bijw. 3⟩ **0.1** ***van / mbt. een regenmeting / meter.***

plu·vi·ous ['plu:vɪəs], **plu·vi·ose** ['plu:vioʊs]⟨bn.⟩ **0.1** ***pluviaal*** ⇒*van / mbt. regen, regen-, regenachtig.*

plu·vi·us insurance ['plu:viəs -]⟨telb. en n.-telb.zn.⟩⟨verz.⟩ **0.1** ***stormschadeverzekering.***

ply[1] [plaɪ]⟨telb. en n.-telb.zn.; →mv. 2⟩ **0.1** ⟨vaak in samenstellingen⟩ ***laag*** ⟨v. hout of dubbele stof⟩ ⇒*vel* ⟨v. dun hout⟩, *vouw / plooi* ⟨v. stof, e.d.⟩ **0.2** ⟨vaak in samenstellingen⟩ ***streng / draad*** ⟨v. touw, wol⟩ **0.3** ***tri / multiplex*** ⟨hout⟩ **0.4** ***inslag*** ⇒*neiging, richting, tendentie* ◆ **4.1** three- ~ wood *triplex* **4.2** what ~ is this wool? *hoeveel draads wol is dit?;* three- ~ wool *driedraads wol.*

ply[2] ⟨f1⟩⟨ww.; →ww. 7⟩
I ⟨onov.ww.⟩ **0.1** ⟨schr.⟩ ***zich inspannen*** ⇒*zijn best doen, ijverig / regelmatig werken* **0.2** ***een bep. route regelmatig afleggen*** ⟨v. bus, schip, e.d.⟩ ⇒*pendelen, geregeld gaan / heen en weer rijden / varen* **0.3** ⟨scheep.⟩ ***laveren*** **0.4** ***(ijverig) klandizie zoeken*** ⟨bv. v. taxichauffeur, kruier⟩ ⇒*(heen en weer rijdend / lopend) op klanten wachten, snorren* ◆ **1.4** ~ for hire *passagiers opzoeken / opsnorren* ⟨v. taxi⟩ **6.1** he plies **at** the journalist's trade *hij legt zich ijverig toe op de journalistiek;* ~ **to** one's task *zich vol ijver van zijn taak kwijten* **6.2** the boat plies **across** the river *de boot gaat / heen en weer over de rivier;* the ship plies **between** Ostend and Dover *het schip pendelt tussen Oostende en Dover* **6.4** the taxi-driver plies **at** the station *de taxi-chauffeur zoekt / snort passagiers op bij het station;*
II ⟨ov.ww.⟩ **0.1** ⟨schr.⟩ ***ijverig / regelmatig beoefenen*** ⇒*zich toeleggen op, (hard) werken aan* **0.2** ⟨schr.⟩ ***hanteren*** ⇒*ijverig / regelmatig / krachtig gebruiken / werken met* ⟨bv. instrument, wapen⟩ **0.3** ***geregeld bevaren*** ⇒*pendelen over* **0.4** ***samenvlechten*** ⇒*ineendraaien, strengelen* **0.5** ***(dubbel)vouwen*** ⟨bv. stof⟩ ◆ **1.1** he has plied this trade for 20 years *hij beoefent dit vak al 20 jaar* **1.2** ~ a needle *ijverig naaien / naaldwerk doen;* ~ a sword *het zwaard hanteren, vechten* **1.3** the boat plies the Thames *de boot vaart (altijd) op de Theems* **6.¶** →ply **with.**

Plym·outh Breth·ren ['plɪməθ 'breðrən]⟨mv.⟩ **0.1** ***Plymouth broeders / broederschap*** ⟨Calvinistische secte⟩.

'Ply·mouth 'Rock ⟨telb. en n.-telb.zn.⟩ **0.1** ***Plymouth Rock*** ⟨kippe-ras⟩.

'ply with ⟨ov.ww.⟩ **0.1** ***(voortdurend) volstoppen / te vol stoppen met*** ⟨voedsel, drank⟩ ⇒*(doorlopend) voorzien van, opdringen, (te) veel geven (aan)* **0.2** ***(doorlopend) lastig vallen met*** ⇒*(steeds) aanvallen met* ◆ **1.1** they plied him with drink *ze voerden hem (teveel) drank* **1.2** they plied the M.P. with questions *ze bestookten / bestormden het kamerlid met vragen.*

'ply·wood ⟨f1⟩⟨n.-telb.zn.⟩ **0.1** ***gelaagd hout*** ⇒*triplex, multiplex.*

pm ⟨afk.⟩ post-mortem, premium.

p.m., PM ⟨bw.⟩⟨afk.⟩ post meridiem **0.1** ***p.m.*** ⇒*na de middag, in de namiddag, 's middags.*

PM ⟨afk.⟩ Past Master, Paymaster, Police Magistrate, Postmaster, Prime Minister, Provost Marshal.

PMG ⟨afk.⟩ Paymaster General, Postmaster General.

PMT ⟨afk.⟩ premenstrual tension.

p.n., P/N ⟨afk.⟩ promissory note.

pneu·mat·ic[1] [nju:'mætɪk‖nu:'mæṭɪk]⟨zn.⟩
I ⟨telb.zn.⟩ **0.1** ***luchtband;***
II ⟨mv.; ~s; ww. vnl. enk.⟩⟨vero.⟩ **0.1** ***pneumatiek*** ⇒*aëromechanica.*

pneumatic[2], ⟨zelden⟩ **pneu·mat·i·cal** [nju:'mætɪkl‖nu:'mæṭɪkl]⟨f1⟩⟨bn.; -(al)ly; →bijw. 3⟩ **0.1** ***pneumatisch*** ⇒*gevuld met / aangedreven door (pers)lucht, lucht(druk)-* **0.2** ***pneumatisch*** ⇒*geestelijk* **0.3** ⟨biol.⟩ ***met luchtholtes*** ⟨bv. v. bep. vogelbotten⟩ **0.4** ***met goed gevulde boezem*** ◆ **1.1** ~ brake *lucht(druk)rem;* ~ dispatch *buizenpost, pneumatisch transport;* ~ drill *lucht(druk)boor, pneumatische boor;* ~ post *buizenpost;* ~ tube *buis voor pneumatisch transport;* ~ tyre *luchtband.*

pneu·ma·tic·i·ty ['nju:mə'tɪsəti‖'nu:mə'tɪsəṭi]⟨telb. en n.-telb.zn.; →mv. 2⟩ **0.1** ***pneumaciteit.***

pneu·mat·o- ['nju:mətoʊ‖'nu:məṭoʊ] **0.1** ***pneumato-.***

pneu·mat·o·cyst [nju:'mætəsɪst‖'nu:məṭə-]⟨telb.zn.⟩ **0.1** ***luchtzak*** ⟨in vogellichaam⟩ **0.2** ⟨dierk.⟩ ***pneumatofoor.***

pneu·ma·tol·o·gy ['nju:mə'tɒlədʒi‖'nu:mə'tɑ-]⟨n.-telb.zn.⟩ **0.1** ***pneumatologie*** ⟨doctrine v.d. Heilige Geest⟩ **0.2** ⟨vero.⟩ ***psychologie.***

pneu·ma·tom·e·ter ['nju:mə'tɒmɪṭə‖'nu:mə'tɑmɪṭər]⟨telb.zn.⟩ ⟨med.⟩ **0.1** ***pneumatometer.***

pneu·ma·to·phore [nju:'mætəfɔ:‖'nu:məṭəfər]⟨telb.zn.⟩⟨biol.⟩ **0.1** ***pneumatofoor.***

pneu·mo- ['nju:moʊ‖'nu:moʊ]⟨vnl. med.⟩ **0.1** ***pneumo-*** ⇒*long-* ◆ **¶.1** pneumogastric *van / mbt. de longen en de maag;* pneumothorax *pneumothorax, luchtborst.*

pneu·mo·coc·cus [-kɒkəs‖-kɑkəs]⟨telb.zn.; pneumococci [-kaɪ]; →mv. 5⟩⟨med.⟩ **0.1** ***pneumokok / coccus*** ⟨bacterie⟩.

pneu·mo·co·ni·o·sis [-koʊni'oʊsɪs]⟨telb. en n.-telb.zn.; pneumoconioses [-si:z]; →mv. 5⟩⟨med.⟩ **0.1** ***pneumoconiosis*** ⇒*stoflong.*

pneu·mo·nec·to·my ['nju:mə'nektəmi‖'nu:-]⟨telb. en n.-telb.zn.; →mv. 2⟩⟨med.⟩ **0.1** ***pneum(on)ectomie*** ⟨verwijdering v. (deel v.d.) long⟩.

pneu·mo·nia [nju:'moʊnɪə‖nʊ-]⟨f2⟩⟨telb. en n.-telb.zn.⟩⟨med.⟩ **0.1** ***longontsteking*** ⇒*pneumonie* ◆ **2.1** double ~ *dubbele longontsteking;* single ~ *enkele longontsteking.*

pneu·mon·ic [nju:'mɒnɪk‖nʊ'mɑ-]⟨bn.⟩⟨med.⟩ **0.1** ***mbt. longontsteking*** ⇒*veroorzaakt / aangetast door longontsteking* **0.2** ***long-*** ⇒*v. / mbt. de long(en)* ◆ **1.2** ~ plague *longpest.*

pneu·mon·i·tis ['nju:mə'naɪtɪs‖'nu:mə'naɪṭɪs]⟨telb. en n.-telb.zn.; pneumonitides [-'nɪṭədi:z]; →mv. 5⟩⟨med.⟩ **0.1** ***longontsteking*** ⇒*pneumonie* **0.2** ***pneumonitis.***

PNG, png ⟨afk.⟩ persona non grata.

po [poʊ]⟨telb.zn.⟩⟨BE; inf.; vnl. kind.⟩ **0.1** ***po*** ⇒*potje.*

PO, po ⟨afk.⟩ personnel officer, petty officer, pilot officer, pissed off, postal order, post office, putout.

P & O ⟨afk.⟩ Peninsular and Oriental Steamship Company.

poach [poʊtʃ]⟨f1⟩⟨ww.⟩

I ⟨onov.ww.⟩ **0.1** ***stropen*** ⇒*illegaal vissen/jagen, stelen* **0.2** ***zich illegaal (op het land/terrein v. iem. anders) begeven*** ⟨ook fig.⟩ **0.3** ***vertrapt worden*** ⟨v. land⟩ ⇒*vochtig worden/zijn, drassig/moerassig worden* **0.4** ***(lopend) wegzakken*** ⟨in zachte aarde⟩ **0.5** ⟨sport⟩ ***de bal (van je partner) in/afpakken/afsnoepen*** ⟨bij dubbelspel, tennis e.d.⟩ ◆ **1.2** ~ on s.o.'s preserve(s) *zich op het land/terrein v. iem. anders begeven;* ⟨fig.⟩ *onder iemands duiven schieten, aan iemands bezit/zaken/werk komen* **6.1** ~ **for** salmon *illegaal/zonder vergunning/zonder toestemming zalm vangen* **6.2** ~ **(up)on** s.o.'s land *binnendringen op iemands land, onbevoegd iemands terrein betreden;*

II ⟨ov.ww.⟩ **0.1** ***pocheren*** ⟨ei, vis⟩ **0.2** ***stropen*** ⟨wild, vis⟩ **0.3** ***illegaal betreden*** ⇒⟨i.h.b.⟩ *afstropen* ⟨grondgebied⟩ **0.4** ***vertrappen*** ⟨land⟩ ⇒*gaten maken in, drassig/moerassig maken* **0.5** ***op oneerlijke wijze verkrijgen*** ⇒*zich toeëigenen* **0.6** ⟨sport⟩ ***in/afpakken*** ⇒*afsnoepen* ⟨bal; bij dubbelspel, tennis enz.⟩ **0.7** ⟨vnl. BE⟩ ***(krachtig) steken*** ⇒*duwen* ⟨bv. vinger⟩ ◆ **1.2** he was caught ~ing hares *hij werd betrapt bij het hazen stropen* **1.5** ~ an advantage *een (oneerlijk) voordeel behalen* ⟨bv. bij start v. wedstrijd⟩.

poach·er ['poʊtʃə‖-ər]⟨f1⟩⟨telb.zn.⟩⟨→sprw. 524⟩ **0.1** ***stroper*** **0.2** ***indringer*** **0.3** ***pocheerpan***.

POB ⟨afk.⟩ Post Office Box.

P'O Box ⟨telb.zn.⟩⟨afk.⟩ Post Office Box ⟨inf.⟩ **0.1** ***postbus***.

po·chard ['poʊtʃəd‖-ərd]⟨telb.zn.; ook pochard; →mv. 4⟩⟨dierk.⟩ **0.1** ***duikeend*** ⟨genus Aythya/Netta⟩ ⇒⟨i.h.b.⟩ *tafeleend* ⟨A. ferina⟩.

pock [pɒk‖pɑk]⟨f1⟩⟨telb.zn.⟩ **0.1** ***pok*** ⇒*pokpuist, pokzweer* **0.2** ***pokput*** ⇒*litteken* **0.3** ***put*** ⇒*gat, kuil.*

pocked →pockmarked.

pock·et[1] ['pɒkɪt‖'pɑkɪt]⟨f3⟩⟨telb.zn.⟩⟨→sprw. 463, 611⟩ **0.1** ***zak*** ⟨in kleding; ook bij Engels biljart⟩ **0.2** ⟨ben. voor⟩ ***(opberg)vak*** ⇒*zak, voorvakje, buidel, map, envelop* **0.3** ⟨vnl. enk.⟩ ***financiële middelen*** ⇒*portemonnee, beurs, inkomen, geld* **0.4** ***erts/olieader*** **0.5** ***holte met erts/olie*** **0.6** ⟨ben. voor⟩ ***klein(e) afgesloten groep/gebied*** ⇒*enclave;* ⟨mil.⟩ *haard;* ⟨mv.⟩ *afgesneden manschappen, geïsoleerde troepen;* ⟨mil.⟩ *geïsoleerd gebied; doodlopende gang/laan* **0.7** ⟨AE⟩ ***handtas*** ⇒⟨bij uitbr.⟩ *portemonnee* ⟨v. vrouw⟩ **0.8** ⟨sport⟩ ***ingesloten positie*** **0.9** ⟨lucht.⟩ ***luchtzak*** **0.10** ⟨vaak attr.⟩ ***zakformaat*** **0.11** ***(graan)bak*** ⇒*kist* **0.12** ***pocket*** ⟨gewicht⟩ **0.13** ⟨Z. Afr. E⟩ ***zak*** ⇒*tas* ⟨vnl. met groenten of fruit⟩ **0.14** ⟨sl.⟩ ***put*** ⇒*dal, moeilijke situatie* ◆ **1.6** ~s of mist *nevelbanken;* ~s of resistance *verzetskernen/nesten;* ~s of unemployment *werkloosheidskernen/centra* **3.1** pick ~s *zakkenrollen* **3.3** my ~ cannot stand this *mijn financiële situatie laat dit niet toe;* I will suffer in my ~ *mijn portemonnee zal het wel voelen* **3.6** ⟨mil.⟩ mop up enemy ~s *vijandelijke nesten opruimen* **3.¶** have s.o. in one's ~ *iem. volledig in zijn macht hebben;* have sth. in one's ~ *iets (bijna) in zijn zak hebben, ergens (bijna) in geslaagd zijn;* line one's ~s *zijn zakken vullen, (op een oneerlijke manier) rijk worden, zich verrijken* **6.3** that's **beyond** my ~ *dat kan ik niet betalen, dat is me te duur, dat kan bruin niet trekken* **6.¶ in** s.o.'s ~ *intiem met iem.; volledig in iemands macht;* **in** ~ *beschikbaar* ⟨v. geld⟩; *in winstgevende positie;* he is ten pounds **in** ~ *hij heeft er tien pond aan overgehouden, hij is er tien pond rijker op geworden;* be **out of** ~ *geen geld hebben;* I was twenty dollars **out of** ~ *ik ben twintig dollar kwijtgeraakt.*

pocket[2] ⟨f1⟩⟨ov.ww.⟩ **0.1** ***in zijn zak steken*** ⇒⟨i.h.b.⟩ *in eigen zak steken* **0.2** ***opstrijken*** ⇒*(op oneerlijke wijze) ontvangen* ⟨geld⟩ **0.3** ***verdragen*** ⇒*slikken, verduren, ondergaan* **0.4** ***onderdrukken*** ⟨gevoelens⟩ ⇒*verbergen, overwinnen* **0.5** ⟨zakkenbiljart⟩ ***potten*** ⇒*in de zak stoten* **0.6** ⟨AE; pol.⟩ ***dwarsbomen*** ⟨wetsontwerp, door uitstel v. ondertekening door president tot het uiteengaan v.h. Congres⟩ ⇒*tegenhouden* **0.7** ***in/omsluiten*** ⟨ook tegenstander in wedstrijd⟩ ⇒*hinderen* **0.8** ***geheel in zijn macht hebben/krijgen*** ◆ **1.1** he ~ed his change *hij stopte zijn wisselgeld in zijn zak* **1.3** he had to ~ that insult *hij moest die belediging slikken* **1.4** you will have to ~ your pride *je zult je trots moeten overwinnen* **1.7** this village is ~ed by mountains *dit dorp is aan alle kanten omsloten door bergen.*

pock·et·a·ble ['pɒkɪtəbl‖'pɑkɪtəbl]⟨bn.⟩ **0.1** ***mee te nemen in de zak*** ⇒*in zakformaat, draagbaar.*

'pocket 'battleship ⟨telb.zn.⟩ **0.1** ***klein slagschip***.

'pocket 'billiards ⟨mv.; ww. vnl. enk.⟩ **0.1** ***Eng. biljartspel*** ⟨met zes zakken waarin ballen gestoten moeten worden⟩ ⇒⟨ong.⟩ *potspel, poule.*

'pock·et·book ⟨f1⟩⟨telb.zn.⟩ **0.1** ***zakboekje*** ⇒*notitieboekje* **0.2** ***portefeuille*** **0.3** ***inkomen*** ⇒*financiële positie* **0.4** ⟨AE⟩ ***pocket(boek)*** ⇒⟨i.h.b.⟩ *paperback* **0.5** ⟨AE⟩ ***(dames)handtas*** ⇒⟨i.h.b.⟩ *enveloptas* **0.6** ⟨AE⟩ ***(dames)portemonnee*** ◆ **3.2** he hurt my ~ *hij deed een aanslag op mijn portemonnee.*

'pocket 'borough ⟨telb.zn.⟩⟨BE; gesch.⟩ **0.1** ***klein kiesdistrict*** ⟨vertegenwoordigd in parlement, en beheerst door één persoon/fam.⟩.

'pocket 'calculator ⟨f1⟩⟨telb.zn.⟩ **0.1** ***zakrekenmachientje***.

'pocket 'camera ⟨telb.zn.⟩ **0.1** ***pocketcamera***.

'pocket 'dictionary ⟨telb.zn.⟩ **0.1** ***zakwoordenboek***.

'pocket edition ⟨telb.zn.⟩ **0.1** ***pocketuitgave***.

'pocket expenses ⟨mv.⟩ **0.1** ***kleine/lopende uitgaven***.

pock·et·ful ['pɒkɪtfʊl‖'pɑ-]⟨f1⟩⟨telb.zn.; AE ook pocketsful [-kɪts-]; →mv. 6⟩ **0.1** ***zak vol*** ⟨ook fig.⟩ ⇒*heel grote hoeveelheid.*

'pocket 'handkerchief ⟨telb.zn.⟩ **0.1** ***zakdoek*** **0.2** ⟨vaak attr.⟩ ***klein vierkantje*** ⇒*heel klein stukje* ◆ **1.2** a ~ of a garden/lawn *een piepklein tuintje/grasveldje.*

'pocket hole ⟨telb.zn.⟩ **0.1** ***zakopening***.

'pock·et·knife ⟨f1⟩⟨telb.zn.⟩ **0.1** ***zakmes***.

'pocket lantern, 'pocket torch ⟨telb.zn.⟩ **0.1** ***zaklantaarn***.

'pocket lettuce ⟨n.-telb.zn.⟩⟨sl.⟩ **0.1** ***poen*** ⇒*duiten.*

'pocket litter ⟨n.-telb.zn.⟩⟨sl.⟩ **0.1** ***inhoud v. jas/broekzak***.

'pocket money ⟨f1⟩⟨n.-telb.zn.⟩⟨vnl. BE⟩ **0.1** ***zakgeld*** ⟨v. kinderen⟩.

'pocket piece ⟨telb.zn.⟩ **0.1** ***gelukspenning/poppetje*** ⇒*mascotte.*

'pocket pistol ⟨telb.zn.⟩ **0.1** ***zakpistool*** **0.2** ⟨scherts.⟩ ***zakflacon***.

'pock·et-sized, 'pock·et-size ⟨f1⟩⟨bn.⟩ **0.1** ***in zakformaat*** **0.2** ***heel klein*** ⇒*minuscuul, miniatuur, mini-* ◆ **1.1** a ~ book *een pocket (boek).*

'pocket veto ⟨telb.zn.⟩ **0.1** ***indirect veto*** ⟨door uitstel v. ondertekening v. wetsontwerp⟩.

'pocket watch ⟨telb.zn.⟩ **0.1** ***zakhorloge***.

pock·mark ['pɒkmɑːk‖'pɑkmɑrk]⟨telb.zn.⟩ **0.1** ***pokput*** **0.2** ***put*** ⇒*kuil, gat, holte.*

'pock·marked, pocked [pɒkt‖pɑkt]⟨bn.⟩ **0.1** ***pokdalig*** ⇒*door de pokken geschonden* **0.2** ***vol gaten*** ⇒*met kuilen/holen* ◆ **6.2** the moon is ~ **with** craters *het oppervlak v.d. maan zit vol kraters.*

'pock·wood ⟨n.-telb.zn.⟩ **0.1** ***pokhout***.

pock·y ['pɒki‖'pɑki]⟨bn.; -er; →compar. 7⟩ **0.1** ***pokkig*** ⇒*lijkend op pokken, pokken-* **0.2** ***syfilitisch*** ⇒*mbt./lijkend op syfilis.*

po·co·cu·ran·te[1] ['poʊkoʊkjə'ræntɪ]⟨telb.zn.⟩ **0.1** ***onverschillige*** ⇒*nonchalant iem., zorgeloze ziel.*

pococurante[2] ⟨bn.⟩ **0.1** ***onverschillig*** ⇒*nonchalant, onbewogen.*

po·co·cu·ran·te·ism [-kjə'ræntɪɪzm], **po·co·cu·ran·tism** [-tɪzm]⟨n.-telb.zn.⟩ **0.1** ***onverschilligheid*** ⇒*onbezorgdheid, nonchalance.*

pod[1] [pɒd‖pɑd]⟨f1⟩⟨telb.zn.⟩ **0.1** ***peul(eschil)*** ⇒*(peul)dop, schil, omhulsel* **0.2** ***cocon*** ⟨v. zijderups⟩ **0.3** ***eierkoker*** ⟨v. sprinkhaan⟩ **0.4** ***fuik*** ⇒*aalfuik* **0.5** ⟨lucht.⟩ ***gondel*** ⇒*houder* ⟨ruimte voor lading/brandstof onder vliegtuigvleugel⟩ **0.6** ⟨ruim.⟩ ***voortstuwingsorgaan/eenheid*** ⟨afscheidbaar deel v. ruimtevaartuig⟩ **0.7** ⟨ruim.⟩ ***afzonderlijke cabine*** ⟨voor personeel, instrumenten⟩ **0.8** ⟨dierk.⟩ ***school*** ⇒*grote groep* ⟨v. zeehonden, walvissen⟩ **0.9** ***gleuf, groef*** ⟨bv. in aardboor⟩ **0.10** ***boorhouder***.

pod[2] ⟨ww.; →ww. 7⟩ →podded

I ⟨onov.ww.⟩ **0.1** ***peulen vormen*** ⇒*peulen voortbrengen* **0.2** ***uitzetten*** ⇒*zwellen* ⟨als een peul⟩ ◆ **5.1** these pea plants ~ **up** *deze erwteplanten ontwikkelen zich goed;*

II ⟨ov.ww.⟩ **0.1** ***doppen*** ⇒*peulen* **0.2** ***bijeendrijven*** ⟨bv. zeehonden⟩.

POD ⟨afk.⟩ Pay On Delivery.

po·dag·ra [pə'dægrə]⟨telb. en n.-telb.zn.⟩⟨med.⟩ **0.1** ***podagra*** ⇒*voetjicht, het pootje.*

po·dag·ral [pə'dægrəl], **po·dag·ric** [-grɪk], **po·dag·rous** [-grəs]⟨bn.⟩⟨med.⟩ **0.1** ***van/mbt./lijdend aan podagra*** ⇒*podagreus.*

pod·ded ['pɒdɪd‖'pɑ-]⟨bn.; 0.1 en 0.2 volt. deelw. v. pod⟩ **0.1** ***peuldragend*** ⇒*peulen voortbrengend* **0.2** ***in de peul groeiend*** ⇒*peul-* **0.3** ⟨inf.⟩ ***welgesteld*** ⇒*er warmpjes bijzittend* **0.4** ⟨lucht.⟩ ***vrijhangend*** ⟨motor⟩.

pod·dy ['pɒdi‖'pɑdi]⟨telb.zn.; →mv. 2⟩⟨Austr. E⟩ **0.1** ***handgevoed kalf***.

po·des·ta [pɒ'destə‖poʊ'destɑ]⟨telb.zn.⟩ **0.1** ***lid v.e. gemeentebestuur*** ⇒*magistraat* ⟨in Italië⟩ **0.2** ⟨gesch.⟩ ***podesta*** ⇒*stadsbestuurder* ⟨in middeleeuwen⟩.

podge [pɒdʒ‖pɑdʒ]⟨telb.zn.⟩⟨inf.⟩ **0.1** ***propje*** ⟨v. pers.⟩ ⇒*klein dikkertje, dikzak.*

podg·i·ness ['pɒdʒinəs‖'pɑ-]⟨n.-telb.zn.⟩ **0.1** ***rondheid*** ⇒*dikheid.*

podg·y ['pɒdʒi‖'pɑdʒi], **pudg·y** ['pʌdʒi]⟨bn.; -er; →compar. 7⟩ ⟨inf.⟩ **0.1** ***rond*** ⇒*klein en dik, propperig.*

po·di·a·trist [pə'daɪətrɪst]⟨telb.zn.⟩⟨AE⟩ **0.1** ***chiropodist*** ⇒*voetkundige, voetverzorger.*

po·di·a·try [pə'daɪətri]⟨n.-telb.zn.⟩⟨AE⟩ **0.1** ***chiropodie***.

po·di·um ['poʊdɪəm]⟨telb.zn.; ook podia ['poʊdɪə]; →mv. 5⟩ **0.1**

podium ⇒*(voor)toneel, verhoging, spreekgestoelte, platform, rostrum* **0.2** ***arenamuurtje*** ⟨v. amfitheater⟩ **0.3** ***voet*** ⟨v. huis⟩ ⇒*(bovengrondse) fundering* **0.4** ***doorlopende bank*** ⟨langs kamermuren⟩.

pod·o·phyl·lin ['pɒdə'fɪlɪn‖'pɑ-]⟨n.-telb.zn.⟩⟨med.⟩ **0.1** ***podofylline*** ⟨poeder uit de wortels v.d. podophyllum peltatum⟩.

pod·zol ['pɒdzɒl‖pɑdzɑl], **pod·sol** [-sɒl‖-sɑl], **'podzol soil, 'podsol soil** ⟨n.-telb.zn.⟩ **0.1** ***podzol*** ⇒*schierzand.*

pod·zol·ize, -ise ['pɒdzɒlaɪz‖'pɑdzɑ-], **pod·sol·ize, -ise** [-sɒ-‖-sɑ-] ⟨onov. en ov.ww.⟩ **0.1** ***podzoleren*** ⇒*(doen) veranderen in podzol.*

poe [poʊ]⟨telb.zn.⟩⟨dierk.⟩ **0.1** ***tui*** ⟨vogel; Prosthemadera novaeseelandiae⟩.

POE ⟨afk.⟩ Port Of Entry/Embarkation ⟨AE⟩.

po·em ['poʊɪm]⟨f3⟩⟨telb.zn.⟩ **0.1** ***gedicht*** ⇒*vers, dichtstuk.*

poenology →penology.

po·e·sy ['poʊɪzi]⟨telb. en n.-telb.zn.⟩⟨schr.⟩ **0.1** ***poëzie*** ⇒*dichtkunst, gedichten, dichterlijk gevoel.*

po·et ['poʊɪt]⟨f3⟩⟨telb.zn.⟩ **0.1** ***dichter*** ⇒*poëet.*

po·et·as·ter ['poʊɪ'tæstə‖-tæstər]⟨telb.zn.⟩⟨pej.⟩ **0.1** ***rijmelaar*** ⇒*poëtaster, pruldichter.*

po·et·ess ['poʊɪ'tes‖'poʊəṭɪs]⟨telb.zn.⟩ **0.1** ***dichteres.***

po·et·ic [poʊ'eṭɪk]⟨f2⟩⟨bn.; -ally⟩ **0.1** ***dichterlijk*** ⇒*poëtisch, als een gedicht, mbt. de dichtkunst, v.e. dichter* **0.2** ***(poëtisch) mooi*** ⇒*tot de verbeelding sprekend, expressief* ◆ **1.1** ~ diction *poëtisch taalgebruik;* the Poetic Edda *de Poëtische Edda;* in ~ form *in dichtvorm, in versvorm;* ~ genius *geest (als) v.e. dichter;* ~ licence *dichterlijke vrijheid* **1.2** ~ grace *poëtische/uitdrukkingsvolle gratie* **1.¶** ~ justice *perfecte rechtvaardigheid, ideale gerechtigheid.*

po·et·i·cal [poʊ'eṭɪkl]⟨f2⟩⟨bn.⟩

I ⟨bn.; -ly⟩ **0.1** ***dichterlijk*** **0.2** ***(poëtisch) mooi*** ⇒*expressief* **0.3** ***geïdealiseerd*** ⇒*gepoëtiseerd* ◆ **1.3** a ~ love *een geïdealiseerde liefde;*

II ⟨bn., attr.⟩ **0.1** ***in versvorm*** ◆ **1.1** the ~ works of Yeats *de gedichten/verzen v. Yeats.*

po·et·i·cize, -cise [poʊ'eṭɪsaɪz]⟨ov.ww.⟩ **0.1** ***poëtiseren*** ⇒*(tot/in) een gedicht maken, dichten* ◆ **1.1** he ~d his feelings *hij verwerkte zijn gevoelens in/tot een gedicht.*

po·et·ics [poʊ'eṭɪks]⟨mv.; ww. vnl. enk.⟩ **0.1** ***poëtica*** ⇒*theorie/studie v.d. poëzie* **0.2** ***verskunst*** ⇒*dichtkunst* **0.3** ***poëtische uiting (en).***

po·et·ize, -ise ['poʊɪṭaɪz]⟨ww.⟩

I ⟨onov.ww.⟩ **0.1** ***poëtiseren*** ⇒*dichten;*

II ⟨ov.ww.⟩ **0.1** ***tot een gedicht maken*** ⇒*in dichtvorm bezingen.*

po·et·ry ['poʊɪtri]⟨f3⟩⟨n.-telb.zn.⟩ **0.1** ***poëzie*** ⇒*dichtkunst* **0.2** ***poëzie*** ⇒*dichtwerk, gedichten, verzen* **0.3** ***dichterlijke bekoring*** ⇒*poëtische schoonheid/expressie* ◆ **1.1** prose and ~ *proza en poëzie* **1.2** the ~ of Shakespeare *de gedichten v. Shakespeare.*

po-faced ['poʊ'feɪst]⟨bn.⟩⟨BE; inf.; pej.⟩ **0.1** ***met een zuur/chagrijnig gezicht*** ⇒*met een stuurse/gemelijke blik.*

po·go[1] ['poʊgoʊ], **'pogo stick** ⟨telb.zn.⟩ **0.1** ***springstok*** ⟨met veer; speelgoed⟩.

pogo[2] ⟨onov.ww.⟩ **0.1** ***pogoën*** ⇒*de pogo dansen* ⟨punkdans⟩.

po·grom ['pɒgrəm‖pə'grɑm]⟨f1⟩⟨telb.zn.⟩ **0.1** ***pogrom.***

poign·an·cy ['pɔɪn(j)ənsi], **poign·ance** ['pɔɪn(j)əns]⟨f1⟩⟨telb. en n.-telb.zn.; 1e variant; →mv. 2⟩ **0.1** ***scherpheid*** ⇒*schrijning, pijnlijkheid, stekeligheid* **0.2** ***aangrijpendheid*** ⇒*ontroering, gevoeligheid* **0.3** ***pikantheid*** ⇒*prikkeling.*

poign·ant ['pɔɪn(j)ənt]⟨f2⟩⟨bn.; -ly⟩ **0.1** ***scherp*** ⟨v. smaak, gevoelens⟩ ⇒*doordringend, schrijnend, stekelig, penetrant* **0.2** ***aangrijpend*** ⇒*ontroerend, gevoelig, schrijnend, navrant* **0.3** ***stimulerend*** ⇒*prikkelend, pikant* **0.4** ***urgent*** ⇒*nijpend* ⟨probleem⟩ ◆ **1.1** her ~ criticism *haar scherpe/bijtende kritiek;* our ~ hunger *onze knagende honger;* a ~ smell of garlic *een scherpe knoflooklucht;* his ~ sorrow *zijn diepgevoelde leed* **1.2** a ~ description of the war *een aangrijpende oorlogsbeschrijving* **1.3** ~ details *pikante details;* her ~ felicity *haar stimulerende/aanstekelijke geluk.*

poi·ki·lo·therm ['pɔɪkɪloʊθɜ:m‖-'kɪləθɜrm]⟨telb.zn.⟩⟨dierk.⟩ **0.1** ***koudbloedig dier*** ⇒*poikilotherm dier.*

poi·ki·lo·ther·mal ['pɔɪkɪloʊ'θɜ:ml‖pɔɪ'kɪlə'θɜrml], **po·ki·lo·ther·mic** [-mɪk], **poi·ki·lo·ther·mous** [-məs]⟨bn.⟩ ⟨dierk.⟩ **0.1** ***koudbloedig.***

poi·lu ['pwa:'lu:]⟨telb.zn.⟩⟨vero.; sl.⟩ **0.1** ***poilu*** ⟨soldaat aan Fr. frontlijn in W.O.I.⟩.

poin·ci·an·a ['pɔɪnsi'ɑ:nə‖-'ænə]⟨telb. en n.-telb.zn.⟩⟨plantk.⟩ **0.1** ***poinciana*** ⟨genus Poinciana⟩ ⇒⟨i.h.b.⟩ *flamboyant* ⟨Delonix regia⟩.

poin·set·ti·a [pɔɪn'seṭɪə]⟨telb.zn.⟩⟨plantk.⟩ **0.1** ***poinsettia*** ⇒*kerstster* ⟨Euphorbia pulcherrima⟩.

point[1] [pɔɪnt]⟨f4⟩⟨zn.⟩ ⟨→sprw. 566⟩

I ⟨telb.zn.⟩ **0.1** ***punt*** ⇒*stip, spikkel, plek, spits;* ⟨rekenkunde⟩ *decimaalteken, komma* **0.2** ***punt*** ⇒*waarde/waarderingspunt, punteenheid* **0.3** ⟨ben. voor⟩ ***(puntig) uiteinde*** ⇒*(land)punt, voorgebergte;* ⟨elek., mil.⟩ *spits; tak, end* ⟨v. gewei⟩; *uitsteeksel;* ⟨heraldiek⟩ *punt(ig) deel; (spits toelopend) vakje* ⟨op triktrakbord⟩ **0.4** ***punt*** ⇒*kwestie, onderwerp, opzicht* **0.5** ***karakteristiek*** ⇒*(kenmerkende) eigenschap, (ras)kenmerk* ⟨v. dier⟩ **0.6** ***(kompas)streek*** **0.7** ⟨jacht⟩ ***het staan*** ⇒*het aangeven* ⟨wild⟩ **0.8** ⟨jacht⟩ ***punt*** **0.9** ⟨cricket⟩ ***verdediger(spositie)*** ⟨tgo. batsman aan de offside⟩ **0.10** ***koord*** ⇒*rijgsnoer/veter,* ⟨scheep.⟩ *rifkoordje, lint met malie* **0.11** ⟨vnl. BE⟩ ***contactpunt*** ⇒*stopcontact* **0.12** ⟨sl.⟩ ***uitkijk*** ⟨bij misdaad⟩ ◆ **1.1** a ~ of light *een lichtpuntje* **1.2** how many ~s is this diamond? *hoeveel punten is die diamant?;* ⟨AE⟩ ~s for this semester's work *een cijfer voor het werk v. dit semester* **1.3** the ~ of Africa *de punt/kaap v. Afrika;* the ballet dancer was on her ~s *de balletdanseres stond op de punten v. haar tenen;* the ~ of an etching-needle *de punt v.e. etsnaald;* the ~ of a knife/pencil/sword *de punt v.e. mes/potlood/zwaard;* the ~ of a shield *de punt/het benedendeel v.e. schild;* the ~ of the vanguard *de spits v.d. voorhoede* **1.4** a ~ of conscience *een gewetenskwestie;* a ~ of honour *een erezaak, een point d'honneur;* a ~ of order *een ordepunt, opmerking mbt. de gang van zaken;* some ~s in your speech *een paar onderdelen/zaken in je toespraak* **1.¶** at the ~ of the sword *met het mes op de keel* **2.1** a full ~ at the end of a sentence *een punt aan het einde v.d. zin* **2.5** that's his strong ~ *dat is zijn sterke kant/zijn beste eigenschap/zijn fort* **2.6** the cardinal ~s *de (vier) hoofdrichtingen (op een kompas), de vier windstreken* **3.1** ⟨nat.⟩ fixed ~ *vast punt* ⟨v. temperatuur⟩; the raised ~ indicates vowel length *de hoge punt geeft de lengte v.d. klinkers aan* **3.2** the price of corn fell a few ~s *de graanprijs daalde een paar punten;* give ~s to s.o. *iem. punten vóór geven;* ⟨fig.⟩ *sterker zijn dan iem.;* lose on ~s *op punten verliezen;* shares rose some ~s *de aandelen gingen enkele punten omhoog;* score a ~/~s against/off/over s.o. *het van iem. winnen* ⟨in woordenstrijd⟩; *iem. op zijn nummer zetten, iem. v. repliek dienen, iem. de loef afsteken;* win/be beaten on ~s *op punten winnen/verliezen op punten;* we won by four ~s to one *we wonnen met vier-één* **3.4** labour the/a ~ *in details treden, op de details ingaan;* don't press the ~ *dring daar niet zo op aan;* pursue this ~ *hierover doorgaan;* I suppose it has its ~s *ik neem aan dat het zijn positieve kanten heeft;* I yield the ~ *op dat punt/wat dat betreft/dat geef ik toe* **3.7** come to/make a ~ *(muurvast) staan; een punt maken, recht afgaan (op wild)* ⟨v. jachthond⟩ **3.¶** ⟨AE; sl.⟩ shave the ~s *een wedstrijd/spel opzettelijk verliezen* ⟨voor geldelijk gewin⟩; stretch a ~ *een uitzondering maken, soepel zijn, met de hand over het hart strijken; overdrijven, te ver gaan* **4.1** four ~ three *vier komma drie, 4,3;* ~ three *nul komma drie, 0,3* **6.3** at the ~ of a gun *onder bedreiging met een geweer, met een geweer in de nek* **6.4** at all ~s *in alle opzichten, geheel en al;* **on** this ~ *in dit opzicht, op dit punt* **7.2** ⟨druk.⟩ a six-~ character *een letter v. zes punten;*

II ⟨telb. en n.-telb.zn.⟩ **0.1** ***punt*** ⟨precieze plaats/tijd/toestand/graad/fase⟩ ⇒⟨bij uitbr.⟩ *kern, essentie, clou, pointe* ◆ **1.1** first ~ of Aries *punt Ariës, lentepunt;* the ~ of this book *de essentie v. dit boek, waar het om gaat in dit boek;* ~ of contact *aanrakingspunt;* the ~ of death *het tijdstip v.d. dood;* ~ of departure *punt/tijdstip v. vertrek;* ~ of entry *inschaling* ⟨mbt. loon⟩; the ~ of this joke *de clou v. deze grap;* a ~-to-~ race *paardenrace v. punt naar punt* ⟨route aangegeven door bep. tekens⟩; ~ of reference *referentiepunt;* ~ of no return *(beslissend) punt (waarna men moet doorgaan);* some ~s along this road *enkele haltes/stopplaatsen langs deze weg;* ~ of view *uitkijkpunt;* ⟨fig.⟩ *gezichtspunt, standpunt* **1.¶** in ~ of fact *in feite/werkelijkheid; bovendien, zelfs, en niet te vergeten* **2.1** the most beautiful ~s *de mooiste plekjes;* full to bursting ~ *propvol, barstensvol;* the main ~ *het allerbelangrijkste, de hoofdzaak* **3.1** when it came to the ~ *toen puntje bij paaltje kwam, toen het er echt op aankwam;* I've come to the ~ of hating him *ik begin hem nu zelfs te haten;* come/get to the ~ *ter zake komen;* get/see the ~ of sth. *iets snappen;* you have a ~ there *daar heb je gelijk in;* it's the ~ to do it soon *het is zaak het spoedig te doen;* that's just the ~ *dat is het hele punt, dat is het 'm juist;* I always make a ~ of being in time *ik zorg er altijd goed voor op tijd te zijn;* he always misses the ~ *hij begrijpt de strekking/geestigheid nooit;* reach the ~ *terzake komen;* I take your ~, ~ taken *ik begrijp wat je bedoelt;* wander off/away from the ~ *afdwalen* **6.1** **at** the ~ of death *op het randje v.d. dood;* only **at** that ~ did he tell me *pas toen/daar vertelde hij het mij;* that's **beside** the ~ *dat heeft er niets mee te maken;* he answered my question ~ **by** ~ *hij beantwoordde mijn vraag puntsgewijs;* **from** a political ~ of view *uit politiek oogpunt;* **in** ~ **of** cost *wat de kosten betreft, mbt. de kosten;* **off/away from** the ~ *niet ter zake, niet relevant;* he got **off** the ~ *hij dwaalde v.h. onderwerp af;* be **on** the ~ of *op het punt staan te, er na aan toe zijn om;* that's (not) **to** the ~ *dat is (ir)relevant;* he's always **to** the ~ *hij is altijd zakelijk;* **to** the

~ **of** rudeness *op het onbeleefde af, grenzend aan grofheid;* **up to** a (certain) ~ *tot op zekere hoogte, binnen zekere grenzen* **6.¶** a case **in** ~ *een dergelijk geval, toepasselijk;* the case **in** ~ *het betreffende geval, de zaak in kwestie;*
III ⟨n.-telb.zn.⟩ **0.1** ***zin*** *⇒doel(treffendheid), bedoeling, effect* ◆ **3.1** carry/gain your ~ *je doel bereiken, een overtuigend effect bereiken;* what's the ~? *wat heeft het voor zin/voordeel? wat is de reden?;* there is no/not much ~ in this *dit heeft geen/niet veel zin;* his remarks lacked ~ *zijn opmerkingen sloegen nergens op;* you have made your ~ *je hebt je bedoeling duidelijk (genoeg) gemaakt;* you've proved your ~ *je hebt je gelijk bewezen, je hebt je mening duidelijk onder woorden gebracht;* I take your ~ *ik begrijp wat je bedoelt* **3.¶** give ~ to one's words *zijn woorden benadrukken, nadruk leggen op zijn woorden* **6.1** his advice was **to** the ~ *zijn advies was zinvol/nuttig;*
IV ⟨mv.; ~s⟩ **0.1** ⟨BE; spoorw.⟩ ***(punt)wissel*** **0.2** ***extremiteiten*** ⟨v. hond/paard⟩ *⇒uiteinden.*

point[2] ⟨f4⟩ ⟨ww.⟩ →pointed, pointing
I ⟨onov.ww.⟩ **0.1** ***gericht zijn*** *⇒aandachtig/geconcentreerd zijn, mikken, gekeerd zijn, de aandacht trekken* **0.2** ***neigen*** *⇒zich draaien* **0.3** ***wijzen*** *⇒het bewijs zijn* **0.4** ***(blijven) staan*** ⟨v. hond⟩ ◆ **6.1** the gun ~ed **at/towards** me *het geweer was op mij gericht* **6.3** ~ **to** sth. *ergens naar wijzen, iets aangeven, iets suggereren, iets bewijzen;*
II ⟨ov.ww.⟩ **0.1** ***in een punt maken*** *⇒scherp/spits maken, aanpunten* **0.2** ***richten*** *⇒(be)wijzen, mikken* **0.3** ***interpungeren*** *⇒(lees)tekens aanbrengen in, dmv. punt/decimaal scheiden;* ⟨muz.⟩ *punteren* ⟨voor staccato-effect⟩; ⟨muz.⟩ *een punt zetten na* ⟨noot; verlengt haar waarde met de helft⟩; ⟨B.⟩ *punteren* **0.4** ***kracht bijzetten aan*** *⇒verduidelijken, benadrukken* **0.5** ***voegen*** ⟨metselwerk⟩ **0.6** ***aangeven*** ⟨v. hond/kompas⟩ ◆ **1.1** she ~ed her toes *ze spitste haar tenen;* ~ a pencil *een potlood slijpen/punten* **1.2** he ~ed his finger at me *hij wees mij aan;* ⟨fig.⟩ ~ a finger (of scorn) at s.o. *iem. in het openbaar beschuldigen/aanvallen* **1.6** the dog ~ed the game *de hond gaf het wild aan* **5.3** ~ **off** a figure *een getal dmv. een decimaal scheiden* **5.4** this ~s **up** the difference between them *dit benadrukt het verschil tussen hen* **5.¶** →point **out** **6.2** he ~ed his gun **at/towards** the door *hij richtte zijn geweer op de deur.*

'point'blank[1] ⟨f1⟩ ⟨bn.⟩ **0.1** ***à bout portant*** *⇒korte afstands-, van vlakbij, regelrecht* **0.2** ***rechtstreeks*** *⇒(te) direct, bot* ◆ **1.1** ~ distance *(van) korte afstand;* at ~ range *à bout portant;* a ~ shot *een kernschot* **1.2** a ~ accusation *een regelrechte beschuldiging;* a ~ refusal *een botte weigering.*

point·blank[2] ⟨f1⟩ ⟨bw.⟩ **0.1** ***à bout portant*** *⇒van korte afstand, van vlakbij, regelrecht* **0.2** ***rechtstreeks*** *⇒zonder omhaal, op de man af* ◆ **3.1** fire ~ at s.o. *van korte afstand op iem. schieten* **3.2** he told me ~ *hij vertelde het mij op de man af/zonder omhaal/ijskoud.*

'point-de'vice ⟨bn., pred.; bw.⟩ ⟨vero.⟩ **0.1** ***keurig (netjes)*** *⇒tot in de puntjes verzorgd.*

'point duty ⟨n.-telb.zn.⟩ ⟨BE⟩ **0.1** ***verkeersregeling*** ⟨vnl. op kruispunt⟩ ◆ **1.1** a policeman on ~ *verkeersagent, verkeersregelaar.*

point·ed ['pɔɪnṭɪd] ⟨f3⟩ ⟨bn.; volt. deelw. v. point; -ly; -ness⟩ **0.1** ***puntig*** *⇒met een punt, puntvormig, punt-* **0.2** ***scherp*** *⇒venijnig, bits, doordringend, ad rem* **0.3** ***gericht*** *⇒op de man/vrouw af, persoonlijk* **0.4** ***nadrukkelijk*** *⇒duidelijk, opvallend* ◆ **1.1** ~ fingernails *spitse nagels;* ~ shoes *puntschoenen* **1.2** a ~ answer *een bits/ad rem antwoord;* a ~ question *een scherpe vraag;* looking in a ~ way *doordringend kijken;* she has a ~ wit *zij is niet op haar mondje gevallen, zij is zeer ad rem* **1.3** ~ accusations *persoonlijke beledigingen.*

point·er ['pɔɪntə||'pɔɪnṭər] ⟨f2⟩ ⟨zn.⟩
I ⟨telb.zn.⟩ **0.1** ***wijzer*** ⟨v. klok, weegschaal e.d.⟩ **0.2** ***aanwijsstok*** **0.3** ***aanwijzing*** *⇒suggestie, hint, advies, wenk* **0.4** ⟨jacht⟩ ***pointer*** *⇒staande hond* **0.5** ***graveer/etsnaald;***
II ⟨mv.; ~s; the; vnl. P-⟩ ⟨ster.⟩ **0.1** ***de twee Grote Beersterren.***

'point-head, point·y-head ['pɔɪnṭihed] ⟨telb.zn.⟩ ⟨sl.⟩ **0.1** ***vandaal*** *⇒straatschenner* **0.2** ***stommeling.***

'point-'head·ed, 'point·y-'head·ed ⟨bn.⟩ ⟨sl.⟩ **0.1** ***geleerd*** *⇒intellectueel.*

poin·til·lism ['pwæntɪlɪzm, 'pɔɪnṭɪlɪzm] ⟨n.-telb.zn.⟩ ⟨beeld.k.⟩ **0.1** ***pointillisme.***

poin·til·list[1] ['pwæntɪlɪst, 'pɔɪnṭɪ-] ⟨telb.zn.⟩ ⟨beeld.k.⟩ **0.1** ***pointillist.***

pointillist[2], **poin·til·lis·tic** ['pwæntɪ'lɪstɪk, 'pɔɪnṭɪ-] ⟨bn.⟩ ⟨beeld.k.⟩ **0.1** ***pointillistisch.***

point·ing ['pɔɪnṭɪŋ] ⟨telb. en n.-telb.zn.; (oorspr.) gerund v. point⟩ **0.1** ***interpunctie*** **0.2** ⟨bouwk.⟩ ***voegwerk.***

'point lace ⟨n.-telb.zn.⟩ **0.1** ***naaldkant.***

point·less ['pɔɪntləs] ⟨f2⟩ ⟨bn.; -ly; -ness⟩ **0.1** ***zinloos*** *⇒doelloos* **0.2** ***nutteloos*** *⇒onnodig, onbelangrijk* **0.3** ***bot*** *⇒stomp, zonder punt, puntloos* **0.4** ***puntloos*** *⇒zonder (gescoorde) punten* **0.5** ***flauw*** *⇒zwak, krachteloos* ◆ **1.4** a ~ draw *een o-o gelijk spel* **1.5** a ~ joke *een flauwe mop.*

'point man ⟨telb.zn.⟩ ⟨AE; inf.⟩ **0.1** ***uitkijk*** ⟨bij misdaad⟩ **0.2** ⟨mil.; ook fig.⟩ ***voorman.***

'point-of-'sale ⟨telb.zn.⟩ **0.1** ***verkooppunt.***

'point 'out ⟨ov.ww.⟩ **0.1** ***wijzen naar*** **0.2** ***naar voren brengen*** *⇒in het midden/te berde brengen* ◆ **1.2** ~ s.o.'s responsibilities *iem. zijn plichten voorhouden* **6.1** ~ sth. **to** s.o. *iem. op iets attenderen.*

'point penalty ⟨telb.zn.⟩ ⟨sport, i.h.b. tennis⟩ **0.1** ***strafpunt.***

'points classification ⟨telb.zn.⟩ ⟨wielrennen⟩ **0.1** ***puntenklassement.***

points·man ['pɔɪntsmən] ⟨telb.zn.; pointsmen [-mən]; →mv. 3⟩ ⟨BE⟩ **0.1** ***wisselwachter*** **0.2** ***verkeersagent.***

'point system ⟨telb. en n.-telb.zn.⟩ **0.1** ⟨druk.⟩ ***puntenstelsel*** **0.2** ⟨school., ec.⟩ ***puntensysteem.***

point-to-point ⟨telb.zn.; ook attr.⟩ ⟨BE; paardesport⟩ **0.1** ***steeplechase.***

poise[1] [pɔɪz] ⟨f1⟩ ⟨zn.⟩
I ⟨telb.zn.⟩ ⟨schei.⟩ **0.1** ***poise;***
II ⟨telb. en n.-telb.zn.⟩ **0.1** ***evenwicht*** *⇒stabiliteit, balans;* ⟨fig.⟩ *zelfverzekerdheid, zelfvertrouwen, onverstoorbaarheid, rust, kalmte, waardigheid* **0.2** ***houding*** ⟨bv. v. hoofd⟩ *⇒voorkomen* ◆ **6.1** **at** ~ *in evenwicht;*
III ⟨n.-telb.zn.⟩ **0.1** ***het hangen/zweven (in de lucht)*** **0.2** ***besluiteloosheid*** *⇒onzekerheid* ◆ **6.2** **at** ~ *in onzekerheid.*

poise[2] ⟨f2⟩ ⟨ww.⟩ →poised
I ⟨onov.ww.⟩ **0.1** ***balanceren*** *⇒zweven;*
II ⟨ov.ww.⟩ **0.1** ***(in evenwicht) houden*** *⇒(doen) balanceren* **0.2** ***klaar/gereed houden.***

poised [pɔɪzd] ⟨f2⟩ ⟨bn.; volt. deelw. v. poise⟩
I ⟨bn.⟩ **0.1** ***evenwichtig*** *⇒weloverwogen, stabiel, verstandig;*
II ⟨bn., pred.⟩ **0.1** ***zwevend*** *⇒*⟨fig.⟩ *in onzekerheid, balancerend* **0.2** ***stil (in de lucht hangend)*** **0.3** ***klaar*** *⇒gereed, bereid* ◆ **1.2** the hummingbird hung ~ above the flower *de kolibri hing stil boven de bloem* **3.3** the mother sat ~ on the edge of the chair *de moeder zat op het puntje v. haar stoel* **6.1** he was ~ **between** life and death *hij zweefde tussen leven en dood* **6.3** the soldiers were ~ **for** action *de soldaten waren klaar voor de strijd;* be ~ **for** victory *op het punt staan te winnen.*

poi·son[1] ['pɔɪzn] ⟨f3⟩ ⟨zn.⟩ ⟨→sprw. 535⟩
I ⟨telb. en n.-telb.zn.⟩ **0.1** ***vergif(t)*** *⇒gif;* ⟨fig.⟩ *schadelijke invloed/doctrine, kwaad* **0.2** ⟨schei.⟩ ***inhibitor*** *⇒vergift, negatieve katalysator* **0.3** ⟨sl.⟩ ***ongeluksbrenger*** *⇒pest* ◆ **3.1** hate s.o. like ~ *iem. dodelijk haten;*
II ⟨n.-telb.zn.⟩ ⟨inf.; scherts.⟩ **0.1** ***drank*** ◆ **4.1** What's your ~? *Wat mag het zijn?.*

poison[2] ⟨f3⟩ ⟨ov.ww.⟩ **0.1** ***vergiftigen*** **0.2** ***bederven*** ⟨sfeer, mentaliteit⟩ *⇒verzieken, vergallen* **0.3** ***vervuilen*** ⟨bv. water⟩ *⇒verontreinigen* **0.4** ⟨BE⟩ ***ontsteken*** **0.5** ⟨schei.⟩ ***vergiftigen*** ◆ **1.1** a ~ed arrow *een giftige pijl;* a ~ed cup *een gifbeker;* our dog was ~ed *onze hond werd vergiftigd;* ~ed food *vergiftigd voedsel* **1.2** he ~ed their pleasure *hij bedierf hun plezier;* their good relationship was ~ed by jealousy *hun goede verhouding werd door jaloezie verstoord/verziekt* **1.3** this river is ~ed with chemicals *deze rivier is verontreinigd door chemische stoffen* **1.4** a ~ed leg *een ontstoken been* **6.1** ⟨fig.⟩ his friends ~ed his mind **against** the school *zijn vrienden stookten hem op tegen de school.*

poi·son·er ['pɔɪznə||-ər] ⟨f1⟩ ⟨telb.zn.⟩ **0.1** ***gifmenger/ster*** *⇒vergiftiger, gifmoordenaar.*

'poison fang ⟨telb.zn.⟩ **0.1** ***gif(t)tand.***

'poison 'gas ⟨n.-telb.zn.⟩ **0.1** ***gifgas.***

'poison gland ⟨telb.zn.⟩ **0.1** ***giftklier.***

'poison 'ivy ⟨telb. en n.-telb.zn.⟩ ⟨plantk.⟩ **0.1** ***gifsumac*** ⟨Rhus radicans/toxicodendron⟩.

'poison nut ⟨telb.zn.⟩ ⟨plantk.⟩ **0.1** ***braaknoot*** ⟨Nux vomica⟩ **0.2** ***braaknoteboom*** ⟨Strychnos nux-vomica⟩.

poi·son·ous ['pɔɪznəs] ⟨f2⟩ ⟨bn.; -ly; -ness⟩ **0.1** ***giftig*** **0.2** ***verderfelijk*** *⇒negatief, zeer slecht, corrumperend* **0.3** ***verontreinigend*** *⇒vervuilend* **0.4** ***akelig*** *⇒zeer onaangenaam, gemeen, afschuwelijk* ◆ **1.1** a ~ snake *een giftige slang* **1.2** ~ ideas *verderfelijke ideeën* **1.3** the ~ effect of this substance *het verontreinigende effect v. deze stof* **1.4** a ~ dish *afschuwelijk eten;* a ~ glance *een vernietigende blik;* ~ green *gifgroen.*

'poi·son-'pen ⟨telb.zn.⟩ **0.1** ***(anonieme) lasterschrijver*** *⇒lasteraar.*

'poison-'pen letter ⟨telb.zn.⟩ **0.1** ***(anonieme) lasterbrief*** *⇒lasterschrift.*

poke[1] [poʊk] ⟨f1⟩ ⟨zn.⟩
I ⟨telb.zn.⟩ **0.1** ***por*** *⇒prik, duw, zet, stoot* **0.2** ⟨AE; honkbal⟩ ***hit*** *⇒slag* **0.3** ***vuistslag*** **0.4** ***luifel*** ⟨v. hoed⟩ **0.5** ***luifelhoed*** **0.6** ⟨AE⟩ ***slome duikelaar*** *⇒sufferd, boereheikneuter* **0.7** ⟨vero. of gew.⟩

zak **0.8** ⟨plantk.⟩ ***karmozijnbes*** ⟨Phytolacca americana⟩ **0.9** ⟨AE; sl.⟩ ***portemonnee*** ⇒*portefeuille, beurs, platvink* **0.10** ⟨AE; inf.⟩ ***cowboy*** **0.11** ⟨AE; inf.⟩ ***dagloner*** **0.12** ⟨BE; vulg.⟩ ***neukpartij*** ⇒*wip* ◆ **3.1** he gave me a ~ in the ribs *hij porde me in mijn zij;*
II ⟨n.-telb.zn.⟩ ⟨AE; sl.⟩ **0.1** ***poen*** ⇒*geld, centen.*

poke² ⟨f3⟩ ⟨ww.⟩
I ⟨onov.ww.⟩ **0.1** ***tevoorschijn komen*** ⇒*uitsteken* **0.2** ***hannesen*** ⇒*lummelen* **0.3** ***zoeken*** ⇒*snuffelen,* ⟨i.h.b.⟩ *zich bemoeien met iets* ◆ **5.2** I've been poking **about/around** in the shed all morning *ik heb de hele ochtend in de schuur rondgescharreld* **5.3** who has been poking **about/around** among my letters *wie heeft er in mijn brieven zitten neuzen?;* she ~d **about/around** in het pockets *ze zocht in al haar zakken* **6.1** the boy's head ~d **from** among the leaves *het hoofd van de jongen kwam tussen de bladeren te voorschijn* **6.3** ~ **into** s.o.'s business *zijn neus in iemands zaken steken;*
II ⟨onov. en ov.ww.⟩ **0.1** ***porren*** ⇒*prikken, steken, priemen, boren* **0.2** ***stoten*** ⇒*duwen* **0.3** ⟨vulg.⟩ ***neuken*** ⇒*naaien* ◆ **1.1** ~ a hole in sth. *ergens een gat in maken;* ~ s.o. in the ribs *iem. in zijn zij porren;* ~ one's nose into sth. *zijn neus ergens insteken* **1.2** ~ one's way through the crowd *zich door de menigte ellebogen* **6.1** she was just poking **at** her plate *ze zat maar een beetje in haar bord te prikken;* stop poking your fork **at** the poor cat *zit niet zo met je vork te prikken naar die arme poes;*
III ⟨ov.ww.⟩ **0.1** ***(op)poken*** ⇒*(op)porren* ⟨vuur⟩ **0.2** ***uitsteken*** ⇒*te voorschijn brengen* **0.3** ***een vuistslag geven*** ⇒*stompen* **0.4** ⟨inf.⟩ ***opsluiten*** ⟨in kleine/smerige ruimte⟩ **0.5** ⟨AE⟩ ***hoeden*** ⟨vee⟩ **0.6** ⟨AE; honkbal⟩ ***hitten*** ⇒*een honkslag/homerun slaan* **0.7** ⟨AE; inf.⟩ ***beïnvloeden*** ⇒*oppeppen, lokken* ◆ **1.2** ~ one's head *met het hoofd naar voren lopen; het hoofd (ergens) uitsteken* **4.3** he threatened to ~ me one *hij dreigde me een mep te verkopen* **5.4** I hate to be ~d **up** in this village for another week *ik vind het vreselijk om nog een week in dit gat te moeten zitten.*

'poke·ber·ry ⟨telb. en n.-telb.zn.⟩ ⟨plantk.⟩ **0.1** ***karmozijnbes*** ⟨Phytolacca americana⟩.

'poke bonnet ⟨telb.zn.⟩ **0.1** ***luifelhoed*** ⇒*tuithoed.*

pok·er ['poukə‖-ər] ⟨f2⟩ ⟨zn.⟩
I ⟨telb.zn.⟩ **0.1** ***kachelpook*** ⇒*pook;*
II ⟨n.-telb.zn.⟩ **0.1** ***poker*** ⟨kaartspel⟩.

'poker dice ⟨zn.; poker dice; →mv. 5⟩
I ⟨telb.zn.⟩ **0.1** ***pokerstenen;***
II ⟨n.-telb.zn.⟩ **0.1** ***poker*** ⟨met pokerstenen⟩.

'poker face ⟨f1⟩ ⟨telb.zn.⟩ **0.1** ***pokergezicht*** ⇒*onbewogen gezicht, pokerface* **0.2** ***iem. met een pokergezicht/onbewogen gezicht.***

'pok·er'faced ⟨bn.⟩ **0.1** ***met een pokergezicht*** ⇒*(met een) onbewogen (gezicht).*

'poker machine ⟨telb.zn.⟩ ⟨Austr. E⟩ **0.1** ***gokautomaat.***

'poker work ⟨telb. en n.-telb.zn.⟩ **0.1** ***(ontwerp/versiering in) brandwerk.***

'poke·weed ⟨telb. en n.-telb.zn.⟩ ⟨plantk.⟩ **0.1** ***karmozijnbes*** ⟨Phytolacca Americana⟩.

po·ky¹, po·key ['pouki] ⟨telb.zn.; 1e variant; →mv. 2⟩ ⟨AE; sl.⟩ **0.1** ***nor*** ⇒*bak, gevangenis.*

poky², ⟨AE sp. ook⟩ **pokey** ⟨f1⟩ ⟨bn.; -er; -ly; -ness; →bijw. 3⟩ ⟨inf.⟩ **0.1** ***benauwd*** ⇒*klein, hokkerig, petieterig, miezerig* **0.2** ***slonzig*** **0.3** ***sloom*** ⇒*traag* ◆ **1.2** her clothes were as ~ as ever *ze ging nog altijd even slonzig gekleed.*

pol ⟨afk.⟩ political, politician, politics.

po·lac·ca [pou'lækə], **po·la·cre** [pou'lɑ:kə‖-'lɑkər] ⟨telb.zn.⟩ ⟨scheep.⟩ **0.1** ***polakker(brik).***

po·lack ['poulæk‖'poulɑk] ⟨telb.zn.; soms P-⟩ ⟨AE; bel.⟩ **0.1** ***Pool*** ⇒*polak.*

Poland China ⟨telb.zn.⟩ **0.1** ***Poland Chinavarken*** ⟨Am. varkensras⟩.

po·lar¹ ['poulə‖-ər] ⟨telb.zn.⟩ **0.1** ***poolkromme.***

polar² ⟨f2⟩ ⟨bn., attr.; -ly⟩ **0.1** ⟨aardr.⟩ ***polair*** ⇒*pool-, van de poolstreken* **0.2** ⟨nat.⟩ ***polair*** ⇒*pool-* **0.3** ***tegenovergesteld*** **0.4** ⟨wisk.⟩ ***pool-*** ⇒*polair* **0.5** ***leidend*** **0.6** ***centraal*** ⇒*kern-* ◆ **1.1** ~ bear *ijsbeer;* ~ cap *ijskap;* ⟨i.h.b.⟩ *poolkap;* ⟨ster.⟩ *poolstreek* ⟨v. planeet⟩; ~ circle *poolcirkel;* ~ lights *poollicht, noorder/zuiderlicht;* ~ star *poolster* **1.3** they are ~ opposites at that point *wat dat betreft staan ze lijnrecht tegenover elkaar/zijn ze elkaars tegenpolen* **1.4** ~ angle *middelpuntshoek;* ~ axis *poolas;* ⟨kristallografie⟩ *polaire symmetrieas;* ~ coordinate *poolcoördinaat;* ~ curve *poolkromme;* ~ distance *poolafstand* **1.5** ~ principle *leidend beginsel* **1.6** the ~ datum *het cruciale gegeven* **1.¶** ⟨biol.⟩ ~ body *poollichaampje, richtingslichaampje* ⟨polocyt⟩.

po·lar·i- ['poulәri, pou'læri] **0.1** ***polari-*** ⇒*polair.*

po·lar·im·e·ter ['poulə'rımıṭə‖-mıṭər] ⟨telb.zn.⟩ ⟨nat., schei.⟩ **0.1** ***polarimeter.***

po·lar·i·met·ric ['pouləri'metrık, pou'lærı-] ⟨bn.⟩ ⟨nat., schei.⟩ **0.1** ***polarimetrisch.***

po·lar·im·e·try ['poulə'rımıṭri] ⟨n.-telb.zn.⟩ ⟨nat., schei.⟩ **0.1** ***polarimetrie.***

Po·lar·is [pə'lɑ:rıs] ⟨zn.⟩
I ⟨eig.n.⟩ **0.1** ***Polaris*** ⇒*de poolster;*
II ⟨telb.zn.⟩ ⟨AE; mil.⟩ **0.1** ***polarisraket.***

po·lar·i·scope [pou'lærıskoup] ⟨telb.zn.⟩ ⟨nat.⟩ **0.1** ***polariscoop.***

po·lar·i·scop·ic [pou'lærı'skɒpık‖-'skɑ-] ⟨bn.; -ally; →bijw. 3⟩ ⟨nat., schei.⟩ **0.1** ***polariscopisch.***

po·lar·i·ty [pə'lærəṭi] ⟨f1⟩ ⟨telb. en n.-telb.zn.; →mv. 2⟩ **0.1** ⟨nat.⟩ ***polariteit*** ⇒⟨fig.⟩ *tegengesteldheid, tegenstrijdigheid* **0.2** ***voorliefde*** ⇒*gerichtheid.*

po·lar·i·za·tion, -sa·tion ['poulərai'zeıʃn‖-rə'zeıʃn] ⟨f1⟩ ⟨telb. en n.-telb.zn.⟩ ⟨nat., schei.⟩ **0.1** ***polarisatie*** ⟨ook fig.⟩ ⇒*toespitsing v. tegenstellingen.*

po·lar·ize, -ise ['pouləraız] ⟨f1⟩ ⟨ww.⟩
I ⟨onov.ww.⟩ **0.1** ***in tweeën splijten*** ⇒*gepolariseerd worden, splitsen, uiteenvallen;*
II ⟨ov.ww.⟩ **0.1** ⟨nat., schei.⟩ ***polariseren*** ⟨ook fig.⟩ ⇒*doen uiteenvallen, in tweeën splijten* **0.2** ***sturen*** ⇒*richten, doen concentreren, een bep. wending geven* ◆ **6.1** the unexpected crash ~d the party **into** two groups *de plotselinge krach heeft de partij in twee groepen uiteen doen vallen* **6.2** society today is ~d **towards** material prosperity *de maatschappij is tegenwoordig gericht op materiële welvaart.*

po·lar·iz·er ['pouləraızə‖-ər] ⟨telb.zn.⟩ ⟨nat.⟩ **0.1** ***polarisator.***

po·lar·o·graph·ic [pou'lærı'græfık] ⟨bn.; -ally; →bijw. 3⟩ ⟨schei.⟩ **0.1** ***polarografisch.***

po·lar·og·ra·phy ['poulə'rɒgrəfi‖-'rɑ-] ⟨n.-telb.zn.⟩ ⟨schei.⟩ **0.1** ***polarografie.***

Po·lar·oid ['pouləroıd] ⟨f1⟩ ⟨zn.⟩
I ⟨telb.zn.⟩ **0.1** ***polaroidcamera;***
II ⟨n.-telb.zn.; ook p-⟩ **0.1** ***polaroid;***
III ⟨mv.; ~s⟩ ⟨inf.⟩ **0.1** ***polaroidbril.***

po·la·touche ['poulə'tu:ʃ] ⟨telb.zn.⟩ ⟨dierk.⟩ **0.1** ***vliegende eekhoorn*** ⟨Sciuropterus volans⟩.

pol·der ['pɒldə‖'pouldər] ⟨telb.zn.⟩ **0.1** ***polder.***

pole¹ [poul] ⟨f3⟩ ⟨telb.zn.⟩ **0.1** ⟨P-⟩ ***Pool*** ⇒*iem. v. Poolse afkomst/met de Poolse nationaliteit* **0.2** ⟨aardr., biol., nat., ster., wisk.⟩ ***pool*** ⇒⟨fig.⟩ *tegenpool* **0.3** ⟨ben. voor⟩ ***paal*** ⇒*mast, stok, staaf, stang; vaarboom; disselboom;* ⟨scheep.⟩ *dun rondhout; (pols) stok, springstok* **0.4** ⟨sport⟩ ***binnenbaan*** ⟨zie ook pole position⟩ **0.5** ***rod*** ⇒*roede* ⟨5,029 m; →t1⟩ **0.6** ***rod*** ⇒*roede* ⟨25,29 m²; →t1⟩ **0.7** ***kernpunt*** ⇒*draaipunt* **0.8** ⟨sl.⟩ ***lul*** ⇒*pik, paal* **0.9** ⟨sl.; honkbal⟩ ***knuppel*** ⇒*slaghout* ◆ **3.¶** drive s.o. up the ~ *iem. razend maken* **5.¶** be ~s **apart/asunder** *onverzoenlijk/onverenigbaar zijn, hemelsbreed van elkaar verschillen, tegenpolen zijn* **6.2 from** ~ **to** ~ *over de hele wereld, van pool tot pool* **6.¶** ⟨vnl. BE⟩ **up** the ~ *in de problemen; aangeschoten; excentriek, geschift.*

pole² ⟨ww.⟩
I ⟨onov.ww.⟩ **0.1** ⟨scheep.⟩ ***bomen*** ⇒*punteren* **0.2** ***skiën met skistokken*** **0.3** ⟨sl.⟩ ***blokken*** ⇒*hard studeren* **0.4** ⟨sl.; sport, i.h.b. honkbal⟩ ***'m vol raken*** ⇒*meppen* **0.5** ⟨sl.⟩ ***eenstemmigheid bereiken*** **0.6** ⟨sl.⟩ ***in stemming brengen;***
II ⟨ov.ww.⟩ **0.1** ⟨scheep.⟩ ***voortbomen*** ⇒*punteren met* **0.2** ⟨landb.⟩ ***stokken*** ⇒*van staken voorzien* **0.3** ***slaan (met een paal)*** **0.4** ⟨sl.; sport, i.h.b. honkbal⟩ ***vol raken*** ⟨met knuppel/slaghout⟩.

'pole·axe¹ ⟨telb.zn.⟩ **0.1** ***strijdbijl*** **0.2** ***hellebaard*** **0.3** ***enterbijl*** **0.4** ***slachtbijl.***

poleaxe² ⟨ov.ww.⟩ **0.1** ***slachten*** **0.2** ***neerslaan/doden met bijl*** ⇒⟨fig.⟩ *bewusteloos slaan.*

'pole bean ⟨telb.zn.⟩ **0.1** ***stokboon.***

'pole·cat ⟨telb.zn.⟩ ⟨dierk.⟩ **0.1** ***bunzing*** ⟨in Europa; Mustela putorius⟩ **0.2** ***marterachtige*** ⟨in Amerika; fam. Mustelidae⟩ ⇒⟨i.h.b.⟩ *stinkdier, skunk* ⟨in Amerika; fam. Mephitinae⟩.

'pole·horse ⟨telb.zn.⟩ **0.1** ***trekpaard*** ⇒⟨i.h.b.⟩ *achterpaard.*

pole jump →pole vault.

po·lem·ic¹ [pə'lemık] ⟨f1⟩ ⟨zn.⟩
I ⟨telb.zn.⟩ **0.1** ***polemiek*** ⇒*pennestrijd, twist, controverse* **0.2** ***polemicus*** ⇒*polemist;*
II ⟨n.-telb.zn.⟩ **0.1** ***het polemiseren;***
III ⟨mv.; ~s; ww. vnl. enk.⟩ **0.1** ***het polemiseren*** **0.2** ⟨relig.⟩ ***polemiek.***

polemic², po·lem·i·cal [pə'lemıkl] ⟨f1⟩ ⟨bn.; -(al)ly; →bijw. 3⟩ **0.1** ***polemisch*** ⇒*twist-* **0.2** ***controversieel*** **0.3** ***polemisch*** ⇒*twistziek, offensief.*

po·lem·i·cist [pə'lemısıst], **pol·e·mist** ['pɒləmıst‖'pɑ-] ⟨telb.zn.⟩ **0.1** ***polemicus*** ⇒*polemist.*

po·le·mize ['pɒlımaız‖'pɑ-] ⟨onov.ww.⟩ **0.1** ***polemiseren*** ⇒*disputeren, een pennestrijd voeren.*

po·le·mol·o·gist ['poulı'mɒlədʒıst‖-'mɑl] ⟨telb.zn.⟩ **0.1** ***polemoloog.***

po·le·mol·ogy ['poʊlɪ'mɒlədʒi‖-'mɑ-]⟨n.-telb.zn.⟩ **0.1** ***polemologie***.
po·len·ta [poʊ'lentə]⟨n.-telb.zn.⟩⟨cul.⟩ **0.1** ***polenta***.
'pole position ⟨telb. en n.-telb.zn.⟩ **0.1** ⟨autosport⟩ ***eerste/beste startpositie*** ⇒*pole-position, voorste rij* ⟨v.d. startopstelling⟩; ⟨bij uitbr.⟩ *voordelige positie* **0.2** ⟨AE, Can. E; paardesport⟩ ***de (gunstige) binnenbaan*** ◆ **6.1** start **in** ~ *vanuit de eerste positie starten*.
'pole star ⟨f1⟩⟨telb.zn.⟩ **0.1** ***poolster***.
'pole vault[1], 'pole jump ⟨f1⟩⟨zn.⟩⟨atletiek⟩
I ⟨telb.zn.⟩ **0.1** ***polsstoksprong;***
II ⟨n.-telb.zn.⟩ **0.1** ***(het) polsstok(hoog)springen***.
pole vault[2], pole jump ⟨onov.ww.⟩⟨atletiek⟩ **0.1** ***polsstok(hoog) springen***.
'pole-vault·er ⟨f1⟩⟨telb.zn.⟩ **0.1** ***polsstokspringer***.
pole·ward[1] ['poʊlwəd‖-wərd]⟨bn., attr.⟩ **0.1** ***nabij de noord/zuidpool*** ◆ **1.1** ~ areas *poolgebieden, poolstreken;* ⟨mbt. Noordpool⟩ *het hoge noorden*.
poleward[2], pole·wards ['poʊlwədz‖-wərdz]⟨bw.⟩ **0.1** ***poolwaarts*** ⇒*in de richting v.d. Noord/Zuidpool* **0.2** ***nabij de noord/zuidpool*** ◆ **6.1** lie ~ **of** *noordelijker/zuidelijker liggen dan*.
po·lice[1] [pə'li:s]⟨f3⟩⟨zn.; →mv. 4⟩
I ⟨n.-telb.zn.⟩ **0.1** ***ministerie v. justitie*** **0.2** ***handhaving v.d. openbare orde;***
II ⟨verz.n.⟩ **0.1** ***politie*** ⇒*politiekorps/agenten, politiemacht/apparaat* **0.2** ***(leden v.d.) bewakingsdienst*** ⇒*bewakers, bewaking* **0.3** ⟨mil.⟩ ***(leden v.d.) corveedienst*** ⇒*corveeërs, onderhoud(sdienst), het schoonhouden* ⟨v. kamp e.d.⟩ ◆ **7.1** two hundred ~ *tweehonderd politieagenten*.
police[2] ⟨f1⟩⟨ov.ww.⟩ **0.1** ***onder politiebewaking stellen*** **0.2** ***controleren*** ⇒*toezicht uitoefenen op/over* **0.3** ⟨AE; mil.⟩ ***opruimen*** ⇒*schoonmaken* ⟨kamp, e.d.⟩ ◆ **1.1** this area has been ~d very carefully since the night of the murder *deze buurt wordt sinds de nacht van de moord zorgvuldig door de politie bewaakt* **1.2** British forces ~d the border for ten years *Engelse troepen hebben tien jaar lang het grensgebied bewaakt* **5.3** they ~d **up** the barracks only yesterday *ze hebben net gisteren de kazerne schoongemaakt*.
po'lice action ⟨telb.zn.⟩⟨mil.⟩ **0.1** ***politionele actie***.
po'lice box ⟨telb.zn.⟩ **0.1** ***melder*** ⇒*alarmtoestel*.
po'lice chief ⟨telb.zn.⟩ **0.1** ***politiecommissaris***.
po'lice 'constable ⟨telb.zn.⟩⟨BE; schr.⟩ **0.1** ***politieambtenaar/ambtenares*** ⇒*politieman/vrouw* ⟨v. laagste rang⟩.
po'lice court ⟨telb.zn.⟩ **0.1** ***politierechter*** ⟨enkelvoudige kamer v. arrondissementsrechtbank⟩.
po'lice dog ⟨telb.zn.⟩ **0.1** ***politiehond***.
po'lice force ⟨f1⟩⟨telb.zn.⟩ **0.1** ***politie(macht/korps)***.
po'lice inspector ⟨f1⟩⟨telb.zn.⟩ **0.1** ***inspecteur v. politie***.
po'lice 'magistrate ⟨telb.zn.⟩ **0.1** ***politierechter*** ⟨persoon⟩.
po·lice·man [pə'li:smən], **po'lice officer** ⟨f3⟩⟨telb.zn.; policemen [-mən]; →mv. 3⟩ **0.1** ***politieman/vrouw*** ⇒*politieagent(e)* ◆ **3.¶** sleeping policeman *verkeersdrempel*.
po'lice office ⟨telb.zn.⟩⟨vnl. BE⟩ **0.1** ***hoofdbureau v. politie***.
po'lice power ⟨n.-telb.zn.⟩ **0.1** ***rechterlijke macht*** ⟨een v.d. machten v.d. staat⟩.
po'lice reporter ⟨telb.zn.⟩ **0.1** ***misdaadverslaggever***.
po'lice state ⟨f1⟩⟨telb.zn.⟩ **0.1** ***politiestaat***.
po'lice station ⟨f1⟩⟨telb.zn.⟩ **0.1** ***politiebureau***.
po'lice woman ⟨f2⟩⟨telb.zn.⟩ **0.1** ***politieagente***.
pol·i·clin·ic ['pɒlɪ'klɪnɪk‖'pɑ-]⟨telb.zn.⟩ **0.1** ***polikliniek***.
pol·i·cy ['pɒlɪsi‖'pɑ-]⟨f3⟩⟨zn.; →mv. 2⟩⟨→sprw. 300⟩
I ⟨telb.zn.⟩ **0.1** ***beleid*** ⇒*gedragslijn, politiek* **0.2** ***leidraad*** ⇒*principe* **0.3** ***polis*** ⇒*verzekeringspolis* **0.4** ⟨Sch. E; vaak mv.⟩ ***park rond een landhuis;***
II ⟨n.-telb.zn.⟩ **0.1** ***voorzichtigheid*** ⇒*verstand, tactiek* **0.2** ***policy*** ⟨gokspel⟩ ◆ **2.1** lying is bad ~ *het is onverstandig om te liegen* **6.1** he has handled the case **with** more ~ than you would have expected *hij heeft het probleem verstandiger aangepakt dan je verwacht zou hebben*.
'pol·i·cy·hol·der ⟨telb.zn.⟩ **0.1** ***verzekeringnemer*** ⇒*polishouder*.
'pol·i·cy·mak·er ⟨telb.zn.⟩ **0.1** ***beleidsvormer*** ⇒*beleidsman, policymaker*.
'pol·i·cy·mak·ing ⟨n.-telb.zn.⟩ **0.1** ***beleidsvorming***.
'policy shift ⟨telb.zn.⟩ **0.1** ***beleidsombuiging***.
po·li·o ['poʊlioʊ]⟨f2⟩⟨n.-telb.zn.⟩⟨verk.⟩ poliomyelitis ⟨med.⟩ **0.1** ***polio*** ⇒*kinderverlamming*.
po·li·o·my·e·li·tis ['poʊlioʊmaɪə'laɪtɪs]⟨n.-telb.zn.⟩⟨med.⟩ **0.1** ***poliomyelitis*** ⇒*(acute) kinderverlamming*.
'po·li·o·vi·rus ⟨telb.zn.⟩⟨med.⟩ **0.1** ***poliomyelitisvirus***.
po·lis ['polɪs]⟨telb., verz.n.⟩⟨IE, Sch. E⟩ **0.1** ***politie(agent)***.
pol·ish[1] ['pɒlɪʃ‖'pɑ-]⟨f2⟩⟨zn.⟩⟨→sprw. 136⟩
I ⟨telb.zn.⟩ **0.1** ***poetsbeurt*** **0.2** ***glans*** ⇒*glimmend oppervlak, politoer;*
II ⟨telb. en n.-telb.zn.⟩ **0.1** ***poetsmiddel;***
III ⟨n.-telb.zn.⟩ **0.1** ***het polijsten*** ⇒*het oppoetsen* **0.2** ***beschaving*** ⇒*verfijning, elegance* **0.3** ⟨sl.⟩ ***nieuw(ig)heid*** ⇒*frisheid* ◆ **1.2** her manners are badly in need of ~ *haar manieren moeten nodig worden bijgeschaafd*.
polish[2] ⟨f3⟩⟨ww.⟩
I ⟨onov.ww.⟩ **0.1** ***gaan glanzen*** ⇒*glanzend worden* ◆ **1.1** any metal ~es easily with this new liquid *met dit nieuwe middel is elk metaal gemakkelijk op te poetsen;*
II ⟨ov.ww.⟩ **0.1** ***oppoetsen*** ⇒*polijsten* ⟨ook fig.⟩; *bijschaven, bijvijlen, beschaven, verfijnen, vervolmaken* ◆ **1.1** don't polish your boots with that *daar moet je je laarzen niet mee poetsen;* a most ~ed young man *een bijzonder elegant jongmens, een uiterst elegante jongeman;* a ~ed performance *een perfecte/tot in de puntjes verzorgde voorstelling* **5.1** he has ~ed **up** his speech *hij heeft zijn taalgebruik bijgeschaafd* **5.¶** →polish **off**.
Po·lish[1] ['poʊlɪʃ]⟨eig.n.⟩ **0.1** ***Pools*** ⇒*de Poolse taal*.
Polish[2] ⟨f1⟩⟨bn.⟩ **0.1** ***Pools*** ◆ **1.1** ~ draughts/checkers *Pools dammen*.
pol·ish·er ['pɒlɪʃə‖'pɑlɪʃər]⟨telb.zn.⟩⟨sl.⟩ **0.1** ***strooplikker*** ⇒*vleier*.
'polish 'off ⟨f1⟩⟨ov.ww.⟩⟨inf.⟩ **0.1** ***wegwerken*** ⇒*afraffelen* **0.2** ***verslaan*** ⇒*korte metten maken, afrekenen* **0.3** ⟨sl.⟩ ***vermoorden*** ⇒*naar de andere wereld helpen* ◆ **1.1** he polished off his dinner *hij werkte haastig zijn eten naar binnen;* she can ~ those dishes within fifteen minutes *zij werkt die vaat binnen een kwartier weg* **1.2** ~ one's enemies *met zijn vijanden afrekenen*.
polit ⟨afk.⟩ political, politics.
pol·it·bu·ro ['pɒlɪtbjʊəroʊ‖pə'lɪtbjʊroʊ]⟨telb.zn.; vaak P-⟩⟨pol.⟩ **0.1** ***politbureau*** ⟨ook fig.⟩.
po·lite [pə'laɪt]⟨f3⟩⟨bn.; ook -er; -ly; -ness; →compar. 7⟩⟨→sprw. 583⟩ **0.1** ***beleefd*** ⇒*goed gemanierd* **0.2** ***verfijnd*** ⇒*elegant* ◆ **1.2** ~ literature *bellettrie* **1.¶** ~ conversation *sociaal gebabbel*.
pol·i·tesse ['pɒlɪ'tes‖'pɑ-]⟨n.-telb.zn.⟩ **0.1** ***hoffelijkheid***.
pol·i·tic[1] ['pɒlɪtɪk‖'pɑ-]⟨f1⟩⟨bn.; -ly⟩
I ⟨bn.⟩ **0.1** ***scherpzinnig*** ⇒*verstandig, oordeelkundig* **0.2** ***geslepen*** ⇒*sluw, gehaaid, diplomatiek, handig;*
II ⟨bn., post.⟩ **0.1** ***politiek*** ⇒*staats-* ◆ **1.1** the body ~ *de staat, het staatslichaam*.
politic[2], politick ⟨onov.ww.; →ww. 7⟩ →politicking **0.1** ***zich met politiek bezig houden*** ⇒*aan politiek doen*.
po·lit·i·cal[1] [pə'lɪtɪkl]⟨telb.zn.⟩ **0.1** ***politiek betrokkene*** ⇒⟨i.h.b.⟩ *politiek gevangene*.
political[2] ⟨f3⟩⟨bn.; -ly; -ness⟩ **0.1** ***politiek*** ⇒*staatkundig* **0.2** ***overheids-*** ⇒*rijks-, staats-* ⟨niet mil.⟩ **0.3** ***politiek geëngageerd*** ◆ **1.1** ~ asylum *politiek asyl;* ~ economy *economie, staathuishoudkunde;* ~ geography *politieke geografie, staatkundige aardrijkskunde;* ~ prisoner *politieke gevangene;* ~ science *politicologie;* ~ scientist *politicoloog;* ~ will *politieke wil* **1.2** ⟨BE⟩ ~ agent *regeringsadviseur* ⟨door het rijk afgevaardigd naar land onder Brits protectoraat⟩ **1.3** he is not a very ~ person *hij is niet zo erg in politiek geïnteresseerd* **1.¶** ~ verse *heffingsvers;* ⟨i.h.b.⟩ *vijftienvoetige jambe*.
po·lit·i·cal·i·za·tion, -sa·tion [pə'lɪtɪkəlaɪ'zeɪʃn‖pə'lɪtɪkələ-]⟨telb. en n.-telb.zn.⟩ **0.1** ***verpolitieking*** ⇒*politisering*.
po·lit·i·cal·ize, -ise [pə'lɪtɪkəlaɪz]⟨ov.ww.⟩ **0.1** ***verpolitieken*** ⇒*politiseren*.
pol·i·ti·cian ['pɒl$hw'tɪʃn‖'pɑ-]⟨f3⟩⟨telb.zn.⟩ **0.1** ***politicus*** **0.2** ***partijpoliticus*** **0.3** ***politiek actief mens*** **0.4** ⟨pej.⟩ ***intrigant*** ⇒*versierder, strooplikker*.
po·lit·i·ci·za·tion, -sa·tion [pə'lɪtɪsaɪ'zeɪʃn‖-'lɪtɪsə-]⟨telb. en n.-telb.zn.⟩ **0.1** ***politisering***.
po·lit·i·cize, -cise [pə'lɪtɪsaɪz]⟨ww.⟩
I ⟨onov.ww.⟩ **0.1** ***aan politiek doen*** ⇒*de politicus uithangen, politiseren, over politiek praten;*
II ⟨ov.ww.⟩ **0.1** ***politiseren*** ⇒*tot een politieke zaak maken*.
pol·i·tick·ing ['pɒlɪtɪkɪŋ‖'pɑ-]⟨telb. en n.-telb.zn.; (oorspr.) gerund v. politic(k)⟩ **0.1** ***het spelen v.e. politiek spelletje*** ⟨vaak pej.⟩.
po·lit·i·co [pə'lɪtɪkoʊ]⟨telb.zn.; ook -es; →mv. 2⟩ **0.1** ***politicus*** ⇒*politiekeling* ⟨ook pej.⟩.
po·lit·i·co- [pə'lɪtɪkoʊ] **0.1** ***politiek-*** ⇒*politico-* ◆ **¶.1** ~ economic *politiek-economisch;* ~ phobia *angst voor politiek*.
pol·i·tics ['pɒlɪtɪks‖'pɑ-]⟨f3⟩⟨mv.; ww. vnl. enk.⟩ **0.1** ***politieke wetenschappen*** ⇒*politicologie* **0.2** ***politiek*** ⇒*staatkunde, staatmanskunst* **0.3** ***politieke overtuigingen/principes*** **0.4** ***intriges*** ⇒*gekonkel* ◆ **1.2** ~ is his only possible career *de politiek is voor hem de enig mogelijke loopbaan* **3.4** if he doesn't stop playing ~ things will end up unmanageable *als hij niet ophoudt met zijn gekonkel lopen de zaken uit de hand* **4.3** what are his ~? *wat voor politieke ideeën houdt hij er op na?*.
pol·i·ty ['pɒləti‖'pɑləti]⟨zn.; →mv. 2⟩
I ⟨telb.zn.⟩ **0.1** ***bestuursvorm*** ⇒*organisatie;* ⟨i.h.b.⟩ *kerkbe-*

stuur;
II ⟨n.-telb.zn.⟩ **0.1** ***staat*** *⇒staatsbestuur, staatsbestel, staatsvorm;*
III ⟨verz.n.⟩ **0.1** ***(leden v.) gemeenschap*** *⇒maatschappij.*

pol·ka[1] ['pɒlkə‖'poulkə]⟨f1⟩⟨telb.zn.⟩⟨dansk., muz.⟩ **0.1** ***polka.***

polka[2] ⟨onov.ww.⟩ **0.1** ***de polka dansen.***

'pol·ka·dot, pol·ka-dot·ted ⟨bn., attr.⟩ **0.1** ***gestippeld*** *⇒genopt.*

'polka dot ⟨telb.zn.⟩ **0.1** ***stip*** *⇒nop.*

'polka jacket ⟨telb.zn.⟩ **0.1** ***gebreid jasje.***

poll[1] [poul]⟨f2⟩⟨zn.⟩
I ⟨telb.zn.⟩ **0.1** ***aantal (uitgebrachte) stemmen*** **0.2** ***kiesregister*** *⇒lijst v. kiesgerechtigden* **0.3** ***opiniepeiling*** **0.4** ***hoofd*** *⇒kop;* ⟨i.h.b.⟩ *kop met haar, kruin* **0.5** ***kop*** *⇒bovenkant, botte kant* ⟨v. bijl, hamer, e.d.⟩ **0.6** ***hoornloos dier*** ⇒⟨i.h.b.⟩ *hoornloos rund* **0.7** →poll parrot ◆ **2.1** a heavy/light ~ *een grote/kleine opkomst* **2.4** a close-cropped ~ *een kortgeknipte kop* **6.4** **per** ~ *per persoon;*
II ⟨telb. en n.-telb.zn.⟩ **0.1** ***stemming*** *⇒het stemmen* **0.2** ***verkiezingsuitslag*** **0.3** ***telling v.d. stemmen*** **0.4** ***personele belasting*** ◆ **1.1** the result of the ~ *de verkiezingsuitslag* **3.1** head the ~ *de meeste stemmen behalen* **3.2** declare the ~ *de verkiezingsuitslag bekendmaken* **6.1** be without success **at** the ~ *niet veel stemmen krijgen;*
III ⟨mv.; ~s⟩ **0.1** ***stembureau*** *⇒stemlokalen* ◆ **3.1** go to the ~s *stemmen.*

poll[2] ⟨bn., attr.⟩ **0.1** ***hoornloos*** **0.2** ***geknot*** *⇒getopt, afgesneden* **0.3** ***geschoren.***

poll[3] ⟨f1⟩⟨ww.⟩
I ⟨onov.ww.⟩ **0.1** ***zijn stem uitbrengen;***
II ⟨ov.ww.⟩ **0.1** ***knotten*** *⇒toppen* ⟨bomen⟩ **0.2** ⟨vnl. als volt. deelw.⟩ ***de hoorns afsnijden*** ⟨vee⟩ *⇒hoornloos maken* **0.3** ***scheren*** **0.4** ***krijgen*** *⇒winnen, ontvangen, behalen* ⟨stemmen⟩ **0.5** ***uitbrengen*** ⟨stem⟩ **0.6** ***(in kiesregister) inschrijven*** **0.7** ***doen stemmen*** *⇒naar de stembus krijgen* **0.8** ***ondervragen*** *⇒een opiniepeiling houden* ◆ **1.4** he ~d thirty percent of the votes *hij kreeg dertig procent v.d. stemmen* **1.7** the first election to ~ people under twenty-one *de eerste verkiezingen waarbij mensen onder de eenentwintig naar de stembus gaan* **3.7** be ~ed *zijn stem geven.*

pol·lack, pol·lock ['pɒlək‖'pɑ-]⟨telb.zn.; ook pollack, pollock; →mv. 4⟩ **0.1** ⟨dierk.⟩ ***pollak*** *⇒koolvis* ⟨Pollachius virens/pollachius⟩ **0.2** →polack.

pol·lan ['pɒlən‖'pɑ-]⟨telb.zn.; pollan; →mv. 4⟩⟨dierk.⟩ **0.1** ***(Ierse) marene*** ⟨forelachtige vis in Ierse meren; Coregonus pollan⟩.

pol·lard[1] ['pɒləd‖'pɑlərd]⟨zn.⟩
I ⟨telb.zn.⟩ **0.1** ***geknotte boom*** **0.2** ⟨veeteelt⟩ ***hoornloos dier;***
II ⟨n.-telb.zn.⟩ **0.1** ***zemelen*** **0.2** ***zemelmeel.***

pollard[2] ⟨ov.ww.⟩ **0.1** ***knotten*** ⟨boom⟩.

'pollard willow ⟨telb.zn.⟩ **0.1** ***knotwilg.***

pol·len ['pɒlən‖'pɑ-]⟨f2⟩⟨n.-telb.zn.⟩ **0.1** ***pollen*** *⇒stuifmeel.*

'pollen analysis ⟨n.-telb.zn.⟩ **0.1** ***palynologie*** *⇒pollenanalyse.*

'pollen count ⟨telb.zn.⟩ **0.1** ***stuifmeelgehalte*** ⟨in de lucht⟩.

'pollen tube ⟨telb.zn.⟩⟨plantk.⟩ **0.1** ***stuifmeelbuis*** *⇒pollenbuis.*

pol·lex ['pɒleks‖'pɑ-]⟨telb.zn.; pollices [-ɪsi:z]; →mv. 5⟩⟨anat.⟩ **0.1** ***pollex*** *⇒duim.*

'poll figures, 'poll ratings ⟨mv.⟩ **0.1** ***enquête-uitkomsten*** *⇒uitslag v. opiniepeilingen.*

pol·lic·i·ta·tion [pə'lɪsɪ'teɪʃn]⟨telb.zn.⟩⟨jur.⟩ **0.1** ***onofficiële toezegging.***

pol·lin- ['pɒlɪn‖'pɑ-], **pol·lin·i-** ['pɒlɪni‖'pɑ-] **0.1** ***pollen-*** *⇒stuifmeel-.*

pol·li·nate, pol·len·ate ['pɒlɪneɪt‖'pɑ-]⟨ov.ww.⟩⟨plantk.⟩ **0.1** ***bestuiven*** *⇒bevruchten.*

pol·li·na·tion ['pɒlɪ'neɪʃn‖'pɑ-]⟨telb. en n.-telb.zn.⟩⟨plantk.⟩ **0.1** ***bestuiving*** *⇒bevruchting.*

'polling booth ⟨f1⟩⟨telb.zn.⟩⟨vnl. BE⟩ **0.1** ***stemhokje.***

'polling clerk ⟨telb.zn.⟩⟨vnl. BE⟩ **0.1** ***stemopnemer.***

'polling day ⟨f1⟩⟨telb.zn.⟩ **0.1** ***stemdag*** *⇒verkiezingsdag.*

'polling firm ⟨telb.zn.⟩ **0.1** ***enquêtebureau.***

'polling station ⟨f1⟩⟨telb.zn.⟩⟨vnl. BE⟩ **0.1** ***stemlokaal.***

pol·lin·ic [pə'lɪnɪk]⟨bn.⟩⟨plantk.⟩ **0.1** ***pollen-*** *⇒stuifmeel-.*

pol·li·nif·er·ous, pol·len·if·er·ous ['pɒlɪ'nɪf(ə)rəs‖'pɑ-]⟨bn.⟩ **0.1** ⟨plantk.⟩ ***pollen-*** *⇒stuifmeelvormend* **0.2** ⟨dierk.⟩ ***pollendragend*** *⇒stuifmeelverspreidend.*

pol·lin·i·um [pə'lɪnɪəm]⟨telb.zn.; pollinia [-nɪə]; →mv. 5⟩⟨plantk.⟩ **0.1** ***stuifmeelklompje*** *⇒pollinium.*

pol·li·ni·za·tion ['pɒlɪnaɪ'zeɪʃn‖'pɑlɪnə'zeɪʃn]⟨telb. en n.-telb.zn.⟩⟨plantk.⟩ **0.1** ***bestuiving*** *⇒bevruchting.*

pol·li·nize ['pɒlɪnaɪz‖'pɑ-]⟨ov.ww.⟩⟨plantk.⟩ **0.1** ***bestuiven*** *⇒bevruchten.*

pol·li·no·sis, pol·len·o·sis ['pɒlɪ'nousɪs‖'pɑ-]⟨telb. en n.-telb.zn.; pollinoses, pollenoses [-si:z]; →mv. 5⟩⟨med.⟩ **0.1** ***hooikoorts.***

pol·li·wog, pol·ly·wog ['pɒliwɒg‖'pɑliwɑg]⟨telb.zn.⟩⟨AE, gew.⟩ **0.1** ***kikkervisje.***

pollock →pollack.

'poll parrot ⟨telb.zn.⟩ **0.1** ***tamme papegaai*** *⇒lorre* **0.2** ***kletsmeier.***

poll·ster ['poulstə‖-ər]⟨telb.zn.⟩ **0.1** ***enquêteur/trice.***

'poll-tak·er ⟨telb.zn.⟩ **0.1** ***enquêteur*** *⇒leider v. opinieonderzoek.*

'poll tax ⟨telb. en n.-telb.zn.⟩ **0.1** ***hoofdelijke belasting.***

pol·lut·ant [pə'lu:tnt]⟨f1⟩⟨telb. en n.-telb.zn.⟩ **0.1** ***vervuiler*** *⇒verontreiniger;* ⟨i.h.b.⟩ *milieu verontreinigende stof.*

pol·lute [pə'lu:t]⟨f1⟩⟨ov.ww.⟩ →polluted **0.1** ***verderven*** *⇒in het verderf storten* **0.2** ***schenden*** *⇒ontheiligen, onteren, bezoedelen* **0.3** ***vervuilen*** *⇒verontreinigen.*

pol·lut·ed [pə'lu:ţɪd]⟨bn.; oorspr. volt. deelw. v. pollute⟩⟨AE; inf.⟩ **0.1** ***bezopen*** *⇒zat, toeter.*

pol·lu·tion [pə'lu:ʃn]⟨f2⟩⟨n.-telb.zn.⟩ **0.1** ***bederf*** *⇒verderf* **0.2** ***schennis*** **0.3** ***vervuiling*** *⇒(milieu)verontreiniging.*

pol·ly ['pɒli‖'pɑli]⟨telb.zn.; ook P-; →mv. 2⟩ **0.1** ***(tamme) papegaai*** *⇒lorre.*

Pol·ly·an·na ['pɒli'ænə‖'pɑ-]⟨telb.zn.⟩⟨vnl. AE⟩ **0.1** ***dwaze optimist*** ⟨naar Pollyanna, roman v. Eleanor Porter, 1913⟩.

po·lo ['poulou]⟨f2⟩⟨n.-telb.zn.⟩⟨sport⟩ **0.1** ***polo*** **0.2** ⟨verk.⟩ ⟨water polo⟩ ***waterpolo.***

'polo coat ⟨telb.zn.⟩ **0.1** ***duffel*** *⇒duffelse jas.*

poloi →hoi polloi.

po·lo·ist ['pouloʊɪst]⟨telb.zn.⟩⟨sport⟩ **0.1** ***polospeler.***

pol·o·naise ['pɒlə'neɪz‖'pɑ-, 'pou-]⟨telb.zn.⟩ **0.1** ⟨dansk., muz.⟩ ***polonaise*** **0.2** ***polonaise*** ⟨18e eeuwse japon⟩.

'polo neck ⟨f1⟩⟨telb.zn.⟩⟨BE⟩ **0.1** ***col*** *⇒rolkraag.*

'po·lo-neck 'sweater ⟨telb.zn.⟩⟨BE⟩ **0.1** ***coltrui.***

po·lo·ni·um [pə'lounɪəm]⟨n.-telb.zn.⟩⟨schei.⟩ **0.1** ***polonium*** ⟨element 84⟩.

po·lo·ny [pə'louni]⟨telb. en n.-telb.zn.; →mv. 2⟩⟨BE⟩ **0.1** ***Bolognese worst*** ⟨vnl. v. varkensvlees⟩.

'polo pit ⟨telb.zn.⟩⟨polo⟩ **0.1** ***oefenplaats/veld*** ⟨voor polospelers⟩.

'polo shirt ⟨f1⟩⟨telb.zn.⟩ **0.1** ***poloshirt*** *⇒polohemd, tennisshirt.*

'polo stick ⟨telb.zn.⟩⟨polo⟩ **0.1** ***polostick.***

pol·ter·geist ['pɒltəgaɪst‖'poultər-]⟨telb.zn.⟩ **0.1** ***poltergeist*** *⇒klopgeest.*

pol·troon [pɒl'tru:n‖pɑl-]⟨telb.zn.⟩⟨vero.; pej.⟩ **0.1** ***lafaard*** *⇒laffe hond.*

pol·y ['pɒli‖'pɑli]⟨zn.; polys⟩
I ⟨telb.zn.⟩⟨verk.⟩ polytechnic;
II ⟨telb. en n.-telb.zn.⟩ **0.1** ***polyestervezel.***

pol·y- ['pɒli‖'pɑli] **0.1** ***poly-*** *⇒veel-, meer-.*

pol·y·a·del·phous ['pɒlɪə'delfəs‖'pɑ-]⟨bn.⟩⟨plantk.⟩ **0.1** ***veelbroederig.***

pol·y·am·ide ['pɒli'æmaɪd‖'pɑ-]⟨telb. en n.-telb.zn.⟩⟨schei.⟩ **0.1** ***polyamide.***

pol·y·an·drous [-'ændrəs]⟨bn.⟩ **0.1** ⟨antr.⟩ ***polyandrisch*** *⇒met meerdere mannen* **0.2** ⟨plantk.⟩ ***polyandrisch*** *⇒met veel meeldraden.*

pol·y·an·dry [-'ændri]⟨n.-telb.zn.⟩ **0.1** ⟨antr.⟩ ***polyandrie*** *⇒veelmannerij* **0.2** ⟨plantk.⟩ ***polyandrie*** *⇒het voorkomen v. veel meeldraden.*

pol·y·an·thus [-'ænθəs]⟨telb.zn.⟩⟨plantk.⟩ **0.1** ***primula*** ⟨Primula polyantha⟩.

poly'anthus nar'cissus ⟨telb.zn.⟩⟨plantk.⟩ **0.1** ***trosnarcis*** *⇒tazetnarcis* ⟨Narcissus tazetta⟩.

pol·y·ar·chy ['pɒliɑ:ki‖'pɑliɑrki]⟨telb.zn.; →mv. 2⟩⟨pol.⟩ **0.1** ***polyarchie.***

pol·y·a·tom·ic ['pɒlɪə'tɒmɪk‖'pɑlɪə'tɑmɪk]⟨bn.⟩⟨schei.⟩ **0.1** ***meeratomig.***

pol·y·ba·sic ['pɒli'beɪsɪk‖'pɑ-]⟨bn.⟩⟨schei.⟩ **0.1** ***veelbasisch.***

pol·y·chae·tan [-'ki:tn], **pol·y·chae·tous** [-'ki:ţəs]⟨bn.⟩⟨dierk.⟩ **0.1** ***veelborstelig.***

pol·y·chaete, pol·y·chete [-ki:t]⟨telb.zn.⟩⟨dierk.⟩ **0.1** ***veelborstelige worm*** ⟨behorend tot de Polychaeta⟩.

pol·y·chro·mat·ic [-krə'mæţɪk], **pol·y·chro·mic** [-'kroumɪk], **pol·y·chro·mous** [-'kroumәs]⟨bn.⟩ **0.1** ***polychroom*** *⇒veelkleurig.*

pol·y·chrome[1] [-kroum]⟨telb.zn.⟩⟨beeld.k.⟩ **0.1** ***polychroom kunstwerk.***

polychrome[2] ⟨bn.⟩ **0.1** ***polychroom*** *⇒veelkleurig* ⟨ook beeld.k.⟩.

pol·y·chro·my [-kroumi]⟨n.-telb.zn.⟩⟨beeld.k.⟩ **0.1** ***polychromie.***

pol·y·clin·ic [-'klɪnɪk]⟨telb.zn.⟩ **0.1** ***algemeen ziekenhuis.***

pol·y·dac·tyl [-'dæktɪl], **pol·y·dac·ty·lous** [-'dæktɪləs]⟨bn.⟩⟨dierk., med.⟩ **0.1** ***lijdend aan polydactylie.***

pol·y·dac·tyl·ism [-'dæktɪlɪzm], **pol·y·dac·ty·ly** [-'dæktɪli]⟨n.-telb.zn.⟩⟨dierk., med.⟩ **0.1** ***polydactylie.***

pol·y·es·ter [-'estə‖-estər]⟨telb. en n.-telb.zn.⟩⟨schei.⟩ **0.1** ***polyester*** *⇒synthetische hars.*

pol·y·eth·yl·ene [-'eθəli:n]⟨n.-telb.zn.⟩⟨AE; schei.⟩ **0.1** ***polyethyleen*** *⇒polytheen, polyaethyleen, polyetheen.*

po·lyg·a·mic [-'gæmɪk]⟨bn.; -ally; →bijw. 3⟩⟨antr., biol.⟩ **0.1** ***polygaam.***

po·lyg·a·mist [pəˈlɪgəmɪst]⟨telb.zn.⟩ **0.1** ***polygame man/vrouw***.

po·lyg·a·mous [pəˈlɪgəməs]⟨bn.; -ly⟩ **0.1** ⟨antr.⟩ ***polygaam*** *⇒met meerdere echtgenoten* **0.2** ⟨dierk.⟩ ***polygaam*** *⇒met meerdere wijfjes/mannetjes* **0.3** ⟨plantk.⟩ ***polygaam*** *⇒gemengdslachtig, veelhuizig, veeltelig*.

po·lyg·a·my [pəˈlɪgəmi]⟨fɪ⟩⟨n.-telb.zn.⟩⟨antr., biol.⟩ **0.1** ***polygamie***.

pol·y·gene [ˈpɒlidʒi:n‖ˈpɑli-]⟨telb.zn.⟩⟨biol.⟩ **0.1** ***polygen***.

pol·y·gen·e·sis [-ˈdʒenɪsɪs]⟨n.-telb.zn.⟩ **0.1** ⟨biol.⟩ ***polygenese*** *⇒polyfyletisch ontstaan* ⟨het ontstaan v.e. soort uit meer dan één oorsprong⟩ **0.2** ***polygenisme*** ⟨de leer dat de mens v. meerdere voorzaten stamt⟩.

pol·y·gen·e·sist [-ˈdʒenɪsɪst], **pol·y·gen·ist** [pəˈlɪdʒənɪst]⟨telb.zn.⟩ **0.1** ***aanhanger v.h. polygenisme***.

pol·y·gen·e·tic [ˈpɒlidʒɪˈnetɪk‖ˈpɑlidʒɪˈneṭɪk]⟨bn.; -ally; →bijw. 3⟩ **0.1** ⟨geol.⟩ ***polygeen*** *⇒polygenetisch* **0.2** ⟨biol.⟩ ***polygeen*** *⇒polygenetisch, met meer dan één oorsprong, polyfyletisch*.

pol·y·gen·ic [-ˈdʒenɪk]⟨bn.⟩ **0.1** ⟨geol.⟩ ***polygeen*** **0.2** ⟨biol.⟩ ***polygeen*** *⇒polygenetisch* **0.3** ⟨biol.⟩ ***polygeen*** *⇒met/v. polygenen*.

pol·y·gen·ous [pəˈlɪdʒənəs]⟨bn.⟩ **0.1** ***veelsoortig*** *⇒samengesteld* **0.2** ***polygeen***.

pol·y·gen·y [pəˈlɪdʒəni]⟨n.-telb.zn.⟩ **0.1** ***polygenisme*** ⟨de afstamming v.d. mens van verschillende voorzaten⟩ **0.2** ***de leer v.h. polygenisme***.

pol·y·glot[1] [ˈpɒliglɒt‖ˈpɑliglɑt]⟨fɪ⟩⟨telb.zn.⟩ **0.1** ***polyglot*** *⇒talenkenner, iem. die veel talen beheerst* **0.2** ⟨vaak P-⟩ ***polyglotte*** *⇒meertalig boek;* ⟨i.h.b.⟩ *polyglot(tenbijbel)* **0.3** ***mengtaal***.

polyglot[2], **pol·y·glot·tic** [-ˈglɒtɪk‖-ˈglɑṭɪk]⟨fɪ⟩⟨bn.⟩ **0.1** ***polyglottisch*** *⇒veeltalig* **0.2** ***samengesteld uit meerdere talen*** ◆ **1.2** a ~ terminology *een meertalige/uit veel talen samengestelde terminologie*.

pol·y·glot·tal [-ˈglɒtl‖-ˈglɑṭl]⟨bn.; -ly⟩ **0.1** ***polyglottisch*** *⇒veeltalig*.

pol·y·glot·(t)ism [-glɒtɪzm‖-glɑṭɪzm]⟨n.-telb.zn.⟩ **0.1** ***veeltaligheid***.

po·ly·gon [ˈpɒligən‖ˈpɑligɑn]⟨fɪ⟩⟨telb.zn.⟩⟨meetk.⟩ **0.1** ***veelhoek*** *⇒polygoon* ◆ **1.1** ⟨nat.⟩ ~ of forces *krachtenveelhoek*.

po·lyg·o·nal [pəˈlɪgənl]⟨bn.; -ly⟩⟨meetk.⟩ **0.1** ***veelhoekig*** *⇒polygonaal*.

po·lyg·o·num [pəˈlɪgənəm]⟨telb.zn.⟩⟨plantk.⟩ **0.1** ***duizendknoop*** ⟨genus Polygonum⟩.

pol·y·graph [ˈpɒligrɑ:f‖ˈpɑligræf]⟨telb.zn.⟩ **0.1** ⟨med.⟩ ***polygraaf*** *⇒registratietoestel* ⟨v. polsslag, bloeddruk enz.⟩ **0.2** ***leugendetector*** **0.3** ***polygraaf*** *⇒veelschrijver*.

pol·y·graph·ic [-ˈgræfɪk]⟨bn.; -ally; →bijw. 3⟩ **0.1** ***met een polygraaf/leugendetector*** **0.2** ***veelschrijvend*** *⇒produktief* **0.3** ***over uiteenlopende onderwerpen*** **0.4** ***door verschillende schrijvers***.

po·lyg·y·nous [pəˈlɪdʒɪnəs, -gɪnəs]⟨bn.⟩ **0.1** ⟨antr.⟩ ***polygyn*** *⇒met meerdere vrouwen* **0.2** ⟨dierk.⟩ ***polygyn*** *⇒met meerdere wijfjes* **0.3** ⟨plantk.⟩ ***met veel stampers***.

po·lyg·y·ny [pəˈlɪdʒɪni, -gɪni]⟨n.-telb.zn.⟩ **0.1** ⟨antr.⟩ ***polygynie*** *⇒veelwijverij* **0.2** ⟨dierk.⟩ ***polygynie*** *⇒het paren met meerdere wijfjes*.

pol·y·he·dral [ˈpɒliˈhi:drəl, -ˈhe-], **pol·y·he·dric** [-drɪk]⟨bn.⟩ ⟨meetk.⟩ **0.1** ***veelvlakkig*** *⇒polyedrisch* ◆ **1.1** polyhedral angle *veelvlakshoek*.

pol·y·he·dron [-ˈhi:drən, -ˈhe-]⟨telb.zn.; ook polyhedra; →mv. 5⟩ ⟨meetk.⟩ **0.1** ***veelvlak*** *⇒polyeder*.

pol·y·his·tor [ˈhɪstə‖-ˈhɪstər]⟨telb.zn.⟩ **0.1** ***polyhistor*** *⇒veelzijdig geleerde, veelweter, iem. met een veelzijdige kennis*.

pol·y·his·tor·ic [-hɪˈstɒrɪk‖-ˈstɔr-, -ˈstɑr-]⟨bn.⟩ **0.1** ***met een veelzijdige/encyclopedische kennis*** *⇒(als) v.e. veelweter*.

pol·y·math[1] [-mæθ]⟨telb.zn.⟩ **0.1** ***polyhistor*** *⇒veelzijdig geleerde*.

polymath[2], **pol·y·math·ic** [-ˈmæθɪk]⟨bn.⟩ **0.1** ***met een veelzijdige/encyclopedische kennis*** *⇒(als) v.e. veelweter* ◆ **1.1** a ~ mind *een encyclopedische geest*.

pol·y·mer [ˈpɒlɪmə‖ˈpɑlɪmər]⟨telb.zn.⟩⟨schei.⟩ **0.1** ***polymeer***.

po·ly·mer·ic [-ˈmerɪk]⟨bn.; -ally; →bijw. 3⟩⟨schei.⟩ **0.1** ***polymeer***.

po·lym·er·ism [pəˈlɪmərɪzm]⟨n.-telb.zn.⟩⟨schei.⟩ **0.1** ***polymerie***.

po·lym·er·i·za·tion [pəˈlɪməraɪˈzeɪʃn‖-mərə-]⟨telb. en n.-telb.zn.⟩ ⟨schei.⟩ **0.1** ***polymerisatie***.

pol·y·mer·ize [ˈpɒlɪməraɪz, pəˈlɪ-‖ˈpɑ-]⟨ww.⟩⟨schei.⟩
I ⟨onov.ww.⟩ **0.1** ***gepolymeriseerd worden*** *⇒polymeren vormen;*
II ⟨ov.ww.⟩ **0.1** ***polymeriseren***.

po·lym·er·ous [pəˈlɪmərəs]⟨bn.⟩⟨biol.⟩ **0.1** ***uit veel delen bestaand***.

pol·y·mor·phic [ˈpɒliˈmɔ:fɪk‖ˈpɑliˈmɔrfɪk]⟨bn.; -ally; →bijw. 3⟩ ⟨biol., geol.⟩ **0.1** ***polymorf*** *⇒veelvormig*.

pol·y·mor·phism [-ˈmɔ:fɪzm‖-ˈmɔr-]⟨n.-telb.zn.⟩ **0.1** ⟨biol.⟩ ***polymorfie*** *⇒polymorfisme* **0.2** ⟨geol.⟩ ***polymorfie***.

pol·y·mor·phous [-ˈmɔ:fəs‖-ˈmɔr-]⟨bn.; -ly; -ness⟩⟨biol., geol.⟩ **0.1** ***polymorf*** *⇒veelvormig*.

Pol·y·ne·sia [ˈpɒlɪˈni:ʒə‖ˈpɑ-]⟨eig.n.⟩ **0.1** ***Polynesië***.

Pol·y·ne·sian[1] [ˈpɒlɪˈni:ʒn‖ˈpɑ-]⟨zn.⟩
I ⟨eig.n.⟩ **0.1** ***Polynesisch*** *⇒Polynesische taal;*
II ⟨telb.zn.⟩ **0.1** ***Polynesiër*** *⇒bewoner v. Polynesië*.

Polynesian[2] ⟨bn.⟩ **0.1** ***Polynesisch***.

pol·y·neu·ri·tis [ˈpɒlinjʊˈraɪtɪs‖ˈpɑlinʊˈraɪṭɪs]⟨telb. en n.-telb.zn.⟩ ⟨med.⟩ **0.1** ***polyneuritis***.

po·lyn·ia, po·lyn·ya [ˈpɒlənjɑ:‖ˈpɑlənˈjɑ]⟨telb.zn.⟩ **0.1** ***polynya*** ⟨open water in ijszee⟩.

pol·y·no·mi·al[1] [ˈpɒliˈnoʊmɪəl‖ˈpɑ-]⟨telb.zn.⟩ **0.1** ⟨biol.⟩ ***veelterm*** **0.2** ⟨wisk.⟩ ***polynoom*** *⇒veelterm*.

polynomial[2] ⟨bn.⟩ **0.1** ***uit meerdere namen/termen bestaand***.

pol·y·on·y·mous [ˈpɒliˈɒnɪməs‖ˈpɑliˈɑnɪməs]⟨bn.⟩ **0.1** ***veelnamig***.

pol·yp [ˈpɒlɪp‖ˈpɑlɪp]⟨fɪ⟩⟨telb.zn.⟩⟨dierk., med.⟩ **0.1** ***poliep***.

pol·y·par·y [ˈpɒlɪpri‖ˈpɑlɪperi]⟨telb.zn.; →mv. 2⟩⟨dierk.⟩ **0.1** ***poliepenkolonie***.

pol·y·pep·tide [ˈpɒliˈpeptaɪd‖ˈpɑ-]⟨telb. en n.-telb.zn.⟩⟨bioch.⟩ **0.1** ***polypeptide*** *⇒eiwit*.

pol·y·pha·gi·a [-ˈfeɪdʒə]⟨telb. en n.-telb.zn.⟩⟨med.⟩ **0.1** ***polyfagie*** *⇒ziekelijke vraatzucht*.

po·lyph·a·gous [pəˈlɪfəgəs]⟨bn.⟩⟨dierk.⟩ **0.1** ***polyfaag*** ⟨levend van verscheidene voedingsstoffen⟩.

pol·y·phase [ˈpɒlifeɪz‖ˈpɑ-]⟨bn.⟩⟨elek.⟩ **0.1** ***veelfasig***.

pol·y·phone [ˈpɒlifoʊn‖ˈpɑ-]⟨telb.zn.⟩⟨taalk.⟩ **0.1** ***polyfoon symbool***.

pol·y·phon·ic [-ˈfɒnɪk‖-ˈfɑnɪk]⟨bn.; -ally; →bijw. 3⟩⟨muz., taalk.⟩ **0.1** ***polyfoon***.

po·lyph·o·nous [pəˈlɪfənəs]⟨bn.; -ly⟩⟨muz., taalk.⟩ **0.1** ***polyfoon***.

po·lyph·o·ny [pəˈlɪfəni]⟨n.-telb.zn.⟩⟨muz.⟩ **0.1** ***polyfonie*** *⇒contrapunt*.

pol·y·phy·let·ic [ˈpɒlifaɪˈletɪk‖ˈpɑlifaɪˈleṭɪk]⟨bn.; -ally; →bijw. 3⟩ ⟨biol.⟩ **0.1** ***polyfyletisch*** *⇒polygenetisch, met meer dan één oorsprong*.

pol·yp·ite [ˈpɒlɪpaɪt‖ˈpɑ-]⟨telb.zn.⟩⟨dierk.⟩ **0.1** ***afzonderlijke poliep***.

pol·y·ploid[1] [-plɔɪd]⟨telb.zn.⟩⟨biol.⟩ **0.1** ***polyploïde (organisme/plant)***.

polyploid[2], **pol·y·ploi·dic** [-ˈplɔɪdɪk]⟨bn.⟩⟨biol.⟩ **0.1** ***polyploïde***.

pol·y·ploi·dy [-plɔɪdi]⟨n.-telb.zn.⟩⟨biol.⟩ **0.1** ***polyploïdie***.

pol·y·pod[1] [-pɒd‖-pɑd]⟨telb.zn.⟩⟨biol.⟩ **0.1** ***veelpotig dier***.

polypod[2], **po·lyp·o·dous** [pəˈlɪpədəs]⟨bn.⟩⟨biol.⟩ **0.1** ***veelpotig***.

pol·y·po·dy [ˈpɒlipoʊdi‖ˈpɑ-]⟨telb.zn.; →mv. 2⟩⟨plantk.⟩ **0.1** ***eikvaren*** ⟨genus Polypodium⟩.

pol·yp·oid [ˈpɒlɪpɔɪd‖ˈpɑ-], **pol·yp·ous** [-pəs]⟨bn.⟩⟨dierk., med.⟩ **0.1** ***poliepachtig***.

pol·yp·tych [ˈpɒlɪptɪk‖ˈpɑ-]⟨telb.zn.⟩⟨beeld.k.⟩ **0.1** ***polyptiek*** *⇒veelluik*.

pol·y·pus [ˈpɒlɪpəs‖ˈpɑ-]⟨telb.zn.; ook polypi [-pai]; →mv. 5⟩ ⟨med.⟩ **0.1** ***poliep***.

pol·y·sac·cha·rid [ˈpɒliˈsækərɪd‖ˈpɑ-], **pol·y·sac·cha·ride** [-raɪd], **pol·y·sac·cha·rose** [-roʊs]⟨telb. en n.-telb.zn.⟩⟨schei.⟩ **0.1** ***polysaccharide***.

pol·y·sem·ic [-ˈsi:mɪk], **pol·y·sem·ous** [-məs]⟨bn.⟩⟨taalk.⟩ **0.1** ***polyseem*** *⇒polysemantisch, meerduidig*.

pol·y·sem·y [ˈpɒliˈsi:mi‖ˈpɑlisi:mi]⟨n.-telb.zn.⟩⟨taalk.⟩ **0.1** ***polysemie*** *⇒meerduidigheid*.

pol·y·sty·rene [-ˈstaɪri:n]⟨n.-telb.zn.⟩⟨schei.⟩ **0.1** ***polystyreen*** *⇒plastic*.

ˈpolystyrene ceˈment ⟨n.-telb.zn.⟩ **0.1** ***polystyreenlijm*** *⇒plasticlijm*.

pol·y·syl·lab·ic [-sɪˈlæbɪk]⟨bn.; -ally; →bijw. 3⟩⟨taalk.⟩ **0.1** ***polysyllabisch*** *⇒veellettergrepig, meerlettergrepig*.

pol·y·syl·lab·i·cism [-sɪˈlæbɪsɪzm], **pol·y·syl·la·bism** [-ˈsɪləbɪzm] ⟨zn.⟩⟨taalk.⟩
I ⟨telb.zn.⟩ **0.1** ***polysyllabisch woord;***
II ⟨n.-telb.zn.⟩ **0.1** ***gebruik van lange woorden***.

pol·y·syl·la·ble [ˈpɒlisɪləbl‖ˈpɑliˈsɪləbl]⟨telb.zn.⟩⟨taalk.⟩ **0.1** ***polysyllabisch/meerlettergrepig/veellettergrepig woord***.

pol·y·syn·de·ton [-ˈsɪndətən‖-ˈsɪndətɑn]⟨telb. en n.-telb.zn.⟩ ⟨taalk.⟩ **0.1** ***polysyndeton*** *⇒reeks nevenschikkingen*.

pol·y·syn·thet·ic [-sɪnˈθeṭɪk]⟨bn.; -ally; →bijw. 3⟩⟨taalk.⟩ **0.1** ***polysynthetisch*** *⇒incorporerend* ◆ **1.1** Eskimo is a ~ language *Eskimo is een incorporerende taal*.

pol·y·tech·nic[1] [ˈpɒliˈteknɪk‖ˈpɑli-]⟨fɪ⟩⟨telb.zn.⟩ **0.1** ***polytechnische school*** *⇒HTS, technische hogeschool/universiteit, ingenieursopleiding*.

polytechnic[2] ⟨bn., attr.⟩ **0.1** ***polytechnisch***.

pol·y·the·ism [-θi:ɪzm]⟨n.-telb.zn.⟩⟨relig.⟩ **0.1** ***polytheïsme*** *⇒veelgodendom, veelgoderij*.

pol·y·the·ist [-θi:ɪst]⟨telb.zn.⟩⟨relig.⟩ **0.1** ***polytheïst***.

pol·y·the·is·tic [-θi:ˈɪstɪk]⟨bn.; -ally; →bijw. 3⟩⟨relig.⟩ **0.1** ***polytheïstisch***.

pol·y·thene [ˈpɒlɪθi:n‖ˈpɑ-]⟨n.-telb.zn.; ook attr.⟩⟨vnl. BE; schei.⟩ **0.1** ***polyethyleen*** ◆ **1.1** ~ bag *plastic tasje/zak*.

pol·y·ton·al [ˈpɒliˈtoʊnl‖ˈpɑli-]⟨bn.; -ly⟩⟨muz.⟩ **0.1** ***polytonaal*** *⇒pluri/multitonaal*.

pol·y·to·nal·i·ty [-toʊ'næləṭi]⟨n.-telb.zn.⟩⟨muz.⟩ **0.1** ***polytonaliteit*** ⇒*pluri/multitonaliteit.*

pol·y·un·sat·u·rat·ed [-ʌn'sætʃəreɪṭɪd]⟨bn.⟩⟨schei.⟩ **0.1** ***meervoudig onverzadigd.***

pol·y·ur·e·thane [-'jʊrəθeɪn]⟨n.-telb.zn.⟩⟨schei.⟩ **0.1** ***polyurethaan.***

pol·y·va·lence [-'veɪləns], **pol·y·va·len·cy** [-'veɪlənsi]⟨n.-telb.zn.⟩⟨schei.⟩ **0.1** ***polyvalentie.***

pol·y·vi·nyl chloride [-vaɪnḷ 'klɔ:raɪd]⟨n.-telb.zn.⟩⟨schei.⟩ **0.1** ***polyvinylchloride*** ⇒*pvc.*

pol·y·zo·an[1] [-'zoʊən]⟨telb.zn.⟩⟨dierk.⟩ **0.1** ***één v.d. bryozoa.***

polyzoan[2] ⟨bn., attr.⟩⟨dierk.⟩ **0.1** ***behorende tot de klasse der bryozoa/mosdiertjes.***

pom [pɒm‖pɑm]⟨telb.zn.⟩ **0.1** ⟨dierk.⟩ ***Pomeranian*** ⇒*Eng. dwergkees* **0.2** ⟨verk.⟩ ⟨pommy⟩.

pom·ace ['pʌmɪs]⟨n.-telb.zn.⟩ **0.1** ***appelpulp*** ⟨bij ciderbereiding⟩ **0.2** ⟨alg.⟩ ***resten*** ⇒*afval(koek)* ⟨na uitpersen⟩; ⟨i.h.b.⟩ *visafval.*

'pomace fly ⟨telb.zn.⟩⟨dierk.⟩ **0.1** ***fruitvliegje*** ⟨genus Drosophila of fam. der Trypetidae⟩.

po·made[1] [pə'mɑ:d, pə'meɪd]⟨n.-telb.zn.⟩ **0.1** ***pommade*** ⇒*haarcrème.*

pomade[2] ⟨ov.ww.⟩ **0.1** ***pommaderen*** ⇒*met haarcrème bewerken.*

po·mander [poʊ'mændə, pə-‖-ər]⟨f1⟩⟨telb.zn.⟩ **0.1** ***reukbal*** ⇒⟨i.h.b.⟩⟨gesch.⟩ *pomander(bol), amberappel, ruikappel* ⟨mengsel v. amber en aromatische kruiden, gedragen tegen infecties⟩ **0.2** ⟨gesch.⟩ ***pomanderdoosje/zakje.***

po·ma·rine ['poʊməraɪn]⟨bn.⟩⟨dierk.⟩ ◆ **1.¶** ~ skua *middelste jager* ⟨Stercorarius pomarinus⟩.

po·ma·tum [pə'meɪṭəm]⟨telb.zn.⟩ **0.1** ***pommade.***

pome [poʊm]⟨telb.zn.⟩ **0.1** ⟨plantk.⟩ ***pitvrucht*** ⇒*kernvrucht* **0.2** ***metalen kogel*** **0.3** ⟨schr.⟩ ***appel*** **0.4** ⟨gesch.⟩ ***rijksappel.***

pome·gran·ate ['pɒmɪgrænɪt‖'pʌm-]⟨f1⟩⟨telb.zn.⟩⟨plantk.⟩ **0.1** ***granaatappel(boom)*** ⟨Punica granatum⟩ **0.2** ***granaatappel*** ⟨vrucht v. 0.1⟩.

pom·e·lo ['pɒmɪloʊ‖'pɑ-]⟨telb.zn.⟩⟨plantk.⟩ **0.1** ***pompelmoes*** ⟨Citrus grandis⟩ **0.2** ***grapefruit*** ⟨Citrus paradisi⟩.

Pom·er·a·ni·a ['pɒmə'reɪnɪə‖'pɑ-]⟨eig.n.⟩ **0.1** ***Pommeren.***

Pom·er·a·ni·an ['pɒmə'reɪnɪən‖'pɑ-], **'Pomeranian 'dog** ⟨telb.zn.⟩ **0.1** ***Pomeranian*** ⇒*Eng. dwergkees.*

pom·fret ['pɒmfrɪt‖'pɑm-]⟨telb.zn.⟩⟨dierk.⟩ **0.1** ***braam*** ⟨zwarte vis; Brama raii⟩ **0.2** ***pampus*** ⇒⟨i.h.b.⟩ *zilveren bungelvis* ⟨Pampus argenteus⟩.

'pomfret cake ⟨telb.zn.⟩⟨BE⟩ **0.1** ***(zoet) dropje.***

po·mi·cul·ture ['poʊmɪkʌltʃə]⟨n.-telb.zn.⟩ **0.1** ***fruitteelt.***

po·mif·er·ous [poʊ'mɪfrəs]⟨bn.⟩⟨plantk.⟩ **0.1** ***pit/kernvruchten dragend.***

pom·mel[1] ['pʌml]⟨telb.zn.⟩ **0.1** ***degenknop*** ⇒*knop aan degen/zwaardgevest* **0.2** ***voorste zadelboog.***

pommel[2] ⟨ov.ww.; →ww. 7⟩ **0.1** ***stompen*** ⇒*met de vuisten bewerken.*

'pommel horse ⟨telb.zn.⟩⟨gymnastiek⟩ **0.1** ***voltigepaard*** ⇒*paard met beugels.*

pom·my, pom·mie ['pɒmi‖'pɑ-], **pom** [pɒm‖pɑm]⟨telb.zn.; 1e variant; →mv. 2⟩⟨Austr. E; sl.; soms pej.⟩ **0.1** ***pommie*** ⇒*Engelsman, Engelse, Brit(se).*

po·mo·log·i·cal ['poʊmə'lɒdʒɪkl‖-'lɑ-]⟨bn.; -ly⟩ **0.1** ***pomologisch*** ⇒*ooftkundig.*

po·mol·o·gist [poʊ'mɒlədʒɪst‖-'mɑ-]⟨telb.zn.⟩ **0.1** ***pomoloog*** ⇒*ooftkundige.*

po·mol·o·gy [poʊ'mɒlədʒi‖-'mɑ-]⟨n.-telb.zn.⟩ **0.1** ***pomologie*** ⇒*ooftkunde, vruchtenkunde, fruitteeltkunde.*

pomp [pɒmp‖pɑmp]⟨f1⟩⟨n.-telb.zn.⟩ **0.1** ***prachtvertoon*** ⇒*praal* **0.2** ***pompeuze ijdelheid*** ◆ **1.1** ~ and circumstance *pracht en praal.*

pom·pa·dour ['pɒmpədʊə‖'pɑmpədɔr]⟨zn.⟩
I ⟨telb.zn.⟩ **0.1** ***pompadourkapsel*** ⟨hoog opgekamd kapsel⟩;
II ⟨n.-telb.zn.⟩ **0.1** ***pompadoer*** ⟨veelkleurig gebloemde stof⟩.

pom·pa·no ['pɒmpənoʊ‖'pɑm-]⟨telb.zn.; ook pompano; →mv. 4⟩⟨dierk.⟩ **0.1** ***makreel(achtige)*** ⇒⟨i.h.b.⟩ *gewone pampano* ⟨Trachinotus carolinus⟩ **0.2** ***Californische pampano*** ⟨Palometa simillima⟩.

pom·pel·mous ['pɒmpəlmu:s‖'pɑm-]⟨telb.zn.; ook pompelmous; →mv. 4⟩⟨plantk.⟩ **0.1** ***pompelmoes(boom)*** ⟨Citrus grandis⟩.

Pom·pey ['pɒmpi‖'pɑm-]⟨eig.n.⟩ **0.1** ***Pompeius*** **0.2** ⟨BE; sl.; scherts.⟩ ***Portsmouth.***

pom-pom ['pɒmpɒm‖'pɑmpɑm], ⟨in bet. 0.3-0.5 ook⟩ **'pom·pon** ⟨telb.zn.⟩ **0.1** ***pompom*** ⇒*machinegeweer* **0.2** ***pompom*** ⇒*luchtafweerkanon* **0.3** ***pompon*** **0.4** ***pomponda(h)lia*** **0.5** ***pomponchrysant.***

pom·pos·i·ty [pɒm'pɒsəti‖pɑm'pɑsəṭi]⟨zn.; →mv. 2⟩
I ⟨telb.zn.⟩ **0.1** ***pretentieuse daad/gewoonte*** ⇒*pretentieus gebaar;*
II ⟨n.-telb.zn.⟩ **0.1** ***pretentie*** ⇒*gewichtigdoenerij, gewichtigheid, opgeblazenheid* **0.2** ***bombast*** ⇒*hoogdravendheid, gezwollenheid.*

pom·pous ['pɒmpəs‖'pɑm-]⟨f2⟩⟨bn.; -ly; -ness⟩ **0.1** ***gewichtig*** ⇒*pretentieus, opgeblazen* **0.2** ***pompeus*** ⇒*hoogdravend, gezwollen* **0.3** ⟨vero.⟩ ***luisterrijk*** ⇒*prachtig.*

'pon ⟨verk.⟩ upon →on.

pon·ce[1] [pɒns‖pɑns]⟨f1⟩⟨telb.zn.⟩⟨BE⟩ **0.1** ***pooier*** ⇒*souteneur* **0.2** ⟨sl.; pej.⟩ ***verwijfd/nichterig type*** **0.3** ⟨sl.⟩ ***man v. werkende vrouw.***

ponce[2] ⟨f1⟩⟨onov.ww.⟩⟨BE⟩ **0.1** ***pooien*** ⇒*pooieren* ◆ **5.¶** ⟨sl.; pej.⟩ ~ **about/around** *zich verwijfd/aanstellerig gedragen;* the way he ~d **about/around** made their blood boil *zijn aanstellerig gebeuzel maakte hen razend.*

pon·ceau ['pɒnsoʊ‖'pɑn-]⟨n.-telb.zn.⟩ **0.1** ⟨vaak attr.⟩ ***klaprroos-rood*** ⇒*ponceau* **0.2** ***ponceau*** ⟨rode verfstof⟩.

pon·cho ['pɒntʃoʊ‖'pɑn-]⟨telb.zn.⟩ **0.1** ***poncho.***

pon·cy ['pɒnsi‖'pɑn-]⟨bn.; -er; →compar. 7⟩⟨BE; sl.⟩ **0.1** ***protserig*** ⇒*patserig, opgedofd, aanstellerig.*

pond[1] [pɒnd‖pɑnd]⟨f3⟩⟨zn.⟩
I ⟨telb.zn.⟩ **0.1** ***vijver*** ⇒*meertje, wed;*
II ⟨n.-telb.zn.; the⟩⟨BE; scherts.⟩ **0.1** ***de zee*** ⇒⟨ong.⟩ *de grote plas.*

pond[2] ⟨ww.⟩
I ⟨onov.ww.⟩ **0.1** ***een vijver/meertje vormen;***
II ⟨ov.ww.⟩ **0.1** ***afdammen*** ◆ **6.1** ~ **up** a brook *een beek afdammen.*

pond·age ['pɒndɪdʒ‖'pɑn-]⟨n.-telb.zn.⟩ **0.1** ***inhoud*** ⇒*capaciteit* ⟨v. vijver/reservoir⟩ **0.2** ***het verzamelen v. water*** ⟨in vijver/reservoir⟩.

pon·der ['pɒndə‖'pɑndər]⟨f2⟩⟨ww.⟩
I ⟨onov.ww.⟩ **0.1** ***nadenken*** ⇒*piekeren, peinzen* ◆ **6.1** don't ~ **on/over** those things *denk niet over die dingen;*
II ⟨ov.ww.⟩ **0.1** ***overdenken*** ⇒*overwegen, afwegen, nadenken over.*

pon·der·a·ble[1] ['pɒndrəbl‖'pɑn-]⟨telb.zn.; vaak mv.⟩ **0.1** ***factor waarmee men rekening kan houden*** **0.2** ***iets van gewicht/groot belang.***

ponderable[2] ⟨bn., attr.; -ly; →bijw. 3⟩ **0.1** ***weegbaar*** ⇒*met een vast te stellen gewicht* **0.2** ***gewichtig*** ⇒*van belang, zwaarwegend* ◆ **1.2** ~ reasons *ernstige/zwaarwichtige redenen.*

pon·der·a·tion ['pɒndə'reɪʃn‖'pɑn-]⟨telb. en n.-telb.zn.⟩ **0.1** ***weging*** ⇒*het wegen* **0.2** ***afweging*** ⇒*het overwegen, het overdenken.*

pon·der·o·sa ['pɒndə'roʊsə‖'pɑn-], **ponde'rosa pine** ⟨telb.zn.⟩⟨plantk.⟩ **0.1** ***ponderosa-den*** ⟨Am. den; Pinus ponderosa⟩.

pon·der·os·i·ty ['pɒndə'rɒsəti‖'pɑndə'rɑsəṭi]⟨n.-telb.zn.⟩ **0.1** ***zwaarte*** ⇒*gewicht, massiefheid, logheid, plompheid* **0.2** ***saaiheid*** ⇒*ongeïnspireerdheid.*

pon·der·ous ['pɒndrəs‖'pɑn-]⟨f1⟩⟨bn.; -ly; -ness⟩ **0.1** ***zwaar*** ⇒*massief, log, plomp* **0.2** ***zwaarwichtig*** ⇒*zwaar op de hand, moeizaam, slepend, langdradig, saai.*

'pond hockey ⟨n.-telb.zn.⟩⟨ijshockey⟩ **0.1** ***buitenhockey.***

'pond life ⟨n.-telb.zn.⟩⟨dierk.⟩ **0.1** ***zoetwaterfauna.***

'pond scum ⟨telb. en n.-telb.zn.⟩ **0.1** ***algenlaag*** ⟨op wateroppervlak⟩.

'pond skater ⟨telb.zn.⟩⟨dierk.⟩ **0.1** ***schaatsenrijder*** ⟨fam. Gerridae⟩.

'pond·weed ⟨telb. en n.-telb.zn.⟩⟨plantk.⟩ **0.1** ***fonteinkruid*** ⟨genus Potamogeton⟩.

pone[1] [poʊn]⟨telb. en n.-telb.zn.⟩ **0.1** ***maisbrood*** ⟨v. Noordam. Indianen⟩ **0.2** ***(soort) cake.***

pone[2] ⟨telb.zn.⟩ **0.1** ***tegenspeler*** ⟨bij kaartspel v. twee personen⟩.

pong[1] [pɒŋ‖pɑŋ]⟨telb.zn.⟩⟨BE; sl.⟩ **0.1** ***stank.***

pong[2] ⟨onov.ww.⟩⟨BE; sl.⟩ **0.1** ***stinken.***

pon·gee ['pɒn'dʒi:‖'pɑn-]⟨n.-telb.zn.⟩ **0.1** ***pongézijde.***

pon·gid[1] ['pɒŋgɪd‖'pɑŋ-]⟨telb.zn.⟩⟨dierk.⟩ **0.1** ***mensaap*** ⟨fam. Pongidae⟩.

pongid[2] ⟨bn., attr.⟩⟨dierk.⟩ **0.1** ***tot de mensapen behorend.***

pon·go ['pɒŋgoʊ‖'pɑŋ-]⟨telb.zn.⟩⟨dierk.⟩ **0.1** ***mensaap*** ⇒⟨i.h.b.⟩ *orang oetan* ⟨Pongo pygmaeus⟩ **0.2** ⟨sl.⟩ ***soldaat.***

pong·y ['pɒŋi‖'pɑŋi]⟨bn.; -er; →compar. 7⟩⟨BE; sl.⟩ **0.1** ***smerig*** ⇒*vies, stinkend.*

pon·iard[1] ['pɒnjəd‖'pɑnjərd]⟨telb.zn.⟩ **0.1** ***ponjaard.***

poniard[2] ⟨ov.ww.⟩ **0.1** ***ponjaarderen*** ⇒*met een ponjaard steken.*

pons [pɒnz‖pɑnz]⟨telb.zn.; pontes ['pɒnti:z‖'pɑn-]; →mv. 5⟩⟨biol.⟩ **0.1** ***brug*** **0.2** ⟨verk.⟩ ⟨pons Varolii⟩.

pons as·i·no·rum ['pɒnz æsɪ'nɔ:rəm‖'pɑnz-]⟨telb.zn.⟩⟨meetk.⟩ **0.1** ***pons asinorum*** ⟨Lat. ezelsbrug; vijfde stelling uit het eerste boek v. Euclides⟩ **0.2** ***hindernis*** ⇒*test, toets* ◆ **3.2** pass the ~ *de toets doorstaan, ingewijd worden.*

pons Va·ro·li·i [-və'roʊliaɪ]⟨telb.zn.; pontes Varolii ['pɒnti:z-‖'pɑn-]; →mv. 5⟩⟨med.⟩ **0.1** ***brug v. Varol*** ⇒*pons Varoli/cerebelli* ⟨verbinding tussen de kleine hersenhelften⟩.

pont [pɒnt‖pɑnt]⟨telb.zn.⟩⟨Z. Afr. E⟩ **0.1** ***pont*** ⇒*veerboot.*

Pon·te·fract cake ['pɒntɪfrækt keɪk‖'pɑnṭɪ-]⟨telb.zn.⟩⟨BE⟩ **0.1** ***(zoet) dropje.***

Pon·tic ['pɒntɪk‖'pɑnṭɪk]⟨bn., attr.⟩⟨aardr.⟩ **0.1** ***v./mbt. de Zwarte Zee*** ◆ **1.1** ~ Sea *Zwarte Zee*.

pon·ti·fex ['pɒntɪfeks‖'pɑnṭɪ-]⟨telb.zn.; pontifices [pɒn'tɪfɪsi:z‖pɑn-]; →mv. 5⟩ **0.1** →pontiff **0.2** ⟨gesch.⟩ ***pontifex*** ⇒*opperpriester*.

pontifex maximus [-'mæksɪməs]⟨telb.zn.; pontifices maximi ['pɒn'tɪfɪsi:z 'mæksɪmaɪ‖'pɑn-]; →mv. 5⟩⟨gesch.⟩ **0.1** ***pontifex maximus*** ⇒*voorzitter v.h. college der opperpriesters*.

pon·tiff ['pɒntɪf‖'pɑnṭɪf]⟨telb.zn.⟩ **0.1** ⟨R.-K.⟩ ***paus*** **0.2** ⟨vero.⟩ ***bisschop*** **0.3** ⟨gesch., jud.⟩ ***opperpriester*** ⇒*hogepriester*.

pon·tif·i·cal[1] [pɒn'tɪfɪkl‖pɑn-]⟨zn.; in bet. II ook pontificalia ['pɒntɪfɪ'keɪlɪə‖'pɑn-]; →mv. 5⟩

I ⟨telb.zn.⟩ **0.1** ***pontificaal*** ⟨boek met de bisschoppelijke liturgie⟩;

II ⟨mv.; ~s, pontificalia⟩ **0.1** ***pontificaal*** ⇒*bisschoppelijk/pauselijk staatsiegewaad* ◆ **6.1** **in** ~s *in pontificaal*.

pontifical[2] ⟨bn.; -ly⟩ **0.1** ⟨R.-K.⟩ ***pauselijk*** ⇒*pontificaal* **0.2** ***bisschoppelijk*** ⇒*episcopaal, pontificaal* **0.3** ***opperpriesterlijk*** ⟨ook fig.⟩ ⇒⟨pej.⟩ *autoritair, dogmatisch, geen tegenspraak duldend, pompeus* ◆ **1.2** Pontifical Mass *pontificale mis, mis door de bisschop opgedragen*.

pon·tif·i·cate[1] [pɒn'tɪfɪkət‖pɑn-]⟨telb.zn.⟩⟨gesch., R.-K.⟩ **0.1** ***pontificaat*** ⇒*pauselijke/opperpriesterlijke regering*.

pontificate[2] [pɒn'tɪfɪkeɪt‖pɑn-], ⟨in bet. 0.2 ook⟩ **pon·ti·fy** ['pɒntɪfaɪ‖'pɑnṭɪ-]⟨onov.ww.; →ww. 7⟩ **0.1** ***pontificeren*** ⇒*een pontificale mis opdragen* **0.2** ⟨pej.⟩ ***pontificeren*** ⇒*orakelen, de expert uithangen, met misplaatste autoriteit optreden*.

pon·tine ['pɒntaɪn‖'pɑntaɪn]⟨bn.⟩ **0.1** ***v./mbt. bruggen*** ⇒*brug-* **0.2** ⟨med.⟩ ***v./mbt. de brug v. Varol***.

pon·to·neer, pon·to·nier ['pɒntə'nɪə‖'pɑntn'ɪr]⟨telb.zn.⟩⟨mil.⟩ **0.1** ***pontonnier*** ⇒*bruggebouwer*.

pon·toon [pɒn'tu:n‖pɑn-]⟨zn.⟩

I ⟨telb.zn.⟩ **0.1** ***ponton*** ⇒*brugschip* **0.2** ***drijvend dok*** **0.3** ***kiellichter*** ⇒*praam* ⟨schuit met platte bodem⟩ **0.4** ***drijver*** ⟨v. watervliegtuig⟩;

II ⟨n.-telb.zn.⟩ **0.1** ⟨BE; kaartspel⟩ ***eenentwintigen***.

pon'toon bridge ⟨telb.zn.⟩ **0.1** ***pontonbrug*** ⇒*schipbrug*.

po·ny[1] ['pouni]⟨f2⟩⟨telb.zn.; →mv. 2⟩ **0.1** ***pony*** ⇒*ponypaardje* **0.2** ⟨AE; inf.⟩ ***klein model*** ⇒*kleine maat, kleine uitvoering* **0.3** ⟨vaak mv.⟩⟨inf.⟩ ***renpaard*** **0.4** ⟨AE; inf.; school.⟩ ***spiektekst*** ⇒*spiekvertaling, spiekbriefje* **0.5** ⟨BE; sl.⟩ ***£25*** ⇒⟨ong.⟩ *meier* **0.6** ⟨sl.⟩ ***hulpmiddel***.

pony[2] ⟨ww.; →ww. 7⟩⟨AE⟩

I ⟨onov.ww.⟩⟨inf.; school.⟩ **0.1** ***spieken*** ⇒*een spiekvertaling gebruiken* ◆ **5.¶** ⟨sl.⟩ ~**up** *betalen, dokken;*

II ⟨ov.ww.⟩ **0.1** ***voorbereiden met behulp van een spiekvertaling*** ⟨een tekst⟩ ◆ **5.¶** ~ **up** sth. *iets betalen, dokken voor iets*.

'pony engine ⟨telb.zn.⟩ **0.1** ***rangeerlocomotief***.

'pony ex'press ⟨telb. en n.-telb.zn.⟩⟨gesch.⟩ **0.1** ***ponyexpress*** ⇒*postdienst met ponies*.

'po·ny·tail ⟨f1⟩⟨telb.zn.⟩ **0.1** ***paardestaart*** ⇒*opgebonden haar*.

'pony trap ⟨telb.zn.⟩ **0.1** ***ponywagen***.

'po·ny·trek·king ⟨n.-telb.zn.⟩⟨BE⟩ **0.1** ***trektochten maken op ponies***.

pooch [pu:tʃ], **pooch·y** ['pu:tʃi]⟨telb.zn.; →mv. 2⟩⟨vnl. AE; sl.; scherts.⟩ **0.1** ***fikkie*** ⇒*keffer(tje), hond*.

poo·dle[1] ['pu:dl]⟨f1⟩⟨telb.zn.⟩ **0.1** ***poedel(hond)***.

poodle[2] ⟨ov.ww.⟩ **0.1** ***in poedelmodel trimmen***.

poof [pu:f, pʊf], **poof·ter** ['pu:ftə, 'pʊf-‖-ər], **poo·ve** [pu:v], **pouf** [pu:f, pʊf]⟨telb.zn.⟩⟨BE; sl.; bel.⟩ **0.1** ***nicht*** ⇒*flikker, poot, mietje* **0.2** ***slappeling*** ⇒*zijïg ventje*.

'poofter bashing ⟨n.-telb.zn.⟩⟨inf.⟩ **0.1** ***(het) potenrammen***.

pooh [pu:]⟨f1⟩⟨tussenw.⟩ **0.1** ***poeh*** ⇒*pfff, onzin, het zou wat, en wat dan nog* **0.2** ***pfff*** ⇒*jasses, bah*.

Pooh-Bah ['pu:'bɑ:]⟨telb.zn.⟩ **0.1** ***pompeuze blaaskaak en baantjesjager*** ⇒*snorker* ⟨naar figuur in The Mikado v. W. S. Gilbert⟩.

'pooh-'pooh ⟨f1⟩⟨ov.ww.⟩⟨inf.⟩ **0.1** ***minachtend afwijzen*** ⇒*belachelijk maken, zich niets aantrekken van, de schouders ophalen over, bagatelliseren*.

pooja →puja.

poo·ka ['pu:kə]⟨telb.zn.⟩⟨IE⟩ **0.1** ***kwelduiveltje*** ⇒*kobold, boze geest*.

pool[1] [pu:l]⟨f3⟩⟨zn.⟩

I ⟨telb.zn.⟩ **0.1** ***poel*** ⇒*plas* **0.2** ***(zwem)bassin*** ⇒*zwembad* **0.3** ***diep gedeelte v.e. rivier*** **0.4** ***pot*** ⟨bij gokspelen⟩ ⇒*(gezamenlijke) inzet, pool* **0.5** ***gemeenschappelijke voorziening*** ⇒*gemeenschappelijk fonds, gemeenschappelijk depot, gemeenschappelijk personeel, pool* ⟨v. auto's, schepen enz.⟩ **0.6** ***pool*** ⇒*trust* **0.7** ⟨schermen⟩ ***poule*** ⟨wedstrijd waarin elk lid v.e. ploeg uitkomt tegen elk lid v.e. andere ploeg⟩ ◆ **3.5** typing ~ *(gemeenschappelijke) typekamer* **7.3** the Pool (of London) *de Pool* ⟨gedeelte v.d. Theems vlak beneden London Bridge⟩;

II ⟨n.-telb.zn.⟩ **0.1** ***poule(spel)*** ⇒*potspel* ◆ **3.1** play/shoot ~ *poule spelen;*

III ⟨mv.; ~s; the⟩ **0.1** ***voetbalpool*** ⇒*(voetbal)toto* ◆ **3.1** win money on the ~s *in de toto geld winnen*.

pool[2] ⟨f1⟩⟨ww.⟩

I ⟨onov.ww.⟩ **0.1** ***samenwerken*** ⇒*samendoen, een pool vormen* **0.2** ***een poel/plas vormen;***

II ⟨ov.ww.⟩ **0.1** ***samenvoegen*** ⇒*bij elkaar leggen, verenigen, bundelen*.

'pool hall ⟨telb.zn.⟩ **0.1** ***biljartlokaal***.

'pool·room ⟨f1⟩⟨telb.zn.⟩ **0.1** ***biljartgelegenheid*** ⇒*biljartlokaal* **0.2** ***gokgelegenheid*** ⇒*goklokaal*.

'pool·side ⟨telb. en n.-telb.zn.⟩ **0.1** ***rand v.h. zwembad*** ◆ **6.1** the matter was discussed **at** ~ *het geval werd bij het zwembad besproken*.

'pool table ⟨telb.zn.⟩ **0.1** ***biljarttafel***.

poon tang ['pu:ntæŋ]⟨telb.zn.⟩⟨sl.⟩ **0.1** ***kut*** ⟨v. gekleurde vrouw⟩ **0.2** ***stuk*** ⇒*stoot* ⟨gekleurde vrouw⟩ **0.3** ***nummertje*** ⟨met gekleurde vrouw⟩.

poop[1] [pu:p]⟨telb.zn.⟩ **0.1** ***achterschip*** ⇒*achtersteven* **0.2** ***kampanje*** ⇒*achterdek* **0.3** ⟨verk.⟩ ⟨nincompoop⟩ ⟨inf.⟩ ***dwaas*** ⇒*sul*.

poop[2] ⟨ww.⟩

I ⟨onov.ww.⟩ **0.1** ***uitgeput raken*** **0.2** ***knallen*** **0.3** ⟨vulg.⟩ ***een scheet laten*** ◆ **5.1** ~ out *ophouden, opgeven (wegens uitputting);*

II ⟨ov.ww.⟩ **0.1** ***uitputten*** ⇒*vermoeien* **0.2** ***over het achterdek slaan*** ⟨v. golven⟩ **0.3** ***over het achterschip krijgen*** ⟨v. schip⟩ **0.4** ***vuren*** ⇒*(af)schieten* ◆ **5.1** ~ed **out** *uitgeteld, uitgeput* **5.4** ~ **off** *afvuren*.

'poop deck ⟨telb.zn.⟩ **0.1** ***kampanje*** ⇒*achterdek*.

'poop scoop, 'pooper scooper ⟨telb.zn.⟩ **0.1** ***hondepoepschopje/schep***.

'poop sheet ⟨telb.zn.⟩⟨sl.⟩ **0.1** ***officiële lijst*** ⟨met instructies enz.⟩.

poor [pʊə‖pʊr]⟨f4⟩⟨bn.; -er⟩ ⟨→sprw. 223, 533⟩

I ⟨bn.⟩ **0.1** ***arm*** ⇒*behoeftig, armoedig, gebrekkig* **0.2** ***slecht*** ⇒*schraal, pover, mager, zwak, schamel* **0.3** ***armzalig*** ⇒*bedroevend, ellendig, miserabel* ◆ **1.1** ~ in spirit *wankelmoedig, onzeker;* ⟨vaak bel.⟩ ~ white *blanke (boer/landarbeider) behorend tot de laagste sociale klasse* ⟨vnl. in het zuiden v.d. U.S.A.⟩ **1.2** give a ~ account of o.s. *slecht presteren, zich slecht houden;* ~ consolation *schrale troost;* Peter is still in ~ health after his illness *Peter tobt nog steeds met zijn gezondheid na zijn ziekte;* ~ soil *schrale grond;* in ~ spirits *neerslachtig;* take a ~ view of *zich weinig voorstellen van; afkeuren;* ~ weather *slecht weer* **1.3** ~ excuse *armzalig excuus;* cut a ~ figure *een armzalig figuur slaan;* it is a ~ look-out for trade *de vooruitzichten voor de handel zijn bedroevend* **1.¶** ~ as a churchmouse *arm als een kerkrat;* grind the faces of the ~ *de armen uitbuiten/afbeulen;* ⟨AE; sl.⟩ ~ fish *stumper, arme drommel;* make a ~ fist at/of *een miserabele poging doen om;* ~ john/John *pechvogel;* put on a ~ mouth *erbarmelijk jammeren, de arme sloeber uithangen;* ~ relation *stiefkind* **6.1** ~ **in** *arm aan* **7.1** the ~ *de armen* **7.3** I am the ~er for his death *zijn dood betekent een zwaar verlies voor mij;*

II ⟨bn., attr.⟩ **0.1** ***verachtelijk*** ⇒*min* **0.2** ***ongelukkig*** ⇒*zielig, treurig, deerniswekkend* **0.3** ***bescheiden*** ⟨vaak scherts.⟩ ⇒*onbeduidend* ◆ **1.1** he is a ~ creature *het is een waardeloze vent* **1.2** ~ fellow! *arme ziel!;* his ~ mother *zijn moeder zaliger;* the ~ thing *de arme stakker/stumper, het arme mens* **1.3** in my ~ opinion *naar mijn bescheiden mening*.

'poor box ⟨telb.zn.⟩ **0.1** ***arm(en)bus***.

'poor·house ⟨telb.zn.⟩⟨gesch.⟩ **0.1** ***arm(en)huis***.

'poor law ⟨telb. en n.-telb.zn.⟩⟨gesch.⟩ **0.1** ***armenwet***.

poor·ly[1] ['pʊəli‖'pʊrli]⟨f2⟩⟨bn., pred.⟩⟨vnl. BE⟩ **0.1** ***niet lekker*** ⇒*ziek, minnetjes* ◆ **5.¶** ~ **off** *in slechte doen; slecht voorzien*.

poorly[2] ⟨bw.⟩ **0.1** ***arm*** ⇒*gebrekkig, armoedig* **0.2** ***slecht*** ⇒*pover, onvoldoende* ◆ **3.2** think ~ of *geen hoge dunk hebben van*.

'poor man's 'weatherglass ⟨telb.zn.⟩⟨plantk.⟩ **0.1** ***(gewoon) guichelheil*** ⇒*guichelkruid, rode basterdmuur* ⟨Anagallis arvensis⟩.

'poor·mas·ter ⟨telb.zn.⟩⟨gesch.⟩ **0.1** ***armmeester*** ⇒*arm(en)voogd*.

'poor-mouth ⟨ov.ww.⟩⟨sl.⟩ **0.1** ***overdrijven*** ⟨eigen situatie/armoede⟩ **0.2** ***kleineren*** **0.3** ***voortdurend/hevig bekritiseren***.

poor·ness ['pʊənəs‖'pʊr-]⟨f1⟩⟨n.-telb.zn.⟩ **0.1** ***gebrekkigheid*** ⇒*schraalheid* ◆ **1.1** the ~ of the quality *de povere kwaliteit*.

'poor rate ⟨telb. en n.-telb.zn.⟩⟨BE; gesch.⟩ **0.1** ***armenbelasting***.

'poor relief ⟨n.-telb.zn.⟩ **0.1** ***armenzorg***.

'poor-'spir·it·ed ⟨bn.; -ly⟩ **0.1** ***laf*** ⇒*lafhartig, bang(elijk)*.

poort [pɔ:t‖pɔrt]⟨telb.zn.⟩⟨Z. Afr. E⟩ **0.1** ***(berg)pas***.

poove →poof.

pop[1] [pɒp‖pɑp]⟨f3⟩⟨zn.⟩

I ⟨telb.zn.⟩ **0.1** ***knal*** ⇒*klap, plof* **0.2** ***schot*** **0.3** ***poging*** **0.4** ***stip*** ⇒*plekje* **0.5** ⟨inf.⟩ ***popnummer*** ⇒*single(tje)* **0.6** ⟨inf.⟩ ***pap*** ⇒*pa,*

papa **0.7** ⟨inf.⟩ *popconcert* **0.8** ⟨AE; sl.⟩ ***dosis*** ⇒*hoeveelheid drugs* **0.9** ⟨AE; inf.⟩ ***ijslolly*** ⇒*ijsstick, ijsje* **0.10** ⟨Am. voetbal⟩ ***kort passje*** ⟨om terreinwinst te boeken⟩ ◆ **1.1** the ~ of a cork *het knallen v.e. kurk* **1.5** top of the ~s *(tophit) nummer één;*
II ⟨n.-telb.zn.⟩ **0.1** ⟨inf.⟩ ***prik(limonade)*** ⇒*sodawater, gazeuse, frisdrank, mineraalwater, gemberbier* **0.2** ⟨vaak attr.⟩ ⟨inf.⟩ ***pop (muziek)*** **0.3** ⟨BE; sl.⟩ ***verpanding*** ⇒*belening* **0.4** ⟨AE; sl.⟩ ***(het) neuken*** ⇒*(het) wippen* ◆ **6.3 in** ~ *in de lommerd.*

pop² ⟨f2⟩ ⟨bn., attr.⟩ ⟨inf.⟩ **0.1** ***pop*** ⇒*populair.*

pop³ ⟨f3⟩ ⟨ww.; →ww. 7⟩
I ⟨onov.ww.⟩ **0.1** ***knallen*** ⇒*klappen, barsten, ploffen* **0.2** ⟨inf.⟩ ***snel/plotseling/onverwacht bewegen*** ⇒*snel/onverwacht komen/gaan, wippen, glippen, springen* **0.3** ***uitpuilen*** ⟨v. ogen⟩ ◆ **1.1** champagne corks were ~ping everywhere *overal knalden champagnekurken* **5.2** ~ **across/along/around/down/in/over/round** *langs/aan/binnen/overwippen;* ~ **off** *opstappen, hem piepen* ⟨ook inf., in betekenis van sterven⟩; ~ **open** *uitpuilen* ⟨v. ogen⟩; ~ **out** *wegwippen; tevoorschijn/er uit schieten; uitpuilen;* ~ **up** *opduiken, (weer) boven water komen; omhoog komen* ⟨i.h.b. v. illustraties e.d., bij wenskaarten⟩;
II ⟨onov. en ov.ww.⟩ ⟨inf.⟩ **0.1** ***(neer)schieten*** ⇒*(af)vuren, paffen* ◆ **5.1** ~ **off** *afschieten; afgeschoten worden* **6.1** ~ **at** *schieten op;*
III ⟨ov.ww.⟩ **0.1** ***laten knallen*** ⇒*laten klappen, laten barsten, laten ploffen* **0.2** ⟨inf.⟩ ***snel/plotseling/onverwacht zetten/leggen/brengen*** ⇒*steken, duwen, gooien, slaan* **0.3** ⟨inf.⟩ ***plotseling/zonder omhaal stellen*** ⇒*afvuren* ⟨vragen⟩ **0.4** ⟨inf.⟩ ***slikken, spuiten*** ⟨drugs, pillen⟩ **0.5** ⟨BE; sl.⟩ ***naar de lommerd brengen*** ⇒*belenen, verpanden* **0.6** ⟨AE; sl.⟩ ***neuken (met)*** ◆ **1.1** ⟨AE⟩ ~ corn *maïs poffen* **1.2** he ~ped his coat on *hij schoot zijn jas aan;* ~ one's head out of the window *z'n hoofd uit het raam steken;* I'll just ~ this letter into the post *ik gooi deze brief even op de bus.*

pop⁴ ⟨f1⟩ ⟨bw.⟩ **0.1** ***met een knal/klap/plof*** ⇒*paf, pof, floep* **0.2** ***opeens*** ⇒*plotsklaps* ◆ **3.1** go ~ *knallen, barsten, klappen.*

pop⁵ ⟨afk.⟩ popular(ly), population.

pop·a·dom [ˈpɒpədəm] ⟨telb.zn.⟩ **0.1** ***toostje met kerrie*** ⟨Indiaas⟩ ⇒*popadom.*

ˈpop art ⟨n.-telb.zn.⟩ **0.1** ***pop art.***

ˈpop concert ⟨telb.zn.⟩ **0.1** ***popconcert.***

ˈpop·corn ⟨f1⟩ ⟨n.-telb.zn.⟩ **0.1** ***popcorn*** ⇒*gepofte maïs* **0.2** ***pofmaïs.***

pope [poup] ⟨f3⟩ ⟨telb.zn.⟩ **0.1** ***paus*** ⇒⟨fig.⟩ *autoriteit* **0.2** ***pope*** ⟨priester in Russisch-Orthodoxe Kerk⟩ **0.3** ⟨dierk.⟩ ***pos*** ⟨vis; Acerina ceruna⟩.

pope·dom [ˈpoupdəm] ⟨n.-telb.zn.⟩ **0.1** ***pausdom*** ⇒*pausschap.*

Pope Joan [ˈpoup ˈdʒoun] ⟨eig.n.⟩ **0.1** ***soort kaartspel*** ⟨naar legendarische pausin Johanna⟩.

pop·er·y [ˈpoupəri] ⟨n.-telb.zn.⟩ ⟨bel.⟩ **0.1** ***paperij*** ⇒*papendom.*

ˈpope's ˈeye ⟨telb.zn.⟩ ⟨cul.⟩ **0.1** ***gevuld schapepootje.***

ˈpope's ˈnose ⟨telb.zn.⟩ ⟨cul.⟩ **0.1** ***stuit v. (gebraden) vogel.***

ˈpop·eye ⟨telb.zn.⟩ **0.1** ***uitpuilend oog*** ⇒*puiloog* **0.2** ⟨AE; scherts.⟩ ***spinazie*** ⟨naar Popeye, figuur uit tekenfilms⟩.

ˈpopˈeyed ⟨bn.⟩ **0.1** ***met uitpuilende ogen*** ⇒*met grote ogen, verbaasd.*

ˈpop festival ⟨f1⟩ ⟨telb.zn.⟩ **0.1** ***popfestival.***

ˈpop group ⟨telb.zn.⟩ **0.1** ***popgroep.***

ˈpop·gun ⟨telb.zn.⟩ **0.1** ***proppeschieter*** ⇒*kinderpistooltje* **0.2** ⟨pej.⟩ ***(slecht) vuurwapen*** ⇒*proppeschieter.*

pop·in·jay [ˈpɒpɪndʒeɪ‖ˈpɑ-] ⟨telb.zn.⟩ **0.1** ⟨bel.⟩ ***verwaand heerschap*** ⇒*fat(je), kwast, windbuil* **0.2** ⟨vero.⟩ ***papegaai*** **0.3** ⟨gesch.⟩ ***gaai*** ⟨houten vogel op paal, als schietschijf⟩ **0.4** ⟨BE; gew.⟩ ***groene specht*** ⟨Picus viridis⟩.

pop·ish [ˈpoupɪʃ] ⟨f1⟩ ⟨bn.; -ly; -ness⟩ ⟨bel.⟩ **0.1** ***paaps.***

pop·lar [ˈpɒplə‖ˈpɑplər] ⟨f1⟩ ⟨zn.⟩
I ⟨telb.zn.⟩ ⟨plantk.⟩ **0.1** ***populier*** ⇒*peppel* ⟨genus Populos⟩ **0.2** ⟨AE⟩ ***tulpeboom*** ⟨Liriodendron tulipifera⟩ ◆ **3.1** trembling ~ *ratelpopulier* ⟨Populus trenula⟩;
II ⟨n.-telb.zn.; vaak attr.⟩ **0.1** ***populierehout*** ⇒*klompenhout.*

pop·lin [ˈpɒplɪn‖ˈpɑ-] ⟨n.-telb.zn.; vaak attr.⟩ **0.1** ***popeline*** ⟨stof⟩.

pop·lit·e·al [pɒpˈlɪtɪəl‖pɑpˈlɪṭɪəl] ⟨bn.⟩ **0.1** ***popliteus*** ⟨van/mbt. de knieholte⟩.

ˈpop music ⟨n.-telb.zn.⟩ **0.1** ***pop(muziek).***

ˈpop·o·ver ⟨telb.zn.⟩ ⟨AE⟩ **0.1** ***zeer luchtige cake.***

pop·pa [ˈpɒpə‖ˈpɑpə], **pop** ⟨f1⟩ ⟨telb.zn.⟩ ⟨AE; inf.⟩ **0.1** ***pa*** ⇒*ouwe.*

pop·per [ˈpɒpə‖ˈpɑpər] ⟨f1⟩ ⟨telb.zn.⟩ **0.1** ***knaller*** **0.2** ⟨AE⟩ ***popcornpan*** **0.3** ⟨BE; inf.⟩ ***drukknoop(je)*** ⇒*drukknoopsluiting* **0.4** ⟨scherts.⟩ ***schietijzer*** ⇒*proppeschieter* **0.5** ⟨sl.⟩ ***popper*** ⟨drugcapsule, vnl. amylnitriet dat opgesnoven wordt⟩.

pop·pet [ˈpɒpɪt‖ˈpɑ-] ⟨f1⟩ ⟨telb.zn.⟩ **0.1** ⟨BE; inf.⟩ ***popje*** ⇒*schatje, lieverdje* **0.2** ***(losse) kop*** ⟨v. draaibank⟩ **0.3** ***schotelklep*** ⟨in verbrandingsmotor⟩ **0.4** ⟨scheep.⟩ ***stut.***

ˈpop·pet·head ⟨telb.zn.⟩ **0.1** ***(losse) kop*** ⟨v. draaibank⟩ **0.2** ⟨BE; mijnw.⟩ ***hijstoren boven schachtmond.***

ˈpoppet valve, ˈpuppet valve ⟨telb.zn.⟩ **0.1** ***schotelklep.***

pop·pied [ˈpɒpid‖ˈpɑ-] ⟨bn.⟩ **0.1** ***vol papavers*** **0.2** ***slaapverwekkend*** ⇒*bedwelmend* **0.3** ***slaperig*** ⇒*dromerig.*

ˈpop·ping crease ⟨telb.zn.⟩ ⟨cricket⟩ **0.1** ***batting crease*** ⇒*slag(perk) lijn.*

pop·ple¹ [ˈpɒpl‖ˈpɑpl] ⟨zn.⟩
I ⟨telb.zn.⟩ ⟨AE; inf.⟩ **0.1** ***populier*** ⇒*peppel* ⟨genus Populus⟩;
II ⟨n.-telb.zn.⟩ **0.1** ***gekabbel*** ⇒*geborrel, woeling, rimpeling.*

popple² ⟨onov.ww.⟩ **0.1** ***kabbelen*** ⇒*borrelen, woelen.*

pop·py [ˈpɒpi‖ˈpɑpi] ⟨f2⟩ ⟨zn.; →mv. 2⟩
I ⟨telb.zn.⟩ ⟨plantk.⟩ **0.1** ***papaver*** ⟨genus Papaver⟩ ⇒⟨i.h.b.⟩ *klaproos, gewone papaver* ⟨P. rhoeas⟩;
II ⟨n.-telb.zn.⟩ **0.1** ***opium*** **0.2** ⟨vaak attr.⟩ ***ponceau*** ⇒*klaproosrood.*

ˈpop·py·cock ⟨n.-telb.zn.⟩ ⟨inf.⟩ **0.1** ***klets(praat)*** ⇒*larie, onzin.*

ˈPoppy Day ⟨eig.n.⟩ **0.1** ***Klaproosdag*** ⇒*wapenstilstandsdag* ⟨herdenkingsdag v.h. einde v.d. eerste wereldoorlog⟩.

ˈpop·py·head ⟨telb.zn.⟩ **0.1** ***papaverbol*** ⇒*maankop* **0.2** ***houtsnijwerk op kop v. kerkbank.***

ˈpop rivet ⟨telb.zn.⟩ **0.1** ***popnagel*** ⇒*blinde niet.*

ˈpop·shop ⟨telb.zn.⟩ ⟨BE; sl.⟩ **0.1** ***lommerd*** ⇒*pandjeshuis, ome Jan.*

pop·si·cle [ˈpɒpsɪkl‖ˈpɑp-] ⟨telb.zn.⟩ ⟨AE; handelsmerk⟩ **0.1** ***ijslolly.***

ˈpop singer ⟨f1⟩ ⟨telb.zn.⟩ **0.1** ***popzanger(es).***

ˈpop song ⟨f1⟩ ⟨telb.zn.⟩ **0.1** ***popsong*** ⇒*poplied.*

ˈpop star ⟨f1⟩ ⟨telb.zn.⟩ **0.1** ***popster.***

pop·sy, pop·sie [ˈpɒpsi‖ˈpɑpsi] ⟨telb.zn.; 1e variant; →mv. 2⟩ ⟨inf.⟩ **0.1** ***liefje*** ⇒*schatje, pop.*

pop·u·lace [ˈpɒpjʊləs‖ˈpɑpjə-] ⟨verz.n.; the⟩ ⟨schr.⟩ **0.1** ***(gewone) volk*** ⇒*massa, bevolking* **0.2** ⟨bel.⟩ ***gepeupel*** ⇒*grauw.*

pop·u·lar [ˈpɒpjʊlə‖ˈpɑpjələr] ⟨f3⟩ ⟨bn.⟩
I ⟨bn.⟩ **0.1** ***geliefd*** ⇒*populair, gezien, bemind, in trek* **0.2** ***algemeen*** ⇒*veel verbreid* **0.3** ***laag*** ◆ **1.2** ~ misunderstanding *algemeen verbreide misvatting* **1.¶** ~ Latin *vulgair Latijn* **6.1** ~ **with** *geliefd bij;*
II ⟨bn., attr.⟩ **0.1** ***volks-*** ⇒*van/voor/door het volk* **0.2** ***gewoon*** ⇒*alledaags, eenvoudig, verstaanbaar (voor het volk)* ◆ **1.1** ~ etymology *volksetymologie;* ⟨pol.⟩ ~ front *volksfront* **1.2** a ~ lecture on nuclear energy *een populair-wetenschappelijke lezing over kernenergie;* ~ music *populaire muziek;* ~ science *gepopulariseerde wetenschap* **1.¶** ~ prices *populaire/lage prijzen.*

pop·u·lar·i·ty [ˌpɒpjʊˈlærəti‖ˌpɑpjəˈlærəṭi] ⟨f2⟩ ⟨n.-telb.zn.⟩ **0.1** ***populariteit*** ⇒*geliefdheid; volksgunst.*

pop·u·lar·i·za·tion, -sat·ion [ˌpɒpjʊləraɪˈzeɪʃn‖ˌpɑpjələrəˈzeɪʃn] ⟨telb. en n.-telb.zn.⟩ **0.1** ***popularisatie*** ⇒*het begrijpelijk maken/worden* **0.2** ***het populair maken/worden*** **0.3** ***algemene verbreiding/invoering*** ⇒*het algemeen ingang doen vinden.*

pop·u·lar·ize, -ise [ˈpɒpjʊləraɪz‖ˈpɑpjə-] ⟨f1⟩ ⟨ov.ww.⟩ **0.1** ***populariseren*** ⇒*begrijpelijk/verstaanbaar maken* **0.2** ***populair maken*** ⇒*geliefd maken, (algemeen) bekend maken.*

pop·u·lar·ly [ˈpɒpjʊləli‖ˈpɑpjələrli] ⟨f2⟩ ⟨bw.⟩ **0.1** →popular **0.2** ***algemeen*** ⇒*gewoon(lijk), populair* ◆ **3.1** ~ elected *door het volk gekozen;* ~ priced *populair/laag geprijsd* **3.2** ~ known as *in de wandeling bekend als.*

pop·u·late [ˈpɒpjʊleɪt‖ˈpɑpjə-] ⟨f2⟩ ⟨ov.ww.⟩ **0.1** ***bevolken*** ⇒*bewonen, koloniseren* ◆ **5.1** densely ~d *dichtbevolkt.*

pop·u·la·tion [ˌpɒpjʊˈleɪʃn‖ˌpɑpjə-] ⟨f3⟩ ⟨zn.⟩
I ⟨telb.zn.⟩ ⟨stat.⟩ **0.1** ***populatie*** ⇒*universum;*
II ⟨n.-telb.zn.⟩ **0.1** ***het bevolken*** ⇒*(mate v.) bevolking, kolonisatie;*
III ⟨verz.n.⟩ **0.1** ***bevolking*** ⇒*inwoners, bewoners.*

popuˈlation bulge ⟨telb.zn.⟩ **0.1** ***geboortegolf.***

popuˈlation explosion ⟨f1⟩ ⟨telb.zn.⟩ **0.1** ***bevolkingsexplosie.***

pop·u·lism [ˈpɒpjʊlɪzm‖ˈpɑpjə-] ⟨n.-telb.zn.⟩ **0.1** ***populisme*** ⟨opportunistische volksbeweging, oorspr. in U.S.A.⟩.

pop·u·list [ˈpɒpjʊlɪst‖ˈpɑpjə-] ⟨telb.zn.⟩ **0.1** ***populist*** ⇒*aanhanger v. populisme, opportunist.*

pop·u·lis·tic [ˌpɒpjʊˈlɪstɪk‖ˌpɑpjə-] ⟨bn.⟩ **0.1** ***populistisch*** ⇒*v./mbt. het populisme.*

pop·u·lous [ˈpɒpjʊləs‖ˈpɑpjə-] ⟨f1⟩ ⟨bn.; -ly; -ness⟩ **0.1** ***dichtbevolkt*** ⇒*volkrijk.*

ˈpop-up book ⟨telb.zn.⟩ **0.1** ***flap-uitboek*** ⟨boek met opgevouwen illustraties die omhoogkomen bij openslaan⟩.

ˈpop-up toaster ⟨telb.zn.⟩ **0.1** ***automatisch broodrooster.***

por·bea·gle [ˈpɔːbiːgl‖ˈpɔr-] ⟨telb.zn.⟩ ⟨dierk.⟩ **0.1** ***haringhaai*** ⟨Lamna nasus⟩.

por·ce·lain [ˈpɔːslɪn‖ˈpɔr-] ⟨f2⟩ ⟨n.-telb.zn.⟩ ⟨vaak attr.⟩ **0.1** ***porselein.***

ˈporcelain clay ⟨n.-telb.zn.⟩ **0.1** ***kaolien*** ⇒*porseleinaarde.*

por·ce·lain·ize, -ise [ˈpɔːslənaɪz‖ˈpɔr-] ⟨ov.ww.⟩ **0.1** ***porseleinen*** ⇒*in porselein veranderen, gladmaken, als porselein beschilderen.*

por·ce·lain·ous, por·ce(l)·lan·ous [pɔ:'selənəs‖'pɔrslə-], **por·ce·(l)·lane·ous** ['pɔ:sə'leɪnɪəs‖'pɔr-], **por·ce·(l)·lan·ic** [-sə'lænɪk]⟨bn.⟩ **0.1** ***porseleinachtig*** ⇒*porseleinen, porselein-, porseleinig*.
'porcelain shell ⟨telb.zn.⟩⟨dierk.⟩ **0.1** ***porseleinschelp*** ⟨genus Cypraeidae⟩.
porch [pɔ:tʃ‖pɔrtʃ]⟨f2⟩⟨telb.zn.⟩ **0.1** ***portaal*** ⇒*portiek* **0.2** ⟨AE⟩ ***veranda*** ◆ **7.¶** the Porch *de Stoa, de school der stoïcijnen*.
'porch climber ⟨telb.zn.⟩ **0.1** ***geveltoerist***.
por·cine ['pɔ:saɪn‖'pɔr-]⟨bn.⟩ **0.1** ***varkensachtig*** ⇒*varkens-*.
por·cu·pine ['pɔ:kjʊpaɪn‖'pɔrkjə-]⟨f1⟩⟨telb.zn.⟩ **0.1** ⟨vnl. BE; dierk.⟩ ***stekelvarken*** ⟨genus Hystricidae⟩ **0.2** ⟨vnl. AE; dierk.⟩ ***boomstekelvarken*** ⇒*oerzon* ⟨genus Erethizontidae⟩ **0.3** ⟨spinnerij⟩ ***hekel*** ⇒*koorde* **0.4** ⟨AE; sl.; mil.⟩ ***prikkeldraad***.
'porcupine 'ant-eater ⟨telb.zn.⟩⟨dierk.⟩ **0.1** ***mierenegel*** ⟨Tachyglossus aculeatus⟩.
'porcupine crab ⟨telb.zn.⟩⟨dierk.⟩ **0.1** ***stekelkrab*** ⟨Lithodes hystrix⟩.
'porcupine fish ⟨telb.zn.⟩⟨dierk.⟩ **0.1** ***egelvis*** ⟨Diodon hystrix⟩.
por·cu·pin·ish ['pɔ:kjʊpaɪnɪʃ‖'pɔrkjə-], **por·cu·pin·y** [-paɪni]⟨bn.⟩ **0.1** ***stekelvarkenachtig*** ⇒*stekelig*.
pore[1] [pɔ:‖pɔr]⟨f2⟩⟨telb.zn.⟩ **0.1** ***porie***.
pore[2] ⟨ww.⟩
I ⟨onov.ww.⟩⟨vero.⟩ **0.1** ***turen*** ⇒*staren, aandachtig kijken* ◆ **6.1** ~ **at/(up)on** *turen naar/op* **6.¶** →pore over; ~ **(up)on** *peinzen/(diep) nadenken over, broeden op;*
II ⟨ov.ww.; vnl. in uitdrukking 5.1⟩ **0.1** ***turen*** ◆ **5.1** ~ one's eyes **out** *zich blind turen/kijken*.
'pore over ⟨f1⟩⟨onov.ww.⟩ **0.1** ***zich verdiepen in*** ⇒*aandachtig bestuderen* **0.2** ***peinzen over*** ⇒*(diep) nadenken over, broeden op* **0.3** ***turen naar/op*** ◆ **1.1** he pored over the documents for several hours *hij was urenlang verdiept in de documenten*.
porge [pɔ:dʒ‖pɔrdʒ]⟨ov.ww.⟩ **0.1** ***ko(o)sjer maken*** ⟨vlees⟩.
por·gy, por·gee ['pɔ:dʒi‖'pɔr-]⟨telb.zn.; ook porgy, porgee; →mv. 2, 4⟩⟨AE; dierk.⟩ **0.1** ***zeebrasem*** ⟨zeevis, fam. der Sparidae⟩.
po·ri·fer ['pɒrɪfə‖'pɔrɪfər], **po·rif·er·an** [pɔ:'rɪfrən]⟨telb.zn.; 1e variant porifera [-frə]; →mv. 5⟩⟨dierk.⟩ **0.1** ***spons*** ⟨phylum Porifera⟩.
po·rif·er·ous [pɔ:'rɪfrəs]⟨bn.⟩ **0.1** ***poreus*** ⇒*poriën hebbend* **0.2** ⟨dierk.⟩ ***van/betrekking hebbend op sponzen***.
pork [pɔ:k‖pɔrk]⟨f2⟩⟨n.-telb.zn.⟩ **0.1** ***varkensvlees*** **0.2** ⟨AE; inf.⟩ ***stemmenlokkende staatssubsidies*** ⟨door parlementslid voor zijn kiesdistrict verworven teneinde de kiezers aan zich te binden⟩.
'pork-bar·rel ⟨telb.zn.⟩⟨AE; inf.⟩ **0.1** ***stemmenlokkend staatsproject*** ⟨zie pork 0.2⟩.
'pork-butch·er ⟨telb.zn.⟩ **0.1** ***varkensslager***.
pork-chap·per ['pɔ:ktʃɒpə, -tʃæpə‖'pɔrktʃɑpər, -tʃæpər]⟨telb.zn.⟩⟨AE; inf.⟩ **0.1** ***iem. die op loonlijst staat zonder ervoor te werken*** ⇒*(politiek) profiteur* ⟨vnl. bij vakbond⟩.
pork·er ['pɔ:kə‖'pɔrkər]⟨telb.zn.⟩ **0.1** ***mestvarken*** ⇒*gemest (jong) varken* **0.2** ⟨AE; pej.⟩ ***(orthodoxe) jood*** ⇒*sinous*.
pork·et ['pɔ:kɪt‖'pɔr-]⟨telb.zn.⟩ **0.1** ***(mest)varkentje***.
'pork-fish ⟨telb.zn.⟩⟨AE; dierk.⟩ **0.1** ***soort poon*** ⟨Anisotremus virginicus⟩.
pork·ling ['pɔ:klɪŋ‖'pɔrklɪŋ]⟨telb.zn.⟩ **0.1** ***big(getje)*** ⇒*varkentje*.
Pork·op·o·lis [pɔ:'kɒpəlɪs‖pɔr'kɑ-]⟨eig.n.⟩⟨AE; scherts.⟩ **0.1** ***Porkopolis*** ⟨spotnaam voor Chicago, soms ook voor Cincinnati⟩ ⇒⟨ong.⟩ *Slachthuizerveen*.
'pork 'pie ⟨zn.⟩
I ⟨telb.zn.⟩ →porkpie hat;
II ⟨telb. en n.-telb.zn.⟩ **0.1** ***varkensvleespastei***.
'porkpie 'hat ⟨telb.zn.⟩ **0.1** ***platte hoed met smalle rand***.
por·ky[1] ['pɔ:ki‖'pɔrki]⟨telb.zn.; →mv. 2⟩⟨AE; inf.⟩ **0.1** ***stekelvarken***.
porky[2] ⟨bn.; -er; →compar. 7⟩ **0.1** ***varkens(vlees)achtig*** ⇒*v. varkensvlees* **0.2** ⟨inf.⟩ ***vet*** ⇒*vlezig*.
porn [pɔ:n‖pɔrn], **por·no** ['pɔ:noʊ‖'pɔrnoʊ]⟨f1⟩⟨n.-telb.zn.; vaak attr.⟩⟨verk.⟩ pornography ⟨inf.⟩ **0.1** ***porno***.
por·noc·ra·cy [pɔ:'nɒkrəsi‖pɔr'nɑ-]⟨telb. en n.-telb.zn.; →mv. 2⟩ **0.1** ***pornocratie*** ⇒*hoerenheerschappij* ⟨vnl. mbt. Rome in de tiende eeuw⟩.
por·nog·ra·pher [pɔ:'nɒgrəfə‖pɔr'nɑgrəfər]⟨telb.zn.⟩ **0.1** ***pornograaf*** ⇒*schrijver v. porno(grafie)*.
por·no·graph·ic ['pɔ:nə'græfɪk‖'pɔr-]⟨f1⟩⟨bn.; -ally; →bijw. 3⟩ **0.1** ***pornografisch***.
por·nog·ra·phy [pɔ:'nɒgrəfi‖pɔr'nɑ-]⟨f1⟩⟨n.-telb.zn.⟩ **0.1** ***porno (grafie)***.
'porn shop ⟨telb.zn.⟩ **0.1** ***seksshop*** ⇒*seksboetiek*.
porn·y ['pɔ:ni‖'pɔrni]⟨bn.⟩ **0.1** ***pornografisch*** ⇒*porno-*.
po·ros·i·ty [pɔ:'rɒsəti‖pə'rɑsəṭi]⟨n.-telb.zn.⟩⟨tech.⟩ **0.1** ***poreusheid***.
po·rous ['pɔ:rəs]⟨f2⟩⟨bn.; -ly; -ness⟩ **0.1** ***poreus*** ⇒*poriën hebbend, waterdoorlatend*.
por·phyr·ia [pɔ:'fɪrɪə‖pɔr-]⟨n.-telb.zn.⟩⟨med.⟩ **0.1** ***porfierie***.
por·phy·rit·ic [pɔ:fɪ'rɪtɪk‖pɔrfɪ'rɪṭɪk]⟨bn.⟩⟨geol.⟩ **0.1** ***porfierisch***.
por·phy·ry ['pɔ:fɪri‖'pɔr-]⟨n.-telb.zn.⟩⟨geol.⟩ **0.1** ***porfier*** ⇒*porpersteen*.
por·poise ['pɔ:pəs‖'pɔr-]⟨telb.zn.; ook porpoise; →mv. 4⟩⟨dierk.⟩ **0.1** ***bruinvis*** ⟨genus Phocaena⟩ **0.2** ***dolfijn*** ⟨fam. Delphinidae⟩.
por·rect [pə'rekt]⟨ov.ww.⟩ **0.1** ⟨vero. of dierk.⟩ ***(uit)strekken*** ⟨lichaamsdeel⟩ **0.2** ⟨jur.⟩ ***overleggen*** ⟨stukken⟩.
por·ridge ['pɒrɪdʒ‖'pɑr-, 'pɔr-]⟨f2⟩⟨n.-telb.zn.⟩⟨→sprw. 600⟩ **0.1** ***(havermout) pap*** **0.2** ⟨BE; sl.⟩ ***bajes*** ⇒*bak, nor* ◆ **3.2** do ~ *in de bak zitten, brommen*.
por·rin·ger ['pɒrɪndʒə‖'pɑrɪndʒər, 'pɔr-]⟨telb.zn.⟩ **0.1** ***(pap/soep) kommetje*** ⇒*(pap/soep)bordje* ⟨vnl. voor kinderen⟩.
port[1] [pɔ:t‖pɔrt]⟨f3⟩⟨zn.⟩⟨→sprw. 23⟩
I ⟨telb.zn.⟩ **0.1** ***haven*** ⇒*havenstad;* ⟨fig.⟩ *veilige haven, toevluchtsoord* **0.2** ***poort*** ⇒*in/uitlaatopening* ⟨voor stoom, vloeistof⟩ **0.3** ⟨scheep.⟩ ***laadpoort*** **0.4** ***stang(ge)bit*** ⇒*stang* **0.5** ⟨vooral Sch. E⟩ ***(stads)poort*** **0.6** ⟨verk.⟩ ⟨porthole⟩ **0.7** ⟨Austr. E, Queensland⟩⟨verk.⟩ ⟨portmanteau⟩ ◆ **1.1** ~ of call *aanloophaven; plaats die men aandoet op reis;* ~ of discharge *loshaven;* ~ of entry *invoerhaven;* the Port of London Authority *het Londense havenbestuur;* ~ of refuge *vluchthaven, toevluchtsoord* **1.¶** any ~ in a storm *nood breekt wet(ten)* **3.1** reach ~ *de haven bereiken;*
II ⟨n.-telb.zn.⟩ **0.1** ⟨vaak attr.⟩ ***bakboord*** **0.2** ***port(wijn)*** **0.3** ***houding*** **0.4** ⟨mil.⟩ ***draaghouding*** ⟨v. geweer⟩ ◆ **1.1** ~ beam *bakboordzijde;* put the helm to ~! *roer bakboord!* **6.4** **at** the ~ *geweer in de draaghouding!*.
port[2] ⟨ww.⟩
I ⟨onov. en ov.ww.⟩ **0.1** ***naar bakboord draaien*** ⇒*aan bakboord leggen* ⟨roer⟩ ◆ **1.1** ~ the helm ⟨oud commando⟩ *bakboord roer geven;* ⟨nieuw commando⟩ *stuurboord roer geven;*
II ⟨ov.ww.⟩⟨mil.⟩ **0.1** ***in de draaghouding houden*** ⟨wapen, diagonaal voor de borst⟩ ◆ **1.1** ~ arms! *presenteer het geweer!*.
port·a·bil·i·ty ['pɔ:tə'bɪləti‖'pɔrṭə'bɪləṭi]⟨n.-telb.zn.⟩ **0.1** ***draagbaarheid*** ⇒*verplaatsbaarheid, vervoerbaarheid* **0.2** ***transfereerbaarheid*** ⇒*overdraagbaarheid* ⟨v. pensioenbijdragen e.d.⟩.
port·a·ble[1] ['pɔ:təbl‖'pɔrṭəbl]⟨f1⟩⟨telb.zn.⟩ **0.1** ***portable*** ⇒*draagbare radio/televisie/schrijfmachine, draagbaar toestel*.
portable[2] ⟨f2⟩⟨bn.; -ly; -ness; →bijw. 3⟩ **0.1** ***draagbaar*** ⇒*verplaatsbaar, vervoerbaar, roerend* **0.2** ***transfereerbaar*** ⇒*overdraagbaar* ◆ **1.1** ~ gramophone *koffergrammofoon;* ~ kitchen *veldkeuken* **1.2** ~ pension *meeneempensioen*.
'port 'admiral ⟨telb.zn.⟩ **0.1** ***havencommandant***.
port·age[1] ['pɔ:tɪdʒ‖'pɔrṭɪdʒ]⟨f1⟩⟨zn.⟩
I ⟨telb.zn.⟩ **0.1** ***draagpad/plaats*** ⟨plaats waar boten en goederen tussen twee waterwegen over land vervoerd moeten worden⟩;
II ⟨telb. en n.-telb.zn.⟩ **0.1** ***draagloon*** ⇒*vervoerkosten;*
III ⟨n.-telb.zn.⟩ **0.1** ***vervoer*** ⇒*het dragen* ⟨vnl. v. boten, goederen⟩.
portage[2] ⟨ov.ww.⟩ **0.1** ***(over een draagpad) vervoeren***.
por·tal[1] ['pɔ:tl‖'pɔrṭl]⟨f1⟩⟨telb.zn.⟩ **0.1** ***(ingangs)poort*** ⇒*portaal, ingang, deur* ⟨vaak van grote afmetingen; ook fig.⟩ ◆ **1.1** the ~(s) of success *de poort tot het succes*.
portal[2] ⟨bn., attr.⟩⟨med.⟩ **0.1** ***portaal*** ◆ **1.1** ~ vein *poortader*.
'por·tal-to-'por·tal ⟨bn., attr.⟩⟨AE⟩ **0.1** ***van poort tot poort*** ⇒*bruto* ⟨v. arbeidstijd⟩.
por·ta·men·to ['pɔ:tə'mentoʊ‖'pɔrṭə'menṭoʊ]⟨telb.zn.; portamenti [-ti]; →mv. 5⟩⟨muz.⟩ **0.1** ***porta(men)to***.
por·ta·tive ['pɔ:tətɪv‖'pɔrṭəṭɪv]⟨bn.⟩ **0.1** ***dragend*** ⇒*draag-* **0.2** ***draagbaar*** ◆ **1.2** ⟨muz.⟩ ~ organ *portatief* ⟨draagbaar orgeltje⟩.
'port·bar ⟨telb.zn.⟩ **0.1** ***haven(zand)bank*** **0.2** ***havenboom***.
'port-charge ⟨telb. en n.-telb.zn.⟩ **0.1** ***havengeld***.
port·cul·lis [pɔ:t'kʌlɪs‖'pɔrt-]⟨telb.zn.⟩ **0.1** ***valhek***.
Porte [pɔ:t‖pɔrt]⟨eig.n.; the⟩⟨verk.⟩ Sublime/Ottoman Porte ⟨gesch.⟩ **0.1** ***de (Verheven) Porte*** ⟨(de regering v.) het Turkse rijk⟩.
porte-co·chère ['pɔ:t kɒ'ʃeə‖'pɔrt koʊ'ʃer]⟨telb.zn.; porte-cochères [-z]; →mv. 5⟩ **0.1** ***inrijpoort*** ⇒*koetspoort* **0.2** ***overkapping*** ⇒*luifel*.
por·tend [pɔ:'tend‖pɔr-]⟨ov.ww.⟩⟨schr.⟩ **0.1** ***voorspellen*** ⇒*beduiden, een (voor)teken zijn van* ⟨vnl. v. onheil⟩.
por·tent ['pɔ:tent‖'pɔr-]⟨zn.⟩
I ⟨telb.zn.⟩ **0.1** ***voorteken*** ⇒*voorbode, omen, waarschuwing* **0.2** ***wonder*** ⇒*wonderbaarlijk iets;*
II ⟨n.-telb.zn.⟩ **0.1** ***(profetische) betekenis*** ◆ **1.1** a matter of great ~ *een zaak v. groot gewicht* **2.1** a vision of dire ~ *een onheilspellend visioen*.
por·ten·tous [pɔ:'tentəs‖pɔr'tenṭəs]⟨bn.; -ly; -ness⟩ **0.1** ***onheilspellend*** ⇒*dreigend, veelbetekenend* **0.2** ***ontzagwekkend*** ⇒*verbazingwekkend, reusachtig* **0.3** ⟨bel.⟩ ***gewichtig (doend)*** ⇒*verwaand, opgeblazen*.

por·ter[1] ['pɔ:tə‖'pɔrt̬ər]⟨f3⟩⟨zn.⟩
I ⟨telb.zn.⟩ **0.1** ***kruier*** ⇒*witkiel, sjouwer, drager, bode* **0.2** ⟨vnl. BE⟩ ***portier*** **0.3** ⟨vnl. AE⟩ ***(slaapwagon)bediende;***
II ⟨n.-telb.zn.⟩ **0.1** ***porter*** ⟨zwaar, donkerbruin bier⟩.

porter[2] ⟨ww.⟩
I ⟨onov.ww.⟩ **0.1** ***kruier zijn*** ⇒*kruierswerk doen;*
II ⟨ov.ww.⟩ **0.1** ***kruien*** ⇒*versjouwen.*

por·ter·age ['pɔ:t(ə)rɪdʒ‖'pɔrt̬ə-]⟨n.-telb.zn.⟩ **0.1** ***kruierswerk*** ⇒*het kruien, het versjouwen* **0.2** ***kruiersloon*** ⇒*draagloon.*

'por·ter·house ⟨zn.⟩
I ⟨telb.zn.⟩⟨AE; vero.⟩ **0.1** ***bierhuis*** ⇒*eethuis;*
II ⟨telb. en n.-telb.zn.⟩ **0.1** ⟨verk.⟩ ⟨porterhouse steak⟩.

'porterhouse 'steak ⟨telb. en n.-telb.zn.⟩⟨cul.⟩ **0.1** ***porterhouse steak*** ⟨dik rib- of lendestuk⟩.

'porter's knot ⟨telb.zn.⟩ **0.1** ***(dubbele) schouderlap*** ⟨v. sjouwers⟩.

'porter's 'lodge ⟨f1⟩⟨telb.zn.⟩ **0.1** ***portiershokje/loge.***

'port·fire ⟨telb.zn.⟩ **0.1** ***lont.***

port·fo·li·o [pɔ:t'foʊlioʊ‖pɔrt-]⟨f1⟩⟨telb.zn.⟩ **0.1** ***portefeuille*** ⟨v. tekeningen, papieren, effecten, e.d.⟩ ◆ **1.1** minister without ~ *minister zonder portefeuille.*

'port·hole ⟨f1⟩⟨telb.zn.⟩ **0.1** ⟨scheep.⟩ ***patrijspoort*** **0.2** ⟨gesch.⟩ ***geschutpoort*** ⇒*schietgat.*

'porthole shutter ⟨telb.zn.⟩ **0.1** ***(patrijs)poortdeksel.***

por·ti·co ['pɔ:tɪkoʊ‖'pɔrt̬ɪ-]⟨f1⟩⟨telb.zn.; ook -es; →mv. 2⟩ **0.1** ***portiek*** ⇒*zuilengang, porticus.*

por·tière [pɔ:ti'eə‖'pɔrt̬i'er]⟨telb.zn.⟩ **0.1** ***portière*** ⟨zwaar gordijn voor deuropening⟩.

por·tion[1] ['pɔ:ʃn‖'pɔrʃn]⟨f3⟩⟨telb.zn.⟩ **0.1** ***gedeelte*** ⇒*(aan)deel, erfdeel, portie* **0.2** ***bruidsschat*** ⇒*huwelijksgoed* **0.3** ⟨geen mv.⟩ ⟨schr.⟩ ***deel*** ⇒*lot* ◆ **1.1** the front ~ of a train *het voorstuk/voorste gedeelte v.e. trein;* the driver had a ~ of the blame of the accident *de bestuurder had ook enige schuld aan het ongeluk* **¶.3** the preacher said: "Hell will be your ~" *de dominee zei: "De hel zal uw deel zijn".*

portion[2] ⟨f1⟩⟨ov.ww.⟩ **0.1** ***verdelen*** ⇒*toe(be)delen, toewijzen* **0.2** ***begiftigen*** ⇒*een bruidsschat/erfdeel geven* ◆ **5.1** ~ **out** *uitdelen, verdelen;* the ration pack had to be ~ed out among twelve people *het rantsoenpakket moest onder twaalf mensen verdeeld worden* **6.1** ~ **to** *toewijzen aan.*

por·tion·less ['pɔ:ʃnləs‖'pɔr-]⟨bn.⟩ **0.1** ***zonder bruidsschat/erfdeel.***

Port·land cement ['pɔ:tlənd sɪ'ment]⟨n.-telb.zn.⟩ **0.1** ***portland(cement).***

'Port·land 'stone ⟨n.-telb.zn.⟩ **0.1** ***portlandsteen.***

port·ly ['pɔ:tli‖'pɔrtli]⟨f1⟩⟨bn.; ook -er; -ness; →compar. 7⟩ **0.1** ⟨vaak scherts.⟩ ***gezet*** ⇒*stevig, welgedaan* ⟨vnl. v. oudere mensen⟩ **0.2** ⟨vero.⟩ ***deftig*** ⇒*statig.*

port·man·teau [pɔ:t'mæntoʊ‖pɔrt'mænt̬oʊ]⟨telb.zn.; ook portmanteaux; →mv. 5⟩ **0.1** ***valies*** ⇒*(kostuum)koffer.*

port'manteau word ⟨telb.zn.⟩ **0.1** ***vlechtwoord*** ⇒*mengwoord* ⟨bv. Oxbridge uit Oxford en Cambridge⟩.

por·to·lan·o ['pɔ:tə'lɑ:noʊ‖'pɔrt̬ə-], **por·to·lan** [-lən], **por·tu·lan** ['pɔ:tjʊlən‖'pɔrtʃələn]⟨telb.zn.; 1e variant ook portolani [-'pɔ:tə'lɑ:ni‖'pɔrt̬ə-]; →mv. 5⟩⟨gesch.⟩ **0.1** ***portolaan/portulaan*** ⟨middeleeuws zeemanshandboek met kustbeschrijving⟩.

por·trait ['pɔ:trɪt‖'pɔr-]⟨f3⟩⟨telb.zn.⟩ **0.1** ***portret*** ⇒*foto, schildering, (even)beeld, beeltenis, beschrijving.*

por·trait·ist ['pɔ:trɪtɪst‖'pɔrtrɪt̬ɪst]⟨telb.zn.⟩ **0.1** ***portrettist*** ⇒*portretschilder, portretfotograaf.*

por·trai·ture ['pɔ:trɪtʃə‖'pɔrtrɪtʃər]⟨zn.⟩
I ⟨telb.zn.⟩ **0.1** ***portret*** ⇒*portrettering, schildering;*
II ⟨n.-telb.zn.⟩ **0.1** ***portretkunst*** **0.2** ***portretwerk.***

por·tray [pɔ:'treɪ‖pɔr-]⟨f2⟩⟨ov.ww.⟩ **0.1** ***portretteren*** ⇒*(af)schilderen, beschrijven, af-/uitbeelden.*

por·tray·al [pɔ:'treɪəl‖pɔr-]⟨f1⟩⟨telb. en n.-telb.zn.⟩ **0.1** ***portrettering*** ⇒*afbeelding, beschrijving.*

'port·reeve ⟨telb.zn.⟩⟨gesch.⟩ **0.1** ***schout*** ⟨v. haven- of marktplaats⟩.

por·tress ['pɔ:trɪs‖'pɔr-], **por·ter·ess** ['pɔ:tərɪs‖'pɔrt̬ərɪs]⟨telb.zn.⟩ **0.1** ***portierster.***

Por·tu·guese[1] ['pɔ:tʃʊ'gi:z‖'pɔrtʃə-]⟨f2⟩⟨zn.; Portuguese; →mv. 4⟩
I ⟨eig.n.⟩ **0.1** ***Portugees*** ⇒*de Portugese taal;*
II ⟨telb.zn.⟩ **0.1** ***Portugees.***

Portuguese[2] ⟨f2⟩⟨bn.⟩ **0.1** ***Portugees*** ⇒*van/uit Portugal* ◆ **1.¶** ⟨dierk.⟩ ~ man-of-war *Portugees oorlogsschip* ⟨soort kwal, Physalia physalis⟩.

por·tu·lac·a ['pɔ:tjʊ'lækə‖'pɔrtʃə-]⟨telb.zn.⟩⟨plantk.⟩ **0.1** ***sierpostelein*** ⇒*portulak* ⟨Portulaca grandiflora⟩ **0.2** ***postelein*** ⇒*portulak* ⟨Portulaca oleracea⟩.

'port 'warden ⟨telb.zn.⟩ **0.1** ***havenmeester.***

'port 'watch ⟨telb. en n.-telb.zn.⟩⟨scheep.⟩ **0.1** ***bakboordwacht.***

'port-'wine stain, 'port-'wine mark ⟨telb.zn.⟩ **0.1** ***wijnvlek*** ⟨op huid⟩.

pos ⟨afk.⟩ position, positive, possessive.

POS ⟨afk.⟩ point-of sale.

POSB ⟨afk.⟩ Post Office Savings Bank.

pose[1] [poʊz]⟨f2⟩⟨telb.zn.⟩ **0.1** ***houding*** ⇒*pose, vertoon, affectatie.*

pose[2] ⟨f3⟩⟨ww.⟩
I ⟨onov.ww.⟩ **0.1** ***poseren*** ⇒*doen alsof, allures/een pose/een houding aannemen* ◆ **6.1** ~ **as** *zich voordoen als, zich uitgeven voor;*
II ⟨ov.ww.⟩ **0.1** ***stellen*** ⇒*voorleggen, naar voren brengen, opperen* **0.2** ***vormen*** **0.3** ***opstellen*** ⇒*doen plaats nemen, plaatsen, leggen* **0.4** ***in het nauw drijven*** ⇒*in verlegenheid brengen* ◆ **1.1** ~ a question *een vraag stellen* **1.2** the increase in the number of students ~s many problems for the universities *de toename van het aantal studenten stelt de universiteiten voor veel problemen;* ~ a threat *een bedreiging vormen.*

pos·er ['poʊzə‖-ər]⟨telb.zn.⟩⟨inf.⟩ **0.1** ***moeilijke vraag*** ⇒*lastig vraagstuk, gewetensvraag* **0.2** ***model*** ⟨v. schilder, fotograaf⟩ **0.3** ***poseur*** ⇒*aansteller.*

po·seur [poʊ'zɜ:‖-'zɜr]⟨telb.zn.⟩⟨pej.⟩ **0.1** ***poseur*** ⇒*aansteller.*

po·seuse [poʊ'zɜ:z‖-'zɜ(r)z]⟨telb.zn.⟩⟨pej.⟩ **0.1** ***aanstelster*** ⇒*poseuse.*

posh [pɒʃ‖pɑʃ]⟨f2⟩⟨bn.; ook -er⟩⟨inf.⟩ **0.1** ***chic*** ⇒*(piek)fijn, modieus, duur, prima* ◆ **1.1** ~ part of town *dure deel v.d. stad.*

'posh 'up ⟨ov.ww.⟩⟨inf.⟩ **0.1** ***optutten*** ⇒*mooi maken.*

pos·it ['pɒzɪt‖'pɑ-]⟨ov.ww.⟩⟨schr.⟩ **0.1** ***poneren*** ⇒*(als waar/feit) aannemen, veronderstellen* **0.2** ***plaatsen*** **0.3** ***suggereren*** ⇒*opperen, aanvoeren.*

po·si·tion[1] [pə'zɪʃn]⟨f4⟩⟨zn.⟩
I ⟨telb.zn.⟩ **0.1** ***positie*** ⇒*plaats(ing), ligging, (op)stelling, situering, (toe)stand, houding* **0.2** ***houding*** ⇒*standpunt, mening* **0.3** ***bewering*** ⇒*stelling, propositie* **0.4** ***rang*** ⇒*(maatschappelijke) positie* **0.5** ***betrekking*** ⇒*post* ◆ **2.1** put s.o. in an awkward/a difficult ~ *iem. in een lastig parket brengen* **3.1** the enemy's ~s were stormed *de vijandelijke stellingen werden bestormd* **3.2** define one's ~ *zijn standpunt bepalen;* he takes the ~ that his brother's problems are no concern of his *hij staat op het standpunt dat de problemen van zijn broer hem niet aangaan* **3.3** make good a ~ *een bewering staven* **6.1** be **in** a ~ to do sth. *in staat/bij machte zijn iets te doen* **7.2** What's your ~ in this matter? *Waar sta jij in deze zaak?;*
II ⟨n.-telb.zn.⟩ **0.1** ***positie*** ⇒*juiste/goede plaats* **0.2** ***stand*** ◆ **1.2** people of ~ *mensen v. stand* **2.1** ⟨metriek⟩ long by ~ *lang door positie* ⟨v. lettergreep⟩ **3.1** jockey/manoeuvre for ~ *een gunstige (uitgangs)positie proberen te verkrijgen;* lose ~ *voorsprong kwijtraken* **6.1** **in(to)** ~ *op z'n plaats, in positie;* **out of** ~ *van z'n plaats, uit positie.*

position[2] ⟨f1⟩⟨ov.ww.⟩ **0.1** ***plaatsen*** ⇒*op een goede/de juiste plaats zetten, stationeren* **0.2** ⟨zelden⟩ ***de plaats bepalen van.***

po·si·tion·al [pə'zɪʃnəl]⟨bn.⟩ **0.1** ***positioneel*** ◆ **1.1** good ~ play *sterk positiespel* ⟨bv. v. schaker⟩.

po'sition paper ⟨telb.zn.⟩⟨pol.⟩ **0.1** ***(rapport/geschrift met politieke) strategie/stellingname*** ⇒*witboek.*

po'sition war ⟨telb.zn.⟩ **0.1** ***stellingoorlog.***

pos·i·tive[1] ['pɒzətɪv‖'pɑzət̬ɪv]⟨f1⟩⟨telb.zn.⟩ **0.1** ***positief*** ⟨v. foto⟩ **0.2** ⟨taalk.⟩ ***stellende trap*** ⇒*positief* **0.3** ⟨wisk.⟩ ***positieve hoeveelheid*** ⇒*positief getal* **0.4** ⟨schr.⟩ ***realiteit*** ⇒*werkelijk iets.*

positive[2] ⟨f3⟩⟨bn.; -ly⟩
I ⟨bn.⟩ **0.1** ***positief*** **0.2** ***stellig*** ⇒*duidelijk, na/uitdrukkelijk, beslist, zeker, vaststaand, positief* **0.3** ***zelfbewust*** ⇒*(te) zelfverzekerd, dogmatisch* **0.4** ***opbouwend*** ⇒*positief, constructief* ◆ **1.2** ~ assertion *besliste uitspraak;* ~ proof *onomstotelijk/onweerlegbaar bewijs* **1.4** ~ criticism *opbouwende kritiek* **1.¶** ⟨taalk.⟩ ~ degree *stellende trap;* ~ discrimination *positieve discriminatie, voorkeursbehandeling;* ⟨radio⟩ ~ feedback *terugkoppeling, meekoppeling;* ⟨biol.⟩ ~ geotropism *positieve geotropie;* ⟨nat.⟩ ~ pole *positieve pool; anode;* ⟨nat.⟩ ~ rays *kanaalstralen;* ⟨wisk.⟩ ~ sign *plusteken;* I'm afraid the test is positive *helaas is de test positief* **3.¶** ~ly charged *positief geladen;*
II ⟨bn., attr.⟩ **0.1** ⟨inf.⟩ ***echt*** ⇒*volslagen, volstrekt, kompleet* **0.2** ***wezenlijk*** ⇒*(duidelijk) waarneembaar* **0.3** ⟨fil.⟩ ***positief*** ◆ **1.1** it's a ~ crime *het is bepaald misdadig;* ~ fool *volslagen idioot;* ~ nuisance *ware plaag* **1.2** ~ change for the better *wezenlijke verbetering* **1.3** ~ philosophy *positieve wijsbegeerte, positivisme* **2.1** ~ly true *absoluut/volkomen waar;*
III ⟨bn., pred.⟩ **0.1** ***overtuigd*** ⇒*absoluut zeker* ◆ **6.1** be ~ **of** *het absoluut zeker weten, honderd procent zeker zijn van* **8.1** I'm ~ that she was there *ik ben er absoluut zeker van dat ze er was* **¶.1** 'Are you sure?' 'Positive.' *'Weet je het zeker?' 'Absoluut.'.*

pos·i·tive·ness ['pɒzətɪvnəs‖'pɑzət̬ɪv-]⟨n.-telb.zn.⟩ **0.1** ***(zelf)vertrouwen*** ⇒*(zelf)verzekerdheid* **0.2** ***zekerheid*** ⇒*stelligheid* **0.3** ***het positief zijn.***

pos·i·tiv·ism ['pɒzətɪvɪzm||'pɑzəţɪvɪzm]⟨n.-telb.zn.⟩⟨fil.⟩ **0.1** ***positivisme***.

pos·i·tiv·ist ['pɒzətɪvɪst||'pɑzəţɪvɪst]⟨telb.zn.⟩⟨fil.⟩ **0.1** ***positivist***.

pos·i·tiv·is·tic ['pɒzətɪ'vɪstɪk||'pɑzəţɪ'vɪstɪk]⟨bn.⟩⟨fil.⟩ **0.1** ***positivistisch***.

pos·i·tiv·i·ty ['pɒzə'tɪvəti||'pɑzə'tɪvəţi]⟨n.-telb.zn.⟩ **0.1** ***(zelf)vertrouwen*** ⇒*(zelf)verzekerdheid* **0.2** ***zekerheid*** ⇒*stelligheid* **0.3** ***het positief zijn***.

pos·i·tron ['pɒzətrɒn||'pɑzətrɑn]⟨telb.zn.⟩⟨nat.⟩ **0.1** ***posit(r)on*** ⇒*positief elektron*.

pos·i·tron·i·um ['pɒzɪ'trouniəm||'pɑ-]⟨telb.zn.⟩⟨nat.⟩ **0.1** ***posit(r)onium***.

po·sol·o·gy [pə'sɒlədʒi||pə'sɑlədʒi]⟨telb. en n.-telb.zn.;→mv. 2⟩⟨med.⟩ **0.1** ***posologie*** ⟨leer v.d. dosering v. geneesmiddelen⟩.

poss[1] [pɒs||pɑs]⟨bn., pred.⟩ possible **0.1** ***mogelijk*** ◆ **5.1** as soon as ~ *zo snel mogelijk*.

poss[2] ⟨afk.⟩ possession, possessive.

pos·se ['pɒsi||'pɑsi]⟨f1⟩⟨zn.⟩
I ⟨telb.zn.⟩ **0.1** ⟨verk.⟩ ⟨posse comitatus⟩ **0.2** ⟨inf.⟩ ***troep*** ⇒*(politie)macht, groep* ⟨vnl. met gemeenschappelijk doel⟩;
II ⟨n.-telb.zn.⟩⟨vnl. jur.⟩ **0.1** ***mogelijkheid*** ◆ **6.1 in** ~ *potentieel*.

posse com·i·ta·tus ['pɒsi kɒmɪ'teɪtəs||'pɑsi kɑmɪ'teɪţəs]⟨telb.zn.; posses comitatus;→mv. 6⟩⟨vooral AE; gesch.⟩ **0.1** ***posse*** ⇒⟨oneig.⟩ *noodwacht* ⟨die een sheriff kon oproepen⟩.

pos·sess [pə'zes]⟨f3⟩⟨ov.ww.⟩ →possessed **0.1** ***bezitten*** ⇒*(in bezit) hebben* **0.2** ***beheersen*** ⇒*onder controle hebben/houden/krijgen, meester zijn/zich meester maken v.* **0.3** ***bezitten*** ⇒*(geslachts)gemeenschap hebben met* ⟨vrouw⟩ ◆ **1.1** ~ a good health *een goede gezondheid genieten* **1.2** fear ~ed her *ze was door schrik bevangen;* ~ a language *een taal beheersen;* ~ one's soul in patience *zijn ziel in lijdzaamheid bezitten, lijdzaam en geduldig zijn;* ~ one's temper *zijn kalmte bewaren* **3.2** What could have ~ed him to act so strangely? *Wat kan hem toch bezield hebben om zo raar te doen?* **6.1** ~ o.s. **of** *in bezit nemen, zich in het bezit stellen v.*.

pos·sessed [pə'zest]⟨f3⟩⟨bn.; oorspr. volt. deelw. v. possess⟩
I ⟨bn.⟩ **0.1** ***bezeten*** ⇒*geobsedeerd, waanzinnig* **0.2** ***kalm*** ⇒*rustig, beheerst* ◆ **4.1** like one ~ *als een bezetene* **6.1** ~ **by** the devil *van de duivel bezeten;* ~ **by/with** an idea *geobsedeerd door/geheel vervuld van een idee;* ~ **with** rage *buiten zichzelf v. woede;*
II ⟨bn., attr.⟩⟨schr.⟩ **0.1** ***bezittend*** ◆ **6.1** be ~ **of** *bezitten*.

pos·ses·sion [pə'zeʃn]⟨f3⟩⟨zn.⟩⟨→sprw. 566⟩
I ⟨telb.zn.⟩ **0.1** ⟨vaak mv.⟩ ***bezitting*** ◆ **2.1** colonial ~s *koloniale bezittingen, koloniën;* great ~s *grote rijkdom;*
II ⟨n.-telb.zn.⟩ **0.1** ***bezit*** ⇒*eigendom* **0.2** ⟨sport⟩ ***(bal)bezit*** **0.3** ***bezetenheid*** ◆ **1.¶** ~ is nine points/tenths of the law *hebben is hebben, maar krijgen is de kunst* **3.1** come into ~ of *in het bezit komen van;* ⟨schr.⟩ enter into ~ of *in bezit nemen;* get ~ of *in bezit krijgen;* put s.o. in ~ of *iem. in het bezit stellen van;* take ~ of *in bezit nemen, betrekken* **3.2** keep ~ *de bal houden* **6.1** (be) **in** ~ **of** *in bezit (zijn) van;* **in** s.o.'s ~/**in** the ~ of s.o. *in iemands bezit* **6.2 in** ~ **of** the ball *in het bezit v.d. bal, aan de bal*.

pos·ses·sive[1] [pə'zesɪv]⟨telb.zn.⟩⟨taalk.⟩ **0.1** ***possessief*** ⇒*bezittelijk voornaamwoord, (woord/vorm in de) tweede naamval*.

possessive[2] ⟨f2⟩⟨bn.; -ly; -ness⟩ **0.1** ***bezit(s)-*** ⇒*v. bezit* **0.2** ***bezitterig*** ⇒*hebberig* **0.3** ***dominerend*** ⇒*alle aandacht opeisend, possessief* **0.4** ⟨taalk.⟩ ***bezittelijk*** ⇒*possessief* ◆ **1.2** ~ instinct *bezitsinstinct* **1.3** ~ mother *dominerende moeder* **1.4** ~ case *tweede naamval;* ~ pronoun *bezittelijk voornaamwoord*.

pos·ses·sor [pə'zesə||-ər]⟨f1⟩⟨telb.zn.⟩ **0.1** ***eigenaar*** ⇒*bezitter*.

pos·ses·sor·y [pə'zesəri]⟨bn.⟩ **0.1** ***bezittend*** ⇒*eigendoms-* **0.2** ***bezitterig*** **0.3** ⟨jur.⟩ ***possessoir***.

pos·set ['pɒsɪt||'pɑ-]⟨telb.zn.⟩⟨gesch.⟩ **0.1** ***(soort) kandeel*** ⟨drank v. warme melk met bier/wijn en kruiden, tegen verkoudheid, e.d.⟩.

pos·si·bil·i·ty ['pɒsə'bɪləţi||'pɑ-]⟨f3⟩⟨telb. en n.-telb.zn.;→mv. 2⟩ **0.1** ***mogelijkheid*** ⇒*kans, vooruitzicht* ◆ **1.1** within the bounds of ~ *binnen de grenzen v.h. mogelijke* **2.1** this project has great possibilities *dit project heeft grote mogelijkheden* **7.1** is John a ~ as the next chairman? *zou Jan de nieuwe voorzitter kunnen worden?;* not by any ~ *met geen mogelijkheid;* is there any ~ that he'll come tomorrow? *is de kans aanwezig/bestaat de mogelijkheid dat hij morgen komt?;* at the first ~ *bij de eerste gelegenheid, zo spoedig mogelijk;* there is no ~ of his coming *het is uitgesloten dat hij komt*.

pos·si·ble[1] ['pɒsəbl||'pɑ-]⟨zn.⟩
I ⟨telb.zn.⟩ **0.1** ***mogelijke kandidaat/keus*** **0.2** ⟨schietsport⟩ ***totaal*** ⇒*maximale score* ◆ **1.1** the probables and the ~s *de eerste en de tweede keus* **2.2** score a ~ *de maximale score behalen;*
II ⟨n.-telb.zn.; the⟩ **0.1** ***het mogelijke***.

possible[2] ⟨f4⟩⟨bn.⟩ **0.1** ***mogelijk*** ⇒*denkbaar, eventueel* **0.2** ***acceptabel*** ⇒*aanvaardbaar, redelijk* ◆ **1.1** we'll give you all the assistance ~ *we zullen je alle mogelijke steun geven;* ~ emergencies *eventuele noodgevallen* **1.2** a ~ answer *een antwoord dat er mee door kan* **3.1** think sth. ~ *iets voor mogelijk houden* **4.1** do everything ~ *al het mogelijke doen* **8.1** if ~ *zo mogelijk*.

pos·si·bly ['pɒsəbli||'pɑ-]⟨f3⟩⟨bw.⟩ **0.1** →possible[2] **0.2** ***misschien*** ⇒*mogelijk(erwijs), wellicht* ◆ **3.1** I will do all I ~ can *ik zal doen wat ik kan;* I cannot ~ come *ik kan onmogelijk komen* **¶.2** "Are you coming too?" "Possibly" *"Ga jij ook mee?" "Misschien"*.

pos·sie, poz·zie ['pɒzi||'pɑzi]⟨telb.zn.⟩⟨Austr. E; inf.⟩ **0.1** ***plaats*** ⇒*plek* ⟨bv. in theater⟩.

PossLQ ['pɒsel'kju:||'pɑ-]⟨telb.zn.⟩⟨afk.⟩ Partners of the Opposite Sex Sharing Living Quarters **0.1** ***samenwonend stel***.

pos·sum ['pɒsəm||'pɑ-]⟨f1⟩⟨telb.zn.⟩⟨verk.⟩ opossum ⟨AE; inf.⟩ **0.1** ***opossum*** ⇒*buidelrat* ◆ **3.¶** play ~ *zich dood/bewusteloos/van de domme, enz. houden, doen alsof je slaapt/niet oplet/ziek bent, enz.*.

post[1] [poust]⟨f3⟩⟨zn.⟩
I ⟨telb.zn.⟩ **0.1** ***paal*** ⇒*stijl, post, stut, staak* **0.2** ⟨paardesport⟩ ***start/finishpaal*** ⇒*vertrekpunt, eindpunt* **0.3** ⟨mijnw.⟩ ***stijl*** **0.4** ⟨verk.⟩ ⟨goalpost⟩ ***(doel)paal*** **0.5** ***post*** ⇒*(stand)plaats, (leger) kamp, factorij, nederzetting* **0.6** ***betrekking*** ⇒*post, ambt* **0.7** ⟨BE; mil.⟩ ***taptoe*** ⟨ochtend/avondsignaal⟩ **0.8** ⟨gesch.⟩ ***post(station)*** **0.9** ⟨gesch.⟩ ***post(rijder)*** ⇒*postiljon, koerier* **0.10** ⟨gesch.⟩ ***post (wagen)*** ◆ **2.7** last ~ *taptoe* ⟨avondsignaal; (ook) geblazen bij militaire begrafenis⟩ **3.2** beat s.o. at the ~ *iem. op de (eind) streep verslaan;* left at the ~ *kansloos vanaf het begin, vanaf het begin op afstand (gezet);* ⟨BE; sl.⟩ pip at/to the ~ *nipt/met een taftje/met een neuslengte verslaan* **6.5** be **at** one's ~ *op zijn post zijn;*
II ⟨n.-telb.zn.⟩ **0.1** ⟨vnl. BE⟩ ***post*** ⇒*postkantoor, brievenbus, (post)bestelling, lichting* **0.2** ***post*** ⟨papierformaat⟩ ◆ **1.1** by return of ~ *per kerende post, per omgaande* **1.¶** the Evening/Morning Post *de Evening/Morning Post* ⟨in namen v. kranten⟩ **2.2** large ~ *groot post* **3.1** catch/miss the last ~ *de laatste lichting halen/missen;* lost in the ~ *bij de post zoekgeraakt;* take a letter to the ~ *een brief op de bus/post doen, een brief posten/naar de brievenbus/het postkantoor brengen* **6.1 by** ~ *per post;* **through** the ~ *over de post*.

post[2] ⟨f3⟩⟨ww.⟩ →posting
I ⟨onov.ww.⟩ **0.1** ⟨gesch.⟩ ***met postpaarden reizen*** ⇒*snellen* ◆ **5.1** ~ **off** *wegsnellen;*
II ⟨ov.ww.⟩ **0.1** ***aanplakken*** ⇒*beplakken, (op)plakken, ophangen* **0.2** ***bekendmaken*** ⇒*aankondigen, openbaar maken, opgeven* **0.3** ***aanklagen*** ⇒*(in het openbaar) uitmaken voor, openlijk veroordelen, aan de kaak stellen* **0.4** ⟨AE; sport⟩ ***neerzetten*** ⇒*behalen* ⟨prestatie⟩ **0.5** ***posteren*** ⇒*plaatsen, uitzetten* **0.6** ⟨vnl. BE⟩ ***(over)plaatsen*** ⇒*indelen, stationeren, aanstellen tot* **0.7** ⟨BE⟩ ***posten*** ⇒*op de post doen, (ver)sturen* **0.8** ⟨boekhouden⟩ ***posten*** ⇒*rapporteren, boeken, bijwerken, bijhouden* **0.9** ***op de hoogte brengen*** ⇒*inlichten* ◆ **1.1** ~ no bills *verboden aan te plakken* **1.4** ~ a new record *een nieuw record neerzetten* **1.6** he was ~ed captain *hij werd aangesteld/benoemd tot kapitein* **3.2** ~ed (as) missing *als vermist opgegeven* **3.9** keep s.o. ~ed *iem. op de hoogte houden* **5.1** ~ a wall **over** *een muur vol plakken;* ~ **up** *op-/aanplakken* **5.6** ~ **away** *overplaatsen* **5.7** ~ **off** *wegsturen, versturen* **5.8** ~ **up** the books *de boeken bijwerken* **6.3** ~ as a thief *als dief aanklagen* **6.6** ~ **to** *indelen bij; overplaatsen naar* **6.9** be thoroughly ~ed (up) **in** sth. *zeer goed op de hoogte zijn van iets/thuis zijn in iets*.

post[3] ⟨bw.⟩⟨vero.⟩ **0.1** ***met postpaarden*** ⇒*vliegensvlug* ◆ **3.1** ride ~ *als koerier/vliegensvlug rijden;* travel ~ *met postpaarden reizen*.

post- ['poust] **0.1** ***post-*** ⇒*na-, achter-* ◆ **¶.1** postdate *postdateren*.

post·age ['poustɪdʒ]⟨f1⟩⟨n.-telb.zn.⟩ **0.1** ***(brief)port*** ⇒*posttarief* ◆ **2.1** ~ due *door geadresseerde te betalen port, strafport* **3.1** ~ paid *portvrij, franco*.

'postage 'due stamp ⟨telb.zn.⟩ **0.1** ***(straf)portzegel***.

'postage meter ⟨telb.zn.⟩⟨AE⟩ **0.1** ***frankeermachine***.

'postage stamp ⟨telb.zn.⟩ **0.1** ***postzegel*** **0.2** ⟨inf.⟩⟨ben. voor⟩ ***iets kleins*** ⇒*miniatuur, klein plekje, vierkante millimeter*.

post·al[1] ['poustl]⟨telb.zn.⟩⟨AE⟩ **0.1** ***briefkaart*** **0.2** ***prentbriefkaart*** ⇒*ansichtkaart*.

postal[2] ⟨f2⟩⟨bn., attr.; -ly⟩ **0.1** ***post*** ⇒*postaal, mbt. de post, per post* ◆ **1.1** ⟨AE⟩ ~ card *(prent)briefkaart;* ~ charges *posttarieven;* ~ code *postcode, postnummer;* ~ collection order *postkwitantie;* ~ delivery *postorder, bestelling per post;* ⟨AE⟩ ~ meter *frankeermachine;* ⟨BE⟩ ~ order *postbewijs, postwissel, postkwitantie* ⟨v. vaste, lage waarde⟩; ⟨mil.⟩ ~ orderly *brievenbesteller;* ~ rates *posttarieven;* ~ strike *poststaking;* ⟨AE⟩ ~ train *posttrein, mailtrein;* ~ union *postunie;* ⟨BE⟩ ~ van *postauto, postrijtuig;* ~ vote *per brief/schriftelijk uitgebrachte stem*.

'post·bag ⟨f1⟩⟨telb.zn.⟩⟨vnl. BE⟩ **0.1** ***postzak*** **0.2** ***posttas (v. postbo-***

de) **0.3** ⟨inf.⟩ ***postzak*** ⇒*post, correspondentie* ⟨totaal aan correspondentie/post dat krant, bekend figuur e.d. ontvangt⟩.

post-bel·lum ['poʊs(t)'beləm]⟨bn., attr.⟩ **0.1** ***naoorlogs***.

'post·boat ⟨telb.zn.⟩ **0.1** ***postboot***.

'post·box ⟨f1⟩⟨telb.zn.⟩⟨vnl. BE⟩ **0.1** ***(pilaarvormige) brievenbus*** ⇒*postbus*.

'post·boy ⟨telb.zn.⟩ **0.1** ⟨BE; gesch.⟩ ***postiljon*** ⇒*koerier, postrijder* **0.2** ***postjongen*** ⟨op kantoor⟩.

'post captain ⟨telb.zn.⟩⟨gesch.⟩ **0.1** ***(gecommissioneerd) kapitein*** ⟨bevelhebber v.e. schip met twintig of meer kanonnen⟩.

'post·card ⟨f1⟩⟨telb.zn.⟩ **0.1** ***briefkaart*** **0.2** ***prentbriefkaart*** ⇒*ansichtkaart*.

'post 'chaise ⟨telb.zn.⟩⟨gesch.⟩ **0.1** ***postkoets*** ⇒*postwagen, diligence*.

'post·code[1] ⟨f1⟩⟨telb.zn.⟩⟨BE⟩ **0.1** ***postcode*** ⇒*postnummer*.

postcode[2] ⟨ov.ww.⟩⟨BE⟩ **0.1** ***v. postcode voorzien***.

post-co·lo·ni·al ['poʊs(t)kə'loʊnɪəl]⟨bn.⟩ **0.1** ***postkoloniaal***.

post-com·mun·ion ['poʊs(t)kə'mju:nɪən]⟨telb.zn.⟩⟨kerk.⟩ **0.1** ***postcommunie*** ⇒*gebed na de communie*.

post·date ['poʊs(t)'deɪt]⟨f1⟩⟨ov.ww.⟩ **0.1** ***postdateren*** ⇒*een latere datum geven* **0.2** ***later gebeuren dan*** ⇒*volgen op*.

post·di·lu·vi·an ['poʊs(t)dɪ'lu:vɪən], **post·di·lu·vi·al** [-ɪəl]⟨bn.⟩ **0.1** ***postdiluviaans*** ⇒*(van) na de zondvloed*.

'post-'doctoral ⟨bn.⟩ **0.1** ***post-doctoraats*** ⇒*na de promotie/het doctoraat*.

'post-'ed·it·ing ⟨n.-telb.zn.⟩ **0.1** ***nabewerking***.

pos·teen [poʊ'sti:n]⟨telb.zn.⟩ **0.1** ***Afghaanse overjas v. schapevacht***.

post-en·try ['poʊstentri]⟨telb.zn.; →mv. 2⟩ **0.1** ***latere boeking (in boekhoudkundig register)*** ⇒*latere aangifte* ⟨bv. bij douane⟩ **0.2** ⟨paardenrennen⟩ ***na-inschrijving*** ⇒*(te) late aanmelding* ⟨voor wedstrijd⟩.

post·er ['poʊstə‖-ər]⟨f3⟩⟨telb.zn.⟩ **0.1** ***affiche*** ⇒*aanplakbiljet; poster* **0.2** ***aanplakker*** ⇒*iem. die affiches ophangt* **0.3** ***postpaard*** **0.4** ***afzender***.

'poster board ⟨telb.zn.⟩ **0.1** ***aanplakbord***.

'poster colour, 'poster paint ⟨telb. en n.-telb.zn.⟩ **0.1** ***plakkaatverf*** ⇒*gouache*.

poste res·tante[1] ['poʊs(t) 'restænt‖-re'stɑnt]⟨n.-telb.zn.⟩⟨vnl. BE⟩ **0.1** ***poste restante-afdeling/kantoor***.

poste restante[2] ⟨bw.⟩ **0.1** ***poste restante***.

pos·te·ri·or[1] [pɒ'stɪərɪə‖pɑ'stɪrɪər]⟨f1⟩⟨telb.zn.; vaak mv. met enk. bet.⟩⟨scherts.⟩ **0.1** ***achterwerk*** ⇒*achterste*.

posterior[2] ⟨f1⟩⟨bn.⟩⟨schr.⟩

I ⟨bn., attr.⟩ **0.1** ***later*** ⇒*volgend, posterieur* **0.2** ⟨biol.⟩ ***achter-*** ⇒*aan de rugzijde/achterkant;*

II ⟨bn., pred.⟩ **0.1** ***later*** ⇒*volgend* ◆ **6.1** ~ **to** *komend na, volgend op, later dan*.

pos·te·ri·or·i·ty [pɒ'stɪərɪ'ɒrəti‖pɑ'stɪrɪ'ɔrəṭi]⟨f1⟩⟨n.-telb.zn.⟩⟨schr.⟩ **0.1** ***posterioriteit*** ⇒*het volgen, het later vallen.*.

pos·ter·i·ty [pɒ'sterəti‖pɑ'sterəṭi]⟨f1⟩⟨n.-telb.zn.⟩ **0.1** ***nageslacht*** ⇒*nakomelingschap, afstammelingen*.

pos·tern ['poʊstən‖-stərn]⟨telb.zn.; ook attr.⟩ **0.1** ***achterdeur(tje)*** ⇒*zijingang, zijdeur, privé-ingang* **0.2** ⟨vnl. gesch.⟩ ***uitvalsdeurtje*** ⇒*poterne*.

'post exchange ⟨telb.zn.⟩⟨AE⟩ **0.1** ***belastingvrije winkel*** ⟨voor militairen⟩ ⇒*militaire hoofdkantine*.

post·ex·il·i·an ['poʊsteg'zɪlɪən], **post·ex·il·ic** [-lɪk]⟨bn.⟩⟨relig.⟩ **0.1** ***(van) na de Babylonische ballingschap***.

post·face ['poʊs(t)feɪs‖-fɪs]⟨telb.zn.⟩ **0.1** ***nawoord***.

'post-'free ⟨bn.⟩⟨BE⟩ **0.1** ***portvrij*** ⇒*franco*.

post·gla·cial ['poʊs(t)'gleɪʃl]⟨bn.⟩ **0.1** ***postglaciaal*** ⇒*(van) na de ijstijd*.

post·grad·u·ate[1] ['poʊs(t)'grædjʊət‖-dʒʊət]⟨f1⟩⟨telb.zn.⟩⟨vnl. BE⟩ **0.1** ***post-doctoraal student*** ⟨aan 'graduate school'⟩ ⇒*promovendus, doctorandus*.

postgraduate[2] ⟨f1⟩⟨bn.⟩ **0.1** ***postdoctoraal*** ⇒*postgraduaats, (voor reeds) afgestudeerd(en), postuniversitair* ◆ **1.1** ~ course *cursus voor hen die reeds een academische graad bezitten, postgraduaatscursus*.

post·haste[1] ['poʊst 'heɪst]⟨n.-telb.zn.⟩⟨vero.⟩ **0.1** ***grote haast***.

posthaste[2] ⟨bw.⟩ **0.1** ***erg haastig*** ⇒*met grote spoed, in allerijl, zo snel mogelijk, in vliegende vaart*.

'post horn ⟨telb.zn.⟩ **0.1** ***posthoorn***.

'post-horse ⟨telb.zn.⟩ **0.1** ***postpaard***.

post·hu·mous ['pɒstjʊməs‖'pɑstʃə-]⟨f1⟩⟨bn.; -ly; -ness⟩ **0.1** ***postuum*** ⇒*(komend/verschijnend) na de dood, nagelaten* ◆ **1.1** a ~ child *een kind geboren na de dood v.d. vader;* ~ award *postuum verleende onderscheiding*.

pos·tiche[1] [pɒ'sti:ʃ‖pɔ-, pɑ-]⟨zn.⟩

I ⟨telb.zn.⟩ **0.1** ***postiche*** ⇒*halve pruik, haarstukje, valse haarvlecht/wrong* **0.2** ***latere (overtollige/niet passende) toevoeging;***

II ⟨telb. en n.-telb.zn.⟩ **0.1** ***imitatie*** ⇒*namaak(sel), iets vals/artificieels*.

postiche[2] ⟨bn.⟩ **0.1** ***artificieel*** ⇒*vals, imitatie-, nagemaakt* **0.2** ***bijgevoegd (hoewel overbodig/niet passend)***.

pos·til ['pɒstɪl‖'pɔ-, 'pɑ-]⟨telb.zn.⟩ **0.1** ***postille*** ⇒*kanttekening* ⟨bij bijbeltekst⟩, *(bijbel)commentaar* **0.2** ***opmerking (in de marge)***.

pos·til·ion, pos·til·lion [pə'stɪlɪən]⟨telb.zn.⟩ **0.1** ***voorrijder*** ⟨die het linkse paard v.e. rijtuig zonder koetsier berijdt⟩.

post·ing ['poʊstɪŋ]⟨zn.; oorspr. gerund v. post⟩

I ⟨telb.zn.⟩⟨vnl. mil.⟩ **0.1** ***stationering*** ⇒*(over)plaatsing, benoeming, standplaats, post;*

II ⟨mv.; ~s⟩ **0.1** ***geposte stukken***.

'post·ing-bill ⟨telb.zn.⟩ **0.1** ***aanplakbiljet***.

'post·ing-box ⟨telb.zn.⟩ **0.1** ***brievenbus***.

'post·ing-firm ⟨telb.zn.⟩ **0.1** ***postorderbedrijf***.

'post-it note ⟨telb.zn.⟩ **0.1** ***(geel)plakkertje*** ⇒*zelfklevende notitieblaadje, zelfplakkertje*.

post·lim·i·ny ['poʊs(t)'lɪməni]⟨n.-telb.zn.⟩⟨jur.⟩ **0.1** ***eerherstel***.

post·lude ['poʊs(t)lu:d]⟨telb.zn.⟩ **0.1** ⟨muz.⟩ ***postludium*** ⇒*naspel* **0.2** ***epiloog*** ⇒*nawoord*.

post·man ['poʊs(t)mən]⟨f2⟩⟨telb.zn.; postmen [-mən]; →mv. 3⟩ **0.1** ***brievenbesteller*** ⇒*postbode*.

'post·mark[1] ⟨telb.zn.⟩ **0.1** ***poststempel*** ⇒*postmerk*.

post·mark[2] ⟨ov.ww.⟩ **0.1** ***(af)stempelen***.

'post·mast·er ⟨f1⟩⟨telb.zn.⟩ **0.1** ***postdirecteur*** ⇒⟨B.⟩ *postmeester* **0.2** ***bursaal in Merton College, Oxford*** ◆ **2.1** Postmaster General *Minister v. Posterijen*.

post·me·rid·i·an ['poʊs(t)mə'rɪdɪən]⟨bn.⟩ **0.1** ***(na)middag-*** ⇒*van/in de (na)middag*.

post me·rid·i·em ['poʊs(t)mə'rɪdɪəm]⟨bw.⟩⟨schr.; meestal afgekort als p.m.⟩ **0.1** ***'s (na)middags***.

'post-mill ⟨telb.zn.⟩ **0.1** ***standaardmolen***.

'post·mis·tress ⟨telb.zn.⟩ **0.1** ***directrice v.e. postkantoor***.

post-mor·tem[1] ['poʊs(t)'mɔ:təm‖-'mɔrṭəm]⟨telb.zn.⟩ **0.1** ***autopsie*** ⇒*lijkschouwing* **0.2** ⟨inf.⟩ ***nabespreking*** ⟨vnl. om na te gaan wat fout ging⟩ ⇒*evaluatie, terugblik, nabeschouwing*.

post-mortem[2] ⟨bn.; bw.⟩ **0.1** ***postmortaal*** ⇒*na de dood, (van) na het intreden v.d. dood* ◆ **1.1** ~ examination *postmortaal onderzoek, autopsie, lijkschouwing*.

post·na·tal ['poʊs(t)'neɪṭl]⟨bn.; -ly⟩⟨vnl. med.⟩ **0.1** ***postnataal*** ⇒*(van) na de geboorte*.

post·nup·tial ['poʊs(t)'nʌpʃl]⟨bn.; -ly⟩⟨schr.⟩ **0.1** ***(van) na het huwelijk***.

post-o·bit[1] ['poʊst'ɒbɪt, -'oʊbɪt‖-'ɑbɪt], **'post-'obit bond** ⟨telb.zn.⟩⟨jur.⟩ **0.1** ***verbintenis tot terugbetaling na overlijden v.e. vermoedelijke erflater***.

post-obit[2] ⟨bn.⟩ **0.1** ***van kracht wordend na de dood***.

'post office ⟨f1⟩⟨zn.⟩

I ⟨telb.zn.⟩ **0.1** ***postkantoor;***

II ⟨n.-telb.zn.; the⟩ **0.1** ***post*** ⇒*(regie der) posterijen, P.T.T.*.

'post office box ⟨telb.zn.⟩⟨schr.⟩ **0.1** ***postbus***.

post·op·er·a·tive ['poʊst'ɒprətɪv‖-'ɑprəṭɪv]⟨bn.; -ly⟩⟨med.⟩ **0.1** ***postoperatief***.

'post'paid ⟨f1⟩⟨bn.; bw.⟩ **0.1** ***franco*** ⇒*gefrankeerd, port betaald*.

post·pone [poʊ'spoʊn, pə-‖poʊst'poʊn]⟨f2⟩⟨ww.⟩

I ⟨onov.ww.⟩⟨med.⟩ **0.1** ***later opkomen*** ⇒*met steeds grotere tussenposen weerkeren* ◆ **1.1** when the attacks ~, the patient is recovering *wanneer de aanvallen steeds langer uitblijven, herstelt de patiënt zich;*

II ⟨ov.ww.⟩ **0.1** ***uitstellen*** ⇒*opschorten* **0.2** ***achterstellen*** ⇒*minimaliseren, ondergeschikt maken* **0.3** ⟨vero., beh. taalk.⟩ ***achteraan/op plaatsen*** ◆ **6.1** the meeting is ~d **until/to** next week *de vergadering wordt naar de volgende week verschoven* **6.2** ~ **to** *achterstellen bij*.

post·pone·ment [poʊ'spoʊnmənt, pə-‖poʊst'poʊn-]⟨telb. en n.-telb.zn.⟩ **0.1** ***uitstel*** ⇒*opschorting* **0.2** ***achterstelling***.

post·po·si·tion ['poʊs(t)pə'zɪʃn]⟨zn.⟩⟨taalk.⟩

I ⟨telb.zn.⟩ **0.1** ***achtergeplaatst woord*** ⇒*enclytisch partikel;*

II ⟨telb. en n.-telb.zn.⟩ **0.1** ***achteropplaatsing*** ⇒*postpositie*.

post·po·si·tion·al ['poʊs(t)pə'zɪʃnəl], **post·po·si·tive** [-'pɒzətɪv‖-'pɑzəṭɪv]⟨bn.; -ly⟩⟨taalk.⟩ **0.1** ***achter(op)geplaatst*** ⇒*enclytisch, gesuffigeerd*.

post·pran·di·al ['poʊs(t)'prændɪəl]⟨bn.⟩⟨schr.; vnl. scherts.⟩ **0.1** ***(van) na het middagmaal*** ⇒*na de maaltijd* ◆ **1.1** ~ nap *dutje na het eten*.

post·rev·o·lu·tion ['poʊs(t)revə'lu:ʃn]⟨bn., attr.⟩ **0.1** ***postrevolutionair*** ⇒*v. na de revolutie*.

post·script ['poʊs(t)skrɪpt]⟨f1⟩⟨telb.zn.⟩ **0.1** ***postscriptum*** **0.2** ***addendum*** ⇒*naschrift, nabericht, praatje na het nieuws*.

'post town ⟨telb.zn.⟩ **0.1** ***stad met (hoofd)postkantoor***.

post·trau·mat·ic ['poʊs(t)trɔ:'mætɪk]⟨bn.⟩⟨med.⟩ **0.1** ***posttraumatisch*** ⇒*volgend op een verwonding/ongeval*.

pos·tu·lan·cy ['pɒstjʊlənsi‖'pɑstʃə-]⟨n.-telb.zn.⟩⟨relig.⟩ **0.1** ***postulaat*** ⇒*postulaatstijd*.

pos·tu·lant ['pɒstjʊlənt‖'pɑstʃə-]⟨telb.zn.⟩ **0.1** ***postulant*** ⇒*kandidaat, sollicitant, aanzoeker* **0.2** ⟨relig.⟩ ***postulant(e)*** ⇒*proponent*.

pos·tu·late¹ ['pɒstjʊlət‖'pɑstʃə-]⟨f1⟩⟨telb.zn.⟩ **0.1** ***postulaat*** ⇒*preconditie, vooronderstelling, hypothese* **0.2** ***vereiste*** **0.3** ***basisbeginsel*** **0.4** ⟨wisk.⟩ ***postulaat*** ⇒*hypothese, axioma, stelling*.

postulate² ['pɒstjʊleɪt‖'pɑstʃə-]⟨f1⟩⟨ww.⟩
I ⟨onov. en ov.ww.⟩ **0.1** ***eisen*** ⇒*verlangen* ◆ **6.1** ~ **for** certain conditions *bep. voorwaarden bedingen;*
II ⟨ov.ww.⟩ **0.1** ***(zonder bewijs) als waar vooropstellen*** ⇒*postuleren, als noodzakelijke voorwaarde vooropstellen, vooronderstellen, stipuleren, poneren* **0.2** ⟨vnl. kerkelijk recht⟩ ***voordragen onder voorbehoud v. goedkeuring v. hogerhand***.

pos·tu·la·tion ['pɒstjʊ'leɪʃn‖'pɑstʃə-]⟨telb.zn.⟩ **0.1** ***eis*** ⇒*verzoek* **0.2** ***postulering*** ⇒*vooronderstelling*.

pos·tu·la·tor ['pɒstjʊleɪtə‖'pɑstʃəleɪt̬ər]⟨telb.zn.⟩ **0.1** ***iem. die (iets) postuleert*** **0.2** ⟨R.-K.⟩ ***postulator***.

pos·tur·al ['pɒstʃərəl‖'pɑst-]⟨bn.⟩ **0.1** ***v./mbt. de houding*** ⇒*houding-*.

pos·ture¹ ['pɒstʃə‖'pɑstʃər]⟨f2⟩⟨zn.⟩
I ⟨telb.zn.⟩ **0.1** ***houding*** ⇒*standpunt, denkraam* **0.2** ***stand (v. zaken)*** ⇒*toestand* ◆ **1.1** the ~ of the minister *de houding/het standpunt v.d. minister* **1.2** in the present ~ of affairs *in de huidige stand v. zaken;*
II ⟨telb. en n.-telb.zn.⟩ **0.1** ***postuur*** ⇒*(lichaams)houding, pose* ◆ **1.1** in a ~ of defence *in verdedigende houding;* ⟨fig.⟩ *in staat v. verdediging* **2.1** upright ~ is natural only to man *alleen de mens loopt rechtop*.

posture² ⟨f1⟩⟨ww.⟩ →posturing
I ⟨onov.ww.⟩⟨vaak pej.⟩ **0.1** ***poseren*** ⇒*een gemaakte houding/ijdele pose aannemen, zich onnatuurlijk gedragen* ◆ **1.1** she was posturing as an art lover *zij gaf zich uit voor een kunstliefhebster, zij deed alsof ze iets van kunst afwist;*
II ⟨ov.ww.⟩ **0.1** ***een bep. houding geven aan*** ⇒*(in een bep. houding/pose) plaatsen*.

pos·tur·er ['pɒstʃərə‖'pɑstʃərər]⟨telb.zn.⟩⟨pej.⟩ **0.1** ***poseur*** ⇒*aansteller*.

pos·tur·ing ['pɒstʃərɪŋ‖'pɑs-]⟨n.-telb.zn.; oorspr. gerund v. posture⟩ **0.1** ***aanmatiging*** ⇒*ijdelheid* ◆ **3.1** all this ~ must stop! *afgelopen met die aanstellerij!*.

post·vo·cal·ic ['poʊs(t)və'kælɪk]⟨bn.⟩⟨taalk.⟩ **0.1** ***postvocalisch*** ⇒*volgend op een klinker*.

post·war ['poʊst'wɔː‖-'wɔr]⟨f2⟩⟨bn.⟩ **0.1** ***naoorlogs*** ⇒*(van) na de oorlog*.

po·sy ['poʊzi]⟨f1⟩⟨telb.zn.; →mv. 2⟩ **0.1** ***boeket(je)*** ⇒*ruiker(tje), bloementuil(tje)* **0.2** ***bloemlezing*** ⇒*dichtbundel* **0.3** ⟨vero.⟩ ***zinnespreuk*** ⇒*motto* ⟨vnl. in ring e.d. gegraveerd⟩.

pot¹ [pɒt‖pɑt]⟨f3⟩⟨zn.⟩⟨→sprw. 37, 313, 567, 574⟩
I ⟨telb.zn.⟩ **0.1** ⟨ben. voor⟩ ***pot*** ⟨voorwerp of inhoud⟩ ⇒*kookpot, ketel; jampot, theepot, koffiepot* ⟨enz.⟩; *bloempot; kachelpot; drinkbeker, kroes,* ⟨vero.⟩ *metalen bierkroes; kamerpot, nachtpo;* ⟨inf.⟩ *stuk (handgevormd) (sier)aardewerk; potvormig voorwerp* **0.2** ***fuik*** **0.3** ⟨vnl. AE⟩ ***(gemeenschappelijke) pot*** ⇒*gezamenlijk (gespaard) bedrag* **0.4** ⟨BE; biljart⟩ ***stoot in de zak*** **0.5** ⟨vnl. AE; poker⟩ ***gezamenlijke inzet*** ⇒*winst uit één beurt* **0.6** ⟨vnl. AE; inf.⟩ ***hoge piet*** ⇒*belangrijk persoon, hoge ome* **0.7** ⟨vaak mv.⟩⟨inf.⟩ ***hoop*** ⟨geld⟩ ⇒*bom* ⟨duiten⟩ **0.8** ⟨inf.⟩ ***prijsbeker*** ⇒*prijsschaal, prijs bij atletiekwedstrijd* **0.9** ***(diepe) put vol water*** ⇒*erosiepijp* **0.10** ⟨gesch.⟩ ***pot*** ⟨soort helm⟩ **0.11** ⟨sl.⟩ ***aan lager wal geraakte zuiplap*** **0.12** ⟨sl.⟩ ***pot*** ⇒*lesbienne* **0.13** ⟨verk.⟩ ⟨pot shot⟩ **0.14** ⟨verk.⟩ ⟨potbelly⟩ ◆ **1.1** ~s and pans *potten en pannen, vaatwerk;* a ~ of soup *een ketel soep* **1.9** they've got ~s of money *zij hebben hopen geld;* he made a ~ of money *hij verdiende een smak geld* **3.¶** keep the ~ boiling *de kost verdienen, het zaakje draaiende houden, de vlam in de pijp houden;* make the ~ boil *de kost verdienen, de schoorsteen doen roken;*
II ⟨n.-telb.zn.⟩ **0.1** ⟨sl.⟩ ***cannabis*** ⇒*hasj(iesj)* **0.2** ⟨sl.⟩ ***marihuana*** **0.3** ***aardewerk*** **0.4** ***Eng. papierformaat*** ⟨375 × 312 mm⟩ **0.5** ⟨sl.⟩ ***goedkope (zelfgemaakte) whisky*** ◆ **3.¶** ⟨inf.⟩ go (all) to ~ *verslechteren, verkommeren, aftakelen, in de vernieling zijn, op de fles gaan, mislukken*.

pot² ⟨f2⟩⟨ww.; →ww. 7⟩ →potted
I ⟨onov.ww.⟩ **0.1** ***schieten*** ◆ **5.1** ~ **away** *in 't wilde weg schieten* **6.1** ~ **at** *(zonder mikken) schieten op;* ~ **at** hare *(op) een haas schieten;*
II ⟨ov.ww.⟩ **0.1** ***inmaken*** ⇒*opleggen, in een pot bewaren* **0.2** ***(in een pot) koken/bereiden*** **0.3** ***potten*** ⇒*in een bloempot/potten planten* **0.4** ***inkorten*** ⇒*verkorten, samenvatten, vereenvoudigen* **0.5** ⟨inf.⟩ ***innemen*** ⇒*bemachtigen, in de wacht slepen* **0.6** ***de vorm v.e. pot geven aan*** ⇒*draaien* ⟨v. aardewerk⟩ **0.7** ⟨BE; biljart⟩ ***in de zak stoten*** ⟨biljartbal⟩ **0.8** ⟨inf.⟩ ***van nabij neerschieten*** ⇒*voor de pot schieten* **0.9** ⟨inf.⟩ ***op het potje zetten/doen zitten*** ⟨kind⟩ **0.10** ⟨sl.⟩ ***een opstopper geven*** **0.11** ***raken*** ⟨golf- of honkbal⟩ ◆ **1.1** ~ted eels *ingemaakte paling* **1.4** a ~ted version of his novel *een ingekorte/voorgekauwde versie v. zijn roman* **1.6** a well ~ted bowl *een goedgevormde schaal* **1.8** ~ a rabbit *een konijn voor de pot schieten* **5.3** they're ~ting **up** the cuttings *ze zijn de stekken aan het potten*.

po·ta·ble¹ ['poʊtəbl]⟨telb.zn.; vnl. mv.⟩⟨scherts.⟩ **0.1** ***drank*** ⇒*drinkbare vloeistof*.

potable² ⟨bn.; -ness⟩⟨schr. of scherts.⟩ **0.1** ***drinkbaar*** ⇒*geschikt om te drinken, drink-* ◆ **1.¶** ~ gold *goudtinctuur*.

po·tage [pɒ'tɑːʒ‖poʊ'tɑʒ], **pot·tage** ['pɒtɪdʒ‖'pɑt̬ɪdʒ]⟨n.-telb.zn.⟩⟨vero.⟩ **0.1** ***(dikke) soep***.

pot·a·ho·lic ['pɒtə'hɒlɪk‖'pɑt̬ə'hɑlɪk]⟨telb.zn.⟩ **0.1** ***aan pot verslaafde***.

'pot ale ⟨n.-telb.zn.⟩ **0.1** ***spoeling*** ⟨afval v. distillatie⟩.

po·tam·ic [pə'tæmɪk]⟨bn.⟩⟨schr.⟩ **0.1** ***mbt./v. rivieren*** ⇒*rivier-*.

po·ta·mo·lo·gy ['pɒtə'mɒlədʒi‖'pɑt̬ə'mɑ-]⟨n.-telb.zn.⟩ **0.1** ***potamologie*** ⇒*studie v. rivieren*.

pot·ash ['pɒtæʃ‖'pɑt̬æʃ]⟨n.-telb.zn.⟩⟨schei.⟩ **0.1** ***potas*** ⇒*kaliumcarbonaat*.

po·tas·si·um [pə'tæsɪəm]⟨n.-telb.zn.⟩⟨schei.⟩ **0.1** ***kalium*** ⟨element 19⟩.

po·ta·tion [poʊ'teɪʃn]⟨zn.⟩⟨schr. of scherts.⟩
I ⟨telb.zn.⟩ **0.1** ***(geestrijke) drank*** **0.2** ***teug*** **0.3** ***drinkgelag*** ⇒*braspartij* ◆ **2.1** his favourite ~ *zijn lievelingsdrank(je);*
II ⟨n.-telb.zn.⟩ **0.1** ***het drinken*** ⇒⟨i.h.b.⟩ *het consumeren v. aanzienlijke hoeveelheden geestrijke drank*.

po·ta·to [pə'teɪt̬oʊ]⟨f3⟩⟨zn.; -es; →mv. 2⟩
I ⟨telb.zn.⟩ **0.1** ***aardappel(plant)*** **0.2** ⟨inf.⟩ ***gat*** ⟨in kous⟩ **0.3** ⟨sl.⟩⟨ong.⟩ ***kanis*** ⇒*porem* **0.4** ⟨AE; sl.⟩⟨ong.⟩ ***piek*** ⟨dollar⟩ **0.5** ⟨AE; sl.⟩⟨ong.⟩ ***knikker*** ⇒*leer* ⟨honkbal⟩;
II ⟨telb. en n.-telb.zn.⟩ **0.1** ***aardappel*** ◆ **3.1** mashed ~(es) *aardappelpuree, gestampte aardappelen*.

po'tato beetle, po'tato bug ⟨telb.zn.⟩⟨dierk.⟩ **0.1** ***coloradokever*** ⟨Leptinotarsa decemlineata⟩.

po'tato crisp, ⟨AE, Austr. E vnl.⟩ **po'tato chip** ⟨telb.zn.; vnl. mv.⟩ **0.1** ***chip(s)*** ⇒*crisp(s)*.

po'ta·to-dig·ger, po·'ta·to-lift·er ⟨telb.zn.⟩ **0.1** ***aardappelrooier***.

po'tato flour ⟨n.-telb.zn.⟩ **0.1** ***aardappel(zet)meel***.

po'tato masher ⟨telb.zn.⟩ **0.1** ***aardappelstamper***.

po'ta·to-mill ⟨telb.zn.⟩ **0.1** ***aardappelmeelfabriek***.

po'ta·to-peel, po·'ta·to-skin ⟨telb.zn.⟩ **0.1** ***aardappelschil***.

po'ta·to-peel·er ⟨telb.zn.⟩ **0.1** ***aardappelmesje*** ⇒*aardappelschillertje*.

po'ta·to-ring ⟨telb.zn.⟩⟨gesch.⟩ **0.1** ***(Ierse) schotelonderzetter***.

po'tato rot ⟨n.-telb.zn.⟩ **0.1** ***aardappelziekte*** ⇒*aardappelkanker*.

po·ta·tor·y ['poʊtətri‖'poʊt̬ətəri]⟨bn., attr.⟩ **0.1** ***van/mbt. het drinken/de geestrijke drank*** ⇒*drink-, drank-*.

po'tato sickness ⟨n.-telb.zn.⟩ **0.1** ***aardappelmoeheid***.

'pot barley ⟨n.-telb.zn.⟩ **0.1** ***gepelde gerst***.

'pot'bel·lied ⟨f1⟩⟨bn.⟩⟨vaak pej., scherts.⟩ **0.1** ***met een dikke buik*** ⇒*dikbuikig, pot-* ⟨ook fig.⟩ ◆ **1.1** a ~ stove *een potkachel*.

'pot·bel·ly ⟨f1⟩⟨telb.zn.; →mv. 2⟩⟨vaak pej., scherts.⟩ **0.1** ***dikke buik*** ⇒*dikbuik, dikzak*.

'pot·boil·er ⟨telb.zn.⟩⟨pej.⟩ **0.1** ***(inferieur) kunstwerk enkel voor het geld gemaakt*** ⇒*zuiver commerciëel werk, broodschrijverij* **0.2** ***kunstenaar om den brode*** ⇒*broodschrijver, broodpoëet*.

'pot-bound ⟨bn.⟩ **0.1** ***waarvan de wortels de pot overwoekeren*** ⟨v. plant⟩ ⇒⟨fig.⟩ *beperkt, beklemd, belemmerd, verkrampt*.

'pot·boy ⟨telb.zn.⟩ **0.1** ***kelner*** ⇒*(jonge) tapper, kroeghulp(je)*.

'pot cheese ⟨n.-telb.zn.⟩⟨AE⟩ **0.1** ***cottage cheese*** ⇒⟨ong.⟩ *potkaas, zachte witte kaas, kwark*.

po·teen, po·theen [pɒ'tiːn, -tʃiːn‖pɑ-, poʊ-]⟨n.-telb.zn.⟩⟨IE⟩ **0.1** ***(clandestien gestookte) whisky***.

po·tence ['poʊtns], **po·ten·cy** [-si]⟨f1⟩⟨telb. en n.-telb.zn.; →mv. 2⟩ **0.1** ***kracht*** ⇒*sterkte, invloed, macht* **0.2** ***potentie*** ⇒*(seksueel) vermogen* **0.3** ***inherente groeicapaciteit*** ⇒*potentieel, latente kracht/mogelijkheid tot verwezenlijking* ◆ **2.1** sexual ~ *potentie*.

po·tent¹ ['poʊtnt]⟨telb.zn.⟩⟨heraldiek⟩ **0.1** ***wapenschild bestaande uit T-vormige tekens***.

potent² ⟨f2⟩⟨bn.; -ly; -ness⟩ **0.1** ***krachtig*** ⇒*sterk, effectief, met een sterke/snelle uitwerking* **0.2** ***(seksueel) potent*** **0.3** ⟨schr.⟩ ***overtuigend*** **0.4** ⟨schr.⟩ ***machtig*** ⇒*invloedrijk, gezag uitstralend* **0.5** ⟨heraldiek⟩ ***T-vormig*** ⟨v. heraldisch kruis⟩ ◆ **1.1** a ~ drink *een stevige borrel;* ~ vaccins *krachtige/snel werkende vaccins* **1.3** ~ arguments *krachtige/doorslaggevende argumenten*.

po·ten·tate ['poʊtnteɪt]⟨f1⟩⟨telb.zn.⟩ **0.1** ***potentaat*** ⇒*absoluut heerser/vorst;* ⟨fig.⟩ *iem. die zich zeer laat gelden, machtswellusteling* ◆ **1.1** the ~s of the record industry *de platenbonzen*.

po·ten·tial[1] [pə'tenʃl]⟨f2⟩⟨zn.⟩
I ⟨telb.zn.⟩ **0.1** ⟨taalk.⟩ ***potentialis*** **0.2** ⟨elek., nat.⟩ ***potentiaal*** ⇒*voltage, (elektrisch) vermogen, (elektrische) kracht* ◆ **2.2** current of high ~ *hoogspanningsstroom;*
II ⟨telb. en n.-telb.zn.⟩ **0.1** ***mogelijkheid*** ⇒*potentieel, (beschikbaar) vermogen, capaciteit* ◆ **2.1** he hasn't realized his full ~ yet *hij heeft de grens v. zijn kunnen/mogelijkheden nog niet bereikt* **3.1** that girl has great acting ~ *dat meisje heeft veel acteertalent, van dat meisje is een grote actrice te maken.*
potential[2] ⟨f3⟩⟨bn.; -ly⟩ **0.1** ***potentieel*** ⇒*mogelijk, in potentie/aanleg aanwezig, latent, (slechts) als mogelijkheid bestaand/aanwezig* ◆ **1.1** ~ buyers *eventuele kopers;* ⟨nat.⟩ ~ energy *potentiële energie, arbeidsvermogen van plaats;* he is seen as a ~ leader of our political party *hij wordt beschouwd als de mogelijke kandidaat voor het leiderschap van onze partij;* ⟨taalk.⟩ ~ mood *potentialis.*
po'tential barrier ⟨telb.zn.⟩⟨nat.⟩ **0.1** ***potentiaalbarrière.***
po'tential difference ⟨telb.zn.⟩⟨elek., nat.⟩ **0.1** ***potentiaalverschil*** ⇒*spanning(sverschil)* ⟨tussen twee punten⟩.
po·ten·ti·al·i·ty [pə'tenʃi'æləṭi]⟨f1⟩⟨telb. en n.-telb.zn.; →mv. 2⟩ **0.1** ***potentialiteit*** ⇒*latente kracht, potentieel vermogen, inherente groei, ontstaans/ontwikkelingscapaciteit* ◆ **2.1** a country with great potentialities *een land met grote ontwikkelingsmogelijkheden.*
po·ten·ti·al·ize [pə'tenʃəlaɪz]⟨ov.ww.⟩⟨nat.⟩ **0.1** ***in potentiële energie omzetten.***
po·ten·ti·ate [pə'tenʃieɪt]⟨ov.ww.⟩ **0.1** ***versterken*** ⇒*krachtig(er)/effectiever maken, de werking versterken van,* ⟨far.⟩ *potentiëren* **0.2** ***mogelijk maken.***
po·ten·til·la ['poutn'tɪlə]⟨telb. en n.-telb.zn.⟩⟨plantk.⟩ **0.1** ***vijfvingerkruid*** ⇒*ganzerik* ⟨genus Potentilla⟩.
po·ten·ti·om·e·ter [pə'tenʃi'ɒmɪtə‖-'ɑmɪṭər]⟨telb.zn.⟩⟨tech.⟩ **0.1** ***potentiometer*** ⇒*precisievoltmeter, compensator,* ⟨oneig.⟩ *volumeknop, volume-instelknop.*
'pot hat ⟨telb.zn.⟩⟨sl.⟩ **0.1** ***dophoed*** ⇒*bolhoed, garibaldihoed.*
'pot·head ⟨telb.zn.⟩ **0.1** ⟨sl.⟩ ***potroker*** **0.2** ⟨inf.⟩ ***domkop.***
poth·er[1] ['pɒðə‖'pɑðər]⟨telb.zn.⟩ **0.1** ***verstikkende rook(wolk)*** ⇒*stofwolk* **0.2** ***lawaai*** ⇒*geraas* **0.3** ***(nerveuze) drukte*** ⇒*herrie, tumult, opwinding, bezorgdheid, (nerveuze) angst* ◆ **1.1** the car roared off in a ~ of dust and smoke *de wagen raasde weg in een wolk v. stof en rook* **3.1** kick up a ~ *veel stof maken* **6.3** make a ~ **about/over** sth. *herrie/drukte/omhaal over iets maken.*
pother[2] ⟨ww.⟩
I ⟨onov.ww.⟩ **0.1** ***zich (nodeloos) druk maken*** ⇒*veel poeha/kouwe drukte maken, rumoer maken, opschudding verwekken;*
II ⟨ov.ww.⟩ **0.1** ***zich zenuwachtig maken over*** ⇒*zich zorgen maken over* **0.2** ***in de war brengen*** ⇒*in beroering brengen, verlegen maken, verontrusten, verdriet doen.*
'pot·herb ⟨telb.zn.⟩ **0.1** ***tuinkruid.***
'pot·hol·der ⟨telb.zn.⟩ **0.1** ***pannelapje*** ⇒*kwezeltje.*
'pot-hole ⟨telb.zn.⟩ **0.1** ***gat*** ⇒*put, kuil* ⟨in wegdek⟩ **0.2** ***erosiepijp.***
'pot·hol·er ⟨telb.zn.⟩ **0.1** ***speleoloog.***
'pot·hol·ing ⟨n.-telb.zn.⟩ **0.1** ***speleologie*** ⇒*holenonderzoek.*
'pot·hook ⟨telb.zn.⟩ **0.1** ***ketelhaak*** ⇒*heugelhaak* **0.2** ***hanepoot*** ⇒*open neerhaal* ⟨v. kinderen die leren schrijven⟩.
'pot·house ⟨telb.zn.⟩ **0.1** ***kroeg*** ⇒*biertent.*
'pot·hun·ter ⟨telb.zn.⟩ **0.1** ***broodjager*** ⇒*niet-weidelijke jager, onsportief jager, buitjager* **0.2** ⟨sport⟩ ***prijzenjager*** ⇒*trofeeënjager* **0.3** ***schervenjager*** ⇒*amateurarcheoloog* **0.4** ⟨sl.⟩ ***plunderaar*** ⟨v. leegstaande huizen⟩.
po·tiche [pɒ'ti:ʃ‖pou-]⟨telb.zn.⟩ **0.1** ***potiche*** ⟨ronde, dikbuikige vaas⟩.
po·tion ['pouʃn]⟨telb.zn.⟩ **0.1** ***drankje*** ⇒*(slokje/dosis v.) medicijn/toverdrankje/gif.*
'pot ladle ⟨telb.zn.⟩ **0.1** ***pollepel.***
'pot·latch ⟨telb.zn.⟩ **0.1** ***potlatchfeest*** ⟨ceremonieel feest bij indianen⟩ **0.2** ⟨AE⟩ ***party*** ⇒*fuif, feest.*
'pot'luck ⟨n.-telb.zn.⟩⟨inf.⟩ **0.1** ***wat de pot schaft*** ⇒*wat er toevallig is* ⟨ook fig.⟩ **0.2** ⟨verk.⟩ ⟨potluck dinner⟩ ◆ **3.1** take ~ *eten wat de pot schaft;* ⟨fig.⟩ *een gokje wagen.*
'pot'luck 'dinner ⟨telb.zn.⟩⟨inf.⟩ **0.1** ***etentje waar de gasten zelf een gerecht meebrengen.***
pot·man ['pɒtmən‖'pɑt-]⟨telb.zn.; potmen [-mən]; →mv. 3⟩ **0.1** ***tapper*** ⇒*barman, kelner.*
'pot metal ⟨n.-telb.zn.⟩ **0.1** ***legering v. lood en koper*** **0.2** ***soort gekleurd glas*** ⇒*gebrandschilderd glas, gekleurde glasspecie.*
'pot'pie ⟨telb. en n.-telb.zn.⟩⟨cul.⟩ **0.1** ***in een pot gebraden pastei*** ⇒*soort hutspot met korstdeksel.*
'pot plant ⟨telb.zn.⟩ **0.1** ***potplant.***
pot·pour·ri [pou'puri‖-pu'ri:]⟨telb.zn.⟩ **0.1** ***welriekend mengsel*** ⟨v. gedroogde bloemblaadjes en kruiden⟩ **0.2** ⟨vnl. muz.⟩ ***potpourri*** ⟨ook fig.⟩ ⇒*medley, mengelmoes.*
'pot roast ⟨telb. en n.-telb.zn.⟩ **0.1** ***gebraden/gestoofd rundvlees.***
'pot-roast ⟨ov.ww.⟩ **0.1** ***smoren*** ⇒*stoven, braden.*
pot·sherd ['pɒt·ʃɜ:d‖'pɑt·ʃɜrd], **pot·shard** ['pɒt·ʃɑ:d‖'pɑt·ʃɑrd] ⟨telb.zn.⟩ **0.1** ***potscherf.***
'pot shop ⟨telb.zn.⟩ **0.1** ***kroeg.***
'pot shot ⟨telb.zn.⟩⟨inf.⟩ **0.1** ***makkie*** ⇒*gemakkelijk schot* **0.2** ***schot om alleen het wild voor één maaltijd te raken*** **0.3** ***schot op goed geluk af*** ⇒*schot in het wilde weg;* ⟨fig.⟩ *schot in het donker, lukrake poging.*
'pot-smok·er ⟨telb.zn.⟩ **0.1** ***potroker.***
'pot still ⟨telb.zn.⟩ **0.1** ***rechtstreeks verhitte distilleerketel.***
'pot·stone ⟨n.-telb.zn.⟩ **0.1** ***potsteen*** ⇒*korrelige zeepsteen.*
pottage →potage.
pot·ted [pɒtɪd‖'pɑṭɪd]⟨f1⟩⟨bn.; volt. deelw. v. pot⟩ **0.1** ***pot-*** ⇒*gepot, in een pot geplaatst/gekweekt/geplant* **0.2** ***ingemaakt*** ⇒*in een pot/kruik bewaard* **0.3** ***gekunsteld*** ⇒*stereotiep* **0.4** ⟨vnl. BE; soms pej.⟩ ***(erg) kort/onnauwkeurig samengevat*** **0.5** ⟨vnl. AE; sl.⟩ ***bezopen*** **0.6** ⟨sl.⟩ ***high*** ◆ **1.1** ~ plant *kamerplant, potplant* **1.2** ~ meat *paté;* ⟨fig.⟩ ~ music *ingeblikte muziek* **1.4** a ~ Macbeth *een gesimplificeerde uitgave v. Macbeth.*
pot·ter[1] ['pɒtə‖'pɑṭər], ⟨in bet. 0.2 ook⟩ **'pot·ter-a·bout** ⟨f1⟩ ⟨telb.zn.⟩ **0.1** ***pottenbakker*** **0.2** ⟨BE; inf.⟩ ***kuier(ing).***
potter[2], ⟨AE⟩ **put·ter** ['pʌtə‖'pʌṭər]⟨f1⟩⟨onov.ww.⟩⟨inf.⟩ **0.1** ***liefhebberen*** ⇒*aanrommelen, zich onledig houden, prutsen* **0.2** ***rondscharrelen*** ⇒*kuieren, lanterfanten* ◆ **5.2** ~ **about/**⟨AE⟩ **around** *rondscharrelen, prutsen;* grandfather is just pottering **about** in the garden *grootvader scharrelt wat rond in de tuin/doet wat klusjes in de tuin;* ~ **away** *verbeuzelen* **6.1** she just ~s **in/at** genealogy *ze liefhebbert wat in genealogie* **6.2** the old lady just ~ed **about/**⟨AE⟩ **around** the park *de oude dame maakte een wandelingetje in het park.*
pot·ter·er ['pɒtərə‖'pɑṭərər]⟨telb.zn.⟩ **0.1** ***beuzelaar*** ⇒*treuzelaar.*
potter's clay ['pɒtəz 'kleɪ‖'pɑtərz-], **'potter's 'earth** ⟨n.-telb.zn.⟩ **0.1** ***pottenbakkersklei/aarde.***
'potter's 'field ⟨telb.zn.⟩ **0.1** ***armenkerkhof*** ⟨Matt. 27:7⟩.
'potter's 'ore ⟨n.-telb.zn.⟩ **0.1** ***pottenbakkersglazuur.***
'potter's 'wheel ⟨telb.zn.⟩ **0.1** ***pottenbakkersschijf*** ⇒*pottenbakkerswiel.*
pot·ter·y ['pɒtəri‖'pɑṭəri]⟨f3⟩⟨zn.; →mv. 2⟩
I ⟨telb.zn.⟩ **0.1** ***pottenbakkerij;***
II ⟨n.-telb.zn.⟩ **0.1** ***aardewerk*** ⇒*ceramiek* **0.2** ***het pottenbakken*** ⇒*ceramiek;*
III ⟨mv.; Potteries; the⟩ **0.1** ***de Potteries*** ⟨streek in Staffordshire⟩.
pot·ting-shed ['pɒtɪŋʃed‖'pɑṭɪŋ-]⟨f1⟩⟨telb.zn.⟩ **0.1** ***tuinschuurtje.***
pot·tle ['pɒtl‖'pɑṭl]⟨telb.zn.⟩ **0.1** ⟨vero.; BE⟩ ***(inhoudsmaat/pot v.) 2,25 liter*** ⇒*pot, kroes* ⟨ook de drank daarin⟩ **0.2** ***(tenen/spanen) fruitmandje.***
pot·to ['pɒtou‖'pɑṭou]⟨telb.zn.⟩⟨dierk.⟩ **0.1** ***potto*** ⟨Afrikaanse halfaap; Perodicticus potto⟩ **0.2** ***kinkajoe*** ⟨rolstaartbeer; Potos flavus⟩.
'pot-trained ⟨bn.⟩ **0.1** ***zindelijk*** ⟨v. kind⟩.
pot·ty[1] ['pɒti‖'pɑṭi]⟨telb.zn.; →mv. 2⟩⟨inf.⟩ **0.1** ***po*** ⇒*potje, kinderpo.*
potty[2] ⟨f1⟩⟨bn.; -er; -ness; →compar. 7⟩
I ⟨bn.⟩ **0.1** ⟨BE; inf.⟩ ***knetter*** ⇒*niet goed snik, dwaas, gek, warhoofdig* **0.2** ⟨BE; inf.⟩ ***licht dronken*** ⇒*in de wind, verdwaasd* **0.3** ***dwaas*** ⇒*ingebeeld, snobistisch* ◆ **3.1** it drives me ~ *ik word er hoorndol/stapelgek van* **6.1** ~ **about** *helemaal wég v.;*
II ⟨bn., attr.⟩ ⟨BE; inf.; pej.⟩ **0.1** ***onbenullig*** ⇒*pietluttig, triviaal, waardeloos* ◆ **1.1** ~ little details *futiliteiten, pietluttigheden.*
'pot·ty-chair ⟨telb.zn.⟩ **0.1** ***kinderstoeltje*** ⇒*kakstoel(tje).*
'pot·ty-trained ⟨bn.⟩ **0.1** ***zindelijk*** ⟨v. kind⟩.
'pot-'val·iant ⟨bn.⟩ **0.1** ***moedig/dapper door de drank.***
'pot-'val·our ⟨n.-telb.zn.⟩ **0.1** ***dronkemans/jenevermoed.***
pot·wal·lop·er ['pɒtwɒləpə‖'pɑtwɑləpər], **pot·wal·ler** [-wɒlə‖-wɑlər]⟨telb.zn.⟩ **0.1** ⟨gesch.⟩ ***gezinshoofd met stemrecht*** ⟨vóór 1832⟩ **0.2** ⟨scheep.⟩ ***kok(smaat)*** **0.3** ⟨sl.⟩ ***afwasser.***
pouch[1] [pautʃ]⟨f1⟩⟨telb.zn.⟩ **0.1** ⟨ben. voor⟩ ***zak(je)*** ⇒*(afneembaar) buitenzakje, gordeltas, patroontas, tabakszakje, aktentas, diplomatenkoffertje,* ⟨Sch. E⟩ *jaszak,* ⟨vero.⟩ *geldbeurs(je)* **0.2** ⟨ben. voor⟩ ***(zakvormige) huidplooi*** ⇒*huidzak, buidel, wangzak, krop* **0.3** ⟨plantk.⟩ ***zaaddoosje*** ◆ **1.2** she had ~es under her eyes *zij had wallen onder haar ogen.*
pouch[2] ⟨ww.⟩ →pouched
I ⟨onov.ww.⟩ **0.1** ***een zak vormen*** ⇒*de vorm v.e. zak aannemen* **0.2** ***documenten in een aktenmap doen;***
II ⟨ov.ww.⟩ **0.1** ***(als) in een zak(je)/tas(je) steken*** **0.2** ***in zijn zak steken*** ⇒*inpalmen, in bezit nemen* **0.3** ***rond doen staan*** ⟨kledingstuk⟩ ⇒*als een zak doen hangen/maken* **0.4** ***per aktentas overbrengen*** **0.5** ⟨vero.⟩ ***opslokken*** ⇒*inslikken, verslinden, verzwelgen.*

pouched [paʊtʃt]⟨bn.; volt. deelw. v. pouch⟩ **0.1** ***met zakken***.
pou·chong ['puː'tʃɒŋ‖-'tʃɑŋ]⟨n.-telb.zn.⟩ **0.1** ***pouchong*** ⟨thee⟩.
pouch·y ['paʊtʃi]⟨bn.⟩ **0.1** ***zakachtig*** *⇒met zakken*.
pou·drette ['puː'dret]⟨n.-telb.zn.⟩⟨landb.⟩ **0.1** ***poudrette*** ⟨mestpoeder⟩.
pouf, ⟨in bet. 0.1-0.4 ook⟩ **pouff, pouffe** [puːf]⟨telb.zn.⟩ **0.1** ***poef*** *⇒zitkussen, ronde ottomane* **0.2** ***pof*** ⟨bol uitstaande plooi in kledingstuk⟩ **0.3** ⟨mode⟩ ***queue (de Paris)*** *⇒tournure* **0.4** ⟨vero.⟩ ***18e eeuwse vrouwelijke haardracht*** ⟨met hoog opgestoken krullen⟩ **0.5** ⟨BE; sl.; pej.⟩ ***flikker*** *⇒homo*.
pou·lard(e) [puː'lɑːd‖-'lɑrd]⟨telb. en n.-telb.zn.⟩ **0.1** ***poularde*** *⇒mestkip, mesthoen*.
poulp(e) [puːlp]⟨telb.zn.⟩⟨dierk.⟩ **0.1** ***inktvis*** ⟨genus Octopus⟩.
poult[1] [poʊlt]⟨telb.zn.⟩ **0.1** ***kuiken*** *⇒jonge (kalkoense) haan*.
poult[2] [puːlt], **poult-de-soie** ['puːdə'swɑː]⟨n.-telb.zn.⟩ **0.1** ***fijngeribde zijde***.
poul·ter ['poʊltə‖-ər]⟨telb.zn.⟩⟨gesch.⟩ **0.1** ***poelier*** ⟨als gildenaam⟩.
poul·ter·er ['poʊltrə‖-ər]⟨f1⟩⟨telb.zn.⟩⟨vnl. BE⟩ **0.1** ***poelier***.
poulter's measure ['poʊltəz ˌmeʒə‖'poʊltərz ˌmeʒər]⟨telb.zn.⟩⟨lit.⟩ **0.1** ***gedicht met afwisselend 12 en 14-lettergrepige verzen***.
poul·tice[1] ['poʊltɪs]⟨f1⟩⟨telb.zn.⟩ **0.1** ***kompres*** *⇒brijomslag*.
poultice[2] ⟨ov.ww.⟩ **0.1** ***pappen*** *⇒een kompres leggen op*.
poul·try ['poʊltri]⟨f1⟩⟨zn.⟩
I ⟨n.-telb.zn.⟩ **0.1** ***(vlees v.) gevogelte*** *⇒kippevlees;*
II ⟨verz.n.⟩ **0.1** ***gevogelte*** *⇒pluimvee, hoenders, kippen*.
'poul·try farm ⟨telb.zn.⟩ **0.1** ***hoenderpark*** *⇒pluimveebedrijf, kippenfarm, kippenboerderij*.
'poultry house ⟨telb.zn.⟩ **0.1** ***kippenhok***.
'poul·try-rear·ing ⟨n.-telb.zn.⟩ **0.1** ***pluimveeteelt***.
'poul·try yard ⟨telb.zn.⟩ **0.1** ***hoenderhof***.
pounce[1] [paʊns]⟨f1⟩⟨zn.⟩
I ⟨telb.zn.⟩ **0.1** ***klauw*** ⟨v. roofvogel⟩ **0.2** ***het stoten*** ⟨v. roofvogel⟩ *⇒het zich plotseling (neer)storten;* ⟨fig.⟩ *plotselinge aanval/uitval* ◆ **3.2** make a ~ at/on *zich laten vallen/storten op* **6.2** **at** a ~ *met één slag;* **on** the ~ *klaar om aan te vallen, op de loer;*
II ⟨n.-telb.zn.⟩ **0.1** ⟨gesch.⟩ ***radeerpoeder*** *⇒strooizand* ⟨gebruikt i.p.v. vloeipapier⟩ **0.2** ***fijn poeder*** ⟨bv. houtskool⟩.
pounce[2] ⟨f1⟩⟨ww.⟩
I ⟨onov.ww.⟩ **0.1** ***zich naar beneden storten*** *⇒(op)springen* ⟨om iets te grijpen⟩ **0.2** ***plotseling/onverwacht aanvallen*** *⇒*⟨fig.⟩ *kritiek uitbrengen, plotseling tussenkomen, inpikken* ◆ **6.2** he ~d **at** the first opportunity *hij greep de eerste gelegenheid aan;* →pounce **(up)on;**
II ⟨ov.ww.⟩ **0.1** ***(als) met de klauwen vastgrijpen*** **0.2** ***versieren*** ⟨door van achter met een werktuig te doorboren⟩ *⇒bosseleren, drijven* ⟨metaal⟩, *(de randen) kartelen* ⟨v. stof⟩ **0.3** ***zacht/beschrijfbaar maken*** ⟨door er met strooizand/fijn poeder/puimsteen over te gaan⟩ **0.4** ***(een tekening) overbrengen*** ⟨met behulp v. fijn zwart poeder⟩ **0.5** ***met fijn poeder bestrooien*** ⟨sjabloon⟩.
'pounce box ⟨telb.zn.⟩⟨vero.⟩ **0.1** ***strooibusje***.
poun·cet box ['paʊnsɪt bɒks‖-bɑks]⟨telb.zn.⟩⟨vero.⟩ **0.1** ***strooibusje***.
'pounce (up)on ⟨f1⟩⟨onov.ww.⟩ **0.1** ***snappen*** *⇒(weg)graaien, begerig grijpen/aannemen* **0.2** ***plotseling aanvallen*** *⇒zich werpen op* **0.3** ***inpikken*** *⇒springen op* ◆ **1.2** he pounced on the man *hij pakte de man bij zijn lurven, hij greep de man in zijn kraag* **1.3** she pounced on every discrepancy in his election address *zij greep elke tegenstrijdigheid uit zijn verkiezingstoespraak aan*.
pound[1] [paʊnd]⟨f3⟩⟨telb.zn.; in bet. 0.1-0.4 ook pound; →mv. 4⟩ ⟨→sprw. 335, 550, 559, 641⟩ **0.1** ***(Engels) pond*** ⟨'avoirdupois', 454 g; →t1⟩ **0.2** ***pound*** *⇒pond* ⟨'troy', 373 g; →t1⟩ **0.3** ***medicinaal pond*** ⟨373 g; →t1⟩ **0.4** ***pond*** ⟨munteenheid⟩ **0.5** ***pand*** *⇒kanaaldeel tussen twee sluizen* **0.6** ***depot*** ⟨voor dieren, in beslag genomen goederen, weggesleepte auto's⟩ *⇒asiel, kraal, schutstal, omheinde ruimte* **0.7** ***huis v. bewaring*** **0.8** ***dreun*** *⇒bons, harde slag, getrappel* **0.9** ***5 zaknet*** *⇒fuik* **0.10** ⟨AE⟩ ***5 dollar*** **0.11** ***vishandel*** ⟨v. levende kreeften⟩ ◆ **1.¶** have one's ~ of flesh *het volle pond krijgen;* the bankers wanted/demanded their ~ of flesh from him *de bankiers wilden tot de laatste cent door hem terugbetaald worden;* he pays fair wages, but he wants his ~ of flesh *hij betaalt goed, maar hij eist ook het volle pond;* ⟨inf.⟩ a ~ to a penny *tien tegen één* **3.1** she lost quite a few ~s *ze raakte aardig wat pondjes/kilo's kwijt* **3.4** the Bank of England had to support the ~ *de Engelse nationale bank moest het pond ondersteunen* **6.1** flour is sold **by** the ~ *bloem wordt per pond verkocht*.
pound[2] ⟨f3⟩⟨ww.⟩ →pounding
I ⟨onov.ww.⟩ **0.1** ***hard (toe)slaan*** *⇒flinke klappen uitdelen* **0.2** ***stampen*** *⇒stampend (weg)lopen, zich zwaar (stappend) voortbewegen* **0.3** ***(herhaaldelijk) zwaar bombarderen*** *⇒een spervuur aanleggen* **0.4** ***bonzen*** ⟨v. hart⟩ **0.5** ***zwoegen*** *⇒sjouwen, ploeteren* **0.6** ***kloppen*** ⟨v. motor⟩ **0.7** ***een hindernis nemen*** **0.8** ⟨sl.⟩ ***de ronde doen*** ⟨v. politieagent⟩ **0.9** ⟨sl.⟩ ***neuken*** ◆ **1.2** the herd ~ed down the hill *de kudde stormde de heuvel af* **6.2** he ~ed **along** the road *hij ploeterde voort over de weg, hij sjokte voort;*
II ⟨ov.ww.⟩ **0.1** ***schutten*** *⇒in een asiel/kraal/kennel opsluiten, insluiten, in verzekerde bewaring nemen* **0.2** ***(fijn)stampen*** *⇒vergruizelen, verpulveren, fijnmaken, verpletteren, vermorzelen* **0.3** ***beuken op*** *⇒bonzen op, stompen op* ⟨met de vuisten⟩, *(aan)stampen;* ⟨fig.⟩ *inhameren* **0.4** ***het gewicht verifiëren v.*** ◆ **1.3** the advantages of the new system were ~ed home to them *de voordelen v.h. nieuwe systeem werden er bij hen ingehamerd;* ~ the ingredients into a paste *kneed/verwerk de ingrediënten tot een deeg;* I'll ~ that skunk into a jelly *ik maak moes van die smeerlap* **5.3** →pound **away** **5.¶** he ~ed **out** his article *hij hamerde zijn artikel uit zijn schrijfmachine*.
pound·age ['paʊndɪdʒ]⟨zn.⟩
I ⟨telb. en n.-telb.zn.⟩ **0.1** ***pondgeld*** *⇒commissieloon, bedrag, premie, tantième, provisie* ⟨per pond (sterling)⟩ **0.2** ***tarief*** *⇒bedrag, belasting* ⟨per pond gewicht⟩ **0.3** ***pondsgewicht*** **0.4** ***schutgeld*** *⇒depotkosten;*
II ⟨n.-telb.zn.⟩ **0.1** ***het opsluiten/schutten v. verdwaalde dieren***.
pound·al ['paʊndl]⟨telb.zn.⟩⟨nat.⟩ **0.1** ***eenheid v. kracht*** ⟨binnen het voet-pond-seconde stelsel, de kracht die uitgeoefend moet worden om een massa v. één pond één voet per seconde te doen versnellen⟩.
'pound a'way ⟨onov.ww.⟩ **0.1** ***erop los beuken*** *⇒er tegenaan gaan* **0.2** ***erop los schieten*** ◆ **6.1** she pounded away **at** her task *zij zette er de beuk in, zij stortte zich op haar taak*.
'pound cake ⟨n.-telb.zn.⟩ **0.1** ***vierviendengebak*** *⇒quatre-quarts* ⟨met ingrediënten in gelijke hoeveelheden⟩ **0.2** ⟨sl.⟩ ***mooie meid***.
pound·er ['paʊndə‖-ər]⟨telb.zn.⟩ **0.1** ***stamper*** **0.2** ***vijzel*** *⇒mortier* **0.3** ⟨sl.⟩ ***politieman***.
-pound·er ['paʊndə‖-ər] **0.1** ***-ponder*** *⇒met een gewicht/waarde v.... pond* **0.2** ***-ponder*** *⇒geschut voor kogels v.... pond* ◆ **¶.1** a 10-~ *een 10-ponder/v. 10 pond* **¶.2** that gun is a 32-pounder *dat stuk geschut is voor projectielen v. 32 pond*.
pound·ing ['paʊndɪŋ]⟨telb. en n.-telb.zn.; (oorspr.) gerund v. pound⟩ **0.1** ***(ge)dreun*** *⇒(ge)bons, gestamp* **0.2** ⟨inf.⟩ ***afstraffing*** *⇒pak slaag*.
'pound-keep·er ⟨telb.zn.⟩ **0.1** ***schutmeester***.
'pound-lock ⟨telb.zn.⟩ **0.1** ***kanaalsluis***.
'pound 'note ⟨telb.zn.⟩ **0.1** ***bankbiljet v. één pond***.
'pound 'sterling ⟨telb.zn.⟩⟨schr.; ec.⟩ **0.1** ***pound sterling***.
pour[1] [pɔːr‖pɔr]⟨telb. en n.-telb.zn.⟩ **0.1** ***stortbui*** *⇒stortregen* **0.2** ***stroom*** **0.3** ***gietsel*** *⇒het gieten* ⟨v. gesmolten ijzer in een vorm⟩.
pour[2] ⟨f3⟩⟨ww.⟩⟨→sprw. 568⟩
I ⟨onov.ww.⟩ **0.1** ***stromen*** *⇒(rijkelijk) vloeien* ⟨ook fig.⟩ **0.2** ***stortregenen*** *⇒gieten* **0.3** ⟨inf.⟩ ***(thee/koffie) inschenken*** ◆ **1.2** it's ~ing with rain *het regent dat het giet;* in the ~ing rain *in de stromende regen* **5.1** ~ **in** *binnenstromen;* the money kept ~ing **in** *het geld bleef binnenstromen* **5.2** ~ **down** *stortregenen* **5.3** will you ~ **out?** *schenk jij even uit/in?* **5.¶** →pour **out** **6.1** ~ **in/into** *binnenstromen;* letters ~ed **into** our office *ons bureau werd met brieven overstelpt;* blood ~ed **from** the wound *het bloed gutste uit de wond;* ~ **off** *afstromen;* sweat was ~ing **off** the athletes' backs *het zweet liep/stroomde de atleten v.d. rug;*
II ⟨ov.ww.⟩ **0.1** ***(uit)gieten*** *⇒doen (neer)stromen, uitschenken, (rijkelijk) doen vloeien, (rijkelijk) uitstorten* ◆ **1.1** ~ed concrete *stortbeton;* will you ~ the coffee? *schenk jij de koffie in?* **5.1** ~ **away** that cold coffee *giet die koude koffie maar weg* **5.¶** ~ it **on** *het er dik op leggen, vleien, overdreven complimenten maken; zijn inspanningen verdubbelen, hardrijden;* →pour **forth;** →pour **out** **6.1** the tube stations ~ thousands of workers **into** the streets *de metrostations spuwen duizenden arbeiders uit op straat;* they've been ~ing money **into** that business for years *ze pompen al jaren geld in die zaak;* ~ ridicule **on** s.o. *iem. belachelijk maken;* ~ scorn/contempt **on** *honen, minachtend spreken over, afkeer betonen voor*.
pour·boire ['puəbwɑː‖'pʊr'bwɑr]⟨telb.zn.⟩ **0.1** ***drinkgeld*** *⇒fooi*.
'pour 'forth ⟨onov. en ov.ww.⟩ **0.1** ***(als) in een stroom (doen) verschijnen*** *⇒te voorschijn (doen) stromen, uitstorten* ◆ **1.1** she poured forth abuse upon him *ze overstelpte hem met scheldwoorden;* the loudspeakers poured forth music continuously *de luidsprekers spuiden ononderbroken muziek* **1.¶** ~ one's heart to s.o. *zijn hart bij iem. uitstorten*.
'pour 'out ⟨f1⟩⟨ww.⟩
I ⟨onov.ww.⟩ **0.1** ***(koffie/thee) inschenken*** ◆ **¶.1** shall I ~? *zal ik inschenken?;*
II ⟨ov.ww.⟩ **0.1** ***inschenken*** *⇒uitgieten* **0.2** ***de vrije loop laten*** *⇒uitstorten* ◆ **1.2** ~ one's feelings *zijn gevoelens de vrije loop laten;* ~ one's heart to s.o. *zijn hart bij iem. uitstorten*.

pour·par·ler ['pʊə'pɑ:leɪ||'pʊrpɑr'leɪ]⟨telb.zn.⟩ **0.1** ***pourparlers*** ⇒*onderhandeling, bespreking.*
pour·point ['pʊəpɔɪnt||'pʊr-]⟨telb.zn.⟩⟨gesch.⟩ **0.1** ***gevoerde wambuis.***
'pour point ⟨telb.zn.⟩⟨nat.⟩ **0.1** ***vloeipunt*** ⇒*stolpunt.*
pousse-ca·fé ['pu:s 'kæfeɪ||-'feɪ]⟨telb. en n.-telb.zn.⟩ **0.1** ***pousse-café*** ⇒*poesje* **0.2** ⟨AE⟩ ***pousse-café*** ⇒*laagjescocktail* ⟨met verschillend gekleurde likeuren die in het glas in lagen op elkaar blijven liggen⟩.
pous·sette[1] [pu:'set]⟨telb.zn.⟩ **0.1** ***bep. volksdansfiguur*** ⟨waarbij het danspaar ronddraait met de handen in elkaar geslagen⟩.
poussette[2] ⟨onov.ww.⟩ **0.1** ***ronddraaien.***
pous·sin ['pu:sɛ̃||pu:'sɛ̃]⟨telb.zn.⟩ **0.1** ***piepkuiken*** ⇒*mestkuiken.*
pout[1] [paʊt]⟨f1⟩⟨telb.zn.⟩ **0.1** ***het tuiten*** ⟨v.d. lippen⟩ ⇒*pruilmondje* **0.2** ⟨dierk.⟩ ***steenbolk*** ⟨Trisopterus luscus⟩ **0.3** ⟨dierk.⟩ ***puitaal*** ⟨Zoarces viviparos⟩ **0.4** ⟨dierk.⟩ ***slijmvis*** ⟨Blennius pholis⟩ ◆ **3.¶** have the ~s *pruilen, mokken* **6.¶** be **in** the ~s *pruilen, mokken.*
pout[2] ⟨f1⟩⟨ww.⟩
I ⟨onov.ww.⟩ **0.1** ***(de lippen) tuiten*** ⇒*vooruitsteken, uitstulpen* **0.2** ***een pruillip opzetten*** ⇒*pruilen, zijn ontevredenheid uiten;*
II ⟨ov.ww.⟩ **0.1** ***vooruitsteken*** ⟨als de lippen⟩ ⇒*doen (voor)uitstulpen* **0.2** ***pruilen over.***
pout·er ['paʊtə||'paʊṭər]⟨telb.zn.⟩ **0.1** ⟨dierk.⟩ ***kropduif*** ⟨Columba gutturosa⟩ **0.2** ***pruiler/pruilster.***
pout·ing ['paʊṭɪŋ]⟨telb.zn.; ook pouting; →mv. 4⟩⟨BE; dierk.⟩ **0.1** ***steenbolk*** ⟨Trisopterus luscus⟩.
pout·ing·ly ['paʊṭɪŋli]⟨bw.⟩ **0.1** ***pruilerig*** ⇒*pruilend, nors, chagrijnig.*
pov·e·ra ['pɒv(ə)rə||'pɑ-]⟨bn.⟩ **0.1** ***povera-*** ⟨v. kunstvorm waarbij het vervaardigingsproces belangrijker is dan het resultaat⟩.
pov·er·ty ['pɒvəti||'pɑvərṭi]⟨f3⟩⟨n.-telb.zn.⟩(→sprw. 569) **0.1** ***armoe(de)*** ⇒*behoeftigheid, noodlijdendheid* **0.2** ***armoede*** ⇒*onvruchtbaarheid, onproduktiviteit* **0.3** ***ondervoeding*** **0.4** ⟨vnl. schr.; pej.⟩ ***gebrek*** ⇒*schamelheid, schraalheid, berooidheid, karigheid, tekort, minderwaardigheid* **0.5** ⟨relig.⟩ ***(gelofte v.) armoede*** ⇒*het verzaken v. persoonlijk eigendom* ◆ **1.4** hampered by the ~ of data *gehinderd door het gebrek aan/de schamelheid v.d. gegevens;* his ~ of vocabulary *zijn beperkte/armzalige woordenschat* **6.4** the ~ of the country **in** raw materials *het gebrek/tekort v.h. land aan grondstoffen.*
'poverty line ⟨telb.zn.⟩ **0.1** ***armoedegrens*** ⇒*bestaansminimum.*
'pov·er·ty-strick·en ⟨f1⟩⟨bn.⟩ **0.1** ***straatarm*** ⇒*arm(e)tierig.*
'poverty trap ⟨telb.zn.⟩ **0.1** ***armoedefuik*** ⟨situatie waarbij meer loon teniet wordt gedaan door verlies aan uitkering⟩.
pow [paʊ]⟨f1⟩⟨tussenw.⟩ **0.1** ***pang*** ⇒*poef, knal, boem.*
POW ⟨afk.⟩ prisoner of war.
pow·an ['poʊən]⟨telb.zn.⟩⟨dierk.⟩ **0.1** ***grote marene*** ⟨Coregonus lovaretus⟩.
pow·der[1] ['paʊdə||-ər]⟨f3⟩⟨zn.⟩
I ⟨telb. en n.-telb.zn.⟩ **0.1** ***poeder*** ⇒*(kool)stof* **0.2** ***poeder*** ⟨medicijn in poedervorm⟩ **0.3** ⟨sl.⟩ ***borrel*** **0.4** ⟨sl.⟩ ***ontsnapping*** ◆ **3.4** ⟨sl.⟩ take a ~ *zijn biezen pakken, er vandoor gaan;*
II ⟨n.-telb.zn.⟩ **0.1** ***(cosmetisch) poeder*** ⇒*talkpoeder, gezichtspoeder* **0.2** ***(bus)kruit*** ⇒*poeder;* ⟨fig.⟩ *kracht* ◆ **3.2** waste ~ and shot *zijn kruit vergeefs verschieten.*
powder[2] ⟨f2⟩⟨ww.⟩ →powdered
I ⟨onov.ww.⟩ **0.1** ***zich poederen*** ⇒*poederen* ⟨v. gezicht⟩ **0.2** ***poeder(vormig) worden*** ⇒*verpulveren* **0.3** ***vertrekken*** ⇒*ontsnappen;*
II ⟨ov.ww.⟩ **0.1** ***(be)poederen*** ⇒*poeder uitstrooien over, besprenkelen* **0.2** ***verpulveren*** ⇒*tot poeder maken, fijnmaken, verkruimelen* **0.3** ***met puntjes/figuurtjes versieren.***
'powder 'blue[1] ⟨n.-telb.zn.⟩ **0.1** ***blauwsel*** ⇒*smalt.*
powder blue[2] ⟨bn.⟩ **0.1** ***smaltblauw*** ⇒*kobaltblauw.*
'powder box ⟨telb.zn.⟩ **0.1** ***poederdoos*** **0.2** ***kruitkist.***
'powder compact ⟨telb.zn.⟩ **0.1** ***poederdoos.***
'powder down ⟨n.-telb.zn.⟩ **0.1** ***dons.***
pow·dered ['paʊdəd||-dərd]⟨f1⟩⟨bn.; volt. deelw. v. powder⟩ **0.1** ***gepoederd*** ⇒*met poeder bedekt* **0.2** ***in poedervorm (gemaakt/gedroogd)*** ⇒*verpulverd, gedehydrateerd* ◆ **1.2** ~ milk *melkpoeder;* ~ sugar *poedersuiker.*
'powder flask ⟨telb.zn.⟩⟨gesch.⟩ **0.1** ***kruitbusje*** ⇒*kruithoorn, kruitvaatje.*
'powder horn ⟨telb.zn.⟩⟨gesch.⟩ **0.1** ***kruithoorn.***
'powder keg ⟨f1⟩⟨telb.zn.⟩ **0.1** ***kruitvat*** ⟨ook fig.⟩ ⇒*explosief, explosieve situatie.*
'powder magazine ⟨telb.zn.⟩ **0.1** ***kruitkamer*** ⇒*explosievenmagazijn.*
'powder me'tallurgy ⟨n.-telb.zn.⟩ **0.1** ***poedermetallurgie.***
'powder monkey ⟨telb.zn.⟩⟨gesch.⟩ **0.1** ***kruitdrager*** ⟨jongen die op schip de kruitbevoorrading verzorgde⟩.
'powder puff[1] ⟨telb.zn.⟩ **0.1** ***poederdonsje*** ⇒*poederkwastje* **0.2** ⟨sl.⟩ ***slappeling.***
powder puff[2] ⟨bn.⟩ **0.1** ***voor vrouwen (gemaakt/bedoeld)*** ◆ **1.1** the ~ press *damesbladen.*
'powder room ⟨telb.zn.⟩⟨euf.⟩ **0.1** ***damestoilet.***
'powder smoke ⟨n.-telb.zn.⟩ **0.1** ***kruitdamp.***
'powder snow ⟨n.-telb.zn.⟩ **0.1** ***poedersneeuw.***
pow·der·y ['paʊdəri]⟨f1⟩⟨bn.⟩ **0.1** ***poedervormig*** ⇒*poederachtig* **0.2** ***(als) met poeder bedekt*** ⇒*gepoederd* **0.3** ***brokkelig*** ⇒*rul* ◆ **1.1** ⟨plantk.⟩ ~ mildew *meeldauw, witziekte;* ~ snow *poedersneeuw.*
pow·er[1] ['paʊə||-ər]⟨f4⟩⟨zn.⟩(→sprw. 372)
I ⟨telb.zn.⟩ **0.1** ***macht*** ⇒*volmacht, recht, bevoegdheid* **0.2** ***invloedrijk iem./iets*** ⇒*gezagsdrager, machtsblok, pressiegroep* **0.3** ***macht*** ⇒*mogendheid, staat* **0.4** ***hefboom*** **0.5** ⟨vnl. mv.⟩ ***(boze) macht(en)*** ⇒*godheden, (hemelse) krachten* **0.6** ⟨vnl. mv.⟩ ***vermogen(s)*** ⇒*kracht(en)* **0.7** ⟨wisk.⟩ ***macht*** **0.8** ⟨inf.⟩ ***hoop*** ⇒*groot aantal, grote hoeveelheid, macht* ◆ **1.1** ⟨jur.⟩ ~ of appointment *successiemachtiging;* ⟨jur.⟩ ~ of attorney *volmacht;* ~ of the keys *sleutelmacht;* the mayor has exceeded his ~s *de burgemeester is buiten zijn bevoegdheden getreden* **1.5** the ~s of darkness *de duistere machten (v.h. kwaad)* **1.6** he was at the height of his ~s *hij bereikte de top v. zijn kunnen;* the ~s of concentration are failing her *haar concentratievermogen neemt af* **1.7** her visit did me a ~ of good *haar bezoek deed mij ontzettend veel goed;* a ~ of apples *een macht appelen* **1.¶** a ~ behind the throne *een persoonlijke raadgever, een man achter de schermen* **2.3** the Great Powers *de grootmachten, de supermogendheden* **2.5** merciful ~s! *grote grutten!, lieve hemel!* **3.6** you're taxing your ~s too much *je vraagt te veel v. jezelf* **3.¶** ⟨vnl. scherts.⟩ the ~s that be *de gevestigde macht, de gezagsdragers, de overheid, de hoge pieten, de gestelde lichamen* **6.7** four **to** the ~ of three *vier tot de derde macht;*
II ⟨n.-telb.zn.⟩ **0.1** ***gave*** ⇒*talent, aanleg* **0.2** ***macht*** ⇒*vermogen, mogelijkheid* **0.3** ***kracht*** ⇒*sterkte* **0.4** ***invloed*** ⇒*macht, controle, gezag, bewind* **0.5** ***(drijf)kracht*** ⇒*(elektrische) energie, stroom* **0.6** ⟨nat.⟩ ***vermogen*** **0.7** ⟨nat.⟩ ***sterkte*** ⇒*vergrotingscapaciteit* ⟨v. lens⟩ **0.8** ⟨stat.⟩ ***onderscheidingsvermogen*** ⟨v. toets⟩ **0.9** ⟨attr.⟩ ***motor-*** ⇒*(met) -bekrachtiging, machinaal aangedreven* ◆ **1.1** a cameleon has the ~ of changing its colour *een kameleon kan zijn kleur veranderen* **1.9** a ~ mower *een grasmaaimachine met motor* **1.¶** ⟨inf.⟩ more ~ to your elbow *veel geluk, succes, kop op* **2.5** electric ~ *elektrische stroom* **2.7** a telescope of high ~ *een sterk vergrotende telescoop* **4.¶** all ~ to you *succes, sterkte* **6.2** it's not **within** my ~ to help you *het ligt niet in mijn vermogen/macht je/u te helpen* **6.4** have s.o. **in** one's ~ *iem. in zijn macht hebben;* the party **in** ~ *de regerende partij, de partij aan de macht;* fall **into** s.o.'s ~ *in iemands macht terechtkomen;* come **in/into** ~ *aan het bewind/de macht komen;* that's **out of** your ~ *dat gaat jouw macht/mogelijkheden/bevoegdheden te buiten* **6.5** the damaged yacht could reach port **under** her own ~ *het beschadigde jacht kon op eigen kracht de haven bereiken;*
III ⟨mv.; ~s; ook P-⟩⟨bijb.⟩ **0.1** ***Machten*** ⟨zesde der negen engelenkoren⟩.
power[2] ⟨ov.ww.⟩ **0.1** ***aandrijven*** ⇒*van energie voorzien, voeden* ◆ **5.¶** →power up.
'power base ⟨telb.zn.⟩⟨vnl. AE⟩ **0.1** ***basis*** ⇒*machtsbasis* ⟨bv. voor verkiezingscampagne⟩.
'po·wer·boat ⟨f1⟩⟨telb.zn.⟩ **0.1** ***speedboot*** ⇒*motorboot.*
'powerboat race ⟨telb.zn.⟩⟨sport⟩ **0.1** ***speedbootrace*** ⇒*motorbootrace.*
'powerboat racing ⟨n.-telb.zn.⟩⟨sport⟩ **0.1** ***(het) speedbootracen*** ⇒*(het) motorbootracen.*
'power brakes ⟨mv.⟩ **0.1** ***servoremmen*** ⇒*rembekrachtiging.*
'power breakfast ⟨telb.zn.⟩ **0.1** ***zakenontbijt op hoog niveau/onder prominenten.***
'power breeder ⟨telb.zn.⟩ **0.1** ***kweekreactor.***
'power broker ⟨telb.zn.⟩ **0.1** ***manipulator met macht*** ⟨uit hoofde v. behaalde stemmen of door invloed⟩ ⇒*makelaar in (politieke) macht.*
'power costs ⟨mv.⟩ **0.1** ***energiekosten.***
pow·er·crat ['paʊəkræt||'paʊər-]⟨telb.zn.⟩ **0.1** ***machthebber.***
'power current ⟨telb. en n.-telb.zn.⟩ **0.1** ***sterkstroom.***
'power cut ⟨telb.zn.⟩ **0.1** ***stroomonderbreking.***
'power dive ⟨telb.zn.⟩ **0.1** ***duikvlucht*** ⟨v. vliegtuig⟩.
'pow·er-dive ⟨onov. en ov.ww.⟩ **0.1** ***een motorduikvlucht (doen) uitvoeren*** ⟨v. vliegtuig⟩.
'power 'down ⟨onov. en ov.ww.⟩ **0.1** ***het energieverbruik doen afnemen*** ⟨bv. v.e. ruimtevaartuig⟩.
'power drill ⟨telb.zn.⟩ **0.1** ***pneumatische drilboor*** **0.2** ***(grote) drilmachine*** ⇒*driltafel.*
'pow·er-'driven ⟨bn.⟩ **0.1** ***machinaal aangedreven.***
-pow·ered ['paʊəd||'paʊərd]⟨f2⟩ **0.1** ***met ... vermogen/capaciteit*** ⟨v.

motor; ook fig.⟩ ⇒*vergrotend* ⟨v. lens⟩ ◆ ¶.1 a high-powered car *een auto met een krachtige motor;* a high-powered politician *een dynamische politicus;* oil-powered central heating *met olie gestookte centrale verwarming.*

pow·er·ful ['paʊəfl‖'paʊərfl]⟨f3⟩⟨bn.; -ly; -ness⟩ **0.1** ***krachtig*** ⇒*machtig, vermogend, invloedrijk, sterk, indrukwekkend* **0.2** ***effectief*** ⇒*met een sterke (uit)werking.*

'power gas ⟨n.-telb.zn.⟩ **0.1** ***steenkolengas.***

'pow·er·house ⟨f1⟩⟨telb.zn.⟩ **0.1** ***elektrische centrale*** ⇒*krachtcentrale* **0.2** ***stuwende kracht*** ⇒*drijfveer* **0.3** ***reus (van een kerel)*** ⇒*succesvol(le) man/atleet/ploeg* ◆ **2.3** a commercial ~ *een handels(groot)macht.*

pow·er·less ['paʊələs‖'paʊər-]⟨f2⟩⟨bn.; -ly; -ness⟩ **0.1** ***machteloos*** ⇒*krachteloos, inert, zwak, hulpeloos, onbevoegd* ◆ **3.1** she was ~ to resist *zij was niet bij machte weerstand te bieden.*

'power lifting ⟨n.-telb.zn.⟩⟨gewichtheffen⟩ **0.1** ***(het) powerliften.***

'power line ⟨telb.zn.⟩ **0.1** ***elektrische leiding.***

'power pack ⟨telb.zn.⟩ **0.1** ***stroomconvertor.***

'power plant ⟨telb.zn.⟩ **0.1** ***krachtbron*** ⇒*motor, aandrijving* **0.2** ⟨vnl. BE⟩ ***krachtcentrale*** ⇒*elektrische centrale.*

'power play ⟨telb. en n.-telb.zn.⟩ **0.1** ***offensieve manoeuvre*** ⇒*pressie, machtspolitiek, machtsvertoon* **0.2** ⟨sport, vnl. ijshockey⟩ ***powerplay*** ⟨pressie om te scoren⟩.

'power player ⟨telb.zn.⟩⟨sport, i.h.b. tennis⟩ **0.1** ***krachtspeler*** ⇒*krachttennisser.*

'power point ⟨f1⟩⟨telb.zn.⟩⟨vnl. BE⟩ **0.1** ***stopcontact.***

'power 'politics ⟨mv.⟩⟨vnl. pej.⟩ **0.1** ***machtspolitiek*** ⇒*afschrikkingsdiplomatie.*

'power series ⟨telb.zn.; →mv. 4⟩⟨wisk.⟩ **0.1** ***machtreeks.***

'power set ⟨telb.zn.⟩⟨krachtsport⟩ **0.1** ***krachtoefeningen.***

'pow·er-shar·ing ⟨n.-telb.zn.⟩ **0.1** ***het delen v.d. macht*** ⇒*machtsdeling.*

'power shovel ⟨telb.zn.⟩ **0.1** ***graafkraan*** ⇒*motorlaadschop.*

'power station ⟨f1⟩⟨telb.zn.⟩ **0.1** ***elektrische centrale*** ⇒*krachtcentrale.*

'power 'steering ⟨n.-telb.zn.⟩ **0.1** ***stuurbekrachtiging*** ⇒*servostuur.*

'power stroke ⟨telb.zn.⟩ **0.1** ***arbeidsslag*** ⟨expansieslag v. motor⟩.

'power structure ⟨telb.zn.⟩ **0.1** ***gevestigde macht*** ⇒*establishment, machtsconstellatie* **0.2** ***machtsverdeling*** ⇒*machtsstructuur, kader.*

'power struggle ⟨telb.zn.⟩ **0.1** ***machtsstrijd.***

'power switch ⟨telb.zn.⟩ **0.1** ***(hoofd)stroomschakelaar.***

'power tower ⟨telb.zn.⟩ **0.1** ***zonnetoren*** ⇒*zonneënergiecentrale.*

'power 'up ⟨onov. en ov.ww.⟩ **0.1** ***het energieverbruik opvoeren.***

pow·wow¹ ['paʊwaʊ]⟨telb.zn.⟩ **0.1** ***Indianenbijeenkomst*** ⇒*rituele ceremonie v. Indianen* ⟨om bijstand v.d. goden af te smeken⟩ **0.2** ***medicijnman*** ⇒*(Indiaanse) tovenaar* **0.3** ⟨inf.; scherts.⟩ ***palaver*** ⇒*marathonconferentie, rumoerige bespreking, overleg.*

powwow² ⟨ww.⟩
I ⟨onov.ww.⟩ **0.1** ***als medicijnman fungeren*** ⇒*toveren* **0.2** ⟨vaak scherts.⟩ ***een conferentie houden*** ⇒*vergaderen, beraadslagen, de hoofden bij elkaar steken* ◆ **6.2** they ~ed **about** their new policy *ze hadden eindeloze palavers over hun nieuwe politiek;*
II ⟨ov.ww.⟩ **0.1** ***(met tovermiddelen) behandelen/genezen.***

pox [pɒks‖pɑks]⟨f1⟩⟨telb.zn.; vnl. pox; →mv. 4⟩ **0.1** ⟨inf.; the⟩ ***syfilis*** **0.2** ⟨vero.⟩ ***pok(ken)*** **0.3** ⟨plantk.⟩ ***vlekkenziekte*** ⇒*stip* ◆ **6.¶** a ~ **on** you! *krijg jij wat!, barst maar!, val dood!.*

pox·y ['pɒksi‖'pɑksi]⟨bn.; -er; →compar. 7⟩⟨inf.⟩ **0.1** ***klere-*** ⇒*pokke(n)-, rot* ◆ **1.1** ~ horse *klereknol.*

pozzie →possie.

poz·zo·la·na ['pɒtsə'lɑːnə‖'pɑtsə'lɑnə], **poz·zuo·la·na** [-swə-], **puz·zo·la·na** ['puː-]⟨n.-telb.zn.⟩ **0.1** ***pozzolaanaarde.***

pp ⟨afk.⟩ **0.1** ⟨pages⟩ ***pp.*** ⇒*blz.* **0.2** ⟨parcel post⟩ **0.3** ⟨parish Priest⟩ **0.4** ⟨past participle⟩ ***V(olt). D(eelw).*** **0.5** ⟨per procurationem⟩ ***p.p.*** **0.6** ⟨pianissimo⟩ ***pp.*** **0.7** ⟨postpaid⟩ **0.8** ⟨public prosecutor⟩ ***O.M..***

p & p ⟨afk.⟩ postage and packing.

PPB(S) ⟨afk.⟩ Planning-Programming-Budgeting (System).

ppd ⟨afk.⟩ postpaid, prepaid.

PPE ⟨afk.⟩ philosophy, politics, and economics ⟨BE⟩.

pph ⟨afk.⟩ pamphlet.

ppm ⟨afk.⟩ part(s) per million **0.1** ***p.p.m..***

PPS ⟨afk.⟩ **0.1** ⟨Parliamentary Private Secretary⟩ ⟨BE⟩ ***P.P.S.*** **0.2** ⟨post postscriptum⟩.

pq ⟨afk.⟩ previous question.

PQ ⟨afk.⟩ Province of Quebec, Quebec Party.

pr ⟨afk.⟩ **0.1** ⟨pair⟩ **0.2** ⟨present⟩ ***praes.*** **0.3** ⟨price⟩ ***pr.*** **0.4** ⟨printing⟩ **0.5** ⟨pronoun⟩ ***vnw..***

Pr ⟨afk.⟩ **0.1** ⟨priest⟩ ***Pr.*** **0.2** ⟨prince⟩ **0.3** ⟨Provençal⟩.

PR ⟨afk.⟩ public relations, proportional representation; Puerto Rico ⟨AE⟩.

PRA ⟨afk.⟩ President of the Royal Academy.

praam →pram.

prac·ti·ca·bil·i·ty ['præktɪkə'bɪləṭi]⟨zn.; →mv. 2⟩
I ⟨telb.zn.⟩ **0.1** ***iets wat uitvoerbaar/hanteerbaar/bruikbaar is*** ◆ **1.1** this scheme is not among the practicabilities in that country *dit plan is in dat land niet bruikbaar/uitvoerbaar;*
II ⟨n.-telb.zn.⟩ **0.1** ***haalbaarheid*** **0.2** ***bruikbaarheid.***

prac·ti·ca·ble ['præktɪkəbl]⟨f2⟩⟨bn.; -ly; -ness; →bijw. 3⟩ **0.1** ***uitvoerbaar*** ⇒*doenlijk, haalbaar* **0.2** ***handig*** ⇒*hanteerbaar* **0.3** ***bruikbaar*** ⇒*begaanbaar* ⟨v. weg⟩, *doorwaadbaar* **0.4** ***echt*** ⇒*echt functionerend* ⟨v. rekwisieten⟩ ◆ **1.1** a ~ aim *een bereikbaar doel.*

prac·ti·cal¹ ['præktɪkl]⟨f1⟩⟨telb.zn.⟩ **0.1** ⟨inf.⟩ ***practicum*** ⇒*praktijkles, praktijkexamen.*

practical² ⟨f3⟩⟨bn.; -ness⟩
I ⟨bn.⟩ **0.1** ***praktisch*** ⇒*(daad)werkelijk, in de praktijk, toegepast* **0.2** ***praktisch*** ⇒*bruikbaar, handig, nuttig hanteerbaar, efficiënt, functioneel, doelmatig, geschikt* **0.3** ***haalbaar*** ⇒*uitvoerbaar, praktisch* **0.4** ***praktizerend*** **0.5** ⟨soms pej.⟩ ***daadgericht*** ⇒*praktisch aangelegd, fantasieloos, pragmatisch* **0.6** ***zinnig*** ⇒*verstandig, praktisch* **0.7** ***praktisch*** ⇒*virtueel* ◆ **1.1** ~ chemistry *experimentele scheikunde;* a ~ engineer *een werktuigkundige;* ~ geometry *toegepaste meetkunde;* ~ phonetics *toegepaste fonetiek* **1.2** ~ shoes *gemakkelijke schoenen* **1.3** ⟨vnl. BE⟩ ~ politics *pragmatische aanpak, Realpolitik;* ⟨BE⟩ it is not ~ politics *het is niet plausibel/niet aannemelijk, het is (praktisch gezien) niet haalbaar* **1.5** a ~ man *een man v.d. praktijk, een praktisch aangelegd man;* poetry does not appeal to ~ minds *poëzie spreekt nuchtere zielen niet aan* **1.¶** a ~ joke *practical joke, poets* ⟨om iem. belachelijk te maken⟩; *actiehumor, stunt;* for all ~ purposes *feitelijk, alles welbeschouwd* **3.6** be ~ *gebruik je verstand;*
II ⟨bn., attr.⟩ **0.1** ***ervaren*** ⇒*in de praktijk opgeleid* ◆ **1.1** he's never attended cooking classes, but he is a good ~ cook *hij heeft nooit kooklessen gevolgd, maar weet zich toch handig te redden in de keuken;* a ~ nurse *een ongediplomeerde verpleegster.*

prac·ti·cal·i·ty ['præktɪ'kæləṭi]⟨zn.; →mv. 2⟩
I ⟨telb.zn.⟩ **0.1** ***praktische zaak*** ⇒*praktisch aspect* ◆ **3.1** let's go down to the practicalities *laat ons overgaan tot de praktische kant v.d. zaak, laten we concreter zijn;*
II ⟨n.-telb.zn.⟩ **0.1** ***uitvoerbaarheid*** ⇒*bruikbaarheid.*

prac·ti·cal·ly ['præktɪkli]⟨f2⟩⟨bw.⟩ **0.1** →practical **0.2** ***bijna*** ⇒*praktisch, zo goed als, in ieder belangrijk opzicht, feitelijk* **0.3** ***in de praktijk*** ⇒*praktisch gesproken, uit praktisch opzicht.*

'prac·ti·cal-'mind·ed ⟨bn.⟩ **0.1** ***(met een) praktisch(e geest).***

prac·tice, ⟨AE sp. ook⟩ **prac·tise** ['præktɪs]⟨f3⟩⟨zn.⟩⟨→sprw. 570⟩
I ⟨telb.zn.⟩ **0.1** ⟨vnl. enk.⟩ ***gewoonte*** ⇒*gebruik, praktijk* **0.2** ⟨vnl. mv.⟩⟨vero.; pej.⟩ ***praktijk*** ⇒*(slechte/verderfelijke) gewoonte, kunstgreep, streek* **0.3** ***praktijk*** ⟨v. advocaat, arts e.d.⟩ ◆ **2.2** criminal ~s *misdadige praktijken;* magical ~s *magische praktijken/rituelen* **2.3** he has a large ~ in the country *hij heeft een drukke plattelandspraktijk* **3.1** make a ~ of sth. *ergens een gewoonte v. maken* **6.1** the ~ **of** borrowing money *de gewoonte om geld te lenen;*
II ⟨n.-telb.zn.⟩ **0.1** ***praktijk*** ⇒*toepassing, aanwending* **0.2** ***normale gang v. zaken*** ⇒*gewoonte, gebruik;* ⟨hand.⟩ *usance(s)* **0.3** ***oefening*** ⇒*praktijk, training, ervaring* **0.4** ***uitoefening*** ⇒*beoefening, het praktizeren, praktijk* **0.5** ⟨jur.⟩ ***procedure*** ⇒*rechtspraktijk* ◆ **1.5** ~ and procedure in the English legal system *gewoonten en procedures in het Engelse rechtssysteem* **2.2** it's common ~ *het behoort tot de normale gang v. zaken* **2.3** walking is good ~ for you *wandelen is een goede oefening voor je* **2.5** good ~ *goede/correcte procedure* **3.1** put sth. in(to) ~ *iets ten uitvoer/in praktijk brengen* **3.3** you need more ~ *je hebt meer oefening/ervaring nodig* **6.1 in** ~, it doesn't work *in de praktijk werkt het niet* **6.3** be **out of** ~ *het verleerd hebben, uit vorm zijn, lange tijd niet meer geoefend hebben;* she has had no ~ **in** nursing *zij heeft geen ervaring als verpleegster* **6.4** the old doctor is no longer **in** ~ *de oude dokter praktizeert niet meer/heeft zijn praktijk opgegeven.*

'practice green ⟨telb.zn.⟩⟨golf⟩ **0.1** ***oefengreen.***

'practice tee ⟨telb.zn.⟩⟨golf⟩ **0.1** ***oefentee.***

'practice throw ⟨telb.zn.⟩⟨sport, i.h.b. atletiek⟩ **0.1** ***oefenworp.***

prac·tise, ⟨AE sp. ook⟩ **prac·tice** ['præktɪs]⟨f3⟩⟨ww.⟩ →practised ⟨→sprw. 571⟩
I ⟨onov.ww.⟩ **0.1** ⟨vero.⟩ ***intrigeren*** ⇒*komplotteren, plannen beramen* **0.2** ***(zich) oefenen*** ◆ **6.1** they ~d **(up)on** his credulity *ze maakten misbruik v. zijn goedgelovigheid;* ~ **(up)on** s.o. *iem. misleiden;*
II ⟨onov. en ov.ww.⟩ **0.1** ***praktizeren*** ⇒*uitoefenen, beoefenen* **0.2** ***praktizeren*** ⇒*zijn kerkelijke plichten vervullen* ◆ **1.1** a practising doctor *een praktizerend arts;* ~ witchcraft *aan hekserij doen, hekserij beoefenen* **1.2** does he still ~ his religion? *praktizeert hij nog altijd?* **6.1** he ~s as a lawyer *hij werkt als advocaat;*

III ⟨ov.ww.⟩ **0.1** ***in de praktijk toepassen*** ⇒*uitvoeren* **0.2** ***oefenen*** ⇒*instuderen, oefenen op, repeteren, bespelen* **0.3** ***oefenen*** ⇒*trainen* **0.4** ***uitoefenen*** ⇒*beoefenen* **0.5** ⟨schr.⟩ ***betrachten*** ⇒*aan de dag leggen, (be)oefenen, betonen, een gewoonte maken v.* ◆ **1.1** ~ one's beliefs *leven volgens zijn overtuigingen, zijn overtuigingen in de praktijk toepassen* **1.2** ~ the piano *op de piano oefenen* **1.4** ~ black magic *zwarte magie bedrijven;* ~ fraud *bedrog plegen;* ~ medicine *de geneeskunde beoefenen* **1.5** ~ economy *zuinigheid aan de dag leggen, zuinig zijn;* ~ patience *geduld betrachten/oefenen* **3.1** ~ what you preach *voer uit/doe wat je (anderen) voorhoudt* **6.3** ~ the children **in** writing *de kinderen in het schrijven oefenen.*

prac·tised, ⟨AE sp. ook⟩ **prac·ticed** ['præktɪst]⟨f2⟩⟨bn.; volt. deelw. v. practise⟩
I ⟨bn.⟩ **0.1** ***ervaren*** ⇒*onderlegd, bedreven, geoefend* **0.2** ⟨pej.⟩ ***ingestudeerd*** ⇒*onnatuurlijk, bestudeerd* ◆ **1.2** a ~ smile *een geforceerde glimlach;*
II ⟨bn., attr.⟩ **0.1** ***door oefening verworven*** ⇒*sierlijk, geperfectioneerd.*

prac·ti·tion·er [præk'tɪʃənə‖-ər]⟨f1⟩⟨telb.zn.⟩ **0.1** ***beoefenaar*** ⇒*practicus, beroeps(kracht)* **0.2** ⟨soms pej.⟩ ***vakman*** ⇒*technicus, ambachtsman* ◆ **2.1** medical ~s *beoefenaars v.d. geneeskunde, de artsen.*

prae- ['pri:] **0.1** ***prae-*** ⇒*pre-, voor-.*

prae·co·ci·al, ⟨AE sp.⟩ **pre·co·ci·al** [prɪ'koʊʃl]⟨bn.⟩⟨dierk.⟩ **0.1** ***nestvliedend*** ◆ **1.1** ~ birds *nestvlieders.*

prae·di·al, ⟨AE sp.⟩ **pre·di·al** ['pri:dɪəl]⟨bn.⟩ **0.1** ***land-*** ⇒*grond-, v./mbt. het land, v./mbt. de produkten v.h. land* ◆ **1.1** ⟨jur.⟩ ~ encombrance *zakelijke erfdienstbaarheid.*

prae·mu·ni·re ['pri:mjʊ'naɪəri‖-mjə-]⟨telb. en n.-telb.zn.⟩⟨gesch.; jur.⟩ **0.1** ***praemunire*** ⟨(dagvaardiging/straf wegens) het erkennen v. pauselijke (of andere vreemde) macht/jurisdictie in Engeland⟩.

prae·no·men ['pri:'noʊmən]⟨telb.zn.; ook praenomina [-'nɒmɪnə‖-'nɑmənə]; →mv. 5⟩⟨gesch.⟩ **0.1** ***voornaam.***

prae·pos·tor, ⟨AE sp.⟩ **pre·pos·tor** ['pri:'pɒstə‖-'pɑstər]⟨telb.zn.⟩ **0.1** ***prefect*** ⇒*monitor* ⟨aan sommige public schools⟩.

prae·sid·i·um, ⟨AE sp.⟩ **pre·sid·i·um** [prɪ'sɪdɪəm, -'zɪ-]⟨telb.zn.; ook pr(a)esidia [-dɪə]; →mv. 5⟩ **0.1** ***presidium.***

prae·tor, ⟨AE sp.⟩ **pre·tor** ['pri:tə‖'pri:t̬ər]⟨telb.zn.⟩⟨gesch.⟩ **0.1** ***pr(a)etor (urbanus)*** ⟨Romeins magistraat⟩.

prae·to·ri·an[1], ⟨AE sp.⟩ **pre·to·ri·an** [prɪ'tɔ:rɪən]⟨telb.zn.⟩ **0.1** ***(ex-) praetor*** **0.2** ⟨vaak P-⟩ ***pretoriaan*** ⟨soldaat v. Praetoriaanse Garde⟩.

praetorian[2], ⟨AE sp.⟩ **pretorian, prae·to·ri·al,** ⟨AE sp.⟩ **pre·to·ri·al** [prɪ'tɔ:rɪəl]⟨bn., attr.⟩ **0.1** ***pr(a)etoriaans*** ⟨mbt. de pr(a)etuur⟩ **0.2** ⟨vaak P-⟩ ***pr(a)etoriaans*** ⟨mbt. de lijfwacht v. Romeinse opperbevelhebber⟩ ◆ **1.2** the Pr(a)etorian Guard(s) *de pretorianen, de Pretoriaanse Garde.*

prag·mat·ic[1] ['præg'mæt̬ɪk]⟨zn.⟩
I ⟨telb.zn.⟩ **0.1** ***bemoeial*** **0.2** ⟨gesch.⟩ ***pragmatieke sanctie*** ⇒*algemene landsverordening;*
II ⟨mv.; ~s; ww. enk.⟩⟨taalk.⟩ **0.1** ***pragmatiek.***

pragmatic[2], ⟨in bet. 0.1 en 0.4 ook⟩ **prag·mat·ic·al** ['præg'mæt̬ɪkl]⟨f1⟩⟨bn.; -(al)ly; →bijw. 3⟩ **0.1** ***pragmatisch*** ⇒*zakelijk, praktisch, opportunistisch* **0.2** ***pragmatiek*** ⇒*pragmatisch* **0.3** ⟨fil.⟩ ***pragmatisch*** ⇒*mbt. het pragmatisme* **0.4** ⟨taalk.⟩ ***pragmatisch*** **0.5** ⟨vero.⟩ ***bemoeiziek*** ⇒*dogmatisch, eigenwijs* ◆ **1.2** ⟨gesch.⟩ ~ sanction *pragmatieke sanctie, algemene landsverordening.*

prag·ma·ti·cian ⟨telb.zn.⟩⟨taalk.⟩ **0.1** ***beoefenaar v.d. pragmatiek.***

prag·ma·tism ['prægmətɪzm]⟨f1⟩⟨n.-telb.zn.⟩ **0.1** ***pragmatisme*** ⇒*zakelijke aanpak, zakelijkheid, praktische zin* **0.2** ***dogmatisme*** ⇒*opdringerigheid, geleerddoenerij* **0.3** ⟨fil.⟩ ***pragmatisme*** ⇒*empiricisme.*

prag·ma·tist ['prægmət̬ɪst]⟨f1⟩⟨telb.zn.⟩ **0.1** ***pragmaticus*** **0.2** ⟨fil.⟩ ***pragmatist*** ⇒*aanhanger v. pragmatisme.*

prag·ma·tize, -tise ['prægmətaɪz]⟨ov.ww.⟩ **0.1** ***als waar voorstellen*** ⇒*voor werkelijk laten doorgaan* **0.2** ***verstandelijk verklaren*** ⟨mythe⟩.

Prague [prɑ:g]⟨eig.n.⟩ **0.1** ***Praag.***

pra·hu, pra·u [praʊ]⟨telb.zn.⟩ **0.1** ***prauw.***

prai·rie ['preəri‖'preri]⟨f2⟩⟨telb. en n.-telb.zn.; vaak mv.⟩ **0.1** ***prairie.***

'prairie breaker ⟨telb.zn.⟩⟨landb.⟩ **0.1** ***prairieploeg*** ⟨die de zode in brede voren onderwerkt⟩.

'prairie chicken, 'prairie hen ⟨telb.zn.⟩⟨dierk.⟩ **0.1** ***prairiehoen*** ⟨genus Tympanuchus⟩.

'prairie dog ⟨telb.zn.⟩⟨dierk.⟩ **0.1** ***prairiehond*** ⟨genus Cynomys⟩.

'prairie oyster ⟨telb.zn.⟩⟨vnl. AE; inf.⟩ **0.1** ***prairie-oester*** ⟨anti-katerbrouwsel met een rauw ei⟩ **0.2** ⟨AE gew., Can. E; cul.⟩ ***choesels*** ⟨kalfstestis⟩.

'prairie schooner ⟨telb.zn.⟩⟨AE; gesch.⟩ **0.1** ***prairiewagen*** ⇒*huifkar.*

'prairie smoke ⟨telb. en n.-telb.zn.⟩⟨plantk.⟩ **0.1** ***(soort Noordamerikaans) nagelkruid*** ⟨Geum triflorum⟩ **0.2** ***soort wildemanskruid*** ⟨Anemone patens⟩.

'prairie state ⟨zn.⟩
I ⟨eig.n.; P- S-; the⟩ **0.1** ⟨spotnaam voor⟩ ***Illinois;***
II ⟨telb.zn.⟩ **0.1** ***prairiestaat*** ⟨staat in prairiestreken⟩.

'prairie turnip ⟨telb. en n.-telb.zn.⟩⟨plantk.⟩ **0.1** ***prairieknol*** ⟨Psoralea esculenta⟩.

'prairie wolf ⟨telb.zn.⟩⟨dierk.⟩ **0.1** ***prairiewolf*** ⇒*coyote* ⟨Canis latrans⟩.

praise[1] [preɪz]⟨f3⟩⟨zn.⟩⟨→sprw. 572, 574⟩
I ⟨n.-telb.zn.⟩ **0.1** ***lof(spraak)*** ⇒*het prijzen, aanbeveling, compliment* **0.2** ⟨schr.⟩ ***glorie*** ⇒*eer, lof, verering* **0.3** ⟨vero.⟩ ***verdienste*** ◆ **2.1** that film won high ~ *die film kreeg veel lof toegezwaaid* **3.2** give ~ to God *God loven/eren* **3.¶** ~ be (to God)! *God zij geloofd/dank!* **6.1** it's **beyond** all ~ *het gaat alle lof te boven/is boven alle lof verheven/kan niet genoeg geprezen worden* **6.2 in** ~ **of** the Lord *den Here/Gode ter ere;* a book **in** ~ **of** rural life *een boek geschreven ter ere/verheerlijking v. het landelijke leven, een boek dat het landelijke leven ophemelt;*
II ⟨mv.; ~s⟩ **0.1** ***loftuitingen*** ◆ **3.1** ⟨vaak pej.⟩ sing one's own ~s *zijn eigen lof zingen, zichzelf ophemelen;* sing s.o.'s ~s *iemands lof zingen, iem. (overdreven veel) lof toezwaaien/ophemelen.*

praise[2] ⟨f3⟩⟨ov.ww.⟩⟨→sprw. 573⟩ **0.1** ***prijzen*** ⇒*loven, complimenteren, aanbevelen, ophemelen, instemming betuigen met, verheffen, verheerlijken.*

praise·ful ['preɪzfl]⟨bn.⟩ **0.1** ***prijzend*** ⇒*lovend.*

praise·wor·thy ['preɪzwɜ:ði‖-wɜrði]⟨f1⟩⟨bn.; -ly; -ness; →bijw. 3⟩ **0.1** ***lovenswaardig*** ⇒*loffelijk, verdienstelijk, verheven.*

Pra·krit ['prɑ:krɪt]⟨eig.n.⟩ **0.1** ***Prakrit*** ⟨(Oud)indisch dialect⟩.

pra·line ['prɑ:li:n]⟨telb.zn.⟩ **0.1** ***praline.***

prall·tril·ler ['prɑ:ltrɪlə‖-ər]⟨telb.zn.⟩⟨muz.⟩ **0.1** ***pralltriller*** ⇒*praaltriller* ⟨snelle wisseling v. hoofdnoot met bovensecunde⟩.

pram[1] [præm]⟨f2⟩⟨telb.zn.⟩⟨verk.⟩ perambulator ⟨BE⟩ **0.1** ***kinderwagen.***

pram[2], **praam** [prɑ:m]⟨telb.zn.⟩ **0.1** ***praam*** ⇒*platboomd vaartuig.*

prance[1] [prɑ:ns‖præns]⟨telb.zn.; g. mv.⟩ **0.1** ***het steigeren*** ⇒*steigering, sprong* **0.2** ***het rijden (op een steigerend paard)*** **0.3** ***trotse gang*** **0.4** ***het (vrolijk) springen*** ⇒*dansje, (vrolijk) sprongetje, capriool.*

prance[2] ⟨f1⟩⟨ww.⟩
I ⟨onov.ww.⟩ **0.1** ***steigeren*** **0.2** ***de neus in de wind steken*** ⇒*lopen te paraderen* **0.3** ***(op een steigerend paard) rijden*** **0.4** ***(vrolijk) springen*** ⇒*huppelen, dansen* ◆ **5.4** ~ **about/around** *rondspringen, rondlopen;* Sheila ~d **in** *Sheila huppelde de kamer in;*
II ⟨ov.ww.⟩ **0.1** ***doen steigeren.***

pran·di·al ['prændɪəl]⟨bn., attr.; -ly⟩⟨scherts.⟩ **0.1** ***bij de (avond) maaltijd behorend.***

prang[1] [præŋ]⟨telb. en n.-telb.zn.⟩⟨BE; sl.⟩ **0.1** ***(zwaar) bombardement*** ⇒*verwoesting* **0.2** ***crash*** ⇒*het te pletter vallen/verongelukken.*

prang[2] ⟨ww.⟩⟨BE; sl.⟩
I ⟨onov.ww.⟩ **0.1** ***neerstorten*** ⇒*crashen, te pletter vallen, verongelukken* ⟨v. voertuig/vliegtuig⟩;
II ⟨ov.ww.⟩ **0.1** ***bombarderen*** ⇒*vernietigen, platgooien/schieten* **0.2** ***neerhalen*** ⇒*doen crashen* **0.3** ***te pletter rijden/vliegen*** **0.4** ***raken*** ⇒*slaan, beschadigen, vernielen.*

prank[1] [præŋk]⟨f1⟩⟨telb.zn.⟩ **0.1** ***(schelmen)streek*** ⇒*grap, poets, practical joke* ◆ **3.1** play ~s on s.o. *een (gemene) streek met iem. uithalen, iem. een poets bakken.*

prank[2] ⟨ww.⟩
I ⟨onov.ww.⟩ **0.1** ***pronken*** ⇒*pralen, vertoon maken;*
II ⟨ov.ww.⟩⟨schr.⟩ **0.1** ***versieren*** ⇒*decoreren, opschikken, opsmukken* ◆ **1.1** fields ~ed with flowers *met bloemen bedekte velden* **5.1** ~ o.s. **out/up** *zich opsmukken, zich mooi maken.*

prank·ster ['præŋkstə‖-ər]⟨telb.zn.⟩⟨inf.⟩ **0.1** ***schelm*** ⇒*grappenmaker, deugniet.*

pra·se·o·dym·i·um ['preɪzioʊ'dɪmɪəm]⟨n.-telb.zn.⟩⟨schei.⟩ **0.1** ***praseodymium*** ⟨element 59⟩.

prat [præt]⟨telb.zn.⟩ **0.1** ⟨BE; sl; bel.⟩ ***idioot*** ⇒*dwaas, zak, nietsnut* **0.2** ⟨AE; sl.⟩ ***kont*** ⇒*achterwerk.*

prate[1] [preɪt]⟨n.-telb.zn.⟩ **0.1** ***gewauwel*** ⇒*(vervelend) geklets, gebabbel, gezeur, gezwam.*

prate[2] ⟨onov. en ov.ww.⟩ →prating **0.1** ***wauwelen*** ⇒*(vervelend) kletsen, zwammen, babbelen, zeuren* ◆ **6.1** he keeps on prating **about** subjects of which he knows nothing *hij blijft over onderwerpen zwetsen waar hij niets van af weet.*

prat·fall ['prætfɔ:l]⟨telb.zn.⟩⟨inf.⟩ **0.1** ***(lachwekkende) blunder*** ⇒*flater* **0.2** ***val op zijn/haar kont.***

pra·tie ['preɪṱi]⟨telb.zn.⟩⟨IE⟩ **0.1** ***pieper*** ⇒*aardappel*.
prat·in·cole ['prætɪŋkoul]⟨telb.zn.⟩⟨dierk.⟩ **0.1** ***vorkstaartplevier*** ⟨Glareola pratincola⟩.
prat·ing ['preɪṱɪŋ]⟨n.-telb.zn.; gerund v. prate⟩ **0.1** ***kletspraat*** ⇒*gezwam, gezwets*.
pra·tique ['præti:k‖-'ti:k]⟨n.-telb.zn.⟩⟨scheep.⟩ **0.1** ***practica*** ⟨verlof tot ontscheping na ontslag uit de quarantaine⟩ ◆ **3.1** admit to ~ *practica verlenen*.
prat·tle[1] ['præṱl]⟨telb. en n.-telb.zn.⟩⟨inf.⟩ **0.1** ***kinderpraat*** ⇒*gesnap, gebabbel*.
prattle[2] ⟨f1⟩⟨ww.⟩⟨inf.⟩
I ⟨onov.ww.⟩ **0.1** ***murmelen*** ⇒*klateren, kabbelen;*
II ⟨onov. en ov.ww.⟩ **0.1** ***babbelen*** ⇒*kakelen, wauwelen, keuvelen* ◆ **6.1** the girls ~d on **about** their clothes *de meisjes bleven maar kleppen over hun kleren*.
prat·tler ['prætlə‖-ər]⟨telb.zn.⟩⟨inf.⟩ **0.1** ***babbelkous*** ⇒*kletser/ster, babbelaar, keuvelaar(ster)*.
prau →proa.
prawn[1] [prɔ:n]⟨f1⟩⟨telb. en n.-telb.zn.⟩⟨vnl. BE⟩ **0.1** ***(steur)garnaal*** ◆ **3.1** curried ~s *garnalenkerriegerecht;* fish for ~s *op garnalen vissen*.
prawn[2] ⟨onov.ww.⟩ **0.1** ***garnalen vangen***.
'prawn'cock·tail ⟨f1⟩⟨telb. en n.-telb.zn.⟩⟨vnl. BE; cul.⟩ **0.1** ***garnalencocktail***.
prawn·er ['prɔ:nə‖-ər]⟨telb.zn.⟩ **0.1** ***garnalenvisser***.
prax·i·ol·o·gy, prax·e·ol·o·gy [præksi'ɒlədʒi‖-'ɑlədʒi]⟨n.-telb.zn.⟩ **0.1** ***studie v.h. menselijk gedrag***.
prax·is ['præksɪs]⟨telb. en n.-telb.zn.; praxes [-si:z]; →mv. 5⟩ ⟨schr.⟩ **0.1** ***praktijk*** ⇒*gebruik, uitoefening, praxis* **0.2** ***gewoonte***.
pray[1] [preɪ]⟨f3⟩⟨ww.⟩
I ⟨onov.ww.⟩⟨inf.⟩ **0.1** ***hopen*** ⇒*wensen* ◆ **6.1** we're ~ing **for** a peaceful day *we hopen op een rustige dag;*
II ⟨onov. en ov.ww.⟩ **0.1** ***bidden*** ⇒*(God) aanroepen* **0.2** ⟨vnl. schr.⟩ ***smeken*** ⇒*verzoeken, bidden om* ◆ **1.2** we ~ed God's forgiveness *we baden God om vergeving;* ~ (in) aid *hulp inroepen;* we ~ your help *we verzoeken (dringend) uw hulp* **3.2** I ~ you to be quiet *ik verzoek je stil te zijn;* he ~ed to be given patience to finish writing his book *hij bad om geduld om zijn boek af te kunnen maken* **6.1** we ~ed (to God) **for** help *we baden (tot God) om hulp* **6.¶** he's past ~ing **for** *hij is niet meer te redden*.
pray[2] ⟨tussenw.⟩⟨schr.⟩ **0.1** ***alstublieft*** ⇒*mag ik (u) vragen* ◆ **¶.1** ~ be quiet *wees alsjeblieft rustig;* what's the use of that, ~? *mag ik vragen wat daar het nut v. is?*.
pray·er[1] [preə‖prer]⟨f3⟩⟨zn.⟩
I ⟨telb.zn.⟩ **0.1** ***gebed*** **0.2** ***(smeek)bede*** ⇒*verzoek* **0.3** ⟨inf.⟩ ***kleine kans*** ⇒*minieme kans, geringe hoop; schijntje, haartje* ◆ **3.1** be at / say one's ~s *bidden, zijn gebeden opzeggen;* ring to ~s *luiden voor de dienst, oproepen tot het gebed* **3.3** he hadn't a ~ to recover from his illness *hij had niet de minste hoop om van zijn ziekte te genezen* **3.¶** wrestle in ~ *worstelen met god, vurig bidden* **6.2** his ~ **for** a safe return from the war was answered *zijn smeekbede om een veilige terugkeer uit de oorlog werd verhoord* **6.3** miss sth. **by** a ~ *iets op een haar na missen;*
II ⟨n.-telb.zn.⟩ **0.1** ***het bidden*** ⇒*gebed* **0.2** ⟨vaak P-⟩ ***gebedsdienst*** ⇒*gebed* ◆ **6.1** the priests tried to overcome their doubts **through** ~ *de priesters trachtten door bidden hun twijfels de baas te worden*.
prayer[2] ['preɪə‖-ər]⟨telb.zn.⟩ **0.1** ***bidder*** ⇒*iem. die bidt*.
'prayer book ⟨telb.zn.⟩ **0.1** ***gebedenboek*** ⇒*kerkboek* **0.2** ⟨vaak P-B-; the⟩ ***kerkboek v.d. anglicaanse Kerk***.
'prayer carpet ⟨telb.zn.⟩ **0.1** ***bidkleedje*** ⇒*bidmatje*.
'prayer desk ⟨telb.zn.⟩ **0.1** ***bidstoel***.
pray·er·ful ['preəfl‖'prerfl]⟨f1⟩⟨bn.; -ly; -ness⟩ **0.1** ***vroom*** ⇒*devoot*.
'prayer leader ⟨telb.zn.⟩ **0.1** ***voorbidder***.
'prayer mat ⟨telb.zn.⟩ **0.1** ***bidkleedje*** ⇒*bidmatje* ⟨v. mohammedanen⟩.
'prayer meeting ⟨telb.zn.⟩ **0.1** ***godsdienstige bijeenkomst*** ⇒⟨Prot.⟩ *bidstond*.
'prayer rug ⟨telb.zn.⟩ **0.1** ***bidkleedje*** ⇒*bidmatje* ⟨v. mohammedanen⟩.
'prayer wheel ⟨telb.zn.⟩ **0.1** ***gebedsmolen*** ⇒*gebedsrol* ⟨v. boeddhisten⟩.
pre- [pri:] **0.1** ***voor-*** ⇒*pre-, vooraf, van te voren, vroeger* **0.2** ⟨vnl. dierk., med.⟩ ***voor*** ⟨v. plaats⟩ ⇒*pre-* **0.3** ⟨ong.⟩ ***hoger*** ⟨in graad, rangorde, belangrijkheid⟩ ◆ **¶.1** prescientific *voorwetenschappelijk* **¶.2** premolar *premolaar, valse kies* **¶.3** preeminent *uitblinkend*.
preach[1] [pri:tʃ]⟨telb.zn.⟩⟨inf.⟩ **0.1** ***(zede)preek***.
preach[2] ⟨f3⟩⟨ww.⟩⟨→sprw. 571⟩
I ⟨onov. en ov.ww.⟩ **0.1** ***preken*** ⇒*prediken, een preek houden;* ⟨fig.⟩ *een zedenpreek houden, zedenmeester spelen* ◆ **1.1** ~ the Gospel *het Evangelie prediken;* ~ a sermon *een preek houden* **6.1** ~ **against** covetousness for an hour *een uur lang preken tegen hebzucht;* my father has been ~ing **at** me again about my negative attitude *mijn vader heeft weer eens tegen me zitten preken over mijn negatieve houding;* the headmaster ~ed **to** his boys *het schoolhoofd sprak zijn jongens moraliserend / vermanend toe;*
II ⟨ov.ww.⟩ **0.1** ***aandringen op*** ⇒*aanzetten tot, bepleiten, prediken* ◆ **1.1** the generals ~ed war *de generaals hielden een pleidooi voor oorlog*.
preach·er ['pri:tʃə‖-ər]⟨f2⟩⟨zn.⟩
I ⟨eig.n.; P-; the⟩⟨bijb.⟩ **0.1** ***Salomon*** ⟨aan wie het boek Prediker wordt toegeschreven⟩;
II ⟨telb.zn.⟩ **0.1** ***prediker*** ⇒*predikant* **0.2** ⟨P-⟩⟨R.-K.⟩ ***pater dominicaan*** ⇒*predikheer*.
preach·er·ship ['pri:tʃəʃɪp‖-ər-]⟨n.-telb.zn.⟩ **0.1** ***predikambt***.
preach·i·fy ['pri:tʃɪfaɪ]⟨onov.ww.; →ww. 7⟩ **0.1** ***langdradig preken***.
preach·ment ['pri:tʃmənt]⟨zn.⟩
I ⟨telb.zn.⟩⟨scherts.⟩ **0.1** ***(ge)preek*** ⇒*zedenpreek;*
II ⟨n.-telb.zn.⟩ **0.1** ***het preken*** ⇒*prediking*.
preach·y ['pri:tʃi]⟨bn.; -er; -ness; →compar. 7⟩ **0.1** ***prekerig*** ⇒*preek-, moraliserend* ◆ **6.1** ~ **in** tone *prekerig van toon*.
pre·ad·am·ite[1] ['pri:'ædəmaɪt]⟨telb.zn.⟩ **0.1** ***pre-adamiet*** ⟨aardbewoner vóór Adam⟩ **0.2** ***iem. die gelooft in het bestaan v. mensen op aarde vóór Adam***.
preadamite[2], **pre·ad·am·ic** ['pri:ə'dæmɪk]⟨bn.⟩ **0.1** ***(van) voor Adams tijd*** ⇒*voor Adam bestaand*.
pre·am·ble[1] [pri'æmbl‖'pri:æmbl]⟨f1⟩⟨telb.zn.⟩ **0.1** ***inleiding*** ⇒*voorwoord, uitweiding vooraf, preambule, considerans*.
preamble[2] ⟨onov.ww.⟩ **0.1** ***een inleiding houden*** ⇒*van een inleiding voorzien, een voorwoord / preambule schrijven*.
pre·am·bu·lary [pri'æmbjuləri‖-bjəleri], **pre·am·bu·la·to·ry** [-lətri‖-lətɔri]⟨bn.⟩ **0.1** ***inleidend*** ⇒*voorafgaand*.
pre·ar·range ['pri:ə'reɪndʒ]⟨f1⟩⟨ov.ww.⟩ **0.1** ***vooraf regelen*** ⇒*van te voren in orde brengen, vooraf overeenkomen* ◆ **1.1** at a ~d place *op een (tevoren) afgesproken plaats*.
pre·ar·range·ment ['pri:ə'reɪndʒmənt]⟨telb. en n.-telb.zn.⟩ **0.1** ***regeling vooraf*** ⇒*afgesproken regeling, vooraf gemaakt akkoord*.
pre·au·di·ence ['pri:'ɔ:diəns]⟨n.-telb.zn.⟩⟨jur.⟩ **0.1** ***voorrang v. advocaten bij het pleiten***.
Preb ⟨afk.⟩ Prebendary.
preb·end ['prebənd]⟨telb.zn.⟩⟨R.-K.⟩ **0.1** ***prebende*** **0.2** ***prebendaris*** ⟨kanunnik die prebende ontvangt⟩ ⇒*domheer*.
pre·ben·dal [prɪ'bendl]⟨bn.⟩⟨R.-K.⟩ **0.1** ***v.e. prebende*** **0.2** ***v.e. domheer***.
preb·en·dar·y ['prebəndri‖-deri]⟨telb.zn.; →mv. 2⟩⟨R.-K.⟩ **0.1** ***prebendaris*** ⟨kanunnik die prebende ontvangt⟩ ⇒*domheer* **0.2** ⟨Anglicaanse Kerk⟩ ***(eretitel v. onbezoldigd) prebendaris***.
Pre·cam·bri·an[1] ['pri:'kæmbrɪən]⟨n.-telb.zn.; the⟩⟨geol.⟩ **0.1** ***Precambrium*** ⟨het oudste hoofdtijdperk⟩.
Precambrian[2] ⟨bn.⟩⟨geol.⟩ **0.1** ***v. / mbt. het Precambrium*** ⇒*precambrisch*.
pre·car·i·ous [prɪ'keərɪəs‖-'kerɪəs]⟨f2⟩⟨bn.; -ly; -ness⟩ **0.1** ***onzeker*** ⇒*wisselvallig, onbestendig* **0.2** ***onveilig*** ⇒*gevaarlijk, precair, hachelijk, onzeker* **0.3** ***twijfelachtig*** ⇒*dubieus, niet op feiten gebaseerd* **0.4** ⟨vero., beh. jur.⟩ ***precario*** ⇒*precair* ◆ **1.1** he made a ~ living as an artist *als kunstenaar had hij een ongewis inkomen* **1.2** ~ health *zwakke gezondheid;* the ~ life of a stuntman *het hachelijke bestaan v.e. stuntman* **1.3** ~ arguments *twijfelachtige argumenten* **1.4** a ~ tenure *een precario / precair bezit*.
pre·cast ['pri:'kɑ:st‖-'kæst]⟨bn.⟩ **0.1** ***voorgestort*** ⇒*vooraf gestort* ◆ **1.1** ~ concrete *voorgestort beton*.
prec·a·tive ['prekəṱɪv], **prec·a·to·ry** ['prekətri‖-tɔri]⟨bn.⟩ **0.1** ***verzoekend*** ⇒*biddend, smekend* ◆ **1.1** ~ trust *bindend verzoek* ⟨in testament⟩; ~ words *verzoek* ⟨in testament⟩.
pre·cau·tion [prɪ'kɔ:ʃn]⟨f3⟩⟨zn.⟩
I ⟨telb.zn.⟩ **0.1** ***voorzorgsmaatregel*** ◆ **3.1** take ~s against shoplifting *voorzorgsmaatregelen treffen tegen winkeldiefstal;* take a gun as a ~ *een geweer meenemen als voorzorgsmaatregel / voor het geval dat;*
II ⟨n.-telb.zn.⟩ **0.1** ***voorzorg*** ◆ **1.1** insure one's jewellery as a measure of ~ *uit voorzorg zijn juwelen verzekeren*.
pre·cau·tion·ar·y [prɪ'kɔ:ʃənri‖-neri]⟨f1⟩⟨bn.⟩ **0.1** ***uit voorzorg gedaan*** ⇒*voorzorgs-* ◆ **1.1** ~ measures *voorzorgsmaatregelen*.
pre·cede [prɪ'si:d]⟨f3⟩⟨onov. en ov.ww.⟩ →preceding **0.1** ***voorgaan*** ⇒*vooraf (laten) gaan, de voorrang hebben* ◆ **1.1** these questions ~ all other questions *deze vragen zijn belangrijker dan alle andere vragen;* he had to work hard in the years preceding his marriage *hij moest de jaren voor zijn huwelijk hard werken* **6.1** we must ~ this difficult book **by** some general information *wij moeten dit moeilijke boek laten voorafgaan door wat algemene infor-*

matie; they entered the labyrinth ~d **by** a guide *zij betraden het doolhof met een gids aan het hoofd;* he ~d his speech **with** a poem by Eliot *hij leidde zijn toespraak in met een gedicht v. Eliot.*

pre·ced·ence ['presɪdəns‖prɪ'si:dns], **pre·ced·en·cy** [-si] ⟨f1⟩ ⟨n.-telb.zn.⟩ **0.1** ***voorrang*** *⇒prioriteit, het voorgaan* ◆ **1.1** in order of ~ *in volgorde v. belangrijkheid/prioriteit* **3.1** some critics say that Tolstoj has/takes ~ over all Russian writers *sommige critici beweren dat Tolstoj de belangrijkste v. alle Russische schrijvers is* **6.1** the king has/takes ~ **over/** ⟨schr.⟩ **of** all others in his kingdom *in zijn koninkrijk komt vóór alle anderen de koning;* give ~ **to** *laten voorgaan, voorrang verlenen aan.*

prec·e·dent[1] ['presɪdənt] ⟨f1⟩ ⟨telb. en n.-telb.zn.⟩ **0.1** ***precedent*** **0.2** ***traditie*** *⇒gewoonte, gebruik* ◆ **3.1** create/establish/set a ~ for sth. *een precedent scheppen voor iets* **3.2** the princess broke with ~ by kissing the prince before the wedding *de prinses verbrak de traditie door de prins te kussen vóór het huwelijk* **6.1 without** ~ *zonder precedent, ongekend, ongehoord.*

precedent[2] [prɪ'si:dnt] ⟨f1⟩ ⟨bn., attr., bn., post.; -ly⟩ **0.1** ***voorafgaand*** *⇒belangrijker, eerder* ◆ **1.1** a ~ question *een voorafgaande/belangrijkere vraag;* ~ condition *van tevoren te vervullen voorwaarde* **6.1** a statement ~ **to** mine *een bewering voorafgaand aan de mijne.*

prec·e·dent·ed ['presɪdenṭɪd] ⟨bn.⟩ **0.1** ***een precedent hebbend.***

pre·ced·ing [prɪ'si:dɪŋ] ⟨f2⟩ ⟨bn., attr., bn., post.; teg. deelw.v. precede⟩ **0.1** ***voorafgaand*** ◆ **1.1** the ~ pages, the pages ~ *de voorafgaande bladzijden.*

pre·cen·sor·ship ['pri:'sensəʃɪp‖-sər-] ⟨n.-telb.zn.⟩ **0.1** ***preventieve censuur.***

pre·cen·tor [prɪ'sentə‖-'senṭər] ⟨telb.zn.⟩ **0.1** ***voorzanger*** *⇒cantor,* ⟨i.h.b.⟩ *chazzan* ⟨in synagoge⟩ **0.2** ***koorleider*** ⟨in anglicaanse Kerk⟩.

pre·cept ['pri:sept] ⟨f1⟩ ⟨zn.⟩ ⟨→sprw. 174⟩

I ⟨telb.zn.⟩ **0.1** ***voorschrift*** *⇒gebod, bevel, grondregel* **0.2** ***bevel (schrift)*** *⇒mandaat* ⟨i.h.b.⟩, ⟨BE⟩ *bevel tot betaling v. gemeentebelasting;*

II ⟨n.-telb.zn.⟩ **0.1** ***lering*** *⇒het voorschrijven* ◆ **1.1** example is better than ~ *leringen wekken, maar voorbeelden trekken; goed voorbeeld doet goed volgen.*

pre·cep·tive [prɪ'septɪv] ⟨bn.; -ly⟩ **0.1** ***voorschriften gevend*** *⇒gebiedend, didactisch, lerend.*

pre·cep·tor [prɪ'septə‖-ər] ⟨telb.zn.⟩ ⟨schr.⟩ **0.1** ***leermeester*** *⇒docent.*

pre·cep·to·ri·al ['pri:sep'tɔ:rɪəl] ⟨bn.; -ly⟩ **0.1** ***(als) e. leermeester.***

pre·cep·to·ry [prɪ'septri] ⟨telb.zn.; →mv. 2⟩ ⟨gesch.⟩ **0.1** ***afdeling v.d. tempeliers*** **0.2** ***gebouw(en) v.e. afdeling v.d. tempeliers.***

pre·cep·tress [prɪ'septrɪs] ⟨telb.zn.⟩ ⟨schr.⟩ **0.1** ***leermeesteres*** *⇒onderwijzeres, docente, lerares.*

pre·ces·sion [prɪ'seʃn] ⟨telb. en n.-telb.zn.⟩ **0.1** ***voorrang*** *⇒het voorgaan* **0.2** ⟨ster., nat.⟩ ***precessie*** ◆ **1.2** ⟨ster.⟩ ~ of the equinoxes *precessie v.d. nachteveningspunten* ⟨verplaatsing op de ecliptica⟩.

pre·ces·sion·al [prɪ'seʃnəl] ⟨bn.⟩ **0.1** ***v./mbt. de precessie.***

pre·cinct ['pri:sɪŋkt] ⟨f2⟩ ⟨zn.⟩

I ⟨telb.zn.⟩ **0.1** ⟨vaak mv.⟩ ***omsloten ruimte*** ⟨om kerk, universiteit⟩ *⇒(grond)gebied, terrein* **0.2** ⟨vaak mv.⟩ ***grens*** *⇒muur* **0.3** ***stadsgebied*** ⟨met bep. bestemming⟩ **0.4** ⟨AE⟩ ***district*** *⇒politiedistrict, kiesdistrict* **0.5** ⟨AE⟩ ***districtspolitiebureau*** ◆ **2.3** pedestrian ~ *voetgangersgebied* **3.3** they are planning a new shopping ~ in Brighton *zij plannen een nieuw winkelcentrum in Brighton* **6.1** there are many tourists **within** the ~s of the cathedral *er zijn veel toeristen op het terrein v.d. kathedraal* **6.2** stay **within** the ~s of the city *in de stad blijven;*

II ⟨mv.; ~s; the⟩ **0.1** ***omgeving*** *⇒buurt* ◆ **7.1** nowadays many Arabs are living in the ~s of Bond Street *tegenwoordig wonen veel Arabieren in de omgeving v./rond Bond Street.*

pre·ci·os·i·ty ['preʃi'ɒsəti‖-'ɑsəṭi] ⟨telb. en n.-telb.zn.; →mv. 2⟩ **0.1** ***gemaaktheid*** ⟨v. stijl⟩ *⇒gekunstelde verfijning, geaffecteerdheid.*

pre·cious[1] ['preʃəs] ⟨telb.zn.⟩ ⟨inf.⟩ **0.1** ***dierbaar iem./iets*** *⇒schat, lieve, schattebout.*

precious[2] ⟨f3⟩ ⟨bn.; -ly; -ness⟩ **0.1** ***kostbaar*** *⇒waardevol, edel* **0.2** ***dierbaar*** *⇒lief, geliefd, bemind* **0.3** ***gekunsteld*** *⇒(te) precieus, geaffecteerd, gemaakt, gezocht* **0.4** ⟨inf.⟩ ***helemaal*** *⇒compleet, aanzienlijk, geweldig* **0.5** ⟨inf.; iron.⟩ ***kostbaar*** *⇒duur, waardeloos* ◆ **1.1** ~ metals *edele metalen;* a ~ privilege *een waardevol voorrecht;* ~ stones *edelstenen* **1.2** my ~ child *mijn lieve kind, mijn schattebout* **1.4** he's a ~ fool *hij is een grote idioot, hij is compleet gek;* you made a ~ mess of it *je hebt het grandioos verpest;* such a car costs a ~ sight more than we could afford *zo'n auto kost een lieve duit meer dan wij ons kunnen veroorloven* **1.5** you can keep your ~ photographs *hou die kostbare foto's van je dan maar bij je* **6.2** her family is very ~ **to** her *haar familie is haar zeer dierbaar.*

precious[3] ⟨f1⟩ ⟨bw.⟩ ⟨inf.⟩ **0.1** ***verdomd*** *⇒bar, verduiveld, erg, zeer* ◆ **2.1** you must take ~ good care of your little sister *je moet dubbel goed op je kleine zusje letten* **7.1** there were ~ few drinks at the party *er was verdomd weinig te drinken op het feestje;* ~ little money left *nauwelijks een rooie cent over.*

prec·i·pice ['presɪpɪs] ⟨f1⟩ ⟨telb.zn.⟩ **0.1** ***steile rotswand*** *⇒afgrond* ◆ **3.1** stand on the edge of a ~ *aan de rand v.d. afgrond staan* ⟨ook fig.⟩; *in groot gevaar verkeren.*

pre·cip·i·tance [prɪ'sɪpɪṭəns], **pre·cip·i·tan·cy** [-si] ⟨telb. en n.-telb.zn.; 2e variant; →mv. 2⟩ **0.1** ***overijling*** *⇒grote haast, overhaasting.*

pre·cip·i·tant [prɪ'sɪpɪṭənt] ⟨telb.zn.⟩ ⟨schei.⟩ **0.1** ***neerslagmiddel*** *⇒neerslag/precipitaat veroorzakend reagens.*

pre·cip·i·tate[1] [prɪ'sɪpɪṭət] ⟨telb. en n.-telb.zn.⟩ **0.1** ⟨schei.⟩ ***precipitaat*** *⇒bezinksel, neerslag* **0.2** ⟨meteo.⟩ ***neerslag.***

precipitate[2], **precipitant** ⟨f1⟩ ⟨bn.; -ly; precipitateness⟩ **0.1** ***overhaast*** *⇒hals over kop, overijld, haastig* **0.2** ***onbezonnen*** *⇒onbesuisd, impulsief, ondoordacht* **0.3** ***onverwacht*** *⇒plotseling* ◆ **1.2** the ~ actions of the general *de onbezonnen daden v.d. veldheer* **1.3** her ~ arrival embarrassed the host *haar plotselinge komst bracht de gastheer in verlegenheid.*

precipitate[3] [prɪ'sɪpɪteɪt] ⟨f2⟩ ⟨ww.⟩

I ⟨onov.ww.⟩ **0.1** ***voorover vallen*** *⇒voorover storten* **0.2** ***voorthollen*** *⇒zich overhaasten* **0.3** ⟨schei.⟩ ***neerslaan*** *⇒bezinken* **0.4** ⟨meteo.⟩ ***condenseren en neervallen*** ⟨als sneeuw en regen⟩ ◆ **1.2** the dictatorship ~d towards its end *de dictatuur holde haar einde tegemoet;*

II ⟨ov.ww.⟩ **0.1** ***(neer)storten*** ⟨ook fig.⟩ *⇒(neer)werpen* **0.2** ***versnellen*** *⇒verhaasten, bespoedigen* **0.3** ⟨schei.⟩ ***precipiteren*** *⇒doen bezinken, neerslaan* **0.4** ⟨meteo.⟩ ***als neerslag doen neerkomen/vallen*** ◆ **1.2** the war in Russia ~d Napoleon's ruin *de oorlog in Rusland versnelde Napoleons ondergang* **6.1** his father's death ~d him **into** a state of total indifference *zijn vaders dood stortte hem in een toestand v. totale onverschilligheid;* in despair he ~d himself **upon** his impossible task *in wanhoop stortte hij zich op zijn onmogelijke taak.*

pre·cip·i·ta·tion [prɪ'sɪpɪ'teɪʃn] ⟨f1⟩ ⟨zn.⟩

I ⟨telb. en n.-telb.zn.⟩ **0.1** ***val (voorover)*** **0.2** ⟨schei.⟩ ***precipitaat*** *⇒bezinksel* **0.3** ⟨meteo.⟩ ***neerslag*** ◆ **2.3** the annual ~ in the Black Mountains *de jaarlijkse hoeveelheid neerslag in de Black Mountains;* a heavy ~ in the northern area *zware neerslag in het noorden;*

II ⟨n.-telb.zn.⟩ **0.1** ***overijling*** *⇒het overhaasten, het onbesuisd zijn, impulsief gedrag* **0.2** ⟨schei.⟩ ***precipitatie*** ⟨het doen ontstaan v. neerslag⟩ ◆ **3.1** the man acted with ~ *de man handelde ondoordacht.*

pre·cip·i·tous [prɪ'sɪpɪṭəs] ⟨f1⟩ ⟨bn.; -ly; -ness⟩ **0.1** ***(zeer) steil*** **0.2** ***als een afgrond*** **0.3** ⟨oneig.⟩ ***overijld*** *⇒onbezonnen, overhaast, ondoordacht, plotseling* ◆ **1.1** a ~ fall in prices *een enorme prijsdaling* **1.2** they looked down on the city from the ~ height of the Eiffel Tower *van de duizelingwekkende hoogte v.d. Eiffeltoren keken ze neer op de stad* **1.3** ~ haste *haastige spoed.*

pré·cis[1] ['preɪsi:‖preɪ'si:] ⟨f1⟩ ⟨zn.; précis [-i:z]; →mv. 5⟩

I ⟨telb.zn.⟩ **0.1** ***samenvatting*** *⇒resumé, uittreksel, excerpt;*

II ⟨n.-telb.zn.⟩ **0.1** ***het maken v.e. samenvatting.***

précis[2] ⟨ov.ww.⟩ **0.1** ***een samenvatting geven*** *⇒een uittreksel maken, resumeren, excerperen.*

pre·cise [prɪ'saɪs] ⟨f3⟩ ⟨bn.; -ness⟩ **0.1** ***nauwkeurig*** *⇒juist, (te) precies, stipt, nauwgezet, nauwlettend* ◆ **1.1** a very ~ gentleman *een onberispelijke heer;* a ~ list with all items *een nauwkeurige lijst met alle punten;* ~ manners *correcte manieren;* ~ measurements *exacte maten;* at the ~ moment that *juist op het moment/op hetzelfde moment dat.*

pre·cise·ly [prɪ'saɪsli] ⟨f3⟩ ⟨bw.⟩ **0.1** →precise **0.2** ***inderdaad*** *⇒juist, precies* ◆ **3.1** we'll arrive at 10.30 ~ *we komen precies om half elf aan;* state your intentions ~ *zet nauwkeurig uw bedoelingen uiteen.*

pre·ci·sian [prɪ'sɪʒn] ⟨telb.zn.⟩ **0.1** ***rigoureus persoon*** *⇒pietepeuterig iem.* **0.2** ***iem. die zeer streng is in de leer*** ⇒ ⟨i.h.b.⟩ *(Engelse) Puritein* ⟨in 16^e en 17^e eeuw⟩, ⟨ong.⟩ *precieze, fijne.*

pre·ci·sion[1] [prɪ'sɪʒn] ⟨f3⟩ ⟨telb. en n.-telb.zn.⟩ **0.1** ***nauwkeurigheid*** *⇒juistheid, precisie* ◆ **6.1** she couldn't express her ideas **with** ~ *zij kon haar ideeën niet nauwkeurig onder woorden brengen.*

precision[2] ⟨f3⟩ ⟨bn., attr.⟩ **0.1** ***precisie-*** *⇒nauwkeurig verricht/gemaakt, zorgvuldig gemaakt* ◆ **1.1** ~ bombing *nauwkeurig gericht bombardement;* ~ instruments *precisieapparatuur/meters;* ~ tools *precisie-instrumenten.*

'pre·ci·sion-'made ⟨bn.⟩ **0.1** ***met grote precisie vervaardigd*** *⇒precisie-.*

pre·clear ['pri:'klɪə‖-'klɪr] ⟨ov.ww.⟩ **0.1** ***van te voren goedkeuren.***

pre·clude [prɪ'klu:d] ⟨f1⟩ ⟨ov.ww.⟩ **0.1** ***uitsluiten*** *⇒voorkomen, be-*

letten ◆ **1.1** I want to ~ all doubts concerning our enterprise *ik wil alle twijfels omtrent onze onderneming uitsluiten* **6.1** the situation in Germany ~d him **from** emigrating to the U.S.A. *de situatie in Duitsland verhinderde hem naar Amerika te emigreren.*

pre·clu·sion [prɪ'klu:ʒn]⟨n.-telb.zn.⟩ **0.1** ***voorkoming*** ⇒*verhindering, het beletten, uitsluiting.*

pre·clu·sive [prɪ'klu:sɪv]⟨bn.; -ly⟩ **0.1** ***belettend*** ⇒*verhinderend, preventief.*

precocial →praecocial.

pre·co·cious [prɪ'koʊʃəs]⟨f1⟩⟨bn.; -ly; -ness⟩ **0.1** ***vroeg(rijp)*** ⇒*voorlijk, vroeg wijs, vroeg ontwikkeld.*

pre·coc·i·ty [prɪ'kɒsəti‖-'kɑsəṭi]⟨n.-telb.zn.⟩ **0.1** ***vroegrijpheid*** ⇒*precociteit.*

pre·cog·ni·tion ['pri:kɒg'nɪʃn‖-kɑg-]⟨telb. en n.-telb.zn.⟩ **0.1** ***voorkennis*** ⇒*voorwetenschap, het van te voren weten* **0.2** ⟨Sch.E; jur.⟩ ***vóóronderzoek.***

pre-Co·lum·bi·an ['pri:kə'lʌmbɪən]⟨bn.⟩ **0.1** ***precolumbiaans.***

pre·con·ceive ['pri:kən'si:v]⟨f2⟩⟨ov.ww.⟩ **0.1** ***vooraf opvatten*** ⇒*zich vooraf voorstellen* ◆ **1.1** a ~d opinion *een vooroordeel, een vooropgezette mening.*

pre·con·cep·tion ['pri:kən'sepʃn]⟨f1⟩⟨telb.zn.⟩ **0.1** ***vooroordeel*** ⇒*vooropgezette mening, vooraf opgevat idee.*

pre·con·cert ['pri:kən'sɜ:t‖-'sɜrt]⟨ov.ww.⟩ **0.1** ***vooraf overeenkomen*** ⇒*van te voren regelen, vooraf overleggen* ◆ **1.1** he followed ~ed plans *hij hield zich aan vooraf overeengekomen plannen.*

pre·con·cil·i·ar ['pri:kən'sɪlɪə‖-ər]⟨bn.⟩ **0.1** ***(van) voor het tweede Vaticaanse concilie*** ⟨1962-1965⟩.

pre·con·demn ['pri:kən'dem]⟨ov.ww.⟩ **0.1** ***vooraf veroordelen zonder onderzoek / rechtspraak.***

pre·con·di·tion ['pri:kən'dɪʃn]⟨f1⟩⟨telb.zn.⟩ **0.1** ***eerste vereiste*** ⇒*allereerste voorwaarde.*

pre·co·ni·za·tion, -sa·tion ['pri:kənaɪ'zeɪʃn‖-kənə-]⟨telb. en n.-telb.zn.⟩ **0.1** ***verkondiging*** ⇒*aankondiging* **0.2** ***oproep*** **0.3** ***aanprijzing*** **0.4** ⟨R.-K.⟩ ***preconisatie*** ⟨door paus⟩ ⇒*bevoegdverklaring, bekrachtiging* ⟨v. benoeming v.e. bisschop⟩.

pre·co·nize, -nise ['pri:kənaɪz]⟨ov.ww.⟩ **0.1** ***verkondigen*** ⇒*aankondigen* **0.2** ***(aan)prijzen*** ⇒*loven* **0.3** ***oproepen*** **0.4** ⟨R.-K.⟩ ***preconiseren*** ⟨door paus⟩ ⇒*bekrachtigen* ⟨benoeming v.e. bisschop⟩, *bevoegd verklaren.*

pre·con·scious ['pri:'kɒnʃəs‖-'kɑn-]⟨bn.; -ly⟩ **0.1** ⟨psychoanalyse⟩ ***voorbewust*** **0.2** ⟨psych.⟩ ***voorafgaand aan het bewustzijn.***

pre·cook ['pri:'kʊk]⟨ov.ww.⟩ **0.1** ***van te voren bereiden*** ⇒*vooraf (enige tijd) koken* ◆ **1.1** ~ed potatoes *voorgekookte aardappelen* **3.1** we only have to reheat the meal that mother had ~ed *we hoeven het door moeder al gekookte maal alleen nog maar op te warmen.*

pre·cur·sor [prɪ'kɜ:sə‖-'kɜrsər]⟨f1⟩⟨telb.zn.⟩ **0.1** ***voorloper*** ⇒*voorbode, voorganger* **0.2** ⟨schei.⟩ ***voorloper*** ⇒*precursor.*

pre·cur·so·ry [prɪ'kɜ:səri‖-'kɜr-], **pre·cur·sive** [-sɪv]⟨bn.⟩ **0.1** ***inleidend*** ⇒*voorafgaand (aan), aankondigend.*

pre·da·cious, pre·da·ceous [prɪ'deɪʃəs]⟨bn.; -ness⟩ **0.1** ***roofzuchtig*** ⇒*v. roof levend, roof-* **0.2** ***roofdierachtig.***

pre·dac·i·ty [prɪ'dæsəṭi]⟨n.-telb.zn.⟩⟨vnl. BE⟩ **0.1** ***roofzucht*** ⇒*het v. roof leven* **0.2** ***v.e. roofdier.***

pre·date ['pri:'deɪt]⟨ov.ww.⟩ **0.1** ***antidateren*** ⇒*antedateren.*

pre·da·tion [prɪ'deɪʃn]⟨telb. en n.-telb.zn.⟩ **0.1** ***plundering*** ⇒*roof, het plunderen* **0.2** ⟨dierk.⟩ ***het v. roof leven*** ⇒*predatie.*

pred·a·tor ['predətə‖-dəṭər]⟨f1⟩⟨telb.zn.⟩ **0.1** ⟨dierk.⟩ ***roofdier*** ⇒*roofvijand, predator, roofvogel* **0.2** ***rover*** ⇒*plunderaar.*

pred·a·to·ry ['predətri‖-tɔri]⟨f1⟩⟨bn.; -ly; -ness; →bijw. 3⟩ **0.1** ***plunderend*** ⇒*rovend* **0.2** ***v. roof levend*** ⇒*roofzuchtig, roof-* **0.3** ⟨pej., scherts.⟩ ***roofdierachtig*** ⟨v. personen⟩ ◆ **1.1** a ~ attack *een roofoverval;* a ~ baron *een roofridder;* a ~ hotelkeeper *een uitbuiter v.e. hoteleigenaar;* ~ incursions / raids *strooptochten, plundertochten;* ~ tribes *roversbendes* **1.2** ~ bird *roofvogel* **1.3** that woman is a real ~ female *die vrouw is een echte mannenverslindster.*

pre·dawn ['pri:'dɔ:n]⟨bn., attr.⟩ **0.1** ***vóór de dageraad*** ⇒*vóór het aanbreken v.d. dag.*

pre·de·cease[1] ['pri:dɪ'si:s]⟨n.-telb.zn.⟩⟨jur.⟩ **0.1** ***vooroverlijden*** ⇒*vroegere dood, het eerder sterven.*

predecease[2] ⟨ww.⟩⟨jur.⟩

I ⟨onov.ww.⟩ **0.1** ***het eerst sterven;***

II ⟨ov.ww.⟩ **0.1** ***sterven vóór*** ⇒*eerder overlijden dan.*

pred·e·ces·sor ['pri:dɪsesə‖'predəsesər]⟨f2⟩⟨telb.zn.⟩ **0.1** ***voorloper*** ⇒*voorganger* **0.2** ***voorvader.***

pre·del·la [prɪ'delə]⟨telb.zn.; predelle [-li]; →mv. 5⟩ **0.1** ***altaartrede*** ⇒*predella* ⟨i.h.b. altaarstuk⟩ **0.2** ***deel v.e. retabel.***

pre·des·ti·nar·i·an[1] ['pri:destɪ'neərɪən‖-'ner-]⟨telb.zn.⟩ **0.1** ***gelover aan predestinatieleer.***

predestinarian[2] ⟨bn.⟩ **0.1** ***v.d. predestinatie*** **0.2** ***gelovend in de predestinatieleer / voorbeschikkingsleer.***

pre·des·ti·nate[1] ['pri:'destɪnət]⟨bn.⟩ **0.1** ***voorbeschikt*** ⇒*voorbestemd.*

predestinate[2] ['pri:'destɪneɪt]⟨ov.ww.; vaak pass.⟩ **0.1** ⟨theol.⟩ ***voorbeschikken*** ⇒*predestineren* **0.2** ***voorbestemmen*** ⇒*vooraf bepalen.*

pre·des·ti·na·tion [prɪ'destɪ'neɪʃn]⟨n.-telb.zn.⟩ **0.1** ⟨theol.⟩ ***voorbeschikking*** ⇒*voorbestemming, uitverkiezing, predestinatie* **0.2** ***bestemming*** ⇒*(nood)lot.*

pre·des·tine ['pri:'destɪn]⟨f1⟩⟨ov.ww.; vaak pass.⟩ **0.1** ***van te voren bestemmen*** ⇒*vooraf bepalen* **0.2** ⟨theol.⟩ ***voorbeschikken*** ⇒*predestineren, uitverkiezen* ◆ **3.1** he was ~d to become a great actor *hij was voorbestemd een groot acteur te worden;* these changes were ~d to take place *deze veranderingen moesten wel plaats vinden.*

pre·de·ter·mi·nate ['pri:dɪ'tɜ:mɪnət‖-'tɜr-]⟨bn.⟩ **0.1** ***vooraf bepaald.***

pre·de·ter·mi·na·tion ['pri:dɪtɜ:mɪ'neɪʃn‖-'tɜr-]⟨telb. en n.-telb.zn.⟩ **0.1** ***voorbestemming*** **0.2** ***bepaling vooraf*** ⇒*vooraf genomen besluit.*

pre·de·ter·mine ['pri:dɪ'tɜ:mɪn‖-'tɜr-]⟨f1⟩⟨ov.ww.⟩ **0.1** ***vooraf bepalen*** ⇒*vooraf vastleggen, voorbeschikken, vooraf vaststellen* **0.2** ***aanzetten tot*** ⇒*ertoe brengen, beïnvloeden, doen besluiten* ◆ **1.1** the colour of s.o.'s eyes is ~d by that of his parents *de kleur v. iemands ogen wordt bepaald door die v. zijn ouders;* ~ the cost of building a house *de bouwkosten v.e. huis vooraf vaststellen.*

pre·de·ter·min·er ['pri:dɪ'tɜ:mɪnə‖-'tɜrmɪnər]⟨telb.zn.⟩⟨taalk.⟩ **0.1** ***predeterminator*** ⟨determinator voorafgaand aan andere determinator⟩.

pre·dia·be·tes ['pri:daɪə'bi:ṭi:z, -'bi:ṭɪs]⟨n.-telb.zn.⟩⟨med.⟩ **0.1** ***pre-diabetes*** ⟨eerste fase v. suikerziekte⟩.

pre·di·a·bet·ic ['pri:daɪə'beṭɪk]⟨bn.⟩ **0.1** ***aanleg vertonend voor suikerziekte.***

pre·di·al[1] ['pri:dɪəl]⟨telb.zn.⟩ **0.1** ***(hof)horige*** ⇒*grondhorige.*

predial[2], **prae·dial** ['pri:dɪəl]⟨bn.⟩ **0.1** ***land-*** ⇒*grond-, landelijk, agrarisch* ◆ **1.1** ~ slave *grondhorige;* the ~ tithe *het tiend v. landbouwprodukten.*

pred·i·ca·bil·i·ty ['predɪkə'bɪləṭi]⟨telb. en n.-telb.zn.; →mv. 2⟩ **0.1** ***toekenning*** ⇒*hetgeen beweerd kan worden.*

pred·i·ca·ble[1] ['predɪkəbl]⟨telb.zn.⟩ **0.1** ***kenmerk*** ⇒*attribuut* **0.2** ⟨vaak mv.⟩ ***categorie*** ⟨in logica v. Aristoteles⟩.

predicable[2] ⟨bn.⟩ **0.1** ***toekenbaar*** ⇒*beweerbaar, te bevestigen.*

pre·dic·a·ment [prɪ'dɪkəmənt]⟨f2⟩⟨telb.zn.⟩ **0.1** ⟨vaak mv.⟩ ***klasse*** ⇒*orde,* ⟨i.h.b.⟩ *categorie* ⟨in logica v. Aristoteles⟩ **0.2** ***hachelijke situatie*** ⇒*kritieke / gevaarlijke toestand* ◆ **2.2** be in an awkward ~ *zich in een lastig parket bevinden, lelijk in de knel zitten.*

pred·i·cant[1] ['predɪkənt]⟨telb.zn.⟩ **0.1** ***predikheer*** ⇒*dominicaan* **0.2** ***predikant*** ⟨v. Prot. kerk in Zuid-Afrika⟩.

predicant[2] ⟨bn.⟩ **0.1** ***prekend*** ⇒*preek-* ◆ **1.1** ~ order *orde der predikheren / dominicanen.*

pred·i·cate[1] ['predɪkət]⟨f1⟩⟨telb.zn.⟩ **0.1** ⟨fil.⟩ ***predikaat*** ⟨uitspraak over het subject⟩ ⇒*eigenschap* **0.2** ⟨taalk.⟩ ***gezegde.***

predicate[2] ['predɪkeɪt]⟨f1⟩⟨ov.ww.⟩ **0.1** ***beweren*** ⇒*zeggen, toekennen* **0.2** ***inhouden*** ⇒*insluiten, als gevolg hebben, mede betekenen* **0.3** ⟨vaak pass.⟩⟨vnl. AE⟩ ***baseren*** ⇒*gronden, steunen* ◆ **1.2** this policy was ~d by the party's promises *dit beleid vloeide voort uit / was het gevolg v.d. beloften v.d. partij* **6.1** ~ reason **of** man *de mens rede toekennen* **6.3** our success is ~d **on** operational efficiency *ons succes berust op een efficiënte bedrijfsvoering.*

pred·i·ca·tion ['predɪ'keɪʃn]⟨telb. en n.-telb.zn.⟩ **0.1** ***bewering*** ⇒*toekenning* **0.2** ***logische bewering*** ⇒*bevestiging.*

pred·i·ca·tive [prɪ'dɪkətɪv‖'predɪkeɪṭɪv]⟨bn.; -ly⟩ **0.1** ***bewerend*** ⇒*toekennend, zeggend, bevestigend* **0.2** ⟨taalk.⟩ ***predikatief*** ⇒*als (deel v.h.) gezegde fungerend* ◆ **1.2** a ~ adjective *een predikatief gebruikt bijvoeglijk naamwoord;* a ~ adjunct *een bepaling v. gesteldheid* **7.1** a ~ *een predikatief gebruikt (bijvoeglijk) naamwoord / zinsdeel.*

pred·i·ca·to·ry [prɪ'dɪkətri‖'predɪkətɔri]⟨bn.⟩ **0.1** ***v. / mbt. tot het preken*** ⇒*prekerig, prekend, preek-.*

pre·dict [prɪ'dɪkt]⟨f3⟩⟨onov. en ov.ww.⟩ **0.1** ***voorspellen*** ⇒*voorzeggen, profeteren, als verwachting opgeven.*

pre·dict·a·bil·i·ty [prɪ'dɪktə'bɪləṭi]⟨n.-telb.zn.⟩ **0.1** ***voorspelbaarheid.***

pre·dict·a·ble [prɪ'dɪktəbl]⟨f2⟩⟨bn.⟩ **0.1** ***voorspelbaar*** ⇒*zonder verrassing, saai* ◆ **1.1** a ~ performance *een fantasieloze opvoering.*

pre·dict·a·bly [prɪ'dɪktəbli]⟨bw.⟩ **0.1** ***zoals / wat te verwachten valt*** ⇒*uiteraard, natuurlijk, wat voor de hand ligt* ◆ **¶.1** ~, he arrived first *zoals te verwachten was / natuurlijk kwam hij als eerste aan.*

pre·dic·tion [prɪ'dɪkʃn]⟨f3⟩⟨telb. en n.-telb.zn.⟩ **0.1** ***voorspelling*** ⇒*voorzegging, profetie, het voorspellen.*

pre·dic·tive [prɪ'dɪktɪv]⟨bn.; -ly; -ness⟩ **0.1** ***voorspellend*** ◆ **1.1** ⟨meteo.⟩ the ~ sequence *de vooruitzichten, het weer in de komende uren.*

pre·dic·tor [prɪ'dɪktə||-ər]⟨telb.zn.⟩ **0.1** ***voorspeller*** ⇒*voorzegger* **0.2** ***predictor*** ⟨instrument op afweergeschut⟩.

pre·di·gest ['pri:daɪ'dʒest, -dɪ'dʒest]⟨ov.ww.⟩ **0.1** ***gemakkelijk verteerbaar maken*** ⇒⟨fig.⟩ *toegankelijk maken* ⟨boek e.d.⟩, *vereenvoudigen.*

pre·di·kant ['predɪ'kænt||'preɪ-]⟨telb.zn.⟩ **0.1** ***predikant.***

pre·di·lec·tion ['pri:dɪ'lekʃn||'predl'ekʃn]⟨f1⟩⟨telb.zn.⟩ **0.1** ***voorliefde*** ⇒*voorkeur, vooringenomenheid, predilectie.*

pre·dis·pose ['pri:dɪ'spoʊs]⟨ov.ww.⟩⟨schr.⟩ **0.1** ***doen neigen*** ⇒*geschikt maken, voorbereiden, voorbestemmen, vatbaar maken, predisponeren* ◆ **3.1** she has nothing that ~s me to like her *zij heeft niets dat mij ertoe brengt haar aardig te vinden* **6.1** he was ~d **in** her favour *hij was haar gunstig gezind;* his miserable health ~d him **to** colds *zijn beroerde gezondheid maakte hem vatbaar voor verkoudheid.*

pre·dis·po·si·tion ['pri:dɪspə'zɪʃn]⟨f1⟩⟨telb.zn.⟩ **0.1** ***neiging*** ⇒*vatbaarheid, aanleg, predispositie* ◆ **3.1** a ~ to complain *een neiging tot klagen.*

pre·dom·i·nance [prɪ'dɒmɪnəns||-'dɑ-], **pre·dom·i·nan·cy** [-si]⟨telb. en n.-telb.zn.; 2e variant; →mv. 2⟩ **0.1** ***overheersing*** ⇒*overhand, overwicht, gezag, heerschappij* ◆ **1.1** there is a ~ of fig trees in this orchard *deze boomgaard bestaat voor het grootste deel uit vijgebomen.*

pre·dom·i·nant [prɪ'dɒmɪnənt||-'dɑ-]⟨f2⟩⟨bn.⟩ **0.1** ***overheersend*** ⇒*belangrijkst, invloedrijkst* ◆ **1.1** white is the ~ colour in hospitals *wit is de meest toegepaste kleur in ziekenhuizen* **6.1** he was ~ **over** the other members *hij was belangrijker dan de andere leden.*

pre·dom·i·nant·ly [prɪ'dɒmɪnəntli||-'dɑ-]⟨f1⟩⟨bw.⟩ **0.1** →predominant **0.2** ***hoofdzakelijk*** ⇒*overwegend, meestal, grotendeels, voornamelijk.*

pre·dom·i·nate [prɪ'dɒmɪneɪt||-'dɑ-]⟨f2⟩⟨onov.ww.⟩ **0.1** ***heersen*** ⇒*regeren, besturen* **0.2** ***overheersen*** ⇒*de overhand hebben, predomineren* ◆ **1.2** in her dreams the wish to become an actress ~s *de wens om actrice te worden beheerst haar dromen* **6.1** the king ~s **over** his subjects *de koning heerst over zijn onderdanen.*

'pre-'ed·it·ing ⟨n.-telb.zn.⟩ **0.1** ***voorbewerking.***

pre·e·lect ['pri:ɪ'lekt]⟨ov.ww.⟩ **0.1** ***voorbeschikken*** **0.2** ***vooraf kiezen.***

pre·e·lec·tion[1] ['pri:ɪ'lekʃn]⟨telb. en n.-telb.zn.⟩ **0.1** ***voorbeschikking*** **0.2** ***voorverkiezing.***

preelection[2] ⟨bn., attr.⟩ **0.1** ***voorverkiezings-*** **0.2** ***van vóór de verkiezing*** ◆ **1.1** a ~ campaign *een voorverkiezingscampagne* **1.2** ~ promises *beloftes gedaan vóór de verkiezing.*

preemie, preemy ⟨telb.zn.⟩⟨inf.⟩ **0.1** ***premature / te vroeg geboren baby.***

pre-em·i·nence ['pri:'emɪnəns]⟨n.-telb.zn.⟩ **0.1** ***voortreffelijkheid*** ⇒*voorrang, uitstekendheid, superioriteit.*

pre-em·i·nent ['pri:'emɪnənt]⟨f1⟩⟨bn.⟩ **0.1** ***uitstekend*** ⇒*uitblinkend, uitmuntend, voortreffelijk, uitzonderlijk* ◆ **6.1** in generosity he was ~ **above** all others *in vrijgevigheid stak hij uit boven alle anderen.*

pre-em·i·nent·ly ['pri:'emɪnəntli]⟨f1⟩⟨bw.⟩ **0.1** →pre-eminent **0.2** ***bij uitstek*** ⇒*voor alles, vooral, in het bijzonder, voornamelijk.*

pre-empt[1] ['pri:'em(p)t]⟨telb.zn.⟩⟨verk.⟩ pre-emptive bid ⟨bridge⟩ **0.1** ***preëmptief bod*** ⇒*pre-emptive.*

pre-empt[2] ⟨ww.⟩

I ⟨onov.ww.⟩ **0.1** ⟨bridge⟩ ***preëmptief bieden;***

II ⟨ov.ww.⟩ **0.1** ***verkrijgen door voorkoop*** **0.2** ⟨AE⟩ ***zich vestigen op land om aldus recht v. voorkoop te verwerven*** **0.3** ***beslag leggen op*** ⇒*zich toeëigenen, (voor zich) reserveren, de plaats innemen v.* **0.4** ***overbodig maken*** ⇒*ontkrachten* ◆ **1.3** our favourite television show had been ~ed by a speech *onze favoriete t.v.-show had plaats moeten maken voor een toespraak.*

pre-emp·tion ['pri:'em(p)ʃn]⟨n.-telb.zn.⟩ **0.1** ***voorkoop*** **0.2** ***recht v. voorkoop*** ⇒*voorkooprecht* ⟨vnl. v. land⟩ **0.3** ***toeëigening vooraf*** ⇒*inbezitneming, verwerving vooraf.*

pre-emp·tive ['pri:'em(p)tɪv]⟨bn.; -ly⟩ **0.1** ***v. / mbt. (het recht v.) voorkoop*** **0.2** ***preventief*** ⇒*voorkomend* **0.3** ⟨bridge⟩ ***preëmptief*** ◆ **1.1** the ~ right to buy a piece of land *optie op een stuk land* **1.2** ~ air strikes on an air force base *preventieve luchtaanvallen op een luchtmachtbasis* **1.3** a ~ bid *een preëmptief bod.*

pre-emp·tor ['pri:'em(p)tə||-ər]⟨telb.zn.⟩ **0.1** ***iem. die zich iets toeëigent*** **0.2** ⟨AE⟩ ***iem. die zich vestigt op land om recht v. voorkoop te verwerven.***

preen [pri:n]⟨f1⟩⟨ov.ww.⟩ **0.1** ***gladstrijken*** ⟨veren⟩ **0.2** ***opknappen*** ⇒*mooi maken, optooien, uitdossen* **0.3** ⟨vnl. Sch. E⟩ ***spelden*** ⇒*(op)prikken* ◆ **1.1** the bird ~ed its feathers with its beak *de vogel streek zijn veren glad met zijn snavel* **1.2** the man ~ed himself / his clothes before going to the cinema *de man knapte zichzelf / zijn kleding op voor hij naar de bioscoop ging* **4.¶** ~ o.s. *zelfvoldaan zijn, zich beroemen op, prat gaan op;* the team ~ed itself on / upon having won *de ploeg ging er prat op te hebben gewonnen.*

'preen gland ⟨telb.zn.⟩ **0.1** ***stuitklier*** ⟨v. vogels⟩.

pre·es·tab·lish ['pri:ɪ'stæblɪʃ]⟨ov.ww.⟩ **0.1** ***vooraf vaststellen*** ⇒*van te voren bepalen.*

pre-ex·il·ic ['pri:ɪg'zɪlɪk]⟨bn.⟩ **0.1** ***(van) vóór de verbanning*** ⟨v.d. joden naar Babylon⟩.

pre-ex·ist ['pri:ɪg'zɪst]⟨ww.⟩

I ⟨onov.ww.⟩ **0.1** ***vroeger bestaan*** ⇒*eerder bestaan, een preëxistent leven leiden* ⟨i.h.b. v.d. ziel⟩;

II ⟨ov.ww.⟩ **0.1** ***bestaan vóór.***

pre-ex·ist·ence ['pri:ɪg'zɪstəns]⟨n.-telb.zn.⟩ **0.1** ***het vooraf bestaan*** ⇒*voorbestaan, preëxistentie* ⟨v.d. ziel⟩.

pre-ex·ist·ent ['pri:ɪg'zɪstənt]⟨bn.⟩ **0.1** ***vroeger bestaand*** ⇒*bestaand in een vorig leven, preëxistent.*

pref ⟨afk.⟩ **0.1** ⟨preface⟩ ***praef.*** **0.2** ⟨prefatory⟩ **0.3** ⟨preference⟩ **0.4** ⟨preferred⟩ **0.5** ⟨prefix⟩.

pre·fab ['pri:fæb||-'fæb]⟨f1⟩⟨telb.zn.⟩⟨verk.⟩ prefabricated building / house **0.1** ***geprefabriceerd gebouw / huis.***

pre·fab·ri·cate ['pri:'fæbrɪkeɪt]⟨f1⟩⟨ov.ww.⟩ **0.1** ***prefabriceren*** ⇒*in onderdelen gereedmaken, volgens systeembouw maken* ◆ **1.1** a ~d house *een montagewoning, een geprefabriceerde woning, een prefab woning;* a complete factory was shipped to Arabia in ~d parts *een complete fabriek werd in pasklare onderdelen naar Arabië verscheept.*

pre·fab·ri·ca·tion ['pri:fæbrɪ'keɪʃn]⟨f2⟩⟨n.-telb.zn.⟩ **0.1** ***montagebouw*** ⇒*systeembouw.*

pref·ace[1] ['prefəs]⟨telb.zn.⟩ **0.1** ***voorwoord*** ⇒*woord vooraf, inleiding, voorbericht* **0.2** ⟨R.-K.⟩ ***prefatie.***

preface[2] ⟨f1⟩⟨ov.ww.⟩ **0.1** ***van een voorwoord voorzien*** ⇒*inleiden* **0.2** ***leiden tot*** ⇒*voorafgaan aan* ◆ **1.2** the events in Brixton ~d riots in other cities *de gebeurtenissen in Brixton waren het begin v. rellen in andere steden* **6.1** the teacher ~d his talk on popular music **with** a record by the Beatles *de leraar leidde zijn praatje over populaire muziek in met een plaatje v.d. Beatles.*

pref·a·to·ry ['prefətri||-tɔri], **pref·a·to·ri·al** [-'tɔ:rɪəl]⟨bn.⟩ **0.1** ***inleidend*** ⇒*voorafgaand.*

pre·fect ['pri:fekt]⟨telb.zn.⟩ **0.1** ***hoofd v.e. departement*** ⇒*prefect, hoofd v. politie* **0.2** ⟨R.-K.⟩ ***prefect*** ⟨toezichthouder buiten lesuren op kostschool⟩ **0.3** ⟨Eng. school.⟩ ***oudere leerling als ordehandhaver*** **0.4** ⟨gesch.⟩ ***prefect*** ⟨in het oude Rome⟩ ◆ **1.1** ~ of police *politieprefect* ⟨hoofd v. politie te Parijs⟩.

pre·fec·to·ral [prɪ'fekt(ə)rəl], **pre·fec·to·ri·al** ['pri:fek'tɔ:rɪəl]⟨bn.⟩ **0.1** ***v.e. prefect*** ◆ **1.1** the ~ system in schools *het systeem op scholen dat oudere leerlingen de orde handhaven.*

pre·fec·tur·al [prɪ'fektʃ(ə)rəl]⟨bn.⟩ **0.1** ***v.d. prefectuur.***

pre·fec·ture ['pri:fektʃə||-ər]⟨telb.zn.⟩ **0.1** ***ambt v. prefect*** ⇒*prefectuur* **0.2** ***bureau / ambtsgebouw v. prefect*** **0.3** ***prefectuur*** ⟨in Frankrijk en Japan⟩.

pre·fer [prɪ'fɜ:||prɪ'fɜr]⟨f3⟩⟨ov.ww.; →ww. 7⟩ **0.1** ***verkiezen*** ⇒*de voorkeur geven, prefereren* **0.2** ***promoveren*** ⇒*bevorderen* **0.3** ***indienen*** ⇒*inleveren, inbrengen, voordragen, voorleggen* ◆ **1.3** ~ a charge / charges (to the police) against s.o. *een aanklacht / aanklachten indienen (bij de politie) tegen iem.* **3.1** they ~ to leave rather than to wait another hour *zij willen liever weggaan dan nog een uur wachten;* ~ reading to going to church *liever lezen dan naar de kerk gaan* **6.1** I ~ wine **to** beer *ik heb liever wijn dan bier, ik houd meer v. wijn dan v. bier* **6.2** they ~red him **to** the rectory of the parish *zij bevorderden hem tot predikant v.d. parochie.*

pref·er·a·ble ['prefrəbl]⟨f3⟩⟨bn.; -ly; →bijw. 3⟩ **0.1** ***verkieslijk*** ⇒*te prefereren* ◆ **6.1** everything is ~ **to** visiting that aunt *alles is beter dan een bezoek brengen aan die tante;* a dark suit is ~ **to** a light one *een donker pak verdient de voorkeur boven een licht pak.*

pref·er·ence ['prefrəns]⟨f2⟩⟨telb. en n.-telb.zn.⟩ **0.1** ***voorkeur*** ⇒*verkiezing, voorliefde* **0.2** ⟨hand.⟩ ***prioriteitsrecht*** ⇒*preferentie, recht v. voorrang* **0.3** ***bevoorrechting*** ⇒*begunstiging, voorkeursbehandeling* ◆ **4.1** whisky or gin? which is your ~? *wat heb je het liefst? whisky of gin?* **6.1** William has a ~ **for** African novels *William heeft een voorkeur voor Afrikaanse romans;* I should choose an old painting **in** ~ **to** a modern one *ik zou eerder een oud schilderij kiezen dan een modern* **6.3** the teacher tried not to give one child ~ **over** the others *de docent probeerde het ene kind niet voor te trekken boven de anderen.*

'preference bond ⟨telb.zn.⟩⟨BE⟩ **0.1** ***prioriteitsobligatie.***

'preference share ⟨telb.zn.⟩⟨BE⟩ **0.1** ***preferent aandeel*** ⇒*prioriteitsaandeel.*

'preference stock ⟨n.-telb.zn.⟩⟨BE⟩ **0.1** ***preferente aandelen.***

pref·er·en·tial ['prefə'renʃl]⟨f1⟩⟨bn.; -ly⟩ **0.1** ***de voorkeur gevend / hebbend*** ⇒*voorkeurs-* **0.2** ⟨hand.⟩ ***bevoorrecht*** ⇒*preferentieel* ◆

1.1 regular guests receive ~ treatment *vaste gasten krijgen een voorkeursbehandeling* **1.2** ~ duties *preferentiële rechten;* ~ tariff *voorkeurtarief.*

pref·er·en·tial·ism ['prefə'renʃəlɪzm]⟨n.-telb.zn.⟩⟨hand.⟩ **0.1** ***het verlenen v. preferentiële rechten.***

pref·er·en·tial·ist ['prefə'renʃəlɪst]⟨telb.zn.⟩⟨hand.⟩ **0.1** ***aanhanger v.h. verlenen v. preferentiële rechten.***

pre·fer·ment [prɪ'fɜ:mənt‖-'fɜr-]⟨n.-telb.zn.⟩ **0.1** ***bevordering*** ⇒*promotie* ⟨i.h.b. in de kerk⟩ **0.2** ⟨hand.⟩ ***prioriteitsrecht.***

pre·fig·u·ra·tion [prɪ'fɪgə'reɪʃn‖-gjə-]⟨telb. en n.-telb.zn.⟩ **0.1** ***voorafschaduwing*** ⇒*prefiguratie, aankondiging, voorafbeelding* **0.2** ***voorloper*** ⇒*prototype, voorbeeld.*

pre·fig·ur·a·tive ['pri:'fɪgrətɪv‖-gjərəṭɪv]⟨bn.; -ly; -ness⟩ **0.1** ***aankondigend*** ⇒*voorspellend, voorafschaduwend.*

pre·fig·ure ['pri:'fɪgə‖-gjər]⟨ov.ww.⟩ **0.1** ***voorafschaduwen*** ⇒*de voorloper zijn v., aankondigen, prefigureren* **0.2** ***(zich) vooraf voorstellen*** ⇒*vooraf overwegen, voorspellen.*

pre·fig·ure·ment ['pri:'fɪgəmənt‖-'fɪgjər-]⟨telb.zn.⟩ **0.1** ***vooraf gevormd beeld*** **0.2** ***voorbeeld*** ⇒*belichaming vooraf, voorloper, prototype.*

pre·fix[1] ['pri:fɪks]⟨f1⟩⟨telb.zn.⟩ **0.1** ⟨taalk.⟩ ***prefix*** ⇒*voorvoegsel* **0.2** ***titel*** ⟨voor een naam⟩ **0.3** ***kengetal.***

prefix[2] ⟨f1⟩⟨ov.ww.⟩ **0.1** ***plaatsen voor*** ⇒*voegen voor, toevoegen* **0.2** ⟨taalk.⟩ ***prefigeren*** ⇒*v.e. prefix voorzien* ◆ **6.1** ~ introductory chapters **to** a book *aan het begin v.e. boek inleidende hoofdstukken toevoegen.*

pre·flight ['pri:flaɪt]⟨telb.zn.⟩⟨gymnastiek⟩ **0.1** ***aansprong*** ⟨naar springplank⟩.

pre·form ['pri:'fɔ:m‖-'fɔrm]⟨ov.ww.⟩ **0.1** ***vooraf vormen*** ⇒*voorvormen.*

pre·for·ma·tion ['pri:fɔ:'meɪʃn‖-fɔr-]⟨n.-telb.zn.⟩ **0.1** ***vorming vooraf*** **0.2** ***preformatie-theorie*** ⟨leer dat het volwassen individu reeds in de kiem aanwezig is in de geslachtscellen⟩.

pre·fron·tal ['pri:frʌnṭl]⟨bn.⟩ **0.1** ***vóór het voorhoofdsbeen.***

preg·gers ['pregəz‖-gərz]⟨bn., pred.⟩⟨vnl. BE; sl.⟩ **0.1** ***zwanger.***

preg·na·ble ['pregnəbl]⟨bn.⟩ **0.1** ***(in)neembaar.***

preg·nan·cy ['pregnənsi]⟨f2⟩⟨zn.; →mv. 2⟩
I ⟨telb. en n.-telb.zn.⟩ **0.1** ***zwangerschap;***
II ⟨n.-telb.zn.⟩ **0.1** ***belang*** ⇒*diepte, betekenis.*

'pregnancy leave ⟨f1⟩⟨telb. en n.-telb.zn.⟩ **0.1** ***zwangerschapsverlof.***

'pregnancy test ⟨f1⟩⟨telb.zn.⟩ **0.1** ***zwangerschapstest.***

preg·nant ['pregnənt]⟨f3⟩⟨bn.; -ly⟩ **0.1** ***zwanger*** ⇒*drachtig* ⟨v. dieren⟩ **0.2** ***vindingrijk*** ⇒*vol ideeën, fantasierijk, creatief* **0.3** ***vruchtbaar*** ⇒*vol* **0.4** ***veelbetekenend*** ⇒*veelzeggend, geladen, gewichtig, pregnant, betekenisvol* ◆ **1.1** she is 6 months ~ *zij is zes maanden zwanger;* a ~ mother *een aanstaande moeder* **3.1** ⟨BE⟩ fall ~ *zwanger worden* **6.1** she was ~ **by** another man *ze was zwanger van een ander(e man)* **6.3** events ~ **with** political consequences *gebeurtenissen vol mogelijke politieke gevolgen* **6.4** every word in this poem is ~ **with** meaning *elk woord in dit gedicht zit vol betekenis.*

pre·heat ['pri:'hi:t]⟨ov.ww.⟩ **0.1** ***voorverwarmen.***

pre·hen·si·ble [prɪ'hensəbl]⟨bn.⟩ **0.1** ***grijpbaar.***

pre·hen·sile [prɪ'hensaɪl‖-'hensl]⟨bn.⟩⟨biol.⟩ **0.1** ***geschikt om mee te grijpen*** ⇒*grijp-* ◆ **1.1** ~ tails *grijpstaarten.*

pre·hen·sil·i·ty ['pri:hen'sɪləṭi]⟨n.-telb.zn.⟩⟨biol.⟩ **0.1** ***geschiktheid om mee te grijpen.***

pre·hen·sion [prɪ'henʃn]⟨n.-telb.zn.⟩ **0.1** ***het grijpen*** ⇒*het tot zich nemen* **0.2** ***begrip*** ⇒*bevatting, het begrijpen.*

pre·his·to·ri·an ['pri:hɪ'stɔ:rɪən]⟨telb.zn.⟩ **0.1** ***prehistoricus.***

pre·his·tor·ic ['pri:hɪ'stɒrɪk‖-'stɔr-, -'stɑr-], **pre·his·tor·i·cal** [-ɪkl]⟨f2⟩⟨bn.; -(al)ly; →bijw. 3⟩ **0.1** ***prehistorisch*** ⇒*voorhistorisch* **0.2** ⟨scherts.⟩ ***hopeloos ouderwets*** ⇒*prehistorisch, antiek.*

pre·his·to·ry ['pri:'hɪstri]⟨f1⟩⟨zn.; →mv. 2⟩
I ⟨telb.zn.; vnl. enk.⟩ **0.1** ***voorgeschiedenis*** ◆ **1.1** the ~ of the present situation *de voorgeschiedenis v.d. huidige situatie;*
II ⟨n.-telb.zn.⟩ **0.1** ***prehistorie.***

pre·ig·ni·tion ['pri:ɪg'nɪʃn]⟨n.-telb.zn.⟩⟨tech.⟩ **0.1** ***voorontsteking.***

pre·judge ['pri:'dʒʌdʒ]⟨ov.ww.⟩ **0.1** ***veroordelen*** ⟨zonder proces of verhoor⟩ ⇒*vooraf beoordelen* **0.2** ***voorbarig oordelen*** ⇒*een voortijdig oordeel vellen over, vooruit lopen op.*

pre·judge·ment, pre·judg·ment ['pri:'dʒʌdʒmənt]⟨telb. en n.-telb.zn.⟩ **0.1** ***veroordeling*** ⟨zonder proces⟩ **0.2** ***voorbarig oordeel*** ⇒*voortijdige beslissing, vooroordeel.*

prej·u·dice[1] ['predʒədɪs]⟨f3⟩⟨telb. en n.-telb.zn.⟩ **0.1** ***vooroordeel*** ⇒*vooringenomenheid* **0.2** ***nadeel*** ⇒*schade* **0.3** ⟨jur.⟩ ***afstand v. recht*** ⇒*prejudicie* ◆ **6.1** ~ **against** *vooroordeel tegen;* ~ in favour of us *vooroordeel ten gunste v. ons;* he read the new book **without** ~ *hij las het nieuwe boek onbevooroordeeld* **6.2** **in/to** the ~ **of** his own interests *ten nadele v. zijn eigen belangen* **6.3** **without** ~ *onder alle voorbehoud, zonder prejudicie;* **without** ~ **to** *onverminderd, behoudens.*

prejudice[2] ⟨f2⟩⟨ov.ww.⟩ **0.1** ***schaden*** ⇒*benadelen, afbreuk/kwaad doen* **0.2** ***innemen*** ⇒*voorinnemen* ◆ **1.1** ~ a good cause *afbreuk doen aan een goede zaak* **6.2** be ~d **against** female drivers *een vooroordeel hebben over vrouwen achter het stuur;* he ~d them **in favour of** his plans *hij wist hen voor zijn plannen te winnen.*

prej·u·di·cial ['predʒə'dɪʃl]⟨bn.; -ly⟩
I ⟨bn.⟩ **0.1** ***leidend tot vooroordeel;***
II ⟨bn., pred.⟩ **0.1** ***nadelig*** ⇒*schadelijk* ◆ **6.1** too much drinking is ~ **to** the liver *te veel drinken is schadelijk voor de lever.*

prel·a·cy ['preləsi]⟨zn.; →mv. 2⟩⟨R.-K.⟩
I ⟨telb.zn.⟩ **0.1** ***prelaatschap*** ⇒*prelaatszetel, prelaatsbestuur;*
II ⟨verz.n.; the⟩ **0.1** ***de prelaten.***

pre·lap·sar·i·an ['pri:læp'seərɪən‖-'ser-]⟨bn.⟩ **0.1** ***(van) vóór de zondeval.***

prel·ate ['prelət]⟨f1⟩⟨telb.zn.⟩⟨R.-K.⟩ **0.1** ***kerkvorst*** ⇒*geestelijke v. hoge rang, prelaat* **0.2** ⟨gesch.⟩ ***abt*** ⇒*prior, kloosteroverste.*

prel·ate·ship ['prelətʃɪp]⟨n.-telb.zn.⟩⟨R.-K.⟩ **0.1** ***prelaatschap.***

prel·at·ess ['prelətɪs]⟨telb.zn.⟩⟨gesch.; R.-K.⟩ **0.1** ***priores*** ⇒*abdis.*

pre·la·tic [prɪ'læṭɪk], ⟨in bet. 0.2 vnl.⟩ **pre·lat·i·cal** [-ɪkl]⟨bn.⟩⟨R.-K.⟩ **0.1** ***(als) v.e. prelaat*** **0.2** ⟨iron.⟩ ***bisschoppelijk.***

prel·a·tize, -tise ['prelətaɪz]⟨ov.ww.⟩⟨R.-K.⟩ **0.1** ***onder bisschoppelijk(e) bestuur/invloed brengen.***

prel·a·ture ['prelətʃʊə‖-tʃʊr]⟨telb. en n.-telb.zn.⟩⟨R.-K.⟩ **0.1** ***ambt v. prelaat*** ⇒*prelatuur* **0.2** ***de prelaten*** **0.3** ***bisschoppelijk gebied*** ⇒*bisdom.*

pre·lect, prae·lect [prɪ'lekt]⟨onov.ww.⟩ **0.1** ***een lezing houden*** ⇒*spreken* ◆ **6.1** ~ **to** students *een lezing houden voor studenten.*

pre·lec·tion, prae·lec·tion [prɪ'lekʃn]⟨telb.zn.⟩ **0.1** ***lezing*** ⇒*college.*

pre·lec·tor, prae·lec·tor [prɪ'lektə‖-ər]⟨telb.zn.⟩ **0.1** ***voorlezer*** ⇒*spreker* **0.2** ***lector.***

pre·li·ba·tion ['pri:laɪ'beɪʃn]⟨n.-telb.zn.⟩ **0.1** ***voorsmaak*** ⟨vnl. fig.⟩ ⇒*voorproef.*

pre·lim ['pri:lɪm, prɪ'lɪm]⟨zn.⟩
I ⟨telb.zn.⟩⟨verk.⟩ preliminary examination ⟨inf.⟩ **0.1** ***vooreximen*** ⇒*tentamen;*
II ⟨mv.; ~s⟩ **0.1** ⟨verk.⟩ ⟨preliminaries⟩ ⟨boek.⟩ ***voorwerk*** **0.2** ⟨verk.⟩ ⟨preliminary examinations⟩ ***propaedeutisch (examen)*** ⇒*propjes.*

pre·lim·i·nar·y[1] [prɪ'lɪmənri‖-neri]⟨f1⟩⟨zn.; →mv. 2⟩
I ⟨telb.zn.⟩ **0.1** ⟨vnl. mv.⟩ ***voorbereiding*** ⇒*inleiding* **0.2** ⟨vnl. mv.⟩ ***preliminairen*** ⇒*voorlopige beschikkingen* **0.3** ⟨sport⟩ ***voorronde*** ⇒*kwalificatiewedstrijd* ◆ **6.2** the preliminaries **to** a peace conference *de preliminairen tot een vredesoverleg;*
II ⟨mv.; preliminaries⟩⟨boek.⟩ **0.1** ***voorwerk.***

preliminary[2] ⟨f2⟩⟨bn.; -ly; →bijw. 3⟩ **0.1** ***inleidend*** ⇒*voorafgaand, voorbereidend, voor-, preliminair* ◆ **1.1** ~ examination *voorexamen, tentamen;* ~ examinations *propaedeutisch, propaedeuse;* ~ game/match *voorronde, kwalificatiewedstrijd;* after a few ~ remarks she expounded her theory *na enkele inleidende opmerkingen zette ze haar theorie uiteen;* a ~ round *een voorronde.*

preliminary[3] ⟨bw.⟩ **0.1** ***als voorbereiding*** ⇒*voorafgaand* ◆ **6.1** ~ **to** *alvorens.*

pre·lit·er·ate ['pri:'lɪtrət‖-'lɪṭərət]⟨bn.⟩ **0.1** ***zonder het schrift*** ⇒*zonder schriftelijke overlevering* ◆ **1.1** some ~ cultures have a rich oral tradition *sommige culturen zonder kennis v.h. schrift hebben een rijke mondelinge overlevering.*

prel·ude[1] ['prelju:d]⟨f2⟩⟨telb.zn.⟩ **0.1** ***voorspel*** ⇒*inleiding, begin, inleidend gedeelte* **0.2** ⟨muz.⟩ ***prelude*** ⇒*preludium, ouverture* ⟨v. opera⟩.

prelude[2] ⟨ww.⟩
I ⟨onov.ww.⟩ **0.1** ***als inleiding/voorspel dienen*** **0.2** ⟨muz.⟩ ***preluderen*** ⇒*een voorspel spelen;*
II ⟨ov.ww.⟩ **0.1** ***inleiden*** ⇒*aankondigen, inluiden, een voorspel zijn v.* **0.2** ⟨muz.⟩ ***als een prelude spelen.***

pre·lu·di·al ['pri:'l(j)u:dɪəl‖-'lu:-]⟨bn.⟩ **0.1** ***inleidend*** ⇒*als voorspel, als prelude* ⟨ook muz.⟩.

pre·lu·sion [prɪ'l(j)u:ʒn‖-'lu:-]⟨telb.zn.⟩ **0.1** ***inleiding*** ⇒*voorspel* **0.2** ⟨muz.⟩ ***prelude*** ⇒*preludium.*

pre·lu·sive [prɪ'l(j)u:sɪv‖-'lu:-]⟨bn.⟩ **0.1** ***inleidend*** ⇒*aankondigend* ◆ **1.1** a ~ warning *een laatste waarschuwing* ⟨voorafgaand aan maatregelen⟩.

pre·mar·i·tal ['pri:'mærɪṭl]⟨f1⟩⟨bn.; -ly⟩ **0.1** ***voorhuwelijks-*** ⇒*voorechtelijk, premaritaal.*

pre·ma·ture ['premətʃə, -'tʃʊə‖'premə'tʊr]⟨f2⟩⟨bn.; -ly; -ness⟩ **0.1** ***te vroeg*** ⇒*vroegtijdig, voortijdig, ontijdig, prematuur* **0.2** ***voorbarig*** ⇒*overhaast* ◆ **1.1** a ~ baby *een te vroeg geboren baby;* his ~ death *zijn vroegtijdige dood* **1.2** a ~ decision *een overhaast besluit, een te vroeg genomen beslissing.*

pre·ma·tu·ri·ty ['premə'tʃʊərəti‖-'tʊrəṭi]⟨n.-telb.zn.⟩ **0.1** ***vroegtijdigheid*** ⇒*ontijdigheid* **0.2** ***voorbarigheid*** ⇒*overhaasting.*

pre·max·il·lar·y ['pri:mæk'sɪləri‖'pri:'mæksəleri]⟨bn.⟩ **0.1** ***vóór de (boven)kaak.***

pre·med·i·ca·tion ['pri:medɪ'keɪʃn], ⟨inf.⟩ **pre·med** ['pri:'med] ⟨telb. en n.-telb.zn.⟩ ⟨med.⟩ **0.1** ***pre-anesthesie.***

pre·med·i·tate ['pri:'medɪteɪt] ⟨ov.ww.⟩ →premeditated **0.1** ***beramen*** ⇒*voorbereiden.*

pre·med·i·tat·ed ['pri:'medɪteɪţɪd] ⟨f1⟩ ⟨bn.; volt. deelw. v. premeditate; -ly⟩ **0.1** ***opzettelijk*** ⇒*beraamd, voorbereid* ◆ **1.1** by his ~ carelessness he offends a lot of people *met zijn opzettelijke / ingestudeerde onverschilligheid beledigt hij veel mensen;* ~ murder *moord met voorbedachten rade.*

pre·med·i·ta·tion [prɪ'medɪ'teɪʃn] ⟨n.-telb.zn.⟩ **0.1** ***beraming*** ⇒*opzet* **0.2** ⟨jur.⟩ ***voorbedachte raad.***

pre·men·stru·al ['pri:'menstruəl] ⟨bn.⟩ **0.1** ***vóór de menstruatie.***

pre·mier[1] ['premɪə‖'pri:mjər, prɪ'mɪr] ⟨f1⟩ ⟨telb.zn.⟩ **0.1** ***eerste minister*** ⇒*hoofd v.h. kabinet, minister-president, premier.*

premier[2] ⟨f1⟩ ⟨bn.⟩ **0.1** ***eerste*** ⇒*voornaamste* **0.2** ⟨gesch.⟩ ***oudste*** ⟨mbt. recht op adelijke titel⟩ ◆ **1.2** ~ earl *graaf met het oudste recht op die titel.*

pre·mière[1] ['premieə‖prɪm'jer, prɪ'mɪr] ⟨f1⟩ ⟨telb.zn.⟩ **0.1** ***première*** ⇒*eerste vertoning / voorstelling* **0.2** ***hoofdrolspeelster*** ⇒*eerste actrice.*

première[2] ⟨ww.⟩
I ⟨onov.ww.⟩ **0.1** ***in première gaan*** ⇒*de eerste voorstelling hebben / beleven;*
II ⟨ov.ww.⟩ **0.1** ***een eerste voorstelling geven v.*** ⇒*de première laten plaatsvinden v..*

pre·mier·ship ['premɪəʃɪp‖'pri:mjərʃɪp, prɪ'mɪr-] ⟨n.-telb.zn.⟩ **0.1** ***ambt v. eerste minister*** ⇒*premierschap.*

pre·mil·len·ni·al ['pri:mɪ'lenɪəl] ⟨bn.⟩ **0.1** ***(van) voor het millenium.***

prem·ise[1], ⟨in bet. I vnl.⟩ **prem·iss** ['premɪs] ⟨f3⟩ ⟨zn.⟩
I ⟨telb.zn.⟩ **0.1** ***vooronderstelling*** **0.2** ⟨fil.⟩ ***premisse;***
II ⟨mv.; premises⟩ **0.1** ***huis (en erf)*** ⇒*pand, zaak, lokalen, ruimte* **0.2** ⟨the⟩ ⟨jur.⟩ ***het bovengenoemde*** ⇒*het voornoemde,* ⟨i.h.b.⟩ *de voorgenoemde panden en erven* ◆ **3.1** licensed ~s *drankgelegenheid;* keep off my ~s *blijf van mijn erf af* **6.1** only food bought here may be consumed **on** the ~s *alleen hier gekochte etenswaren mogen in deze ruimte genuttigd worden;* the shopkeeper lives **on** the ~s at the back of the shop *de winkelier woont in het pand achter de winkel.*

premise[2] [prɪ'maɪz, 'premɪs] ⟨ov.ww.⟩ **0.1** ***vooropstellen*** ⇒*vooraf laten gaan* **0.2** ***vooronderstellen.***

pre·mi·um ['pri:mɪəm] ⟨f2⟩ ⟨telb.zn.⟩ **0.1** ***beloning*** ⇒*prijs* **0.2** ***(verzekerings)premie*** **0.3** ***toeslag*** ⇒*extra, bonus, premie, meerprijs* **0.4** ***leergeld*** **0.5** ⟨ec.⟩ ***agio*** ⇒*opgeld* **0.6** ⟨ec.⟩ ***waarde boven pari*** ⇒⟨fig.⟩ *hoge waarde* ◆ **3.1** this measure puts a ~ on tax-dodging *deze maatregel bevordert het ontduiken v. belasting, deze maatregel maakt het aantrekkelijk om de belasting te ontduiken* **3.3** pay a ~ of 50 p because of the length of the film *een toeslag v. 50 p betalen vanwege de lengte v.d. film* **6.3 at** a ~ of 30 pounds *tegen een meerprijs v. 30 pond* **6.6 at** a ~ *boven pari;* during the holidays hotel rooms are **at** a ~ *in de vakantie zijn hotelkamers zeer in trek;* he sold his products **at a** ~ *hij verkocht zijn produkten met winst;* put s.o.'s work **at** a ~ *iemands werk hoog aanslaan.*

'Premium 'Savings Bond, 'Premium Bond ⟨telb.zn.; ook p- (s-) b-⟩ ⟨BE⟩ **0.1** ***(renteloze) premieobligatie.***

pre·mo·lar[1] ['pri:'moʊlə‖-ər] ⟨telb.zn.⟩ **0.1** ***premolaar*** ⇒*voorkies.*

premolar[2] ⟨bn.⟩ **0.1** ***premolair.***

pre·mo·ni·tion ['pri:mə'nɪʃn, 'pre-] ⟨f1⟩ ⟨telb.zn.⟩ **0.1** ***waarschuwing vooraf*** ⇒*aankondiging* **0.2** ***voorgevoel.***

pre·mon·i·to·ry [prɪ'mɒnɪtri‖-'mɑnɪtɔri] ⟨bn.; -ly; →bijw. 3⟩ ⟨schr.⟩ **0.1** ***waarschuwend*** ⇒*aankondigend.*

pre·morse [prɪ'mɔ:s‖-'mɔrs] ⟨bn.⟩ ⟨biol.⟩ **0.1** ***afgeknot*** ⇒*gesnoeid.*

pre·na·tal ['pri:'neɪţl] ⟨bn.; -ly⟩ **0.1** ***prenataal*** ⇒*aan de geboorte voorafgaand, (van) vóór de geboorte.*

pren·tice ['prenţɪs] ⟨telb.zn.; ook attr.⟩ ⟨verk.⟩ apprentice ⟨vero.⟩ **0.1** ***leerling*** ⇒*leerjongen, beginner, leergezel.*

pre·nu·cle·ar ['pri:'nju:klɪə‖-'nu:klɪr] ⟨bn.⟩ **0.1** ***vóór het kernwapentijdperk*** **0.2** ***zonder zichtbare kern.***

pre·oc·cu·pa·tion [prɪ'ɒkjʊ'peɪʃn‖-'ɑkjə-] ⟨f2⟩ ⟨telb. en n.-telb.zn.⟩ **0.1** ***vooringenomenheid*** ⇒*vooroordeel* **0.2** ***vroegere inbezitneming*** **0.3** ***hoofdbezigheid*** ⇒*(voornaamste) zorg, preoccupatie* **0.4** ***gepreoccupeerdheid*** ⇒*het volledig in beslag genomen zijn, het gepreoccupeerd zijn, het in gedachten verzonken zijn, betrokkenheid, het verdiept zijn, verstrooidheid* ◆ **2.3** our main ~ was how to raise the money for the school *onze voornaamste zorg was hoe aan het geld te komen voor de school.*

pre·oc·cu·pied [prɪ'ɒkjʊpaɪd‖-'ɑkjə-] ⟨f1⟩ ⟨bn.⟩ **0.1** ***in gedachten verzonken*** ⇒*verdiept, volledig in beslag genomen, afwezig, verstrooid* **0.2** ***eerder gebruikt*** ⟨v. taxonomische namen⟩ ◆ **3.1** he was too ~ *hij was te diep in gedachten verzonken* **6.1** ~ **with** *in beslag genomen door, sterk gericht op.*

pre·oc·cu·py [prɪ'ɒkjʊpaɪ‖-'ɑkjə-] ⟨f2⟩ ⟨ov.ww.; →ww. 7⟩ →preoccupied **0.1** ***geheel in beslag nemen*** ⇒*bezighouden* ⟨gedachten, geest⟩ **0.2** ***vooraf bezetten*** ⇒*vooraf toeëigenen* ◆ **6.1** he was preoccupied **by / with** his exams *hij was voortdurend met zijn examens bezig.*

pre·or·dain ['pri:ɔ:'deɪn‖-ɔr-] ⟨ov.ww.⟩ **0.1** ***vooraf bepalen*** ⇒*vooraf beschikken, voorbeschikken, voorbestemmen, predestineren.*

pre·or·dain·ment ['pri:ɔ:'deɪnmənt‖-ɔr-] ⟨telb. en n.-telb.zn.⟩ **0.1** ***voorbestemming*** ⇒*voorbeschikking, het van te voren bepaald zijn.*

pre·or·der ['pri:'ɔ:də‖-'ɔrdər] ⟨telb.zn.⟩ **0.1** ***vooruitbestelling.***

pre·or·di·na·tion ['pri:ɔ:dɪ'neɪʃn‖-ɔr-] ⟨telb. en n.-telb.zn.⟩ **0.1** ***voorbeschikking*** ⇒⟨i.h.b. theol.⟩ *predestinatie.*

pre-owned ['pri:'oʊnd] ⟨bn.⟩ ⟨euf.⟩ **0.1** ***tweedehands.***

prep[1] [prep] ⟨f1⟩ ⟨telb. en n.-telb.zn.⟩ ⟨BE⟩ **0.1** ***huiswerk*** ⇒*studie (tijd), voorbereiding(stijd), schoolwerk.*

prep[2] ⟨f1⟩ ⟨bn., attr.⟩ ⟨inf.⟩ **0.1** ***voorbereidend*** ◆ **1.1** a ~ course *een voorbereidingscursus;* ⟨inf.⟩ ~ school *voorbereidingsschool.*

prep[3] ⟨onov.ww.; →ww. 7⟩ ⟨AE; inf.⟩ **0.1** ***naar een voorbereidingsschool gaan*** **0.2** ***zich voorbereiden*** ⇒*zich oefenen, studeren.*

prep[4] ⟨afk.⟩ preposition.

pre·pack ['pri:'pæk], **pre·pack·age** [-ɪdʒ] ⟨f1⟩ ⟨ov.ww.⟩ **0.1** ***verpakken*** ⇒*inpakken* ⟨voor de verkoop⟩ ◆ **1.1** ~ed goods *(voor)verpakte goederen.*

prep·a·ra·tion ['prepə'reɪʃn] ⟨f3⟩ ⟨zn.⟩
I ⟨telb.zn.⟩ **0.1** ⟨vnl. mv.⟩ ***voorbereiding*** ⇒*schikkingen* **0.2** ***preparaat*** ⇒*bereiding, bereidsel* **0.3** ⟨muz.⟩ ***voorbereiding v. dissonant*** ◆ **6.1** make ~s **for** *voorbereidingen treffen voor;*
II ⟨telb. en n.-telb.zn.⟩ ⟨BE⟩ **0.1** ***(toe)bereiding*** ⇒*het klaarmaken* **0.2** ***voorbereiding(stijd)*** ⇒*huiswerk, schoolwerk; studie, bestudering;*
III ⟨n.-telb.zn.⟩ **0.1** ***het voorbereiden*** ⇒*het voorbereid worden.*

pre·par·a·tive[1] [prɪ'pærəţɪv] ⟨telb.zn.⟩ **0.1** ***voorbereiding*** ⇒*voorbereidsel* **0.2** ⟨mil.⟩ ***hoorn / trommelsignaal.***

preparative[2] ⟨bn.; -ly⟩ **0.1** ***voorbereidend.***

pre·par·a·to·ry [prɪ'pærətri‖-tɔri] ⟨f1⟩ ⟨bn.; -ly; →bijw. 3⟩ **0.1** ***voorbereidend*** ⇒*inleidend, voorafgaand* ◆ **1.1** ~ school *voorbereidingsschool* ⟨voor public school in Engeland; voor college / universiteit in U.S.A.⟩ **6.1** ~ **to** *in voorbereiding op.*

pre·pare [prɪ'peə‖-'per] ⟨f3⟩ ⟨ww.⟩ →prepared ⟨→sprw. 303, 329⟩
I ⟨onov.ww.⟩ **0.1** ***voorbereidingen treffen*** ⇒*zich voorbereiden;*
II ⟨ov.ww.⟩ **0.1** ***voorbereiden*** ⇒*(toe)bereiden; klaarmaken, gereedmaken* **0.2** ***voorbereiden*** ⇒*prepareren, be / instuderen; klaarmaken, trainen, oefenen* **0.3** ***prepareren*** ⇒*vervaardigen, samenstellen, toebereiden* **0.4** ***uitrusten*** ⇒*equiperen, klaarmaken* **0.5** ⟨muz.⟩ ***voorbereiden*** ⟨dissonant⟩ ◆ **6.1** ~ **for** the worst *wees op het ergste voorbereid.*

pre·pared [prɪ'peəd‖-'perd] ⟨f3⟩ ⟨bn.; oorspr. volt. deelw. v. prepare; -ness⟩
I ⟨bn.⟩ **0.1** ***voorbereid*** ⇒*vooraf klaargemaakt, gereed;*
II ⟨bn., pred.⟩ **0.1** ***bereid*** ⇒*willig* ◆ **3.1** be ~ to do sth. *bereid zijn iets te doen.*

pre·pay ['pri:'peɪ] ⟨ov.ww.; prepaid, prepaid ['pri:'peɪd]⟩ **0.1** ***vooruitbetalen*** ⇒*vooraf betalen* **0.2** ***frankeren.***

pre·pay·ment ['pri:'peɪmənt] ⟨telb.zn.⟩ **0.1** ***vooruitbetaling*** **0.2** ***frankering.***

pre·pense [prɪ'pens] ⟨bn., post.; -ly⟩ **0.1** ***voorbedacht*** ⇒*opzettelijk, intentioneel, weloverwogen* ◆ **1.1** malice ~ *boos opzet, voorbedachtheid;* with / of / in malice ~ *met voorbedachten rade.*

pre·pon·der·ance [prɪ'pɒndrəns‖-'pɑn-], **pre·pon·der·an·cy** [-si] ⟨f1⟩ ⟨telb.zn.⟩ **0.1** ***overwicht*** ⇒*overmacht, overhand, hegemonie.*

pre·pon·der·ant [prɪ'pɒndrənt‖-'pɑn-] ⟨bn.; -ly⟩ **0.1** ***overwegend*** ⇒*overmachtig* **0.2** ***overheersend*** ⇒*dominerend, belangrijkst.*

pre·pon·der·ate [prɪ'pɒndəreɪt‖-'pɑn-] ⟨onov.ww.⟩ ⟨schr.⟩ **0.1** ***zwaarder wegen*** **0.2** ***het overwicht hebben*** ⇒*domineren, de overhand hebben, de doorslag geven* **0.3** ⟨vero.⟩ ***doorslaan*** ⟨v. balans⟩ ◆ **6.1** this argument ~s **over** all the previous ones *dit argument is belangrijker dan alle vorige.*

prep·o·si·tion ['prepə'zɪʃn] ⟨f2⟩ ⟨telb.zn.⟩ ⟨taalk.⟩ **0.1** ***voorzetsel*** ⇒*prepositie.*

prep·o·si·tion·al ['prepə'zɪʃnəl] ⟨f2⟩ ⟨bn.; -ly⟩ ⟨taalk.⟩ **0.1** ***prepositioneel*** ⇒*voorzetsel-* ◆ **1.1** ~ clause *voorzetselzin;* ~ complement *voorzetselcomplement;* ~ object *voorzetselvoorwerp;* ~ phrase *voorzetselconstituent;* ~ verb *werkwoord met vast voorzetsel.*

pre·pos·i·tive[1] ['pri:'pɒzətɪv‖-'pɑzəţɪv] ⟨telb.zn.⟩ ⟨taalk.⟩ **0.1** ***voor (op)geplaatst woord.***

prepositive[2] ⟨bn.; -ly⟩ ⟨taalk.⟩ **0.1** ***voor(op)geplaatst*** ⇒*die / dat voorop geplaatst kan worden.*

pre·pos·sess ['pri:pə'zes] ⟨f1⟩ ⟨ov.ww.⟩ ⟨schr.⟩ **0.1** ***ingeven*** ⇒*inspireren, doordringen, vervullen* **0.2** ***in beslag nemen*** ⇒*bezighouden* **0.3** ***bevooroordelen*** ⇒*(voor)innemen, gunstig stemmen; ongunstig stemmen* ◆ **1.3** he ~ed the jury in his favour *hij nam de jury* *voor zich in;* the judge was ~ed by the dignified behaviour of the accused *de beklaagde nam de rechter voor zich in door zijn waardig gedrag* **6.1** ~ s.o. **with** respect *iem. met respect vervullen.*

pre·pos·ses·sion ['pri:pə'zeʃn]⟨zn.⟩
I ⟨telb.zn.⟩ **0.1** ***(positief) vooroordeel*** ⇒*vooringenomenheid;*
II ⟨n.-telb.zn.⟩ **0.1** ***het in beslag genomen zijn.***

pre·pos·ter·ous [prɪ'pɒstrəs‖-'pɑs-]⟨f2⟩⟨bn.; -ly; -ness⟩ **0.1** ***ongerijmd*** ⇒*onredelijk, averechts; absurd, dwaas* **0.2** ***pervers*** ⇒*tegennatuurlijk* **0.3** ***idioot*** ⇒*belachelijk.*

prepostor →praepostor.

pre·po·ten·cy ['pri:'poʊtnsi]⟨telb.zn.; →mv. 2⟩ **0.1** ***overmacht*** ⇒*overwicht, dominantie* **0.2** ⟨biol.⟩ ***dominantie*** ⟨bij overerving⟩.

pre·po·tent ['pri:'poʊtnt], **pre·po·ten·tial** ['pri:pə'tenʃl]⟨bn.⟩ **0.1** ***oppermachtig*** **0.2** ***overheersend*** ⇒*dominerend* **0.3** ⟨biol.⟩ ***dominant*** ⟨bij overerving⟩.

prep·pie, prep·py ['prepi]⟨telb.zn.⟩⟨AE; sl.⟩ **0.1** ***(ex-)leerling v. voorbereidingsschool.***

pre·pran·di·al ['pri:'prændɪəl]⟨bn.⟩ **0.1** ***vóór de maaltijd*** ◆ **1.1** a ~ drink *een borrel voor het eten, een glaasje vooraf, een aperitief.*

pre·print ['pri:prɪnt]⟨telb.zn.⟩ **0.1** ***voordruk.***

pre·program ['pri:'proʊgræm]⟨ov.ww.⟩ **0.1** ***voorprogrammeren.***

pre·pu·bes·cent ['pri:pjʊ'besnt]⟨bn.⟩ **0.1** ***v./mbt. de prepuberteit.***

pre·pub·li·ca·tion ['pri:pʌblɪ'keɪʃn]⟨telb.zn.⟩ **0.1** ***voorpublikatie.***

prepubli'cation price ⟨f1⟩⟨telb.zn.⟩ **0.1** ***intekenprijs vóór publikatie.***

pre·puce ['pri:pju:s]⟨telb.zn.⟩⟨anat.⟩ **0.1** ***voorhuid*** ⟨praeputium⟩.

pre·pu·tial ['pri:'pju:ʃl]⟨bn.⟩ **0.1** ***voorhuids-*** ⇒*v./mbt. de voorhuid.*

Pre-Raph·a·el·ite[1] ['pri:'ræfəlaɪt‖-fɪə-, -'reɪ-]⟨telb.zn.⟩ **0.1** ***prerafaëliet.***

Pre-Raphaelite[2] ⟨bn.⟩ **0.1** ***prerafaëlitisch*** ◆ **1.1** ~ Brotherhood *groep negentiende-eeuwse Engelse schilders die de schilderstijl van vóór Rafaël imiteerden.*

Pre-Raph·a·el·it·ism ['pri:'ræfəlaɪtɪzm‖-'ræfɪə-, -'reɪfɪə-]⟨n.-telb.zn.⟩ **0.1** ***prerafaëlitisme.***

pre·re·cord ['pri:rɪ'kɔ:d‖-'kɔrd]⟨ov.ww.⟩ **0.1** ***van te voren opnemen*** ⇒*vooraf vastleggen* ⟨op band, plaat enz.⟩ ◆ **1.1** a ~ed broadcast *een ingeblikte uitzending, een vooraf op de band opgenomen uitzending.*

pre·req·ui·site[1] ['pri:'rekwɪzɪt]⟨f1⟩⟨telb.zn.⟩ **0.1** ***eerste vereiste*** ⇒*voorwaarde, conditio sine qua non* ◆ **6.1** a ~ **for/of/to** *een noodzakelijke voorwaarde voor.*

prerequisite[2] ⟨f1⟩⟨bn.⟩ **0.1** ***in de eerste plaats vereist*** ⇒*nodig, noodzakelijk* ◆ **6.1** self-confidence is ~ **for/to** success *zelfvertrouwen is een absolute vereiste voor succes.*

pre·rog·a·tive[1] [prɪ'rɒgətɪv‖prɪ'rɑgət̬ɪv]⟨f2⟩⟨telb.zn.⟩ **0.1** ***voorrecht*** ⇒*prerogatief, privilege* **0.2** ***talent*** ⇒*gave, voorrecht* ◆ **2.1** the Royal Prerogative *het Koninklijk Prerogatief* ⟨in Eng. het (theoretische) recht v.d. vorst om onafhankelijk v.h. parlement op te treden⟩ **6.1** the ~ **of** mercy *het genaderecht.*

prerogative[2] ⟨bn.⟩ **0.1** ***bevoorrecht*** **0.2** ⟨gesch.⟩ ***met privilege om eerst te stemmen in de comitia*** ⟨bij Romeinen⟩ ◆ **1.1** ⟨gesch.⟩ ~ court *aartsbisschoppelijk gerechtshof* ⟨voor verificatie v. testamenten enz.⟩; *koninklijke rechtbank* ⟨benoemd door gouverneur in Am. kolonies⟩.

pres ⟨afk.⟩ **0.1** ⟨present (time)⟩ ***o.t.t.*** ⇒*praes.* **0.2** ⟨ook P-⟩ ⟨president⟩ ***pres.*** **0.3** ⟨ook P-⟩ ⟨Presidency⟩.

pres·age[1] ['presɪdʒ]⟨telb.zn.⟩⟨schr.⟩ **0.1** ***voorteken*** ⇒*omen, voorbode* ⟨vnl. ongunstig⟩ **0.2** ***(bang) voorgevoel*** **0.3** ***profetische betekenis*** **0.4** ***voorspelling*** ⇒*profetie, waarzegging.*

presage[2] ['presɪdʒ, prɪ'seɪdʒ]⟨ww.⟩⟨schr.⟩
I ⟨onov.ww.⟩ **0.1** ***een voorspelling doen*** ⇒*profeteren;*
II ⟨ov.ww.⟩ **0.1** ***voorspellen*** ⇒*aankondigen; een aanduiding zijn van, de voorbode zijn van* **0.2** ***voorvoelen*** ⇒*een voorgevoel hebben van.*

pre·sage·ful ['presɪdʒfl]⟨bn.⟩ **0.1** ***omineus*** ⇒*voorspellend, veelbetekenend, veelzeggend.*

pres·by·o·pi·a ['prezbi'oʊpɪə]⟨n.-telb.zn.⟩⟨med.⟩ **0.1** ***presbyopie*** ⇒*vérziendheid.*

pres·by·op·ic ['prezbi'ɒpɪk‖-'ɑpɪk]⟨bn.⟩⟨med.⟩ **0.1** ***presbyoop.***

pres·by·ter ['prezbɪtə‖-bɪt̬ər]⟨telb.zn.⟩ **0.1** ***presbyter*** ⟨kerkbeambte in de eerste christengemeenten⟩ **0.2** ***priester*** ⟨vnl. in de Episcopale Kerk⟩.

pres·byt·er·ate [prez'bɪt̬ərət, -reɪt]⟨telb.zn.⟩ **0.1** ***presbyterambt*** **0.2** ***presbyterorde.***

pres·by·te·ri·al ['presbɪ'tɪərɪəl‖-'tɪr-], **pres·byt·er·al** ['prez'bɪt̬ərəl]⟨bn.⟩ **0.1** ***presbyteriaans.***

Pres·by·te·ri·an[1] ['prezbɪ'tɪərɪən‖-'tɪr-]⟨f1⟩⟨telb.zn.⟩ **0.1** ***presbyteriaan.***

Presbyterian[2] ⟨f1⟩⟨bn.; ook p-⟩ **0.1** ***presbyteriaans*** ◆ **1.1** Presbyterian Church *presbyteriaanse Kerk.*

Pres·by·te·ri·an·ism ['prezbɪ'tɪərɪənɪzm‖-'tɪr-]⟨n.-telb.zn.; ook p-⟩ **0.1** ***presbyterianisme.***

pres·by·ter·y ['prezbɪtri‖-teri]⟨telb.zn.; →mv. 2⟩ **0.1** ***presbyterium*** ⇒*hoogkoor, priesterkoor* **0.2** ***(gebied bestuurd door) raad v. ouderlingen*** ⟨presbyteriaanse Kerk⟩ **0.3** ***presbyterisch kerkbestuur*** **0.4** ⟨R.-K.⟩ ***pastorie.***

pre·school ['pri:'sku:l]⟨f1⟩⟨bn., attr.⟩ **0.1** ***van/voor een kleuter/peuter*** ⇒*in de zuigeling/peutertijd, onder de schoolleeftijd.*

pre·school·er ['pri:'sku:lə‖-ər]⟨telb.zn.⟩ **0.1** ***kind voor de kleuterleeftijd*** ⇒*peuter.*

pre·sci·ence ['presɪəns‖'pri:ʃns]⟨n.-telb.zn.⟩ **0.1** ***voorkennis*** ⇒*het van tevoren weten* **0.2** ***vooruitziendheid.***

pre·sci·ent ['presɪənt‖'pri:ʃnt]⟨bn.; -ly⟩ **0.1** ***vooruitwetend*** **0.2** ***vooruitziend.***

pre·scind [prɪ'sɪnd]⟨ww.⟩
I ⟨onov.ww.⟩ →prescind from;
II ⟨ov.ww.⟩ **0.1** ***afsnijden*** ⇒*afhakken, scheiden, afsplitsen* **0.2** ***afzonderlijk beschouwen*** ⇒*abstraheren, isoleren* ◆ **6.2** ~ theory **from** praxis *de theorie van het gebruik (onder)scheiden.*

pre'scind from ⟨onov.ww.⟩ **0.1** ***geen aandacht schenken aan*** ⇒*buiten beschouwing laten.*

pre·scribe [prɪ'skraɪb]⟨f2⟩⟨ww.⟩
I ⟨onov.ww.⟩ **0.1** ***voorschriften geven*** ⇒*richtlijnen/bevelen geven* **0.2** ⟨med.⟩ ***een advies geven*** ⇒*een remedie aanbevelen/voorschrijven* **0.3** ⟨jur.⟩ ⟨op basis v. verkrijgende verjaring⟩ ***aanspraak maken op een recht*** **0.4** ⟨jur.⟩ ***niet meer van kracht zijn;***
II ⟨ov.ww.⟩ **0.1** ***voorschrijven*** ⇒*dicteren, opleggen, bevelen, verordenen* **0.2** ⟨med.⟩ ***aanbevelen*** ⇒*recepteren, voorschrijven* ⟨behandeling, medicijn⟩ ◆ **1.2** a ~d book *een opgegeven/verplicht boek* ⟨voor studie⟩ **6.2** ~ a recipe **for/to** s.o. *iem. een recept voorschrijven.*

pre·script ['pri:skrɪpt]⟨telb.zn.⟩ **0.1** ***voorschrift*** ⇒*bevel, verordening; wet, regel.*

pre·scrip·tion [prɪ'skrɪpʃn]⟨f2⟩⟨zn.⟩
I ⟨telb.zn.⟩ **0.1** ⟨med.⟩ ***voorschrift*** ⟨ook fig.⟩ ⇒*recept, prescriptie* **0.2** ***recept*** ⇒*geneesmiddel, preparaat* **0.3** ⟨jur.⟩ ***verkrijgende/acquisitieve verjaring*** ⇒*usucapio* **0.4** ⟨jur.⟩ ***bevrijdende/extinctieve verjaring*** ⇒*prescriptie* ◆ **2.4** ⟨jur.⟩ negative ~ *extinctieve verjaring;* positive ~ *acquisitieve verjaring;*
II ⟨n.-telb.zn.⟩ **0.1** ***het voorschrijven.***

pre'scription charge ⟨telb.zn.; vaak mv.⟩ **0.1** ⟨ong.⟩ ***medicijnknaak*** ⇒*eigen bijdrage (per geneesmiddel).*

pre'scription drug, pre'scription medecine ⟨telb.zn.⟩ **0.1** ***geneesmiddel op recept.***

pre·scrip·tive [prɪ'skrɪptɪv]⟨bn.; -ly⟩ **0.1** ***voorschrijvend*** ⇒*dicterend* **0.2** ⟨taalk.⟩ ***prescriptief*** ⇒*normatief* **0.3** ⟨jur.⟩ ***door verjaring verkregen*** ⟨recht⟩ **0.4** ⟨jur.⟩ ***voorgeschreven*** ⇒*gewettigd* ⟨door gewoonte⟩ ◆ **1.2** ~ grammar *voorschrijvende/prescriptieve grammatica.*

pre·scrip·tiv·ism [prɪ'skrɪptɪvɪzm]⟨n.-telb.zn.⟩⟨taalk., ethiek⟩ **0.1** ***prescriptivisme.***

pre·scrip·tiv·ist [prɪ'skrɪptɪvɪst]⟨telb.zn.⟩⟨taalk., ethiek⟩ **0.1** ***aanhanger v.h. prescriptivisme.***

pre·se·lec·tor ['pri:sɪ'lektə‖-ər]⟨telb.zn.⟩⟨tech.⟩ **0.1** ***voorkiezer.***

preselector switch ⟨telb.zn.⟩ **0.1** ***voorkeuzeschakelaar/knop.***

pres·ence ['prezns]⟨f3⟩⟨zn.⟩
I ⟨telb.zn.⟩ **0.1** ***aanwezig iem./iets*** **0.2** ***geest*** ⇒*bovennatuurlijk iem./iets* **0.3** ***persoonlijkheid;***
II ⟨n.-telb.zn.⟩ **0.1** ***aanwezigheid*** ⇒*tegenwoordigheid, presentie* **0.2** ***nabijheid*** ⇒*omgeving* ⟨vnl. v. koninklijk persoon⟩ **0.3** ***presentie*** ⇒*(indrukwekkende) verschijning, voorkomen, houding* **0.4** ⟨R.-K.⟩ ***aanwezigheid v. Christus in de eucharistie*** ◆ **1.1** ~ of mind *tegenwoordigheid v. geest* **2.2** be admitted to the royal ~ *door de koning(in) in audiëntie ontvangen worden* **3.1** make one's ~ felt *duidelijk laten merken dat men er is* **6.2** **in** the ~ **of** *in tegenwoordigheid van, tegenover;* **in** s.o.'s ~ *in iemands tegenwoordigheid;* **in** this august ~ *in aanwezigheid v. zijne/hare excellentie.*

'presence chamber ⟨telb.zn.⟩ **0.1** ***audiëntievertrek.***

pres·ent[1] ['preznt]⟨f3⟩⟨zn.⟩
I ⟨telb.zn.⟩ **0.1** ***geschenk*** ⇒*cadeau, gift* **0.2** ⟨taalk.⟩ ***(werkwoordsvorm in de) tegenwoordige tijd*** ⇒*presens* ◆ **3.1** he made me a ~ of his old bicycle *hij deed mij zijn oude fiets cadeau;*
II ⟨n.-telb.zn.; (the)⟩ **0.1** ***het heden*** ⇒*het nu* ◆ **3.1** live in the ~ ⟨fig.⟩ *de dag plukken* **6.1** **at** ~ *nu, op dit ogenblik; tegenwoordig, voor het ogenblik;* **for** the ~ *voorlopig, voor het ogenblik;*
III ⟨mv.; ~s⟩ **0.1** ⟨jur.⟩ ***processtuk(ken)*** ⇒*bewijsstuk(ken), document(en)* ◆ **6.1** ⟨jur.⟩ be it known **by** these ~s *ter algemene kennis wordt gebracht.*

pre·sent[2] [prɪ'zent]⟨n.-telb.zn.⟩ **0.1** ⟨mil.⟩ ***het aanleggen*** ⇒*aanslag* **0.2** ⟨mil.⟩ ***het presenteren*** ◆ **6.1** **at** the ~ *in de aanslag;* bring **to**

the ~ *in de aanslag brengen* **6.2 at** the ~! *in de houding!, presenteer geweer!*.

present[3] ['preznt]⟨f4⟩⟨bn.⟩⟨→sprw. 230, 670⟩
I ⟨bn., attr.⟩ **0.1** ***onderhavig*** *⇒in kwestie* **0.2** ***huidig*** *⇒tegenwoordig, van nu* **0.3** ⟨taalk.⟩ ***tegenwoordig*** *⇒presens* **0.4** ⟨vero.⟩ ***gereed*** *⇒bij de hand, voorhanden, behulpzaam* ◆ **1.1** the ~ author *schrijver dezes;* in the ~ case *in dit/onderhavig geval* **1.2** the ~ day *het heden, tegenwoordig;* our ~ king *onze huidige koning;* the ~ value/worth *de huidige waarde/dagwaarde;* during the ~ year *dit jaar* **1.3** ~ participle *onvoltooid/tegenwoordig deelwoord;* ~ perfect *voltooid tegenwoordige tijd;* ~ tense *tegenwoordige tijd;*
II ⟨bn., pred.⟩ **0.1** ***tegenwoordig*** *⇒aanwezig, present* ◆ **1.1** ~ company excepted *met uitzondering van de aanwezigen* **6.1** ~ **at** *aanwezig bij/op;* the explosion is still ~ **in/to** my mind *de explosie staat me nog levendig voor de geest/is me bij gebleven*.

present[4] [prɪ'zent]⟨f3⟩⟨ov.ww.⟩ **0.1** ***voorstellen*** *⇒introduceren, presenteren; voordragen* **0.2** ***opvoeren*** *⇒vertonen, presenteren* **0.3** ***(ver)tonen*** *⇒ten toon spreiden, blijk geven v.; bieden, opleveren* **0.4** ***aanbieden*** *⇒schenken, uitreiken, overhandigen; voorleggen, voorstellen* **0.5** ⟨jur.⟩ ***indienen*** *⇒neerleggen, voorleggen* **0.6** ⟨mil.⟩ ***presenteren*** **0.7** ⟨mil.⟩ ***aanleggen*** *⇒aanslaan, richten, mikken* ◆ **1.1** ~ to a benefice *voor een predikantenplaats voordragen* **1.2** ~ a play *een toneelstuk opvoeren;* ~ a show *een show presenteren;* ~ing for the first time on TV, John D.! *voor het eerst op het scherm, John D.!* **1.3** ~ no difficulties *geen problemen bieden/opleveren;* ~ many qualities *van vele kwaliteiten blijk geven/getuigen* **1.4** ~ one's apologies *zijn excuses aanbieden;* ~ an idea *een idee voorleggen* **1.5** ~ a complaint to *een klacht indienen/neerleggen bij* **1.6** ~ arms *het geweer presenteren;* ~ arms! *presenteer geweer!* **4.¶** ~ o.s. for an examination *voor een examen opgaan/verschijnen;* a new chance ~s itself *er doet zich een nieuwe kans voor;* a different conception ~s itself *er ontstaat een andere opvatting* **6.1** be ~ed **at** Court *aan het Hof geïntroduceerd worden;* he was ~ed **to** the President *hij werd aan de president voorgesteld* **6.4** the Swedish king ~ed him **with** the Nobel prize *de Zweedse koning reikte hem de Nobelprijs uit;* your remarks ~ me **with** a problem *je opmerkingen stellen me voor een probleem* **6.7** ~ a gun **at** s.o. *een geweer op iem. richten*.

pre·sent·a·bil·i·ty [prɪ'zentə'bɪləṭi]⟨n.-telb.zn.⟩ **0.1** ***presenteerbaarheid***.

pre·sent·a·ble [prɪ'zentəbl]⟨f2⟩⟨bn.; -ly; -ness; →bijw. 3⟩ **0.1** ***presentabel*** *⇒toonbaar, fatsoenlijk* **0.2** ***geschikt als geschenk*** ◆ **3.1** make o.s. ~ *zich opknappen, zich toonbaar maken*.

pres·en·ta·tion ['prezn'teɪʃn‖' 'pri:zn-]⟨f3⟩⟨zn.⟩
I ⟨telb.zn.⟩ **0.1** ***voorstelling*** **0.2** ⟨dram.⟩ ***opvoering*** *⇒vertoning, voorstelling* **0.3** ***introductie*** *⇒presentatie, het voorstellen* **0.4** ***schenking*** *⇒gift, geschenk* **0.5** ***(recht v.) presentatie*** *⇒(recht v.) voordracht* ⟨voor predikambt⟩ **0.6** ⟨vaak P-⟩⟨R.-K.⟩ ***presentatie*** *⇒opdracht* ◆ **3.4** make a ~ of *aanbieden;*
II ⟨n.-telb.zn.⟩ **0.1** ***het voorstellen*** *⇒het voorgesteld worden* **0.2** ***het aanbieden*** *⇒het aangeboden worden* **0.3** ⟨med.⟩ ***ligging*** ⟨positie v. baby vlak voor geboorte⟩ ◆ **6.2 on** ~ **of** the bill of exchange *bij aanbieding v.d. wissel*.

presenta'tion copy ⟨telb.zn.⟩ **0.1** ***presentexemplaar***.

pre·sent·a·tive [prɪ'zenṭəṭɪv]⟨bn.⟩ **0.1** ***met recht v. voordracht*** ⟨voor predikantsplaats⟩ **0.2** ***geschikt voor/bijdragend tot mentale voorstelling***.

'present-day ⟨f2⟩⟨bn., attr.⟩ **0.1** ***huidig*** *⇒hedendaags, modern, van vandaag, gangbaar, heersend*.

pres·en·tee ['prezn'ti:]⟨telb.zn.⟩ **0.1** ***voorgedragene*** **0.2** ***begiftigde*** **0.3** ***(aan het hof) voorgestelde***.

pre·sent·er [prɪ'zentə‖-'zenṭər]⟨telb.zn.⟩ **0.1** ***presentator***.

pre·sen·tient [prɪ'senʃɪənt]⟨bn.⟩ **0.1** ***een (angstig) voorgevoel hebbend***.

pre·sen·ti·ment [prɪ'zenṭɪmənt]⟨telb.zn.⟩ **0.1** ***(angstig) voorgevoel*** *⇒(angstig) vermoeden*.

pres·ent·ly ['prezntli]⟨f2⟩⟨bw.⟩ **0.1** ***dadelijk*** *⇒aanstonds, binnenkort, spoedig, weldra* **0.2** ⟨AE, Sch. E⟩ ***nu*** *⇒op dit ogenblik, thans*.

pre·sent·ment [prɪ'zentmənt]⟨zn.⟩
I ⟨telb.zn.⟩ **0.1** ⟨jur.⟩ ***aanklacht*** ⟨v. (grand) jury⟩ **0.2** ***klacht*** ⟨v. parochiaal bestuur bij geestelijke overheid⟩ **0.3** ***voorstelling*** *⇒opvoering, vertoning* **0.4** ***schets*** *⇒portret, (grafische) voorstelling* **0.5** ***uiteenzetting*** *⇒beschrijving* **0.6** ***wijze v. voorstellen*** **0.7** ***aanbieding*** ⟨v. rekening⟩;
II ⟨n.-telb.zn.⟩ **0.1** ***het voorstellen*** *⇒voorstelling*.

pre·serv·a·ble [prɪ'zɜ:vəbl‖-'zɜr-]⟨bn.⟩ **0.1** ***bewaarbaar*** *⇒conserveerbaar, te verduurzamen*.

pres·er·va·tion ['prezə'veɪʃn‖-zər-]⟨f2⟩⟨n.-telb.zn.⟩ **0.1** ***behoud*** *⇒bewaring* **0.2** ***staat*** *⇒toestand* ⟨bewaring⟩ ◆ **1.2** in (a) good (state of) ~ *in goede staat, goed bewaard gebleven*.

pres·er·va·tion·ist ['prezə'veɪʃənɪst‖-zər-]⟨telb.zn.⟩ **0.1** ***milieubeschermer*** *⇒natuurbeschermer*.

preser'vation order ⟨telb.zn.⟩⟨BE⟩ **0.1** ***klasseringsbevel***.

pre·serv·a·tive[1] [prɪ'zɜ:vətɪv‖-'zɜrvəṭɪv]⟨f1⟩⟨telb. en n.-telb.zn.⟩ **0.1** ***bewaarmiddel*** *⇒conserveringsmiddel* **0.2** ***preservatief*** *⇒voorbehoedmiddel, condoom*.

preservative[2] ⟨f1⟩⟨bn.⟩ **0.1** ***bewarend*** *⇒conserverend, verduurzamend* **0.2** ***preservatief*** *⇒voorbehoedend*.

pre·serve[1] [prɪ'zɜ:v‖-'zɜrv]⟨f2⟩⟨telb.zn.⟩ **0.1** ⟨ook mv.⟩ ***gekonfijt fruit*** *⇒confituur, jam* **0.2** ***reservaat*** *⇒wildpark, natuurreservaat; gereserveerd(e) visvijver/natuurdomein;* ⟨fig.⟩ *domein, territorium, gebied* ◆ **3.¶** poach on another's ~ *in iemands vaarwater zitten, onder iemands duiven schieten*.

preserve[2] ⟨f3⟩⟨ww.⟩ →preserved
I ⟨onov.ww.⟩ **0.1** ***verduurzamen*** *⇒(zich laten) conserveren* **0.2** ***reserveren*** *⇒voorbehouden (wildpark, visvijver);*
II ⟨ov.ww.⟩ **0.1** ***beschermen*** *⇒behoeden, beschutten, beveiligen, bewaren* **0.2** ***bewaren*** *⇒levend houden* ⟨voor nageslacht⟩ **0.3** ***behouden*** *⇒handhaven, in stand houden; bewaren, intact houden, goed houden* **0.4** ***verduurzamen*** *⇒conserveren, inmaken, inleggen; invriezen* **0.5** ***houden*** *⇒reserveren* ⟨wildpark, visvijver⟩ **0.6** ***in leven houden*** *⇒redden* ◆ **1.1** God ~ us! *God beware ons!* **1.4** ~d fruits *gekonfijt fruit* **5.3** a well ~d old man *een goed geconserveerde oude man* **6.1** the suspension of this car ~ you **from** all physical inconveniences *de vering v. deze wagen vrijwaart u van alle fysieke ongemakken*.

pre·served [prɪ'zɜ:vd‖prɪ'zɜrvd]⟨bn.; oorspr. volt. deelw. v. preserve⟩⟨sl.⟩ **0.1** ***zat*** *⇒in de olie*.

pre·serv·er [prɪ'zɜ:və‖prɪ'zɜrvər]⟨f1⟩⟨telb.zn.⟩ **0.1** ***beschermer*** *⇒behoeder* **0.2** ***bewaarmiddel*** *⇒conserveringsmiddel*.

pre·ses ['pri:sɪz]⟨telb.zn.; preses; →mv. 4⟩⟨Sch. E⟩ **0.1** ***voorzitter*** *⇒president, praeses*.

pre·set ['pri:'set]⟨ov.ww.; →ww. 7⟩ **0.1** ***vooraf instellen*** *⇒afstellen* ◆ **1.1** ~ the oven to go on at three o'clock *de oven zo instellen, dat hij om drie uur aan zal gaan, de schakelklok v.d. oven instellen op drie uur*.

pre·shrunk ['pri:'ʃrʌŋk]⟨bn.; volt. deelw. v. preshrink⟩ **0.1** ***voorgekrompen*** ⟨v. stoffen, kleding⟩.

pre·side [prɪ'zaɪd]⟨f2⟩⟨onov.ww.⟩ **0.1** ***als voorzitter optreden*** *⇒presideren, voorzitten* **0.2** ***de leiding hebben*** *⇒controleren, gezag uitoefenen, aan het hoofd staan* ◆ **6.1** ~ **at/over** a meeting *een vergadering voorzitten* **6.2** The Shadow Cabinet is ~d **over** by the leader of the opposition *de leiding van het schaduwkabinet is in handen v.d. oppositieleider*.

pres·i·den·cy ['prezɪd(ə)nsi]⟨f2⟩⟨zn.; →mv. 2⟩
I ⟨telb.zn.⟩ **0.1** ⟨gesch.⟩ ***provincie v. Brits India*** **0.2** ⟨ook P-⟩ ***lokale drieledige bestuursraad*** ⟨v.d. mormoonse kerk⟩ **0.3** ⟨ook P-⟩ ***belangrijkste administratief orgaan*** ⟨v.d. mormoonse kerk⟩;
II ⟨telb. en n.-telb.zn.⟩ **0.1** ***presidentschap*** *⇒presidentsambt, presidentstermijn*.

pres·i·dent ['prezɪd(ə)nt]⟨f3⟩⟨telb.zn.⟩ **0.1** ⟨soms P-⟩ ***voorzitter/zitster*** *⇒president, praeses* **0.2** ⟨soms P-⟩ ***president*** **0.3** ⟨ook P-⟩ ***minister*** **0.4** ***hoofd v. Brits college/Am. universiteit*** **0.5** ⟨AE⟩ ***manager*** *⇒directeur, leider, hoofd, president-commissaris* **0.6** ⟨gesch.⟩ ***gouverneur*** ⟨v. provincie, kolonie⟩ ◆ **1.1** ~ pro tempore *waarnemend senaatsvoorzitter* ⟨in de U.S.A.⟩ **1.3** the President of the Board of Trade *de minister van handel*.

pres·i·dent-e'lect ⟨f2⟩⟨telb.zn.⟩ **0.1** ***verkozen president*** ⟨die nog niet beëdigd is⟩.

pres·i·den·tial ['prezɪ'denʃl]⟨f2⟩⟨bn., attr.; -ly; ook P-⟩ **0.1** ***presidentieel*** ◆ **1.1** ~ address *openingsrede v.d. voorzitter;* ~ year *jaar met presidentsverkiezingen* ⟨in U.S.A.⟩.

pres·i·dent·ship ['prezɪd(ə)ntʃɪp]⟨telb. en n.-telb.zn.⟩ **0.1** ***presidentschap***.

pre·sid·i·ar·y [prɪ'sɪdɪəri‖-'sɪdieri], ⟨AE ook⟩ **pre·sid·i·al** [prɪ'sɪdɪəl]⟨bn., attr.⟩ **0.1** ***garnizoens-*** *⇒bezettings-*.

pre·si·di·o [prɪ'sɪdioʊ]⟨telb.zn.⟩ **0.1** ***presidio*** *⇒garnizoen; vesting, fort* ⟨in Spanje en Spaans Amerika⟩.

pre·sid·i·um →praesidium.

press[1] [pres]⟨f3⟩⟨zn.⟩
I ⟨telb.zn.⟩ **0.1** ***(dichte) menigte*** *⇒gedrang, massa* **0.2** ***druk*** *⇒stoot, duw* **0.3** ***pers*** *⇒perstoestel* **0.4** ***drukpers*** *⇒pers* **0.5** ***drukkerij*** **0.6** ⟨vnl. P-⟩ ***uitgeverij*** **0.7** ***pers*** *⇒perscommentaar/bericht(en), kritiek(en), verslag, recensie* **0.8** ***muurkast*** *⇒muurrek* **0.9** ***strijk*** *⇒het strijken/persen* ◆ **1.2** carry a ~ of sail/canvas *alle zeilen bijzetten, met volle zeilen varen* **1.4** ⟨BE⟩ corrector of the ~ *corrector, revisor* **2.5** get a good ~ *een goede pers krijgen* **2.9** give these trousers a good ~ *strijk/pers deze broek maar eens goed* **3.4** correct the ~ *de drukproeven corrigeren;* go to the ~ *ter perse gaan;* send to the ~ *ter perse leggen* **6.4 at/in** (the) ~ *ter perse;* **off** the ~ *van de pers, gedrukt;*

II ⟨n.-telb.zn.⟩ **0.1** ***druk(te)*** ⇒*dwang, gejaag, stress* **0.2** ⟨the⟩ ***de (geschreven) pers*** **0.3** ⟨the⟩ ***het drukken*** **0.4** ⟨gesch., mil.⟩ ***ronseling*** ⇒*pressing* ⟨dwang tot krijgdienst vnl. bij de marine⟩ ◆ **1.2** freedom/liberty of the ~ *persvrijheid, vrijheid v. drukpers;*
III ⟨verz.n.; the⟩ **0.1** ***pers*** ⇒*de perslui, de journalisten.*

press[2] ⟨f3⟩ ⟨ww.⟩ →pressing ⟨→sprw. 544⟩
I ⟨onov.ww.⟩ **0.1** ***druk uitoefenen*** ⇒*knellen; drukken* ⟨ook fig.⟩; *pressie uitoefenen* **0.2** ***persen*** ⇒*strijken* **0.3** ***dringen*** ⇒*haast hebben, urgent zijn* **0.4** ***dringen*** ⇒*zich verdringen* ◆ **1.1** shoes that ~ deform your feet *knellende schoenen vervormen je voeten* **1.3** time ~es *de tijd dringt* **5.1** ~ **ahead** with one's endeavours towards peace *onverbiddelijk/onverwijld doorgaan met vredesinspanningen;* ~ **ahead/forward/on** with your plan *druk je plan door;* ~ **down** (up)on s.o. *op iem. drukken* **5.4** a young man ~ed **forward** through the crowd *een jonge man baande zich een weg door de menigte* **6.1** the urge to keep up with the Joneses ~es hard **(up)on** them *de drang om hun stand op te houden drukt hen zwaar;*
II ⟨ov.ww.⟩ **0.1** ***drukken*** ⇒*duwen, klemmen, knijpen, stevig vasthouden, knellen* **0.2** ***samendrukken*** ⇒*platdrukken, (uit)persen, uitknijpen, samenknijpen* **0.3** ***bestoken*** ⟨ook fig.⟩ ⇒*op de hielen zitten, in het nauw drijven* **0.4** ***(neer)drukken*** ⇒*bezwaren, deprimeren, beknellen, wegen op* **0.5** ***benadrukken*** ⇒*beklemtonen, hameren op* **0.6** ***pressen*** ⇒*druk uitoefenen op, aanzetten, aansporen, aanporren* **0.7** ***persen*** ⇒*strijken* **0.8** ⟨mil.⟩ ***pressen*** ⇒*tot krijgsdienst dwingen* ◆ **1.1** ~ the button *op de knop drukken;* ⟨inf.; fig.⟩ *de teerling werpen, de kogel door de kerk jagen* **1.2** ~ed flower *gedroogde bloem, herbariumbloem;* ~ed food *ingeblikt voedsel;* ~ a metaphor *een metafoor letterlijk opvatten;* ~ a record *een plaat persen* **1.5** ~ a question *aandringen op een antwoord;* you didn't ~ that point sufficiently *je hebt op dat aspect onvoldoende de nadruk gelegd* **5.2** the children were ~ed **away** in the crowd *de kinderen werden weggedrukt in de massa* **5.3** ~ s.o. hard *iemand het vuur na aan de schenen leggen* **5.¶** ~ home an attack *een aanval doordrukken;* ~ home an advantage *een voordeel (ten volle) uitbuiten;* ~ home one's point of view *zijn zienswijze doordrijven/zetten* **6.1** he ~ed her **to** his side *hij drukte haar tegen zich aan* **6.6** ~ **for** an answer *aandringen op een antwoord;* be ~ed **for** money/time *in geld-/tijdnood zitten;* peace demonstrators were ~ing **for** negotiations *vredesbetogers drongen aan op onderhandelingen;* ~ sth. **upon** s.o. *iem. iets opdringen.*

'press agency ⟨f1⟩ ⟨telb.zn.⟩ **0.1** ***publiciteitsbureau*** **0.2** ***persagentschap*** ⇒*nieuwsagentschap.*
'press agent ⟨f1⟩ ⟨telb.zn.⟩ **0.1** ***publiciteitsagent.***
'press baron ⟨telb.zn.⟩ ⟨inf.⟩ **0.1** ***persmagnaat*** ⇒*krantenmagnaat.*
'press box ⟨f1⟩ ⟨telb.zn.⟩ **0.1** ***perstribune*** ⇒*persbanken.*
'press button ⟨telb.zn.⟩ **0.1** ***drukknop*** ⇒*drukschakelaar.*
'press campaign ⟨telb.zn.⟩ **0.1** ***perscampagne.***
'press conference ⟨f1⟩ ⟨telb.zn.⟩ **0.1** ***persconferentie.***
'press corps ⟨verz.n.⟩ **0.1** ***persafdeling*** ◆ **1.1** The Reagan ~ *de persdienst v. (president) Reagan.*
'press coverage ⟨n.-telb.zn.⟩ **0.1** ***verslaggeving*** ⟨in de pers⟩.
'press cutting, 'press clipping ⟨f1⟩ ⟨telb.zn.⟩ **0.1** ***knantenknipsel.***
press·er ['presə‖-ər] ⟨f1⟩ ⟨telb.zn.⟩ **0.1** ***perser*** **0.2** ***pers.***
'press gallery ⟨telb.zn.⟩ **0.1** ***perstribune*** ⟨in Britse parlement⟩.
pressgang ⟨f1⟩ ⟨ov.ww.⟩ ⟨inf.⟩ **0.1** ***pressen*** ⇒*dwingen, nopen* **0.2** ***(met geweld) ronselen*** ⇒⟨ong.⟩ *shanghaaien* ◆ **6.1** ~ s.o. **into** sth. *iem. tot iets dwingen.*
'press gang ⟨telb.zn.⟩ ⟨gesch.⟩ **0.1** ***ronselaarsbende.***
pres·sie, prez·zie ['prezi] ⟨telb.zn.⟩ ⟨BE, Austr. E; inf.⟩ **0.1** ***cadeau(tje)*** ⇒*geschenk.*
press·ing[1] ['presɪŋ] ⟨telb.zn.; oorspr. gerund v. press⟩ ⟨tech.⟩ **0.1** ***persing*** ⟨v. grammofoonplaten⟩.
pressing[2] ⟨f2⟩ ⟨bn.; -ly; oorspr. teg. deelw. v. press⟩ **0.1** ***dringend*** ⇒*urgent* **0.2** ***(aan)dringend*** ⇒*opdringerig, nadrukkelijk, aanhoudend.*
'press kit ⟨telb.zn.⟩ **0.1** ***informatiemap*** ⟨verstrekt aan de pers⟩.
'press lord ⟨telb.zn.⟩ **0.1** ***krantenmagnaat*** ⇒*persmagnaat.*
press·man ['presmən] ⟨telb.zn.; pressmen [-mən]; →mv. 3⟩ **0.1** ⟨BE; inf.⟩ ***persjongen*** ⇒*persman, journalist* **0.2** ***drukker.***
'press·mark ⟨telb.zn.⟩ **0.1** ***signatuur*** ⟨in bibliotheek⟩ ⇒*plaatsingsnummer.*
press pho'tographer ⟨f1⟩ ⟨telb.zn.⟩ **0.1** ***persfotograaf.***
'press proof ⟨telb.zn.⟩ **0.1** ***laatste (druk)proef*** ⇒*revisie.*
'press reader ⟨telb.zn.⟩ **0.1** ***corrector*** ⇒*revisor.*
'press release ⟨telb.zn.⟩ **0.1** ***perscommuniqué*** ⇒*persbericht.*
'press report ⟨telb.zn.⟩ **0.1** ***persbericht.***
'press room ⟨telb.zn.⟩ **0.1** ***perszaal.***
'press run ⟨telb.zn.⟩ **0.1** ***oplage.***
'press secretary ⟨telb.zn.⟩ **0.1** ***persattaché*** ⇒*perschef.*
'press-show ⟨ov.ww.⟩ **0.1** ***voorvertonen*** ⇒*een voorpremière geven v..*
'press-stud ⟨f1⟩ ⟨telb.zn.⟩ ⟨BE⟩ **0.1** ***drukknoop(je)*** ⇒*drukknoopsluiting.*
'press-up ⟨f1⟩ ⟨telb.zn.⟩ ⟨vnl. BE; gymnastiek⟩ **0.1** ***opdrukoefening*** ◆ **3.1** do ten ~s *zich tien keer opdrukken.*
pres·sure[1] ['preʃə‖-ər] ⟨f3⟩ ⟨zn.⟩
I ⟨telb.zn.⟩ **0.1** ***druk*** ⇒*gewicht, (druk)kracht, spanning* **0.2** ***moeilijkheid*** ⇒*druk, kommer, kwelling, nood* ◆ **1.1** the ~ of taxation *de belastingdruk* **2.1** atmospheric ~ *luchtdruk;* high ~ *hoge (lucht)druk;* low ~ *lage (lucht)druk;*
II ⟨n.-telb.zn.⟩ **0.1** ***het drukken*** ⇒*het wegen* **0.2** ***stress*** ⇒*spanning, druk(te)* **0.3** ***dwang*** ⇒*pressie, druk* ◆ **1.2** she can only work intensely under ~ of exams/time *zij kan pas intensief werken onder examendruk/als zij in tijdnood zit;* the ~ of modern life *de stress van het moderne leven* **2.2** work at high ~ *onder grote druk werken;* work at low ~ *op zijn gemak werken* **3.3** bring ~ (to bear) on s.o./put ~ on s.o./put s.o. under ~/place ~ (up)on s.o. *pressie op iem. uitoefenen, iem. onder druk zetten* **6.3** a promise made **under** ~ *een belofte onder dwang, een afgedwongen belofte.*
pressure[2] ⟨f2⟩ ⟨ov.ww.⟩ ⟨vnl. AE⟩ **0.1** ***onder druk zetten*** ⇒*pressie uitoefenen op.*
'pressure cabin ⟨telb.zn.⟩ ⟨ruim., lucht.⟩ **0.1** ***drukcabine*** ⇒*drukkajuit.*
'pressure cooker ⟨f1⟩ ⟨telb.zn.⟩ **0.1** ***snelkoker*** ⇒*snelkookpan, hogedrukpan* **0.2** ⟨sl.⟩ ***gekkenhuis.***
'pressure gauge ⟨telb.zn.⟩ **0.1** ***manometer*** ⇒*drukmeter.*
'pressure group ⟨f1⟩ ⟨telb.zn.⟩ **0.1** ***pressiegroep*** ⇒*belangengroep, lobby.*
'pressure re'lief valve ⟨telb.zn.⟩ ⟨tech.⟩ **0.1** ***decompressieklep.***
'pressure suit ⟨telb.zn.⟩ ⟨lucht.⟩ **0.1** ***drukpak.***
pres·sur·i·za·tion, -sa·tion [ˌpreʃəraɪ'zeɪʃn‖-rə'zeɪʃn] ⟨n.-telb.zn.⟩ **0.1** ***het onder druk zetten*** ⟨ook fig.⟩ ⇒*het uitoefenen van pressie* **0.2** ***(lucht)drukregeling.***
pres·sur·ize, -ise ['preʃəraɪz] ⟨f1⟩ ⟨ov.ww.⟩ **0.1** ***onder druk zetten*** ⟨ook fig.⟩ ⇒*pressie uitoefenen op* **0.2** ***de (lucht)druk regelen in/van*** ◆ **1.2** ⟨lucht.⟩ ~d cabin *drukcabine, drukkajuit.*
'press·work ⟨n.-telb.zn.⟩ **0.1** ***drukwerk*** ⇒*het drukken* **0.2** ***gedrukt materiaal.***
Pres·tel ['prestel‖pres'tel] ⟨eig.n.⟩ **0.1** ***Prestel*** ⟨viewdatadienst v. British Telecom⟩.
pres·ti·dig·i·ta·tion [ˌprestɪdɪdʒɪ'teɪʃn] ⟨n.-telb.zn.⟩ ⟨schr., scherts.⟩ **0.1** ***goochelarij*** ⇒*gegoochel, goochelkunst, hocus-pocus.*
pres·ti·dig·i·ta·tor [ˌprestɪ'dɪdʒɪteɪtə‖-teɪtər] ⟨telb.zn.⟩ ⟨schr., scherts.⟩ **0.1** ***goochelaar*** ⇒*prestidigitateur.*
pres·tige [pre'sti:ʒ] ⟨f2⟩ ⟨n.-telb.zn.⟩ **0.1** ***prestige*** ⇒*aanzien, invloed.*
pre'stige development ⟨telb.zn.⟩ **0.1** ***prestige-object*** ⇒*prestige-project.*
pres·tig·ious [pre'stɪdʒəs‖-'sti:-] ⟨f1⟩ ⟨bn.; -ly; -ness⟩ **0.1** ***rijk aan prestige*** ⇒*gerenommeerd, prestigieus.*
pres·tis·si·mo[1] [pre'stɪsɪmoʊ] ⟨telb.zn.⟩ ⟨muz.⟩ **0.1** ***prestissimo.***
prestissimo[2] ⟨bn.; bw.⟩ ⟨muz.⟩ **0.1** ***prestissimo.***
pres·to[1] ['prestoʊ] ⟨telb.zn.⟩ ⟨muz.⟩ **0.1** ***presto.***
pres·to[2] ⟨f1⟩ ⟨bw.⟩ **0.1** ⟨muz.⟩ ***presto*** ⇒*snel, vlug* **0.2** ***presto*** ⇒*onmiddellijk, dadelijk* ◆ **9.2** hey ~! *hocus-pocus-pas!.*
pre·stress ['pri:'stres] ⟨ov.ww.; vnl. volt. deelw.⟩ **0.1** ***voorspannen*** ◆ **1.1** ~ed concrete *spanbeton, voorgespannen beton.*
pre·stressed ['pri:'strest] ⟨bn.⟩ ⟨bouwk.⟩ **0.1** ***voorgespannen*** ◆ **1.1** ~ concrete *voorgespannen beton, spanbeton.*
pre·sum·a·ble [prɪ'zju:məbl‖-'zu:-] ⟨f3⟩ ⟨bn.; -ly; →bijw. 3⟩ **0.1** ***aannemelijk*** ⇒*vermoedelijk, waarschijnlijk.*
pre·sume [prɪ'zju:m‖-'zu:m] ⟨f3⟩ ⟨ww.⟩ →presuming
I ⟨onov.ww.⟩ **0.1** ***zich vrijpostig gedragen*** ⇒*zich vrijheden veroorloven, zich aanmatigen* ◆ **6.¶** →presume **(up)on;**
II ⟨ov.ww.⟩ **0.1** ***zich veroorloven*** ⇒*de vrijheid nemen, wagen, durven* **0.2** ***veronderstellen*** ⇒*vermoeden, aannemen, presumeren, vooronderstellen* ◆ **1.2** ~ s.o. innocent until he is proved guilty *een beschuldigde als onschuldig beschouwen zolang zijn schuld niet bewezen is;* Dr Livingstone, I ~ *Dr. Livingstone neem ik aan?* **3.1** may I ~ to make a few corrections *mag ik zo vrij zijn een paar verbeteringen aan te brengen?.*
pre'sume (up)on ⟨onov.ww.⟩ ⟨schr.⟩ **0.1** ***misbruik maken v.*** **0.2** ***rekenen op*** ⇒*verwachten v., vertrouwen op* ◆ **1.1** ~ s.o.'s kindness *misbruik maken v. iemands vriendelijkheid.*
pre·sum·ing [prɪ'zju:mɪŋ‖-'zu:-] ⟨bn., attr.; -ly; oorspr. teg. deelw. v. presume⟩ **0.1** ***aanmatigend*** ⇒*vrijpostig, verwaand, opdringerig.*
pre·sump·tion [prɪ'zʌm(p)ʃn] ⟨f2⟩ ⟨zn.⟩
I ⟨telb.zn.⟩ **0.1** ***(redelijke) veronderstelling*** ⇒*(redelijk) vermoe-*

den **0.2** ***grond/reden om te veronderstellen*** ◆ **1.1** ⟨jur.⟩ ~ of fact *vermoeden;* ~ of law *wettelijk vermoeden* ⟨bv. dat iem. onschuldig is, tenzij het tegendeel bewezen wordt⟩;
II ⟨n.-telb.zn.⟩ **0.1** ***arrogantie*** ⇒*stoutmoedigheid, vrijmoedigheid, aanmatiging, verwaandheid, pretentie.*
pre·sump·tive [prɪ'zʌm(p)tɪv]⟨bn., attr.; -ly⟩ **0.1** ***aannemelijk*** ⇒*vermoedelijk, waarschijnlijk* ◆ **1.1** ⟨jur.⟩ ~ evidence *bewijs gebaseerd op redelijke veronderstelling, indiciën;* ⟨jur.⟩ heir ~ / ~ heir *vermoedelijke erfgenaam/troonopvolger* ⟨wiens rechten vervallen bij de geboorte v.e. nauwer verwante erfgenaam⟩.
pre·sump·tu·ous [prɪ'zʌm(p)tʃʊəs]⟨f2⟩⟨bn., attr.; -ly; -ness⟩ **0.1** ***aanmatigend*** ⇒*arrogant, verwaand, laatdunkend.*
pre·sup·pose ['pri:sə'poʊz]⟨f1⟩⟨ov.ww.⟩ **0.1** ***vooronderstellen*** ⇒*veronderstellen* **0.2** ***impliceren*** ⇒*als voorwaarde vooraf nodig hebben.*
pre·sup·po·si·tion ['pri:sʌpə'zɪʃn]⟨f1⟩⟨zn.⟩
I ⟨telb.zn.⟩ **0.1** ***vooronderstelling*** ⇒*voorwaarde, vereiste;* ⟨taalk.⟩ *presuppositie;*
II ⟨n.-telb.zn.⟩ **0.1** ***het vooronderstellen.***
pre·tax ['pri:'tæks]⟨bn., attr.⟩ **0.1** ***vóór belasting(aanvraag)*** ◆ **1.1** ~ income *inkomen vóór belasting.*
pre·teen ['pri:'ti:n]⟨telb.zn.; vaak attr.⟩ **0.1** ***jonge tiener*** ⟨iem. tussen 10 en 13⟩.
pre·tence, ⟨AE sp.⟩ **pre·tense** [prɪ'tens‖'pri:tens]⟨f2⟩⟨zn.⟩
I ⟨telb.zn.⟩ **0.1** ***aanspraak*** ⇒*pretentie* **0.2** ***voorwendsel*** ⇒*excuus* **0.3** ***valse indruk*** ⇒*schijn* ◆ **2.2** ⟨jur.⟩ by/under false ~ *onder valse voorwendsels* **3.3** she isn't really crying, it 's only ~ *ze huilt niet echt, ze doet maar alsof* **6.1** ~ **to** *aanspraak op* **6.2** **on** the slightest ~ *bij de geringste aanleiding* **6.3** a ~ **at** democracy *een zogenaamde democratie, een schijndemocratie;* she made a ~ **of** laughing *ze deed alsof ze lachte;*
II ⟨n.-telb.zn.⟩ **0.1** ***uiterlijk vertoon*** ⇒*aanstellerij, gemaaktheid* **0.2** ***huichelarij*** ⇒*veinzerij, het doen alsof, het pretenderen* ◆ **2.1** devoid of all ~ *zonder pretentie.*
pre·tend[1] [prɪ'tend]⟨f3⟩⟨ww.⟩ →pretended
I ⟨onov. en ov.ww.⟩ **0.1** ***doen alsof*** ⇒*komedie spelen, huichelen* ◆ **6.1** ~ **at** indifference *zich onverschillig voordoen* **6.¶** →pretend **to;**
II ⟨ov.ww.⟩ **0.1** ***pretenderen*** ⇒*voorgeven, (ten onrechte) beweren* **0.2** ***voorwenden*** ⇒*veinzen* **0.3** ***wagen*** ⇒*durven, proberen, zich aanmatigen.*
pretend[2] ⟨bn., attr.⟩⟨vnl. kind.⟩ **0.1** ***ingebeeld*** ⇒*denkbeeldig* ◆ **1.1** I am the ~ king! *ik was de koning!.*
pre·tend·ed [prɪ'tendɪd]⟨f1⟩⟨bn.; -ly; volt. deelw. v. pretend⟩ **0.1** ***geveinsd*** ⇒*voorgewend, schijn-, zogenaamd.*
pre·tend·er [prɪ'tendə‖-ər]⟨f1⟩⟨telb.zn.⟩ **0.1** ***(troon)pretendent*** **0.2** ***huichelaar*** ⇒*komediant, schijnheilige* ◆ **2.1** the old/young Pretender *de oude/jonge troonpretendent* ⟨de zoon/kleinzoon v. Jacobus II⟩.
pre'tend to ⟨onov.ww.⟩ **0.1** ***(ten onrechte) aanspraak maken op*** ⇒*dingen naar* ◆ **1.1** ⟨vero.⟩ ~ a girl/a girl's hand *naar de hand v.e. meisje dingen.*
pre·ten·sion [prɪ'tenʃn]⟨f1⟩⟨zn.⟩
I ⟨telb.zn.; vaak mv.⟩ **0.1** ***aanspraak*** ⇒*pretentie* **0.2** ***voorwendsel*** ⇒*excuus* ◆ **3.1** I make no ~(s) to completeness *ik maak geen aanspraak op volledigheid;*
II ⟨n.-telb.zn.⟩ **0.1** ***pretentie*** ⇒*aanmatiging* **0.2** ***opzichtigheid*** ⇒*uiterlijk vertoon.*
pre·ten·tious [prɪ'tenʃəs]⟨f2⟩⟨bn.; -ly; -ness⟩ **0.1** ***pretentieus*** ⇒*aanmatigend* **0.2** ***opzichtig*** ⇒*in het oog lopend, ostentatief.*
pre·ter- ['pri:tə-‖'pri:t̬ər-] **0.1** ***boven-*** ⇒*buiten-* ◆ **¶.1** preterhuman *bovenmenselijk;* preternaturel *buitengewoon, exceptioneel.*
pret·er·it(e)[1] ['pretrɪt‖'pret̬ərɪt]⟨telb.zn.⟩⟨taalk.⟩ **0.1** ***(werkwoordsvorm in de) verleden tijd*** ⇒*preteritum.*
preterit(e)[2] ⟨bn.⟩⟨taalk.⟩ **0.1** ***verleden*** ⇒*v./mbt./in het preteritum* ◆ **1.1** ~ tense *verleden tijd, preteritum.*
pret·er·i·tion ['pret̬ə'rɪʃn]⟨n.-telb.zn.⟩ **0.1** ***veronachtzaming*** ⇒*verwaarlozing, het voorbijgaan* **0.2** ⟨jur.⟩ ***het nalaten wettelijke erfgenamen aan te wijzen*** **0.3** ⟨lit.⟩ ***praeteritio*** ⟨benadrukking door verzwijging⟩.
pre·ter·mis·sion ['pri:tə'mɪʃn‖'pri:t̬ər-]⟨telb. en n.-telb.zn.⟩ **0.1** ***weglating*** ⇒*het overslaan* **0.2** ***verzuim*** ⇒*verwaarlozing* **0.3** ***onderbreking*** ⇒*het nalaten.*
pre·ter·mit ['pri:tə'mɪt‖'pri:t̬ər-]⟨ov.ww.; →ww. 7⟩ **0.1** ***weglaten*** ⇒*overslaan, niet zeggen/vermelden, voorbijgaan (aan)* **0.2** ***verzuimen*** ⇒*nalaten, verwaarlozen, veronachtzamen* **0.3** ***onderbreken*** ⇒*(tijdelijk) ophouden met, nalaten.*
pre·test ['pri:'test]⟨ov.ww.⟩ **0.1** ***vooraf testen.***
pre·text[1] ['pri:tekst]⟨f1⟩⟨telb.zn.⟩ **0.1** ***voorwendsel*** ⇒*excuus, pretext* ◆ **6.1** **(up)on/under** the ~ **of** *onder voorwendsel v..*
pretext[2] [prɪ'tekst]⟨ov.ww.⟩ **0.1** ***voorwenden.***
pretor →praetor.
pret·ti·fy ['prɪt̬ɪfaɪ]⟨ov.ww.; →ww. 7⟩ **0.1** ***mooi maken*** **0.2** ***opsieren*** ⇒*opsmukken, opdirken, optakelen, optuigen, optutten.*
pret·ty[1] ['prɪt̬i]⟨telb.zn.; →mv. 2⟩⟨vero.; inf.⟩ **0.1** ***snoes*** ⇒*schat.*
pretty[2] ⟨f3⟩⟨bn.; -er; -ly; -ness; →bijw. 3⟩
I ⟨bn.⟩ **0.1** ***aardig*** ⟨ook iron.⟩ ⇒*mooi, bevallig, aantrekkelijk, bekoorlijk, lief, sierlijk, snoeperig* **0.2** ***goed*** ⇒*fijn, excellent* **0.3** ***fatterig*** ⇒*verwijfd* **0.4** ⟨vero.⟩ ***knap*** ⇒*mooi, stevig, flink* ◆ **1.1** a ~ mess *een mooie boel;* ⟨sl.⟩ ~ ear *bloemkooloor;* come to/reach a ~ pass *in een moeilijke situatie terechtkomen* **1.2** she has a ~ wit *ze is een geestige meid* **1.3** ⟨sl.⟩ ~-boy *mietje* **1.4** a ~ fellow *een knappe kerel;* ⟨sl.⟩ she is a ~ piece of goods *zij is een lekker stuk* **1.¶** lead s.o. a ~ dance *iem. het leven zuur maken, het iem. lastig maken, iem. voor de gek houden;* only ~ Fanny's way *zo is zij nu eenmaal;* a ~ kettle of fish *een mooie boel, een knoeiboel* **3.1** ⟨kind.⟩ ask prettily *mooi vragen;*
II ⟨bn., attr.⟩⟨inf.⟩ **0.1** ***groot*** ⇒*aanzienlijk, veel* ◆ **1.1** the divorce cost him a ~ penny *de echtscheiding heeft hem een lieve duit gekost.*
pretty[3] ⟨ov.ww.; →ww. 7⟩⟨inf.⟩ **0.1** ***opsieren*** ◆ **5.1** ~ **up** *optuigen.*
pretty[4] ['prɪti‖'pʊrt̬i, 'prɪt̬i]⟨f3⟩⟨bw.⟩ **0.1** ***nogal*** ⇒*vrij, tamelijk, redelijk* **0.2** ***erg*** ⇒*zeer* **0.3** ⟨AE⟩ ***aardig*** ⇒*behoorlijk* ◆ **3.3** ⟨inf.⟩ sitting ~ *er aardig bijzittend; er goed voorzittend* **5.1** that is ~ much the same thing *dat is praktisch hetzelfde;* these goods are free, or ~ nearly so *deze produkten zijn gratis, of zo goed als;* I have ~ well finished my essay *ik heb mijn opstel vrijwel/nagenoeg af.*
pret·ty·ish ['prɪt̬iɪʃ]⟨telb.zn.⟩ **0.1** ***nogal/vrij mooi.***
pret·ty·ism ['prɪt̬iɪzm]⟨n.-telb.zn.⟩ **0.1** ***mooidoenerij*** ⇒*mooischrijverij.*
'pret·ty-pret·ty ⟨bn.⟩ **0.1** ***gemaakt mooi*** ⇒*popperig.*
pret·zel ['pretsl]⟨f1⟩⟨telb.zn.⟩ **0.1** ***pretzel*** ⟨zoute krakeling⟩ **0.2** ⟨sl.⟩ ***waldhoorn*** **0.3** ⟨bel.⟩ ***Duitser*** ⇒*iem. v. Duitse afkomst.*
'pret·zel-bend·er ⟨telb.zn.⟩⟨sl.⟩ **0.1** ***malloot*** **0.2** ***worstelaar*** **0.3** ***kroegtijger.***
pre·vail [prɪ'veɪl]⟨f2⟩⟨onov.ww.⟩ →prevailing **0.1** ***de overhand krijgen/hebben*** ⇒*prevaleren, overwinnen, het winnen, zegevieren* **0.2** ***wijd verspreid zijn*** ⇒*heersen, gelden, courant zijn* ◆ **6.1** knowledge will ~ **against/over** superstition *kennis zal bijgeloof overwinnen;* ⟨schr.⟩ the author was ~ed **(up)on/with** to write an occasional poem *men kon de auteur overhalen/ertoe brengen een gelegenheidsgedicht te schrijven.*
pre·vail·ing [prɪ'veɪlɪŋ]⟨f2⟩⟨bn., attr.; -ly; -ness; (oorspr.) teg. deelw. v. prevail⟩ **0.1** ***gangbaar*** ⇒*courant, heersend* ◆ **1.1** the ~ wind *de heersende/meest voorkomende wind.*
prev·a·lence ['prevələns]⟨n.-telb.zn.⟩ **0.1** ***het wijd verspreid zijn*** ⇒*gangbaarheid, overwicht, invloed.*
prev·a·lent ['prevələnt]⟨f2⟩⟨bn.; -ly⟩ **0.1** ***heersend*** ⇒*courant, gangbaar, wijd verspreid, geldend* **0.2** ***(over)heersend*** ⇒*dominerend* ◆ **2.1** the Polish people are ~ly Catholics *de Polen zijn overwegend katholiek* **3.1** become more and more ~ *steeds meer ingang vinden, hand over hand toenemen.*
pre·var·i·cate [prɪ'værɪkeɪt]⟨onov.ww.⟩ **0.1** ⟨schr.⟩ ***(er omheen) draaien*** ⇒*versluierend/dubbelzinnig spreken, uitvluchten zoeken;* ⟨euf.⟩ *liegen* **0.2** ⟨jur.⟩ ***samenspannen.***
pre·var·i·ca·tion [prɪ'værɪ'keɪʃn]⟨zn.⟩
I ⟨telb.zn.⟩ **0.1** ***uitvlucht*** ⇒*dubbelzinnigheid, spitsvondigheid;*
II ⟨n.-telb.zn.⟩ **0.1** ***draaierij*** ⇒*het zoeken van uitvluchten, gemanoeuvreer* **0.2** ⟨jur.⟩ ***samenspanning.***
pre·var·i·ca·tor [prɪ'værɪkeɪtə‖-keɪt̬ər]⟨telb.zn.⟩ **0.1** ***draaier*** ⇒*zoeker v. uitvluchten, veinzer* **0.2** ⟨jur.⟩ ***samenspanner.***
pre·ven·ient [prɪ'vi:nɪənt]⟨bn.; -ly⟩ **0.1** ***voorafgaand*** ⇒*vorig, antecederend* **0.2** ***vooruitlopend*** ⇒*anticiperend* **0.3** ***preventief*** ⇒*voorbehoedend, voorkomend* ◆ **1.1** ⟨relig.⟩ ~ grace *vóórkomende genade* **6.3** ~ **of** *voorbehoedend tegen.*
pre·vent [prɪ'vent]⟨f3⟩⟨ww.⟩
I ⟨onov.ww.⟩ **0.1** ***in de weg staan/komen*** ◆ **4.1** if nothing prevents *als er niets tussenkomt;*
II ⟨ov.ww.⟩ **0.1** ***voorkómen*** ⇒*afwenden, verhoeden, verijdelen, verhinderen* **0.2** ⟨vero.⟩ ***anticiperen*** ⇒*vooruitlopen op* ◆ **6.1** you can 't ~ him **from** having his own ideas *je kunt hem niet beletten er zijn eigen ideeën op na te houden;* you should ~ his having such contacts *je moet voorkomen dat hij zulke contacten heeft.*
pre·vent·a·ble, -i·ble [prɪ'vent̬əbl]⟨bn.⟩ **0.1** ***afwendbaar*** ⇒*te voorkomen.*
pre·ven·ter [prɪ'ventə‖-'vent̬ər]⟨telb.zn.⟩ **0.1** ***afwender*** **0.2** ***voorbehoedmiddel*** **0.3** ⟨scheep.⟩ ***borgtouw*** ⇒*borgketting.*
pre·ven·tion [prɪ'venʃn]⟨f2⟩⟨n.-telb.zn.⟩⟨→sprw. 575⟩ **0.1** ***preventie*** ⇒*het voorkómen, het verhinderen, het afwenden* ◆ **2.1** ~ is better than cure *voorkomen is beter dan genezen.*
pre·ven·tive[1] [prɪ'vent̬ɪv], **pre·ven·ta·tive** [prɪ'vent̬ət̬ɪv]⟨f1⟩

⟨telb.zn.⟩ 0.1 ***obstakel*** ⇒*hindernis, belemmering* **0.2** ⟨med.⟩ ***voorbehoedmiddel*** ⇒*profylacticum*.

preventive², preventative ⟨f1⟩⟨bn.; -ly⟩ **0.1** ***preventief*** ⇒*voorbehoedend, voorkómend* **0.2** ⟨med.⟩ ***preventief*** ⇒*profylactisch* ◆ **1.1** ~ custody/detention *voorlopige/preventieve hechtenis, voorarrest, (verzekerde) bewaring;* ~ medicine *preventieve geneeskunde;* ~ officer *opsporingsambtenaar bij de douane;* ⟨gesch.⟩ Preventive Service *opsporingsdienst v.d. Britse douane*.

pre·vi·a·ble [pri:vaɪəbl]⟨bn.⟩ **0.1** ***niet-levensvatbaar*** ⇒⟨B.⟩ *niet-leefbaar*.

pre·view¹, ⟨AE sp. ook⟩ **pre·vue** ['pri:vju:]⟨f1⟩⟨telb.zn.⟩ **0.1** ***voorvertoning*** **0.2** ⟨AE⟩ ***trailer*** ⇒*trekfilm* **0.3** ***voorsmaak***.

pre·view² ⟨f1⟩⟨ov.ww.⟩ **0.1** ***in voorvertoning zien*** **0.2** ***voorvertonen***.

pre·vious ['pri:vɪəs]⟨f3⟩⟨bn.; -ly; -ness⟩

I ⟨bn., attr.⟩ **0.1** ***voorafgaand*** ⇒*vorig, voorgaand, vroeger* ◆ **1.1** ~ conviction *eerdere veroordeling;* ~ examination *eerste examen voor de graad van B.A. in Cambridge;* ⟨pol.⟩ ~ question *prealabele vraag/motie* ⟨om directe stemming⟩ **6.1** ⟨ook als vz.⟩ ~ **to** *vóór, voorafgaand aan;* ~ the wedding *voor het huwelijksfeest;*

II ⟨bn., pred.⟩ **0.1** ***voorbarig*** ⇒*haastig* ◆ **3.1** you are too ~ in saying he is incompetent *het is voorbarig te zeggen dat hij niet bekwaam is*.

pre·vise ['pri:'vaɪz]⟨ww.⟩⟨schr.⟩

I ⟨onov.ww.⟩ **0.1** ***een voorspelling doen;***

II ⟨ov.ww.⟩ **0.1** ***voorzien*** **0.2** ***voorspellen***.

pre·vi·sion ['pri:'vɪʒn]⟨telb. en n.-telb.zn.⟩ **0.1** ***voorkennis*** ⇒*vooruitziendheid, het vooraf weten* **0.2** ***voorspelling*** ⇒*profetie*.

pre·war ['pri:'wɔ:‖-'wɔr]⟨f1⟩⟨bn.⟩ **0.1** ***vooroorlogs*** ⇒*van voor de oorlog* ⟨vnl. W.O. II⟩.

pre·wash ['pri:wɒʃ‖-wɔʃ, -wɑʃ]⟨telb.zn.⟩ **0.1** ***voorwas***.

prex [preks], **prex·y** ['preksi]⟨telb.zn.; →mv. 2⟩⟨AE; sl.⟩ **0.1** ***hoofd v. college/universiteit*** **0.2** ***president***.

prey¹ [preɪ]⟨f2⟩⟨telb. en n.-telb.zn.⟩ **0.1** ***prooi*** ⟨ook fig.⟩ ⇒*slachtoffer* **0.2** ⟨vero.; bijb.⟩ ***buit*** ◆ **1.1** beast/bird of ~ *roofdier/vogel* **1.2** his life shall be unto him for a ~ *zijn leven zal hem ten buit zijn* ⟨Jer. 21:9⟩ **3.1** be (a) ~ to *een prooi/slachtoffer zijn van;* become/fall (a) ~ to *ten prooi vallen aan, slachtoffer worden van*.

prey² ⟨f2⟩⟨onov.ww.⟩ **0.1** ***op rooftocht gaan*** ◆ **6.1** ~ **(up)on** *uitzuigen; aantasten;* hawks ~ **(up)on** small animals *haviken azen op kleine dieren;* the coast of Western Europe was ~ed **(up)on** by the Normans *de Westeuropese kust werd geplunderd door de Noormannen;* a charming fellow who ~ed **(up)on** rich old widows *een innemende kerel die leefde op kosten van/aasde op het geld van rijke oude weduwen;* his wife's love affairs ~ed **(up)on** his mind *hij werd gekweld door de amoureuze escapades van zijn vrouw*.

prezzie →pressie.

pri·ap·ic [praɪ'æpɪk]⟨bn.⟩ **0.1** ***priapisch*** ⇒*fallisch, ontuchtig*.

pri·a·pism ['praɪəpɪzm]⟨n.-telb.zn.⟩ **0.1** ⟨med.⟩ ***priapisme*** **0.2** ***losbandigheid***.

price¹ [praɪs]⟨f3⟩⟨telb.zn.⟩⟨→sprw. 163, 679⟩ **0.1** ***prijs*** ⟨ook fig.⟩ ⇒*som, koers* **0.2** ***notering*** ⟨verhouding tussen de inzetten bij weddenschap⟩ **0.3** ***waarde*** ◆ **1.1** ~ of issue *koers v. uitgifte, uitgiftekoers* ⟨v. effecten⟩ **2.1** the ~ to be paid for the victory was very high *de overwinning eiste een zeer hoge tol* **3.1** I wouldn't like to put a ~ to it *ik moet er niet aan denken wat het kost;* quote a ~ *een prijs noemen;* set a ~ on *een prijs bepalen/vaststellen voor;* a ~ was put/set on the killer's head/life *men zette een beloning op het hoofd van de moordenaar* **3.3** put a ~ on *de waarde bepalen van* **3.¶** ⟨vnl. AE en Sch. E⟩ upset ~ *inzet, limietprijs, ophoudprijs* ⟨bij veilingen⟩ **6.1** **above/beyond/without** ~ *onbetaalbaar, onschatbaar;* here you can buy anything – **at** a ~ *hier kun je alles kopen – als je maar wilt betalen;* **at** a low ~ *voor weinig geld;* **at** any ~ *tot elke prijs;* not **at** any ~ *onder geen enkele voorwaarde, tot geen prijs;* these houses are **of** a ~ *deze huizen zijn ongeveer even duur* **6.3** **of** (great) ~ *waardevol* **7.3** ⟨vnl. BE; inf.⟩ you ended up the very last; what ~ your boasting now? *je bent als laatste geëindigd; waar blijf je nu met al je grootspraak?;* ⟨vnl. BE; inf.⟩ what ~ Reaganomics? *wat geef je nu voor Reagan's economisch beleid?;* ⟨vnl. BE; inf.⟩ what ~ a ride on an prewar automobile? *wat denk je van een ritje in een vooroorlogse automobiel?;* ⟨vnl. BE; inf.⟩ what ~ winning £10,000 on the horseraces? *hoeveel kans is er dat we £10.000 winnen in de paardenraces?*.

price² ⟨f2⟩⟨ov.ww.⟩ **0.1** ***prijzen*** ⇒*de prijs vaststellen van* **0.2** ***de prijs nagaan van*** ⇒*de prijs vragen van* **0.3** ***schatten*** ⇒*taxeren* ◆ **1.1** ~ed catalogue *prijzencatalogus* **1.2** the consumers' magazine has been pricing colour television sets *het consumententijdschrift heeft de prijzen van kleurentelevisies vergeleken* **6.1** ~ o.s. **out of** the market *zich uit de markt prijzen*.

'price bracket, 'price range ⟨telb.zn.⟩ **0.1** ***prijsklasse*** ⇒*prijsniveau*.

'price control ⟨telb. en n.-telb.zn.⟩ **0.1** ***prijscontrole*** ⇒*prijsbeheersing*.

'price-con·trolled ⟨bn.⟩ **0.1** ***met prijscontrole***.

'price 'current, 'prices 'current ⟨telb.zn.⟩ **0.1** ***prijs-courant***.

'price cut ⟨f1⟩⟨telb.zn.⟩ **0.1** ***prijsvermindering***.

'price-cut·ting ⟨n.-telb.zn.⟩ **0.1** ***prijsverlaging*** ⇒*prijsbederf, dumping*.

'price-fix·ing ⟨telb. en n.-telb.zn.⟩⟨ec.⟩ **0.1** ***prijszetting*** **0.2** ***prijsafspraak***.

'price floor ⟨telb.zn.⟩ **0.1** ***bodemprijs*** ⇒*minimumprijs*.

'price fluctuation ⟨telb.zn.⟩ **0.1** ***prijsschommeling***.

'price freeze ⟨telb.zn.⟩ **0.1** ***prijzenstop***.

'price increase, 'price hike ⟨f1⟩⟨telb.zn.⟩ **0.1** ***prijsstijging***.

'price index ⟨telb.zn.⟩ **0.1** ***prijsindex***.

price·less ['praɪsləs]⟨f1⟩⟨bn.; -ness⟩ **0.1** ***onbetaalbaar*** ⟨ook fig.⟩ ⇒*onschatbaar* **0.2** ⟨inf.⟩ ***kostelijk*** ⇒*onbetaalbaar, te gek*.

'price-list ⟨f1⟩⟨telb.zn.⟩ **0.1** ***prijslijst*** ⇒*prijscourant*.

'price-ring ⟨telb.zn.⟩⟨ec.⟩ **0.1** ***prijskartel***.

'price rise ⟨telb.zn.⟩ **0.1** ***prijsverhoging***.

'prices commission, ⟨AE sp. vnl.⟩ **'price commission** ⟨verz.n.⟩ **0.1** ***prijzencommissie***.

'price tag ⟨telb.zn.⟩ **0.1** ***prijskaartje*** ⟨ook fig.⟩.

'price war ⟨telb.zn.⟩ **0.1** ***prijzenoorlog***.

pric·ey, pri·cy ['praɪsi]⟨f1⟩⟨bn.; -er; -ly; -ness; →bijw. 3⟩⟨vnl. Austr. E, BE; inf.⟩ **0.1** ***gepeperd*** ⇒*prijzig, duur*.

'pricing gun ⟨telb.zn.⟩ **0.1** ***prijsapparaat/tang***.

prick¹ [prɪk]⟨f1⟩⟨telb.zn.⟩ **0.1** ***prik*** ⇒*steek, pik* **0.2** ***prik*** ⇒*gaatje, punctuur* **0.3** ***prik*** ⇒*gaatje, stip* **0.4** ⟨sl.⟩ ***lul*** ⇒*pik* **0.5** ⟨bel.⟩ ***lul*** ⇒*zak, schoft* **0.6** ⟨jacht⟩ ***hazespoor*** ⇒*hazeprent* **0.7** ⟨vero.⟩ ***osseprikkel*** ◆ **1.1** ⟨fig.⟩ ~s of conscience *wroeging, berouw* **3.¶** ⟨schr.⟩ kick against the ~s *met het hoofd tegen de muur lopen;* ⟨bijb.⟩ *de verzenen tegen de prikkels slaan* ⟨Hand. 9:5⟩.

prick² ⟨f2⟩⟨ww.⟩

I ⟨onov.ww.⟩ **0.1** ***prikken*** ⇒*steken, prikkelen* **0.2** ⟨vero.⟩ ***in galop rijden*** ◆ **6.1** ~ **at** *steken naar, een steek geven;*

II ⟨ov.ww.⟩ **0.1** ***prikken*** ⇒*doorprikken, doorboren, (door)steken; prikkelen* ⟨ook fig.⟩ **0.2** ***aanstippen*** ⇒*merken, aanduiden* ⟨naam op lijst⟩; ⟨BE⟩ *verkiezen* ⟨sheriff⟩ **0.3** ***(uit)stippelen*** ⇒*uitprikken; pointilleren* **0.4** ***speuren*** ⟨haas⟩ **0.5** ⟨gew.⟩ ***optutten*** ⇒*opsieren, opsmukken, opdirken* **0.6** ⟨vero.⟩ ***aanvuren*** ⇒*aandrijven, aansporen, aanzetten* ◆ **1.1** ⟨fig.⟩ ~ a/the bladder/bubble *een/het ballonnetje doorprikken, de waardeloosheid v. iets aantonen;* ⟨fig.⟩ my conscience ~s me *mijn geweten knaagt, ik heb wroeging* **1.3** ⟨scheep.⟩ ~ the chart *de kaart prikken, het bestek afzetten* **5.3** ~ a pattern **out/off** *een patroon uitprikken* **5.6** ~ **on** *aanvuren, aandrijven, aansporen, aanzetten* **6.1** ~ **in/off/out** beans *bonen (uit)poten/verspenen*.

'prick-'eared ⟨bn.⟩ **0.1** ***met opstaande oren***.

'prick-ears ⟨mv.⟩ **0.1** ***opstaande oren*** ⇒*puntoren*.

prick·er ['prɪkə‖-ər]⟨telb.zn.⟩ **0.1** ⟨ben. voor⟩ ***puntig werktuig*** ⇒⟨bv.⟩ *els; prikstok* **0.2** ***stekel*** ⇒*doorn*.

prick·et ['prɪkɪt]⟨telb.zn.⟩ **0.1** ***spiesbok*** ⟨mannetjeshert in zijn tweede jaar⟩ **0.2** ***kaarsprikker*** ⇒*kandelaar met prikkers*.

prick·le¹ ['prɪkl]⟨f1⟩⟨telb.zn.⟩ **0.1** ***stekel(tje)*** ⇒*doorn(tje), prikkel* **0.2** ***prikkeling*** ⇒*tinteling* **0.3** ***tenen mandje***.

prickle² ⟨f1⟩⟨onov. en ov.ww.⟩ **0.1** ***prikkelen*** ⇒*steken, prikken; tintelen, kriebelen, jeuken*.

'prick·le-back ⟨telb.zn.⟩⟨dierk.⟩ **0.1** ***stekelbaars*** ⟨fam. der Gasteroidae⟩.

prick·ly ['prɪkli]⟨f1⟩⟨bn.; -ness; →bijw. 5⟩ **0.1** ***stekelig*** ⇒*netelig, doornig, doornachtig* **0.2** ***prikkend*** ⇒*stekelig, prikkelend; kriebelend* **0.3** ***kittelorig*** ⇒*prikkelbaar, kregel, krikkel* ◆ **1.2** ⟨plantk.⟩ ~ poppy *stekelpapaver* ⟨Argemone mexicana⟩ **1.¶** ⟨med.⟩ ~ heat *gierstuitslag, miliaria* ⟨jeukende huidontsteking⟩; ⟨plantk.⟩ ~ pear *schijfcactus* ⟨genus Opuntia⟩; ⟨i.h.b.⟩ *vijg(e)-cactus* ⟨O. ficus indica⟩; *cactusvijg;* ⟨plantk.⟩ ~ rhubarb *gunnera* ⟨Gunnera⟩.

'prick·teaser ⟨telb.zn.⟩⟨sl.⟩ **0.1** ***droogverleidster*** ⇒*iem. die droog-geilt*.

'prick·wood ⟨telb. en n.-telb.zn.⟩⟨plantk.⟩ **0.1** ***kardinaalsmuts*** ⇒*papenmuts* ⟨Euonymus europaeus⟩ **0.2** ***wilde/rode kornoelje*** ⟨Cornus sanguinea⟩.

pricy →pricey.

pride [praɪd]⟨f3⟩⟨zn.⟩⟨→sprw. 576⟩

I ⟨telb.zn.⟩ **0.1** ***trots*** **0.2** ***troep*** ⟨leeuwen⟩ ◆ **1.1** the ~ of his family *de trots van zijn familie;* you are my ~ and my joy *je bent mijn oogappel;*

II ⟨telb. en n.-telb.zn.⟩ **0.1** ***trots*** ⇒*fierheid, voldaanheid, tevredenheid* ◆ **3.1** take (a) ~ in *fier/trots zijn op;*

III ⟨n.-telb.zn.⟩ **0.1** ***verwaandheid*** ⇒*hoogmoed, arrogantie, eigendunk, eigenwaan* **0.2** ***fierheid*** ⇒*trots, eergevoel, zelfrespect*

0.3 ⟨the⟩ ***bloei(tijd)*** ⇒*hoogtepunt, topvorm* ◆ **1.1** ⟨wapenk.⟩ peacock in his ~ *pronkende pauw;* the sin of ~ *de zonde v.d. hoogmoed* **1.3** in ~ of grease *slachtrijp, dik/groot genoeg om gejaagd te worden, jachtrijp;* in the ~ of one's youth *in de bloei van zijn jeugd* **1.¶** ~ of the morning *mist/bui in de vroege ochtend die een zonnige dag aankondigt;* ~ of place *eerste plaats, voorname positie; verwaandheid;* have/take ~ of place *aan de spits staan, nummer één zijn* **2.2** false ~ *misplaatste trots; ijdelheid;* proper ~ *fierheid, trots, eergevoel, zelfrespect* **3.¶** put one's ~ into one's pocket *zijn trots overwinnen;* swallow one's ~ *zijn trots inslikken* ⟨om iets te bereiken⟩.

'pride (up)on ⟨onov.ww.⟩ **0.1** ***prat gaan op*** ⇒*trots/fier zijn op, zich beroepen op, bogen op.*

prie-dieu ['pri:'djɜ:]⟨telb.zn.; ook prie-dieux [-'djɜ:z]; →mv. 5⟩ **0.1** ***knielbank*** ⇒*bidbank, bidstoel.*

pri·er, pry·er ['praɪə||-ər]⟨telb.zn.⟩ **0.1** ***gluurder*** **0.2** ***bemoeial*** ⇒*pottekijker.*

priest[1] [pri:st]⟨f3⟩⟨telb.zn.⟩ **0.1** ***priester*** ⇒*geestelijke;* ⟨R.-K. en Anglicaanse kerk⟩ *pastoor* **0.2** ⟨BE⟩ ***korte knuppel*** ⇒*houten hamer* ⟨om gevangen vis weidelijk te doden⟩ ◆ **2.1** high ~ *hogepriester, geestelijk leider.*

priest[2] ⟨ov.ww.; vnl. pass.⟩ **0.1** ***tot priester wijden.***

'priest·craft ⟨n.-telb.zn.⟩⟨pej.⟩ **0.1** ***priesterpolitiek*** ⇒*priesterintriges.*

priest·ess ['pri:stɪs]⟨f1⟩⟨telb.zn.⟩ **0.1** ***priesteres.***

priest·hood ['pri:sthʊd]⟨f1⟩⟨zn.⟩
I ⟨n.-telb.zn.⟩ **0.1** ***priesterschap*** ⇒*priesterambt, priesterstaat;*
II ⟨verz.n.; the⟩ **0.1** ***geestelijkheid*** ⇒*clerus, priesterschap.*

priest·less ['pri:stləs]⟨bn.⟩ **0.1** ***priesterloos.***

priest·like ['pri:stlaɪk], **priest·ly** ['pri:stli]⟨f1⟩⟨bn.⟩ **0.1** ***priesterlijk*** ⇒*sacerdotaal, zoals/van/voor een priester.*

priest·ling ['pri:stlɪŋ]⟨telb.zn.⟩ **0.1** ***priestertje.***

priest·ly ['pri:stli]⟨f1⟩⟨bn.; -ness; →bijw. 3⟩ **0.1** ***als/van een priester*** ⇒*priesterlijk* ◆ **1.1** ⟨bijb.⟩ Priestly code *wetsvoorschriften mbt. het priesterschap.*

'priest-rid·den ⟨bn.⟩ **0.1** ***onder de plak van priesters*** ⇒*door priesters beheerst/geterroriseerd.*

'priest's garb ⟨n.-telb.zn.⟩ **0.1** ***priestergewaad.***

'priest-'vic·ar ⟨telb.zn.⟩⟨Anglicaanse kerk⟩ **0.1** ***ondergeschikte kanunnik.***

prig[1] [prɪg]⟨f1⟩⟨telb.zn.⟩⟨pej.⟩ **0.1** ***pedant persoon*** ⇒*verwaande kwast, zedenprediker* **0.2** ⟨BE; sl.⟩ ***kruimeldief*** ⇒*jatmoos.*

prig[2] ⟨ov.ww.; →ww. 7⟩⟨BE; sl.⟩ **0.1** ***gappen*** ⇒*jatten.*

prig·ger·y ['prɪgəri], **prig·gism** ['prɪgɪzm]⟨n.-telb.zn.⟩ **0.1** ***belerend optreden*** ⇒*pedanterie, schoolmeesterachtigheid, verwaandheid.*

prig·gish ['prɪgɪʃ]⟨f1⟩⟨bn.; -ly; -ness⟩ **0.1** ***pedant*** ⇒*zelfvoldaan, schoolmeesterachtig, prekerig.*

prim[1] [prɪm]⟨telb.zn.⟩⟨plantk.⟩ **0.1** ***wilde liguster*** ⟨Ligustrum vulgare⟩ **0.2** ***haagliguster*** ⟨Ligustrum ovalifolium⟩.

prim[2] ⟨f2⟩⟨bn.; primmer; -ly; -ness; →compar. 7⟩ **0.1** ***keurig*** ⇒*net (jes), verzorgd* **0.2** ⟨pej.⟩ ***stijf*** ⇒*gemaakt* **0.3** ⟨pej.⟩ ***preuts*** ◆ **2.1** ~ and proper *keurig netjes.*

prim[3] ⟨f1⟩⟨ww.; →ww. 7⟩
I ⟨onov.ww.⟩ **0.1** ***het nufje uithangen*** ⇒*zich aanstellen, preuts/uit de hoogte doen;*
II ⟨ov.ww.⟩ **0.1** ***stijf samentrekken*** ⇒*tuiten* ⟨de lippen⟩, *een preutse uitdrukking geven aan* ⟨gezicht⟩ ◆ **5.1** ~ **up/out** *doen krullen, tuiten* ⟨de mond⟩; *opdirken, optutten.*

prim[4] ⟨afk.⟩ primary, primitive.

pri·ma ['pri:mə]⟨bn., attr.⟩ **0.1** ***eerst*** ⇒*hoofd-, prima* ◆ **1.1** ~ ballerina *prima ballerina;* ~ donna ⟨mv. ook prime donne⟩ *primadonna* ⟨vertolkster v.d. vr. hoofdrol in een opera⟩; ⟨fig.⟩ *bazig iemand, albedil;* play/sing ~ vista *van het blad/à vue spelen/zingen.*

pri·ma·cy ['praɪməsi]⟨zn.; →mv. 2⟩
I ⟨telb. en n.-telb.zn.⟩⟨kerk.⟩ **0.1** ***primaatschap*** ⇒*ambt/ambtsgebied van een primaat, kerkprovincie;*
II ⟨n.-telb.zn.⟩ **0.1** ***voorrang*** ⇒*vooraanstaande plaats, hoog belang.*

pri·m(a)e·val [praɪ'mi:vl]⟨f1⟩⟨bn.; -ly⟩ **0.1** ***oorspronkelijk*** ⇒*oer-* **0.2** ***oeroud*** ◆ **1.1** ~ forest *ongerept woud;* ~ ocean *oerzee.*

'prima 'fa·cie ⟨bw.⟩ **0.1** ***op het eerste gezicht*** ⇒*prima facie, a prima vista* ◆ **3.1** have ~ a good case *op het eerste gezicht sterke bewijzen/argumenten hebben.*

pri·ma-fa·cie ['praɪmə 'feɪʃi:]⟨bn., attr.⟩ **0.1** ⟨jur.⟩ ***voorlopig*** ⇒*voldoende aanwijzingen biedend voor een rechtsingang* **0.2** ***globaal*** ⇒*gebaseerd op een eerste indruk, oppervlakkig* ◆ **1.1** a good ~ case *een zaak met een sterke bewijslast;* ~ evidence *voorlopig bewijsmateriaal* **1.2** see a ~ reason for sth. *ergens wel een globale reden voor zien.*

prim·age ['praɪmɪdʒ]⟨telb. en n.-telb.zn.⟩⟨scheep.⟩ **0.1** ***kaplaken*** ⟨premie voor kapitein en bemanning⟩ ⇒*toeslag* ⟨op vracht⟩, *primage.*

pri·mal ['praɪml]⟨bn.; -ly⟩⟨schr.⟩ **0.1** ***oer-*** ⇒*oorspronkelijk, eerst* **0.2** ***voornaamst*** ⇒*hoofd-, primair.*

pri·ma·ri·ly ['praɪmrəli||praɪ'merəli]⟨f3⟩⟨bw.⟩ **0.1** →primary **0.2** ***hoofdzakelijk*** ⇒*voornamelijk, in de eerste plaats, in eerste instantie.*

pri·ma·ry[1] ['praɪmri||-meri]⟨f2⟩⟨telb.zn.; →mv. 2⟩ **0.1** ***hoofdzaak*** ⇒*beginsel, basis* **0.2** ⟨vnl. AE; pol.⟩ ***voorverkiezing*** **0.3** ***primaire kleur*** ⇒*grondkleur, hoofdkleur* **0.4** ⟨dierk.⟩ ***grote slagpen*** **0.5** ⟨elek.⟩ ***primaire stroom*** ⇒*primaire stroomkring/spanning/winding* **0.6** ⟨ster.⟩ ***hoofdplaneet*** **0.7** ⟨ster.⟩ ***kosmische straling*** ⇒*hoogtestraling* **0.8** ⟨gesch.⟩ ***primair tijdperk*** ◆ **2.2** open ~ *voorverkiezing waarin alle ingeschreven kiezers stemrecht hebben* **3.2** closed ~ *voorverkiezing waarin alleen kiezers v.e. bep. partij stemrecht hebben.*

primary[2] ⟨f3⟩⟨bn.⟩
I ⟨bn.⟩ **0.1** ***voornaamste*** ⇒*hoofd-* ◆ **1.1** ignorance is the ~ cause of racial hatred *onwetendheid is de hoofdoorzaak v. rassenhaat;* of ~ importance *van het allergrootste belang;*
II ⟨bn., attr.⟩ **0.1** ***primair*** ⇒*eerst, vroegst, oorspronkelijk, oer-* **0.2** ***elementair*** ⇒*grond-, basis-, hoofd-* ◆ **1.1** ⟨vnl. AE; pol.⟩ ~ election *voorverkiezing;* ⟨gesch.⟩ ~ period *het primair (tijdperk), oertijd* **1.2** ⟨taalk.⟩ ~ accent *hoofdklemtoon/accent;* ⟨med.⟩ ~ care *eerstelijnsgezondheidszorg;* ~ colour *primaire kleur, grondkleur, hoofdkleur;* ~ education *basisonderwijs;* the ~ meaning of a word *de grondbetekenis v.e. woord;* ⟨ster.⟩ ~ planet *hoofdplaneet;* ~ school *basisschool;* ⟨taalk.⟩ ~ stress *hoofdklemtoon/accent;* ⟨taalk.⟩ ~ tense *hoofdtijd* **1.¶** ⟨elek.⟩ ~ battery/cell *primair element;* ⟨elek.⟩ ~ coil *primaire winding;* ⟨dierk.⟩ ~ feather *grote slagpen;* ⟨ster.⟩ ~ radiation *primaire/kosmische straling, hoogtestraling;* ⟨beeld. k.⟩ ~ structure *primary structure, minimal sculpture;* ⟨beeld. k.⟩ ~ structurist *kunstenaar die primary structures/minimal sculptures maakt.*

'primary assembly, 'primary meeting ⟨telb.zn.⟩ **0.1** ***verkiezingsbijeenkomst*** ⟨voor het kiezen v. kandidaten⟩.

'primary health 'worker ⟨telb.zn.⟩⟨schr.⟩ **0.1** ***eerstelijnshulpverlener*** ⟨in derde wereld⟩.

pri·mate ['praɪmeɪt]⟨telb.zn.; vaak mv.⟩⟨dierk.⟩ **0.1** ***primaat.***

Primate ['praɪmət]⟨telb.zn.; ook p-⟩⟨kerk.⟩ **0.1** ***aartsbisschop*** ⇒*primaat, kerkvorst, kerkvoogd* ◆ **1.1** ~ of all England *aartsbisschop v. Canterbury;* ~ of England *aartsbisschop v. York.*

pri·mate·ship ['praɪmətʃɪp]⟨n.-telb.zn.⟩ **0.1** ***primaatschap.***

pri·ma·tial [praɪ'meɪʃl]⟨bn.⟩ **0.1** ⟨kerk.⟩ ***aartsbisschoppelijk*** **0.2** ⟨dierk.⟩ ***als/van/mbt. de primaten.***

pri·ma·to·lo·gi·cal ['praɪmətə'lɒdʒɪkl||-mət̬ə'lɑ-]⟨bn.⟩⟨dierk.⟩ **0.1** ***primatologisch.***

pri·mat·ol·o·gy ['praɪmə'tɒlədʒi||-'tɑ-]⟨n.-telb.zn.⟩⟨dierk.⟩ **0.1** ***primatologie.***

prime[1] [praɪm]⟨f2⟩⟨zn.⟩
I ⟨telb.zn.⟩ **0.1** ⟨wisk.⟩ ***priemgetal*** **0.2** ⟨druk.⟩ ***accent*** ⟨teken (′) ter onderscheiding v. identieke symbolen⟩ **0.3** ⟨schermen⟩ ***wering één*** **0.4** ⟨muz.⟩ ***prime*** ⇒*grondtoon, eenklank* **0.5** ⟨vaak P-⟩ ⟨R.-K.⟩ ***priem*** ⇒*prime, eerste getijde* ⟨eerste der kleine gebedsuren⟩;
II ⟨n.-telb.zn.; the⟩ **0.1** ⟨ben. voor⟩ ***hoogste volmaaktheid*** ⇒*bloei, bloeitijd/periode; levensbloei; toppunt, hoogtepunt; beste deel, puikje* **0.2** ⟨ben. voor⟩ ***oorspronkelijke toestand*** ⇒*begin (tijd), aanvang(sstadium), groei(periode); vroegste/eerste deel; jeugd; ochtend; lente* ◆ **1.1** in the ~ of grease *jachtrijp* ⟨vet, klaar om gejaagd te worden, v. wild⟩; many a soldier was cut off in the ~ of life *menig soldaat werd ons ontrukt in de kracht van zijn leven* **1.2** the ~ of the day *het ochtendgloren, de morgen;* the ~ of the year *het voorjaar, de lente* **3.1** cut off in its ~ *in de kiem gesmoord* ⟨v. plan⟩ **6.1** she's a stately appearance, though well **past** her ~ *ze is een statige verschijning, hoewel ze niet jong meer is* **6.2** though still **in** his ~ *hoewel hij nog onvolgroeid was.*

prime[2] ⟨f3⟩⟨bn., attr.; -ly; -ness⟩ **0.1** ***eerst*** ⇒*voornaamst, hoofd-* **0.2** ***uitstekend*** ⇒*prima, best, eersteklas, puik* **0.3** ***oorspronkelijk*** ⇒*fundamenteel, primair, grond-* ◆ **1.1** a matter of ~ importance *een zaak van het hoogste belang;* ⟨aardr.⟩ the ~ meridian *de nulmeridiaan;* ⟨ook P- M-⟩ ~ minister *eerste minister, minister-president, premier;* ~ ministership, ~ ministry *premierschap;* ~ motive *hoofdmotief;* ⟨ster.⟩ ~ vertical *eerste verticaal* **1.2** ~ cuts of beef *eerste kwaliteit rundvlees;* ~ quality *topkwaliteit, prima kwaliteit;* ⟨geldw.⟩ ~ rate *laagste rentevoet waartegen bij een bank geld geleend kan worden;* ~ time *prime time, zendtijd met de grootste luister/kijkdichtheid op radio/t.v.* **1.3** ~ cost *kostprijs, inkoopprijs;* ~ form *grondvorm, basisvorm;* ~ mover *oorspronkelijke krachtbron, energiebron, drijfkracht; drijfveer, grondoorzaak; aanstichter;* ⟨theol.⟩ *eerste beweger* **1.¶** ~ number *priemgetal, ondeelbaar getal.*

prime[3] ⟨f2⟩⟨ov.ww.⟩ →priming **0.1** ***klaarmaken*** *⇒prepareren, bewerken, van het nodige voorzien* **0.2** ***laden*** ⟨vuurwapen⟩ *⇒vullen, gereed maken, v.e. ontstekingslading/patroon voorzien* ⟨mijn⟩; ⟨gesch.⟩ *kruit doen in* ⟨de pan⟩ **0.3** ⟨tech.⟩ ***op gang brengen*** ⟨door ingieten v. water of olie⟩ *⇒voeden* ⟨pomp⟩, *injecteren* ⟨motor⟩, *opkoken* ⟨stoomketel⟩, *inspuiten* **0.4** ⟨vaak scherts.⟩ ***volstoppen*** ⟨pers.⟩ *⇒volgieten, dronken voeren* **0.5** ***inpompen*** ⟨kennis⟩ *⇒inlichten, instrueren, in de mond geven, africhten, volstouwen* **0.6** ***grondverven*** *⇒gronden, in de grondverf/olie, enz. zetten, van een grondlaag voorzien* ◆ **1.5** the witness has been ~d to say that! *dat hebben ze de getuige voorgekauwd!* **6.4** the infantry went to battle well ~d **with** beer and spirits *het voetvolk trok ten strijde met een flinke hoeveelheid bier en drank achter de kiezen* **6.5** ~ a computer **with** data *gegevens in een computer invoeren;* the President had been ~d **with** information *de president was terdege geïnformeerd.*

prim·er[1] ['praɪmə||-ər]⟨f1⟩⟨zn.⟩
I ⟨telb.zn.⟩ **0.1** ***slaghoedje*** *⇒percussiedop, ontstekingslading/patroon* **0.2** ***ruimnaald;***
II ⟨telb. en n.-telb.zn.⟩ **0.1** ***grondverf.***

primer[2] ['praɪmə, 'prɪmə||'prɪmər]⟨f1⟩⟨zn.⟩
I ⟨telb.zn.⟩ **0.1** ***eerste leesboek*** *⇒abc* **0.2** ***beknopte handleiding*** *⇒inleiding, boek voor beginners* **0.3** ⟨vaak P-⟩⟨gesch.⟩ ***gebedenboek voor leken;***
II ⟨telb. en n.-telb.zn.⟩⟨druk.⟩ **0.1** ***(soort) letterformaat*** ◆ **2.1** great ~ ⟨ong.⟩ *paragon, 18-punts;* long ~ ⟨ong.⟩ *dessendiaan, 10-punts.*

primeval →primaeval.

prim·ing ['praɪmɪŋ]⟨telb. en n.-telb.zn.; (oorspr.) gerund v. prime⟩ **0.1** ***instructie*** *⇒opdracht* **0.2** ***grondverf*** **0.3** ***suikerpreparaat*** ⟨om bij bier te voegen⟩ **0.4** ***ontstekingslading*** ⟨v. mijn, enz.⟩ **0.5** ***loopvuur*** ⟨naar een mijn, vuurwerk, enz.⟩ **0.6** ***kruit*** ⟨in de pan v.e. vuurwapen⟩ **0.7** ***versnelling v.d. getijden.***

'priming coat ⟨telb.zn.⟩ **0.1** ***grondlaag.***

pri·mip·a·ra [praɪ'mɪpərə]⟨telb.zn.; ook primiparae [-ri:]; →mv. 5⟩ ⟨med.⟩ **0.1** ***primipara*** *⇒priem* ⟨vrouw die voor het eerst zwanger is⟩.

pri·mip·a·rous [praɪ'mɪpərəs]⟨bn.⟩⟨med.⟩ **0.1** ***voor de eerste maal barend.***

prim·i·tive[1] ['prɪmət̬ɪv]⟨f1⟩⟨telb.zn.⟩ **0.1** ***primitief*** *⇒primitieve schilder/beeldhouwer* ⟨v. voor de Renaissance⟩, *naïeve schilder* **0.2** ***primitief werk*** *⇒primitief schilderij/beeldhouwwerk* ⟨v. voor de Renaissance⟩, *naïef schilderij* **0.3** ⟨taalk.⟩ ***stamwoord*** **0.4** ***primitief*** *⇒oorspronkelijke bewoner* ⟨lid v. primitieve stam/beschaving⟩ **0.5** ⟨P-⟩ ***Primitive Methodist*** ⟨lid v. in 1810 afgescheiden methodistische sekte⟩ ◆ **2.1** the Flemish ~s *de Vlaamse primitieven* ⟨de gebroeders v. Eyck, Memling, e.a.⟩.

primitive[2] ⟨f3⟩⟨bn.; -ly; -ness⟩ **0.1** ***primitief*** *⇒eenvoudig, niet ontwikkeld, simpel* **0.2** ⟨pej.⟩ ***niet comfortabel*** *⇒ouderwets, omslachtig, gebrekkig, primitief* **0.3** ***vroegst*** *⇒alleroudst* **0.4** ***primitief*** *⇒oorspronkelijk, natuur-, grond-;* ⟨archeologie⟩ *uit de vroegste periode, oer-;* ⟨geol.⟩ *primair;* ⟨taalk.⟩ *niet afgeleid, stam-* ◆ **1.2** our accommodation there will be simple, if not to say ~ *onze huisvesting daar zal eenvoudig zijn, om niet te zeggen gebrekkig* **1.3** the Primitive Church *vroeg-christelijke kerk* **1.4** ~ colour *grondkleur, primaire kleur;* ~ Germanic *Oergermaans;* ~ man and his tools *de oermens en zijn werktuigen;* Primitive Methodists *Primitive Methodists* ⟨in 1810 afgescheiden methodistische sekte⟩; ~ societies are fast disappearing *de natuurvolken zijn snel aan het verdwijnen.*

prim·i·tiv·ism ['prɪmət̬ɪvɪzm]⟨n.-telb.zn.⟩ **0.1** ***primitiviteit*** *⇒primitiefgedrag* **0.2** ***kunst v. voor de renaissance.***

pri·mo[1] ['pri:moʊ]⟨telb.zn.; ook primi [-mi]; →mv. 5⟩⟨muz.⟩ **0.1** ***voornaamste partij in een duet of stuk voor ensemble.***

primo[2] ['pri:moʊ, 'praɪ-]⟨bw.⟩ **0.1** ***primo*** *⇒ten eerste, op de eerste plaats.*

pri·mo·gen·i·tal ['praɪmoʊ'dʒenɪţl], **pri·mo·gen·i·tar·y** [-'dʒenɪtri||-teri]⟨bn.⟩ **0.1** ***eerstgeboorte-*** *⇒v./mbt. de primogenituur.*

pri·mo·gen·i·tor ['praɪmoʊ'dʒenɪtə||-nɪţər]⟨telb.zn.⟩ **0.1** ***voorvader*** **0.2** ***stamvader.***

pri·mo·gen·i·ture ['praɪmoʊ'dʒenɪtʃə||-ər]⟨n.-telb.zn.⟩ **0.1** ***status v. eerstgeborene*** **0.2** ***eerstgeboorterecht*** *⇒primogenituur* ◆ **1.1** right of ~ *eerstgeboorterecht, recht v. eerstgeboorte.*

pri·mor·di·al [praɪ'mɔ:dɪəl||-'mɔr-]⟨f1⟩⟨bn.; -ly⟩ **0.1** ***oorspronkelijk*** *⇒eerste, oer-, primordiaal* **0.2** ***fundamenteel*** *⇒hoofd-* ◆ **1.1** ~ soup *oersoep* ⟨mbt. evolutietheorie⟩.

pri·mor·di·al·i·ty [praɪ'mɔ:di'æləti||-mɔrdi'æləţi]⟨n.-telb.zn.⟩ **0.1** ***oorspronkelijkheid*** *⇒primordialiteit* **0.2** ***fundamentele positie.***

pri·mor·di·um [praɪ'mɔ:dɪəm||-'mɔr-]⟨telb.zn.; primordia [-dɪə]; →mv. 5⟩⟨biol.⟩ **0.1** ***primordium*** *⇒rudimentaire vorm* ⟨v. orgaan, ledemaat, enz.⟩.

primp [prɪmp]⟨ww.⟩
I ⟨onov.ww.⟩ **0.1** ***zich opdirken*** *⇒zich opsmukken* ◆ **3.1** ~ and preen *zich poesmooi maken;*
II ⟨ov.ww.⟩ **0.1** ***(overdreven) verzorgen*** *⇒(te) mooi maken.*

prim·rose ['prɪmroʊz]⟨f1⟩⟨zn.⟩
I ⟨telb.zn.⟩⟨plantk.⟩ **0.1** ***sleutelbloem*** ⟨Primula vulgaris⟩ **0.2** ***gewone teunisbloem*** ⟨Oenothera biennis⟩;
II ⟨n.-telb.zn.; vaak attr.⟩ **0.1** ***lichtgeel.***

'Primrose Day ⟨eig.n.⟩⟨BE⟩ **0.1** ***19 april*** ⟨sterfdag v. Disraeli⟩.

'Primrose 'League ⟨eig.n.⟩⟨BE⟩ **0.1** ***bond v. conservatieven ter nagedachtenis aan Disraeli.***

'primrose 'path, 'primrose 'way ⟨n.-telb.zn.; the⟩ **0.1** ***het pad v. plezier*** *⇒de weg v.h. vermaak* ⟨als discutabel levensdoel; naar Shakespeare⟩.

'primrose 'yellow ⟨n.-telb.zn.; vaak attr.⟩ **0.1** ***lichtgeel.***

pri·mu·la ['prɪmjʊlə||'prɪmjələ]⟨telb.zn.⟩⟨plantk.⟩ **0.1** ***primula*** *⇒sleutelbloem* ⟨genus Primula⟩.

pri·mum mo·bi·le ['praɪmʊm 'moʊbɪli||-'mɑbɪli]⟨n.-telb.zn.⟩ **0.1** ***oorspronkelijke krachtbron*** *⇒drijfkracht;* ⟨fig.⟩ *drijfveer, oorzaak, aanstichter* **0.2** ⟨Middeleeuwse ster.⟩ ***primum mobile.***

pri·mus[1] ['praɪməs]⟨telb.zn.⟩ **0.1** ***primus*** ⟨merknaam⟩ *⇒primusbrander/stel* **0.2** ***leidende bisschop v.d. episcopale kerk v. Schotland.***

primus[2] ⟨bn.⟩
I ⟨bn.⟩ **0.1** ***primus*** *⇒eerste* ◆ **¶.1** ⟨schr.⟩ the ~ inter pares *primus inter pares, de eerste onder zijns gelijken, de woordvoerder;*
II ⟨bn., post.⟩⟨school.⟩ **0.1** ***senior*** *⇒de oudste* ⟨ter onderscheiding v. leerlingen met dezelfde achternaam⟩ ◆ **1.1** Hopkins ~ *Hopkins senior.*

'primus stove ⟨telb.zn.⟩⟨merknaam⟩ **0.1** ***primus*** *⇒primusbrander/stel.*

prin ⟨afk.⟩ principal, principle.

prince [prɪns]⟨f3⟩⟨telb.zn.; vaak P-⟩⟨→sprw. 583⟩ **0.1** ***prins*** ⟨i.h.b. (klein)zoon v.e. koning(in)⟩ **0.2** ***vorst*** ⟨ook fig.⟩ *⇒heerser, landsheer* ⟨v.e. kleine staat⟩ ◆ **1.1** ~ of the blood *prins v. den bloede;* Hamlet, Prince of Denmark *Hamlet, Prins v. Denemarken;* it's like Hamlet without the Prince of Denmark *het is als hazepeper zonder haas;* Prince of Wales *Britse kroonprins, Prins v. Wales* **1.2** the ~ of the air *de duivel, satan;* ~ of the (Holy Roman) Church *kerkvorst;* the ~ of darkness *de vorst der duisternis, satan;* the Prince of Peace *de Vredevorst* ⟨Christus⟩; Shakespeare, the ~ of poets *Shakespeare, de prins der dichters;* the ~ of the/this world *de duivel, satan* **1.¶** Prince of Wales(') feathers *driedubbele struisveer* **2.1** ~ royal *kroonprins* **2.2** ruled by petty kings and ~s *geregeerd door kleine koningen en vorsten* **3.1** live like a ~/~s *leven als een prins/vorst, een prinsenleven leiden* **3.¶** he is my Prince Charming *hij is de prins v. mijn dromen, hij is mijn droomprins/toverprins.*

Prince Albert ['prɪns 'ælbət||-bərt]⟨telb.zn.⟩⟨AE⟩ **0.1** ***geklede herenjas.***

'prince 'bishop ⟨telb.zn.⟩ **0.1** ***prins-bisschop.***

'prince 'consort ⟨f1⟩⟨telb.zn.; princes consort; →mv. 6; the⟩ **0.1** ***prins-gemaal.***

prince·dom ['prɪnsdəm]⟨zn.⟩
I ⟨telb.zn.⟩ **0.1** ***prinsdom*** *⇒vorstendom;*
II ⟨n.-telb.zn.⟩ **0.1** ***prinselijke waardigheid.***

prince·kin ['prɪnskɪn], **prince·let** [-lɪt], **prince·ling** [-lɪŋ]⟨telb.zn.⟩ **0.1** ***prinsje*** *⇒prins/vorst v. weinig gezag/aanzien.*

prince·like ['prɪnslaɪk]⟨bn.⟩ **0.1** ***als/v.e. prins/vorst*** *⇒prinselijk, vorstelijk.*

prince·ly ['prɪnsli]⟨f1⟩⟨bn.; -er; -ness; →bijw. 3⟩ **0.1** ***prinselijk*** *⇒als/v.e. prins/vorst* **0.2** ***prinsheerlijk*** *⇒weelderig, vorstelijk* **0.3** ***koninklijk.***

'Prince 'Regent ⟨telb.zn.⟩ **0.1** ***prins-regent.***

'Prince 'Rupert's drops, 'Rupert's drops ⟨mv.⟩ **0.1** ***glastraan.***

'prince's 'feather ⟨telb.zn.⟩⟨plantk.⟩ **0.1** ***basterdamarant*** ⟨Amaranthus hybridus⟩ **0.2** ***oosterse duizendknoop*** ⟨Polygonum orientale⟩.

prince·ship ['prɪnsʃɪp]⟨n.-telb.zn.⟩ **0.1** ***prinselijke waardigheid.***

'prince's metal, 'Prince 'Rupert's metal ⟨n.-telb.zn.⟩⟨tech.⟩ **0.1** ***prinsmetaal*** *⇒Prins-Robertsmetaal, Ruprechts-metaal, (s)pinsbek.*

prin·cess[1] ['prɪn'ses||'prɪnsɪs]⟨f3⟩⟨telb.zn.; P-⟩ **0.1** ⟨vaak attr.⟩ ***prinses*** **0.2** ⟨vero.⟩ ***vorstin*** ◆ **1.1** ~ of the blood *prinses v. den bloede.*

princess[2], ⟨AE ook⟩ **prin·cesse** [prɪn'ses||'prɪnses]⟨bn., attr.⟩⟨mode⟩ **0.1** ***prinsessen-*** ⟨in lange ononderbroken lijnen v.d. schouders afhangend⟩ ◆ **1.1** ~ dress *prinsessenjurk, robe princesse* ⟨jurk voor jonge meisjes, met zeer hoge taille⟩; ~ line *prinsessenlijn;* ~ petticoat *onderjurk met zeer hoge taille.*

'Princess 'Regent ⟨telb.zn.⟩ **0.1** ***prinses-regentes.***

'princess 'royal ⟨telb.zn.; princesses royal; →mv. 6⟩ **0.1** ***kroonprinses*** **0.2** ⟨the⟩ ***titel v.d. oudste dochter v.d. Britse koning(in)***.

prin·ci·pal[1] ['prɪnsɪpl] ⟨f3⟩ ⟨telb.zn.⟩ **0.1** ***directeur/directrice*** *⇒patroon, chef(fin), baas/bazin* **0.2** ***hoofd(persoon)*** ⇒⟨vaak mv.⟩ *hoofdrolspelers,* ⟨muz.⟩ *hoofduitvoerenden* **0.3** ⟨P-⟩ ⟨school.⟩ ***schoolhoofd*** *⇒rector/rectrix, directeur/directrice* **0.4** ⟨geldw.⟩ ***kapitaal*** *⇒hoofdsom, geleende som* **0.5** ⟨jur.⟩ ***schuldige*** *⇒dader* **0.6** ⟨jur.⟩ ***lastgever*** *⇒volmachtgever, principaal,* ⟨vaak mv.⟩ *opdrachtgevers; persoon voor wie iem. anders borg staat* **0.7** ⟨bouwk.⟩ ***hoofdbalk*** *⇒kapspant* **0.8** ⟨gesch.⟩ ***duellist*** *⇒principaal* **0.9** ⟨orgel⟩ ***principaalbas*** ◆ **1.5** ~ in the first degree *hoofdschuldige, hoofddader;* ~ in the second degree *mededader, medeschuldige, handlanger.*

principal[2] ⟨f3⟩ ⟨bn., attr.⟩ **0.1** ***voornaamste*** *⇒hoofd-, belangrijkste, principaal* ◆ **1.1** ⟨taalk.⟩ ~ clause *hoofdzin;* ⟨geldw.⟩ ~ money/sum *hoofdsom* ⟨v.e. lening⟩; ⟨taalk.⟩ the ~ parts *de stamtijden, de hoofdtijden* ⟨v.e. werkwoord⟩; ⟨taalk.⟩ ~ sentence *hoofdzin* **1.¶** ⟨pantomime⟩ the ~ boy *mannelijke hoofdrol, held* ⟨gewoonlijk gespeeld door een actrice⟩; the ~ girl *vrouwelijke hoofdrol, heldin.*

prin·ci·pal·i·ty [prɪnsɪ'pæləṭi] ⟨f1⟩ ⟨zn.; →mv. 2⟩
I ⟨eig.n.; P-; the⟩ **0.1** ***Wales;***
II ⟨telb.zn.⟩ **0.1** ***prinselijke/vorstelijke waardigheid/titel*** **0.2** ***prinsdom/vorstendom;***
III ⟨mv.; principalities; ook P-⟩ ⟨bijb.⟩ **0.1** ***Vorsten*** ⟨zevende der negen engelenkoren⟩.

prin·ci·pal·ly ['prɪnsɪpli] ⟨f2⟩ ⟨bw.⟩ **0.1** ***voornamelijk*** *⇒hoofdzakelijk, in de eerste plaats.*

prin·ci·pal·ship ['prɪnsɪplʃɪp] ⟨telb. en n.-telb.zn.⟩ **0.1** ***rectoraat*** *⇒directeurschap, ambt/waardigheid v. schoolhoofd.*

prin·cip·ate ['prɪnsɪpət‖-peɪt] ⟨telb.zn.⟩ **0.1** ⟨gesch.⟩ ***principaat*** **0.2** ***prinsdom/vorstendom.***

prin·ci·ple ['prɪnsɪpl] ⟨f3⟩ ⟨zn.⟩
I ⟨telb.zn.⟩ **0.1** ***(grond)beginsel*** *⇒principe, uitgangspunt, theorie, (natuur)wet* **0.2** ***bestanddeel*** *⇒element* ◆ **1.1** Archimedes' ~ *de wet v. Archimedes;* one of the ~s of this dictionary is thorough grammatical information *degelijke grammaticale informatie is een v.d. uitgangspunten van dit woordenboek;* the ~ of freedom of speech *het grondbeginsel v.d. vrijheid v. meningsuiting;* the ~ of relativity *de relativiteitstheorie* **2.2** curiosity is an active ~ of human behaviour *de nieuwsgierigheid vormt een basiskracht v.h. menselijk gedrag* **3.1** built on the same ~ *geconstrueerd volgens hetzelfde principe* **6.1 in** ~ *in principe/beginsel, in het algemeen genomen;* I agree **in** ~ *op zich ben ik het ermee eens* **7.1** the first ~s of mechanics *de grondbeginselen der mechanica* **7.2** water is the first ~ of all things *water is het basisbestanddeel v. alle dingen;*
II ⟨telb. en n.-telb.zn.⟩ **0.1** ***principe*** *⇒(morele) stelregel, gedragscode, beginsel* ◆ **1.1** a man of ~ *een principieel man* **2.1** s.o. of high ~ *iem. met hoogstaande principes* **3.¶** live up/stick to one's ~s *aan zijn principes vasthouden* **6.1** a decision based **on** ~, not judgment *een besluit gebaseerd op principes, niet op oordeelsvorming;* **on** ~ *principieel, uit beginsel;* he refused **on** the ~ that it was beyond his responsibility *hij weigerde onder het motto dat het buiten zijn verantwoordelijkheid lag.*

prin·ci·pled ['prɪnsɪpld] ⟨bn.⟩ **0.1** ***principieel*** *⇒met principes* ◆ **2.1** a high ~ man *een man met hoogstaande principes.*

prink [prɪŋk] ⟨ww.⟩
I ⟨onov.ww.⟩ **0.1** ***zich mooi maken*** *⇒zich opdirken/tooien* ◆ **5.1** ~ **up** *zich chic kleden, zich opsmukken;*
II ⟨ov.ww.⟩ **0.1** ***mooi maken*** *⇒opdoffen, optutten* ◆ **1.1** the duck is ~ing its feathers *de eend zit zijn veren glad te strijken* **4.1** ~ o.s. up *zich optooien.*

print[1] [prɪnt] ⟨f3⟩ ⟨zn.⟩
I ⟨telb.zn.⟩ **0.1** ***afdruk*** *⇒indruk, opdruk* **0.2** ⟨beeld. k.⟩ ***prent*** *⇒plaat* **0.3** ***(foto)afdruk*** *⇒reproduktie* **0.4** ***stempel*** *⇒vorm* **0.5** ***gedrukt exemplaar*** *⇒krant, blad* **0.6** ⟨vnl. mv.⟩ ⟨sl.⟩ ***vingerafdruk*** ◆ **1.1** a ~ of a tyre *een bandespoor* **2.1** poverty had left its sad ~ on their faces *de armoede had op hun gezicht zijn droeve sporen nagelaten;*
II ⟨telb. en n.-telb.zn.; als n.-telb.zn. vaak attr.⟩ **0.1** ***(bedrukt) katoentje*** *⇒patroon, (jurk v.) met een patroon bedrukt katoen;*
III ⟨n.-telb.zn.⟩ ⟨druk.⟩ **0.1** ***druk*** *⇒gedrukte tekst/letters, (druk) letters* **0.2** ***druk*** *⇒het drukken, gedrukte vorm* **0.3** ***uitgave*** *⇒oplage* ◆ **3.¶** rush into ~ *een (voorbarig) ingezonden stuk schrijven; (te) snel publiceren, naar de pers hollen* **6.2 in** ~ *gedrukt, in druk; verkrijgbaar, niet uitverkocht;* appear **in** ~ *publikaties/een publikatie op zijn naam hebben, publiceren* ⟨v. auteur⟩; **out of** ~ *uitverkocht, niet meer in de handel.*

print[2] ⟨f3⟩ ⟨ww.⟩ →printing
I ⟨onov. en ov.ww.⟩ **0.1** ***drukken*** *⇒afdrukken;* ⟨comp.⟩ *printen* **0.2** ***publiceren*** *⇒schrijven, laten drukken, in druk uitgeven* **0.3** ***in/met blokletters/drukletters (op)schrijven*** **0.4** ***(be)stempelen*** **0.5** ⟨sl.⟩ ***vingerafdrukken nemen*** ◆ **1.1** ~ed papers *drukwerk* **5.1** ~ **out** *een print-out/uitdraai maken (van), uitdraaien, printen* **6.1** ~ **with** a seal **in** wax *een zegelafdruk maken in was* **9.3** please ~ *a.u.b. blokletters gebruiken;*
II ⟨ov.ww.⟩ **0.1** ***een afdruk maken van*** *⇒afdrukken* ⟨ook foto.⟩ **0.2** ***bedrukken*** ⟨stof, aardewerk, enz.⟩ **0.3** ***inprenten*** *⇒(in het geheugen) griffen* ◆ **1.2** ⟨elek.⟩ ~ed circuit *gedrukte bedrading* **5.1** ~ **off** *afdrukken* ⟨foto's⟩; *drukken* ⟨boekenoplage⟩ **6.1** ~ sth. **in/on** *een afdruk v. iets maken/nalaten in/op* **6.3** ~ed **in** his memory *in zijn geheugen gegrift.*

print·a·ble ['prɪnṭəbl] ⟨bn.⟩ **0.1** ***geschikt om gedrukt te worden*** *⇒publicabel* **0.2** ***geschikt om van te drukken.***

'print 'dress ⟨telb.zn.⟩ **0.1** ***katoentje*** *⇒katoenen jurk* ⟨met opdruk⟩.

'printed mat·ter ⟨f1⟩ ⟨n.-telb.zn.⟩ **0.1** ***drukwerk.***

print·er ['prɪntə‖'prɪnṭər] ⟨f2⟩ ⟨telb.zn.⟩ **0.1** ***(boek)drukker*** **0.2** ⟨comp.⟩ ***printer*** *⇒afdrukeenheid.*

'printer's 'devil ⟨telb.zn.⟩ **0.1** ***drukkersjongen*** *⇒jongste bediende* ⟨in een drukkerij⟩.

'printer's 'error ⟨f1⟩ ⟨telb.zn.⟩ **0.1** ***drukfout*** *⇒zetfout.*

'printer's mark ⟨telb.zn.⟩ **0.1** ***drukkersmerk.***

'printer's 'pie ⟨telb.zn.⟩ **0.1** ***pastei*** ⟨door elkaar geraakt zetsel⟩.

'printer's 'proof ⟨telb.zn.⟩ **0.1** ***drukproef*** *⇒proefzetsel.*

'printer's 'ream ⟨telb.zn.⟩ **0.1** ***riem*** ⟨516 vel papier⟩.

print·er·y ['prɪnṭəri] ⟨telb.zn.; →mv. 2⟩ ⟨AE⟩ **0.1** ***drukkerij*** **0.2** ***katoendrukkerij.***

print·ing ['prɪnṭɪŋ] ⟨f2⟩ ⟨zn.; (oorspr.) gerund v. print⟩
I ⟨telb.zn.⟩ **0.1** ***oplage*** *⇒druk* ◆ **7.1** the first ~ of a book *de eerste druk v.e. boek;*
II ⟨n.-telb.zn.⟩ **0.1** ***het drukken*** *⇒(boek)drukkunst* **0.2** ***blokletters.***

'printing ink, 'printer's ink ⟨n.-telb.zn.⟩ **0.1** ***drukinkt.***

'printing office ⟨telb.zn.⟩ **0.1** ***drukkerij.***

'printing press, 'printing machine ⟨f1⟩ ⟨telb.zn.⟩ **0.1** ***drukpers.***

'printing works ⟨verz.n.⟩ **0.1** ***drukkerij.***

'print journalism ⟨n.-telb.zn.⟩ **0.1** ***(de) schrijvende pers.***

'print-out ⟨telb.zn.⟩ ⟨comp.⟩ **0.1** ***uitdraai*** *⇒print-out.*

'print press ⟨n.-telb.zn.; the⟩ **0.1** ***(de) schrijvende pers.***

'print-sell·er ⟨telb.zn.⟩ **0.1** ***handelaar in prenten/etsen*** ⟨e.d.⟩.

'print-shop ⟨telb.zn.⟩ **0.1** ***handel in prenten/etsen*** ⟨e.d.⟩ **0.2** ***(kleine) drukkerij.***

'print wheel ⟨telb.zn.⟩ **0.1** ***margrietwiel(tje)*** ⟨op schrijfmachine, printer⟩.

'print-works ⟨mv.; ww. vnl. enk.⟩ **0.1** ***katoendrukkerij.***

pri·or[1] ['praɪə‖-ər] ⟨f1⟩ ⟨telb.zn.; vaak P-⟩ ⟨kerk.⟩ **0.1** ***prior.***

prior[2] ⟨f3⟩ ⟨bn.; bw.⟩ **0.1** ***vroeger*** *⇒eerder, voorafgaand, ouder, oudst, eerst* **0.2** ***prioritair*** *⇒preferent* ◆ **6.1** ⟨schr.⟩ ~ **to** *voor, voorafgaand aan, eerder dan.*

pri·or·ate ['praɪərət] ⟨telb.zn.⟩ ⟨kerk.⟩ **0.1** ***prioraat*** *⇒priorschap* **0.2** ***priorij.***

pri·or·ess ['praɪərɪs] ⟨telb.zn.; vaak P-⟩ ⟨kerk.⟩ **0.1** ***priores.***

pri·or·i·tize, -tise [praɪ'ɒrətaɪz‖-'ɔ-] ⟨ww.⟩
I ⟨onov.ww.⟩ **0.1** ***prioriteiten stellen;***
II ⟨ov.ww.⟩ **0.1** ***prioriteit geven aan*** *⇒prioriteren, prioriteiten vaststellen voor.*

pri·or·i·ty [praɪ'ɒrəti‖-'ɔrəṭi] ⟨f3⟩ ⟨zn.; →mv. 2⟩
I ⟨telb.zn.⟩ **0.1** ***prioriteit*** ◆ **3.1** get your priorities right *de juiste prioriteiten stellen* **7.1** the maintenance of peace is our first ~ *de handhaving v.d. vrede gaat bij ons voor alles;*
II ⟨n.-telb.zn.⟩ **0.1** ***voorrang*** *⇒prioriteit* ◆ **3.1** give ~ at a crossroads *voorrang verlenen op een kruising;* give ~ to *voorrang geven aan.*

pri·or·ship ['praɪəʃɪp‖-ər-] ⟨telb.zn.⟩ ⟨kerk.⟩ **0.1** ***prioraat*** *⇒priorschap.*

pri·or·y ['praɪəri] ⟨telb.zn.; vaak P-; →mv. 2⟩ ⟨kerk.⟩ **0.1** ***priorij.***

prise[1] [praɪz] ⟨n.-telb.zn.⟩ ⟨vnl. BE⟩ **0.1** ***hefkracht*** *⇒greep, vat.*

prise[2] ⟨ov.ww.⟩ ⟨vnl. BE⟩ **0.1** ***lichten*** *⇒openbreken, wrikken, forceren* ◆ **5.¶** ~ **out** *los/uitpeuteren, uit/weghalen;* ⟨fig.⟩ *afhandig maken, ontfutselen, bemachtigen.*

prism ['prɪzm] ⟨f1⟩ ⟨telb.zn.⟩ ⟨meetkunde, optiek⟩ **0.1** ***prisma.***

pris·mal ['prɪzməl] ⟨bn.⟩ **0.1** ***prismatisch*** *⇒van/mbt. het prisma.*

pris·ma·tic [prɪz'mæṭɪk], **pris·mat·i·cal** [-ɪkl] ⟨bn.; -al(ly); →bijw. 3⟩ **0.1** ***prismatisch*** *⇒mbt. een prisma* ◆ **1.1** ~ binoculars *prismakijker;* ~ colours *prismatische kleuren.*

'prism binoculars ⟨mv.⟩ **0.1** ***prismakijker.***

pris·moid ['prɪzmɔɪd] ⟨telb.zn.⟩ **0.1** ***prismoïde.***

pris·moi·dal [prɪz'mɔɪdl] ⟨bn.⟩ **0.1** ***van/als/mbt. een prismoïde.***

pris·on[1] ['prɪzn] ⟨f3⟩ ⟨zn.⟩
I ⟨telb.zn.⟩ **0.1** ***gevangenis*** ◆ **1.1** ~ without bars *open gevangenis*

/inrichting;
II ⟨n.-telb.zn.⟩ **0.1** ***gevangenisstraf.***
prison² ⟨ov.ww.⟩ ⟨schr.⟩ **0.1** ***gevangen zetten.***
'pris·on-bird ⟨telb.zn.⟩ ⟨inf.⟩ **0.1** ***bajesklant*** *⇒boef.*
'pris·on-break·ing ⟨n.-telb.zn.⟩ **0.1** ***het uitbreken*** *⇒ontsnapping.*
'prison camp ⟨telb.zn.⟩ **0.1** ***interneringskamp*** *⇒gevangen(en) kamp.*
pris·on·er ['prɪznə‖-ər] ⟨f3⟩ ⟨telb.zn.⟩ **0.1** ***gevangene*** *⇒gedetineerde* ◆ **1.1** ~ at the bar *iem. die in voorlopige hechtenis zit, verdachte;* ~ of conscience *gewetensgevangene;* ~ of State *staatsgevangene;* ~ of war *krijgsgevangene* **3.1** keep s.o. ~ *iem. gevangen houden / vasthouden;* make / take ~ *gevangen nemen.*
'prisoners' 'bars, 'prisoners' 'base ⟨n.-telb.zn.⟩ **0.1** ⟨ong.⟩ ***diefje-met-verlos*** ⟨kinderspel⟩.
'prison fever ⟨telb. en n.-telb.zn.⟩ **0.1** ***tyfus.***
'prison-house ⟨telb.zn.⟩ ⟨schr.⟩ **0.1** ***gevangenis*** *⇒gevangenhuis.*
'prison van ⟨telb.zn.⟩ **0.1** ***gevangenwagen*** *⇒celwagen.*
'prison 'visitor ⟨telb.zn.⟩ **0.1** ***gevangenbezoeker.***
pris·sy ['prɪsi] ⟨f1⟩ ⟨bn.; -er; -ly; -ness; →bijw. 3⟩ **0.1** ***nuffig*** *⇒preuts, gemaakt, stijf.*
pris·tine ['prɪsti:n] ⟨bn., attr.⟩ ⟨schr.⟩ **0.1** ***oorspronkelijk*** *⇒authentiek, eerst, voormalig, oer-* **0.2** ***ongerept*** *⇒zuiver.*
prith·ee ['prɪði] ⟨tussenw.⟩ ⟨vero.⟩ **0.1** ***zo 't u behaagt*** *⇒wees zo goed om, gelieve* ◆ **¶.1** save us, ~, from distress *red ons toch uit deze nood.*
priv ⟨afk.⟩ private.
pri·va·cy ['prɪvəsi‖'praɪ-] ⟨f2⟩ ⟨n.-telb.zn.⟩ **0.1** ***afzondering*** *⇒eenzaamheid* **0.2** ***geheimhouding*** *⇒terughoudendheid, stilte, beslotenheid* **0.3** ***privacy*** *⇒privésfeer, persoonlijke levenssfeer.*
pri·vate¹ ['praɪvət] ⟨f2⟩ ⟨zn.⟩
I ⟨telb.zn.; vnl. P-⟩ **0.1** ***soldaat*** *⇒militair* ⟨zonder rang⟩;
II ⟨mv.; ~s⟩ **0.1** ⟨euf.⟩ ***geslachtsdelen*** **0.2** ⟨sl.⟩ ***particuliere woningen.***
private² ⟨f4⟩ ⟨bn.; -ly; -ness⟩
I ⟨bn.⟩ **0.1** ***besloten*** *⇒afgezonderd, teruggetrokken* **0.2** ***vertrouwelijk*** *⇒geheim, heimelijk, onbespied* ◆ **1.1** ~ celebration *viering in familiekring;* ⟨AE; jur.⟩ ~ company *besloten vennootschap;* the funeral was strictly ~ *de teraardebestelling heeft in stilte plaatsgehad;* ~ hotel *familiehotel;* she's a very ~ kind of person *ze is erg op zichzelf;* ~ meeting / assembly *vergadering achter gesloten deuren;* ~ spot *rustig plekje* **1.2** ~ conversation *gesprek onder vier ogen* **1.¶** ⟨euf.⟩ ~ parts *geslachtsdelen* **3.2** keep this ~ *hou dit voor je(zelf) / onder ons;* the incident was kept ~ *het voorval werd binnenskamers gehouden* **6.2** **in** ~ *in het geheim, in stilte, alleen, in afzondering, in het particuliere leven, privé;*
II ⟨bn., attr.⟩ **0.1** ***particulier*** *⇒niet openbaar / publiek, privé, privaat;* ⟨op bus enz.⟩ *geen dienst* **0.2** ***persoonlijk*** *⇒eigen, apart, bijzonder* **0.3** ***ambteloos*** *⇒niet officieel* ◆ **1.1** ⟨com.⟩ ~ branch exchange *huis(telefoon)centrale;* ~ enterprise *particuliere onderneming;* ⟨fig.⟩ *ondernemingslust, particulier initiatief;* ~ house *woonhuis; privé-adres;* ⟨jur.⟩ ~ law *privaatrecht;* ~ life *privéleven, buitenambtelijk leven;* Dr. Archibald Barry, Arch in his ~ life *Dr. Archibald Barry, in het dagelijkse leven Arch / Arch voor zijn vrienden;* ~ property *privé / particulier eigendom, eigen terrein;* ~ sale *onderhandse verkoop;* ~ school *particuliere / bijzondere school* **1.2** ⟨geldw.⟩ ~ account *privérekening;* ~ act / bill / statute *wet(sontwerp) ten behoeve van één persoon / onderneming;* ~ detective *privédetective;* ~ press *kleine / particuliere uitgeverij, éénmansuitgeverij;* ~ secretary *privé-secretaris / secretaresse, particulier secretaris / secretaresse* **1.3** ~ individual / person *particulier, ambteloos burger* **1.¶** ~ eye *privé-detective;* ~ means *inkomsten anders dan uit loon;* ~ member *gewoon lid v.h. Lagerhuis* ⟨zonder regeringsfunctie⟩; ~ member's bill *initiatiefwetsontwerp;* ⟨med.⟩ ~ patient *particulier patiënt;* ⟨med.⟩ ~ practice *particuliere praktijk;* ~ soldier *gewoon soldaat* ⟨zonder rang⟩; ~ view *persoonlijke mening; vernissage;* ~ war *familievete;* ⟨telegrafie⟩ ~ wire *eigen lijn, privéverbinding / lijn;* ⟨jur.⟩ ~ wrong *overtreding in de privaatrechtelijke sfeer.*
pri·va·teer¹ ['praɪvə'tɪə‖-'tɪr] ⟨telb.zn.⟩ **0.1** ***kaper(schip)*** **0.2** ***kaperkapitein*** **0.3** ⟨vaak mv.⟩ ***kaper*** *⇒bemanningslid v.e. kaperschip.*
privateer² ⟨onov.ww.⟩ **0.1** ***ter kaap varen*** *⇒de kaapvaart beoefenen.*
pri·va·teers·man ['praɪvə'tɪəzmən‖-'tɪrz-] ⟨telb.zn.; privateersmen [-mən]; →mv. 3⟩ **0.1** ***kaperkapitein*** **0.2** ***kaper*** *⇒bemanningslid v.e. kaperschip.*
'private first 'class ⟨telb.zn.; privates first class; →mv. 6⟩ ⟨AE⟩ **0.1** ***soldaat eerste klas.***
pri·va·tion [praɪ'veɪʃn] ⟨telb. en n.-telb.zn.⟩ **0.1** ***ontbering*** *⇒gebrek, gemis, verlies.*
pri·vat·ism ['praɪvətɪzm] ⟨n.-telb.zn.⟩ **0.1** ***het nastreven v. privacy.***
pri·vat·is·tic ['praɪvə'tɪstɪk] ⟨bn.⟩ **0.1** ***publiciteitsschuw*** *⇒in zichzelf gekeerd, teruggetrokken.*
priv·a·tive¹ ['prɪvət̬ɪv] ⟨telb.zn.⟩ ⟨taalk.⟩ **0.1** ***privatief.***
privative² ⟨bn.; -ly⟩ **0.1** ⟨schr.⟩ ***berovend*** **0.2** ⟨taalk.⟩ ***privatief*** *⇒ontkennend, negatief.*
pri·vat·i·za·tion, -sa·tion ['praɪvətaɪ'zeɪʃn‖-vət̬ə-] ⟨n.-telb.zn.⟩ **0.1** ***privatisering*** *⇒overheveling naar de privé-sector.*
pri·vat·ize, -ise ['praɪvətaɪz] ⟨ov.ww.⟩ **0.1** ***privatiseren.***
priv·et ['prɪvɨt] ⟨n.-telb.zn.⟩ ⟨plantk.⟩ **0.1** ***liguster*** ⟨Ligustrum vulgare / ovalifolium⟩.
'priv·et-hawk ⟨telb.zn.⟩ ⟨dierk.⟩ **0.1** ***ligusterpijlstaart*** ⟨Sphinx ligustri⟩.
priv·i·lege¹ ['prɪv(ɨ)lɪdʒ] ⟨f3⟩ ⟨zn.⟩
I ⟨telb.zn.⟩ **0.1** ***voorrecht*** *⇒privilege, (bijzonder) recht* **0.2** ⟨AE; geldw.⟩ ***optie*** ◆ **3.1** grant the ~ of levying toll *het privilege v. tolheffing verlenen;* I have the ~ of welcoming you here *het is mij een voorrecht u hier te verwelkomen* **¶.1** it's a ~ *zeer vereerd;*
II ⟨telb. en n.-telb.zn.⟩ ⟨BE; pol.⟩ **0.1** ***onschendbaarheid*** *⇒immuniteit* ◆ **1.1** breach of ~ *inbreuk op de parlementaire gedragsregels;*
III ⟨n.-telb.zn.⟩ **0.1** ***bevoorrechting*** *⇒begunstiging.*
privilege² ⟨f2⟩ ⟨ov.ww.⟩ **0.1** ***bevoorrechten*** *⇒privilegiëren, een privilege verlenen* **0.2** ***machtigen*** *⇒toestaan* **0.3** ***vrijstellen*** *⇒vrijwaren* ◆ **1.3** ⟨jur.⟩ ~d communication *vertrouwelijke mededeling* ⟨gevrijwaard v. gerechtelijke toetsing⟩ **6.3** ~d **from** arrest *v. aanhouding gevrijwaard* **¶.1** we are ~d to give the floor to our guest *wij hebben de eer onze gast het woord te geven.*
priv·i·ty ['prɪvət̬i] ⟨telb. en n.-telb.zn.; →mv. 2⟩ ⟨jur.⟩ **0.1** ***medeweten*** **0.2** ***betrokkenheid*** ⟨v. partijen, als door verwantschap, enz.⟩.
priv·y¹ ['prɪvi] ⟨telb.zn.; →mv. 2⟩ **0.1** ⟨jur.⟩ ***betrokkene*** *⇒belanghebbende (partij)* **0.2** ⟨vero.⟩ ***latrine*** *⇒privaat, secreet.*
privy² ⟨f1⟩ ⟨bn.; -ly; →bijw. 3⟩
I ⟨bn., attr.⟩ ⟨vero., beh. in officiële benamingen⟩ **0.1** ***verborgen*** *⇒geheim* ◆ **1.1** ⟨gesch.⟩ ~ chamber *geheim kabinet* ⟨in een paleis⟩ **1.¶** Privy Council *Geheime Raad* ⟨adviesraad v.d. Britse koning(in)⟩; Privy Councillor / Counsellor *Lid v.d. Geheime Raad* ⟨nu vnl. eretitel⟩; ~ parts *geslachtsdelen;* ⟨BE⟩ Privy Purse *civiele lijst;* ⟨BE⟩ Privy Seal *geheimzegel;* ⟨BE⟩ Lord Privy Seal *Lord Zegelbewaarder;*
II ⟨bn., pred.⟩ ⟨schr.⟩ **0.1** ***ingewijd*** *⇒ingelicht* ◆ **6.1** ~ **to** *ingewijd in, bekend met;* be ~ **to** *afweten van, op de hoogte zijn van.*
prize¹ [praɪz] ⟨f3⟩ ⟨zn.⟩
I ⟨telb.zn.⟩ **0.1** ⟨vaak attr.⟩ ***prijs*** *⇒beloning* **0.2** ⟨gesch.⟩ ***prijs (schip)*** *⇒(oorlogs)buit* **0.3** ***meevaller*** *⇒buitenkansje, koopje* ◆ **1.1** the ~s of life *dat wat het leven de moeite waard maakt* **3.2** become ~ *buitgemaakt worden;* make ~ of *prijs maken, buitmaken, kapen;*
II ⟨n.-telb.zn.⟩ **0.1** ***hefkracht*** *⇒greep, vat.*
prize² ⟨f2⟩ ⟨ov.ww.⟩ **0.1** ***waarderen*** *⇒hoog schatten, op prijs stellen, koesteren* **0.2** ***op waarde schatten*** **0.3** ⟨gesch.⟩ ***prijs maken*** ⟨schip⟩ *⇒opbrengen;* ⟨fig.⟩ *buitmaken* **0.4** ***lichten*** *⇒openbreken* ⟨met een werktuig⟩, *wrikken* ◆ **5.4** ~ **off** the lid with your fingers *wip het deksel eraf met je vingers;* →prize **out;** ~ **up** the cover *het deksel lichten* **6.4** ~ the top **off** the case with a crowbar *het deksel van de kist forceren met een breekijzer.*
'prize 'blunder ⟨telb.zn.⟩ ⟨scherts.⟩ **0.1** ***flater v. jewelste.***
'prize 'cow ⟨telb.zn.⟩ **0.1** ***bekroonde koe.***
'prize cup ⟨telb.zn.⟩ **0.1** ***wedstrijdbeker*** *⇒prijsbokaal.*
'prize day ⟨telb.zn.⟩ **0.1** ***prijsuitreikingsdag*** ⟨op scholen⟩.
'prize fellow ⟨telb.zn.⟩ ⟨BE⟩ **0.1** ***lid v.e college toegelaten wegens uitmuntende examenresultaten.***
'prize fellowship ⟨telb.zn.⟩ ⟨BE⟩ **0.1** ***lidmaatschap v.e. college als beloning voor uitmuntende examenresultaten.***
'prize fight ⟨telb.zn.⟩ ⟨gesch.⟩ **0.1** ***vuistgevecht*** *⇒bokswedstrijd* ⟨voor geld⟩.
'prize fighter ⟨telb.zn.⟩ ⟨gesch.⟩ **0.1** ***vuistvechter*** *⇒(beroeps)bokser.*
'prize fighting ⟨n.-telb.zn.⟩ ⟨gesch.⟩ **0.1** ***het vuistvechten*** *⇒het boksen* ⟨voor geld⟩.
'prize 'joke ⟨telb.zn.⟩ ⟨scherts.⟩ **0.1** ***prima mop*** *⇒eerste-klas grap.*
prize·man ['praɪzmən] ⟨telb.zn.; prizemen [-mən]; →mv. 3⟩ **0.1** ***prijswinnaar.***
'prize money ⟨n.-telb.zn.⟩ **0.1** ⟨gesch.⟩ ***prijsgeld*** ⟨opbrengst v.e. prijsschip⟩ *⇒(aandeel in de) opbrengst* **0.2** ***prijzengeld.***
'prize 'out ⟨ov.ww.⟩ **0.1** ***los / uitpeuteren*** *⇒uit / weghalen;* ⟨fig.⟩ *afhandig maken* ◆ **1.1** ~ this information *deze inlichtingen bemachtigen* **6.1** prize a nail **out of** a tyre *een spijker uit een band peuteren;* prize the secret **out of** him *hem het geheim ontfutselen.*
'prize ring ⟨zn.⟩
I ⟨telb.zn.⟩ **0.1** ***ring*** ⟨voor het vuistvechten⟩;
II ⟨n.-telb.zn.; the⟩ **0.1** ***(het) vuistvechten*** *⇒(het) boksen* ⟨voor geld⟩.
'prize·win·ner ⟨f1⟩ ⟨telb.zn.⟩ **0.1** ***prijswinnaar.***

'prize-win·ning ⟨bn.⟩ **0.1** ***bekroond*** ⇒*winnend*.

P'R man ⟨f1⟩ ⟨telb.zn.⟩ **0.1** ***PR-man*** ⇒*public relations officer, perschef, voorlichtingsambtenaar*.

pro[1] [proʊ]⟨f2⟩⟨telb.zn.⟩⟨inf.⟩ **0.1** ⟨verk.⟩ ⟨professional⟩ ⟨sport⟩ ***prof*** ⇒*beroeps(speler)* **0.2** ⟨verk.⟩ ⟨prostitute⟩ ⟨BE⟩ ***hoer*** ⇒*prostituée* **0.3** ⟨vnl. mv.⟩ ***argument/stem vóór iets*** **0.4** ⟨sl.⟩ ***persoon op proef*** **0.5** ⟨sl.⟩ ***bekwame vent/meid*** **0.6** ⟨sl.⟩ ***voorbehoedmiddel*** ◆ **1.3** the ~s and con(tra)s *de voor- en nadelen, het voor en tegen, het pro en contra*.

pro[2] ⟨f1⟩ ⟨bn.⟩ **0.1** ***pro*** ⇒*voor* **0.2** ⟨sl.⟩ ***beroeps-*** ◆ **2.1** we must consider all arguments ~ and contra *we moeten alle argumenten pro en contra bekijken*.

pro[3] ⟨bw.⟩ **0.1** ***(er)vóór*** ⇒*pro* ◆ **3.1** he argued ~ *hij pleitte ervóór* **5.1** ~ and con *vóór en tegen*.

pro[4] ⟨f1⟩ ⟨vz.⟩ **0.1** ***vóór*** ⇒*pro, ter verdediging van* ◆ **1.1** argued ~ the proposal *pleitte vóór het voorstel*.

pro- [proʊ] **0.1** ***pro-*** ⇒*voor-, voorstander van* **0.2** ***plaatsvervangend*** ◆ ¶**.1** pro-American *pro-Amerikaans* ¶**.2** pro-cathedral *tijdelijk als kathedraal gebruikte kerk*.

PRO ⟨telb.zn.⟩ ⟨afk.⟩ **0.1** ⟨Public Record(s) Office⟩ **0.2** ⟨public relations officer⟩ ⟨inf.⟩ ***pr-man***.

pro·a, pra(h)u [praʊ]⟨telb.zn.⟩ **0.1** ***prauw*** ⟨Indisch vaartuig⟩ ⇒*Maleise prauw* ⟨met zeil⟩.

pro-a'bor·tion ⟨bn.⟩ **0.1** ***pro-abortus(-)***.

pro-a'bor·tion·ism ⟨n.-telb.zn.⟩ **0.1** ***abortusbeweging***.

pro-a'bor·tion·ist ⟨telb.zn.⟩ **0.1** ***voorstander v. vrije(re) abortus(wetgeving)***.

pro·ac·tive ['proʊ'æktɪv]⟨bn.⟩⟨psych.⟩ **0.1** ***pro-actief*** ◆ **1.1** ~ inhibition *pro-actieve inhibitie*.

pro-am[1] ['proʊ'æm]⟨telb.zn.⟩⟨sport, i.h.b. golf⟩ **0.1** ***open wedstrijd/partij*** ⟨waaraan zowel beroepsspelers als amateurs deelnemen⟩.

pro-am[2] ⟨bn., attr.⟩ ⟨sport, i.h.b. golf⟩ **0.1** ***open*** ⟨voor beroepsspelers en amateurs⟩.

prob ⟨afk.⟩ probable, probably, problem.

prob·a·bi·li·or·ism ['prɒbə'bɪlɪərɪzm‖'prɑ-]⟨n.-telb.zn.⟩⟨theol.⟩ **0.1** ***probabiliorisme***.

prob·a·bi·li·or·ist ['prɒbə'bɪlɪərɪst‖'prɑ-]⟨telb.zn.⟩⟨theol.⟩ **0.1** ***aanhanger v.h. probabiliorisme***.

prob·a·bi·lism ['prɒbəbɪ̩lɪzm‖'prɑ-]⟨n.-telb.zn.⟩⟨fil., theol.⟩ **0.1** ***probabilisme*** ⇒*waarschijnlijkheidsleer*.

prob·a·bi·list ['prɒbəbɪ̩lɪst‖'prɑ-]⟨telb.zn.⟩⟨fil., theol.⟩ **0.1** ***probabilist*** ⇒*aanhanger v.h. probabilisme*.

prob·a·bi·lis·tic ['prɒbəbɪ̩'lɪstɪk‖'prɑ-]⟨bn.⟩ ⟨fil., theol.⟩ **0.1** ***probabilistisch***.

prob·a·bil·i·ty ['prɒbə'bɪləti‖'prɑbə'bɪləţi]⟨f3⟩ ⟨telb. en n.-telb.zn.; →mv. 2⟩ **0.1** ***waarschijnlijkheid*** ⇒*probabiliteit, kans* **0.2** ⟨wisk.⟩ ***waarschijnlijkheidsrekening*** ⇒*kansberekening* ◆ **1.1** ⟨wisk.⟩ theory/calculation of ~ *waarschijnlijkheidsrekening, kansberekening* **2.1** there's little ~ that... *het is niet erg waarschijnlijk dat...* **6.1** in all ~ *naar alle waarschijnlijkheid, hoogstwaarschijnlijk* **7.1** what are the probabilities? *hoe liggen de kansen?, waar ziet het naar uit?*.

prob·a·ble[1] ['prɒbəbl‖'prɑ-]⟨telb.zn.⟩ **0.1** ***vermoedelijke keuze*** ⇒⟨vnl. sport⟩ *kandidaat* ⟨voor selectie⟩, *gedoodverfde winnaar, kanshebber*.

probable[2] ⟨f3⟩ ⟨bn.⟩ **0.1** ***waarschijnlijk*** ⇒*vermoedelijk, aannemelijk* ◆ **1.1** the ~ result *het te verwachten resultaat;* ⟨vnl. sport⟩ the ~ winner *de gedoodverfde winnaar*.

prob·a·bly ['prɒbəbli‖'prɑ-]⟨f4⟩ ⟨bw.⟩ **0.1** →probable **0.2** ⟨in aanprijzingen⟩ ***ongetwijfeld*** ⇒*vast wel* ◆ **1.2** ~ the greatest army ever brought together *misschien wel het grootste leger ooit op de been gebracht* **5.2** very ~ *welhaast zeker*.

pro·band ['proʊbænd]⟨telb.zn.⟩⟨geneal.⟩ **0.1** ***probandus***.

pro·bate[1] ['proʊbeɪt]⟨f1⟩⟨zn.⟩⟨jur.⟩
I ⟨telb.zn.⟩ **0.1** ***geverifieerd afschrift v.e. testament;***
II ⟨n.-telb.zn.⟩ **0.1** ***gerechtelijke verificatie v.e. testament*** ◆ **3.1** grant ~ of a will *goedkeuring v.e. testament verlenen, een testament bekrachtigen*.

probate[2] ⟨ov.ww.⟩ ⟨AE; jur.⟩ **0.1** ***verifiëren*** ⇒*goedkeuren, erkennen* ⟨een testament⟩.

'probate court ⟨telb.zn.⟩ ⟨jur.⟩ **0.1** ***hof voor erfrecht*** ⟨verificatie v. testamenten, beheer v. nalatenschappen⟩.

'probate duty ⟨n.-telb.zn.⟩ ⟨AE; gesch.⟩ **0.1** ***successierecht***.

pro·ba·tion [prə'beɪʃn‖proʊ-]⟨f2⟩⟨n.-telb.zn.⟩ **0.1** ***proef(tijd)*** ⇒*onderzoek(speriode);* ⟨relig.⟩ *noviciaat* **0.2** ⟨jur.⟩ ***proef(tijd)*** ⇒*geldigheidstermijn v.e. voorwaardelijke veroordeling* ⟨i.h.b. v. jeugdigen⟩ ◆ **1.2** one year's ~ under suspended sentence of two months' imprisonment *twee maanden voorwaardelijke gevangenisstraf met een proeftijd van een jaar* **6.1** on ~ *op proef* **6.2** she is on ~ *zij is voorwaardelijk in vrijheid gesteld*.

pro·ba·tion·al [prə'beɪʃnəl‖proʊ-]⟨bn.; -ly⟩ **0.1** ***proef-*** ⇒*mbt. een proef(tijd)*.

pro·ba·tion·ary [prə'beɪʃnəri‖proʊ'beɪʃəneri]⟨bn.⟩ **0.1** ***proef-*** ⇒*mbt. een proef(tijd)* **0.2** ***in een proeftijd verkerend*** ⇒*op proef*.

pro·ba·tion·er [prə'beɪʃnə‖proʊ'beɪʃənər]⟨telb.zn.⟩ **0.1** ***voorlopig aangestelde*** ⇒*aspirant, op proef aangenomen employé* **0.2** ***leerling-verpleegster*** **0.3** ⟨relig.⟩ ***novice*** **0.4** ⟨jur.⟩ ***voorwaardelijk veroordeelde***.

pro·ba·tion·er·ship [prə'beɪʃnəʃɪp‖proʊ'beɪʃənərʃɪp]⟨telb.zn.⟩ **0.1** ***proefperiode*** **0.2** ***voorwaardelijke veroordeling***.

pro'bation officer ⟨telb.zn.⟩ ⟨jur.⟩ **0.1** ***reclasseringsambtenaar***.

pro·ba·tive ['proʊbəţɪv], **pro·ba·to·ry** [-tri‖-tɔri]⟨bn.⟩ **0.1** ⟨schr.⟩ ***bewijs-*** ⇒*bewijzend* **0.2** ⟨vero.⟩ ***proef-***.

probe[1] [proʊb]⟨f1⟩⟨telb.zn.⟩ **0.1** ***sonde*** ⇒*peilstift* **0.2** ***sondeerballon*** ⇒*ruimtesonde* **0.3** ***(diepgaand) onderzoek*** **0.4** ***sondering***.

probe[2] ⟨f2⟩ ⟨onov. en ov.ww.⟩ **0.1** ***sonderen*** ⇒*(met een sonde) onderzoeken/peilen/meten* **0.2** ***(goed) onderzoeken*** ⇒*doordringen (in), diep graven (in)* ◆ **1.2** a probing interrogation *een indringende/diepgaande ondervraging* **6.2** ~ **into** the origins of the crisis *graven naar de oorzaken v.d. crisis*.

pro·bi·ty ['proʊbəţi]⟨n.-telb.zn.⟩⟨schr.⟩ **0.1** ***rechtschapenheid*** ⇒*eerlijkheid, oprechtheid*.

prob·lem ['prɒbləm‖'prɑ-]⟨f4⟩⟨telb.zn.⟩ **0.1** ***probleem*** ⇒*vraagstuk, kwestie, lastig geval* **0.2** ***opgave*** ⇒*vraag, raadsel, som*.

prob·lem·at·ic ['prɒblə'mætɪk‖'prɑblə'mæţɪk], **prob·lem·at·i·cal** [-ɪkl]⟨f1⟩⟨bn.; -(al)ly; →bijw. 3⟩ **0.1** ***problematisch*** **0.2** ***twijfelachtig*** ⇒*onzeker*.

'problem child ⟨telb.zn.⟩ **0.1** ***probleemkind*** ⇒*kind met opvoedingsmoeilijkheden*.

prob·lem·ist ['prɒbləmɪst‖'prɑ-]⟨telb.zn.⟩ **0.1** ***(probleem)componist*** ⟨v. schaakproblemen⟩ ⇒*probleemoplosser*.

'problem novel ⟨telb.zn.⟩ **0.1** ***probleemroman*** ⇒*roman met (sociale/psychologische) probleemstelling*.

'problem play ⟨telb.zn.⟩ **0.1** ***probleemstuk*** ⇒*toneelstuk met (sociale/psychologische) probleemstelling*.

'prob·lem-solv·ing ⟨bn.⟩ **0.1** ***v./mbt. het oplossen v. problemen***.

pro·bos·ci·de·an[1], **pro·bos·cid·i·an** ['proʊbə'sɪdɪən]⟨telb.zn.⟩ ⟨dierk.⟩ **0.1** ***slurfdier***.

proboscidean[2], **proboscidian** ⟨bn.⟩ ⟨dierk.⟩ **0.1** ***voorzien v.e. slurf*** **0.2** ***behorend tot/mbt. de orde der Proboscidea***.

pro·bos·cis [prə'bɒsɪs‖proʊ'bɑsɪs]⟨telb.zn.; ook proboscides [-sɪ̩di:z]; →mv. 5⟩ **0.1** ⟨dierk.⟩ ***slurf*** ⇒*(lange) snuit,* ⟨bij insekten⟩ *zuigorgaan* **0.2** ⟨scherts.⟩ ***(lange) neus***.

pro'boscis monkey ⟨telb.zn.⟩ ⟨dierk.⟩ **0.1** ***neusaap*** ⟨Nasalis larvatus⟩.

proc ⟨afk.⟩ proceedings, process.

'pro-ca·the·dral ⟨telb.zn.⟩ **0.1** ***tijdelijk als kathedraal gebruikte kerk***.

pro·ce·dur·al [prə'si:dʒrəl]⟨f1⟩ ⟨bn.⟩ **0.1** ***procedureel***.

pro·ce·dure [prə'si:dʒə‖-ər]⟨f3⟩ ⟨telb. en n.-telb.zn.⟩ **0.1** ***procedure*** ⇒*methode, handelwijze, werkwijze, handeling* **0.2** ⟨jur.⟩ ***rechtspleging*** ⇒*procesvoering* ◆ **2.2** legal ~ *gerechtelijke procedure, geding*.

pro·ceed [prə'si:d]⟨f3⟩⟨onov.ww.⟩ →proceeding **0.1** ***beginnen*** ⇒*van start gaan, van wal steken* **0.2** ***verder gaan*** ⇒*doorgaan* **0.3** ***te werk gaan*** ⇒*opereren, handelen, optreden* **0.4** ***plaatsvinden*** ⇒*aan de gang zijn* **0.5** ***zich bewegen*** ⇒*gaan, rijden* **0.6** ***ontstaan*** ⇒*zijn oorsprong vinden* ◆ **1.2** work is steadily ~ing *het werk vordert gestaag* **3.2** he ~ed to inform me *verder deelde hij mij mee* **6.2** ~ **with/in** *voortzetten/vervolgen/voortgaan met* **6.5** ~ **along** the roadway *zich op de rijbaan bevinden, zich over de rijbaan verplaatsen;* as we ~ed **from** London **to** Bath *terwijl wij onderweg waren van Londen naar Bath;* a coach ~ed **towards** the crossroads *een autobus naderde de kruising* **6.6** ⟨schr.⟩ ~ **from** *voortkomen/voortvloeien uit, de consequentie zijn van;* ~ **from** the communist press *verschijnen bij/uitgegeven/gedrukt worden door de communistische pers* **6.¶** →proceed **against;** →proceed **to 9.1** please, ~ *ga uw gang, begint u maar*.

pro'ceed against ⟨onov.ww.⟩ ⟨jur.⟩ **0.1** ***gerechtelijk vervolgen*** ⇒*procederen tegen*.

pro·ceed·ing [prə'si:dɪŋ]⟨f3⟩ ⟨zn.; (oorspr.) gerund v. proceed⟩
I ⟨telb.zn.⟩ **0.1** ***handeling*** ⇒*stap, maatregel;*
II ⟨n.-telb.zn.⟩ **0.1** ***optreden*** ⇒*gedrag(slijn), werkwijze, handelwijze;*
III ⟨mv.; ~s⟩ **0.1** ***gebeurtenissen*** ⇒*voorvallen* **0.2** ⟨P-⟩ ***notulen*** ⇒*handelingen, werkzaamheden* ⟨v. genootschap enz.⟩, *verslag* **0.3** ⟨jur.⟩ ***gerechtelijke actie*** ◆ **1.1** the ~s at the Party congress were very confused *het partijcongres had een zeer verward verloop* **2.3** institute/take/start legal ~s *gerechtelijke stappen ondernemen, een proces aanspannen*.

pro·ceeds ['proʊsi:dz]⟨mv.⟩ **0.1** ***opbrengst***.

pro'ceed to ⟨f1⟩ ⟨onov.ww.⟩ **0.1** ***overgaan tot/op*** ⇒*verder gaan met* **0.2** ⟨BE; school.⟩ ***behalen*** ⟨een hogere graad⟩ ◆ **1.1** ~ business *tot zaken komen, aan het werk gaan* **1.2** ~ the degree of Ph.D. *promoveren tot doctor in de wijsbegeerte, de doctorstitel behalen*.

pro·cess[1] ['prouses‖'prɑ-]⟨f3⟩⟨zn.⟩
I ⟨telb.zn.⟩ **0.1** ***proces*** ⇒*gebeuren, ontwikkeling* **0.2** ***procédé*** ⇒*methode* **0.3** ***(serie) verrichting(en)*** ⇒*handelwijze, werkwijze, handeling* **0.4** ⟨biol.⟩ ***uitgroeisel*** ⇒*uitsteeksel, aanhangsel, processus* **0.5** ⟨jur.⟩ ***(opening v.e.) proces*** **0.6** ⟨jur.⟩ ***dagvaarding*** **0.7** ⟨sl.⟩ ***ontkroesd haar;***
II ⟨n.-telb.zn.⟩ **0.1** ***(voort)gang*** ⇒*(ver)loop* ◆ **6.1 in** ~ *gaande, aan de gang, in/op gang;* **in** the ~ *en passant, erbij, hierbij;* enjoy yourself and win a prize **in** the ~ *vermaak u en win een prijs op de koop toe;* **in** (the) ~ **of** *doende/bezig met;* **in** ~ **of** construction *in aanbouw;* **in** ~ **of** time *in de loop der tijd.*

process[2] [prə'ses]⟨onov.ww.⟩ **0.1** ***(als) in processie gaan*** ⇒*een optocht houden.*

process[3] ['prouses‖'prɑ-]⟨f3⟩⟨ov.ww.⟩ **0.1** ***bewerken*** ⇒*verwerken* **0.2** ⟨jur.⟩ ***dagvaarden*** ⇒*vervolgen* **0.3** ⟨foto.⟩ ***ontwikkelen (en afdrukken)*** **0.4** ***behandelen*** ⇒*conserveren.*

'process art ⟨n.-telb.zn.⟩⟨beeld. k.⟩ **0.1** ***concept(ual) art.***

pro'cess control ⟨n.-telb.zn.⟩ **0.1** ***procesbewaking/beheersing.***

'process heat ⟨n.-telb.zn.⟩⟨tech.⟩ **0.1** ***proceswarmte.***

pro·ces·sion[1] [prə'seʃn]⟨f3⟩⟨zn.⟩
I ⟨telb.zn.⟩ **0.1** ***stoet*** ⇒*optocht, processie, défilé* **0.2** ***opeenvolging*** ⇒*reeks* **0.3** ***nutteloze strijd*** ⇒*gevecht zonder overwinnaar* **0.4** ⟨relig.⟩ ***emanatie v.d. Heilige Geest;***
II ⟨n.-telb.zn.⟩ **0.1** ***voortgang*** ⇒*verloop* **0.2** ***optocht*** **0.3** ***voortbrenging*** ⇒*het voortkomen uit* ◆ **6.2** walk **in** ~ *in optocht lopen.*

procession[2] ⟨ww.⟩
I ⟨onov.ww.⟩ **0.1** ***een stoet/processie vormen*** ⇒*in een stoet/processie gaan;*
II ⟨ov.ww.⟩ **0.1** ***in een stoet lopen langs/rond*** ◆ **1.1** ~ a piece of land *in een stoet om een stuk land heenlopen* ⟨ter officiële vaststelling v.d. grenzen⟩.

pro·ces·sion·al[1] [prə'seʃnəl], **pro·ces·sion·ar·y** [-'seʃnəri‖-'seʃəneri] ⟨telb.zn.⟩⟨relig.⟩ **0.1** ***processiehymne*** **0.2** ***processieboek*** ⇒*processionale.*

processional[2], **processionary** ⟨f1⟩⟨bn.; processionally⟩ **0.1** ⟨relig.⟩ ***processie-*** **0.2** ⟨dierk.⟩ ***v./mbt. de processievlinders/rupsen*** ◆ **1.1** ~ march *processiegang* **1.2** ~ caterpillar *processierups.*

pro'cession moth ⟨telb.zn.⟩⟨dierk.⟩ **0.1** ***processievlinder*** ⟨genus Thaumetopoea⟩.

proc·es·sor, proc·es·ser ['prousesə‖'prɑsesər]⟨telb.zn.⟩ **0.1** ***bewerker*** **0.2** ⟨comp.⟩ ***processor*** ⇒*verwerkingseenheid* **0.3** ***beoefenaar van concept art.***

'process server ⟨telb.zn.⟩⟨jur.⟩ **0.1** ***deurwaarder.***

'process steam ⟨n.-telb.zn.⟩⟨tech.⟩ **0.1** ***processtoom.***

pro·cès-ver·bal ['prouseɪ vɜ:'bɑ:l‖'prɑseɪ vɜr'bɑl]⟨telb.zn.; procès-verbaux [-bou]; →mv. 5⟩ **0.1** ***rapport*** ⇒*officieel verslag v. onderhandelingen* **0.2** ⟨jur.⟩ ***proces-verbaal.***

pro·chro·nism ['proukrənɪzm]⟨telb.zn.⟩ **0.1** ***prochronisme*** ⟨het plaatsen v.e. gebeurtenis eerder dan de feitelijke datum⟩ ⇒*anachronisme.*

pro·claim [prə'kleɪm‖prou-]⟨f2⟩⟨ov.ww.⟩ **0.1** ***proclameren*** ⇒*verklaren, verkondigen* **0.2** ***prijzen*** ⇒*loven* **0.3** ***kenmerken*** ⇒*duidelijk tonen, aanduiden* ◆ **1.1** ~ peace *de vrede afkondigen;* ~ed queen *tot koningin uitgeroepen* **1.3** his behaviour ~ed him a liar *uit zijn gedrag bleek duidelijk dat hij loog.*

proc·la·ma·tion ['prɒklə'meɪʃn‖'prɑ-]⟨f2⟩⟨telb. en n.-telb.zn.⟩ **0.1** ***proclamatie*** ⇒*verkondiging, afkondiging* ◆ **3.1** make a ~ *proclameren.*

proc·la·ma·to·ry [prə'klæmətri‖prou'klæmətɔri]⟨bn.⟩ **0.1** ***proclamatie-*** ⇒*v.e. proclamatie* **0.2** ***verkondigend*** ⇒*proclamerend* ◆ **1.2** his usual ~ way of speaking *zijn gewone verkondigende manier van spreken.*

pro·clit·ic[1] [prou'klɪtɪk]⟨telb.zn.⟩⟨taalk.⟩ **0.1** ***proclitisch woord.***

proclitic[2] ⟨bn.; -ally; →bijw. 3⟩⟨taalk.⟩ **0.1** ***proclitisch.***

pro·cliv·i·ty [prə'klɪvəti‖prou'klɪvəţi]⟨telb.zn.; →mv. 2⟩⟨schr.⟩ **0.1** ***neiging*** ⇒*geneigdheid, behepheid, drang* ◆ **6.1** a ~ **to(wards)** cruelty *een neiging tot wreedheid.*

pro-com·mu·nist [prou'kɒmjunɪst‖-'kɑmjə-]⟨f1⟩⟨bn.⟩ **0.1** ***communistisch gezind*** ⇒*pro-communistisch.*

pro·con·sul ['prou'kɒnsl‖-'kɑn-]⟨telb.zn.⟩ **0.1** ***vice-consul*** **0.2** ⟨schr.⟩ ***gouverneur v.e. kolonie*** **0.3** ⟨gesch.⟩ ***proconsul*** ⟨in het oude Rome⟩.

pro·con·su·lar ['prou'kɒnsjʊlə‖-'kɑnslər]⟨bn.⟩ **0.1** ***vice-consulair*** ⇒*van/door een vice-consul* **0.2** ⟨schr.⟩ ***van/door een gouverneur*** **0.3** ⟨gesch.⟩ ***proconsulair*** ⇒*van/door een proconsul.*

pro·con·su·late ['prou'kɒnsjʊlət‖-'kɑnslət], **pro·con·sul·ship** ['prou'kɒnslʃɪp‖-'kɑn-]⟨telb.zn.⟩ **0.1** ***vice-consulaat*** ⇒*ambt(speriode) v. vice-consul* **0.2** ⟨schr.⟩ ***gouverneurschap*** **0.3** ⟨gesch.⟩ ***proconsulaat*** ⇒*ambt(speriode) v. proconsul.*

pro·cras·ti·nate [prə'kræstɪneɪt]⟨ww.⟩⟨schr.⟩
I ⟨onov.ww.⟩ **0.1** ***talmen*** ⇒*aarzelen, dralen, treuzelen;*
II ⟨ov.ww.⟩ **0.1** ***uitstellen*** ⇒*nalaten, voor zich uit schuiven.*

pro·cras·ti·na·tion [prə'kræstɪ'neɪʃn]⟨telb. en n.-telb.zn.⟩⟨schr.⟩ ⟨→sprw. 577⟩ **0.1** ***uitstel*** ⇒*aarzeling, het talmen.*

pro·cras·ti·na·tive [prə'kræstɪneɪţɪv, prou-], **pro·cras·ti·na·to·ry** [prə'kræstɪneɪtəri‖-nətɔri]⟨bn.; procrastinatively⟩⟨schr.⟩ **0.1** ***aarzelend*** ⇒*dralend, talmend.*

pro·cras·ti·na·tor [prə'kræstɪneɪtə‖-neɪţər]⟨telb.zn.⟩⟨schr.⟩ **0.1** ***talmer*** ⇒*draler, treuzelaar.*

pro·cre·ant ['proukrɪənt], **pro·cre·a·tive** ['proukrieɪţɪv]⟨bn.⟩ **0.1** ***voortbrengend*** **0.2** ***voortplantings-.***

pro·cre·ate ['proukrieɪt]⟨ww.⟩
I ⟨onov.ww.⟩ **0.1** ***nageslacht voortbrengen*** ⇒*zich voorttelen, zich voortplanten;*
II ⟨ov.ww.⟩ **0.1** ***procreëren*** ⇒*verwekken, voortbrengen* **0.2** ***scheppen*** ⇒*veroorzaken, voortbrengen.*

pro·cre·a·tion ['proukri'eɪʃn]⟨f1⟩⟨n.-telb.zn.⟩ **0.1** ***voortplanting*** ⇒*voortteling.*

pro·cre·a·tor ['proukrieɪtə‖-eɪţər]⟨telb.zn.⟩ **0.1** ***voortbrenger/ster*** ⇒*verwekker, schepper.*

Pro·crus·te·an [prou'krʌstɪən]⟨bn.; ook p-⟩ **0.1** ***(als) v. Procrustes*** ◆ **1.1** ~ bed *Procrustesbed.*

proc·to- ['prɒktou‖'prɑk-]⟨med.⟩ **0.1** ***procto-*** ⇒*recto-, rectaal.*

proc·tol·o·gy [prɒk'tɒlədʒi‖prɑk'tɑ-]⟨n.-telb.zn.⟩⟨med.⟩ **0.1** ***proctologie*** ⟨kennis v.d. ziekten v.d. endeldarm⟩.

proc·tor[1] ['prɒktə‖'prɑktər]⟨f1⟩⟨telb.zn.⟩ **0.1** ⟨P-⟩⟨BE⟩ ***proctor*** ⟨functionaris v.d. ordehandhaving aan de universiteiten v. Oxford en Cambridge⟩ **0.2** ⟨vaak P-⟩⟨BE; jur., kerk.⟩ ***procureur*** **0.3** ⟨BE; kerk.⟩ ***procurator*** ⟨vertegenwoordiger v.d. geestelijkheid bij Anglicaanse synode⟩ **0.4** ⟨AE; school.⟩ ***supervisor*** ⇒*surveillant, opzichter.*

proctor[2] ⟨ov.ww.⟩⟨AE⟩ **0.1** ***toezicht houden op*** ⇒*surveilleren.*

proc·to·ri·al [prɒk'tɔ:rɪəl‖prɑk'tɔrɪəl]⟨bn.; -ly⟩ **0.1** ⟨BE⟩ ***v.d. proctor*** ⇒*orde-* **0.2** ⟨BE; jur., kerk.⟩ ***procureurs-*** **0.3** ⟨BE; kerk.⟩ ***procurators-*** **0.4** ⟨AE⟩ ***supervisie-.***

proc·to·scope ['prɒktəskoup‖'prɑk-]⟨telb.zn.⟩⟨med.⟩ **0.1** ***rectoscoop*** ⇒*proctoscoop.*

pro·cum·bent [prou'kʌmbənt]⟨bn.⟩ **0.1** ***vooroverliggend*** ⇒*uitgestrekt/languit op de buik liggend* **0.2** ⟨plantk.⟩ ***kruipend*** ⇒*kruip-.*

pro·cur·a·ble [prə'kjuərəbl‖prou'kjʊr-]⟨bn.⟩ **0.1** ***verkrijgbaar*** ⇒*beschikbaar.*

proc·u·ra·tion ['prɒkjʊ'reɪʃn‖'prɑkjə-]⟨zn.⟩
I ⟨telb.zn.⟩ **0.1** ⟨BE; Anglicaanse kerk⟩ ***kerkelijke bijdrage*** ⇒*bekostiging v. bisschoppelijk bezoek* **0.2** ⟨hand.⟩ ***provisie*** ⇒*makelaarsloon;*
II ⟨n.-telb.zn.⟩ **0.1** ***verwerving*** ⇒*het verkrijgen, het winnen, het bereiken* **0.2** ***bewerkstelliging*** ⇒*het teweegbrengen* **0.3** ***het optreden als gemachtigde*** **0.4** ⟨hand.⟩ ***procuratie*** **0.5** ***het pooieren*** ⇒*pooiersbedrijf, vrouwenhandel, koppelarij.*

proc·u·ra·tor ['prɒkjʊreɪtə‖'prɑkjəreɪţər]⟨telb.zn.⟩ **0.1** ⟨jur.⟩ ***gevolmachtigde*** ⇒*zaakgelastigde* **0.2** ⟨hand.⟩ ***procuratiehouder*** **0.3** ⟨gesch.⟩ ***procurator*** ⇒*keizerlijk administrateur* ⟨in het oude Rome⟩.

proc·u·ra·to·ry ['prɒkjʊrətri‖'prɑkjərətɔri]⟨telb. en n.-telb.zn.; →mv. 2⟩ **0.1** ***volmacht.***

pro·cure [prə'kjuə‖prou'kjʊr]⟨f2⟩⟨ww.⟩
I ⟨onov.ww.⟩ **0.1** ***pooieren*** ⇒*bordeel houden, prostituees houden;*
II ⟨ov.ww.⟩ **0.1** ***verkrijgen*** ⇒*verwerven, winnen, bereiken* **0.2** ⟨schr.⟩ ***teweegbrengen*** ⇒*bewerkstelligen* **0.3** ***tot prostituee maken*** ◆ **6.3** ~ a girl **for** s.o. *iem. een meisje bezorgen, voor iem. de diensten v.e. meisje kopen.*

pro·cure·ment [prə'kjuəmənt‖prou'kjʊr-]⟨f1⟩⟨telb. en n.-telb.zn.⟩ **0.1** ***verwerving*** ⇒*het verkrijgen;* ⟨hand.⟩ *aankoop, inkoop* **0.2** ***bemiddeling*** ⇒*bewerkstelliging.*

pro·cur·er [prə'kjuərə‖prou'kjʊrər]⟨telb.zn.⟩ **0.1** ***souteneur*** ⇒*pooier.*

pro·cur·ess [prə'kjuərɪs‖prou'kjʊrɪs]⟨telb.zn.⟩ **0.1** ***koppelaarster*** ⇒*bordeelhoudster.*

prod[1] [prɒd‖prɑd]⟨telb.zn.⟩ **0.1** ***prik*** ⇒*steek, por* **0.2** ***zet*** ⟨ook fig.⟩ ⇒*aansporing* **0.3** ***pin*** ⇒*prikstok, puntige stok* ◆ **3.2** he needs a ~ from time to time *hij moet af en toe een duwtje hebben.*

prod[2] ⟨f1⟩⟨ww.; →ww. 7⟩
I ⟨onov.ww.⟩ **0.1** ***steken*** ⇒*prikken* ◆ **6.1** ~ **at/in** *steken/prikken naar/in;*
II ⟨ov.ww.⟩ **0.1** ***porren*** ⇒*prikken, steken, duwen* **0.2** ***aansporen*** ⇒*aanzetten, opporren/jutten* ◆ **6.2** ~ s.o. **into** work/**to** action *iem. tot werken/actie aansporen.*

prod[3] ⟨afk.⟩ produce, produced, product.

prod·i·gal[1] ['prɒdɪgl‖'prɑ-]⟨telb.zn.⟩ **0.1** ***verkwister*** **0.2** ***iem. met een hang naar luxe*** ◆ **3.1** the ~ has returned *de verloren zoon is teruggekeerd.*

prodigal[2] ⟨f1⟩ ⟨bn.; -ly⟩ **0.1** ***kwistig*** *⇒spilziek, verkwistend* **0.2** ***vrijgevig*** *⇒royaal, gul* **0.3** ***overvloedig*** ◆ **1.1** the ~ son *de verloren zoon* ⟨naar Lucas 15:11-32⟩.

prod·i·gal·i·ty ['prɒdɪ'gæləti‖'prɑdɪ'gæləṭi] ⟨telb. en n.-telb.zn.; →mv. 2⟩ **0.1** ***kwistigheid*** *⇒spilzucht* **0.2** ***vrijgevigheid*** **0.3** ***overvloedigheid***.

prod·i·gal·ize, -ise ['prɒdɪgəlaɪz‖'prɑ-] ⟨ov.ww.⟩ **0.1** ***kwistig zijn met***.

pro·di·gious [prə'dɪdʒəs] ⟨f1⟩ ⟨bn.; -ly; -ness⟩ **0.1** ***wonderbaarlijk*** *⇒verbazingwekkend, buitengewoon, buitensporig*.

prod·i·gy ['prɒdɪdʒi‖'prɑ-] ⟨f1⟩ ⟨telb.zn.; →mv. 2⟩ **0.1** ***wonder*** *⇒bovennatuurlijk verschijnsel* **0.2** ***wonderkind*** **0.3** ⟨vero.⟩ ***voorteken***.

pro·drome ['proudroum] ⟨telb.zn.; ook prodromata [prou'droumət̬ə]; →mv. 5⟩ **0.1** ***prodromus*** *⇒voorloper, inleidend werk* **0.2** ⟨med.⟩ ***prodromaal verschijnsel*** *⇒vroegste symptoom/voorbode v.e. ziekte*.

pro·duce[1] ['prɒdju:s‖'prɑdu:s, 'prou-] ⟨f2⟩ ⟨n.-telb.zn.⟩ **0.1** ***opbrengst*** *⇒produktie, produkt, voortbrengsel(en)* **0.2** ⟨mijnw.⟩ ***gehalte*** **0.3** ***resultaat*** ◆ **2.1** agricultural ~ *de opbrengst van de landbouw, landbouwprodukten* **3.3** continued ~ *gedurig produkt*.

produce[2] [prə'dju:s‖-'du:s] ⟨f4⟩ ⟨ww.⟩
I ⟨onov. en ov.ww.⟩ **0.1** ***produceren*** *⇒opbrengst hebben, op/voortbrengen* **0.2** ***produceren*** *⇒vervaardigen, maken;*
II ⟨ov.ww.⟩ **0.1** ***tonen*** *⇒tevoorschijn brengen, naar voren brengen, overleggen, produceren* **0.2** ***uitbrengen*** *⇒het licht doen zien* **0.3** ***veroorzaken*** *⇒teweegbrengen, doen ontstaan, tot gevolg hebben, opleveren* **0.4** ⟨plantk.⟩ ***dragen*** *⇒vrucht dragen* **0.5** ⟨dierk.⟩ ***werpen*** *⇒krijgen* ⟨jong⟩, *leggen* ⟨ei⟩ **0.6** ⟨wisk.⟩ ***verlengen*** ◆ **1.1** ~ evidence/reasons *bewijzen/redenen aanvoeren;* ~ one's ticket *zijn kaartje tevoorschijn halen/laten zien* **1.2** ~ an actor *een acteur voor het voetlicht brengen, bekendheid geven;* ~ a book *een boek uitgeven;* ~ a play *een toneelstuk op de planken brengen* **1.3** ~ laughter *gelach veroorzaken*.

pro·duc·er [prə'dju:sə‖-'du:sər] ⟨f2⟩ ⟨telb.zn.⟩ **0.1** ⟨ec.⟩ ***producent*** *⇒fabrikant* **0.2** ⟨dram., film., t.v.⟩ ***producer*** *⇒produktieleider* **0.3** ⟨BE; dram., radio, t.v.⟩ ***regisseur*** **0.4** ⟨radio, t.v.⟩ ***samensteller*** **0.5** ⟨tech.⟩ ***gasgenerator***.

pro'ducer gas ⟨n.-telb.zn.⟩ **0.1** ***generatorgas***.

pro'ducer('s) goods, pro'duction goods ⟨mv.⟩ ⟨ec.⟩ **0.1** ***produktiegoederen*** ⟨machines en grondstoffen⟩.

pro·duc·i·ble [prə'dju:səbl‖-'du:-] ⟨bn.⟩ **0.1** ***produceerbaar*** *⇒te vervaardigen* **0.2** ***overlegbaar*** *⇒beschikbaar, te voorschijn te halen*.

prod·uct ['prɒdʌkt‖'prɑdəkt] ⟨f3⟩ ⟨telb.zn.⟩ **0.1** ***produkt*** *⇒voortbrengsel* **0.2** ***resultaat*** *⇒gevolg* **0.3** ⟨wisk.⟩ ***produkt*** **0.4** ⟨schei.⟩ ***produkt*** ◆ **2.1** agricultural ~s *landbouwprodukten*.

pro·duc·tion [prə'dʌkʃn] ⟨f3⟩ ⟨zn.⟩
I ⟨telb.zn.⟩ **0.1** ***produkt*** *⇒voortbrengsel* **0.2** ⟨dram., film.⟩ ***produktie*** ◆ **2.1** literary ~s *literaire scheppingen;*
II ⟨telb. en n.-telb.zn.⟩ **0.1** ***produktie*** *⇒opbrengst* **0.2** ***produktie*** *⇒vervaardiging* **0.3** ***het tonen*** *⇒het overleggen* **0.4** ***totstandbrenging*** **0.5** ⟨dram.⟩ ***produktie*** *⇒het produceren* ◆ **6.3** **on** ~ of your tickets *op vertoon van uw kaartje*.

pro'duction line ⟨telb.zn.⟩ ⟨ind.⟩ **0.1** ***straat*** *⇒*⟨oneig.⟩ *lopende band*.

pro·duc·tive [prə'dʌktɪv] ⟨f2⟩ ⟨bn.; -ly; -ness⟩ **0.1** ***voortbrengend*** *⇒opleverend, producerend* **0.2** ***produktief*** *⇒vruchtbaar, rijk* **0.3** ⟨ec.⟩ ***produktief*** ◆ **1.2** ~ fishing grounds *rijke viswateren;* a ~ writer *een produktief/vruchtbaar schrijver* **6.1** a country ~ **of** olives *een land dat olijven voortbrengt;* an incident ~ **of** laughter *een voorval dat hilariteit veroorzaakt*.

pro·duc·tiv·i·ty ['prɒdək'tɪvəti‖'prɑdək'tɪvəṭi] ⟨f2⟩ ⟨telb. en n.-telb.zn.; →mv. 2⟩ **0.1** ***produktiviteit*** *⇒produktievermogen, vruchtbaarheid* **0.2** ***rendement***.

'product lia'bility ⟨n.-telb.zn.⟩ **0.1** ***produktaansprakelijkheid***.

pro'duct line ⟨telb.zn.⟩ **0.1** ***assortiment*** *⇒collectie, soort artikel*.

pro·em ['prouəm] ⟨telb.zn.⟩ ⟨schr.⟩ **0.1** ***voorwoord*** *⇒inleiding, proloog, pro-emium* **0.2** ***begin*** *⇒aanvang, opening, voorspel, prelude*.

pro·e·mi·al [prou'i:mɪəl] ⟨bn.⟩ ⟨schr.⟩ **0.1** ***inleidend*** *⇒voorafgaand*.

prof [prɒf‖prɑf] ⟨f1⟩ ⟨telb.zn.⟩ ⟨verk.⟩ professor ⟨inf.⟩ **0.1** ***prof*** *⇒professor*.

Prof ⟨afk.⟩ Professor **0.1** ***Prof.***.

prof·a·na·tion ['prɒfə'neɪʃn‖'prɑ-] ⟨telb. en n.-telb.zn.⟩ **0.1** ***profanatie*** *⇒heiligschennis, blasfemie, ontwijding*.

pro·fane[1] [prə'feɪn] ⟨f1⟩ ⟨bn.; -ly; -ness⟩ **0.1** ***profaan*** *⇒werelds, wereldlijk* **0.2** ***ongewijd*** *⇒niet (in)gewijd* **0.3** ***heidens*** **0.4** ***ontheiligend*** *⇒schennend, blasfemisch* ◆ **1.1** ~ art *wereldlijke kunst* **1.3** ~ rites *heidense riten* **1.4** ~ language *godslasterlijke taal, grofheden, gevloek*.

profane[2] ⟨ov.ww.⟩ **0.1** ***ontheiligen*** *⇒profaneren, schenden*.

pro·fan·i·ty [prə'fænəṭi] ⟨f1⟩ ⟨zn.; →mv. 2⟩
I ⟨telb. en n.-telb.zn.⟩ **0.1** ***godslastering*** *⇒(ge)vloek;*
II ⟨n.-telb.zn.⟩ **0.1** ***godslasterlijkheid*** *⇒blasfemie, goddeloosheid*.

pro·fess [prə'fes] ⟨f2⟩ ⟨ww.⟩ →professed
I ⟨onov.ww.⟩ **0.1** ***een verklaring afleggen*** **0.2** ***hoogleraar zijn*** *⇒doceren* **0.3** ⟨relig.⟩ ***tot de geestelijkheid toetreden*** *⇒de kloostergeloften afleggen, professen;*
II ⟨ov.ww.⟩ **0.1** ***beweren*** *⇒pretenderen, voorwenden* **0.2** ***verklaren*** *⇒bevestigen, betuigen* **0.3** ***belijden*** *⇒aanhangen* **0.4** ⟨relig.⟩ ***in een kloosterorde opnemen*** *⇒de kloostergeloften doen afleggen, professen* **0.5** ***zijn beroep maken van*** *⇒(als beroep) be/uitoefenen* **0.6** ***onderwijzen*** *⇒doceren, hoogleraar zijn in* ◆ **1.2** he ~ed his ignorance on *hij verklaarde dat hij niets afwist van* **3.1** she ~ed to be very sorry about it *ze beweerde dat/deed alsof het haar vreselijk speet*.

pro·fessed [prə'fest] ⟨f1⟩ ⟨bn.; volt. deelw. v. profess⟩
I ⟨bn.⟩ **0.1** ***voorgewend*** *⇒gepretendeerd, zogenaamd, ogenschijnlijk* ◆ **1.1** ~ friendship *valse vriendschap;*
II ⟨bn., attr.⟩ **0.1** ***openlijk*** *⇒verklaard, naar eigen zeggen* **0.2** ⟨relig.⟩ ***belijdend*** *⇒praktizerend* **0.3** ⟨relig.⟩ ***in een orde opgenomen*** *⇒geprofest* **0.4** ***beroeps-*** *⇒v. beroep* ◆ **1.1** a ~ misanthrope *een verklaarde/openlijke mensenhater* **1.3** ~ monk *profes, geprofeste*.

pro·fess·ed·ly [prə'fesɪdli] ⟨bw.⟩ **0.1** ***naar eigen zeggen*** **0.2** ***zogenaamd*** **0.3** ***openlijk***.

pro·fes·sion [prə'feʃn] ⟨f3⟩ ⟨zn.⟩
I ⟨telb.zn.⟩ **0.1** ***verklaring*** *⇒betuiging, uiting, getuigenis, bekentenis* **0.2** ***beroep*** *⇒vak, professie, betrekking* **0.3** ⟨relig.⟩ ***belijdenis*** ◆ **1.2** the ~ of letters *het schrijverschap* **2.2** the learned ~s *theologie, rechten en medicijnen* **6.2** a doctor **by** ~ *dokter van zijn vak;*
II ⟨telb. en n.-telb.zn.⟩ ⟨relig.⟩ **0.1** ***professie*** *⇒het afleggen v.d. kloostergelofte;*
III ⟨verz.n.⟩ **0.1** ***vak*** *⇒alle beoefenaren v.h. vak, wereldje* ◆ **7.¶** ⟨inf.; dram.⟩ the ~ *de toneelwereld, acteurs en actrices*.

pro·fes·sion·al[1] [prə'feʃnəl] ⟨f2⟩ ⟨telb.zn.⟩ **0.1** ***vakman*** *⇒beroeps, professioneel beoefenaar, deskundige* **0.2** ⟨sport⟩ ***professional*** ◆ **3.2** turn ~ *beroeps worden, prof worden* **5.1** she's quite a ~ *ze is er erg goed in/heel bekwaam*.

professional[2] ⟨f3⟩ ⟨bn.; -ly⟩
I ⟨bn.⟩ **0.1** ***professioneel*** *⇒beroeps-, vak-, ambts-, beroepsmatig;* ⟨sport⟩ *prof-* **0.2** ***vakkundig*** *⇒bekwaam* ◆ **1.1** ~ jealousy *jalousie de métier, broodnijd;*
II ⟨bn., attr.⟩ **0.1** ***met een hogere opleiding*** **0.2** ***onverbeterlijk*** *⇒verstokt, hardnekkig* **0.3** ⟨sport; euf.⟩ ***professioneel*** *⇒getruct, opzettelijk* ⟨v. overtreding⟩ ◆ **1.1** she is a ~ woman *ze heeft gestudeerd* **1.2** he's a ~ firebrand *hij doet nooit iets anders dan stoken tussen mensen* **1.3** a ~ foul *een professionele overtreding*.

pro·fes·sion·al·ism [prə'feʃnəlɪzm] ⟨f1⟩ ⟨n.-telb.zn.⟩ **0.1** ***beroepsmatigheid*** *⇒vakkundigheid* **0.2** ***bekwaamheid*** **0.3** ⟨sport⟩ ***het professioneel/getruct zijn*** *⇒betaalde sport, beroepssport* **0.4** ⟨sport; euf.⟩ ***het professioneel zijn*** *⇒het opzettelijk overtreden v.d. regels*.

pro·fes·sor [prə'fesə‖-ər] ⟨f3⟩ ⟨telb.zn.⟩ **0.1** ***professor*** *⇒hoogleraar* **0.2** ⟨AE⟩ ***wetenschappelijk medewerker met leeropdracht*** **0.3** ***leraar*** *⇒docent* **0.4** ⟨vnl. relig.⟩ ***belijder*** *⇒vurig aanhanger* **0.5** ⟨sl.⟩ ***boekenwurm*** *⇒studiehoofd, blokker, intellectueel* **0.6** ⟨sl.⟩ ***brillenjood*** *⇒brildrager* **0.7** ⟨vnl. scherts.⟩ ***orkestleider*** **0.8** ⟨sl.⟩ ***pianist*** **0.9** ⟨sl.⟩ ***(beroeps)gokker*** ◆ **6.1** ~ **of** chemistry *hoogleraar in de scheikunde*.

pro·fes·sor·ate [prə'fesərət], **pro·fes·so·ri·at(e)** ['prɒfɪ'sɔ:rɪət‖'prɑ-] ⟨zn.⟩
I ⟨telb.zn.⟩ **0.1** ***professoraat*** *⇒hoogleraarschap;*
II ⟨verz.n.⟩ **0.1** ***hoogleraren en medewerkers*** *⇒staf* **0.2** ***geleerden***.

pro·fes·so·ri·al ['prɒfə'sɔ:rɪəl‖'prɑfə-] ⟨f1⟩ ⟨bn.; -ly⟩ **0.1** ***(als) v.e. professor*** *⇒professoraal*.

pro·fes·sor·ship [prə'fesəʃɪp‖-sər-] ⟨f1⟩ ⟨telb.zn.⟩ **0.1** ***hoogleraarschap*** *⇒professoraat*.

prof·fer[1] ['prɒfə‖'prɑfər] ⟨telb.zn.⟩ ⟨schr.⟩ **0.1** ***aanbod***.

proffer[2] ⟨ov.ww.⟩ ⟨schr.⟩ **0.1** ***aanbieden*** *⇒aanreiken, presenteren*.

pro·fi·cien·cy [prə'fɪʃnsi] ⟨f1⟩ ⟨n.-telb.zn.⟩ **0.1** ***vakkundigheid*** *⇒vaardigheid, bekwaamheid* ◆ **6.1** ~ **at/in** sth. *bekwaam in iets*.

pro·fi·cient[1] [prə'fɪʃnt] ⟨telb.zn.⟩ **0.1** ***expert*** *⇒meester* ◆ **6.1** a ~ **in** music *een voortreffelijk muzikant*.

proficient[2] ⟨f1⟩ ⟨bn.; -ly⟩ **0.1** ***vakkundig*** *⇒bekwaam, vaardig, kundig* ◆ **6.1** an art **in/at** which he was ~ *een kunst die hij meesterlijk beheerste;* ~ **in** lying *bedreven in het liegen*.

pro·file[1] ['proufaɪl] ⟨f2⟩ ⟨telb.zn.⟩ **0.1** ***profiel*** *⇒zijaanzicht, omtrek* **0.2** ***silhouet*** **0.3** ***profiel*** *⇒karakterschets, korte (persoons)beschrijving, typering* **0.4** ***doorsnede*** *⇒(dwars/lengte)profiel* **0.5** ***variatiecurve*** **0.6** ⟨dram.⟩ ***decorstuk*** ◆ **6.1** **in** ~ *en profil*.

profile[2] ⟨ov.ww.⟩ **0.1** ***en profil weergeven*** **0.2** ⟨vaak pass.⟩ ***aftekenen*** ⇒*in silhouet weergeven* **0.3** ***een dwarsdoorsnede geven v.*** **0.4** ***een karakterschets geven v.*** ◆ **6.2** the mountains were ~d **against** the sky *de bergen tekenden zich af tegen de hemel.*

prof·it[1] ['prɒfɪt‖'prɑ-]⟨f3⟩⟨zn.⟩⟨→sprw. 574, 614⟩
I ⟨telb. en n.-telb.zn.; vaak mv.⟩ **0.1** ***winst*** ⇒*opbrengst* **0.2** ***rente*** ⇒*opbrengst* ◆ **1.1** share of ~s *winstaandeel* **6.1** sell **at** a ~ *met winst verkopen;* make a ~ **on** sth. *ergens winst op maken;*
II ⟨n.-telb.zn.⟩ **0.1** ***nut*** ⇒*voordeel, profijt, baat* ◆ **6.1** I read the book much **to** my ~ *ik heb veel aan het boek gehad.*

profit[2] ⟨f2⟩⟨ww.⟩
I ⟨onov.ww.⟩ **0.1** ***bevorderlijk zijn*** ⇒*nuttig/gunstig zijn* **0.2** ***profiteren*** ⇒*profijt trekken* ◆ **6.2** ~ **by** the situation *van de gelegenheid gebruik maken;* ~ **by/from** one's experiences *lering trekken uit zijn ervaringen;* I ~ed greatly **from** my stay in Rome *ik heb erg veel gehad aan mijn verblijf in Rome;*
II ⟨ov.ww.⟩⟨schr.⟩ **0.1** ***van nut zijn*** ⇒*tot voordeel strekken, helpen* ◆ **4.1** it won't ~ you to do such a thing *het zal je niets opleveren als je dat doet.*

prof·it·a·ble ['prɒfɪtəbl‖'prɑfɪṭəbl]⟨f2⟩⟨bn.; -ly; -ness; →bijw. 3⟩ **0.1** ***nuttig*** ⇒*voordelig* **0.2** ***winstgevend*** ⇒*rendabel.*

'profit-and-'loss account, ⟨AE⟩ **'profit-and-'loss statement** ⟨telb.zn.⟩ **0.1** ***winst-en-verliesrekening*** ⇒*resultatenrekening.*

prof·i·teer[1] ['prɒfɪ'tɪə‖'prɑfɪ'tɪr]⟨f1⟩⟨telb.zn.⟩ **0.1** ***woekeraar*** ⇒*woekerhandelaar, zwarthandelaar, oweeër.*

profiteer[2] ⟨f1⟩⟨onov.ww.⟩ **0.1** ***woekerwinst maken*** ⇒*woekerhandel drijven, zwarte handel drijven.*

pro·fit·er·ole [prə'fɪṭəroʊl]⟨telb.zn.⟩⟨cul.⟩ **0.1** ***profiterole*** ⇒*soesje.*

prof·it·less ['prɒfɪtləs‖'prɑ-]⟨bn.; -ly⟩ **0.1** ***nutteloos*** ⇒*zonder resultaat.*

'profit margin ⟨f1⟩⟨telb.zn.⟩ **0.1** ***winstmarge.***

'profit sharing ⟨f1⟩⟨n.-telb.zn.⟩ **0.1** ***winstdeling.***

'profit-sharing note ⟨telb.zn.⟩⟨ec.⟩ **0.1** ***action de jouissance*** ⇒*winstbewijs.*

'profit taking ⟨n.-telb.zn.⟩ **0.1** ***winstneming*** ⟨op beurs⟩.

prof·li·ga·cy ['prɒflɪgəsi‖'prɑ-]⟨telb. en n.-telb.zn.; →mv. 2⟩ **0.1** ***losbandigheid*** ⇒*schaamteloosheid* **0.2** ***roekeloosheid*** ⇒*spilzucht, verkwisting.*

prof·li·gate[1] ['prɒflɪgət‖'prɑ-]⟨telb.zn.⟩ **0.1** ***losbol*** ⇒*lichtzinnig/losbandig mens* **0.2** ***verkwister.***

profligate[2] ⟨bn.⟩ **0.1** ***losbandig*** ⇒*lichtzinnig, slecht, zedeloos* **0.2** ***verkwistend*** ⇒*spilziek* ◆ **6.2** ~ **of** *verkwistend met.*

pro for·ma[1] ['proʊ'fɔːmə‖-'fɔrmə]⟨telb.zn.⟩⟨hand.⟩ **0.1** ***conto finto*** ⇒*pro forma factuur, gefingeerde rekening.*

pro forma[2] ⟨bn.; bw.⟩ **0.1** ***pro forma*** ⇒*voor de vorm, schijn-, gefingeerd* ◆ **1.1** ⟨hand.⟩ ~ invoice *conto finto, pro forma factuur.*

pro·found [prə'faʊnd]⟨f3⟩⟨bn.; vaak -er; -ly; -ness⟩
I ⟨bn.⟩ **0.1** ***wijs*** ⇒*wijsgerig, diepzinnig, geleerd* **0.2** ***diepgaand*** ⇒*moeilijk te doorgronden* **0.3** ***diep*** ⇒*grondig, heftig* **0.4** ⟨med.⟩ ***verborgen*** ⇒*sluipend* ◆ **1.1** a ~ thinker *een groot denker* **1.3** ~ ignorance *grove/totale onwetendheid;* ~ relief *hele opluchting;* a ~ silence *een diepe/doodse stilte;*
II ⟨bn., attr.⟩⟨schr.⟩ **0.1** ***diep*** ◆ **1.1** ~ crevass *diepe kloof* **7.1** the ~ *de onpeilbare diepte* ⟨v. zee, hart⟩.

pro·fun·di·ty [prə'fʌndəṭi]⟨f1⟩⟨zn.; →mv. 2⟩
I ⟨telb. en n.-telb.zn.⟩ **0.1** ***diepzinnigheid*** ⇒*wijsgerigheid* **0.2** ⟨schr.⟩ ***diepte*** ⇒*onpeilbaarheid* ◆ **3.1** please keep those profundities to yourself *hou die wijsheden alsjeblieft voor je;*
II ⟨n.-telb.zn.⟩ **0.1** ***hevigheid*** ⇒*intensiteit* **0.2** ***ondoorgrondelijkheid.***

pro·fuse [prə'fjuːs]⟨f2⟩⟨bn.; -ly; -ness⟩ **0.1** ***gul*** ⇒*vrijgevig, kwistig, royaal, goedgeefs* **0.2** ***overvloedig*** ⇒*overdadig, in grote hoeveelheden* ◆ **1.2** a ~ mass *een overvloedige massa* **3.2** bleed ~ly *hevig bloeden* **6.1** she was ~ **in** her congratulations *ze feliciteerde ons met grote uitbundigheid;* be ~ **in** one's apologies *zich uitputten in verontschuldigingen;* ~ **of** presents *gul met cadeaus.*

pro·fu·sion [prə'fjuːʒn]⟨f1⟩⟨telb. en n.-telb.zn.; vnl. enk.⟩ **0.1** ***overvloed*** ⇒*massa, overdaad, profusie* **0.2** ***kwistigheid*** ⇒*vrijgevigheid, gulheid* ◆ **6.1 in** ~ *in overvloed;* a ~ **of** tables *een overvloed aan tafels.*

prog[1] [prɒg‖prɑg]⟨zn.⟩⟨sl.⟩
I ⟨telb.zn.⟩⟨BE⟩ **0.1** ⟨stud.⟩ ***proctor*** ⟨in Oxford en Cambridge⟩ **0.2** ***progressieveling;***
II ⟨n.-telb.zn.⟩ **0.1** ***voer*** ⇒*eten.*

prog[2] ⟨ov.ww.; →ww. 7⟩⟨BE; sl.; stud.⟩ **0.1** ***berispen*** ⇒*straffen.*

prog[3] ⟨afk.⟩ program, progress, progressive.

pro·gen·i·tive [proʊ'dʒenɪṭɪv]⟨bn.⟩ **0.1** ***zich voortplantend*** ⇒*reproducerend.*

pro·gen·i·tor [proʊ'dʒenɪtə‖-nɪṭər]⟨telb.zn.⟩ **0.1** ***voorvader*** ⇒*voorzaat* **0.2** ***stamvader*** **0.3** ***voorloper*** ⇒*voorganger, vader, oorsprong* **0.4** ***origineel*** ⟨v. kopie⟩.

pro·gen·i·tress [proʊ'dʒenɪtrɪs], **pro·gen·i·trix** [-trɪks]⟨telb.zn.; ook progenitrices [-'traɪsiːz]; →mv. 5⟩ **0.1** ***vrouwelijke voorouder*** **0.2** ***stammoeder*** **0.3** ***voorloopster*** ⇒*voorgangster, moeder, oorsprong.*

pro·gen·i·ture [proʊ'dʒenɪtʃə‖-ər]⟨telb. en n.-telb.zn.⟩ **0.1** ***nakomelingschap*** ⇒*progenituur.*

prog·e·ny ['prɒdʒəni‖'prɑ-]⟨f1⟩⟨zn.; →mv. 2⟩
I ⟨telb.zn.⟩ **0.1** ***resultaat*** ⇒*produkt, schepping;*
II ⟨verz.n.⟩ **0.1** ***nageslacht*** ⇒*kroost* **0.2** ***volgelingen.***

pro·ges·ter·one [proʊ'dʒestəroʊn]⟨n.-telb.zn.⟩⟨bioch.⟩ **0.1** ***progesteron*** ⟨hormoon⟩.

pro·glot·tid [proʊ'glɒtɪd‖-'glɑṭɪd]⟨telb.zn.⟩⟨dierk.⟩ **0.1** ***proglottis*** ⟨voortplantingssegment v.d. lintworm⟩.

pro·glot·tis [proʊ'glɒtɪs‖-'glɑṭɪs]⟨telb.zn.; proglottides [-ṭɪdiːz]; →mv. 5⟩⟨dierk.⟩ **0.1** ***proglottis.***

prog·na·thism ['prɒgnəθɪzm‖'prɑ-]⟨telb. en n.-telb.zn.⟩⟨med.⟩ **0.1** ***prognathie*** ⇒*prognatisme, het vooruitspringen v.d. kaak.*

prog·na·thous ['prɒgnəθəs‖'prɑg-], **prog·na·thic** [-'næθɪk]⟨bn.⟩ **0.1** ***prognatisch*** ⇒*met vooruitstekende kaak.*

prog·no·sis [prɒg'noʊsɪs‖prɑg-]⟨f1⟩⟨telb.zn.; prognoses [-siːz]; →mv. 5⟩⟨ec., med.⟩ **0.1** ***prognose*** ⇒*voorspelling.*

prog·nos·tic[1] [prɒg'nɒstɪk‖prɑg'nɑ-]⟨telb.zn.⟩⟨schr.⟩ **0.1** ***voorteken*** ⇒*waarschuwing, voorbode, omen, prognosticon* **0.2** ***voorspelling*** ⇒*profetie, prognosticatie* ◆ **6.1** a ~ **of** trouble *een voorteken v. moeilijkheden.*

prognostic[2] ⟨bn.⟩⟨schr.⟩ **0.1** ***voorspellend*** ⇒*waarschuwend, prognostisch.*

prog·nos·ti·cate [prɒg'nɒstɪkeɪt‖prɑg'nɑ-]⟨ov.ww.⟩⟨schr.⟩ **0.1** ***voorspellen*** ⇒*voorzien, prognosticeren* **0.2** ***duiden op*** ⇒*een voorteken zijn van, voorafgaan aan.*

prog·nos·ti·ca·tion [prɒg'nɒstɪ'keɪʃn‖prɑg'nɑ-]⟨zn.⟩⟨schr.⟩
I ⟨telb.zn.⟩ **0.1** ***voorspelling*** ⇒*profetie, prognosticatie* **0.2** ***voorteken*** ⇒*voorbode, omen, prognosticon;*
II ⟨n.-telb.zn.⟩ **0.1** ***het voorspellen.***

prog·nos·ti·ca·tor [prɒg'nɒstɪkeɪtə‖prɑg'nɑstɪkeɪṭər]⟨telb.zn.⟩⟨schr.⟩ **0.1** ***voorspeller.***

pro-gov·ern·ment ['proʊ'gʌv(n)mənt]⟨bn.⟩ **0.1** ***regeringsgezind.***

pro·gram·ma·ble [proʊ'græməbəl]⟨bn.⟩ **0.1** ***programmeerbaar.***

pro·gram·ma·tic ['proʊgrə'mæṭɪk]⟨bn.; -ally; →bijw. 3⟩ **0.1** ***programmatisch*** ⇒*met/volgens een programma.*

pro·gramme[1], ⟨BE sp. bet. 0.3; AE sp. alleen⟩ **pro·gram** ['proʊgræm]⟨f3⟩⟨telb.zn.⟩ **0.1** ***programma*** **0.2** ***programma(blad/boekje)*** ⇒*overzicht* **0.3** ⟨comp.⟩ ***programma*** ◆ **1.1** a ~ on the radio *een programma op de radio* **3.1** they're doing a ~ of 18th century music *er is een programma van 18e-eeuwse muziek* **4.1** ⟨inf.⟩ what's the ~ for today? *wat staat er vandaag op het programma/de agenda?, wat gebeurt er vandaag?.*

programme[2], ⟨BE sp. bet. 0.2; AE sp. alleen⟩ **program** ⟨f2⟩⟨ov.ww.; →ww. 7⟩ **0.1** ***programmeren*** ⇒*een programma/schema opstellen voor* **0.2** ⟨comp.⟩ ***programmeren*** ◆ **1.1** ⟨school.⟩ ~d course *geprogrammeerde cursus;* ~d learning *geprogrammeerd onderwijs.*

'programme music ⟨n.-telb.zn.⟩ **0.1** ***programmamuziek.***

'programme note ⟨telb.zn.; vaak mv.⟩ **0.1** ***schets*** ⇒*beschrijving* ⟨in programmaboekje⟩.

pro·gram·mer ['proʊgræmə‖-ər]⟨f1⟩⟨telb.zn.⟩⟨comp.⟩ **0.1** ***programmeur/euse.***

'programming language ⟨telb.zn.⟩⟨comp.⟩ **0.1** ***programmeertaal.***

prog·ress[1] ['proʊgres‖'prɑgrəs]⟨f3⟩⟨zn.⟩⟨→sprw. 111⟩
I ⟨telb.zn.⟩⟨vero.⟩ **0.1** ***reis*** ⇒⟨i.h.b., vnl. BE⟩ *hofreis, staatsbezoek, officiële reis;*
II ⟨telb. en n.-telb.zn.⟩ **0.1** ***voortgang*** ⇒*vooruitgang;* ⟨fig.⟩ *vordering, ontwikkeling, voortschrijding, groei* ◆ **1.1** in ~ of time *in de loop der tijd, mettertijd* **2.1** make (a) slow ~ *langzaam vooruitkomen* **3.1** there seems to be no ~ in your studies at all *je schijnt helemaal niet op te schieten met je studie;* the patiënt is making ~ *de patiënt gaat vooruit* **6.1 in** ~ *gaande, bezig, in wording, aan de gang; in uitvoering.*

progress[2] [prə'gres]⟨f2⟩⟨ww.⟩
I ⟨onov.ww.⟩ **0.1** ***vorderen*** ⇒*voorwaarts gaan, vooruitgaan/komen,* ⟨fig. ook⟩ *zich ontwikkelen, zich verbeteren;*
II ⟨ov.ww.⟩ **0.1** ***bevorderen*** ⇒*in de gang zetten, aan de gang houden.*

pro·gres·sion [prə'greʃn]⟨f2⟩⟨zn.⟩
I ⟨telb.zn.⟩ **0.1** ***opeenvolging*** ⇒*successie, aaneenschakeling* **0.2** ⟨wisk.⟩ ***rij*** **0.3** ⟨muz.⟩ ***progressie*** ⇒*sequens;*
II ⟨telb. en n.-telb.zn.⟩ **0.1** ***voortbeweging*** **0.2** ***voortgang*** ⇒*vooruitgang, ontwikkeling, verbetering, groei, progressie* ◆ **1.1** modes of ~ *wijzen van voortbeweging.*

pro·gres·sion·al [prə'greʃnəl]⟨bn.⟩ **0.1** ***voortgaand*** ⇒*in beweging* **0.2** ***in opeenvolging*** **0.3** ***progressief.***

pro·gres·sion·ist [prə'greʃənɪst]⟨telb.zn.⟩ **0.1** ***progressist*** ⟨iem. die in de continue vooruitgang v.d. samenleving gelooft⟩.
prog·ress·ist [prə'gresɪst‖'prɑgrəsɪst]⟨telb.zn.⟩ **0.1** ***progressist*** **0.2** ⟨pol.⟩ ***lid v. progressieve partij.***
pro·gres·sive[1] [prə'gresɪv]⟨f1⟩⟨telb.zn.⟩ **0.1** ***vooruitstrevend mens*** ⇒*iem. met progressieve ideeën* **0.2** ⟨taalk.⟩ ***progressieve vorm.***
progressive[2] ⟨f3⟩⟨bn.;-ly;-ness⟩ **0.1** ***toenemend*** ⇒*gestaag vorderend, voortschrijdend, zich stap voor stap ontwikkelend; progressief* ⟨belasting⟩ **0.2** ***progressief*** ⇒*in beweging, zich verbeterend, groeiend, in ontwikkeling, opklimmend* **0.3** ⟨vnl. pol. en school.⟩ ***progressief*** ⇒*vooruitstrevend, modern* **0.4** ***voorwaarts*** ⇒⟨taalk.⟩ *progressief* **0.5** ⟨med.⟩ ***voortschrijdend*** ⇒*voortwoekerend, progressief* **0.6** ⟨taalk.⟩ ***progressief*** ⇒*duratief* **0.7** ⟨dans, kaartspel⟩ ***met partnerwisselingen*** ◆ **1.1** ~ advance *gestage vordering* **1.4** ~ assimilation *progressieve assimilatie* **1.6** 'I am running' is a ~ form *'I am running' is een progressieve/duratieve vorm* **3.1** improve ~ly *geleidelijk/langzamerhand beter worden.*
pro·gres·siv·ism [prə'gresɪvɪzm]⟨n.-telb.zn.⟩ **0.1** ***progressivisme*** ⇒*progressiviteit* ⟨geloof in de continue vooruitgang v.d. samenleving⟩ **0.2** ⟨pol.⟩ ***progressiviteit*** ⇒*vooruitstrevende ideeën.*
'progress report ⟨f1⟩⟨telb.zn.⟩ **0.1** ***voortgangsrapport*** ⇒*verslag over de stand van zaken/vorderingen.*
pro hac vice ['proʊ hɑ:k 'vaɪsi]⟨bw.⟩ **0.1** ***pro hac vice*** ⇒*(alleen) voor deze keer.*
pro·hib·it [prə'hɪbɪt‖proʊ-]⟨f2⟩⟨ov.ww.⟩ **0.1** ***verbieden*** **0.2** ***verhinderen*** ⇒*belemmeren, beletten, onmogelijk maken* ◆ **3.1** smoking ~ed *verboden te roken* **3.2** a small income ~s my spending much on clothes *mijn inkomen is te klein om veel aan kleren te kunnen besteden* **6.2** they must be ~ed **from** climbing trees *we moeten voorkomen dat ze in bomen gaan klimmen.*
pro·hi·bi·tion ['proʊɪ'bɪʃn]⟨f2⟩⟨zn.⟩
I ⟨eig.n.;P-⟩ **0.1** ***(periode v.d.) prohibitie*** ⟨tijd waarin het drankverbod gold in de U.S.A., 1920-1933⟩ ⇒*drooglegging;*
II ⟨telb. en n.-telb.zn.⟩ **0.1** ***verbod*** ⇒*verbodsbepaling;*
III ⟨n.-telb.zn.⟩ **0.1** ***prohibitie*** ⇒*drankverbod, verbod op handel in alcoholhoudende dranken.*
pro·hi·bi·tion·ist ['proʊɪ'bɪʃənɪst]⟨telb.zn.⟩ **0.1** ⟨P-⟩ ***Prohibitionist*** ⇒*lid van de Prohibition Party* ⟨in de U.S.A.⟩ **0.2** ***prohibitionist*** ⇒*voorstander v.h. drankverbod.*
pro·hi·bi·tive [prə'hɪbɪtɪv‖proʊ'hɪbəṭɪv]⟨f1⟩⟨bn.;-ly;-ness⟩ **0.1** ***verbiedend*** ⇒*verbods-* **0.2** ⟨hand.⟩ ***prohibitief*** ⇒*belemmerend, remmend* ◆ **1.2** ~ duty *prohibitief invoerrecht;* ~ prices *onbetaalbaar hoge prijzen;* ~ tax *prohibitief tarief.*
pro·hib·i·to·ry [prə'hɪbɪtri‖proʊ'hɪbɪtɔri]⟨bn.⟩ **0.1** ***verbiedend*** ⇒*verbods-* **0.2** ***prohibitief*** ⇒*belemmerend, remmend* ◆ **1.1** ~ rules *verbodsbepalingen.*
proj·ect[1] ['prɒdʒekt‖'prɑ-]⟨f3⟩⟨telb.zn.⟩ **0.1** ***plan*** ⇒*ontwerp, schets, concept, opzet* **0.2** ***project*** ⇒*onderneming* **0.3** ***project*** ⇒*onderzoek, studieproject, research* **0.4** ⟨AE⟩ ***woningbouwproject.***
project[2] [prə'dʒekt]⟨f3⟩⟨ww.⟩
I ⟨onov.ww.⟩ **0.1** ***vooruitspringen*** ⇒*uitsteken* **0.2** ***hoorbaar zijn*** ⇒*zijn stem verheffen, bereiken* ◆ **1.1** ~ing shoulder blades *uitstekende schouderbladen* **6.2** to ~ **to** the people in the back *zich verstaanbaar maken voor de mensen achteraan;*
II ⟨ov.ww.⟩ **0.1** ***ontwerpen*** ⇒*beramen, een plan maken voor, uitstippelen* **0.2** ***werpen*** ⇒*(af)schieten* **0.3** ***werpen*** ⇒*richten, projecteren* **0.4** ***afbeelden*** ⇒*uitbeelden, duidelijk maken, tonen, goed/levendig (over)brengen* **0.5** ***zich voorstellen*** ⇒*een beeld vormen van* **0.6** ***ramen*** ⇒*schatten, een toekomstplan maken voor, extrapoleren* **0.7** ⟨psych.⟩ ***projecteren*** **0.8** ⟨aardr., wisk.⟩ ***projecteren*** ◆ **1.3** ~ one's mind into the past *zich in het verleden verplaatsen;* ~ a shadow on the wall *een schaduw op de muur werpen;* ~ slides *dia's projecteren;* ~ one's voice *zijn stem richten, zich verstaanbaar maken, duidelijk hoorbaar zijn* **6.7** ~ one's desires **onto** s.o. *zijn verlangens op iem. anders projecteren.*
pro·jec·tile[1] [prə'dʒektaɪl‖-tl]⟨f1⟩⟨telb.zn.⟩ **0.1** ***projectiel*** ⇒*kogel* **0.2** ***geleid/automatisch projectiel*** ⇒*raket.*
projectile[2] ⟨bn., attr.⟩ **0.1** ***voortdrijvend*** ⇒*drijvend, voortstotend* **0.2** ***afschietbaar*** ⇒*werpbaar, werp-lanceerbaar* **0.3** ⟨dierk.⟩ ***protractiel*** ⇒*uitsteekbaar, verlengbaar, strekbaar* ◆ **1.1** ~ vomiting *projectielbraken.*
pro·jec·tion [prə'dʒekʃn]⟨f2⟩⟨zn.⟩
I ⟨telb.zn.⟩ **0.1** ***uitstekend deel*** ⇒*uitsprong* **0.2** ***projectie*** ⇒*beeld* **0.3** ***raming*** ⇒*plan, toekomstverwachting, extrapolatie* **0.4** ⟨psych.⟩ ***projectie*** ⇒*voorstelling, sensoriële projectie;*
II ⟨telb. en n.-telb.zn.⟩ **0.1** ⟨aardr., wisk.⟩ ***projectie*** **0.2** ⟨psych.⟩ ***projectie*** ◆ **1.1** ~ of a point *geprojecteerd punt;*
III ⟨n.-telb.zn.⟩ **0.1** ***het afvuren*** ⇒*schot, het wegwerpen* **0.2** ***het projecteren*** ⇒*projectie, filmprojectie* **0.3** ***het uitsteken*** **0.4** ***het plannen maken.***
pro·jec·tion·ist [prə'dʒekʃənɪst]⟨f1⟩⟨telb.zn.⟩ **0.1** ***operateur*** ⇒*filmoperateur.*
pro'jection room, pro'jection booth ⟨f1⟩⟨telb.zn.⟩ **0.1** ***cabine*** ⟨in bioscoop⟩.
pro·jec·tive [prə'dʒektɪv]⟨f1⟩⟨bn.;-ly⟩ **0.1** ***uitstekend*** ⇒*uitpuilend, uitspringend* **0.2** ⟨wisk.⟩ ***projectief*** **0.3** ⟨psych.⟩ ***projectief*** ⇒*v.d. projectie* ◆ **1.2** ~ geometry *projectieve meetkunde;* ~ transformation *projectieve transformatie* **1.3** ~ test *projectietest.*
pro·jec·tor [prə'dʒektə‖-ər]⟨f2⟩⟨telb.zn.⟩ **0.1** ***projector*** ⇒*film/diaprojector, projectietoestel* **0.2** ***schijnwerper*** **0.3** ***ontwerper*** ⇒*plannenmaker* **0.4** ***intrigant*** ⇒*bedrieger, oplichter.*
pro·lapse[1] ['proʊlæps‖proʊ'læps], **pro·lap·sus** [proʊ'læpsəs] ⟨telb.zn.⟩⟨med.⟩ **0.1** ***prolaps*** ◆ **1.1** ~ of the uterus *baarmoederverzakking.*
prolapse[2] [proʊ'læps]⟨onov.ww.⟩⟨med.⟩ **0.1** ***verzakken*** ⇒*een prolaps vertonen.*
pro·late [proʊ'leɪt]⟨bn.;-ly;-ness⟩ **0.1** ***zich verwijdend*** ⇒*breder wordend* **0.2** ***wijd verbreid*** **0.3** ⟨wisk.⟩ ***verlengd*** ⇒*gerekt.*
prole [proʊl]⟨telb.zn.⟩⟨vnl. BE; inf.⟩ **0.1** ***proletariër.***
pro·leg ['proʊleg]⟨telb.zn.⟩⟨dierk.⟩ **0.1** ***buikpoot*** ⇒*ongeleed schijnpootje* ⟨v. larve⟩.
pro·le·gom·e·non ['proʊlɪ'gɒmɪnən‖-'gɑmɪnɑn]⟨telb.zn.; prolegomena [-mɪnə]; →mv. 5; vaak mv.⟩ **0.1** ***inleiding*** ⇒*voorwoord, prolegomena.*
pro·lep·sis [proʊ'lepsɪs]⟨telb.zn.; prolepses [-si:z]; →mv. 5⟩ **0.1** ***prolepsis*** ⇒*het vooruitlopen (op een tegenwerping), anticipatie* **0.2** ***prochronisme*** ⇒*anachronisme* **0.3** ⟨taalk.⟩ ***resultatieve werkwoordsbepaling*** ⇒*anticiperend gebruik v.h. adjectief* ⟨in predikatieve bepaling⟩ ◆ **1.3** 'she is going to dye her hair blue' is an example of ~ *'ze gaat haar haar blauw verven' is een voorbeeld v.h. anticiperend gebruik v.h. adjectief.*
pro·lep·tic [proʊ'leptɪk], **pro·lep·ti·cal** [-ɪkl]⟨bn.⟩ **0.1** ***proleptisch*** ⇒*anticiperend, vooruitlopend.*
pro·le·tar·i·an[1] ['proʊlɪ'teərɪən‖-'ter-]⟨f1⟩⟨telb.zn.⟩ **0.1** ***proletariër*** **0.2** ⟨gesch.⟩ ***proletarius*** ⟨lid v.d. laagste bevolkingsklasse⟩.
proletarian[2] ⟨f1⟩⟨bn.;-ly;-ness⟩ **0.1** ***proletarisch.***
pro·le·tar·i·an·ism ['proʊlɪ'teərɪənɪsm‖-'ter-]⟨n.-telb.zn.⟩ **0.1** ***proletarisme*** ⇒*proletariërschap.*
pro·le·tar·i·at ['proʊlɪ'teərɪət‖-'ter-]⟨f1⟩⟨verz.n.⟩ **0.1** ***proletariaat*** ⇒*arbeidersklasse* **0.2** ⟨gesch.⟩ ***proletarii*** ⇒*bezitlozen* ◆ **1.1** dictatorship of the ~ *dictatuur v.h. proletariaat.*
pro-'life ⟨bn.⟩ **0.1** ***antiabortus(-)*** ⇒*het recht op leven voorstaand, gekant tegen vrije abortus(wetgeving).*
pro·lif·er ['proʊ'laɪfə‖-ər]⟨telb.zn.⟩ **0.1** ***voorstander v.h. recht op leven*** ⟨v.h. ongeboren kind⟩ ⇒*tegenstander v. vrije abortus(wetgeving).*
pro·lif·er·ate [prə'lɪfəreɪt]⟨ww.⟩
I ⟨onov.ww.⟩ **0.1** ***snel in aantal toenemen*** ⇒*zich verspreiden* **0.2** ⟨biol.⟩ ***zich (snel) vermenigvuldigen*** ⇒*groeien, zich (snel) uitbreiden, woekeren;*
II ⟨ov.ww.⟩⟨biol.⟩ **0.1** ***voortbrengen*** ⇒*(snel) doen groeien* ⟨nieuwe delen⟩, *doen uitbreiden, produceren* ⟨nieuwe cellen⟩.
pro·lif·er·a·tion [prə'lɪfə'reɪʃn]⟨zn.⟩
I ⟨telb.zn.⟩⟨biol.⟩ **0.1** ***door proliferatie gevormd deel;***
II ⟨telb. en n.-telb.zn.⟩ **0.1** ⟨biol.⟩ ***proliferatie*** ⟨snelle groei door celdeling/produktie v. nieuwe delen⟩ ⇒*woekering, uitbreiding* **0.2** ***proliferatie*** ⇒*toeneming in aantal, verbreiding, verspreiding* ◆ **1.2** ~ of nuclear weapons *proliferatie v. kernwapens.*
pro·lif·er·a·tive [prə'lɪfrətɪv‖-fəreɪṭɪv]⟨bn.⟩ **0.1** ***zich uitbreidend*** ⇒*in aantal toenemend* **0.2** ⟨biol.⟩ ***zich vermenigvuldigend*** ⇒*groeiend door proliferatie.*
pro·lif·er·ous [prə'lɪfərəs]⟨bn.⟩ **0.1** ⟨plantk.⟩ ***met proliferatie*** ⇒*te veel uitbottend, uitbottend op ongewone plaatsen, doorgroeiend* **0.2** ⟨dierk.⟩ ***zich ongeslachtelijk voortplantend*** **0.3** ⟨med.⟩ ***uitzaaiend.***
pro·lif·ic [prə'lɪfɪk]⟨f1⟩⟨bn.;-ally;-ness;→bijw. 3⟩ **0.1** ***vruchtbaar*** ⇒*overvloedig vruchtdragend;* ⟨fig.⟩ *met overvloedige resultaten, rijk* ◆ **1.1** a ~ writer *een produktief schrijver* **6.1** our universities are not ~ **in** producing researchers *onze universiteiten leveren nauwelijks onderzoekers af;* ~ **of** fantasies *rijk aan fantasieën.*
pro·lix ['proʊlɪks‖proʊ'lɪks]⟨bn.;-ly⟩ **0.1** ***langdradig*** ⇒*lang van stof, uitgesponnen, breedsprakig, uitvoerig.*
pro·lix·i·ty [prə'lɪksəti‖proʊ'lɪksəṭi]⟨n.-telb.zn.⟩ **0.1** ***langdradigheid*** ⇒*wijdlopigheid, breedsprakigheid.*
pro·loc·u·tor [proʊ'lɒkjʊtə‖-'lɑkjəṭər]⟨telb.zn.⟩ **0.1** ***woordvoerder*** ⇒*vertegenwoordiger* **0.2** ***voorzitter*** ⇒⟨i.h.b.⟩ *voorzitter v.h. lagerhuis v.d. synode der Anglicaanse kerk.*
pro·log·ize, -ise, pro·logu·ize, -ise ['proʊləgaɪz]⟨onov.ww.⟩ **0.1** ***een proloog uitspreken/schrijven.***
pro·logue[1] ['proʊlɒg‖-lɔg,-lɑg], ⟨AE sp. ook⟩ **prolog** ⟨f1⟩⟨telb.zn.⟩ **0.1** ***proloog*** ⇒*voorwoord, inleiding* **0.2** ***voorspel*** ⇒*inleidende gebeurtenis(sen)* **0.3** ⟨dram.⟩ ***proloog*** ⇒*voorafspraak.*

prologue² ⟨ov.ww.⟩ **0.1** ***v.e. proloog voorzien*** ⇒*inleiden*.
pro·long [prə'lɒŋ‖-'lɔŋ]⟨f2⟩⟨ov.ww.⟩ **0.1** ***verlengen*** ⇒*langer maken, aanhouden* ◆ **1.1** a ~ed illness *een langdurige ziekte*.
pro·lon·ga·tion ['proʊlɒŋ'geɪʃn‖-lɔŋ-]⟨f1⟩⟨telb. en n.-telb.zn.⟩ **0.1** ***verlenging***.
pro·lu·sion [prə'lu:ʒn‖proʊ-]⟨telb.zn.⟩ **0.1** ***voorstudie*** ⇒*proeve* **0.2** ***inleiding*** ⇒*inleidend artikel/essay*.
pro·lu·so·ry [prə'lu:zri‖proʊ-]⟨bn.⟩ **0.1** ***voorlopig*** ⇒*voorbereidend* **0.2** ***inleidend***.
prom¹ [prɒm‖prɑm]⟨f1⟩⟨telb.zn.⟩ **0.1** ⟨verk.⟩ ⟨promenade concert⟩ ⟨BE; inf.⟩ ***prom*** ⇒*promenadeconcert* **0.2** ⟨verk.⟩ ⟨promenade⟩ ⟨BE; inf.⟩ ***promenade*** ⇒*wandelweg, boulevard* **0.3** ⟨verk.⟩ ⟨promenade⟩ ⟨AE⟩ ***school/universiteitsbal*** ⇒*dansfeest*.
prom² ⟨afk.⟩ promontory.
PROM [prɒm‖prɑm]⟨n.-telb.zn.; afk.⟩ Programmable Read-Only Memory ⟨comp.⟩ **0.1** ***PROM***.
prom·e·nade¹ ['prɒmə'nɑ:d‖'prɑmə'neɪd]⟨f2⟩⟨telb.zn.⟩ **0.1** ***wandeling*** ⇒*promenade, het flaneren* **0.2** ***ritje*** ⇒*uitstapje* **0.3** ***promenade*** ⇒*wandelweg, boulevard* **0.4** ⟨AE⟩ ***school/universiteitsbal*** ⇒*dansfeest*.
promenade² ⟨ww.⟩
I ⟨onov.ww.⟩ **0.1** ***wandelen*** ⇒*flaneren;*
II ⟨ov.ww.⟩ **0.1** ***wandelen/flaneren langs*** **0.2** ***wandelen/flaneren met*** ⇒⟨i.h.b.⟩ *lopen te pronken met*.
prome'nade concert ⟨telb.zn.⟩⟨BE⟩ **0.1** ***promenadeconcert***.
prome'nade deck ⟨telb.zn.⟩⟨scheep.⟩ **0.1** ***promenadedek***.
prom·e·nad·er [prɒmə'nɑ:də‖'prɑmə'neɪdər]⟨telb.zn.⟩ **0.1** ***wandelaar*** ⇒*flaneur*.
Pro·me·the·an¹ [prə'mi:θɪən]⟨telb.zn.⟩ **0.1** ***prometheïsch mens*** ⇒⟨i.h.b.⟩ *scheppende/bezielende geest*.
Promethean² ⟨bn.⟩ **0.1** ***prometheïsch*** ⇒*zoals Prometheus;* ⟨i.h.b.⟩ *oorspronkelijk, scheppend, bezielend*.
pro·me·thi·um [prə'mi:θɪəm]⟨n.-telb.zn.⟩⟨schei.⟩ **0.1** ***promethium*** ⟨element 61⟩.
prom·i·nence ['prɒmɪnəns‖'prɑ-], **prom·i·nen·cy** [-si]⟨f1⟩⟨zn.; →mv. 2⟩
I ⟨telb.zn.⟩ **0.1** ***verhoging*** ⇒*verhevenheid, uitstekend gedeelte, uitsteeksel* **0.2** ⟨ster.⟩ ***protuberans*** ⇒*zonnevlam* ⟨gasmassa bij zon, ster⟩;
II ⟨n.-telb.zn.⟩ **0.1** ***het uitsteken*** **0.2** ***opvallendheid*** ⇒*duidelijkheid, opmerkelijkheid* **0.3** ***bekendheid*** ⇒*beroemdheid, belang* ◆ **3.3** bring sth. into ~ *iets bekendheid geven;* come into ~ *bekendheid krijgen*.
pro·mi·nent ['prɒmɪnənt‖'prɑ-]⟨f3⟩⟨bn.; -ly⟩ **0.1** ***uitstekend*** ⇒*uitspringend, uitpuilend* **0.2** ***opvallend*** ⇒*in het oog vallend, opmerkelijk, duidelijk* **0.3** ***vooraanstaand*** ⇒*prominent, belangrijk* **0.4** ***bekend*** ⇒*beroemd* ◆ **1.1** ~ teeth *vooruitstekende tanden* **1.3** a ~ scholar *een eminent geleerde* **1.4** a ~ musician *een bekende musicus*.
prom·is·cu·i·ty ['prɒmɪ'skju:əti‖'prɑmɪ'skju:əṭi]⟨telb. en n.-telb.zn.; →mv. 2⟩ **0.1** ***willekeurige vermenging*** ⇒*ordeloos samenraapsel* **0.2** ***willekeurigheid*** ⇒*onzorgvuldigheid* **0.3** ***promiscuïteit*** ⇒*vrij seksueel verkeer* **0.4** ⟨inf.⟩ ***zorgeloosheid*** ⇒*nonchalance*.
pro·mis·cu·ous [prə'mɪskjʊəs]⟨f1⟩⟨bn.; -ly; -ness⟩ **0.1** ***ongeordend*** ⇒*in willekeurige vermenging, verward* **0.2** ***willekeurig*** ⇒*onzorgvuldig, kritiekloos, zonder onderscheid* **0.3** ***promiscue*** ⇒*met willekeurige seksuele relaties*.
prom·ise¹ ['prɒmɪs‖'prɑmɪs]⟨f3⟩⟨telb. en n.-telb.zn.⟩⟨→sprw. 578⟩ **0.1** ***belofte*** ⇒*toezegging* ◆ **1.1** an actor of great ~ *een veelbelovend acteur;* the land of ~ *het Beloofde Land, het land v. belofte* **3.1** break one's ~ *zijn belofte verbreken;* carry out a ~ *een belofte nakomen;* claim s.o.'s ~ *iem. ergens aan houden, eisen dat iem. zich aan zijn belofte houdt;* hold a ~ *een belofte inhouden;* keep one's ~ *zich aan zijn belofte houden, zijn belofte nakomen;* make a ~ *een belofte doen;* he doesn't show much ~ *hij is niet erg veel belovend* **6.1** a ~ **of** assistance *een belofte te helpen;* bring little ~ **of** change *weinig hoop op verandering geven*.
promise² ⟨f3⟩⟨ww.⟩
I ⟨onov.ww.⟩ **0.1** ***een belofte doen*** ⇒*(iets) beloven* **0.2** ***verwachtingen wekken*** ⇒*veelbelovend zijn, hoopvol stemmen* ◆ **5.2** ~ well *veelbelovend zijn, beloven te slagen;*
II ⟨ov.ww.⟩ **0.1** ***beloven*** ⇒*toezeggen, een belofte doen* **0.2** ***beloven*** ⇒*doen verwachten, de verwachtingen wekken van* **0.3** ⟨inf.⟩ ***beloven*** ⇒*verzekeren* ◆ **1.1** the ~d land *het Beloofde Land, land v. belofte* **1.2** a promising start *een veelbelovend begin* **4.1** he ~d himself a nice day off *hij verheugde zich op een plezierige vrije dag;* I ~ you! *dat verzeker ik je!*.
prom·is·ee ['prɒmɪ'si:‖'prɑ-]⟨telb.zn.⟩⟨jur.⟩ **0.1** ***iem. die een toezegging wordt gedaan***.
prom·is·ing ['prɒmɪsɪŋ‖'prɑ-]⟨f2⟩⟨bn.; oorspr. teg. deelw. v. promise; -ly⟩ **0.1** ***veelbelovend***.
prom·i·sor ['prɒmɪsə‖'prɑmɪsər]⟨telb.zn.⟩⟨jur.⟩ **0.1** ***iem. die een toezegging doet*** ⇒*promittent*.
prom·is·so·ry ['prɒmɪsri‖'prɑmɪsɔri]⟨bn.⟩ **0.1** ***belovend*** ⇒*een belofte inhoudend* **0.2** ***veelbelovend*** **0.3** ⟨jur.⟩ ***promissoir*** **0.4** ⟨verz.⟩ ***reglementair*** ⇒*volgens het reglement/de voorwaarden* ◆ **1.3** ~ oath *promissoire eed, eed v. belofte*.
'promissory note ⟨telb.zn.⟩⟨geldw.⟩ **0.1** ***promesse***.
pro·mo ['proʊmoʊ]⟨telb.zn.; promos⟩⟨verk.⟩ promotion ⟨inf.⟩ **0.1** ***promotiefilm/video***.
prom·on·to·ry ['prɒməntri‖'prɑməntɔri]⟨f1⟩⟨telb.zn.; →mv. 2⟩ **0.1** ***kaap*** ⇒*klip, voorgebergte* **0.2** ⟨med.⟩ ***uitsteeksel*** ⇒*vooruitspringend gedeelte, promontorium*.
pro·mote [prə'moʊt]⟨f3⟩⟨ov.ww.⟩ **0.1** ⟨vnl. BE⟩ ***bevorderen*** ⇒*een hogere positie geven, in rang verhogen* **0.2** ***bevorderen*** ⇒*stimuleren, helpen, begunstigen* **0.3** ***steunen*** ⇒*propageren* **0.4** ***ondernemen*** ⇒*in gang zetten* **0.5** ***promoten*** ⇒*reclame maken voor, de verkoop stimuleren van, pluggen* **0.6** ⟨schaken⟩ ***laten promoveren*** ⟨pion⟩ ◆ **1.1** he has been ~d captain *hij is tot kapitein bevorderd* **1.3** ~ a bill *een wetsontwerp indienen/steunen* **1.4** ~ a new business *een nieuwe zaak (helpen) opzetten* **6.1** ~ **to** the rank of sergeant *bevorderen tot de rang v. sergeant*.
pro·mot·er [prə'moʊtə‖-'moʊṭər]⟨f1⟩⟨telb.zn.⟩ **0.1** ***begunstiger*** ⇒*bevorderaar, helper, beschermer* **0.2** ***organisator*** ⇒⟨i.h.b.⟩ *financier v.e. manifestatie* **0.3** ***promotor*** ⟨aan universiteit⟩ **0.4** ⟨ec.⟩ ***promotor*** **0.5** ⟨sport, vnl. bokssport⟩ ***(boks)promotor*** **0.6** ⟨schei.⟩ ***promotor***.
pro·mo·tion [prə'moʊʃn]⟨f3⟩⟨zn.⟩
I ⟨telb.zn.⟩ **0.1** ***onderwerp v. reclamecampagne*** ⇒*promotieartikel, aanbieding;*
II ⟨telb. en n.-telb.zn.⟩ **0.1** ***bevordering*** ⇒*promotie* **0.2** ***bevordering*** ⇒*begunstiging, hulp, steun* **0.3** ***promoting*** ⇒*promotie, reclame, (verkoop)bevordering* **0.4** ⟨schaken⟩ ***promotie***.
pro·mo·tion·al [prə'moʊʃnəl]⟨f1⟩⟨bn.; -ly⟩ **0.1** ***bevorderings-*** **0.2** ***reclame-*** ⇒*advertentie-* ◆ **1.1** ~ opportunities *promotiekansen*.
pro·mo·tive [prə'moʊṭɪv]⟨bn.; -ly; -ness⟩ **0.1** ***bevorderlijk*** ⇒*gunstig*.
pro·mo·tor [prə'moʊtə‖-'moʊṭər]⟨telb.zn.⟩ **0.1** ***promotor*** ⟨aan universiteit⟩.
prompt¹ [prɒm(p)t‖prɑm(p)t]⟨f1⟩⟨telb.zn.⟩ **0.1** ***geheugensteuntje*** ⇒*het voorzeggen;* ⟨i.h.b.⟩ *hulp v.d. souffleur* **0.2** ⟨verk.⟩ ⟨prompt side⟩ **0.3** ⟨hand.⟩ ***prompt*** ⇒*betalingstermijn* **0.4** ⟨hand.⟩ ***betalingsherinnering*** **0.5** ⟨comp.⟩ ***prompt*** ⇒*oproeptekken*.
prompt² ⟨f2⟩⟨bn.; -ly⟩
I ⟨bn.⟩ **0.1** ***prompt*** ⇒*onmiddellijk, direkt* ◆ **1.1** ~ payment *prompte betaling;*
II ⟨bn., pred.⟩ **0.1** ***prompt*** ⇒*vlug, snel reagerend, stipt, alert* ◆ **3.1** he was ~ to go with us *hij was onmiddellijk bereid met ons mee te gaan*.
prompt³ ⟨f2⟩⟨ov.ww.⟩ **0.1** ***bewegen*** ⇒*drijven, brengen, verleiden* **0.2** ***opwekken*** ⇒*oproepen* **0.3** ***herinneren*** ⇒*een geheugensteuntje geven, verder helpen, voorzeggen;* ⟨i.h.b.⟩ *souffleren* ◆ **1.2** the smell ~ed memories *de geur riep herinneringen op* **4.1** what ~ed you to do such a thing? *hoe kom je erbij om zoiets te doen?*.
prompt⁴ ⟨f1⟩⟨bw.⟩ **0.1** ***precies*** ⇒*stipt* ◆ **4.1** at twelve o' clock ~ *om twaalf uur precies*.
'prompt·book, 'prompt copy ⟨telb.zn.⟩⟨dram.⟩ **0.1** ***souffleurstekst*** ⇒*souffleursexemplaar*.
'prompt box ⟨f1⟩⟨telb.zn.⟩ **0.1** ***souffleurshokje***.
prompt·er ['prɒm(p)tə‖'prɑm(p)tər]⟨f1⟩⟨telb.zn.⟩ **0.1** ***voorzegger*** ⇒⟨i.h.b.⟩ *souffleur*.
prompt·ness ['prɒm(p)tnəs‖'prɑm(p)t-], **promp·ti·tude** [-tɪtju:d‖-tɪ ˌtu:d]⟨n.-telb.zn.⟩ **0.1** ***promptheid*** ⇒*snelle reactie, vlugheid*.
'prompt note ⟨telb.zn.⟩ **0.1** ***betalingsherinnering***.
'prompt side ⟨telb.zn.⟩ **0.1** ***souffleurskant*** ⟨v. toneel⟩.
prom·ul·gate ['prɒmlgeɪt‖'prɑ-]⟨f1⟩⟨ov.ww.⟩ **0.1** ***afkondigen*** ⇒*bekendmaken* **0.2** ***verspreiden*** ⇒*bekendmaken, doen doordringen, tot gemeengoed maken* ◆ **1.1** ~ a law *een wet afkondigen*.
prom·ul·ga·tion ['prɒml'geɪʃn‖'prɑ-]⟨telb. en n.-telb.zn.⟩ **0.1** ***afkondiging*** ⇒*bekendmaking*.
prom·ul·ga·tor ['prɒmlgeɪtə‖'prɑmlgeɪṭər]⟨telb.zn.⟩ **0.1** ***afkondiger*** ⇒*bekendmaker* ⟨v. wetten⟩.
pron ⟨afk.⟩ pronominal, pronoun, pronounced, pronunciation.
pro·nate [proʊ'neɪt‖'proʊneɪt]⟨ov.ww.⟩⟨biol., med.⟩ **0.1** ***pronatie veroorzaken*** ⇒*de handpalm naar binnen draaien*.
pro·na·tion [proʊ'neɪʃn]⟨telb. en n.-telb.zn.⟩⟨biol., med.⟩ **0.1** ***pronatie***.
pro·na·tor [proʊ'neɪtə‖'proʊneɪṭər]⟨telb.zn.; pronatores ['proʊneɪ'tɔ:ri:z]; →mv. 5⟩⟨biol., med.⟩ **0.1** ***pronator***.
prone [proʊn]⟨f2⟩⟨bn.; in bet. II ook -er; -ly; -ness; →compar. 7⟩
I ⟨bn.⟩ **0.1** ***voorover*** ⇒*voorovergebogen, met de voorkant naar*

beneden gericht **0.2** ***vooroverliggend*** ⇒*uitgestrekt, languit liggend* **0.3** ***met de handpalm omlaag;***
II ⟨bn., pred.⟩ **0.1** ***geneigd*** ⇒*vatbaar, gevoelig, behept* ◆ **3.1** she is ~ to say the wrong thing *ze zal al gauw verkeerde dingen zeggen* **6.1** ~ **to** colds *vatbaar voor verkoudheid;* ~ **to** tactlessness *geneigd tot tactloosheid, niet altijd even tactvol.*

-prone [proʊn] **0.1** ⟨ong.⟩ ***gemakkelijk krijgend*** ⇒*gauw lijdend aan / last hebbend van* ◆ **¶.1** he's very accident-prone *hem overkomt altijd van alles.*

prong[1] [prɒŋ‖prɔŋ, prɑŋ] ⟨f1⟩ ⟨telb.zn.⟩ **0.1** ***punt*** ⇒*piek, uitsteeksel, tand, vorktand* **0.2** ***tak*** ⇒*vertakking.*

prong[2] ⟨ov.ww.⟩ **0.1** ***met een riek omwoelen*** ⇒*met een riek opscheppen.*

-prong·ed [prɒŋd‖prɔŋd, prɑŋd] ⟨gecombineerd met nummer⟩ **0.1** ***-tandig*** ⇒*gevorkt* ◆ **¶.1** two-pronged *tweetandig;* three-pronged attack *aanval op drie punten.*

'prong·horn, 'prong·buck, 'prong·horn 'antelope, 'prong-horn·ed 'antelope ⟨telb.zn.; ook pronghorn; →mv. 4⟩ ⟨dierk.⟩ **0.1** ***gaffelantilope*** ⟨Antilocapra americana⟩.

pro·nom·i·nal [proʊ'nɒmɪnl‖-'nɑ-] ⟨bn.; -ly⟩ ⟨taalk.⟩ **0.1** ***pronominaal*** ⇒*voornaamwoordelijk.*

pro·noun ['proʊnaʊn] ⟨f2⟩ ⟨telb.zn.⟩ ⟨taalk.⟩ **0.1** ***voornaamwoord*** ⇒*pronomen.*

pro·nounce [prə'naʊns] ⟨f3⟩ ⟨ww.⟩ →pronounced
I ⟨onov.ww.⟩ **0.1** ***spreken*** ⇒*uitspreken, articuleren* **0.2** ***oordelen*** ⇒*zijn mening verkondigen* ◆ **6.2** ~ **against** *verwerpen, zich uitspreken tegen;* ~ **for** *aanvaarden, zich uitspreken voor;* ~ **(up)on** *uitspraken doen over, commentaar leveren op;*
II ⟨ov.ww.⟩ **0.1** ***uitspreken*** ⇒*uiten* **0.2** ***verklaren*** ⇒*verkondigen, uitspreken, mededelen* **0.3** ***fonetisch opschrijven*** ⇒*fonetische transcriptie geven v.* ◆ **1.2** ⟨jur.⟩ ~ judgement/verdict *uitspraak doen* **3.2** the coroner ~ed her poisoned *de lijkschouwer verklaarde dat ze vergiftigd was.*

pro·nounce·a·ble [prə'naʊnsəbl] ⟨bn.⟩ **0.1** ***uitspreekbaar*** ⇒*uit te spreken.*

pro·nounced [prə'naʊnst] ⟨f2⟩ ⟨bn.; (oorspr.) volt. deelw. v. pronounce; -ly; -ness⟩ **0.1** ***uitgesproken*** ⇒*geuit* **0.2** ***uitgesproken*** ⇒*duidelijk, onmiskenbaar, sterk, geprononceerd.*

pro·nounce·ment [prə'naʊnsmənt] ⟨f2⟩ ⟨telb.zn.⟩ **0.1** ***verklaring*** ⇒*verkondiging* ◆ **6.1** ~ **(up)on** sth. *verklaring/officiële mededeling over/omtrent iets.*

pro'nounc·ing dictionary ⟨f1⟩ ⟨telb.zn.⟩ **0.1** ***uitspraakwoordenboek.***

pron·to ['prɒntoʊ‖'prɑnţoʊ] ⟨bw.⟩ ⟨inf.⟩ **0.1** ***meteen*** ⇒*onmiddellijk, snel.*

pro·nun·cia·men·to [prə'nʌnsɪə'menţoʊ], **pro·nun·cia·mien·to** [prə'nʊnθɪə'mjentoʊ] ⟨telb.zn.; ook -es; →mv. 2⟩ ⟨pol.⟩ **0.1** ***pronunciamento*** ⇒*manifest tegen de regering, proclamatie v.e. staatsgreep* **0.2** ***afkondiging*** ⇒*officiële verklaring.*

pro·nun·ci·a·tion [prə'nʌnsi'eɪʃn] ⟨f2⟩ ⟨telb. en n.-telb.zn.⟩ **0.1** ***uitspraak*** ⇒*wijze v. uitspreken.*

proof[1] [pru:f] ⟨f3⟩ ⟨zn.⟩ ⟨→sprw. 579⟩
I ⟨telb.zn.⟩ **0.1** ***toets*** ⇒*test, proefneming* **0.2** ⟨wisk.⟩ ***bewijs*** **0.3** ⟨Sch.E; jur.⟩ ***rechtszaak zonder jury*** ◆ **3.1** bring/put to the ~ *op de proef stellen;*
II ⟨telb. en n.-telb.zn.⟩ **0.1** ***bewijs*** ⇒*blijk* **0.2** ⟨vaak mv.⟩ ⟨boek.⟩ ***drukproef*** **0.3** ⟨graf.⟩ ***proefplaat*** **0.4** ⟨foto.⟩ ***proefafdruk*** ◆ **3.2** read ~ *proeflezen, proefdruk corrigeren* **3.3** signed ~ *gesigneerde afdruk* **6.1 in** ~ **of** his claim *om zijn stelling te bewijzen;* they'll want ~ **of** your claims *je zult je beweringen moeten bewijzen;* as (a) ~ **of** their esteem *als (een) bewijs v. hun achting* **6.2 in** ~ *in drukproef* **6.3** ~ **before** letter(s) *proefplaat avant la lettre/zonder inscriptie* **7.2** first ~ *drukproef;*
III ⟨n.-telb.zn.⟩ **0.1** ⟨jur.⟩ ***bewijsmateriaal*** **0.2** ⟨hand.⟩ ***vereist alcoholgehalte*** ⇒*proef* ◆ **6.2 above** ~ *te sterk, met een te hoog alcoholpercentage.*

proof[2] ⟨f2⟩ ⟨bn.⟩
I ⟨bn.⟩ **0.1** ***met het standaard alcoholgehalte*** ◆ **1.1** ~ whiskey *whisky met het vereiste alcoholgehalte;*
II ⟨bn., pred.⟩ **0.1** ***bestand*** ⟨ook fig.⟩ ⇒*opgewassen* ◆ **6.1** her character is ~ **against** every possible difficulty *haar aard is tegen alle mogelijke problemen opgewassen;* ~ **against** water *waterdicht/bestendig.*

proof[3] ⟨ww.⟩
I ⟨onov.ww.⟩ ⟨AE⟩ **0.1** ***proeflezen*** ⇒*drukproeven corrigeren;*
II ⟨ov.ww.⟩ **0.1** ***bestand maken*** ⇒*ondoordringbaar maken;* ⟨i.h.b.⟩ *waterdicht maken* **0.2** ⟨boek.⟩ ***een proef maken v.*** **0.3** ⟨AE⟩ ***nalezen*** ⇒*corrigeren* ⟨drukproef⟩.

-proof [pru:f] **0.1** ***-bestendig*** ⇒*-vast, -dicht, -bestand tegen* ◆ **¶.1** bulletproof *kogelvrij;* childproof *onverwoestbaar* ⟨v. speelgoed⟩.

proof·less ['pru:fləs] ⟨bn.⟩ **0.1** ***onbewezen*** ⇒*zonder bewijs.*

'proof·read ⟨f1⟩ ⟨ww.⟩ ⟨boek.⟩
I ⟨onov.ww.⟩ **0.1** ***proeflezen*** ⇒*drukproeven corrigeren;*
II ⟨ov.ww.⟩ **0.1** ***nalezen*** ⇒*corrigeren* ⟨drukproeven⟩.

'proof·read·er ⟨f1⟩ ⟨telb.zn.⟩ ⟨boek.⟩ **0.1** ***corrector.***

'proof sheet ⟨telb.zn.⟩ ⟨boek.⟩ **0.1** ***proefvel.***

'proof 'spirit ⟨n.-telb.zn.⟩ **0.1** ***drank/water met standaardpercentage alcohol.***

'proof text ⟨telb.zn.⟩ ⟨bijb.⟩ **0.1** ***bewijsplaats.***

prop[1] [prɒp‖prɑp] ⟨f2⟩ ⟨telb.zn.⟩ **0.1** ***stut*** ⇒*steun, steunbeer, pijler* **0.2** ***steun*** ⟨fig.⟩ ⇒*steunpilaar* **0.3** ⟨rugby⟩ ***prop*** **0.4** ⟨inf.; dram.⟩ ***rekwisiet*** **0.5** ⟨sl.⟩ ***toneelknecht*** ⇒*rekwisiteur, inspiciënt* **0.6** ⟨inf.⟩ ***propellor*** **0.7** ⟨sl.⟩ ***vuist*** **0.8** ⟨Austr. E⟩ ***weigering*** ⇒*het plotseling stilstaan* ⟨v. paard⟩; ⟨bij uitbr.⟩ *plotselinge verandering v. richting* ◆ **1.2** ~ and stay *steun en toeverlaat* **¶.1** ⟨sl.⟩ ~s *baanders, tengels, benen* **¶.¶** ⟨sl.⟩ ~s *opgevulde beha.*

prop[2] ⟨bn.; sl.⟩ **0.1** ***vals*** ⇒*geënsceneerd.*

prop[3] ⟨f2⟩ ⟨ww.; →ww. 7⟩
I ⟨onov.ww.⟩ ⟨Austr. E⟩ **0.1** ***weigeren*** ⇒*plotseling stilstaan* ⟨v. paard⟩; ⟨bij uitbr.⟩ *plotseling v. richting veranderen;*
II ⟨ov.ww.⟩ **0.1** ***ondersteunen*** ⟨ook fig.⟩ ⇒*stutten, steunen, overeind houden* ◆ **5.1** a book to ~ the door **open** *een boek om de deur open te houden;* →prop **up** **6.1** don't ~ your bike **against** my window *zet je fiets niet tegen mijn raam.*

prop[4] ⟨afk.⟩ proper, properly, property, proposition, proprietary, proprietor.

pro·pae·deu·tic[1] ['proʊpɪ'dju:tɪk‖-'du:ţɪk] ⟨telb.zn.; vaak mv.⟩ **0.1** ***propaedeuse*** ⇒*voorbereidende studie.*

propaedeutic[2] ⟨bn.⟩ **0.1** ***propaedeutisch*** ⇒*voorbereidend, inleidend.*

prop·a·gan·da ['prɒpə'gændə‖'prɑ-] ⟨f2⟩ ⟨zn.⟩
I ⟨eig.n.; P-; the⟩ ⟨R.-K.⟩ **0.1** ***Propagandacollege*** ⇒*opleiding v. missiepriesters te Rome* ⟨Congregatio de propaganda fide⟩ ◆ **1.1** Congregation/College of the Propaganda *Congregatie voor de Evangelisatie v.d. Volken, Propagandacollege;*
II ⟨n.-telb.zn.; ook attr.⟩ **0.1** ***propaganda*** ⇒*propagandamateriaal, propagandacampagne.*

propa'ganda machine ⟨telb.zn.⟩ **0.1** ***propaganda-apparaat.***

prop·a·gan·dist ['prɒpə'gændɪst‖'prɑ-] ⟨f1⟩ ⟨telb.zn.⟩ **0.1** ***propagandist*** ⇒*iem. die propaganda maakt.*

prop·a·gan·dize ['prɒpə'gændaɪz‖'prɑ-] ⟨ww.⟩
I ⟨onov.ww.⟩ **0.1** ***propaganda maken;***
II ⟨ov.ww.⟩ **0.1** ***propageren*** ⇒*verspreiden, propaganda maken voor* **0.2** ***door propaganda beïnvloeden*** ⇒*indoctrineren.*

prop·a·gate ['prɒpəgeɪt‖'prɑ-] ⟨f1⟩ ⟨ww.⟩
I ⟨onov.ww.⟩ ⟨nat.⟩ **0.1** ***zich voortplanten*** ⟨v. golven⟩;
II ⟨onov. en ov.ww.; wederk. ww.⟩ ⟨biol.⟩ **0.1** ***zich voortplanten;***
III ⟨ov.ww.⟩ **0.1** ***verspreiden*** ⇒*bekend maken* **0.2** ***voortzetten*** ⇒*doorgeven, overdragen* ⟨aan volgende generatie⟩ **0.3** ⟨nat.⟩ ***geleiden*** ⇒*overbrengen, doen voortplanten* ⟨golven, trillingen⟩ **0.4** ⟨dierk.⟩ ***fokken*** ⇒*telen* **0.5** ⟨plantk.⟩ ***kweken.***

prop·a·ga·tion ['prɒpə'geɪʃn‖'prɑ-] ⟨f1⟩ ⟨n.-telb.zn.⟩ **0.1** ***propagatie*** ⇒*verbreiding, het bekendmaken* **0.2** ⟨biol.⟩ ***propagatie*** ⇒*voortplanting* **0.3** ⟨nat.⟩ ***voortplanting.***

prop·a·ga·tive ['prɒpəgeɪtɪv‖'prɑpəgeɪţɪv] ⟨bn.⟩ **0.1** ***zich verbreidend*** ⇒*zich uitbreidend/voortplantend.*

prop·a·ga·tor ['prɒpəgeɪtə‖'prɑpəgeɪţər] ⟨telb.zn.⟩ **0.1** ***verbreider*** ⇒*verspreider* **0.2** ***kweker.***

pro·pane ['proʊpeɪn] ⟨n.-telb.zn.⟩ ⟨schei.⟩ **0.1** ***propaan.***

pro·pel [prə'pel] ⟨f2⟩ ⟨ov.ww.; →ww. 7⟩ **0.1** ***voortbewegen*** ⇒*aandrijven* **0.2** ***aanzetten*** ⇒*drijven, stimuleren* ◆ **1.¶** ~ling pencil *vulpotlood.*

pro·pel·lant[1], **pro·pel·lent** [prə'pelənt] ⟨telb.zn.⟩ **0.1** ***drijfgas*** **0.2** ⟨ruim.⟩ ***stuwstof*** **0.3** ⟨geweer⟩ ***voortstuwingsmiddel.***

propellant[2], **propellent** ⟨bn.⟩ **0.1** ***voortdrijvend*** ⟨ook fig.⟩ ⇒*stuwend, stimulerend.*

pro·pel·ler, pro·pel·lor [prə'pelə‖-ər] ⟨f2⟩ ⟨telb.zn.⟩ **0.1** ***propeller.***

pro'peller shaft ⟨telb.zn.⟩ **0.1** ⟨scheep.⟩ ***schroefas*** **0.2** ⟨tech.⟩ ***drijfas*** ⇒*aandrijfas, cardanas* ⟨v. auto⟩.

pro'peller 'turbine ⟨telb.zn.⟩ **0.1** ***schroefturbine.***

pro·pend [proʊ'pend] ⟨onov.ww.⟩ **0.1** ***neigen*** ⇒*geneigd zijn.*

pro·pen·si·ty [prə'pensəţi] ⟨telb.zn.; →mv. 2⟩ **0.1** ***neiging*** ⇒*geneigdheid, beheptheid* ◆ **6.1** a ~ **for** getting into trouble *een neiging om zich in de nesten te werken.*

prop·er[1] ['prɒpə‖'prɑpər] ⟨n.-telb.zn.; ook P-⟩ ⟨kerk.⟩ **0.1** ***deel v. mis eigen aan een bep. dag/feest*** ⇒*tijdeigen, feesteigen der heiligen.*

proper[2] ⟨f3⟩ ⟨bn.; -ness⟩
I ⟨bn.⟩ **0.1** ***gepast*** ⇒*fatsoenlijk, netjes, behoorlijk;*
II ⟨bn., attr.⟩ **0.1** ***juist*** ⇒*goed, passend, geschikt* **0.2** ***juist*** ⇒*correct, precies* **0.3** ***echt*** ⇒*werkelijk* **0.4** ⟨inf.⟩ ***geweldig*** ⇒*enorm, eersteklas* **0.5** ⟨vero.⟩ ***eigen*** ◆ **1.1** the ~ moment *het juiste ogen-*

blik; the ~ treatment *de juiste behandeling* **1.2** the ~ time *de juiste tijd* **1.3** ⟨wisk.⟩ a ~ fraction *een echte breuk;* ⟨ster.⟩ ~ motion *eigenbeweging* **1.4** a ~ spanking *een geweldig pak slaag* **1.¶** ⟨inf.⟩ look a ~ Charlie *voor schut staan, afgaan als een gieter;* ⟨taalk.⟩ ~ noun/name *eigennaam;* ~ psalms/lessons *psalmen/lessen voor een bep. dag* **2.5** his own ~ ears *zijn eigen oren;*
III ⟨bn., pred.⟩ **0.1** ***behorend*** ◆ **6.1** ~ **to** *behorend tot, eigen aan;*
IV ⟨bn., post.⟩ **0.1** ***eigenlijk*** ⇒*strikt, precies* **0.2** ⟨heraldiek⟩ ***in de natuurlijke kleur*** ◆ **1.1** London ~ *het eigenlijke/het centrum v. Londen.*

proper[3] ⟨bw.⟩ ⟨inf.⟩ **0.1** ***geweldig*** ⇒*vreselijk, heel erg.*

prop·er·ly ['prɒpəli‖'prɑpərli] ⟨f2⟩ ⟨bw.⟩ **0.1** →proper **0.2** ***goed*** ⇒*op de juiste manier, zoals het moet* **0.3** ***eigenlijk*** ⇒*in eigenlijke zin, strikt genomen* **0.4** ***correct*** ⇒*fatsoenlijk* **0.5** ⟨inf.⟩ ***volkomen*** ⇒*volslagen.*

prop·er·tied ['prɒpətid‖'prɑpər-] ⟨f1⟩ ⟨bn.⟩ **0.1** ***bezittend*** ⇒⟨i.h.b.⟩ *met grondbezit* ◆ **1.1** ~ classes *landeigenaren, grondbezitters.*

prop·er·ty ['prɒpəti‖'prɑpərṭi] ⟨f3⟩ ⟨zn.; →mv. 2⟩
I ⟨telb.zn.⟩ **0.1** ***eigenschap*** ⇒*karakteristiek, kenmerk* **0.2** ***perceel*** ⇒*onroerend goed, gebouw (met grond)* **0.3** ⟨dram.⟩ ***rekwisiet;***
II ⟨n.-telb.zn.⟩ **0.1** ***bezit*** ⇒*bezitting, eigendom* **0.2** ***bezit*** ⇒*vermogen;* ⟨i.h.b.⟩ *onroerend goed, grond/huizenbezit* ◆ **1.2** a man of ~ *een vermogend man* **3.1** lost ~ *gevonden voorwerpen.*

'property man, 'property master ⟨telb.zn.⟩ ⟨dram.⟩ **0.1** ***rekwisiteur*** ⇒*inspiciënt, toneelknecht.*

'property qualification ⟨telb.zn.⟩ **0.1** ***toekenning op grond v. vermogen.***

'property tax ⟨telb.zn.⟩ ⟨geldw.⟩ **0.1** ***grond/vermogensbelasting.***

proph·e·cy ['prɒfəsi‖'prɑ-] ⟨f2⟩ ⟨zn.; →mv. 2⟩
I ⟨telb.zn.⟩ **0.1** ***voorspelling*** **0.2** ⟨relig.⟩ ***profetie*** ⇒*goddelijk geïnspireerde verkondiging;*
II ⟨n.-telb.zn.⟩ **0.1** ***profetie*** ⇒*voorspellende gave.*

proph·e·sy ['prɒfəsaɪ‖'prɑ-] ⟨f2⟩ ⟨ww.; →ww. 7⟩
I ⟨onov.ww.⟩ **0.1** ***voorspellingen doen*** **0.2** ***profeteren*** ⇒*als een profeet spreken* **0.3** ⟨relig.⟩ ***profeteren*** ⇒*in opdracht v. God spreken* **0.4** ⟨vero.; relig.⟩ ***de H.Schrift uitleggen;***
II ⟨ov.ww.⟩ **0.1** ***voorspellen*** ⇒*voorzeggen* **0.2** ***aankondigen*** ⇒*voorafgaan, voorafschaduwen* **0.3** ⟨relig.⟩ ***profeteren*** ⇒*verkondigen.*

proph·et ['prɒfɪt‖'prɑ-] ⟨f2⟩ ⟨telb.zn.⟩ ⟨→sprw. 580⟩ **0.1** ***profeet*** ⟨ook fig.⟩ **0.2** ***voorspeller*** **0.3** ***ijveraar*** ⇒*bevorderaar* **0.4** ⟨sl.⟩ ***tipgever*** ◆ **1.1** ~ of doom *onheilsprofeet* **7.1** the Prophet *de Profeet* ⟨Mohammed/de Profeet der Mormonen, Joseph Smith of opvolger⟩; the Prophets *de Profeten, de zestien profetische boeken v.h. O.T..*

proph·et·ess ['prɒfɪtɪs‖'prɑ-] ⟨f1⟩ ⟨telb.zn.⟩ **0.1** ***profetes.***

pro·phet·ic [prə'feṭɪk], **pro·phet·i·cal** [-ɪkl] ⟨f1⟩ ⟨bn.; (-al)ly; -ness; →bijw. 3⟩ **0.1** ***profetisch*** ⇒*v.e. profeet; voorspellend.*

pro·phy·lac·tic[1] ['prɒfɪ'læktɪk‖'prɑ-] ⟨telb.zn.⟩ ⟨med.⟩ **0.1** ***profylacticum*** ⇒*preventief middel;* ⟨i.h.b.⟩ *condoom.*

prophylactic[2] ⟨bn.; -ally; →bijw. 3⟩ ⟨med.⟩ **0.1** ***profylactisch*** ⇒*preventief, beschermend.*

pro·phy·lax·is ['prɒfɪ'læksɪs‖'prɑ-] ⟨telb.zn.; prophylaxes; →mv. 5⟩ ⟨med.⟩ **0.1** ***profylaxe*** ⇒*preventieve behandeling.*

pro·pin·qui·ty [prə'pɪŋkwəṭi] ⟨n.-telb.zn.⟩ ⟨schr.⟩ **0.1** ***bloedverwantschap*** **0.2** ***nabijheid*** **0.3** ***verwantschap*** ⇒*gelijksoortigheid, overeenkomst.*

pro·pi·o·nate ['proupɪəneɪt] ⟨telb.zn.⟩ ⟨schei.⟩ **0.1** ***propionaat*** ⇒*zout v. propionzuur.*

pro·pi·on·ic ['proupi'ɒnɪk‖-'ɑnɪk] ⟨bn., attr.⟩ ⟨schei.⟩ **0.1** ***propion-*** ◆ **1.1** ~ acid *propionzuur, aethaancarbonzuur, propaanzuur.*

pro·pi·ti·ate [prə'pɪʃieɪt] ⟨ov.ww.⟩ **0.1** ***gunstig stemmen*** ⇒*verzoenen.*

pro·pi·ti·a·tion [prə'pɪʃi'eɪʃn] ⟨zn.⟩
I ⟨telb.zn.⟩ **0.1** ***verzoening*** ⇒⟨i.h.b.⟩ *offer v. Christus;*
II ⟨n.-telb.zn.⟩ **0.1** ***het gunstig stemmen*** ⇒*verzoening.*

pro·pi·ti·a·to·ry[1] [prə'pɪʃɪətri‖-tɔri] ⟨telb.zn.; →mv. 2⟩ ⟨relig.⟩ **0.1** ***genadestoel.***

propitiatory[2] ⟨bn.; -ly; →bijw. 3⟩ **0.1** ***verzoenend*** ⇒*gunstig stemmend* ◆ **1.1** ~ presents *cadeaus om het goed te maken.*

pro·pi·ti·ous [prə'pɪʃəs] ⟨bn.; -ly; -ness⟩ **0.1** ***gunstig*** ⇒*geschikt* **0.2** ***goedgunstig*** ⇒*genadig, gunstig gestemd* ◆ **1.1** a ~ occasion for the renewal of our acquaintance *een goede gelegenheid om onze kennismaking te hernieuwen* **6.2** ~ **to** us *ons gunstig gezind.*

prop·jet ['prɒpdʒet‖'prɑp-] ⟨telb.zn.⟩ ⟨inf.; tech.⟩ **0.1** ***schroefturbine*** **0.2** ***schroefturbinevliegtuig.***

prop·o·lis ['prɒpəlɪs‖'prɑ-] ⟨n.-telb.zn.⟩ ⟨biol.⟩ **0.1** ***propolis*** ⇒*maagdenwas.*

pro·po·nent[1] [prə'pounənt] ⟨f1⟩ ⟨telb.zn.⟩ **0.1** ***voorstander*** ⇒*verdediger.*

proponent[2] ⟨bn.⟩ **0.1** ***steunend*** ⇒*verdedigend, propagerend.*

pro·por·tion[1] [prə'pɔ:ʃn‖-'pɔr-] ⟨f3⟩ ⟨zn.⟩
I ⟨telb.zn.⟩ **0.1** ***deel*** ⇒*gedeelte, aandeel* ◆ **1.1** a large ~ of my salary *een groot deel v. mijn salaris;*
II ⟨telb. en n.-telb.zn.⟩ **0.1** ***verhouding*** ⇒*betrekking, relatie* **0.2** ***proportie*** ⇒*evenredigheid, juiste verhouding* ◆ **2.2** a room of beautiful ~s *een kamer met mooie proporties* **3.1** bear no ~ to *in geen verhouding staan tot* **6.1** **in** ~ **to** *evenredig met, al naar gelang, in verhouding tot;* the ~ of boys **to** girls in a class *het aantal jongens in verhouding tot het aantal meisjes in een klas* **6.2** **in** ~ *in de juiste verhoudingen;* **out of** all ~ *buiten alle verhoudingen;*
III ⟨n.-telb.zn.⟩ ⟨wisk.⟩ **0.1** ***evenredigheid.***

proportion[2] ⟨f1⟩ ⟨ov.ww.⟩ **0.1** ***aanpassen*** ⇒*in de juiste verhouding brengen* **0.2** ***proportioneren*** ◆ **5.2** well ~ed *goed geproportioneerd* **6.1** ~ your taste **to** your salary *je smaak in overeenstemming brengen met je salaris.*

pro·por·tion·a·ble [prə'pɔ:ʃnəbl‖-'pɔr-] ⟨bn.; -ly; →bijw. 3⟩ **0.1** ***evenredig*** ⇒*in proportie.*

pro·por·tion·al[1] [prə'pɔ:ʃnəl‖-'pɔr-] ⟨telb.zn.⟩ ⟨wisk.⟩ **0.1** ***term v.e. evenredigheid.***

proportional[2] ⟨f2⟩ ⟨bn.; -ly⟩ **0.1** ***verhoudingsgewijs*** ⇒*proportioneel, evenredig* ◆ **1.1** ⟨pol.⟩ ~ representation *proportionele/evenredige vertegenwoordiging.*

pro·por·tion·al·ist [prə'pɔ:ʃnəlɪst‖-'pɔr-] ⟨telb.zn.⟩ ⟨pol.⟩ **0.1** ***voorstander v. proportionele vertegenwoordiging.***

pro·por·tion·al·i·ty [prə'pɒʃn'æləti‖-'pɒr-] ⟨n.-telb.zn.⟩ ⟨wisk.⟩ **0.1** ***evenredigheid.***

pro·por·tion·ate[1] [prə'pɔ:ʃnət‖-'pɔr-] ⟨f1⟩ ⟨bn.; -ly; -ness⟩ **0.1** ***verhoudingsgewijs*** ⇒*proportioneel, evenredig.*

proportionate[2] [prə'pɔ:ʃəneɪt‖-'pɔr-] ⟨ov.ww.⟩ **0.1** ***proportioneren*** ⇒*in de juiste verhouding brengen, gelijk(matig) verdelen.*

pro·pos·al [prə'pouzl] ⟨f3⟩ ⟨telb.zn.⟩ **0.1** ***voorstel*** ⇒*plan, idee* **0.2** ***huwelijksaanzoek*** **0.3** ***heildronk*** ⇒*toost.*

pro'posal form ⟨telb.zn.⟩ ⟨verz.⟩ **0.1** ***aanvraagformulier.***

pro·pose [prə'pouz] ⟨f3⟩ ⟨ww.⟩ ⟨→sprw. 436⟩
I ⟨onov.ww.⟩ **0.1** ***een voorstel doen*** ⇒*een plan voorleggen* **0.2** ***een huwelijksaanzoek doen;***
II ⟨ov.ww.⟩ **0.1** ***voorstellen*** ⇒*voorleggen* **0.2** ***v. plan zijn*** ⇒*zich voornemen, zich ten doel stellen* **0.3** ***ter benoeming voordragen*** **0.4** ⟨schr.⟩ ***een dronk uitbrengen op*** ◆ **1.1** ~ a motion *een motie indienen* **1.4** ~ s.o.'s health *op iemands gezondheid drinken;* ~ a toast *een dronk uitbrengen.*

pro·po·ser [prə'pouzə‖-ər] ⟨telb.zn.⟩ **0.1** ***voorsteller*** ⇒*iem. die een voorstel doet* **0.2** ***aanvrager v.e. levensverzekering.***

prop·o·si·tion[1] ['prɒpə'zɪʃn‖'prɑ-] ⟨f3⟩ ⟨telb.zn.⟩ **0.1** ***bewering*** **0.2** ***voorstel*** ⇒*plan* **0.3** ***probleem*** ⇒*kwestie* **0.4** ⟨sl.⟩ ***moeilijk geval*** ⇒*een hele kluif, een zware dobber* **0.5** ⟨inf.⟩ ***oneerbaar voorstel*** **0.6** ⟨logica⟩ ***propositie*** **0.7** ⟨wisk.⟩ ***stelling*** ◆ **2.4** he's a tough ~ *hij is een lastig portret.*

proposition[2] ⟨ov.ww.⟩ ⟨inf.⟩ **0.1** ***oneerbare voorstellen doen aan.***

pro·po·si·tion·al ['prɒpə'zɪʃnəl‖'prɑ-] ⟨bn.; -ly⟩ **0.1** ***mededelend*** ⇒*een mededeling/voorstel bevattend* **0.2** ⟨logica, wisk.⟩ ***propositioneel.***

pro·pound [prə'paund] ⟨ov.ww.⟩ **0.1** ***voorleggen*** ⇒*voorstellen, opperen* **0.2** ⟨BE⟩ ***laten wettigen*** ⟨document⟩ ◆ **1.1** ~ a riddle *een raadsel opgeven.*

propr ⟨afk.⟩ proprietor.

pro·prae·tor, ⟨AE sp. ook⟩ **pro·pre·tor** [prou'pri:tə‖-'pri:ṭər] ⟨telb.zn.⟩ ⟨Romeinse gesch.⟩ **0.1** ***propretor*** ⇒*gouverneur.*

pro·pri·e·tar·y[1] [prə'praɪətri‖-teri] ⟨telb.zn.; →mv. 2⟩ **0.1** ***eigenaar*** **0.2** ***groep v. eigenaren*** **0.3** ***eigendomsrecht*** **0.4** ⟨AE; gesch.⟩ ***gouverneur v.e. particuliere kolonie*** **0.5** ⟨hand.⟩ ***merkgeneesmiddel*** ⇒*geneesmiddel v. gedeponeerd handelsmerk.*

proprietary[2] ⟨f1⟩ ⟨bn.; -ly; →bijw. 3⟩ **0.1** ***eigendoms-*** ⇒*v.d. eigenaar* **0.2** ***bezittend*** ⇒*met bezittingen* **0.3** ***in eigendom*** ⇒*particulier* **0.4** ***als een eigenaar*** ⇒*bezittend* ◆ **1.3** ⟨AE; gesch.⟩ ~ colony *particuliere kolonie* ⟨Noordam. staat door de Kroon aan particulier pers. geschonken⟩; ~ medicines *geneesmiddelen v. gedeponeerd handelsmerk;* ~ name/term *gedeponeerd handelsmerk* **1.4** a ~ air *een bezittersair, een heerszuchtige/bezitterige manier v. doen.*

pro·pri·e·tor [prə'praɪətə‖-əṭər] ⟨f2⟩ ⟨telb.zn.⟩ **0.1** ***eigenaar.***

pro·pri·e·to·ri·al [prə'praɪə'tɔ:rɪəl] ⟨bn.; -ly⟩ **0.1** ***eigendoms-*** ⇒*eigenaars-, v.d. eigenaar* **0.2** ***als een eigenaar.***

pro·pri·e·tress [prə'praɪətrɪs] ⟨telb.zn.⟩ **0.1** ***eigenares.***

pro·pri·e·ty [prə'praɪəṭi] ⟨f2⟩ ⟨zn.; →mv. 2⟩
I ⟨n.-telb.zn.⟩ **0.1** ***juistheid*** ⇒*geschiktheid* **0.2** ***correctheid*** ⇒*fatsoen, gepastheid* ◆ **3.2** behave with ~ *zich correct gedragen;*
II ⟨mv.; proprieties⟩ **0.1** ***fatsoensnormen*** ⇒*fatsoen, decorum.*

pro·pri·o·cep·tive ['prouprɪə'septɪv] ⟨bn.⟩ ⟨biol.⟩ **0.1** ***proprioceptief.***

'prop root ⟨telb.zn.⟩ ⟨plantk.⟩ **0.1** ***steunwortel*** ⇒*steltwortel.*

prop·to·sis [prɒp'tousɪs‖prɑp-] ⟨telb.zn.; proptoses [-si:z]; →mv. 5⟩ ⟨med.⟩ **0.1** ***protuberantie*** ⇒*uitpuiling* ⟨v.h. oog⟩.

pro·pul·sion [prəˈpʌlʃn]⟨f1⟩⟨zn.⟩
I ⟨telb.zn.⟩ **0.1** ***drijfkracht*** ⟨ook fig.⟩ ⇒*stimulans;*
II ⟨n.-telb.zn.⟩⟨tech.⟩ **0.1** ***voortdrijving*** ⇒*voortstuwing.*
pro·pul·sive [prəˈpʌlsɪv], **pro·pul·so·ry** [prəˈpʌlsəri]⟨bn.; propulsiveness⟩ **0.1** ***voortdrijvend*** ⟨ook fig.⟩ ⇒*stuwend, stimulerend.*
ˈprop ˈup ⟨f1⟩⟨ov.ww.⟩ **0.1** ***neerzetten*** ⇒*doen steunen tegen, ondersteunen* **0.2** ⟨fig.⟩ ***overeind houden*** ⇒*ondersteunen, v.d. ondergang redden* ◆ **1.1** he propped up the child on the pillows *hij zette het kind rechtop in de kussens.*
ˈprop word ⟨telb.zn.⟩⟨taalk.⟩ **0.1** ***steunwoord.***
pro·pyl [ˈproupɪl]⟨n.-telb.zn.⟩⟨schei.⟩ **0.1** ***propyl.***
prop·y·lae·um [ˈprɒpɪˈliːəm‖ˈprɑ-]⟨telb.zn.; propylaea [ˈ-liːə]; →mv. 5⟩⟨bouwk.⟩ **0.1** ***propyleum*** ⇒*tempelingang* ◆ **7.1** the Propylaea *de Propyleeën* ⟨v.d. Acropolis⟩.
pro·pyl·ene [ˈproupɪliːn]⟨n.-telb.zn.⟩⟨schei.⟩ **0.1** ***propeen.***
pro·py·lon [ˈprɒpɪlɒn‖ˈprɑpɪlɑn]⟨telb.zn.; ook propyla; →mv. 5⟩⟨bouwk.⟩ **0.1** ***propyleum.***
pro ra·ta [ˈprou ˈrɑːtə‖-ˈreɪṭə]⟨bw.⟩ **0.1** ***pro rata*** ⇒*naar verhouding.*
pro·rate [ˈprouˈreɪt]⟨ww.⟩
I ⟨onov.ww.⟩ **0.1** ***een evenredige verdeling aanbrengen;***
II ⟨ov.ww.⟩ **0.1** ***evenredig verdelen.***
pro·ro·ga·tion [ˈprourəˈgeɪʃn]⟨telb. en n.-telb.zn.⟩ **0.1** ***verdaging.***
pro·rogue [prouˈroug]⟨ww.⟩
I ⟨onov.ww.⟩ **0.1** ***verdaagd worden;***
II ⟨ov.ww.⟩ **0.1** ***verdagen.***
pros- [prɒs‖prɑs] **0.1** ***pro-*** ⇒*nabij, naartoe* **0.2** ***pro-*** ⇒*voor.*
pro·sa·ic [prouˈzeɪɪk]⟨f1⟩⟨bn.; -ally; -ness; →bijw. 3⟩ **0.1** ***prozaïsch.***
pro·sa·ism [ˈprouzeɪɪzm]⟨telb.zn.⟩ **0.1** ***alledaagsheid*** ⇒*nuchter feit* **0.2** ***prozaïsche uitdrukking.***
pro·sa·ist [ˈprouzeɪɪst]⟨telb.zn.⟩ **0.1** ***prozaschrijver*** **0.2** ***nuchter mens.***
Pros Atty ⟨afk.⟩ prosecuting attorney.
pro·sce·ni·um [prəˈsiːnɪəm]⟨telb.zn.; ook proscenia [-nɪə]; →mv. 5⟩ **0.1** ***proscenium*** ⇒*voortoneel, gedeelte v.h. toneel voor het gordijn* **0.2** ⟨gesch.⟩ ***toneel.***
proˈscenium ˈarch ⟨telb.zn.⟩ **0.1** ***prosceniumboog.***
proˈscenium box ⟨telb.zn.⟩ **0.1** ***avant-scène*** ⇒*loge naast het voortoneel.*
pro·scribe [prouˈskraɪb]⟨ov.ww.⟩ **0.1** ***vogelvrij verklaren*** ⇒*buiten de wet plaatsen* **0.2** ***verbannen*** ⟨ook fig.⟩ ⇒*verstoten, verwerpen* **0.3** ***verbieden*** ⇒*als gevaarlijk verwerpen.*
pro·scrip·tion [prouˈskrɪpʃn]⟨telb. en n.-telb.zn.⟩ **0.1** ***vogelvrijverklaring*** **0.2** ***verbanning*** **0.3** ***verwerping*** ⇒*verbod.*
pro·scrip·tive [prouˈskrɪptɪv]⟨bn.; -ly⟩ **0.1** ***mbt. vogelvrijverklaring/verbanning*** **0.2** ***verbods-*** ⇒*verbiedend.*
prose[1] [prouz]⟨f2⟩⟨zn.⟩
I ⟨telb.zn.⟩ **0.1** ***vervelende, dorre stijl*** **0.2** ⟨R.-K.⟩ ***sequens*** **0.3** ⟨BE; school.⟩ ***thema*** ⇒*vertaling naar vreemde taal;*
II ⟨n.-telb.zn.⟩ **0.1** ***proza*** **0.2** ***alledaagsheid*** ⇒*nuchterheid.*
prose[2] ⟨ww.⟩
I ⟨onov.ww.⟩ **0.1** ***proza schrijven*** **0.2** ***spreken/schrijven in een vervelende, dorre stijl;***
II ⟨ov.ww.⟩ **0.1** ***tot proza maken.***
pro·sec·tor [prouˈsektə‖-ər]⟨telb.zn.⟩⟨med.⟩ **0.1** ***prosector*** ⟨assistent⟩.
pros·e·cute [ˈprɒsɪkjuːt‖ˈprɑ-]⟨f2⟩⟨ww.⟩
I ⟨onov.ww.⟩⟨jur.⟩ **0.1** ***procederen*** ⇒*een vervolging instellen* **0.2** ***als aanklager optreden*** ◆ **1.1** ⟨AE⟩ prosecuting attorney *openbare aanklager;*
II ⟨ov.ww.⟩ **0.1** ***voortzetten*** ⇒*volhouden, vervolgen* **0.2** ***uitoefenen*** ⇒*bedrijven* **0.3** ⟨jur.⟩ ***(gerechtelijk) vervolgen*** ⇒*procederen tegen* ◆ **1.3** trespassers will be ~d ⟨ong.⟩ *verboden voor onbevoegden.*
pros·e·cu·tion [ˈprɒsɪˈkjuːʃn‖ˈprɑ-]⟨f2⟩⟨zn.⟩
I ⟨telb.zn.⟩ **0.1** ***gerechtelijke vervolging*** ⇒*proces* ◆ **1.1** ⟨BE⟩ director of public ~s *openbare aanklager;*
II ⟨n.-telb.zn.⟩ **0.1** ***het voortzetten*** **0.2** ***uitoefening;***
III ⟨verz.n.⟩⟨jur.⟩ **0.1** ***eiser*** ⇒*eisende partij.*
pros·e·cu·tor [ˈprɒsɪkjuːtə‖ˈprɑsɪkjuːṭər]⟨f1⟩⟨telb.zn.⟩⟨jur.⟩ **0.1** ***eiser*** ⇒*eisende partij* **0.2** ⟨AE⟩ ***openbare aanklager*** ◆ **2.2** public ~ *openbare aanklager.*
pros·e·cu·trix [ˈprɒsɪˈkjuːtrɪks‖ˈprɑ-]⟨telb.zn.; ook prosecutrices [-trɪsiːz]; →mv. 5⟩⟨jur.⟩ **0.1** ***eiseres*** ⇒*eisende partij* **0.2** ⟨AE⟩ ***openbare aanklaagster.***
Prose Edda [ˈprouz ˈedə]⟨eig.n.; the⟩⟨lit.⟩ **0.1** ***Snorra Edda.***
ˈprose idyll ⟨telb.zn.⟩⟨lit.⟩ **0.1** ***proza-idylle.***
pros·e·lyte [ˈprɒsɪlaɪt‖ˈprɑ-]⟨telb.zn.⟩ **0.1** ***bekeerling*** **0.2** ⟨bijb.⟩ ***proseliet.***
pros·e·lyt·ism [ˈprɒsɪlɪtɪzm‖ˈprɑ-]⟨n.-telb.zn.⟩ **0.1** ***het bekeerd zijn*** ⇒*bekering* **0.2** ***het bekeren*** ⇒*bekeringsijver.*
pros·e·lyt·ize, -ise [ˈprɒsɪlɪtaɪz‖ˈprɑ-], ⟨AE ook⟩ **proselyte** ⟨ww.⟩
I ⟨onov.ww.⟩ **0.1** ***bekeerlingen maken*** ⇒*bekeren;*
II ⟨ov.ww.⟩ **0.1** ***bekeren.***
pros·e·lyt·iz·er, -is·er [ˈprɒsɪlɪtaɪzə‖ˈprɑsɪlɪtaɪzər]⟨telb.zn.⟩ **0.1** ***bekeerder.***
pros·en·chy·ma [prɒˈseŋkɪmə‖prɑ-]⟨n.-telb.zn.⟩⟨biol.⟩ **0.1** ***prosenchym*** ⇒*vezelweefsel.*
ˈprose poem ⟨telb.zn.⟩⟨lit.⟩ **0.1** ***prozagedicht.***
pros·er [ˈprouzə‖-ər]⟨telb.zn.⟩ **0.1** ***prozaschrijver*** **0.2** ⟨pej.⟩ ***droogstoppel*** ⇒*vervelend schrijver/spreker.*
pros·i·fy [ˈprouzɪfaɪ]⟨ww.; →ww. 7⟩
I ⟨onov.ww.⟩ **0.1** ***proza schrijven;***
II ⟨ov.ww.⟩ **0.1** ***tot proza herschrijven*** **0.2** ***prozaïsch maken.***
pro·sim·i·an [prouˈsɪmɪən]⟨telb.zn.⟩⟨dierk.⟩ **0.1** ***halfaap*** ⟨onderorde Prosimii⟩.
pro·sit [ˈprouzɪt]⟨tussenw.⟩ **0.1** ***prosit*** ⇒*proost.*
pro·so·dic [prəˈsɒdɪk‖-ˈsɑ-]⟨bn.; -ally; →bijw. 3⟩⟨lit.⟩ **0.1** ***prosodisch.***
pros·o·dist [ˈprɒsədɪst‖ˈprɑ-]⟨telb.zn.⟩⟨lit.⟩ **0.1** ***specialist in de prosodie.***
pros·o·dy [ˈprɒsədi‖ˈprɑ-]⟨n.-telb.zn.⟩⟨lit.⟩ **0.1** ***prosodie.***
pro·so·po·graph·y [ˈprɒsəˈpɒgrəfi‖ˈprɑsəˈpɑ-]⟨telb. en n.-telb.zn.; →mv. 2⟩ **0.1** ***prosopografie*** ⇒*biografische beschrijving.*
pro·so·po·p(o)e·ia [ˈprɒsəpəˈpiːə‖ˈprɑ-]⟨telb.zn.⟩ **0.1** ⟨lit.⟩ ***prosopopoeia*** ⇒*personificatie* **0.2** ⟨dram.⟩ ***prosopopoeia*** ⇒*het ten tonele voeren v.e. niet aanwezige persoon.*
pros·pect[1] [ˈprɒspekt‖ˈprɑ-]⟨f3⟩⟨zn.⟩
I ⟨telb.zn.⟩ **0.1** ***vergezicht*** ⇒*panorama, uitzicht* **0.2** ***idee*** ⇒*denkbeeld, begrip* **0.3** ***onderzoek*** ⇒*bestudering* **0.4** ***mogelijke gegadigde*** ⇒*mogelijke kandidaat/klant;* ⟨bij uitbr.⟩⟨inf.⟩ *iem. bij wie iets te halen valt* **0.5** ⟨bouwk.⟩ ***ligging*** ⇒*uitzicht* **0.6** ⟨mijnw.⟩ ***gehalte*** ⇒*opbrengst* ⟨v. ertsmonster⟩ **0.7** ⟨mijnw.⟩ ***(mogelijke) vindplaats*** ◆ **6.3** on a nearer ~ *bij nader onderzoek;*
II ⟨n.-telb.zn.⟩ **0.1** ***hoop*** ⇒*verwachting, mogelijkheid, vooruitzicht* ◆ **6.1** have **in** ~ *kans hebben op, te verwachten hebben;* there is no ~ **of** his returning *er is geen kans dat hij nog terugkomt;*
III ⟨mv.; ~s⟩ **0.1** ***verwachtingen*** ⇒*vooruitzichten, kansen* ◆ **6.1** the ~s **for** the corn trade *de vooruitzichten voor de graanhandel;* a young man **of** good ~s *een jongeman met goede (financiële) vooruitzichten.*
prospect[2] [prəˈspekt‖ˈprɑspekt]⟨f1⟩⟨ww.⟩
I ⟨onov.ww.⟩ **0.1** ***prospecteren*** ⇒*de bodem exploreren, naar bodemschatten zoeken* **0.2** ***op zoek zijn*** **0.3** ⟨mijnw.⟩ ***een vermoedelijke opbrengst hebben*** ◆ **5.3** this ore ~s ill *dit erts zal waarschijnlijk niet veel opbrengen* **6.1** ~ **for** gold *goud zoeken;*
II ⟨ov.ww.⟩ **0.1** ***exploreren*** ⟨ook fig.⟩ ⇒*onderzoeken* **0.2** ⟨mijnw.⟩ ***een vermoedelijke opbrengst hebben v..***
pro·spec·tive [prəˈspektɪv]⟨f2⟩⟨bn.; -ly; -ness⟩ **0.1** ***voor de toekomst*** ⇒*nog niet in werking, niet met terugwerkende kracht* **0.2** ***toekomstig*** ⇒*verwacht* ◆ **1.2** a ~ buyer *een gegadigde;* her ~ husband *haar aanstaande man.*
pro·spect·less [ˈprɒspektləs‖ˈprɑ-]⟨bn.⟩ **0.1** ***zonder verwachtingen*** ⇒*kansloos.*
pros·pec·tor [prəˈspektə‖ˈprɑspektər]⟨telb.zn.⟩ **0.1** ***prospector*** ⇒*goudzoeker.*
pro·spec·tus [prəˈspektəs]⟨f1⟩⟨telb.zn.⟩ **0.1** ***prospectus.***
pros·per [ˈprɒspə‖ˈprɑspər]⟨f2⟩⟨ww.⟩⟨→sprw. 330⟩
I ⟨onov.ww.⟩ **0.1** ***bloeien*** ⇒*slagen, succes hebben, gedijen, vrucht afwerpen* ◆ **1.1** a ~ing business *een bloeiende zaak;*
II ⟨ov.ww.⟩⟨vero.⟩ **0.1** ***doen gedijen*** ⇒*begunstigen, helpen* ◆ **1.1** may Heaven ~ you! *de Hemel sta je bij!.*
pros·per·i·ty [prɒˈsperəti‖prɑˈsperəṭi]⟨f2⟩⟨n.-telb.zn.⟩⟨→sprw. 581⟩ **0.1** ***voorspoed*** ⇒*welslagen, succes, bloei.*
pros·per·ous [ˈprɒsprəs‖ˈprɑ-]⟨f2⟩⟨bn.; -ly; -ness⟩ **0.1** ***bloeiend*** ⇒*goed gedijend, voorspoedig* **0.2** ***geslaagd*** ⇒*rijk, welvarend* **0.3** ***gunstig*** ⇒*gelukkig.*
pros·sie, pros·sy [ˈprɒsi‖ˈprɑsi], **pros·tie** [ˈprɒsti‖ˈprɑsti]⟨telb.zn.; →mv. 2⟩⟨sl.⟩ **0.1** ***prostitué(e)*** ⇒*hoer(tje).*
pros·tate[1] [ˈprɒsteɪt‖ˈprɑ-]⟨f1⟩⟨telb.zn.⟩⟨biol.⟩ **0.1** ***prostaat*** ⇒*voorstanderklier.*
prostate[2] ⟨bn., attr.⟩⟨biol.⟩ **0.1** ***prostaat-*** ◆ **1.1** ~gland *prostaat, voorstanderklier.*
pros·tat·ec·to·my [ˈprɒstəˈtektəmi‖ˈprɑ-]⟨telb. en n.-telb.zn.; →mv. 2⟩⟨med.⟩ **0.1** ***prostatectomie.***
pro·stat·ic [prɒˈstætɪk‖prɑˈstæṭɪk]⟨bn.⟩⟨biol.⟩ **0.1** ***prostaat-.***
pros·the·sis [prɒsˈθiːsɪs‖ˈprɑs-]⟨zn.; prostheses [-siːz]; →mv. 5⟩
I ⟨telb.zn.⟩ **0.1** ⟨taalk.⟩ →prothesis **0.2** ⟨med.⟩ ***prothese;***
II ⟨n.-telb.zn.⟩⟨med.⟩ **0.1** ***prothese*** ⇒*het aanbrengen v.e. prothese.*
pros·thet·ic [prɒsˈθetɪk‖prɑsˈθeṭɪk]⟨bn.; -ally; →bijw. 3⟩⟨med., taalk.⟩ **0.1** ***prothetisch.***

pros·thet·ics [prɒs'θetɪks‖prɑs'θeṭɪks]⟨n.-telb.zn.⟩ **0.1** ***prothetische geneeskunde***.

pros·tho·don·tics ['prɒsθə'dɒntɪks‖'prɑsθə'dɑnṭɪks]⟨n.-telb.zn.⟩ **0.1** ***prothetische tandheelkunde***.

pros·ti·tute[1] ['prɒstɪtju:t‖'prɑstɪtu:t]⟨f2⟩⟨telb.zn.⟩ **0.1** ***prostitué(e)*** **0.2** ***iem. die zijn eer verkoopt*** *⇒iem. die zijn naam te schande maakt/hoereert* ◆ **2.1** male ~ *schandknaap*.

prostitute[2] ⟨f1⟩⟨ov.ww.⟩ **0.1** ***prostitueren*** *⇒tot prostitué(e) maken* **0.2** ***vergooien*** *⇒verlagen, misbruiken* ◆ **1.2** ~ one's honour *zijn eer verkopen, zich verlagen;* ~ one's talents *zijn talenten vergooien, misbruik maken v. zijn talenten* **4.1** ~ o.s. *zich prostitueren, hoereren*.

pros·ti·tu·tion ['prɒstɪ'tju:ʃn‖'prɑstɪ'tu:ʃn]⟨f1⟩⟨n.-telb.zn.⟩ **0.1** ***prostitutie*** **0.2** ***misbruik***.

pros·trate[1] ['prɒstreɪt‖'prɑ-]⟨f1⟩⟨bn.⟩ **0.1** ***ter aarde geworpen*** *⇒geknield* **0.2** ***liggend*** *⇒uitgestrekt* **0.3** ***verslagen*** *⇒gebroken, machteloos* **0.4** ⟨plantk.⟩ ***kruipend*** ◆ **1.3** ~ with grief *gebroken v. verdriet;* the civil war left the country ~ *de burgeroorlog heeft het land uitgeput* **3.1** he will probably fall ~ at your feet *hij zal zich waarschijnlijk nederig aan je voeten werpen*.

prostrate[2] [prɒ'streɪt‖'prɑstreɪt]⟨f1⟩⟨ww.⟩

I ⟨ov.ww.⟩ **0.1** ***neerwerpen*** *⇒neerslaan, vellen* **0.2** ***machteloos maken*** *⇒verslaan, verzwakken, breken* ◆ **1.2** a prostrating disease *een slopende kwaal;*

II ⟨ov.ww.; wederk. ww.⟩ **0.1** ***zich ter aarde werpen*** *⇒zich prosterneren, in het stof knielen, een knieval doen* ◆ **6.1** ~ o.s. **at** *zich op zijn knieën werpen voor*.

pros·tra·tion [prɒ'streɪʃn‖prɑ-]⟨zn.⟩

I ⟨telb. en n.-telb.zn.⟩ **0.1** ***prosternatie*** *⇒teraardewerping;*

II ⟨n.-telb.zn.⟩ **0.1** ***uitputting*** *⇒machteloosheid*.

pro·style ['proʊstaɪl]⟨telb.zn.⟩⟨bouwk.⟩ **0.1** ***prostylos*** *⇒Griekse tempel met zuilengalerij a.d. voorkant*.

pro·sy ['proʊzi]⟨bn.; -er; -ly; -ness; →bijw. 3⟩ **0.1** ***saai*** *⇒oninteressant, dor* ◆ **1.1** a ~ talker *een slaapverwekkende prater*.

prot- →proto-.

Prot ⟨afk.⟩ **0.1** ⟨Protectorate⟩ **0.2** ⟨Protestant⟩ ***Prot.***.

pro·tac·tin·i·um ['proʊtæk'tɪnɪəm]⟨n.-telb.zn.⟩⟨schei.⟩ **0.1** ***protactinium*** ⟨element 91⟩.

pro·tag·o·nist [proʊ'tægənɪst]⟨f1⟩⟨telb.zn.⟩ **0.1** ***voorvechter*** *⇒strijder* **0.2** ***voorstander*** *⇒verdediger* **0.3** ⟨lit., dram.⟩ ***protagonist*** *⇒hoofdfiguur, held*.

pro·ta·mine ['proʊṭəmi:n, -mɪn]⟨n.-telb.zn.⟩⟨bioch.⟩ **0.1** ***protamine***.

pro tan·to ['proʊ 'tænṭoʊ]⟨bw.⟩ **0.1** ***in zoverre***.

prot·a·sis ['prɒtəsɪs‖'prɑṭə-]⟨telb.zn.; protases [-si:z]; →mv. 5⟩ **0.1** ⟨logica, taalk.⟩ ***(predikaat in) voorwaardelijke bijzin*** *⇒protasis, voorzin* **0.2** ⟨dram.⟩ ***protasis*** *⇒inleiding v. Grieks drama*.

pro·tea ['proʊṭɪə]⟨telb.zn.⟩⟨plantk.⟩ **0.1** ***protea*** ⟨genus Protea⟩.

pro·te·an ['proʊṭɪən, proʊ'ti:ən]⟨bn.⟩ **0.1** ***veranderlijk*** *⇒proteïsch, veelvormig, vele gedaanten aannemend*.

pro·tect [prə'tekt]⟨f3⟩⟨ov.ww.⟩ **0.1** ***beschermen*** *⇒beschutten, behoeden* **0.2** ⟨ec.⟩ ***beschermen*** *⇒beschermende invoerrechten heffen* **0.3** ⟨tech.⟩ ***beveiligen*** *⇒beveiligingen aanbrengen* **0.4** ⟨BE; geldw.⟩ ***honoreren*** *⇒betalen* ◆ **6.1** ~ **against** intruders/the weather *beschermen tegen indringers/het weer;* ~ **from** the cold/economic recession *beschermen tegen de kou/economische achteruitgang*.

pro·tec·tion [prə'tekʃn]⟨f3⟩⟨zn.⟩

I ⟨telb.zn.⟩ **0.1** ***beschermer*** *⇒bescherming* **0.2** ***vrijgeleide*** ◆ **6.1** a ~ **against** this deluge *bescherming biedend in deze stortvloed;*

II ⟨n.-telb.zn.⟩ **0.1** ***bescherming*** *⇒beschutting* **0.2** ***protectie*** ⟨het afdwingen v. geld door gangsters in ruil voor vrijwaring tegen hun gewelddaden⟩ **0.3** ⟨verk.⟩ ⟨protection money⟩ **0.4** ⟨ec.⟩ ***protectie*** *⇒protectionisme* **0.5** ⟨verz.⟩ ***dekking*** ◆ **6.1** **under** my ~ *onder mijn bescherming*.

pro·tec·tion·ism [prə'tekʃənɪzm]⟨n.-telb.zn.⟩⟨ec.⟩ **0.1** ***protectionisme*** *⇒stelsel v. beschermende rechten*.

pro·tec·tion·ist [prə'tekʃənɪst]⟨telb.zn.⟩⟨ec.⟩ **0.1** ***protectionist*** *⇒voorstander v. protectionisme*.

pro'tection money ⟨n.-telb.zn.⟩ **0.1** ***protectiegeld*** ⟨geld afgeperst door gangsters in ruil voor vrijwaring tegen hun gewelddaden⟩ **0.2** ***smeergeld*** ⟨betaald aan politie/politicus⟩.

pro'tection racket ⟨telb.zn.⟩ **0.1** ***protectieorganisatie*** *⇒afpersersbende*.

pro·tec·tive[1] [prə'tektɪv]⟨telb.zn.⟩ **0.1** ***beschermer*** *⇒beschermend middel, preservatief;* ⟨i.h.b.⟩ *condoom*.

protective[2] ⟨f3⟩⟨bn.; -ly; -ness⟩ **0.1** ***beschermend*** *⇒beschermings-* ◆ **1.1** ~ clothing *veiligheidskleding, beschermende kleding;* ~ colouring *schutkleur;* take s.o. into ~ custody *iem. in hechtenis nemen/gevangen zetten (zogezegd) om hem te beschermen/voor zijn eigen veiligheid;* ~ foods *gezonde voedingsmiddelen, verantwoorde voeding;* ~ sheath *preservatief, condoom;* ⟨ec.⟩ ~ tariff *beschermend invoerrecht* **6.1** ~ **towards** *beschermend tegen*.

pro·tec·tor, pro·tec·ter [prə'tektə‖-ər]⟨f1⟩⟨zn.⟩

I ⟨eig.n.; P-; the⟩⟨BE; gesch.⟩ **0.1** ***protector*** *⇒rijksvoogd* ⟨titel v. Oliver en Richard Cromwell, 1653-1659⟩ ◆ **1.1** Lord ~ of the Commonwealth *Rijksvoogd v.h. Gemenebest;*

II ⟨telb.zn.⟩ **0.1** ***beschermer*** **0.2** ⟨BE; gesch.⟩ ***regent***.

pro·tec·tor·al [prə'tektrəl]⟨bn.⟩ **0.1** ***mbt. regentschap/protectoraat***.

pro·tec·tor·ate [prə'tektrət]⟨zn.⟩

I ⟨eig.n.; P-; the⟩ **0.1** ***protectoraat*** ⟨periode onder Oliver en Richard Cromwell, 1653-59⟩;

II ⟨telb.zn.⟩ **0.1** ***regentschap*** *⇒protectoraat;*

III ⟨telb. en n.-telb.zn.⟩ **0.1** ***protectoraat***.

pro·tec·to·ry [prə'tektri]⟨telb.zn.; →mv. 2⟩ **0.1** ***kindertehuis*** ⟨voor verwaarloosde kinderen⟩.

pro·tec·tress [prə'tektrɪs]⟨telb.zn.⟩ **0.1** ***beschermster*** *⇒beschermvrouwe* **0.2** ⟨pol.⟩ ***regentes***.

pro·té·gé(e) ['prɒtɪʒeɪ‖'proʊṭɪ-]⟨f1⟩⟨telb.zn.⟩ **0.1** ***protégé(e)*** *⇒beschermeling(e)*.

pro·te·i·form ['proʊtɪəfɔ:m‖proʊ'ti:əfɔrm]⟨bn.⟩ **0.1** ***veranderlijk*** *⇒proteïsch, veelvormig*.

pro·tein ['proʊti:n]⟨f2⟩⟨telb. en n.-telb.zn.⟩⟨bioch.⟩ **0.1** ***proteïne*** *⇒eiwit*.

pro·tein·a·ceous ['proʊti:'neɪʃəs], **pro·tein·ic** [-'ti:nɪk], **pro·tei·nous** [-'ti:nənəs]⟨bn.⟩⟨bioch.⟩ **0.1** ***proteïne-*** *⇒proteïneachtig*.

pro tem·po·re ['proʊ 'tempəri], ⟨verk.⟩ **pro tem** ['proʊ 'tem]⟨bn.; bw.⟩ **0.1** ***voorlopig*** *⇒vooralsnog, tijdelijk* ◆ **1.1** a ~ appointment *een tijdelijke aanstelling*.

pro·te·ol·y·sis ['proʊti'ɒləsɪs‖'proʊṭi'ɑlə-]⟨n.-telb.zn.⟩⟨bioch.⟩ **0.1** ***proteolyse*** *⇒eiwitsplitsing*.

pro·te·o·lyt·ic ['proʊṭɪə'lɪṭɪk]⟨bn.⟩⟨bioch.⟩ **0.1** ***proteolytisch***.

Pro·te·ro·zo·ic[1] [proʊtəroʊ'zoʊɪk]⟨n.-telb.zn.; the⟩⟨geol.⟩ **0.1** ***Proterozoïcum*** ⟨hoofdtijdperk met eerste levensvormen⟩.

Proterozoic[2] ⟨bn.⟩⟨geol.⟩ **0.1** ***v./mbt. het Proterozoïcum***.

pro·test[1] ['proʊtest]⟨f3⟩⟨zn.⟩

I ⟨telb.zn.⟩ **0.1** ***plechtige verklaring*** *⇒betuiging* **0.2** ***belastingen*** *⇒bezwaarschrift* **0.3** ⟨hand.⟩ ***protest*** **0.4** ⟨scheepv.⟩ ***scheepsverklaring;***

II ⟨telb. en n.-telb.zn.⟩ **0.1** ***protest*** *⇒oppositie, onvrede, bezwaar* ◆ **3.1** enter/lodge/make a ~ against sth. *ergens protest tegen aantekenen, een protest indienen tegen iets* **6.1** the child screamed **in** ~ *het kind protesteerde luidkeels;* **under** ~ *tegenstribbelend, onder protest*.

protest[2] [prə'test]⟨f3⟩⟨ww.⟩

I ⟨onov.ww.⟩ **0.1** ***protesteren*** *⇒bezwaar maken, een protest indienen* **0.2** ***een verklaring afleggen*** *⇒betuigen;*

II ⟨ov.ww.⟩ **0.1** ***bezweren*** *⇒betuigen, plechtig verklaren* **0.2** ⟨AE⟩ ***protesteren tegen*** **0.3** ⟨hand.⟩ ***(laten) protesteren*** ◆ **1.1** ~ one's innocence *zijn onschuld betuigen* **1.2** they are ~ing nuclear weapons *ze protesteren tegen kernwapens*.

Prot·es·tant[1] ['prɒtɪstənt‖'prɑṭɪ-]⟨f2⟩⟨telb.zn.⟩ **0.1** ⟨kerk.⟩ ***protestant*** **0.2** ⟨gesch.⟩ ***protestant*** *⇒volgeling v. Luther* ⟨een der vorsten/steden die zich keerden tegen het besluit v.d. Rijksdag te Spiers, 1529⟩.

Protestant[2] ⟨f2⟩⟨bn.⟩⟨kerk.⟩ **0.1** ***protestant(s)*** ◆ **1.¶** ~ (work) ethic *strenge arbeidsethiek*.

Prot·es·tant·ism ['prɒtɪstəntɪzm‖'prɑṭɪ-]⟨f1⟩⟨n.-telb.zn.⟩⟨kerk.⟩ **0.1** ***protestantisme***.

prot·es·ta·tion ['prɒtɪ'steɪʃn‖'prɑṭɪ-]⟨telb. en n.-telb.zn.⟩ **0.1** ***plechtige verklaring*** *⇒bezwering, betuiging* **0.2** ***protest*** ◆ **6.1** ~ **of** friendship *vriendschapsverklaring* **6.2** ~ **against** *protest tegen* **8.1** ~ that... *verklaring dat...*.

pro·test·er, pro·test·or [prə'testə‖-ər]⟨telb.zn.⟩ **0.1** ***protesteerder*** **0.2** ⟨hand.⟩ ***wie een protestakte opmaakt***.

'protest march ⟨f1⟩⟨telb.zn.⟩ **0.1** ***protestmars/optocht*** *⇒protestbetoging*.

'protest meeting ⟨f1⟩⟨telb.zn.⟩ **0.1** ***protestmeeting/vergadering***.

'protest strike ⟨telb.zn.⟩ **0.1** ***proteststaking***.

pro·te·us ['proʊṭɪəs]⟨telb.zn.⟩ **0.1** ⟨P-⟩ ***Proteus*** *⇒veranderlijk/onbestendig mens* **0.2** ⟨P-⟩ ***iets proteïsch*** *⇒wat vele gedaanten aanneemt* **0.3** ⟨biol.⟩ ***proteusbacterie*** ⟨Proteus vulgaris⟩ **0.4** ⟨biol.⟩ ***olm*** ⟨bacterie, Proteus anguinius⟩.

pro·tha·la·mi·um ['proʊθə'leɪmɪəm], **pro·tha·la·mi·on** [-mɪən]⟨telb.zn.; prothalamia [-mɪə]; →mv. 5⟩ **0.1** ***bruiloftslied***.

pro·thal·li·um [proʊ'θælɪəm]⟨telb.zn.; prothallia [-lɪə]; →mv. 5⟩⟨plantk.⟩ **0.1** ***prot(h)allium*** *⇒voorkiem*.

pro·thal·lus [proʊ'θæləs]⟨telb.zn.; prothalli [-laɪ]; →mv. 5⟩⟨plantk.⟩ **0.1** ***prot(h)allium***.

proth·e·sis ['prɒθɪsɪs‖'prɑ-]⟨telb.zn.; protheses [-si:z]; →mv. 5⟩ **0.1** ⟨taalk.⟩ ***prot(h)esis*** *⇒voorvoeging* ⟨toevoeging v. letter(greep) voor een woord⟩ **0.2** ⟨Byzantijnse kerk⟩ ***prot(h)esis*** *⇒uitstalling* *der offergaven* **0.3** ⟨Byzantijnse kerk⟩ ***prot(h)esis*** ⇒*offertafel / gedeelte v.d. kerk waar de offertafel staat.*

pro·thet·ic [prə'θeṭɪk]⟨bn.; -ally; →bijw. 3⟩⟨taalk.⟩ **0.1** ***prot(h)etisch.***

pro·thon·o·tar·y [proʊ'θɒnətri‖prə'θɑnəteri], **pro·ton·o·tar·y** [proʊ'tɒnətri‖prə'tɑnəteri]⟨telb.zn.; →mv. 2⟩ **0.1** ⟨jur.⟩ ***griffier*** **0.2** ⟨P-⟩⟨R.-K.⟩ ***protonotarius*** ◆ **2.2** Prot(h)onotaty Apostolic *protonotarius.*

pro'thonotary 'warbler ⟨telb.zn.⟩⟨dierk.⟩ **0.1** ***protonotaarzanger*** ⟨Protonotaria citrea⟩.

Pro·tis·ta [prə'tɪstə]⟨mv.⟩⟨biol.⟩ **0.1** ***protisten*** ⇒*eencelligen.*

pro·tis·tol·o·gy ['proutɪ'stɒlədʒi‖-'stɑ-]⟨n.-telb.zn.⟩⟨biol.⟩ **0.1** ***leer der protisten*** ⇒*leer der eencelligen.*

pro·ti·um ['prouṭɪəm]⟨n.-telb.zn.⟩⟨schei.⟩ **0.1** ***protium.***

pro·to- ['prouṭou], **prot-** **0.1** ⟨ook P-⟩ ***proto-*** ⇒*oer-, vroeg-, eerste* **0.2** ⟨schei.⟩ ***proto-*** ⇒*met het laagste gehalte* ◆ **¶.1** prototype *prototype.*

pro·to·col[1] ['proutəkɒl‖'prouṭəkɔl, -kɑl]⟨f2⟩⟨zn.⟩

I ⟨telb.zn.⟩ **0.1** ***protocol*** ⇒*officieel verslag, akte* **0.2** ***protocol*** ⟨formule aan begin / eind v. oorkonde / bul / computergegevens⟩ **0.3** ⟨pol.⟩ ***protocol*** ⇒*verslag v. internationale onderhandelingen* **0.4** ⟨AE⟩ ***verslag*** ⇒*dossier, verzamelde feiten;*

II ⟨n.-telb.zn.⟩ **0.1** ***protocol*** ⇒*etiquette, ceremonieel.*

protocol[2] ⟨ww.; →ww. 7⟩

I ⟨onov.ww.⟩ **0.1** ***een protocol opmaken;***

II ⟨ov.ww.⟩ **0.1** ***protocolleren*** ⇒*een protocol opmaken v..*

'Pro·to-Ger'man·ic ⟨eig.n.⟩⟨taalk.⟩ **0.1** ***Proto / Oergermaans.***

pro·to·his·to·ry [-'hɪstri]⟨n.-telb.zn.⟩ **0.1** ***protohistorie.***

pro·to·hu·man [-'hju:mən‖-'(h)ju:-]⟨telb.zn.⟩ **0.1** ***oermens.***

pro·to·lan·guage [-'læŋgwɪdʒ]⟨telb.zn.⟩⟨taalk.⟩ **0.1** ***proto / oertaal.***

pro·to·mar·tyr [-'mɑ:tə‖-'mɑrṭər]⟨telb.zn.⟩⟨relig.⟩ **0.1** ***eerste martelaar*** ⇒⟨i.h.b.⟩ *H. Stephanus.*

pro·to·mor·phic [-'mɔ:fɪk‖-'mɔr-]⟨bn.⟩ **0.1** ***primitief.***

pro·ton ['proutɒn‖-tɑn]⟨telb.zn.⟩⟨nat.⟩ **0.1** ***proton.***

protonotary →prothonotary.

pro·to·pec·tin ['prouṭou'pektɪn]⟨telb.zn.⟩⟨plantk.⟩ **0.1** ***pectose*** ⇒*protopectien.*

pro·to·phyte ['prouṭəfaɪt]⟨telb.zn.⟩⟨biol.⟩ **0.1** ***protofyt*** ⟨eencellig plantje⟩.

pro·to·plasm [-plæzm]⟨n.-telb.zn.⟩⟨biol.⟩ **0.1** ***protoplasma.***

pro·to·plas·mal [-'plæzml], **pro·to·plas·mat·ic** [-plæz'mæṭɪk], **pro·to·plas·mic** [-'plæzmɪk]⟨bn.⟩⟨biol.⟩ **0.1** ***v. / mbt. protoplasma.***

pro·to·plast [-plæst]⟨telb.zn.⟩⟨biol.⟩ **0.1** ***protoplast.***

pro·to·plas·tic [-'plæstɪk]⟨bn.⟩⟨biol.⟩ **0.1** ***v.h. protoplast.***

pro·to·ther·i·a [-'θɪərɪə‖-'θɪrɪə]⟨mv.⟩⟨dierk.⟩ **0.1** ***prototheria*** ⟨laagste orde der zoogdieren⟩.

pro·to·typ·al [-'taɪpl], **pro·to·typ·ic** [-'tɪpɪk], **pro·to·typ·i·cal** ['tɪpɪkl] ⟨bn.; prototypically; →bijw. 3⟩ **0.1** ***prototypisch*** **0.2** ⟨biol.⟩ ***oer-*** ⇒*v.d. oervorm.*

pro·to·type [-taɪp]⟨f1⟩⟨telb.zn.⟩ **0.1** ***prototype*** ⇒*oervorm, oorspronkelijk model, voorbeeld bij uitstek* **0.2** ⟨biol.⟩ ***oervorm.***

pro·to·zo·an[1] [-'zouən], **pro·to·zo·on** [-'zouɒn‖-'zouɑn]⟨telb.zn.; ook protozoa [-'zouə]; →mv. 5⟩⟨biol.⟩ **0.1** ***protozoön*** ⇒*protozo.*

protozoan[2], **pro·to·zo·ic** [-'zouɪk], **pro·to·zo·al** [-'zouəl]⟨bn.⟩⟨biol.⟩ **0.1** ***protozoïsch.***

pro·to·zo·ol·o·gy [-zou'ɒlədʒi‖-zou'ɑlədʒi]⟨n.-telb.zn.⟩ **0.1** ***protozoölogie*** ⇒*leer der protozoa.*

pro·tract [prə'trækt‖prou-]⟨f1⟩⟨ov.ww.⟩ →protracted **0.1** ***voortzetten*** ⇒*verlengen, aanhouden, rekken* **0.2** ***op schaal tekenen*** **0.3** ⟨biol.⟩ ***strekken*** ⇒*uitsteken.*

pro·tract·ed [prə'træktɪd‖prou-]⟨f1⟩⟨bn.; oorspr. volt. deelw. v. protract; -ly; -ness⟩ **0.1** ***langdurig*** ⇒*aanhoudend.*

pro·trac·tile [prə'træktaɪl‖prou'træktl], **pro·tract·i·ble** [-təbl]⟨bn.⟩⟨biol.⟩ **0.1** ***protractiel*** ⇒*(uit)strekbaar, uitstulpbaar.*

pro·trac·tion [prə'trækʃn‖prou-]⟨zn.⟩

I ⟨telb.zn.⟩ **0.1** ***tekening op schaal*** **0.2** ***lettergreepverlenging*** **0.3** ⟨biol.⟩ ***strekbeweging;***

II ⟨telb. en n.-telb.zn.⟩ **0.1** ***voortzetting*** ⇒*verlenging.*

pro·trac·tor [prə'træktə‖prou'træktər]⟨f1⟩⟨telb.zn.⟩ **0.1** ***transporteur*** ⇒*gradenboog, hoekmeter* **0.2** ***kleermakerspatroon*** ⇒*verstelbaar patroon* **0.3** ⟨biol.⟩ ***strekspier.***

pro·trude [prə'tru:d‖prou-]⟨f2⟩⟨ww.⟩

I ⟨onov.ww.⟩ **0.1** ***uitpuilen*** ⇒*uitsteken, te voorschijn komen, oprijzen* ◆ **1.1** protruding eyes *uitpuilende ogen;*

II ⟨ov.ww.⟩ **0.1** ***te voorschijn brengen*** ⇒*uitsteken* **0.2** ⟨fig.⟩ ***opdringen.***

pro·tru·dent [prə'tru:dnt‖prou-]⟨bn.⟩ **0.1** ***uitstekend*** ⇒*uitpuilend.*

pro·tru·sile [prou'tru:saɪl], **pro·tru·si·ble** [-səbl]⟨bn.⟩⟨vnl. biol.⟩ **0.1** ***protractiel*** ⇒*uitsteekbaar, verlengbaar, strekbaar.*

pro·tru·sion [prə'tru:ʒn‖prou-]⟨zn.⟩

I ⟨telb.zn.⟩ **0.1** ***uitsteeksel;***

II ⟨n.-telb.zn.⟩ **0.1** ***het uitsteken*** ⇒*het uitpuilen.*

pro·tru·sive [prə'tru:sɪv‖prou-]⟨bn.; -ly; -ness⟩ **0.1** ***uitstekend*** ⇒*uitpuilend* **0.2** ***opvallend*** ⇒*in het oog lopend, opdringerig.*

pro·tu·ber·ance [prə'tju:brəns‖prou'tu:-]⟨zn.⟩

I ⟨telb.zn.⟩ **0.1** ***uitsteeksel*** ⇒*gezwel, uitwas, protuberantie, uitgroeisel;*

II ⟨n.-telb.zn.⟩ **0.1** ***het uitsteken*** ⇒*het uitpuilen.*

pro·tu·ber·ant [prə'tju:brənt‖prou'tu:-]⟨bn.; -ly⟩ **0.1** ***gezwollen*** ⇒*uitpuilend* **0.2** ***opvallend*** ⇒*opmerkelijk.*

pro·tu·ber·ate [prə'tju:bəreɪt‖prou'tu:-]⟨onov.ww.⟩ **0.1** ***zwellen*** ⇒*puilen, uitpuilen.*

proud[1] [praud]⟨f3⟩⟨bn.; -ly; -ness⟩

I ⟨bn.⟩ **0.1** ***trots*** ⇒*vol zelfrespect, fier, zelfverzekerd* **0.2** ***trots*** ⇒*hooghartig, hovaardig* **0.3** ***trots*** ⇒*voldaan, vereerd, tevreden* **0.4** ***eervol*** ⇒*waardig* **0.5** ***vurig*** ⇒*driftig* **0.6** ***gezwollen*** ⇒*overstromend, buiten de oevers tredend* **0.7** ⟨BE⟩ ***uitspringend*** ⇒*uitstekend, uitpuilend* ◆ **1.2** as ~ as a peacock / as Punch *zo trots als een pauw / aap* **1.5** a ~ horse *een vurig paard* **1.7** ~ joints *uitstekende voegen* ⟨in metselwerk⟩; ⟨med.⟩ ~ flesh *wild vlees* **3.3** I'm ~ to know her *ik ben er trots op dat ik haar ken* **6.3** father will be ~ **of** you *vader zal trots op je zijn;*

II ⟨bn., attr.⟩ **0.1** ***trots*** ⟨v. ding⟩ ⇒*imposant, indrukwekkend, glorierijk.*

proud[2] ⟨bw.⟩⟨vnl. BE; inf.⟩ **0.1** ***imposant*** ⇒*groots.*

'proud-'hear·ted ⟨bn.⟩ **0.1** ***hooghartig*** ⇒*arrogant.*

prov ⟨afk.⟩ province, provincial, provisional, provost.

Prov ⟨afk.⟩ Proverbs ⟨bijb.⟩ **0.1** ***Spr..***

prov·a·ble ['pru:vəbl]⟨bn.; -ly; -ness; →bijw. 3⟩ **0.1** ***bewijsbaar*** ⇒*aantoonbaar.*

prove [pru:v]⟨f4⟩⟨ww.; proved, proved [pru:vd], vnl. AE, Sch. E, lit. ook proven ['pru:vn]⟩⟨→sprw. 175⟩

I ⟨onov.ww.⟩ **0.1** ***blijken*** **0.2** ⟨cul.⟩ ***rijzen*** ◆ **3.1** our son will ~ to be the first *onze zoon zal als eerste uit de bus komen;*

II ⟨ov.ww.⟩ **0.1** ***bewijzen*** ⇒*aantonen, tonen* **0.2** ***toetsen*** ⇒*op de proef stellen* **0.3** ***verifiëren*** ⇒*de echtheid vaststellen v.* **0.4** ⟨wisk.⟩ ***bewijzen*** **0.5** ⟨tech.⟩ ***testen*** **0.6** ⟨boek.⟩ ***een proef maken v.*** **0.7** ⟨cul.⟩ ***laten rijzen*** **0.8** ⟨vero.⟩ ***ervaren*** ⇒*ondergaan* ◆ **1.1** of proven authenticity *waarvan de echtheid is bewezen;* ~ one's innocence *zijn onschuld bewijzen* **1.2** ~ s.o.'s reliability *iemands betrouwbaarheid toetsen* **1.5** ~ a gun *een geweer inschieten* **4.1** ~ o.s. *zich bewijzen, laten zien wat je waard bent* **5.1** ⟨Sch. E; jur.⟩ not proven *(schuld) niet bewezen;* ⟨mijnw.⟩ ~ **up** *de aanwezigheid aantonen* ⟨v. delfstoffen⟩.

prov·e·nance ['prɒvənəns‖'prɑ-], ⟨AE ook⟩ **pro·ve·ni·ence** [prə'vi:nɪəns‖'prou-]⟨telb.zn.⟩ **0.1** ***origine*** ⇒*herkomst, oorsprong.*

Pro·ven·çal[1] ['prɒvɒn'sɑ:l‖'prouvənsɑl]⟨eig.n.⟩ **0.1** ***Provençaals*** ⇒*de Provençaalse taal.*

Provençal[2] ⟨bn.⟩ **0.1** ***Provençaals.***

prov·en·der ['prɒvɪndə‖'prɑvɪndər]⟨n.-telb.zn.⟩ **0.1** ***veevoeder*** ⇒*veevoer, droogvoer* **0.2** ⟨inf.⟩ ***voer*** ⇒*voedsel, eten.*

prov·erb ['prɒvɜ:b‖'prɑvɜrb]⟨f1⟩⟨telb.zn.⟩ **0.1** ***gezegde*** ⇒*spreekwoord, spreuk* ◆ **7.1** she was a ~ for fastidiousness, her fastidiousness was a ~ *haar kieskeurigheid was spreekwoordelijk.*

pro·ver·bi·al [prə'vɜ:bɪəl‖-'vɜr-]⟨f1⟩⟨bn.; -ly⟩ **0.1** ***spreekwoordelijk*** ◆ **1.1** they gave me the ~ stone for bread *ze gaven me de spreekwoordelijke stenen voor brood.*

Prov·erbs ['prɒvɜ:bz‖'prɑvɜrbz]⟨eig.n.; ww. enk.⟩⟨bijb.⟩ **0.1** ***Spreuken*** ⇒*de Spreuken v. Salomo.*

pro·vide [prə'vaɪd]⟨f3⟩⟨ww.⟩ →provided, providing

I ⟨onov.ww.⟩ **0.1** ***voorzieningen treffen*** ⇒*(voorzorgs)maatregelen nemen* **0.2** ***in het onderhoud voorzien*** ⇒*verzorgen* **0.3** ***een voorwaarde stellen*** ⇒*bepalen, eisen* ◆ **6.1** ~ **against** flooding *maatregelen nemen tegen overstromingen;* we had not ~d **for** our family getting any bigger *we hadden er geen rekening mee gehouden dat ons gezin nog groter zou worden* **6.2** ~ **for** children *kinderen onderhouden* **6.3** the new law ~s **for** slum clearance *de nieuwe wet bepaalt dat de krottenwijken worden afgebroken;*

II ⟨ov.ww.⟩ **0.1** ***bepalen*** ⇒*eisen, vaststellen* **0.2** ***voorzien*** ⇒*uitrusten* **0.3** ***leveren*** ⇒*verschaffen* **0.4** ***klaarmaken*** ⇒*voorbereiden* **0.5** ⟨gesch., kerk.⟩ ***benoemen*** ⇒*als opvolger aanwijzen voor beneficie* ◆ **4.2** we had to ~ ourselves *we moesten voor onszelf zorgen* **6.2** they ~d us **with** blankets and food *we werden v. dekens en voedsel voorzien* **8.1** ~ that … *bepalen dat* ….

pro·vid·ed [prə'vaɪdɪd], **pro·vid·ing** [prə'vaɪdɪŋ]⟨f2⟩⟨ondersch.vw.; oorspr. volt., resp. onvolt. deelw. v. provide⟩⟨schr.⟩ **0.1** ***op voorwaarde dat*** ⇒*(alleen) indien, mits* ◆ **8.1** ~ that one accepts this axiom the theory stands *als men dit axioma aanneemt klopt de theorie* **¶.1** I'll come ~ she apologizes *ik kom op voorwaarde dat zij zich verontschuldigt.*

prov·i·dence ['prɒvɪdəns‖'prɑ-]⟨f2⟩⟨zn.⟩⟨→sprw. 582⟩

I ⟨eig.n.; P-⟩⟨relig.⟩ **0.1** ***de voorzienigheid*** ⇒*God* ◆ **3.¶** tempt ~

God verzoeken, het lot tarten;
II ⟨n.-telb.zn.⟩ **0.1** ***het vooruitzien*** ⇒*voorzorg, zorg voor de toekomst* **0.2** ***zuinigheid*** ⇒*spaarzaamheid* **0.3** ***voorzienigheid***.

prov·i·dent ['prɒvɪdənt‖'prɑ-]⟨bn.;-ly⟩ **0.1** ***vooruitziend*** ⇒*met oog voor de toekomst* **0.2** ***zuinig*** ⇒*spaarzaam* ◆ **1.1** ~ fund *voorzorgsfonds;* ⟨BE⟩ Provident Society *vereniging voor onderlinge bijstand* ⟨bij ziekte e.d.⟩.

prov·i·den·tial ['prɒvɪ'denʃl‖'prɑ-]⟨bn.;-ly⟩ **0.1** ***door de voorzienigheid*** ⇒*door Gods ingrijpen* **0.2** ***wonderbaarlijk*** ⇒*fortuinlijk, door puur geluk*.

pro·vid·er [prə'vaɪdə‖-ər]⟨telb.zn.⟩ **0.1** ***leverancier*** ⇒*verschaffer* **0.2** ***kostwinner*** ⇒*verzorger*.

prov·ince ['prɒvɪns‖'prɑ-]⟨f2⟩⟨zn.⟩
I ⟨telb.zn.⟩ **0.1** ***provincie*** ⇒*gewest* **0.2** ⟨kerk.⟩ ***aartsbisdom*** **0.3** ⟨gesch.⟩ ***provincie*** ⟨buiten Italië gelegen gebied v.h. Romeinse rijk⟩ ◆ **7.1** the Province *Noord-Ierland;*
II ⟨n.-telb.zn.⟩ **0.1** ***vakgebied*** ⇒*terrein* **0.2** ***taak*** ⇒*functie, terrein* **0.3** ⟨biol.⟩ ***verspreidingsgebied*** ◆ **6.1** **outside** one's ~ *buiten/niet op zijn vakgebied;*
III ⟨mv.; ~s; the⟩ **0.1** ***platteland*** ⇒*provincie*.

pro·vin·cial[1] [prə'vɪnʃl]⟨f1⟩⟨telb.zn.⟩ **0.1** ***provinciaal*** **0.2** ⟨pej.⟩ ***provinciaal(tje)*** ⇒*boer, plattelander* **0.3** ⟨kerk.⟩ ***provinciaal*** ⇒*hoofd v.e. kloosterprovincie*.

provincial[2] ⟨f2⟩⟨bn.;-ly⟩ **0.1** ***provinciaal*** ⇒*v./uit de provincie;* ⟨pej.⟩ *kleinsteeds* **0.2** ***provinciaal*** ⇒*boers*.

pro·vin·cial·ism [prə'vɪnʃəlɪzm]⟨f1⟩⟨telb. en n.-telb.zn.⟩ **0.1** ***provincialisme*** ⇒*provinciale uitdrukking/manier v. doen*.

prov·ing ground ['pru:vɪŋ graʊnd]⟨telb.zn.⟩ **0.1** ***proefterrein*** ⇒*testterrein voor auto's, wapens e.d.; gelegenheid om iets uit te proberen*.

pro·vi·sion[1] [prə'vɪʒn]⟨f2⟩⟨zn.⟩
I ⟨telb.zn.⟩ **0.1** ***bepaling*** ⇒*voorwaarde* **0.2** ***voorraad*** ⇒*hoeveelheid, rantsoen* **0.3** ⟨gesch., kerk.⟩ ***benoeming op nog niet vacante post;***
II ⟨n.-telb.zn.⟩ **0.1** ***levering*** ⇒*verschaffing, toevoer, aanbreng* **0.2** ***voorzorg*** ⇒*voorbereiding, voorzieningen* ◆ **1.2** ⟨BE; ec., geldw.⟩ ~ for bad debts *reserve voor oninbare vorderingen* **6.2** make ~ **against** *(voorzorgs)maatregelen nemen tegen;* make ~ **for** the future *voor zijn toekomst zorgen, aan de toekomst denken;*
III ⟨mv.; ~s⟩ **0.1** ***levensmiddelen*** ⇒*provisie, proviand, voedselvoorraad*.

provision[2] ⟨f1⟩⟨ov.ww.⟩ **0.1** ***bevoorraden*** ⇒*provianderen, van voedsel voorzien*.

pro·vi·sion·al [prə'vɪʒnəl]⟨f2⟩⟨bn.;-ly⟩ **0.1** ***tijdelijk*** ⇒*voorlopig, provisorisch* ◆ **1.1** ⟨golf⟩ ~ ball *vervangende bal;* the Provisional IRA *de 'provisionele'/extremistische (vleugel v.d.) I.R.A.*.

Pro·vi·sion·al [prə'vɪʒnəl]⟨f1⟩⟨telb.zn.⟩ **0.1** ***Provisional*** ⇒*lid v.d. extremistische vleugel v.d. I.R.A.*

pro·vi·sion·less [prə'vɪʒnləs]⟨bn.⟩ **0.1** ***zonder voedsel(voorraad)***.

pro·vi·sion·ment [prə'vɪʒnmənt]⟨n.-telb.zn.⟩ **0.1** ***proviandering***.

pro·vi·so [prə'vaɪzoʊ]⟨f1⟩⟨telb.zn.; ook -es; →mv. 2⟩⟨vnl. jur.⟩ **0.1** ***voorwaarde*** ⇒*stipulatie, beperkende bepaling*.

pro·vi·sor [prə'vaɪzə‖-ər]⟨telb.zn.⟩ **0.1** ⟨gesch., kerk.⟩ ***iem. die benoemd is op nog niet vacante post*** **0.2** ⟨kerk.⟩ ***provisor*** ⟨v.e. klooster⟩ **0.3** ⟨kerk.⟩ ***vicaris-generaal***.

pro·vi·so·ry [prə'vaɪzəri]⟨bn.;-ly; →bijw. 3⟩ **0.1** ***voorwaardelijk*** ⇒*met een beperkende bepaling* **0.2** ***tijdelijk*** ⇒*voorlopig, hulp-, provisorisch*.

Pro·vo ['proʊvoʊ]⟨telb.zn.⟩ **0.1** ***provo*** ⟨lid/sympathisant v. Ned. anarchistische beweging in de jaren zestig⟩ **0.2** ⟨verk.⟩ ⟨Provisional⟩ ⟨inf.⟩.

prov·o·ca·tion ['prɒvə'keɪʃn‖'prɑ-]⟨f1⟩⟨telb. en n.-telb.zn.⟩ **0.1** ***provocatie*** ⇒*uitdaging, tarting, uitlokking* ◆ **6.1** hit **at/on** the slightest ~ *om het minste of geringste slaan;* he did it **under** ~ *hij is ertoe gedreven*.

pro·voc·a·tive[1] [prə'vɒkətɪv‖-'vɑkəṭɪv]⟨telb.zn.⟩ **0.1** ***uitdaging*** ⇒*prikkel, stimulans*.

provocative[2] ⟨f2⟩⟨bn.;-ly;-ness⟩ **0.1** ***tartend*** ⇒*uitdagend, provocerend, tergend, prikkelend* ◆ **1.1** his last article was very ~ *zijn laatste artikel heeft veel stof doen opwaaien;* ~ clothes *uitdagende kleding* **6.1** be ~ **of** anger/curiosity *nieuwsgierigheid/woede opwekken*.

pro·voke [prə'voʊk]⟨f3⟩⟨ov.ww.⟩ →provoking **0.1** ***tergen*** ⇒*prikkelen, irriteren, treiteren, pesten* **0.2** ***uitdagen*** ⇒*provoceren, tarten, opruien, ophitsen, dwingen* **0.3** ***veroorzaken*** ⇒*teweegbrengen, uitlokken, aanstichten* ◆ **3.1** he was ~d to abuse them *ze tergden hem zo, dat hij begon te schelden* **6.1** his behaviour ~d me **into** beating him *hij maakte me zo razend, dat ik hem een pak slaag gaf*.

pro·vok·ing [prə'voʊkɪŋ]⟨f1⟩⟨bn.; oorspr. teg. deelw. v. provoke; -ly⟩ **0.1** ***irritant*** ⇒*tergend, vervelend, ergerlijk*.

pro·vost ['prɒvəst⟨in bet. 0.7 en 0.8⟩prə'voʊ‖'proʊ-, 'prɑ-⟨in bet. 0.7 en 0.8⟩'proʊvoʊ]⟨f1⟩⟨telb.zn.⟩ **0.1** ⟨vaak P-⟩⟨BE⟩ ***hoofd v.e. college*** ⟨universiteit v. Oxford en Cambridge⟩ **0.2** ⟨AE⟩ ***hoge bestuursfunctionaris aan een universiteit*** **0.3** ⟨vaak P-⟩⟨Sch. E⟩ ***burgemeester*** **0.4** ⟨kerk.⟩ ***proost*** ⇒*hoofd v. kapittel v. kanunniken* **0.5** ⟨protestantse Kerk⟩ ***proost*** ⇒*hoofd v.d. grootste kerk in een gebied* **0.6** ⟨kerk.⟩ ***overste*** ⟨v. klooster⟩ **0.7** ⟨mil.⟩ ***commandant*** ⇒*hoofd der militaire politie* **0.8** ⟨verk.⟩ ⟨provost marshal⟩.

provost court [prə'voʊ 'kɔ:t‖'proʊvoʊ 'kɔrt]⟨telb.zn.⟩⟨mil.⟩ **0.1** ***militair tribunaal*** ⟨i.h.b. voor kleinere vergrijpen in bezet gebied⟩.

'provost 'guard ⟨telb.zn.⟩⟨AE; mil.⟩ **0.1** ***detachement militaire politie***.

'provost 'marshal ⟨telb.zn.⟩⟨mil.⟩ **0.1** ⟨landmacht⟩ ***commandant*** ⇒*hoofd der militaire politie* **0.2** ⟨marine⟩ ***provoost-geweldiger*** ⟨commanderend officier⟩.

prow [praʊ]⟨f1⟩⟨telb.zn.⟩ **0.1** ***voorkant*** ⇒*punt, neus* **0.2** ⟨scheep.⟩ ***voorsteven***.

prow·ess ['praʊɪs]⟨n.-telb.zn.⟩⟨schr.⟩ **0.1** ***dapperheid*** ⇒*ridderlijkheid, moed* **0.2** ***bekwaamheid*** ⇒*kundigheid*.

pro-west·ern [proʊ'westən‖-ərn]⟨f1⟩⟨bn.⟩ **0.1** ***westersgezind*** ⇒*pro-westers*.

prowl[1] [praʊl]⟨f1⟩⟨telb.zn.⟩ **0.1** ***jacht*** ⇒*roof, rooftocht, het rondsluipen, het loeren* ◆ **6.1** he's **on** the ~ again *hij is weer op zoek* **7.1** I went for a ~ round the galleries *ik ben eens gaan rondneuzen in de kunstgaleries*.

prowl[2] ⟨f2⟩⟨ww.⟩
I ⟨onov.ww.⟩ **0.1** ***jagen*** ⇒*op jacht zijn, op roof/buit uit zijn* **0.2** ***lopen loeren*** ⇒*rondsnuffelen* ◆ **5.2** s.o. is ~ing **about/around** on the staircase *er sluipt iem. rond in het trappenhuis;* I never buy anything at Harrods, I just ~ **about** *ik koop nooit iets bij Harrods, ik snuffel alleen maar;*
II ⟨ov.ww.⟩ **0.1** ***rondhangen/rondneuzen in*** ⇒*onveilig maken* **0.2** ⟨sl.⟩ ***fouilleren***.

'prowl car ⟨telb.zn.⟩⟨AE⟩ **0.1** ***surveillancewagen*** ⟨v.d. politie⟩.

prowl·er ['praʊlə‖-ər]⟨telb.zn.⟩ **0.1** ***loerder*** ⇒*snuffelaar, sluiper* **0.2** ***dief*** **0.3** ***roofdier op jacht***.

prox ⟨afk.⟩ proximo.

prox acc ⟨afk.⟩ proxime accessit ⟨vnl. BE⟩.

prox·i·mal ['prɒksɪml‖'prɑ-]⟨bn.;-ly⟩ **0.1** ***proximaal*** ⇒*dichtstbijzijnd* **0.2** ⟨med.⟩ ***proximaal***.

prox·i·mate ['prɒksɪmət‖'prɑk-]⟨bn.;-ly⟩ **0.1** ***dichtbij*** ⇒*naast, aangrenzend, nabij* **0.2** ***dichtstbijzijnd*** ⇒*direct voorafgaand, eerstvolgend* **0.3** ***nabij*** ⇒*op handen (zijnd), komend, in aantocht* **0.4** ***bij benadering juist*** ⇒*vrijwel juist* ◆ **1.2** the ~ cause *de directe oorzaak*.

prox·ime ac·ces·sit ['prɒksɪmi æk'sesɪt‖'prɑ-]⟨telb.zn.⟩⟨vnl. BE⟩ **0.1** ***accessit*** ⇒*(eervolle vermelding bij) tweede prijs, tweede plaats*.

prox·im·i·ty [prɒk'sɪməti‖prɑk'sɪməṭi]⟨f2⟩⟨n.-telb.zn.⟩ **0.1** ***nabijheid*** ◆ **1.1** ~ of blood *bloedverwantschap* **6.1** **in** the ~ *in de nabijheid, in de nabije toekomst*.

pro'ximity fuse ⟨telb.zn.⟩⟨mil.⟩ **0.1** ***nabijheidsbuis*** ⇒*radarontstekingskop*.

prox·i·mo ['prɒksɪmoʊ‖'prɑk-]⟨bn., post.⟩⟨hand. of vero.⟩ **0.1** ***v.d. volgende maand*** ◆ **1.1** the twelfth ~ *de twaalfde v.d. volgende maand*.

prox·y ['prɒksi‖'prɑksi]⟨f1⟩⟨telb.zn.; →mv. 2⟩ **0.1** ***gevolmachtigde*** ⇒*gemachtigde, afgevaardigde* **0.2** ***volmacht*** **0.3** ***bewijs v. volmacht*** ⇒*volmacht, volmachtbrief* ◆ **3.1** stand ~ for s.o. *als iemands gemachtigde optreden* **6.2** marry **by** ~ *bij volmacht/met de handschoen trouwen*.

PRS ⟨afk.⟩ President of the Royal Society.

prude [pru:d]⟨f1⟩⟨telb.zn.⟩ **0.1** ***preuts mens*** ⇒*tut*.

pru·dence ['pru:dns]⟨f2⟩⟨n.-telb.zn.⟩ **0.1** ***voorzichtigheid*** ⇒*omzichtigheid, zorgvuldigheid* **0.2** ***prudentie*** ⇒*wijsheid, beleid, inzicht, tact* ◆ **3.1** fling/throw ~ to the winds *alle voorzichtigheid overboord gooien*.

pru·dent ['pru:dnt]⟨f2⟩⟨bn.;-ly⟩ **0.1** ***voorzichtig*** ⇒*omzichtig, zorgvuldig* **0.2** ***prudent*** ⇒*verstandig, wijs, met inzicht, bezonnen, tactvol* **0.3** ***spaarzaam*** ⇒*zuinig*.

pru·den·tial [pru:'denʃl]⟨bn.;-ly⟩ **0.1** ***prudent*** ⇒*verstandig, uit voorzichtigheid, beleids-, zorvuldigheids-*.

pru·den·tials [pru:'denʃlz]⟨mv.⟩ **0.1** ***zaken die inzicht vereisen*** **0.2** ***beleidsoverwegingen*** **0.3** ⟨AE⟩ ***administratie*** ⇒*administratieve/financiële zaken*.

prud·er·y ['pru:dəri]⟨f1⟩⟨zn.; →mv. 2⟩
I ⟨telb.zn.⟩ **0.1** ***preutse gedraging/opmerking*** ⇒*preuts gedoe;*
II ⟨n.-telb.zn.⟩ **0.1** ***preutsheid*** ⇒*pruderie, aanstellerij*.

prud·ish ['pru:dɪʃ]⟨bn.;-ly;-ness⟩ **0.1** ***preuts*** ⇒*stijf, overdreven ingetogen, tuttig*.

pru·i·nose ['pru:ɪnoʊs]⟨bn.⟩⟨plantk.⟩ **0.1** ***berijpt*** ⇒*met een waas bedekt.*

prune[1] [pru:n]⟨f2⟩⟨zn.⟩
I ⟨telb.zn.⟩ **0.1** ***pruimedant*** ⇒*gedroogde pruim* **0.2** ⟨inf.⟩ ***zeur*** ⇒*sul, zuurpruim, klier* **0.3** ⟨sl.⟩ ***halve gare*** **0.4** ⟨sl.⟩ ***kerel*** ◆ **1.¶** ~s and prism(s) *overdreven keurigheid, fijne maniertjes;*
II ⟨n.-telb.zn.; vaak attr.⟩ **0.1** ***prune*** ⇒*pruimkleur, roodpaars.*

prune[2] ⟨f2⟩⟨ov.ww.⟩ **0.1** ***snoeien*** ⟨ook fig.⟩ ⇒*besnoeien; korten, reduceren, verminderen* **0.2** →preen ◆ **1.1** ~ a tree *een boom snoeien;* the reader's letters are severely ~d *de ingezonden brieven worden sterk ingekort* **6.1** ~ **away/off** dead branches *dode takken wegsnoeien;* ~ **away** redundancies *overbodigheden weghalen;* ~ **back** *bijsnoeien;* ~ **down** *inkorten, inkrimpen.*

'prune·face ⟨telb.zn.⟩⟨AE; sl.⟩ **0.1** ***lelijkerd.***

pru·nel·la [pru:'nelə], **pru·nel·lo** [-loʊ]⟨n.-telb.zn.⟩ **0.1** ***prunel*** ⇒*zware wollen/zijden stof* ⟨o.a. voor schoenen en toga's⟩.

pru·nelle [pru:'nel]⟨n.-telb.zn.⟩ **0.1** ***pruimenlikeur.***

prun·ers ['pru:nəz‖-ərz]⟨mv.⟩ **0.1** ***snoeischaar*** ◆ **1.1** two pairs of ~ *twee snoeischaren.*

prun·ing ⟨bn., attr.⟩ **0.1** ***snoei-*** ◆ **1.1** ~ hook *stoksnoeimes.*

pru·ri·ence ['prʊəriəns‖'prʊr-], **pru·ri·en·cy** [-si]⟨n.-telb.zn.⟩ **0.1** ***wellustigheid*** ⇒*ontuchtigheid* **0.2** ***obsceniteit.***

pru·ri·ent ['prʊəriənt‖'prʊr-]⟨f1⟩⟨bn.; -ly⟩ **0.1** ***wellustig*** ⇒*ontuchtig* **0.2** ***obsceen*** ⇒*pornografisch.*

pru·ri·gi·nous [prʊ'rɪdʒənəs]⟨bn.⟩⟨med.⟩ **0.1** ***met prurigo*** **0.2** ***prurigo-achtig.***

pru·ri·go [prʊ'raɪgoʊ]⟨telb. en n.-telb.zn.⟩⟨med.⟩ **0.1** ***prurigo*** ⟨huidaandoening met jeuk⟩.

pru·ri·tus [prʊ'raɪtəs]⟨telb. en n.-telb.zn.⟩⟨med.⟩ **0.1** ***jeuk*** ⇒*pruritus.*

Prus·sian[1] ['prʌʃn]⟨f1⟩⟨zn.⟩
I ⟨eig.n.⟩ **0.1** ***de Pruisische taal;***
II ⟨telb.zn.⟩ **0.1** ***Pruis*** ⇒*inwoner v. Pruisen.*

Prussian[2] ⟨f1⟩⟨bn.⟩ **0.1** ***Pruisisch*** ⇒*v. Pruisen/de Pruisen* ◆ **1.1** ~ blue *pruisischblauw, berlijns-blauw;* ⟨schei.⟩ *pruisisch (blauw) zuur;* ⟨dierk.⟩ ~ carp *kroeskarper, steenkarper* ⟨Carassius carassius⟩.

prus·si·ate ['prʌʃɪət]⟨telb.zn.⟩⟨schei.⟩ **0.1** ***ferro/ferricyanide*** **0.2** ***cyanide*** ⇒*zout v. cyaanwaterstof.*

prus·sic ['prʌsɪk]⟨bn., attr.⟩⟨schei.⟩ **0.1** ***pruisisch-blauw-*** ⇒*cyaanwaterstof-* ◆ **1.1** ~ acid *blauwzuur.*

prut [prʌt]⟨n.-telb.zn.⟩⟨AE; sl.⟩ **0.1** ***vuil*** ⇒*stof.*

pry[1] [praɪ]⟨zn.; →mv. 2⟩
I ⟨telb.zn.⟩ **0.1** ***nieuwsgierige blik/vraag*** ⇒*bemoeizuchtig gedrag* **0.2** ***bemoeial*** ⇒*nieuwsgierig aagje* **0.3** ⟨AE⟩ ***breekijzer*** ⇒⟨i.h.b.⟩ *koevoet;*
II ⟨n.-telb.zn.⟩⟨AE⟩ **0.1** ***hefboomwerking.***

pry[2] ⟨f2⟩⟨ww.; →ww. 7⟩
I ⟨onov.ww.⟩ **0.1** ***gluren*** ⇒*neuzen, nieuwsgierig rondsnuffelen* **0.2** ***bemoeizuchtig zijn*** ⇒*nieuwsgierige vragen stellen, zijn neus ergens insteken* ◆ **1.1** ~ing eyes *nieuwsgierige ogen* **6.1** ~ **about** *rondneuzen* **6.2** ~ **into** my affairs *met mijn zaken bemoeien;*
II ⟨ov.ww.⟩⟨AE⟩ **0.1** ***wrikken*** ⇒*omhoogwrikken, openwrikken* **0.2** ***los krijgen*** ⟨fig.⟩ ⇒*te voorschijn wurmen, uit (iem.) trekken* ◆ **5.1** ~ open a chest *een kist openbreken;* ~ **up** a floor-board *een vloerplank omhoog wrikken* **6.1** ~ information **out of** s.o. *inlichtingen uit iem. lospeuteren.*

pry·er, pri·er ['praɪə‖-ər]⟨telb.zn.⟩ **0.1** ***bemoeial*** ⇒*nieuwsgierig mens.*

Ps, Psa ⟨afk.⟩ **0.1** ⟨psalm⟩ ***ps*** **0.2** ⟨Psalms⟩ ***Ps.*** ⟨O.T.⟩.

Ps →Ps.

PS, ps ⟨afk.⟩ **0.1** ⟨permanent secretary⟩ **0.2** ⟨Police Sergeant⟩ **0.3** ⟨post script⟩ ***P.S.*** **0.4** ⟨AE⟩ ⟨public school⟩ **0.5** ⟨dram.⟩ ⟨prompt side⟩ **0.6** ⟨BE; pol.⟩ ⟨privy seal⟩ **0.7** ⟨passenger steamer⟩.

PSA ⟨afk.⟩ Property Services Agency ⟨BE; ong. Rijksgebouwendienst⟩.

psalm[1] [sɑ:m‖sɑ(l)m]⟨f2⟩⟨telb.zn.⟩⟨relig.⟩ **0.1** ***psalm*** ⇒*hymne, kerkgezang* **0.2** ⟨vaak P-⟩ ***psalm*** ⟨lied uit het Boek der Psalmen v.h. O.T.⟩ ◆ **1.2** ⟨O.T.⟩ Book of Psalms *Boek der Psalmen* **7.2** ⟨O.T.⟩ the Psalms *de Psalmen.*

psalm[2] ⟨ov.ww.⟩⟨relig.⟩ **0.1** ***psalmeren*** ⇒*in psalmen bezingen.*

'psalm-book ⟨telb.zn.⟩⟨relig.⟩ **0.1** ***psalmboek.***

psalm·ist ['sɑ:mɪst‖'sɑ(l)mɪst]⟨telb.zn.⟩⟨relig.⟩ **0.1** ***psalmist*** ⇒*psalmdichter* ◆ **7.1** the Psalmist *de Psalmist; David.*

psalm·o·dic [sæl'mɒdɪk‖sɑ(l)'mɑdɪk]⟨bn.⟩ **0.1** ***psalmodisch.***

psalm·o·dy ['sælmədi‖'sɑ(l)mədi]⟨zn.; →mv. 2⟩⟨relig.⟩
I ⟨telb.zn.⟩ **0.1** ***psalmbundel;***
II ⟨telb. en n.-telb.zn.⟩ **0.1** ***psalmodie.***

psal·ter ['sɔ:ltə‖-tər]⟨f1⟩⟨telb.zn.; ook P-⟩⟨relig.⟩ **0.1** ***psalter*** ⇒*psalmboek, psalmvertaling/berijming.*

psal·te·ri·um [sɔ:l'tɪərɪəm‖sɔl'tɪr-]⟨telb.zn.; psalteria [-rɪə]; →mv. 5⟩⟨dierk.⟩ **0.1** ***boekmaag.***

psal·ter·y, psal·try ['sɔ:ltri]⟨telb.zn.; →mv. 2⟩⟨gesch., muz.⟩ **0.1** ***psalter*** ⇒*psalterion.*

pse·phol·o·gist [se'fɒlədʒɪst‖si:'fɑ-]⟨telb.zn.⟩⟨pol.⟩ **0.1** ***psefoloog*** ⇒*iem. die het kiezersgedrag bestudeert.*

pse·phol·ogy [se'fɒlədʒi‖si:'fɑ-]⟨n.-telb.zn.⟩⟨pol.⟩ **0.1** ***psefologie*** ⇒*bestudering v.h. kiezersgedrag.*

pseud[1] [sju:d‖su:d], **pseu·do** ['sju:doʊ‖'su:doʊ]⟨f1⟩⟨telb.zn.⟩⟨BE; inf.⟩ **0.1** ***snoever*** ⇒*pretentieuze kwast, huichelaar.*

pseud[2], **pseudo** ⟨f1⟩⟨bn.⟩⟨BE; inf.⟩ **0.1** ***vals*** ⇒*onecht, onoprecht, opgeblazen, vol pretentie.*

pseud[3] ⟨afk.⟩ pseudonym **0.1** ***pseud.***.

pseud·e·pig·ra·pha ['sju:dɪ'pɪgrəfə‖'su:-]⟨mv.⟩⟨theol.⟩ **0.1** ***pseudepigrafen*** ⟨Joodse geschriften ten onrechte aan Oudtestamentische profeten toegeschreven⟩.

pseud·ep·i·graph·ic ['sju:depɪ'græfɪk‖'su:-], **pseud·ep·i·graph·i·cal** [-ɪkl]⟨bn.⟩⟨theol.⟩ **0.1** ***pseudepigrafisch.***

pseu·do- ['sju:doʊ‖'su:doʊ], **pseud-** [sju:d‖su:d] **0.1** ***pseud(o)-*** ⇒*schijn-.*

pseu·do·ar·cha·ic ['sju:doʊɑ:'keɪɪk‖'su:doʊɑr-]⟨bn.⟩⟨vnl. beeld.k.⟩ **0.1** ***pseudoarchaïsch*** ⇒*namaak-primitief.*

pseu·do·carp [-kɑ:p‖-kɑrp]⟨telb.zn.⟩⟨plantk.⟩ **0.1** ***met schijnvruchten.***

pseu·do·graph [-grɑ:f‖-græf]⟨telb.zn.⟩⟨lit.⟩ **0.1** ***vervalsing.***

pseu·do·morph [-mɔ:f‖-mɔrf]⟨telb.zn.⟩ **0.1** ***pseudomorf verschijnsel*** ⇒*oneigenlijke vorm* **0.2** ⟨geol.⟩ ***pseudomorf mineraal*** ⟨met de kristallijne vorm v.e. ander mineraal⟩.

pseu·do·mor·phic [-'mɔ:fɪk‖-'mɔr-], **pseu·do·mor·phous** [-fəs]⟨bn.⟩ **0.1** ***pseudomorf*** ⇒*in valse/oneigenlijke vorm.*

pseu·do·mor·phism [-'mɔ:fɪzm‖-'mɔr-]⟨n.-telb.zn.⟩⟨geol.⟩ **0.1** ***pseudomorfisme.***

pseu·do·nym ['sju:dn·ɪm‖'su:-]⟨f1⟩⟨telb.zn.⟩⟨lit.⟩ **0.1** ***pseudoniem*** ⇒*schuilnaam, schrijversnaam.*

pseu·do·nym·i·ty ['sju:də'nɪməti‖'su:də'nɪməti]⟨n.-telb.zn.⟩⟨lit.⟩ **0.1** ***pseudonimiteit.***

pseu·don·y·mous [sju:'dɒnɪməs‖su:'dɑ-]⟨bn.⟩⟨lit.⟩ **0.1** ***pseudoniem*** ⇒*onder pseudoniem schrijvend/geschreven/verschenen.*

pseu·do·pod [-pɒd‖-pɑd], **pseu·do·po·di·um** [-'poʊdɪəm]⟨telb.zn.; pseudopodia [-dɪə]; →mv. 5⟩⟨dierk.⟩ **0.1** ***pseudopodium*** ⇒*schijnvoetje.*

pseu·do·sci·ence [-'saɪəns]⟨telb.zn.⟩ **0.1** ***pseudowetenschap*** ⇒*schijnwetenschap.*

psf ⟨afk.⟩ pounds per square foot.

pshaw[1] [(p)ʃɔ:]⟨ov.ww.⟩ **0.1** ***afwijzen*** ⇒*minachten, de schouder ophalen over, foei roepen over.*

pshaw[2] [pfff, pʃɔ:]⟨tussenw.⟩ **0.1** ***pff!*** ⇒*bah!, foei!.*

psi[1] [(p)saɪ‖(p)saɪ, (p)si:]⟨zn.⟩
I ⟨telb.zn.⟩ **0.1** ***psi*** ⟨drieëntwintigste letter v.h. Griekse alfabet⟩;
II ⟨verz.n.⟩ **0.1** ***parapsychologische eigenschappen.***

psi[2], **psi(g)** ⟨afk.⟩ pounds per square inch (gauge).

psil·an·thro·pism [saɪ'lænθrəpɪzm]⟨n.-telb.zn.⟩⟨theol.⟩ **0.1** ***psilanthropisme*** ⟨leer dat Christus slechts als een gewoon mens heeft bestaan⟩.

psi·lo·cy·bine ['saɪlə'saɪbɪn]⟨n.-telb.zn.⟩⟨med., schei.⟩ **0.1** ***psilocybine*** ⟨hallucinogene stof in bep. paddestoelen⟩.

psi·lo·sis [saɪ'loʊsɪs]⟨n.-telb.zn.⟩⟨med.⟩ **0.1** ***haaruitval*** **0.2** ***Indische spruw.***

psit·ta·cine ['sɪtəsaɪn]⟨bn.⟩ **0.1** ***papegaaiachtig.***

psit·ta·co·sis ['sɪtə'koʊsɪs]⟨telb. en n.-telb.zn.⟩⟨dierk., med.⟩ **0.1** ***psittacosis*** ⇒*papegaaieziekte.*

pso·ra ['sɔ:rə]⟨telb. en n.-telb.zn.⟩⟨verk.⟩ psoriasis ⟨med.⟩ **0.1** ***psoriasis.***

pso·ri·a·sis [sə'raɪəsɪs]⟨telb. en n.-telb.zn.; psoriases [-si:z]; →mv. 5⟩⟨med.⟩ **0.1** ***psoriasis*** ⇒*schubziekte.*

pso·ri·at·ic [sɔ:ri'ætɪk]⟨bn.⟩ **0.1** ***v./mbt. psoriasis.***

Pss ⟨afk.⟩ Psalms **0.1** ***Ps.*** ⟨O.T.⟩.

ps(s)t [pssst]⟨f1⟩⟨tussenw.⟩ **0.1** ***pst!*** ⇒*hé!.*

PST ⟨afk.⟩ Pacific Standard Time ⟨AE⟩.

PSV ⟨afk.⟩ public service vehicle ⟨BE⟩.

psych[1] [saɪk]⟨n.-telb.zn.⟩⟨inf.⟩ **0.1** ***psychologie.***

psych[2], **psyche** [saɪk]⟨f1⟩⟨ww.⟩⟨vnl. AE⟩
I ⟨onov.ww.⟩ →psych(e) out;
II ⟨ov.ww.⟩⟨inf.⟩ **0.1** ***analyseren*** ⇒*psychoanalyse geven* **0.2** ***psychologiseren*** ⇒*psychologisch uitrafelen* **0.3** ***psychologisch beïnvloeden*** **0.4** ***psycheren*** ⇒*tot object v.d. psychologie maken* ◆ **5.2** →psych(e) **out** **5.3** →psych(e) **out;** ~ o.s. **up** for *zich psychologisch voorbereiden op, zich in de juiste stemming brengen voor, zichzelf oppeppen voor;* ~ed **up** *gespannen, opgepept, opgewonden.*

psych[3] ⟨afk.⟩ psychological, psychologist, psychology.
psych- [saɪk] **0.1** ***psych-*** ⇒*psycho-, psychologisch, psychisch.*
psy·che ['saɪki]⟨telb.zn.⟩ **0.1** ***psyche*** ⇒*ziel, levensprincipe* **0.2** ⟨psych.⟩ ***psyche*** **0.3** ⟨dierk.⟩ ***zakrupsvlinder*** ⟨Psychidae⟩.
psych·e·del·ic[1] ['saɪkɪ'delɪk]⟨telb.zn.⟩ **0.1** ***psychedelicum*** ⇒*bewustzijnsverruimend middel* **0.2** ***gebruiker v. psychedelische drugs.***
psychedelic[2] ⟨f1⟩⟨bn.; -ally; →bijw. 3⟩ **0.1** ***psychedelisch*** ⇒*bewustzijnsverruimend.*
psyche out →psych out.
psy·chi·at·ric ['saɪki'ætrɪk], **psy·chi·at·ri·cal** [-ɪkl]⟨f2⟩⟨bn.; -(al)ly; →bijw. 3⟩ **0.1** ***psychiatrisch.***
psy·chi·a·trist [saɪ'kaɪətrɪst, sɪ-], **psy·chi·a·ter** [-'kaɪətə‖-'kaɪəţər] ⟨f2⟩⟨telb.zn.⟩ **0.1** ***psychiater.***
psy·chi·a·try [saɪ'kaɪətri, sɪ-]⟨f2⟩⟨n.-telb.zn.⟩ **0.1** ***psychiatrie*** ⇒*wetenschap der geestesziekten.*
psy·chic[1] ['saɪkɪk]⟨zn.⟩
I ⟨telb.zn.⟩ **0.1** ***paranormaal begaafd mens*** **0.2** ***spiritistisch medium*** **0.3** ⟨bridge⟩ ***psyche*** ⇒*blufbod* ⟨misleidend/psychologisch bod⟩;
II ⟨n.-telb.zn.; ~s⟩ **0.1** ***parapsychologie.***
psychic[2], **psy·chi·cal** ['saɪkɪkl]⟨f1⟩⟨bn.; -(al)ly; →bijw. 3⟩ **0.1** ***psychisch*** ⇒*geestelijk* **0.2** ***psychisch*** ⇒*paranormaal, bovennatuurlijk, occult* **0.3** ***paranormaal begaafd*** ⇒⟨i.h.b.⟩ *mediamiek* **0.4** ⟨bridge⟩ ***misleidend*** ⇒*bluf-, psychologisch* ◆ **1.2** ⟨spiritisme⟩ ~ force *occulte kracht;* ~ research *parapsychologie* **1.¶** ~ healer *magnetiseur;* ~ healing *dierlijk magnetisme, mesmerisme.*
psy·chi·cism ['saɪkɪsɪzm]⟨n.-telb.zn.⟩ **0.1** ***parapsychologie.***
psy·cho ['saɪkoʊ]⟨f1⟩⟨telb.zn.⟩⟨inf.⟩ **0.1** ***psychoot*** ⇒*neuroot, psychopaat, gek.*
psy·cho- ['saɪkoʊ] **0.1** ***psycho-*** ⇒*psychisch* ◆ **¶.1** psychobiography *psychobiografie.*
psy·cho·an·a·lyse, -lyze ['saɪkoʊ'ænəlaɪz]⟨ov.ww.⟩ **0.1** ***psychoanalytisch behandelen*** ⇒*psychoanalyse geven.*
psy·cho·a·nal·y·sis [-ə'nælɪsɪs]⟨f2⟩⟨n.-telb.zn.⟩ **0.1** ***psychoanalyse*** ⇒*psychoanalytische behandeling* **0.2** ***psychoanalyse*** ⇒*leer der psychoanalyse.*
psy·cho·an·a·lyst [-'ænəlɪst]⟨f1⟩⟨telb.zn.⟩ **0.1** ***psychoanaliticus.***
psy·cho·an·a·lyt·ic [-ænə'lɪţɪk], **-i·cal** [-ɪkl]⟨f1⟩⟨bn.; -(al)ly; →bijw. 3⟩ **0.1** ***psychoanalytisch.***
'psy·cho·bab·ble ⟨n.-telb.zn.⟩ **0.1** ***psychologisch/psychotherapeutisch jargon.***
psy·cho·dra·ma [-drɑ:mə‖-dræmə]⟨telb. en n.-telb.zn.⟩ **0.1** ***psychodrama*** ⇒*therapeutisch rollenspel.*
psy·cho·dy·nam·ics [-daɪ'næmɪks]⟨n.-telb.zn.⟩ **0.1** ***psychodynamiek*** ⇒*werking der psychische krachten* **0.2** ***psychodynamisch onderzoek*** ⟨verklaring v.h. gedrag door onbewuste motieven⟩.
psy·cho·gen·e·sis [-'dʒenɪsɪs]⟨n.-telb.zn.⟩ **0.1** ***psychogenese.***
psy·cho·gen·ic [-'dʒenɪk]⟨bn.; -ally; →bijw. 3⟩ **0.1** ***psychogeen*** ⇒*v. psychische oorsprong.*
psy·cho·ge·ri·at·ric[1] [-dʒerɪ'ætrɪk]⟨telb.zn.⟩ **0.1** ***psychogeriatische patiënt*** **0.2** ***geestelijk in de war zijnde bejaarde*** ⇒⟨bel.⟩ *seniele idioot.*
psychogeriatric[2] ⟨bn.⟩ **0.1** ***psychogeriatrisch*** ⇒*seniel, geestelijk in de war.*
psy·cho·ge·ri·at·rics [-dʒerɪ'ætrɪks]⟨n.-telb.zn.⟩ **0.1** ***psychogeriatrie.***
psy·cho·graph [-grɑ:f‖-græf]⟨telb.zn.⟩⟨spiritisme⟩ **0.1** ***psychograaf*** ⟨schrijfapparaat waar geesten gebruik v. maken⟩.
psy·cho·ki·ne·sis [-kɪ'ni:sɪs, -kaɪ-]⟨n.-telb.zn.⟩ **0.1** ***psychokinese.***
psychol ⟨afk.⟩ psychological, psychologist, psychology.
psy·cho·lin·guis·tics [-lɪŋ'gwɪstɪks]⟨n.-telb.zn.⟩⟨taalk.⟩ **0.1** ***psycholinguïstiek*** ⇒*taalpsychologie.*
psy·cho·log·i·cal ['saɪkə'lɒdʒɪkl‖-'lɑ-], **psy·cho·log·ic** [-'lɒdʒɪk‖-'lɑ-] ⟨f3⟩⟨bn.; -(al)ly; →bijw. 3⟩ **0.1** ***psychologisch*** ⇒*mbt. de psychologie* **0.2** ***psychologisch*** ⇒*psychisch* ◆ **1.2** the ~ moment *het psychologische moment, het juiste ogenblik;* ~ warfare *psychologische oorlogvoering.*
psy·chol·o·gism [saɪ'kɒlədʒɪzm‖-'kɑ-]⟨n.-telb.zn.⟩ **0.1** ***psychologisme.***
psy·chol·o·gist [saɪ'kɒlədʒɪst‖-'kɑ-]⟨f2⟩⟨telb.zn.⟩ **0.1** ***psycholoog.***
psy·chol·o·gize [saɪ'kɒlədʒaɪz‖-'kɑ-]⟨ww.⟩
I ⟨onov.ww.⟩ **0.1** ***een psychologisch onderzoek doen*** **0.2** ***psychologiseren*** ⇒*speculeren over psychologische factoren;*
II ⟨ov.ww.⟩ **0.1** ***psychologiseren*** ⇒*psychologisch verklaren.*
psy·chol·o·gy [saɪ'kɒlədʒi‖-'kɑ-]⟨f3⟩⟨zn.; →mv. 2⟩
I ⟨telb.zn.⟩ **0.1** ***tak/school der psychologie*** **0.2** ***psychologisch artikel*** ⇒*psychologische verhandeling* **0.3** ***karakter*** ⇒*aard, psyche;*
II ⟨n.-telb.zn.⟩ **0.1** ***psychologie*** ⇒*wetenschap der psychologie* **0.2** ***psychologische benadering*** ⇒*taktiek* **0.3** ⟨inf.⟩ ***mensenkennis.***
psy·cho·met·ric ['saɪkə'metrɪk], **psy·cho·met·ri·cal** [-ɪkl]⟨bn.; -(al)ly; →bijw. 3⟩⟨psych.⟩ **0.1** ***psychometrisch.***
psy·cho·met·rics ['saɪkə'metrɪks]⟨n.-telb.zn.⟩⟨psych.⟩ **0.1** ***psychometrie.***
psy·chom·e·try [saɪ'kɒmɪtri‖-'kɑ-]⟨n.-telb.zn.⟩ **0.1** ⟨psych.⟩ ***psychometrie*** ⇒⟨ook⟩ *parapsychologie; psychoscopie, helderziendheid.*
psy·cho·mo·tor ['saɪkoʊ'moʊtə‖-'moʊţər]⟨bn.⟩⟨psych.⟩ **0.1** ***psychomotorisch.***
psy·cho·neu·ro·sis ['saɪkoʊnjʊ'roʊsɪs‖-nʊ-]⟨telb.zn.; psychoneuroses [-si:z]; →mv. 5⟩ **0.1** ***psychoneurose.***
psy·cho·path ['saɪkəpæθ]⟨f1⟩⟨telb.zn.⟩ **0.1** ***psychopaat*** ⇒*geestelijk gestoorde.*
psy·cho·phar·ma·col·o·gy ['saɪkoʊfɑ:mə'kɒlədʒi‖-fɑrmə'kɑlədʒi] ⟨n.-telb.zn.⟩ **0.1** ***psychofarmacologie.***
psy·cho·sis [saɪ'koʊsɪs]⟨f1⟩⟨telb.zn.; psychoses [-si:z]; →mv. 5⟩ ⟨psych.⟩ **0.1** ***psychose.***
psy·cho·so·mat·ic ['saɪkoʊsə'mæţɪk]⟨bn.; -ally; →bijw. 3⟩⟨med.⟩ **0.1** ***psychosomatisch.***
psy·cho·sur·ger·y [-'sɜ:dʒəri‖-'sɜr-]⟨n.-telb.zn.⟩⟨psychiatrie⟩ **0.1** ***hersenchirurgie*** ⇒⟨i.h.b.⟩ *lobotomie.*
psy·cho·tech·nics [-'teknɪks]⟨n.-telb.zn.⟩ **0.1** ***psychotechniek*** ⇒*toegepaste psychologie.*
psy·cho·ther·a·pist [-'θerəpɪst]⟨telb.zn.⟩ **0.1** ***psychotherapeut(e).***
psy·cho·ther·a·py [-'θerəpi]⟨f1⟩⟨telb. en n.-telb.zn.⟩ **0.1** ***psychotherapie.***
psy·chot·ic [saɪ'kɒtɪk‖saɪ'kɑţɪk]⟨f1⟩⟨bn.; -ally; →bijw. 3⟩ **0.1** ***psychotisch.***
psy·cho·trop·ic ['saɪkə'trɒpɪk‖-'trɑ-]⟨bn.⟩ **0.1** ***psychotroop*** ⇒*met een psychische uitwerking.*
'psych 'out, 'psyche 'out ⟨f1⟩⟨ww.⟩⟨vnl. AE; inf.⟩
I ⟨onov.ww.⟩ **0.1** ***in de war raken*** ⇒*zijn zelfbeheersing verliezen, flippen;*
II ⟨ov.ww.⟩ **0.1** ***uitdenken*** ⇒*uitpluizen, analyseren, hoogte krijgen van* **0.2** ***doorkrijgen*** ⇒*inzien, begrijpen* **0.3** ***intimideren*** ⇒*de baas zijn, overwinnen* ◆ **1.2** I couldn't psych him out *ik kon er niet achter komen wat hij voor iem. was.*
psy·chrom·e·ter [saɪ'krɒmɪtə‖-'krɑmɪţər]⟨telb.zn.⟩ **0.1** ***psychrometer*** ⇒*vochtigheidsmeter.*
psy·chro·phil·ic ['saɪkroʊ'fɪlɪk]⟨bn.⟩⟨biol.⟩ **0.1** ***psychrofiel*** ⇒*koudeminnend* ◆ **1.1** ~ bacteria *psychrofiele bacteria.*
psy·war ['saɪwɔ:‖-wɔr]⟨telb.zn.⟩⟨inf.⟩ **0.1** ***psychologische oorlog.***
pt ⟨afk.⟩ part, payment, pint, point, port, preterit.
PT, pt ⟨afk.⟩ **0.1** ⟨Pacific Time⟩ **0.2** ⟨physical therapy⟩ **0.3** ⟨physical training⟩ **0.4** ⟨Postal Telegraph⟩ ***P.T.T.*** **0.5** ⟨pro tempore⟩ ***p.t.***.
pta ⟨afk.⟩ peseta **0.1** ***pta.***
PTA ⟨afk.⟩ Parent-Teachers Association.
ptar·mi·gan ['tɑ:mɪgən‖'tɑr-]⟨telb.zn.⟩⟨dierk.⟩ **0.1** ***alpensneeuwhoen*** ⟨genus Lagopus⟩.
P.'T. boat ⟨telb.zn.⟩⟨mil.⟩ **0.1** ***motortorpedoboot.***
Pte ⟨afk.⟩ Private (soldier).
pter·i·do·log·ist ['terɪ'dɒlədʒɪst‖-'dɑ-]⟨telb.zn.⟩⟨plantk.⟩ **0.1** ***varenkenner*** ⇒*specialist in varens.*
pter·i·dol·o·gy ['terɪ'dɒlədʒi‖-'dɑ-]⟨n.-telb.zn.⟩⟨plantk.⟩ **0.1** ***leer der varens*** ⟨Pteridofyten⟩.
pte·rid·o·phyte ['terɪdəfaɪt‖tə'rɪdə-]⟨telb.zn.⟩⟨plantk.⟩ **0.1** ***varenachtige*** ⟨Pteridofyt⟩.
pter·o- ['teroʊ], **pter-** [ter] **0.1** ***ptero-*** ⇒*vleugel-, gevleugeld* ◆ **¶.1** pterosaur *pterosaurus.*
pter·o·dac·tyl ['terə'dæktɪl]⟨telb.zn.⟩⟨dierk.⟩ **0.1** ***pterodactylus*** ⟨prehistorisch vliegend reptiel⟩.
pter·o·pod [-pɒd‖-pɑd]⟨telb.zn.⟩⟨dierk.⟩ **0.1** ***vleugelslak*** ⟨Pteropoda⟩.
pter·o·saur [-sɔ:‖-sɔr-]⟨telb.zn.⟩⟨dierk.⟩ **0.1** ***pterosaurus*** ⟨prehistorisch reptiel⟩.
pter·y·goid ['terɪgɔɪd], **pter·y·goi·dal** [-'gɔɪdl]⟨bn.⟩⟨med.⟩ **0.1** ***pterigoïde*** ⇒*vleugelvormig* ◆ **1.1** ~ process *zeefbeen.*
ptg ⟨afk.⟩ printing.
ptis·an [tɪ'zæn, 'tɪzn]⟨telb.zn.⟩ **0.1** ***geneeskrachtig aftreksel*** ⇒⟨i.h.b.⟩ *gerstewater.*
PTO, pto ⟨afk.⟩ please turn over **0.1** ***z.o.z.***.
Ptol·e·ma·ic ['tɒlɪ'meɪɪk‖'tɑ-]⟨bn.⟩ **0.1** ⟨ster.⟩ ***ptolemeïsch*** ⇒*v. Ptolemeus* **0.2** ⟨gesch.⟩ ***Ptolemeïsch*** ⇒*v.d. Ptolemeeën* ◆ **1.1** the ~ system *het ptolemeïsch gesternte.*
pto·maine ['toʊmeɪn]⟨n.-telb.zn.⟩ **0.1** ***ptomaïne*** ⇒⟨o.m.⟩ *lijkegif.*
'ptomaine 'poisoning ⟨telb. en n.-telb.zn.⟩⟨vero.; med.⟩ **0.1** ***voedselvergiftiging.***
pto·sis ['toʊsɪs]⟨telb.zn.; ptoses [-si:z]; →mv. 5⟩⟨med.⟩ **0.1** ***ptose*** ⇒*verzakking;* ⟨i.h.b.⟩ *uitzakking v.h. bovenste ooglid.*
Pty ⟨afk.⟩ proprietary.
pty·a·lin ['taɪəlɪn]⟨n.-telb.zn.⟩⟨bioch.⟩ **0.1** ***ptyalase*** ⇒*ptyaline, speekselenzyme.*

pub[1] [pʌb]⟨f2⟩⟨telb.zn.⟩⟨verk.⟩ public house ⟨BE⟩ **0.1** ***café*** ⇒*bar, pub, kroeg*.
pub[2] ⟨afk.⟩ publicity, publisher.
'pub-crawl[1] ⟨telb.zn.⟩⟨BE; inf.⟩ **0.1** ***kroegentocht***.
pub-crawl[2] ⟨onov.ww.⟩⟨BE; inf.⟩ **0.1** ***een kroegentocht maken/houden***.
pu·ber·tal ['pju:bətl‖-bərtl]⟨bn.⟩ **0.1** ***puberteits-*** ⇒*mbt. de puberteit*.
pu·ber·ty ['pju:bəti‖-bərti]⟨f1⟩⟨n.-telb.zn.⟩ **0.1** ***puberteit***.
pu·bes ['pju:bi:z]⟨telb.zn.; pubes [-bi:z]; →mv. 5⟩⟨anat.⟩ **0.1** ***schaamstreek*** **0.2** ***schaamhaar***.
pu·bes·cence [pju:'besns]⟨n.-telb.zn.⟩ **0.1** ⟨biol.⟩ ***pubescentie*** ⇒*beharing* **0.2** ***begin v.d. puberteit***.
pu·bes·cent [pju:'besnt]⟨bn.⟩ **0.1** ⟨biol.⟩ ***pubescent*** ⇒*behaard, donzig* **0.2** ***in de puberteit***.
pu·bic ['pju:bɪk]⟨f1⟩⟨bn.⟩⟨med.⟩ **0.1** ***mbt. de onderbuik*** ⇒*mbt. de schaamstreek, schaam-*.
pu·bis ['pju:bɪs]⟨telb.zn.; pubes [-bi:z]; →mv. 5⟩⟨anat.⟩ **0.1** ***schaambeen***.
publ ⟨afk.⟩ publication, published, publisher.
pub·lic[1] ['pʌblɪk]⟨f3⟩⟨zn.⟩
I ⟨telb.zn.⟩⟨BE; inf.⟩ **0.1** ***café*** ⇒*bar, pub;*
II ⟨verz.n.⟩ **0.1** ***publiek*** ⇒*mensen* **0.2** ***publiek*** ⇒*geïnteresseerden, bewonderaars* ◆ **6.1 in** ~ *in het openbaar* **7.1** the ~ *de mensen, de gemeenschap, het publiek, de toeschouwers, de toehoorders*.
public[2] ⟨f3⟩⟨bn.; -ness⟩
I ⟨bn.⟩ **0.1** ***openbaar*** ⇒*publiek, voor iedereen toegankelijk* **0.2** ***openbaar*** ⇒*publiek, algemeen bekend, voor iedereen zichtbaar* **0.3** ⟨BE⟩ ***universitair*** ⇒*v.d. gehele universiteit* ⟨niet v.e. enkel college⟩ ◆ **1.1** ~ auction *openbare verkoping;* ~ bar *public bar* ⟨zaaltje in Brits café met goedkoop bier; vnl. door mannen bezocht⟩; ⟨BE⟩ ~ company *open N.V.;* ⟨BE; ec.⟩ ~ limited company *publieke/openbare naamloze vennootschap, N.V.;* ⟨BE⟩ ~ convenience *openbaar toilet;* in the ~ domain *in openbaar bezit, voor iedereen beschikbaar;* ⟨i.h.b.⟩ *zonder copyright/octrooi;* ~ footpath *voetpad, wandelpad;* ~ house ⟨BE⟩ *café, bar, pub;* ⟨AE⟩ *hotel, herberg;* ⟨boek.⟩ ~ lending right *uitleenrecht;* ~ library *openbare bibliotheek;* ⟨BE⟩ ~ orator *officiële redenaar* ⟨functionaris aan de universiteiten v. Oxford en Cambridge⟩; ~ property *gemeengoed;* ~ speaking *spreken in het openbaar, redenaarskunst;* ~ transport *openbaar vervoer;* ~ utility *nuts/energie/waterleidingbedrijf* **1.2** ~ address system *geluidsinstallatie, microfoons en luidsprekers;* in the ~ eye *in de openbaarheid/belangstelling;* ~ figure *bekende figuur, persoonlijkheid;* ~ relations *(bevordering v.d.) goede verstandhouding met het publiek, public relations* **1.¶** ~ worship *ere/kerkdienst* **3.1** go ~ ⟨ec.⟩ *een open N.V. worden;* ⟨alg.⟩ *openbaar/bekend maken* **3.2** make ~ *openbaar maken, bekend maken;*
II ⟨bn., attr.⟩ **0.1** ***algemeen*** ⇒*gemeenschaps-, nationaal, maatschappelijk* **0.2** ***overheids-*** ⇒*regerings-, publiek-, staats-* ◆ **1.1** ⟨jur.⟩ ~ act/bill *publiekrechtelijke wet, verordening;* ~ enemy *gevaar voor de gemeenschap, gevaarlijke misdadiger;* ~ health *volksgezondheid;* ~ holiday *nationale feestdag, vrije dag;* ~ interest *de publieke zaak, het algemeen belang;* ⟨jur.⟩ ~ law *publiek recht, volkenrecht, publiekrechtelijke wet;* ⟨jur.⟩ ~ libel *publikatie v. smadelijke (valse) aantijging;* ~ nuisance ⟨jur.⟩ *verstoring v.d. openbare orde;* ⟨inf.⟩ *ellendeling, plaag, oproerkraaier;* ~ opinion *openbare mening, publieke opinie;* ⟨BE⟩ ~ school *particuliere kostschool;* ⟨Sch. E, AE⟩ *gesubsidieerde lagere school;* ~ service (corporation) *nutsbedrijf;* ~ spirit *burgerzin, sociale instelling* ⟨v. iem.⟩; ~ works *publieke werken, openbare werken;* ~ wrong *misdaad/onrecht jegens de gemeenschap* **1.2** ~ assistance *sociale steun, uitkering;* ~ corporation *overheidsbedrijf, openbaar bedrijf;* ⟨AE⟩ ~ debt *overheidsschuld;* ⟨AE⟩ ~ defender *advocaat pro deo;* ⟨AE⟩ ~ domain *staatsdomein;* ~ enterprise *staats/overheidsonderneming;* ~ ownership *staatseigendom;* ⟨jur.⟩ director of ~ prosecutions *openbare aanklager;* ⟨jur.⟩ ~ prosecutor *openbare aanklager;* ~ purse *(de/'s lands) schatkist;* Public Record (Office) *Rijksarchief;* ~ sector *openbare sector;* ~ servant *rijksambtenaar, overheidsambtenaar;* ~ service *rijksdienst, staatsdienst, overheidsdienst;* ~ spending *overheidsuitgaven;* ⟨BE⟩ Public Trustee ⟨ong.⟩ *Staats/Rijksexecuteur-testamentair* **¶.2** notary ~ *notaris*.
pub·li·can ['pʌblɪkən]⟨f1⟩⟨telb.zn.⟩ **0.1** ***ontvanger der belastingen*** **0.2** ⟨BE⟩ ***caféhouder*** **0.3** ⟨Romeinse gesch., N.T.⟩ ***tollenaar***.
pub·li·ca·tion ['pʌblɪ'keɪʃn]⟨f3⟩⟨zn.⟩
I ⟨telb. en n.-telb.zn.⟩⟨boek.⟩ **0.1** ***uitgave*** ⇒*publikatie, boek, artikel;*
II ⟨n.-telb.zn.⟩ **0.1** ***het publiceren*** ⇒*publikatie; bekendmaking*.
pub·li·cise, -cize ['pʌblɪsaɪz]⟨f2⟩⟨onov.ww.⟩ **0.1** ***bekend maken*** ⇒*ruchtbaarheid geven aan, adverteren, reclame maken voor* ◆ **5.1** a widely ~d bankruptcy *een geruchtmakend bankroet*.
pub·li·cist ['pʌblɪsɪst]⟨telb.zn.⟩ **0.1** ***specialist in internationaal recht*** **0.2** ***dagbladjournalist*** ⇒*politiek commentator* **0.3** ***publiciteitsagent***.
pub·lic·i·ty [pʌ'blɪsəti]⟨f3⟩⟨n.-telb.zn.⟩ **0.1** ***publiciteit*** ⇒*bekendheid, openbaarheid* **0.2** ***publiciteit*** ⇒*ruchtbaarheid, het bekendmaken, het adverteren, reclame* **0.3** ***openbaarheid*** ⇒*toegankelijkheid, openheid* ◆ **3.1** avoid ~ *(de) publiciteit vermijden* **3.2** the case has never been given much ~ *er is nooit veel ruchtbaarheid aan het geval gegeven*.
pu'blicity agent ⟨f1⟩⟨telb.zn.⟩⟨dram., film., muz.⟩ **0.1** ***publiciteitsagent***.
pub·lic·ly ['pʌblɪkli]⟨f2⟩⟨bw.⟩ **0.1** →public[2] **0.2** ***openlijk*** ⇒*in het openbaar, publiekelijk* **0.3** ***nationaal*** ⇒*voor/door de gemeenschap;* ⟨i.h.b.⟩ *v. rijks/overheidswege*.
public re'lations officer ⟨f1⟩⟨telb.zn.⟩ **0.1** ***public relations officer*** ⇒*perschef; voorlichtingsambtenaar;* ⟨mil.⟩ *officier v.d. voorlichtingsdienst*.
'public 'service job ⟨telb.zn.⟩ **0.1** ***overheidsbaan***.
'pub·lic-'spir·it·ed ⟨bn.; -ness⟩ **0.1** ***maatschappelijk/sociaal gezind*** ⇒*gericht op de gemeenschap*.
pub·lish ['pʌblɪʃ]⟨f3⟩⟨ww.⟩ →publishing
I ⟨onov.ww.⟩⟨boek.⟩ **0.1** ***publiceren*** ⇒*schrijven, schrijver zijn;*
II ⟨onov. en ov.ww.⟩⟨boek.⟩ **0.1** ***uitgeven*** ⇒*publiceren; een werk/aflevering uitgeven* ◆ **1.1** The Times hasn't (been) ~ed for over a year *de Times is langer dan een jaar niet uitgekomen;* I would never ~ for him *ik zou zijn werk nooit willen uitgeven;*
III ⟨ov.ww.⟩ **0.1** ***bekend maken*** ⇒*openbaar maken, aankondigen, afkondigen* **0.2** ⟨jur.⟩ ***openbaar maken aan derde*** ⇒*ruchtbaar maken* ⟨bij laster/smaad⟩.
pub·lish·a·ble ['pʌblɪʃəbl]⟨f1⟩⟨bn.⟩ **0.1** ***geschikt voor publikatie*** ⇒*publiceerbaar*.
pub·lish·er ['pʌblɪʃə‖-ər]⟨f2⟩⟨telb.zn.⟩⟨boek.⟩ **0.1** ***uitgever*** ⇒*uitgeverij* **0.2** ⟨AE⟩ ***eigenaar v. krant/tijdschrift***.
pub·lish·ing ['pʌblɪʃɪŋ]⟨f1⟩⟨n.-telb.zn.; oorspr. gerund v. publish⟩⟨boek.⟩ **0.1** ***het uitgeversbedrijf***.
'publishing house ⟨f1⟩⟨telb.zn.⟩⟨boek.⟩ **0.1** ***uitgeversbedrijf*** ⇒*uitgeverij*.
pub·lish·ment ['pʌblɪʃmənt]⟨telb.zn.⟩⟨AE⟩ **0.1** ***huwelijksafkondiging***.
PUC ⟨afk.⟩ Public Utilities Commission.
puc·coon [pə'ku:n]⟨telb.zn.⟩⟨plantk.⟩ **0.1** ***bloedwortel*** ⟨Sanguinaria canadensis⟩.
puce [pju:s]⟨n.-telb.zn.; vnl. attr.⟩ **0.1** ***puce*** ⇒*vlokleurig, paarsbruin*.
puck [pʌk]⟨f1⟩⟨telb.zn.; in bet. 0.1 en 0.2 ook P-⟩ **0.1** ***boosaardige elf*** **0.2** ***ondeugend kind*** ⇒*plaaggeest* **0.3** ⟨ijshockey⟩ ***puck***.
pucka →pukka.
puck·er[1] ['pʌkə‖-ər]⟨telb.zn.⟩ **0.1** ***vouw*** ⇒*plooi, rimpel*.
pucker[2] ⟨f1⟩⟨ww.⟩
I ⟨onov.ww.⟩ **0.1** ***rimpelig worden*** ⇒*samentrekken, zich plooien* ◆ **1.1** the seam ~s at the back *de naad trekt aan de achterkant;*
II ⟨ov.ww.⟩ **0.1** ***samentrekken*** ⇒*plooien, rimpelen, fronsen, vouwen* ◆ **5.1** she used to ~ **up** her eyes in a very funny way *ze kneep altijd haar ogen zo gek dicht*.
'puck·er(·ass·ed) ⟨bn.⟩⟨sl.⟩ **0.1** ***schijterig*** ⇒*strontbang*.
puck·ish ['pʌkɪʃ]⟨bn.; -ly⟩ **0.1** ***plagerig*** ⇒*ondeugend, boosaardig*.
pud[1] [pʊd]⟨f1⟩⟨telb. en n.-telb.zn.⟩⟨verk.⟩ pudding ⟨inf.⟩ **0.1** ***pudding*** ⇒*toetje*.
pud[2] [pʌd]⟨telb.zn.⟩ **0.1** ***handje*** ⇒*kinderhandje* **0.2** ***voorpoot***.
pud·den head ['pʊdnhed]⟨telb.zn.⟩⟨inf.⟩ **0.1** ***oelewapper***.
pud·ding ['pʊdɪŋ], ⟨in bet. 0.5 ook⟩ **pud·den·ing** ['pʊdn·ɪŋ]⟨f2⟩ ⟨telb. en n.-telb.zn.⟩⟨→sprw. 579⟩ **0.1** ***pudding*** ⟨ook fig., bv. v. mens⟩ ⇒*pastei* ⟨met graan en/of vlees⟩ **0.2** ***pudding*** ⟨zoet, met melk/fruit⟩ ⇒*dessert, toetje, nagerecht* **0.3** ***worst*** **0.4** ⟨inf.⟩ ***brij*** ⇒*blubber, weke massa* **0.5** ⟨scheep.⟩ ***roering*** ⇒*bewoeling, omwoeling*.
'pudding basin ⟨telb.zn.⟩ **0.1** ***puddingvorm*** ⇒*puddingkom* ⟨i.h.b. voor Christmas pudding⟩.
'pud·ding-cloth ⟨telb.zn.⟩⟨cul.⟩ **0.1** ***puddingzak***.
'pudding club ⟨n.-telb.zn.⟩⟨sl.⟩ ◆ **6.¶** be **in** the ~ *met een dikke buik lopen, zwanger zijn*.
'pud·ding-face ⟨telb.zn.⟩ **0.1** ***dikke kop*** ⇒*blotebillengezicht*.
'pud·ding-head ⟨telb.zn.⟩ **0.1** ***oelewapper*** ⇒*domkop*.
'pud·ding-'pie ⟨telb.zn.⟩ **0.1** ***vleespastei***.
'pud·ding·stone ⟨n.-telb.zn.⟩⟨geol.⟩ **0.1** ***puddingsteen*** ⇒*conglomeraat*.
pud·dle[1] ['pʌdl]⟨f1⟩⟨zn.⟩
I ⟨telb.zn.⟩ **0.1** ***plas*** ⇒*poel, modderpoel;*
II ⟨n.-telb.zn.⟩⟨wwb.⟩ **0.1** ***vulklei*** ⇒*kleimengsel* ⟨voor verstevi-ging v. oever⟩.
puddle[2] ⟨ww.⟩

I ⟨onov.ww.⟩ 0.1 ***knoeien*** ⟨ook fig.⟩ ⇒*plassen, ploeteren; modderen* 0.2 ⟨wwb.⟩ ***vulklei maken;***
II ⟨ov.ww.⟩ 0.1 ***troebel/modderig maken*** 0.2 ⟨wwb.⟩ ***tot vulklei maken*** 0.3 ⟨wwb.⟩ ***met vulklei verstevigen*** 0.4 ⟨ind.⟩ ***puddelen*** ⇒*frissen, ruw ijzer bewerken in puddeloven.*
pud·dler ['pʌdlə‖-ər]⟨telb.zn.⟩⟨ind.⟩ 0.1 ***puddelaar*** ⇒*bewerker v. ruw ijzer.*
pud·dly ['pʌdli]⟨bn.⟩ 0.1 ***vol plassen.***
pu·den·cy ['pju:dnsi]⟨n.-telb.zn.⟩ 0.1 ***kuisheid*** ⇒*schroomvalligheid, bedeesheid.*
pu·den·dal [pju:'dendl]⟨bn.⟩⟨anat.⟩ 0.1 ***v.d. pudenda*** ⇒*v./mbt. de uitwendige geslachtsorganen.*
pu·den·dum [pju:'dendəm]⟨telb.zn.; pudenda [-də]; →mv. 5; vnl. mv.⟩⟨anat.⟩ 0.1 ***pudenda*** ⇒*uitwendige geslachtsorganen* ⟨i.h.b. v.d. vrouw⟩.
pud·ge [pʌdʒ], **pod·ge** [pɒdʒ‖pɑdʒ]⟨telb.zn.⟩⟨inf.⟩ 0.1 ***dikkerd*** ⇒*kamerolifantje* 0.2 ***iets diks/gedrongens.***
pudg·y ['pʌdʒi], **podg·y** ['pɒdʒi‖'pɑ-], **pud·sy** ['pʌdzi]⟨bn.; -ly; -ness; →bijw. 3⟩ 0.1 ***kort en dik*** ⇒*mollig, gedrongen.*
pu·dic ['pju:dɪk]⟨bn.⟩ 0.1 ***mbt. de uitwendige geslachtsorganen.***
pu·dic·i·ty [pju:'dɪsəṭi]⟨n.-telb.zn.⟩ 0.1 ***pudeur*** ⇒*kuisheid, schroomvalligheid, bedeesdheid.*
pueb·lo ['pweblou]⟨telb.zn.⟩ 0.1 ⟨P-⟩ ***bewoner v. Indiaanse nederzetting*** ⟨in het zuidwesten v.d. U.S.A.⟩ 0.2 ***pueblo*** ⇒*Indiaans dorp* ⟨in het zuidwesten v.d. U.S.A.⟩ 0.3 ***pueblo*** ⇒*Indiaanse nederzetting* ⟨in de vorm v. opeengestapelde woningen⟩.
pu·er·ile ['pjʊəraɪl‖'pjʊrəl]⟨bn.; -ly; -ness⟩ 0.1 ***kinder-*** ⇒*kinderlijk* 0.2 ***kinderachtig*** ⇒*onvolwassen, infantiel* ◆ 1.1 ⟨med.⟩ ~ breathing *pueriele ademhaling.*
pu·er·il·i·ty [pjʊə'rɪləti‖pjʊ'rɪləṭi]⟨zn.; →mv. 2⟩
I ⟨telb.zn.⟩ 0.1 ***kinderlijke gedraging*** ⇒*kinderachtigheid;*
II ⟨n.-telb.zn.⟩ 0.1 ***kindertijd*** ⇒*kinderleeftijd* ⟨i.h.b. leeftijdsgrenzen in de kinderrechtspraak⟩ 0.2 ***kinderachtigheid*** ⇒*onvolwassenheid.*
pu·er·per·al [pju:'ɜ:prəl‖-'ɜr-]⟨bn.⟩⟨med.⟩ 0.1 ***puerperaal*** ⇒*kraamvrouwen-* ◆ 1.1 ~ fever *kraamvrouwenkoorts.*
puff[1] [pʌf]⟨f1⟩⟨telb.zn.⟩ 0.1 ***ademstoot*** ⇒*puf* 0.2 ***windstoot*** 0.3 ***rook/dampwolk*** 0.4 ***trek*** ⇒*haal, puf* ⟨aan sigaret e.d.⟩ 0.5 ***puf*** ⇒*puffend geluid* 0.6 ***bolling*** ⇒*ronding, wolkige massa* 0.7 ***dons*** ⇒*poederdons* 0.8 ***gebak v. bladerdeeg*** 0.9 ***loftuiting*** ⇒*overdreven aanbeveling* 0.10 ***stuifzwam*** 0.11 ⟨AE⟩ ***donzen dekbed*** 0.12 ⟨sl.⟩ ***gratis reclame*** ◆ 1.6 wear one's hair in a ~ *het haar los opgestoken/in een dikke losse wrong dragen;* sleeves with ~s *pofmouwen, mouwen met poffen* 3.1 ⟨inf.⟩ have no ~ left *buiten adem zijn.*
puff[2] ⟨f2⟩⟨ww.⟩
I ⟨onov.ww.⟩ 0.1 ***puffen*** ⇒*hijgen, blazen* 0.2 ***roken*** ⇒*trekken, zuigen, dampen* 0.3 ***puffen*** ⇒*in wolkjes uitgestoten worden, wolken* 0.4 ***puffen*** ⇒*blazen, rook/damp uitstoten* 0.5 ***opzwellen*** ⇒*zich opblazen* 0.6 ***de prijs opjagen*** ⟨bij veiling⟩ ◆ 3.1 ~ and blow, ~ and pant *puffen en hijgen* 5.1 they ~ed **along** noisily *hijgend en blazend zwoegden ze verder* 5.2 she ~ed greedily **away** at her sigarette *ze zat gulzig aan haar sigaret te zuigen* 5.3 smoke ~ed **up** from the chimneys *de schoorstenen stootten rookwolken uit* 5.5 ~ **out** *zich opblazen* 6.1 he ~ed **up** the stairs *hij klom hijgend de trap op* 6.2 ~ **at/on** a cigarette *een sigaret roken, een trek nemen v.e. sigaret* 6.4 the engine ~ed **into** the station *de locomotief pufte het station binnen;*
II ⟨ov.ww.⟩ 0.1 ***uitblazen*** ⇒*uitstoten, uitbrengen* 0.2 ***blazen*** ⇒*wegblazen* 0.3 ***roken*** ⇒*trekken* ⟨aan sigaret, e.d.⟩ 0.4 ***opblazen*** ⇒*doen opzwellen, doen uitzetten* 0.5 ***buiten adem brengen*** 0.6 ***met een poederdons aanbrengen*** ⇒*poederen* 0.7 ***uitbundig aanprijzen*** ⇒*overdreven reclame maken voor* ◆ 1.1 ~ smoke into s.o.'s eyes *iem. rook in de ogen blazen* 5.2 ~ **out** a candle *een kaars uitblazen* 5.4 ~ one's chest **out** *een hoge borst zetten;* ~ed **up** with pride *verwaand, opgeblazen* 5.5 climbing the hill quite ~ed us **out** *we waren helemaal buiten adem toen we de heuvel hadden beklommen* ¶.4 ~ed-out hair *dik/volumineus opgemaakt haar.*
'puff-ad·der ⟨telb.zn.⟩⟨dierk.⟩ 0.1 ***pofadder*** ⟨Bitis arietans⟩ 0.2 ***haakneusslang*** ⟨Heterodon⟩.
'puff-ball ⟨telb.zn.⟩⟨plantk.⟩ 0.1 ***stuifzwam*** ⟨Lycoperdaceae⟩ 0.2 ***pluis v.d. paardebloem.***
'puff-box ⟨telb.zn.⟩ 0.1 ***poederdoos.***
puf·fer ['pʌfə‖-ər]⟨telb.zn.⟩ 0.1 ***iem. die pufti/blaast/rook uitblaast*** ⇒*paffer* 0.2 ***vleier*** ⇒*propagandist* 0.3 ⟨kind.⟩ ***puf-puf*** ⇒*treintje* 0.4 ⟨dierk.⟩ ***kogelvis*** ⟨Tetraodontidae⟩ ⇒⟨i.h.b.⟩ *egelvis* ⟨Diodontidae⟩ 0.5 ⟨sl.⟩ ***tikker*** ⇒*hart.*
puff·er·y ['pʌfri]⟨n.-telb.zn.⟩ 0.1 ***snoevende reclame*** ⇒*overdreven aanprijzing.*
puf·fin ['pʌfɪn]⟨telb.zn.⟩⟨dierk.⟩ 0.1 ***papagaaiduiker*** ⟨Fratercula/Lunda⟩.
'puff 'pastry ⟨n.-telb.zn.⟩⟨cul.⟩ 0.1 ***feuilletédeeg*** ⇒*bladerdeeg.*
'puff-puff ⟨telb.zn.⟩⟨kind.⟩ 0.1 ***puf-puf*** ⇒*trein(tje).*
puff·y ['pʌfi]⟨f1⟩⟨bn.; -er; -ly; -ness; →bijw. 3⟩ 0.1 ***opgezet*** ⇒*gezwollen* 0.2 ***opgeblazen*** ⇒*corpulent* 0.3 ***verwaand*** ⇒*opgeblazen.*
pug[1] [pʌg]⟨zn.⟩
I ⟨telb.zn.⟩ 0.1 ***mopshond*** 0.2 ⟨Ind. E; jacht⟩ ***voetspoor*** ⇒*prent* 0.3 ***vos*** ⇒*reintje* 0.4 ⟨BE⟩ ***rangeerlocomotief*** 0.5 ⟨verk.⟩ ⟨pugilist⟩ ⟨sl.⟩ ***pugilist*** ⇒*vuistvechter, bokser* 0.6 ⟨verk.⟩ ⟨pugilist⟩ ⟨sl.⟩ ***vechtjas*** ⇒*beer;*
II ⟨n.-telb.zn.⟩ 0.1 ***klei*** ⇒*kleimengsel voor baksteen/keramiek* 0.2 ***geluiddempend mengsel.***
pug[2] ⟨ov.ww.; →ww. 7⟩ →pugging 0.1 ***mengen*** ⟨klei⟩ 0.2 ***opvullen met geluiddempend materiaal.***
pug·a·ree, pug·ga·ree ['pʌgəri], **pug·ree, pug·gree** ['pʌgri]⟨telb.zn.⟩ ⟨Ind. E⟩ 0.1 ***lichte Indiase tulband*** 0.2 ***dunne sjaal*** ⟨tegen de zon, om hoed of tropenhelm gewonden⟩.
pug·ging ['pʌgɪŋ]⟨n.-telb.zn.; oorspr. gerund v. pug⟩ 0.1 ***geluiddempend materiaal.***
pug·gy ['pʌgi]⟨bn.⟩ 0.1 ***ondeugend*** 0.2 ***stomp*** ⟨v. neus⟩.
pug·i·lism ['pju:dʒɪlɪzm]⟨n.-telb.zn.⟩⟨schr.; sport⟩ 0.1 ***pugilistiek*** ⇒*het vuistvechten, bokssport.*
pu·gi·list ['pju:dʒɪlɪst]⟨telb.zn.⟩⟨schr.; sport⟩ 0.1 ***pugilist*** ⇒*vuistvechter, bokser.*
pu·gi·lis·tic ['pju:dʒɪ'lɪstɪk]⟨bn.; -ally; →bijw. 3⟩⟨schr.; sport⟩ 0.1 ***pugilistisch.***
'pug mill ⟨telb.zn.⟩⟨ind.⟩ 0.1 ***kleimolen*** ⇒*cementmolen, betonmolen, kneedmachine.*
pug·na·cious [pʌg'neɪʃəs]⟨bn.; -ly; -ness⟩ 0.1 ***strijdlustig*** ⇒*vechtlustig.*
pug·nac·i·ty [pʌg'næsəṭi]⟨n.-telb.zn.⟩ 0.1 ***strijdlustigheid.***
'pug 'nose ⟨telb.zn.⟩ 0.1 ***mopsneus*** ⇒*stompe neus.*
puis·ne[1] ['pju:ni]⟨telb.zn.⟩⟨jur.⟩ 0.1 ***subalterne rechter*** ⟨bij gerechtshof⟩.
puisne[2] ⟨bn.⟩ 0.1 ***ondergeschikt*** ⇒*subaltern* 0.2 ⟨jur.⟩ ***later (dan)*** ⇒*volgend (op)* ◆ 1.1 ⟨jur.⟩ ~ judge *subalterne rechter.*
puis·sance ['pju:ɪsns, 'pwi:sɑ:ns]⟨zn.⟩
I ⟨telb.zn.⟩⟨paardesport⟩ 0.1 ***puissance*** ⟨wedstrijd met steeds minder maar steeds hogere hindernissen⟩;
II ⟨n.-telb.zn.⟩⟨vero.⟩ 0.1 ***(grote) macht*** ⇒*invloed, kracht.*
puis·sant ['pju:ɪsnt, 'pwi:snt]⟨bn.; -ly⟩⟨vero.⟩ 0.1 ***machtig*** ⇒*invloedrijk, sterk.*
pu·ja, poo·ja ['pu:dʒə]⟨telb.zn.⟩ 0.1 ***pooja*** ⟨rel. Hindoe-rite⟩.
puke[1] [pju:k]⟨n.-telb.zn.⟩⟨inf.⟩ 0.1 ***braaksel*** ⇒*kots, overgeefsel* 0.2 ***kwal*** ⇒*etter.*
puke[2] ⟨f1⟩⟨onov. en ov.ww.⟩⟨inf.⟩ 0.1 ***overgeven*** ⇒*(uit)braken, kotsen* ◆ 3.1 it makes me ~ *ik word er kotsmisselijk van.*
puk·ka(h), puck·a ['pʌkə]⟨bn.⟩⟨Ind. E⟩ 0.1 ***echt*** ⇒*authentiek* 0.2 ***prima*** ⇒*uitstekend, van superieure kwaliteit* 0.3 ***massief*** ⇒*solide.*
pul·chri·tude ['pʌlkrɪtju:d‖-tu:d]⟨n.-telb.zn.⟩⟨schr.⟩ 0.1 ***schoonheid*** ⟨vnl. v. vrouw⟩ ⇒*knapheid.*
pul·chri·tu·di·nous ['pʌlkrɪ'tju:dɪnəs‖-'tu:dnəs]⟨bn.⟩⟨schr.⟩ 0.1 ***prachtig*** ⟨vnl. v. vrouw⟩ ⇒*beeldschoon.*
pule [pju:l]⟨onov.ww.⟩ 0.1 ***pruilen*** ⟨v. baby⟩ ⇒*zachtjes/klaaglijk huilen, jengelen, blèren.*
pull[1] [pʊl]⟨f2⟩⟨zn.⟩
I ⟨telb.zn.⟩ 0.1 ***ruk*** ⇒*trek, stoot;* ⟨fig.⟩ *inspanning, moeite* 0.2 ***trekkracht*** 0.3 ***teug*** ⇒*slok* ⟨drank⟩, *trek* ⟨v. sigaar⟩ 0.4 ***(trek)knop*** ⇒*trekker, handvat, kruk, hendel, koord* 0.5 ***roeitocht*** 0.6 ⟨druk.⟩ ***(nog niet gecorrigeerde) drukproef*** ⇒*eerste proef* 0.7 ⟨cricket⟩ ***uithaal*** ⇒*slag* ⟨naar leg side v.h. veld⟩ 0.8 ⟨golf⟩ ***pull*** ⟨naar links afwijkende slag⟩ 0.9 ***inteugeling*** ⇒*intoming* ⟨v. renpaard⟩ 0.10 ⟨zwemsport⟩ ***trekfase*** ⟨v. armen⟩ ◆ 2.1 it's a hard ~ *het is een heel karwei;* a long ~ across the hills *een hele klim over de heuvels* 6.1 a ~ **on** the bridle *een ruk aan de teugel* 6.3 a ~ **at** the cigarette *een trekje aan de sigaret;* a ~ **at** the whisky bottle *een slok uit de whiskyfles;*
II ⟨telb. en n.-telb.zn.⟩⟨inf.⟩ 0.1 ***(oneerlijk) voordeel*** ⇒*kruiwagen, protectie* 0.2 ***invloed*** ⇒*macht* ◆ 3.2 they have got the ~ *zij maken de dienst uit, zij hebben het voor het zeggen* 6.1 have a ~ **over** s.o. *iets op iem. voor hebben;* have a great deal of ~ **with** s.o. *een wit voetje bij iem. hebben, in de gratie zijn bij iem.* 6.2 have a ~ **on** s.o. *invloed/macht over iem. hebben;*
III ⟨n.-telb.zn.⟩ 0.1 ***het trekken*** ⇒*het rukken* 0.2 ***aantrekking (skracht)*** ⟨vaak fig.⟩ ◆ 1.2 the ~ of an actress *de aantrekkingskracht v.e. actrice.*
pull[2] ⟨f4⟩⟨ww.⟩⟨→sprw. 425⟩
I ⟨onov.ww.⟩ 0.1 ***trekken*** ⇒*getrokken worden, plukken, rukken, (open)scheuren, een flinke teug nemen, diep inhaleren* 0.2 ***zich moeizaam voortbewegen*** ⇒*zich voortslepen* 0.3 ⟨ben. voor⟩ ***gaan*** ⟨v. voertuig, roeiboot⟩ ⇒*gedreven/getrokken worden, roeien, rijden* 0.4 ***bewegen*** 0.5 ⟨cricket⟩ ***uithalen*** ⇒*slaan* ⟨naar leg side

v.h. veld⟩ **0.6** ⟨golf⟩ ***een pull slaan* 0.7 *(uit gewoonte) aan het bit trekken*** ⟨v. paard⟩ ◆ **1.1** ~ for beer *bier tappen;* the buttons ~ on your coat *de knopen aan je jas trekken;* this horse ~s well *dit paard trekt goed* **1.3** ~, boys! *roeien, jongens!, doorgaan/varen, jongens!* **1.4** the handle doesn't ~ easily *de hendel beweegt niet gemakkelijk* **3.1** push or ~? *duwen of trekken?* **5.1** this table ~s **apart** easily *deze tafel gaat gemakkelijk uit elkaar* **5.3** the bus ~ed **away** *de bus reed weg/trok op* **5.¶** →pull **back;** →pull **in;** →pull **off;** →pull **out;** →pull **over;** →pull **round;** →pull **through;** →pull **together;** →pull **up** **6.1** ~ **at/on** a bottle *een teug uit een fles nemen;* ~ **at/on** a pipe *aan een pijp trekken* **6.2** ~ away **from** *zich losrukken van* **6.3** the car ~ed **ahead of** us *de auto ging voor ons rijden, de auto passeerde ons;* the car ~ed **alongside** ours *de auto kwam naast de onze rijden, de auto stopte naast de onze;* ~ **for** the shore *naar de kust varen;* ⟨sport⟩ ~ away **from** *weglopen/ wegrijden van, demarreren uit;* the train ~ed **into** Bristol *de trein liep Bristol binnen;* the driver ~ed **out of** his lane *de bestuurder verliet zijn rijbaan* **6.¶** ~ **for** sth. *ergens hard voor werken; ergens op hopen;* ~ **for** s.o. *iem. (aanmoedigend) toejuichen, voor iem. duimen, voor iem. ten beste spreken;* ~ **with** s.o. *met iem. samenwerken;*

II ⟨ov.ww.⟩ **0.1 *trekken (aan)*** ⇒*(uit)rukken, naar zich toetrekken, aantrekken; uit de grond trekken; tappen; zich verzekeren van, (eruit) halen* **0.2** ⟨inf.⟩ ***bewerkstelligen*** ⇒*bereiken, tot stand brengen, slagen in* **0.3 *drukken*** ⇒*opdrukken, drukken op, trekken* ⟨proeven⟩ **0.4 *inhouden*** ⇒*langzamer doen gaan, doen stoppen, beteugelen, intomen* ⟨paard, ook opzettelijk om niet te winnen; ook fig.⟩ **0.5 *doen voortgaan*** ⇒*voortbewegen, doen varen, roeien* **0.6** ⟨cricket, honkbal⟩ ***(de bal) slaan*** ⟨naar leg side v.h. veld⟩ **0.7** ⟨golf⟩ ***met een pull slaan*** **0.8** ⟨boksen⟩ ***opzettelijk inhouden*** **0.9 *verrekken*** ⟨spier⟩ ⇒*uitrekken* ⟨toffee⟩ **0.10** ⟨vnl. AE; sl.⟩ ***(be)roven*** ⇒*overvallen, (be)stelen* **0.11** ⟨sl.⟩ ***arresteren*** **0.12** ⟨sl.⟩ ***roken*** ⟨sigaret⟩ **0.13** ⟨BE; sl.⟩ ***versieren*** ⟨meisje⟩ ◆ **1.1** ~ beer *bier tappen (uit een vat);* ~ a cap over your ears *een muts over je oren trekken;* ~ a chair up to the table *een stoel bijschuiven (aan tafel);* ~ a cork *een kurk (uit de fles) trekken;* ~ customers *klandizie trekken;* ~ a sanctimonious face *een schijnheilig gezicht trekken;* he ~ed a gun on her *hij richtte een geweer op haar;* the horse ~s the cart *het paard trekt de wagen voort;* ~ a molar *een kies trekken;* ~ sth. to pieces *iets aan stukken scheuren/rijten, iets verscheuren* ⟨v. wild dier⟩; ⟨fig.⟩ *er niets van heel laten, iets zwaar bekritiseren;* ~ s.o.'s sleeve, ⟨fig.⟩ ~ s.o. by the sleeve *iem. aan zijn mouw trekken;* ~ the trigger *de trekker overhalen;* ~ votes *stemmen trekken/winnen/verkrijgen* **1.2** what's this man trying to ~? *wat probeert deze man me te leveren?, wat voor een smerig spelletje speelt hij?* **1.3** to ~ a proof *een drukproef maken;* ~ one thousand copies *duizend exemplaren drukken* **1.5** he ~s a good oar *hij is een goede roeier;* this boat ~s six oars *deze boot wordt geroeid met zes riemen* **1.10** ~ a bank/£ 500 *een bank overvallen/£ 500 roven* **4.¶** ~ the other one *maak dat een ander wijs* **5.1** stop ~ing me **about/around** *hou op met me heen en weer te trekken;* ⟨fig.⟩ *behandel me niet zo ruw;* he ~ed a flower **apart** *hij rukte een bloem uiteen;* ⟨fig.⟩ he ~ed my essay **apart** *hij liet geen spaan heel v. mijn opstel;* the curtain was ~ed **aside** *het gordijn werd opzij geschoven;* he ~ed her **away** from the fire *hij sleurde haar bij het vuur vandaan;* ~ **on** his shirt/shoes *zijn overhemd/ schoenen aantrekken;* the current ~ed him **under** *de stroming sleurde hem mee* **5.¶** →pull **back;** →pull **down;** →pull **in;** →pull **off;** →pull **out;** →pull **over;** →pull **round;** →pull **through;** →pull **together;** →pull **up**.

'pull·back ⟨zn.⟩

I ⟨telb.zn.⟩ **0.1 *nadeel*** ⇒*rem, vertragende invloed;*

II ⟨telb. en n.-telb.zn.⟩ ⟨AE⟩ **0.1 *terugtrekking (v. troepen)*** ⇒*terugtrekkende beweging.*

'pull 'back ⟨f1⟩ ⟨ww.⟩

I ⟨onov.ww.⟩ **0.1 *(zich) terugtrekken*** ⇒⟨fig.⟩ *terugkrabbelen, geen woord houden* **0.2 *bezuinigen*** ⇒*minder geld gaan uitgeven* ◆ **1.1** the batallion pulled back *het bataljon trok zich terug;*

II ⟨ov.ww.⟩ **0.1 *(doen) terugtrekken*** ◆ **1.1** the commander pulled some tanks back *de commandant liet enkele tanks terugtrekken.*

'pull date ⟨telb.zn.⟩ **0.1 *uiterste verkoopdatum.***

'pull 'down ⟨f2⟩ ⟨ov.ww.⟩ **0.1 *naar beneden trekken* 0.2 *doen achteruitgaan*** ⇒*omlaaghalen, doen zakken* **0.3 *verzwakken*** ⇒*(doen) aftakelen* **0.4 *afbreken*** ⇒*slopen, vernietigen* ⟨gebouwen⟩ **0.5** ⟨AE⟩ ⟨inf.⟩ ***binnenhalen*** ◆ **1.2** prices were pulled down *de prijzen werden omlaag gebracht;* this test pulled me down *deze test heeft mijn cijfer omlaag gehaald* **1.3** this news pulled him/his spirits down *dit nieuws ontmoedigde hem* **1.5** ~ a lot of money *veel geld opstrijken* **3.3** he looked pulled down *hij zag er bedrukt /neerslachtig uit.*

pull·er ['pʊlə‖-ər] ⟨telb.zn.⟩ **0.1 *trekker*** ⇒*optrekker, iem. die trekt* **0.2 *trekpleister* 0.3** ⟨inf.⟩ ***smokkelaar* 0.4** ⟨sl.⟩ ***hasjroker.***

pul·let ['pʊlɪ̣t] ⟨telb.zn.⟩ **0.1 *jonge kip*** ⇒⟨vnl.⟩ *hennetje, beginnende legkip.*

pul·ley[1] ['pʊli] ⟨f1⟩ ⟨telb.zn.⟩ **0.1 *katrol* 0.2 *riemschijf*** ⇒*pulley.*

pulley[2] ⟨ov.ww.⟩ **0.1 *ophijsen/verplaatsen*** ⟨dmv. een katrol⟩ **0.2 *voorzien v.e. katrol.***

'pulley block ⟨telb.zn.⟩ **0.1 *katrolblok.***

'pull·in ⟨f1⟩ ⟨telb.zn.⟩ **0.1 *rustplaats (voor automobilisten)*** ⇒*pleisterplaats,* ⟨BE⟩ *vrachtrijderscafé.*

'pull 'in ⟨f1⟩ ⟨ww.⟩

I ⟨onov.ww.⟩ **0.1 *aankomen*** ⇒*binnenlopen, binnenvaren, gaan/ komen naar* **0.2 *naar de kant gaan (en stoppen)*** ⟨v. voertuig⟩;

II ⟨ov.ww.⟩ **0.1** ⟨inf.⟩ ***binnenhalen*** ⟨geld⟩ ⇒*opstrijken, bemachtigen, verdienen* **0.2 *aantrekken*** ⇒*aanlokken* **0.3 *inhouden*** ⇒*intomen* **0.4** ⟨inf.⟩ ***in zijn kraag grijpen*** ⟨bv. dief⟩ ⇒*meenemen (ter ondervraging), inrekenen, arresteren* ◆ **1.2** this singer always pulls in many people *deze zanger trekt altijd veel mensen* **1.3** ~ your stomach *houd je buik in;* he pulled in his dog *hij hield zijn hond tegen/in* **5.¶** pull o.s. **in** *zijn buik inhouden.*

Pull·man ['pʊlmən], ⟨in bet. 0.1 en 0.2 ook⟩ **'Pullman car,** ⟨in bet. 0.3 ook⟩ **'Pullman coach** ⟨f1⟩ ⟨telb.zn.⟩ **0.1 *pullman*** ⇒*comfortabele reiscoupé, salonwagen (in trein), luxueus spoorrijtuig* **0.2 *couchette*** ⇒*slaapwagen* **0.3 *comfortabele reisbus* 0.4 *grote reiskoffer.***

'pull-off ⟨telb.zn.⟩ ⟨AE⟩ **0.1 *parkeerstrook*** ⟨langs weg⟩ ⇒*rustplaats.*

'pull 'off ⟨f1⟩ ⟨ww.⟩

I ⟨onov.ww.⟩ **0.1 *naar de kant gaan (en stoppen)* 0.2 *aftrekken*** ⇒*wegtrekken;*

II ⟨ov.ww.⟩ **0.1 *uittrekken*** ⇒*uitdoen, verwijderen* **0.2** ⟨inf.⟩ ***bereiken*** ⇒*slagen in, gaan strijken met, moedig/listig uitvoeren* ◆ **1.2** ~ a deal *in een transactie slagen;* ~ good things at the races *succesvol wedden bij de rennen* **4.2** we've pulled it off! *we hebben het klaargespeeld!, het is ons gelukt!.*

'pull-on ⟨bn., attr.⟩ **0.1 *nauwsluitend*** ⟨v. kledingstukken⟩ ⇒*precies passend.*

'pull·out ⟨telb.zn.⟩ **0.1 *uitneembare pagina/kaart*** ⇒*uitneembaar supplement* **0.2** ⟨mil.⟩ ***terugtrekking.***

'pull 'out ⟨f2⟩ ⟨ww.⟩

I ⟨onov.ww.⟩ **0.1 *(zich) terugtrekken*** ⇒⟨fig.⟩ *terugkrabbelen* **0.2 *eruit gaan*** ⇒*verwijderd worden* **0.3 *vertrekken*** ⇒*wegrijden, weggaan, optrekken, uitvaren* **0.4 *zich herstellen*** ⇒*er bovenop komen, terugkomen* **0.5 *gaan inhalen*** ⇒*uithalen* ◆ **1.2** this map pulls out easily *deze kaart is gemakkelijk uitneembaar* **1.5** the driver pulled out *de bestuurder verliet zijn baan* **3.3** ⟨inf.⟩ now please ~ *ga nu alsjeblieft weg* **3.4** he managed to ~ after all his trouble *hij slaagde erin er weer bovenop te komen na alle moeilijkheden* **6.1** ~ **of** politics *uit de politiek gaan* **6.3** ~ **of** London *uit Londen vertrekken;*

II ⟨ov.ww.⟩ **0.1 *terugtrekken*** ⇒*weghalen, bijtrekken* **0.2 *verwijderen*** ⇒*(weg)nemen uit, uitdoen, uittrekken* ◆ **1.1** the diplomat was pulled out *de diplomaat werd teruggeroepen* **1.2** ~ a molar *een kies trekken.*

'pull·o·ver ⟨f1⟩ ⟨telb.zn.⟩ **0.1 *pullover*** ⇒*trui.*

'pull 'over ⟨f1⟩ ⟨ww.⟩

I ⟨onov.ww.⟩ **0.1 *opzij gaan*** ⇒*uit de weg gaan* **0.2** ⟨AE⟩ ***(naar de kant rijden en) stoppen*** ◆ **1.2** ~ at the side of the road *stoppen aan de kant v.d. weg* **¶.1** please, ~ *ga alsjeblieft opzij;*

II ⟨ov.ww.⟩ **0.1 *naar de kant rijden/varen* 0.2 *stoppen*** ⟨voertuig⟩ ◆ **4.1** can you pull me over? *kun je me overzetten/overvaren?.*

'pull 'round ⟨ww.⟩

I ⟨onov.ww.⟩ **0.1 *bijkomen*** ⇒*bij bewustzijn komen* **0.2 *zich herstellen*** ⇒*genezen;*

II ⟨ov.ww.⟩ **0.1 *rond doen draaien*** ⇒*omtrekken* **0.2 *doen bijkomen*** ⇒*bij bewustzijn/kennis brengen* **0.3 *genezen*** ⇒*doen herstellen* ◆ **1.1** the bow of the ship was pulled round *de boeg v.h. schip werd gedraaid* **1.3** the doctor pulled round the patient *de dokter sleepte de patiënt erdoor.*

'pull tab ⟨telb.zn.⟩ **0.1 *lipje*** ⟨v. blikje bier/cola e.d⟩.

'pull·through ⟨telb.zn.⟩ ⟨vnl. BE⟩ ⟨mil.⟩ **0.1 *schoonmaakkoord*** ⟨voor geweerloop⟩.

'pull 'through ⟨ww.⟩

I ⟨onov.ww.⟩ **0.1 *erdoor getrokken worden*** ⇒*erdoor komen, het halen* ◆ **1.1** the patient pulls through *de patiënt komt er doorheen;* the student will ~ *de student zal zich er wel doorheen slaan;*

II ⟨ov.ww.⟩ **0.1 *erdoor trekken*** ⇒*erdoor halen, doen genezen, laten slagen* **0.2** ⟨mil.⟩ ***schoonmaken*** ⟨geweerloop⟩.

'pull to'gether ⟨ww.⟩

I ⟨onov.ww.⟩ **0.1 *samentrekken* 0.2 *samenwerken*** ⇒*één lijn trekken;*

II ⟨ov.ww.⟩ **0.1 *(doen) samentrekken* 0.2 *verenigen*** ⇒*eenheid* *brengen (in), doen samenwerken* **0.3** ***reorganiseren*** *⇒verbeteren, opknappen* ◆ **1.2** ~ a political party *een politieke partij weer tot een eenheid maken* **1.3** ~ a department *een afdeling reorganiseren* **4.¶** pull yourself together *beheers je, kom tot jezelf, verman je.*

pul·lu·late ['pʌljʊleɪt‖-jə-]⟨onov.ww.⟩ **0.1** ***ontstaan*** *⇒ontspruiten* ⟨v. loot/knop⟩, *ontkiemen* ⟨v. zaad⟩; ⟨fig.⟩ *zich ontwikkelen* ⟨v. ideologie⟩, *zich vormen, zich snel uitbreiden/verbreiden* **0.2** ***vol/talrijk zijn*** *⇒krioelen, zwermen* ◆ **6.1** ~ **with** *overvloedig zijn in, vol zitten met, wemelen van.*

pul·lu·la·tion ['pʌljʊ'leɪʃn‖-jə-]⟨n.-telb.zn.⟩ **0.1** ***het ontspruiten/ontstaan*** *⇒ontspruiting, ontkieming, uitbreiding, verbreiding, ontwikkeling* **0.2** ***het krioelen/zwermen.***

'pull 'up ⟨f2⟩⟨ww.⟩
I ⟨onov.ww.⟩ **0.1** ***naar voren gaan*** *⇒vorderingen maken, vooruit gaan, ophalen, gelijk komen* **0.2** ***stoppen*** *⇒stilhouden, (zich)inhouden* ◆ **1.2** the car pulled up *de auto stopte* **3.2** please, ~ over there *wilt u daar stoppen?* **6.1** his horse pulled up **with/to** mine *zijn paard haalde het mijne bij/in;*
II ⟨ov.ww.⟩ **0.1** ***uittrekken*** *⇒uitrukken, bijtrekken* **0.2** ***omhoog halen*** *⇒doen verbeteren, doen vooruitgaan* **0.3** ***(doen) stoppen*** *⇒inhouden, neerzetten* **0.4** ***tot de orde roepen*** *⇒op zijn plaats zetten, een uitbrander geven* ◆ **1.1** ~ a plant *een plant uittrekken (met wortel en al)* **1.2** this test pulled me up a little *deze test trok mijn cijfer enigszins op/omhoog* **1.3** ~ your car at the side *zet je auto aan de kant* **1.4** the chairman pulled the speaker up *de voorzitter riep de spreker tot de orde;* his voice pulled her up *zijn stem weerhield haar.*

'pull-up ⟨telb.zn.⟩ **0.1** ⟨BE⟩ ***rustplaats*** *⇒pleisterplaats, wegrestaurant* **0.2** ***optrekoefening*** ⟨aan gymnastiekbalk⟩.

pul·mo·nar·y ['pʌlmənri‖'pʊlməneri], **pul·mon·ic** [pʌl'mɒnɪk‖pʊl'mɑ-]⟨f2⟩⟨bn.⟩ **0.1** ***long-*** *⇒van/mbt./in de long(en)* **0.2** ***met longen*** *⇒met longachtige organen* **0.3** ***longziek*** *⇒met longziekte/kwaal* ◆ **1.1** ~ artery *longslagader;* ~ disease *longziekte;* ~ vein *longader.*

pul·mo·nate ['pʌlmənət‖-neɪt]⟨bn.⟩ **0.1** ***met longen*** *⇒met longachtige organen.*

pulp[1] [pʌlp]⟨f2⟩⟨telb. en n.-telb.zn.⟩ **0.1** ***moes*** *⇒pap, brij, weke massa* **0.2** ***vruchtvlees*** *⇒pulp* **0.3** ***pulp*** *⇒houtpap, houtslijp* **0.4** ***merg*** *⇒*⟨i.h.b.⟩ *tandzenuw* ⟨merg v. tandholte⟩ **0.5** ***verpulverd erts (vermengd met water)*** **0.6** ***rommel*** *⇒waardeloze troep* **0.7** ***sensatieblad/boek/verhaal*** ◆ **3.1** crush to a ~ *helemaal verbrijzelen* **3.¶** beat s.o. to a ~ *iem. tot moes slaan;* make (a) ~ of s.o./sth. *iem./iets vernietigen;* reduce s.o. to (a) ~ *iem. helemaal murw maken.*

pulp[2] ⟨f1⟩⟨ww.⟩
I ⟨onov.ww.⟩ **0.1** ***tot moes worden*** *⇒pulpachtig/brijachtig/pappig/murw worden;*
II ⟨ov.ww.⟩ **0.1** ***tot moes maken*** *⇒tot brij/pulp/pap maken, (doen) verpulveren, murw maken* **0.2** ***het vruchtvlees/pulp verwijderen van*** ◆ **1.2** ~ coffee-beans *koffiebonen van omhullend vruchtvlees ontdoen, koffiebonen schoonmaken.*

pul·pit ['pʊlpɪt]⟨f2⟩⟨zn.⟩
I ⟨telb.zn.⟩ **0.1** ***preekstoel*** *⇒kansel, katheder;*
II ⟨n.-telb.zn.; the⟩ **0.1** ***geestelijk ambt;***
III ⟨verz.n.; the⟩ **0.1** ***geestelijkheid*** *⇒de predikanten, de godsdienstonderrichters.*

'pulp literature ⟨f1⟩⟨n.-telb.zn.⟩ **0.1** ***waardeloze lectuur*** *⇒leesvoer.*

'pulp magazine ⟨telb.zn.⟩ **0.1** ***sensatieblad.***

'pulp novel ⟨telb.zn.⟩ **0.1** ***sensatieromannetje.***

'pulp wood ⟨n.-telb.zn.⟩ **0.1** ***hout voor pulp.***

pulp·y ['pʌlpi], **pulp·ous** ['pʌlpəs]⟨bn.; -er; →compar. 7⟩ **0.1** ***moesachtig*** *⇒brijachtig, pulpachtig, pappig, zacht, week.*

pul·que ['pʊlki:‖'pu:lkeɪ]⟨n.-telb.zn.⟩ **0.1** ***pulque*** ⟨Mexicaanse agavedrank⟩.

pul·sar ['pʌlsɑ:‖-sɑr]⟨telb.zn.⟩ **0.1** ***pulsar*** ⟨neutronenster⟩.

pul·sate [pʌl'seɪt‖'pʌlseɪt]⟨f1⟩⟨onov.ww.⟩ **0.1** ***kloppen*** *⇒pulseren, ritmisch bewegen, slaan, trillen* **0.2** ***opwindend zijn*** ◆ **1.1** pulsating current *pulserende stroom* **1.2** a pulsating moment *een enerverend moment* **6.1** the air ~s **with** light *de lucht trilt v.h. licht.*

pul·sa·tile ['pʌlsətaɪl‖'pʌlsətl]⟨bn.⟩ **0.1** ***pulsatief*** *⇒trillend, kloppend* **0.2** ***slag-*** ⟨v. instrument⟩.

pul·sa·tion [pʌl'seɪʃn]⟨f1⟩⟨zn.⟩
I ⟨telb.zn.⟩ **0.1** ***klopping*** *⇒pulsatie, stoot, bons, trilling,* ⟨i.h.b.⟩ *hartslag;*
II ⟨n.-telb.zn.⟩ **0.1** ***het pulseren.***

pul·sa·tor [pʌl'seɪtə‖-'seɪtər]⟨telb.zn.⟩ **0.1** ***triller*** *⇒trillingstoestel* **0.2** ⟨tech.⟩ ***pulsometer.***

pul·sa·to·ry ['pʌlsətri‖-tori]⟨bn.⟩ **0.1** ***trillend*** *⇒pulserend, ritmisch bewegend, kloppend, vibrerend.*

pulse[1] [pʌls]⟨f2⟩⟨zn.⟩
I ⟨telb.zn.⟩ **0.1** ⟨vnl. enk.⟩ ***hartslag*** *⇒pols(slag)* **0.2** ⟨ben. voor⟩ ***(afzonderlijke) slag*** *⇒stoot, trilling; hartslag; (stroom)stoot; (radio)impuls(ie)* **0.3** ***ritme*** ⟨bv. in muz.⟩ **0.4** ***gevoel*** *⇒emotie(s)* **0.5** ⟨vaak mv.⟩ ***peul*** ⟨plant⟩ *⇒peulvrucht(en)* ◆ **2.1** an irregular ~ *een onregelmatige polsslag;* a rapid/weak ~ *een snelle/zwakke pols* **3.1** feel/take s.o.'s ~ *iemands hartslag opnemen;* ⟨fig.⟩ *iem. polsen* **3.4** stir s.o.'s ~s *iem. opwinden, iem. in vervoering brengen;*
II ⟨n.-telb.zn.; ww. soms mv.⟩ **0.1** ***peulen*** *⇒peulvruchten.*

pulse[2] ⟨f2⟩⟨ww.⟩
I ⟨onov.ww.⟩ **0.1** ***pulseren*** ⟨ook elek.⟩ *⇒kloppen, trillen, slaan, tikken;*
II ⟨ov.ww.⟩ **0.1** ***zenden (dmv. stroomstoten/ritme)*** ◆ **5.1** ~ **out** *uitzenden.*

pulse·less ['pʌlsləs]⟨bn.; -ly; -ness⟩ **0.1** ***zonder trilling/stoten*** **0.2** ***zonder vitaliteit*** *⇒levenloos* **0.3** ***zonder polsslag.***

pul·sim·e·ter [pʌl'sɪmɪtə‖-mɪtər]⟨telb.zn.⟩ **0.1** ***pulsimeter*** *⇒pols(slag)meter.*

pul·som·e·ter [pʌl'sɒmɪtə‖-'sɑmɪtər]⟨telb.zn.⟩ **0.1** ⟨tech.⟩ ***pulsometer*** ⟨pomp⟩ **0.2** ***pulsimeter*** *⇒polsmeter.*

pul·ta·ceous [pʌl'teɪʃəs]⟨bn.⟩ **0.1** ***pappig*** *⇒zacht, brijachtig.*

pul·ver·iz·a·ble ['pʌlvəraɪzəbl]⟨bn.⟩ **0.1** ***verpulverbaar*** **0.2** ***te vernietigen.***

pul·ver·i·za·tion ['pʌlvəraɪ'zeɪʃn‖-vərə-]⟨n.-telb.zn.⟩ **0.1** ***pulverisatie*** *⇒fijnstamping, vergruizing* **0.2** ***vernietiging.***

pul·ver·ize ['pʌlvəraɪz]⟨f1⟩⟨ww.⟩
I ⟨onov.ww.⟩ **0.1** ***verpulveren*** *⇒verpulverd worden, tot poeder/stof (gestampt) worden;*
II ⟨ov.ww.⟩ **0.1** ***pulveriseren*** *⇒verpulveren, tot poeder/stof stampen, fijn wrijven, doen verstuiven* **0.2** ⟨inf.⟩ ***vernietigen*** *⇒niets heel laten van, vermorzelen* ◆ **1.2** ~ one's opponent's arguments *de vloer aanvegen met de redenering van zijn tegenstander.*

pul·ver·u·lent [pʌl'verʊlənt‖-jələnt]⟨bn.⟩ **0.1** ***pulverachtig*** *⇒poederig, stoffig* **0.2** ***bedekt met poeder*** **0.3** ***afbrokkelend*** ⟨bv. v. rots⟩ *⇒verwerend.*

pul·vi·nate ['pʌlvɪneɪt], **pul·vi·nat·ed** [-neɪtɪd]⟨bn.⟩ **0.1** ***kussenvormig*** **0.2** ***met bladkussen*** ⟨v. bladstengel⟩ **0.3** ⟨bouwk.⟩ ***gewelfd.***

pu·ma ['pju:mə‖'pu:mə]⟨f1⟩⟨telb.zn.⟩ **0.1** ***poema.***

pum·ice[1] ['pʌmɪs], **'pumice stone** ⟨f1⟩⟨n.-telb.zn.⟩ **0.1** ***puimsteen.***

pumice[2] ⟨ov.ww.⟩ **0.1** ***puimen*** *⇒puimstenen, schuren.*

pu·mi·ceous [pju:'mɪʃəs]⟨bn.⟩ **0.1** ***puimsteenachtig.***

pum·mel, ⟨vnl. AE ook⟩ **pom·mel** ['pʌml]⟨f1⟩⟨ov.ww.; →ww. 7⟩ **0.1** ***stompen*** *⇒afranselen, met de vuisten bewerken.*

pump[1] [pʌmp]⟨f2⟩⟨telb.zn.⟩ **0.1** ***pomp*** **0.2** ***hart*** **0.3** ***pompslag*** *⇒pompbeweging* **0.4** ***uithoorder*** **0.5** ***pump(schoen)*** **0.6** ***dansschoen*** *⇒*⟨vnl. AE⟩ *galaschoen* **0.7** ⟨Am. voetbal⟩ ***(bovenhandse) armschijnbeweging*** ◆ **3.3** give s.o.'s hand a ~ *iem. flink de hand schudden* **3.¶** prime the ~ *geld in een zwakke industrie pompen, de zaak aan de gang brengen, (de economie, een discussie) aanzwengelen.*

pump[2] ⟨f3⟩⟨ww.⟩
I ⟨onov.ww.⟩ **0.1** ***pompen*** *⇒pompend bewegen* **0.2** ***bonzen*** ⟨v. hart⟩ ◆ **5.1** ~ **away** *flink pompen, doorpompen* **5.2** his heart was ~ing **away** *zijn hart bonsde hard;*
II ⟨ov.ww.⟩ **0.1** ***pompen*** **0.2** ***(krachtig) schudden*** ⟨hand⟩ *⇒zwengelen* **0.3** ⟨inf.⟩ ***met moeite gedaan krijgen*** *⇒(erin) pompen, (eruit)stampen* **0.4** ⟨Am. voetbal⟩ ***armschijnbeweging(en) maken met*** ⟨de bal⟩ ◆ **1.1** ~ a well dry *een put leeg/droogpompen* **1.3** ~ a witness *een getuige uithoren, een getuige met vragen bestoken* **1.¶** ~ iron *gewichtheffen;* ~ s.o. full of lead *iem. vol lood schieten/met kogels doorzeven* **5.1** ~ **up** a balloon/tyres *een ballon/banden oppompen;* ~ **up** oil *olie oppompen* **5.3** ~ some data **in** *enige gegevens erin stampen* **6.1** ~ money **into** an industry *geld investeren/pompen in een industrie;* ~ the water **out of** a tank *het water uit een reservoir pompen* **6.3** ~ these facts **into** his brain/pupils *deze feiten in zijn hoofd stampen/bij zijn leerlingen erin rammen;* he ~ed the story **out of** me *hij ontfutselde me het verhaal, hij hoorde me erover uit.*

pump·er ['pʌmpə‖-ər]⟨telb.zn.⟩ **0.1** ***iem. die pompt*** **0.2** ⟨petroleumtechniek⟩ ***pompput*** **0.3** ⟨sl.⟩ ***tikkertje*** *⇒pomp* ⟨hart.⟩.

pum·per·nick·el ['pʌmpənɪkl‖'pʌmpər-]⟨telb. en n.-telb.zn.⟩ **0.1** ***pompernikkel*** *⇒zwart roggebrood.*

'pump·han·dle[1] ⟨telb.zn.⟩ **0.1** ***pompzwengel*** *⇒pompslinger.*

'pumphandle[2] ⟨ov.ww.⟩ **0.1** ***flink schudden*** ⟨hand⟩.

pump·kin ['pʌm(p)kɪn]⟨f2⟩⟨zn.⟩
I ⟨telb.zn.⟩ **0.1** ⟨plantk.⟩ ***pompoen*** ⟨Cucurbita pepo⟩ **0.2** ⟨sl.⟩ ***kanis*** *⇒kop, hoofd* **0.3** ⟨sl.⟩ ***voetbal;***
II ⟨telb. en n.-telb.zn.⟩ **0.1** ***pompoen*** ⟨vrucht⟩ ◆ **4.¶** ⟨AE; inf.⟩ some ~s *een hele piet, een hoge bons; een belangrijk iets;*
III ⟨n.-telb.zn.; vaak attr.⟩ **0.1** ***oranje.***

'pump·kin-head ⟨telb.zn.⟩⟨sl.⟩ **0.1** ***stommeling.***

'pump priming ⟨n.-telb.zn.⟩ **0.1** ***het investeren*** ⟨voor bedrijfsstimulering⟩ ⇒*geldinjectie* ⟨in industrie⟩, *investeringen*.
'pump room ⟨telb.zn.⟩ **0.1** ***koerzaal*** ⇒*drinkzaal* ⟨bij geneeskrachtige bron⟩.
pun[1] [pʌn]⟨f1⟩⟨telb.zn.⟩ **0.1** ***woordspeling***.
pun[2] ⟨f1⟩⟨ww.;→ww.7⟩
I ⟨onov.ww.⟩ **0.1** ***woordspelingen maken/gebruiken*** ◆ **6.1** he likes to ~ **(up)on** obscene words *hij maakt graag woordspelingen met schuine woorden;*
II ⟨ov.ww.⟩⟨BE⟩ **0.1** ***aanstampen*** ⟨bv. aarde⟩ ⇒*vaststampen*.
punch[1] [pʌntʃ]⟨f2⟩⟨zn.⟩
I ⟨eig.n.; P-⟩ **0.1** ***Punch*** ⇒*Jan Klaassen* ◆ **1.1** Punch and Judy *Jan Klaassen en Katrijn* **3.¶** as pleased as Punch *zo blij als een kind, de koning te rijk, dolblij, glunderend;*
II ⟨telb.zn.⟩ **0.1** ⟨ben. voor⟩ ***werktuig om gaten te slaan/vergroten*** ⇒*pons(machine/tang); priem; gaatstempel; drevel, doorslag; perforator; kniptang* **0.2** ***stempel*** ⇒*verfstempel, muntstempel, stansstempel* **0.3** ***(vuist)slag*** ⇒*stoot, klap, por* **0.4** ⟨BE⟩ ***klein trekpaard*** ⇒*werkpaardje* **0.5** ⟨sl.⟩ ***bedoeling*** ◆ **3.¶** beat s.o. to the ~ *iem. de eerste klap geven;* ⟨fig.⟩ *iem. vóór zijn;* ⟨boksen⟩ pack quite a ~ *rake klappen uitdelen* ⟨ook fig.⟩; ⟨boksen⟩ pull one's ~es *zich inhouden, iem. ontzien* ⟨ook fig.⟩; roll with the ~ *klappen zo goed mogelijk opvangen;*
III ⟨n.-telb.zn.⟩ **0.1** ⟨inf.⟩ ***slagvaardigheid*** ⇒*kracht, energie, fut,* ⟨boksen⟩ *punch* **0.2** ***punch*** ⇒*bowl(drank)* **0.3** ⟨sl.⟩ ***scherpheid*** ⇒*pikantheid* ◆ **1.1** his speech lacks ~ *er zit geen pit in zijn toespraak*.
punch[2] ⟨f2⟩⟨ww.⟩
I ⟨onov.ww.⟩ **0.1** ***ponsen*** **0.2** ***slaan*** ⇒*stoten* **0.3** ⟨AE⟩ ***klokken*** ⇒*een prikklok gebruiken* ◆ **5.2** ⟨inf.⟩ ~ **up** *op de vuist gaan* **5.3** ~ **in/out** *klokken bij binnenkomst/vertrek;*
II ⟨ov.ww.⟩ **0.1** ***slaan*** ⇒*een klap/vuistslag geven* **0.2** ***gaten maken in*** ⇒*drevelen, perforeren, knippen* ⟨kaartje⟩, *ponsen, doorboren* **0.3** ⟨AE⟩ ***(vee)drijven*** **0.4** ***(met een stok) porren/prikken*** ⇒*aanporren* **0.5** ⟨sl.⟩ ***verknoeien*** ◆ **1.2** ~ed card *ponskaart* **5.1** ⟨sport, i.h.b. voetbal⟩ ~ **away** *wegstompen* ⟨bal, voorzet⟩; he ~ed **down/in** the nails *hij dreef/sloeg de spijkers erin;* this machine ~es **out** coins *deze machine slaat munten;* she ~ed **up** £ 1 on the cash register *ze sloeg 1 pond aan op de kassa* **6.1** he ~ed me **in/on** the nose *hij sloeg me op mijn neus*.
Punch-and-Ju·dy ['pʌntʃən'dʒu:di]⟨bn., attr.⟩ **0.1** ***poppenkast-***.
'punch·bag, ⟨AE⟩ **'punching bag** ⟨telb.zn.⟩⟨bokssport⟩ **0.1** ***stootzak*** ⇒*zandzak, stootkussen*.
'punch·ball ⟨telb.zn.⟩⟨boksen⟩ **0.1** ***punchbal*** ⇒*boksbal*.
'punch bowl ⟨telb.zn.⟩ **0.1** ***punchkom***.
'punch card ⟨f1⟩⟨telb.zn.⟩ **0.1** ***ponskaart***.
'punch-drunk ⟨bn.⟩ **0.1** ***versuft*** ⇒*bedwelmd, duizelig;* ⟨fig.⟩ *verward, afgeknapt* **0.2** ⟨med.⟩ ***punch drunk*** ⟨vnl. bij boksers⟩.
pun·cheon ['pʌntʃən]⟨telb.zn.⟩ **0.1** ***stijl*** ⟨bv. in kolenmijn⟩ ⇒*stut* **0.2** ***halve boomstam*** ⇒*plank* **0.3** ⟨ben. voor⟩ ***werktuig om gaten te maken*** ⇒*pons; priem; gaatstempel; drevel, doorslag; perforator; kniptang* **0.4** ⟨gesch.⟩ ***groot vat*** ⇒*puncheon* ⟨ook als inhoudsmaat, 70 - 120 gallons⟩.
punch·er ['pʌntʃə‖-ər]⟨telb.zn.⟩ **0.1** ***vechter*** ⇒*iem. die slaat, knokker* **0.2** ⟨AE⟩ ***veedrijver*** ⇒*cowboy* **0.3** ⟨sl.⟩ ***telefonist(e)***.
Pun·chi·nel·lo [pʌn(t)ʃɪ'nelou]⟨eig.n., telb.zn.⟩ **0.1** ***Pulcinella*** ⇒*polichinel, hansworst, clown, Jan Klaassen, komisch dikkerdje*.
'punching bag ⟨telb.zn.⟩⟨AE; bokssport⟩ **0.1** ***stootzak*** ⇒*zandzak, stootkussen* **0.2** ***boksbal*** ⇒*speedbal, dubbeleindbal, maispeer*.
'punch line ⟨telb.zn.; vnl. enk.⟩ **0.1** ***climax*** ⟨v.e. verhaal/mop⟩ ⇒*clou, rake slotzin*.
'punch serve ⟨telb.zn.⟩⟨volleybal⟩ **0.1** ***kaarsopslag***.
'punch tape ⟨n.-telb.zn.⟩ **0.1** ***ponsband***.
'punch-up ⟨f1⟩⟨telb.zn.⟩⟨vnl. BE; inf.⟩ **0.1** ***knokpartij*** ⇒*vuistgevecht, handgemeen*.
punch·y ['pʌntʃi]⟨bn.; -er; -ness; →bijw. 3⟩ **0.1** ***slagvaardig*** ⇒*energiek, krachtig, pittig* **0.2** ⟨inf.⟩ ***versuft*** ⇒*bedwelmd, suffig,* ⟨med.⟩ *punch drunk* **0.3** ***kort en dik*** ⇒*dikbuikig*.
punc·tate ['pʌŋ(k)teɪt], **punc·tat·ed** ['pʌŋ(k)teɪt̬ɪd]⟨bn.⟩⟨biol., med.⟩ **0.1** ***gestippeld*** ⇒*gespikkeld*.
punc·ta·tion [pʌŋ(k)'teɪʃn]⟨telb. en n.-telb.zn.⟩ **0.1** ***oneffenheid*** ⇒*stippel, gespikkeldheid, gevlektheid*.
punc·til·i·o [pʌŋ(k)'tɪliou]⟨zn.⟩
I ⟨telb.zn.⟩ **0.1** ***nietige etiquettekwestie*** ⇒*nietigheid, precies punt, (zeer klein) detail, finesse* ◆ **3.1** stand upon ~s *op alle slakken zout leggen;*
II ⟨n.-telb.zn.⟩ **0.1** ***(overdreven) precisie*** ⇒*(te grote) nauwkeurigheid/stiptheid* **0.2** ***formaliteit*** ⇒*vormelijkheid*.
punc·til·i·ous [pʌŋ(k)'tɪliəs]⟨bn.; -ly; -ness⟩ **0.1** ***zeer precies*** ⟨mbt. ceremonieel/etikette⟩ ⇒*plichtsgetrouw, nauwgezet, stipt*.
punc·tu·al ['pʌŋ(k)tʃʊəl]⟨f2⟩⟨bn.; -ly; -ness⟩ **0.1** ***punctueel*** ⇒*precies op tijd, stipt, nauwgezet* **0.2** ⟨meetk.⟩ ***v.e. punt*** ⇒*punts-*.
punc·tu·al·i·ty ['pʌŋ(k)tʃʊ'æləṭi]⟨f1⟩⟨n.-telb.zn.⟩ **0.1** ***punctualiteit*** ⇒*precisie* ⟨mbt. tijd⟩, *nauwgezetheid, stiptheid*.
punc·tu·ate ['pʌŋ(k)tʃʊeɪt]⟨f2⟩⟨ww.⟩⟨→sprw. 583⟩
I ⟨onov. en ov.ww.⟩ **0.1** ***interpuncteren*** ⇒*leestekens aanbrengen (in), interpungeren, puncteren* ⟨Hebreeuws geschrift⟩;
II ⟨ov.ww.⟩ **0.1** ***(telkens) interrumperen*** ⇒*onderbreken* **0.2** ***benadrukken*** ⇒*accentueren* ◆ **6.1** ~d **by/with** jokes *doorspekt met grappen*.
punc·tu·a·tion ['pʌŋ(k)tʃʊ'eɪʃn]⟨f2⟩⟨n.-telb.zn.⟩ **0.1** ***interpunctie (tekens)*** ⇒*het interpungeren, punctuatie(kunst)*.
punctu'ation mark ⟨f1⟩⟨telb.zn.⟩ **0.1** ***leesteken***.
punc·tum ['pʌŋ(k)təm]⟨telb.zn.; puncta [-tə]; →mv. 5⟩⟨biol., med.⟩ **0.1** ***stippel*** ⇒*punt, spikkel, vlek, oneffenheid, gaatje*.
punc·ture[1] ['pʌŋ(k)tʃə‖-ər]⟨f1⟩⟨telb.zn.⟩ **0.1** ***gaatje*** ⟨bv. in band⟩ ⇒*punctuur, lek,* ⟨i.h.b.⟩ *lekke band* **0.2** ⟨med.⟩ ***punctie***.
puncture[2] ⟨f1⟩⟨ww.⟩
I ⟨onov.ww.⟩ **0.1** ***lek raken*** ⇒*knallen, leeglopen, lek geprikt worden;*
II ⟨ov.ww.⟩ **0.1** ***lek maken*** ⇒*doen knallen/barsten/leeglopen, lek prikken, doorboren,* ⟨fig.⟩ *vernietigen* ◆ **1.1** she ~d his ego *zij schaadde zijn ego;* ~ a fallacy *een misvatting uit de weg ruimen;* a ~d lung *een (in)geklapte long*.
pun·dit ['pʌndɪt]⟨f1⟩⟨telb.zn.⟩ **0.1** ***pandit*** ⟨geleerde Hindoe⟩ **0.2** ***expert*** ⇒*autoriteit, geleerde* **0.3** ***pedant*** ⇒*betweter, wijsneus*.
pung [pʌŋ]⟨telb.zn.⟩⟨AE⟩ **0.1** ***(paarde)slee*** ⇒*(transport)slee*.
pun·gen·cy ['pʌndʒənsi]⟨n.-telb.zn.⟩ **0.1** ***scherpheid*** ⟨ook fig.⟩ ⇒*pikantheid, doordringendheid, venijn*.
pun·gent ['pʌndʒənt]⟨f1⟩⟨bn.; -ly⟩ **0.1** ***scherp*** ⇒*venijnig, stekend* **0.2** ***(scherp) gepunt*** ⇒*puntig* **0.3** ***prikkelend*** ⇒*scherp* ◆ **1.1** ~ remarks *stekelige opmerkingen;* ~ satire *bijtende satire* **1.3** a ~ sauce *een pikante saus;* a ~ smell *een doordringende/penetrante geur*.
Pu·nic ['pju:nɪk]⟨bn.⟩ **0.1** ***Punisch*** ⇒*Carthaags* ◆ **1.1** ~ faith *Punische trouw* ⟨trouweloosheid⟩; the ~ Wars *de Punische Oorlogen* ⟨tussen Rome en Carthago⟩.
pun·ish ['pʌnɪʃ]⟨f3⟩⟨ww.⟩ →punishing
I ⟨onov.ww.⟩ **0.1** ***straf opleggen;***
II ⟨ov.ww.⟩ **0.1** ***(be)straffen*** ⇒*straf opleggen aan* **0.2** ⟨inf.⟩ ***een afstraffing geven*** ⇒*ruw behandelen, goed te pakken nemen; schade toebrengen aan* **0.3** ⟨inf.⟩ ***flink aanvallen op*** ⟨bv. voedsel/drank⟩ ⇒*zich te goed doen aan, geducht aanspreken* **0.4** ***zijn voordeel doen met*** ⟨zwakte v. ander⟩ ⇒*aangrijpen, gebruiken, afstraffen* ◆ **1.2** the boxer really ~ed his opponent *de bokser takelde zijn tegenstander toe* **1.3** ~ the bottle *een flinke aanslag doen op de fles* **6.1** he was ~ed **for** his greed *hij werd gestraft voor zijn hebzucht*.
pun·ish·a·ble ['pʌnɪʃəbl]⟨f1⟩⟨bn.⟩ **0.1** ***strafbaar*** ◆ **6.1** treason is ~ **by** death *op verraad staat de doodstraf*.
pun·ish·er ['pʌnɪʃə‖-ər]⟨telb.zn.⟩ **0.1** ***bestraffer*** ⇒*afstraffer, strafoplegger*.
pun·ish·ing[1] ['pʌnɪʃɪŋ]⟨f1⟩⟨telb.zn.; oorspr. gerund v. punish⟩ **0.1** ***afstraffing*** ⟨bv. in sport⟩ ⇒*(flinke) nederlaag* **0.2** ***(flinke) schade*** ◆ **3.2** his car has taken a ~ *zijn auto heeft heel wat schade opgelopen*.
punishing[2] ⟨f1⟩⟨bn.; oorspr. teg. deelw. v. punish; -ly; -ness⟩ **0.1** ***slopend*** ⇒*erg zwaar* **0.2** ⟨sport⟩ ***keihard rakend/slaand/gooiend*** ◆ **1.1** a ~ climb up an alp *een dodelijk vermoeiende bergbeklimming* **1.2** a ~ hitter/batsman *een keihard slaande batsman*.
pun·ish·ment ['pʌnɪʃmənt]⟨f3⟩⟨telb. en n.-telb.zn.⟩ **0.1** ***straf*** ⇒*bestraffing* **0.2** ⟨inf.⟩ ***ruwe behandeling*** ⇒*mishandeling, afstraffing, schade(toebrenging)* ◆ **2.1** bodily/corporal ~ *lijfstraf* **3.2** our furniture took quite a ~ *ons meubilair moest heel wat doorstaan* **3.¶** ⟨inf.⟩ hand (the) ~ out *duchtig afranselen, een straf toedienen*.
pu·ni·tive ['pju:nəṭɪv], **pu·ni·to·ry** ['pju:nɪtri‖-tɔri]⟨f1⟩⟨bn.; -ly; -ness; →bijw. 3⟩ **0.1** ***straf-*** ⇒*(be)straffend, als straf bedoeld* **0.2** ***zeer streng/hoog*** ⟨bv. v. belasting⟩ ◆ **1.2** ~ damages *hoge schadevergoeding* ⟨als straf⟩.
'punitive expedition ⟨telb.zn.⟩ **0.1** ***strafexpeditie***.
Pun·ja·bi[1], ⟨in bet. I ook⟩ **Pan·ja·bi** [pʌn'dʒɑ:bi]⟨zn.⟩
I ⟨eig.n.⟩ **0.1** ***Punjabi*** ⇒*Panjabi* ⟨taal⟩;
II ⟨telb.zn.⟩ **0.1** ***inwoner v. Punjab***.
Punjabi[2] ⟨bn.⟩ **0.1** ***van/uit Punjab***.
punk[1] [pʌŋk]⟨f1⟩⟨zn.⟩
I ⟨telb.zn.⟩ **0.1** ***punk(er)*** **0.2** ⟨inf.⟩ ***(jonge) boef*** ⇒*stuk tuig, onruststoker, relschopper* **0.3** ⟨AE; inf.⟩ ***(jonge) homo*** ⇒*liefje, homoseksuele jongen (als partner v. man)* **0.4** ⟨inf.⟩ ***beginneling*** ⇒*nieuweling, groentje* **0.5** ⟨BE; vero.⟩ ***hoer*** ⇒*prostituée* **0.6** ⟨sl.⟩ ***kelner*** ⇒*portier* **0.7** ⟨sl.; sport; pej.⟩ ***klungel*** ⇒*kluns;*

II ⟨n.-telb.zn.⟩ **0.1** ***(tondel)zwam*** ⇒*zwam, tondel, ontsteking v. vuurwerk* **0.2** ⟨AE⟩ ***brandhout*** ⇒*half verrot hout* **0.3** ⟨inf.⟩ ***onzin*** ⇒*gezwets, kletskoek, gezwam* **0.4** ⟨inf.⟩ ***rommel*** ⇒*(waardeloze) troep*.

punk[2] ⟨f1⟩⟨bn., attr.⟩ **0.1** ⟨AE; sl.⟩ ***waardeloos*** ⇒*zeer slecht* **0.2** ***punk-*** ⇒*v./mbt. (een) punk(s)*.

pun·ka(h) [ˈpʌŋkə]⟨telb.zn.⟩⟨Ind. E⟩ **0.1** ***(kamer)waaier***.

'punka(h) wal·lah ⟨telb.zn.⟩⟨Ind. E⟩ **0.1** ***waaierbediende/-knecht***.

pun·ker [ˈpʌŋkə‖-ər]⟨telb.zn.⟩⟨sl.⟩ **0.1** ***beginneling*** ⇒*nieuweling, groentje*.

'punk 'rock ⟨n.-telb.zn.⟩ **0.1** ***punkmuziek***.

pun·ner [ˈpʌnə‖-ər]⟨telb.zn.⟩ **0.1** ***(grond)stamper***.

pun·net [ˈpʌnɪt]⟨f1⟩⟨telb.zn.⟩⟨BE⟩ **0.1** ***(spanen) mand*** ⟨voor fruit/groente⟩ ⇒*(plastic) doosje, (dun houten) bakje* ◆ **1.1** strawberries are 40 p a ~ *de aardbeien kosten 40 p per doosje*.

pun·ning·ly [ˈpʌnɪŋli]⟨bw.⟩ **0.1** ***spelend met woorden*** ⇒*bij wijze v./d.m.v. een woordspeling*.

pun·ster [ˈpʌnstə‖-ər]⟨telb.zn.⟩ **0.1** ***(onverbeterlijke) maker v. woordspelingen*** ⇒*(geboren) woordspeler, gebruiker v. woordspelingen*.

punt[1] [pʌnt]⟨f1⟩⟨telb.zn.⟩ **0.1** ***punter*** ⇒*platte rivierschuit, vlet* **0.2** ⟨rugby, Am. voetbal⟩ ***trap tegen bal*** ⟨tussen loslaten en grondraken in⟩ **0.3** ***punt*** ⟨bij bep. kansspelen⟩ **0.4** ***iem. die tegen de bank speelt*** ⟨als in faro⟩ ⇒*pointeur*.

punt[2] ⟨f1⟩⟨ww.⟩

I ⟨onov.ww.⟩ **0.1** ***bomen*** ⇒*varen in een punter, punteren, een vaarboom gebruiken* **0.2** ***pointeren*** ⇒*tegen de bank wedden* ⟨roulette, kaartspel⟩ **0.3** ***gokken*** ⟨bv. bij paardenrennen⟩ ⇒*speculeren, geld inzetten* **0.4** ⟨rugby, Am. voetbal⟩ ***een punt maken*** ⟨met de wreef⟩;

II ⟨ov.ww.⟩ **0.1** ⟨rugby, Am. voetbal⟩ ***punten*** ⇒*wegschoppen* ⟨zonder scoremogelijkheid⟩ **0.2** ***voortbomen*** ⟨punter⟩ ⇒*doen varen/voortbewegen* **0.3** ***(in punter) vervoeren***.

'punt-a-bout ⟨zn.⟩⟨BE⟩

I ⟨telb.zn.⟩ **0.1** ***oefenbal;***

II ⟨n.-telb.zn.⟩ **0.1** ***oefenspel*** ⇒*baltraining*.

punt·er [ˈpʌntə‖ˈpʌn̬tər]⟨telb.zn.⟩ **0.1** ***punterman*** ⇒*schipper (met vaarboom)* **0.2** ***iem. die punt*** ⇒*jager in punter* **0.3** ***gokker*** ⇒*speculant, pointeur, speler tegen de bank* ⟨roulette, kaartspel⟩ **0.4** ⟨vaak mv.; the⟩⟨inf.⟩ ***(het) publiek*** ⇒*klant, afnemer* **0.5** ⟨inf.⟩ ***klant*** ⟨v. prostituée⟩.

'punt gun ⟨telb.zn.⟩ **0.1** ***eendenroer*** ⇒*(ouderwets) jachtgeweer*.

pu·ny [ˈpju:ni]⟨f1⟩⟨bn.; -er; -ly; -ness; →bijw. 3⟩ **0.1** ***nietig*** ⇒*zwak, miezerig, klein* ◆ **1.1** ~ man *de nietige mens;* a ~ result *een mager/pover/schraal resultaat*.

pup[1] [pʌp]⟨f2⟩⟨telb.zn.⟩ **0.1** ***pup*** ⇒*puppy, jong hondje* **0.2** ***jong*** ⟨bv. v. otter, rat, wolf, zeehond⟩ **0.3** ***zelfingenomen jongen*** ⇒*snotjongen, kwast* **0.4** ⟨mv.⟩⟨sl.⟩ ***voeten*** ◆ **3.¶** ⟨inf.⟩ buy a ~ *een kat in de zak kopen, bedrogen uitkomen;* ⟨sl.⟩ have ~s *heftig reageren, razend worden;* ⟨inf.⟩ sell s.o. a ~ *iem. knollen voor citroenen verkopen, iem. erin laten lopen* **6.¶ in** ~ *drachtig*.

pup[2] ⟨onov.ww.; →ww. 7⟩ **0.1** ***jongen*** ⟨v. hond⟩ ⇒*kleintjes krijgen/werpen*.

pu·pa [ˈpju:pə]⟨f1⟩⟨telb.zn.; ook pupae [ˈpju:pi:]; →mv. 5⟩ **0.1** ***pop*** ⟨v. insekt⟩.

pu·pal [ˈpju:pl]⟨bn.⟩ **0.1** ***pop-*** ⟨v. insekt⟩ ◆ **1.1** the ~ stage *het popstadium*.

pu·pate [pju:ˈpeɪt‖ˈpju:peɪt]⟨onov.ww.⟩ **0.1** ***zich verpoppen***.

pu·pa·tion [pju:ˈpeɪʃn]⟨n.-telb.zn.⟩ **0.1** ***verpopping***.

pu·pil [ˈpju:pl]⟨f3⟩⟨telb.zn.⟩ **0.1** ***leerling*** ⇒*(school)kind, pupil* **0.2** ⟨jur.⟩ ***pupil*** ⇒*voogdijkind* **0.3** ***(oog)pupil*** ⇒*oogappel*.

pu·pil·(l)age [ˈpju:pɪlɪdʒ]⟨n.-telb.zn.⟩ **0.1** ***het leerling zijn, leertijd*** **0.2** ***minderjarigheid*** ⇒*prepuberteit;* ⟨fig.⟩ *onvolwassenheid, onontwikkeldheid* ⟨bv. v. land, taal⟩.

pu·pi(l)·lar [ˈpju:pɪlə‖-ər], **pu·pi(l)·lar·y** [ˈpju:pɪləri‖-leri]⟨bn.⟩ **0.1** ***mbt. een leerling*** ⇒*schoolkind-* **0.2** ⟨jur.⟩ ***mbt. een pupil*** **0.3** ***pupillair*** ⇒*mbt. de oogpupil*.

pu·pi(l)·lar·i·ty [ˈpju:pɪˈlærət̬i]⟨n.-telb.zn.⟩ **0.1** ***minderjarigheid*** ⇒*prepuberteit*.

'pupil 'teacher ⟨telb.zn.⟩⟨gesch.⟩ **0.1** ***kwekeling(e)*** ⇒*assistent-onderwijzer(es)* ⟨in lager onderwijs⟩.

pu·pip·a·rous [pju:ˈpɪpərəs]⟨bn.⟩ **0.1** ***popbarend*** ⇒*ver ontwikkelde larven producerend*.

pup·pet [ˈpʌpɪt]⟨f2⟩⟨telb.zn.⟩ **0.1** ***marionet*** ⟨ook fig.⟩ ⇒*(houten) pop, speelpop* ◆ **1.1** he is only a ~ of a foreign regime *hij is slechts een stroman v.e. buitenlands regime*.

pup·pet·eer [ˈpʌpɪˈtɪə‖-ˈtɪr]⟨f1⟩⟨telb.zn.⟩ **0.1** ***poppen(kast)speler***.

'puppet government ⟨telb.zn.⟩ **0.1** ***marionettenregering*** ⇒*schijnregering*.

'puppet play, 'puppet show ⟨telb.zn.⟩ **0.1** ***poppenspel*** ⇒*marionettenspel, poppenkastvertoning*.

'puppet regime ⟨telb.zn.⟩ **0.1** ***marionettenregime***.

pup·pet·ry [ˈpʌpɪtri]⟨zn.; →mv. 2⟩

I ⟨telb. en n.-telb.zn.⟩ **0.1** ***poppenkast(erij)*** ⇒*poppenspel,* ⟨fig.⟩ *dwaasheid;*

II ⟨n.-telb.zn.⟩ **0.1** ***poppenspelerskunst***.

'puppet state ⟨telb.zn.⟩ **0.1** ***vazalstaat*** ⇒*afhankelijke staat*.

puppet valve →poppet valve.

pup·py [ˈpʌpi]⟨f2⟩⟨telb.zn.; →mv. 2⟩ **0.1** ***puppy*** ⇒*jong hondje* **0.2** ⟨inf.⟩ ***snotneus*** ⇒*kwast, verwaand ventje*.

'puppy dog ⟨telb.zn.⟩⟨kind.⟩ **0.1** ***baby-hondje*** ⇒*puppy, jong hondje*.

pup·py·dom [ˈpʌpidəm], **pup·py·hood** [-hʊd]⟨n.-telb.zn.⟩ **0.1** ***jeugd*** ⟨v. hondje/mens⟩ ⇒*jonge jaren, onervarenheid* **0.2** ***zelfingenomenheid***.

'puppy fat ⟨n.-telb.zn.⟩⟨inf.⟩ **0.1** ***babyvet***.

pup·py·ish [ˈpʌpiɪʃ]⟨bn.⟩ **0.1** ***puppyachtig*** ⇒*hondjesachtig, als (van) een jonge hond*.

'puppy love ⟨f1⟩⟨n.-telb.zn.⟩ **0.1** ***kalverliefde*** ⇒*jeugdliefde, jongensverliefdheid*.

'pup tent ⟨telb.zn.⟩ **0.1** ***shelter*** ⇒*lichte veldtent, kampeertentje*.

pur·blind[1] [ˈpɜ:blaɪnd‖ˈpɜr-]⟨bn.; -ly; -ness⟩ **0.1** ***bijziend*** ⇒*slechtziend, half blind* **0.2** ***kortzichtig*** ⇒*blind, dom, suf*.

purblind[2] ⟨ov.ww.⟩ **0.1** ***bijziend/kortzichtig maken*** ⇒*verblinden*.

pur·chas·a·ble [ˈpɜ:tʃɪsəbl‖ˈpɜr-]⟨bn.⟩ **0.1** ***koopbaar*** ⇒*te koop, op de markt;* ⟨i.h.b.⟩ *omkoopbaar*.

pur·chase[1] [ˈpɜ:tʃɪs‖ˈpɜr-]⟨f3⟩⟨zn.⟩

I ⟨telb.zn.⟩ **0.1** ***(aan)koop*** ⇒⟨vnl. mv.⟩ *inkoop, inkopen, aanwinst;* ⟨jur.⟩ *persoonlijke verwerving* **0.2** ⟨ben. voor⟩ ***(deel v.) hefinrichting*** ⇒*hefboom, takel, katrol;* ⟨scheep.⟩ *lichter, windas, spil* ◆ **3.1** make ~s *inkopen doen;* what do you think of my last ~? *wat vind je van mijn laatste aankoop?;*

II ⟨telb. en n.-telb.zn.⟩ **0.1** ***aangrijpingspunt*** ⇒⟨fig.⟩ *vat, steun(tje), greep* ◆ **6.1** get a/some ~ **on** a rock *houvast vinden aan een rots;*

III ⟨n.-telb.zn.⟩ **0.1** ***het kopen*** ⇒*aanschaf, koop,* ⟨jur.⟩ *persoonlijke verwerving* **0.2** ⟨jur.⟩ ***(jaarlijkse) opbrengst*** ⟨bv. v. land⟩ ⇒*inkomenswaarde* ⟨uit huur/pacht⟩, *inbreng* **0.3** ***(hef)kracht*** ⇒⟨fig.⟩ *macht(spositie), machtsmiddel* ◆ **1.2** ⟨fig.⟩ his life is not worth a day's/an hour's ~ *ik geef geen cent voor zijn leven*.

purchase[2] ⟨f3⟩⟨ov.ww.⟩ **0.1** ⟨vnl. schr.⟩ ***verwerven*** ⇒*zich aanschaffen, kopen* **0.2** ***(met moeite) bereiken/verkrijgen*** ⇒*in handen krijgen, verdienen* **0.3** ⟨scheep.⟩ ***lichten*** ⟨anker⟩ ⇒*ophalen, opheffen, verplaatsen* ◆ **1.1** he has purchased a house *hij heeft een huis gekocht* **1.2** freedom that was dearly purchased *duur betaalde vrijheid* **6.1** ~ victory **with** blood *de overwinning met bloed betalen*.

'purchase money ⟨n.-telb.zn.⟩ **0.1** ***(aan)koopsom*** ⇒*(koop)prijs* ⟨v. goederen⟩.

'purchase price ⟨telb.zn.⟩ **0.1** ***(in)koopprijs*** ⇒*(aan)koopsom*.

pur·chas·er [ˈpɜ:tʃɪsə‖ˈpɜrtʃɪsər]⟨f1⟩⟨telb.zn.⟩ **0.1** ***(in)koper*** ⇒*aankoper, verwerver*.

'purchase tax ⟨n.-telb.zn.⟩⟨BE⟩⟨gesch.⟩ **0.1** ⟨ong.⟩ ***omzetbelasting***.

'pur·chas·ing power ⟨n.-telb.zn.⟩ **0.1** ***koopkracht***.

pur·dah [ˈpɜ:dɑ:‖ˈpɜrdə]⟨n.-telb.zn.⟩⟨vnl. Ind. E⟩ **0.1** ***(afscheidings)gordijn*** ⟨ter isolatie v. Hindoe/moslim vrouwen⟩ **0.2** ***afzonderingssysteem*** ⟨i.h.b. v. Indiase vrouwen⟩ ⇒*purdah*.

pure [pjʊə‖pjʊr]⟨f3⟩⟨bn.; -er; -ness; →compar. 7⟩

I ⟨bn.⟩ **0.1** ***puur*** ⇒*zuiver, onvervalst, onvervuild, oprecht* ◆ **1.1** a ~ Arab horse *een rasechte Arabier;* of ~ blood *v. zuiver bloed, v. goede afkomst;* ~ in body and mind *zuiver/rein v. lichaam en geest;* ~ colours *zuivere kleuren;* a ~ girl *een net meisje;* ~ gold *zuiver goud;* ⟨muz.⟩ a ~ note *een zuivere noot;* a ~ vowel, not a diphthong *een zuivere klinker, geen tweeklank;* ~ water *schoon/helder water* **1.¶** she is ~ gold *ze is goud waard;* ⟨Austr. E; inf.⟩ ~ merino *rijk, vooraanstaand persoon;* (as) ~ as (the) driven snow *zuiver als goud, zo rein als een duif, onschuldig als een pasgeboren lammetje* **2.1** ⟨vnl. na zn.⟩⟨inf.⟩ ~ and simple *niets dan, alleen maar, eenvoudigweg;* knowledge/laziness ~ and simple *uitsluitend kennis/niets dan luiheid;*

II ⟨bn., attr.⟩ **0.1** ***volkomen*** ⇒*puur, zuiver, uitsluitend* ◆ **1.1** ~ chance *zuiver/puur toeval;* ~ mathematics *zuivere wiskunde;* ~ nonsense *complete onzin, lariekoek;* this is ~ science, not applied science *dit is echte/zuivere wetenschap, geen toegepaste wetenschap*.

'pure'blood·ed, 'pure·blood ⟨bn.⟩ **0.1** ***rasecht*** ⟨v. mens/dier⟩ ⇒*volbloed-, v. zuiver/onvermengd ras/bloed*.

'pure·bred ⟨bn.⟩ **0.1** ***rasecht*** ⟨v. dieren⟩ ⇒*volbloed-, v. zuiver ras*.

pu·rée[1], **pu·ree** [ˈpjʊəreɪ‖pjʊˈreɪ]⟨telb. en n.-telb.zn.⟩ **0.1** ***moes*** ⇒*puree* **0.2** ***dikke groentesoep***.

purée[2], **puree** ⟨ov.ww.⟩ **0.1** ***tot puree maken/koken*** ⇒*zeven* ⟨groente/fruit⟩, *fijnmaken*.

pure·ly ['pjʊəli‖'pjʊrli]⟨f3⟩⟨bw.⟩ **0.1** →pure **0.2** ***uitsluitend*** ⇒*volledig, alleen maar, zonder meer* ◆ **2.2** a ~ personal matter *een zuiver persoonlijke aangelegenheid* **5.2** ~ (and simply) out of love *geheel en al uit liefde*.

pur·fle[1] ['pɜ:fl‖'pɜrfl], **pur·fling** [-flɪŋ]⟨telb. en n.-telb.zn.⟩ **0.1** ***sierrand*** ⟨bv. v. viool⟩ **0.2** ⟨vero.⟩ ***(geborduurde) sierstrook*** ⟨v. kledingstuk⟩ ⇒*borduursel, boordsel*.

purfle[2] ⟨ov.ww.⟩ **0.1** ***versieren (met sierrand)*** ⟨bv. viool/gebouw⟩ **0.2** ***verfraaien*** ⟨bv. met borduursel⟩ ⇒*boorden* ⟨kledingstuk⟩.

pur·ga·tion [pɜ:'geɪʃn‖pɜr-]⟨n.-telb.zn.⟩ **0.1** ⟨R.-K.⟩ ***reiniging*** ⇒*zuivering, loutering, bevrijding (v.h. kwade), verlossing (v.d. zonde)* **0.2** ***zuivering*** **0.3** ***purgatie*** ⇒*zuivering* ⟨v. darmen⟩ **0.4** ⟨gesch.⟩ ***zuivering*** ⟨door zuiveringseed⟩.

pur·ga·tive[1] ['pɜ:gətɪv‖'pɜrgəṭɪv]⟨f1⟩⟨telb.zn.⟩ **0.1** ***laxeermiddel*** ⇒*purgeermiddel, purgatief*.

purgative[2] ⟨f1⟩⟨bn.⟩ **0.1** ***zuiverend*** ⇒⟨i.h.b.⟩ *laxerend, purgatief, purgerend*.

pur·ga·to·ri·al ['pɜ:gə'tɔ:rɪəl‖'pɜrgə'tɔrɪəl]⟨bn.⟩ **0.1** ***reinigend*** ⇒*(zich) zuiverend, louterend, boetend* **0.2** ⟨R.-K.⟩ ***mbt. het vagevuur*** ⇒*vagevuurachtig, kwellend*.

pur·ga·to·ry[1] ['pɜ:gətri‖'pɜrgətɔri]⟨f1⟩⟨zn.; →mv. 2⟩

I ⟨telb. en n.-telb.zn.⟩ **0.1** ***(tijdelijke) kwelling*** ⇒*vagevuur, pijniging* ◆ **1.1** the play was (a) ~ to me *het toneelstuk was een beproeving voor mij;*

II ⟨n.-telb.zn.⟩⟨R.-K.⟩ **0.1** ***vagevuur*** ⇒*purgatorium*.

purgatory[2] ⟨bn.⟩ **0.1** ***zuiverend*** ⇒*reinigend*.

purge[1] [pɜ:dʒ‖pɜrdʒ]⟨f1⟩⟨telb.zn.⟩ **0.1** ***zuivering*** ⇒*purgering* **0.2** ***laxeermiddel*** ⇒*purgatief, purgeermiddel* ◆ **1.1** ~s within the communist party *zuiveringsacties binnen de communistische partij*.

purge[2] ⟨f1⟩⟨ww.⟩

I ⟨onov.ww.⟩ **0.1** ***zuiver/rein worden*** ⇒*gepurgeerd worden* **0.2** ***laxeren*** ⇒*purgerend werken;*

II ⟨ov.ww.⟩ **0.1** ***zuiveren*** ⟨ook pol.⟩ ⇒*reinigen, louteren, vrijspreken, verlossen* **0.2** ***verwijderen*** ⇒*uitwissen, wegvagen* **0.3** ⟨jur.⟩ ***uitboeten*** ⇒*boete doen voor, gestraft worden voor* **0.4** ***purgeren*** ◆ **1.1** ~ metal *metaal louteren/zuiveren* **1.3** ~ one's contempt *zijn belediging v.d. rechter/rechtbank uitboeten;* ~ your crimes in prison *voor je misdaden boeten in de gevangenis* **5.2** ~ **away/off/out** one's sins *zijn zonden uitwissen/(uit)delgen* **6.1** ~ (away) the hatred **from** one's spirit, ~ one's spirit **of** hatred *zijn geest van haat ontdoen/bevrijden;* ~ s.o. **from/of** guilt *iem. van schuld vrijspreken;* ~ o.s. **of** blame/suspicion *zich van blaam/verdenking zuiveren;* be ~d **of** sin *verlost worden v.d. zonde;* ~ the church/party of dangerous elements *de kerk/partij van gevaarlijke elementen zuiveren*.

'purg·ing 'agaric ⟨telb.zn.⟩⟨plantk.⟩ **0.1** ***lorkezwam*** ⟨Fomes officinalis⟩.

'purg·ing flax ⟨telb.zn.⟩⟨plantk.⟩ **0.1** ***geelhartje*** ⇒*purgeervlas* ⟨Linum catharticum⟩.

pu·ri·fi·ca·tion ['pjʊərɪfɪ'keɪʃn‖'pjʊr-]⟨f1⟩⟨n.-telb.zn.⟩ **0.1** ***zuivering*** ⇒*loutering, reiniging, purificatie; verlossing* ⟨v.d. zonde⟩, *bevrijding* ⟨v.h. kwade⟩ ◆ **1.1** ⟨R.-K.⟩ the Purification (of the Virgin Mary) *(feest v.) Maria-Lichtmis* ⟨2 febr.⟩.

pu·ri·fi·ca·tor ['pjʊərɪfɪkeɪtə‖'pjʊrɪfɪkeɪṭər]⟨telb.zn.⟩⟨R.-K.⟩ **0.1** ***purificatorium*** ⟨reinigingsdoekje voor kelk⟩.

pu·rif·i·ca·to·ry ['pjʊərɪfɪ'keɪtri‖pjʊ'rɪfəkətɔri]⟨bn.⟩ **0.1** ***zuiverend*** ⇒*reinigend, louterend, purificerend*.

pu·ri·fi·er ['pjʊərɪfaɪə‖'pjʊrɪfaɪər]⟨telb.zn.⟩ **0.1** ***reinigingstoestel*** ⇒*zuiveringsinstallatie*.

pu·ri·fy ['pjʊərɪfaɪ‖'pjʊr-]⟨f2⟩⟨ww.; →ww. 7⟩

I ⟨onov.ww.⟩ **0.1** ***zuiver worden*** ⇒*schoon/helder worden;*

II ⟨ov.ww.⟩ **0.1** ***zuiveren*** ⇒*reinigen, louteren, purificeren*.

Pu·rim ['pjʊərɪm‖'pʊrɪm]⟨n.-telb.zn.⟩ **0.1** ***Purim/Poerim*** ⟨joodse feestdag⟩ ⇒*Lotenfeest*.

pu·rine ['pjʊəri:n, -rɪn‖'pjʊr-]⟨n.-telb.zn.⟩⟨schei.⟩ **0.1** ***purine***.

pur·ism ['pjʊərɪzm‖'pjʊr-]⟨n.-telb.zn.⟩⟨taalk.⟩ **0.1** ***purisme*** ⇒*(taal)zuivering*.

pur·ist ['pjʊərɪst‖'pjʊr-]⟨telb.zn.⟩ **0.1** ***purist*** ⇒*(taal)zuiveraar, woordenvitter, taalzifter*.

pu·ris·tic [pjʊə'rɪstɪk‖pjʊ'rɪs-], **pu·ris·ti·cal** [-ɪkl]⟨bn.; -(al)ly; →bijw. 3⟩ **0.1** ***puristisch***.

pu·ri·tan[1] ['pjʊərɪtn‖'pjʊr-]⟨f2⟩⟨telb.zn.⟩ **0.1** ***puritein*** **0.2** ⟨vaak P-⟩ ***puritein*** ⇒*aanhanger v. Eng. protestants puritanisme*.

puritan[2], **pu·ri·tan·ic** ['pjʊərɪ'tænɪk‖'pjʊr-], **pu·ri·tan·i·cal** [-ɪkl]⟨f2⟩⟨bn.; puritanically; puritanicalness⟩ **0.1** ***puriteins*** ⇒*moraliserend, streng v. zeden* **0.2** ⟨vaak P-⟩ ***puriteins*** ⇒*mbt. puriteinen/puritanisme*.

pu·ri·tan·ism ['pjʊərɪtənɪzm‖'pjʊrɪtn·ɪzm]⟨f1⟩⟨n.-telb.zn.⟩ **0.1** ***puritanisme*** ⇒*morele strengheid, puriteinse/moralistische levenshouding* **0.2** ⟨vaak P-⟩ ***puritanisme*** ⇒*opvattingen v.d. puriteinse sekte*.

pu·ri·ty ['pjʊərəti‖pjʊrəṭi]⟨f2⟩⟨n.-telb.zn.⟩ **0.1** ***zuiverheid*** ⇒*puurheid, reinheid, onschuld* **0.2** ***homogeniteit*** ⟨v. metaal, stof⟩ ⇒*zuiverheid*.

purl[1], ⟨in bet. I 0.1, 0.2, en II 0.2 ook⟩ **pearl** [pɜ:l‖pɜrl]⟨zn.⟩

I ⟨telb.zn.⟩ **0.1** ⟨breien⟩ ***averecht(se steek)*** **0.2** ***(kanten/geborduurde) garnering*** ⇒*picot, sierband (met lusjes)* **0.3** ⟨inf.⟩ ***smak*** ⇒*tuimeling, val* ◆ **3.1** first three ~, then three plain *eerst drie averecht, dan drie recht;*

II ⟨n.-telb.zn.⟩ **0.1** ⟨the⟩⟨schr.⟩ ***gekabbel*** ⟨v. beekje⟩ ⇒*murmelend geluid, geruis* **0.2** ***goud/zilverdraad*** ⟨voor borduren⟩ ⇒*cantille* **0.3** ⟨gesch.⟩ ***warm bier met jenever (en suiker)*** ⇒*alsembier* **0.4** ⟨vnl. BE; gesch.⟩ ***warm bier met jenever*** ⇒*warme kopstoot*.

purl[2], ⟨in bet. II 0.1, 0.2 ook⟩ **pearl** ⟨f1⟩⟨ww.⟩

I ⟨onov.ww.⟩ **0.1** ***kabbelen*** ⟨v. beekje⟩ ⇒*murmelen, een murmelend geluid maken, ruisen* **0.2** ***omvallen*** ⇒*omslaan;*

II ⟨onov. en ov.ww.⟩ **0.1** ***averechts breien*** **0.2** ***garneren/afzetten (met kant/borduursel/gouddraad/zilverdraad)*** ⇒*met kantjes afwerken;*

III ⟨ov.ww.⟩⟨inf.⟩ **0.1** ***doen omvallen*** ⇒*doen omslaan/kapseizen/neersmakken* ⟨bv. v. boot, paard⟩ ◆ **3.1** she got ~ed *ze werd v. haar paard gegooid*.

purl·er ['pɜ:lə‖'pɜrlər]⟨telb.zn.⟩⟨BE; inf.⟩ **0.1** ***smak*** ⇒*harde val voorover* **0.2** ***optater*** ⇒*harde klap/duw* ◆ **3.1** come/take a ~ *een flinke smak maken, languit vallen*.

pur·lieu ['pɜ:lju:‖'pɜrlu:]⟨zn.⟩

I ⟨telb.zn.⟩ **0.1** ***naburig/aangrenzend gebied*** ⇒*buurt* **0.2** ⟨vaak mv.⟩ ***veelbezochte plaats*** **0.3** ⟨BE; gesch.⟩ ***bosrand*** ⇒*woudzoom* ⟨aan speciale (jacht)wetten onderworpen⟩ **0.4** ⟨zelden⟩ ***achterbuurt*** ⇒*zelfkant;*

II ⟨mv.; ~s⟩ **0.1** ⟨schr.⟩ ***omgeving*** ⇒*buitenwijken, omtrek, omstreken* **0.2** ***grensgebied*** ⇒*randgebied*.

pur·lin(e) ['pɜ:lɪn‖'pɜr-]⟨telb.zn.⟩⟨bouwk.⟩ **0.1** ***gording***.

pur·loin [pɜ:'lɔɪn‖pər-]⟨onov. en ov.ww.⟩⟨schr.⟩ **0.1** ***stelen*** ⇒*ontvreemden, wegnemen*.

pur·loin·er [pɜ:'lɔɪnə‖pər'lɔɪnər]⟨telb.zn.⟩⟨schr.⟩ **0.1** ***(kruimel) dief***.

'purl stitch ⟨telb.zn.⟩ **0.1** ***averechtse steek***.

pur·ple[1] ['pɜ:pl‖'pɜrpl]⟨f2⟩⟨n.-telb.zn.⟩ **0.1** ***purper*** ⇒*karmozijnrood, donkerrood, paars(rood),* ⟨i.h.b.⟩ *klassiek purper* ⟨v. purperslak⟩ **0.2** ⟨the⟩ ***purperen gewaad/kleed*** ⟨bv. v. koning/keizer⟩ **0.3** ⟨R.-K.⟩ ***kardinaalsambt*** **0.4** ***(zeer) hoge rang*** ⇒*koninklijke/keizerlijke stand, vooraanstaande klasse* ◆ **3.2** he was wearing the ~ *hij droeg een purperen waardigheidskleed* **3.3** he was raised to the ~ *hij werd kardinaal* **3.4** he was born in/to the ~ *hij was v. koninklijke bloede;* ⟨fig.⟩ *hij was v.e. zeer voornaam geslacht*.

purple[2] ⟨f2⟩⟨bn.; -er; →compar. 7⟩

I ⟨bn.⟩ **0.1** ***purper*** ⇒*karmozijnrood, donkerrood, paars(rood)* **0.2** ***vorstelijk*** ⇒*koninklijk, keizerlijk* **0.3** ⟨sl.⟩ ***erotisch*** ⇒*geil* **0.4** ⟨sl.⟩ ***luguber*** ◆ **1.1** ⟨dierk.⟩ ~ gallinule *purperkoet* ⟨Porphyrio porphyrio⟩; ⟨dierk.⟩ ~ heron *purperreiger* ⟨Ardea purpurea⟩; he became ~ with rage *hij liep rood/paars aan v. woede* **1.¶** ⟨dierk.⟩ ~ emperor *grote weerschijnvlinder* ⟨Apatura iris⟩; ⟨BE; inf.⟩ ~ heart *(hartvormige) amfetaminetablet;* ⟨AE⟩ Purple Heart *Purple Heart* ⟨eremedaille voor gewonde soldaten⟩, *gewondestreepje;* ⟨dierk.⟩ ~ sandpiper *paarse strandloper* ⟨Calidris maritima⟩;

II ⟨bn., attr.⟩ **0.1** ***sierlijk*** ⇒*(te) bloemrijk, retorisch, bombastisch* ◆ **1.1** a ~ passage/patch *een briljant gedeelte* ⟨in saaie verhandeling⟩; *bombastisch stuk;* ~ prose *bloemrijk/hoogdravend proza;* a ~ style *een (te) zeer verzorgde stijl*.

purple[3] ⟨f1⟩⟨ww.⟩

I ⟨onov.ww.⟩ **0.1** ***purper (gemaakt) worden;***

II ⟨ov.ww.⟩ **0.1** ***purper maken***.

'purple·heart ⟨n.-telb.zn.⟩ **0.1** ***purperhart*** ⇒*amarante* ⟨hout v. boom v. genus Peltogyne⟩.

pur·plish ['pɜ:plɪʃ‖'pɜr-], **pur·ply** [-pli]⟨bn.⟩ **0.1** ***purperachtig***.

pur·port[1] ['pɜ:pɔ:t‖'pɜrpɔrt]⟨n.-telb.zn.⟩⟨schr.⟩ **0.1** ***strekking*** ⇒*bedoeling, betekenis, teneur, inhoud*.

purport[2] [pə'pɔ:t‖pər'pɔrt]⟨f2⟩⟨ov.ww.⟩ **0.1** ***beweren*** ⇒*(bewust) voorgeven* **0.2** ***(ogenschijnlijk) bedoelen*** ⇒*stellen, tot strekking hebben* **0.3** ***van plan zijn*** ◆ **1.2** what did the letter ~? *wat was de strekking v.d. brief?* **3.1** he ~s to be the inventor of the electric blanket *hij beweert de uitvinder v.d. elektrische deken te zijn* **3.2** the compliment that ~ed to flatter me *het compliment dat kennelijk bedoeld was om me te vleien* **3.3** he ~s to be rich soon *hij is van plan snel rijk te worden*.

pur·pose[1] ['pɜ:pəs‖'pɜr-]⟨f3⟩⟨zn.⟩⟨→sprw. 105⟩

I ⟨telb.zn.⟩ **0.1** ***doel*** ⇒*bedoeling, reden, plan, voornemen* **0.2** ***zin*** ⇒*(beoogd) effect, resultaat, nut* ◆ **1.1** a novel with a ~ *een tendensroman, een roman met een boodschap* **3.1** put your energy to a good ~ *benut je energie voor een goede zaak;* does this serve your ~? *beantwoordt dit aan je bedoeling/verwachtingen?;* ⟨BE⟩ this man is here of set ~ *deze man is hier met een bep. bedoeling/niet zomaar* **3.2** these talks have certainly answered/fulfilled/served their ~(s) *deze besprekingen hebben zeker vruchten afgeworpen/zijn zeker zinvol geweest* **5.1** accidentally on ~ *per ongeluk expres* **6.1** it is not **in** my ~ *het ligt niet in mijn bedoeling;* he did it **on** ~ *hij deed het met opzet/expres/bewust;* he came **for/with** the ~ of seeing us/he came **on** ~ to see us *hij kwam met het doel om ons te bezoeken;* he's here **for** business ~s *hij is hier voor zaken;* we bought a car **for** several ~s *we kochten een auto voor verscheidene doeleinden* **6.2** all your help will be **to** no ~ *al je hulp zal tevergeefs zijn/niet baten;* come **to** little ~ *weinig effect hebben;*

II ⟨n.-telb.zn.⟩ **0.1** ⟨the⟩ ***de zaak waarom het gaat*** ⇒*de betreffende kwestie, het punt* **0.2** ***vastberadenheid*** ⇒*wilskracht, resoluutheid* ◆ **2.2** she's a girl full of ~ *ze is een vastberaden tante, ze is een meisje dat weet wat ze wil;* he is weak of ~ *hij is slap/besluiteloos* **3.2** wanting in ~ *slap, besluiteloos* **6.1** his remark is (not) **to** the ~ *zijn opmerking is (ir)relevant/(niet) ter zake.*

purpose² ⟨f1⟩ ⟨ov.ww.⟩ ⟨schr.⟩ **0.1** ***van plan zijn*** ⇒*zich voornemen, tot doel hebben, de intentie hebben, besluiten (tot)* ◆ **3.1** he ~s to spend his holidays with us *het ligt in zijn bedoeling zijn vakantie bij ons door te brengen;* ⟨vero.⟩ she is ~d to do it, she is ~d doing it *ze is van plan het te doen.*

'pur·pose-'built, 'pur·pose-'made ⟨f1⟩ ⟨bn.⟩ ⟨vnl. BE⟩ **0.1** ***speciaal gebouwd/vervaardigd*** ◆ **1.1** a ~ library *een voor dat doel gebouwde bibliotheek/als bibliotheek opgezet gebouw.*

pur·pose·ful ['pɜ:pəsfʊl‖'pɜr-]⟨f2⟩ ⟨bn.; -ly; -ness⟩ **0.1** ***vastberaden*** ⇒*doelbewust, wilskrachtig, resoluut* **0.2** ***met een doel/bedoeling*** ⇒*opzettelijk, met een plan/voornemen/reden* ◆ **1.2** a ~ attempt to entice her away *een bewuste poging om haar weg te lokken;* a ~ remark *een betekenisvolle opmerking.*

pur·pose·less ['pɜ:pəsləs‖'pɜr-]⟨f1⟩ ⟨bn.; -ly; -ness⟩ **0.1** ***doelloos*** ⇒*zonder bedoeling/plannen/opzet/reden* **0.2** ***zinloos*** ⇒*nutteloos, zonder effect* ◆ **1.1** a ~ remark *een nietszeggende opmerking.*

pur·pose·ly ['pɜ:pəsli‖'pɜr-]⟨f2⟩ ⟨bw.⟩ **0.1** ***opzettelijk*** ⇒*met een bep. doel, doelbewust, expres, met opzet.*

pur·pos·ive ['pɜ:pəsɪv‖'pɜr-]⟨bn.; -ly; -ness⟩ **0.1** ***met een doel/bedoeling*** ⇒*doelgericht, doelmatig, praktisch* **0.2** ***doelbewust*** ⇒*resoluut, vastberaden* ◆ **1.1** a ~ question *een doelgerichte vraag* **1.2** ~ behaviour *resoluut gedrag.*

pur·pu·ra ['pɜ:pjʊrə‖'pɜrpjərə]⟨zn.⟩

I ⟨telb. en n.-telb.zn.⟩ ⟨med.⟩ **0.1** ***purpura;***

II ⟨telb.zn.⟩ ⟨dierk.⟩ **0.1** ***purperslak*** ⟨genus Purpura⟩.

pur·pu·rin ['pɜ:pjʊrɪn‖'pɜrpjərɪn]⟨n.-telb.zn.⟩ **0.1** ***purpurine*** ⇒*meekrappurper.*

purr¹ [pɜ:‖pɜr]⟨telb. en n.-telb.zn.⟩ **0.1** ***spinnend geluid*** ⇒*gespin* ⟨v. kat⟩ **0.2** ***zoemend geluid*** ⇒*gesnor, gezoem* ⟨v. machine⟩ **0.3** ***tevreden/poeslief geluid*** ⟨v. persoon⟩ ⇒*tevreden gebrom, geknor.*

purr² ⟨f1⟩ ⟨ww.⟩

I ⟨onov.ww.⟩ **0.1** ***spinnen*** ⟨v. kat⟩ **0.2** ***snorren*** ⇒*tevreden brommen* ⟨v. persoon⟩ **0.3** ***gonzen*** ⇒*zoemen* ⟨v. machine⟩;

II ⟨ov.ww.⟩ **0.1** ***poeslief zeggen/vragen*** ◆ **1.1** she didn't ask her question, she ~ed it! *ze stelde haar vraag niet gewoon, ze vroeg het poeslief!.*

purse¹ [pɜ:s‖pɜrs]⟨f3⟩ ⟨telb.zn.⟩ ⟨→sprw. 259, 271, 272, 396, 404⟩ **0.1** ***portemonnee*** ⇒*beurs, buidel, geldzak* **0.2** ⟨AE⟩ ***damestas*** ⇒*handtasje* **0.3** ***financiële middelen*** ⇒*portemonnee, geld* **0.4** ***opbrengst (v. inzameling)*** ⇒*geld(bedrag), prijzengeld, (geheel v.) bijdrage(n)* **0.5** ⟨sl.⟩ ***pruim*** ⇒*kut, vagina* ◆ **1.1** keep a tight hand on the ~ *de hand op de knip houden* **2.1** ⟨fig.⟩ a heavy/long ~ *een dikke portemonnee, rijkdom;* ⟨fig.⟩ a light ~ *armoede* **3.4** give/put up a ~ *een geldprijs beschikbaar stellen;* make up a ~ for *geld inzamelen voor* **6.3** a holiday to Colombia is **beyond/within** my ~ *ik kan me (g)een vakantie naar Colombia veroorloven.*

purse² ⟨f2⟩ ⟨ww.⟩

I ⟨onov.ww.⟩ **0.1** ***zich rimpelen*** ⇒*gerimpeld/gefronst/samengetrokken worden;*

II ⟨ov.ww.⟩ **0.1** ***samentrekken*** ⇒*rimpelen, tuiten* ◆ **1.1** indignantly, she pursed her lips *ze tuitte verontwaardigd de lippen* **5.1** don't ~ **up** your brow like that! *frons je voorhoofd niet zo!.*

'purse bearer ⟨telb.zn.⟩ **0.1** ***thesaurier*** ⇒*penningmeester* **0.2** ⟨BE⟩ ***rijkszegeldrager*** ⇒*grootzegeldrager (voor de Lord Chancellor).*

'purse net ⟨telb.zn.⟩ ⟨jacht, vis.⟩ **0.1** ***zaknet*** ⇒*sleepnet.*

'purse pride ⟨n.-telb.zn.⟩ **0.1** ***geldtrots*** ⇒*aan geldbezit ontleende trots.*

'purse-proud ⟨bn.⟩ **0.1** ***trots op zijn geld*** ⇒*poenig.*

purs·er ['pɜ:sə‖'pɜrsər]⟨f1⟩ ⟨telb.zn.⟩ **0.1** ***purser*** ⇒*administrateur-opperhofmeester (op passagiersschip).*

'purse seine ⟨telb.zn.⟩ ⟨vis.⟩ **0.1** ***zaknet*** ⇒*sleepnet.*

'purse snatcher ⟨telb.zn.⟩ ⟨AE⟩ **0.1** ***tasjesdief.***

'purse strings ⟨mv.⟩ **0.1** ***beurs/buidelkoordjes*** ⇒⟨fig.⟩ *financiële macht, geldbeheer, financiën* ◆ **3.1** hold the ~ *de financiën beheren, de financiële touwtjes in handen hebben;* loosen the ~ *royaler worden, de uitgaven vergroten, het geld laten rollen;* tighten the ~ *zuinig zijn, bezuinigen, de buikriem aanhalen.*

purs·lane ['pɜ:slɪn‖'pɜrsleɪn]⟨n.-telb.zn.⟩ ⟨plantk.⟩ **0.1** ***postelein*** ⟨Portulaca oleracea⟩.

pur·su·a·ble [pə'sju:əbl‖pər'su:-]⟨bn.⟩ **0.1** ***te (ver)volgen*** ⇒*vervolgbaar* **0.2** ***na te streven*** ◆ **1.1** ~ studies *een te volgen studie* **1.2** a ~ ideal *een voor ogen staand ideaal.*

pur·su·ance [pə'sju:əns‖pər'su:-]⟨n.-telb.zn.⟩ ⟨schr.⟩ **0.1** ***uitvoering*** ⇒*het verwezenlijken, voortzetting* **0.2** ***najaging*** ⇒*het streven, het zoeken* ◆ **6.1 in** (the) ~ **of** his duty *tijdens het vervullen v. zijn plicht;* **in** (the) ~ **of** the regulations *bij het naleven/uitvoeren v.d. reglementen* **6.2 in** ~ **of** luck/money *op zoek naar geluk/geld.*

pur·su·ant [pə'sju:ənt‖pər'su:-]⟨bn.⟩ **0.1** ***achtervolgend*** ⇒*(ver)volgend, uitvoerend* ◆ **6.¶** ~ **to** your instructions *conform/overeenkomstig/ingevolge uw instructies.*

pur·su·ant·ly [pə'sju:əntli‖pər'su:-]⟨bw.⟩ ⟨schr.⟩ **0.1** ***dienovereenkomstig*** **0.2** ***dientengevolge.***

pur·sue [pə'sju:‖pər'su:]⟨f3⟩ ⟨ww.⟩

I ⟨onov.ww.⟩ **0.1** ***de achtervolging inzetten*** **0.2** ***doorgaan*** ⇒*vervolgen, verder gaan* **0.3** ⟨Sch. E; jur.⟩ ***een aanklacht indienen*** ⇒*aanklagen* ◆ **6.1 after** a murderer *een moordenaar achtervolgen;* ~ **after** wealth *rijkdom nastreven;*

II ⟨ov.ww.⟩ **0.1** ***jacht maken op*** ⇒*achtervolgen, achterna zitten* **0.2** ***volgen*** ⇒*achternalopen, niet loslaten* ⟨ook fig.⟩, *lastig vallen* **0.3** ***nastreven*** ⇒*trachten te bereiken, najagen* **0.4** ***doorgaan met*** ⇒*vervolgen, vorderen met, voortborduren op, voortzetten* **0.5** ***beoefenen*** ⇒*uitoefenen, zich bezighouden met* ◆ **1.1** the police ~d the robber *de politie maakte jacht op de rover* **1.2** disease ~d her for years *ze werd jarenlang door ziekte geplaagd;* her former lover ~s her wherever she goes *haar vroegere geliefde volgt haar overal op de hielen;* bad luck always ~s him *het ongeluk achtervolgt hem altijd, hij is een echte pechvogel;* this memory ~d him *deze herinnering liet hem niet los* **1.3** John ~s success, Sheila ~s pleasure *John jaagt het succes na, Sheila het plezier* **1.4** ~ a new course *een nieuwe weg inslaan;* he ~d his inquiries *hij zette zijn onderzoek voort;* it is wiser not to ~ the matter *het is verstandiger de zaak te laten rusten;* he will ~ this plan *hij zal dit plan doorzetten;* I ~ my studies *ik vorder met mijn studie;* don't ~ this subject, will you? *ga alsjeblieft niet op dit onderwerp door* **1.5** what profession does he ~? *wat voor beroep oefent hij uit?;* the hobbies we ~ *de liefhebberijen waarmee wij ons bezighouden.*

pur·su·er [pə'sju:ə‖pər'su:ər]⟨f1⟩ ⟨telb.zn.⟩ **0.1** ***(achter)volger*** ⇒*najager, doorzetter, voortzetter, beoefenaar* **0.2** ⟨Sch. E; jur.⟩ ***aanklager*** ⇒*eiser.*

pur·suit [pə's(j)u:t‖pər'su:t]⟨f3⟩ ⟨zn.⟩

I ⟨telb.zn.⟩ **0.1** ***bezigheid*** ⇒*activiteit, hobby, beoefening, werk (zaamheid)* ◆ **3.1** be engaged in profitable ~s *bezig zijn met winstgevende werkzaamheden;*

II ⟨n.-telb.zn.⟩ **0.1** ***vervolging*** ⟨Sch. E; ook jur.⟩ ⇒*achtervolging, het najagen, jacht* ◆ **1.1** ~ of money *geldbejag* **6.1 in** ~ **of** happiness *op zoek naar het geluk;* the police were **in** ~ **of** the criminals *de politie was op jacht naar de misdadigers, de politie had de achtervolging v.d. misdadigers ingezet.*

pur'suit plane ⟨telb.zn.⟩ **0.1** ***jachtvliegtuig*** ⇒*jager.*

pur'suit race ⟨telb.zn.⟩ **0.1** ***achtervolging(swedstrijd)*** ⟨bij wielrennen⟩.

pur·sui·vant ['pɜ:sɪvənt‖'pɜr-]⟨telb.zn.⟩ **0.1** ***onderwapenheraut*** ⟨in Engeland⟩ **0.2** ⟨vero.⟩ ***volgeling*** ⇒*begeleider.*

pur·sy ['pɜ:si‖'pɜrsi]⟨bn.; -er; -ness; →bijw. 3⟩ ⟨vero.⟩ **0.1** ***kortademig*** **0.2** ***pafferig*** ⇒*dik, vet.*

pur·te·nance ['pɜ:tɪnəns‖'pɜrtn·əns]⟨n.-telb.zn.⟩ ⟨vero.⟩ **0.1** ***(dieren)ingewanden*** ⇒⟨i.h.b.⟩ *hart, lever en longen, gewei(de).*

pu·ru·lence ['pjʊərələns‖'pjʊrjə-]⟨n.-telb.zn.⟩ **0.1** ***purulentie*** ⇒*het etterig-zijn* **0.2** ***pus*** ⇒*etter.*

pu·ru·lent ['pjʊərələnt‖'pjʊrjə-]⟨bn.; -ly⟩ **0.1** ***etterig*** ⇒*ettervormend, purulent, vol etter/pus* ◆ **1.1** a ~ wound *een etterende wond.*

pur·vey [pɜ:'veɪ‖pɜr-]⟨ww.⟩

I ⟨onov.ww.⟩ **0.1** ***(bevoorrading) leveren*** ◆ **6.1** ~ **for** the Navy *aan de marine leveren, leverancier zijn v.d. marine;*

II ⟨ov.ww.⟩ **0.1** ***bevoorraden met*** ⇒*leveren* ⟨voedsel⟩ ◆ **6.1** the baker ~s bread **to** his customers *de bakker voorziet zijn klanten v. brood.*

pur·vey·ance [pɜː'veɪəns‖pɜr-]⟨n.-telb.zn.⟩ **0.1** ⟨schr.⟩ ***leverantie*** ⇒*het (aan)leveren* **0.2** ⟨gesch.⟩ ***koninklijk inkooprecht (onder de marktprijs)*** ◆ **6.1** the ~ **of** food **to** the army *de voedselbevoorrading v.h. leger.*

pur·vey·or [pɜː'veɪə‖pɜr'veɪər]⟨telb.zn.⟩⟨vnl. schr.⟩ **0.1** ***leverancier*** ⇒*verschaffer* **0.2** ***verspreider*** ⇒*verbreider* ◆ **1.1** the ~ of wine to the queen *de hofleverancier v. wijn* **1.2** a ~ of lies *een leugenverspreider.*

pur·view ['pɜːvjuː‖'pɜr-]⟨telb. en n.-telb.zn.⟩⟨schr.⟩ **0.1** ***kader*** ⇒*bereik, raamwerk, grenzen, omvang, bedoeling* **0.2** ***gezichtsveld*** ⇒*horizon* ⟨ook fig.⟩ **0.3** ⟨vnl. enk.⟩⟨jur.⟩ ***bepalingen*** ⟨v. wet⟩ ◆ **1.3** the ~ of this regulation *de bepalingen v. dit reglement* **6.1 in/within** the ~ of this meeting *in het kader/de sfeer v. deze vergadering;* **outside** the ~ of their possibilities *buiten de reikwijdte v. hun mogelijkheden.*

pus [pʌs]⟨f1⟩⟨n.-telb.zn.⟩ **0.1** ***pus*** ⇒*etter.*

Pu·sey·ism ['pjuːziɪzm]⟨n.-telb.zn.⟩⟨gesch., relig.; vaak pej.⟩ **0.1** ***Puseyisme*** ⟨naar E. B. Pusey, 1800 - 1882⟩.

push[1] [pʊʃ]⟨f2⟩⟨zn.⟩
I ⟨telb.zn.⟩ **0.1** ***duw*** ⇒*stoot, zet, ruk* **0.2** ***grootscheepse aanval*** ⟨v. leger⟩ ⇒*offensief, opmars;* ⟨fig.⟩ *energieke poging* **0.3** ⟨biljart⟩ ***stoot(bal)*** **0.4** ⟨sl.⟩ ***bende*** ⇒*troep, menigte* **0.5** ⟨hockey⟩ ***push*** ⇒*duwslag* **0.6** →push button ◆ **1.1** give that door a ~ *geef die deur even een zetje* **2.2** it was a hard ~ to get there *het kostte veel moeite/het viel niet mee er te komen* **3.2** make a ~ *een aanval doen;* ⟨inf.⟩ *een serieuze poging ondernemen;* we made a ~ to finish the job in time *we deden ons uiterste best het werk op tijd klaar te krijgen* **3.¶** ⟨inf.⟩ get the ~ *eruit vliegen, zijn congé krijgen;* ⟨inf.⟩ give s.o. the ~ *iem. de bons geven; iem. ontslaan/eruit gooien* **6.2** make a ~ **for** *aanrukken op, beslist afgaan op, zich inspannen voor* **6.¶** ⟨vnl. BE; inf.⟩ **at** a ~ *als het echt nodig is, onder druk, in geval v. nood;*
II ⟨n.-telb.zn.⟩ **0.1** ⟨inf.⟩ ***energie*** ⇒*doorzettingsvermogen, wilskracht, fut, overtuiging(skracht)* **0.2** ***druk*** ⇒*het drukken, drang, nood, crisis* **0.3** ***hulp*** ⇒*duwtje in de rug, zetje, steun(tje), stimulans* ◆ **1.1** to get a job like that you need a lot of ~ *om zo'n baan te krijgen moet je heel wat aankunnen;* he is full of ~ and go *hij zit boordevol energie* **1.2** the ~ of the sea against the wall *de druk/het beuken v.d. zee tegen de muur* **3.1** he hasn't enough ~ *er gaat niet genoeg v. hem uit* **3.2** if/when it comes/came to the ~ *in het ergste geval, in geval v. nood, als het erop aankomt/aankwam, als/toen de nood aan de man komt/kwam* **3.3** with some of his ~ I'll succeed *met wat ruggesteun v. zijn kant zal ik het wel klaarspelen.*

push[2] ⟨bn.⟩⟨sl.⟩ **0.1** ***gemakkelijk.***

push[3] ⟨f4⟩⟨ww.⟩
I ⟨onov.ww.⟩ **0.1** ***duwen*** ⇒*druk uitoefenen, stoten, schuiven, dringen* **0.2** ***vorderingen maken*** ⇒*vooruitgaan, doorgaan, doorlopen, verder gaan* **0.3** ***zich (uitermate) inspannen*** ⇒*wilskracht tonen, doorzettingsvermogen/ondernemingslust hebben, doorduwen* **0.4** ***aan de weg timmeren*** **0.5** ⟨inf.⟩ ***pushen*** ⇒*dealen* **0.6** ⟨sl.⟩ ***misbruik maken*** **0.7** ⟨sl.⟩ ***lekker spelen*** ⟨jazz⟩ ◆ **3.1** ~ and shove *duwen en dringen* **5.1** ~ **down** *persen* ⟨v. vrouw tijdens bevalling⟩ **5.2** ~ **ahead/along/forward/on** *(rustig) doorgaan;* ⟨inf.⟩ we must ~ **along** now *we moeten er nu vandoor;* ~ **by/past** *voorbij/langs komen zetten, ruw passeren, voorbijdringen* **5.3** he had to ~ hard to reach success *hij moest er erg hard aan trekken/werken om succes te bereiken* **5.¶** →push **in;** →push **off;** →push **out;** →push **through** **6.1** ~ **against** this window *duw eens tegen dit raam;* ~ hard **for** more money *meer geld eisen* **6.2** ~ ahead/along/forward/on **with** *vooruitgang boeken/doorzetten/opschieten met;* ~ **by/past** s.o. *iem. voorbijdringen;* this road ~es **towards** the next village *deze weg loopt/leidt naar het volgende dorp;*
II ⟨ov.ww.⟩ **0.1** ***(weg)duwen*** ⇒*een zet/stoot geven, doen voortbewegen, voortduwen/drijven/dringen;* ⟨fig.⟩ *beïnvloeden, dwingen* **0.2** ***uitbreiden*** ⇒*verbreiden, verspreiden* **0.3** ***stimuleren*** ⇒*bevorderen, promoten, voorthelpen, pluggen, pushen* **0.4** ***druk uitoefenen op*** ⇒*lastig vallen, op de nek zitten, aandringen bij* **0.5** ***naderen*** ⟨bep. leeftijd⟩ **0.6** ⟨inf.⟩ ***pushen*** ⟨drugs⟩ ⇒*smokkelen* **0.7** ⟨sl.⟩ ***besturen*** ⟨voertuig⟩ **0.8** ⟨sl.⟩ ***koud maken*** ⇒*neerleggen, een kopje kleiner maken* ◆ **1.1** ~ the button *op de knop/bel drukken, de knop/bel indrukken;* ⟨fig.⟩ *het beslissende initiatief nemen, de machine/zaak aan de gang brengen;* ~ the car *de auto aanduwen;* ~ a claim against s.o. *een eis tegen iem. instellen, iem. vervolgen;* ~ a door open *een deur openduwen;* ~ one's fortune *met alle geweld fortuin willen maken;* he ~es the matter too far *hij drijft de zaak te ver door, hij overdrijft (het);* ⟨sl.; fig.⟩ ~ the panic button *in paniek raken, verstijfd zijn v. angst; ertegen aan gaan; snel en goed werk eisen;* don't ~ your sister to take that decision *zet je zus niet aan tot dat besluit;* ~ one's way through a crowd *zich een weg banen door een menigte* **1.3** a business friend ~es him *hij krijgt een ruggesteuntje van/wordt geholpen door een zakenvriend;* ~ a friend in influential circles *een vriendin introduceren in invloedrijke kringen;* ~ the goods in every possible way *de verkoop v.d. waren op allerlei manieren stimuleren;* ~ the Marxist ideology *zich inspannen voor de Marxistische ideologie;* he ~ed his son (on) to go into politics *hij stimuleerde zijn zoon om in de politiek te gaan* **1.4** they ~ this man too hard *ze zetten deze man te veel onder druk;* don't ~ your luck (too far)! *stel je geluk niet te veel op de proef!, neem niet te veel risico's!* **3.4** he is ~ed (for time/money) *hij heeft bijna geen tijd/geld, hij zit verlegen (om tijd/geld), hij zit krap (in zijn tijd/geld)* **3.5** be ~ing forty *de veertig naderen, bijna veertig zijn* **4.1** I ~ed myself to do it *ik dwong mezelf het te doen;* he ~ed himself to the exit *hij bewoog zich (met moeite) naar de uitgang, hij ging langzaam richting uitgang* **4.3** ~ o.s. *zichzelf promoten, zichzelf weten te verkopen, zijn uiterste best doen, zijn energie tonen* **5.1** ⟨inf.; fig.⟩ ~ s.o. **about/around** *iem. ruw/slecht behandelen; iem. commanderen, iem. met minachting behandelen;* this tribe has always been ~ed **around** *er is altijd gesold met deze stam;* they ~ed our work **aside** *ze schoven ons werk terzijde;* ⟨fig.⟩ *ze gaven ons werk geen kans;* he ~ed the letter **away/back** *hij duwde/schoof de brief weg/v. zich af;* ~ **back** one's hair *zijn haar naar achteren strijken;* ~ **back** the enemy *de vijand terugdringen;* he was ~ed **down** *hij werd ondergeduwd;* he ~ed his claim **forward** *hij bracht zijn eis naar voren, hij diende zijn vordering in;* he always ~es himself **forward** *hij dringt zich altijd op de voorgrond;* ~ s.o. **forward** as a candidate *iem. als kandidaat naar voren schuiven;* ~ **over** a lady *een dame omverlopen/omduwen;* ~ **over** a table *een tafel omgooien/op de grond gooien;* that ~ed prices **up** *dat joeg de prijzen op/omhoog* **5.¶** ⟨sl.⟩ ~ **across** *koud maken, afmaken;* ⟨sport⟩ *scoren;* ~ home *uitvoeren, toedienen, krachtig ondernemen/uiteenzetten;* ~ home new arguments *nieuwe argumenten in de strijd werpen;* the attack was ~ed home with considerable force *de aanval werd met veel kracht uitgevoerd;* →push **off;** →push **out;** →push **through** **6.1** ~ s.o. **into** action *iem. tot actie dwingen/doen overgaan;* the disaster ~ed all other news **off** the front pages *de ramp verdrong al het andere nieuws van de voorpagina's;* ~ one's work **onto** s.o. else *zijn werk op iem. anders afschuiven/aan iem. anders opdringen;* she always ~es things **to** extremes *ze drijft alles tot het uiterste door;* they ~ed the proposals **through** parliament *ze drukten de voorstellen erdoor in het parlement;* she ~ed him **to** the verge of suicide *ze dreef hem bijna tot zelfmoord* **6.4** he ~ed me **for** money *hij eiste geld v. mij, hij probeerde geld van mij los te krijgen;* I am ~ed **for** time *ik heb maar weinig tijd, ik zit in tijdnood.*

'push·ball ⟨telb. en n.-telb.zn.⟩⟨sport⟩ **0.1** ***pushball*** ⟨vnl. in U.S.A. en Canada; (spel met) zware bal⟩.

'push-bike ⟨telb.zn.⟩⟨BE⟩ **0.1** ***fiets*** ◆ **6.1** go **by** ~ *met de fiets gaan.*

'push button ⟨f1⟩⟨telb.zn.⟩ **0.1** ***drukknop*** ⇒*druktoets.*

'push-but·ton ⟨f1⟩⟨bn., attr.⟩ **0.1** ***drukknop-*** ⇒*automatisch, automatiserings-* ◆ **1.1** a machine with a ~ starter *een machine die aangezet wordt d.m.v. een drukknop;* ~ telephone *druktoetstelefoon;* ~ warfare *automatische oorlogvoering, oorlogvoering op afstand.*

'push·cart ⟨f1⟩⟨telb.zn.⟩ **0.1** ***handkar*** **0.2** ***boodschappenwagentje*** ⟨in supermartkt⟩.

'push·chair ⟨f1⟩⟨telb.zn.⟩⟨BE⟩ **0.1** ***(opvouwbare) wandelwagen*** ⇒*vouwwagentje.*

push-'down automaton ⟨telb.zn.⟩⟨comp.⟩ **0.1** ***pushdown-automaat.***

push·er ['pʊʃə‖-ər]⟨f1⟩⟨telb.zn.⟩ **0.1** ***opdringer*** ⇒*brutaal iem., (te) ambitieus iem., streber, agressieve verkoper* **0.2** ⟨sl.⟩ ***(illegale) drugverkoper*** ⇒*(drug)dealer.*

push·ful ['pʊʃfl]⟨bn.⟩ **0.1** ***energiek*** ⇒*ondernemend* **0.2** ***opdringerig*** ⇒*doordrammerig, brutaal, agressief.*

'push 'in ⟨onov.ww.⟩⟨inf.⟩ **0.1** ***een gesprek ruw onderbreken*** ⇒*ertussen komen, iem. in de rede vallen, erin springen, (zich) indringen* **0.2** ***voordringen.***

'push-in ⟨telb.zn.⟩⟨hockey⟩ **0.1** ***in-push.***

push·ing ['pʊʃɪŋ]⟨f2⟩⟨bn.; teg. deelw. v. push; -ly⟩ **0.1** ***energiek*** ⇒*ondernemend, wilskrachtig* **0.2** ***opdringerig*** ⇒*doordrijverig, drammerig, brutaal, agressief* ◆ **6.2** he is too ~ **with** strangers *hij is te opdringerig tgo. vreemden.*

'push 'off ⟨f1⟩⟨ww.⟩
I ⟨onov.ww.⟩ **0.1** ⟨inf.⟩ ***ervandoor gaan*** ⇒*weggaan, ophoepelen, vertrekken, opstappen* **0.2** ***uitvaren*** ⇒*v. wal steken* ◆ **1.2** we pushed off in our new boat *we voeren weg in onze nieuwe boot* **4.1** now ~, will you *hoepel nu alsjeblieft eens op;*
II ⟨ov.ww.⟩ **0.1** ***afduwen*** ⟨boot⟩ **0.2** ***beginnen (met)*** ⇒*oprichten, de eerste aanzet geven tot, het initiatief nemen tot, aan de gang brengen* **0.3** ***afschuiven*** ⇒*wegsturen, zich onttrekken aan, zich ontdoen van, proberen af te komen van* **0.4** ⟨sl.⟩ ***koudmaken***

⇒*neerleggen* ◆ **1.2** ~ a new symphony orchestra *een nieuw symfonieorkest oprichten*.
'push-off ⟨telb.zn.⟩ ⟨gymnastiek⟩ **0.1** *afzet* ⟨met handen⟩.
'push 'out ⟨f1⟩ ⟨ww.⟩
I ⟨onov.ww.⟩ **0.1** *uitsteken* **0.2** *uitvaren* ⇒*vertrekken* ◆ **1.1** these cliffs ~ into the sea *deze rotsen steken uit in de zee;*
II ⟨ov.ww.⟩ **0.1** *ontslaan* ⇒*eruit gooien/werken, zich ontdoen van, de laan uitsturen* **0.2** *uitduwen* ⇒*uitschuiven, wegduwen* **0.3** *doen groeien* ⇒*schieten* ⟨wortel⟩ **0.4** *produceren* ⟨brieven, teksten e.d.⟩ ◆ **5.1** I was simply pushed out *ik kon (gewoon) wel inpakken*.
'push-over ⟨f1⟩ ⟨telb.zn.; vnl. enk.⟩ ⟨inf.⟩ **0.1** *fluitje v.e. cent* ⇒*makkie, koud kunstje, gemakkelijk iets* **0.2** *gemakkelijk(e) vangst/slachtoffer* ⇒*eenvoudige/ongevaarlijke tegenstander* ◆ **1.1** the exam was a ~ *het examen stelde niets voor* **1.2** he is a ~ for any girl *hij laat zich door ieder meisje inpalmen*.
'push·pin ⟨telb.zn.⟩ ⟨AE⟩ **0.1** *punaise*.
'push-'pull ⟨bn., attr.⟩ ⟨elek.⟩ **0.1** *in balans* ⇒*balans-* ◆ **1.1** ~ amplifier *balansversterker*.
'push rod ⟨telb.zn.⟩ ⟨tech.⟩ **0.1** *klepstoterstang*.
'push shot ⟨telb.zn.⟩ **0.1** ⟨biljarten⟩ *duwstoot* ⟨onreglementaire stoot⟩ **0.2** ⟨waterpolo⟩ *drukschot/worp*.
'push start ⟨telb.zn.⟩ ⟨autosport⟩ **0.1** *duwstart*.
'push-start ⟨ov.ww.⟩ **0.1** *aanduwen* ⟨auto⟩.
'push 'through ⟨f1⟩ ⟨ww.⟩
I ⟨onov.ww.⟩ **0.1** *opkomen* ⟨v. plant⟩ ⇒*flink groeien, doorzetten* **0.2** *(door)drukken* ⇒*doorzetten;*
II ⟨ov.ww.⟩ **0.1** *doordrukken* ⇒*er doorheen slepen/halen, doen slagen, doorzetten* **0.2** *voltooien* ⇒*ten einde brengen* ◆ **1.1** we'll push this matter through *we zullen deze zaak erdoor krijgen;* John's teacher pushed him through *Johns leraar sleepte hem erdoor* **1.2** at last he had pushed the job through *tenslotte had hij het karwei voltooid*.
Push·tu ['pʌʃtu:] ⟨eig.n.⟩ **0.1** *Pasjtoe* ⇒*Afghaans* ⟨taal⟩.
'push·up ⟨f1⟩ ⟨telb.zn.⟩ ⟨AE; sport⟩ **0.1** *opdrukoefening* ◆ **3.1** do twenty ~s *zich twintig keer opdrukken*, ⟨B.⟩ *twintig keer pompen*.
push·y ['pʊʃi] ⟨bn.; -er; -ly; -ness; →bijw. 3⟩ **0.1** *opdringerig* ⇒*brutaal, vrijpostig*.
pu·sil·la·nim·i·ty ['pju:sɪlə'nɪməṭi] ⟨n.-telb.zn.⟩ ⟨schr.⟩ **0.1** *zwakheid* ⇒*schuwheid, schroom* **0.2** *laf(hartig)heid* ⇒*kleinhartigheid*.
pu·sil·lan·i·mous ['pju:sɪ'lænɪməs] ⟨bn.; -ly⟩ ⟨schr.⟩ **0.1** *zwak* ⇒*slap, verlegen, schuw, timide* **0.2** *laf* ⇒*bang, bedeesd*.
puss [pʊs] ⟨f1⟩ ⟨telb.zn.⟩ ⟨inf.⟩ **0.1** *poes* ⟨vnl. als roepnaam⟩ **0.2** *haasje* **0.3** *poesje* ⇒*(koket) meisje, vrouwtje, liefje, schatje* **0.4** ⟨vnl. enk.⟩ *gezicht* ⇒*mond* ◆ **1.1** Puss in boots *de Gelaarsde Kat* **1.¶** ~ in the corner *stuivertje/boompje verwisselen* **3.4** he hit me in the ~ *hij sloeg me op mijn gezicht*.
puss·ley, puss·ly, pus·ley ['pʌsli] ⟨telb. en n.-telb.zn.; →mv. 2⟩ **0.1** *postelein*.
'puss moth ⟨telb.zn.⟩ ⟨dierk.⟩ **0.1** *grote hermelijnvlinder* ⟨Cerura vinula⟩.
puss·y ['pʊsi] ⟨f1⟩ ⟨zn.; →mv. 2⟩
I ⟨telb.zn.⟩ **0.1** ⟨inf.; kind.⟩ *poes(je)* ⇒*kat(je)* **0.2** ⟨inf.⟩ *(wilge) katje* **0.3** ⟨sl.⟩ *poesje* ⇒*kutje, spleetje* **0.4** ⟨sl.⟩ *sekspoes* ⇒*lekker stuk* ◆ **1.¶** ~ wants a corner *stuivertje/boompje verwisselen;*
II ⟨n.-telb.zn.⟩ ◆ **3.¶** ⟨vnl. AE; vulg.⟩ eat ~ *beffen, likken;* ⟨vnl. AE; vulg.⟩ have ~ *neuken*.
'puss·y·cat ⟨f1⟩ ⟨telb.zn.⟩ ⟨inf.⟩ **0.1** *poesje* ⇒*katje* **0.2** *schatje* ⇒*liefje, lieverd* **0.3** *ei* ⇒*doetje, slapjanus*.
puss·y·foot[1] ['pʊsifʊt], **puss·y·foot·er** [-fʊtə‖-fʊṭər] ⟨telb.zn.; mv. pussyfoots⟩ ⟨AE; inf.⟩ **0.1** *voorstander v. drankverbod*.
pussyfoot[2] ⟨onov.ww.⟩ ⟨inf.⟩ **0.1** *sluipen* ⇒*op kousevoeten lopen* **0.2** *zeer voorzichtig te werk gaan* ⇒*een slag om de arm houden, zich op de vlakte houden*.
'pussy willow ⟨telb.zn.⟩ ⟨plantk.⟩ **0.1** ⟨ong.⟩ *(kat)wilg* ⟨Am. boom, Salix discolor⟩.
pus·tu·lar ['pʌstjʊlər‖'pʌstʃələr], **pus·tu·lous** ['pʌstjʊləs‖'pʌstʃələs] ⟨bn.⟩ **0.1** *mbt. puisten* ⇒*puistig, met puisten*.
pus·tu·late[1] ['pʌstjʊleɪt‖-tʃəleɪt] ⟨bn.⟩ **0.1** *puistig* ⇒*bedekt met puistjes*.
pustulate[2] ⟨ww.⟩
I ⟨onov.ww.⟩ **0.1** *puistjes vormen;*
II ⟨ov.ww.⟩ **0.1** *puistig maken* ⇒*puisten doen vormen op*.
pus·tu·la·tion ['pʌstjʊ'leɪʃn‖'pʌstʃə-] ⟨zn.⟩ ⟨med.⟩
I ⟨telb.zn.⟩ **0.1** *puist(je);*
II ⟨n.-telb.zn.⟩ **0.1** *puistvorming*.
pus·tule ['pʌstju:l‖'pʌstʃu:l] ⟨telb.zn.⟩ **0.1** ⟨med.⟩ *puist(je)* ⇒*karbonkel, pustel, etterblaasje* **0.2** ⟨biol.⟩ *wrat*.
put[1] [pʊt], ⟨in bet. 0.2 ook⟩ **'put option** ⟨telb.zn.⟩ **0.1** ⟨sport⟩ *stoot* ⇒*worp* ⟨v. kogel⟩ **0.2** ⟨geldw.⟩ *put* ⇒*premie-affaire met optie v. levering* ⟨v. aandelen⟩.
put[2] →putt[1].
put[3] ⟨f1⟩ ⟨bn., pred.⟩ ⟨inf.⟩ **0.1** *op de plaats* ⇒*ter plekke, onbeweeglijk* ◆ **3.1** stay ~ *blijven waar je bent*.
put[4] ⟨f4⟩ ⟨ww.; put, put⟩ ⟨→sprw. 574, 584, 769⟩
I ⟨onov.ww.⟩ **0.1** ⟨scheep.⟩ *varen* ⇒*stevenen, koers zetten* **0.2** ⟨AE⟩ *stromen* ⟨v. rivier⟩ **0.3** →putt ◆ **3.¶** his sickness ~ paid to his plans *zijn ziekte maakte een eind aan zijn plannen/deed zijn plannen in duigen vallen* **5.1** →put **about;** →put **back;** →put **forth;** →put **in;** →put **off;** →put **out;** →put **over;** →put **to 5.¶** →put **down;** →put **forth;** →put **in;** →put **on;** →put **out;** →put **up** **6.1** the ship ~ **into** the port *het schip voer/stevende de haven binnen* **6.2** the river ~s **into** the sea *de rivier mondt uit in zee;* the river ~s **out of** the mountains *de rivier ontspringt in de bergen* **6.¶** ⟨vnl. BE⟩ ~ **(up)on** s.o. *iem. last/ongemak bezorgen;*
II ⟨ov.ww.⟩ **0.1** *zetten* ⇒*plaatsen, leggen, stellen, steken* ⟨ook fig.⟩; *brengen* ⟨in een toestand⟩ **0.2** *onderwerpen* ⟨aan⟩ ⇒*dwingen, drijven* **0.3** *schatten* **0.4** *(op)leggen* ⇒*heffen* ⟨belastingen⟩ **0.5** *(in)zetten* ⇒*verwedden* **0.6** *werpen* ⇒*stoten, jagen* **0.7** *voorleggen* ⇒*ter sprake brengen, opwerpen, voorstellen* **0.8** *uitdrukken* ⇒*zeggen, stellen* **0.9** *vertalen* ⇒*overbrengen, omzetten* **0.10** ⟨scheep.⟩ *sturen* ⟨schip⟩ **0.11** ⟨geldw.⟩ *leveren* ⇒*aanzeggen* ⟨aandelen⟩ **0.12** →putt ◆ **1.1** ~ a different/one's own construction on sth. *een verschillende/zijn eigen interpretatie aan iets geven;* ~ much effort in(to) sth. *veel moeite aan iets besteden;* ~ an end to (one's life) *een eind maken (aan zijn leven);* ~ a/one's finger to one's lips *de vinger op de mond leggen* ⟨als aanmaning tot zwijgen⟩; ⟨inf.⟩ he couldn't ~ one foot before/in front of the other *hij kon geen voet verzetten;* ~ one's hand on sth. *de hand leggen op iets;* ~ a horse to/at a fence *een paard op een hindernis aanzetten;* ~ a horse to the cart *een paard voor de wagen spannen;* ⟨fig.⟩ ~ one's (own) house in order *orde op zaken stellen;* ~ an idea/thought into s.o.'s head *iem. op een idee brengen;* ~ confused ideas into s.o.'s head *iem. verwarde ideeën aan/inpraten;* ~ a knife between s.o.'s ribs *iem. een mes tussen de ribben steken;* ~ a match to sth. *iets aansteken/in brand steken;* ~ money in(to) sth. *geld steken in iets;* ~ pen to paper *pen op papier zetten;* ~ one's pen through a word *een woord doorhalen;* ~ a period to sth. *een eind maken aan iets;* ~ pressure (up)on *pressie uitoefenen op;* ~ a price on sth. *een prijskaartje hangen aan;* ~ one's signature to sth. *iets (onder)tekenen;* ~ a stallion to a mare *een hengst bij een merrie brengen;* ~ a stop to sth. *een eind maken aan iets;* ~ s.o. on the train *iem. op de trein zetten;* ~ one's trust in *zijn vertrouwen stellen in;* ~ a value/valuation on sth. *de waarde bepalen v. iets;* ~ a high value on sth. *een hoge waarde hechten aan iets;* the death of his son ~ years on him *de dood v. zijn zoon heeft hem ouder gemaakt* **1.4** ~ taxes on *belastingen leggen op* **1.5** ~ money on *geld zetten/wedden op;* ⟨fig.⟩ *zeker zijn van* **1.6** ~ a bullet through s.o.'s head *iem. een kogel door het hoofd jagen;* ⟨atletiek⟩ ~ the shot *kogelstoten;* ⟨sport⟩ ~ the weight *gewichtwerpen* ⟨in Schotse Highland Games⟩ **1.7** ~ the situation to s.o. *iem. de situatie uitleggen* **1.8** ~ a question to s.o. *iem. een vraag stellen* **1.10** ~ a ship into a port *met een schip in een haven binnenkomen* **1.¶** ~ to bed *naar bed brengen* **2.1** ⟨fig.⟩ ~ o.s. right with s.o. *zich tegenover iem. rechtvaardigen;* ⟨fig.⟩ ~ s.o. right *iem. op het juiste pad brengen zetten/verbeteren;* ⟨fig.⟩ ~ sth. right *iets rechtzetten* **3.11** you may ~ and call *u hebt een dubbele optie* ⟨om aandelen te leveren of op te vragen⟩ **4.1** ~ o.s. into sth. *zich geheel/zijn beste krachten aan iets geven* **4.8** how shall I ~ it? *hoe zal ik het zeggen?;* ⟨jur.⟩ I ~ it to you that you were there then! *geeft u maar toe dat u toen daar was!* **4.¶** ⟨inf.⟩ ~ it there! *geef me de vijf!* ⟨ten teken v. akkoord⟩ **5.1** →put **across;** →put **aside;** →put **away;** →put **by;** →put **back;** →put **down;** ~ first *op de eerste plaats laten komen;* →put **forward;** →put **in;** →put **off;** →put **out;** →put **over;** →put **together;** →put **up** **5.8** to ~ it bluntly *om het (maar) ronduit/cru te zeggen, kort en goed;* →put **in** **5.10** →put **about;** →put **back;** →put **to** **5.¶** →put **about;** →put **across;** →put **ahead;** →put **away;** →put **back;** →put **down;** →put **forth;** →put **forward;** be hard ~ (to it) to do sth. *iets nauwelijks aankunnen, het erg moeilijk hebben om iets te doen;* →put **in;** →put **off;** →put **on;** →put **out;** →put **over;** →put **through;** →put **to;** ~ under *verdoven, onder narcose brengen;* →put **up** **6.1** ~ safety **above** cost *veiligheid boven kosten stellen;* ~ s.o. **across** the river *iem. overzetten/naar de overkant brengen;* ~ sth. **before** sth. else *iets prefereren boven iets anders;* ~ **behind** bars *achter de tralies zetten;* ~ sth. **behind** o.s. *zich over iets heen zetten, met iets breken;* ~ one thing **for** another *iets door iets anders vervangen;* ~ **in** inverted commas *tussen aanhalingstekens plaatsen* ⟨ook fig.⟩; ~ sth. **in(to)** s.o.'s hands *iem. iets in handen geven* ⟨vnl. fig.⟩; ~ **into** circulation *in omloop brengen;* ~ **in** order *in orde brengen;* ~ **in** an awkward position *in een moeilijk parket brengen;* ~ **in(to)** touch with *in contact brengen met;* ~ **in-**

to effect *ten uitvoer brengen;* ~ **into** execution *ten uitvoer brengen;* ~ **into** power *aan de macht brengen;* ~ a proposal **into** shape *een voorstel vaste(re) vorm geven;* ~ s.o. **off** his food *iem. de eetlust benemen;* ~ s.o. **off** his game *iem. v. zijn spel afleiden, iemands spel verstoren;* ~ s.o. **off** learning *iem. de zin om te leren ontnemen;* ~ **off** the scent/track/trail *v.h. (goede) spoor brengen;* ~ s.o. **off** smoking *iem. v.h. roken afbrengen;* ~ s.o. **on** antibiotics *iem. antibiotica voorschrijven;* ~ **on** his/its feet *op de been /er bovenop brengen;* ⟨fig.⟩ ~ **on** ice *iets in de ijskast zetten/bergen;* ~ s.o. **on** his guard *iem. waarschuwen;* ~ **on** the right track *op het goede spoor brengen;* ⟨mil.⟩ ~ **out of** action *buiten gevecht /werking stellen;* ~ **out of** business *failliet doen gaan, ruïneren;* ~ s.o. **out of** temper *iem. uit zijn humeur brengen;* ~ a Bill **through** Parliament *een wetsvoorstel door het parlement krijgen;* ~ one's children **through** university *zijn kinderen universitaire studies laten voltooien;* ~ the children **to** bed *de kinderen naar bed brengen;* ~ **to** the blush *doen blozen;* ~ **to** death *ter dood brengen, ombrengen;* ~ o.s. **to** death *zelfmoord plegen;* ~ a poem **to** music *een gedicht op muziek zetten;* ~ one's son **to** a trade *voor zijn zoon een beroep vinden;* ~ o.s./s.o. **to** work *zich/iem. aan het werk zetten;* ~ **to** effective/good use *een nuttig/goed gebruik maken van;* ~ £100 **towards** the cost *£100 in de kosten bijdragen* **6.2** ~ s.o. **on** his oath *iem. onder ede doen verklaren/de waarheid doen zeggen;* ~ s.o. **on** (his) trial *iem. voor de rechter brengen;* ~ s.o. **through** a severe test *iem. aan een zware test onderwerpen;* ⟨inf.⟩ ~ s.o. **through** it *iem. een zware test afnemen/zwaar op de proef stellen;* ~ **to** flight/rout *op de vlucht drijven;* ~ s.o. **to** (great) inconvenience *iem. (veel) ongerief bezorgen;* ~ s.o. **to** the indignity of doing sth. *iem. ertoe vernederen iets te doen;* put s.o. **to** trouble *iem. last/ongemak bezorgen* **6.4** ~ £1,000,000 **on** the taxes *de belastingen met £1.000.000 verhogen* **6.7** ~ a proposal **before** a meeting *een vergadering een voorstel voorleggen/in overweging geven;* ~ s.o. **onto** s.o. *iem. aan iem. voorstellen;* ~ a proposal **to** the assembly *een voorstel aan de vergadering voorleggen* **6.9** ~ a text **into** another language *een tekst vertalen* **6.¶** ~ it/one/sth. **across** s.o. *het iem. flikken, iem. beetnemen;* ⟨inf.⟩ not ~ it **past** s.o. to do sth. *iem. ertoe in staat achten iets te doen;* ~ o.s. **to** it to do sth. *zich ertoe zetten iets te doen;* I ~ it **to** him that he was wrong *ik hield het hem voor dat hij het verkeerd had.*

put[5] →putt[2].

'put a'bout ⟨f1⟩ ⟨ww.⟩
I ⟨onov.ww.⟩ ⟨scheep.⟩ **0.1** ***laveren*** ⇒*v. richting veranderen;*
II ⟨ov.ww.⟩ **0.1** ***v. richting doen veranderen*** ⇒*wenden, keren, doen omkeren* ⟨schip⟩ **0.2** ***hinderen*** ⇒*storen, last bezorgen, lastig vallen, derangeren* **0.3** ***verspreiden*** ⇒*rondstrooien* ⟨gerucht, leugens⟩ **0.4** ⟨vaak pass.⟩ ⟨vnl. Sch. E⟩ ***verontrusten*** ⇒*v. streek maken* ◆ **1.1** the captain put his ship about *de kapitein wendde de steven* **3.4** be ~ *v. streek/uit het veld geslagen zijn* **4.¶** ⟨BE; sl.⟩ put it/o.s. about *charmes uitbuiten, koketteren* ⟨vnl. v. vrouwen⟩.

'put a'cross ⟨f1⟩ ⟨ov.ww.⟩ **0.1** ***overbrengen*** ⟨ook fig.⟩ ⇒*aanvaardbaar maken, overzetten, aan de man brengen* **0.2** ⟨vnl. AE; inf.⟩ ***doordrukken*** ⇒*doorzetten* ◆ **1.2** the junta has been able to put its disastrous plans across *de junta heeft haar rampspoedige plannen kunnen doordrukken* **6.1** know how to put one's ideas across **to** an audience *zijn ideeën naar een gehoor weten over te brengen.*

put ahead →put forward.

'put-and-'call, put-and-call option ⟨telb.zn.; puts-and-calls; →mv. 6⟩ ⟨geldw.⟩ **0.1** ***stellage*** ⇒*dubbele optie* ⟨voor koop of verkoop v. aandelen⟩.

'put-and-'take ⟨n.-telb.zn.⟩ **0.1** ***gokspelletje waarbij tolletje bepaalt wie inzet of uitbetaald wordt.***

'put a'side, ⟨in bet. 0.1 ook⟩ **'put a'way, 'put 'by** ⟨f1⟩ ⟨ov.ww.; vaak pass.⟩ **0.1** ***opzij zetten*** ⇒*wegzetten, opzij leggen,* ⟨ook mbt. geld⟩ *sparen, reserveren* **0.2** ***terzijde schuiven*** ⟨fig.⟩ ⇒*opzij zetten, vergeten, negeren* ◆ **1.1** I'll put this carpet aside for you, sir! *ik reserveer dit tapijt voor u, meneer!* **1.2** ~ one's pride *zijn trots opzij zetten.*

pu·ta·tive ['pju:ṭəṭɪv] ⟨bn., attr.; -ly⟩ **0.1** ***vermeend*** ⇒*verondersteld, vermoedelijk* **0.2** ***hypothetisch*** ◆ **1.1** ⟨jur.⟩ ~ marriage *putatief huwelijk.*

put·a·way ⟨telb.zn.⟩ ⟨sport⟩ **0.1** ***smash.***

'put a'way ⟨f2⟩ ⟨ov.ww.⟩ **0.1** ***wegleggen*** ⇒*opbergen, wegbergen* **0.2** →put aside **0.3** ⟨inf.⟩ ***wegwerken*** ⟨voedsel, drank⟩ ⇒*achteroverslaan, verstouwen, laden, verorberen* **0.4** ⟨inf.; euf.⟩ ***opbergen*** ⟨in gevangenis, gesticht⟩ ⇒*opsluiten* **0.5** →put down **0.6** ⟨schr.⟩ ***opgeven*** ⇒*vergeten* ⟨hoop, ambitie⟩ ◆ **1.4** he had to be ~ *hij moest opgesloten worden* **1.6** ~ that foolish plan! *laat dat dwaze plan varen!.*

'put 'back, ⟨in bet. II 0.2 ook⟩ **'put be'hind** ⟨f2⟩ ⟨ww.⟩
I ⟨onov.ww.⟩ ⟨scheep.⟩ **0.1** ***terugvaren*** ⇒*naar de haven terugvaren* ◆ **6.1** ~ **to** port *naar de haven terugvaren;*
II ⟨ov.ww.⟩ **0.1** ***terugzetten*** ⇒*terugdraaien, achteruitzetten* **0.2** ***vertragen*** ⇒*tegenhouden* **0.3** ***uitstellen*** ⇒*verzetten* **0.4** ⟨scheep.⟩ ***doen terugvaren*** ◆ **1.1** put the clock back *de klok terugzetten* ⟨ook fig.⟩ **1.2** production has been ~ by a strike *de produktie is door een staking vertraagd* **6.3** ~ **till/to/until** *uitstellen tot.*

put by →put aside.

'put 'down, ⟨in bet. II 0.5 ook⟩ **'put a'way** ⟨ww.⟩
I ⟨onov.ww.⟩ **0.1** ***landen*** ⟨v. vliegtuig⟩;
II ⟨ov.ww.⟩ **0.1** ***neerzetten*** ⇒*neerleggen* **0.2** ***onderdrukken*** ⇒*beheersen, onderwerpen* **0.3** ***opschrijven*** ⇒*neerschrijven, noteren; op de agenda zetten* **0.4** ***opslaan*** ⟨i.h.b. voedsel⟩ ⇒*bewaren, inmaken* **0.5** ***een spuitje geven*** ⟨ziek dier⟩ ⇒*uit zijn lijden helpen, (laten) afmaken* **0.6** ***afzetten*** ⇒*uit laten stappen* ⟨passagiers⟩ **0.7** ***afschaffen*** ⇒*een einde maken aan* **0.8** ***aanbetalen*** **0.9** ⟨inf.⟩ ***afkeuren*** ⇒*kritiseren* **0.10** ⟨inf.⟩ ***kleineren*** ⇒*vernederen;* ⟨fig.⟩ *op zijn plaats zetten* ◆ **1.1** ~ a baby *een baby te slapen leggen;* ~ your books! *leg je boeken neer!, hou op met lezen!;* ~ a plane *een vliegtuig aan de grond/neerzetten* **1.4** ~ wine *wijn opslaan* ⟨in kelder⟩ **1.7** ~ s.o.'s pride *iemands trots fnuiken* **6.3** ~ a holiday **as** a business trip *een vakantie opvoeren als zakenreis;* ⟨fig.⟩ put s.o. down **as/for** *iem. houden voor/beschouwen als;* put a boy down **for** Eton *een jongen laten inschrijven voor Eton;* put s.o. down **for** £2 *iem. noteren voor £2* ⟨bij collecte⟩; ⟨fig.⟩ put sth. down **to** ignorance *iets toeschrijven aan onwetendheid;* put it down **to** my account *zet het maar op mijn rekening.*

'put-down ⟨telb.zn.⟩ **0.1** ***kleinering*** ⇒*schampere opmerking.*

'put 'forth ⟨ww.⟩ ⟨schr.⟩
I ⟨onov.ww.⟩ **0.1** ***uitlopen*** ⟨v. plant⟩ ⇒*uitbotten;*
II ⟨ov.ww.⟩ **0.1** ***aanwenden*** ⇒*gebruiken, uitoefenen, ten toon spreiden* **0.2** ***in omloop brengen*** ⇒*uitgeven* **0.3** ***voortbrengen*** ⟨v. plant, blad⟩ **0.4** ***verkondigen*** ⟨theorie⟩ ◆ **1.1** ~ strength *kracht ten toon spreiden* **1.3** the plants are putting forth their leaves *de planten beginnen uit te lopen.*

'put 'forward, ⟨in bet. 0.4 ook⟩ **'put a'head** ⟨f1⟩ ⟨ov.ww.⟩ **0.1** ***naar voren brengen*** ⟨ook fig.⟩ ⇒*voorstellen, opperen* **0.2** ***voordragen*** ⟨voor functie⟩ ⇒*kandidaat stellen, naar voren schuiven* **0.3** ***vooruitzetten*** ⟨klok⟩ **0.4** ***vervroegen*** ⇒*eerder doen plaatsvinden* ◆ **4.1** ⟨fig.⟩ put o.s. forward *zich voorstellen, naar voren komen;* put s.o. forward *iem. voorstellen/naar voren schuiven.*

'put 'in ⟨f1⟩ ⟨ww.⟩
I ⟨onov.ww.⟩ **0.1** ***een verzoek indienen*** ⇒*solliciteren* **0.2** ⟨inf.⟩ ***binnenwippen*** ⇒*eventjes binnenkomen* **0.3** ⟨scheep.⟩ ***binnenlopen*** ⇒*binnenvaren* ◆ **3.2** he ~ to make a call *hij kwam eventjes binnen om te telefoneren* **6.1** ⟨inf.⟩ ~ **for** *solliciteren naar, zich kandidaat stellen voor, mededingen naar;* ~ **for** leave *verlof (aan) vragen* **6.3** ~ **at** a port *een haven binnenlopen/aandoen;*
II ⟨ov.ww.⟩ **0.1** ***(erin) plaatsen/zetten/brengen*** ⇒*inbrengen, inlassen, invoegen; installeren, monteren; inspannen* ⟨paard⟩; *zaaien, (uit)planten, poten* **0.2** ***opwerpen*** ⇒*tussenbeide komen met, uitroepen* **0.3** ***installeren*** ⇒*aanstellen, inzetten* **0.4** ***besteden*** ⟨tijd, werk, geld⟩ ⇒*wijden* ⟨tijd⟩; *doen* ⟨werk⟩ **0.5** ⟨inf.⟩ ***doorbrengen*** ⟨tijd⟩ ⇒*passeren* **0.6** ⟨pol.⟩ ***verkiezen*** ⇒*aan de macht brengen* **0.7** ⟨jur.⟩ ***indienen*** ⇒*neerleggen, deponeren* ⟨klacht, document⟩ ◆ **1.1** ~ an/one's appearance *zich (eens) laten zien/vertonen;* ~ a comma here! *las hier een komma in!;* ~ more details, please! *vermeld meer details, a.u.b.!;* the novelist has ~ a romantic episode here *de romanschrijver heeft hier een romantische episode ingelast;* ~ potatoes *aardappels poten/inleggen* **1.2** ⟨AE; sl.⟩ ~ (one's) two cents *(ongevraagd) zijn advies/mening geven;* ~ a remark *een opmerking plaatsen;* 'Stop it!' he ~ *'Schei uit!' riep hij uit;* ⟨inf.⟩ ~ a (good) word for s.o. *een goed woordje voor iem. doen* **1.3** ~ guards for the President's protection *bewakers aanstellen voor de bescherming v.d. president* **1.4** he ~ a lot of hard work on the project *hij heeft een boel werk in het project gestopt;* ~ a blow *een slag/klap geven* **1.5** we had another hour to ~ *we moesten nog een uur passeren* **1.6** the Conservative Party was ~ *de Conservatieve Partij kwam aan de macht* **1.7** ~ a plea of not guilty *onschuldig pleiten* **6.1** he put his head in **at** the window *hij stak zijn hoofd uit het raam* **6.3** ~ an athlete **for** an event *een atleet voor een (wedstrijd)nummer aanwijzen* **6.7** ~ a claim **for** damages *een eis tot schadevergoeding instellen* **6.¶** put s.o. in **for** an award *iem. voor een onderscheiding voordragen/aanbevelen.*

put·log ['pʌtlɒg‖'pʊtlɔg,-lɑg], **put·lock** [-lɒk‖-lɑk] ⟨telb.zn.⟩ **0.1** ***korteling*** ⇒*bulsterhout, dwarshout* ⟨v. steiger⟩.

'put·off ⟨telb.zn.⟩ ⟨inf.⟩ **0.1** ***smoes(je)*** ⇒*excuus.*

'put 'off ⟨f2⟩ ⟨ww.⟩ ⟨→sprw. 487⟩
I ⟨onov.ww.⟩ **0.1** ⟨scheep.⟩ ***uitvaren*** ⇒*uitzeilen, vertrekken, v. wal steken* ◆ **6.1** ~ **from** the shore *v. wal steken, wegvaren v.d. kust;* ~ **to** sea *zee kiezen;*

II ⟨ov.ww.⟩ **0.1** ***uitstellen*** ⇒*afzeggen, afschrijven* **0.2** ***afzetten*** ⇒*uit laten stappen* ⟨passagiers⟩ **0.3** ***afschrikken*** ⇒*(v. zich) afstoten, tegenmaken, afkerig maken, doen walgen* **0.4** ***afschepen*** ⇒*v. zich afschudden, ontmoedigen* **0.5** ***v. de wijs brengen*** ⇒*v. streek maken* **0.6** ***verdoven*** ⇒*in slaap doen, bewusteloos maken* **0.7** ***v. de hand doen*** ⇒*aansmeren* **0.8** ***uitzenden*** ⟨boot⟩ **0.9** ***uitdoen*** ⇒*uitdraaien, afzetten* ⟨licht, gas, radio e.d.⟩ **0.10** ⟨vero.⟩ ***uittrekken*** ⇒*uitdoen* ⟨kleding⟩; *afleggen* ⟨ook fig.⟩; *laten varen* ◆ **1.1** we had to ~ our friends because I was ill *we moesten de afspraak met onze vrienden afzeggen omdat ik ziek was* **1.3** his behaviour ~ many possible friends *zijn gedrag maakte veel mogelijke vrienden afkerig;* the smell of that food put me off *de reuk v. dat eten deed me walgen* **1.4** I tried in vain to ~ my tax-collector *ik trachtte tevergeefs mijn ontvanger v. mij af te schudden* **1.5** the speaker was ~ by the noise *de spreker werd door het lawaai v. streek gemaakt* **1.6** an injection put me off before the operation *een inspuiting deed me voor de operatie in slaap vallen* **1.7** the counterfeiters had been able to ~ hundreds of ten-dollar bills *de valsemunters waren erin geslaagd honderden biljetten v. tien dollar v.d. hand te doen* **1.10** ~ your doubts! *laat uw twijfels varen!* **6.1** ~ **till/until** *uitstellen tot* **6.3** put s.o. off **from** a plan *iem. een plan afraden* **6.4** put s.o. off **with** an excuse *iem. met een smoesje afschepen* **6.7** put an old car off **on** s.o. *iem. een oude auto aansmeren.*

'put 'on ⟨f2⟩ ⟨ww.⟩

I ⟨onov.ww.⟩ ⟨AE; sl.⟩ **0.1** ***bikken*** ⇒*eten* **0.2** ***kak hebben*** ⇒*bekakt zijn;*

II ⟨ov.ww.⟩ **0.1** ***voorwenden*** ⇒*aannemen* ⟨houding⟩ **0.2** ***toevoegen*** ⇒*verhogen, opvoeren, opdrijven* **0.3** ***opvoeren*** ⇒*op de planken brengen, opzetten* **0.4** ***inzetten*** ⇒*opstellen* ⟨voor optreden, wedstrijd⟩ **0.5** ***aantrekken*** ⟨kleding⟩ ⇒*aandoen; opzetten* ⟨bril, hoed⟩ **0.6** ***inzetten*** ⇒*inleggen* ⟨extra-trein e.d.⟩ **0.7** ***vooruitzetten*** ⟨klok⟩ **0.8** ***in werking/beweging stellen*** ⇒*aanwenden, inzetten; aandoen* ⟨licht⟩; *aanzetten* ⟨radio e.d.⟩ **0.9** ***opleggen*** ⟨belasting⟩ **0.10** ***inzetten*** ⟨geld; bij weddenschap⟩ **0.11** ***in contact brengen*** ⇒*doorverbinden* **0.12** ⟨vnl. AE; sl.⟩ ***beduvelen*** ⇒*belazeren, voor de gek houden* **0.13** ⟨cricket⟩ ***de score opvoeren met*** ⟨bep. aantal runs⟩ **0.14** ⟨cricket⟩ ***inzetten*** ⟨om te bowlen⟩ ◆ **1.1** ~ a brave/bold face/front *zich stoer aanstellen, flink zijn;* ~ an accent *een accent aannemen;* ~ airs *zich een air/airs geven* **1.2** ~ pressure *de druk verhogen* ⟨ook fig.⟩; ~ speed *sneller/harder gaan, de snelheid opdrijven;* ~ steam *stoom geven;* ~ weight/flesh *aankomen, zwaarder worden;* ~ years *ouder gaan lijken* **1.3** ⟨inf.; fig.⟩ ~ an act *een nummertje opvoeren, doen alsof;* ~ a big show *een grootse show opzetten;* ~ a play *een toneelstuk op de planken brengen* **1.4** the player was ~ for the next game *de speler was opgesteld voor de volgende wedstrijd* **1.5** ⟨inf.; fig.⟩ put one's thinking cap on *eens diep nadenken, de hersens inspannen;* ~ glasses *een bril opzetten;* she had ~ too much lipstick *ze had te veel lipstick gebruikt* **1.8** ⟨inf.⟩ ~ a/the brake(s) *afremmen* ⟨vnl. fig.⟩; ⟨inf.; fig.⟩ put the screw(s)/squeeze/heat on *de duimschroeven wat aandraaien* **4.2** ⟨inf.⟩ put it on *aankomen* ⟨in gewicht⟩; *overdrijven, te veel aanrekenen* **4.3** ⟨inf.⟩ put it on *doen alsof, simuleren* **6.11** put me on **to** the director himself, please! *verbind me (a.u.b.) door met de directeur zelf;* an informer put the police on **to** the escapee *een informant zette de politie op het spoor v.d. ontsnapte;* he put me on **to** this vacancy *hij bracht me v. deze vacature op de hoogte.*

'put-on[1] ⟨f1⟩ ⟨zn.⟩

I ⟨telb.zn.⟩ ⟨AE⟩ **0.1** ***grap*** ⇒*(vuil/flauw) geintje* **0.2** ⟨sl.⟩ ***poseur*** ⇒*huichelaar;*

II ⟨telb. en n.-telb.zn.⟩ **0.1** ***komedie*** ⇒*huichelarij* **0.2** ⟨AE⟩ ***pose*** ⇒*gemaaktheid.*

'put-'on[2] ⟨bn., attr.⟩ **0.1** ***voorgewend*** ⇒*geveinsd* ◆ **1.1** ⟨AE; sl.⟩ ~ artist *huichelaar, poseur.*

put option →put[1].

'put 'out ⟨f2⟩ ⟨ww.⟩

I ⟨onov.ww.⟩ **0.1** ⟨scheep.⟩ ***uitvaren*** ⇒⟨fig.⟩ *vertrekken* **0.2** ⟨AE; sl.⟩ ***zich uitsloven*** **0.3** ⟨AE; sl.⟩ ***allemansvriend(in) zijn*** ⇒*promiscuë zijn* ◆ **6.1** ~ **from** *uitvaren uit;* ~ **to** sea *zee kiezen;*

II ⟨ov.ww.⟩ **0.1** ***uitsteken*** ⇒*laten zien, tonen* **0.2** ***aanwenden*** ⇒*uitoefenen, inzetten, gebruiken* **0.3** ***uitmaken*** ⇒*uitdoen, (uit) doven, blussen* **0.4** ***verdoven*** ⇒*in slaap doen, bewusteloos maken/slaan* **0.5** ***van zijn stuk brengen*** ⇒*verontrusten, uit zijn humeur brengen, irriteren* **0.6** ***storen*** ⇒*hinderen, last aandoen* **0.7** ***eruit gooien*** **0.8** ***ontwrichten*** ⇒⟨fig.⟩ *een afwijking doen ontstaan in* ⟨berekening⟩ **0.9** ***voortbrengen*** ⇒*produceren* **0.10** ***uitvaardigen*** ⇒*uitgeven, doen uitgaan, verspreiden, uitzenden* ⟨bericht⟩ **0.11** ***uitbesteden*** ⟨werk⟩ **0.12** ***uitzetten*** ⇒*lenen, beleggen* **0.13** ***blind maken*** ⇒*verblinden* ⟨oog⟩ **0.14** ⟨sport⟩ ***'uit' slaan/vangen*** ⟨batsman⟩ ◆ **1.1** ⟨inf.; fig.⟩ ~ feelers *zijn voelhorens uitsteken;* put the flag(s) out *de vlag(gen) uitsteken;* ⟨fig.⟩ *de overwinning vieren;* put one's hand out *zijn hand uitsteken* ⟨om te begroeten/straffen⟩; put one's tongue out *zijn tong uitsteken* **1.2** ~ all one's strength *al zijn kracht aanwenden* **1.3** ~ the fire/light *het vuur/licht uitdoen/doven* **1.4** the boxer put his opponent out *de bokser sloeg zijn tegenstander k.o.;* the injection put me out in a few seconds *de injectie verdoofde me in enkele seconden* **1.8** the calculations may have been ~ by one percent *er kan een afwijking v. een percent in de berekeningen geslopen zijn;* put one's shoulder out *zijn arm uit de kom trekken* **1.9** the engine puts out 75 h.p. *de motor produceert 75 p.k.;* the new factory puts out 200 engines a day *de nieuwe fabriek produceert 200 motoren per dag;* the tree puts out leaves *de boom krijgt blaren/spruit uit* **1.10** the police have ~ a description of the robbers *de politie heeft een beschrijving v.d. rovers verspreid;* the BBC puts out news bulletins *de BBC zendt nieuwsbulletins uit;* the government has ~ an official statement *de regering heeft een communiqué uitgegeven* **1.13** ~ s.o.'s eye *iemands oog verblinden* **4.6** put o.s. out *zich moeite getroosten, zich uitsloven* **6.11** ~ a job **to** a subcontractor *een werk aan een onderaannemer uitbesteden* **6.12** ~ one's money **at** a high interest *zijn geld tegen een hoge rente uitzetten.*

'put 'over ⟨f1⟩ ⟨ww.⟩

I ⟨onov.ww.⟩ **0.1** ***overvaren*** ⇒*naar de overzijde varen;*

II ⟨ov.ww.⟩ **0.1** ***overbrengen*** ⟨ook fig.⟩ ⇒*aanvaardbaar maken, overzetten, aan de man brengen* **0.2** ⟨AE⟩ ***uitstellen*** ⇒*vertragen, verdagen* ◆ **6.1** ⟨inf.⟩ put (a fast) one/sth. over **on** s.o. *iem. iets wijsmaken;* know how to put one's ideas over **to** an audience *weten hoe zijn ideeën naar een publiek over te brengen* **6.2** the session was ~ **to** next month *de zitting werd tot volgende maand verdaagd.*

put-put →putt-putt.

pu·tre·fac·tion ['pju:trɪ'fækʃn] ⟨n.-telb.zn.⟩ **0.1** ***(ver)rotting*** ⇒*bederf, putrefactie* **0.2** ***verrot materiaal*** **0.3** ***rot*** ⇒*verval.*

pu·tre·fac·tive [-'fæktɪv], **pu·tre·fa·cient** [-'feɪʃnt] ⟨bn.; putrefactive-ly⟩ **0.1** ***mbt. rotting*** ⇒⟨i.h.b.⟩ *rotting veroorzakend; rottend; rottings-.*

pu·tre·fy ['pju:trɪfaɪ] ⟨f1⟩ ⟨ww.; →ww. 7⟩

I ⟨onov.ww.⟩ **0.1** ***(ver)rotten*** ⇒*bederven, vergaan* **0.2** ***etteren*** **0.3** ***corrupt worden;***

II ⟨ov.ww.⟩ **0.1** ***doen (ver)rotten*** ⇒*doen vergaan/stinken* **0.2** ***corrumperen.***

pu·tres·cence [pju:'tresns] ⟨n.-telb.zn.⟩ **0.1** ***rotting.***

pu·tres·cent [pju:'tresnt] ⟨bn.⟩ **0.1** ***rottend*** ⇒*bedervend* **0.2** ***mbt. rotting*** ⇒*rot(tings)-.*

pu·tres·ci·ble [pju:'tresəbl] ⟨bn.⟩ **0.1** ***aan bederf onderhevig.***

pu·trid ['pju:trɪd] ⟨f1⟩ ⟨bn.; -ly; -ness⟩ **0.1** ***(ver)rot*** ⇒*vergaan, verpest* **0.2** ***corrupt*** **0.3** ⟨sl.⟩ ***waardeloos*** ⇒*klere-, rot-* ◆ **1.¶** ⟨med.⟩ ~ fever *pyemie, etter in het bloed.*

pu·trid·i·ty [pju:'trɪdəti] ⟨n.-telb.zn.⟩ **0.1** ***vergaan materiaal*** ⇒*rot (te massa)* **0.2** ***staat v. ontbinding*** ⇒*rotheid.*

putsch [pʊtʃ] ⟨telb.zn.⟩ **0.1** ***staatsgreep*** ⇒*coup (d'état), putsch.*

putt[1], **put** [pʌt] ⟨f1⟩ ⟨telb.zn.⟩ ⟨golf⟩ **0.1** ***put*** ⟨een uit zijwaartse stand zachtjes geslagen bal op de green naar de hole⟩.

putt[2], **put** ⟨f1⟩ ⟨ww.; →ww. 7⟩ ⟨golf⟩

I ⟨onov.ww.⟩ **0.1** ***putten;***

II ⟨ov.ww.⟩ **0.1** ***putten*** ⇒*met een putter slaan* ⟨bal, in hole⟩.

put·tee ['pʌti, pʌ'ti:] ⟨telb.zn.; vaak mv.⟩ **0.1** ***beenwindsel*** ⇒*puttee* **0.2** ⟨AE⟩ ***leren beenkap.***

put·ter[1] ['pʊtə‖'pʊţər] ⟨telb.zn.⟩ **0.1** ***steller*** ⟨v. vraag⟩ **0.2** ⟨mijnw.⟩ ***lader*** ⇒*sleper* **0.3** ⟨atletiek⟩ ***(kogel)stoter.***

putter[2] ['pʌtə‖'pʌţər] ⟨telb.zn.⟩ **0.1** ⟨golf⟩ ***putter*** ⟨soort golfstok⟩ **0.2** ⟨golf⟩ ***iem. die put*** **0.3** →putt-putt[1].

putter[3] →putt-putt[2].

putter[4] →potter.

put·ter-off·er ['pʊtə'rɒfə‖'pʊţə'rɔfər] ⟨telb.zn.⟩ ⟨AE; sl.⟩ **0.1** ***treuzelaar.***

'put 'through ⟨f1⟩ ⟨ov.ww.⟩ **0.1** ***(door)verbinden*** ⟨telefoongesprek⟩ **0.2** ***voeren*** ⟨telefoongesprek⟩ **0.3** ***uitvoeren*** ⟨taak⟩ **0.4** ***tot stand brengen*** ⇒*tot een goed einde brengen, voltooien* ◆ **1.1** put a call through *een gesprek doorschakelen;* put s.o. through (to) *iem. doorverbinden (met).*

putting green ['pʌtɪŋ gri:n] ⟨telb.zn.⟩ ⟨golf⟩ **0.1** ***green*** ⟨gazon om de met een vlag gemarkeerde hole⟩.

'putting hand ⟨telb.zn.⟩ ⟨atletiek⟩ **0.1** ***stoothand*** ⟨v. kogelstoter⟩.

put·to ['pʊţoʊ] ⟨telb.zn.; putti ['pʊţi]; →mv. 5⟩ ⟨beeld. k.⟩ **0.1** ***putto.***

'put 'to ⟨ww.⟩

I ⟨onov.ww.⟩ ⟨scheep.⟩ **0.1** ***landwaarts stevenen;***

II ⟨ov.ww.⟩ **0.1** ⟨scheep.⟩ ***landwaarts richten*** ⟨schip⟩ **0.2** ⟨inf.; gew.⟩ ***dichttrekken*** ⇒*sluiten* ⟨deur, raam⟩ **0.3** ⟨zelden⟩ ***inspannen*** ⟨paarden⟩ **0.4** ⟨zelden⟩ ***(eronder) zetten*** ⟨handtekening⟩.

put·tock ['pʌţək]⟨telb.zn.⟩⟨gew.; dierk.⟩ **0.1** ***rode wouw*** ⟨Milvus milvus⟩.
'put to'gether ⟨f1⟩⟨ov.ww.⟩ **0.1** ***samenvoegen*** *⇒samenstellen, combineren, formeren* **0.2** ***verzamelen*** *⇒verenigen* ◆ **1.1** more than all the others ~ *meer dan alle anderen bij elkaar* **1.2** ⟨inf.; fig.⟩ put one's heads together *de koppen bij elkaar steken* **4.¶** ⟨inf.; fig.⟩ put two and two together *zijn conclusies trekken*.
putt-putt[1] ['pʌtpʌt], **put·ter** ['pʌtə‖'pʌţər]⟨zn.⟩⟨inf.⟩
I ⟨telb.zn.⟩ **0.1** ***motortje*** *⇒buitenboord/tweetaktmotortje;* ⟨AE⟩ *viercilindermotor* **0.2** ***karretje*** **0.3** ***scooter;***
II ⟨n.-telb.zn.⟩ **0.1** ***geprutteI*** ⟨v. motor⟩.
putt-putt[2], **putter** ⟨onov.ww.⟩ **0.1** ***pruttelen*** ⟨v. motor⟩.
put·ty[1] ['pʌţi]⟨f1⟩⟨zn.; →mv. 2⟩
I ⟨telb.zn.⟩ **0.1** ***meegaand persoon;***
II ⟨n.-telb.zn.⟩ **0.1** ***stopverf*** **0.2** ***tinas*** **0.3** ***plamuur*** ◆ **1.¶** be ~ in s.o.'s hands *als was in iemands handen zijn*.
putty[2] ⟨ov.ww.; →ww. 7⟩ **0.1** ***stoppen*** ⟨met stopverf⟩ **0.2** ***plamuren*** ◆ **5.1** ~ **in** *vastzetten* ⟨met stopverf⟩ **5.2** ~ **up** *dichtplamuren*.
'put·ty-head ⟨telb.zn.⟩⟨AE; sl.⟩ **0.1** ***stommeling*** *⇒idioot*.
'put·ty-knife ⟨telb.zn.⟩ **0.1** ***plamuurmes***.
'putty 'medal ⟨telb.zn.⟩⟨AE; scherts.⟩ **0.1** ***medaille*** *⇒lintje* ⟨voor geringe verdienste⟩ ◆ **3.1** you deserve a ~ *daar krijg je vast een lintje voor*.
'put 'up ⟨f2⟩⟨ww.⟩
I ⟨onov.ww.⟩ **0.1** ⟨vnl. BE⟩ ***zich kandidaat stellen*** **0.2** ⟨vnl. BE⟩ ***logeren*** *⇒te gast zijn* **0.3** ⟨AE; sl.⟩ ***wedden om geld*** ◆ **3.¶** ⟨AE; sl.⟩ ~ or shut up! *maak dat maar eens hard of hou je mond!* **6.1** ~ for *zich kandidaat stellen voor* **6.2** ~ **at** an inn *in een herberg logeren* **6.¶** ⟨inf.⟩ she wouldn't ~ **with** that any longer *zij nam/pikte/slikte het niet langer;*
II ⟨ov.ww.⟩ **0.1** ***opzetten*** *⇒optrekken, oprichten, bouwen* **0.2** ***opsteken*** *⇒hijsen* **0.3** ***bekendmaken*** *⇒afkondigen, uithangen, aanplakken* **0.4** ***voorleggen*** *⇒naar voren brengen, verdedigen* **0.5** ***verhogen*** *⇒opslaan* **0.6** ***huisvesten*** *⇒logeren, te gast hebben* **0.7** ***beschikbaar stellen*** ⟨gelden⟩ *⇒voorschieten, fourneren* **0.8** ***bieden*** *⇒tonen, laten zien* **0.9** ***(te koop) aanbieden*** **0.10** ***kandidaat stellen*** *⇒voordragen* **0.11** ***bekokstoven*** **0.12** ***opslaan*** *⇒bewaren, inleggen, inmaken* **0.13** ***klaarmaken*** *⇒zorgen voor* ⟨eten⟩ **0.14** ***voorleiden*** *⇒voor de rechtbank brengen* **0.15** ⟨jacht⟩ ***opjagen*** ⟨wild⟩ **0.16** ⟨vero.⟩ ***opbergen*** *⇒wegbergen, inpakken* ◆ **1.1** ⟨fig.⟩ ~ a front/façade *zich achter een façade verbergen;* ~ a show *iets voor de show doen;* ⟨vnl. fig.⟩ ~ a smokescreen *een rookgordijn leggen;* ~ a tent *een tent optrekken;* ~ a statue *een standbeeld oprichten* **1.2** she had put her hair up *ze had haar haar opgestoken;* put one's hands up *de handen opsteken* ⟨vnl. om zich over te geven⟩ **1.3** ~ the banns *een huwelijk afkondigen;* ~ a notice *een bericht ophangen* **1.4** ~ a case *een zaak naar voren brengen/verdedigen;* ~ a petition *een petitie aanbieden;* ~ a prayer *een gebed uitspreken;* ~ a proposal *een voorstel voorleggen* **1.5** ~ the rent *de huurprijs verhogen/opslaan* **1.6** ~ a horse *een paard stallen* **1.7** who will ~ money for new research? *wie stelt geld beschikbaar voor nieuw onderzoek?;* ~ a prize for the winner *een prijs uitloven voor de winnaar* **1.8** ~ a good fight *goed vechten;* ~ strong resistance *hevig weerstand bieden* **1.12** ~ apples *appels bewaren;* ~ herring *haring inleggen* **1.13** ~ a couple of sandwiches for us, please *maak een paar sandwiches voor ons klaar, a.u.b.* **1.14** the gang was ~ *de bende werd voorgeleid* **1.15** ~ game *wild opjagen* **1.16** ~ your swords! *steek uw zwaarden in de schede!* **6.9** the paintings were ~ **for** auction *de schilderijen werden in veiling gebracht;* they ~ their house **for** sale *zij boden hun huis te koop aan* **6.10** they put him up **for** chairman *zij droegen hem als voorzitter voor* **6.¶** put s.o. up **to** sth. *iem. opstoken/aanzetten tot iets; iem. op de hoogte brengen v. iets, iem. instrueren*.
'put-up ⟨bn., attr.⟩ **0.1** ***afgesproken*** ◆ **1.1** ~ job *afgesproken werk, complot, doorgestoken kaart*.
'put-up·on ⟨bn., pred.⟩ **0.1** ***misbruikt*** ◆ **3.1** feel ~ *zich misbruikt voelen*.
putz ['pʊts]⟨telb.zn.⟩⟨AE; sl.⟩ **0.1** ***pik*** *⇒lul* **0.2** ***ellendeling*** *⇒zeikerd, schoft*.
puy ['pwi:]⟨telb.zn.⟩ **0.1** ***(vulkanische) heuvel*** *⇒puy* ⟨in Frankrijk, Auvergne⟩.
puz·zle[1] ['pʌzl]⟨f2⟩⟨telb.zn.⟩ **0.1** ***raadsel*** *⇒probleem* **0.2** ***moeilijkheid*** *⇒probleem* **0.3** ***puzzel*** *⇒legkaart* **0.4** ***verwarring*** ◆ **1.3** crossword ~ *kruiswoordraadsel* **6.4** be **in** a ~ **about** sth. *ergens niets v. begrijpen*.
puzzle[2] ⟨f3⟩⟨ww.⟩ →puzzled, puzzling
I ⟨onov.ww.⟩ **0.1** ***peinzen*** *⇒piekeren* ◆ **6.1** ~ **about/over** sth. *diep nadenken over iets;*
II ⟨ov.ww.⟩ **0.1** ⟨vaak pass.⟩ ***voor een raadsel zetten*** *⇒verbazen, verbijsteren, bevreemden* **0.2** ***in verwarring brengen*** **0.3** ***overpeinzen*** ◆ **1.3** ~ one's brains (about/over) *zich het hoofd breken (over)* **5.3** ~ sth. **out** *iets uitpluizen/uitknobbelen*.
puz·zled ['pʌzld]⟨f2⟩⟨bn.; oorspr. volt. deelw. v. puzzle⟩ **0.1** ***onzeker*** **0.2** ***in de war*** *⇒verbluft, perplex* ◆ **1.1** ~ smile *onzekere glimlach* **6.1** ~ **about** *onzeker over*.
'puz·zle-head, 'puz·zle-pate ⟨telb.zn.⟩ **0.1** ***warhoofd*** **0.2** ***piekeraar***.
'puz·zle'head·ed, 'puz·zle·'pat·ed ⟨bn.; -ness⟩ **0.1** ***warhoofdig*** *⇒warrig*.
puz·zle·ment ['pʌzlmənt]⟨n.-telb.zn.⟩ **0.1** ***verwarring*** **0.2** ***onzekerheid*** *⇒verlegenheid*.
puz·zler ['pʌzlə‖-ər]⟨f1⟩⟨telb.zn.⟩ **0.1** ***puzzelaar(ster)*** **0.2** ***probleem*** *⇒moeilijke vraag*.
puz·zling ['pʌzlɪŋ]⟨f1⟩⟨bn.; oorspr. teg. deelw. v. puzzle; -ly⟩ **0.1** ***onbegrijpelijk*** *⇒raadselachtig*.
puzzolana →pozzolana.
PVC ⟨afk.⟩ polyvinyl chloride **0.1** ***pvc***.
Pvt ⟨afk.⟩ private (soldier).
PW ⟨afk.⟩ policewoman ⟨BE⟩.
pwt ⟨afk.⟩ pennyweight.
PX ⟨afk.⟩ post exchange ⟨AE⟩.
pxt ⟨afk.⟩ pinxit.
py·ae·mi·a, ⟨AE sp. ook⟩ **py·e·mi·a** [paɪ'i:mɪə]⟨telb. en n.-telb.zn.⟩ ⟨med.⟩ **0.1** ***py(a)emie*** ⟨bloedvergiftiging door wondetter⟩.
pycnic →pyknic.
py·ea·mic, ⟨AE sp. ook⟩ **py·e·mic** [paɪ'i:mɪk]⟨bn.⟩⟨med.⟩ **0.1** ***mbt. py(a)emie***.
pye·dog, pi(e)·dog ['paɪdɒg‖-dɔg]⟨telb.zn.⟩ **0.1** ***straathond***.
py·e·lo- ['paɪəloʊ]⟨med.⟩ **0.1** ***nierbekken-*** *⇒pyelo-* ◆ **¶.1** pyelogram *nierbekkenfoto;* pyelitis *nierbekkenontsteking, pyelitis*.
pyg·my[1], **pig·my** ['pɪgmi]⟨f1⟩⟨telb.zn.; →mv. 2⟩ **0.1** ***pygmee*** *⇒pigmee, dwerg;* ⟨fig.⟩ *nietig persoon* **0.2** ***elf***.
pygmy[2], **pigmy, pig·m(a)e·an** [pɪg'mi:ən]⟨f1⟩⟨bn., attr.⟩ **0.1** ***mbt. pygmee(ën)*** *⇒dwergachtig* **0.2** ***heel klein*** *⇒dwerg-* ◆ **1.2** ⟨dierk.⟩ ~ owl *dwerguil* ⟨Glaucidium passerinum⟩.
py·ja·ma, ⟨AE sp.⟩ **pa·ja·ma** [pə'dʒɑ:mə‖-'dʒæ-]⟨f2⟩⟨bn., attr.⟩ **0.1** ***pyjama-*** ◆ **1.1** ~ bottoms *pyjamabroek;* ~ jacket/top *pyjamajasje;* ~ trousers *pyjamabroek*.
py·ja·mas, ⟨AE sp.⟩ **pa·ja·mas** [pə'dʒɑ:məz‖-'dʒæ-]⟨f2⟩⟨mv.⟩ **0.1** ***pyjama*** **0.2** ***harembroek*** ◆ **1.1** pair of ~ *pyjama*.
pyk·nic[1], **pyc·nic** ['pɪknɪk]⟨telb.zn.⟩⟨antr.⟩ **0.1** ***pycnicus*** ⟨kort, gezet type⟩.
pyknic[2], **pycnic** ⟨bn.⟩⟨antr.⟩ **0.1** ***pycnisch*** *⇒v.h. pycnische type, kort en gezet* ◆ **1.1** ~ type *pycnische type*.
py·lon ['paɪlən‖-lɑn]⟨f1⟩⟨telb.zn.⟩⟨bouwk.⟩ **0.1** ***pyloon*** *⇒(ere) poort, (tempel)ingang* **0.2** ***luchtbaken*** **0.3** ***hoogspanningsmast***.
py·lor·ic [paɪ'lɔ:rɪk]⟨bn.⟩⟨med.⟩ **0.1** ***mbt. de portier***.
py·lo·rus [paɪ'lɔ:rəs]⟨telb.zn.; pylori [-raɪ]; →mv. 5⟩⟨med.⟩ **0.1** ***portier*** *⇒pylorus* ⟨uitgang v.d. maag⟩.
PYO ⟨afk.⟩ Pick Your Own.
py·or·rhoe·a, ⟨AE sp. ook⟩ **py·or·rhe·a** ['paɪə'rɪə]⟨telb. en n.-telb.zn.⟩⟨med.⟩ **0.1** ***ettering*** ⟨i.h.b. v.d. tandkassen⟩.
py·ra·can·tha ['paɪrə'kænθə]⟨telb.zn.⟩⟨plantk.⟩ **0.1** ***vuurdoorn*** ⟨Pyracantha coccinea⟩.
pyr·a·mid[1] ['pɪrəmɪd]⟨f2⟩⟨zn.⟩
I ⟨telb.zn.⟩ **0.1** ***piramide*** **0.2** ***piramide(boom)*** *⇒piramide-opbouw* ◆ **2.1** ⟨ook P-⟩ Egyptian ~s *de Egyptische piramides;* pentagonal ~ *vijfhoekige/pentagonale piramide;*
II ⟨mv.; ~s⟩⟨BE⟩ **0.1** ***piramidebiljart*** ⟨biljartspel⟩.
pyramid[2] ⟨ww.⟩
I ⟨onov.ww.⟩ **0.1** ***piramidevormig opgebouwd zijn*** **0.2** ***zich piramidevormig ontwikkelen*** **0.3** ⟨geldw.⟩ ***papieren winst gebruiken voor speculatie*** ⟨op beurs⟩;
II ⟨ov.ww.⟩ **0.1** ***piramidevormig opbouwen*** **0.2** ⟨geldw.⟩ ***voor speculatie gebruiken*** ⟨winst op beurs⟩ **0.3** ⟨geldw.⟩ ***in vroeg stadium belasten*** ⟨produkten, zodat in vlg. stadia sneeuwbaleffect ontstaat⟩.
py·ram·i·dal [pɪ'ræmɨdl]⟨bn.; -ly⟩ **0.1** ***piramidaal*** *⇒piramidevormig,* ⟨fig.⟩ *enorm, buitengewoon groot* ◆ **1.1** a ~ crystal *een piramidaal kristal;* ~ profits *enorme winsten*.
pyr·a·mid·i·cal ['pɪrə'mɪdɪkl], **pyr·a·mid·ic** [-dɪk]⟨bn.⟩ **0.1** ***piramidaal*** *⇒piramidevormig*.
'pyramid selling ⟨n.-telb.zn.⟩⟨ec.⟩ **0.1** ***het (telkens) doorverkopen v.h. verkooprecht***.
pyre ['paɪə‖-ər]⟨f1⟩⟨telb.zn.⟩ **0.1** ***brandstapel*** ⟨i.h.b. voor rituele lijkverbranding⟩.
py·re·thrum [paɪ'ri:θrəm]⟨zn.⟩
I ⟨telb.zn.⟩⟨plantk.⟩ **0.1** ***pyrethrum*** ⟨Chrysanthemum coccineum⟩;
II ⟨n.-telb.zn.⟩ **0.1** ***pyrethrum-insekticide***.
py·ret·ic [paɪ'reţɪk]⟨bn.⟩ **0.1** ***koorts-*** *⇒koortsachtig/opwekkend* ◆ **1.1** ~ substance *koortsopwekkend middel, pyreticum*.

Py·rex ['paɪreks]⟨f1⟩⟨eig.n., n.-telb.zn.; ook attr.⟩ **0.1** ***Pyrex*** ⟨merknaam⟩ ⇒⟨bij uitbr.⟩ *vuurvast glas* ◆ **1.1** a ~ dish *een vuurvaste schotel.*
py·rex·i·a [paɪ'reksɪə]⟨n.-telb.zn.⟩⟨med.⟩ **0.1** ***koorts.***
py·rex·i·al [paɪ'reksɪəl], **py·rex·ic** [-sɪk]⟨bn.⟩⟨med.⟩ **0.1** ***koortsachtig*** ⇒*met koorts.*
pyr·he·li·om·e·ter [pə'hi:li'ɒmɪ̩tə||'paɪərhi:li'ɑmɪ̩tər]⟨telb.zn.⟩⟨tech.⟩ **0.1** ***pyrheliometer*** ⇒*zonnewarmtemeter.*
pyr·i·dine ['paɪr̩ɪdi:n]⟨n.-telb.zn.⟩⟨schei.⟩ **0.1** ***pyridine.***
py·rite ['paɪraɪt]⟨n.-telb.zn.⟩⟨geol., schei.⟩ **0.1** ***pyriet*** ⇒*zwavelkies, ijzerkies.*
py·ri·tes [paɪ'raɪti:z||pə'raɪt̬i:z]⟨telb. en n.-telb.zn.; pyrites; →mv. 4⟩⟨schei.⟩ **0.1** ***pyriet.***
py·rit·ic [paɪ'rɪt̬ɪk], **py·rit·i·cal** [-ɪkl]⟨bn.⟩⟨geol., schei.⟩ **0.1** ***mbt. pyriet*** ⇒*pyriet-, pyrietachtig.*
py·ro- ['paɪərou] **0.1** ***pyro-*** ⇒*vuur-, warmte-* ◆ **¶.1** pyrocondensation *pyrocondensatie.*
py·ro·e·lec·tric [-ɪ'lektrɪk]⟨bn.⟩ **0.1** ***pyro-elektrisch.***
'py·ro·e·lec'tric·i·ty [-ɪlek'trɪsət̬i]⟨n.-telb.zn.⟩ **0.1** ***pyro-elektriciteit.***
py·ro·gal·lic ['paɪərə'gælɪk]⟨bn.⟩⟨schei.⟩ **0.1** ***mbt. pyrogallol*** ◆ **1.1** ~ acid *pyrogalluszuur.*
py·ro·gal·lol [-'gælɒl||-'gæləl]⟨n.-telb.zn.⟩⟨schei.⟩ **0.1** ***pyrogallol.***
py·ro·gen·ic [-'dʒenɪk], **py·rog·e·nous** [paɪ'rɒdʒənəs||-'rɑ-]⟨bn.⟩⟨geol., med.⟩ **0.1** ***pyrogeen*** ⇒⟨med.⟩ *pyretogeen* ◆ **1.1** ~ rock *stollingsgesteente, pyrogeen gesteente;* ~ substances *pyretica, koortsmiddelen.*
py·rog·ra·phy [paɪ'rɒgrəfi||-'rɑ-]⟨zn.; →mv. 2⟩
I ⟨telb.zn.⟩ **0.1** ***brandwerkversiering;***
II ⟨n.-telb.zn.⟩ **0.1** ***brandwerk.***
py·rol·a·try [paɪ'rɒlətri||-'rɑ-]⟨n.-telb.zn.⟩ **0.1** ***vuuraanbidding.***
py·ro·lig·ne·ous ['paɪərou'lɪgnɪəs]⟨bn.⟩⟨schei.⟩ **0.1** ***mbt. houtazijn*** ◆ **1.1** ~ acid *ruwazijnzuur, houtazijn/zuur.*
py·ro·lyse, ⟨AE sp. ook⟩ **py·ro·lyze** ['paɪərəlaɪz]⟨ov.ww.⟩⟨schei.⟩ **0.1** ***ontleden/afbreken dmv. verhitting.***
py·rol·y·sis [paɪ'rɒlɪ̩sɪs||-'rɑ-]⟨telb. en n.-telb.zn.; pyrolyses [-si:z]; →mv. 5⟩⟨schei.⟩ **0.1** ***pyrolyse*** ⇒*ontleding/afbraak door verhitting.*
py·ro·lyt·ic ['paɪərə'lɪt̬ɪk]⟨bn.⟩⟨schei.⟩ **0.1** ***pyrolytisch.***
py·ro·man·cy ['paɪəroumænsi]⟨n.-telb.zn.⟩ **0.1** ***waarzeggerij uit vuur/vlammen.***
py·ro·ma·ni·a [-'meɪnɪə]⟨telb. en n.-telb.zn.⟩ **0.1** ***pyromanie.***
py·ro·ma·ni·ac [-'meɪniæk]⟨f1⟩⟨telb.zn.⟩ **0.1** ***pyromaan.***
py·rom·e·ter [paɪ'rɒmɪ̩tə||-'rɑmɪ̩t̬ər]⟨telb.zn.⟩ **0.1** ***pyrometer*** ⇒*pyroscoop, vuurmeter.*
py·ro·met·ric ['paɪərə'metrɪk], **py·ro·met·ri·cal** [-ɪkl]⟨bn.⟩ **0.1** ***pyrometrisch.***
py·rom·e·try [paɪ'rɒmɪ̩tri||-'rɑ-]⟨n.-telb.zn.⟩ **0.1** ***pyrometrie.***
py·rope ['paɪəroup]⟨telb. en n.-telb.zn.⟩⟨geol.⟩ **0.1** ***pyroop*** ⇒*boheemse granaat.*
py·ro·phor·ic [-'fɒrɪk||-'fɔrɪk]⟨bn.⟩⟨schei.⟩ **0.1** ***pyrofoor*** ⇒*zelfontbrandend.*
py·ro·sis [paɪ'rousɪs]⟨telb. en n.-telb.zn.; pyroses [-si:z]; →mv. 5⟩⟨med.⟩ **0.1** ***(brandend) maagzuur*** ⇒*pyrosis.*
py·ro·tech·nic ['paɪərou'teknɪk], **py·ro·tech·ni·cal** [-ɪkl]⟨bn.; -(al)ly; →bijw. 3⟩ **0.1** ***pyrotechnisch*** ⇒*vuurwerk-* **0.2** ***briljant*** ⇒*sensationeel (goed)* ◆ **1.1** a ~ display *een vuurwerk(show)* **1.2** his ~ wit *zijn briljante geest.*
py·ro·tech·nics [-'teknɪks]⟨f1⟩⟨mv.; ww. ook enk.⟩ **0.1** ***pyrotechniek*** ⇒*vuurwerkerij* **0.2** ***vertoning v. vuurwerk*** **0.3** ***briljante opvoering*** ⇒*vuurwerk, briljant-geestige toespraak.*
py·ro·tech·nist [-'teknɪst]⟨telb.zn.⟩ **0.1** ***pyrotechnicus*** ⇒*vuurwerkmaker.*
py·ro·tech·ny ['paɪərətekni]⟨n.-telb.zn.⟩ **0.1** ***pyrotechniek*** ⇒*vuurwerk(erskunst), vuurwerkerij, vuurwerkvertoning.*
py·rox·ene [paɪ'rɒksi:n||paɪ'rɑksi:n]⟨telb. en n.-telb.zn.⟩⟨schei.⟩ **0.1** ***pyroxeen.***
py·rox·y·lin [paɪ'rɒksɪ̩lɪ̩n||-'rɑk-], **py·rox·y·line** [-li:n]⟨n.-telb.zn.⟩⟨schei.⟩ **0.1** ***cellulosenitraat*** ⇒⟨in bep. samenstelling⟩ *schietkatoen, collodiumwol.*
pyr·rhic[1] ['pɪrɪk]⟨telb.zn.⟩ **0.1** ⟨lit.⟩ ***pyrrhicus*** ⟨tweelettergrepige versvoet⟩ **0.2** ⟨gesch.⟩ ***pyrriche*** ⟨Oudgriekse krijgsdans⟩.
pyrrhic[2] ⟨bn., attr.⟩ **0.1** ⟨taalk.⟩ ***met een pyrrhicus*** **0.2** ⟨gesch.⟩ ***mbt. een pyrriche*** ◆ **1.2** a ~ dance *een pyrriche* **1.¶** Pyrrhic victory *Pyrr(h)usoverwinning, schijnsucces.*
Pyr·rho·nism ['pɪrənɪzm]⟨n.-telb.zn.⟩⟨fil.⟩ **0.1** ***pyrronisme*** ⇒*twijfelleer (v. Pyrrho), scepticisme.*
Pyr·rho·nist ['pɪrənɪst]⟨telb.zn.⟩⟨fil.⟩ **0.1** ***pyrronist*** ⇒*scepticus.*
py·ru·vic [paɪ'ru:vɪk]⟨bn., attr.⟩⟨schei.⟩ **0.1** ***pyro-*** ◆ **1.1** ~ acid *pyrodruivenzuur.*
Py·thag·o·re·an[1] [paɪ'θægə'ri:ən||pɪ̩-]⟨telb.zn.⟩ **0.1** ***volgeling v. Pythagoras.***
Pythagorean[2] ⟨bn.⟩ **0.1** ***pythagorisch*** ⇒*v./volgens de leer v. Pythagoras* ◆ **1.1** ⟨wisk.⟩ ~ theorem/proposition *de stelling v. Pythagoras.*
Pyth·i·an[1] ['pɪθɪən]⟨zn.⟩
I ⟨eig.n.; the⟩⟨gesch.⟩ **0.1** ***(Pythische god) Apollo*** **0.2** ***Pythia*** ⟨Apollo's priesteres⟩;
II ⟨telb.zn.⟩ **0.1** ***waanzinnig persoon.***
Pythian[2] ⟨bn., attr.⟩⟨gesch.⟩ **0.1** ***Pythisch*** ⇒*mbt. (het orakel v.) Delphi, mbt. de Pythische spelen* **0.2** ***dol*** ⇒*waanzinnig* ◆ **1.1** ~ games *de Pythische/Delphische spelen.*
py·thon ['paɪθn||'paɪθɑn]⟨f2⟩⟨telb.zn.⟩ **0.1** ***python*** ⟨ook gesch.⟩.
py·tho·ness ['paɪθənɪ̩s]⟨telb.zn.⟩ **0.1** ***profetes*** ⇒*waarzegster, toekomstvoorspelster* **0.2** ⟨the⟩ ***Pythische priesteres*** ⇒*Pythia.*
py·thon·ic [paɪ'θɒnɪk||-'θɑnɪk]⟨bn.⟩ **0.1** ***als/mbt. een python*** **0.2** ***profetisch*** ⇒*voorspellend, orakelachtig.*
py·u·ri·a [paɪ'jʊərɪə||-'jʊr-]⟨n.-telb.zn.⟩⟨med.⟩ **0.1** ***pyurie.***
pyx[1], **pix** [pɪks]⟨telb.zn.⟩ **0.1** ⟨relig.⟩ ***pyxis*** ⇒*hostiedoosje* **0.2** ⟨vnl. BE⟩ ***staalmuntendoosje*** ⇒*doos met proefmunten* ⟨bij de Britse Munt⟩ ◆ **1.2** the annual trial of the ~ *de jaarlijkse muntenkeuring.*
pyx[2], **pix** ⟨ov.ww.⟩ **0.1** ***in de pyxis/proefmuntendoos doen*** **0.2** ***keuren*** ⟨proefmunten⟩.
pyx·id·i·um [pɪk'sɪdɪəm]⟨telb.zn.; ook pyxidia [-dɪə]; →mv. 5⟩⟨plantk.⟩ **0.1** ***zaaddoos*** ⇒*doosvrucht.*
pyx·is ['pɪksɪs]⟨telb.zn.; pyxides [-sɪ̩di:z]; →mv. 5⟩ **0.1** ⟨plantk.⟩ ***zaaddoos*** ⇒*doosvrucht* **0.2** ***doosje*** ⇒*kistje.*
pzazz →pi(z)zazz.

q[1], **Q** [kju:]⟨telb.zn.; q's, Q's, zelden qs, Qs⟩ **0.1** ***(de letter) q, Q***.
q[2], **Q** ⟨afk.⟩ quantity, quarter, queen('s), query, question, queue, quintal.
'Q & 'A session ⟨telb.zn.⟩ **0.1** ***vraaggesprek***.
qb, QB ⟨afk.⟩ quarterback, Queen's Bench.
Q-boat, Q-ship ⟨telb.zn.⟩ **0.1** ***gecamoufleerd oorlogsschip***.
QC ⟨afk.⟩ Queen's Counsel.
QED ⟨afk.⟩ quod erat demonstrandum **0.1** ***q.e.d.***.
QEF ⟨afk.⟩ quod erat faciendum **0.1** ***q.e.f.***.
QF ⟨afk.⟩ quick-firing.
QL, ql ⟨afk.⟩ quantum libet **0.1** ***q.l.***.
qlty ⟨afk.⟩ quality.
QM ⟨afk.⟩ quartermaster.
QMG ⟨afk.⟩ Quartermaster General.
QMS ⟨afk.⟩ Quartermaster Sergeant.
qn ⟨afk.⟩ question.
qq ⟨afk.⟩ questions.
qqv ⟨afk.⟩ quae vide **0.1** ***q.v.***.
qr ⟨afk.⟩ quarter(s), quarterly, quire.
qs, QS ⟨afk.⟩ **0.1** ⟨quantum sufficit⟩ *q.s.* **0.2** ⟨Quarter Sessions⟩.
QSO ⟨afk.⟩ quasi-stellar object **0.1** ***Q.S.O.***.
qt ⟨afk.⟩ quantity, quart(s).
q.t. ['kju: 'ti:]⟨n.-telb.zn.; vnl. in uitdr.⟩⟨sl.⟩ **0.1** ***geheim*** ⇒*stilte* ◆ **6.1** **on** the ~ *in het geniep;* tell s.o. the news **on** the ~ *iem. het nieuws in vertrouwen vertellen*.
qto ⟨afk.⟩ quarto **0.1** ***qto.***.
qty ⟨afk.⟩ quantity **0.1** ***Q.***.
qu ⟨afk.⟩ quasi, queen, query, question.
qua [kweɪ, kwɑ:]⟨vz.⟩⟨schr.⟩ **0.1** ***qua*** ◆ **1.1** accepted art ~ art *aanvaarde kunst als zijnde kunst*.
quack[1] [kwæk]⟨f2⟩⟨telb.zn.⟩ **0.1** ***kwakzalver*** ⇒*charlatan* **0.2** ***kwaakgeluid*** ⟨v. eend⟩ ⇒*gekwaak, kwak*.
quack[2] ⟨f1⟩⟨bn., attr.⟩ **0.1** ***kwakzalvers-*** ◆ **1.1** ~ doctor *kwakzalver;* ⟨plantk.⟩ ~ grass *kweek* ⟨Agropyron repens⟩; ~ remedy *kwakzalversmiddel*.
quack[3] ⟨f1⟩⟨ww.⟩
I ⟨onov.ww.⟩ **0.1** ***kwaken*** ⟨v. eend⟩ **0.2** ***zwetsen*** ⇒*bazelen, kletsen* **0.3** ***kwakzalven;***
II ⟨ov.ww.⟩ **0.1** ***kwakzalverachtig behandelen*** ⇒*kwakzalversmiddelen aansmeren, kwakzalverij uitoefenen op / bij*.
quack·er·y ['kwækəri]⟨telb. en n.-telb.zn.; →mv. 2⟩ **0.1** ***kwakzalverij***.
'quack-quack ⟨telb.zn.⟩⟨kind.⟩ **0.1** ***kwak-kwak*** ⇒*eend*.
quack·sal·ver ['kwæksælvə‖-ər]⟨telb.zn.⟩⟨vero.⟩ **0.1** ***kwakzalver***.
quack·sal·ver·ish ['kwæksælvrɪʃ]⟨bn.⟩ **0.1** ***kwakzalverachtig***.
quad [kwɒd‖kwɑd]⟨f1⟩⟨telb.zn.⟩⟨sl.⟩ **0.1** ***nor*** ⇒*bajes* **0.2** ***auto met vier koplampen*** **0.3** ⟨mv.⟩ ***(vier) koplampen*** **0.4** ***één v.e. vierling*** **0.5** ⟨verk.⟩ ⟨quadrangle, quadraphonic(s), quadraphony, quadrat, quadrophonic(s), quadrophony, quadruplet⟩.
quad·ra·ge·nar·i·an[1] ['kwɒdrədʒɪ'neərɪən‖'kwɑdrədʒɪ'nerɪən]⟨telb.zn.⟩ **0.1** ***veertiger*** ⇒*iem. in de veertig*.
quadragenarian[2] ⟨bn.⟩ **0.1** ***veertigjarig*** ⇒*in de veertig*.
Quad·ra·ges·i·ma ['kwɒdrə'dʒesɪmə‖'kwɑ-], **'Quadragesima 'Sunday** ⟨eig.n.⟩ **0.1** ***Quadragesima*** ⇒*eerste vastenzondag*.
Quad·ra·ges·i·mal ['kwɒdrə'dʒesɪml‖'kwɑ-]⟨bn.⟩ **0.1** ***quadragesimaal*** ⇒*vasten-, v. / mbt. de vasten, veertigdaags*.
quad·ran·gle ['kwɒdræŋgl‖'kwɑ-]⟨f1⟩⟨telb.zn.⟩ **0.1** ***vierhoek*** ⇒⟨i.h.b.⟩ *vierkant, rechthoek* **0.2** ***(vierhoekige) binnenplaats*** ⇒*vierkant plein (met de gebouwen eromheen)* ⟨bv. v. universiteitsgebouwen in Oxford⟩.
qua·dran·gu·lar [kwɒ'dræŋgjʊlə‖kwɑ'dræŋgjələr]⟨bn.⟩ **0.1** ***vierhoekig***.
quad·rant ['kwɒdrənt‖'kwɑ-]⟨f1⟩⟨telb.zn.⟩ **0.1** ***kwadrant*** ⟨v. cirkel⟩ **0.2** ***hoekmeter*** ⇒*graadboog, kwadrant, hoogtemeter* **0.3** ⟨wisk.⟩ ***assenstelsel***.
quad·rant·al [kwɒ'dræntl‖kwɑ'dræntl]⟨bn.⟩ **0.1** ***kwadrantvormig*** ⇒*kwadrant(s)-*.
quad·ra·phon·ic, quad·ro·phon·ic ['kwɒdrə'fɒnɪk‖'kwɑdrə'fɑnɪk]⟨bn.; -ally; →bijw. 3⟩⟨muz.⟩ **0.1** ***quadrafonisch***.
quad·ra·phon·ics, quad·ro·phon·ics ['kwɒdrə'fɒnɪks‖'kwɑdrə'fɑnɪks], **quad·raph·o·ny, quad·roph·o·ny** [kwɒ'drɒfəni‖kwɑ'drɑ-]⟨n.-telb.zn.⟩⟨muz.⟩ **0.1** ***quadrafonie***.
quad·rat ['kwɒdrət‖'kwɑ-], **quad** [kwɒd‖kwɑd]⟨telb.zn.⟩⟨druk.⟩ **0.1** ***kwadraat*** **0.2** ***(vierkant) metalen drukkersblokje***.
quad·rate[1] ['kwɒdrət, -dreɪt‖'kwɑ-]⟨telb.zn.⟩ **0.1** ⟨wisk.⟩ ***kwadraat*** ⇒*vierkant(kubus)* **0.2** ⟨biol.⟩ ***kwadraatbeen*** ⇒*vierkantsbeen*.
quadrate[2] ⟨bn.⟩ **0.1** ⟨wisk.⟩ ***vierkant / rechthoekig*** **0.2** ⟨biol.⟩ ***v. / mbt. kwadraatbeen*** ◆ **1.2** ~ bone *kwadraat / vierkantsbeen*.
quadrate[3] [kwɒ'dreɪt‖'kwɑdreɪt]⟨ww.⟩
I ⟨onov.ww.⟩ **0.1** ***overeenstemmen*** ⇒*corresponderen, overeenkomen;*
II ⟨ov.ww.⟩ **0.1** ***vierkanten*** ⇒*een vierkant maken* **0.2** ***conformeren*** ⇒*gelijk maken, doen overeenstemmen* ◆ **6.2** I do not want to ~ my opinion **to / with** his *ik wil mijn mening niet conformeren aan de zijne*.
quad·ra·tic[1] [kwɒ'drætɪk‖kwɑ'drætɪk]⟨telb.zn.⟩⟨wisk.⟩ **0.1** ***kwadratische vorm / functie***.
quadratic[2] ⟨f1⟩⟨bn.⟩⟨wisk.⟩ **0.1** ***vierkantig*** ◆ **1.1** ~ equation *kwadratische vergelijking, vierkantsvergelijking*.
quad·ra·ture ['kwɒdrətʃə‖'kwɑdrətʃər]⟨n.-telb.zn.⟩ **0.1** ⟨ster., wisk.⟩ ***kwadratuur*** **0.2** ⟨elek.⟩ ***90° faseverschuiving*** ◆ **1.1** the ~ of the circle *de kwadratuur v.d. cirkel*.
quad·ren·ni·al [kwɒ'drenɪəl‖kwɑ-]⟨bn.; -ly⟩ **0.1** ***vierjaarlijks*** ⇒*ééns in de vier jaar (voorkomend)* **0.2** ***vierjarig*** ⇒*vier jaar durend*.
quad·ren·ni·um [kwɒ'drenɪəm‖kwɑ-]⟨telb.zn.; ook quadrennia [-nɪə]; →mv. 5⟩ **0.1** ***vierjaarsperiode*** ⇒*(tijdvak v.) vier jaar*.
quad·ri- ['kwɒdri‖'kwɑdri], **quad·ru-** ['kwɒdrʊ‖'kwɑdrə-] **0.1** ***quadri- / quadro- / quadru-*** ⇒*vier-* ◆ **¶.1** quadrifid *vierspletig;* quadrinomial *viertermig*.
quad·ric ['kwɒdrɪk‖'kwɑ-]⟨bn.⟩ **0.1** ***kwadratisch*** ⟨v. oppervlakte⟩.
quad·ri·ceps ['kwɒdrɪseps‖'kwɑ-]⟨telb.zn.⟩⟨biol.⟩ **0.1** ***vierhoofdige dijspier*** ⇒*quadriceps*.
qua·dri·ga [kwɒ'dri:gə‖kwɑ-]⟨telb.zn.; quadrigae [-'dri:dʒi:]; →mv. 5⟩⟨gesch.⟩ **0.1** ***quadriga*** ⟨Romeinse strijdwagen met 4 paarden⟩.
quad·ri·lat·er·al[1] ['kwɒdrɪ'lætrəl‖'kwɑdrɪ'lætərəl]⟨f1⟩⟨telb.zn.⟩ **0.1** ***vierhoek***.
quadrilateral[2] ⟨f1⟩⟨bn.⟩ **0.1** ***vierzijdig***.
quad·ri·lin·gual ['kwɒdrɪ'lɪŋgwəl‖'kwɑ-]⟨bn.⟩ **0.1** ***viertalig***.
qua·drille [kwə'drɪl‖kwɑ-]⟨zn.⟩
I ⟨telb. en n.-telb.zn.⟩⟨dansk., muz.⟩ **0.1** ***quadrille;***
II ⟨n.-telb.zn.⟩⟨kaartspel⟩ **0.1** ***quadrille*** ⇒*omber*.
quad·ril·lion [kwɒ'drɪlɪən‖kwɑ-]⟨telw.⟩ **0.1** ⟨BE⟩ ***quadriljoen*** ⟨10^{24}⟩ **0.2** ⟨vnl. AE⟩ ***biljard*** ⇒*miljoen miljard* ⟨10^{15}⟩.
quad·ri·par·tite ['kwɒdrɪ'pɑ:taɪt‖'kwɑdrɪ'pɑrtaɪt]⟨bn.⟩ **0.1** ***vierdelig*** **0.2** ***vierhoofdig*** ⇒*met vier deelnemers*.
quad·ri·pole ['kwɑdrɪpoul‖'kwɑ-], **quad·ru·pole** [-drʊ-]⟨telb.zn.⟩ **0.1** ***vierpool*** ⇒*quadrupool*.
quad·ri·reme ['kwɒdrɪri:m‖'kwɑ-]⟨telb.zn.⟩⟨gesch.⟩ **0.1** ***quadrireem***.
quad·ri·syl·lab·ic ['kwɒdrɪsɪ'læbɪk‖'kwɑ-]⟨bn.⟩ **0.1** ***vierlettergrepig***.
quad·ri·syl·la·ble ['kwɒdrɪ'sɪləbl‖'kwɑ-]⟨telb.zn.⟩ **0.1** ***vierlettergrepig woord***.

quad·ri·va·lent ['kwɒdrɪ'veɪlənt‖'kwɑ-]⟨bn.⟩⟨schei.⟩ **0.1** ***met vier valenties*** **0.2** ***vierwaardig*** ⇒*tetravalent*.

quad·riv·i·um [kwɒ'drɪvɪəm‖kwɑ-]⟨telb.zn.; quadrivia [-vɪə]; →mv. 5⟩⟨gesch.⟩ **0.1** ***quadrivium*** ⟨vier hogere vrije kunsten⟩.

quad·roon [kwɒ'dru:n‖kwɑ-]⟨telb.zn.⟩⟨vero.⟩ **0.1** ***quarterone*** ⇒*quadrone, iem. met één vierde negerbloed*.

quad·ru·ma·na [kwɒ'dru:mənə‖kwɑ-]⟨mv.⟩⟨dierk.⟩ **0.1** ***vierhandigen***.

quad·ru·mane[1] ['kwɒdru:meɪn‖'kwɑdrə-]⟨telb.zn.⟩⟨dierk.⟩ **0.1** ***vierhandige***.

quadrumane[2], **quad·ru·ma·nous** [kwɒ'dru:mənəs‖kwɑ'dru:-], **quad·ru·ma·nal** [-mənl]⟨telb.zn.⟩⟨dierk.⟩ **0.1** ***vierhandig***.

quad·ru·ped[1] ['kwɒdrʊpəd‖'kwɑdrə-]⟨f1⟩⟨telb.zn.⟩ **0.1** ***viervoeter*** ⇒*viervoetig dier;* ⟨mv.⟩ *quadrupeden*.

quadruped[2], **quad·ru·pe·dal** [kwɒ'dru:pɪdl‖kwɑ-]⟨bn.⟩ **0.1** ***viervoetig*** ⇒*(als) v.e. viervoeter*.

quad·ru·ple[1] ['kwɒdru:pl‖kwɑ'dru:pl]⟨f1⟩⟨telb. en n.-telb.zn.⟩ **0.1** ***viervoud***.

quadruple[2] ⟨f1⟩⟨bn.; -ly; →bijw. 3⟩ **0.1** ***vierdelig*** ⇒*uit vieren bestaand* **0.2** ***viervoudig*** ⇒*quadrupel* ◆ **1.1** a ~ alliance *een viermansbondgenootschap, een verbond tussen vier machten* **1.2** a ~ amount of last year's expenses *een viervoudig bedrag v.d. uitgaven v. vorig jaar* **1.¶** ⟨muz.⟩ ~ time *vierkwartsmaat*.

quadruple[3] ⟨f1⟩⟨onov. en ov.ww.⟩ **0.1** ***verviervoudigen*** ⇒*quadrupleren, viermaal zo groot maken/worden* ◆ **1.1** his income has ~d *zijn inkomen is viermaal zo groot geworden;* they ~d their prices *ze hebben de prijzen verviervoudigd*.

quad·ru·plet ['kwɒdrʊplɪt‖kwɑ'drʌplɪt]⟨f1⟩⟨telb.zn.; vnl. mv.⟩ **0.1** ***één v.e. vierling*** ⇒⟨mv.⟩ *vierling* **0.2** ***vierpersoonsrijwiel*** **0.3** ***groep /combinatie v. vier*** ⇒*viermansformatie*.

quad·ru·pli·cate[1] [kwɒ'dru:plɪkət‖kwɑ-]⟨zn.⟩

I ⟨telb.zn.⟩ **0.1** ⟨vnl. mv.⟩ ***één v. vier (gelijke) exemplaren*** **0.2** ***(het) vierde exemplaar*** ◆ **3.1** he gave me ~s of the report *hij gaf me een viervoudig afschrift v.h. rapport;*

II ⟨n.-telb.zn.⟩ **0.1** ***viervoud*** ◆ **6.1** in ~ *in viervoud*.

quadruplicate[2] ⟨bn.⟩ **0.1** ***viervoudig*** ⇒*in viervoud* **0.2** ***vierde in een groep*** ⇒*vierde v.e. stel*.

quadruplicate[3] [kwɒ'dru:plɪkeɪt‖kwɑ-]⟨onov. en ov.ww.⟩ **0.1** ***verviervoudigen*** ⇒*viermaal kopiëren, viermaal zo groot (gemaakt) worden*.

quad·ru·pli·ca·tion [kwɒ'dru:plɪ'keɪʃn‖kwɑ-]⟨telb. en n.-telb.zn.⟩ **0.1** ***verviervoudiging*** ⇒*vermenigvuldiging met vier*.

quad·ru·plic·i·ty ['kwɒdru:'plɪsəti‖'kwɑdru:'plɪsəṭi]⟨n.-telb.zn.⟩ **0.1** ***viervoudigheid***.

quae·re[1] ['kwɪəri‖'kwɪri]⟨telb.zn.⟩⟨vero.⟩ **0.1** ***vraag***.

quaere[2] ⟨tussenw.; oorspr. geb. w.⟩⟨vero.⟩ **0.1** ***de vraag is*** ⇒*quaeritur, ik zou graag weten* ◆ **¶.1** he is very intelligent, but ~, is he honest? *hij is heel intelligent, maar de vraag is of hij ook eerlijk is*.

quaes·tor ['kwi:stə‖-ər]⟨telb.zn.⟩⟨gesch.⟩ **0.1** ***quaestor*** ⇒*thesaurier* ⟨in het oude Rome⟩.

quaes·to·ri·al [kwe'stɔ:rɪəl]⟨bn.⟩⟨gesch.⟩ **0.1** ***v./mbt. een quaestor*** ⇒*quaestors-*.

quaes·tor·ship ['kwi:stəʃɪp‖-ər-]⟨n.-telb.zn.⟩⟨gesch.⟩ **0.1** ***quaestuur***.

quaff[1] [kwɒf, kwɑ:f‖kwɑf, kwæf]⟨telb.zn.⟩⟨schr.⟩ **0.1** ***(lange) teug*** ⇒*grote slok*.

quaff[2] ⟨onov. en ov.ww.⟩⟨schr.⟩ **0.1** ***zwelgen*** ⇒*veel/snel drinken, grote slokken nemen (van)* ◆ **5.1** ~ **off** a glass of wine *een glas wijn verzwelgen*.

quag [kwæg]⟨telb.zn.⟩ **0.1** ***moeras*** ⇒*drassig gebied*.

quag·ga ['kwægə]⟨telb.zn.⟩⟨dierk.⟩ **0.1** ***quagga*** ⟨uitgestorven Zuidafrikaanse steppezebra⟩.

quag·gy ['kwægi]⟨bn.; -er; →compar. 7⟩ **0.1** ***moerassig*** ⇒*drassig, zacht, doorweekt*.

quag·mire ['kwægmaɪə‖-ər]⟨telb.zn.⟩ **0.1** ***moeras*** ⟨ook fig.⟩ ⇒*moerasgebied/grond* ◆ **1.1** the ~ of politics *het politieke moeras*.

qua·hog, qua·haug ['kwɑ:hɒg‖'kweɪhɔg, -hɑg]⟨telb.zn.⟩⟨dierk.⟩ **0.1** ***quahog*** ⟨soort mossel; Venus mercenaria⟩.

quaich, quaigh [kweɪx]⟨telb.zn.⟩⟨Sch. E⟩ **0.1** ***drinkbeker*** ⇒*mok/kop (met twee oren)*.

quail[1] [kweɪl]⟨f1⟩⟨zn.; in bet. I 0.1, 0.2 en 0.3 mv. ook quail; →mv. 4⟩

I ⟨telb.zn.⟩ **0.1** ⟨dierk.⟩ ***kwartel*** ⟨Coturnix coturnix⟩ **0.2** ⟨dierk.⟩ ***(Californische) kuifkwartel*** ⟨Lophortyx californicus⟩ **0.3** ⟨dierk.⟩ ***boomkwartel*** ⟨Colinus virginianus⟩ **0.4** ⟨AE; inf.⟩ ***stuk*** ⇒*lekkere meid;*

II ⟨n.-telb.zn.⟩ **0.1** ***kwartelvlees***.

quail[2] ⟨f1⟩⟨onov.ww.⟩ **0.1** ***(terug)schrikken*** ⇒*bang/ontmoedigd worden, sidderen, bibberen* ◆ **1.1** his heart ~ed *hij deinsde terug, hij verloor de moed* **6.1** he ~ed **at** the thought *hij schrok terug bij de gedachte;* we will not ~ **before** this tyrant *we zullen ons niet laten ontmoedigen/bang maken door deze tiran;* he ~s **with** fear *hij bibbert v. angst*.

'quail-call, 'quail-pipe ⟨telb.zn.⟩ **0.1** ***kwartel(lok)fluitje***.

quaint [kweɪnt]⟨f2⟩⟨bn.; -er; -ly; -ness⟩ **0.1** ***apart*** ⇒*curieus, ongewoon, (wonderlijk) ouderwets, schilderachtig* **0.2** ***vreemd*** ⇒*grillig, onlogisch, ongepast, typisch, eigenaardig, zonderling* ◆ **1.1** a ~ old building *een bijzonder, oud gebouw* **1.2** a very ~ remark *een zeer merkwaardige opmerking*.

quair [kwer, kweə]⟨telb.zn.⟩⟨Sch. E; schr.⟩ **0.1** ***boek***.

quake[1] [kweɪk]⟨f1⟩⟨telb.zn.⟩ **0.1** ***schok*** **0.2** ⟨inf.⟩ ***aardbeving***.

quake[2] ⟨f1⟩⟨onov.ww.⟩ **0.1** ***schokken*** ⇒*trillen, beven, bibberen, schudden* ◆ **6.1** he ~s **for/with** fear/cold *hij bibbert v. angst/de kou*.

Quak·er ['kweɪkə‖-ər]⟨f2⟩⟨telb.zn.⟩ **0.1** ***Quaker*** ⇒*kwaker* ⟨lid v. Genootschap der Vrienden/Society of Friends⟩ **0.2** →Quaker gun.

'qua·ker·bird ⟨telb.zn.⟩⟨dierk.⟩ **0.1** ***roetkopalbatros*** ⟨Phoebetria palpebrata⟩.

Quak·er·ess ['kweɪkərɪs]⟨telb.zn.⟩ **0.1** ***vrouwelijke Quaker***.

'Quaker gun, ⟨inf.⟩ **Quaker** ⟨telb.zn.⟩⟨AE⟩ **0.1** ***loos kanon*** ⇒*houten namaakkanon*.

Quak·er·ism ['kweɪkərɪzm]⟨telb. en n.-telb.zn.⟩ **0.1** ***kwakerij*** ⇒*leer v.d. Quakers*.

Quak·er·ly ['kweɪkəli‖-ər]⟨bn.⟩ **0.1** ***v./mbt. de Quakers*** ⇒*kwakers-*.

'Quaker meeting, 'Quakers' meeting ⟨telb.zn.⟩ **0.1** ***eredienst v. Quakers*** **0.2** ***stille vergadering*** ⇒*zwijgende groep mensen*.

'quake·tail ⟨telb.zn.⟩⟨dierk.⟩ **0.1** ***gele kwikstaart*** ⟨Motacilla flava⟩.

'quak·ing grass ⟨n.-telb.zn.⟩⟨plantk.⟩ **0.1** ***trilgras*** ⟨genus Briza⟩.

quak·y ['kweɪki]⟨bn.; -er; →compar. 7⟩ **0.1** ***beverig*** ⇒*bevend, trillend*.

qua·le [kweɪli, kwa:li]⟨telb.zn.; qualia [-lɪə]; →mv. 5⟩ **0.1** ***essentie***.

qual·i·fi·ca·tion ['kwɒlɪfɪ'keɪʃn‖'kwɑ-]⟨f2⟩⟨zn.⟩

I ⟨telb.zn.⟩ **0.1** ***beperking*** ⇒*voorbehoud, restrictie, conditie, wijziging* **0.2** ***kwaliteit*** ⇒*verdienste, kwalificatie, geschiktheid, capaciteit* **0.3** ***(bewijs v.) geschiktheid/bevoegdheid*** ⇒⟨mv.⟩ *diploma's, papieren, getuigschriften* **0.4** ***beschrijving*** ⇒*kenmerking, afschildering* ◆ **1.4** the ~ of his enemy as a criminal is not fair *zijn karakterisering v. zijn vijand als een misdadiger is niet eerlijk* **2.3** a medical ~ *een medische bevoegdheid* **6.1** an agreement **with** ~s *een overeenstemming onder voorbehoud;* a statement **with** many ~s *een verklaring met veel kanttekeningen* **6.3** what's the ~ **for** entering this tournament? *wat zijn de vereisten om mee te doen aan dit toernooi?;*

II ⟨n.-telb.zn.⟩ **0.1** ***het kwalificeren*** ⇒*het beperken, het stellen v. voorwaarden* **0.2** ***het geschikt/bevoegd zijn*** ⇒*het voldoen (aan bep. voorwaarden)* ◆ **1.1** what was the ~ of entries based on? *waarop was de beperking v.d. inschrijvingen gebaseerd?* **6.2** ~ **for** university *het voldoen aan de toelatingseisen tot de universiteit*.

qual·i·fi·ca·tor·y ['kwɒlɪfɪ'keɪtri‖'kwɑlɪfɪkətɔri]⟨bn.⟩ **0.1** ***(zich) kwalificerend*** ⇒*zich bekwamend, bevoegdheid hebbend/gevend* **0.2** ***beperkend*** ⇒*bepalend, preciserend, matigend* **0.3** ***kenmerkend*** ⇒*karakteriserend, beschrijvend*.

qual·i·fi·ed ['kwɒlɪfaɪd‖'kwɑ-]⟨f2⟩⟨bn.; volt. deelw. v. qualify⟩ **0.1** ***beperkt*** ⇒*voorwaardelijk, voorlopig, onder voorbehoud* **0.2** ***bevoegd*** ⇒*geschikt, in staat, afgestudeerd, gediplomeerd* ◆ **1.1** a ~ agreement *een voorwaardelijk akkoord;* ~ freedom *beperkte vrijheid;* ~ optimism *gematigd optimisme* **1.2** a ~ doctor *een afgestudeerde/bevoegde dokter;* a ~ nurse *een gediplomeerde verpleegster;* a ~ teacher *een bevoegde leraar*.

qual·i·fi·er ['kwɒlɪfaɪə‖'kwɑlɪfaɪər]⟨telb.zn.⟩ **0.1** ⟨sport⟩ ***iem. die zich voor de volgende ronde heeft geplaatst*** **0.2** ⟨sport⟩ ***kwalificatiewedstrijd*** **0.3** ⟨taalk.⟩ ***bepalend woord***.

qual·i·fy ['kwɒlɪfaɪ‖'kwɑ-]⟨f3⟩⟨ww.; →ww. 7⟩ →qualified

I ⟨onov.ww.⟩ **0.1** ***zich kwalificeren/gekwalificeerd zijn*** ⇒*zich bekwamen, bevoegd/geschikt zijn/worden, voldoen, het recht hebben/krijgen* ⟨ook d.m.v. eedaflegging⟩ ◆ **1.1** ~ as a pilot *zijn vliegbrevet halen;* ~ as a teacher *bevoegd leraar worden* **3.1** do you ~ to vote? *heb je stemrecht?* **6.1** ~ **for** membership *in aanmerking komen voor lidmaatschap;* will they ~ **for** the next round? *zullen zij zich plaatsen voor de volgende ronde?;* do you ~ **for** the vote? *heb je stemrecht?;*

II ⟨ov.ww.⟩ **0.1** ***beperken*** ⇒*kwalificeren, (verder) bepalen, inperken, duidelijker stellen* **0.2** ***kenmerken*** ⇒*kenschetsen, karakteriseren, beschrijven, aanduiden* **0.3** ***geschikt/bevoegd maken*** ⇒*v. bep. kwaliteiten voorzien, het recht geven* ⟨ook d.m.v. eedafneming⟩ **0.4** ***verzachten*** ⇒*matigen, temperen* **0.5** ⟨taalk.⟩ ***bepalen*** ◆ **1.1** a ~ing exam *een akte-examen;* a ~ing match *een kwalificatie/*

plaatsingswedstrijd; bear in mind the ~ing remarks expressed earlier *vergeet de voorafgenoemde restricties niet;* ~ one's statement *zijn verklaring nader preciseren* **1.2** ~ s.o. as an honest person *iem. als een eerlijk persoon beschrijven* **1.3** his degree qualifies him to apply for this job *zijn graad geeft hem het recht naar deze baan te solliciteren* **1.4** ~ one's judgement *zijn oordeel verzachten.*

qual·i·ta·tive ['kwɒlɪtətɪv‖'kwɑlɪteɪtɪv]⟨f2⟩⟨bn.; -ly⟩ **0.1** ***kwalitatief*** ⇒*v./mbt. kwaliteit* ◆ **1.1** ~ analysis *kwalitatieve analyse.*

qual·i·ty ['kwɒləti‖'kwɑləti]⟨f3⟩⟨zn.; →mv. 2⟩⟨→sprw. 585⟩
I ⟨telb.zn.⟩ **0.1** ***kwaliteit*** ⇒*(goede) eigenschap, deugd, capaciteit, talent* **0.2** ***eigenschap*** ⇒*kenmerk, karakteristiek, hoedanigheid* ◆ **1.1** s.o.'s faults and qualities *iemands slechte en goede eigenschappen;* give a taste of his ~ *laten zien wat hij waard is* **1.2** a ~ of water *een eigenschap v. water* **2.2** moral qualities *morele kenmerken* **3.1** have the ~ of gaining people's confidence *het vermogen bezitten het vertrouwen v.d. mensen te winnen* **6.2** **in** the ~ **of** President *in de hoedanigheid v. President;*
II ⟨n.-telb.zn.; ook attr.⟩ **0.1** ***kwaliteit*** ⇒*waarde, gehalte, karakter, goedheids/degelijkheidsgraad;* ⟨vero.⟩ *standing* **0.2** ⟨logica⟩ ***kwaliteit*** ◆ **1.1** ~ goods *kwaliteitsgoederen/produkten;* ~ of life *leefbaarheid, kwaliteit v.h. bestaan;* ~ newspaper *kwaliteitskrant* **2.1** high/low ~ wood *hout v. goede/slechte kwaliteit;* of poor/good ~ *v. slechte/goed kwaliteit* **3.1** this idea has ~ *dit is een uitstekend idee;* ~ matters more than quantity *kwaliteit is belangrijker dan kwantiteit* **6.1** people **of** ~ *mensen v. standing, mensen behorend tot de hogere sociale klassen* **7.1** the ~ *de hogere sociale klassen, de chic.*

'quality control ⟨n.-telb.zn.⟩ **0.1** ***kwaliteitsbeheersing*** ⇒*kwaliteitscontrole.*

qualm [kwɑ:m, kwɔ:m]⟨f1⟩⟨telb.zn.; vaak mv.⟩ **0.1** ***(gevoel v.) onzekerheid*** ⇒*ongemakkelijk/onbehaaglijk gevoel, twijfel, angstgevoel, bang vermoeden* **0.2** ***(gevoel v.) misselijkheid*** ⇒*(plotselinge) onpasselijkheid, braakneiging* **0.3** ***(gewetens)wroeging*** ⇒*hart/gewetensknaging, scrupule, gewetensbezwaar* ◆ **1.3** ~s of conscience *gewetenswroeging* **6.1** she had no ~s **about** going on her own *ze zag er niet tegenop om alleen te gaan;* he felt no ~s **about** inviting himself *hij had er geen moeite mee zichzelf uit te nodigen.*

qualm·ish ['kwɑ:mɪʃ, 'kwɔ:-]⟨bn.; -ly⟩ **0.1** ***onzeker*** ⇒*zenuwachtig, twijfelend, onbehaaglijk, angstig* **0.2** ***misselijk*** ⇒*onpasselijk* **0.3** ***nerveus/misselijk makend*** ⇒*een onbehaaglijk gevoel gevend* ◆ **1.3** a ~ nightmare *een angstwekkende nachtmerrie.*

quan·da·ry ['kwɒnd(ə)ri‖'kwɑn-]⟨f1⟩⟨telb.zn.; →mv. 2⟩ **0.1** ***moeilijke situatie*** ⇒*dilemma, onzekerheid, verlegenheid, lastig parket* ◆ **6.1** we were **in** a ~ about how to react *we wisten niet goed hoe we moesten reageren.*

quan·go ['kwæŋgoʊ]⟨telb.zn.⟩⟨oorspr. afk.⟩ quasi-autonomous non-government(al) organisation ⟨BE⟩ **0.1** ⟨ong.⟩ ***semi-overheidsinstelling*** ⇒*parastatale (organisatie/instelling)* ⟨in België⟩.

quant[1] [kwɒnt‖kwɑnt]⟨telb.zn.⟩⟨BE⟩ **0.1** ***kloet(stok)*** ⇒*schippersboom.*

quant[2] ⟨onov. en ov.ww.⟩⟨BE⟩ **0.1** ***voortbomen*** ⇒*(doen) voortbewegen.*

quanta ⟨mv.⟩ →quantum.

quan·ti·fi·a·ble ['kwɒntɪfaɪəbl‖'kwɑntɪ-]⟨bn.⟩ **0.1** ***kwantificeerbaar*** ⇒*meetbaar, telbaar, uit te drukken in getallen, getalsmatig weer te geven.*

quan·ti·fi·ca·tion ['kwɒntɪfɪ'keɪʃn‖'kwɑntɪ-]⟨telb. en n.-telb.zn.⟩ **0.1** ***getalsmatige weergave*** ⇒*meting, telling, weging, bepaling.*

quan·ti·fi·er ['kwɒntɪfaɪə‖'kwɑntɪfaɪər]⟨telb.zn.⟩ **0.1** ***hoeveelheidsbepaler*** ⇒*kwantiteitsmeter, teller* **0.2** ⟨taalk.⟩ ***kwantor*** ⟨hoeveelheidswoord⟩.

quan·ti·fy ['kwɒntɪfaɪ‖'kwɑntɪfaɪ]⟨f1⟩⟨ov.ww.; →ww. 7⟩ **0.1** ***kwantificeren*** ⇒*in getallen uitdrukken, meten, bepalen* **0.2** ⟨logica⟩ ***kwantificeren*** ⟨stelling⟩ ⇒*beperken, precies omschrijven, nader definiëren, nuanceren* ◆ **1.1** you cannot ~ love *je kunt liefde niet meten.*

quan·ti·ta·tive ['kwɒntɪtətɪv‖'kwɑntɪteɪtɪv]⟨f2⟩⟨bn.; -ly⟩ **0.1** ***kwantitatief*** ⇒*v./mbt. de hoeveelheid, getalsmatig, volgens de hoeveelheid, naar de grootte* ◆ **1.1** ~ analysis *kwantitatieve analyse;* ~ linguistics *kwantitatieve/statistische taalkunde;* ⟨lit.⟩ ~ verse *op aantal lettergrepen gebaseerd vers.*

quan·ti·ty ['kwɒntəti‖'kwɑntəti]⟨f3⟩⟨zn.; →mv. 2⟩⟨→sprw. 585⟩
I ⟨telb.zn.⟩ **0.1** ***hoeveelheid/aantal*** ⇒*som, portie, grootte, maat* **0.2** ⟨wisk.⟩ ***grootheid*** ⇒⟨fig.⟩ *persoon, iem., ding* **0.3** ⟨taalk.⟩ ***lengte*** ⟨bv. v. klinkers⟩ ⇒*waarde* ◆ **1.1** a large ~ of blood *een grote hoeveelheid bloed;* a certain ~ of bicycles *een bep. aantal fietsen;* the ~ of the losses *de grootte v.h. verlies* **1.3** the short and long quantities of vowels *de korte en lange waarden v. klinkers* **2.2** a negligible ~ *een te verwaarlozen hoeveelheid; een persoon/zaak waarmee geen rekening gehouden hoeft te worden, een quantité négligeable;* an unknown ~ *een onbekende (grootheid), een nog niet berekende wiskundige eenheid; een nog niet doorgronde/berekenbare persoon* **6.1 in** large quantities *in grote aantallen/hoeveelheden;* rain **in** ~/quantities *regen in overvloed;*
II ⟨n.-telb.zn.⟩ **0.1** ***kwantiteit*** ⇒*hoeveelheid, omvang* **0.2** ⟨logica⟩ ***kwantiteit*** ◆ **1.1** prefer ~ to quality *de voorkeur geven aan kwantiteit boven kwaliteit.*

'quantity production ⟨n.-telb.zn.⟩ **0.1** ***massaproduktie.***

'quantity surveyor ⟨telb.zn.⟩ **0.1** ***kostendeskundige*** ⟨in de bouw⟩ ⇒*begrotingscalculator.*

quan·ti·za·tion, -sa·tion ['kwɒntaɪ'zeɪʃn‖'kwɑntə-]⟨telb. en n.-telb.zn.⟩ **0.1** ***quantisatie*** ⇒*quantisering.*

quan·tize, -tise ['kwɒntaɪz‖'kwɑntaɪz]⟨ov.ww.⟩ **0.1** ***in quanta omzetten*** **0.2** ⟨nat.⟩ ***quantiseren.***

quan·tum[1] ['kwɒntəm‖'kwɑntəm]⟨f2⟩⟨telb.zn.; quanta ['kwɒntə‖'kwɑntə]; →mv. 5⟩ **0.1** ***quantum*** ⇒*(benodigde/wenselijke) hoeveelheid, bedrag* **0.2** ⟨nat.⟩ ***quant(um).***

quantum[2] ⟨bn., attr.⟩ **0.1** ***spectaculair*** ◆ **1.1** a ~ leap *een spectaculaire vooruitgang, een doorbraak, een omwenteling.*

'quantum me'chanics ⟨mv.⟩ **0.1** ***quantum mechanica.***

'quantum physics ⟨n.-telb.zn.⟩⟨nat.⟩ **0.1** ***quantumfysica.***

'quantum theory ⟨n.-telb.zn.⟩⟨nat.⟩ **0.1** ***quantumtheorie.***

quar·an·tine[1] ['kwɒrənti:n‖'kwɔ-, 'kwɑ-]⟨f1⟩⟨telb. en n.-telb.zn.⟩ **0.1** ***quarantaine*** ⇒*isolatie* ◆ **6.1** be put **in** ~ *in quarantaine gehouden worden.*

quarantine[2] ⟨f1⟩⟨ov.ww.⟩ **0.1** ***in quarantaine geven/plaatsen/houden*** ⇒⟨fig. ook⟩ *isoleren.*

quark [kwɑ:k, kwɔ:k‖kwɑrk, kwɔrk]⟨telb.zn.⟩⟨nat.⟩ **0.1** ***quark.***

quar·rel[1] ['kwɒrəl‖'kwɔ-, 'kwɑ-]⟨f3⟩⟨telb.zn.⟩ **0.1** ***ruzie*** ⇒*onenigheid, twist* **0.2** ***kritiek*** ⇒*reden tot ruzie, aan/opmerking* **0.3** ***(korte, stompe) pijl*** ⟨v. kruisboog⟩ **0.4** ***vierkant/ruitvormig ruitje*** ⟨in glas in lood⟩ **0.5** ***vierkante/ruitvormige tegel*** **0.6** ***snijdiamant*** ◆ **3.1** fight s.o.'s ~s (for him) *het voor iem. opnemen;* it takes two to make/have a ~ *waar twee kijven hebben er twee schuld;* start/pick a ~ (with s.o.) *ruzie zoeken (met iem.)* **6.1** make up a ~ **between** friends *een ruzie tussen vrienden bijleggen;* have a ~ **with** s.o. *ruzie hebben met iem.* **6.2** I have no ~ **with/against** your behaviour *ik heb geen aanmerkingen op je gedrag;* what is your ~ **with/against** him? *wat heb je tegen hem?.*

quarrel[2] ⟨f3⟩⟨onov.ww.; →ww. 7⟩ **0.1** ***ruzie maken*** ⇒*onenigheid hebben, twisten, krakelen* **0.2** ***kritiek hebben*** ⇒*aan/opmerkingen hebben, klachten uiten, niet akkoord gaan, een aanval doen* ◆ **1.1** these people are always ~ling *deze mensen hebben altijd ruzie* **6.1** it seems that he needs to ~ **with** her **about/over** silly little things *het schijnt dat hij er behoefte aan heeft om met haar over dwaze dingetjes te ruziën/bekvechten;* what are they ~ling **for?** *waar maken ze ruzie om?* **6.2** he ~s **with** my position in this company *hij betwist me mijn positie in dit bedrijf;* who would like to ~ **with** that? *wie zou dat willen bestrijden?;* I do not like to ~ **with** your work *ik heb niet graag aanmerkingen/kritiek op je werk.*

quar·rel·ler, ⟨AE sp. ook⟩ **quar·rel·er** ['kwɒrələ‖'kwɔrələr, 'kwɑ-]⟨f1⟩⟨telb.zn.⟩ **0.1** ***ruziezoeker/ster*** ⇒*ruziemaker/maakster, twistziek persoon.*

quar·rel·some ['kwɒrəlsəm‖'kwɔ-, 'kwɑ-]⟨f1⟩⟨bn.⟩ **0.1** ***ruziezoekend*** ⇒*twistziek, ruzieachtig, altijd/vaak ruziënd, (onaangenaam) kritisch.*

quarrier →quarry-man.

quar·ry[1] ['kwɒri‖'kwɔri, 'kwɑri]⟨f2⟩⟨telb.zn.; →mv. 2⟩ **0.1** ***(nagejaagde) prooi*** ⇒*(achtervolgd) wild, (jacht)doel, (beoogd) slachtoffer* **0.2** ***(steen)groeve*** ⇒*steenhouwerij, mijn;* ⟨fig.⟩ *vindplaats/bron v. informatie* **0.3** ⟨ben. voor⟩ ***vierkant/ruitvorm*** ⇒*vierkante tegel, vierkant/ruitvormig (glas in lood) ruitje.*

quarry[2] ⟨f1⟩⟨onov. en ov.ww.; →ww. 7⟩ **0.1** ***(steen)houwen*** ⇒*(steen) uithakken, (uit)graven, delven* **0.2** ***ijverig zoeken*** ⟨bv. naar feiten/gegevens⟩ ⇒*(door)vorsen, doorwroeten, wurmen, zeer nauwkeurig lezen* ◆ **1.1** ~ (out) a block of marble *een stuk marmer uithakken* **3.2** he can ~ for hours just to find one word *hij kan uren zitten pluizen om één woord te vinden* **6.1** ~ **for** *naar iets graven* ⟨ook fig.⟩.

quar·ry-man ['kwɒrimən‖'kwɔ-, 'kwɑ-], **quar·ri·er** ['kwɒrɪə‖'kwɔrɪər, 'kwɑ-]⟨telb.zn.⟩ **0.1** ***steenhouwer*** ⇒*arbeider in steengroeve.*

quart[1] [kɑ:t‖kɑrt]⟨telb.zn.⟩ **0.1** ⟨kaartspel, i.h.b. piket⟩ ***vierde*** ⟨opeenvolging v. vier kaarten v. dezelfde kleur⟩ **0.2** ⟨schermen⟩ ***de wering vier*** ⇒*vierde parade* ◆ **2.1** a ~ major *een vierde met aas.*

quart[2] [kwɔ:t‖kwɔrt]⟨f2⟩⟨telb.zn.⟩ **0.1** ***quart*** ⇒*kwart gallon, twee pints* ⟨voor vloeistof, UK 1,136 l, USA 0,946 l; voor droge waren 1,101 l; →t1⟩ **0.2** ***fles/kan/vat v. een kwart gallon*** ◆ **1.¶** put a ~

into a pint pot *een bep. hoeveelheid in een te klein(e) houder/vat willen stoppen;* ⟨inf.; fig.⟩ *het onmogelijke proberen.*

quar·tan[1] ['kwɔ:tn||'kwɔrtn] ⟨telb. en n.-telb.zn.⟩ **0.1** ***derdendaagse koorts.***

quartan[2] ⟨bn.⟩ **0.1** ***derdendaags*** ◆ **1.1** ~ ague/fever *derdendaagse koorts.*

quarte [kɑ:t||kɑrt] ⟨telb.zn.⟩ ⟨schermen⟩ **0.1** ***de wering vier*** ⇒*vierde parade.*

quar·ter[1] ['kwɔ:tə||'kwɔrṭər] ⟨f3⟩ ⟨zn.⟩
I ⟨telb.zn.⟩ **0.1** ***kwart*** ⇒*vierde deel;* ⟨sport⟩ *kwart, speelperiode v. 15 minuten* **0.2** ***kwart dollar*** ⇒*25 Am./Can. dollarcenten, kwartje* **0.3** ***kwartaal*** ⇒*periode v. drie maanden,* ⟨AE⟩ *collegeperiode/academisch kwartaal* **0.4** ***vierendeel*** ⇒*vierde deel (v. mens/dier na vierendeling), kwartier* ⟨v. slachtdier⟩ **0.5** ***kwartier*** ⟨v. tijd, maan, wapenschild⟩ **0.6** ⟨ben. voor⟩ ***achterste deel*** ⇒*achterwerk* ⟨v. schip⟩, *achterste scheepsdeel, windveer, windvering; hielstuk* ⟨v. schoen/laars⟩ **0.7** ***quarter*** ⇒*kwart* ⟨U.K. 12,7 kg, U.S.A. 11,34 kg; →t1⟩ **0.8** ***quarter*** ⇒*kwart* ⟨290,94 l; →t1⟩ **0.9** ***(wind)richting*** ⇒*windstreek* ⟨v. kompas⟩, *hoek, kant, bron* **0.10** ⟨ben. voor⟩ ***(stads)deel*** ⇒*wijk, sectie, gewest, streek, kwartier* ◆ **1.1** a ~ of an apple *een kwart/vierde part v.e. appel;* a ~ of a century *een kwarteeuw;* in the first ~ of this century *in de eerste vijfentwintig jaar v. deze eeuw;* a ~ of an hour *een kwartier;* a ~ of a mile *een kwart mijl;* a mile and a ~ *één en een kwart mijl;* three ~s of the people voted *driekwart v.d. mensen stemde;* for a ~ (of) the price *voor een kwart v.d. prijs* **1.4** he chose the best ~ of the ox *hij koos het beste kwartier/vierde v.d. os* **1.5** for an hour and a ~ *een uur en een kwartier (lang)* **1.7** speaking of nuts in a shop, a ~ means a ~ of a pound or four ounces, but speaking of grain it is a larger measure *i.v.m. nootjes in een winkel betekent een quarter een kwart (Eng.) pond, of vier (Eng.) ons, maar als het gaat om graan is het een grotere maat* **1.10** in some ~s of the town there were riots *in sommige stadsdelen waren er rellen* **2.1** have a bad ~ of an hour *een moeilijk kwartiertje doormaken, het even lastig hebben* **2.10** the Parisian Latin ~ used to be a ~ of students and artists *het Parijse Quartier Latin was altijd een studenten- en kunstenaarsbuurt;* we visited the Chinese and Italian ~s *we bezochten de Chinese en de Italiaanse wijk;* I live in a residential ~, not in the inner city *ik woon in een woonwijk, niet in de binnenstad* **3.5** this clock also strikes the ~s *deze klok slaat ook de kwartieren* **3.¶** licensed ~s *officieel erkende/toegelaten rosse buurt* **6.3** he pays his rent **by** the ~ *hij betaalt zijn huur per kwartaal* **6.5** **in** which ~ is the lion? *in welk kwartier/vlak/deel (v.h. wapen) staat de leeuw?;* it's a ~ **past/to** eight *het is kwart over/voor acht* **6.6** the wind is **on** the ~ *de wind komt langs de windveer in, de wind staat (schuin) achter* **6.9** I expect no help **from** that ~ *ik verwacht geen hulp uit die hoek/van die kant;* which ~ does that information come **from?** *uit welke bron komt die informatie?;* people came **from** all ~s of the world *de mensen kwamen uit alle windstreken/werelddelen;* **from** what ~ does the wind blow? *uit welke hoek/richting waait de wind?;* is the wind **in** that ~? *waait de wind uit die hoek?* **7.1** ⟨inf.⟩ the ~ *kwartmijlsrace, race v. 440 yards* **7.3** the student only started working seriously during the last ~ *de student begon pas serieus te werken in het laatste semester;* the second ~'s electricity bill *de elektriciteitsrekening v.h. tweede kwartaal* **7.5** first ~ and last ~ are positions of the moon *het eerste en laatste kwartier zijn maanstanden;*
II ⟨n.-telb.zn.⟩ **0.1** ***genade*** ⇒*clementie, kwartier, lijfsbehoud* ◆ **3.1** ask for/cry ~ *om genade smeken;* give/receive ~ *genade schenken/verkrijgen;* no ~ was given *er werd geen kwartier gegeven, er werd genadeloos opgetreden;*
III ⟨mv.; ~s⟩ **0.1** ⟨vaak mil.⟩ ***kwartier*** ⇒*verblijf, woon/legerplaats, barak, kamer(s);* ⟨fig.⟩ *kring* **0.2** ***(onder)delen*** ⟨bv. v. (geslacht) dier⟩ ◆ **1.1** in the officers' ~ *in de officiersvertrekken;* the soldiers went into winter ~ *de soldaten betrokken hun winterkwartier* **2.1** this information comes from the highest ~s *deze inlichtingen komen uit de hoogste kringen;* report this news to the right ~s *meld dit nieuws op de juiste plaats;* find suitable ~s *geschikte huisvesting vinden;* well-informed ~s *goed ingelichte kringen* **3.1** ⟨scheep.⟩ beat/call to ~s *de manschappen oproepen om zich gevechtsklaar te maken;* married ~s *familieverblijven;* I took up my ~s with him in London *ik trok bij hem in in Londen;* they took up their ~s *ze sloegen hun tenten op, ze namen hun intrek;* do you know where his ~s are? *weet je zijn verblijfplaats?;* this inn provides excellent ~s *in deze herberg is het uitstekend toeven.*

quarter[2], ⟨in bet. II 0.2 ook⟩ **'quar·ter·saw** ⟨f2⟩ ⟨ww.⟩ →quartering
I ⟨onov.ww.⟩ **0.1** ***ingekwartierd worden*** ⇒*huisvesting krijgen, gelegerd worden, onderdak toegewezen krijgen;*
II ⟨onov. en ov.ww.⟩ **0.1** ***kwarteren*** ⇒*in vier (gelijke) delen verdelen, vierendelen* **0.2** ***(in de lengte) in vieren zagen*** ⟨houtblok⟩ **0.3** ***inkwartieren*** ⇒*logies/huisvesting verschaffen (aan), legeren* **0.4** ***doorkruisen*** ⟨bv. terrein, v. jachthond⟩ ⇒*afzoeken, geheel doorlopen, grondig doorzoeken* **0.5** ⟨heraldiek⟩ ***een wapen (opnieuw) indelen/ontwerpen*** ⇒*een blazoen uitbreiden/herindelen, in een familiewapen/bep. vlak onderbrengen* ⟨bv. devies/wapenbeeld⟩, *een (nieuw) wapen aan het zijne toevoegen* ⟨bv. v. iem. anders⟩ ◆ **1.1** ~ an apple *een appel in vier parten verdelen;* his punishment was to be ~ed *het was zijn straf gevierendeeld te worden* **1.4** the pointer ~ed the field, but the hare had disappeared *de pointer kamde het veld helemaal uit, maar de haas was verdwenen* **1.5** ~ a charge *een devies/wapenbeeld in een (familie) wapen indelen;* ~ a shield *een schild in (vier) vlakken indelen.*

quar·ter·age ['kwɔ:tərɪdʒ||'kwɔrṭə-] ⟨telb.zn.⟩ **0.1** ***kwartaalbetaling*** ⇒*driemaandelijkse betaling.*

'quar·ter·back[1] ⟨f1⟩ ⟨telb.zn.⟩ ⟨AE; Am. voetbal⟩ **0.1** ***quarterback*** ⇒*kwartback* ⟨spelbepaler die gecodeerde aanwijzingen geeft⟩.

quar·ter·back[2] ⟨ov.ww.⟩ ⟨AE; sl.⟩ **0.1** ***de leiding hebben over*** ⇒*leiding geven aan.*

'quar·ter-bell ⟨telb.zn.⟩ **0.1** ***kwartierbel*** ⟨v. klok⟩.

'quar·ter·bind·ing ⟨telb.zn.⟩ ⟨boek.⟩ **0.1** ***rugbinding*** ⟨d.w.z. v. ander materiaal dan voor- en achterkant v.h. boek, bv. v. leer⟩.

'quar·ter'bound ⟨bn.⟩ **0.1** ***met rugbinding*** ⇒*ruggebonden* ⟨v. boek, waarbij rug met ander materiaal is gebonden dan de rest⟩.

'quarter circle ⟨telb.zn.⟩ ⟨voetbal⟩ **0.1** ***kwartcirkel*** ⇒*hoekvlagcirkel.*

'quarter day ⟨telb.zn.⟩ **0.1** ***betaaldag*** ⟨aan begin/eind v. kwartaal⟩ ⇒*afrekeningsdag* ⟨op bep. vastgestelde data⟩.

'quar·ter·deck ⟨zn.⟩ ⟨scheep.⟩
I ⟨telb.zn.; vnl. enk.; the⟩ **0.1** ***(officiers)halfdek;***
II ⟨verz.n.⟩ **0.1** ***(marine)officieren.***

'quar·ter'final ⟨f1⟩ ⟨telb.zn.⟩ **0.1** ***kwartfinale*** ⟨sport⟩.

'quar·ter-guard ⟨telb.zn.⟩ ⟨mil.⟩ **0.1** ***kampwacht.***

'quarter horse ⟨telb.zn.⟩ ⟨AE⟩ **0.1** ***(sterk) renpaard*** ⟨op kwartmijl⟩.

'quar·ter-'hour ⟨telb.zn.⟩ **0.1** ***kwartier*** ⇒*kwartiersaanduiding* ⟨voor of na het uur, op klok⟩.

quar·ter·ing ['kwɔ:tərɪŋ||'kwɔrṭərɪŋ] ⟨zn.; (oorspr.) gerund v. quarter⟩
I ⟨telb.zn.; vnl. mv.⟩ ⟨heraldiek⟩ **0.1** ***kwartier*** ⇒*(vierde) deel v. wapenschild, wapendeel;*
II ⟨n.-telb.zn.⟩ **0.1** ***vierendeling*** ⇒*verdeling in vier, het kwartieren, kwartering, kwartilering* **0.2** ***inkwartiering*** ⇒*het inkwartieren* ⟨bv. soldaten⟩.

'quar·ter-light ⟨telb.zn.⟩ ⟨BE⟩ **0.1** ***ventilatieraampje*** ⟨in voor- of achterruit v. auto⟩ **0.2** ***rijtuigraam(pje)*** ⟨anders dan in portier⟩ **0.3** ***zijruit*** ⟨v. auto, anders dan in portier⟩.

quar·ter·ly[1] ['kwɔ:təli||'kwɔrṭərli] ⟨f1⟩ ⟨telb.zn.; →mv. 2⟩ **0.1** ***driemaandelijks tijdschrift/blad*** ⇒*kwartaalblad.*

quarterly[2] ⟨f1⟩ ⟨bn.⟩ **0.1** ***driemaandelijks*** ⇒*viermaal per jaar, kwartaalsgewijs* ◆ **1.1** a ~ magazine *een driemaandelijks tijdschrift;* ~ payment *betaling per kwartaal.*

quarterly[3] ⟨f1⟩ ⟨bw.⟩ **0.1** ***driemaandelijks*** ⇒*(éénmaal) per kwartaal, kwartaalsgewijs.*

'quar·ter·mas·ter ⟨f1⟩ ⟨telb.zn.⟩ **0.1** ⟨mil.⟩ ***intendant*** ⇒*kwartiermeester/maker* **0.2** ⟨scheep.⟩ ***kwartiermeester*** ⇒*schieman.*

'Quartermaster 'General ⟨telb.zn.⟩ ⟨mil.⟩ **0.1** ***kwartiermeester-generaal*** ⇒*hoofdintendant.*

'Quartermaster 'Sergeant ⟨telb.zn.⟩ ⟨mil.⟩ **0.1** ***foerier.***

'quar·ter-'mil·er ⟨telb.zn.⟩ **0.1** ***kwartmijlloper*** ⇒*400 m-loper.*

quar·tern ['kwɔ:tən||'kwɔrṭərn], ⟨in bet. 0.3 ook⟩ **quar·tern-loaf** ⟨telb.zn.⟩ ⟨vero.⟩ **0.1** ***één vierde (deel)*** ⇒*kwart* **0.2** ⟨BE⟩ ***één vierde pint*** **0.3** ⟨BE⟩ ***vierpondsbrood.***

'quarter note ⟨f1⟩ ⟨telb.zn.⟩ ⟨AE⟩ ⟨muz.⟩ **0.1** ***kwartnoot.***

'quar·ter-plate ⟨telb.zn.⟩ ⟨foto.⟩ **0.1** ***gevoelige/fotografische plaat*** ⟨v. 8,3 × 10,8 cm⟩ **0.2** ***foto(afdruk)*** ⟨v. 8,3 × 10,8 cm⟩.

'quarter sessions ⟨mv.⟩ **0.1** ***rechtszitting*** ⟨(oorspr.) elk kwartaal gehouden⟩ ⇒*(driemaandelijkse) rechtspraak* ⟨per district⟩.

'quar·ter·staff ⟨telb.zn.⟩ ⟨vnl. gesch.⟩ **0.1** ***(lange houten)(gevechts) stok*** ⇒*schermstok* ⟨bij stokschermen⟩.

'quar·ter·tone ⟨telb.zn.⟩ ⟨muz.⟩ **0.1** ***kwarttoon.***

quar·tet(te) [kwɔ:'tet||kwɔr-] ⟨f1⟩ ⟨zn.⟩
I ⟨telb.zn.⟩ ⟨muz.⟩ **0.1** ***kwartet*** ⟨stuk⟩;
II ⟨verz.n.⟩ **0.1** ***viertal*** ⇒*groep v. vier;* ⟨vnl. muz.⟩ *kwartet.*

quar·tic[1] ['kwɔ:tɪk||'kwɔrṭɪk] ⟨telb.zn.⟩ ⟨wisk.⟩ **0.1** ***(vergelijking tot) de vierde macht.***

quartic[2] ⟨bn.⟩ ⟨wisk.⟩ **0.1** ***vierdemachts-*** ⇒*mbt. de vierde macht, v.d. vierde graad.*

quar·tile[1] ['kwɔ:taɪl||'kwɔrṭl] ⟨telb.zn.⟩ ⟨stat.⟩ **0.1** ***kwartiel.***

quartile[2] ⟨bn.⟩ ⟨stat.⟩ **0.1** ***mbt. een kwartiel*** ⇒*kwartiels-.*

quar·to, ⟨soms⟩ **4to** ['kwɔ:toʊ||'kwɔrṭoʊ] ⟨telb.zn.⟩ **0.1** ***kwarto*** **0.2** ***kwartijn*** ◆ **7.1** the first ~s of some Shakespeare plays *de eerste uitgaven in kwartoformaat v. enkele stukken v. Shakespeare.*

quartz [kwɔ:ts‖kwɔrts]⟨f1⟩⟨n.-telb.zn.⟩ **0.1** ***kwarts***.
'quartz clock ⟨telb.zn.⟩ **0.1** ***kwartsklok***.
quartz·if·er·ous [kwɔ:'tsɪfrəs‖kwɔrt-]⟨bn.⟩ **0.1** ***kwartshoudend***.
quartz·ite ['kwɔ:tsaɪt‖'kwɔrt-]⟨n.-telb.zn.⟩ **0.1** ***kwartsiet*** ⟨delfstof⟩.
'quartz lamp ⟨telb.zn.⟩ **0.1** ***kwartslamp***.
quartz·ose ['kwɔ:tsoʊs‖'kwɔrt-], **quartz·ous** [-səs], **quartz·y** [-si] ⟨bn.⟩ **0.1** ***kwartshoudend*** ⇒*uit kwarts bestaand* **0.2** ***kwartsachtig*** ⇒*lijkend op kwarts*.
qua·sar ['kweɪsɑ:‖-zɑr]⟨telb.zn.⟩⟨ster.⟩ **0.1** ***quasar*** ⇒*quasi-stellaire radiobron*.
quash [kwɒʃ‖kwɑʃ]⟨ov.ww.⟩ **0.1** ⟨jur.⟩ ***verwerpen*** ⇒*vernietigen, casseren, ongegrond oordelen, ongedaan maken* **0.2** ***(krachtig) onderdrukken*** ⇒*verijdelen, korte metten maken met* ◆ **1.1** ~ a decision *een besluit verwerpen;* ~ a verdict *een vonnis casseren, een uitspraak vernietigen* **1.2** ~ his plans *zijn plannen verijdelen;* ~ a rebellion *een opstand de kop indrukken*.
qua·si ⟨bw.⟩ **0.1** ***quasi*** ⇒*zogenaamd, schijnbaar*.
qua·si- ['kwɑ:zi‖'kweɪzaɪ, -saɪ] **0.1** ***quasi-*** ⇒*schijn-, half-, bijna-, pseudo-* ◆ ¶**.1** ⟨geldw.⟩ quasi-money *bijna-geld, secundaire liquiditeiten* ⟨bv. wissels⟩; a quasi-official procedure *een schijnbaar/bijna officiële procedure;* quasi-scientific *pseudo-wetenschappelijk;* quasi-victory *schijnoverwinning*.
Qua·si·mo·do ['kwɑ:zɪ'moʊdoʊ], **'Quasimodo 'Sunday** ⟨eig.n.⟩ **0.1** ***Quasimodo*** ⇒*eerste zondag na Pasen, Witte Zondag*.
'qua·si-stel·lar 'object, 'quasi-stellar 'radio source ⟨telb.zn.⟩⟨ster.⟩ **0.1** ***quasar*** ⇒*quasi-stellair(e) object/radiobron*.
quas·sia ['kwɒʃə‖'kwɑʃə]⟨telb. en n.-telb.zn.⟩⟨plantk.⟩ **0.1** ***kwassie*** ⇒*kwassieboom* ⟨Quassia amara⟩, *kwassiehout, bitterhout*.
qua·ter·cen·ten·a·ry ['kwætəsen'ti:nri‖'kwɑṭər'sentn·eri]⟨telb.zn.; →mv. 2⟩ **0.1** ***vierhonderdste verjaardag*** ⇒*vierhonderdjarig bestaan, vierde eeuwfeest*.
qua·ter·nar·y[1] [kwə'tɜ:nəri‖'kwɑṭərneri]⟨zn.; →mv. 2⟩
I ⟨eig.n.; Q-⟩⟨geol.⟩ **0.1** ***Quartair*** ⇒*Kwartair* ⟨jongste periode v.h. Kaenozoïcum⟩;
II ⟨telb.zn.⟩ **0.1** ***viertal*** ⇒*groep v. vier (dingen)* **0.2** ***(getal) vier***.
quaternary[2] ⟨bn.⟩ **0.1** ***viertallig*** ⇒*bestaande uit vier delen* **0.2** ***vierde*** **0.3** ⟨schei.⟩ ***quaternair*** ⟨v. atoom⟩ **0.4** ⟨Q-⟩⟨geol.⟩ ***quartair*** ⇒*kwartair*.
qua·ter·ni·on [kwə'tɜ:nɪən‖-'tɜr-]⟨telb.zn.⟩ **0.1** ***viertal*** **0.2** ⟨wisk.⟩ ***quaternion***.
qua·ter·ni·ty [kwə'tɜ:nəti‖-'tɜrnəṭi]⟨telb.zn.; →mv. 2⟩ **0.1** ***viertal*** ⇒*groep v. vier (mensen);* ⟨i.h.b.⟩ *viereenheid* ⟨v. goden⟩.
qua·tor·zain [kə'tɔ:zeɪn‖-'tɔr-]⟨telb.zn.⟩ **0.1** ***veertienregelig gedicht*** ⇒⟨i.h.b.⟩ *onregelmatig sonnet*.
quat·rain ['kwɒtreɪn‖'kwɑ-]⟨telb.zn.⟩ **0.1** ***kwatrijn*** ⇒*vierregelig vers/couplet*.
quatre →cater.
quat·re·foil ['kætrəfɔɪl]⟨telb.zn.⟩ **0.1** ⟨bouwk.⟩ ***vierpas*** ⇒*vierblad* **0.2** ⟨heraldiek⟩ ***vierblad***.
quat·tro·cen·to ['kwætroʊ'tʃentoʊ‖'kwɑ-]⟨n.-telb.zn.⟩ **0.1** ***quattrocento*** ⇒*de vijftiende eeuw* ⟨in Italiaanse literatuur en kunst⟩.
qua·ver[1] ['kweɪvə‖-ər]⟨f1⟩⟨telb.zn.⟩ **0.1** ***trilling*** ⇒*trillend geluid* **0.2** ⟨muz.⟩ ***triller*** ⇒*vibrato, tremolo* **0.3** ⟨BE; muz.⟩ ***achtste (noot)***.
quaver[2] ⟨f1⟩⟨ww.⟩
I ⟨onov.ww.⟩ **0.1** ***trillen*** ⇒*beven, sidderen* **0.2** ⟨muz.⟩ ***trillers zingen/spelen*** ⇒*vibreren, tremoleren* ◆ **1.1** in a ~ing voice *met bevende stem;*
II ⟨ov.ww.⟩ **0.1** ***trillend uiten*** ⇒*zeggen met bevende stem* **0.2** ***vibrato zingen*** ◆ **5.1** the child ~ed **forth/out** her first song *met bibberende stem zong het kind haar eerste liedje;* he ~ed **out** his accusations *met bevende stem uitte hij zijn beschuldigingen*.
qua·ver·y ['kweɪvəri]⟨bn.⟩ **0.1** ***beverig*** ⇒*trillerig, trillend, bevend*.
quay [ki:]⟨f1⟩⟨telb.zn.⟩ **0.1** ***kade*** ⇒*kaai*.
quay·age ['ki:ɪdʒ]⟨zn.⟩
I ⟨telb. en n.-telb.zn.⟩ **0.1** ***kaaigeld*** ⇒*kadegeld* ⟨te betalen voor het liggen, laden enz.⟩;
II ⟨n.-telb.zn.⟩ **0.1** ***(totale) kaderuimte*** ⇒*(totale) kadelengte, kaden*.
'quay dues ⟨mv.⟩ **0.1** ***kaaigeld*** ⇒*kadegeld*.
'quay·side ⟨telb.zn.⟩ **0.1** ***kade*** ⇒*walkant*.
Que ⟨afk.⟩ Quebec.
quean [kwi:n]⟨telb.zn.⟩⟨vero.⟩ **0.1** ***slet*** ⇒*lichtekooi, sloerie*.
quea·sy, quea·zy ['kwi:zi]⟨f1⟩⟨bn.; -er; -ly; -ness; →bijw. 3⟩ **0.1** ***walgelijk*** ⇒*misselijk makend;* ⟨fig.⟩ *onaangenaam* **0.2** ***misselijk*** ⇒*onpasselijk, zwak, ziekelijk* **0.3** ***teergevoelig*** ⇒*kieskeurig, overgevoelig* ◆ **1.2** a ~ stomach *een zwakke maag* **1.3** he has a ~ conscience *hij neemt het erg nauw* **6.2** I was ~ **about/at** the idea of a performance of that play *het idee v.e. opvoering v. dat toneelstuk stond mij tegen*.
que·bra·cho [keɪ'brɑ:tʃoʊ‖-'bræ-]⟨zn.⟩
I ⟨telb.zn.⟩⟨plantk.⟩ **0.1** ***quebracho(boom)*** ⟨Schinopsis lorentzii of Aspidosperma quebracho-blanco⟩;
II ⟨n.-telb.zn.⟩ **0.1** ***quebracho(hout)*** **0.2** ***bast v.d. quebracho*** ⟨als genees/looimiddel⟩.
Quech·ua, Kech·ua ['ketʃwə]⟨zn.⟩
I ⟨eig.n.⟩ **0.1** ***Quechua*** ⇒*de Quechuataal* ⟨officiële taal in het Incarijk; nog gesproken in o.a. Peru⟩;
II ⟨telb.zn.⟩ **0.1** ***Quechua-indiaan*** **0.2** ***Quechua-(indianen)stam***.
Quech·uan, Kech·uan ['ketʃwən]⟨bn.⟩ **0.1** ***mbt./v. de Quechua***.
queen[1] [kwi:n]⟨f3⟩⟨telb.zn.⟩ **0.1** ***koningin*** ⇒*vorstin* ⟨v.e. koninkrijk⟩, *gemalin v.d. koning* **0.2** ⟨ben. voor⟩ ***beste/eerste in haar soort*** ⇒*koningin, winnares, heerseres, schoonheid(skoningin), godin* **0.3** ⟨dierk.⟩ ***koningin*** ⟨eierleggend vrouwelijk insekt v. bijen, termieten, mieren⟩ ⇒*moederbij, wijfjesbij* **0.4** ⟨schaken⟩ ***koningin*** ⇒*dame* **0.5** ⟨kaartspel⟩ ***vrouw*** ⇒*dame* **0.6** ⟨sl., bel.⟩ ***nicht*** ⇒*verwijfde flikker, mietje* **0.7** ***kat*** ⟨volwassen wijfje, i.h.b. één gehouden voor het fokken⟩ ◆ **1.2** the ~ of the Adriatic *de koningin v.d. Adriatische Zee* ⟨Venetië⟩; Queen of grace *Moeder v.d. goddelijke genade* ⟨Heilige Maagd Maria⟩; Queen of heaven *koningin der goden* ⟨Juno⟩; Queen of love *godin v.d. liefde* ⟨Venus⟩; Queen of the May *meikoningin;* Queen of night *maangodin* ⟨Diana⟩ **1.5** ~ of hearts *hartenvrouw;* ⟨fig.⟩ *schoonheid, gevierde schone* **1.¶** ⟨plantk.⟩ ~ of the meadows *moerasspirea* ⟨Filipendula ulmaria⟩; *theeboompje* ⟨Spiraea salicifolia⟩; *purper leverkruid* ⟨Eupatorium purpureum⟩; ~ of puddings *schuimtaart;* think one is the Queen of Sheba *zich airs geven*.
queen[2] ⟨ww.⟩
I ⟨onov.ww.⟩⟨schaken⟩ **0.1** ***een dame halen*** ⇒*promoveren* ⟨v. pion⟩;
II ⟨ov.ww.⟩ **0.1** ***tot koningin maken*** **0.2** ⟨schaken⟩ ***laten promoveren (tot dame)*** ⇒*in dame omzetten* ◆ **4.¶** ⟨inf.⟩ ~ it over s.o. *de mevrouw spelen t.o.v. iem., als een koningin heersen over iem.*.
'Queen 'Anne ⟨n.-telb.zn.; vaak attr.⟩ **0.1** ***(stijl v./periode v.) Queen Anne*** ⟨1702-1714; architectuur, meubilair⟩.
Queen Anne's Bounty [kwi:n 'ænz 'baʊnṭi]⟨n.-telb.zn.⟩⟨Anglicaanse Kerk⟩ **0.1** ***toelagefonds voor slecht bezoldigde geestelijken*** ⟨opgericht door Queen Anne in 1704⟩.
Queen 'Anne's 'lace ⟨telb.zn.⟩⟨plantk.⟩ **0.1** ***peen*** ⇒*gele/rode wortel* ⟨Daucus carota⟩.
'queen 'ant ⟨telb.zn.⟩ **0.1** ***mierenkoningin***.
'queen 'bee ⟨f1⟩⟨telb.zn.⟩ **0.1** ***bijenkoningin*** ⇒*wijfjesbij, moederbij;* ⟨fig.⟩ *heersende schone, stuk, schoonheid* ◆ **1.1** she is the ~ of this party *zij is hèt stuk v. dit feestje*.
'queen·cake ⟨telb.zn.⟩ **0.1** ***(hartvormig) krentencakeje***.
'queen 'consort ⟨telb.zn.; queens consort; →mv. 6; vaak Q- C-⟩ **0.1** ***gemalin v.d. koning*** ⇒*koningin*.
queen·dom ['kwi:ndəm]⟨zn.⟩
I ⟨telb.zn.⟩ **0.1** ***koninkrijk*** ⟨v.e. koningin⟩;
II ⟨telb. en n.-telb.zn.⟩ **0.1** ***koninginneschap***.
'queen 'dowager ⟨telb.zn.⟩ **0.1** ***koningin-weduwe***.
queen·hood ['kwi:nhʊd]⟨telb. en n.-telb.zn.⟩ **0.1** ***koninginneschap***.
queen·ie ['kwi:ni]⟨telb.zn.⟩⟨sl.⟩ **0.1** ***nicht*** ⇒*flikker, mietje, homo*.
queen·ly ['kwi:nli], **queen·like** [-laɪk]⟨bn.; queenlier; queenliness; →bijw. 3⟩ **0.1** ***als een koningin*** ⇒*majesteitelijk* **0.2** ***een koningin waardig*** ⇒*een koningin passend, majestueus*.
'queen 'mother ⟨f1⟩⟨telb.zn.⟩ **0.1** ***koningin-moeder***.
'queen post ⟨telb.zn.⟩ **0.1** ***hulphangstijl*** ⇒*hulpmakelaar* ⟨v.e. dak⟩.
'queen 'regent ⟨telb.zn.; queens regent; →mv. 6⟩ **0.1** ***koningin-regentes***.
'queen 'regnant ⟨telb.zn.; queens regnant; →mv. 6⟩ **0.1** ***regerende koningin***.
Queen's Bench (Division) →King's Bench (Division).
Queens·ber·ry Rules ['kwi:nzbri 'ru:lz‖-beri -]⟨mv.⟩ **0.1** ***officieel boksreglement*** **0.2** ***reglement*** ⇒⟨fig.⟩ *eerlijk spel* ◆ **6.2** play **according to** the ~ *zich aan de regels houden*.
'queen's 'bishop ⟨telb.zn.⟩⟨schaken⟩ **0.1** ***dameloper***.
queen's bounty →king's bounty.
Queen's colour →King's colour.
Queen's Counsel →King's Counsel.
Queen's English →King's English.
queen's evidence →king's evidence.
Queen's Guide →King's Guide.
queen's highway →king's highway.
'queen·size ⟨bn.⟩ **0.1** ***queensize*** ⟨tussen normale grootte/lengte en kingsize in⟩.
'queen's 'knight ⟨telb.zn.⟩⟨schaken⟩ **0.1** ***damepaard***.
Queen's Messenger →King's Messenger.
'queen's 'metal ⟨n.-telb.zn.⟩ **0.1** ***witmetaal*** ⇒*lagermetaal*.
'queen's 'pawn ⟨telb.zn.⟩⟨schaken⟩ **0.1** ***damepion*** ⇒*d-pion*.
Queen's peace →King's peace.

Queen's Proctor →King's Proctor.
Queen's Remembrancer →King's Remembrancer.
'queen's 'rook ⟨telb.zn.⟩ ⟨schaken⟩ **0.1** ***dametoren***.
Queen's Scholar →King's Scholar.
Queen's Scout →King's Scout.
Queen's shilling →King's shilling.
Queen's speech →King's speech.
Queens·ware, Queen's ware ['kwi:nzweə‖-wer]⟨n.-telb.zn.⟩ **0.1** *Queen's ware* ⟨crème-kleurig Wedgwood aardewerk⟩.
'queen 'wasp ⟨telb.zn.⟩ **0.1** ***wespenkoningin*** ⇒*moer*.
queer[1] [kwɪə‖kwɪr]⟨f1⟩⟨zn.⟩⟨sl.⟩
I ⟨telb.zn.⟩ **0.1** ⟨bel.⟩ ***homo*** ⇒*flikker, poot;*
II ⟨n.-telb.zn.; the⟩ **0.1** ***vals geld***.
queer[2] ⟨f3⟩⟨bn.; -er; -ly; -ness⟩ **0.1** ***vreemd*** ⇒*raar, zonderling, excentriek* **0.2** ***verdacht*** ⇒*onbetrouwbaar* **0.3** ***onwel*** ⇒*niet lekker, niet goed, zwakjes, duizelig* **0.4** ⟨BE; sl.⟩ ***zat*** ⇒*dronken, toeter* **0.5** ⟨sl.⟩ ***homoseksueel*** ⇒*v.d. verkeerde kant* **0.6** ⟨sl.⟩ ***namaak*** ⇒*waardeloos* ◆ **1.1** ⟨inf.⟩ a ~ customer *een rare snuiter / type / vreemde vogel;* somewhat ~ in the head *niet goed bij zijn hoofd* **1.¶** ⟨vnl. BE; inf.⟩ ~ street *verdacht zaakje;* ⟨ook q- s-⟩ ⟨vnl. BE; inf.⟩ be in Queer Street *in moeilijkheden zitten;* ⟨i.h.b.⟩ *schulden hebben* **3.3** she felt ~ that night *ze voelde zich niet lekker die avond* **4.¶** ⟨inf.⟩ how is that for ~? *wat zeg je me daarvan?*.
queer[3] ⟨ov.ww.⟩ ⟨sl.⟩ **0.1** ***verknoeien*** ⇒*verpesten, verspelen, verprutsen*.
'queer-bash·er ⟨telb.zn.⟩ ⟨BE; inf.⟩ **0.1** ***potenrammer***.
'queer-bash·ing ⟨n.-telb.zn.⟩ ⟨BE; inf.⟩ **0.1** ***(het) potenrammen*** ⇒*(het) aftuigen v. homo's*.
queer·ish ['kwɪərɪʃ‖'kwɪrɪʃ]⟨bn.; -ly; -ness⟩ **0.1** ***enigszins vreemd*** ⇒*een beetje raar, een tikkeltje zonderling*.
quell [kwel]⟨f1⟩⟨ov.ww.⟩⟨schr.⟩ **0.1** ***onderdrukken*** ⇒*een eind maken aan, onderwerpen, beteugelen, de kop indrukken*.
quench [kwentʃ]⟨f1⟩⟨ov.ww.⟩⟨→sprw. 568⟩ **0.1** ***doven*** ⇒*blussen* **0.2** ***afkoelen*** ⟨in water enz.⟩ ⇒*afharden, afschrikken* ⟨metaal⟩ **0.3** ***een eind maken aan*** ⇒*vernietigen, te niet doen, onderdrukken* **0.4** ***lessen*** **0.5** ⟨sl.⟩ ***de mond snoeren*** ◆ **1.4** he ~ed his thirst with a cup of cold tea *hij leste zijn dorst met een kop koude thee*.
quench·able ['kwentʃəbl]⟨bn.⟩ **0.1** ***blusbaar*** ⇒*te doven*.
quench·er ['kwentʃə‖-ər]⟨telb.zn.⟩ **0.1** ***blusser*** **0.2** ***afkoelmiddel*** **0.3** ***dorstlesser*** ⇒*glaasje*.
quench·less ['kwentʃləs]⟨bn.⟩ **0.1** ***onblusbaar*** ⇒*eeuwig* **0.2** ***onlesbaar*** ◆ **1.1** a ~ flame *een eeuwige vlam*.
que·nelle [kə'nel]⟨telb.zn.⟩ **0.1** ***balletje (kalfs)vlees / vis***.
quer·i·mo·ni·ous ['kwerɪ'mounɪəs]⟨bn.⟩ **0.1** ***klagend*** ⇒*klagerig, zeurderig*.
que·rist ['kwɪərɪst‖'kwɪr-]⟨telb.zn.⟩⟨schr.⟩ **0.1** ***(onder)vrager***.
quern [kwɜ:n‖kwɜrn]⟨telb.zn.⟩ **0.1** ***stenen handmolen*** ⟨voor graan⟩ ⇒*kweern* **0.2** ***pepermolentje***.
'quern stone ⟨telb.zn.⟩ **0.1** ***molensteen***.
quer·u·lous ['kwerʊləs‖-rjə-]⟨f1⟩⟨bn.; -ly; -ness⟩ **0.1** ***klagend*** **0.2** ***klagerig*** ⇒*gemelijk, knorrig, verongelijkt* ◆ **1.1** ~ person *querulant*.
que·ry[1] ['kwɪəri‖'kwɪri]⟨f2⟩⟨telb.zn.; →mv. 2⟩ **0.1** ***vraag*** ⇒*vrage* **0.2** ***vraagteken*** ⟨?, q., qu., qy., als teken v. twijfel in de kantlijn v. drukproef⟩ ◆ **3.1** raise a ~ *in twijfel trekken*.
query[2] ⟨f2⟩⟨ww.; →ww. 7⟩
I ⟨onov.ww.⟩ **0.1** ***een vraag stellen;***
II ⟨ov.ww.⟩ **0.1** ***vragen (naar)*** ⇒*informeren (naar)* **0.2** ***in twijfel trekken*** ⇒*een vraagteken plaatsen bij* ⟨ook lett.⟩, *betwijfelen, zich afvragen* **0.3** ⟨AE⟩ ***ondervragen*** ⇒*interviewen* ◆ **6.1** he will have to ~ the request **with** his superiors *hij zal het verzoek aan zijn superieuren moeten voorleggen* **6.3** they queried the president **about** his disarmament proposal *zij ondervroegen de president over zijn ontwapeningsvoorstel* **8.1** she queried if / whether he could be relied on *zij vroeg of hij te vertrouwen was*.
'query language ⟨telb.zn.⟩ ⟨comp.⟩ **0.1** ***vraagtaal*** ⇒*zoektaal*.
quest[1] [kwest]⟨f1⟩⟨telb.zn.⟩⟨schr.⟩ **0.1** ***zoektocht*** ⇒*het zoeken, het najagen, speurtocht* **0.2** ***het gezochte*** ⇒*doel v.d. zoektocht* ◆ **6.1** the ~ **for** the Holy Grail *het zoeken naar de Heilige Graal;* he went off **in** ~ **of** water *hij ging op zoek naar water*.
quest[2] ⟨f1⟩⟨onov. en ov.ww.⟩⟨schr.⟩ **0.1** ***zoeken*** ⇒*speuren* ◆ **5.1** hounds ~ed **out** the shot duck *jachthonden spoorden de neergeschoten eend op* **6.1** the hunters were ~ing **for** signs of bears *de jagers keken uit naar sporen v. beren*.
ques·tion[1] ['kwestʃn]⟨f4⟩⟨zn.⟩⟨→sprw. 28, 651, 690⟩
I ⟨telb.zn.⟩ **0.1** ***vraag*** **0.2** ***vraagstuk*** ⇒*probleem, opgaaf, kwestie, zaak, punt v. discussie* **0.3** ***stemming*** **0.4** ⟨the⟩ ⟨vero.⟩ ***pijnbank*** ⇒*pijniging, foltering* ◆ **1.1** ~ and answer *vraag en antwoord* **1.2** it is only a ~ of money *het is alleen nog een kwestie v. geld;* your success is merely a ~ of time *je succes zal vroeg of laat komen, je succes is slechts een kwestie v. tijd* **1.¶** ⟨jur.⟩ ~ of fact *kwestie (in een rechtszaak) die beslist wordt door de jury;* ⟨jur.⟩ ~ of law *kwestie (in een rechtszaak) die beslist wordt door de rechter* **3.1** a leading ~ *een suggestieve vraag* **3.2** new points came into ~ *nieuwe punten kwamen ter sprake* **3.3** call for the ~ *stemming vragen;* put the ~ *tot stemming overgaan* **3.4** they put the thief to the ~ *zij legden de dief de duimschroeven aan* **3.¶** beg the ~ *het punt in kwestie als bewezen aanvaarden;* that is begging the ~ *dat is een petitio principii;* ⟨inf.⟩ *dat is moeilijkheden vermijden / ontlopen;* ⟨i.h.b.⟩ *dat is een vraag met een wedervraag antwoorden;* ⟨inf.⟩ pop the ~ *om haar hand vragen, haar ten huwelijk vragen* **6.1** you should obey your father **without** ~ *je moet je vader zonder meer gehoorzamen* **6.2** your remark is **beside** the ~ *je opmerking heeft niets met dit punt te maken;* the man **in** ~ *de man in kwestie / over wie we het hebben;* there's no ~ **of** his having been in London *het is onmogelijk / er is geen sprake van dat hij in Londen geweest is;* that is **out of** the ~ *er is geen sprake van, daar komt niets van in* **7.2** that's another ~ *daar gaat het niet om;* ⟨B.⟩ *dat is een ander paar mouwen;* that is not the ~ *dat doet niet ter zake;* the ~ is... *waar het om gaat is..., de kwestie is...* **¶.2** Question! *Terzake!;*
II ⟨n.-telb.zn.⟩ **0.1** ***twijfel*** ⇒*onzekerheid, bezwaar* ◆ **3.1** no one has ever called my integrity in / into ~ *niemand heeft ooit mijn integriteit in twijfel getrokken;* I make no ~ of his bankruptcy, but that it is so *ik ben er zeker van dat hij failliet is* **6.1** there's no ~ **about** his credentials *zijn geloofsbrieven zijn betrouwbaar;* **beyond** (all) / **past** / **without** ~ *ongetwijfeld, stellig, buiten kijf* **7.1** there's no ~ but that he will become the new mayor *hij zal ongetwijfeld de nieuwe burgemeester worden*.
question[2] ⟨f3⟩⟨ov.ww.⟩ →questioning **0.1** ***vragen*** ⇒*vragen stellen, ondervragen, uitvragen, uithoren* **0.2** ***onderzoeken*** **0.3** ***betwijfelen*** ⇒*in twijfel trekken, zich afvragen, betwisten* ◆ **3.3** it cannot be ~ed but (that)... *het is zeker dat..., er is geen twijfel aan of...* **6.1** ~ s.o. **about / on** his plans *iem. over zijn plannen ondervragen* **8.3** I ~ whether / if... *ik betwijfel het of...*.
ques·tion·a·ble ['kwestʃnəbl]⟨f1⟩⟨bn.; -ly; -ness; →bijw. 3⟩ **0.1** ***twijfelachtig*** **0.2** ***verdacht***.
ques·tion·ary[1] ['kwestʃənri‖-tʃəneri]⟨telb.zn.; →mv. 2⟩ **0.1** ***vragenlijst*** ⇒*questionaire*.
questionary[2] ⟨bn.⟩ **0.1** ***vragend*** **0.2** ***d.m.v. vragen***.
ques·tion·er ['kwestʃənə‖-ər]⟨f1⟩⟨telb.zn.⟩ **0.1** ***vragensteller / ster*** ⇒*ondervrager / vraagster*.
ques·tion·ing ['kwestʃənɪŋ]⟨f1⟩⟨bn.; teg. deelw. v. question; -ly⟩ **0.1** ***vragend*** **0.2** ***leergierig*** ◆ **1.1** she gave her friend a ~ look *zij keek haar vriend vragend aan* **1.2** a ~ mind *een leergierige geest*.
quest·ion·less ['kwestʃənləs]⟨bn.⟩ **0.1** ***zonder vragen (te stellen)*** ⇒*blind* **0.2** ***onbetwistbaar*** ⇒*ongetwijfeld, onbetwijfelbaar*.
'question mark ⟨f2⟩⟨telb.zn.⟩ **0.1** ***vraagteken*** ⟨ook fig.⟩ ⇒*mysterie, onzekerheid*.
'question master ⟨telb.zn.⟩ **0.1** ***quizleider*** ⇒*quizmaster, spelleider*.
ques·tion·naire ['kwestʃə'neə‖-'ner]⟨f1⟩⟨telb.zn.⟩ **0.1** ***vragenlijst*** ⇒*questionnaire*.
'question tag ⟨telb.zn.⟩⟨taalk.⟩ **0.1** ***vraagconstructie*** ⟨aan het eind v. zin⟩.
'question time ⟨n.-telb.zn.⟩⟨BE⟩ **0.1** ***vragenuurtje*** ⟨voor de leden v.h. parlement⟩.
quet·zal ['ketsl‖ket'sɑl]⟨telb.zn.; ook quetzales [ket'sɑ:leɪz]; →mv. 5⟩ **0.1** ⟨dierk.⟩ ***quetzal*** ⟨vogel uit Midden-Amerika; Pharomacrus mocino⟩ **0.2** ***quetzal*** ⟨munteenheid v. Guatemala⟩.
queue[1] [kju:]⟨f2⟩⟨telb.zn.⟩ **0.1** ***staartvlecht*** ⇒*staart* **0.2** ***rij*** ⇒*rits, queue, file;* ⟨comp.⟩ *wachtrij* ◆ **1.2** a ~ of cars *een lange rij auto's* **3.¶** jump the ~ *voordringen, voor je beurt gaan*.
queue[2] ⟨f1⟩⟨onov.ww.⟩ **0.1** ***een rij vormen*** ⇒*in de rij (gaan) staan, een queue maken* ◆ **6.1** they ~d **(up) for** the taxis *zij stonden in de rij voor de taxi's*.
queue·er ['kju:ə‖-ər]⟨f1⟩⟨telb.zn.⟩ **0.1** ***persoon in de rij*** ◆ **2.1** the ~s got impatient *de rij wachtenden werd ongeduldig*.
quib·ble[1] ['kwɪbl]⟨f1⟩⟨telb.zn.⟩ **0.1** ***spitsvondigheid*** ⇒*sofisme, haarkloverij, uitvlucht* **0.2** ⟨vero.⟩ ***woordspeling***.
quibble[2] ⟨f1⟩⟨onov.ww.⟩ **0.1** ***uitvluchten zoeken*** ⇒*haarkloven, bekvechten, er om heen draaien* **0.2** ⟨vero.⟩ ***woordspelingen maken*** ◆ **6.1** we don't have to ~ **about** the details of the scheme *we hoeven niet over de details v.h. schema te harrewarren;* let's stop quibbling **over** this old matter *laten we ophouden te kibbelen over deze oude zaak*.
quib·bler ['kwɪblə‖-ər]⟨telb.zn.⟩ **0.1** ***muggezifter*** ⇒*haarklover, chicaneur*.
quiche [ki:ʃ]⟨telb. en n.-telb.zn.⟩⟨cul.⟩ **0.1** ***quiche*** ⟨taart; vnl. hartig, met kaas enz.⟩.
quick[1] [kwɪk]⟨f1⟩⟨n.-telb.zn.⟩ **0.1** ***levend vlees*** ⟨onder de huid / nagel⟩ **0.2** ***hart*** ⇒*kern, het wezenlijke, essentie* **0.3** ⟨AE⟩ ***kwik*** **0.4** ⟨BE⟩ ***levende haag*** ◆ **1.2** the ~ of the matter *de kern v.d. zaak*

3.2 cut/sting/touch/wound s.o. to the ~ *iem. in zijn hart raken, iemands gevoelens diep kwetsen* 6.2 a Tory **to** the ~ *op en top een Tory, een volbloed Tory, een Tory in hart en nieren* 7.1 she bites her nails to the ~ *zij bijt haar nagels af tot op het leven*.
quick[2] ⟨f4⟩⟨bn.; -er; -ly; -ness⟩⟨→sprw. 262, 473, 614⟩ **0.1** ***snel*** ⇒*gauw, kort achter elkaar, haastig (reagerend), rap, vlug* **0.2** ***gevoelig*** ⇒*vlug (v. begrip), scherp, fijn, spits* **0.3** ***levendig*** ⇒*opgewekt* **0.4** ***heet*** ⇒*goed brandend* ⟨vuur, oven⟩ **0.5** ⟨vero.⟩ ***levend*** ⇒*met leven* ◆ **1.1** ~ assets *direct realiseerbare activa;* be as ~ as lightning/a flash *bliksemsnel zijn;* ~ march *mars in gewone pas;* Quick march! *Voorwaarts/Ingerukt mars!;* ⟨inf.⟩ be ~ off the mark *er snel bij zijn, er als de kippen bij zijn;* in ~ succession *in snelle opeenvolging, snel achter elkaar;* our little girl has a ~ temper *onze kleine meid is gauw aangebrand;* find ~ ways of fixing sth. *snelle methoden vinden om iets te repareren* **1.2** she gave a ~ answer *zij antwoordde prompt/gevat;* ⟨inf.⟩ that child is not very ~ *dat kind is niet zo snugger;* a ~ ear *een scherp gehoor;* a ~ eye/sight *een scherpe blik;* ~ of scent *met fijne neus;* that lady has ~ wits *die dame is zeer gevat, die dame zit niet verlegen om een antwoord* **1.5** ~ with child *hoogzwanger;* a ~ hedge *een levende haag* **1.¶** ⟨sl.⟩ earn a ~ buck *snel geld verdienen;* ⟨sl.⟩ ~ on the draw/uptake *sneldenkend/doorziend, flitsend;* ⟨bridge⟩ ~ trick *vaste slag* **3.1** he is ~ to take offence *hij is gauw beledigd* **3.2** be ~ *snel/snugger/intelligent zijn* **4.1** "Have a drink?" "Yes, I'll take a ~ one." *,,Wat drinken?" ,,Ja, een snelle dan."* **6.2** their daughter was ~ **at** figures *hun dochter was goed/vlug in rekenen* **6.¶** ~ **on** the trigger *snelschietend* **7.5** the ~ and the dead *de levenden en de doden* ⟨naar 2 Tim. 4:1⟩.
quick[3] ⟨f2⟩⟨bw.⟩⟨inf.⟩ **0.1** ***vlug*** ⇒*gauw, snel, spoedig* ◆ **3.1** please, come ~ *kom asjeblieft snel;* we all want to get rich ~ *we willen allemaal snel rijk worden*.
'quick-and-'dirt·y ⟨telb.zn.⟩⟨AE; inf.⟩ **0.1** ***snackbar*** ⇒*cafetaria*.
quick 'asset ratio ⟨telb.zn.⟩⟨AE; geldw.⟩ **0.1** ***solvabiliteitsratio***.
'quick-'change ⟨bn., attr.⟩ **0.1** ***vaak/snel v. kostuum wisselend*** ⟨v. toneelspeler⟩ **0.2** ***snel wisselend v. passagiers- tot vrachtvliegtuig*** ⟨of andersom⟩ ◆ **1.2** ~ aircraft ⟨vaak QC aircraft⟩ *passagiers- en/of vrachtvliegtuig(en)*.
'quick-'ear·ed ⟨bn.⟩ **0.1** ***met goede oren/een scherp gehoor***.
quick·en ['kwɪkən]⟨f2⟩⟨ww.⟩
I ⟨onov.ww.⟩ **0.1** ***levend worden*** ⇒*(weer) tot leven komen, sterker worden* **0.2** ***leven beginnen te vertonen*** ⇒*tekenen v. leven geven* **0.3** ***leven voelen*** ⟨v. zwangere vrouw⟩ ◆ **1.1** his pulse ~ed *zijn polsslag werd weer sterker* **1.2** the child ~ed in her womb *de moeder voelde het kind in haar buik bewegen;*
II ⟨onov. en ov.ww.⟩ **0.1** ***versnellen*** ⇒*sneller worden, verhaasten* ◆ **1.1** their pace of walking ~ed *hun wandeltempo versnelde* **5.1** the director decided to ~ **up** the procedure *de directeur besloot de procedure te versnellen;*
III ⟨ov.ww.⟩ **0.1** ***doen herleven*** ⇒*levend maken* **0.2** ***stimuleren*** ⇒*prikkelen, bezielen, verlevendigen* ◆ **1.2** a good book ~s the imagination *een goed boek prikkelt de verbeelding*.
'quick-'ey·ed ⟨bn.⟩ **0.1** ***met goede ogen/een scherpe blik***.
'quick fire ⟨n.-telb.zn.⟩ **0.1** ***snelvuur***.
'quick-fir·er ⟨telb.zn.⟩ **0.1** ***snelvuurgeschut*** ⇒*snelvuurkanon, repeteergeweer*.
'quick-fir·ing ⟨bn.⟩ **0.1** ***snelvurend*** ⇒*met repeteermechanisme, snelvuur-* ◆ **1.1** a ~ gun *een snelvuurkanon*.
'quick fix ⟨telb.zn.⟩⟨inf.⟩ **0.1** ***lapmiddel*** ⇒*nood/schijnoplossing, snelle/kant-en-klare oplossing*.
'quick-'freeze ⟨f1⟩⟨ov.ww.⟩ **0.1** ***diepvriezen*** ⇒*snelvriezen* ◆ **1.1** we'll buy a quick-frozen turkey for Christmas *wij zullen voor Kerstmis een diepvrieskalkoen kopen*.
quick grass →couch grass.
quick·ie ['kwɪki]⟨f1⟩⟨telb.zn.⟩⟨inf.⟩ **0.1** ***vluggertje*** ⇒*haastwerk, prutswerk* **0.2** ***wilde staking***.
'quick·lime ⟨n.-telb.zn.⟩ **0.1** ***ongebluste kalk***.
quick-'lunch bar, quick-'lunch counter ⟨f1⟩⟨telb.zn.⟩ **0.1** ***snelbuffet*** ⇒*zelfbedieningsrestaurant*.
'quick-o·ver ⟨telb.zn.⟩⟨sl.⟩ **0.1** ***haastige inspectie***.
'quick·sand ⟨f1⟩⟨telb. en n.-telb.zn.; vaak mv.⟩ **0.1** ***drijfzand***.
'quick·set ⟨zn.⟩⟨vnl.BE⟩
I ⟨telb.zn.⟩ **0.1** ***heg*** ⇒*haag* ⟨v. meidoorn⟩;
II ⟨telb. en n.-telb.zn.⟩ **0.1** ***tak(ken)/stek(ken) v. meidoorn*** ⟨voor heg⟩.
'quickset 'hedge ⟨telb.zn.⟩⟨vnl.BE⟩ **0.1** ***levende haag***.
'quick-'sight·ed ⟨bn.⟩ **0.1** ***scherp v. gezicht*** ⇒*met scherpe ogen*.
'quick·sil·ver[1] ⟨f1⟩⟨n.-telb.zn.⟩⟨schei.⟩ **0.1** ***kwik(zilver)*** ⟨element 80⟩ ⇒⟨fig.⟩ *levendig temperament*.
quicksilver[2] ⟨ov.ww.⟩ **0.1** ***met folie bekleden*** ⇒*foeliën*.
'quick·step ⟨f1⟩⟨telb.zn.⟩ **0.1** ⟨dansk., muz.⟩ ***quick-step*** ⇒*snelle foxtrot* **0.2** ⟨muz.⟩ ***militaire mars***.
'quick-'tem·per·ed ⟨f1⟩⟨bn.⟩ **0.1** ***lichtgeraakt*** ⇒*opvliegend, gauw aangebrand*.
'quick·thorn ⟨telb. en n.-telb.zn.⟩⟨plantk.⟩ **0.1** ***meidoorn*** ⇒*haagdoorn* ⟨Crataegus oxyacantha⟩.
'quick time ⟨n.-telb.zn.⟩⟨mil.⟩ **0.1** ***gewone pas*** ⟨120 passen per min.⟩ ◆ **6.1 in** ~ *in gewone pas*.
'quick-'wit·ted ⟨bn.⟩ **0.1** ***vlug v. begrip*** ⇒*gevat, scherp, spits*.
quid[1] [kwɪd]⟨telb.zn.⟩ **0.1** ***(tabaks)pruim***.
quid[2] ⟨f2⟩⟨telb.zn.; ook quid; →mv. 4⟩⟨BE; inf.⟩ **0.1** ***pond*** ⟨sterling⟩ ◆ **3.¶** ⟨inf.⟩ get one's ~ worth *waar voor zijn geld krijgen;* ⟨BE; sl.⟩ be ~s in *goed zitten, boffen, mazzel hebben* **7.1** thirty ~ a week *dertig pond per week*.
quid·di·ty ['kwɪdət̬i]⟨telb. en n.-telb.zn.; →mv. 2⟩ **0.1** ***het wezen*** ⇒*het essentiële* **0.2** ***spitsvondigheid*** ⇒*bedrieglijk/sofistisch onderscheid*.
quid·nunc ['kwɪdnʌŋk]⟨telb.zn.⟩ **0.1** ***bemoeial*** ⇒*kletstante, roddelaar*.
quid pro quo ['kwɪd proʊ 'kwoʊ]⟨telb.zn.; ook quids pro quos; →mv. 5⟩ **0.1** ***vergoeding*** ⇒*compensatie, tegenprestatie* ◆ **3.1** I must get a ~ *ik moet een vergoeding ontvangen*.
qui·es·cence [kwaɪ'esns], **qui·es·cen·cy** [-nsi]⟨n.-telb.zn.⟩ **0.1** ***rust*** ⇒*stilte, levenloosheid* **0.2** ⟨taalk.⟩ ***het stom zijn v.e. letter*** ⇒*het niet uitgesproken worden*.
qui·es·cent [kwaɪ'esnt]⟨f1⟩⟨bn.; -ly⟩ **0.1** ***rustig*** ⇒*stil, levenloos* **0.2** ***slapend*** ⇒*latent* ⟨v. ziekte⟩ **0.3** ⟨taalk.⟩ ***stom*** ⇒*onuitgesproken* ⟨v.e. letter, i.h.b. in het Hebreeuws⟩.
qui·et[1] ['kwaɪət]⟨f2⟩⟨n.-telb.zn.⟩ **0.1** ***stilte*** ⇒*stilheid* **0.2** ***rust*** ⇒*vrede, kalmte* ◆ **1.2** they lived in peace and ~ *zij leefden in rust en vrede;* a period of ~ followed *er volgde een periode v. vrede*.
quiet[2] ⟨f4⟩⟨bn.; -er; -ly; -ness; →compar. 3⟩ **0.1** ***stil*** ⇒*rustig, geluidloos, halfluid* **0.2** ***vredig*** ⇒*kalm, bedaard* **0.3** ***stemmig*** ⇒*niet opzichtig, ernstig, onopvallend, sober* **0.4** ***heimelijk*** ⇒*geheim, verborgen, vertrouwelijk* **0.5** ***zonder drukte*** ⇒*informeel, ongedwongen* ◆ **1.1** ~ as the grave *doodstil;* ~ as a mouse *muisstil;* keep a ~ tongue (in one's head) *zijn mond houden* **1.2** she had to live a ~ life in the country *zij moest een rustig leven gaan leiden op het platteland* **1.3** she always wears ~ colours *zij draagt altijd stemmige kleuren* **1.4** she had a ~ resentment against her younger brother *zij had een heimelijke wrok tegen haar jongere broer* **1.5** a ~ dinner party *een informeel etentje* **3.1** ⟨inf.⟩ be/keep ~ *stilte, stil; koest* ⟨tegen hond⟩ **3.4** they kept their engagement ~ *zij hielden hun verloving geheim;* keep ~ about last night *hou je mond over vannacht* **6.4** let's take a drink **on** the ~ ⟨inf. en vero. on the q t⟩ *laten we stiekem een borreltje nemen;* I'll tell you this news **on** the ~ *ik vertel je dit nieuws vertrouwelijk*.
quiet[3], ⟨vnl. BE⟩ **qui·et·en** ['kwaɪətn]⟨f1⟩⟨ww.⟩
I ⟨onov.ww.⟩ **0.1** ***rustig worden*** ⇒*bedaren, kalmeren* ◆ **5.1** when the queen arrived the crowd ~ed **down** *toen de koningin arriveerde, werd de menigte rustig;*
II ⟨ov.ww.⟩ **0.1** ***tot bedaren brengen*** ⇒*kalmeren, tot rust brengen* ◆ **1.1** my reassurance didn't ~ her fear *mijn geruststelling verminderde haar angst niet* **5.1** the teacher could not ~ the children **down** *de leraar kon de kinderen niet stil krijgen*.
qui·et·ism ['kwaɪət̬ɪzm]⟨n.-telb.zn.⟩ **0.1** ⟨relig.⟩ ***quiëtisme*** ⟨17e-eeuwse mystieke richting in het Christendom⟩ **0.2** ⟨vaak pej.⟩ ***berusting*** ⇒*gelatenheid, apathie, lijdzaamheid, passiviteit*.
qui·et·ist[1] ['kwaɪət̬ɪst]⟨telb.zn.⟩ **0.1** ***aanhanger v. quiëtisme*** ⇒*quiëtist*.
quietist[2], **qui·es·tis·tic** ['kwaɪə'tɪstɪk]⟨bn.⟩ **0.1** ***quiëtistisch***.
'quiet room ⟨telb.zn.⟩⟨euf.⟩ **0.1** ***isoleercel***.
qui·e·tude ['kwaɪətju:d‖-tu:d]⟨n.-telb.zn.⟩ **0.1** ***kalmte*** ⇒*(gemoeds)rust, vrede, stilte, gelatenheid*.
qui·e·tus [kwaɪ'i:t̬əs]⟨telb.zn.⟩ **0.1** ***dood*** ⇒*eind, genadeslag* ⟨ook fig.⟩ **0.2** ***kalmte*** ⇒*rust, inactiviteit* **0.3** ***kwitantie*** ⇒*(finale) kwijting* ◆ **3.1** give s.o. his ~ *een eind maken aan iemands leven, iem. de genadeslag geven;* give a ~ to a rumour *een gerucht definitief uit de wereld helpen*.
quiff [kwɪf]⟨telb.zn.⟩⟨BE⟩ **0.1** ***vetkuif*** ⇒*spuuglok* ⟨op voorhoofd⟩.
quill[1] [kwɪl]⟨f1⟩⟨telb.zn.⟩ **0.1** ***schacht*** **0.2** ⟨ben. voor⟩ ***iets gemaakt v.d. schacht*** ⇒*plectrum; dobber; tandestoker* **0.3** ***slagpen*** ⇒*staart/vleugelpen, veer* **0.4** ***ganzepen*** ⇒*ganzeveer* **0.5** ***stekel*** ⟨v.e. stekelvarken⟩ **0.6** ***spoel*** ⇒*klos* **0.7** ***panfluit*** ⇒*fluitje* **0.8** ***pijpkaneel*** **0.9** ⟨tech.⟩ ***holle as*** ◆ **3.4** drive a ~ *de pen voeren, schrijven*.
quill[2] ⟨ov.ww.⟩ →quilling **0.1** ***op een spoel winden*** **0.2** ***plooien*** ⇒*gaufreren* **0.3** ⟨vnl. BE; sl.⟩ ***proberen in de gunst te komen bij*** ⇒*slijmen* **0.4** ⟨sl.⟩ ***fluiten***.
'quill coverts ⟨mv.⟩ **0.1** ***dekveren***.
quil·let ['kwɪlɪt]⟨telb.zn.⟩⟨vero.⟩ **0.1** ***woordspeling*** **0.2** ***spitsvondigheid*** ⇒*sofisme*.
'quill feather ⟨telb.zn.⟩ **0.1** ***slagpen*** ⇒*staart/vleugelpen, veer*.

'quill float ⟨telb.zn.⟩⟨hengelsport⟩ **0.1** ***penneschachtdobber.***
quill·ing ['kwılıŋ]⟨zn.; gerund v. quill⟩
I ⟨telb.zn.⟩ **0.1** ***pijpplooi*** ⇒*fijn plooisel;*
II ⟨n.-telb.zn.⟩ **0.1** ***het gaufreren.***
'quill 'pen ⟨telb.zn.⟩ **0.1** ***ganzepen*** ⇒*ganzeveer, ganzeschacht.*
quilt¹ [kwılt]⟨f1⟩⟨telb.zn.⟩ **0.1** ***gewatteerde deken*** ⇒*doorgestikte deken, dekbed* **0.2** ***sprei*** ◆ **2.1** a continental ~ *een donsdeken;* a crazy ~ *een patchwork dekbed, een lappendeken.*
quilt² ⟨f1⟩⟨ov.ww.⟩ →quilting **0.1** ***watteren*** ⇒*voeren* **0.2** ***doorstikken*** ⇒*doornaaien* **0.3** ***innaaien*** **0.4** ***samenrapen*** ⇒*in elkaar flansen, compileren* ◆ **1.1** she bought a ~ed dressing-gown *zij kocht een gewatteerde peignoir* **1.3** he had ~ed money in his belt *hij had geld in zijn gordel genaaid.*
quilt·ing ['kwıltıŋ]⟨n.-telb.zn.; gerund v. quilt⟩ **0.1** ***vulling voor dekbed/sprei*** **0.2** ***het stikken*** ⇒*het doorstikken, het watteren* **0.3** ***stikwerk*** ⇒*gewatteerde deken.*
quim [kwım]⟨telb.zn.⟩⟨sl.⟩ **0.1** ***pruim*** ⇒*kut, vagina.*
quin [kwın]⟨telb.zn.⟩⟨verk.⟩ quintuplet ⟨inf.⟩ **0.1** ***groep/combinatie v. vijf*** **0.2** ***één v.e. vijfling.***
quin·a·crine ['kwınəkri:n]⟨n.-telb.zn.⟩ **0.1** ***quinacrine*** ⟨middel tegen malaria⟩.
quina·ry¹ ['kwaınəri]⟨telb.zn.; →mv. 2⟩ **0.1** ***vijftal.***
quinary² ⟨bn.⟩ **0.1** ***vijftallig*** ⇒*vijfdelig* **0.2** ***door vijf deelbaar*** **0.3** ***vijfde.***
qui·nate ['kwaıneıt]⟨bn.⟩⟨plantk.⟩ **0.1** ***vijfdelig*** ⇒*vijfvingerig.*
quince [kwıns]⟨f1⟩⟨telb.zn.⟩ **0.1** ⟨plantk.⟩ ***kwee(boom)*** ⟨Cydonia oblonga⟩ **0.2** ⟨plantk.⟩ ***Japanse kwee*** ⟨Cydonia speciosa⟩ **0.3** ***kweepeer/appel.***
quin·cen·ten·a·ry¹ ['kwınsen'ti:nəri‖-'sentn·eri], **quin·gen·ten·a·ry** ['kwındʒen'ti:nəri‖-'te-]⟨telb.zn.; →mv. 2⟩ **0.1** ***vijfhonderdste gedenkdag*** ⇒*5ᵉ eeuwfeest.*
quincentenary², quingentenary ⟨bn.⟩ **0.1** ***vijfhonderdjarig.***
quin·cunx ['kwıŋkʌŋks]⟨telb.zn.⟩ **0.1** ***vijfpuntige vorm/rangschikking*** ⟨als de vijf ogen op een dobbelsteen⟩ ⇒*kruiselingse rangschikking.*
quin·dec·a·gon [kwın'dekəgən‖-gɑn]⟨telb.zn.⟩ **0.1** ***vijftienhoek.***
qui·nine ['kwıni:n‖'kwaınaın]⟨f1⟩⟨n.-telb.zn.⟩ **0.1** ***kinine.***
quin·o·line ['kwınəli:n]⟨n.-telb.zn.⟩⟨schei.⟩ **0.1** ***chinoline.***
qui·nol·o·gist [kwı'nɒlədʒıst‖-'nɑ-]⟨telb.zn.⟩⟨schei.⟩ **0.1** ***kinoloog.***
quin·qua·ge·nar·i·an¹ ['kwıŋkwədʒə'neərıən‖-'nerıən]⟨telb.zn.⟩ **0.1** ***vijftigjarige*** ⇒*vijftiger, iem. v. in de vijftig.*
quinquagenarian² ⟨bn.⟩ **0.1** ***vijftigjarig*** ⇒*v. in de vijftig.*
quin·quag·e·nar·y ['kwıŋkwə'dʒi:nəri‖kwın'kwɑdʒəneri]⟨telb.zn.; →mv. 2⟩ **0.1** ***vijftiger*** ⇒*iem. v. in de vijftig, vijftigjarige* **0.2** ***vijftigste gedenkdag.***
Quin·qua·ges·i·ma ['kwıŋkwə'dʒesımə], **'Quinquagesima 'Sunday** ⟨eig.n.⟩ **0.1** ***Quinquagesima*** ⟨3e zondag v.d. voorvasten, 7e zondag voor Pasen⟩ ⇒*vastenavondzondag.*
quin·que- ['kwıŋkwə] **0.1** ***vijf-.***
quin·que·cen·ten·nial¹ ['kwıŋkwısen'tenıəl]⟨telb.zn.⟩ **0.1** ***vijfhonderdste gedenkdag*** ⇒*5e eeuwfeest, feest ter ere v. vijfhonderdjarig bestaan.*
quinquecentennial² ⟨bn.⟩ **0.1** ***vijfhonderdjarig.***
quin·que·lat·er·al ['kwıŋkwı'lætrəl‖-'lætərəl]⟨bn.⟩ **0.1** ***vijfkantig*** ⇒*vijfzijdig.*
quin·quen·ni·ad [kwın'kwenıæd]⟨telb.zn.⟩ **0.1** ***vijfjarige periode.***
quin·quen·ni·al [kwın'kwenıəl]⟨bn.; -ly⟩ **0.1** ***vijfjarig*** **0.2** ***vijfjaarlijks.***
quin·quen·ni·um [kwın'kwenıəm]⟨telb.zn.; ook quinquennia [-nıə]; →mv. 5⟩ **0.1** ***vijfjarige periode.***
quin·que·par·tite ['kwıŋkwı'pɑ:taıt‖-'pɑr-]⟨bn.⟩ **0.1** ***vijfdelig/voudig.***
quin·que·reme ['kwıŋkwıri:m]⟨telb.zn.⟩⟨gesch.⟩ **0.1** ***galei met vijf rijen roeiers.***
quin·que·va·lent ['kwıŋkwı'veılənt]⟨bn.⟩⟨schei.⟩ **0.1** ***vijfwaardig*** ⇒*de valentie vijf hebbend.*
quin·sy ['kwınzi]⟨telb. en n.-telb.zn.; →mv. 2⟩ **0.1** ***keelontsteking*** ⇒*angina.*
quint¹ [kınt]⟨telb.zn.⟩ **0.1** ***vijfkaart*** ⟨in piket enz.⟩.
quint² [kwınt]⟨f3⟩⟨telb.zn.⟩ **0.1** ⟨muz.⟩ ***kwint*** **0.2** ⟨AE; verk.⟩ ⟨quintuplet⟩ **0.3** ⟨sl.⟩ ***basketballteam.***
quin·tain ['kwıntın‖'kwıntn]⟨zn.⟩⟨gesch.⟩
I ⟨telb.zn.⟩ **0.1** ***staak in steekspel;***
II ⟨telb. en n.-telb.zn.⟩ **0.1** ***steekspel.***
quin·tal ['kwıntl]⟨telb.zn.⟩ **0.1** ***centenaar*** ⇒*kwintaal* ⟨variërende gewichtseenheid v. ong. 100 'pond'; UK vnl. 50,8 kg, USA vnl. 45,36 kg⟩ **0.2** ***kwintaal*** ⟨gewichtseenheid v. 100 kilo⟩.
quin·tan¹ ['kwıntən‖-tn]⟨telb. en n.-telb.zn.⟩ **0.1** ***de vier/vijfdendaagse koorts*** ⇒*quintana.*
quintan² ⟨bn.⟩ **0.1** ***vier/vijfdendaags.***
quinte [kænt]⟨telb.zn.⟩ **0.1** ***wering vijf*** ⟨bij het schermen⟩ ⇒*vijfde parade.*
quin·tes·sence [kwın'tesns]⟨f1⟩⟨telb.zn.⟩ **0.1** ***kern*** ⇒*hoofdzaak, het wezenlijke/voornaamste/essentiële, kwintessens* **0.2** ***het beste*** ⇒*het zuiverste voorbeeld, het fijnste* **0.3** ⟨gesch.; fil.⟩ ***vijfde substantie/element*** ⇒*ether* ◆ **1.2** the ~ of good behaviour *hét voorbeeld v. goed gedrag.*
quin·tes·sen·tial ['kwıntı'senʃl]⟨bn.; -ly⟩ **0.1** ***wezenlijk*** ⇒*zuiver, typisch.*
quin·tet(te) [kwın'tet]⟨f1⟩⟨zn.⟩
I ⟨telb.zn.⟩⟨muz.⟩ **0.1** ***kwintet*** ⇒*vijfstemmig stuk;*
II ⟨verz.n.⟩ **0.1** ***vijftal*** ⇒*groep v. vijf;* ⟨vnl. muz.⟩ *kwintet.*
quin·til·lion [kwın'tılıən]⟨telb.zn.⟩ **0.1** ⟨BE⟩ ***quintiljoen*** ⟨10^{30}⟩ **0.2** ⟨AE⟩ ***triljoen*** ⇒*miljard miljard* ⟨10^{18}⟩.
'quint major ⟨telb.zn.⟩ **0.1** ***vijfkaart met aas.***
quin·tu·ple¹ ['kwıntjʊpl‖-'tu:pl]⟨telb.zn.⟩ **0.1** ***vijfvoud.***
quintuple² ⟨bn.; -ly; →bijw. 3⟩ **0.1** ***vijfdelig*** **0.2** ***vijfvoudig.***
quintuple³ ⟨onov. en ov.ww.⟩ **0.1** ***vervijfvoudigen.***
quin·tu·plet ['kwıntjʊplıt‖-'tʌplıt]⟨f1⟩⟨telb.zn.⟩ **0.1** ***groep/combinatie v. vijf*** **0.2** ***één v.e. vijfling.***
quin·tu·pli·cate¹ [kwın'tju:plıkət‖-'tu:-]⟨zn.⟩
I ⟨telb.zn.⟩ **0.1** ⟨vnl. mv.⟩ ***één v. vijf (gelijke) exemplaren*** **0.2** ***(het) vijfde exemplaar;***
II ⟨n.-telb.zn.⟩ **0.1** ***vijfvoud*** ◆ **6.1** **in** ~ *in vijfvoud.*
quintuplicate² ⟨bn.⟩ **0.1** ***vijfvoudig.***
quintuplicate³ [kwın'tju:plıkeıt‖-'tu:-]⟨ov.ww.⟩ **0.1** ***vervijfvoudigen*** **0.2** ***in vijfvoud maken.***
quip¹ [kwıp]⟨f1⟩⟨telb.zn.⟩ **0.1** ***schimpscheut*** ⇒*steek, hatelijke opmerking* **0.2** ***geestigheid*** **0.3** ***spitsvondigheid*** ⇒*woordspeling* **0.4** ***curiositeit.***
quip² ⟨f1⟩⟨onov.ww.; →ww. 7⟩ **0.1** ***schimpen*** ⇒*hatelijke opmerkingen maken* **0.2** ***geestigheden rondstrooien*** **0.3** ***spitsvondig/dubbelzinnig praten.***
quip·pish ['kwıpıʃ]⟨bn.; -ness⟩ **0.1** ***hatelijk*** ⇒*honend, schimpend* **0.2** ***geestig*** ⇒*grappig* **0.3** ***spitsvondig.***
qui·pu, quip·pu ['ki:pu:]⟨n.-telb.zn.⟩ **0.1** ***knopenschrift*** ⟨Inkaschrift⟩.
quire¹ ['kwaıə‖-ər]⟨telb.zn.⟩ **0.1** ***katern*** **0.2** ***(set) papiervellen*** ⟨v. boek, manuscript⟩ **0.3** ***(set v.) 24/25 vel schrijfpapier*** ⟨$^1/_{20}$ riem⟩ **0.4** ⟨vero.⟩ ***koor*** ◆ **6.2** **in** ~s *ongebonden, in ongesneden vellen.*
quire² ⟨ov.ww.⟩ **0.1** ***in katernen vouwen.***
Quir·i·nal ['kwırınl]⟨eig.n.⟩ **0.1** ***Quirinaal*** ⟨een der zeven heuvels v. Rome⟩ **0.2** ***Quirinaal*** ⇒*Italiaanse regering* ⟨vooral tgo. Vaticaanse macht⟩.
quirk [kwɜ:k‖kwɜrk]⟨f1⟩⟨telb.zn.⟩ **0.1** ***spitsvondigheid*** ⇒*uitvlucht* **0.2** ***geestigheid*** ⇒*spotternij* **0.3** ***gril*** ⇒*nuk, tik, kuur* **0.4** ***(rare) kronkel*** ⇒*eigenaardigheid* **0.5** ***krul*** ⇒*versiering* ⟨bij schrijven, tekenen⟩ **0.6** ⟨bouwk.⟩ ***groef (langs een kraal)*** ⟨in lijstwerk⟩ ◆ **1.3** a ~ of fate *een gril v.h. lot.*
quirk·y ['kwɜ:ki‖'kwɜrki]⟨bn.; -er; -ly; -ness; →bijw. 3⟩ **0.1** ***spitsvondig*** **0.2** ***grillig*** ⇒*eigenzinnig, nukkig.*
quirt¹ [kwɜ:t‖kwɜrt]⟨telb.zn.⟩⟨AE⟩ **0.1** ***rijzweep*** ⟨v. gevlochten ongelooid leer⟩.
quirt² ⟨ov.ww.⟩⟨AE⟩ **0.1** ***met een rijzweep slaan.***
quis·ling ['kwızlıŋ]⟨telb.zn.⟩ **0.1** ***quisling*** ⇒*landverrader, collaborateur.*
quit¹ [kwıt]⟨f1⟩⟨bn., pred.⟩ **0.1** ***vrij*** ⇒*verlost, ontslagen, bevrijd* ◆ **6.1** be ~ **for** the fright *er met de schrik af komen;* we are glad to be ~ **of** these girls *wij zijn blij toe van deze meisjes af te zijn;* we are well ~ **of** those difficulties *goed, dat we van die moeilijkheden af zijn.*
quit² ⟨f3⟩⟨ww.; ,/zn.ook vnl. AE/bn. quit, quit; →ww. 7⟩
I ⟨onov.ww.⟩ **0.1** ***ophouden*** ⇒*stoppen* **0.2** ***opgeven*** **0.3** ***vertrekken*** ⇒*ervandoor gaan, zijn baan opgeven* ◆ **1.3** the neighbours have already had notice to ~ *de buren is de huur al opgezegd;* he gives his servant notice to ~ *hij zegt zijn bediende op* **4.1** I've had enough, I ~ *ik heb er genoeg van, ik kap ermee/nok af;*
II ⟨ov.ww.⟩ **0.1** ***ophouden met*** ⇒*stoppen met* **0.2** ***opgeven*** ⇒*overlaten, laten varen, loslaten* **0.3** ***verlaten*** ⇒*vertrekken van/uit, heengaan van* **0.4** ⟨met wederk. vnw. als lijd vw.⟩ ***gedragen*** **0.5** ⟨schr.⟩ ***verrekenen*** ⇒*vergelden, vereffenen, kwijten* ◆ **1.1** I ~ this job *ik stop met dit werk* **1.2** the child ~ hold of my hand when he saw his mother *het kind liet mijn hand los toen hij zijn moeder zag* **3.1** ~ complaining about the cold *hou op met klagen over de kou* **4.1** ~ that! *schei (daarmee) uit!* **4.4** ~ yourselves/⟨vero.⟩ you like soldiers *gedraagt u als soldaten.*
quitch grass ['kwıtʃ grɑ:s‖-græs]⟨n.-telb.zn.⟩⟨plantk.⟩ **0.1** ***kweek (gras)*** ⟨onkruid; Agropyron/Elytrigia repens⟩.
'quit·claim¹ ⟨n.-telb.zn.⟩⟨jur.⟩ **0.1** ***afstand*** ⟨v. land, eis, titel enz.⟩.
quitclaim² ⟨ov.ww.⟩⟨jur.⟩ **0.1** ***afstand doen van*** ⟨bezitting, recht⟩ ◆ **6.1** ~ sth. **to** s.o. *iets overdoen aan iem., iets afstaan aan iem..*
quite [kwaıt]⟨f4⟩⟨bw.; vaak ook; →predeterminator⟩ **0.1** ***helemaal*** ⇒*(ge)heel, volledig, zeer, absoluut, op-en-top* **0.2** ***nogal*** ⇒*enigs-*

zins, tamelijk, best (wel) **0.3** ***werkelijk*** ⇒*echt, in feite, met recht* **0.4** ⟨alleen als versterkende predeterminator⟩ ***erg*** ⇒*veel* ◆ **2.1** ~ possible *best mogelijk;* it's not ~ proper *het is niet helemaal zoals het hoort;* you're ~ right *je hebt volkomen gelijk* **2.2** it's ~ cold today *het is nogal koud vandaag* **2.3** they seem ~ happy together *zij lijken echt gelukkig samen* **3.1** ⟨inf.⟩ he isn't ~ *hij is niet helemaal dàt* **4.1** tonight I am ~ by myself *vanavond ben ik helemaal alleen;* ⟨inf.⟩ it's ~ something to be famous after only one novel *het is heel wat om beroemd te zijn na slechts één roman* **7.1** I've heard ~ different stories about you *ik heb heel andere verhalen over je gehoord;* that's ~ another matter *dat is een heel andere zaak;* it was ~ seven months ago *het was op z'n minst/zeker zeven maanden geleden* **7.4** there were ~ a few people at the wedding *er waren heel wat/flink wat mensen op de bruiloft;* there was ~ a gap which we noticed just in time *er was een flinke afgrond die we nog juist op tijd opmerkten;* she is already ~ a lady *ze is al een echte/hele dame;* that was ~ a party, ⟨AE, inf. ook⟩ that was ~ some party *dat was me het feestje wel, dat was nog eens een feest* **¶.1** "It's not easy to say goodbye to one's best friend." "Quite (so)." *'Het is niet makkelijk om afscheid te nemen van je beste vriend.' 'Zeker/Zo is het/Precies/Juist.'.*

'quit·rent ⟨n.-telb.zn.⟩ ⟨gesch.⟩ **0.1** ***vaste (lage) huur/pacht*** ⟨i.p.v. hand- en spandiensten⟩.

quits [kwɪts] ⟨f1⟩ ⟨bn., pred.⟩ **0.1** ***quitte/kiet*** ◆ **3.1** now we are ~ *nu staan we quitte;* I will be ~ with him *ik zal het hem betaald zetten;* call it ~, cry ~ *verklaren quitte te zijn, de vrede tekenen, ophouden;* hit your brother back and call it ~ *geef je broer een mep terug en zand erover.*

quit·tance ['kwɪtns] ⟨telb.zn.⟩ ⟨vero.⟩ **0.1** ***vrijstelling*** ⇒*(bewijs v.) ontheffing, kwijtschelding* **0.2** ***kwitantie*** ⇒*kwijting* ◆ **3.¶** give s.o. his ~ *iem. de deur wijzen.*

quit·ter ['kwɪtə‖'kwɪţər] ⟨telb.zn.⟩ ⟨inf.⟩ **0.1** ⟨ben. voor⟩ ***iem. die het opgeeft*** ⇒*lafaard, slappeling, slapjanus; geen doorzetter; lijntrekker.*

qui·ver[1] ['kwɪvə‖-ər] ⟨f1⟩ ⟨telb.zn.⟩ **0.1** ***pijlkoker*** **0.2** ***trilling*** ⟨v. beweging, geluid⟩ ⇒*siddering, beving* ◆ **2.1** ⟨fig.⟩ a ~ full of children *een groot aantal kinderen* ⟨Psalm 127:5⟩ **4.2** ⟨inf.⟩ be all of a ~ *over zijn hele lichaam beven.*

quiver[2] ⟨f2⟩ ⟨ww.⟩

I ⟨onov.ww.⟩ **0.1** ***trillen*** ⇒*beven, bibberen, sidderen, huiveren* ◆ **6.1** she was ~ing **with** emotion **at** the sound of his voice *zij stond te trillen van emotie bij het horen van zijn stem;*

II ⟨ov.ww.⟩ **0.1** ***doen trillen*** ⇒*laten beven.*

quiv·er·ed ['kwɪvəd‖-vərd] ⟨bn.⟩ **0.1** ***met een pijlkoker uitgerust*** **0.2** ***(als) in een pijlkoker geplaatst.***

quiv·er·ful ['kwɪvəfʊl‖-vər-] ⟨telb.zn.; ook quiversful; →mv. 6⟩ **0.1** ***pijlkoker vol*** **0.2** ***boel*** ⇒*nestvol, vracht* ⟨v. kinderen⟩.

qui vive ['ki: 'vi:v] ⟨n.-telb.zn.⟩ ⟨inf.⟩ ◆ **6.¶** be **on** the ~ *op je qui-vive/je hoede zijn.*

Quix·ote ['kwɪksət] ⟨telb.zn.⟩ **0.1** ***don Quichot*** ⇒*wereldvreemde idealist.*

quix·ot·ic [kwɪk'sɒtɪk‖-'saţɪk], **quix·ot·i·cal** [-ɪkl] ⟨f1⟩ ⟨bn.; -(al)ly; →bijw. 3⟩ **0.1** ***als een don Quichot*** ⇒*donquichotachtig, wereldvreemd.*

quix·o·tism ['kwɪksətɪzm], **quix·o·try** [-tri] ⟨telb. en n.-telb.zn.; →mv. 2⟩ **0.1** ***donquichotterie.***

quiz[1] [kwɪz] ⟨f2⟩ ⟨telb.zn.; -zes; →mv. 2⟩ **0.1** ***ondervraging*** ⇒*verhoor* **0.2** ***mondelinge/schriftelijke test*** ⇒*klein tentamen, kort examen* **0.3** ***quiz*** ⇒*kwis, vraag-en-antwoord spel, hersengymnastiek* **0.4** ***spotternij*** ⇒*poets, beetnemerij, mop* **0.5** ⟨vero.⟩ ***vreemde vogel*** ⇒*rare snuiter/kwibus, zonderling.*

quiz[2] ⟨f1⟩ ⟨ov.ww.; →ww. 7⟩ **0.1** ***ondervragen*** ⇒*uithoren* **0.2** ***mondeling examineren*** ⇒*een mondelinge test afnemen* **0.3** ⟨vero.⟩ ***begluren*** ⇒*onbeschaamd/nieuwsgierig aankijken.*

'quiz·mas·ter ⟨f1⟩ ⟨telb.zn.⟩ **0.1** ***quizmaster*** ⇒*quiz/spelleider.*

quiz·zi·cal ['kwɪzɪkl] ⟨f1⟩ ⟨bn.; -ly⟩ **0.1** ***komisch*** ⇒*grappig, lachwekkend, olijk, geamuseerd* **0.2** ***spottend*** ⇒*plagerig, smalend* **0.3** ***vorsend*** ⇒*vragend.*

quiz·zing glass ['kwɪzɪŋ glɑ:s‖-glæs] ⟨telb.zn.⟩ **0.1** ***monocle*** ⇒*ooglas.*

quod[1] [kwɒd‖kwɑd] ⟨telb.zn.⟩ ⟨BE; sl.⟩ **0.1** ***bak*** ⇒*nor, lik, gevang.*

quod[2] ⟨ov.ww.; →ww. 7⟩ ⟨BE; sl.⟩ **0.1** ***in de nor stoppen*** ⇒*in de bak doen.*

quod·li·bet ['kwɒdlɪbet‖'kwɑd-] ⟨telb.zn.⟩ **0.1** ⟨muz.⟩ ***quodlibet*** **0.2** ⟨gesch.⟩ ***quodlibet*** ⟨onderwerp voor filosofisch of theologisch debat⟩.

quod vi·de ['kwɒd 'vaɪdi] **0.1** ***zie daar*** ⇒*quod vide* ⟨verwijzing⟩.

quoin[1] [kɔɪn] ⟨telb.zn.⟩ **0.1** ***hoek*** ⇒*uitspringende hoek* **0.2** ***hoeksteen*** **0.3** ***wig*** ⇒*keg, spie* **0.4** ⟨druk.⟩ ***kooi*** ⟨pennetje om zetsel vast te zetten in vormraam⟩.

quoin[2] ⟨ov.ww.⟩ **0.1** ***keggen*** ⇒*met wig(gen) vastzetten, met wig(gen) opheffen.*

quoit[1] [kɔɪt, kwɔɪt] ⟨f1⟩ ⟨zn.⟩

I ⟨telb.zn.⟩ **0.1** ***werpring;***

II ⟨n.-telb.zn.; ~s⟩ ⟨spel⟩ **0.1** ***het ringwerpen*** ◆ **3.1** play ~ *ringwerpen.*

quoit[2] ⟨ov.ww.⟩ **0.1** ***werpen (als een ring).***

quon·dam ['kwɒndæm‖'kwɑn-] ⟨bn., attr.⟩ **0.1** ***vroeger*** ⇒*voormalig* ◆ **1.1** a ~ friend of hers *een voormalige vriend v. haar.*

Quon·set hut ['kwɒnset 'hʌt‖'kwɑn-] ⟨telb.zn.⟩ ⟨AE; merknaam⟩ **0.1** ***quonset-hut*** ⟨tunnelvormige barak v. golfijzer⟩.

quo·rate ['kwɔ:reɪt] ⟨bn.⟩ ⟨schr.⟩ **0.1** ***een quorum hebbend.***

quo·rum ['kwɔ:rəm] ⟨f1⟩ ⟨telb.zn.⟩ **0.1** ***quorum*** ⇒*vereist aantal (aanwezige) leden* **0.2** ***uitgelezen groep.***

quot ⟨afk.⟩ quotation, quoted.

quo·ta[1] ['kwoʊţə] ⟨f2⟩ ⟨telb.zn.⟩ **0.1** ***evenredig deel*** ⇒*aandeel, quota* **0.2** ***quota*** ⇒*contingent* ⟨bv. v. te produceren goederen⟩ **0.3** ***(maximum) aantal*** **0.4** ***kiesdeler*** ◆ **1.3** the ~ of immigrants allowed has been reduced *het aantal immigranten dat toegelaten wordt is verminderd.*

quota[2] ⟨ov.ww.⟩ **0.1** ***contingenteren*** ⇒*beperken.*

quot·a·bil·i·ty ['kwoʊţə'bɪləţi] ⟨n.-telb.zn.⟩ **0.1** ***citeerbaarheid.***

quot·a·ble ['kwoʊţəbl] ⟨f1⟩ ⟨bn.⟩ **0.1** ***geschikt om te citeren*** ⇒*gemakkelijk aan te halen* **0.2** ***het citeren waard*** ⇒*genoteerd kunnende worden* ◆ **1.1** a ~ author *een schrijver die gemakkelijk te citeren valt* **1.2** my comment is not ~ *mijn commentaar is het aanhalen niet waard.*

'quota goods ⟨mv.⟩ **0.1** ***gecontingenteerde goederen/produkten.***

'quota system ⟨telb.zn.⟩ **0.1** ***contingentering.***

quo·ta·tion [kwoʊ'teɪʃn] ⟨f2⟩ ⟨zn.⟩

I ⟨telb.zn.⟩ **0.1** ***citaat*** ⇒*aanhaling, quotatie* **0.2** ***notering*** ⟨v. beurs, koers, prijs⟩ **0.3** ***prijsopgave*** **0.4** ⟨druk.⟩ ***holwit*** ◆ **2.1** (in) direct ~ *(in)directe rede;*

II ⟨n.-telb.zn.⟩ **0.1** ***het citeren*** ⇒*het aanhalen.*

quo'tation mark ⟨f1⟩ ⟨telb.zn.⟩ **0.1** ***aanhalingsteken*** ◆ **6.1 in** ~s *tussen aanhalingstekens.*

quo·ta·tive ['kwoʊţəţɪv] ⟨bn.⟩ **0.1** ***aanhalend*** ⇒*aanhalings-.*

quote[1] [kwoʊt] ⟨f1⟩ ⟨telb.zn.⟩ ⟨inf.⟩ **0.1** ***citaat*** ⇒*aanhaling* **0.2** ***notering*** ⟨v. beurs enz.⟩ **0.3** ⟨vnl. mv.⟩ ***aanhalingsteken*** ◆ **6.3 in** ~s *tussen aanhalingstekens.*

quote[2] ⟨f3⟩ ⟨ww.⟩ ⟨→sprw. 105⟩

I ⟨onov.ww.⟩ **0.1** ***citeren*** ⇒*aanhalen, een citaat geven* ◆ **6.1** he ~d **from** Joyce *hij citeerde uit Joyce;*

II ⟨ov.ww.⟩ **0.1** ***citeren*** ⇒*aanhalen, (als bewijs) aanvoeren, iets ontlenen aan* **0.2** ***opgeven*** ⟨prijs⟩ ⇒⟨i.h.b.⟩ *noteren* ⟨koersen⟩ **0.3** ⟨vnl. geb. w.⟩ ***tussen aanhalingstekens plaatsen*** ◆ **1.1** could you ~ some lines that support your interpretation of the poem? *kun je wat regels aanhalen die jouw interpretatie v.h. gedicht ondersteunen?* **1.2** this is really the lowest price I can ~ you *dit is echt de laagste prijs die ik je kan geven;* the stocks were ~d at... *de aandelen werden genoteerd op...* **6.1** he ~d some lines **from** The Waste Land *hij citeerde enige regels uit The Waste Land* **8.1** he quotes you as having argued that... *volgens zijn woorden heb jij betoogd dat...* **¶.3** according to this newspaper the president said (~) we shall win (unquote) *volgens deze krant zei de president (aanhalingstekens/begin citaat) we zullen overwinnen (aanhalingstekens sluiten/einde citaat).*

quoth [kwoʊθ] ⟨ov.ww.; verl. t.; vnl. in 1e en 3e pers. enk.⟩ ⟨vero.⟩ **0.1** ***zei(den)*** ⇒*zeide(n).*

quo·tha ['kwoʊθə] ⟨tussenw.⟩ ⟨vero.⟩ **0.1** ***warempel*** ⇒*inderdaad, wel ja, toe maar, zeg.*

quo·tid·i·an[1] [kwoʊ'tɪdɪən] ⟨telb. en n.-telb.zn.⟩ **0.1** ***alledaagse koorts.***

quotidian[2] ⟨bn., attr.⟩ **0.1** ***dagelijks*** **0.2** ***alledaags*** ⇒*banaal, gewoon* ◆ **1.1** ~ fever *alledaagse koorts.*

quo·tient ['kwoʊʃnt] ⟨f1⟩ ⟨telb.zn.⟩ ⟨wisk.⟩ **0.1** ***quotiënt*** ⇒*uitkomst v.e. deling.*

quo·tum ['kwoʊţəm] ⟨telb.zn.⟩ **0.1** ***quotum*** ⇒*(evenredig) deel.*

Qur'·an, Qur·an [kʊ'rɑ:n‖-'ræn] ⟨eig.n.; the⟩ **0.1** ***koran.***

q.v. ⟨afk.⟩ quantum vis, quod vide **0.1** ***q.v.***.

qy ⟨afk.⟩ query.

r[1], **R** [ɑː‖ɑr]⟨telb.zn.; r's, R's, zelden rs, Rs⟩ **0.1** ***(de letter) r, R*** ◆ **7.1** the three R's/Rs *lezen, schrijven en rekenen* ⟨reading, writing, arithmetic⟩.

r[2], **R** ⟨afk.⟩ **0.1** ⟨radius⟩ ***r.*** **0.2** ⟨recto⟩ ***r.*** **0.3** ⟨right⟩ ***r.*** **0.4** ⟨röntgen (s)⟩ ***r.*** **0.5** ⟨rand⟩ ***R.*** **0.6** ⟨Réaumur⟩ ***R.*** **0.7** ⟨Rex, Regina⟩ ***R.*** **0.8** ⟨railway⟩ **0.9** ⟨rain⟩ **0.10** ⟨regiment⟩ **0.11** ⟨registered (as trademark)⟩ **0.12** ⟨Republican⟩ ⟨AE⟩ **0.13** ⟨residence⟩ **0.14** ⟨Restricted⟩ ⟨AE; film⟩ ⟨alleen toegankelijk voor minderjarigen onder begeleiding v. hun ouders/voogd⟩ **0.15** ⟨river⟩ **0.16** ⟨rook⟩ ⟨schaken⟩ **0.17** ⟨royal⟩ **0.18** ⟨run(s)⟩ ⟨sport⟩ **0.19** ⟨rupee⟩.

RA ⟨afk.⟩ rear admiral, right ascencion, Regular Army, Royal Academician, Royal Academy, Royal Artillery.

RAAF ⟨afk.⟩ Royal Australian Air Force.

rab·bet[1] ['ræbɪ̣t]⟨telb.zn.⟩ **0.1** ***groef*** ⇒*sponning, voeg.*

rabbet[2] ⟨ov.ww.⟩ **0.1** ***een groef/sponning maken in*** **0.2** ***(in/aan elkaar) voegen*** ⟨planken⟩.

'rabbet plane ⟨telb.zn.⟩ **0.1** ***ploeg/sponningschaaf.***

rab·bi ['ræbaɪ]⟨f2⟩⟨telb.zn.⟩ **0.1** ***rabbi*** ⇒*rabbijn* ◆ **2.1** ⟨BE⟩ Chief Rabbi *Opperrabijn* ⟨v. Britse joden⟩.

rab·bin ['ræbɪ̣n]⟨telb.zn.⟩ **0.1** ***rabbijn*** ⇒*rabbi.*

rab·bin·ate ['ræbɪ̣nət]⟨telb. en n.-telb.zn.⟩ **0.1** ***rabbinaat.***

rab·bin·i·cal [rə'bɪnɪkl], **rab·bin·ic** [rə'bɪnɪk]⟨bn.; -(al)ly; →bijw. 3⟩ **0.1** ***rabbijns.***

rab·bin·ism ['ræbɪ̣nɪzm]⟨n.-telb.zn.⟩ **0.1** ***rabbinisme*** ⇒*rabbijnse leer.*

rab·bin·ist ['ræbɪ̣nɪst]⟨telb.zn.⟩ **0.1** ***aanhanger v.h. rabbinisme.***

'rab·bit[1] ['ræbɪ̣t]⟨f3⟩⟨zn.⟩
I ⟨telb.zn.⟩ **0.1** ***konijn*** **0.2** ⟨AE⟩ ***haas*** ⟨ook sport⟩ **0.3** ⟨inf.; sport⟩ ***kruk*** ⇒*stuntelaar, broddelaar, beginneling;*
II ⟨n.-telb.zn.⟩ **0.1** ***konijn(ebont)*** **0.2** ***konijn(evlees)*** **0.3** ⟨sl.⟩ ***sla*** **0.4** ⟨sl.⟩ ***gepraat.***

rabbit[2] ⟨ww.; →ww. 7⟩
I ⟨onov.ww.⟩ **0.1** ***op konijnen jagen*** **0.2** ⟨BE; inf.⟩ ***kletsen*** ⇒*kakelen, ratelen* **0.3** ⟨BE; inf.⟩ ***zeuren*** ⇒*mopperen;*
II ⟨ov.ww.⟩⟨sl.⟩ **0.1** ***vervloeken*** ⇒*verdoemen* ◆ **4.1** ~ it/me *de duvel hale me, ik mag doodvallen.*

'rabbit ears ⟨mv.⟩⟨inf.⟩ **0.1** ***spriet(antenne).***

'rabbit food ⟨n.-telb.zn.⟩⟨sl.⟩ **0.1** ***konijnevoer*** ⇒*groente, sla.*

'rab·bit·foot[1] ⟨telb.zn.⟩⟨sl.⟩ **0.1** ***ontsnapte gevangene.***

rabbitfoot[2] ⟨onov.ww.⟩⟨sl.⟩ **0.1** ***rennen*** ⇒*hollen, gas geven, lopen als 'n haas* **0.2** ***'m smeren*** ⇒*het hazepad kiezen, vluchten, ontsnappen.*

'rabbit hole, 'rabbit burrow ⟨telb.zn.⟩ **0.1** ***konijnehol.***

'rabbit hutch ⟨fɪ⟩⟨telb.zn.⟩ **0.1** ***konijnehok.***

'rabbit punch ⟨telb.zn.⟩ **0.1** ***nekslag.***

'rabbit warren ⟨telb.zn.⟩ **0.1** ***konijnenveld/gebied/berg/perk/kolonie*** **0.2** ***doolhof*** ⇒*wirwar v. straatjes* **0.3** ***krottenbuurt/wijk.***

rab·bit·y ['ræbəṭi]⟨bn.⟩ **0.1** ***konijnachtig*** **0.2** ***verlegen*** ⇒*schuw* **0.3** ***met veel konijnen.***

rab·ble ['ræbl]⟨fɪ⟩⟨telb.zn.⟩ **0.1** ***kluwen*** ⇒*warboel, troep, bende, (ongeordende) menigte* **0.2** ***roerijzer/staaf*** ⟨voor gesmolten metaal⟩ ◆ **7.1** ⟨bel.⟩ the ~ *het gepeupel, het plebs, het grauw.*

'rab·ble-rous·er ⟨telb.zn.⟩ **0.1** ***volksmenner*** ⇒*opruier.*

'rab·ble-rous·ing ⟨bn., attr.⟩ **0.1** ***demagogisch*** ⇒*opruiend.*

Rab·e·lai·si·an[1] ['ræbə'leɪzɪən‖-leɪʒn]⟨telb.zn.⟩ **0.1** ***bewonderaar v. Rabelais.***

Rabelaisian[2] ⟨bn.⟩ **0.1** ***Rabelaisiaans.***

rab·id ['ræbɪ̣d]⟨fɪ⟩⟨bn.; -ly; -ness⟩ **0.1** ***razend*** ⇒*woest, furieus, ziedend* **0.2** ***fanatiek*** ⇒*rabiaat* **0.3** ***dol*** ⇒*hondsdol* ◆ **1.1** ~ hunger *razende honger.*

ra·bies ['reɪbi:z]⟨fɪ⟩⟨n.-telb.zn.⟩ **0.1** ***hondsdolheid*** ⇒*rabies.*

RAC ⟨afk.⟩ **0.1** ⟨Royal Armoured Corps⟩ **0.2** ⟨Royal Automobile Club⟩ ⟨BE⟩ ⟨ong.⟩ ***KNAC.***

rac·coon, ra·coon [rə'ku:n‖ræ'ku:n]⟨fɪ⟩⟨zn.⟩
I ⟨telb.zn.⟩⟨dierk.⟩ **0.1** ***wasbeer*** ⟨genus Procyon⟩;
II ⟨n.-telb.zn.⟩ **0.1** ***wasbeerbont.***

race[1] [reɪs]⟨f3⟩⟨zn.⟩
I ⟨telb.zn.⟩ **0.1** ***wedren/loop*** ⇒*koers, ren, race* **0.2** ***sterke stroom/stroming*** **0.3** ***(toevoer)kanaal*** ⇒⟨i.h.b.⟩ *molenbeek/stroom/tocht* **0.4** ***volk*** ⇒*natie, stam, geslacht, familie* **0.5** ***volk*** ⇒*slag, klasse* **0.6** ***(gember)wortel*** **0.7** ⟨tech.⟩ ***loopvlak/baan*** ⇒*loopring* **0.8** ⟨weverij⟩ ***schietspoellade*** **0.9** ⟨vero.⟩ ***levensloop/weg*** ⇒*loopbaan* ◆ **1.1** a ~ against time *een race tegen de klok* **6.1** **out of/in** the ~ *kansloos/met een goede kans (om te winnen)* **7.1** the ~s *de (honden/paarden)rennen;*
II ⟨telb. en n.-telb.zn.⟩ **0.1** ***ras*** **0.2** ***karakteristieke smaak/geur*** ⟨v. wijn, enz.⟩;
III ⟨n.-telb.zn.⟩ **0.1** ***afkomst*** ⇒*afstamming* **0.2** →race music.

race[2] ⟨f3⟩⟨ww.⟩ →racing
I ⟨onov.ww.⟩ **0.1** ***wedlopen*** ⇒*aan een wedloop/wedren/wedstrijd deelnemen, een wedloop/wedren/wedstrijd houden, om het hardst lopen, racen* **0.2** ***rennen*** ⇒*hollen, snellen, stuiven, spurten, vliegen, schieten* **0.3** ***doorslaan*** ⟨v. schroef, wiel⟩ ⇒*doordraaien, loeien* ⟨v. motor⟩ ◆ **1.3** don't let the engine ~ *laat de motor niet loeien* **3.1** let's ~ *laten we doen wie er het eerste is* **5.2** as always, the holidays ~d **by** *zoals altijd vloog de vakantie om;* ~ **up** *omhoog vliegen* ⟨temperatuur⟩; *de pan uitrijzen* ⟨kosten⟩;
II ⟨ov.ww.⟩ **0.1** ***een wedren/wedloop/wedstrijd houden met*** ⇒*om het hardst lopen met* **0.2** ***laten rennen*** ⇒*aan een wedren laten deelnemen* **0.3** ***laten snellen/vliegen*** ⇒*(op)jagen* **0.4** ***(zeer) snel vervoeren/brengen*** **0.5** ***laten doordraaien/loeien*** ⟨motor⟩ ◆ **1.3** ~ one's car against a tree *met zijn auto tegen een boom vliegen* **6.1** I'll ~ you **to** that tree *laten we doen wie het eerst bij die boom is* **6.3** the government ~d the bill **through** *de regering joeg het wetsontwerp erdoor* **6.4** they ~d the child **to** hospital *ze vlogen met het kind naar het ziekenhuis.*

'race caller ⟨telb.zn.⟩ **0.1** ***(wedstrijd)omroeper*** ⇒⟨voor radio, t.v.⟩ *verslaggever.*

'race·car, 'racing car ⟨fɪ⟩⟨telb.zn.⟩ **0.1** ***raceauto*** ⇒*racewagen.*

'race card ⟨telb.zn.; vnl. mv.⟩ ⟨paardenrennen, hondenrennen⟩ **0.1** ***wedstrijd(programma)boekje.***

'race·car driver ⟨telb.zn.⟩ **0.1** ***autocoureur.***

'race·course ⟨fɪ⟩⟨telb.zn.⟩ **0.1** ***renbaan*** ⇒*raceterrein.*

'race-driv·er ⟨fɪ⟩⟨telb.zn.⟩ **0.1** ***wedstrijdrijder/ster*** ⇒*(auto)coureur, (auto)racer.*

'race·horse ⟨fɪ⟩⟨telb.zn.⟩ **0.1** ***renpaard.***

race·mate ['ræsɪ̣meɪt]⟨telb.zn.⟩⟨schei.⟩ **0.1** ***racemaat*** ⇒*racemisch mengsel.*

ra·ceme [rə'si:m‖reɪ'si:m]⟨telb.zn.⟩⟨plantk.⟩ **0.1** ***tros*** ⟨bloeiwijze⟩.

'race meeting ⟨fɪ⟩⟨telb.zn.⟩⟨vnl. BE⟩ **0.1** ***paardenrennen*** ⇒*harddraverij.*

ra·ce·mic [rə'si:mɪk‖reɪ-]⟨bn.⟩⟨schei.⟩ **0.1** ***racemisch.***

rac·e·mize ['ræsɪ̣maɪz]⟨ov.ww.⟩⟨schei.⟩ **0.1** ***racemiseren.***

rac·e·mose ['ræsɪ̣moʊs]⟨bn.⟩⟨anat.; plantk.⟩ **0.1** ***trosvormig*** ◆ **1.1** ~ gland *trosklier.*

'race music ⟨n.-telb.zn.⟩⟨sl.⟩ **0.1** ***race music*** ⟨eenvoudige vorm v. jazz⟩.

rac·er ['reɪsə‖-ər]⟨fɪ⟩⟨telb.zn.⟩ **0.1** ***renner*** ⇒*hardloper* **0.2** ***renpaard*** **0.3** ***racefiets*** **0.4** ***raceauto*** **0.5** ***raceboot*** **0.6** ***wedstrijdjacht*** **0.7** ***renschaats*** ⇒⟨mv.⟩ *noren* **0.8** ⟨mil.⟩ ***draaischijf*** ⟨v. geschut⟩.

'race riot ⟨telb.zn.⟩ **0.1** ***rassenonlusten/rellen.***

'race team ⟨telb.zn.⟩⟨sport⟩ **0.1** ***renstal.***

'race·track ⟨fɪ⟩⟨telb.zn.⟩ **0.1** ***(ovale) renbaan*** ⇒*circuit.*

'race walker ⟨telb.zn.⟩ ⟨atletiek⟩ **0.1** ***snelwandelaar.***

'race walking ⟨n.-telb.zn.⟩ ⟨atletiek⟩ **0.1** ***(het) snelwandelen.***

'race·way ⟨telb.zn.⟩ ⟨AE⟩ **0.1** ***(toevoer)kanaal*** ⇒⟨i.h.b.⟩ *molenbeek / stroom / tocht* **0.2** ***renbaan.***

ra·chel [rəˈʃel] ⟨n.-telb.zn.⟩ **0.1** ***lichtbruine poeder*** ⟨kosmetisch⟩.

ra·chis [ˈreɪkɪs] ⟨telb.zn.; ook rachides [ˈrækɪdi:z]; →mv. 5⟩ ⟨biol.⟩ **0.1** ***rachis*** ⇒*ruggegraat* **0.2** ***rachis*** ⇒*as* ⟨v. vogelpluim, grasaartje⟩.

ra·chit·ic [rəˈkɪtɪk] ⟨bn.⟩ ⟨med.⟩ **0.1** ***rachitisch.***

ra·chi·tis [rəˈkaɪtɪs] ⟨n.-telb.zn.⟩ ⟨med.⟩ **0.1** ***rachitis*** ⇒*Engelse ziekte.*

Rach·man·ism [ˈrækmənɪzm] ⟨n.-telb.zn.⟩ ⟨BE⟩ **0.1** ***huisjesmelkerij.***

ra·cial [ˈreɪʃl] ⟨f2⟩ ⟨bn.; -ly⟩ **0.1** ***raciaal*** ⇒*ras-, rasse(n)-* ◆ **1.1** ~ discrimination *ras(sen)discriminatie;* ~ hatred *rassehaat.*

ra·cial·ism [ˈreɪʃəlɪzm] ⟨f1⟩ ⟨n.-telb.zn.⟩ **0.1** ***rassewaan*** **0.2** ***rassehaat*** **0.3** ⟨vnl. BE⟩ ***racisme.***

ra·cial·ist[1] [ˈreɪʃəlɪst] ⟨f1⟩ ⟨telb.zn.⟩ **0.1** ***racist.***

racialist[2], **ra·cial·ist·ic** [ˈreɪʃəˈlɪstɪk] ⟨f1⟩ ⟨bn.⟩ **0.1** ***racistisch.***

rac·ing [ˈreɪsɪŋ] ⟨f2⟩ ⟨n.-telb.zn.; gerund v. race⟩ **0.1** ***het wedrennen*** ⇒*het deelnemen aan wedstrijden* **0.2** ***rensport.***

'racing car ⟨f1⟩ ⟨telb.zn.⟩ **0.1** ***raceauto.***

'racing colours ⟨mv.⟩ ⟨paardesport⟩ **0.1** ***stalkleuren.***

'racing jacket ⟨telb.zn.⟩ ⟨hondenrennen⟩ **0.1** ***racedek(je)*** ⟨met startnummer⟩.

'racing man ⟨telb.zn.⟩ **0.1** ***liefhebber v. paardenrennen.***

'racing pennant ⟨telb.zn.⟩ ⟨zeilsport⟩ **0.1** ***wedstrijdwimpel.***

'racing shell ⟨telb.zn.⟩ ⟨roeisport⟩ **0.1** ***wedstrijdscull*** ⇒*wedstrijdboot.*

'racing silks ⟨mv.⟩ ⟨paardesport⟩ **0.1** ***stalkleuren.***

'racing skate ⟨telb.zn.⟩ **0.1** ***renschaats*** ⇒⟨mv.⟩ *noren.*

'racing stable ⟨telb.zn.⟩ **0.1** ***renstal*** ⟨v. paarden⟩.

'racing suit ⟨telb.zn.⟩ ⟨skiën⟩ **0.1** ***renpak*** ⇒*rennhosen.*

'racing tyre ⟨telb.zn.⟩ ⟨wielrennen⟩ **0.1** ***racebandje.***

'racing world ⟨n.-telb.zn.; the⟩ **0.1** ***renwereld*** ⟨v. paardenrennen⟩.

ra·cism [ˈreɪsɪzm] ⟨f1⟩ ⟨n.-telb.zn.⟩ **0.1** ***racisme*** **0.2** ***rassewaan*** **0.3** ***rassehaat.***

ra·cist[1] [ˈreɪsɪst] ⟨f1⟩ ⟨telb.zn.⟩ **0.1** ***racist.***

racist[2] ⟨f1⟩ ⟨bn.⟩ **0.1** ***racistisch.***

rack[1] [ræk] ⟨f2⟩ ⟨zn.⟩

I ⟨telb.zn.⟩ **0.1** ***rek*** **0.2** ***ruif*** **0.3** ***(bagage)rek*** ⇒*(bagage)net* **0.4** ***pijn / folterbank*** **0.5** ***kwelling*** ⇒*pijniging, marteling, folterende pijn, beproeving* **0.6** ***ribstuk*** ⟨v. lam⟩ **0.7** ***storm*** ⇒*noodweer* **0.8** ⟨tech.⟩ ***heugel*** ⇒*tandreep / stang / rail; zaag* ⟨in het slagwerk v.e. klok⟩ **0.9** ⟨AE; snooker⟩ ***rack*** ⟨driehoekig raampje met biljartballen vóór beginstoot; die biljartballen zelf⟩ ◆ **1.8** ~ and pinion *heugel en rondsel* **6.4** ⟨fig.⟩ be **on** the ~ *op de pijnbank liggen, hevige pijn lijden; in grote spanning / onzekerheid verkeren;*

II ⟨telb. en n.-telb.zn.⟩ **0.1** ***woekerhuur / pacht;***

III ⟨n.-telb.zn.⟩ **0.1** ***arak*** ⇒*rijstbrandewijn* **0.2** ***telgang*** ⟨v. paard⟩ **0.3** ⟨AE⟩ ***snelle stap*** ⟨v. paard⟩ **0.4** ⟨schr.⟩ ***zwerk*** ⇒ *voortijlende wolken* **0.5** ***verwoesting*** ⇒*afbraak, ondergang* ◆ **1.5** go to ~ and ruin *geheel vervallen, instorten, volledig te gronde gaan.*

rack[2] ⟨f2⟩ ⟨ww.⟩

I ⟨onov.ww.⟩ **0.1** ***voortjagen / ijlen*** ⟨v. wolken⟩ **0.2** ***in de telgang / snelle stap gaan*** ⟨v. paard⟩ ◆ **5.¶** ⟨sl.⟩ ~ **out** *gaan pitten;*

II ⟨ov.ww.⟩ **0.1** ***in / op een rek leggen*** **0.2** ***(op de pijnbank) martelen*** ⇒*folteren* **0.3** ***kwellen*** ⇒*pijnigen, teisteren, treffen* **0.4** ***het uiterste vergen van*** ⇒*tot het uiterste (in)spannen, (te) zwaar belasten, afmatten, verrekken* **0.5** ***verdraaien*** ⟨woorden⟩ **0.6** ***uitbuiten*** ⟨huurder⟩ **0.7** ***uitputten*** ⇒*uitmergelen, roofbouw plegen op* ⟨grond⟩ **0.8** ⟨vnl. BE⟩ ***vastmaken aan de ruif*** ⟨paard⟩ **0.9** ***klaren*** ⇒*overtappen* ⟨bier, wijn⟩ **0.10** ***met bier vullen*** ⟨vat⟩ ◆ **1.3** ~ one's brains *zijn hersens pijnigen;* a ~ing headache *een barstende hoofdpijn;* ~ed with jealousy *verteerd door / v. jaloezie;* the storm ~ed the village *de storm teisterde het dorp* **5.9** ~ **off** *klaren, overtappen* **5.¶** →rack **up.**

'rack car ⟨telb.zn.⟩ **0.1** ***autowagon.***

rack·et[1], ⟨in bet. I 0.1, 0.2 en II ook⟩ **rac·quet** [ˈrækɪt] ⟨f2⟩ ⟨zn.⟩

I ⟨telb.zn.⟩ **0.1** ⟨sport⟩ ***racket*** **0.2** ***sneeuwschoen*** **0.3** ⟨geen mv.⟩ ***lawaai*** ⇒*herrie, kabaal, rumoer, leven* **0.4** ⟨geen mv.⟩ ***drukte*** ⇒*onrust, gejacht, opwinding, gedoe* **0.5** ⟨geen mv.⟩ ***gefeest*** ⇒*gefuif* **0.6** ***knalfuif*** ⇒*daverend feest* **0.7** ***beproeving*** ⇒*bezoeking* **0.8** ***bedriegerij*** ⇒*bedrog, truc, zwendel, oplichterij* **0.9** ⟨inf.⟩ ⟨ben. voor⟩ ***gangsterpraktijken / organisatie*** ⇒*duistere / misdadige praktijken / organisatie;* ⟨i.h.b.⟩ *afpersing, chantage, omkoperij, intimidatie* **0.10** ⟨inf.; pej.⟩ ***beroep*** ⇒*branche, -wezen, handel, werk* **0.11** ⟨sl.⟩ ***makkie*** ⇒*lekker leventje* ◆ **3.3** kick up a ~ *een rel / herrie schoppen, kabaal maken* **3.4** he could no longer stand the ~ *hij kon de drukte niet meer verdragen* **3.7** stand the ~ *de vuurproef doorstaan; (de rekening) betalen, voor de gevolgen opdraaien* **6.5** be **on** the ~ *aan de boemel zijn, de bloemetjes buiten zetten* **6.9** be in **on** a ~ *in het milieu zitten* **7.10** what ~ is Peter in? *wat voert Peter uit?;*

II ⟨mv.; ~s; ww. vnl. enk.⟩ ⟨sport⟩ **0.1** ***rackets*** ⟨soort squash, met hard balletje⟩.

racket[2] ⟨ww.⟩

I ⟨onov.ww.⟩ **0.1** ***boemelen*** ⇒*de bloemetjes buiten zetten, er op los leven* **0.2** ***kabaal / herrie maken;***

II ⟨ov.ww.⟩ **0.1** ***met een racket slaan.***

rack·et·eer [ˈrækɪˈtɪə‖-ˈtɪr] ⟨f1⟩ ⟨telb.zn.⟩ **0.1** ***gangster*** ⇒*misdadiger;* ⟨i.h.b.⟩ *afperser, chanteur.*

rack·et·eer·ing [ˈrækɪˈtɪərɪŋ‖-ˈtɪrɪŋ] ⟨n.-telb.zn.⟩ **0.1** ⟨ben. voor⟩ ***gangsterpraktijken*** ⇒⟨i.h.b.⟩ *afpersing, chantage, omkoperij, intimidatie.*

'racket press ⟨telb.zn.⟩ **0.1** ***racketklem / pers.***

'rack·et-tail ⟨telb.zn.⟩ ⟨dierk.⟩ **0.1** ***raketstaartkolibrie*** ⟨genus Discosura⟩.

rack·et·y [ˈrækəti] ⟨bn.⟩ **0.1** ***lawaaierig*** ⇒*rumoerig, luidruchtig, druk* **0.2** ***uitbundig*** ⇒*onstuimig, opwindend, losbandig* ◆ **1.2** live a ~ life *de bloemetjes buiten zetten.*

'rack punch ⟨n.-telb.zn.⟩ **0.1** ***arakpunch.***

'rack railway ⟨telb. en n.-telb.zn.⟩ **0.1** ***tandradbaan*** ⇒*tandradspoor.*

'rack-rent[1] ⟨telb. en n.-telb.zn.⟩ **0.1** ***woekerhuur / pacht.***

rack-rent[2] ⟨ov.ww.⟩ **0.1** ***een woekerhuur / pacht opleggen*** ⇒*uitbuiten, uitmelken* **0.2** ***een woekerhuur / pacht vragen voor.***

'rack·rent·er ⟨telb.zn.⟩ **0.1** ***huisjesmelker*** ⇒*uitbuiter, uitzuiger* **0.2** ***uitgebuite huurder / pachter.***

'rack 'up ⟨ov.ww.⟩ **0.1** ⟨vnl. BE⟩ ***vullen (met hooi / stro)*** ⟨ruif⟩ **0.2** ⟨vnl. BE⟩ ***de ruif vullen voor*** ⟨paard⟩ **0.3** ⟨film.⟩ ***kadreren*** **0.4** ⟨vnl. AE; inf.⟩ ***behalen*** ⟨punten, overwinning⟩.

'rack wheel ⟨telb.zn.⟩ **0.1** ***tandrad.***

ra·con [ˈreɪkɒn‖-kɑn] ⟨telb.zn.⟩ ⟨lucht., scheep.⟩ **0.1** ***radarbaken.***

rac·on·teur [ˈrækɒnˈtɜ:‖ˈrækɑnˈtɜr] ⟨telb.zn.⟩ **0.1** ***verteller*** ⇒*causeur.*

racoon →raccoon.

racquet →racket.

rac·y [ˈreɪsi] ⟨f1⟩ ⟨bn.; -er; -ly; -ness; →bijw. 3⟩ **0.1** ***markant*** ⇒*krachtig, energiek, pittig, geestig* ⟨stijl, persoon(lijkheid)⟩ **0.2** ***pittig*** ⇒*kruidig, geurig, pikant* ⟨smaak, geur⟩ **0.3** ***pikant*** ⇒*gewaagd* ⟨verhaal⟩ **0.4** ***natuurlijk*** ⇒*ongerept, oorspronkelijk, puur, echt* ◆ **1.4** ~ of the soil *karakteristiek (voor het land / de streek / het volk), oorspronkelijk, levendig, echt.*

rad[1] [ræd] ⟨telb.zn.⟩ ⟨nat.⟩ **0.1** ***rad*** ⟨eenheid v. stralingsdosis⟩.

rad[2] ⟨afk.⟩ radian(s), radical.

RADA [ˈrɑ:də] ⟨eig.n.⟩ ⟨afk.⟩ Royal Academy of Dramatic Art ⟨BE⟩.

ra·dar [ˈreɪdɑ:‖-dɑr] ⟨f2⟩ ⟨n.-telb.zn.⟩ **0.1** ***radar.***

'radar beacon ⟨telb.zn.⟩ **0.1** ***radarbaken.***

'radar trap ⟨telb.zn.⟩ **0.1** ***radarcontrole*** ⇒*autoval.*

RADC ⟨afk.⟩ Royal Army Dental Corps ⟨BE⟩.

rad·dle[1] [ˈrædl] ⟨n.-telb.zn.⟩ **0.1** ***rode oker.***

raddle[2] ⟨ov.ww.⟩ →raddled **0.1** ***met rood kleuren / verven*** **0.2** ***met (veel) rouge opmaken / schminken*** **0.3** ***ineenstrengelen*** ⇒*dooreenweven.*

rad·dled [ˈrædld] ⟨bn.; volt. deelw. v. raddle⟩ **0.1** ***verward*** ⇒*in de war, van de wijs, van de kook* **0.2** ***vervallen*** ⇒*ingevallen, versleten.*

ra·di·al[1] [ˈreɪdɪəl] ⟨f1⟩ ⟨telb.zn.⟩ **0.1** ***radiaalband*** **0.2** ⟨anat.⟩ ***spaakbeenzenuw / ader.***

radial[2] ⟨f1⟩ ⟨bn.; -ly⟩ **0.1** ***radiaal*** ⇒*stervormig, straalsgewijs, straal-, stralen-* **0.2** ⟨anat.⟩ ***spaakbeen-*** ◆ **1.1** ~ engine *radiale motor* ⟨met cilinders in stervorm⟩; ~ tyre *radiaalband;* ⟨nat.⟩ ~ velocity / motion *radiale snelheid / beweging* **2.1** ⟨plantk.⟩ ~ly symmetrical *radiaal symmetrisch.*

'ra·di·al-'ply ⟨bn., attr.⟩ **0.1** ***radiaal-*** ⟨v. band⟩.

ra·di·an [ˈreɪdɪən] ⟨telb.zn.⟩ ⟨wisk.⟩ **0.1** ***radiaal*** ⟨hoekmaat⟩.

ra·di·ance [ˈreɪdɪəns], **ra·di·an·cy** [-si] ⟨f1⟩ ⟨n.-telb.zn.⟩ **0.1** ***straling*** ⇒*schittering, pracht, glans.*

ra·di·ant[1] [ˈreɪdɪənt] ⟨telb.zn.⟩ **0.1** ***uitstralingspunt*** ⇒*stralingsbron* **0.2** ⟨ster.⟩ ***radiant*** ⇒*radiatiepunt.*

radiant[2] ⟨f2⟩ ⟨bn.; -ly⟩

I ⟨bn.⟩ **0.1** ***stralend*** ⇒*schitterend* **0.2** ⟨vnl. plantk.⟩ ***stervormig*** ⇒*straalgewijs, radiaal* ◆ **6.1** he was ~ **with** joy *hij straalde v. vreugde;*

II ⟨bn., attr.⟩ **0.1** ***stralings-*** ◆ **1.1** ~ energy *stralingsenergie;* ~ heat *stralingswarmte;* ~ point *uitstralingspunt, stralingsbron;* ⟨ster.⟩ *radiatiepunt.*

ra·di·ate[1] [ˈreɪdɪət] ⟨bn.; -ly⟩ **0.1** ***stervormig*** ⇒*radiaal, straalsgewijs* **0.2** ⟨plantk.⟩ ***straal-*** ⇒*straalbloemig* **0.3** ⟨beeld. k.⟩ ***met een stralenkrans / aureool*** **0.4** ⟨biol.⟩ ***radiale symmetrie vertonend*** ◆ **1.2** ~ flowers *straalbloemen.*

radiate[2] ['reɪdieɪt]⟨f2⟩⟨ww.⟩
I ⟨onov.ww.⟩ **0.1** ***stralen*** ⇒*stralen uitzenden, schijnen* **0.2** ***een ster vormen*** ⇒*als stralen/straalsgewijs/stervormig uitlopen* ◆ **6.1** ~ **from** *afstralen van* **6.2** streets radiating **from** a square *straten die straalsgewijs vanaf een plein lopen;*
II ⟨ov.ww.⟩ **0.1** ***uitstralen*** **0.2** ⟨med.⟩ ***bestralen*** **0.3** ***beschijnen*** ⇒*verlichten* **0.4** ***(naar alle kanten) verspreiden*** **0.5** ***uitzenden*** ⟨programma⟩ ◆ **1.1** ~ confidence *vertrouwen uitstralen.*
ra·di·a·tion [reɪdi'eɪʃn]⟨f2⟩⟨zn.⟩
I ⟨telb. en n.-telb.zn.⟩ **0.1** ***straling*** **0.2** ***uitstraling*** ⟨ook v. pijn⟩ **0.3** ***uitzending*** ⟨v. programma⟩ **0.4** ⟨med.⟩ ***bestraling;***
II ⟨n.-telb.zn.⟩⟨biol.⟩ **0.1** ***radiatie.***
radi'ation chemistry ⟨n.-telb.zn.⟩ **0.1** ***stralenchemie.***
radi'ation fog ⟨n.-telb.zn.⟩⟨meteo.⟩ **0.1** ***stralingsmist.***
radi'ation sickness, radi'ation syndrome ⟨n.-telb.zn.⟩ **0.1** ***stralingsziekte.***
ra·di·a·tive ['reɪdɪətɪv‖-dieɪṭɪv]⟨bn.⟩⟨nat.⟩ **0.1** ***stralings-*** **0.2** ***straling veroorzakend.***
ra·di·a·tor ['reɪdieɪtə‖-eɪṭər]⟨f2⟩⟨telb.zn.⟩ **0.1** ***radiator(kachel)*** **0.2** ***radiateur*** ⟨v. motor⟩ **0.3** ***zender*** **0.4** ***radioactieve stof.***
rad·i·cal[1] ['rædɪkl]⟨f2⟩⟨telb.zn.⟩ **0.1** ***basis(principe)*** **0.2** ⟨wisk.⟩ ***wortel*** **0.3** ⟨wisk.⟩ ***wortelteken*** **0.4** ⟨taalk.⟩ ***stam*** ⇒*stamvorm/woord, stam(mede)klinker* **0.5** ⟨scheik.⟩ ***radicaal*** **0.6** ⟨pol.⟩ ***radicaal.***
radical[2] ⟨f3⟩⟨bn.;-ly;-ness⟩ **0.1** ***radicaal*** ⟨ook med., pol.⟩ ⇒*drastisch, verregaand, extreem* **0.2** ***fundamenteel*** ⇒*wezenlijk, essentieel, grond-, inherent* **0.3** ⟨wisk.⟩ ***wortel-*** **0.4** ⟨taalk.⟩ ***stam-*** ⇒*radicaal* ⟨v. taal⟩ **0.5** ⟨plantk.⟩ ***wortel-*** **0.6** ⟨muz.⟩ ***grond-*** ⇒*stam-* ◆ **1.1** ⟨sl.⟩ ~ chic *gewoonte v. socialisten om met radicalen om te gaan;* ~ error *radicale fout;* ⟨pol.⟩ the ~ left *radicaal links, nieuw links;* ~ measures *drastische maatregelen;* ⟨med.⟩ ~ operation *radicale operatie;* ⟨pol.⟩ the ~ right *extreem rechts* **1.2** ~ difficulty *grondprobleem* **1.3** ~ expression *wortelvorm;* ~ sign *wortelteken* **1.4** ~ form *stamvorm* **1.5** ~ leaf *wortelblad.*
rad·i·cal·ism ['rædɪkəlɪzm]⟨f1⟩⟨n.-telb.zn.⟩⟨pol.⟩ **0.1** ***radicalisme.***
rad·i·cal·i·ty ['rædɪ'kæləṭi]⟨n.-telb.zn.⟩ **0.1** ***radicaliteit*** **0.2** ⟨pol.⟩ ***radicalisme.***
rad·i·cal·i·za·tion ['rædɪkəlaɪ'zeɪʃn‖-kələ-]⟨telb. en n.-telb.zn.⟩ **0.1** ***radicalisering.***
rad·i·cal·ize ['rædɪkəlaɪz]⟨ww.⟩
I ⟨onov.ww.⟩ **0.1** ***radicaliseren*** ⇒*radicaal/radicaler worden;*
II ⟨ov.ww.⟩ **0.1** ***radicaal/radicaler maken.***
rad·i·ces ⟨mv.⟩ →radix.
rad·i·cle ['rædɪkl]⟨telb.zn.⟩ **0.1** ⟨plantk.⟩ ***kiemwortel*** ⇒*worteltje* **0.2** ⟨anat.⟩ ***(zenuw)vezel*** **0.3** ⟨schei.⟩ ***radicaal.***
rad·ic-lib ['rædɪk'lɪb], **rad·lib** ['ræd'lɪb]⟨telb.zn.; ook attr.⟩⟨verk.⟩ radical liberal ⟨AE; pol.⟩ **0.1** ***links-liberaal.***
rad·ic·u·lar [rə'dɪkjʊlə‖-kjələr]⟨bn.⟩ **0.1** ***radiculair*** ⇒*wortel-.*
radii ⟨mv.⟩ →radius.
ra·di·o[1] ['reɪdioʊ]⟨f3⟩⟨zn.⟩
I ⟨telb.zn.⟩ **0.1** ***radio(toestel/ontvanger)*** **0.2** ***radio(tele)gram;***
II ⟨telb. en n.-telb.zn.⟩ **0.1** ***radio(-omroep)*** ◆ **6.1** have a job **in** ~ *bij de radio werken;*
III ⟨n.-telb.zn.⟩ **0.1** ***radio*** ⇒*radiotelefonie/telegrafie* **0.2** ***radio (station)*** ⇒*zendstation* **0.3** ***radio(uitzending)*** ◆ **6.3** **on** the ~ *op/voor de radio.*
radio[2] ⟨f1⟩⟨ww.⟩
I ⟨onov.ww.⟩ **0.1** ***een radiobericht uitzenden*** ⇒*via de radio/radiotelegrafisch/draadloos seinen;*
II ⟨ov.ww.⟩ **0.1** ***via de radio/radiotelegrafisch/draadloos uitzenden*** **0.2** ***een radiobericht zenden aan.***
ra·di·o- ['reɪdioʊ] **0.1** ***radio-*** ⇒*stralings-* **0.2** ***radio-*** ⇒*radioactief* **0.3** ***radio-*** ⇒*radiotelegrafisch, draadloos* **0.4** ⟨anat.⟩ ***radio-*** ⇒*spaakbeen-* ◆ ¶**.1** radiometer *radiometer, stralingsmeter* ¶**.2** radioelement *radio-element, radioactief element* ¶**.3** radiotelegram *radiotelegram* ¶**.4** radiocarpal *radiocarpaal.*
ra·di·o·ac·tive ['reɪdioʊ'æktɪv]⟨f2⟩⟨bn.;-ly⟩ **0.1** ***radioactief*** ◆ **1.1** ~ chain/series *radioactieve reeks;* ~ decay *radioactief verval;* ~ waste *radioactief afval.*
ra·di·o·ac·tiv·i·ty ['reɪdioʊək'tɪvəṭi]⟨f2⟩⟨n.-telb.zn.⟩ **0.1** ***radioactiviteit.***
'radio a'stronomy ⟨n.-telb.zn.⟩ **0.1** ***radioastronomie/sterrekunde.***
'radio beacon ⟨telb.zn.⟩ **0.1** ***radiobaken.***
'radio beam ⟨telb.zn.⟩ **0.1** ***(gerichte) bundel radiosignalen.***
ra·di·o·bi·ol·o·gy ['reɪdioʊbaɪ'ɒlədʒi‖-'ɑlə-]⟨n.-telb.zn.⟩ **0.1** ***radiobiologie.***
'radio car ⟨telb.zn.⟩ **0.1** ***met radio uitgeruste (politie)auto*** ⇒*mobilofoonwagen.*
ra·di·o·car·bon ['reɪdioʊ'kɑ:bən‖-'kɑr-]⟨n.-telb.zn.⟩ **0.1** ***radioactief koolstof*** ⇒⟨i.h.b.⟩ *koolstof 14* ⟨C14⟩.
'radiocarbon 'dating ⟨telb. en n.-telb.zn.⟩⟨vnl. archeologie⟩ **0.1** ***radiokoolstofdatering*** ⇒*radiocarboonmethode, [14] C-methode.*
ra·di·o·car·pal ['reɪdioʊ'kɑ:pl‖-'kɑrpl]⟨bn.⟩⟨anat.⟩ **0.1** ***radiocarpaal*** ⟨mbt. spaakbeen/handwortel⟩.
ra·di·o·chem·is·try ['reɪdioʊ'kemɪstri]⟨n.-telb.zn.⟩ **0.1** ***radiochemie*** **0.2** ***stralenchemie.***
ra·di·o·co·balt ['reɪdioʊ'koʊbɔlt]⟨n.-telb.zn.⟩ **0.1** ***radioactief kobalt*** ⇒⟨i.h.b.⟩ *kobalt 60.*
ra·di·o-con·trol ['reɪdioʊkən'troʊl]⟨n.-telb.zn.⟩ **0.1** ***radiobesturing*** ⇒*afstandsbediening.*
ra·di·o-con·trolled ['reɪdioʊkən'troʊld]⟨bn.⟩ **0.1** ***radiografisch bestuurd.***
ra·di·o·el·e·ment ['reɪdioʊ'elɪmənt]⟨telb.zn.⟩ **0.1** ***radio-element*** ⇒*radioactief element.*
'radio fix ⟨telb.zn.⟩ **0.1** ***radiopeiling.***
'radio frequency ⟨telb.zn.⟩ **0.1** ***radiofrequentie.***
'radio 'galaxy ⟨telb.zn.⟩ **0.1** ***radiomelkwegstelsel.***
ra·di·o·ge·nic ['reɪdioʊ'dʒenɪk]⟨bn.;-ally;→bijw. 3⟩ **0.1** ***radiogeen*** ⇒*door radioactiviteit ontstaan/veroorzaakt* **0.2** ***geschikt voor radiouitzending.***
ra·di·o·go·ni·om·e·ter ['reɪdioʊgoʊni'ɒmɪtə‖-'ɑmɪṭər]⟨telb.zn.⟩ **0.1** ***radiogoniometer*** ⟨oriënteringstoestel⟩.
ra·di·o·gram ['reɪdioʊgræm]⟨telb.zn.⟩ **0.1** ***radiogram*** ⇒*röntgenfoto, radiografie* **0.2** ***radio(tele)gram*** **0.3** ⟨BE⟩ ***radio-grammofoon (combinatie).***
ra·di·o·graph[1] ['reɪdioʊgrɑ:f‖-græf]⟨f1⟩⟨telb.zn.⟩ **0.1** ***radiogram*** ⇒*röntgenfoto, radiografie.*
radiograph[2] ⟨f1⟩⟨ov.ww.⟩ **0.1** ***radiograferen*** ⇒*doorlichten* **0.2** ***een radio(tele)gram sturen.***
ra·di·o·graph·ic ['reɪdɪə'græfɪk]⟨f1⟩⟨bn.;-ally;→bijw. 3⟩ **0.1** ***radiografisch*** ⇒*röntgenologisch.*
ra·di·og·ra·phy ['reɪdi'ɒgrəfi‖-'ɑgrəfi]⟨n.-telb.zn.⟩ **0.1** ***radiografie*** ⇒*röntgenfotografie, doorlichting.*
'radio ham ⟨telb.zn.⟩⟨inf.⟩ **0.1** ***radio(zend)amateur.***
ra·di·o·i·so·tope ['reɪdioʊ'aɪsətoʊp]⟨telb.zn.⟩ **0.1** ***radio-isotoop*** ⇒*radioactief isotoop.*
ra·di·o·lar·i·an ['reɪdioʊ'leərɪən‖-'ler-]⟨telb.zn.⟩⟨dierk.⟩ **0.1** ***straaldiertje*** ⟨orde Radiolaria⟩.
'radio link ⟨telb.zn.⟩ **0.1** ***radioverbinding.***
ra·di·o·lo·ca·tion ['reɪdioʊloʊ'keɪʃn]⟨n.-telb.zn.⟩ **0.1** ***radioplaatsbepaling*** ⇒*radar.*
ra·di·o·lo·ca·tor ['reɪdioʊloʊ'keɪtə‖-keɪṭər]⟨telb.zn.⟩ **0.1** ***radar.***
ra·di·o·log·i·cal ['reɪdɪə'lɒdʒɪkl‖-'lɑdʒɪkl]⟨f1⟩⟨bn.⟩ **0.1** ***radiologisch.***
ra·di·ol·o·gist ['reɪdi'ɒlədʒɪst‖-'ɑlə-]⟨f1⟩⟨telb.zn.⟩ **0.1** ***radioloog*** ⇒*röntgenoloog.*
ra·di·ol·o·gy ['reɪdi'ɒlədʒi‖-'ɑlə-]⟨f1⟩⟨n.-telb.zn.⟩ **0.1** ***radiologie.***
'ra·di·o·man ⟨telb.zn.⟩⟨AE⟩ **0.1** ***radiotechnicus/monteur*** **0.2** ***radiotelegrafist*** ⇒*marconist.*
ra·di·om·e·ter ['reɪdi'ɒmɪtə‖-'ɑmɪṭər]⟨telb.zn.⟩ **0.1** ***radiometer*** ⇒*stralingsmeter.*
ra·di·o·nu·clide ['reɪdioʊ'nju:klaɪd‖-'nu:-]⟨telb.zn.⟩ **0.1** ***radionuclide*** ⟨kern v. atoom⟩.
ra·di·o·paque ['reɪdioʊ'peɪk]⟨bn.⟩ **0.1** ***ondoordringbaar voor röntgenstralen.***
ra·di·o·phar·ma·ceu·ti·cal ['reɪdioʊfɑ:mə'sju:tɪkl‖-fɑrmə'su:ṭɪkl]⟨telb.zn.⟩ **0.1** ***radioactief geneesmiddel.***
ra·di·o·phone ['reɪdɪəfoʊn]⟨telb.zn.⟩ **0.1** ***radio(tele)foon.***
ra·di·o·pho·ny ['reɪdi'ɒfəni‖-'ɑf-]⟨n.-telb.zn.⟩ **0.1** ***radiofonie.***
ra·di·o·pho·to·graph ['reɪdioʊ'foʊtəgrɑ:f‖-'foʊṭəgræf]⟨telb.zn.⟩ **0.1** ***radiofoto.***
ra·di·o·pho·tog·ra·phy ['reɪdioʊfə'tɒgrəfi‖-'tɑ-]⟨n.-telb.zn.⟩ **0.1** ***radiofotografie.***
'radio play ⟨telb.zn.⟩ **0.1** ***hoorspel.***
ra·di·o·pro·tec·tion ['reɪdioʊprə'tekʃn]⟨n.-telb.zn.⟩ **0.1** ***bescherming tegen stralingseffecten.***
ra·di·o·scope ['reɪdɪəskoʊp]⟨telb.zn.⟩ **0.1** ***röntgenapparaat.***
ra·di·os·co·py ['reɪdi'ɒskəpi‖-'ɑskəpi]⟨n.-telb.zn.⟩ **0.1** ***radioscopie*** ⇒*doorlichting.*
ra·di·o·sen·si·tive ['reɪdioʊ'sensəṭɪv]⟨bn.⟩ **0.1** ***gevoelig voor straling.***
'radio set ⟨telb.zn.⟩ **0.1** ***radiotoestel/ontvanger*** **0.2** ***radiozender.***
ra·di·o·sonde ['reɪdioʊsɒnd‖-sɑnd]⟨telb.zn.⟩⟨meteo.⟩ **0.1** ***radiosonde.***
'radio source ⟨telb.zn.⟩⟨ster.⟩ **0.1** ***radiobron.***
'radio star ⟨telb.zn.⟩⟨ster.⟩ **0.1** ***radiobron*** ⇒*radiobron.*
'radio station ⟨f1⟩⟨telb.zn.⟩ **0.1** ***radiostation.***
ra·di·o·ster·il·i·za·tion ['reɪdioʊsterɪlaɪ'zeɪʃn‖-lə'zeɪʃn]⟨telb. en n.-telb.zn.⟩ **0.1** ***sterilisatie d.m.v. radioactieve straling.***
ra·di·o·tel·e·gram ['reɪdioʊ'teləgræm]⟨telb.zn.⟩ **0.1** ***radio(tele) gram.***
ra·di·o·te·leg·ra·phy ['reɪdioʊtɪ'legrəfi]⟨n.-telb.zn.⟩ **0.1** ***radiotelegrafie.***
ra·di·o·tel·e·phone ['reɪdioʊ'teləfoʊn]⟨telb.zn.⟩ **0.1** ***radio(tele)foon*** ⇒*mobilofoon.*

ra·di·o·te·leph·o·ny ['reɪdioʊtɪ'lefəni]⟨n.-telb.zn.⟩ **0.1** ***radiotelefonie***.
'radio 'telescope ⟨telb.zn.⟩ **0.1** ***radiotelescoop***.
ra·di·o·ther·a·pist ['reɪdioʊ'θerəpɪst]⟨telb.zn.⟩ **0.1** ***radiotherapeut***.
ra·di·o·ther·a·py ['reɪdioʊ'θerəpi]⟨f1⟩⟨n.-telb.zn.⟩ **0.1** ***radiotherapie***.
'radio transmitter ⟨telb.zn.⟩ **0.1** ***radiozender***.
'radio wave ⟨telb.zn.⟩ **0.1** ***radiogolf***.
rad·ish ['rædɪʃ]⟨f1⟩⟨telb.zn.⟩ **0.1** ***radijs***.
ra·di·um ['reɪdɪəm]⟨f1⟩⟨n.-telb.zn.⟩⟨schei.⟩ **0.1** ***radium*** ⟨element 88⟩.
'radium emanation ⟨n.-telb.zn.⟩⟨schei.⟩ **0.1** ***radiumemanatie*** *⇒radon*.
'radium therapy ⟨n.-telb.zn.⟩ **0.1** ***radiumtherapie/behandeling***.
ra·di·us ['reɪdɪəs]⟨f2⟩⟨telb.zn.; ook radii [-iaɪ];→mv. 5⟩ **0.1** ***straal*** *⇒radius, halve middellijn* ⟨v. cirkel⟩ **0.2** ***spaak*** **0.3** ⟨biol.⟩ ***spaakbeen*** *⇒radius* **0.4** ⟨plantk.⟩ ***krans*** ⟨bij samengesteldbloemigen⟩ ◆ **1.1** the new aeroplane has a large ~ of action *het nieuwe vliegtuig heeft een groot vliegbereik/grote actieradius;* ~ of delivery *bestelkring* **6.1** **within** a ~ of four miles *binnen een straal v. vier mijl*.
'radius vector ⟨telb.zn.⟩⟨wisk.⟩ **0.1** ***radiusvector*** *⇒voerstraal*.
ra·dix ['reɪdɪks]⟨telb.zn.; ook radices [-dɪsi:z];→mv. 5⟩ **0.1** ***wortel*** *⇒oorsprong, bron, grondslag* **0.2** ⟨wisk.⟩ ***grondtal*** *⇒worteltal, radix*.
ra·dome ['reɪdoʊm]⟨telb.zn.⟩⟨lucht.⟩ **0.1** ***radarkoepel***.
ra·don ['reɪdɒn‖-dɑn]⟨n.-telb.zn.⟩⟨schei.⟩ **0.1** ***radon*** ⟨element 86⟩.
rad·u·la ['rædjʊlə‖-dʒə-]⟨telb.zn.; radulae [-li:];→mv. 5⟩⟨dierk.⟩ **0.1** ***radula***.
rad·waste ['rædweɪst]⟨n.-telb.zn.⟩⟨verk.⟩ radioactive waste **0.1** ***radioactief afval***.
RAF [ræf]⟨eig.n.⟩⟨afk.⟩ Royal Air Force ⟨BE⟩ **0.1** ***R.A.F.***.
raf·fia, raph·i·a ['ræfɪə]⟨zn.⟩
I ⟨telb. en n.-telb.zn.⟩⟨plantk.⟩ **0.1** ***raffiapalm*** ⟨Raphia ruffia⟩;
II ⟨n.-telb.zn.⟩ **0.1** ***raffia***.
raf·fi·nate ['ræfɪneɪt]⟨telb.zn.⟩ **0.1** ***raffinaat*** *⇒geraffineerd produkt*.
raf·fi·né, raf·fi·née ['ræfɪ'neɪ]⟨bn.⟩ **0.1** ***verfijnd*** *⇒geraffineerd, gedistingeerd, zeer beschaafd* **0.2** ***ontwikkeld*** *⇒intellectueel, geleerd*.
raf·fish ['ræfɪʃ]⟨bn.; -ly; -ness⟩ **0.1** ***liederlijk*** *⇒losbandig, wild*.
raf·fle[1] ['ræfl]⟨f1⟩⟨zn.⟩
I ⟨telb.zn.⟩ **0.1** ***loterij*** *⇒verloting;*
II ⟨n.-telb.zn.⟩ **0.1** ***rommel*** *⇒prullen* **0.2** ***afval*** *⇒puin, vuilnis*.
raffle[2] ⟨f1⟩⟨ww.⟩
I ⟨onov.ww.⟩ **0.1** ***loten*** *⇒een loterij houden, aan een verloting meedoen* ◆ **6.1** they ~d **for** a pig *zij lootten om een varken;*
II ⟨ov.ww.⟩ **0.1** ***verloten*** *⇒d.m.v. een verloting verkopen* ◆ **5.1** they ~d **off** a bike *zij verlootten een fiets*.
raft[1] [rɑ:ft‖ræft]⟨f2⟩⟨telb.zn.⟩ **0.1** ***vlot*** *⇒houtvlot, drijvende steiger* **0.2** ***redding(s)vlot*** ⟨v. hout, rubber⟩ **0.3** ⟨ben. voor⟩ ***drijvende massa*** *⇒drijfhout, drijfijs* ⟨enz.⟩ **0.4** ***fundering*** **0.5** ⟨AE⟩ ***boel*** *⇒grote verzameling, massa, troep* ◆ **2.5** a whole ~ of children *een bende kinderen*.
raft[2] ⟨f1⟩⟨ww.⟩
I ⟨onov.ww.⟩ **0.1** ***per vlot reizen*** *⇒met een vlot oversteken/varen* ◆ **6.1** they ~ed **across** the river *zij staken de rivier op een vlot over;*
II ⟨ov.ww.⟩ **0.1** ***per vlot vervoeren*** **0.2** ***per vlot oversteken/bevaren*** **0.3** ***vlotten*** ⟨boomstammen⟩ ◆ **1.1** they ~ their belongings to the mainland *zij brengen hun bezittingen per vlot naar het vasteland* **1.2** they tried to ~ the Channel *zij probeerden het Kanaal met een vlot over te steken*.
raft·er[1] ['rɑ:ftə‖'ræftər]⟨f1⟩⟨telb.zn.⟩ **0.1** ***dakspar*** *⇒dakspant* **0.2** ***vlotter*** ⟨boomstammen⟩.
rafter[2] ⟨ov.ww.⟩ **0.1** ***v. daksparren voorzien*** ◆ **1.1** ~ed roof *dak met zichtbare daksparren*.
rafts·man ['rɑ:ftsmən‖'ræfts-]⟨telb.zn.; raftsmen [-mən];→mv. 3⟩ **0.1** ***vlotter***.
RAFVR ⟨afk.⟩ Royal Air Force Volunteer Reserve ⟨BE⟩.
rag[1] [ræg]⟨f2⟩⟨zn.⟩
I ⟨telb.zn.⟩ **0.1** ⟨vnl. mv.⟩ ***versleten kledingstuk*** *⇒lomp, vod* **0.2** ***lap(je)*** *⇒vodje, doek, kledingstuk* **0.3** ***stuk(je)*** *⇒flard, spoor* **0.4** ⟨pej.⟩⟨ben. voor⟩ ***iets dat lijkt op een vod*** *⇒vlag; snotlap; maandverband; gordijn; krant, blaadje* **0.5** ***scherp uitsteeksel*** **0.6** ⟨BE; inf.⟩ ***herrie*** *⇒keet, (studenten)lol;* ⟨i.h.b.⟩ ***jaarlijkse studentenoptocht voor een goed doel*** **0.7** ⟨BE; inf.⟩ ***poets*** *⇒mop, grol, grap* **0.8** ⟨AE; sl.⟩ ***(slechte) speelkaart*** **0.9** ***ragtime-muziekje*** ◆ **1.1** from ~s to riches *v. armoe naar rijkdom* **1.3** not a ~ of evidence *niet het geringste bewijs;* ~s of smoke *flarden rook* **2.4** the local ~ *het suffertje;* I don't read that worthless ~ *ik lees dat snertblad niet* **3.2** I haven't a ~ to put on *ik heb niets om aan te trekken* **3.¶** ⟨sl.⟩ chew the ~ *(blijven) praten, kletsen, mopperen; ruzie maken;* ⟨sl.⟩ get one's ~ out *z'n stekels overeind zetten* **5.¶** ⟨sl.⟩ have the ~ **on** *feest hebben, ongesteld zijn* **6.1** dressed **in** ~s *in lompen gehuld* **6.3** cooked **to** ~s *stukgekookt* **6.7** **for** a ~ *voor de gein/lol;*
II ⟨telb. en n.-telb.zn.⟩ **0.1** ***vod*** *⇒lomp, lor* **0.2** ***leisteen*** *⇒daklei* **0.3** ⟨BE⟩ ***ruwe steen*** **0.4** ⟨verk.⟩ ⟨ragtime⟩;
III ⟨mv.; ~s⟩ **0.1** ***vodden*** *⇒lompen* ◆ **6.1** **in** ~s *tot op de draad versleten, op;* ⟨fig.⟩ his nerves were **in** ~s *hij was helemaal kapot*.
rag[2] ⟨f1⟩⟨ww.; →ww. 7⟩⟨inf.⟩ →ragged
I ⟨onov.ww.⟩⟨BE⟩ **0.1** ***dollen*** *⇒gekheid maken, lol trappen* **0.2** ***musiceren in ragtimestijl;***
II ⟨ov.ww.⟩ **0.1** ***een standje geven*** *⇒berispen* **0.2** ***pesten*** *⇒plagen, kwellen* **0.3** ***te grazen nemen*** *⇒een poets bakken* **0.4** ***door elkaar gooien*** ⟨als grap⟩ ◆ **1.2** they ~ged the teacher *zij schopten keet bij de leraar* **1.4** ~ s.o.'s room *iemands kamer overhoop halen* **6.2** she ~s him **about** his big nose/**for** having such a big nose *zij pest hem met zijn grote neus*.
ra·ga ['rɑ:gə], **rag** [rɑ:g]⟨telb.zn.⟩⟨muz.⟩ **0.1** ***raga*** ⟨Hindoestaanse muziekvorm⟩ **0.2** ***thema v.e. raga*** ⟨basis v.d. improvisatie⟩.
rag·a·muf·fin ['rægəmʌfɪn]⟨telb.zn.⟩ **0.1** ***schooiertje***.
'rag-and-'bone man ⟨telb.zn.⟩⟨vnl. BE⟩ **0.1** ***voddenman*** *⇒voddenkoper/boer*.
'rag·bag ⟨f1⟩⟨telb.zn.⟩ **0.1** ***voddenzak*** *⇒lappenmand* **0.2** ***allegaartje*** *⇒bonte verzameling* **0.3** ⟨sl.⟩ ***slordig gekleed iem.*** *⇒slons*.
'rag·bolt ⟨telb.zn.⟩ **0.1** ***takbout*** *⇒hakkelbout*.
'rag book ⟨telb.zn.⟩ **0.1** ***linnen prentenboek***.
'rag day ⟨telb.zn.⟩⟨BE⟩ **0.1** ***rag day*** ⟨waarop studenten een optocht houden en geld ophalen voor een goed doel⟩.
'rag 'doll ⟨f1⟩⟨telb.zn.⟩ **0.1** ***lappenpop***.
rage[1] [reɪdʒ]⟨f3⟩⟨zn.⟩
I ⟨telb.zn.⟩ **0.1** ***manie*** *⇒passie, bevlieging* **0.2** ***rage*** *⇒mode, trend* **0.3** ⟨schr.⟩ ***vuur*** *⇒geestdrift* **0.4** ⟨Austr. E; inf.⟩ ***iets geweldigs*** ◆ **1.2** short hair is (all) the ~ now *kort haar is nu een rage/in de mode* **6.1** he has a ~ **for** collecting coins *hij is gek van munten verzamelen;*
II ⟨telb. en n.-telb.zn.⟩ **0.1** ***woede(uitbarsting)*** *⇒toorn, razernij* ◆ **1.1** the ~ of the waves *de woede der golven* **3.1** fall/fly into a ~ *woedend worden, in woede ontsteken* **6.1** be **in** a ~ *woedend zijn*.
rage[2] ⟨f2⟩⟨ww.⟩
I ⟨onov.ww.⟩ **0.1** ***woeden*** *⇒tieren, stormen, razen;* ⟨fig.⟩ *te keer gaan* **0.2** ⟨Austr. E; inf.⟩ ***(veel) plezier maken*** *⇒zich (kostelijk) amuseren* ◆ **1.1** a raging headache *een razende hoofdpijn;* a raging fire *een felle brand;* the plague ~d in London *de pest heerste in Londen* **6.1** her parents ~d **against/at** her for being too late *haar ouders gingen tegen haar tekeer omdat zij te laat was;* the army ~d **through** the town *het leger stormde door het stadje;*
II ⟨ov.ww.; wederk. ww.⟩ **0.1** ***uitrazen*** *⇒uitwoeden* ◆ **5.1** the storm ~d itself **out** *de storm woedde uit*.
rag·ee, rag·gee, ra·gi ['rɑ:gi:‖'ræ-]⟨n.-telb.zn.⟩⟨plantk.⟩ **0.1** ***Indische graansoort*** ⟨Eleusine coracana⟩.
'rag engine ⟨telb.zn.⟩ **0.1** ***hollander*** ⟨maal- of roerbak waarin papierlompen worden fijngemaakt⟩.
'rag game ⟨n.-telb.zn.; the⟩⟨inf.⟩ **0.1** ***kledingindustrie***.
'rag·ged ['rægɪd]⟨f2⟩⟨bn.; oorspr. volt. deelw. v. rag; -ly; -ness⟩ **0.1** ***haveloos*** *⇒gescheurd, gerafeld* **0.2** ***in lompen*** *⇒in vodden* **0.3** ***ruig*** *⇒onverzorgd, pluizig, vol plukjes* **0.4** ***ongelijk*** *⇒getand, met uitsteeksels, knoestig, ruw* **0.5** ***gebrekkig*** *⇒onregelmatig, krakkemikkig, slordig* **0.6** ***doodop*** *⇒uitgeput* **0.7** ***rauw*** *⇒schor* ◆ **1.1** ~ trousers *een kapotte broek* **1.2** a ~ old man *een in lompen gehulde oude man* **1.3** a ~ beard *een ruige/onverzorgde baard;* a ~ garden *een woeste tuin* **1.4** ~ rocks *puntige/scherpe rotsen* **1.5** a ~ concert *een slordig concert;* ~ rhymes *gebrekkige/onregelmatige verzen* **1.7** he has a ~ voice *hij heeft een rauwe/schorre stem* **1.¶** ⟨plantk.⟩ ~ robin *koekoeksbloem* ⟨Lychnis flos-cuculi⟩; ⟨BE; gesch.⟩ ~ school *armenschool* **3.6** the messenger boy was run ~ *de boodschappenjongen was doodop*.
rag·gle-tag·gle ['rægltægl]⟨bn.⟩ **0.1** ***bont*** *⇒gemengd, gemêleerd* **0.2** ***onverzorgd*** *⇒verwaarloosd, slordig*.
ra·gi, rag·gee, rag·gy ['rægi]⟨n.-telb.zn.⟩ **0.1** ***ragi*** ⟨graangewas⟩.
rag·lan[1] ['ræglən]⟨telb.zn.⟩ **0.1** ***raglan*** ⟨overjas enz. zonder schoudernaden⟩.
raglan[2] ⟨bn., attr.⟩ **0.1** ***raglan*** ◆ **1.1** ~ sleeve *raglanmouw* ⟨zonder schoudernaad⟩.
ra·gout[1] [ræ'gu:]⟨telb. en n.-telb.zn.⟩ **0.1** ***ragoût***.
ragout[2] ⟨ov.ww.⟩ **0.1** ***ragoût maken v.***.
'rag paper ⟨n.-telb.zn.⟩ **0.1** ***lompenpapier***.
'rag·pick·er ⟨telb.zn.⟩ **0.1** ***voddenraper/raapster***.
'rag rug ⟨telb.zn.⟩ **0.1** ***lappenkleedje***.
'rag stone ⟨telb. en n.-telb.zn.⟩ **0.1** ***leisteen*** *⇒daklei*.

rag·tag ['rægtæg]⟨n.-telb.zn.⟩ **0.1** ***janhagel*** ⇒*gepeupel, grauw, plebs, het volk* ◆ **1.¶** ~ and bobtail *uitschot, schorem.*

'rag·time[1] ⟨f1⟩⟨telb. en n.-telb.zn.⟩ **0.1** ***ragtime*** ⟨gesyncopeerde (dans)muziek⟩.

ragtime[2] ⟨bn.⟩ **0.1** ***belachelijk*** ⇒*mal, bespottelijk.*

'rag trade ⟨n.-telb.zn.; the⟩⟨inf.⟩ **0.1** ***kledingindustrie.***

'rag·weed ⟨telb. en n.-telb.zn.⟩⟨plantk.⟩ **0.1** ⟨ben. voor⟩ ***Ambrosia*** ⟨plantengeslacht behorend tot de Compositae⟩ ⇒⟨i.h.b.⟩ *alsem ambrosia* ⟨Ambrosia artemisiifolia⟩, *driedelige ambrosia* ⟨Ambrosia trifida; veroorzakers v. hooikoorts⟩ **0.2** ⟨vnl. BE⟩ ***jakobskruiskruid*** ⟨Senecio jacobaea⟩.

'rag week ⟨telb.zn.⟩ **0.1** ***rag week*** ⟨week met studentenfeesten⟩.

'rag wheel ⟨telb.zn.⟩ **0.1** ***kamrad*** ⇒*kettingrad* **0.2** ***polijstschijf.***

rag·wort ['rægwɜ:t‖-wɜrt]⟨telb. en n.-telb.zn.⟩⟨plantk.⟩ **0.1** ***kruiskruid*** ⇒⟨i.h.b.⟩ *jakobskruiskruid* ⟨Senecio jacobaea⟩.

rah [rɑ:]⟨tussenw.⟩⟨oorspr. verk.⟩ hurrah ⟨vnl. AE, stud.⟩ **0.1** ***hoera.***

raid[1] [reɪd]⟨f2⟩⟨telb.zn.⟩ **0.1** ***inval*** ⇒*(verrassings)overval* **0.2** ***rooftocht*** ⇒*kaaptocht, strooptocht, roofoverval, plundering* **0.3** ***politieoverval*** ⇒*razzia* **0.4** ⟨ec.⟩ ***druk*** ⟨op beursprijzen⟩ ◆ **3.2** make a ~ on the fund's reserves *de reserves v.h. staatsfonds plunderen* **3.4** make a ~ on *onder druk zetten* **6.1** a ~ **into** the enemy camp *een inval in het vijandelijke kamp* **6.2** a ~ **on** a bank *een bankoverval;* a ~ **upon** the pantry *een plundering v.d. provisiekast.*

raid[2] ⟨f2⟩⟨ww.⟩

I ⟨onov.ww.⟩ **0.1** ***een inval doen*** ⇒*een overval uitvoeren* **0.2** ***een rooftocht houden*** ⇒*stropen* **0.3** ⟨ec.⟩ ***de beursprijzen drukken*** ◆ **6.1** they ~ed **into** the neighbouring countries *zij vielen de buurlanden binnen;* the police ~ed **on** a gamblers' den *de politie voerde een overval uit op een gokhol;*

II ⟨ov.ww.⟩ **0.1** ***overvallen*** ⇒*binnenvallen* **0.2** ***(be)roven*** ⇒*plunderen, leegroven* ◆ **1.1** ~ a shop *een winkel overvallen* **1.2** ~ed cattle *geroofd vee.*

raid·er ['reɪdə‖-ər]⟨f1⟩⟨telb.zn.⟩ **0.1** ***overvaller*** ⇒*invaller, binnenvaller;* ⟨ec.⟩ *raider, ongewenst koper v. (meerderheids)belang* ⟨in aandelen⟩ **0.2** ***vliegtuig dat vijandelijk luchtruim binnenvliegt*** **0.3** ***kaper(schip)*** **0.4** ***stroper*** **0.5** ***rover*** **0.6** ***deelnemer aan een razzia/inval.***

rail[1] [reɪl]⟨f3⟩⟨zn.⟩

I ⟨telb.zn.⟩ **0.1** ***lat*** ⇒*balk, plank, stang, staaf* **0.2** ***leuning*** **0.3** ***omheining*** ⇒*hek(werk), slagboom* **0.4** ***rail*** ⇒*spoorstaaf;* ⟨fig.; vaak attr.⟩ *trein, spoorwegen* **0.5** ***rail*** ⟨om iets aan op te hangen⟩ ⇒*gordijnroede, posterrail, strip* **0.6** ***wagenladder*** ⟨boerenwagen⟩ **0.7** ***dwarshout*** ⇒*dwarsbalk* ⟨v. paneel, deur⟩, *sport* ⟨v. stoel⟩ **0.8** ⟨scheep.⟩ ***reling*** **0.9** ⟨dierk.⟩ ***ral*** ⇒⟨i.h.b.⟩ *waterral* ⟨Rallus aquaticus⟩, *kwartelkoning, spriet, griet* ⟨Crex crex⟩ **0.10** ⟨verk.⟩ ⟨railman⟩ ◆ **3.4** go/get/run off the ~s *ontsporen;* ⟨fig.⟩ *v. streek raken, het helemaal mis hebben;* jump the ~s *uit de rails vliegen* ⟨v. trein⟩ **3.¶** keep s.o. on the ~s *iem. op het rechte pad houden;* run off the ~s *uit de band springen, ontsporen* **6.4** send sth. **by** ~ *iets per trein versturen;* travel **by** ~ *sporen, per trein reizen;* ⟨fig.⟩ **off** the ~s *v. streek, de kluts kwijt, het spoor bijster, in de war;* ⟨inf.⟩ *zonderling, gek, neurotisch* **6.8** **over** the ~ *over de reling* **7.4** third ~ *derde rail* ⟨in Engeland vaak onder stroom⟩;

II ⟨mv.; ~s⟩ **0.1** ***spoorwegaandelen.***

rail[2] ⟨f2⟩⟨ww.⟩ →railing

I ⟨onov.ww.⟩ **0.1** ***schelden*** ⇒*schimpen, uitvaren, te keer gaan, fulmineren* **0.2** ***per trein reizen*** ◆ **6.1** ~ **against/at** *uitvaren tegen, schelden op, fel protesteren tegen;*

II ⟨ov.ww.⟩ **0.1** ***voorzien v. een leuning*** **0.2** ***v. rails voorzien*** **0.3** ***omheinen*** ⇒*afrasteren* **0.4** ***per spoor verzenden*** ◆ **5.3** ~ **in** *omheinen* **6.3** they ~ed the orchard off **from** the road *zij rasterden de boomgaard v. de weg af.*

rail·age ['reɪlɪdʒ]⟨n.-telb.zn.⟩ **0.1** ***treinvervoer*** **0.2** ***spoorvracht*** ⇒*spoorkosten.*

'rail·car ⟨telb.zn.⟩ **0.1** ***motorrijtuig*** ⇒*motorwagen* ⟨trein bestaande uit één wagon⟩.

'rail chair ⟨telb.zn.⟩⟨tech.⟩ **0.1** ***railstoel.***

'rail fence ⟨telb.zn.⟩⟨AE⟩ **0.1** ***houten hek.***

'rail·head ⟨telb.zn.⟩ **0.1** ***eindpunt v. spoorlijn in aanbouw*** **0.2** ⟨mil.⟩ ***spoorweghoofd.***

rail·ing ['reɪlɪŋ]⟨f2⟩⟨zn.; (oorspr.) gerund v. rail⟩

I ⟨telb.zn.; vaak mv.⟩ **0.1** ***traliewerk*** ⇒*spijlen* ⟨v. hek⟩ **0.2** ***leuning*** ⇒*reling, hek, balustrade* **0.3** ***rail*** ⇒*spoorstaaf;*

II ⟨telb. en n.-telb.zn.; als telb. zn. vnl. mv.⟩ **0.1** ***gescheld*** ⇒*geschimp, gehoon* ◆ **6.1** useless ~(s) **against/at** the Government *nutteloos gescheld/nutteloze scheldpartijen op de regering.*

rail·ler·y ['reɪləri]⟨f1⟩⟨telb. en n.-telb.zn.; vnl. mv.; →mv. 2⟩ **0.1** ***scherts*** ⇒*grap(pen), het plagen, gekheid* ◆ **6.1** turn it **into** ~ *er een grapje v. maken.*

rail·man ['reɪlmən]⟨telb.zn.; railmen [-mən]; →mv. 3⟩ **0.1** ***spoorwegbeambte.***

'rail network ⟨telb.zn.⟩ **0.1** ***spoorwegnet.***

railroad[1] →railway.

'rail·road[2] ⟨f2⟩⟨ov.ww.⟩ **0.1** ⟨AE⟩ ***per trein vervoeren*** **0.2** ⟨AE⟩ ***v. een spoorwegnet voorzien*** **0.3** ⟨inf.⟩ ***jagen*** ⇒*haasten, jachten, drijven* **0.4** ⟨AE⟩ ***in de gevangenis doen belanden*** ⇒*afkomen v., zich ontdoen v., uit de weg ruimen* ⟨door valse aanklacht⟩ ◆ **1.2** ~ a country *een spoorwegnet aanleggen in een land* **6.3** the union was ~ed **into** signing the agreement *de bond werd sterk onder druk gezet om de overeenkomst te ondertekenen;* ~ a bill **through** Congress *een wetsvoorstel erdoor jagen in het Congres.*

'rail·way, ⟨AE in bet. 0.1, 0.2⟩ **'rail·road** ⟨f3⟩⟨telb.zn.⟩ **0.1** ⟨vaak attr.⟩ ***spoorweg*** ⇒*spoorbaan* **0.2** ***spoorwegmaatschappij*** ⇒*de spoorwegen* **0.3** ***spoorlijn*** ⇒*lokaalspoorweg, tramnet* **0.4** ***rails*** ⇒*werkspoor, fabriekspoor.*

'railway line ⟨telb.zn.⟩ **0.1** ***spoorlijn.***

rail·way·man ['reɪlweɪmən]⟨f1⟩⟨telb.zn.; railwaymen [-mən]; →mv. 3⟩ **0.1** ***spoorwegbeambte.***

'railway yard ⟨telb.zn.⟩ **0.1** ***spoorwegemplacement.***

rai·ment ['reɪmənt]⟨n.-telb.zn.⟩⟨schr.⟩ **0.1** ***kleding*** ⇒*kledij, gewaad.*

rain[1] [reɪn]⟨f3⟩⟨zn.⟩⟨→sprw. 586⟩

I ⟨telb.zn.⟩ **0.1** ⟨ben. voor⟩ ***iets dat in grote hoeveelheden (neer) komt*** ⇒*vloed, stroom, stortvloed, regen* ◆ **1.1** a ~ of arrows *een regen v. pijlen;* a ~ of ashes *een asregen;* a ~ of blows *een reeks klappen;* a ~ of congratulations *een stroom gelukwensen;* a ~ of fire *een vuurregen;* a ~ of kisses *een stortvloed v. kussen;*

II ⟨telb. en n.-telb.zn.⟩ **0.1** ***regen*** ⇒*regenbui, regenval, neerslag* ◆ **1.¶** in ~ or fine *bij regen of zonneschijn;* (come) ~ or shine *weer of geen weer, te allen tijde, onder alle omstandigheden* **2.1** there was a heavy ~ in the afternoon *er viel een fikse regenbui in de middag* **3.1** it looks like ~ *het ziet er naar uit dat het gaat regenen* **3.¶** ⟨inf.⟩ he hasn't enough imagination to come in out of the ~ *hij is te stom om voor de duivel te dansen/zo stom als het achtereind v.e. koe/varken;*

III ⟨mv.; ~s; the⟩ **0.1** ***regentijd*** ⇒*regenseizoen, natte moesson* **0.2** ⟨R-⟩ ***regenzone*** ⇒*regengordel, regenstreek.*

rain[2] ⟨f3⟩⟨ww.⟩

I ⟨onov.ww.⟩ **0.1** ⟨onpersoonlijk ww.⟩ ***regenen*** **0.2** ***laten regenen*** ⇒*regen doen neervallen* **0.3** ***neerstromen*** ⇒*(als regen) neervallen* ◆ **1.2** the clouds ~ *de wolken regenen;* God ~s *God laat het regenen* **3.¶** it never ~s but it pours *een ongeluk komt zelden alleen* **5.1** →rain down; it ~s **in** *het regent in* **6.3** tears ~ **down** his cheeks *tranen stromen langs zijn wangen;* roses ~ed **from** their hands *het regende rozen uit hun handen;* hospitality ~ed **upon** the visitors *de bezoekers werden overladen met gastvrijheid;*

II ⟨ov.ww.⟩ **0.1** ***regenen*** ⟨ook fig.⟩ ⇒*in groten getale doen neerkomen, doen stromen* **0.2** ***doen neerdalen*** ⇒*laten neerkomen* ◆ **1.1** it ~s invitations *het regent uitnodigingen, er is een stortvloed v. uitnodigingen;* her eyes ~ed tears *de tranen stroomden uit haar ogen* **5.1** →rain **down;** ⟨inf.⟩ the match was ~ed **off**/⟨AE⟩ **out** *de wedstrijd werd afgelast/onderbroken vanwege de regen;* it has ~ed itself **out** *het is uitgeregend* **6.2** the police ~ed blows **upon** the demonstrators *de politie deelde rake klappen uit aan de betogers;* the father ~ed presents **upon** his only daughter *de vader overstelpte zijn enige dochter met cadeaus.*

'rain·bird ⟨telb.zn.⟩ **0.1** ***regenvogel*** **0.2** ***groene specht.***

rain·bow[1] ['reɪnboʊ]⟨f2⟩⟨telb.zn.⟩ **0.1** ***regenboog*** **0.2** ⟨vaak mv.⟩ ***het onmogelijke*** ⇒*valse hoop, illusie* ◆ **3.2** he chases the ~ of a university career *hij droomt v.e. carrière aan een universiteit.*

rainbow[2] ⟨bn., attr.⟩ **0.1** ***bont*** ⇒*in alle kleuren v.d. regenboog.*

'rainbow chaser ⟨telb.zn.⟩ **0.1** ***ziener*** **0.2** ***fantast*** ⇒*plannenmaker, dromer.*

'rainbow jersey ⟨telb.zn.⟩⟨wielrennen⟩ **0.1** ***regenboogtrui*** ⟨gedragen door wereldkampioen op de weg⟩.

'rainbow 'trout ⟨telb.zn.⟩ **0.1** ***regenboogforel.***

'rain check ⟨telb.zn.⟩⟨vnl. AE, Can. E⟩ **0.1** ***nieuw toegangsbewijs*** ⟨voor bezoekers v.e. verregende wedstrijd/voorstelling⟩ ⇒⟨inf.; fig.⟩ *het voorlopig afslaan, het tegoed houden* ⟨v. aanbod⟩ ◆ **3.1** I don't want a drink now, but I'll take a ~ on it *ik wil nu niets drinken, maar ik hou het v. je tegoed.*

'rain·coat ⟨f2⟩⟨telb.zn.⟩ **0.1** ***regenjas.***

'rain·date ⟨telb.zn.⟩⟨honkbal⟩ **0.1** ***inhaaldatum*** ⟨voor verregende wedstrijd⟩.

'rain doctor ⟨telb.zn.⟩ **0.1** ***regenmaker.***

'rain 'down ⟨f1⟩⟨ww.⟩

I ⟨onov.ww.⟩ **0.1** ***neerkomen*** ⇒*neerdalen (in groten getale)* ◆ **1.1** stones and spears were raining down *het regende speren en stenen* **6.1** blows rained down **(up)on** his head *een regen v. klappen kwam neer op zijn hoofd;*

II ⟨ov.ww.⟩ **0.1** ***doen neerdalen*** ⇒*doen neerkomen, neerstorten* ◆ **1.1** they rained down arrows *zij zonden een regen v. pijlen naar beneden.*

'rain·drop ⟨f1⟩ ⟨telb.zn.⟩ **0.1** ***regendruppel***.
'rain·fall ⟨f2⟩ ⟨telb. en n.-telb.zn.⟩ **0.1** ***regen(val)*** ⇒*neerslag*.
'rain forest ⟨telb.zn.⟩ **0.1** ***regenwoud***.
'rain gauge, 'rain gage ⟨telb.zn.⟩ **0.1** ***regenmeter***.
'rain glass ⟨telb.zn.⟩ **0.1** ***weerglas*** ⇒*barometer*.
rain·less ['reɪnləs]⟨bn.⟩ **0.1** ***zonder regen***.
'rain·mak·er ⟨telb.zn.⟩ **0.1** ***regenmaker*** **0.2** ⟨sl.⟩ ***succesvolle lobbyist***.
'rain·mak·ing ⟨n.-telb.zn.⟩ **0.1** ***ritueel v.d. regenmaker*** **0.2** ⟨inf.⟩ ***het kunstmatig regen opwekken***.
'rain pie ⟨telb.zn.⟩ ⟨BE⟩ **0.1** ***groene specht***.
'rain·proof, 'rain·tight ⟨bn.⟩ **0.1** ***regendicht*** ⇒*tegen regen bestand*.
'rain shadow ⟨telb.zn.⟩ **0.1** ***regenschaduw*** ⟨achter een gebergte⟩.
'rain·storm ⟨f1⟩ ⟨telb.zn.⟩ **0.1** ***stortbui*** ⇒*regenbui* **0.2** ***storm met regen***.
'rain tree ⟨telb.zn.⟩ **0.1** ***regenboom***.
'rain·wat·er ⟨f1⟩ ⟨n.-telb.zn.⟩ **0.1** ***regenwater***.
'rain·wear ⟨n.-telb.zn.⟩ **0.1** ***regenkleding***.
'rain·worm ⟨telb.zn.⟩ **0.1** ***regenworm*** ⇒*aardworm*.
rain·y ['reɪni]⟨f2⟩ ⟨bn.; -er; -ly; -ness; →bijw. 3⟩ **0.1** ***regenachtig*** ⇒*regen-* ◆ **1.1** ~ clouds *regenwolken;* ⟨fig.⟩ save (up)/provide/put away/keep sth. for a ~ day *een appeltje voor de dorst bewaren;* ~ weather *regenachtig weer, regenweer*.
raise[1] [reɪz]⟨f2⟩ ⟨telb.zn.⟩ **0.1** ⟨vnl. AE⟩ ***opslag*** ⇒*loonsverhoging* **0.2** ⟨kaartspel, dobbelen⟩ ***hoger bod*** ⇒*opbod;* ⟨bridge⟩ *verhoging*.
raise[2] ⟨f4⟩ ⟨ww.⟩ →raising ⟨→sprw. 587⟩
I ⟨onov.ww.⟩ **0.1** ⟨kaartspel, dobbelen⟩ ***hoger bieden*** ⇒*verhogen;*
II ⟨ov.ww.⟩ **0.1** ***rechtop zetten*** ⇒*overeind zetten, oprichten, neerplanten* **0.2** ***wekken*** ⇒*opwekken* ⟨uit de dood⟩, *doen opstaan, wakker maken* **0.3** ***opzetten*** ⇒*tot opstand bewegen, opruien* **0.4** ***opwekken*** ⇒*opbeuren, verkwikken, aanvuren* **0.5** ***bouwen*** ⇒*opzetten, stichten, oprichten, optrekken* **0.6** ***kweken*** ⇒*produceren, verbouwen, telen, fokken* **0.7** ***grootbrengen*** ⇒*opvoeden* **0.8** ***uiten*** ⇒*aanheffen, laten horen, verheffen; opwerpen, te berde/ter sprake brengen, opperen* **0.9** ***doen ontstaan*** ⇒*beginnen, uitlokken, in het leven roepen, veroorzaken* **0.10** ***doen opstaan*** ⇒*doen verrijzen* **0.11** ***(op)heffen*** ⇒*optillen, opnemen, omhoogbrengen, opslaan* ⟨ogen⟩, *omhoog doen* **0.12** ***boven brengen*** ⇒*aan de oppervlakte brengen, te voorschijn brengen* **0.13** ***bevorderen*** ⇒*promoveren, (in rang) verheffen* **0.14** ***doen opstijgen*** ⇒*opjagen* ⟨wild, gevogelte⟩ **0.15** ***versterken*** ⇒*vergroten, verheffen* ⟨stem⟩, *vermeerderen, verhogen* **0.16** ***doen/laten rijzen*** ⟨brood, deeg, beslag⟩ **0.17** ***rouwen*** ⇒*ruwen* ⟨laken, stof⟩ **0.18** ***heffen*** ⇒*innen* ⟨geld⟩, *bijeenbrengen, inzamelen, loskrijgen, opnemen* **0.19** ***op de been brengen*** ⇒*werven* ⟨bv. leger⟩ **0.20** ***opheffen*** ⇒*opbreken, beëindigen, verbreken, intrekken* **0.21** ***oproepen*** ⟨geesten⟩ ⇒*laten verschijnen* **0.22** ***in reliëf brengen*** ⇒*drijven* ⟨goud, zilver⟩, *opwerken* **0.23** ⟨inf.⟩ ***vinden*** ⟨gezocht pers./voorwerp⟩ **0.24** ⟨scheep.⟩ ***in het zicht komen van*** ⇒*naderen* **0.25** ⟨spel⟩ ***verhogen*** ⇒⟨kaartspel, dobbelen⟩ *hoger bieden dan, meer inzetten dan* **0.26** ⟨wisk.⟩ ***verheffen tot*** ⟨macht⟩ ◆ **1.1** ~ s.o.'s hair *iemands haren te berge doen rijzen;* ~ the standard of revolt *de oproervaan planten* **1.2** ~ expectations *verwachtingen wekken;* Lazarus was ~d to life by Christ *Lazarus werd door Christus tot leven gewekt* **1.4** the news of her arrival ~d his hopes *het nieuws v. haar aankomst gaf hem weer hoop* **1.7** ~ a family *kinderen grootbrengen* **1.8** ~ a cry *een schreeuw geven;* they ~d their doubts about it *zij uitten er hun twijfels over;* ~ objections to sth. *bezwaren tegen iets naar voren brengen;* ~ questions *vragen opwerpen* **1.9** ~ blisters *blaren trekken;* his behaviour ~s doubts *zijn gedrag roept twijfels op;* ~ a quarrel *een ruzie uitlokken;* the play ~d a storm of applause *het stuk ontketende een storm v. toejuichingen* **1.12** ~ blood *bloed ophoesten;* ~ coal *steenkool boven brengen;* ~ phlegm *slijm ophoesten;* ~ potatoes *aardappelen rooien;* the old wreck was ~d to the surface *het oude wrak werd boven water gebracht;* ~ tears *tranen te voorschijn brengen* **1.15** he was sent to prison for raising a cheque *hij moest de gevangenis in omdat hij een cheque had vervalst* ⟨de waarde verhoogd⟩; ~ prices *prijzen verhogen;* ~ the temperature *de verwarming hoger zetten;* ⟨fig.⟩ *de spanning laten oplopen* **1.18** ~ a loan *een lening uitschrijven;* ~ money *aan geld komen, geld bij elkaar krijgen, geld opnemen;* ~ taxes *belastingen innen/heffen* **1.20** ~ a blockade *een blokkade opheffen;* ~ a siege *een beleg beëindigen* **1.22** ~d figures *opgewerkte figuren;* ~d gold *gedreven goud;* ~d letters *letters in reliëf* **1.23** I'll ~ s.o. who can play that part *ik zal wel iem. vinden die die rol kan spelen* **1.24** they ~d land after ten weeks *na tien weken kregen ze land in zicht* **5.10** a new saviour was ~d **up** *een nieuwe heiland was opgestaan* **6.3** the rebels ~d the country **against** the tyrant *de rebellen zetten het land op tegen de tiran* **6.8** we'll ~ these issues **with** the staff *we zullen deze kwesties met de staf bespreken*.
rais·er ['reɪzə‖-ər]⟨f1⟩ ⟨telb.zn.; vnl. in samenstellingen⟩ **0.1** ***fokker*** ⇒*boer* **0.2** ***veroorzaker*** ⇒*stichter*.
rai·sin ['reɪzn]⟨f1⟩ ⟨telb.zn.⟩ **0.1** ***rozijn*** **0.2** ⟨sl.⟩ ***roetmop*** ⇒*neger* **0.3** ⟨sl.⟩ ***besje*** ⇒*oude vrouw*.
rais·ing ['reɪzɪŋ]⟨n.-telb.zn.; gerund v. raise⟩ ⟨taalk.⟩ **0.1** ***verheffing*** ⟨v. element uit ingebedde zin naar hoofdzin⟩.
rai·son d'ê·tre ['reɪzɔ̃ 'detrə‖-zoʊn-]⟨telb.zn.⟩ **0.1** ***bestaansreden*** ⇒*raison d'être*.
raj [rɑːdʒ]⟨n.-telb.zn.⟩ ⟨Ind. E; gesch.⟩ **0.1** ***bestuur*** ⇒*heerschappij, soevereiniteit*.
ra·ja, ra·jah ['rɑːdʒə]⟨telb.zn.⟩ ⟨gesch.⟩ **0.1** ***radja*** ⇒*Indische vorst*.
Raj·poot, Raj·put ['rɑːdʒpʊt]⟨telb.zn.⟩ **0.1** ***lid v. krijgerskaste in India***.
rake[1] [reɪk]⟨f2⟩ ⟨telb.zn.⟩ **0.1** ***hark*** ⇒*hooihark, rijf, riek, harkmachine* **0.2** ***hark*** ⟨v. croupier⟩ **0.3** ***liederlijk persoon*** ⇒*losbol* **0.4** ***schuinte*** ⇒*val, valling* ⟨v. mast, steven, schoorsteen⟩, *helling* **0.5** ***hellingshoek*** ◆ **1.4** the ~ of a ship's chimney *de val v.e. scheepsschoorsteen* ⟨naar achteren overhellend⟩ **2.1** she is as lean as a ~ *zij is zo mager als een lat*.
rake[2] ⟨f2⟩ ⟨ww.⟩
I ⟨onov.ww.⟩ **0.1** ***harken*** **0.2** ***zoeken*** ⇒*snuffelen* **0.3** ***oplopen*** ⇒*hellen* **0.4** ***erop los leven*** ⇒*een liederlijk leven leiden* **0.5** ⟨scheep.⟩ ***overhangen*** ⟨v. boeg, steven, schip⟩ **0.6** ⟨scheep.⟩ ***achteroverhellen*** ⇒*vallen* ⟨v. mast, schoorsteenpijp⟩ ◆ **1.3** most theatres have raking stages *de meeste theaters hebben een oplopend podium* **6.2** they were raking **about/(a)round** among old magazines **for** articles about Bellow *zij snuffelden in/doorzochten oude tijdschriften naar artikelen over Bellow;* the customs officers ~d **through** their luggage *de douanebeambten doorzochten hun bagage v. onder tot boven;*
II ⟨ov.ww.⟩ **0.1** ***(bijeen)harken*** ⟨ook fig.⟩ ⇒*vergaren, bijeenhalen, opharken* **0.2** ***rakelen*** ⇒*poken,* ⟨fig.⟩ *oprakelen* **0.3** ***doorzoeken*** ⇒*uitkammen* **0.4** ***krabben*** ⇒*schuren, schrapen* **0.5** ***het oog laten gaan over*** ⇒*afzoeken, nauwkeurig bekijken, goed opnemen* **0.6** ***uitzien over*** ⟨v. raam, berg, enz.⟩ ⇒*bestrijken, overzien, uitkijken op* **0.7** ***doen hellen*** ⇒*laten oplopen* **0.8** ⟨mil.⟩ ***enfileren*** ⇒*in de lengte met geschut bestrijken, bestoken* ◆ **1.3** ~ one's memory *zijn geheugen pijnigen* **1.5** the mountaineers ~d the surrounding mountains for a shelter *de bergbeklimmers speurden de omringende bergen af naar een schuilplaats* **1.8** raking fire *enfileervuur* **5.1** ⟨inf.⟩ he has ~d **in** more than 1,000 pound this week *deze week heeft hij over de duizend pond opgestreken;* you must be raking it **in** *je moet wel scheppen geld verdienen;* ~ **together** the fallen leaves *de gevallen bladeren bijeenharken;* →rake **up** **5.2** ~ **over** old ashes *uit de as rakelen, oprakelen, oude koeien uit de sloot halen;* →rake **up** **5.¶** →rake **out;** →rake **up**.
'rake·hell ⟨telb.zn.⟩ ⟨vero.⟩ **0.1** ***losbol*** ⇒*lichtmis*.
'rake·hel·ly ⟨bn.⟩ ⟨vero.⟩ **0.1** ***liederlijk*** ⇒*losbandig*.
'rake-off ⟨f1⟩ ⟨telb.zn.⟩ ⟨inf.; vnl. pej.⟩ **0.1** ***provisie*** ⇒*aandeel in de winst, commissie, fooi*.
'rake 'out ⟨ov.ww.⟩ **0.1** ***uithalen*** ⟨bv. vuur⟩ **0.2** ⟨inf.⟩ ***opsnorren*** ⇒*uitpluizen, opsporen, bijeenscharrelen*.
rak·er ['reɪkə‖-ər]⟨telb.zn.⟩ **0.1** ***harker***.
'rake's 'progress ⟨n.-telb.zn.; the⟩ ⟨beeld. k.⟩ **0.1** ***verloedering*** ⇒*het verliederlijken*.
'rake 'up ⟨f1⟩ ⟨ov.ww.⟩ **0.1** ***bijeenharken*** ⇒*aanharken* **0.2** ⟨inf.⟩ ***optrommelen*** ⇒*opscharrelen* **0.3** ***oprakelen*** ⟨ook fig.⟩ ◆ **1.3** ~ old stories *oude koeien uit de sloot halen*.
rak·ish ['reɪkɪs]⟨bn.; -ly; -ness⟩ **0.1** ***liederlijk*** ⇒*losbandig, slordig* **0.2** ***zwierig*** ⇒*vlot, vrolijk* **0.3** ⟨scheep.⟩ ***smalgebouwd*** ⇒*snel, snelvarend* ◆ **1.2** the girl wore her hat at a ~ angle *het meisje droeg haar hoedje vlotjes schuin op het hoofd*.
rale, râle [rɑːl]⟨n.-telb.zn.⟩ **0.1** ***reutel(s)*** ⇒*rhonchi* ⟨in zieke longen⟩.
ral·len·tan·do[1] ['rælən'tændoʊ‖'rɑlən'tɑn-]⟨telb.zn.; ook rallentandi [-di]; →mv. 5⟩ ⟨muz.⟩ **0.1** ***rallentando*** ⟨muziekstuk/passage afnemend in snelheid⟩.
rallentando[2] ⟨bn.; bw.⟩ **0.1** ***rallentando*** ⇒*langzamer*.
ral·ly[1] ['ræli]⟨f2⟩ ⟨telb.zn.; →mv. 2⟩ **0.1** ***verzameling*** ⇒*hergroepering, het verzamelen* ⟨v. troepen enz.⟩ **0.2** ⟨vaak attr.⟩ ***bijeenkomst*** ⇒*vergadering* **0.3** ***opleving*** ⇒*opflikkering, herstel* **0.4** ⟨mil.⟩ ***signaal tot verzamelen*** **0.5** ⟨tennis⟩ ***rally*** ⇒*(lange) slagenwisseling* ⟨tot punt gescoord is⟩ **0.6** ⟨bokssport⟩ ***slagenwisseling*** ⇒*serie slagen* **0.7** ⟨autosport⟩ ***rally*** ⇒*sterrit* **0.8** ⟨sport, i.h.b. netbal⟩ ***eendagstoernooi*** **0.9** ⟨ec.⟩ ***herstel*** ⟨v. beursprijzen⟩.
rally[2] ⟨f2⟩ ⟨ww.; →ww. 7⟩
I ⟨onov.ww.⟩ **0.1** ***bijeenkomen*** ⇒*zich verzamelen, zich hergroeperen* **0.2** ***opnieuw beginnen*** ⇒*de strijd weer openen* **0.3** ***zich aansluiten*** ⇒*zich scharen, zich verenigen* **0.4** ***zich vermannen*** **0.5**

(zich) herstellen ⇒*opleven, weer op krachten komen, weer bijkomen* **0.6** ⟨ec.⟩ ***weer omhooggaan*** ⇒*zich herstellen* ⟨v. beursnoteringen⟩ ◆ **5.¶** →rally **(a)round 6.3** the whole party rallied **behind** the leader *de hele partij schaarde zich achter de leider;* ~ **round** the flag *zich om de vlag scharen;* the students rallied **to** the defence of the teacher *de studenten stelden zich op achter de docent;*

II ⟨ov.ww.⟩ **0.1** ***verzamelen*** ⇒*ordenen, herenigen, hergroeperen* **0.2** ***bijeenbrengen*** ⇒*verenigen, op de been brengen, te hulp roepen* **0.3** ***doen opleven*** ⇒*kracht geven, nieuw leven inblazen* **0.4** ***plagen*** ⇒*voor de gek houden* ◆ **1.3** ~ one's strength *weer op krachten komen.*

'rally (a)'round ⟨onov.ww.⟩ **0.1** ***te hulp komen*** ⇒*helpen, bijspringen, te hulp snellen.*

'ral·ly·cross ⟨telb.zn.⟩⟨autosport⟩ **0.1** ***rallycross*** ⟨voor t.v. bedachte vorm v. autorensport waarbij auto's over een gesloten circuit met wisselend terrein rijden⟩.

'ral·ly·ing point ⟨telb.zn.⟩ **0.1** ***verzamelpunt*** ⇒*verzamelplaats.*

ram[1] [ræm]⟨f1⟩⟨zn.⟩

I ⟨eig.n.; R-; the⟩⟨astr., ster.⟩ **0.1** ***(de) Ram*** ⇒*Aries;*

II ⟨telb.zn.⟩ **0.1** ***ram*** ⟨mannelijk schaap⟩ **0.2** ***stormram*** ⇒*rammei* **0.3** ***ramschip*** ⇒*ramsteven* **0.4** ***heiblok*** ⇒*ram, ramblok* **0.5** ***(straat)stamper*** **0.6** ⟨tech.⟩ ***hydraulische ram*** ⟨pomp op waterkracht⟩ **0.7** ⟨tech.⟩ ***plunjer*** ⟨v. perspomp/hydraulische pers⟩ ⇒*zuiger.*

ram[2] ⟨f2⟩⟨ov.ww.; →ww. 7⟩ **0.1** ***aanstampen*** ⇒*vaststampen* **0.2** ***heien*** **0.3** ***doordringen*** ⇒*overduidelijk maken, voldoende benadrukken* **0.4** ***persen*** ⇒*proppen, stampen* **0.5** ***rammen*** ⇒*bonken, beuken, botsen, stoten* ◆ **1.1** ~ a charge home *een lading vaststampen* ⟨v.e. geweer⟩ **6.1** ⟨fig.⟩ he ~med his cap down **on** his head and left *hij drukte zijn pet op zijn hoofd en vertrok.*

RAM[1] [ræm]⟨n.-telb.zn.⟩⟨afk.⟩ random-access memory ⟨comp.⟩ **0.1** ***RAM.***

RAM[2] ⟨afk.⟩ Royal Academy of Music ⟨BE⟩.

Ram·a·dan, Ram·a·dhan ['ræmədæn‖-'dɑn], **Ram·a·zan** [-'zɑ:n] ⟨eig.n.⟩ **0.1** ***Ramadan*** ⇒*vastenmaand.*

'ram-air ('canopy) ⟨telb.zn.⟩⟨parachutespringen⟩ **0.1** ***(vliegende) matras*** ⇒*stratostar, square.*

ra·mal ['reɪml]⟨bn.⟩⟨plantk.⟩ **0.1** ***uit een tak komend*** ⇒*tak-.*

Ra·man ef·fect ['rɑ:mən ɪ'fekt]⟨n.-telb.zn.⟩⟨nat.⟩ **0.1** ***ramaneffect.***

ram·ble[1] ['ræmbl]⟨f1⟩⟨telb.zn.⟩ **0.1** ***zwerftocht*** ⇒*wandeltocht, wandeling, uitstapje.*

ramble[2] ⟨f2⟩⟨onov.ww.⟩ →rambling **0.1** ***dwalen*** ⇒*zwerven, (rond) dolen, trekken, wandelen* **0.2** ***afdwalen*** ⇒*bazelen, ijlen, onsamenhangend praten/schrijven* **0.3** ***wild groeien*** ⇒*woekeren, kruipen, klimmen* ⟨v. planten⟩ **0.4** ***kronkelen*** ⟨v. pad, rivier⟩ ◆ **3.1** the English love rambling *de Engelsen trekken er graag op uit* **5.2** ~ **from** a subject *v. een onderwerp afdwalen;* once he gets started he ~s **on** *wanneer hij eenmaal begonnen is, blijft hij maar doorzeuren* **6.3** ivy ~d all **over** the house *klimop groeide over het hele huis.*

ram·bler ['ræmblə‖-ər], ⟨in bet. 0.2 ook⟩ **'rambler rose** ⟨f1⟩ ⟨telb.zn.⟩ **0.1** ***wandelaar*** ⇒*trekker, zwerver* **0.2** ***klimroos.***

ram·bling ['ræmblɪŋ]⟨f1⟩⟨bn.; oorspr. teg. deelw. v. ramble; -ly⟩ **0.1** ***rondtrekkend*** ⇒*ronddolend, wandelend, dwalend* **0.2** ***onsamenhangend*** ⇒*verward, breedvoerig, wijdlopig* **0.3** ***wild groeiend*** ⇒*kruipend, klimmend* ⟨v. planten⟩ **0.4** ***onregelmatig*** ⇒*grillig, stelselloos* ◆ **1.2** he made a few ~ remarks *hij plaatste hier en daar wat opmerkingen* **1.4** ~ passages *gangetjes die alle kanten op gaan.*

ram·bunc·tious [ræm'bʌŋkʃəs]⟨bn.; -ly; -ness⟩⟨vnl. AE; inf.⟩ **0.1** ***onstuimig*** ⇒*onbesuisd, luidruchtig, rumoerig, uitgelaten* **0.2** ***recalcitrant*** ⇒*(lekker) eigenzinnig.*

rambustious →rumbustious.

ram·bu·tan [ræm'bu:tn]⟨telb.zn.⟩⟨plantk.⟩ **0.1** ***ramboetan*** ⟨Oostindische boom; Nephelium lappaceum⟩ **0.2** ***ramboetanvrucht.***

RAMC ⟨afk.⟩ Royal Army Medical Corps ⟨BE⟩.

ram·e·kin, ram·e·quin ['ræmɪkɪn], ⟨in bet. 0.2 ook⟩ **'ramekin case, 'ramekin dish** ⟨telb.zn.⟩ **0.1** ***ramequin*** ⇒*kaasgerecht, kaasgebakje* **0.2** ***bakje/schotel*** ⟨waarin ramequin gebakken/geserveerd wordt⟩.

ram·ie, ram·ee ['ræmi]⟨zn.⟩

I ⟨telb.zn.⟩⟨plantk.⟩ **0.1** ***ramee*** ⟨tropische plant; Boehmeria nivea⟩;

II ⟨n.-telb.zn.⟩ **0.1** ***vezelstof v.d ramee.***

ram·i·fi·ca·tion ['ræmɪfɪ'keɪʃn]⟨f1⟩⟨telb. en n.-telb.zn.; vnl. mv.⟩ **0.1** ***vertakking*** ⇒*het zich vertakken* **0.2** ***takken*** ⟨v. boom⟩ **0.3** ***afsplitsing*** ⇒*onderafdeling, vertakking, onderverdeling, geleding* ◆ **1.3** all ~s of the plot were not yet known *alle vertakkingen v.d. samenzwering waren nog niet bekend.*

ram·i·fy ['ræmɪfaɪ]⟨f1⟩⟨ww.; →ww. 7⟩

I ⟨onov.ww.⟩ **0.1** ***zich vertakken*** ⇒*takken krijgen* **0.2** ***zich afsplitsen*** ⇒*onderafdelingen vormen, zich vertakken;*

II ⟨ov.ww.; vnl. pass.⟩ **0.1** ***netwerk vormen*** ⇒*doen vertakken, verdelen in takken/onderafdelingen, onderverdelen* ◆ **1.1** railways were ramified over this part of the country in the twenties *in de jaren twintig breidden de spoorwegen zich uit over dit deel v.h. land.*

'ram·jet, 'ramjet engine ⟨telb.zn.⟩ **0.1** ***stuwstraalmotor*** ⟨in vliegtuig⟩.

ram·mer ['ræmə‖-ər]⟨telb.zn.⟩ **0.1** ***(straat)stamper*** **0.2** ***heiblok*** **0.3** ***laadstok*** ⟨v. kanon⟩ **0.4** ***aanstamper*** ⟨pers.⟩.

ra·mose ['reɪmoʊs‖rə'moʊs]⟨bn.⟩⟨plantk.⟩ **0.1** ***vertakt.***

ramp[1] [ræmp]⟨f2⟩⟨telb.zn.⟩ **0.1** ***helling*** ⇒*glooiing, steilte, talud;* ⟨verkeersbord⟩ *gevaarlijke helling* **0.2** ***oprit*** ⇒*afrit* ⟨ook v. vrachtwagens e.d.⟩, *hellingbaan* **0.3** ***(verplaatsbare) vliegtuigtrap*** **0.4** ***hoogteverschil*** ⟨in wegdek, tussen steunen v.e. boog⟩ ⇒*drempel, richel, uitholling, verspringing, klimming* **0.5** ***verkeersdrempel*** **0.6** ***bocht*** ⟨v. trapleuning⟩ **0.7** ⟨waterskiën⟩ ***(spring)schans*** **0.8** ⟨BE; sl.⟩ ***oplichterij*** ⇒*zwendel, geldklopperij, afzetterij* ◆ **1.8** the whole thing was a mere ~ *de hele zaak was je reinste geldklopperij.*

ramp[2] ⟨f1⟩⟨ww.⟩

I ⟨onov.ww.⟩ **0.1** ***op de achterpoten (gaan) staan*** ⇒*steigeren* **0.2** ***een dreigende houding aannemen*** ⇒*dreigen* **0.3** ***razen*** ⇒*tieren, tekeergaan* **0.4** ⟨bouwk.⟩ ***aflopen*** ⇒*oplopen* ⟨v. muur, wal⟩ **0.5** ⟨BE; sl.⟩ ***zwendelen;***

II ⟨ov.ww.⟩ **0.1** ***voorzien v. een helling*** ⇒*met oprit bouwen* **0.2** ⟨BE; sl.⟩ ***afzetten*** ⇒*geld uit de zak kloppen, oplichten, flessen.*

ram·page[1] ['ræmpeɪdʒ, ræm'peɪdʒ]⟨f1⟩⟨telb.zn.⟩ **0.1** ***dolheid*** ⇒*uitzinnigheid, uitgelatenheid* **0.2** ***dolle/destructieve daad*** ⇒⟨i.h.b.⟩ *stormloop, rooftocht* ◆ **6.1** be **on** the ~ *uitzinnig te keer gaan;* a crowd **on** the ~ *een losgeslagen menigte;* go **on** the ~ *aan de rol gaan.*

rampage[2] [ræm'peɪdʒ]⟨f1⟩⟨onov.ww.⟩ **0.1** ***(uitzinnig/als een dolle) tekeergaan*** ⇒*razen, tieren, woeden.*

ram·pa·geous [ræm'peɪdʒəs]⟨bn.; -ly; -ness⟩ **0.1** ***woest*** ⇒*dol.*

ram·pan·cy ['ræmpənsi]⟨telb. en n.-telb.zn.; →mv. 2⟩ **0.1** ***wildheid*** ⇒*uitspatting, buitensporigheid* **0.2** ***weelderigheid*** ⇒*voortwoekering.*

ram·pant ['ræmpənt]⟨f1⟩⟨bn.; -ly⟩

I ⟨bn.⟩ **0.1** ***wild*** ⇒*woest, verwoed, buitensporig, ongeremd, door en door, aarts-* **0.2** ***(te) weelderig*** ⇒*woekerend, welig tierend* **0.3** ***algemeen heersend*** ⇒*onstuitbaar, snel om zich heen grijpend* **0.4** ⟨bouwk.⟩ ***klimmend*** ⇒*stijgend* ⟨v. boog⟩ ◆ **1.1** a ~ unionist *een verwoed vakbondslid* **1.2** there was a ~ growth of weeds in their garden *onkruid tierde welig in hun tuin* **1.3** crime was ~ in that neighbourhood *de misdaad vierde hoogtij in die buurt;* the plague was ~ in Venice during that summer *in die zomer was Venetië in de greep v.d. pest;*

II ⟨bn., post.⟩⟨heraldiek⟩ **0.1** ***klimmend*** ⟨v. leeuw⟩.

ram·part[1] ['ræmpɑ:t‖-pɑrt]⟨f2⟩⟨telb.zn.⟩ **0.1** ***borstwering*** ⇒*wal* **0.2** ***verdediging*** ⇒*bolwerk, bescherming.*

rampart[2] ⟨ov.ww.⟩ **0.1** ***omwallen.***

ram·pi·on ['ræmpɪən]⟨telb.zn.⟩⟨plantk.⟩ **0.1** ***rapunzel*** ⟨Campanula rapunculus⟩.

ram·rod ['ræmrɒd‖-rɑd]⟨f1⟩⟨telb.zn.⟩ **0.1** ***laadstok*** ⟨voor het aanstampen v. kruit⟩ **0.2** ***poetsstok*** ⟨voor geweerloop⟩ **0.3** ***streng/strikt persoon*** ◆ **2.1** she walks as stiff as a ~ *zij loopt kaarsrecht* **2.3** the foreman is as stiff as a ~ with his men *de voorman is zeer streng tegen zijn mannen.*

ram·shack·le ['ræmʃækl]⟨f1⟩⟨bn.⟩ **0.1** ***bouwvallig*** ⇒*vervallen, krakkemikkig, gammel, wrak.*

ram·son ['ræmsn]⟨telb. en n.-telb.zn.⟩⟨plantk.⟩ **0.1** ***daslook*** ⟨wortel als kruiderij; Allium ursinum⟩.

ran ⟨verl. t.⟩ →run.

ranch[1] [rɑ:ntʃ‖ræntʃ]⟨f2⟩⟨telb.zn.⟩ **0.1** ***boerderij*** ⇒*hoeve, ranch, veefokkerij, paardenfokkerij* ⟨in N. Amerika⟩ **0.2** ⟨vnl. in samenstellingen⟩⟨vnl. AE⟩ ***fokkerij*** ⇒*fokbedrijf, farm* **0.3** ⟨vnl. in samenstellingen⟩ ***plantage*** ⇒*bedrijf* ⟨in U.S.A. en Canada⟩.

ranch[2] ⟨onov.ww.⟩ **0.1** ***een boerderij/fokkerij houden*** ⇒*boeren, fokken* **0.2** ***op een boerderij/fokkerij werken.***

ranch·er ['rɑ:ntʃə‖'ræntʃər]⟨f2⟩⟨telb.zn.; vaak in samenstellingen⟩ **0.1** ***boer*** ⇒*fokker, veefokker, paardenfokker* **0.2** ***eigenaar/beheerder*** ⟨v. boerderij/fokkerij⟩ **0.3** ***boerenknecht*** ⇒*veefokkersknecht, knecht op een ranch* **0.4** ⟨AE⟩ ***bungalow.***

'ranch house ⟨telb.zn.⟩⟨AE⟩ **0.1** ***bungalow.***

ran·chi·to [rɑ:n'tʃi:toʊ]⟨telb.zn.⟩ **0.1** ***kleine ranch*** **0.2** ***kleine hut.***

ranch·man ['rɑ:ntʃmən‖'ræntʃ-]⟨telb.zn.; ranchmen [-mən]; →mv. 3⟩ **0.1** ***boerenknecht*** ⇒*veefokkersknecht, knecht op een ranch.*

'ranch wagon ⟨telb.zn.⟩⟨AE⟩ **0.1** ***stationcar.***

ran·cid ['rænsɪd]⟨f1⟩⟨bn.; -ness⟩ **0.1** ***ranzig.***

ran·cor·ous ['ræŋk(ə)rəs]⟨bn.; -ly; -ness⟩ **0.1** ***haatdragend*** ⇒*rancuneus.*

ran·cour, ⟨AE sp.⟩ **ran·cor** ['ræŋkə‖-ər]⟨f1⟩⟨n.-telb.zn.⟩ **0.1** ***wrok*** ⇒*ingewortelde haat, rancune.*

rand [rænd]⟨zn.⟩
I ⟨eig.n.; the; R-⟩ **0.1** ***Witwatersrand*** ⟨goudvelden bij Johannesburg⟩;
II ⟨telb.zn.⟩ **0.1** ***rand*** ⟨munteenheid v. Zuid-Afrika⟩ **0.2** ⟨Z. Afr. E⟩ ***lage heuvelrug*** ⟨langs rivier⟩ **0.3** ⟨ind.⟩ ***rand*** ⟨strook rundleer in schoen⟩ **0.4** ⟨vnl. BE; gew.⟩ ***rand*** ⟨v. omgeploegd land⟩.

R and A ⟨afk.⟩ Royal and Ancient (Golf Club) (in St. Andrew's).

ran·dan ['rændæn]⟨zn.⟩
I ⟨telb.zn.⟩ **0.1** ***boot voor drie roeiers waarvan de middelste met twee riemen roeit*** **0.2** ***boemelarij*** ⇒*brasserij* ◆ **6.2** he had been **on** the ~ the previous night *de vorige avond was hij wezen stappen;*
II ⟨n.-telb.zn.⟩ **0.1** ***roeistijl voor driepersoonsboot waarbij de middelste met twee riemen roeit.***

R and D, R & D ⟨afk.⟩ research and development.

ran·dem[1] ['rændəm]⟨telb.zn.⟩ **0.1** ***rijtuig*** **0.2** ***driespan*** ⟨paarden achter elkaar ingespannen⟩.

randem[2] ⟨bw.⟩ **0.1** ***met driespan.***

ran·dom[1] ['rændəm]⟨f1⟩⟨n.-telb.zn.; at⟩ **0.1** ***willekeur*** ◆ **6.1 at** ~ *op goed geluk af;* ask questions **at** ~ *zomaar wat vragen;* choose **at** ~ *willekeurig kiezen;* drop bombs **at** ~ *in het wilde weg bommen laten vallen;* talk **at** ~ *er maar op los kletsen.*

random[2] ⟨f2⟩⟨bn., attr.; -ly⟩ **0.1** ***willekeurig*** ⇒*toevallig, op goed geluk* **0.2** ***met ongelijke (natuur)stenen*** ⟨v. metselwerk⟩ ◆ **1.1** a ~ check *een steekproef;* ~ noise *achtergrondruis* ⟨op radio⟩; a ~ number *een aselect getal;* ⟨stat.⟩ ~ sample *aselecte steekproef;* a ~ selection *een willekeurige selectie;* ⟨stat.⟩ ~ variable *kansvariabele, toevals/stochastische variabele.*

'ran·dom-'ac·cess ⟨n.-telb.zn.; vaak attr.⟩⟨comp.⟩ **0.1** ***directe/vrije toegang*** ⟨v.h. lees- en schrijfgeheugen⟩ ◆ **1.1** ~ file *direct toegankelijk bestand.*

ran·dom·ize ['rændəmaɪz]⟨ov.ww.⟩ **0.1** ***toevallig verdelen*** ⇒*willekeurig maken* ⟨voor wet./statistisch onderzoek⟩.

R and R ⟨afk.⟩ Rest and Recreation/Recuperation.

ran·dy[1] ['rændi]⟨telb.zn.; →mv. 2⟩⟨vnl. Sch. E⟩ **0.1** ***schooier*** ⇒*zwerver, schurk* **0.2** ***viswijf*** ⇒*feeks, slet.*

randy[2] ⟨f1⟩⟨bn.; -ness; →bijw. 3⟩ **0.1** ***geil*** ⇒*heet, wellustig, wulps* **0.2** ⟨Sch. E⟩ ***luidruchtig*** ⇒*rumoerig.*

ra·nee, ra·ni ['rɑ:ni, rɑ:'ni:]⟨telb.zn.⟩ **0.1** ***vrouwelijke radja*** ⇒*Hindoevorstin* **0.2** ***vrouw/weduwe v.e. radja.***

rang [ræŋ]⟨verl. t.⟩ →ring.

range[1] [reɪndʒ]⟨f3⟩⟨zn.⟩
I ⟨telb.zn.⟩ **0.1** ***rij*** ⇒*reeks, keten, serie* **0.2** ***woeste weidegrond*** ⇒*woeste grond, jachtgrond* **0.3** ***schietterrein*** ⇒*schietbaan, testgebied* ⟨v. raketten/projectielen⟩ **0.4** ***verspreidingsgebied*** ⇒*areaal* **0.5** ***gebied*** ⇒*kring, terrein, sfeer* **0.6** ***sortering*** ⇒*collectie, grote verscheidenheid, scala* **0.7** ***groot keukenfornuis*** ⇒⟨AE⟩ *gasfornuis, elektrisch fornuis* **0.8** ⟨geol.⟩ ***richting*** ⇒*ligging* ⟨v. aardlagen⟩ ◆ **1.1** a ~ of mountains *een bergketen* **1.4** the ~ of reindeer *het verspreidingsgebied v. rendieren* **1.5** ~ of thought *gedachtenkring, gedachtensfeer* **1.6** our country has an enormous ~ of temperature *er zijn enorme temperatuurverschillen in ons land* **6.5** psycholinguistics is **outside** our ~ *v. psycholinguistiek hebben wij geen verstand;*
II ⟨telb. en n.-telb.zn.⟩ **0.1** ***bereik*** ⇒*draagkracht, draagwijdte, reikwijdte, dracht* **0.2** ***termijn*** ⇒*strekking, periode* ◆ **1.1** ~ of vision *gezichtsveld;* the ~ of his voice is unbelievable *het bereik v. zijn stem is ongelooflijk* **2.1** he gave free ~ to his thoughts *hij liet zijn gedachten de vrije loop;* his knowledge is of very wide ~ *hij heeft een brede algemene ontwikkeling* **3.1** ⟨mil.⟩ we at last found the ~ of the enemy's camp *eindelijk hadden we het vijandelijke kamp onder schot;* find/get the ~ *zich inschieten* **6.1 at** a ~ of 200 miles *op 200 mijl;* the man had been shot **at** close ~ *de man was v. dichtbij neergeschoten;* he still hit the target **at** long ~ *op lange afstand raakte hij het doel nog;* beyond ~ *buiten bereik, te ver weg;* the ship came **into** ~ *het schip kwam binnen schootsafstand;* the ducks are **out of** ~ *de eenden zijn buiten schot;* I could not hear him, he was **out of** ~ *ik kon hem niet horen, hij was te ver weg* ⟨buiten stembereik⟩; **(with)in** ~ *onder schot, binnen schootsafstand, binnen bereik.*

range[2] ⟨f3⟩⟨ww.⟩
I ⟨onov.ww.⟩ **0.1** ***zich uitstrekken*** **0.2** ***voorkomen*** ⇒*aangetroffen worden, zich bevinden* **0.3** ***verschillen*** ⇒*variëren* **0.4** ***zich op één lijn bevinden*** ⇒*gelijk zijn, zich scharen* **0.5** ***zwerven*** ⇒*zich bewegen, gaan, dolen* **0.6** ***dragen*** ⇒*een bereik hebben, reiken* **0.7** ⟨druk.⟩ ***een rechte lijn/zetspiegel vormen*** ⇒*lijnen, in kolommen gezet zijn* **0.8** ⟨mil.⟩ ***zich inschieten*** ◆ **1.6** my eyes don't ~ so far anymore *mijn ogen reiken niet meer zo ver* **6.1** the mountains ~ **along** the whole length of the country *de bergen strekken zich uit over de hele lengte v.h. land* **6.2** these bugs ~ **from** Denmark **to** Italy *deze kevers komen voor van Denemarken tot Italië* **6.3** ticket prices ~ **from** three **to** eight pound *de prijzen v.d. kaartjes liggen tussen de drie en acht pond* **6.4** Dante ~s **among/with** the greatest writers *Dante behoort tot de grootste schrijvers* **6.5** the horses ~d **over** the hills *de paarden zwierven over de heuvels;* his new book ~s **over** too many subjects *zijn nieuwe boek omvat te veel onderwerpen* **6.6** these guns ~ **over** three miles *deze kanonnen hebben een bereik v. vijf kilometer* **6.8** ~ in **on** a target *de schootsafstand tot een doel bepalen;*
II ⟨ov.ww.⟩ **0.1** ⟨vaak wederk. ww.⟩ ***rangschikken*** ⇒*ordenen, (op)stellen, plaatsen* **0.2** ***doorkruisen*** ⇒*zwerven over, aflopen;* ⟨fig.⟩ *afzoeken, gaan over* **0.3** ***weiden*** ⇒*hoeden, houden* ⟨vee; op woeste gronden⟩ **0.4** ***zeilen/varen/gaan langs*** ⟨kust⟩ **0.5** ⟨druk.⟩ ***laten lijnen*** ⇒*in kolommen zetten* **0.6** ⟨mil.⟩ ***instellen*** ⇒*richten, inschieten* ⟨geweer, kanon⟩ ◆ **1.2** his eyes ~d the mountains *zijn ogen zochten de bergen af* **4.1** the girls ~d themselves in front of Redford's car *de meisjes gingen voor de auto v. Redford staan;* they ~d themselves with/on the side of the Communist Party *zij schaarden zich aan de zijde v.d. Communistische Partij* **5.6** the soldiers were ranging **in** the guns *de soldaten waren de kanonnen aan het inschieten* **6.1** a big army was ~d **against** the rebels *een groot leger werd tegen de rebellen ingezet;* ~ a subject **under** two heads *een onderwerp in twee rubrieken onderbrengen;* the whale is ~d **with** the mammals *de walvis wordt ingedeeld bij de zoogdieren.*

'range finder ⟨telb.zn.⟩ **0.1** ***afstandsmeter.***

'range hood ⟨telb.zn.⟩ **0.1** ***afzuigkap*** ⇒*wasemkap,* ⟨B.⟩ *dampkap.*

rang·er ['reɪndʒə‖-ər]⟨f1⟩⟨telb.zn.⟩ **0.1** ***zwerver*** **0.2** ***speurhond*** **0.3** ***stuk vee*** ⟨afkomstig v.d. woeste gronden⟩ **0.4** ***boswachter*** ⟨in U.S.A. en Canada⟩ **0.5** ***bereden politie*** **0.6** ⟨BE⟩ ***gids*** ⇒*padvindster* ⟨14-17 jaar⟩ **0.7** ⟨BE⟩ ***koninklijk parkopzichter*** ⇒*koninklijk boswachter* **0.8** ⟨AE⟩ ***commando.***

'rang·ing pole, 'ranging rod ⟨telb.zn.⟩ **0.1** ***landmeetstok*** ⇒*jalon.*

rang·y ['reɪndʒi]⟨bn.; -er; →compar. 7⟩ **0.1** ***slank*** ⇒*mager, lang* **0.2** ***zwerflustig*** ⇒*gebouwd op het zwerven* ⟨v. dier⟩, *met zwerversbloed, zwerf-* **0.3** ***ruim*** ⇒*weids.*

rani →ranee.

rank[1] [ræŋk]⟨f3⟩⟨zn.⟩
I ⟨telb.zn.⟩ **0.1** ***rij*** ⇒*lijn, reeks* **0.2** ***gelid*** ⇒*rij* **0.3** ***taxistandplaats*** **0.4** ⟨schaken⟩ ***rij*** ◆ **1.2** the ~ and file *de manschappen, de gewone soldaten* ⟨met inbegrip v.d. onderofficieren⟩; ⟨fig.⟩ *de gewone man, het gewone volk* **3.2** the young soldiers broke ~(s) *de jonge soldaten verbraken de gelederen;* close (the) ~s *de gelederen/rijen sluiten;* join the ~s of the unemployed *zich voegen bij het leger v. werklozen;* keep ~(s) *in het gelid blijven;* the lieutenant was reduced to the ~s *de luitenant werd tot gewoon soldaat gedegradeerd;* rise from the ~s *tot officier bevorderd worden;* he had risen from the ~s through study *door studie had hij zich opgewerkt* **7.2** the ~s, the other ~s *de gewone soldaten, de manschappen* ⟨tgo. de officieren⟩;
II ⟨telb. en n.-telb.zn.⟩ **0.1** ***rang*** ⇒*positie, graad, stand, klasse;* ⟨i.h.b.⟩ *de hogere stand* ◆ **1.1** our new neighbours are persons of ~ *onze nieuwe buren zijn mensen v. stand;* the captain was raised to the ~ of major *de kapitein werd tot (de rang v.) majoor bevorderd* **1.¶** the ~ and fashion *de elite, het wereldje* **3.¶** pull one's ~ on s.o. *misbruik maken v. zijn macht ten opzichte v. iem., tgo. iem. op zijn strepen gaan staan* **7.1** these people give first ~ to other matters *deze mensen hebben andere prioriteiten;* Shakespeare is a playwright of the first ~ *Shakespeare is een v.d. allerbeste toneelschrijvers.*

rank[2] ⟨f1⟩⟨bn.; -er; -ly; -ness⟩
I ⟨bn.⟩ **0.1** ***(te) weelderig*** ⇒*(te) welig* **0.2** ***te vet*** ⟨v. bodem⟩ ⇒*te vruchtbaar* **0.3** ***stinkend*** ⇒*sterk (riekend), scherp (smakend), ranzig* **0.4** ***stuitend*** ⇒*smerig, grof, vuil, vunzig* **0.5** ⟨sl.⟩ ***bedorven*** ⇒*mislukt* ◆ **1.1** ~ weeds *welig tierend onkruid* **1.2** ~ soil *te vette grond* **1.3** she couldn't endure the ~ tobacco any longer *zij kon de scherpe tabak niet langer verdragen* **1.4** ~ language *vunzige praat* **3.1** these flowers grow ~ in this place *deze bloemen groeien hier te weelderig* **6.1** the meadows are ~ **with** weeds *de weiden zijn verstikt door het onkruid;*
II ⟨bn., attr.⟩ **0.1** ***absoluut*** ⇒*onmiskenbaar, duidelijk, echt, niet mis te verstaan* ◆ **1.1** he was a ~ amateur *hij was nog een echte amateur;* that shows ~ impertinence *dat getuigt v. ongehoorde onbeschaamdheid;* ~ injustice *schreeuwende onrechtvaardigheid;* ~ nonsense *klinkklare onzin;* she was drinking ~ poison *ze was je reinste vergif aan het drinken;* ~ treason *regelrecht verraad.*

rank[3] ⟨f2⟩⟨ww.⟩ →ranking
I ⟨onov.ww.⟩ **0.1** ***zich bevinden*** ⟨in bep. positie⟩ ⇒*staan, beho-*

ren **0.2** ⟨AE⟩ ***de hoogste positie bekleden*** ⇒*de hoogste rang bezitten* **0.3** ⟨jur., ec.⟩ ***bevoorrecht zijn*** ⟨v. schuldeiser⟩ ⇒*in aanmerking komen voor, aanspraak maken op* **0.4** ⟨mil.⟩ ***in het gelid marcheren*** **0.5** ⟨sl.⟩ ***toespelingen maken*** ◆ **5.4** the soldiers ~ed **off** *de soldaten marcheerden af in het gelid;* ~ **past** *voorbijmarcheren* **6.1** Coleridge and Wordsworth ~ **after/below** Keats on my list of favourite Romantic poets *Coleridge en Wordsworth zijn na Keats mijn favoriete dichters uit de Romantiek;* this book ~s **among/with** the best written by this author *dit boek behoort tot de beste v. deze schrijver;* this painting ~ **as** one of the greatest works of art *dit schilderij geldt als een v.d. grootste kunstwerken* **6.2** Kissinger ~ed **next to** the president *Kissinger kwam meteen na de president* **6.3** I hope that my shares will ~ **for** the next dividend *ik hoop dat mijn aandelen voor de volgende dividenduitkering in aanmerking komen;*

II ⟨ov.ww.⟩ **0.1** ***opstellen*** ⇒*in het gelid plaatsen* **0.2** ***plaatsen*** ⇒*neerzetten, rangschikken, ordenen* **0.3** ***voorgaan*** ⇒*hoger in rang zijn dan* **0.4** ⟨sl.⟩ ***verlinken*** ⇒*verklikken* ◆ **1.3** ⟨AE⟩ the ~ing officer *de hoogste aanwezige officier;* a major ~s a lieutenant *een majoor is hoger in rang dan een luitenant* **6.2** do you ~ Bunuel **among/with** your favourite directors? *reken je Bunuel tot je favoriete regisseurs?;* where do you ~ Buster Keaton **as** an actor? *waar plaats je Buster Keaton als acteur?;* rank s.o. **with** Chaplin *iem. op één lijn stellen met Chaplin.*

rank·er [ˈræŋkə‖-ər] ⟨telb.zn.⟩ **0.1** ***officier*** ⟨uit de gelederen voortgekomen⟩ **0.2** ***gewoon soldaat.***

rank·ing[1] [ˈræŋkɪŋ] ⟨f1⟩ ⟨telb.zn.; oorspr. gerund v. rank⟩ **0.1** ***classificatie*** ⇒*(positie in een) rangorde/lijst* ◆ **1.1** that tennis player has an excellent ~ *die tennisspeler heeft een prima classificatie.*

ranking[2] ⟨f1⟩ ⟨bn.; oorspr. teg. deelw. v. rank⟩ ⟨AE⟩ **0.1** ***hoog (in rang)*** **0.2** ***vooraanstaand*** ◆ **1.1** who is the ~ officer here? *wie is hier de hoogste officier (in rang)?;* that was confirmed by a ~ official *dat werd door een hoge ambtenaar bevestigd.*

ran·kle [ˈræŋkl] ⟨f1⟩ ⟨onov.ww.⟩ **0.1** ***steken*** ⇒*knagen, woekeren* **0.2** ⟨vero.⟩ ***zweren*** ⇒*etteren* ⟨v. wond⟩ ◆ **1.1** our failure still ~s *wij hebben onze mislukking nog niet geheel verwerkt;* the remark ~d in his mind *de opmerking bleef hem dwarszitten.*

ran·sack [ˈrænsæk] ⟨f1⟩ ⟨ov.ww.⟩ **0.1** ***doorzoeken*** ⇒*doorwoelen, doorsnuffelen* **0.2** ***plunderen*** ⇒*leegroven, beroven* ◆ **6.1** the men ~ed the house **for** the pamphlets *de mannen doorzochten het huis naar de pamfletten.*

ran·som[1] [ˈrænsəm] ⟨f1⟩ ⟨zn.⟩ ⟨→sprw. 556⟩

I ⟨telb.zn.; ook attr.⟩ **0.1** ***losgeld*** ⟨ook fig.⟩ ⇒*losprijs, afkoopsom* ◆ **1.1** ~ demand *eis om losgeld* **3.¶** hold s.o. to ~ *een losgeld voor iem. eisen, iem. iets afdwingen* ⟨onder bedreiging v. geweld⟩;

II ⟨n.-telb.zn.⟩ **0.1** ***vrijlating*** ⟨tegen losgeld⟩ **0.2** ⟨theol.⟩ ***verlossing*** ⇒*bevrijding* ⟨v.h. kwaad⟩.

ransom[2] ⟨ov.ww.⟩ **0.1** ***vrijkopen*** **0.2** ***vrijlaten*** ⟨tegen losgeld⟩ **0.3** ***losgeld voor iem. eisen*** **0.4** ⟨theol.⟩ ***verlossen*** ⇒*bevrijden.*

rant[1] [rænt] ⟨f1⟩ ⟨telb. en n.-telb.zn.⟩ **0.1** ***bombast*** ⇒*holle frazen, hoogdravende taal, tirade.*

rant[2] ⟨f1⟩ ⟨ww.⟩

I ⟨onov.ww.⟩ **0.1** ***bombast uitslaan*** ⇒*gezwollen taal gebruiken* **0.2** ***tieren*** ⇒*tekeergaan, uitvaren, een tirade afsteken* ◆ **3.2** the schoolmaster started to ~ and rave *de meester begon te razen en te tieren* **6.2** ~ **about** the evils of modern society *een tirade afsteken over de slechte kanten v.d. moderne maatschappij;*

II ⟨ov.ww.⟩ **0.1** ***declameren*** ⇒*(te) theatraal voordragen.*

rant·er [ˈræntə‖ˈræntər] ⟨telb.zn.⟩ **0.1** ***schreeuwer*** **0.2** ***bombastisch redenaar.***

ra·nun·cu·lus [rəˈnʌŋkjʊləs‖-kjə-] ⟨telb.zn.; ook ranunculi [-laɪ]; →mv. 5⟩ **0.1** ***ranonkel.***

RAOC ⟨afk.⟩ Royal Army Ordnance Corps ⟨BE⟩.

rap[1] [ræp] ⟨f1⟩ ⟨telb.zn.⟩ **0.1** ***tik*** ⇒*slag* **0.2** ***klop*** ⇒*geklop* **0.3** ***duit*** ⇒*cent,* ⟨fig.⟩ *zier, het geringste, beetje, zweempje* **0.4** ⟨ook attr.⟩ ⟨inf.; muz.⟩ ***rap*** ⟨ritmische vertelling op muziek⟩ **0.5** ⟨sl.⟩ ***schuld*** ⇒*straf, gevolgen* **0.6** ⟨sl.⟩ ***vonnis*** **0.7** ⟨sl.⟩ ***beschuldiging*** **0.8** ⟨sl.⟩ ***kritiek*** ⇒*hartig woordje, uitbrander* **0.9** ⟨sl.⟩ ***gesprek*** ⇒*discussie* ◆ **1.1** get a ~ on/over the knuckles ⟨ook fig.⟩ *op de vingers getikt worden* **1.2** there was a ~ on my door *er werd op mijn deur geklopt* **1.4** ~ music *rap(muziek);* ~ song *rapnummer* **3.1** ⟨AE; inf.⟩ the boy took a bad ~ on his nose in the riots *bij de rellen liep de jongen een gemene klap op zijn neus op* **3.3** ⟨inf.⟩ she doesn't care a ~ if you walk out on her *het kan haar geen bal schelen als je haar in de steek laat;* he doesn't give a ~ for her *zij laat hem helemaal koud;* it doesn't matter a ~ *het maakt geen zier uit* **3.5** I don't want to take the ~ for this *ik wil hier niet voor opdraaien;* beat the ~ *zijn straf ontlopen, vrijuit gaan* **3.8** he got a hard ~ from his father *hij kreeg een flinke uitbrander v. zijn vader.*

rap[2] ⟨f2⟩ ⟨ww.; →ww. 7⟩

I ⟨onov.ww.⟩ **0.1** ***kloppen*** ⇒*tikken* **0.2** ⟨inf.; muz.⟩ ***rappen*** ⟨ritmisch voordragen v. tekst op muziek⟩ **0.3** ⟨sl.⟩ ***praten*** ⇒*vrijuit praten, erop los kletsen* **0.4** ⟨AE; sl.⟩ ***overweg kunnen*** ⇒*opschieten* ◆ **6.1** ~ **at** a door *op een deur kloppen;* ~ **on** the table *op tafel tikken* **6.4** this preacher claims to ~ **with** the slum dwellers *deze predikant beweert overweg te kunnen met de sloppenbewoners;*

II ⟨ov.ww.⟩ **0.1** ***slaan*** ⇒*een tik geven* **0.2** ***kloppen op*** ⇒*tikken op* **0.3** ***bekritiseren*** ⇒*op de vingers tikken* **0.4** ⟨sl.⟩ ***pakken*** ⟨wetsovertreder⟩ ◆ **1.2** he ~ped the door *hij klopte op de deur* **1.3** the President ~ped the Department of State *de President gaf het ministerie v. Buitenlandse Zaken een schrobbering* **5.¶** →rap **out;** ⟨AE; negerslang⟩ ~ **up** *versieren* ⟨meisje, jongen⟩ **6.1** she ~ped her little daughter **on/over** the head *zij gaf haar dochtertje een tik op haar hoofd.*

ra·pa·cious [rəˈpeɪʃəs] ⟨bn.; -ly; -ness⟩ **0.1** ***hebzuchtig*** ⇒*roofzuchtig, inhalig* **0.2** ***plunderend*** ⇒*rovend* **0.3** ***roof-*** ⇒*v. prooi levend.*

ra·pac·i·ty [rəˈpæsəti] ⟨n.-telb.zn.⟩ **0.1** ***hebzucht*** ⇒*roofzucht.*

rape[1] [reɪp] ⟨f2⟩ ⟨zn.⟩

I ⟨telb.zn.⟩ **0.1** ***filtervat*** ⟨voor azijnbereiding⟩ **0.2** ⟨BE; gesch.⟩ ***district*** ⇒*gouw* ⟨in Sussex⟩;

II ⟨telb. en n.-telb.zn.⟩ **0.1** ***verkrachting*** ⇒*ontering* **0.2** ***verkrachting*** ⇒*het verpesten, schending* **0.3** ⟨schr.⟩ ***ontvoering*** ⇒*schaking* **0.4** ⟨schr.⟩ ***beroving*** ⇒*roof;*

III ⟨n.-telb.zn.⟩ **0.1** ***moer*** ⇒*azijnmoer* **0.2** ⟨plantk.⟩ ***koolzaad*** ⇒*raapzaad* ⟨plant, zaad; Brassica napus⟩.

rape[2] ⟨f2⟩ ⟨ov.ww.⟩ **0.1** ***verkrachten*** ⇒*onteren* **0.2** ⟨schr.⟩ ***ontvoeren*** ⇒*schaken* **0.3** ⟨schr.⟩ ***roven*** ⇒*beroven.*

ˈrape cake ⟨telb.zn.⟩ **0.1** ***raapkoek*** ⇒*koolzaadkoek* ⟨veekoek⟩.

ˈrape oil ⟨n.-telb.zn.⟩ **0.1** ***raap(zaad)olie*** ⇒*koolzaadolie.*

ˈrape·seed ⟨telb. en n.-telb.zn.⟩ **0.1** ***raapzaad(je).***

ˈrap group ⟨telb.zn.⟩ **0.1** ***praatgroep.***

raphia →raffia.

ra·phide [ˈreɪfaɪd‖-fɪd], **ra·phis** [ˈreɪfɪs] ⟨telb.zn.; raphides [ˈreɪfɪdiːz]; →mv. 5⟩ ⟨plantk.⟩ **0.1** ***kristalnaald*** ⟨in plantecellen⟩.

rap·id[1] [ˈræpɪd] ⟨f1⟩ ⟨telb.zn.; vnl. mv.⟩ **0.1** ***stroomversnelling*** ◆ **3.¶** shoot the ~s *zich in het gevaar begeven, iets hachelijks ondernemen.*

rapid[2] ⟨f3⟩ ⟨bn.; -ly; -ness⟩ **0.1** ***snel*** ⇒*vlug* **0.2** ***steil*** ⇒*sterk hellend* **0.3** ⟨foto.⟩ ***snel*** ⇒*gevoelig* ⟨v. film⟩ ◆ **1.1** ~ fire *snelvuur;* the teacher gave the words in ~ succession *de leraar gaf de woorden snel achter elkaar;* ⟨vnl. AE⟩ ~ transit *snelverkeer* ⟨i.h.b. trein, tram, metro⟩; *partij snelschaken* **3.1** he is sinking ~ly *hij gaat zienderogen achteruit.*

ˈrap·id-ˈeye-move·ment ⟨n.-telb.zn.⟩ **0.1** ***rapid-eye-movement*** ⟨snelle oogbewegingen tijdens de droom⟩.

ˈrap·id-ˈfire ⟨bn.⟩ **0.1** ***snelvuur-*** ⇒*snel vurend* **0.2** ***snel opeenvolgend*** ⇒*snel achter elkaar.*

ra·pid·i·ty [rəˈpɪdəti] ⟨f1⟩ ⟨n.-telb.zn.⟩ **0.1** ***vlugheid*** ⇒*gezwindheid, spoed* **0.2** ***steilte*** ⇒*het steil zijn* ⟨v.e. helling⟩.

ˈrap·id-ˈrail ⟨bn., attr.⟩ **0.1** ***snelspoor-.***

ra·pi·er [ˈreɪpɪə‖-ər] ⟨telb.zn.⟩ **0.1** ***rapier*** ⟨lange degen⟩.

ˈra·pi·er-thrust ⟨telb.zn.⟩ **0.1** ***rapierstoot*** ⇒*rapiersteek* **0.2** ***steek*** ⇒*gevat antwoord, scherpe opmerking.*

rap·ine [ˈræpaɪn‖-pɪn] ⟨n.-telb.zn.⟩ ⟨schr.⟩ **0.1** ***roof*** ⇒*plundering.*

rap·ist [ˈreɪpɪst] ⟨f1⟩ ⟨telb.zn.⟩ **0.1** ***verkrachter.***

ˈrap ˈout ⟨ov.ww.⟩ **0.1** ***eruit gooien*** ⇒*eruit flappen, uitstoten* **0.2** ***door kloppen meedelen/te kennen geven*** ◆ **1.1** the sergeant rapped out his commands *de sergeant blafte zijn bevelen;* the oath was rapped out unthinkingly *de vloek was er zonder erg uit* **1.2** there was not a trace of a message rapped out at the seance *er was geen spoor v.e. boodschap v. klopgeesten;* the miners rapped out a S.O.S. *de mijnwerkers gaven met klopsignalen een S.O.S. door.*

rap·pa·ree [ˈræpəˈriː] ⟨telb.zn.⟩ ⟨gesch.⟩ **0.1** ***vrijbuiter*** ⇒*ongeregeld soldaat* ⟨17e eeuw; Ierland⟩ **0.2** ***bandiet*** ⇒*rover.*

rap·pee [ræˈpiː] ⟨n.-telb.zn.⟩ **0.1** ***rapé*** ⇒*snuif(tabak).*

rap·pel[1] [ræˈpel] ⟨telb. en n.-telb.zn.⟩ ⟨bergsport⟩ **0.1** ***(het) abseilen*** ⇒*afdaling (aan het touw).*

rappel[2] ⟨onov.ww.; →ww. 7⟩ ⟨bergsport⟩ **0.1** ***abseilen*** ⇒*afdalen (aan het touw).*

rap·per [ˈræpə‖-ər] ⟨telb.zn.⟩ **0.1** ***(deur)klopper*** **0.2** ***prater*** **0.3** ⟨inf.; muz.⟩ ***rapper*** ⟨vertelt op de maat v.d. muziek⟩.

rap·port [ræˈpɔː‖-ˈpɔr] ⟨f1⟩ ⟨n.-telb.zn.⟩ **0.1** ***verstandhouding*** ⇒*betrekking, contact* **0.2** ⟨spiritisme⟩ ***rapport*** ⇒*verbinding, contact* ◆ **6.1** be **in/en** ~ **with** s.o. *met iem. een goede verstandhouding hebben, nauwe betrekkingen met iem. onderhouden.*

rap·por·teur [ˈræpɔːˈtɜː‖-pɔrˈtɜr] ⟨telb.zn.⟩ **0.1** ***rapporteur*** ⇒*verslaggever.*

rap·proche·ment [ræˈprɒʃmɑ̃‖ˈræprouʃˈmɑ̃] ⟨telb.zn.⟩ **0.1** ***verzoening*** ⇒*toenadering, herstel v.d. betrekkingen.*

rap·scal·lion [ræp'skælɪən]⟨telb.zn.⟩⟨vero.⟩ **0.1** ***schurk*** ⇒*schavuit*.

'rap session ⟨telb.zn.⟩ **0.1** ***discussie*** ⇒*praatgroepbijeenkomst, praatavond/middag* **0.2** ⟨sl.⟩ ***geouwehoer***.

'rap sheet ⟨telb.zn.⟩⟨inf.⟩ **0.1** ***strafblad***.

rapt [ræpt]⟨f1⟩⟨bn.;-ly;-ness⟩ **0.1** ***verrukt*** ⇒*in vervoering, opgetogen, lyrisch, bezeten* **0.2** ***verdiept*** ⇒*verzonken* ◆ **1.1** they listened to the new record with ~ attention *helemaal gegrepen luisterden zij naar de nieuwe plaat* **6.2** Alice was so ~ **in** her book that she didn't hear anything *Alice was zo verdiept in haar boek, dat zij niets hoorde*.

rap·tor ['ræptə‖-ər]⟨telb.zn.⟩⟨dierk.⟩ **0.1** ***roofvogel*** ⟨orde Raptores⟩.

rap·to·ri·al[1] [ræp'tɔ:rɪəl]⟨telb.zn.⟩ **0.1** ***roofvogel*** **0.2** ***roofdier***.

raptorial[2] ⟨bn.⟩ **0.1** ***roof-*** ⇒*roofzuchtig* **0.2** ***grijp-*** ⟨v. roofvogelklauw⟩ **0.3** ***roofvogelachtig*** ⇒*behorende tot de roofvogels, mbt. roofvogels*.

rap·ture ['ræptʃə‖-ər]⟨f2⟩⟨zn.⟩
I ⟨n.-telb.zn.⟩ **0.1** ***vervoering*** ⇒*verrukking, extase* **0.2** ⟨vero.⟩ ***wegvoering*** ⟨i.h.b. naar de hemel⟩;
II ⟨mv.; ~s⟩ **0.1** ***extase*** ⇒*vervoering* ◆ **6.1** she was **in** ~s **about/over** her meeting with the poet *zij was lyrisch over haar ontmoeting met de dichter;* go **into** ~s **at** sth. *door het dolle heen/in alle staten zijn*.

rap·tur·ed ['ræptʃəd‖-ərd]⟨bn.⟩ **0.1** ***verrukt*** ⇒*in extase*.

rap·tu·rous ['ræptʃ(ə)rəs]⟨bn.;-ly;-ness⟩ **0.1** ***hartstochtelijk*** ⇒*meeslepend, in verrukking brengend*.

ra·ra a·vis ['rɑ:rə 'eɪvɪs‖'rærə -]⟨telb.zn.; ook rarae aves ['rɑ:ri:'eɪvi:z];→mv. 5⟩ **0.1** ***zeldzaamheid*** ⇒*witte raaf, rara avis*.

rare [reə‖rer]⟨f3⟩⟨bn.;-er;-ness;→compar. 7⟩ **0.1** ***ongewoon*** ⇒*ongebruikelijk, vreemd, buitengewoon* **0.2** ***zeldzaam*** **0.3** ⟨ben. voor⟩ ***zeer goed*** ⇒*uitzonderlijk, zeldzaam, verschrikkelijk, kostelijk, voortreffelijk* **0.4** ***ijl*** ⇒*dun* ⟨v. lucht, gas⟩ **0.5** ***halfrauw*** ⇒*niet gaar, kort gebakken, saignant* ⟨v. vlees⟩ ◆ **1.2** ~ bird *zeldzaamheid, witte raaf, rara avis;* ~ records *zeldzame platen* **1.3** the baby sitter had ~ fun with the kids *de oppas had dolle pret met de kinderen;* we have had a ~ time in Jamaica *we hebben het kostelijk gehad op Jamaica;* ~ weather *zeldzaam mooi weer* **1.¶** ⟨schei.⟩ ~ earth *zeldzame aarde, lanthanide, zeldzaam aardmetaal; oxide v. lanthanide;* ~ gas *edelgas* **2.¶** ⟨inf.⟩ the sisters had had a ~ old time at the party *de zusjes hadden ontzettend genoten/gebaald op het feestje* **6.1** it's rather ~ **for** her to phone this late *het is nogal ongebruikelijk/niets voor haar om zo laat te bellen*.

rarebit →Welsh.

'rare-'earth element ⟨telb.zn.⟩⟨schei.⟩ **0.1** ***lanthanide*** ⇒*zeldzaam aardmetaal* ⟨uit lanthaanreeks: element 57-71⟩.

rar·ee show ['reəri ʃoʊ‖'rer-]⟨telb.zn.⟩ **0.1** ***kijkkast*** ⇒*rarekiek* **0.2** ***spektakel*** ⇒*straatshow, straattoneel, circus*.

rar·e·fac·tion ['reərɪ'fækʃn‖'rerɪ-], **rar·e·fi·ca·tion** [-fɪ'keɪʃn]⟨telb. en n.-telb.zn.⟩ **0.1** ***verdunning***.

rar·e·fac·tive [reərɪ'fæktɪv‖'rer-]⟨bn.⟩ **0.1** ***verdunnend***.

rar·e·fied ['reərɪfaɪd‖'rer-]⟨bn.; oorspr. volt. deelw. v. rarefy⟩ **0.1** ***verheven*** ⇒*hemels, geëxalteerd* **0.2** ***exclusief*** ⇒*select, esoterisch* ◆ **1.1** ~ language *verheven taal* **1.2** a ~ group of musicians *een selecte groep muzikanten*.

rar·e·fy ['reərɪfaɪ‖'rer-]⟨ww.;→ww. 7⟩ →rarefied
I ⟨onov.ww.⟩ **0.1** ***dunner/ijler/zuiverder worden;***
II ⟨ov.ww.⟩ **0.1** ***verdunnen*** ⇒*dunner maken* **0.2** ***verfijnen*** ⇒*zuiveren, verheffen*.

rare·ly ['reəli‖'rerli]⟨f3⟩⟨bw.⟩ **0.1** ***zelden*** **0.2** ***zeldzaam*** ⇒*ongewoon, uitzonderlijk* ◆ **2.2** a ~ beautiful woman *een zeldzaam mooie vrouw* **3.1** it's ~ that he comes home for a weekend *hij komt zelden het weekeinde thuis;* ~ have I read such a fascinating book *zelden heb ik zo'n fascinerend boek gelezen*.

'rare'ripe[1] ⟨telb.zn.⟩⟨AE⟩ **0.1** ***vroegrijpe vrucht***.

rareripe[2] ⟨bn.⟩⟨AE⟩ **0.1** ***vroegrijp*** ⟨v. vrucht⟩.

rar·ing ['reərɪŋ‖'rer-]⟨bn., pred.⟩⟨inf.⟩ **0.1** ***dolgraag*** ⇒*enthousiast* ◆ **3.1** be ~ to go *dolgraag willen gaan, staan te trappelen v. ongeduld*.

rar·i·ty ['reərəti‖'rerəṭi]⟨f1⟩⟨zn.;→mv. 2⟩
I ⟨telb.zn.; vnl. enk.⟩ **0.1** ***rariteit*** ⇒*zeldzaamheid, bijzonderheid;*
II ⟨n.-telb.zn.⟩ **0.1** ***zeldzaamheid*** ⇒*schaarsheid*.

RASC ⟨afk.⟩ Royal Army Service Corps ⟨BE; gesch.⟩.

ras·cal[1] ['rɑ:skl‖'ræskl]⟨f1⟩⟨telb.zn.⟩ **0.1** ***schoft*** ⇒*schurk* **0.2** ⟨scherts.⟩ ***schavuit*** ⇒*boef, deugniet, rakker*.

rascal[2] ⟨bn.⟩⟨vero.⟩ **0.1** ***volks*** **0.2** ***laag*** ⇒*gemeen* ◆ **1.1** the ~ rout *het plebs, het grauw, het gepeupel*.

ras·cal·dom ['rɑ:skldəm‖'ræs-]⟨n.-telb.zn.⟩ **0.1** ***plebs*** ⇒*grauw, gepeupel, gespuis*.

ras·cal·i·ty [rɑ:s'kæləti‖ræs'kæləṭi]⟨zn.;→mv. 2⟩
I ⟨telb.zn.⟩ **0.1** ***schurkenstreek*** ⇒*schoftenstreek* **0.2** ⟨scherts.⟩ ***kwajongensstreek;***
II ⟨n.-telb.zn.⟩ **0.1** ***schurkerij*** ⇒*schelmerij, bedriegerij* **0.2** ***grauw*** ⇒*gepeupel*.

ras·cal·ly ['rɑ:sk(ə)li‖'ræs-]⟨bn.⟩ **0.1** ***gemeen*** ⇒*laag, smerig, vuil*.

rase →raze.

rash[1] [ræʃ]⟨f1⟩⟨telb.zn.; vnl. enk.⟩ **0.1** ***(huid)uitslag*** **0.2** ***uitbarsting*** ⇒*golf, explosie* ◆ **1.2** a ~ of criticism *een plotselinge golf v. kritiek* **3.1** come out in a ~ *(huid)uitslag krijgen*.

rash[2] ⟨f2⟩⟨bn.;-er;-ly;-ness⟩ **0.1** ***overhaast*** ⇒*te snel, overijld* **0.2** ***onbesuisd*** ⇒*onstuimig, doldriest* **0.3** ***onbezonnen*** ⇒*ondoordacht* ◆ **1.3** in a ~ moment *op een onbewaakt ogenblik*.

rash·er ['ræʃə‖-ər]⟨f1⟩⟨telb.zn.⟩ **0.1** ***plakje (bacon/ham/doorregen spek)***.

rasp[1] [rɑ:sp‖ræsp]⟨f1⟩⟨zn.⟩
I ⟨telb.zn.⟩ **0.1** ***rasp*** **0.2** ***raspgeluid*** ⇒*gerasp;*
II ⟨n.-telb.zn.⟩ **0.1** ***het raspen*** ⇒*gerasp*.

rasp[2] ⟨f1⟩⟨ww.⟩
I ⟨onov.ww.⟩ **0.1** ***schrapen*** ⇒*raspen, krassen* ◆ **1.1** with ~ing voice *met krakende stem;*
II ⟨ov.ww.⟩ **0.1** ***raspen*** ⇒*vijlen, schuren, schrapen* **0.2** ***irriteren*** ⇒*ergeren* **0.3** ***raspend zeggen*** ⇒*krassend uiten* ◆ **1.2** her presence ~s the patient's nerves *haar aanwezigheid werkt de patient op de zenuwen* **1.3** "Get out!" father ~ed *"Eruit!" kraste vader* **5.1** ~ sth. **away/off** *iets afraspen/wegvijlen* **5.3** ~ **out** instructions *op scherpe toon instructies geven*.

rasp·ber·ry, ⟨in bet. 0.4 ook⟩ **razz·ber·ry** ['rɑ:zbri‖'ræzberi]⟨f1⟩⟨telb.zn.;→mv. 2⟩ **0.1** ⟨plantk.⟩ ***frambozenstruik/boom*** ⟨Rubus idaeus⟩ **0.2** ***framboos*** **0.3** ⟨vaak attr.⟩ ***frambozerood*** **0.4** ⟨AE; sl.⟩ ***lipscheet*** ⇒*afkeurend pf!-/blèè/bluh-geroep* ◆ **3.4** blow/get/give s.o. a/the ~, blow a ~ at s.o. *iem. uitfluiten, uitjouwen*.

'raspberry cane ⟨telb. en n.-telb.zn.⟩ **0.1** ***frambozenstruik***.

'raspberry 'vinegar ⟨telb. en n.-telb.zn.⟩ **0.1** ***frambozenlimonade*** ⇒*frambozensiroop*.

rasp·er ['rɑ:spə‖'ræspər]⟨telb.zn.⟩ **0.1** ***rasp*** ⇒*rasper* **0.2** ***rasper*** ⟨pers.⟩.

rasp·ing·ly ['rɑ:spɪŋli‖'ræs-]⟨bw.⟩ **0.1** ***met schorre/raspende stem***.

rasp·y ['rɑ:spi‖'ræspi]⟨bn.;-er;→compar. 7⟩ **0.1** ***krassend*** ⇒*schor, scherp, schrapend*.

Ras·ta·far·i·an ['ræstə'feərɪən], ⟨verk.⟩ **Ras·ta** ['ræstə]⟨telb.zn.; ook attr.⟩ **0.1** ***Rastafari***.

ras·ter [ræstə‖-ər]⟨telb.zn.⟩⟨t.v., comp.⟩ **0.1** ***raster***.

rat[1] [ræt]⟨f3⟩⟨telb.zn.⟩ **0.1** ⟨dierk.⟩ ***rat*** ⟨genus Rattus⟩ **0.2** ***stakingsbreker*** ⇒*onderkruiper, werkwillige* **0.3** ⟨pol.⟩ ***deserteur*** ⇒*verrader, overloper* **0.4** ⟨vnl. AE; sl.⟩ ***verrader*** ⇒*klikspaan, bedrijfsspion, politiespion* **0.5** ⟨inf.⟩ ***klootzak*** ⇒*schoft, lul* **0.6** ⟨sl.⟩ ***slet*** **0.7** ⟨AE; inf.⟩ ***haarbal*** ⟨om haar op te bollen⟩ ◆ **3.1** look like a drowned ~ *er uitzien als een verzopen kat* **3.¶** smell a ~ *lont ruiken, iets in de smiezen hebben* **¶.¶** ⟨inf.⟩ ~s! *lariekoek!, onzin!, gelul!*.

rat[2] ⟨f1⟩⟨ww.;→ww. 7⟩
I ⟨onov.ww.⟩ **0.1** ***ratten vangen*** ⇒*op ratten jagen* ⟨i.h.b. met honden⟩ **0.2** ⟨pol.⟩ ***overlopen*** ⇒*deserteren* ◆ **5.¶** ⟨sl.⟩ ~ **around** *rondlummelen, klooien;* ⟨sl.⟩ ~ **out** *de aftocht blazen, afgaan* **6.¶** →rat **on;**
II ⟨ov.ww.⟩ **0.1** →drat.

ratability →rateability.

ratable →rateable.

rat·a·fi·a ['ræṭə'fɪə], **rat·a·fee** ['ræṭə'fi:]⟨zn.⟩
I ⟨telb.zn.⟩ **0.1** ***amandelkoekje;***
II ⟨telb. en n.-telb.zn.⟩ **0.1** ***ratafia*** ⟨amandel/vruchtenlikeur⟩.

ra·tal[1] ['reɪṭl]⟨telb.zn.⟩⟨BE⟩ **0.1** ***taxatiewaarde*** ⇒*belastbare waarde* ⟨voor gemeentebelasting⟩.

ratal[2] ⟨bn., attr.⟩ **0.1** ***mbt./v. de gemeentebelasting***.

ratan →rattan.

rat·a·plan[1] ['ræṭə'plæn]⟨telb. en n.-telb.zn.⟩ **0.1** ***(trom)geroffel*** ⇒*geratel, gekletter* ◆ **1.1** the ~ of machine guns *het geratel v. machinegeweren*.

rataplan[2] ⟨onov. en ov.ww.⟩ **0.1** ***roffelen***.

rat-a-tat →rat-tat.

rat-a-tat-tat →rat-tat.

'rat·bag ⟨telb.zn.⟩⟨Austr. E; sl.⟩ **0.1** ***vervelend/zonderling persoon*** ⇒*rare kwibus, vreemde vogel, vreemde gast;* ⟨mv.⟩ *tuig, schorriemorrie*.

'rat·catch·er ⟨telb.zn.⟩ **0.1** ***rattenvanger*** **0.2** ⟨BE; sl.⟩ ***onconventionele jachtkleding***.

'rat cheese ⟨telb.zn.⟩⟨sl.⟩ **0.1** ***(goedkope) kaas***.

ratch·et[1] ['rætʃɪt], **ratch** [rætʃ]⟨telb.zn.⟩ **0.1** ***ratel*** ⟨mechanisme⟩ **0.2** ***(blokkeer)pal*** **0.3** ***palrad*** ⇒*palwiel*.

ratchet[2] ⟨ov.ww.⟩ **0.1** ***v.e. pal voorzien*** ⇒*met ratel uitrusten*.

'ratchet brace, 'ratchet drill ⟨telb.zn.⟩ **0.1** ***ratelboor***.

'ratchet wheel ⟨telb.zn.⟩ **0.1** ***palrad*** ⇒*palwiel*.

rate[1] [reɪt]⟨f3⟩⟨telb.zn.⟩ **0.1** ***snelheid*** ⇒*vaart, tempo, mate* **0.2** ***prijs***

⇒*tarief, koers* **0.3** ***(sterfte/geboorte)cijfer*** **0.4** ***(kwaliteits)klasse*** ⟨in combinatie met numerieke determinatoren⟩ ⇒*rang, graad* **0.5** ⟨vnl. mv.⟩⟨BE⟩ ***gemeentebelasting*** ⇒⟨i.h.b.⟩ *onroerend goedbelasting* ◆ **1.1** ⟨inf.⟩ at the ~ of knots *razendsnel;* the ~ of progress during the last 30 years *de vooruitgang (gemeten) over de afgelopen 30 jaar* **1.2** ~ of exchange *wisselkoers;* ~ of interest *rentevoet, rentetarief;* improve the ~ of pay *het loon/salaris verhogen* **3.2** printed ~ *drukwerk* ⟨op postzending⟩ **6.1 at** a ~ of sixty miles per hour *met een snelheid v. negentig kilometer per uur;* **at** a great ~ *met grote snelheid, in hoog tempo;* produce paintings **at** the ~ of four a year *vier schilderijen per jaar produceren* **6.2** buy oranges **at** a ~ of 70p a pound *sinaasappels kopen voor 70p per pond* **6.¶ at** any ~ *in ieder geval, ten minste;* **at** this/that ~ *in dit/dat geval; op deze/die manier.*

rate[2] ⟨f2⟩⟨ww.⟩ →rating

I ⟨onov.ww.⟩ **0.1** ***gerekend worden*** ⇒*behoren, gelden, de rang hebben* **0.2** ⟨inf.⟩ ***in tel zijn*** ⇒*meetellen, belangrijk zijn* ◆ **6.1** she ~s **among/with** the best actresses *zij behoort tot de beste actrices;* he ~s **as** one of the best writers *hij geldt als een v.d. beste schrijvers* **6.2** he never did ~ **with** her *hij was nooit bij haar in tel;*

II ⟨onov. en ov.ww.⟩ **0.1** ***een standje maken/geven*** ⇒*een uitbrander geven, iem. de les lezen* **0.2** →ret;

III ⟨ov.ww.⟩ **0.1** ***schatten*** ⇒*bepalen, waarde toekennen, waarderen* ⟨ook fig.⟩ **0.2** ⟨inf.⟩ ***hoog opgeven v.*** ⇒*op prijs stellen, waarderen* **0.3** ***beschouwen*** ⇒*tellen, rekenen, plaatsen, rangschikken* **0.4** ***vaststellen*** ⇒*specificeren, opgeven* ⟨maximum vermogen v. motor, e.d.⟩ **0.5** ⟨vnl. BE⟩ ***aanslaan*** ⇒*taxeren, schatten* ⟨mbt. onroerend goedbelasting⟩ **0.6** ⟨vnl. AE; inf.⟩ ***verdienen*** ⇒*waard zijn, recht hebben op* **0.7** ⟨AE⟩ ***tarief vaststellen voor*** ⟨scheepsvracht⟩ **0.8** ⟨scheep.⟩ ***de rang/klasse/stand toekennen*** ◆ **1.1** ⟨fig.⟩ many tourists ~ the service of this hotel high(ly) *vele toeristen slaan de bediening in dit hotel hoog aan* **1.2** my colleagues don't ~ the new filing system *mijn collega's stellen het nieuwe opbergsysteem niet op prijs* **1.4** this machine has a ~d output of 500 bales an hour *deze machine heeft een nominale capaciteit v. 500 balen per uur* **1.6** this hotel doesn't ~ any recommendation at all *dit hotel verdient geen enkele aanbeveling* **4.1** do you ~ him? *sla je hem hoog aan?* **6.1** ~ s.o.'s income **at** *iemands inkomen schatten op* **6.3** ~ **among/with** *rekenen onder/tot;* be ~d **as** capable of a job *geschikt bevonden worden voor een bep. baan* **6.4** what would you ~ the motor **at?** *hoeveel vermogen heeft de motor volgens jou?* **6.5** our house is ~d **at** £200 a year *ons huis wordt aangeslagen voor tweehonderd pond per jaar* **6.8** be ~d **as** *de rang hebben v..*

rat(e)·a·bil·i·ty ['reɪt̬ə'bɪlət̬i]⟨n.-telb.zn.⟩ **0.1** ***taxeerbaarheid*** **0.2** ⟨vnl. BE⟩ ***belastbaarheid.***

rat(e)·a·ble ['reɪt̬əbl]⟨f1⟩⟨bn.; -ly; -ness; →bijw. 3⟩ **0.1** ***te schatten*** ⇒*taxeerbaar* **0.2** ⟨BE⟩ ***belastbaar*** ⇒*schatbaar* ◆ **1.2** the ~ value of this cottage is £200 *het huurwaardeforfait/⟨B.⟩ kadastraal inkomen v. dit huisje is tweehonderd pond.*

rate-cap·ping ['reitkæpɪŋ]⟨n.-telb.zn.⟩⟨BE⟩ **0.1** ***(het) maximeren v. gemeentebelasting.***

ra·tel ['reɪtl]⟨telb.zn.⟩⟨dierk.⟩ **0.1** ***ratel*** ⟨honingdas; Mellivora capensis⟩.

'rate·pay·er ⟨f2⟩⟨telb.zn.⟩⟨BE⟩ **0.1** ***belastingbetaler*** ⟨v. onroerend goed/gemeentebelasting⟩ **0.2** ***huiseigenaar.***

'rat-face ⟨telb.zn.⟩⟨sl.⟩ **0.1** ***gluiperd.***

'rat·fink ⟨telb.zn.⟩⟨inf.⟩ **0.1** ***janlul*** ⇒*klootzak.*

rath [rɑθ]⟨telb.zn.⟩⟨gesch.; vnl. Ierland⟩ **0.1** ***fort op heuvel.***

rathe [reɪð], **rath** [rɑ:θ‖ræθ]⟨bn.⟩⟨vero.⟩ **0.1** ***vroegrijp*** **0.2** ***gretig*** ⇒*begerig, vlug.*

rath·er ['rɑ:ðə⟨in bet. 0.6⟩'rɑ:'ðɜ:‖'ræðər⟨in bet. 0.6⟩'ræ'ðɜr]⟨f4⟩⟨bw.⟩ **0.1** ***liever*** ⇒*eerder* **0.2** ***juister (uitgedrukt)*** ⇒*liever/beter gezegd, eigenlijk* **0.3** ***enigszins*** ⇒*tamelijk, nogal, iets, een beetje, wel (wat), vrijwel* **0.4** ***meer*** ⇒*sterker, in hogere mate* **0.5** ***integendeel*** **0.6** ⟨vnl. BE; inf.⟩ ***ja zeker*** ⇒*nou en of* ◆ **1.3** it's ~ a pity you couldn't come *het is wel jammer dat je niet kon komen* **2.3** my father feels ~ better today *mijn vader voelt zich vandaag iets beter;* it's ~ cold today *het is nogal koud vandaag;* a ~ shocking experience, ~ a shocking experience *een nogal schokkende ervaring* **3.1** I would/had ~ not invite your mother *ik nodig je moeder liever niet uit;* Sarah would ~ you visit her next week *Sarah heeft liever dat je volgende week langs komt* **3.3** be ~ surprised *een beetje verbaasd zijn;* I ~ thought she would like to see an American film *ik dacht wel dat ze naar een Am. film zou willen* **3.4** she depends ~ on her husband's than on her own income *ze is meer v. haar mans inkomen afhankelijk dan v.h. hare* **¶.2** she's my wife, or ~ she was my wife *zij is mijn vrouw, of liever ze was mijn vrouw* **¶.5** It's not raining. Rather, it's a sunny day *Het regent niet. Integendeel, het is een zonnige dag* **¶.6** "Would you like a drink?" "Rather!" *"Een borrel?" "Nou en of!", "Dat sla ik niet af!"* **¶.¶** the ~ that *te meer daar, des te meer omdat.*

'rathe'ripe, 'rath·'ripe ⟨bn.⟩ **0.1** ***vroegrijp.***

'rat-hole ⟨ov.ww.⟩⟨sl.⟩ **0.1** ***hamsteren.***

rat·i·fi·ca·tion ['ræt̬ɪfɪ'keɪʃn]⟨f1⟩⟨telb. en n.-telb.zn.⟩ **0.1** ***bekrachtiging*** ⇒*ratificatie, goedkeuring.*

rat·i·fy ['ræt̬ɪfaɪ]⟨f1⟩⟨ov.ww.; →ww. 7⟩ **0.1** ***bekrachtigen*** ⇒*ratificeren, goedkeuren* ⟨verdrag⟩.

rat·ing ['reɪt̬ɪŋ]⟨f2⟩⟨zn.; (oorspr.) gerund v. rate⟩

I ⟨telb.zn.⟩ **0.1** ***notering*** ⇒*plaats, positie, kwalificatie, classificatie;* ⟨i.h.b.⟩ *graad, klasse, stand* ⟨op schip⟩ **0.2** ***(constructie)klasse*** ⟨v. zeilboten⟩ **0.3** ***(toelaatbare) belasting*** ⇒*(maximum)vermogen* ⟨v. machines e.d.⟩ **0.4** ***waarderingscijfer*** ⟨v. t.v.-programma⟩ ⇒*kijkcijfer* **0.5** ***naam*** ⇒*positie, status, standing* **0.6** ***uitbrander*** ⇒*standje, reprimande* **0.7** ⟨BE⟩ ***matroos*** ⇒*gewoon schepeling, manschap* **0.8** ⟨BE⟩ ***taxatiewaarde*** ⇒*te betalen onroerend goedbelasting, aanslag* ◆ **1.1** he has the ~ of boatswain's mate *hij is bootsmaat;* ~ of gunner *kanonnier* **1.3** a ship with a ~ of 300,000 tons *een schip met een tonnage v. 300.000 ton;*

II ⟨n.-telb.zn.⟩⟨BE⟩ **0.1** ***taxering*** ⇒*het aanslaan.*

ra·tio ['reɪʃiou‖'reɪʃou]⟨f2⟩⟨telb.zn.⟩ **0.1** ***(evenredige) verhouding*** ⇒*ratio* **0.2** ⟨wisk.⟩ ***verhouding*** ⇒*reden.*

ra·ti·oc·i·nate ['ræti'ɒsɪneɪt‖'ræʃi'ɑsɪneɪt]⟨onov.ww.⟩ **0.1** ***(logisch) redeneren.***

ra·ti·oc·i·na·tion ['rætiɒsɪ'neɪʃn‖'ræʃiɑ-]⟨telb. en n.-telb.zn.⟩ **0.1** ***redenering*** ⇒*het (logisch) redeneren.*

ra·ti·oc·i·na·tive ['ræti'ɒsnətɪv‖'ræʃi'ɑsəneɪtɪv]⟨bn.⟩ **0.1** ***(logisch) redenerend.***

ra·tion[1] ['ræʃn‖'reɪʃn]⟨f2⟩⟨zn.⟩

I ⟨telb.zn.⟩ **0.1** ***rantsoen*** ⇒*portie* ⟨ook fig.⟩;

II ⟨mv.; ~s⟩⟨mil.⟩ **0.1** ***proviand*** ⇒*voedsel, rantsoenen* ◆ **3.1** ⟨sl.⟩ decorations given out with the ~s *onderscheidingen en masse/aan jan en alleman toegekend.*

ration[2] ⟨f1⟩⟨ov.ww.⟩ →rationing **0.1** ***op rantsoen stellen*** ⇒*rantsoeneren* **0.2** ***rantsoeneren*** ⇒*distribueren, uitdelen, verdelen* **0.3** ***provianderen*** ⇒*bevoorraden* ◆ **2.1** petrol is ~ed *de benzine is op de bon* **5.2** ~ **out** *uitdelen, distribueren, (in rantsoenen) verdelen* **6.1** his G.P. ~ed him **to** two cigarettes a day *zijn huisarts stelde hem op een rantsoen v. twee sigaretten per dag.*

ra·tion·al ['ræʃnəl]⟨f3⟩⟨bn.; -ly; -ness⟩ **0.1** ***rationeel*** ⇒*redelijk, op de rede gebaseerd* **0.2** ***(wel)doordacht*** ⇒*redelijk, logisch, verstandig* **0.3** ***verstandig*** ⇒*nadenkend, verstandelijk, met rede begaafd* **0.4** ***gezond*** ⇒*bij zijn/haar verstand* **0.5** ***rationalistisch*** **0.6** ⟨wisk.⟩ ***rationeel*** ⇒*meetbaar* ◆ **1.2** a ~ solution to the problem *een logische oplossing v.h. probleem* **1.3** man is a ~ being *de mens is een denkend/redelijk wezen* **1.5** ~ leanings *rationalistische ideeën/sympathieën* **1.6** ~ numbers *rationele getallen* **1.¶** ⟨gesch.⟩ ~ dress *knickerbockers* ⟨voor vrouwen, i.p.v. rok⟩; ~ horizon *astronomische/ware horizon.*

ra·tion·ale ['ræʃə'nɑ:l‖-'næl]⟨f1⟩⟨zn.⟩

I ⟨telb.zn.⟩ **0.1** ***grond(reden)*** ⇒*basis, grondgedachte, principe, beweegreden* ◆ **1.1** the ~ of the law *ratio legis, de bedoeling/grondgedachte der wet;*

II ⟨n.-telb.zn.⟩ **0.1** ***uiteenzetting v. principes/(beweeg)redenen*** ⇒*principes, grondgedachten.*

ra·tion·al·ism ['ræʃnəlɪzm]⟨f1⟩⟨n.-telb.zn.⟩ **0.1** ***rationalisme.***

ra·tion·al·ist[1] ['ræʃnəlɪst]⟨f1⟩⟨telb.zn.⟩ **0.1** ***rationalist.***

rationalist[2], **ra·tion·al·is·tic** ['ræʃnə'lɪstɪk]⟨f1⟩⟨bn.; rationalistically; →bijw. 3⟩ **0.1** ***rationalistisch*** ⇒*mbt. het rationalisme.*

ra·tion·al·i·ty ['ræʃ(ə)'nælət̬i]⟨f1⟩⟨telb. en n.-telb.zn.; →mv. 2⟩ **0.1** ***rationaliteit*** **0.2** ***rede*** ⇒*denkvermogen* **0.3** ***redelijkheid*** ⇒*billijkheid.*

ra·tion·al·i·za·tion, -sa·tion ['ræʃnəlaɪ'zeɪʃn‖-lə-]⟨f2⟩⟨telb. en n.-telb.zn.⟩ **0.1** ***rationalisatie*** ⇒*rationalisering.*

ra·tion·al·ize, -ise ['ræʃnəlaɪz]⟨f2⟩⟨zn.⟩

I ⟨onov.ww.⟩ **0.1** ***rationeel/rationalistisch zijn/handelen;***

II ⟨onov. en ov.ww.⟩ **0.1** ***rationaliseren*** ⇒*aannemelijk maken, verklaren;* ⟨i.h.b. psych.⟩ *achteraf beredeneren, verdedigen (voor zichzelf);*

III ⟨ov.ww.⟩ **0.1** ***rationeel maken*** ⇒*doelmatig maken* **0.2** ⟨vnl. BE⟩ ***rationaliseren*** ⇒*efficiënter inrichten/opzetten* ⟨bedrijven enz.⟩ **0.3** ⟨wisk.⟩ ***rationeel maken.***

'ration book ⟨telb.zn.⟩ **0.1** ***bonboekje*** ⟨met distributiebonnen⟩.

'ration card ⟨telb.zn.⟩ **0.1** ***distributiekaart.***

ra·tion·ing ['ræʃnɪŋ‖'reɪ-]⟨telb. en n.-telb.zn.; (oorspr.) gerund v. ration; vaak attr.⟩ **0.1** ***rantsoenering*** ⇒*distributie.*

Rat·is·bon ['rætɪzbɒn‖'ræt̬ɪzbɑn]⟨eig.n.⟩ **0.1** ***Regensburg.***

rat·ite[1] ['rætaɪt]⟨telb.zn.⟩⟨dierk.⟩ **0.1** ***ratiet*** ⇒*loopvogel* ⟨bv. emu; Ratitae⟩.

ratite[2] ⟨bn.⟩⟨dierk.⟩ **0.1** ***zonder kam op borstbeen*** ⟨v. vogels⟩.

'rat kanga'roo ⟨telb.zn.⟩⟨dierk.⟩ **0.1** ***kangoeroerat*** ⟨genus Potorinae⟩.

rat·lin(e), rat·ling ['rætlɪn]⟨telb.zn.; meestal mv.⟩⟨scheep.⟩ **0.1** ***weeflijn*** ⟨dwarslijn in het want⟩.

'rat on ⟨onov.ww.⟩ ⟨inf.⟩ **0.1** ***laten vallen*** ⇒*verraden, in de steek laten* **0.2** ***zich terugtrekken uit*** ⇒*terugkomen op/v., niet nakomen* ◆ **1.1** ~ s.o. *iem. laten vallen* **1.2** ~ an agreement *een afspraak niet nakomen, terugkomen op een afspraak.*

ra·toon[1], rat·toon [ræ'tu:n]⟨telb.zn.⟩ **0.1** ***scheut*** ⇒*uitloop, spruit* ⟨v. banaan, rietsuiker enz.⟩.

ratoon[2], rattoon ⟨ww.⟩
I ⟨onov.ww.⟩ **0.1** ***scheuten krijgen/nemen*** ⇒*opschieten, uitlopen;*
II ⟨ov.ww.⟩ **0.1** ***telen/verbouwen met scheuten*** ⇒*aanplanten met snitten.*

'rat·pack ⟨verz.n.⟩ ⟨sl.⟩ **0.1** ***bende bloedhonden.***

'rat race ⟨n.-telb.zn.; the⟩ **0.1** ***moordende competitie*** ⇒*rat race, carrièrejacht, genadeloze concurrentie* **0.2** ***bende*** ⇒*gekkenhuis.*

rats·bane ['rætsbeɪn]⟨n.-telb.zn.⟩ **0.1** ***rattengif*** ⇒*rattenkruit;* ⟨i.h.b.⟩ *arsenicum.*

rat's-tail ['rætsteɪl]⟨telb.zn.⟩ **0.1** ***rattestaart(vorm)*** **0.2** ⟨schaatssport⟩ ***kras*** ⟨in/op het ijs⟩.

'rat-tail ⟨telb.zn.⟩ **0.1** ***grote weegbree*** ⟨Plantago major⟩ **0.2** ***rattestaart*** ⟨v. paard⟩ **0.3** ***paard met rattestaart*** **0.4** ⟨tech.⟩ ***rattestaart*** ⟨vijl⟩.

'rattail 'spoon, 'rat·tailed 'spoon ⟨telb.zn.⟩ **0.1** ***rattestaartlepel*** ⟨met naaldvormig ornament onder de lepelbak⟩.

rat·tan, ra·tan [rə'tæn]⟨zn.⟩
I ⟨telb.zn.⟩ **0.1** ⟨plantk.⟩ ***ro(t)tan*** ⇒*Spaans riet* ⟨klimmende palm; genus Calamus/Daemonorops⟩ **0.2** ***rotting*** ⇒*wandelstok, rotan;*
II ⟨n.-telb.zn.⟩ ⟨ook attr.⟩ **0.1** ***rotan(stengels).***

rat-tat ['ræt'tæt], **'rat-tat-'tat, 'rat-a-tat-'tat, 'rat-a-'tat** ⟨telb.zn.⟩ **0.1** ***geklop*** ⇒*klop-klop, klopgeluid.*

rat·ten ['rætn]⟨onov. en ov.ww.⟩ →rattening **0.1** ***saboteren*** ⇒*sabotage plegen; storen, hinderen* ⟨in het werk⟩.

rat·ten·ing ['rætnɪŋ]⟨telb. en n.-telb.zn.; (oorspr.) gerund v. ratten⟩ **0.1** ***sabotage*** ⇒*het saboteren.*

rat·ter ['rætə||'ræt̬ər]⟨telb.zn.⟩ **0.1** ***rattenvanger*** ⟨hond, man, kat⟩ **0.2** ⟨inf.⟩ ***overloper*** ⇒*verrader, verklikker.*

rat·tle[1] ['ræt̬l]⟨f2⟩⟨zn.⟩
I ⟨telb.zn.⟩ **0.1** ⟨geen mv.⟩ ***geratel*** ⇒*gerammel, gerinkel* **0.2** ⟨ben. voor⟩ ***voorwerp dat gerammel produceert*** ⇒*rammelaar, ratel* **0.3** ***(ge)reutel*** ⇒*(ge)rochel* ⟨i.h.b. v. stervende⟩ **0.4** ***geklets*** ⇒*geratel, geleuter;* ⟨bij uitbr.⟩ *lawaai, kabaal* **0.5** ***kletskous*** ⇒*kletsmajoor, ratel* **0.6** ***ratel*** ⟨v. ratelslang⟩ **0.7** ⟨plantk.⟩ ***hemkruidachtige*** ⟨Scrophulariaceae⟩ ⇒⟨i.h.b.⟩ *ratel, ratelaar* ⟨genus Rhinantus⟩; *moeraskartelblad* ⟨Pedicularis palustris⟩ **0.8** ⟨sl.⟩ ***deal;***
II ⟨mv.; ~s; the⟩ ⟨inf.⟩ **0.1** ***kroep.***

rattle[2] ⟨f3⟩⟨ww.⟩ →rattling
I ⟨onov.ww.⟩ **0.1** ***rammelen*** ⇒*ratelen, rinkelen, kletteren* **0.2** ***ratelen*** ⇒*kletsen, leuteren, roddelen* **0.3** ***rochelen*** ⇒*reutelen* ◆ **5.1** ~ **away** *doorrammelen, doorratelen* **5.2** her daughter ~d away **at/on** me *haar dochter bleef maar tegen me kletsen* **6.1** the car ~d **along/down** the old track *de auto rammelde over het oude pad;* there's s.o. rattling **at** the door *er staat iem. aan de deur te rammelen;* hail ~d **on** our heads *de hagel kletterde op onze hoofden;* ~ **through** sth. *iets afraffelen, iets gauw afmaken;*
II ⟨ov.ww.⟩ **0.1** ***heen en weer rammelen*** ⇒*schudden, doen ratelen/rinkelen/kletteren, rammelen met* **0.2** ***wakker schudden*** **0.3** ***afratelen*** ⇒*afraffelen, aframmelen* **0.4** ⟨inf.⟩ ***op stang jagen*** ⇒*opjagen, bang maken, v. streek maken, v. slag brengen* ◆ **5.2** ~ **up** s.o. *iem. wakker schudden* **5.3** he ~d **off** the poem *hij raffelde het gedicht af, hij dreunde het gedicht op.*

'rat·tle·brain, 'rat·tle·head, 'rat·tle·pate ⟨telb.zn.⟩ **0.1** ***leeghoofd*** ⇒*losbol, windbuil* **0.2** ***kletsmajoor*** ⇒*kletskop, kletskous.*

'rat·tle'brained, 'rat·tle·'head·ed, 'rat·tle·'pat·ed ⟨bn.⟩ **0.1** ***leeghoofdig*** ⇒*onbezonnen, lichtzinnig* **0.2** ***doorleuterend*** ⇒*kletsend.*

rat·tler ['rætlə||-ər]⟨f1⟩⟨telb.zn.⟩ **0.1** ⟨ben. voor⟩ ***iem./iets dat ratelt/rammelt*** ⇒*rammelaar; rammelkast; ratel* ⟨ook v. slang⟩ **0.2** ***juweeltje*** ⇒*pracht(exemplaar), droom* **0.3** ⟨AE⟩ ***ratelslang*** **0.4** ⟨AE⟩ ***(goederen)trein*** ⇒*tram* ◆ **1.2** a ~ of a book *een dijk v.e. boek;* that was a ~ of a blow *dat was me een klap.*

'rat·tle·snake ⟨f1⟩⟨telb.zn.⟩ **0.1** ***ratelslang.***

'rat·tle·trap[1] ⟨zn.⟩
I ⟨telb.zn.⟩ **0.1** ***ouwe rammelkast*** ⇒*wrak, oud beestje* ⟨auto e.d.⟩;
II ⟨mv.; ~s⟩ **0.1** ***snuisterijen*** ⇒*prulletjes, spulletjes.*

rattletrap[2] ⟨bn.⟩ **0.1** ***gammel*** ⇒*wankel, wrak.*

rat·tling[1] ['rætlɪŋ]⟨f1⟩⟨bn.; oorspr. teg. deelw. v. rattle⟩⟨inf.⟩ **0.1** ***levendig*** ⇒*stevig, krachtig* **0.2** ***uitstekend*** ⇒*prima, prachtig* ◆ **1.1** a ~ conversation *een geanimeerd/levendig gesprek;* at a ~ speed *met vliegende vaart;* a ~ trade *een levendige handel.*

rattling[2] ⟨bw.⟩⟨inf.⟩ **0.1** ***uitzonderlijk*** ⇒*uitstekend, prima, geweldig* ◆ **1.1** a ~ good match *een zeldzaam mooie wedstrijd.*

'rat·trap ⟨telb.zn.⟩ **0.1** ***ratteklem*** ⇒*muizeval* **0.2** ***krot*** ⇒*kot* **0.3** ⟨inf.; wielrennen⟩ ***racefietspedaal*** ⟨met toeclips⟩.

'rat-trap binding ⟨telb.zn.⟩⟨skiën⟩ **0.1** ***langlaufbinding.***

rat·ty ['ræt̬i]⟨f1⟩⟨bn.; -er; →compar. 7⟩ **0.1** ***ratachtig*** ⇒*rat-, ratten-* **0.2** ***vol ratten*** **0.3** ⟨vnl. BE; inf.⟩ ***kribbig*** ⇒*geïrriteerd, geprikkeld* **0.4** ⟨inf.⟩ ***morsig*** ⇒*haveloos, sjofel.*

rau·cous ['rɔ:kəs]⟨f1⟩⟨bn.; -ly; -ness⟩ **0.1** ***rauw*** ⇒*schor, hees.*

raunch [rɔ:ntʃ]⟨n.-telb.zn.⟩ **0.1** ⟨sl.⟩ ***vulgariteit*** ⇒*platheid, grofheid, obsceniteit* **0.2** ⟨vnl. AE⟩ ***vuilheid*** ⇒*smerigheid, goorheid, slonzigheid.*

raun·chy ['rɔ:ntʃi]⟨bn.; -er; -ly; -ness; →bijw. 3⟩ **0.1** ⟨sl.⟩ ***rauw*** ⇒*ruig, ordinair, vulgair* **0.2** ⟨sl.⟩ ***geil*** ⇒*wellustig, obsceen, smerig* **0.3** ⟨vnl. AE⟩ ***vies*** ⇒*smerig, goor, slonzig.*

rav·age[1] ['rævɪdʒ]⟨f1⟩⟨zn.⟩
I ⟨n.-telb.zn.⟩ **0.1** ***verwoesting*** ⇒*vernietiging* **0.2** ***schade*** ⇒*verwoestingen, ravage;*
II ⟨mv.; ~s⟩ **0.1** ***vernietigende werking*** ◆ **1.1** the ~s of time *de tand des tijds.*

ravage[2] ⟨f1⟩⟨ww.⟩
I ⟨onov.ww.⟩ **0.1** ***verwoestingen/vernielingen aanrichten*** ⇒*plunderen;*
II ⟨ov.ww.; vaak pass.⟩ **0.1** ***verwoesten*** ⇒*vernietigen, vernielen, teisteren* **0.2** ***leegplunderen/roven*** ◆ **1.1** a face ~d by smallpox *een gezicht geschonden door pokken.*

rave[1] [reɪv]⟨f1⟩⟨zn.⟩
I ⟨telb.zn.⟩ **0.1** ⟨vaak attr.; inf.⟩ ***jubelrecensie/kritiek*** ⇒*lyrische bespreking* **0.2** ⟨inf.⟩ ***wild feest*** ⇒*knalfuif* **0.3** ⟨BE; inf.⟩ ***mode*** ⇒*trend* **0.4** ***wagenladder*** ⟨v. boerenwagen⟩ **0.5** ⟨inf.⟩ ***liefje*** ⇒*vrijer* ◆ **1.3** the latest ~ *de laatste mode/trend* **3.1** his new plays only get ~s *zijn nieuwe toneelstukken krijgen alleen maar juichende recensies* **6.¶** ⟨inf.⟩ be **in** a ~ **about** *helemaal weg zijn v., stapelgek zijn op/v.;*
II ⟨n.-telb.zn.⟩ **0.1** ***gebulder*** ⇒*geloei, gehuil, geraas;*
III ⟨mv.; ~s⟩ **0.1** ***hekken*** ⇒*schotten, opzetstukken* ⟨v. laadbak v. boerenwagen⟩.

rave[2] ⟨f2⟩⟨ww.⟩ →raving
I ⟨onov.ww.⟩ **0.1** ***razen*** ⇒*ijlen, raaskallen, tieren, te keer gaan* **0.2** ***loeien*** ⇒*bulderen, huilen, razen* **0.3** ***opgetogen/in verrukking zijn*** ⇒*lyrisch praten/zijn, dwepen* **0.4** ***lyrisch worden*** ⇒*opgetogen/in verrukking raken* **0.5** ⟨BE; inf.⟩ ***erop los leven*** ⇒*het ervan nemen* ◆ **6.1** ~ **against/at** *te keer gaan tegen, razen tegen/op* **6.3** ~ **about/of/over** *dwepen met, lyrisch/verrukt/opgetogen zijn/praten over, gek zijn v.;*
II ⟨ov.ww.⟩ **0.1** ***wild uiting geven aan*** ⇒*ijlen over* **0.2** ⟨wederk. ww.⟩ ***zich al tierend in een bep. toestand brengen*** **0.3** ***afkraken*** ◆ **1.1** ~ one's misery *te keer gaan over zijn ellende* **4.2** ~ o.s. hoarse *zich schor schreeuwen.*

rav·el[1] ['rævl]⟨telb.zn.⟩ **0.1** ***rafel(draad)*** **0.2** ***wirwar*** ⇒*verwarde massa;* ⟨fig.⟩ *verwikkeling, complicatie.*

rav·el[2] ⟨f1⟩⟨ww.; →ww. 7⟩ →ravelling
I ⟨onov.ww.⟩ **0.1** ***in de war/knoop raken;***
II ⟨onov. en ov.ww.⟩ **0.1** ***rafelen*** ⇒*uitrafelen;*
III ⟨ov.ww.⟩ **0.1** ***in de war/knoop brengen*** ⇒*verwarren;* ⟨fig.⟩ *compliceren, ingewikkeld maken* **0.2** ***uit de war/knoop halen*** ⟨ook fig.⟩ ⇒*ontwarren, ontrafelen, ontknopen, ophelderen* ◆ **5.2** ~ **out** sth. *iets ontwarren/ontknopen; iets uit de knoop halen.*

rave·lin ['rævlɪn]⟨telb.zn.⟩⟨gesch.⟩ **0.1** ***ravelijn*** ⟨soort bolwerk⟩.

rav·el·ling, ⟨AE sp. ook⟩ **rav·el·ing** ['rævlɪŋ]⟨zn.; (oorspr.) gerund v. ravel⟩
I ⟨telb.zn.⟩ **0.1** ***rafel(draad);***
II ⟨n.-telb.zn.⟩ **0.1** ***het rafelen.***

ra·ven[1] ['reɪvn]⟨f1⟩⟨zn.⟩
I ⟨telb.zn.⟩ **0.1** ⟨dierk.⟩ ***raaf*** ⟨Corvus corax⟩;
II ⟨telb. en n.-telb.zn.⟩ →ravening;
III ⟨n.-telb.zn.; vnl. attr.⟩ **0.1** ***ravezwart*** ◆ **1.1** ~ locks *ravezwarte haren.*

raven[2] ['rævn], ⟨sp. ook⟩ **rav·in** ['rævɪn]⟨ww.⟩ →ravening
I ⟨onov.ww.⟩ **0.1** ***op roof gaan*** ⇒*plunderen, roven, op prooi jagen* **0.2** ***prooi vangen*** **0.3** ***schrokken*** ⇒*schokken* ◆ **5.1** ~ **about** *plunderend rondtrekken* **5.¶** ~ **for** *dorsten naar, hunkeren naar, smachten naar;*
II ⟨ov.ww.⟩ **0.1** ***verslinden*** ⇒*gulzig opvreten, naar binnen schrokken* **0.2** ***grijpen*** ⇒*buitmaken, zich werpen op, pakken* ⟨prooi e.d.⟩ **0.3** ***zoeken (naar)*** ⇒*jagen op* ⟨buit, prooi⟩.

'ra·ven-'haired ⟨bn.⟩ **0.1** ***met ravezwarte haren.***

rav·en·ing[1] ['rævnɪŋ], **ravin** ⟨zn.; 1e variant oorspr. gerund v. raven⟩
I ⟨telb.zn.⟩ **0.1** ***prooi*** ⇒*buit;*
II ⟨n.-telb.zn.⟩ **0.1** ***plundering*** ⇒*roof, beroving* **0.2** ***vraatzucht*** **0.3** ***roofzucht.***

ravening[2] ⟨bn.; oorspr. teg. deelw. v. raven; -ly⟩ **0.1** ***roofzuchtig*** **0.2** ***vraatzuchtig*** **0.3** ***wild*** ⇒*woest.*

rav·en·ous ['rævnəs]⟨f1⟩⟨bn.;-ly;-ness⟩ **0.1** ***uitgehongerd*** ⇒*vraatzuchtig, gulzig* **0.2** ***hunkerend*** ⇒*begerig, gretig* **0.3** ***roofzuchtig*** ⇒*roof-* ◆ **1.1** a ~ hunger *een geweldige honger* **6.2** ~ **for** *belust op, begerig naar, hunkerend/dorstend naar.*

rav·er ['reɪvə‖-ər]⟨telb.zn.⟩⟨inf.⟩ **0.1** ***dweper*** ⇒*fan* **0.2** ⟨BE⟩ ***snel figuur*** ⇒*swinger, hippe vogel.*

'rave-up ⟨f1⟩⟨telb.zn.⟩⟨inf.⟩ **0.1** ***wild feest*** ⇒*knalfuif, dansfeest.*

ra·vine [rə'vi:n]⟨f1⟩⟨telb.zn.⟩ **0.1** ***ravijn.***

rav·ing[1] ['reɪvɪŋ]⟨f2⟩⟨bn.;oorspr.teg.deelw.v.rave;-ly⟩ **0.1** ***malend*** ⇒*ijlend, raaskallend, wild* **0.2** ⟨inf.⟩ ***buitengewoon*** ⇒*uitzonderlijk, opvallend* ◆ **1.1** a ~ idiot *een volslagen idioot* **1.2** a ~ beauty *een oogverblindende schoonheid.*

raving[2] ⟨f2⟩⟨bw.⟩⟨inf.⟩ **0.1** ***stapel-*** ⇒*malende, ijlend* ◆ **2.1** ~ mad *stapelgek.*

rav·ings ['reɪvɪŋz]⟨mv.;enk.oorspr.gerund v.rave⟩ **0.1** ***het raaskallen*** ⇒*wartaal, geraaskal.*

ra·vi·o·li ['rævi'oʊli]⟨telb.en n.-telb.zn.⟩ **0.1** ***ravioli*** ⟨Italiaans gerecht⟩.

rav·ish ['rævɪʃ]⟨f1⟩⟨ov.ww.⟩ →ravishing **0.1** ⟨vnl.pass.⟩ ***verrukken*** ⇒*in extase/vervoering brengen, betoveren* **0.2** ⟨schr.⟩ ***verkrachten*** ⇒*onteren* **0.3** ⟨schr.⟩ ***teisteren*** ⇒*ruïneren* **0.4** ⟨vero.⟩ ***ontvoeren*** ⇒*wegvoeren, (ont)roven, ontrukken* ◆ **6.1** ~ed **by/with** her blue eyes *in vervoering over/betoverd door haar blauwe ogen* **6.4** ~ed **from** life *aan het leven ontrukt.*

rav·ish·er ['rævɪʃə‖-ər]⟨telb.zn.⟩⟨schr.⟩ **0.1** ***rover*** ⇒*ontvoerder* **0.2** ***verkrachter.***

rav·ish·ing ['rævɪʃɪŋ]⟨f1⟩⟨bn.;oorspr.teg.deelw.v.ravish;-ly⟩ **0.1** ***verrukkelijk*** ⇒*betoverend, prachtig, heerlijk.*

rav·ish·ment ['rævɪʃmənt]⟨zn.⟩
I ⟨telb.en n.-telb.zn.⟩ **0.1** ***ontvoering*** ⇒*roof* **0.2** ***verkrachting*** ⇒*ontering;*
II ⟨n.-telb.zn.⟩ **0.1** ***verrukking*** ⇒*extase, betovering, vervoering.*

raw[1] [rɔ:]⟨f1⟩⟨telb.zn.⟩ **0.1** ⟨vnl.the⟩ ***zere plek*** ⇒*zeer, rauwe plek* ⟨i.h.b. op paardehuid⟩ **0.2** ***groentje*** ⇒*nieuweling, onervarene, boerenkinkel* **0.3** ⟨vnl.mv.⟩ ***ruwe artikel*** ⇒*grondstof* ◆ **3.1** ⟨fig.⟩ catch/touch s.o. on the ~ *iem. tegen het zere been schoppen, iem. voor het hoofd stoten* **6.¶** **in** the ~ *ongeciviliseerd, primitief, zoals het is; naakt, zonder kleren.*

raw[2] ⟨f3⟩⟨bn.;-ly;-ness⟩ **0.1** ***rauw*** ⇒*ongekookt* ⟨v.groente, vlees⟩; *onrijp* ⟨v.vrucht⟩ **0.2** ⟨ben.voor⟩ ***onbewerkt*** ⇒*onbereid, niet afgewerkt; rauw* ⟨v.bakstenen⟩; *ruw, ongelooid* ⟨v.leer⟩; ⟨fig.⟩ *globaal, onuitgewerkt, ongecorrigeerd* ⟨cijfers e.d.⟩; *grof, ongepolijst* ⟨stijl⟩, *onaf(gewerkt), onrijp* **0.3** ***groen*** ⇒*onervaren, ongeschoold, ongetraind, ongeoefend* **0.4** ***ontveld*** ⇒*rauw, open, bloederig;* ⟨bij uitbr.⟩ *pijnlijk, gevoelig* **0.5** ***guur*** ⇒*ruw, rauw* ⟨v.weer⟩ **0.6** ***zonder zoom*** ⟨v.stoffen⟩ ⇒*zoomloos* **0.7** ***openhartig*** ⇒*realistisch, zonder franje/opsmuk* **0.8** ⟨inf.⟩ ***oneerlijk*** ⇒*gemeen, onrechtvaardig, wreed* **0.9** ⟨vnl.AE⟩ ***vers*** ⇒*nat, net aangebracht/aangesmeerd* **0.10** ⟨sl.⟩ ***naakt*** ◆ **1.2** ~ cloth *ruwe/ongevolde laken;* ~ cotton *ruwe katoen;* ~ material *grondstof;* ~ sewage *ongezuiverd rioolwater;* ~ sienna *(ongebrande) terra di siena* ⟨bruin-gele aardverfstof⟩; ~ silk *ruwe zijde;* ~ spirit *onvermengde/pure alcohol;* ~ umber *(ongebrande) omber* ⟨donkerbruine aardverfstof⟩ **1.7** a ~ picture of the American middle class *een openhartig portret v.d. Am. middenklasse* **1.8** ~ deal *oneerlijke/gemene behandeling* **1.9** ~ plaster *vers pleisterwerk* **6.4** the soles of his feet were ~ **from/with** walking *zijn voeten waren rauw v.h. wandelen.*

'raw'boned ⟨bn.⟩ **0.1** ***broodmager*** ⇒*vel over been.*

'raw·head ⟨telb.zn.⟩ **0.1** ***boeman*** ⇒*spook, geest* ◆ **1.¶** ~ and bloodybones *boeman.*

'raw·hide ⟨zn.⟩
I ⟨telb.zn.⟩ **0.1** ***zweep*** ⟨v.ongelooide huid⟩ **0.2** ***touw*** ⇒*koord* ⟨v.ongelooide huid⟩;
II ⟨n.-telb.zn.;vaak attr.⟩ **0.1** ***ongelooide huid.***

raw·ish ['rɔ:ɪʃ]⟨bn.;-ness⟩ **0.1** ***rauwachtig*** ⇒*tamelijk rauw.*

ray[1], ⟨in bet.II ook⟩ **re** [reɪ]⟨f3⟩⟨zn.⟩
I ⟨telb.zn.⟩ **0.1** ⟨ook nat.⟩ ***straal*** ⟨v.licht e.d.⟩ **0.2** ***sprankje*** ⇒*straaltje, glimp, lichtpuntje* **0.3** ***straal*** ⟨v.cirkel, bol⟩ **0.4** ***arm*** ⇒*straal* ⟨v.zeester⟩ **0.5** ⟨dierk.⟩ ***vinstraal*** **0.6** ⟨dierk.⟩ ***rog*** ⟨Batoidea/Rajiformes⟩ ⇒⟨i.h.b.⟩ *vleet* ⟨Raja batis⟩ **0.7** ⟨plantk.⟩ ***lintbloem*** ⇒*straalbloem* ⟨rondom buisbloemen bij Compositae⟩ **0.8** ⟨verk.hurray⟩⟨sl.⟩ ***hoera*** ◆ **1.2** a ~ of hope *een sprankje hoop* **3.¶** ⟨dierk.⟩ spotted ~ *adelaarsrog, molenrog* ⟨Aeobatus/Stoasodon narinari⟩;
II ⟨telb.en n.-telb.zn.⟩⟨muz.⟩ **0.1** ***re*** ⇒*D;*
III ⟨mv.;~s⟩ **0.1** ***straling*** ⇒*stralen.*

ray[2] ⟨ww.⟩
I ⟨onov.ww.⟩ **0.1** ***straalsgewijs uitlopen;***
II ⟨onov.en ov.ww.⟩ **0.1** ***(uit)stralen;***
III ⟨ov.ww.⟩ **0.1** ***v. stralen voorzien*** ⇒*straalsgewijs versieren* ⟨met lijnen⟩ **0.2** ⟨med.⟩ ***bestralen.***

'ray flower ⟨telb.zn.⟩⟨plantk.⟩ **0.1** ***lintbloem*** ⇒*straalbloem* ⟨rondom buisbloemen bij Compositae⟩.

'ray grass ⟨n.-telb.zn.⟩⟨plantk.⟩ **0.1** ***Engels raaigras*** ⟨Lolium perenne⟩.

'ray gun ⟨telb.zn.⟩ **0.1** ***straalgeweer/pistool*** ⇒*stralingswapen.*

ray·less ['reɪləs]⟨bn.⟩ **0.1** ***donker*** ⇒*duister* **0.2** ⟨plantk.⟩ ***zonder straal/lintbloemen.***

ray·let ['reɪlɪt]⟨telb.zn.⟩ **0.1** ***straaltje.***

ray·on ['reɪɒn‖-ɑn]⟨f1⟩⟨n.-telb.zn.⟩ **0.1** ***rayon*** ⇒*kunstzijde.*

raze, rase [reɪz]⟨f1⟩⟨ov.ww.⟩ **0.1** ***met de grond gelijk maken*** ⇒*slechten, neerhalen* ⟨tot op de grond⟩, *volledig verwoesten* **0.2** ***uit/wegkrabben*** ⟨ook fig.⟩ ⇒*uitwissen, uit/wegkrassen, schrappen.*

ra·zor[1] ['reɪzə‖-ər]⟨f2⟩⟨telb.zn.⟩ **0.1** ***scheerapparaat*** ⇒*scheermes, elektrisch scheerapparaat.*

razor[2] ⟨ov.ww.;vnl.als volt.deelw.⟩ **0.1** ***scheren.***

'ra·zor·back[1] ⟨telb.zn.⟩ **0.1** ***(half)wild varken*** ⟨met scherpe rug, in het zuiden v.d.U.S.A.⟩ **0.2** ⟨dierk.⟩ ***vinvis*** ⟨Balaenopteridae⟩ **0.3** ⟨AE⟩ ***scherpe heuvel(rug).***

razorback[2], **'ra·zor-'backed** ⟨bn.⟩ **0.1** ***met scherpe rug.***

'ra·zor·bill, 'ra·zor-billed 'auk ⟨telb.zn.⟩⟨dierk.⟩ **0.1** ***alk*** ⟨Alca torda⟩.

'ra·zor-blade ⟨f1⟩⟨telb.zn.⟩ **0.1** ***(veiligheids)scheermesje.***

'ra·zor-'edge, razor's edge ['reɪzəz 'edʒ‖'reɪzərz -]⟨f1⟩⟨telb.zn.⟩ **0.1** ***scherpe scheidslijn*** ⇒*precieze scheidingslijn* **0.2** ***kritieke situatie*** ⇒*netelige toestand* **0.3** ***scherpe kant*** **0.4** ***scherpe bergrug*** ◆ **6.2** **on** the/a ~ *op het scherp v.d. snede, in kritieke toestand, erop of eronder;* her life was **on** a ~ for hours *urenlang hing haar leven aan een zijden draad(je).*

'razor fish, 'razor shell, ⟨AE ook⟩ **'razor clam** ⟨telb.zn.⟩⟨dierk.⟩ **0.1** ***Solenida*** ⇒⟨i.h.b.⟩ *messchede* ⟨geslacht Solen⟩; *mesheft, zwaardschede* ⟨geslacht Ensis⟩.

'razor job ⟨telb.zn.⟩⟨BE;inf.⟩ **0.1** ***meedogenloze aanval*** ◆ **6.1** a ~ **on** *een vernietigende aanval op.*

'ra·zor-slash·er ⟨telb.zn.⟩ **0.1** ***scheermesmaniak.***

'razor strop ⟨telb.zn.⟩ **0.1** ***scheerriem.***

'razor wire ⟨telb.en n.-telb.zn.⟩ **0.1** ***prikkeldraad*** ⟨met scheermesjes⟩.

razz[1] ⟨telb.zn.⟩⟨verk.⟩ razzberry ⟨AE⟩.

razz[2] [ræz]⟨ov.ww.⟩⟨AE;sl.⟩ **0.1** ***stangen*** ⇒*belachelijk maken, bespotten, hekelen.*

razzberry →raspberry.

raz·zia ['ræzɪə]⟨telb.zn.⟩ **0.1** ***rooftocht*** ⇒*strooptocht, inval;* ⟨oorspr.⟩ *slavenjacht.*

raz·zle ['ræzl], **'raz·zle-'daz·zle** ⟨zn.⟩⟨sl.⟩
I ⟨telb.zn.⟩ **0.1** ***golfbaan*** ⟨soort draaimolen⟩;
II ⟨n.-telb.zn.⟩ **0.1** ***braspartij*** ⇒*boemelarij, lol, stappen* **0.2** ***herrie*** ⇒*kabaal, leven, geschreeuw* **0.3** ***schreeuwerige reclame*** **0.4** ***verwarring*** **0.5** ***zwendel*** ⇒*bedrog* **0.6** ***opwinding*** ⇒*hilariteit* ◆ **3.1** be on the ~ *aan de rol zijn, de bloemetjes buiten zetten, het er flink van nemen;* go on the ~ *aan de rol/zwier/boemel gaan, gaan stappen.*

raz(z)·ma·tazz ['ræzmə'tæz]⟨zn.⟩⟨inf.⟩
I ⟨telb.zn.⟩ **0.1** ***golfbaan*** ⟨soort draaimolen⟩;
II ⟨n.-telb.zn.⟩ **0.1** ***braspartij*** **0.2** ***kabaal*** ⇒*herrie, rumoer* **0.3** ***schreeuwerige reclame*** **0.4** ***ouderwets/sentimenteel/hypocriet gedoe*** **0.5** ***bedrog*** ⇒*zwendel.*

r & b, R & B ⟨afk.⟩ rhythm and blues.

RB ⟨afk.⟩ rifle brigade.

RBE ⟨afk.⟩ relative biological effectiveness **0.1** ***RBE.***

RC ⟨afk.⟩ **0.1** ⟨Red Cross⟩ **0.2** ⟨reinforced concrete⟩ **0.3** ⟨Roman Catholic⟩ ***R.-K..***

RCA ⟨afk.⟩ Radio Corporation of America ⟨AE⟩; Royal College of Art ⟨BE⟩.

RCAF ⟨afk.⟩ Royal Canadian Air Force.

RCM ⟨afk.⟩ Royal College of Music ⟨BE⟩.

RCMP ⟨afk.⟩ Royal Canadian Mounted Police.

RCN ⟨afk.⟩ Royal Canadian Navy; Royal College of Nursing ⟨BE⟩.

RCO ⟨afk.⟩ Royal College of Organists ⟨BE⟩.

RCP ⟨afk.⟩ Royal College of Physicians ⟨BE⟩.

RCS ⟨afk.⟩ Royal College of Science, Royal College of Surgeons, Royal Corps of Signals ⟨BE⟩.

RCT ⟨afk.⟩ Royal Corps of Transport ⟨BE⟩.

RCVS ⟨afk.⟩ Royal College of Veterinary Surgeons ⟨BE⟩.

-rd **0.1** ⟨geschreven suffix; vormt numerieke determinatoren met cijfer 3⟩ ***-de*** ◆ **¶.1** 3rd *3e, derde;* 33rd *33e, drieëndertigste.*

Rd, rd ⟨afk.⟩ road **0.1** ***str..***

RD ⟨afk.⟩ refer to drawer; Royal Naval Reserve Decoration ⟨BE⟩; rural dean, rural delivery.

RDA ⟨afk.⟩ recommended dietary allowance.

RDC ⟨afk.⟩ Rural District Council ⟨BE; gesch.⟩.
RDO ⟨telb.zn.⟩ ⟨afk.⟩ Rostered Day Off.
re[1] [reɪ] ⟨f1⟩ ⟨telb. en n.-telb.zn.⟩ ⟨muz.⟩ **0.1** ***re*** *⇒D.*
re[2] [ri:, reɪ] ⟨vz.⟩ ⟨schr.⟩ **0.1** ***aangaande*** *⇒betreffende, met betrekking tot* ◆ **1.1** some observations ~ the organisation of our department *een aantal opmerkingen aangaande de organisatie van ons departement;* ~ your remark ... *wat jouw opmerking betreft ....*
re- [ri:] **0.1** ***weer*** *⇒opnieuw, her-, re-* ⟨herhaling; ook met bet. v. verbetering⟩ **0.2** ***terug-*** *⇒her-, weer* ◆ **¶.1** remarry *opnieuw trouwen;* reorganize *reorganizeren;* reread *herlezen* **¶.2** reafforest *weer bebossen;* reconquer *heroveren;* replace *terugzetten.*
're ⟨→t2⟩ ⟨samentr. v. are⟩ →be.
RE ⟨afk.⟩ real estate ⟨AE⟩; Royal Engineers ⟨BE⟩.
re·ab·sorb ['ri:əb'sɔ:b, -'zɔ:b‖-'sɔrb, -'zɔrb] ⟨onov. en ov.ww.⟩ **0.1** ***weer opnemen / opslorpen / absorberen.***
reach[1] [ri:tʃ] ⟨f3⟩ ⟨zn.⟩
I ⟨telb.zn.⟩ **0.1** ***rak*** ⟨v. rivier, kanaal⟩ **0.2** ***lap*** *⇒flink stuk* **0.3** ⟨scheep.⟩ ***koers*** *⇒*⟨bij uitbr.⟩ *afstand;*
II ⟨telb. en n.-telb.zn.; geen mv.⟩ **0.1** ***bereik*** ⟨v. arm, macht enz.⟩ *⇒omvang, greep;* ⟨fig.⟩ *begrip;* ⟨bokssport⟩ *reach* ◆ **2.1** he had a longer ~ than his opponent *hij had een groter bereik dan zijn tegenstander, hij had langere armen dan zijn tegenstander;* he has a mind of wide ~ *hij heeft verstand v. veel zaken* **3.1** make a ~ for *een greep doen naar, pakken, grijpen* **6.1 above / beyond / out of** ~ *buiten bereik, onbereikbaar; onhaalbaar, niet te realiseren;* ⟨fig.⟩ that's **above / beyond / out of** my ~ *dat gaat mijn begrip te boven, dat is te hoog gegrepen voor mij;* **out of** the ~ **of** children *buiten het bereik v. kinderen;* **within** (one's) ~ *binnen (iemands) bereik, voorhanden; binnen de mogelijkheden, haalbaar;* ⟨fig.⟩ *te bevatten, begrijpelijk* ⟨voor iem.⟩; **within** easy ~ **of** *gemakkelijk bereikbaar van(af);*
III ⟨n.-telb.zn.⟩ **0.1** ***het reiken*** *⇒het grijpen, het pakken.*
reach[2] ⟨f4⟩ ⟨ww.⟩
I ⟨onov.ww.⟩ **0.1** ***invloed hebben*** *⇒doorwerken, v. invloed zijn* **0.2** ⟨AE⟩ ***muggeziften*** *⇒spijkers op laag water zoeken* **0.3** ⟨scheep.⟩ ***met de wind dwars zeilen*** *⇒ruim zeilen* ⟨achterlijker dan dwars⟩; *bij de wind zeilen* ⟨voorlijker dan dwars⟩ ◆ **4.2** you're ~ing *je bent aan het muggeziften* **6.1** World War II ~ed **throughout** the world *de tweede wereldoorlog had zijn uitwerking op de gehele wereld;*
II ⟨onov. en ov.ww.⟩ **0.1** ***reiken*** *⇒(zich) (uit)strekken; (een hand) uitsteken; bereiken, dragen* ⟨v. geluid⟩, *halen* ◆ **1.1** you can't ~ the ceiling on this chair *op deze stoel kom je niet bij het plafond;* her voice didn't ~ the back rows *haar stem droeg niet tot de achterste rijen* **5.1** she ~ed **out** (her hand) *ze stak haar hand uit;* ⟨fig.⟩ our party has to ~ **out** *onze partij moet zich open opstellen* **6.1** ~ **for** sth. *(naar) iets grijpen, iets pakken;* could you ~ (an arm) out **for** my book *zou je mijn boek kunnen pakken;* the forests ~ down **to** the sea *de bossen strekken zich uit tot aan de zee;* ⟨fig.⟩ ~ out **to** the masses *met de massa in kontakt proberen te komen, aansluiting zoeken bij de massa;* ~ **to** *reiken tot, bereiken, halen; voldoende zijn voor;* her skirt ~ed **to** her knees *haar rok kwam tot aan haar knieën;*
III ⟨ov.ww.⟩ **0.1** ***pakken*** *⇒nemen, grijpen* **0.2** ***aanreiken*** *⇒geven, overhandigen* **0.3** ***komen tot*** ⟨ook fig.⟩ *⇒komen op, bereiken, arriveren, aankomen in* **0.4** ***bereiken*** ⟨per telefoon, post⟩ **0.5** ⟨boksen, schermen⟩ ***raken*** *⇒treffen* ◆ **1.1** can you ~ that painting? *kun je dat schilderij pakken?* **1.2** ~ me that letter *geef me die brief (even)* **1.3** ~ a decision *tot een beslissing komen;* ~ middle age *de middelbare leeftijd bereiken;* the number of subscriptions ~ed 500 *het aantal abonnementen kwam op 500;* ~ Paris *in Parijs aankomen* **5.1** ~ **down** sth. from a shelf *iets v. een plank af pakken / nemen.*
'reach-me-down[1] ⟨telb.zn.; vnl. mv.⟩ ⟨BE; inf; pej.⟩ **0.1** ***confectiekledingstuk*** **0.2** ***tweedehands kledingstuk*** *⇒afdrager(tje), aflegger (tje).*
reach-me-down[2] ⟨bn.⟩ ⟨BE; inf; pej.⟩ **0.1** ***confectie-*** *⇒goedkoop, onpersoonlijk; onoprecht* **0.2** ***tweedehands*** ⟨ook fig.⟩ *⇒afgedragen* ◆ **1.2** a ~ theory *een tweedehands theorie.*
re·act [ri'ækt] ⟨f3⟩ ⟨ww.⟩
I ⟨onov.ww.⟩ **0.1** ***reageren*** ⟨ook fig.⟩ **0.2** ***uitwerking hebben*** *⇒een verandering teweegbrengen, veranderen* **0.3** ***zich herstellen*** ⟨v. publieke opinie, prijzen⟩ *⇒terugkeren, teruggaan* **0.4** ⟨schei.⟩ ***reageren*** *⇒een reactie aangaan* **0.5** ⟨mil.⟩ ***tegenaanval (len) ondernemen*** ◆ **6.1** ~ **against** *reageren tegen, ingaan tegen, actie voeren tegen, in opstand komen tegen;* she ~ed **against** her mother's ideas *zij zette zich af tegen haar moeders ideeën;* he didn't ~ **to** your answer *hij reageerde niet op je antwoord, hij ging niet in op je antwoord* **6.2** Bobby's mood ~ed **(up)on** his family life *Bobby's humeur had zijn uitwerking op zijn gezinsleven, Bobby's humeur veranderde zijn gezinsleven* **6.4** ~ **(up)on** *reageren op / met, een reactie aangaan met, reactie veroorzaken in;* ~ **with** each other *met elkaar reageren;*
II ⟨ov.ww.⟩ ⟨schei.⟩ **0.1** ***laten reageren*** *⇒een reactie doen aangaan.*
re-act ['ri:'ækt] ⟨ov.ww.⟩ **0.1** ***opnieuw opvoeren*** *⇒opnieuw spelen.*
re·ac·tance [ri'æktəns] ⟨telb. en n.-telb.zn.⟩ ⟨elek.⟩ **0.1** ***reactantie*** *⇒blinde weerstand, schijnweerstand.*
re·ac·tant [ri'æktənt] ⟨telb.zn.⟩ ⟨schei.⟩ **0.1** ***reactant*** *⇒reactiecomponent / bestanddeel.*
re·ac·tion [ri'ækʃn] ⟨f3⟩ ⟨zn.⟩
I ⟨telb.zn.⟩ **0.1** ***reactie*** *⇒antwoord, reflex* **0.2** ⟨geen mv.⟩ ***terugslag*** *⇒weerslag, terugkeer, reactie* ⟨ook op beurs⟩ **0.3** ⟨mil.⟩ ***tegenaanval*** *⇒tegenzet* ◆ **3.2** after so many years of happiness there had to be a ~ *na zoveel jaren v. geluk moest er wel een terugslag komen* **6.1** their ~ **to** the proposal *hun reactie / antwoord op het voorstel;*
II ⟨telb. en n.-telb.zn.⟩ **0.1** ⟨nat.⟩ ***reactie*** *⇒tegendruk* ⟨als principe v. straal / raketmotor⟩, *terugstoot, tegenwerking, tegenbeweging* **0.2** ⟨schei.⟩ ***reactie*** *⇒omzetting;*
III ⟨n.-telb.zn.⟩ ⟨pol.⟩ **0.1** ***reactie*** *⇒conservatieve machten, reactionaire krachten* ◆ **1.1** the forces of ~ *de reactionaire krachten.*
re·ac·tion·ar·y[1] [ri'ækʃənri‖-ʃəneri] ⟨f1⟩ ⟨telb.zn.; →mv. 2⟩ ⟨pol.⟩ **0.1** ***reactionair.***
reactionary[2] ⟨f1⟩ ⟨bn.⟩ ⟨pol.⟩ **0.1** ***reactionair*** *⇒behoudend, tegenwerkend.*
re·ac·ti·vate [ri'æktɪveɪt] ⟨ww.⟩
I ⟨onov.ww.⟩ **0.1** ***weer actief worden*** *⇒weer reageren* ⟨bv. v. chemicaliën⟩ **0.2** ***opnieuw tot leven / werking komen;***
II ⟨ov.ww.⟩ **0.1** ***reactiveren*** *⇒weer actief maken* **0.2** ***nieuw leven inblazen*** ⟨alleen fig.⟩ *⇒opnieuw in werking stellen.*
re·ac·ti·va·tion [ri'æktɪ'veɪʃn] ⟨telb. en n.-telb.zn.⟩ **0.1** ***reactivering.***
re·ac·tive [ri'æktɪv] ⟨bn.; -ly; -ness⟩ **0.1** ***reagerend*** *⇒reactie vertonend* **0.2** ⟨elek.⟩ ***mbt. reactantie*** *⇒reactantie hebbend* **0.3** ⟨psych.⟩ ***reactief*** **0.4** ⟨schei.⟩ ***reactief*** ◆ **1.3** a ~ depression *een reactieve depressie.*
re·ac·tor [ri'æktə‖-ər] ⟨f2⟩ ⟨telb.zn.⟩ **0.1** ***atoom / kernreactor*** **0.2** ***reactievat*** *⇒reactor* **0.3** ⟨elek.⟩ ***smoorspoel*** **0.4** ⟨med.⟩ ***(positief) reagerend iem. / iets*** ⟨op stoffen, medicijnen e.d.⟩.
read[1] [ri:d] ⟨f1⟩ ⟨telb.zn.; geen mv.⟩ **0.1** ***leestijd*** *⇒leesuurtje* **0.2** ***leesstof*** *⇒lectuur* ◆ **2.1** she had a quiet ~ *zij zat rustig te lezen;* I'll have a short ~ before going out *ik ga even lezen voordat ik wegga* **2.2** that book is a terrific ~ *dat is een vreselijk goed boek.*
read[2] ⟨f4⟩ ⟨ww.; read, read [red]⟩ →reading
I ⟨onov.ww.⟩ **0.1** ***studeren*** *⇒leren* **0.2** ***luiden*** *⇒klinken* **0.3** ***zich laten lezen*** *⇒lezen* **0.4** ***moeten worden gelezen*** *⇒gaan, lopen* ◆ **1.2** your essay ~s like a translation *je opstel klinkt als een vertaling* **1.4** the law ~s that *de wet zegt dat, volgens de wet;* this sentence ~s from left to right *deze zin moet v. links naar rechts gelezen worden* **5.2** his version of the poem ~s thus *zijn versie v.h. gedicht luidt (als volgt)* **5.3** Ibsen's plays ~ easily *de stukken v. Ibsen laten zich makkelijk lezen* **6.1** ~ **for** a degree in Law *rechten studeren;*
II ⟨onov. en ov.ww.⟩ **0.1** ***lezen*** *⇒kunnen lezen* **0.2** ***oplezen*** *⇒voorlezen* **0.3** ⟨sl.⟩ ***op luizen controleren*** ⟨kleding⟩ *⇒inspecteren* **0.4** ⟨sl.⟩ ***afluisteren*** ◆ **1.1** Carol seldom ~s French *Carol leest zelden iets in het Frans;* ~ a novel *een roman lezen* **3.1** our son could ~ at the age of six *onze zoon kon lezen toen hij zes was;* not ~ or write *niet (kunnen) lezen of schrijven* **5.1** ~ **over / through** *door / overlezen;* ~ **up** on sth. *zijn kennis over iets bijspijkeren / opvijzelen; zich op de hoogte stellen v. iets, iets bestuderen;* a widely ~ pamphlet *een wijd en zijd gelezen pamflet* **5.2** the operator ~ **back** the telegram to me *de telefoniste las me het (opgegeven) telegram nog eens voor;* ~ **off** the message *de boodschap oplezen* ⟨hardop / in zichzelf⟩; ~ **off** the temperature *de temperatuur aflezen;* ~ **out** the instructions *de instructies voorlezen;* ~ well *goed voorlezen, goed kunnen lezen* **5.¶** ⟨Anglicaanse Kerk⟩ ~ o.s. **in** *zijn intreerede houden* **6.1** ~ an article **about** reggae *een artikel over reggae lezen;* ~ **(a)round** the subject / topic *achtergrondliteratuur over een onderwerp lezen;* ~ o.s. **to** sleep *zichzelf in slaap lezen; lezen tot je erbij in slaap valt* **6.2** ~ **from** *(voor)lezen uit, voordragen uit;* ~ (a play) **round** the class *(een toneelstuk) met de klas lezen;* our group ~ Stoppard's Travesties **round** the room *met ons groepje hebben we Stoppard's Travesties thuis gelezen;*
III ⟨ov.ww.⟩ **0.1** ***lezen*** *⇒begrijpen, weten te gebruiken, ontcijferen* **0.2** ***uitleggen*** *⇒interpreteren, voorspellen* ⟨toekomst⟩, *duiden* ⟨droom⟩, *oplossen* ⟨raadsel⟩, *lezen* ⟨hand⟩; ⟨fig.⟩ *doorgronden, doorzien* **0.3** ***studeren*** *⇒bestuderen* **0.4** ***aangeven*** *⇒tonen, laten zien, geven* ⟨tekst⟩, *aanwijzen* **0.5** ***vervangen door*** *⇒zien als, lezen voor, opvatten als* **0.6** ⟨comp.⟩ ***(in)lezen*** ⟨gegevens⟩ ◆

1.1 ⟨sport⟩ ~ the ball *de bal anticiperen;* ~ the clock / time *klok kijken;* ⟨sport⟩ ~ the game *spelinzicht / overzicht hebben;* ⟨sport⟩ ~ the green *de green 'lezen', de ideale lijn op de green naar de hole proberen vast te stellen;* ~ the map *kaart lezen;* ~ the meter *een meter aflezen;* ~ music *muziek lezen;* he can ~ Swedish, but he can't speak it *hij kan Zweeds lezen, maar hij kan het niet spreken* **1.2** ⟨fig.⟩ ~ your husband *je man doorgronden / doorhebben;* this poem may be ~ in various ways *dit gedicht kan op verschillende manieren gelezen / geïnterpreteerd worden* **1.3** ~ psychology *psychologie studeren* **1.4** the thermometer ~s twenty degrees *de thermometer geeft twintig graden aan / staat op twintig graden* **5.3** deeply / widely ~ in American literature *zeer belezen op het gebied v.d. Am. literatuur;* ~ **up** *bestuderen; bij elkaar / bijeen lezen* **5.6** ~ **in** *inlezen;* ~ **out** *opnemen uit, lezen* **5.¶** ⟨AE⟩ ~ **out** s.o. *iem. royeren / uitstoten* **6.¶** he ~ more **into** her words than she'd ever meant *hij had meer in haar woorden gelegd dan zij ooit had bedoeld;* the critic has ~ more **into** the book than the author intended *de criticus ziet meer in het boek dan de schrijver bedoelde.*

read·a·bil·i·ty ['ri:də'bɪləṭi] ⟨f1⟩ ⟨n.-telb.zn.⟩ **0.1** ***leesbaarheid.***

read·a·ble ['ri:dəbl] ⟨f1⟩ ⟨bn.; -ly; -ness; →bijw. 3⟩ **0.1** ***lezenswaard (ig)*** *⇒leesbaar* **0.2** ***leesbaar*** *⇒te lezen.*

re·ad·dress ['ri:ə'dres] ⟨f1⟩ ⟨ov.ww.⟩ **0.1** ***doorsturen*** *⇒v.e. nieuw / ander adres voorzien* ⟨brief⟩ ◆ **6.1** I have ~ed all your mail **to** your new address *ik heb al je post naar je nieuw adres doorgestuurd.*

read·er ['ri:də‖-ər] ⟨f3⟩ ⟨telb.zn.⟩ **0.1** ***lezer*** ⟨ook fig., mbt. gedachten e.d.⟩ **0.2** ***lector*** ⟨die manuscripten voor uitgever doorleest⟩ **0.3** ***corrector*** **0.4** ***voorlezer*** ⟨vnl. in kerkdienst⟩ **0.5** ***leesboek*** *⇒bloemlezing, anthologie* **0.6** ***leesapparaat*** *⇒leestoestel* **0.7** ⟨BE⟩ ***lector*** ⟨aan universiteit⟩ ⇒⟨in België ong.⟩ *docent* **0.8** ⟨AE⟩ ***onderwijsassistent die examens corrigeert*** **0.9** ⟨R.-K.⟩ ***lector*** **0.10** ⟨sl.⟩ ***beschrijving v. door de politie gezochte persoon*** **0.11** ⟨mv.⟩ ⟨sl.⟩ ***gemerkte speelkaart*** ◆ **2.1** a fast / great ~ *een snel / verwoed lezer* **2.2** lay ~ *leek die in de kerk voorleest* **6.7** ~ **in** Roman Law *docent Romeins Recht.*

read·er·ship ['ri:dəʃɪp‖-dər-] ⟨f1⟩ ⟨telb.zn.⟩ **0.1** ***lezerskring / publiek*** **0.2** ⟨BE⟩ ***lectorschap*** ⟨aan universiteit⟩ ◆ **6.1** our paper has a ~ of 10,000 *ons blad telt 10.000 lezers.*

read·i·ly ['redɪli] ⟨f3⟩ ⟨bw.⟩ **0.1** ***graag*** *⇒goedschiks* **0.2** ***gemakkelijk*** *⇒vlug, dadelijk, vlot* ◆ **2.2** ~ available *gemakkelijk te krijgen, voorhanden* **3.1** he ~ accepted my suggestion *hij aanvaardde mijn voorstel zonder mopperen / aarzeling.*

read·i·ness ['redinəs] ⟨f2⟩ ⟨n.-telb.zn.⟩ **0.1** ***bereidheid*** *⇒bereidwilligheid, gewilligheid* **0.2** ***vlugheid*** *⇒vaardigheid, gemak* **0.3** ***gereedheid*** ◆ **1.2** ~ of tongue *radheid / rapheid v. tong, welbespraaktheid;* ~ of mind / wit *gevatheid, tegenwoordigheid v. geest* **3.1** ~ to learn *leergierigheid* **6.3** all is **in** ~ *alles staat / is (kant en) klaar / gereed.*

read·ing[1] ['ri:dɪŋ] ⟨f3⟩ ⟨zn.; (oorspr.) gerund v. read⟩

I ⟨telb.zn.⟩ **0.1** ***lezing*** *⇒voorlezing, voordracht* **0.2** ***lezing*** *⇒versie, variant* ⟨v. tekst e.d.⟩ **0.3** ***lezing*** *⇒interpretatie* **0.4** ***stand*** *⇒waarde* ⟨op meetinstrument⟩ ◆ **1.1** ⟨pol.⟩ first / second / third ~ of a bill *eerste / tweede / derde lezing v.e. wetsontwerp;* a public ~ of poetry *een publieke voordracht v. poëzie;* the ~ of a will *de voorlezing v.e. testament* **1.4** the ~s on the thermometer *de afgelezen / genoteerde temperaturen;*

II ⟨n.-telb.zn.⟩ **0.1** ***het (voor)lezen*** **0.2** ***het studeren*** *⇒studie* ⟨in boeken⟩ **0.3** ***belezenheid*** *⇒boekenkennis* **0.4** ***lektuur*** *⇒leesstof* ◆ **1.3** a man of (wide) ~ *een belezen man* **2.2** do some hard ~ *hard studeren* **3.4** get some ~ done *wat lektuur doornemen.*

reading[2] ⟨bn., attr.; teg. deelw. v. read⟩ **0.1** ***lezend*** **0.2** ***v. lezen / studeren houdend*** ◆ **1.2** a ~ college *een universiteit waar flink gestudeerd wordt;* a ~ man *een verwoed lezer / hard werkend student.*

'reading age ⟨n.-telb.zn.⟩ **0.1** ***leeftijd waarop een kind kan (leren) lezen.***

'reading clerk ⟨telb.zn.⟩ **0.1** ***griffier belast met het voorlezen*** ⟨v. wetsontwerpen e.d.⟩.

'reading comprehension ⟨n.-telb.zn.⟩ **0.1** ***leesvaardigheid.***

'read·ing-desk, 'read·ing-stand ⟨telb.zn.⟩ **0.1** ***lessenaar.***

'read·ing-glass·es ⟨f1⟩ ⟨mv.⟩ **0.1** ***leesbril*** ◆ **1.1** a pair of ~ *een leesbril.*

'reading knowledge ⟨telb. en n.-telb.zn.⟩ **0.1** ***leesvaardigheid.***

'read·ing-lamp, 'read·ing-light ⟨f1⟩ ⟨telb.zn.⟩ **0.1** ***leeslamp.***

'reading matter ⟨f1⟩ ⟨n.-telb.zn.⟩ **0.1** ***lektuur*** *⇒leesstof.*

'reading notice ⟨telb.zn.⟩ **0.1** ***als redaktioneel materiaal opgestelde advertentie.***

'read·ing-room ⟨f1⟩ ⟨telb.zn.⟩ **0.1** ***leeskamer*** *⇒leeszaal.*

re·ad·journ ['ri:ə'dʒɜ:n‖-'dʒɜrn] ⟨ov.ww.⟩ **0.1** ***opnieuw verdagen.***

re·ad·just ['ri:ə'dʒʌst] ⟨f1⟩ ⟨ww.⟩

I ⟨onov.ww.⟩ **0.1** ***zich weer aanpassen*** *⇒weer wennen* ◆ **6.1** ~ **to** school after the holidays *weer wennen aan het schoolleven na de vakantie;*

II ⟨ov.ww.⟩ **0.1** ***weer aanpassen*** *⇒weer regelen / in de juiste stand brengen / goed zetten.*

re·ad·just·ment ['ri:ə'dʒʌs(t)mənt] ⟨f1⟩ ⟨telb.zn., n.-telb.zn.⟩ **0.1** ***heraanpassing*** *⇒herordening.*

'read-'only ⟨bn., attr.⟩ ⟨comp.⟩ **0.1** ***onuitwisbaar*** *⇒permanent* ◆ **1.1** ~ memory *ROM.*

'read-out ⟨n.-telb.zn.⟩ ⟨comp.⟩ **0.1** ***het (uit)lezen*** *⇒opname (uit geheugen)* **0.2** ***uitlezing*** ⇒⟨i.h.b.⟩ *beeldschermtekst* **0.3** ***uitleesapparatuur*** ⟨i.h.b. scherm⟩.

'read-through ⟨telb.zn.⟩ **0.1** ***tekstlezing*** ⟨v. toneelstuk⟩.

read·y[1] ['redi] ⟨n.-telb.zn.⟩ **0.1** ⟨sl.⟩ ***baar / gereed geld*** *⇒contante betaling* ◆ **6.¶** **at** the ~ *klaar om te vuren* ⟨v. vuurwapen⟩.

ready[2] ⟨f4⟩ ⟨bn.; -er; →compar. 7⟩

I ⟨bn., attr.⟩ **0.1** ***vlug*** *⇒rad, rap, vlot, gevat* **0.2** ***gemakkelijk*** *⇒handig* **0.3** ***gereed*** *⇒bereidwillig, graag* **0.4** ***klaar*** *⇒paraat* ⟨v. kennis⟩ **0.5** ***contant*** *⇒baar* ⟨v. geld⟩ ◆ **1.1** ~ pen *vaardige pen;* ~ tongue *gladde / rappe tong;* ~ wit *gevatheid* **1.2** ~ reckoner *boekje met dikwijls gebezigde berekeningen, rekentabel;* a ~ source of revenue *een gemakkelijke bron v. inkomsten;* the readiest way *de gemakkelijkste / meest voor de hand liggende manier* **1.3** ~ consent *bereidwillig akkoord;* find a ~ sale *gerede aftrek vinden* **1.4** ~ knowledge *parate kennis* **1.5** ~ cash *baar / gereed geld, klinkende munt;* ~ money *baar / gereed geld; contante betaling;*

II ⟨bn., pred.⟩ **0.1** ***klaar*** *⇒gereed, af* **0.2** ***bereid*** *⇒bereidwillig* **0.3** ***op het punt staand*** ◆ **2.1** ~, steady, go! *klaar? af!* **3.1** the plane is ~ to take off *het vliegtuig staat klaar om op te stijgen;* make ~ *klaarmaken, voorbereiden* **3.2** are you ~ to die for your opinions? *ben je bereid voor je overtuigingen te sterven?;* I am ~ to pay for it *ik wil er best voor betalen* **3.3** he was ~ to cry / swear *hij stond op het punt in tranen / vloeken uit te barsten;* ~ to drop *doodop / moe* **6.1** the country is ~ **for** war *het land is paraat voor oorlog* **6.2** people are always ~ **with** criticism *de mensen staan altijd met kritiek klaar.*

ready[3] ⟨ov.ww.; →ww. 7⟩ **0.1** ***klaarmaken*** *⇒voorbereiden* ◆ **4.1** they are ~ing themselves for the party *zij maken zich klaar voor het feestje.*

ready[4] ⟨f1⟩ ⟨bw.; vnl. vóór volt. deelw.⟩ **0.1** ***klaar-*** *⇒kant-en-klaar, van te voren* ◆ **3.1** ~ cut meat *van te voren gesneden vlees;* please pack the books ~! *pak a.u.b. de boeken van te voren in!.*

'read·y-made[1] ⟨f1⟩ ⟨telb.zn.⟩ **0.1** ***confectiekledingstuk.***

'ready-'made[2] ⟨f2⟩ ⟨bn., attr.⟩ **0.1** ***kant-en-klaar*** *⇒confectie-* **0.2** ***stereotiep*** ⟨ook fig.⟩ *⇒voorgekauwd* ◆ **1.1** ~ clothing *confectiekleding* **1.2** ~ opinions *stereotiepe / voorgekauwde opinies.*

'read·y-to-eat ⟨bn., attr.⟩ **0.1** ***kant en klaar*** ◆ **1.1** ~ meals *kant-enklare maaltijden.*

'read·y-to-wear ⟨f1⟩ ⟨bn., attr.⟩ **0.1** ***confectie-*** ◆ **1.1** ~ clothing *confectiekleding.*

read·y-'wit·ted ⟨bn.⟩ **0.1** ***gevat*** *⇒vlug v. begrip.*

re·af·firm ['ri:ə'fɜ:m‖-'fɜrm] ⟨f1⟩ ⟨ov.ww.⟩ **0.1** ***opnieuw bevestigen*** *⇒opnieuw verzekeren / verklaren.*

re·af·fir·ma·tion ['ri:æfə'meɪʃn‖-fər-] ⟨telb. en n.-telb.zn.⟩ **0.1** ***herbevestiging*** *⇒herhaalde verklaring.*

re·af·for·est ['ri:ə'fɒrɪst‖-'fɔ-, -'fɑ-], ⟨AE⟩ **re·for·est** ['ri:'fɒrɪst‖-'fɔ-, -'fɑ-] ⟨ov.ww.⟩ **0.1** ***herbebossen.***

re·af·for·est·ation ['ri:əfɒrɪ'steɪʃn‖-fɔ-, -fɑ-], ⟨AE⟩ **re·for·est·ation** ['ri:fɒrɪ-‖-fɔ-, -fɑ-] ⟨n.-telb.zn.⟩ **0.1** ***herbebossing.***

Rea·gan·ism ['reɪgənɪzm] ⟨n.-telb.zn.⟩ **0.1** ***Reaganisme*** *⇒rechts / conservatief beleid.*

Rea·gan·om·ics [reɪgə'nɒmɪks‖-'nɑmɪks] ⟨n.-telb.zn.⟩ **0.1** ***Reaganomics*** ⟨economische politiek v. president Reagan (1981-1989) v.d. U.S.A.⟩.

re·a·gen·cy [ri'eɪdʒnsi] ⟨n.-telb.zn.⟩ **0.1** ***reaktievermogen.***

re·a·gent [ri'eɪdʒnt] ⟨telb.zn.⟩ ⟨schei.⟩ **0.1** ***reagens.***

re·al[1] [reɪ'ɑ:l] ⟨telb.zn.; ook reales [-leɪz‖-leɪs], reis [reɪz‖reɪs]; →mv. 5⟩ **0.1** ***reaal*** ⟨oude zilvermunt⟩.

real[2] [rɪəl, ri:l] ⟨f1⟩ ⟨zn.⟩

I ⟨telb.zn.⟩ **0.1** ***werkelijk iets*** ⇒⟨mv.⟩ *werkelijke dingen;*

II ⟨n.-telb.zn.⟩ **0.1** ***werkelijkheid*** ◆ **6.1** ⟨AE inf.⟩ **for** ~ *in werkelijkheid, echt, gemeend* **7.1** the ~ *de werkelijkheid, de wereld v.h. zichtbare.*

real[3] ⟨f4⟩ ⟨bn.; -ness; →compar. 2⟩ **0.1** ***echt*** *⇒waarlijk, werkelijk, onvervalst* **0.2** ***reëel*** *⇒wezenlijk* **0.3** ***netto*** **0.4** ⟨jur.⟩ ***onroerend*** **0.5** ⟨wisk., optica⟩ ***reëel*** ◆ **1.1** he is the ~ boss here *hij is hier de eigenlijke baas;* ~, not artificial fur *echt bont, geen namaak;* ~ life, not fiction *de echte wereld, niet die v.d. verbeelding;* ~ money *werkelijk geld; baar geld, klinkende munt;* ~ size *natuurlijke grootte;* ⟨sport, gesch.⟩ ~ tennis *real tennis* ⟨tennisspel op (ommuurde) baan⟩; ⟨inf.⟩ the ~ thing / McCoy *de / het echte, de / je ware;* this does not taste like beer when you're used to the ~

thing *als je echt bier gewend bent, smaakt dit nergens naar;* ⟨comp.⟩ ~ time *real time, ware tijd, (verwerking v. data) snel genoeg om de input bij te houden;* ~ wages *reële lonen* **1.2** ⟨R.-K.⟩ ~ presence *lichamelijke aanwezigheid v. Christus in het H. Sacrament;* in ~ terms *in concrete termen, in de praktijk* **1.3** ~ income *reëel/werkelijk inkomen;* ~ weight *netto belading* ⟨v. vliegtuig⟩ **1.4** ~ assets *onroerende activa, onroerend vermogen;* ~ property, things ~ *onroerend(e) goed(eren)* **1.5** ~ image/number *reëel beeld/getal* **1.¶** ⟨boekhouden⟩ ~ accounts *kapitaalrekening* ⟨i.h.b. van kapitaalmiddelen⟩.

real[4] ⟨f1⟩ ⟨bw.⟩ ⟨AE, Sch. E; inf.⟩ **0.1** ***echt*** ⇒*heus, erg, oprecht, intens* ◆ **2.1** that's ~ good, man! *dat is echt tof, kerel!*.

'real estate ⟨f1⟩ ⟨n.-telb.zn.⟩ **0.1** ***onroerend goed*** **0.2** ⟨vnl. AE⟩ ***huizen in verkoop*** ◆ **3.2** sell ~ *huizen verkopen*.

're·al-es·tate agent ⟨f1⟩ ⟨telb.zn.⟩ ⟨AE⟩ **0.1** ***makelaar in onroerend goed***.

re·al·gar [ri'ælgə‖-ər] ⟨n.-telb.zn.⟩ ⟨schei.⟩ **0.1** ***realgar*** ⇒*robijnzwavel*.

re·a·lign ['ri:ə'laɪn] ⟨ov.ww.⟩ **0.1** ***weer richten*** ⇒*weer in één lijn opstellen* **0.2** ⟨fig.⟩ ***anders groeperen/opstellen*** ⟨in politiek e.d.⟩.

re·a·lign·ment ['ri:ə'laɪnmənt] ⟨n.-telb.zn.⟩ **0.1** ***wederopstelling*** ⇒⟨fig.⟩ *hergroepering*.

re·al·ism ['rɪəlɪzm] ⟨f2⟩ ⟨n.-telb.zn.⟩ **0.1** ***realisme*** ⇒*werkelijkheidszin, getrouwheid* ⟨ook mbt. fil., kunst⟩.

re·al·ist ['rɪəlɪst] ⟨f1⟩ ⟨telb.zn.⟩ **0.1** ***realist***.

re·al·is·tic ['rɪə'lɪstɪk] ⟨f3⟩ ⟨bn.; -ally; →bijw. 3⟩ **0.1** ***realistisch*** ⇒*mbt. realisme* **0.2** ***realistisch*** ⇒*praktisch*.

re·al·i·ty [ri'æləṭi] ⟨f3⟩ ⟨zn.; →mv. 2⟩

I ⟨telb.zn.⟩ **0.1** ***werkelijkheid*** ⇒*realiteit* ◆ **1.1** the realities of life *de realiteiten/feiten v.h. leven* **3.1** his wish became a ~ *zijn wens werd werkelijkheid/ging in vervulling;*

II ⟨n.-telb.zn.⟩ **0.1** ***werkelijkheid*** ⇒*realiteit, wezenlijkheid, werkelijk bestaan* ◆ **3.1** believe in the ~ of goblins *in het bestaan v. kabouters geloven;* bring s.o. back to ~ *iem. tot de werkelijkheid terugbrengen* **6.1** in ~ *in werkelijkheid, in feite, eigenlijk*.

re·al·iz·a·ble, -is·a·ble ['rɪəlaɪzəbl] ⟨f1⟩ ⟨bn.⟩ **0.1** ***realiseerbaar*** ⇒*te verwezenlijken, uitvoerbaar*.

re·al·i·za·tion, -sa·tion ['rɪəlaɪ'zeɪʃn‖-lə-] ⟨f3⟩ ⟨n.-telb.zn.⟩ **0.1** ***bewustwording*** ⇒*besef, begrip* **0.2** ***realisatie*** ⇒*verwezenlijking, verwerkelijking* **0.3** ***realisatie*** ⇒*realisering, het te gelde maken*.

re·al·ize, -ise ['rɪəlaɪz] ⟨f4⟩ ⟨ww.⟩

I ⟨onov. en ov.ww.⟩ **0.1** ***verdienen door verkoop*** ◆ **6.1** they realized **on** the property *zij verdienden aan het eigendom;* they realized a handsome profit **on** the sale *zij verdienden een mooi sommetje op de verkoop;*

II ⟨ov.ww.⟩ **0.1** ***beseffen*** ⇒*zich bewust zijn/worden, zich realiseren, weten* **0.2** ***realiseren*** ⇒*verwezenlijken, uitvoeren, bewerkstelligen* **0.3** ***realiseren*** ⇒*verkopen, te gelde maken* **0.4** ⟨schr.⟩ ***opbrengen*** ◆ **1.2** ~ one's plans *zijn plannen waar maken* **1.3** ~ the family's jewellery *de familiejuwelen verkopen/te gelde maken* **1.4** the house ~d a profit *het huis bracht winst op* **3.1** don't you ~ you're making a fool of yourself? *zie je niet in dat je jezelf belachelijk maakt?*.

re·al·li·ance ['ri:ə'laɪəns] ⟨telb.zn.⟩ **0.1** ***hernieuwd verbond***.

re·al·ly[1] ['rɪəli, ri:-, rɪ-] ⟨f4⟩ ⟨bw.⟩ **0.1** →real **0.2** ***werkelijk*** ⇒*echt, heus, eigenlijk, in werkelijkheid* **0.3** ***werkelijk*** ⇒*echt, zeer, erg, helemaal* ◆ **2.2** he is not ~ bad *hij is niet zo kwaad (als hij eruit ziet), hij is nog zo kwaad niet* **2.3** it is ~ cold today *vandaag is het echt/heel erg koud* **3.2** I don't ~ feel like it *ik heb er eigenlijk geen zin in;* you ~ should/ought to go *je zou er echt naar toe moeten* **3.3** I ~ love you *ik hou echt (veel) van je* **5.2** ~ and truly *echt waar/daar kan je van op aan* **5.3** Do you like it? Not ~ *Vind je het leuk/mooi? Niet zo erg/Nee, eigenlijk niet* **¶.2** (O) really? *O ja?, Is dat zo?, Echt waar?*.

really[2] ⟨tussenw.⟩ **0.1** ***waarachtig!*** ⇒*nou, zeg!,... toch!* ◆ **1.1** ~, Willy! Mind your manners! *Willy toch! Wat zijn dat voor manieren!* **5.1** not ~! *nee zeg!, 't is toch niet waar!;* well ~! *nee maar!*.

realm [relm] ⟨f2⟩ ⟨telb.zn.⟩ **0.1** ⟨vaak R-⟩ ⟨schr., retoriek, jur.⟩ ***koninkrijk*** ⇒*rijk* **0.2** ***rijk*** ⇒*sfeer, gebied, wereld, domein* ⟨vnl. fig.⟩ ◆ **1.1** the defence of the Realm *de verdediging v.h. Koninkrijk* **1.2** the ~(s) of the imagination *de verbeeldingswereld;* the ~ of poetry *de wereld v.d. poëzie;* the ~ of science *het domein v.d. wetenschap* **2.2** the animal ~ *het dierenrijk* **6.2** in the ~ of *op het gebied v.*.

re·al·po·li·tik [reɪ'ɑ:lpɒlɪti:k‖-pɑ-] ⟨n.-telb.zn.⟩ **0.1** ***realpolitik*** ⟨beleid gericht op praktische, materiële belangen i.p.v. ideële doelstellingen⟩.

'real-time 'processing ⟨n.-telb.zn.⟩ ⟨comp.⟩ **0.1** ***directe/onvertraagde verwerking***.

re·al·tor ['rɪəltə, -tɔ:‖-tər, -tɔr] ⟨f1⟩ ⟨telb.zn.⟩ ⟨AE⟩ **0.1** ***makelaar in onroerend goed***.

re·al·ty ['rɪəlti] ⟨telb. en n.-telb.zn.; →mv. 2⟩ ⟨jur.⟩ **0.1** ***onroerend goed*** ⇒*vast goed, grondbezit*.

ream[1] [ri:m] ⟨f1⟩ ⟨telb.zn.⟩ **0.1** ***riem*** ⟨hoeveelheid papier⟩ **0.2** ⟨mv.⟩ ***vel vol*** ⇒*massa* ⟨schrijfwerk e.d.⟩ ◆ **1.2** he wrote ~s and ~s of bad poetry *hij schreef bergen/stapels/massa's slechte gedichten*.

ream[2] ⟨ov.ww.⟩ **0.1** ***verwijden*** ⇒*ruimen, uitboren* ⟨gat, e.d.⟩ **0.2** ***boord omstropen*** ⟨bv. patroonhuls⟩ **0.3** ⟨AE⟩ ***persen*** ⟨citrusvruchten⟩ **0.4** ⟨AE; sl.⟩ ***verneuken*** ⇒*belazeren; iets in de maag splitsen* **0.5** ⟨scheep.⟩ ***openmaken*** ⟨naden, om te breeuwen⟩ ◆ **5.¶** ⟨sl.⟩ ~ s.o. **out**, ~ s.o.'s ass **out** *iem. op zijn lazer geven*.

ream·er ['ri:mə‖-ər] ⟨telb.zn.⟩ **0.1** ***ruimer*** ⇒*ruimijzer/naald* **0.2** ⟨AE⟩ ***(citrus)vruchtenpers***.

re·an·i·mate ['ri:'ænɪmeɪt] ⟨ov.ww.⟩ **0.1** ***reanimeren*** ⇒*doen herleven, opnieuw bezielen, nieuw leven inblazen, opwekken* ⟨ook fig.⟩.

re·an·i·ma·tion ['ri:ænɪ'meɪʃn] ⟨n.-telb.zn.⟩ **0.1** ***reanimatie*** ⇒*het inblazen v. nieuw leven, opwekking* ⟨ook fig.⟩.

reap [ri:p] ⟨f2⟩ ⟨onov. en ov.ww.⟩ ⟨→sprw. 30, 536, 619⟩ **0.1** ***maaien*** ⇒*oogsten* ⟨ook fig.⟩; *verwerven, opstrijken* ⟨winst⟩ ◆ **1.1** ~ a profit/reward *de winst/een beloning opstrijken* **3.1** I ~ where I have not sown *ik maai, waar ik niet gezaaid heb* ⟨Matth. 25:26⟩; ~ as one has sown *gelijk men zaait, zo zal men oogsten*.

reap·er ['ri:pə‖-ər] ⟨telb.zn.⟩ **0.1** ***maaimachine*** **0.2** ***maaier*** ⟨ook fig.⟩ ⇒*de man met de zeis, zeiseman* ⟨de dood⟩ ◆ **1.1** ~ and binder *maaibinder*.

'reap·ing hook, ⟨AE vnl.⟩ **'reap hook** ⟨f1⟩ ⟨telb.zn.⟩ **0.1** ***sikkel***.

'reaping machine ⟨telb.zn.⟩ **0.1** ***maaimachine***.

re·ap·pear ['ri:ə'pɪə‖-'pɪr-] ⟨f2⟩ ⟨onov.ww.⟩ **0.1** ***weer verschijnen*** ⇒*opnieuw te voorschijn komen, weer komen opdagen*.

re·ap·pear·ance ['ri:ə'pɪərəns‖-'pɪr-] ⟨f1⟩ ⟨telb. en n.-telb.zn.⟩ **0.1** ***herverschijning*** ⇒*het zich opnieuw vertonen, terugkeer*.

re·ap·prais·al ['ri:ə'preɪzl] ⟨f1⟩ ⟨telb. en n.-telb.zn.⟩ **0.1** ***herwaardering***.

rear[1] [rɪə‖rɪr] ⟨f3⟩ ⟨telb.zn.⟩ **0.1** ***achtergedeelte*** ⇒*achterstuk;* ⟨fig.⟩ *achtergrond* **0.2** ***achterkant*** ⇒*rug(kant/zijde), achterzijde* **0.3** ⟨inf.⟩ ***achterste*** ⇒*achterwerk, derrière* **0.4** ⟨BE; inf.⟩ ***plee*** ⇒*WC* **0.5** ⟨mil.⟩ ***achterhoede*** ◆ **1.3** ⟨scherts.⟩ get your ~ in gear *kom es van je luie gat* **3.1** drop to the ~ *op de achtergrond raken;* move to the ~ *zich op de achtergrond plaatsen, op de achtergrond blijven* **3.2** bring up the ~ *als laatste komen, de rij sluiten;* take in the ~ *in de rug aanvallen* **3.5** hang on the ~ of *op de hielen zitten* **6.1** in the ~ *achterin, in het achtergedeelte* **6.2** at/ ⟨AE⟩ in the ~ *achteraan, aan de achterkant*.

rear[2] ⟨f3⟩ ⟨bn., attr.⟩ **0.1** ***achter-*** ⇒*achterste* ◆ **1.1** ~ door/light/wheel *achterdeur/licht/wiel;* ~ sight *achterste deel v.e. vizier, keep* ⟨v. korrelvizier⟩.

rear[3] ⟨f3⟩ ⟨ww.⟩

I ⟨onov.ww.⟩ **0.1** ***steigeren*** **0.2** ⟨schr.⟩ ***oprijzen*** ⇒*zich verheffen* ◆ **5.1** the horse ~ed **up** *het paard steigerde;*

II ⟨ov.ww.⟩ **0.1** ***grootbrengen*** ⇒*(op)fokken, kweken, opvoeden* **0.2** ⟨schr.⟩ ***oprichten*** ⇒*stichten, bouwen* ◆ **1.1** ~ children *kinderen opvoeden;* ~ cattle *vee (op)fokken* **1.2** ~ a monument *een gedenkteken oprichten* **4.2** the tower ~ed itself into the sky *de toren verhief zich in de lucht*.

'rear-'ad·mi·ral ⟨telb.zn.⟩ **0.1** ***schout-bij-nacht***.

rear 'end collision ⟨telb.zn.⟩ **0.1** ***kopstaartbotsing***.

'rear·guard ⟨f1⟩ ⟨verz.n.; the; ook attr.⟩ **0.1** ***achterhoede***.

'rearguard action ⟨f1⟩ ⟨telb.zn.⟩ **0.1** ***achterhoedegevecht*** ⟨ook fig.⟩.

re·arm ['ri:'ɑ:m‖-'ɑrm] ⟨f1⟩ ⟨onov. en ov.ww.⟩ **0.1** ***herbewapenen*** ◆ **4.1** we must ~ ourselves *we moeten (ons) herbewapenen* **6.1** ~ the troops **with** modern guns *de soldaten met moderne kanonnen herbewapenen*.

re·ar·ma·ment ['ri:'ɑ:məmənt‖-'ɑr-] ⟨f1⟩ ⟨n.-telb.zn.⟩ **0.1** ***herbewapening*** ⟨ook fig.⟩.

rear·most ['rɪəmoust‖'rɪr-] ⟨f1⟩ ⟨bn., attr.⟩ **0.1** ***achterste*** ⇒*allerlaatste* ⟨in rij e.d.⟩.

re·ar·range ['ri:ə'reɪndʒ] ⟨f2⟩ ⟨ov.ww.⟩ **0.1** ***herschikken*** ⇒*herordenen, anders rangschikken/inrichten/opstellen* **0.2** ***herschikken*** ⇒*herordenen, opnieuw schikken/ordenen, weer in orde brengen* ◆ **1.1** ~ the room/furniture *de kamer anders inrichten, de meubels anders opstellen* **1.2** she ~d her hair *ze bracht haar haar weer in orde*.

re·ar·range·ment ['ri:ə'reɪndʒmənt] ⟨f1⟩ ⟨telb. en n.-telb.zn.⟩ **0.1** ***herschikking*** ⇒*herordening, andere schikking/inrichting/ordening/opstelling*.

'rear shelf ⟨telb.zn.⟩ **0.1** ***hoedenplank***.

'rear sus'pension ⟨telb. en n.-telb.zn.⟩ **0.1** ***achterwielophanging***.

'rear vassal ⟨telb.zn.⟩ ⟨gesch.⟩ **0.1** ***achterleenman/vazal***.

'rear·view 'mirror ⟨f1⟩ ⟨telb.zn.⟩ **0.1** ***achteruitkijkspiegel***.

rear·ward[1] ['rɪəwəd‖'rɪrwərd] ⟨n.-telb.zn.⟩ **0.1** ***achterste*** ⇒*achterkant* ◆ **6.1** in the ~ *aan de achterkant;* to ~ of *achter*.

rearward[2] ⟨bn., attr.⟩ **0.1** ***achter-*** ⇒*achterste* **0.2** ***achterwaarts*** ◆ **1.1** a ~ section of the shop *een afdeling achter in de winkel* **1.2** a ~ movement *een achterwaartse beweging.*

rearward[3], **rear·wards** ['rɪəwədz‖'rɪrwərdz]⟨bw.⟩ **0.1** ***achterwaarts*** ⇒*achteruit.*

rea·son[1] ['ri:zn]⟨f4⟩⟨zn.⟩

I ⟨telb.zn.⟩⟨logica⟩ **0.1** ***reden;***

II ⟨telb. en n.-telb.zn.⟩ **0.1** ***reden*** ⇒*grond, beweegreden, oorzaak* ◆ **1.1** ~(s) of State *staatsredenen* **3.1** have ~(s) to believe that *reden(en)/grond(en) hebben om te geloven dat;* ⟨inf.⟩ or you'll know the ~ why *anders zwaait er wat;* ⟨inf.⟩ she'll want to know the ~ why *zij zal boos worden* **6.1 by** ~ **of** *wegens, uit kracht/hoofde van;* **for** ~s **of** safety *uit veiligheidsoverwegingen, veiligheidshalve;* **with** (good) ~ *terecht;* **without** ~ *zonder reden, ongegrond* **8.1** the ~ why *de reden waarom/dat;*

III ⟨n.-telb.zn.⟩ **0.1** ***rede*** ⇒*verstand* **0.2** ***redelijkheid*** ⇒*gezond verstand* ◆ **3.1** lose one's ~ *zijn verstand verliezen, krankzinnig worden;* have ~ *met rede begaafd zijn* **3.2** bring s.o. to ~, make s.o. hear/listen to/see ~ *iem. tot rede brengen;* see ~ *naar rede luisteren;* it stands to ~ that *het spreekt vanzelf dat* **6.2** demands **past/beyond** all ~ *onredelijke eisen;* anything **(with)in** ~ *alles wat redelijk/mogelijk is* **7.2** there is much ~ in his sayings *er is veel waars/schuilt veel gezond verstand in wat hij zegt.*

reason[2] ⟨f3⟩⟨ww.⟩ →reasoning

I ⟨onov.ww.⟩ **0.1** ***redeneren*** ⇒*logisch denken* **0.2** ***redeneren*** ⇒*argumenteren* ◆ **6.1** ~ **from** premisses *zich op premissen baseren* **6.2** ~ **with** s.o. *met iem. redeneren/redetwisten;*

II ⟨ov.ww.⟩ **0.1** ***door redenering besluiten*** ⇒*aannemen, veronderstellen* **0.2** ***door redenering overtuigen*** ⇒*ompraten* **0.3** ***beredeneren*** ⇒*logisch nadenken over* ◆ **1.3** a well-~ed statement *een weldoordachte/beredeneerde/logische uiteenzetting* **4.1** ⟨inf.⟩ ours is not to ~ why *wij moeten maar gehoorzamen* **5.1** ~ sth. **out** *iets berekenen/uitkienen* **5.2** ~ one's fears **away** *zijn angst wegredeneren* **6.2** ~ s.o. **into** participation *iem. overreden mee te doen;* ~ s.o. **out of** a plan *iem. een plan uit het hoofd praten* **8.1** I ~ed that he could not have been there *ik kwam tot de slotsom dat hij er niet had kunnen zijn.*

rea·son·a·ble ['ri:znəbl]⟨f3⟩⟨bn.; -ness⟩ **0.1** ***redelijk*** ⇒*verstandig* **0.2** ***redelijk*** ⇒*schappelijk, billijk, aanvaardbaar.*

rea·son·a·bly ['ri:znəbli]⟨f3⟩⟨bw.⟩ **0.1** →reasonable **0.2** ***redelijkerwijze*** **0.3** ***vrij*** ⇒*tamelijk, nogal* ◆ **2.3** the house is yet in a ~ good state *het huis is nog in vrij behoorlijke staat* **3.2** I cannot ~ believe that *redelijkerwijs kan ik dat niet geloven.*

rea·son·er ['ri:znə‖-ər]⟨telb.zn.⟩ **0.1** ***redeneerder/ster.***

rea·son·ing ['ri:znɪŋ]⟨f1⟩⟨zn.; (oorspr.) gerund v. reason⟩

I ⟨telb.zn.⟩ **0.1** ***redenering*** ⇒*redenatie, manier v. redeneren;*

II ⟨n.-telb.zn.⟩ **0.1** ***redenering*** ⇒*gebruik v. rede.*

re·as·sem·ble [ri:ə'sembl]⟨f1⟩⟨ww.⟩

I ⟨onov.ww.⟩ **0.1** ***opnieuw vergaderen*** ⇒*opnieuw bijeen/samenkomen;*

II ⟨ov.ww.⟩ **0.1** ***opnieuw samenbrengen*** **0.2** ***opnieuw ineenzetten*** ⇒*opnieuw samen/bijeenvoegen.*

re·as·sert ['ri:ə'sɜ:t‖-'sɜrt]⟨ov.ww.⟩ **0.1** ***opnieuw beweren*** ⇒*bevestigen* **0.2** ***opnieuw laten/doen gelden*** ⇒*(opnieuw) handhaven.*

re·as·ser·tion ['ri:ə'sɜ:ʃn‖-'sɜrʃn]⟨telb. en n.-telb.zn.⟩ **0.1** ***herhaalde bewering*** ⇒*(her)bevestiging* **0.2** ***(herhaalde) handhaving*** ⇒*het opnieuw laten/doen gelden.*

re·as·sess ['ri:ə'ses]⟨ov.ww.⟩ **0.1** ***opnieuw belasten/aanslaan*** **0.2** ***herschatten*** ⇒*herwaarderen, opnieuw schatten/taxeren.*

re·as·sess·ment ['ri:ə'sesmənt]⟨telb. en n.-telb.zn.⟩ **0.1** ***nieuwe belasting/aanslag*** **0.2** ***herschatting*** ⇒*herwaardering, hertaxatie.*

re·as·sign ['ri:ə'saɪn]⟨ov.ww.⟩ **0.1** ***opnieuw toe/aanwijzen.***

re·as·sume ['ri:ə'sju:m‖-'su:m]⟨ov.ww.⟩ **0.1** ***weer aannemen*** **0.2** ***weer opnemen*** **0.3** ***weer aantrekken*** **0.4** ***weer voorwenden.***

re·as·sump·tion ['ri:ə'sʌmpʃn]⟨telb. en n.-telb.zn.⟩ **0.1** ***het weer aannemen*** **0.2** ***heropneming*** **0.3** ***het weer aantrekken*** **0.4** ***het weer voorwenden.***

re·as·sur·ance ['ri:ə'ʃʊərəns|-'ʃʊr-]⟨f3⟩⟨telb. en n.-telb.zn.⟩ **0.1** ***geruststelling*** **0.2** ***herverzekering.***

re·as·sure ['ri:ə'ʃʊə‖-'ʃʊr]⟨f3⟩⟨ov.ww.⟩ →reassuring **0.1** ***geruststellen*** ⇒*weer (zelf)vertrouwen geven* **0.2** ***herverzekeren.***

re·as·sur·ing ['ri:ə'ʃʊərɪŋ‖-'ʃʊr-]⟨f1⟩⟨bn.; -ly; teg. deelw. v. reassure⟩ **0.1** ***geruststellend.***

Ré·au·mur ['reɪəmjʊə‖'reɪoʊ'mjʊr]⟨bn., post.⟩⟨nat.⟩ **0.1** ***Réaumur*** ⇒*op de Réaumurschaal* ◆ **1.1** water boils at 80° ~ *water kookt bij 80° Réaumur.*

'Réaumur scale ⟨n.-telb.zn.; the⟩⟨nat.⟩ **0.1** ***Réaumurschaal.***

reave, ⟨in bet. I ook sp.⟩ **reive** [ri:v]⟨ww.; ook reft, reft [reft]⟩ ⟨vero.; BE⟩

I ⟨onov.ww.⟩ **0.1** ***plunderen*** ⇒*brandschatten;*

II ⟨ov.ww.; vnl. volt. deelw.⟩ **0.1** ***ontrieven*** ⇒*ontnemen, beroven* **0.2** ***scheiden*** ⇒*losrukken* ◆ **6.1** reft **of** her spouse *v. haar echtgenoot beroofd* ⟨i.h.b. door de dood⟩.

re·bap·tism ['ri:'bæptɪzm]⟨telb. en n.-telb.zn.⟩ **0.1** ***wederdoop*** ⇒*herdoop.*

re·bap·tize, -ise ['ri:bæp'taɪz‖'ri:'bæptaɪz]⟨onov. en ov.ww.⟩ **0.1** ***wederdopen*** ⇒*herdopen.*

re·bar·ba·tive [rɪ'bɑ:bətɪv‖rɪ'bɑrbəṭɪv]⟨bn.⟩⟨schr.⟩ **0.1** ***afstotend*** ⇒*weerzinwekkend.*

re·bate[1] ['ri:beɪt]⟨telb.zn.⟩ **0.1** ***korting*** ⇒*rabat, aftrek, afslag* **0.2** →rabbet.

rebate[2] [rɪ'beɪt]⟨ov.ww.⟩⟨vero.⟩ **0.1** ***verminderen*** ⇒*afslaan* ⟨prijs⟩, *aftrekken* **0.2** →rabbet.

re·bec(k) ['ri:bek]⟨telb.zn.⟩ **0.1** ***rebab*** ⟨twee- of driesnarige vedel, o.m. in gamelan⟩.

reb·el[1] ['rebl]⟨f3⟩⟨telb.zn.⟩ **0.1** ***rebel*** ⇒*oproerling, opstandeling, muiter* **0.2** ⟨R-⟩⟨AE; gesch.⟩ ***soldaat v.d. zuidelijke staten in de Am. Burgeroorlog*** ◆ **1.1** a ~ in the home *weerspannig kind.*

reb·el[2] ⟨f2⟩⟨bn., attr.⟩ **0.1** ***rebellen-*** ⇒*oproerlingen-, opstandelingen-, opstandig, oproerig* ◆ **1.1** ~ forces *rebellenleger, opstandige strijdkrachten, gewapend verzet.*

re·bel[3] [rɪ'bel]⟨f2⟩⟨onov.ww.; →ww. 7⟩ **0.1** ***rebelleren*** ⇒*muiten, oproer maken, in opstand komen* **0.2** ***zich verzetten*** ◆ **6.1** the population ~s **against** the regime *de bevolking komt in opstand tegen het regime* **6.2** the taxpayers ~ **against** the new measures *de belastingplichtigen verzetten zich tegen de nieuwe maatregelen.*

re·bel·lion [rɪ'belɪən]⟨f2⟩⟨zn.⟩

I ⟨telb.zn.⟩ **0.1** ***opstand*** ⇒*oproer, rebellie* ◆ **2.1** the Great Rebellion *de Eng. Burgeroorlog* ⟨1642-51⟩ **7.1** the Rebellion *de Eng./Am. Burgeroorlog;*

II ⟨n.-telb.zn.⟩ **0.1** ***opstandigheid*** ⇒*rebellie.*

re·bel·lious [rɪ'belɪəs]⟨f2⟩⟨bn.; -ly; -ness⟩ **0.1** ***opstandig*** ⟨ook fig.⟩ ⇒*oproerig, weerspannig* **0.2** ***hardnekkig*** ◆ **1.1** ~ behaviour *opstandig gedrag* **1.2** a ~ cold *een hardnekkige verkoudheid.*

re·bind ['ri:'baɪnd]⟨ov.ww.⟩ **0.1** ***opnieuw (in)binden*** ⟨boek⟩.

re·birth ['ri:'bɜ:θ‖'ri:'bɜ:rθ]⟨f2⟩⟨telb.zn.; geen mv.⟩ **0.1** ***wedergeboorte*** **0.2** ***herleving*** ⇒*wederopleving.*

re·born ['ri:'bɔ:n‖'ri:'bɔrn]⟨f1⟩⟨bn., pred.⟩ **0.1** ***herboren*** ⇒*opnieuw geboren, wedergeboren.*

re·bound[1] ['ri:baʊnd]⟨f2⟩⟨telb.zn.⟩ **0.1** ***terugstoot*** ⇒*terugsprong, terugkaatsing/stuit* ⟨v. bal⟩, *rebound; echo* ⟨v. geluid⟩ **0.2** ***terugwerking*** ⇒*reactie, weeromstuit* ◆ **6.1** catch a ball **on** the ~ *een terugkaatsende bal vangen* **6.2 on** the ~ *v.d. weeromstuit, als/uit reactie;* take/catch s.o. **on/at** the ~ *v. iemands emotionele reactie profiteren om hem te overreden/overtuigen.*

rebound[2] [rɪ'baʊnd]⟨f1⟩⟨onov.ww.⟩ **0.1** ***terugkaatsen*** ⇒*terugspringen/stuiten* **0.2** ***terugwerken*** ⇒*neerkomen* ◆ **6.1** the pebble ~ed **from** the street *het steentje sprong v.d. straat terug* **6.2** your evil deeds will ~ **(up)on** you *je slechte daden zullen op je eigen hoofd neerkomen.*

re·broad·cast[1] ['ri:'brɔ:dkɑ:st‖-kæst]⟨f1⟩⟨telb.zn.⟩ **0.1** ***heruitzending*** ⇒*herhaling* **0.2** ***heruitzending*** ⇒*relais, overname.*

rebroadcast[2] ⟨f1⟩⟨ov.ww.⟩ **0.1** ***heruitzenden*** ⇒*opnieuw uitzenden, herhalen* **0.2** ***heruitzenden*** ⇒*relayeren, overnemen.*

re·buff[1] [rɪ'bʌf]⟨f1⟩⟨telb.zn.⟩ **0.1** ***afwijzing*** ⇒*weigering* ⟨v. hulp, voorstel, e.d.⟩ **0.2** ***onverschillige behandeling*** ⇒*onvriendelijke bejegening* **0.3** ***tegenslag*** ◆ **3.1** all her suitors met with a ~ from her father *al haar vrijers werden afgescheept/afgewezen door haar vader;* he met with a ~ *hij kwam v.e. koude kermis thuis.*

rebuff[2] ⟨f1⟩⟨ov.ww.⟩ **0.1** ***afwijzen*** ⇒*weigeren, afstoten, afschepen* **0.2** ***uit de hoogte behandelen*** **0.3** ***terugdrijven.***

re·build ['ri:'bɪld]⟨f2⟩⟨ov.ww.⟩ **0.1** ***herbouwen*** ⇒*verbouwen, opknappen* ⟨huis⟩; *reviseren* ⟨toestel⟩ **0.2** ***volledig hervormen*** ⇒*vernieuwen* ◆ **1.2** the news rebuilt her hopes *het nieuws gaf haar nieuwe hoop.*

re·buk·able [rɪ'bju:kəbl]⟨bn.⟩⟨schr.⟩ **0.1** ***laakbaar.***

re·buke[1] [rɪ'bju:k]⟨zn.⟩⟨schr.⟩

I ⟨telb.zn.⟩ **0.1** ***berisping*** ⇒*standje, reprimande* ◆ **2.1** a mild/sharp ~ *een milde/strenge berisping* **3.1** ⟨vnl. mil.⟩ administer a ~ *een berisping toevoegen/geven;*

II ⟨n.-telb.zn.⟩ **0.1** ***afkeuring*** ◆ **2.1** his behaviour provoked general ~ *zijn gedrag wekte algemene afkeuring.*

rebuke[2] ⟨f1⟩⟨ov.ww.⟩ **0.1** ***berispen*** ⇒*een standje geven* ◆ **6.1** ~ s.o. **for** his laziness *iem. een standje geven/berispen om zijn luiheid.*

re·bus ['ri:bəs]⟨telb.zn.⟩ **0.1** ***rebus*** ⇒*beeldraadsel* **0.2** ⟨heraldiek⟩ ***rebus(blazoen).***

re·but [rɪ'bʌt]⟨f1⟩⟨ww.; →ww. 7⟩

I ⟨onov.ww.⟩ **0.1** ⟨jur.⟩ ***een tegenbewijs voordragen;***

II ⟨ov.ww.⟩ **0.1** ***weerleggen*** ⇒*refuteren, als onwaar afwijzen.*

re·but·ment [rɪ'bʌtmənt]⟨telb. en n.-telb.zn.⟩ **0.1** ***weerlegging*** ⇒*afwijzing.*

re·but·tal [rɪ'bʌṭl]⟨f1⟩⟨telb.zn.⟩ **0.1** ***tegenbewijs*** **0.2** ***weerlegging*** ⇒*refutatie.*

re·but·ter [rɪ'bʌtə||rɪ'bʌt̬ər]⟨telb.zn.⟩ **0.1** ***weerlegging*** **0.2** ⟨jur.⟩ ***antwoord v. beschuldigde op tripliek v.d. aanklager.***

re·cal·ci·trance [rɪ'kælsɪtrəns], **re·cal·ci·tran·cy** [-si]⟨n.-telb.zn.⟩ **0.1** ***weerspannigheid*** ⇒*onwilligheid, ongehoorzaamheid, verzet* **0.2** ***recalcitrant gedrag.***

re·cal·ci·trant[1] [rɪ'kælsɪtrənt]⟨telb.zn.⟩ **0.1** ***weerspannige*** ⇒*tegenstribbelaar, ongehoorzame.*

recalcitrant[2] ⟨f1⟩⟨bn.⟩ **0.1** ***recalcitrant*** ⇒*weerspannig, ongehoorzaam, onwillig* **0.2** ⟨schei.⟩ ***moeilijk afbreekbaar.***

re·cal·ci·trate [rɪ'kælsɪtreɪt]⟨onov.ww.⟩ **0.1** ***zich verzetten*** ⇒*protesteren, tegenstribbelen.*

re·cal·ci·tra·tion [rɪ'kælsɪ'treɪʃn]⟨n.-telb.zn.⟩ **0.1** ***verzet*** ⇒*weerspannigheid, onwilligheid, protest.*

re·ca·les·ce ['ri:kə'les]⟨onov.ww.⟩ **0.1** ***weer warm worden*** ⟨vnl. v. afkoelend ijzer⟩.

re·ca·les·cence ['ri:kə'lesns]⟨n.-telb.zn.⟩ **0.1** ***plotselinge verhitting*** ⟨v. afkoelend ijzer⟩.

re·call[1] [rɪ'kɔ:l||'ri:kɔl]⟨f2⟩⟨zn.⟩

I ⟨telb.zn.; the⟩⟨mil.⟩ **0.1** ***rappel*** ⇒*signaal voor terugroeping* ◆ **3.1** sound the ~ *het rappel blazen;*

II ⟨telb. en n.-telb.zn.⟩ **0.1** ***rappel*** ⇒*terugroeping* ⟨v. officieren, gezant e.d.⟩ **0.2** ***terugroeping*** ⟨v. produkt, door fabrikant⟩ ⇒*terugname* ◆ **1.1** letter of ~ *brief v. rappel* **6.1** officers **under** ~ *teruggeroepen officieren;*

III ⟨n.-telb.zn.⟩ **0.1** ***herinnering*** ⇒*geheugen* **0.2** ***herroeping*** ⇒*intrekking* ◆ **2.1** total ~ *absoluut geheugen, volledige herinnering* **6.1** **beyond/past** ~ *onmogelijk te herinneren* **6.2** lost **beyond** ~ *onherroepelijk verloren.*

recall[2] [rɪ'kɔ:l]⟨f3⟩⟨ww.⟩⟨→sprw. 761⟩

I ⟨onov. en ov.ww.⟩ **0.1** ***zich herinneren*** ◆ **8.1** I cannot ~ (to mind) that he said something *ik kan me niet herinneren dat/of hij iets zei;*

II ⟨ov.ww.⟩ **0.1** ***terugroepen*** ⇒*rappeleren* ⟨i.h.b. gezant⟩ **0.2** ***herroepen*** ⇒*intrekken* ⟨bevel e.d.⟩ **0.3** ***terugbrengen*** ⇒*herinneren* **0.4** ***terugnemen*** ⟨geschenk, koopwaar e.d.⟩ ⇒*terugroepen* ⟨produkt, door fabrikant⟩ **0.5** ***terugbrengen*** ⇒*doen herleven* ◆ **6.1** ~ **to** active service *in actieve dienst terugroepen.*

re·cant [rɪ'kænt]⟨ww.⟩

I ⟨onov.ww.⟩ **0.1** ***zijn bewering herroepen*** ⇒*zijn geloof verzaken, zijn mening/overtuiging opgeven, zijn dwaling openlijk erkennen/toegeven;*

II ⟨ov.ww.⟩ **0.1** ***terugtrekken*** ⇒*terugkomen op, terugnemen, herroepen.*

re·can·ta·tion ['ri:kæn'teɪʃn]⟨telb. en n.-telb.zn.⟩ **0.1** ***herroeping*** ⇒*terugtrekking* ⟨v. mening, overtuiging e.d.⟩.

re·cap[1] ['ri:kæp]⟨telb.zn.⟩ **0.1** ⟨verk.⟩ ⟨recapitulatie⟩ ⟨inf.⟩ ***recapitulatie*** ⇒*korte opsomming* **0.2** ⟨AE⟩ ***nieuw loopvlak*** ⟨v. autoband⟩.

recap[2] ['ri:'kæp]⟨ov.ww.⟩ **0.1** ***weer dichtdoen*** ⇒*weer een dop/capsule zetten op* ⟨fles e.d.⟩ **0.2** ⟨AE⟩ ***v.e. nieuw loopvlak voorzien*** ⟨autoband⟩.

recap[3] ['ri:kæp]⟨onov. en ov.ww.⟩⟨verk.⟩ recapitulate ⟨inf.⟩ **0.1** ***recapituleren*** ⇒*kort samenvatten.*

re·ca·pit·u·late ['ri:kə'pɪtʃʊleɪt||-tʃə-]⟨f1⟩⟨onov. en ov.ww.⟩ **0.1** ***recapituleren*** ⇒*samenvattend herhalen, kort samenvatten.*

re·ca·pit·u·la·tion ['ri:kəpɪtʃʊ'leɪʃn||-tʃə-]⟨f1⟩⟨telb. en n.-telb.zn.⟩ **0.1** ***recapitulatie*** ⇒*samenvatting v.d. hoofdpunten* **0.2** ⟨biol.⟩ ***recapitulatie*** ⟨mbt. ontwikkeling⟩.

re·ca·pit·u·la·tive ['ri:kə'pɪtʃʊlətɪv||-tʃəleɪt̬ɪv], **re·ca·pit·u·la·to·ry** [-lətri||-lətɔri]⟨bn.⟩ **0.1** ***samenvattend*** ⇒*samenvattings-* ◆ **1.1** a ~ statement *een samenvattende uiteenzetting.*

re·cap·tion ['ri:'kæpʃn]⟨telb. en n.-telb.zn.⟩ **0.1** ***terugname*** ⟨v. wederrechtelijk vervreemde goederen e.d.⟩.

re·cap·tor ['ri:'kæptə||-ər]⟨telb.zn.⟩ **0.1** ***terugnemer*** ⇒*begunstigde v. terugname.*

re·cap·ture[1] ['ri:'kæptʃə||-ər]⟨telb. en n.-telb.zn.⟩ **0.1** ***terugneming*** ⇒*herovering* **0.2** ***het teruggenomene.***

recapture[2] ⟨f2⟩⟨onov. en ov.ww.⟩ **0.1** ***heroveren*** ⇒*terugnemen, weer innemen* **0.2** ***oproepen*** ⇒*(zich) in herinnering brengen* **0.3** ***doen herleven.***

re·cast[1] ['ri:kɑ:st||'ri:kæst]⟨zn.⟩

I ⟨telb.zn.⟩ **0.1** ***in een nieuwe vorm gegoten voorwerp*** ⇒⟨fig.⟩ *omwerking, herziening, vernieuwing* ⟨werk, idee e.d.⟩;

II ⟨telb. en n.-telb.zn.⟩ **0.1** ***hergieting*** ⇒⟨fig.⟩ *hervorming, herziening, herbewerking.*

recast[2] ['ri:'kɑ:st||-'kæst]⟨ov.ww.⟩ **0.1** ***hergieten*** **0.2** ***omwerken*** ⇒*herbewerken, herzien, hervormen, vernieuwen* **0.3** ***opnieuw verdelen*** ⟨rollen in toneelstuk⟩ ◆ **1.1** ~ a church bell *een kerkklok hergieten* **1.2** ~ a sentence *een zin herschrijven.*

rec·ce ['reki]⟨f2⟩⟨telb.zn.⟩⟨verk.⟩ reconnaissance ⟨BE; mil.; sl.⟩ **0.1** ***verkenning*** ⇒*verkenningsexpeditie/vlucht/opdracht.*

recd ⟨afk.⟩ received.

re·cede [rɪ'si:d]⟨f2⟩⟨onov.ww.⟩ **0.1** ***achteruitgaan*** ⇒*zich terugtrekken, terugwijken, teruggaan;* ⟨ook fig.⟩ *teruglopen* ⟨in waarde e.d.⟩ **0.2** ***terugwijken*** ⇒*langzaam verdwijnen* **0.3** ***terugkomen*** ⟨op beslissing e.d.⟩ ⇒*terugkrabbelen* ◆ **1.1** a receding chin *een wijkende/terugspringende kin;* a receding forehead *een terugwijkend voorhoofd;* a receding hairline *een kalend hoofd;* receding prices *dalende prijzen;* the tide ~d *het werd eb* **6.2** the idea ~d **from** his mind *de idee verdween uit zijn gedachten;* as we travelled on, the city ~d **from** our view *we reisden verder en de stad verdween uit het gezicht;* ~ **into** the background *op de achtergrond treden* **6.3** ~ **from** an opinion *van een mening terugkomen.*

re-cede ['ri:'si:d]⟨ov.ww.⟩ **0.1** ***weer afstaan.***

re·ceipt[1] [rɪ'si:t]⟨f2⟩⟨zn.⟩

I ⟨telb.zn.⟩ **0.1** ***reçu*** ⇒*ontvangstbewijs, kwitantie* **0.2** ***recette*** ⟨ook mv.⟩ ⇒*ontvangen geld(en)* **0.3** ⟨vero.⟩ ***recept*** ◆ **1.3** ~s and expenditures *inkomsten en uitgaven* **3.1** sign/make out a ~ *een kwitantie opstellen;*

II ⟨n.-telb.zn.⟩ **0.1** ***ontvangst*** ⇒*het ontvangen* ◆ **6.1** ⟨schr.⟩ I am **in** ~ **of** your letter *ik heb uw brief ontvangen;* **on** ~ **of** your payment *na ontvangst van uw betaling.*

receipt[2] ⟨ov.ww.⟩ **0.1** ***kwiteren*** ⇒*voor voldaan tekenen* ⟨rekening, e.d.⟩ **0.2** ⟨AE⟩ ***een ontvangstbewijs tekenen/geven voor*** ⇒*voor ontvangst tekenen v..*

re'ceipt-note ⟨telb.zn.⟩ **0.1** ***ontvangstbewijs.***

re·ceiv·a·ble [rɪ'si:vəbl]⟨bn.⟩ **0.1** ***acceptabel*** ⇒*aanvaardbaar, geldig* ⟨vnl. mbt. betaalmiddel⟩ **0.2** ***te ontvangen*** ⇒*te innen* ◆ **1.1** ⟨jur.⟩ ~ evidence *geldig/ontvankelijk bewijs(materiaal)* **1.2** ⟨vnl. AE; boekhouden⟩ accounts ~ *te innen rekeningen, vorderingen, uitstaande schulden;* bills ~ *te innen wissels.*

re·ceiv·a·bles [rɪ'si:vəblz]⟨mv.⟩⟨AE⟩ **0.1** ***uitstaande vorderingen*** ⇒*te innen rekeningen.*

re·ceive [rɪ'si:v]⟨f3⟩⟨ww.⟩ →received

I ⟨onov. en ov.ww.⟩ **0.1** ***ontvangen*** ⇒*verwelkomen, bezoek/gasten ontvangen* **0.2** ***helen*** ⇒*gestolen goederen aanvaarden* **0.3** ⟨R.-K.⟩ ***communiceren*** ⇒*de sacramenten ontvangen* ◆ **1.3** ~ the sacraments *ter communie gaan* **3.1** the doctor does not ~ on Wednesdays *de dokter heeft 's woensdags geen spreekuur;*

II ⟨ov.ww.⟩ **0.1** ***ontvangen*** ⇒*krijgen, in ontvangst nemen* **0.2** ***ontvangen*** ⇒*toelaten, opnemen* **0.3** ***aanvaarden*** ⇒*aannemen, geloven; aanhoren* ⟨eed, klacht⟩ **0.4** ***opvangen*** ⇒*dragen* **0.5** ***ontvangen*** ⟨bv. via radio⟩ ◆ **1.1** ~ a good education *een goede opvoeding krijgen;* the news was ~d with joy *het nieuws werd met vreugde ontvangen* **1.3** the ~d view/opinion *de algemeen aanvaarde visie/mening* **1.4** be at/on the receiving end (of the stick/complaints) *al de klappen krijgen/klachten incasseren* **3.5** are you receiving me? *ontvangt/hoort u me?* **5.2** ~ back **into** the fold *weer als lid aanvaarden* **6.2** ~ **into** the Church *als kerklid aanvaarden/bevestigen.*

re·ceived [rɪ'si:vd]⟨f2⟩⟨bn., attr.; volt. deelw. v. receive⟩ **0.1** ***algemeen aanvaard*** ⇒*standaard-* ◆ **1.1** ⟨vero.⟩ ~ pronunciation *standaarduitspraak;* Received Standard English *Algemeen Beschaafd Engels.*

re·ceiv·er [rɪ'si:və||-ər]⟨f3⟩⟨telb.zn.⟩⟨→sprw. 588⟩ **0.1** ***ontvanger*** ⟨persoon, toestel⟩ **0.2** ***hoorn*** ⟨v. telefoon⟩ **0.3** ***curator*** ⇒*bewindvoerder* **0.4** ***heler*** **0.5** ***vat*** ⇒*reservoir, vergaarbak* **0.6** ⟨Am. voetbal⟩ ***receiver*** ⟨speler die een gooi v.d. quarterback moet vangen⟩ ◆ **2.3** Official Receiver *curator in een faillissement.*

re·ceiv·er·ship [rɪ'si:vəʃɪp||-vər-]⟨n.-telb.zn.⟩ **0.1** ***curatorschap*** **0.2** ***curatele*** ⇒*beheer v.e. curator* ◆ **6.2** the firm is **in** ~ *de firma staat onder het beheer v.e. curator.*

re'ceiv·ing-or·der ⟨telb.zn.⟩⟨jur.⟩ **0.1** ***besluit tot benoeming v.e. curator.***

re'ceiv·ing-set ⟨telb.zn.⟩ **0.1** ***ontvangtoestel.***

re·cen·cy ['ri:snsi]⟨n.-telb.zn.⟩ **0.1** ***recentheid*** ⇒*actualiteit, nieuwheid.*

re·cen·sion [rɪ'senʃn]⟨telb.zn.⟩ **0.1** ***revisie*** ⇒*kritische heruitgave* ⟨v. tekst⟩ **0.2** ***kritisch heruitgegeven/herziene tekst.***

re·cent ['ri:snt]⟨f4⟩⟨bn.; -ness⟩ **0.1** ***recent*** ⇒*van kort geleden, van de laatste tijd* **0.2** ***nieuw*** ⇒*jong, modern* **0.3** ⟨R-⟩⟨geol.⟩ ***jong*** ⇒*recent* ⟨uit het Holoceen⟩ ◆ **1.1** ~ events *recente gebeurtenissen;* of ~ years *in de laatste jaren;* a ~ book *een onlangs verschenen boek* **1.2** ~ fashion *nieuwe/eigentijdse mode.*

'Re·cent [ri:snt]⟨eig.n.⟩⟨geol.⟩ **0.1** ***Holoceen.***

re·cent·ly ['ri:sntli]⟨f4⟩⟨bw.⟩ **0.1** ***onlangs*** ⇒*kort geleden, recentelijk, laatstelijk* **0.2** ***de laatste tijd*** ◆ **3.1** have you seen him ~? *heb je hem onlangs nog gezien?* **3.2** he has been moody, ~ *hij is de laatste tijd humeurig (geweest).*

re·cep·ta·cle [rɪ'septəkl]⟨telb.zn.⟩ **0.1** ⟨vnl. schr.⟩ ⟨ben. voor⟩ ***vergaarplaats*** ⇒*vergaarbak, container; recipiënt, ontvanger, vat, kruik, kom, schaal, bak* ⟨enz.⟩ **0.2** ⟨plantk.⟩ ***bloem/vruchtbodem*** **0.3** ⟨tech.⟩ ***stopcontact*** ⇒*contactdoos.*

re·cep·tion [rɪ'sepʃn]⟨f3⟩⟨zn.⟩
I ⟨telb.zn.⟩ **0.1** ***receptie*** **0.2** ***onthaal*** ⇒*welkom(st)* **0.3** ⟨Am. voetbal⟩ ***ontvangen pass*** ◆ **2.2** they gave a warm/cordial ~ to the visitor *zij gaven de bezoeker een warm/hartelijk onthaal* **7.1** the ceremony was followed by a ~ *de plechtigheid werd gevolgd door een receptie;*
II ⟨telb. en n.-telb.zn.⟩ **0.1** ***ontvangst*** ⇒*ingang, onthaal, aanvaarding* ◆ **2.1** the new ideas found (a) ready ~ with the public *de nieuwe ideeën vonden gemakkelijk ingang bij het publiek;* the ~ of his book was mixed *zijn boek werd met gemengde gevoelens onthaald* **6.1** my ~ **into** the group *mijn intrede in/aanvaarding door de groep;*
III ⟨n.-telb.zn.⟩ **0.1** ***ontvangst*** ⇒*het ontvangen* **0.2** ***begrip*** ⇒*bevatting, verstand* **0.3** ***opname*** ⇒*opneming* **0.4** ***receptie*** ⟨in hotel e.d.⟩ **0.5** ⟨radio⟩ ***(kwaliteit v.) ontvangst*** ◆ **1.1** payment upon ~ of your invoice *betaling na ontvangst v. uw factuur;* everything was ready for the ~ of the refugees *alles stond klaar om de vluchtelingen te ontvangen/op te vangen* **1.2** powers of ~ *bevattings/begripsvermogen* **6.3** ~ **into** hospital *opname in het ziekenhuis* **6.4** please return your keys **to** ~ *breng a.u.b. uw sleutels terug naar de receptie/balie.*

re'ception clerk ⟨telb.zn.⟩⟨vnl. AE⟩ **0.1** ***receptionist(e).***

re'ception desk ⟨f1⟩⟨telb.zn.⟩ **0.1** ***balie*** ⟨v. hotel, bibliotheek e.d.⟩.

re·cep·tion·ist [rɪ'sepʃənɪst]⟨f1⟩⟨telb.zn.⟩ **0.1** ***receptionist(e)*** ⟨bv. in hotel⟩ **0.2** ***assistent(e)*** ⟨bij dokter, advocaat e.d.⟩.

re'ception order ⟨telb.zn.⟩⟨AE⟩ **0.1** ***doktersbevel tot opname*** ⟨in ziekenhuis e.d.⟩.

re'ception room ⟨telb.zn.⟩ **0.1** ***receptiekamer/zaal*** ⇒*ontvangkamer/zaal* **0.2** ⟨makelaars⟩ ***woonvertrek*** ⇒⟨i.h.b.⟩ *woonkamer.*

re·cep·tive [rɪ'septɪv]⟨f2⟩⟨bn.; -ly; -ness⟩ **0.1** ***receptief*** ⇒*ontvankelijk, vatbaar, gevoelig, open* ◆ **1.1** ~ faculties *receptieve vermogens, opnemingsvermogen;* a ~ mind *een openstaande/ontvankelijke geest* **6.1** be ~ **to** a suggestion/**of** advice *open staan voor een idee/ontvankelijk zijn voor goede raad.*

re·cep·tiv·i·ty ['ri:sep'tɪvəṭi]⟨n.-telb.zn.⟩ **0.1** ***ontvankelijkheid.***

re·cep·tor [rɪ'septə‖-ər]⟨telb.zn.⟩ **0.1** ⟨biol.⟩ ***receptor*** ⟨elementair voelorgaantje⟩ **0.2** ⟨psych.⟩ ***receptor*** ⟨biologisch substraat v.h. zintuig⟩.

recess[1] [rɪ'ses‖'ri:ses]⟨f2⟩⟨zn.⟩
I ⟨telb.zn.⟩ **0.1** ***inspringing*** ⇒*insnijding, nis, uitsparing, plooi, holte* ⟨ook biol.⟩ **0.2** ***alkoof*** **0.3** ⟨vaak mv.⟩ ***uithoek*** ⇒*verborgen/moeilijk te bereiken plaats;* ⟨ook fig.⟩ *schuilhoek* ◆ **2.3** in the inmost ~es of the Alps *diep verborgen in de Alpen;* in the darkest ~es of his mind *in het diepst van zijn gedachten/geest;*
II ⟨telb. en n.-telb.zn.⟩ **0.1** ***reces*** ⇒*vakantie, onderbreking* ⟨parlement⟩ **0.2** ⟨AE⟩ ***(school)vakantie*** **0.3** ⟨AE⟩ ***pauze*** ⟨tussen lesuren⟩ ◆ **6.1 in** ~ *op reces.*

re·cess[2] [rɪ'ses]⟨f2⟩⟨ww.⟩
I ⟨onov.ww.⟩ **0.1** ⟨vnl. AE⟩ ***op reces gaan*** ⇒*pauzeren, uiteengaan;*
II ⟨ov.ww.⟩ **0.1** ***in een nis zetten*** ⇒*laten inspringen, verzinken* **0.2** ⟨vnl. AE⟩ ***verdagen*** ◆ **1.1** a safe ~ed in the wall *een (in de muur) ingebouwde kluis;* a ~ed shelf *een in een nis geplaatste boekenplank.*

re·ces·sion[1] [rɪ'seʃn]⟨f2⟩⟨zn.⟩
I ⟨telb.zn.⟩ **0.1** ***recessie*** ⇒*economische teruggang* **0.2** ***inspringing*** ⇒*insnijding, holte, nis, uitsparing;*
II ⟨n.-telb.zn.⟩ **0.1** ***terugtrekking*** ⇒*terugwijking, terugtreding* ⟨ook v. geestelijken na eredienst⟩.

recession[2] ['ri:'seʃn]⟨n.-telb.zn.⟩ **0.1** ***restitutie*** ⇒*wederafstand.*

re·ces·sion·al[1] [rɪ'seʃnəl]⟨telb.zn.⟩⟨relig.⟩ **0.1** ***slotzang*** ⇒*eindzang* ⟨v. koor en geestelijken na eredienst⟩.

recessional[2] ⟨bn., attr.⟩ **0.1** ⟨relig.⟩ ***slot-*** ⇒*eind-* **0.2** ***reces-*** ⇒*gedurende het reces* ◆ **1.1** ~ hymn/music *slotzang/muziek.*

re·ces·sion·ar·y [rɪ'seʃənri‖-ʃəneri]⟨bn., attr.⟩ **0.1** ***recessie-.***

re·ces·sive [rɪ'sesɪv]⟨bn.; -ly⟩ **0.1** ***terugwijkend*** **0.2** ⟨biol.⟩ ***recessief*** ⟨erfelijkheidsleer⟩ ◆ **1.1** ~ accent *zich naar het begin v.h. woord verplaatsend accent* **1.2** dominant and ~ traits *dominante en recessieve eigenschappen.*

re·charge[1] ['ri:'tʃɑ:dʒ‖-'tʃɑrdʒ]⟨zn.⟩
I ⟨telb.zn.⟩ **0.1** ***nieuwe lading;***
II ⟨telb. en n.-telb.zn.⟩ **0.1** ***herlading*** ⇒*bijlading, bijvulling.*

recharge[2] ⟨ov.ww.⟩ **0.1** ***herladen*** ⇒*weer opladen* ⟨batterij e.d.⟩ ◆ **1.1** ⟨fig.⟩ ~ one's batteries *weer op adem/er weer bovenop komen.*

ré·chauf·fé [reɪ'ʃoufeɪ‖'reɪʃou'feɪ]⟨telb. en n.-telb.zn.⟩ **0.1** ***opgewarmde kost*** ⇒⟨fig.⟩ *oud materiaal, niets nieuws.*

re·cher·ché [rə'ʃeəʃeɪ‖rə'ʃer'ʃeɪ]⟨bn.⟩ **0.1** ***uitgelezen*** ⇒*uitgezocht, select* **0.2** ***gezocht*** ⇒*ver gezocht, uitzonderlijk, vreemd* ◆ **1.1** a ~ choice of pictures *een met zorg uitgekozen reeks schilderijen.*

re·christ·en ['ri:'krɪsn]⟨onov. en ov.ww.⟩ **0.1** ***herdopen*** ⇒*wederdopen* **0.2** ***omdopen*** ⇒*een nieuwe naam geven.*

re·cid·i·vism [rɪ'sɪdɪvɪzm]⟨n.-telb.zn.⟩ **0.1** ***recidive*** ⇒*het opnieuw tot misdaad vervallen.*

re·cid·i·vist [rɪ'sɪdɪvɪst]⟨telb.zn.⟩ **0.1** ***recidivist*** ⇒*gewoontemisdadiger, oud-veroordeelde.*

rec·i·pe ['resɪpi]⟨f2⟩⟨telb.zn.⟩ **0.1** ***recept*** ⇒*keukenrecept* **0.2** ***recept*** ⇒*doktersrecept, doktersvoorschrift* **0.3** ***recept*** ⇒*geneesmiddel;* ⟨fig.⟩ *middel* ⟨om iets te krijgen⟩ ◆ **1.3** there is no (single) ~ for happiness *het recept voor geluk is niet te geven.*

re·cip·i·ence [rɪ'sɪpɪəns], **re·cip·i·en·cy** [-si]⟨n.-telb.zn.⟩ **0.1** ***ontvankelijkheid*** ⇒*receptiviteit.*

re·cip·i·ent[1] [rɪ'sɪpɪənt]⟨f2⟩⟨telb.zn.⟩ **0.1** ***ontvanger.***

recipient[2] ⟨bn.⟩ **0.1** ***ontvangend*** ⇒*als ontvanger fungerend* **0.2** ***ontvankelijk*** ⇒*receptief.*

re·cip·ro·cal[1] [rɪ'sɪprəkl]⟨telb.zn.⟩ **0.1** ***equivalent in omgekeerde richting*** ⇒*wedervergelding, compensatie, tegenprestatie* **0.2** ⟨wisk.⟩ ***reciproque getal*** ⇒*omgekeerd evenredig getal, reciproque waarde.*

reciprocal[2] ⟨f2⟩⟨bn.; -ly; -ness⟩ **0.1** ***wederkerig*** ⇒*wederzijds* **0.2** ***reciproque*** ⇒*omgekeerd (evenredig)* ◆ **1.1** ~ action *wisselwerking;* ~ agreement *wederzijds akkoord;* ~ love *wederzijdse liefde;* ⟨taalk.⟩ ~ pronoun *wederkerig voornaamwoord* **1.2** ~ number *reciprok/omgekeerd getal.*

re·cip·ro·cate [rɪ'sɪprəkeɪt]⟨f1⟩⟨ww.⟩
I ⟨onov.ww.⟩ **0.1** ***reciproceren*** ⇒*antwoorden* **0.2** ***complementair zijn*** **0.3** ***heen en weer bewegen*** ◆ **1.3** reciprocating engine *zuigermachine;* reciprocating motion *heen-en-weerbeweging* **3.1** he ~d me by wishing me Merry X-mas *hij wenste mij op zijn beurt een zalig Kerstmis;*
II ⟨ov.ww.⟩ **0.1** ***reciproceren*** ⇒*vergelden, op gelijke manier behandelen, beantwoorden* ⟨gevoelens⟩ **0.2** ***uitwisselen*** ⇒*wederzijds geven.*

re·cip·ro·ca·tion [rɪ'sɪprə'keɪʃn]⟨n.-telb.zn.⟩ **0.1** ***uitwisseling*** **0.2** ***heen-en-weerbeweging*** **0.3** ***wisselwerking.***

rec·i·proc·i·ty ['resɪ'prɒsəti‖-'prɑsəṭi]⟨n.-telb.zn.⟩ **0.1** ***wederzijdsheid*** ⇒*wederkerigheid* **0.2** ***reciprociteit*** ⟨vnl. in handelsvoorwaarden⟩.

re·ci·sion [rɪ'sɪʒn]⟨telb. en n.-telb.zn.⟩ **0.1** ***opzegging*** **0.2** ***annulering*** ⇒*annulatie.*

re·cit·al [rɪ'saɪṭl]⟨f1⟩⟨telb.zn.⟩ **0.1** ***relaas*** ⇒*verhaal* **0.2** ⟨vnl. jur.⟩ ***opsomming*** ⇒*considerans, verklaring* ⟨in document⟩; *gronden* ⟨v.e. vonnis⟩ **0.3** ***recital*** ⟨muziek, dans⟩ **0.4** ***voordracht*** ⟨gedicht, tekst⟩ ◆ **2.3** vocal ~ *zangrecital.*

re·cit·al·ist [rɪ'saɪṭlɪst]⟨telb.zn.⟩ **0.1** ***uitvoerder v. recital.***

rec·i·ta·tion ['resɪ'teɪʃn]⟨f1⟩⟨zn.⟩
I ⟨telb.zn.⟩ **0.1** ***recitatie*** ⇒*voordracht* ⟨v. gedicht e.d.⟩ **0.2** ***te reciteren tekst;***
II ⟨telb. en n.-telb.zn.⟩ **0.1** ⟨AE⟩ ***het opzeggen v.e. les*** **0.2** ***lesuur voor mondelinge overhoring;***
III ⟨n.-telb.zn.⟩ **0.1** ***recitatie*** ⇒*het opzeggen/voordragen* ⟨v. tekst.⟩.

rec·i·ta·tive ['resɪtə'ti:v]⟨f1⟩⟨telb. en n.-telb.zn.⟩⟨muz.⟩ **0.1** ***recitatief.***

re·cite [rɪ'saɪt]⟨f2⟩⟨ww.⟩
I ⟨onov.ww.⟩ **0.1** ⟨AE⟩ ***zijn les opzeggen;***
II ⟨onov. en ov.ww.⟩ **0.1** ***reciteren*** ⇒*declameren, opzeggen;*
III ⟨ov.ww.⟩ **0.1** ***opsommen*** ⇒⟨jur.⟩ *gronden* ⟨vonnis⟩.

re·cit·er [rɪ'saɪtə‖rɪ'saɪṭər]⟨telb.zn.⟩ **0.1** ***recitant*** ⇒*recitator, voordrachtskunstenaar, declamator.*

re'citing note ⟨telb.zn.⟩⟨muz.⟩ **0.1** ***reciteertoon*** ⟨waarop meerdere lettergrepen gezongen worden⟩.

reck [rek]⟨ww.⟩⟨schr.⟩
I ⟨onov.ww.⟩ **0.1** ***zich bekommeren*** **0.2** ***schelen*** ⇒*deren* ◆ **5.2** it ~s little *het kan niet deren/veel kwaad* **6.1** he does not ~ **of** danger *hij maakt zich geen zorgen over het gevaar;*
II ⟨ov.ww.⟩ **0.1** ***geven om*** ⇒*letten op, zich zorgen maken om* ◆ **1.1** she ~ed nothing *zij was voor niets vervaard.*

reck·less ['rekləs]⟨f2⟩⟨bn.; -ly; -ness⟩ **0.1** ***roekeloos*** ⇒*onvoorzichtig, wild, woest* **0.2** ***vermetel*** ⇒*onberaden, onbekommerd, zorgeloos* ◆ **1.1** ~ driving *woest/onvoorzichtig autorijden* **6.2** ~ **of** danger/consequences *zonder zich zorgen te maken over gevaar/de gevolgen.*

reck·on ['rekən]⟨f3⟩⟨ww.⟩ →reckoning
I ⟨onov.ww.⟩ **0.1** ***rekenen*** ⇒*tellen* **0.2** ***rekening houden*** **0.3** ***afrekenen*** ◆ **1.¶** ~ without one's host *buiten de waard rekenen* **6.1** ~ **on/upon** a friend's help *op hulp v.e. vriend rekenen;* ~ **on** s.o.'s promises *afgaan op iemands beloften;* ~ **on** a large profit *rekenen op een fikse winst* **6.2** we had not ~ed **with** the weather *we hadden geen rekening gehouden met het weer;* she is a woman to be ~ed **with** *dat is een vrouw met wie je rekening moet houden* **6.3** if you touch my friend you'll have to ~ **with** me *als je mijn vriend (in) aanraakt, krijg je het met mij aan de stok;* the explorers had

to ~ with fever and food shortage de ontdekkingsreizigers hadden te kampen met koorts en gebrek aan voedsel; the junta ~ed with all those who had opposed them de junta rekende af met allen die hun weerstand hadden geboden;
II ⟨ov.ww.⟩ 0.1 berekenen ⇒(op)tellen 0.2 meerekenen ⇒meetellen, rekening houden met 0.3 beschouwen ⇒aanzien (voor), houden (voor) 0.4 ⟨inf.⟩ aannemen ⇒vermoeden, gissen ◆ 1.3 she is ~ed (to be) a great singer ze wordt beschouwd als een groot zangeres 3.4 I ~ he's too old ik vermoed dat hij te oud is 5.1 have you ~ed it all out/up? heb je het allemaal uitgerekend/opgeteld? 5.2 ~ in the mailing charges portokosten meerekenen; ten guests, not ~ing the children tien gasten, de kinderen niet meegerekend 6.1 ~ by pounds in/met (Engelse) ponden rekenen; my pay is ~ed from January first mijn salaris wordt vanaf 1 januari berekend 6.3 I ~ him among my friends ik beschouw hem als één van mijn vrienden; he is ~ed among the best painters hij wordt als één v.d. beste schilders beschouwd 8.3 I don't ~ this job as vital ik beschouw dit werk niet als onontbeerlijk 8.4 I ~ that he'll be home soon ik neem aan dat hij binnenkort zal thuiskomen.

reck·on·a·ble ['rekənəbl]⟨bn.⟩ 0.1 berekenbaar ◆ 1.1 ~ profits berekenbare winst, geldelijk voordeel.

reck·on·er ['rekənə||-ər]⟨telb.zn.⟩ 0.1 rekenaar 0.2 rekenboekje ◆ 2.1 a quick ~ iem. die vlug rekent, vlugge rekenaar 2.2 ready ~ rekentabel ⟨boekje/tabel met dikwijls gebruikte berekeningen⟩.

reck·on·ing ['rekənɪŋ]⟨f1⟩⟨zn.; (oorspr.) gerund v. reckon⟩
I ⟨telb.zn.⟩ 0.1 ⟨vero.; thans vnl. fig.⟩ rekening ◆ 2.1 you'll have a heavy ~ to pay daar zul je zwaar voor moeten boeten;
II ⟨n.-telb.zn.⟩ 0.1 berekening ⇒schatting 0.2 afrekening 0.3 ⟨scheep.⟩ bestek ⟨berekening v. plaats v. schip⟩ ◆ 1.2 day of ~ dag v.d. afrekening; ⟨fig.⟩ dag des oordeels 6.1 by no ~ volgens geen enkele berekening; be out in one's ~ zich vergist hebben in zijn berekeningen, het mis hebben; leave out of the ~ niet meerekenen; ⟨fig.⟩ buiten beschouwing laten.

re·claim[1] [rɪ'kleɪm]⟨f1⟩⟨n.-telb.zn.⟩ 0.1 terugwinning ⇒redding, verbetering 0.2 geregenereerde rubber ◆ 6.1 past/beyond ~ onherroepelijk verloren; he is beyond ~ hij is onverbeterlijk.

re·claim[2] ⟨f1⟩⟨ov.ww.⟩ 0.1 terugwinnen ⇒hervormen, verbeteren, redden, bekeren 0.2 terugwinnen ⇒recupereren, regenereren 0.3 droogleggen ⟨land⟩ 0.4 ontginnen ⇒bebouwbaar maken ⟨land⟩ 0.5 temmen ⇒africhten ◆ 1.1 ~ former criminals vroegere misdadigers weer op het rechte pad brengen 1.2 ~ed paper teruggewonnen papier, kringlooppapier; ~ rubber from old tyres rubber v. oude autobanden regenereren 1.4 ~ the desert by irrigation de woestijn door irrigatie vruchtbaar maken 6.1 ~ed from a sinful life uit een zondig leven gered 6.3 land ~ed from the sea op de zee teruggewonnen land.

re-claim ⟨f1⟩⟨ov.ww.⟩ 0.1 terugvorderen ◆ 3.1 unpaid merchandise can be ~ed by the vendor onbetaalde koopwaar kan door de verkoper teruggevorderd worden.

re·claim·a·ble [rɪ'kleɪməbl]⟨bn.⟩ 0.1 voor terugwinning vatbaar 0.2 terugvorderbaar.

rec·la·ma·tion ['reklə'meɪʃn]⟨f1⟩⟨telb.zn.⟩ 0.1 terugwinning 0.2 ontginning 0.3 terugvordering.

ré·clame [reɪ'klɑ:m]⟨n.-telb.zn.⟩ 0.1 roem ⇒algemene bekendheid, publieke belangstelling 0.2 aanprijzingskunst ⇒publicitaire flair.

rec·li·nate ['reklɪneɪt]⟨bn.⟩⟨plantk.⟩ 0.1 naar beneden gebogen.

re·cline [rɪ'klaɪn]⟨f2⟩⟨ww.⟩
I ⟨onov.ww.⟩ 0.1 achteruit leunen 0.2 op de rug liggen 0.3 leunen ⇒rusten;
II ⟨ov.ww.⟩ 0.1 doen leunen/rusten ◆ 1.1 ~ one's arms on the table zijn armen op de tafel laten rusten.

re'clining 'chair ⟨f1⟩⟨telb.zn.⟩ 0.1 ligstoel.

re'clining 'seat ⟨telb.zn.⟩ 0.1 stoel met verstelbare rugleuning ⟨in auto, vliegtuig⟩.

re·cluse[1] [rɪ'klu:s||'reklu:s]⟨f1⟩⟨telb.zn.⟩ 0.1 kluizenaar.

recluse[2] ⟨bn.; -ly; -ness⟩ 0.1 eenzaam ⇒afgezonderd.

re·clu·sion [rɪ'klu:ʒn]⟨n.-telb.zn.⟩ 0.1 afzondering ⇒eenzaamheid 0.2 kluizenaarschap ⇒kluizenaarsleven.

re·clu·sive [rɪ'klu:sɪv]⟨bn.⟩ 0.1 teruggetrokken ⇒afgezonderd ⟨persoon⟩ 0.2 afgezonderd ⇒afgelegen ⟨plaats⟩.

rec·og·ni·tion ['rekəg'nɪʃn]⟨f3⟩⟨zn.⟩
I ⟨telb.zn.⟩ 0.1 teken v. waardering ⇒blijk v. erkentelijkheid ◆ 1.1 accept this gift as a ~ of your services aanvaard dit geschenk als een blijk v. waardering voor uw diensten;
II ⟨n.-telb.zn.⟩ 0.1 erkenning 0.2 waardering ⇒erkentelijkheid 0.3 herkenning 0.4 herkenbaarheid ◆ 1.3 sign of ~ herkenningsteken 2.1 apply for official ~ officiële erkenning aanvragen 6.2 in ~ of services rendered uit/als waardering/erkentelijkheid voor bewezen diensten 6.4 alter/change beyond/out of all ~ onherkenbaar maken/worden.

re·cog·ni·to·ry [rɪ'kɒgnɪtri||-'kɑgnɪtɔri]⟨bn., attr.⟩ 0.1 herkennings- 0.2 erkennings-.

re·cog·niz·a·bil·i·ty, -nis·a·bil·i·ty ['rekəgnaɪzə'bɪləṭi]⟨n.-telb.zn.⟩ 0.1 herkenbaarheid.

re·cog·niz·a·ble, -nis·a·ble ['rekəgnaɪzəbl]⟨f2⟩⟨bn.; -ly; →bijw. 3⟩ 0.1 herkenbaar.

re·cog·ni·zance, -sance [rɪ'kɒgnɪzəns||rɪ'kɑg-]⟨telb.zn.; vaak mv. met enk. betekenis⟩⟨jur.⟩ 0.1 verbintenis 0.2 borgtocht 0.3 borgsom ◆ 3.2 enter into ~s zich borg stellen 6.2 on one's own ~ onder persoonlijke borgtocht.

re·cog·ni·zant, -sant [rɪ'kɒgnɪzənt||rɪ'kɑg-]⟨bn., pred.⟩⟨vero.⟩ 0.1 erkentelijk ◆ 6.1 be ~ of support erkentelijk zijn voor steun.

rec·og·nize, -nise ['rekəgnaɪz]⟨f3⟩⟨ov.ww.⟩ 0.1 herkennen 0.2 erkennen 0.3 inzien 0.4 erkentelijkheid betuigen voor ◆ 1.2 ~ a government een bewind erkennen; ~d fact vaststaand/algemeen erkend feit 1.3 he ~d his errors/foolishness/guilt hij erkende zijn fouten/zag zijn dwaasheid in/gaf zijn schuld toe 1.4 the government ~d his services de regering betuigde hem haar erkentelijkheid voor zijn diensten 8.2 this book is generally ~d as the standard work dit boek wordt algemeen erkend als het standaardwerk 8.3 I ~ that he is cleverer than I am ik erken/geef toe dat hij slimmer is dan ik.

re·coil[1] ['ri:kɔɪl, rɪ'kɔɪl]⟨f1⟩⟨telb. en n.-telb.zn.⟩ 0.1 terugslag ⇒terugloop/sprong/stoot ⟨vnl. v. vuurwapen⟩ 0.2 reaktie ⇒het terugdeinzen 0.3 terugtocht.

recoil[2] [rɪ'kɔɪl]⟨f2⟩⟨onov.ww.⟩ 0.1 terugdeinzen ⇒terugschrikken, zich terugtrekken 0.2 terugslaan ⇒teruglopen/springen/stoten ⟨v. vuurwapen⟩ ◆ 6.1 ~ from terugdeinzen/schrikken voor 6.2 ⟨fig.⟩ lies often ~ (up)on the liar leugens wreken zich vaak op de leugenaar.

re·coin ['ri:'kɔɪn]⟨ov.ww.⟩ 0.1 hermunten ⇒opnieuw munten, overmunten.

rec·ol·lect ['rekə'lekt]⟨f2⟩⟨onov. en ov.ww.⟩ 0.1 zich (moeizaam) herinneren ⇒zich voor de geest halen.

re-col·lect ['ri:kə'lekt]⟨ov.ww.⟩ 0.1 opnieuw verzamelen ◆ 4.¶ ~ o.s. zich herstellen/vermannen.

rec·ol·lec·tion ['rekə'lekʃn]⟨f2⟩⟨telb. en n.-telb.zn.⟩ 0.1 herinnering 0.2 ⟨relig.⟩ overpeinzing ⇒meditatie; recollectie ⟨vnl. R.-K.⟩ ◆ 1.1 to the best of my ~ voor zover ik mij herinner 6.1 it is beyond my ~ ik kan het mij niet herinneren; it is within my ~ ik kan het mij (wel) herinneren.

rec·ol·lec·tive ['rekə'lektɪv]⟨bn.; -ly⟩
I ⟨bn.⟩ 0.1 in staat zich te herinneren ⇒zich herinnerend 0.2 rustig ⇒beheerst, kalm;
II ⟨bn., attr.⟩ 0.1 herinnerings-.

re·com·bi·nant [ri:'kɒmbɪnənt||-kɑm-]⟨telb.zn.⟩⟨biol.⟩ 0.1 recombinant ◆ 1.1 ~ DNA research recombinant DNA-onderzoek.

re·com·mence ['ri:kə'mens, 'rekə-]⟨onov. en ov.ww.⟩ 0.1 opnieuw beginnen ⇒hervatten.

re·com·mence·ment ['ri:kə'mensmənt, 'rekə-]⟨telb. en n.-telb.zn.⟩ 0.1 hervatting.

re·com·mend ['rekə'mend]⟨f3⟩⟨ov.ww.⟩ 0.1 aanbevelen ⇒aanprijzen, aanraden, adviseren 0.2 tot aanbeveling strekken 0.3 toevertrouwen ⇒overgeven, (aan)bevelen ◆ 1.1 ~ed price adviesprijs 1.2 his qualities ~ him zijn kwaliteiten strekken hem tot aanbeveling 6.1 ~ s.o. to s.o. for a post iem. bij iem. voor een betrekking aanbevelen 6.3 ~ to s.o.'s care aan iemands zorgen toevertrouwen; ⟨relig.⟩ ~ o.s. to God zich God(e) (aan)bevelen.

rec·om·mend·a·ble ['rekə'mendəbl]⟨bn.⟩ 0.1 aanbevelenswaardig ⇒aan te bevelen/raden.

rec·om·men·da·tion ['rekəmen'deɪʃn], **re·com·mend** ⟨f3⟩⟨zn.⟩ ⟨→sprw. 605⟩
I ⟨telb.zn.⟩ 0.1 aanbevelingsbrief;
II ⟨telb. en n.-telb.zn.⟩ 0.1 aanbeveling ⇒aanprijzing, advies.

rec·om·men·da·to·ry ['rekə'mendətri||-tɔri]⟨bn.⟩ 0.1 aanbevelend ⇒aanbevelings-, tot aanbeveling strekkend.

re·com·mit ['ri:kə'mɪt]⟨ov.ww.; →ww. 7⟩ 0.1 weer toevertrouwen 0.2 terugzenden ⇒opnieuw verwijzen ⟨naar commissie e.d.⟩ 0.3 opnieuw begaan ⟨misdaad⟩ ◆ 1.2 ~ a bill een wetsontwerp (voor hernieuwde bespreking) terugzenden.

re·com·mit·ment ['ri:kə'mɪtmənt], **re·com·mit·tal** [-'mɪṭl]⟨telb. en n.-telb.zn.⟩ 0.1 terugzending.

re·com·pense[1] ['rekəmpens]⟨telb. en n.-telb.zn.⟩ 0.1 vergoeding ⇒schadeloosstelling, vergelding 0.2 beloning ◆ 6.1 in ~ for als vergoeding voor 6.2 in ~ for als beloning voor.

recompense[2] ⟨ov.ww.⟩ 0.1 vergoeden ⇒schadeloosstellen, vergelden 0.2 belonen ◆ 6.1 ~ s.o. for sth. iem. iets vergoeden; ~ sth. to s.o. iem. iets vergoeden 6.2 ~ s.o. for sth. iem. voor iets belonen; ~ sth. to s.o. iem. voor iets belonen.

re·com·pose ['ri:kəm'pouz]⟨ov.ww.⟩ 0.1 opnieuw samenstellen ⇒herschikken; ⟨druk.⟩ opnieuw zetten 0.2 kalmeren.

re·com·po·si·tion ['ri:kɒmpə'zɪʃn||-kɑm-]⟨telb. en n.-telb.zn.⟩ 0.1 herschikking ⇒⟨druk.⟩ nieuw zetsel.

rec·on·cil·a·bil·i·ty ['rekənsaɪlə'bɪləṭi]⟨telb. en n.-telb.zn.;→mv. 2⟩ 0.1 verzoenbaarheid ⇒verenigbaarheid.
rec·on·cil·a·ble ['rekən'saɪləbl]⟨bn.;-ly;-ness;→bijw. 3⟩ 0.1 verzoenbaar ⇒verenigbaar.
rec·on·cile ['rekənsaɪl]⟨f2⟩⟨ov.ww.⟩ 0.1 verzoenen ⇒in overeenstemming brengen, overeenbrengen 0.2 bijleggen 0.3 ⟨relig.⟩ opnieuw heiligen ⇒opnieuw wijden, reinigen ⟨na profanering⟩ ◆ 1.1 ~ words and actions woorden en daden met elkaar in overeenstemming brengen 1.2 ~ quarrels geschillen bijleggen 3.1 become ~d to sth. met iets vrede hebben, zich bij iets neerleggen 4.1 ~ o.s. to sth. zich bij iets neerleggen, zich schikken in iets 6.1 ~ s.o. to/with s.o. iem. met iem. verzoenen; ~ words with actions woorden met daden in overeenstemming brengen.
rec·on·cile·ment ['rekənsaɪlmənt], **rec·on·cil·i·a·tion** [-sɪli'eɪʃn]⟨f2⟩⟨telb. en n.-telb.zn.⟩ 0.1 verzoening ⇒vereniging 0.2 ⟨relig.⟩ herwijding.
rec·on·cil·i·a·to·ry ['rekən'sɪlɪətri‖-tori]⟨bn.⟩ 0.1 verzoenend.
rec·on·dite [rɪ'kɒndaɪt, 'rekən-‖'rekən-, rɪ'kɑn-]⟨f1⟩⟨bn.;-ly;-ness⟩ 0.1 obscuur ⇒duister, verborgen, moeilijk te doorgronden, onbekend.
re·con·di·tion ['ri:kən'dɪʃn]⟨ov.ww.⟩ 0.1 opnieuw in goede staat brengen ⇒her/vernieuwen, herstellen, renoveren, restaureren.
re·con·fig·ure ['ri:kən'fɪgə‖-'fɪgjər]⟨ov.ww.⟩ 0.1 aanpassen ⟨installaties⟩.
re·con·firm ['ri:kən'fɜ:m‖-'fɜrm]⟨ov.ww.⟩ 0.1 herbevestigen ⟨vnl. vliegtuigreservering⟩.
re·con·nais·sance, ⟨AE ook⟩ **re·con·nois·sance** [rɪ'kɒnɪsns‖rɪ'kɑ-]⟨f1⟩⟨zn.⟩
I ⟨telb.zn.⟩ 0.1 verkenningstroep/patrouille;
II ⟨telb. en n.-telb.zn.⟩⟨mil.; landmeetk.⟩ 0.1 verkenning ⟨ook fig.⟩ ◆ ¶.1 ⟨mil.⟩ ~ in force verkenningsexpeditie.
re·con·noi·tre[1], ⟨AE sp.⟩ **re·con·noi·ter** ['rekə'nɔɪtə‖'ri:kə'nɔɪṭər]⟨zn.⟩
I ⟨telb.zn.⟩ 0.1 verkenningstroep/patrouille;
II ⟨telb. en n.-telb.zn.⟩⟨mil.; landmeetk.⟩ 0.1 verkenning ⟨ook fig.⟩.
reconnoitre[2], ⟨AE sp.⟩ **reconnoiter** ⟨f1⟩⟨ww.⟩⟨vnl. mil.⟩
I ⟨onov.ww.⟩ 0.1 op verkenning uitgaan;
II ⟨ov.ww.⟩ 0.1 verkennen.
re·con·quer ['ri:'kɒŋkə‖-'kɑŋkər]⟨ov.ww.⟩ 0.1 heroveren ⇒herwinnen 0.2 opnieuw overwinnen.
re·con·quest ['ri:'kɒŋkwest‖-'kɑŋ-]⟨telb.zn.⟩ 0.1 herovering ⇒herwinning.
re·con·sid·er ['ri:kən'sɪdə‖-ər]⟨f2⟩⟨ww.⟩
I ⟨onov. en ov.ww.⟩ 0.1 opnieuw overleggen ⇒opnieuw bekijken/overwegen/in overweging nemen, heroverwegen;
II ⟨ov.ww.⟩ 0.1 herroepen ⇒herzien, terugkomen op/v. ⟨beslissing⟩.
re·con·sid·er·a·tion ['ri:kənsɪdə'reɪʃn]⟨telb. en n.-telb.zn.⟩ 0.1 nieuw overleg/beraad 0.2 heroverweging ⇒herziening ⟨v. beslissing⟩.
re·con·sti·tute [ri:'kɒnstɪtju:t‖ri:'kɑnstɪtu:t]⟨ov.ww.⟩ 0.1 opnieuw samenstellen ⇒opnieuw samenvoegen, weer in zijn normale/oude staat brengen, oplossen ⟨melkpoeder, enz.⟩ 0.2 reconstrueren ⟨gebeurtenissen⟩ 0.3 reorganiseren ⟨bedrijf⟩.
re·con·struct ['ri:kən'strʌkt]⟨f2⟩⟨ov.ww.⟩ 0.1 opnieuw opbouwen ⇒herbouwen, reconstrueren 0.2 reconstrueren ⟨gebeurtenissen⟩ 0.3 reorganiseren.
re·con·struc·tion ['ri:kən'strʌkʃn]⟨f2⟩⟨zn.⟩
I ⟨telb. en n.-telb.zn.⟩ 0.1 reconstructie ⟨v. gebeurtenissen⟩ 0.2 reorganisatie ◆ 7.¶ the Reconstruction periode waarin de zuidelijke staten v.d. U.S.A. opnieuw bij de Federatie werden ingelijfd ⟨1865-77⟩;
II ⟨n.-telb.zn.⟩ 0.1 wederopbouw.
re·con·struc·tive ['ri:kən'strʌktɪv]⟨bn.⟩ 0.1 reconstruerend.
re·con·vene ['ri:kən'vi:n]⟨f1⟩⟨ww.⟩
I ⟨onov.ww.⟩ 0.1 opnieuw vergaderen ⇒opnieuw bijeen/samenkomen;
II ⟨ov.ww.⟩ 0.1 opnieuw samen/bijeenroepen ⇒opnieuw convoceren 0.2 ⟨jur.⟩ opnieuw dagvaarden.
re·con·ver·sion ['ri:kən'vɜ:ʃn‖-'vɜrʒn]⟨telb. en n.-telb.zn.⟩ 0.1 verandering ⇒omzetting 0.2 omschakeling ⇒⟨B.⟩ reconversie ⟨mbt. industrie⟩ 0.3 her-bekering.
re·con·vert ['ri:kən'vɜ:t‖-'vɜrt]⟨ov.ww.⟩ 0.1 opnieuw veranderen ⇒opnieuw omzetten 0.2 omschakelen ⇒reorganiseren 0.3 opnieuw bekeren ◆ 6.1 ~ into opnieuw veranderen/omzetten in 6.3 ~ to opnieuw bekeren tot.
re·con·vey ['ri:kən'veɪ]⟨ov.ww.⟩ 0.1 terugvoeren 0.2 aan vroegere eigenaar overdragen.
re·con·vey·ance ['ri:kən'veɪəns]⟨telb. en n.-telb.zn.⟩ 0.1 terugvoering 0.2 overdracht aan vroegere eigenaar.
rec·ord[1] ['rekɔ:d‖rekərd]⟨f4⟩⟨zn.⟩
I ⟨telb.zn.⟩ 0.1 verslag ⇒rapport, aan/optekening, notulen 0.2 document ⇒archiefstuk, akte, oorkonde, bescheid, officieel afschrift 0.3 aandenken ⇒gedachtenis, herinnering 0.4 staat v. dienst ⇒reputatie, antecedenten, verleden 0.5 plaat ⇒opname 0.6 record 0.7 ⟨jur.⟩ proces-verbaal ⇒processtuk(ken) ◆ 1.1 ⟨jur.⟩ ~ of interview ondervragingsrapport ⟨bij politie⟩ 3.4 have a ~ een strafblad hebben 3.6 beat/break the ~ het record breken/verbeteren; establish/make a ~ een record vestigen 3.¶ travel out of the ~ irrelevante feiten aanhalen; keep to the ~ ter zake blijven 6.1 for the ~ publiekelijk, openbaar, officieel; voor de goede orde; off the ~ privé, vertrouwelijk, onofficieel;
II ⟨n.-telb.zn.⟩ 0.1 het opgetekend/gerapporteerd zijn ⇒vastgelegd(e) feit(en) ◆ 1.1 matter of ~ te boek gesteld feit 3.1 bear ~ to getuigen v. 6.1 be on ~ (officieel) geregistreerd zijn, in de geschiedenis vermeld worden; go on ~ as saying publiek(elijk)/in het openbaar verklaren; place/put on ~ notuleren, te boek stellen.
record[2] ⟨f2⟩⟨bn., attr.⟩ 0.1 record- ◆ 1.1 a ~ amount een recordbedrag; a ~ height een recordhoogte; a ~ performance een record/topprestatie; ~ sales recordverkoop/omzet; in ~ time in recordtijd.
re·cord[3] [rɪ'kɔ:d‖rɪ'kɔrd]⟨f3⟩⟨ww.⟩ →recording
I ⟨onov.ww.⟩ 0.1 zich laten opnemen ◆ 1.1 her voice ~s badly haar stem neemt slecht op;
II ⟨onov. en ov.ww.⟩ 0.1 optekenen ⇒aantekenen, noteren, notuleren, te boek stellen, registreren 0.2 vastleggen ⇒opnemen ⟨op band/plaat⟩ ◆ 1.1 ⟨BE⟩ ~ed delivery zending met bericht v. bestelling; ⟨ong.⟩ aangetekend ⟨poststuk⟩; a thermometer ~s the temperature een thermometer registreert de temperatuur 6.2 ~ a concert from a broadcast on(to) tape een concert v.d. radio op de band opnemen.
'rec·ord-break·ing ⟨bn.⟩ 0.1 die/dat een record breekt ⇒record-.
'rec·ord-chang·er ⟨telb.zn.⟩ 0.1 platenwisselaar.
'record company ⟨f1⟩⟨telb.zn.⟩ 0.1 platenmaatschappij.
re·cord·er [rɪ'kɔ:də‖rɪ'kɔrdər]⟨f2⟩⟨telb.zn.⟩ 0.1 schrijver ⇒rapporteur, griffier 0.2 archivaris 0.3 ⟨ben. voor⟩ rechter ⇒⟨AE⟩ stadsrechter; ⟨BE⟩ voorzitter v. Crown Court ⟨ong. Arrondissementsrechtbank⟩ 0.4 opnametoestel ⇒registreertoestel 0.5 (band) recorder 0.6 blokfluit.
re·cord·ing [rɪ'kɔ:dɪŋ‖-'kɔr-]⟨f3⟩⟨zn.; (oorspr.) gerund v. record⟩
I ⟨telb.zn.⟩ 0.1 opname ⇒opgenomen programma;
II ⟨n.-telb.zn.⟩ 0.1 het optekenen 0.2 het opnemen.
re'cording session ⟨telb.zn.⟩ 0.1 opname (sessie) ⟨v. plaat e.d.⟩.
'record number ⟨telb.zn.⟩ 0.1 recordgetal.
'Record Office ⟨eig.n.; the⟩ 0.1 (Rijks)Archief ⟨in Londen⟩ ◆ 2.1 the Public ~ het Rijksarchief.
'rec·ord-play·er ⟨f1⟩⟨telb.zn.⟩ 0.1 platenspeler ⇒grammofoon.
'rec·ord-sleeve ⟨f1⟩⟨telb.zn.⟩ 0.1 platehoes.
re·count [rɪ'kaʊnt]⟨f1⟩⟨ov.ww.⟩ 0.1 (uitvoerig) verhalen 0.2 opsommen.
re-count[1] ['ri:kaʊnt]⟨telb.zn.⟩ 0.1 nieuwe telling.
re-count[2] ['ri:'kaʊnt]⟨f1⟩⟨ov.ww.⟩ 0.1 opnieuw tellen ⇒overtellen.
re·coup [rɪ'ku:p]⟨f1⟩⟨ww.⟩
I ⟨onov.ww.⟩ 0.1 er weer bovenop komen ⇒zich herstellen;
II ⟨ov.ww.⟩ 0.1 vergoeden ⇒goedmaken, compenseren, schadeloosstellen 0.2 recupereren ⇒terugwinnen, terugverdienen, inhalen 0.3 ⟨jur.⟩ verhalen ⇒inhouden, aftrekken ◆ 1.1 ~ s.o. (for) a loss iem. een verlies vergoeden 1.2 ~ one's losses zijn verlies recupereren 4.1 ~ o.s. for one's losses zijn verlies recupereren 6.3 ~ expenses from a company onkosten verhalen op een maatschappij.
re·coup·ment [rɪ'ku:pmənt]⟨telb.zn., n.-telb.zn.⟩ 0.1 vergoeding 0.2 recuperatie 0.3 ⟨jur.⟩ verhaal.
re·course [rɪ'kɔ:s‖'ri:kɔrs]⟨f1⟩⟨telb. en n.-telb.zn.⟩ 0.1 toevlucht ⇒hulp 0.2 ⟨hand.⟩ verhaal ⇒regres ◆ 3.1 have ~ to zijn toevlucht nemen tot 6.2 without ~ zonder verhaal/regres.
re·cov·er[1] [rɪ'kʌvə‖-ər]⟨telb.zn.⟩⟨sport⟩ 0.1 terugkeer tot uitgangspositie ⟨vnl. schermen⟩.
recover[2] ⟨f3⟩⟨ww.⟩
I ⟨onov.ww.⟩ 0.1 herstellen ⇒genezen, er weer bovenop komen, weer bijkomen 0.2 ⟨jur.⟩ schadevergoeding toegewezen krijgen ◆ 6.1 ~ from an illness v.e. ziekte herstellen;
II ⟨ov.ww.⟩ 0.1 terugkrijgen ⇒terugvinden/halen/winnen, herwinnen/overen, bergen 0.2 goedmaken ⇒inhalen 0.3 ⟨jur.⟩ verkrijgen ⇒verhalen 0.4 ⟨vero.⟩ genezen ⇒weer bijbrengen ◆ 1.1 ~ one's breath op adem komen; ~ consciousness weer bijkomen; ~ one's strength op krachten komen 1.2 ~ lost time verloren tijd inhalen 1.3 ~ damages schadevergoeding krijgen 4.1 ⟨fig.⟩ ~ o.s. weer bijkomen, op verhaal komen 6.3 ~ losses from verliezen verhalen op.
re-cov·er ['ri:'kʌvə‖-ər]⟨ov.ww.⟩ 0.1 opnieuw bedekken/overtrékken.

re·cov·er·a·ble [rɪ'kʌvrəbl]⟨f1⟩⟨bn.⟩ **0.1** ***terug te krijgen*** ⇒*recupereerbaar;* ⟨jur.⟩ *verhaalbaar.*

re·cov·er·y [rɪ'kʌv(ə)ri]⟨f2⟩⟨zn.;→mv. 2⟩
I ⟨telb. en n.-telb.zn.⟩ **0.1** ***herstel*** ⇒*recuperatie, genezing* **0.2** ⟨jur.⟩ ***verhaal*** ⇒*schadevergoeding* **0.3** ⟨golf⟩ ***succesvolle poging om bal uit bunker/de rough te slaan*** **0.4** ⟨schermen⟩ ***terugkeer tot de 'en garde' positie*** ⟨na aanval⟩ **0.5** ⟨zwemmen, roeien⟩ ***overhaal*** ◆ **3.1** make a quick ~ from an illness *vlug v.e. ziekte herstellen* **6.1 beyond/past** ~ *ongeneeslijk, reddeloos (verloren), hopeloos;*
II ⟨n.-telb.zn.⟩ **0.1** ***het terugkrijgen*** ⇒*recuperatie, het terugwinnen, herwinning* **0.2** ***het goedmaken*** ◆ **1.1** the ~ of materials from waste *het terugwinnen v. (grond)stoffen uit afval.*

re'covery room ⟨f1⟩⟨telb.zn.⟩ **0.1** ***recoverkamer*** ⇒*recovery, verkoeverkamer.*

rec·re·ance ['rekrɪəns], **rec·re·an·cy** [-si]⟨n.-telb.zn.⟩⟨schr.⟩ **0.1** ***lafhartigheid*** ⇒*lafheid* **0.2** ***afvalligheid.***

rec·re·ant[1] ['rekrɪənt]⟨telb.zn.⟩⟨schr.⟩ **0.1** ***lafhartige*** ⇒*lafaard* **0.2** ***afvallige.***

recreant[2] ⟨bn.;-ly⟩⟨schr.⟩ **0.1** ***laf(hartig)*** **0.2** ***afvallig.***

rec·re·ate ['rekrieɪt]⟨ww.⟩
I ⟨onov.ww.⟩ **0.1** ***verpozen*** ⇒*zich ontspannen, recreëren;*
II ⟨ov.ww.⟩ **0.1** ***ontspannen*** ⇒*opmonteren, vermaken, opfrissen, verstrooien* ◆ **4.1** ~ o.s. *zich ontspannen.*

re-cre·ate ['ri:kri'eɪt]⟨f1⟩⟨ov.ww.⟩ **0.1** ***herscheppen.***

rec·re·a·tion ['rekri'eɪʃn]⟨f3⟩⟨telb.zn., n.-telb.zn.⟩ **0.1** ***recreatie*** ⇒*ontspanning, verstrooiing* **0.2** ***tijdverdrijf*** ⇒*spel.*

rec·re·a·tion·al ['rekri'eɪʃnl]⟨f1⟩⟨bn.⟩ **0.1** ***recreatief*** ⇒*recreatie-, ontspannings-.*

recre'ation ground ⟨f1⟩⟨telb.zn.⟩⟨vnl. BE⟩ **0.1** ***speelterrein*** ⇒*recreatieterrein.*

recre'ation room ⟨telb.zn.⟩⟨vnl. AE⟩ **0.1** ***speelkamer*** ⇒*recreatiekamer.*

rec·re·a·tive ['rekrieɪtɪv]⟨bn.⟩ **0.1** ***ontspannend*** ⇒*onderhoudend, recreatief.*

rec·re·ment ['rekrəmənt]⟨telb. en n.-telb.zn.⟩ **0.1** ***afval(stof)*** ⇒*vuil (nis)* **0.2** ***schuim*** ⇒*metaalschuim.*

re·crim·i·nate [rɪ'krɪmɪneɪt]⟨ww.⟩
I ⟨onov.ww.⟩ **0.1** ***(een) tegenbeschuldiging(en) inbrengen*** ⇒*elkaar beschuldigen* ◆ **6.1** ~ **against** *(een) tegenbeschuldiging(en) inbrengen tegen;*
II ⟨ov.ww.⟩ **0.1** ***(een) tegenbeschuldiging(en) inbrengen tegen.***

re·crim·i·na·tion [rɪkrɪmɪ'neɪʃn]⟨f1⟩⟨zn.⟩
I ⟨telb.zn.⟩ **0.1** ***tegenbeschuldiging*** ⇒*recriminatie* ◆ **2.1** mutual ~s *wederzijdse beschuldigingen, beschuldigingen over en weer;*
II ⟨n.-telb.zn.⟩ **0.1** ***het inbrengen v. (een) tegenbeschuldiging(en).***

re·crim·i·na·tive [rɪ'krɪmɪnətɪv‖-neɪtɪv], **re·crim·i·na·to·ry** [-tri‖-tɔri]⟨bn.⟩ **0.1** ***(een) tegenbeschuldiging(en) inhoudend*** ⇒*(elkaar/wederzijds) beschuldigend.*

re·cru·desce ['ri:kru:'des]⟨onov.ww.⟩ **0.1** ***weer openbreken*** ⟨v. zweer⟩ ⇒⟨fig.⟩ *weer uitbreken* ⟨v. epidemie⟩; *weer verergeren* ⟨v. toestand⟩.

re·cru·des·cence ['ri:kru:'desns]⟨telb. en n.-telb.zn.⟩ **0.1** ***het weer openbreken*** ⟨v. zweer⟩ ⇒⟨fig.⟩ *het weer uitbreken/verergeren.*

re·cru·des·cent ['ri:kru:'desnt]⟨bn.⟩ **0.1** ***weer openbrekend*** ⟨v. zweer⟩ ⇒⟨fig.⟩ *weer uitbrekend* ⟨v. epidemie⟩; *weer verergerend* ⟨v. toestand⟩.

re·cruit[1] [rɪ'kru:t]⟨f1⟩⟨telb.zn.⟩ **0.1** ***rekruut*** ⇒⟨vnl. AE⟩ *gewoon soldaat* **0.2** ***nieuw lid*** ⇒*nieuweling, nieuwkomer* ◆ **2.2** raw ~ *beginneling, beginner* **6.2** new ~s **to** the club *nieuwe leden v.d. club.*

recruit[2] ⟨f2⟩⟨ww.⟩
I ⟨onov.ww.⟩ **0.1** ***rekruten (aan)werven*** **0.2** ⟨vero.⟩ ***(zich) herstellen*** ⇒*op krachten komen;*
II ⟨ov.ww.⟩ **0.1** ***rekruteren*** ⇒*(aan)werven, aantrekken* **0.2** ***aanvullen*** ⇒*bijvullen, versterken* ◆ **1.1** ~ an army *een leger op de been brengen* **1.2** ~ supplies *voorraden aanvullen;* ⟨vero.; fig.⟩ ~ one's vitality *weer op krachten komen* **6.1** ~ people **from** the industry **into** the army *mensen uit de industrie voor het leger rekruteren.*

re·cruit·al [rɪ'kru:tl]⟨telb.zn.⟩ **0.1** ***nieuwe levering.***

re·cruit·ment [rɪ'kru:tmənt]⟨f1⟩⟨telb. en n.-telb.zn.⟩ **0.1** ***rekrutering*** **0.2** ***aanvulling*** ⇒*versterking* **0.3** ⟨vero.⟩ ***herstel.***

rec·tal ['rektl]⟨bn.⟩⟨med.⟩ **0.1** ***rectaal*** ⇒*v./mbt. de endeldarm.*

rec·tan·gle ['rektæŋgl]⟨f2⟩⟨telb.zn.⟩ **0.1** ***rechthoek.***

rec·tan·gu·lar [rek'tæŋgjələ‖-ər], **rec·tan·gled** ['rektæŋgld]⟨f2⟩⟨bn.;-ly⟩ **0.1** ***rechthoekig*** ◆ **1.1** rectangular co-ordinates *rechthoekige coördinaten;* rectangular hyperbola *gelijkzijdige hyperbool.*

rec·tan·gu·lar·i·ty [rek'tæŋgjə'lærəti]⟨n.-telb.zn.⟩ **0.1** ***rechthoekigheid.***

rec·ti·fi·able ['rektɪfaɪəbl]⟨bn.⟩ **0.1** ***rectificeerbaar*** ⟨ook wisk.⟩ **0.2** ⟨elek.⟩ ***gelijk te richten.***

rec·ti·fi·ca·tion ['rektɪfɪ'keɪʃn]⟨f1⟩⟨telb. en n.-telb.zn.⟩ **0.1** ***rectificatie*** ⟨ook schei., wisk.⟩ **0.2** ⟨elek.⟩ ***gelijkrichting.***

rec·ti·fier ['rektɪfaɪə‖-ər]⟨telb.zn.⟩ **0.1** ***rectificeerder*** **0.2** ⟨schei.⟩ ***rectificatietoestel/apparaat*** **0.3** ⟨elek.⟩ ***gelijkrichter.***

rec·ti·fy ['rektɪfaɪ]⟨f1⟩⟨ov.ww.;→ww. 7⟩ **0.1** ***rectificeren*** ⇒*rechtzetten, verbeteren, corrigeren, herstellen, bijwerken* **0.2** ⟨schei.⟩ ***rectificeren*** ⇒*zuiveren, overdistilleren, raffineren* ⟨vnl. alcohol⟩ **0.3** ⟨wisk.⟩ ***rectificeren*** ⇒*tot een rechte herleiden* ⟨boog⟩ **0.4** ⟨elek.⟩ ***gelijkrichten.***

rec·ti·lin·e·ar ['rektɪ'lɪnɪə‖-ər], **rec·ti·lin·e·al** [-'lɪnɪəl]⟨bn.;-ly⟩ **0.1** ***rechtlijnig.***

rec·ti·tude ['rektɪtju:d‖-tu:d]⟨telb. en n.-telb.zn.⟩ **0.1** ***rechtschapenheid*** **0.2** ***oprechtheid*** ⇒*eerlijkheid* **0.3** ***correctheid*** ⇒*juistheid.*

rec·to ['rektoʊ]⟨telb.zn.⟩⟨druk.⟩ **0.1** ***recto*** ⇒*voorzijde* ⟨v. blad⟩ **0.2** ***rechterbladzij(de).***

rec·tor ['rektə‖-ər]⟨f2⟩⟨telb.zn.⟩ **0.1** ⟨Anglicaanse kerk⟩ ***predikant*** ⟨een rang boven vicar⟩ ⇒*dominee* **0.2** ***rector*** ⟨leider v. sommige R.-K. instellingen; hoofd v.e. universiteit, school⟩ **0.3** ⟨R-⟩ ***voorzitter v.h. universiteitsbestuur*** ⟨door studenten gekozen; Schotland⟩.

rec·tor·ate ['rektərət], **rec·tor·ship** ['rektəʃɪp‖-tər-]⟨telb.zn.⟩ **0.1** ***ambt(stijd) v. predikant*** **0.2** ***predikantsplaats*** **0.3** ***rectoraat.***

rec·to·ri·al[1] [rek'tɔ:rɪəl]⟨telb.zn.⟩ **0.1** ***rectorverkiezing*** ⟨i.h.b. Schotse universiteit⟩.

rectorial[2] ⟨bn.⟩ **0.1** ***predikants-*** **0.2** ***rectoraal.***

rec·to·ry ['rekt(ə)ri]⟨telb.zn.;→mv. 2⟩⟨Anglicaanse kerk⟩ **0.1** ***predikantswoning*** ⇒*pastorie* **0.2** ***predikantsplaats.***

rec·trix ['rektrɪks]⟨telb.zn.; rectrices [-trɪsi:z];→mv. 5⟩⟨dierk.⟩ **0.1** ***stuurpen*** ⇒*staartveer, rectrix.*

rec·tum ['rektəm]⟨telb.zn.; ook recta [-tə];→mv. 5⟩⟨anat.⟩ **0.1** ***rectum*** ⇒*endeldarm.*

rec·tus ['rektəs]⟨telb.zn.; recti [-taɪ];→mv. 5⟩⟨anat.⟩ **0.1** ***rechte spier.***

re·cum·ben·cy [rɪ'kʌmbənsi], **re·cum·bence** [-bəns]⟨telb. en n.-telb.zn.;→mv. 2⟩ **0.1** ***het liggen*** ⇒*liggende/achteroverleunende houding/toestand;* ⟨fig.⟩ *rust* **0.2** ***ledigheid*** ⇒*het nietsdoen.*

re·cum·bent [rɪ'kʌmbənt]⟨bn.;-ly⟩ **0.1** ***liggend*** ⇒*achteroverleunend;* ⟨fig.⟩ *rustend* **0.2** ***nietsdoend*** ⇒*ledig.*

re·cu·per·ate [rɪ'k(j)u:pəreɪt‖-'ku:-]⟨f1⟩⟨ww.⟩
I ⟨onov.ww.⟩ **0.1** ***herstellen*** ⇒*opknappen, er weer bovenop komen;*
II ⟨ov.ww.⟩ **0.1** ***terugwinnen*** ⟨gezondheid, verliezen⟩ ⇒*terugkrijgen* ◆ **1.1** ~ one's health *zijn gezondheid terugwinnen.*

re·cu·per·a·tion [rɪ'k(j)u:pə'reɪʃn‖-'ku:-]⟨f1⟩⟨n.-telb.zn.⟩ **0.1** ***herstel*** **0.2** ⟨tech.⟩ ***recuperatie.***

re·cu·per·a·tive [rɪ'k(j)u:prətɪv‖rɪ'ku:pəreɪtɪv]⟨bn.⟩ **0.1** ***herstellend*** ⇒*versterkend, herstel(lings)-.*

re·cur [rɪ'kɜ:‖rɪ'kɜr]⟨f2⟩⟨onov.ww.;→ww.7⟩ **0.1** ***terugkomen*** ⇒*terugkeren, zich herhalen, weer opkomen* **0.2** ***zijn toevlucht nemen*** ◆ **1.1** ~ring bronchitis *recidiverende bronchitis;* ⟨wisk.⟩ ~ring decimals *repeterende decimalen* **6.1** ~ **to** an old idea *op een vroeger idee terugkomen;* our first meeting ~red **to** my mind *onze eerste ontmoeting kwam me weer voor de geest* **6.2** ~ **to** violence *zijn toevlucht nemen tot geweld.*

re·cur·rence [rɪ'kʌrəns‖-'kɜr-]⟨f2⟩⟨telb. en n.-telb.zn.⟩ **0.1** ***herhaling*** ⇒*het terugkeren/komen* **0.2** ***toevlucht*** ◆ **6.2** ~ **to** violence *toevlucht tot geweld.*

re·cur·rent [rɪ'kʌrənt‖-'kɜr-]⟨f2⟩⟨bn.;-ly⟩ **0.1** ***terugkomend*** ⇒*terugkerend, zich herhalend, periodiek, recurrent, recidiverend* **0.2** ⟨anat.⟩ ***teruglopend*** ⟨v. bloedvat, zenuw⟩.

re·cur·sion [rɪ'kɜ:ʃn‖-'kɜrʒn]⟨telb. en n.-telb.zn.⟩ **0.1** ***terugkeer.***

re'cursion formula ⟨telb.zn.⟩⟨wisk.⟩ **0.1** ***recursieformule*** ⟨voor afleiding v. volgende formules⟩.

re·cur·sive [rɪ'kɜ:sɪv‖-'kɜr-]⟨bn.;-ly;-ness⟩⟨taalk.⟩ **0.1** ***recursief.***

re·cur·vate [rɪ'kɜ:vət‖-'kɜr-]⟨bn.⟩ **0.1** ***omgebogen*** ⇒*neergebogen.*

re·cur·va·ture [rɪ'kɜ:vətʃə‖-'kɜrvətʃər]⟨telb. en n.-telb.zn.⟩ **0.1** ***ombuiging*** ⇒*neerbuiging.*

re·curve ['ri:'kɜ:v‖-'kɜrv]⟨onov. en ov.ww.⟩ **0.1** ***ombuigen*** ⇒*neerbuigen, terugbuigen.*

rec·u·sance ['rekjʊzns‖-kjə-], **rec·u·san·cy** [-si]⟨telb. en n.-telb.zn.;→mv. 2⟩⟨vero.; gesch.⟩ **0.1** ***weigering*** ⇒*ongehoorzaamheid, opstandigheid, recusatie.*

rec·u·sant[1] ['rekjʊznt‖-kjə-]⟨telb.zn.⟩⟨vero.; gesch.⟩ **0.1** ***weigeraar*** ⇒*ongehoorzame, opstandeling;* ⟨i.h.b.⟩ *iem. die weigerde naar anglicaanse kerkdiensten te gaan.*

recusant[2] ⟨bn.⟩⟨vero.⟩ **0.1** ***weigerachtig*** ⇒*ongehoorzaam, opstandig.*

re·cy·cla·ble ['ri:'saɪkləbl]⟨bn.⟩ **0.1** ***recycleerbaar*** ⇒*recupereerbaar, regenereerbaar.*

re·cycle[1] ['ri:'saɪkl]⟨zn.⟩
I ⟨telb. en n.-telb.zn.⟩ **0.1** ***herneming*** ⇒*hervatting, herhaling;*
II ⟨n.-telb.zn.⟩ →recycling.

recycle[2] ⟨f1⟩⟨ww.⟩ →recycling
I ⟨onov.ww.⟩ **0.1** ***opnieuw beginnen af te tellen*** ⇒*hernemen, hervatten;*
II ⟨ov.ww.⟩ **0.1** ***recyclen*** ⇒*regenereren, herwinnen, weer bruikbaar maken;* ⟨fig.⟩ *herhalen, opnieuw gebruiken* **0.2** ***opnieuw behandelen*** ◆ **1.1** ~d paper *kringlooppapier.*

re·cy·cling ['ri:'saɪklɪŋ]⟨f1⟩⟨n.-telb.zn.; gerund v. recycle⟩ **0.1** ***recycling*** ⇒*regeneratie, recyclage, hercirculatie, herwinning.*

red[1] [red]⟨f3⟩⟨zn.⟩
I ⟨telb.zn.⟩ **0.1** ⟨vaak R-⟩ ***rode*** ⇒*rooie, revolutionair, anarchist, communist* ⟨vaak pej.⟩ **0.2** ***roodhuid*** **0.3** ***roodachtig dier*** ⟨o.a. rund⟩ **0.4** ⟨AE⟩ ***cent*** ⇒*duit* ◆ **1.¶** Reds under the bed(s) *het (vermeende) alomtegenwoordige 'rode gevaar';*
II ⟨telb. en n.-telb.zn.⟩ **0.1** ***rood*** ⇒*rode kleur* **0.2** ⟨ben. voor⟩ ***iets roods*** ⇒*rode verf; rood licht; rode kleren; rode wijn;* ⟨biljart⟩ *rode bal* ◆ **6.2** dressed **in** ~ *in het rood gekleed* **6.¶** be **in** the ~ *in de rode cijfers staan; rood staan;* get **into** the ~ *in de rode cijfers komen, verlies lijden;* get **out of** the ~ *uit de rode cijfers komen, winst maken.*

red[2] ⟨f4⟩⟨bn.; redder; -ly; -ness; →compar. 7⟩⟨→sprw. 589⟩ **0.1** ***rood*** ⇒*ros* **0.2** ***rood*** ⇒*revolutionair, radicaal, anarchistisch, communistisch* ⟨vnl. pej.⟩; ⟨R-⟩ *Russisch, Sovjetrussisch* **0.3** ***bloedig*** ⇒*gewelddadig* ◆ **1.1** ~ ant *rode mier;* ~ bark *rode kinabast;* as ~ as a beetroot *zo rood als een (biete)kroot;* ~ cabbage *rodekool;* ~ (blood) cell *rode bloedcel, erytrocyt;* ~ corpuscule *rood bloedlichaampje, erytrocyt;* Red Crescent *Rode Halvemaan* ⟨= Rode Kruis in moslimlanden⟩; Red Cross *Rode Kruis;* ⟨plantk.⟩ ~ currant *rode aalbes* ⟨Ribes rubrum⟩; ~ flag *rode vlag/vaan, bloed/oorlogsvlag;* ⟨ster.⟩ ~ giant *rode reus;* ~ hair *rood/ros haar;* ⟨plantk.⟩ ~ jasmine *rode jasmijn* ⟨Plumeria rubra⟩; ⟨dierk.⟩ ~ kite *rode wouw* ⟨Milvus milvus⟩; ~ light *rood (verkeers)licht, rode lamp;* ~ meat *rood vlees;* blush as ~ as a peony *een kleur krijgen/blozen als een pioen;* it is like a ~ rag to a bull *het werkt als een rode lap op een stier;* ~ ribbon *rood lint* ⟨v.d. Orde v. Bath⟩; Red River *Rode Rivier* ⟨U.S.A., China, Vietnam⟩; ~ roan *(roodgrijze kleur v.) roodschimmel;* ~ rose *rode roos* ⟨ook embleem v. Lancaster en Lancashire in Rozenoorlog⟩; ~ sanders/sandalwood *rood sandelhout;* the Red Sea *de Rode Zee;* ~ setter *rode setter;* ⟨dierk.⟩ ~ snapper *rode snapper* ⟨vis; genus Lutianus⟩; ⟨dierk.⟩ ~ spider (mite) *(kas)spintmijt* ⟨familie Tetranychidae⟩; ~ tide *rood getij;* ~ as a turkey cock *rood als een kalkoense haan, rood v. toorn, witheet v. woede;* ~ wine *rode wijn* **1.2** the Red Army *het Rode Leger* ⟨v.d. USSR⟩; Red Brigades *Rode Brigades;* ⟨inf.⟩ Red China *Rood China;* the Red Flag *de Rode Vlag* ⟨strijdlied v. pol. links⟩; Red Guard *Rode Wachter* ⟨jong militant, vnl. tijdens Chinese Culturele Revolutie, 1965-71⟩; Red Square *Het Rode Plein* ⟨te Moskou⟩; Red Star *Rode Ster* ⟨communistisch embleem⟩ **1.3** a ~ battle *een bloedige strijd;* ~ hands *met bloed besmeurde handen;* ~ ruins *met bloed besmeurde ruïnes;* ⟨gesch.⟩ the Red Terror *de (Rode) Terreur* ⟨in Frankrijk, 1793-94⟩ **1.¶** ⟨dierk.⟩ ~ admiral *admiraalvlinder, atalanta, nummervlinder* ⟨Vanessa atalanta⟩; ~ arsenic *realgar, robijnzwavel, (rood) arseendisulfide;* ⟨sl.⟩ ~ biddy *goedkope, versneden rode wijn;* Red Book *Britse Staatsalmanak;* ⟨gesch.⟩ *Brits adelboek;* ⟨voetbal⟩ ~ card *rode kaart;* roll out the ~ carpet for s.o. *de (rode) loper voor iem. uitleggen* ⟨vnl. fig.⟩; ⟨vnl. AE; inf.⟩ not worth a ~ cent *geen (rode) duit waard;* ~ cross *Sint-Joriskruis* ⟨Engels embleem⟩; *kruisvaarderskruis;* ⟨dierk.⟩ ~ deer *edelhert* ⟨Cervus elaphus⟩; ⟨BE; sl.⟩ ~ duster *Britse koopvaardijvlag;* ~ ensign *Britse koopvaardijvlag;* ⟨dierk.⟩ ~ fox *vos* ⟨Vulpes vulpes⟩; *Noordamerikaanse vos* ⟨Vulpes vulpes fulva⟩; ⟨dierk.⟩ ~ grouse *moerassneeuwhoen* ⟨Lagopus scoticus⟩; ⟨med.⟩ ~ gum *spruw;* ⟨plantk.⟩ *(roodachtig hars/hout v.) Australische eucalyptussoort* ⟨genus Eucalyptus⟩; ~ hat *rode hoed, kardinaalshoed;* ~ heat *roodgloeihitte* ⟨o.a. v. metaal⟩; ⟨fig.⟩ *gloeiende hitte;* ~ herring *bokking; vals spoor, afleidingmanoeuvre;* draw a ~ herring across the track/trail *een vals spoor nalaten, een afleidingsmanoeuvre uitvoeren;* ⟨vnl. BE⟩ Red Indian *Indiaan, roodhuid;* ~ ink *rode cijfers, negatieve balans, verlies;* ⟨AE; sl.⟩ *rode wijn;* ⟨sl.⟩ ~ lane *keel;* ~ lead *(rode) menie;* see the ~ light *nattigheid voelen, onraad bespeuren;* ⟨dierk.⟩ ~ maggot *rode made v. tarwemug* ⟨Sitodiplosis mosellana⟩; ~ man *roodhuid, Indiaan;* ⟨AE; sl.⟩ ~ noise *(bord) tomatensoep;* ⟨dierk.⟩ ~ mullet *mul* ⟨Mullus barbatus⟩; ⟨plantk.⟩ ~ oak *Am. eik* ⟨Quercus rubra/borealis⟩; ~ orpiment *realgar, robijnzwavel, (rood) arseendisulfide;* ⟨plantk.⟩ ~ pepper *rode paprika, Spaanse peper* ⟨(vrucht v.) Capsicum frutescens⟩; *cayennepeper;* ⟨AE; sl.⟩ ~ paint *ketchup;* ⟨plantk.⟩ ~ rattle *moeraskartelblad* ⟨Pedicularis palustris⟩; ⟨dierk.⟩ ~ salmon *blauwrugzalm* ⟨Oncorhynchus nerka⟩; ~ snow *bloedsneeuw;* ⟨plantk.⟩ ~ squill *(poeder v.) zeeajuin/zeelook* ⟨Urginea maritima⟩; ⟨dierk.⟩ ~ squirrel *eekhoorn* ⟨Sciurus vulgaris⟩; *Hudson/rode eekhoorn* ⟨Tamiasciurus hudsonicus⟩; ⟨inf.; pej.⟩ ~ tape *(administratieve) rompslomp, (bureaucratische) formaliteiten;* ⟨inf.⟩ paint the town ~ *de bloemetjes buitenzetten, aan de boemel gaan/zijn* **3.¶** see ~ *buiten zichzelf raken (v. woede), in drift ontsteken, witheet zijn/worden, uit zijn vel springen* **6.1** ~ **with** shame *rood van schaamte;* her eyes were ~ **with** weeping *haar ogen waren rood van het huilen.*

re·dact [rɪ'dækt]⟨ov.ww.⟩ **0.1** ***redigeren*** ⇒*bewerken, bezorgen, herzien.*

re·dac·tion [rɪ'dækʃn]⟨zn.⟩
I ⟨telb.zn.⟩ **0.1** ***nieuwe uitgave;***
II ⟨telb. en n.-telb.zn.⟩ **0.1** ***redactie*** ⇒*het redigeren, bewerking.*

re·dac·tor [rɪ'dæktə‖-ər]⟨telb.zn.⟩ **0.1** ***redacteur*** ⇒*bewerker.*

'red-'assed ⟨bn.⟩⟨sl.⟩ **0.1** ***pisnijdig.***

'red·backed ⟨bn.⟩ **0.1** ***met rode rug*** ◆ **1.¶** ⟨dierk.⟩ ~ shrike *grauwe klauwier* ⟨Lanius collurio⟩.

'red·bait ⟨ov.ww.⟩⟨AE⟩ **0.1** ***als communist aanklagen.***

'red·bait·er ⟨telb.zn.⟩⟨AE⟩ **0.1** ***communistenjager.***

'red·blind ⟨bn.; -ness⟩ **0.1** ***(kleuren)blind voor rood.***

'red-'blood·ed ⟨bn.⟩ **0.1** ***levenskrachtig*** ⇒*stevig, viriel.*

'red·breast ⟨telb.zn.⟩⟨dierk.⟩ **0.1** ⟨vnl. schr.⟩ ***roodborst*** ⟨Erithacus rubecola⟩ **0.2** ***roodborstzonnebaars*** ⟨Lepomis auritus⟩.

'red-'breast·ed ⟨bn.⟩⟨dierk.⟩ ◆ **1.¶** ~ flycatcher *kleine vliegenvanger* ⟨Ficedula parva⟩; ~ goose *roodhalsgans* ⟨Branta ruficollis⟩; ~ merganser *middelste zaagbek* ⟨Mergus serrator⟩.

'red·brick, 'red·brick uni'versity ⟨f1⟩⟨telb.zn.; ook R-⟩⟨BE⟩ **0.1** ***(laat-19e-eeuwse) universiteit buiten Londen*** ⟨i.h.b. tgo. die v. Oxford en Cambridge⟩.

'red·bud ⟨telb.zn.⟩⟨plantk.⟩ **0.1** ***(Noordam. variant v.d.) judasboom*** ⟨genus Cercis, i.h.b. C. canadensis⟩.

'red·cap ⟨telb.zn.⟩ **0.1** ⟨BE⟩ ***militair politieagent*** **0.2** ⟨AE⟩ ***(stations) kruier*** ⇒*witkiel* **0.3** ⟨BE; gew.; dierk.⟩ ***putter*** ⟨Carduelis carduelis⟩.

'red-'car·pet ⟨bn., attr.⟩ **0.1** ***ceremonieel*** ⇒*formeel* ◆ **1.1** give s.o. the ~ treatment *de (rode) loper voor iem. uitleggen.*

'red·coat ⟨telb.zn.⟩⟨gesch.⟩ **0.1** ***roodrok*** ⟨Brits soldaat tijdens Am. Revolutie⟩.

'red-'crest·ed ⟨bn.⟩⟨dierk.⟩ ◆ **1.¶** ~ pochard *krooneend* ⟨Netta rufina⟩.

redd [red]⟨ov.ww.; ook redd, redd [red]⟩⟨vnl. Sch. E⟩ **0.1** ***opruimen*** ⇒*opknappen, in orde brengen* ◆ **5.1** ~ **up** *opruimen.*

red·den ['redn]⟨f1⟩⟨ww.⟩
I ⟨onov.ww.⟩ **0.1** ***rood worden*** ⇒*blozen* ◆ **6.1** she ~ed **with** shame *ze werd rood/bloosde van schaamte;*
II ⟨ov.ww.⟩ **0.1** ***rood maken*** ⇒*doen blozen.*

red·dish ['redɪʃ]⟨f2⟩⟨bn.; -ness⟩ **0.1** ***roodachtig*** ⇒*rossig.*

reddle →ruddle.

'red'dog ⟨onov. en ov.ww.⟩⟨Am. voetbal⟩ **0.1** ***aanvallen*** ⟨taktiek waarbij verdedigers worden overrompeld⟩.

rede[1] [ri:d]⟨telb. en n.-telb.zn.⟩⟨vero.⟩ **0.1** ***raad*** ⇒*advies* **0.2** ***uitleg*** ⇒*interpretatie, verklaring.*

rede[2] ⟨ov.ww.⟩⟨vero.⟩ **0.1** ***raad geven*** **0.2** ***uitleggen*** ⇒*duiden, verklaren* ◆ **1.2** ~ s.o.'s dreams *iemands dromen duiden.*

re·dec·o·rate ['ri:'dekəreɪt]⟨f1⟩⟨onov. en ov.ww.⟩ **0.1** ***opknappen*** ⇒*opnieuw schilderen/behangen.*

re·dec·o·ra·tion ['ri:dekə'reɪʃn]⟨f1⟩⟨telb. en n.-telb.zn.⟩ **0.1** ***opknapbeurt*** ⇒*het opknappen.*

re·deem [rɪ'di:m]⟨f1⟩⟨ov.ww.⟩ **0.1** ***terugkopen*** ⇒*afkopen, aflossen, inlossen;* ⟨fig.⟩ *terug/her/aanwinnen* **0.2** ***inwisselen*** ⇒*te gelde maken, inruilen* **0.3** ***vervullen*** ⇒*nakomen, inlossen* **0.4** ***vrijkopen*** ⇒*loskopen* **0.5** ***goedmaken*** ⇒*vergoeden* **0.6** ***verlossen*** ⟨vnl. relig.⟩ ⇒*bevrijden, redden* ◆ **1.1** ~ bonds *obligaties aflossen/uitloten;* ~ a mortgage *een hypotheek aflossen;* ~ a pawned ring *een verpande ring inlossen* **1.2** ~ coupons *coupons inruilen* **1.3** ~ a promise *een belofte nakomen* **1.4** ~ a slave *een slaaf vrijkopen* **1.5** ~ one's faults *zijn fouten goedmaken;* a ~ing feature *een verzoenende trek/eigenschap, een verzachtende omstandigheid* **6.1** she ~ed her ring **from** pawn *zij loste haar verpande ring in* **6.6** his performance ~ed the show **from** disaster *zijn optreden behoedde de show voor een ramp;* Jesus ~s us **from** sin *Jezus verlost ons v. onze zonden.*

re·deem·able [rɪ'di:məbl]⟨bn.⟩ **0.1** ***afkoopbaar*** ⇒*aflosbaar* **0.2** ***inwisselbaar*** **0.3** ***vervulbaar*** **0.4** ***vrij te kopen*** **0.5** ***herstelbaar*** ⇒*goed te maken* **0.6** ***te verlossen*** ⇒*te redden* **0.7** ⟨geldw.⟩ ***uitlootbaar*** ⇒*aflosbaar door loting* ⟨bv. obligaties⟩.

re·deem·er [rɪ'di:mə‖-ər]⟨f1⟩⟨telb.zn.⟩ **0.1** ***redder*** ⇒*bevrijder* **0.2** ***afkoper*** ⇒*inlosser* ◆ **7.1** the Redeemer *de Verlosser, de Heiland.*

re·de·fine ['ri:dɪ'faɪn]⟨ov.ww.⟩ **0.1** ***opnieuw definiëren.***

re·demp·tion [rɪ'dem(p)ʃn]⟨f2⟩⟨telb. en n.-telb.zn.⟩ **0.1** ***redding*** ⇒*verlossing, bevrijding* **0.2** ***afkoop*** ⇒*aflossing, inlossing, loskoping, uitloting* ◆ **6.1 beyond/past** ~ *reddeloos (verloren), niet meer goed te maken.*

re·demp·tive [rɪ'dem(p)tɪv], **re·demp·to·ry** [-təri]⟨bn.⟩ **0.1** ***reddend*** ⇒*verlossend, bevrijdend* **0.2** ***mbt. redding*** ⇒*reddings-.*

re·de·ploy ['ri:dɪ'plɔɪ]⟨ov.ww.⟩ **0.1** ***hergroeperen*** ⇒*herschikken* ⟨vnl. mil.⟩ ◆ **1.1** ~ troops *troepen hergroeperen.*

re·de·ploy·ment ['ri:dɪ'plɔɪmənt]⟨telb. en n.-telb.zn.⟩ **0.1** ***hergroepering*** ⇒*herschikking* ⟨vnl. mil.⟩.

re·de·vel·op ['ri:dɪ'veləp]⟨f1⟩⟨ov.ww.⟩ **0.1** ***opnieuw ontwikkelen*** ⟨ook foto.⟩ **0.2** ***renoveren.***

re·de·vel·op·ment ['ri:dɪ'veləpmənt]⟨f1⟩⟨telb. en n.-telb.zn.⟩ **0.1** ***nieuwe ontwikkeling*** ⟨ook foto.⟩ **0.2** ***renovatie.***

'red·eye ⟨zn.⟩
I ⟨telb.zn.⟩ **0.1** ⟨inf.⟩ ***gevaarsignaal op spoorweg*** **0.2** ⟨AE;sl.⟩ ***nachtvlucht;***
II ⟨telb. en n.-telb.zn.⟩ **0.1** ⟨dierk.⟩ ***rietvoorn*** ⟨Scardinius erythrophtalmus⟩ **0.2** ⟨foto.⟩ ***rode-ogeneffect*** **0.3** ⟨AE;sl.⟩ ***goedkope whisky*** ⇒*bocht.*

'red·fish ⟨telb.zn.⟩ **0.1** ⟨BE⟩ ***mannetjeszalm in de paaitijd*** **0.2** ⟨ben. voor⟩ ***roodachtige vissoort*** ⇒⟨i.h.b.⟩ *blauwrugzalm* ⟨Oncorhynchus nerka⟩.

'red-flag ⟨ov.ww.⟩⟨autosport⟩ **0.1** ***afvlaggen.***

'red-'flanked ⟨bn.⟩⟨dierk.⟩ ◆ **1.¶** ~ bluetail *blauwstaart* ⟨Tarsiger cyanurus⟩.

'red-'foot·ed ⟨bn.⟩⟨dierk.⟩ ◆ **1.¶** ~ falcon *roodpootvalk* ⟨Falco vespertinus⟩.

red-'haired ⟨f1⟩⟨bn.⟩ **0.1** ***roodharig*** ⇒*met rode haren/rood haar, ros.*

'red-'hand·ed ⟨f1⟩⟨bn., pred.; -ly⟩ **0.1** ***op heterdaad*** ◆ **3.1** catch/nab s.o. ~ *iem. op heterdaad betrappen.*

'red·head ⟨f1⟩⟨telb.zn.⟩ **0.1** ***roodharige*** ⇒*rooie* **0.2** ⟨dierk.⟩ ***roodkopeend*** ⟨Aythya americana⟩.

'red'head·ed ⟨bn.⟩ **0.1** ***met rode kop*** **0.2** ***roodharig*** ⇒*rossig.*

'red-'hot[1] ⟨telb.zn.⟩⟨sl.⟩ **0.1** ***frankforter (worst)*** **0.2** ***man alleen.***

red-hot[2] ⟨f1⟩⟨bn.⟩ **0.1** ***roodgloeiend*** ⇒⟨fig.⟩ *sensationeel, vurig, opgewonden, sexy* **0.2** ***heet van de naald*** ⇒*kersvers, allerlaatst* ◆ **1.1** ~ favourite *huizenhoge favoriet* **1.2** the ~ new album *het gloednieuwe album;* ~ news *allerlaatste nieuws* **1.¶** ⟨plantk.⟩ ~ poker *vuurpijl* ⟨genus Kniphofia⟩.

re·dif·fu·sion ['ri:dɪ'fju:ʒn]⟨telb. en n.-telb.zn.⟩⟨BE; radio, t.v.⟩ **0.1** ***(her)uitzending*** ⇒*(radio)distributie.*

red·in·gote ['redɪŋgout]⟨telb.zn.⟩ **0.1** ***redingote*** ⟨mantel⟩.

red·in·te·grate [re'dɪntɪgreɪt]⟨ov.ww.⟩⟨vero.⟩ **0.1** ***herintegreren*** **0.2** ***vernieuwen.***

re·di·rect ['ri:dɪ'rekt, -daɪ-]⟨f1⟩⟨ov.ww.⟩ **0.1** ***opnieuw richten*** **0.2** ***doorsturen/zenden*** ⇒*nasturen/zenden* ⟨post⟩.

re·dis·count ['ri:'dɪskaunt]⟨zn.⟩
I ⟨telb.zn.; vaak mv.⟩ **0.1** ***geherdisconteerde wissel;***
II ⟨telb. en n.-telb.zn.⟩ **0.1** ***herdisconto*** ⇒*herdiscontering.*

re·dis·cov·er ['ri:dɪs'kʌvə]⟨f1⟩⟨ov.ww.⟩ **0.1** ***herontdekken*** ⇒*opnieuw ontdekken.*

re·dis·cov·er·y ['ri:dɪs'kʌvri]⟨f1⟩⟨telb. en n.-telb.zn.; →mv. 2⟩ **0.1** ***herontdekking*** ⇒*het opnieuw ontdekken.*

re·dis·trib·ute ['ri:dɪ'strɪbju:t]⟨f1⟩⟨ov.ww.⟩ **0.1** ***opnieuw distribueren/verdelen.***

re·dis·tri·bu·tion ['ri:dɪstrɪ'bju:ʃn]⟨f1⟩⟨telb. en n.-telb.zn.⟩ **0.1** ***herdistributie*** ⇒*herverdeling.*

re·dis·trict ['ri:'dɪstrɪkt]⟨ov.ww.⟩⟨AE⟩ **0.1** ***herindelen in districten.***

red·i·vi·vus ['redɪ'vaɪvəs]⟨bn., post.⟩⟨schr.⟩ **0.1** ***redivivus*** ⇒*herrezen, herleefd.*

red·lead ['redled]⟨onov. en ov.ww.⟩ **0.1** ***meniën.***

'red-'legged ⟨bn.⟩⟨dierk.⟩ ◆ **1.¶** ~ partridge *rode patrijs* ⟨Alectoris rufa⟩.

'red-let·ter ⟨bn., attr.⟩ **0.1** ***met rode letters (aangeduid)*** ⇒⟨fig.⟩ *feestelijk, uitgelezen* ◆ **1.1** ~ day *gedenkwaardige dag; heiligendag, feestdag, geluksdag.*

'red-light ⟨ov.ww.⟩⟨AE;sl.⟩ **0.1** ***uit de auto zetten*** ⇒*dumpen.*

'red-'light district ⟨f1⟩⟨telb.zn.⟩ **0.1** ***rosse buurt.***

'red'line ⟨ov.ww.⟩⟨pol.; ec.⟩ **0.1** ***als krottengebied afschrijven*** ⟨door weigeren v. hypothecaire lening⟩.

'red·neck ⟨telb.zn.⟩⟨AE; sl.; bel.⟩ **0.1** ***(blanke) landarbeider (in de zuidelijke staten)*** ⇒⟨bij uitbr.⟩ *ultra conservatieveling.*

'red-'necked ⟨bn.⟩⟨dierk.⟩ ◆ **1.¶** ~ grebe *roodhalsfuut* ⟨Podiceps griseigena⟩; ~ nightjar *Moorse nachtzwaluw* ⟨Caprimulgus ruficollis⟩; ~ phalarope *grauwe franjepoot* ⟨Phalaropus lobatus⟩.

re·do ['ri:'du:]⟨f1⟩⟨ov.ww.⟩ **0.1** ***overdoen*** ⇒*opnieuw doen* **0.2** ***opknappen.***

red·o·lence ['redələns]⟨n.-telb.zn.⟩ **0.1** ***geur*** ⇒*welriekendheid.*

red·o·lent ['redələnt]⟨bn.; -ly⟩ **0.1** ***geurig*** ⇒*welriekend* ◆ **6.1** be ~ **of/with** *ruiken naar;* ⟨fig.⟩ *doen denken aan, ademen/rieken naar.*

re·dou·ble ['ri:'dʌbl]⟨onov. en ov.ww.⟩ **0.1** ***verdubbelen*** **0.2** ⟨bridge⟩ ***redoubleren*** ⇒*herdubbelen.*

re·doubt [rɪ'daut]⟨telb.zn.⟩⟨mil.⟩ **0.1** ***redoute*** ⇒*veldschans.*

re·doubt·a·ble [rɪ'dautəbl]⟨bn.⟩⟨schr.⟩ **0.1** ***geducht*** ⇒*gevreesd.*

re·dound [rɪ'daund]⟨onov.ww.⟩ **0.1** ***bijdragen*** ⇒*ten goede komen* **0.2** ***ten deel/te beurt vallen*** **0.3** ***neerkomen*** ⇒*terugvallen* ◆ **6.1** this will ~ **to** your honour *dit zal u tot eer strekken* **6.2** no benefits will ~ **to** us **from** this *dit zal ons geen voordelen opleveren* **6.3** your indifference will ~ **upon** you *je onverschilligheid zal op jezelf terugslaan.*

re·dox ['ri:dɒks||-dɑks]⟨n.-telb.zn.; vaak attr.⟩⟨schei.⟩ **0.1** ***redox*** ⟨reductie én oxydatie⟩.

'red-'pen·cil ⟨ov.ww.⟩ **0.1** ***met rood corrigeren*** ⇒⟨fig.⟩ *censureren.*

'red·poll ⟨telb.zn.⟩⟨dierk.⟩ **0.1** ***barmsijs*** ⟨Acanthis flammea⟩.

'Red 'Poll ⟨telb. en n.-telb.zn.⟩ **0.1** ***Red Poll*** ⟨(rund v.) Brits hoornloos runderras⟩.

re·draft[1] ['ri:'drɑ:ft||-'dræft]⟨telb.zn.⟩ **0.1** ***gewijzigd ontwerp*** **0.2** ⟨geldw.⟩ ***retourwissel*** ⇒*herwissel, retraite, ricambio.*

redraft[2] ⟨ov.ww.⟩ **0.1** ***opnieuw ontwerpen.***

re·draw ['ri:'drɔ:]⟨ov.ww.⟩ **0.1** ***opnieuw trekken*** **0.2** ***opnieuw tekenen*** ⇒*overtekenen.*

re·dress[1] [rɪ'dres||'ri:dres], **re·dress·ment** [-mənt]⟨f1⟩⟨telb. en n.-telb.zn.⟩ **0.1** ***herstel*** ⇒*redres, vergoeding.*

redress[2] [rɪ'dres]⟨f1⟩⟨ov.ww.⟩⟨→sprw. 185⟩ **0.1** ***herstellen*** ⇒*vergoeden, goedmaken, schadeloos stellen, redresseren* ◆ **1.1** ~ the balance *de zaken weer rechtzetten, het evenwicht herstellen.*

'red-'rimmed ⟨bn.⟩ **0.1** ***roodomrand*** ⟨v. ogen⟩.

'red-'rumped ⟨bn.⟩⟨dierk.⟩ ◆ **1.¶** ~ swallow *roodstuitzwaluw* ⟨Hirundo daurica⟩.

'red·shank, 'red-leg(s) ⟨telb.zn.⟩⟨dierk.⟩ **0.1** ***tureluur*** ⟨Tringa totanus⟩ ◆ **3.¶** spotted ~ *zwarte ruiter* ⟨Tringa erythropus⟩.

'red-shift ⟨telb.zn.⟩⟨ster.⟩ **0.1** ***roodverschuiving.***

'red·shirt[1] ⟨telb.zn.⟩ **0.1** ⟨AE⟩ ***(sport)student die een jaar v. competitie vrijgesteld wordt voor training*** **0.2** ⟨gesch.⟩ ***roodhemd*** ⟨vrijwilliger v. Garibaldi⟩.

redshirt[2] ⟨ov.ww.⟩⟨AE⟩ **0.1** ***voor een jaar v. competitie vrijstellen voor training*** ⟨student⟩.

'red-'short ⟨bn.⟩ **0.1** ***roodbreukig*** ⇒*roodbros* ⟨v. metaal⟩.

'red·skin ⟨telb.zn.⟩⟨vero.; inf.⟩ **0.1** ***roodhuid.***

'red·start ⟨telb.zn.⟩⟨dierk.⟩ **0.1** ***gekraagde roodstaart*** ⟨Phoenicurus phoenicurus⟩.

'red·tab ⟨telb.zn.⟩⟨inf.⟩ **0.1** ***stafofficier in het Britse leger.***

'red·tail, 'red·tailed 'hawk ⟨telb.zn.⟩⟨dierk.⟩ **0.1** ***roodstaartbuizerd*** ⟨Buteo jamaicensis⟩.

red-tap(e)·ism ['red'teɪpɪzm]⟨telb. en n.-telb.zn.⟩⟨inf.; pej.⟩ **0.1** ***bureaucratie*** ⇒*ambtenarij.*

'red·throat·ed ⟨bn.⟩ **0.1** ***met rode keel*** ◆ **1.¶** ⟨dierk.⟩ ⟨BE⟩ ~ diver, ⟨AE⟩ ~ loon *roodkeelduiker* ⟨Gavia stellata⟩; ~ pipit *roodkeelpieper* ⟨Anthus cervinus⟩.

'red·top ⟨telb. en n.-telb.zn.⟩⟨plantk.⟩ **0.1** ***fioringras*** ⟨Agrostis alba⟩.

re·dub ['ri:'dʌb]⟨ov.ww.⟩ **0.1** ***herdopen*** ⇒*omdopen.*

re·duce [rɪ'dju:s||rɪ'du:s]⟨f3⟩⟨ww.⟩
I ⟨onov.ww.⟩ **0.1** ***afslanken*** ⇒*een vermageringskuur ondergaan* **0.2** ***verminderen*** ⇒*afnemen;*
II ⟨ov.ww.⟩ **0.1** ***verminderen*** ⇒*beperken, verkleinen, verlagen, reduceren, afprijzen* **0.2** ***herleiden*** ⇒*omzetten, reduceren, omrekenen* **0.3** ***verlagen*** ⇒*verzwakken, verarmen, degraderen, terugzetten* **0.4** ***veroveren*** ⇒*onderwerpen* **0.5** ***verpulveren*** ⇒*fijnmalen, klein maken* ⟨ook fig.⟩ **0.6** ***aanlengen*** ⟨verf⟩ **0.7** ⟨schei.; tech.⟩ ***reduceren*** ⇒*(om)smelten* ⟨metaal⟩ **0.8** ⟨med.⟩ ***(in)zetten*** ⇒*in het lid plaatsen* **0.9** ⟨foto.⟩ ***verzwakken*** **0.10** ⟨taalk.⟩ ***reduceren*** ⟨klinker⟩ ◆ **1.1** a ~d copy *een verkleinde kopie;* ~ prices *prijzen verlagen;* a ~d pullover *een afgeprijsde pullover* **1.2** ⟨wisk.⟩ ~ a fraction *een breuk herleiden* **1.3** ⟨vero.⟩ in ~d circumstances *verarmd, in behoeftige omstandigheden (geraakt), tot armoede vervallen;* in a ~d state *in een verzwakte toestand;* be ~d to tears *alleen nog maar kunnen huilen* **1.4** ~ a fortress *een versterking veroveren* **1.8** ~ a dislocated elbow *een ontwrichte elleboog inzetten/in het lid plaatsen;* ~ a fractured arm *een gebroken arm zetten* **1.9** ~ a negative *een negatief verzwakken* **6.1** ~ your speed **from** 50 **to** 30 mph *verminder uw snelheid van 50 tot 30 mijl p.u.;* ~ this chapter **to** a few pages *vat dit hoofdstuk in enkele bladzijden samen, verkort dit hoofdstuk tot enkele bladzijden* **6.2** ~ one's affairs **to** order *zijn zaken in orde brengen;* ~ the facts **to** their essentials *de feiten tot de hoofdzaken reduceren;* ~ pounds **to** pence *ponden tot pence herleiden* **6.3** ~ rebels **to** obedience *rebellen tot gehoorzaamheid dwingen;* the farmers had been ~d **to**

poverty *de boeren waren tot armoede vervallen;* ~ a sergeant **to** the rank of corporal *een sergeant tot de rang van korporaal degraderen;* ~ an audience **to** absolute silence *een publiek tot absolute stilte brengen;* the survivors had been ~d **to** skin and bones *de overlevenden waren nog maar vel over been;* ~ s.o. **to** tears *iem. tot tranen bewegen* **6.5** his arguments were ~d **to** nothing *van zijn argumenten bleef niets overeind* **6.7** ~ water **to** hydrogen and oxygen *water tot waterstof en zuurstof reduceren.*

re·duc·er [rɪ'dju:sə‖rɪ'du:sər], ⟨in bet. 0.3 ook⟩ **re·duc·tant** [rɪ'dʌktənt]⟨telb.zn.⟩ **0.1** ***iem. die/iets dat reduceert*** **0.2** ***vermageringsmiddel*** **0.3** ***verdunner*** ⇒*verdunningsmiddel* **0.4** ⟨schei.⟩ ***reductiemiddel*** ⇒*reduceermiddel* **0.5** ⟨tech.⟩ ***reductiemachine*** **0.6** ⟨tech.⟩ ***verloopstuk*** **0.7** ⟨foto.⟩ ***verzwakker.***

re·duc·i·bil·i·ty [rɪ'dju:sə'bɪləti‖rɪ'du:sə'bɪləṭi]⟨n.-telb.zn.⟩ **0.1** ***reduceerbaarheid*** ⇒*herleidbaarheid.*

re·duc·i·ble [rɪ'dju:səbl‖rɪ'du:-]⟨f1⟩⟨bn.;-ly;→bijw. 3⟩ **0.1** ***reduceerbaar*** ⇒*herleidbaar.*

re'duc·ing agent, re·duc·tant [rɪ'dʌktənt]⟨telb.zn.⟩⟨schei.⟩ **0.1** ***reductiemiddel*** ⇒*reduceermiddel.*

re'ducing glass ⟨telb.zn.⟩ **0.1** ***verkleinglas.***

re·duc·ti·o ad ab·sur·dum [rɪ'dʌksiou æd əb'sɜ:dem‖-'sɜr-]⟨n.-telb.zn.⟩ **0.1** ***reductio ad absurdum*** ⟨het voeren v.e. argument tot in het absurde⟩.

re·duc·tion [rɪ'dʌkʃn]⟨f2⟩⟨telb. en n.-telb.zn.⟩ **0.1** ***reductie*** ⇒*reducering, verkleining, vermindering, afslag* ◆ **1.1** ~ to absurdity *reductio ad absurdum;* a ~ of a photograph *een verkleining v.e. foto;* ~ in price *reductie, (prijs)afslag.*

re'duction ratio ⟨telb.zn.⟩ **0.1** ***verkleiningsfactor*** ⟨bij reprografie⟩.

re·duc·tive [rɪ'dʌktɪv]⟨bn.⟩ **0.1** ***reducerend*** ⇒*verminderend* **0.2** ⟨beeld. k.⟩ ***mbt./v. minimal art*** ◆ **1.2** ~ paintings *minimal art schilderijen.*

re·duc·tiv·ism [rɪ'dʌktɪvɪzm]⟨n.-telb.zn.⟩⟨beeld. k.⟩ **0.1** ***minimal art.***

re·dun·dan·cy [rɪ'dʌndənsi], **re·dun·dance** [-dəns]⟨f1⟩⟨telb. en n.-telb.zn.;→mv. 2⟩ **0.1** ***overtolligheid*** ⇒*overbodigheid* **0.2** ***ontslag*** ⟨wegens boventalligheid⟩ ⇒*gedwongen ontslag;* ⟨bij uitbr.⟩ *werkeloosheid* **0.3** ***pleonasme*** ⇒*tautologie* **0.4** ***overvloed(igheid)*** ◆ **1.2** the company announced 200 redundancies *het bedrijf kondigde aan dat er 200 mensen moesten afvloeien.*

re'dundancy money ⟨n.-telb.zn.⟩ **0.1** ***afvloeiingspremie.***

re'dundancy payment ⟨telb. en n.-telb.zn.⟩⟨vnl. BE⟩ **0.1** ***afvloeiingspremie.***

re·dun·dant [rɪ'dʌndənt]⟨f2⟩⟨bn.;-ly⟩ **0.1** ***overtollig*** ⇒*overbodig, redundant* **0.2** ***werkeloos*** **0.3** ***pleonastisch*** ⇒*tautologisch* **0.4** ***overvloedig*** ⇒*overdadig* ◆ **1.2** ⟨vnl. BE⟩ the workers were made ~ *de werknemers moesten afvloeien.*

re·du·pli·cate [rɪ'dju:plɪ̩keɪt‖rɪ'du:-]⟨ww.⟩

I ⟨onov. en ov.ww.⟩ **0.1** ***verdubbelen*** **0.2** ⟨taalk.⟩ ***redupliceren;***

II ⟨ov.ww.⟩ **0.1** ***(steeds) herhalen.***

re·du·pli·ca·tion [rɪ'dju:plɪ'keɪʃn‖rɪ'du:-]⟨telb. en n.-telb.zn.⟩ **0.1** ***herhaling*** **0.2** ***verdubbeling*** ⇒*duplicaat, equivalent* **0.3** ⟨taalk.⟩ ***reduplicatie.***

re·du·pli·ca·tive [rɪ'dju:plɪ̩kətɪv‖rɪ'du:plɪ̩keɪṭɪv]⟨bn.⟩ **0.1** ***herhalend*** **0.2** ***verdubbelend*** **0.3** ⟨taalk.⟩ ***reduplicerend.***

'red-wa·ter ⟨telb. en n.-telb.zn.⟩⟨med.⟩ **0.1** ***bloedwatering*** ⟨bij vee⟩.

'red·weed ⟨telb.zn.⟩⟨plantk.⟩ **0.1** ⟨BE; gew.⟩ ***klaproos*** ⟨Papaver rhoeas⟩ **0.2** →pokeweed.

'red·wing ⟨telb.zn.⟩⟨dierk.⟩ **0.1** ***koperwiek*** ⟨Turdus iliacus⟩.

'red·wood ⟨f1⟩⟨zn.⟩

I ⟨telb.zn.⟩⟨plantk.⟩ **0.1** ***Californische sequoia*** ⟨Sequoia sempervirens⟩;

II ⟨n.-telb.zn.⟩ **0.1** ***roodhout.***

ree →reeve[1].

ree·bok ['ri:bɒk‖-bɑk]⟨telb.zn.; ook reebok;→mv. 4⟩⟨dierk.⟩ **0.1** ***reebok(antilope)*** ⟨Pelea capreolus⟩.

re-ech·o [ri:'ekou]⟨ww.⟩

I ⟨onov. en ov.ww.⟩ **0.1** ***weerkaatsen*** ⇒*weergalmen, weerklinken;*

II ⟨ov.ww.⟩ **0.1** ***herhalen.***

reed[1] [ri:d]⟨f2⟩⟨zn.⟩

I ⟨telb.zn.⟩ **0.1** ***rietsoort*** **0.2** ***riethalm*** ⇒*rietstengel* **0.3** ⟨schr.⟩ ***rietfluit*** ⇒*rietpijp, herdersfluit, schalmei* **0.4** ⟨muz.⟩ ***riet*** ⇒*tong* ⟨in blaasinstrument/orgelpijp⟩ **0.5** ⟨vaak mv.⟩⟨muz.⟩ ***houten blaasinstrument*** **0.6** ⟨weven⟩ ***riet*** ⇒*weef/weverskam* **0.7** ⟨vero.⟩ ***pijl*** ◆ **3.¶** ⟨inf.⟩ broken/⟨vero.⟩ bruised ~ *onbetrouwbaar persoon/ding;* lean on a ~ *op een zwak persoon/ding vertrouwen;*

II ⟨n.-telb.zn.⟩ **0.1** ***riet*** **0.2** ***dekriet*** **0.3** ⟨vnl. BE⟩ ***dekstro;***

III ⟨mv.; ~s⟩ **0.1** ***dekriet*** **0.2** ⟨vnl. BE⟩ ***dekstro*** **0.3** ***sierlijst met rietwerkreliëf.***

reed[2] ⟨ov.ww.⟩ →reeding **0.1** ***met riet dekken*** **0.2** ***tot dekriet/stro bewerken*** **0.3** ***v. een riet/tong voorzien*** ⟨blaasinstrument, orgelpijp⟩ **0.4** ***met een sierlijst met rietwerk bekleden.***

reed babbler →reed warbler.

'reed·bird ⟨telb.zn.⟩⟨dierk.⟩ **0.1** ***bobolink*** ⟨N.-Am. rijstvogel; Dolichonyx oryzivorous⟩ **0.2** →reed warbler.

'reed·buck ⟨telb.zn.; ook reedbuck;→mv. 4⟩⟨dierk.⟩ **0.1** ***rietbok*** ⟨Z.-Afr. antilope; genus Redunca⟩.

'reed bunting ⟨telb.zn.⟩⟨dierk.⟩ **0.1** ***rietgors/mus*** ⟨Emberiza schoeniclus⟩.

reed·er ['ri:də‖-ər]⟨telb.zn.⟩ **0.1** ***rietdekker.***

reed·ing ['ri:dɪŋ]⟨telb.zn.; oorspr. teg. deelw. v. reed⟩ **0.1** ***sierlijst met rietwerkreliëf.***

'reed instrument ⟨f1⟩⟨telb.zn.⟩ **0.1** ***houten blaasinstrument.***

reed·ling ['ri:dlɪŋ]⟨telb.zn.⟩⟨dierk.⟩ **0.1** ***baardmannetje*** ⟨Panurus biarmicus⟩.

'reed mace ⟨telb. en n.-telb.zn.⟩⟨vnl. BE; plantk.⟩ **0.1** ***lisdodde*** ⟨genus Typha⟩ ⇒⟨vnl.⟩ *grote lisdodde* ⟨T. latifolia⟩; ⟨ook⟩ *kleine lisdodde* ⟨T. angustifolia⟩.

'reed organ ⟨telb.zn.⟩ **0.1** ***harmonium.***

'reed pipe ⟨telb.zn.⟩⟨muz.⟩ **0.1** ***rietpijp*** ⇒*rietfluit* **0.2** ***tongpijp*** ⟨in orgel⟩.

'reed stop ⟨telb.zn.⟩⟨muz.⟩ **0.1** ***orgelregister met tongpijpen.***

re-ed·u·cate ['ri:'edʒʊkeɪt]⟨f1⟩⟨ov.ww.⟩ **0.1** ***om/herscholen*** **0.2** ***opnieuw opvoeden.***

re-ed·u·ca·tion ['ri:edʒʊ'keɪʃn]⟨f1⟩⟨telb. en n.-telb.zn.⟩ **0.1** ***om/herscholing*** **0.2** ***reëducatie*** ⇒*heropvoeding.*

'reed warbler ⟨telb.zn.⟩⟨dierk.⟩ **0.1** ⟨ben. voor⟩ ***soort rietzangers*** ⟨genus Acrocephalus⟩ ⇒*kleine karekiet* ⟨A. scirpaceus⟩; *bosrietzanger* ⟨A. palustris⟩ ◆ **2.1** great ~ *grote karekiet* ⟨Acrocephalus arundinaceus⟩.

reed·y ['ri:di]⟨f1⟩⟨bn.;-er;-ness;→bijw. 3⟩ **0.1** ***rietachtig*** ⇒*vol riet* **0.2** ***rietachtig*** ⇒*(mager) als riet* **0.3** ***schril*** ⇒*piepend* **0.4** ⟨schr.⟩ ***rieten.***

reef[1] [ri:f]⟨f2⟩⟨telb.zn.⟩ **0.1** ***rif*** **0.2** ***klip*** ⟨ook fig.⟩ ⇒*obstakel, moeilijkheid* **0.3** ⟨zeilsport⟩ ***reef*** ⇒*rif* **0.4** ⟨mijnw.⟩⟨ben. voor⟩ ***harde steenlaag*** ⇒*ertsader; goudhoudende kwartsader; rotsbedding* ◆ **3.3** take in a ~ *een rif steken/innemen;* ⟨fig.⟩ *de tering naar de nering zetten.*

reef[2] ⟨f1⟩⟨ov.ww.⟩⟨zeilsport⟩ **0.1** ***reven*** ⇒*inhalen, inbinden* **0.2** ***inkorten*** ⇒*schieten, strijken* ⟨steng⟩; *inkorten* ⟨boegspriet⟩ ◆ **5.1** ~ **in** the sails *de zeilen reven.*

'reef band ⟨telb.zn.⟩⟨zeilsport⟩ **0.1** ***reefband.***

reef·er ['ri:fə‖-ər]⟨telb.zn.⟩ **0.1** ***rever*** **0.2** ***adelborst*** ⇒*zeekadet* **0.3** ***dubbele platte knoop*** **0.4** ***jekker*** **0.5** ⟨AE; inf.⟩ ***koelruimte*** ⇒*koelschip/wagen* **0.6** ⟨sl.⟩ ***marihuanasigaret*** **0.7** ⟨sl.⟩ ***roker v. marihuanasigaret.***

'reef·ing jacket ⟨telb.zn.⟩ **0.1** ***jekker.***

'reef knot ⟨telb.zn.⟩⟨vnl. BE⟩ **0.1** ***dubbele platte knoop.***

'reef point ⟨telb.zn.⟩ **0.1** ***reeflijntje.***

reef·y ['ri:fi]⟨bn.;-er;→compar. 7⟩ **0.1** ***vol riffen.***

reek[1] [ri:k]⟨telb.zn.⟩ **0.1** ***stank*** ⇒*kwalijke reuk, vunzige lucht* **0.2** ⟨Sch. E; schr.⟩ ***rook*** ⇒*wasem, damp.*

reek[2] ⟨f1⟩⟨ww.⟩

I ⟨onov.ww.⟩ **0.1** ***slecht ruiken*** ⇒⟨fig.⟩ *stinken* **0.2** ***roken*** ⇒*dampen, wasemen* ◆ **6.1** the room ~s **of** garlic *de kamer ruikt naar knoflook;* his statement ~s **of** corruption *zijn verklaring riekt naar corruptie;* he ~s **with** conceit *hij druipt v. verwaandheid* **6.2** the horse was ~ing **with** sweat *het paard dampte v.h. zweet;*

II ⟨ov.ww.⟩ **0.1** ***uitwasemen*** ⇒*v. zich geven* **0.2** ***roken*** ⟨bv. vlees, vis⟩.

reek·y ['ri:ki]⟨bn.;-er;→compar. 7⟩ **0.1** ***kwalijk riekend*** ⇒*stinkend* **0.2** ***rokend*** ⇒*rokerig, berookt.*

reel[1] [ri:l]⟨f2⟩⟨telb.zn.⟩ **0.1** ***haspel*** **0.2** ***spoel*** ⇒*klos* **0.3** ***(film)rol*** ⟨ook: standaardlengte van 1000 voet film⟩ **0.4** ⟨vnl. BE⟩ ***(garen) klosje*** **0.5** ⟨hengelsport⟩ ***reel*** ⇒*haspel, spoel, molen* **0.6** ***wankeling*** ⇒⟨fig.⟩ *draaiing, duizeling* **0.7** ***werveling*** ⇒*warreling* **0.8** ***reel*** ⟨volksdans(muziek) uit Ierland, Schotland, Virginia⟩ ◆ **2.5** fixed-spool ~ *vastzethaspel* **6.¶** (straight) **off** the ~ *in één ruk, zonder haperen.*

reel[2] ⟨f2⟩⟨ww.⟩

I ⟨onov.ww.⟩ **0.1** ***duizelen*** ⇒*draaien* **0.2** ***wervelen*** ⇒*warrelen* **0.3** ***wankelen*** ⇒*waggelen* **0.4** ***de 'reel'dansen*** ⟨volksdans⟩ ◆ **5.3** ~ **back** *terugdeinzen, wijken;*

II ⟨ov.ww.⟩ **0.1** ***haspelen*** ⇒*spoelen, klossen, winden* **0.2** ***doen duizelen/wankelen/draaien*** ◆ **5.1** ~ **in/up** a thread *een draad opwinden;* ~ **in** a pike *een snoek in/ophalen;* ~ **off** yarn *garen afwinden;* ⟨fig.⟩ ~ **off** a poem *een gedicht afraffelen* **6.1** ~ thread **off** a machine *draad v.e. machine afwinden.*

re-e·lect ['ri:ɪ'lekt]⟨f1⟩⟨ov.ww.⟩ **0.1** ***herkiezen.***

re-e·lec·tion ['ri:ɪ'lekʃn]⟨f1⟩⟨telb. en n.-telb.zn.⟩ **0.1** ***her(ver)kiezing.***

re·el·i·gi·bil·i·ty ['ri:elɪdʒə'bɪləṭi]⟨n.-telb.zn.⟩ **0.1** ***herkiesbaarheid***.
re·el·i·gi·ble ['ri:'elɪdʒəbl]⟨f1⟩⟨bn.⟩ **0.1** ***herkiesbaar***.
re·em·bark ['ri:ɪm'bɑ:k‖-'bɑrk]⟨ww.⟩
I ⟨onov.ww.⟩ **0.1** ***weer aan boord gaan*** ⇒*zich weer inschepen;*
II ⟨ov.ww.⟩ **0.1** ***weer inschepen*** ⇒*weer aan boord nemen*.
re·em·bar·ka·tion ['ri:embɑ:'keɪʃn‖-bɑr-]⟨telb. en n.-telb.zn.⟩ **0.1** ***het opnieuw inschepen***.
re·em·bod·y ['ri:ɪm'bɒdi‖-'bɑdi]⟨ov.ww.;→ww. 7⟩ **0.1** ***opnieuw belichamen*** **0.2** ***opnieuw inlijven*** **0.3** ***opnieuw organiseren***.
re·en·act ['ri:ɪ'nækt]⟨f1⟩⟨ov.ww.⟩ **0.1** ***weer instellen/invoeren*** ⇒*weer v. kracht doen worden* **0.2** ***weer opvoeren/spelen*** **0.3** ***reënsceneren*** ⟨misdaad e.d.⟩ ⇒*naspelen*.
re·en·act·ment ['ri:ɪ'næktmənt]⟨zn.⟩
I ⟨telb.zn.⟩ **0.1** ***tweede aanbieding v. wetsvoorstel*** **0.2** ***vernieuwing v. wet;***
II ⟨telb. en n.-telb.zn.⟩ **0.1** ***het weer instellen/invoeren*** **0.2** ***het weer opvoeren/spelen*** **0.3** ***reënscenering*** ⟨v. misdaad e.d.⟩ ◆ **1.3** the ~ of a historical battle *het naspelen v.e. historische slag*.
re-enforce →reinforce.
re·en·ter ['ri:'entə‖-'enṭər]⟨f1⟩⟨ww.⟩
I ⟨onov.ww.⟩ **0.1** ***weer binnenkomen;***
II ⟨ov.ww.⟩ **0.1** ***weer inschrijven*** ⇒*weer opnemen* ⟨in lijst e.d.⟩.
re·en·trance ['ri:'entrəns]⟨telb. en n.-telb.zn.⟩ **0.1** ***inspringing*** ⟨v. hoek⟩ **0.2** →re-entry II.
re·en·trant[1] ['ri:'entrənt]⟨telb.zn.⟩ **0.1** ***inspringende hoek***.
re-entrant[2] ⟨bn.⟩ **0.1** ***inspringend*** ⟨v. hoek⟩.
re·en·try ['ri:'entri]⟨zn.;→mv. 2⟩
I ⟨telb.zn.⟩⟨kaartspel⟩ **0.1** ***kaart waarmee men aan slag komt*** ⇒⟨bridge⟩ *rentree;*
II ⟨telb. en n.-telb.zn.⟩ **0.1** ***terugkeer*** ⇒*terugkomst* ◆ **1.1** the ~ of a spacecraft into the atmosphere *de terugkeer v.e. ruimtevaartuig in de atmosfeer;*
III ⟨n.-telb.zn.⟩ **0.1** ⟨jur.⟩ ***het weer in het bezit komen*** **0.2** ⟨kaartspel⟩ ***het weer aan slag komen*** ◆ **1.1** ~ of property *terugkeer in het bezit v. (vroeger afgestaan) eigendom* **1.2** card of ~ *kaart waarmee men weer aan slag komt;* ⟨bridge⟩ *rentree*.
re·es·tab·lish ['ri:ɪ'stæblɪʃ]⟨f1⟩⟨ov.ww.⟩ **0.1** ***opnieuw vestigen*** **0.2** ***herstellen***.
re·es·tab·lish·ment ['ri:ɪ'stæblɪʃmənt]⟨telb. en n.-telb.zn.⟩ **0.1** ***nieuwe vestiging*** **0.2** ***herstelling***.
reeve[1] [ri:v], ⟨in bet. 0.3 ook⟩ **ree** [ri:]⟨telb.zn.⟩ **0.1** ***baljuw*** ⇒*stadhouder* **0.2** ***voorzitter v. gemeenteraad*** ⟨Canada⟩ **0.3** ⟨dierk.⟩ ***kemphen*** ⟨Philomachus pugnax⟩.
reeve[2] ⟨ov.ww.; ook rove, rove [roʊv]⟩⟨scheep.⟩ **0.1** ***inscheren*** ⟨touw⟩ **0.2** ***scheren*** ⇒*spannen* ⟨touw⟩ **0.3** ***zich een doorgang/weg banen*** ◆ **1.1** ~ a rope *een touw inscheren* **1.3** the ship ~d the ice-pack *het schip baande zich een weg door het pakijs*.
re·ex·am·i·na·tion ['ri:ɪgzæmɪ'neɪʃn]⟨f1⟩⟨telb. en n.-telb.zn.⟩ **0.1** ***nieuw onderzoek*** **0.2** ***herexamen*** ⇒*herkansing* **0.3** ⟨jur.⟩ ***nieuw verhoor***.
re·ex·am·ine ['ri:ɪg'zæmɪn]⟨f1⟩⟨ov.ww.⟩ **0.1** ***opnieuw onderzoeken*** **0.2** ⟨jur.⟩ ***opnieuw verhoren*** ◆ **1.1** ~ a witness after cross-examination *een getuige na kruisverhoor opnieuw verhoren*.
re·ex·change ['ri:ɪks'tʃeɪndʒ]⟨zn.⟩
I ⟨telb.zn.⟩⟨geldw.⟩ **0.1** ***herwissel*** ⇒*hertrokken wissel;*
II ⟨telb. en n.-telb.zn.⟩ **0.1** ***nieuwe verwisseling*** **0.2** ⟨geldw.⟩ ***hertrekking*** ⇒*herwissel*.
re·ex·port[1] ['ri:'ekspɔ:t‖-spɔrt], **re·ex·por·ta·tion** [-'teɪʃn]⟨telb. en n.-telb.zn.⟩ **0.1** ***herexport*** ⇒*wederuitvoer*.
re·ex·port[2] ['ri:ɪk'spɔ:t‖-'spɔrt]⟨onov. en ov.ww.⟩ **0.1** ***herexporteren*** ⇒*opnieuw uitvoeren*.
re·ex·press ['ri:ɪk'spres]⟨f1⟩⟨ov.ww.⟩ **0.1** ***opnieuw uitdrukken*** ⇒*opnieuw uiten*.
ref[1] [ref]⟨f1⟩⟨telb.zn.⟩⟨verk.⟩ referee ⟨inf.; sport⟩ **0.1** ***scheids*** ⇒*scheidsrechter, ref(eree)*.
ref[2] ⟨afk.⟩ **0.1** ⟨referee⟩ **0.2** ⟨reference⟩ ***ref.*** **0.3** ⟨referred⟩ **0.4** ⟨refining⟩ **0.5** ⟨reformation⟩ **0.6** ⟨vaak R-⟩ ⟨Reformed⟩ ***Herv.*** **0.7** ⟨refunding⟩.
re·face ['ri:'feɪs]⟨ov.ww.⟩ **0.1** ***v. een nieuwe buitenlaag voorzien*** ◆ **1.1** ~ a wall with plaster *een nieuwe laag pleisterkalk aanbrengen op een muur/een muur opnieuw stukadoren*.
re·fash·ion ['ri:'fæʃn]⟨ov.ww.⟩ **0.1** ***een nieuwe vorm geven*** ⇒*opnieuw modelleren, omwerken, veranderen* ◆ **1.1** ~ a suit *een kostuum vermaken*.
re·fec·tion [rɪ'fekʃn]⟨zn.⟩
I ⟨telb.zn.⟩ **0.1** ***lichte maaltijd*** ⇒*kollatie;*
II ⟨telb. en n.-telb.zn.⟩ **0.1** ***verkwikking*** ⇒*verfrissing, verversing*.
Re'fection 'Sunday →Refreshment Sunday.
re·fec·to·ry [rɪ'fektri]⟨f1⟩⟨telb.zn.;→mv. 2⟩ **0.1** ***eetzaal*** ⇒*refectorium, refter*.
re'fectory table ⟨telb.zn.⟩ **0.1** ***(lange) eettafel*** ⇒*refertafel*.
re·fer [rɪ'fɜ:‖rɪ'fɜr]⟨f3⟩⟨ww.;→ww. 7⟩
I ⟨onov.ww.⟩ **0.1** →refer to;
II ⟨ov.ww.⟩ **0.1** ***verwijzen*** ⇒*doorsturen, voorleggen, in handen geven;* ⟨jur.⟩ *renvoyeren* **0.2** ***toeschrijven*** ⇒*terugvoeren* ◆ **1.1** ~ o.s. to s.o.'s generosity *iemands vrijgevigheid over zich heen laten komen;* ~red pain *referred pain* ⟨pijngewaarwording die verwijst naar de werkelijke (interne) pijn elders⟩ **5.1** ~ **back** *terugverwijzen/sturen* **6.1** I was ~red **to** the Inquiry Office *ze verwezen me naar het inlichtingenbureau* **6.2** one usually ~s the lake-dwellings **to** the sixth century *gewoonlijk situeert men de paalwoningen in de 6e eeuw*.
ref·er·a·ble ['refrəbl], **re·fer·ri·ble** [rɪ'fɜ:rəbl]⟨bn.⟩ **0.1** ***toe te schrijven*** ⇒*terug te voeren* ◆ **6.1** be ~ **to** *toe te schrijven zijn aan, terug te voeren zijn tot, verband houden met*.
ref·e·ree[1] ['refə'ri:]⟨f2⟩⟨telb.zn.⟩ **0.1** ***scheidsrechter*** ⇒*referee, arbiter;* ⟨Am. voetbal⟩ *hoofdscheidsrechter;* ⟨fig.⟩ *iem. die een geschil moet bijleggen, bemiddelaar* **0.2** ***(vak)referent*** ⇒*expert* **0.3** ⟨BE⟩ ***referentie*** ⟨pers. die referentie geeft⟩ ◆ **2.1** ⟨BE; jur.⟩ Official Referee *rechter verbonden aan het opperste gerechtshof, rechter-commissaris, onderzoeksrechter*.
referee[2] ⟨f1⟩⟨ww.⟩
I ⟨onov.ww.⟩ **0.1** ***als scheidsrechter optreden*** ⇒*arbitreren;*
II ⟨ov.ww.⟩ **0.1** ***als scheidsrechter optreden bij*** ◆ **1.1** who is going to ~ the match? *wie gaat de wedstrijd fluiten?*.
ref·er·ence[1] ['refrəns]⟨f3⟩⟨zn.⟩
I ⟨telb.zn.⟩ **0.1** ***referentie*** ⇒*getuigschrift, aanbeveling; persoon die referentie geeft* **0.2** ***verwijzingsteken*** **0.3** ⟨ben. voor⟩ ***iets waarnaar wordt verwezen*** ⇒*verwijzing, boek, passage;*
II ⟨telb. en n.-telb.zn.⟩ **0.1** ***verwijzing*** ⇒*referentie;* ⟨jur.⟩ *renvooi* **0.2** ***zinspeling*** ⇒*allusie, toespeling, vermelding* **0.3** ***raadpleging*** ⇒*het naslaan* ◆ **1.1** frame of ~ *referentiekader;* letter of ~ *aanbevelingsbrief;* the terms of ~ of a commission *de onderzoeksopdracht/taak/bevoegdheid v.e. commissie* **3.3** make ~ to a dictionary *een woordenboek naslaan* **6.1** this problem is **outside** our terms of ~ *dit probleem valt buiten onze competentie* **7.2** she made no ~ to it *ze maakte er geen toespeling op;*
III ⟨n.-telb.zn.⟩ **0.1** ***betrekking*** ⇒*verband* ◆ **3.1** bear/have ~ to *betrekking hebben op, slaan op, in verband staan met* **6.1 in/with** ~ **to** *met betrekking tot, in verband met;* **without** ~ **to** *zonder rekening te houden met, met voorbijgaan v.*.
reference[2] ⟨ov.ww.⟩ **0.1** ***v. verwijzingen voorzien*** **0.2** ***verwijzen naar*** ⇒*refereren aan*.
'reference bible ⟨telb.zn.⟩ **0.1** ***bijbel met verwijzingen***.
'reference book ⟨f1⟩⟨telb.zn.⟩ **0.1** ***naslagboek*** ⇒*naslagwerk* **0.2** ⟨Z. Afr. E⟩ ***pasje*** ⟨voor niet-blanken⟩.
'reference library ⟨telb.zn.⟩ **0.1** ***naslagbibliotheek*** ⟨i.t.t. uitleenbibliotheek⟩ ⇒*handbibliotheek* **0.2** ***naslagreeks***.
'reference mark ⟨telb.zn.⟩ **0.1** ***verwijzingsteken***.
'reference sample ⟨telb.zn.⟩⟨hand.⟩ **0.1** ***referentiemonster*** ⇒*koopmonster, contramonster*.
'reference work ⟨telb.zn.⟩ **0.1** ***naslagwerk***.
ref·er·en·da·ry ['refə'rendəri]⟨telb.zn.;→mv. 2⟩ **0.1** ***referendaris*** ⇒*referent, adviseur* ⟨vnl. aan een koninklijk hof⟩.
ref·er·en·dum ['refə'rendəm]⟨f2⟩⟨zn.; ook referenda [-də];→mv. 5⟩
I ⟨telb.zn.⟩⟨dipl.⟩ **0.1** ***verzoek (v.e. diplomaat) om regeringsinstrukties;***
II ⟨telb. en n.-telb.zn.⟩ **0.1** ***referendum*** ⇒*volksstemming, plebisciet* ◆ **3.1** hold a ~ on *een referendum houden over* **6.1** decide a question **by** ~ *iets beslissen bij referendum*.
ref·er·ent ['refrənt]⟨telb.zn.⟩⟨fil.; taalk.⟩ **0.1** ***referent*** ⇒*referentie, extensie*.
ref·er·en·tial ['refə'renʃl]⟨bn.; -ly⟩ **0.1** ***referentieel*** ⇒*verwijzend*.
re·fer·ral [rɪ'fɜ:rəl]⟨telb. en n.-telb.zn.⟩ **0.1** ***verwijzing***.
referrible →referable.
re'fer to ⟨onov.ww.⟩ **0.1** ***verwijzen naar*** ⇒*refereren aan, betrekking hebben op, v. toepassing zijn op, betreffen* **0.2** ***zinspelen op*** ⇒*refereren aan, alluderen op, vermelden, spreken over* **0.3** ***raadplegen*** ⇒*naslaan* ◆ **1.1** the figures ~ notes *de cijfers verwijzen naar noten;* what I have to say refers to all of you *wat ik te zeggen heb geldt voor jullie allemaal* **1.3** ~ a dictionary *iets opzoeken in een woordenboek*.
ref·fo ['refoʊ]⟨telb.zn.⟩⟨Austr. E; sl.⟩ **0.1** ***reffo*** ⟨Europees vluchteling⟩.
re·fill[1] ['ri:fɪl]⟨f1⟩⟨telb.zn.⟩ **0.1** ***(nieuwe) vulling*** ⇒*(nieuw) (op)vulsel* ◆ **1.1** two ~s for this pen *twee inktpatronen voor deze pen*.
refill[2] ['ri:'fɪl]⟨f2⟩⟨ov.ww.⟩ **0.1** ***opnieuw vullen*** ⇒*(opnieuw) aan/bij/opvullen*.
re·fine [rɪ'faɪn]⟨f2⟩⟨ww.⟩ →refined
I ⟨onov.ww.⟩ **0.1** ***zuiver worden*** ⟨ook fig.⟩ ⇒*verfijnen, verzorgd(er)/beschaafd(er) worden* ◆ **6.1** ~ **(up)on** *verbeteren, verfijnen,*

uitwerken, voortborduren op;
II ⟨ov.ww.⟩ **0.1** ***zuiveren*** ⇒*raffineren;* ⟨fig.⟩ *verfijnen, verbeteren, bijschaven* ◆ **1.1** you'd better ~ your language *je moest wat meer op je taal letten* **5.1** ~ **away** *wegzuiveren;* ~ **out** *uitzuiveren.*

re·fined [rɪˈfaɪnd]⟨f2⟩⟨bn.; (oorspr.) volt. deelw. v. refine⟩ **0.1** ***verfijnd*** ⇒*geraffineerd;* ⟨fig.⟩ *verzorgd, beschaafd* ◆ **1.1** ~ calculation *nauwkeurige berekening;* ~ cruelty *geraffineerde wreedheid;* ~ features *edele/gedistingeerde trekken;* ~ manners *goede/verzorgde manieren;* ~ sugar *geraffineerde suiker, raffinade;* ~ taste *verfijnde smaak.*

re·fine·ment [rɪˈfaɪnmənt]⟨f2⟩⟨zn.⟩
I ⟨telb.zn.⟩ **0.1** ***verbetering*** ⇒*uitwerking, verfijning, spitsvondigheid* ◆ **1.1** the ~s of the century *de grote ontwikkelingen v.d. eeuw;* ~s of meaning *betekenisschakeringen;*
II ⟨n.-telb.zn.⟩ **0.1** ***raffinage*** ⇒*het raffineren, raffinering, zuivering* **0.2** ***verfijning*** ⇒*verfijndheid, raffinement, finesse, (over)beschaafdheid* ◆ **1.1** the ~ of sugar *het raffineren van suiker* **1.2** a lady of ~ *een elegante vrouw;* lack of ~ *gebrek aan ontwikkeling/beschaving.*

re·fin·er [rɪˈfaɪnə‖-ər]⟨telb.zn.⟩ **0.1** ***raffinadeur*** **0.2** ***raffineermachine.***

re·fin·er·y [rɪˈfaɪn(ə)ri]⟨f1⟩⟨telb.zn.; →mv. 2⟩ **0.1** ***raffinaderij.***

re·fin·ish [ˈriːˈfɪnɪʃ]⟨ov.ww.⟩ **0.1** ***opnieuw politoeren/boenen.***

re·fit[1] [ˈriːfɪt], **re·fit·ment** [ˈriːˈfɪtmənt]⟨f1⟩⟨telb. en n.-telb.zn.⟩ **0.1** ***herstel*** ⇒*nieuwe uitrusting/optuiging, kal(e)fatering.*

refit[2] [ˈriːˈfɪt]⟨f1⟩⟨ww.; →ww. 7⟩
I ⟨onov.ww.⟩ **0.1** ***hersteld worden*** ⇒*opnieuw uitgerust/opgetuigd worden, gekal(e)faat worden;*
II ⟨ov.ww.⟩ **0.1** ***herstellen*** ⇒*opnieuw uitrusten/optuigen, kal(e)faten.*

refl ⟨afk.⟩ reflection, reflective, reflex, reflexive.

re·flate [ˈriːˈfleɪt]⟨ov.ww.⟩⟨ec.⟩ **0.1** ***reflatie veroorzaken v.*** ⇒*uitbreiden* ⟨i.h.b. geldcirculatie⟩, *gezond maken, stimuleren* ◆ **1.1** a plan to ~ the economy *economisch herstelplan.*

re·fla·tion [ˈriːˈfleɪʃn]⟨telb. en n.-telb.zn.⟩⟨ec.⟩ **0.1** ***reflatie.***

re·flect [rɪˈflekt]⟨f3⟩⟨ww.⟩
I ⟨onov. en ov.ww.⟩ **0.1** ***nadenken*** ⇒*overdenken, overwegen* ◆ **6.¶** →reflect (up)on **8.1** he ~ed that ... *hij bedacht dat ...;*
II ⟨ov.ww.⟩ **0.1** ***weerspiegelen*** ⇒*weerkaatsen, reflecteren;* ⟨fig.⟩ *weergeven, uitdrukken* ◆ **1.1** this measure ~s intelligence *deze maatregel getuigt v. intelligentie;* ~ed light *gereflecteerd licht* **6.1** the sunlight was ~ed **from** the water *het zonlicht weerkaatste op het water;* ~ credit **(up)on** *tot eer strekken v.;* the success of the negotiations ~s credit **on** all of us *het succes v.d. onderhandelingen strekt ons allen tot eer;* ~ discredit **(up)on** *tot oneer strekken v., in diskrediet brengen.*

re·flec·tance [rɪˈflektəns]⟨telb.zn.⟩⟨nat.⟩ **0.1** ***reflectiecoëfficiënt*** ⟨verhouding tussen gereflecteerde en invallende straling⟩.

re'flecting telescope ⟨telb.zn.⟩ **0.1** ***spiegeltelescoop*** ⇒*reflector.*

re·flec·tion, ⟨vnl. BE sp. ook⟩ **re·flex·ion** [rɪˈflekʃn]⟨f3⟩⟨zn.⟩
I ⟨telb.zn.⟩ **0.1** ***aanmerking*** ⇒*aantijging, blamage, insinuatie* ◆ **3.1** be/cast a ~ (up)on *afbreuk doen aan, in diskrediet brengen, in een kwaad daglicht stellen;* be/cast a ~ (up)on s.o.'s honour *een blaam op iem. werpen;* cast ~s (up)on *bedenkingen hebben bij, kritiek uiten op, kwaadspreken v.;*
II ⟨telb. en n.-telb.zn.⟩ **0.1** ***weerspiegeling*** ⇒*weerkaatsing, reflectie, spiegelbeeld* **0.2** ***overdenking*** ⇒*het nadenken, overweging, beschouwing, bespiegeling* ◆ **1.1** angle of ~ *reflectiehoek, hoek v. terugkaatsing;* the ~ of a deer in a pond *de weerspiegeling v.e. hert in een vijver* **3.2** lost in ~ *in gedachten verzonken* **6.2 on** ~ *bij nader inzien;* **without** ~ *zonder nadenken, onbezonnen, ondoordacht.*

re·flec·tion·al [rɪˈflekʃnəl]⟨bn.⟩ **0.1** ***weerspiegelend*** ⇒*spiegel-.*

re·flec·tive [rɪˈflektɪv]⟨f2⟩⟨bn.; -ly; -ness⟩ **0.1** ***weerspiegelend*** ⇒*reflecterend* **0.2** ***bedachtzaam*** ⇒*reflectief, bespiegelend, mijmerend* ◆ **1.1** ~ light *weerkaatst/ontleend licht.*

re·flec·tiv·i·ty [ˈriːflekˈtɪvət̬i]⟨telb.zn.; →mv. 2⟩ **0.1** ***reflectievermogen*** **0.2** ⟨nat.⟩ ***reflectiviteit*** ⇒*reflectiecoëfficiënt, stralingsintensiteit.*

re·flec·tor [rɪˈflektə‖-ər]⟨f1⟩⟨telb.zn.⟩ **0.1** ⟨ben. voor⟩ ***terugkaatsend voorwerp of vlak*** ⇒*reflector, reflectiescherm, katteoog; galmbord, klankspiegel; hitteschild* **0.2** ***spiegeltelescoop*** ⇒*reflector.*

re'flector stud ⟨telb.zn.⟩⟨BE⟩ **0.1** ***lichtreflector*** ⇒*katteoog.*

re'flect (up)on ⟨onov.ww.⟩ **0.1** ***nadenken over*** ⇒*bedenken, overdenken, overwegen* **0.2** ***zich ongunstig uitlaten over*** ⇒*nadelig zijn voor, in diskrediet brengen, een ongunstig licht werpen op* ◆ **1.1** I have been reflecting on my response *ik heb mijn antwoord goed overwogen* **1.2** I am not reflecting upon the sincerity of your intentions *ik trek de oprechtheid v. je bedoelingen niet in twijfel;* your rude behaviour reflects only on yourself *je onbetamelijk gedrag is alleen maar in je eigen nadeel.*

re·flex[1] [ˈriːfleks]⟨f2⟩⟨telb.zn.⟩ **0.1** ***weerspiegeling*** ⇒*reflexbeeld;* ⟨fig.⟩ *afspiegeling, afstraling* **0.2** ***reflex(beweging)*** ⇒*reactie* **0.3** ⟨taalk.⟩ ***ontwikkeling*** ⇒*(historisch) afgeleide vorm* ◆ **1.2** ~es *reflexen, reactievermogen;* the speed of his ~es *zijn reactiesnelheid* **3.2** ⟨psych.⟩ a conditioned ~ *een geconditioneerde/voorwaardelijke reflex* **6.1** the fame of Greece was a ~ **from** the glory of Athens *Griekenland dankte zijn faam aan de roem v. Athene;* legislation should be the ~ **of** public opinion *de wetgeving moet de neerslag zijn v.d. publieke opinie.*

reflex[2] ⟨bn.; -ly; -ness⟩ **0.1** ***weerkaatst*** ⇒*gereflecteerd, omgebogen* **0.2** ***introspectief*** **0.3** ***reflectorisch*** ⇒*reflex-* **0.4** ***reflectografisch*** ◆ **1.1** ⟨wisk.⟩ ~ angle *uitspringende hoek* **1.3** ~ action *reflexbeweging;* ⟨med.⟩ ~ arc *reflexboog, regelkring* **1.4** ~ copying *reflectografie.*

'reflex camera ⟨telb.zn.⟩ **0.1** ***(spiegel)reflexcamera.***

re·flexed [rɪˈflekst]⟨bn.⟩⟨plantk.⟩ **0.1** ***omgebogen.***

re·flex·i·bil·i·ty [rɪˈfleksɪˈbɪlət̬i]⟨n.-telb.zn.⟩ **0.1** ***reflexibiliteit.***

re·flex·i·ble [rɪˈfleksəbl]⟨bn.⟩ **0.1** ***reflexibel*** ⇒*reflecteerbaar, weerkaatsbaar.*

reflexion →reflection.

re·flex·ive[1] [rɪˈfleksɪv]⟨telb.zn.⟩⟨taalk.⟩ **0.1** ***wederkerend/reflexief werkwoord*** **0.2** ***wederkerend/reflexief voornaamwoord.***

reflexive[2] ⟨bn.; -ly; -ness⟩ **0.1** ***reflectorisch*** ⇒*reflex-* **0.2** ⟨taalk.⟩ ***reflexief*** ⇒*wederkerend* ◆ **1.1** ~ action *reflex(beweging)* **1.2** ~ pronoun *wederkerend voornaamwoord.*

re·flex·ol·o·gy [ˈriːflekˈsɒlədʒi‖-ˈsɑ-]⟨n.-telb.zn.⟩ **0.1** ***reflexologie*** ⇒*reflexpsychologie* **0.2** →foot reflexology.

re·float [ˈriːˈfloʊt]⟨ww.⟩
I ⟨onov.ww.⟩ **0.1** ***weer vlot raken/komen;***
II ⟨ov.ww.⟩ **0.1** ***vlot krijgen*** ⇒*vlot brengen.*

ref·lu·ence [ˈrefluəns]⟨telb.zn.⟩ **0.1** ***terugvloeiing*** ⇒*terugstroming, het (af)ebben.*

ref·lu·ent [ˈrefluənt]⟨bn.⟩ **0.1** ***terugvloeiend*** ⇒*terugstromend, (af)ebbend* ◆ **1.1** ~ tide *afnemend tij, eb.*

re·flux [ˈriːflʌks]⟨telb.zn.⟩ **0.1** ***terugvloeiing*** ⇒*eb;* ⟨fig.⟩ *kentering;* ⟨med., schei.⟩ *reflux* ◆ **1.1** fluxes and ~es of the mind *gemoedsbewegingen.*

re·foot [ˈriːˈfʊt]⟨ov.ww.⟩ **0.1** ***v. een nieuwe voet voorzien*** ◆ **1.1** ~ an old sock *aan een oude sok een nieuwe voet breien.*

re·for·est [ˈriːˈfɒrɪst‖-ˈfɔ-, -ˈfɑ-]⟨ov.ww.⟩⟨AE⟩ **0.1** ***herbebossen.***

re·for·es·ta·tion [ˈriːfɒrɪˈsteɪʃn‖-fɔ-, -fɑ-]⟨telb.zn.⟩⟨AE⟩ **0.1** ***herbebossing.***

re·form[1] [rɪˈfɔːm‖-ˈfɔrm]⟨f3⟩⟨zn.⟩
I ⟨eig.n.; R-⟩⟨jud.⟩ **0.1** ***Reform(jodendom)*** ⇒*liberaal jodendom;*
II ⟨telb. en n.-telb.zn.⟩ **0.1** ***hervorming*** ⇒*verbetering, aanpassing, correctie* ◆ **2.1** social ~s *sociale hervormingen.*

reform[2] ⟨f2⟩⟨ww.⟩
I ⟨onov.ww.⟩ **0.1** ***zich beteren*** ⇒*zich bekeren, tot inkeer komen, veranderen;*
II ⟨ov.ww.⟩ **0.1** ***verbeteren*** ⇒*hervormen, veranderen, reformeren* ◆ **1.1** ~ abuses *misbruiken afschaffen;* ~ a sinner *een zondaar bekeren* **3.1** Reformed Church *Hervormde/Gereformeerde Kerk.*

re-form [ˈriːˈfɔːm‖-ˈfɔrm]⟨f1⟩⟨ww.⟩
I ⟨onov.ww.⟩ **0.1** ***zich opnieuw vormen*** **0.2** ⟨mil.⟩ ***zich hergroeperen*** ⇒*zich opnieuw opstellen;*
II ⟨ov.ww.⟩ **0.1** ***opnieuw vormen*** **0.2** ⟨mil.⟩ ***reformeren*** ⇒*hergroeperen.*

Re'form Act ⟨telb.zn.⟩⟨gesch.; pol.⟩ **0.1** ***wet tot hervorming v.h. Eng. kiesstelsel*** ⟨i.h.b. v. 1831-32⟩.

ref·or·ma·tion [ˈrefəˈmeɪʃn‖-fər-]⟨f2⟩⟨zn.⟩
I ⟨eig.n.; R-; the⟩⟨relig.⟩ **0.1** ***Reformatie*** ⇒*Hervorming;*
II ⟨telb. en n.-telb.zn.⟩ **0.1** ***hervorming*** ⇒*verbetering, verandering, reformatie* **0.2** ***nieuwe vorming*** ⇒*nieuwe formatie, het opnieuw vormen* **0.3** ⟨mil.⟩ ***hergroepering*** ⇒*nieuwe opstelling/formatie, het reformeren.*

ref·or·ma·tion·al [ˈrefəˈmeɪʃnəl‖-fər-]⟨bn.⟩ **0.1** ***reformatorisch*** ⇒*hervormings-.*

re·for·ma·to·ry[1] [rɪˈfɔːmətri‖rɪˈfɔrmətɔri]⟨telb.zn.; →mv. 2⟩⟨vero., beh. in U.S.A.⟩ **0.1** ***verbeteringsgesticht*** ⇒*heropvoedingsgesticht, tuchtschool.*

reformatory[2], **re·for·ma·tive** [rɪˈfɔːmətɪv‖-ˈfɔrmət̬ɪv]⟨bn.; reformatively; reformativeness⟩ **0.1** ***hervormend*** ⇒*hervormings-, reformistisch* ◆ **1.1** ~ measure *hervormingsmaatregel.*

Re'form Bill ⟨telb.zn.⟩⟨gesch.; pol.⟩ **0.1** ***wetsvoorstel tot hervorming v.h. Eng. kiesstelsel*** ⟨i.h.b. v. 1831-32⟩.

re·form·er [rɪˈfɔːmə‖-ˈfɔrmər]⟨f2⟩⟨telb.zn.⟩ **0.1** ***hervormer*** ⇒*reformist.*

re·form·ism [rɪˈfɔːmɪzm‖-ˈfɔr-]⟨n.-telb.zn.⟩ **0.1** ***hervormingsbeweging*** ⇒*reformisme.*

re·form·ist [rɪˈfɔːmɪst‖-ˈfɔr-]⟨telb.zn.⟩ **0.1** ***reformist*** ⇒*hervormingsgezinde, hervormer.*

re'form-'mind·ed ⟨bn.⟩ **0.1** ***hervormingsgezind***.
re'form school ⟨telb.zn.⟩ ⟨vero., beh. in U.S.A.⟩ **0.1** ***verbeteringsgesticht*** ⇒*tuchtschool*.
re·for·mu·late ['ri:'fɔ:mjʊleɪt‖-'fɔrmjə-] ⟨ov.ww.⟩ **0.1** ***herformuleren***.
refr ⟨afk.⟩ refraction, refrigeration.
re·fract [rɪ'frækt] ⟨f1⟩ ⟨ov.ww.⟩ **0.1** ***breken*** ⇒*v. richting doen veranderen* ⟨stralen⟩ **0.2** ***het brekingsvermogen bepalen v.***.
re'fract·ing telescope ⟨telb.zn.⟩ **0.1** ***refraktor*** ⇒*dioptrische kijker*.
re·frac·tion [rɪ'frækʃn] ⟨n.-telb.zn.⟩ ⟨nat.⟩ **0.1** ***(straal)breking*** ◆ **1.1** angle of ~ *brekingshoek;* double ~ *dubbele breking, dubbelbreking;* index of ~ *brekingsindex / coëfficiënt*.
re·frac·tion·al [rɪ'frækʃnəl] ⟨bn.⟩ **0.1** ***brekend*** ⇒*brekings-*.
re·frac·tive [rɪ'fræktɪv] ⟨bn.; -ly; -ness⟩ **0.1** ***brekend*** ⇒*brekings-* ◆ **1.1** ~ index *brekingsindex;* ~ power *brekingsvermogen*.
re·frac·tiv·i·ty ['ri:fræk'tɪvəṭi] ⟨telb.zn.; →mv. 2⟩ **0.1** ***brekingsvermogen***.
re·frac·tom·e·ter ['ri:fræk'tɒmɪtə‖-'tɑmɪṭər] ⟨telb.zn.⟩ **0.1** ***refractometer***.
re·frac·tor [rɪ'fræktə‖-ər] ⟨telb.zn.⟩ **0.1** ***brekend medium*** **0.2** ***refractor*** ⇒*dioptrische kijker*.
re·frac·to·ry[1] [rɪ'fræktri] ⟨zn.; →mv. 2⟩
I ⟨telb.zn.⟩ **0.1** ***vuurvast materiaal*** ⇒*vuurvaste stof(fen);*
II ⟨telb. en n.-telb.zn.⟩ **0.1** ***vuurvaste steen*** ⇒*brandsteen, ovensteen*.
refractory[2] ⟨f1⟩ ⟨bn.; -ly; -ness; →bijw. 3⟩ **0.1** ***(stijf)koppig*** ⇒*halsstarrig, weerspannig* **0.2** ***moeilijk te genezen*** **0.3** ***immuun*** ⇒*onvatbaar, ongevoelig* **0.4** ***moeilijk smeltbaar*** ⇒*vuurvast, hittebestendig* ◆ **1.2** a ~ fever *een hardnekkige koorts* **1.3** ⟨med.⟩ the ~ period of a muscle fibre *de refractaire periode v.e. spiervezel* **1.4** ~ brick *brandsteen, ovensteen;* ~ clay *vuurklei* **6.1** be ~ **to** *niet openstaan voor, hardnekkig weigeren* **6.3** ~ **to** *immuun voor* ¶**.1** as ~ as a mule *zo koppig als een ezel*.
re·frain[1] [rɪ'freɪn] ⟨f1⟩ ⟨telb.zn.⟩ **0.1** ***refrein***.
refrain[2] ⟨f2⟩ ⟨onov.ww.⟩ **0.1** ***zich onthouden*** ⇒*ervan afzien, het nalaten* ◆ **6.1** ~ **from** sth. *zich v. iets onthouden, zich iets ontzeggen, v. iets afzien, iets nalaten;* kindly ~ **from** smoking *gelieve niet te roken*.
re·fran·gi·bil·i·ty [rɪ'frændʒɪ'bɪləṭi] ⟨telb.zn.; →mv. 2⟩ **0.1** ***breekbaarheid*** ⇒*brekingsvermogen*.
re·fran·gi·ble [rɪ'frændʒəbl] ⟨bn.; -ness⟩ **0.1** ***breekbaar***.
re·fresh [rɪ'freʃ] ⟨f2⟩ ⟨ww.⟩ →refreshing
I ⟨onov.ww.⟩ **0.1** ***zich verfrissen*** ⇒*zich opfrissen / opknappen / verkwikken* **0.2** ***nieuw proviand inslaan*** ◆ **1.2** harbours where ships can ~ *havens waar een schip nieuwe voorraden kan innemen, verversingshavens;*
II ⟨ov.ww.⟩ **0.1** ***verfrissen*** ⇒*opfrissen, opknappen, opkikkeren* **0.2** ***aanvullen*** ⇒*herbevoorraden, provianderen* ◆ **1.1** ~ s.o.'s memory *iemands geheugen opfrissen* **1.2** the steward ~ed our glasses *de steward vulde ons glas bij* **6.1** she ~ed herself **with** a bath *ze nam een verfrissend bad*.
re·fresh·er [rɪ'freʃə‖-ər] ⟨telb.zn.⟩ **0.1** ***verfrissing*** ⇒*opfrissing, verkwikking* **0.2** ⟨vnl. BE⟩ ***extra honorarium*** ⟨voor een advocaat tijdens een langdurige rechtszaak⟩ **0.3** ***opkikkertje*** ⇒*afzakkertje, borrel*.
re'fresher course ⟨f1⟩ ⟨telb.zn.⟩ **0.1** ***herhalingscursus*** ⇒*bijscholingscursus*.
re·fresh·ing [rɪ'freʃɪŋ] ⟨f2⟩ ⟨bn.; (oorspr.) teg. deelw. v. refresh; -ly⟩ **0.1** ***verfrissend*** ⇒*verkwikkend* **0.2** ***aangenaam*** ⇒*verrassend, hartverwarmend* ◆ **1.1** a ~ breeze *een lekker koel briesje* ¶**.2** written in a ~ly clear way *op een verrassend heldere manier geschreven*.
re·fresh·ment [rɪ'freʃmənt] ⟨f2⟩ ⟨telb. en n.-telb.zn.⟩ **0.1** ***verfrissing*** ⟨ook fig.⟩ ⇒*verkwikking; verademing* **0.2** ⟨vnl. mv.⟩ ***iets te drinken met een hapje erbij*** ◆ **3.2** serve ~s at a party *voor drank en een lekker hapje zorgen op een avondje;* work all day without ~ *de hele dag doorwerken zonder iets te gebruiken*.
re'freshment bar ⟨telb.zn.⟩ **0.1** ***buffet*** ⇒*bar*.
re'freshment room ⟨f1⟩ ⟨telb.zn.⟩ **0.1** ***restauratie(zaal)*** ⇒*stationsbuffet, koffiekamer, foyer*.
re'freshment station ⟨telb.zn.⟩ ⟨atletiek⟩ **0.1** ***verzorgingspost*** ⟨bij marathon of snelwandelen⟩.
Re'freshment 'Sunday, Re'fection 'Sunday ⟨eig.n.⟩ **0.1** ***Laetare (zondag)*** ⇒*halfvasten*.
re'freshment trolley ⟨telb.zn.⟩ **0.1** ***buffetwagen(tje)***.
re·frig·er·ant[1] [rɪ'frɪdʒərənt] ⟨telb.zn.⟩ **0.1** ***koelmiddel*** ⇒*verkoelingsmiddel* **0.2** ⟨med.⟩ ***koortsmiddel*** ⇒*koortsverdrijvend / koortswerend middel*.
refrigerant[2] ⟨bn.⟩ **0.1** ***verkoelend*** ⇒*afkoelend, koel-* **0.2** ⟨med.⟩ ***koortsverdrijvend*** ⇒*koortswerend* ◆ **1.1** ~ latitudes *koude luchtstreken*.
re·frig·er·ate [rɪ'frɪdʒəreɪt] ⟨f1⟩ ⟨ww.⟩
I ⟨onov. en ov.ww.⟩ **0.1** ***koelen*** ⇒*af / verkoelen* ◆ **3.1** ~d beer *gekoeld bier;*
II ⟨ov.ww.⟩ **0.1** ***invriezen*** ◆ **3.1** ~d meat *ingevroren vlees*.
re·frig·er·a·tion [rɪ'frɪdʒə'reɪʃn] ⟨f2⟩ ⟨n.-telb.zn.⟩ **0.1** ***invriezing*** ⇒*het diepvriezen* **0.2** ***afkoeling*** ◆ **6.1** keep sth. **under** ~ *iets koel bewaren / invriezen*.
refrige'ration industry ⟨telb.zn.⟩ **0.1** ***diepvriesindustrie***.
re·frig·er·a·tive [rɪ'frɪdʒərətɪv‖-reɪṭɪv] ⟨bn.⟩ **0.1** ***verkoelend*** ⇒*afkoelend, koel-*.
re·frig·er·a·tor [rɪ'frɪdʒəreɪtə‖-reɪṭər] ⟨f3⟩ ⟨telb.zn.⟩ **0.1** ***koelruimte*** ⇒*koelbak, koelkast, ijskast, koelkamer* **0.2** ***koeler*** ⇒*koelapparaat, condensor* **0.3** ⟨sl.⟩ ***gevangenis***.
re'frigerator car, ⟨BE⟩ **re'frigerator van** ⟨telb.zn.⟩ **0.1** ***koelwagen*** ⟨v. trein⟩.
re·frig·er·a·to·ry[1] [rɪ'frɪdʒərətri‖-tɔri] ⟨telb.zn.; →mv. 2⟩ **0.1** ***condensor*** **0.2** ***ijskamer*** ⟨v. ijsmachine⟩.
refrigeratory[2]**, re·frig·er·a·tive** ⟨bn.⟩ **0.1** ***verkoelend*** ⇒*afkoelend, koel-*.
re·frin·gence [rɪ'frɪndʒəns], **re·frin·gen·cy** [-si] ⟨telb.zn.; →mv. 2⟩ **0.1** ***refractiewaarde*** ⇒*brekingsvermogen*.
re·frin·gent [rɪ'frɪndʒənt] ⟨bn.⟩ **0.1** ***brekend*** ⇒*brekings-*.
reft [reft] ⟨verl. t. en volt. deelw.⟩ →reave.
re·fu·el ['ri:'fju:əl] ⟨f1⟩ ⟨ww.; →ww. 7⟩
I ⟨onov.ww.⟩ **0.1** ***(bij)tanken*** ⇒*nieuwe brandstof innemen;*
II ⟨ov.ww.⟩ **0.1** ***opnieuw voltanken*** ⇒*de voorraad brandstof aanvullen / bijvullen v.*.
re'fuelling stop, re'fuelling point ⟨telb.zn.⟩ **0.1** ***tankstop*** ⟨voor vliegtuigen bv.⟩.
re·fuge ['refju:dʒ] ⟨f2⟩ ⟨zn.⟩
I ⟨telb.zn.⟩ ⟨BE⟩ **0.1** ***vluchtheuvel;***
II ⟨telb. en n.-telb.zn.⟩ **0.1** ***toevlucht(soord)*** ⟨ook fig.⟩ ⇒*bescherming, schuilplaats; toeverlaat, steun* ◆ **1.1** city of ~ *vrijstad, vrijplaats* ⟨in het oude Israël⟩; house of ~ *toevluchtshuis / oord, asiel* ⟨voor daklozen enz.⟩; port of ~ *vluchthaven, noodhaven* **6.1** take ~ **behind** *zich verschuilen achter;* ~ **from** *bescherming / beschutting tegen;* seek ~ **in** flight *zijn heil in de vlucht zoeken;* take ~ **in** *zich (gaan) verschuilen in, zijn toevlucht nemen tot;* take ~ **with** *zijn toevlucht zoeken bij*.
ref·u·gee ['refjʊ'dʒi:] ⟨f2⟩ ⟨telb.zn.⟩ **0.1** ***vluchteling*** ⇒*refugié*.
refu'gee camp ⟨f1⟩ ⟨telb.zn.⟩ **0.1** ***vluchtelingenkamp***.
re·ful·gence [rɪ'fʌldʒəns], **re·ful·gen·cy** [-si] ⟨telb. en n.-telb.zn.; →mv. 2⟩ **0.1** ***schittering*** ⇒*het stralen*.
re·ful·gent [rɪ'fʌldʒənt] ⟨bn.; -ly⟩ **0.1** ***schitterend*** ⇒*stralend*.
re·fund[1] ['ri:fʌnd], **re·fund·ment** [rɪ'fʌndmənt] ⟨f1⟩ ⟨telb. en n.-telb.zn.⟩ **0.1** ***terugbetaling*** ⇒*vergoeding, restitutie, teruggave* ◆ **1.1** ~ of a deposit *terugbetaling v.e. waarborgsom*.
refund[2] [rɪ'fʌnd] ⟨f1⟩ ⟨onov. en ov.ww.⟩ **0.1** ***terugbetalen*** ⇒*vergoeden, restitueren* ◆ **1.1** ~ the cost of postage *de verzendkosten vergoeden;* ~ the admission *de toegangsprijs terugbetalen* **6.1** ~ sth. **to** s.o. *iem. iets vergoeden*.
re-fund ['ri:'fʌnd] ⟨ov.ww.⟩ ⟨geldw.⟩ **0.1** ***opnieuw consolideren / funderen***.
re·fur·bish ['ri:'fɜ:bɪʃ‖-'fɜr-] ⟨f1⟩ ⟨ov.ww.⟩ **0.1** ***opknappen*** ⇒*opboenen, oppoetsen;* ⟨fig.⟩ *opfrissen* ◆ **1.1** ~ one's English *zijn Engels opfrissen;* ~ an old house *een oud huis opknappen*.
re·fur·nish ['ri:'fɜ:nɪʃ‖-'fɜr-] ⟨ov.ww.⟩ **0.1** ***opnieuw meubileren***.
re·fus·able [rɪ'fju:zəbl] ⟨bn.⟩ **0.1** ***afwijsbaar*** ⇒*weigerbaar*.
re·fus·al [rɪ'fju:zl] ⟨f2⟩ ⟨zn.⟩
I ⟨telb. en n.-telb.zn.⟩ **0.1** ***weigering*** ⇒*het afslaan, afwijzing* ◆ **1.1** his ~ of all marriage proposals *zijn afwijzing v. alle huwelijksaanzoeken;* ~ was impossible *weigeren was onmogelijk* **3.1** I did not understand her ~ to answer *ik begreep niet waarom ze niet wilde antwoorden;* my offer met with a cold ~ *mijn aanbod werd kil v. de hand gewezen* **7.1** this matter will take no ~ *deze zaak laat geen uitstel toe;*
II ⟨n.-telb.zn.⟩ **0.1** ***optie*** ⇒*(recht v.) voorkeur* ⟨om als 1e te mogen huren of kopen⟩ ◆ **2.1** if you sell your books, will you give me the first ~? *als je je boeken wegdoet, geef je mij dan eerst een seintje?* **6.1** get / have (the) first ~ **of** a house *een optie op een huis hebben*.
ref·use[1] ['refju:s] ⟨f1⟩ ⟨n.-telb.zn.⟩ **0.1** ***afval*** ⇒*vuil(nis), overblijfsel, residu*.
refuse[2] ⟨bn.⟩ **0.1** ***afgedankt*** ⇒*waardeloos, onbruikbaar* ◆ **1.1** ~ land *onbebouwd land, braakland*.
re·fuse[3] [rɪ'fju:z] ⟨f3⟩ ⟨ww.⟩
I ⟨onov.ww.⟩ ⟨kaartspel⟩ **0.1** ***renonceren*** ⇒*geen kleur bekennen, niet volgen;*
II ⟨onov. en ov.ww.⟩ **0.1** ***weigeren*** ⇒*afslaan, afwijzen;* ⟨bridge⟩ *weigeren, duiken* ◆ **1.1** ~ a candidate *een kandidaat afkeuren;* I ~d him my consent *ik gaf hem geen toestemming;* ~ a gift *een ge-*

schenk niet (willen) aannemen; ~ obedience *weigeren te gehoorzamen;* the horse ~d the obstacle *het paard weigerde de hindernis te nemen;* ~ a proposal *een voorstel verwerpen;* ~ a request *op een verzoek niet ingaan* **3.1** the motor ~s to start *de motor wil niet starten* **4.1** ~ o.s. nothing *zich niets ontzeggen*.

re·fuse ['ri:'fju:z]⟨ov.ww.⟩⟨tech.⟩ **0.1** ***opnieuw samensmelten*** *⇒opnieuw amalgameren* **0.2** ***van een nieuwe (smelt)zekering voorzien*** *⇒een (smelt)zekering vervangen in/v.*.

'refuse collector ⟨f1⟩⟨telb.zn.⟩ **0.1** ***vuilnisophaler*** *⇒vuilnisman*.

'refuse dump ⟨f1⟩⟨telb.zn.⟩ **0.1** ***vuilnisbelt*** *⇒stort(plaats)*.

re·fus(e)·nik [rɪ'fju:znɪk]⟨telb.zn.⟩ **0.1** ***refusenik*** ⟨(i.h.b. Joods) Sovjetburger die uitreisvisum geweigerd wordt⟩.

re·fus·er [rɪ'fju:zə‖-ər]⟨telb.zn.⟩ **0.1** ***weigeraar(ster)*** ⟨ook v. paarden⟩ *⇒non-conformist*.

re·fut·a·bil·i·ty ['refjʊtə'bɪləṭi, rɪ'fju:ṭə'bɪləṭi]⟨n.-telb.zn.⟩ **0.1** ***weerlegbaarheid***.

re·fut·a·ble ['refjʊtəbl, rɪ'fju:ṭəbl]⟨f1⟩⟨bn.; -ly; →bijw. 3⟩ **0.1** ***weerlegbaar*** *⇒voor tegenbewijs vatbaar*.

ref·u·ta·tion ['refjʊ'teɪʃn], **re·fu·tal** [rɪ'fju:ṭl]⟨telb. en n.-telb.zn.⟩ **0.1** ***weerlegging*** *⇒refutatie, tegenbewijs, tegenargument*.

re·fute [rɪ'fju:t]⟨f2⟩⟨ov.ww.⟩ **0.1** ***weerleggen*** *⇒refuteren, tegenspreken, ontzenuwen*.

re·fut·er [rɪ'fju:tə‖rɪ'fju:ṭər]⟨telb.zn.⟩ **0.1** ***tegenspreker***.

reg ⟨afk.⟩ **0.1** ⟨regiment⟩ ***reg.*** **0.2** ⟨regius⟩ ***reg.*** **0.3** ⟨regent⟩ **0.4** ⟨region⟩ **0.5** ⟨register(ed)⟩ **0.6** ⟨registrar⟩ **0.7** ⟨registry⟩ **0.8** ⟨regular(ly)⟩ **0.9** ⟨regulation⟩ **0.10** ⟨regulator⟩.

re·gain [rɪ'geɪn]⟨f2⟩⟨ov.ww.⟩ **0.1** ***herwinnen*** *⇒terugwinnen, terugkrijgen* **0.2** ***opnieuw bereiken*** ◆ **1.1** ~ consciousness *weer bijkomen, weer tot bewustzijn komen;* ~ one's health *(weer) beter worden* **1.2** ~ one's balance/footing *zijn evenwicht herstellen;* I helped him ~ his footing *ik hielp hem weer op de been;* ~ the shore *weer aan land gaan* **6.1** the island was ~ed **from** the French *het eiland werd op de Fransen heroverd*.

re·gal[1] ['ri:gl]⟨telb.zn.⟩⟨muz.⟩ **0.1** ***regaal*** ⟨klein, draagbaar orgel⟩.

regal[2] ⟨f1⟩⟨bn.; -ly⟩ **0.1** ***regaal*** *⇒koninklijk, vorstelijk;* ⟨fig.⟩ *luisterrijk, rijkelijk* ◆ **1.1** ~ splendour *vorstelijke praal;* ~ title *koningstitel* **1.¶** ⟨plantk.⟩ ~ fern *koningsvaren* ⟨Osmunda regalis⟩.

re·gale[1] [rɪ'geɪl]⟨zn.⟩⟨vero.⟩

I ⟨telb.zn.⟩ **0.1** ***feestmaal*** *⇒voortreffelijk maal* **0.2** ***lekkernij*** *⇒delicatesse* **0.3** ***(feestelijk) onthaal*** *⇒ontvangst, traktatie;*

II ⟨n.-telb.zn.⟩ **0.1** ***verfijndheid*** *⇒voortreffelijkheid, uitgelezenheid* ◆ **1.1** viands of high ~ *uitgezochte spijzen*.

regale[2] ⟨ww.⟩

I ⟨onov.ww.⟩ **0.1** ***feesten*** *⇒feestvieren, smullen* ◆ **6.1** ~ **on** *zich vergasten/(rijkelijk) te goed doen aan;* she was regaling **on** strawberries *ze liet zich de aardbeien goed smaken;*

II ⟨ov.ww.⟩ **0.1** ***vergasten*** *⇒onthalen, trakteren, regaleren* **0.2** ***onderhouden*** *⇒(aangenaam) bezighouden, vermaken, amuseren* ◆ **1.2** a voice that ~s the ear *een prettige stem om naar te luisteren* **4.1** ~ o.s. on/with *zich vergasten/te goed doen aan, zich trakteren op* **6.1** ~ s.o. **on/with** *iem. vergasten/onthalen/trakteren op* **6.2** he ~d the meeting **with** stories about his youth *hij onderhield de vergadering met verhalen uit zijn jeugd* **¶.2** ⟨iron.⟩ I'm getting tired of being ~d with the same pretexts over and over again *ik word het moe altijd dezelfde uitvluchten te moeten horen*.

re·gale·ment [rɪ'geɪlmənt]⟨telb.zn.⟩ **0.1** ***(feestelijk) onthaal*** *⇒ontvangst, traktatie*.

re·ga·lia[1] [rɪ'geɪlɪə]⟨telb.zn.⟩ **0.1** ***regalia*** ⟨dikke sigaar v. uitstekende kwaliteit⟩.

regalia[2] ⟨f1⟩⟨mv.; ww. ook enk.⟩ **0.1** ***rijksinsigniën*** *⇒kroningsinsigniën, regalia* ⟨uiterlijke tekenen v.d. vorstelijke macht⟩ **0.2** ***onderscheidingstekenen*** ⟨v. rang/orde⟩ *⇒insignes, ordetekenen, decoraties* **0.3** ***staatsiegewaad*** *⇒ambtsgewaad, galakostuum;* ⟨fig.⟩ *beste pak, paasbest* **0.4** ***regalia*** *⇒koninklijke (voor)rechten, soevereiniteitsrechten* ◆ **1.3** unrecognizable in his Sunday ~ *onherkenbaar in zijn zondagse pak* **2.2** the mayor in full ~ *de burgemeester in vol ornaat* **2.3** in one's full ~ *op zijn paasbest (gekleed), in pontificaal*.

re·gal·ism ['ri:gəlɪzm]⟨n.-telb.zn.⟩ **0.1** ***(leer v.d.) koninklijke suprematie*** ⟨vnl. in kerkelijke zaken⟩.

re·gal·i·ty [rɪ'gæləṭi]⟨zn.; →mv. 2⟩

I ⟨telb.zn.⟩ **0.1** ***rijksinsigne*** *⇒kroningsinsigne;* ⟨mv.⟩ *regalia* **0.2** ***koninkrijk*** *⇒kroondomein, kroongoed* **0.3** ***koninklijk (voor)recht*** *⇒soeverein/regaal recht, prerogatief v.d. kroon;*

II ⟨n.-telb.zn.⟩ **0.1** ***koningschap*** *⇒koningsmacht, koninklijk gezag, koninklijke waardigheid*.

re·gard[1] [rɪ'gɑ:d‖rɪ'gɑrd]⟨f3⟩⟨zn.⟩

I ⟨telb.zn.⟩⟨schr.⟩ **0.1** ***(starende) blik*** *⇒strakke blik;* ⟨fig.⟩ *betekenisvolle blik* ◆ **3.1** I fixed my ~ on her *ik keek haar strak aan;* he turned his ~ on the accused *hij keek de beklaagde betekenisvol aan* **¶.1** her ~ was fixed on the horizon *ze tuurde in de verte;*

II ⟨telb. en n.-telb.zn.⟩ **0.1** ***achting*** *⇒respect, waardering, affectie* ◆ **1.1** a person of small ~ *een onbeduidend persoon* **3.1** win the ~ of *de genegenheid winnen v.* **4.1** have no ~ for s.o. *voor iem. geen respect hebben* **6.1** have a great/high ~ **for** s.o.'s judgement *aan iemands oordeel veel belang hechten, iemands oordeel hoog aanslaan/zeer waarderen;* hold s.o. **in** high ~ *iem. hoogachten/hoogschatten/respecteren;*

III ⟨n.-telb.zn.⟩ **0.1** ***betrekking*** *⇒verband, opzicht* **0.2** ***aandacht*** *⇒zorg, consideratie, belang(stelling)* ◆ **1.2** have/pay ~ to one's health *zijn gezondheid in acht nemen;* the next object of my ~ *het volgende punt waarover ik het hebben wil* **3.2** give/pay no ~ to *zich niet bekommeren om;* leave out of ~ *buiten beschouwing laten* **6.1** I agree **in** this ~ *op dit punt/in dit opzicht ben ik het met je eens;* **in ~ of/to** *betreffende, met betrekking tot, in verband met;* a plan **with ~ to** which there was no clarity *een plan waarover geen duidelijkheid bestond;* ⟨schr.⟩ **in** your brother's ~ *wat je broer betreft* **6.2** she has very little ~ **for** the feelings of others *ze houdt met andermans gevoelens erg weinig rekening;* **without ~ for/to** *zonder te letten op/zich te storen aan* **¶.2** ⟨schr.⟩ more ~ must be had to safety on the roads *er moet meer aandacht worden besteed aan de verkeersveiligheid;*

IV ⟨mv.; ~s⟩ **0.1** ***groeten*** *⇒wensen, complimenten* ◆ **3.1** give her my (best) ~s *doe haar de groeten;* father sends his ~s to you *vader laat je groeten* **6.1 with** kind ~s *met vriendelijke groet(en)* ⟨beleefdheidsformule aan het slot v.e. brief⟩ **¶.1** kind ~s to you all *ik wens jullie allemaal het beste*.

regard[2] ⟨f3⟩⟨ov.ww.⟩ →regarding **0.1** ⟨schr.⟩ ***aankijken*** *⇒aanstaren, (aandachtig) bekijken, gadeslaan* **0.2** ***aandacht besteden aan*** *⇒rekening houden met, in beschouwing/aanmerking/acht nemen, letten op* **0.3** ***beschouwen*** *⇒aanzien* **0.4** ***betreffen*** *⇒betrekking hebben op, aangaan, in verband staan met* ◆ **1.2** ~ s.o.'s political convictions *iemands politieke overtuiging respecteren* **6.1** she ~ed him **with** curiosity *ze keek hem nieuwsgierig aan* **6.3** ~ s.o. **as** *iem. aanzien/houden voor, iem. beschouwen als;* I ~ her **as** among my friends *ik reken haar onder mijn vrienden;* he ~s it **as** an inevitability *volgens hem is het onvermijdelijk;* ~ s.o. **with** the greatest admiration *voor iem. grote bewondering hebben;* ~ s.o. **with** contempt *iem. met de nek aanzien* **8.4** as ~s *betreffende, met betrekking tot, in verband met* **¶.4** this does not ~ me at all *daar heb ik helemaal niets mee te maken*.

re·gar·dant, re·guar·dant [rɪ'gɑ:dnt‖-'gɑr-]⟨bn., post.⟩⟨heraldiek⟩ **0.1** ***omziend***.

re·gard·ful [rɪ'gɑ:dfl‖-'gɑrd-]⟨bn.; -ly; -ness⟩ **0.1** ***oplettend*** *⇒opmerkzaam, acht gevend, behoedzaam* **0.2** ***eerbiedig*** *⇒attent* ◆ **6.1** be ~ **of** *letten op, aandacht schenken aan, in acht nemen, zich bekommeren om;* be ~ **of** one's interests *zijn belangen behartigen*.

re·gard·ing [rɪ'gɑ:dɪŋ‖-'gɑr-]⟨f2⟩⟨vz.; oorspr. teg. deelw. v. regard⟩⟨schr.⟩ **0.1** ***betreffende*** *⇒aangaande, met betrekking tot* ◆ **1.1** he said nothing ~ the incident *hij zei niets betreffende het incident*.

re·gard·less[1] [rɪ'gɑ:dləs‖-'gɑrd-]⟨f3⟩⟨bn.; -ly; -ness⟩ **0.1** ***achteloos*** *⇒onachtzaam, onoplettend, onbezonnen* ◆ **6.¶** ~ **of** *ongeacht, zonder rekening te houden met;* she carried out her plans ~ **of** the dangers involved *ze voerde haar plannen uit zonder op de eraan verbonden gevaren te letten;* ~ **of** expense *zonder op een cent te letten;* ~ **of** my mistake *niettegenstaande mijn vergissing*.

regardless[2] ⟨bw.⟩ **0.1** ***hoe dan ook*** *⇒wat (er) ook moge gebeuren, in alle geval, desondanks, toch* ◆ **1.¶** they did it, ~ *ze hebben het toch gedaan*.

re·gat·ta [rɪ'gæṭə]⟨f1⟩⟨telb.zn.⟩ **0.1** ***regatta*** *⇒roei/zeilwedstrijd, speedboat race*.

regd ⟨afk.⟩ registered.

re·ge·late ['ri:dʒɪleɪt]⟨onov.ww.⟩ **0.1** ***opnieuw aaneenvriezen*** *⇒weer aaneen/vastvriezen, herbevriezen*.

re·ge·la·tion ['ri:dʒɪ'leɪʃn]⟨telb. en n.-telb.zn.⟩ **0.1** ***regelatie*** *⇒herbevriezing, aaneenvriezing*.

re·gen·cy ['ri:dʒənsi]⟨f1⟩⟨zn.; →mv. 2⟩

I ⟨telb.zn.⟩ **0.1** ***regent(es)*** *⇒regentencollege, regentschapsraad;*

II ⟨telb. en n.-telb.zn.⟩ **0.1** ***regentschap*** *⇒regentenambt, regeringsperiode v.e. regent(es)* ◆ **6.1 under** the ~ of *onder het regentschap v.* **7.1** the Regency *de Regency* ⟨regentschap in Engeland v. 1811 tot 1820⟩; *de Régence* ⟨regentschap in Frankrijk v. 1715 tot 1723⟩.

'Regency furniture ⟨n.-telb.zn.⟩ **0.1** ***Regency-meubels*** *⇒meubels in Regency-stijl*.

'Regency stripes ⟨mv.⟩ **0.1** ***Regency-strepen*** ⟨brede, gekleurde strepen op weefsel⟩.

re·gen·er·a·cy [rɪ'dʒenərəsi]⟨n.-telb.zn.⟩ **0.1** ***regeneratie*** *⇒(geestelijke) wedergeboorte/hergeboorte*.

re·gen·er·ate[1] [rɪ'dʒenərət]⟨bn.; -ly; -ness⟩ **0.1** ***herboren*** *⇒wedergeboren, bekeerd* ⟨i.h.b. tot christendom⟩ **0.2** ***geregenereerd*** *⇒hernieuwd, hersteld, vernieuwd*.

regenerate² [rɪ'dʒenəreɪt]⟨ww.⟩
I ⟨onov.ww.⟩ **0.1** ***zich beteren*** ⇒*zich bekeren, herboren worden* **0.2** ***herleven*** ⇒*tot nieuw leven komen, opbloeien, zich herstellen, regenereren* **0.3** ⟨biol.⟩ ***regenereren*** ⇒*opnieuw (aan)groeien* ◆ **1.3** a lobster's claw will ~ if it gets lost *als een kreeft zijn schaar verliest, groeit die weer aan;*
II ⟨ov.ww.⟩ **0.1** ***verbeteren*** ⇒*bekeren, hervormen, vernieuwen* **0.2** ***nieuw leven inblazen*** ⇒*doen herleven/opbloeien, herstellen, weer bruikbaar maken, regenereren, recyclen* **0.3** ⟨biol.⟩ ***weer doen aangroeien*** ⇒*regenereren* **0.4** ⟨elek.⟩ ***d.m.v. terugkoppeling versterken*** ⟨stroom⟩ ◆ **1.2** ~ hatred *haatgevoelens weer aanwakkeren;* ~d rubber *geregenereerde rubber;* you should ~ your self-respect *je moet opnieuw respect voor jezelf leren opbrengen.*

re·gen·er·a·tion [rɪ'dʒenə'reɪʃn]⟨telb. en n.-telb.zn.⟩ **0.1** ***regeneratie*** ⇒*(geestelijke) wedergeboorte/hergeboorte, herleving, herstel* **0.2** ⟨biol.⟩ ***regeneratie*** ⇒*aangroei(ing), het weer (doen) aangroeien, aanwas* **0.3** ⟨elek.⟩ ***versterking d.m.v. terugkoppeling*** ⇒*regeneratie(proces)* ◆ **1.2** continual ~ of cells *het voortdurend aangroeien v. cellen.*

re·gen·er·a·tive [rɪ'dʒenərətɪv‖-reɪṭɪv], **re·gen·er·a·tor·y** [-tri‖-təri] ⟨bn.; -ly⟩ **0.1** ***regeneratief*** ⇒*regenererend, regenerator-* ◆ **1.1** regenerative furnace *regeneratoroven.*

re·gen·er·a·tor [rɪ'dʒenəreɪtə‖-reɪṭər]⟨telb.zn.⟩⟨tech.⟩ **0.1** ***regenerator.***

re·gen·e·sis [ri:'dʒenɪsɪs]⟨telb.zn.; regeneses [-si:z]; →mv. 5⟩ **0.1** ***wedergeboorte*** ⇒*hergeboorte, vernieuwing.*

re·gent¹ ['ri:dʒənt]⟨f1⟩⟨telb.zn.; vaak R-⟩ **0.1** ***regent(es)*** **0.2** ⟨AE⟩ ***curator*** ⇒*bestuurslid* ⟨v. universiteit⟩ **0.3** ⟨vero.⟩ ***bestuurder/ster*** ⇒*heerser, staatshoofd.*

regent² ⟨f1⟩⟨bn., post.; vaak R-⟩ **0.1** ***-regent*** ⟨het regentschap voerend⟩ ◆ **1.1** the Prince Regent *de prins-regent.*

'regent bird ⟨telb.zn.⟩ **0.1** ***geelkoppprieelvogel*** ⟨Austr. paradijsvogel; Sericulus chrysocephalus⟩.

'Regent 'House ⟨eig.n.; the⟩⟨BE⟩ **0.1** ***Regent House*** ⇒*(algemeen) bestuurscollege* ⟨v. universiteit v. Cambridge⟩.

re·gent·ship ['ri:dʒəntʃɪp]⟨telb. en n.-telb.zn.⟩ **0.1** ***regentschap*** ⇒*regentenambt.*

re·ger·mi·nate ['ri:'dʒɜ:mɪneɪt‖-'dʒɜr-]⟨onov.ww.⟩ **0.1** ***regermineren*** ⇒*opnieuw (ont)kiemen/ontspruiten, regenereren.*

re·ger·mi·na·tion ['ri:dʒɜ:mɪ'neɪʃn‖-dʒɜr-]⟨telb. en n.-telb.zn.⟩ **0.1** ***regerminatie*** ⇒*het opnieuw (ont)kiemen/ontspruiten, regeneratie.*

reg·gae ['regeɪ]⟨n.-telb.zn.; ook R-⟩ **0.1** ***reggae*** ⟨Caraïbische muziekstijl⟩.

'reggae music ⟨n.-telb.zn.⟩ **0.1** ***reggaemuziek.***

reg·i·ci·dal ['redʒɪ'saɪdl]⟨bn.⟩ **0.1** ***mbt. een koningsmoord*** ◆ **1.1** ~ plot *komplot om de koning uit de weg te ruimen.*

reg·i·cide ['redʒɪsaɪd]⟨zn.⟩
I ⟨telb.zn.⟩ **0.1** ***koningsmoordenaar*** ◆ **7.1** the Regicides *de koningsmoorders* ⟨v. Karel I in Engeland, v. Lodewijk XVI in Frankrijk⟩;
II ⟨telb. en n.-telb.zn.⟩ **0.1** ***koningsmoord*** ⇒*het vermoorden v.d. koning(in).*

re·gild ['ri:'gɪld]⟨ov.ww.⟩ **0.1** ***opnieuw vergulden*** ⇒*oppoetsen, opfrissen, versieren.*

re·gime, ré·gime ['reɪ'ʒi:m]⟨f2⟩⟨telb.zn.⟩ **0.1** ***regiem*** ⇒*regeringsstelsel, staatsbestel, staatsstruktuur* **0.2** ⟨med.⟩ ***regiem*** ⇒*(stel) leefregels, kuur, therapie, dieet* **0.3** ⟨meteo.⟩ ***neerslagregiem*** ⇒*regentype* **0.4** ***(stroom)regiem*** ⇒*(stroom)debiet, debietschommelingen* ◆ **2.1** a totalitarian ~ *een totalitair regiem.*

reg·i·men ['redʒɪmɪn]⟨telb.zn.⟩ **0.1** ***regiem*** ⇒*gedrag, verloop* ⟨v. rivier, gletsjer, enz.⟩ **0.2** ⟨med.⟩ ***regiem*** ⇒*(stel) leefregels, kuur, therapie, dieet* **0.3** ⟨vero.⟩ ***regiem*** ⇒*regeringsstelsel* ◆ **3.2** follow a strict ~ *een streng dieet volgen;* put s.o. on a ~ *iem. op dieet stellen.*

reg·i·ment¹ ['redʒɪmənt]⟨f3⟩⟨zn.⟩
I ⟨n.-telb.zn.⟩⟨vero.⟩ **0.1** ***heerschappij*** ⇒*bestuur, regiment;*
II ⟨verz.n.⟩ **0.1** ⟨mil.⟩ ***regiment*** **0.2** ***groot aantal*** ⇒*grote hoeveelheid* ◆ **1.2** a whole ~ of mice *een heel regiment/hele troep muizen.*

regiment² ⟨f1⟩⟨ov.ww.⟩ **0.1** ***in regimenten indelen*** ⇒*bij een regiment indelen* **0.2** ***ordenen*** ⇒*(in groepen) indelen, organiseren* **0.3** ***onderwerpen*** ⟨aan het centrale gezag⟩ ⇒*reglementeren, onderdrukken, aan banden leggen, kort houden, disciplineren* ◆ **1.2** ~ data *gegevens rangschikken/ordenen* ¶.**3** I don't like being ~ed *ik hou er niet van dat ze me voortdurend op de vingers kijken.*

reg·i·men·tal ['redʒɪ'menṭl]⟨f1⟩⟨bn., attr.; -ly⟩ **0.1** ***regiments-*** ⇒*v.h. regiment;* ⟨fig.⟩ *streng, strikt* ◆ **1.1** ~ band *regimentsmuziek, muziekkorps v.e. regiment, stafmuziek;* ~ colour/flag/standard *regimentsvaandel, regimentskleuren.*

reg·i·men·tals ['redʒɪ'menṭlz]⟨f1⟩⟨mv.⟩ **0.1** ***regimentsuniform*** ⇒*tenue (v.h. regiment), militair uniform* ◆ **2.1** in full ~ *in groot tenue.*

reg·i·men·ta·tion ['redʒɪmen'teɪʃn]⟨telb. en n.-telb.zn.⟩ **0.1** ***onderwerping*** ⇒*kontrole, discipline, tucht.*

Re·gi·na [rɪ'dʒaɪnə]⟨n.-telb.zn.⟩ **0.1** ⟨na een eigennaam⟩ ***Regina*** ⇒*koningin* **0.2** ⟨jur.⟩ ***de Kroon*** ⇒*het Rijk* ◆ **1.1** Elizabeth ~ *Koningin Elizabeth* **1.2** ~ v(ersus) Wills *de Kroon tegen Wills.*

re·gi·nal [rɪ'dʒaɪnl]⟨bn.⟩ **0.1** ***v.d. koningin*** ⇒*(als) v.e. koningin, koninginne-.*

re·gion ['ri:dʒən]⟨f3⟩⟨telb.zn.⟩ **0.1** ***(land)streek*** ⇒*(vegetatie)gebied, domein;* ⟨fig.⟩ *sfeer, terrein* **0.2** ***gewest*** ⇒*provincie, regio* ◆ **1.1** the ~ of the heart *de hartstreek;* the ~ of philosophy *de sfeer v.d. filosofie* **1.2** the ~s *de provincie, de regio* **2.1** the Arctic ~s *het noordpoolgebied, de Arctica;* lumbar ~ *lendestreek;* area of the shaded ~ *oppervlakte v.h. gearceerde gedeelte* **6.1** **in** the ~ **of** *in de buurt v., omstreeks, om en (na)bij, ongeveer.*

re·gion·al ['ri:dʒnəl]⟨f2⟩⟨bn.; -ly⟩ **0.1** ***v.d. streek*** ⇒*streek-, regionaal, gewestelijk, provinciaal* ◆ **1.1** ~ custom *streekgebruik, plaatselijk gebruik;* ⟨geol.⟩ ~ metamorphism *regionale metamorfose;* ~ novel *streekroman.*

re·gion·al·ism ['ri:dʒnəlɪzm]⟨telb. en n.-telb.zn.⟩ **0.1** ***regionalisme.***

re·gion·al·ize, -ise ['ri:dʒnəlaɪz]⟨ov.ww.⟩ **0.1** ***regionaliseren*** ⇒*in regionen/gewesten indelen, regionaal organiseren.*

re·gis·seur ['reɪʒɪ'sɜ:‖-'sɜr]⟨telb.zn.⟩ **0.1** ***balletregisseur*** ⇒*balletleider* **0.2** ⟨vnl. BE⟩ ***(toneel)regisseur*** **0.3** ⟨vnl. AE⟩ ***producer*** ⟨v. theaterstuk⟩.

reg·is·ter¹ ['redʒɪstə‖-ər]⟨f3⟩⟨zn.⟩
I ⟨telb.zn.⟩ **0.1** ⟨ben. voor⟩ ***register*** ⇒*(naam)lijst, rol, registratieboek, aantekenboekje; vreemdelingenboek, gastenboek; kohier; kiezerslijst, kiezersregister; stamboek; loonlijst; scheepsjournaal* **0.2** ⟨muz.⟩ ***(orgel)register*** ⇒*stemregister, stemomvang, (deel v.d.) toonomvang* **0.3** ***(schoorsteen)register*** ⇒*(ventilatie)rooster, (trek)schuif, sleutel* ⟨v.e. kachelbuis⟩ **0.4** ***(kas)register*** ⇒*registrator, registreerapparaat, registreerinrichting* **0.5** ***archief*** ⇒*bewaarplaats v. registers, registratiekantoor* **0.6** →registrar **0.7** ⟨scheep.⟩ ***registratiebewijs*** ⇒*zeebrief, meetbrief* ◆ **1.1** keep a ~ of births and deaths *een geboorte- en sterfregister houden;* ~ of shipping *scheepsregister;* Lloyd's Register *Lloyds-register* ⟨jaarlijkse scheepsklassifikatie; vereniging die deze opmaakt⟩; the Register of voters *de kiezerslijst, het kiezersregister* **2.1** the Parliamentary Register *de kiezerslijst, het kiezersregister* **2.2** the lower/middle/upper ~ of the clarinet *het lage/midden-/hoge register v.d. klarinet* **3.1** enter in a ~ *in een register inschrijven;* open a ~ *een register aanleggen;*
II ⟨telb. en n.-telb.zn.⟩ **0.1** ***registratie*** ⇒*inschrijving, aantekening* **0.2** ⟨taalk.⟩ ***register*** ⇒*stijlniveau* ◆ **1.1** port of ~ *thuishaven* **6.2** write **in** (a) formal ~ *formeel schrijven;*
II ⟨n.-telb.zn.⟩⟨druk.⟩ **0.1** ***register*** ⟨overeenstemming in de bladspiegel v. schoon- en weerdruk⟩ **0.2** ***register*** ⟨het goed op elkaar passen v.d. afzonderlijke kleurgangen⟩ ◆ **6.1** **in** perfect ~ *volledig in overeenstemming, in de juiste onderlinge stand* **6.2** be **out of** ~ *geen register houden.*

register² ⟨f3⟩⟨ww.⟩ →registered
I ⟨onov.ww.⟩ **0.1** ***zich (laten) inschrijven*** ⇒*intekenen* **0.2** ***doordringen*** ⇒*inslaan, overkomen, opgemerkt worden* **0.3** ***samenvallen*** ⇒*overeenstemmen, boven elkaar/in één lijn/in elkaars verlengde liggen* ◆ **1.1** ~ as an elector *zich op de kiezerslijst laten inschrijven;* ~ at a hotel *inchecken* **6.1** ~ **for** an examination *zich inschrijven/opgeven voor een examen;* ~ **with** the police *zich aanmelden bij de politie* **6.2** it hasn't ~ed **with** her *het is niet (echt) tot haar doorgedrongen, ze heeft het niet (echt) in zich opgenomen;*
II ⟨onov. en ov.ww.⟩⟨druk., foto.⟩ **0.1** ***registreren*** ⇒*register houden, (laten) overeenstemmen, (laten) samenvallen;*
III ⟨ov.ww.⟩ **0.1** ***(laten) registreren*** ⇒*(laten) inschrijven/(in) boeken/optekenen/notifiëren;* ⟨fig.⟩ *nota nemen v., in zich opnemen* **0.2** ***registreren*** ⇒*aanwijzen, aanduiden, aangeven* **0.3** ***uitdrukken*** ⇒*tonen, laten zien, te kennen geven* **0.4** ***(laten) aantekenen*** ⇒*aangetekend opsturen/versturen* **0.5** ***laten samenvallen*** ⇒*laten overeenstemmen, boven elkaar leggen* **0.6** ***noteren*** ⟨bv. winst⟩ ◆ **1.1** bonds ~ed in the name of Jacobs *obligaties gesteld op naam v. Jacobs;* ~ the bull's-eye *in de roos schieten;* ⟨fig.⟩ ~ a hit *een rake opmerking maken;* ~ a protest against *protest aantekenen tegen;* ~ a resolution *een besluit nemen, zich (in stilte) voornemen;* ~ a vow *een eed/gelofte afleggen, bij zichzelf een gelofte doen, zich (in stilte) voornemen* **1.2** the Fahrenheit thermometer ~ed thirty-two degrees *de thermometer wees tweeëndertig graden Fahrenheit aan* **1.3** he/his face ~ed anxiety *de angst stond op zijn gezicht te lezen, hij zette/trok een benauwd gezicht;* her face ~ed surprise *uit haar gezicht sprak verwondering, ze zette verbaasde ogen op* **1.4** ~ a parcel *een pakje laten*

aantekenen **4.1** ~ o.s. *zich opgeven/(laten) inschrijven, inchecken* **6.1** ~ one's name **with** *zich aanmelden bij, zijn naam opgeven bij.*

reg·is·tered ['redʒɪstəd‖-ərd]⟨f2⟩⟨bn.; (oorspr.) volt. deelw. v. register⟩ **0.1** ***geregistreerd*** ⇒*ingeschreven* **0.2** ***gediplomeerd*** ⇒*erkend, bevoegd, gerechtigd, gepatenteerd* **0.3** ***aangetekend*** ◆ **1.1** a ~ customer *een ingeschreven vaste klant* ⟨bij klantenbinding⟩; a ~ horse *een stamboekpaard, een raspaard;* the company has its ~ office in Antwerp *de maatschappij heeft haar (statutaire) zetel in/is gevestigd in Antwerpen;* a ~ share *een aandeel op naam;* ⟨scheep.⟩ ~ tonnage *registertonnage, registertonnenmaat;* a ~ trademark *een (wettig) gedeponeerd handelsmerk* **1.2** ⟨AE⟩ a ~ nurse *een gediplomeerd verpleger/verpleegster;* ⟨BE⟩ a State Registered nurse *een gediplomeerd verpleger/verpleegster;* a ~ representative *een zaakgelastigde/agent/gemachtigd tussenpersoon* ⟨v. makelaarskantoor⟩ **1.3** a ~ letter *een aangetekende brief;* ⟨AE⟩ ~ mail *aangetekende post;* ⟨BE⟩ ~ post *aangetekende post.*

'register office ⟨f1⟩⟨telb.zn.⟩ **0.1** ***registratiebureau/kantoor*** ⇒*archief v. registers* **0.2** ***(bureau v.d.) burgerlijke stand.***

'register thermometer ⟨telb.zn.⟩ **0.1** ***zelfregistrerende thermometer.***

'register ton ⟨telb.zn.⟩⟨scheep.⟩ **0.1** ***registerton*** ⟨100 kub. voet, 2,83 m^3⟩.

'register tonnage ⟨telb.zn.; geen mv.⟩⟨scheep.⟩ **0.1** ***registertonnage.***

reg·is·tra·ble ['redʒɪstrəbl]⟨bn.⟩ **0.1** ***registreerbaar*** ⇒*te registreren.*

reg·is·trant ['redʒɪstrənt]⟨telb.zn.⟩ **0.1** ***registrator*** ⇒*beambte v.e. registratiebureau, registratieontvanger* **0.2** ***geregistreerd persoon*** ⇒*ingeschreven/gediplomeerd/bevoegd persoon.*

reg·is·trar ['redʒɪ'strɑː‖'redʒɪstrɑr]⟨f2⟩⟨telb.zn.⟩ **0.1** ***registrator*** ⇒*registratieambtenaar, ambtenaar v.d. burgerlijke stand/v.h. bevolkingsbureau, administrateur* **0.2** ***archivaris*** ⇒*archiefambtenaar, bewaarder v.d. registers* **0.3** ***administratief hoofd*** ⇒*hoofd v.h. administratief secretariaat/v.d. inschrijvingsdienst* ⟨v. universiteit⟩ **0.4** ⟨BE; jur.⟩ ***gerechtssecretaris*** ⇒*griffier, commies ter griffie* **0.5** ⟨BE⟩ ***stagelopend specialist*** ⇒*aankomend (medisch) specialist* ◆ **1.1** ⟨BE⟩ Registrar of Companies *(hoofdambtenaar v.h.) handelsregister* **2.1** Registrar General *hoofd v.d. burgerlijke stand* ⟨Engeland⟩.

reg·is·trar·ship ['redʒɪstrɑːʃɪp‖-strɑr-]⟨telb. en n.-telb.zn.⟩ **0.1** ***ambt v. registrator*** ⇒*archivarisambt, griffierschap, secretariaat.*

reg·is·trar·y ['redʒɪstrəri]⟨telb.zn.; →mv. 2⟩⟨BE⟩ **0.1** ***administratief hoofd*** ⟨v.d. universiteit v. Cambridge⟩.

reg·is·tra·tion ['redʒɪ'streɪʃn]⟨f2⟩⟨zn.⟩

I ⟨telb.zn.⟩ **0.1** ⟨AE⟩ ***aantal inschrijvingen*** ⇒*opkomst, belangstelling, deelneming* **0.2** ⟨muz.⟩ ***combinatie orgelregisters*** ◆ **2.1** a course with a large ~ *een cursus waarvoor veel studenten zich hebben ingeschreven/met veel inschrijvingen;*

II ⟨telb. en n.-telb.zn.⟩ **0.1** ***registratie*** ⇒*inschrijving, aangifte, aantekening, (in)boeking, notitie* ◆ **1.1** ~ of the birth of his daughter *geboorteaangifte v. zijn dochter;* ~ of a letter *het laten aantekenen/aangetekend versturen v.e. brief;*

III ⟨n.-telb.zn.⟩⟨muz.⟩ **0.1** ***registratie(techniek)*** ⇒*het bedienen v.d. orgelregisters, orgelspel.*

regi'stration book ⟨telb.zn.⟩ **0.1** ***eigendomsbewijs*** ⟨v. auto⟩ ⇒*autopapieren, kentekenbewijs* ⟨Engeland⟩.

regi'stration fee ⟨f1⟩⟨telb.zn.⟩ **0.1** ***registratiekosten*** ⇒*registratierecht, inschrijvingsgeld, aantekengeld.*

regi'stration mark, regi'stration number ⟨f1⟩⟨telb.zn.⟩ **0.1** ***registratienummer*** ⇒*inschrijvingsnummer, autokenteken.*

reg·is·try ['redʒɪstri]⟨f2⟩⟨zn.; →mv. 2⟩

I ⟨telb.zn.⟩ **0.1** ***archief*** ⇒*bewaarplaats v. registers, registratiekantoor* **0.2** ***(bureau v.d.) burgerlijke stand*** **0.3** ***register*** ⇒*registratieboek;*

II ⟨n.-telb.zn.⟩ **0.1** ***registratie*** ⇒*inschrijving, aantekening* **0.2** ⟨scheep.⟩ ***nationaliteit*** ⇒*vlag* ⟨waaronder een schip vaart⟩ ◆ **1.1** a certificate of ~ *een registratiebewijs;* a ship's port of ~ *thuishaven v.e. schip* **1.2** traders of Norwegian ~ *koopvaardijschepen v. Noorse nationaliteit.*

'registry office ⟨f1⟩⟨telb.zn.⟩ **0.1** ***(bureau v.d.) burgerlijke stand*** ◆ **3.1** married at a ~ *getrouwd voor de wet.*

re·gius ['riːdʒəs]⟨bn., attr.; ook R-⟩ **0.1** ***regius*** ⇒*regaal, koninklijk* ◆ **1.1** ⟨BE⟩ Regius professor *Regius professor* ⟨bekleder v.e. door de koning(in) ingestelde leerstoel of door de Kroon aangestelde hoogleraar⟩.

reg·let ['reglɪt]⟨telb.zn.⟩ **0.1** ⟨bouwk.⟩ ***band*** ⇒*(smalle platte) lijst, lijstwerk* **0.2** ⟨druk.⟩ ***zetlijn*** ⇒*interlinie, reglet.*

reg·nal ['regnəl]⟨bn.; -ly⟩ **0.1** ***v.e. regering*** ⇒*regerings-, mbt. het koningschap* ◆ **1.1** ~ day *verjaardag v.d. troonsbestijging;* ~ year *regeringsjaar;* during his third ~ year *tijdens het derde jaar v. zijn koningschap.*

reg·nant ['regnənt]⟨bn.⟩

I ⟨bn., attr., bn., post.⟩ **0.1** ***overheersend*** ⇒*overwegend, wijdverspreid, invloedrijk, prevalent* ◆ **1.1** the vices ~ *de meest voorkomende ondeugden;*

II ⟨bn., post.⟩ **0.1** ***heersend*** ⇒*regerend* ◆ **1.1** the queen ~ *de (regerende) koningin.*

reg·o ['redʒoʊ]⟨telb. en n.-telb.zn.⟩⟨Austr. E; inf.⟩ **0.1** ***registratie*** ⟨v. auto⟩.

re·gorge [rɪ'gɔːdʒ‖rɪ'gɔrdʒ]⟨ww.⟩

I ⟨onov.ww.⟩ **0.1** ***terugstromen/vloeien*** **0.2** ***opnieuw stromen/vloeien;***

II ⟨ov.ww.⟩ **0.1** ***(weer) uitbraken*** ⇒*teruggeven, opgeven, opwerpen, terugwerpen* **0.2** ***weer inslikken*** ⇒*weer opslokken/verzwelgen, doen terugstromen.*

Reg Prof ⟨afk.⟩ Regius professor ⟨BE⟩.

regr ⟨afk.⟩ registrar.

re·grant[1] ['riː'grɑːnt‖-'grænt]⟨telb.zn.⟩ **0.1** ***vernieuwing*** ⇒*het opnieuw verlenen/toekennen/inwilligen, verlenging.*

regrant[2] ⟨ov.ww.⟩ **0.1** ***opnieuw verlenen*** ⇒*opnieuw toekennen/toestaan/inwilligen, hernieuwen* ◆ **1.1** ~ a patent *een octrooi verlengen;* ~ s.o. permission *iem. opnieuw toestemming geven.*

re·grate [rɪ'greɪt]⟨ov.ww.⟩ **0.1** ***(op)kopen*** ⟨levensmiddelen, om opnieuw met winst te verkopen⟩ ⇒*tegen woekerprijzen verhandelen* **0.2** ***(opnieuw) verkopen*** ⇒*v.d. hand doen.*

re·gress[1] ['riːgres]⟨telb. en n.-telb.zn.⟩ **0.1** ***achteruitgang*** ⇒*teruggang, terugval, vermindering, regressie* **0.2** ***redenering v. gevolg naar oorzaak*** ◆ **1.1** free ingress and ~ *vrije in- en uitgang.*

regress[2] [rɪ'gres]⟨onov.ww.⟩ **0.1** ***achteruitgaan*** ⇒*teruggaan, teruglopen, verminderen, verzwakken.*

re·gres·sion [rɪ'greʃn]⟨f1⟩⟨telb. en n.-telb.zn.⟩ **0.1** ***regressie*** ⇒*achteruitgang, teruggang, terugval, retrogressie* ◆ **1.1** a marked ~ of the fever *een merkbare vermindering v.d. koorts.*

re'gression line ⟨telb.zn.⟩⟨stat.⟩ **0.1** ***regressielijn.***

re·gres·sive [rɪ'gresɪv]⟨bn.; -ly; -ness⟩ **0.1** ***regressief*** ⇒*teruggaand, achteruitgaand, teruglopend, retrograde.*

re·gret[1] [rɪ'gret]⟨f2⟩⟨zn.⟩

I ⟨n.-telb.zn.⟩ **0.1** ***spijt*** ⇒*leed(wezen), berouw, verdriet, smart* ◆ **2.1** they said goodbye with great ~ *ze namen met tegenzin afscheid* **6.1** feel ~ **at/for** *spijt hebben v./over, betreuren, berouw hebben over;* we felt ~ **at** her absence *we vonden het jammer dat ze er niet bij was;* greatly/much **to** my ~ *tot mijn grote spijt, al betreur ik het (ten zeerste), al vind ik het erg jammer;* hear **with** ~ *met spijt/tot zijn spijt (moeten) vernemen;*

II ⟨mv.; ~s⟩ **0.1** ***(betuigingen v.) spijt*** ⇒*verontschuldigingen, excuses* ◆ **3.1** give s.o. one's ~s *iem. zijn verontschuldigingen aanbieden;* have no ~s *geen spijt hebben;* refuse with many ~s *zich verontschuldigen/excuseren, beleefd (moeten) weigeren;* send one's ~s *zich laten verontschuldigen.*

regret[2] ⟨f3⟩⟨ov.ww.; →ww. 7⟩ **0.1** ***betreuren*** ⇒*treuren over, spijt hebben v., berouw/verdriet hebben over, missen* ◆ **1.1** you will ~ it *het zal je zuur opbreken/berouwen, je zult er spijt v. hebben;* ~ a mistake *een vergissing (diep) betreuren* **3.1** we ~ to inform you *tot onze spijt moeten wij u meedelen, het spijt ons u te moeten meedelen* **8.1** I ~ that I have to leave *ik vind het jammer dat ik weg moet;* it is to be ~ted that ... *het is te betreuren/jammer dat ....*

re·gret·ful [rɪ'gretfl]⟨f1⟩⟨bn.; -ness⟩ **0.1** ***bedroefd*** ⇒*treurig, berouwvol, vol spijt, meewarig.*

re·gret·ful·ly [rɪ'gretfli]⟨f1⟩⟨bw.⟩ **0.1** →regretful **0.2** ***met spijt*** ⇒*met leedwezen, met een hart vol spijt/berouw.*

re·gret·ta·ble [rɪ'greṭəbl]⟨f2⟩⟨bn.; -ness⟩ **0.1** ***bedroevend*** ⇒*betreurenswaardig, teleurstellend, jammerlijk* ◆ **1.1** a most ~ choice *een hoogst ongelukkige keuze* **3.1** be ~ *te betreuren/af te keuren zijn.*

re·gret·ta·bly [rɪ'greṭəbli]⟨f1⟩⟨bw.⟩ **0.1** →regrettable **0.2** ***helaas*** ⇒*jammer genoeg* ◆ **3.2** ~, I had to stay at home *tot mijn spijt moest ik thuisblijven* **7.1** ~ little response *bedroevend weinig reactie.*

re·group ['riː'gruːp]⟨f1⟩⟨ww.⟩

I ⟨onov.ww.⟩ **0.1** ***zich hergroeperen*** ⇒*zich in nieuwe groepen opstellen;*

II ⟨ov.ww.⟩ **0.1** ***hergroeperen*** ⇒*opnieuw groeperen, in nieuwe groepen indelen.*

regs ⟨afk.⟩ regulations.

regt ⟨afk.⟩ **0.1** ⟨regiment⟩ ***reg.*** **0.2** ⟨regent⟩.

regtl ⟨afk.⟩ regimental.

reguardant →regardant.

reg·u·la·ble ['regjʊləbl‖-gjə-]⟨bn.⟩ **0.1** ***regelbaar*** ⇒*reguleerbaar.*

reg·u·lar[1] ['regjʊlə‖'regjələr]⟨f2⟩⟨telb.zn.⟩ **0.1** ***regulier (geestelijke)*** ⇒*ordesgeestelijke, ordebroeder, kloosterling* **0.2** ***beroeps(militair/soldaat)*** **0.3** ⟨inf.⟩ ***vaste klant*** ⇒*stamgast, habitué, trouwe bezoeker* **0.4** ⟨inf.⟩ ***vast medewerker*** ⇒*vast werkman* **0.5** ⟨AE⟩ ***kerel uit één stuk*** ⇒*betrouwbaar persoon;* ⟨i.h.b.⟩ *loyaal partijlid/*

partijmilitant ◆ **7.2** the ~s *de geregelde troepen, het beroepsleger* **7.3** William is a ~ here *William komt hier regelmatig.*

regular² ⟨f3⟩⟨bn.; -ly⟩

I ⟨bn.⟩ **0.1** ***regelmatig*** ⇒*geregeld, vast, ordelijk, periodiek* **0.2** ***correct*** ⇒*gebruikelijk, geoorloofd, officieel* **0.3** ***regulier*** **0.4** ⟨vnl. AE⟩ ***gewoon*** ⇒*normaal, standaard-* ◆ **1.1** ~ bowels *regelmatige stoelgang;* ⟨nat.⟩ ~ crystal system *regelmatige/isometrische kristal(structuur);* a ~ customer *een vaste klant;* ⟨biol.⟩ ~ flower *regelmatige/actinomorfe bloem;* a ~ job *vast werk;* ~ lay *kruisslag* ⟨soort kabelslag⟩; a ~ life *een geregeld leven;* a ~ nomenclature *een systematische nomenclatuur;* a ~ nose *een goed gevormde neus;* ⟨wisk.⟩ ~ octahedron *regelmatig achtvlak;* ⟨wisk.⟩ ~ polygon *regelmatige veelhoek;* ⟨wisk.⟩ the five ~ solids *de vijf regelmatige polyeders/veelvlakken;* drive at a ~ speed *met dezelfde snelheid doorrijden;* ⟨taalk.⟩ ~ verb *regelmatig/*⟨in Germaanse talen ook⟩ *zwak werkwoord* **1.2** follow the ~ procedure *de gewone/vereiste procedure volgen* **1.3** ~ canons/canons ~ *reguliere kanunniken;* the ~ clergy *de reguliere geestelijkheid;* ~ clerk/clerk ~ *ordesgeestelijke* **1.4** the ~ size *het gewone formaat* **3.1** keep ~ hours *zich aan vaste uren houden, een geregeld/rustig/gezond leven leiden* ¶.**1** as ~(ly) as clockwork *met de regelmaat v.d. klok, zo precies als een uurwerk;*

II ⟨bn., attr.⟩ **0.1** ***professioneel*** ⇒*beroeps-, gediplomeerd, gekwalificeerd* **0.2** ⟨inf.⟩ ***echt*** ⇒*waar, onvervalst, volkomen, formeel* **0.3** ⟨AE; inf.⟩ ***geschikt*** ⇒*aardig, tof, leuk* ◆ **1.1** the ~ army *het beroepsleger;* ~ soldiers *beroepssoldaten* **1.2** give s.o. a ~ drubbing *iem. een flink pak ransel geven;* a ~ fight *een formeel gevecht;* a ~ fool *een volslagen idioot;* a ~ lady *op-en-top een dame;* a ~ liar *een gepatenteerde leugenaar;* a ~ nuissance *een echte last-post;* a ~ scoundrel *een doortrapte schurk;* it is a ~ treat to ... *het is een waar genot (om)* ... **1.3** a ~ guy *een patente kerel, een prima vent, een toffe vent.*

reg·u·lar·i·ty ['regjʊ'lærəti‖'regjə'lærət̬i]⟨f2⟩⟨telb. en n.-telb.zn.⟩ **0.1** ***regelmatigheid*** ⇒*regelmaat, geregeldheid, orde, regulariteit, routine* ◆ **2.1** with clock-like ~ *met de regelmaat v.d. klok.*

reg·u·lar·i·za·tion, -sa·tion ['regjʊləraɪ'zeɪʃn‖-gjələrə-]⟨telb. en n.-telb.zn.⟩ **0.1** ***regularisatie*** ⇒*regulering, het legaliseren/normaliseren.*

reg·u·lar·ize, -ise ['regjʊləraɪz‖-gjə-]⟨f1⟩⟨ov.ww.⟩ **0.1** ***regulariseren*** ⇒*reguleren, regelen, legaliseren, in overeenstemming brengen met de voorschriften/regels.*

reg·u·late ['regjʊleɪt‖-gjə-]⟨f2⟩⟨ov.ww.⟩⟨→sprw. 3⟩ **0.1** ***regelen*** ⇒*reglementeren, regulariseren, ordenen, schikken* **0.2** ***(bij)regelen*** ⇒*bijstellen, (opnieuw) afstellen/instellen* ◆ **1.1** ~ one's expenditure *zijn uitgaven onder controle/beperkt houden;* ~ the traffic *het verkeer regelen* **1.2** ~ the pressure of the tyres *de bandspanning regelen* **3.1** a regulating effect *een regulerende/regulatieve werking;* ~d by law *bij de wet geregeld, wettelijk bepaald/voorgeschreven* **3.2** regulating box *stroomregelaar, reostaat;* regulating device *regulatieapparaat;* regulating screw *regelschroef.*

reg·u·la·tion ['regjʊ'leɪʃn‖-gjə-]⟨f3⟩⟨telb. en n.-telb.zn.⟩ **0.1** ***regeling*** ⇒*reglement(ering), (wettelijk) voorschrift, bepaling, verordening, overheidsbesluit* ◆ **1.1** the King's/Queen's Regulations *de krijgswet.*

'regulation 'dress ⟨n.-telb.zn.⟩ **0.1** ***modelkleding.***

'regulation 'size ⟨n.-telb.zn.⟩ **0.1** ***voorgeschreven formaat*** ⇒*officieel/gebruikelijk formaat.*

'regulation 'speed ⟨f1⟩⟨n.-telb.zn.⟩ **0.1** ***voorgeschreven snelheid*** ⇒*maximumsnelheid.*

reg·u·la·tive ['regjʊlətɪv‖'regjəleɪt̬ɪv]⟨bn.; -ly⟩ **0.1** ***regulatief*** ⇒*regelend, regulerend, ordenend.*

reg·u·la·tor ['regjʊleɪtə‖'regjəleɪt̬ər]⟨telb.zn.⟩ **0.1** ***regelaar*** ⇒*regulateur, regelautomaat, regulatiemechanisme; regulateur, kompassleutel* ⟨v. uurwerk⟩; *gouverneur* ⟨v. stoommachine⟩ **0.2** ***regulateur*** ⟨zeer nauwkeurig lopend uurwerk⟩ ⇒*tijdmeter, chronometer* ◆ **1.1** a ~ for a flat hairspring *een regelsleutel voor een vlakke spiraal* ⟨v. uurwerk⟩.

reg·u·la·to·ry ['regjʊlətri‖'regjələtɔri]⟨bn.⟩ **0.1** ***regulatorisch*** ⇒*regulerend, regulatief* **0.2** ***gereguleerd*** ⇒*gereglementeerd, aan (veiligheids)voorschriften onderworpen.*

reg·u·line ['regjʊlaɪn‖-gjə-]⟨bn.⟩⟨schei.⟩ **0.1** ***v./mbt. zuiver metaal.***

reg·u·lo ['regjʊloʊ‖-gjə-]⟨telb. en n.-telb.zn.⟩⟨BE⟩ **0.1** ***(bep.) stand*** ⟨v. knop op gasfornuis⟩ ◆ **6.1** turn the knob on your left **on** ~ six *draai de knop links v. u op (stand) zes.*

reg·u·lus ['regjʊləs‖-gjə-]⟨zn.; ook reguli [-laɪ]; →mv. 5⟩

I ⟨eig.n.; R-⟩⟨ster.⟩ **0.1** ***Regulus;***

II ⟨telb.zn.⟩⟨dierk.⟩ **0.1** ***goudhaantje*** ⟨Regulus cristatus⟩;

III ⟨telb. en n.-telb.zn.⟩⟨schei.⟩ **0.1** ***zuiver metaal*** ⇒*metaalkoning* **0.2** ***(metaal)slak.***

re·gur·gi·tate [rɪ'gɜ:dʒɪteɪt‖-'gɜr-]⟨ww.⟩

I ⟨onov.ww.⟩ **0.1** ***terugstromen*** ⇒*terugvloeien/lopen;*

II ⟨ov.ww.⟩ **0.1** ***uitbraken*** ⇒*opgeven, opwerpen, overgeven, teruggeven* **0.2** ***(onnadenkend) napraten*** ⇒*(slaafs/als een papegaai) herhalen* **0.3** ⟨oneig.⟩ ***slikken*** ⟨alleen fig.⟩.

re·gur·gi·ta·tion [rɪ'gɜ:dʒɪ'teɪʃn‖-'gɜr-]⟨n.-telb.zn.⟩ **0.1** ***het (doen) terugstromen*** ⇒*het uitbraken/opgeven/opwerpen/overgeven/teruggeven, regurgitatie, oprisping.*

re·hab ['ri:hæb]⟨n.-telb.zn.⟩⟨verk.⟩ rehabilitation.

re·ha·bil·i·tate ['ri:(h)ə'bɪlɪteɪt]⟨f1⟩⟨ov.ww.⟩ **0.1** ***rehabiliteren*** ⇒*herstellen* ⟨in ambt, eer enz.⟩ **0.2** ***herstellen*** ⇒*restaureren, renoveren, (weer) opknappen* **0.3** ***rehabiliteren*** ⇒*revalideren, opvangen, weer aanpassen* ◆ **1.1** ~ s.o.'s memory *iemands nagedachtenis in ere herstellen* **1.2** ~ a slum area *een sloppenwijk weer bewoonbaar maken/saneren* **4.1** ~ o.s. in the eyes of s.o. *zich rehabiliteren in de ogen v. iem.* **6.1** ~ s.o. **as** judge *iem. (officieel) in zijn ambt v. rechter herstellen, iem. als rechter rehabiliteren;* ~ s.o. **in** public esteem *iem. zijn goede naam teruggeven, iem. in zijn waardigheid herstellen.*

re·ha·bil·i·ta·tion ['ri:(h)əbɪlɪ'teɪʃn]⟨f2⟩⟨n.-telb.zn.⟩ **0.1** ***rehabilitatie*** ⇒*(eer)herstel* **0.2** ***herstelling*** ⇒*renovatie, sanering, vernieuwing, verbetering* **0.3** ***rehabilitatie*** ⇒*revalidatie, herintegratie, reclassering, heraanpassing(sproces)* ◆ **2.2** economic ~ *economisch herstel;* financial ~ *sanering v.d. financiën.*

rehabili'tation centre, rehabili'tation clinic ⟨telb.zn.⟩ **0.1** ***revalidatiecentrum.***

re·hash¹ ['ri:hæʃ]⟨telb. en n.-telb.zn.⟩ **0.1** ***herwerking*** ⇒*het dunnetjes overdoen;* ⟨fig.⟩ *opgewarmde kost, slap aftreksel* **0.2** ⟨sl.⟩ ***samenvatting*** ◆ **1.1** a ~ of old matter *oude wijn in nieuwe zakken.*

rehash² ['ri:'hæʃ]⟨f1⟩⟨ov.ww.⟩ **0.1** ***herwerken*** ⇒*opnieuw bewerken/gebruiken, weer opdissen, onder andere woorden brengen; opwarmen* ⟨alleen fig.⟩ ◆ **1.1** ~ old arguments *oude argumenten ophalen;* ~ the previous night's party *het feest v.d. vorige avond nog eens dunnetjes overdoen* **3.1** it's all ~ed stuff to us *het is allemaal ouwe kost voor ons.*

re·hear ['ri:'hɪə‖'ri:'hɪr]⟨ov.ww.⟩⟨jur.⟩ →rehearing **0.1** ***opnieuw (aan/ver)horen*** ⇒*opnieuw in overweging nemen/behandelen/onderzoeken.*

re·hear·ing ['ri:'hɪərɪŋ‖'ri:'hɪrɪŋ]⟨telb.zn.; oorspr. gerund v. rehear⟩⟨jur.⟩ **0.1** ***nieuwe behandeling*** ⇒*het voor een tweede maal laten voorkomen* ⟨voor dezelfde rechtbank⟩.

re·hears·al [rɪ'hɜ:sl‖rɪ'hɜrsl]⟨f2⟩⟨zn.⟩

I ⟨telb.zn.⟩ **0.1** ***repetitie*** ⇒*herhaling, oefening, proefoptreden, oefenvoorstelling* **0.2** ⟨schr.⟩ ***verhaal*** ⇒*relaas, verslag* ◆ **2.1** final ~ *generale repetitie* ⟨v. muziekstuk⟩;

II ⟨n.-telb.zn.⟩ **0.1** ***repetitie*** ⇒*het repeteren/herhalen/inoefenen/instuderen* **0.2** ⟨schr.⟩ ***het verhalen*** ⇒*het (uitvoerig) vertellen/beschrijven* ◆ **3.1** put a play into ~ *een toneelstuk in studie nemen* **6.1 after** ~ *na de toneelrepetitie;* be **in** ~ *ingestudeerd worden;* our play is already **in** ~ *we zijn al met de repetities v.h. stuk begonnen.*

re·hearse [rɪ'hɜ:s‖rɪ'hɜrs]⟨f2⟩⟨ww.⟩

I ⟨onov.ww.⟩ **0.1** ***repeteren*** ⇒*oefenen, bezig zijn met repeteren, (een) repetitie houden;*

II ⟨ov.ww.⟩ **0.1** ***herhalen*** ⇒*opnieuw vertellen, reciteren, opzeggen, opsommen* **0.2** ***repeteren*** ⇒*herhalen, oefenen, instuderen* **0.3** ***repeteren met*** ⇒*repetitie houden met, de repetitie leiden v., als repetitor fungeren voor* **0.4** ⟨schr.⟩ ***verhalen*** ⇒*een (uitvoerig) relaas geven v., verslag doen v., (omstandig) beschrijven* ◆ **1.3** she ~s the musicians *ze leidt de muziekrepetities* **6.3** ~ s.o. **for** *iem. voorbereiden op/laten repeteren voor.*

re·heat¹ ['ri:hi:t]⟨zn.⟩

I ⟨telb.zn.⟩ **0.1** ***na(ver)brander*** ⟨in straalmotor⟩;

II ⟨n.-telb.zn.⟩ **0.1** ***naverbranding.***

reheat² ['ri:'hi:t]⟨ov.ww.⟩ **0.1** ***opnieuw verhitten/verwarmen*** ⇒*opwarmen, naverhitten.*

re·ho·bo·am ['ri:ə'boʊəm]⟨telb.zn.; ook R-⟩ **0.1** ***rehabeam*** ⟨wijnfles met inhoud v. 6 'gewone' flessen⟩.

re·house ['ri:'haʊz]⟨f1⟩⟨ov.ww.⟩ **0.1** ***een nieuw onderdak geven*** ⇒*herhuisvesten, een nieuw onderkomen/verblijf bezorgen, verhuizen* ⟨naar betere woonplaats⟩.

Reich [raɪk]⟨n.-telb.zn.; the⟩⟨gesch.⟩ **0.1** ***het Duitse Rijk*** ⇒*Duitsland* ◆ **7.1** the First ~ *het Heilige Roomse Rijk* ⟨926-1806⟩; the Second ~ *het Duitse Rijk* ⟨1871-1918⟩; the Third ~ *het Derde Rijk* ⟨Duitsland, 1933-1945⟩.

Reichs·tag ['raɪkstɑ:g]⟨n.-telb.zn.⟩⟨gesch.⟩ **0.1** ***Duitse Parlement.***

re·i·fi·ca·tion ['ri:ɪfɪ'keɪʃn]⟨n.-telb.zn.⟩⟨vaak pej.⟩ **0.1** ***verstoffelijking*** ⇒*materialisering, concretisering.*

re·i·fy ['ri:ɪfaɪ]⟨ov.ww.; →ww. 7⟩⟨vaak pej.⟩ **0.1** ***verstoffelijken*** ⇒*materialiseren, concretiseren.*

reign¹ [reɪn]⟨f2⟩⟨telb.zn.⟩ **0.1** ***regering*** ⇒*bewind, heerschappij, regeringstijd* **0.2** ⟨schr.; fig.⟩ ***rijk*** ⇒*invloedssfeer* ◆ **1.1** ~ of terror schrikbewind; ⟨gesch.⟩ the Reign of Terror *het Schrikbewind, de (Rode) Terreur* ⟨Frankrijk, 1793-'94⟩ **1.2** the ~ of reason *het rijk v.h. verstand* **6.1 in/under** the ~ **of** Henry *toen Hendrik koning was*.

reign[2] ⟨f2⟩ ⟨onov.ww.⟩ **0.1** ***regeren*** ⇒*heersen* ⟨ook fig.⟩ ◆ **1.1** the ~ing beauty *de heersende schoonheidskoningin;* the ~ing champion *de huidige kampioen;* silence ~s *er heerst stilte* **6.1** ~ **over** a country *een land regeren*.

re·im·burs·a·ble ['ri:ɪm'bɜ:səbl‖-'bɜrs-]⟨bn.⟩ **0.1** ***terugvorderbaar***.

re·im·burse ['ri:ɪm'bɜ:s‖-'bɜrs]⟨f1⟩⟨ov.ww.⟩ **0.1** ***terugbetalen*** ⇒*vergoeden, dekken, schadeloosstellen* ◆ **1.1** ~ s.o. (for) expenses/~ expenses to s.o. *iemands onkosten vergoeden*.

re·im·burse·ment ['ri:ɪm'bɜ:smənt‖-'bɜrs-]⟨telb.zn.⟩ **0.1** ***terugbetaling*** ⇒*vergoeding, schadeloosstelling*.

re·im·port[1] ['ri:'ɪmpɔ:t‖-pɔrt]⟨n.-telb.zn.⟩ **0.1** ***herinvoer*** ⇒*heringevoerde goederen*.

reimport[2] ['ri:ɪm'pɔ:t‖-'pɔrt]⟨ov.ww.⟩ **0.1** ***weer invoeren***.

re·im·por·ta·tion ['ri:ɪmpɔ:'teɪʃn‖-pɔr-]⟨n.-telb.zn.⟩ **0.1** ***herinvoer***.

re·im·pose ['ri:ɪm'poʊz]⟨ov.ww.⟩ **0.1** ***opnieuw invoeren/opleggen***.

re·im·pres·sion ['ri:ɪm'preʃn]⟨telb. en n.-telb.zn.⟩ **0.1** ***herdruk***.

rein[1] [reɪn]⟨f2⟩⟨telb.zn.; vaak mv.⟩ **0.1** ***teugel*** ◆ **3.1** ⟨schr.; fig.⟩ assume the ~s of government *de teugels v.d. regering/v.h. bewind aanvaarden;* draw ~ *stilhouden* ⟨met paard⟩; *stoppen;* ⟨fig.⟩ *vertragen, het opgeven, op uitgaven besnoeien;* draw in the ~(s) *de teugels aanhalen, vertragen, stoppen;* give a horse the ~(s) *een paard de vrije teugel laten;* ⟨fig.⟩ give (free/full) ~ (s)/give the ~s to s.o./sth. *iem. /iets de vrije teugel laten;* ⟨fig.⟩ give loose ~/the ~(s) to one's imagination *zijn verbeelding de vrije teugel laten;* hold/take the ~s *de teugels in handen hebben/nemen* ⟨ook fig.⟩.

rein[2] ⟨f2⟩⟨ov.ww.⟩ **0.1** ***inhouden*** ⟨ook fig.⟩ ⇒*beteugelen, besturen, (ge)leiden, in bedwang houden* **0.2** ***v. teugels voorzien*** ◆ **5.1** ~ **back/in/up** *halt doen houden, stilhouden, (doen) stoppen*.

re·in·car·nate[1] ['ri:ɪn'kɑ:nət‖-'kɑr-]⟨bn.⟩⟨vero.⟩ **0.1** ***gereïncarneerd***.

reincarnate[2] ['ri:ɪn'kɑ:neɪt‖-'kɑr-]⟨ov.ww.⟩ **0.1** ***doen reïncarneren*** ⇒*opnieuw belichamen* ◆ **3.1** be ~d *gereïncarneerd zijn*.

re·in·car·na·tion ['ri:ɪnkɑ:'neɪʃn‖-kɑr-]⟨f1⟩⟨telb. en n.-telb.zn.⟩ **0.1** ***reïncarnatie*** ⇒*wedergeboorte*.

rein·deer ['reɪn,dɪə‖-dɪr]⟨f1⟩⟨telb.zn.; ook reindeer; →mv. 4⟩ ⟨dierk.⟩ **0.1** ***rendier*** ⟨Rangifer tarandus⟩.

'reindeer moss ⟨n.-telb.zn.⟩⟨plantk.⟩ **0.1** ***rendiermos*** ⟨Cladonia rangiferina⟩.

re·in·force[1] ['ri:ɪn'fɔ:s‖-'fɔrs]⟨telb.zn.⟩⟨tech.⟩ **0.1** ***versterking*** ⇒*versterkingsband/stuk*.

reinforce[2], ⟨AE sp. ook⟩ **re-enforce** ['ri:ɪn'fɔ:s‖-'fɔrs]⟨f3⟩⟨ov.ww.⟩ **0.1** ***versterken*** ⇒*aanvullen, vermeerderen* **0.2** ⟨psych.⟩ ***bekrachtigen*** ⇒*belonen, aanmoedigen* ◆ **1.1** ~d concrete *gewapend beton*.

re·in·force·ment ['ri:ɪn'fɔ:smənt‖-'fɔrs-]⟨f2⟩⟨telb. en n.-telb.zn.⟩ **0.1** ***versterking*** ⇒*aanvulling, vermeerdering;* ⟨mv.⟩⟨mil.⟩ *versterkingen* **0.2** ⟨psych.⟩ ***reinforcement*** ⟨bekrachtiger/bekrachtiging bij conditionering⟩.

rein'forcement therapy ⟨telb. en n.-telb.zn.⟩⟨psych.⟩ **0.1** ***operante conditionering***.

re·in·forc·er ['ri:ɪn'fɔ:sə‖-'fɔrsər-]⟨telb.zn.⟩⟨psych.⟩ **0.1** ***reinforcer*** ⟨bekrachtiger/bekrachtiging bij conditionering⟩.

reins [reɪnz]⟨mv.⟩⟨vero.⟩ **0.1** ***nieren*** ⟨vnl. bijb., ook als zetel v. gevoelens⟩ **0.2** ***lendenen***.

re·in·state ['ri:ɪn'steɪt]⟨f1⟩⟨ov.ww.⟩ **0.1** ***herstellen*** ⟨in vroegere toestand/ambt/waardigheid/privileges⟩ ⇒*genezen*.

re·in·state·ment ['ri:ɪn'steɪtmənt]⟨telb. en n.-telb.zn.⟩ **0.1** ***herstel*** ⇒*herstelling*.

re·in·sur·ance ['ri:ɪn'ʃʊərəns‖-'ʃʊr-]⟨n.-telb.zn.⟩ **0.1** ***herverzekering***.

re·in·sure ['ri:ɪn'ʃʊə‖-'ʃʊr]⟨ov.ww.⟩ **0.1** ***herverzekeren***.

re·in·sur·er ['ri:ɪn'ʃʊərə‖-'ʃʊrər]⟨telb.zn.⟩ **0.1** ***herverzekeraar***.

re·in·te·grate ['ri:'ɪntɪgreɪt]⟨f1⟩⟨ww.⟩
I ⟨onov.ww.⟩ **0.1** ***zich reïntegreren*** ⇒*zich herintegreren, geherintegreerd worden, opnieuw aanvaard/opgenomen worden;*
II ⟨ov.ww.⟩ **0.1** ***reïntegreren*** ⇒*herintegreren, opnieuw integreren/aanvaarden/opnemen* **0.2** ***opnieuw (tot een geheel) verenigen*** ⇒*herenigen; herstellen* ◆ **1.2** ~ separated families *gescheiden families herenigen* **6.1** ~ s.o. **into** society *iem. in de maatschappij reïntegreren*.

re·in·ter·pret ['ri:ɪn'tɜ:prɪt‖-ɜr-]⟨f1⟩⟨ov.ww.⟩ **0.1** ***herinterpreteren*** ⇒*opnieuw (anders) interpreteren/vertolken* **0.2** ***opnieuw verklaren*** ⇒*opnieuw (anders) uitleggen* **0.3** ***hervertalen*** ⇒*opnieuw vertolken* ⟨mbt. tolk⟩.

re·in·vest ['ri:ɪn'vest]⟨ov.ww.⟩ **0.1** ***herinvesteren*** **0.2** ***opnieuw installeren*** ◆ **6.2** ~ s.o. **in** office *iem. in zijn ambt herstellen* **6.¶** ~ s.o. **with** a privilege *aan iem. opnieuw een privilege toekennen*.

re·in·vest·ment ['ri:ɪn'ves(t)mənt]⟨telb. en n.-telb.zn.⟩ **0.1** ***herinvestering***.

reis [reɪs]⟨mv.⟩ **0.1** ***reis*** ⟨oude munt in Portugal en Brazilië⟩.

re·is·sue[1] ['ri:'ɪʃu:]⟨telb.zn.⟩ **0.1** ***heruitgave*** ⇒*nieuwe uitgave/uitgifte* ⟨v. boeken/postzegels⟩.

reissue[2] ⟨f1⟩⟨ov.ww.⟩ **0.1** ***heruitgeven*** ⇒*opnieuw uitgeven/in omloop brengen* ◆ **6.¶** ~ s.o. **with** sth. *iem. opnieuw voorzien v. iets, iem. iets terugbezorgen*.

re·it·er·ate [ri:'ɪtəreɪt]⟨f2⟩⟨ov.ww.⟩ **0.1** ***herhalen***.

re·it·er·a·tion [ri:ɪtə'reɪʃn]⟨f1⟩⟨telb. en n.-telb.zn.⟩ **0.1** ***herhaling***.

re·it·er·a·tive [ri:'ɪtrətɪv‖-'ɪtəreɪtɪv]⟨bn.; -ly⟩ **0.1** ***herhalend*** ⇒*herhaald*.

reive →reave.

re·jas·ing ['ri:'dʒeɪsɪŋ]⟨n.-telb.zn.⟩⟨AE; sl.⟩ **0.1** ***het nuttig gebruiken v. afval en afgedankt materiaal***.

re·ject[1] ['ri:dʒekt]⟨f1⟩⟨telb.zn.⟩ **0.1** ⟨ben. voor⟩ ***afgekeurd persoon/voorwerp*** ⇒*afgekeurde* ⟨voor militaire dienst⟩; *mislukt/slecht stuk, uitschot*.

reject[2] [rɪ'dʒekt]⟨f3⟩⟨ov.ww.⟩ **0.1** ***verwerpen*** ⇒*afkeuren, afwijzen, v. de hand wijzen, weigeren, wegwerpen* **0.2** ***uitwerpen*** ⇒*uitspuwen, uitbraken* **0.3** ⟨med.⟩ ***afstoten*** ⟨orgaan bij transplantatie⟩.

re·ject·able [rɪ'dʒektəbl]⟨bn.⟩ **0.1** ***verwerpelijk***.

re·jec·ta·men·ta [rɪ'dʒektə'mentə]⟨mv.⟩ **0.1** ***afval*** ⇒*uitschot* **0.2** ***uitwerpselen*** **0.3** ***strandgoed***.

re·ject·ant [rɪ'dʒektənt]⟨telb.zn.⟩ **0.1** ***insektenwerend middel***.

re·ject·er, re·ject·or [rɪ'dʒektə‖-ər]⟨telb.zn.⟩ **0.1** ***iem. die verwerpt/afkeurt***.

re·jec·tion [rɪ'dʒekʃn]⟨f2⟩⟨telb. en n.-telb.zn.⟩ **0.1** ***verwerping*** ⇒*afkeuring, afwijzing* **0.2** ***uitwerping*** **0.3** ⟨med.⟩ ***afstoting*** ⟨v. orgaan bij transplantatie⟩.

re·jec·tion·ist [rɪ'dʒekʃənɪst]⟨telb.zn.; ook attr.⟩⟨pol.⟩ **0.1** ***verwerper (v. onderhandelingen)***.

re'jection slip ⟨telb.zn.⟩⟨boek.⟩ **0.1** ***bedankbriefje*** ⟨voorgedrukt briefje v. uitgever bij geweigerd manuscript⟩.

re·jec·tive [rɪ'dʒektɪv]⟨bn.⟩ **0.1** ***verwerpend*** ⇒*afkeurend* ◆ **1.¶** ~ art *minimal art*.

re·jec·tiv·ist [rɪ'dʒektɪvɪst]⟨telb.zn.⟩ **0.1** ***beoefenaar v.d. minimal art***.

'reject shop ⟨telb.zn.⟩ **0.1** ***winkel met tweede-keus artikelen***.

re·jig ['ri:'dʒɪg]⟨ov.ww.⟩ **0.1** ***opnieuw uitrusten*** ⟨fabriek⟩ **0.2** ***aanpassen*** ⇒*reorganiseren, herschikken*.

re·joice [rɪ'dʒɔɪs]⟨f2⟩⟨ww.⟩ →rejoicing
I ⟨onov.ww.⟩ **0.1** ***zich verheugen*** ◆ **3.1** I ~ to hear *het verheugt me te vernemen* **6.1** ~ **at/over** sth. *zich over iets verheugen* **6.¶** ⟨scherts.⟩ ~ **in** the name of Puck *met de naam Puck door het leven gaan;*
II ⟨ov.ww.⟩ **0.1** ***verheugen*** ⇒*verblijden* ◆ **1.1** ~ s.o.'s heart/the heart of s.o. *iemands hart verblijden* **6.1** ⟨schr.⟩ ~ **at/over** sth. *zich over iets verheugen;* be ~d **at/by** sth. *zich over iets verheugen*.

re·joic·ing [rɪ'dʒɔɪsɪŋ]⟨zn.; oorspr. gerund v. rejoice⟩⟨schr.⟩
I ⟨n.-telb.zn.⟩ **0.1** ***vreugde*** ⇒*feestviering;*
II ⟨mv.; ~s⟩ **0.1** ***feestelijkheden*** ⇒*vreugde, vreugdebetoon*.

re·join[1] [rɪ'dʒɔɪn]⟨f2⟩⟨ww.⟩
I ⟨onov.ww.⟩⟨jur.⟩ **0.1** ***dupliceren*** ⇒*dupliek geven;*
II ⟨ov.ww.⟩ **0.1** ***antwoorden*** **0.2** ⟨vnl. BE⟩ ***zich weer vervoegen bij*** ⇒*weer dienst nemen in* ⟨leger⟩.

re·join[2] ['ri:'dʒɔɪn]⟨ww.⟩
I ⟨onov.ww.⟩ **0.1** ***zich weer verenigen*** **0.2** ***weer lid worden;***
II ⟨ov.ww.⟩ **0.1** ***weer verenigen*** **0.2** ***weer lid worden van***.

re·join·der [rɪ'dʒɔɪndə‖-ər]⟨f1⟩⟨telb.zn.⟩ **0.1** ***repliek*** ⇒*(vinnig) antwoord* **0.2** ⟨jur.⟩ ***dupliek***.

re·ju·ve·nate [rɪ'dʒu:vəneɪt]⟨f1⟩⟨ww.⟩
I ⟨onov. en ov.ww.⟩ **0.1** ***verjongen*** ⇒*jonger maken/worden, (zich) verjongen* ⟨ook geol., mbt. reliëf⟩;
II ⟨ov.ww.⟩ **0.1** ***opknappen*** ⟨oude meubelen⟩.

re·ju·ve·na·tion [rɪ'dʒu:və'neɪʃn]⟨telb. en n.-telb.zn.⟩ **0.1** ***verjonging***.

re·ju·ve·na·tor [rɪ'dʒu:vəneɪtə‖-neɪtər]⟨telb.zn.⟩ **0.1** ***verjongingsmiddel***.

re·ju·ve·nesce [rɪ'dʒu:və'nes]⟨onov. en ov.ww.⟩ **0.1** ***verjongen*** ⇒*jonger maken/worden, (zich) verjongen* ⟨ook biol., mbt. cellen⟩.

re·ju·ve·nes·cence [rɪ'dʒu:və'nesns]⟨n.-telb.zn.⟩ **0.1** ***verjonging*** ⟨ook biol., mbt. cellen⟩.

re·ju·ve·nes·cent [rɪ'dʒu:və'nesnt]⟨bn.⟩ **0.1** ***(zich) verjongend*** ⟨ook biol., mbt. cellen⟩.

re·ju·ve·nize, -nise [rɪ'dʒu:vənaɪz]⟨ov.ww.⟩ **0.1** ***verjongen***.

re·kindle ['ri:'kɪndl]⟨onov. en ov.ww.⟩ **0.1** ***opnieuw ontsteken*** ⇒*opnieuw (doen) ontbranden/aanwakkeren/vlam vatten/opvlammen*.

-rel [rəl]⟨vormt verkleinwoorden; ook pej.⟩ **0.1** ⟨ong.⟩ ***-tje*** ◆ **¶.1** cockerel *haantje;* scoundrel *schurk.*

re·lapse[1] [rɪˈlæps, ˈriːlæps]⟨f1⟩⟨telb.zn.⟩ **0.1** ***instorting*** ⇒*nieuwe instorting, recidive; terugval* ⟨tot kwaad⟩ ◆ **3.1** have a ~ *weer instorten.*

relapse[2] [rɪˈlæps]⟨f1⟩⟨onov.ww.⟩ **0.1** ***terugvallen*** ⇒*weer vervallen* ⟨tot kwaad⟩; *(weer) instorten* ◆ **1.1** ⟨med.⟩ relapsing fever *infectieziekte met recidieve koorts* **6.1** ~ **into** poverty *weer tot armoede vervallen.*

re·late [rɪˈleɪt]⟨f3⟩⟨ww.⟩ →related

I ⟨onov.ww.⟩ **0.1** ***in verband staan*** ⇒*betrekking hebben, verband houden* **0.2** ***(kunnen) opschieten*** ◆ **6.1** he's only interested in what ~s **to** himself *hij heeft alleen interesse voor wat hem zelf aangaat* **6.2** he doesn't relate well **to** his father *hij kan niet goed opschieten met zijn vader;*

II ⟨ov.ww.⟩⟨schr.⟩ **0.1** ***verhalen*** ⇒*berichten, vertellen* **0.2** ***(met elkaar) in verband brengen*** ⇒*relateren, een verband zien/leggen tussen* ◆ **1.2** ~ poverty and crime *een verband zien tussen armoede en misdaad* **2.1** strange to ~ ... *hoe onwaarschijnlijk het ook moge klinken, maar ...* **6.2** ~ sth. **to/with** sth. else *iets met iets anders in verband brengen.*

re·lat·ed [rɪˈleɪt̬ɪd]⟨f3⟩⟨bn.; oorspr. volt. deelw. v. relate; -ness⟩ **0.1** ***verwant*** ⇒*samenhangend, verbonden* ◆ **6.1** I'm ~ **to** her by marriage *zij is aangetrouwde familie van me.*

re·lat·er, re·lat·or [rɪˈleɪtə‖-ˈleɪt̬ər]⟨telb.zn.⟩ **0.1** ***verteller.***

re·la·tion [rɪˈleɪʃn]⟨f3⟩⟨zn.⟩

I ⟨telb.zn.⟩ **0.1** ***bloedverwant*** ⇒*familielid;*

II ⟨telb. en n.-telb.zn.⟩ **0.1** ***betrekking*** ⇒*relatie, verhouding, verband* **0.2** ***bloedverwantschap*** ⇒*verwantschap* ⟨ook fig.⟩ **0.3** ⟨schr.⟩ ***verhaal*** ⇒*relaas, vertelling* **0.4** ⟨jur.⟩ ***het aanbrengen*** ⇒*verklaring* ◆ **3.1** bear little ~ to *(slechts) weinig betrekking hebben op;* bear no ~ to *geen verband houden met; geen betrekking hebben op* **6.1** **in/with** ~ **to** *met betrekking tot, in verhouding tot;* have ~ **to** *betrekking hebben op;* have business ~s **with** s.o. *handelsbetrekkingen onderhouden met iem.;* have friendly ~s **with** s.o. *met iem. vriendschappelijke betrekkingen onderhouden;* have (sexual) ~s **with** s.o. *geslachtelijke omgang met iem. hebben.*

re·la·tion·al [rɪˈleɪʃnəl]⟨bn.⟩ **0.1** ***een betrekking uitdrukkend*** ⟨ook taalk.⟩ **0.2** ***verwantschaps-*** ⇒*verwant.*

re·la·tion·ship [rɪˈleɪʃnʃɪp]⟨f3⟩⟨telb. en n.-telb.zn.⟩ **0.1** ***betrekking*** ⇒*verhouding* **0.2** ***bloedverwantschap*** ⇒*verwantschap* ⟨ook fig.⟩.

rel·a·tive[1] [ˈrelət̬ɪv]⟨f3⟩⟨telb.zn.⟩ **0.1** ***familielid*** ⇒*(bloed)verwant (e)* **0.2** ⟨taalk.⟩ ***betrekkelijk voornaamwoord.***

relative[2] ⟨f3⟩⟨bn.; -ly⟩ **0.1** ***betrekkelijk*** ⇒*relatief, betrekkings-* ⟨ook taalk.⟩ **0.2** ***toepasselijk*** ⇒*relevant, pertinent* **0.3** ***respectief*** ◆ **1.1** ~ adverb *onderschikkend voegwoord* ⟨where, when enz.⟩; ~ clause *betrekkelijke/relatieve bijzin;* ~ humidity *relatieve vochtigheid;* ⟨muz.⟩ ~ pitch *relatieve toonhoogte;* ~ pronoun *betrekkelijk/relatief voornaamwoord.*

ˈrelative work ⟨n.-telb.zn.⟩⟨parachutespringen⟩ **0.1** ***(het) relatiefspringen*** ⟨groepssprong v. vrijevallers⟩.

rel·a·tiv·ism [ˈrelət̬ɪvɪzm]⟨n.-telb.zn.⟩⟨fil.⟩ **0.1** ***relativisme.***

rel·a·tiv·ist [ˈrelət̬ɪvɪst]⟨telb.zn.⟩⟨fil.⟩ **0.1** ***relativist.***

rel·a·tiv·is·tic [ˈrelət̬ɪˈvɪstɪk]⟨bn.⟩⟨nat.⟩ **0.1** ***relativistisch.***

rel·a·tiv·i·ty [ˈreləˈtɪvət̬i]⟨f2⟩⟨n.-telb.zn.⟩ **0.1** ***betrekkelijkheid*** ⇒*relativiteit* **0.2** ⟨nat.⟩ ***relativiteit*** ⇒*relativiteitstheorie* ◆ **2.2** general (theory of) ~ *algemene relativiteit(stheorie);* special (theory of) ~ *speciale/beperkte relativiteit(stheorie).*

rel·a·tiv·iza·tion, -isa·tion [ˈrelətɪvaɪˈzeɪʃn‖ˈrelət̬ɪvə-]⟨telb. en n.-telb.zn.⟩ **0.1** ***relativering.***

rel·a·tiv·ize, -ise [ˈrelət̬ɪvaɪz]⟨ov.ww.⟩ **0.1** ***relativeren.***

re·la·tor [rɪˈleɪtə‖-ˈleɪt̬ər]⟨telb.zn.⟩ **0.1** ***verteller*** **0.2** ⟨jur.⟩ ***aanbrenger.***

re·lax [rɪˈlæks]⟨f3⟩⟨ww.⟩ →relaxed, relaxing

I ⟨onov.ww.⟩ **0.1** ***verslappen*** ⇒*verflauwen, verminderen, afnemen, verzachten;* ⟨fig.⟩ *ontdooien* **0.2** ***zich ontspannen*** ⇒*rusten, zich verpozen, relaxen* ◆ **6.1** you must not ~ **in** your efforts *je moet het blijven proberen;*

II ⟨ov.ww.⟩ **0.1** ***ontspannen*** ⇒*verslappen, verzwakken, verzachten, verminderen* ◆ **1.1** you must not ~ your attention *je moet je aandacht niet laten verslappen;* ~ the bowels *laxeren, purgeren;* ~ing climate *zacht klimaat;* ~ discipline *minder streng optreden;* ~ one's efforts *zich minder inspannen;* ~ one's grasp/grip/hold on sth. *zijn greep op iets losser maken;* ~ the rules *het reglement versoepelen.*

re·lax·ant[1] [rɪˈlæksnt]⟨telb.zn.⟩ **0.1** ***relaxans*** ⇒*ontspannend middel* **0.2** ***laxeermiddel*** ⇒*purgeermiddel.*

relaxant[2] ⟨bn.⟩ **0.1** ***ontspannend*** ⇒*ontspanning gevend.*

re·lax·a·tion [ˈriːlækˈseɪʃn]⟨f2⟩⟨zn.⟩

I ⟨telb.zn.⟩ **0.1** ***ontspanningsvorm*** ⇒*ontspanning, vermaak, verpozing, verstrooiing;*

II ⟨n.-telb.zn.⟩ **0.1** ***gedeeltelijke kwijtschelding/verlichting*** ⟨v. straf, plicht enz.⟩ **0.2** ***ontspanning*** ⇒*verslapping, verzachting, verzwakking, vermindering* **0.3** ⟨nat.⟩ ***relaxatie.***

re·laxed [rɪˈlækst]⟨f2⟩⟨bn.; oorspr. volt. deelw. v. relax⟩ **0.1** ***ontspannen*** ⇒*onverstoord, ongedwongen* ◆ **1.¶** ~ throat *keelpijn.*

re·lax·ing [rɪˈlæksɪŋ]⟨f2⟩⟨bn.; teg. deelw. v. relax⟩ **0.1** ***rustgevend*** ⇒*ontspannend, relaxerend* ◆ **1.1** a ~ climate *een ontspannend klimaat.*

re·lay[1] [ˈriːleɪ]⟨f2⟩⟨telb.zn.⟩ **0.1** ***aflossing*** ⇒*verse paarden/jachthonden; nieuwe ploeg, aflossingsploeg; verse voorraad/aanvoer* **0.2** ***relais*** ⇒*pleisterplaats, poststation* **0.3** ***estafettewedstrijd*** ⇒*ronde/onderdeel v. estafette* **0.4** ⟨elek.⟩ ***relais*** **0.5** ⟨telecommunicatie⟩ ***relais*** ⇒*heruitzending, relayering* ◆ **6.1** work **in/by** ~(s) *in ploegen werken* **7.3** 1600 ~ *4 x 400 estafette.*

relay[2] [ˈriːleɪ]⟨f2⟩⟨ov.ww.⟩ **0.1** ***aflossen*** ⇒*voorzien v. verse paarden/verse jachthonden/vers materiaal* **0.2** ⟨telecommunicatie⟩ ***relayeren*** ⇒*heruitzenden; doorgeven* ⟨informatie⟩.

re-lay [ˈriːˈlei]⟨ov.ww.⟩ **0.1** ***opnieuw leggen.***

ˈrelay event ⟨telb.zn.⟩⟨i.h.b. atletiek⟩ **0.1** ***estafettenummer.***

ˈrelay race ⟨telb.zn.⟩ **0.1** ***estafettewedstrijd.***

ˈrelay station ⟨telb.zn.⟩⟨telecommunicatie⟩ **0.1** ***relaisstation*** ⇒*relais/steunzender.*

re·lease[1] [rɪˈliːs]⟨f3⟩⟨zn.⟩

I ⟨telb.zn.⟩ **0.1** ***nieuwe film/grammofoonplaat*** ⇒*release* **0.2** ***communiqué*** ⇒*publikatie, artikel/dokument voor publikatie* **0.3** ⟨foto.; tech.⟩ ***ontspanner*** **0.4** ⟨tech.⟩ ***het afvallen*** ⟨relais⟩ ⇒*ontsnapping* ⟨anker⟩; *uitstroming* ⟨stoom⟩;

II ⟨telb. en n.-telb.zn.⟩ **0.1** ***vrijlating*** ⇒*vrijlatingsbrief/bericht* **0.2** ⟨jur.⟩ ***afstand*** ⟨v. recht⟩ ⇒*overdracht* ⟨v. eigendom⟩;

III ⟨n.-telb.zn.⟩ **0.1** ***bevrijding*** ⇒*loslating, vrijlating, vrijgeving, verlossing* **0.2** ***ontslag*** ⇒*vrijstelling, ontheffing* ⟨v. verplichting⟩; *kwijting, decharge* **0.3** ***het uitbrengen*** ⟨v. nieuwe film/grammofoonplaat⟩ **0.4** ⟨psych.⟩ ***opwekking*** ⇒*deblokkering* ◆ **6.3** **on** general ~ *in alle bioscopen (te zien)* ⟨film⟩.

release[2] ⟨f3⟩⟨ov.ww.⟩ **0.1** ***bevrijden*** ⇒*vrijlaten, loslaten, op vrije voeten stellen, vrijgeven, verlossen* **0.2** ***ontslaan*** ⇒*vrijstellen, ontheffen* ⟨v. verplichting⟩ **0.3** ***uitbrengen*** ⇒*voor het eerst vertonen* ⟨film⟩, *in de handel brengen* ⟨grammofoonplaat⟩ **0.4** ⟨jur.⟩ ***kwijtschelden*** ⟨schuld⟩ ⇒*afstaan* ⟨recht⟩, *overdragen* ⟨eigendom⟩ **0.5** ⟨psych.⟩ ***opwekken*** ⇒*deblokkeren* ◆ **1.1** ~ the handbrake *'m van de handrem doen/zetten;* ⟨AE⟩ ~d time *deel v.d. schooltijd vrijgemaakt voor godsdienstles;* ⟨ong.⟩ *kredieturen, vergader/studie/* ⟨enz.⟩ *verlof* **3.¶** he was about ~d *hij zou net klaarkomen* **6.1** ~ s.o. **from** jail *iem. uit de gevangenis ontslaan* **6.2** ~ s.o. **from** an obligation *iem. v.e. verplichting ontslaan.*

re·leas·ee [rɪˈliːˈsiː]⟨telb.zn.⟩⟨jur.⟩ **0.1** ***cessionaris*** ⇒*iem. aan wie iets wordt overgedragen/afgestaan.*

re·leas·er [rɪˈliːsə‖-sər]⟨telb.zn.⟩⟨psych.⟩ **0.1** ***releaser*** ⇒*deblokkerende prikkel.*

re·leas·or [rɪˈliːsə‖-ər]⟨telb.zn.⟩⟨jur.⟩ **0.1** ***boedelverzaker*** ⇒*iem. die afstand doet.*

rel·e·gate [ˈrelɪgeɪt]⟨f1⟩⟨ov.ww.⟩ **0.1** ***deporteren*** ⇒*verbannen, bannen* **0.2** ***verwijzen*** ⇒*refereren* **0.3** ***overplaatsen*** ⇒*terugzetten* **0.4** ***overdragen*** ⇒*overlaten, delegeren* **0.5** ⟨vnl. pass.⟩⟨sport; ook fig.⟩ ***degraderen*** ◆ **6.2** ~ details **to** the footnotes *details naar de voetnoten verwijzen* **6.4** ~ the decision **to** s.o. else *de beslissing aan iem. anders overlaten* **6.5** he ~d his young colleague **to** the position of an assistant *hij degradeerde zijn jonge collega tot assistent;* the team was ~d **to** the second division *de club degradeerde naar de tweede divisie.*

rel·e·ga·tion [ˈrelɪˈgeɪʃn]⟨n.-telb.zn.⟩ **0.1** ***relegatie*** ⇒*deportatie, verbanning* **0.2** ***verwijzing*** ⇒*renvooi* **0.3** ***overplaatsing*** ⇒*terugzetting* **0.4** ***overdracht*** ⇒*het overlaten, delegatie* **0.5** ⟨sport⟩ ***degradatie.***

releˈgation candidate ⟨telb.zn.⟩⟨sport⟩ **0.1** ***degradatiekandidaat.***

re·lent [rɪˈlent]⟨f1⟩⟨onov.ww.⟩ **0.1** ***minder streng worden*** ⇒*toegeven, zich laten vermurwen;* ⟨fig.⟩ *afnemen, bedaren.*

re·lent·less [rɪˈlentləs]⟨f2⟩⟨bn.; -ly, -ness⟩ **0.1** ***meedogenloos*** ⇒*zonder medelijden* **0.2** ***gestaag*** ⇒*aanhoudend, niet aflatend.*

re·let [ˈriːˈlet]⟨ov.ww.⟩ **0.1** ***opnieuw verhuren.***

rel·e·vance [ˈrelɪvəns], **rel·e·van·cy** [-si]⟨f2⟩⟨n.-telb.zn.⟩ **0.1** ***relevantie*** ⇒*zin, betekenis, belang* **0.2** ***relevantie*** ⇒*betrekking, toepasselijkheid.*

rel·e·vant [ˈrelɪvənt]⟨f3⟩⟨bn.; -ly⟩ **0.1** ***relevant*** ⇒*zin/betekenisvol, gewichtig, essentieel* **0.2** ***relevant*** ⇒*toepasselijk, ter zake doend/dienend, desbetreffend* **0.3** ⟨taalk.⟩ ***relevant*** ⇒*distinctief* ◆ **1.2** the ~ literature *de desbetreffende literatuur* **6.2** be ~ **to** *v. belang zijn voor, betrekking hebben op.*

re·li·a·bil·i·ty [rɪˈlaɪəˈbɪlət̬i]⟨f1⟩⟨n.-telb.zn.⟩ **0.1** ***betrouwbaarheid.***

reliaˈbility test ⟨telb.zn.⟩ **0.1** ***betrouwbaarheidsproef.***

re·li·a·ble [rɪ'laɪəbl]⟨f3⟩⟨bn.; -ly; -ness; →bijw. 3⟩ **0.1** ***betrouwbaar*** ◆ **1.1** ~ authority *betrouwbare bron;* a ~ witness *een geloofwaardige getuige.*

re·li·ance [rɪ'laɪəns]⟨f2⟩⟨n.-telb.zn.⟩ **0.1** ***vertrouwen*** **0.2** ***op wie/waarop men zich verlaat/bouwt/rekent*** ⇒*steunpilaar, stut* ⟨fig.⟩ ◆ **6.1** have/feel/place ~ **in/(up)on** s.o./sth. *vertrouwen hebben/stellen in iem./iets.*

re·li·ant [rɪ'laɪənt]⟨f1⟩⟨bn., pred.; -ly⟩ **0.1** ***vertrouwend*** ◆ **6.1** be ~ **on** s.o./sth. *vertrouwen stellen in iem./iets.*

rel·ic ['relɪk], ⟨vero.⟩ **rel·ique** ['relɪk, rɪ'li:k]⟨f2⟩⟨zn.⟩

I ⟨telb.zn.⟩ **0.1** ***relikwie*** **0.2** ***overblijfsel*** ⇒*souvenir, aandenken;*

II ⟨mv.; relics⟩⟨schr.⟩ **0.1** ***stoffelijk overschot*** ⇒*gebeente.*

rel·ict ['relɪkt]⟨telb.zn.⟩ **0.1** ⟨biol.; geol.; plantk.⟩ ***relict*** **0.2** ⟨vero.⟩ ***weduwe.***

re·lief [rɪ'li:f]⟨f3⟩⟨zn.⟩

I ⟨telb.zn.⟩ **0.1** ***aflosser*** ⇒*aflossingsploeg* **0.2** ***extra bus/vliegtuig/trein*** ⇒*voortrein, volgtrein;*

II ⟨telb. en n.-telb.zn.⟩ **0.1** ***reliëf*** ⇒*verhevenheid;* ⟨fig.⟩ *levendigheid, contrast, het naar voren brengen/treden* **0.2** ***verlichting*** ⇒*opluchting, ontlasting, verademing* ◆ **1.2** a sigh of ~ *een zucht v. verlichting* **2.1** high ~ *haut-reliëf;* low ~ *bas-reliëf* **2.2** it was a great ~ *het was een pak v. mijn hart* **3.1** be/stand out in (bold/sharp) ~ against *zich (scherp) aftekenen tegen* ⟨ook fig.⟩; bring into ~ *doen contrasteren/uitkomen;* throw into ~ *scherp doen aftekenen, helder doen uitkomen* ⟨ook fig.⟩ **6.2** (much) **to** my ~, **to** my (great) ~ *tot mijn (grote) opluchting;*

III ⟨n.-telb.zn.⟩ **0.1** ***afwisseling*** ⇒*onderbreking, opvrolijking* **0.2** ***ondersteuning*** ⇒*steun, uitkering, hulp, troost;* ⟨BE; gesch.⟩ *onderstand* **0.3** ***aflossing*** **0.4** ***ontzet*** ⇒*bevrijding* ⟨v. belegerde stad⟩ **0.5** ⟨jur.⟩ ***redres*** ⇒*herstel* ⟨v. grieven⟩ ◆ **1.4** the ~ of the city *het ontzet v.d. stad* **2.2** ⟨BE⟩ indoor ~ *onderstand in het arm(en)huis;* outdoor ~ *ondersteuning buiten het arm(en)huis* **3.1** provide a little light ~ *voor wat afwisseling zorgen* **3.2** send ~ *hulp zenden* **6.2** ⟨AE⟩ be **on** ~ *onderstand genieten;*

IV ⟨verz.n.⟩⟨mil.⟩ **0.1** ***versterking.***

re'lief agency ⟨telb.zn.⟩ **0.1** ***hulporganisatie*** ⇒*hulpverlenende instantie.*

re'lief bus ⟨telb.zn.⟩ **0.1** ***extra bus.***

re'lief force ⟨telb.zn.⟩ **0.1** ***ontzettingsleger.***

re'lief fund ⟨telb.zn.⟩ **0.1** ***ondersteunings/hulpfonds.***

re'lief map ⟨f1⟩⟨telb.zn.⟩ **0.1** ***reliëfkaart.***

re'lief pilot ⟨telb.zn.⟩ **0.1** ***tweede piloot.***

re'lief pitcher ⟨telb.zn.⟩⟨honkbal⟩ **0.1** ***vervangende werper.***

re'lief printing ⟨n.-telb.zn.⟩ **0.1** ***reliëfdruk*** ⇒*hoogdruk.*

re'lief road ⟨telb.zn.⟩ **0.1** ***rondweg*** ⇒*omlegging.*

re'lief train ⟨telb.zn.⟩ **0.1** ***extra trein*** ⇒*voortrein, volgtrein.*

re'lief valve ⟨telb.zn.⟩ **0.1** ***ontlastklep*** ⇒*afblaasklep.*

re'lief worker ⟨telb.zn.⟩ **0.1** ***hulpverlener/verleenster.***

re'lief works ⟨mv.⟩ **0.1** ***publieke werken*** ⟨als werkverschaffing⟩.

re·liev·a·ble [rɪ'li:vəbl]⟨bn.⟩ **0.1** ***te verlichten*** ⇒*te lenigen* **0.2** ***te verhelpen.***

re·lieve [rɪ'li:v]⟨f3⟩⟨ov.ww.⟩ →relieved **0.1** ***verlichten*** ⇒*opluchten, ontlasten, verkwikken, lenigen, verzachten* **0.2** ***afwisselen*** ⇒*afwisseling brengen, opvrolijken, onderbreken, afwisseling/reliëf geven aan, doen uitkomen* **0.3** ***ondersteunen*** ⇒*steunen, helpen, troosten, vertroosten, opbeuren, bemoedigen* **0.4** ***aflossen*** ⇒*vervangen, waarnemen* **0.5** ⟨mil.⟩ ***ontzetten*** ⇒*bevrijden, te hulp komen* ◆ **1.1** ~ one's feelings *zijn hart luchten;* that ~s my mind *dat is me een pak v.h. hart;* it will ~ your mind *het zal je opluchten;* ⟨schr.; euf.⟩ ~ nature *zijn behoefte doen* **1.4** ~ the guard *de wacht aflossen* **4.1** ⟨schr.; euf.⟩ ~ o.s. *zijn behoefte doen* **6.2** a white dress ~d **with** black lace *een witte jurk met zwarte kant afgezet* **6.¶** →relieve **of**.

re·lieved [rɪ'li:vd]⟨f3⟩⟨bn.; volt. deelw. v. relieve; -ly⟩ **0.1** ***opgelucht.***

re'lieve of ⟨ov.ww.⟩ **0.1** ***ontlasten v.*** ⇒*afhelpen v.* **0.2** ⟨schr.; scherts.⟩ ***afhandig maken*** ⇒*ontstelen* **0.3** ⟨vaak pass.⟩⟨euf.⟩ ***ontslaan uit*** ⇒*ontheffen v.* ◆ **1.2** s.o. relieved me of my purse *er is iem. met mijn portemonnee vandoor.*

re·liev·er [rɪ'li:və‖-ər]⟨telb.zn.⟩ **0.1** ***verlichter*** ⇒*leniger* **0.2** ***helper*** ⇒*trooster* **0.3** ***aflosser*** ⇒*vervanger* **0.4** ***bevrijder*** ⇒*ontzetter.*

re'liev·ing arch ⟨telb.zn.⟩⟨bouwk.⟩ **0.1** ***ontlastingsboog.***

re'lieving officer ⟨telb.zn.⟩⟨BE; gesch.⟩ **0.1** ***arm(en)verzorger.***

re'lieving tackle ⟨telb.zn.⟩⟨scheep.⟩ **0.1** ***noodtalie*** ⇒*grondtalie.*

re·lie·vo [rɪ'li:voʊ]⟨telb. en n.-telb.zn.⟩ **0.1** ***reliëf.***

re·li·gio- [rɪ'lɪdʒioʊ] **0.1** ***religie-*** **0.2** ***religieus-*** ◆ **¶.2** religiopolitical *religieus-politiek.*

re·lig·ion [rɪ'lɪdʒən]⟨f3⟩⟨zn.⟩

I ⟨telb.zn.⟩ **0.1** ***gewetenszaak*** ⇒*erezaak, heilige plicht* ◆ **3.1** make a ~ of sth. *v. iets een erezaak maken, iets als een heilige plicht beschouwen;*

II ⟨telb. en n.-telb.zn.⟩ **0.1** ***godsdienst*** ⇒*religie* **0.2** ***godsvrucht*** ⇒*vroomheid* ◆ **1.1** freedom of ~ *godsdienstvrijheid* **3.1** established ~ *staatsgodsdienst* **3.2** ⟨scherts.⟩ get/experience ~ *zich bekeren, vroom worden;*

III ⟨n.-telb.zn.⟩ **0.1** ***kloosterleven*** **0.2** ⟨vero.⟩ ***religieuze riten/praktijken*** ◆ **6.1** be **in/enter into** ~ *in een klooster zijn/treden;* her name **in** ~ is Sister Elisabeth *haar kloosternaam is Zuster Elisabeth.*

re·lig·ion·er [rɪ'lɪdʒənə‖-ər]⟨telb.zn.⟩ **0.1** ***kloosterling(e)*** ⇒*monnik, non* **0.2** ***godsdienstijveraar*** ⇒*religieuze dweper/fanaticus.*

re·lig·ion·ism [rɪ'lɪdʒənɪzm]⟨n.-telb.zn.⟩ **0.1** ***overdreven godsdienstijver*** ⇒*religieuze dweperij, religieus fanatisme.*

re·lig·ion·ist [rɪ'lɪdʒənɪst]⟨telb.zn.⟩ **0.1** ***godsdienstijveraar*** ⇒*religieuze dweper/fanaticus.*

re·lig·ion·ize, -ise [rɪ'lɪdʒənaɪz]⟨ov.ww.⟩ **0.1** ***vroom/godsdienstig maken*** ⇒*doordrenken van religieuze principes.*

re·lig·ion·less [rɪ'lɪdʒənləs]⟨bn.⟩ **0.1** ***godsdienstloos*** ⇒*zonder godsdienst/religie, ongodsdienstig.*

re·li·gi·ose [rɪ'lɪdʒioʊs]⟨bn.⟩ **0.1** ***dweperig religieus*** ⇒*bigot.*

re·lig·i·os·i·ty [rɪ'lɪdʒi'ɒsəti‖-'ɑsəṭi]⟨n.-telb.zn.⟩ **0.1** ***godsdienstigheid*** ⇒*religiositeit, godsvrucht* **0.2** ***dweperige godsvrucht*** ⇒*bigotterie.*

re·lig·ious[1] [rɪ'lɪdʒəs]⟨f1⟩⟨telb.zn.; religious; →mv. 4⟩ **0.1** ***kloosterling(e)*** ⇒*religieus, monnik; religieuze, non.*

religious[2] ⟨f3⟩⟨bn.; -ness⟩ **0.1** ***godsdienstig*** ⇒*religieus* **0.2** ***godvruchtig*** ⇒*vroom, devoot* **0.3** ***klooster-*** ⇒*tot een kloosterorde behorend* **0.4** ***scrupuleus*** ⇒*gewetensvol, nauwgezet* ◆ **1.1** ~ liberty *godsdienstvrijheid* **1.3** ~ house *klooster* **1.4** with ~ care *nauwgezet, zorgvuldig;* with ~ exactitude *met pijnlijke nauwgezetheid.*

re·li·gious·ly [rɪ'lɪdʒəsli]⟨bw.⟩ **0.1** ***godsdienstig*** ⇒*op godsdienstige/vrome wijze* **0.2** ***scrupuleus*** ⇒*gewetensvol, nauwgezet* **0.3** ***werkelijk*** ⇒*echt, ernstig.*

re·line ['ri:'laɪn]⟨ov.ww.⟩ **0.1** ***v.e. nieuwe voering voorzien*** **0.2** ***v. nieuwe lijnen voorzien.***

re·lin·quish [rɪ'lɪŋkwɪʃ]⟨f2⟩⟨ov.ww.⟩⟨schr.⟩ **0.1** ***opgeven*** ⇒*laten varen, prijsgeven* ⟨bv. geloof⟩ **0.2** ***afstand doen v.*** ⇒*afstaan* ⟨recht, bezit⟩ **0.3** ***loslaten*** ⇒⟨B.⟩ *lossen* ◆ **1.2** ~ one's hold of/over s.o./sth. *de controle over iem./iets afstaan* **6.2** ~ sth. **to** s.o. *iets aan iem. afstaan.*

re·lin·quish·ment [rɪ'lɪŋkwɪʃmənt]⟨n.-telb.zn.⟩ **0.1** ***het opgeven*** ⇒*het prijsgeven* **0.2** ***afstand*** **0.3** ***het loslaten.***

rel·i·quar·y ['relɪkwəri‖-kweri]⟨telb.zn.; →mv. 2⟩ **0.1** ***relikwieënschrijn/kast(je)*** ⇒*reliquiarium.*

relique →relic.

re·liq·ui·ae [rɪ'lɪkwii:]⟨mv.⟩ **0.1** ***overblijfselen*** **0.2** ⟨geol.⟩ ***fossielen.***

rel·ish[1] ['relɪʃ]⟨f2⟩⟨zn.⟩

I ⟨telb.zn.⟩ **0.1** ***pikant smaakje*** ⇒*tikje, zweem, scheutje;*

II ⟨telb. en n.-telb.zn.⟩ **0.1** ***saus*** ⇒*kruiderij* **0.2** ***smaak*** ⇒*trek* ◆ **3.2** add/give (a) ~ to *prikkelen, verhogen* **6.2** eat **with** (a) ~ *met smaak eten;*

III ⟨n.-telb.zn.⟩ **0.1** ***bekoring*** ⇒*bekoorlijkheid, aantrekkingskracht* **0.2** ⟨vaak met ontkenning⟩ ***genoegen*** ⇒*lust, genot, plezier, smaak* ◆ **3.1** it loses its ~ *de aardigheid gaat er af* **3.2** have no ~ for poetry *geen gevoel hebben voor poëzie;* read with great ~ *met veel plezier lezen.*

relish[2] ⟨f2⟩⟨ww.⟩

I ⟨onov.ww.⟩ **0.1** ***smaken*** ⇒*iets weghebben, zwemen* **0.2** ***de smaak beïnvloeden*** ◆ **6.1** ~ **of** olives *naar olijven smaken;*

II ⟨ov.ww.⟩ **0.1** ***smakelijk/pikant maken*** ⇒*kruiden* **0.2** ***genieten v.*** ⇒*smaken, houden v., prettig vinden, genoegen scheppen in* **0.3** ***tegemoet zien*** ⇒*verlangen naar* ◆ **1.2** I would ~ a lobster *kreeft zou me wel smaken* **1.3** I don't ~ the prospect/idea *ik vind het geen prettig vooruitzicht/idee.*

rel·ish·a·ble ['relɪʃəbl]⟨bn.⟩ **0.1** ***smakelijk.***

re·live ['ri:'lɪv]⟨f1⟩⟨ov.ww.⟩ **0.1** ***weer beleven/doorleven.***

re·load ['ri:'loʊd]⟨ov.ww.⟩ **0.1** ***herladen*** ⟨vuurwapen⟩.

re·lo·cate ['ri:loʊ'keɪt‖'ri:'loʊkeɪt]⟨ww.⟩

I ⟨onov.ww.⟩ **0.1** ***zich opnieuw vestigen;***

II ⟨ov.ww.⟩ **0.1** ***opnieuw vestigen*** ⇒*verplaatsen.*

re·lo·ca·tion ['ri:loʊ'keɪʃn]⟨n.-telb.zn.⟩ **0.1** ***vestiging elders*** ⇒*verhuizing/verplaatsing naar elders.*

re·lu·cent [rɪ'lu:snt]⟨bn.⟩ **0.1** ***schitterend*** ⇒*stralend, helder.*

re·luct [rɪ'lʌkt]⟨onov.ww.⟩⟨vero.⟩ **0.1** ***weerzin tonen*** ⇒*een afkeer hebben* **0.2** ***weerstand bieden*** ⇒*zich verzetten* ◆ **6.1** ~ **at** sth. *een afkeer hebben v. iets* **6.2** ~ **against** sth. *zich tegen iets verzetten.*

re·luc·tance [rɪ'lʌktəns], **re·luc·tan·cy** [-si]⟨f2⟩⟨telb. en n.-telb.zn.⟩ **0.1** ***tegenzin*** ⇒*onwil, weerzin, afkeer* **0.2** ⟨nat.⟩ ***reluctantie*** ⇒*magnetische weerstand* ◆ **6.1 with** great/a certain ~ *met grote/zekere tegenzin.*

re·luc·tant [rɪ'lʌktənt]⟨f3⟩⟨bn.⟩ **0.1** ***onwillig*** ⇒*aarzelend, weifelend, afkerig* **0.2** ⟨vero.⟩ ***weerspannig*** ⇒*weerbarstig* ◆ **1.1** a ~ answer *een schoorvoetend/met tegenzin gegeven antwoord.*

re·luc·tant·ly [rɪ'lʌktəntli]⟨f3⟩⟨bw.⟩ **0.1** ***met tegenzin*** ⇒*ongaarne, schoorvoetend, aarzelend, weifelend.*

re·lume [rɪ'lu:m]⟨ov.ww.⟩⟨schr.⟩ **0.1** ***opnieuw aansteken/ontsteken*** ⟨licht⟩ ⇒*opnieuw doen ontvlammen/opflakkeren* ⟨vlam; ook fig.⟩ **0.2** ***opnieuw verhelderen/opklaren*** ⟨ogen, hemel⟩ ⇒*opnieuw verlichten.*

re·ly (up)on [rɪ'laɪ (əp)ɒn‖-(əp)ɑn]⟨f3⟩⟨onov.ww.;→ww. 7⟩ **0.1** ***vertrouwen (op)*** ⇒*zich verlaten op, steunen op, rekenen op* ◆ **3.1** you can ~ it *daar kan je v. op aan, daar kan je op rekenen;* I ~ you to do it tomorrow *ik reken erop dat je het morgen doet;* can he be relied upon? *is hij te vertrouwen?, kun je op hem rekenen?* **6.1** don't ~ me **for** help *op mijn hulp hoef je niet te rekenen.*

rem[1] [rem]⟨telb.zn.; ook rem;→mv. 4⟩⟨afk.⟩ Roentgen Equivalent (in) Man ⟨nat.⟩ **0.1** ***rem*** ⇒*röntgenequivalent mens.*

rem[2] ⟨afk.⟩ remittance.

REM ⟨afk.⟩ Rapid Eye Movement.

re·main[1] [rɪ'meɪn]⟨f3⟩⟨zn.⟩
I ⟨telb.zn.⟩ **0.1** ***overblijfsel*** ⇒*ruïne, rest, overschot;*
II ⟨mv.; ~s⟩ **0.1** ***overblijfselen*** ⇒*ruïnes, resten, restanten* **0.2** ***nagelaten werken*** **0.3** ⟨schr.⟩ ***stoffelijk overschot*** ⇒*lijk* ◆ **1.1** ⟨fig.⟩ the ~s of his conscience *wat er overblijft v. zijn geweten;* ⟨fig.⟩ with the ~s of his strength *met zijn laatste krachten.*

remain[2] ⟨f4⟩⟨onov.ww.⟩ **0.1** ***blijven*** ⇒*overblijven, resten, overschieten* **0.2** ***verblijven*** ⇒*zich ophouden* **0.3** ***voortduren*** ⇒*blijven bestaan, verblijven, voortdurend zijn, bij voortduring blijven* ◆ **1.3** one thing ~s certain *één ding is zeker* **3.3** let it ~ as it is *laat het zoals het is* **4.1** it ~s to be seen *het staat te bezien;* it ~s to be settled *het moet nog geregeld worden;* nothing ~s but to tell the truth *er blijft niets anders over dan de waarheid te vertellen* **4.3** I ~ yours sincerely *verblijf ik, hoogachtend;* it will always ~ in my memory *het zal me altijd in het geheugen geprent blijven* **5.1** ~ **behind** *achterblijven, nablijven, schoolblijven* **6.1** victory ~ed **with** the enemy *de zege bleef aan de vijand.*

re·main·der[1] [rɪ'meɪndə‖-ər]⟨f2⟩⟨zn.⟩
I ⟨telb.zn.⟩⟨jur.⟩ **0.1** ***gesubstitueerde nalatenschap;***
II ⟨n.-telb.zn.⟩⟨jur.⟩ **0.1** ***opvolgingsrecht*** ⇒*erfrecht;*
III ⟨verz.n.; (the)⟩ **0.1** ***rest*** ⇒*overblijfsel, restant* **0.2** ***ramsj*** ⟨restant v. oplage v. boeken⟩ **0.3** ⟨wisk.⟩ ***rest*** ⟨bij deling⟩ ⇒*restterm.*

remainder[2] ⟨ov.ww.⟩ **0.1** ***opruimen*** ⇒*uitverkopen* ⟨vnl. boeken⟩, *ramsjen.*

re·main·der·man [rɪ'meɪndəmən‖-dər-]⟨telb.zn.; remaindermen [-mən];→mv. 3⟩⟨jur.⟩ **0.1** ***erfgenaam over de hand*** ⇒*verwachter, gesubstitueerd erfgenaam, fideïcommissaris.*

re·make[1] ['ri:meɪk]⟨f1⟩⟨telb.zn.⟩ **0.1** ***remake*** ⇒*nieuwe versie* ⟨v. film/grammofoonplaat⟩.

remake[2] ['ri:'meɪk]⟨f1⟩⟨ov.ww.⟩ **0.1** ***opnieuw maken*** ⇒*overmaken, omwerken, reconstrueren; een nieuwe versie maken.*

re·man ['ri:'mæn]⟨ov.ww.;→ww. 7⟩ **0.1** ***opnieuw bemannen*** **0.2** ***opnieuw bemoedigen.***

re·mand[1] [rɪ'mɑ:nd‖rɪ'mænd]⟨f1⟩⟨zn.⟩⟨jur.⟩
I ⟨telb.zn.⟩ **0.1** ***preventief gedetineerde;***
II ⟨telb. en n.-telb.zn.⟩ **0.1** ***terugzending*** ⟨in voorlopige hechtenis⟩ ⇒*verwijzing, renvooi* **0.2** ***voorarrest*** ◆ **6.2 on** ~ *in voorarrest.*

remand[2] ⟨f1⟩⟨ov.ww.⟩ **0.1** ***terugzenden*** **0.2** ⟨jur.⟩ ***terugzenden in voorlopige hechtenis*** ⇒*naar een lager hof/andere instantie verwijzen* ◆ **1.2** ~ into custody *terugzenden in voorlopige hechtenis;* ~ed in custody *in voorarrest/voorlopige hechtenis.*

re'mand centre, re'mand home ⟨telb.zn.⟩⟨BE⟩ **0.1** ***observatiehuis*** ⇒⟨ong.⟩ *huis v. bewaring/detentie* ⟨voor voorlopige hechtenis⟩.

rem·a·nence ['remənəns]⟨zn.⟩
I ⟨n.-telb.zn.⟩ **0.1** ***remanentie*** ⇒*het blijven bestaan* **0.2** ⟨nat.⟩ ***remanentie;***
II ⟨verz.n.⟩ **0.1** ***rest.***

rem·a·nent ['remənənt]⟨bn.⟩ **0.1** ***overblijvend*** ⇒*overgebleven, achterblijvend, achtergebleven* **0.2** ⟨nat.⟩ ***remanent*** ◆ **1.2** ~ magnetism *remanent magnetisme.*

rem·a·net ['remənet]⟨telb.zn.⟩ **0.1** ***restant*** **0.2** ⟨jur.⟩ ***uitgestelde zaak*** **0.3** ⟨pol.⟩ ***uitgesteld wetsontwerp.***

re·map ['ri:'mæp]⟨ov.ww.;→ww. 7⟩ **0.1** ***opnieuw in kaart brengen.***

re·mark[1] [rɪ'mɑ:k‖rɪ'mɑrk]⟨f3⟩⟨zn.⟩
I ⟨telb.zn.⟩ **0.1** ***opmerking*** ⇒*bemerking, aanmerking* **0.2** →remarque ◆ **3.1** make/pass a ~ *een opmerking maken;*
II ⟨n.-telb.zn.⟩⟨schr.⟩ **0.1** ***aandacht*** ⇒*waarneming, observatie* **0.2** ***commentaar*** ⇒*vermelding* ◆ **2.1** worthy of ~ *merkwaardig, opmerkelijk.*

remark[2] ⟨f3⟩⟨ww.⟩
I ⟨onov.ww.⟩ **0.1** ***opmerkingen/aanmerkingen maken*** ◆ **6.1** ~ **(up)on** sth. *opmerkingen/aanmerkingen maken over iets;*
II ⟨ov.ww.⟩ **0.1** ***opmerken*** ⇒*bemerken, bespeuren.*

re·mark·a·ble [rɪ'mɑ:kəbl‖-'mɑr-]⟨f3⟩⟨bn.; -ly; -ness;→bijw. 3⟩ **0.1** ***merkwaardig*** ⇒*opmerkelijk* **0.2** ***opvallend*** ⇒*frappant, treffend, buitengewoon, ongewoon.*

re·mark·er [rɪ'mɑ:kə‖rɪ'mɑrkər]⟨telb.zn.⟩ **0.1** ***opmerker.***

re·marque [rɪ'mɑ:k‖rɪ'mɑrk]⟨telb.zn.⟩ **0.1** ***graveursmerk*** **0.2** ***afdruk met graveursmerk.***

re·mar·riage ['ri:'mærɪdʒ]⟨telb. en n.-telb.zn.⟩ **0.1** ***nieuw huwelijk.***

re·mar·ry ['ri:'mæri]⟨f1⟩⟨ww.;→ww. 7⟩
I ⟨onov.ww.⟩ **0.1** ***hertrouwen;***
II ⟨ov.ww.⟩ **0.1** ***opnieuw trouwen met.***

re·match ['ri:mætʃ]⟨telb.zn.⟩ **0.1** ***return(match)*** ⇒*returnwedstrijd, revanchewedstrijd.*

rem·blai ['rɑ̃bleɪ‖rɑ̃'bleɪ]⟨n.-telb.zn.⟩⟨wwb.⟩ **0.1** ***remblai*** ⟨op te werpen grond⟩.

Rem·brandt·esque ['rembræn'tesk]⟨bn.⟩ **0.1** ***rembrandtiek.***

REME ['ri:mi]⟨afk.⟩ Royal Electrical and Mechanical Engineers ⟨BE⟩.

re·me·di·a·ble [rɪ'mi:dɪəbl]⟨bn.; -ly; -ness;→bijw. 3⟩ **0.1** ***herstelbaar*** ⇒*geneesbaar, te verhelpen.*

re·me·di·al [rɪ'mi:dɪəl]⟨f1⟩⟨bn.; -ly⟩ **0.1** ***beter makend*** ⇒*genezend, helend, herstellend, verbeterend.*

rem·e·di·less ['remɪdiləs]⟨bn.; -ly; -ness⟩⟨schr.⟩ **0.1** ***onherstelbaar*** ⇒*ongeneeslijk, niet te verhelpen.*

rem·e·dy[1] ['remɪdi]⟨f2⟩⟨zn.;→mv. 2⟩⟨→sprw. 104, 590⟩
I ⟨telb. en n.-telb.zn.⟩ **0.1** ***remedie*** ⇒*(genees)middel, hulpmiddel* ◆ **6.1** a ~ **against/for** sth. *een remedie tegen/voor iets;* **beyond/past** ~ *ongeneeslijk, onherstelbaar, niet te verhelpen;*
II ⟨n.-telb.zn.⟩ **0.1** ⟨jur.⟩ ***verhaal*** ⇒*redres, rechtsmiddel* **0.2** ⟨geldw.⟩ ***remedie.***

remedy[2] ⟨f1⟩⟨ov.ww.;→ww. 7⟩ **0.1** ***verhelpen*** ⟨ook fig.⟩ ⇒*voorzien in, genezen, beter maken, herstellen.*

re·mem·ber [rɪ'membə‖-ər]⟨f4⟩⟨ww.⟩
I ⟨onov. en ov.ww.⟩ **0.1** ***(zich) herinneren*** ⇒*niet vergeten, onthouden, v. buiten kennen* ⟨gedicht⟩; *denken aan/om* ◆ **3.1** I don't ~ *ik weet het niet meer;* ~ to post that letter *vergeet die brief niet te posten;* I can't ~ posting that letter *ik kan me niet herinneren dat ik die brief heb gepost* **8.1** I ~ him as a naughty boy *ik weet nog dat hij een ondeugende jongen was;*
II ⟨ov.ww.⟩ **0.1** ***bedenken*** ⟨in testament; met fooi⟩ **0.2** ***gedenken*** ⟨de doden; in gebeden⟩ **0.3** ***de groeten doen*** ◆ **1.1** ~ the guide! *vergeet de gids niet!;* ~ s.o. in one's will *iem. in zijn testament bedenken* **1.2** ~ s.o. in one's prayers *iem. in zijn gebeden gedenken* **4.¶** ~ o.s. *tot bezinning komen;* ⟨inf.⟩ I'll give him something to ~ me by *ik zal hem eens iets geven dat hem zal heugen* ⟨bv. pak slaag⟩ **6.3** ~ me **to** your parents *doe de groeten aan je ouders.*

re·mem·ber·a·ble [rɪ'membrəbl]⟨bn.⟩ **0.1** ***memorabel*** ⇒*gedenkwaardig.*

re·mem·brance [rɪ'membrəns]⟨f2⟩⟨zn.⟩
I ⟨telb.zn.⟩ **0.1** ***herinnering*** ⇒*aandenken, souvenir* **0.2** ⟨mv.⟩ ***groet*** ◆ **3.2** give/send one's ~s to s.o. *iem. de groeten doen;*
II ⟨n.-telb.zn.⟩ **0.1** ***herinnering*** ⇒*gedachtenis, geheugen, heugenis* ◆ **3.1** it escaped my ~ *het is me ontgaan* **6.1** have sth. **in** ~ *zich iets (kunnen) herinneren;* put **in** ~ **of** *in herinnering brengen v.;* **in** ~ **of** *ter herinnering aan;* call **to** ~ *zich herinneren;* more than once **within** my ~ *meer dan eens zolang mij heugt.*

Re'membrance Day ⟨eig.n.⟩⟨BE⟩ **0.1** ***wapenstilstandsdag*** ⟨11 november⟩.

re·mem·branc·er [rɪ'membrənsə‖-ər]⟨telb.zn.⟩ **0.1** ⟨R-⟩⟨BE⟩ ***ambtenaar bij Britse schatkist*** **0.2** ⟨vero.⟩ ***herinnering*** ⇒*aandenken.*

Re'membrance 'Sunday ⟨eig.n.⟩⟨BE⟩ **0.1** ***zondag waarop de wapenstilstand herdacht wordt.***

re·mex ['ri:meks]⟨telb.zn.; remiges ['remɪdʒi:z];→mv. 5⟩ **0.1** ***slagpen.***

re·mil·i·ta·ri·za·tion, -sa·tion ['ri:mɪlɪtəraɪ'zeɪʃn‖-mɪlɪtərə-]⟨telb. en n.-telb.zn.⟩ **0.1** ***remilitarisatie*** ⇒*herbewapening.*

re·mil·i·ta·rize, -rise ['ri:'mɪlɪtəraɪz]⟨ov.ww.⟩ **0.1** ***remilitariseren*** ⇒*herbewapenen.*

re·mind [rɪ'maɪnd]⟨f3⟩⟨ov.ww.⟩ **0.1** ***herinneren*** ⇒*doen denken* ◆ **3.1** will you ~ me? *help me eraan denken, wil je?* **4.1** that ~s me! *apropos!, daar schiet me wat te binnen!, nu je het zegt!, dat is waar ook!* **6.1** she ~s me **of** her sister *ze doet me aan haar zuster denken.*

re·mind·er [rɪ'maɪndə‖-ər]⟨f2⟩⟨telb.zn.⟩ **0.1** ***herinnering*** ⇒*herinneringsbrief, maanbrief* **0.2** ***geheugensteuntje.***

re·mind·ful [rɪ'maɪndfl]⟨bn., pred.⟩ **0.1** ***herinnerend*** **0.2** ***gedachtig*** ⇒*indachtig* ◆ **6.1** ~ **of** *herinnerend* **6.2** ~ **of** *gedachtig aan.*

rem·i·nisce ['remɪ'nɪs]⟨f1⟩⟨onov.ww.⟩ **0.1** ***herinneringen ophalen*** ⇒*zich in herinneringen verdiepen* ◆ **6.1** ~ **about** the good old days *herinneringen uit de goede oude tijd ophalen.*

rem·i·nis·cence ['remɪ'nɪsns]⟨f1⟩⟨zn.⟩
I ⟨telb.zn.⟩ **0.1** ***anekdote;***

II ⟨telb. en n.-telb.zn.⟩ **0.1** ***herinnering*** ⇒*heugenis* ◆ **6.1** there's a ~ **of** her mother in the way she talks *ze heeft iets van haar moeder in haar praten;*
III ⟨mv.; ~s⟩ **0.1** ***herinneringen*** ⇒⟨i.h.b.⟩ *memoires.*
rem·i·nis·cent ['remɪ'nɪsnt]⟨f1⟩⟨bn.; -ly⟩
I ⟨bn., attr.⟩ **0.1** ***de herinnering(en) betreffend*** ◆ **1.1** with a ~ smile *met een glimlach bij de herinnering;*
II ⟨bn., pred.⟩ **0.1** ***herinnerend*** ⇒*zich herinnerend, herinneringen oproepend, herinnerings-; gaarne aan het verleden terugdenkend, het verleden koesterend* ◆ **6.1** be ~ **of** sth. *aan iets herinneren / doen (terug)denken.*
rem·i·nis·cen·tial ['remɪnɪ'senʃl]⟨bn.; -ly⟩ **0.1** ***herinnerings-.***
re·mint ['ri:'mɪnt]⟨ov.ww.⟩ **0.1** ***hermunten.***
re·mise[1] [rɪ'mi:z‖rɪ'maɪz]⟨telb.zn.⟩ **0.1** ⟨schermen⟩ ***remise*** **0.2** ⟨vero.⟩ ***koetshuis*** **0.3** ⟨vero.⟩ ***huurrijtuig.***
remise[2] [rɪ'maɪz⟨in bet. I⟩rɪ'mi:z⟨in alle bet.⟩][rɪ'maɪz]⟨ww.⟩
I ⟨onov.ww.⟩⟨schermen⟩ **0.1** ***terugstoten*** ⇒*nastoten;*
II ⟨ov.ww.⟩⟨jur.⟩ **0.1** ***afstand doen v.*** ⇒*overdragen* ⟨recht, eigendom⟩.
re·miss [rɪ'mɪs]⟨bn.; -ly; -ness⟩ **0.1** ***nalatig*** ⇒*achteloos, onachtzaam, laks, lui* **0.2** ⟨vero.⟩ ***slap*** ⇒*zwak* ◆ **6.1** be ~ **in** one's duties *in zijn plichten te kort schieten.*
re·mis·si·bil·i·ty [rɪ'mɪsə'bɪləṭi]⟨n.-telb.zn.⟩ **0.1** ***vergeeflijkheid.***
re·mis·si·ble [rɪ'mɪsəbl]⟨bn.; -ly; -ness; →bijw. 3⟩ **0.1** ***vergeeflijk.***
re·mis·sion [rɪ'mɪʃn]⟨f1⟩⟨telb. en n.-telb.zn.⟩ **0.1** ***vergeving*** ⇒*vergiffenis* **0.2** ***kwijtschelding*** **0.3** ***vermindering*** ⇒*remissie* **0.4** ***verzwakking*** ⇒*verslapping, afneming;* ⟨med.⟩ *remissie* ⟨v. ziekte⟩ ◆ **6.3** ~ **for** good conduct *strafvermindering voor goed gedrag.*
re·mis·sive [rɪ'mɪsɪv]⟨bn.; -ly; -ness⟩ **0.1** ***vergevend*** ⇒*kwijtscheldend* **0.2** ***afnemend.***
re·mit[1] ['ri:mɪt, rɪ'mɪt‖rɪ'mɪt]⟨zn.⟩
I ⟨telb.zn.⟩ **0.1** ***wat ter overweging wordt teruggezonden*** **0.2** ***opdracht*** ⟨v. commissie⟩;
II ⟨n.-telb.zn.⟩ **0.1** ***terugzending*** **0.2** ⟨jur.⟩ ***verwijzing naar lagere rechtbank.***
remit[2] [rɪ'mɪt]⟨f1⟩⟨ww.; →ww. 7⟩
I ⟨onov.ww.⟩ **0.1** ***afnemen*** ⇒*(ver)minderen, verzwakken, verslappen, aflaten* **0.2** ***geld overmaken;***
II ⟨ov.ww.⟩ **0.1** ***vergeven*** ⇒*vergiffenis schenken voor* ⟨zonden⟩ **0.2** ***kwijtschelden*** ⇒*schenken* ⟨schuld, straf, vonnis⟩; *ontheffen v., vrijstellen v.* **0.3** ⟨ben. voor⟩ ***doen afnemen*** ⇒*verminderen, laten verslappen* ⟨aandacht⟩; *ophouden met, staken, opheffen* ⟨beleg⟩; *verzachten, lenigen, verlichten* **0.4** ***terugzenden*** ⇒*zenden, sturen* **0.5** ***uitstellen*** **0.6** ***overmaken*** ⇒*doen overschrijven* ⟨geld⟩ **0.7** ⟨schr.⟩ ***onderbreken*** **0.8** ⟨jur.⟩ ***verwijzen*** ⟨naar lagere rechtbank⟩ ◆ **1.1** ~ sins *zonden vergeven* **1.2** ~ taxes *v. belastingen ontheffen* **1.3** ~ one's attention *zijn aandacht laten verslappen;* ~ pain *de pijn verlichten* **1.6** please ~ by check *gelieve met een cheque te betalen* **6.6** ~ an allowance **to** s.o. *iem. een toelage uitkeren* **6.8** ~ a case **to** a lower court *een zaak naar een lagere rechtbank verwijzen.*
re·mit·tal [rɪ'mɪṭl]⟨telb. en n.-telb.zn.⟩ **0.1** →remission **0.2** ⟨jur.⟩ ***verwijzing naar een andere rechtbank.***
re·mit·tance [rɪ'mɪtns]⟨f1⟩⟨telb. en n.-telb.zn.⟩ **0.1** ***overschrijving*** ⟨v. geld⟩ ⇒*overmaking, betalingsopdracht; overgemaakt bedrag.*
re'mittance man ⟨telb.zn.⟩⟨pej.; gesch.⟩ **0.1** ***emigrant die van het geld leeft dat hij uit zijn vaderland ontvangt*** ⟨in Britse koloniën⟩.
re·mit·tee [rɪ'mɪ'ti:]⟨telb.zn.⟩ **0.1** ***ontvanger v.e. overschrijving*** ⇒*begunstigde.*
re·mit·tence [rɪ'mɪtns], **re·mit·ten·cy** [-si]⟨telb. en n.-telb.zn.⟩ ⟨med.⟩ **0.1** ***remissie.***
re·mit·tent[1] [rɪ'mɪtnt]⟨telb.zn.⟩⟨med.⟩ **0.1** ***remitterende koorts.***
remittent[2] ⟨bn.; -ly⟩⟨med.⟩ **0.1** ***remitterend*** ⇒*schommelend, op- en afgaand* ⟨v. koorts⟩.
re·mit·ter, re·mit·tor [rɪ'mɪtə‖rɪ'mɪṭər]⟨zn.⟩
I ⟨telb.zn.⟩ **0.1** ***remittent*** ⇒*afzender;*
II ⟨n.-telb.zn.⟩⟨jur.⟩ **0.1** ***verwijzing naar een andere rechtbank*** **0.2** ***herstel v. rechten.***
rem·nant[1] ['remnənt]⟨f2⟩⟨telb.zn.⟩ **0.1** ***restant*** ⇒*rest, overschot, overblijfsel* **0.2** ***coupon*** ⇒*lap* ⟨stof⟩ **0.3** ⟨vaak mv.⟩ ***overlevende.***
remnant[2] ⟨bn., attr.⟩ **0.1** ***overblijvend*** **0.2** ***overgebleven*** ◆ **1.1** ⟨tech.⟩ ~ magnetism *remanent magnetisme.*
'remnant sale ⟨telb.zn.⟩ **0.1** ***(restanten)opruiming*** ⇒*coupon / restantenuitverkoop.*
re·mod·el ['ri:'mɒdl‖-'mɑ-]⟨f1⟩⟨ov.ww.; →ww. 7⟩ **0.1** ***remodelleren*** ⇒*vermaken, omwerken, omvormen, vernieuwen, in een nieuw model brengen.*
remolade →rémoulade.
remold →remould.
re·mon·e·ti·za·tion, -sa·tion ['ri:mʌnɪtaɪ'zeɪʃn‖-mɑnəṭə-]⟨n.-telb.zn.⟩ **0.1** ***het opnieuw in omloop brengen als wettelijk betaalmiddel.***
re·mon·e·tize, -tise ['ri:'mʌnɪtaɪz‖-'mɑnətaɪz]⟨ov.ww.⟩ **0.1** ***opnieuw in omloop brengen als wettelijk betaalmiddel.***
re·mon·strance [rɪ'mɒnstrəns‖rɪ'mɑn-]⟨telb. en n.-telb.zn.⟩ **0.1** ***remonstrantie*** ⇒*betoog, vertoog, vermaning, protest* **0.2** ⟨gesch.⟩ ***officieel bezwaarschrift*** ◆ **2.2** ⟨gesch.⟩ the Grand Remonstrance *memorandum* ⟨v.h. Lagerhuis a.d. Kroon, 1641⟩.
re·mon·strant[1] [rɪ'mɒnstrənt‖rɪ'mɑn-]⟨telb.zn.⟩ **0.1** ***protesteerder*** **0.2** ⟨R-⟩⟨relig.⟩ ***remonstrant.***
remonstrant[2] ⟨bn., attr.; -ly⟩ **0.1** ***protesterend*** ⇒*vertogend* **0.2** ⟨R-⟩ ⟨relig.⟩ ***remonstrants.***
re·mon·strate ['remənstreɪt‖rɪ'mɑn-]⟨f1⟩⟨ww.⟩ →remonstrating
I ⟨onov.ww.⟩ **0.1** ***protesteren*** ⇒*tegenwerpingen maken, zijn beklag doen* ◆ **6.1** ~ **against** sth. *tegen iets protesteren;* ~ **with** s.o. **(up)on / about** sth. *bij iem. over iets zijn beklag doen, iem. iets verwijten, iem. de les lezen over iets;*
II ⟨ov.ww.⟩ **0.1** ***aanvoeren*** ⇒*tegenwerpen, betogen* ◆ **8.1** ~ that ... *betogen dat ....*
re·mon·strat·ing ['remənstreɪtɪŋ‖rɪ'mɑnstreɪṭɪŋ], **re·mon·stra·tive** [-strəṭɪv]⟨bn., attr.; 1e variant teg. deelw. v. remonstrate; -ly⟩ **0.1** ***protesterend*** ⇒*vertogend.*
re·mon·stra·tion ['remən'streɪʃn]⟨telb. en n.-telb.zn.⟩ **0.1** ***remonstratie*** ⇒*betoog, vertoog, vermaning, protest.*
re·mon·stra·tor ['remənstreɪtə‖rɪ'mɑnstreɪṭər]⟨telb.zn.⟩ **0.1** ***protesteerder.***
re·mon·tant[1] [rɪ'mɒntənt‖-'mɑn-]⟨telb.zn.⟩ **0.1** ***doorbloeiende roos*** ⇒*remontant(roos).*
remontant[2] ⟨bn., attr.⟩ **0.1** ***nabloeiend*** ⇒*doorbloeiend, remonterend.*
rem·o·ra ['remərə]⟨telb.zn.⟩⟨dierk.⟩ **0.1** ***zuigvis*** ⟨fam. Echeneidae⟩.
re·morse [rɪ'mɔ:s‖rɪ'mɔrs]⟨f1⟩⟨n.-telb.zn.⟩ **0.1** ***wroeging*** **0.2** ***medelijden*** ◆ **6.1** ~ **for** *wroeging over* **6.2** **without** ~ *meedogenloos, onbarmhartig, zonder medelijden.*
re·morse·ful [rɪ'mɔ:sfl‖-'mɔrs-]⟨f1⟩⟨bn.; -ly; -ness⟩ **0.1** ***berouwvol.***
re·morse·less [rɪ'mɔ:sləs‖-'mɔrs-]⟨f1⟩⟨bn.; -ly; -ness⟩ **0.1** ***meedogenloos*** ⇒*onbarmhartig.*
re·mote [rɪ'moʊt]⟨f3⟩⟨bn.; ook -er; -ly; -ness; →compar. 7⟩ **0.1** ***ver*** ⇒*ver weg, ver uiteen, (ver v. elkaar) verwijderd* **0.2** ***afgelegen*** ⇒*afgezonderd, rustig, eenzaam* **0.3** ***gereserveerd*** ⇒*terughoudend, op een afstand, onvriendelijk* **0.4** ⟨vaak overtr. trap⟩ ***gering*** ⇒*flauw* **0.5** ***afwezig*** ⇒*verstrooid, dromerig* ◆ **1.1** ~ antiquity *de grijze oudheid;* ~ control *afstandsbediening;* a ~ cousin *een verre neef;* the ~ past / future *het verre verleden / de verre toekomst* **1.2** a ~ village *een afgelegen dorp;* ~ sensing *afstandswaarneming* **1.4** I haven't the ~st idea *ik heb er geen flauw benul v.;* a ~ possibility *een heel klein kansje* **3.1** ⟨fig.⟩ he isn't ~ly interested *hij is in de verste verte niet geïnteresseerd* **6.1** considerations ~ **from** the subject *overwegingen die weinig met het onderwerp te maken hebben.*
re·mo·tion [rɪ'moʊʃn]⟨n.-telb.zn.⟩ **0.1** ***verwijdering.***
ré·mou·lade, re·mo·lade ['remə'leɪd‖'reɪmə'lɑd]⟨telb. en n.-telb.zn.⟩⟨cul.⟩ **0.1** ***remouladesaus.***
re·mould[1], ⟨AE sp.⟩ **re·mold** ['ri:mould]⟨telb.zn.⟩ **0.1** ***gecoverde (auto)band*** ⇒*coverband, remouldband.*
remould[2], ⟨AE sp.⟩ **remold** ['ri:'mould]⟨ov.ww.⟩ **0.1** ***opnieuw vormen / gieten*** ⇒*omvormen, omgieten* **0.2** ***coveren*** ⟨band⟩.
re·mount[1] ['ri:maʊnt]⟨zn.⟩
I ⟨telb.zn.⟩ **0.1** ***vers paard;***
II ⟨n.-telb.zn.⟩ **0.1** ***remonte*** ⟨het voorzien v. verse paarden⟩.
remount[2] ['ri:'maʊnt]⟨ww.⟩
I ⟨onov.ww.⟩ **0.1** ***opnieuw opstijgen*** ⇒*opnieuw te paard stijgen* **0.2** ***teruggaan*** ⟨tot het verleden⟩ ◆ **6.2** ~ **to** the sources *naar de bronnen teruggaan;*
II ⟨ov.ww.⟩ **0.1** ***opnieuw bestijgen / beklimmen*** **0.2** ***v. nieuwe paarden voorzien*** **0.3** ***v. een nieuwe lijst voorzien*** ⇒*opnieuw inlijsten* ⟨portret⟩.
re·mov·a·bil·i·ty [rɪ'mu:və'bɪləṭi]⟨n.-telb.zn.⟩ **0.1** ***verwijderbaarheid*** ⇒*afneembaarheid* **0.2** ***verplaatsbaarheid*** **0.3** ***afzetbaarheid.***
re·mov·a·ble[1] [rɪ'mu:vəbl]⟨telb.zn.⟩⟨gesch.⟩ **0.1** ***afzetbare magistraat*** ⟨Ierland⟩.
removable[2] ⟨bn.; -ly; -ness; →bijw. 3⟩ **0.1** ***verwijderbaar*** ⇒*afneembaar, wegneembaar, demonteerbaar* **0.2** ***verplaatsbaar*** ⇒*transporteerbaar, vervoerbaar, transportabel* **0.3** ***afzetbaar*** ⇒*overplaatsbaar.*
re·mov·al [rɪ'mu:vl]⟨f2⟩⟨telb. en n.-telb.zn.⟩ **0.1** ***verwijdering*** ⇒*wegruiming* **0.2** ***verplaatsing*** **0.3** ***afzetting*** ⇒*wegzending, overplaatsing* **0.4** ***verhuizing*** **0.5** ***opheffing.***
re·mov·al·ist [rɪ'mu:vəlɪst]⟨telb.zn.⟩⟨Austr. E⟩ **0.1** ***verhuizer*** ⇒*verhuisonderneming.*
re'moval van ⟨f1⟩⟨telb.zn.⟩ **0.1** ***verhuiswagen.***
re·move[1] [rɪ'mu:v]⟨f1⟩⟨zn.⟩

I ⟨telb.zn.⟩ 0.1 *afstand* 0.2 *graad* ⇒*trap, stap* 0.3 ⟨the⟩ ⟨BE⟩ *tussenklas* 0.4 ⟨BE; vero.⟩ *volgende gang* ⟨bij maaltijd⟩ ◆ **6.1 at** a certain ~ *v. / op zekere afstand* **6.2** be but one ~ / a few ~s **from** anarchy *maar één stap / een paar stappen verwijderd zijn v.d. anarchie;*
II ⟨telb. en n.-telb.zn.⟩ **0.1** ⟨BE⟩ ***overgang*** ⟨naar hogere klas⟩ **0.2** ⟨vero.⟩ ***verhuizing*** ⇒*vertrek* ◆ **3.1** she got her ~ *ze mag overgaan.*

remove[2] ⟨f3⟩ ⟨ww.⟩ →removed
I ⟨onov.ww.⟩ ⟨schr.⟩ **0.1** ***verhuizen*** **0.2** ***weggaan*** ⇒*vertrekken* ◆ **6.1** ~ **from** London **to** Oxford *v. Londen naar Oxford verhuizen;*
II ⟨ov.ww.⟩ **0.1** ⟨ben. voor⟩ ***verwijderen*** ⇒*wegnemen, opheffen* ⟨twijfel, vrees⟩; *afnemen* ⟨hoed⟩; *afruimen* ⟨tafel⟩; *uitwissen* ⟨sporen⟩; *schrappen, afvoeren* ⟨v.e. lijst⟩; *op straat zetten* ⟨huurder⟩; *uitnemen, uittrekken* **0.2** ***afzetten*** ⇒*ontslaan, wegzenden* **0.3** ***verhuizen*** ⇒*verplaatsen, verzetten, overplaatsen, overbrengen* **0.4** ⟨euf.⟩ ***uit de weg ruimen*** ⇒*elimineren, vermoorden* ◆ **1.1** ~ the last doubts *de laatste twijfels wegnemen* **1.3** ~ furniture *meubelen verhuizen;* ⟨fig.⟩ ~ mountains *bergen verzetten* **6.1** ~ stains **from** clothes *vlekken uit kleren verwijderen* **6.2** ~ a magistrate **from** his office *een magistraat uit zijn ambt ontslaan.*

re·moved [rɪˈmu:vd] ⟨f2⟩ ⟨bn.; volt. deelw. v. remove; -ly; -ness⟩ **0.1** ***verwijderd*** ⇒*afgelegen, ver* ◆ **5.¶** a first cousin once / twice ~ *een achterneef / achterachterneef* **6.1** far ~ **from** the truth *ver bezijden de waarheid.*

re·mov·er [rɪˈmu:və‖-ər] ⟨telb.zn.⟩ **0.1** ***verhuizer*** **0.2** ***middel om iets te verwijderen / weg te nemen*** ⇒⟨vnl.⟩ *afbijtmiddel; vlekkenwater / middel.*

re·mu·ner·a·bil·i·ty [rɪˈmju:nrəˈbɪləṭi] ⟨telb.zn.; →mv. 2⟩ **0.1** ***verdienstelijkheid.***

re·mu·ner·a·ble [rɪˈmju:nrəbl] ⟨bn.; -ly; →bijw. 3⟩ **0.1** ***te belonen*** **0.2** ***verdienstelijk.***

re·mu·ner·ate [rɪˈmju:nəreɪt] ⟨ov.ww.⟩ ⟨schr.⟩ **0.1** ***belonen*** ⇒*lonen* **0.2** ***vergoeden*** ⇒*schadeloosstellen, goedmaken, compenseren* ◆ **6.1** ~ s.o. **for** sth. *iem. voor iets belonen.*

re·mu·ner·a·tion [rɪˈmju:nəˈreɪʃn] ⟨f2⟩ ⟨telb. en n.-telb.zn.⟩ **0.1** ***beloning*** **0.2** ***vergoeding*** ⇒*schadeloosstelling.*

re·mu·ner·a·tive [rɪˈmju:nərətɪv‖-reɪṭɪv], **re·mu·ner·a·to·ry** [rɪˈmju:nərətri‖-təri] ⟨bn.; remuneratively; remunerativeness⟩ **0.1** ***belonend*** ⇒*lonend, winstgevend, rendabel, goedbetaald* ◆ **1.1** ~ justice *belonende rechtvaardigheid.*

re·mu·ner·a·tor [rɪˈmju:nəreɪtə‖-reɪṭər] ⟨telb.zn.⟩ **0.1** ***beloner*** **0.2** ***vergoeder.***

ren·ais·sance [rɪˈneɪsns‖ˈrenəˈsɑns], **re·nas·cence** [rɪˈnæsns] ⟨f3⟩ ⟨zn.⟩
I ⟨eig.n.; R-; the; ook attr.⟩ ⟨gesch.⟩ **0.1** ***Renaissance;***
II ⟨telb.zn.⟩ **0.1** ***renaissance*** ⇒*(weder)opleving, wedergeboorte, herleving.*

Reˈnaissance man ⟨telb.zn.⟩ **0.1** ***universeel genie.***

re·nais·sant [rɪˈneɪsnt‖ˈrenəˈsɑnt] ⟨bn., attr.⟩ **0.1** ***oplevend*** ⇒*herlevend* ◆ **1.1** ~ business life *heroplevend zakenleven.*

re·nal [ˈri:nl] ⟨f2⟩ ⟨bn.⟩ ⟨med.⟩ **0.1** ***v. / mbt. de nieren*** ⇒*nier-* ◆ **1.1** ~ calculus *niersteen;* ~ colic *nierkoliek;* ~ stone *niersteen.*

re·name [ˈri:ˈneɪm] ⟨f2⟩ ⟨ov.ww.⟩ **0.1** ***herdopen*** ⇒*een andere naam geven.*

re·nas·cent [rɪˈnæsnt] ⟨bn.⟩ ⟨schr.⟩ **0.1** ***herlevend*** ⇒*herboren, weer oplevend / opkomend.*

ren·coun·ter[1] [renˈkaʊntə‖-ˈkaʊnṭər], **ren·con·tre** [renˈkɒntə‖-ˈkɑnṭər] ⟨telb.zn.⟩ ⟨vero.⟩ **0.1** ***rencontre*** ⇒*vijandelijke ontmoeting, treffen, gevecht, schermutseling* **0.2** ***toevallig treffen.***

rencounter[2], **rencontre** ⟨ww.⟩
I ⟨onov.ww.⟩ **0.1** ***elkaar toevallig treffen;***
II ⟨ov.ww.⟩ **0.1** ***toevallig treffen*** ⇒*stoten op.*

rend [rend] ⟨ww.; rent, rent [rent]⟩
I ⟨onov.ww.⟩ **0.1** ***scheuren*** ⇒*barsten;*
II ⟨ov.ww.⟩ **0.1** ***scheuren*** ⇒*verscheuren* **0.2** ***ontrukken*** ⇒*uitrukken* **0.3** ***doorklieven*** ⇒*kloven, splijten* **0.4** ***kwellen*** ⇒*verdriet doen* ⟨hart⟩ ◆ **1.1** ~ one's garments *zich de kleren scheuren* **1.2** ~ one's hair *zich de haren uitrukken* **1.3** ⟨fig.⟩ a cry rent the skies / air *een gil doorkliefde de lucht* **5.1** ~ **apart / asunder** *doormidden / in tweeën scheuren* **6.2** ~ sth. away / off **from** s.o. *iem. iets ontrukken.*

ren·der[1] [ˈrendə‖-ər] ⟨telb.zn.⟩ **0.1** ***beraping*** ⇒*eerste laag pleisterkalk* **0.2** ⟨gesch.⟩ ***betaling*** ⇒*vergoeding* ⟨in natura / geld / diensten⟩.

render[2] ⟨f2⟩ ⟨ov.ww.⟩ →rendering ⟨→sprw. 591⟩ **0.1** ⟨ben. voor⟩ ***(terug)geven*** ⇒*geven, vergelden, overhandigen; betalen* ⟨tol⟩; *betonen* ⟨gehoorzaamheid⟩; *verlenen, verschaffen* ⟨hulp⟩; *bewijzen* ⟨dienst⟩; *betuigen* ⟨dank⟩; *opgeven* ⟨reden⟩; *voorleggen* ⟨rekening⟩; *afleggen* ⟨rekenschap⟩; *uitbrengen* ⟨verslag⟩; *uitspreken* ⟨vonnis⟩ **0.2** ***overgeven*** ⇒*overleveren, opgeven* **0.3** ***vertolken*** ⇒*weergeven, spelen, voorstellen; ten gehore brengen* ⟨lied⟩; *afschilderen, portretteren* **0.4** ***vertalen*** ⇒*om / overzetten* **0.5** ***maken*** ⇒*doen worden, veranderen in* **0.6** ***uitsmelten*** ⇒*zuiveren, klaren* **0.7** ***berapen*** **0.8** ⟨scheep.⟩ ***inscheren*** ⇒*vieren* ⟨touw⟩ **0.9** ⟨gesch.⟩ ***betalen*** ◆ **1.1** account ~ed *blijkens rekening;* ~ good for evil *kwaad met goed vergelden;* a reward for services ~ed *een beloning voor bewezen diensten* **1.3** Hamlet was ~ed rather poorly *Hamlet werd nogal zwak vertolkt* **5.2** ⟨vero.⟩ ~ **up** the town to the enemy *de stad aan de vijand overleveren* **5.6** ~ **down** fat *vet uitsmelten* **5.¶** ⟨schr.⟩ ~ **up** prayers *gebeden opzenden* **6.4** ~ **into** German *in het Duits vertalen.*

ren·der·ing [ˈrendrɪŋ] ⟨f2⟩ ⟨telb.zn.; oorspr. gerund v. render⟩ **0.1** ***vertolking*** ⇒*weergave* **0.2** ***vertaling*** **0.3** ***beraping.***

ˈren·der-set[1] ⟨telb.zn.⟩ **0.1** ***dubbele pleisterberaping.***

render-set[2] ⟨ov.ww.⟩ **0.1** ***dubbel berapen.***

ren·dez·vous[1] [ˈrɒndɪvu:, -deɪ-‖ˈrɑn-] ⟨f1⟩ ⟨telb.zn.; rendezvous [-vu:z]; →mv. 5⟩ **0.1** ***rendez-vous*** ⇒*afspraak(je); plaats v. bijeenkomst;* ⟨mil.⟩ *verzamelplaats* ⟨v. troepen, schepen⟩.

rendezvous[2] ⟨ww.; rendezvoused [ˈrɒndɪvu:d, -deɪ-‖ˈrɑn-], rendezvousing [-vu:ɪŋ]⟩
I ⟨onov.ww.⟩ **0.1** ***samenkomen*** ⇒*zich verzamelen, afspreken;*
II ⟨ov.ww.⟩ **0.1** ***verzamelen*** ⇒*samenbrengen.*

ren·di·tion [renˈdɪʃn] ⟨f1⟩ ⟨telb.zn.⟩ **0.1** ***vertolking*** ⇒*voorstelling* **0.2** ***vertaling*** **0.3** ***teruggave*** **0.4** ⟨vero.⟩ ***overgave*** ⇒*uitlevering.*

ren·e·gade[1] [ˈrenɪgeɪd], ⟨vero.⟩ **ren·e·ga·do** [ˈrenɪˈgɑ:doʊ] ⟨telb.zn.; 2e variant -es; →mv. 2⟩ **0.1** ***renegaat*** ⇒*afvallige* **0.2** ***vogelvrijverklaarde*** ⇒*rebel.*

renegade[2] ⟨bn., attr.⟩ **0.1** ***afvallig*** ⇒*verraderlijk.*

renegade[3] ⟨onov.ww.⟩ **0.1** ***afvallig worden / zijn.***

re·nege[1], **re·negue** [rɪˈni:g, rɪˈneɪg‖rɪˈnɪg] ⟨n.-telb.zn.⟩ ⟨AE; inf.; kaartspel⟩ **0.1** ***verzaking.***

renege[2], **renegue** ⟨ww.⟩
I ⟨onov.ww.⟩ **0.1** ***een belofte verbreken*** ⇒*zijn belofte niet houden* **0.2** ⟨AE; inf.; kaartspel⟩ ***verzaken*** ◆ **6.1** ⟨inf.⟩ ~ **on** one's word *zijn woord breken;*
II ⟨ov.ww.⟩ **0.1** ***verloochenen*** ⇒*verzaken.*

re·ne·go·ti·ate [ˈri:nɪˈgoʊʃieɪt] ⟨ww.⟩
I ⟨onov.ww.⟩ **0.1** ***opnieuw onderhandelen;***
II ⟨ov.ww.⟩ **0.1** ***opnieuw onderhandelen over / bespreken*** ⇒⟨AE i.h.b.⟩ *modificeren, wijzigen, herzien* ⟨contract v. aannemer⟩.

re·new [rɪˈnju:‖rɪˈnu:] ⟨f2⟩ ⟨ww.⟩
I ⟨onov.ww.⟩ **0.1** ***zich vernieuwen*** **0.2** ***opnieuw beginnen;***
II ⟨ov.ww.⟩ **0.1** ⟨ben. voor⟩ ***vernieuwen*** ⇒*hernieuwen, oplappen* ⟨jas⟩; *verversen, bijvullen* ⟨water⟩; *versterken* ⟨garnizoen⟩; *vervangen* ⟨banden⟩ **0.2** ***doen herleven*** ⇒*verjongen* **0.3** ***hervatten*** ⇒*hernemen, weer opnemen* ⟨conversatie⟩; *herhalen* **0.4** ***verlengen*** ⟨contract⟩ **0.5** ***prolongeren*** ⟨wissel⟩.

re·new·a·ble [rɪˈnju:əbl‖-ˈnu:-] ⟨bn.; -ly; →bijw. 3⟩ **0.1** ***vernieuwbaar*** ⇒*hernieuwbaar; herwinbaar, recycleerbaar* **0.2** ***verlengbaar*** ◆ **1.1** ~ energy *zonne- en windenergie.*

re·new·al [rɪˈnju:əl‖-ˈnu:-] ⟨f1⟩ ⟨telb. en n.-telb.zn.⟩ **0.1** ***vernieuwing*** ⇒*vervanging, verversing* **0.2** ***verlenging.***

re·new·ed·ly [rɪˈnju:ɪdli‖-ˈnu:-] ⟨bw.⟩ **0.1** ***opnieuw*** ⇒*steeds weer.*

re·new·er [rɪˈnju:ə‖-ˈnu:ər] ⟨telb.zn.⟩ **0.1** ***vernieuwer.***

ren·i- [ˈreni, ˈri:ni], **ren·o-** [renoʊ] **0.1** ***nier-*** ◆ **¶.1** reniform *niervormig.*

ren·i·form [ˈrenifɔ:m, ˈri:-‖-fɔrm] ⟨bn.⟩ **0.1** ***niervormig.***

ren·in [ˈrenɪn] ⟨n.-telb.zn.⟩ ⟨schei.⟩ **0.1** ***rennine*** ⇒*lebenzym.*

ren·i·tence [ˈrenɪṭəns, rɪˈnaɪtns], **ren·i·ten·cy** [-si] ⟨n.-telb.zn.⟩ **0.1** ***weerstand*** **0.2** ***weerspannigheid*** ⇒*tegenzin.*

ren·i·tent [ˈrenɪṭənt, rɪˈnaɪtnt] ⟨bn.⟩ **0.1** ***taai*** ⇒*stevig, niet buigzaam* **0.2** ***weerspannig*** ⇒*weerbarstig, recalcitrant.*

ren·net [ˈrenɪt] ⟨zn.⟩
I ⟨telb.zn.⟩ **0.1** ***renet(appel);***
II ⟨n.-telb.zn.⟩ **0.1** ***stremsel*** ⇒*kaasstremsel, (kaas)leb.*

re·nounce[1] [rɪˈnaʊns] ⟨n.-telb.zn.⟩ ⟨kaartspel⟩ **0.1** ***verzaking.***

renounce[2] ⟨f1⟩ ⟨ww.⟩
I ⟨onov.ww.⟩ **0.1** ⟨kaartspel⟩ ***verzaken*** **0.2** ⟨jur.⟩ ***afstand doen;***
II ⟨ov.ww.⟩ **0.1** ***afstand doen v.*** ⇒*opgeven, laten varen, afzien v.* **0.2** ***niet langer erkennen*** ⇒*verloochenen, verwerpen, opzeggen, verstoten* ⟨kind⟩; *renonceren* ◆ **1.1** ~ the world *de wereld vaarwel zeggen.*

re·nounce·ment [rɪˈnaʊnsmənt] ⟨n.-telb.zn.⟩ **0.1** ***afstand*** ⇒*verzaking, verloochening, verwerping, verstoting.*

ren·o·vate [ˈrenəveɪt] ⟨f1⟩ ⟨ov.ww.⟩ **0.1** ***vernieuwen*** ⇒*herstellen, opknappen, verbeteren, renoveren, verbouwen* **0.2** ***doen herleven.***

ren·o·va·tion [ˈrenəˈveɪʃn] ⟨f1⟩ ⟨telb. en n.-telb.zn.⟩ **0.1** ***vernieuwing*** ⇒*herstel, renovatie, verbouwing.*

ren·o·va·tor [ˈrenəveɪtə‖-veɪṭər] ⟨telb.zn.⟩ **0.1** ***vernieuwer*** ⇒*hersteller.*

re·nown [rɪˈnaʊn] ⟨f1⟩ ⟨n.-telb.zn.⟩ **0.1** ***faam*** ⇒*roem, vermaard-*

heid, beroemdheid ◆ **6.1** a town **of** (great/high) ~ *een (zeer) vermaarde stad.*

re·nowned [rɪˈnaʊnd]⟨f2⟩⟨bn.; -ly; -ness⟩ **0.1** ***vermaard*** ⇒*beroemd, befaamd.*

rent[1] [rent]⟨f3⟩⟨zn.⟩

I ⟨telb.zn.⟩ **0.1** ***scheur*** ⇒*kloof, barst, spleet, reet* **0.2** ***scheuring*** ⇒*tweespalt, schisma;*

II ⟨telb. en n.-telb.zn.; meestal enk.⟩ **0.1** ***huur/pacht(geld)*** **0.2** ⟨ec.⟩ ***(meer)opbrengst v. landbouwgrond*** ◆ **2.1** free of ~ *pachtvrij* **2.2** economic ~ *(meer)opbrengst v. landbouwgrond* **6.1** ⟨AE⟩ **for** ~ *te huur.*

rent[2] ⟨f3⟩⟨ww.⟩

I ⟨onov.ww.⟩ **0.1** ***verhuurd worden*** ⇒*huur opbrengen* ◆ **6.1** this flat ~s **at/for** $150 a month *de huurprijs v. deze flat is $150 per maand;*

II ⟨ov.ww.⟩ **0.1** ***huren*** ⇒*pachten, in huur hebben* **0.2** ***verhuren*** ◆ **5.2** ⟨AE⟩ ~ **out** *verhuren.*

rent[3] ⟨verl. t. en volt. deelw.⟩ →rend.

rent·a·ble [ˈrentəbl]⟨bn.⟩ **0.1** ***(ver)huurbaar.***

rent·al[1] [ˈrentl]⟨f2⟩⟨zn.⟩

I ⟨telb.zn.⟩ **0.1** ***huuropbrengst*** **0.2** ***huur/pacht(geld)*** **0.3** ***pachtregister*** ⇒*pachtboek* **0.4** ⟨AE⟩ ***het gehuurde*** ⇒*het verhuurde* ⟨bv. huurhuis, huurwagen⟩;

II ⟨n.-telb.zn.⟩ **0.1** ***verhuring*** ⇒*verhuur, pachting.*

rental[2] ⟨f1⟩⟨bn., attr.⟩ **0.1** ***(ver)huur-*** ◆ **1.1** ⟨AE⟩ ~ library *uitleenbibliotheek;* ~ value *huurwaarde.*

ˈrent arrears ⟨mv.⟩ **0.1** ***achterstallige huur.***

ˈrent boy ⟨telb.zn.⟩⟨BE; sl.⟩ **0.1** ***schandknaap*** ⇒*homohoer.*

ˈrent charge ⟨telb.zn.; rents charge; →mv.6⟩ **0.1** ***erfpacht*** ⇒*erfcanon.*

ˈrent-col·lec·tor ⟨telb.zn.⟩ **0.1** ***huurophaler.***

rent·er [ˈrentə‖ˈrentər]⟨telb.zn.⟩ **0.1** ***(ver)huurder*** **0.2** ⟨BE⟩ ***filmdistributeur*** ⇒*filmverhuurder.*

ˈrent-ˈfree ⟨bn.; bw.⟩ **0.1** ***pachtvrij.***

ren·tier [ˈrɒntieɪ‖ˈrɑntjeɪ]⟨telb.zn.⟩⟨vaak pej.⟩ **0.1** ***rentenier.***

ˈrent-re·bate ⟨telb.zn.⟩⟨BE⟩ **0.1** ***huurrabat.***

ˈrent-roll ⟨telb.zn.⟩ **0.1** ***pachtregister/boek*** **0.2** ***huuropbrengst.***

ˈrent-serv·ice ⟨telb.zn.⟩⟨BE⟩ **0.1** ***dienst(baarheid)*** ⟨voor (gedeeltelijke) vrijstelling v. pacht⟩.

ˈrent strike ⟨telb.zn.⟩⟨AE⟩ **0.1** ***huurstaking.***

re·num·ber [ˈriːˈnʌmbə‖-ər]⟨ov.ww.⟩ **0.1** ***vernummeren*** ⇒*opnieuw/anders nummeren.*

re·nun·ci·ant[1] [rɪˈnʌnsɪənt]⟨telb.zn.⟩ **0.1** ***iem. die afstand doet*** ⇒*iem. die (de wereld) vaarwel zegt.*

renunciant[2], **re·nun·ci·a·tive** [rɪˈnʌnsɪətɪv‖-sieɪt̬ɪv], **re·nun·ci·a·to·ry** [rɪˈnʌnsɪətri‖-tɔri]⟨bn.⟩ **0.1** ***afstand doend*** ⇒*verzakend, verwerpend, verstotend* **0.2** ***zichzelf verloochenend*** ⇒*onzelfzuchtig, opofferend.*

re·nun·ci·a·tion [rɪˈnʌnsiˈeɪʃn]⟨f1⟩⟨zn.⟩

I ⟨telb.zn.⟩ **0.1** ***akte v. afstand;***

II ⟨telb. en n.-telb.zn.⟩ **0.1** ***afstand*** ⇒*verzaking, renunciatie, verwerping, verstoting* **0.2** ***zelfverloochening.***

re·oc·cu·pa·tion [ˈriːɒkjʊˈpeɪʃn‖-ɑkjə-]⟨n.-telb.zn.⟩ **0.1** ***herbezetting.***

re·oc·cu·py [ˈriːˈɒkjʊpaɪ‖-ˈɑkjə-]⟨ov.ww.⟩ **0.1** ***opnieuw bezetten*** ⇒*weer innemen.*

re·o·pen [ˈriːˈoʊpən]⟨f1⟩⟨ww.⟩

I ⟨onov.ww.⟩ **0.1** ***weer/opnieuw opengaan*** ⇒*weer beginnen* ⟨v. school e.d.⟩;

II ⟨ov.ww.⟩ **0.1** ***heropenen*** ⟨winkel⟩ **0.2** ***hervatten*** ⟨discussie⟩.

re·or·der[1] [ˈriːɔːdə‖ˈriːɔrdər]⟨telb.zn.⟩ **0.1** ***nabestelling.***

reorder[2] [ˈriːˈɔːdə‖ˈriːˈɔrdər]⟨ww.⟩

I ⟨onov.ww.⟩ **0.1** ***een nabestelling doen;***

II ⟨ov.ww.⟩ **0.1** ***nabestellen*** ⇒*bijbestellen* **0.2** ***weer in orde brengen*** ⇒*weer opredderen* **0.3** ***herschikken*** ⇒*reorganiseren, anders/opnieuw inrichten.*

re·or·gan·i·za·tion, -sa·tion [ˈriːɔːgənaɪˈzeɪʃn‖-ɔrgənə-]⟨f2⟩⟨telb. en n.-telb.zn.⟩ **0.1** ***reorganisatie*** **0.2** ⟨ec.⟩ ***sanering.***

re·or·gan·ize, -ise [ˈriːˈɔːgənaɪz‖-ˈɔr-]⟨f2⟩⟨onov. en ov.ww.⟩ **0.1** ***reorganiseren.***

re·or·gan·iz·er, -is·er [ˈriːˈɔːgənaɪzə‖-ˈɔrgənaɪzər]⟨telb.zn.⟩ **0.1** ***reorganisator.***

re·o·ri·ent [ˈriːɔːrient], **re·o·ri·en·tate** [ˈriːˈɔːrɪənteɪt]⟨ov.ww.⟩ **0.1** ***heroriënteren*** **0.2** ***opnieuw regelen/schikken*** ⇒*de levensvisie wijzigen* ⟨v. iem.⟩.

rep[1], ⟨in bet. III 0.1 ook⟩ **repp** [rep]⟨f1⟩⟨zn.⟩

I ⟨telb.zn.; verk.⟩ **0.1** ⟨representative⟩⟨inf.⟩ ***handelsreiziger*** ⇒*vertegenwoordiger* **0.2** ⟨reprobate⟩⟨sl.⟩ ***losbol*** ⇒*onverlaat* **0.3** ⟨repertory⟩⟨inf.⟩ ***repertoiregezelschap*** **0.4** ⟨reputation⟩⟨sl.⟩ ***reputatie*** ⇒*naam;*

II ⟨telb. en n.-telb.zn.⟩⟨verk.⟩ repertory ⟨inf.⟩ **0.1** ***repertoiretheater;***

III ⟨n.-telb.zn.⟩ **0.1** ***rips.***

rep[2], **Rep** ⟨afk.⟩ repair, report(er), representative, reprint, republic, Republican (Party).

re·pack·age [ˈriːˈpækɪdʒ]⟨ov.ww.⟩ **0.1** ***opnieuw verpakken.***

re·paint[1] [ˈriːpeɪnt]⟨f1⟩⟨zn.⟩

I ⟨telb.zn.⟩ **0.1** ***het opnieuw geschilderde*** ⇒⟨i.h.b.⟩ *opnieuw gewitte golfbal;*

II ⟨n.-telb.zn.⟩ **0.1** ***nieuwe schildering.***

repaint[2] [ˈriːˈpeɪnt]⟨f1⟩⟨ov.ww.⟩ **0.1** ***opnieuw schilderen*** ⇒*overschilderen, retoucheren.*

re·pair[1] [rɪˈpeə‖rɪˈper]⟨f2⟩⟨zn.⟩

I ⟨telb. en n.-telb.zn.⟩ **0.1** ***herstelling*** ⇒*reparatie, herstel* ◆ **1.1** be in need of ~ *dringend hersteld moeten worden* **6.1** **beyond** ~ *niet te herstellen;* closed **during** ~s *gesloten wegens herstelwerkzaamheden;* **under** ~ *in reparatie;*

II ⟨n.-telb.zn.⟩ **0.1** ***goede toestand*** **0.2** ⟨vero.⟩ ***het gaan*** ⇒*het vertoeven* ◆ **2.1** in (a) good/bad (state of) ~ *in goede toestand, goed onderhouden* **6.1** **in** ~ *goed onderhouden, in goede toestand;* keep **in** ~ *onderhouden;* **out of** ~ *slecht onderhouden, in verval.*

repair[2] ⟨f3⟩⟨ww.⟩

I ⟨onov.ww.⟩ **0.1** ***hersteld/gemaakt kunnen worden*** **0.2** ⟨schr.⟩ ***zich begeven naar*** ⇒*zijn toevlucht nemen, dikwijls/in groten getale bezoeken* ◆ **1.1** this shirt won't ~ *dit hemd kan niet meer gemaakt worden* **6.2** they all ~ed **to** Brighton *zij begaven zich allen naar Brighton;*

II ⟨ov.ww.⟩ **0.1** ***herstellen*** ⇒*repareren, maken* **0.2** ***vernieuwen*** ⇒*verversen* **0.3** ⟨schr.⟩ ***vergoeden*** ⇒*(weer) goedmaken, schadeloosstellen, compenseren.*

re·pair·a·ble [rɪˈpeərəbl‖-ˈper-]⟨f1⟩⟨bn.⟩ **0.1** ***herstelbaar*** ⇒*te herstellen/onderhouden.*

re·pair·er [rɪˈpeərə‖rɪˈperər]⟨f1⟩⟨telb.zn.⟩ **0.1** ***hersteller*** ⇒*reparateur.*

re·pair·man [rɪˈpeəmən‖-ˈper-]⟨f1⟩⟨telb.zn.; repairmen [-mən]; →mv. 3⟩⟨AE⟩ **0.1** ***hersteller*** ⇒*reparateur* ⟨vnl. mechanisch⟩.

reˈpair shop ⟨telb.zn.⟩ **0.1** ***reparatiewerkplaats.***

re·pand [rɪˈpænd]⟨bn.⟩⟨biol.⟩ **0.1** ***gegolfd*** ⟨v. bladrand⟩.

re·pa·per [ˈriːˈpeɪpə‖-ər]⟨ov.ww.⟩ **0.1** ***opnieuw behangen.***

rep·a·ra·bil·i·ty [ˈreprəˈbɪlət̬i]⟨n.-telb.zn.⟩ **0.1** ***herstelbaarheid.***

rep·a·ra·ble [ˈreprəbl]⟨f1⟩⟨bn.; -ly; →bijw. 3⟩ **0.1** ***herstelbaar*** ⇒*reparabel, te herstellen, (goed) te maken.*

rep·a·ra·tion [ˈrepəˈreɪʃn]⟨f1⟩⟨telb. en n.-telb.zn.⟩ **0.1** ***herstel(ling)*** ⇒*reparatie* **0.2** ***vergoeding*** ⇒*schadeloosstelling;* ⟨mv.⟩ *herstelbetaling.*

re·par·a·tive [ˈreprətɪv‖rɪˈpærət̬ɪv], **re·par·a·to·ry** [ˈreprətri‖rɪˈpærətɔri]⟨bn., attr.⟩ **0.1** ***herstel-*** ⇒*herstellend, herstellings-.*

rep·ar·tee [ˈrepɑːˈtiː‖ˈreparˈteɪ]⟨f1⟩⟨zn.⟩

I ⟨telb.zn.⟩ **0.1** ***gevatte/snedige repliek*** ⇒*repartie* **0.2** ***gevatte/snedige conversatie;***

II ⟨n.-telb.zn.⟩ **0.1** ***gevatheid*** ⇒*snedigheid* ◆ **6.1** be good/quick **at** ~ *snedig/slagvaardig zijn.*

re·par·ti·tion[1] [ˈriːpɑːˈtɪʃn‖-pɑr-]⟨n.-telb.zn.⟩ **0.1** ***verdeling*** ⇒*repartitie, omslag, distributie* **0.2** ***herverdeling.***

repartition[2] ⟨ov.ww.⟩ **0.1** ***herverdelen.***

re·pass [ˈriːˈpɑːs‖ˈriːˈpæs]⟨onov. en ov.ww.⟩ **0.1** ***opnieuw voorbijgaan/passeren*** ⟨vnl. op de terugweg⟩.

re·pas·sage [ˈriːˈpæsɪdʒ]⟨n.-telb.zn.⟩ **0.1** ***terugtocht*** **0.2** ***recht v. terugtocht.***

re·past [rɪˈpɑːst‖-ˈpæst]⟨telb.zn.⟩⟨schr.⟩ **0.1** ***maaltijd*** ⇒*maal* **0.2** ***voedsel*** ⇒*voeding.*

re·pa·tri·ate[1] [rɪˈpætrɪət‖-ˈpeɪ-]⟨f1⟩⟨telb.zn.⟩ **0.1** ***gerepatrieerde.***

repatriate[2] [ˈriːˈpætrieɪt‖-ˈpeɪ-]⟨f1⟩⟨onov. en ov.ww.⟩ **0.1** ***repatriëren.***

re·pa·tri·a·tion [ˈriːpætriˈeɪʃn‖-peɪ-]⟨f1⟩⟨n.-telb.zn.⟩ **0.1** ***repatriëring.***

re·pay[1] [ˈriːpeɪ], **re·pay·ment** [rɪˈpeɪmənt]⟨f2⟩⟨telb. en n.-telb.zn.⟩ **0.1** ***terugbetaling*** ⇒*aflossing, vergoeding* **0.2** ***beantwoording*** **0.3** ***vergoeding*** ⇒*vergelding, beloning.*

repay[2] [rɪˈpeɪ]⟨f2⟩⟨ww.⟩

I ⟨onov.ww.⟩ **0.1** ***een terugbetaling doen;***

II ⟨ov.ww.⟩ **0.1** ***terugbetalen*** ⇒*aflossen* **0.2** ***beantwoorden*** **0.3** ***vergoeden*** ⇒*vergelden, goedmaken, belonen* **0.4** ***betaald zetten*** ◆ **6.2** ~ kindness **by/with** ingratitude *goedheid met ondankbaarheid beantwoorden* **6.3** ~ s.o. **for** his generosity *iem. voor zijn edelmoedigheid belonen.*

re-pay ⟨ov.ww.⟩ **0.1** ***opnieuw/weer betalen.***

re·pay·a·ble [rɪˈpeɪəbl]⟨f1⟩⟨bn.⟩ **0.1** ***terug te betalen*** ⇒*te vergoeden.*

re·peal[1] [rɪˈpiːl]⟨f1⟩⟨n.-telb.zn.⟩ **0.1** ***herroeping*** ⇒*afschaffing, intrekking.*

repeal[2] ⟨f1⟩⟨ov.ww.⟩ **0.1** ***herroepen*** ⇒*afschaffen, intrekken.*

re·peal·a·ble [rɪˈpiːləbl]⟨bn.⟩ 0.1 *herroepbaar* ⇒*herroepelijk*.

re·peat[1] [rɪˈpiːt]⟨f1⟩⟨zn.⟩
I ⟨telb.zn.⟩ 0.1 *herhaling* 0.2 ⟨dram.⟩ *reprise* 0.3 *bis* ⇒*bisnummer, reproduktie* 0.4 *heruitzending* 0.5 *telkens terugkerend patroon* ⟨bv. in behangsel⟩ 0.6 ⟨muz.⟩ *reprise* 0.7 ⟨ec.⟩ *nabestelling;*
II ⟨n.-telb.zn.⟩ 0.1 *herhaling* ⇒*het herhalen*.

repeat[2] ⟨f3⟩⟨ww.⟩ →repeated
I ⟨onov.ww.⟩ 0.1 *zich herhalen* ⇒*terugkeren* 0.2 *repeteren* ⟨bv. uurwerk, vuurwapen, breuk⟩ 0.3 *oprispen* ⇒*boeren* 0.4 ⟨AE⟩ *illegaal meer dan eenmaal stemmen* ◆ 1.2 ~ing decimal *repeterende breuk;* ~ing rifle *repeteergeweer;* ~ing watch *repetitiehorloge* 4.1 he ~s himself *hij vervalt in herhaling;* history ~s itself *de geschiedenis herhaalt zich* 6.3 onions often ~ **on** me *v. uien krijg ik vaak oprispingen;*
II ⟨ov.ww.⟩ 0.1 *herhalen* 0.2 *overzeggen* ⇒*nazeggen, navertellen* 0.3 *opzeggen* ⇒*voordragen, reciteren* ⟨gedicht⟩ ◆ 1.1 ~ a course/year *blijven zitten* ⟨op school⟩; ~ an order *nabestellen* 1.2 ~ a message *een boodschap doorgeven/overbrengen* 3.2 such language will not bear ~ing *zulke taal laat zich niet herhalen* 5.¶ not, ~ not *zeer zeker niet*.

re·peat·a·ble [rɪˈpiːtəbl]⟨bn.⟩ 0.1 *herhaalbaar*.

reˈpeat broadcast ⟨telb.zn.⟩ 0.1 *heruitzending*.

re·peat·ed [rɪˈpiːtɪd]⟨f2⟩⟨bn., attr.; volt. deelw. v. repeat⟩ 0.1 *herhaald*.

re·peat·ed·ly [rɪˈpiːtɪdli]⟨f2⟩⟨bw.⟩ 0.1 *herhaaldelijk* ⇒*steeds weer, telkens, bij herhaling*.

re·peat·er [rɪˈpiːtə‖rɪˈpiːtər]⟨f1⟩⟨telb.zn.⟩ 0.1 *herhaler* ⇒*naverteller* 0.2 *repeteergeweer* 0.3 *repetitiehorloge* 0.4 *zittenblijver* 0.5 *verklikker* ⟨lamp⟩ 0.6 ⟨com.⟩ *versterker* ⟨v. signaal⟩ 0.7 ⟨com.⟩ *repetitor* 0.8 ⟨AE⟩ *kiezer die illegaal meer dan eens stemt* 0.9 ⟨AE⟩ *recidivist* 0.10 ⟨meestal mv.⟩ ⟨sl.⟩ *verzwaarde dobbelsteen*.

reˈpeat order ⟨telb.zn.⟩ 0.1 *nabestelling*.

reˈpeat performance ⟨telb.zn.⟩ 0.1 ⟨dram.⟩ *reprise* ⇒*heropvoering*.

re·pê·chage [ˈrepəʃɑːʒ‖-ˈʃɑʒ]⟨telb.zn.⟩⟨roeisport⟩ 0.1 *herkansing*.

re·pel [rɪˈpel]⟨f2⟩⟨ww.; →ww. 7⟩
I ⟨onov.ww.⟩ 0.1 *weerstand bieden* 0.2 *afkeer opwekken/inboezemen;*
II ⟨ov.ww.⟩ 0.1 ⟨ben. voor⟩ *afweren* ⇒*terugdrijven, terugslaan, terugwerpen, afslaan* ⟨aanbod, aanval(ler)⟩; *afstoten* ⟨vocht⟩; *afwijzen* ⟨verzoek⟩; *verwerpen, v.d. hand wijzen* ⟨suggestie⟩; *weerstaan* ⟨bekoring⟩ 0.2 *afkeer opwekken/inboezemen bij* 0.3 *weerstand bieden aan* ◆ 1.2 that man ~s me *ik walg v. die man*.

re·pel·lence, re·pel·lance [rɪˈpeləns], **re·pel·len·cy, re·pel·lan·cy** [-si] ⟨n.-telb.zn.⟩ 0.1 *afstoting* ⇒*afwijzing, repulsie*.

re·pel·lent[1], **re·pel·lant** [rɪˈpelənt]⟨telb. en n.-telb.zn.⟩ 0.1 *afweermiddel* ⇒⟨vnl.⟩ *insektenwerend middel* 0.2 *waterafstotend middel*.

repellent[2], **repellant** ⟨f1⟩⟨bn.; repellently⟩ 0.1 *afwerend* ⇒*afstotend, afwijzend* 0.2 *afstotelijk* ⇒*weerzinwekkend, walgelijk* 0.3 *onaantrekkelijk*.

re·pent[1] [ˈriːpənt]⟨bn., attr.⟩⟨plantk.⟩ 0.1 *kruipend* ⇒*kruip-*.

repent[2] [rɪˈpent]⟨f2⟩⟨onov. en ov.ww.⟩⟨schr.⟩⟨→sprw. 446⟩ 0.1 *berouw hebben (over)* ⇒*berouwen* ◆ 3.1 you shall ~ *het zal je berouwen;* you shall ~ (of) that *dat zal je berouwen*.

re·pen·tance [rɪˈpentəns]⟨f2⟩⟨n.-telb.zn.⟩ 0.1 *berouw*.

re·pen·tant [rɪˈpentənt]⟨f1⟩⟨bn.; -ly⟩ 0.1 *berouwvol* ⇒*boetvaardig*.

re·peo·ple [ˈriːˈpiːpl]⟨ov.ww.⟩ 0.1 *opnieuw/weer bevolken*.

re·per·cus·sion [ˈriːpəˈkʌʃn‖-pər-]⟨f2⟩⟨telb. en n.-telb.zn.⟩ 0.1 *weerkaatsing* ⇒*echo* 0.2 *terugstoot* 0.3 ⟨vaak mv.⟩ *terugslag* ⇒*(onaangename) reactie, onaangenaam gevolg* 0.4 ⟨muz.⟩ *repercussie*.

re·per·cus·sive [ˈriːpəˈkʌsɪv‖-pər-]⟨bn., attr.⟩ 0.1 *weerkaatsend* ⇒*weerklinkend* 0.2 *teruggekaatst*.

rep·er·toire [ˈrepətwɑː‖ˈrepərtwɑr]⟨f1⟩⟨telb.zn.⟩ 0.1 *repertoire* ⟨ook fig.⟩ 0.2 *lijst/aanbod v. mogelijkheden* ⟨v. computer⟩.

rep·er·to·ry [ˈrepətri‖ˈrepərtɔri]⟨f1⟩⟨zn.; →mv. 2⟩
I ⟨telb.zn.⟩ 0.1 *repertoire* 0.2 *repertoiregezelschap* 0.3 *opslagruimte* ⇒*bewaarplaats, schatkamer* ⟨vnl. fig.; v. gegevens, informatie⟩ 0.4 *verzameling* ⇒*collectie, repertorium;*
II ⟨telb. en n.-telb.zn.⟩ 0.1 *repertoiretheater*.

ˈrepertory company ⟨telb.zn.⟩ 0.1 *repertoiregezelschap*.

ˈrepertory theatre ⟨telb. en n.-telb.zn.⟩ 0.1 *repertoiretheater*.

rep·e·tend [ˈrepɪtend]⟨telb.zn.⟩ 0.1 ⟨wisk.⟩ *repetent* ⇒*periode* 0.2 *terugkerend(e) woord/klank/zin* ⇒*refrein*.

ré·pé·ti·teur [repetiˈtɜː‖-ˈpetɪtər]⟨telb.zn.⟩ 0.1 *repetitor*.

rep·e·ti·tion [ˈrepɪˈtɪʃn]⟨f3⟩⟨zn.⟩
I ⟨telb.zn.⟩ 0.1 *geheugenles* 0.2 *het opzeggen* ⇒*voordracht* 0.3 *kopie;*
II ⟨telb. en n.-telb.zn.⟩ 0.1 *herhaling* ⇒*repetitie* ⟨ook muz.⟩;
III ⟨n.-telb.zn.⟩⟨muz.⟩ 0.1 *geschiktheid om een noot vlug te herhalen* ⟨v. instrument⟩.

rep·e·ti·tion·al [ˈrepɪˈtɪʃnəl], **rep·e·ti·tion·ary** [-ˈtɪʃnri‖-ˈtɪʃənəri] ⟨bn.⟩ 0.1 *(zich) herhalend* ⇒*herhaald*.

repeˈtition training ⟨n.-telb.zn.⟩⟨sport⟩ 0.1 *intensieve intervaltraining*.

rep·e·ti·tious [ˈrepɪˈtɪʃəs]⟨f1⟩⟨bn.; -ly; -ness⟩⟨vnl. pej.⟩ 0.1 *(zich) herhalend* ⇒*herhaald, monotoon*.

re·pet·i·tive [rɪˈpetɪtɪv]⟨f1⟩⟨bn.; -ly; -ness⟩ 0.1 *(zich) herhalend* ⇒*herhaald, herhalings-*.

re·phrase [ˈriːˈfreɪz]⟨f2⟩⟨ov.ww.⟩ 0.1 *herformuleren* ⇒*anders uitdrukken*.

re·pine [rɪˈpaɪn]⟨onov.ww.⟩ →repining 0.1 *morren* ⇒*klagen, misnoegd zijn, mopperen* ◆ 6.1 ~ **against/at** sth. *over iets mopperen*.

re·pin·er [rɪˈpaɪnə‖-ər]⟨telb.zn.⟩ 0.1 *mopperaar* ⇒*klager*.

re·pin·ing [rɪˈpaɪnɪŋ]⟨bn., attr.; teg. deelw. v. repine; -ly⟩ 0.1 *morrend* ⇒*ontevreden, klagend*.

repl ⟨afk.⟩ replacement.

re·place [rɪˈpleɪs]⟨f3⟩⟨ov.ww.⟩ 0.1 *terugplaatsen* ⇒*terugleggen, terugzetten, weer op zijn plaats zetten/leggen* 0.2 *vervangen* ⇒*in de plaats stellen* 0.3 *de plaats innemen v.* ⇒*verdringen, opzij zetten* 0.4 *terugbetalen* ⇒*terugstorten* ◆ 1.1 ~ the receiver *de hoorn neerleggen* ⟨v. telefoon⟩ 6.3 coal has been ~d **by/with** oil *olie heeft de plaats ingenomen v. steenkool*.

re·place·a·ble [rɪˈpleɪsəbl]⟨f1⟩⟨bn.⟩ 0.1 *vervangbaar* ⇒*te vervangen*.

re·place·ment [rɪˈpleɪsmənt]⟨f2⟩⟨zn.⟩
I ⟨telb.zn.⟩ 0.1 *vervanger* ⇒*plaatsvervanger* ⟨vnl. mil.⟩; *opvolger, remplaçant* 0.2 *vervangstuk* ⇒*aanvulling, nieuwe aanvoer, versterking* ⟨vnl. mil.⟩;
II ⟨n.-telb.zn.⟩ 0.1 *vervanging*.

reˈplacement cost ⟨telb. en n.-telb.zn.⟩⟨ec.⟩ 0.1 *vervangingswaarde* ⇒*nieuwwaarde*.

re·plant[1] [ˈriːplɑːnt‖-plænt]⟨telb.zn.⟩ 0.1 *wat opnieuw beplant is*.

replant[2] [ˈriːˈplɑːnt‖-ˈplænt]⟨ov.ww.⟩ 0.1 *herplanten* ⇒*opnieuw/weer (be)planten* 0.2 *weer aanzetten* ⟨afgesneden ledematen⟩.

re·play[1] [ˈriːpleɪ]⟨f1⟩⟨zn.⟩
I ⟨telb.zn.⟩ 0.1 *terugspeelknop* ⟨v. recorder⟩ 0.2 ⟨sport⟩ *revanchewedstrijd* 0.3 *overgespeelde wedstrijd;*
II ⟨n.-telb.zn.⟩ 0.1 *het terugspelen* ⇒*herhaling* ⟨v. opname⟩.

replay[2] [ˈriːˈpleɪ]⟨f1⟩⟨onov. en ov.ww.⟩ 0.1 *opnieuw spelen* ⇒*overspelen* 0.2 *terugspelen* ⇒*herhalen*.

re·plen·ish [rɪˈplenɪʃ]⟨f1⟩⟨ov.ww.⟩ →replenished 0.1 *weer vullen* ⇒*aan/bijvullen*.

re·plen·ish·ed [rɪˈplenɪʃt]⟨bn.; oorspr. volt. deelw. v. replenish⟩ 0.1 *gevuld* ⇒*vol, v.h. nodige voorzien*.

re·plen·ish·ment [rɪˈplenɪʃmənt]⟨n.-telb.zn.⟩ 0.1 *aanvulling* ⇒*het aanvullen, voorziening, (her)bevoorrading*.

re·plete [rɪˈpliːt]⟨bn., pred.; -ly; -ness⟩⟨schr.⟩ 0.1 *vol* ⇒*gevuld, doordrenkt, goed voorzien, (over)verzadigd* ◆ 6.1 ~ **with** *vol v., gevuld/volgepropt met*.

re·ple·tion [rɪˈpliːʃn]⟨n.-telb.zn.⟩⟨schr.⟩ 0.1 *volheid* ⇒*verzadiging, verzadigdheid* 0.2 *overlading* 0.3 *volbloedigheid* ⇒*repletie* ◆ 6.1 eat **to** ~ *zich overeten;* filled **to** ~ *barstensvol*.

re·plev·i·a·ble [rɪˈpleviəbl], **re·plev·is·a·ble** [rɪˈplevɪsəbl]⟨bn.⟩⟨jur.⟩ 0.1 *inlosbaar* ⇒*terug te krijgen* ⟨tegen borgtocht⟩.

re·plev·in[1] [rɪˈplevɪn], **re·plev·y** [rɪˈplevi]⟨n.-telb.zn.⟩⟨jur.⟩ 0.1 *opheffing v. beslag* ⇒*teruggave tegen borgtocht, bevelschrift tot opheffing v. beslag*.

replevin[2], **replevy** ⟨ov.ww.⟩⟨jur.⟩ 0.1 *herkrijgen* ⇒*terugkrijgen, weer in bezit krijgen* ⟨tegen borgtocht⟩.

rep·li·ca [ˈreplɪkə]⟨f1⟩⟨telb.zn.⟩ 0.1 *replica* ⇒*repliek* ⟨kopie v. kunstwerk door kunstenaar zelf⟩ 0.2 *replica* ⇒*facsimile, exacte kopie, reproduktie;* ⟨fig.⟩ *evenbeeld* 0.3 *model* ⇒*maquette*.

rep·li·cate[1] [ˈreplɪkət]⟨n.-telb.zn.⟩⟨muz.⟩ 0.1 *herhaling in hoger of lager octaaf*.

replicate[2], **rep·li·cat·ed** [ˈreplɪkeɪtɪd]⟨bn., attr.⟩⟨plantk.⟩ 0.1 *(achter)omgebogen* ⟨v. blad⟩.

replicate[3] [ˈreplɪkeɪt]⟨ww.⟩
I ⟨onov.ww.⟩⟨biol.⟩ 0.1 *zich voortplanten door celdeling;*
II ⟨ov.ww.⟩ 0.1 *herhalen* 0.2 *een kopie maken van* 0.3 *(achter) omvouwen*.

rep·li·ca·tion [ˈreplɪˈkeɪʃn]⟨zn.⟩
I ⟨telb.zn.⟩ 0.1 *antwoord* ⇒*repliek* ⟨ook jur.⟩ 0.2 *kopie* ⇒*reproduktie* 0.3 *echo* ⇒*weerkaatsing* 0.4 *vouw* 0.5 ⟨zelden⟩ →replica;
II ⟨n.-telb.zn.⟩ 0.1 *het repliceren* 0.2 *het kopiëren* 0.3 *herhaling* ⟨v. wet. experiment⟩ 0.4 *omvouwing* ⇒*het omvouwen* 0.5 ⟨biol.⟩ *voortplanting door celdeling*.

re·ply[1] [rɪˈplaɪ]⟨f3⟩⟨telb.zn.; →mv. 2⟩ 0.1 *antwoord* ⇒*repliek* ⟨ook jur.⟩ ◆ 3.1 make a ~ *een antwoord geven* 6.1 **in** ~ *als antwoord;* **in** ~ **to** your letter *in antwoord op uw brief*.

reply[2] ⟨f3⟩⟨onov. en ov.ww.; →ww. 7⟩ **0.1** ***antwoorden*** ⇒*ten antwoord geven* ◆ **1.1** he replied not a word *hij antwoordde met geen woord* **6.1** ~ **for** s.o. *in iemands plaats antwoorden;* ~ **to** *antwoorden op, beantwoorden.*

re'ply card, re'ply postal card ⟨f1⟩⟨telb.zn.⟩ **0.1** ***antwoord(brief) kaart.***

re'ply coupon ⟨telb.zn.⟩ **0.1** ***antwoordcoupon.***

re'ply envelope ⟨telb.zn.⟩ **0.1** ***antwoordenvelop.***

re'ply-'paid ⟨f1⟩⟨bn.⟩ **0.1** ***met betaald antwoord*** ◆ **1.1** ~ envelope / letter / postcard *antwoordenvelop(pe) / brief / kaart;* ~ telegram *antwoordtelegram.*

re·point ['ri:'pɔɪnt]⟨ov.ww.⟩ **0.1** ***opnieuw voegen*** ⟨muur⟩.

re·pol·ish ['ri:'pɒlɪʃ||-'pɑ-]⟨ov.ww.⟩ **0.1** ***opnieuw polijsten.***

re·pop·u·late ['ri:'pɒpjʊleɪt||-'pɑpjə-]⟨ov.ww.⟩ **0.1** ***opnieuw bevolken.***

re·port[1] [rɪ'pɔ:t||rɪ'pɔrt]⟨f3⟩⟨zn.⟩

I ⟨telb.zn.⟩ **0.1** ***rapport*** ⇒*verslag, bericht* **0.2** ***knal*** ⇒*slag, schot* **0.3** ***schoolrapport*** **0.4** ⟨vnl. mv.⟩⟨jur.⟩ ***(juridisch) verslag*** **0.5** ⟨sl.⟩ ***liefdesbrief*** ◆ **6.2** **with** a loud ~ *met een luide knal;*

II ⟨telb. en n.-telb.zn.⟩ **0.1** ***gerucht*** ⇒*praatje(s)* ◆ **3.1** the ~ goes that ..., ~ has it that ... *het gerucht doet de ronde dat ...* **6.1** **according to** ~ *volgens geruchten;* **by** mere ~ *alleen v. horen zeggen;* **from** ~ *v. horen zeggen;*

III ⟨n.-telb.zn.⟩⟨schr.⟩ **0.1** ***faam*** ⇒*reputatie* ◆ **2.1** be of common ~ *algemeen bekend zijn;* be of evil ~ *een slechte naam hebben;* be of good ~ *te goeder naam en faam bekend zijn* **6.1** **through** good and evil ~ *in voor- en tegenspoed.*

report[2] ⟨f3⟩⟨ww.⟩

I ⟨onov.ww.⟩ **0.1** ***verslag / rapport uitbrengen*** ⇒*verslag doen, rapport maken / opstellen, rapport / verslag inzenden* **0.2** ***zich aanmelden*** ⇒*verantwoording afleggen* **0.3** ***schrijven*** ⟨voor dagblad⟩ ⇒*verslaggever zijn* ◆ **5.1** ~ **back** *verslag komen uitbrengen;* ~ well / badly (favourably / unfavourably) of sth. / s.o. *gunstig / ongunstig rapporteren over iets / iem.* **6.1** ~ **(up)on** sth. *over iets verslag uitbrengen* **6.2** ~ (o.s.) **to** s.o. **for** duty / work *zich bij iem. voor de dienst / het werk aanmelden;* ~ **to** s.o. *tegenover iem. verantwoording afleggen* **6.3** ~ **for** The Times *voor The Times schrijven;*

II ⟨ov.ww.⟩ **0.1** ***rapporteren*** ⇒*berichten, melden, vertellen, beschrijven, opgeven, weergeven, overbrengen, bekendmaken* **0.2** ***opschrijven*** ⇒*noteren, optekenen, samenvatten* ⟨verslagen, handelingen⟩ **0.3** ***rapporteren*** ⇒*doorvertellen, overbrieven, verklikken, aangeven* ◆ **1.1** ~ a bill *over een wetsontwerp rapporteren;* ⟨BE⟩ ~ progress *over de stand v. zaken berichten;* ⟨BE⟩ move to ~ progress *voorstellen de debatten af te breken* ⟨in het Lagerhuis⟩ **2.1** she is ~ed ill *ze is ziek gemeld* **4.1** it is ~ed that ... *naar verluidt ...* **5.1** ~ **back** sth. *verslag uitbrengen over iets* **6.3** ~ s.o. **to** the police **for** sth. *iem. bij de politie aangeven voor iets.*

re·port·age [rɪ'pɔ:tɪdʒ, 'repɔ:'tɑ:ʒ||-'pɔr-, 'repər'tɑʒ]⟨zn.⟩

I ⟨telb.zn.⟩ **0.1** ***reportage*** ⇒*verslag;*

II ⟨n.-telb.zn.⟩ **0.1** ***reportage*** ⇒*het verslaan* **0.2** ***dagbladstijl*** ⇒*reportagestijl* **0.3** ***spannende weergave v. feiten*** **0.4** ***verteltechniek alleen door middel v. beelden.***

re'port card ⟨telb.zn.⟩⟨AE⟩ **0.1** ***(school)rapport.***

re·port·ed·ly [rɪ'pɔ:ţɪdli||rɪ'pɔrţɪdli]⟨f1⟩⟨bw.⟩ **0.1** ***naar verluidt*** ⇒*naar men zegt.*

re·port·er [rɪ'pɔ:tə||rɪ'pɔrţər]⟨f2⟩⟨telb.zn.⟩ **0.1** ***reporter*** ⇒*verslaggever* **0.2** ⟨jur., pol.⟩ ***rapporteur*** **0.3** ***stenograaf*** ⟨in parlement / gerechtshof⟩.

re'porters' gallery ⟨telb.zn.⟩ **0.1** ***perstribune.***

rep·or·to·ri·al ['repɔ:'tɔ:rɪəl||-pər-]⟨bn.; -ly⟩⟨AE⟩ **0.1** ***mbt. / v. verslaggevers / reporters.***

re'port stage ⟨n.-telb.zn.⟩⟨BE; pol.⟩ **0.1** ***stadium in de behandeling v. wet vóór de derde lezing*** ⟨in het Lagerhuis⟩.

re·pose[1] [rɪ'poʊz]⟨f1⟩⟨n.-telb.zn.⟩⟨schr.⟩ **0.1** ***rust*** ⇒*slaap, ontspanning* **0.2** ***kalmte*** ⇒*gemoedsrust* ◆ **6.1** **in** ~ *uitgestreken, onbewogen* ⟨v. gezicht⟩.

repose[2] ⟨f1⟩⟨ww.⟩⟨schr.⟩

I ⟨onov.ww.⟩ **0.1** ***rusten*** ⇒*uitrusten* **0.2** ***berusten*** ⇒*steunen* **0.3** ***vertoeven*** ⟨fig.⟩ ⇒*verwijlen* ⟨v. gedachten⟩ **0.4** ⟨euf.⟩ ***rusten*** ⇒*(begraven) liggen* ◆ **6.2** ~ **on** fear *op vrees berusten;*

II ⟨ov.ww.⟩ **0.1** ***laten (uit)rusten*** ⇒*rust geven* **0.2** ***stellen*** ⇒*vestigen* ⟨vertrouwen, hoop⟩ ◆ **4.1** ~ o.s. *(uit)rusten, zich ter ruste leggen* **6.2** ~ confidence / trust **in** sth. *vertrouwen stellen in iets.*

re·pose·ful [rɪ'poʊzfl]⟨bn.; -ly; -ness⟩ **0.1** ***rustig*** ⇒*kalm.*

re·pos·it [rɪ'pɒzɪt||-'pɑ-]⟨ov.ww.⟩ **0.1** ***wegleggen*** ⇒*deponeren, plaatsen, opslaan* **0.2** ***terugplaatsen*** ⇒*weer op zijn plaats leggen / zetten.*

re·po·si·tion[1] ['ri:pə'zɪʃn]⟨n.-telb.zn.⟩ **0.1** ***het deponeren*** ⇒*het wegleggen / opslaan* **0.2** ***repositie*** ⟨ook med.⟩ ⇒*het op zijn plaats terugbrengen.*

reposition[2] ⟨ov.ww.⟩ **0.1** ***de plaats / positie wijzigen v..***

re·pos·i·to·ry [rɪ'pɒzɪtri||rɪ'pɑzɪtɔri]⟨f1⟩⟨telb.zn.; →mv. 2⟩ **0.1** ***vergaarbak*** ⇒*vergaar / bewaarplaats* **0.2** ***magazijn*** ⇒*pakhuis, opslagplaats* **0.3** ***museum*** **0.4** ***begraafplaats*** ⇒*grafgewelf / tombe / kelder* **0.5** ***vertrouweling*** ⇒*drager* ⟨v. geheim⟩ **0.6** ***schatkamer*** ⟨fig.⟩ ⇒*bron, centrum* ⟨v. informatie⟩.

re·pos·sess ['ri:pə'zes]⟨ov.ww.⟩ **0.1** ***weer in bezit nemen*** ⇒*weer bezitten;* ⟨i.h.b.⟩ *terugnemen* ⟨door bank / winkel v. op lening / afbetaling gekochte goederen⟩ **0.2** ***weer in bezit stellen*** ◆ **6.2** ~ o.s. **of** sth. *zich weer in bezit stellen v. iets, iets herkrijgen;* ~ s.o. **of** sth. *iem. weer in bezit stellen v. iets.*

re·pos·ses·sion ['ri:pə'zeʃn]⟨n.-telb.zn.⟩ **0.1** ***hernieuwde inbezitneming*** ⇒⟨i.h.b.⟩ *terugneming* ⟨door bank / winkel⟩.

re·pot ['ri:'pɒt||'ri:'pɑt]⟨f1⟩⟨ov.ww.; →ww. 7⟩ **0.1** ***verpotten*** ⟨plant⟩.

re·pous·sé[1] [rə'pu:seɪ||rə'pu:'seɪ]⟨zn.⟩⟨metaalbewerking⟩

I ⟨telb.zn.⟩ **0.1** ***gedreven werk;***

II ⟨n.-telb.zn.⟩ **0.1** ***repoussé*** ⇒*drijfwerk.*

repoussé[2] ⟨bn., attr.⟩⟨metaalbewerking⟩ **0.1** ***gedreven.***

rep(p) [rep]⟨n.-telb.zn.⟩ **0.1** ***rips.***

repped [rept]⟨bn.⟩ **0.1** ***ripsachtig*** **0.2** ***geribd.***

repr ⟨afk.⟩ represent(ing), reprint(ed).

rep·re·hend ['reprɪ'hend]⟨ov.ww.⟩⟨schr.⟩ **0.1** ***berispen*** ⇒*aanmerkingen maken, een standje / uitbrander geven, terechtwijzen.*

rep·re·hen·si·bil·i·ty ['reprɪhensə'bɪləţi]⟨n.-telb.zn.⟩ **0.1** ***berispelijkheid*** ⇒*laakbaarheid.*

rep·re·hen·si·ble ['reprɪ'hensəbl]⟨f1⟩⟨bn.; -ly; -ness; →bijw. 3⟩ **0.1** ***berispelijk*** ⇒*laakbaar.*

rep·re·hen·sion ['reprɪ'henʃn]⟨telb. en n.-telb.zn.⟩ **0.1** ***berisping*** ⇒*afkeuring, standje, terechtwijzing.*

rep·re·hen·sive ['reprɪ'hensɪv], ⟨vero.⟩ **rep·re·hen·so·ry** [-səri]⟨bn.; reprehensively⟩ **0.1** ***berispend.***

rep·re·sent ['reprɪ'zent]⟨f3⟩⟨ov.ww.⟩ **0.1** ***voorstellen*** ⇒*weergeven, afbeelden, afschilderen, beschrijven* **0.2** ***voorhouden*** ⇒*attent maken op* **0.3** ***aanvoeren*** ⇒*beweren, voorgeven, meedelen* **0.4** ***verklaren*** ⇒*uitleggen, duidelijk maken, (proberen) aan het verstand (te) brengen* **0.5** ***symboliseren*** ⇒*staan voor, betekenen, voorstellen* **0.6** ***vertegenwoordigen*** **0.7** ⟨schr.⟩ ***opvoeren*** ⇒*spelen, vertonen* ◆ **4.3** ~ o.s. as *zich uitgeven voor* **6.4** ~ sth. **to** s.o. *iem. iets duidelijk maken;* ⟨schr.⟩ ~ one's grievances **to** the police *zijn klachten bij de politie kenbaar maken.*

re-pre·sent ['ri:prɪ'zent]⟨ov.ww.⟩ **0.1** ***opnieuw aanbieden / voorleggen / inzenden.***

rep·re·sent·a·bil·i·ty ['reprɪzenţə'bɪləţi]⟨n.-telb.zn.⟩ **0.1** ***voorstelbaarheid.***

rep·re·sent·a·ble ['reprɪ'zenţəbl]⟨bn.⟩ **0.1** ***voorstelbaar*** ⇒*voor te stellen.*

rep·re·sen·ta·tion ['reprɪzen'teɪʃn]⟨f3⟩⟨zn.⟩

I ⟨telb.zn.⟩ **0.1** ***voorstelling*** ⇒*afbeelding* **0.2** ***opvoering*** ⇒*voorstelling, uitbeelding* **0.3** ⟨vaak mv.⟩ ***protest*** **0.4** ***verklaring*** ⇒*bedenking, bewering* ◆ **3.3** make ~s to s.o. about sth. *over iets protest aantekenen bij iem., over iets een vertoog tot iem. richten;*

II ⟨n.-telb.zn.⟩ **0.1** ***voorstelling*** ⇒*het voorstellen* **0.2** ***vertegenwoordiging*** **0.3** ⟨jur.⟩ ***aanbod*** ⇒*offerte* **0.4** ⟨taalk.⟩ ***representatie*** ◆ **6.2** ⟨pol.⟩ no taxation **without** ~ *zonder vertegenwoordiging (in het parlement) geen belastingen.*

rep·re·sen·ta·tion·al ['reprɪzen'teɪʃnəl]⟨bn.⟩ **0.1** ***veraanschouwelijkend*** ⇒*representatief* ◆ **1.1** ~ art *voorstellingskunst, representatieve kunst.*

rep·re·sen·ta·tive[1] ['reprɪ'zenţəţɪv]⟨f3⟩⟨telb.zn.⟩ **0.1** ***monster*** ⇒*specimen, voorbeeld, proef* **0.2** ***vertegenwoordiger*** ⇒*agent* **0.3** ***afgevaardigde*** ⇒*gedelegeerde, gemachtigde* **0.4** ***plaatsvervanger*** ⇒*remplaçant* **0.5** ***opvolger*** ⇒*erfgenaam* **0.6** ***volksvertegenwoordiger*** ⇒*afgevaardigde* ◆ **1.6** ⟨AE⟩ House of Representatives *Huis v. Afgevaardigden.*

representative[2] ⟨f2⟩⟨bn.; -ly; -ness⟩ **0.1** ***representatief*** ⇒*typisch, typerend* **0.2** ***voorstellend*** ⇒*afbeeldend, symboliserend* **0.3** ***veraanschouwelijkend*** ⇒*kunst-* **0.4** ⟨pol.⟩ ***vertegenwoordigend*** ⇒*uit volksvertegenwoordigers samengesteld* ◆ **1.¶** ~ fraction *schaal* ⟨v. (land)kaart⟩; ~ peer *lid v.h. Eng. Hogerhuis* **6.¶** be ~ **of** *typisch / representatief zijn voor, voorstellen, vertegenwoordigen.*

re·press [rɪ'pres]⟨f2⟩⟨ov.ww.⟩ →repressed **0.1** ***onderdrukken*** ⟨ook fig.⟩ ⇒*verdrukken, in bedwang / toom houden, inhouden; smoren* **0.2** ⟨psych.⟩ ***verdringen.***

re-press ['ri:'pres]⟨ov.ww.⟩ **0.1** ***opnieuw persen*** ⟨i.h.b. grammofoonplaat⟩.

re·pressed [rɪ'prest]⟨f1⟩⟨bn.; volt. deelw. v. repress⟩ **0.1** ***onderdrukt*** **0.2** ⟨psych.⟩ ***verdrongen.***

re·press·i·ble [rɪ'presəbl]⟨bn.⟩ **0.1** ***onderdrukbaar*** ⇒*bedwingbaar* **0.2** ⟨psych.⟩ ***verdringbaar.***

re·pres·sion [rɪ'preʃn]⟨f2⟩⟨zn.⟩

I ⟨telb.zn.⟩ ⟨psych.⟩ **0.1** ***verdrongen gevoelen/gedachte;***
II ⟨n.-telb.zn.⟩ **0.1** ***onderdrukking*** ⇒*verdrukking, beteugeling, bedwang* **0.2** ⟨psych.⟩ ***verdringing*** ⇒*repressie.*

re·pres·sive [rɪ'presɪv]⟨f1⟩⟨bn.; -ly; -ness⟩⟨pej.⟩ **0.1** ***repressief*** ⇒*onderdrukkend, verdrukkend, onderdrukkings-; wreed* ⟨v. regime⟩.

re·pres·sor, re·press·er [rɪ'presə‖-ər]⟨telb.zn.⟩ **0.1** ***onderdrukker*** ⇒*verdrukker.*

re·prieve[1] [rɪ'pri:v]⟨f1⟩⟨telb.zn.⟩ **0.1** ***(bevel tot) uitstel*** ⇒*opschorting, respijt* ⟨v. doodstraf⟩ **0.2** ***kwijtschelding*** ⇒*gratie, omzetting, verzachting* ⟨v. doodstraf⟩ **0.3** ***respijt*** ⇒*verlichting, verademing, opluchting* ◆ **2.3** temporary ~ *(voorlopig) uitstel v. executie* **3.1** grant s.o. a ~ *iem. uitstel verlenen.*

reprieve[2] ⟨f2⟩⟨ov.ww.⟩ **0.1** ***uitstel/gratie/opschorting verlenen*** ⟨v. doodstraf⟩ **0.2** ***respijt geven/verlenen*** ⟨fig.⟩ ⇒*een adempauze geven.*

rep·ri·mand[1] ['reprɪmɑ:nd‖-mænd]⟨f1⟩⟨telb. en n.-telb.zn.⟩ **0.1** ***(officiële) berisping*** ⇒*reprimande, uitbrander, standje.*

reprimand[2] ⟨f1⟩⟨ov.ww.⟩ **0.1** ***(officieel) berispen*** ⇒*laken.*

re·print[1] ['ri:prɪnt]⟨f1⟩⟨zn.⟩
I ⟨telb.zn.⟩ **0.1** ***overdruk(je)*** **0.2** ***nadruk*** ⟨facsimile v. niet meer in omloop zijnde postzegel⟩;
II ⟨telb. en n.-telb.zn.⟩ **0.1** ***herdruk.***

reprint[2] ['ri:'prɪnt]⟨f2⟩⟨ww.⟩
I ⟨onov.ww.⟩ **0.1** ***in herdruk zijn*** ◆ **1.1** this book is ~ing *dit boek is in herdruk;*
II ⟨ov.ww.⟩ **0.1** ***herdrukken*** ⇒*een herdruk/nadruk/overdruk(je) maken v..*

re·pri·sal [rɪ'praɪzl]⟨f1⟩⟨telb. en n.-telb.zn.; vaak mv. met enk. bet.⟩ **0.1** ***represaille*** ⇒*vergelding(smaatregel)* **0.2** ⟨gesch.⟩ ***gewelddadige inbezitneming*** ⟨v. vijandelijke goederen/pers. als represaille; meestal met machtiging v.d. overheid⟩ ◆ **1.2** letters of ~ *kaperbrieven* **3.1** make ~s (up)on s.o. *represaillemaatregelen nemen tegen iem.* **6.1 as** a ~, **by** way **of** ~, **in** ~ *als represaille.*

re·prise[1] [rɪ'pri:z]⟨telb. en n.-telb.zn.⟩⟨muz.⟩ **0.1** ***reprise*** ⇒*herhaling.*

reprise[2] ⟨ov.ww.⟩⟨muz.⟩ **0.1** ***herhalen.***

re·pro ['ri:proʊ]⟨telb.zn.⟩⟨verk.⟩ reproduction (proof) ⟨druk.⟩ **0.1** ***repro*** **0.2** ***afdruk voor fotografische reproduktie.***

re·proach[1] [rɪ'proʊtʃ]⟨f2⟩⟨zn.⟩⟨→sprw. 630⟩
I ⟨telb. en n.-telb.zn.⟩ **0.1** ***schande*** ⇒*smaad, blaam* **0.2** ***verwijt*** ⇒*uitbrander, berisping, afkeuring* ◆ **1.2** a look of ~ *een verwijtende blik;* a term of ~ *een schimpwoord/scheldwoord* **2.2** there was a mute ~ in her eyes *er lag een stil verwijt in haar ogen* **3.1** bring ~ upon s.o. *schande brengen over iem.* **3.2** heap ~es on s.o. *iem. met verwijten overstelpen* **6.1 above/beyond** ~ *onberispelijk;* live **in** ~ and ignominy *in schande en oneer leven;* that's a ~ **to** our town *dat is een schande voor onze stad;*
II ⟨mv.; ~es⟩⟨vnl. R.-K.⟩ **0.1** ***improperia*** ⟨kerkelijke beurtzangen⟩.

reproach[2] ⟨f2⟩⟨ov.ww.⟩ **0.1** ***verwijten*** ⇒*berispen, afkeuren, een uitbrander/standje geven* **0.2** ⟨vero.⟩ ***tot schande strekken*** ⇒*te schande maken, schande brengen over* ◆ **1.1** her eyes ~ed me *ze keek me verwijtend aan* **4.1** I have nothing to ~ myself with *ik heb mezelf niets te verwijten;* ~ o.s. with sth. *zichzelf verwijten maken over iets* **6.1** she ~ed him **for** being false *zij verweet hem zijn valsheid.*

re·proach·a·ble [rɪ'proʊtʃəbl]⟨bn.; -ly; -ness; →bijw. 3⟩⟨vero.⟩ **0.1** ***berispelijk*** ⇒*laakbaar, afkeurenswaard.*

re·proach·ful [rɪ'proʊtʃfl]⟨bn.; -ly; -ness⟩ **0.1** ***verwijtend*** **0.2** ⟨vero.⟩ ***schandelijk.***

rep·ro·bate[1] ['reprəbeɪt]⟨telb.zn.⟩ **0.1** ⟨vaak scherts.⟩ ***onverlaat*** **0.2** ⟨relig.⟩ ***verdoemde*** ⇒*verdoemeling, verworpene* ⟨door God⟩; *verworpeling.*

reprobate[2] ⟨bn., attr.⟩ **0.1** ⟨vaak scherts.⟩ ***verdorven*** ⇒*ontaard, losbandig* **0.2** ⟨relig.⟩ ***verdoemd*** ⇒*verworpen* ⟨door God⟩; *goddeloos.*

reprobate[3] ⟨ov.ww.⟩ **0.1** ⟨relig.⟩ ***verwerpen*** ⟨door God⟩ ⇒*verdoemen* **0.2** ⟨vero.⟩ ***afkeuren*** ⇒*berispen, laken.*

rep·ro·ba·tion ['reprə'beɪʃn]⟨n.-telb.zn.⟩ **0.1** ***afkeuring*** ⇒*berisping* **0.2** ⟨relig.⟩ ***verdoeming*** ⇒*verdoemenis, verwerping* ⟨door God⟩; *reprobatie.*

re·pro·cess ['ri:'prouses‖-'prɑ-]⟨ov.ww.⟩ **0.1** ***recycleren*** ⇒*terugwinnen, opwerken* ⟨splijtstof⟩.

re·pro·duce ['ri:prə'dju:s‖-'du:s]⟨f3⟩⟨ww.⟩
I ⟨onov.ww.⟩ **0.1** ***zich voortplanten*** ⇒*zich vermenigvuldigen* **0.2** ***zich lenen voor reproduktie;***
II ⟨ov.ww.⟩ **0.1** ***weergeven*** ⇒*reproduceren, vermenigvuldigen* **0.2** ***voortbrengen*** **0.3** ***opnieuw/weer voortbrengen*** ⇒*herscheppen;* ⟨biol.⟩ *regenereren* **0.4** ***voor de geest roepen*** ⇒*voorstellen* **0.5** ***opnieuw opvoeren*** ⟨toneelstuk⟩.

re·pro·duc·er ['ri:prə'dju:sə‖-'du:sər]⟨telb.zn.⟩ **0.1** ***wie reproduceert/weergeeft/voortbrengt*** **0.2** ***reproduktieapparaat*** ⟨platenspeler e.d.⟩.

re·pro·duc·i·bil·i·ty ['ri:prədju:sə'bɪləti‖-'du:səbɪləṭi]⟨n.-telb.zn.⟩ **0.1** ***reproduceerbaarheid.***

re·pro·duc·i·ble ['ri:prə'dju:səbl‖-'du:-]⟨f1⟩⟨bn.; -ly; →bijw. 3⟩ **0.1** ***reproduceerbaar*** ⇒*herhaalbaar.*

re·pro·duc·tion[1] ['ri:prə'dʌkʃn]⟨f2⟩⟨zn.⟩
I ⟨telb. en n.-telb.zn.⟩ **0.1** ***reproduktie*** ⇒*weergave, afbeelding* **0.2** ⟨dram.⟩ ***reprise*** ⇒*heropvoering;*
II ⟨n.-telb.zn.⟩ **0.1** ***voortplanting.***

reproduction[2] ⟨bn., attr.⟩ **0.1** ***imitatie-*** ⟨v. meubelen, e.d.⟩.

repro'duction proof ⟨telb.zn.⟩⟨druk.⟩ **0.1** ***afdruk voor fotografische reproduktie.***

re·pro·duc·tive ['ri:prə'dʌktɪv]⟨f1⟩⟨bn., attr.; -ly; -ness⟩ **0.1** ***reproduktief*** ⇒*weergevend, weer voortbrengend* **0.2** ***voortplantings-*** ⇒*zich vermenigvuldigend* **0.3** ⟨biol.⟩ ***reproducerend*** ⇒*regenererend* ◆ **1.2** ~ organs *voortplantingsorganen.*

re·pro·gram ['ri:'proʊgræm]⟨ww.; →ww. 7⟩
I ⟨onov.ww.⟩ **0.1** ***een computer opnieuw programmeren;***
II ⟨ov.ww.⟩⟨comp.⟩ **0.1** ***opnieuw programmeren.***

re·pro·graph·ic ['ri:prə'græfɪk]⟨bn., attr.; -ally; →bijw. 3⟩ **0.1** ***reprografisch.***

re·pro·graph·y [rɪ'prɒgrəfi‖-'prɑ-]⟨n.-telb.zn.⟩ **0.1** ***reprografie*** ⟨fotografische/elektronische reproduktie v. documenten⟩.

re·proof [rɪ'pru:f], **re·prov·al** [rɪ'pru:vl]⟨telb. en n.-telb.zn.⟩⟨schr.⟩ **0.1** ***berisping*** ⇒*verwijt* ◆ **1.1** a glance of ~ *een verwijtende blik.*

re-proof ['ri:'pru:f]⟨ov.ww.⟩ **0.1** ***weer waterdicht maken*** **0.2** ⟨druk.⟩ ***een nieuwe afdruk maken v..***

'repro proof ⟨telb.zn.⟩⟨verk.⟩ reproduction proof ⟨druk.⟩ **0.1** ***afdruk voor fotografische reproduktie.***

re·prov·a·ble [rɪ'pru:vəbl]⟨bn.⟩ **0.1** ***berispelijk*** ⇒*laakbaar, afkeurenswaard.*

re·prove [rɪ'pru:v]⟨ov.ww.⟩⟨schr.⟩ →reproving **0.1** ***berispen*** ⇒*terechtwijzen, een uitbrander geven, afkeuren* ◆ **6.1** ~ s.o. **for** sth. *iem. om iets berispen.*

re-prove ['ri:'pru:v]⟨ov.ww.⟩ **0.1** ***opnieuw bewijzen.***

re·prov·ing [rɪ'pru:vɪŋ]⟨bn.; teg. deelw. v. reprove; -ly⟩⟨schr.⟩ **0.1** ***berispend*** ⇒*verwijtend, afkeurend.*

re·pro·vi·sion ['ri:prə'vɪʒn]⟨ov.ww.⟩ **0.1** ***opnieuw provianderen/v. proviand voorzien.***

reps [reps]⟨n.-telb.zn.⟩ **0.1** ***rips.***

rept ⟨afk.⟩ receipt, report.

rep·tant ['reptənt]⟨bn.⟩⟨biol.⟩ **0.1** ***kruipend*** ⇒*kruip-.*

rep·tile[1] ['reptaɪl‖'reptl]⟨f1⟩⟨telb.zn.⟩ **0.1** ***reptiel*** ⇒*kruipend dier* **0.2** ***(lage) kruiper*** ⟨fig.⟩ ⇒*reptiel.*

reptile[2] ⟨bn.⟩ **0.1** ***reptiel-*** ⇒*reptielen-* **0.2** ***kruipend*** **0.3** ***kruiperig*** ⇒*laag, gemeen, verachtelijk.*

rep·til·i·an[1] [rep'tɪlɪən]⟨telb.zn.⟩ **0.1** ***reptiel*** ⇒*kruipend dier* **0.2** ***(lage) kruiper*** ⟨fig.⟩ ⇒*reptiel.*

reptilian[2], **rep·ti·loid** ['reptɪlɔɪd]⟨bn.⟩ **0.1** ***reptiel-*** ⇒*reptielen-;* ⟨vaak ook scherts.⟩ *als een reptiel* **0.2** ***kruipend*** **0.3** ***kruiperig*** ⇒*laag, gemeen, verachtelijk.*

Repub ⟨afk.⟩ Republic, Republican (Party).

re·pub·lic [rɪ'pʌblɪk]⟨f2⟩⟨telb.zn.⟩ **0.1** ***republiek*** ⟨ook fig.⟩ ◆ **1.1** ~ of letters *republiek der letteren* **7.1** the R~ *de Franse Republiek.*

re·pub·li·can[1] [rɪ'pʌblɪkən]⟨f2⟩⟨telb.zn.⟩ **0.1** ***republikein*** **0.2** ⟨R-⟩ ⟨AE⟩ ***Republikein*** ⟨lid v.d. Republikeinse Partij⟩.

republican[2] ⟨f2⟩⟨bn.⟩ **0.1** ***republikeins*** **0.2** ⟨R-⟩ ⟨AE⟩ ***Republikeins*** ⇒*v.d. Republikeinse Partij* **0.3** ⟨dierk.⟩ ***gezellig*** ⇒*sociaal* ⟨v. vogels⟩.

re·pub·li·can·ism [rɪ'pʌblɪkənɪzm]⟨n.-telb.zn.⟩ **0.1** ***republikanisme*** **0.2** ⟨R-⟩ ⟨AE⟩ ***Republikeinse gezindheid/politiek.***

re·pub·li·can·ize, -ise [rɪ'pʌblɪkənaɪz]⟨ov.ww.⟩ **0.1** ***tot een republiek maken*** ⇒*republikeins maken.*

re·pub·li·ca·tion ['ri:pʌblɪ'keɪʃn]⟨telb. en n.-telb.zn.⟩ **0.1** ***heruitgave*** ⇒*nieuwe uitgave.*

Re'public Day ⟨eig.n.⟩ **0.1** ***Dag v.d. Republiek*** ⟨India, 26 jan.⟩.

re·pub·lish ['ri:'pʌblɪʃ]⟨f1⟩⟨ov.ww.⟩ **0.1** ***heruitgeven*** ⇒*opnieuw uitgeven* **0.2** ⟨jur.⟩ ***opnieuw passeren*** ⟨akte, testament⟩.

re·pu·di·ate [rɪ'pju:dieɪt]⟨f1⟩⟨ov.ww.⟩ **0.1** ***verstoten*** ⟨vrouw, kind⟩ **0.2** ⟨ben. voor⟩ ***verwerpen*** ⇒*niet erkennen* ⟨schuld, contract, testament, gezag⟩; *(ver)loochenen, desavoueren, ontkennen, afwijzen* ⟨beschuldiging⟩; *weigeren te betalen* ⟨schuld⟩; *weigeren iets te maken te hebben met.*

re·pu·di·a·tion [rɪ'pju:di'eɪʃn]⟨f1⟩⟨n.-telb.zn.⟩ **0.1** ***verstoting*** **0.2** ***verwerping*** ⇒*(ver)loochening, afwijzing.*

re·pu·di·a·tive [rɪ'pju:dɪətɪv‖-eɪṭɪv], **re·pu·di·a·to·ry** [rɪ'pju:dɪətri‖-tɔri]⟨bn.⟩ **0.1** ***verstotend*** **0.2** ***verwerpend*** ⇒*afwijzend.*

re·pu·di·a·tor [rɪ'pju:dieɪtə‖-eɪṭər]⟨telb.zn.⟩ **0.1** ***wie afwijst/niet erkent*** ⟨vnl. openbare schuld⟩ ⇒*wie verstoot.*

re·pugn [rɪ'pju:n]⟨ww.⟩⟨vero.⟩
I ⟨onov.ww.⟩ **0.1** ***zich verzetten*** ⇒*strijden, in conflict komen;*
II ⟨ov.ww.⟩ **0.1** ***zich verzetten tegen.***
re·pug·nance [rɪ'pʌgnəns], **re·pug·nan·cy** [-si]⟨f1⟩⟨zn.⟩
I ⟨telb. en n.-telb.zn.⟩ **0.1** ***(tegen)strijdigheid*** ⇒*contradictie, onverenigbaarheid, incompatibiliteit;*
II ⟨n.-telb.zn.⟩ **0.1** ***afkeer*** ⇒*weerzin, tegenzin* ◆ **6.1** feel ~ **against/towards** sth. *weerzin voelen tegen iets.*
re·pug·nant [rɪ'pʌgnənt]⟨f1⟩⟨bn.;-ly⟩ **0.1** ***weerzinwekkend*** **0.2** ***(tegen)strijdig*** ⇒*inconsequent, onverenigbaar, incompatibel* **0.3** ⟨schr.⟩ ***weerbarstig*** ◆ **6.1** it's ~ **to** me *ik walg ervan.*
re·pulse[1] [rɪ'pʌls]⟨telb. en n.-telb.zn.⟩ **0.1** ***terugdrijving*** **0.2** ***afwijzing*** ⇒*terugwijzing, verwerping, afstoting* ◆ **3.2** meet with a ~ *teruggeslagen/afgeslagen worden;* ⟨fig.⟩ *een blauwtje lopen, afgewezen worden.*
repulse[2] ⟨f1⟩⟨ov.ww.⟩ **0.1** ***terugdrijven*** ⇒*terugslaan* ⟨vijand⟩; *afslaan* ⟨aanval⟩; ⟨fig.⟩ *verijdelen* **0.2** ***afslaan*** ⇒*afwijzen* ⟨hulp, aanbod⟩; *weigeren, terugwijzen* **0.3** ***ontmoedigen*** **0.4** ***doen walgen.***
re·pul·sion [rɪ'pʌlʃn]⟨f1⟩⟨zn.⟩
I ⟨telb. en n.-telb.zn.; geen mv.⟩ **0.1** ***tegenzin*** ⇒*afkeer, walging* ◆ **3.1** feel (a) ~ for s.o. *een afkeer v. iem. hebben;*
II ⟨n.-telb.zn.⟩ **0.1** ***terugdrijving*** ⇒*terugstoot, terugslag* **0.2** ***afwijzing*** ⇒*terugwijzing* **0.3** ⟨nat.⟩ ***afstoting*** ⇒*repulsie.*
re·pul·sive [rɪ'pʌlsɪv]⟨f2⟩⟨bn.;-ly;-ness⟩ **0.1** ***afstotend*** ⇒*terugdrijvend, weerzinwekkend, walgelijk* **0.2** ⟨nat.⟩ ***repulsief*** ⇒*afstotend* **0.3** ⟨vero.⟩ ***afstotend*** ⇒*koel, koud, ijzig, onverschillig* ⟨v. houding, optreden⟩.
re·pur·chase[1] ['ri:'pɜ:tʃəs‖-'pɜr-]⟨n.-telb.zn.⟩ **0.1** ***terugkoop*** ⇒*herkoop.*
repurchase[2] ⟨ov.ww.⟩ **0.1** ***terugkopen.***
re·pu·ri·fy ['ri:'pjʊərɪfaɪ|-'pjʊr-]⟨ov.ww.;→ww. 7⟩ **0.1** ***opnieuw zuiveren*** ⇒*weer reinigen.*
rep·u·ta·bil·i·ty ['repjʊtə'bɪləti‖'repjət̬ə'bɪlət̬i]⟨n.-telb.zn.⟩ **0.1** ***achtenswaardigheid.***
rep·u·ta·ble ['repjʊtəbl‖'repjə-]⟨f1⟩⟨bn.;-ly;→bijw. 3⟩ **0.1** ***achtenswaardig*** ⇒*fatsoenlijk, eervol, met een goede naam.*
rep·u·ta·tion ['repjʊ'teɪʃn‖'repjə-]⟨f3⟩⟨telb. en n.-telb.zn.⟩ **0.1** ***reputatie*** ⇒*naam, faam* **0.2** ***goede naam*** ⇒*vermaardheid* ◆ **2.1** of high ~ *met grote faam* **3.2** justify one's ~, live up to one's ~ *zijn naam eer aandoen* **3.¶** have a ~ *een slechte reputatie hebben* **6.1** have the ~ **for** being corrupt *de naam hebben corrupt te zijn;* have the ~ **of** being an old screw *de reputatie hebben een oude vrek te zijn.*
re·pute[1] [rɪ'pju:t]⟨f1⟩⟨n.-telb.zn.⟩ **0.1** ***reputatie*** ⇒*naam, faam* **0.2** ***goede naam*** ⇒*vermaardheid* ◆ **2.1** of bad/evil ~ *met een slechte naam;* of good ~ *met een goede naam;* be held in high ~ *hoog aangeschreven staan* **6.1** know s.o. **by** ~ *iem. kennen v. horen zeggen.*
repute[2] ⟨ov.ww.⟩⟨vero., beh. in pass.⟩ →reputed **0.1** ***beschouwen (als)*** ⇒*houden voor* ◆ **2.1** be ~d (to be) rich *voor rijk doorgaan* **5.1** be ill ~d of *een slechte naam hebben;* be well/highly ~d of *een goede/zeer goede naam hebben* **6.1** be ~d **as** a miser *als vrek bekend staan.*
re·put·ed [rɪ'pju:t̬ɪd]⟨f1⟩⟨bn.; oorspr. volt. deelw. v. repute⟩
I ⟨bn.⟩ **0.1** ***befaamd;***
II ⟨bn., attr.⟩ **0.1** ***vermeend*** ◆ **1.1** her ~ father *haar vermeende vader* **1.¶** ⟨BE⟩ ~ pint *niet geijkte pint* ⟨bier, fles e.d.⟩.
re·put·ed·ly [rɪ'pju:t̬ɪdli]⟨f1⟩⟨bw.⟩ **0.1** ***naar men zegt/beweert*** ⇒*naar het heet* ◆ **2.1** be ~ rich *voor rijk doorgaan.*
req ⟨afk.⟩ require(d), requisition.
re·quest[1] [rɪ'kwest]⟨f3⟩⟨telb. en n.-telb.zn.⟩ **0.1** ***verzoek*** ⇒*(aan)vraag* ◆ **3.1** grant a ~ *een verzoek inwilligen;* make a ~ for help *om hulp verzoeken* **6.1** **at** his ~ *op zijn verzoek;* **at** the ~ of your father *op verzoek v. uw vader;* **by** ~ (of) *op verzoek (v.);* those shirts are **in** ~ *deze hemden zijn in trek, er is vraag naar deze hemden;* be **in** great ~, be much **in** ~ *veel gevraagd/populair zijn;* **on** ~ *op verzoek.*
request[2] ⟨f2⟩⟨ov.ww.⟩ **0.1** ***verzoeken*** ⇒*vragen (om)* ◆ **3.1** ~ s.o. to do sth. *iem. vragen iets te doen;* it is ~ed not to smoke *men wordt verzocht niet te roken;* may I ~ your attention? *mag ik uw attentie?* **6.1** ~ sth. **from/of** s.o. *iem. om iets verzoeken.*
re'quest programme ⟨f1⟩⟨telb.zn.⟩ **0.1** ***verzoekprogramma*** ⟨radio⟩.
re'quest stop ⟨telb.zn.⟩ **0.1** ***halte op verzoek.***
re·quick·en ['ri:'kwɪkən]⟨ov.ww.⟩ **0.1** ***doen herleven*** ⇒*opnieuw tot leven wekken, weer bezielen.*
re·qui·em ['rekwɪəm], **'requiem 'mass** ⟨telb.zn.⟩⟨relig.⟩ **0.1** ***requiem*** ⇒*dodenmis* **0.2** ***klaagzang*** ⇒*lijkzang.*
req·ui·es·cat ['rekwi'eskæt‖-'kɑt]⟨telb.zn.⟩ **0.1** ***requiescat*** ⟨gebed/wens voor de zielerust v.e. overledene⟩.
re·quir·a·ble [rɪ'kwaɪərəbl]⟨bn.⟩⟨vero.⟩ **0.1** ***vereist.***
re·quire [rɪ'kwaɪə‖-ər]⟨f3⟩⟨ww.⟩
I ⟨onov.ww.⟩ **0.1** ***nodig zijn*** ⇒*behoeven;*
II ⟨ov.ww.⟩ **0.1** ***nodig hebben*** ⇒*behoeven* **0.2** ⟨schr.⟩ ***vereisen*** ⇒*eisen, vorderen, verlangen, vragen* **0.3** ⟨vero.⟩ ***verzoeken*** ◆ **1.1** it ~d all his authority to ... *hij had al zijn gezag nodig om ...;* this problem ~s careful consideration *over dit probleem moet ernstig worden nagedacht* **3.2** these essays are ~d reading *deze essays zijn verplichte lectuur;* your hair ~s combing *je haar moet gekamd worden* **6.2** ~ sth. **from/of** s.o. *iets v. iem. eisen.*
re·quire·ment [rɪ'kwaɪəmənt‖-ər-]⟨f2⟩⟨telb.zn.⟩ **0.1** ***eis*** ⇒*(eerste) vereiste* **0.2** ***behoefte*** ⇒*benodigdheid* ◆ **3.1** meet/fulfil the ~s *aan de voorwaarden voldoen;* I can't meet your ~s *ik kan niet doen wat u v. mij verlangt.*
req·ui·site[1] ['rekwɪzɪt]⟨f1⟩⟨telb.zn.⟩ **0.1** ***vereiste*** **0.2** ⟨vaak mv.⟩ ***rekwisiet*** ⇒*benodigdheid.*
requisite[2] ⟨f1⟩⟨bn.;-ly;-ness⟩ **0.1** ***vereist*** ⇒*essentieel, noodzakelijk.*
req·ui·si·tion[1] ['rekwɪ'zɪʃn]⟨f1⟩⟨zn.⟩
I ⟨telb.zn.⟩ **0.1** ***behoefte*** ⇒*noodzakelijkheid* **0.2** ***aanvraagformulier*** ⇒*bon* **0.3** ***uitleveringsverzoek*** ⟨voor misdadiger in buitenland⟩;
II ⟨telb. en n.-telb.zn.⟩ **0.1** ***(op)vordering*** ⇒*eis, oproep(ing), verlangen;* ⟨mil.⟩ *rekwisitie* ◆ **6.1** put/call **in(to)** ~ *rekwireren, inzetten, in dienst stellen;* ⟨fig.⟩ be **in/under** constant/continual ~ *voortdurend ingezet/nodig zijn, voortdurend gevraagd worden.*
requisition[2] ⟨f1⟩⟨ov.ww.⟩⟨vnl. mil.⟩ **0.1** ***rekwireren*** ⇒*(op)vorderen, verlangen, opeisen.*
re·quit·al [rɪ'kwaɪt̬l]⟨n.-telb.zn.⟩ **0.1** ***vergelding*** ⇒*(weer)wraak* **0.2** ***beloning*** ⇒*vergoeding, schadeloosstelling, compensatie* ◆ **6.1** **in** ~ **for/of** *ter vergelding/uit (weer)wraak voor* **6.2** **in** ~ **for/of** *als beloning, in ruil voor.*
re·quite [rɪ'kwaɪt]⟨ov.ww.⟩ **0.1** ***vergelden*** ⇒*betaald zetten, wreken* **0.2** ***belonen*** **0.3** ***beantwoorden*** ◆ **1.3** ~ s.o.'s love *iemands liefde beantwoorden* **6.1** ~ good **for** evil, ~ evil **with** good *kwaad met goed vergelden;* ~ like **for** like *met gelijke munt betalen.*
re·rail ['ri:'reɪl]⟨ov.ww.⟩ **0.1** ***op een ander spoor zetten*** ⟨locomotief⟩.
re·read ['ri:'ri:d]⟨f2⟩⟨ov.ww.⟩ **0.1** ***herlezen*** ⇒*overlezen.*
rere-arch ['rɪərɑ:tʃ‖'rɪr'ɑrtʃ]⟨telb.zn.⟩⟨bouwk.⟩ **0.1** ***binnenboog.***
rere-dort·er ['rɪədɔ:tə‖'rɪrdɔrt̬ər]⟨telb.zn.⟩ **0.1** ***latrine achter het dormitorium*** ⟨in klooster⟩.
rere·dos ['rɪədɒs‖'rerədɑs]⟨telb.zn.⟩ **0.1** ***retabel*** ⇒*altaarstuk* **0.2** ***achterwand v. open haard.***
re·re·fine ['ri:rɪ'faɪn]⟨ov.ww.⟩ **0.1** ***weer/opnieuw zuiveren/raffineren*** ⟨gebruikte motorolie⟩.
rere·mouse ['rɪəmaʊs‖'rɪr-]⟨telb.zn.⟩⟨vero.; gew.⟩ **0.1** ***vleermuis.***
re·route ['ri:'ru:t]⟨ov.ww.⟩ **0.1** ***langs een andere route sturen*** ⇒*opnieuw uitstippelen.*
re·run[1] ['ri:rʌn]⟨f1⟩⟨telb.zn.⟩ **0.1** ***herhaling*** ⇒*reprise* ⟨v. film, toneelstuk e.d.⟩ **0.2** ***opnieuw getoond(e) film/toneelstuk*** ⟨e.d.⟩ **0.3** ***opnieuw gelopen wedstrijd.***
rerun[2] ['ri:'rʌn]⟨f1⟩⟨ov.ww.⟩ **0.1** ***opnieuw (laten) spelen*** ⇒*hernemen, herhalen* ⟨film, t.v.-programma⟩ **0.2** ***opnieuw (laten) lopen*** ⟨wedstrijd⟩.
res ⟨afk.⟩ research, reserve, residence, resident, resides, resolution.
re·sale ['ri:seɪl, 'ri:'seɪl]⟨n.-telb.zn.⟩ **0.1** ***wederverkoop*** ⇒*doorverkoop.*
'resale price 'maintenance ⟨n.-telb.zn.⟩⟨hand.⟩ **0.1** ***verticale prijsbinding.***
re·sched·ule [ri:'ʃedju:l‖-'skedʒʊ(ə)l]⟨ov.ww.⟩ **0.1** ***herschikken*** ◆ **1.1** rescheduling of debts *herschikking v.d. schulden(last).*
re·scind [rɪ'sɪnd]⟨f1⟩⟨ov.ww.⟩ **0.1** ***herroepen*** ⇒*afschaffen, intrekken, opheffen.*
re·scind·a·ble [rɪ'sɪndəbl]⟨bn.⟩ **0.1** ***herroepbaar.***
re·scis·sion [rɪ'sɪʒn]⟨n.-telb.zn.⟩ **0.1** ***herroeping*** ⇒*afschaffing, intrekking.*
re·scis·so·ry [rɪ'sɪsəri]⟨bn., attr.⟩ **0.1** ***herroepend.***
re·scope ['ri:'skoʊp]⟨ov.ww.⟩ **0.1** ***veranderen*** ⇒*herzien.*
re·script ['ri:skrɪpt]⟨zn.⟩
I ⟨telb.zn.⟩ **0.1** ***rescript*** ⟨schriftelijk stuk v. vorst, minister of paus⟩ **0.2** ***edict*** ⇒*decreet* **0.3** ***kopie*** **0.4** ***palimpsest*** ⟨opnieuw beschreven perkamentrol⟩;
II ⟨n.-telb.zn.⟩ **0.1** ***herschrijving.***
res·cue[1] ['reskju:]⟨f2⟩⟨zn.⟩
I ⟨telb. en n.-telb.zn.⟩ **0.1** ***redding*** ⇒*verlossing, bevrijding, ontzetting;*
II ⟨n.-telb.zn.⟩ **0.1** ***hulp*** ⇒*bijstand, steun* **0.2** ⟨jur.⟩ ***(gewelddadige) herinbezitneming*** **0.3** ⟨jur.⟩ ***ontzetting uit voogdij*** ◆ **6.1** come/go **to** s.o.'s ~/**to** the ~ of s.o. *iem. te hulp komen/snellen.*

rescue[2] ⟨f3⟩⟨ov.ww.⟩ **0.1** ***redden*** *⇒verlossen, bevrijden, ontzetten* **0.2** ***onrechtmatig bevrijden*** ⟨pers.⟩ *⇒uit voogdij ontzetten* **0.3** ***met geweld terugnemen*** ⟨bezit⟩ ◆ **6.1** ~ s.o. **from** drowning *iem. v.d. verdrinkingsdood redden;* ~ sth. **from** oblivion *iets uit de vergetelheid halen / voor vergetelheid behoeden.*

'res·cue-bid ⟨telb.zn.⟩⟨bridge⟩ **0.1** ***vluchtbod*** *⇒uitneembod.*

'rescue grass, 'rescue brome ⟨n.-telb.zn.⟩⟨plantk.⟩ **0.1** ***subtropische dravik*** ⟨grassoort; Bromus catharticus⟩.

'rescue operation ⟨telb.zn.⟩ **0.1** ***reddingsoperatie.***

'res·cue-par·ty ⟨telb.zn.⟩ **0.1** ***reddingsbrigade.***

'rescue plan ⟨telb.zn.⟩ **0.1** ***reddingsplan.***

'rescue programme ⟨telb.zn.⟩ **0.1** ***reddings / hulpprogramma.***

res·cu·er ['reskju:ə‖-ər]⟨f1⟩⟨telb.zn.⟩ **0.1** ***redder*** *⇒verlosser, bevrijder, ontzetter.*

'res·cue-team ⟨telb.zn.⟩ **0.1** ***reddingsteam / ploeg.***

'res·cue-train ⟨telb.zn.⟩ **0.1** ***hulptrein.***

'rescue worker ⟨telb.zn.⟩ **0.1** ***redder.***

re·search[1] [rɪ'sɜ:tʃ‖'ri:sɜrtʃ]⟨f3⟩⟨telb. en n.-telb.zn.⟩ **0.1** ***wetenschappelijk onderzoek*** *⇒onderzoekingswerk, research* ◆ **6.1** be engaged **in** ~ **on** sth., carry out a ~ / ~es **into** sth. *wetenschappelijk onderzoek verrichten naar iets.*

research[2] ⟨f2⟩⟨ww.⟩
I ⟨onov.ww.⟩ **0.1** ***onderzoekingen doen*** *⇒wetenschappelijk werk verrichten;*
II ⟨ov.ww.⟩ **0.1** ***wetenschappelijk onderzoeken*** ◆ **5.1** this book has been well ~ed *dit boek berust op gedegen onderzoek.*

research centre ['--]⟨telb.zn.⟩ **0.1** ***onderzoekscentrum.***

re·search·er [rɪ'sɜ:tʃə‖rɪ'sɜrtʃər]⟨f1⟩⟨telb.zn.⟩ **0.1** ***onderzoeker.***

research programme ['--]⟨telb.zn.⟩ **0.1** ***onderzoeksprogramma.***

'research student, ⟨AE⟩ **'research assistant** ⟨telb.zn.⟩ **0.1** ***post-doctoraal student*** *⇒promovendus.*

re·seat ['ri:'si:t]⟨ov.ww.⟩ **0.1** ***v. nieuwe zitplaatsen voorzien*** ⟨zaal⟩ **0.2** ***v.e. nieuwe zitting voorzien*** ⟨stoel⟩ **0.3** ***een nieuw kruis zetten in*** ⟨broek⟩ **0.4** ***weer doen neerzitten*** ◆ **4.4** ~ o.s. *weer gaan zitten.*

ré·seau, re·seau ['rezoʊ‖reɪ'zoʊ, rə-]⟨telb.zn.; ook réseaux [-oʊz]; →mv.5⟩ **0.1** ***net(werk).***

re·sect [rɪ'sekt]⟨ov.ww.⟩⟨med.⟩ **0.1** ***uitsnijden*** *⇒wegsnijden, operatief wegnemen, reseceren.*

re·sec·tion [rɪ'sekʃn]⟨n.-telb.zn.⟩⟨med.⟩ **0.1** ***resectie*** *⇒wegsnijding, uitsnijding* ⟨v. organen⟩.

re·se·da ['resɪdə‖rɪ'si:də]⟨zn.⟩
I ⟨telb.zn.⟩⟨plantk.⟩ **0.1** ***reseda*** *⇒wouw* ⟨Reseda⟩;
II ⟨n.-telb.zn.; ook attr.⟩ **0.1** ***reseda*** ⟨grijsachtig groene kleur⟩.

re·seg·re·ga·tion ['ri:segrɪ'geɪʃn]⟨n.-telb.zn.⟩⟨AE⟩ **0.1** ***hernieuwde rassenscheiding.***

re·seize ['ri:'si:z]⟨ov.ww.⟩ **0.1** ***weer in bezit nemen*** *⇒weer bemachtigen.*

re·sei·zure ['ri:'si:ʒə‖-ər]⟨telb.zn.⟩ **0.1** ***nieuwe inbezitneming.***

re·se·lect ['ri:sɪ'lekt]⟨ov.ww.⟩ **0.1** ***weer / opnieuw selecteren.***

re·sell ['ri:'sel]⟨ov.ww.⟩ **0.1** ***opnieuw / weer verkopen*** *⇒doorverkopen.*

re·sem·blance [rɪ'zembləns]⟨f2⟩⟨telb. en n.-telb.zn.⟩ **0.1** ***gelijkenis*** *⇒overeenkomst* ◆ **2.1** near ~ *grote gelijkenis* **6.1** show great ~ **to** s.o. *een grote gelijkenis met iem. vertonen.*

re·sem·blant [rɪ'zemblənt]⟨bn.⟩ **0.1** ***gelijkend*** *⇒gelijksoortig.*

re·sem·ble [rɪ'zembl]⟨f2⟩⟨ov.ww.⟩ **0.1** ***(ge)lijken op.***

re·sent [rɪ'zent]⟨f3⟩⟨ov.ww.⟩ **0.1** ***kwalijk nemen*** *⇒verontwaardigd / ontstemd / boos / gebelgd / geraakt / gepikeerd zijn over, zich beledigd voelen door, zich storen aan, aanstoot nemen aan, wrok koesteren over, verfoeien.*

re·sent·ful [rɪ'zentfl]⟨f2⟩⟨bn.; -ly; -ness⟩ **0.1** ***boos*** *⇒verontwaardigd, ontstemd, geraakt, beledigd* **0.2** ***wrokkig*** *⇒haatdragend, wrokkend, rancuneus.*

re·sent·ment [rɪ'zentmənt]⟨f2⟩⟨n.-telb.zn.⟩ **0.1** ***verontwaardiging*** *⇒verbolgenheid, wrevel* **0.2** ***wrok*** *⇒haat, rancune.*

re·ser·pine ['resəpɪn, -pi:n‖rɪ'sɜr-]⟨n.-telb.zn.⟩⟨med.⟩ **0.1** ***reserpine.***

re·serv·a·ble [rɪ'zɜ:vəbl‖-'zɜr-]⟨bn.⟩ **0.1** ***reserveerbaar.***

res·er·va·tion ['rezə'veɪʃn‖-zər-]⟨f3⟩⟨zn.⟩
I ⟨telb.zn.⟩ **0.1** ⟨BE⟩ ***middenberm*** *⇒middenstrook* ⟨v. autoweg⟩ **0.2** ⟨AE⟩ ***reservaat*** ⟨voor Indianen⟩ **0.3** ⟨vnl. AE⟩ ***gereserveerde plaats*** ◆ **2.1** central ~ *middenberm, middenstrook* **3.3** make ~s *plaatsen bespreken;*
II ⟨telb. en n.-telb.zn.⟩ **0.1** ***reserve*** *⇒voorbehoud, bedenking, bezwaar* **0.2** ⟨vaak R-⟩⟨R.-K.⟩ ***reservatie*** ⟨het bewaren v.h. geconsacreerde brood⟩ *⇒kerkelijk voorbehoud* **0.3** ⟨vnl. AE⟩ ***reservering*** *⇒plaatsbespreking* ◆ **2.1** mental ~ *geestelijk voorbehoud* **6.1** accept **with** (some) ~s *onder voorbehoud / reserve accepteren;* **without** ~(s) *zonder voorbehoud;*
III ⟨n.-telb.zn.⟩ **0.1** ***reservering*** *⇒het voorbehouden, het zich reserveren* **0.2** ***gereserveerdheid*** *⇒terughoudendheid* **0.3** ⟨jur.⟩ ***reservatierecht*** *⇒reservatieclausule.*

re·serve[1] [rɪ'zɜ:v‖rɪ'zɜrv]⟨f3⟩⟨zn.⟩
I ⟨telb.zn.⟩ **0.1** ⟨vaak mv. met enk. bet.⟩ ***reserve*** *⇒(nood)voorraad;* ⟨ec.⟩ *surplus aan kapitaal* **0.2** ⟨hand.⟩ ***limiet*** ⟨minimum verkoopprijs⟩ **0.3** ***reservaat*** **0.4** ***reservespeler*** *⇒invaller* **0.5** ⟨mil.⟩ ***reservist*** **0.6** ⟨Austr. E⟩ ***openbaar park*** *⇒plantsoen* ◆ **2.3** natural ~ *natuurreservaat* **6.1** have / hold / keep sth. **in** ~ *iets in reserve / petto hebben / houden* **6.2** sale **without** ~ *verkoop tot elke prijs* **¶.1** the ~s *de reserve;*
II ⟨telb. en n.-telb.zn.⟩ **0.1** ***reserve*** *⇒voorbehoud, bedenking, bezwaar* **0.2** ***gereserveerdheid*** *⇒reserve, terughoudendheid* ◆ **6.1** **under** usual ~ *onder gewoon voorbehoud;* publish sth. **with** all ~ / **with** all proper ~s *iets met het nodige / onder alle voorbehoud publiceren;* ⟨schr.⟩ **without** ~ *zonder enig voorbehoud;* accept sth. **without** ~ *iets zonder meer accepteren.*

reserve[2] ⟨f2⟩⟨ov.ww.⟩ →reserved **0.1** ***reserveren*** *⇒inhouden, achterhouden, bewaren, in reserve houden, bestemmen* **0.2** ***(zich) voorbehouden*** ⟨recht⟩ **0.3** ***opschorten*** ⟨oordeel, uitspraak⟩ **0.4** ⟨vnl. AE⟩ ***bespreken*** ⟨plaats⟩ *⇒reserveren* ◆ **1.2** all rights ~d *alle rechten voorbehouden;* ⟨jur.⟩ ~ the judgment *een uitspraak voorbehouden;* ⟨jur.⟩ judgment was ~d *uitspraak volgt* **4.1** ~ o.s. for better days *zijn krachten sparen voor betere dagen* **6.1** a bright future is ~d **for** him *een schitterende toekomst is voor hem weggelegd* **6.2** ~ **for / to** o.s. the right to ... *zich het recht voorbehouden om ....*

re-serve ['ri:'sɜ:v‖-'sɜrv]⟨ov.ww.⟩ **0.1** ***opnieuw / weer dienen.***

re'serve bench ⟨f1⟩⟨telb.zn.⟩ **0.1** ***reservebank.***

re'serve currency ⟨telb.zn.⟩ **0.1** ***monetaire reserve.***

re·serv·ed [rɪ'zɜ:vd‖rɪ'zɜrvd]⟨f2⟩⟨bn.; oorspr. volt. deelw. v. reserve; -ly; -ness⟩ **0.1** ***gereserveerd*** *⇒terughoudend, gesloten, zwijgzaam* **0.2** ***gereserveerd*** *⇒besproken* ⟨v. plaats⟩ **0.3** ***voorbestemd*** ◆ **1.2** ~ seat *gereserveerde plaats* **1.¶** ⟨BE; gesch., scheep.⟩ ~ list *lijst v. reserveofficieren;* ~ occupation *beroep dat v. militaire dienst vrijstelt* **6.3** ~ **for** great things *voor grote dingen voorbestemd.*

re'serve fund ⟨telb.zn.⟩ **0.1** ***reservefonds.***

re'serve price ⟨telb.zn.⟩⟨BE⟩ **0.1** ***limietprijs*** *⇒inzet, ophoudprijs* ⟨bij veilingen⟩.

re·serv·ist [rɪ'zɜ:vɪst‖-'zɜr-]⟨f1⟩⟨telb.zn.⟩⟨mil.⟩ **0.1** ***reservist.***

res·er·voir[1] ['rezəvwɑ:‖'rezərvwɑr]⟨f2⟩⟨telb.zn.⟩ **0.1** ***(water)reservoir*** *⇒vergaarbak, (water)bak, tank, bassin, spaarbekken, stuwmeer* **0.2** ***reserve*** ⟨fig.⟩ *⇒voorraad* ⟨feiten, kennis e.d.⟩.

reservoir[2] ⟨ov.ww.⟩ **0.1** ***vergaren.***

re·set[1] ['ri:set]⟨zn.⟩
I ⟨telb.zn.⟩ **0.1** ⟨ben. voor⟩ ***wat opnieuw gezet is*** ⟨juweel, been, plant enz.⟩ ⇒ ⟨druk.⟩ *nieuw zetsel* **0.2** ***terugstelinrichting;***
II ⟨n.-telb.zn.⟩ **0.1** ***het opnieuw zetten*** *⇒het herplanten.*

reset[2] ['ri:'set]⟨f1⟩⟨ov.ww.⟩ **0.1** ***opnieuw zetten*** ⟨juweel, been, plant, boek⟩ **0.2** ***opnieuw scherpen*** ⟨zaag⟩ **0.3** ***terugstellen*** ⟨ook computer⟩ *⇒terugzetten op nul* ⟨meter⟩.

re·set·tle ['ri:'setl]⟨ww.⟩
I ⟨onov.ww.⟩ **0.1** ***zich opnieuw vestigen;***
II ⟨ov.ww.⟩ **0.1** ***opnieuw (helpen) vestigen.***

re·set·tle·ment ['ri:'setlmənt]⟨telb. en n.-telb.zn.⟩ **0.1** ***nieuwe vestiging*** *⇒nieuwe nederzetting.*

re·shape ['ri:'ʃeɪp]⟨f1⟩⟨ov.ww.⟩ **0.1** ***een nieuwe vorm geven.***

re·ship ['ri:'ʃɪp]⟨ww.⟩
I ⟨onov.ww.⟩ **0.1** ***zich opnieuw inschepen*** *⇒opnieuw scheep gaan;*
II ⟨ov.ww.⟩ **0.1** ***opnieuw inschepen*** *⇒verschepen, overladen.*

re·ship·ment ['ri:'ʃɪpmənt]⟨zn.⟩
I ⟨telb.zn.⟩ **0.1** ***overgeladen vracht;***
II ⟨n.-telb.zn.⟩ **0.1** ***hernieuwde inscheping*** *⇒verscheping, overlading.*

re·shuf·fle[1] ['ri:'ʃʌfl]⟨f1⟩⟨n.-telb.zn.⟩⟨inf.⟩ **0.1** ***herschikking*** ⟨v. regering⟩ *⇒herverdeling, hergroepering, wijziging* ⟨v. posten⟩ ◆ **1.1** ~ of the Cabinet *portefeuillewisseling.*

reshuffle[2] ⟨f1⟩⟨ov.ww.⟩ **0.1** ***opnieuw schudden*** ⟨kaarten⟩ **0.2** ⟨inf.⟩ ***herschikken*** ⟨regering⟩ *⇒hergroeperen, wijzigen, opnieuw verdelen* ⟨posten⟩.

re·sid [rɪ'zɪd], **re'sidual 'oil** ⟨n.-telb.zn.⟩⟨petrochemie⟩ **0.1** ***residu.***

re·side [rɪ'zaɪd]⟨f2⟩⟨onov.ww.⟩⟨schr.⟩ **0.1** ***resideren*** *⇒wonen, zetelen, verblijf houden* **0.2** ***berusten*** ⟨v. macht, recht⟩ ◆ **6.2** the power ~s **in** the President *de macht berust bij de president.*

res·i·dence ['rezɪdəns]⟨f2⟩⟨zn.⟩
I ⟨telb.zn.⟩⟨schr.⟩ **0.1** ***residentie*** *⇒verblijf(plaats), woonplaats* **0.2** ***(voorname) woning*** *⇒villa, herenhuis;* ⟨fig.⟩ *zetel* **0.3** ***ambtswoning*** ⟨vnl. v. gouverneur⟩ **0.4** ⟨AE; med.⟩ ***klinische opleidingsperiode;***
II ⟨n.-telb.zn.⟩ **0.1** ***residentie*** *⇒het resideren* ◆ **3.1** have one's ~ at *verblijf houden te;* take up ~ in *zich metterwoon vestigen in* **6.1** be **in** ~ *resideren, (officieel) aanwezig zijn* ⟨in ambtswoning, aan universiteit⟩.

'residence permit ⟨telb.zn.⟩ **0.1** ***verblijfsvergunning***.
'residence time ⟨telb. en n.-telb.zn.⟩ **0.1** ***verblijftijd***.
res·i·den·cy ['rezɪdənsi]⟨telb.zn.;→mv. 2⟩ **0.1** ⟨vaak R-⟩⟨BE; gesch.⟩ ***residentswoning*** ⇒*ambtsgebied v.d. resident* ⟨in Indië⟩ **0.2** ⟨AE⟩ ***vervolmakingscursus*** **0.3** ⟨AE; med.⟩ ***klinische opleidingsperiode***.
res·i·dent[1] ['rezɪdənt]⟨f2⟩⟨telb.zn.⟩ **0.1** ***ingezetene*** ⇒*(vaste) inwoner, bewoner* **0.2** ⟨R-⟩⟨BE; gesch.⟩ ***resident*** ⟨in Indië⟩ ⇒*minister-resident* **0.3** ⟨dierk.⟩ ***standvogel*** **0.4** ⟨AE; med.⟩ ***dokter in klinische opleidingsperiode*** ⇒*inwonend arts*.
resident[2] ⟨f2⟩⟨bn.⟩ **0.1** ***woonachtig*** ⇒*residerend, inwonend, intern* **0.2** ***vast*** ⟨v. inwoner⟩ **0.3** ***inherent*** ⇒*eigen (aan), gevestigd, gelegen, zetelend* ◆ **1.1** ⟨AE⟩ ~ alien *vreemdeling met een verblijfsvergunning;* ~ ambassador *residerend ambassadeur* **1.2** the ~ population *de vaste inwoners* **1.3** ~ bird *standvogel*.
res·i·dent·er ['rezɪdentə||-denṭər]⟨telb.zn.⟩⟨gew.⟩ **0.1** ***inwoner*** ⇒*bewoner*.
res·i·den·tial ['rezɪ'denʃl]⟨f2⟩⟨bn.; -ly⟩ **0.1** ***woon-*** ⇒*v.e. woonwijk;* ⟨B.⟩ *residentieel* **0.2** ***verblijf(s)-*** ⇒*mbt. verblijf / residentie* ◆ **1.1** ~ area / district / quarter / estate *woonwijk;* ~ hotel *familiehotel;* ~ street *(deftige) woonstraat* **1.2** ~ franchise / qualifications (of voters) *stemrecht als ingezetenen;* ~ permit *verblijfsvergunning*.
res·i·den·ti·ar·y[1] ['rezɪ'denʃəri||-ʃieri]⟨telb.zn.;→mv. 2⟩ **0.1** ***geestelijke met residentieplicht*** **0.2** ***resident***.
residentiary[2] ⟨bn.⟩ **0.1** ***als residentie / verblijfplaats*** ⇒*met residentieplicht* **0.2** ***ter plaatse verblijvend*** ⇒*inwonend, woonachtig* ◆ **1.1** Canon ~ *kanunnik met residentieplicht;* ~ house *ambtswoning, residentie*.
res·i·dent·ship ['rezɪdəntʃɪp]⟨n.-telb.zn.⟩ **0.1** ***residentschap*** ⇒*residentenambt* **0.2** ***ambtsgebied v.e. resident***.
re·sid·er [rɪ'zaɪdə||-ər]⟨telb.zn.⟩ **0.1** ***resident*** ⇒*bewoner, verblijfhouder*.
re·sid·u·al[1] [rɪ'zɪdʒʊəl]⟨f1⟩⟨telb.zn.⟩ **0.1** ***residu*** ⇒*overblijfsel, overschot, rest(ant)* ⟨ook wisk., schei.⟩ **0.2** ⟨schei.⟩ ***bijprodukt*** ⇒*residuprodukt* **0.3** ⟨vaak mv.⟩ ***honorarium*** ⟨voor acteur / auteur; voor herhalingen⟩.
residual[2] ⟨f1⟩⟨bn.⟩ **0.1** ***achterblijvend*** ⇒*overblijvend, een residu vormend, overgebleven, residuaal, rest-*.
re·sid·u·ar·y [rɪ'zɪdʒʊəri||-dʒʊeri]⟨bn., attr.⟩ **0.1** ***residuair*** ⇒*overgebleven, overblijvend* ⟨ook jur.⟩ ◆ **1.1** ~ legatee *universeel erfgenaam*.
res·i·due ['rezɪdju:||-du:]⟨f2⟩⟨telb.zn.⟩ **0.1** ***residu*** ⟨ook jur., schei.⟩ ⇒*overschot / blijfsel, rest(ant), resterende aan / neerslag*.
re·sid·u·um [rɪ'zɪdjʊəm]⟨telb.zn.; vnl. residua [-djʊə];→mv. 5⟩ **0.1** ***residu*** ⟨ook jur., schei.⟩ ⇒*overblijfsel, rest(ant), bezinksel, bijprodukt*.
resign [rɪ'zaɪn]⟨f3⟩⟨ww.⟩ →resigned
I ⟨onov.ww.⟩ **0.1** ***berusten*** ⇒*zich schikken* **0.2** ***resigneren*** ⇒*afstand doen v.e. ambt, aftreden, ontslag nemen, bedanken* ⟨voor betrekking⟩; *abandonneren, opgeven* ⟨schaakspel⟩ ◆ **6.2** ~ **as** chairman, ~ **from** the chairmanship *aftreden als voorzitter;*
II ⟨ov.ww.⟩ **0.1** ***berusten in*** ⇒*zich schikken in, zich onderwerpen aan, zich neerleggen bij* **0.2** ***afstaan*** ⇒*afstand doen v.* ⟨recht, eis, eigendom⟩; *overgeven* **0.3** ***opgeven*** ⟨hoop⟩ **0.4** ***neerleggen*** ⟨ambt, taak⟩ ◆ **1.1** ~ one's fate *zich in zijn lot schikken* **1.4** ~ one's post *zijn ambt neerleggen* **4.1** ~ o.s. *berusten* **6.1** ~ o.s. **to** sth., be ~ed **to** sth. *zich in iets schikken, zich bij iets neerleggen;* you must ~ yourself **to** being patient *u zult wat geduld moeten oefenen* **6.2** ~ one's children **to** s.o.'s care *de zorg over zijn kinderen aan iem. toevertrouwen;* ~ o.s. **to** s.o.'s guidance *zich aan iemands leiding toevertrouwen*.
re-sign ['ri:'saɪn]⟨onov. en ov.ww.⟩ **0.1** ***opnieuw tekenen***.
res·ig·na·tion ['rezɪg'neɪʃn]⟨f2⟩⟨zn.⟩
I ⟨telb. en n.-telb.zn.⟩ **0.1** ***ontslag*** ⇒*ontslagbrief, aftreding, ontslagneming* ◆ **3.1** give / hand in / offer / send in / tender one's ~ *zijn ontslag indienen / aanbieden;*
II ⟨n.-telb.zn.⟩ **0.1** ***afstand*** **0.2** ***berusting*** ⇒*gelatenheid, overgave*.
re·sign·ed [rɪ'zaɪnd]⟨f2⟩⟨bn.; oorspr. volt. deelw. v. resign; -ly; -ness⟩ **0.1** ***gelaten*** ⇒*berustend*.
re·sile [rɪ'zaɪl]⟨onov.ww.⟩ **0.1** ***terugveren*** ⇒*terugspringen, zijn vorm herkrijgen* **0.2** ***veerkrachtig zijn*** ⇒*veerkracht hebben, zich herstellen* **0.3** ***zich terugtrekken*** ⇒*terugschrikken* ◆ **6.3** ~ **from** an agreement *v.e. overeenkomst afzien*.
re·sil·ience [rɪ'zɪlɪəns], **re·sil·ien·cy** [-si]⟨f1⟩⟨n.-telb.zn.⟩ **0.1** ***veerkracht*** ⟨ook fig.⟩ ⇒*herstellingsvermogen*.
re·sil·ient [rɪ'zɪlɪənt]⟨f1⟩⟨bn.; -ly⟩ **0.1** ***veerkrachtig*** ⟨ook fig.⟩ ⇒*(terug)verend, terugspringend*.
res·in[1] ['rezɪn]⟨f2⟩⟨telb. en n.-telb.zn.⟩ **0.1** ***hars*** ⇒*resine;* ⟨muz.⟩ *snarenhars* **0.2** ***kunsthars*** ◆ **2.1** synthetic ~ *kunsthars* **3.¶** ⟨inf.⟩ kiss the ~ *knock-out gaan, neergeslagen worden*.
resin[2] ⟨ov.ww.⟩ **0.1** ***harsen*** ⇒*met hars insmeren / bestrijken* ⟨i.h.b. muz., strijkstok⟩ **0.2** ***met hars behandelen / doortrekken / vermengen*** ⇒*resineren*.
res·in·ate ['rezɪneɪt]⟨ov.ww.⟩ →resinated **0.1** ***met hars doortrekken / vermengen*** ⇒*met hars kruiden, resineren*.
res·in·at·ed ['rezɪneɪṭɪd]⟨bn.; volt. deelw. v. resinate⟩ **0.1** ***met hars doortrokken / gekruid / vermengd***.
res·in·if·er·ous ['rezɪ'nɪfrəs]⟨bn.⟩ **0.1** ***hars voortbrengend*** ⇒*harshoudend, hars bevattend*.
res·in·o- ['rezɪnoʊ] **0.1** ***harsig*** ⇒*harsachtig* ◆ **¶.1** resino-electricity *harselektriciteit, negatieve elektriciteit*.
res·in·ous ['rezɪnəs]⟨bn.; -ly; -ness⟩ **0.1** ***harsachtig*** ⇒*harshoudend, hars(t)ig, hars-*.
res·i·pis·cence ['resɪ'pɪsns]⟨n.-telb.zn.⟩⟨vero.⟩ **0.1** ***inkeer*** ⇒*berouw*.
re·sist[1] [rɪ'zɪst]⟨telb.zn.⟩ **0.1** ***beschermlaag*** ⇒*beschermpasta / lak*.
resist[2] ⟨f3⟩⟨ww.⟩
I ⟨onov.ww.⟩ **0.1** ***weerstand / tegenstand bieden*** **0.2** ***zich verzetten;***
II ⟨ov.ww.⟩ **0.1** ⟨ben. voor⟩ ***weerstaan*** ⇒*weerstand bieden aan, tegenhouden, opvangen* ⟨projectiel, slag⟩; *afweren* ⟨wapen, aanval⟩; *bestand zijn tegen* ⟨koude, hitte, vocht⟩; *resistent zijn tegen* ⟨ziekte, infectie⟩ **0.2** ***zich verzetten tegen*** ⇒*bestrijden, proberen te belemmeren, weigeren in te willigen* **0.3** ⟨vnl. met ontkenning⟩ ***nalaten*** ⇒*zich onthouden v.* ◆ **1.1** ~ heat *bestand zijn tegen de hitte;* ~ temptation *de bekoring weerstaan* **1.3** I cannot ~ a joke *ik kan het niet nalaten een grapje te maken* **3.3** he could hardly ~ smiling *hij kon het amper nalaten te glimlachen*.
re·sis·tance [rɪ'zɪstəns], ⟨in bet. III 0.3 ook⟩ **resistance movement** ⟨f3⟩⟨zn.⟩
I ⟨telb.zn.⟩⟨elek.⟩ **0.1** ***weerstand;***
II ⟨telb. en n.-telb.zn.⟩ **0.1** ***onwil*** ⇒*antagonisme, tegenstreving* ◆ **1.1** sales ~ *onwil om te kopen;*
III ⟨n.-telb.zn.⟩ **0.1** ***weerstand*** ⟨ook elek., psych., schei.⟩ ⇒*tegenstand, verzet* **0.2** ***weerstandsvermogen*** **0.3** ⟨vaak R-; the⟩ ***verzetsbeweging*** ⇒*verzet, ondergrondse* ◆ **1.1** line of ~ *weerstandslijn* **2.1** passive ~ *passief verzet* **3.1** make / offer no / not much ~ *geen / weinig weerstand bieden;* overcome the ~ of the air *de luchtweerstand overwinnen* **7.1** ⟨fig.⟩ take the line of least ~ *de weg v.d. minste weerstand kiezen*.
re'sistance fighter ⟨telb.zn.⟩ **0.1** ***verzetstrijder***.
re·sis·tant, re·sis·tent [rɪ'zɪstənt]⟨f2⟩⟨bn.; -ly⟩ **0.1** ***weerstand biedend*** ⇒*resistent, bestand* ◆ **6.1** be / become ~ **to** DDT *immuun zijn / worden voor DDT, bestand zijn / worden tegen DDT* **¶.1** corrosion-~ *bestand tegen roest;* heat-~ *hittebestendig*.
re·sist·er [rɪ'zɪstə||-ər]⟨telb.zn.⟩ **0.1** ***wie weerstand biedt*** ⇒*verzetsman / vrouw, verzetsstrijder / strijdster*.
re·sist·i·bil·i·ty [rɪ'zɪstə'bɪləṭi]⟨n.-telb.zn.⟩ **0.1** ***weerstaanbaarheid*** **0.2** ***weerstandsvermogen***.
re·sist·i·ble [rɪ'zɪstəbl]⟨bn.; -ly;→bijw. 3⟩ **0.1** ***weerstaanbaar***.
re·sis·tive [rɪ'zɪstɪv]⟨bn.; -ly; -ness⟩ **0.1** ***weerstand biedend*** ⟨ook elek.⟩ ⇒*resistent, bestand* ◆ **¶.1** fire-~ *vuurvast*.
re·sis·tiv·i·ty ['ri:zɪs'tɪvəṭi]⟨n.-telb.zn.⟩ **0.1** ***weerstandsvermogen*** **0.2** ⟨elek.⟩ ***soortelijke weerstand***.
re·sist·less [rɪ'zɪs(t)ləs]⟨bn.; -ly; -ness⟩ **0.1** ***geen weerstand biedend*** **0.2** ⟨vero.⟩ ***onweerstaanbaar***.
re·sis·tor [rɪ'zɪstə||-ər]⟨f1⟩⟨telb.zn.⟩⟨elek.⟩ **0.1** ***weerstand*** ◆ **2.1** variable ~ *regelweerstand*.
re·sit[1] ['ri:sɪt]⟨telb.zn.⟩⟨BE⟩ **0.1** ***herexamen***.
resit[2] ['ri:'sɪt]⟨ov.ww.⟩⟨BE⟩ **0.1** ***opnieuw afleggen*** ⇒*herkansen* ⟨examen⟩.
re·sole ['ri:'soʊl]⟨ov.ww.⟩ **0.1** ***verzolen*** ⟨schoenen⟩.
re·sol·u·bil·i·ty [rɪ'zɒljʊ'bɪləti||rɪ'zɑljə'bɪləṭi]⟨n.-telb.zn.⟩ **0.1** ***oplosbaarheid***.
re·sol·u·ble [rɪ'zɒljʊbl||rɪ'zɑljəbl]⟨bn.; -ness⟩ **0.1** ***oplosbaar*** **0.2** ***analyseerbaar*** ⇒*ontleedbaar, ontbindbaar, herleidbaar* ◆ **6.2** ~ **into** *herleidbaar tot*.
re-sol·u·ble ['ri:'sɒljʊbl||'ri:'sɑljəbl]⟨bn.; -ly; -ness;→bijw. 3⟩ **0.1** ***opnieuw oplosbaar***.
res·o·lute[1] ['rezəlu:t]⟨f2⟩⟨bn.; -ly; -ness⟩ **0.1** ***resoluut*** ⇒*vastberaden, vastbesloten, beslist, onwrikbaar*.
resolute[2] ⟨onov.ww.⟩ **0.1** ***een besluit nemen***.
res·o·lu·tion ['rezə'lu:ʃn]⟨f2⟩⟨zn.⟩
I ⟨telb.zn.⟩ **0.1** ***resolutie*** ⇒*aangenomen conclusie, motie, voorstel, plan;* ⟨jur.⟩ *uitspraak* **0.2** ***besluit*** ⇒*beslissing, voornemen* ◆ **2.2** good ~s *goede voornemens* **3.1** pass / carry / adopt a ~ *een motie aannemen / goedkeuren;* reject a ~ *een motie verwerpen;*
II ⟨n.-telb.zn.⟩ **0.1** ***oplossing*** ⇒*ontbinding, ontleding, omzetting* **0.2** ***vastberadenheid*** ⇒*beslistheid, vastbeslotenheid, standvastigheid, kordaatheid* **0.3** ***ontknoping*** ⟨v. intrige⟩ **0.4** ⟨med.⟩ ***verdwijning*** ⇒*slinking, opdroging* ⟨zonder ettering; v. gezwel⟩ **0.5** ⟨lit.⟩ ***ontbinding*** ⟨v. lange lettergreep tot twee korte⟩ **0.6** ⟨muz.⟩ ***op-***

lossing ⟨v. dissonant⟩ **0.7** ***resolutie*** ⟨fijnheid v.t.v.-beeld⟩ **0.8** ⟨nat.⟩ ***scheidend vermogen*** ⇒*oplossend vermogen* **0.9** ⟨tech.⟩ ***ontbinding*** ⟨v. krachten⟩.

re·sol·u·tive[1] [rɪ'zɒljʊtɪv‖rɪ'zɑljəṭɪv]⟨telb.zn.⟩⟨med.⟩ **0.1** ***oplossend middel*** ⇒*oplosmiddel.*

resolutive[2] ⟨bn.⟩ **0.1** ***oplossend*** ⇒*ontbindend* ◆ **1.1** ⟨jur.⟩ ~ condition *ontbindende voorwaarde.*

re·solv·a·bil·i·ty [rɪ'zɒlvə'bɪləti‖rɪ'zɑlvə'bɪləṭi]⟨n.-telb.zn.⟩ **0.1** ***oplosbaarheid.***

re·solv·a·ble [rɪ'zɒlvəbl‖-'zɑl-]⟨f1⟩⟨bn.; -ness; →bijw. 3⟩ **0.1** ***oplosbaar*** **0.2** ***analyseerbaar*** ⇒*ontleedbaar, ontbindbaar, herleidbaar* ◆ **6.2** ~ **into** *herleidbaar tot.*

re·solve[1] [rɪ'zɒlv‖rɪ'zɑlv]⟨zn.⟩

I ⟨telb.zn.⟩ **0.1** ***besluit*** ⇒*beslissing, voornemen* **0.2** ⟨AE⟩ ***resolutie*** ⇒*aangenomen conclusie, motie, voorstel, plan;* ⟨jur.⟩ *uitspraak* ◆ **2.1** a firm ~ to stay *een vast voornemen om te blijven* **3.1** keep one's ~ *bij zijn beslissing blijven;*

II ⟨n.-telb.zn.⟩⟨schr.⟩ **0.1** ***vastberadenheid*** ⇒*beslistheid, vastbeslotenheid, standvastigheid* ◆ **2.1** deeds of high ~ *daden die getuigen v.e. grote vastberadenheid.*

resolve[2] ⟨f3⟩⟨ww.⟩ →resolved

I ⟨onov.ww.⟩ **0.1** ***een beslissing nemen*** ⇒*een besluit nemen, beslissen, besluiten, zich voornemen* **0.2** ***zich uitspreken*** ⇒*een uitspraak doen, zich verklaren* **0.3** ***zich oplossen*** ⇒*zich ontbinden, uiteenvallen;* ⟨med.⟩ *vanzelf verdwijnen, slinken, opdrogen* ⟨v. gezwel⟩ **0.4** ⟨muz.⟩ ***zich oplossen*** ⟨dissonant in consonant⟩ ◆ **6.1** he ~d **against** drinking *hij nam zich voor niet te drinken;* they ~d **(up)on** doing sth. *zij besloten iets te doen;* they ~d **(up)on** a plan *zij keurden een plan goed* **6.2** the committee ~d **against** nuclear energy *het comité sprak zich uit tegen kernenergie;* Parliament would ~ **up(on)** the sending of troops *het Parlement zou zich uitspreken over het zenden v. troepen;*

II ⟨ov.ww.⟩ **0.1** ***beslissen*** ⇒*besluiten* **0.2** ***oplossen*** ⇒*een oplossing vinden voor, ophelderen, opklaren* **0.3** ***verklaren*** ⇒*uitleggen* **0.4** ***opheffen*** ⇒*wegnemen* ⟨twijfel⟩ **0.5** ***ontbinden*** ⇒*(doen) oplossen, herleiden, analyseren, ontleden* **0.6** ***omzetten*** ⇒*veranderen* **0.7** ***ertoe brengen*** ⇒*doen beslissen, tot de beslissing/het besluit brengen* **0.8** ***besluiten*** ⇒*beëindigen, bijleggen* ⟨geschil⟩ **0.9** ***uitwerken*** ⟨ontknoping v.e. toneelstuk⟩ **0.10** ⟨med.⟩ ***doen verminderen/verdwijnen/opdrogen/slinken*** ⟨gezwel⟩ **0.11** ⟨taalk.⟩ ***ontbinden*** ⟨lange lettergreep in twee korte⟩ **0.12** ⟨muz.⟩ ***oplossen*** ⟨dissonant⟩ **0.13** ⟨wisk.⟩ ***ontbinden*** ⟨vector⟩ **0.14** ⟨nat.⟩ ***scheiden*** ⇒*oplossen* ⟨beeld⟩ **0.15** ⟨tech.⟩ ***ontbinden*** ⟨krachten⟩ **0.16** ⟨vero.⟩ ***smelten*** ⇒*(doen) oplossen* ◆ **3.1** he ~d to leave *hij besloot weg te gaan;* she ~d to succeed *zij was vastbesloten te slagen* **4.7** that ~d us to ... *dat deed ons besluiten om ...* **6.6** ~ o.s. **into** *zich veranderen in;* ~ sth. **into** *iets omzetten in;* the meeting ~d itself **into** a committee *de vergadering ging in comité-generaal;* the problem ~d itself **into** this: *het probleem kwam hierop neer:* **6.7** that news ~d us **(up)on** going back *dat nieuws deed ons besluiten terug te keren* **8.1** the assembly ~d that ... *de vergadering sprak er zich voor uit/besliste dat ....*

re·solv·ed [rɪ'zɒlvd‖rɪ'zɑlvd]⟨f1⟩⟨bn.; oorspr. volt. deelw. v. resolve; -ly; -ness⟩ **0.1** ***vastbesloten*** ⇒*vastberaden, resoluut, beslist.*

re·sol·vent[1] [rɪ'zɒlvənt‖-zɑl-]⟨telb.zn.⟩⟨vnl. med.⟩ **0.1** ***oplossend/ontzwellend middel*** ⇒*oplosmiddel.*

resolvent[2] ⟨bn., attr.⟩⟨vnl. med.⟩ **0.1** ***oplossend*** ⇒*ontbindend.*

re'solv·ing pow·er ⟨n.-telb.zn.⟩⟨tech.⟩ **0.1** ***oplossend vermogen*** ⇒*scheidend vermogen* ⟨v. lens⟩.

res·o·nance ['rezənəns]⟨f1⟩⟨telb. en n.-telb.zn.⟩ **0.1** ***resonantie*** ⇒*weerklank, weergalm.*

'resonance body, 'resonance box, 'resonance chamber ⟨telb.zn.⟩ **0.1** ***klankkast.***

res·o·nant[1] ['rezənənt]⟨telb.zn.⟩⟨taalk.⟩ **0.1** ***resonant*** ⇒*sonorant.*

resonant[2] ⟨f1⟩⟨bn.; -ly⟩

I ⟨bn.⟩ **0.1** ***resonerend*** ⇒*weerklinkend, weergalmend* **0.2** ***vol*** ⇒*diep* ⟨v. stem⟩;

II ⟨bn., pred.⟩ **0.1** ***gevuld*** ⇒*vol* ⟨met geluid⟩ ◆ **6.1** ~ **with** music *vol muziek.*

res·o·nate ['rezəneɪt]⟨onov.ww.⟩ **0.1** ***resoneren*** ⇒*weerklinken, weergalmen.*

res·o·na·tor ['rezəneɪtə‖-neɪṭər]⟨telb.zn.⟩ **0.1** ***resonator*** ⇒*resonerend systeem, klankbodem* **0.2** ⟨elektronica⟩ ***resonator*** ⇒*trillingskring.*

re·sorb [rɪ'sɔ:b‖rɪ'sɔrb]⟨ww.⟩

I ⟨onov.ww.⟩ **0.1** ***resorptie ondergaan*** ⇒*geresorbeerd worden;*

II ⟨ov.ww.⟩ **0.1** ***resorberen*** ⇒*opslorpen; weer opnemen* ⟨vocht⟩.

re·sorb·ence [rɪ'sɔ:bəns‖-'sɔr-]⟨n.-telb.zn.⟩ **0.1** ***resorptie*** ⇒*het resorberen.*

re·sorb·ent [rɪ'sɔ:bənt‖-'sɔr-]⟨bn., attr.⟩ **0.1** ***resorberend*** ⇒*opslorpend.*

res·or·cin·ol [rɪ'zɔ:sɪnɒl‖rɪ'zɔrsɪnɔl], **res·or·cin** [-sɪn]⟨n.-telb.zn.⟩ ⟨schei.⟩ **0.1** ***resorcinol*** ⇒*resorcine.*

re·sorp·tion [rɪ'sɔ:pʃn‖-'sɔr-]⟨n.-telb.zn.⟩ **0.1** ***resorptie*** ⇒*het resorberen.*

re·sort [rɪ'zɔ:t‖rɪ'zɔrt]⟨f2⟩⟨zn.⟩

I ⟨telb.zn.⟩ **0.1** ***hulpmiddel*** ⇒*redmiddel, toevlucht* **0.2** ***druk bezochte plaats*** ⇒*(vakantie)oord, ontspanningsoord* ◆ **2.1** you are my last ~ *jij bent mijn laatste toevlucht;* in the last ~, as a last ~ *in laatste instantie, als laatste uitweg, als de nood aan de man komt, in geval v. nood;*

II ⟨n.-telb.zn.⟩ **0.1** ***toevlucht*** ⇒*bescherming, troost, hulp, steun* **0.2** ***toevloed*** ⇒*samenstroming, samenloop* ⟨v. personen⟩; *druk/geregeld bezoek* ◆ **2.2** a place of great ~ *een druk bezochte plaats;* a place of public ~ *een openbare gelegenheid* **6.1** ⟨schr.⟩ have ~ **to** sth. *zijn toevlucht nemen tot iets;* **without** ~ **to** *zonder zijn toevlucht te nemen tot.*

re-sort ['ri:'sɔ:t‖'ri:'sɔrt]⟨ov.ww.⟩ **0.1** ***opnieuw/weer/nogmaals sorteren/uitzoeken/rangschikken/indelen.***

re'sort to ⟨f2⟩⟨onov.ww.⟩ **0.1** ***zijn toevlucht nemen tot*** **0.2** ***zich (dikwijls) begeven naar*** ⇒*druk/vaak/in groten getale bezoeken* ◆ **1.1** ~ force *zijn toevlucht nemen tot geweld;* she resorted to drink *zij gaf zich over aan de drank* **1.2** they resorted to the place of pilgrimage by hundreds *ze stroomden met honderden in de bedevaartplaats samen.*

re·sound [rɪ'zaʊnd]⟨f1⟩⟨ww.⟩ →resounding

I ⟨onov.ww.⟩ **0.1** ***weerklinken*** ⟨ook fig.⟩ ⇒*weergalmen* ◆ **6.1** his fame ~ed **in/through** the world *heel de wereld sprak v. hem;* the streets ~ed **with** cheering *de straten weergalmden v.h. gejuich;*

II ⟨ov.ww.⟩ **0.1** ***weerkaatsen*** ⇒*doen weerklinken/weergalmen* **0.2** ***verkondigen*** ⇒*prijzen, loven, verheerlijken.*

re-sound ['ri:'saund]⟨ww.⟩

I ⟨onov.ww.⟩ **0.1** ***opnieuw/weer klinken;***

II ⟨ov.ww.⟩ **0.1** ***opnieuw/weer laten klinken.***

re·sound·ing [rɪ'zaʊndɪŋ]⟨f1⟩⟨bn., attr.; (oorspr.) teg. deelw. v. resound; -ly⟩ **0.1** ***(weer)klinkend*** **0.2** ***zeer groot*** ⇒*onmiskenbaar, krachtig, sterk* ◆ **1.1** a ~ speech *een klinkende toespraak* **1.2** a ~ success *een daverend succes.*

re·source [rɪ'zɔ:s, -'sɔ:s‖rɪ'zɔrs, -'sɔrs]⟨f3⟩⟨zn.⟩

I ⟨telb.zn.⟩ **0.1** ***hulpbron*** ⇒*redmiddel, hulpmiddel, middel* **0.2** ***toevlucht*** **0.3** ***ontspanningsmiddel*** ⇒*ontspanning, tijdverdrijf, liefhebberij, vrijetijdsbesteding* **0.4** ⟨vero.⟩ ***uitweg*** ⇒*uitkomst, oplossing* ◆ **1.1** be at the end of one's ~s *aan het einde v. zijn Latijn zijn;* a man of no ~s *iem. zonder middelen* **1.3** he is a man of no ~s *hij heeft geen liefhebberijen* **2.3** reading is his only ~ *lezen is zijn enige ontspanning* **2.4** as a last ~ *als laatste uitweg* **3.3** leave s.o. to his own ~s *iem. zijn vrije tijd zelf laten vullen* **6.1** left **to** one's own ~s *aan zijn lot overgelaten* ¶**.4** lost without ~ *reddeloos verloren;*

II ⟨n.-telb.zn.⟩ **0.1** ***vindingrijkheid*** ◆ **2.1** he is full of ~/a man of ~ *hij is (zeer) vindingrijk, hij weet zich altijd te redden;*

III ⟨mv.; ~s⟩ **0.1** ***rijkdommen*** ⇒*(geld)middelen, voorraden, bestaansmiddelen, bezittingen* **0.2** ***verdedigingsmiddelen*** **0.3** ⟨AE⟩ ***activa*** ⇒*bedrijfsmiddelen* ◆ **2.1** natural ~s *natuurlijke rijkdommen.*

re·source·ful [rɪ'zɔ:sfl, -'sɔ:s-‖rɪ'zɔrsfl, -'sɔrs-]⟨f1⟩⟨bn.; -ly; -ness⟩ **0.1** ***vindingrijk*** **0.2** ***rijk aan hulpbronnen/(hulp)middelen.***

re·source·less [rɪ'zɔ:sləs, -'sɔ:s-‖rɪ'zɔrs-, -'sɔrs-]⟨bn.; -ness⟩ **0.1** ***zonder middelen*** **0.2** ***hulpeloos.***

resp ⟨afk.⟩ **0.1** ⟨respective⟩ **0.2** ⟨respectively⟩ ***resp.*** **0.3** ⟨respiration⟩.

re·spect[1] [rɪ'spekt]⟨f3⟩⟨zn.⟩⟨→sprw. 592⟩

I ⟨telb.zn.⟩ **0.1** ***opzicht*** ⇒*detail, (oog)punt, aspect* ◆ **6.1 in** all/many/some/several ~s *in alle/vele/sommige/verschillende opzichten;* **in** every ~ *in elk opzicht;* **in** no ~ *in geen enkel opzicht;* **in** one ~ *in één opzicht;* **in** some ~ *in zeker opzicht, enigermate;*

II ⟨n.-telb.zn.⟩ **0.1** ***betrekking*** ⇒*relatie, verhouding, verwijzing* **0.2** ***aandacht*** ⇒*zorg, inachtneming, consideratie* **0.3** ***eerbied*** ⇒*achting, ontzag, respect* ◆ **1.2** have ~ of persons *de persoon aanzien* **3.1** have ~ to sth. *betrekking hebben op iets* **3.2** have/pay ~ for/to sth. *aandacht schenken aan/letten op/rekening houden met iets;* have no ~ for *geen oog hebben voor* **3.3** be held in the greatest ~ *zeer in aanzien zijn, groot aanzien genieten;* have/show ~ for s.o. *eerbied hebben voor iem.;* win the ~ of everybody *bij iedereen respect afdwingen* **6.1** ⟨schr.⟩ **with** ~ **to** *met betrekking tot, wat betreft;* ⟨schr.⟩ **in** ~ **of** *met betrekking tot, wat betreft; (als betaling) voor* **6.2 without** ~ **of** persons *zonder aanzien des persoons;* **without** ~ **to** *zonder te letten op, ongeacht* **6.3 with** ~ *als u mij toestaat;*

III ⟨mv.; ~s⟩ **0.1** ***eerbetuigingen*** ⇒*(beleefde) groeten, complimenten* ◆ **3.1** give her my ~s *doe haar de groeten;* ⟨schr.⟩ pay one's ~s to s.o. *bij iem. zijn opwachting maken;* pay one's last ~s to s.o. *iem. de laatste eer bewijzen* ⟨bij overlijden⟩; send one's ~s to s.o. *iem. de groeten doen, iem. laten groeten*.

respect[2] ⟨f3⟩ ⟨ov.ww.⟩ →respecting **0.1** ***respecteren*** ⇒*eerbiedigen, (hoog)achten* **0.2** ***ontzien*** ⇒*ongemoeid laten* **0.3** ⟨vero.⟩ ***acht slaan op*** **0.4** ⟨vero.⟩ ***betrekking hebben op*** ⇒*aangaan, betreffen* ◆ **1.3** ~ persons *de persoon aanzien* **4.1** ~ o.s. *zelfrespect hebben*.

re·spect·a·bil·i·ty [rɪˈspektəˈbɪlət̬i] ⟨f2⟩ ⟨zn.; →mv. 2⟩
I ⟨telb.zn.⟩ **0.1** ***persoon v. aanzien/fatsoen*** ⇒*notabele;*
II ⟨n.-telb.zn.⟩ **0.1** ***fatsoen*** ⇒*achtenswaardigheid, achtbaarheid, fatsoenlijkheid, respectabiliteit* **0.2** ***personen v. aanzien*** ⇒*notabelen;*
III ⟨mv., ~s⟩ **0.1** ***fatsoen*** ⇒*welvoeglijkheid, sociale conventies*.

re·spect·a·ble[1] [rɪˈspektəbl] ⟨telb.zn.⟩ **0.1** ***fatsoenlijk/achtbaar/voornaam persoon*** ⇒*notabele*.

respectable[2] ⟨f3⟩ ⟨bn.; -ly; -ness; →bijw. 3⟩ **0.1** ***achtenswaardig*** ⇒*achtbaar, eerbiedwaardig* **0.2** ***respectabel*** ⇒*(tamelijk) groot, behoorlijk, flink, (vrij) aanzienlijk* **0.3** ***fatsoenlijk*** ⟨ook iron.⟩ ⇒*presentabel* **0.4** ***solide*** ⇒*degelijk, ordelijk; bekend* ⟨v. adres⟩ ◆ **1.2** a ~ income *een behoorlijk inkomen* **1.3** ~ clothes *fatsoenlijke kledij*.

re·spect·er [rɪˈspektə‖-ər] ⟨telb.zn.⟩ ⟨pej.⟩ **0.1** ***aanziener*** ◆ **1.1** ~ of persons *aanziener des persoons;* ⟨bijb.⟩ God is no ~ of persons *bij God is geen aanneming des persoons* ⟨Hand. 10:34⟩.

re·spect·ful [rɪˈspek(t)fl] ⟨f2⟩ ⟨bn.; -ly; -ness⟩ **0.1** ***eerbiedig*** ◆ **4.1** yours ~ly *met eerbiedige hoogachting, uw dienstwillige/dw.*.

re·spect·ing [rɪˈspektɪŋ] ⟨f1⟩ ⟨vz.; oorspr. teg. deelw. v. respect⟩ **0.1** ***in acht/overweging nemend*** **0.2** ***betreffende*** ⇒*aangaande, over, met betrekking tot, (voor) wat betreft* ◆ **1.1** ~ his reputation I'd keep out of his way *zijn reputatie in acht nemend zou ik uit zijn buurt blijven* **1.2** suggestions ~ the timetable *voorstellen in verband met het rooster*.

re·spec·tive [rɪˈspektɪv] ⟨f2⟩ ⟨bn., attr.; -ness⟩ **0.1** ***respectief***.

re·spec·tive·ly [rɪˈspektɪvli] ⟨f2⟩ ⟨bw.⟩ **0.1** ***respectievelijk***.

re·spect·less [rɪˈspek(t)ləs] ⟨bn.; -ly⟩ **0.1** ***respectloos*** ⇒*eerbiedloos, zonder respect/eerbied*.

re·spell [ˈriːˈspel] ⟨ov.ww.⟩ **0.1** ***herspellen*** ⇒*opnieuw/anders spellen*.

res·pi·ra·ble [ˈresp̩rəbl] ⟨bn.; -ness⟩ **0.1** ***inadembaar*** ⇒*in te ademen* ⟨v. lucht, gas, e.d.⟩ **0.2** ***in staat te ademen***.

res·pi·ra·tion [ˈresp̩ˈreɪʃn] ⟨f2⟩ ⟨zn.⟩
I ⟨telb. en n.-telb.zn.⟩ ⟨schr.⟩ **0.1** ***ademhaling;***
II ⟨n.-telb.zn.⟩ ⟨plantk.⟩ **0.1** ***respiratie*** ⇒*gasstofwisseling*.

res·pi·ra·tor [ˈresp̩reɪtə‖-reɪt̬ər] ⟨telb.zn.⟩ **0.1** ***ademhalingstoestel/apparaat*** ⇒*respirator* **0.2** ***gasmasker*** ⇒*rook/stofmasker*.

res·pi·ra·to·ry [ˈresprətri, rɪˈspɪ-‖ˈresprətɔri] ⟨f1⟩ ⟨bn., attr.⟩ **0.1** ***ademhalings-*** ⇒*respiratoir*.

re·spire [rɪˈspaɪə‖-ər] ⟨ww.⟩
I ⟨onov.ww.⟩ **0.1** ***respireren*** ⇒*ademhalen, ademen* **0.2** ***herademen*** ⇒*op adem komen, vrijer ademen;*
II ⟨ov.ww.⟩ **0.1** ***(in)ademen***.

res·pite[1] [ˈrespɪt, -paɪt‖-pɪt] ⟨f1⟩ ⟨telb. en n.-telb.zn.⟩ **0.1** ***respijt*** ⇒*uitstel, opschorting, schorsing, onderbreking* ◆ **6.1** work **without** ~ *zonder onderbreking werken*.

respite[2] ⟨ov.ww.⟩ **0.1** ***respijt/uitstel geven/verlenen aan*** ⇒*uitstellen* **0.2** ***opschorten*** ⟨straf, oordeel⟩ **0.3** ***tijdelijke verlichting geven aan***.

re·splen·dence [rɪˈsplendəns], **re·splen·den·cy** [-si] ⟨n.-telb.zn.⟩ **0.1** ***luister*** ⇒*glans, schittering, pracht*.

re·splend·ent [rɪˈsplendənt] ⟨f1⟩ ⟨bn.; -ly⟩ **0.1** ***luisterrijk*** ⇒*glansrijk, schitterend, prachtig*.

re·spond[1] [rɪˈspɒnd‖rɪˈspɑnd] ⟨telb.zn.⟩ **0.1** ⟨relig.⟩ ***responsorium*** ⇒*tegenzang* **0.2** ⟨bouwk.⟩ ***pilaster*** ⇒*wandpijler*.

respond[2] ⟨f3⟩ ⟨ww.⟩
I ⟨onov.ww.⟩ **0.1** ***antwoorden*** ⟨ook bridge⟩ **0.2** ***reageren*** ⇒*gehoor geven, gevoelig zijn, antwoorden* **0.3** ⟨relig.⟩ ***responderen*** ⟨op voorzanger/priester bij beurtzang⟩ **0.4** ⟨AE⟩ ***verantwoordelijk/aansprakelijk zijn*** ⇒*instaan, responderen* **0.5** ⟨vero.⟩ ***beantwoorden*** ⇒*overeenstemmen, analoog zijn* ◆ **6.2** ~ **to** an offer *op een aanbod ingaan;* ~ **to** kindness *vriendelijkheid beantwoorden;* not ~ **to** painkillers *niet reageren op pijnstillende middelen;*
II ⟨ov.ww.⟩ **0.1** ***beantwoorden*** ⇒*antwoorden op*.

re·spon·dence [rɪˈspɒndəns‖rɪˈspɑn-], **re·spon·den·cy** [-si] ⟨telb. en n.-telb.zn.; →mv. 2⟩ **0.1** ***antwoord*** **0.2** ***reactie*** ⇒*gehoor* **0.3** ***overeenstemming***.

re·spon·dent[1] [rɪˈspɒndənt‖rɪˈspɑn-] ⟨f1⟩ ⟨telb.zn.⟩ **0.1** ***respondent*** ⇒*verdediger* ⟨v. dissertatie⟩ **0.2** ⟨jur.⟩ ***gedaagde*** ⟨in beroep of echtscheidingsproces⟩ **0.3** ***(ge)ondervraagde*** ⇒*geënquêteerde, reflectant* ⟨bij enquête⟩ **0.4** ⟨biol.⟩ ***respons*** ⇒*reflex* ⟨op uitwendige prikkel⟩.

respondent[2] ⟨f1⟩ ⟨bn.⟩ **0.1** ***antwoordend*** ⇒*antwoord gevend* **0.2** ***reagerend*** ⇒*gehoor gevend* **0.3** ⟨jur.⟩ ***gedaagd*** ◆ **6.2** ~ **to** *gehoor gevend aan, overeenkomstig*.

re·spon·den·tia [ˈrespɒnˈdenʃɪə‖-spɑn-] ⟨n.-telb.zn.⟩ ⟨scheep.⟩ **0.1** ***bodemerij***.

re·sponse [rɪˈspɒns‖rɪˈspɑns] ⟨f3⟩ ⟨zn.⟩
I ⟨telb.zn.⟩ **0.1** ***antwoord*** ⟨ook bridge⟩ ⇒*repliek, tegenzet* **0.2** ⟨relig.⟩ ***responsorium*** ⇒*tegenzang* ◆ **3.1** he made/gave no ~ *hij bleef het antwoord schuldig;*
II ⟨telb. en n.-telb.zn.⟩ **0.1** ***reactie*** ⇒*gehoor, weerklank/werk;* ⟨psych.⟩ *respons* ◆ **3.1** it called forth no ~ in his breast *het vond bij hem geen weerklank, het maakte op hem geen indruk;* conditioned ~ *voorwaardelijke/geconditioneerde reactie;* meet with no ~ *geen weerklank vinden, geen indruk maken* **6.1** **in** ~ **to** *ingevolge, als antwoord op*.

re·spon·si·bil·i·ty [rɪˈspɒnsəˈbɪləti‖rɪˈspɑnsəˈbɪlət̬i] ⟨f3⟩ ⟨telb. en n.-telb.zn.; →mv. 2⟩ **0.1** ***verantwoordelijkheid*** ⇒*aansprakelijkheid* ◆ **3.1** assume full ~ for sth. *de volle verantwoordelijkheid voor iets op zich nemen;* refuse all ~ *alle verantwoordelijkheid afwijzen;* take the ~ *de verantwoordelijkheid nemen* **6.1** **on** one's own ~ *op eigen verantwoordelijkheid*.

re·spon·si·ble [rɪˈspɒnsəbl‖rɪˈspɑn-] ⟨f3⟩ ⟨bn.; -ly; →bijw. 3⟩
I ⟨bn.⟩ **0.1** ***betrouwbaar*** ⇒*degelijk, solide* **0.2** ***verantwoordelijk*** ⇒*belangrijk* ⟨v. baan⟩;
II ⟨bn., pred.⟩ **0.1** ***verantwoordelijk*** ⇒*aansprakelijk, responsabel, verantwoording verschuldigd* ◆ **6.1** be ~ **for** *verantwoordelijk zijn voor, de oorzaak zijn v., de schuld dragen v.;* be ~ **to** *verantwoording verschuldigd zijn aan*.

re·spon·sions [rɪˈspɒnʃnz‖rɪˈspɑnʃnz] ⟨mv.; the⟩ ⟨BE⟩ **0.1** ***eerste v.d. drie examens voor de graad v. Bachelor of Arts*** ⟨Oxford⟩.

re·spon·sive [rɪˈspɒnsɪv‖rɪˈspɑn-] ⟨f2⟩ ⟨bn.; -ly; -ness⟩ **0.1** ***responsief*** ⇒*een antwoord inhoudend, als antwoord* **0.2** ***responsoriaal*** ⇒*responsorisch* ⟨v. gezang, gebed⟩ **0.3** ***ontvankelijk*** ⇒*gevoelig, impressionabel, meelevend* ◆ **6.3** ~ **to** *ontvankelijk voor, reagerend op*.

re·spon·so·ry [rɪˈspɒnsəri‖rɪˈspɑn-] ⟨telb.zn.; →mv. 2⟩ **0.1** ***responsorie*** ⇒*responsorium, antwoord v.h. koor* ⟨in kerkelijke beurtzang⟩.

re·spot [ˈriːˈspɒt‖-ˈspɑt] ⟨ov.ww.⟩ ⟨snookerbiljart⟩ **0.1** ***terugleggen*** ⟨op vaste plaats v. gepotte, gekleurde bal⟩.

rest[1] [rest] ⟨f4⟩ ⟨zn.⟩ ⟨→sprw. 73, 317⟩
I ⟨telb.zn.⟩ **0.1** ***rustplaats*** ⇒*pleisterplaats, verblijf, tehuis* ⟨voor zeelieden, enz.⟩ **0.2** ⟨ben. voor⟩ ***steun*** ⇒*standaard, houder, statief;* ⟨biljart⟩ *bok;* ⟨gesch.⟩ *steunpunt* ⟨voor gevelde lans aan het harnas⟩ **0.3** ⟨muz.⟩ ***rust(teken)*** **0.4** ⟨lit.⟩ ***cesuur*** **0.5** ⟨BE⟩ ***reservefonds v. bank;***
II ⟨telb. en n.-telb.zn.⟩ **0.1** ***rust*** ⟨ook muz.⟩ ⇒*slaap, pauze, rusttijd, ruststand, stilstand* ◆ **3.1** bring to ~ on *eindigen met;* come to ~ *tot stilstand komen;* give it a ~ *laat het even rusten, hou er even mee/over op;* go/retire to ~ *zich ter ruste begeven;* let's have/take a ~ *laten we even pauzeren/uitrusten;* lay to ~ *te ruste leggen, begraven; sussen, doen bedaren, opheffen;* set at ~ *geruststellen, doen bedaren; uit de weg ruimen* ⟨kwestie⟩ **6.1** **at** ~ *in ruste; stil, onbeweeglijk; kalm, rustig, bedaard;* he is finally **at** ~ *hij heeft eindelijk rust gevonden* **¶.¶** ⟨AE, mil.⟩ ~! *op de plaats rust!;*
III ⟨verz.n.; the⟩ **0.1** ***de rest*** ⇒*het overschot, het overige, de overigen* ◆ **6.1** **for** the ~ *voor de rest, overigens* **7.1** and the ~ of it, all the ~ of it *en de rest*.

rest[2] ⟨f3⟩ ⟨ww.⟩
I ⟨onov.ww.⟩ **0.1** ***rusten*** ⇒*stil staan, slapen, pauzeren, begraven liggen, rust hebben* **0.2** ***blijven*** ⟨in een bepaalde toestand⟩ **0.3** ***braak liggen*** **0.4** ⟨AE, jur.⟩ ***vrijwillig de bewijsvoering staken*** ◆ **1.1** ~ on one's laurels *op zijn lauweren rusten;* there the matter ~s *daar blijft het bij* **3.1** I feel completely ~ed *ik voel me helemaal uitgerust;* ⟨BE⟩ that actor is ~ing *die acteur zit zonder werk* **3.2** ~ assured *wees gerust, wees ervan verzekerd* **5.1** ⟨AE⟩ ~ **up** *helemaal uitrusten* **6.1** ~ **against** *rusten tegen, leunen tegen;* ~ **from** *uitrusten van* **6.¶** →rest (up)on; →rest with;
II ⟨ov.ww.⟩ **0.1** ***laten (uit)rusten*** ⇒*rust geven* **0.2** ***doen rusten*** ⇒*leunen, steunen* **0.3** ***braak laten liggen*** ◆ **1.1** ⟨jur.⟩ ~ one's case *zijn pleidooi/rekwisitoor beëindigen;* God ~ his soul *God hebbe zijn ziel* **3.1** ⟨schr.⟩ when we were ~ed *toen we gerust hadden/uitgerust waren* **4.1** sit down and ~ yourself *ga zitten en rust even uit*.

re·stage [ˈriːˈsteɪdʒ] ⟨ov.ww.⟩ **0.1** ***opnieuw opvoeren*** ⟨toneelstuk⟩.

re·start[1] [ˈriːˈstɑːt‖-ˈstɑrt] ⟨telb.zn.⟩ **0.1** ***nieuw begin*** **0.2** ***nieuwe start/aanloop*** **0.3** ⟨sport⟩ ***spelhervatting***.

restart[2] ⟨ww.⟩
I ⟨onov.ww.⟩ **0.1** ***opnieuw beginnen*** **0.2** ***opnieuw starten*** **0.3** ⟨sport⟩ ***het spel hervatten;***
II ⟨ov.ww.⟩ **0.1** ***opnieuw starten*** ⇒*weer op gang brengen;* ⟨sport⟩ *hervatten* ⟨spel⟩ ◆ **1.1** ~ the engine *de motor weer op gang brengen*.

re·state ['ri:'steɪt]⟨f1⟩⟨ov.ww.⟩ 0.1 ***herformuleren*** ⇒*opnieuw zeggen*.

re·state·ment ['ri:'steɪtmənt]⟨f1⟩⟨telb. en n.-telb.zn.⟩ 0.1 ***herformulering*** ⇒*het opnieuw zeggen*.

res·tau·rant ['restrɔ̃, -rɒnt‖'restərənt, -rɑnt]⟨f3⟩⟨telb.zn.⟩ 0.1 ***restaurant*** ⇒*restauratie*.

'restaurant car ⟨f1⟩⟨telb.zn.⟩⟨BE⟩ 0.1 ***restauratierijtuig*** ⇒*restauratiewagen*.

res·tau·ra·teur ['restrə'tɜ:‖'restərə'tɜr], **res·tau·ran·teur** [-strɒn-‖-stən-]⟨telb.zn.⟩ 0.1 ***restauranthouder*** ⇒*restaurateur*.

'rest balk ⟨telb.zn.⟩ 0.1 ***richel aarde tussen twee ploegvoren***.

'rest cure ⟨f1⟩⟨telb.zn.⟩ 0.1 ***rustkuur***.

'rest day ⟨telb.zn.⟩ 0.1 ***rustdag***.

rest·ful ['restfl]⟨f1⟩⟨bn.; -ly; -ness⟩ 0.1 ***rustig*** ⇒*kalm, vredig* 0.2 ***rustgevend*** ⇒*kalmerend*.

'rest·har·row ⟨telb. en n.-telb.zn.⟩⟨plantk.⟩ 0.1 ***stalkruid*** ⟨Ononis⟩.

'rest home ⟨telb.zn.⟩ 0.1 ***rusthuis***.

'rest house ⟨telb.zn.⟩ 0.1 ***rustig pension*** 0.2 ⟨Ind. E⟩ ***pleisterplaats*** ⇒*logement*.

'rest·ing-place ⟨f1⟩⟨telb.zn.⟩ 0.1 ***rustplaats*** ⟨ook fig.⟩ ⇒*pleisterplaats; graf*.

res·ti·tute ['restɪtju:t‖-tu:t]⟨ov.ww.⟩ 0.1 ***herstellen*** ⇒*rehabiliteren* 0.2 ***restitueren*** ⇒*teruggeven, vergoeden*.

res·ti·tu·tion ['restɪ'tju:ʃn‖-'tu:ʃn]⟨f1⟩⟨n.-telb.zn.⟩ 0.1 ***restitutie*** ⇒*teruggave, vergoeding, schadeloosstelling* 0.2 ***herstel v. vroegere toestand*** ⇒*het weer aannemen v.d. oorspronkelijke vorm* 0.3 ***rehabilitatie*** 0.4 ⟨BE; jur.⟩ ***herstel van huwelijksrechten*** ◆ 3.1 make ~ of sth. to s.o. *iem. iets teruggeven/vergoeden*.

res·tive ['restɪv], ⟨vero.⟩ **res·tiff** ['restɪf]⟨f2⟩⟨bn.; restively; restiveness⟩ 0.1 ***weerspannig*** ⇒*onhandelbaar, dwars, onwillig, koppig* ⟨v. paard⟩ 0.2 ***ongedurig*** ⇒*onrustig, rusteloos* ⟨v. pers.⟩.

rest·less ['restləs]⟨f3⟩⟨bn.; -ly; -ness⟩ 0.1 ***rusteloos*** ⇒*onrustig, ongedurig, woelig*.

'rest mass ⟨n.-telb.zn.⟩⟨nat.⟩ 0.1 ***rustmassa***.

re·stock ['ri:'stɒk‖'ri:'stɑk]⟨ww.⟩
I ⟨onov.ww.⟩ 0.1 ***de voorraad aanvullen;***
II ⟨ov.ww.⟩ 0.1 ***opnieuw bevoorraden*** ⇒*weer voorzien v., opnieuw inslaan*.

re·stor·a·ble [rɪ'stɔ:rəbl]⟨bn.⟩ 0.1 ***herstelbaar*** ⇒*te rehabiliteren*.

res·to·ra·tion ['restə'reɪʃn]⟨f2⟩⟨zn.⟩
I ⟨eig.n.; R-; the; ook attr.⟩ 0.1 ***Restauratie*** ⟨in Engeland (de periode na) het herstel v.h. koningschap der Stuarts in 1660⟩;
II ⟨telb.zn.⟩ 0.1 ***reconstructie;***
III ⟨telb. en n.-telb.zn.⟩ 0.1 ***restauratie*** ⇒*het restaureren, restauratiewerk;*
IV ⟨n.-telb.zn.⟩ 0.1 ***herstel*** ⇒*het herstellen, herinvoering, rehabilitatie, het beter maken* 0.2 ***teruggave*** ⇒*het teruggeven, het terugbetalen*.

re·stor·a·tive[1] [rɪ'stɔ:rətɪv]⟨telb. en n.-telb.zn.⟩ 0.1 ***versterkend middel*** ⇒*versterkend voedsel*.

restorative[2] ⟨bn.⟩ 0.1 ***versterkend*** ⇒*herstellend*.

re·store [rɪ'stɔ:‖rɪ'stɔr]⟨f3⟩⟨ov.ww.⟩ 0.1 ***teruggeven*** ⇒*terugbetalen, terugbrengen* 0.2 ***restaureren*** 0.3 ***reconstrueren*** 0.4 ***in ere herstellen*** ⇒*rehabiliteren* 0.5 ***genezen*** ⇒*beter maken* 0.6 ***herstellen*** ⇒*weer invoeren, vernieuwen, terugbrengen* 0.7 ***in de vorige toestand herstellen*** ⇒*terugzetten, terugplaatsen* ◆ 4.7 an elastic body ~s itself *een elastisch lichaam neemt zijn oorspronkelijke vorm weer aan* 5.5 she is quite ~d *zij is weer helemaal de oude* 6.1 the sculpture has been ~d **to** its owner *het beeld is aan de eigenaar teruggegeven* 6.2 ~ a church **to** its original state *een kerk in zijn oorspronkelijke staat herstellen* 6.4 they will have to ~ him **to** his former position *zij zullen hem wel zijn vroegere functie moeten geven* 6.5 ~ **to** health *weer gezond maken* 6.6 ~ **to** use *weer in gebruik nemen*.

re·stor·er [rɪ'stɔ:rə‖rɪ'stɔrər]⟨f1⟩⟨telb.zn.⟩ 0.1 ***restaurateur*** ⟨v. beschadigde kunstwerken⟩.

re·strain [rɪ'streɪn]⟨f3⟩⟨ov.ww.⟩ →restrained 0.1 ***tegenhouden*** ⇒*weerhouden, beletten* 0.2 ***aan banden leggen*** ⇒*beteugelen, beperken, in bedwang houden* 0.3 ***bedwingen*** ⇒*onderdrukken, in toom houden* 0.4 ***opsluiten*** ⇒*insluiten* ◆ 6.1 ~ **from** *weerhouden v.*.

re-strain ['ri:'streɪn]⟨ov.ww.⟩ 0.1 ***opnieuw zeven*** ⇒*weer filteren*.

re·strain·a·ble [rɪ'streɪnəbl]⟨bn.⟩ 0.1 ***te weerhouden*** 0.2 ***te beteugelen*** ⇒*te beperken* 0.3 ***te bedwingen*** ⇒*te onderdrukken* 0.4 ***op/in te sluiten***.

re·strain·ed [rɪ'streɪnd]⟨f1⟩⟨bn.; oorspr. volt. deelw. v. restrain⟩ 0.1 ***beheerst*** ⇒*kalm* 0.2 ***ingetogen*** ⇒*sober, gematigd, gedekt* ⟨v. kleur⟩.

re'straining arc ⟨telb.zn.⟩⟨voetbal⟩ 0.1 ***strafschopcirkel***.

re·straint [rɪ'streɪnt]⟨f2⟩⟨zn.⟩
I ⟨telb.zn.⟩ 0.1 ***beperking*** ⇒*belemmering* ◆ 1.1 a ~ of trade *een handelsbelemmering* 6.1 ~ **against** *beperking op;*
II ⟨telb. en n.-telb.zn.⟩ 0.1 ***terughoudendheid*** ⇒*gereserveerdheid, zelfbeheersing* 0.2 ***beteugeling*** ⇒*bedwang, onderdrukking* 0.3 ***ingetogenheid*** ⇒*soberheid* ◆ 6.2 **in** ~ **of** excessive drinking *om het drankmisbruik aan banden te leggen;* be put **under** ~ *opgesloten worden in een inrichting;* **without** ~ *vrijelijk, in onbeperkte mate*.

re·strict [rɪ'strɪkt]⟨f2⟩⟨ov.ww.⟩ →restricted 0.1 ***beperken*** ⇒*begrenzen, aan banden leggen* 0.2 ***voor beperkte kennisname bestempelen*** ◆ 6.1 ~ **to** *beperken tot;* ~ **within** narrow limits *binnen nauwe grenzen beperken*.

re·strict·ed [rɪ'strɪktɪd]⟨f1⟩⟨bn.; (oorspr.) volt. deelw. v. restrict; -ly⟩ 0.1 ***beperkt*** ⇒*begrensd* 0.2 ***vertrouwelijk*** ⟨v. informatie⟩ 0.3 ⟨AE⟩ ***niet toegankelijk voor leden van minderheidsgroeperingen*** ◆ 1.¶ this is a ~ area ⟨BE⟩ *hier geldt een snelheidsbeperking;* ⟨AE⟩ *dit gebied is verboden voor militairen*.

re·stric·tion [rɪ'strɪkʃn]⟨f2⟩⟨zn.⟩
I ⟨telb.zn.⟩ 0.1 ***beperking*** ⇒*(beperkende) bepaling, restrictie, voorbehoud;*
II ⟨n.-telb.zn.⟩ 0.1 ***het beperken*** ⇒*het begrenzen, het aan banden leggen* 0.2 ***het beperkt worden*** ⇒*het begrensd worden, het aan banden gelegd worden*.

re·stric·tive [rɪ'strɪktɪv]⟨f1⟩⟨bn.; -ly; -ness⟩ 0.1 ***beperkend*** ⟨ook taalk.⟩ ⇒*restrictief* ◆ 1.1 ⟨ec.⟩ ~ practices *beperkende praktijken* ⟨v. vakbonden of producenten⟩; ⟨ec.⟩ ~ trade practices *beperkende handelspraktijken*.

'rest room ⟨f1⟩⟨telb.zn.⟩⟨AE⟩ 0.1 ***toilet*** ⟨in restaurant, kantoor enz.⟩.

re·struc·ture ['ri:'strʌktʃə‖-ər]⟨ov.ww.⟩ 0.1 ***herstructureren*** ⇒*opnieuw bouwen*.

'rest (up)on ⟨onov.ww.⟩ 0.1 ***(be)rusten op*** ⇒*steunen/gevestigd zijn op*.

'rest with ⟨onov.ww.⟩ 0.1 ***berusten bij***.

re·sult[1] [rɪ'zʌlt]⟨f3⟩⟨zn.⟩
I ⟨telb.zn.⟩ 0.1 ***uitkomst*** ⟨v. rekensom⟩ ⇒*resultante, antwoord* 0.2 ⟨BE; inf.; sport⟩ ***overwinning*** ⇒*gewonnen partij;*
II ⟨telb. en n.-telb.zn.⟩ 0.1 ***resultaat*** ⇒*uitkomst, uitslag, afloop* 0.2 ***gevolg*** ⇒*effect, uitvloeisel, uitwerking, voortvloeisel* ◆ 6.1 **without** ~ *zonder resultaat, vruchteloos, tevergeefs* 6.2 **as** a ~ *dientengevolge;* **as** a ~ **of** *ten gevolge v.;* **with** the ~ that *met als gevolg dat, zodat;*
III ⟨mv.; ~s⟩ 0.1 ***uitslagen*** ⟨v. sportwedstrijden⟩.

result[2] ⟨f3⟩⟨onov.ww.⟩ 0.1 ***volgen*** ⇒*het gevolg zijn* 0.2 ***aflopen*** ⇒*uitpakken* 0.3 ⟨jur.⟩ ***vervallen*** ◆ 6.1 ~ **from** *voortvloeien/volgen/voortkomen uit* 6.2 ~ **in** *uitlopen op, tot gevolg hebben* 6.3 ~ **to** *vervallen aan*.

re·sul·tant[1] [rɪ'zʌltənt]⟨telb.zn.⟩ 0.1 ***resultaat*** ⇒*uitkomst, uitwerking;* ⟨nat., wisk.⟩ *resultante*.

resultant[2] ⟨f2⟩⟨bn.⟩ 0.1 ***resulterend*** ⇒*eruit voortvloeiend*.

re·sul·ta·tive [rɪ'zʌltətɪv]⟨bn.⟩ 0.1 ***gevolgaanduidend*** ⇒*conclusief*.

re·sume [rɪ'zju:m‖rɪ'zu:m]⟨f3⟩⟨ww.⟩
I ⟨onov. en ov.ww.⟩ 0.1 ***opnieuw beginnen*** ⇒*hervatten, hernemen, weer aanknopen, weer opnemen;*
II ⟨ov.ww.⟩ 0.1 ***terugnemen*** ⇒*terugkrijgen, weer aan/innemen* 0.2 ***voortzetten*** ⇒*hervatten, vervolgen* 0.3 ***resumeren*** ⇒*samenvatten*.

rés·u·mé ['rez(j)ʊmeɪ, 'reɪ-‖'reɪzʊ'meɪ]⟨f1⟩⟨telb.zn.⟩ 0.1 ***resumé*** ⇒*(korte) samenvatting, beknopt overzicht, korte inhoud* 0.2 ⟨vnl. AE⟩ ***curriculum vitae***.

re·sump·tion [rɪ'zʌmpʃn]⟨f1⟩⟨n.-telb.zn.⟩ 0.1 ***het hervatten*** ⇒*het hernemen, voortzetting, hervatting* 0.2 ***het terugnemen*** ⇒*het terugkrijgen*.

re·sump·tive [rɪ'zʌmptɪv]⟨bn.⟩ 0.1 ***hervattend*** ⇒*hernemend, voortzettend* 0.2 ***resumerend*** ⇒*samenvattend*.

re·su·pi·nate [rɪ'sju:pɪneɪt, -nət‖'ri:'su:-]⟨bn.⟩⟨plantk.⟩ 0.1 ***ondersteboven*** ⇒*omgekeerd*.

re·sur·face ['ri:'sɜ:fɪs‖-'sɜr-]⟨ww.⟩
I ⟨onov.ww.⟩ 0.1 ***weer opduiken*** ⇒*weer boven water komen, weer aan de oppervlakte komen;*
II ⟨ov.ww.⟩ 0.1 ***het oppervlak vernieuwen v.*** ⇒*v.e. nieuw wegdek voorzien*.

re·surge [rɪ'sɜ:dʒ‖rɪ'sɜrdʒ]⟨onov.ww.⟩ 0.1 ***herleven*** ⇒*herrijzen, verrijzen, opstaan (als) uit de dood*.

re·sur·gence [rɪ'sɜ:dʒns‖-'sɜr-]⟨f1⟩⟨telb.zn.; alleen enk.⟩ 0.1 ***heropleving*** ⇒*herrijzenis, verrijzenis, opstanding*.

re·sur·gent [rɪ'sɜ:dʒnt‖-'sɜr-]⟨bn.⟩ 0.1 ***weer oplevend*** ⇒*herlevend, herrijzend, verrijzend*.

res·ur·rect ['rezə'rekt]⟨f1⟩⟨ww.⟩
I ⟨onov.ww.⟩ 0.1 ***herleven*** ⇒*herrijzen, verrijzen, (weder) opstaan;*

II ⟨ov.ww.⟩ **0.1** ***weer tot leven brengen*** ⇒*doen herleven* **0.2** ***opgraven*** ⇒*weer voor de dag halen, oprakelen, opdiepen.*
res·ur·rec·tion [ˌrezəˈrekʃn]⟨f1⟩⟨zn.⟩
I ⟨eig.n.; R-; the⟩⟨relig.⟩ **0.1** ***de Verrijzenis*** ⇒*de Opstanding;*
II ⟨telb.zn.⟩ **0.1** ***herleving*** ⇒*opleving, opstanding;*
III ⟨n.-telb.zn.⟩ **0.1** ***het opgraven*** ⇒*het opdiepen, het weer voor de dag halen.*
res·ur·rec·tion·al [ˌrezəˈrekʃnəl]⟨bn.⟩ **0.1** ***v.d. Verrijzenis*** ⇒*v.d. Opstanding.*
res·ur·rec·tion·ist [ˌrezəˈrekʃənɪst]⟨telb.zn.⟩ **0.1** ***lijkenrover.***
resurˈrection man ⟨telb.zn.⟩⟨gesch.⟩ **0.1** ***lijkenrover.***
resurˈrection plant ⟨telb.zn.⟩⟨plantk.⟩ **0.1** ***roos van Jericho*** ⟨Anastatica hierochuntica⟩.
re·sur·vey[1] [ˈriːˈsɜːveɪ‖-ˈsɜr-]⟨telb.zn.⟩ **0.1** ***nieuw overzicht*** **0.2** ***nieuw onderzoek*** **0.3** ***nieuwe (op)meting*** ⇒*nieuwe taxatie/inspectie.*
resurvey[2] [ˌriːsəˈveɪ‖-sər-]⟨ov.ww.⟩ **0.1** ***opnieuw in ogenschouw nemen*** **0.2** ***opnieuw onderzoeken*** **0.3** ***opnieuw (op)meten*** ⇒*opnieuw taxeren/inspecteren.*
re·sus·ci·tate [rɪˈsʌsɪteɪt]⟨f1⟩⟨ww.⟩
I ⟨onov.ww.⟩ **0.1** ***weer opleven*** ⇒*weer bijkomen, uit de dood opstaan;*
II ⟨ov.ww.⟩ **0.1** ***weer bijbrengen*** ⇒*reanimeren, in het leven terugroepen* **0.2** ***doen herleven.***
re·sus·ci·ta·tion [rɪˌsʌsɪˈteɪʃn]⟨f1⟩⟨telb. en n.-telb.zn.⟩ **0.1** ***resuscitatie*** ⇒*(weder)opwekking, reanimatie.*
re·sus·ci·ta·tive [rɪˈsʌsɪtətɪv‖-teɪtɪv]⟨bn.⟩ **0.1** ***reanimatie-.***
re·sus·ci·ta·tor [rɪˈsʌsɪteɪtə‖-teɪtər]⟨telb.zn.⟩ **0.1** ***reanimist*** **0.2** ***zuurstofapparaat.***
ret[1], **rate** [ret]⟨ww.; →ww. 7⟩
I ⟨onov.ww.⟩ **0.1** ***rotten*** ⟨v. hooi⟩;
II ⟨ov.ww.⟩ **0.1** ***roten*** ⇒*weken* ⟨vlas, enz.⟩.
ret[2], **retd** ⟨afk.⟩ **0.1** ⟨retained⟩ **0.2** ⟨retired⟩ ***gep.*** ⇒*b.d.* **0.3** ⟨returned⟩.
re·ta·ble [rɪˈteɪbl]⟨telb.zn.⟩ **0.1** ***retabel*** ⟨achterstuk/tafel v.e. altaar⟩.
re·tail[1] [ˈriːteɪl]⟨f1⟩⟨n.-telb.zn.⟩ **0.1** ***kleinhandel*** ⇒*detailhandel* ◆ **6.1 at** ~ *en détail.*
retail[2] ⟨f2⟩⟨bn., attr.⟩ **0.1** ***v.d. detailhandel*** ⇒*kleinhandels-* ◆ **1.1** ~ prices *kleinhandelsprijzen;* ~ sale *detailverkoop;* ~ trade *de kleinhandel.*
retail[3] [ˈriːteɪl]⟨f1⟩⟨ww.⟩
I ⟨onov.ww.⟩ **0.1** ***in het klein verkocht worden*** ◆ **6.1** ~ **at/for** fifty cents *in de winkel voor vijftig cent te koop zijn;*
II ⟨ov.ww.⟩ **0.1** ***in het klein verkopen*** ⇒*en détail verkopen.*
re·tail[4] [rɪˈteɪl]⟨ov.ww.⟩ **0.1** ***omstandig vertellen*** ◆ **1.1** ~ gossip *roddelpraatjes rondstrooien.*
retail[5] [riːˈteɪl]⟨bw.⟩ **0.1** ***via de detailhandel*** ⇒*en détail.*
re·tail·er [ˈriːteɪlə‖-ər], **ˈretail dealer** ⟨f2⟩⟨telb.zn.⟩ **0.1** ***detailhandelaar*** ⇒*winkelier, kleinhandelaar* **0.2** ***slijter.***
re·tail·ment[1] [ˈriːteɪlmənt]⟨n.-telb.zn.⟩ **0.1** ***het en détail verkopen.***
retailment[2] [rɪˈteɪlmənt]⟨n.-telb.zn.⟩ **0.1** ***het in details vertellen.***
ˈretail price index ⟨n.-telb.zn.; the⟩ **0.1** ***index v.d. kleinhandelsprijzen.***
ˈre·tail-shop, ˈre·tail-store ⟨f1⟩⟨telb.zn.⟩ **0.1** ***winkel*** ⇒*detailhandel.*
re·tain [rɪˈteɪn]⟨f3⟩⟨ov.ww.⟩ **0.1** ***vasthouden*** ⇒*tegenhouden, binnenhouden, inhouden* **0.2** ***(in dienst) nemen*** ⟨i.h.b. een advocaat⟩ ⇒*in de arm nemen, inhuren* **0.3** ***houden*** ⇒*handhaven, niet afschaffen, niet intrekken, bewaren* ◆ **1.1** ⟨ec.⟩ ~ed earnings/profit *ingehouden winst(en);* a ~ing wall *steunmuur, keermuur, walmuur;* this will ~ the warmth *dit zal de warmte vasthouden* **1.2** a ~ing fee *een voorschot* ⟨op het honorarium⟩ **1.3** we ~ happy memories of those days *wij bewaren goede herinneringen aan die dagen;* ~ possession of *in bezit houden.*
re·tain·a·ble [rɪˈteɪnəbl]⟨bn.⟩ **0.1** ***vast te houden*** ⇒*tegen te houden, binnen te houden, in te houden* **0.2** ***te houden*** ⇒*te handhaven, te bewaren, te behouden.*
re·tain·er [rɪˈteɪnə‖-ər]⟨f1⟩⟨zn.⟩
I ⟨telb.zn.⟩ **0.1** ***voorschot*** ⟨op het honorarium⟩ **0.2** ***iets dat vasthoudt*** ⇒*borgveer* **0.3** ***volgeling*** ⇒*vazal, bediende* **0.4** ***dienstcontract*** **0.5** ***foto v.e. foto*** ◆ **2.3** ⟨scherts.⟩ an old ~ *een oude getrouwe;*
II ⟨n.-telb.zn.⟩ **0.1** ⟨jur.⟩ ***retentie*** **0.2** ***het in dienst nemen.***
re·take[1] [ˈriːteɪk]⟨telb.zn.⟩ **0.1** ***terugname*** ⇒*herovering* **0.2** ***herhaalde opname*** **0.3** ***herexamen.***
retake[2] [ˈriːˈteɪk]⟨ov.ww.⟩ **0.1** ***opnieuw nemen*** ⇒*terugnemen, heroveren* **0.2** ***opnieuw gevangen nemen*** **0.3** ***opnieuw fotograferen/filmen*** **0.4** ***opnieuw afleggen*** ⟨examen⟩.
re·tal·i·ate [rɪˈtælieɪt]⟨f1⟩⟨ww.⟩
I ⟨onov.ww.⟩ **0.1** ***wraak nemen*** ⇒*represailles nemen, terugslaan* ◆ **6.1** ~ **against/upon** s.o. *wraak nemen op iem.;*
II ⟨ov.ww.⟩ **0.1** ***vergelden*** ⇒*terugbetalen, betaald zetten* ◆ **6.1** ~ an accusation **on** s.o. *een beschuldiging terugkaatsen op iem..*
re·tal·i·a·tion [rɪˌtæliˈeɪʃn]⟨f1⟩⟨n.-telb.zn.⟩ **0.1** ***vergelding*** ⇒*wraak, revanche, represaille.*
re·tal·i·a·tive [rɪˈtæliətɪv‖rɪˈtælieɪtɪv], **re·tal·i·a·to·ry** [rɪˈtæliətri‖-tɔri]⟨bn.⟩ **0.1** ***vergeldings-*** ⇒*represaille-, wraak-, wraakzuchtig* ◆ **1.1** ~ duties/tariff *retorsierechten.*
re·tard[1] [rɪˈtɑːd‖-ˈtɑrd]⟨zn.⟩
I ⟨telb.zn.⟩⟨sl.⟩ **0.1** ***achterlijke*** ⇒*mongool;*
II ⟨telb. en n.-telb.zn.⟩ **0.1** ***vertraging*** ⇒*oponthoud, uitstel* **0.2** ***achterlijkheid.***
retard[2] ⟨f2⟩⟨ov.ww.⟩ →retarded **0.1** ***ophouden*** ⇒*tegenhouden, vertragen, retarderen.*
re·tar·date [rɪˈtɑːdeɪt‖-ˈtɑr-]⟨telb.zn.⟩⟨AE⟩ **0.1** ***geestelijk gehandicapte.***
re·tar·da·tion [ˌriːtɑːˈdeɪʃn‖-tɑr-], **re·tard·ment** [rɪˈtɑːdmənt‖-ˈtɑrd-]⟨f1⟩⟨zn.⟩
I ⟨telb.zn.⟩⟨muz.⟩ **0.1** ***vertraging*** ⟨v.h. tempo⟩;
II ⟨telb. en n.-telb.zn.⟩ **0.1** ***vertraging*** ⇒*oponthoud, uitstel;*
III ⟨n.-telb.zn.⟩ **0.1** ***achterlijkheid*** ⇒*retardatie.*
re·tar·da·tive [rɪˈtɑːdətɪv‖rɪˈtɑrdətɪv], **re·tar·da·to·ry** [rɪˈtɑːdətri‖rɪˈtɑrdətɔri]⟨bn.⟩ **0.1** ***vertragend.***
re·tard·ed [rɪˈtɑːdɪd‖-ˈtɑr-]⟨f1⟩⟨bn.; oorspr. volt. deelw. v. retard⟩ **0.1** ***achtergebleven*** ⇒*achterlijk, geestelijk gehandicapt.*
retch[1] [retʃ]⟨telb. en n.-telb.zn.⟩ **0.1** ***het kokhalzen.***
retch[2] ⟨f1⟩⟨onov.ww.⟩ **0.1** ***kokhalzen.***
retd. →ret..
re·tell [ˈriːˈtel]⟨f1⟩⟨ov.ww.⟩ **0.1** ***navertellen*** ⇒*opnieuw vertellen* **0.2** ***natellen*** ⇒*opnieuw tellen.*
re·ten·tion [rɪˈtenʃn]⟨f1⟩⟨zn.⟩
I ⟨telb. en n.-telb.zn.⟩⟨med.⟩ **0.1** ***retentie;***
II ⟨n.-telb.zn.⟩ **0.1** ***het vasthouden*** ⇒*het tegenhouden, het binnenhouden* **0.2** ***het vastgehouden worden*** ⇒*het tegengehouden worden, het binnengehouden worden* **0.3** ***het houden*** ⇒*het handhaven, behoud* **0.4** ***geheugen*** ⇒*het onthouden* **0.5** ⟨Sch. E; jur.⟩ ***retentie(recht).***
re·ten·tive [rɪˈtentɪv]⟨f1⟩⟨bn.; -ly; -ness⟩ **0.1** ***vasthoudend*** ⇒*tegenhoudend, binnenhoudend* **0.2** ***sterk*** ⟨v. geheugen⟩ ⇒*goed* **0.3** ⟨med.⟩ ***op zijn plaats houdend*** ◆ **6.1** be ~ **of** moisture *goed vocht vasthouden.*
re·think[1] [ˈriːθɪŋk]⟨telb.zn.; alleen enk.⟩ **0.1** ***heroverweging*** ⇒*het opnieuw doordenken.*
rethink[2] [ˈriːˈθɪŋk]⟨f2⟩⟨onov. en ov.ww.⟩ **0.1** ***heroverwegen*** ⇒*opnieuw bezien/overdenken.*
R et I ⟨afk.⟩ Regina et Imperatrix, Rex et Imperator.
re·ti·ar·y[1] [ˈriːʃɪəri‖ˈriːʃieri]⟨telb.zn.; →mv. 2⟩⟨dierk.⟩ **0.1** ***webmakende spin.***
retiary[2] ⟨bn.⟩⟨dierk.⟩ **0.1** ***webmakend.***
ret·i·cence [ˈretɪsns]⟨f1⟩⟨zn.⟩
I ⟨telb. en n.-telb.zn.; vnl. enk.⟩ **0.1** ***terughoudendheid*** ⇒*gereserveerdheid, reserve;*
II ⟨n.-telb.zn.⟩ **0.1** ***het verzwijgen*** ⇒*het achterhouden* **0.2** ***zwijgzaamheid*** ⇒*geslotenheid, onmededeelzaamheid.*
ret·i·cent [ˈretɪsnt]⟨f1⟩⟨bn.; -ly⟩ **0.1** ***terughoudend*** ⇒*gereserveerd* **0.2** ***zwijgzaam*** ⇒*gesloten, onmededeelzaam* ◆ **6.2** she was ~ **about/(up)on** the reason of her departure *zij liet weinig los omtrent de reden v. haar vertrek.*
ret·i·cle [ˈretɪkl]⟨telb.zn.⟩ **0.1** ***dradenkruis*** ⟨in optische instrumenten⟩.
re·tic·u·lar [rɪˈtɪkjʊlə‖-kjələr]⟨bn.; -ly⟩ **0.1** ***reticulair*** ⇒*netvormig, als een netwerk* **0.2** ***ingewikkeld.***
re·tic·u·late[1] [rɪˈtɪkjʊlət‖-kjə-]⟨bn.⟩ **0.1** ***reticulair*** ⇒*netvormig, als een netwerk.*
reticulate[2] [rɪˈtɪkjʊlət, -leɪt‖-kjə-]⟨ww.⟩ →reticulated
I ⟨onov.ww.⟩ **0.1** ***een netwerk vormen*** ⇒*in vierkantjes verdeeld worden;*
II ⟨ov.ww.⟩ **0.1** ***een netwerk maken v.*** ⇒*in vierkantjes verdelen.*
re·tic·u·lat·ed [rɪˈtɪkjʊleɪtɪd‖-kjəleɪtɪd]⟨bn.; volt. deelw. v. reticulate⟩ **0.1** ***een netwerk vormend*** **0.2** ***met een netvormig patroon.***
re·tic·u·la·tion [rɪˌtɪkjʊˈleɪʃn‖-ˌtɪkjə-]⟨telb. en n.-telb.zn.; vaak mv.⟩ **0.1** ***netwerk.***
ret·i·cule [ˈretɪkjuːl]⟨telb.zn.⟩ **0.1** ***dradenkruis*** ⟨in optische instrumenten⟩ **0.2** ***reticule*** ⇒*damestasje.*
re·tic·u·lum [rɪˈtɪkjʊləm‖-kjə-]⟨telb.zn.; reticula [-lə]; →mv. 5⟩ **0.1** ***netwerk*** ⇒*netvormig membraam, netwerk v. protoplasma* **0.2** ⟨dierk.⟩ ***netmaag*** ⇒*muts.*
re·ti·form [ˈriːtɪfɔːm‖ˈretɪfɔrm]⟨bn.⟩ **0.1** ***netvormig.***
ret·i·na [ˈretɪnə]⟨f1⟩⟨telb.zn.; ook retinae [-niː]; →mv. 5⟩⟨anat.⟩ **0.1** ***retina*** ⇒*netvlies.*
re·ti·nal [ˈretɪnl‖ˈretnl]⟨bn.⟩⟨anat.⟩ **0.1** ***v./mbt. het netvlies.***
re·ti·ni·tis [ˌretɪˈnaɪtɪs]⟨telb. en n.-telb.zn.; retinitides [-ˈnɪtɪdiːz]; →mv. 5⟩⟨med.⟩ **0.1** ***retinitis*** ⇒*netvliesontsteking/aandoening.*

ret·i·nue ['retɪnju:‖'retn·u:]⟨verz.n.⟩ **0.1** *gevolg* ⇒*hofstoet*.
re·tir·a·cy [rɪ'taɪrəsi]⟨n.-telb.zn.⟩⟨AE⟩ **0.1** ***teruggetrokkenheid*** ⇒*afzondering* **0.2** ***kapitaal om te gaan rentenieren***.
re·tire[1] [rɪ'taɪə‖-ər]⟨n.-telb.zn.⟩ **0.1** ***aftocht*** ◆ **3.1** sound the ~ *de aftocht slaan/blazen, het sein tot de aftocht geven*.
retire[2] ⟨f3⟩⟨ww.⟩ →retired, retiring
I ⟨onov.ww.⟩ **0.1** ***zich terugtrekken*** ⟨ook mil.⟩ ⇒*weggaan, heengaan, terugwijken, zich verwijderen;* ⟨schr.⟩ *zich ter ruste begeven* **0.2** ***met pensioen gaan*** ⇒*zich retireren, stil gaan leven* **0.3** ⟨cricket⟩ ***de innings afbreken*** ⟨vrijwillig, door batsman⟩ ◆ **6.1** ~ **for** the night/**to** bed *zich ter ruste/te bed begeven;* ~ **from** the world *een teruggetrokken leven gaan leiden; in een klooster gaan* **6.2** ~ **from** the navy *de marine verlaten;* ~ **from** practice *zijn praktijk neerleggen;* ~ **on** a pension *met pensioen gaan* **6.¶** ~ **into** oneself *in gedachten verzinken;*
II ⟨ov.ww.⟩ **0.1** ***terugtrekken*** ⟨ook mil.⟩ ⇒*intrekken* **0.2** ***pensioneren*** ⇒*op pensioen stellen* **0.3** ⟨geldw.⟩ ***aflossen*** ⇒*inlossen* **0.4** ⟨geldw.⟩ ***intrekken*** ⇒*terugnemen, aan de circulatie onttrekken* ◆ **1.3** ~ bonds/debts *obligaties/schulden aflossen* **1.4** ~ notes *bankbiljetten intrekken*.
re·tir·ed [rɪ'taɪəd‖-ərd]⟨f3⟩⟨bn.; volt. deelw. v. retire; -ly; -ment⟩ **0.1** ***teruggetrokken*** ⇒*afgezonderd, afgelegen* **0.2** ***gepensioneerd*** ⇒*in ruste, stil levend, rentenierend, buiten dienst* ◆ **1.2** ~ list *lijst v. gepensioneerde officieren;* ~ pay *ambtenarenpensioen, pensioen v. officier*.
re·ti·ree ['rɪtaɪə'ri:]⟨telb.zn.⟩⟨vnl. AE⟩ **0.1** ***gepensioneerde***.
re·tire·ment [rɪ'taɪəmənt‖-'taɪər-], ⟨Sch. E in bet. II⟩ **re·tir·al** [rɪ'taɪərəl]⟨f3⟩⟨zn.⟩
I ⟨telb.zn.⟩ **0.1** ***toevluchtsoord*** ⇒*wijkplaats;*
II ⟨telb. en n.-telb.zn.⟩ **0.1** ***pensionering*** ⇒*het gepensioneerd worden/zijn, het met pensioen gaan* ◆ **6.1** go **into** ~ *stil gaan leven;*
III ⟨n.-telb.zn.⟩ **0.1** ***afzondering*** ⇒*eenzaamheid, retraite* **0.2** ***pensioen***.
re'tirement pension ⟨telb.zn.⟩ **0.1** ***(ouderdoms)pensioen*** ⇒*AOW*.
re·tir·ing [rɪ'taɪərɪŋ‖-'taɪər-]⟨f2⟩⟨bn.; oorspr. teg. deelw. v. retire; -ly; -ness⟩
I ⟨bn.⟩ **0.1** ***teruggetrokken*** ⇒*niet opdringerig, bedeesd;*
II ⟨bn., attr.⟩ **0.1** ***pensioen-*** ◆ **1.1** ~ age *de pensioengerechtigde leeftijd;* ~ allowance *pensioen*.
re'tiring collection ⟨telb.zn.⟩ **0.1** ***collecte na dienst/concert***.
re·tool ['ri:'tu:l]⟨ov.ww.⟩ **0.1** ***v. nieuwe werktuigen/machines voorzien***.
re·tort[1] [rɪ'tɔ:t‖rɪ'tɔrt]⟨f1⟩⟨zn.⟩
I ⟨telb.zn.⟩⟨schei.⟩ **0.1** ***retort*** ⇒*destilleerkolf, kromhals;*
II ⟨telb. en n.-telb.zn.⟩ **0.1** ***weerwoord*** ⇒*repliek, antwoord, tegenzet* ◆ **6.1** say (sth.) **in** ~ *(iets) als weerwoord gebruiken*.
retort[2] ⟨f2⟩⟨ww.⟩
I ⟨onov.ww.⟩ **0.1** ***een weerwoord geven*** ⇒*antwoorden, een tegenzet doen;*
II ⟨ov.ww.⟩ **0.1** ***betaald zetten*** ⇒*terugbetalen, vergelden* **0.2** ***terugkaatsen*** ⇒*terugwerpen* ⟨beschuldiging enz.⟩, *als tegenzet gebruiken* **0.3** ***repliceren*** ⇒*(vinnig) antwoorden;* ⟨fig.⟩ *de bal terugkaatsen* **0.4** ⟨als volt. deelw.⟩ ***omkeren*** ⇒*achteroverbuigen, omdraaien* **0.5** ⟨schei.⟩ ***zuiveren*** ⟨kwik d.m.v. verhitting in retort⟩ ◆ **6.2** I ~ed the argument **against** him *ik gebruikte hetzelfde argument tegen hem;* ~ the charge **on** the accuser *de beschuldiging terugwerpen*.
re·tor·tion [rɪ'tɔ:ʃn‖rɪ'tɔrʃn]⟨telb.zn.⟩ **0.1** ***ombuiging*** ⟨ook fig.⟩ ⇒*verdraaiing* **0.2** ***retorsie*** ⇒*represaille(s), vergelding*.
re·touch[1] ['ri:'tʌtʃ]⟨telb. en n.-telb.zn.⟩ **0.1** ***retouche*** ⇒*het retoucheren, het bijwerken* **0.2** ***bijgewerkt detail***.
retouch[2] ⟨f1⟩⟨ov.ww.⟩ **0.1** ***retoucheren*** ⇒*bijwerken, opfrissen*.
re·trace [rɪ'treɪs, 'ri:-]⟨f1⟩⟨ov.ww.⟩ **0.1** ***herleiden*** ⇒*terugvoeren tot* **0.2** ***weer inspecteren*** **0.3** ***weer nagaan*** ⟨in het geheugen⟩ **0.4** ***terugkeren*** **0.5** ***overtrekken*** ⟨contouren, tekening⟩ ◆ **1.4** ~ one's steps/way *op zijn schreden terugkeren*.
re·tract [rɪ'trækt]⟨f1⟩⟨ww.⟩
I ⟨onov.ww.⟩ **0.1** ***ingetrokken (kunnen) worden*** ⟨v. klauwen, horens enz.⟩;
II ⟨onov. en ov.ww.⟩ **0.1** ***intrekken*** ⟨ook fig.⟩ ⇒*terugtrekken, herroepen, zich distantiëren v.*.
re·tract·a·ble [rɪ'træktəbl]⟨bn.⟩ **0.1** ***intrekbaar*** ⇒*optrekbaar, die/dat ingetrokken kan worden*.
re·tract·a·tion [rɪ'trækʃn]⟨telb. en n.-telb.zn.⟩ **0.1** ***herroeping*** ⇒*onttrekking aan een verplichting*.
re·trac·tile [rɪ'træktaɪl‖-tl]⟨bn.⟩ **0.1** ***intrekbaar***.
re·trac·tion [rɪ'trækʃn]⟨zn.⟩
I ⟨telb. en n.-telb.zn.⟩ **0.1** ***retractatie*** ⇒*terugtrekking, intrekking, het terugnemen, herroeping;*
II ⟨n.-telb.zn.⟩ **0.1** ***het intrekken*** ⇒*het optrekken* **0.2** ***het ingetrokken (kunnen) worden***.
re·trac·tive [rɪ'træktɪv]⟨bn.⟩ **0.1** ***terugtrekkend*** ⇒*intrekkend*.
re·trac·tor [rɪ'træktə‖-ər]⟨telb.zn.⟩ **0.1** ⟨biol.⟩ ***retractor*** ⟨spier die in/optrekt⟩ **0.2** ⟨med.⟩ ***haak*** ⟨om operatiewond open te houden⟩.
re·train ['ri:'treɪn]⟨ov.ww.⟩ **0.1** ***herscholen*** ⇒*omscholen, opnieuw opleiden*.
re·tral ['ri:trəl]⟨bn.; -ly⟩⟨biol.⟩ **0.1** ***achteraangelegen*** ⇒*achter-*.
re·tread ['ri:tred]⟨telb.zn.⟩ **0.1** ***band met nieuw loopvlak*** ⇒*coverband*.
re-tread ['ri:'tred]⟨ov.ww.⟩ **0.1** ***coveren*** ⇒*van een nieuw loopvlak voorzien* **0.2** ***opnieuw betreden***.
re·treat[1] [rɪ'tri:t]⟨f2⟩⟨zn.⟩
I ⟨telb.zn.⟩ **0.1** ***toevluchtsoord*** ⇒*wijkplaats, schuilplaats* **0.2** ***tehuis*** ⇒*asiel;*
II ⟨telb. en n.-telb.zn.⟩ **0.1** ⟨mil.⟩ ***terugtocht*** ⇒*aftocht* **0.2** ⟨relig.⟩ ***retraite*** ◆ **3.1** beat a (hasty) ~ *zich (snel) terugtrekken;* ⟨fig.⟩ *(snel) de aftocht blazen;* make good one's ~ *weten te ontkomen* **6.1** **in** full ~ *in volle aftocht* **6.2** **in** ~ *op retraite;*
III ⟨n.-telb.zn.⟩ **0.1** ***het zich terugtrekken*** ⇒*afzondering* **0.2** ⟨the⟩⟨mil.⟩ ***sein voor de aftocht*** **0.3** ⟨the⟩ ***taptoe*** ⟨avondsignaal⟩ ◆ **3.2** sound the ~ *de aftocht blazen*.
retreat[2] ⟨f3⟩⟨ww.⟩
I ⟨onov.ww.⟩ **0.1** ***teruggaan*** ⇒*zich terugtrekken* ⟨ook mil.; ook fig.⟩; *terugwijken* ⟨v. kin, voorhoofd e.d.⟩ ◆ **6.1** ~ **from** *zich terugtrekken v., ontvluchten;*
II ⟨ov.ww.⟩⟨schaken⟩ **0.1** ***naar achteren zetten*** ⇒*wegzetten*.
re·treat·ant [rɪ'tri:tnt]⟨telb.zn.⟩⟨relig.⟩ **0.1** ***retraitant(e)***.
re·trench [rɪ'trentʃ]⟨ww.⟩
I ⟨onov.ww.⟩ **0.1** ***bezuinigen;***
II ⟨ov.ww.⟩ **0.1** ***besnoeien*** ⇒*inkrimpen, bekorten, beperken, laten afvloeien; weglaten* ⟨alinea⟩ **0.2** ⟨mil.⟩ ***verschansen*** ⇒*v.e. verschansing voorzien*.
re·trench·ment [rɪ'trentʃmənt]⟨zn.⟩
I ⟨telb.zn.⟩⟨mil.⟩ **0.1** ***retranchement*** ⇒*verschansing;*
II ⟨telb. en n.-telb.zn.⟩ **0.1** ***bezuiniging*** ⇒*besnoeiing, (in)krimp (ing), bekorting, beperking, afvloeiing, het weglaten*.
re·tri·al ['ri:'traɪəl]⟨telb.zn.⟩ **0.1** ***tweede proef*** ⇒*nieuw onderzoek* **0.2** ⟨jur.⟩ ***nieuw onderzoek*** ⇒*revisie*.
ret·ri·bu·tion ['retrɪ'bju:ʃn]⟨f1⟩⟨telb. en n.-telb.zn.⟩ **0.1** ***vergelding*** ⇒*retributie, straf* **0.2** ***vergoeding***.
re·trib·u·tive [rɪ'trɪbjʊtɪv‖-bjət̬ɪv], **re·trib·u·to·ry** [rɪ'trɪbjʊtri‖-bjətɔri]⟨bn.; retributively⟩ **0.1** ***vergeldend*** ⇒*vergeldings-*.
re·triev·a·ble [rɪ'tri:vəbl]⟨f1⟩⟨bn.; -ly; →bijw. 3⟩ **0.1** ***te apporteren*** **0.2** ***terug te winnen*** ⇒*herwinbaar, opvraagbaar, terug te vinden/krijgen/halen* **0.3** ***te herinneren*** **0.4** ***te redden*** **0.5** ***herstelbaar*** ⇒*te verhelpen*.
re·triev·al [rɪ'tri:vl]⟨f1⟩⟨n.-telb.zn.⟩ **0.1** ***het apporteren*** **0.2** ***herwinning*** ⇒*het terugwinnen, het terugkrijgen, het terugvinden, het terughalen* **0.3** ***het herinneren*** **0.4** ***het redden*** **0.5** ***het herstellen*** ⇒*het verhelpen* ◆ **6.1** **beyond/past** ~ *voorgoed verloren; onherstelbaar*.
re'trieval system ⟨telb.zn.⟩⟨comp.⟩ **0.1** ***retrieval systeem***.
re·trieve[1] [rɪ'tri:v]⟨f1⟩⟨n.-telb.zn.⟩ **0.1** ***herstel*** ◆ **6.1** **beyond/past** ~ *onherstelbaar*.
retrieve[2] ⟨f2⟩⟨ov.ww.⟩ **0.1** ***apporteren*** **0.2** ***terugwinnen*** ⇒*terugvinden, terugkrijgen, herkrijgen, terughalen* **0.3** ***weer herinneren*** **0.4** ***redden*** ⇒*in veiligheid brengen* **0.5** ***herstellen*** ⇒*weer goedmaken, verhelpen* **0.6** ⟨sport, i.h.b. tennis⟩ ***halen*** ⟨moeilijke bal⟩ ◆ **1.2** ~ one's fortune *zijn fortuin terugwinnen* **6.4** ~ **from** *redden uit*.
re·triev·er [rɪ'tri:və‖-ər]⟨telb.zn.⟩⟨dierk.⟩ **0.1** ***retriever*** ⟨jachthond⟩.
ret·ro- ['retroʊ] **0.1** ***retro-*** ⇒*terug, achterwaarts, achter(uit), naar achteren* ◆ **¶.1** ⟨biol.⟩ retrosternal *achter het borstbeen gelegen*.
ret·ro·act ['retroʊ'ækt]⟨onov.ww.⟩ **0.1** ***reageren*** **0.2** ***terugwerken*** ⇒*terugwerkende kracht hebben*.
ret·ro·ac·tion ['retroʊ'ækʃn]⟨n.-telb.zn.⟩ **0.1** ***reactie*** **0.2** ***retroactiviteit*** ⇒*terugwerkende kracht* ◆ **6.1** **in** ~ *als reactie* **6.2** **in** ~ *met terugwerkende kracht*.
ret·ro·ac·tive ['retroʊ'æktɪv]⟨f1⟩⟨bn.; -ly⟩ **0.1** ***retroactief*** ⇒*(met) terugwerkend(e kracht)* ◆ **1.1** ⟨psych.⟩ ~ inhibition *retroactieve inhibitie*.
ret·ro·cede ['retrə'si:d]⟨ww.⟩
I ⟨onov.ww.⟩ **0.1** ***(terug)wijken*** ⇒*teruggaan;*
II ⟨ov.ww.⟩ **0.1** ***teruggeven*** ⟨i.h.b. land⟩ ⇒*weer afstaan*.
ret·ro·ced·ence ['retrə'si:dns], **ret·ro·ces·sion** [-'seʃn]⟨zn.⟩
I ⟨telb.zn.⟩ **0.1** ***retrogressie*** ⇒*teruggang, terugval;*
II ⟨telb. en n.-telb.zn.⟩ **0.1** ***retrocessie*** ⇒*teruggave v. gecedeerde vordering* **0.2** ***herverzekering***.
ret·ro·ced·ent ['retrə'si:dnt]⟨bn.⟩ **0.1** ***retrocessief*** ⇒*teruggaand*.
ret·ro·choir ['retroʊkwaɪə‖-ər]⟨telb.zn.⟩ **0.1** ***retrochorus*** ⟨deel v. kerk achter hoogaltaar⟩.

re·tro·fit ['retroʊfɪt]⟨ov.ww.⟩⟨ind.⟩ 0.1 *aanbrengen/inbouwen v. nieuwe/verbeterde onderdelen in* ⟨oudere modellen⟩ ⇒*vernieuwen, opnieuw aanpassen.*

ret·ro·flex ['retrəfleks], **ret·ro·flexed** [-flekst]⟨bn.⟩ 0.1 ⟨biol.⟩ *achterovergebogen* ⇒*naar achteren gekanteld* 0.2 ⟨taalk.⟩ *cacuminaal* ⇒*cerebraal.*

ret·ro·flex·ion ['retrə'flekʃn]⟨telb. en n.-telb.zn.⟩⟨med.⟩ 0.1 *retroflexie* ⇒*achteroverbuiging, het achterover kantelen v.d. baarmoeder.*

ret·ro·gra·da·tion ['retroʊgrə'deɪʃn‖-greɪ-]⟨n.-telb.zn.⟩ 0.1 *achterwaartse beweging* ⇒*terugtrekking* 0.2 *omgekeerde beweging* 0.3 *retrogressie* ⇒*teruggang/val* 0.4 *retrogradatie* 0.5 ⟨ster.⟩ *retrograde beweging* ⟨tegengesteld aan die v.d. aarde/planeten⟩.

ret·ro·grade[1] ['retrəgreɪd]⟨telb.zn.⟩ 0.1 *gedegenereerde* 0.2 *teruggang* ⇒*achteruitgang.*

retrograde[2] ⟨f1⟩⟨bn.; -ly⟩ 0.1 *achteruitgaand* ⇒*teruggaand, achterwaarts, retrograde* 0.2 *omgekeerd* 0.3 *retrogradief* ⇒*terugvallend, degenererend* 0.4 ⟨ster.⟩ *met een retrograde beweging* ⟨tegengesteld aan die v.d aarde/planeten⟩.

retrograde[3] ⟨onov.ww.⟩ 0.1 *retrograderen* ⇒*achterwaarts gaan* 0.2 *achteruitgaan* ⇒*terugvallen, afnemen, minder/slechter worden.*

ret·ro·gress ['retrə'gres]⟨onov.ww.⟩ 0.1 *retrograderen* ⇒*achteruitgaan, terugvallen.*

ret·ro·gres·sion ['retrə'greʃn]⟨telb.zn.⟩ 0.1 *retrogressie* ⇒*teruggang, terugval.*

ret·ro·gres·sive ['retrə'gresɪv]⟨bn.; -ly⟩ 0.1 *teruggaand* ⇒*achteruitgaand.*

ret·ro·rock·et ['retroʊrɒkɪt‖-rɑkɪt]⟨telb.zn.⟩ 0.1 *remraket.*

re·trorse [rɪ'trɔ:s‖rɪ'trɔrs]⟨bn.; -ly⟩⟨biol.⟩ 0.1 *naar achteren/beneden gedraaid.*

ret·ro·spect ['retrəspekt]⟨f2⟩⟨zn.⟩
I ⟨telb. en n.-telb.zn.⟩ 0.1 *terugblik* ◆ 6.1 **in** ~ *achteraf gezien;*
II ⟨n.-telb.zn.⟩ 0.1 *rekening* ⇒*acht, beschouwing* ◆ 6.1 **without** ~ **to** *zonder te letten op, zonder rekening te houden met, ongeacht.*

ret·ro·spec·tion ['retrə'spekʃn]⟨telb. en n.-telb.zn.⟩ 0.1 *terugblik* ⇒*retrospectieve.*

ret·ro·spec·tive ['retrə'spektɪv]⟨f1⟩⟨bn.; -ly⟩ 0.1 *retrospectief* ⇒*terugblikkend* 0.2 *retroactief* ⇒*met terugwerkende kracht* 0.3 *achterwaarts gelegen.*

re·trous·sé [rə'tru:seɪ‖-'seɪ]⟨bn.⟩ 0.1 ⟨ong.⟩ *naar boven gekeerd* ◆ 1.1 a ~ nose *een wipneus.*

ret·ro·ver·sion ['retroʊ'vɜ:ʃn‖-'vɜrʒn]⟨zn.⟩
I ⟨telb.zn.⟩ 0.1 *teruggang* ⇒*terugval;*
II ⟨n.-telb.zn.⟩ 0.1 *retroflexie* ⇒*achteroverbuiging.*

ret·ro·vi·rus ['retroʊ'vaɪərəs]⟨telb.zn.⟩⟨med.⟩ 0.1 *retrovirus.*

re·try ['ri:'traɪ]⟨ov.ww.; →ww. 7⟩ 0.1 *opnieuw proberen* 0.2 ⟨jur.⟩ *een nieuw onderzoek/revisie aanvragen.*

ret·si·na [ret'si:nə]⟨n.-telb.zn.⟩ 0.1 *retsina* ⟨Griekse harswijn⟩.

re·turn[1] [rɪ'tɜ:n‖rɪ'tɜrn]⟨f3⟩⟨zn.⟩⟨→sprw. 614⟩
I ⟨telb.zn.⟩ 0.1 *terugkeer* ⇒*terugkomst, thuiskomst; nieuwe aanval* ⟨v. ziekte⟩; *terugreis* 0.2 ⟨inf.⟩ *retourtje* 0.3 *teruggave* ⇒*terugzending, terugbetaling, tegenprestatie* 0.4 *antwoord* ⇒*respons, beantwoording* 0.5 ⟨vaak mv.⟩ *opbrengst* ⇒*winst, rendement, resultaat* 0.6 *aangifte* ⇒*officieel rapport, verslag, opgave* 0.7 ⟨vnl. BE⟩ *verkiezing* ⇒*afvaardiging* 0.8 ⟨bouwk.⟩ *zijvleugel* ⇒*aanbouw* 0.9 ⟨kaartspel⟩ *nakomst* ⇒*na/terugspel* 0.10 ⟨balspel⟩ *terugslag* ⇒*return, terugspeelbal* 0.11 ⟨sport⟩ *return(wedstrijd)* ⇒*revanche* ◆ 1.1 the point of no ~ *punt waarna er geen weg terug is;* he has passed the point of no ~ *hij heeft al zijn schepen achter zich verbrand* 1.3 on sale and ~ *op commissie* 1.5 ⟨ec.⟩ ~ on capital/investment *kapitaalopbrengst, resultaat v.d. investering;* a good ~ on one's investments *een aardige winst op zijn investeringen;* ⟨ec.⟩ the law of diminishing ~s *de wet v.d. verminderende meeropbrengsten;* ⟨ec.⟩ ~ on sales *rendement op omzet* 3.5 ⟨ec.⟩ diminishing ~s *verminderende meeropbrengst;*
II ⟨n.-telb.zn.⟩ 0.1 *het retourneren* ⇒*het terugbetalen, het terugbrengen, het teruggeven, het terugplaatsen, het terugzenden* ◆ 6.1 **by** ~ (of post) *per omgaande, per kerende post* 6.¶ **in** ~ **for** *in ruil voor;*
III ⟨mv.; ~s⟩ 0.1 *teruggezonden goederen* 0.2 *statistieken* 0.3 ⟨BE⟩ *lichte pijptabak.*

return[2] ⟨f3⟩⟨bn.⟩
I ⟨bn.⟩⟨BE⟩ 0.1 *retour* ◆ 1.1 ~ cargo *retourlading;* ~ crease *bep. lijn in cricket;* ~ fare *geld voor de terugreis;* ~ half *tweede helft v.e. retour;* ~ ticket *retourbiljet, retour(tje), retourkaartje;*
II ⟨bn., attr.⟩ 0.1 *tegen-* ⇒*terug-* ◆ 1.1 a ~ game/match *een return(wedstrijd), een revanche(partij);* a ~ visit *een tegenbezoek.*

return[3] ⟨f4⟩⟨ww.⟩
I ⟨onov.ww.⟩ 0.1 *terugkeren* ⇒*terugkomen, teruggaan* ◆ 6.1 ~ **to** *terugkeren op/naar; vervallen in;* ⟨relig.⟩ **unto** dust shalt thou ~ *tot stof zult gij wederkeren;*
II ⟨onov. en ov.ww.⟩ 0.1 *antwoorden;*
III ⟨ov.ww.⟩ 0.1 *retourneren* ⇒*terugbrengen, teruggeven, terugplaatsen, terugzenden* 0.2 *opleveren* ⇒*opbrengen* 0.3 *beantwoorden* ⇒*terugbetalen* 0.4 ⟨sport⟩ *terugslaan* ⇒*retourneren, terugspelen* 0.5 ⟨kaartspel⟩ *nakomen* ⇒*na/terugspelen* 0.6 *opgeven* ⇒*verklaren, rapporteren* 0.7 *kiezen* ⇒*ver/herkiezen, afvaardigen* 0.8 ⟨bouwk.⟩ *met een rechte hoek aanbouwen* ◆ 1.1 ~ thanks *danken; dankzeggen na de maaltijd* 1.3 ~ evil for evil *kwaad met kwaad vergelden;* ~ like for like *met gelijke munt terugbetalen* 1.6 ⟨jur.⟩ ~ a verdict *een uitspraak doen.*

re·turn·a·ble [rɪ'tɜ:nəbl‖-'tɜr-]⟨f1⟩⟨bn.⟩ 0.1 *te retourneren* ⇒*terug te betalen, terug te geven, terug te brengen, terug te plaatsen, terug te sturen* 0.2 *op te geven* ⇒*aan te geven.*

re·turn·ee [rɪ'tɜ:'ni:‖-'tɜr-]⟨telb.zn.⟩⟨AE⟩ 0.1 *repatriant* ⟨i.h.b. na militaire dienst in het buitenland⟩.

re'turn·ing officer ⟨telb.zn.⟩⟨BE, Can. E, Austr. E⟩ 0.1 ⟨ong.⟩ *verkiezingsambtenaar* ⇒*voorzitter v.h. stembureau.*

re'turn key ⟨telb.zn.⟩⟨comp.⟩ 0.1 *return-/enter-toets.*

re·tuse [rɪ'tju:s‖rɪ'tu:s]⟨bn.⟩⟨plantk.⟩ 0.1 *met breed uiteinde en een inkeping* ⟨v. bladeren⟩.

re·un·ion ['ri:'ju:nɪən]⟨f2⟩⟨zn.⟩
I ⟨telb.zn.⟩ 0.1 *reünie* ⇒*hereniging, samenkomst;*
II ⟨n.-telb.zn.⟩ 0.1 *het herenigen* 0.2 *het herenigd zijn/worden.*

re·un·ion·ist ['ri:'ju:nɪənɪst]⟨telb.zn.⟩ 0.1 *voorstander v. hereniging* ⟨i.h.b. v.d. anglikaanse en R.-K. Kerk⟩.

re·u·nite ['ri:ju:'naɪt]⟨f1⟩⟨ww.⟩
I ⟨onov.ww.⟩ 0.1 *zich herenigen* ⇒*weer bij elkaar komen;*
II ⟨ov.ww.⟩ 0.1 *herenigen* ⇒*weer bij elkaar brengen.*

re·us·a·ble ['ri:'ju:zəbl]⟨bn.⟩ 0.1 *geschikt voor hergebruik.*

re·use ['ri:'ju:z]⟨ov.ww.⟩ 0.1 *opnieuw/weer gebruiken.*

rev[1] [rev]⟨telb.zn.⟩⟨inf.⟩ 0.1 *omwenteling* ⇒*toer* ⟨v. motor⟩.

rev[2], ⟨in bet. I 0.2 en II ook⟩ **'rev 'up** ⟨f1⟩⟨ww.; →ww. 7⟩⟨inf.⟩
I ⟨onov.ww.⟩ 0.1 *draaien* ⇒*omwentelingen maken* 0.2 *sneller gaan lopen;*
II ⟨ov.ww.⟩ 0.1 *sneller doen lopen* ⟨motor⟩ ⇒*het toerental opvoeren* 0.2 *activeren* ⇒*stimuleren, opwekken.*

rev[3], **Rev** ⟨afk.⟩ 0.1 ⟨revenue⟩ 0.2 ⟨reverse⟩ 0.3 ⟨review⟩ 0.4 ⟨revise⟩ 0.5 ⟨revised⟩ 0.6 ⟨revision⟩ 0.7 ⟨Revelation⟩ 0.8 ⟨Reverend⟩ *Eerw.* 0.9 ⟨revolution⟩ ◆ 5.8 the Most Rev *Z.E.H.*.

re·val·en·ta ['revə'lentə]⟨telb. en n.-telb.zn.⟩ 0.1 *linzenschotel* ⟨voor zieken⟩.

re·val·or·i·za·tion, -sa·tion ['ri:vælərai'zeɪʃn‖-rə-]⟨telb.zn.⟩⟨geldw.⟩ 0.1 *revalorisatie* ⇒*herwaardering.*

re·val·u·a·tion [rɪ'vælju:'eɪʃn]⟨telb. en n.-telb.zn.⟩ 0.1 *revaluatie* ⟨ook geldw.⟩ ⇒*herwaardering, opwaardering.*

re·val·ue ['ri:'vælju:]⟨ov.ww.⟩ 0.1 *revalueren* ⇒*herwaarderen, opwaarderen.*

re·vamp ['ri:'væmp]⟨ov.ww.⟩⟨inf.⟩ 0.1 *opknappen* ⇒*vernieuwen.*

re·vanch·ism [rɪ'vɑ:ntʃɪzm]⟨n.-telb.zn.⟩⟨pol.⟩ 0.1 *revanchisme* ⇒*streven naar wraak/vergelding.*

Revd ⟨afk.⟩ Reverend 0.1 *Eerw.*.

re·veal[1] [rɪ'vi:l]⟨telb.zn.⟩ 0.1 *vlucht* ⇒*diepte* ⟨binnenzijwand v. deur/vensteropening⟩.

reveal[2] ⟨f3⟩⟨ov.ww.⟩ →revealing ⟨→sprw. 735⟩ 0.1 *openbaren* ⇒*reveleren* 0.2 *onthullen* ⇒*bekend maken, uitwijzen* ◆ 2.2 ~ itself *bekend worden.*

re·veal·ing [rɪ'vi:lɪŋ]⟨f2⟩⟨bn.; oorspr. teg. deelw. v. reveal⟩ 0.1 *onthullend* ⇒*veelzeggend* ◆ 1.1 a ~ dress *een blote jurk.*

rev·eil·le [rɪ'væli‖'revəli]⟨telb. en n.-telb.zn.⟩⟨mil.⟩ 0.1 *reveille* ◆ 3.1 sound (the) ~ *de reveille blazen/slaan.*

rev·el[1] ['revl]⟨f1⟩⟨telb. en n.-telb.zn.; vnl. mv.⟩ 0.1 *pret(makerij)* ⇒*jool, feestelijkheid, festiviteit, braspartij, zuippartij* ◆ 3.1 our ~s are ended *het is uit met de pret.*

revel[2] ⟨f1⟩⟨ww.; →ww. 7⟩
I ⟨onov.ww.⟩ 0.1 *pret maken* ⇒*feestvieren, brassen, aan de zwier zijn, pierewaaien* ◆ 6.1 ~ **in** *erg genieten v., genoegen scheppen in, zwelgen in, zich vermaken met, zich te buiten gaan aan;* ~ **in** solitude *graag alleen zijn;* he ~s **in** his work *hij gaat volledig op in zijn werk;*
II ⟨ov.ww.⟩ 0.1 *verbrassen* ⇒*verkwisten, verspillen* ◆ 5.1 ~ **away** *verbrassen, verkwisten.*

rev·e·la·tion ['revə'leɪʃn]⟨f3⟩⟨telb. en n.-telb.zn.⟩ 0.1 *revelatie* ⇒*openbaarmaking, bekendmaking, openbaring, onthulling* 0.2 ⟨R-; verk. the Revelation of St. John the Divine⟩ *Openbaring (v. Johannes)* ⇒*Apocalyps(e)* ◆ 6.1 truths known only **by** ~ *de door God geopenbaarde waarheden;* it was a ~ **to** me *het verraste me zeer* ¶.2 ⟨inf.⟩ (the) Revelations *de Openbaring.*

rev·e·la·tion·al ['revə'leɪʃnəl]⟨bn.⟩ 0.1 *apocalyptisch* ⇒*v.d. Openbaring.*

rev·e·la·tion·ist ['revə'leɪʃənɪst]⟨telb.zn.⟩ 0.1 *gelover in goddelijke openbaring* 0.2 ⟨R-; the⟩ *schrijver v.d. Openbaring.*

rev·e·la·to·ry ['revələtri‖rɪ'velətɔri]⟨bn.⟩ **0.1** ***onthullend*** ⇒*openbarend.*

rev·el·ler, ⟨AE sp.⟩ **rev·el·er** ['revlə‖-ər]⟨telb.zn.⟩ **0.1** ***pretmaker*** ⇒*vrolijke klant, pierewaaier.*

rev·el·rous ['revlrəs]⟨bn.⟩ **0.1** ***jolig*** ⇒*vrolijk, plezierig, feestelijk.*

rev·el·ry ['revlri]⟨f1⟩⟨n.-telb.zn.; ook mv. met enk. bet.; →mv. 2⟩ **0.1** ***pretmakerij*** ⇒*pret, jool, joligheid, uitgelatenheid.*

rev·e·nant[1] ['revɪnənt]⟨telb.zn.⟩ **0.1** ***teruggekeerde*** ⟨uit dood, ballingschap enz.⟩ ⇒*geest, verschijning.*

revenant[2] ⟨bn.⟩ **0.1** ***terugkomend*** ⇒*zich herhalend* **0.2** ***spookachtig*** ⇒*kenmerkend voor / v.e. geest, huiveringwekkend.*

re·ven·di·ca·tion [rɪ'vendɪ'keɪʃn]⟨telb. en n.-telb.zn.⟩ **0.1** ***terugeisіng*** ⟨gebied, bezittingen, enz.⟩ ⇒*revindicatie* **0.2** ***het terugkrijgen*** ⟨na terugeising⟩.

re·venge[1] [rɪ'vendʒ]⟨f1⟩⟨zn.⟩⟨→sprw. 593⟩
I ⟨telb. en n.-telb.zn.⟩ **0.1** ***wraak*** ⇒*wraakneming, het wreken, wraakactie, vergelding* **0.2** ⟨sport, spel⟩ ***revanche*** ⇒*revanchepartij* ◆ **1.1** thoughts of ~ *wraakgedachten* **3.1** get / have one's ~ on s.o. for sth., take ~ on s.o. for sth. *wraak nemen / zich wreken op iem. vanwege iets* **3.2** get / give s.o. his ~ *iem. revanche geven;* have / take one's ~ *revanche nemen* **6.1 in / out of ~ for** *uit wraak voor;*
II ⟨n.-telb.zn.⟩ **0.1** ***wraakzucht*** ⇒*wraaklust / gierigheid / gevoel.*

revenge[2] ⟨f2⟩⟨ov.ww.⟩ **0.1** ***wreken*** ⇒*vergelden, wraak nemen* ◆ **1.1** ~ (the murder of) one's friend / an insult *(de moord op) een vriend / een belediging wreken* **6.1** be ~d **for** sth. **of / (up)on** s.o., ~ o.s. **for** sth. **(up)on** s.o. *zich wreken wegens iets op iem..*

re·venge·ful [rɪ'vendʒfl]⟨f1⟩⟨bn.; -ly; -ness⟩ **0.1** ***wraakzuchtig*** ⇒*wraakgierig.*

re·veng·er [rɪ'vendʒə‖-ər]⟨telb.zn.⟩ **0.1** ***wreker.***

rev·e·nue ['revɪnju:‖-nu:]⟨f2⟩⟨zn.⟩
I ⟨telb. en n.-telb.zn.⟩ **0.1** ***inkomen*** ⇒*baten, opbrengst, inkomsten* ⟨uit bezit, investering e.d.⟩ ◆ **3.1** derive one's ~s from *zijn inkomsten verkrijgen uit;*
II ⟨n.-telb.zn.⟩ **0.1** ⟨soms mv. met enk. bet.; ~s⟩ ***inkomsten*** ⇒⟨i.h.b.⟩ *rijksmiddelen* **0.2** ***fiscus*** ⇒*rijksbelastingdienst.*

'revenue account ⟨telb.zn.⟩ **0.1** ***inkomstentabel.***

'revenue cutter, 'revenue launch, 'revenue vessel ⟨telb.zn.⟩ **0.1** ***recherchevaartuig*** ⇒*douaneboot.*

'revenue duty ⟨telb.zn.⟩ **0.1** ***fiscaal recht*** **0.2** ⟨vaak mv.⟩ ***douanerecht*** ⇒*in- en uitvoerrecht.*

'revenue officer ⟨telb.zn.⟩ **0.1** ***douanebeamte*** ⇒*douanier.*

'revenue sharing ⟨n.-telb.zn.⟩⟨AE⟩ **0.1** ***verdeling v. rijksmiddelen*** ⟨over plaatselijke overheden, m.n. de staten⟩.

'revenue stamp ⟨telb.zn.⟩ **0.1** ***belastingzegel*** ⇒*plakzegel.*

'revenue tariff ⟨telb.zn.⟩ **0.1** ***belastingtarief*** ⇒*douanetarief, fiscaal tarief.*

'revenue tax ⟨telb.zn.⟩ **0.1** ***fiscaal recht*** **0.2** ⟨vaak mv.⟩ ***douanerecht*** ⇒*in- en uitvoerrecht.*

re·verb [rɪ'vɜ:b‖-'vɜrb]⟨telb. en n.-telb.zn.⟩⟨verk.⟩ reverberation.

re·ver·ber·ant [rɪ'vɜ:brənt‖-'vɜr-]⟨bn.⟩ **0.1** ***weerkaatsend*** ⇒*weerklinkend, weergalmend, terugkaatsend.*

re·ver·ber·ate [rɪ'vɜ:bəreɪt‖-'vɜr-]⟨f1⟩⟨onov. en ov.ww.⟩ **0.1** ***weerkaatsen*** ⟨geluid, licht, hitte⟩ ⇒*weergalmen, terugkaatsen, echoën, weerklinken, reflecteren* ◆ **6.1** ~ **over / upon** *terugwerken op* ⟨ook fig.⟩.

re·ver·ber·at·ing-fur·nace [rɪ'vɜ:bəreɪtɪŋ fɜ:nɪs‖rɪ'vɜrbəreɪt̬ɪŋ fɜrnɪs], **re·'ver·ber·at·ing-kiln** ⟨telb.zn.⟩ **0.1** ***reverbeeroven*** ⇒*vlam / puddel / smeltoven.*

re·ver·ber·a·tion [rɪ'vɜ:bə'reɪʃn‖-'vɜr-]⟨f1⟩⟨telb. en n.-telb.zn.; vaak mv.⟩ **0.1** ***reverberatie*** ⇒*weerklank, weerkaatsing, echo, terugkaatsing, weergalm, het weerklinken.*

re·ver·ber·a·tive [rɪ'vɜ:brətɪv‖rɪ'vɜrbəreɪt̬ɪv]⟨bn.⟩ **0.1** ***weerkaatsend*** ⇒*terugkaatsend, weerklinkend.*

re·ver·ber·a·tor [rɪ'vɜ:bəreɪtə‖rɪ'vɜrbəreɪt̬ər]⟨telb.zn.⟩ **0.1** ***(soort) reflector.***

re·ver·ber·a·to·ry[1] [rɪ'vɜ:brətri‖rɪ'vɜrbərətɔri]⟨telb.zn.; →mv. 2⟩ **0.1** ***reverbeeroven*** ⇒*vlam / puddel / smeltoven.*

reverberatory[2] ⟨bn.⟩ **0.1** ***terugkaatsend*** ⇒*reverbeer-, weerkaatsend* ◆ **1.1** a ~ fire *reverbeervuur* ⟨in vlamoven⟩.

revere[1] →revers.

re·vere[2] [rɪ'vɪə‖rɪ'vɪr]⟨f2⟩⟨ov.ww.⟩ **0.1** ***(ver)eren*** ⇒*respecteren, eerbied / ontzag hebben voor, bewonderen, opzien tegen.*

rev·er·ence[1] ['revrəns]⟨f2⟩⟨zn.⟩
I ⟨telb.zn.⟩⟨vero.⟩ **0.1** ***revérence*** ⇒*(diepe) buiging;*
II ⟨telb. en n.-telb.zn.⟩ **0.1** ***verering*** ⇒*respect, (diepe) eerbied, ontzag, bewondering* **0.2** ⟨AE sp. R-⟩ ⟨vero., IE, BE scherts.⟩ ***eerwaarde*** ⟨titel v. priester⟩ ◆ **3.1** hold s.o. / sth. in ~ *eerbied koesteren voor iem. / iets;* pay ~ to *eerbied bewijzen aan;* show ~ for *eerbied betonen aan* **3.¶** ⟨vero.⟩ saving your ~ *met uw welnemen* **7.2** Your ~(s) *(Uwe) eerwaarde(n).*

reverence[2] ⟨ov.ww.⟩ **0.1** ***vereren*** ⇒*eerbiedigen, eerbied / ontzag hebben voor.*

rev·er·end[1] ['revrənd]⟨f2⟩⟨telb.zn.; meestal mv.⟩⟨inf.⟩ **0.1** ***geestelijke*** ⇒*predikant* ◆ **1.1** ~s and right ~s *lagere geestelijken en bisschoppen.*

reverend[2] ⟨f2⟩⟨bn., attr.⟩ **0.1** ***eerwaard(ig)*** ⟨vnl. v. geestelijken⟩ ⇒*achtenswaard(ig), achtbaar, respectabel, venerabel, eerbiedwaard(ig)* **0.2** ⟨R-; the; vaak als titel⟩ ***Eerwaarde*** ◆ **1.1** a ~ gentleman *een eerwaarde heer* ⟨geestelijke⟩; a ~ old gentleman *een eerbiedwaardige grijsaard* **1.2** the Reverend Father Brown *(de) Eerwaarde Vader Brown;* the Reverend Mother *(de) Eerwaarde Moeder;* the Reverend Mr. / Dr. Johnson *de Weleerwaarde Heer / Dr. Johnson* **5.2** the Most Reverend *(Zijne) Hoogwaardige Excellentie* ⟨aartsbisschop⟩; the Right Reverend *(Zijne) Hoogwaardige Excellentie* ⟨bisschop⟩; the Very Reverend (Dr.) H. James *(de) Hoogeerwaarde Heer (Dr.) H. James* ⟨deken⟩.

rev·er·ent ['revrənt]⟨f1⟩⟨bn.; -ly; -ness⟩ **0.1** ***eerbiedig*** ⇒*respectvol.*

rev·er·en·tial ['revə'renʃl]⟨bn.; -ly⟩ **0.1** ***eerbiedig*** ⇒*respectvol.*

rev·er·er [rɪ'vɪərə‖rɪ'vɪrər]⟨telb.zn.⟩ **0.1** ***vereerder.***

rev·er·ie ['revəri]⟨f1⟩⟨zn.⟩
I ⟨telb.zn.⟩ **0.1** ⟨muz.⟩ ***rêverie*** ⇒*dromerig muziekstuk* **0.2** ⟨vero.⟩ ***droombeeld*** ⇒*hersenschim, waan(voorstelling), (zelf)bedrog, illusie;*
II ⟨telb. en n.-telb.zn.⟩ **0.1** ***mijmerij*** ⇒*mijmering, (dag)dromerij* ◆ **3.1** lost in (a) ~ *in mijmerij verzonken* **6.1** ~s **about** the future *mijmeringen over de toekomst.*

re·vers, re·vere [rɪ'vɪə‖rɪ'ver]⟨telb.zn.; vaak mv.; revers [rɪ'vɪəz‖rɪ'verz]; →mv. 4⟩ **0.1** ***revers*** ⇒*opslag, omslag.*

re·ver·sal [rɪ'vɜ:sl‖rɪ'vɜrsl]⟨f1⟩⟨telb. en n.-telb.zn.⟩ **0.1** ***omkering*** ⇒*om(me)keer* **0.2** ⟨jur.⟩ ***revisie*** ⇒*herziening,* ⟨evt.⟩ *vernietiging* ⟨v.e. vonnis in hoger beroep⟩ ◆ **6.1** the ~ **of** fortune *het keren v.d. kansen / het lot.*

re·verse[1] [rɪ'vɜ:s‖rɪ'vɜrs]⟨f3⟩⟨zn.⟩
I ⟨telb.zn.⟩ **0.1** ***tegenslag*** ⇒*nederlaag, tegenspoed, terugslag;*
II ⟨telb. en n.-telb.zn.⟩ **0.1** ⟨the⟩ ***keerzijde*** ⟨i.h.b. v. munten; ook fig.⟩ ⇒*rugzijde, achterkant; averechtse kant* ⟨v. geweven stoffen⟩ **0.2** ***omkeerinrichting*** ⇒⟨i.h.b.⟩ *achteruit* ⟨v. auto⟩ ◆ **1.1** the ~ of the medal *de keerzijde v.d. medaille* **3.1** ⟨mil.⟩ take the enemy in ~ *de vijand in de rug vallen* **6.2** put a car **into** ~ *een auto in zijn achteruit zetten;*
III ⟨n.-telb.zn.; vaak the⟩ **0.1** ***tegendeel*** ⇒*omgekeerde, tegengestelde* ◆ **6.1** the ~ **of** *verre v.* **6.¶ in** ~ *omgekeerd, in omgekeerde volgorde / richting, in spiegelbeeld, achterstevoren.*

reverse[2] ⟨f1⟩⟨bn.⟩ **0.1** ***tegen(over)gesteld*** ⇒*omgekeerd, achteraan, achterwaarts* ◆ **1.1** ⟨mil.⟩ ~ battery *rugbatterij;* ⟨elek.⟩ ~ current *tegenstroom;* ⟨taalk.⟩ ~ dictionary *retrograad woordenboek;* ~ discrimination *positieve discriminatie;* ⟨mil.⟩ ~ fire *rugvuur;* ~ gear *achteruit* ⟨v. auto⟩; ⟨voetbal⟩ ~ kick *omhaal achterover, achterwaartse omhaal;* in ~ order *in omgekeerde volgorde, in tegen(over)gestelde richting;* ~ racism *positieve discriminatie;* ~ side *keerzijde;* ⟨comp.⟩ ~ video *tegengestelde weergave* ⟨donker teken op lichte achtergrond⟩ **1.¶** ⟨geol.⟩ ~ fault *opschuiving* **6.1** ~ **to** *tegenovergesteld aan.*

reverse[3] ⟨f3⟩⟨ww.⟩
I ⟨onov.ww.⟩ **0.1** ***achteruitrijden*** ⟨v. auto⟩ ⇒*achteruitgaan* **0.2** ⟨dansk.⟩ ***linksom draaien;***
II ⟨ov.ww.⟩ **0.1** ***(om)keren*** ⇒*omdraaien / schakelen / zetten / leggen, achteruit doen gaan;* ⟨i.h.b.⟩ *achteruitrijden* ⟨auto⟩ **0.2** ***herroepen*** ⟨beslissing⟩ ⇒*intrekken;* ⟨i.h.b. jur.⟩ *herzien* ◆ **1.1** ~ an entry *een post terugboeken;* ~ one's policy *radicaal v. politiek veranderen* **1.2** ⟨jur.⟩ ~ a sentence *een vonnis vernietigen* **4.1** ⟨vnl. AE⟩ ~ o.s. (about / over) *v. mening veranderen (over / wat betreft).*

re·verse-'charge ⟨bn., attr.⟩⟨BE⟩ **0.1** ***te betalen door / voor rekening v. opgeroepene*** ⟨v. telefoongesprek⟩.

re'verse 'dive ⟨telb.zn.⟩⟨schoonspringen⟩ **0.1** ***contrasprong.***

re·verse·ly [rɪ'vɜ:sli‖-'vɜrs-]⟨bw.⟩ **0.1** →reverse[2] **0.2** ***integendeel*** ⇒*daarentegen, aan de andere kant, anderzijds.*

re·vers·er [rɪ'vɜ:sə‖rɪ'vɜrsər]⟨telb.zn.⟩⟨elek.⟩ **0.1** ***stroomwisselaar.***

re·vers·i·bil·i·ty [rɪ'vɜ:sə'bɪləti‖rɪ'vɜrsə'bɪlət̬i]⟨n.-telb.zn.⟩ **0.1** ***omkeerbaarheid.***

re·vers·i·ble [rɪ'vɜ:səbl‖-'vɜr-]⟨f1⟩⟨bn.; -ly; -ness; →bijw. 3⟩ **0.1** ***omkeerbaar*** ⇒*aan twee kanten draagbaar* ⟨v. kleding⟩ ◆ **1.1** a ~ process *een reversibel proces;* ⟨nat., schei.⟩ ~ reaction *omkeerbare reactie.*

re·vers·ing clutch [rɪ'vɜ:sɪŋ klʌtʃ‖-'vɜr-]⟨telb.zn.⟩ **0.1** ***keerkoppeling.***

re'versing light ⟨telb.zn.⟩ **0.1** ***achteruitrijlicht.***

re·ver·sion [rɪ'vɜ:ʃn‖rɪ'vɜrʒn]⟨f1⟩⟨zn.⟩
I ⟨telb.zn.⟩ **0.1** ⟨jur.⟩ ***terugkerend goed / bezit*** ⟨aan schenker / diens erfgenamen⟩ **0.2** ⟨jur.⟩ ***erfrecht*** ⇒*opvolgingsrecht* **0.3** ***som***

door levensverzekering uit te betalen;
II ⟨n.-telb.zn.⟩ **0.1** ***terugkeer*** ⟨tot eerdere toestand⟩ ⇒*het terugvallen* ⟨in gewoonte⟩; ⟨biol.⟩ *atavisme* **0.2** ⟨jur.⟩ ***het terugkeren*** ⟨v. bezit aan schenker / diens erfgenamen⟩ ◆ **6.1** ~ **to** old habits *het terugvallen in oude gewoonten* **6.2** have sth. **in** ~ *iets bezitten onder het beding v. terugkering.*
re·ver·sion·ar·y [rɪ'vɜ:ʃənri‖rɪ'vɜrʒəneri], **re·ver·sion·al** [rɪ'vɜ:ʃnəl‖rɪ'vɜrʒnəl]⟨bn., attr.⟩ ⟨jur.⟩ **0.1** ***terugkerend.***
re·ver·sion·er [rɪ'vɜ:ʃənə‖rɪ'vɜrʒənər]⟨telb.zn.⟩⟨jur.⟩ **0.1** ***erfgerechtigde*** ⟨v. terugkerend goed⟩.
re·vert[1] [rɪ'vɜ:t‖rɪ'vɜrt]⟨telb.zn.⟩ **0.1** ***bekeerde*** ⇒*bekeerling,* ⟨i.h.b.⟩ *opnieuw bekeerde.*
revert[2] ⟨f2⟩⟨ww.⟩
I ⟨onov.ww.⟩ **0.1** ***terugkeren*** ⟨tot eerdere toestand⟩ ⇒*terugvallen* ⟨in gewoonte⟩ **0.2** ***terugkomen*** ⟨op eerder onderwerp⟩ **0.3** ⟨jur.⟩ ***terugkeren*** ⟨v. bezit a. eigenaar⟩ **0.4** ***verwilderen*** ◆ **6.1** ~ **to** *terugkeren tot, terugvallen in, terugkomen op, terugvallen aan;*
II ⟨ov.ww.⟩ **0.1** ***(om)keren*** ⇒*draaien* ⟨ogen⟩, *wenden.*
re·vert·i·ble [rɪ'vɜ:təbl‖rɪ'vɜrtəbl], **re·ver·tive** [rɪ'vɜ:tɪv‖rɪ'vɜrtɪv] ⟨bn.⟩⟨jur.⟩ **0.1** ***terugkerend*** ⇒*terugvallend* ⟨v. bezit⟩.
re·vest [rɪ'vest]⟨ww.⟩
I ⟨onov.ww.⟩ **0.1** ***hersteld worden*** ⟨in ambt⟩ **0.2** ***terugkeren*** ⟨v. bezit⟩;
II ⟨ov.ww.⟩ **0.1** ***herstellen*** ⟨in ambt⟩ ⇒*opnieuw aanstellen, opnieuw bekleden* ⟨met macht⟩ **0.2** ***teruggeven*** ⟨bezit⟩ ◆ **6.1** ~ power **in** s.o. *iem. opnieuw met macht bekleden* **6.2** ~ property **in** s.o. *bezit aan iem. teruggeven.*
re·vet [rɪ'vet]⟨ww.;→ww. 7⟩
I ⟨onov.ww.⟩ **0.1** ***een versterking maken*** ⇒*een steunmuur bouwen;*
II ⟨ov.ww.⟩ **0.1** ***bekleden*** ⟨wallen, borstweringen⟩ ⇒*versterken.*
re·vet·ment [rɪ'vetmənt]⟨telb.zn.⟩ **0.1** ***revêtement*** ⇒*steunmuur, bekledingsmuur.*
re·vict·ual ['ri:'vɪtl]⟨ov.ww.⟩ **0.1** ***bevoorraden*** ⟨o.m. leger⟩ ⇒*provianderen.*
re·view[1] [rɪ'vju:]⟨f3⟩⟨zn.⟩
I ⟨telb.zn.⟩ **0.1** ***recensie*** ⇒*(boek)bespreking, beoordeling, kritiek* **0.2** ***tijdschrift*** ⇒*review, periodiek, geschrift, revue;*
II ⟨telb. en n.-telb.zn.⟩ **0.1** ⟨i.h.b. jur.⟩ ***revisie*** ⇒*herziening, het herzien* ⟨v. vonnis⟩ **0.2** ⟨mil.⟩ ***parade*** ⇒*monstering, revue, inspectie, het monsteren / inspecteren* **0.3** ***terugblik*** ⇒*overzicht, bezinning, heroverweging, tweede bezichtiging* **0.4** ⟨AE⟩ ***repetitie*** ⇒*herhaling* ⟨les⟩; *het repeteren / herhalen / opnieuw bestuderen* **0.5** ***revue*** ◆ **3.2** pass in ~ *de revue (laten) passeren* ⟨ook fig.⟩ **6.3** be **under** ~ *opnieuw bekeken worden;* come **under** ~ *opnieuw bekeken gaan worden;* be kept **under** ~ *in het oog gehouden worden;* year **under** ~ *verslagjaar;*
III ⟨n.-telb.zn.⟩ **0.1** ***bespreking*** ⟨boek⟩ ⇒*recensie, het bespreken / recenseren / beoordelen.*
review[2] ⟨f3⟩⟨ww.⟩
I ⟨onov.ww.⟩ **0.1** ***recensies schrijven*** ⇒*boeken bespreken, kritiek leveren* **0.2** ⟨AE⟩ ***studeren op eerder bestudeerde stof;***
II ⟨ov.ww.⟩ **0.1** ***opnieuw bekijken*** **0.2** ⟨i.h.b. jur.⟩ ***herzien*** **0.3** ***terugblikken op*** ⇒*overzien, terugzien op, een overzicht geven v.* **0.4** ⟨mil.⟩ ***parade houden*** ⇒*inspecteren, monsteren, de revue laten passeren* **0.5** ***recenseren*** ⇒*bespreken, kritiseren, kritiek leveren op, beoordelen* **0.6** ⟨AE⟩ ***repeteren*** ⟨les⟩ ⇒*herhalen, opnieuw bestuderen.*
re·view·a·ble [rɪ'vju:əbl]⟨bn.⟩ **0.1** ***recenseerbaar.***
re·view·al [rɪ'vju:əl]⟨telb. en n.-telb.zn.⟩ **0.1** ***bespreking*** ⇒*kritisering, het bespreken, het recenseren, het kritiseren.*
re'view copy ⟨f1⟩⟨telb.zn.⟩ **0.1** ***recensie-exemplaar.***
re·view·er [rɪ'vju:ə‖-ər]⟨f1⟩⟨telb.zn.⟩ **0.1** ***recensent.***
re'view order ⟨telb.zn.⟩ **0.1** ***paradetenue*** ⇒*groot tenue, ceremonieel tenue.*
re·vile [rɪ'vaɪl]⟨f1⟩⟨ww.⟩⟨schr.⟩ →reviling
I ⟨onov.ww.⟩ **0.1** ***schelden*** ⇒*schimpen, smalen* ◆ **6.1** ~ **against / at** sth. / s.o. *afgeven op / uitvaren tegen / smalen op iets / iem.;*
II ⟨ov.ww.⟩ **0.1** ***uitschelden*** ⇒*beschimpen, smaden, honen, bespotten.*
re·vile·ment [rɪ'vaɪlmənt]⟨telb. en n.-telb.zn.⟩⟨schr.⟩ **0.1** ***smaad*** ⇒*beschimping, het beschimpen, belediging, het beledigen.*
re·vil·er [rɪ'vaɪlə‖-ər]⟨telb.zn.⟩⟨schr.⟩ **0.1** ***schelder*** ⇒*smader, smaadster, honer, hoonster, beledig(st)er.*
re·vil·ing[1] [rɪ'vaɪlɪŋ]⟨telb. en n.-telb.zn.; (oorspr.) gerund v. revile⟩ ⟨schr.⟩ **0.1** ***scheldpartij*** ⇒*het schelden / beschimpen.*
reviling[2] ⟨bn.; teg. deelw. v. revile; -ly⟩⟨schr.⟩ **0.1** ***beschimpend*** ⇒*beledigend, grof.*
re·vis·able [rɪ'vaɪzəbl]⟨bn.⟩ **0.1** ***te herzien*** ⇒*te wijzigen.*
re·vis·al [rɪ'vaɪzl]⟨telb. en n.-telb.zn.⟩ **0.1** ***herziening*** ⇒*wijziging, revisie.*
re·vise[1] [rɪ'vaɪz]⟨telb.zn.⟩⟨boek.⟩ **0.1** ***revisie*** ⇒*gecorrigeerde / tweede drukproef.*
revise[2] ⟨f3⟩⟨ov.ww.⟩ **0.1** ***herzien*** ⇒*heroverwegen, reviseren, wijzigen, verbeteren, corrigeren;* ⟨jur.⟩ *revideren* **0.2** ⟨BE⟩ ***repeteren*** ⟨les⟩ ⇒*herhalen, opnieuw bestuderen; studeren* ⟨voor tentamen⟩ ◆ **1.1** ~d edition *herziene uitgave* ⟨v. boek⟩; ~ one's opinions *zijn mening herzien.*
re·vis·er, re·vis·or [rɪ'vaɪzə‖-ər]⟨telb.zn.⟩ **0.1** ***herziener*** ⇒*corrector, revisor.*
re·vi·sion [rɪ'vɪʒn]⟨f2⟩⟨zn.⟩
I ⟨telb.zn.⟩ **0.1** ***herziene uitgave*** ⟨v. boek⟩ ⇒*gecorrigeerde proef / versie;*
II ⟨telb. en n.-telb.zn.⟩ **0.1** ***revisie*** ⇒*herziening, het herzien (worden), wijziging;*
III ⟨n.-telb.zn.⟩ **0.1** ⟨BE⟩ ***herhaling*** ⟨v. les⟩ ⇒*het herhalen / repeteren; het studeren* ⟨voor tentamen⟩.
re·vi·sion·al [rɪ'vɪʒnəl], **re·vi·sion·ar·y** [rɪ'vɪʒənri‖-ʒəneri], **re·vi·so·ry** [rɪ'vaɪzəri]⟨bn., attr.⟩ **0.1** ***herzienings-*** ⇒*revisie-.*
re·vi·sion·ism [rɪ'vɪʒənɪzm]⟨n.-telb.zn.⟩⟨pol.⟩ **0.1** ***revisionisme*** ⇒*streven naar herziening* ⟨i.h.b. v. Marxistische theorie⟩.
re·vi·sion·ist[1] [rɪ'vɪʒənɪst]⟨telb.zn.⟩⟨pol.⟩ **0.1** ***revisionist*** ⇒*aanhanger v.h. revisionisme.*
revisionist[2] ⟨bn.⟩⟨pol.⟩ **0.1** ***revisionistisch.***
re·vis·it ['ri:'vɪzɪt]⟨f1⟩⟨ov.ww.⟩ **0.1** ***opnieuw bezoeken*** ⇒*terugkeren naar.*
re·vi·tal·i·za·tion, -sa·tion [rɪ'vaɪtl·aɪ'zeɪʃn‖-'vaɪtlə-]⟨f1⟩⟨telb. en n.-telb.zn.⟩ **0.1** ***het nieuwe kracht geven.***
re·vi·tal·ize, -ise [rɪ'vaɪtlaɪz]⟨f1⟩⟨ov.ww.⟩ **0.1** ***nieuwe kracht geven*** ⇒*nieuw leven geven.*
re·viv·a·ble [rɪ'vaɪvəbl]⟨bn.; -ly; →bijw. 3⟩ **0.1** ***herleefbaar.***
re·viv·al [rɪ'vaɪvl]⟨f2⟩⟨zn.⟩
I ⟨telb.zn.⟩ **0.1** ***reprise*** ⟨v. toneelstuk⟩ ⇒*heropvoering, hervertoning, heruitgave* ⟨v. boek⟩ **0.2** ⟨relig.⟩ ***revival*** ⇒*reveil* ◆ **6.1** the ~ **of** a play *de heropvoering v.e. toneelstuk;*
II ⟨telb. en n.-telb.zn.; meestal + of⟩ **0.1** ***(her)opleving*** ⇒*wedergeboorte, renaissance, vernieuwing, (weder)opbloei, herleving, het weer in gebruik / de mode (doen) komen* **0.2** ***herstel*** ⟨v. krachten⟩ ◆ **1.1** the Revival of Learning *de renaissance* **6.1** a ~ of letters *een (stijl)vernieuwing in de literatuur.*
re·viv·al·ism [rɪ'vaɪvəlɪzm]⟨n.-telb.zn.⟩ **0.1** ***(beweging tot) godsdienstige opleving.***
re·viv·al·ist [rɪ'vaɪvəlɪst]⟨telb.zn.⟩ **0.1** ***promotor v. revivals*** ⇒*organisator v. revivals.*
re·vive [rɪ'vaɪv]⟨f3⟩⟨ww.⟩
I ⟨onov.ww.⟩ **0.1** ***herleven*** ⇒*bijkomen, weer tot leven / op krachten komen, opbloeien, opleven* **0.2** ***weer in gebruik / de mode komen*** ⇒*opnieuw ingevoerd worden* ⟨bv. oud gebruik⟩;
II ⟨ov.ww.⟩ **0.1** ***doen herleven*** ⇒*reactiveren, vernieuwen, bijbrengen, weer tot leven brengen, doen opbloeien* **0.2** ***opnieuw invoeren*** ⟨oud gebruik⟩ ⇒*weer opvoeren* ⟨toneelstuk⟩; *weer uitbrengen* ⟨film⟩ **0.3** ***weer voor de geest halen*** ⇒*in herinnering brengen; ophalen* ⟨verhalen⟩ **0.4** ⟨schei.⟩ ***zuiver bereiden*** ◆ **1.1** ~ s.o.'s memory *iemands geheugen opfrissen.*
re·viv·er [rɪ'vaɪvə‖-ər]⟨telb.zn.⟩ **0.1** ***opwekkend persoon*** ⇒*activerend persoon, vernieuwer* **0.2** ⟨inf.⟩ ***opkikkertje*** ⇒*hart(ver)sterking* **0.3** ***middel om op te kleuren*** ⇒*vernieuwingsmiddel.*
re·viv·i·fi·ca·tion [rɪ'vɪvɪfɪ'keɪʃn]⟨n.-telb.zn.⟩ **0.1** ***reactivering*** ⇒*het (doen) herleven, revivificatie, wederbezieling* **0.2** ⟨schei.⟩ ***het zuiver bereiden.***
re·viv·i·fy ['ri:'vɪvɪfaɪ]⟨ov.ww.; →ww. 7⟩ **0.1** ***bijbrengen*** ⇒*weer tot leven brengen, weer op krachten doen komen, reactiveren, doen herleven* **0.2** ⟨schei.⟩ ***zuiver bereiden.***
rev·i·vis·cence ['revɪ'vɪsns]⟨telb. en n.-telb.zn.⟩ **0.1** ***opleving*** ⇒*herleving, revivescentie, reanimatie.*
rev·i·vis·cent ['revɪ'vɪsnt]⟨bn.; -ly; -ness⟩ **0.1** ***oplevend*** ⇒*verkwikkend.*
re·viv·or [rɪ'vaɪvə‖-ər]⟨telb.zn.⟩⟨jur.; vnl. BE⟩ **0.1** ***(stappen tot) hervatting v.e. rechtsgeding.***
rev·o·ca·ble ['revəkəbl], **re·vok·a·ble** [rɪ'voʊkəbl]⟨bn.; -ly; -ness; →bijw. 3⟩ **0.1** ***herroepbaar*** ⇒*herroepelijk, revocabel* ◆ **1.1** ⟨hand.⟩ ~ credit *herroepelijk krediet.*
rev·o·ca·tion ['revə'keɪʃn]⟨f1⟩⟨telb. en n.-telb.zn.⟩ **0.1** ***herroeping*** ⇒*het herroepen, revocatie.*
rev·o·ca·to·ry ['revəkətri‖-tɔri]⟨bn.⟩ **0.1** ***herroepend.***
re·voke[1] [rɪ'voʊk]⟨telb.zn.⟩⟨kaartspel⟩ **0.1** ***verzaking.***
revoke[2] ⟨f1⟩⟨ww.⟩
I ⟨onov.ww.⟩⟨kaartspel⟩ **0.1** ***verzaken;***
II ⟨ov.ww.⟩ **0.1** ***herroepen*** ⇒*intrekken* ⟨bevel, belofte, vergunning⟩, *revoceren.*
re·volt[1] [rɪ'voʊlt]⟨f2⟩⟨zn.⟩
I ⟨telb. en n.-telb.zn.⟩ **0.1** ***opstand*** ⇒*oproer, rebellie, revolte,*

muiterij, protest, beroering ◆ **3.1** break out in ~ *in opstand komen;* stir people to ~ *mensen aanzetten tot opstand/opruien* **6.1** ~ **against** oppression *opstand tegen onderdrukking;* **in** ~ *opstandig, oproerig;*
II ⟨n.-telb.zn.⟩ **0.1** ***walging*** ⇒*(gevoel v.) afkeer, weerzin, afschuw, tegenzin* ◆ **6.1** turn away **in** ~ (from sth./s.o.) *zich vol walging (v. iets/iem.) afwenden.*
revolt² ⟨f3⟩ ⟨ww.⟩ →revolted, revolting
I ⟨onov.ww.⟩ **0.1** ***in opstand komen*** ⇒*rebelleren, in oproer komen, muiten, zich verzetten* **0.2** ***walgen*** ⟨ook fig.⟩ ◆ **6.1** ~ **against** sth./s.o. *opstaan/in opstand komen/zich verzetten tegen iets/iem.;* ~ **to** another party *tot/naar een andere partij overgaan/overlopen* **6.2** ~ **at/against/from** *walgen v.;*
II ⟨ov.ww.; vaak pass.⟩ **0.1** ***doen walgen*** ⇒*afstoten, afkerig maken v.* ⟨ook fig.⟩ ◆ **6.1** be ~ed **by** sth. *v. iets walgen.*
re·volt·ed [rɪˈvoʊltɨd] ⟨bn.; oorspr. volt. deelw. v. revolt⟩ **0.1** ***opstandig*** ⇒*oproerig, rebellerend.*
re·volt·ing [rɪˈvoʊltɪŋ] ⟨f1⟩ ⟨bn.; oorspr. teg. deelw. v. revolt; -ly⟩ **0.1** ***opstandig*** **0.2** ***walg(e)lijk*** ⇒*onsmakelijk, misselijk makend, weerzinwekkend, afkeerwekkend, afschuwelijk, stuitend, ergerlijk, afstotelijk* ◆ **1.2** ⟨inf.⟩ that coat is ~ *die jas is niet om aan te zien* **6.2** it is ~ **to** me *ik vind het walgelijk.*
rev·o·lute¹ [ˈrevəluːt] ⟨bn.⟩ ⟨plantk.⟩ **0.1** ***omgekruld*** ⇒*omgerold, achterwaarts/naar buiten gekruld.*
revolute² [ˈrevəˈluːt‖ˈrevəluːt] ⟨onov.ww.⟩ ⟨inf.⟩ **0.1** ***revolutie maken*** ⇒*aan het muiten slaan, opstandig worden, revolteren.*
rev·o·lu·tion [ˈrevəˈluːʃn] ⟨f3⟩ ⟨zn.⟩
I ⟨telb.zn.⟩ **0.1** ***(om)wenteling*** ⇒*revolutie, draaiing* ⟨rond middelpunt⟩; ⟨wisk.⟩ *omwenteling* **0.2** ***rotatie*** ⇒*wenteling, draai (ing)* ⟨rond as⟩, *toer, slag* ◆ **1.1** the ~ of the planets round/about the sun *het draaien v.d. planeten om de zon;*
II ⟨telb. en n.-telb.zn.⟩ **0.1** ***revolutie*** ⇒*(staats)omwenteling* **0.2** ***ommekeer*** ⇒*omkering* ◆ **2.2** the Industrial Revolution *de Industriële Revolutie* **6.2** a ~ **in** thought *algehele verandering in denkbeelden* **7.1** ⟨BE⟩ the (Glorious) Revolution *de verdrijving v. Jacobus II* ⟨1688⟩; ⟨AE⟩ the Revolution *de Am. Revolutie* ⟨1775-83⟩.
rev·o·lu·tion·ar·y¹ [ˈrevəˈluːʃənri‖-ʃəneri], **rev·o·lu·tion·ist** [-ʃənɪst] ⟨f2⟩ ⟨telb.zn.; →mv. 2⟩ **0.1** ***revolutionair*** ⇒*omwentelingsgezinde.*
revolutionary² ⟨f3⟩ ⟨bn.; -ly; →bijw. 3⟩ **0.1** ***revolutionair*** ⇒*oproerig, opstandig* **0.2** ***revolutionair*** ⇒*totaal nieuw, een revolutie/ommekeer teweegbrengend, opzienbarend* ◆ **1.¶** Revolutionary Calendar *republikeinse kalender* ⟨tijdens Franse Revolutie⟩; the Revolutionary War *de Am. Revolutie* ⟨1775-83⟩.
revoˈlution counter ⟨telb.zn.⟩ **0.1** ***toerenteller*** ⇒*toerenmeter, slagenteller.*
rev·o·lu·tion·ism [ˈrevəˈluːʃənɪzm] ⟨n.-telb.zn.⟩ **0.1** ***revolutieleer.***
rev·o·lu·tion·ize, -ise [ˈrevəˈluːʃənaɪz] ⟨f1⟩ ⟨ov.ww.⟩ **0.1** ***radicaal veranderen*** ⇒*een radicale verandering teweegbrengen in* **0.2** ***tot/in opstand brengen*** ⇒*tot revolutie opwekken.*
re·volve [rɪˈvɒlv‖rɪˈvɑlv] ⟨f2⟩ ⟨ww.⟩ →revolving
I ⟨onov. en ov.ww.⟩ **0.1** ***(rond)draaien*** ⇒*(doen) (rond)wentelen, omwentelen, roteren, rondgaan* ⟨ook fig.⟩ ◆ **1.1** ⟨fig.⟩ a number of ideas ~d in his mind *hij liet zijn gedachten gaan over een aantal ideeën* **6.1** the planets ~ **about/round** the sun *de planeten draaien om de zon;* the discussion always ~s **around/about** the same problem *de discussie draait altijd om hetzelfde probleem;* ~ **on** an axis *om een as draaien;*
II ⟨ov.ww.⟩ **0.1** ***(goed) overwegen*** ⇒*overpeinzen, overdenken, (tegen elkaar) afwegen, (goed) nadenken over* ◆ **1.1** ~ sth. in one's mind *over iets nadenken.*
re·volv·er [rɪˈvɒlvə‖rɪˈvɑlvər] ⟨f2⟩ ⟨telb.zn.⟩ **0.1** ***revolver.***
re·volv·ing [rɪˈvɒlvɪŋ‖-ˈvɑl-] ⟨f1⟩ ⟨bn.; (oorspr.) teg. deelw. v. revolve⟩ **0.1** ***draaiend*** ⇒*roterend, draai-* ◆ **1.1** ~ door *draaideur;* ~ stage *draaitoneel* **1.¶** ~ credit *automatisch hernieuwd/doorlopend krediet.*
re·vue [rɪˈvjuː] ⟨f1⟩ ⟨telb. en n.-telb.zn.⟩ **0.1** ***revue*** ◆ **3.1** appear/perform in ~ *in een revue optreden.*
re·vul·sion [rɪˈvʌlʃn] ⟨f2⟩ ⟨telb. en n.-telb.zn.⟩ **0.1** ***walging*** ⇒*afkeer, weerzin, het zich afwenden* **0.2** ***ommekeer*** ⇒*reactie, plotselinge verandering* **0.3** ⟨med.⟩ ***revulsie*** ⇒*afleiding* ◆ **6.1** a ~ **against/from** *een afkeer v./weerzin tegen;* turn away **in** ~ *zich vol walging afwenden.*
re·vul·sive¹ [rɪˈvʌlsɪv] ⟨telb.zn.⟩ ⟨med.⟩ **0.1** ***revulsief middel.***
revulsive² ⟨bn.⟩ ⟨med.⟩ **0.1** ***revulsief*** ⇒*een revulsie veroorzakend.*
Rev Ver ⟨afk.⟩ Revised Version ⟨bijb.⟩.
re·ward¹ [rɪˈwɔːd‖-ˈwɔrd] ⟨f3⟩ ⟨telb. en n.-telb.zn.⟩ ⟨→sprw. 101, 710⟩ **0.1** ***beloning*** ⇒*het belonen, compensatie, vergelding, loon* ◆ **1.1** the ~s of popularity *de voordelen v.h. populair-zijn* **3.1** offer a ~ of £100 *een beloning uitloven v. £100* **3.¶** gone to one's ~ *(overleden en) in de hemel* **6.1** **as** a ~ **for** *als beloning/vergoeding voor;* **in** ~ **(for)** *ter beloning (v.).*
reward² ⟨f2⟩ ⟨ov.ww.⟩ →rewarding **0.1** ***belonen*** ◆ **6.1** ~ s.o. **with** £100 **(for** sth.) *iem. (ergens voor) belonen met £100.*
re·ward·ing [rɪˈwɔːdɪŋ‖-ˈwɔr-] ⟨f2⟩ ⟨bn.; (oorspr.) teg. deelw. v. reward⟩ **0.1** ***lonend*** ⇒*de moeite waard, dankbaar* ⟨v. werk, taak⟩.
re·ward·less [rɪˈwɔːdləs‖-ˈwɔrd-] ⟨bn.⟩ **0.1** ***onbeloond.***
re·wind [ˈriːˈwaɪnd] ⟨f1⟩ ⟨ov.ww.⟩ **0.1** ***opnieuw opwinden*** ⇒*terugwinden, terugspoelen* ⟨film, geluidsband⟩.
re·wire [ˈriːˈwaɪə‖-ər] ⟨ov.ww.⟩ ⟨vnl. elek.⟩ **0.1** ***opnieuw bedraden.***
re·word [ˈriːˈwɜːd‖ˈriːˈwɜrd] ⟨f1⟩ ⟨ov.ww.⟩ **0.1** ***anders stellen*** ⇒*in andere bewoordingen uitdrukken.*
re·write¹ [ˈriːraɪt] ⟨f1⟩ ⟨telb.zn.⟩ **0.1** ***omwerking*** ⇒*bewerking* **0.2** ***bewerkt boek/stuk/artikel.***
rewrite² [ˈriːˈraɪt] ⟨f2⟩ ⟨ov.ww.⟩ **0.1** ***omwerken*** ⇒*bewerken, herschrijven, persklaar maken, door de machine halen.*
ˈrewrite man ⟨telb.zn.⟩ ⟨AE; inf.⟩ **0.1** ***persklaarmaker*** ⇒*herschrijver, bewerker.*
ˈrewrite rule ⟨telb.zn.⟩ ⟨taalk.⟩ **0.1** ***herschrijfregel.***
Rex [reks] ⟨n.-telb.zn.⟩ ⟨BE; schr.⟩ **0.1** ***koning*** ⟨titel v. regerend vorst⟩ **0.2** ⟨jur.⟩ ***Kroon*** ◆ **1.1** Edward ~ *Koning Edward* **1.2** ~ v. Smith *de Kroon tegen Smith.*
re·xine [ˈreksiːn‖-saɪn] ⟨n.-telb.zn.⟩ ⟨merknaam⟩ **0.1** ***kunstleer.***
Rey·nard [ˈrenəd, -nɑːd‖ˈreɪnərd, -nɑrd] ⟨zn.⟩
I ⟨eig.n.⟩ **0.1** ***Reinaert*** ⇒*Reintje;*
II ⟨telb.zn.⟩ **0.1** ***vos.***
rf ⟨afk.⟩ radio frequency, representative fraction.
RFC ⟨afk.⟩ Royal Flying Corps ⟨BE⟩; Rugby Football Club ⟨BE⟩.
RFD ⟨afk.⟩ rural free delivery ⟨AE⟩.
RGS ⟨afk.⟩ Royal Geographical Society.
rh ⟨afk.⟩ right hand.
Rh ⟨afk.⟩ Rhesus (factor).
RHA ⟨afk.⟩ Royal Horse Artillery ⟨BE⟩.
rhab·do·man·cer [ˈræbdəmænsə‖-ər] ⟨telb.zn.⟩ **0.1** ***wichelroedeloper*** ⇒*rabdomant.*
rhab·do·man·cy [ˈræbdəmænsi] ⟨telb. en n.-telb.zn.⟩ **0.1** ***gebruik v. wichelroede*** ⇒*rabdomantie.*
Rhad·a·man·thine [ˈrædəˈmænθaɪn, -θɪn] ⟨bn.⟩ **0.1** ***streng en onomkoopbaar*** ⟨als Rhadamanthus⟩ ⇒*volkomen rechtvaardig.*
Rhad·a·man·thus [ˈrædəˈmænθəs] ⟨zn.⟩
I ⟨eig.n.⟩ ⟨mythologie⟩ **0.1** ***Rhadamanthus*** ⟨rechter v.d. onderwereld⟩;
II ⟨telb.zn.⟩ **0.1** ***strenge, onomkoopbare rechter.***
Rhae·tian¹ [ˈriːʃn], **Rhae·to-Ro·man·ic** [ˈriːtoʊroʊˈmænɪk], **Rhae·to-Ro·mance** [-ˈmæns] ⟨eig.n.⟩ **0.1** ***R(a)etoromaans*** ⇒*de Rhetoromaanse taal.*
Rhaetian², Rhaeto-Romanic, Rhaeto-Romance ⟨bn.⟩ **0.1** ***R(a)etoromaans*** ⇒*Rhetoromaans* ◆ **1.¶** ~ Alps *Raetische Alpen.*
Rhae·tic¹ [ˈriːtɪk] ⟨n.-telb.zn.⟩ ⟨geol.⟩ **0.1** ***Rhaetien*** ⟨etage/jongste tijdsnede v.d. Triasperiode⟩ ⇒*Rhaet, Rhät.*
Rhaetic² ⟨bn.⟩ ⟨geol.⟩ **0.1** ***v./mbt. het Rhaet(ien).***
rhap·sode [ˈræpsoʊd] ⟨telb.zn.⟩ ⟨gesch.⟩ **0.1** ***rapsode*** ⇒*rondtrekkend volkszanger.*
rhap·so·dic [ræpˈsɒdɪk‖-ˈsɑ-], **rhap·sod·i·cal** [-ɪkl] ⟨bn.; -(al)ly; →bijw. 3⟩ **0.1** ***rapsodisch*** **0.2** ***(over)enthousiast*** ⇒*geestdriftig, extatisch, lyrisch.*
rhap·so·dist [ˈræpsədɪst] ⟨telb.zn.⟩ **0.1** ⟨gesch.⟩ ***rapsode*** ⇒*rondtrekkend volkszanger* **0.2** ***buitengewoon enthousiaste/hartstochtelijke spreker/schrijver.***
rhap·so·dize, -dise [ˈræpsədaɪz] ⟨ww.⟩
I ⟨onov.ww.⟩ **0.1** ***rapsodieën voordragen*** ⇒*rapsodieën schrijven* **0.2** ***buitengewoon enthousiast spreken/schrijven*** ◆ **6.2** ~ **about/on/over** sth. *zich (overdreven) enthousiast over iets uitlaten;*
II ⟨ov.ww.⟩ **0.1** ***rapsodisch voordragen.***
rhap·so·dy [ˈræpsədi] ⟨f1⟩ ⟨telb.zn.; →mv. 2⟩ **0.1** ***rapsodie*** ⟨ook muz.⟩ ⇒*episch gedicht* **0.2** ⟨vaak mv. met enk. bet.⟩ ***enthousiast verhaal*** ◆ **3.2** go into a ~/rhapsodies about/over sth. *lyrisch over iets worden, iets enthousiast prijzen* **6.1** ~ **about/over** *rapsodie over.*
rhat·a·ny [ˈrætn·i] ⟨zn.; →mv. 2⟩
I ⟨telb.zn.⟩ ⟨plantk.⟩ **0.1** ***ratanhia*** ⟨Krameria triandra/argentea⟩;
II ⟨n.-telb.zn.⟩ **0.1** ***ratanhiawortel.***
rhd ⟨afk.⟩ right hand drive.
rhe·a [ˈrɪə] ⟨telb.zn.⟩ ⟨dierk.⟩ **0.1** ***nandoe*** ⟨genus Rhea⟩ ⇒*Zuidamerikaanse pampastruis;* ⟨i.h.b.⟩ *Darwins nandoe* ⟨Pterocnemia pennata⟩.
rhebok →reebok.
rheme [riːm] ⟨telb.zn.⟩ ⟨taalk.⟩ **0.1** ***rhema*** ⟨wat over het thema wordt gezegd⟩.
Rhe·mish [ˈriːmɪʃ] ⟨bn.⟩ **0.1** ***Reims*** ⇒*uit Reims* ◆ **1.1** ⟨R.-K.⟩ ~ Bi-

ble/Testament *Reimse vertaling v.d. Bijbel/het Nieuwe Testament* ⟨1582⟩.
Rhen·ish[1] ['renɪʃ]⟨telb. en n.-telb.zn.⟩⟨vero.⟩ **0.1** ***rijnwijn***.
Rhenish[2] ⟨bn.⟩⟨vero.⟩ **0.1** ***Rijns*** ⇒*Rijn-*.
rhe·ni·um ['ri:nɪəm]⟨n.-telb.zn.⟩⟨schei.⟩ **0.1** ***r(h)enium*** ⟨element 75⟩.
rheo ⟨afk.⟩ rheostat.
rhe·o·log·i·cal ['ri:ə'lɒdʒɪkl‖-'lɑ-]⟨bn.⟩⟨nat.⟩ **0.1** ***reologisch*** ⇒*mbt. reologie*.
rhe·ol·o·gist [ri'ɒlədʒɪst‖-'ɑlə-]⟨telb.zn.⟩⟨nat.⟩ **0.1** ***reoloog***.
rhe·ol·o·gy [ri'ɒlədʒi‖-'ɑlə-]⟨n.-telb.zn.⟩⟨nat.⟩ **0.1** ***reologie*** ⇒*stromingsleer*.
rhe·o·stat ['rɪəstæt]⟨telb.zn.⟩⟨elek.⟩ **0.1** ***reostaat***.
rhe·sus ['ri:səs], **'rhesus monkey** ⟨telb.zn.⟩⟨dierk.⟩ **0.1** ***resusaap*** ⟨Macaca mulatta⟩.
'Rhesus baby ⟨telb.zn.⟩ **0.1** ***resusbaby***.
'Rhesus factor, R'h factor ⟨n.-telb.zn.; the⟩ **0.1** ***resusfactor***.
'Rhesus 'negative ⟨bn.⟩ **0.1** ***resusnegatief***.
'Rhesus 'positive ⟨bn.⟩ **0.1** ***resuspositief***.
rhe·tor ['ri:tə‖'ri:t̬ər]⟨telb.zn.⟩ **0.1** ⟨gesch.⟩ ***retor*** **0.2** ⟨vero.⟩ ***orator*** ⇒*redenaar, retor*.
rhet·o·ric ['ret̬ərɪk]⟨f1⟩⟨zn.⟩
I ⟨telb.zn.⟩ **0.1** ***verhandeling over redekunst/retorica;***
II ⟨n.-telb.zn.⟩ **0.1** ***redekunst*** ⇒*retoriek, stijlleer, redenaarskunst* **0.2** ***welsprekendheid*** ⇒⟨i.h.b. pej.⟩ *bombast, retoriek, holle frasen* **0.3** ***overredingskracht*** ◆ **6.2** the ~ **of** politics *de retoriek v.d politiek*.
rhe·tor·i·cal [rɪ'tɒrɪkl‖-'tɔ-, -'tɑ-]⟨f2⟩⟨bn.; -ly⟩ **0.1** ***retorisch*** ⇒*oratorisch, redekunstig, gekunsteld* ◆ **1.¶** ~ question *retorische vraag*.
rhet·o·ri·cian ['ret̬ə'rɪʃn]⟨telb.zn.⟩ **0.1** ***redekunstenaar*** ⇒*orator, redenaar, retorisch schrijver* **0.2** ***mooiprater*** ⇒*fraseur, praatjesmaker* **0.3** ***retor***.
rheum [ru:m]⟨n.-telb.zn.⟩ **0.1** ***slijm*** ⇒*oog- en neusvocht*.
rheu·mat·ic[1] [ru:'mæt̬ɪk]⟨zn.⟩
I ⟨telb.zn.⟩ **0.1** ***reumalijder*** ⇒*reumapatiënt;*
II ⟨mv.; ~s⟩⟨inf.⟩ **0.1** ***reumatiek***.
rheumatic[2] ⟨f1⟩⟨bn.; -ally; →bijw. 3⟩ **0.1** ***reumatisch*** ◆ **1.1** ~ fever *acuut reuma*.
rheu·mat·ick·y [ru:'mæt̬ɪki]⟨bn.⟩⟨inf.⟩ **0.1** ***reumatiekerig***.
rheu·ma·tism ['ru:mət̬ɪzm]⟨f1⟩⟨telb. en n.-telb.zn.⟩ **0.1** ***reuma (tiek)*** ⇒*reumatisme,* ⟨i.h.b.⟩ *gewrichtsreumatiek*.
rheu·ma·toid ['ru:mətɔɪd], **rheu·ma·toi·dal** [-tɔɪdl]⟨bn.; -(al)ly; →bijw. 3⟩ **0.1** ***reumatoïde*** ◆ **1.1** ~ arthritis *gewrichtsreuma(tiek), reumatoïde arthritis*.
rheu·mat·o·log·i·cal ['ru:mətə'lɒdʒɪkl‖-mət̬ə'lɑ-]⟨bn.⟩ **0.1** ***reumatologisch***.
rheu·mat·ol·o·gist ['ru:mə'tɒlədʒɪst‖-'tɑ-]⟨telb.zn.⟩ **0.1** ***reumatoloog***.
rheu·mat·ol·o·gy ['ru:mə'tɒlədʒi‖-'tɑ-]⟨n.-telb.zn.⟩ **0.1** ***reumatologie***.
rheum·y ['ru:mi]⟨bn.⟩⟨vero.⟩ **0.1** ***vochtig*** ⇒*klam, kil* **0.2** ***catarraal*** ⇒*slijmachtig* ◆ **1.1** ~ eye *leepoog, druipend oog*.
Rh factor →Rhesus factor.
RHG ⟨afk.⟩ Royal Horse Guards ⟨BE⟩.
rhi·nal ['raɪnl]⟨bn.⟩ **0.1** ***neus-***.
rhine [raɪn]⟨telb.zn.⟩⟨BE; gew.⟩ **0.1** ***greppel*** ⇒*sloot*.
Rhine [raɪn]⟨eig.n.; the; ook attr.⟩ **0.1** ***Rijn***.
'rhine·stone ⟨telb. en n.-telb.zn.⟩ **0.1** ***bergkristal*** ⇒*kunstdiamant*.
'Rhine wine ⟨f1⟩⟨telb. en n.-telb.zn.⟩ **0.1** ***rijnwijn***.
rhi·ni·tis [raɪ'naɪt̬ɪs]⟨telb. en n.-telb.zn.⟩ **0.1** ***rinitis*** ⇒*neusslijmvliesontsteking, neusverkoudheid, neuscatarre*.
rhi·no[1] ['raɪnoʊ]⟨f1⟩⟨zn.; in bet. I ook rhino; →mv. 4⟩
I ⟨telb.zn.⟩⟨verk.⟩ rhinoceros **0.1** ***neushoorn;***
II ⟨n.-telb.zn.⟩⟨BE; sl.⟩ **0.1** ***poen*** ⇒*duiten, pegels, pegulanten*.
rhino[2] ⟨bn.⟩⟨sl.⟩ **0.1** ***heimwee hebbend*** **0.2** ***melancholiek*** ⇒*gedeprimeerd, verdrietig* **0.3** ***blut***.
rhi·no- ['raɪnoʊ], **rhin-** [raɪn] **0.1** ***neus-*** ◆ **¶.1** rhinolalia *rinolalie, neusspraak;* rhinology *rinologie, neusheelkunde*.
rhi·noc·er·os [raɪ'nɒsrəs‖-'nɑsrəs]⟨f1⟩⟨telb.zn.; ook rhinoceros; →mv. 4⟩ **0.1** ***rinoceros*** ⇒*neushoorn*.
rhi'noceros bird ⟨telb.zn.⟩⟨dierk.⟩ **0.1** ***neushoornvogel*** ⟨fam. Bucerotidae⟩ ⇒⟨i.h.b.⟩ *Maleise neushoornvogel* ⟨Buceros rhinoceros⟩ **0.2** ***roodsnavel-ossepikker*** ⟨Buphagus erythrorhynchus⟩ **0.3** ***geelsnavel-ossepikker*** ⟨Buphagus africanus⟩.
rhin'oceros hide ⟨telb.zn.⟩⟨fig.⟩ **0.1** ***olifantshuid***.
rhi·noc·er·ot·ic [raɪ'nɒsə'rɒtɪk‖-'nɑsə'rɑt̬ɪk]⟨bn.⟩ **0.1** ***v.e. neushoorn*** ⇒*neushoornachtig*.
rhi·no·pha·ryn·ge·al ['raɪnoʊfə'rɪndʒəl]⟨bn.⟩ **0.1** ***v.d. neuskeelholte***.
rhi·no·phar·ynx ['raɪnoʊ'færɪŋks]⟨telb.zn.; ook rhinopharynges [-fə'rɪndʒi:z]; →mv. 5⟩ **0.1** ***neuskeelholte*** ⇒*nasopharynx*.
rhi·no·plas·tic ['raɪnoʊ'plæstɪk]⟨bn.⟩⟨med.⟩ **0.1** ***v.d. rinoplastiek***.
rhi·no·plas·ty ['raɪnoʊplæsti]⟨telb. en n.-telb.zn.; →mv. 2⟩⟨med.⟩ **0.1** ***rinoplastiek*** ⇒*neusoperatie*.
rhi·nos·cope ['raɪnəskoʊp]⟨telb.zn.⟩⟨med.⟩ **0.1** ***neusspiegel*** ⇒*rinoscoop*.
rhi·nos·co·py [raɪ'nɒskəpi‖-'nɑ-]⟨telb. en n.-telb.zn.⟩⟨med.⟩ **0.1** ***rinoscopie*** ⟨neusonderzoek met microscoop⟩.
rhi·zo- ['raɪzoʊ]⟨plantk.⟩ **0.1** ***wortel-*** ⇒*rizo-* ◆ **¶.1** rhizogenesis *rizogenese;* rhizophora *rizofoor, luchtwortelboom*.
rhi·zo·carp ['raɪzoʊkɑ:p‖-kɑrp]⟨bn.⟩⟨plantk.⟩ **0.1** ***rizocarp*** ⟨elk jaar nieuwe vruchtdragende stengels vormend⟩.
rhi·zoid[1] ['raɪzɔɪd]⟨telb.zn.⟩⟨plantk.⟩ **0.1** ***rizoïde*** ⟨wortel v. lagere plantensoorten⟩.
rhizoid[2] ⟨bn.⟩⟨plantk.⟩ **0.1** ***wortelachtig***.
rhi·zome ['raɪzoʊm]⟨telb.zn.⟩⟨plantk.⟩ **0.1** ***wortelstok*** ⇒*rizoom*.
rhi·zo·pod ['raɪzoʊpɒd‖-pɑd]⟨telb.zn.⟩⟨biol.⟩ **0.1** ***wortelpotige*** ⟨klasse Rhizopoda⟩.
rho [roʊ]⟨telb.zn.⟩ **0.1** ***rho*** ⟨17e letter v.h. Griekse alfabet⟩.
rho·da·mine ['roʊdəmi:n, -mɪn]⟨telb. en n.-telb.zn.⟩ **0.1** ***rodamine*** ⟨rode, fluorescerende kleurstof⟩.
'Rhode Island 'Red ⟨telb. en n.-telb.zn.⟩ **0.1** ***Rhode Island Red*** ⇒*RIR, Red* ⟨kippensoort, oorspr. uit Rhode Island⟩.
Rhodes [roʊdz]⟨eig.n.⟩ **0.1** ***Rhodos*** ⟨Grieks eiland; hoofdstad ervan⟩.
Rho·de·sia [roʊ'di:ʃə‖-ʒə]⟨eig.n.⟩ **0.1** ***Rodesië***.
Rhodes Scholar ['roʊdz ˌskɒlə‖-skɑlər]⟨telb.zn.⟩ **0.1** ***Rhodes student*** ⟨met Rhodes-beurs⟩.
'Rhodes Scholarship ⟨telb.zn.⟩ **0.1** ***Rhodes-beurs*** ⟨door Cecil Rhodes ingesteld, voor buitenlandse studenten aan de Universiteit v. Oxford⟩.
Rho·di·an[1] ['roʊdɪən]⟨telb.zn.⟩ **0.1** ***Rhodiër*** ⇒*bewoner v. R(h)odos*.
Rhodian[2] ⟨bn.⟩ **0.1** ***Rhodisch*** ⇒*v. R(h)odos*.
rho·dium ['roʊdɪəm], ⟨in bet. 0.2 ook⟩ **'rhodium wood** ⟨n.-telb.zn.⟩ **0.1** ⟨schei.⟩ ***r(h)odium*** ⟨element 45⟩ **0.2** ***rhodiumhout*** ⇒*onecht rozenhout*.
'rhodium oil ⟨n.-telb.zn.⟩ **0.1** ***olie uit rhodiumhout***.
rho·do- ['roʊdoʊ]⟨i.h.b. schei.⟩ **0.1** ***rozekleurig*** ⇒*rozerood*.
rho·do·chro·site ['roʊdə'kroʊsaɪt]⟨n.-telb.zn.⟩⟨schei.⟩ **0.1** ***rodochrosiet*** ⇒*mangaanspaat, dialogiet*.
rho·do·den·dron ['roʊdə'dendrən]⟨f1⟩⟨telb.zn.⟩ **0.1** ***rododendron***.
r(h)od·o·mon·tade[1] ['rɒdəmɒn'teɪd, -'tɑ:d‖'rɑdəmən-]⟨n.-telb.zn.⟩⟨schr.; pej.⟩ **0.1** ***grootspraak*** ⇒*snoeverij, pocherij*.
r(h)odomontade[2] ⟨bn., attr.⟩⟨schr.; pej.⟩ **0.1** ***grootsprakig*** ⇒*pocherig*.
r(h)odomontade[3] ⟨onov.ww.⟩⟨schr.; pej.⟩ **0.1** ***hoog opgeven*** ⇒*grootspreken, snoeven, pochen*.
rho·dop·sin [roʊ'dɒpsɪn‖-'dɑp-]⟨n.-telb.zn.⟩ **0.1** ***staafjesrood*** ⇒*rodopsine*.
rho·do·ra [rə'dɔ:rə]⟨telb. en n.-telb.zn.⟩⟨plantk.⟩ **0.1** ***Canadese azalea*** ⟨Rhodora canadensis⟩.
rhomb[1] [rɒm‖rɑm]⟨telb.zn.⟩ **0.1** ***ruit*** ⇒*rombus* **0.2** ⟨kristallografie⟩ ***romboëder***.
rhomb[2] ⟨afk.⟩ rhombic.
rhom·bic ['rɒmbɪk‖'rɑm-]⟨bn.⟩ **0.1** ***ruitvormig*** ⇒*rombisch* **0.2** ⟨kristallografie⟩ ***rombisch***.
rhom·bo- ['rɒmboʊ‖'rɑmboʊ] **0.1** ***rombo-*** ⇒*ruit-*.
rhom·bo·he·dral ['rɒmboʊ'hi:drəl, -'he-‖'rɑm-]⟨bn.; -ly⟩ **0.1** ***met de vorm v.e. romboëder***.
rhom·bo·he·dron ['rɒmboʊ'hi:drən, -'he-‖'rɑm-]⟨telb.zn.; ook rhombohedra [-drə]; →mv. 5⟩ **0.1** ***romboëder*** ⇒*kristal met vorm v. romboëder*.
rhom·boid[1] ['rɒmbɔɪd‖'rɑm-]⟨telb.zn.⟩ **0.1** ***romboïde*** ⇒*(scheefhoekig) parallellogram*.
rhomboid[2], **rhom·boi·dal** [rɒm'bɔɪdl‖'rɑm-]⟨bn.; -(al)ly; →bijw. 3⟩ **0.1** ***romboïdaal*** ⇒*ruitvormig* **0.2** ***parallellogramvormig***.
rhom·boi·de·us [rɒm'bɔɪdɪəs‖rɑm-]⟨telb.zn.; rhomboidei [-diaɪ]; →mv. 5⟩⟨med.⟩ **0.1** ***romboïdeus(spier)*** ⟨ruitvormige spier⟩.
rhom·bus ['rɒmbəs‖'rɑm-]⟨telb.zn.; ook rhombi [-baɪ]; →mv. 5⟩ ⟨geometrie⟩ **0.1** ***ruit*** ⇒*rombus*.
RHS ⟨afk.⟩ Royal Historical/Horticultural/Humane Society.
rhu·barb ['ru:bɑ:b‖-bɑrb]⟨f1⟩⟨zn.⟩
I ⟨telb.zn.⟩ **0.1** ⟨plantk.⟩ ***rabarber*** ⟨genus Rheum⟩ ⇒⟨i.h.b.⟩ *stompe rabarber* ⟨R. rhaponthicum⟩ **0.2** ⟨AE; inf.⟩ ***heibel*** ⇒*herrie, ruzie, opschudding;*
II ⟨n.-telb.zn.⟩ **0.1** ⟨cul.⟩ ***rabarber(moes)*** **0.2** ***rabarber(wortel)*** ⟨ook laxeermiddel⟩ **0.3** ***rabarber-rabarber*** ⇒*gemompel* ⟨geluid v. mensenmassa⟩.
rhumb [rʌm], ⟨in bet. 0.2 ook⟩ **'rhumb line** ⟨telb.zn.⟩⟨scheep.⟩ **0.1** ***kompas(streek)*** **0.2** ***loxodroom*** ⇒*loxodromische lijn*.
rhumba →rumba.

'rhumb card ⟨telb.zn.⟩⟨scheep.⟩ **0.1** ***kompasroos*** ⇒*windroos*.

rhyme[1], **rime** [raɪm]⟨f2⟩⟨zn.⟩
I ⟨telb.zn.⟩ **0.1** ***rijm(woord)*** ⇒*rijmklank, rijmregel* **0.2** ***(berijmd) gedicht*** ⇒*vers* ◆ **1.¶** neither ~ nor reason, without ~ or reason *zonder slot of zin, zonder enige betekenis, onzinnig* **6.1** a ~ **for / to** book *een woord dat rijmt op boek;*
II ⟨n.-telb.zn.⟩ **0.1** ***(gebruik v.) rijm***.

rhyme[2], **rime** ⟨f2⟩⟨ww.⟩ →rhyming
I ⟨onov.ww.⟩ **0.1** ***rijmen*** ⇒*rijm hebben* **0.2** ***dichten*** ⇒*rijmende verzen schrijven, rijmen;*
II ⟨ov.ww.⟩ **0.1** ***laten rijmen*** **0.2** ***berijmen*** ⇒*in / op rijm brengen / zetten* ◆ **1.2** ~d verses *berijmde verzen* **6.1** you can ~ 'mouse', **to / with** 'louse' *je kunt 'muis' laten rijmen op / met 'luis'* **8.1** you cannot ~ 'tin' and 'ton' *je kunt 'tin' en 'ton' niet laten rijmen*.

rhyme·less, rime·less ['raɪmləs]⟨bn.⟩ **0.1** ***rijmloos*** ⇒*onberijmd*.

rhym·er, rim·er ['raɪmə‖-ər], ⟨vero. in eerste bet. ook⟩ **rhym(e) ·ster, rime·ster** ['raɪmstə‖-ər]⟨telb.zn.⟩ **0.1** ***rijmelaar*** ⇒*koffiehuispoëet, pruldichter, versjesschrijver* **0.2** ***dichter*** ⟨v. berijmde verzen⟩.

'rhyme 'royal ⟨telb. en n.-telb.zn.; rhyme royals; →mv. 6⟩⟨lit.⟩ **0.1** ***zevenregelig stanza*** ⟨met tien lettergrepen per regel en rijmschema ababbcc⟩.

'rhyme scheme ⟨telb.zn.⟩ **0.1** ***rijmschema***.

rhym·ing, rim·ing ['raɪmɪŋ]⟨f1⟩⟨bn.; (oorspr.) teg. deelw. v. rhyme, rime⟩ **0.1** ***rijmend*** ⇒*op rijm, berijmd* ◆ **1.1** ~ couplet *rijmpaar, gepaard rijm;* ~ dictionary *rijmwoordenboek;* ~ slang *rijmend slang*.

rhym·ist ['raɪmɪst]⟨telb.zn.⟩ **0.1** ***dichter*** ⟨v. berijmde verzen⟩.

rhy·o·lite ['raɪəlaɪt]⟨n.-telb.zn.⟩ **0.1** ***ryoliet*** ⟨vulkanisch gesteente⟩.

rhythm ['rɪðm]⟨f3⟩⟨telb. en n.-telb.zn.⟩ **0.1** ***ritme*** ⟨ook fig.⟩ ⇒*maat, metrum, ritmus, cadans* ◆ **1.1** ⟨muz.⟩ ~ and blues *rhythm and blues* **3.1** ⟨lit.⟩ sprung ~ *bep. versmaat* ⟨waarbij elke voet een lange en een of meer korte lettergrepen bevat⟩.

rhyth·mic ['rɪðmɪk], **rhyth·mi·cal** [-ɪkl]⟨f2⟩⟨bn.; -(al)ly; →bijw. 3⟩ **0.1** ***ritmisch*** ⇒*regelmatig*.

rhyth·mics ['rɪðmɪks]⟨n.-telb.zn.⟩ **0.1** ***ritmiek***.

rhyth·mist ['rɪðmɪst]⟨telb.zn.⟩ **0.1** ***ritme-specialist*** ⇒*iem. met gevoel voor ritme* **0.2** ***slagwerker*** ⇒*lid v.e. ritmesectie*.

rhythm·less ['rɪðmləs]⟨bn.⟩ **0.1** ***zonder ritme*** ⇒*onregelmatig*.

'rhythm method ⟨telb.zn.⟩ **0.1** ***periodieke onthouding***.

'rhythm section ⟨telb.zn.⟩⟨muz.⟩ **0.1** ***ritmesectie*** ⇒*slagwerk*.

RI ⟨afk.⟩ **0.1** ⟨Rex et Imperator⟩ ***R.I.*** **0.2** ⟨Regina et Imperatrix⟩ **0.3** ⟨Rhode Island⟩ ⟨met ZIP-code⟩ **0.4** ⟨Royal Institute / Institution⟩.

ri·a [rɪə]⟨telb.zn.⟩⟨aardr.⟩ **0.1** ***ria*** ⟨rivierdal⟩.

ri·al [ri'ɑ:l, 'raɪəl‖ri'ɔl, ri'ɑl]⟨telb.zn.⟩ **0.1** ***rial*** ⟨munteenheid v. Iran / Oman⟩.

ri·ant ['raɪənt]⟨bn.⟩ **0.1** ***opgewekt*** ⟨v. gezicht, ogen⟩ ⇒*(glim)lachend, vrolijk* **0.2** ***riant*** ⟨ook v. landschap⟩.

rib[1] [rɪb]⟨f3⟩⟨zn.⟩
I ⟨telb.zn.⟩ **0.1** ***rib*** ⇒*ribbe* **0.2** ⟨ben. voor⟩ ***ribvormig voorwerp*** ⇒*balein* ⟨v. paraplu⟩; ⟨bouwk.⟩ *gewelfrib; pen* ⟨v. veer⟩; *spant, rib* ⟨v. schip, vliegtuig⟩; *(brug)pijler; bladnerf, rib; ader* ⟨v. insektevleugel⟩; *(ploeg)vore* **0.3** ⟨vaak mv.⟩ ***rib(be)stuk*** ⇒*(rib)kotelet, riblap, krap, krabbetje* **0.4** ⟨scherts.⟩ ***vrouw*** ⟨naar Gen. 2:21⟩ **0.5** ⟨inf.⟩ ***grap*** ⇒*parodie* **0.6** ***ribbel*** ⇒*richel, uitloper* ⟨v. gebergte⟩ **0.7** ***(erts)ader*** **0.8** ***golfribbel*** ⇒*ribbeling* ◆ **2.1** floating ~s *zwevende / losse ribben* **3.1** dig / poke s.o. in the ~s *iem. een por in de ribben geven;* ⟨bijb.⟩ smite under the fifth ~ *onder de vijfde rib slaan, doodsteken* ⟨o.m. 2 Sam. 2:23, 3:37⟩; stick to the ~s *aan de ribben kleven / plakken, aanzetten* ⟨v. voedsel⟩; ⟨fig.⟩ tickle s.o. in the / s.o.'s ~s *iem. aan het lachen maken;*
II ⟨telb. en n.-telb.zn.⟩ **0.1** ***ribbelpatroon*** ◆ **3.1** knit / make in ~ *ribbels breien*.

rib[2] ⟨ov.ww.; →ww. 7⟩ →ribbed, ribbing **0.1** ***ribb(el)en*** ⇒*v. ribben voorzien, met ribben steunen; met ribbels breien* **0.2** ***voren ploegen in*** **0.3** ⟨inf.⟩ ***plagen*** ⇒*voor de gek houden*.

RIBA ⟨afk.⟩ Royal Institute of British Architects.

rib·ald[1] ['rɪbld]⟨telb.zn.⟩ **0.1** ***(oneerbiedig) spotter*** ⇒*schunnige vent*.

ribald[2] ⟨bn.⟩ **0.1** ***(oneerbiedig) spottend*** ⇒*grof, schunnig, vuil* ⟨v. taal⟩.

rib·ald·ry ['rɪbldri]⟨n.-telb.zn.⟩ **0.1** ***grove taal*** ⇒*vuile praat, schuine moppentapperij*.

rib·band ['rɪbənd]⟨telb.zn.⟩⟨scheep.⟩ **0.1** ***sent*** ⇒*lijst, gording, naadlijst, naadspant*.

rib·bed ['rɪbd]⟨f1⟩⟨bn.; volt. deelw. v. rib⟩ **0.1** ***gerib(bel)d*** ⇒*rib-, gegolfd, ribbelig* ◆ **1.1** ~ material *ribbetjesgoed, ripsweefsel, geribbelde stof;* ~ vault *rib(ben)gewelf, kruis(rib)gewelf*.

rib·bing ['rɪbɪŋ]⟨telb. en n.-telb.zn.; (oorspr.) gerund v. rib⟩ **0.1** ***ribb(el)ing*** ⇒*rib(bel)patroon* **0.2** ***verwulf(sel)*** **0.3** ⟨inf.⟩ ***plagerij***.

rib·bon ['rɪbən], ⟨vero. in bet. II ook⟩ **rib·and** ['rɪbənd]⟨f2⟩⟨zn.⟩
I ⟨telb.zn.⟩ **0.1** ***lint(je)*** ⇒*onderscheiding* **0.2** ⟨vaak mv.⟩ ***flard*** ⇒*sliert, reep* ◆ **3.2** ⟨fig.⟩ cut to ~s *in de pan hakken;* hang in ~s *in flarden erbij hangen;* tear to ~s *aan flarden / in repen scheuren;*
II ⟨telb. en n.-telb.zn.⟩ **0.1** ***lint*** ⇒*band, strook, schrijfmachinelint*.

'ribbon 'building, 'ribbon de'velopment ⟨f1⟩⟨n.-telb.zn.⟩⟨vaak pej.⟩ **0.1** ***lintbebouwing***.

rib·bon·ed ['rɪbənd]⟨bn.⟩ **0.1** ***met linten*** ⇒*v. linten voorzien* **0.2** ***aan flarden (gescheurd)***.

'rib·bon·fish ⟨telb.zn.⟩⟨dierk.⟩ **0.1** ***spaanvis*** ⟨fam. Trachypteridae⟩ **0.2** ***lintvis*** ⟨fam. Regalecidae⟩.

'ribbon grass ⟨telb. en n.-telb.zn.⟩⟨plantk.⟩ **0.1** ***rietgras*** ⇒*lintgras, lintriet* ⟨Phalaris arundinacea⟩.

Rib·bon·ism ['rɪbənɪzm]⟨n.-telb.zn.⟩⟨gesch.⟩ **0.1** ***aan leden v.d. Ribbon Society toegeschreven misdadigheid***.

'Rib·bon·man ⟨telb.zn.⟩⟨gesch.⟩ **0.1** ***lid v.d. Ribbon Society***.

'ribbon 'microphone ⟨telb.zn.⟩ **0.1** ***bandmicrofoon***.

'ribbon re'verse ⟨telb.zn.⟩ **0.1** ***lintomschakelaar*** ⟨op schrijfmachine⟩.

'ribbon saw ⟨telb.zn.⟩ **0.1** ***lintzaag*** ⇒*bandzaag*.

'Ribbon Society ⟨telb.zn.⟩⟨gesch.⟩ **0.1** ***Ribbon Society*** ⟨Iers R.-K. geheim genootschap, waarvan de leden herkenbaar waren aan een groen lint⟩.

'ribbon worm ⟨telb.zn.⟩ **0.1** ***lintworm***.

'rib cage ⟨f1⟩⟨telb.zn.⟩ **0.1** ***ribbenkast***.

ri·bes ['raɪbi:z]⟨n.-telb.zn.⟩⟨plantk.⟩ **0.1** ***ribes*** ⟨genus Ribes⟩.

'rib grass, 'rib·wort ⟨n.-telb.zn.⟩⟨plantk.⟩ **0.1** ***smalle weegbree*** ⟨Plantago lanceolata⟩.

rib·less ['rɪbləs]⟨bn.⟩ **0.1** ***ongeribd*** ⇒*zonder ribben*.

ri·bo·fla·vin ['raɪboʊ 'fleɪvɪn]⟨n.-telb.zn.⟩ **0.1** ***riboflavine*** ⇒*vitamine-B_2, lactoflavine*.

ri·bo·nu·cle·ase ['raɪboʊ'nju:klieɪs‖-'nu:-]⟨telb.zn.⟩⟨bioch.⟩ **0.1** ***ribonuclease*** ⟨enzym⟩ ⇒*RN-ase, RNA-se*.

ri·bo·nu·cle·ic ['raɪboʊnju:kliɪk 'æsɪd‖-nu:-]⟨bn., attr.⟩⟨bioch.⟩ **0.1** ***ribonucleïne-*** ◆ **1.1** ~ acid *ribonucleïnezuur;* ⟨vaak⟩ *RNA*.

ri·bose ['raɪboʊs]⟨n.-telb.zn.⟩⟨bioch.⟩ **0.1** ***ribose***.

ri·bo·so·mal ['raɪbə'soʊml]⟨bn.⟩⟨bioch.⟩ **0.1** ***ribosoom-***.

ri·bo·some ['raɪbəsoʊm]⟨telb.zn.⟩⟨bioch.⟩ **0.1** ***ribosoom***.

'rib-stick·ers ⟨mv.⟩⟨sl.; cul.⟩ **0.1** ***bonen*** ⇒*stevige pot*.

'rib-tick·ler ⟨telb.zn.⟩⟨sl.⟩ **0.1** ***grap*** ⇒*mop, bak; dijenkletser*.

rice[1] [raɪs]⟨f2⟩⟨n.-telb.zn.⟩ **0.1** ***rijst*** ◆ **2.1** ground ~ *gemalen rijst;* polished ~ *gepelde rijst;* unpolished ~ *ongepelde rijst, zilvervliesrijst*.

rice[2] ⟨ov.ww.⟩⟨vnl. AE⟩ **0.1** ***(grof) zeven*** ⇒*pureren, tot puree maken*.

'rice-bel·ly ⟨telb.zn.⟩⟨sl.; bel.⟩ **0.1** ***rijstbuik*** ⇒*spleetoog* ⟨Chinees⟩.

'rice bird ⟨telb.zn.⟩⟨dierk.⟩ **0.1** ***rijstvogel*** ⟨Padda oryzivora⟩ **0.2** ***rijsttroepiaal*** ⟨Dolichonyx oryzivorus⟩.

'rice bowl ⟨f1⟩⟨telb.zn.⟩ **0.1** ***rijstkom*** **0.2** ***rijstland*** ⇒*rijstgebied*.

'rice Christian ⟨telb.zn.⟩ **0.1** ***bekeerling*** ⟨omwille v. voedsel, medicijnen e.d.⟩.

'rice paper ⟨f1⟩⟨n.-telb.zn.⟩ **0.1** ***rijstpapier***.

'rice 'pudding ⟨telb. en n.-telb.zn.⟩ **0.1** ***rijstebrij*** ⇒*rijstpudding*.

ric·er ['raɪsə‖-ər]⟨telb.zn.⟩⟨vnl. AE⟩ **0.1** ***(soort) grove zeef*** ⇒*pureeknijper*.

ri·cer·car ['ri:tʃəkɑ:‖'ri:tʃər'kɑr]⟨n.-telb.zn.⟩⟨muz.⟩ **0.1** ***ricercare***.

'rice wee·vil ⟨telb.zn.⟩⟨dierk.⟩ **0.1** ***rijstklander*** ⟨Sitophilus oryzae⟩.

rich [rɪtʃ]⟨f3⟩⟨bn.; -er; -ness⟩⟨→sprw. 223, 263, 533, 594⟩ **0.1** ***rijk*** ⇒*vermogend, welvoorzien* **0.2** ***kostbaar*** ⇒*waardevol, luxueus* **0.3** ***rijkelijk*** ⇒*overvloedig, copieus* **0.4** ***vruchtbaar*** ⇒*vet, rijk* **0.5** ***machtig*** ⟨v. voedsel⟩ ⇒*krachtig, vetrijk, zwaar* **0.6** ***aangenaam*** ⇒*klankrijk, vol* ⟨v. klank⟩, *warm* ⟨v. kleur⟩ **0.7** ⟨inf.; vaak iron.⟩ ***kostelijk*** ⟨v. grap⟩ ⇒*amusant* ◆ **1.1** a ~ mixture *een rijk mengsel* ⟨met hoog brandstofgehalte⟩ **1.4** ~ coal *vette kolen;* ~ soil *vette / vruchtbare aarde* **1.6** a ~ perfume *een doordringend parfum;* ~ red *diep rood;* ~ voice *volle / klankrijke stem* **2.1** ~ and poor *rijk en arm* **3.¶** strike it ~ *een goudmijn ontdekken, fortuin maken* **4.7** that's ~! *kostelijk!, dat is een goeie!; wat een flater!* **6.1** ~ **in** *rijk aan* **6.2** a dress ~ **with** lace *een japon met veel kant* **7.1** the ~ *de rijken*.

Rich·ard Roe ['rɪtʃəd 'roʊ‖'rɪtʃərd -]⟨telb.zn.⟩⟨jur.⟩ **0.1** ***meneer X*** ⟨gefingeerd pers. in proces⟩.

'Richard's 'pipit ⟨telb.zn.⟩⟨dierk.⟩ **0.1** ***grote pieper*** ⟨Anthus novaeseelandiae⟩.

rich·en ['rɪtʃn]⟨ww.⟩
I ⟨onov.ww.⟩ **0.1** ***rijk worden*** ⇒*zich verrijken;*
II ⟨ov.ww.⟩ **0.1** ***rijk maken*** ⇒*verrijken*.

rich·es ['rɪtʃɪz]⟨f1⟩⟨mv.⟩ **0.1** ***rijkdom*** ⇒*het rijk-zijn, vermogen* **0.2** ***kostbaarheden*** ⇒*rijkdom(men), weelde*.

rich·ly ['rɪtʃli]⟨f2⟩⟨bw.⟩ **0.1** →rich **0.2** ***volledig*** ⇒*dubbel en dwars* ◆ **3.2** ~ deserve *volkomen verdienen*.

Richt·er scale ['rɪktə skeɪl‖-tər-]⟨n.-telb.zn.; the⟩⟨seismologie⟩ **0.1** ***schaal v. Richter***.

rick[1], ⟨in bet. 0.2 ook⟩ **wrick** [rɪk]⟨telb.zn.⟩ **0.1** ***(hooi)hoop*** *⇒(hooi)opper/mijt/schelf, hooiberg* **0.2** ⟨vnl. BE⟩ ***verdraaiing*** *⇒verrekking, verstuiking*.

rick[2], ⟨in bet. 0.2 ook⟩ **wrick** ⟨ov.ww.⟩ **0.1** ***ophopen*** *⇒te hoop/op hopen zetten, optassen* **0.2** ⟨vnl. BE⟩ ***verdraaien*** *⇒verrekken, verstuiken*.

rick·ets ['rɪkɪ̣ts]⟨f1⟩⟨mv.⟩⟨med.⟩ **0.1** ***rachitis*** *⇒Engelse ziekte*.

rick·ett·si·a [rɪ'ketsɪə]⟨telb.zn.; ook rickettsiae [-sii:]; →mv. 5⟩ ⟨biol.⟩ **0.1** ***rickettsia***.

rick·et·y ['rɪkəṭi]⟨f1⟩⟨bn.; -er; -ness; →compar. 7⟩ **0.1** ***rachitisch*** *⇒lijdend aan/lijkend op Engelse ziekte* **0.2** ***gammel*** *⇒zwak, beverig, wankel, fragiel*.

rick·ey ['rɪki]⟨telb. en n.-telb.zn.⟩ **0.1** ***rickey*** ⟨cocktail v. limoenensap, gin en sodawater⟩.

rick·rack, ric·rac ['rɪkræk]⟨telb.zn.⟩ **0.1** ***zigzag sierzoom/boordje***.

rick·sha(w) [rɪkʃɔ:]⟨telb.zn.⟩ **0.1** ***riksja***.

'rick·stand ⟨telb.zn.⟩ **0.1** ***ruiter*** *⇒stellage/onderbouw v. hooiberg*.

'rick·yard ⟨telb.zn.⟩ **0.1** ***hooi-erf***.

rick·y-tick[1] ['rɪki'tɪk]⟨n.-telb.zn.⟩⟨muz.⟩ **0.1** ***(ge)rikketik*** *⇒rikketikkende klank/ritme* **0.2** ***zachte jazz*** ⟨waarvan de stijl herinnert aan de jaren twintig⟩.

ricky-tick[2], ⟨in bet. 0.1 ook⟩ **rick·y-tick·y** ['rɪki'tɪki]⟨bn.⟩⟨AE; sl.⟩ **0.1** ***v./mbt. ragtime*** **0.2** ***ouderwets*** *⇒afgezaagd, niet meer v. deze tijd* **0.3** ***protserig (en) goedkoop*** *⇒sjofel, armzalig*.

ric·o·chet[1] ['rɪkəʃeɪ‖-'ʃeɪ]⟨f1⟩⟨telb. en n.-telb.zn.; ook attr.⟩ **0.1** ***ricochet*** *⇒het keilen, opstuit, het afketsen, afkaatsing* ⟨v.e. projectiel tegen een plat vlak⟩ **0.2** ***ricochetschot*** **0.3** ***het treffen door een ricochetschot*** ◆ **3.2** he was wounded by a ~ *hij werd gewond door een verdwaalde kogel* **6.¶** **by** ~ *v.d. weeromstuit*.

ricochet[2] ⟨f1⟩⟨ww.; →ww. 7⟩

I ⟨onov.ww.⟩ **0.1** ***ricocheren*** *⇒aanslaan, afschampen, afketsen* ◆ **6.1** the bullet ~ted **off** the wall *de kogel ketste af op de muur;*

II ⟨ov.ww.⟩ **0.1** ***doen ricocheren*** *⇒doen aanslaan/afschampen/afketsen*.

ri·cot·ta [rɪ'kɒtə‖-kɑtə]⟨telb. en n.-telb.zn.⟩⟨cul.⟩ **0.1** ***ricotta***.

RICS ⟨afk.⟩ Royal Institution of Chartered Surveyors ⟨BE⟩.

ric·tus ['rɪktəs]⟨telb.zn.; ook rictus; →mv. 5⟩ **0.1** ⟨biol.⟩ ***sperwijdte*** ⟨v. wijdopen mond/bek⟩ *⇒gaping, mondopening* **0.2** ***(ongewilde) grijns*** *⇒grimas* **0.3** ***scheur*** *⇒split, kloof, opening*.

rid[1] [rɪd]⟨f3⟩⟨ov.ww.; rid, rid, / 1 vero. ook / 2 ridded, ridded⟩ **0.1** ***bevrijden*** *⇒ontlasten, vrijmaken, verwijderen, ontdoen van* **0.2** ⟨vnl. vero.⟩ ***opruimen*** *⇒vernietigen, uit de weg ruimen, afmaken* ◆ **5.1** ⟨gew., AE⟩ ~ **up** this mess *ruim deze rotzooi op;* be well ~ of s.o. *goed v. iem. af zijn* **6.1** ~ s.o. **of** s.o./sth. *iem. v. iem./iets afhelpen/bevrijden/vrijmaken;* be/get ~ **of** *kwijt zijn/raken, v.d. hand doen, zich af maken v., afschudden, af zijn/raken v.;* the company is well ~ **of** her *de firma kan blij zijn dat ze v. haar af is*.

rid[2] ⟨verl. t. en volt. deelw.⟩ →ride.

rid·a·ble ['raɪdəbl]⟨bn.; -ly; →bijw. 3⟩ **0.1** ***berijdbaar***.

rid·dance ['rɪdns]⟨telb. en n.-telb.zn.⟩⟨inf.⟩⟨→sprw. 237⟩ **0.1** ***bevrijding*** *⇒verlossing, het afschepen/afschudden, verwijdering*.

rid·den ['rɪdn]⟨volt. deelw.⟩ →ride.

-rid·den [rɪdn]⟨oorspr. volt. deelw. v. ride; vormt bijv. nw. uit nw.⟩ **0.1** ***gedomineerd door*** *⇒bezeten v., beheerst door, verdrukt door, in de handen v.* **0.2** ***vergeven v.*** *⇒(te) vol v.* ◆ **¶.1** conscience-ridden *gewetensbezwaard* **¶.2** lice-ridden *vergeven v.d. luizen;* this place is vermin-ridden *het stikt/wemelt hier v.h. ongedierte*.

rid·dle[1] ['rɪdl]⟨f2⟩⟨telb.zn.⟩ **0.1** ***raadsel*** *⇒mysterie, enigma* **0.2** ***(grove) zeef*** ◆ **2.1** John is a complete ~ to me *John is voor mij een raadsel/een volslagen mysterie* **3.1** read a ~ *een oplossing/antwoord vinden;* he's good at solving ~s *hij is goed in het oplossen v. raadseltjes;* riddle me a ~/riddle my ~ *los dit raadsel/probleem eens voor me op; ra-ra-ra*.

riddle[2] ⟨f1⟩⟨ww.⟩ →riddled, riddling

I ⟨onov.ww.⟩ **0.1** ***in raadsels spreken*** *⇒orakelen* **0.2** ***raadsels opgeven;***

II ⟨ov.ww.⟩ **0.1** ***ontraadselen*** *⇒raden, oplossen, uitleggen, verklaren* **0.2** ***een raadsel zijn voor*** *⇒mystifiëren, in de war brengen* **0.3** ***zeven*** ⟨ook fig.⟩ *⇒ziften, schiften; onderzoeken, natrekken* **0.4** ***schudden*** ⟨om as in kachel op te vangen⟩ **0.5** ***doorzeven*** *⇒gaten maken in, perforeren* **0.6** ***de zwakke punten blootleggen v.*** *⇒weerleggen; doen kelderen, ontzenuwen* ◆ **1.3** ~ the evidence *de bewijzen schiften/onderzoeken* **1.4** ~ the grate *het rooster/de kachel schudden* **1.6** ~ an argument *een redenering weerleggen* **6.5** the body was ~d **with** bullets *het lichaam was met kogels doorzeefd*.

rid·dled ['rɪdld]⟨bn., pred.; oorspr. volt. deelw. v. riddle⟩ **0.1** ***gevuld*** *⇒vol, bezaaid* **0.2** ***ernstig beschadigd*** ◆ **6.1** the paper was ~ **with** errors *de verhandeling stond vol fouten*.

rid·dling ['rɪdlɪŋ]⟨bn.; oorspr. tegenw. deelw. v. riddle; -ly⟩ **0.1** ***in raadselvorm uitgedrukt*** **0.2** ***raadselachtig*** *⇒onbegrijpelijk, verwarrend*.

ride[1] [raɪd]⟨f2⟩⟨telb.zn.⟩ **0.1** ⟨ben. voor⟩ ***rit(je)*** ⟨ook in kermisattractie⟩ *⇒tocht(je); vlucht* ⟨in helicopter⟩; *verplaatsing* ⟨per lift, kabelbaan⟩ **0.2** ***rijpad*** *⇒ruiterpad, (bos)weg* **0.3** ***rijdier*** *⇒rijpaard* **0.4** ***roetsjbaan*** *⇒paardjesmolen* **0.5** ***troep bereden soldaten*** **0.6** ⟨sl.⟩ ***makkie*** *⇒fluitje v.e. cent* **0.7** ⟨sl.⟩ ***ritje*** *⇒neukpartij, wip* **0.8** ⟨sl.⟩ ***improvisatie*** ⟨bij jazz⟩ **0.9** ⟨sl.⟩ ***wedren*** *⇒autorace* ◆ **2.1** it's only a short ~ in the car *het is maar een kort ritje met de auto* **2.3** this pony is an easy ~ *deze pony laat zich makkelijk berijden* **3.1** can you give me a ~ to the station? *kan je mij een lift geven tot aan het station?* **3.¶** the DJ gave the new single a big ~ *de d.j. plugde de nieuwe single;* ⟨inf.⟩ take s.o. for a ~ *iem. voor de gek houden, iem. oplichten/voor schut zetten/foppen;* ⟨vnl. AE; euf.⟩ *een ritje met iem. gaan maken* ⟨onder dwang, met de bedoeling hem te vermoorden⟩ **6.1** let's go **for** a ~ *laten we een eindje gaan rijden* **6.¶** (along) **for** the ~ *voor de lol, zomaar*.

ride[2] ⟨f3⟩⟨ww.; rode [roʊd], ridden ['rɪdn];⟩, ⟨vero.⟩ rid, rid [rɪd] →ridden, riding ⟨→sprw. 292, 322, 323, 607⟩

I ⟨onov.ww.⟩ **0.1** ***rijden*** *⇒paardrijden, schrijlings zitten* **0.2** ⟨scheep.⟩ ***rijden*** *⇒voor anker liggen/rijden* **0.3** ***drijven*** ⟨ook fig.⟩ *⇒zich (drijvend) voortbewegen, zeilen, vlotten, gedragen worden, afhangen* **0.4** ***(gedeeltelijk over elkaar) schuiven*** *⇒(gedeeltelijk over elkaar) liggen, overlappen* **0.5** ***rijden*** *⇒berijdbaar zijn* **0.6** ***(actief) aanwezig zijn*** **0.7** ***blijven staan*** ⟨v. inzet bij weddenschap⟩ ◆ **1.2** ~ at anchor *voor anker liggen, voor zijn anker rijden* **1.¶** ~ on a bike *fietsen* **2.2** ~ easy/hard *licht/zwaar voor zijn anker rijden;* ~ high *hoog op het water liggen* **2.3** the moon rode clear and high *de maan stond hoog en helder aan de hemel* **3.¶** ~ and tie *om beurten rijden en gaan* ⟨v. twee pers. met één paard: een rijdt voorop, bindt het paard vast voor de tweede die te voet na komt⟩ **5.1** ~ (a-)cock-horse *paardje rijden, schrijlings zitten;* ~ astride/side-saddle *schrijlings/in amazonezit (paard) rijden* **5.5** this horse ~s **well** *dit paard rijdt goed/is goed berijdbaar* **5.6** ~ again *er weer zijn, weer in actie zijn;* Batman ~s again *Batman slaat weer toe/is weer in actie* **5.¶** →ride **off;** →ride **out;** ~ **over** *stapvoets (over de baan) gaan, op zijn ene been winnen, spelenderwijze de overwinning behalen* ⟨bij paardenwedstrijden⟩; ~ roughshod over s.o./sth. *zich niet storen aan iem./iets, (gemakkelijk) over iem. heen lopen, (gemakkelijk) over iets heen stappen;* ~ **up** *omhoogkruipen, opkruipen;* this skirt is always riding **up** *die rok kruipt altijd omhoog* **6.1** little John was riding **on** father's knee *kleine John reed paardje op vaders knie* **6.3** the ship rode lightly **on** the waves *het schip gleed licht over de baren;* the eagle rode **on** the wind *de arend liet zich op de wind meedrijven;* she rode **on** a wave of popularity *ze werd gedragen/voortgestuwd door een golf v. populariteit;* he rode **to** victory **on** his own merits *hij behaalde de overwinning op basis v. zijn eigen verdiensten;* further measures ~ **on** the flexibility of the board *verdere maatregelen hangen af v.d. flexibiliteit v.h. bestuur* **6.4** in case of a fracture, make sure the bones don't ~ one **over** the other *bij een beenbreuk moet je er voor zorgen dat de botten niet over elkaar schuiven* **6.6** despair was riding **among** the people *er heerste wanhoop onder de mensen* **6.7** he let his winnings ~ **on** the same number *hij liet zijn winst op hetzelfde nummer staan* **¶.5** the frost had made the path ~-hard *door de vorst was het pad hard genoeg geworden om op te rijden;*

II ⟨ov.ww.⟩ **0.1** ***berijden*** *⇒afrijden, doorrijden, te paard doorwaden* **0.2** ***(be)rijden*** *⇒rijden/reizen/zich verplaatsen met* **0.3** ***(laten/doen) rijden*** *⇒vervoeren, brengen* **0.4** ⟨vnl. pass.⟩ ***beheersen*** *⇒verdrukken, controleren, tiranniseren* **0.5** ⟨vnl. schr.⟩ ***drijven op*** *⇒gedragen worden door, zeilen op* **0.6** ⟨vnl. AE⟩ ***jennen*** *⇒kwellen, plagen, belachelijk maken* **0.7** ⟨sl.⟩ ***(be)rijden*** *⇒dekken, kruipen op, naaien* **0.8** ***meegeven aan*** *⇒ontwijken, terugdeinzen voor* **0.9** ***wegen*** ⟨jockey⟩ **0.10** ***rusten op*** *⇒overlappen (met), (overlappend) bedekken* **0.11** ⟨scheep.⟩ ***voor anker houden*** ◆ **1.1** the outlaw rode the borders *de vogelvrij verklaarde reed door het grensgebied/verbleef/was actief in het grensgebied* **1.2** ~ a bicycle/bike *met de fiets rijden, fietsen;* ~ a horse *paard rijden* **1.3** ~ the baby on one's knee *de baby op z'n knie laten rijden* **1.4** the robber was ridden by fears *de dief werd door schrik bevangen/overmand;* the nightmare rode the sleeper *de nachtmerrie liet de slaper niet los* **1.5** the hawk was riding the wind *de arend liet zich meedrijven op de wind* **1.6** stop riding that poor girl over her failure *hou op met dat arme meisje te plagen met haar mislukking* **1.9** Hank ~s 140 pounds *Hank weegt 140 pond in het zadel* ⟨mét handicapgewicht⟩ **5.¶** →ride **down;** →ride **off;** →ride **out**.

'ride 'down ⟨ov.ww.⟩ **0.1** ***inhalen*** ⟨te paard⟩ *⇒bijbenen, afrijden* **0.2** ***omverrijden*** *⇒vertrappelen;* ⟨fig.⟩ *uit de weg ruimen* ⟨bezwaar, e.d.⟩.

'ride 'off ⟨f1⟩⟨ww.⟩
I ⟨onov.ww.⟩ **0.1** ***eromheen draaien*** ⇒*een zijpaadje inslaan, v.h. onderwerp afwijken, de kwestie omzeilen,* ⟨B.⟩ *rond de pot draaien* ◆ **6.1** the president rode off **on** a side-issue *de president ontweek de kwestie en begon over een bijzaak;*
II ⟨ov.ww.⟩⟨sport⟩ **0.1** ***de weg naar de bal afsnijden*** ⇒*v.d. bal afzetten, opzijduwen, obstructie plegen tegen.*
'ride-off ⟨telb.zn.⟩⟨paardesport⟩ **0.1** ***barrage.***
'ride 'out ⟨f1⟩⟨ww.⟩
I ⟨onov.ww.⟩⟨jazz⟩ **0.1** ***het laatste refrein swingend spelen;***
II ⟨ov.ww.⟩ **0.1** ***overleven*** ⟨ook fig.⟩ ⇒*heelhuids doorkomen, ongehavend komen uit, succesrijk doorstaan* **0.2** ***afjakkeren*** ⇒*afrijden* **0.3** ⟨jazz⟩ ***het laatste refrein swingend spelen v.*** ◆ **1.1** the ship rode out the storm *het schip kwam zonder averij door de storm/doorstond de storm.*
rid·er ['raɪdə‖-ər]⟨f3⟩⟨telb.zn.⟩ **0.1** ***(be)rijder*** ⇒*ruiter, jockey, cowboy, passagier* **0.2** ***aanvullingsakte*** ⇒*amendement, allonge, toegevoegde stipulatie;* ⟨BE⟩ *(geamendeerd) wetsvoorstel bij zijn derde lezing;* ⟨vnl. BE; jur.⟩ *toegevoegd beding, aanbeveling* ⟨bij uitspraak v.d. jury⟩ **0.3** ***oplegstuk*** ⇒*(verstevigend) bovenstuk, dwarsstuk, (boven)uitstekend machineonderdeel, overslag* ⟨v. touw⟩ **0.4** ***ruiter*** ⇒*schuifgewicht* ⟨v. balans⟩ **0.5** ***gevolgtrekking*** **0.6** ⟨wisk.⟩ ***vraagstuk*** ⇒*som, probleem* ⟨voortvloeiend uit een stelling⟩, *toepassing* **0.7** ⟨vnl. mv.⟩⟨scheep.⟩ ***kattespoor*** ⇒*scheepsbint.*
rid·er·less ['raɪdələs‖-dər-]⟨bn.⟩ **0.1** ***ruiterloos*** ⇒*zonder berijder.*
'rider's box ⟨telb.zn.⟩⟨wielrennen⟩ **0.1** ***rennerscabine.***
rid·er·ship ['raɪdəʃɪp‖-dər-]⟨n.-telb.zn.⟩ **0.1** ***bezetting*** ⟨aantal gebruikers v.e. bep. openbaar vervoerssysteem⟩.
ridge[1] [rɪdʒ]⟨f2⟩⟨telb.zn.⟩ **0.1** ***(berg)kam*** ⇒*richel, rug* **0.2** ***nok*** ⇒*vorst* ⟨v. dak⟩ **0.3** ***bergketen*** **0.4** ***(lange, smalle) opstaande rand/verhevenheid*** ⇒*ribbel, stootrand, rug* ⟨tussen twee ploegvoren⟩; *bed* ⟨in tuin⟩ **0.5** ***golftop*** **0.6** ⟨meteo.⟩ ***rug*** ⇒*(uitgerekt) gebied v. hoge druk.*
ridge[2] ⟨f1⟩⟨ww.⟩
I ⟨onov.ww.⟩ **0.1** ***kammen/plooien vormen*** ⇒*zich in opstaande lijnen samentrekken, rimpelen;*
II ⟨ov.ww.⟩ **0.1** ***kammen/plooien/(aard)ruggen vormen in*** **0.2** ***op bedden zetten/planten*** **0.3** ***verhevenheden maken in*** ⇒*v.e. rand voorzien.*
'ridge·back ⟨telb.zn.⟩ **0.1** ***draadhaar*** ⟨jachthond met tegendraads ingeplant rughaar, i.h.b. de Rhodesische draadhaar⟩.
'ridge-beam, 'ridge-piece ⟨telb.zn.⟩ **0.1** ***nok(balk)*** ⇒*vorstbalk, hemelboom.*
ridg(e)·ling ['rɪdʒlɪŋ], **rid·gel** ['rɪdʒl]⟨telb.zn.⟩⟨dierk.⟩ **0.1** ***klophengst*** ⇒*klopstier, binnenbeer, cryptorchist* **0.2** ***halfcastraat*** ⇒*onvolledig gecastreerd dier.*
'ridge-pole ⟨telb.zn.⟩ **0.1** ***nok(balk)*** ⇒*vorst* **0.2** ⟨horizontale⟩ ***tentbalk*** ⇒*nok* ⟨v. tent⟩.
'ridge-roof ⟨telb.zn.⟩ **0.1** ***zadeldak.***
'ridge-run·ner ⟨telb.zn.⟩⟨sl.⟩ **0.1** ***plattelander*** ⇒*boer.*
'ridge-tile ⟨telb.zn.⟩ **0.1** ***nokpan*** ⇒*vorstpan.*
'ridge-tree ⟨telb.zn.⟩⟨vero.⟩ **0.1** ***nok(balk).***
'ridge-way ⟨telb.zn.⟩⟨vnl. BE⟩ **0.1** ***richelpad*** ⇒*weg langs richel/rand.*
ridg·y ['rɪdʒi]⟨bn.; -er; →compar. 7⟩ **0.1** ***kamvormig*** ⇒*scherp, verheven* **0.2** ***ribbelig*** ⇒*met rand(en)/richels* **0.3** ***ruggen vormend*** ⇒*zich in ruggen verheffend.*
rid·i·cule[1] ['rɪdɪkju:l]⟨f2⟩⟨n.-telb.zn.⟩ **0.1** ***spot*** ⇒*hoon, het belachelijk maken/gemaakt worden* ◆ **3.1** they poured ~ on his proposals *zijn voorstellen werden op hoongelach onthaald, werden weggehoond* **3.¶** hold s.o. up to ~ *de spot drijven met iem., iem. voor schut zetten, de draak steken met iem., iem. belachelijk maken.*
ridicule[2] ⟨f1⟩⟨ov.ww.⟩⟨→sprw. 213⟩ **0.1** ***ridiculiseren*** ⇒*in het belachelijke trekken, voor joker zetten, bespotten.*
ri·dic·u·lous [rɪ'dɪkjʊləs‖-kjə-]⟨f3⟩⟨bn.; -ly; -ness⟩⟨vnl. pej.⟩ ⟨→sprw. 213⟩ **0.1** ***ridicuul*** ⇒*belachelijk, bespottelijk, absurd, dwaas.*
rid·ing ['raɪdɪŋ]⟨f1⟩⟨zn.; (oorspr.) gerund v. ride⟩
I ⟨telb.zn.⟩ **0.1** ***ruiterpad*** ⇒*rijpad* ⟨in/langs bos⟩ **0.2** ⟨the; vnl. R-⟩ ***arrondissement*** ⇒*gouw* ⟨i.h.b. administratief district v. Yorkshire (tot 1974)⟩; *kiesdistrict* ⟨in Canada⟩;
II ⟨n.-telb.zn.⟩ **0.1** ***het (paard)rijden.***
'riding boot ⟨f1⟩⟨telb.zn.⟩ **0.1** ***rijlaars.***
'riding breeches ⟨f1⟩⟨mv.⟩ **0.1** ***rijbroek.***
riding crop →riding whip.
'riding habit ⟨telb.zn.⟩ **0.1** ***amazone(mantel)pak*** ⇒*rijkleed, ruiterkledij.*
'riding hood ⟨telb.zn.⟩ **0.1** ***rijmantel*** ⇒*rijkap.*
'riding lamp, 'riding light ⟨telb.zn.⟩⟨scheep.⟩ **0.1** ***ankerlicht.***
'riding master ⟨telb.zn.⟩ **0.1** ***rijmeester*** ⇒*pikeur, rijinstructeur.*
'riding rhyme ⟨telb.zn.⟩⟨lit.⟩ **0.1** ***distichon*** ⟨(twee) rijmende versregels in vijfvoetige jamben/jambische pentameters⟩.
'rid·ing-school ⟨telb.zn.⟩ **0.1** ***ruiterschool*** ⇒*rijschool, manege.*
'rid·ing-sta·bles ⟨mv.⟩ **0.1** ***manege.***
'riding whip, 'riding crop ⟨telb.zn.⟩ **0.1** ***karwats*** ⇒*rijzweepje.*
rid·ley ['rɪdli]⟨telb.zn.⟩⟨dierk.⟩ **0.1** ***dwergzeeschildpad*** ⟨Lepidochelys/Caretta kempii⟩.
ri·el [ri:əl]⟨telb. en n.-telb.zn.⟩ **0.1** ***riel*** ⟨munteenheid v. Cambodja⟩.
rif [rɪf]⟨ov.ww.; →ww. 7⟩⟨sl.⟩ **0.1** ***ontslaan*** ⇒*ontslag geven* **0.2** ***degraderen.***
ri·fa·ci·men·to [rɪ'fɑ:tʃɪ'mentoʊ]⟨telb.zn.; ook rifacimenti [-menti]; →mv. 5⟩⟨lit., muz.⟩ **0.1** ***bewerking.***
ri·fam·pin [rɪ'fæmpɪn], **ri·fam·pi·cin** [rɪ'fæmpɪsɪn]⟨n.-telb.zn.⟩ ⟨far.⟩ **0.1** ***rifampicine*** ⟨antibioticum⟩.
ri·fa·my·cin ['rɪfə'maɪsɪn]⟨n.-telb.zn.⟩⟨far.⟩ **0.1** ***rifamycine*** ⟨antibioticum⟩.
rife [raɪf]⟨bn., pred.; -er; -ness; →compar. 7⟩ **0.1** ***wijdverbreid*** ⇒*vaak voorkomend, gemeen(goed), algemeen, overheersend, overwegend* **0.2** ***goed voorzien*** ⇒*vol, legio, rijk* ◆ **1.1** violence is ~ in westerns *er is veel geweld in cowboyfilms* **6.2** our department is ~ **with** lazy-bones *onze afdeling puilt uit v.d. luiwammessen;* that issue is ~ **with** controversy *de meningen zijn sterk verdeeld over die kwestie.*
riff [rɪf]⟨telb.zn.⟩ **0.1** ⟨muz.⟩ ***rif*** ⟨ritmisch basispatroon⟩ ⇒*riedel* **0.2** ⟨sl.⟩ ***geïmproviseerd kletsverhaal.***
rif·fle[1] ['rɪfl]⟨telb.zn.⟩ **0.1** ⟨AE⟩ ***zandbank*** ⇒*(rotsige) ondiepte, stroombreker* **0.2** ⟨AE⟩ ***stroomrafeling*** ⇒*stroomversnelling, rimpeling, golf* ⟨ook fig.⟩ **0.3** ***het wassen/schudden*** ⟨v. kaarten⟩ **0.4** ⟨mijnw.⟩ ***(groef/richel in) lattenbodem*** ⟨v. goudwastrog⟩ **0.5** ⟨sl.; honkbal⟩ ***harde slag*** ◆ **1.2** a ~ across the water *een rimpeling over het water;* a ~ of smoke *een sliertje rook* **3.¶** make the ~ *een ondiep water oversteken; slagen* ⟨fig.⟩.
riffle[2] ⟨ww.⟩
I ⟨onov.ww.⟩ **0.1** ***de kaarten schudden*** **0.2** ***woelig worden*** ⟨v. water⟩ ⇒*rimpelen, kabbelen* ◆ **6.1** →riffle **through;**
II ⟨ov.ww.⟩ **0.1** ***schudden*** ⟨kaarten, door de twee helften v.h. spel in elkaar te laten schuiven⟩ **0.2** ***(haastig) doorbladeren*** ⇒*vlug omslaan* ⟨bladen⟩, *doen ritselen, vluchtig doorlopen.*
rif·fler ['rɪflə‖-ər]⟨telb.zn.⟩ **0.1** ***(gebogen) groefvijl.***
'riffle 'through ⟨onov.ww.⟩ **0.1** ***schudden*** ⟨spel kaarten⟩ **0.2** ***vluchtig doorbladeren*** ⇒*snel omdraaien, snel doorlopen* ⟨bladen⟩ ◆ **1.2** ~ (the pages of) a book *een boek vluchtig doorbladeren.*
riff·raff ['rɪfræf]⟨f1⟩⟨verz.n.⟩ **0.1** ***uitschot*** ⇒*tuig, schorem, janhagel, canaille* **0.2** ***naatje*** ⇒*rotzooi, rommel, bijeenraapsel.*
ri·fle[1] ['raɪfl]⟨f3⟩⟨zn.⟩
I ⟨telb.zn.⟩ **0.1** ***geweer*** ⇒*karabijn, buks, geschut* ⟨met getrokken loop⟩ **0.2** ***wetsteen*** ⟨stok met schuurpapier om zeis te wetten⟩ ⇒*zeisboog* **0.3** ⟨vero.⟩ ***trek*** ⟨spiraalvormige groef in loop v. geweer⟩;
II ⟨mv.; ~s; R-⟩⟨mil.⟩ **0.1** ***karabiniers*** ⇒*jagers.*
rifle[2] ⟨f1⟩⟨ww.⟩ →rifling
I ⟨onov.ww.⟩ →rifle through;
II ⟨ov.ww.⟩ **0.1** ***inwendig voorzien v. spiraalvormige groeven*** ⇒*trekken* ⟨geweerloop⟩ **0.2** ***doorzoeken*** ⟨om te plunderen⟩ ⇒*leeghalen, leegroven* **0.3** ***krachtig werpen*** ⇒*afknallen, hard slaan tegen* ◆ **1.2** the burglar had ~d every cupboard *de dief had iedere kast overhoop gehaald/leeggeplunderd* **1.3** ~ the ball *met volle geweld de bal wegslaan.*
'ri·fle-bar·rel·led ⟨bn.⟩ **0.1** ***met getrokken loop.***
'rifle·bird ⟨telb.zn.⟩⟨dierk.⟩ **0.1** ***geweervogel*** ⟨genus Craspedophora of Ptiloris⟩.
'ri·fle-bri·gade ⟨telb.zn.⟩⟨mil.⟩ **0.1** ***karabinierspeloton*** ⇒*jagers.*
'ri·fle-gal·ler·y ⟨telb.zn.⟩ **0.1** ***schietbaan*** ⇒*schietstand, schiettent.*
'rifle 'green ⟨n.-telb.zn.; vaak attr.⟩⟨vnl. BE⟩ **0.1** ***(diep)donkergroen*** ⟨kleur v.h. uniform v.d. jagers⟩.
ri·fle·man ['raɪflmən]⟨f1⟩⟨telb.zn.⟩ **0.1** ***karabinier*** ⇒*met geweer gewapend soldaat, schutter* **0.2** ***paradijsvogel*** **0.3** ⟨dierk.⟩ ***geweervogel*** ⟨Acanthisitta chloris⟩.
'ri·fle-pit ⟨telb.zn.⟩ **0.1** ***schietput*** ⇒*schietkuil.*
'ri·fle-prac·tice ⟨n.-telb.zn.⟩ **0.1** ***schijfschieten.***
ri·fler ['raɪflə‖-ər]⟨telb.zn.⟩ **0.1** ***rover*** ⇒*plunderaar* **0.2** ***trekker*** ⇒*iem. die geweerlopen trekt.*
'ri·fle-range ⟨zn.⟩
I ⟨telb.zn.⟩ **0.1** ***schietstand*** ⇒*schietbaan, exercitieveld;*
II ⟨n.-telb.zn.⟩ **0.1** ***draagwijdte*** ⇒*reikwijdte, (geweer)schotsafstand* ◆ **6.1** **out of** ~ *buiten schot(bereik);* **within** ~ *binnen schot (bereik).*
ri·fle·ry ['raɪflri]⟨n.-telb.zn.⟩⟨vnl. AE⟩ **0.1** ***scherpschutterschap*** **0.2** ***het vuren*** ⇒*geweervuur, geschut, het schieten.*

'ri·fle·scope ⟨telb.zn.⟩⟨vnl. AE⟩ **0.1** ***(geweer)kijker.***

'rifle shooting ⟨n.-telb.zn.⟩⟨sport⟩ **0.1** ***(het) geweerschieten*** ⇒*(het) karabijnschieten.*

'ri·fle·shot ⟨f1⟩⟨zn.⟩
I ⟨telb.zn.⟩ **0.1** ***geweerschot*** **0.2** ***(goede) scherpschutter;***
II ⟨n.-telb.zn.⟩ **0.1** ***schotbereik*** ⇒*draagwijdte.*

'ri·fle·sling ⟨telb.zn.⟩ **0.1** ***schouderriem*** ⇒*geweerriem.*

'rifle through ⟨onov.ww.⟩ **0.1** ***doorzoeken*** ⟨i.h.b. om te plunderen⟩ ⇒*leeghalen, overhoophalen.*

ri·fling ['raɪflɪŋ]⟨n.-telb.zn.; gerund v. rifle⟩ **0.1** ***trek(ken)*** ⇒*spiraalvormige groeven* ⟨in loop v. vuurwapen⟩ **0.2** ***het trekken*** ⟨v. loop⟩.

rift[1] [rɪft]⟨f1⟩⟨telb.zn.⟩⟨vnl. schr.⟩ **0.1** ***spleet*** ⇒*kloof, scheur, sleuf, reet, smalle opening* **0.2** ***onenigheid*** ⇒*tweedracht, meningsverschil, breuk* **0.3** ⟨vnl. AE⟩ ***ondiepte*** ⟨v. waterloop⟩ ⇒*terugloop* ⟨v. golf⟩ **0.4** ⟨geol.⟩ ***rift*** ⇒*slenk, breuk, aardbevingsspleet* ◆ **1.¶** ⟨schr.⟩ a ~ in the lute *een dissonant, wat geleidelijk de gelukzaligheid verstoort, een haar in de boter.*

rift[2] ⟨onov. en ov.ww.⟩ **0.1** ***splijten*** ⇒*(doen) klieven, (doen) openbarsten.*

'rift valley, 'rift trough ⟨telb.zn.⟩⟨geol.⟩ **0.1** ***rift(dal)*** ⇒*groot slenkgebied, breukdal.*

rig[1] [rɪg]⟨f2⟩⟨telb.zn.⟩ **0.1** ⟨scheep.⟩ ***tuig(age)*** ⇒*takelage, mastwerk, want, zeilconfiguratie* **0.2** ***uitrusting*** ⇒*opstelling, installatie, (olie)booruitrusting* **0.3** ⟨inf.⟩ ***plunje*** ⇒*kledij, pak, spullen, uitrusting, voorkomen* **0.4** ⟨AE⟩ ***trekker/truck met oplegger*** ⇒*combinatie* **0.5** ⟨AE⟩ ***(ge)span*** ⇒*rijtuig, zadel* **0.6** ⟨BE⟩ ***foefje*** ⇒*streek, oplichterij, gesjoemel; corner* ⟨v. effecten⟩; *fraude* ◆ **2.3** in full ~ *in vol ornaat, onder zijn beste tuig.*

rig[2] ⟨f2⟩⟨ww.; →ww. 7⟩ →rigging
I ⟨onov.ww.⟩ **0.1** ***opgetuigd worden*** ⟨v. schip⟩;
II ⟨ov.ww.⟩ **0.1** ⟨scheep.⟩ ***(op)tuigen*** ⇒*optakelen, toerusten, zeewaardig/vaarklaar maken* **0.2** ***monteren*** ⇒*in elkaar zetten, assembleren, afstellen, afregelen* **0.3** ***uitrusten*** ⇒*(aan)kleden, uitdossen* **0.4** ***in elkaar flansen*** ⇒*provisorisch ineentimmeren, improviseren* **0.5** ***knoeien met*** ⇒*frauduleus manipuleren, sjoemelen met* ◆ **1.5** the exams were ~ged *de examens waren doorgestoken kaart;* ⟨geldw.⟩ ~ the market *de markt manipuleren* **5.¶** →rig **out;** →rig **up.**

rig·a·doon ['rɪgə'du:n]⟨telb. en n.-telb.zn.⟩ **0.1** ⟨dansk.⟩ ***rigaudon*** **0.2** ***muziek voor rigaudon.***

rig·a·to·ni ['rɪgə'touni]⟨mv.⟩⟨cul.⟩ **0.1** ***rigatoni*** ⇒*geribbelde macaroni.*

ri·ges·cent [rɪ'dʒesnt]⟨bn.⟩ **0.1** ***stijf/hard wordend.***

rig·ger ['rɪgə||-ər]⟨telb.zn.⟩ **0.1** ***(scheeps)tuiger*** ⇒*takelaar* **0.2** ***vliegtuigmonteur*** ⇒*parachuteplooier* **0.3** ***takelman*** ⇒*hijskraanbedienaar* **0.4** ***steiger*** **0.5** ***riemschijf*** **0.6** ⟨scheep.⟩ ***uitlegger*** ⟨v. raceroeiboot⟩ **0.7** ⟨scheep.⟩ ***papegaaiestok*** ⇒*loefboom, dove jut* **0.8** ***oplichter*** ⟨met spelletje⟩ **0.9** ⟨parachutespringen⟩ ***valschermtechnicus.***

rig·ging ['rɪgɪŋ]⟨f1⟩⟨n.-telb.zn.; gerund v. rig; the⟩ **0.1** ⟨scheep.⟩ ***tuig(age)*** ⇒*takelage, verstaging, touwwerk, want; het optuigen* **0.2** ***uitrusting*** ⇒*gereedschap.*

'rigging line ⟨telb.zn.⟩⟨parachutespringen⟩ **0.1** ***hang/draaglijn.***

'rigging loft ⟨telb.zn.⟩ **0.1** ⟨scheep.⟩ ***takelvloer*** ⇒*takelzolder* **0.2** ***lattenzolder*** ⟨boven toneel⟩.

right[1] [raɪt]⟨f4⟩⟨zn.⟩⟨→sprw. 706⟩
I ⟨telb.zn.⟩ **0.1** ***rechterhand*** ⇒*(stoot/slag met de) rechtervuist, rechtse* ⟨vnl. bij boksen⟩ **0.2** ***rechterschoen*** **0.3** ***rechterhandschoen*** **0.4** ⟨vaak mv.⟩⟨ec.⟩ ***recht*** ⇒*claimrecht(certificaat), voorintekenrecht;*
II ⟨telb. en n.-telb.zn.⟩ **0.1** ***recht*** ⇒*voorrecht, (gerechtvaardigde) eis, privilege, bevoegdheid, aanspraak* ◆ **1.1** ~ of asylum *asielrecht;* ~ of common/commonage *recht op de gemeenteweiden;* ~s and duties *rechten en plichten;* ~ of emption *recht v. koop;* ~ of entry *recht v. toegang;* ~ of primogeniture *eerstgeboorterecht;* ~ of first refusal *(recht v.) eerste keus;* ~ of search *recht v. onderzoek* ⟨v. schepen⟩; the ~ of free speech *het recht op vrije meningsuiting;* ~ of visit/visitation *recht om aan boord te gaan* ⟨zonder recht v. onderzoek⟩; of visit and search *visitatierecht;* ~s of war *oorlogsrecht(en);* ~ of way ⟨jur.⟩ *recht v. overweg/overpad/drijfweg;* ⟨jur.⟩ *erfdienstbaarheid/servituut v. doorgang;* ⟨verkeer⟩ *voorrangsrecht* **3.1** stand on/assert one's ~s *op zijn recht(en) staan, voor zijn recht(en) opkomen;* he sold the ~s of his book *hij verkocht de rechten v. zijn boek;* all ~s reserved *alle rechten voorbehouden* **6.1 by** ~s *eigenlijk, naar behoren, ten rechte, rechtelijk;* **by** ~ **of** *krachtens, uit hoofde/rechte v., gezien, op grond v.;* **in** ~ **of** *vanwege, krachtens, uit hoofde/rechte v.;* (as) **of** ~ *rechtmatig, op grond v. een gerechtigde eis;* he has a ~ **to** the money *hij heeft recht op het geld, hij kan aanspraak op het geld maken;* have no ~ **to** sth. *geen recht op iets hebben;* **within** one's ~s *in zijn recht;*
III ⟨n.-telb.zn.⟩ **0.1** ***recht*** ⇒*gerechtigheid, gelijk, billijkheid, wat juist/waar/rechtvaardig is* **0.2** ***rechterkant*** ⇒*rechtervleugel* ⟨v. leger⟩; *rechterdeel* ⟨v. scène⟩ **0.3** ⟨the; vnl. R-⟩⟨pol.⟩ ***rechts*** ⇒*rechtervleugel, rechterzijde, de conservatieven* ◆ **1.1** the difference between ~ and wrong *het verschil tussen goed en kwaad* **3.1** do s.o. ~ *iem. recht laten wedervaren, iem. rechtvaardig behandelen* **3.2** keep to the ~ *rechts houden;* take the ~ at the fork *sla rechts af bij de splitsing* **6.1** do ~ **by** s.o. *iem. recht laten wedervaren, billijk zijn jegens iem., iem. rechtvaardig behandelen;* **in** the ~ *in zijn recht;* he is **in** the ~ *hij heeft gelijk/heeft het recht aan zijn kant;* put s.o. **in** the ~ *iem. in het gelijk stellen* **6.2 on/to** the/your ~ *aan de/je rechterkant;* **from** ~ and left *v. links naar rechts, v. overal;*
IV ⟨mv.; ~s⟩ **0.1** ***ware toedracht*** ◆ **1.1** the ~s (and wrongs) of the case *de rechte/ware toedracht v.d. zaak* **3.¶** put/set to ~s *in orde brengen, rechtzetten, terechtwijzen* **5.¶** ⟨BE; sl.⟩ bang to ~s, ⟨AE; sl.⟩ dead to ~s *op heterdaad.*

right[2] ⟨f4⟩⟨bn.; -er; -ness⟩⟨→sprw. 387, 456, 584, 595⟩
I ⟨bn.⟩ **0.1** ***juist*** ⇒*waar, correct, rechtmatig, recht* **0.2** ***juist*** ⇒*gepast, geëigend, best, recht* **0.3** ***in goede staat*** ⇒*in orde, gezond, normaal* **0.4** ⟨soms R-⟩ ***rechts*** ⇒*rechter-, conservatief* **0.5** ⟨wisk.⟩ ***recht*** ⇒*met een hoek v. negentig graden, (met basis) loodrecht (tgo. de as), orthogonaal* **0.6** ⟨vnl. vero.⟩ ***recht*** ⇒*ongebogen* **0.7** ⟨sl.⟩ ***vriendelijk*** **0.8** ⟨sl.⟩ ***eerlijk*** ⇒*betrouwbaar* ◆ **1.1** what's the ~ time? *hoe laat is het precies?* **1.2** touch the ~ chord *een gevoelige snaar treffen;* on the ~ foot *in een gunstige positie;* start (off) on the ~ foot with s.o. *iem. bij het begin al voor zich innemen;* the ~ man in the ~ place *de juiste man op de juiste plaats;* he is the ~ man for the job *hij is precies de man die we zoeken;* strike the ~ note *de juiste toon aanslaan/treffen/vinden;* ⟨fig.⟩ have one's heart in the ~ place *het hart op de juiste plaats hebben;* the ~ side of this cloth *de rechte zijde/toonzijde v. deze stof* ⟨tgo. averechts⟩; on the ~ side of fifty *nog geen vijftig (jaar oud);* keep on the ~ side of the law *binnen de perken v.d. wet blijven, zich (keurig) aan de wet houden;* ⟨fig.⟩ be/get on the ~ side of s.o. *aan iemands kant (gaan) staan, goede maatjes zijn/worden met iem.;* come down on the ~ side of the fence *de kant v.d. winnaar kiezen;* ⟨inf.⟩ come out on the ~ side *eruit springen* ⟨financieel⟩; ⟨fig.⟩ be on the ~ track/tack *op het rechte spoor zitten, het juist aanpakken, het bij het juiste eind hebben, goed zitten;* ⟨fig.⟩ have one's head screwed on the ~ way *verstandig zijn;* that's not the ~ way to do it *dat is niet juiste manier om het te doen, zo moet je dat niet doen;* the ~ way round *op de juiste manier;* ~ whale *het goede soort walvis* ⟨die veel/goed balein heeft⟩ **1.3** the patient doesn't look ~ *de patiënt ziet er niet goed/gezond uit* **1.4** the ~ wing of the party *de rechtervleugel v.d. partij* **1.5** ~ angle *rechte hoek;* the plane was at ~ angles to the floor *het vlak stond loodrecht op de vloer;* ⟨ster.⟩ ~ ascension *rechte klimming* ⟨v. hemellichaam mbt. nul-meridiaan⟩; ~ cone *rechte kegel;* ⟨AE⟩ ~ triangle *rechthoekige driehoek;* ~ turn *haakse hoek (naar rechts)* **1.6** a ~ line *een rechte (lijn)* **1.8** ~ guy *betrouwbare kerel;* ~ sort *goede soort (mensen)* **1.¶** get hold of the ~ end of the stick *er iets van snappen, het bij het juiste eind hebben;* ⟨inf.⟩ (quite) ~ in the/one's head *nog zo dwaas niet, niet zo gek als hij eruit ziet, lucide;* ⟨inf.⟩ not (quite) ~ in the/one's head *niet goed snik, niet goed bij zijn hoofd;* in one's ~ mind *nog zo gek niet, gezond v. geest;* not in one's ~ mind *niet wel/helemaal bij (zijn) zinnen;* ⟨sl.⟩ ~ money *ingezet/geïnvesteerd geld dat zeker winst oplevert;* Mister Right *de ware Jakob;* ⟨inf.⟩ (as) ~ as rain/a trivet/nails/ninepence *perfect/helemaal in orde, kerngezond, helemaal de oude;* ⟨sl.⟩ ~ sort *iem. die leuk is in de omgang;* all's ~ with the world *alles o.k.!, alles gaat goed!, houden zo!* **3.1** come out ~ *(goed) uitkomen* ⟨v. som⟩; he got the answers ~ *hij heeft correct geantwoord, hij heeft de vragen juist (beantwoord);* you were ~ to tell her *je had gelijk/deed er goed aan het haar te vertellen;* put/set the clock ~ *de klok juist/gelijk zetten;* put the picture ~ *hang het schilderij recht* **3.3** are you ~? *voel je je wel goed?, gaat het?, tevreden?;* everything will come (out)/get ~ again *alles zal wel weer in orde komen;* get sth. ~ *iets in orde brengen/rechtzetten;* let's get this ~ *laten we de dingen even op een rijtje zetten/duidelijk maken/juist stellen;* put/set sth. ~ *iets in orde brengen;* a good rest will soon put/set him ~ again *een goede rust zal hem wel vlug genezen/weer op de been helpen* **3.¶** ⟨Austr. E⟩ she'll be ~ *dat komt wel in orde;* put/set s.o. ~ *iem. terechtwijzen;* she thought I was not married, but I soon put her ~ *ze dacht dat ik niet getrouwd was, maar dat heb ik vlug recht gezet;* ~ sailing *in een rechte vaart;* see s.o. ~ *zorgen dat iem. aan zijn trekken komt/recht wordt gedaan/in veilige handen is* **4.¶** all ~ *(erg) goed, prima, veilig, O.K.;* ⟨inf.⟩ a ~ one *sufferd, idioot;* that's ~ *dat klopt, dat is juist, ja zeker* **5.¶** ~ enough *aanvaard-*

baar, redelijk, bevredigend; ja hoor, zoals verwacht kon worden **6.¶** put oneself ~ **with** *zich rehabiliteren bij* **¶.¶** ⟨inf.⟩ too ~! *inderdaad!;* ~ (you are)! / ⟨BE⟩ ~ oh! *komt in orde, doen we, goed zo, okee* ⟨om instemming/akkoord te kennen te geven⟩;
II ⟨bn., attr.⟩ **0.1** ***rechter-*** ⇒*rechts* **0.2** ⟨inf.⟩ ***waar*** ⇒*echt, heus, volkomen* ◆ **1.2** he's a ~ berk *hij is een echte sul;* it's a ~ mess in there *het is daar een puinzooi* **1.¶** ~ arm/hand *rechterhand, assistent, secretaris, vertrouwensman, steun;* ⟨sport⟩ ~ field *rechtsveld* ⟨rechtsgelegen deel v.h. veld, gezien vanaf het honk⟩; ~ bower *troefboer;* put one's ~ hand to work *zijn beste beentje voorzetten, de handen uit de mouwen steken;* ⟨Prot.⟩ give s.o. the ~ hand of fellowship *iem. als volwaardig lid v.d. gemeente erkennen, iem. tot het avondmaal toelaten;* on the ~ side of *rechts v.;* keep on the ~ side *rechts houden;*
III ⟨bn., pred.⟩ **0.1** ***gelijk*** **0.2** ***rechtvaardig*** ⇒*gerechtvaardigd, billijk, conform de wet/moraal, (te)recht, rechtmatig* ◆ **3.1** you are ~ *je hebt gelijk* **3.2** it seemed only ~ to tell you this *ik vond dat je dit moest weten, ik vond het niet meer dan juist/gepast dat ik je dit vertel* **5.1** how ~ you are! *gelijk hebt u!* **5.¶** and quite ~ **so** *en maar goed ook* **7.2** the ~ *de gerechtigen, de rechtschapenen.*

right[3] ⟨f2⟩ ⟨ov.ww.⟩ **0.1** ⟨vaak wederk. ww.⟩ ***rechtmaken*** ⇒*recht (op)zetten, rechttrekken, rechten* **0.2** ***genoegdoening geven*** ⇒*rehabiliteren, v. blaam zuiveren, rechtvaardigen* **0.3** ⟨vaak wederk. ww.⟩ ***verbeteren*** ⇒*rechtzetten* ⟨fouten⟩ ◆ **1.1** the yacht ~ed itself *het jacht richtte zich weer op/kwam weer recht liggen;* your troubles will ~ themselves *je problemen komen vanzelf wel weer goed* **1.2** ~ a wrong *een onrecht herstellen* **4.¶** ~ o.s. *zijn evenwicht terugvinden, zich herstellen.*

right[4] ⟨f4⟩ ⟨bw.⟩ **0.1** ***naar rechts*** ⇒*aan de rechterzijde* **0.2** ***juist*** ⇒*vlak, regelrecht, net, precies* **0.3** ***onmiddellijk*** ⇒*direct, prompt, dadelijk, rechtstreeks* **0.4** ***juist*** ⇒*correct, zoals het hoort, terecht* **0.5** ***ronduit*** ⇒*volledig, compleet, helemaal* **0.6** ⟨vero.; gew.; inf.⟩ ***zeer*** ⇒*heel, recht* **0.7** ⟨R-; in aanspreektitels⟩ ***Zeer*** ◆ **2.7** Right Honourable *Zeer Geachte;* Right Reverend *Zeer Eerwaarde* **3.4** nothing seems to go ~ with her *niets wil haar lukken;* if I remember ~, she did it *als ik het me goed herinner, heeft zij het gedaan* **5.1** ~ and left, left and ~ *aan alle kanten, overal, links en rechts;* ~, left and centre, left, ~ and centre *aan alle kanten, overal, links en rechts* **5.2** ~ ahead *recht/pal vooruit;* go ~ **on** *loop recht door* **5.3** I'll be ~ **back** *ik ben zó terug* **5.5** she turned ~ **round** *zij maakte volledig rechtsomkeert;* the pear was rotten ~ **through** *de peer was door en door rot* **5.6** she knew ~ **well** that it wasn't her cake she had eaten *zij wist maar al te goed dat zij niet háár koekje had opgegeten* **5.¶** ~ **along** *aldoor;* ~ **away** *onmiddellijk, zonder af/uitstel, onverwijld;* ~ **now** *net nu, juist (nu);* ⟨vero.⟩ *zoëven;* ⟨vnl. AE⟩ *direct;* ⟨AE; inf.⟩ ~ **off** *onmiddellijk, onverwijld, zonder uitstel;* ⟨vnl. AE; sl.⟩ ~ **on** *groot gelijk, joh, niet te verbeteren, zo mogen wij het horen, héél juist, goed zo!;* ~ **through** *in één trek door;* ⟨sl.⟩ ~ **up** there *bijna winnend, bijna beroemd* **6.2** ~ **behind** you *vlak achter je;* ~ **across** *dwars doorheen/over* **¶.¶** ~, let's go *okee, laten we gaan.*

'right-a·bout[1] ⟨telb.zn.⟩ **0.1** ***tegengestelde richting*** ◆ **3.¶** send s.o. to the ~ *iem. de laan uitsturen, iem. (oneervol) ontslaan.*

'right-about[2] ⟨f1⟩ ⟨bn., attr.⟩ **0.1** ***in tegenovergestelde richting*** ◆ **1.¶** ⟨mil.⟩ ~ face/turn! *rechts, rechts!, rechtsomkeert!;* (do a) ~ turn/face *rechtsomkeert (maken), (een) volledige ommezwaai (maken)* ⟨ook fig.⟩ *volte-face (maken), haastige aftocht (blazen).*

'right-and-'left ⟨bn.⟩ **0.1** ***voor rechts en links*** **0.2** ***met een links- en rechtsdraaiend uiteinde.***

'right-an·gled ⟨bn.⟩ **0.1** ***rechthoekig*** ⇒*met rechte hoek(en)* ◆ **1.1** a ~ triangle *een rechthoekige driehoek.*

'right-'back ⟨telb.zn.⟩ ⟨sport⟩ **0.1** ***rechtsback*** ⇒*rechtsachter.*

'right-'down ⟨bw.⟩ ⟨gew.⟩ **0.1** ***door en door*** ⇒*helemaal, je reinste, ronduit* ◆ **2.1** she's ~ clever *zij is heel erg uitgeslapen.*

right·eous ['raɪtʃəs] ⟨f1⟩ ⟨bn.; -ly; -ness⟩ ⟨schr.⟩ **0.1** ***rechtschapen*** ⇒*rechtvaardig, deugdzaam* **0.2** ***gerechtvaardigd*** ⇒*gewettigd* **0.3** ⟨sl.⟩ ***eigengerechtig*** ⇒*arrogant* **0.4** ***snobistisch*** ◆ **1.2** ~ indignation *gerechtvaardigde verontwaardiging* **7.1** the ~ *de gerechtigen, de rechtschapenen* **¶.1** hunger and thirst after ~ness *hongeren en dorsten naar gerechtigheid.*

'right fielder ⟨telb.zn.⟩ ⟨honkbal⟩ **0.1** ***rechtsvelder.***

'right-foot ⟨telb.zn.⟩ ⟨sl.; bel.; vaak attr.⟩ **0.1** ***paap*** ⇒*katholiek.*

'right-'foot·ed ⟨bn.; -ness⟩ ⟨sport⟩ **0.1** ***rechts(benig)*** ⟨v. voetballer⟩.

right·ful ['raɪtfl] ⟨f2⟩ ⟨bn.; -ly; -ness⟩ **0.1** ***wettelijk*** ⇒*rechtmatig* **0.2** ***gerechtvaardigd*** ⇒*rechtvaardig* ◆ **1.1** the ~ owner *de rechtmatige eigenaar.*

'right-hand ⟨f2⟩ ⟨bn., attr.⟩ **0.1** ***rechts*** ⇒*mbt. de rechterhand, rechtshandig* **0.2** ***aan stuurboord*** **0.3** ***betrouwbaar*** ◆ **1.1** ~ man *rechterhand, onmisbare helper;* ⟨mil.⟩ *rechter nevenman;* ~ screw *rechtse schroef, schroef met rechtse draad;* ~ turn *bocht naar rechts.*

'right-hand-'drive ⟨bn., attr.⟩ **0.1** ***met rechts stuur*** ⇒*met het stuur aan de rechterkant* ◆ **1.1** ~ cars *auto's met het stuur rechts.*

'right'hand·ed ⟨f1⟩ ⟨bn.; -ly; -ness⟩ **0.1** ***rechtshandig*** **0.2** ***met de rechterhand toegebracht/uitgevoerd*** **0.3** ***(naar) rechts (draaiend)*** ⇒*met de klok meedraaiend* **0.4** ***voor rechtshandigen*** **0.5** ⟨sl.; bel.⟩ ***paaps*** ⇒*katholiek.*

'right-'hand·er ⟨telb.zn.⟩ **0.1** ***rechtshandige*** **0.2** ***rechtse (slag)*** ⇒*slag met de rechterhand.*

right·ist[1] ['raɪt̬ɪst] ⟨f1⟩ ⟨telb.zn.⟩ ⟨pol.⟩ **0.1** ***rechtse*** ⇒*conservatief, reactionair.*

rightist[2] ⟨f1⟩ ⟨bn.; soms R-⟩ **0.1** ***(politiek) rechts (georiënteerd)*** ⇒*reactionair* ◆ **3.1** she is rather ~ in her opinions *zij houdt er nogal rechtse ideeën op na.*

'right-'lined ⟨bn.⟩ **0.1** ***rechtlijnig.***

right·ly ['raɪtli] ⟨f3⟩ ⟨bw.⟩ **0.1** ***terecht*** ⇒*juist, correct* **0.2** ***rechtvaardig*** ⇒*oprecht, eerlijk* **0.3** ⟨inf.⟩ ***met zekerheid*** ⇒*precies* ◆ **3.3** I can't ~ say whether ... *ik kan niet met zekerheid zeggen of hij getrouwd is ...* **5.1** she has been sacked, and ~ **so** *zij is de laan uitgestuurd, en terecht/niet zonder reden.*

'right-'mind·ed ⟨bn.; -ly; -ness⟩ **0.1** ***weldenkend*** ⇒*rechtgeaard, rechtzinnig, rechtschapen.*

right·o ['raɪ'toʊ] ⟨tussenw.⟩ ⟨BE; inf.⟩ **0.1** ***goed zo*** ⇒*in orde, doen we.*

'right-of-'cen·tre ⟨bn.⟩ ⟨pol.⟩ **0.1** ***rechts (v.h. pol. midden).***

'right-'on ⟨bn.⟩ ⟨AE; sl.⟩ **0.1** ***absoluut juist*** ⇒*perfect, op en top juist.*

'rights issue ⟨telb.zn.⟩ ⟨geldw.⟩ **0.1** ***uitgifte voor bestaande aandeelhouders.***

right-to-life ['raɪtə'laɪf] ⟨bn., attr.⟩ **0.1** ***anti-abortus-*** ⇒*het recht op het leven voorstaand, gekant tegen vrije abortus(wetgeving).*

right-to-lif·er ['raɪtə'laɪfə‖-fər] ⟨telb.zn.⟩ **0.1** ***voorstander v.h. recht op leven*** ⟨v.h. ongeboren kind⟩ ⇒*tegenstander v. vrije abortus (wetgeving).*

'right-to-'work ⟨bn., attr.⟩ ⟨AE⟩ **0.1** ***mbt. het recht v.e. arbeider om een arbeidsplaats te krijgen/behouden*** ⟨onafhankelijk v. vakbondslidmaatschap⟩ ◆ **1.1** ~ law *wet die bedrijven verbiedt alleen maar mensen met een vakbondskaart aan te nemen.*

right·ward ['raɪtwəd‖-wərd] ⟨bn.⟩ **0.1** ***(naar) rechts*** ◆ **1.1** a ~ turn *een bocht naar rechts.*

right·wards ['raɪtwədz‖-wərdz], ⟨AE ook⟩ **rightward** ⟨bw.⟩ **0.1** ***naar rechts.***

'right-'wing ⟨f1⟩ ⟨bn.⟩ **0.1** ***v.d. rechterzijde*** ⇒*conservatief.*

'right-'wing·er ⟨f1⟩ ⟨telb.zn.⟩ **0.1** ***lid v.d. rechterzijde*** ⇒*rechtse, conservatief* **0.2** ***rechtsbuiten*** ⇒*rechtervleugelspeler.*

right·y ['raɪt̬i] ⟨telb.zn.; →mv. 2⟩ ⟨BE⟩ **0.1** ***rechtse rakker*** ⇒*reactionair* **0.2** ⟨sl.; honkbal⟩ ***rechtshandige*** ⇒*rechtshandige werper.*

rig·id ['rɪdʒɪd] ⟨f3⟩ ⟨bn.; -ly; -ness⟩ **0.1** ***onbuigzaam*** ⇒*stijf, star, stug, (ge)streng* **0.2** ***star*** ⇒*verstard, rigoureus, punctueel, hardleers* **0.3** ⟨sl.⟩ ***bezopen*** ◆ **1.1** ~ airship *luchtschip v.h. stijve type;* ~ plastics *harde kunststof, hard plastic* **3.¶** ⟨inf.⟩ shake s.o. ~ *iem. een ongeluk laten schrikken* **6.1** he was ~ **with** fear *hij was verstijfd v. angst* **6.2** she's very ~ **in** her ideas *zij is onwrikbaar/erg standvastig in haar ideeën.*

ri·gid·i·fy [rɪ'dʒɪdɪfaɪ] ⟨ww.; →ww. 7⟩
I ⟨onov.ww.⟩ **0.1** ***verstijven*** ⇒*stijf/hard/onbuigzaam worden;*
II ⟨ov.ww.⟩ **0.1** ***stijf/hard/onbuigzaam maken.***

ri·gid·i·ty [rɪ'dʒɪdət̬i] ⟨f1⟩ ⟨telb. en n.-telb.zn.; →mv. 2⟩ **0.1** ***starheid*** ⇒*onbuigzaamheid, stijfheid, rigorisme, (ge)strengheid, stramheid.*

rig·ma·role[1] ['rɪgməroʊl], **rig·a·ma·role** ['rɪgə-] ⟨f1⟩ ⟨telb.zn.⟩ ⟨inf.; pej.⟩ **0.1** ***onzin*** ⇒*gewauwel, als droog zand aan elkaar hangend verhaal, geraaskal, gedaas* **0.2** ***rompslomp*** ⇒*absurde procedure, omslachtig gedoe, hokus-pokus.*

rigmarole[2], **rig·ma·rol·ish** ['rɪgməroʊlɪʃ] ⟨bn.⟩ **0.1** ***onsamenhangend*** ⇒*omslachtig.*

rig·or ['rɪgə, 'raɪgɔː‖'rɪgər] ⟨telb. en n.-telb.zn.⟩ **0.1** ⟨med.⟩ ***(koorts) rilling*** **0.2** ⟨med.⟩ ***(spier)stijfheid*** **0.3** →rigour.

rig·or·ism ['rɪgərɪzm] ⟨n.-telb.zn.⟩ **0.1** ***rigorisme*** ⇒*uiterste (ge) strengheid* **0.2** ***(extreme) zelfverloochening.***

rig·or·ist ['rɪgərɪst] ⟨telb.zn.⟩ **0.1** ***rigorist*** ⇒*iem. met zeer strenge opvattingen.*

rig·or mor·tis ['rɪgə 'mɔːtɪs, 'raɪgɔː-‖'rɪgər 'mɔrt̬ɪs] ⟨n.-telb.zn.⟩ **0.1** ***rigor mortis*** ⇒*(lijk)verstijving.*

rig·or·ous ['rɪgərəs] ⟨f2⟩ ⟨bn.; -ly⟩ **0.1** ***onbuigzaam*** ⇒*streng, ongenadig, hardleers, keihard* **0.2** ***rigoureus*** ⇒*nauwgezet, ernstig, zorgvuldig* **0.3** ⟨wisk.⟩ ***(logisch) geldig*** ◆ **1.1** a ~ climate *een bar klimaat.*

rig·our, ⟨AE sp.⟩ **rig·or** ['rɪgə‖-ər] ⟨f1⟩ ⟨zn.⟩
I ⟨telb.zn.; the; vaak mv.⟩ **0.1** ***ontbering*** ⇒*ongemak, barheid* ◆ **1.1** the ~s of the arctic winter *de ontberingen/barheid v.d. poolwinter;*
II ⟨n.-telb.zn.⟩ **0.1** ***gestrengheid*** ⇒*strikte/stipte toepassing* **0.2**

hardheid ⇒*gestrengheid, meedogenloosheid* **0.3** ***accuratesse*** ⇒*uiterste nauwkeurigheid, logische geldigheid* ◆ **1.1** with the utmost ~ of the law *met volledige/strikte/strenge toepassing v.d. wet.*

'rig 'out ⟨f1⟩⟨ov.ww.⟩ **0.1** ***uitrusten*** ⇒*v.e. uitrusting voorzien* **0.2** ⟨ook wederk. ww.⟩ ***op/verkleden*** ⇒*uitdossen* ◆ **4.2** he had rigged himself out as a general *hij had zich als generaal uitgedost.*

'rig-out ⟨telb.zn.⟩⟨BE; inf.⟩ **0.1** ***plunje*** ⇒*(ape)pak, kleren, uitrusting, spullen.*

'rig 'up ⟨f1⟩⟨ov.ww.⟩⟨vnl. inf.⟩ **0.1** ***monteren*** ⇒*op/afstellen, installen* **0.2** ***in elkaar flansen*** ⇒*neerzetten, optrekken.*

rile [raɪl]⟨f1⟩⟨ov.ww.⟩ →riling **0.1** ⟨vnl. inf.⟩ ***op stang jagen*** ⇒*woedend maken, nijdig maken, irriteren* **0.2** ⟨AE⟩ ***vertroebelen*** ⇒*troebel maken* ⟨water⟩.

ril·(e)y ['raɪli]⟨bn.⟩⟨AE⟩ **0.1** ***nijdig*** ⇒*knorrig* **0.2** ***troebel*** ⇒*turbulent.*

ri·lie·vo [rɪli'eɪvoʊ]⟨telb.zn.; ook rilievi [-vi]; →mv. 5⟩ **0.1** ***reliëf.***

ril·ing ['raɪlɪŋ]⟨bn.; oorspr. teg. deelw. v. rile⟩ **0.1** ***ergerlijk.***

rill[1] [rɪl], ⟨in bet. 0.2 ook⟩ **rille** ['rɪlə, rɪl]⟨telb.zn.⟩ **0.1** ⟨schr.⟩ ***ril*** ⇒*beekje, geul(tje)* **0.2** ⟨ster.⟩ ***ril(le)*** ⇒*scheur in de maankorst.*

rill[2] ⟨onov.ww.⟩ **0.1** ***vloeien*** ⇒*vlieten, kabbelen.*

rill·et ['rɪlɪt]⟨telb.zn.⟩ **0.1** ***geultje*** ⇒*beekje.*

rim[1] [rɪm]⟨f2⟩⟨telb.zn.⟩ **0.1** ***rand*** ⇒*boord, velg; montuur* ⟨v. bril⟩, *krans(wiel)* **0.2** ⟨schr.⟩⟨ben. voor⟩ ***cirkelvormig voorwerp*** **0.3** ⟨scheep.⟩ ***(water)oppervlak*** **0.4** ⟨sport⟩ ***ring*** ⟨v. basketbalkorf⟩ ◆ **1.4** ~ of the belly *buikvlies* **2.2** a golden ~ *een gouden kroon.*

rim[2] ⟨f1⟩⟨ov.ww.; →ww. 7⟩ **0.1** ***omranden*** ⇒*omringen, afbakenen, v.e. boord voorzien* **0.2** ⟨vnl. AE⟩ ***de rand nalopen v.*** ⟨zonder erin te vallen⟩ ◆ **¶.¶** ⟨sl.⟩ ~ming *kontlikken* ⟨anaal-orale seks⟩.

'rim-brake ⟨telb.zn.⟩ **0.1** ***velgrem.***

rime[1] [raɪm]⟨zn.⟩

I ⟨telb. en n.-telb.zn.⟩ →rhyme;

II ⟨n.-telb.zn.⟩ **0.1** ***rijm*** ⇒*(ruige) rijp, aangevroren mist.*

rime[2] ⟨ww.⟩

I ⟨onov. en ov.ww.⟩ →rhyme;

II ⟨ov.ww.⟩ **0.1** ***met rijm overdekken*** ⇒*berijmen.*

'rime-frost·ed ⟨bn.⟩ **0.1** ***berijpt.***

rimer →rhymer.

rime riche ['ri:m 'ri:ʃ]⟨telb.zn.; rimes riches ['ri:m 'ri:ʃ]; →mv. 5⟩ ⟨lit.⟩ **0.1** ***rime riche*** ⇒*rijk rijm.*

rimester →rhymer.

'rim·fire, 'rim-ig·ni·tion ⟨n.-telb.zn.; vaak attr.⟩ **0.1** ***randontsteking*** ◆ **1.1** rimfire cartridge *patroon met randontsteking.*

'rimfire cartridge ⟨telb.zn.⟩ **0.1** ***patroon met randontsteking.***

rim·less ['rɪmləs]⟨f1⟩⟨bn.⟩ **0.1** ***randloos*** ⇒*zonder rand(en)* ◆ **1.1** ~ specs *een bril zonder montuur.*

-rimmed [rɪmd]⟨vormt bijv. nw. v. nw.⟩ **0.1** ***-gerand*** ◆ **¶.1** horn-rimmed glasses *bril met hoornen montuur.*

ri·mose ['raɪmoʊs], **ri·mous** ['raɪməs]⟨bn.; -ly⟩⟨plantk.⟩ **0.1** ***vol barsten en kloven.***

rim·ple[1] ['rɪmpl]⟨telb.zn.⟩⟨vnl. gew.⟩ **0.1** ***rimpel*** ⇒*kreuk.*

rimple[2] ⟨onov. en ov.ww.⟩ **0.1** ***(doen) rimpelen*** ⇒*kreuken, verfrommelen.*

'rim·rock ⟨telb.zn.⟩⟨AE; aardr.⟩ **0.1** ***randwal*** ⇒*randmorene.*

'rim-rock, 'rim-rack ⟨ov.ww.⟩⟨sl.⟩ **0.1** ***te gronde richten*** **0.2** ***saboteren.***

'rim tape ⟨telb.zn.⟩⟨wielrennen⟩ **0.1** ***velglint.***

ri·mu ['ri:mu:]⟨telb. en n.-telb.zn.⟩⟨plantk.⟩ **0.1** ***rood grenen*** ⟨hout v.d. Dacrydium cupressinum⟩.

rim·y ['raɪmi]⟨bn.; -er; →compar. 7⟩⟨schr.⟩ **0.1** ***berijmd*** ⇒*berijpt, met rijm overdekt.*

rinc·tum ['rɪŋktəm]⟨ov.ww.⟩⟨sl.⟩ **0.1** ***kwetsen*** ⇒*beschadigen* **0.2** ***te gronde richten.***

rind[1] [raɪnd]⟨f1⟩⟨telb. en n.-telb.zn.⟩ **0.1** ***schil*** ⇒*schors, schaal, korst, zwoerd, pel, vel* **0.2** ⟨sl.⟩ ***poen*** ⇒*geld* ◆ **2.1** Joan has a thick ~ *Joan heeft een dikke huid/kan tegen een stootje.*

rind[2] ⟨ov.ww.⟩ **0.1** ***ontschorsen*** ⇒*pellen, schillen.*

rin·der·pest ['rɪndəpest‖-dər-]⟨telb. en n.-telb.zn.⟩ **0.1** ***runderpest*** ⇒*veepest.*

rin·for·zan·do ['rɪnfɔ:'tsændoʊ‖'rɪnfər'tsɑn-]⟨bn.⟩⟨muz.⟩ **0.1** ***rinforzando*** ⟨plots in sterkte toenemend⟩.

ring[1] [rɪŋ]⟨f3⟩⟨zn.⟩

I ⟨telb.zn.⟩ **0.1** ⟨ben. voor⟩ ***ring*** ⇒*vinger/neus/oorring; cirkel, kring(etje); boord, rand, band(je), spiraal(draaiing); piste, arena, strijdperk, renbaan; boksring; keurring* ⟨bij veeprijskampen⟩; *volte; sleutelring; jaarkring* ⟨v. boom⟩; *hoepel* **0.2** ***groepering*** ⇒*combine, syndicaat, club, bende, kliek, kartel* **0.3** ***bookmakersstalletje*** ⟨omheinde ruimte voor weddenschappen op renbaan⟩ **0.4** ***gerinkel*** ⇒*geklingel, klank, gelui, resonantie, het bellen;* ⟨inf.⟩ *telefoontje* **0.5** ***bijklank*** ⇒*ondertoon* **0.6** ***beiaard*** ⇒*klokkenspel* **0.7** ⟨schei.⟩ ***ring*** ⇒*gesloten keten* ⟨v. groep atomen in molecule⟩, *cyclus* **0.8** ⟨wisk.⟩ ***vlakdeel tussen twee concentrische cirkels*** **0.9** ⟨wisk.⟩ ***ring*** ⟨bep. type verzameling met twee bewerkingen⟩ **0.10** ⟨hengelsport⟩ ***oog*** ⟨aan hengel⟩ ◆ **1.4** I could hear the ~ of horseshoes *ik hoorde hoefgekletter* **1.5** have the ~ of truth *oprecht/gemeend klinken* **1.¶** ~ of fire *vulkaangordel rondom de Grote Oceaan* **2.5** her offer has a suspicious ~ *er zit een luchtje aan haar aanbod* **3.1** tilt at the ~ *ringsteken* **3.4** there was a ~ *er werd gebeld;* give s.o. a ~ *iem. opbellen* **3.¶** hold the ~ *werkloos toekijken, niet tussenbeide komen, zich niet inmengen, zich afzijdig houden;* make/run ~s round s.o. *iem. de loef afsteken, veel vlugger opschieten dan iem. anders;*

II ⟨n.-telb.zn.; the⟩ **0.1** ***het boksen*** ⇒*bokswereld, ring* **0.2** ***circus*** ⇒*circuswereld, piste* **0.3** ⟨vaak R-⟩ ***de bookmakers*** ◆ **3.2** he left the stage for the ~ *hij ruilde het toneel voor het circus/de piste.*

ring[2] ⟨f1⟩⟨ww.⟩ →ringed

I ⟨onov.ww.⟩ **0.1** ***een cirkel beschrijven*** ⇒*ringen vormen, zich in een kring plaatsen, kringen* ⟨v. vos⟩ **0.2** ***spiraalvormig oprijzen;***

II ⟨ov.ww.⟩ **0.1** ***omringen*** ⇒*omcirkelen, omsingelen, samendrijven* ⟨vee, door er in cirkels rond te rijden⟩, *v.e. ring/ringen voorzien* **0.2** ***ringelen*** ⇒*ringen* ⟨dieren⟩ **0.3** ⟨spel⟩ ***een ring gooien over*** **0.4** ***in ringen snijden*** **0.5** ***ringen*** ⟨bomen⟩ **0.6** ⟨sl.⟩ ***overschilderen*** ⟨gestolen wagen⟩ ◆ **5.1** ~ **about** *omringen, omsingelen;* →ring **(a)round.**

ring[3] ⟨f3⟩⟨ww.; rang [ræŋ]/⟨vero.⟩ rung, rung [rʌŋ]⟩

I ⟨onov.ww.⟩ **0.1** ***rinkelen*** ⇒*klinken, galmen, (over)gaan* ⟨v. bel⟩, *bellen* **0.2** ***bellen*** ⇒*de klok luiden, de bel doen gaan, aanbellen,* ⟨B.⟩ *(aan)schellen* **0.3** ***tuiten*** ⟨v. oren⟩ ⇒*weerklinken* **0.4** ***telefoneren*** ⇒*bellen* **0.5** ***weergalmen*** ⇒*gonzen, weerklinken, echoën* **0.6** ***naklinken*** ⇒*blijven hangen* ◆ **1.6** her last words are still ~ing in my ears *haar laatste woorden zijn me bijgebleven* **2.1** ~ false *vals klinken* ⟨v. muntstuk⟩; *onoprecht/onwaar klinken;* ~ hollow *hol/onoprecht klinken;* ~ true *echt klinken* ⟨v. munten⟩; *oprecht/gemeend klinken* **5.1** ~ **out** *luid weerklinken;* the bell rang **out** through the house *de bel galmde luid door het huis* **5.4** ~ **back** *terugbellen, opnieuw telefoneren;* ⟨vnl. BE⟩ ~ **off** *opleggen, een telefoongesprek beëindigen/afbellen, ophangen* **5.¶** →ring **(a)round;** →ring **up** **6.2** the old lady rang **for** a drink *de oude dame belde voor een drankje;* ~ **to** prayers *de klok luiden voor het gebed* **6.5** the room rang **to/with** their laughter *de kamer weergalmde v. hun gelach, hun gelach klonk door de kamer;* the village rang **with** talk of her suicide *het dorp gonsde v.h. gepraat/de geruchten over haar zelfmoord;*

II ⟨ov.ww.⟩ **0.1** ***doen/laten rinkelen*** ⇒*luiden, laten/doen klinken, bellen* **0.2** ***opbellen*** ⇒*telefoneren naar* **0.3** ***aankondigen*** ⇒*inluiden, slaan* ⟨het uur; v. uurwerk⟩ ◆ **1.1** ~ an alarm *alarm slaan* ⟨door te bellen/luiden⟩; ~ a coin *een muntstuk laten klinken* ⟨om de echtheid ervan na te gaan⟩ **5.2** I'll ~ you **back** in a minute *ik bel je dadelijk terug* **5.3** ring **out** the Old and ring **in** the New *het oude jaar uitluiden en het nieuwe inluiden* **5.¶** →ring **up.**

'ring-ar·mour ⟨n.-telb.zn.⟩ **0.1** ***maliënkolder.***

ring-a-ros·y ['rɪŋə'roʊzi], **ring-a·round-a-ros·y** ['rɪŋə'raʊndə'roʊzi] ⟨n.-telb.zn.⟩ **0.1** ***patertje-langs-de-kant*** ⟨liedjesspel⟩.

'ring (a)'round ⟨ww.⟩

I ⟨onov. en ov.ww.⟩ **0.1** ***rondbellen (naar)*** ⇒*iedereen afbellen* ◆ **1.1** ~ the dealers *alle dealers afbellen;*

II ⟨ov.ww.⟩ **0.1** ***omringen*** ⇒*omsingelen.*

'ring·bark ⟨ov.ww.⟩ **0.1** ***ringen*** ⟨bomen, om de groei af te remmen⟩.

'ring-billed ⟨bn.⟩ ◆ **1.¶** ⟨dierk.⟩ ~ gull *ringsnavelmeeuw* ⟨Larus delawarensis⟩.

'ring binder ⟨f1⟩⟨telb.zn.⟩ **0.1** ***ringmap*** ⇒*ringband.*

'ring·bolt ⟨telb.zn.⟩ **0.1** ***ringbout*** ⇒*oogbout.*

'ring·bone ⟨telb. en n.-telb.zn.⟩ **0.1** ***overhoef*** ⟨v. paard⟩ ⇒*ringhoef.*

'ring-car·ti·lage ⟨telb.zn.⟩ **0.1** ***ringvormig kraakbeen*** ⟨v. strottehoofd⟩.

'ring circuit ⟨telb.zn.⟩ **0.1** ***gesloten circuit.***

'ring compound ⟨telb.zn.⟩⟨schei.⟩ **0.1** ***cyclische verbinding.***

'ring·craft ⟨n.-telb.zn.⟩ **0.1** ***bokskunst.***

'ring·cut ⟨ov.ww.⟩ **0.1** ***ringen*** ⟨boom⟩.

'ring·dove ⟨telb.zn.⟩⟨dierk.⟩ **0.1** ***houtduif*** ⟨Columba palumbus⟩ **0.2** ***tortelduif*** ⟨Streptopelia risoria⟩.

ringed [rɪŋd]⟨f1⟩⟨bn.; volt. deelw. van ring⟩ **0.1** ***geringd*** ⇒*met een ring/ringen.*

rin·gent ['rɪndʒənt]⟨bn.⟩ **0.1** ***gapend*** **0.2** ⟨plantk.⟩ ***gapend*** ⇒*wijdopenstaand* ⟨v. lipbloemigen⟩.

ring·er ['rɪŋə‖-ər]⟨f1⟩⟨telb.zn.⟩ **0.1** ***klokkeluider*** **0.2** ⟨inf.⟩ ***aanbeller*** **0.3** ***schellekoord*** **0.4** ***vogelringer*** **0.5** ***om pin geworpen ring*** ⇒*rake worp* **0.6** ***in kring lopende vos*** **0.7** ⟨inf.⟩ ***evenbeeld*** ⇒*dubbelganger, doorslag* **0.8** ⟨vnl. AE; inf.⟩ ***wie/wat onder een valse naam/op onregelmatige wijze aan een wedstrijd deelneemt*** ⟨i.h.b. renpaard⟩ **0.9** ⟨Austr. E⟩ ***erg bedreven/snelle schaapscheerder*** ⇒*vluggerd* ⟨ook fig.⟩ **0.10** ⟨AE⟩ ***luid hoera.***

'ring fence ⟨telb.zn.⟩ **0.1** ***(cirkelvormige) omheining*** ⇒*ringhek*.

'ring finger ⟨f1⟩⟨telb.zn.⟩ **0.1** ***ringvinger***.

ring·hals ['rɪŋhæls]⟨telb.zn.⟩⟨dierk.⟩ **0.1** ***ringhalscobra*** ⟨Haemachatus haemachatus⟩.

'ring-in ⟨telb.zn.⟩⟨vnl. Austr. E; inf.⟩ **0.1** ***reserve*** ⇒*substituut* **0.2** ***outsider*** ⇒*buitenbeentje* ⟨niet tot groep behorend⟩.

'ring·ing en·gine ⟨telb.zn.⟩ **0.1** ***heimachine***.

'ring·lead·er ⟨f1⟩⟨telb.zn.⟩ **0.1** ***leider*** ⟨v. groep oproerkraaiers⟩.

ring·let ['rɪŋlɪt]⟨telb.zn.⟩ **0.1** ***bles*** ⇒*lok, lange krul* **0.2** ⟨dierk.⟩ ***zandoogje*** ⟨Coenonympha⟩.

ring·let·ed ['rɪŋlɪṭɪd]⟨bn.⟩ **0.1** ***gekruld***.

'ring lock ⟨telb.zn.⟩ **0.1** ***ringslot*** ⇒*cilinderslot*.

'ring-mail ⟨n.-telb.zn.⟩ **0.1** ***maliënkolder***.

'ring main ⟨telb.zn.⟩ **0.1** ***ringleiding***.

ring·man ['rɪŋmən]⟨telb.zn.; ringmen [-mən]; →mv. 3⟩ **0.1** ***profbokser*** **0.2** ***beroepswedder***.

'ring·mas·ter ⟨telb.zn.⟩ **0.1** ***circusdirecteur*** ⇒*pikeur* ⟨v. circus⟩, *presentator* ⟨v. circusspektakel⟩.

'ring-neck ⟨telb.zn.⟩ **0.1** ***vogel/dier met (kleur)ring rond de nek***.

'ring-'necked ⟨bn.⟩ **0.1** ***met een (kleur)band rond de hals*** ◆ **1.1** ⟨dierk.⟩ ~ pheasant *fazant* ⟨Phasianus colchicus⟩.

'ring-ou·zel ⟨telb.zn.⟩⟨dierk.⟩ **0.1** ***beflijster*** ⟨Turdus torquatus⟩.

'ring-pull ⟨bn., attr.⟩ **0.1** ***met een ring-opener*** ◆ **1.1** a ~ tin *een blikje met een ring-opener*.

'ring-road ⟨telb.zn.⟩⟨BE⟩ **0.1** ***ring(weg)*** ⇒*randweg, verkeersring* ⟨rond stad⟩.

'ring·side ⟨telb.zn.; vaak attr.⟩ **0.1** ***plaatsen dicht bij de ring/het spektakel*** ◆ **1.1** ~ seat *plaats op de eerste rij* ⟨ook fig.⟩.

'ring-snake ⟨telb.zn.⟩⟨dierk.⟩ **0.1** ⟨vnl. BE⟩ ***ringslang*** ⟨Natrix natrix⟩.

'ring spanner ⟨telb.zn.⟩ **0.1** ***ringsleutel***.

ring·ster ['rɪŋstə‖-ər]⟨telb.zn.⟩ **0.1** ***lid v.e. (pol./ec.) groepering*** ⇒*kartellid*.

'ring·tail ⟨telb.zn.⟩ **0.1** ⟨dierk.⟩⟨ben. voor⟩ ***dier met ringstaart*** ⇒*ringstaartmaki, katta* ⟨Lemur catta⟩; *kleine koeskoes* ⟨Phalanger⟩; *Noordamerikaanse katfret* ⟨Bassariscus⟩ **0.2** ***wijfje/jong v.d. blauwe kiekendief*** **0.3** ***steenarend voor zijn derde jaar***.

'ring-tailed ⟨bn.⟩ **0.1** ***met een met ringen getekende staart*** **0.2** ***met een staart die aan het einde tot een ring gekruld is*** ◆ **1.¶** ⟨sl.⟩ ~ snorter *moedig man; kraan*.

'ring-taw ⟨n.-telb.zn.⟩ **0.1** ***knikkerspel in kringetje***.

'ring 'up ⟨f1⟩⟨ww.⟩
I ⟨onov. en ov.ww.⟩⟨vnl. BE⟩ **0.1** ***opbellen*** ⇒*telefoneren;*
II ⟨ov.ww.⟩ **0.1** ***(al luidend) optrekken*** ⟨klok⟩ **0.2** ***registreren*** ⇒*intikken, aanslaan, aantekenen, optellen*.

'ring vaccination ⟨telb. en n.-telb.zn.⟩ **0.1** ***ringvaccinatie*** ⟨in kringen v. geconstateerde ziektegevallen⟩.

'ring-wall ⟨telb.zn.⟩ **0.1** ***ringmuur*** ⇒*ommuring*.

'ring·way ⟨telb.zn.⟩⟨BE⟩ **0.1** ***ring(weg)*** ⇒*randweg, verkeersring* ⟨rond stad⟩.

'ring·worm ⟨telb. en n.-telb.zn.⟩⟨med.⟩ **0.1** ***ringworm*** ⇒*dauwworm,* ⟨bij vee⟩ *ringvuur* ⟨huidziekte⟩.

rink[1] [rɪŋk]⟨f1⟩⟨telb.zn.⟩ **0.1** ***schaatsbaan*** ⇒*(kunst)ijsbaan, ijspiste* **0.2** ***rolschaatsbaan*** ⇒*rolschaatsvloer/piste* **0.3** ***baan voor bowls*** **0.4** ***ploeg*** ⇒*team* ⟨v. vier spelers bij bowls of curling⟩ **0.5** ⟨BE; bowls⟩ ***speelstrook***.

rink[2] ⟨onov.ww.⟩ **0.1** ***(rol)schaatsen***.

rink·er ['rɪŋkə‖-ər]⟨telb.zn.⟩ **0.1** ***schaatser/schaatster*** ⇒*ijs/rolschaatser/schaatster*.

rin·ky·dink ['rɪŋkidɪŋk]⟨telb.zn.⟩⟨sl.⟩ **0.1** ***rotzooi*** ⇒*troep* **0.2** ***ballentent*** **0.3** ***bedrog*** ⇒*afscheping*.

rinse[1] [rɪns]⟨f1⟩⟨telb.zn.⟩ **0.1** ***spoeling*** ⇒*spoelbeurt, spoelwater, mondspoeling, douche* **0.2** ***kleurspoeling*** ⇒*crèmespoeling, kleurversteviger* ⟨voor haar⟩ ◆ **2.1** a blue ~ for grey hair *een spoeling met blauwsel voor grijs haar*.

rinse[2] ⟨f2⟩⟨ov.ww.⟩ **0.1** ***spoelen*** ⇒*af/om/uitspoelen* **0.2** ***een kleurspoeling/kleurtje geven aan*** ⟨haar⟩ ◆ **5.1** ~ **down** one's food *zijn eten wegspoelen; metselen;* ~ **out** *uitspoelen*.

ri·ot[1] ['raɪət]⟨f2⟩⟨zn.⟩
I ⟨telb.zn.⟩ **0.1** ***rel*** ⇒*relletje, ordeverstoring, ongeregeldheid, opstand(je)* **0.2** ***braspartij*** ⇒*uitbundig feest* **0.3** ***overvloed*** ⇒*weelde, uitbundigheid* **0.4** ⟨geen mv.⟩⟨inf.⟩ ***giller*** ⇒*succes, hyperamusant/inslaand iets/iem., knalnummer* ◆ **1.3** a ~ of colour *een bonte kleurenpracht;* a ~ of emotion *een uitbarsting v. emotie* **1.4** her latest show is a ~ *haar nieuwste show is een denderend succes* **3.1** the police put down all ~s *alle relletjes werden door de politie de kop ingedrukt;*
II ⟨n.-telb.zn.⟩ **0.1** ***oproer*** ⇒*tumult, herrieschopperij, lawaai* **0.2** ***dolle pret*** ⇒*pretmakerij* **0.3** ⟨vero.⟩ ***losbandigheid*** ⇒*liederlijkheid, exces, gebras* **0.4** ⟨jacht⟩⟨ong.⟩ ***het volgen v.e. vals/verkeerd spoor*** ◆ **3.4** hunt/run ~ *een vals/verkeerd spoor volgen/nazitten* **3.¶** run ~ *herrie schoppen, alle perken te buiten gaan, op hol slaan; uit de band springen; welig tieren, woekeren* ⟨v. planten⟩; he let his imagination run ~ *hij liet zijn verbeelding de vrije teugel*.

riot[2] ⟨f2⟩⟨ww.⟩
I ⟨onov.ww.⟩ **0.1** ***relletjes trappen*** ⇒*samenscholen, muiten, herrieschoppen, oproer stoken* **0.2** ***er ongebreideld op los leven*** ⇒*uitspatten, zich te buiten gaan, zwelgen, zich verlustigen* ◆ **6.2** the wicked queen ~ed **in** cruelty *de verdorven koningin vermeide zich in wreedheid;*
II ⟨ov.ww.⟩ **0.1** ***verbrassen*** ⇒*verspillen, over de balk gooien, erdoor jagen* ◆ **5.1** he ~ed **away** his whole property *hij verbraste zijn hele bezit*.

'Riot Act ⟨telb.zn.; the⟩⟨BE⟩ **0.1** ⟨jur.⟩ ***wet tegen oproer*** ⇒*oproerwet* ⟨Eng. wet uit 1715⟩ ◆ **3.¶** read the ~ *(een deel v.d.) Riot Act aan samenscholers voorlezen* ⟨voor arrestatie⟩; ⟨scherts.⟩ *een fikse uitbrander geven* ⟨aan lawaaimakers⟩; *krachtdadig tot kalmte manen, ernstig waarschuwen, de levieten lezen*.

ri·ot·er ['raɪətə‖'raɪəṭər]⟨f1⟩⟨telb.zn.⟩ **0.1** ***relschopper*** ⇒*ordeverstoorder, oproerkraaier* **0.2** ⟨vero.⟩ ***brasser***.

'riot gun ⟨telb.zn.⟩ **0.1** ***geweer*** ⟨met korte loop, voor bij oproer⟩.

ri·ot·ous ['raɪəṭəs]⟨f1⟩⟨bn.; -ly; -ness⟩ **0.1** ***oproerig*** ⇒*ongeregeld, wanordelijk, ongebreideld* **0.2** ***losbandig*** ⇒*liederlijk, verkwistend* **0.3** ***luidruchtig*** ⇒*rumoerig, onstuimig, uitgelaten, tumultueus* **0.4** ***opruiend*** **0.5** ***denderend*** **0.6** ***welig*** ⇒*overvloedig, weelderig, buitensporig, kwistig*.

'riot police ⟨f1⟩⟨verz.n.⟩ **0.1** ***oproerpolitie*** ⇒*ME*.

'riot shield ⟨telb.zn.⟩ **0.1** ***oproerschild***.

'riot squad ⟨telb.zn.⟩ **0.1** ***overvalcommando***.

rip[1] [rɪp]⟨f1⟩⟨telb.zn.⟩ **0.1** ***(lange) scheur*** ⇒*snede, jaap* **0.2** ⟨inf.⟩ ***losbol*** ⇒*lichtmis, snoeper* **0.3** ***oude knol*** **0.4** ***prul*** **0.5** ***onstuimig water(gedeelte)*** ⇒*stroomversnelling, kolk* **0.6** ***getijdestroom*** **0.7** ***schulpzaag*** ⇒*trekzaag* **0.8** ⟨gew.⟩ ***(vis)mand*** **0.9** ⟨sl.⟩ ***fout*** **0.10** ⟨sl.⟩ ***straf*** ⇒*boete, bekeuring* ◆ **2.2** you old ~! *jij ouwe snoeper!*.

rip[2] ⟨f3⟩⟨ww.; →ww. 7⟩ →ripping
I ⟨onov.ww.⟩ **0.1** ***scheuren*** ⇒*af/opengereten worden, splijten* **0.2** ***vooruitsnellen*** ⇒*ijlen; scheuren* ⟨fig.⟩, *vliegen* **0.3** ***uitbarsten*** ⇒*uithalen* ◆ **3.2** ⟨inf.⟩ let it/her ~ *(de wagen) op volle snelheid/voluit laten gaan, op z'n staart trappen, plankgas geven* **3.¶** let sth./things ~ *iets/de dingen zijn/hun beloop laten;* let it ~ *laat maar gaan/waaien* **5.2** ~ **along** *op topsnelheid gaan, voorbijrazen* **5.3** she ~ped **out** with a curse *ze haalde uit met een vloek* **6.2** a sports car came ~ping **up** the drive *een sportauto kwam de oprijlaan opgestoven* **6.3** ~ **into** *opvliegen tegen, zwaar uithalen tegen;*
II ⟨ov.ww.⟩ **0.1** ***openrijten*** ⇒*los/af/wegscheuren, (los)tornen, afrukken, een jaap geven, splijten* **0.2** ***schulpen*** ⇒*in de vezelrichting zagen* **0.3** ⟨vnl. BE; gew.⟩ ***afbreken*** ⇒*ontmantelen, de pannen/panlatten afnemen v.* ⟨een dak⟩ **0.4** ⟨sl.⟩ ***jatten*** ⇒*pikken* ◆ **5.1** he ~ped **off** her clothes *hij rukte haar kleren af;* the bag had been ~ped open *de zak was opengereten;* ~ **up** *aan stukken rijten/scheuren* **5.4** ~ **off** *bestelen, te veel doen betalen, afzetten;* ⟨vnl. AE⟩ *stelen;* they ~ped us **off** at that hotel *ze hebben ons afgezet in dat hotel;* ⟨vnl. AE⟩ they ~ped **off** my car *ze hebben mijn wagen gejat* **5.¶** ~ **up** *annuleren, eenzijdig opzeggen; openbreken, opbreken* ⟨v. straat e.d.⟩; *de bovenlaag verwijderen v.*.

RIP ⟨afk.⟩ requiesca(n)t in pace **0.1** ***R.I.P.***.

ri·par·i·an [raɪ'peərɪən‖rɪ'per-]⟨bn.⟩ **0.1** ***aan*** ⇒*oever-* ◆ **1.1** ~ proprietor *aangelande, aanwonende;* ⟨jur.⟩ ~ right(s) *waterrecht(en)*.

'rip·cord ⟨f1⟩⟨telb.zn.⟩ **0.1** ***trekkoord*** ⟨v. parachute⟩ **0.2** ***scheurkoord*** ⇒*scheurlijn* ⟨v. luchtballon⟩.

'rip-cur·rent, 'rip-tide ⟨telb.zn.⟩ **0.1** ***getijdestroom*** ⇒*branding* ⟨oppervlaktestroming v.d. kust af⟩ **0.2** ***tegenstrijdige psychologische krachten***.

ripe [raɪp]⟨f2⟩⟨bn.; -er; -ly; -ness⟩
I ⟨bn.⟩ **0.1** ***rijp*** ⟨ook fig.⟩ ⇒*volgroeid, ontwikkeld; belegen* ⟨v. kaas, wijn⟩ **0.2** ***wijs*** ⇒*rijp, verstandig, ervaren, volwassen* **0.3** ⟨inf.; euf.⟩ ***aangebrand*** ⇒*op het kantje af, plat, schuin* **0.4** ⟨euf.⟩ ***stinkend*** ⇒*vies, smerig* **0.5** ⟨sl.⟩ ***klaar*** **0.6** ⟨sl.⟩ ***gretig*** **0.7** ⟨sl.⟩ ***bezopen*** ◆ **1.1** he lived to the ~ age of ninety-five *hij bereikte de gezegende leeftijd v. vijfennegentig jaar;* ~ lips *volle rode lippen;* ⟨euf.⟩ a gentleman of ~(r) years *een niet meer zo jonge heer* **1.2** of ~ age *volwassen, ervaren;* a doctor ~ in experience *een ervaren dokter;* a ~ judgement *een doordacht oordeel;*
II ⟨bn., pred.⟩ **0.1** ***klaar*** ⇒*rijp, bereid, geschikt* ◆ **1.1** an opportunity ~ to be seized *een kans die voor het grijpen ligt;* time is ~ for action *de tijd is rijp voor actie*.

rip·en ['raɪpən], ⟨schr.⟩ **ripe** ⟨f2⟩⟨onov. en ov.ww.⟩ **0.1** ***rijpen*** ⇒*rijp/wijs worden, ontwikkelen; doen rijpen*.

'rip-off ⟨telb.zn.⟩⟨sl.⟩ **0.1** ***te duur artikel*** ⇒*afzetterij, oplichterij* **0.2** ⟨vnl. AE⟩ ***diefstal*** ⇒*roof* **0.3** ⟨vnl. AE⟩ ***gestolen voorwerp*** ⇒*buit*

0.4 ⟨vnl. AE⟩ ***dief*** ⇒*afzetter* **0.5** ⟨vnl. AE⟩ ***plagiaat*** ⇒*doorslag, imitatie*.
'rip-off artist ⟨telb.zn.⟩⟨AE;sl.⟩ **0.1** ***dief*** ⇒*oplichter*.
ri·poste[1] [rɪ'pɒst‖rɪ'poʊst]⟨telb.zn.⟩ **0.1** ⟨schermen⟩ ***riposte*** ⇒*tegenstoot, nastoot* **0.2** ***repartie*** ⇒*gevat/vinnig antwoord*.
riposte[2] ⟨ww.⟩
I ⟨onov.ww.⟩ ⟨schermen⟩ **0.1** ***riposteren;***
II ⟨onov. en ov.ww.⟩ **0.1** ***vinnig antwoorden***.
rip·per ['rɪpə‖-ər]⟨telb.zn.⟩ **0.1** ⟨ben. voor⟩ ***scheur/splijt/rijtinstrument*** ⇒*schulpzaag; tornmesje* **0.2** ⟨ben. voor⟩ ***iem. die snijdt/scheurt*** ⇒*torner; schulpzager; kaker; snijder* **0.3** ⟨vero.; sl.⟩ ***prachtexemplaar*** ⇒*bovenste beste, puik iem./iets*.
rip·ping ['rɪpɪŋ]⟨bn.; bw.; oorspr. teg. deelw. v. rip; -ly⟩⟨BE; vero.; sl.⟩ **0.1** ***mieters*** ⇒*tof, heerlijk, prachtig*.
rip·ple[1] ['rɪpl]⟨f1⟩⟨telb.zn.⟩ **0.1** ***vlaskam*** ⇒*repel* **0.2** ***rimpeling*** ⇒*rimpel, golving, golfje(s), deining* **0.3** ***gekabbel*** ⇒*geruis, deinend geluid* **0.4** ⟨AE⟩ ***lichte stroomversnelling*** **0.5** ⟨elek.⟩ ***rimpelspanning*** ◆ **1.3** a ~ of laughter *een kabbelend gelach*.
ripple[2] ⟨f1⟩⟨ww.⟩
I ⟨onov.ww.⟩ **0.1** ***kabbelen*** ⇒*ruisen, deinen, lispelen* ◆ **1.1** the corn ~s in the breeze *het koren wiegt zachtjes in de wind;*
II ⟨onov.ww.; ov.ww.⟩ **0.1** ***rimpelen*** ⇒*(doen) golven, (doen) deinen;*
III ⟨ov.ww.⟩ **0.1** ***repelen*** ⇒*bollen*.
'rip·ple·mark ⟨telb.zn.⟩ **0.1** ***ribbel*** ⟨bv. op strand⟩.
rip·plet ['rɪplɪt]⟨telb.zn.⟩ **0.1** ***rimpeltje*** ⇒*golfje*.
'rip·pling-comb ⟨telb.zn.⟩ **0.1** ***vlaskam*** ⇒*repel*.
rip·ply ['rɪpli]⟨bn.; -er; →compar. 7⟩ **0.1** ***rimpelend*** ⇒*rimpelig, deinend* **0.2** ***kabbelend*** ⇒*ruisend*.
rip·rap[1] ['rɪpræp]⟨n.-telb.zn.⟩⟨AE⟩ **0.1** ***steenhoop*** ⇒*steenstorting* ⟨fundament⟩.
riprap[2] ⟨ww.; →ww. 7⟩⟨AE⟩
I ⟨onov.ww.⟩ **0.1** ***een steenhoop maken;***
II ⟨ov.ww.⟩ **0.1** ***met een steenhoop ondersteunen/versterken***.
'rip-roar·ing ⟨f1⟩⟨bn.⟩⟨inf.⟩ **0.1** ***lawaaierig*** ⇒*oorverdovend, luidruchtig, totaal uitgelaten, onstuimig*.
'rip·saw ⟨telb.zn.⟩ **0.1** ***schulpzaag*** ⇒*trekzaag*.
rip-snort·er ['rɪpsnɔ:tə‖-snɔrṭər]⟨telb.zn.⟩⟨sl.⟩ **0.1** ***energiekeling*** ⇒*doorzetter* **0.2** ***iets buitengewoons*** ⇒*kei*.
rip·snort·ing ['rɪpsnɔ:tɪŋ‖-snɔrṭɪŋ]⟨bn.⟩⟨sl.⟩ **0.1** ***prima***.
rip·tide ['rɪptaɪd]⟨telb.zn.⟩ **0.1** ***getijdestroom***.
Rip·u·ar·i·an[1] ['rɪpjʊ'eərɪən‖-'erɪən]⟨telb.zn.⟩⟨gesch.⟩ **0.1** ***Ripuarische Frank***.
Ripuarian[2] ⟨bn., attr.⟩⟨gesch.⟩ **0.1** ***Ripuarisch***.
rise[1] [raɪz]⟨f3⟩⟨zn.⟩
I ⟨telb.zn.⟩ **0.1** ***helling*** ⇒*heuveltje, oplopende weg, verhoging, hoogte* **0.2** ***stijging*** ⟨ook fig.⟩ ⇒*verhoging, verheffing; vergroting, (aan)was, toename;* ⟨beurs⟩ *hausse* **0.3** ⟨BE⟩ ***loonsverhoging*** ⇒*opslag* **0.4** ***opduiking*** ⇒*vangst, beet* ⟨v. vis⟩ **0.5** ***hoogte*** ⟨v. boog/helling⟩ **0.6** ***stootbord*** ⟨v. trap⟩ ◆ **1.2** a ~ in social position *een sport omhoog op de maatschappelijke ladder* **3.4** after two hours he had not had a ~ yet *na twee uur had hij nog niet beet gehad* **3.¶** get/take a/the ~ out of s.o. *iem. in het harnas/op de kast jagen* **6.2** wages **on** the ~ *stijgende lonen;*
II ⟨n.-telb.zn.⟩ **0.1** ***het rijzen*** ⇒*stijging, het omhooggaan* **0.2** ***het opgaan*** ⇒*opgang, opkomst* ⟨v. hemellichaam⟩ **0.3** ***oorsprong*** ⇒*begin, aanvang* **0.4** ***opkomst*** ⇒*groei* ◆ **1.3** the ~ of a river *de oorsprong v.e. rivier* **1.4** the ~ and fall of the water *het opkomen en het vallen v.h. getij* **3.3** give ~ to *leiden tot, aanleiding geven tot, de oorzaak zijn v.;* take its ~ in *zijn oorsprong vinden in* **6.2** **at** ~ of day/sun *bij het krieken v.d. dag, met de dageraad, bij zonsopgang*.
rise[2] ⟨f3⟩⟨ww.; rose [roʊz], risen ['rɪzn]⟩ →rising ⟨→sprw. 132⟩
I ⟨onov.ww.⟩ **0.1** ***opstaan*** ⟨ook uit bed⟩ ⇒*gaan staan, oprijzen; verrijzen* **0.2** ***(op)stijgen*** ⟨ook fig.⟩ ⇒*rijzen, oplopen, (op)klimmen, zich verheffen; omhoog vliegen; omhooglopen* **0.3** ***opkomen*** ⇒*opgaan, rijzen* ⟨v. hemellichaam⟩ **0.4** ***promotie maken*** ⇒*opklimmen, bevorderd worden* **0.5** ***opdoemen*** ⇒*verschijnen, opdagen, oprijzen* **0.6** ***toenemen*** ⟨ook fig.⟩ ⇒*groter worden, verhevigen, aangroeien; opslaan, stijgen* ⟨v. prijzen⟩ **0.7** ***rijzen*** ⇒*opzwellen, zich uitzetten* **0.8** ***in opstand komen*** ⇒*rebelleren, revolteren* **0.9** ***ontstaan*** ⟨ook fig.⟩ ⇒*zijn oorsprong vinden, ontspringen; opkomen, verrijzen, oprijzen* **0.10** ***uiteengaan*** ⇒*opbreken, op reces gaan* ⟨v. vergadering⟩ **0.11** ***bovenkomen*** ⟨ook fig.⟩ ⇒*aan de oppervlakte komen, bijten* ⟨v. vis⟩; *opborrelen; aan het licht komen* **0.12** ***zich dik maken*** ⇒*boos worden* ◆ **1.1** with one's hair rising *met z'n haren recht overend;* my hair rose in terror *de haren rezen mij te berge van schrik;* his voice rose with anger *zijn stem werd schril v. woede* **1.4** ~ in the world *vooruitkomen in de wereld, carrière maken* **1.6** his colour rose with excitement *hij liep rood aan v. opwinding;* the good news made her spirits ~ *het goede nieuws vrolijkte haar op;* a mammoth tree may ~ to a height of 350 feet *een mammoetboom kan 105 meter hoog worden;* towards the evening the wind rose *tegen de avond nam de wind in hevigheid toe/stak de wind op* **1.7** a blister was rising on my foot *ik kreeg een blaar op mijn voet;* the melting ice makes the river ~ *het smeltende ijs doet de rivier aanwassen* **1.10** Parliament ~s in summer *het parlement gaat in de zomer op reces* **3.1** ⟨scherts.⟩ ~ and shine *sta op en wees het zonnetje in huis* **5.1** ~ **again** *verrijzen, uit de dood opstaan* **6.1** ~ **from** the ashes *uit zijn as verrijzen;* ~ **from** the dead/the grave *uit de dood/het graf opstaan;* ~ **from** table *van tafel opstaan;* ~ **to** one's feet *opstaan;* ⟨fig.⟩ the audience rose **to** his speech *de toehoorders vielen zijn toespraak bij;* ~ **with** the lark/the sun *met de kippen/voor dag en dauw opstaan* **6.2** ~ **above** personal jealousies *boven persoonlijke naijver staan;* the curtain ~s **on** a Victorian room *het gordijn gaat op en toont een Victoriaanse kamer;* Big Ben ~s **over** Londen *de Big Ben verheft zich boven Londen;* ⟨fig.⟩ ~ **to** the occasion *zich tegen de moeilijkheden opgewassen tonen;* he rose **to** the suggestion *hij begreep de wenk* **6.4** ~ **from** the ranks *carrière maken;* ⟨i.h.b.⟩ *bevorderd worden tot officier;* ~ **to** the rank of lieutenant *bevorderd worden tot luitenant;* he rose **to** greatness *hij werd een groot man* **6.8** ⟨fig.⟩ my whole soul ~s **against** it *mijn hele wezen komt ertegen in opstand;* ⟨fig.⟩ my gorge/stomach ~s **at** it *ik word er misselijk v.;* ~ **in** arms *de wapens opnemen;* ~ **in** rebellion *rebelleren;*
II ⟨ov.ww.⟩ **0.1** ***bovenhalen*** ⇒*ophalen, vangen* ⟨vis⟩ **0.2** ***in zicht krijgen*** ⟨schip⟩.
ris·er ['raɪzə‖-ər]⟨f1⟩⟨telb.zn.⟩ **0.1** ***stootbord*** **0.2** ***iem. die opstaat*** **0.3** ⟨boogschieten⟩ ***handgreep*** ⟨deel tussen boogarmen⟩ ◆ **1.2** an early ~ *iem. die vroeg opstaat, een matineus persoon;* a late ~ *een langslaper*.
ris·i·bil·i·ty ['rɪzə'bɪləṭi]⟨zn.; →mv. 2⟩
I ⟨telb.zn.; vaak mv.⟩ **0.1** ***lachvermogen*** ⇒*zin voor humor;*
II ⟨n.-telb.zn.⟩ **0.1** ***lachlust*** ⇒*lacherigheid* **0.2** ***gelach*** ⇒*hilariteit*.
ris·i·ble ['rɪzəbl]⟨bn.; -ly; →bijw. 3⟩
I ⟨bn.⟩ **0.1** ***lacherig*** ⇒*lachlustig, lachziek* **0.2** ***lachwekkend*** ⇒*belachelijk, bespottelijk, ridicuul;*
II ⟨bn., attr.⟩ **0.1** ***lach-*** ⇒*om te lachen* ◆ **1.1** ~ muscles *lachspieren*.
ris·ing[1] ['raɪzɪŋ]⟨f1⟩⟨telb.zn.; oorspr. gerund v. rise⟩ **0.1** ***verrijzenis*** ⇒*opstanding* **0.2** ***stijging*** ⟨ook fig.⟩ ⇒*rijzing, verheffing, verhoging; helling, hoogte; opgang, opkomst; toename, groei* **0.3** ***opstand*** ⇒*revolte, rebellie, oproer* **0.4** ***gezwel*** ⇒*puist, pukkel* **0.5** ***verhevenheid*** ⇒*vooruitspringend deel*.
rising[2] ⟨f1⟩⟨bn.; oorspr. teg. deelw. v. rise⟩ **0.1** ***opkomend*** ⇒*aankomend* **0.2** ***stijgend*** ⇒*oplopend, klimmend, hellend* **0.3** ***opstaand*** ⇒*rijzend* ◆ **1.1** the ~ generation *de aankomende generatie;* a ~ politician *een opkomend politicus* **1.2** ~ damp *opstijgend grondwater;* a ~ butt/hinge *een scharnier met omhoogdraaiend blad* **1.3** ~ vote *stemming door zitten en opstaan*.
rising[3] ⟨bw.; oorspr. teg. deelw. v. rise⟩ **0.1** ***bijna*** ⇒*haast* ⟨bij leeftijden⟩ **0.2** ⟨AE; gew.⟩ ***meer dan***.
'rising five ⟨telb.zn.⟩ **0.1** ***kind dat nog voor zijn vijfde naar school gaat***.
risk[1] [rɪsk]⟨f3⟩⟨zn.⟩
I ⟨telb.zn.⟩ **0.1** ***verzekerd bedrag*** **0.2** ⟨verz.⟩ ***risico(factor)*** ◆ **2.2** he is a poor ~ for any insurance company *hij vormt een groot risico voor elke verzekeringsmaatschappij;*
II ⟨telb. en n.-telb.zn.⟩ **0.1** ***risico*** ⇒*kans, gevaar* ◆ **3.1** take the ~ *het erop wagen;* take ~s *risico's nemen;* run ~s *risico's/gevaar/de kans lopen* **6.1** **at** ~ *in gevaar; met het risico zwanger te worden;* **at** ~ **to/at** the ~ **of** *met gevaar voor;* **at** one's own risk *op/voor eigen risico;* **at** owner's ~ *voor risico v.d. eigenaar* ⟨bij goederentransport⟩; I don't want to run the ~ **of** losing my job *ik wil mijn baan niet op het spel zetten*.
risk[2] ⟨f3⟩⟨ov.ww.⟩ **0.1** ***wagen*** ⇒*op het spel zetten* **0.2** ***riskeren*** ⇒*gevaar/kans lopen*.
'risk capital ⟨n.-telb.zn.⟩ **0.1** ***risicodragend kapitaal***.
'risk-'free ⟨bn.⟩ **0.1** ***risicoloos*** ⇒*zonder gevaar/risico*.
'risk-shy ⟨bn.⟩ **0.1** ***voor risico's beducht***.
risk·y ['rɪski], **risk·ful** ['rɪskfl]⟨f2⟩⟨bn.; riskier; riskily; -ness; →bijw. 3⟩ **0.1** ***gewaagd*** ⇒*gevaarlijk, hachelijk, riskant* **0.2** ***gedurfd*** ⇒*gewaagd, op het kantje af*.
ri·sot·to [rɪ'zɒtoʊ‖rɪ'sɔṭoʊ]⟨telb. en n.-telb.zn.⟩ **0.1** ***risotto*** ⟨Italiaans gerecht⟩.
ris·qué ['rɪskeɪ‖rɪ'skeɪ]⟨bn.⟩ **0.1** ***gewaagd*** ⇒*gedurfd, op het kantje af* ◆ **1.1** a ~ joke *een schuine grap*.
ris·sole ['rɪsoʊl]⟨telb. en n.-telb.zn.⟩⟨cul.⟩ **0.1** ***rissole***.
ri·tar·dan·do[1] ['rɪta:'dændoʊ‖-tar-]⟨telb.zn.; ook ritardandi [-di]; →mv. 5⟩⟨muz.⟩ **0.1** ***ritardando*** ⇒*vertraging*.
ritardando[2] ⟨bw.⟩⟨muz.⟩ **0.1** ***ritardando*** ⇒*trager*.

rite [raɪt]⟨f2⟩⟨telb.zn.⟩ **0.1** ***rite*** ⟨ook fig.⟩ ⇒*ritus; (kerkelijke) ceremonie* ◆ **1.1** ⟨etnologie⟩ ~ of passage *overgangsrite* **2.1** ⟨R.-K.⟩ say the last ~s over *bedienen, de laatste sacramenten/het heilig oliesel toedienen;* the Latin ~ *de Romeinse ritus.*

ri·tor·nel·lo [ˈrɪtəˈneloʊ‖ˈrɪt̬ər-]⟨telb.zn.; ook ritornelli [-li]; →mv. 5⟩⟨muz.⟩ **0.1** ***ritornel.***

rit·u·al[1] [ˈrɪtʃʊəl]⟨f3⟩⟨telb. en n.-telb.zn.⟩ **0.1** ***rituaal*** ⇒*rituale* ⟨(boek met) voorschriften voor kerkdienst⟩ **0.2** ⟨ook mv.⟩ ***ritueel*** ⟨ook fig.⟩ ⇒*ritus, riten; kerkelijke plechtigheid.*

ritual[2] ⟨f1⟩⟨bn., attr.; -ly⟩ **0.1** ***ritueel*** ⟨ook fig.⟩ ◆ **1.1** ~ murder *rituele moord, offer* **3.1** ~ly prepared meat *ritueel (bereid) vlees; koosjer vlees.*

rit·u·al·ism [ˈrɪtʃʊəlɪzm]⟨n.-telb.zn.⟩ **0.1** ***ritueel formalisme*** **0.2** ***studie v. riten.***

rit·u·al·ist [ˈrɪtʃʊəlɪst]⟨telb.zn.⟩⟨relig.⟩ **0.1** ***ritualist.***

rit·u·al·is·tic [ˈrɪtʃʊəˈlɪstɪk]⟨f1⟩⟨bn.; -ally; →bijw. 3⟩ **0.1** ***ritualistisch.***

ritz [rɪts]⟨n.-telb.zn.⟩ ◆ **3.¶** ⟨inf.⟩ put on the ~ *indruk proberen te maken,* ⟨B.⟩ *van zijn neus/tak maken.*

ritz·y [ˈrɪtsi]⟨bn.; -er; →compar. 7⟩⟨sl.⟩ **0.1** ***chic*** ⇒*weelderig, luxueus.*

riv·age [ˈraɪvɪdʒ]⟨telb.zn.⟩⟨vero.⟩ **0.1** ***oever*** ⇒*kust, kant, wal.*

ri·val[1] [ˈraɪvl]⟨f2⟩⟨telb.zn.⟩ **0.1** ***rivaal*** ⇒*mededinger, concurrent, tegenpartij* **0.2** ***evenknie*** ⇒*rivaal.*

rival[2] ⟨f2⟩⟨bn., attr.⟩ **0.1** ***rivaliserend*** ⇒*mededingend, concurrerend.*

rival[3] ⟨f1⟩⟨ov.ww.; →ww. 7⟩ **0.1** ***naar de kroon steken*** ⇒*wedijveren met, concurreren met* **0.2** ***evenaren*** ⇒*wedijveren met.*

ri·val·ry [ˈraɪvlri], **ri·val·ship** [-ʃɪp]⟨f1⟩⟨telb. en n.-telb.zn.; →mv. 2⟩ **0.1** ***rivaliteit*** ⇒*wedijver, concurrentie; mededinging, competitie.*

rive [raɪv]⟨ww.; rived [raɪvd], riven [ˈrɪvn]⟩⟨vero.⟩
 I ⟨onov.ww.⟩ **0.1** ***klieven*** ⇒*barsten, splijten;*
 II ⟨ov.ww.⟩ **0.1** ***(af)splijten*** ⟨ook fig.⟩ ⇒*(vaneen)scheuren, uiteenrijten, klieven, kloven; verscheuren* ◆ **6.1** his heart is ~n **by** sorrow *zijn hart wordt verscheurd door verdriet.*

riv·er[1] [ˈraɪvə‖-ər]⟨f3⟩⟨telb.zn.⟩ **0.1** ***splijter*** ⇒*kliever.*

riv·er[2] [ˈrɪvə‖-ər]⟨telb.zn.⟩⟨→sprw. 201⟩ **0.1** ***rivier*** ⟨ook fig.⟩ ⇒*stroom* ◆ **1.1** ~s of blood *stromen bloed;* ⟨BE⟩ the river Thames, ⟨AE⟩ the Thames river *de (rivier de) Theems* **3.1** ⟨aardr.⟩ braided ~ *vlechtende rivier* **3.¶** ⟨inf.⟩ sell s.o. down the ~ *iem. in de luren leggen, iem. bedriegen/verraden* **6.¶** ⟨AE; inf.⟩ **up** the ~ *in de nor/kast/bajes.*

ri·ver·ain[1] [ˈrɪvəreɪn]⟨telb.zn.⟩ **0.1** ***oeverbewoner.***

riverain[2] ⟨bn., attr.⟩ **0.1** ***rivier(oever)-*** ⇒*op de rivier(oever), aan de waterkant.*

ˈriv·er·bank ⟨f1⟩⟨telb.zn.⟩ **0.1** ***rivieroever.***

ˈriver basin ⟨telb.zn.⟩ **0.1** ***stroomgebied.***

ˈriv·er·bed ⟨telb.zn.⟩ **0.1** ***rivierbedding.***

ˈriver blindness ⟨n.-telb.zn.⟩ **0.1** ***rivierblindheid.***

ˈriv·er·boat ⟨telb.zn.⟩ **0.1** ***rivierboot.***

ˈriver bottom ⟨telb.zn.⟩⟨AE⟩ **0.1** ***rivierpolder.***

ˈriv·er·craft ⟨telb.zn.⟩ **0.1** ***rivierboot.***

ˈriver driver ⟨telb.zn.⟩ **0.1** ***(hout)vlotter.***

ˈriv·er·front ⟨telb.zn.⟩ **0.1** ***rivieroever*** ⇒*waterkant.*

ˈriv·er·head ⟨telb.zn.⟩ **0.1** ***bron.***

ˈriver hog ⟨telb.zn.⟩⟨dierk.⟩ **0.1** ***waterzwijn*** ⟨genus Hydrochoerus⟩ ⇒⟨i.h.b.⟩ *capybara* ⟨H. capybara⟩.

ˈriver horse ⟨telb.zn.⟩⟨dierk.⟩ **0.1** ***nijlpaard*** ⟨Hippopotamus⟩.

riv·er·ine[1] [ˈrɪvəraɪn]⟨n.-telb.zn.⟩ **0.1** ***rivieroevers.***

riverine[2] ⟨bn., attr.⟩ **0.1** ***rivier-*** ⇒*v./zoals/op een rivier* **0.2** ***op de rivieroever*** ⇒*aan de waterkant.*

ˈriver ˈlamprey ⟨telb.zn.⟩⟨dierk.⟩ **0.1** ***rivierprik*** ⟨Lampetra fluviatilis⟩.

ˈriv·er·side[1] ⟨f1⟩⟨telb.zn.; ook attr.⟩ **0.1** ***rivieroever*** ⇒*waterkant.*

riverside[2] ⟨bn., attr.⟩ **0.1** ***aan de oever(s)(v.d. rivier)*** ◆ **1.1** an old ~ house *een oud huis aan de oever v.d. rivier.*

ˈriver ˈwarbler ⟨telb.zn.⟩⟨dierk.⟩ **0.1** ***krekelzanger*** ⟨Locustella fluviatilis⟩.

ˈriv·er·wash ⟨n.-telb.zn.⟩ **0.1** ***rivierbezinksel.***

riv·et[1] [ˈrɪvɪt]⟨f1⟩⟨zn.⟩
 I ⟨telb.zn.⟩ **0.1** ***klinknagel;***
 II ⟨mv.; ~s⟩⟨sl.⟩ **0.1** ***pegels*** ⇒*poen.*

rivet[2] ⟨f1⟩⟨ov.ww.⟩ →riveting **0.1** ***vastnagelen*** ⟨ook fig.⟩ ⇒*(vast) klinken; krammen* **0.2** ***vastleggen*** ⇒*fixeren, bestendigen* **0.3** ***boeien*** ⟨ook fig.⟩ ⇒*trekken, richten; in beslag nemen, concentreren* ⟨aandacht, ogen⟩ ◆ **1.1** ~ china *porselein krammen* **6.1** he stood ~ed **to** the ground *hij stond als aan de grond genageld* **6.3** ~ one's eyes **(up)on** *zijn ogen onafgewend vestigen op, fixeren.*

riv·et·er [ˈrɪvɪtə‖ˈrɪvɪt̬ər]⟨telb.zn.⟩ **0.1** ***klinker*** **0.2** ***klinkhamer/machine.***

riv·et·ing [ˈrɪvɪt̬ɪŋ]⟨bn.; oorspr. teg. deelw. v. rivet⟩⟨inf.⟩ **0.1** ***geweldig*** ⇒*meeslepend, interessant; opwindend* ◆ **1.1** a ~ story *een geweldig verhaal.*

riv·i·er·a [ˈrɪviˈeərə‖-ˈerə]⟨f1⟩⟨eig.n., telb.zn.; the; ook R-⟩ **0.1** ***Rivièra*** ⇒*warme kuststreek.*

ri·vière [ˈrɪvieə‖-ˈer]⟨telb.zn.⟩ **0.1** ***collier*** ⇒*(juwelen) halssnoer.*

riv·u·let [ˈrɪvjʊlɪt‖-vjə-]⟨telb.zn.⟩ **0.1** ***riviertje*** ⇒*beek(je).*

rix·dol·lar [ˈrɪksdɒlə‖-dɑlər]⟨telb.zn.⟩⟨gesch.⟩ **0.1** ***rijksdaalder.***

ri·yal [riˈjɑːl‖-ˈjɔːl]⟨telb.zn.⟩ **0.1** ***riyal*** ⟨munteenheid van o.a. Saoedi-Arabië⟩.

RL ⟨afk.⟩ Rugby League ⟨BE⟩.

rm ⟨afk.⟩ ream, room.

RM ⟨afk.⟩ Resident Magistrate; Royal Mail ⟨BE⟩; Royal Marines ⟨BE⟩.

RMA ⟨afk.⟩ Royal Military Academy ⟨BE⟩.

ˈr months ⟨mv.; the⟩ **0.1** ***maanden met een r erin*** ⇒*oester/mosselmaanden* ⟨september-april⟩.

rms, RMS ⟨afk.⟩ root-mean-square, Royal Mail Steamer ⟨BE⟩.

RN ⟨afk.⟩ registered nurse ⟨AE⟩; Royal Navy ⟨BE⟩.

RNA ⟨n.-telb.zn.⟩⟨afk.⟩ ribonucleic acid ⟨bioch.⟩ **0.1** ***RNA.***

RNAS ⟨afk.⟩ Royal Naval Air Service/Station ⟨BE⟩.

RNase, RNAase ⟨afk.⟩ ribonuclease ⟨bioch.⟩ **0.1** ***RN-ase*** ⇒*RNA-se.*

RNLI ⟨afk.⟩ Royal National Lifeboat Institution ⟨BE⟩.

RNR, RNVR ⟨afk.⟩ Royal Naval (Volunteer) Reserve ⟨BE⟩.

ro ⟨afk.⟩ rood ⟨landmaat⟩.

roach[1] [roʊtʃ]⟨f2⟩⟨telb.zn.; voor bet. 0.1 ook roach; →mv. 4⟩ **0.1** ⟨dierk.⟩ ***voorn*** ⟨fam. Cyprinidae; karperachtige⟩ ⇒⟨vnl.⟩ *blankvoorn* ⟨Rutilus rutilus⟩ **0.2** ***opgekamde haarkrul*** **0.3** ⟨inf.⟩ ***kakkerlak*** **0.4** ⟨sl.⟩ ***hasjpeuk*** ⇒*stickie* **0.5** ⟨scheep.⟩ ***gilling*** ⟨in zeil⟩ ◆ **2.1** sound as a ~ *zo gezond als een vis.*

roach[2] ⟨ov.ww.⟩ **0.1** ***(in een krul) opkammen*** ⟨haar⟩ **0.2** ***in een kuif knippen*** ⇒*kort knippen, korten* ◆ **1.2** ~ a horse's mane *de manen v.e. paard korten.*

road[1] [roʊd]⟨f4⟩⟨telb.zn.⟩⟨→sprw. 19, 39, 232, 596, 665⟩ **0.1** ***weg*** ⟨ook fig.⟩ ⇒*straat, baan* **0.2** ⟨vnl. mv.⟩⟨scheep.⟩ ***rede*** ⇒*ree* **0.3** ***mijngang*** **0.4** ⟨AE⟩ ***spoorweg*** **0.5** ⟨sl.⟩ ***het reizen*** ⇒*reistijd* ◆ **1.1** ⟨fig.⟩ on the ~ to recovery *aan de beterende hand, herstellende;* rule(s) of the ~ *verkeersregels; scheepvaartreglement* **2.1** the main ~ *de hoofdweg;* subsidiary ~s *secundaire wegen* **3.1** ⟨inf.⟩ hit the ~ *gaan reizen; weer vertrekken; handelsreiziger zijn;* ⟨sl.⟩ hit the ~! *smeer 'm!;* made ~ *gebaande weg;* take the ~ *zich op weg begeven, op weg gaan, vertrekken* **6.1** travel **by** ~ *met de auto/bus reizen;* ⟨inf.⟩ **one for** the ~ *een afzakkertje, eentje voor onderweg;* **in** the/my ~ *in de/mijn weg;* **on** the ~ *onderweg, op pad/weg, reizend* ⟨vnl. v. handelsreiziger⟩; *rondtrekkend, rondreizend* ⟨v. toneelgezelschap⟩; *zwervend;* get **out of** the/my ~! *uit de/mijn weg!;* take **to** the ~ *gaan zwerven;* **on** the ~ to the top *op weg naar de top* **6.¶ down** the ~ *in de toekomst.*

road[2] ⟨onov. en ov.ww.⟩ **0.1** ***speuren*** ⇒*sporen volgen* ⟨v. hond⟩.

road·a·bil·i·ty [ˈroʊdəˈbɪlət̬i]⟨n.-telb.zn.⟩ **0.1** ***wegligging.***

ˈroad accident ⟨telb.zn.⟩ **0.1** ***verkeersongeval.***

ˈroad agent ⟨telb.zn.⟩⟨AE⟩ **0.1** ***struikrover*** ⟨die postkoetsen overvalt⟩.

ˈroad apple ⟨telb.zn.⟩⟨sl.⟩ **0.1** ***paardevijg.***

ˈroad·bed ⟨telb.zn.⟩ **0.1** ***ballastbed*** ⟨v. (spoor)weg⟩ **0.2** ⟨AE⟩ ***wegverharding*** ⟨incl. wegdek⟩.

ˈroad·block ⟨telb.zn.⟩ **0.1** ***wegversperring.***

ˈroad·book ⟨telb.zn.⟩ **0.1** ***wegenboek.***

ˈroad·craft ⟨n.-telb.zn.⟩⟨BE⟩ **0.1** ***rijkunst/vaardigheid.***

ˈroad fund ⟨telb.zn.⟩⟨BE; gesch.⟩ **0.1** ***verkeersfonds*** ⇒*wegenfonds.*

ˈroad fund licence ⟨telb.zn.⟩⟨BE; inf.⟩ **0.1** ***wegenbelastingkaart.***

ˈroad hog ⟨f1⟩⟨telb.zn.⟩ **0.1** ***wegpiraat*** ⇒*snelheidsmaniak,* ⟨B.⟩ *doodrijder* **0.2** ***zondagsrijder.***

ˈroad-hold·ing ⟨n.-telb.zn.⟩ **0.1** ***wegligging*** ⇒⟨B. ook⟩ *baanvastheid.*

ˈroad house ⟨telb.zn.⟩ **0.1** ***pleisterplaats*** ⇒*wegrestaurant.*

road·ie [ˈroʊdi]⟨telb.zn.⟩⟨verk.⟩ road manager ⟨inf.⟩ **0.1** ***sjouwer*** ⟨v. popgroepen⟩ ⇒*roadie.*

road·less [ˈroʊdləs]⟨bn.⟩ **0.1** ***zonder wegen.***

road·man [ˈroʊdmən]⟨telb.zn.; roadmen [-mən]; →mv. 3⟩ **0.1** ***stratemaker*** ⇒*wegwerker* **0.2** ⟨sport⟩ ***wegrenner/coureur.***

ˈroad manager, ⟨inf.⟩ **road·ie** ⟨telb.zn.⟩ **0.1** ***road manager*** ⇒*roadie, sjouwer* ⟨v. popgroep op toernee⟩.

ˈroad-map ⟨telb.zn.⟩ **0.1** ***wegenkaart.***

ˈroad·mend·er →roadman 0.1.

ˈroad metal ⟨n.-telb.zn.⟩⟨wwb.⟩ **0.1** ***steenslag.***

ˈroad people ⟨verz.n.⟩⟨sl.⟩ **0.1** ***zwervers.***

ˈroad roller ⟨telb.zn.⟩ **0.1** ***wegwals.***

ˈroad·run·ner ⟨telb.zn.⟩⟨dierk.⟩ **0.1** ***renkoekoek*** ⟨Geococcyx californianus⟩.

'road 'safety ⟨n.-telb.zn.⟩ **0.1** ***verkeersveiligheid***.
'road sense ⟨n.-telb.zn.⟩ **0.1** ***gevoel voor veilig verkeer***.
'road show ⟨telb.zn.⟩ **0.1** ***drive-in-show*** ⟨v. radio-omroep⟩ **0.2** ***(hit) team*** ⟨dat drive-in-show verzorgt⟩ **0.3** ***(band/theatergroep op) toernee*** **0.4** ***promotietoer***.
'road·side ⟨f2⟩ ⟨telb.zn.; ook attr.⟩ **0.1** ***kant v.d. weg*** ◆ **1.1** ~ restaurant *wegrestaurant*.
'road·sign ⟨telb.zn.⟩ **0.1** ***verkeersbord*** ⇒*verkeersteken*.
'road·stead ⟨telb.zn.⟩ ⟨scheep.⟩ **0.1** ***rede*** ⇒*ree* ◆ **6.1 in** the ~ *op de rede*.
'road·ster ⟨telb.zn.⟩ **0.1** ***open tweepersoonsauto*** ⇒*sportwagen* **0.2** ***paard om op de weg te rijden*** **0.3** ***zwerver*** ⇒*landloper* **0.4** ⟨BE⟩ ***toerfiets***.
'road tax ⟨f1⟩ ⟨telb. en n.-telb.zn.⟩ **0.1** ***wegenbelasting***.
'road test ⟨telb.zn.⟩ **0.1** ***testrit*** ⇒*weg(en)test*.
'road-test ⟨ov.ww.⟩ **0.1** ***een testrit/proefrit maken in/met***.
'road toll ⟨n.-telb.zn.⟩ **0.1** ***aantal verkeersslachtoffers***.
'road train ⟨telb.zn.⟩ ⟨Austr. E⟩ **0.1** ***truck met oplegger en twee/meerdere aanhangwagens***.
'road user ⟨telb.zn.⟩ **0.1** ***weggebruiker/ster***.
'road·way ⟨f2⟩ ⟨telb.zn.⟩ **0.1** ***rijweg*** **0.2** ***brugdek***.
'road·work ⟨n.-telb.zn.⟩ ⟨sport, i.h.b. atletiek⟩ **0.1** ***wegtraining*** ⇒⟨bokssport⟩ *looptraining*.
'road works ⟨mv.⟩ **0.1** ***wegwerkzaamheden*** ⇒*werk in uitvoering*.
'road·wor·thy ⟨bn.; -ness; →bijw. 3⟩ **0.1** ***geschikt voor het verkeer*** ⟨v. voertuig⟩ **0.2** ***in staat om te reizen*** ⟨v. pers.⟩.
roam[1] [roum] ⟨n.-telb.zn.⟩ **0.1** ***het (rond)zwerven*** ⇒*het ronddwalen, omzwerving*.
roam[2] ⟨f2⟩ ⟨ww.⟩
I ⟨onov.ww.⟩ **0.1** ***ronddolen*** ⇒*zwerven, dwalen* ◆ **5.1** ~ **about/around** *ronddwalen;*
II ⟨ov.ww.⟩ **0.1** ***afzwerven*** ⇒*doorzwerven, (rond)dwalen in*.
roam·er ['roumə‖-ər] ⟨telb.zn.⟩ **0.1** ***zwerver*** ⇒*landloper*.
roan[1] [roun] ⟨f1⟩ ⟨zn.⟩
I ⟨telb.zn.⟩ **0.1** ***dier met grauw en bruin gespikkelde vacht*** ⇒⟨i.h.b.⟩ *vos* ⟨paard⟩;
II ⟨n.-telb.zn.⟩ **0.1** ***bezaan(leder)*** ⇒*bazaan(leer)*.
roan[2] ⟨f1⟩ ⟨bn.⟩ **0.1** ***grijs en bruin gespikkeld*** ⇒*voskleurig* ⟨v. vacht⟩ ◆ **2.1** blue ~ *wit en zwart gespikkeld;* strawberry ~ *wit/grijs en rood gespikkeld*.
roar[1] [rɔ:‖rɔr] ⟨f2⟩ ⟨telb.zn.⟩ **0.1** ***gebrul*** ⇒*gebulder, geraas, geloei, gehuil; geronk* ⟨v. machine⟩; *het rollen* ⟨v. donder⟩ **0.2** ***schaterlach*** ⇒*gegier, gebrul* ◆ **3.2** set the table/room in a ~ *iedereen doen schaterlachen*.
roar[2] ⟨f3⟩ ⟨ww.⟩ →roaring
I ⟨onov.ww.⟩ **0.1** ***brullen*** ⇒*bulderen, razen, loeien, huilen; rollen* ⟨v. donder⟩; *ronken* ⟨v. machine⟩; *weergalmen* **0.2** ***schateren*** ⇒*gieren, brullen* **0.3** ***snuiven*** ⟨v. paard, als bij cornage⟩ **0.4** ⟨inf.⟩ ***bulken*** ⇒*brullen, luid huilen* ◆ **6.2** ~ **with** laughter *brullen v.h. lachen;*
II ⟨onov. en ov.ww.⟩ **0.1** ***brullen*** ⇒*schreeuwen, tieren, bulderen* ◆ **4.1** ~ o.s. hoarse *zich hees schreeuwen* **5.1** the manager was ~ed **down** *de directeur werd overschreeuwd;* ~ **out** a protest song *een protestlied brullen* **6.1** ~ **at** s.o. *tegen iem. brullen;* he ~ed **for** pity *hij schreeuwde om medelijden*.
roar·er ['rɔ:rə‖'rɔrər] ⟨telb.zn.⟩ **0.1** ***bruller*** **0.2** ⟨AE⟩ ***kraan*** ⇒*kei*.
roar·ing[1] ['rɔ:rɪŋ] ⟨f1⟩ ⟨telb.zn.; oorspr. gerund v. roar⟩ **0.1** ***gedruis*** ⇒*gebrul, geraas, gedender* **0.2** ***gesnuif*** ⟨v. paard⟩.
roaring[2] ⟨f1⟩ ⟨bn.; oorspr. teg. deelw. v. roar⟩ **0.1** ***luidruchtig*** ⇒*rumoerig, lawaaierig; stormachtig* **0.2** ***voorspoedig*** ⇒*gezond, flink, levendig* ◆ **1.2** a ~ farce *een dolle klucht;* be in ~ health *blaken v. gezondheid;* a ~ success *een denderend succes;* do a ~ trade *gouden zaken doen* **1.¶** the ~ game *curling* ⟨spel⟩; the ~ forties *gordel der westenwinden* ⟨op ong. 40° N.B. of Z.B. in de oceaan⟩.
roaring[3] ⟨f1⟩ ⟨bw.; oorspr. teg. deelw. v. roar⟩ **0.1** ***zeer*** ⇒*heel, erg* ◆ **2.1** ~ drunk *straalbezopen, lazarus*.
roast[1] [roust] ⟨f2⟩ ⟨zn.⟩
I ⟨telb.zn.⟩ **0.1** ***braadstuk*** **0.2** ***brandsel*** ⟨koffie⟩ **0.3** ⟨AE⟩ ***barbecue*** **0.4** ***kritiek*** ⇒*uitbrander* **0.5** ***scherts;***
II ⟨telb. en n.-telb.zn.⟩ **0.1** ***roostering*** ⇒*het roosteren/grill(er)en* **0.2** ***geroosterd voedsel*** ⇒*geroosterd/gegrill(eer)d vlees, gebraad; gepofte aardappelen/kastanjes* ◆ **3.1** give sth. a ~ *iets roosteren/grill(er)en/braden/poffen*.
roast[2] ⟨f1⟩ ⟨bn., attr.⟩ **0.1** ***geroosterd*** ⇒*gegrill(eer)d, gebraden, gepoft* ◆ **1.1** ~ beef *rosbief, roastbeef;* ~ chestnuts/potatoes *gepofte kastanjes/aardappelen*.
roast[3] ⟨f2⟩ ⟨ww.⟩ →roasting
I ⟨onov. en ov.ww.⟩ **0.1** ***roosteren*** ⇒*grill(er)en, braden; poffen* ⟨aardappelen, kastanjes⟩ **0.2** ***roosten*** ⟨metaal⟩ **0.3** ***branden*** ⟨koffie⟩ ◆ **1.1** a fire fit to ~ an ox *een vuur om een os op te braden;* ~ in the sun *in de zon (liggen) braden;*
II ⟨ov.ww.⟩ ⟨AE; inf.⟩ **0.1** ***de mantel uitvegen*** ⇒*een uitbrander geven, afkammen* **0.2** ***voor de gek houden***.
roast·ing[1] ['roustɪŋ] ⟨telb.zn.; oorspr. gerund v. roast⟩ **0.1** ***uitbrander***.
roasting[2] ⟨bn.; bw.; oorspr. teg. deelw. v. roast⟩ **0.1** ***schroeiend*** ⇒*gloeiend* ◆ **2.1** ~ hot *schroeiheet*.
'roasting jack ⟨telb.zn.⟩ **0.1** ***spitdraaier***.
rob [rɒb‖rab] ⟨f3⟩ ⟨onov. en ov.ww.; →ww. 7⟩ **0.1** ***(be)roven*** ⟨ook fig.⟩ ⇒*(be)stelen, afnemen, ontnemen, plunderen* ◆ **5.1** ⟨inf.⟩ ~ s.o. blind *iem. afzetten/bestelen, iem. een poot uitdraaien* **6.1** that dog ~bed me **of** a good night's sleep *die hond heeft me de hele nacht wakker gehouden*.
rob·ber ['rɒbə‖'rabər] ⟨f2⟩ ⟨telb.zn.⟩ **0.1** ***rover*** ⇒*dief, plunderaar* ◆ **1.1** a band/gang of ~s *een bende dieven*.
'robber 'baron ⟨telb.zn.⟩ **0.1** ⟨inf.; pej.⟩ ***(industrie)baron*** ⇒*magnaat* **0.2** ⟨gesch.⟩ ***roofridder***.
'robber economy ⟨n.-telb.zn.⟩ ⟨ec.⟩ **0.1** ***roofbouw(economie)***.
rob·ber·y ['rɒbəri‖'ra-] ⟨f2⟩ ⟨telb. en n.-telb.zn.; →mv. 2⟩ ⟨→sprw. 176⟩ **0.1** ***diefstal*** ⇒*roof, beroving*.
robe[1] [roub] ⟨f3⟩ ⟨zn.⟩
I ⟨telb.zn.⟩ **0.1** ***robe*** ⇒*gewaad, lange japon* **0.2** ⟨vaak mv. met enk. bet.⟩ ***ambtsgewaad*** ⇒*toga, robe, staatsiekleed* **0.3** ***kamerjas*** ⇒*ochtendjapon; badjas* **0.4** ⟨AE⟩ ***plaid*** ⇒*reisdeken* **0.5** ⟨vaak mv.⟩ ⟨AE⟩ ***garderobe*** ⇒*kleren, kledij, kleding* **0.6** ***lange babyjurk;***
II ⟨n.-telb.zn.; the⟩ **0.1** ***rechtsgeleerdheid*** ◆ **3.1** follow the ~ *jurist zijn*.
robe[2] ⟨ww.⟩
I ⟨onov.ww.; wederk. ww.⟩ **0.1** ***zich aankleden*** ⇒*zich uitdossen, een japon/toga aantrekken* ◆ **6.1** professors ~ **in** black on ceremonial occasions *bij feestelijkheden hullen professoren zich in een zwarte toga;*
II ⟨ov.ww.⟩ **0.1** ***aankleden*** ⇒*hullen in, aandoen* ◆ **4.1** ~ oneself in *zich hullen in*.
robe de cham·bre ['roub də 'ʃa:mb(rə)] ⟨telb.zn.; robes de chambre; →mv. 6⟩ **0.1** ***kamerjas***.
rob·in ['rɒbɪn‖'ra-], ⟨in bet. 0.1 ook⟩ **'robin 'redbreast** ⟨f1⟩ ⟨telb.zn.⟩ ⟨dierk.⟩ **0.1** ***roodborstje*** ⟨Erithacus rubecola⟩ **0.2** ***roodborstlijster*** ⟨Turdus migratorius⟩.
Robin Goodfellow ['rɒbɪn 'gudfelou‖'ra-] ⟨telb.zn.⟩ **0.1** ***ondeugende, goedaardige kabouter***.
'rob·ing room ⟨telb.zn.⟩ **0.1** ***kleedkamer*** ⟨voor advocaten/priesters⟩.
rob·o·rant[1] ['rɒbərənt‖'ra-] ⟨telb.zn.⟩ ⟨med.⟩ **0.1** ***tonicum*** ⇒*versterkend middel;* ⟨mv.⟩ *roborantia*.
roborant[2] ⟨bn.⟩ ⟨med.⟩ **0.1** ***tonisch*** ⇒*versterkend*.
ro·bot ['roubɒt‖-bat, -bət] ⟨f2⟩ ⟨telb.zn.⟩ **0.1** ***robot*** ⟨ook fig.⟩ ⇒*kunstmens* **0.2** ***robot*** ⇒*automaat* **0.3** ⟨Z. Afr. E⟩ ***automatisch verkeerslicht***.
'robot bomb ⟨telb.zn.⟩ **0.1** ***vliegende bom*** ⇒*geleid projectiel*.
ro·bot·ic [rou'bɒtɪk‖-'baṭɪk] ⟨bn.⟩ **0.1** ***robotachtig***.
ro·bot·ics [rou'bɒtɪks‖-'baṭɪks] ⟨n.-telb.zn.⟩ **0.1** ***robotica*** ⇒*robottechnologie*.
ro·bot·i·za·tion ['roubɒtaɪ'zeɪʃn‖-baṭə-] ⟨n.-telb.zn.⟩ **0.1** ***robotisering***.
ro·bot·ize ['roubɒtaɪz‖-baṭaɪz] ⟨onov. en ov.ww.⟩ **0.1** ***robotiseren***.
ro·bot·o·mor·phic [rou'bɒtə'mɔ:fɪk‖-'baṭəmɔr-] ⟨bn.⟩ **0.1** ***robotachtig***.
ro·bust [rə'bʌst, 'rou'bʌst] ⟨f2⟩ ⟨bn.; -er; -ly; -ness⟩ **0.1** ***krachtig*** ⇒*sterk, stoer, robuust, flink; gezond* **0.2** ***zwaar*** ⇒*inspannend, lastig* **0.3** ***gecorseerd*** ⟨v. wijn⟩ **0.4** ***onstuimig*** ⇒*rumoerig, onbesuisd, ruw* ◆ **1.4** ⟨euf.⟩ a ~ conversation *een vrijmoedige conversatie;* a ~ girl *een rondborstige meid*.
ro·bus·tious [rə'bʌstʃəs] ⟨bn.⟩ **0.1** ***onstuimig*** ⇒*rumoerig, zelfverzekerd*.
roc [rɒk‖rak] ⟨telb.zn.⟩ **0.1** ***Rok*** ⟨reusachtige vogel in oosterse sprookjes⟩.
ROC ⟨afk.⟩ Royal Observer Corps ⟨BE⟩.
roc·am·bole ['rɒkəmboul‖'ra-] ⟨n.-telb.zn.⟩ ⟨plantk.⟩ **0.1** ***slangelook*** ⟨Allium scorodoprasum⟩.
roch·et ['rɒtʃɪt‖'ra-] ⟨telb.zn.⟩ **0.1** ***rochet*** ⇒⟨B.⟩ *roket* ⟨koorhemd⟩.
rock[1] [rɒk‖rak] ⟨f3⟩ ⟨zn.⟩
I ⟨eig.n.; R-; the⟩ **0.1** ⟨inf.⟩ ***Rots (v. Gibraltar)*** **0.2** ⟨AE; sl.⟩ ***Alcatraz;***
II ⟨telb.zn.⟩ **0.1** ***rots*** ⇒*klip* **0.2** ***rotsblok*** ⇒*rotsbrok* **0.3** ***(steen)rots*** ⇒*steun, toeverlaat, veilige toevlucht* **0.4** ***klip*** ⇒*bron v. gevaar, oorzaak v. ondergang* **0.5** ***schommeling*** ⇒*zwaai* **0.6** ***rocker*** ⇒*nozem, rock 'n roll fan* **0.7** ⟨vnl. BE⟩ ***zuurstok/pepermuntstaaf/kaneelstok*** **0.8** ⟨gesch.⟩ ***spinrokken*** **0.9** ⟨AE⟩ ***steen(tje)*** ⇒*kei* **0.10** ⟨AE; sl.⟩ ***steen(tje)*** ⇒*juweel, diamant* **0.11** ⟨AE; sl.⟩ ***dollar*** **0.12** ⟨AE; sl.⟩ ***cellenblok*** ⟨in gevangenis⟩ ◆ **1.¶** the Rock of Ages *Je-*

zus Christus 2.1 as firm as a ~ *muurvast, onwrikbaar; betrouwbaar; kerngezond;* as solid as a ~ *oersolide, muurvast, onwrikbaar; betrouwbaar;* as steady as a ~ *muurvast, onwrikbaar; betrouwbaar;* Tarpeian ~ *Tarpeïsche rots* **3.¶** see ~ ahead *het gevaar (voor schipbreuk) zien aankomen* **6.¶** (be) **on** the ~s *op de klippen gelopen/gestrand (zijn)* ⟨ook fig.⟩; *stuk/in de vernieling (gegaan)/naar de knoppen (zijn);* ⟨inf.⟩ *(financieel) aan de grond/op zwart zaad (zitten);* ⟨vnl. AE⟩ *on the rocks/op ijs (blokjes) geserveerd (worden)* ⟨v. dranken⟩;
III ⟨n.-telb.zn.⟩ **0.1** ***rots*** ⇒*vast gesteente* **0.2** ***rots*** ⇒*mineraal gesteente* **0.3** ***rock(muziek)*** ⇒*rock 'n roll* ⟨ook dans⟩ **0.4** ***schommeling*** ⇒*het schommelen/wieg(el)en* **0.5** ***kokinje*** **0.6** ⟨AE; inf.⟩ ***crack*** ⇒*rock* ⟨zuivere vorm v. cocaïne die gerookt kan worden⟩ ◆ **2.3** hard ~ *hard rock* ⟨harde, monotone rockmuziek⟩;
IV ⟨mv.; ~s⟩ ⟨vulg.; sl.⟩ **0.1** ***juwelen*** ⇒*kloten, ballen* ◆ **3.1** get one's ~s off *spuiten, ejaculeren*.

rock² ⟨f3⟩ ⟨ww.⟩ ⟨→sprw. 251⟩
I ⟨onov.ww.⟩ **0.1** ***schommelen*** ⇒*wieg(el)en, wiebelen, deinen* **0.2** ***(hevig) slingeren*** ⇒*schudden, wankelen* **0.3** ***rocken*** ⇒*op rock-'n-roll muziek dansen;*
II ⟨ov.ww.⟩ **0.1** ***(doen) heen en weer schommelen*** ⇒*wiegen* **0.2** ***heen en weer slingeren*** ⇒*hevig heen en weer schudden* **0.3** ***schokken*** ⇒*uit zijn lood slaan, doen opschrikken, wakker schudden* **0.4** ⟨mijnw.⟩ ***(in een wieg) wassen*** ⟨bv. gouderts⟩ **0.5** ⟨graf.⟩ ***wiegen*** ⟨in zwartekunst⟩ ◆ **1.1** ~ s.o. to sleep *iem. in slaap wiegen*.

rock·a·bil·ly ['rɒkəbɪli‖'rɑ-] ⟨n.-telb.zn.⟩ ⟨muz.⟩ **0.1** ***rockabilly*** ⟨rock en roll met hill-billy/country-invloeden⟩.

rock·a·by(e) ['rɒkəbaɪ‖'rɑ-] ⟨tussenw.⟩ **0.1** ***slaap-kindje-slaap***.

rock and roll →rock 'n' roll.

'rock and 'rye ⟨telb. en n.-telb.zn.⟩ ⟨AE⟩ **0.1** ***roggewhisk(e)y*** ⟨met kandij en fruit⟩.

rock·a·way ['rɒkəweɪ‖'rɑ-] ⟨telb.zn.⟩ ⟨AE⟩ **0.1** ***vierwielig rijtuig*** ⟨met twee zitplaatsen, voor het eerst gemaakt in Rockaway, New Jersey⟩.

'rock-badg·er ⟨telb.zn.⟩ ⟨dierk.⟩ **0.1** ***Kaapse klipdas*** ⟨Procavia capensis⟩.

'rock ballet ⟨telb. en n.-telb.zn.⟩ **0.1** ***rockballet***.

'rock bass ⟨telb.zn.; ook -bass; →mv. 4⟩ ⟨dierk.⟩ **0.1** ***rotsbaars*** ⟨Ambloplites rupestris⟩.

'rock-bed ⟨telb.zn.⟩ **0.1** ***rotsbodem***.

'rock-bird ⟨telb.zn.⟩ **0.1** ***rotsvogel*** ⇒⟨i.h.b.⟩ *papegaaiduiker* ⟨Fratercula arctica⟩.

'rock-'bot·tom ⟨f1⟩ ⟨n.-telb.zn.⟩ ⟨inf.⟩ **0.1** ***(absoluut) dieptepunt*** ⇒*bodemkoers, allerlaagste (prijs)peil* ◆ **3.1** fall to ~ *een dieptepunt bereiken*.

'rock-bound ⟨bn.⟩ **0.1** ***met rotsen omrand*** ⇒*met klippen afgebakend*.

'rock 'bunting ⟨telb.zn.⟩ ⟨dierk.⟩ **0.1** ***grijze gors*** ⟨Emberiza cia⟩.

'rock-cake, 'rock bun ⟨f1⟩ ⟨telb.zn.⟩ ⟨vnl. BE⟩ **0.1** ***rotsje*** ⟨koekje met krenten/geconfijt fruit en ruwe bovenkant⟩.

'rock 'candy ⟨telb. en n.-telb.zn.; →mv. 2⟩ ⟨vnl. AE⟩ **0.1** ***kandij*** **0.2** ⟨AE; sl.⟩ ***diamant(en)***.

'rock-climb·ing ⟨f1⟩ ⟨n.-telb.zn.⟩ **0.1** ***het bergbeklimmen*** ⇒*alpinisme*.

'rock-cork ⟨n.-telb.zn.⟩ **0.1** ***bergkurk*** ⟨licht asbest⟩.

'rock crusher ⟨telb.zn.⟩ ⟨AE; sl.⟩ **0.1** ***bajesklant*** ⇒*(ex-)gevangene*.

'rock-crys·tal ⟨n.-telb.zn.⟩ **0.1** ***rotskristal*** ⇒*bergkristal* ⟨SiO_2⟩.

'rock-dove, 'rock-pi·geon ⟨telb.zn.⟩ ⟨dierk.⟩ **0.1** ***rotsduif*** ⟨Columba livia⟩.

'rock-drill ⟨telb.zn.⟩ **0.1** ***rotsboor*** ⇒*rotsbreker, gesteenteboor*.

'rock·er ['rɒkə‖'rɑkər] ⟨f2⟩ ⟨telb.zn.⟩ **0.1** ***schommelhout*** ⟨onder wieg, schommelstoel enz.⟩ **0.2** ⟨vnl. AE⟩ ***schommelstoel*** **0.3** ***schommelpaard*** ⇒*hobbelpaard* **0.4** ***schaats*** ⇒*fries* **0.5** ***tuimelschakelaar*** **0.6** ***wieg(st)er*** **0.7** ⟨mijnw.⟩ ***waswieg*** **0.8** ⟨graf.⟩ ***wieg*** ⟨bij zwartekunst⟩ **0.9** ***rocker*** ⟨teenager uit het Engeland v.d. jaren '60, gekleed in leren jekker en op een zware motor⟩ ⇒*nozem* **0.10** ⟨AE; sl.⟩ ***rocker*** ⇒*rockzanger* **0.11** ⟨AE; sl.⟩ ***rocker*** ⇒*rock 'n rollsong* **0.12** ⟨schaatssport⟩ ***kering*** ◆ **6.¶** ⟨sl.⟩ **off** one's ~ *knetter(gek), stapelgek*.

'rocker arm ⟨telb.zn.⟩ ⟨tech.⟩ **0.1** ***tuimelaar*** ⟨in motor⟩.

'rocker cam ⟨telb.zn.⟩ ⟨tech.⟩ **0.1** ***tuimelasnok***.

rock·er·y ['rɒkəri‖'rɑ-] ⟨f1⟩ ⟨telb.zn.; →mv. 2⟩ **0.1** ***rotstuin(tje)*** ⇒*rotspartij*.

rock·et¹ ['rɒkɪt‖'rɑ-] ⟨f3⟩ ⟨telb.zn.⟩ **0.1** ***raket*** ⇒*vuurpijl* **0.2** ***raket*** ⟨zichzelf voortstuwend projectiel⟩ **0.3** ***raket*** ⇒*raketbom/wapen* **0.4** ***raketmotor*** **0.5** ⟨BE; inf.⟩ ***uitbrander*** **0.6** ⟨plantk.⟩ ***damastbloem*** ⟨Hesperis matronalis⟩ **0.7** ⟨plantk.⟩ ***kruisbloemig tuingewas*** ⟨Eruca sativa; voor salade⟩ **0.8** ⟨plantk.⟩ ***raket*** ⟨genus Sisymbrium⟩ **0.9** ⟨plantk.⟩ ***barbarakruid*** ⟨genus Barbarea, i.h.b. B. vulgaris⟩ **0.10** ⟨plantk.⟩ ***zeeraket*** ⟨Cakile maritima⟩ ◆ **3.5** get a ~ *een uitbrander krijgen;* give s.o. a ~ *iem. een uitbrander geven*.

rocket² ⟨f1⟩ ⟨ww.⟩
I ⟨onov.ww.⟩ **0.1** ***omhoog schieten*** ⇒*wegschieten, flitsen* ◆ **5.1** ⟨fig.⟩ prices ~ **up** *de prijzen vliegen omhoog;*
II ⟨ov.ww.⟩ **0.1** ***met raketten beschieten/bestoken*** **0.2** ***met een raket dragen*** ⇒*omhoogschieten, wegslingeren*.

'rocket base ⟨f1⟩ ⟨telb.zn.⟩ **0.1** ***raketbasis***.

rock·et·eer ['rɒkə'tɪə‖'rɑkə'tɪr] ⟨telb.zn.⟩ **0.1** ***raketontwerper*** ⇒*raketdeskundige* **0.2** ***raketlanceerder*** **0.3** ***raketpiloot***.

'rocket engine ⟨f1⟩ ⟨telb.zn.⟩ **0.1** ***raketmotor***.

rock·et·er ['rɒkətə‖'rɑkəṭər] ⟨telb.zn.⟩ ⟨jacht⟩ **0.1** ***opvliegende vogel***.

'rocket launch ⟨telb.zn.⟩ **0.1** ***raketlancering***.

'rock·et-launch·er ⟨telb.zn.⟩ **0.1** ***raketwerper*** ⇒*raketlanceerder*.

'rocket motor ⟨f1⟩ ⟨telb.zn.⟩ **0.1** ***raketmotor***.

'rocket range ⟨telb.zn.⟩ **0.1** ***proefterrein voor raketten***.

rock·et·ry ['rɒkɪtri‖'rɑ-] ⟨n.-telb.zn.⟩ **0.1** ***rakettechniek*** ⇒*raketwetenschap*.

'rock·et·sonde ⟨telb.zn.⟩ **0.1** ***raketsonde***.

'rock face ⟨telb.zn.⟩ **0.1** ***rotswand*** ⇒*rotsmuur*.

rock·fest ['rɒkfest‖'rɑk-] ⟨telb.zn.⟩ **0.1** ***rockfestival***.

'rock·fish ⟨telb.zn.; ook -fish; →mv. 4⟩ **0.1** ⟨ben. voor⟩ ***op rotsachtige bodem levende vis*** ⇒⟨o.a.⟩ *schorpioenvis* ⟨fam. Scorpaenidae⟩; *gestreepte zeebaars* ⟨Roccus saxatilis⟩.

'rock garden ⟨f1⟩ ⟨telb.zn.⟩ **0.1** ***rotstuin*** ⇒*rotspartij*.

'rock goat ⟨telb.zn.⟩ ⟨dierk.⟩ **0.1** ***steenbok*** ⟨Capra ibex⟩.

'rock-'hewn ⟨bn.⟩ **0.1** ***uit (de) rots gehouwen***.

Rock·ies ['rɒkiz‖'rɑ-] ⟨eig.n.; the; ww. mv.⟩ ⟨inf.⟩ **0.1** ***de Rocky Mountains*** ⇒*het Rotsgebergte*.

'rocking chair ⟨f1⟩ ⟨telb.zn.⟩ **0.1** ***schommelstoel***.

'rocking horse ⟨f1⟩ ⟨telb.zn.⟩ **0.1** ***hobbelpaard***.

'rocking stone ⟨telb.zn.⟩ **0.1** ***steen die zo is gebalanceerd dat hij kan schommelen***.

'rock kanga'roo ⟨telb.zn.⟩ ⟨dierk.⟩ **0.1** ***rotskangoeroe*** ⟨Petrogale⟩.

'rock leather ⟨n.-telb.zn.⟩ **0.1** ***bergleer*** ⇒*bergkurk* ⟨licht asbest⟩.

rock·ling ['rɒklɪŋ‖'rɑk-] ⟨telb.zn.; ook rockling; →mv. 4⟩ ⟨dierk.⟩ **0.1** ⟨ben. voor⟩ ***schelvisachtige*** ⟨fam. Gadidae⟩ ⇒⟨vnl.⟩ *meun* ⟨Motella mustela⟩.

'rock 'lobster ⟨telb.zn.⟩ ⟨dierk.⟩ **0.1** ***rivierkreeft*** ⟨Astacus⟩.

'rock 'n' 'roll, 'rock(-)and(-)'roll ⟨f2⟩ ⟨n.-telb.zn.⟩ **0.1** ***rock 'n roll*** ⇒*rock en roll*.

'rock 'nuthatch ⟨telb.zn.⟩ ⟨dierk.⟩ **0.1** ***rotsklever*** ⟨Sitta neumayer⟩.

'rock-oil ⟨n.-telb.zn.⟩ ⟨vnl. BE⟩ **0.1** ***petroleum*** ⇒*steenolie*.

'rock opera ⟨telb.zn⟩ **0.1** ***rockopera***.

'rock 'partridge ⟨telb.zn.⟩ ⟨dierk.⟩ **0.1** ***Europese steenpatrijs*** ⟨Alectoris graeca⟩.

'rock 'phosphate ⟨n.-telb.zn.⟩ **0.1** ***fosforiet***.

'rock-pigeon →rock-dove.

'rock pipit ⟨telb.zn.⟩ ⟨dierk.⟩ **0.1** ***rotspieper*** ⟨Anthus spinoletta petrosus⟩.

'rock plant ⟨telb.zn.⟩ **0.1** ***rotsplant*** ⇒*rotstuinplant*.

'rock-'ribbed ⟨bn.⟩ **0.1** ***rotsachtig*** **0.2** ***rotsvast*** ⇒*onkreukbaar; onbuigzaam, onwrikbaar*.

'rock·rose ⟨telb.zn.⟩ ⟨plantk.⟩ **0.1** ***zonneroosje*** ⟨Helianthemum⟩.

'rock 'salmon ⟨telb.zn.; ook -salmon; →mv. 4⟩ ⟨dierk.⟩ **0.1** ⟨BE⟩ ***(doordeweekse) consumptievis*** ⇒⟨i.h.b.⟩ *hondsvis* ⟨Umbra krameri⟩; *zeewolf* ⟨Anarhichas⟩ **0.2** ⟨AE⟩ ***geelstaartmakreel*** ⟨Seriola dumerili⟩.

'rock salt ⟨n.-telb.zn.⟩ **0.1** ***rotszout*** ⇒*berg/steenzout*.

'rock·shaft ⟨telb.zn.⟩ ⟨tech.⟩ **0.1** ***draaiende as*** **0.2** ***tuimelas***.

'rock 'sparrow ⟨telb.zn.⟩ ⟨dierk.⟩ **0.1** ***rotsmus*** ⟨Petronia petronia⟩.

'rock steady ⟨n.-telb.zn.⟩ ⟨muz.⟩ **0.1** ***rocksteady*** ⟨voorloper v. reggae met rustig ritme⟩.

'rock sucker ⟨telb.zn.⟩ ⟨dierk.⟩ **0.1** ***zeeprik*** ⟨Petromyzon marinus⟩.

'rock 'thrush ⟨telb.zn.⟩ ⟨dierk.⟩ **0.1** ***rode rotslijster*** ⟨Monticola saxatilis⟩.

'rock wool ⟨n.-telb.zn.⟩ ⟨tech.⟩ **0.1** ***steenwol***.

'rock·work ⟨n.-telb.zn.⟩ **0.1** ***rotspartij*** ⇒*rotstuin* **0.2** ***rotsimitatie***.

rock·y ['rɒki‖'rɑki] ⟨f3⟩ ⟨bn.; -er; -ness; →bijw. 3⟩ **0.1** ***rotsachtig*** **0.2** ***steenhard*** ⟨ook fig.⟩ ⇒*keihard* **0.3** ⟨inf.⟩ ***wankel*** ⇒*onvast* **0.4** ⟨inf.⟩ ***duizelig*** ⇒*onlekker* ◆ **1.1** the Rocky Mountains *de Rocky Mountains, het Rotsgebergte;* ⟨fig.⟩ the ~ road to recognition *de harde/moeizame weg naar erkenning*.

ro·co·co¹ [rə'koʊkoʊ] ⟨n.-telb.zn.; vaak R-⟩ **0.1** ***rococo(stijl)*** **0.2** ***overladenheid*** ⇒*bloemrijke stijl* ⟨mbt. literatuur⟩.

rococo² ⟨bn., attr.⟩ **0.1** ***rococo*** ⇒*in rococo-stijl* **0.2** ***overladen*** ⇒*bloemrijk* ⟨mbt. literaire stijl⟩.

rod [rɒd‖rɑd] ⟨f3⟩ ⟨telb.zn.⟩ **0.1** ***stok*** ⇒*staf; scepter* ⟨ook fig.⟩; *heerschappij* **0.2** ***roe(de)*** ⇒*rijs, twijg* **0.3** ***roe(de)*** ⇒*gesel* **0.4** ⟨the⟩ ***geseling*** ⇒*tuchtiging, straf* **0.5** ***staaf*** ⇒*roe(de), roetje; stang; koppelstang* ⟨onder goederenwagen⟩ **0.6** ⟨ben. voor⟩ ***stok*** ⇒*hengelroe(de), hengel; roe(de), maatstok; landmeetstok; bliksemafleider;*

wichelroede **0.7** ***roede*** ⟨5,029 m;→t1⟩ **0.8** ***roede*** ⟨25,29 m²;→t1⟩ **0.9** ⟨biol.⟩ ***staafje*** ⟨in netvlies⟩ **0.10** ⟨bijb.⟩ ***geslacht*** *⇒tak* **0.11** ⟨sl.⟩ ***roede*** *⇒pik, lul, penis* **0.12** ⟨verk.⟩ ⟨hot rod⟩ **0.13** ⟨AE; sl.⟩ ***blaffer*** ◆ **1.¶** ⟨inf.⟩ rule with a ~ of iron *met ijzeren vuist regeren, strenge tucht handhaven* **3.4** ⟨vero.⟩ kiss the ~ *de roede kussen, zich aan de straf onderwerpen;* make a ~ for one's own back *zijn eigen graf delven* **3.5** ⟨AE; sl.⟩ ride the ~s *als blinde passagier onder een goederenwagen meerijden* **6.1 under** the ~ of tyranny *onder de scepter/het juk v.d. tirannie.*

rode ⟨verl. t.⟩ →ride.

ro·dent[1] ['roʊdnt]⟨f2⟩⟨telb.zn.⟩ **0.1** ***knaagdier.***

rodent[2] ⟨bn.⟩ **0.1** ***knagend*** *⇒knaag-.*

ro·den·tial [roʊ'denʃl]⟨bn., attr.⟩ **0.1** ***knaagdier(en)-.***

ro·dent·i·cide [roʊ'deṇtɪsaɪd]⟨telb.zn.⟩ **0.1** ***verdelgingsmiddel voor knaagdieren*** *⇒rattengif.*

'rodent officer ⟨telb.zn.⟩⟨BE; scherts.⟩ **0.1** ***(officiele) rattenvanger.***

ro·de·o ['roʊdioʊ, roʊ'deɪoʊ]⟨f1⟩⟨telb.zn.⟩ **0.1** ***rodeo.***

'rod-man ['rɒdmən‖'rɑd-]⟨telb.zn.⟩⟨AE; sl.⟩ **0.1** ***gewapende bandiet*** *⇒gangster.*

rodomontade →rhodomontade.

'rod rest ⟨telb.zn.⟩⟨hengelsport⟩ **0.1** ***hengelsteun.***

rod·ster ['rɒdstə‖'rɑdstər]⟨telb.zn.⟩ **0.1** ***hengelaar.***

'rod 'up ⟨ov.ww.⟩⟨AE; sl.⟩ **0.1** ***v. wapens voorzien*** *⇒bewapenen.*

roe[1] [roʊ]⟨f1⟩⟨telb. en n.-telb.zn.⟩ **0.1** ***kuit*** **0.2** ***hom*** ◆ **2.1** hard ~ *kuit* **2.2** soft ~ *hom.*

roe[2], **'roe deer** ⟨f1⟩⟨telb.zn.; ook roe, roe deer; →mv. 4⟩⟨dierk.⟩ **0.1** ***ree*** ⟨Capreolus capreolus⟩.

'roe·buck ⟨f1⟩⟨telb.zn.; ook roebuck; →mv. 4⟩ **0.1** ***reebok*** *⇒mannetjesree.*

roent·gen[1], **rönt·gen** ['rɒntjən‖'rentgən]⟨telb.zn.⟩⟨nat.⟩ **0.1** ***röntgen*** ⟨stralingseenheid⟩.

roentgen[2], **röntgen** ⟨bn., attr.; vaak R-⟩⟨nat.⟩ **0.1** ***röntgen-*** ◆ **1.1** ~ rays *röntgenstralen.*

roent·gen·ize, -ise, rönt·gen·ize, -ise ['rɒntjənaɪz‖'rentgə-]⟨ov.ww.⟩ **0.1** ***met röntgenstralen behandelen.***

roent·gen(·o)-, rönt·gen(·o)- ['rɒntjənə-‖'rentgənə-] **0.1** ***röntgen(o)-*** ◆ **¶.1** roentgenogram *röntgenogram;* roentgenotherapy *röntgentherapie.*

ro·ga·tion [roʊ'geɪʃn]⟨telb.zn.⟩ **0.1** ⟨vaak mv.⟩⟨kerk.⟩ ***heiligenlitanie*** **0.2** ***wetsvoorstel v. consul of tribuun*** ⟨in het oude Rome⟩.

Ro'gation days ⟨mv.; ook R- D-⟩⟨kerk.⟩ **0.1** ***kruisdagen*** ⟨de 3 dagen voor Hemelvaartsdag⟩.

ro'gation flower ⟨telb.zn.⟩⟨plantk.⟩ **0.1** ***(gewone) vleugeltjesbloem*** ⟨Polygala (vulgaris)⟩.

Ro'gation week ⟨telb.zn.; ook R- W-⟩⟨kerk.⟩ **0.1** ***kruis(dagen) week.***

ro·ga·to·ry ['rɒgətri‖'rɑgətɔri]⟨bn., attr.⟩⟨jur.⟩ **0.1** ***rogatoir*** *⇒ondervragend.*

rog·er[1] ['rɒdʒə‖'rɑdʒər]⟨telb.zn.⟩⟨sl.⟩ **0.1** ***neukpartij.***

roger[2] ⟨onov. en ov.ww.⟩⟨sl.⟩ **0.1** ***neuken.***

roger[3] ⟨f1⟩⟨tussenw.; ook R-⟩ **0.1** ⟨com.⟩ ***roger*** *⇒ontvangen en begrepen* **0.2** ⟨sl.⟩ ***akkoord*** *⇒oké.*

Rog·er ['rɒdʒə‖'rɑdʒər]⟨eig.n.⟩ **0.1** ***Rogier*** *⇒Rutger.*

rogue[1] [roʊg]⟨f2⟩⟨telb.zn.⟩ **0.1** ***schurk*** *⇒bandiet, bedrieger* **0.2** ⟨scherts.⟩ ***snuiter*** *⇒snaak, deugniet, kwajongen* **0.3** ***minderwaardig exemplaar*** ⟨vnl. mbt. planten⟩ **0.4** ⟨ook attr.⟩ ***solitair*** ⟨eenzaam levend, vaak vals wild dier⟩ **0.5** ⟨vero.⟩ ***landloper*** *⇒vagebond* ◆ **1.4** a ~ elephant *een solitaire olifant.*

rogue[2] ⟨onov. en ov.ww.⟩ **0.1** ***wieden.***

ro·gue·ry ['roʊgəri]⟨zn.; →mv. 2⟩

I ⟨telb.zn.⟩ **0.1** ***schurkenstreek*** *⇒gemene streek* **0.2** ***guitenstreek*** *⇒kwajongensstreek;*

II ⟨n.-telb.zn.⟩ **0.1** ***banditisme*** *⇒bedriegerij* **0.2** ***deugnieterij*** *⇒kwajongensstreken.*

'rogues' 'gallery ⟨telb.zn.⟩ **0.1** ***fotoboek v. misdadigers*** ⟨v. politie⟩.

ro·guish ['roʊgɪʃ]⟨bn.; -ly; -ness⟩ **0.1** ***schurkachtig*** *⇒gemeen* **0.2** ***guitig*** *⇒kwajongensachtig, snaaks.*

roil [rɔɪl]⟨ww.⟩

I ⟨onov.ww.⟩ **0.1** ⟨ben. voor⟩ ***onrustig bewegen*** *⇒kolken* ⟨v. water⟩; *wervelen* ⟨v. wind⟩; *jagen* ⟨v. wolken⟩;

II ⟨ov.ww.⟩ **0.1** ***oproeren*** *⇒omroeren* **0.2** ***verstoren*** *⇒(doen) opschrikken, lastig vallen.*

roil·y ['rɔɪli]⟨bn.; -er; →compar. 7⟩ **0.1** ***modderig*** *⇒troebel* **0.2** ***onstuimig*** *⇒turbulent.*

roist·er ['rɔɪstə‖-ər]⟨onov.ww.⟩ **0.1** ***lawaai/drukte maken*** *⇒razen* **0.2** ***snoeven*** *⇒opscheppen.*

roist·er·er ['rɔɪst(ə)rə‖-ər]⟨telb.zn.⟩ **0.1** ***lawaai/druktemaker.***

ROK ⟨afk.⟩ Republic of Korea.

Ro·land ['roʊlənd]⟨eig.n.⟩ **0.1** ***Ro(e)land*** ◆ **1.¶** a ~ for an Oliver *een gelijkwaardige repliek/tegenzet* **3.¶** give a ~ for an Oliver *een gepast antwoord geven.*

role, rôle [roʊl]⟨f3⟩⟨telb.zn.⟩ **0.1** ***rol*** *⇒toneelrol* **0.2** ***rol*** *⇒functie, taak.*

'role model ⟨telb.zn.⟩ **0.1** ***rol v. voorbeeldgever.***

'role play ⟨telb. en n.-telb.zn.⟩ **0.1** ***rollenspel.***

'role-play·ing ⟨n.-telb.zn.⟩ **0.1** ***rollenspel*** *⇒psychodrama.*

'role reversal ⟨telb.zn.⟩ **0.1** ***rolwisseling.***

roll[1] [roʊl]⟨f3⟩⟨zn.⟩

I ⟨telb.zn.⟩ **0.1** ***rol*** *⇒rolletje* **0.2** ***rol*** *⇒perkament(rol), schriftrol* **0.3** ***rol*** *⇒register, (naam)lijst;* ⟨BE⟩ *officiële lijst van advocaten* **0.4** ⟨ben. voor⟩ ***rolvormig baksel*** *⇒broodje; opgerold gebak* ⟨met jam⟩ **0.5** ***omslag*** *⇒opslag, overslag* ⟨vnl. aan kleding⟩ **0.6** ***buiteling*** *⇒duikeling* **0.7** ***schommelgang*** *⇒waggelgang* **0.8** ⟨bouwk.⟩ ***volute*** ⟨spiraalvormig ornament⟩ **0.9** ⟨bouwk.⟩ ***geronde lijst*** **0.10** ⟨tech.⟩ ***wals*** *⇒rol* **0.11** ⟨lucht.⟩ ***rolbeweging*** *⇒tonneau, snelle rol* **0.12** ⟨AE; sl.⟩ ***bundel bankbiljetten*** **0.13** ⟨AE; sl.⟩ ***neukpartij*** ◆ **1.1** a ~ of butter *een rolletje boter;* ~s of fat *lagen vet;* a ~ of paper *een rol papier;* a ~ of straw *een bos stro;* a ~ of tobacco *een rol(letje) tabak* **1.3** the ~ of honour *de lijst der gesneuvelden;* ⟨BE⟩ Master of the Rolls *rechter bij het Hof v. Appel en Bewaarder v.h. Britse Staatsarchief* **1.4** ~ and butter *broodje met boter* **3.3** call the ~ *appel houden, de namen afroepen;* strike off the ~s *van de (advokaten)lijst schrappen* **3.6** the horse had a ~ in the grass *het paard rolde zich in het gras* **3.12** he did it for a lot of ~s *hij deed het voor een hoop poen;*

II ⟨telb. en n.-telb.zn.⟩ **0.1** ⟨ben. voor⟩ ***rollende beweging*** *⇒het rollen, geslinger, slingering* ⟨v. schip⟩; *het rollen, deining, golving* ⟨v. water⟩; ⟨fig.⟩ *golving* ⟨v. landschap⟩ **0.2** ⟨ben. voor⟩ ***rollend geluid*** *⇒(ge)roffel, roffeling* ⟨op trom⟩; *gerol, gerommel, gedreun* ⟨v. donder, geschut⟩; *dreun, vloed* ⟨v. woorden⟩ ◆ **1.1** a ~ of the dice *een worp met de dobbelstenen* **1.2** the ~ of Scottish r's *het rollen v.d. Schotse r.*

roll[2] ⟨f3⟩⟨ww.⟩ →rolling ⟨→sprw. 597⟩

I ⟨onov.ww.⟩ **0.1** ***rollen*** *⇒rijden, lopen; draaien* ⟨v. pers, camera e.d.⟩ **0.2** ⟨ben. voor⟩ ***zich rollend/schommelend bewegen*** *⇒rollen, buitelen, wentelen; schommelen, waggelen, wiegen, zwaaien* ⟨mbt. gang⟩; *rollen, deinen, golven* ⟨v. water, landschap⟩; *rollen, slingeren* ⟨v. schip⟩; ⟨fig.⟩ *rondtrekken, zwerven* **0.3** ⟨ben. voor⟩ ***rollend geluid maken*** *⇒rollen, rommelen, dreunen* ⟨v. donder, geschut⟩; *roffelen* ⟨v. trom⟩; *rollen, trillen* ⟨v. r-klank, vogels⟩ **0.4** ***zich laten rollen*** *⇒te rollen zijn* **0.5** ***zich laten (op)winden*** *⇒(op) te winden zijn* **0.6** ⟨AE; inf.⟩ ***beginnen*** *⇒aan de slag gaan, onderweg gaan* ◆ **1.4** this dough ~s easily *dit deeg is gemakkelijk (uit) te rollen* **1.5** this thread ~s well *deze draad laat zich goed (op)winden* **3.6** let's ~! *aan de slag!* **3.¶** his jokes kept us ~ing *we lachten ons krom om zijn grappen* **5.1** the clouds ~ed **away** *de wolken dreven weg;* lorries ~ed **by** *vrachtwagens reden voorbij;* ⟨fig.⟩ the years ~ed **by** *de jaren gingen voorbij;* gifts kept ~ing **in** *er bleven giften binnenstromen;* ⟨inf.⟩ they were drunk when ~ed **in** *zij waren dronken toen ze weer thuiskwamen;* the waves ~ed **in** to the beach *de golven rolden op het strand aan;* the river ~s **on** *de rivier stroomt voorbij;* ⟨fig.⟩ time ~s **on** *de tijd gaat voorbij;* ⟨inf.; fig.⟩ ~ **on** the day this work is finished! *leve de dag waarop dit werk af is!* **5.4** those panties ~ **on** easily *die panty is gemakkelijk aan te trekken* **5.¶** the clown had the audience ~ing **about** *de clown deed het publiek krom/plat liggen v.h. lachen;* spring has ~ed **around** again *het is weer lente;* →roll **back;** →roll **in;** →roll **over;** →roll **up** **6.1** tears were ~ing **down** her face *tranen rolden over haar wangen* **6.2** ⟨inf.; fig.⟩ be ~ing **in** luxury *in weelde baden;* ⟨inf.⟩ be ~ing **in** it/money *bulken v.h. geld;*

II ⟨ov.ww.⟩ **0.1** ***rollen*** *⇒laten/doen rollen/rijden* **0.2** ⟨ben. voor⟩ ***een rollende/schommelende beweging doen maken*** *⇒rollen* ⟨met ogen⟩; *doen rollen/slingeren* ⟨schip⟩; *laten rollen, gooien* ⟨dobbelstenen⟩; *laten lopen* ⟨camera⟩ **0.3** ⟨ben. voor⟩ ***een rollend geluid doen maken*** *⇒roffelen* ⟨trom⟩; *rollen* ⟨r-klank⟩; *afdreunen* ⟨tekst⟩ **0.4** ⟨ben. voor⟩ ***een rolvorm geven*** *⇒oprollen, (op)winden; wikkelen; rollen* ⟨sigaret⟩ **0.5** ***rollen*** *⇒walsen, pletten* **0.6** ⟨druk.⟩ ***inkten*** ⟨met inktrol⟩ **0.7** ⟨AE; sl.⟩ ***rollen*** *⇒beroven* ◆ **1.1** the river ~s water to the sea *de rivier voert water naar de zee* **1.2** ⟨AE⟩ ~ the bones *de dobbelstenen gooien* ⟨vnl. in 'craps', Am. dobbelspel⟩; ~ the camera! *laat de camera lopen!;* ~ the dice *de dobbelstenen laten rollen/gooien, dobbelen;* ~ one's eyes at/on s.o. *met de ogen naar iem. rollen;* the strong gale ~ed the ship *de storm(wind) deed het schip slingeren* **1.3** ~ one's r's *de r (laten) rollen/rollend uitspreken* **1.4** ~ed meat *rollade* **1.5** ~ed gold *bladgoud, geplet goud* **5.1** ~ **on** one's stockings *zijn kousen aantrekken* **5.¶** →roll **back;** ~ **off** some extra copies *een paar extra kopieën afdrukken/maken;* →roll **out;** →roll **over;** →roll **up** **6.1** ~ a cake **in** sugar *een cake door de suiker rollen* **6.4** ~ a baby **in** a blanket *een baby in een deken wikkelen;* ~ yarn **into** a ball *garen tot een kluwen winden;* ⟨fig.⟩ a singer and a dancer ~ed **into** one *een zanger en een danser in één persoon verenigd* **7.4** ⟨inf.⟩ ~ one's own *shag roken.*

'roll·a·way, 'rollaway bed ⟨telb.zn.⟩ **0.1** ***wegrolbaar/opvouwbaar bed.***
'roll·back ⟨telb.zn.⟩ ⟨AE⟩ **0.1** ***het terugschroeven v. lonen/prijzen*** ⇒⟨bij uitbr.⟩ *vermindering, reductie.*
'roll 'back ⟨f1⟩ ⟨ww.⟩
I ⟨onov.ww.⟩ **0.1** ***terugrollen*** ⇒*teruglopen, zich terugtrekken* ◆ **1.1** the tide/waves rolled back *het getij trok/de golven trokken zich terug;* ⟨fig.⟩ as he visited his native village his past rolled back *toen hij zijn geboortedorp bezocht, kwam zijn verleden hem weer voor de geest;*
II ⟨ov.ww.⟩ **0.1** ***terugrollen*** ⇒*terugdrijven/dringen* **0.2** ***weer oproepen*** ⇒*weer voor de geest brengen* **0.3** ⟨AE⟩ ***terugschroeven*** ◆ **1.1** ~ the enemy/poverty *de vijand/armoede terugdrijven;* ~ the hood of a car *de kap v.e. wagen achteruitschuiven* **1.2** history can ~ the past *de geschiedenis kan het verleden weer oproepen* **1.3** ~ prices and wages *lonen en prijzen terugschroeven.*
'roll bar ⟨telb.zn.⟩ **0.1** ***rolstang*** ⟨om inzittenden te beschermen wanneer auto over kop gaat⟩.
'roll cage ⟨telb.zn.⟩ ⟨autosport⟩ **0.1** ***veiligheidskooi*** ⟨met rolstang in auto's⟩ ⇒*kooiconstructie.*
'roll call ⟨f1⟩ ⟨telb.zn.⟩ **0.1** ***appel*** ⇒*naamafroeping.*
roll·er ['roʊlə‖-ər] ⟨f2⟩ ⟨telb.zn.⟩ **0.1** ***roller*** ⇒*walser* ⟨arbeider⟩ **0.2** ⟨ben. voor⟩ ***rolvormig voorwerp*** ⇒*rol(letje), rolwiel; wals; cilinder; rolstok; bandage, rolverband; krulpen/speld* **0.3** ***roller*** ⇒*breker* ⟨zware golf⟩ **0.4** ***tuimelaar*** ⟨duif⟩ **0.5** ***kanarie met rollende zang*** **0.6** ⟨dierk.⟩ ***scharrelaar*** ⟨vogel v.h. genus Coraciidae, vnl. Coracias garrulus⟩ **0.7** ⟨AE; sl.⟩ ***smeris*** **0.8** ⟨AE; sl.⟩ ***gevangenisbewaarder.***
'roller bandage ⟨telb.zn.⟩ **0.1** ***bandage*** ⇒*rolverband.*
'roller bearing ⟨telb.zn.⟩ **0.1** ***rolleger*** ⇒*rollager.*
'roller blind ⟨telb.zn.⟩ ⟨BE⟩ **0.1** ***rolgordijn.***
'roller coaster ⟨telb.zn.⟩ ⟨AE⟩ **0.1** ***roetsjbaan*** ⇒*achtbaan.*
'roller dancing ⟨n.-telb.zn.⟩ ⟨sport⟩ **0.1** ***(het) dansen op rolschaatsen.***
'roller derby ⟨telb.zn.⟩ ⟨sport, vnl. in U.S.A.⟩ **0.1** ***hardrijderij op een wielerbaan*** ⟨tussen twee teams v. vijf rolschaatsers/sters, met spectaculair gooi- en smijtwerk⟩.
'roller disco ⟨zn.⟩
I ⟨telb.zn.⟩ **0.1** ***rolschaatsdisco;***
II ⟨n.-telb.zn.⟩ **0.1** ***(het) discodansen op rolschaatsen.***
'roller 'figure-skating ⟨n.-telb.zn.⟩ ⟨sport⟩ **0.1** ***(het) kunstrijden op rolschaatsen.***
'roller hockey ⟨n.-telb.zn.⟩ ⟨sport⟩ **0.1** ***rolhockey.***
'roller race ⟨telb.zn.⟩ ⟨wielrennen⟩ **0.1** ***wedstrijd op hometrainers/rollenbank.***
'roller skate ⟨f1⟩ ⟨telb.zn.⟩ **0.1** ***rolschaats.***
'roll·er-skate ⟨f1⟩ ⟨onov.ww.⟩ **0.1** ***rolschaatsen.***
'roller skater ⟨telb.zn.⟩ **0.1** ***rolschaatser/ster.***
'roller 'speed-skating ⟨n.-telb.zn.⟩ ⟨sport⟩ **0.1** ***(het) hardrijden op rolschaatsen.***
'roller towel ⟨telb.zn.⟩ **0.1** ***rolhanddoek.***
roll-film ⟨telb. en n.-telb.zn.⟩ **0.1** ***rolfilm.***
rol·lick[1] ['rɒlɪk‖'rɑ-] ⟨zn.⟩
I ⟨telb.zn.⟩ **0.1** ***dolle streek*** ⇒*grap;*
II ⟨n.-telb.zn.⟩ **0.1** ***uitgelatenheid.***
rollick[2] ⟨onov.ww.⟩ →rollicking **0.1** ***uitgelaten zijn*** ⇒*dartelen, stoeien, dollen.*
'rol·lick·ing[1] ['rɒlɪkɪŋ‖'rɑ-] ⟨telb.zn.; oorspr. gerund v. rollick⟩ ⟨sl.⟩ **0.1** ***schrobbering*** ⇒*uitbrander,* ⟨B.⟩ *bolwassing.*
rollicking[2] ⟨bn.; (oorspr.) teg. deelw. v. rollick⟩ **0.1** ***uitgelaten*** ⇒*vrolijk, dartel, onstuimig.*
'roll 'in ⟨onov.ww.⟩ ⟨sl.⟩ **0.1** ***het bed induiken.***
roll·ing ['roʊlɪŋ] ⟨f1⟩ ⟨bn.; (oorspr.) teg. deelw. v. roll⟩ **0.1** ***rollend*** ⇒*golvend* **0.2** ***elkaar opvolgend*** **0.3** ⟨inf.⟩ ***heel rijk*** ⇒*gefortuneerd, vermogend* ◆ **1.1** a ~ plain *een golvende vlakte* **1.2** ~ strikes *estafettestakingen.*
'rolling barrage ⟨telb.zn.⟩ ⟨mil.⟩ **0.1** ***vuurwals.***
'rolling mill ⟨telb.zn.⟩ **0.1** ***walserij*** **0.2** ***pletmolen.***
'rolling pin ⟨f1⟩ ⟨telb.zn.⟩ **0.1** ***deegrol.***
'rolling stock ⟨f1⟩ ⟨n.-telb.zn.⟩ **0.1** ***rijdend materieel*** ⟨vnl. v.d. spoorwegen⟩.
roll·mop(s) ['roʊlmɒps‖-mɑps] ⟨telb.zn.; rollmops; →mv. 4⟩ **0.1** ***rolmops.***
'roll·neck ⟨telb.zn.⟩ **0.1** ***rolkraag*** **0.2** ***rolkraagtrui.***
'roll-on ⟨telb.zn.⟩ **0.1** ***gaine*** ⟨licht corset⟩ **0.2** ***(deodorant)roller.***
'roll-'on/'roll-'off, ro-ro ['roʊroʊ] ⟨bn., attr.⟩ **0.1** ***rij-op-rij-af-*** ⇒*roll-on/roll-off-, ro-ro-* ◆ **1.1** a ~ ship *een rij-op-rij-af-/roll-on/roll-off-/ro-ro-schip* ⟨dat geladen vrachtwagens vervoert⟩.
'roll·out ⟨telb.zn.⟩ **0.1** ***uitlooptraject v. vliegtuig na landing*** **0.2** ⟨Am. voetbal⟩ ***zijwaartse sprint.***
'roll 'out ⟨f1⟩ ⟨ov.ww.⟩ **0.1** ***uitrollen*** ⇒*open/losrollen, openspreiden* **0.2** ⟨vaak pej.⟩ ***opdreunen*** **0.3** ⟨inf.⟩ ***de markt overstromen met*** ◆ **1.1** ~ dough *deeg (uit)rollen;* ~ a map *een landkaart openspreiden* **1.2** ~ a poem *een gedicht afraffelen* **1.3** ~ video games *de markt met videospellen overspoelen.*
'roll 'over ⟨ww.⟩
I ⟨onov.ww.⟩ **0.1** ***zich omdraaien*** **0.2** ***op zijn rug gaan liggen*** ⟨bv. v. hond⟩ ◆ **1.1** he often rolls over in his sleep *hij woelt veel in zijn slaap;*
II ⟨ov.ww.⟩ **0.1** ***over de grond doen rollen*** ⇒*omverstoten, neerschieten* **0.2** ⟨geldw.⟩ ***verlengen*** ⇒*prolongeren* ⟨lening, schuld⟩.
'roll-o·ver[1] ⟨telb.zn.⟩ ⟨geldw.⟩ **0.1** ***verlenging*** ⇒*prolongatie* ⟨v. schuld, lening⟩.
roll-over[2] ⟨bn., attr.⟩ ⟨geldw.⟩ **0.1** ***verlengd*** ⇒*geprolongeerd* ◆ **1.1** a ~ loan *een geprolongeerde lening.*
'roll-top 'desk ⟨telb.zn.⟩ **0.1** ***cilinderbureau.***
'roll 'up ⟨f1⟩ ⟨ww.⟩
I ⟨onov.ww.⟩ **0.1** ***zich oprollen*** **0.2** ⟨inf.⟩ ***(komen) aanrijden*** ⇒⟨fig.⟩ *opdagen, op de planken komen* ◆ **1.2** the whole family rolled up *de hele familie kwam aanzetten* **¶.¶** ~!~! The best show in London! *Kom binnen, komt dat zien! De beste show in Londen!;*
II ⟨ov.ww.⟩ **0.1** ***oprollen*** ⇒*opwinden, opstropen* **0.2** ***vergaren*** ◆ **1.1** roll one's sleeves up *zijn mouwen opstropen;* ⟨fig.⟩ *de handen uit de mouwen steken;* ⟨mil.⟩ ~ the enemy lines *de vijandelijke linies oprollen* **1.2** ~ a fortune *een fortuin vergaren* **1.¶** the chimneys ~ smoke *de schoorstenen doen rook opkringelen.*
'roll-up ⟨f1⟩ ⟨telb.zn.⟩ **0.1** ***rolletje*** ⟨bv. met ham⟩ **0.2** ⟨Austr. E⟩ ***samenkomst*** **0.3** ⟨Austr. E⟩ ***opkomst*** ⟨bv. bij vergadering⟩ **0.4** ⟨BE; inf.⟩ ***sjekkie*** ⇒*shagje.*
ro·ly-po·ly[1] ['roʊli'poʊli] ⟨zn.; →mv. 2⟩
I ⟨telb.zn.⟩ **0.1** ***kort en dik persoon/kind*** ⇒*propje* **0.2** ⟨AE⟩ ***duikelaar(tje)*** ⟨speelgoed⟩;
II ⟨telb. en n.-telb.zn.⟩ **0.1** ***Engelse pudding*** ⟨met jam belegd, opgerold, daarna gestoomd of gebakken banketdeeg⟩.
roly-poly[2] ⟨bn.⟩ **0.1** ***kort en dik.***
rom ⟨afk.⟩ roman (type).
Rom[1] [rɒm‖rɑm] ⟨telb.zn.; ook Roma; →mv. 5⟩ **0.1** ***Rom*** ⇒*zigeuner.*
Rom[2] ⟨afk.⟩ **0.1** ⟨Roman⟩ **0.2** ⟨Romance⟩ ⟨taalk.⟩ ***Rom.*** **0.3** ⟨Romans⟩ ⟨bijb.⟩ ***Rom..***
ROM [rɒm‖rɑm] ⟨n.-telb.zn.⟩ ⟨afk.⟩ read-only memory ⟨comp.⟩ **0.1** ***ROM.***
Ro·ma·ic[1] [roʊ'meɪɪk] ⟨eig.n.⟩ **0.1** ***Nieuwgrieks.***
Romaic[2] ⟨bn.⟩ **0.1** ***Nieuwgrieks.***
ro·maine [roʊ'meɪn] ⟨n.-telb.zn.⟩ ⟨AE; plantk.⟩ **0.1** ***bindsla*** ⟨langbladige soort; Lactuca sativa longifolia⟩.
ro·ma·ji ['roʊmədʒi:] ⟨n.-telb.zn.⟩ **0.1** ***transkriptiesysteem v. Japans in Romeins alfabet.***
ro·man[1] ['roʊmən] ⟨n.-telb.zn.⟩ ⟨druk.⟩ **0.1** ***romein*** ⟨recht lettertype⟩.
roman[2] ⟨bn., attr.⟩ ⟨druk.⟩ **0.1** ***romeins*** ◆ **1.1** ~ type *romein(letter), romeins lettertype.*
Ro·man[1] ['roʊmən] ⟨f3⟩ ⟨zn.⟩
I ⟨eig.n.⟩ **0.1** ***Romeins*** ⟨dialect v. Rome⟩;
II ⟨telb.zn.⟩ **0.1** ***Romein*** **0.2** ⟨soms bel.⟩ ***rooms-katholiek*** ◆ **1.2** ⟨gesch.⟩ the ~s ⟨ook⟩ *de christenen in het oude Rome.*
Roman[2] ⟨f3⟩ ⟨bn.⟩ **0.1** ***Romeins*** ⇒*mbt. het oude Rome/de stad Rome* **0.2** ⟨kerk.⟩ ***Romeins*** ⇒*rooms(-katholiek)* ◆ **1.1** ~ arch *Romeinse boog;* the ~ calendar *de Romeinse kalender;* the ~ Empire *het Romeinse rijk;* ~ law *het Romeinse recht;* ~ numerals *Romeinse cijfers;* ~ road *Romeinse weg, heerbaan* **1.2** the ~ alphabet *het Romeinse alfabet;* ~ Catholic *rooms-katholiek;* ~ Catholicism *rooms katholicisme;* ⟨gesch.⟩ the Holy ~ Empire *het Heilige Roomse Rijk;* ~ nose *Romeinse neus, adelaars/arendsneus;* the ~ rite *de Romeinse ritus* **1.¶** ~ candle *Romeinse kaars* ⟨vuurwerk⟩; ~ holiday *wreed vermaak* ⟨ten koste v. anderen⟩; ⟨dierk.⟩ ~ snail *wijngaardslak* ⟨Helix pomatica⟩.
ro·man à clef [roʊ'mɑ:n ɑ: 'kleɪ] ⟨telb.zn.; romans à clef; →mv. 5⟩ **0.1** ***sleutelroman*** ⇒*roman à clef.*
'Roman 'Catholic ⟨f1⟩ ⟨bn.⟩ **0.1** ***rooms-katholiek.***
ro·mance[1] [rə'mæns, 'roʊmæns] ⟨f3⟩ ⟨zn.⟩
I ⟨telb.zn.⟩ **0.1** ***roman*** ⇒*middeleeuws ridderverhaal* **0.2** ***romantisch verhaal*** ⇒*avonturenroman* **0.3** ***geromantiseerd verhaal*** ⇒⟨fig.⟩ *romantisch(e) overdrijving/trekje* **0.4** ***(romantisch) liefdesverhaal*** **0.5** ***romance*** ⇒*liefdesavontuur, idylle* **0.6** ⟨muz.⟩ ***romance*** ⟨kleine compositie⟩;
II ⟨n.-telb.zn.⟩ **0.1** ***romantische literatuur*** **0.2** ***liefdesromantiek*** ⟨ook als genre, stijl⟩ **0.3** ***romantisme*** ⇒*romantiek, zucht naar avontuur.*
romance[2] ⟨ww.⟩
I ⟨onov.ww.⟩ **0.1** ***avonturen verhalen*** ⇒⟨fig.⟩ *fabuleren, fantase-*

ren **0.2** ***romantisch doen*** ◆ **6.1** ~ **about** one's love-affairs *sterke verhalen vertellen over zijn liefdesavonturen* **6.2** ~ **with** *een avontuurtje hebben met;*

II ⟨ov.ww.⟩⟨inf.⟩ **0.1** ***het hof maken*** ⇒*opvrijen.*

Ro·mance[1] [rəˈmæns, ˈroʊˈmæns]⟨f1⟩⟨eig.n.⟩⟨taalk.⟩ **0.1** ***Romaans*** ⇒*de Romaanse talen.*

Romance[2] ⟨f1⟩⟨bn.⟩⟨taalk.⟩ **0.1** ***Romaans*** ◆ **1.1** ~ languages *Romaanse talen.*

ro·man·cer [rəˈmænsə‖-ər]⟨telb.zn.⟩ **0.1** ***middeleeuws romanschrijver/epicus*** **0.2** ***schrijver v. romantische verhalen*** **0.3** ***fantast.***

Rom·a·nes [ˈrɒmənɪs], **Rom·a·ny, Rom·ma·ny** [ˈrɒməni, ˈroʊ-‖ˈrɑ-, ˈroʊ-]⟨eig.n.⟩ **0.1** ***Romāni*** ⟨zigeunertaal⟩.

Ro·man·esque[1] [ˈroʊməˈnesk]⟨zn.⟩

I ⟨eig.n.⟩⟨vero.; taalk.⟩ **0.1** ***Romaans*** ⇒*de Romaanse talen;*

II ⟨n.-telb.zn.⟩⟨bouwk.⟩ **0.1** ***Romaanse stijl.***

Romanesque[2] ⟨bn.⟩⟨bouwk.⟩ **0.1** ***Romaans.***

ro·man-fleuve [ˈroʊmɑ̃ ˈflɜːv‖roʊˈmɑn ˈflʌv]⟨telb.zn.; romans-fleuves; →mv. 5⟩ **0.1** ***familieroman*** ⇒*romancyclus.*

Ro·ma·nia [roʊˈmeɪnɪə], **Ru·ma·nia** [rʊˈmeɪnɪə]⟨eig.n.⟩ **0.1** ***Roemenië.***

Ro·man·i·an[1] [roʊˈmeɪnɪən], **Ru·man·i·an** [rʊˈmeɪnɪən]⟨f1⟩⟨zn.⟩

I ⟨eig.n.⟩ **0.1** ***Roemeens*** ⇒*de Roemeense taal;*

II ⟨telb.zn.⟩ **0.1** ***Roemeen.***

Romanian[2], **Rumanian** ⟨f1⟩⟨bn.⟩ **0.1** ***Roemeens.***

Ro·man·ic[1] [roʊˈmænɪk]⟨eig.n.⟩⟨vero.; taalk.⟩ **0.1** ***Romaans*** ⇒*de Romaanse talen.*

Romanic[2] ⟨bn.⟩ **0.1** ***Latijns*** ⟨v. cultuur, taal⟩ **0.2** ⟨vero.; taalk.⟩ ***Romaans.***

Ro·man·ism [ˈroʊmənɪzm]⟨n.-telb.zn.⟩⟨vaak bel.⟩ **0.1** ***rooms-katholieke godsdienst*** **0.2** ***roomsgezindheid.***

Ro·man·ist[1] [ˈroʊmənɪst]⟨telb.zn.⟩ **0.1** ***romanist*** **0.2** ***student in geschiedenis en recht v.h. oude Rome*** **0.3** ⟨vaak bel.⟩ ***rooms-katholiek*** ⇒*roomse* **0.4** ⟨vaak bel.⟩ ***roomsgezinde.***

Romanist[2], **Ro·man·is·tic** [ˈroʊməˈnɪstɪk]⟨bn.⟩⟨vaak bel.⟩ **0.1** ***rooms-katholiek*** ⇒*rooms* **0.2** ***roomsgezind.***

ro·man·i·za·tion, -sa·tion [ˈroʊmənaɪˈzeɪʃn‖-nəˈzeɪʃn]⟨telb. en n.-telb.zn.⟩ **0.1** ⟨vaak R-⟩ ***bekering tot het rooms-katholicisme*** **0.2** ⟨vaak R-⟩ ***romanisering*** ⇒*latinisering* **0.3** ⟨soms R-⟩ ***transcriptie in het Latijnse alfabet*** **0.4** ⟨druk.⟩ ***het in romein zetten.***

ro·man·ize, -ise [ˈroʊmənaɪz]⟨ov.ww.⟩ **0.1** ⟨vaak R-⟩ ***tot het rooms-katholicisme bekeren*** **0.2** ⟨vaak R-⟩⟨vaak R-⟩ ***romaniseren*** ⇒*latiniseren* **0.3** ⟨soms R-⟩ ***in het Latijnse alfabet transcriberen*** **0.4** ⟨druk.⟩ ***in romein zetten.***

Ro·ma·no- [roʊˈmɑːnoʊ] **0.1** ***Romeins-*** ◆ **¶.1** Romano-British *Romeins-Brits.*

Ro·mans(c)h [roʊˈmænʃ], **Rou·mansh, Ru·mansh** [ruːˈmænʃ] ⟨eig.n.⟩ **0.1** ***Retoromaans*** ⇒⟨vnl.⟩ *Romanche* ⟨het West-Retoromaans in Graubünden⟩.

ro·man·tic[1] [rəˈmæntɪk]⟨f2⟩⟨zn.⟩

I ⟨telb.zn.⟩ **0.1** ***romanticus*** **0.2** ⟨R-⟩⟨gesch.⟩ ***romanticus*** ⇒*romantisch kunstenaar;*

II ⟨mv.; ~s⟩ **0.1** ***romantische ideeën.***

romantic[2] ⟨f3⟩⟨bn.; -ally; →bijw. 3⟩ **0.1** ***romantisch*** **0.2** ***fantastisch*** ⇒*onrealistisch, onpraktisch* ◆ **1.1** ⟨gesch.⟩ the Romantic Movement *de Romantische School, de Romantiek.*

ro·man·ti·cism [rəˈmæntɪsɪzm]⟨f1⟩⟨zn.⟩

I ⟨eig.n.; R-⟩ **0.1** ***Romantiek*** ⟨als kunstrichting⟩;

II ⟨n.-telb.zn.⟩ **0.1** ***romantiek.***

ro·man·ti·cist [rəˈmæntɪsɪst]⟨telb.zn.⟩ **0.1** ***romanticus*** **0.2** ⟨R-⟩ ⟨gesch.⟩ ***romanticus*** ⇒*romantisch kunstenaar.*

ro·man·ti·cize, -cise [rəˈmæntɪsaɪz]⟨ww.⟩

I ⟨onov.ww.⟩ **0.1** ***romantisch denken;***

II ⟨ov.ww.⟩ **0.1** ***romantiseren*** ⇒*romantisch voorstellen.*

Rom·a·ny[1], **Rom·ma·ny** [ˈrɒməni, ˈroʊ-‖ˈrɑ-, ˈroʊ-]⟨zn.; →mv. 2⟩

I ⟨eig.n.⟩ **0.1** ***Romāni*** ⟨zigeunertaal⟩;

II ⟨telb.zn.⟩ **0.1** ***zigeuner.***

Romany[2], **Rommany** ⟨bn., attr.⟩ **0.1** ***zigeuner-*** ⇒*v.d. zigeuners.*

ro·maunt [roʊˈmɔːnt‖roʊˈmɑnt]⟨telb.zn.⟩⟨vero.⟩ **0.1** ***romance*** ⇒*riddergedicht.*

Rome [roʊm]⟨eig.n.⟩⟨→sprw. 19, 598, 739⟩ **0.1** ***Rome*** ⟨in Italië/ U.S.A.⟩ **0.2** ***Rome*** ⇒*het Romeinse Rijk* **0.3** ***Rome*** ⇒*de rooms-katholieke kerk.*

'Rome 'penny ⟨eig.n.; the⟩⟨gesch.; R.-K.⟩ **0.1** ***St.-Pieterspenning.***

Rome·ward [ˈroʊmwəd‖-wərd]⟨bn., attr.⟩⟨vnl. kerk.⟩ **0.1** ***naar Rome*** ⇒⟨fig.⟩ *roomsgezind, op Rome gericht.*

Rome·ward(s) [ˈroʊmwədz‖-wərdz]⟨bw.⟩⟨vnl. kerk.⟩ **0.1** ***naar Rome toe*** ⇒⟨fig.⟩ *rooms.*

Rom·ish [ˈroʊmɪʃ]⟨bn.; -ly; -ness⟩⟨vaak bel.⟩ **0.1** ***rooms(gezind).***

romp[1] [rɒmp‖rɑmp]⟨telb.zn.⟩ **0.1** ***stoeipartij*** **0.2** ⟨sl.⟩ ***ruzie*** **0.3** ⟨vero.⟩ ***levendig kind*** ⇒*wildzang.*

romp[2] ⟨f1⟩⟨onov.ww.⟩ **0.1** ***stoeien*** ⇒*dartelen* **0.2** ⟨sl.⟩ ***mot hebben*** **0.3** ***stuksmijten*** **0.4** ⟨inf.⟩ ***flitsen*** ⇒*(voorbij)schieten* ◆ **5.4** ~ home/**in** *op zijn gemak winnen* **6.1** ~ **through** an exam *met gemak voor een examen slagen.*

romp·er [ˈrɒmpə‖ˈrɑmpər]⟨f1⟩⟨zn.⟩

I ⟨telb.zn.⟩ **0.1** ***stoeier*** **0.2** ***kruippakje*** ⇒*speelpakje;*

II ⟨mv.; ~s⟩ **0.1** ***kruippakje*** ⇒*speelpakje* ◆ **1.1** a pair of ~s *een kruippakje.*

ron·da·vel [ˈrɒndɑːvəl‖ˈrɑn-]⟨telb.zn.⟩⟨Z. Afr. E⟩ **0.1** ***rondavel*** ⟨hut vnl. voor gasten⟩.

ron·deau [ˈrɒndoʊ‖ˈrɑn-]⟨telb.zn.; rondeaux [-doʊz]; →mv. 5⟩ ⟨lit.⟩ **0.1** ***rondeau*** ⇒*rondeel.*

ron·del [ˈrɒndl‖ˈrɑndl]⟨telb.zn.⟩⟨lit.⟩ **0.1** ***rondeel*** ⇒*rondeau.*

ron·do [ˈrɒndoʊ‖ˈrɑn-]⟨telb.zn.⟩⟨muz.⟩ **0.1** ***rondo.***

ron·dure [ˈrɒndʒə‖ˈrɑndʒər]⟨telb.zn.⟩⟨schr.⟩ **0.1** ***ronding*** ⇒*ronde vorm.*

ro·ne·o[1] [ˈroʊnioʊ]⟨telb.zn.⟩⟨ook merknaam⟩⟨BE⟩ **0.1** ***stencilmachine*** **0.2** ***stencil.***

roneo[2] ⟨ov.ww.⟩⟨BE⟩ **0.1** ***stencilen.***

Röntgen, röntgen →roentgen.

röntgenize, -ise →roentgenize, -ise.

röntgen(o)- →roentgen(o)-.

roo [ruː]⟨telb.zn.⟩⟨Austr. E; inf.⟩ **0.1** ***kangoeroe.***

'roo bar ⟨telb.zn.⟩⟨Austr. E⟩ **0.1** ***bull-bar*** ⇒*bush-bar, koeie/kangoeroevanger* ⟨frame op voorkant v. auto⟩.

rood [ruːd]⟨telb.zn.⟩ **0.1** ***kruisbeeld*** ⇒*crucifix* **0.2** ⟨vero.⟩ ***heilig kruis*** ⇒*kruishout, kruis v. Christus* **0.3** ⟨BE⟩ ***roede*** ⟨1011,71 m^2; →t1⟩ ◆ **2.2** ⟨R.-K.⟩ Holy Rood Day *Kruisverheffing* ⟨14 sept.⟩; *Kruisvinding* ⟨3 mei⟩ **6.2** by the Rood! *bij het Heilig Kruis!* ⟨eedformule⟩.

'rood cloth ⟨telb.zn.⟩⟨R.-K.⟩ **0.1** ***kruisdoek*** ⇒*kruiskleed.*

'rood loft ⟨telb.zn.⟩⟨bouwk.⟩ **0.1** ***(d)oksaal.***

'rood screen ⟨telb.zn.⟩⟨bouwk.⟩ **0.1** ***koorhek.***

roof[1] [ruːf]⟨f3⟩⟨telb.zn.; roofs [ruːfs, ruːvz], soms rooves [ruːvz]; →mv. 3⟩ **0.1** ⟨ben. voor⟩ ***dak*** ⇒*autodak, bladerdak, hemeldak, tentdak;* ⟨mijnw.⟩ *dak;* ⟨geol.⟩ *daklaag;* ⟨fig.⟩ *dak, hoogste punt;* ⟨fig.⟩ *dak, onderdak, huis* ◆ **1.1** have a ~ over one's head *een dak boven het hoofd hebben;* ~ of the mouth *gehemelte, verhemelte;* the ~ of the world *het dak v.d. wereld* ⟨bergland van Pamir, Mount Everest⟩ **3.¶** ⟨inf.⟩ bring the ~ down *de tent afbreken, hels kabaal maken;* ⟨sl.⟩ fall off the ~ *feest hebben, ongesteld zijn;* ⟨inf.⟩ lift/raise the ~ *een hels lawaai maken, de pannen v.h. dak schreeuwen/joelen;* ⟨inf.⟩ go through/hit the ~ *uit zijn slof schieten, uitvaren; de pan uit rijzen, omhoogschieten* ⟨v. prijzen e.d.⟩ **6.1** **under** one ~ *onder één dak;* **under** s.o.'s ~ *onder iemands dak, in iemands huis.*

roof[2] ⟨f1⟩⟨ov.ww.⟩ →roofing **0.1** ***overdekken*** ⇒*onder dak brengen* ◆ **5.1** ~ **in/over** a balcony *een balkon overdekken.*

roof·age [ˈruːfɪdʒ]⟨telb. en n.-telb.zn.⟩ **0.1** ***dakbedekking.***

roof·er [ˈruːfə‖-ər]⟨telb.zn.⟩ **0.1** ***dakwerker*** **0.2** ⟨BE⟩ ***bedankbrief*** ⟨v. gast na bezoek⟩.

'roof garden ⟨f1⟩⟨telb.zn.⟩ **0.1** ***daktuin.***

roof·ing [ˈruːfɪŋ]⟨f1⟩⟨telb. en n.-telb.zn.; (oorspr.) gerund v. roof⟩ **0.1** ***dakwerk*** **0.2** ***dakbedekking.***

roof·less [ˈruːfləs]⟨bn.⟩

I ⟨bn., attr.⟩ **0.1** ***zonder dak;***

II ⟨bn., pred.⟩ **0.1** ***dakloos*** ⇒*zonder onderdak.*

roof·let [ˈruːflɪt]⟨telb.zn.⟩ **0.1** ***(af)dakje.***

'roof rack ⟨telb.zn.⟩⟨vnl. BE⟩ **0.1** ***imperiaal.***

'roof·top ⟨f1⟩⟨telb.zn.⟩ **0.1** ***top v.h. dak*** **0.2** ***dak*** ⟨vnl. plat⟩ ◆ **1.2** the people were waiting in the streets and on the ~s *de mensen stonden op straat en op de daken te wachten* **3.¶** shout sth. from the ~s *iets van de daken schreeuwen.*

'roof·tree ⟨telb.zn.⟩ **0.1** ***nokbalk*** **0.2** ***dak*** ◆ **6.1** **under** s.o.'s ~ *in iemands huis.*

rooi·nek [ˈrɔɪnek, ˈrɔɪ-]⟨telb.zn.⟩ **0.1** ⟨Z. Afr. E; bel.⟩ ***Brits immigrant in Zuid-Afrika*** **0.2** ⟨gesch.⟩ ***rooinek*** ⟨scheldnaam voor Brits soldaat tijdens Boerenoorlog⟩.

rook[1] [rʊk]⟨telb.zn.⟩ **0.1** ***valsspeler*** ⇒*bedrieger* **0.2** ⟨dierk.⟩ ***roek*** ⟨Corvus frugilegus⟩ **0.3** ⟨schaken⟩ ***toren.***

rook[2] ⟨ov.ww.⟩ **0.1** ***bedriegen*** ⇒*bezwendelen, afzetten* **0.2** ***bedriegen door vals spel.***

rook·er·y [ˈrʊkəri]⟨telb.zn.; →mv. 2⟩ **0.1** ⟨dierk.⟩ ***roekenkolonie*** **0.2** ⟨dierk.⟩ ***kolonie*** ⟨v. penguins, zeehonden, e.d.⟩ **0.3** ***vervallen woonkazerne*** ⇒*krot* **0.4** ***verzameling*** ⇒*groep, concentratie.*

rook·ie, rook·ey, rook·y [rʊki]⟨telb.zn.⟩⟨inf.⟩ **0.1** ⟨mil.⟩ ***rekruut*** **0.2** ⟨vnl. AE⟩ ***rekruut*** ⇒*nieuweling, groentje;* ⟨i.h.b.⟩ *nieuwe speler* ⟨bij baseball e.d.⟩.

'rook·ri·fle ⟨telb.zn.⟩ **0.1** ***licht jachtgeweer.***

room[1] [ruːm, rʊm]⟨f4⟩⟨zn.⟩

I ⟨telb.zn.⟩ **0.1** ***kamer*** ⇒*vertrek* **0.2** ⟨sl.⟩ ***podium*** ⇒*bühne* **0.3** ⟨sl.⟩ ***tent*** ⇒*nachtclub* **0.4** ⟨sl.⟩ ***rookhol*** ⟨ruimte waar drugs gebruikt worden⟩ **0.5** ⟨sl.⟩ ***slaapkamer*** ◆ **1.1** ~ and board *kost en inwoning* **3.1** ⟨inf.⟩ leave the ~ *zich even verwijderen, naar het toilet gaan* **7.¶** the whole ~ *alle aanwezigen;*

II ⟨n.-telb.zn.⟩ **0.1** ***ruimte*** ⇒*plaats* **0.2** ***ruimte*** ⇒*gelegenheid, kans* ◆ **1.2** there is ~ for improvement *het laat te wensen over, er moet/kan nog het een en ander aan gebeuren* **1.¶** ⟨inf.⟩ there's not ~ (enough) to swing a cat (in) *je kunt er je kont niet keren* **3.1** clear/make ~ *plaats maken;* take up ~ *plaats innemen* **4.¶** I would rather have his ~ than his company *ik zie hem liever gaan dan komen* **7.1** we have no ~ for you here *er is hier geen plaats voor je; jou kunnen we hier niet gebruiken* **7.2** there's no ~ for mistakes *vergissingen zijn uitgesloten;*

III ⟨mv.; ~s⟩ **0.1** ***appartement*** ⇒*flat, kamers.*

room[2] ⟨f2⟩ ⟨onov.ww.⟩ ⟨AE⟩ **0.1** ***een kamer bewonen*** ⇒*inwonen, op kamers wonen* ◆ **6.1** ~ **in** *inwonend bediende zijn;* she ~ed **with** us for six months *ze heeft een half jaar bij ons (in)gewoond.*

'room clerk ⟨n.-telb.zn.⟩ **0.1** ***receptionist.***

'room·di·vid·er ⟨telb.zn.⟩ **0.1** ***afscheiding*** ⇒*separatie, scheidingswand.*

-roomed [ru:md, rʊmd] **0.1** ***met ... kamers*** ◆ **¶.1** a ten-~ house *een huis met tien kamers.*

room·er ['ru:mə, 'rʊmə‖-ər] ⟨telb.zn.⟩ ⟨AE⟩ **0.1** ***kamerbewoner*** ⇒*huurder, huisgenoot.*

room·ette [ru:'met, rʊ'met] ⟨telb.zn.⟩ **0.1** ***eenpersoons slaapcabine*** ⟨in trein⟩.

room·ful ['ru:mfʊl, 'rʊm-] ⟨telb.zn.⟩ **0.1** ***(een) kamer vol*** ⇒*inhoud v.e. kamer, groep, verzameling* ◆ **7.1** the whole ~ *alle aanwezigen, alle spullen/meubels.*

'room·ing-house ⟨telb.zn.⟩ ⟨AE⟩ **0.1** ***pension.***

'room-mate ⟨f2⟩ ⟨telb.zn.⟩ **0.1** ***kamergenoot.***

'room service ⟨f1⟩ ⟨n.-telb.zn.⟩ **0.1** ***bediening op de kamer*** ⟨in hotel⟩ ⇒*room service.*

room·y ['ru:mi, 'rʊmi] ⟨f1⟩ ⟨bn.; -er; -ly; -ness; →bijw. 3⟩ **0.1** ***ruim*** ⇒*groot, wijd.*

roor·back ['rʊəbæk‖'rʊr-] ⟨telb.zn.⟩ ⟨AE; pol.⟩ **0.1** ***lasterverhaal*** ⇒*lasterlijke publikatie* ⟨om tegenkandidaat te schaden bij verkiezingen⟩.

roost[1] [ru:st] ⟨f1⟩ ⟨telb.zn.⟩ ⟨→sprw. 295⟩ **0.1** ***roest*** ⇒*stok, kippenhok* **0.2** ***roest*** ⇒*slaapplaats v. vogels* **0.3** ***nest*** ⇒*bed, slaapplaats* **0.4** ⟨sl.⟩ ***woonhuis*** ⇒*woonplaats* **0.5** ⟨BE; scheep.⟩ ***sterke zeestroming*** ⟨bij Orkaden en Shetlandeilanden⟩ ◆ **3.¶** it will come home to ~ *je zult er zelf de wrange vruchten v. plukken, het zal zich wreken;* rule the ~ *de lakens uitdelen, de scepter zwaaien, de baas zijn.*

roost[2] ⟨f1⟩ ⟨ww.⟩ ⟨→sprw. 95⟩

I ⟨onov.ww.⟩ **0.1** ***roesten*** ⇒*op de roest/op stok zitten, slapen* **0.2** ***zijn tenten opslaan*** ⇒*neerstrijken, zijn bed spreiden;*

II ⟨ov.ww.⟩ **0.1** ***onderdak geven*** ⇒*een slaapplaats geven.*

roos·ter ['ru:stə‖-ər] ⟨f2⟩ ⟨telb.zn.⟩ **0.1** ***haan*** ⇒⟨fig.⟩ *hanig type.*

root[1] [ru:t] ⟨f3⟩ ⟨zn.⟩ ⟨→sprw. 423, 465⟩

I ⟨telb.zn.⟩ **0.1** ***oorsprong*** ⇒*oorzaak, wortel, basis, grond* **0.2** ***kern*** ⇒*het wezenlijke* **0.3** ***voorvader*** ⇒*stamvader* **0.4** ⟨plantk.⟩ ***wortel*** ⇒*hechtwortel* **0.5** ⟨med., taalk., wisk.⟩ ***wortel*** **0.6** ⟨plantk.⟩ ***zaailing*** **0.7** ⟨plantk.⟩ ***onderstam*** **0.8** ⟨muz.⟩ ***grondtoon*** **0.9** ⟨vero.; bijb.⟩ ***stam*** ⇒*nageslacht* **0.10** ⟨sl.⟩ ***(marihuana)sigaret*** ⇒*stickie* ◆ **1.1** the ~ of all evil *de wortel v. alle kwaad* **1.2** he has the ~ of the matter in him *hij is in wezen goed;* get to the ~ of the problem *tot de kern/grond v.h. probleem doordringen* **1.¶** ~ and branch *met wortel en tak, grondig* **3.4** pull up by the ~s *uit de grond trekken, ontwortelen;* ⟨fig.⟩ *vernietigen;* put down ~s, strike/take ~ *wortel schieten;* ⟨fig.⟩ *zich vestigen, zich thuis gaan voelen;* the idea took ~ in his mind *de idee begon te rijpen* **3.¶** pull up one's ~s *zich losmaken, weggaan, een ander leven beginnen;* strike at the ~s of *een vernietigende aanval doen op, proberen uit te roeien* **6.1** greed is **at** the ~ of it *hebzucht ligt eraan ten grondslag;*

II ⟨mv.; ~s⟩ **0.1** ⟨vnl. BE; landb.⟩ ***wortelgewassen*** **0.2** ⟨aardr.⟩ ***voet/bodem*** ⟨v. berg/zee⟩.

root[2], ⟨BE in bet. I, 0.3, 0.4 en II 0.3, 0.4 ook⟩ **root·le** [ru:ţl] ⟨f3⟩ ⟨ww.⟩

I ⟨onov.ww.⟩ **0.1** ***wortelschieten*** ⇒*wortelen;* ⟨fig.⟩ *zich vestigen* **0.2** ***wortelen*** ⇒*zijn oorsprong hebben, afstammen* **0.3** ***wroeten*** ⇒*graven, woelen* **0.4** ***rommelen*** ⇒*(door)zoeken, overhoop halen* **0.5** ⟨AE⟩ ***juichen*** ⇒*schreeuwen, aanmoedigen;* ⟨fig.⟩ *steunen* ◆ **5.3** the pigs were noisily ~ing **about** in the earth *de varkens wroetten luidruchtig rond in de aarde* **6.4** s.o. has been ~ing **among** my stuff *iem. heeft mijn spullen overhoop gehaald* **6.5** ~ **for** the team *het team toejuichen/steunen;*

II ⟨ov.ww.⟩ **0.1** ***planten*** ⇒*doen wortelschieten* **0.2** ***vestigen*** ⇒*doen wortelen* **0.3** ***loswroeten*** ⇒*omwoelen* **0.4** ***uitgraven*** ⇒*ontwortelen* **0.5** ⟨schr.; fig.⟩ ***ontwortelen*** ⇒*ontheemd maken, de zekerheden ontnemen* **0.6** ⟨sl.⟩ ***beroven*** ◆ **5.2** a deeply ~ed love *een diepgewortelde liefde;* well-rooted *diepgeworteld, bestendig* **5.3** →root **out** **5.4** →root **out;** the storm ~ed **up** the old birchtree *de storm heeft de oude berk ontworteld* **6.2** his problems are probably ~ed **in** some physical disturbance *zijn problemen worden waarschijnlijk door een lichamelijke stoornis veroorzaakt* **6.¶** she stood ~ed to the ground/spot *ze stond als aan de grond genageld.*

root·age ['ru:ţɪdʒ] ⟨telb.zn.⟩ **0.1** ⟨plantk.⟩ ***wortelstelsel*** ⇒*wortels* **0.2** ***origine*** ⇒*herkomst, wortels.*

'root beer ⟨f1⟩ ⟨n.-telb.zn.⟩ **0.1** ***limonade*** ⇒*gazeuse* ⟨v. wortelextracten⟩.

'root-bound ⟨bn.⟩ ⟨plantk.⟩ **0.1** ***met verwarde, verstrengelde wortels*** **0.2** ***met verstikte wortels.***

'root canal ⟨telb.zn.⟩ ⟨med.⟩ **0.1** ***wortelkanaal.***

'root cap ⟨telb.zn.⟩ ⟨plantk.⟩ **0.1** ***wortelmutsje.***

'root crop ⟨telb.zn.⟩ ⟨landb.⟩ **0.1** ***wortelgewas.***

root·er ['ru:tə‖'ru:ţər] ⟨telb.zn.⟩ ⟨AE; sport⟩ **0.1** ***supporter.***

'root hair ⟨telb.zn.⟩ ⟨plantk.⟩ **0.1** ***wortelhaar*** ⇒*haarwortel.*

root·less ['ru:tləs] ⟨f1⟩ ⟨bn.; -ness⟩ **0.1** ***ontworteld*** ⇒*ontheemd.*

root·let ['ru:tlɪt] ⟨telb.zn.⟩ ⟨plantk.⟩ **0.1** ***worteltje*** ⇒*zijtakje v. wortel.*

'root-mean-'square ⟨telb.zn.⟩ ⟨wisk.⟩ **0.1** ***kwadratisch gemiddelde.***

'root 'out ⟨f1⟩ ⟨ov.ww.⟩ **0.1** ***uitwroeten*** ⇒*opwoelen, uitgraven;* ⟨fig.⟩ *te voorschijn brengen, opdiepen* **0.2** ***vernietigen*** ⇒*wegvagen, uitroeien* ◆ **1.1** I hope to have the book rooted out for you by tomorrow *ik hoop dat ik morgen het boek voor je heb kunnen opdiepen* **1.2** the regime tries to ~ hostile elements *het nieuwe regime tracht vijandige elementen te vernietigen.*

'root sign ⟨telb.zn.⟩ ⟨wisk.⟩ **0.1** ***wortelteken.***

'root·stock ⟨telb.zn.⟩ **0.1** ⟨plantk.⟩ ***wortelstok*** ⇒*rizoom* **0.2** ⟨plantk.⟩ ***stam*** **0.3** ***oorsprong.***

root·y ['ru:ţi] ⟨bn.; -er; -ness; →bijw. 3⟩ **0.1** ***vol wortels*** **0.2** ***wortelachtig*** **0.3** ***uit wortels bestaand*** **0.4** ⟨sl.⟩ ***geil*** ⇒*heet.*

rooves ⟨mv.⟩ →roof[1].

rop·able, rope·able ['roupəbl] ⟨bn.⟩ ⟨Austr. E; sl.⟩ **0.1** ***kwaad.***

rope[1] [roup] ⟨f3⟩ ⟨zn.⟩ ⟨→sprw. 218⟩

I ⟨telb.zn.⟩ **0.1** ***(stuk) touw*** ⇒*koord, kabel* **0.2** ***snoer*** ⇒*rij, streng* **0.3** ***draad*** ⇒*kleverige sliert* ⟨in voedsel⟩ **0.4** ⟨AE⟩ ***lasso*** **0.5** ⟨bergsport⟩ ***touwgroep*** ◆ **1.2** a ~ of garlic *een streng knoflook* **1.¶** a ~ of sand *valse zekerheid, bedriegelijk houvast* **3.¶** ⟨sl.⟩ drag in your ~s! *hou je kop! stil!;* know/learn the ~s *van wanten weten, de kneepjes v.h. vak kennen/leren;* show s.o. the ~s *iem. wegwijs maken/inwijden* **6.1** ⟨bergsport⟩ **on** the ~ *aan het touw, met meerdere klimmers aan het touw gebonden* **7.1** the ~ *de strop;* ⟨sport⟩ the ~s *de touwen* ⟨v.e. boksring⟩; ⟨boksen⟩ on the ~s *in de touwen;* ⟨sl.; fig.⟩ *uitgeteld, zo goed als verslagen;*

II ⟨n.-telb.zn.⟩ **0.1** ***touw*** ⇒*koord* ◆ **3.1** give s.o. the ~ *iem. de ruimte laten* **3.¶** give s.o. ~ enough to hang himself *iem. in zijn eigen vet laten smoren, iem. door schade en schande wijs laten worden.*

rope[2] ⟨f1⟩ ⟨ww.⟩

I ⟨onov.ww.⟩ **0.1** ***draderig worden*** ⇒*kleverig worden* **0.2** ⟨bergsport⟩ ***klimmen aan het touw*** **0.3** ***een paard opzettelijk laten winnen*** ◆ **6.2** ~ **down/up** *afdalen/omhoog klimmen aan een touw;*

II ⟨ov.ww.⟩ **0.1** ***vastbinden*** **0.2** ***met touwen afzetten/omringen*** **0.3** ⟨bergsport⟩ ***aan het touw binden*** **0.4** ⟨AE⟩ ***vangen*** ⟨met een lasso⟩ **0.5** ⟨sl.⟩ ***paaien*** ⇒*inpalmen* **0.6** ⟨sl.⟩ ***bedriegen*** ⇒*bezwendelen, afzetten* ◆ **6.1** ~ **up** *dichtbinden* **6.2** ~ **in** *omheinen met touwen/koorden;* ~ **off** *afzetten* **6.¶** ~ s.o. **in** to help/join *iem. zo ver krijgen dat hij komt helpen/meedoet.*

'rope-danc·er, 'rope-walk·er ⟨f1⟩ ⟨telb.zn.⟩ **0.1** ***koorddanser(es).***

'rope-drill, 'rope-bor·ing ⟨n.-telb.zn.⟩ ⟨tech.⟩ **0.1** ***kabelboring.***

'rope-lad·der ⟨f1⟩ ⟨telb.zn.⟩ **0.1** ***touwladder.***

rope·man·ship ['roupmənʃɪp] ⟨n.-telb.zn.⟩ **0.1** ***koorddans/touwklimkunst.***

'rope-mould·ing, 'rope-mold·ing ⟨n.-telb.zn.⟩ ⟨beeld. k.⟩ **0.1** ***gedraaid houtsnij/beeldhouwwerk*** ⇒*touwornament.*

'rope-pul·ley ⟨telb.zn.⟩ ⟨tech.⟩ **0.1** ***snaarschijf*** ⇒*kabelschijf.*

'rope-quoit ⟨telb.zn.⟩ ⟨sport⟩ **0.1** ***werpring v. touw.***

'rope's end ⟨telb.zn.⟩ **0.1** ⟨vnl. scheep.⟩ ***touw*** ⇒*zweep, karwats* **0.2** ***strop.***

'rope-tow ⟨telb.zn.⟩ **0.1** ***ski-lift.***

'rope-walk, 'rope-yard, rop·ery ['roupəri] ⟨telb.zn.⟩ **0.1** ***touwslagerij*** ⇒*lijnbaan.*

'rope·way ⟨telb.zn.⟩ ⟨ind.; mijnw.⟩ **0.1** ***kabelbaan*** ⇒*transportbaan.*

'rope-yarn ⟨n.-telb.zn.⟩ **0.1** ***kabeldraad*** ⇒*touwdraad* **0.2** ***onzin*** ⇒*kleinigheid, futiliteit.*

rop·y, rop·ey ['roupi] ⟨bn.; -er; -ly; -ness; →bijw. 3⟩ **0.1** ***slijmerig*** ⇒*draderig* **0.2** ***touwachtig*** ⇒*touwig* **0.3** ⟨inf.⟩ ***armzalig*** ⇒*miezerig, beroerd.*

roque [rouk]⟨n.-telb.zn.⟩⟨AE; sport⟩ **0.1** ***roque*** ⟨soort croquet op verharde baan met verhoogde rand⟩.
roque·laure ['rɒkəlɔ:||'rɑkə'lɔr]⟨telb.zn.⟩⟨gesch.⟩ **0.1** ***roquelaure*** ⇒*wijde korte mantel* ⟨18e - 19e eeuw⟩.
ro·quet[1] ['rouki||'rou'keɪ]⟨n.-telb.zn.⟩⟨croquet⟩ **0.1** ***roquet*** ⟨als bal v. slagman andere bal raakt; geeft recht op 2 extra slagen⟩.
roquet[2] ⟨onov. en ov.ww.⟩⟨croquet⟩ **0.1** ***roquetteren***.
ro-ro →roll-on/roll-off.
ror·qual ['rɔ:kwəl||'rɔr-]⟨telb.zn.⟩⟨dierk.⟩ **0.1** ***vinvis*** ⟨genus Balaenoptera⟩.
ror·ty ['rɔ:ti||'rɔrṭi]⟨bn.⟩⟨sl.⟩ **0.1** ***fijn*** ⇒*lekker, machtig, leuk, amusant* **0.2** ***verzot op uitgaan en pleziertjes***.
ro·sa·ce ['rouzeɪs||rou'zeɪs]⟨telb.zn.⟩⟨bouwk.⟩ **0.1** ***roosvenster*** **0.2** ***rozet***.
ro·sa·ceous [rou'zeɪʃəs]⟨bn.⟩ **0.1** ⟨plantk.⟩ ***roosachtig*** ⇒*behorend tot de Rosaceae* **0.2** ⟨plantk.⟩ ***roosachtig*** ⇒*op een roos lijkend* **0.3** ***rooskleurig*** ⇒*rozerood*.
ros·an·i·lin(e) [rou'zænɪlɪn, -li:n]⟨n.-telb.zn.⟩⟨schei.⟩ **0.1** ***rosaniline*** ⇒*rode kleurstof uit aniline* **0.2** ***fuchsine*** ⇒*rode verfstof*.
ro·sar·i·an [rou'zeəriən||-'zæriən]⟨telb.zn.⟩ **0.1** ***rozenliefhebber/expert*** ⇒*rozenkweker* **0.2** ⟨R.-K.⟩ ***lid v.d. congregatie v.d. Rozenkrans***.
ro·sar·i·um [rou'zeəriəm||-'zæriəm]⟨telb.zn.⟩ **0.1** ***rosarium*** ⇒*rozentuin*.
ro·sa·ry ['rouzri]⟨f1⟩⟨telb.zn.; →mv. 2⟩ **0.1** ***rozentuin*** ⇒*rozenperk* **0.2** ⟨relig.⟩ ***bidsnoer*** ⇒⟨i.h.b. R.-K.⟩ *rozenkrans, paternoster* ◆ **3.2** say the ~ *de rozenkrans bidden*.
Ros·cian ['rɒʃiən||'rɑʃiən]⟨bn.⟩⟨gesch.⟩ **0.1** ***Rosciaans*** ⇒*als Roscius, als een groot acteur* ⟨naar Roscius Gallus, Romeins acteur⟩.
rose[1] [rouz]⟨f3⟩⟨telb.zn.⟩⟨→sprw. 512, 599⟩ **0.1** ***roos*** ⇒*rozestruik* **0.2** ⟨ben. voor⟩ ***roos*** ⇒*rozet;* ⟨bouwk.⟩ *roos/roosvenster;* ⟨diamantslijpen⟩ *rozet, roosje;* ⟨muz.⟩ *rozet, klankgat;* ⟨heraldiek; symbolentaal⟩ *roos;* ⟨scheep.⟩ *kompasroos, windroos* **0.3** ***sproeidop*** ⇒*sproeier* **0.4** ***rozenolie*** **0.5** ⟨med.⟩ ***wondroos*** ⇒*erysipelas* **0.6** ⟨vaak attr.⟩ ***rozerood*** ⇒*helderrood, dieprose* ◆ **1.1** ⟨plantk.⟩ ~ of Jericho *roos v. Jericho* ⟨Anastatica hierochuntia⟩ **1.¶** ⟨plantk.⟩ ~ of May *witte narcis* ⟨Narcissus poeticus⟩; ~ of Sharon ⟨plantk.⟩ *grootbloemig hertshooi* ⟨Hypericum calycinum⟩; ⟨bijb.⟩ *roos v. Sharon;* there's no ~ without a thorn *geen rozen zonder doornen;* ~s all the way *rozegeur en maneschijn* **3.¶** it is not all ~s *het is niet allemaal even prettig, het is niet allemaal rozegeur en maneschijn;* ⟨BE; inf.⟩ come up ~s *meevallen, goed uitvallen, goed komen* **6.2** **under** the ~ *onder geheimhouding, sub rosa*.
rose[2] ⟨f1⟩⟨onov.ww.⟩ →rosed **0.1** ***rood/rose maken***.
rose[3] ⟨verl. t.⟩ →rise.
rosé ['rouzeɪ||'rou'zeɪ]⟨telb. en n.-telb.zn.⟩ **0.1** ***rosé(wijn)***.
'rose a'cacia ⟨telb.zn.⟩⟨plantk.⟩ **0.1** ***ruige acacia*** ⇒*rode regen* ⟨Robinia hispida⟩.
ro·se·ate ['rouziət, -zieɪt]⟨bn.; -ly⟩ **0.1** ***rozerood*** ⇒*rooskleurig;* ⟨fig.⟩ *optimistisch, hoopvol* ◆ **1.1** ⟨dierk.⟩ ~ spoonbill *roze lepelaar* ⟨Ajaia ajaja⟩; ~ tern *dougalls stern* ⟨Sterna dougallii⟩.
rose·bay ['rouzbeɪ]⟨telb.zn.⟩⟨plantk.⟩ **0.1** ***rododendron/azalea*** ⇒⟨i.h.b.⟩ *Noordam. rododendron* ⟨Rhododendron maxima⟩ **0.2** ***oleander*** ⟨Nerium oleander⟩ **0.3** ⟨BE⟩ ***wilgeroosje*** ⟨Epilobium angustifolium⟩.
'rose-bed ⟨f1⟩⟨telb.zn.⟩ **0.1** ***rozenperk***.
'rose-bowl ⟨telb.zn.⟩ **0.1** ***rozenkom*** ⇒*rozensteker*.
'rose-bud ⟨f1⟩⟨telb.zn.⟩⟨→sprw. 216⟩ **0.1** ***rozeknop*** ⟨ook fig.⟩ ⇒*jong meisje*.
'rose-bush ⟨f1⟩⟨telb.zn.⟩ **0.1** ***rozestruik***.
'rose-chaf·er, 'rose-bee·tle, ⟨in bet. 0.2 ook⟩ **'rose-bug** ⟨telb.zn.⟩ ⟨dierk.⟩ **0.1** ***gouden tor*** ⟨Cetonia aurata⟩ **0.2** ***rozekevertje*** ⟨in U.S.A.; Macrodactylus subspinosus⟩.
'rose-col·oured, ⟨AE sp.⟩ **'rose-col·ored, 'rose-pink, 'rose-tint·ed** ⟨bn.⟩ **0.1** ***rooskleurig*** ⟨ook fig.⟩ ⇒*optimistisch* ◆ **1.1** ~ spectacles *een roze bril, een optimistische kijk* **1.¶** ⟨dierk.⟩ ~ starling *roze spreeuw* ⟨Sturnus roseus⟩.
'rose-cut ⟨bn.⟩ **0.1** ***geslepen als een rozet*** ⟨v. edelsteen⟩.
rosed [rouzd]⟨bn.; volt. deelw. v. rose⟩ **0.1** ***blozend*** ⇒*rood, rose*.
'rose-drop ⟨n.-telb.zn.⟩⟨med.⟩ **0.1** ***acné*** ⇒*rode uitslag*.
'rose fertilizer ⟨n.-telb.zn.⟩ **0.1** ***roze korrels***.
'rose-fe·ver, 'rose-cold ⟨telb.zn.⟩⟨med.⟩ **0.1** ***hooikoorts***.
'rose-gall ⟨telb.zn.⟩ **0.1** ***rozespons*** ⇒*egelantierappel*.
'rose ge'ranium ⟨telb.zn.⟩⟨plantk.⟩ **0.1** ***roze tuingeranium*** ⟨Pelargonium graveolens⟩.
'rose-hip ⟨telb.zn.⟩ **0.1** ***rozebottel***.
'rose-lau·rel ⟨telb.zn.⟩ **0.1** ***rododendron*** **0.2** ***oleander***.
'rose-leaf ⟨telb.zn.⟩ **0.1** ***rozeblaadje***.
ro·sel·la [rou'zelə]⟨telb.zn.⟩⟨dierk.⟩ **0.1** ***Australische parkiet*** ⟨Platycercus eximius⟩.
ro·selle [rou'zel]⟨telb.zn.⟩⟨plantk.⟩ **0.1** ***roselle*** ⟨Hibiscus sabdariffa⟩.
'rose-mal·low ⟨telb.zn.⟩⟨plantk.⟩ **0.1** ***stokroos*** ⟨Althaea rosea⟩ **0.2** ***hibiscus***.
rose·mar·y ['rouzməri||-meri]⟨f1⟩⟨n.-telb.zn.⟩⟨plantk.⟩ **0.1** ***rozemarijn*** ⟨Rosmarinus⟩.
'rose 'noble ⟨telb.zn.⟩⟨gesch.⟩ **0.1** ***rozenobel*** ⇒*Engelse gouden munt*.
ro·se·o·la [rou'zi:ələ]⟨n.-telb.zn.⟩⟨med.⟩ **0.1** ***mazelen*** **0.2** ***rode hond***.
rose-pink →rose-coloured.
'rose quartz ⟨n.-telb.zn.⟩ **0.1** ***rozekwarts*** ⟨mineraal⟩.
'rose-root ⟨telb.zn.⟩⟨plantk.⟩ **0.1** ***hemelsleutel*** ⟨Sedum telephium/roseum⟩.
ro·se·ry ['rouzri]⟨telb.zn.; →mv. 2⟩ **0.1** ***rozenperk***.
rose-tinted →rose-coloured.
ro·sette [rou'zet]⟨f1⟩⟨telb.zn.⟩ **0.1** ***rozet*** **0.2** ⟨bouwk.⟩ ***rozet/roosvenster*** **0.3** ⟨dierk.⟩ ***rozet*** ⇒*rozetvormige vlek* **0.4** ⟨plantk.⟩ ***rozet*** ⇒*bladerkrans/wortelrozet* **0.5** ⟨diamantslijpen⟩ ***rozet*** ⇒*roosje*.
'rose-wa·ter ⟨n.-telb.zn.⟩ **0.1** ***rozewater*** **0.2** ***zoetsappigheid*** ⇒*gevlij*.
'rose-win·dow ⟨telb.zn.⟩⟨bouwk.⟩ **0.1** ***roosvenster***.
'rose·wood ⟨f1⟩⟨n.-telb.zn.⟩ **0.1** ***rozehout*** ⇒*palissanderhout*.
Rosh Ha·sha·na(h) ['rɒʃ hə'ʃɑ:nə||'rouʃ hə'ʃounə]⟨eig.n.⟩⟨relig.⟩ **0.1** ***Rosh Hashanah*** ⇒*joods nieuwjaar*.
Ro·si·cru·cian[1] ['rouzɪ'kru:ʃn]⟨telb.zn.⟩⟨relig.⟩ **0.1** ***Rozenkruiser***.
Rosicrucian[2] ⟨bn.⟩⟨relig.⟩ **0.1** ***Rozenkruisers-*** ⇒*v./mbt. de Rozenkruizers*.
ros·in[1] ['rɒzɪn]⟨n.-telb.zn.⟩ **0.1** ***hars*** ⇒*resine;* ⟨i.h.b. muz.⟩ *snarenhars*.
rosin[2] ⟨ov.ww.⟩ **0.1** ***harsen*** ⇒*met hars besmeren/insmeren* ⟨i.h.b. muz., strijkstok⟩.
Ro·sin·an·te ['rɒzɪ'nænti||'rɑzɪ'nænṭi]⟨eig.n., telb.zn.⟩ **0.1** ***Rossinant*** ⇒*afgejakkerde knol* ⟨uit Don Quichot⟩.
ros·in·y ['rɒzɪni]⟨bn.⟩ **0.1** ***harsachtig***.
ros·o·li·o [rou'zouliou]⟨n.-telb.zn.⟩ **0.1** ***rosolio*** ⇒*soort likeur*.
'Ross' 'gull [rɒs||rɑs]⟨telb.zn.⟩⟨dierk.⟩ **0.1** ***Ross' meeuw*** ⟨Rhodostethia rosea⟩.
ros·ter[1] ['rɒstə||'rɑstər]⟨f1⟩⟨telb.zn.⟩ **0.1** ***rooster*** ⇒*werk/dienstschema, programma, rol;* ⟨i.h.b. mil.⟩ *dienstrooster*.
roster[2] ⟨ov.ww.⟩ **0.1** ***in het rooster/werkschema opnemen*** ⇒*inroosteren* ◆ **1.1** ~ed day off *roostervrije dag*.
ros·tral ['rɒstrəl||'rɑ-]⟨bn.⟩ **0.1** ⟨bouwk., scheep.⟩ ***rostraal*** ⇒*met rostra versierd* **0.2** ⟨dierk.⟩ ***rostraal*** ⇒*wat de snavel/snuit betreft*.
ros·trate ['rɒstreɪt||'rɑ-]⟨bn.⟩ **0.1** ***met een rostrum/snavel***.
ros·trat·ed ['rɒstreɪtɪd||'rɑstreɪṭɪd]⟨bn.⟩ **0.1** ⟨bouwk.; scheep.⟩ ***met rostra versierd*** **0.2** ⟨dierk.⟩ ***met een snavel/snavelachtige snuit***.
ros·trum ['rɒstrəm||'rɑ-]⟨f2⟩⟨telb.zn.; rostra [-trə]; →mv. 5⟩ **0.1** ***rostra*** ⇒*podium, spreekgestoelte* **0.2** ⟨gesch.; scheep.⟩ ***rostrum*** ⇒*snebbe* **0.3** ⟨dierk.⟩ ***snavel*** ⇒*snavelachtige snuit*.
ros·y ['rouzi]⟨f2⟩⟨bn.; -er; -ly; -ness; →bijw. 3⟩ **0.1** ***rooskleurig*** ⇒*rozerood, roze* ⟨ook bril⟩, *rozig;* ⟨i.h.b.⟩ *blozend, gezond* **0.2** ***rooskleurig*** ⇒*hoopvol, optimistisch, veelbelovend* **0.3** ⟨vero.⟩ ***rozen-*** ⇒*vol rozen, van rozen gemaakt, geurend naar rozen* **0.4** ***teut*** ⇒*aangeschoten* ◆ **1.1** be ~ about the gills *een gezonde kleur hebben*.
rot[1] [rɒt||rɑt]⟨f2⟩⟨zn.⟩
I ⟨telb.zn.⟩ **0.1** ***terugval*** ⇒*verval, de klad* ◆ **3.1** then a/the ~ set in *toen ging alles ineens mis;*
II ⟨n.-telb.zn.⟩ **0.1** ***verrotting*** ⇒*bederf, ontbinding* **0.2** ***vuur*** ⟨in hout⟩ **0.3** ⟨med.; dierk.⟩ ***leverbotziekte*** **0.4** ⟨plantk.⟩⟨ben. voor⟩ ***plantenziekte*** ⇒⟨bv.⟩ *voetrot* **0.5** ⟨dierk.⟩ ***hoefziekte*** **0.6** ⟨sl.⟩ ***onzin*** ⇒*flauwekul, belachelijk idee* ◆ **3.6** talk ~ *kletsen, onzin uitkramen*.
rot[2] ⟨f3⟩⟨ww.; →ww. 7⟩
I ⟨onov.ww.⟩ **0.1** ***rotten*** ⇒*wegrotten, ontbinden, bederven, vergaan* **0.2** ***vervallen*** ⇒*in verval raken, ten onder gaan, degeneren* **0.3** ***wegkwijnen*** ⇒*wegteren* **0.4** ⟨BE; sl.⟩ ***onzin kletsen*** ⇒*er maar wat uitkramen* ◆ **6.1** the beams are rotting **away** *de balken rotten weg;* rotted **off** branches *afgerotte takken;*
II ⟨ov.ww.⟩ **0.1** ***laten rotten*** ⇒*doen wegrotten* **0.2** ***aantasten*** ⇒*bederven* **0.3** ***roten*** ⟨vlas⟩ **0.4** ⟨BE; sl.⟩ ***plagen*** ⇒*voor de gek houden, voor schut zetten*.
ro·ta ['rouṭə]⟨f1⟩⟨telb.zn.⟩⟨vnl. BE⟩ **0.1** ***presentielijst*** ⇒*naamlijst* **0.2** ***rooster*** ⇒*werkschema, aflossingsschema, rol* **0.3** ⟨R-⟩⟨R.-K.⟩ ***rota*** ⟨rechtscollege v.d. H. Stoel⟩.
Ro·tar·i·an [rou'teəriən||-'ter-]⟨telb.zn.⟩ **0.1** ***rotarian*** ⇒*lid v.d. Rotary*.
ro·ta·ry[1] ['rouṭəri]⟨zn.; →mv. 2⟩
I ⟨eig.n.; R-⟩ **0.1** ***de Rotary (club)*** ◆ **2.1** The Rotary International *de Rotary (club);*

II ⟨telb.zn.⟩ **0.1** ⟨tech.⟩ ***rotator*** ⇒*roterend/rondwentelend onderdeel* **0.2** ⟨tech.⟩ ***rotatiemachine*** ⇒⟨i.h.b.⟩ *rotatiepers* **0.3** ⟨AE⟩ ***rotonde*** ⇒*verkeersplein*.

rotary² ⟨f2⟩ ⟨bn.⟩ **0.1** ***roterend*** ⇒*rondddraaiend, rondwentelend* **0.2** ⟨tech.⟩ ***roterend*** ⇒*met een rotator, rotatie-* **0.3** ***aflossings-*** ⇒*volgens een aflossings/vervangingsschema* ◆ **1.2** ~ engine *rotatiemotor, roterende motor;* ~ harrow *schijfeg;* ~ plow *roterende ploeg;* ~ press *rotatiepers*.

ro·tat·a·ble [roʊˈteɪtəbl‖ˈroʊteɪt̬əbl] ⟨bn.; -ly; →bijw. 3⟩ **0.1** ***draaibaar*** **0.2** ***afwisselbaar***.

ro·tate¹ [ˈroʊteɪt] ⟨bn.⟩ ⟨plantk.⟩ **0.1** ***radvormig***.

rotate² [roʊˈteɪt‖ˈroʊteɪt] ⟨f2⟩ ⟨ww.⟩

I ⟨onov.ww.⟩ **0.1** ***roteren*** ⇒*om een as draaien* **0.2** ***elkaar afwisselen*** ⇒*elkaar aflossen* **0.3** ***rouleren*** ◆ **1.3** this function ~s *deze functie rouleert/wordt telkens door een ander waargenomen;*

II ⟨ov.ww.⟩ **0.1** ***ronddraaien*** ⇒*laten rondwentelen* **0.2** ***afwisselen*** ◆ **1.2** ⟨landb.⟩ ~ crops *wisselbouw toepassen*.

ro·ta·tion [roʊˈteɪʃn] ⟨f2⟩ ⟨zn.⟩

I ⟨telb.zn.⟩ **0.1** ***omwenteling*** ⇒*rotatie* **0.2** ⟨wisk.⟩ ***draaiing*** ⇒*rotatie;*

II ⟨n.-telb.zn.⟩ **0.1** ***het omwentelen*** ⇒*rotatie* **0.2** ***het afwisselen*** ⇒*het aflossen, wisseling* ◆ **1.2** ⟨landb.⟩ the ~ of crops *de wisselbouw* **6.2** **by/in** ~ *bij toerbeurt, afwisselend, beurtelings*.

ro·ta·tion·al [roʊˈteɪʃnəl] ⟨bn.; -ly⟩ **0.1** ***rotatie-*** ⇒*omwentelings-* **0.2** ***wisselend*** ⇒*afwisselend*.

ro·ta·tor [roʊˈteɪtə‖ˈroʊteɪt̬ər] ⟨telb.zn.⟩ **0.1** ⟨med.⟩ ***draaispier*** **0.2** ⟨tech.⟩ ***rotor***.

ro·ta·to·ry [roʊˈteɪtəri‖ˈroʊt̬ətəri] ⟨bn.⟩ **0.1** ***rotatie-*** ⇒*omwentelings-, ronddraaiend* **0.2** ***afwisselend*** ⇒*beurtelings* ◆ **1.1** ⟨schei.⟩ ~ power *draaiingsvermogen*.

ROTC [ˈrɒtsi‖ˈrɑtsi] ⟨afk.⟩ Reserve Officers Training Corps.

rote [roʊt] ⟨f1⟩ ⟨n.-telb.zn.⟩ **0.1** ***het mechanisch leren/herhalen*** ⇒*het uit het hoofd leren/opzeggen, het opdreunen, stampwerk* ◆ **6.1** learn sth. **by** ~ *iets domweg uit het hoofd leren, iets erin stampen*.

'rot·gut, gut·rot ⟨n.-telb.zn.⟩ ⟨inf.⟩ **0.1** ***slechte sterke drank*** ⇒*bocht*.

ro·ti·fer [ˈroʊtɪfə‖ˈroʊt̬ɪfər] ⟨telb.zn.; rotifera [roʊˈtɪfərə]; →mv. 5⟩ ⟨biol.⟩ **0.1** ***raderdiertje***.

ro·tis·se·rie [roʊˈtɪsəri] ⟨telb.zn.⟩ **0.1** ***roosterspit*** ⇒*grill* **0.2** ***rotisserie***.

ro·to·gra·vure [ˈroʊtougrəˈvjʊə‖ˈroʊt̬əgrəˈvjʊr] ⟨telb.zn.⟩ ⟨graf.⟩ **0.1** ***rotogravure***.

ro·tor [ˈroʊtə‖ˈroʊt̬ər] ⟨f1⟩ ⟨telb.zn.⟩ ⟨tech.⟩ **0.1** ***rotor*** ⇒⟨i.h.b.⟩ *horizontale schroef v.e. helikopter*.

rot·ten [ˈrɒtn‖ˈrɑtn] ⟨f2⟩ ⟨bn.; -er; -ly; -ness⟩ ⟨→sprw. 542⟩ **0.1** ***rot*** ⇒*verrot, vergaan, bedorven* **0.2** ***vergaan*** ⇒*verteerd, verpulverd, verdord* **0.3** ***verdorven*** ⇒*gedegenereerd, vervallen, verzwakt* **0.4** ***waardeloos*** ⇒*slecht, ondoelmatig* **0.5** ⟨sl.⟩ ***ellendig*** ⇒*vreselijk, beroerd, stom* **0.6** ⟨med., dierk.⟩ ***aangetast door leverbotziekte*** ◆ **1.3** he's ~ to the core *hij is door en door slecht* **1.¶** ⟨BE; gesch., pol.⟩ ~ borough ⟨stad met nog maar weinig/geen stemgerechtigden, maar toch met de macht een parlementslid te kiezen⟩; something is ~ in the state of Denmark *er is iets mis, er klopt iets niet* ⟨naar Shakespeare⟩ **3.5** she felt ~ *ze voelde zich ellendig*.

'rot·ten-stone ⟨n.-telb.zn.⟩ **0.1** ***kiezelkalksteen*** ⇒*polijstaarde*.

rot·ter [ˈrɒtə‖ˈrɑt̬ər] ⟨telb.zn.⟩ ⟨vero.; BE; inf.⟩ **0.1** ***rotzak*** ⇒*ellendeling, schoft*.

rott·wei·ler [ˈrɒtweɪlə‖ˈrɑtweɪlər] ⟨telb.zn.⟩ **0.1** ***rottweiler*** ⟨hond⟩.

ro·tund [roʊˈtʌnd] ⟨bn.; -ly; -ness⟩ **0.1** ***rond*** ⇒*gerond, cirkelvormig* **0.2** ***diep*** ⇒*vol, sonoor* **0.3** ***breedsprakig*** ⇒*pompeus, bombastisch* **0.4** ***dik*** ⇒*rond, mollig*.

ro·tun·da [roʊˈtʌndə] ⟨telb.zn.⟩ ⟨bouwk.⟩ **0.1** ***rotonde*** ⇒*rond bouwwerk* ⟨i.h.b. met koepel⟩ **0.2** ***ronde zaal*** **0.3** ***hal***.

ro·tun·di·ty [roʊˈtʌndət̬i] ⟨zn.; →mv. 2⟩

I ⟨telb.zn.⟩ **0.1** ***rond ding/gedeelte;***

II ⟨n.-telb.zn.⟩ **0.1** ***rondheid*** ⇒*molligheid, gezetheid*.

ro·tu·rier [roʊˈtjʊərieɪ‖-ˈtʊrieɪ] ⟨telb.zn.⟩ **0.1** ***gewone man*** ⇒*iem. v. niet-adellijke afkomst, plebejer;* ⟨i.h.b.⟩ *nouveau riche*.

rou·ble, ru·ble [ˈruːbl] ⟨telb.zn.⟩ ⟨geldw.⟩ **0.1** ***roebel***.

rouche →ruche.

rou·cou [ˈruːˈkuː] ⟨zn.⟩

I ⟨telb.zn.⟩ ⟨plantk.⟩ **0.1** ***orleaanboom*** ⇒*anatto* ⟨Bixa orellana⟩;

II ⟨n.-telb.zn.⟩ **0.1** ***orleaan*** ⇒*orleaankleurstof*.

rou·é [ˈruːeɪ‖ruːˈeɪ] ⟨telb.zn.⟩ **0.1** ***roué*** ⇒*losbol, losbandige man*.

rouge¹ [ruːʒ] ⟨f1⟩ ⟨n.-telb.zn.⟩ **0.1** ***rouge*** **0.2** ***polijstrood*** ⇒*dodekop, polijstpoeder*.

rouge² ⟨bn., attr.⟩ **0.1** ***rouge*** ⇒*rood* ◆ **1.¶** ⟨geneal., heraldiek⟩ Rouge Croix, Rouge Dragon *Rouge Croix, Rouge Dragon* ⟨twee v.d. vier lagere leden v.h. Herald's College⟩ **¶.1** bonnet ~ *rode muts* ⟨als revolutionair symbool⟩; ~-royal marble *rood marmer*.

rouge³ ⟨ww.⟩

I ⟨onov.ww.⟩ **0.1** ***rouge gebruiken;***

II ⟨ov.ww.⟩ **0.1** ***rood maken met rouge*** ⇒*rouge aanbrengen op*.

rouge-et-noir [ˈruːʒeɪˈnwɑː‖-ˈnwɑr] ⟨n.-telb.zn.⟩ **0.1** ***rouge-et-noir*** ⟨hazardspel⟩.

rough¹ [rʌf] ⟨f1⟩ ⟨zn.⟩

I ⟨telb.zn.⟩ **0.1** ***schets*** ⇒*probeersel* **0.2** ***gewelddadige kerel*** ⇒*agressieveling, vandaal* **0.3** ***ijsnagel*** ⇒*uitstekende hoefnagel;*

II ⟨n.-telb.zn.⟩ **0.1** ***ruw terrein*** ⇒⟨i.h.b.⟩ *rough* ⟨ruig gedeelte v. golfterrein⟩ **0.2** ***tegenslag*** ⇒*moeilijkheden, onaangename kanten* **0.3** ***ruwe staat*** ⇒*natuurlijke/onbewerkte/onvoltooide staat* **0.4** ***ruw werk*** ⇒*vuil werk, schoonmaakwerk* ◆ **1.2** through ~ and smooth *in voor- en tegenspoed* **3.2** ⟨fig.⟩ take the ~ with the smooth *tegenslagen voor lief nemen* **6.3** write sth. **in** ~ *iets in het klad schrijven;* **in** the ~ there is a likeness between them *in grote trekken lijken ze wel wat op elkaar;* the statue is still **in** the ~ *het beeld is nog niet voltooid*.

rough² ⟨f3⟩ ⟨bn.; -er; -ness⟩ **0.1** ***ruw*** ⇒*ruig, oneffen, ongelijkmatig* **0.2** ***rauw*** ⇒*onbehouwen, ongemanierd, onopgevoed, lomp* **0.3** ***wild*** ⇒*woest, hevig, luidruchtig* **0.4** ***ruw*** ⇒*scherp, grof, hard, akelig; wrang v. smaak* ⟨ook lett.⟩ **0.5** ***ruw*** ⇒*schetsmatig, onaf, in grote trekken, niet uitgewerkt* **0.6** ⟨cul.⟩ ***eenvoudig*** ⇒*niet verfijnd, stevig, zwaar* **0.7** ⟨taalk.⟩ ***geaspireerd*** **0.8** ⟨sl.⟩ ***obsceen*** ⇒*wellustig, geil* ◆ **1.1** ⟨boek.⟩ ~ edges *niet bijgesneden/schoongesneden randen;* ~ rice *padie* **1.3** ~ behaviour *wild/baldadig gedrag;* a ~ passage *een zware overtocht;* ⟨fig.⟩ *een harde dobber;* ⟨fig.⟩ give s.o. a ~ passage *het iem. moeilijk maken;* ⟨fig.⟩ have a ~ ride with *het ervaring hebben met, slecht behandeld worden door;* ⟨fig.⟩ give s.o. a ~ ride *het iem. moeilijk maken, iets aan te merken hebben op iem.;* a ~ sea *een ruwe/zware zee* **1.4** a ~ deal *een gemene behandeling;* ~ luck *pech, tegenslag;* a ~ time *een zware tijd;* a ~ voice *een rauwe stem;* ~ wine *wrange wijn;* ~ words *harde woorden;* ~ work *zwaar werk, lichamelijke arbeid* **1.5** ~ coat *eerste pleisterlaag;* ~ copy *eerste schets, ruwe opzet; exemplaar met correcties;* a ~ diamond *een ruwe diamant;* ⟨fig.⟩ *een ruwe bolster, een ruw maar geschikt mens;* ⟨BE⟩ ~ grazing *onbewerkt weiland;* ~ justice *min of meer rechtvaardige behandeling;* ~ remedies *paardemiddelen;* ~ shooting *voor de voet jagen;* ~ work *grof/onaf werk, ruwe schets, probeersel* **1.7** ~ breathing *spiritus asper* **1.¶** show s.o. the ~ edge/side of one's tongue *iem. harde woorden toevoegen;* ~ music *herrie;* ~ quarter of the town *gevaarlijke buurt;* ⟨BE; sl.⟩ ~ stuff *geweld, gewelddadigheid; herrie, opschudding; obscene taal;* have a ~ tongue *grof in de mond zijn;* hit ~ water *heel wat deining veroorzaken* **6.4** it is ~ **on** him *het is heel naar voor hem*.

rough³ ⟨f1⟩ ⟨ww.⟩

I ⟨onov.ww.⟩ **0.1** ***zich ruw gedragen*** ⇒*geweld plegen;*

II ⟨ov.ww.⟩ **0.1** ***ruwen*** ⇒*ruig/ruw/oneffen maken* **0.2** ***ruw/gewelddadig behandelen*** **0.3** ***schetsen*** ⇒*een ruw ontwerp maken v.* ◆ **1.1** ~ a horse/horseshoe *een paard met ijsnagels beslaan* **1.¶** ~ a horse *een paard temmen* **4.¶** ~ it *zich behelpen, op een primitieve manier leven* **5.1** ~ **up** s.o.'s hair *iemands haar in de war maken;* ~ s.o. **up** the wrong way *iem. tegen de haren in strijken* **5.2** ⟨sl.⟩ ~ s.o. **up** *iem. aftuigen; iem. daas maken* **5.3** ⟨beeld. k.⟩ ~ **in** *schetsen, schetsmatig invullen/aangeven;* ~ **out** *een ruwe schets maken v., in grote lijnen schetsen*.

rough⁴ ⟨f1⟩ ⟨bw.⟩ **0.1** ***ruw*** ⇒*grof* **0.2** ***wild*** ⇒*ruw, rauw, woest* ◆ **3.1** treat s.o. ~ *iem. ruw behandelen* **3.2** play ~ *wilde spelletjes doen;* live ~ *zwerven, in de open lucht leven;* sleep ~ *onder de blote hemel slapen;* ⟨i.h.b.⟩ *dakloos zijn, zwerven*.

rough·age [ˈrʌfɪdʒ] ⟨n.-telb.zn.⟩ **0.1** ***ruwvoer*** ⇒*ruw veevoeder* **0.2** ***ruwe vezels*** ⇒*onverteerbare vezels, vezelrijk voedsel*.

'rough-and-'read·y ⟨bn.⟩ **0.1** ***eenvoudig*** ⇒*ruw maar doeltreffend, bruikbaar, primitief, grof* **0.2** ***hard*** ⇒*onbeleefd*.

'rough-and-'tum·ble¹ ⟨zn.⟩

I ⟨telb.zn.⟩ **0.1** ***knokpartij*** ⇒*schermutseling, handgemeen;*

II ⟨n.-telb.zn.⟩ **0.1** ***ruwe ordeloosheid***.

rough-and-tumble² ⟨bn.⟩ **0.1** ***ordeloos*** ⇒*wild*.

'rough·cast¹ ⟨f1⟩ ⟨zn.⟩

I ⟨telb.zn.⟩ **0.1** ***ruwe schets*** ⇒*eerste ontwerp;*

II ⟨n.-telb.zn.⟩ **0.1** ***ruwe pleisterkalk***.

roughcast² ⟨f1⟩ ⟨ov.ww.⟩ **0.1** ***ruw pleisteren*** ⇒*met ruwe pleisterkalk bestrijken* **0.2** ***ruw schetsen*** ⇒*een ruw ontwerp maken voor*.

'rough-'dry ⟨ov.ww.⟩ **0.1** ***alleen (laten) drogen*** ⇒*ongestreken laten* ⟨de was⟩.

rough·en [ˈrʌfn] ⟨f1⟩ ⟨ww.⟩

I ⟨onov.ww.⟩ **0.1** ***ruw/oneffen/ongelijkmatig worden;***

II ⟨ov.ww.⟩ **0.1** ***ruwen*** ⇒*ruw maken*.

'rough-'foot·ed ⟨bn.⟩ ⟨dierk.⟩ **0.1** ***met bevederde poten***.

'rough-'grind ⟨ov.ww.⟩ **0.1** ***aanscherpen*** ⇒*bijslijpen, v. tevoren slijpen*.

'rough-'hew ⟨ov.ww.⟩ →rough-hewn **0.1** ***ruw hakken*** ⇒*in ruwe stukken hakken/ruw uithakken* **0.2** ***ruw modelleren*** ⇒*ruw vormen, een ruwe schets maken voor.*

'rough-'hewn ⟨bn.; (oorspr.) volt. deelw. v. rough-hew⟩ **0.1** ***ruw (uit)gehakt*** ⇒*ruw (uit)gesneden* **0.2** ***ruw gemodelleerd*** **0.3** ***onbehouwen*** ⇒*lomp, ongemanierd.*

'rough-hound ⟨telb.zn.⟩ **0.1** ***hondshaai.***

'rough-house[1] ⟨telb. en n.-telb.zn.⟩ ⟨inf.⟩ **0.1** ***vechtpartij*** ⇒*knokpartij, gerobbedoes* **0.2** ***geweld.***

rough-house[2] ⟨ww.⟩ ⟨inf.⟩

I ⟨onov.ww.⟩ **0.1** ***een rel schoppen*** ⇒*vechten, tekeergaan, robbedoezen, dollen, ravotten;*

II ⟨ov.ww.⟩ **0.1** ***ruw aanpakken*** ⇒*afrossen, toetakelen, afranselen.*

rough·ish ['rʌfɪʃ] ⟨bn.⟩ **0.1** ***nogal/tamelijk ruw.***

'rough-'leg·ged ⟨bn.⟩ ⟨dierk.⟩ **0.1** ***ruigpotig*** **0.2** ***met ruige benen*** ⟨v.paard⟩ ◆ **1.1** ~ buzzard/hawk *ruigpootbuizerd* ⟨Buteo lagopus⟩.

rough·ly ['rʌfli] ⟨bw.⟩ **0.1** →rough[2] **0.2** ***ruwweg*** ⇒*grofweg, ongeveer* ◆ **3.2** ~ speaking *ongeveer.*

'rough·neck ⟨telb.zn.⟩ ⟨sl.⟩ **0.1** ***gewelddadig iem.*** ⇒*agressieveling, ruwe klant* **0.2** ***lid v.e. olieboringsploeg.***

'rough-rid·er ⟨telb.zn.⟩ **0.1** ***paardentemmer*** ⇒*pikeur* **0.2** ***berijder v. ongetemde paarden*** **0.3** ⟨mil.⟩ ***ongeregeld cavalerist*** ⇒*cavalerist bij ongeregelde troepen.*

'rough-scuff ⟨verz.n.⟩ ⟨AE⟩ **0.1** ***canaille*** ⇒*lieden v.h. laagste allooi.*

'rough-'shod ⟨bw.⟩ **0.1** ***scherp gezet*** ⇒*met ijsnagels/schroefkalkoenen beslagen* ⟨v. paard⟩ **0.2** ***onmenselijk*** ⇒*wreed.*

'rough-'spo·ken ⟨bn.⟩ **0.1** ***ruw in de mond*** ⇒*grof (v. tong).*

'rough trade ⟨telb.zn.⟩ ⟨sl.⟩ **0.1** ***potig type*** ⟨homoseksueel⟩ ⇒*ruwe bonk.*

'rough-'wrought ⟨bn.⟩ ⟨ind.⟩ **0.1** ***half bewerkt*** ⇒*voorbewerkt.*

rou·lade [ruː'lɑːd] ⟨telb.zn.⟩ **0.1** ***roffel*** ⇒*geroffel* **0.2** ⟨muz.⟩ ***roulade*** ⇒*loopje* **0.3** ⟨cul.⟩ ***rollade.***

rou·leau ['ruːloʊ‖ruː'loʊ] ⟨telb.zn.; ook rouleaux [-z]; →mv. 5⟩ **0.1** ***rolletje*** ⇒⟨i.h.b.⟩ *rolletje munten* **0.2** ***koord*** ⇒*boordsel, passement.*

rou·lette[1] [ruː'let] ⟨f1⟩ ⟨zn.⟩

I ⟨telb.zn.⟩ **0.1** ⟨graf.⟩ ***roulette*** ⇒*stippelwieltje, perforatiewieltje* **0.2** ⟨wisk.⟩ ***roulette*** ⇒*rolkromme;*

II ⟨n.-telb.zn.⟩ ⟨spel⟩ **0.1** ***roulette.***

roulette[2] ⟨ov.ww.⟩ ⟨o.m. graf.⟩ **0.1** ***met de roulette bewerken.***

Roumania →Rumania.

Roumanian →Rumanian.

round[1] [raʊnd] ⟨f2⟩ ⟨zn.⟩

I ⟨telb.zn.⟩ **0.1** ⟨ben. voor⟩ ***iets ronds*** ⇒*bol, bolling, ronding; cirkel, cirkelvorm, kromming* **0.2** ⟨ben. voor⟩ ***ronde*** ⇒*rondgang, cyclus; toer, reisje, trip; wedstrijdronde; patrouille, ronde v. visites, dagelijkse route; rondje, het uitdelen; rondedans;* ⟨handwerken⟩ *toer;* ⟨golf⟩ *ronde* ⟨v. 18 holes⟩ **0.3** ***snede*** ⇒*plak, stuk* **0.4** ***schot*** ⇒*geweerschot* **0.5** ***sport*** ⇒*trede* **0.6** ***kring*** ⇒*groep mensen* **0.7** ⟨muz.⟩ ***drie/vierstemmige canon*** ◆ **1.2** a ~ of parties *een hele serie feestjes, het ene feest na het andere* **1.3** ~ of beef *lendestuk;* ~ of bread/toast *(hele) snee brood/toost* **1.¶** a ~ of applause *een applaus* **3.2** do/go/make one's ~s *zijn ronde maken, visites afleggen* ⟨v. dokter⟩; go/do the ~s *de ronde doen, doorverteld worden* **3.4** have only one ~ left *nog maar één kogel hebben* **6.2** he stood us a ~ **of** drinks *hij gaf een rondje;* it made/went the ~ **of** the school *het ging als een lopend vuurtje door de school* **7.2** ⟨mil.⟩ the ~s *de ronde;*

II ⟨n.-telb.zn.⟩ **0.1** ***rondheid*** ⇒*het rond-zijn* **0.2** ***volledigheid*** ⇒*totaliteit, uitgestrektheid* **0.3** ***rondte*** ◆ **6.3** **in** the ~ *losstaand, vrijstaand* ⟨v. beeld⟩; ⟨fig.⟩ *alles welbeschouwd;* theatre **in** the ~ *théâtre en rond, arenatoneel* **6.¶** **in** the ~ *als (in) de werkelijkheid.*

round[2] ⟨f3⟩ ⟨bn.; -er; -ness⟩ **0.1** ***rond*** ⇒*bol, bolvormig, gerond* **0.2** ***rond*** ⇒*gekromd, gebogen, cirkelvormig, in een kring/cirkel, in de rondte* **0.3** ⟨ben. voor⟩ ***rond*** ⇒*gaaf, compleet; afgerond* ⟨v. getal⟩; *rond, aanzienlijk* ⟨v. som geld⟩; *rond welluidend* ⟨v. klank⟩; *afgerond, verzorgd* ⟨v. stijl⟩; ⟨fig.⟩ *rond, oprecht, openhartig* **0.4** ⟨taalk.⟩ ***(ge)rond*** ⟨v. klinker⟩ ◆ **1.1** ~ cheeks *bolle wangen;* ~ shoulders *een ronde rug* **1.2** ⟨bouwk.⟩ ~ arch *rondboog;* ~ brackets *ronde haakjes;* ~ dance *rondedans/dans waarbij men de zaal rond gaat;* ~ jacket *recht jasje, jas zonder panden;* ⟨gesch.⟩ the Round Table *de tafelronde;* ~ towel *rolhanddoek;* ~ trip *rondreis;* ⟨AE⟩ *retour, reis heen en terug;* ⟨scheep.⟩ ~ turn *enkele slag* ⟨v. touw⟩ **1.3** a ~ dozen *een heel dozijn, op de kop af een dozijn;* in ~ figures *in afgeronde getallen/bij benadering;* ~ number *rond getal;* a ~ oath *een niet mis te verstane vloek;* a ~ unvarnished tale *de zuivere waarheid, niets dan de waarheid;* in ~ terms *ronduit, rechtuit* **1.¶** a ~ game *een gezelschapsspel;* at a ~ pace *met ferme pas;* a ~ peg in a square hole *iem. die niet op zijn plaats is, een vreemde eend in de bijt;* ~ robin *petitie;* ⟨i.h.b.⟩ *petitie met handtekeningen in een cirkel;* ⟨ook attr.⟩ ⟨AE⟩ ~ robin *toernooi waarbij elke deelnemer tegen elke andere uitkomt.*

round[3] ⟨f3⟩ ⟨ww.⟩

I ⟨onov.ww.⟩ **0.1** ***rond worden*** ⇒*zich ronden* **0.2** ***afbuigen*** ⇒*een rondgaande beweging maken* **0.3** ***zich ontwikkelen*** ⇒*zich vervolmaken* **0.4** ***zich omdraaien*** ◆ **1.1** her eyes ~ed with surprise *ze zette grote ogen op v. verbazing, haar ogen werden groot v. verbazing* **5.1** ~ **out** *rond/dik worden, opzwellen;*

II ⟨ov.ww.⟩ **0.1** ***ronden*** ⇒*rond maken;* ⟨ook fig.⟩ *afronden, completeren* **0.2** ***ronden*** ⇒*omvaren/omrijden, om(heen) gaan* **0.3** ***omringen*** ⇒*omgorden* **0.4** ***rondgaan*** ⇒*omgaan, rondrijden/lopen (op/in)* **0.5** ***ronddraaien*** ⇒*omdraaien* **0.6** ***couperen*** ⇒*bijsnijden* **0.7** ⟨taalk.⟩ ***labialiseren*** ⇒*met geronde lippen uitspreken* ⟨klinkers⟩ ◆ **1.2** ⟨scheep.⟩ ~ a cape *een kaap ronden;* ~ a corner *een hoek omgaan, afslaan* **1.4** ~ the square *het plein rondrijden/lopen* **1.7** ~ed vowel *(ge)ronde klinker* **5.1** ~ **down** *naar beneden afronden;* ~ **off** sharp edges *scherpe randen rond afwerken;* the dinner-party was ~ed **off** with a speech *het diner werd besloten met een toespraak;* →round **up** **5.¶** ~ **out** *afronden* ⟨verhaal, studie⟩; *aanvullen, vervolledigen, uitbreiden, opvullen;* →round **up** **6.¶** ~ **(up)on** s.o. *tegen iem. v. leer trekken, zich woedend tot iem. keren.*

round[4] ⟨f3⟩ ⟨bw.⟩ ⟨→sprw. 415, 610⟩ **0.1** ⟨richting; ook fig.⟩ ***rond*** ⇒*om, andersom, in de rondte, in een kring, rondwentelend, cyclisch* **0.2** ⟨plaats; ook fig.⟩ ***rondom*** ⇒*in het rond, in de omgeving/buurt/omtrek* **0.3** ***bij*** ⇒*bij/voor zich* **0.4** ⟨tijd⟩ ***doorheen*** ◆ **1.1** next time ~ *de volgende keer;* we took a way ~ *we maakten een omweg;* he did it the right/wrong way ~ *hij deed het goed/verkeerd;* do it the other way ~ *doe het andersom* **1.2** the scenery ~ was beautiful *het landschap rondom was prachtig* **1.4** all year ~ *het hele jaar door* **3.1** go ~ to the back door *loop om naar de achterdeur;* my head goes ~ *mijn hoofd loopt om/tolt;* hand ~ the biscuits *laat de koekjes rondgaan;* he talked her ~ *hij praatte haar om;* the axis turns ~ *de as draait rond;* they walked ~ to the other side *zij wandelden eromheen naar de andere kant;* he went ~ from door to door *hij ging rond van deur tot deur;* we went the wrong way ~ *we gingen in de verkeerde richting;* can you win him ~? *kan je hem overhalen?* **3.2** they were shown ~ *ze werden rondgeleid;* they wandered ~ *ze dwaalden rond;* the news/rumours went ~ *het nieuws deed/geruchten deden de ronde* **3.3** they asked us ~ for tea *ze nodigden ons bij hen uit voor de thee;* he brought the car ~ *hij reed de auto voor;* send ~ for the girl *stuur iemand om het meisje te halen* **5.1** ~ and ~ *om en om, als maar rond* **5.2** he came ~ **about** *hij kwam langs/via een omweg;* all ~ *rondom; voor alles en iedereen; in alle opzichten;* have sth. all ~ *door iets omgeven zijn;* I lost my ring ~ here *ik ben mijn ring hier in de buurt verloren* **6.2** it's ~ **about** two-fifty *het is zo ongeveer/om en bij de twee pond vijftig;* ~ **about** the wood *in de buurt v.h. bos.*

round[5] ⟨f3⟩ ⟨vz.⟩ **0.1** ⟨plaats en richting; ook fig.⟩ ***om*** ⇒*rondom, om, rond, om ... heen* **0.2** ⟨plaats en tijd⟩ ***nabij*** ⇒*omstreeks, in de buurt/omgeving v., in het gebied v., door, rond* ◆ **1.1** ~ the corner *om de hoek;* walk ~ the forest *om het bos heenlopen;* travel ~ the globe *de wereld rondreizen;* she was happy all ~ these months *ze was al die maanden gelukkig;* her coat ~ her shoulders *haar mantel om de schouders geslagen;* they sat ~ the storyteller *ze zaten rond de verteller* **1.2** the woods ~ the area *de bossen door het gebied verspreid;* ~ 8 o'clock *omstreeks acht uur;* it must be somewhere ~ the house *het moet ergens in (het) huis zijn;* he strolled ~ the park *hij kuierde door het park;* in the street ~ the pub *op straat in de buurt van het café;* the news went all ~ town *het nieuws ging heel de stad door* **8.2** to argue ~ and ~ sth. *ergens om heen praten, eromheen draaien* ⟨B.⟩ *rond de pot draaien.*

round·a·bout[1] ['raʊndəbaʊt] ⟨f2⟩ ⟨telb.zn.⟩ ⟨→sprw. 734⟩ **0.1** ***omweg*** **0.2** ***kort nauw jasje*** **0.3** ***omslachtige uitdrukking*** **0.4** ⟨BE⟩ ***draaimolen*** **0.5** ⟨BE⟩ ***rotonde*** ⇒*verkeersplein.*

roundabout[2] ⟨f2⟩ ⟨bn.⟩ **0.1** ***indirect*** ⇒*omslachtig, ingewikkeld* **0.2** ***mollig*** ⇒*dik* ◆ **1.1** a ~ route *een omweg;* we heard of it in a ~ way *we hebben het via via gehoord.*

'round-arm, 'round-hand ⟨bn.; bw.⟩ ⟨cricket⟩ **0.1** ***round-arm*** ⇒*met de arm op schouderhoogte* ⟨v. worp/werpen⟩.

'round-'backed ⟨bn.⟩ **0.1** ***met een ronde/kromme rug.***

roun·del ['raʊndl] ⟨telb.zn.⟩ **0.1** ***identificatieplaat*** ⇒*kentekenschildje* ⟨i.h.b. op mil. vliegtuig⟩ **0.2** ***rondedans*** **0.3** ⟨beeld.k.; bouwk.⟩ ***medaillon*** **0.4** ⟨lit.⟩ ***rondeel*** ⇒*rondeau.*

roun·de·lay ['raʊndɪleɪ] ⟨telb.zn.⟩ **0.1** ***rondedans*** **0.2** ***rondeel*** ⇒*(liedje met) refrein.*

round·er ['raʊndə‖-ər] ⟨zn.⟩

I ⟨telb.zn.⟩ **0.1** ***schooier*** ⇒*zuiplap, verloederd mens* **0.2** ***uitbar-***

sting ⇒*salvo* **0.3** ⟨ind.⟩ ***ronder*** ⇒*wie iets rondsnijdt* **0.4** ⟨ind.⟩ ***rondsnijmes/apparaat*** **0.5** ⟨sport⟩ ***punt*** ⟨bij rounders⟩ **0.6** ⟨R-⟩ ⟨BE⟩ ***rondreizend methodistenpredikant*** ◆ **1.2** a ~ of thanks *een stortvloed v. bedankjes;*
II ⟨n.-telb.zn.; ~s⟩ ⟨BE; sport⟩ **0.1** ***rounders*** ⟨soort kastie/slagbal⟩.

'round-'eyed ⟨bn.⟩ **0.1** ***met grote ogen*** ⇒*met verwonderde ogen.*

'round hand ⟨n.-telb.zn.⟩ **0.1** ***rondschrift*** ⇒*rond handschrift* **0.2** ⟨cricket⟩ ***worp met arm op schouderhoogte.***

'Round·head ⟨telb.zn.⟩ ⟨gesch.⟩ **0.1** ***Rondkop*** ⇒*puritein/lid v.d. regeringspartij* ⟨ten tijde v. Cromwell⟩.

'round'head·ed ⟨bn.⟩ **0.1** ***met een rond/bol hoofd*** **0.2** ***met ronde/bolle kop*** ◆ **1.¶** ~ screw *bolkopschroef.*

'round-house, ⟨in bet. 0.4 ook⟩ **'round-house curve** ⟨f1⟩ ⟨telb.zn.⟩ **0.1** ⟨scheep.⟩ ***achterkajuit*** ⇒*kajuit onder de kampanje* ⟨v. zeilschip⟩ **0.2** ⟨gesch.⟩ ***gevangenis*** ⇒*cachot* **0.3** ⟨AE⟩ ***reparatieloods voor locomotieven*** **0.4** ⟨sport⟩ ⟨ben. voor⟩ ***slag met wijde uithaal*** ⇒⟨volleybal⟩ *molenwiek(serve);* ⟨AE; honkbal⟩ *(met) wijde curve (gegooide bal);* ⟨AE; bokssport⟩ *zwaaistoot.*

round·ish ['raʊndɪʃ] ⟨bn.; -ness⟩ **0.1** ***nogal rond*** ⇒*enigszins rond, rondachtig, wat bol.*

round·ly ['raʊndli] ⟨f1⟩ ⟨bw.⟩ **0.1** →round **0.2** ***ronduit*** ⇒*zonder meer, onomwonden* **0.3** ***volkomen*** ⇒*onmiskenbaar, volslagen.*

'round shot ⟨telb.zn.⟩ ⟨gesch.⟩ **0.1** ***kanonskogel.***

rounds·man ['raʊn(d)zmən], **'route man** ⟨telb.zn.; roundsmen [-mən]; →mv. 3⟩ **0.1** ⟨BE; hand.⟩ ***bezorger*** **0.2** ⟨AE⟩ ***commandant v.e. politiepatrouille.***

'round-ta·ble 'conference ⟨f1⟩ ⟨telb.zn.⟩ **0.1** ***ronde-tafelconferentie.***

'round-the-'clock, ⟨AE ook⟩ **a'round-the-'clock** ⟨f1⟩ ⟨bw.⟩ **0.1** ***de klok rond*** ⇒*zonder onderbreking, dag en nacht, vierentwintig uur per dag* ◆ **1.1** a ~ party *een feest dat de hele nacht doorgaat.*

round-the-'head ⟨telb.zn.⟩ ⟨badminton⟩ **0.1** ***round-the-head(slag).***

'round-top ⟨telb.zn.⟩ ⟨scheep.⟩ **0.1** ***kraaienest.***

'round-'trip ⟨bn., attr.⟩ ⟨AE⟩ **0.1** ***retour-*** ◆ **1.1** ~ ticket *retourtje, retourbiljet.*

'round 'up ⟨ov.ww.⟩ **0.1** ***bijeenjagen/drijven*** ⇒*verzamelen* **0.2** ***grijpen*** ⇒*pakken, aanhouden* ⟨misdadigers⟩, *oprollen* ⟨bende⟩ **0.3** ***naar boven toe afronden*** ◆ **6.3** ~ $24^1/_2$ **to** 25 $24^1/_2$ *afronden op 25.*

'round-up ⟨f1⟩ ⟨telb.zn.⟩ **0.1** ***resumé*** ⇒*overzicht* **0.2** ***verzameling*** ⇒*bijeenkomst* **0.3** ***bijeengedreven vee*** **0.4** ***arrestatie*** ⟨v. misdadigers⟩ ⇒*het oprollen* ⟨v. bende⟩.

'roundworm ⟨telb.zn.⟩ ⟨dierk.⟩ **0.1** ***rondworm*** ⟨klasse der nematoda⟩.

roup[1] [ru:p] ⟨telb. en n.-telb.zn.⟩ ⟨dierk.⟩ **0.1** ***pip*** **0.2** ***hoenderpest.***

roup[2] [raʊp] ⟨telb.zn.⟩ ⟨BE, Sch. E⟩ **0.1** ***veiling.***

roup[3] [raʊp] ⟨ov.ww.⟩ ⟨BE, Sch. E⟩ **0.1** ***veilen*** ⇒*op een veiling verkopen.*

roup·y ['ru:pi] ⟨bn.⟩ **0.1** ⟨dierk.⟩ ***pips*** ⇒*met de pip* **0.2** ⟨dierk.⟩ ***met hoenderpest*** **0.3** ⟨Sch. E⟩ ***schor.***

rouse[1] [raʊz] ⟨zn.⟩
I ⟨telb.zn.⟩ **0.1** ***tumult*** **0.2** ⟨mil.⟩ ***reveille;***
II ⟨n.-telb.zn.⟩ **0.1** ***het wakker maken.***

rouse[2] ⟨f2⟩ ⟨ww.⟩ →rousing
I ⟨onov.ww.⟩ **0.1** ***ontwaken*** ⇒*bijkomen, wakker worden* **0.2** ***in actie komen*** ◆ **5.1** ~ **up** *opstaan, zich in beweging zetten;*
II ⟨onov. en ov.ww.⟩ ⟨jacht⟩ **0.1** ***opschrikken*** ⇒*opjagen, (doen) opvliegen;*
III ⟨ov.ww.⟩ **0.1** ***wakker maken*** ⇒*wekken;* ⟨fig.⟩ *opwekken, wakker schudden, aanporren* **0.2** ***prikkelen*** ⇒*tergen, ophitsen* **0.3** ***oproepen*** ⇒*wakker roepen, te voorschijn roepen* **0.4** ***roeren*** ⟨i.h.b. bij bierbrouwen⟩ **0.5** ⟨scheep.⟩ ***met kracht aanhalen*** **0.6** ⟨cul.⟩ ***pekelen*** ⇒*inzouten* ◆ **1.3** his conduct ~d suspicion *zijn gedrag wekte argwaan* **4.1** ~ o.s. to action *zich vermannen, zichzelf tot actie aanzetten* **5.5** ~ **in** *aan/inhalen;* ~ **out** *uithalen;* ~ **up** *ophalen.*

rous·er ['raʊzə‖-ər] ⟨telb.zn.⟩ **0.1** ***iem. die wakker schudt*** ⟨ook fig.⟩ ⇒*iem. die tot actie opwekt* **0.2** ***kanjer*** ⇒*iets gigantisch/buitengewoons.*

rous·ing ['raʊzɪŋ] ⟨f1⟩ ⟨bn.; oorspr. teg. deelw. v. rouse; -ly⟩ **0.1** ***opwindend*** ⇒*bezielend, indrukwekkend* **0.2** ***levendig*** ⇒*krachtig, bloeiend* **0.3** ***laaiend*** ⇒*blakerend, hoog opvlammend, fel brandend* **0.4** ⟨inf.⟩ ***buitengewoon*** ⇒*fantastisch, enorm* ◆ **1.2** a ~ cheer *een enthousiast hoera/luid gejuich.*

roust [raʊst] ⟨ov.ww.⟩ **0.1** ***te voorschijn halen*** ⇒⟨i.h.b.⟩ *uit bed halen* **0.2** ⟨AE; sl.⟩ ***arresteren*** **0.3** ⟨AE; sl.⟩ ***een (politie)overval doen op*** ◆ **6.1** ~ **out of** bed *uit bed halen/jagen.*

'roust·a·bout, 'rouse·a·bout ⟨telb.zn.⟩ **0.1** ⟨ben. voor⟩ ***werkman*** ⇒*dokwerker, bootwerker;* ⟨AE⟩ *dekknecht;* ⟨AE⟩ *(ongeschoold) arbeider/werker* ⟨i.h.b. op booreiland⟩; ⟨AE⟩ *circusknecht* **0.2** ⟨Austr. E⟩ ***klusjesman*** ⇒*losse boerenarbeider* ⟨op schapenfokkerij⟩.

roust·er ['raʊstə‖-ər] ⟨telb.zn.⟩ ⟨AE⟩ **0.1** ***dekknecht*** **0.2** ***bootwerker.***

rout[1] [raʊt] ⟨f1⟩ ⟨telb.zn.⟩ **0.1** ***luidruchtig gezelschap*** **0.2** ***opstootje*** ⇒*tumult, rel* **0.3** ⟨jur.⟩ ***samenscholing*** ⇒*ordeverstoring* **0.4** ⟨mil.⟩ ***totale nederlaag*** ⇒*aftocht, vlucht* **0.5** ⟨vero.; BE⟩ ***soiree*** ⇒*receptie, partij* **0.6** ⟨vero.⟩ ***menigte*** ⇒*troep* ⟨i.h.b.v. wolven/ridders⟩ ◆ **3.4** put to ~ *een verpletterende nederlaag toebrengen.*

rout[2] ⟨f1⟩ ⟨ww.⟩
I ⟨onov.ww.⟩ **0.1** ***wroeten*** ⇒*graven, woelen* **0.2** ***rommelen*** ⇒*zoeken;*
II ⟨ov.ww.⟩ **0.1** ***verslaan*** ⇒*verpletteren, een zware nederlaag toebrengen en op de vlucht jagen* **0.2** ***opjagen*** ⇒*opschrikken, wegjagen* ◆ **5.2** ~ **out** *uit huis zetten* ⟨met geweld⟩ **5.¶** ~ **out** *opduik(el)en, opsnorren* **6.2** ~ **out of** bed *uit bed jagen.*

route[1] [ru:t‖raʊt] ⟨f3⟩ ⟨telb.zn.⟩ **0.1** ***route*** ⇒*weg* **0.2** ***weg*** ⇒*openbare weg, straatweg* **0.3** ⟨AE⟩ ***ronde*** ⇒*dagelijkse route, wijk* ◆ **¶.1** en ~ *onderweg, en route.*

route[2] ⟨ov.ww.⟩ **0.1** ***sturen*** ⇒*leiden, een route bepalen voor* **0.2** ***zenden*** ⇒*sturen, verzenden.*

route man →roundsman.

'route-march ⟨telb.zn.⟩ ⟨mil.⟩ **0.1** ***mars*** ⇒*afstandsmars.*

rout·er ['ru:tə‖'raʊṭər] ⟨telb.zn.⟩ **0.1** ***groefschaaf*** **0.2** ***iem. die routes uitstippelt*** ⇒⟨i.h.b. hand.⟩ *sorteerder* ⟨v. goederen voor aflevering⟩.

rou·tine[1] [ru:'ti:n] ⟨f3⟩ ⟨zn.⟩
I ⟨telb.zn.⟩ **0.1** ⟨dram.; circus⟩ ***nummer*** **0.2** ⟨dansk.⟩ ***figuur*** **0.3** ⟨comp.⟩ ***routine*** ⟨deel v. programma met op zichzelf staande functie⟩ **0.4** ⟨sl.⟩ ***kutsmoes(je)*** ⇒*lulverhaal, ontwijkend verhaal/antwoord;*
II ⟨telb. en n.-telb.zn.⟩ **0.1** ***routine*** ⇒*gebruikelijke/dagelijkse procedure* ◆ **3.1** go into one's ~ of saying … *zoals altijd/gewoonlijk beginnen te zeggen ….*

routine[2] ⟨f1⟩ ⟨bn.; -ly⟩ **0.1** ***routine-*** ⇒*routineus, volgens vaste regels, volgens de gewoonte* **0.2** ***gewoon*** ⇒*niet oorspronkelijk, niet interessant* ◆ **1.1** on a ~ basis *volgens vaste regels;* a ~ job *routinewerk;* ⟨mil.⟩ ~ orders *dagorder* **3.1** do sth. ~ly *iets (haast) als vanzelf/stelselmatig/in de regel doen.*

roux [ru:] ⟨telb.zn.⟩ ⟨cul.⟩ **0.1** ***roux.***

rove[1] [roʊv] ⟨telb.zn.⟩ **0.1** ***zwerftocht*** **0.2** ⟨textielind.⟩ ***lont*** ⇒*grof ineengedraaide vezels.*

rove[2] ⟨f2⟩ ⟨ww.⟩
I ⟨onov.ww.⟩ **0.1** ***zwerven*** ⇒*dolen, dwalen* **0.2** ***zich vergissen*** ◆ **1.1** roving commission *opdracht die reizen met zich meebrengt;* he has a roving eye *hij kijkt steeds naar een ander, hij is niet trouw;*
II ⟨ov.ww.⟩ **0.1** ***doorzwerven*** ⇒*trekken door, dolen, dwalen* **0.2** ⟨textielind.⟩ ***kaarden*** **0.3** ⟨textielind.⟩ ***door een oog halen*** **0.4** ⟨textielind.⟩ ***voorspinnen.***

rove[3] ⟨verl. t. en volt. deelw.⟩ →reeve.

'rove-bee·tle ⟨telb.zn.⟩ ⟨dierk.⟩ **0.1** ***kortschildkever*** ⟨fam. Staphylinidae⟩.

rov·er ['roʊvə‖-ər] ⟨f2⟩ ⟨telb.zn.⟩ **0.1** ***zwerver*** **0.2** ***piraat*** ⇒*zeerover (sschip)* **0.3** ⟨croquet⟩ ***rover*** ⇒*(speler v.) bal die alle bogen passeert maar de pen niet raakt* **0.4** ⟨R-⟩ ⟨padvinderij⟩ ***voortrekker*** **0.5** ⟨Austr. voetbal⟩ ***rover*** ⟨speler die samen met 2 volgers het spel maakt⟩.

row[1] [raʊ] ⟨f2⟩ ⟨telb.zn.⟩ ⟨inf.⟩ **0.1** ***rel*** ⇒*herrie, ruzie, vechtpartij, tumult* **0.2** ***herrie*** ⇒*kabaal* ◆ **3.2** kick up/make a ~ *luidkeels protesteren, lawaai schoppen* **3.¶** get into a ~ *een uitbrander krijgen.*

row[2] [roʊ] ⟨f2⟩ ⟨telb.zn.⟩ **0.1** ***rij*** ⇒*reeks* **0.2** ***huizenrij*** ⇒*straat met (aan weerszijden) huizen* **0.3** ***horizontale rij*** ⟨gegevens, cijfers⟩ **0.4** ***rij planten*** **0.5** ***roeitochtje*** **0.6** ***slag*** ⟨met de roeiriemen⟩ ◆ **6.1** **in** a ~ *op een rij, naast elkaar (gerangschikt); achterelkaar;* ⟨inf.⟩ for days **in** a ~ *dagen achtereen.*

row[3] [raʊ] ⟨f2⟩ ⟨ww.⟩ ⟨inf.⟩
I ⟨onov.ww.⟩ **0.1** ***ruzie maken*** **0.2** ***vechten*** ⇒*een rel schoppen* **0.3** ***lawaai schoppen;***
II ⟨ov.ww.⟩ **0.1** ***een uitbrander geven*** ⇒*uitschelden.*

row[4] [roʊ] ⟨f2⟩ ⟨onov. en ov.ww.⟩ **0.1** ***roeien*** ⇒*in een roeiboot varen, per roeiboot vervoeren* **0.2** ***rijen*** ⇒*op een rij zetten, in een rij gaan staan* ◆ **5.1** ~ **down** *inhalen* ⟨in roeiwedstrijd⟩; ~ **out** *uitputten met roeien;* ~ **over** *zonder moeite winnen* ⟨in roeiwedstrijd⟩ **6.1** ~ s.o. **across** the river *iem. over de rivier zetten* **6.¶** ⟨AE⟩ ~ s.o. **up** Salt River *iem. verslaan, iem. de grond in boren.*

row·an ['roʊən, 'raʊən] ⟨telb.zn.⟩ ⟨BE, Sch. E; plantk.⟩ **0.1** ***lijsterbes*** ⟨boom: Sorbus aucuparia⟩.

'row·an·ber·ry ⟨telb.zn.; →mv. 2⟩ **0.1** ***lijsterbes*** ⇒*bes v. lijsterbesseboom.*

row-de-dow ['raʊdidaʊ], **row·dy-dow·dy** [-'daʊdi] ⟨n.-telb.zn.⟩ **0.1** ***tumult*** **0.2** ***gevecht*** ⇒*knokpartij.*

row·dy[1] ['raʊdi] ⟨telb.zn.; →mv. 2⟩ **0.1** ***lawaaischopper*** ⇒*rouwdouw(er).*

rowdy[2] ⟨f1⟩⟨bn.; -er; -ly; -ness; →bijw. 3⟩ **0.1** ***ruw*** ⇒*wild, ordeloos.*
row·dy·ism [ˈraʊdiɪzm]⟨n.-telb.zn.⟩ **0.1** ***ordeloosheid*** ⇒*wilde taferelen, tumult, ruw gedrag.*
row·el[1] [ˈraʊəl]⟨telb.zn.⟩ **0.1** ***spoorradje*** **0.2** ⟨med.⟩ ***séton*** ⟨voor paard⟩.
rowel[2] ⟨ov.ww.; →ww. 7⟩ **0.1** ***aansporen*** ⇒*de sporen geven* **0.2** ⟨med.⟩ ***een séton inbrengen bij/in.***
row·en [ˈraʊən]⟨n.-telb.zn.⟩⟨AE; landb.⟩ **0.1** ***nagewas*** ⇒*tweede oogst;* ⟨i.h.b.⟩ *nagras, nahooi.*
row·er [ˈroʊə‖-ər]⟨f1⟩⟨telb.zn.⟩ **0.1** ***roeier.***
'row·ing-boat, ⟨AE ook⟩ **'row-boat** ⟨f1⟩⟨telb.zn.⟩ **0.1** ***roeiboot.***
'row·ing-ma·chine ⟨telb.zn.⟩⟨sport⟩ **0.1** ***roeitrainer*** ⇒*roeiapparaat.*
row·lock [ˈrɒlək, ˈroʊlɒk‖ˈrɑ-, ˈroʊlɑk]⟨telb.zn.⟩⟨vnl. BE; scheep.⟩ **0.1** ***dol*** ⇒*riem/roeiklamp.*
row-over [ˈroʊˌoʊvə‖-ər]⟨telb.zn.⟩⟨sport⟩ **0.1** ***moeiteloos gewonnen (roei)wedstrijd.***
Row·ton house [ˈraʊtn haʊs, ˈrɔːtn-]⟨telb.zn.⟩⟨BE⟩ **0.1** ***opvangtehuis*** ⇒*pension.*
roy·al[1] [ˈrɔɪəl]⟨telb.zn.⟩ **0.1** ⟨inf.⟩ ***lid v.d. koninklijke familie*** **0.2** ⟨scheep.⟩ ***bovenbramsteng/zeil*** **0.3** ⟨druk.⟩ ***royaalpapier*** ⟨50×65 cm.⟩ **0.4** ⟨druk.⟩ ***royaalpapier post*** ⟨46×59 cm.⟩ **0.5** ***twaalf/veertienender*** ⟨hert⟩ ◆ **7.¶** ⟨mil.⟩ the Royals *Eerste Regiment Infanterie; de Koninklijke Marine.*
royal[2] ⟨f3⟩⟨bn.; -ly⟩⟨→sprw. 665⟩ **0.1** ***koninklijk*** ⇒*v.d. koning(in)/vorst/kroon, v.h. koninkrijk* **0.2** ***koninklijk*** ⇒*vorstelijk, majestueus, indrukwekkend, superieur* **0.3** ⟨sl.⟩ ***vorstelijk*** ⇒*geweldig, gigantisch* ◆ **1.1** the Royal Academy (of Arts) ⟨ong.⟩ *de Koninklijke Academie/Maatschappij voor Schone Kunsten;* Royal Air Force *Koninklijke Luchtmacht;* ⟨pol.⟩ ~ assent *koninklijke goedkeuring* ⟨v. wetsvoorstel⟩; Royal Automobile Club ⟨ong.⟩ *Koninklijke Automobilisten Bond;* blood ~ *de koninklijke familie;* ~ blue *koningsblauw;* ~ burgh *stad met door de Kroon verleende rechten;* Royal Victorian Chain *Victoriaketen* ⟨ridderorde ingesteld door Edward VII⟩; ⟨BE⟩ Royal Commission *regeringscommissie;* ⟨BE⟩ Royal Duke *kroonprins-hertog;* ⟨BE; mil.⟩ Royal Engineers *de Genie;* Royal Highness *Koninklijke Hoogheid;* Royal Institution ⟨ong.⟩ *Maatschappij der Exacte Wetenschappen;* Royal British Legion *oud-strijderbord;* ⟨mil.⟩ Royal Marine *marinier;* Royal Navy *Koninklijke Marine;* ~ oak *eiketakje* ⟨symbool v. restauratie v. Charles II⟩; Royal Victorian Order *Victoria-orde* ⟨ridderorde ingesteld door koningin Victoria⟩; (the) Royal Prerogative *(het) Koninklijk Prerogatief/Privilege, bijzonder(e) recht(en) v.d. vorst;* prince ~ *kroonprins, oudste koningszoon;* princess ~ *kroonprinses, oudste koningsdochter;* Royal Regiment (of Artillery) *Artillerie;* Royal Society (of London) ⟨ong.⟩ *Academie v. Wetenschappen;* ~ standard *vlag met het koninklijk wapen;* ~ warrant *certificaat v. hofleverancier* **1.¶** battle ~ *gevecht tussen meer dan twee partijen;* ⟨fig.⟩ *verhitte discussie;* ⟨med.⟩ ~ evil *koningszeer, scrofulose;* ⟨plantk.⟩ ~ fern *koningsvaren* ⟨Osmunda regalis⟩; ⟨kaartspel⟩ ~ flush *de hoogste kaart, grote straat, suite met aas;* ⟨dierk.⟩ ~ jelly *koninginnegelei;* ⟨scheep.⟩ ~ mast *bovenbramsteng;* ~ purple *helderpaars/dieppaars;* ⟨lit.⟩ rhyme ~ *rime royale, stanze v. zeven regels met tien syllaben* ⟨met het rijmschema ababbcc⟩; ⟨vero.⟩ a ~ road to sth. *de koninklijke weg tot iets, de eenvoudigste manier om iets te bereiken;* ⟨scheep.⟩ ~ sail *bovenbramzeil;* ~ stag *twaalf/veertienender* ⟨hert⟩; ⟨sport, gesch.⟩ ~ tennis *real tennis* ⟨tennisspel op (ommuurde) baan⟩ **5.3** right ~ *geweldig, uitstekend;* treat s.o. ~ly *iem. uitstekend behandelen.*
roy·al·ism [ˈrɔɪəlɪzm]⟨n.-telb.zn.⟩⟨pol.⟩ **0.1** ***royalisme.***
roy·al·ist [ˈrɔɪəlɪst]⟨telb.zn.⟩ **0.1** ***royalist*** ⇒*monarchist* **0.2** ⟨AE⟩ ***reactionair*** ⇒*aartsconservatief;* ⟨i.h.b.⟩ *reactionaire handelsmagnaat* **0.3** ⟨ook R-⟩⟨gesch.⟩ ***Royalist*** ⇒*aanhanger v. Karel I* ⟨Engeland, 17e eeuw⟩; *aanhanger v.d. Bourbons* ⟨Frankrijk, begin 19e eeuw⟩; *aanhanger v.d. Engelse troon, Tory* ⟨U.S.A., onafhankelijkheidsoorlog⟩.
roy·al·is·tic [ˈrɔɪəˈlɪstɪk]⟨bn.⟩ **0.1** ***royalistisch*** ⇒*monarchistisch.*
roy·al·ty [ˈrɔɪəlti]⟨f2⟩⟨zn.⟩
I ⟨telb.zn.; →mv. 2⟩ **0.1** ***iem. v. koninklijken bloede*** ⇒*koning(in), prins(es)* **0.2** ***vorstendom*** **0.3** ***privilege v.d. Kroon*** **0.4** ***door de Kroon toegekend recht*** ⇒⟨i.h.b.⟩ *recht tot exploitatie v.d. bodem* **0.5** ⟨boek., ind.⟩ ***royalty*** ⇒*aandeel in de opbrengst;*
II ⟨n.-telb.zn.⟩ **0.1** ***koningschap*** ⇒*koninklijke waardigheid* **0.2** ***koninklijkheid;***
III ⟨verz.n.; ww. ook mv.⟩ **0.1** ***leden v.h. koninklijk huis*** ◆ **1.1** in the presence of ~ *in de aanwezigheid v. leden v.h. koninklijk huis.*
Roy·ston crow [ˈrɔɪstən ˈkroʊ]⟨telb.zn.⟩ **0.1** ***bonte kraai.***
roz·zer [ˈrɒzə‖ˈrɑzər]⟨telb.zn.⟩⟨BE; sl.⟩ **0.1** ***klabak*** ⇒*smeris.*
RP ⟨afk.⟩ received pronunciation ⟨taalk.⟩.
RPC ⟨afk.⟩ Royal Pioneer Corps ⟨BE⟩.
RP(D) ⟨afk.⟩ Regius Professor (of Divinity).
RPI ⟨afk.⟩ retail price index.
RPM, rpm ⟨afk.⟩ **0.1** ⟨revolution(s) per minute⟩ ***r.p.m.*** ⇒*-toeren* **0.2** ⟨resale price maintenance⟩ **0.3** ⟨revenue passenger kilometres⟩.
RPO ⟨afk.⟩ Railway Post Office.
RPS, rps ⟨afk.⟩ **0.1** ⟨revolutions per second⟩ ***r.p.s.*** **0.2** ⟨Royal Photographic Society⟩ ⟨BE⟩.
rpt ⟨afk.⟩ report.
r & r, r-'n'-r, R and R ⟨afk.⟩ rock 'n' roll.
RR ⟨afk.⟩ railroad, Right Reverend, rural route.
R rating [ˈɑː ˌreɪtɪŋ‖ˈɑr ˌreɪt̬ɪŋ]⟨f1⟩⟨telb.zn.⟩⟨AE⟩ **0.1** ⟨ong.⟩ ***niet geschikt voor jeugdige kijkers*** ⇒⟨vero.; B.⟩ *voorbehouden* ⟨v. filmkeuring; R staat voor restricted⟩.
RRC ⟨afk.⟩ (lady of the) Royal Red Cross ⟨BE⟩.
RRP ⟨afk.⟩ recommended retail price.
RS ⟨afk.⟩ recording secretary, right side, rupees, Royal Scots, Royal Society.
RSA ⟨afk.⟩ Royal Scottish Academian/Academy, Royal Society of Arts.
RSC ⟨afk.⟩ Royal Shakespeare Company, Royal Society of Chemistry.
RSFSR ⟨afk.⟩ Russian Soviet Federal Socialist Republic **0.1** ***S.F.S.R.***.
RSM ⟨afk.⟩ Regimental Sergeant Major.
RSO ⟨afk.⟩ Railway Sub Office.
RSPCA ⟨afk.⟩ Royal Society for the Prevention of Cruelty to Animals ⟨BE⟩ **0.1** ***Dierenbescherming.***
RSV ⟨afk.⟩ Revised Standard Version ⟨AE; bijb.⟩.
RSVP, rsvp ⟨afk.⟩ répondez s'il vous plaît **0.1** ***r.s.v.p.***.
rt ⟨afk.⟩ right.
rte ⟨afk.⟩ route.
RTE ⟨afk.⟩ Radio Telefis Éireann ⟨Ierse radio en t.v.⟩.
Rt Hon ⟨afk.⟩ Right Honorable ⟨BE⟩.
RTO ⟨afk.⟩ Railway Transportation Officer.
Rt Rev, Rt Revd ⟨afk.⟩ Right Reverend.
RU ⟨afk.⟩ Rugby Union ⟨BE⟩.
rub[1] [rʌb]⟨f2⟩⟨telb.zn.⟩ **0.1** ***poetsbeurt*** ⇒*wrijfbeurt* **0.2** ***hindernis*** ⇒*moeilijkheid* **0.3** ***hatelijkheid*** ⇒*kwetsende opmerking, steek* **0.4** ***oneffenheid*** ⇒*hobbel* **0.5** ⟨sport⟩ ***rub*** ⇒*oneffenheid op bowlbaan, afwijking v.d. bowl door oneffenheid* **0.6** ⟨sport, spel⟩ ***robber*** ⇒*reeks v. drie partijen* ◆ **1.4** ⟨sport⟩ ~ of the green ⟨bowls⟩ *oneffenheid;* ⟨golf⟩ *het stoppen/afwijken v.d. bal door onvoorziene omstandigheid* ⟨bv. toeschouwer⟩ **5.2** there's the ~ *daar zit de moeilijkheid, dat is het hem juist.*
rub[2] ⟨f3⟩⟨ww.; →ww. 7⟩ →rubbing
I ⟨onov.ww.⟩ **0.1** ***schuren langs*** ⇒*wrijven, aanlopen, schrapen* **0.2** ***beschadigd worden*** ⇒*slijten, dun/ruw/kaal worden* **0.3** ***weggewreven worden*** **0.4** ⟨bowls, golf⟩ ***afwijken*** ⟨door oneffenheid; v. bal⟩ ◆ **1.1** the front-wheel seems to ~ *ik geloof dat het voorwiel aanloopt* **5.¶** →rub **along;** →rub **off;** ~ on/through *het redden, het rooien* **6.¶** ~ up **against** s.o. *iem. aantreffen, tegen iem. aanlopen, iem. tegenkomen;*
II ⟨ov.ww.⟩ **0.1** ***wrijven*** **0.2** ***schuren*** ⇒*schrapen, schaven* **0.3** ***wrijven*** ⇒*af/in/doorheen wrijven* **0.4** ***wrijven*** ⇒*poetsen, boenen, opwrijven* **0.5** ***beschadigen*** ⇒*afslijten* **0.6** ⟨beeld. k.⟩ ***een rubbing maken*** ⟨v. reliëf⟩ **0.7** ⟨sl.⟩ ***vermoorden*** ⇒*opruimen, uit de weg ruimen* ◆ **1.1** ~ one's hands *zich in de handen wrijven;* ~ noses *de neuzen tegen elkaar wrijven* **1.3** ~ cream on one's skin *crème op zijn huid smeren* **5.4** ~ o.s. **down** *zich stevig afdrogen, zich droogwrijven;* ~ the wood **down** before painting *het hout voor het schilderen afschuren* **5.5** ~ **away** *wegslijten, afslijten* **5.¶** →rub **in;** →rub **off;** →rub **out;** →rub **up** **6.1** ~ cream **over** one's face *crème op zijn gezicht uitwrijven.*
rub-a-dub[1] [ˈrʌbədʌb]⟨n.-telb.zn.⟩ **0.1** ***rataplan*** ⇒*rommeldebom, tromgeroffel.*
rub-a-dub[2] ⟨onov.ww.⟩ **0.1** ***roffelen*** ⇒*een roffel slaan.*
'rub a'long ⟨onov.ww.⟩ **0.1** ***zich staande houden*** ⇒*het net kunnen rooien, het klaarspelen* **0.2** ***het goed samen kunnen vinden*** ◆ **5.2** they've rubbed along together for quite a while now *ze trekken al een hele tijd samen op.*
ru·ba·to [ruːˈbɑːt̬oʊ]⟨telb.zn.⟩⟨muz.⟩ **0.1** ***rubato.***
rub·ber[1] [ˈrʌbə‖-ər]⟨f3⟩⟨zn.⟩
I ⟨telb.zn.⟩ **0.1** ***masseur/masseuse*** **0.2** ***knecht in Turks badhuis*** **0.3** ⟨ben. voor⟩ ***wrijver*** ⇒*wisser, borstel, doek;* ⟨vnl. BE⟩ *gum, stuf; schuursteen, slijpsteen;* ⟨ind.⟩ *wrijver, wrijfrol, wrijfplaat, polijst/schuurmachine* **0.4** ⟨BE⟩ ***sportschoen*** ⇒*linnen schoen met rubberzool* **0.5** ⟨AE⟩ ***overschoen*** **0.6** ⟨vnl. AE; inf.⟩ ***kapotje*** ⇒*condoom* **0.7** ⟨sport⟩ ***serie (internationale) wedstrijden*** **0.8** ⟨sport, spel⟩ ***robber*** ⇒*reeks v. drie partijen* **0.9** ⟨sl.⟩ ***killer*** ⇒*beroepsmoordenaar* ◆ **7.8** the ~ *beslissende partij;*

II ⟨n.-telb.zn.⟩ **0.1** ***rubber*** **0.2** ***synthetisch rubber*** ⇒*rubberachtig materiaal* **0.3** ⟨honkbal⟩ ***werpplaat*** **0.4** ⟨sl.⟩ ***autobanden***.
rubber[2] ⟨ww.⟩
I ⟨onov.ww.⟩ **0.1** ***staren*** ⇒*kijken, om/rondkijken;*
II ⟨ov.ww.⟩ **0.1** ***met rubber behandelen***.
'rubber 'band ⟨f1⟩ ⟨telb.zn.⟩ **0.1** ***elastiekje***.
'rubber 'bullet ⟨telb.zn.⟩ **0.1** ***rubberkogel***.
'rubber 'cheque ⟨telb.zn.⟩ ⟨geldw.; scherts.⟩ **0.1** ***geweigerde cheque***.
'rubber 'dinghy ⟨telb.zn.⟩ **0.1** ***rubberbootje***.
'rubber 'goods ⟨mv.⟩ **0.1** ***gummiwaren*** ⇒*voorbehoedmiddelen*.
'rub·ber·heel ⟨telb.zn.⟩ ⟨sl.⟩ **0.1** ***detective***.
rub·ber·ize, -ise ['rʌbəraɪz] ⟨ov.ww.⟩ **0.1** ***met rubber bekleden***.
'rubber 'johnny ⟨telb.zn.⟩ ⟨sl.⟩ **0.1** ***kapotje*** ⇒*condoom*.
'rubber-neck[1] ⟨telb.zn.⟩ ⟨AE; inf.⟩ **0.1** ***nieuwsgierige*** ⇒⟨i.h.b.⟩ *zich vergapende toerist* **0.2** ***provinciaaltje*** ⇒*sul, dwaas*.
rubber-neck[2] ⟨ov.ww.⟩ **0.1** ***staren*** ⇒*gapen, zich vergapen* **0.2** ***een toeristisch (bus)tochtje maken***.
'rubber plant ⟨telb.zn.⟩ ⟨plantk.⟩ **0.1** ***rubberplant*** ⇒⟨i.h.b.⟩ *ficus* ⟨Ficus elastica⟩.
'rubber 'sheath ⟨telb.zn.⟩ **0.1** ***condoom***.
'rubber 'stamp ⟨telb.zn.⟩ **0.1** ***(rubber)stempel*** **0.2** ***automaat*** ⟨fig.⟩ ⇒*marionet*.
'rubber-'stamp ⟨ov.ww.⟩ **0.1** ***automatisch goedkeuren*** ⇒*gedachteloos instemmen met*.
'rubber tree ⟨telb.zn.⟩ ⟨plantk.⟩ **0.1** ***rubberboom*** ⟨Hevea brasiliensis⟩.
rub·ber·y ['rʌbəri] ⟨bn.⟩ **0.1** ***rubberachtig*** ⇒*taai, elastiekerig*.
rub·bing ['rʌbɪŋ] ⟨zn.; (oorspr.) gerund v. rub⟩
I ⟨telb.zn.⟩ ⟨beeld. k.⟩ **0.1** ***wrijfsel*** ⇒*rubbing* ⟨v. reliëf⟩;
II ⟨n.-telb.zn.⟩ **0.1** ***het wrijven/poetsen/polijsten***.
'rubbing paunch ⟨telb.zn.⟩ ⟨scheeps.⟩ **0.1** ***wrijfhout*** ⟨aan mast⟩.
rub·bish[1] ['rʌbɪʃ] ⟨f2⟩ ⟨n.-telb.zn.⟩ ⟨→sprw. 237⟩ **0.1** ***vuilnis*** ⇒*afval* **0.2** ***waardeloze rommel*** **0.3** ***nonsens*** ⇒*flauwekul, onzin* ◆ **3.1** shoot ~ *vuil storten*.
rubbish[2] ⟨ov.ww.⟩ **0.1** ***afbrekende kritiek hebben op*** ⇒*waardeloos vinden, afkraken*.
'rubbish bin ⟨telb.zn.⟩ ⟨BE⟩ **0.1** ***vuilnisbak***.
rub·bish·y ['rʌbɪʃi] ⟨bn.⟩ **0.1** ***vol met afval*** **0.2** ***waardeloos*** ⇒*onzinnig*.
rub·ble ['rʌbl] ⟨f1⟩ ⟨n.-telb.zn.⟩ **0.1** ***puin*** ⇒*steengruis/brokken* **0.2** ***ruwe steenbrokken*** ⇒*breukstenen* ⟨i.h.b. in metselwerk⟩ **0.3** ⟨geol.⟩ ***rolstenen*** **0.4** ⟨geol.⟩ ***steenslag***.
rub·bly ['rʌbli] ⟨bn.⟩ **0.1** ***verbrokkeld*** ⇒*gebroken* **0.2** ***vol stenen***.
'rub-down ⟨telb.zn.⟩ **0.1** ***wrijfbeurt*** ⇒*massage* **0.2** ***schuurbehandeling***.
rube [ru:b] ⟨telb.zn.⟩ ⟨AE; inf.⟩ **0.1** ***boerenkinkel***.
ru·be·fa·cient ['ru:bɪ̣'feɪʃnt] ⟨telb.zn.⟩ ⟨med.⟩ **0.1** ***roodmakend middel***.
ru·be·fy, ru·bi·fy ['ru:bɪ̣faɪ] ⟨ov.ww.; ww. 7⟩ **0.1** ***rood maken***.
ru·bel·la [ru:'belə] ⟨telb. en n.-telb.zn.⟩ ⟨med.⟩ **0.1** ***rode hond***.
ru·bel·lite ['ru:bɪ̣laɪt] ⟨telb.zn.⟩ **0.1** ***rode toermalijnsteen***.
ru·be·o·la [rʊ'bi:ələ] ⟨telb. en n.-telb.zn.⟩ ⟨med.⟩ **0.1** ***mazelen*** **0.2** ***rode hond***.
ru·bi·cel·le ['ru:bɪ̣'sel] ⟨telb.zn.⟩ **0.1** ***lichtrode/gele robijn***.
ru·bi·con[1] ['ru:bɪ̣kən, -kɒn‖-kɑn] ⟨zn.⟩
I ⟨eig.n.; R-⟩ ⟨gesch.; aardr.⟩ **0.1** ***Rubicon*** ◆ **3.¶** ⟨vero.⟩ cross/pass the ~ *de Rubicon overtrekken, de onherroepelijke stap doen;*
II ⟨n.-telb.zn.⟩ ⟨piket, bezique⟩ **0.1** ***rubicon*** ⇒*het winnen voordat de tegenspeler 100 heeft gescoord*.
rubicon[2] ⟨onov.ww.⟩ ⟨piket, bezique⟩ **0.1** ***rubicon maken*** ⇒*winnen voordat de tegenspeler 100 heeft gescoord*.
ru·bi·cund ['ru:bɪ̣kənd] ⟨bn.⟩ **0.1** ***blozend*** ⇒*met rode wangen*.
ru·bi·di·um [ru:'bɪdiəm] ⟨n.-telb.zn.⟩ ⟨schei.⟩ **0.1** ***rubidium*** ⟨element 37⟩.
ru·big·i·nous [ru:'bɪdʒənəs], **ru·big·i·nose** [-noʊs] ⟨bn.⟩ **0.1** ***roestkleurig*** ⇒*roodbruin, roestbruin*.
'rub 'in ⟨f1⟩ ⟨ov.ww.⟩ **0.1** ***inwrijven*** ⇒*(in)masseren* ◆ **4.¶** there's no need to rub it in *je hoeft er niet steeds op terug te komen*.
ru·bi·ous ['ru:bɪəs] ⟨bn.⟩ ⟨schr.⟩ **0.1** ***robijnrood***.
'rub joint ⟨telb.zn.⟩ ⟨sl.⟩ **0.1** ***slijptent*** ⇒*danstent* ⟨met beroepsdanseressen⟩.
ruble →rouble.
'rub 'off ⟨f1⟩ ⟨ww.⟩
I ⟨onov.ww.⟩ **0.1** ***weggewreven worden*** ⇒*verdwijnen* **0.2** ***overgaan op*** ⇒*overgenomen worden* **0.3** ***afslijten*** ⇒*minder worden* ◆ **1.1** this stain doesn't ~ easily *die vlek kun je niet zo gemakkelijk wegkrijgen* **1.3** the novelty has rubbed off a bit *de nieuwigheid is er een beetje af* **6.2** some of his stinginess has rubbed off **on** you *je hebt iets v. zijn krenterigheid overgenomen;*
II ⟨ov.ww.⟩ **0.1** ***wegvegen*** ⇒*afwrijven* **0.2** ***afslijten*** ⇒*afschaven, afschuren* ◆ **1.2** I rubbed off the skin of my elbow *ik heb mijn elleboog ontveld*.
'rub 'out ⟨f1⟩ ⟨ov.ww.⟩ **0.1** ***wegvegen*** ⇒*wegwrijven; uitgummen* **0.2** ⟨sl.⟩ ***vermoorden*** ⇒*uit de weg ruimen*.
'rub-out ⟨telb.zn.⟩ ⟨sl.⟩ **0.1** ***moord***.
ru·bric[1] ['ru:brɪk] ⟨zn.⟩
I ⟨telb.zn.⟩ **0.1** ***rubriek*** ⇒*opschrift, titel* ⟨i.h.b. titel v. (hoofdstuk in) wetboek⟩ **0.2** ***rubriek*** ⇒*categorie, klasse* **0.3** ***aantekening*** ⇒*commentaar, uitleg* **0.4** ***voorschrift*** ⇒*aanwijzing;* ⟨i.h.b. R.-K., Anglicaanse Kerk⟩ *liturgisch voorschrift* **0.5** ***vaste gewoonte*** ⇒*vorm;*
II ⟨n.-telb.zn.⟩ ⟨vero.⟩ **0.1** ***soort roodaarde*** ⇒*roodkrijt*.
rubric[2] ⟨bn.⟩ **0.1** ***rood*** ⇒*roodachtig* **0.2** ***in rood geschreven***.
ru·bri·cal ['ru:brɪkl] ⟨bn.⟩ **0.1** ***in rode letters*** **0.2** ***liturgisch***.
ru·bri·cate ['ru:brɪ̣keɪt] ⟨ov.ww.⟩ **0.1** ***rubriceren*** ⇒*in rood schrijven, met rood aanduiden* **0.2** ***rubriceren*** ⇒*in rubrieken verdelen/onderbrengen*.
ru·bri·ca·tor ['ru:brɪ̣keɪtə‖-keɪt̬ər] ⟨telb.zn.⟩ ⟨gesch.⟩ **0.1** ***rubricator*** ⇒*tekenaar v. initialen*.
ru·bri·cian [ru:'brɪʃn] ⟨telb.zn.⟩ ⟨R.-K.; Anglicaanse Kerk⟩ **0.1** ***liturgioloog***.
'rub-stone ⟨telb.zn.⟩ **0.1** ***slijp/schuursteen***.
'rub 'up ⟨ov.ww.⟩ **0.1** ***oppoetsen*** ⇒*opwrijven* **0.2** ***ophalen*** ⇒*bijvijlen, opfrissen, bijspijkeren* ◆ **1.2** ~ one's Italian *zijn Italiaans ophalen* **1.¶** ⟨inf.⟩ rub s.o. up the right way *iem. voor zich winnen;* ⟨inf.⟩ rub s.o. up the wrong way *iem. tegen de haren in strijken, iem. irriteren*.
'rub-up ⟨f1⟩ ⟨telb.zn.⟩ **0.1** ***poetsbeurt*** ◆ **1.¶** give one's Latin a ~ *zijn Latijn eens wat ophalen*.
ru·by[1] ['ru:bi] ⟨f1⟩ ⟨zn.; →mv. 2⟩
I ⟨telb.zn.⟩ **0.1** ***robijn*** ◆ **6.¶** above rubies *onschatbaar;*
II ⟨telb. en n.-telb.zn.; vaak attr.⟩ **0.1** ***robijnrood***.
ruby[2] ⟨ov.ww.⟩ **0.1** ***robijnrood maken***.
'ruby 'glass ⟨n.-telb.zn.⟩ **0.1** ***robijnglas***.
'ruby-tail ⟨telb.zn.⟩ **0.1** ***goudwesp***.
'ruby 'wedding ⟨telb.zn.⟩ **0.1** ***veertigjarig huwelijk*** ⇒*robijnen huwelijksfeest*.
RUC ⟨afk.⟩ Royal Ulster Constabulary.
ruche, rouche [ru:ʃ] ⟨telb.zn.⟩ **0.1** ***ruche*** ⇒*strookje*.
ruck[1] [rʌk] ⟨zn.⟩
I ⟨telb.zn.⟩ **0.1** ***hoop*** ⇒*menigte, groot aantal* **0.2** ⟨sport⟩ ***spelerskluwen*** ⟨o.m. bij voetbal⟩ **0.3** ⟨rugby⟩ ***ruck*** ⇒*strijdende groep spelers v. beide partijen* **0.4** ⟨Austr. voetbal⟩ ***ruck*** ⟨groepje v. drie met een vrije rol in het spel⟩ **0.5** ***vouw*** ⇒*kreukel, plooi;*
II ⟨n.-telb.zn.⟩ **0.1** ***het gewone slag mensen*** ⇒*de massa* **0.2** ***de gewone dingen*** ⇒*dagelijkse/oninteressante dingen* **0.3** ⟨sport⟩ ***meute*** ⇒*peloton, middenmoot*.
ruck[2] ⟨ww.⟩
I ⟨onov.ww.⟩ **0.1** ***gekreukt worden*** ⇒*kreuken, verkreukelen* **0.2** ***zich ergeren*** ⇒*geïrriteerd raken;*
II ⟨ov.ww.⟩ **0.1** ***kreukels maken in*** ⇒*kreuken, verkreukelen* **0.2** ***ergeren*** ⇒*irriteren* ◆ **5.1** my dress is all ~ed **up** *mijn jurk is helemaal verkreukeld*.
ruck·le ['rʌkl] ⟨ww.⟩ ⟨BE⟩
I ⟨onov.ww.⟩ ⟨gew.⟩ **0.1** ***rochelen*** ⇒*reutelen;*
II ⟨onov. en ov.ww.⟩ **0.1** ***kreuken*** ⇒*verkreukelen*.
'ruck·sack ⟨f1⟩ ⟨telb.zn.⟩ **0.1** ***rugzak***.
ruck·us ['rʌkəs] ⟨telb.zn.⟩ ⟨inf.⟩ **0.1** ***tumult*** ⇒*protest, ordeverstoring*.
ruc·tion ['rʌkʃn] ⟨telb.zn.; vaak mv.⟩ ⟨inf.⟩ **0.1** ***kabaal*** ⇒*ruzie, luid protest, tumult*.
rudd [rʌd] ⟨telb.zn.; ook rudd; →mv. 4⟩ ⟨dierk.⟩ **0.1** ***rietvoorn*** ⟨Sardinius erytrophthalmus⟩.
rud·der ['rʌdə‖-ər] ⟨f1⟩ ⟨telb.zn.⟩ **0.1** ⟨scheep., lucht.⟩ ***roer*** **0.2** ***leidraad*** ⇒*principe*.
'rud·der-fish ⟨telb.zn.⟩ ⟨dierk.⟩ **0.1** ***loodsmannetje*** ⟨Naucrates ductor⟩.
rud·der·less ['rʌdələs‖-dər-] ⟨bn.⟩ **0.1** ***roerloos*** ⇒*stuurloos* ⟨ook fig.⟩.
'rud·der-pin·tle ⟨telb.zn.⟩ ⟨scheep.⟩ **0.1** ***vingerling***.
'rud·der-stock ⟨telb.zn.⟩ ⟨scheep.⟩ **0.1** ***roerkoning*** ⇒*roerschacht*.
'rud·der-trunk ⟨telb.zn.⟩ ⟨scheep.⟩ **0.1** ***roerkoker***.
rud·dle[1] ['rʌdl], **red·dle** ['redl] ⟨n.-telb.zn.⟩ **0.1** ***roodaarde*** ⇒*roodkrijt*.
ruddle[2] ⟨ov.ww.⟩ **0.1** ***met roodaarde kleuren/merken*** ⟨i.h.b. schapen⟩.
rud·dle·man ['rʌdlmən] ⟨telb.zn.⟩ **0.1** ***verkoper v. roodaarde***.
rud·dock ['rʌdək] ⟨telb.zn.⟩ ⟨BE⟩ **0.1** ***roodborstje***.
rud·dy[1] ['rʌdi] ⟨f2⟩ ⟨bn.; -er; -ly; -ness; →bijw. 3⟩
I ⟨bn.⟩ **0.1** ***blozend*** ⇒*roze, gezond* **0.2** ***rossig*** ⇒*rood, roodachtig* ◆ **1.2** ⟨dierk.⟩ ~ duck *rosse stekelstaarteend* ⟨Oxyura jamaicen-

sis rubida⟩ 1.¶ ⟨dierk.⟩ ~ shelduck *casarca* ⟨Tadorna ferruginea⟩;
II ⟨bn., attr.⟩ ⟨sl.; euf.⟩ 0.1 ***overgehaalde*** ⇒*verdomde* ◆ 1.1 who took that ~ fountain pen away? *wie heeft die vervloekte vulpen nu weer meegenomen?*.
ruddy[2] ⟨ww.⟩
I ⟨onov.ww.⟩ 0.1 ***rood worden;***
II ⟨ov.ww.⟩ 0.1 ***rood maken.***
rude [ru:d] ⟨f3⟩ ⟨bn.; -er; -ly; -ness; →compar. 7⟩ 0.1 ***primitief*** ⇒*onbeschaafd, wild* 0.2 ***ruw*** ⇒*primitief, eenvoudig, onafgewerkt, grof* 0.3 ***ongemanierd*** ⇒*onopgevoed, lomp, onbeleefd, grof, beledigend* 0.4 ***ruw*** ⇒*wild, abrupt, schokkend* 0.5 ***krachtig*** ⇒*robuust* 0.6 ***woest*** ⇒*ruw, onherbergzaam* 0.7 ***rauw*** ⇒*onwelluidend* ◆ 1.1 a ~ people *een primitief volk* 1.2 a ~ estimate *een ruwe schatting;* ~ material *onbewerkt materiaal* 1.4 ⟨fig.⟩ a ~ awakening *een ruwe ontgoocheling* 1.5 ~ health *onverwoestbare gezondheid* 1.¶ ⟨vnl. kind.⟩ a ~ story *een vies verhaaltje* 6.3 be ~ **to** s.o. *iem. beledigen, onbeleefd tegen iem. zijn.*
ru·der·al ['ru:drəl] ⟨bn.⟩ ⟨plantk.⟩ 0.1 ***ruderaal.***
rude·ry ['ru:dri] ⟨telb.zn.; →mv. 2⟩ 0.1 ***grofheid*** ⇒*belediging.*
ru·di·ment ['ru:dɪmənt] ⟨zn.⟩
I ⟨telb.zn.⟩ ⟨biol.⟩ 0.1 ***rudiment;***
II ⟨mv.; ~s⟩ 0.1 ***beginselen*** ⇒*grondslagen, rudimenten* 0.2 ***eerste verschijnselen*** ⇒*basis voor latere ontwikkeling.*
ru·di·men·ta·ry ['ru:dɪ'mentri‖-'menṭəri], **ru·di·men·tal** [-'menṭl] ⟨f1⟩ ⟨bn.; -ly; -ness; →bijw. 3⟩ 0.1 ***rudimentair*** ⟨ook biol.; ook fig.⟩ ⇒*elementair, wat de grondslagen betreft* 0.2 ***in een beginstadium.***
rue[1] [ru:] ⟨zn.⟩
I ⟨telb.zn.⟩ ⟨plantk.⟩ 0.1 ***wijnruit*** ⟨Ruta graveolens⟩;
II ⟨n.-telb.zn.⟩ ⟨vero.⟩ 0.1 ***berouw*** ⇒*spijt* 0.2 ***verdriet*** 0.3 ***medelijden.***
rue[2] ⟨f1⟩ ⟨ov.ww.; teg. deelw. ru(e)ing⟩ 0.1 ***spijt hebben v.*** ⇒*berouw hebben v.* ◆ 1.1 you'll ~ the day you said this *je zal de dag berouwen dat je dit gezegd hebt;* you'll live to ~ it *dat zal je berouwen, dat zal je duur te staan komen.*
rue·ful ['ru:fl] ⟨f2⟩ ⟨bn.; -ly; -ness⟩ 0.1 ***beklagenswaardig*** ⇒*meelijwekkend* 0.2 ***meelijdend*** 0.3 ***quasi-zielig*** 0.4 ***met spottend medelijden*** ◆ 1.¶ Knight of the Rueful Countenance *ridder v.d. droevige figuur, Don Quichot* 3.4 say ~ly *meesmuilen.*
ru·fes·cence [ru:'fesns] ⟨n.-telb.zn.⟩ 0.1 ***roodachtigheid.***
ru·fes·cent [ru:'fesnt] ⟨bn.⟩ ⟨o.m. dierk.⟩ 0.1 ***rood*** ⇒*roodachtig, roodbruin.*
ruff[1] [rʌf] ⟨f1⟩ ⟨telb.zn.⟩ 0.1 ⟨gesch.⟩ ***fraise*** ⇒*plooikraag, Spaanse kraag* 0.2 ⟨dierk.⟩ ***kraag*** ⇒*verenkraag/kraag v. haar* 0.3 ⟨dierk.⟩ ***kemphaan*** ⟨Philomachus pugnax⟩ 0.4 →ruffe 0.5 ⟨kaartspel⟩ ***introever.***
ruff[2] ⟨onov. en ov.ww.⟩ ⟨kaartspel⟩ 0.1 ***(in)troeven.***
ruffe, ruff [rʌf] ⟨telb.zn.⟩ ⟨dierk.⟩ 0.1 ***pos*** ⟨Acerina cerma⟩.
ruf·fi·an ['rʌfiən] ⟨f1⟩ ⟨telb.zn.⟩ 0.1 ***bruut*** ⇒*misdadiger, schurk.*
ruf·fi·an·ism ['rʌfiənɪzm] ⟨zn.⟩
I ⟨n.-telb.zn.⟩ 0.1 ***gewelddadigheid*** ⇒*bruutheid, agressiviteit;*
II ⟨verz.n.⟩ 0.1 ***misdadigers*** ⇒*schurken, geboefte, boeventuig.*
ruf·fi·an·ly ['rʌfiənli] ⟨bn.⟩ 0.1 ***bruut*** ⇒*rauw, gewelddadig, agressief.*
ruf·fle[1] ['rʌfl] ⟨telb.zn.⟩ 0.1 ***ruche*** ⇒*geplooide rand, lub, geplooide kraag/manchet* 0.2 ***rimpeling*** ⇒*golfje* 0.3 ***onregelmatigheid*** 0.4 ***stoornis*** ⇒*spanning, opwinding* 0.5 ***schermutseling*** ⇒*gevecht* 0.6 ***roffel*** ⇒*tromgeroffel* 0.7 ⟨dierk.⟩ ***kraag.***
ruffle[2] ⟨f2⟩ ⟨ww.⟩
I ⟨onov.ww.⟩ 0.1 ***onstuimig worden*** ⇒*woelen, rimpelen, golven* 0.2 ***zich ergeren*** ⇒*zich opwinden* 0.3 ***opscheppen*** ⇒*de bink uithangen, snoeven* ◆ 5.2 he ~s so easily *hij ergert zich zo gauw;*
II ⟨ov.ww.⟩ 0.1 ***verstoren*** ⇒*doen rimpelen, doen bewegen, verwarren, dooreen woelen* 0.2 ***plooien*** ⇒*rimpelen, tot een ruche maken* 0.3 ***opzetten*** ⟨veren⟩ 0.4 ***ergeren*** ⇒*kwaad maken, opwinden* 0.5 ***doorbladeren*** 0.6 ***roffelen*** ⇒*een roffel slaan* 0.7 ⟨kaartspel⟩ ***(snel) schudden*** ◆ 1.1 ~ s.o.'s hair *iemands haar in de war maken;* the wind ~d the surface of the lake *de wind rimpelde het oppervlak v. het meer* 5.3 ducks can ~ **up** their feathers *eenden kunnen hun veren opzetten* 5.4 he seems to be ~d **up** a bit *hij is geloof ik een beetje geïrriteerd.*
ruf·fler ['rʌflə‖-ər] ⟨telb.zn.⟩ ⟨vero.⟩ 0.1 ***arrogante kwast*** ⇒*snoever.*
ru·fous ['ru:fəs] ⟨bn.⟩ ⟨vnl. dierk.⟩ 0.1 ***rossig*** ⇒*oranjeachtig, geelrood* ◆ 1.1 ⟨dierk.⟩ ~ bush chat *rosse waaierstaart* ⟨Cercotrichas galactotes⟩.
rug [rʌg] ⟨f3⟩ ⟨telb.zn.⟩ 0.1 ***tapijt*** ⇒*vloerkleed* 0.2 ***dierevel*** ⇒*haardkleed* 0.3 ⟨vnl. BE⟩ ***deken*** ⇒*plaid, omslagdoek* 0.4 ⟨sl.⟩ ***toupet*** ◆ 3.¶ pull the ~ out from under s.o. *iem. laten vallen, iem. verraden/laten stikken/onderuit halen;* sweep sth. under the ~ *iets in de doofpot stoppen, iets wegmoffelen/verzwijgen.*
Rug·bei·an [rʌg'bi:ən‖'rʌgbɪən] ⟨telb.zn.⟩ ⟨BE⟩ 0.1 ***(oud-)leerling v. Rugby*** ⟨kostschool⟩.
rug·by ['rʌgbi], **'rug·by 'football** ⟨f2⟩ ⟨n.-telb.zn.; ook R-⟩ ⟨sport⟩ 0.1 ***rugby.***
'Rugby 'fives ⟨n.-telb.zn.⟩ ⟨BE; sport⟩ 0.1 ***Rugby fives*** ⟨kaatsbalspel in indoorhal met vier muren⟩.
'rugby 'league, 'rugby 'lea'gue football ⟨f1⟩ ⟨n.-telb.zn.; ook R- L-⟩ ⟨BE; sport⟩ 0.1 ***rugby*** ⟨voor beroeps, met teams v. 13 spelers⟩.
'rugby 'union, 'rugby 'union football ⟨f1⟩ ⟨n.-telb.zn.; ook R- U-⟩ ⟨BE; sport⟩ 0.1 ***rugby*** ⟨voor amateurs, met teams v. 15 spelers⟩.
rug·ged ['rʌgɪd] ⟨f2⟩ ⟨bn.; ook -er; -ly; -ness⟩ 0.1 ***ruw*** ⇒*ruig, grof, ruw v. oppervlak, harig* 0.2 ***ruig*** ⇒*onregelmatig, woest, rotsachtig* 0.3 ***onregelmatig v. trekken*** ⇒*met sterk getekende trekken, doorploegd, ruw* 0.4 ***ongepolijst*** ⇒*ruw, niet verfijnd, niet subtiel* 0.5 ***onwelluidend*** ⇒*scherp, hard* 0.6 ***zwaar*** ⇒*moeilijk, hard, veeleisend* 0.7 ***streng*** ⇒*onbuigzaam* 0.8 ***ruw*** ⇒*ruig, hard, woest* ⟨v. klimaat⟩ 0.9 ***sterk*** ⇒*krachtig; robuust, gezond; machtig* ⟨v. machine⟩ 0.10 ⟨sl.⟩ ***link*** ⇒*gevaarlijk* ◆ 1.4 ~ honesty/kindness *een ruw maar eerlijk/goedhartig karakter/gebaar* 1.7 ⟨sociologie; ec.⟩ ~ individualisme *puur individualisme, liberalisme.*
rug·ger ['rʌgə‖-ər] ⟨f1⟩ ⟨n.-telb.zn.⟩ ⟨BE; sl.; sport⟩ 0.1 ***rugby.***
'rug·joint ⟨telb.zn.⟩ ⟨sl.⟩ 0.1 ***sjieke tent*** ⟨met tapijt op de vloer⟩.
'rug merchant ⟨telb.zn.⟩ ⟨sl.⟩ 0.1 ***spion.***
ru·gose ['ru:goʊs], **ru·gous** [-gəs] ⟨bn.; rugosely⟩ 0.1 ***gerimpeld*** ⇒*rimpelig* 0.2 ⟨plantk.⟩ ***geribd.***
ru·gos·i·ty ['ru:ɪn] ⟨n.-telb.zn.⟩ 0.1 ***gerimpeldheid*** ⇒*rimpeligheid* 0.2 ⟨plantk.⟩ ***geribdheid.***
ru·in[1] ['ru:ɪn] ⟨f3⟩ ⟨zn.⟩
I ⟨telb.zn.⟩ 0.1 ***ruïne*** ⇒*vervallen bouwwerk* 0.2 ***ruïne*** ⇒*jammerlijke resten, nietig overblijfsel* ◆ 1.1 the ~s of a castle *de resten/ruïne v.e. kasteel* 1.2 she's merely a ~ now of the famous beauty she was *ze is nu nog maar een schim v.d. gevierde schoonheid v. vroeger;*
II ⟨n.-telb.zn.⟩ 0.1 ***het vernietigd worden*** ⇒*verval, ondergang, ruïne, ineenstorting* ◆ 3.1 bring to ~ *ruïneren, tot de ondergang brengen, in het verderf storten;* fall to ~ *tot een ruïne vervallen, instorten;* run to ~ *instorten, vervallen* 7.1 this will be the ~ of him *dit zal hem nog kapot maken;*
III ⟨mv.; ~s⟩ 0.1 ***ruïne*** ⇒*bouwval, overblijfsel* ◆ 6.1 **in** ~s *vervallen, tot een ruïne geworden;* ⟨fig.⟩ *in duigen, ingestort, verijdeld.*
ruin[2] ⟨f3⟩ ⟨ww.⟩
I ⟨onov.ww.⟩ ⟨schr.⟩ 0.1 ***vallen*** ⇒*neerstorten, instorten;* ⟨fig.⟩ *zich in het verderf storten;*
II ⟨ov.ww.⟩ 0.1 ⟨vaak pass.⟩ ***verwoesten*** ⇒*vernietigen* 0.2 ***ruïneren*** ⇒*bederven, ontoonbaar/onbruikbaar maken, beschadigen* 0.3 ***ruïneren*** ⇒*tot de ondergang brengen, kapot maken* 0.4 ***onteren.***
ru·in·ate ['ru:ɪneɪt] ⟨bn.⟩ 0.1 ***verwoest.***
ru·in·a·tion ['ru:ɪ'neɪʃn] ⟨f1⟩ ⟨n.-telb.zn.⟩ 0.1 ***vernietiging*** ⇒*verwoesting* 0.2 ⟨inf.⟩ ***ondergang*** ⇒*ruïnering* ◆ 7.2 that boy will be the ~ of her *die jongen zal haar nog eens te gronde richten.*
ru·i·nous ['ru:ɪnəs] ⟨bn.; -ly; -ness⟩ 0.1 ***vervallen*** ⇒*ingestort, kapot, bouwvallig* 0.2 ***rampzalig*** ⇒*ruïneus.*
rule[1] [ru:l] ⟨f3⟩ ⟨zn.⟩ ⟨→sprw. 175⟩
I ⟨telb.zn.⟩ 0.1 ***regel*** ⇒*voorschrift* 0.2 ***gewoonte*** ⇒*gebruik, regel* 0.3 ***duimstok*** ⇒*meetlat* 0.4 ⟨relig.⟩ ***regel*** ⇒*voorschriften v. kloosterorde* 0.5 ⟨jur.⟩ ***beslissing*** ⇒*bepaling, bevel v.d. rechter* 0.6 ⟨druk.⟩ ***wit*** ⟨zetmateriaal⟩ 0.7 ⟨BE; boek.⟩ ***liggend streepje*** 0.8 ⟨wisk.⟩ ***regel*** ◆ 1.1 ~ of faith *geloofsregel;* the ~s of football *de regels v.h. voetbal;* ~s of the road *verkeersregels/code* 1.3 by ~ and line *nauwkeurig* 1.8 ~ of three *regel v. drieën* 1.¶ ⟨pej.⟩ ~s and regulations *bepalingen en beperkingen, de kleine lettertjes, de regels;* ~ of thumb *vuistregel, nattevingerwerk* 3.1 work to ~ *een stiptheidsactie houden* 3.¶ bend/stretch the ~s *soepel zijn, iets door de vingers zien;* run the ~ over sth. *iets vluchtig controleren, de blik over iets laten gaan* 4.8 ~ of three *regel v. drieën* 6.1 **according to/by** ~ *volgens de regels, stipt, mechanisch* 6.2 **as** a ~ *gewoonlijk, in het algemeen, doorgaans;* **out of** ~ *tegen de gewoonte in;*
II ⟨n.-telb.zn.⟩ 0.1 ***regering*** ⇒*bewind, bestuur, heerschappij* ◆ 1.1 the ~ of law *het recht, de gerechtigheid* 3.1 bear the ~ *heersen, de scepter zwaaien* 6.1 **during** Edward's ~ *tijdens de regering v. koning Edward;* **under** British ~ *onder Britse heerschappij.*
rule[2] ⟨f3⟩ ⟨ww.⟩ →ruling ⟨→sprw. 251⟩
I ⟨onov.ww.⟩ 0.1 ***heersen*** ⇒*regeren, besturen, het bewind voeren* 0.2 ***een bevel uitvaardigen*** ⇒*beslissen, bepalen, verordenen* 0.3 ⟨ook hand.; geldw.⟩ ***een bepaalde hoogte hebben*** ◆ 5.3 oil ~s **low** today *de olieprijzen/aandelen staan laag genoteerd vandaag* 6.1 she ~s **over** her children with a firm hand *ze houdt haar kinderen stevig in het gareel;*

II ⟨ov.ww.⟩ **0.1** ***beheersen*** ⟨ook fig.⟩ ⇒*heersen over, regeren* **0.2** ***beslissen*** ⇒*bepalen, bevelen* **0.3** ***liniëren*** ⇒*belijnen* **0.4** ***trekken*** ⟨lijn⟩ ◆ **1.3** ~d paper *gelinieerd papier* **5.2** ~ sth. **out** *iets afwijzen, iets voor onmogelijk verklaren;* that is a possibility we can't ~ **out** *dat is een mogelijkheid die we niet mogen uitsluiten* **5.3** ~ sth. **off** *iets aflijnen, een lijn langs/onder iets trekken* **6.2** ~ **out of** order *buiten de orde verklaren.*

'rule-book ⟨telb.zn.⟩ **0.1** ***reglement*** ⇒*handleiding, arbeidsvoorschriften.*

rul·er ['ru:lə‖-ər]⟨f2⟩⟨telb.zn.⟩ **0.1** ***heerser*** ⇒*regeerder, vorst* **0.2** ***liniaal.***

rul·ing[1] ['ru:lɪŋ]⟨f1⟩⟨zn.; (oorspr.) gerund v. rule⟩
I ⟨telb.zn.⟩ **0.1** ***regel*** ⇒*beslissing, bepaling, uitspraak* ◆ **3.1** give a ~ *uitspraak doen;*
II ⟨n.-telb.zn.⟩ **0.1** ***het heersen*** ⇒*bewind, regering* **0.2** ***liniëring.***

ruling[2] ⟨f2⟩⟨bn.; (oorspr.) teg. deelw. v. rule⟩ **0.1** ***(over)heersend*** ⇒*dominant* **0.2** ***lijn-*** ⇒*regel-* ◆ **1.1** the ~ classes *de heersende klassen;* those children are his ~ passion *die kinderen zijn zijn lust en zijn leven;* ~ prices *de lopende prijzen* **1.2** ~ pen *trekpen.*

rum[1] [rʌm]⟨f2⟩⟨n.-telb.zn.⟩ **0.1** ***rum*** **0.2** ⟨AE⟩ ***drank*** ⇒*alcohol* **0.3** ⟨AE⟩⟨kaartspel⟩ ***rummy.***

rum[2] ⟨bn.; rummer; -ly; -ness; →compar. 7⟩⟨BE; sl.⟩ **0.1** ***vreemd*** ⇒*eigenaardig, raar, typisch* **0.2** ***moeilijk*** ⇒*gevaarlijk* ◆ **1.1** he's a ~ old bird *'t is een vreemde vogel* **1.¶** a ~ go *een toestand, een beschamende situatie;* a ~ start *een verrassing, een verbazende gebeurtenis.*

Ru·ma·ni·a [ru:'meɪnɪə], **Ro·ma·ni·a** [roʊ-], **Rou·ma·ni·a** [ru:-] ⟨eig.n.⟩ **0.1** ***Roemenië.***

Ru·ma·ni·an[1] [ru:'meɪnɪən], **Ro·ma·ni·an** [roʊ-], **Rou·ma·ni·an** [ru:-]⟨f1⟩⟨zn.⟩
I ⟨eig.n.⟩ **0.1** ***Roemeens*** ⇒*de Romeense taal;*
II ⟨telb.zn.⟩ **0.1** ***Roemeen.***

Rumanian[2], **Romanian**, **Roumanian** ⟨f1⟩⟨bn.⟩ **0.1** ***Roemeens.***

rum·ba ['rʌmbə]⟨telb.zn.⟩⟨muz.; dans⟩ **0.1** ***rumba.***

rum·ble[1] ['rʌmbl]⟨f2⟩⟨telb.zn.⟩ **0.1** ***gerommel*** ⇒*rommelend geluid;* ⟨i.h.b.⟩ *dreun, rumble* ⟨mbt. platenspeler⟩ **0.2** ⟨ind.⟩ ***polijsttrommel*** **0.3** ⟨AE⟩ ***kattebak*** ⇒*achterbankje* **0.4** ⟨AE; sl.⟩ ***tip*** ⇒*informatie* **0.5** ⟨AE; sl.⟩ ***politie-inval*** **0.6** ⟨AE; sl.⟩ ***knokpartij*** ⇒*straatgevecht.*

rumble[2] ⟨f2⟩⟨ww.⟩ →rumbling
I ⟨onov.ww.⟩ **0.1** ***rommelen*** ⇒*donderen* **0.2** ***voortdonderen*** ⇒*voortrollen, ratelen* ◆ **1.1** my stomach is rumbling *mijn maag knort* **1.2** the carriage ~d over de cobbled streets *het rijtuig ratelde over de keien;*
II ⟨ov.ww.⟩ **0.1** ***mompelen*** ⇒*mopperen, grommen, bassen* **0.2** ⟨ind.⟩ ***polijsten*** ⇒*trommelen, in een polijsttrommel bewerken* **0.3** ⟨BE; sl.⟩ ***door hebben*** ⇒*doorzien, in de gaten hebben.*

'rumble seat ⟨telb.zn.⟩⟨AE⟩ **0.1** ***kattebak*** ⇒*achterbankje, uitklapbank.*

'rumble strip ⟨telb.zn.; vnl. mv.⟩⟨verkeer⟩ **0.1** ***geribbelde streep*** ⟨om auto's snelheid te laten verminderen⟩ ⇒⟨in mv.⟩⟨ong.⟩ *attentie-belijning.*

'rum·ble-'tum·ble ⟨telb.zn.⟩ **0.1** ***kattebak*** ⇒*achterbankje* **0.2** ***rammelkar*** ⇒*zware, dreunende wagen.*

rum·bling ['rʌmblɪŋ]⟨f1⟩⟨zn.; (oorspr.) gerund v. rumble⟩
I ⟨telb.zn.⟩ **0.1** ***gerommel*** ⇒*rommelend geluid* **0.2** ⟨meestal mv.⟩ ***praatje*** ⇒*gerucht, geklets;*
II ⟨n.-telb.zn.; vaak mv. met enk. bet.; ~s⟩ **0.1** ***geklaag*** ⇒*gemopper, klachten.*

rum·bus·ti·ous ['rʌm'bʌstʃəs], ⟨soms⟩ **ram·bus·ti·ous** [ræm'bʌstʃəs] ⟨bn.⟩⟨vnl. BE; inf.⟩ **0.1** ***onstuimig*** ⇒*onbesuisd, luidruchtig, rumoerig, uitgelaten* **0.2** ***recalcitrant*** ⇒*(lekker) eigenzinnig.*

rum-dum[1] ['rʌmdʌm]⟨telb.zn.⟩⟨sl.⟩ **0.1** ***bezopene*** ⇒*lamme, stomme, onbeholpene.*

rum-dum[2] ⟨bn.⟩⟨sl.⟩ **0.1** ***bezopen*** ⇒*lam, stom, onbeholpen.*

ru·men ['ru:men‖'ru:mɪn]⟨telb.zn.; ook rumina ['ru:mɪnə]; →mv. 5⟩⟨dierk.⟩ **0.1** ***pens*** ⇒*pensmaag.*

ru·mi·nant[1] ['ru:mɪnənt]⟨telb.zn.⟩⟨dierk.⟩ **0.1** ***herkauwer.***

ruminant[2] ⟨bn.⟩ **0.1** ⟨dierk.⟩ ***tot de herkauwers behorend*** **0.2** ⟨dierk.⟩ ***herkauwend*** **0.3** ***nadenkend*** ⇒*peinzend.*

ru·mi·nate ['ru:mɪneɪt]⟨f1⟩⟨ww.⟩
I ⟨onov.ww.⟩ **0.1** ***herkauwen*** **0.2** ***peinzen*** ⇒*nadenken, piekeren* ◆ **6.2** ~ **about/of/on/over** *peinzen over;*
II ⟨ov.ww.⟩ **0.1** ***overdenken*** ⇒*overpeinzen, overwegen.*

ru·mi·na·tion ['ru:mɪ'neɪʃn]⟨n.-telb.zn.⟩ **0.1** ***het herkauwen*** **0.2** ***het peinzen*** ⇒*het nadenken.*

ru·mi·na·tive ['ru:mɪnətɪv‖-neɪtɪv]⟨bn.; -ly⟩ **0.1** ***peinzend*** ⇒*in gedachten verzonken* **0.2** ***tot nadenken stemmend.***

ru·mi·na·tor ['ru:mɪneɪtə‖-neɪtər]⟨telb.zn.⟩ **0.1** ***peinzer*** ⇒*denker.*

rum·mage[1] ['rʌmɪdʒ]⟨zn.⟩⟨inf.⟩
I ⟨telb.zn.⟩ **0.1** ***onderzoek*** ⇒*controle, zoekactie, het doorzoeken;* ⟨i.h.b.⟩ *visitatie* ⟨v. schip⟩ ◆ **3.1** I'll have a ~ in the attic this afternoon *vanmiddag zal ik eens op zolder gaan zoeken;*
II ⟨n.-telb.zn.⟩⟨AE⟩ **0.1** ***rommel(tje)*** ⇒*hoop, berg oude spullen.*

rummage[2] ⟨f2⟩⟨ww.⟩
I ⟨onov.ww.⟩ **0.1** ***rondrommelen*** ⇒*snuffelen, zoeken* ◆ **6.1** ~ **among** old note-books *zoeken tussen oude schriften;* ~ **through** a pile of clothes *in een stapel kleren snuffelen;*
II ⟨ov.ww.⟩ **0.1** ***doorzoeken*** ⇒⟨i.h.b.⟩ *visiteren* ⟨schepen⟩ **0.2** ***te voorschijn halen*** **0.3** ***overhoop halen*** ◆ **5.2** I ~ed **out/up** a beautiful old dress from this trunk *ik heb een prachtige oude jurk in die koffer gevonden* **5.3** ~ a cupboard **about** *een kast overhoop halen.*

'rummage sale ⟨f1⟩⟨telb.zn.⟩ **0.1** ***rommelmarkt*** ⇒*(liefdadigheids) bazaar* **0.2** ***verkoop v. overgeschoten/in beslag genomen goederen.***

rum·mer ['rʌmə‖-ər]⟨telb.zn.⟩ **0.1** ***roemer*** ⇒*groot wijnglas.*

rum·my[1] ['rʌmi]⟨zn.; →mv. 2⟩
I ⟨telb.zn.⟩⟨sl.⟩ **0.1** ***dronkelap;***
II ⟨n.-telb.zn.⟩⟨kaartspel⟩ **0.1** ***rummy.***

rummy[2] ⟨bn.⟩⟨BE; sl.⟩ **0.1** ***raar*** ⇒*vreemd, typisch, eigenaardig* **0.2** ***moeilijk*** ⇒*gevaarlijk.*

ru·mour[1], ⟨AE sp.⟩ **ru·mor** ['ru:mə‖-ər]⟨f3⟩⟨zn.⟩
I ⟨telb.zn.⟩ **0.1** ***gerucht*** ⇒*praatje;*
II ⟨n.-telb.zn.⟩ **0.1** ***geruchten*** ◆ **3.1** ~ has it that you'll be fired *er gaan geruchten dat je ontslagen zult worden.*

rumour[2], ⟨AE sp.⟩ **rumor** ⟨f1⟩⟨ov.ww.⟩ **0.1** ***verspreiden*** ⇒*kletsen, praatjes rondstrooien over* ◆ **5.1** it is ~ed **about** that you'll be fired *er doen praatjes de ronde dat je ontslagen zult worden;* this sort of thing must not be ~ed **abroad** *over dit soort dingen mogen geen praatjes ontstaan.*

'ru·mour·mon·ger, ⟨AE sp.⟩ **'ru·mor·mon·ger** ⟨telb.zn.⟩ **0.1** ***roddelaar*** ⇒*kletskous, stoker.*

'ru·mour-mon·ger·ing ⟨n.-telb.zn.⟩ **0.1** ***het verspreiden v. geruchten.***

rump [rʌmp]⟨f1⟩⟨telb.zn.⟩ **0.1** ***achterdeel*** ⇒*bout* ⟨v. dier⟩, *stuit* ⟨v. vogel⟩ **0.2** ***biefstuk*** **0.3** ⟨scherts.⟩ ***billen*** ⇒*achterste, derrière* **0.4** ***rest(ant)*** ⇒*armzalig overblijfsel* ⟨i.h.b. v. parlement/bestuur⟩ ◆ **7.4** ⟨Eng. gesch.⟩ the Rump *het Rompparlement* ⟨1648-1653, 1659-1660⟩.

'rump bone ⟨telb.zn.⟩ **0.1** ***heiligbeen*** ⇒*sacrum.*

rum·ple[1] ['rʌmpl]⟨telb.zn.⟩ **0.1** ***kreukel*** ⇒*vouw, plooi.*

rumple[2] ⟨f1⟩⟨ww.⟩
I ⟨onov. en ov.ww.⟩ **0.1** ***kreuken*** ⇒*verkreukelen, verfrommelen;*
II ⟨ov.ww.⟩ **0.1** ***door de war maken.***

rump·less ['rʌmpləs]⟨bn.⟩⟨dierk.⟩ **0.1** ***staartloos.***

'rum·pot ⟨telb.zn.⟩⟨sl.⟩ **0.1** ***zuiplap*** ⇒*dronkelap.*

'Rump Parliament ⟨n.-telb.zn.⟩⟨gesch.⟩ **0.1** ***Rompparlement*** ⟨1648-1653 en 1659-1660⟩.

'rump steak ⟨f1⟩⟨telb.zn.⟩ **0.1** ***lendebiefstuk.***

rum·pus ['rʌmpəs]⟨f1⟩⟨telb.zn.⟩⟨sl.⟩ **0.1** ***tumult*** ⇒*lawaai, geschreeuw, ruzie* ◆ **3.1** have a ~ with s.o. *laaiende ruzie met iem. hebben;* cause/kick up/make a ~ *lawaai maken, herrie schoppen.*

'rumpus room ⟨telb.zn.⟩⟨AE⟩ **0.1** ***speelkelder*** ⇒*hobbykelder.*

rum·py ['rʌmpi]⟨telb.zn.; →mv. 2⟩⟨dierk.⟩ **0.1** ***manx*** ⇒*staartloze kat.*

'rum-run·ner ⟨telb.zn.⟩ **0.1** ***dranksmokkelaar*** **0.2** ***dranksmokkelschip.***

'rum-shop ⟨telb.zn.⟩⟨AE⟩ **0.1** ***bar*** ⇒*kroeg.*

'rum-shrub ⟨telb.zn.⟩ **0.1** ***rumpunch.***

rum-suck·er ['rʌmsʌkə‖-ər]⟨n.-telb.zn.⟩⟨plantk.⟩ **0.1** ***haarmos*** ⟨Polytrichum commune⟩.

rum-tum ['rʌmtʌm]⟨telb.zn.⟩⟨scheep.⟩ **0.1** ***rum-tum*** ⇒*soort skiff.*

run[1] [rʌn]⟨f3⟩⟨telb.zn.⟩ **0.1** ***looppas*** ⇒*het rennen* **0.2** ***galop*** **0.3** ⟨ben. voor⟩ ***tocht*** ⇒*afstand; wandeling, eindje hollen; reis, tocht, vaart, rit; route, lijn; tochtje, uitstapje* ⟨v. trein, boot⟩; ⟨skiën⟩ *piste, parcours, baan;* ⟨cricket, honkbal⟩ *run* ⟨score v. 1 punt⟩; ⟨vossejacht⟩ *achtervolging, het opjagen* **0.4** ***opeenvolging*** ⇒*reeks, serie;* ⟨dram.⟩ *looptijd* **0.5** ***vaart*** ⇒*snelle beweging* **0.6** ⟨ben. voor⟩ ***stroom*** ⇒*vloed; waterstroom, zand/modderstroom, grondverschuiving;* ⟨AE⟩ *stroompje, beekje* **0.7** ***terrein*** ⇒*veld, weitje, ren* ⟨voor dieren⟩ **0.8** ***eind*** ⇒*stuk, lengte* ⟨v. materiaal⟩ **0.9** ***soort*** ⇒*klasse, type, categorie* **0.10** ***ladder*** ⟨in kous⟩ **0.11** ***loop*** ⟨ook fig.⟩ ⇒*lijn, richting; ontwikkeling, tendens* **0.12** ***goot*** **0.13** ***smokkeltransport*** **0.14** ***spoor*** ⇒*pad* ⟨v. dieren⟩ **0.15** ***school vissen*** ⇒⟨i.h.b.⟩ *trek* **0.16** ***troep*** ⇒*kudde vee* ⟨v. hetzelfde jaar⟩ **0.17** ⟨mil.⟩ ***bomb run*** ⇒*stationaire vlucht tijdens het bommen-uitwerpen* **0.18** ⟨scheep.⟩ ***achterkiel*** **0.19** ⟨mijnw.⟩ ***luchtgang*** **0.20** ⟨mijnw.⟩ ***ader*** **0.21** ⟨sl.⟩ ***(auto)race*** ◆ **1.4** today's ~ from the printing section is not sufficient *vandaag is op de drukkerij niet genoeg geproduceerd;* a ~ of success *het ene succes na het andere, een succesvolle periode* **2.¶** the common/general/ordinary ~ *de doorsnee, de middelmaat* **3.1** make a ~ for it *het op een lopen zet-*

ten **3.3** have a good ~ *een goede reis/jacht/tocht hebben* **3.4** the play had a five months' ~ in London *het stuk heeft vijf maanden in Londen gespeeld;* ⟨muz.⟩ you must practise those ~s *je moet die loopjes oefenen* **3.5** prices come down in/with a ~ *de prijzen zakken met grote snelheid* **3.¶** get the ~ on s.o. *iem. voor gek zetten, iem. beet nemen;* get/give s.o. a (good) ~ for his money *iem. waar voor zijn geld geven; iem. goed behandelen; iem. goed tegenspel bieden;* we'll give them a (good) ~ for their money *we zullen ze het niet gemakkelijk maken;* get/have a (good) ~ for one's money *waar voor zijn geld krijgen; goed behandeld worden;* get/give s.o. the ~ of *iem. de beschikking geven over;* go and have a ~! *verdwijn!, maak dat je wegkomt!;* have a (great) ~ *succes hebben* **6.1** **at** a/the ~ *in looppas;* **on** the ~ *op de vlucht; druk in de weer* **6.¶** ⟨geldw.⟩ a ~ **on** the bank *een run op de bank;* ⟨hand.⟩ a ~ **on** copper *een plotselinge grote vraag naar koper* **7.¶** ⟨sl.⟩ the ~s *buikloop, diarree.*

run² ⟨bn., attr.; volt. deelw. v. run⟩ **0.1** ***gesmokkeld*** ⇒*smokkel-* **0.2** ***gesmolten/gegoten*** **0.3** ***strekkend*** ⟨v. lengtemaat⟩ ◆ **1.3** metre ~ *strekkende meter.*

run³ ⟨f4⟩ ⟨ww.; ran [ræn], run [rʌn]⟩ →run², running ⟨→sprw. 269, 285, 326, 374, 380, 628, 719⟩

I ⟨onov.ww.⟩ **0.1** ***rennen*** ⇒*(in looppas) lopen, hollen, hardlopen, galopperen* **0.2** ⟨ben. voor⟩ ***gaan*** ⇒*bewegen, voortbewegen; rollen, glijden, schuiven;* ⟨scheep.⟩ *lopen; (hard) rijden; pendelen, heen en weer rijden/varen* ⟨v. bus, pont, e.d.⟩; *voortgaan, voorbijgaan, aflopen* ⟨v. tijd⟩; *lopen, werken, draaien* ⟨v. machines⟩; *lopen, uitlopen, (weg)stromen, druipen, sijpelen* ⟨v. vloeistoffen, e.d.⟩; *zwemmen, trekken* ⟨v. vissen⟩; *kruipen, klimmen* ⟨v. planten⟩; *weiden, rondzwerven* ⟨v. vee⟩; ⟨fig.⟩ *voortgaan, duren, voortduren, lopen, gaan, zich uitstrekken, v. kracht zijn, gelden* **0.3** ***rennen*** ⇒*vliegen, ijlen, snellen, zich haasten* **0.4** ***lopen*** ⇒*zich uitstrekken, gaan, een (bep.) richting hebben;* ⟨ook fig.⟩ *neigen, een tendens hebben, zich bewegen in de richting v.* **0.5** ***wegrennen*** ⇒*weglopen, op de vlucht slaan, vluchten* **0.6** ***luiden*** ⇒*klinken, gaan, geschreven staan* **0.7** ⟨pol.⟩ ***kandidaat zijn*** ⇒*meedoen, deelnemen* **0.8** ⟨sport⟩ ***meedoen*** ⇒*aankomen, eindigen* **0.9** ⟨cricket⟩ ***een run (proberen te) maken*** **0.10** ⟨ec.⟩ ***accumuleren*** ⟨v. kapitaal⟩ **0.11** ***gelden*** ⇒*v. kracht zijn* **0.12** ⟨AE⟩ ***ladderen*** **0.13** ⟨gew.⟩ ***klonteren*** ◆ **1.2** the play will ~ for ten performances *er zullen tien voorstellingen v.h. stuk gegeven worden;* what's this tune ~ning in my head? *wat is dat deuntje dat steeds in mijn hoofd zit?;* ⟨jur.⟩ this writ did not ~ in our province *deze bepaling gold in onze provincie niet* **1.6** the third line ~s as follows *de derde regel luidt als volgt* **3.3** ~ to meet one's problems *de moeilijkheden voor zijn* **5.1** →run **away;** ⟨sport⟩ ~ **up** *een aanloop nemen* **5.2** ⟨scheep.⟩ ~ afoul/foul of *in aanvaring komen met;* ⟨fig.⟩ *stuiten op, in botsing komen met;* ⟨scheep.⟩ ~ aground *aan de grond lopen;* ~ **behind** *achterlopen;* ⟨scheep.⟩ ~ free *voor de wind zeilen;* feeling over the incident ran high *men was diep verontwaardigd over het gebeurde;* the sea ~s high *er staat een hoge zee;* the tide ~s strong *er staat een sterke vloedstroom;* ~ **together** *door elkaar lopen, zich vermengen* **5.4** prices are running high *de prijzen zijn over het algemeen hoog* **5.8** also ran Black Beauty *niet bij de eerste drie was Black Beauty* ⟨in paarden- of hondenrace⟩; he ran fifth *hij kwam als vijfde binnen* **5.¶** ~ **about** *rondvliegen, v.d. een naar de ander hollen, heel actief zijn, naar hartelust spelen;* ⟨inf.⟩ ~ **along!** *vooruit!, laat me eens met rust!;* →run **around;** →run **back;** →run **down;** →run **in;** →run **on;** →run **off;** →run **out;** →run **over;** →run **up;** well ~! *goed gedaan!, goed gelopen!, prima!* **6.1** ~ **after** s.o. *achter iem. aanrennen* ⟨ook fig.⟩; *iem. nalopen, zich aan iem. opdringen;* ~ **at** sth. *toestormen op iets, een aanloop nemen (en springen);* ~ **at** s.o. *iem. aanvallen;* ⟨voetbal⟩ ~ **off** the ball *zich vrijlopen* **6.2** ⟨scheep.⟩ ~ **before** the wind *voor de wind zeilen;* ~ **behind** schedule *op het schema achter zijn;* ~ **on** electricity *elektrisch zijn, op stroom lopen;* ~ **over** sth. *iets doornemen/vlug doorkijken/nakijken/repeteren;* let one's eyes ~ **over** sth. *zijn blik ergens (vluchtig) overheen laten gaan;* ⟨scheep.⟩ ~ **(up)on** a reef *op een rif lopen;* his speech ran **(up)on** his employees' merits *zijn toespraak ging over de verdiensten v. zijn employees;* his thoughts ran **(up)on** the past *hij liet zijn gedachten gaan over het verleden* **6.3** ~ across/down/over/round/up **to** *even overwippen naar, even langsgaan/langsrijden bij, een bezoekje afleggen bij/in* **6.4** the path ~s **round** the kitchen garden *het pad loopt om de moestuin heen;* ~ **to** crabbiness *geneigd zijn tot vitten;* ~ **to** extremes *in uitersten vervallen* **6.7** ⟨pol.⟩ ~ **for** *zich kandidaat stellen voor, kandidaat zijn voor* **6.10** ⟨hand., geldw.⟩ the note ~s **to** the 1st of May *de wissel wordt op 1 mei betaalbaar gesteld* **6.¶** ~ **across/against** s.o. *iem. tegen het lijf lopen;* ~ **across/against** sth. *ergens tegen aan lopen, iets bij toeval vinden;* ~ **at** *aanvliegen;* ~ **counter to** *in strijd zijn met, ingaan tegen;* ~ **for** it *op de vlucht slaan, wegrennen, het op een lopen zetten;* it ~s **in** our family *het zit bij ons in de familie;* →run **into;** ⟨sl.⟩ ~ **over** s.o. *iem. smerig behandelen, over iem. lopen, iem. zijn baan afhandig maken;* ~ **through** the minutes *de notulen doornemen;* the song kept ~ning **through** my head *het liedje bleef steeds maar door mijn hoofd spelen;* ⟨dram.⟩ ~ **through** a part *een rol repeteren, een rol doornemen;* his inheritance was ~ **through** within a year *hij had binnen een jaar zijn erfenis erdoor gejaagd;* ~ **to** a heap of money *een smak geld kosten;* my allowance doesn't ~ **to/I** can't ~ **to** luxurious meals *mijn toelage is niet toereikend/ik heb geen geld genoeg voor luxueuze maaltijden;* some of his books have already ~ **to** twelve impressions *een paar v. zijn boeken zijn al aan de twaalfde druk;* ⟨jur.⟩ ~ **with** *gepaard gaan met, verbonden zijn aan;*

II ⟨ov.ww.⟩ **0.1** ***rijden/lopen over*** ⇒*zich verplaatsen over, volgen* ⟨weg⟩, *afleggen* ⟨afstand⟩ **0.2** ⟨ben. voor⟩ ***doen bewegen*** ⇒*laten gaan; varen, rijden; doen stromen, gieten; doen terechtkomen, steken, stoppen, halen, strijken, vegen; in werking stellen, laten lopen* ⟨machines, e.d.⟩; ⟨fig.⟩ *doen voortgaan, leiden, ten uitvoer brengen, drijven* **0.3** ***achtervolgen*** ⇒*jagen, opjagen* **0.4** ***smokkelen*** **0.5** ***weiden*** **0.6** ***rijgen*** ⇒*met rijgsteken naaien* **0.7** ***ontvluchten*** ⇒*weglopen van, deserteren, drossen* **0.8** ⟨pol.⟩ ***kandidaat stellen*** **0.9** ⟨sport⟩ ***laten meedoen/deelnemen*** **0.10** ⟨ec.⟩ ***laten oplopen*** ⇒*laten accumuleren* **0.11** ⟨AE⟩ ***publiceren*** ⇒*in de krant zetten* **0.12** ⟨cricket, biljart⟩ ***scoren*** **0.13** ***openhalen*** ⇒*een ladder maken in* ◆ **1.1** ~ the fields *door de velden rennen/draven;* ~ a mile *een mijl afleggen;* ~ a race *een wedstrijd lopen;* ~ the streets *op straat rondzwerven* **1.2** ~ the bath *het bad laten vollopen;* ~ blood *druipen van het bloed;* ~ a business *een zaak hebben, zakenman zijn;* ~ a car *autorijden, een auto hebben;* ~ s.o. to town *iem. naar de stad rijden* **1.¶** ⟨AE⟩ ~ a traffic-light *door rood rijden* **4.3** ~ s.o. *een wedren houden met iem.* **5.2** ⟨scheep.⟩ ~ aground *aan de grond laten lopen, vast laten lopen;* →run **around;** →run **back;** →run **off;** →run **through;** ~ **together** *vermengen, door elkaar gooien, bijeen voegen* **5.3** ~ s.o. close/hard *iem. (dicht) op de hielen zitten;* ⟨fig.⟩ *weinig voor iem. onderdoen;* →run **down** **5.¶** →run **in;** →run **off;** →run **on;** →run **over;** →run **up** **6.2** ~ one's hand **along/over** sth. *met de hand ergens langs/overheen strijken;* →run **down;** ~ one's car **into** a tree *met zijn auto tegen een boom botsen;* ~ one's family **into** debt *zijn familie in de schulden steken;* ~ a needle **into** one's finger *zijn vinger aan een naald prikken;* ~ a comb **through** one's hair *(even) een kam door zijn haar halen;* she ran her hand **through** his hair *ze streek haar hand door zijn haar* **6.8** ~ s.o. **for** the election *iem. kandidaat stellen voor de verkiezingen* **6.¶** the director ran them **through** the adagio again *de dirigent liet hen het adagio herhalen.*

'run·a·bout ⟨telb.zn.⟩ ⟨inf.⟩ **0.1** ***wagentje*** ⇒*(open) autootje/rijtuigje* **0.2** ***motorbootje*** ⇒*speedboat* **0.3** ***vliegtuigje*** **0.4** ***vagebond*** ⇒*zwerver.*

run·a·gate ['rʌnəgeɪt] ⟨telb.zn.⟩ ⟨vero.⟩ **0.1** ***renegaat*** ⇒*afvallige* **0.2** ***vagebond*** ⇒*zwerver.*

'run a'round ⟨f1⟩ ⟨ww.⟩

I ⟨onov.ww.⟩ ⟨AE⟩ **0.1** ***rondfladderen*** ⇒*rondzwerven;* ⟨i.h.b.⟩ *v.d. ene geliefde naar de andere hollen, ontrouw zijn* ◆ **6.1** ~ **with** *omgaan met;*

II ⟨ov.ww.⟩ ⟨BE⟩ **0.1** ***meenemen*** ⇒*rondrijden.*

'run-a-round, 'run-round ⟨zn.⟩

I ⟨telb.zn.⟩ ⟨boek.⟩ **0.1** ***tussen de tekst ingebouwd cliché;***

II ⟨n.-telb.zn.⟩ **0.1** ⟨inf.⟩ ***het iem. afschepen*** ⇒*het iem. een rad voor ogen draaien, bedriegelijke/laffe/besluiteloze houding, inconsequente behandeling* ◆ **3.1** get the ~ from s.o. *nooit weten waar je aan toe bent met iem.;* give s.o. the ~ *iem. v.h. kastje naar de muur sturen.*

run·a·way ['rʌnəweɪ] ⟨f2⟩ ⟨telb.zn.; ook attr.⟩ **0.1** ***vluchteling*** ⇒*wegloper, ontsnapte* **0.2** ***vlucht*** ◆ **1.1** ~ slaves *weggelopen/gevluchte slaven* **1.2** ⟨ec.⟩ a ~ inflation *een galopperende/op hol geslagen inflatie, een hyperinflatie.*

'run a'way ⟨f2⟩ ⟨onov.ww.⟩ ⟨→sprw. 269, 285⟩ **0.1** ***weglopen*** ⇒*vluchten* **0.2** ***op hol slaan*** ◆ **6.1** ~ **from** home *v. huis weglopen;* ~ **with** s.o. *weglopen (en trouwen) met iem., er (samen) met iem. vandoor gaan* **6.¶** ~ **from** difficulties *voor de moeilijkheden op de loop gaan;* ~ **from** s.o. *iem. ontlopen;* he let his feelings/fantasy ~ **with** him *hij liet zich meeslepen door zijn emoties/verbeelding;* don't ~ **with** the idea *geloof dat nu maar niet te snel;* ~ **with** the money *er met het geld vandoor gaan;* the enterprise has ~ **with** a lot of money *de onderneming heeft een heleboel geld gekost;* ⟨sport⟩ ~ **with** the race *de wedstrijd op zijn/haar sloffen winnen.*

'runaway 'car ⟨telb.zn.⟩ **0.1** ***onbestuurbare auto*** ⇒*(rijdende) auto zonder bestuurder.*

'runaway 'child ⟨f1⟩ ⟨telb.zn.⟩ **0.1** ***weggelopen kind*** ⇒*wegloper.*

'runaway de'velopment ⟨telb.zn.⟩ **0.1** ***ontwikkeling die uit de hand loopt.***

'runaway 'horse ⟨f1⟩ ⟨telb.zn.⟩ ⟨→sprw. 776⟩ **0.1** ***op hol geslagen paard.***

'runaway 'marriage ⟨telb.zn.⟩ **0.1** ***schaking*** ⇒*huwelijk zonder toestemming.*

'runaway 'win ⟨telb.zn.⟩ ⟨sport⟩ **0.1** ***gemakkelijke overwinning.***

'run·back ⟨telb. en n.-telb.zn.⟩ ⟨tennis⟩ **0.1** ***uitloop(ruimte).***

'run 'back ⟨f1⟩ ⟨ww.⟩

I ⟨onov.ww.⟩ **0.1** ***terugkeren*** **0.2** ⟨geldw.⟩ ***zakken*** ⟨v. aandelen⟩ ◆ **6.1** ~ **over** the recent events *de jongste gebeurtenissen nog eens in ogenschouw nemen;* ~ **over** one's youth *zich zijn jeugd weer in herinnering roepen;*

II ⟨ov.ww.⟩ **0.1** ***terugdraaien*** ⇒*terugspoelen* ◆ **1.1** ~ and replay a tape *een band terugspoelen en opnieuw afspelen.*

run·ci·ble spoon ['rʌnsɪbl spu:n] ⟨telb.zn.⟩ **0.1** ***runcible-lepel*** ⇒*vorklepel, gekromde vork met snijkant.*

run·ci·nate ['rʌnsɪnət, -neɪt] ⟨bn.⟩ ⟨plantk.⟩ **0.1** ***getand.***

run·dale ['rʌndeɪl], **'run·rig** ⟨telb.zn.⟩ ⟨BE⟩ **0.1** ***rundale*** ⇒*bezit/pacht v. grond in niet aaneensluitende stukken* ⟨i.h.b. in Schotland en Ierland⟩.

'run 'down ⟨ww.⟩

I ⟨onov.ww.⟩ **0.1** ***afnemen*** ⇒*minder worden* **0.2** ***uitgeput raken*** ⇒*verzwakken, instorten, opraken, slijten* **0.3** ***reiken*** ⇒*zich uitstrekken (tot)* ◆ **1.1** the school staff is running down rapidly *het lerarencorps wordt snel kleiner* **1.2** the battery has ~ *de accu is leeg;* the old man had ~ terribly *de oude man was verschrikkelijk verzwakt* **6.3** the lawn runs down **to** the wall *het grasveld loopt door tot aan de muur;*

II ⟨ov.ww.⟩ **0.1** ***omverrijden*** ⇒*aanrijden;* ⟨bij uitbr.; scheep.⟩ *aanvaren* **0.2** ***reduceren*** ⇒*verminderen in capaciteit, terugnemen* **0.3** ***uitputten*** ⇒*verzwakken* **0.4** ***opsporen*** ⇒*op het spoor komen, vinden, aantreffen, ontdekken, te pakken krijgen* **0.5** ***kritiseren*** ⇒*afbreken, kleineren, vernederen* **0.6** ⟨honkbal⟩ ***uittikken*** ⟨honkloper⟩ ◆ **1.2** ~ a factory *de capaciteit v.e. fabriek verminderen* **1.4** run a criminal down *een misdadiger opsporen* **3.3** you look ~ *je ziet er oververmoeid uit* **4.5** how dare you run her down? *hoe durf je haar te kleineren?.*

'run-down[1] ⟨f1⟩ ⟨telb.zn.⟩ **0.1** ***vermindering*** ⇒*afname, het terugdraaien/terugvallen v.d. capaciteit* **0.2** ⟨inf.⟩ ***opsomming*** ⇒*overzicht, beschrijving, zeer gedetailleerd verslag* **0.3** ⟨honkbal⟩ ***rundown*** ⇒*het uittikken v.e. honkloper tussen 2 honken.*

run-down[2] ⟨f2⟩ ⟨bn.⟩ **0.1** ***vervallen*** ⇒*verwaarloosd* ⟨v. iets⟩ **0.2** ***uitgeput*** ⇒*verzwakt, doodmoe* ◆ **1.¶** a ~ clock *een stilstaande klok.*

rune [ru:n] ⟨telb.zn.⟩ **0.1** ***rune*** ⇒*letterteken v.h. Oudgermaanse alfabet* **0.2** ***letterteken v.h. Mongools-Turkse alfabet*** ⟨8e eeuw⟩ **0.3** ***rune*** ⇒*magisch teken* **0.4** ***runeninscriptie*** **0.5** ***Oudfins/Oudnoors gedicht.***

rung[1] [rʌŋ] ⟨f1⟩ ⟨telb.zn.⟩ **0.1** ***sport*** ⇒*spaak, dwarshout, trede* ◆ **6.1** ⟨fig.⟩ **at/on** the highest/lowest ~ of the ladder *boven/onder aan de ladder;* **on** the first ~ *op de eerste tree/sport.*

rung[2] ⟨verl. t. en volt. deelw.⟩ →ring.

run·ic ['ru:nɪk] ⟨bn.⟩ **0.1** ***met runeninscriptie*** **0.2** ***in runen geschreven*** **0.3** ⟨beeld. k.⟩ ***runisch*** ⇒*op runen lijkend.*

'run 'in ⟨f1⟩ ⟨ww.⟩

I ⟨onov.ww.⟩ **0.1** ***binnen komen lopen*** ⇒*een bezoekje afleggen, even langsrijden bij iem.* **0.2** ***binnenlopen*** ⟨trein⟩;

II ⟨ov.ww.⟩ **0.1** ⟨inf.⟩ ***oppakken*** ⇒*mee naar het bureau nemen, aanhouden; inrekenen* **0.2** ***inrijden*** ⟨auto⟩ **0.3** ***toevoegen*** **0.4** ⟨Austr. E⟩ ***opdrijven*** ⇒*bijeendrijven* ⟨vee⟩ **0.5** ⟨boek.⟩ ***plat zetten.***

'run-in ⟨telb.zn.⟩ **0.1** ***aanloop*** ⇒*voorbereiding* **0.2** ⟨inf.⟩ ***ruzie*** ⇒*twist, meningsverschil, woordenwisseling* **0.3** ⟨sl.⟩ ***arrestatie*** **0.4** ⟨boek.⟩ ***toevoeging.***

'run into ⟨onov.ww.⟩ **0.1** ***stoten op*** ⇒*in botsing komen met* **0.2** ***terechtkomen in*** **0.3** ***tegen het lijf lopen*** ⇒*onverwacht ontmoeten* **0.4** ***belopen*** ⇒*bedragen, oplopen* ◆ **1.1** ~ a tree *tegen een boom botsen;* ⟨scheep.⟩ ~ a bank *op een zandbank lopen* **1.2** ~ difficulties/debts *in de problemen/schulden raken;* ~ a storm *in een storm terechtkomen;* the book ran into six editions *het boek beleefde/zag zes drukken.*

run·let ['rʌnlɪt] ⟨telb.zn.⟩ **0.1** ***stroompje*** ⇒*riviertje* **0.2** ⟨vero.⟩ ***ton*** ⇒*(wijn)vat.*

run·na·ble ['rʌnəbl] ⟨bn.⟩ ⟨jacht⟩ **0.1** ***jaagbaar*** ⇒*waarop gejaagd mag worden.*

run·nel ['rʌnl] ⟨telb.zn.⟩ **0.1** ***beekje*** ⇒*stroompje* **0.2** ***goot*** ⇒*straatgoot.*

run·ner ['rʌnə||-ər] ⟨f3⟩ ⟨telb.zn.⟩ **0.1** ⟨ben. voor⟩ ***agent*** ⇒*vertegenwoordiger;* ⟨hand. ook⟩ *loopjongen, bezorger, boodschappenjongen;* ⟨geldw.⟩ *agent, ontvanger, bankloper;* ⟨gesch.⟩ *boodschapper, koerier* **0.2** ***vluchteling*** **0.3** ***smokkelaar*** ⇒⟨ook⟩ *smokkelschip* **0.4** ⟨ben. voor⟩ ***glijder*** ⇒*glijgoot, groef; schaatsijzer; rib* ⟨v. slee⟩; *glijplank* **0.5** ***loper*** ⇒*tafel/trap/vloerloper* **0.6** ***rolhanddoek*** **0.7** ***molensteen*** **0.8** ⟨gesch.⟩ ***politieagent*** **0.9** ⟨plantk.⟩ ***slingerplant*** **0.10** ⟨plantk.⟩ ***uitloper*** **0.11** ⟨dierk.⟩ ***ral*** ⇒⟨i.h.b.⟩ *waterral* ⟨Rallus aquaticus⟩ **0.12** ⟨dierk.⟩ ***horsmakreel*** ⟨fam. Carangidae⟩ **0.13** ⟨sport⟩ ***(hard)loper*** ⇒*renpaard* **0.14** ⟨vnl. ind.⟩ ***operateur*** **0.15** ⟨ijzergieterij⟩ ***gietloop*** **0.16** ⟨scheep.⟩ ***runner*** ⇒*lid v. tijdelijke bemanning* **0.17** ⟨scheep.⟩ ***blokkadebreker.***

'runner 'bean ⟨telb.zn.⟩ ⟨BE; plantk.⟩ **0.1** ***pronkboon*** ⟨Phaseolus coccineus⟩.

'run·ner-'up ⟨f1⟩ ⟨telb.zn.; ook runners-up; →mv. 6⟩ **0.1** ⟨vnl. sport⟩ ***tweede*** ⇒*wie op de tweede plaats eindigt,* ⟨mv. ook⟩ *de overige medaille/prijswinnaars* **0.2** ***opjager*** ⇒⟨veiling⟩ *prijsopdrijver.*

run·ning[1] ['rʌnɪŋ] ⟨f2⟩ ⟨n.-telb.zn.; (oorspr.) gerund v. run⟩ **0.1** ***het rennen*** ⇒⟨i.h.b. sport⟩ *hardlopen* **0.2** ***bediening*** ⇒*het in werking stellen* ◆ **1.¶** ~ on the spot *pas op de plaats* **3.¶** take up/make the ~ *het tempo bepalen;* ⟨fig.⟩ *de toon aangeven, de leiding hebben* **6.1 out of/in** the ~ *kansloos/met een goede kans (om te winnen).*

running[2] ⟨f2⟩ ⟨bn.; teg. deelw. v. run⟩ **0.1** ***hardlopend*** ⇒*rennend, hollend* **0.2** ***lopend*** ⇒*stromend* **0.3** ***lopend*** ⇒*doorlopend, continu, opeenvolgend* **0.4** ***strekkend*** ⟨v. lengtemaat⟩ ◆ **1.1** ~ jump *sprong met aanloop;* ~ fight *achterhoedegevecht* **1.2** ~ sore *etterende wond;* ~ water *stromend water* **1.3** ~ account *rekening-courant;* ~ commentary *direct verslag, radio/t.v.-verslag;* ⟨kaartspel⟩ ~ flush *hand met opeenvolgende kaarten v. dezelfde kleur;* ~ hand *lopend schrift;* ⟨boek.⟩ ~ head(line) *hoofdregel, kopregel;* ⟨mil.⟩ ~ fire *snelvuur;* ⟨fig.⟩ a ~ fire of objections *een stortvloed v. tegenwerpingen;* ~ repairs *lopende reparaties;* ~ stitch *rijgsteek* **1.¶** ~ battle *strijd zonder eind;* ⟨scheep.⟩ ~ bowsprit *losse/inklapbare boegspriet;* ⟨machines⟩ ~ gear *loopwerk;* ⟨scheep.⟩ ~ gear/rigging *lopend want;* ⟨pol.; pej.⟩ ~ dog *slaafse volgeling;* ~ mate ⟨AE; pol.⟩ *kandidaat voor de tweede plaats;* ⟨sport⟩ *gangmaker;* ⟨atletiek⟩ *loop/trainingspartner;* ⟨AE; pol.⟩ be ~ mates *samen aan de verkiezingen meedoen;* in ~ order *goed werkend;* ⟨Austr. E; plantk.⟩ ~ postman *Australische kruiper* ⟨Kennedya⟩ **3.¶** ⟨sl.⟩ take a ~ jump at yourself *maak dat je weg komt!* **7.3** five times ~ *vijf keer achter elkaar.*

'running board ⟨telb.zn.⟩ **0.1** ***treeplank.***

'running dive ⟨telb.zn.⟩ ⟨schoonspringen⟩ **0.1** ***sprong met aanloop.***

'running event ⟨telb.zn.⟩ ⟨atletiek⟩ **0.1** ***loopnummer.***

'running light ⟨telb.zn.⟩ **0.1** ⟨scheep.⟩ ***boordlicht*** **0.2** ***navigatielicht*** ⟨vliegtuig⟩.

'running posture ⟨telb.zn.⟩ ⟨atletiek⟩ **0.1** ***loophouding.***

'running rotation ⟨telb. en n.-telb.zn.⟩ ⟨atletiek⟩ **0.1** ***walstechniek*** ⟨draaiende stapbewegingen v. discuswerper⟩.

'running shoe ⟨telb.zn.; vaak mv.⟩ ⟨sport, i.h.b. atletiek⟩ **0.1** ***(hard) loopschoen.***

run·ny ['rʌni] ⟨bn.; -er; →compar. 7⟩ **0.1** ***vloeibaar*** ⇒*dun, gesmolten* **0.2** ***lopend*** ⇒*druipend* ◆ **1.2** ~ nose *loopneus, druipneus.*

'run 'off ⟨f1⟩ ⟨ww.⟩

I ⟨onov.ww.⟩ **0.1** ***stromen*** ⇒*wegvloeien, uitvloeien* **0.2** ***weglopen*** ⇒*wegvluchten* **0.3** ***plotseling afwijken*** ⇒*afzwenken, een andere kant op gaan* ◆ **6.2** ~ **with** a married man *er met een getrouwde man vandoor gaan;* ~ **with** the money *er met het geld vandoor gaan* **6.¶** ⟨sl.⟩ ~ **at** the mouth *te veel praten, zijn mond voorbij praten;*

II ⟨ov.ww.⟩ **0.1** ***laten weglopen*** ⇒*laten wegstromen, aftappen* **0.2** ***neerpennen*** ⇒*snel opschrijven* **0.3** ***vlot opzeggen*** ⇒*opdreunen* **0.4** ***reproduceren*** ⇒*afdraaien, afdrukken, fotokopiëren* **0.5** ⟨sport⟩ ***een beslissingswedstrijd/race laten lopen.***

'run-off ⟨telb.zn.⟩ **0.1** ***reproduktie*** ⇒*afdruk, kopie* **0.2** ***afvloeiing*** **0.3** ⟨pol.⟩ ***herstemming*** **0.4** ⟨sport⟩ ***beslissende ronde/race*** ⟨na gelijke stand⟩ **0.5** ⟨paardesport⟩ ***afwijking*** ⟨v.h. parcours⟩.

'run-of-the-'mill ⟨bn.⟩ **0.1** ***doodgewoon*** ⇒*niet bijzonder, alledaags.*

'run 'on ⟨f1⟩ ⟨ww.⟩

I ⟨onov.ww.⟩ **0.1** ***doorgaan*** ⇒*doorlopen, voortgaan* ◆ **1.1** time ran on *de tijd ging voorbij* **1.¶** he will ~ for ever *hij houdt geen seconde zijn mond, hij kletst de oren van je hoofd;*

II ⟨ov.ww.⟩ **0.1** ***door laten lopen*** ⇒*door laten gaan;* ⟨i.h.b. boek.⟩ *plat zetten, zetten zonder interlinies* ◆ **1.1** run the letters on *de letters aaneen schrijven;* ⟨lit.⟩ a run-on line *versregel met enjambement;* run the sentences on *de zinnen aan elkaar plakken (zonder nieuwe alinea).*

'run-on ⟨telb.zn.⟩ ⟨boek.⟩ **0.1** ***plat zetsel.***

'run 'out ⟨f2⟩ ⟨ww.⟩

I ⟨onov.ww.⟩ **0.1** ***opraken*** **0.2** ***niets meer hebben*** ⇒*te weinig hebben* **0.3** ***aflopen*** ⇒*niet langer gelden, eindigen* **0.4** ***weglopen*** ⇒*wegstromen* **0.5** ***vooruitsteken*** ⇒*uitspringen* **0.6** ***weglopen*** ⇒*verdwijnen, vluchten* **0.7** ⟨inf.⟩ ***bedragen*** ⇒*neerkomen op, be-*

lopen **0.8** ⟨sport⟩ ***finishen*** ⇒*binnenkomen, eindigen* **0.9** ⟨paardesport⟩ ***langs de hindernis lopen*** ⟨als overtreding⟩ **0.10** ⟨plantk.⟩ ***uitspruiten*** ⇒*uitlopen* ◆ **1.1** our supplies have run out *onze voorraden zijn uitgeput* **1.2** I can't oblige you with candles, I've run out *ik kan u niet aan kaarsen helpen, ik ben er doorheen* **6.2** we are running out **of** time *we komen tijd te kort* **6.6** ~ **on** s.o. /sth. *iem. / iets in de steek laten / laten zitten / laten vallen* **6.7** ~ **at** less than expected *minder bedragen dan verwacht* **6.8** ~ with fifty points *met vijftig punten eindigen;*
II ⟨ov.ww.⟩ **0.1** ***uitputten*** ⇒*iem. zich buiten adem laten rennen* **0.2** ***laten uitsteken*** ⇒*naar voren steken* **0.3** ***uitrollen*** ⇒*laten aflopen* ⟨touw⟩ **0.4** ⟨cricket⟩ ***uitmaken*** ⟨lopende batsman⟩ **0.5** ⟨sport⟩ ***uitlopen*** ⇒*voltooien* ◆ **4.¶** ⟨sl.⟩ run it out *de aandacht trekken* ⟨door gepraat⟩; *doorzeuren.*

'run-out ⟨telb.zn.⟩ ⟨sl.⟩ **0.1** ***vlucht*** ⇒*ontsnapping.*

'run 'over ⟨f1⟩ ⟨ww.⟩ ⟨→sprw. 374⟩
I ⟨onov.ww.⟩ **0.1** ***overlopen*** ⇒*overstromen* ◆ **6.¶** ~ **with** energy / joy *overlopen v. energie / blijdschap;*
II ⟨ov.ww.⟩ **0.1** ***overrijden.***

runrig →rundale.

runt [rʌnt] ⟨telb.zn.⟩ **0.1** ***dwergrund*** ⇒*rund v. klein ras* ⟨i.h.b. in Schotland en Wales⟩ **0.2** ***ondermaats dier*** ⇒⟨i.h.b. AE⟩ *kleinste v.e. worp* **0.3** ***dwergplant*** **0.4** ***nietig ding*** **0.5** ⟨inf.; vaak pej.⟩ ***onderdeurtje*** ⇒*dwerg, onderkruipsel* **0.6** ⟨pej.⟩ ***hufter*** ⇒*ezel, rund* **0.7** ⟨dierk.⟩ ***Romein*** ⇒*groot soort tamme duif.*

'run 'through ⟨f1⟩ ⟨ov.ww.⟩ **0.1** ***afdraaien*** **0.2** ***doorboren*** ⇒*doorsteken* ◆ **1.1** run a tape / film through *een band / film afspelen / afdraaien* **6.2** ~ **with** a sabre *met een sabel doorsteken.*

'run-through ⟨telb.zn.⟩ **0.1** ***herhaling*** ⇒*opsomming;* ⟨i.h.b.⟩ ⟨dram.⟩ *doorloop, ononderbroken repetitie,* ⟨muz.⟩ *(eerste) lezing.*

runt·y ['rʌnti] ⟨bn.; -ness; →bijw. 3⟩ **0.1** ***ondermaats*** ⇒*dwergachtig.*

'run 'up ⟨f1⟩ ⟨ww.⟩
I ⟨onov.ww.⟩ **0.1** ***opschieten*** ⇒*uitgroeien* **0.2** ***krimpen*** ⇒*samentrekken* **0.3** ⟨sport⟩ ***als tweede eindigen*** ◆ **6.¶** ~ **against** difficulties *op moeilijkheden stuiten;*
II ⟨onov. en ov.ww.⟩ ⟨geldw.⟩ **0.1** ***(doen) oplopen*** ⇒*snel (doen) toenemen, opjagen* ◆ **1.1** ~ bids *de prijs opjagen* ⟨op veiling⟩; her debts ran up / she ran up debts *ze maakte steeds meer schulden;* ~ a score *schuld maken, een rekening laten oplopen;*
III ⟨ov.ww.⟩ **0.1** ***hijsen*** **0.2** ⟨inf.⟩ ***in elkaar flansen*** ⇒*haastig opzetten / in elkaar zetten / opbouwen, snel vastnaaien* **0.3** ***snel optellen*** **0.4** ***in de aanslag brengen*** ⟨geweer⟩ **0.5** ***laten draaien*** ⇒*opwarmen, op toeren laten komen* ⟨motor⟩ ◆ **1.1** ~ the white flag *de witte vlag hijsen.*

'run-up ⟨telb.zn.⟩ **0.1** ***voorbereidingstijd*** **0.2** ⟨sport⟩ ***aanloop*** ◆ **1.1** ~ to an election *verkiezingsperiode.*

'run·way ⟨f2⟩ ⟨telb.zn.⟩ **0.1** ⟨ben. voor⟩ ***baan*** ⇒*pad, weg, goot; rivier / kanaalbedding; vaargeul; start / landingsbaan; groef, rail, richel, sponning;* ⟨ind.⟩ *transportband, glij / valbaan, rollenbaan;* ⟨bowling⟩ *ballenloop; dierspoor* ⟨naar drenkplaats⟩; ⟨dram.⟩ *brug, plankier, (smalle) loopplank* ⟨tussen toneel en publiek⟩; ⟨atletiek⟩ *aanloopbaan.*

ru·pee [ru:'pi:] ⟨telb. en n.-telb.zn.⟩ ⟨geldw.⟩ **0.1** ***roepie*** ⟨Aziatische munt(eenheid), i.h.b. v. India en Pakistan⟩.

ru·pi·ah [ru:'pɪə] ⟨telb. en n.-telb.zn.; ook rupiah; →mv. 5⟩ ⟨geldw.⟩ **0.1** ***roepia*** ⇒*Indonesische munt(eenheid).*

Rüp·pell's warbler ['rʊplz 'wɔ:blə‖- 'wɔrblər] ⟨telb.zn.⟩ ⟨dierk.⟩ **0.1** ***Rüppells grasmus*** ⟨Sylvia rueppelli⟩.

rup·ture[1] ['rʌptʃə‖-ər] ⟨f1⟩ ⟨telb. en n.-telb.zn.⟩ **0.1** ***breuk*** ⇒*scheiding, twist, onenigheid* **0.2** ⟨med.⟩ ***scheur*** ⟨in weefsel⟩ **0.3** ⟨med.⟩ ***breuk*** ⇒*hernia, ingewandsbreuk.*

rupture[2] ⟨ww.⟩
I ⟨onov.ww.⟩ **0.1** ***verbroken worden*** **0.2** ⟨med.⟩ ***een scheur krijgen*** ⇒*scheuren* **0.3** ⟨med.⟩ ***een breuk krijgen;***
II ⟨ov.ww.⟩ **0.1** ***verbreken*** ⇒*een breuk / scheiding veroorzaken in* **0.2** ⟨med.⟩ ***een scheur veroorzaken in*** ⇒*scheuren* **0.3** ⟨med.⟩ ***doen uitzakken*** ⇒*een hernia veroorzaken bij* ◆ **7.3** ~ o.s. lifting sth. *zich een breuk tillen, een breuk oplopen door iets op te tillen.*

rup·ture·wort ['rʌptʃəwɜ:t‖-ərwɜrt] ⟨n.-telb.zn.⟩ ⟨plantk.⟩ **0.1** ***breukkruid*** ⟨Herniaria glabra⟩.

ru·ral ['rʊərəl‖'rʊrəl] ⟨f2⟩ ⟨bn.; -ly⟩ **0.1** ***landelijk*** ⇒*plattelands, buiten-, dorps* ◆ **1.1** ⟨BE; Angl. Kerk⟩ ~ dean *deken, hoofd der parochiale geestelijkheid;* ⟨pol.⟩ ~ district *bestuursdistrict v. plattelandsgemeenten;* ⟨AE⟩ ~ free delivery *kosteloze postbezorging op het platteland;* ⟨AE⟩ ~ route *postbestellingsroute op het platteland;* ~ seclusion *teruggetrokken leven op het platteland.*

ru·ral·i·ty [rʊə'ræləti‖rʊ'ræləṭi] ⟨telb.zn.; →mv. 2⟩ **0.1** ***landelijkheid*** **0.2** ***landelijke trekje / kenmerk*** ⇒⟨i.h.b.⟩ *boerse uitdrukking, plattelandsidioom.*

ru·ral·ize ['rʊərəlaɪz‖'rʊr-] ⟨ww.⟩
I ⟨onov.ww.⟩ **0.1** ***op het platteland wonen*** **0.2** ***naar buiten gaan*** ⇒*vakantie houden op het platteland, een tijdje buiten wonen;*
II ⟨ov.ww.⟩ **0.1** ***landelijk maken*** ⇒*er landelijk uit laten zien.*

ru·ri·de·ca·nal ['rʊərɪdɪ'keɪnl‖'rʊr-] ⟨bn.⟩ ⟨Anglicaanse Kerk⟩ **0.1** ***decanaal*** ⇒*v.d. deken, v.h. hoofd der parochiale geestelijkheid.*

Ru·ri·ta·ni·a ['rʊərɪ'teɪnɪə‖'rʊr-] ⟨eig.n.⟩ ⟨lit.⟩ **0.1** ***Ruritanië*** ⟨imaginair rijk, naar boek v. A. Hope⟩.

Ru·ri·ta·ni·an[1] ['rʊərɪ'teɪnɪən‖'rʊr-] ⟨zn.⟩
I ⟨eig.n.⟩ **0.1** ***Ruritanisch*** ⇒*taal v. Ruritanië;*
II ⟨telb.zn.⟩ **0.1** ***Ruritaniër*** ⇒*bewoner v. Ruritanië.*

Ruritanian[2] ⟨bn.⟩ **0.1** ***Ruritaans*** ⇒*als in Ruritanië, avontuurlijk, dramatisch, woest, romantisch.*

ru·sa ['ru:sə] ⟨telb.zn.⟩ ⟨dierk.⟩ **0.1** ***paardhert*** ⟨Cervus unicolor⟩.

ruse [ru:z‖ru:s] ⟨f1⟩ ⟨telb.zn.⟩ **0.1** ***list*** ⇒*truc, bedrog, krijgslist.*

rush[1] [rʌʃ] ⟨f3⟩ ⟨zn.⟩
I ⟨telb.zn.⟩ **0.1** ⟨ben. voor⟩ ***heftige beweging*** ⇒*snelle beweging, uitval; gedrang, stormloop, grote vraag, toeloop, toevloed; stormloop, snelle verovering, aanval* ⟨ook mil.⟩; *vloed, sterke stroming; geraas, geruis;* ⟨Am. voetbal⟩ *rush, het wegrennen met de bal in de handen* ⟨om terreinwinst te maken⟩ **0.2** ***trekpleister*** ⇒⟨i.h.b.⟩ *nieuw goudveld* **0.3** ⟨AE⟩ ***rush*** ⇒*krachtmeting tussen eerste- en tweedejaars studenten* **0.4** ⟨vaak mv.⟩ ⟨film.⟩ ***rush (print)*** ⟨1e ongecorrigeerde kopie⟩ **0.5** ⟨dierk.⟩ ***rush*** ⇒*plotselinge trek* ⟨v. trekvogels⟩ **0.6** ⟨plantk.⟩ ***rus*** ⇒*bies* **0.7** ⟨sl.⟩ ***gejuich*** ⇒*bijval* **0.8** ⟨sl.⟩ ***het versieren*** ⟨v. meisje⟩ **0.9** ⟨sl.⟩ ***heerlijk gevoel*** ◆ **1.1** a ~ of blood *bloedaandrang* **3.1** carry with a ~ *stormenderhand innemen;* there was a ~ to see this sensational film *er kwam een stormloop op deze geruchtmakende film* **3.¶** ⟨plantk.⟩ scouring ~ *paardestaart* ⟨genus Equisetum⟩; ⟨i.h.b.⟩ *schaafstro* ⟨E. hyemale⟩ **6.1** there is a ~ **for** his latest novel *er is een grote vraag naar zijn laatste roman;*
II ⟨telb., verz.n.⟩ **0.1** ***bies*** ⇒*biezen, bus;*
III ⟨n.-telb.zn., the⟩ **0.1** ***haast*** ⇒*haastige aktiviteiten* **0.2** ***drukte*** ⇒*spits(uur)* ◆ **7.1** what's the ~? *vanwaar die haast?.*

rush[2] ⟨f3⟩ ⟨ww.⟩ ⟨→sprw. 204⟩
I ⟨onov.ww.⟩ **0.1** ***stormen*** ⇒*vliegen, rennen, zich haasten* **0.2** ***razen*** ⇒*snel stromen, kolken, storten* **0.3** ***ondoordacht handelen*** ⇒*iets overijld doen* **0.4** ⟨sl.⟩ ***agressief zijn*** ⇒*doordrammen* ◆ **5.1** ~ **on** *voortsnellen / jagen* **5.¶** ~ **on** *haastig doorpraten, doorratelen* **6.1** ~ **at** sth. *een wilde aanval doen op iets;* ~ **into** the room *de kamer binnenstormen;* ~ **on** s.o. *op iem. afkomen, iem. overvallen* **6.2** the blood ~ed to her face *het bloed vloog haar naar het gezicht* **6.3** ~ **into** marriage *zich overhaast in een huwelijk storten;* ~ **into** print *onbezonnen tot publikatie overgaan;* ~ **to** conclusions *overijlde gevolgtrekkingen maken;* ~ **to** extremes *tot uitersten vervallen* **6.¶** a terrible thought ~ed **over** me *er schoot mij plotseling iets vreselijks te binnen;*
II ⟨ov.ww.⟩ **0.1** ***meeslepen*** ⇒*meenemen, haastig vervoeren, meesleuren* **0.2** ***opjagen*** ⇒*tot haast dwingen* **0.3** ***haastig behandelen*** ⇒*afraffelen* **0.4** ⟨AE⟩ ***veel aandacht besteden aan*** ⇒*werk maken v., proberen gedaan te krijgen;* ⟨i.h.b.⟩ *tot lidmaatschap overhalen* ⟨v. studentenvereniging⟩ **0.5** ***bestormen*** ⟨ook mil.⟩ ⇒*stormenderhand innemen, overmeesteren, overwinnen* **0.6** ⟨sl.⟩ ***afzetten*** ⇒*extreme prijzen vragen v.* **0.7** ***met biezen bestrooien*** **0.8** ***v. / met biezen maken*** ⇒*matten* ◆ **1.5** ~ an obstacle *in vliegende vaart een obstakel nemen* **5.2** ~ **on** *opdrijven, opjagen, forceren* **5.3** ~ **out** *massaal produceren;* ~ a bill **through** *een wetsontwerp erdoor jagen* **6.1** ~ s.o. **to** hospital *iem. ijlings naar het ziekenhuis brengen* **6.2** ~ s.o. **into** taking a decision *iem. dwingen een overhaast besluit te nemen* **6.3** the bill was ~ed **through** Parliament *het wetsontwerp werd ijlings door het parlement gejaagd* **6.6** they ~ed me 500 pounds **for** it *ze hebben er maar liefst 500 pond voor durven vragen;* he ~ed me **out of** 150 pounds *hij heeft me 150 pond afgezet* **6.¶** ~ s.o. **into** trouble *iem. roekeloos in moeilijkheden brengen.*

'rush act ⟨telb.zn.⟩ ⟨inf.⟩ **0.1** ***haastkarwei / klus*** ◆ **3.¶** give s.o. the ~ *iem. opjagen;* give a girl the ~ *een meisje snel proberen te versieren.*

'rush-bear·ing ⟨n.-telb.zn.⟩ ⟨BE; folk.⟩ **0.1** ***biezenfeest*** ⟨Noord-Engeland⟩.

'rush-'bot·tomed ⟨bn.⟩ **0.1** ***met matten zitting*** ⇒*biezen-.*

'rush 'candle, 'rush·light ⟨telb.zn.⟩ **0.1** ***bieskaars*** ⇒*kaars met biezen pit* **0.2** ***iets onbetekenends*** ⇒*flauwe glimp, schijntje.*

'rush de'livery ⟨f1⟩ ⟨telb. en n.-telb.zn.⟩ **0.1** ***spoedbestelling.***

'rush-hour ⟨f1⟩ ⟨n.-telb.zn.⟩ **0.1** ***spitsuur.***

'rush job ⟨telb.zn.⟩ **0.1** ***haastklus*** ⇒*spoedkarwei.*

'rush order ⟨f1⟩ ⟨telb.zn.⟩ ⟨hand.⟩ **0.1** ***spoedbestelling.***

'rush seat ⟨telb.zn.⟩ ⟨AE⟩ **0.1** ***onbesproken plaats*** ⟨in theater⟩.

rush·y ['rʌʃi] ⟨bn.; -er; →compar. 7⟩ **0.1** ***biesachtig*** **0.2** ***vol biezen*** ⇒*begroeid met biezen.*

rusk [rʌsk] ⟨f2⟩ ⟨telb.zn.⟩ ⟨cul.⟩ **0.1** ***beschuit*** ⇒*harde biscuit, scheepsbeschuit.*

Russ ⟨afk.⟩ Russia, Russian.
Rus·sell cord ['rʌsl kɔ:d‖-kɔrd]⟨n.-telb.zn.⟩ **0.1** ***geribde stof.***
rus·set[1] ['rʌsɪt]⟨zn.⟩
I ⟨telb.zn.⟩ **0.1** ***winterappel;***
II ⟨telb. en n.-telb.zn.⟩ **0.1** ***roodbruin;***
III ⟨n.-telb.zn.⟩ **0.1** ⟨gesch.⟩ ***eigen geweven stof*** ⇒*grove roodbruine stof.*
russet[2] ⟨f1⟩⟨bn.⟩ **0.1** ***roodbruin*** **0.2** ***v. grove roodbruine stof.***
Rus·sia ['rʌʃə], ⟨in bet. II ook⟩ **'Russia 'leather** ⟨zn.⟩
I ⟨eig.n.⟩ **0.1** ***Rusland;***
II ⟨n.-telb.zn.⟩ **0.1** ***juchtleer*** ⇒*boekbindersleer.*
Rus·sian[1] ['rʌʃn]⟨f3⟩⟨zn.⟩
I ⟨eig.n.⟩ **0.1** ***Russisch*** ⇒*de Russische taal;*
II ⟨telb.zn.⟩ **0.1** ***Rus*** **0.2** ⟨AE; sl.; bel.⟩ ***Zuidelijke neger in het Noorden.***
Russian[2] ⟨f3⟩⟨bn.⟩ **0.1** ***Russisch*** ◆ **1.1** ~ boots *Russische laarzen, wijde laarzen;* ⟨AE⟩ ~ dressing *scherpe slasaus* ⟨mayonaise met chili en piment⟩; ~ olive *oleaster;* ~ Revolution *oktoberrevolutie* ⟨1917⟩; ~ roulette *Russisch roulette;* ⟨BE⟩ ~ salad *gemengde sla met mayonaise;* ~ tea *Russische thee, thee met citroen;* ~ Soviet Federated Socialist Republic *Russische Socialistische Federatieve Sovjet Republiek;* ⟨plantk.⟩ ~ thistle *loogkruid* ⟨Salsola kali tenuifolia⟩; ~ wolfhound *borzoi, Russische windhond.*
Rus·sian·ize ['rʌʃənaɪz], **Rus·si·fy** ['rʌsɪfaɪ]⟨ov.ww.; →ww. 7⟩ **0.1** ***russificeren*** ⇒*Russisch maken.*
Rus·si·fi·ca·tion ['rʌsɪfɪ'keɪʃn]⟨n.-telb.zn.⟩ **0.1** ***russificatie.***
Russ·ki ['rʌski]⟨telb.zn.⟩⟨pej., scherts.⟩ **0.1** ***Rus.***
Rus·so- ['rʌsoʊ] **0.1** ***Russo-*** ⇒*Russisch* ◆ **¶.1** Russophile *russofiel.*
Rus·so·phil(e)[1] ['rʌsoʊfaɪl]⟨telb.zn.⟩ **0.1** ***russofiel.***
Russophil(e)[2] ⟨bn.⟩ **0.1** ***russofiel.***
Rus·so·phil·i·a ['rʌsoʊ'fɪlɪə]⟨n.-telb.zn.⟩ **0.1** ***russofilie.***
Rus·so·phobe[1] ['rʌsoʊfoʊb]⟨telb.zn.⟩ **0.1** ***lijder aan russofobie.***
Russophobe[2] ⟨bn.⟩ **0.1** ***met russofobie (behept).***
Rus·so·pho·bi·a ['rʌsoʊ'foʊbɪə]⟨n.-telb.zn.⟩ **0.1** ***russofobie.***
rust[1] [rʌst]⟨f2⟩⟨n.-telb.zn.⟩ **0.1** ***roest*** ⇒*oxydatie* **0.2** ***verval*** ⇒*verwaarlozing* **0.3** ⟨vaak attr.⟩ ***roestkleur*** ⇒*roestbruin* **0.4** ⟨plantk.⟩ ***roest*** ⇒*(ziekte door) Uredinales.*
rust[2] ⟨f1⟩⟨ww.⟩
I ⟨onov.ww.⟩ **0.1** ***roesten*** ⇒*oxyderen;* ⟨fig.⟩ *in verval raken, verwaarloosd worden* **0.2** ***roestkleurig worden*** ⇒*bruin verkleuren* **0.3** ⟨plantk.⟩ ***roest hebben*** ⇒*met roest zijn aangetast* ◆ **5.1** ~ **away** *wegroesten, vergaan door roest;*
II ⟨ov.ww.⟩ **0.1** ***met roest bedekken/aantasten*** ⇒*laten roesten;* ⟨fig.⟩ *verwaarlozen, laten versloffen* **0.2** ***roestkleurig maken.***
'rust-eat·en ⟨bn.⟩ **0.1** ***verroest.***
rus·tic[1] ['rʌstɪk]⟨f2⟩⟨telb.zn.⟩ **0.1** ***plattelander*** ⇒*buitenman, boer* **0.2** ⟨pej.⟩ ***lomperik*** ⇒*boer, ongelikte beer.*
rustic[2] ⟨f2⟩⟨bn.; -ally; →bijw. 3⟩ **0.1** ***boers*** ⇒*simpel, niet verfijnd, niet beschaafd, onbeholpen, niet stads* **0.2** ***rustiek*** ⇒*ruw gemaakt, uit grof materiaal gemaakt* **0.3** ***landelijk*** ⇒*dorps, provinciaal* **0.4** ⟨bouwk.⟩ ***rustiek*** ⇒*in ruw behouwen natuursteen, in rustieke stijl uitgevoerd* ◆ **1.2** ~ seat *rustieke stoel, stoel uit onbewerkte stammetjes;* ~ bridge *rustieke brug;* ~ work *meubelen* ⟨e.d.⟩ *uit onbewerkt hout* **1.¶** ⟨dierk.⟩ ~ bunting *bosgors* ⟨Emberiza rustica⟩.
rus·ti·cate ['rʌstɪkeɪt]⟨ww.⟩
I ⟨onov.ww.⟩ **0.1** ⟨schr.; scherts.⟩ ***op het platteland (gaan) leven*** ⇒*buiten wonen;*
II ⟨ov.ww.⟩ **0.1** ***verwijderen*** ⇒*(tijdelijk) wegsturen v.d. universiteit* **0.2** ⟨bouwk.⟩ ***in rustiek werk uitvoeren.***
rus·ti·ca·tion ['rʌstɪ'keɪʃn]⟨zn.⟩
I ⟨telb.zn.⟩⟨bouwk.⟩ **0.1** ***rustiek werk;***
II ⟨telb. en n.-telb.zn.⟩ **0.1** ***(tijdelijke) verwijdering v.d. universiteit;***
III ⟨n.-telb.zn.⟩ **0.1** ***het landleven*** ⇒*het buiten wonen.*
rus·ti·ci·ty [rʌ'stɪsəṭi]⟨zn.⟩
I ⟨n.-telb.zn.⟩ **0.1** ***boersheid*** ⇒*eenvoud, gebrek aan verfijning* **0.2** ***rusticiteit*** ⇒*ruwheid, het uit grof materiaal gemaakt zijn* **0.3** ***landelijkheid;***
II ⟨verz.n.⟩ **0.1** ***plattelanders*** ⇒*boeren, plattelandsbevolking.*
'rus·tic-work ⟨n.-telb.zn.⟩⟨bouwk.⟩ **0.1** ***rustiek werk*** ⇒*rustica.*
rus·tle[1] ['rʌsl]⟨f1⟩⟨telb.zn.⟩ **0.1** ***geruis*** ⇒*geritsel* **0.2** ⟨sl.⟩ ***(overdag) uitbesteed kind*** **0.3** ⟨sl.⟩ ***diefstal.***
rustle[2] ⟨f2⟩⟨ww.⟩ →rustling
I ⟨onov.ww.⟩ **0.1** ***ruisen*** ⇒*ritselen, een ruisend/ritselend geluid maken* **0.2** ⟨AE; inf.⟩ ***rondrennen*** ⇒*erg bezig zijn* **0.3** ⟨AE⟩ ***vee roven*** **0.4** ⟨AE; inf.⟩ ***voedsel vergaren*** ◆ **6.1** the ladies all ~d **in** silk *de dames waren allemaal in ritselende zijden japonnen gekleed;* ~ **through** the bracken *ritselend door de varens lopen;*
II ⟨ov.ww.⟩ **0.1** ***laten ruisen/ritselen*** ⇒*ritselen met* **0.2** ⟨AE⟩ ***roven*** ⟨vee, paarden⟩ **0.3** ⟨AE, inf.⟩ ***snel klaarspelen*** ⇒*vol energie doen* **0.4** ⟨AE, inf.⟩ ***weten te bemachtigen*** ⇒*bij elkaar weten te krijgen* ◆ **5.4** ~ **up** a few friends *een paar vrienden bij elkaar trommelen;* ~ s.o. **up** a meal *een maaltijd in elkaar draaien voor iem..*
rus·tler ['rʌslə‖-ər]⟨f1⟩⟨telb.zn.⟩⟨AE; inf.⟩ **0.1** ***energieke kerel*** ⇒*doordouwer* **0.2** ***veedief.***
rust·less ['rʌstləs]⟨bn.⟩ **0.1** ***niet geroest*** ⇒*vrij v. roest, vlekvrij.*
rus·tling ['rʌslɪŋ]⟨f1⟩⟨zn.; (oorspr.) gerund v. rustle⟩
I ⟨telb. en n.-telb.zn.⟩ **0.1** ***geritsel*** ⇒*ritselend geluid, het ritselen;*
II ⟨n.-telb.zn.⟩ **0.1** ***het roven v. vee*** ⇒*veediefstal.*
'rust·proof[1] ⟨f1⟩⟨bn.⟩ **0.1** ***roestvrij*** ⇒*roestbestendig.*
rustproof[2] ⟨ov.ww.⟩⟨ind.⟩ **0.1** ***roestvrij maken*** ⇒*roestbestendig maken.*
rus·ty ['rʌsti]⟨f2⟩⟨bn.; -er; -ly; -ness; →bijw. 3⟩ **0.1** ***roestig*** ⇒*verroest, geroest, door roest aangetast* **0.2** ***oud*** ⇒*stijf, stram, door ouderdom aangetast* **0.3** ***schor*** ⇒*hees, rauw, schrapend* **0.4** ***verwaarloosd*** ⇒*niet goed meer te gebruiken;* ⟨fig.⟩ *verstoft, niet meer paraat* **0.5** ***verouderd*** ⇒*uit de tijd* **0.6** ***verschoten*** ⇒*bruin geworden* ⟨v. zwarte stof⟩ **0.7** ***roestbruin*** ⇒*roestkleurig* **0.8** ***ruw*** ⇒*onbehouwen, humeurig, onbeschoft* ◆ **3.4** my French has become a little ~ *mijn Frans is niet meer zo vlot* **3.8** ⟨inf.⟩ cut up/turn up ~ *nijdig worden* **6.4** a bit ~ **on** French *niet meer zo goed in Frans.*
'rust·y-dust·y ⟨telb.zn.⟩⟨AE; sl.⟩ **0.1** ***luie reet*** **0.2** ***(toneel)revolver.***
rut[1] [rʌt]⟨f2⟩⟨zn.⟩
I ⟨telb.zn.⟩ **0.1** ***voor*** ⇒*groef, geul, spoor* **0.2** ***vaste gang v. zaken*** ⇒*gebruikelijke handelwijze, routine, vastgeroeste gewoonte, sleur* ◆ **6.2** be **in** a ~ *vastzitten in een sleur;* get **into** a ~ *vastroesten in gewoontes;*
II ⟨n.-telb.zn.⟩⟨dierk.⟩ **0.1** ***bronst*** ⇒*paardrift/paartijd* **0.2** ***oestrus*** ⇒*paartijd.*
rut[2] ⟨f2⟩⟨ww.; →ww. 7⟩ →rutting
I ⟨onov.ww.⟩ **0.1** ⟨dierk.⟩ ***bronstig zijn;***
II ⟨ov.ww.⟩ **0.1** ***voren maken in*** ◆ **5.1** deeply ~ted *met diepe voren.*
ru·ta·ba·ga ['ru:ṭə'beɪgə]⟨zn.⟩
I ⟨telb.zn.⟩⟨AE; sl.⟩ **0.1** ***dollar;***
II ⟨telb. en n.-telb.zn.⟩ **0.1** ⟨plantk.⟩ ***koolraap*** ⟨Brassica napobrassica⟩.
ruth [ru:θ]⟨n.-telb.zn.⟩⟨vero.⟩ **0.1** ***medelijden*** **0.2** ***leed*** ⇒*ellende, smart.*
Ru·the·ni·an[1] [ru:'θi:nɪən]⟨zn.⟩⟨aardr.⟩
I ⟨eig.n.⟩ **0.1** ***Roetheens*** ⇒*de Roetheense taal;*
II ⟨telb.zn.⟩ **0.1** ***Roetheen.***
Ruthenian[2] ⟨bn.⟩ **0.1** ***Roetheens*** ⇒*Karpato-Oekraïens.*
ru·the·ni·um [ru:'θi:nɪəm]⟨n.-telb.zn.⟩⟨schei.⟩ **0.1** ***ruthenium*** ⟨element 44⟩.
ruth·er·ford·i·um [rʌðə'fɔ:dɪəm‖rʌðər'fɔr-]⟨n.-telb.zn.⟩⟨schei.⟩ **0.1** ***rutherfordium*** ⟨element 104⟩.
ruth·ful ['ru:θfʊl]⟨bn.; -ly; -ness⟩⟨vero.⟩ **0.1** ***vol smart(en)*** ⇒*droevig, droef* **0.2** ***smartelijk*** ⇒*meelijwekkend.*
ruth·less ['ru:θləs]⟨f2⟩⟨bn.; -ly; -ness⟩ **0.1** ***meedogenloos*** ⇒*wreed, hard, zonder genade.*
ru·tile ['ru:taɪl‖-ti:l]⟨n.-telb.zn.⟩⟨schei.⟩ **0.1** ***rutiel*** ⇒*titaniumoxyde.*
rut·ting ['rʌṭɪŋ]⟨bn.; teg. deelw. v. rut⟩ **0.1** ***bronstig*** ⇒*in de bronst/paartijd.*
rut·tish ['rʌṭɪʃ]⟨bn.⟩ **0.1** ***bronstig*** ⇒*geil.*
rut·ty ['rʌṭi]⟨bn.; -er; -ness; →bijw. 3⟩ **0.1** ***vol voren*** ⇒*vol wielsporen, doorploegd.*
RV ⟨afk.⟩ Revised Version ⟨bijb.⟩.
RW ⟨afk.⟩ Right Worshipful, Right Worthy.
Rx ⟨afk.⟩ recipe, tens of rupees.
-ry →-ery.
Ry, Rwy ⟨afk.⟩ railway.
rye [raɪ]⟨f1⟩⟨zn.⟩
I ⟨telb.zn.⟩⟨zigeunertaal⟩ **0.1** ***rye*** ⇒*heer;*
II ⟨telb. en n.-telb.zn.⟩ **0.1** ***whisky*** ⇒*roggewhisky;*
III ⟨n.-telb.zn.⟩ **0.1** ⟨plantk.⟩ ***rogge*** ⟨Secale cereale⟩ **0.2** ⟨vnl. AE⟩ ***roggebrood.***
'rye-grass ⟨n.-telb.zn.⟩⟨plantk.⟩ **0.1** ***raaigras*** ⟨Lolium⟩.
'rye-peck ⟨telb.zn.⟩⟨scheep.⟩ **0.1** ***staak*** ⇒*meerstok.*
ry·o·kan [ri'oʊkən‖-kɑn]⟨telb.zn.⟩ **0.1** ***ryokan*** ⇒*traditioneel Japans hotel.*
ry·ot ['raɪət]⟨telb.zn.⟩ **0.1** ***pachter*** ⇒*boer* ⟨in India⟩.
RYS ⟨afk.⟩ Royal Yacht Squadron.

S

s[1]**, S** [es]⟨telb.zn.; s's, S's, zelden ss, Ss⟩ **0.1** ***(de letter) s, S*** **0.2** ***S-vorm(ig iets / voorwerp)*** ⇒*s, kronkel.*

s[2]**, S** ⟨afk.⟩ **0.1** ⟨Sabbath⟩ **0.2** ⟨saint⟩ ***H.*** **0.3** ⟨Saturday⟩ ***za.*** **0.4** ⟨Saxon⟩ **0.5** ⟨school⟩ **0.6** ⟨sea⟩ **0.7** ⟨seaman⟩ **0.8** ⟨second⟩ ***sec.*** **0.9** ⟨section⟩ **0.10** ⟨see⟩ ***Z.*** **0.11** ⟨semi⟩ **0.12** ⟨September⟩ ***sept.*** **0.13** ⟨shilling⟩ ***S*** **0.14** ⟨AE; med.⟩ ⟨signature⟩ ***S.*** **0.15** ⟨singular⟩ ***enk.*** **0.16** ⟨sire⟩ **0.17** ⟨sister⟩ **0.18** ⟨small⟩ **0.19** ⟨Society⟩ ***Mij.*** **0.20** ⟨solidus⟩ **0.21** ⟨solo⟩ **0.22** ⟨son⟩ ***zn.*** **0.23** ⟨soprano⟩ ***S.*** **0.24** ⟨steamer⟩ ***ss.*** **0.25** ⟨substantive⟩ **0.26** ⟨succeeded⟩ **0.27** ⟨Sunday⟩ ***zo.*** **0.28** ⟨surplus⟩.

-s [z,s,ɪz] **0.1** ⟨vormt mv. v. nw.⟩ **0.2** ⟨suffix v. bijw. / bijw. bep.⟩ **0.3** ⟨suffix v.d. derde pers. enk. aant.w.⟩ **0.4** ⟨suffix v.h. bezittelijk vnw.⟩ **0.5** ⟨bijnaamvormend suffix⟩ ◆ **¶.1** days *dagen* **¶.2** Thursdays *donderdags, op donderdagen;* unawares *onverhoeds / per ongeluk* **¶.3** he walks *hij loopt* **¶.4** it's hers *het is van haar* **¶.5** Fats *de Dikke, Dikzak.*

's[1]**;** →t2 ⟨samentr.⟩ **0.1** ⟨is⟩ **0.2** ⟨has⟩ **0.3** ⟨zelden⟩ ⟨does⟩ ◆ **4.1** he's dead *hij is dood* **4.2** she's left *ze is weg* **4.3** what's he want? *wat wil-ie?.*

's[2] ⟨samentr.⟩ →us.

-'s [z,s,ɪz] **0.1** ⟨bezittelijk suffix⟩ **0.2** ⟨mv. suffix v. letter of symbool⟩ ◆ **¶.1** father's *vaders, van vader;* the grocer's *de kruidenier (swinkel)* **¶.2** b's *b's.*

sa ⟨afk.⟩ sine anno ⟨boek.⟩ **0.1** ***z.j.***.

SA ⟨afk.⟩ **0.1** ⟨Salvation Army⟩ ***L.d.H.*** **0.2** ⟨South Africa⟩ **0.3** ⟨South America⟩ **0.4** ⟨South Australia⟩.

SAA ⟨afk.⟩ Small Arms Ammunition.

Sab ⟨afk.⟩ Sabbath.

SAB ⟨afk.⟩ South African Broadcasting Corporation.

sa·ba·dil·la ['sæbə'dɪlə]⟨n.-telb.zn.⟩⟨plantk.⟩ **0.1** ***sabadilkruid*** ⟨Schoenocaulon officinale⟩.

Sa·ba·e·an[1]**, Sa·be·an** [sə'bi:ən]⟨zn.⟩
I ⟨telb.zn.⟩⟨gesch.; bijb.⟩ **0.1** ***Sabaan*** ⇒*inwoner v. Saba / Sheba;*
II ⟨n.-telb.zn.⟩ **0.1** ***de taal v. Saba.***

Sabaean[2]**, Sabean** ⟨bn.⟩⟨gesch.; bijb.⟩ **0.1** ***Sabaans.***

Sa·ba·ism ['seɪbə·ɪzm]⟨n.-telb.zn.⟩⟨gesch.; theol.⟩ **0.1** ***sabaeïsme*** ⇒*sterrendienst.*

Sa·ba·oth ['sæbeɪɒθ‖-ɑθ]⟨mv.⟩⟨bijb.⟩ **0.1** ***Sabaoth*** ⇒*Zebaoth* ◆ **1.1** Lord / God of ~ *de Here Zebaoth, de Heer der Heerscharen.*

sabbat →Sabbath.

Sab·ba·tar·i·an[1] ['sæbə'teərɪən‖-'ter-]⟨telb.zn.⟩⟨relig.⟩ **0.1** ***sabbatheiliger*** ⇒*wie het sabbatsgebod streng handhaaft* **0.2** ***sabbattist*** ⇒*lid v. sekte die zaterdag als rustdag heeft.*

Sabbatarian[2] ⟨bn.⟩⟨relig.⟩ **0.1** ***sabbats-*** ⇒*v.d. sabbat* **0.2** ***v.d. sabbatheiligers / sabbattisten.***

Sab·ba·ta·ri·an·ism ['sæbə'teərɪənɪzm‖-'ter-]⟨n.-telb.zn.⟩⟨relig.⟩ **0.1** ***strenge handhaving v.d. sabbatsrust.***

Sab·bath ['sæbəθ]⟨f2⟩⟨eig.n., telb.zn.⟩⟨relig.⟩ **0.1** ***sabbat*** ⇒*rustdag, zaterdag* **0.2** ***sabbat*** ⇒*zondag* ⟨ook scherts.⟩ **0.3** ***rusttijd*** ⇒*rustpauze* ◆ **3.1** break the ~ *de sabbat schenden;* keep the ~ *sabbat houden / vieren.*

'sabbath day ⟨eig.n.⟩⟨relig.⟩ **0.1** ***sabbat(dag).***

'sabbath day's 'journey ⟨telb.zn.⟩ **0.1** ***sabbatsreis*** ⇒*afstand die Israëlieten op sabbat mogen reizen* **0.2** ***korte reis*** ⇒*gemakkelijk tochtje.*

sab·bath·less ['sæbəθləs]⟨bn.⟩ **0.1** ***zonder sabbat*** ⇒*geen rustdag in acht nemend.*

sab·bat·i·cal[1] [sə'bæṭɪkl]⟨f1⟩⟨telb.zn.⟩ **0.1** ***sabbat(s)verlof*** ⇒*verlofjaar,* ⟨B.⟩ *sabbat(s)jaar* ⟨aan universiteit⟩ ◆ **6.1 on** ~ *met sabbat(s)verlof.*

sabbatical[2]**, sab·bat·ic** [sə'bæṭɪk]⟨bn.⟩ **0.1** ***sabbat(s)-*** ◆ **2.1** ⟨jud.⟩ Sabbatical year *Sabbat(s)jaar* **2.¶** ~ leave / year *sabbat(s)verlof, verlofjaar,* ⟨B.⟩ *sabbat(s)jaar* ⟨aan universiteit⟩.

sab·bat·ize, -ise ['sæbətaɪz]⟨ww.⟩
I ⟨onov.ww.⟩ **0.1** ***sabbat vieren;***
II ⟨ov.ww.⟩ **0.1** ***tot sabbat / rustdag maken*** ⇒*als sabbat vieren.*

sabe →savvy.

Sa·bel·li·an[1] [sə'belɪən]⟨zn.⟩
I ⟨telb.zn.⟩ **0.1** ⟨gesch., aardr.⟩ ***Sabelliër*** ⟨lid v. bep. Italische stam⟩ **0.2** ⟨relig.⟩ ***Sabelliaan*** ⇒*aanhanger v. Sabellius.*

Sabellian[2] ⟨bn.⟩ **0.1** ***Sabellisch*** **0.2** ***Sabelliaans.***

saber →sabre.

Sa·bine[1] ['sæbaɪn‖'seɪbaɪn]⟨zn.⟩⟨gesch., aardr.⟩
I ⟨telb.zn.⟩ **0.1** ***Sabijn;***
II ⟨n.-telb.zn.⟩ **0.1** ***Sabijns*** ⇒*de Sabijnse taal.*

Sabine[2] ⟨bn.⟩⟨gesch., aardr.⟩ **0.1** ***Sabijns*** ◆ **1.¶** ⟨dierk.⟩ ~ gull *vorkstaartmeeuw* ⟨Larus sabini⟩.

sa·ble ['seɪbl]⟨f1⟩⟨zn.⟩
I ⟨telb.zn.⟩ **0.1** ⟨dierk.⟩ ***sabelmarter*** ⇒*sabeldier* ⟨Martes zibellina⟩ **0.2** ⟨dierk.⟩ ***zwarte paardantilope*** ⟨Hippotragus niger⟩ **0.3** ⟨dierk.⟩ ***koolvis*** ⟨fam. Anopoploma fimbria⟩ **0.4** ***schilderskwast v. sabelhaar;***
II ⟨n.-telb.zn.⟩ **0.1** ***sabelbont*** **0.2** ***marterbont*** **0.3** ⟨vaak attr.⟩ ⟨heraldiek⟩ ***sabel*** ⇒*zwart* **0.4** ⟨vaak attr.⟩ ⟨schr.⟩ ***zwart*** ⇒*donker, duister;*
III ⟨mv.; ~s⟩ **0.1** ***rouwkleding*** ⇒*de rouw* **0.2** ***sabelbont*** ⇒*bontgarnering, bontje.*

'sable 'antelope ⟨telb.zn.⟩⟨dierk.⟩ **0.1** ***zwarte paardantilope*** ⟨Hippotragus niger⟩.

sa·bled ['seɪbld]⟨bn.⟩ **0.1** ***in de rouw.***

'sa·ble·fish ⟨telb.zn.⟩⟨dierk.⟩ **0.1** ***koolvis*** ⟨fam. Anoplopoma fimbria⟩.

'Sable 'Majesty ⟨eig.n.; His ~⟩ **0.1** ***de Zwarte*** ⇒*de Boze, Satan.*

sa·bly ['seɪbli]⟨bw.⟩ **0.1** ***duister*** ⇒*donker, somber* **0.2** ***satanisch.***

sa·bot ['sæboʊ‖sə'boʊ]⟨telb.zn.⟩ **0.1** ***klomp*** **0.2** ***schoen met houten zool*** **0.3** ***bandschoen.***

sab·o·tage[1] ['sæbətɑ:ʒ]⟨f1⟩⟨n.-telb.zn.⟩ **0.1** ***sabotage.***

sabotage[2] ⟨f1⟩⟨onov. en ov.ww.⟩ **0.1** ***saboteren*** ⟨ook fig.⟩ ⇒*belemmeren, in de war sturen, verijdelen.*

sa·bot·ed ['sæboʊd‖sə'boʊd]⟨bn.⟩ **0.1** ***met klompen aan.***

sab·o·teur ['sæbə'tɜ:‖-'tɜr]⟨f1⟩⟨telb.zn.⟩ **0.1** ***saboteur.***

sa·bra ['sɑ:brə]⟨telb.zn.⟩ **0.1** ***sabra*** ⇒*in Israël geboren Israëli.*

sa·bre[1]**,** ⟨AE sp.⟩ **sa·ber** ['seɪbə‖-ər]⟨f2⟩⟨zn.⟩
I ⟨telb.zn.⟩ **0.1** ⟨mil.⟩ ***sabel*** **0.2** ⟨mil.⟩ ***cavalerist*** **0.3** ⟨sport⟩ ***sabel*** ⇒*schermsabel* ◆ **3.¶** rattle the / one's ~ *met wapengekletter / oorlog dreigen* **7.2** a thousand ~s *(een leger v.) duizend cavaleristen;*
II ⟨n.-telb.zn.⟩ **0.1** ***militaire macht*** ⇒*oorlogsdreiging* **0.2** ***het schermen op de sabel.***

sabre[2]**,** ⟨AE sp.⟩ **saber** ⟨ov.ww.⟩ **0.1** ***een sabelhouw geven*** ⇒*neersabelen, verwonden met de sabel.*

'sa·bre-bill ⟨telb.zn.⟩⟨dierk.⟩ **0.1** ***wulp*** **0.2** ***kolibrisnavelige boomklimmer*** ⟨Campylorhampus trochilirostris⟩.

'sa·bre-cut ⟨telb.zn.⟩ **0.1** ***sabelhouw*** ⇒*slag met de sabel; wond / litteken v.e. sabelhouw.*

'sa·bre-rat·tling ⟨n.-telb.zn.⟩ **0.1** ***sabelgekletter*** ⇒*het dreigen met militair geweld.*

'sa·bre-saw ⟨telb.zn.⟩ **0.1** ***decoupeerzaag.***

sa·bre·tache ['sæbətæʃ‖'seɪbər-]⟨telb.zn.⟩⟨mil.⟩ **0.1** ***sabeltas.***

'sa·bre-toothed ⟨bn.⟩⟨dierk.⟩ **0.1** ***sabel-*** ◆ **1.1** ~lion *sabelleeuw;* ~tiger *sabeltijger* ⟨uitgestorven diersoort; Smilodon⟩.

sa·breur [sə'brɜ:‖-'brɜr]⟨telb.zn.⟩ **0.1** ***soldaat met sabel*** ⇒⟨i.h.b.⟩ *cavalerist.*

'sa·bre-wing ⟨telb.zn.⟩⟨dierk.⟩ **0.1** ***sabelvleugel*** ⟨Campylopterus⟩.

sab·u·lous ['sæbjʊləs||-bjə-]⟨bn.⟩ **0.1** *zandig* ⇒*korrelig*.

sac [sæk]⟨telb.zn.⟩ **0.1** ⟨biol.⟩ ***zak(achtige holte)*** ⇒*blaas, beurs, etterzak* **0.2** ⟨gesch.⟩ ***sak*** ⟨soort jurk⟩ ⇒*zakjurk*.

sac·cade [sə'kɑ:d, -'keɪd, sɑ-]⟨telb.zn.⟩ **0.1** ***korte oogbeweging*** ⟨bv. bij het lezen⟩ **0.2** ***ruk*** ⟨aan teugel⟩.

sac·cate ['sækeɪt]⟨bn.⟩ **0.1** ***zakvormig*** **0.2** ***ingesloten in een zak*** ⇒*ingekapseld*.

sac·cha·rate ['sækəreɪt]⟨n.-telb.zn.⟩⟨schei.⟩ **0.1** ***sacharaat*** ⇒*zout v. suikerzuur*.

sac·char·ic [sə'kærɪk]⟨bn., attr.⟩⟨schei.⟩ **0.1** ***suiker-*** ◆ **1.1** ~ acid *suikerzuur*.

sac·cha·ride ['sækəraɪd]⟨telb. en n.-telb.zn.⟩⟨schei.⟩ **0.1** ***sacharide*** ⇒*sacharose, suiker*.

sac·cha·rif·er·ous ['sækə'rɪfrəs]⟨bn.⟩⟨schei.⟩ **0.1** ***suikerhoudend/vormend***.

sac·char·i·fy [sə'kærɪfaɪ]⟨ov.ww.;→ww. 7⟩⟨schei.⟩ **0.1** ***in suiker omzetten*** ⟨bv. zetmeel⟩ ⇒*doen versuikeren, tot suiker doen uitkristalliseren*.

sac·cha·rim·e·ter ['sækə'rɪmɪtə||-mɪt̬ər]⟨telb.zn.⟩⟨schei.⟩ **0.1** ***sa(c)charimeter*** ⇒*suikermeter*.

sac·cha·rim·e·try ['sækə'rɪmɪtri]⟨n.-telb.zn.⟩⟨schei.⟩ **0.1** ***sa(c)charimetrie*** ⇒*bepaling v.h. suikergehalte*.

sac·cha·rin ['sækərɪn]⟨n.-telb.zn.⟩⟨schei.⟩ **0.1** ***sa(c)charine*** ⇒*suikersurrogaat*.

sac·cha·rine ['sækəri:n]⟨bn.; -ly⟩ **0.1** ***suikerachtig*** ⇒*sa(c)charine-, suikerhoudend* **0.2** ***mierzoet*** **0.3** ⟨fig.⟩ ***suikerzoet*** ⇒*zoetsappig, overbeleefd*.

sac·cha·ro- ['sækəroʊ]⟨schei.⟩ **0.1** ***sa(c)charo-*** ⇒*suiker-* ◆ **¶.1** saccharogenic *suikervormend*.

sac·cha·rom·e·ter ['sækə'rɒmɪtə||-'rɑmɪt̬ər]⟨telb.zn.⟩⟨schei.⟩ **0.1** ***sa(c)charometer*** ⇒*sa(c)charimeter, suikermeter*.

sac·cha·rom·e·try ['sækə'rɒmɪtri||-'rɑmɪtri]⟨n.-telb.zn.⟩⟨schei.⟩ **0.1** ***sa(c)charimetrie*** ⇒*bepaling v.h. suikergehalte*.

sac·cha·rose ['sækəroʊs]⟨n.-telb.zn.⟩⟨schei.⟩ **0.1** ***sa(c)charose*** ⇒*sucrose, sa(c)charide, riet/bietsuiker*.

sac·ci·form ['sækɪfɔ:m||-fɔrm]⟨bn.⟩ **0.1** ***zakvormig***.

sac·cu·lar ['sækjʊlə||'sækjələr], **sac·cu·late** [-lət]⟨bn.⟩ **0.1** ***zakvormig*** ⇒*met holtes, in zakken onderverdeeld, blaasvormig*.

sac·cule ['sækju:l]⟨telb.zn.⟩ **0.1** ***zakje*** ⇒*kleine holte, blaasje*.

sac·er·do·cy ['sækədoʊsi||'sæsər-]⟨n.-telb.zn.⟩ **0.1** ***priesterschap*** ⇒*priesterstaat/dom* **0.2** ***priesterambt*** ⇒*priesterfunctie*.

sac·er·do·tal ['sækə'doʊtl||'sæsər'doʊt̬l]⟨bn.; -ly⟩ **0.1** ***priesterlijk*** ⇒*sacerdotaal* **0.2** ***grote macht aan priesters toeschrijvend***.

sac·er·do·tal·ism ['sækə'doʊtəlɪzm||'sæsər'doʊt̬lɪzm]⟨n.-telb.zn.⟩ **0.1** ***toekenning v. bovennatuurlijke macht aan priesters*** **0.2** ***priesterheerschappij***.

sac·er·do·tal·ist ['sækə'doʊtəlɪst||'sæsər'doʊt̬lɪst]⟨telb.zn.⟩ **0.1** ***iem. die bovennatuurlijke macht aan priesters toekent*** **0.2** ***aanhanger v. priesterheerschappij***.

SACEUR ⟨telb.zn.⟩⟨afk.⟩ Supreme Allied Commander, Europe **0.1** ***SACEUR*** ⟨opperbevelhebber v. NATO in Europa⟩.

sa·chem ['seɪtʃəm]⟨telb.zn.⟩ **0.1** ***sachem*** ⟨Indiaans opperhoofd⟩ **0.2** ⟨AE⟩ ***politiek leider*** ⇒*kopstuk, partijbons*.

sa·chet ['sæʃeɪ||sæ'ʃeɪ]⟨f1⟩⟨zn.⟩
I ⟨telb.zn.⟩ **0.1** ***sachet*** ⇒*reukzakje* **0.2** ***(plastic) ampul*** ⟨i.h.b. voor shampoo⟩;
II ⟨n.-telb.zn.⟩ **0.1** ***reukstoffen*** ⇒*reukwerk*.

sack[1] [sæk]⟨f3⟩⟨zn.⟩⟨→sprw. 138⟩
I ⟨telb.zn.⟩ **0.1** ***zak*** ⇒*baal, jutezak* **0.2** ***zakjurk*** ⇒⟨gesch.⟩ *sak* **0.3** ***wijde jas*** ⟨niet getailleerd⟩ **0.4** ⟨vnl. AE⟩ ***(papieren) boodschappentas*** **0.5** →sackful;
II ⟨n.-telb.zn.⟩ **0.1** ⟨the⟩⟨inf.⟩ ***zak*** ⇒*de bons, ontslag, congé* **0.2** ⟨the⟩ ***plundering*** **0.3** ⟨the⟩⟨AE; inf.⟩ ***bed*** ⇒*nest* **0.4** ⟨gesch.⟩ ***sec*** ⟨Spaanse wijn⟩ **0.5** ⟨sl.⟩ ***slaap*** **0.6** ⟨Am. voetbal⟩ ***het (tackelen en) neerhalen*** ◆ **3.1** get the ~ *eruit vliegen, op de keien gezet worden;* give s.o. the ~ *iem. de zak geven, iem. de laan uitsturen* **3.2** put a town to the ~ *een stad plunderen* **3.3** hit the ~ *gaan pitten/maffen, onder zeil gaan*.

sack[2] ⟨f2⟩⟨ov.ww.⟩ →sacking **0.1** ***in zakken doen*** **0.2** ***plunderen*** ⇒*leeghalen, beroven* **0.3** ⟨inf.⟩ ***de laan uitsturen*** ⇒*ontslaan, aan de dijk zetten, de zak/de bons geven* **0.4** ⟨Am. voetbal⟩ ***(tackelen en) neerhalen*** ◆ **3.3** be ~ed *eruit vliegen* **5.¶** →sack **out**.

sack·but ['sækbʌt]⟨telb.zn.⟩ **0.1** ***schuiftrombone*** ⟨uit de middeleeuwen⟩ **0.2** ⟨bijb.⟩ ***(driehoekige) harp***.

'sack·cloth ⟨f1⟩⟨n.-telb.zn.⟩ **0.1** ***jute*** ⇒*zaklinnen, zakkengoed, pakdoek* **0.2** ⟨fig.⟩ ***boetekleed*** ◆ **1.2** in ~ and ashes *in zak en as, in rouw*.

'sack coat ⟨telb.zn.⟩ **0.1** ***ongetailleerd colbert***.

sack·ful ['sækfʊl]⟨telb.zn.; ook sacksful; →mv. 6⟩ **0.1** ***zak*** ⇒*zak vol* ◆ **1.1** sacksful of flour *zakken vol bloem*.

sack·ing ['sækɪŋ]⟨f1⟩⟨n.-telb.zn.; oorspr. gerund v. sack⟩ **0.1** ***jute*** ⇒*zaklinnen, zakkengoed, pakdoek*.

sack·less ['sækləs]⟨bn.⟩ **0.1** ⟨Sch. E⟩ ***zwak*** ⇒*neerslachtig, moedeloos*.

'sack 'out ⟨onov.ww.⟩⟨AE⟩⟨inf.⟩ **0.1** ***gaan pitten*** ⇒*gaan maffen, onder zeil/de wol gaan*.

'sack race ⟨telb.zn.⟩ **0.1** ***zakloopwedstrijd***.

sacque [sæk]⟨telb.zn.⟩ **0.1** ***sak*** ⟨soort jurk⟩ ⇒*zakjurk* **0.2** ***wijde jas*** ⟨niet getailleerd⟩.

sa·cral ['seɪkrəl]⟨bn.⟩ **0.1** ***heilig*** ⇒*gewijd, geheiligd, sacraal* **0.2** ⟨biol.⟩ ***sacraal*** ⇒*tot het heiligbeen behorend*.

sac·ra·ment[1] ['sækrəmənt]⟨f2⟩⟨zn.⟩
I ⟨telb.zn.⟩ **0.1** ⟨R.-K.⟩ ***sacrament*** ⇒*wijding* **0.2** ***heilig symbool*** ⇒*heilig verbond, gewijd voorwerp* ◆ **2.1** the priest administered the last ~ to him *de priester bediende hem, de priester diende hem de laatste sacramenten toe* **3.2** receive/take the ~ to do sth./upon sth. *iets plechtig bevestigen* ⟨belofte/eed⟩;
II ⟨n.-telb.zn.; S-; the⟩⟨R.-K.⟩ **0.1** ***Sacrament des altaars*** ⇒*eucharistie* ◆ **1.1** the ~ of the altar *het Sacrament des altaars* **2.1** the Blessed/Holy ~ *de eucharistie*.

sacrament[2] ⟨ov.ww.⟩ **0.1** ***binden d.m.v. een plechtige belofte***.

sac·ra·men·tal[1] ['sækrə'ment̬l]⟨telb.zn.⟩ **0.1** ***sacramentale*** ⇒*gewijde handeling, gewijd voorwerp*.

sacramental[2] ⟨f1⟩⟨bn.; -ly⟩ **0.1** ***sacramenteel*** ⇒*tot het sacrament behorend, gewijd* **0.2** ***sacraments-*** ⇒*offer-, eucharistie-* ◆ **1.2** ~ bread *offerbrood;* ~ wine *miswijn*.

sac·ra·men·tal·ism ['sækrə'ment̬əlɪzm]⟨n.-telb.zn.⟩ **0.1** ***geloof in de noodzaak en/of werkzaamheid v.d. sacramenten***.

sac·ra·men·tal·ist ['sækrə'ment̬əlɪst]⟨telb.zn.⟩ **0.1** ***iem. die gelooft in de noodzaak en/of werkzaamheid v.d. sacramenten***.

sac·ra·men·tal·i·ty ['sækrəmen'tæləti]⟨n.-telb.zn.⟩ **0.1** ***heiligheid***.

sac·ra·men·tar·i·an[1] ['sækrəmen'teərɪən||-'terɪən]⟨telb.zn.⟩⟨R.-K.⟩ **0.1** ***iem. die de aanwezigheid v. Christus in de eucharistie ontkent***.

sacramentarian[2] ⟨bn.⟩⟨R.-K.⟩ **0.1** ***volgens de opvatting dat Christus niet aanwezig is in de eucharistie***.

sac·ra·men·tar·i·an·ism ['sækrəmen'teərɪənɪzm||-'ter-]⟨n.-telb.zn.⟩ **0.1** ***ontkenning v.d. aanwezigheid v. Christus in de eucharistie***.

sa·crar·i·um [sə'kreərɪəm||sə'krerɪəm]⟨telb.zn.; sacraria [-rɪə]; →mv. 5⟩ **0.1** ***sacrarium*** ⇒*sacristie, sanctuarium* **0.2** ⟨R.-K.⟩ ***sacrarium*** ⇒*piscine* **0.3** ⟨gesch.⟩ ***sacrarium*** ⟨nis voor godenbeelden in het oude Rome⟩.

sa·cred ['seɪkrɪd]⟨f2⟩⟨bn.; -ly; -ness⟩ **0.1** ***gewijd*** ⇒*heilig, geheiligd, sacraal* **0.2** ***religieus*** ⇒*kerkelijk, geestelijk* **0.3** ***plechtig*** ⇒*heilig, oprecht* **0.4** ***veilig*** ⇒*gevrijwaard, heilig, onschendbaar* ◆ **1.1** ~ books/writings *heilige geschriften;* ~ cow *heilige koe* ⟨lett. en fig.⟩; attack ~ cows ⟨ook⟩ *tegen heilige huisjes schoppen;* ⟨R.-K⟩ Sacred Heart *het Heilig(e) Hart;* ~ ibis *heilige ibis* ⟨vereerd door de oude Egyptenaren⟩; ~ site *heilige plaats* ⟨voor autochtone inwoners i.t.t. kolonisten⟩; Sacred Writ *de Heilige Schrift* **1.2** ~ music *geestelijke/gewijde muziek, kerkmuziek;* ~ history *kerkgeschiedenis;* ~ poetry *religieuze poëzie* **1.3** ~ promise *plechtige belofte* **1.¶** Sacred College *Kardinalencollege* **3.1** hold sth. ~, regard sth. as ~ *iets als heilig beschouwen* **4.4** nothing is ~ to him *niets is hem heilig, hij heeft nergens eerbied voor* **6.1** ~ **to** the memory of P.J. *gewijd aan de nagedachtenis v. P.J.* **6.4** no village was ~ **from** this gang *geen dorp was veilig voor deze bende*.

sac·ri·fice[1] ['sækrɪfaɪs]⟨f3⟩⟨zn.⟩
I ⟨telb.zn.⟩ **0.1** ***offer*** ⇒*offerande, offergave* **0.2** ***offerande*** ⇒*offerplechtigheid, dankgebed* ◆ **1.1** they killed a bull as a ~ to the gods *ze slachtten een stier als offer aan de goden* **3.1** fall a ~ to *slachtoffer worden van;*
II ⟨telb. en n.-telb.zn.⟩ **0.1** ***opoffering*** ⇒*offer, het prijsgeven* ◆ **3.1** make a ~ to one's country *voor zijn vaderland sterven;* he made many ~s to finish his studies *hij ontzegde zich veel om zijn studie af te kunnen maken* **6.1** they had to sell the house **at** a ~ *ze moesten het huis met verlies verkopen;*
III ⟨n.-telb.zn.⟩ **0.1** ***offering*** ⇒*het offeren*.

sacrifice[2] ⟨f2⟩⟨ww.⟩
I ⟨onov.ww.⟩ **0.1** ***offeren*** ⇒*een offer/offers brengen;*
II ⟨onov. en ov.ww.⟩ **0.1** ***met verlies verkopen*** ⇒*toeleggen (op)* ◆ **6.1** ~ **on** the price *geld toeleggen op de prijs;*
III ⟨ov.ww.⟩ **0.1** ***offeren*** ⇒*aanbieden, opdragen* **0.2** ***opofferen*** ⇒*opgeven, afstaan* ◆ **1.1** they ~d part of the harvest to the goddess of fertility *ze boden een deel v.d. oogst als offer aan de godin v.d. vruchtbaarheid aan* **1.2** she ~d all pleasures *ze ontzegde zich alle pleziertjes*.

sac·ri·fic·er ['sækrɪfaɪsə||-ər]⟨telb.zn.⟩ **0.1** ***offeraar*** ⇒*offerpriester*.

sac·ri·fi·cial ['sækrɪ'fɪʃl]⟨f1⟩⟨bn.; -ly⟩ **0.1** ***offer-*** ⇒*offerande-* ◆ **1.1** a ~ animal *een offerdier*.

sac·ri·lege ['sækrɪlɪdʒ]⟨f1⟩⟨telb. en n.-telb.zn.⟩ **0.1** ***heiligschennis*** ⇒*ontheiliging, kerkroof, ontwijding*.

sac·ri·le·gious ['sækrɪ'lɪdʒəs||-'li:dʒəs]⟨f1⟩⟨bn.; -ly; -ness⟩ **0.1** ***heiligschennend*** ⇒*ontheiligend, onterend*.

sa·cring ['seɪkrɪŋ]⟨telb.zn.⟩⟨vero.⟩ **0.1** ***consecratie*** ⇒*wijding, (in) zegening.*

'sacring bell ⟨telb.zn.⟩ **0.1** ***misbelletje.***

sac·rist ['sækrɪst, 'seɪ-]⟨telb.zn.⟩ **0.1** ***sacristein*** ⟨bewaarder v.d. sacristie⟩.

sac·ris·tan ['sækrɪstən]⟨telb.zn.⟩ **0.1** ***sacristein*** **0.2** ⟨vero.⟩ ***sacristiemeester*** ⇒*koster, kerkbewaarder.*

sac·ris·ty ['sækrɪsti]⟨telb.zn.;→mv. 2⟩ **0.1** ***sacristie.***

sac·ro- ['sækrou]⟨med.⟩ **0.1** ***heiligbeen-*** ◆ **¶.1** sacroiliac *heilig- en darmbeen betreffend; plaats waar heiligbeen en darmbeen met elkaar verbonden zijn.*

sac·ro·sanct ['sækrousæŋ(k)t]⟨f1⟩⟨telb.zn.⟩ **0.1** ***sacrosanct*** ⇒*heilig en gewijd, onschendbaar, asiel biedend* **0.2** ⟨scherts.⟩ ***heilig*** ⇒*onaantastbaar* ◆ **1.2** his spare time is ~ to him *zijn vrije tijd is hem heilig.*

sac·ro·sanc·ti·ty ['sækrou'sæŋ(k)təṭi]⟨n.-telb.zn.⟩ **0.1** ***heiligheid*** ⇒*onschendbaarheid, asiel.*

sa·crum ['seɪkrəm]⟨telb.zn.; sacra ['seɪkrə];→mv. 5⟩⟨med.⟩ **0.1** ***heiligbeen*** ⟨os sacrum⟩.

sad [sæd]⟨f3⟩⟨bn.; sadder; -ly, -ness;→compar. 7⟩
I ⟨bn.⟩ **0.1** ***droevig*** ⇒*verdrietig, bedroefd, treurig, ongelukkig* **0.2** ***somber*** ⇒*donker, dof, mat* ⟨v. kleuren⟩ **0.3** ***klef*** ⟨v. brood, gebak⟩ ⇒*kleverig, plakkend, deegachtig* ◆ **1.1** ⟨sl.⟩ a ~ apple *een asociale, een slomerd;* a ~der and/but (a) wiser man *een grijzer maar wijzer man* **1.¶** ⟨vero.⟩ in ~ earnest *doodernstig* **2.1** ~ to say, we didn't enjoy ourselves at all *helaas/het is droevig, maar we hebben ons helemaal niet vermaakt* **3.1** be ~ly mistaken *er jammerlijk/totaal naast zitten;*
II ⟨bn., attr.⟩ **0.1** ***schandelijk*** ⇒*betreurenswaardig, bedroevend (slecht), beklagenswaardig* ◆ **1.1** ~ drunks *onverbeterlijke dronkaards;* come to/reach a ~ pass *een dieptepunt bereiken;* it's a ~ state of affairs to leave these children by themselves *het is een droeve zaak/ongehoorde toestand om deze kinderen aan hun lot over te laten;* his last two novels are ~ stuff *zijn laatste twee romans zijn niet veel zaaks* **1.¶** ~ dog *pierewaaier, losbol, nietsnut;* ⟨AE⟩ ~ sack *kluns, klungel.*

sad·den ['sædn]⟨f2⟩⟨ww.⟩
I ⟨onov.ww.⟩ **0.1** ***bedroefd worden*** ⇒*neerslachtig worden* **0.2** ***donker worden*** ⇒*betrekken, somber worden* ◆ **1.2** the sky ~ed with clouds *de lucht betrok;*
II ⟨ov.ww.⟩ **0.1** ***bedroeven*** ⇒*verdrietig maken, somber stemmen.*

sad·dish ['sædɪʃ]⟨bn.⟩ **0.1** ***een beetje bedroefd*** ⇒*verdrietig.*

sad·dle[1] ['sædl]⟨f2⟩⟨zn.⟩⟨→sprw. 584⟩
I ⟨telb.zn.⟩ **0.1** ***zadel*** ⇒*rij/pak/draagzadel, (motor)fietszadel* **0.2** ***zadelrug*** ⟨v. paard e.d.⟩ ⇒*zadel* ⟨v. mannetjesvogel⟩ **0.3** ***zadel*** ⟨lager gedeelte v. bergrug⟩ ⇒*pas, col* ◆ **6.1** be **in** the ~ *te paard zitten;* ⟨fig.⟩ *de baas zijn, het voor het zeggen hebben, in functie zijn;*
II ⟨telb. en n.-telb.zn.⟩⟨vnl. BE⟩ **0.1** ***lendestuk*** ⇒*rugstuk* ◆ **1.1** ~ of lamb *lamszadel.*

saddle[2] ⟨f2⟩⟨ww.⟩
I ⟨onov.ww.⟩ **0.1** ***opzadelen*** ⇒*een paard zadelen, een paard bestijgen* ◆ **5.1** ~ **up** *opstijgen, in het zadel stijgen;*
II ⟨ov.ww.⟩ **0.1** ***zadelen*** ⇒*opzadelen* **0.2** ***opzadelen*** ⇒*opschepen, afschuiven op* **0.3** ***inschrijven*** ⟨paard voor een race⟩ ◆ **5.1** ~ **up** one's horse *zijn paard zadelen* **6.2** he ~d all responsibility **on** her *hij schoof alle verantwoordelijkheid op haar af;* be ~d **with** nine children *opgescheept worden met negen kinderen* **6.¶** you can't ~ him **with** this heavy task *je kunt hem die zware taak niet op de schouders leggen.*

'sad·dle·back ⟨telb.zn.⟩ **0.1** ***zadeldak*** **0.2** ***zadel*** ⟨v. heuvel⟩ **0.3** ⟨dierk.⟩ ***bonte kraai*** ⟨Corvus corone cornix⟩ **0.4** ***mantelmeeuw*** **0.5** ⟨dierk.⟩ ***zadelrugspreeuw*** ⟨Nieuw-Zeeland, Philesturnus carunculatus⟩ **0.6** ⟨vaak S-⟩ ***Berkshirevarken.***

'sad·dle·backed ⟨bn.⟩ **0.1** ***met zadelrug*** ⟨v. paard⟩ **0.2** ***met zadeldak.***

'sad·dle·bag ⟨zn.⟩
I ⟨telb.zn.⟩ **0.1** ***zadeltas(je);***
II ⟨n.-telb.zn.⟩ **0.1** ***bekledingsstof.***

'sad·dle·bow ⟨telb.zn.⟩ **0.1** ***zadelboog*** ⇒*zadelboom.*

'sad·dle·cloth ⟨telb.zn.⟩ **0.1** ***zadeldek*** ⇒*sjabrak, paardedekkleed.*

'saddle horse ⟨telb.zn.⟩ **0.1** ***rijpaard.***

sad·dler ['sædlə‖-ər]⟨telb.zn.⟩ **0.1** ***zadelmaker*** ⇒*tuigmaker* **0.2** ⟨mil.⟩ ***beheerder v.d. zadelkamer*** **0.3** ⟨AE⟩ ***zadelpaard*** ⇒*rijpaard.*

'saddle roof ⟨telb.zn.⟩ **0.1** ***zadeldak.***

sad·dler·y ['sædləri]⟨zn.;→mv. 2⟩
I ⟨telb.zn.⟩ **0.1** ***zadelmakerswinkel*** **0.2** ***zadelkamer*** ⇒*tuigkamer;*
II ⟨n.-telb.zn.⟩ **0.1** ***zadelmakersambacht*** ⇒*zadelmakerij, tuigmakerij* **0.2** ***zadeltuig*** ⇒*zadelmakersartikelen, paardetuig.*

'saddle shoe ⟨telb.zn.⟩⟨AE⟩ **0.1** ***schoen met contrasterende kleur over de wreef.***

'saddle soap ⟨n.-telb.zn.⟩ **0.1** ***zadelzeep.***

'sad·dle·sore ⟨bn.; -ness⟩ **0.1** ***doorgereden*** ⇒*doorgezeten, met zadelpijn.*

'saddle stitch ⟨zn.⟩
I ⟨telb.zn.⟩ **0.1** ***zadelsteek;***
II ⟨n.-telb.zn.⟩ **0.1** ***het nieten*** ⟨v. tijdschriften⟩.

'sad·dle·tree ⟨telb.zn.⟩ **0.1** ***zadelboom*** ⇒*zadelboog* **0.2** ⟨plantk.⟩ ***tulpeboom*** ⟨Liriodendron tulipifera⟩.

Sad·du·ce·an ['sædjʊ'si:ən‖'sædjə-]⟨bn.⟩ **0.1** ***Sadducees.***

Sad·du·cee ['sædjʊsi:‖'sædjə-]⟨telb.zn.⟩ **0.1** ***Sadduceeër.***

sad·hu ['sɑ:du:]⟨telb.zn.⟩ **0.1** ***sadhoe*** ⟨rondtrekkend Hindoes asceet⟩.

sad·i·ron ['sædaɪən‖-aɪərn]⟨telb.zn.⟩ **0.1** ***strijkbout*** ⟨met spitse voor- en achterzijde⟩.

sa·dism ['seɪdɪzm]⟨f1⟩⟨n.-telb.zn.⟩ **0.1** ***sadisme.***

sa·dist ['seɪdɪst]⟨f1⟩⟨telb.zn.⟩ **0.1** ***sadist(e).***

sa·dis·tic [sə'dɪstɪk]⟨f1⟩⟨bn.; -ally;→bijw. 3⟩ **0.1** ***sadistisch.***

sad·ly [sædli]⟨bw.⟩ **0.1** →sad **0.2** ⟨aan het begin v.d. zin⟩ ***helaas.***

sa·do·mas·och·ism ['seɪdou'mæsəkɪzm]⟨n.-telb.zn.⟩ **0.1** ***sadomasochisme.***

sa·do·mas·och·ist ['seɪdou'mæsəkɪst]⟨telb.zn.⟩ **0.1** ***sadomasochist.***

sa·do·mas·och·is·tic ['seɪdoumæsə'kɪstɪk]⟨bn.⟩ **0.1** ***sadomasochistisch.***

sae ⟨afk.⟩ stamped addressed envelope, self-addressed envelope.

sa·fa·ri [sə'fɑ:ri]⟨f1⟩⟨telb.zn.⟩ **0.1** ***safari*** ⇒*jacht/filmexpeditie* ◆ **6.1** they went **on** ~ in Africa *ze gingen op safari in Afrika.*

sa'fari jacket ⟨telb.zn.⟩ **0.1** ***safari-jasje.***

sa'fari park ⟨telb.zn.⟩ **0.1** ***safaripark.***

sa'fari suit ⟨telb.zn.⟩ **0.1** ***safaripak/kostuum.***

safe[1] [seɪf]⟨f3⟩⟨telb.zn.⟩ **0.1** ***brandkast*** ⇒*(bewaar)kluis, safe(loket)* **0.2** ***provisiekast*** ⇒*vliegenkast* **0.3** ⟨AE; inf.⟩ ***kapotje*** ⇒*condoom.*

safe[2] ⟨f3⟩⟨bn.; -er; -ly; -ness;→compar. 7⟩⟨→sprw. 39, 295, 603⟩
I ⟨bn.⟩ **0.1** ***veilig*** ⇒*zeker, gevrijwaard* **0.2** ***betrouwbaar*** ⇒*vertrouwd, gegarandeerd, veilig* **0.3** ***voorzichtig*** ⇒*oppassend* **0.4** ⟨honkbal⟩ ***in*** ⇒*op het honk aangekomen* ◆ **1.1** it's a ~ bet that ... *je kunt er donder op zeggen dat ...;* ~ convoy *vrijgeleide;* they are in ~ custody *ze zijn in verzekerde bewaring gesteld;* this investment is as ~ as houses *deze investering is zo veilig als een huis;* could you put these things in a ~ place? *kun je deze dingen op een veilig plekje leggen/veilig opbergen?;* ~ sex *veilig vrijen;* to be/err on the ~ side *voor de zekerheid, om het zekere voor het onzekere te nemen* **1.2** John is a ~ catch *John vangt iedere bal;* that dog is not ~ *die hond is niet te vertrouwen;* the party has twenty ~ seats in Parliament *de partij kan zeker rekenen op twintig zetels in het parlement;* ~ period *veilige periode, onvruchtbare dagen* ⟨v. vrouw⟩ **1.4** a ~ hit got him on second *door een honkslag kwam hij op het tweede honk* **2.3** better (to be) ~ than sorry *beter blo Jan dan dô Jan* **3.1** they got him ~ in the end *uiteindelijk kregen ze hem te pakken zodat hij niet meer weg kon;* in ~ keeping *in veilige bewaring* **3.2** it's ~ to say *je kunt gerust zeggen* **3.3** if you play it ~ nothing can happen *als je voorzichtig aan doet kan er niets gebeuren;*
II ⟨bn., pred.⟩ **0.1** ***behouden*** ⇒*ongedeerd, gezond* **0.2** ***veilig*** ⇒*beschermd, beschut, beveiligd* ◆ **2.1** she arrived ~ and sound *ze kwam gezond en wel/heelhuids/zonder kleerscheuren aan* **6.2** the tower was ~ **from** attack *de toren was beveiligd tegen aanvallen;* here we'll be ~ **from** the weather *hier zitten we beschut tegen het weer.*

'safe·blow·er, 'safe·break·er, ⟨vnl. AE⟩ **'safe·crack·er** ⟨telb.zn.⟩ **0.1** ***brandkastkraker.***

'safe-'con·duct ⟨telb. en n.-telb.zn.⟩ **0.1** ***vrijgeleide*** ⇒*vrije doorgang.*

'safe-de'pos·it ⟨telb.zn.⟩ **0.1** ***(brand)kluis.***

safe-de'posit bank ⟨telb.zn.⟩ **0.1** ***bank met bankkluizen.***

safe-de'posit box ⟨telb.zn.⟩ **0.1** ***safe(loket).***

safe·guard[1] ['seɪfgɑ:d‖-gɑrd]⟨f2⟩⟨telb.zn.⟩ **0.1** ***beveiliging*** ⇒*bescherming, voorzorg(smaatregel)* **0.2** ***waarborg*** ⇒*vrijwaring, zekerheid* **0.3** ⟨vero.⟩ ***vrijbrief.***

safeguard[2] ⟨f2⟩⟨ov.ww.⟩ **0.1** ***beveiligen*** ⇒*beschermen, behoeden* **0.2** ***waarborgen*** ⇒*vrijwaren, verzekeren.*

'safe'house ⟨telb.zn.⟩ **0.1** ***betrouwbaar pand*** ⟨voor geheime dienst⟩.

'safe'keep·ing ⟨f1⟩⟨n.-telb.zn.⟩ **0.1** ***(veilige) bewaring*** ⇒*hoede* ◆ **6.1** one can leave valuables in the bank **for** ~ *men kan kostbaarheden bij de bank in (veilige) bewaring geven.*

safe·ty ['seɪfti]⟨f3⟩⟨zn.;→mv. 2⟩⟨→sprw. 673⟩
I ⟨telb.zn.⟩ **0.1** ***veiligheid(sinrichting)*** ⇒⟨i.h.b.⟩ *veiligheidspal, veiligheidsgrendel, haanpal* **0.2** ⟨Am. voetbal⟩ ***safety*** ⟨achter de eigen doellijn gedrukte bal⟩ **0.3** ⟨Am. voetbal⟩ ***safety(man)*** ⟨achterste verdediger⟩ **0.4** ⟨AE; inf.⟩ ***kapotje*** ⇒*condoom;*
II ⟨n.-telb.zn.⟩ **0.1** ***veiligheid*** ⇒*zekerheid* ◆ **1.1** let's not split up, there's ~ in numbers *laten we ons niet opsplitsen, in een groep is het veiliger* **3.1** play for ~ *geen risico nemen* **4.1** ~ first *voorzichtigheid vóór alles.*

'safety bar ⟨telb.zn.⟩⟨skiën⟩ **0.1** ***veiligheidsbeugel*** ⟨v. stoeltjeslift⟩.
'safety belt ⟨telb.zn.⟩ **0.1** ***veiligheidsgordel*** ⇒*veiligheidsriem.*
'safety bolt ⟨telb.zn.⟩ **0.1** ***veiligheidspen*** ⟨ter vergrendeling v. deuren⟩.
'safety brake ⟨telb.zn.⟩ **0.1** ***noodrem.***
'safety buoy ⟨telb.zn.⟩ **0.1** ***reddingsboei.***
'safety catch ⟨telb.zn.⟩ **0.1** ***veiligheidspal*** ⇒*haanpal, veiligheidsgrendel.*
'safety chain ⟨telb.zn.⟩ **0.1** ***veiligheidsketting*** ⇒*deur/paalketting.*
'safety curtain ⟨telb.zn.⟩ **0.1** ***brandscherm*** ⟨in theater⟩.
'safety factor ⟨telb.zn.⟩ **0.1** ***veiligheidsfactor*** ⇒*risicofactor* **0.2** ⟨tech.⟩ ***veiligheidsfactor*** ⇒*veiligheidscoëfficiënt;* ⟨fig.⟩ *veiligheidsmarge.*
'safety film ⟨telb.zn.⟩ **0.1** ***veiligheidsfilm.***
'safety fuse ⟨telb.zn.⟩ **0.1** ***veiligheidslont*** **0.2** ***zekering*** ⇒*smeltveiligheid, (smelt)stop.*
'safety glass ⟨n.-telb.zn.⟩ **0.1** ***veiligheidsglas*** ⇒*gelaagd glas.*
'safety hazard ⟨telb.zn.⟩ **0.1** ***gevaar*** ⇒*gevaarlijk iets* ◆ **¶.1** he is a ~ on the road *hij is een gevaar op de weg.*
'safety island, 'safety isle ⟨telb.zn.⟩⟨AE⟩ **0.1** ***vluchtheuvel.***
'safety jet ⟨telb.zn.⟩⟨skiën⟩ **0.1** ***parablok(je)*** ⟨blokje voorop ski voor de veiligheid⟩.
'safety lamp ⟨telb.zn.⟩ **0.1** ***veiligheidslamp*** ⟨voor mijnwerkers⟩ ⇒*lamp v. Davy, mijnlamp.*
'safety lock ⟨telb.zn.⟩ **0.1** ***veiligheidsslot.***
safe·ty·man ['seɪftimən]⟨telb.zn.; safetymen [-mən]; →mv. 3⟩⟨Am. voetbal⟩ **0.1** ***(vrije) verdediger.***
'safety match ⟨f1⟩⟨telb.zn.⟩ **0.1** ***veiligheidslucifer.***
'safety measure ⟨telb.zn.⟩ **0.1** ***veiligheidsmaatregel*** ◆ **6.1 as** a ~ *uit veiligheid(soverwegingen).*
'safety net ⟨telb.zn.⟩ **0.1** ***vangnet*** ⟨voor acrobaten⟩ **0.2** ⟨ec.⟩ ***buffer.***
'safety nut ⟨telb.zn.⟩ **0.1** ***borgmoer*** ⇒*contramoer.*
'safety pin ⟨f1⟩⟨telb.zn.⟩ **0.1** ***veiligheidsspeld.***
'safety razor ⟨telb.zn.⟩ **0.1** ***veiligheidsscheermes.***
'safety regulation ⟨telb.zn.⟩ **0.1** ***veiligheidsvoorschrift.***
'safety shot ⟨telb.zn.⟩⟨biljart⟩ **0.1** ***defensieve stoot.***
'safety strap ⟨telb.zn.⟩⟨skiën⟩ **0.1** ***valriem*** ⇒*veiligheidsriem.*
'safety valve ⟨telb.zn.⟩ **0.1** ⟨tech.⟩ ***veiligheidsklep*** ⇒*uitlaat(klep)* ⟨ook fig.⟩ **0.2** ⟨Am. voetbal⟩ ***tweede vanger.***
'safety zone ⟨telb.zn.⟩ **0.1** ⟨AE⟩ ***veiligheidszone*** ⟨voor voetgangers⟩ **0.2** ⟨polo⟩ ***veiligheidszone*** ⇒*uitloop.*
saf·fi·an ['sæfɪən]⟨n.-telb.zn.⟩ **0.1** ***saffiaan*** ⇒*marokijnleder.*
saf·flow·er ['sæflaʊə‖-ər]⟨zn.⟩
I ⟨telb.zn.⟩⟨plantk.⟩ **0.1** ***saffloer*** ⟨Carthamus tinctorius⟩;
II ⟨n.-telb.zn.⟩ **0.1** ***saffloer*** ⟨verfstof⟩ **0.2** ⟨vaak attr.⟩ ***saffloerrood.***
saf·fron[1] ['sæfrən]⟨zn.⟩
I ⟨telb.zn.⟩⟨plantk.⟩ **0.1** ***saffraancrocus*** ⟨Crocus sativus⟩;
II ⟨n.-telb.zn.⟩ **0.1** ***saffraan*** ⟨gele kleurstof⟩ **0.2** ⟨vaak attr.⟩ ***saffraan*** ⇒*oranjegeel.*
saffron[2] ⟨ov.ww.⟩ **0.1** ***met saffraan kleuren/kruiden.***
'saffron cake ⟨telb. en n.-telb.zn.⟩ **0.1** ***saffraancake.***
saf·fron·y ['sæfrəni]⟨bn.⟩ **0.1** ***saffranig*** ⇒*saffraangeel, oranjegeel.*
saf·ra·nine ['sæfrəni:n], **saf·ra·nin** ['sæfrənɪn]⟨telb. en n.-telb.zn.⟩ ⟨schei.⟩ **0.1** ***safranine.***
sag[1] [sæg]⟨telb. en n.-telb.zn.⟩ **0.1** ***verzakking*** ⇒*doorzakking, doorbuiging* **0.2** ***doorhanging*** ⟨v. draden⟩ **0.3** ***prijsdaling*** **0.4** ⟨scheep.⟩ ***verlijering.***
sag[2] ⟨f2⟩⟨ww.; →ww. 7⟩
I ⟨onov.ww.⟩ **0.1** ***verzakken*** ⇒*doorzakken, doorbuigen* **0.2** ***doorhangen*** ⟨v. deuren, enz.⟩ ⇒*slap hangen* ⟨v. kabels⟩ **0.3** ***dalen*** ⇒*afnemen, teruglopen* ⟨i.h.b. v. prijzen⟩ **0.4** ***oninteressant/saai worden*** ⇒*minder worden, afzakken* **0.5** ⟨scheep.⟩ ***verlijeren*** ◆ **1.1** these trousers ~ at the knees *er zitten knieën in deze broek* **1.3** the sale of souvenirs ~s *de verkoop v. souvenirs loopt terug;* her spirits sagged *de moed zonk haar in de schoenen* **5.1** the twig sagged **down** under the weight of the bird *het twijgje boog door onder het gewicht v.d. vogel;*
II ⟨ov.ww.⟩ **0.1** ***doen verzakken*** ⇒*doen doorzakken/doorbuigen* **0.2** ***doen doorhangen.***
sa·ga ['sɑ:gə]⟨f1⟩⟨telb.zn.⟩ **0.1** ***saga*** **0.2** ***familiekroniek*** **0.3** ***lang verhaal*** ⇒*relaas.*
sa·ga·cious [sə'geɪʃəs]⟨bn.; -ly; -ness⟩ **0.1** ***scherpzinnig*** ⇒*slim, pienter, schrander* ⟨ook v. dieren⟩ **0.2** ***doordacht*** ⇒*vernuftig, spitsvondig, intelligent* ◆ **1.2** a ~ plan *een weldoordacht plan.*
sa·gac·i·ty [sə'gæsəṭi]⟨n.-telb.zn.⟩ **0.1** ***scherpzinnigheid*** ⇒*slimheid, pienterheid, schranderheid* **0.2** ***vernuftigheid*** ⇒*spitsvondigheid.*
sag·a·more ['sægəmɔ:‖-mɔr]⟨telb.zn.⟩ **0.1** ***sachem*** ⟨Indiaans opperhoofd⟩.
sage[1] [seɪdʒ]⟨f1⟩⟨zn.⟩
I ⟨telb.zn.⟩ **0.1** ⟨vaak mv.⟩ ***wijze (man)*** ⇒*wijsgeer,* ⟨scherts.⟩ *groot denker, brein* **0.2** ⟨plantk.⟩ ***salie*** ⟨genus Salvia⟩ ⇒⟨i.h.b.⟩ *echte/gewone salie* ⟨S. officinalis⟩ ◆ **7.1** the Seven Sages *de zeven wijzen* ⟨v. Griekenland, Septem Sapientes⟩;
II ⟨n.-telb.zn.⟩ **0.1** ***salie*** ◆ **1.1** ⟨cul.⟩ ~ and onionstuffing *salie-en-ui-vulling* ⟨voor gevogelte⟩.
sage[2] ⟨f2⟩⟨bn.; -er; -ly; -ness; →compar. 7⟩ **0.1** ***wijs*** ⇒*wijsgerig, verstandig* **0.2** ⟨scherts.⟩ ***ernstig (kijkend)*** ⇒*zwaarwichtig.*
sage·brush ['seɪdʒbrʌʃ]⟨telb.zn.⟩⟨plantk.⟩ **0.1** ***alsem*** ⟨genus Artemisia⟩.
'sage 'cheese, 'sage 'Derby ⟨n.-telb.zn.⟩ **0.1** ***saliekaas.***
'sage 'green ⟨n.-telb.zn.; vaak attr.⟩ **0.1** ***grijsgroen.***
'sage grouse ⟨telb.zn.⟩⟨dierk.⟩ **0.1** ***waaierhoen*** ⟨Centrocercus urophasianus⟩.
'sage 'tea ⟨n.-telb.zn.⟩ **0.1** ***saliewater.***
sag·gar, sag·ger ['sægə‖-ər]⟨telb.zn.⟩ **0.1** ***kapsel*** ⟨beschermend omhulsel bij het bakken v. aardewerk in oven⟩.
sag·gy ['sægi]⟨bn.; -er; →compar. 7⟩ **0.1** ***door verzakking/doorhanging veroorzaakt*** **0.2** ***verzakkend*** ⇒*doorzakkend, doorbuigend, doorhangend.*
sa·git·ta [sə'gɪtə‖sə'dʒɪṭə]⟨telb.zn.⟩⟨wisk.⟩ **0.1** ***pijl.***
sag·it·tal ['sædʒɪṭl]⟨bn., attr.; -ly⟩ **0.1** ***van/mbt. de pijlnaad*** ⟨v. schedel⟩.
Sag·it·ta·ri·us ['sædʒɪ'teərɪəs‖-'ter-]⟨zn.; Sagittarii [-riaɪ]; →mv. 5⟩
I ⟨eig.n.⟩⟨astr., ster.⟩ **0.1** ***(de) Boogschutter*** ⇒*(de) Schutter, Sagittarius;*
II ⟨telb.zn.⟩⟨astr.⟩ **0.1** ***boogschutter*** ⟨iem. geboren onder I⟩.
sag·it·ta·ry ['sædʒɪtri‖-teri]⟨telb.zn.; →mv. 2⟩ **0.1** ***centaur.***
sag·it·tate ['sædʒɪteɪt]⟨bn.⟩ **0.1** ***pijlvormig.***
sa·go ['seɪgoʊ]⟨zn.⟩
I ⟨telb.zn.⟩⟨plantk.⟩ **0.1** ***sagopalm*** ⟨genus Metroxylon⟩;
II ⟨n.-telb.zn.⟩⟨cul.⟩ **0.1** ***sago.***
sa·gua·ro [sə'gwɑ:roʊ], **sa·hua·ro** [sə'wɑ:roʊ]⟨telb.zn.⟩⟨plantk.⟩ **0.1** ***kandelaarcactus*** ⇒*reuzencactus* ⟨Carnegiea gigantea⟩.
'sag wagon ⟨telb.zn.⟩⟨wielrennen⟩ **0.1** ***bezemwagen.***
sa·gy, sa·gey ['seɪdʒi]⟨bn.; -er; →compar. 7⟩ **0.1** ***met salie gekruid.***
Sa·har·a [sə'hɑ:rə]⟨eig.n., telb.zn.⟩ **0.1** ***Sahara*** ⟨ook fig.⟩ ⇒*woestijn.*
Sa·ha·ran [sə'hɑ:rən], **Sa·ha·ri·an** [-rɪən]⟨bn.⟩ **0.1** ***v./mbt. de Sahara.***
Sa·hel·ian [sə'hi:lɪən]⟨bn.⟩ **0.1** ***Sahel-*** ⇒*mbt. de Sahel(landen).*
sa·hib [sɑ:b‖'sɑ(h)ɪb]⟨telb.zn.; ook aanspreektitel; ook S-⟩⟨Ind. E⟩ **0.1** ***heer*** ⇒*mijnheer* ⟨gebruikt voor Europeanen⟩ ◆ **1.1** Johnston Sahib *mijnheer Johnston.*
said[1] [sed]⟨f2⟩⟨bn., attr.; oorspr. volt. deelw. v. say⟩⟨schr.⟩ **0.1** ***(boven)genoemd*** ⇒*voornoemd, voormeld* ◆ **7.1** the ~ Jenkins *de bovengenoemde Jenkins.*
said[2] ⟨verl. t. en volt. deelw.⟩ →say.
saidest ['sedɪst]⟨tweede pers. enk. verl. t.⟩⟨vero.⟩ →say.
saidst [sedst]⟨tweede pers. enk. verl. t.⟩ →say.
sai·ga ['saɪgə]⟨telb.zn.⟩⟨dierk.⟩ **0.1** ***saïga*** ⟨antilope; Saiga tartarica⟩.
sail[1] [seɪl]⟨f2⟩⟨zn.; in bet. I 0.2 sail; →mv. 4⟩⟨→sprw. 297⟩
I ⟨telb.zn.⟩ **0.1** ***zeil*** **0.2** ***(zeil)schip*** ⇒*zeil* **0.3** ⟨geen mv.⟩ ***zeiltocht(je)*** ⇒*boottocht(je)* **0.4** ***molenwiek*** ⇒*zeil* **0.5** ⟨ben. voor⟩ ***zeilvormig uitsteeksel*** ⇒*rugvin; tentakel* ◆ **1.3** it will be another week's ~ *het is nog een weekje varen* **3.1** hoist the ~s *de zeilen hijsen;* lower the ~s *de zeilen strijken/reven* **3.3** fancy coming for a ~? *heb je zin om te gaan zeilen?* **3.¶** trim one's ~s (before/to the wind) *de huik naar de wind hangen, zich inbinden/beperken* **7.2** we saw three ~ in the distance *we zagen drie schepen in de verte;*
II ⟨verz.n.⟩ **0.1** ***zeil*** ⇒*de zeilen* ◆ **2.1** in full ~ *met volle zeilen* **3.1** carry ~ *zeil voeren;* crowd (on) ~ *veel zeil bijzetten;* make ~ *zeil bijzetten; onder zeil gaan;* press ~ *alle zeilen bijzetten;* set ~ *de zeilen hijsen; onder zeil gaan;* shorten ~ *zeil minderen;* strike ~ *de zeilen strijken;* take in ~ *de zeilen reven* **3.¶** take in ~ *bakzeil halen, inbinden* **6.1 under** ~ *met de zeilen gehesen;*
III ⟨mv.; ~s⟩⟨scheep.⟩ **0.1** ⟨inf.⟩ ***zeilmaker*** **0.2** ⟨BE; gesch.⟩ ***opperschipper*** ⟨belast met tuigage en want⟩.
sail[2] ⟨f3⟩⟨ww.⟩ →sailing
I ⟨onov.ww.⟩ **0.1** ***varen*** ⇒*zeilen, stevenen, per schip reizen* **0.2** ***afvaren*** ⇒*vertrekken, v. wal steken, uitvaren* **0.3** ***glijden*** ⇒*zweven, zeilen, schrijden* ◆ **1.1** ~ close to/near the wind *scherp bij de wind zeilen;* ⟨fig.⟩ *bijna zijn boekje te buiten gaan* **1.3** birds ~ing through the air *vogels die door de lucht zweven* **3.1** did you go ~ing in that weather? *heb je met dat weer gezeild?* **5.1** ~ large *voor de wind/ruim zeilen* **5.¶** ⟨inf.⟩ did you have to ~ **in** at that moment? *moest je je er nu net op dat moment mee gaan bemoeien?* **6.2** we're ~ing **for** England tomorrow *we vertrekken morgen naar Engeland* **6.3** the countess ~ed **through** the ballroom *de gravin schreed door de balzaal;* she ~ed **through** her finals *ze haalde haar eindexamen op haar sloffen* **6.¶** ⟨inf.⟩ after

the chairman had finished his introductory speech, one of the members ~ed **into** him *na de openingsrede v.d. voorzitter lanceerde een v.d. leden een felle aanval op hem/haalde een v.d. leden fel naar hem uit;* instead of shaking hands, she ~ed **into** him *in plaats van hem een hand te geven, ging ze hem flink te lijf;*
II ⟨ov.ww.⟩ **0.1** ***bevaren*** **0.2** ***besturen*** ⟨schip⟩ ⇒*laten drijven* ⟨speelgoedboot⟩ **0.3** ***doorzweven*** ⇒*doorglijden, doorklieven* ◆ **1.2** can you ~ this yacht? *kun je met dit jacht overweg?*.
'sail area ⟨telb.zn.⟩⟨zeilsport⟩ **0.1** ***zeiloppervlak***.
'sail arm ⟨telb.zn.⟩ **0.1** ***molenroede***.
'sail axle ⟨telb.zn.⟩ **0.1** ***molenas***.
'sail·boat ⟨f1⟩⟨telb.zn.⟩⟨AE⟩ **0.1** ***zeilboot(je)***.
'sail·cloth ⟨n.-telb.zn.⟩ **0.1** ***canvas*** ⟨ook voor kleding⟩ ⇒*zeildoek, tentdoek*.
sail·er ['seɪlə‖-ər]⟨telb.zn.⟩ **0.1** ***zeilschip*** ◆ **2.1** a good ~ *een goede/snelle zeiler*.
'sail·fish ⟨telb.zn.; ook sailfish; →mv.4⟩⟨dierk.⟩ **0.1** ***zeilvis*** ⟨genus Istiophorus⟩ **0.2** ***reuzenhaai*** ⟨Cetorhinus maximus⟩.
sail·ing ['seɪlɪŋ]⟨f1⟩⟨zn.; (oorspr.) gerund v. sail⟩
I ⟨telb.zn.⟩ **0.1** ***bootreis*** ⇒*scheepsreis;*
II ⟨telb. en n.-telb.zn.⟩ **0.1** ***afvaart*** ⇒*vertrek(tijd)* ◆ **2.1** daily ~s in summer *in de zomer dagelijks afvaarten;*
III ⟨n.-telb.zn.⟩ **0.1** ***navigatie*** ⇒*het besturen v.e. schip* **0.2** ***het zeilen*** ⇒*zeilsport*.
'sailing boat ⟨f1⟩⟨telb.zn.⟩ **0.1** ***zeilboot(je)***.
'sailing date ⟨n.-telb.zn.⟩ **0.1** ***afvaart*** ⇒*vertrektijd/uur* ⟨v. boot⟩.
'sailing master ⟨telb.zn.⟩ **0.1** ***schipper*** ⟨i.h.b. v. jacht⟩.
'sailing school ⟨telb.zn.⟩ **0.1** ***zeilschool***.
'sailing ship ⟨telb.zn.⟩ **0.1** ***zeilschip***.
'sailing trim ⟨n.-telb.zn.⟩⟨zeilsport⟩ **0.1** ***zeiltrim*** ⇒*zeilgedrag* ⟨v. boot⟩.
sail·less ['seɪlləs]⟨bn.⟩ **0.1** ***zonder zeil(en)***.
sail·or ['seɪlə‖-ər]⟨f3⟩⟨telb.zn.⟩ **0.1** ***zeeman*** ⇒*matroos, zeevaarder* **0.2** ⟨verk.⟩ ⟨sailor hat⟩ ***matelot*** ◆ **2.1** Malcolm is a good/bad ~ *Malcolm heeft nooit/snel last van zeeziekte* **3.¶** ⟨plantk.⟩ wandering ~ *penningkruid* ⟨Lysimachia nummularia⟩.
'sailor blouse ⟨telb.zn.⟩ **0.1** ***matrozenblouse***.
'sailor collar ⟨telb.zn.⟩ **0.1** ***matrozenkraag***.
'sailor hat ⟨telb.zn.⟩ **0.1** ***matelot***.
sail·or·ing ['seɪlərɪŋ]⟨n.-telb.zn.⟩ **0.1** ***zeemansleven*** ⇒*matrozenleven/werk*.
sail·or·ly ['seɪləli‖-lərli]⟨bn.⟩ **0.1** ***zeemansachtig*** ⇒*matrozen-*.
sail·or·man ['seɪləmən‖-lərmən]⟨f1⟩⟨telb.zn.; sailormen [-mən]; →mv.3⟩⟨inf., scherts.⟩ **0.1** ***zeeman*** ⇒*matroos*.
'sailor's garb ⟨n.-telb.zn.⟩ **0.1** ***matrozenkleding*** ⇒*matrozenpak*.
'sailors' home ⟨telb.zn.⟩ **0.1** ***zeemanshuis***.
'sailor suit ⟨f1⟩⟨telb.zn.⟩ **0.1** ***matrozenpak(je)***.
'sail·plane ⟨telb.zn.⟩ **0.1** ***zweefvliegtuig***.
'sail yard ⟨telb.zn.⟩ **0.1** ***ra***.
sain [seɪn]⟨ov.ww.⟩⟨BE; vero.⟩ **0.1** ***zegenen*** ⇒*bekruisen*.
sain·foin ['sænfɔɪn‖'seɪn-]⟨n.-telb.zn.⟩⟨plantk.⟩ **0.1** ***esparcette*** ⟨voedergewas; Onobrychis viciaefolia⟩.
saint[1] [seɪnt]⟨f3⟩⟨telb.zn.⟩⟨→sprw. 10⟩ **0.1** ***heilige*** ⇒*sint* **0.2** ***vrome*** ⇒*godvruchtige* **0.3** ⟨S-; vaak mv.⟩ ***gelovige*** ⇒*heilige,* ⟨i.h.b.⟩ *Puritein, mormoon* **0.4** ***engel*** ⇒*in de hemel opgenomen afgestorvene;* ⟨fig.⟩ *iem. met engelengeduld* ◆ **1.1** All Saints' Day *Allerheiligen* **2.3** Latter Day Saints *Heiligen der Laatste Dagen* ⟨mormonen⟩ **3.1** he'd provoke a ~, he'd try the patience of a ~, it was enough to make a ~ swear *hij/het zou een heilige in verzoeking brengen*.
saint[2] [sənt‖seɪnt]⟨f1⟩⟨bn., attr.; S-⟩ **0.1** ***sint*** ⇒*heilig*.
saint[3] [seɪnt]⟨ov.ww.⟩ **0.1** ***canoniseren*** ⇒*heilig verklaren* **0.2** ***als heilige vereren*** **0.3** ⟨vaak volt. deelw.⟩ ***heiligen*** ⇒*wijden* **0.4** ***in de hemel opnemen*** ◆ **1.4** my ~ed brother *mijn broer zaliger*.
Saint An·drew [sənt 'ændru:‖'seɪnt-]⟨eig.n.⟩ **0.1** ***Sint Andreas*** ⟨beschermheilige v. Schotland⟩.
Saint 'Andrew's 'cross ⟨telb.zn.⟩ **0.1** ***andreaskruis*** ⇒*sint-andrieskruis*.
Saint 'Andrew's Day ⟨eig.n.⟩ **0.1** ***Sint Andries*** ⟨30 november⟩.
Saint 'An·tho·ny's 'cross, Saint 'Anthony 'cross ⟨telb.zn.⟩ **0.1** ***(sint-)antoniuskruis***.
Saint 'Anthony's 'fire ⟨telb. en n.-telb.zn.⟩⟨gesch.⟩ **0.1** ***(sint-)antoniusvuur*** ⟨koudvuurachtige huidziekte⟩ ⇒*ergotisme, kriebelziekte, erysipelas, belroos, wondroos*.
Saint Bar·thol·o·mew's Day [sənt bɑ:'θɒləmju:z deɪ‖'seɪnt bɑr'θɑ-]⟨eig.n.⟩ **0.1** ***Sint Bartholomeus*** ⟨24 augustus⟩.
Saint Ber·nard [sənt 'bɜ:nəd‖'seɪnt bər'nɑrd], **Saint Bernard dog** [-dɒg‖-dɔg, -dɑg]⟨telb.zn.⟩ **0.1** ***sint bernardshond***.
Saint Da·vid [sənt 'deɪvɪd‖'seɪnt-]⟨eig.n.⟩ **0.1** ***de heilige David*** ⟨beschermheilige v. Wales⟩.
Saint 'David's Day ⟨eig.n.⟩ **0.1** ***feestdag v.d. heilige David*** ⟨1 maart⟩.
Saint De·nis [sənt 'denɪs‖'seɪnt-]⟨eig.n.⟩ **0.1** ***de heilige Dionysius v. Parijs***.
saint·dom ['seɪntdəm]⟨n.-telb.zn.⟩ **0.1** ***heiligheid***.
Saint El·mo [sənt 'elmoʊ‖'seɪnt-]⟨eig.n.⟩ **0.1** ***Sint Elmus*** ⟨beschermheilige v. zeevarenden⟩.
Saint 'Elmo's 'fire ⟨n.-telb.zn.⟩ **0.1** ***(sint-)elm(u)svuur***.
Saint George [sənt 'dʒɔ:dʒ‖'seɪnt 'dʒɔrdʒ]⟨eig.n.⟩ **0.1** ***Sint Joris*** ⟨beschermheilige v. Engeland⟩.
Saint 'George's Day ⟨eig.n.⟩ **0.1** ***Sint Jorisdag*** ⟨23 april⟩.
saint·hood ['seɪnthʊd]⟨n.-telb.zn.⟩ **0.1** ***heiligheid*** **0.2** ***de heiligen***.
Saint James [sənt'dʒeɪmz‖'seɪnt-]⟨eig.n.⟩ **0.1** ***Sint Jacob(us)*** ◆ **¶.¶** (Court of) ~'s *Engelse hof*.
Saint John's wort [sənt 'dʒɒnz 'wɜ:t‖seɪnt 'dʒɑnz 'wɜrt]⟨telb.zn.⟩⟨plantk.⟩ **0.1** ***hertshooi*** ⟨genus Hypericum⟩ ⇒⟨i.h.b.⟩ *sint janskruid* ⟨H. perforatum⟩.
Saint Leg·er [sənt 'ledʒə‖'seɪnt 'ledʒər]⟨n.-telb.zn.⟩⟨BE⟩ **0.1** ***Saint Leger*** ⟨paardenrace in Doncaster⟩.
saint·ling ['seɪntlɪŋ]⟨telb.zn.⟩ **0.1** ***sintje*** ⇒*onbelangrijke/jonge heilige*.
Saint Luke's summer [sənt 'lu:ks 'sʌmə‖seɪnt 'lu:ks 'sʌmər]⟨telb.zn.⟩⟨BE⟩ **0.1** ***Sint-Lucaszomer*** ⟨warme periode rond 18 oktober⟩.
saint·ly ['seɪntli]⟨f1⟩⟨bn.; -er; -ness; →bijw. 3⟩ **0.1** ***heilig*** ⇒*vroom* ◆ **1.1** lead a ~ life *als een heilige leven*.
Saint Mar·tin's Day [sənt 'mɑ:tɪnz deɪ‖seɪnt 'mɑrtnz-]⟨eig.n.⟩ **0.1** ***Sint Maarten*** ⟨11 november⟩.
Saint Mar·tin's summer ⟨telb.zn.⟩⟨BE⟩ **0.1** ***Sint-Maartenszomer*** ⟨warme periode rond 11 november⟩.
Saint 'Michael and Saint 'George ⟨n.-telb.zn.⟩⟨BE⟩ **0.1** ***orde v. Sint Michael & Sint George***.
Saint Monday ['seɪnt mʌndi]⟨eig.n.⟩ **0.1** ***luie maandag***.
Saint Pat·rick [sənt 'pætrɪk‖'seɪnt-]⟨eig.n.⟩ **0.1** ***de heilige Patricius*** ⟨beschermheilige v. Ierland⟩.
Saint 'Patrick's Day ⟨eig.n.⟩ **0.1** ***feestdag v.d. heilige Patricius*** ⟨17 maart⟩.
saint·pau·li·a [sənt'pɔ:lɪə‖seɪnt-]⟨telb.zn.⟩⟨plantk.⟩ **0.1** ***kaaps viooltje*** ⟨Saintpaulia ionantha⟩.
Saint Pe·ter's keys [sənt 'pi:təz 'ki:z‖seɪnt 'pi:ţərz-]⟨mv.⟩ **0.1** ***de sleutels v. Sint Petrus*** ⟨op het wapen v. Vaticaanstad⟩.
saint's day ['seɪntsdeɪ]⟨telb.zn.⟩ **0.1** ***heiligendag***.
saint·ship ['seɪntʃɪp]⟨n.-telb.zn.⟩ **0.1** ***heiligheid***.
Saint-Si·mo·ni·an[1] [sənt'sɪ'moʊnɪən‖'seɪntsaɪ-]⟨telb.zn.⟩ **0.1** ***aanhanger v. saintsimonisme***.
Saint-Simonian[2] ⟨bn.⟩ **0.1** ***v./mbt. saintsimonisme***.
Saint-Si·mo·ni·an·ism [səntsɪ'moʊnɪənɪzm‖'seɪntsaɪ-], **Saint-Si·mon·ism** [-mənɪzm]⟨n.-telb.zn.⟩ **0.1** ***saintsimonisme*** ⟨communistisch stelsel v. graaf de Saint-Simon⟩.
Saint Ste·phen's [sənt 'sti:vnz‖'seɪnt-]⟨eig.n.⟩⟨BE⟩ **0.1** ***Lagerhuis***.
Saint Swith·in's Day [sənt 'swɪðɪnz deɪ‖'seɪnt-]⟨eig.n.⟩ **0.1** ***Saint Swithin's day*** ⟨15 juli; het weer op deze dag zou het weer voor de volgende veertig dagen bepalen⟩.
Saint Val·en·tine's Day [sənt 'væləntaɪnz deɪ‖'seɪnt-]⟨eig.n.⟩ **0.1** ***Valentijnsdag*** ⟨14 februari⟩.
Saint Vi·tus' dance [sənt 'vaɪtəs 'dɑ:ns‖seɪnt 'vaɪţəs dæns], **Saint Vi·tus's dance** [-'vaɪtəsɪz-]⟨telb. en n.-telb.zn.⟩ **0.1** ***sint-vitusdans*** ⇒*sint-veitsdans,* ⟨inf.⟩ *fieteldans* ⟨chorea minor; zenuwziekte⟩.
saith [seθ]⟨derde pers. enk. teg. t.⟩⟨vero.⟩ →say.
saithe [seɪθ]⟨telb.zn.; saithe; →mv. 4⟩⟨dierk.⟩ **0.1** ***koolvis*** ⟨Pollachius virens⟩.
sake[1] [seɪk]⟨f3⟩⟨telb.zn.⟩⟨→sprw. 440⟩ **0.1** ***belang*** ⇒*wil* **0.2** ***doel*** ⇒*oogmerk* ◆ **1.1** what are you doing, for Christ's ~? *wat ben je in jezusnaam aan het doen?;* for God's/mercy's/pity's ~ get out of there *in godsnaam/alsjeblieft, kom daaruit vandaan;* for goodness'/Heaven's ~, I didn't know that *hemeltje(lief), dat wist ik helemaal niet;* for his name's ~ *vanwege zijn naam; in het belang v. zijn goede naam/reputatie;* ⟨inf.⟩ will you hurry up, for Pete's ~ *schiet nou eens op, verdorie* **2.1** for old times' ~ *als herinnering aan vroeger* **2.2** for old ~'s ~ *als herinnering aan vroeger* **6.1** **for** the ~ **of** safety *in het belang v.d. veiligheid;* **for** both our ~s *in ons beider belang* **6.2** I'm not driving around here **for** the ~ **of** driving *ik rijd hier niet rond voor de lol* **7.1** we're only doing this for your ~ *we doen dit alleen maar ter wille v. jou*.
sa·ke[2], **sa·ké, sa·ki** ['sɑ:ki]⟨n.-telb.zn.⟩ **0.1** ***sake*** ⇒*saki* ⟨Japanse rijstwijn⟩.
sa·ker ['seɪkə‖-ər], ⟨in bet. 0.1 ook⟩ **'saker falcon** ⟨telb.zn.⟩ **0.1** ⟨dierk.⟩ ***sakervalk*** ⟨Falco cherrug; vnl. het vrouwtje⟩ **0.2** ⟨gesch.⟩ ***(ouderwets) kanon***.
sa·ker·et ['seɪkərɪt]⟨telb.zn.⟩⟨dierk.⟩ **0.1** ***sakervalk*** ⟨Falco cherrug; vnl. het mannetje⟩.
sal [sæl]⟨zn.⟩
I ⟨telb.zn.⟩ **0.1** ⟨plantk.⟩ ***damarboom*** ⟨Shorea robusta⟩ **0.2** ⟨S-⟩

⟨sl.⟩ *tehuis voor daklozen;*
II ⟨n.-telb.zn.⟩ **0.1** ***zout*** ⟨vnl. in samenstellingen⟩.

sa·laam[1] [sə'lɑ:m]⟨telb.zn.⟩ **0.1** ***oosterse groet*** ⟨lett. vrede⟩ **0.2** ***diepe buiging met rechterhand op voorhoofd.***

salaam[2] ⟨onov. en ov.ww.⟩ **0.1** ***groeten*** ⟨d.m.v. diepe buiging met rechterhand op voorhoofd⟩.

sal·a·bil·i·ty ['seɪlə'bɪləṭi]⟨n.-telb.zn.⟩ **0.1** ***verkoopbaarheid.***

salable →saleable.

sa·la·cious [sə'leɪʃəs]⟨bn.; -ly; -ness⟩ **0.1** ***geil*** ⇒*(zeer) wellustig* **0.2** ***obsceen*** ⇒*schunnig, schuin, prikkelend* ◆ **1.2** ~ literature *prikkellectuur.*

sa·lac·i·ty [sə'læsəṭi]⟨n.-telb.zn.⟩ **0.1** ***geilheid*** ⇒*wellustigheid* **0.2** ***obsceniteit*** ⇒*schunnigheid.*

sal·ad ['sæləd]⟨f3⟩⟨zn.⟩
I ⟨telb. en n.-telb.zn.⟩ **0.1** ***salade*** ⇒*slaatje;*
II ⟨n.-telb.zn.⟩ **0.1** ***sla.***

'salad bar ⟨telb.zn.⟩⟨cul.⟩ **0.1** ***salad(e) bar*** ⇒*koud buffet* ⟨met verschillende salades en hapjes⟩.

'salad bowl ⟨telb.zn.⟩ **0.1** ***slabak*** ⇒*slakom.*

'salad cream, 'salad dressing ⟨f1⟩⟨n.-telb.zn.⟩ **0.1** ***slasaus.***

'salad days ⟨f1⟩⟨mv.⟩ **0.1** ***jonge jaren*** ⇒*groene jeugd/tijd* ◆ **6.1** it happened **in** his ~ *het gebeurde toen hij nog jong en onervaren was.*

salade →sallet.

'salad oil ⟨n.-telb.zn.⟩ **0.1** ***slaolie.***

'salad spinner ⟨telb.zn.⟩ **0.1** ***slacentrifuge.***

sal·a·man·der ['sæləmændə‖-ər]⟨f1⟩⟨telb.zn.⟩ **0.1** ⟨dierk.⟩ ***salamander*** ⟨Caudata⟩ **0.2** ⟨dierk.⟩ ***(wang)zakrat*** ⟨geslacht Geomidae⟩ **0.3** ***vuurgeest*** ⇒*salamander* **0.4** ***vuurvast ijzer*** ⇒*pook, roosterplaat, ijzer om kruit te doen ontbranden* **0.5** ***vuurvreter*** ⇒ *vuureter.*

sal·a·man·dri·an ['sælə'mændrɪən], **sal·a·man·drine** [-drɪn], **sal·a·man·droid** [-drɔɪd]⟨bn.⟩ **0.1** ***(als) v.(e.) salamander(s).***

sal·a·man·droid ['sælə'mændrɔɪd]⟨telb.zn.⟩ **0.1** ***salamanderachtige.***

sa·la·mi [sə'lɑ:mi]⟨f1⟩⟨n.-telb.zn.⟩ **0.1** ***salami.***

sal ammoniac ['sælə'moʊniæk]⟨n.-telb.zn.⟩⟨scheik.⟩ **0.1** ***salmiak*** ⇒*sal(am)moniak* ⟨ammoniumchloride⟩.

sal·an·gane ['sæləŋgeɪn]⟨telb.zn.⟩ **0.1** ***salangaan*** ⇒*klipzwaluw.*

sa·lar·i·at [sə'leəriæt‖-'ler-]⟨verz.n.⟩ **0.1** ***salariaat*** ⇒*salaristrekkers.*

sal·a·ried ['sælərid]⟨f1⟩⟨bn.; oorspr. volt. deelw. v. salary⟩ **0.1** ***bezoldigd*** ⇒*gesalarieerd* ◆ **1.1** in ~ employment *in loondienst.*

sal·a·ry[1] ['sæləri]⟨f3⟩⟨telb. en n.-telb.zn.; →mv. 2⟩ **0.1** ***salaris*** ⇒*bezoldiging,* ⟨B.⟩ *wedde.*

salary[2] ⟨ov.ww.⟩ →salaried **0.1** ***bezoldigen*** ⇒*salariëren.*

'salary scale ⟨telb.zn.⟩ **0.1** ***salarisschaal.***

sale [seɪl]⟨f3⟩⟨telb. en n.-telb.zn.⟩ **0.1** ***verkoop*** ⇒*afzet(markt)* **0.2** ***verkoping*** ⇒*veiling, bazaar* **0.3** ***uitverkoop*** ⇒*opruiming, koopjes* ◆ **1.1** on ~ or return *in commissie;* last week's ~s were satisfactory *we hebben vorige week aardig verkocht* **1.2** ~ of work *liefdadigheidsbazaar* **2.1** there's always a ready ~ for fresh vegetables *verse groenten vinden altijd gretig aftrek* **3.3** the ~s are on next week *volgende week is het uitverkoop* **6.1 for** ~ *te koop;* be put up **for** ~ *geveild worden;* there's no ~ **for** this product *dit produkt loopt helemaal niet, er is geen vraag naar dit produkt;* **on** ~ in all supermarkets *in alle supermarkten verkrijgbaar* **6.3** ⟨AE⟩ did you get that **on** ~? *heb je dat in de uitverkoop gekocht?.*

sal(e)·a·ble ['seɪləbl]⟨bn.; -ly; -ness; →bijw. 3⟩ **0.1** ***verkoopbaar*** ⇒*goed in de markt liggend, gewild* ◆ **1.1** ~ value *verkoopwaarde.*

sal·ep ['sæləp]⟨n.-telb.zn.⟩ **0.1** ***salep*** ⟨drank v. wortel v. standelkruiden⟩.

'sale price ⟨telb.zn.⟩ **0.1** ***opruimingsprijs*** ⇒⟨op winkelraam⟩ *koopjes.*

sal·e·ra·tus ['sælə'reɪṭəs]⟨n.-telb.zn.⟩⟨AE⟩ **0.1** ***natriumbicarbonaat.***

'sale-ring ⟨telb.zn.⟩ **0.1** ***kring v. kopers*** ⟨op een veiling⟩.

'sale·room, ⟨AE⟩ **'sales·room** ⟨telb.zn.⟩ **0.1** ***veiling/verkooplokaal.***

'sales·clerk ⟨telb.zn.⟩⟨AE⟩ **0.1** ***winkelbediende.***

'sales department ⟨f1⟩⟨telb.zn.⟩ **0.1** ***verkoopafdeling.***

'sales engineer ⟨telb.zn.⟩ **0.1** ***technisch vertegenwoordiger.***

'sales expedient ⟨telb.zn.⟩ **0.1** ***verkooptechniek.***

'sales·girl ⟨telb.zn.⟩ **0.1** ***winkelmeisje*** ⇒*verkoopster.*

Sa·le·sian [sə'li:ʒn]⟨telb.zn.⟩ **0.1** ***salesiaan*** ⟨lid v. R.-K. congregatie⟩.

'sales·la·dy ⟨f1⟩⟨telb.zn.⟩ **0.1** ***verkoopster.***

sales·man ['seɪlzmən]⟨f3⟩⟨telb.zn.; salesmen [-mən]; →mv. 3⟩ **0.1** ***verkoper*** ⇒*winkelbediende* **0.2** ***vertegenwoordiger*** ⇒*agent, tussenpersoon* **0.3** ***handelsreiziger*** ⇒*colporteur* ◆ **3.3** ⟨AE⟩ traveling ~ *handelsreiziger.*

'sales manager, 'sales office 'manager ⟨f1⟩⟨telb.zn.⟩ **0.1** ***sales manager*** ⇒*verkoopdirecteur, verkoopleider.*

sales·man·ship ['seɪlzmənʃɪp]⟨f1⟩⟨n.-telb.zn.⟩ **0.1** ***verkoopkunde*** ⇒*verkooptechniek* **0.2** ***het verkopen*** **0.3** ***overredingskracht*** ⇒*overtuigingskracht.*

'sales office ⟨telb.zn.⟩ **0.1** ***verkoopkantoor.***

'sales·per·son ⟨telb.zn.⟩ **0.1** ***winkelbediende*** ⇒*verkoper/verkoopster.*

'sales pitch ⟨telb. en n.-telb.zn.⟩ **0.1** ***verkooppraat(je).***

'sales promotion ⟨telb. en n.-telb.zn.⟩ **0.1** ***verkoopbevordering*** ⇒*promotie.*

'sales representative ⟨f1⟩⟨telb.zn.⟩ **0.1** ***vertegenwoordiger.***

'sales·re·sis·tance ⟨n.-telb.zn.⟩ **0.1** ***gebrek aan kooplust.***

'sales slip ⟨telb.zn.⟩⟨AE⟩ **0.1** ***kassabon.***

'sales talk, ⟨inf.⟩ **'sales chat** ⟨f1⟩⟨zn.⟩
I ⟨telb.zn.⟩ **0.1** ***verkooppraatje;***
II ⟨n.-telb.zn.⟩ **0.1** ***verkooppraatjes.***

'sales tax ⟨telb. en n.-telb.zn.⟩ **0.1** ***omzetbelasting.***

'sales·wo·man ⟨telb.zn.⟩ **0.1** ***verkoopster*** ⇒*winkelbediende* **0.2** ***vertegenwoordigster*** ⇒*agente, tussenpersoon* **0.3** ***handelsreizigster*** ⇒*vrouwelijke colporteur.*

Sa·li·an[1] ['seɪlɪən]⟨telb.zn.⟩ **0.1** ***Saliër*** ⟨lid v. Frankische stam⟩.

Salian[2] ⟨bn.⟩ **0.1** ***Salisch*** ⇒*v./mbt. de Saliërs* **0.2** ***v./mbt. de Salii*** ⟨oud priestercollege in Rome⟩.

Sal·ic ['sælɪk‖'seɪlɪk]⟨bn.⟩ **0.1** ***Salisch*** ⟨v.d. Salische Franken⟩ ◆ **1.1** ~ law *Salische wet.*

sal·i·cin ['sælɪsɪn]⟨n.-telb.zn.⟩ **0.1** ***salicien*** ⇒*salicoside* ⟨glucoside uit wilgebast⟩.

sa·li·cion·al [sə'lɪʃnəl]⟨telb.zn.⟩ **0.1** ***salicionaal*** ⇒*wilgepijp, wilgefluit* ⟨orgelregister⟩.

sa·li·cyl ['sælɪsɪl]⟨n.-telb.zn.⟩⟨schei.⟩ **0.1** ***salicyl.***

sal·i·cyl·ate [sə'lɪsɪleɪt]⟨telb.zn.⟩⟨schei.⟩ **0.1** ***salicylaat.***

sal·i·cyl·ic ['sælɪ'sɪlɪk]⟨bn., attr.⟩⟨schei.⟩ **0.1** ***salicyl-*** ◆ **1.1** ~ acid *salicylzuur.*

sa·li·ence ['seɪlɪəns], **sal·li·en·cy** [-si]⟨zn.; →mv. 2⟩
I ⟨telb.zn.⟩ **0.1** ***karakteristieke trek*** ⇒*saillant detail* **0.2** ***vooruitstekend deel*** ⇒*saillant;*
II ⟨n.-telb.zn.⟩ **0.1** ***het vooruitsteken*** **0.2** ***opvallendheid*** ⇒*het in het oog springen.*

sa·li·ent[1] ['seɪlɪənt]⟨telb.zn.⟩ **0.1** ***saillant*** ⇒*vooruitstekend deel* ⟨v. vestingwerk/front⟩.

salient[2] ⟨f1⟩⟨bn.; -ly; -ness⟩ **0.1** ***springend*** ⇒*opspringend, opspuitend* **0.2** ***uitspringend*** ⇒*(voor)uitstekend, saillant* **0.3** ***saillant*** ⇒*opvallend, in het oog springend, treffend* **0.4** ⟨heraldiek⟩ ***springend*** ◆ **1.2** ~ angle *uitstekende/uitspringende hoek.*

sa·li·en·ti·an[1] ['seɪli'enʃn]⟨telb.zn.⟩ **0.1** ***kikvorsachtige.***

salientian[2] ⟨bn.⟩ **0.1** ***kikvorsachtig.***

sa·lif·er·ous [sə'lɪfrəs]⟨bn.⟩ **0.1** ***zouthoudend*** ⇒*zout leverend.*

sal·i·fy ['sælɪfaɪ]⟨ov.ww.; →ww. 7⟩ **0.1** ***in zout omzetten*** **0.2** ***zouten.***

sa·li·na [sə'laɪnə]⟨telb.zn.⟩ **0.1** ***zoutmeer*** ⇒*zoutmoeras.*

sa·line[1] ['seɪlaɪn]⟨f1⟩⟨zn.⟩
I ⟨telb.zn.⟩ **0.1** ***zoutmeer*** ⇒*zoutmoeras, zoutbron* **0.2** ***zoutpan*** ⇒*zouttuin, zoutziederij, zoutmijn, saline* **0.3** ***zoutoplossing;***
II ⟨telb. en n.-telb.zn.⟩ **0.1** ***metaalzout*** ⇒*zuiveringszout.*

saline[2] ⟨f1⟩⟨bn.⟩ **0.1** ***zout(houdend)*** ⇒*zoutachtig, zilt* ◆ **1.1** a ~ solution *een zoutoplossing.*

sa·lin·i·ty [sə'lɪnəṭi]⟨n.-telb.zn.⟩ **0.1** ***zoutheid*** ⇒*zoutgehalte, saliniteit.*

sal·i·nom·e·ter ['sælɪ'nɒmɪtə‖-'nɑmɪṭər]⟨telb.zn.⟩ **0.1** ***zoutmeter*** ⇒*salinometer.*

sa·li·va [sə'laɪvə]⟨f2⟩⟨n.-telb.zn.⟩ **0.1** ***speeksel.***

sal·i·var·y [sə'laɪvri‖'sælɪveri]⟨bn., attr.⟩ **0.1** ***speeksel-*** ⇒*speeksel producerend* ◆ **1.1** ~ glands *speekselklieren.*

sal·i·vate ['sælɪveɪt]⟨ww.⟩
I ⟨onov.ww.⟩ **0.1** ***kwijlen*** ⇒*zeveren;*
II ⟨ov.ww.⟩ **0.1** ***doen kwijlen*** ⇒*speekselvloed produceren in/bij.*

sa'liva test ⟨telb.zn.⟩ **0.1** ***speekseltest*** ⟨bv. bij renpaarden⟩.

sal·i·va·tion ['sælɪ'veɪʃn]⟨n.-telb.zn.⟩ **0.1** ***het kwijlen*** ⇒*speekselvloed/afscheiding, salivatie.*

Salk vaccine ['sɔ:lk ˌvæksi:n]⟨n.-telb.zn.⟩ **0.1** ***salkvaccin*** ⟨tegen kinderverlamming⟩.

sal·len·ders, sel·lan·ders ['sæləndəz‖-dərz]⟨n.-telb.zn.⟩ **0.1** ***rasp*** ⇒*krab* ⟨huiduitslag bij paard⟩.

sal·let ['sælɪt]⟨telb.zn.⟩⟨gesch.⟩ **0.1** ***salade*** ⟨soort helm⟩.

sal·low[1] ['sæloʊ]⟨telb.zn.⟩ **0.1** ***wilg*** ⇒⟨i.h.b.⟩ *waterwilg* ⟨Salix caprea⟩ **0.2** ***wilgescheut*** ⇒*wilgetwijg.*

sallow[2] ⟨f1⟩⟨bn.; -er; -ly; -ness⟩ **0.1** ***vaalgeel*** ⇒*vaal, (ziekelijk geel) bleek, grauw(bruin).*

sallow[3] ⟨f1⟩⟨onov. en ov.ww.⟩ **0.1** ***vergelen*** ⇒*vuilgeel/grauw (bruin) (doen) worden, vaal/bleek (doen) worden* ◆ **1.1** a severe illness had ~ed his face *een ernstige ziekte had zijn gezicht een grauwe tint gegeven.*

sal·low·ish ['sæloʊɪʃ]⟨bn.⟩ **0.1** ***lichtelijk vaalgeel*** ⇒*grauw, bleek.*

sal·low·y ['sæloʊi]⟨bn.⟩ 0.1 ***vol wilgen***.

sal·ly[1] ['sæli]⟨f1⟩⟨telb.zn.; →mv. 2⟩ **0.1** ***uitval*** ⟨vnl. mil.⟩ **0.2** ***uitbarsting*** ⇒*opwelling, plotselinge uiting* **0.3** ***uitstapje*** ⇒*tochtje* **0.4** ***kwinkslag*** ⇒*(geestige) inval* **0.5** ***positie v. klok, gereed om geluid te worden*** **0.6** ***handgreep v. klokketouw*** **0.7** ⟨bouwk.⟩ ***uitstek*** **0.8** ⟨BE; sl.⟩ ***(antiek)veiling***.

sally[2] ⟨f1⟩⟨onov.ww.; →ww. 7⟩ **0.1** ***een uitval doen*** **0.2** ***erop uit gaan*** ⇒*op stap gaan* **0.3** ⟨vero.⟩ ***te voorschijn springen*** ⇒*plotseling naar buiten komen* ◆ **5.2** we sallied **forth** on a three-week journey *we trokken erop uit voor een reis v. drie weken* **6.3** he had blood ~ing **from** his wrist *er stroomde bloed uit zijn pols*.

Sally ['sæli]⟨eig.n.⟩ **0.1** ***Saartje***.

'Sally 'Army ⟨eig.n.; the⟩⟨verk.⟩ Salvation Army ⟨BE; inf.⟩ **0.1** ***Leger des Heils*** ⇒*Heilsleger*.

Sally Lunn ['sæli 'lʌn]⟨telb.zn.⟩⟨BE⟩ **0.1** ⟨soort⟩ ***warm theegebak***.

'sally port ⟨telb.zn.⟩ **0.1** ***uitvalspoort*** ⇒*sluippoort*.

sal·ma·gun·di ['sælmə'gʌndi]⟨telb.zn.⟩ **0.1** ***salmagundi*** ⟨salade⟩ ⇒⟨fig.⟩ *ratjetoe, mengelmoes, zootje*.

sal·mi ['sælmi]⟨telb.zn.⟩ **0.1** ***salmi*** ⟨ragoût v. gebraden gevogelte⟩.

sal·mon[1] ['sæmən]⟨f2⟩⟨zn.; ook salmon; →mv. 4⟩

I ⟨telb. en n.-telb.zn.⟩ **0.1** ***zalm;***

II ⟨n.-telb.zn.⟩ **0.1** ***zalmkleur*** ⇒*saumon*.

salmon[2], **'sal·mon-col·oured** ⟨f1⟩⟨bn.⟩ **0.1** ***zalmkleurig*** ⇒*saumon*.

sal·mo·nel·la ['sælmə'nelə]⟨telb. en n.-telb.zn.; ook salmonella, salmonellae [-li:]; →mv. 4, 5⟩ **0.1** ***salmonella(bacterie)***.

sal·mo·nel·lo·sis ['sælməne'loʊsɪs]⟨telb.zn.; ook salmonelloses [-si:z]; →mv. 5⟩ **0.1** ***salmonellainfectie***.

'salmon ladder, 'salmon leap, 'salmon pass, 'salmon stair ⟨telb.zn.⟩ **0.1** ***zalmtrap***.

sal·mo·noid[1] ['sæmənɔɪd]⟨telb.zn.⟩ **0.1** ***zalmachtige***.

salmonoid[2] ⟨bn.⟩ **0.1** ***zalmachtig*** **0.2** ***zalmkleurig*** ⇒*saumon, bleekrood*.

'salmon 'pink ⟨f1⟩⟨n.-telb.zn.; ook attr.⟩ **0.1** ***zalmrood*** ⇒*zalmkleur(ig), roze*.

'salmon 'steak ⟨telb.zn.⟩ **0.1** ***(gebakken) zalmmoot***.

'salmon trout ⟨telb. en n.-telb.zn.⟩ **0.1** ***zalmforel*** ⇒*zeeforel, schot (zalm)*.

Sa·lo·mon·ic ['sælə'mɒnɪk‖-'mɑ-], **Sa·lo·mo·ni·an** [-'moʊnɪən]⟨bn.⟩ **0.1** ***Salomonisch*** ⇒*(als) v. Salomo*.

sa·lon ['sælɒn‖sə'lɑn]⟨f1⟩⟨telb.zn.⟩ **0.1** ***salon*** ⇒*ontvangkamer, mooie kamer* **0.2** ***salon*** ⇒*(vertrek voor) samenkomst v. personen uit de uitgaande wereld* **0.3** ⟨S-; the⟩ ***Salon*** ⟨jaarlijkse tentoonstelling v. nog levende schilders in Frankrijk⟩.

salon music ['--]⟨n.-telb.zn.⟩ **0.1** ***salonmuziek***.

sa·loon [sə'lu:n]⟨f2⟩⟨telb.zn.⟩ **0.1** ***zaal*** ⟨voor bijeenkomsten, tentoonstellingen enz.; ook op schip⟩ **0.2** ⟨AE⟩ ***bar*** ⇒*café, gelagkamer* **0.3** ⟨BE⟩ ***salonrijtuig*** **0.4** ⟨BE⟩ ***sedan*** **0.5** ⟨vero.; BE⟩ ***salon***.

sa'loon bar ⟨f1⟩⟨telb.zn.⟩⟨BE⟩ **0.1** ***nette gelagkamer***.

sa'loon car ⟨telb.zn.⟩⟨BE⟩ **0.1** ***salonrijtuig*** **0.2** ***sedan***.

sa'loon carriage ⟨telb.zn.⟩ **0.1** ***salonrijtuig***.

sa'loon deck ⟨telb.zn.⟩ **0.1** ***dek waar de eetzaal zich bevindt*** ⟨op schip⟩.

sa·loon·ist [sə'lu:nɪst]⟨telb.zn.⟩⟨AE⟩ **0.1** ***caféhouder***.

sa'loon·keep·er ⟨f1⟩⟨telb.zn.⟩⟨AE⟩ **0.1** ***caféhouder***.

sa'loon pistol ⟨telb.zn.⟩⟨BE⟩ **0.1** ***flobertpistool***.

sa'loon rifle ⟨telb.zn.⟩⟨BE⟩ **0.1** ***flobertbuks*** ⇒*kamerbuks*.

sa·loop [sə'lu:p]⟨n.-telb.zn.⟩ **0.1** ***salep***.

Sal·op ['sæləp]⟨eig.n.⟩ **0.1** ***Salop*** ⟨sinds 1974 ben. voor Shropshire, Engels graafschap⟩.

Sa·lo·pi·an[1] [sə'loʊpɪən]⟨telb.zn.⟩ **0.1** ***inwoner v. Shropshire*** ⟨Engels graafschap⟩.

Salopian[2] ⟨bn.⟩ **0.1** ***v. Shropshire***.

sal·pi·glos·sis ['sælpɪ'glɒsɪs‖-'glɑsɪs]⟨n.-telb.zn.⟩⟨plantk.⟩ **0.1** ***salpiglossis*** ⇒*trompetbloem* ⟨Solanaceae⟩.

sal·ping- ['sælpɪndʒ] **0.1** ***v./mbt. de eileider*** ◆ **¶.1** salpingitis *salpingitis, eileiderontsteking*.

sal·pin·gec·to·my ['sælpɪn'dʒektəmi]⟨telb.zn.; →mv. 2⟩ **0.1** ***verwijdering v.d. eileider***.

sal·pin·gi·tis ['sælpɪn'dʒaɪtɪs]⟨telb. en n.-telb.zn.⟩⟨med.⟩ **0.1** ***salpingitis*** ⇒*eileiderontsteking* **0.2** ***ontsteking v.d. buis v. Eustachius***.

salse [sæls]⟨telb.zn.⟩ **0.1** ***moddervulkaan*** ⇒*slijkvulkaan*.

sal·si·fy ['sælsɪfaɪ]⟨n.-telb.zn.⟩⟨plantk.⟩ **0.1** ***schorseneer*** ⇒*haverwortel, blauwe morgenster* ⟨Tragopogon porrifolius⟩.

salt[1] [sɔ:lt]⟨f3⟩⟨zn.⟩

I ⟨telb.zn.⟩ **0.1** ⟨schei.⟩ ***zout*** **0.2** ***zoutvaatje*** **0.3** ***zoutmoeras*** **0.4** ⟨inf.⟩ ***zeerot*** ⇒*zeerob* ◆ **1.1** ~(s) of lemon *oxaalzuur* **1.¶** like a dose of ~s *als de wiedeweerga* **6.2** ⟨vero.; gesch.⟩ sit **above** the ~s *aan het hoofd v.d. tafel zitten;* ⟨vero.; gesch.⟩ sit **below** the ~s *aan het benedeneind v.d. tafel zitten;*

II ⟨n.-telb.zn.⟩ **0.1** ***zout*** **0.2** ***geestigheid*** ⇒*Attisch zout, pittigheid, pikantheid* ◆ **1.2** it is the ~ of life to her *het is haar lust en haar leven* **1.¶** the ~ of the earth *het zout der aarde* **2.1** common ~ *keukenzout* **2.¶** he's not worth his ~ *hij is het zout in de pap niet waard* **3.¶** ⟨vero.⟩ eat ~ with *te gast zijn bij;* ⟨vero.⟩ eat s.o.'s ~ *te gast zijn bij iem.; afhankelijk zijn v. iem.;* not be made of ~ *wel tegen een spatje kunnen;* put ~ on the tail of *zout op de staart gooien v., vangen;* rub ~ into a wound *iemands pijn/verdriet verergeren* **6.1** put fish **in** ~ *vis in het zout leggen;*

III ⟨mv.; ~s⟩ **0.1** ***zoutwig*** ⟨stroom zeewater in riviermond⟩.

salt[2] ⟨f2⟩⟨bn.; -er; -ly; -ness⟩ **0.1** ***zout*** ⇒*zout(acht)ig, zilt; onvruchtbaar* ⟨v. grond⟩ **0.2** ***gepekeld*** ⇒*gezouten* **0.3** ***zoutwater-*** **0.4** ***geestig*** ⇒*prikkelend* **0.5** ***gezouten*** ⇒*gepeperd, gekruid* ⟨bv. verhaal⟩ ◆ **1.1** ~ marsh/meadow *kwelder, schor, gors, zoutmoeras;* ~ water *zout water, zeewater;* ⟨inf.⟩ *waterlanders;* ~ tears *bittere tranen* **1.2** ~ cod/fish *zoutevis, gezouten kabeljauw, labberdaan;* ⟨scheep.; inf.⟩ ~ horse *gezouten rundvlees, pekelvlees;* ⟨scheep.; inf.⟩ ~ junk *pekelvlees* **1.3** ~ plants *zoutwaterplanten*.

salt[3] ⟨f1⟩⟨ov.ww.⟩ →salted, salting **0.1** ***zouten*** ⇒*pekelen, inmaken, in zout leggen* **0.2** ***pekelen*** ⟨wegen⟩ ⇒*met zout bestrooien* **0.3** ***met zout(oplossing) behandelen*** **0.4** ***v. zout voorzien*** ⟨bv. vee⟩ **0.5** ⟨fig.⟩ ***kruiden*** ⇒*pittig/aangenaam maken* **0.6** ⟨hand.; inf.⟩ ***vervalsen*** ⇒*fictieve waarde toekennen* ◆ **1.6** ~ an account *een rekening vervalsen;* ~ the books *in de boeken knoeien;* ~ a mine *een mijn v. zelfgeplaatste mineralen voorzien* **5.¶** he's got quite some money ~ed **away/down** *hij heeft aardig wat geld opgepot/opzij gelegd*.

SALT [sɔ:lt]⟨afk.⟩ Strategic Arms Limitation Talks.

sal·tant ['sæltənt]⟨bn.⟩ **0.1** ***springend*** ⇒*dansend*.

sal·ta·rel·lo ['sæltə'reloʊ]⟨telb.zn.⟩ **0.1** ***saltarello*** ⟨dans⟩.

sal·ta·tion [sæl'teɪʃn]⟨zn.⟩

I ⟨telb.zn.⟩ **0.1** ***sprong*** **0.2** ***plotselinge overgang/beweging;***

II ⟨n.-telb.zn.⟩ **0.1** ***het springen*** ⇒*het dansen*.

sal·ta·to·ri·al ['sæltə'tɔ:rɪəl], **sal·ta·to·ry** ['sæltətri‖-tɔri]⟨bn.⟩ **0.1** ***spring-*** ⇒*dans-, springend, dansend* **0.2** ***sprongsgewijs*** ⇒*hortend*.

'salt·bush ⟨n.-telb.zn.⟩⟨plantk.⟩ **0.1** ***melde*** ⟨geslacht Atriplex⟩.

'salt-cat ⟨telb.zn.⟩ **0.1** ***zoutklomp*** ⟨om duiven te lokken⟩.

'salt·cel·lar ⟨f1⟩⟨telb.zn.⟩ **0.1** ***zoutvaatje*** ⇒*zoutstrooier* **0.2** ⟨inf.⟩ ***zoutvaatje*** ⟨holte bij sleutelbeen⟩.

'salt dome ⟨telb.zn.⟩ **0.1** ***zoutpijler*** ⇒*zoutkoepel*.

salt·ed ['sɔ:ltɪd]⟨bn.; oorspr. volt. deelw. salt⟩ **0.1** ***immuun*** ⇒*gehard*.

salt·er ['sɔ:ltə‖-ər]⟨telb.zn.⟩ **0.1** ***zoutzieder*** ⇒*zoutbereider* **0.2** ***zouthandelaar*** **0.3** ***zout(st)er*** ⟨iem. die inzout⟩ **0.4** ⟨BE⟩ →drysalter.

sal·tern ['sɔ:ltən‖-tərn]⟨telb.zn.⟩ **0.1** ***zoutziederij*** ⇒*zoutmijn, zoutpan*.

'salt flat ⟨telb.zn.⟩ **0.1** ***zoutvlakte***.

'salt·glaze ⟨n.-telb.zn.⟩ **0.1** ***zoutglazuur***.

'salt grass ⟨n.-telb.zn.⟩⟨AE⟩⟨plantk.⟩ **0.1** ***gras dat aan de zeekust groeit*** ⇒⟨i.h.b.⟩ *slijkgras* ⟨Spartina⟩.

sal·ti·grade[1] ['sæltɪgreɪd]⟨telb.zn.⟩⟨dierk.⟩ **0.1** ***springspin*** ⟨fam. Attidae⟩.

saltigrade[2] ⟨bn., attr.⟩ **0.1** ***spring-***.

sal·tine ['sɔ:l'ti:n]⟨telb.zn.⟩⟨AE⟩ **0.1** ***(borrel)zoutje***.

salt·ing ['sɔ:ltɪŋ]⟨telb.zn.; oorspr. gerund v. salt⟩ **0.1** ***zoutmoeras*** **0.2** ⟨BE⟩ ***kwelder*** ⇒*schor, gors*.

sal·tire ['sɔ:ltaɪə‖-ər]⟨telb.zn.⟩ **0.1** ***maalkruis*** ⇒*schuinkruis, Andreaskruis* ◆ **6.1 in** ~ *in schuinkruis*.

sal·tire·wise ['sɔ:ltaɪəwaɪz‖-taɪər-]⟨bw.⟩ **0.1** ***in maalkruis*** ⇒*in schuinkruis, in Andreaskruis*.

salt·ish ['sɔ:ltɪʃ]⟨bn.⟩ **0.1** ***zoutig*** ⇒*ziltig, brak*.

'salt lake ⟨telb.zn.⟩ **0.1** ***zoutmeer***.

salt·less ['sɔ:ltləs]⟨bn.⟩ **0.1** ***ongezouten*** **0.2** ***zouteloos*** ⇒*laf, flauw*.

'salt lick ⟨telb.zn.⟩ **0.1** ***liksteen***.

'salt mine ⟨telb.zn.⟩ **0.1** ***zoutmijn*** ⇒*zoutgroeve;* ⟨fig.⟩ *werkkamp*.

'salt·pan, 'salt·pit ⟨telb.zn.⟩ **0.1** ***zoutpan*** ⇒*zoutziederij*.

salt·pe·tre, ⟨AE⟩ **salt·pe·ter** ['sɔ:lt'pi:tə‖'sɔlt'pi:tər]⟨n.-telb.zn.⟩ **0.1** ***salpeter***.

salt'petre paper ⟨n.-telb.zn.⟩ **0.1** ***salpeterpapier***.

'saltpetre 'rot ⟨telb. en n.-telb.zn.⟩ **0.1** ***muursalpeter***.

'salt·shak·er ⟨telb.zn.⟩⟨AE⟩ **0.1** ***zoutvaatje*** ⇒*zoutstrooier*.

'salt·spoon ⟨telb.zn.⟩ **0.1** ***zoutlepeltje***.

sal·tus ['sæltəs]⟨telb.zn.⟩ **0.1** ***sprong*** ⇒*plotselinge overgang, hiaat*.

'salt·wa·ter ⟨f1⟩⟨bn., attr.⟩ **0.1** ***zoutwater-*** ⇒*zeewater-*.

'salt·well ⟨telb.zn.⟩ **0.1** ***zoutbron***.

'salt·works ⟨mv.⟩ **0.1** ***zoutwerk*** ⇒*zoutmijn, zoutkeet*.

salt·wort ['sɔ:ltwɜ:t‖'sɔltwɜrt]⟨telb.zn.⟩⟨plantk.⟩ **0.1** ***loogkruid*** ⟨genus Salsola; i.h.b. Salsola kali⟩ **0.2** ***zeekraal*** ⟨genus Salicornia⟩.

salt·y ['sɔ:lti]⟨f2⟩⟨bn.; -er; -ly; -ness; →bijw. 3⟩ **0.1** ***zout(achtig)*** ⇒*naar zout smakend, zout bevattend, zilt(ig)* **0.2** ***gezouten*** ⇒*gekruid, pikant, prikkelend, pittig* ⟨v. taal⟩ **0.3** ⟨inf.⟩ ***zee(mans)-*** **0.4** ⟨sl.⟩ ***vermetel*** **0.5** ⟨sl.⟩ ***moeilijk te geloven*** ⇒*sterk* **0.6** ⟨sl.⟩ ***schuin***

⇒*vies, gezouten, gedurfd* **0.7** ⟨sl.⟩ ***opwindend*** ⇒*prikkelend; gewelddadig* **0.8** ⟨sl.⟩ ***boos*** ⇒*in de war* **0.9** ⟨sl.⟩ ***vreselijk*** ⇒*afgrijselijk,* ⟨fig.⟩ *onaangenaam* ◆ **1.2** his ~ humour went down surprisingly well with them *zijn pikante humor sloeg verrassend goed aan bij hen* **1.3** it's the tattoos which give him that ~ look *het zijn die tatoeages die hem dat zeemansuiterlijk geven.*

sa·lu·bri·ous [sə'lu:brɪəs] ⟨bn.; -ly; -ness⟩ ⟨schr.⟩ **0.1** ***heilzaam*** ⇒*gezond* ◆ **1.1** the ~ air will do you good *de gezonde lucht zal je goed doen.*

sa·lu·bri·ty [sə'lu:brət̬i] ⟨n.-telb.zn.⟩ ⟨schr.⟩ **0.1** ***heilzaamheid*** ⇒*gezonde gesteldheid, het bevorderlijk zijn voor de gezondheid.*

sa·lu·ki [sə'lu:ki] ⟨telb.zn.⟩ **0.1** ***saluki*** ⟨Perzische windhond⟩.

sal·u·tar·y ['sæljʊtri‖-ljəteri] ⟨f1⟩ ⟨bn.; -ly; -ness; →bijw. 3⟩ **0.1** ***weldadig*** ⇒*heilzaam, nuttig* **0.2** ***heilzaam*** ⇒*gezond.*

sal·u·ta·tion ['sæljʊ'teɪʃn‖-ljə-] ⟨zn.⟩
I ⟨telb.zn.⟩ **0.1** ***aanhef*** ⟨in brief⟩;
II ⟨telb. en n.-telb.zn.⟩ **0.1** ***begroeting*** ⇒*groet, begroetingskus* ◆ **6.1** he tipped his cap **in** ~ *hij nam zijn pet af bij wijze v. groet.*

sal·u·ta·tion·al ['sæljʊ'teɪʃnəl‖-ljə-] ⟨bn.⟩ **0.1** ***begroetings-*** ⇒*groetend.*

sa·lu·ta·to·ry [sə'lu:tətri‖sə'lu:t̬ətɔri] ⟨bn.⟩ **0.1** ***begroetend*** ⇒*begroetings-, welkomst-, openings-* ◆ **1.1** the chairman will speak the ~ oration *de voorzitter zal het welkomstwoord spreken.*

sa·lute[1] [sə'lu:t] ⟨f2⟩ ⟨zn.⟩
I ⟨telb.zn.⟩ **0.1** ***saluut*** ⇒*militaire groet, saluutschot* **0.2** ⟨AE⟩ ***stuk knalvuurwerk*** ⇒*rotje, knaller* ◆ **3.1** take the ~ *de parade/het defilé afnemen;* stand at the ~ *de militaire groet brengen;*
II ⟨telb. en n.-telb.zn.⟩ **0.1** ***begroeting*** ⇒*groet* ◆ **6.1** they waved their caps **in** ~ *ze zwaaiden met hun pet als begroeting.*

salute[2] ⟨f2⟩ ⟨ww.⟩
I ⟨onov. en ov.ww.⟩ **0.1** ***groeten*** ⇒*begroeten, verwelkomen* **0.2** ***salueren*** ⇒*de militaire groet brengen (aan), groeten, een saluutschot/saluutschoten lossen (voor);*
II ⟨ov.ww.⟩ **0.1** ***eer bewijzen aan*** ⇒*huldigen.*

sal·va·ble ['sælvəbl] ⟨bn.⟩ **0.1** ***(nog) te redden*** ⇒*(nog) te bergen* ⟨v.schip⟩.

Sal·va·dor·e·an[1] ['sælvə'dɔ:rɪən] ⟨telb.zn.⟩ **0.1** ***Salvadoriaan(se)*** ⇒*inwoner/inwoonster v. El Salvador.*

Salvadorean[2] ⟨bn.⟩ **0.1** ***Salvadoriaans.***

sal·vage[1] ['sælvɪdʒ] ⟨f1⟩ ⟨n.-telb.zn.⟩ **0.1** ***berging*** ⇒*redding, het in veiligheid brengen* **0.2** ***geborgen goed*** ⇒*het geborgene* **0.3** ***bergloon*** ⇒*reddingsloon* **0.4** ***(het verzamelen v.) bruikbaar afval*** ⇒*hergebruik, recycling* ◆ **6.4** collecting waste **for** ~ *het verzamelen v. afval voor hergebruik.*

salvage[2] ⟨f1⟩ ⟨ov.ww.⟩ **0.1** ***bergen*** ⇒*redden, in veiligheid brengen* **0.2** ***terugwinnen*** ⇒*verzamelen voor hergebruik.*

sal·vage·a·ble ['sælvɪdʒəbl] ⟨bn.⟩ **0.1** ***te bergen*** ⇒*te redden.*

'salvage boat, 'salvage vessel ⟨telb.zn.⟩ **0.1** ***bergingsvaartuig.***

'salvage company ⟨telb.zn.⟩ **0.1** ***bergingsmaatschappij.***

'salvage money ⟨n.-telb.zn.⟩ **0.1** ***bergloon.***

'salvage operation ⟨telb.zn.⟩ **0.1** ***bergingsoperatie*** ⇒*bergingswerken;* ⟨fig.⟩ *reddingsoperatie.*

'salvage tug ⟨telb.zn.⟩ **0.1** ***bergingssleepboot.***

Sal·var·san ['sælvəsæn‖-vər-] ⟨n.-telb.zn.⟩ ⟨far.⟩ **0.1** ***salvarsa(a)n.***

sal·va·tion [sæl'veɪʃn] ⟨f2⟩ ⟨zn.⟩
I ⟨telb. en n.-telb.zn.⟩ **0.1** ***redding*** ◆ **3.1** work out one's own ~ *zichzelf weten te redden;*
II ⟨n.-telb.zn.⟩ **0.1** ***verlossing*** ⇒*zaligmaking, zaligheid* ◆ **3.1** find ~ *bekeerd worden.*

Sal'vation 'Army ⟨f1⟩ ⟨eig.n.; the⟩ **0.1** ***Leger des Heils*** ⇒*Heilsleger.*

sal·va·tion·ism [sæl'veɪʃənɪzm] ⟨n.-telb.zn.⟩ **0.1** ***prediking v. verlossing v.d. ziel.***

sal·va·tion·ist[1] [sæl'veɪʃənɪst] ⟨telb.zn.; vaak S-⟩ **0.1** ***heilsoldaat/heilsoldate.***

salvationist[2] ⟨bn.⟩ **0.1** ***v./mbt. het Leger des Heils/Heilsleger.***

salve[1] [sɑ:v‖sæv] ⟨f1⟩ ⟨telb. en n.-telb.zn.⟩ **0.1** ***zalf(olie)*** ⇒*smeersel,* ⟨schr.⟩ *balsem* **0.2** ⟨fig.⟩ ***zalf*** ⇒*troostmiddel, verzachting, pleister, het sussen.*

salve[2] ⟨ov.ww.⟩ **0.1** ***sussen*** ⇒*tot rust brengen, kalmeren, tevreden stellen, troosten* **0.2** ***bergen*** ⇒*redden, in veiligheid brengen* **0.3** ⟨vero.⟩ ***zalven*** ⇒*balsemen, inwrijven met olie* ◆ **1.1** ~ one's conscience *zijn geweten sussen* **6.2** ~ one's property **from** the fire *zijn bezittingen uit het vuur redden.*

sal·ver ['sælvə‖-ər] ⟨f1⟩ ⟨telb.zn.⟩ **0.1** ***presenteerblad*** ⇒*dienblad.*

Sal·ve Re·gi·na ['sælvə rɪ'dʒaɪnə] ⟨telb.zn.⟩ ⟨R.-K.⟩ **0.1** ***salve regina*** ⇒*wees gegroet koningin.*

sal·vi·a ['sælvɪə] ⟨telb. en n.-telb.zn.⟩ ⟨plantk.⟩ **0.1** ***salie*** ⟨genus Salvia⟩ ⇒⟨i.h.b.⟩ *vuursalie* ⟨S. splendens⟩.

sal·vo[1] ['sælvoʊ] ⟨f1⟩ ⟨telb.zn.; ook -es; →mv. 2⟩ **0.1** ***salvo*** ⇒*plotselinge uitbarsting* ◆ **1.1** a ~ of applause *een daverend applaus;* a ~ of cheers *een salvo v. toejuichingen.*

salvo[2] ⟨telb.zn.⟩ **0.1** ***voorbehoud*** ⇒*reserve, beding* **0.2** ***redmiddel*** ⇒*leniging, sussing, troost, zalfje.*

sal·vor, sal·ver ['sælvə‖-ər] ⟨telb.zn.⟩ **0.1** ***berger*** ⇒*redder* **0.2** ***bergingsvaartuig*** ⇒*reddingsvaartuig.*

Sam[1] [sæm] ⟨eig.n.⟩ **0.1** ***Sam*** ◆ **3.¶** ⟨BE; inf.⟩ stand ~ *voor de kosten opdraaien, het gelag betalen;* ⟨i.h.b.⟩ *het rondje betalen* **6.¶** ⟨BE; inf.⟩ **upon** my ~ *aan mijn zolen, ammehoela.*

Sam[2] ⟨afk.⟩ Samuel **0.1** ***Sam.*** ⟨O.T.⟩.

SAM ⟨afk.⟩ surface-to-air missile.

sam·a·ra ['sæmərə] ⟨telb.zn.⟩ ⟨plantk.⟩ **0.1** ***gevleugelde dopvrucht/noot*** ⟨bv. v. es(doorn)⟩.

Sa·mar·i·tan[1] [sə'mærɪtn] ⟨zn.⟩
I ⟨eig.n.⟩ **0.1** ***Samaritaans*** ⇒*de Samaritaanse taal;*
II ⟨telb.zn.⟩ **0.1** ***Samaritaan(se)*** ⇒*inwoner/inwoonster v. Samaria* **0.2** ***lid v.d. gemeenschap v. Samaritanen*** **0.3** ***lid v. organisatie voor geestelijke hulp*** ◆ **2.1** good ~ *barmhartige Samaritaan;*
III ⟨mv.; ~s; the⟩ **0.1** ***telefonische hulpdienst.***

Samaritan[2] ⟨bn., attr.⟩ **0.1** ***Samaritaans*** ◆ **1.1** ~ Pentateuch *Samaritaanse Pentateuch.*

Sa·mar·i·tan·ism [sə'mærɪtn·ɪzm] ⟨n.-telb.zn.⟩ **0.1** ***Samaritaanse godsdienst*** **0.2** ***barmhartigheid.***

sa·mar·i·um [sə'meərɪəm‖-'mæ-] ⟨n.-telb.zn.⟩ ⟨schei.⟩ **0.1** ***samarium*** ⟨element 62⟩.

sam·ba[1] ['sæmbə] ⟨f1⟩ ⟨telb. en n.-telb.zn.⟩ **0.1** ***samba*** ⟨dans⟩ **0.2** ***samba(melodie/muziek)*** ◆ **3.1** dance the ~ *de samba dansen.*

samba[2] ⟨onov.ww.⟩ **0.1** ***de samba dansen.***

sam·b(h)ar, sam·b(h)ur ['sɑ:mbə, 'sæm-‖-ər] ⟨telb.zn.⟩ ⟨dierk.⟩ **0.1** ***sambar*** ⟨paardhert; Rusa unicolor⟩.

sam·bo ['sæmboʊ] ⟨zn.; ook -es; →mv. 2⟩
I ⟨telb.zn.⟩ **0.1** ***zambo*** ⇒*halfbloed* ⟨i.h.b. neger en indiaan of Europeaan⟩ **0.2** ⟨S-⟩ ⟨bel.⟩ ***Sambo*** ⇒*nikker;*
II ⟨n.-telb.zn.⟩ **0.1** ***sambo*** ⟨Russisch worstelen⟩.

Sam Browne ['sæm 'braʊn], **'Sam Browne 'belt** ⟨telb.zn.⟩ **0.1** ***Sam Browne*** ⟨sabelkoppel met schouderriem⟩.

same[1] [seɪm] ⟨f4⟩ ⟨aanw.vnw.; →betrekkelijk voornaamwoord; bijna altijd met the, beh. hand. of scherts⟩ **0.1** ***de/hetzelfde*** **0.2** ⟨vero., scherts., jur. of hand.⟩ ***de/het voornoemde*** ⇒*de/hetzelve die/dat* ◆ **3.1** the ~ applies to you *hetzelfde geldt voor jou* **3.2** ⟨scherts.⟩ sighted one fly; killed ~ *heb één vlieg gezien; heb die vermoord* **4.1** one and the ~ *één en dezelfde* **5.1** ⟨inf.⟩ barman, ~ again please! *ober, schenk nog maar eens in, hetzelfde a.u.b.!;* it's all/just the ~ *'t maakt (allemaal) niets uit;* ⟨inf.⟩ ~ here *voor mij hetzelfde; ik zit in 't zelfde schuitje, hier niet beter; idem dito;* they are much the ~ *ze lijken (vrij) sterk op elkaar;* the very ~ I would have done *net wat ik zou gedaan hebben* **5.¶** just the ~ *(desal)niettemin, desondanks, toch* **6.1** my hat is the ~ **as** yours *mijn hoed is dezelfde als die van jou;* some more **of** the ~ *nog meer van dat;* it's all the ~ **to** me *het is mij (allemaal) om het even, het maakt me niet uit;* the ~ **to** you *insgelijks, van 't zelfde, voor jou hetzelfde, jij ook* **6.2** he did not like Mr. Johnson but nevertheless got on well **with** the ~ *hij mocht Mr. Johnson niet maar kon toch goed met hem opschieten.*

same[2] ⟨f3⟩ ⟨bw.; met the, beh. soms inf.⟩ **0.1** ***net zo*** ⇒*precies hetzelfde* ◆ **3.1** I still feel ~ to/think the ~ of that problem *ik denk nog steeds zo over dat probleem;* they both told it the ~ *ze vertelden het op dezelfde wijze* **6.1** he checked me and found nothing, (the) ~ **as** my own dentist *hij onderzocht mij en vond niets, net als mijn eigen tandarts.*

same[3] ⟨f4⟩ ⟨aanw.det.; the⟩ **0.1** ***zelfde*** ⇒*gelijke, overeenkomstige* ◆ **1.1** she wore the ~ clothes as her sister *ze droeg dezelfde kleren als haar zuster;* the ~ old story *het is altijd hetzelfde liedje;* it's the ~ thing *het komt op hetzelfde neer;* the ~ time last year *deze tijd vorig jaar;* at the ~ time *tegelijkertijd* **5.1** much the ~ problem *vrijwel hetzelfde probleem;* the very ~ book *precies hetzelfde boek* **7.1** Jekyll and Hyde are one and the ~ man *Jekyll en Hyde zijn één en dezelfde man;* it's stated in this ~ article *het staat in dit artikel hier;* that ~ man now wants me to mow his lawn *laat nu net diezelfde man willen dat ik zijn grasveld maai.*

same·ness ['seɪmnəs] ⟨f1⟩ ⟨n.-telb.zn.⟩ **0.1** ***gelijkheid*** ⇒*overeenkomst* **0.2** ***onveranderlijkheid*** ⇒*eentonigheid, monotonie.*

sa·mey ['seɪmi] ⟨bn.⟩ ⟨inf.⟩ **0.1** ***saai*** ⇒*monotoon.*

Sa·mi·an[1] ['seɪmɪən] ⟨telb.zn.⟩ **0.1** ***Samisch(e)*** ⇒*bewoner/bewoonster v. Samos.*

Samian[2] ⟨bn.⟩ **0.1** ***Samisch*** ⇒*v. Samos* ◆ **1.¶** ~ ware *terra sigillata, terra arretina* ⟨Romeins bruinrood aardewerk⟩.

sam·iel ['sæmjel‖sæm'jel] ⟨telb.zn.⟩ **0.1** ***samoem*** ⟨hete droge wind in Arabië/N.-Afrika⟩.

sam·i·sen ['sæmɪsen] ⟨telb.zn.⟩ **0.1** ***s(h)amisen*** ⟨Japans tokkelinstrument⟩.

sa·mite ['sæmaɪt, 'seɪ-] ⟨n.-telb.zn.⟩ ⟨vero.⟩ **0.1** ***brokaat.***

sa·miz·dat ['sæmɪzdæt] ⟨n.-telb.zn.⟩ **0.1** ***samizdat*** ⟨uitgave v. verboden literatuur in Rusland⟩ **0.2** ***ondergrondse literatuur*** ⇒*samizdat.*

sam·let ['sæmlɪ̣t]⟨telb.zn.⟩ **0.1** ***jonge zalm.***

sam·(m)el ['sæml]⟨bn.⟩ **0.1** ***wrak*** ⟨v. aardewerk⟩.

Sam·nite[1] ['sæmnaɪt]⟨zn.⟩
 I ⟨eig.n.⟩ **0.1** ***Samnitisch*** ⇒*de Samnitische taal;*
 II ⟨telb.zn.⟩ **0.1** ***Samniet*** ⇒*inwoner/inwoonster v. Samnium.*

Samnite[2] ⟨bn.⟩ **0.1** ***Samnitisch*** ⇒*v.d. Samnieten.*

Sa·mo·an[1] [sə'moʊən]⟨zn.⟩
 I ⟨eig.n.⟩ **0.1** ***Samoaans*** ⟨taal v.d. Samoanen⟩;
 II ⟨telb.zn.⟩ **0.1** ***Samoaan(se)*** ⇒*bewoner/bewoonster v. Samoa.*

Samoan[2] ⟨bn.⟩ **0.1** ***Samoaans.***

sam·o·var ['sæməvɑː‖-vɑr]⟨telb.zn.⟩ **0.1** ***samova(a)r*** ⟨Russisch toestel om thee te zetten⟩.

Sam·o·yed(e)[1] ['sæməjed]⟨zn.⟩
 I ⟨eig.n.⟩ **0.1** ***Samojeeds*** ⇒*de Samojeedse taal;*
 II ⟨telb.zn.⟩ **0.1** ***Samojeed*** ⟨lid v. volksstam in Noord-Siberië⟩ **0.2** ***samojeed*** ⟨honderas⟩.

Samoyed(e)[2] ⟨bn.⟩ **0.1** ***Samojeeds.***

Sam·o·yed·ic[1] [sæmə'jedɪk]⟨eig.n.⟩ **0.1** ***Samojeeds*** ⇒*de Samojeedse taal.*

Samoyedic[2] ⟨bn.⟩ **0.1** ***Samojeeds*** ⇒*v.d. (taal v.d.) Samojeden.*

samp [sæmp]⟨n.-telb.zn.⟩⟨AE⟩ **0.1** ***(pap v.) grof gemalen maïs.***

sam·pan ['sæmpæn]⟨telb.zn.⟩ **0.1** ***sampan*** ⟨Chinees of Japans rivier/kustbootje⟩.

sam·phire ['sæmfaɪə‖-ər]⟨telb.zn.⟩⟨plantk.⟩ **0.1** ***zeevenkel*** ⟨Crithmum maritimum⟩ **0.2** ***zeekraal*** ⟨genus Salcornia⟩.

sam·ple[1] ['sɑːmpl‖'sæmpl]⟨f3⟩⟨telb.zn.⟩ **0.1** ***monster*** ⇒*staal, proef (stuk), voorbeeld, specimen* **0.2** ⟨stat.⟩ ***steekproef*** ◆ **1.1** take a ~ of blood *een bloedmonster nemen;* ~ of no value *monster zonder waarde* **6.1** be **up to** ~ *aan het monster beantwoorden.*

sample[2] ⟨f3⟩⟨ov.ww.⟩ →sampling **0.1** ***bemonsteren*** ⇒*monsters trekken/nemen uit* **0.2** ***een steekproef nemen uit*** **0.3** ***(be)proeven*** ⇒*proberen, testen, keuren.*

'sample 'copy ⟨telb.zn.⟩ **0.1** ***proefexemplaar/nummer.***

'sample 'page ⟨telb.zn.⟩ **0.1** ***proefpagina.***

'sample post ⟨n.-telb.zn.⟩ **0.1** ***verzending v. monsters*** ◆ **3.1** send by ~ *als monster verzenden.*

sam·pler ['sɑːmplə‖'sæmplər]⟨telb.zn.⟩ **0.1** ***merklap*** **0.2** ***keurmeester*** ⇒*keurder* **0.3** ***monstertrekker*** **0.4** ⟨AE⟩ ***monsterboek/doos*** ⇒*staalkaart, monsterkoffer.*

'sample 'section ⟨telb.zn.⟩ **0.1** ***representatief (ge)deel(te)*** ◆ **1.1** a ~ of the population *een dwarsdoornsede v.d. populatie.*

'sample 'sentence ⟨telb.zn.⟩ **0.1** ***voorbeeldzin.***

'sample size ⟨n.-telb.zn.⟩⟨stat.⟩ **0.1** ***steekproefomvang/grootte.***

'sample space ⟨n.-telb.zn.⟩⟨stat.⟩ **0.1** ***steekproefruimte.***

sam·pling ['sɑːmplɪŋ‖'sæm-]⟨zn.; ook attr.⟩
 I ⟨telb.zn.⟩ **0.1** ***monster*** ⇒*staal, specimen* **0.2** ***steekproef;***
 II ⟨n.-telb.zn.⟩ **0.1** ⟨ook attr.⟩⟨stat.⟩ ***steekproeftrekking*** **0.2** ⟨muz.⟩ ***sampling*** ⇒*klankjatten* ⟨het pikken v. stukken muziek uit andermans werk voor eigen plaat⟩ ◆ **1.1** ~ error *steekproeffout;* ~ techniques *technieken voor het nemen/trekken v. steekproeven* **6.1** ~ **with/without** replacement *(steekproef)trekking met/zonder terugl egging.*

Sam·son ['sæmsən]⟨f1⟩⟨zn.⟩
 I ⟨eig.n.⟩ **0.1** ***Simson*** ⇒*Samson;*
 II ⟨telb.zn.⟩ **0.1** ***geweldenaar*** ⇒*krachtpatser.*

sam·u·rai ['sæmʊraɪ]⟨zn.; ook samurai; →mv. 4⟩
 I ⟨telb.zn.⟩ **0.1** ***officier*** ⟨v. Japans leger⟩ **0.2** ⟨gesch.⟩ ***samoeraikrijger/ridder;***
 II ⟨n.-telb.zn.; the⟩⟨gesch.⟩ **0.1** ***samoerai*** ⟨Japanse ridderstand (voor 1873), of krijgsadel⟩.

san·a·tive ['sænət̬ɪv], **san·a·to·ry** [-tri‖-tɔri]⟨bn.⟩ **0.1** ***geneeskrachtig*** ⇒*heilzaam, versterkend.*

san·a·to·ri·um [sænə'tɔːrɪəm], ⟨AE ook⟩ **san·a·ta·ri·um** [-'teərɪəm‖-'terɪəm]⟨f1⟩⟨telb.zn.; ook sanatoria [-'tɔːrɪə], sanataria [-'teərɪə‖-'terɪə]; →mv. 5⟩ **0.1** ***sanatorium*** ⇒*herstellingsoord, gezondheidskolonie* **0.2** ***ziekenkamer*** ⇒*ziekenzaal* ⟨bv. op een school⟩.

san·be·ni·to [sænbə'niːt̬oʊ]⟨telb.zn.⟩ **0.1** ***sanbenito*** ⇒*ketterhemd.*

sanc·ti·fi·ca·tion ['sæŋktɪ̣fɪ'keɪʃn]⟨telb. en n.-telb.zn.⟩ **0.1** ***heiliging*** ⇒*wijding, consacratie, sanctificatie* **0.2** ***rechtvaardiging*** ⇒*heiliging* **0.3** ***heiligmaking*** ⇒*rechtvaardigmaking, loutering, zuivering, verlossing v. zonde(schuld).*

sanc·ti·fied ['sæŋktɪ̣faɪd]⟨bn.; oorspr. volt. deelw. sanctify⟩ **0.1** ***gewijd*** ⇒*geheiligd* **0.2** ***schijnheilig*** ⇒*schijnvroom, hypocriet.*

sanc·ti·fi·er ['sæŋktɪ̣faɪə‖-ər]⟨telb.zn.⟩ **0.1** ***heiligmaker*** ⇒⟨i.h.b.⟩ *Heilige Geest, verlosser v. zonde(schuld).*

sanc·ti·fy ['sæŋktɪ̣faɪ]⟨f1⟩⟨ov.ww.; →ww. 7⟩ →sanctified **0.1** ***heiligen*** ⇒*wijden, consacreren, sanctifiëren* **0.2** ⟨vaak pass.⟩ ***rechtvaardigen*** ⇒*heiligen* **0.3** ***heilig maken*** ⇒*rechtvaardig maken, louteren, zuiveren, verlossen v. zonde(schuld)* ◆ **1.2** the end sanctifies the means *het doel heiligt de middelen.*

sanc·ti·mo·ni·ous [sæŋktɪ̣'moʊnɪəs]⟨f1⟩⟨bn.; -ly; -ness⟩ **0.1** ***schijnheilig*** ⇒*schijnvroom, huichelachtig, hypocriet.*

sanc·ti·mo·ny ['sæŋktɪ̣məni‖-moʊni]⟨n.-telb.zn.⟩ **0.1** ***schijnheiligheid*** ⇒*schijnvroomheid, huichelarij, hypocrisie.*

sanc·tion[1] ['sæŋkʃn]⟨f2⟩⟨zn.⟩
 I ⟨telb.zn.⟩ **0.1** ***sanctie*** ⇒*dwang(middel), strafmaatregel, vergeldingsmaatregel* **0.2** ***wet*** ⇒*maatregel, verordening, decreet, besluit* ◆ **2.1** punitive ~ *strafsanctie* **3.1** apply ~s against racist regimes *sancties instellen tegen racistische regimes;*
 II ⟨n.-telb.zn.⟩ **0.1** ***bekrachtiging*** ⇒*erkenning, goedkeuring, sanctie, wettiging.*

sanction[2] ⟨f2⟩⟨ov.ww.⟩ **0.1** ***sanctioneren*** ⇒*bekrachtigen, wettigen, bindend maken, bevestigen* **0.2** ***goedkeuren*** ⇒*toestaan, instemmen met, steunen* **0.3** ***straf opleggen voor*** ⟨een overtreding⟩ ⇒*de strafmaat bepalen van.*

sanc·ti·tude ['sæŋktɪ̣tjuːd‖-tuːd]⟨n.-telb.zn.⟩⟨vero.⟩ **0.1** ***heiligheid*** ⇒*zedelijke reinheid.*

sanc·ti·ty ['sæŋktət̬i]⟨f1⟩⟨zn.; →mv. 2⟩
 I ⟨n.-telb.zn.⟩ **0.1** ***heiligheid*** ⇒*godvruchtigheid, vroomheid* **0.2** ***heiligheid*** ⇒*gewijdheid, eerbiedwaardigheid, onschendbaarheid;*
 II ⟨mv.; sanctities⟩ **0.1** ***heilige verplichtingen*** ⇒*heilige voorwerpen/rechten.*

sanc·tu·ar·y ['sæŋktʃʊəri‖-eri]⟨f2⟩⟨zn.; →mv. 2⟩
 I ⟨telb.zn.⟩ **0.1** ⟨ben. voor⟩ ***heiligdom*** ⇒*sanctuarium, heilige plaats, tempel, tabernakel; heilige der heiligen* ⟨v. tempel te Jeruzalem⟩ **0.2** ***sanctuarium*** ⇒*omtrek v. (hoog)altaar, priesterkoor* **0.3** ***vogel/wildreservaat;***
 II ⟨telb. en n.-telb.zn.⟩ **0.1** ***asiel*** ⇒*vrij/wijkplaats, toevlucht (soord), asielrecht, bescherming* ◆ **3.1** take/seek ~ *z'n toevlucht zoeken, asiel vragen.*

sanc·tum ['sæŋktəm]⟨telb.zn.; ook sancta [-tə]; →mv. 5⟩ **0.1** ***heilige plaats*** ⇒*gewijde plaats, heiligdom* ⟨inf.; ook fig.⟩ ◆ **¶.1** ~ sanctorum *heilige der heiligen, sanctum sanctorum;* ⟨inf.; fig.⟩ he's probably in his ~ sanctorum *hij zit waarschijnlijk in zijn heiligdom/in zijn studeerkamer.*

Sanc·tus ['sæŋktəs]⟨n.-telb.zn.; the⟩ **0.1** ***Sanctus*** ⟨kerkelijk gezang⟩.

'Sanctus bell ⟨telb.zn.⟩⟨R.-K.⟩ **0.1** ***misbelletje.***

sand[1] [sænd]⟨f3⟩⟨zn.⟩
 I ⟨telb.zn.; vaak mv.⟩ **0.1** ⟨ben. voor⟩ ***zandvlakte*** ⇒*strand; woestijn; zandbank; zandgrond* **0.2** ***zandkorrel*** ◆ **3.¶** ⟨vero.⟩ plough the ~(s) *nutteloos werk verrichten, zich voor niets in het zweet werken;*
 II ⟨n.-telb.zn.⟩ **0.1** ***zand*** **0.2** ⟨vaak attr.⟩ ***zandkleur*** ⇒*lichtbruin, geelgrijs, sahara* **0.3** ⟨AE; inf.⟩ ***pit*** ⇒***moed*** ◆ **3.¶** build on ~ *op zand bouwen, ijdele verwachtingen koesteren;*
 III ⟨mv.; ~s⟩ **0.1** ***tijd*** ⇒*periode* ⟨als gemeten in een zandloper⟩ ◆ **3.1** the ~s (of life/time) are running out *de tijd is bijna om/verstreken, zijn dagen zijn geteld, er rest niet veel tijd meer.*

sand[2] ⟨f2⟩⟨ov.ww.⟩ **0.1** ***met zand bestrooien*** ⇒*zanden, met zand bedekken, in zand begraven* **0.2** ⟨fig.⟩ ***bezaaien*** **0.3** ***met zand (ver) mengen*** ⇒*zanden* **0.4** ***schuren*** ⇒*polijsten* **0.5** ***doen verzanden*** ◆ **1.1** slippery roads are ~ed *gladde wegen worden met zand bestrooid* **5.4** ~ **down** *gladschuren.*

san·dal[1] ['sændl]⟨f2⟩⟨zn.⟩
 I ⟨telb.zn.⟩ **0.1** ***sandaal*** **0.2** ***schoenriem*** ⇒*wreefband* ⟨v. schoen⟩;
 II ⟨n.-telb.zn.⟩ **0.1** ***sandelhout.***

sandal[2] ⟨ov.ww.; →ww. 7⟩ **0.1** ⟨vaak volt. deelw.⟩ ***v. sandalen voorzien*** ⇒*sandalen aantrekken* **0.2** ***met een schoenriem vastmaken*** ◆ **¶.1** sandalled *met sandalen (aan).*

'sandal tree ⟨telb.zn.⟩⟨plantk.⟩ **0.1** ***sandelboom*** ⟨genus Santalum⟩.

'san·dal·wood ⟨f1⟩⟨n.-telb.zn.⟩ **0.1** ***sandelhout*** **0.2** ⟨vaak attr.⟩ ***licht /grijsbruin*** ⇒*sandelhoutkleur* ◆ **2.1** red ~ *rood sandelhout* ⟨verfhout⟩.

'sandalwood oil ⟨n.-telb.zn.⟩ **0.1** ***sandel(hout)olie.***

san·da·rac(h) ['sændəræk]⟨n.-telb.zn.⟩ **0.1** ***sand(a)rak*** ⟨hars v. Tetraclinis articulata/Callitris quadrivalvis⟩ **0.2** ***realgar*** ⇒*sandarak.*

'sand·bag[1] ⟨f1⟩⟨telb.zn.⟩ **0.1** ***zandzak.***

sandbag[2] ⟨ov.ww.; →ww. 7⟩ **0.1** ***met zandzakken versterken*** ⇒*met zandzakken barricaderen/ophogen/afsluiten* **0.2** ***iem. overvallen en in elkaar slaan*** **0.3** ⟨AE; inf.⟩ ***dwingen*** ◆ **6.3** he was sandbagged **into** leaving *hem werd op ruwe wijze te verstaan gegeven dat hij moest vertrekken.*

'sand·bank ⟨f1⟩⟨telb.zn.⟩ **0.1** ***zandbank*** ⇒*ondiepte.*

'sand·bar ⟨telb.zn.⟩ **0.1** ***drempel*** ⟨ondiepte voor of in de mond v.e. rivier/haven⟩.

'sand·bath ⟨telb.zn.⟩⟨schei.⟩ **0.1** ***zandbad*** ⟨inrichting voor verwarming in heet zand⟩.

'sand·bed ⟨telb.zn.⟩ **0.1** ***zandbed(ding).***

'sand·blast[1] ⟨telb.zn.⟩ **0.1** ***zandstraal(toestel)*** ⇒*zandblaasmachine.*
sandblast[2] ⟨f1⟩ ⟨ov.ww.⟩ **0.1** ***zandstralen*** ⇒*schuren/polijsten/reinigen met een zandstraal.*
'sand·blast·er ⟨telb.zn.⟩ **0.1** ***zandstraler*** ⟨persoon⟩.
'sand·blind ⟨bn.⟩ **0.1** ***slechtziend*** ⇒*gedeeltelijk blind.*
'sand·box ⟨telb.zn.⟩ **0.1** ***zandkist*** ⟨ook als fundering⟩ **0.2** ***zandstrooier*** ⟨v. locomotief⟩ **0.3** ⟨AE⟩ ***zandbak*** **0.4** ⟨gesch.⟩ ***zandkoker.***
'sandboy →happy.
'sand·cas·tle ⟨telb.zn.⟩ **0.1** ***zandkasteel.***
'sand crack ⟨telb.zn.⟩ **0.1** ***hoornkloof*** ⟨in paardehoef⟩ **0.2** ***kloof*** ⟨in voet⟩.
'sand dollar ⟨telb.zn.⟩ ⟨AE; dierk.⟩ **0.1** ***zanddollar*** ⟨soort zeeëgel; orde Clypeasteroidea, i.h.b. Echinarachnius parma⟩.
'sand drift ⟨telb.zn.⟩ **0.1** ***zandverstuiving.***
'sand dune ⟨telb.zn.⟩ **0.1** ***zandduin.***
'sand eel ⟨telb.zn.⟩ ⟨dierk.⟩ **0.1** ***zandspiering*** ⟨genus Ammodytes⟩.
sand·er ['sændə‖-ər] ⟨f1⟩ ⟨telb.zn.⟩ **0.1** ***zandstrooier*** **0.2** ***schuurder*** ⇒*polijster* **0.3** ***schuurmachine*** ⇒*polijsttoestel.*
san·der·ling ['sændəlɪŋ‖-dər-] ⟨telb.zn.⟩ ⟨dierk.⟩ **0.1** ***drieteenstrandloper*** ⟨Calidris alba⟩.
san·ders ['sændəz‖-dərz], **saun·ders** ['sɔ:ndəz‖'sɔndərz] ⟨n.-telb.zn.⟩ **0.1** ***(rood) sandelhout.***
'sand flea ⟨telb.zn.⟩ ⟨dierk.⟩ **0.1** ***zandvlo*** ⟨Tunga penetrans⟩ **0.2** ***strandvlo*** ⟨soort kreeft; fam. Talitridae⟩.
'sand fly ⟨telb.zn.⟩ ⟨dierk.⟩ **0.1** ***zandmug*** ⟨bloedzuigende mug; genus Phlebotomus⟩ **0.2** ***knijt*** ⇒*kriebelmugje* ⟨genus Simulium⟩.
'sand·glass ⟨f1⟩ ⟨telb.zn.⟩ **0.1** ***zandloper*** ⇒*uurglas, nachtglas.*
san·dhi ['sændi] ⟨n.-telb.zn.⟩ ⟨taalk.⟩ **0.1** ***sandhi.***
'sand hill ⟨telb.zn.⟩ **0.1** ***duin*** ⇒*zandheuvel.*
'sand·hog ⟨telb.zn.⟩ ⟨AE⟩ **0.1** ***caissonarbeider.***
'sand hopper ⟨telb.zn.⟩ ⟨dierk.⟩ **0.1** ***strandvlo*** ⟨soort kreeft; fam. Talitridae⟩.
Sand·hurst ['sændhɜ:st‖-hɜrst] ⟨eig.n.⟩ **0.1** ***Sandhurst*** ⟨mil. academie⟩ ⇒⟨ong.⟩ *KMA* ⟨in Nederland⟩, *KMS* ⟨in België⟩.
sand·ing machine ['sændɪŋ məʃi:n] ⟨telb.zn.⟩ **0.1** ***schuurmachine*** ⇒*polijstinstallatie.*
'sand iron ⟨telb.zn.⟩ ⟨golf⟩ **0.1** ***sand iron*** ⟨ijzer met breed slagvlak om bal uit bunker te slaan⟩.
san·di·ver ['sændɪvə‖-ər] ⟨n.-telb.zn.⟩ **0.1** ***glasgal.***
'sand landing area ⟨telb.zn.⟩ ⟨atletiek⟩ **0.1** ***zandbak.***
'sand·leaf ⟨telb.zn.⟩ **0.1** ***zandblad*** ⟨onderste blad v. tabaksplant⟩.
'sand·lot ⟨telb.zn.⟩ ⟨AE⟩ **0.1** ***landje*** ⇒*speelveldje* ⟨met zand⟩, *trapveldje.*
'sand-lot ⟨bn.⟩ ⟨AE⟩ **0.1** ***mbt. een vrijetijdsbesteding*** ◆ **1.1** ~ football *vrijetijdsvoetbal, balletje trappen.*
S and M ⟨afk.⟩ Sadism and Masochism **0.1** ***SM.***
'sand·man ⟨f1⟩ ⟨n.-telb.zn.; the⟩ **0.1** ***zandmannetje*** ⇒*Klaas Vaak.*
'sand martin ⟨telb.zn.⟩ ⟨BE; dierk.⟩ **0.1** ***oeverzwaluw*** ⟨Riparia riparia⟩.
'sand mole ⟨telb.zn.⟩ ⟨dierk.⟩ **0.1** ***molrat*** ⟨fam. Bathyergidae⟩ ⇒⟨i.h.b.⟩ *Kaapse duinmolrat* ⟨Bathyergus suillus⟩.
'sand painting ⟨telb.zn.⟩ **0.1** ***zandschildering*** ⇒*zandtapijt.*
'sand·pa·per[1] ⟨f1⟩ ⟨n.-telb.zn.⟩ **0.1** ***schuurpapier*** ⇒⟨B.⟩ *zandpapier.*
sandpaper[2] ⟨ov.ww.⟩ **0.1** ***schuren*** ⇒*polijsten.*
'sand·pi·per ⟨telb.zn.⟩ ⟨dierk.⟩ **0.1** ***strandloper*** ⇒*ruiter* ⟨fam. Scolopacidae⟩ ◆ **2.¶** common ~ *oeverloper* ⟨Tringa hypoleucos⟩ **3.¶** spotted ~ *Amerikaanse oeverloper* ⟨Tringa macularia⟩.
'sand·pit ⟨f1⟩ ⟨telb.zn.⟩ **0.1** ***zandgraverij*** ⇒*zandgroeve, zanderij* **0.2** ⟨BE⟩ ***zandbak*** ⇒*zandkuil.*
'sand 'plover ⟨telb.zn.⟩ ⟨dierk.⟩ ◆ **2.¶** greater ~ *woestijnplevier* ⟨Charadrius leschenaultus⟩.
'sand pump ⟨telb.zn.⟩ **0.1** ***zandpomp*** ⇒*zandzuiger.*
sand·scape ['sæn(d)skeɪp] ⟨telb.zn.⟩ **0.1** ***zandlandschap.***
'sand·shoe ⟨telb.zn.⟩ ⟨BE⟩ **0.1** ***strandschoen*** ⇒*zeilschoen* ⟨v. canvas⟩.
'sand skipper ⟨telb.zn.⟩ ⟨dierk.⟩ **0.1** ***strandvlo*** ⟨soort kreeft; fam. Talitridae⟩.
'sand·spout ⟨telb.zn.⟩ **0.1** ***zandkolom*** ⇒*zandhoos.*
'sand·stone ⟨f1⟩ ⟨n.-telb.zn.⟩ ⟨geol.⟩ **0.1** ***zandsteen*** ⇒*areniet.*
'sand·storm ⟨f1⟩ ⟨telb.zn.⟩ **0.1** ***zandstorm.***
'sand sucker ⟨telb.zn.⟩ **0.1** ***zandzuiger*** ⇒*zandpomp.*
S and T ⟨afk.⟩ Science and Technology.
'sand table ⟨telb.zn.⟩ **0.1** ⟨mijnw.⟩ ***zandtafel*** **0.2** ⟨mil.⟩ ***maquette*** ⟨v. terrein in zand⟩.
'sand trap ⟨telb.zn.⟩ ⟨vnl. AE; golf⟩ **0.1** ***bunker*** ⇒*zandkuil.*
sand·wich[1] ['sænwɪdʒ‖'sæn(d)wɪtʃ] ⟨f3⟩ ⟨telb.zn.⟩ **0.1** ***sandwich*** ⇒*dubbele boterham* **0.2** ⟨BE⟩ ⟨ong.⟩ ***Zwitsers gebak*** ⟨met laag/lagen jam of room ertussen⟩.
sandwich[2] ⟨f1⟩ ⟨ov.ww.⟩ **0.1** ***klemmen*** ⇒*vastzetten, plaatsen, schuiven* ◆ **5.1** I'll ~ her **in** between two other appointments *ik ontvang haar wel tussen twee andere afspraken door* **6.1** he was ~ed **between** two backs *hij werd gemangeld tussen twee achterspelers;* a layer of chipboard ~ed **between** two layers of mahogany *twee lagen mahoniehout met een laag spaanplaat ertussen.*
'sandwich board ⟨telb.zn.⟩ **0.1** ***advertentiebord*** ⇒*reclamebord* ⟨gedragen door iem. op borst en rug⟩.
'sandwich course ⟨f1⟩ ⟨telb.zn.⟩ ⟨BE⟩ **0.1** ***cursus waarin theorie en praktisch werk afwisselend aan bod komen.***
'sandwich man ⟨f1⟩ ⟨telb.zn.; sandwich men [-mən]; →mv. 3⟩ **0.1** ***sandwichman*** ⟨iem. met reclamebord op borst en rug⟩.
'sandwich student ⟨telb.zn.⟩ **0.1** ***student aan opleiding met praktisch gedeelte*** ⟨in "sandwich course"⟩.
'sandwich tern ⟨telb.zn.⟩ ⟨dierk.⟩ **0.1** ***grote stern*** ⟨Sterna sandvicensis⟩.
sand·wort ['sændwɜ:t‖-wɜrt] ⟨n.-telb.zn.⟩ ⟨plantk.⟩ **0.1** ***muur*** ⟨i.h.b. genera Arenaria, Maehringia, Minnartia en Honkenya⟩.
sand·y ['sændi] ⟨f2⟩ ⟨bn.; -er; -ness; →bijw. 3⟩ **0.1** ***zand(er)ig*** ⇒*zandachtig* **0.2** ***rul*** ⇒*mul, onvast, los aan elkaar hangend* **0.3** ***ros(sig)*** ⟨v. haar⟩ ⇒*roodachtig,* ⟨scherts.⟩ *hoogblond* ◆ **1.¶** ⟨Austr. E⟩ ~ blight *oogontsteking.*
San·dy ['sændi] ⟨zn.; ook Sandys; →mv. 2⟩
I ⟨eig.n.⟩ ⟨Sch. E⟩ **0.1** ***Sander;***
II ⟨telb.zn.; ook s-⟩ **0.1** ⟨bijnaam voor⟩ ***Schot*** ◆ **3.¶** ⟨sl.⟩ run a ~ on s.o. *iem. belazeren.*
'sand yacht ⟨telb.zn.⟩ **0.1** ***zeilwagen.***
san·dy·ish ['sændiɪʃ] ⟨bn.⟩ **0.1** ***enigszins zand(er)ig*** **0.2** ***rullig*** ⇒*mullig.*
sane [seɪn] ⟨f2⟩ ⟨bn.; -er; -ly; -ness; →compar. 7⟩ **0.1** ***(geestelijk) gezond*** ⇒*gezond v. geest, bij zijn volle verstand* **0.2** ***verstandig*** ⟨v. ideeën enz.⟩ ⇒*redelijk, evenwichtig* ◆ **1.1** a ~ man *een normaal mens.*
sang [sæŋ] ⟨verl. t.⟩ →sing.
san·ga·ree [sæŋgə'ri:] ⟨n.-telb.zn.⟩ **0.1** ***wijndrank.***
sang·de·bœuf ['sɑ̃də'bɜ:f‖'sɑŋdə'bʌf] ⟨n.-telb.zn.; vaak ook attr.⟩ **0.1** ***sang-de-bœuf*** ⇒*ossebloed* ⟨dieprode kleur⟩.
sang-froid ['sɑ̃'frwɑ:‖'sɑŋ'frwɑ] ⟨n.-telb.zn.⟩ **0.1** ***sangfroid*** ⇒*koelbloedigheid, zelfbeheersing.*
san·grail [sæŋ'greɪl] ⟨n.-telb.zn.⟩ **0.1** ***heilige graal.***
san·gri·a [sæŋ'gri:ə, 'sæŋgrɪə] ⟨n.-telb.zn.⟩ **0.1** ***sangria.***
san·gui·fi·ca·tion ['sæŋgwɪfɪ'keɪʃn] ⟨telb. en n.-telb.zn.⟩ **0.1** ***bloedvorming*** **0.2** ***omzetting in bloed.***
san·gui·nar·y ['sæŋgwɪnri‖-neri] ⟨bn.; -ly; -ness; →bijw. 3⟩ ⟨schr.⟩ **0.1** ***bloed(er)ig*** ⇒*met veel bloedvergieten* **0.2** ***bloeddorstig*** ⇒*wreed* **0.3** ⟨BE⟩ ***vol vloeken*** ⇒*vol krachttermen, ruw* ◆ **1.1** a ~ battle *een slachtpartij, een bloedbad.*
san·guine[1] ['sæŋgwɪn] ⟨zn.⟩
I ⟨telb.zn.⟩ **0.1** ***sanguine*** ⟨tekening met rood krijt⟩;
II ⟨n.-telb.zn.⟩ **0.1** ⟨vaak attr.⟩ ***bloedrood*** **0.2** ***sanguine*** ⇒*rood krijt.*
sanguine[2] ⟨bn.; -ly; -ness⟩ **0.1** ***optimistisch*** ⇒*hoopvol, opgewekt, vol vertrouwen* **0.2** ***blozend*** ⇒*fris, met een gezonde/rode kleur* **0.3** ⟨schr. of heraldiek⟩ ***(bloed)rood*** ⇒*keel* **0.4** ⟨vero.⟩ ***bloed(er)ig.***
sanguine[3] ⟨ov.ww.⟩ ⟨schr.⟩ **0.1** ***met bloed bevlekken*** ⇒*rood kleuren.*
san·guin·e·ous[1] [sæŋ'gwɪnɪəs] ⟨n.-telb.zn.; vaak attr.⟩ **0.1** ***bloedrood.***
sanguineous[2] ⟨bn.⟩ **0.1** ***bloed(er)ig*** ⇒*met veel bloedvergieten* **0.2** ***van bloed*** ⇒*bloedig* **0.3** ***blozend*** **0.4** ***hoopvol*** ⇒*opgewekt* **0.5** ***volbloedig*** ⇒*sanguinisch, plethorisch.*
san·guin·i·ty [sæŋ'gwɪnəṭi] ⟨n.-telb.zn.⟩ **0.1** ***optimisme*** ⇒*goede hoop, opgewektheid.*
San·he·drin ['sænɪdrɪn‖sæn'hedrɪn], **San·he·drim** ['sænɪdrɪm‖sæn'hedrɪm] ⟨telb.zn.⟩ **0.1** ***sanhedrin*** ⟨Hoge Raad v.d. Israëlieten⟩.
san·i·cle ['sænɪkl] ⟨telb.zn.⟩ ⟨plantk.⟩ **0.1** ***sanikel*** ⟨genus Sanicula⟩ ⇒*heelkruid, breukkruid.*
sa·ni·es ['seɪnɪi:z] ⟨telb. en n.-telb.zn.; sanies; →mv. 4⟩ ⟨med.⟩ **0.1** ***wondvocht*** ⇒*etter, pus.*
san·i·fy ['sænɪfaɪ] ⟨ov.ww.; →ww. 7⟩ **0.1** ***van sanitair voorzien*** ⇒*de hygiëne bevorderen van/in.*
sa·ni·ous ['seɪnɪəs] ⟨bn.⟩ **0.1** ***wondvocht-*** ⇒*etter-, pus-.*
san·i·tar·i·an[1] ['sænɪ'teərɪən‖-'ter-] ⟨telb.zn.⟩ **0.1** ***gezondheidsspecialist*** ⇒*hygiënist.*
sanitarian[2] ⟨bn.⟩ **0.1** ***mbt. gezondheidsleer*** **0.2** ***mbt. de volksgezondheid.***
san·i·tar·i·um ['sænɪ'teərɪəm‖-'ter-] ⟨f1⟩ ⟨telb.zn.; ook sanitaria [-rɪə]; →mv. 5⟩ ⟨AE⟩ **0.1** ***sanatorium*** ⇒*herstellingsoord, gezondheidskolonie* **0.2** ***gezondheidscentrum.***
san·i·tar·y ['sænɪtri‖-teri] ⟨f2⟩ ⟨bn.; -ly; -ness; →bijw. 3⟩ **0.1** ***sanitair***

⇒*v. / mbt. de gezondheid* **0.2** ***hygiënisch*** ⇒*gezond, sanitair, de gezondheid bevorderend, schoon* ◆ **1.1** ~ cordon *gezondheidskordon* ⟨om besmette plaats⟩; ~ engineer *gezondheidsingenieur* **1.2** ~ fittings *het sanitair* ⟨inrichting v. w.c.'s en badkamers⟩; ~ ware *sanitaire artikelen* ⟨closetpot, wastafel enz.⟩ **1.¶** ~ stop *sanitaire stop* ⟨om naar de w.c. te kunnen gaan, bv. tijdens busrit⟩.

'sanitary bag ⟨telb.zn.⟩ **0.1** ***zakje voor maandverband.***

'sanitary inspector ⟨telb.zn.⟩ **0.1** ***inspecteur v.d. volksgezondheid*** ⇒*gezondheidsinspecteur.*

'sanitary towel, ⟨AE⟩ **'sanitary napkin** ⟨f1⟩ ⟨telb.zn.⟩ **0.1** ***maandverband*** ⇒*damesverband.*

san·i·tate ['sænɪteɪt] ⟨ov.ww.⟩ **0.1** ***van sanitair voorzien*** ⇒*de hygiëne bevorderen van / in.*

san·i·ta·tion ['sænɪ'teɪʃn] ⟨f2⟩ ⟨n.-telb.zn.⟩ **0.1** ***bevordering v.d. volksgezondheid*** **0.2** ***afvalverwerking*** ⇒*het ophalen v. afval* **0.3** ***rioolwaterverwerking / zuivering.***

san·i·ta·tion·ist ['sænɪ'teɪʃənɪst] ⟨telb.zn.⟩ **0.1** ***gezondheidsspecialist*** ⇒*hygiënist.*

san·i·tize, -ise ['sænɪtaɪz] ⟨ov.ww.⟩ **0.1** ***zuiveren*** ⇒*schoonmaken, steriliseren* **0.2** ***opschonen*** ⇒*ontdoen v. essentialia* ⟨document, rapport⟩.

san·i·ty ['sænət̬i] ⟨f2⟩ ⟨n.-telb.zn.⟩ **0.1** ***(geestelijke) gezondheid*** **0.2** ***het oordeelkundig zijn*** ⇒*verstandigheid, gezond verstand.*

sank [sæŋk] ⟨verl. t.⟩ →sink.

san·ka ['sæŋkə] ⟨n.-telb.zn.⟩ ⟨AE⟩ **0.1** ***cafeïnevrije oploskoffie.***

sans[1] [sænz] ⟨telb. en n.-telb.zn.⟩ **0.1** ***schreefloze letter.***

sans[2] [sænz] ⟨vz.⟩ ⟨vero. of scherts.⟩ **0.1** ***zonder*** ⇒*los v., in afwezigheid v., sans* ◆ **1.1** a simple frock ~ ornaments of any kind *een eenvoudige jurk zonder enigerlei versiering;* ~ gêne *sans gêne, vrij en ongedwongen;* ~ peur et ~ reproche *zonder vrees of blaam;* a sandwich ~ peanut butter *een boterham zonder pindakaas.*

sans·cu·lotte ['sænzkjʊ'lɒt‖-kjə'lɑt] ⟨telb.zn.⟩ **0.1** ***sansculotte*** ⟨aanhanger v.d. Franse revolutie⟩ ⇒⟨fig.⟩ *radicale revolutionair, revolutionair extremist.*

sans·cu·lot·tism ['sænzkjʊ'lɒtɪzm‖-kjə'lɑt̬ɪzm] ⟨n.-telb.zn.⟩ **0.1** ***revolutionair extremisme.***

san·ser·if[1], **sans-serif** ['sæn'serɪf] ⟨telb.zn.⟩ ⟨druk.⟩ **0.1** ***schreefloze letter.***

san·ser·if[2], **sans-serif** ⟨bn.⟩ ⟨druk.⟩ **0.1** ***schreefloos*** ⇒*zonder dwarsstreepje(s).*

San·skrit[1] ['sænskrɪt] ⟨eig.n.⟩ **0.1** ***Sanskri(e)t.***

Sanskrit[2], **San·skrit·ic** [sæns'krɪt̬ɪk] ⟨bn.⟩ **0.1** ***Sanskritisch.***

San·skrit·ist ['sænskrɪt̬ɪst] ⟨telb.zn.⟩ **0.1** ***sanskritist*** ⇒*kenner / beoefenaar v.h. Sanskriet.*

San·ta Claus ['sænt̬ə klɔ:z], ⟨inf.⟩ **Santa** ⟨eig.n.⟩ **0.1** ***kerstman (netje).***

san·to·li·na ['sæntə'li:nə‖-'laɪnə] ⟨telb.zn.⟩ ⟨plantk.⟩ **0.1** ***santolina*** ⇒*heiligenbloem* ⟨genus Santolina⟩; ⟨i.h.b.⟩ *cypressenkruid* ⟨S. chamaecyparessus⟩.

san·ton·i·ca [sæn'tɒnɪkə‖-'tɑ-] ⟨zn.⟩
I ⟨telb.zn.⟩ ⟨plantk.⟩ **0.1** ***zeealsem*** ⟨Artemisia maritima⟩;
II ⟨n.-telb.zn.⟩ ⟨med.⟩ **0.1** ***wormkruid.***

san·to·nin ['sæntənɪn‖'sæntn-] ⟨n.-telb.zn.⟩ ⟨med.⟩ **0.1** ***santonine*** ⟨middel tegen ingewandswormen⟩.

sap[1] [sæp] ⟨f1⟩ ⟨zn.⟩
I ⟨telb.zn.⟩ **0.1** ⟨AE⟩ ***slagwapen*** ⇒*knuppel* **0.2** ⟨BE⟩ ***blokker*** ⇒*ploeteraar* **0.3** ⟨inf.⟩ ***sul*** ⇒*sukkel, dommerik, oen;*
II ⟨telb. en n.-telb.zn.⟩ **0.1** ⟨mil.⟩ ***sappering*** ⇒*(het graven v.) sappe* **0.2** ***ondermijning;***
III ⟨n.-telb.zn.⟩ **0.1** ***(plante)sap*** **0.2** ***levenssap*** ⇒*vocht* ⟨in het lichaam⟩, *vloeistof* **0.3** ***levenskracht*** ⇒*vitaliteit, sap, energie* **0.4** ⟨verk.; plantk.⟩ ⟨sapwood⟩ ***spinthout*** ⟨zacht hout tussen kernhout en boombast⟩ ◆ **1.3** the ~ of youth *jeugdige levenskracht.*

sap[2] ⟨f2⟩ ⟨ww.; →ww. 7⟩
I ⟨onov. en ov.ww.⟩ ⟨mil.⟩ **0.1** ***sapperen*** ⇒*sappen maken, al sappen makend naderen* **0.2** ***ondermijnen*** ⇒*ondergraven, verzwakken* ◆ **1.2** his faith was sapped *zijn geloof werd ondermijnd;*
II ⟨ov.ww.⟩ **0.1** ***aftappen*** ⟨ook fig.⟩ ⇒*v. sappen / vocht ontdoen, sap onttrekken aan;* ⟨fig.⟩ *levenskracht onttrekken aan, uitputten* **0.2** ⟨plantk.⟩ ***v. spinthout ontdoen*** **0.3** ***neerslaan*** ⇒*neerknuppelen.*

sap·a·jou ['sæpədʒu:] ⟨telb.zn.⟩ ⟨dierk.⟩ **0.1** ***sapajou*** ⟨aap; genus Cebus⟩ **0.2** ***slingeraap*** ⟨genus Ateles⟩.

sapan →sap(p)an.

sa·pe·le [sə'pi:li] ⟨zn.⟩
I ⟨telb.zn.⟩ ⟨plantk.⟩ **0.1** ***sapele*** ⟨Entandrophragma cylindricum⟩;
II ⟨n.-telb.zn.⟩ **0.1** ***sapeli*** ⟨soort mahoniehout⟩.

sap·ful ['sæpfl] ⟨bn.⟩ **0.1** ***sappig*** ⇒*vol sap.*

'sap 'green ⟨n.-telb.zn.; vaak attr.⟩ **0.1** ***sapgroen.***

'sap·head ⟨telb.zn.⟩ **0.1** ⟨mil.⟩ ***sappenhoofd*** **0.2** ⟨AE, inf.⟩ ***sukkel*** ⇒*onnozele hals.*

sap·id ['sæpɪd] ⟨bn.⟩ **0.1** ***smakelijk*** ⇒*lekker, aangenaam v. smaak* **0.2** ***interessant*** ⇒*boeiend, verfrissend.*

sa·pid·i·ty [sə'pɪdət̬i] ⟨n.-telb.zn.⟩ **0.1** ***smakelijkheid*** ⇒*prettige smaak* **0.2** ***het interessant zijn*** ⇒*aantrekkelijkheid.*

sa·pi·ence ['seɪpɪəns] ⟨n.-telb.zn.⟩ ⟨schr.⟩ **0.1** ***wijsheid*** ⇒*geleerdheid, inzicht* **0.2** ⟨scherts.⟩ ***schijnwijsheid*** ⇒*schijngeleerdheid.*

sa·pi·ent ['seɪpɪənt] ⟨bn.; -ly⟩ ⟨schr.⟩ **0.1** ***wijs*** ⇒*geleerd, inzicht hebbend* **0.2** ⟨scherts.⟩ ***zich wijs voordoend*** ⇒*geleerd doend.*

sa·pi·en·tial ['seɪpi'enʃl] ⟨bn.⟩ **0.1** ***v. wijsheid*** ◆ **1.1** ~ books *Boeken der Wijsheid* ⟨v.d. Bijbel⟩.

sap·less ['sæpləs] ⟨bn.; -ness⟩ **0.1** ***uitgedroogd*** ⇒*droog, zonder sap* **0.2** ***slap*** ⇒*futloos, zonder energie / pit, krachteloos, saai.*

sap·ling ['sæplɪŋ] ⟨f1⟩ ⟨telb.zn.⟩ **0.1** ***jong boompje*** **0.2** ***jong persoon*** ⇒*jongeman, jong meisje* **0.3** ***éénjarige windhond.***

sap·o·dil·la ['sæpə'dɪlə] ⟨telb.zn.⟩ **0.1** ⟨plantk.⟩ ***sapotilleboom*** ⟨Achras zapota⟩ **0.2** ***sapodilla*** ⟨vrucht v. sapotilleboom⟩ ◆ **1.1** ~ plum *sapodilla.*

sap·o·na·ceous ['sæpə'neɪʃəs] ⟨bn.; -ness⟩ **0.1** ***zeepachtig*** ⇒*zeep-, zepig* **0.2** ***glibberig*** ⇒*glad, ongrijpbaar.*

sa·pon·i·fi·a·ble [sə'pɒnɪfaɪəbl‖-'pɑ-] ⟨bn.⟩ **0.1** ***verzeepbaar*** ⟨v. vetten / esters⟩.

sa·pon·i·fi·ca·tion [sə'pɒnɪfɪ'keɪʃn‖-'pɑ-] ⟨n.-telb.zn.⟩ **0.1** ***verzeping*** ⇒*overgang tot zeep.*

sa·pon·i·fy [sə'pɒnɪfaɪ‖-'pɑ-] ⟨onov. en ov.ww.; →ww. 7⟩ **0.1** ***verzepen*** ⇒*in zeep veranderen* ⟨v. vetten / esters⟩.

sap·o·nin ['sæpənɪn] ⟨n.-telb.zn.⟩ **0.1** ***saponien*** ⟨glucoside in planten⟩.

sap·o·nite ['sæpənaɪt] ⟨n.-telb.zn.⟩ **0.1** ***saponiet*** ⇒*zeepsteen.*

sa·por, ⟨BE ook⟩ **sa·pour** ['seɪpə‖-ər] ⟨telb.zn.⟩ **0.1** ***smaak.***

sap·o·rif·ic ['sæpə'rɪfɪk], **sap·o·rous** ['sæpərəs] ⟨bn.⟩ **0.1** ***smaakgevend.***

sa(p)·pan ['sæpən‖'sæpæn], **sa(p)·pan·wood** ⟨zn.⟩
I ⟨telb.zn.⟩ ⟨plantk.⟩ **0.1** ***sappanboom*** ⟨Caesalpina sappan⟩;
II ⟨n.-telb.zn.⟩ **0.1** ***sa(p)panhout.***

sap·per ['sæpə‖-ər] ⟨telb.zn.⟩ ⟨mil.⟩ **0.1** ***sappeur*** **0.2** ⟨BE; inf.⟩ ***soldaat (v.d. genie).***

Sap·phic[1] ['sæfɪk] ⟨telb.zn.⟩ **0.1** ***sapfisch(e) maatschema / ode / strofe / vers(maat)*** **0.2** ⟨schr.⟩ ***lesbienne*** ⇒*sapfische.*

Sapphic[2] ⟨bn.⟩ **0.1** ***sapfisch*** ⇒*mbt. Sapfo* **0.2** ⟨schr.⟩ ***lesbisch*** ⇒*v. / mbt. sapfisme* ◆ **1.1** ~ ode *sapfische ode;* ~ stanza *sapfische strofe;* ~ verse *sapfisch(e) vers(maat).*

sap·phire ['sæfaɪə‖-ər] ⟨f1⟩ ⟨zn.⟩
I ⟨telb.zn.⟩ ⟨dierk.⟩ **0.1** ***zwamkolibrie*** ⟨genus Hylocharis⟩;
II ⟨telb. en n.-telb.zn.⟩ **0.1** ***saffier;***
III ⟨n.-telb.zn.; vaak attr.⟩ **0.1** ***saffier(blauw)*** ⇒*hemelsblauw, azuur.*

'sapphire 'wedding ⟨telb.zn.⟩ **0.1** ***saffieren bruiloft*** ⟨45-jarig huwelijk⟩.

sap·phi·rine ['sæfərɪn] ⟨bn.⟩ **0.1** ***saffierachtig*** ⇒*saffierblauw* **0.2** ***v. saffier.***

Sap·phism ['sæfɪzm] ⟨n.-telb.zn.⟩ **0.1** ***sapfisme*** ⇒*lesbische liefde.*

sap·py ['sæpi] ⟨bn.; -er; -ly; -ness; →bijw. 3⟩ **0.1** ***sappig*** ⇒*vol sap* **0.2** ⟨AE; inf.⟩ ***onnozel*** ⇒*sullig, dwaas, dommig* **0.3** ⟨AE; inf.⟩ ***sentimenteel*** ⇒*slap, flauw* **0.4** ⟨BE; inf.⟩ ***krachtig*** ⇒*energiek, vitaal.*

sap·ro- ['sæproʊ] **0.1** ***sapro-*** ⇒*rotting-* ◆ **¶.1** saprogenic *saprogeen, rotting verwekkend; door rotting geproduceerd.*

sa·proph·a·gous [sæ'prɒfəgəs‖sə'prɑ-] ⟨bn.⟩ **0.1** ***saprofaag*** ⇒*van organisch afval levend.*

sap·ro·phyte ['sæprəfaɪt] ⟨telb.zn.⟩ **0.1** ***saprofyt*** ⟨plant die v. organisch afval leeft⟩.

sap·ro·phyt·ic ['sæprə'fɪt̬ɪk] ⟨bn.⟩ **0.1** ***saprofytisch*** ⇒*mbt. / v.e. saprofyt.*

'sap·wood ⟨n.-telb.zn.⟩ **0.1** ***spint(hout)*** ⟨buitenste jaarringen v. boom⟩.

sar·a·band(e) ['særəbænd] ⟨telb.zn.⟩ ⟨dansk., muz.⟩ **0.1** ***sarabande*** ⟨oude Spaanse dans⟩.

Sar·a·cen[1] ['særəsn] ⟨telb.zn.⟩ **0.1** ***Saraceen*** ⇒*mohammedaan* ⟨ten tijde v.d. kruistochten⟩ **0.2** ***Arabier.***

Saracen[2], **Sar·a·cen·ic** ['særə'senɪk] ⟨bn.⟩ **0.1** ***Saraceens*** ⇒*mbt. / v.d. Saracenen.*

sa·ran·gi [sæ'ræŋgi, sɑ:'rʌŋgi] ⟨telb.zn.⟩ ⟨muz.⟩ **0.1** ***sarangi*** ⟨Noordindiaas snaarinstrument⟩.

sarape →serape.

Sar·a·to·ga trunk ['særətoʊgə 'trʌŋk] ⟨telb.zn.⟩ **0.1** ***grote reiskoffer*** ⟨vnl. voor dames⟩.

sar·casm ['sɑ:kæzm‖'sɑr-] ⟨f2⟩ ⟨zn.⟩
I ⟨telb.zn.⟩ **0.1** ***sarcastische opmerking*** ⇒*beschimping, bespotting, hatelijkheid;*
II ⟨n.-telb.zn.⟩ **0.1** ***sarcasme*** ⇒*bijtende spot, (bittere) hoon.*

sar·cas·tic [sɑ:'kæstɪk||sɑr-], **sar·cas·ti·cal** [-ɪkl]⟨f2⟩⟨bn.; -(al)ly; →bijw. 3⟩ **0.1** ***sarcastisch*** *⇒bijtend, vol bittere spot, beschimpend, honend.*

sar·celle [sɑ:'sel||sɑr'sel]⟨telb.zn.⟩⟨dierk.⟩ **0.1** ***taling*** ⟨eend; genus Anas⟩.

sarcenet →sarsenet.

sar·co·ma [sɑ:'koumə||sɑr-]⟨telb.zn.; ook sarcomata [-mət̬ə]; →mv. 5⟩⟨med.⟩ **0.1** ***sarcoom*** ⟨kwaadaardig gezwel v. bindweefsel⟩.

sar·co·ma·to·sis ['sɑ:koumə'tousɪs||'sɑr-]⟨n.-telb.zn.⟩⟨med.⟩ **0.1** ***sarcomatose.***

sar·co·ma·tous [sɑ:'kɒmətəs||sɑr'kɑmət̬əs]⟨bn.⟩⟨med.⟩ **0.1** ***sarcomateus*** *⇒sarcoom-.*

sar·coph·a·gus [sɑ:'kɒfəgəs||sɑr'kɑ-]⟨telb.zn.; ook sarcophagi [-gaɪ]; →mv. 5⟩ **0.1** ***sarcofaag*** *⇒(rijk versierde) stenen doodskist.*

sar·co·plasm ['sɑ:kouplæzm||'sɑrkə-]⟨n.-telb.zn.⟩⟨anat.⟩ **0.1** ***sarcoplasma*** *⇒myoplasma* ⟨protoplasma dat de celkern omgeeft in spiercel⟩.

sar·cous ['sɑ:kəs||'sɑr-]⟨bn., attr.⟩ **0.1** ***spierweefsel-*** *⇒uit spierweefsel bestaand, spier-, vlezig.*

sard [sɑ:d||sɑrd]⟨zn.⟩
I ⟨telb.zn.; S-⟩⟨gesch.⟩ **0.1** ***Sard*** *⇒Sardiniër;*
II ⟨telb. en n.-telb.zn.⟩ **0.1** ***sarder*** *⇒carneool* ⟨gele / oranje-rode edelsteen⟩.

Sar·da·na·pa·lian ['sɑ:dnə'peɪlɪən||'sɑr-]⟨bn.⟩ **0.1** ***(als) v. / mbt. Sardanapalus*** ⟨Assyrische koning⟩.

sar·delle [sɑ:'del||sɑr'delə]⟨telb.zn.⟩ **0.1** ***sardine(achtige vis).***

sar·dine[1] [sɑ:'di:n||sɑr-]⟨f2⟩⟨zn.; ook sardine; →mv. 4⟩
I ⟨telb.zn.⟩ **0.1** ***sardine*** *⇒sardien, sprot* ◆ **6.1** ⟨inf.⟩ (packed) **like** ~s *als haringen opeengepakt / in een ton, als sardientjes in een blik;*
II ⟨telb. en n.-telb.zn.⟩ **0.1** ***sardius*** ⟨in bijb. genoemde gele / oranje-rode edelsteen⟩ *⇒sarder, carneool.*

sardine[2] ⟨ov.ww.⟩ **0.1** ***op elkaar proppen / persen*** *⇒(als haringen in een ton / sardientjes in een blik) opeenpakken.*

Sar·din·i·an[1] [sɑ:'dɪnɪən||sɑr-]⟨zn.⟩
I ⟨eig.n.⟩ **0.1** ***Sardisch*** *⇒Sardinisch, de Sardische taal;*
II ⟨telb.zn.⟩ **0.1** ***Sardiniër.***

Sardinian[2] ⟨bn.⟩ **0.1** ***Sardisch*** *⇒Sardinisch* ◆ **2.¶** ⟨dierk.⟩ ~ warbler *kleine zwartkop* ⟨Sylvia melanocephala⟩.

sar·di·us ['sɑ:dɪəs||'sɑr-]⟨telb. en n.-telb.zn.⟩ **0.1** ***sardius*** ⟨in bijb. genoemde gele / oranje-rode edelsteen⟩ *⇒sarder, carneool.*

sar·don·ic [sɑ'dɒnɪk||sɑr'dɑnɪk]⟨f1⟩⟨bn.; -ally; →bijw. 3⟩ **0.1** ***sardonisch*** *⇒boosaardig spottend* ◆ **1.1** a ~ laugh *een sardonische lach, grijnslach.*

sar·do·nyx ['sɑ:dənɪks||sɑr'dɑnɪks]⟨telb. en n.-telb.zn.⟩ **0.1** ***sardonyx*** ⟨witte tot oranje-rode edelsteen⟩.

sar·gas·so [sɑ:'gæsou||sɑr-]⟨telb. en n.-telb.zn.; ook -es; →mv. 2⟩ ⟨plantk.⟩ **0.1** ***sargassowier*** ⟨drijvend zeewier; genus Sargassum⟩.

sarge [sɑ:dʒ||sɑrdʒ]⟨f1⟩⟨telb.zn.⟩⟨inf.⟩ **0.1** ***sergeant.***

sa·ri, sa·ree ['sɑ:ri]⟨f1⟩⟨telb.zn.⟩ **0.1** ***sari*** ⟨Indiaas kledingstuk voor vrouwen⟩.

sark [sɑ:k||sɑrk]⟨telb.zn.⟩⟨Sch. E⟩ **0.1** ***hemd(jurk).***

sark·ing ['sɑ:kɪŋ||'sɑr-]⟨telb.zn.⟩⟨Sch. E⟩ **0.1** ***dakbeschot.***

sar·ky ['sɑ:ki||'sɑr-]⟨bn.⟩⟨BE; inf.⟩ **0.1** ***sarcastisch.***

Sar·ma·tian[1] [sɑ:'meɪʃn||sɑr-]⟨telb.zn.⟩ **0.1** ***Sarmaat*** ⟨inwoner v.h. vroegere Sarmatië⟩ **0.2** ⟨schr.⟩ ***Pool.***

Sarmatian[2] ⟨bn.⟩ **0.1** ***Sarmatisch*** *⇒mbt. / v.d. Sarmaten* **0.2** ⟨schr.⟩ ***Pools.***

sar·men·tose [sɑ:'mentous||sɑr-], **sar·men·tous** [-'ment̬əs]⟨bn.⟩ ⟨plantk.⟩ **0.1** ***met (wortelende) uitlopers*** ⟨aardbei enz.⟩ *⇒kruipend.*

sa·rong [sə'rɒŋ||-'rɑŋ]⟨f1⟩⟨telb.zn.⟩ **0.1** ***sarong*** ⟨Indisch kledingstuk⟩.

sar·os ['seɪrɒs||'seɪrɑs]⟨telb.zn.⟩⟨ster.⟩ **0.1** ***sarosperiode*** *⇒saroscyclus* ⟨circa 18 jaar⟩.

sar·ru·so·phone [sə'ru:zəfoun]⟨telb.zn.⟩⟨muz.⟩ **0.1** ***sarrusofoon*** ⟨koperen blaasinstrument⟩.

sar·sa·pa·ril·la ['sɑ:spə'rɪlə||'sæs-]⟨zn.⟩
I ⟨telb.zn.⟩⟨plantk.⟩ **0.1** ***struikwinde*** ⟨genus Smilax⟩;
II ⟨telb. en n.-telb.zn.⟩ **0.1** ***frisdrank met sarsaparillasmaak;***
III ⟨n.-telb.zn.⟩ **0.1** ***sarsaparilla(wortel)*** **0.2** ***sarsaparillaextract / stroop.***

sar·sen ['sɑ:sn||'sɑrsn]⟨telb.zn.⟩ **0.1** ***rolsteen*** *⇒kei;* ⟨i.h.b.⟩ *blok zandsteen* ⟨vnl. in Wiltshire⟩.

sarse·net, sarce·net, sars·net ['sɑ:snɪt||'sɑr-]⟨n.-telb.zn.⟩ **0.1** ***(voering)zijde.***

sar·to·ri·al [sɑ:'tɔ:rɪəl||sɑr-]⟨bn.; -ly⟩ **0.1** ***kleermakers-*** **0.2** ***mbt. / v. (heren)kleding*** ◆ **1.1** he sat in ~ fashion *hij zat in kleermakerszit* **1.2** ~ elegance *elegante kleding.*

sar·to·ri·us [sɑ:'tɔ:rɪəs||sɑr-]⟨telb.zn.; sartorii [-rɪaɪ]; →mv. 5⟩ ⟨anat.⟩ **0.1** ***kleermakersspier.***

Sar·um ['seərəm||'sæ-]⟨eig.n.⟩⟨kerk.⟩ **0.1** ***Sarum*** *⇒het bisdom Salisbury* ⟨in middeleeuwen⟩.

'Sarum use ⟨n.-telb.zn.⟩⟨kerk.⟩ **0.1** ***liturgie v.h. bisdom Salisbury.***

SAS ⟨afk.⟩ Special Air Service.

SASE ⟨afk.⟩ self-addressed stamped envelope.

sash[1] [sæʃ]⟨f2⟩⟨telb.zn.⟩ **0.1** ***sjerp*** **0.2** ***raam*** *⇒*⟨i.h.b.⟩ *schuifraam.*

sash[2] ⟨ov.ww.⟩ **0.1** ***een sjerp omdoen*** *⇒omgorden met een sjerp* **0.2** ***van (schuif)ramen voorzien.***

sa·shay[1] [sæ'ʃeɪ]⟨telb.zn.⟩⟨AE; inf.⟩ **0.1** ***uitstapje*** **0.2** ⟨dansk.⟩ ***chassé.***

sashay[2] ⟨onov.ww.⟩⟨AE; inf.⟩ **0.1** ***(opzichtig / parmantig / nonchalant / schuin) lopen*** *⇒paraderen* **0.2** ⟨dansk.⟩ ***een chassé uitvoeren.***

'sash cord, 'sash line ⟨telb.zn.⟩ **0.1** ***raamkoord.***

sa·shi·mi ['sæʃɪmi||'sɑ-]⟨n.-telb.zn.⟩⟨cul.⟩ **0.1** ***sashimi*** ⟨Japans visgerecht⟩.

'sash pocket ⟨telb.zn.⟩ **0.1** ***kokergat*** ⟨holte in vensterkozijn voor raamgewicht⟩.

'sash weight ⟨telb.zn.⟩ **0.1** ***raamgewicht*** *⇒raamlood.*

'sash 'window ⟨f1⟩⟨telb.zn.⟩ **0.1** ***schuifraam.***

sa·sin ['sæsɪn||'seɪsn]⟨telb.zn.⟩⟨dierk.⟩ **0.1** ***Indische antilope*** ⟨Antilope cervicapra⟩.

sa·sine ['seɪsɪn]⟨telb.zn.⟩⟨Sch. E; jur.⟩ **0.1** ***(akte v.e.) feodale bezitting.***

Sask ⟨afk.⟩ Saskatchewan.

sass[1] [sæs]⟨n.-telb.zn.⟩⟨AE⟩ **0.1** ⟨gew.⟩ ***verse groente(n)*** **0.2** ⟨gew.⟩ ***(vruchten)moes*** *⇒compote* **0.3** ⟨inf.⟩ ***babbels*** *⇒brutaliteit, tegenspraak.*

sass[2] ⟨ov.ww.⟩⟨AE; inf.⟩ **0.1** ***brutaal zijn tegen*** *⇒brutaliseren* ◆ **1.1** don't ~ your mother! *sla niet zo'n toon aan tegen je moeder!.*

sas·sa·by ['sæsəbi]⟨telb.zn.; →mv. 2⟩⟨dierk.⟩ **0.1** ***lierantilope*** ⟨Damaliscus lunatus⟩.

sas·sa·fras ['sæsəfræs]⟨zn.⟩
I ⟨telb.zn.⟩⟨plantk.⟩ **0.1** ***sassafras(boom)*** ⟨Sassafras albidum⟩;
II ⟨n.-telb.zn.⟩ **0.1** ***sassafras*** ⟨hout en bast v.d. wortel v. I⟩.

Sas·sa·ni·an[1] [sə'seɪnɪən], **Sas·sa·nid** ['sæsənɪd]⟨telb.zn.; ook Sassanidae [sə'sænɪdi:]; →mv. 5⟩ **0.1** ***lid v.d. Sassaniden*** ⟨Perzisch koningshuis, A.D. 224 - 651⟩.

Sassanian[2], **Sassanid** ⟨bn.⟩ **0.1** ***Sassanidisch.***

Sas·se·nach[1] ['sæsənæk, -næx]⟨telb.zn.⟩⟨vnl. Sch. E, soms IE; scherts., bel.⟩ **0.1** ***Engelsman.***

Sassenach[2] ⟨bn.⟩⟨vnl. Sch. E, soms IE; scherts., bel.⟩ **0.1** ***Engels.***

sassy →saucy.

sas·tru·ga [sæ'stru:gə], **zas·tru·ga** [zæ'stru:gə]⟨telb.zn.; vnl. mv.; sastrugi [-gi], zastrugi [-gi]; →mv. 5⟩ **0.1** ***sneeuwribbel.***

sat [sæt]⟨verl. t. en volt. deelw.⟩ →sit.

Sat ⟨afk.⟩ Saturday.

SAT ⟨afk.⟩ Scholastic Aptitude Test, South Australian Time.

Sa·tan ['seɪtn]⟨f1⟩⟨eig.n., telb.zn.⟩ **0.1** ***Satan*** *⇒(de) Duivel.*

sa·tan·ic [sə'tænɪk], **sa·tan·i·cal** [-ɪkl]⟨f1⟩⟨bn.; -(al)ly; →bijw. 3⟩ **0.1** ⟨ook S-⟩ ***v. Satan / de Duivel*** **0.2** ***satanisch*** *⇒boosaardig, duivels, hels, diabolisch, demonisch, goddeloos* ◆ **1.1** ⟨scherts.⟩ His Satanic Majesty *Zijne Duivelse Hoogheid, Satan* **1.2** Satanic School *Satanic School* ⟨zo door Southey genoemde literaire school waartoe o.a. Byron en Shelley behoorden⟩.

Sa·tan·ism ['seɪtn-ɪzm]⟨n.-telb.zn.⟩ **0.1** ***satanisme*** *⇒dienst / aanbidding v. Satan, duivelverering* **0.2** ***satanisme*** *⇒demonische kwaadaardigheid, duivels karakter.*

Sa·tan·ist ['seɪtn-ɪst]⟨telb.zn.⟩ **0.1** ***satanist*** *⇒dienaar / aanbidder v. Satan.*

sa·tay, sa·tai, sa·té ['sæteɪ]⟨n.-telb.zn.⟩ **0.1** ***sateh.***

SATB ⟨afk.⟩ soprano, alto, tenor, bass.

satch [sætʃ]⟨telb.zn.⟩⟨sl.⟩ **0.1** ***(man met een) scheur*** ⟨grote mond⟩ **0.2** ***ouwehoer*** *⇒kletskont.*

satch·el ['sætʃl]⟨f1⟩⟨telb.zn.⟩ **0.1** ***(school)tas*** ⟨vaak met schouderband⟩ *⇒pukkel* **0.2** ⟨sl.⟩ ***(jazz)musicus*** **0.3** ⟨verk.⟩ ⟨satchel mouth⟩.

'satchel mouth ⟨telb.zn.⟩⟨sl.⟩ **0.1** ***(man met een) scheur*** ⟨grote mond⟩.

sate[1] [seɪt]⟨ov.ww.⟩ **0.1** ***(over)verzadigen*** *⇒bevredigen, overvoeden / laden* ◆ **6.1** be sated **with** *verzadigd zijn van; de buik vol hebben van;* I have been to the cinema five times this week; I am completely sated with films *ik ben deze week vijf keer naar de bioscoop geweest; ik kan geen film meer zien.*

sate[2] ⟨verl. t.⟩ →sit.

sa·teen [sə'ti:n]⟨n.-telb.zn.⟩ **0.1** ***satinet*** ⟨katoenen, geglansd satijnweefsel⟩.

sate·less ['seɪtləs]⟨bn.⟩⟨schr.⟩ **0.1** ***onverzadigbaar.***

sat·el·lite[1] ['sæt̬laɪt]⟨f2⟩⟨telb.zn.⟩ **0.1** ***satelliet*** *⇒(kunst)maan,* *wachter, bijplaneet* **0.2** ***volgeling*** *⇒satelliet, aanhanger, dienaar* **0.3** ***voorstad*** *⇒randgemeente* **0.4** ***satellietstaat*** *⇒vazalstaat, afhankelijke staat.*

satellite[2] ⟨ov.ww.⟩ **0.1** ***per satelliet uitzenden.***

'satellite broadcasting ⟨n.-telb.zn.⟩ **0.1** ***(het) uitzenden via een/per satelliet*** ⟨v. t.v.- of radioprogramma's⟩ *⇒satellietuitzending.*

'satellite state ⟨f1⟩ ⟨telb.zn.⟩ **0.1** ***satellietstaat*** *⇒vazalstaat, afhankelijke staat.*

'satellite town ⟨telb.zn.⟩ **0.1** ***satellietstad*** *⇒overloopgemeente.*

sat·el·lit·ic [ˈsæṭḷˈɪṭɪk]⟨bn.⟩ **0.1** ***satelliet-*** *⇒vazal-, afhankelijk, ondergeschikt, hulp-* **0.2** ***aangrenzend.***

sati →suttee.

sa·ti·a·ble [ˈseɪʃəbl]⟨bn.; -ly; -ness; →bijw. 3⟩⟨schr.⟩ **0.1** ***verzadigbaar*** *⇒bevredigbaar.*

sa·ti·ate [ˈseɪʃieɪt]⟨ov.ww.⟩ **0.1** ***(over)verzadigen*** *⇒bevredigen, overvoeden/laden* ◆ **6.1** be ~d **with** *verzadigd zijn van; zijn buik vol hebben van;* be ~d **with** food *volgegeten zijn, zijn buik rond gegeten hebben, (prop)vol zitten.*

sa·ti·a·tion [ˈseɪʃiˈeɪʃn]⟨n.-telb.zn.⟩ **0.1** ***(over)verzadiging*** *⇒bevrediging.*

sa·ti·e·ty [səˈtaɪəṭi]⟨f1⟩⟨n.-telb.zn.⟩ **0.1** ***(over)verzadiging*** *⇒bevrediging* ◆ **6.1** to (the point of) ~ *tot (over)verzadiging/het verzadigingspunt bereikt is, tot men het beu/zat is, tot men meer dan genoeg heeft gehad, tot walgens/vervelens toe.*

sat·in[1] [ˈsæṭɪn‖ˈsætn]⟨f1⟩⟨n.-telb.zn.⟩ **0.1** ***satijn*** *⇒glanszijde.*

satin[2] ⟨f1⟩⟨bn.⟩ **0.1** ***satijnachtig*** *⇒satijnen, satijnzacht* ◆ **1.1** ~ finish *satijnglans* ⟨v. zilverwerk⟩.

satin[3] ⟨ov.ww.⟩ **0.1** ***satineren*** ⟨glanzig maken v. papier⟩.

'satin bird, 'satin 'bowerbird ⟨telb.zn.⟩⟨dierk.⟩ **0.1** ***satijnvogel*** ⟨Ptilonorhynchus violaceus⟩.

sat·i·net, sat·i·nette [ˈsæṭɪˈnet‖ˈsætn-ˈet]⟨n.-telb.zn.⟩ **0.1** ***satinet*** *⇒satijnweefsel.*

'sat·in·flow·er ⟨telb. en n.-telb.zn.⟩⟨plantk.⟩ **0.1** ***judaspenning*** ⟨Lunaria annua⟩ **0.2** ***(sterre)muur*** ⟨Stellaria⟩ *⇒(vogel)muur, kippemuur* ⟨S. media⟩ **0.3** ***hoornbloem*** ⟨Cerastium⟩ **0.4** ***grootbloemige godetia*** ⟨Godetia grandiflora⟩.

'satin paper ⟨n.-telb.zn.⟩ **0.1** ***gesatineerd papier.***

'sat·in·pod ⟨telb.zn.⟩⟨plantk.⟩ **0.1** ***judaspenning*** ⟨Lunaria annua⟩.

'satin spar, 'satin stone ⟨n.-telb.zn.⟩⟨geol.⟩ **0.1** ***satijnspaat*** *⇒gipsspaat, draadgips, Mariaglas* ⟨mineraal⟩ **0.2** ***atlasspaat.***

'satin stitch ⟨telb.zn.⟩ **0.1** ***satijnsteek*** *⇒stopsteek* ⟨soort platsteek⟩.

'satin 'white ⟨n.-telb.zn.⟩ **0.1** ***satijnwit.***

'sat·in·wood ⟨n.-telb.zn.⟩ **0.1** ***satijnhout.***

sat·in·y [ˈsæṭɪni‖ˈsætn·i]⟨bn.⟩ **0.1** ***satijnachtig*** *⇒satijnzacht, satijnen.*

sat·ire [ˈsætaɪə‖-ər]⟨f2⟩⟨zn.⟩

I ⟨telb.zn.⟩ **0.1** ***satire*** *⇒hekeldicht/roman, hekelschrift, hekelend stuk, schotschrift, schimpschrift, libel, pamflet* **0.2** ***satire*** *⇒karikatuur, bespotting, ridiculisering;* ⟨fig.⟩ *verkrachting, aanfluiting* ◆ **6.2** our lives are a ~ **(up)on** our principles *onze levenswandel steekt schril af bij onze principes;*

II ⟨n.-telb.zn.⟩ **0.1** ***hekelliteratuur*** *⇒satire(literatuur)* **0.2** ***spottende humor*** *⇒ironie, spot.*

sa·tir·i·cal [səˈtɪrɪkl], **sa·tir·ic** [-rɪk]⟨f2⟩⟨bn.; -(al)ly; -(al)ness; →bijw. 3⟩ **0.1** ***satirisch*** *⇒hekelend, spottend.*

sat·i·rist [ˈsæṭɪrɪst]⟨f1⟩⟨telb.zn.⟩ **0.1** ***satiricus*** *⇒hekeldichter* **0.2** ***satiricus*** *⇒satirisch iem..*

sat·i·rize, -rise [ˈsæṭɪraɪz]⟨f1⟩⟨ov.ww.⟩ **0.1** ***hekelen*** *⇒bespotten, ridiculiseren, beschimpen* **0.2** ***een satire schrijven op.***

sat·is·fac·tion [ˈsæṭɪsˈfækʃn]⟨f3⟩⟨zn.⟩

I ⟨telb.zn.⟩ **0.1** ⟨vnl. enk.⟩ ***genoegen*** *⇒plezier, vreugde* **0.2** ***vergoeding*** *⇒schadeloosstelling* ◆ **6.1** it is a ~ **to** me *het doet me (een) plezier/(een) genoegen;*

II ⟨n.-telb.zn.⟩ **0.1** ***tevredenheid*** *⇒genoegen, plezier* **0.2** ***voldoening*** *⇒satisfactie, vervulling, bevrediging,* ⟨bij uitbr.⟩ *zekerheid* **0.3** ***vergoeding*** *⇒(re)compensatie, tegemoetkoming* **0.4** ***genoegdoening*** *⇒eerherstel, satisfactie, voldoening,* ⟨theol. ook⟩ *verzoening* **0.5** ***(schuld)vereffening*** *⇒(schuld)delging, (af/terug)betaling, voldoening* **0.6** ⟨relig.⟩ ***boetedoening*** *⇒voldoening* ◆ **1.4** Christ's ~ *de voldoening door Christus* **2.2** present ~ *directe voldoening* **3.1** feel ~ at *tevredenheid voelen bij/over/wegens, tevreden zijn over;* find ~ in/take ~ from *genoegen vinden in, plezier hebben aan* **3.2** give ~ *voldoening schenken, voldoen, (iem.) tevreden stellen* **3.4** demand ~ *genoegdoening eisen;* obtain/refuse ~ *genoegdoening (ver)krijgen/weigeren* **3.5** the company got ~ from him *hij betaalde de firma zijn schulden terug* **3.¶** ⟨jur.⟩ enter ~ *een schuldvereffening op papier zetten, een schuld voor voldaan tekenen* **6.2** prove sth. **to** s.o's ~ *iets tot iemands volle tevredenheid bewijzen, overtuigend bewijs v. iets leveren* **6.6 in ~ for/of** one's sins *ter voldoening v. zijn zonden.*

sat·is·fac·to·ri·ly [ˈsæṭɪsˈfæktrəli]⟨f1⟩⟨bw.⟩ **0.1** →satisfactory **0.2** ***naar genoegen*** *⇒tot aller tevredenheid.*

sat·is·fac·to·ry [ˈsæṭɪsˈfæktri]⟨f3⟩⟨bn.; -ness; →bijw. 3⟩ **0.1** ***toereikend*** *⇒genoegzaam, voldoende, (goed) genoeg* **0.2** ***voldoening schenkend*** *⇒bevredigend, tevredenstellend* **0.3** ***geschikt*** *⇒passend, bruikbaar* **0.4** ***genoeglijk*** *⇒plezierig, aangenaam, prettig* **0.5** ⟨theol.⟩ ***toereikend*** *⇒als (voldoende) boete dienend* ◆ **1.5** a ~ sacrifice *een toereikend offer* **3.2** of all the cars he tried, only one was ~ *van al de auto's die hij probeerde, was er maar één die voldeed.*

sat·is·fi·able [ˈsæṭɪsfaɪəbl]⟨bn.⟩ **0.1** ***te voldoen*** ◆ **1.1** this demand is ~ *deze eis kan ingewilligd worden.*

sat·is·fy [ˈsæṭɪsfaɪ]⟨f3⟩⟨ww.; →ww. 7⟩

I ⟨onov.ww.⟩ **0.1** ***voldoen*** *⇒toereikend zijn, (goed) genoeg zijn* **0.2** ***voldoen*** *⇒genoegen schenken, tevreden stemmen* **0.3** ***boeten (voor de zonden der mensheid)*** ⟨v. Christus⟩;

II ⟨ov.ww.⟩ **0.1** ***tevredenstellen*** *⇒genoegen/voldoening schenken, bevredigen, vergenoegen* **0.2** ***vervullen*** *⇒voldoen aan, beantwoorden aan, overeenstemmen met* **0.3** ***nakomen*** *⇒vervullen, volbrengen, naleven* **0.4** ***stillen*** *⇒bevredigen, verzadigen, doen stoppen* **0.5** ***weerleggen*** **0.6** ⟨vaak pass.⟩ ***overtuigen*** *⇒verzekeren* **0.7** ***(terug/af)betalen*** *⇒voldoen, vereffenen, delgen* ⟨schuld⟩ **0.8** ***vergoeden*** *⇒schadeloosstellen* **0.9** ⟨wisk.⟩ ***voldoen*** ⟨bv. aan een vergelijking⟩ *⇒doen uitkomen/kloppen, oplossen* ◆ **1.1** she satisfied her teacher in her examination *haar leerkracht was tevreden over haar examen* **1.2** ~ all the conditions *aan alle voorwaarden voldoen;* ~ the definition of *beantwoorden aan de definitie van* **1.3** ~ an obligation *een verplichting nakomen* **1.4** ~ one's curiosity *zijn nieuwsgierigheid bevredigen* **1.5** this satisfied my doubts *dit stelde mij gerust* **3.1** rest satisfied *tevreden blijven* **4.1** he could not ~ himself to stay any longer *hij wenste niet langer te blijven* **4.6** ~ o.s. that *de zekerheid verkrijgen dat, zich ervan vergewissen dat* **6.1** be satisfied **with** *tevreden/voldaan zijn over* **6.6** be satisfied **of** *overtuigd/zeker zijn van* **8.6** be satisfied that *ervan overtuigd zijn dat, de zekerheid (verkregen) hebben dat.*

sa·to·ri [səˈtɔːri]⟨telb.zn.⟩ **0.1** ***satori*** *⇒verlichting, inzicht* ⟨in Zenboeddhisme⟩.

sa·trap [ˈsætrəp‖ˈseɪtræp]⟨telb.zn.⟩ **0.1** ⟨gesch.⟩ ***satraap*** *⇒provinciegouverneur, onderkoning* ⟨in Oud-Perzië⟩ **0.2** ***satraap*** *⇒despotisch ondergeschikt bewindsman.*

sa·trap·y [ˈsætrəpi‖ˈseɪtrəpi]⟨telb.zn.; →mv. 2⟩ **0.1** ***satrapie*** *⇒satraapschap.*

Sa·tsu·ma [sætˈsuːmə], ⟨in bet. II 0.1 ook⟩ **sat'suma orange** ⟨zn.⟩

I ⟨eig.n.⟩ **0.1** ***Satsuma*** ⟨vroegere provincie in Japan⟩;

II ⟨telb.zn.; s-⟩ **0.1** ***Satsuma-mandarijn*** *⇒Satsuma-sinaasappel* **0.2** ***Satsuma-mandarijnboom*** *⇒Satsuma-sinaasappelboom;*

III ⟨n.-telb.zn.⟩ →Satsuma ware.

Sat'suma ware ⟨n.-telb.zn.⟩ **0.1** ***Satsuma-porselein.***

sat·u·ra·ble [ˈsætʃrəbl]⟨bn.⟩ **0.1** ***verzadigbaar*** *⇒te verzadigen.*

sat·u·rant[1] [ˈsætʃərənt]⟨telb.zn.⟩ **0.1** ***verzadigingsstof.***

saturant[2] ⟨bn.⟩ **0.1** ***verzadigend*** *⇒om te verzadigen.*

sat·u·rate[1] [ˈsætʃərət]⟨telb.zn.⟩⟨schei.⟩ **0.1** ***verzadigde verbinding.***

saturate[2], **sat·u·rat·ed** [ˈsætʃəreɪṭɪd]⟨bn.; tweede variant volt. deelw. v. saturate⟩ **0.1** →saturate[3] **0.2** ***intensief*** *⇒vol, zuiver, diep, rijk* ⟨v. kleur⟩ ◆ **1.1** saturated fats *verzadigde vetten.*

saturate[3] [ˈsætʃəreɪt]⟨f2⟩⟨ov.ww.; →ww. 7⟩ →saturated **0.1** ***doordrenken*** ⟨ook fig.⟩ *⇒doorweken, doortrekken, doordringen, onderdompelen* **0.2** ⟨vaak pass.⟩ ***(over)verzadigen*** *⇒volledig vullen* **0.3** ⟨nat.⟩ ***verzadigen*** **0.4** ⟨schei.⟩ ***satureren*** *⇒neutraliseren, verzadigen* **0.5** ⟨mil.⟩ ***zwaar/plat bombarderen*** ◆ **1.2** the computer market will soon be ~d *de afzetmarkt voor computers zal weldra verzadigd zijn* **1.3** ~d steam *verzadigde stoom/waterdamp* **1.4** ~d fatty acid *verzadigd vetzuur;* ~d compound *verzadigde verbinding;* a ~d solution of sugar *een verzadigde suikeroplossing* **3.1** be ~d *kletsnat zijn* **6.1** ~d **in** *vervuld met/van, doordrongen van, ondergedompeld in;* ~ **with** *doordrenken met;* ~ a sponge **with** water *een spons kletsnat maken;* ~d **with** prejudices *één en al vooroordelen* **6.3** ~ **with** *(over)verzadigen met/door* **6.4** ~ an acid **with** an alkali *een zuur met/via een alkali neutraliseren.*

sat·u·ra·tion [ˈsætʃəˈreɪʃn]⟨f1⟩⟨n.-telb.zn.⟩ **0.1** ***(over)verzadiging*** *⇒verzadigdheid, voldaanheid* **0.2** ⟨schei.⟩ ***verzadiging*** *⇒saturatie* ⟨bij magnetisme⟩ **0.3** ⟨mil.⟩ ***overweldiging*** *⇒het platbombarderen* **0.4** ⟨optica⟩ ***intensiteit*** *⇒zuiverheid, hevigheid, verzadigdheid* **0.5** ⟨meteo.⟩ ***maximale vochtigheidstoestand*** *⇒honderd procent relatieve vochtigheid* ◆ **1.1** ~ of the car market *verzadiging v.d. automarkt* **1.3** ~ with heavy bombing *volledig platbombarderen.*

satu'ration bombing ⟨telb. en n.-telb.zn.⟩⟨mil.⟩ **0.1** ***het platbombarderen*** *⇒saturatiebombardement.*

satu'ration diving, 'saturated 'diving ⟨n.-telb.zn.⟩ **0.1** ***duikmethode met korte decompressietijd.***

satu'ration point ⟨f1⟩⟨telb.zn.⟩ **0.1** ***verzadigingspunt*** ◆ **3.1** reach the/one's ~ *het/zijn verzadigingspunt bereiken, het/zijn limiet bereiken.*

Sat·ur·day ['sætədi, -deɪ‖'sæţər-]⟨f3⟩⟨eig.n., telb.zn.⟩ **0.1** ***zaterdag*** ◆ **3.1** he arrives (on) ~ *hij komt (op/a.s.) zaterdag aan* **6.1** on ~(s) *zaterdags, op zaterdag, de zaterdag(en), elke zaterdag* **7.1** ⟨BE⟩ he arrived on the ~ *hij kwam (de) zaterdag/op zaterdag aan;* he arrived on the ~ and left on the Wednesday *hij kwam (de) zaterdag/op zaterdag aan en vertrok (de) woensdag/op woensdag* ¶.**1** ⟨vnl. AE⟩ ~s *zaterdags, op zaterdag(en), elke zaterdag;* he works ~s *hij werkt zaterdags/op zaterdag.*

Sat·ur·day-night-i·tis ['sætədinaɪ'taɪtɪs‖'sæţərdinaɪ'taɪţɪs]⟨n.-telb.zn.⟩⟨inf.⟩ **0.1** ***stijve arm*** ⟨doordat die de hele (zaterdag) avond om de schouder v.e. meisje gehouden werd⟩.

'Saturday night 'special ⟨telb.zn.⟩ **0.1** ***Saturday night special*** ⟨gemakkelijk te verbergen revolvertje⟩.

Sat·urn ['sætən‖'sæţərn]⟨zn.⟩
I ⟨eig.n.⟩ **0.1** ***Saturnus*** ⟨Romeinse god⟩ **0.2** ⟨ster.⟩ ***Saturnus*** ⟨planeet⟩ ◆ **1.1** the reign of ~ *de heerschappij v. Saturnus* ⟨het gouden tijdperk v.d. Oudheid⟩;
II ⟨n.-telb.zn.⟩⟨alch.⟩ **0.1** ***Saturnus*** ⇒*lood.*

sat·ur·na·li·a ['sætə'neɪlɪə‖'sæţər-]⟨zn.; ook saturnalia; →mv. 5⟩
I ⟨telb.zn.; soms S-⟩ **0.1** ***uitspatting*** ⇒*orgie, losbandigheid, dronkemansfeest* ◆ **1.1** a ~ of corruption *een uitspatting v. verdorvenheid;*
II ⟨mv.; vaak S-; ww. ook enk.⟩ **0.1** ***saturnaliën*** ⇒*saturnalia, Saturnusfeest* ⟨Romeins feest v. 17-23 december⟩.

sat·ur·na·li·an ['sætə'neɪlɪən‖'sæţər-]⟨bn.⟩ **0.1** ⟨vaak S-⟩ ***v.d. saturnaliën*** ⇒*v.h. Saturnusfeest* **0.2** ⟨ook S-⟩ ***losbandig*** ⇒*orgiastisch.*

Sa·tur·ni·an[1] [sə'tɜːnɪən‖-'tɜr-]⟨zn.⟩
I ⟨telb.zn.⟩ **0.1** ***Saturniër*** ⇒*bewoner v. Saturnus;*
II ⟨mv.; ~s⟩⟨lit.⟩ **0.1** ***saturniërs*** ⇒*saturnische verzen.*

Saturnian[2] ⟨bn.; vaak s-⟩ **0.1** ***Saturnisch*** ⇒*v. (d. tijd v.) Saturnus, onschuldig, eenvoudig* **0.2** ***v.(d. planeet) Saturnus*** ⇒*Saturnisch* ◆ **1.1** the ~ age *de Saturnische tijd, het gouden tijdperk, de gouden eeuw;* ⟨lit.⟩ ~ metrum *saturnisch metrum* ⟨oud-Latijns metrum⟩; ⟨lit.⟩ ~ verse *saturniër, saturnisch vers.*

sa·tur·nic [sæ'tɜːnɪk‖-'tɜr-]⟨bn.⟩⟨med.⟩ **0.1** ***aan loodvergiftiging lijdend.***

sat·ur·nine ['sætənaɪn‖'sæţərnaɪn]⟨bn.; -ly⟩ **0.1** ***zwaarmoedig*** ⇒*somber, bedrukt* **0.2** ***lood-*** ⇒*loodvergiftigings-.*

sat·urn·ism ['sætənɪzm‖'sæţərnɪzm]⟨telb. en n.-telb.zn.⟩⟨med.⟩ **0.1** ***saturnisme*** ⇒*loodvergiftiging.*

sat·ya·gra·ha ['sʌtjə'grʌhə]⟨n.-telb.zn.; ook S-⟩ **0.1** ***(politiek v.) geweldloos verzet*** ⇒*vreedzame revolutie* ⟨onder Mahatma Gandhi in Indië⟩.

sat·yr ['sætə‖'seɪţər], ⟨in bet. 0.3 ook⟩ **'satyr 'butterfly** ⟨telb.zn.⟩ **0.1** ***sater*** ⇒*satyr, wellusteling* **0.2** ***lijder aan satyriasis*** **0.3** ⟨dierk.⟩ ***bruin zandoogje*** ⟨vlinder; fam. Satyridae⟩.

sat·y·ri·a·sis ['sætə'raɪəsɪs‖'seɪţə-]⟨telb.zn.; satyriases [-siːz]; →mv. 5⟩ **0.1** ***satyriasis*** ⟨ziekelijk verhoogde seksuele drift⟩.

sa·tyr·ic [sə'tɪrɪk], **sa·tyr·i·cal** [-ɪkl]⟨bn.⟩ **0.1** ***v./met saters*** ⇒*sater-* ◆ **1.1** ~ drama *saterspel* ⟨klucht met saters⟩.

sauce[1] [sɔːs], ⟨in bet. II 0.1 ook⟩ **sass** [sæs]⟨f3⟩⟨zn.⟩ ⟨→sprw. 307, 731⟩
I ⟨telb. en n.-telb.zn.⟩ **0.1** ***saus*** ⟨ook fig.⟩ ⇒*sausje* **0.2** ***(tabaks) saus*** ◆ **1.1** a ~ of danger *een saus(je) v. gevaar;* the ~ of life *de saus v.h. leven* **2.1** ⟨cul.⟩ ~ béarnaise/Béarnaise ~ *béarnaisesaus, Bearnese saus;* ⟨cul.⟩ ~ bordelaise/Bordelaise ~ *Bordelaise saus;* chocolate ~ *chocoladesaus;* white ~ *witte saus* **3.**¶ serve with the same ~ *met gelijke munt betalen;*
II ⟨n.-telb.zn.⟩ **0.1** ⟨inf.⟩ ***brutaliteit*** ⇒*vrijpostigheid, onbeschaamdheid, tegenspraak* **0.2** ⟨AE⟩ ***gestoofd fruit*** ⇒*vruchtenmoes, compote* **0.3** ⟨AE; gew.⟩ ***groenten*** **0.4** ⟨sl.⟩ ***sterke drank*** ⇒*zuip* ◆ **4.1** none of your ~! *hou je brutale mond!, hou je fatsoen!* **6.4** be **off** the ~ *v.d. (sterke) drank af zijn/(af)blijven; niet meer aan de zuip zijn* **7.1** what ~! *wat een brutaliteit!.*

sauce[2], ⟨AE in bet. 0.1 ook⟩ **sass** ⟨ov.ww.; →ww. 7⟩ **0.1** ⟨inf.⟩ ***brutaliseren*** ⇒*een brutale mond opzetten tegen, brutaal zijn tegen* **0.2** ***sausen*** ⟨ook fig.⟩ ⇒*kruiden, iets pikants geven aan* **0.3** ⟨vero.⟩ ***sausen*** ⇒*veraangenamen, verzachten* ◆ **6.2** ~ **by** *kruiden met;* ~ a lecture **by** jokes *een lezing met grappen kruiden* **6.3** ~ **with** *sausen/veraangenamen met/door.*

'sauce-a'lone ⟨n.-telb.zn.⟩ **0.1** ***look-zonder-look*** ⇒*knoflookkruid.*

'sauce-boat ⟨telb.zn.⟩ **0.1** ***sauskom.***

'sauce·box ⟨telb.zn.⟩⟨inf.⟩ **0.1** ***brutale*** ⇒*brutaaltje, brutale kerel.*

sauce·less ['sɔːsləs]⟨bn.⟩ **0.1** ***zonder saus.***

sauce·pan ['sɔːspən‖-pæn]⟨f2⟩⟨telb.zn.⟩ **0.1** ***steelpan.***

sau·cer ['sɔːsə‖-ər]⟨f2⟩⟨telb.zn.⟩ **0.1** ***(thee)schoteltje*** **0.2** ***schotel(tje)*** ⇒*schaal(tje), bord(je), bakje* **0.3** ⟨gew.⟩ ***kom*** ⇒*uitholling* **0.4** ⟨com.⟩ ***schotelantenne.***

'sau·cer-'eyed ⟨bn.⟩ **0.1** ***met ogen als schoteltjes.***

'saucer 'eyes ⟨mv.⟩ **0.1** ***ogen als schoteltjes.***

sau·cer·ful ['sɔːsəfʊl‖-sərfʊl]⟨telb.zn.; ook saucersful; →mv. 6⟩ **0.1** ***schotel*** ⟨hoeveelheid⟩.

sau·cer·man ['sɔːsəmən‖-sərmən]⟨telb.zn.; saucermen; →mv. 3⟩ **0.1** ***ruimtebewoner*** ⇒*bewoner v.e. andere planeet, marsmannetje.*

sau·cy ['sɔːsi], ⟨AE ook⟩ **sas·sy** ['sæsi]⟨f1⟩⟨bn.; -er; -ly; -ness; →bijw. 3⟩⟨inf.⟩ **0.1** ***brutaal*** ⇒*vrijpostig; (lichtjes) uitdagend* ⟨ook seksueel⟩ **0.2** ***energiek*** ⇒*met pit* **0.3** ***vlot*** ⇒*knap, tof* ◆ **1.1** she is a ~ bit of goods *zij is een pikant stuk* **1.3** a ~ hat *een vlot/modieus hoedje.*

Sa·u·di[1] ['saʊdi]⟨f1⟩⟨telb.zn.⟩ **0.1** ***Saoediër*** **0.2** ***lid/voorstander v.d. Saoedi-dynastie.***

Saudi[2] ⟨f1⟩⟨bn.⟩ **0.1** ***Saoedi-Arabisch*** **0.2** ***Saoedisch*** ⇒*behorend tot de Saoedi-dynastie.*

sauer·bra·ten ['saʊəbrɑːtn‖-ər-]⟨n.-telb.zn.⟩⟨cul.⟩ **0.1** ***gemarineerd rundvlees*** ⇒*sauerbraten.*

sauer·kraut, sour·crout ['saʊəkraʊt‖-ər-]⟨n.-telb.zn.⟩ **0.1** ***zuurkool.***

sau·ger ['sɔːgə‖-ər]⟨telb.zn.⟩⟨dierk.⟩ **0.1** ***Canadese baars*** ⟨Stizostedion canadense⟩.

sau·na ['sɔːnə‖'saʊnə], **'sauna bath** ⟨f1⟩⟨telb.zn.⟩ **0.1** ***sauna(bad).***

saun·ter[1] ['sɔːntə‖'sɔnţər]⟨telb.zn.⟩ **0.1** ***kuier(ing)*** ⇒*wandeling (etje), drenteling* **0.2** ***slentergang.***

saunter[2] ⟨f1⟩⟨onov.ww.⟩ **0.1** ***drentelen*** ⇒*slenteren, kuieren, (rond) wandelen.*

saun·ter·er ['sɔːntrə‖-trər]⟨telb.zn.⟩ **0.1** ***drentelaar(ster)*** ⇒*slenteraar(ster).*

-saur [sɔː‖sɔr], **-sau·rus** ['sɔːrəs] **0.1** ***-saurus*** ⇒*-hagedis* ◆ ¶.**1** brontosaur *brontosaurus;* plesiosaurus *plesiosaurus.*

sau·ri·an[1] ['sɔːrɪən]⟨telb.zn.⟩ **0.1** ***saurus*** ⇒*sauriër, hagedisachtige.*

saurian[2] ⟨bn.⟩ **0.1** ***v.d. hagedis*** ⇒*hagedis-* **0.2** ***hagedisachtig.***

sau·ry ['sɔːri]⟨telb.zn.; →mv. 2⟩⟨dierk.⟩ **0.1** ***makreelgeep*** ⟨Scombresox sauros⟩.

sau·sage ['sɒsɪdʒ‖'sɔ-], ⟨in bet. I 0.3 ook⟩ **'sausage balloon** ⟨f2⟩⟨zn.⟩
I ⟨telb.zn.⟩ **0.1** ***worst*** ⇒*worstvormig voorwerp* **0.2** ⟨AE; bel.⟩ ***mof*** ⇒*Duitser* **0.3** ***observatieballon*** ⟨worstvormig⟩ **0.4** ⟨mil.⟩ ***(kruit)worst*** **0.5** ⟨sl.⟩ ***slome stommeling*** ⇒⟨i.h.b.⟩ *waardeloze atleet, waardeloze bokser;*
II ⟨telb. en n.-telb.zn.⟩ **0.1** ***worst*** ⇒*saucijs, worstvlees* ◆ **1.1** ~ and mash *puree met worst* ¶.¶ not a ~ *niets, geen sikkepit.*

'sau·sage-dog ⟨telb.zn.⟩⟨BE; inf.⟩ **0.1** ***dashond*** ⇒*worst op poten.*

'sau·sage-fill·er ⟨telb.zn.⟩ **0.1** ***worstvulmachine*** ⇒*worsthorentje.*

'sau·sage-grind·er ⟨telb.zn.⟩ **0.1** ***worstmolen.***

'sau·sage-ma·chine ⟨telb.zn.⟩ **0.1** ***worstmachine.***

'sau·sage-meat ⟨n.-telb.zn.⟩ **0.1** ***worstvlees.***

'sausage 'roll ⟨telb.zn.⟩ **0.1** ***saucijzebroodje*** ⇒*worstebroodje.*

sau·té[1], **sau·te** ['soʊteɪ‖'sɔ'teɪ]⟨f1⟩⟨telb.zn.⟩⟨cul.⟩ **0.1** ***gesauteerde schotel*** ⇒*gesauteerd gerecht* ◆ **1.1** a ~ of meat and onions *gesauteerd vlees en uien.*

sauté[2] ⟨bn.⟩⟨cul.⟩ **0.1** ***gesauteerd*** ⇒*snel gebakken/gebraden* ◆ **1.1** ~ potatoes *gebakken aardappelen.*

sauté[3] ⟨f1⟩⟨ov.ww.; sautéed, sautéd ['soʊteɪd‖'sɔ'teɪd]⟩⟨cul.⟩ **0.1** ***sauteren*** ⇒*laten bruinen, snel bakken/braden.*

sau·terne(s) [soʊ'tɜːn‖-'tɜrn]⟨telb. en n.-telb.zn.; sauternes; →mv. 4⟩⟨vaak S-⟩ **0.1** ***sauternes(wijn).***

sav·a·ble, save·a·ble ['seɪvəbl]⟨bn.; -ness⟩ **0.1** ***te redden*** ⇒*te verlossen/bevrijden* **0.2** ***te (be)sparen*** ⇒*op/uit te sparen.*

sav·age[1] ['sævɪdʒ]⟨f2⟩⟨telb.zn.⟩ **0.1** ***wilde*** ⇒*primitieve (mens)* **0.2** ***woesteling*** ⇒*wildeman* **0.3** ***barbaar*** ⇒*boerenkinkel, lomperik* **0.4** ***vals dier*** ⇒*woest/wild beest* **0.5** ⟨sl.⟩ ***laagstbetaalde werknemer*** **0.6** ⟨sl.⟩ ***beginnende/overijverige agent.***

savage[2] ⟨f3⟩⟨bn.; ook -er; -ly; -ness; →compar. 7⟩ **0.1** ***primitief*** ⇒*onbeschaafd* **0.2** ***wreed(aardig)*** ⇒*woest, ruw, barbaars* **0.3** ***heftig*** ⇒*fel, meedogenloos* **0.4** ***wild*** ⇒*woest, ongetemd* **0.5** ***lomp*** ⇒*ongemanierd* **0.6** ⟨vnl. BE; inf.⟩ ***woest*** ⇒*razend (kwaad), woedend* **0.7** ⟨heraldiek⟩ ***naakt*** **0.8** ⟨vero.⟩ ***wild*** ⇒*ongecultiveerd* ◆ **1.1** ~ customs *primitieve gewoonten;* ~ tribes *primitieve stammen* **1.2** a ~ dog *een valse hond;* ~ revenge *wreedaardige wraak* **1.3** ~ criticism *onmeedogende kritiek* **1.4** ~ beasts *wilde dieren;* a ~ dog *een ongetemde hond;* a ~ epidemic *een wild om zich heen grijpende epidemie;* a ~ scene *een woest landschap* **1.8** ~ berries *wilde/in het wild groeiende bessen* **3.6** make s.o. ~ *iem. woest maken.*

savage[3] ⟨ov.ww.; →ww. 7⟩ **0.1** ***woest/razend/wild maken*** **0.2** ***aanvallen en bijten*** ⇒*bijten en trappen* ⟨v. dieren, i.h.b. paard⟩ **0.3** ***afbreken*** ⇒*(af)kraken, fel aanvallen* **0.4** ***ruw behandelen.***

sav·age·ry ['sævɪdʒri], **sav·age·dom** [-dəm], **sav·ag·ism** [-ɪzm]⟨f1⟩⟨zn.; →mv. 2⟩
I ⟨telb.zn.; vnl. mv.⟩ **0.1** ***wreedheid*** ⇒*ruwheid, gewelddadigheid/heden;*
II ⟨n.-telb.zn.⟩ **0.1** ***primitiviteit*** ⇒*onbeschaafdheid* **0.2** ***wildheid*** ⇒*woestheid* **0.3** ***wreedheid*** ⇒*wreedheden, ruwheid, gewelddadigheid/heden.*

sa·van·na(h) [sə'vænə]⟨f1⟩⟨telb. en n.-telb.zn.⟩ **0.1** ***savanne*** ⟨tropisch graslandschap/vlakte⟩.
sa·vant ['sævənt||sæ'vɑnt]⟨telb.zn.⟩ **0.1** ***(groot) geleerde*** **0.2** ***wijze***.
save[1] [seɪv]⟨f1⟩⟨telb.zn.⟩ **0.1** ***redding*** ⇒*verlossing, bevrijding* **0.2** ⟨sport⟩ ***save*** ⇒*redding* ⟨vermeden doelpunt⟩ **0.3** ⟨bridge⟩ ***redding*** ◆ **3.2** make a beautiful ~ *een doelpunt schitterend weten te voorkomen*.
save[2] ⟨f4⟩⟨ww.⟩ →saving ⟨→sprw. 558, 600, 631⟩
I ⟨onov.ww.⟩ **0.1** ***sparen*** ⇒*geld opzij leggen* **0.2** ***sparen*** ⇒*zuinig/spaarzaam zijn* **0.3** ⟨sport⟩ ***een doelpunt (weten te) voorkomen*** **0.4** ⟨vnl. AE⟩ ***bewaarbaar zijn*** ⇒*goed blijven/bewaren* ⟨i.h.b. v. voedsel⟩ **0.5** ⟨theol.⟩ ***verlossing/heil brengen*** ⇒*redden, verlossen* ◆ **1.3** the goalkeeper went down to the ground and ~d *de doelman wierp zich op de grond en vermeed (zo) een doelpunt* **1.5** the Lord does not damn, but ~s *de Heer brengt niet de verdoemenis, maar verlossing/het heil* **5.1** ~ **up** *sparen* **6.1** ~ **(up) for** *sparen voor;* ~ **for** one's old age *voor zijn oude dag sparen* **6.2** ~ **on** *sparen op, zuinig zijn met, een beetje uit/besparen op, bezuinigen op* **6.5** ~ **from** *de mens verlossen van;*
II ⟨ov.ww.⟩ **0.1** ***redden*** ⇒*bevrijden, verlossen* **0.2** ***bewaren*** ⇒*beschermen, behoeden, behouden;* ⟨comp.⟩ *veiligstellen, saven* **0.3** ***(be/op/uit)sparen*** ⇒*ontzien, over/bijhouden, uitwinnen* **0.4** ***besparen*** ⇒*voorkomen, vermijden, nodeloos maken* **0.5** ***houden*** **0.6** ⟨theol.⟩ ***redden*** ⇒*zalig maken, voor het eeuwige heil behouden* **0.7** ⟨sport⟩ ***redden*** **0.8** ⟨sport⟩ ***voorkomen*** ⟨doelpunt⟩ ⇒*stoppen* ⟨(straf)schop⟩ **0.9** ⟨vnl. BE⟩ ***halen*** ⇒*voor zijn, niet missen* ◆ **1.1** ~ s.o.'s life *iemands leven redden;* ~ the situation *de situatie redden, een fiasco voorkomen, de situatie uit het slop halen;* ~ our souls *redt ons, redt onze zielen, save our souls* **1.2** God ~ the Queen *God beware/behoede de koningin* **1.3** ~ money *geld (uit) sparen;* ~ one's strength *zijn krachten sparen;* he ~d his black suit for funerals *hij bewaarde zijn zwarte pak voor begrafenissen;* ~ time *tijd (uit)sparen* **1.4** I've been ~d a lot of trouble *er werd me heel wat moeite bespaard;* ~ your pains/trouble *doe geen moeite, die moeite kunt u zich besparen* **1.5** ~ a seat for me *hou een plaats voor mij vrij* **1.7** ~ a game *een spel redden* **1.8** ⟨cricket⟩ ~ the follow-on *genoeg runs maken om niet meer aan slag te hoeven;* ~ a goal *een doelpunt vermijden* **1.9** he wrote hurriedly to ~ the post *hij schreef haastig om de lichting nog te halen* **2.5** ~ us alive *laat ons het leven, houd ons in leven* **3.4** ⟨vnl. BE⟩ this will ~ me going into town *dat bespaart me een rit naar het dorp* **4.2** ⟨uitroep v. verbazing⟩ (God) ~ us! *God bewaar me!, lieve hemel!* **4.¶** ⟨sl.⟩ ~ it *'het' bewaren* ⟨de maagdelijkheid⟩; ⟨als uitroep⟩ *hou je mond; laat maar zitten* **6.1** ~ **from** *redden van/uit, verlossen/bevrijden uit;* ~ s.o. **from** danger *iem. uit het gevaar verlossen;* ~ s.o. **from** death *iem. van de dood redden* **6.2** ~ **from** *bewaren voor, beschermen tegen;* (God) ~ me **from** my friends! *God beware me voor mijn vrienden!;* ~ a person **from** himself *iem. tegen zichzelf beschermen* **6.3** ~ sth. **for** (later) *iets sparen voor (later);* ~ s.o. a lot **on** *iem. veel uitsparen aan;* the insulation ~s us a lot **on** heating *de isolatie spaart ons heel wat uit aan verwarming* **6.4** ~ **from** *besparen, voorkomen dat*.
save[3] ⟨f2⟩⟨vz.⟩⟨schr.⟩ **0.1** ***behalve*** ⇒*uitgezonderd, met uitzondering v., op... na, behoudens* ◆ **1.1** all ~ Gill *allen behalve Gill* **6.1** she would be happy ~ **for** one constant worry *ze zou gelukkig zijn, ware die ene aanhoudende zorg er niet*.
save[4] ⟨f1⟩⟨ondersch.vw.⟩ **0.1** ***behalve*** ⇒*ware het niet* **0.2** ***tenzij*** ⇒⟨B.⟩ *tenware, behalve als* ◆ **3.2** she said nothing ~ to order a drink *ze zei niets tenzij om iets te bestellen* **8.1** our plans are the same ~ that we intend to go faster *onze plannen zijn dezelfde behalve dat wij sneller willen gaan* **¶.2** all would be lost ~ I could warn her on time *alles zou verloren zijn tenzij ik haar op tijd kon waarschuwen*.
'save-all ⟨telb.zn.⟩ **0.1** ⟨ben. voor⟩ ***middel om te besparen/spaarzaam te zijn*** ⇒⟨gesch.⟩ *profijtertje* ⟨standaardje om eindjes kaars te laten opbranden⟩; *lekbak; spaarpot(je)*.
'save-as-you-'earn ⟨n.-telb.zn.⟩⟨vnl. BE; geldw.⟩ **0.1** ***automatisch sparen***.
sav·e·loy ['sævəlɔɪ]⟨telb. en n.-telb.zn.⟩ **0.1** ***cervelaatworst***.
sav·er ['seɪvə||-ər]⟨f1⟩⟨telb.zn.⟩ **0.1** ***spaarder/ster*** **0.2** ***redder*** ⇒*verlosser, bevrijder* **0.3** ***bezuiniger*** ⇒*bespaarder* **0.4** ***bezuiniging*** ⇒*besparing* **0.5** ⟨sl.⟩ ***gedekte weddenschap*** ⟨waarbij men op beide partijen wedt⟩ ◆ **1.2** a ~ of souls *een zielenhoeder/herder*.
-sav·er [seɪvə||-ər]⟨vormt nw. uit nw.⟩ **0.1** ***(be)spaarder*** ⇒*middel/machine om... uit te sparen* ◆ **¶.1** this gadget is a great labour-saver *met dit apparaat wordt veel werk uitgespaard;* money-saver *iets wat geld uitspaart;* time-saver *tijdbespaarder*.
savey →savvy.
sav·in(e) ['sævɪn], ⟨in bet. II 0.1 ook⟩ **'savin oil** ⟨zn.⟩
I ⟨telb.zn.⟩⟨plantk.⟩ **0.1** ***zevenboom*** ⇒*seven/zavel/savelboom* ⟨Juniperus sabina⟩ **0.2** ⟨vnl. AE⟩ ***cederhoutboom*** ⇒*Virginische ceder* ⟨Juniperus virginiana⟩;
II ⟨n.-telb.zn.⟩ **0.1** ***zevenboomolie***.
sav·ing[1] ['seɪvɪŋ]⟨f2⟩⟨zn.; (oorspr.) gerund v. save⟩
I ⟨telb.zn.⟩ **0.1** ***redding*** ⇒*verlossing, bevrijding* **0.2** ***besparing*** **0.3** ⟨jur.⟩ ***voorbehoud*** ⇒*uitzondering* ◆ **6.2** a ~ **of** ten dollars *een besparing v. tien dollar;* an enormous ~ **of** time *een enorme tijdbesparing;* a ~ **on** *een besparing op;*
II ⟨n.-telb.zn.⟩ **0.1** ***zuinigheid*** ⇒*spaarzaamheid*.
saving[2] ⟨f2⟩⟨bn.; teg. deelw. v. save⟩
I ⟨bn.; vaak in samenstellingen⟩ **0.1** ***besparend*** ⇒*bezuinigend, uitsparend* **0.2** ***spaarzaam*** ⇒*zuinig, economisch;*
II ⟨bn., attr.⟩ **0.1** ***reddend*** ⇒*verlossend* **0.2** ***(alles) goedmakend*** ⇒*(alles) reddend* **0.3** ⟨jur.⟩ ***een voorbehoud/uitzondering aangevend*** ⇒*voorbehoudend, uitzonderings-* ◆ **1.2** ~ grace *alles goedmakende eigenschap;* a ~ sense of humour *een alles goedmakend gevoel voor humor* **1.3** ~ clause *voorbehoudsclausule, uitzonderingsbepaling*.
saving[3] ['seɪvɪŋ]⟨vz.; oorspr. teg. deelw. v. save⟩ **0.1** ***uitgezonderd*** ⇒*behoudens, met uitzondering van* **0.2** ⟨vero.⟩⟨vnl. bij verontschuldiging voor onwelvoeglijke term⟩ ***met alle respect voor*** ⇒*met uw goeddunken/welnemen* ◆ **1.1** sold all ~ her mother's ring *verkocht alles op de ring van haar moeder na* **1.2** ~ my lady, he said my lady was a witch *met alle respect, mevrouw, hij zei dat mevrouw een heks was*.
saving[4] ⟨ondersch.vw.⟩ **0.1** ***behalve*** ⇒*uitgezonderd als, tenzij* ◆ **¶.1** a good team ~ (that) they had lost the match against Spain *een goede ploeg; alleen hadden zij de wedstrijd tegen Spanje verloren*.
sav·ings ['seɪvɪŋz]⟨zn.⟩
I ⟨telb.zn.⟩⟨inf.⟩ **0.1** ***besparing*** ◆ **6.1** a ~ **of** ten dollars *een besparing v. tien dollar;*
II ⟨mv.⟩ **0.1** ***spaargeld*** **0.2** ⟨inf.⟩ ***besparing***.
'savings account ⟨f1⟩⟨telb.zn.⟩⟨geldw.⟩ **0.1** ⟨BE⟩ ***spaarrekening*** ⟨met hogere interest dan depositorekening⟩ **0.2** ⟨AE⟩ ***deposito/spaarrekening***.
'savings and loan association ⟨telb.zn.⟩⟨AE⟩ **0.1** ***hypotheekbank*** ⇒*bouwfonds, bouwkas*.
'savings bank ⟨f1⟩⟨telb.zn.⟩ **0.1** ⟨geldw.⟩ ***spaarbank*** ⇒*spaarkas* **0.2** ***spaarpot***.
'savings bond ⟨telb.zn.⟩⟨AE; geldw.⟩ **0.1** ***spaarobligatie***.
'savings certificate ⟨telb.zn.⟩⟨BE; geldw.⟩ **0.1** ***staatspapier***.
'savings plan ⟨telb.zn.⟩⟨geldw.⟩ **0.1** ***spaarplan***.
'savings stamp ⟨telb.zn.⟩⟨geldw.⟩ **0.1** ***spaarzegel***.
sav·iour, ⟨AE sp.⟩ **sav·ior** ['seɪvɪə||-ər]⟨f2⟩⟨telb.zn.⟩ **0.1** ***redder*** ⇒*verlosser, bevrijder* **0.2** ⟨S-⟩⟨relig.⟩ ***Verlosser*** ⇒*Heiland* ⟨Jezus Christus⟩ ◆ **7.2** the/our Saviour *de/onze Verlosser/Heiland*.
sav·iour·hood, ⟨AE sp.⟩ **sav·ior·hood** ['seɪvɪəhʊd||-ər-], **sav·iour·ship,** ⟨AE sp.⟩ **sav·ior·ship** [-ʃɪp]⟨n.-telb.zn.⟩ **0.1** ***redderschap*** ⇒*reddende macht*.
Sa·vi's warbler ['ʃæviz 'wɔːblə||- 'wɔblər]⟨telb.zn.⟩⟨dierk.⟩ **0.1** ***snor*** ⟨Locustella luscinioides⟩.
sa·voir faire ['sævwɑː 'feə||-wɑr 'fer]⟨n.-telb.zn.⟩ **0.1** ***savoir-faire*** ⇒*sociale vaardigheid*.
sa·voir vi·vre ['sævwɑː 'viːvr(ə)||-wɑr-]⟨n.-telb.zn.⟩ **0.1** ***savoir-vivre*** ⇒*levenskunst*.
sa·vor·ous ['seɪvrəs]⟨bn.⟩ **0.1** ***smaakvol*** ⇒*smakelijk*.
sa·vor·y ['seɪvri]⟨zn.; →mv. 2⟩
I ⟨telb.zn.⟩⟨AE⟩ →savoury;
II ⟨telb. en n.-telb.zn.⟩⟨plantk.⟩ **0.1** ***steentijm*** ⟨Satureja⟩ ⇒*bonekruid, kuun, kunne, keule* ⟨S. hortensis⟩.
sa·vour[1], ⟨AE sp.⟩ **sa·vor** ['seɪvə||-ər]⟨f1⟩⟨zn.⟩
I ⟨telb.zn.⟩ **0.1** ***smaakje*** ⟨ook fig.⟩ ⇒*zweem, bijsmaak* **0.2** ⟨vero.⟩ ***roep*** ⇒*faam, reputatie, naam* ◆ **1.1** a ~ of fanaticism *een fanatiek tintje/(bij)smaakje;* a ~ of garlic *een looksmaakje;* a view with a ~ of intolerance *een standpunt dat naar onverdraagzaamheid zweemt/ruikt;*
II ⟨telb. en n.-telb.zn.⟩ **0.1** ***smaak*** ⟨ook fig.⟩ ⇒*aantrekkelijke/pikante smaak, eigen stijl, aroma, geur* ◆ **3.1** danger adds (a) ~ to life *gevaar geeft iets pikants aan het leven;* the meat has lost its ~ *het vlees smaakt naar niets meer* **6.1** he has lost his ~ **for** food *hij is zijn smaak voor eten kwijt, zijn eten smaakt hem niet meer;* a ~ **of** its own *een heel eigen smaak/stijl;* the ~ **of** local life *de smaak/kleur/eigenheid v.h. plaatselijke leven*.
savour[2], ⟨AE sp.⟩ **savor** ⟨f2⟩⟨ww.⟩
I ⟨onov.ww.⟩ →savour of;
II ⟨ov.ww.⟩ **0.1** ***met smaak proeven*** ⇒*de smaak genieten van, savoureren, smaken, genieten* **0.2** ***genieten van*** **0.3** ***kruiden*** ⟨ook fig.⟩ ⇒*smaak geven aan*.
sa·vour·less, ⟨AE sp.⟩ **sa·vor·less** ['seɪvələs||-vər-]⟨bn.; -ness⟩ **0.1** ***smaakloos*** ⇒*smakeloos, flauw*.

'savour of ⟨onov.ww.⟩ 0.1 *smaken naar* ⟨ook fig.⟩ ⇒*ruiken naar, zwemen naar, iets weg hebben van* 0.2 *ruiken naar* ⇒*de geur hebben van* ◆ 1.2 the kitchen savours of fresh coffee *de keuken geurt naar verse koffie.*
sa·vour·y[1], ⟨AE sp.⟩ **sa·vor·y** ['seɪvri]⟨f1⟩⟨telb.zn.;→mv. 2⟩⟨vnl. BE⟩ 0.1 *voor/nagerecht* ⇒*zout/pikant/hartig hapje/schoteltje.*
savoury[2], ⟨AE sp.⟩ **savory** ⟨f1⟩⟨bn.; ook -er; -ly; -ness; →bijw. 3⟩ 0.1 *smakelijk* ⇒*lekker, smaakvol* 0.2 *geurig* 0.3 *zout* ⇒*pikant, hartig* 0.4 *aangenaam* ⇒*prettig, plezierig* 0.5 *eerbaar* ⇒*respectabel, aanvaardbaar, geen aanstoot gevend.*
sa·voy [sə'vɔɪ], ⟨in bet. II 0.1 ook⟩ **sa'voy 'cabbage** ⟨zn.⟩
I ⟨eig.n.; S-⟩ 0.1 *Savoye* ⇒*Savoie* ⟨streek in Frankrijk⟩;
II ⟨telb. en n.-telb.zn.⟩ 0.1 *savooi* ⇒*savooi(e)kool.*
Sa·voy·ard[1] [sə'vɔɪɑ:d‖-ɑrd]⟨telb.zn.⟩ 0.1 *Savoyaard* ⇒*Savooiaard, inwoner van Savoye* 0.2 *Savoyard* ⟨aanhanger van/speler in Gilbert en Sullivan's komische opera's⟩.
Savoyard[2] ⟨bn.⟩ 0.1 *Savoois* ⇒*Savooys, van/uit Savoye.*
sav·vy[1], **sav·vey** ['sævi], **sabe** ⟨n.-telb.zn.⟩⟨sl.⟩ 0.1 *(gezond) verstand* ⇒*savvie* 0.2 *snuggerheid* ⇒*gewiekstheid* ◆ 2.2 political ~ *politieke gewiekstheid/know-how.*
savvy[2] ⟨bn.; -er; →compar. 7⟩⟨vnl. AE; sl.⟩ 0.1 *snugger* ⇒*schrander, gewiekst.*
savvy[3], **savey, sabe** ⟨ww.; →ww. 7⟩⟨sl.⟩
I ⟨onov.ww.⟩ 0.1 *het snappen* ⇒*'m vatten* ◆ ¶.¶ ~? *gesnapt?, gesnopen?;* no ~ *ik/hij/... snap(t) het niet;*
II ⟨ov.ww.⟩ 0.1 *snappen* ⇒*vatten, verstaan* 0.2 *weten.*
saw[1] [sɔ:]⟨f2⟩⟨telb.zn.⟩ 0.1 *zaag(machine)* 0.2 *slijpschijf* 0.3 ⟨dierk.⟩ *kam* ⇒*(zaagvormige) tanden* 0.4 *(afgezaagd) gezegde* ⇒*cliché, gemeenplaats, (oude) spreuk, spreekwoord* ◆ 2.1 circular ~ *cirkelzaag* 2.4 the old ~ that *het oude/eeuwige gezegde dat;* a wise ~ *een wijze spreuk/uitspraak.*
saw[2] ⟨f2⟩⟨ww.; volt. deelw. ook sawn [sɔ:n]⟩
I ⟨onov.ww.⟩ 0.1 *zagen* ⇒*gezaagd worden, zich laten zagen* 0.2 *zigzaggen* ◆ 1.1 this wood ~s easily *dit hout laat zich gemakkelijk zagen* 6.2 the river ~s **through** the landscape *de rivier zigzagt door het landschap;*
II ⟨onov. en ov.ww.⟩ 0.1 *heen en weer/op en neer bewegen* ⇒*zagen, zaagbewegingen maken (met)* ◆ 1.1 ~ a towel over one's back *een handdoek over zijn rug heen en weer bewegen* 6.1 ~ **at** the fiddle *op de viool krassen, de strijkstok als een zaag hanteren;* ~ **at** a piece of bread with a dull knife *met een bot mes in een stuk brood zagen;* ~ **at** the reins *de teugels heen en weer bewegen;*
III ⟨ov.ww.⟩ 0.1 *(door)zagen* ⇒*in stukken zagen* 0.2 *doorsnijden* ⇒*snijden door* ◆ 1.1 ~n timber *tot planken gezaagd timmerhout* 1.2 the tree ~ed the air with its branches *de boom sneed/zwiepte met zijn takken door de lucht* 5.1 ~ **away** *wegzagen;* ~ **down** a tree *een boom om/afzagen;* ~ **off** *afzagen;* ~ **off** a branch from a tree *een tak van een boom zagen;* ~ **up** *in stukken zagen, opzagen;* ~ sth. **through** *iets doorzagen* 6.1 ~ a piece of wood **into** logs *een stuk hout in blokken zagen.*
saw[3] ⟨verl. t.⟩ →see.
'saw·bill ⟨telb.zn.⟩⟨dierk.⟩ 0.1 *zaagbek* ⟨Mergus⟩.
'saw·bones ⟨telb.zn.; ook sawbones; →mv. 4⟩⟨sl.⟩ 0.1 *chirurg* 0.2 ⟨ong.⟩ *pillendraaier* ⇒*arts, geneesheer.*
'saw·buck ⟨telb.zn.⟩⟨AE⟩ 0.1 *zaagbok* ⇒*zaagstoel/paard/bank/hond* 0.2 ⟨sl.⟩ *tientje* ⇒*biljet v. tien dollar* 0.3 ⟨sl.⟩ *twintigje* ⇒*biljet v. twintig dollar.*
saw·der[1] ['sɔ:də‖-ər] →soft.
sawder[2] ⟨ov.ww.⟩ 0.1 *vleien.*
'saw·dust ⟨f1⟩⟨n.-telb.zn.⟩ 0.1 *zaagsel* ⇒*zaagmeel, zaagmul.*
'sawdust parlor ⟨telb.zn.⟩⟨AE; sl.⟩ 0.1 *ballententent.*
'saw-'edged ⟨bn.⟩ 0.1 *met getande/gezaagde rand* ⇒*getand, zaagvormig.*
saw·er ['sɔ:ə‖-ər]⟨telb.zn.⟩ 0.1 *zager.*
'saw file ⟨telb.zn.⟩ 0.1 *zaagvijl.*
'saw·fish ⟨telb. en n.-telb.zn.⟩⟨dierk.⟩ 0.1 *zaagvis* ⟨Pristidae⟩.
'saw·fly ⟨telb.zn.⟩⟨dierk.⟩ 0.1 *bladwesp* ⟨Tenthredinidae⟩ 0.2 *zaagwesp* ⟨Tenthredinidae⟩.
'saw·frame, 'saw·gate ⟨telb.zn.⟩ 0.1 *zaagraam.*
'saw·horse ⟨telb.zn.⟩ 0.1 *zaagbok* ⇒*zaagpaard.*
'saw·mill ⟨f1⟩⟨telb.zn.⟩ 0.1 *zaagmolen* 0.2 *houtzagerij.*
sawn [sɔ:n]⟨volt. deelw.⟩ →saw.
saw·ney[1] ['sɔ:ni]⟨zn.⟩⟨BE⟩
I ⟨eig.n.; S-⟩⟨verk.⟩ Alexander 0.1 *Sander* ⇒*Lex;*
II ⟨telb.zn.; ook S-⟩⟨bel.⟩ 0.1 *rokkendrager* ⇒*Schot* 0.2 ⟨inf.⟩ *idioot* ⇒*simpele ziel, uilskuiken.*
sawney[2], **saw·ny** ⟨bn.⟩⟨BE⟩ 0.1 *onnozel* ⇒*idioot, naïef, simpel.*
'sawn-'off, 'sawed-'off ⟨bn.⟩ 0.1 *met verkorte/afgezaagde loop* ⟨bv. v. geweer⟩ 0.2 ⟨inf.⟩ *(eerder/nogal) klein uitgevallen* ⇒*ondermaats, kort* 0.3 ⟨sl.⟩ *verbannen* ⇒*doodverklaard.*
'saw·pit ⟨telb.zn.⟩ 0.1 *zaagkuil.*
'saw set ⟨telb.zn.⟩ 0.1 *zaagzetter.*
'saw·tooth ⟨telb.zn.; ook attr.⟩ 0.1 *zaagtand* 0.2 ⟨bouwk.⟩ *zaagdak* ⇒*sheddak.*
'saw-'tooth(ed) ⟨bn.⟩ 0.1 *zaagvormig* ⇒*getand* ◆ 1.1 ⟨bouwk.⟩ ~ roof *zaagdak, sheddak.*
saw·wort ['sɔ:wɜ:t‖-wɜrt]⟨telb.zn.⟩⟨plantk.⟩ 0.1 *(gewone) zaagblad* ⇒*ververszaagblad* ⟨Serratula; i.h.b. S. tinctoria⟩.
saw·yer ['sɔ:jə‖-ər], ⟨in bet. 0.2 ook⟩ **'sawyer beetle** ⟨telb.zn.⟩ 0.1 *zager* 0.2 ⟨dierk.⟩ *(denne)boktor* ⟨Cerambycidae⟩ 0.3 ⟨AE⟩ *sawyer* ⟨met het water op en neer bewegende boom in rivierbedding⟩.
sax [sæks], ⟨in bet. 0.2 ook⟩ **zax** [zæks]⟨telb.zn.⟩ 0.1 ⟨verk.⟩ ⟨saxophone⟩ ⟨inf.⟩ *sax* 0.2 *leidekkershamer.*
Sax ⟨afk.⟩ Saxon, Saxony.
'sax·board ⟨telb.zn.⟩⟨roeisport⟩ 0.1 *zetbord* ⟨zijplank v. skiff waarop de uitlegger rust⟩.
saxe [sæks], ⟨in bet. II 0.1 ook⟩ **'saxe 'blue** ⟨zn.⟩
I ⟨eig.n.; S-; vnl. in samenstellingen⟩ 0.1 *Saksen;*
II ⟨n.-telb.zn.⟩ 0.1 *Saksisch blauw.*
'sax·horn ⟨telb.zn.⟩ 0.1 *saxhoorn/horen.*
sax·ic·o·lous [sæk'sɪkələs], **sax·ic·o·line** [-laɪn], **sax·a·tile** ['sæksətaɪl] ⟨bn.⟩⟨biol.⟩ 0.1 *rots-* ⟨op/tussen rotsen groeiend/levend⟩.
sax·i·frage ['sæksɪfrɪdʒ]⟨telb.zn.⟩⟨plantk.⟩ 0.1 *steenbreek* ⟨Saxifraga⟩.
Sax·on[1] ['sæksn]⟨f2⟩⟨zn.⟩
I ⟨eig.n.⟩ 0.1 *Saksisch* ⇒*de Saksische taal* 0.2 *Germaans* ⇒*de Germaanse taal* ◆ 2.1 Old ~ *Oudsaksisch;*
II ⟨telb.zn.⟩ 0.1 *Saks* ⇒*Angelsaks, Sas* 0.2 *Engelsman* ⇒*Angelsaks* 0.3 *Sakser* ⟨inwoner v. Saksen⟩.
Saxon[2] ⟨f2⟩⟨bn.⟩ 0.1 *Angelsaksisch* ⇒*Oudengels, v. Angelsaksische oorsprong* 0.2 *Saksisch* ◆ 1.1 ~ architecture *(vóór-normandische) Angelsaksische architectuur* 1.2 ~ blue *Saksisch blauw;* ~ china *Saksisch porselein.*
Sax·on·ism ['sæksənɪzm]⟨telb.zn.⟩ 0.1 *woord/uitdrukking v. Angelsaksische oorsprong.*
sax·on·ize, -ise ['sæksənaɪz]⟨ww.; ook S-⟩
I ⟨onov.ww.⟩ 0.1 *Angelsaksisch worden;*
II ⟨ov.ww.⟩ 0.1 *Angelsaksisch maken.*
sax·o·ny ['sæksəni]⟨zn.⟩
I ⟨eig.n.; S-⟩ 0.1 *Saksen;*
II ⟨n.-telb.zn.⟩ 0.1 *saxony* ⟨soort fijne wol; bep. soort weefsel⟩.
sax·o·phone ['sæksəfoun]⟨f1⟩⟨telb.zn.⟩ 0.1 *saxofoon.*
sax·o·phon·ist [sæk'sɒfənɪst‖'sæksəfounɪst]⟨telb.zn.⟩ 0.1 *saxofonist* ⇒*saxofoonspeler/blazer.*
'sax·tu·ba ⟨telb.zn.⟩ 0.1 *saxtuba* ⟨soort saxhoorn⟩.
say[1] [seɪ]⟨f1⟩⟨zn.⟩
I ⟨telb.zn.; g. mv.⟩ 0.1 *invloed* ⇒*beslissingsrecht, zeggen(schap), zeggingsmacht* ◆ 3.1 have a ~ in the matter *er iets in te zeggen hebben, iets in de melk te brokkelen hebben;*
II ⟨n.-telb.zn.⟩ 0.1 *zegje* ⇒*mening,* ⟨B.⟩ *zeg* 0.2 *het zeggen* 0.3 *zeggenschap* ◆ 3.1 have/say one's ~ *zijn zegje zeggen/doen* 6.2 **on** your ~ *op jouw zeggen* 6.3 he has the ~ **about** that matter *hij heeft het voor het zeggen in die zaak;* have the ~ **over** *volledige zeggenschap hebben over.*
say[2] [seɪ⟨derde pers. enk. teg. t.⟩sez]⟨f4⟩⟨ww.; said, said [sed]⟩; ⟨vero. verl. t.⟩ saidst [sedst], saidest ['sedɪst]; ⟨vero. 2e pers. enk. teg. t.⟩ sayst [seɪst], sayest ['seɪɪst]; ⟨vero. 3e pers. enk. teg. t.⟩ saith [seθ]; →ww. 5, 7; →saying ⟨→sprw. 114, 381, 601⟩
I ⟨onov.ww.⟩ 0.1 *zeggen* ⇒*praten, spreken, vertellen* 0.2 *denken* ⇒*vinden, zeggen* ◆ 3.1 who can ~? *wie zal het zeggen?;* I cannot /could not ~ *ik zou het niet kunnen zeggen* 4.1 ⟨BE; inf.⟩ I ~! *hé (zeg), zeg; zeg eens!; is het heus?, je meent het!* 5.1 ~ **away/on!** *zeg/spreek/vertel op!, spreek/vertel verder!;* ~ so! *zèg dat dan;* I said so *dat heb ik toch gezegd, dat is wat ik zei;* so to ~ *bij wijze v. spreken;* so you ~ *dat zeg jij;* you may well ~ so *zeg dat wel, daar zeg je zo iets, en of!* 5.2 ⟨jur.⟩ how ~ you? *wat zegt de jury?;* and so ~ all of us *en zo denken wij er allemaal over* 6.1 it's not **for** me to ~ *het is niet aan mij om het te zeggen* ¶.1 I'd rather not ~ *ik zou me er liever niet over uitspreken;* I'm not ~ing *ik weiger te antwoorden, ik zeg geen woord;* a man, they ~, of bad reputation *een man, (zo) zegt men, met een slechte reputatie;* ⟨inf.⟩ you don't ~ (so) *wàt zeg je?, 't is niet waar!, ongelooflijk!* ¶.¶ ⟨geb.w.⟩ ⟨schr.⟩ ~ *vertel het me;* ⟨AE; inf.⟩ ~ *hé (zeg), zeg;*
II ⟨ov.ww.⟩ 0.1 *(op)zeggen* ⇒*uiten, (uit)spreken, vertellen* 0.2 *zeggen* ⇒*vermelden, verkondigen* 0.3 *zeggen* ⇒*aanvoeren, opmerken* 0.4 *zeggen* ⇒*te kennen geven, stellen, vinden* 0.5 *zeggen* ⇒*aannemen, veronderstellen* 0.6 *aangeven* ⇒*tonen, zeggen* 0.7 *zeggen* ⇒*bevelen* 0.8 *uitdrukken* ⇒*zeggen* ◆ 1.1 that's ~ing a good deal *dat is veel gezegd;* ~ grace *dank zeggen, bidden;* ~

one's lesson *zijn les opzeggen;* ~ nay/no *neen zeggen, weigeren, afslaan;* ~ s.o. nay *tegen iem. neen zeggen, iem. tegenspreken, iem. iets weigeren;* ~ one's prayers *zijn gebeden (op)zeggen;* ~ a few words *een paar woorden zeggen, een korte toespraak houden;* ~ yes *ja zeggen, toestaan, toestemmen, aannemen, bevestigen* **1.2** the Bible ~s *in de bijbel staat;* the text ~s *de tekst luidt* **1.6** her eyes said she was angry *haar ogen toonden dat ze boos was;* what time does your watch ~? *hoe laat is het op jouw horloge?* **2.2** to ~ the least *op zijn zachtst uitgedrukt* **3.1** I dare ~ that *ik zou zelfs durven zeggen dat, het zou zelfs heel goed kunnen dat;* he said where to go *hij zei waar ik/hij/... naartoe moest gaan;* hear ~ that *horen zeggen dat;* I should ~ not *ik zou zeggen v. niet;* ⟨BE; inf.⟩ I wouldn't ~ no *ik zeg geen nee, dat sla ik niet af* **3.2** she is said to be very rich *men zegt dat ze heel rijk is* **3.5** let's ~, shall we ~ *laten we zeggen/aannemen* **3.7** do what I ~! *doe wat ik zeg!* **3.¶** never ~ die *geef nooit de moed op, hou vol;* when all is said and done *alles bij elkaar genomen, al bij/met al, als puntje bij paaltje komt, per slot v. rekening;* no sooner said than done *zo gezegd, zo gedaan* **4.1** ~s/said he *daarop zei hij, (en) toen zei hij;* ~s I *daarop zei ik;* ⟨inf.⟩ said I *(en) toen zei ik;* ~ no more! *geen woord meer!; praat er mij niet van!; dat zegt al genoeg!;* to ~ nothing of *om nog maar te zwijgen over;* nuff said *genoeg gepraat, zand erover, basta;* to ~ sth. for o.s. *iets voor zichzelf bedoelen/zeggen;* ~ to o.s. *tegen zichzelf zeggen, bij zichzelf denken;* I've sth. to ~ to you *ik moet je iets zeggen/vertellen;* ⟨vaak scherts.⟩ as they ~ *zoals men zegt/dat noemt, zoals dat heet;* ⟨inf.⟩ ~ what you like *je mag zeggen wat je wil;* who shall I ~, sir? *wie kan ik zeggen dat er is, meneer?;* he didn't ~ whom to invite *hij zei niet wie er uitgenodigd moest worden;* ⟨bel.⟩ ~s you/who? *U zegt/zei?;* ~s you! *hij/zij wel!, hoor hem/haar!, kom nou!, bespottelijk* **4.2** it is said that *men zegt/ze zeggen dat;* it ~s in the Bible *in de Bijbel staat, volgens de Bijbel;* it ~s on the bottle *op de fles staat;* ⟨inf.⟩ they ~ that *ze/de mensen zeggen dat* **4.3** what have you to ~ for yourself? *wat heb je ter verdediging/verontschuldiging aan te voeren?* **4.4** let's do it together, what do you ~?/⟨AE⟩ what ~? *laten we het samen doen, wat zou je daarvan zeggen/vinden?* **4.¶** ⟨inf.⟩ I'll ~, you can ~ that again, ⟨AE⟩ you said it *zeg dat wel, en of!;* it ~s nothing to me *het zegt/doet me niets, het spreekt me totaal niet aan;* have nothing to ~ to s.o. *niets met iem. te maken hebben;* have nothing to ~ to it *er niets op te zeggen hebben* **5.1** not to ~ *om niet te zeggen;* it's ugly, not to ~ hideous *het is lelijk, om niet te zeggen afzichtelijk;* ~ **out** *ronduit/openlijk zeggen* **5.¶** ~ when *zeg stop, zeg het als 't genoeg is* **6.1** ~ **about** *zeggen/vermelden over;* have nothing to ~ **against** *niets aan te merken hebben op;* ~ sth./much **for** *spreken voor, in het voordeel spreken van, getuigen van, pleiten voor;* a course of action with little to be said **for** *een handelwijze waarvoor weinig te zeggen valt;* ⟨BE; inf.⟩ I don't ~ no **to** a cup of coffee *een kopje koffie sla ik niet af* **6.4** what do you ~ **to** this? *wat zou je hiervan vinden/zeggen?;* what do you ~ **to** going to France? *wat zou je ervan vinden/zeggen als we naar Frankrijk gingen?* **7.2** ⟨jur.⟩ the said *voorgenoemde* **8.1** that is not ~ing/to ~ that *dat wil nog niet zeggen dat, dat betekent nog niet dat* **8.2** it ~s here that *hier staat dat* **8.5** ~ it were true *gezegd/aangenomen/stel/neem nou dat het waar is* **¶.1** £ 60 ~ sixty pounds *£ 60, zegge zestig pond;* (that is to) ~ *met andere woorden;* that is to ~ *dat wil zeggen, tenminste* **¶.5** early, ~ seven a.m. *vroeg, laten we zeggen/pakweg zeven uur.*

SAYE ⟨afk.⟩ save-as-you-earn ⟨vnl. BE; geldw.⟩.

sayest ['seɪɪst] ⟨tweede persoon enk. teg. t.⟩ ⟨vero.⟩ →say.

say·ing ['seɪɪŋ] ⟨f2⟩ ⟨zn.; oorspr. gerund v. say⟩

I ⟨telb.zn.⟩ **0.1** ***gezegde*** ⇒*uitspraak, spreekwoord, spreuk* ◆ **3.1** as the ~ is/goes *zoals het spreekwoord zegt, zoals men gewoonlijk zegt;*

II ⟨n.-telb.zn.⟩ **0.1** ***het zeggen*** ◆ **3.1** ~ and doing *zeggen en doen (zijn twee)* **3.¶** go without ~ *vanzelf spreken, evident zijn, voor de hand liggen;* it goes without ~ that *het hoeft geen betoog dat, het spreekt vanzelf dat* **7.¶** there is no ~ *het is/valt niet te zeggen.*

'say-so ⟨f1⟩ ⟨telb.zn.; vnl. enk.⟩ ⟨inf.⟩ **0.1** ***zeggen*** ⇒*vermoeden, bewering, gerucht* **0.2** ***woord*** **0.3** ***toelating*** ⇒*toestemming, permissie, vergunning* **0.4** ***zeggenschap*** ◆ **6.1** why should he believe you **on** your ~? *waarom zou hij je op je woord geloven?* **6.3** **on** the ~ **of** *met de toelating van* **6.4** have the ~ **in** a matter *het voor het zeggen hebben in een aangelegenheid.*

sayst [seɪst] ⟨tweede persoon enk. teg. t.⟩ ⟨vero.⟩ →say.

say·yid, say·id ['saɪɪd] ⟨telb.zn.⟩ **0.1** ***heer*** ⇒*leider* ⟨in de islamitische gemeenschap; vnl. als aanspreektitel⟩.

sb ⟨afk.⟩ substantive **0.1** ***nw.***

SB ⟨afk.⟩ Bachelor of Science.

SBA ⟨afk.⟩ Small Business Administration.

'S-band ⟨n.-telb.zn.⟩ ⟨radio⟩ **0.1** ***S-band*** ⇒*korte golf.*

S by E, SbE ⟨afk.⟩ South by East **0.1** ***Z.O.*.**

S by W, SbW ⟨afk.⟩ South by West **0.1** ***Z.W.***

sc ⟨afk.⟩ **0.1** ⟨scene⟩ **0.2** ⟨science⟩ **0.3** ⟨scilicet⟩ ***sc.*** ⇒*nl., t.w., d.w.z.,* ⟨B.⟩ *t.t.z.* **0.4** ⟨scruple⟩ **0.5** ⟨sculpsit⟩ ***sc(ulps).*** **0.6** ⟨sharp cash⟩ **0.7** ⟨small capitals⟩.

Sc ⟨afk.⟩ Scotch, Scottish.

SC ⟨afk.⟩ Security Council, South Carolina, Special Constable, Staff College, Supreme Court.

scab[1] [skæb] ⟨f1⟩ ⟨zn.⟩

I ⟨telb.zn.⟩ **0.1** ⟨inf.; bel.⟩ ***onderkruiper*** ⇒*werkwillige, stakingbreker* **0.2** ⟨inf.⟩ ***zwartwerker*** ⟨niet-vakbondslid⟩ **0.3** ⟨inf.⟩ ***ploert*** ⇒*schoft, schurk* **0.4** ***schurftkorst;***

II ⟨telb. en n.-telb.zn.⟩ **0.1** ***korst(je)*** ⇒*roof(je);*

III ⟨n.-telb.zn.⟩ **0.1** ***schurft(ziekte)*** ⇒*scabiës, schurftkwaal* ⟨bij dieren, planten⟩.

scab[2] ⟨onov.ww.; →ww. 7⟩ **0.1** ***een korst/roof krijgen*** ⟨v. wond⟩ **0.2** ***een korst/roof vormen*** **0.3** ⟨inf.⟩ ***onderkruipen*** ⇒*werkwillig zijn* ◆ **5.1** ~ **over** *een korst/roof krijgen* **6.3** ~ **on** one's fellow workers *z'n collega's tegenwerken/verraden* ⟨door lagere lonen te aanvaarden/staking te breken⟩.

scab·bard[1] ['skæbəd‖-bərd] ⟨f1⟩ ⟨telb.zn.⟩ **0.1** ***schede*** **0.2** ⟨vnl. AE⟩ ***holster*** ◆ **3.¶** throw away the ~ *een zaak tot het (bittere) einde uitvechten.*

scabbard[2] ⟨ov.ww.⟩ **0.1** ***opsteken*** ⇒*in de schede steken.*

'scabbard fish ⟨telb.zn.⟩ ⟨dierk.⟩ **0.1** ***kousebandvis*** ⟨Lepidopus caudatus⟩.

scab·by ['skæbi] ⟨f1⟩ ⟨bn.; -er; -ly; -ness; →bijw. 3⟩ **0.1** ***schurftig*** **0.2** ***met korsten bedekt*** **0.3** ⟨inf.⟩ ***smerig*** ⇒*gemeen, laag* ◆ **1.3** a ~ trick *een rotstreek.*

sca·bies ['skeɪbiz] ⟨f1⟩ ⟨n.-telb.zn.⟩ **0.1** ***schurft*** ⇒*scabiës.*

sca·bi·ous[1] ['skeɪbɪəs] ⟨n.-telb.zn.⟩ ⟨plantk.⟩ **0.1** ***scabiosa*** ⇒ ⟨i.h.b.⟩ *zwartpurperen scabiosa* ⟨S. atropurpurea⟩ **0.2** ***blauwe knoop*** ⟨Succisa pratensis⟩.

scabious[2] ⟨bn.⟩ **0.1** ***schurftachtig*** ⇒*scabieus, schurftig, schurft-* **0.2** ***met korsten bedekt.***

sca·brous ['skeɪbrəs‖'skæ-] ⟨bn.; -ly; -ness⟩ **0.1** ***ruw*** ⇒*oneffen, ongelijk* **0.2** ***delicaat*** ⇒*teer, kies, netelig* **0.3** ***schunnig*** ⇒*schuin, gewaagd, scabreus.*

scad[1] [skæd] ⟨telb.zn.; vnl. mv.⟩ ⟨AE; inf.⟩ **0.1** ***massa*** ⇒ ⟨mv. ook⟩ *hopen* ◆ **6.1** ~s **of** money *geld bij hopen;* ~s **of** people *massa's mensen;* ~s **of** time *een massa tijd;* have ~s **of** time *tijd zat hebben, al de tijd v.d. wereld hebben, zeeën v. tijd hebben.*

scad[2] ⟨telb.zn.; ook scad; →mv. 4⟩ ⟨dierk.⟩ **0.1** ***horsmakreel*** ⟨genus Carangidae⟩.

scaf·fold[1] ['skæfəld, -foʊld] ⟨f1⟩ ⟨zn.⟩

I ⟨telb.zn.⟩ **0.1** ***schavot*** **0.2** ***(bouw)steiger*** ⇒*stellage, stelling/steiger* **0.3** ***platform*** ⇒*verhoging, podium;*

II ⟨n.-telb.zn.; the⟩ ⟨schr.⟩ **0.1** ***schavot(straf)*** ⇒*doodstraf* ◆ **3.1** be condemned to the ~ *tot het schavot/de doodstraf veroordeeld worden;* go to the ~ *het schavot beklimmen, geëxecuteerd worden.*

scaffold[2] ⟨f1⟩ ⟨ov.ww.⟩ →scaffolding **0.1** ***van een steiger/schavot voorzien*** **0.2** ***met een steiger/schavot schragen/ondersteunen/(onder)stutten.***

scaf·fold·ing ['skæfəldɪŋ] ⟨f1⟩ ⟨zn.; (oorspr.) gerund v. scaffold⟩

I ⟨telb.zn.⟩ **0.1** ***steiger(constructie)*** ⇒*stelling, stellage* **0.2** ***ondersteuning*** **0.3** ***kader*** ⇒*basis, fundament* ◆ **1.3** the author used historical facts as a ~ for his novel *de auteur gebruikte historische feiten als kader/basis voor zijn roman;*

II ⟨n.-telb.zn.⟩ **0.1** ***steigermateriaal*** ⇒*steigers, stellingen, stellage* ◆ **2.1** tubular ~ *buizenstellingen.*

'scaf·fold·ing-pole ⟨telb.zn.⟩ **0.1** ***steigerpaal.***

scag, skag [skæg] ⟨n.-telb.zn.⟩ ⟨sl.⟩ **0.1** ***horse*** ⇒*H, scag, heroïne.*

scagl·io·la [skæl'joʊlə] ⟨n.-telb.zn.⟩ ⟨bouwk.⟩ **0.1** ***scagliola*** ⟨soort hard pleister⟩.

scal·a·ble ['skeɪləbl] ⟨bn.; -ly; -ness; →bijw. 3⟩ **0.1** ***beklimbaar.***

sca·lar[1] ['skeɪlə‖-ər] ⟨telb.zn.⟩ ⟨wisk.⟩ **0.1** ***scalair*** ⇒*scalaire grootheid.*

scalar[2] ⟨bn.⟩ ⟨wisk.⟩ **0.1** ***scalair.***

sca·lar·i·form [skə'lærɪfɔ:m‖-fɔrm] ⟨bn.⟩ ⟨biol.⟩ **0.1** ***laddervormig*** ⟨v. vaten, weefsels⟩.

scalawag →scallywag.

scald[1], ⟨in bet. I 0.3 ook⟩ **skald** [skɔ:ld] ⟨zn.⟩

I ⟨telb.zn.⟩ **0.1** ***brandwond(e)*** ⇒*brandblaar, brandvlek* **0.2** ***schurft*** ⇒*hoofdzeer* **0.3** ***skald*** ⟨oudnoorse hofdichter⟩;

II ⟨telb. en n.-telb.zn.⟩ **0.1** ***brand(ziekte)*** ⟨i.h.b. in het koren⟩ ⇒*brandzwam, honingdauw, brandkoren.*

scald[2] ⟨f2⟩ ⟨ww.⟩ →scalding

I ⟨onov.ww.⟩ **0.1** ***zich branden*** ⟨door heet water/stoom⟩ ⇒*zich schroeien;*

II ⟨ov.ww.⟩ **0.1** ***branden*** ⇒*(doen)branden/verbranden* **0.2** ***(uit)***

wassen ⇒*(uit)koken, steriliseren, broeien* ⟨varkens⟩ **0.3** ***bijna tot kookpunt verhitten*** ⟨i.h.b. melk⟩ ⇒*pasteuriseren* ◆ **1.1** ~ed cream *gepasteuriseerde room* **5.2** ~ **out** *uitwassen, uitkoken* **6.1** ~ **on/with** *(ver)branden aan;* ~ed **to** death *levend gekookt.*

scald·er ['skɔ:ldə‖-ər]⟨telb.zn.⟩ **0.1** ***pasteurisatiemachine*** ⇒*pasteur.*

'scald head ⟨telb. en n.-telb.zn.⟩ **0.1** ***hoofdzeer.***

scald·ic ['skɔ:ldɪk]⟨bn.⟩ **0.1** ***skaldisch*** ⇒*skalden-.*

scald·ing ['skɔ:ldɪŋ]⟨f1⟩⟨bn.; teg. deelw. v. scald⟩ **0.1** ***kokend(heet)*** ⇒*brandend, schroeiend, verzengend* **0.2** ***bijtend*** ⇒*vernietigend* ⟨v. oordeel⟩ ◆ **1.1** ~ tears *hete tranen* **2.1** ~ hot *kokend heet.*

scale[1] [skeɪl]⟨f3⟩⟨zn.⟩

I ⟨eig.n.; Scales; the⟩⟨astr., ster.⟩ **0.1** ***Weegschaal*** ⇒*Libra;*

II ⟨telb.zn.⟩ **0.1** ***schub*** ⇒*schaal, (huid)schilfer, dop, schil* **0.2** ⟨vaak mv. met enkelvoudige bet.⟩ ***(weeg)schaal*** **0.3** ⟨muz.⟩ ***toonschaal/ladder*** **0.4** ⟨wisk.⟩ ***schaal*** **0.5** ⟨dierk.⟩ ***schildluis*** ⟨Coccidae⟩ ◆ **1.2** two pairs of ~s *twee weegschalen* **1.4** a ~ of notation *een talstelsel* **2.4** ordinary ~ *tientallig stelsel* **3.1** ⟨fig.⟩ the ~s fell from her eyes *de schellen vielen haar v.d. ogen;* ⟨fig.⟩ remove the ~s from s.o.'s eyes *iem. de ogen openen* **3.2** hold the ~s even *onpartijdig oordelen;* throw into the ~ *opwerpen* ⟨argument⟩; tilt/tip/turn the ~ (s) *de balans doen doorslaan, de doorslag geven* **3.3** play/sing ~s *toonladders spelen/zingen* **6.2** ⟨inf.⟩ he tilted/tipped/turned the ~ (s) **at** sixty kilograms *hij woog zestig kilo;* ⟨fig.⟩ **in** the ~s *(nog) onzeker* **6.3** the ~ **of** C *de toonschaal van C;*

III ⟨telb. en n.-telb.zn.⟩ **0.1** ⟨ben. voor⟩ ***schaal(verdeling)*** ⇒*graadverdeling, schaalaanduiding/aanwijzing; maatstaf, schaalstok, maatstok, meetlat* ◆ **1.1** the ~ of the problem *de omvang v.h. probleem;* ~ of wages *loonschaal* **2.1** ⟨fig.⟩ high in the social ~ *hoog op de sociale ladder* **6.1** **in** ~ *in juiste verhouding tot de omgeving;* **of** small ~ *kleinschalig;* ⟨fig.⟩ **on** a large/grand ~ *op grote schaal;* a map **on** a ~ **of** a centimetre **to** the kilometre/**of** a kilometre **to** the centimetre *een kaart met een schaal van 1 op 100.000;* ⟨fig.⟩ **on** a small ~ *op kleine schaal;* **out of** ~ *niet op schaal;* draw **to** ~ *op schaal tekenen;*

IV ⟨n.-telb.zn.⟩ **0.1** ***aanzetsel*** ⇒*aanslag, ketelsteen, tandsteen* **0.2** ***schildluis*** ⟨planteziekte⟩.

scale[2] ⟨f2⟩⟨ww.⟩

I ⟨onov.ww.⟩ **0.1** ***(af)schilferen*** ⇒*(af)bladderen* **0.2** ***bepaald gewicht hebben*** ⇒*wegen* ⟨i.h.b. v. bokser⟩ **0.3** ***klimmen*** **0.4** ***v. gelijke schaal zijn*** ⇒*in verhouding zijn, onderling meetbaar zijn, evenredig zijn* **0.5** ***aanslaan*** ⟨v. ketel⟩ ◆ **1.2** the lightweight ~d 130 pounds *de lichtgewicht bokser woog 59 kilo* **1.5** the kettle ~s *de ketel slaat aan, er zet zich ketelsteen vast in de ketel;*

II ⟨ov.ww.⟩ **0.1** ⟨ben. voor⟩ ***ontdoen van*** ⟨b.v. tandsteen⟩ ⇒*schrap(p)en, pellen, doppen, (af)bikken* **0.2** ***afwegen*** **0.3** ***(be)klimmen*** ⇒*(op)klauteren, opgaan* ⟨ladder⟩ **0.4** ***aanpassen*** ⇒*afstemmen* **0.5** ***op schaal maken/tekenen*** **0.6** ***schatten*** ⇒*meten* ⟨ruw timmerhout⟩ **0.7** ⟨vaak pass.⟩ ***aanzetten aan/op*** ⟨v. kalk, ketelsteen⟩ ⇒*zich vasthechten aan/in* ◆ **5.1** ~ **off** *pellen, schrappen* **5.4** ~ **back/down** *verlagen, verkleinen, lager inschatten, terugschroeven, proportioneel verminderen;* ~ **up** *verhogen, vergroten, hoger inschatten* **6.4** production was ~ d **to** the expected need *de produktie werd afgestemd op de verwachte behoefte.*

'scale armour ⟨telb.zn.⟩ **0.1** ***geschubd pantser.***

'scale·board ⟨n.-telb.zn.⟩ **0.1** ***spaanplaat.***

'scale bug, 'scale insect ⟨telb.zn.⟩⟨dierk.⟩ **0.1** ***schildluis*** ⟨Coccidae⟩.

scaled [skeɪld]⟨bn.⟩ **0.1** ***geschubd.***

'scale 'drawing ⟨telb.zn.⟩ **0.1** ***schaaltekening*** ⇒*tekening op schaal.*

'scale fern ⟨telb.zn.⟩⟨plantk.⟩ **0.1** ***schubvaren*** ⟨Ceterach officinarum⟩.

'scale leaf ⟨telb.zn.⟩⟨plantk.⟩ **0.1** ***schildblad.***

scale·less ['skeɪlləs]⟨bn.⟩ **0.1** ***ongeschubd.***

'scale 'model ⟨telb.zn.⟩ **0.1** ***schaalmodel.***

'scale moss ⟨n.-telb.zn.⟩⟨plantk.⟩ **0.1** ***(soort) bladerrijk levermos*** ⟨Jungermannialis⟩.

sca·lene[1] ['skeɪli:n]⟨telb.zn.⟩ **0.1** ***ongelijkzijdige driehoek*** **0.2** ⟨med.⟩ ***schuine halsspier.***

scalene[2] ⟨bn.⟩ **0.1** ***ongelijkzijdig*** ⟨v. driehoek⟩ ◆ **1.1** ~ cone *scheve kegel;* ~ cylinder *scheve cilinder;* ~ muscle *schuine halsspier;* ~ triangle *ongelijkzijdige driehoek.*

sca·le·nus [skeɪ'li:nəs]⟨telb.zn.; scaleni [-naɪ]; →mv. 5⟩⟨med.⟩ **0.1** ***schuine halsspier*** ⟨Musculus scalenus⟩.

'scale·pan ⟨telb.zn.⟩ **0.1** ***schaal*** ⟨v. weegschaal⟩.

scal·er ['skeɪlə‖-ər]⟨telb.zn.⟩ **0.1** ***peller*** **0.2** ***weger*** **0.3** ***(be)klimmer*** **0.4** ⟨elek.⟩ ***pulsteller.***

'scale-'wing·ed ⟨bn.⟩⟨dierk.⟩ **0.1** ***schubvleugelig.***

'scal·ing ladder ⟨telb.zn.⟩ **0.1** ***brandladder*** ⇒*stormladder.*

scall [skɔ:l]⟨n.-telb.zn.⟩⟨vero.⟩ **0.1** ***schubhuid*** ⇒⟨i.h.b.⟩ *hoofdzeer* ◆ **2.1** dry ~ *schurft;* moist ~ *(huid)uitslag, eczeem.*

scallawag →scallywag.

scal·lion ['skælɪən]⟨telb.zn.⟩ **0.1** ***sjalot(je)*** **0.2** ***bosuitje*** ⇒*lenteuitje, nieuwe ui.*

scal·lop[1], **scol·lop** ['skɒləp‖'skɑ-], ⟨in bet. I 0.2 en 0.3 ook⟩ **'scallop shell, 'scollop shell** ⟨f1⟩⟨zn.⟩

I ⟨telb.zn.⟩ **0.1** ***kammossel*** ⇒*kamschelp* **0.2** ***(schelpvormige) schaal*** ⇒*schelp* **0.3** ***sint-jakobsschelp*** **0.4** ***gepaneerd kalfslapje*** ⇒*kalfsoester* ⟨escalope de veau⟩;

II ⟨mv.; ~s⟩ **0.1** ***schulp(rand)*** ⇒*uitschulping.*

scallop[2], **scollop,** ⟨in bet. 0.1 ook⟩ **es·cal·lop** [e'skɒləp‖ɪ'skɑləp]⟨f1⟩ ⟨ov.ww.⟩ →scalloping **0.1** ***in de schelp bakken/koken*** ⇒*gratineren* **0.2** ***(uit)schulpen.***

scal·lop·ing, scol·lop·ing ['skɒləpɪŋ‖'skɑ-]⟨telb. en n.-telb.zn.; gerund v. scallop⟩ **0.1** ***uitschulping*** ⇒*schulprand.*

scal·ly·wag ['skæliwæg], **scal·la·wag,** ⟨AE sp. meestal⟩ **scal·a·wag** ['skæləwæg]⟨telb.zn.⟩ **0.1** ***scharminkel*** ⇒*mager/ondervoed dier* **0.2** ⟨vnl. scherts.⟩ ***deugniet*** ⇒*rakker, schelm, schavuit.*

scalp[1] [skælp]⟨f2⟩⟨telb.zn.⟩ **0.1** ***schedel/hoofdhuid*** **0.2** ***scalp*** ⟨als zegeteken⟩ ⇒⟨fig.; inf.⟩ *zegeteken* **0.3** ⟨Sch. E⟩ ***kale rots*** ⟨boven water uitstekend⟩ ⇒*kale heuveltop* ◆ **3.2** take ~s *scalperen* **6.2** out **for** ~s *op het oorlogspad* ⟨ook fig.⟩.

scalp[2] ⟨f1⟩⟨ww.⟩

I ⟨onov.ww.⟩ **0.1** ***speculeren;***

II ⟨ov.ww.⟩ **0.1** ***scalperen*** **0.2** ***fel kritiseren*** ⇒*afmaken* **0.3** ⟨vnl. AE⟩ ***(op spectaculaire wijze) verslaan*** ⇒*in de pan hakken, inmaken* **0.4** ⟨vnl. AE; inf.⟩ ***speculeren in/met*** **0.5** ⟨AE⟩ ***van de toplaag ontdoen*** ⇒*aftoppen, afgraven, gelijk maken.*

scal·pel ['skælpl]⟨f1⟩⟨telb.zn.⟩⟨med.⟩ **0.1** ***scalpel*** ⇒*ontleedmes.*

scalp·er ['skælpə‖-ər], ⟨in bet. 0.1 ook⟩ **scau·per, scor·per** ['skɔ:pə‖'skɔpər]⟨telb.zn.⟩ **0.1** ***beitel*** **0.2** ⟨vnl. AE; inf.⟩ ***speculant*** ⇒⟨i.h.b.⟩ *kaartjesspeculant, zwarthandelaar in toegangsbewijzen.*

scalp·less ['skælpləs]⟨bn.⟩ **0.1** ***gescalpeerd*** ⇒*zonder scalp.*

'scalp lock ⟨telb.zn.⟩ **0.1** ***scalp(lok)*** ⇒*indianenkuif.*

scal·pri·form ['skælprɪfɔ:m‖-fɔrm]⟨bn.⟩ **0.1** ***beitelvormig*** ⟨v. snijtand⟩.

scal·y ['skeɪli]⟨bn.; -er; -ness; →compar. 7⟩ **0.1** ***schilferig*** ⇒*bladderig, geschilferd* **0.2** ***geschubd*** **0.3** ⟨inf.⟩ ***krenterig*** ⇒*gierig* **0.4** ⟨sl.⟩ ***gemeen*** ⇒*verachtelijk* ◆ **1.2** ⟨dierk.⟩ ~ anteater *schubdier* ⟨genus Manis⟩.

scam[1] [skæm]⟨zn.⟩

I ⟨telb.zn.⟩⟨AE; inf.⟩ **0.1** ***afzetterstent*** **0.2** ***zwendel*** ⟨vaak als 2e lid in samenstelling⟩ ◆ **¶.2** Iranscam *Iranaffaire;*

II ⟨n.-telb.zn.⟩⟨AE; sl.⟩ **0.1** ***nieuws*** ⇒*fijne v.d. zaak.*

scam[2] ⟨ov.ww.⟩⟨AE; sl.⟩ **0.1** ***bezwendelen*** ⇒*beroven, bedriegen.*

scam·mo·ny ['skæməni]⟨zn.; →mv. 2⟩

I ⟨telb.zn.⟩ **0.1** ⟨plantk.⟩ ***soort winde*** ⟨Convolvulus scammonia⟩;

II ⟨n.-telb.zn.⟩ **0.1** ***scammonine*** ⟨purgeermiddel⟩.

scamp[1] [skæmp]⟨f1⟩⟨telb.zn.⟩⟨pej., scherts.⟩ **0.1** ***boef(je)*** ⇒*rakker, deugniet, ondeugd, kwajongen* ◆ **4.1** you ~! *(jij) boef!.*

scamp[2] ⟨ov.ww.⟩ **0.1** ***afraffelen*** ⟨werk⟩ ⇒*de hand lichten met.*

scamp·er[1] ['skæmpə‖-ər]⟨telb.zn.⟩ **0.1** ***draf(je)*** ⇒*gehol, holletje* **0.2** ***ren*** ⇒*galop* **0.3** ***vluchtige blik*** ⟨in boek, krant e.d.⟩.

scamper[2] ⟨f1⟩⟨onov.ww.⟩ **0.1** ***hollen*** ⇒*rennen, draven* **0.2** ***galopperen*** **0.3** ***snel lezen*** ⇒*vluchtig bladeren* ◆ **5.1** ~ **about** *rondhollen;* ~ **away/off** *wegrennen.*

scam·pi ['skæmpi]⟨f1⟩⟨zn.⟩

I ⟨n.-telb.zn.⟩ **0.1** ***scampigerecht;***

II ⟨mv.⟩ **0.1** ***scampi*** ⇒*grote garnalen.*

scamp·ish ['skæmpɪʃ]⟨bn.⟩ **0.1** ***ondeugend.***

scan[1] [skæn]⟨f1⟩⟨telb.zn.⟩ **0.1** ***onderzoekende blik*** **0.2** ⟨tech.⟩ ***scanning*** ⇒*het aftasten/onderzoeken.*

scan[2] ⟨f2⟩⟨ww.; →ww. 7⟩

I ⟨onov.ww.⟩ **0.1** ***zich laten scanderen*** ⟨v. gedicht⟩ **0.2** ***metrisch juist zijn*** **0.3** ⟨tech.⟩ ***gescand/afgetast worden;***

II ⟨ov.ww.⟩ **0.1** ***scanderen*** ⟨gedicht⟩ **0.2** ***nauwkeurig onderzoeken*** ⇒*vorsend aankijken, afspeuren* **0.3** ***snel, vluchtig doorlezen*** ⇒*doorlopen, doorbladeren* **0.4** ⟨tech.⟩ ***aftasten*** ⇒*scannen* ⟨met radar⟩.

'scan button ⟨telb.zn.⟩⟨t.v.⟩ **0.1** ***aftastknop*** ⟨op video⟩.

scan·dal ['skændl]⟨f2⟩⟨zn.⟩

I ⟨telb. en n.-telb.zn.⟩ **0.1** ***schandaal*** ⇒*schande* **0.2** ⟨jur.⟩ ***belediging*** ⇒*smaad;*

II ⟨n.-telb.zn.⟩ **0.1** ***achterklap*** ⇒*roddel, laster(praat), opspraak, smaad* **0.2** ***aanstoot*** ⇒*ergernis* ◆ **3.1** talk ~ *roddelen.*

scan·dal·ize, -ise ['skændl-aɪz]⟨f1⟩⟨ov.ww.⟩ **0.1** ⟨vaak pass.⟩ ***shockeren*** ⇒*ergernis/aanstoot geven* **0.2** ⟨scheep.⟩ ***reven*** ⇒*innemen* ⟨zeil⟩.

scan·dal·mon·ger ['skændlmʌŋgə‖-mɑŋgər]⟨telb.zn.⟩ **0.1** ***kwaadspreker/spreekster*** ⇒*lasteraar(ster), klets(t)er, babbelaar(ster).*

scan·dal·mon·ger·ing ['skændlmʌŋgrɪŋ‖-mɑŋ-]⟨n.-telb.zn.⟩ **0.1** ***geklets*** ⇒*geroddel, laster, kwaadsprekerij*.
scan·dal·ous ['skændələs]⟨f1⟩⟨bn.; -ly; -ness⟩ **0.1** ***schandelijk*** ⇒*schandalig, aanstootgevend* **0.2** ***lasterlijk*** **0.3** ***kwaadsprekend*** ⇒*roddelend*.
'scandal sheet ⟨telb.zn.⟩ **0.1** ***roddelblad*** ⇒*boulevardblad* **0.2** ⟨sl.⟩ ***onkostennota***.
scan·dal·um mag·na·tum ['skændələm mæg'neɪt̬əm]⟨n.-telb.zn.⟩ ⟨gesch.⟩ **0.1** ***belastering v. hoge personen/magnaten*** ⟨in Engeland⟩.
scan·dent ['skændənt]⟨bn.⟩⟨plantk.⟩ **0.1** ***klimmend***.
Scan·di·na·vi·an[1] ['skændɪ'neɪvɪən]⟨f2⟩⟨zn.⟩
I ⟨eig.n.⟩ **0.1** ***Scandinavisch*** ⇒*de Scandinavische/Noordgermaanse talen;*
II ⟨telb.zn.⟩ **0.1** ***Scandinaviër***.
Scandinavian[2] ⟨bn.⟩ **0.1** ***Scandinavisch***.
scan·di·um ['skændɪəm]⟨n.-telb.zn.⟩⟨schei.⟩ **0.1** ***scandium*** ⟨element 21⟩.
scan·ner ['skænə‖-ər]⟨telb.zn.⟩ **0.1** ⟨med.⟩ ***(C(A)T)-scanner*** **0.2** ⟨tech.⟩ ***aftaster*** ⇒*scanner, (draaiende) radarantenne*.
scan·sion ['skænʃn]⟨n.-telb.zn.⟩⟨taalk.⟩ **0.1** ***scansie*** ⇒*het scanderen*.
scan·so·ri·al [skæn'sɔ:rɪəl]⟨bn.⟩⟨dierk.⟩ **0.1** ***klimmend*** ⇒*klim-*.
scant[1] [skænt]⟨f1⟩⟨bn.; ook -er; -ly; -ness⟩⟨schr.⟩ **0.1** ***karig*** ⇒*schraal, gering* **0.2** ***schraal*** ⟨v. wind⟩ ◆ **1.1** do ~ justice to sth. *iets weinig/nauwelijks recht doen* **6.1** ~ **of** *slecht voorzien van;* ~ **of** breath *kortademig*.
scant[2] ⟨ov.ww.⟩⟨vero.⟩ **0.1** ***bekrimpen*** ⇒*krap houden, karig zijn met*.
scan·ties ['skænt̬iz]⟨mv.⟩⟨inf.⟩ **0.1** ***(dames)slipje***.
scant·ling ['skæntlɪŋ]⟨telb.zn.⟩ **0.1** ***(klein) beetje*** ⇒*kleine hoeveelheid/dosis* **0.2** ***smalle balk*** ⇒*latje* **0.3** ***steen*** ⟨met bep. afmeting⟩ **0.4** ⟨meestal mv.⟩ ***standaardmaat*** ⟨i.h.b. scheep.⟩ ⇒*afmeting, profiel* ◆ **6.2** ~ **of** sth. *kleine hoeveelheid van iets*.
scant·y ['skænt̬i]⟨f1⟩⟨bn.; -er; -ly; -ness; →bijw. 3⟩ **0.1** ***schaars*** ⇒*karig, schraal, krap*.
scape[1] [skeɪp]⟨telb.zn.⟩ **0.1** ***uit de wortel voortkomende bloemstengel*** **0.2** ***schacht*** ⟨v. veer⟩ **0.3** ***aanloop*** ⟨v. zuil⟩ **0.4** ⟨dierk.⟩ ***basis*** ⟨v. voelspriet⟩ **0.5** ⟨verk.⟩ ⟨landscape⟩ ***landschap*** **0.6** ⟨verk.⟩ ⟨escape⟩ ⟨vero.⟩ ***ontsnapping***.
scape[2] ⟨onov.ww.⟩⟨verk.⟩ escape ⟨vero.⟩ **0.1** ***ontsnappen***.
-scape [skeɪp]⟨vormt nw.⟩ **0.1** ⟨ong.⟩ ***-gezicht*** ⇒*-panorama* ◆ **¶.1** seascape *zeegezicht; uitzicht over zee*.
'scape·goat[1] ⟨f1⟩⟨telb.zn.⟩ **0.1** ***zondebok*** ⇒⟨fig.⟩ *wrijfpaal*.
scapegoat[2] ⟨ov.ww.⟩ **0.1** ***tot zondebok maken***.
'scape·grace ⟨telb.zn.⟩⟨vaak scherts.⟩ **0.1** ***stommeling*** ⇒*nietsnut, losbol, waardeloos sujet*.
scaph·oid[1] ['skæfɔɪd]⟨telb.zn.⟩⟨med.⟩ **0.1** ***scheepvormig been*** ⟨in hand- en voetwortel; Os naviculare⟩.
scaphoid[2] ⟨bn.⟩⟨med.⟩ **0.1** ***scheepvormig***.
scap·u·la ['skæpjʊlə‖-jələ]⟨telb.zn.; ook scapulae [-li:]; →mv. 5⟩ ⟨med.⟩ **0.1** ***schouderblad***.
scap·u·lar[1] ['skæpjʊlə‖-jələr], ⟨in bet. 0.1 en 0.3 ook⟩ **scap·u·lar·y** ['skæpjʊləri‖-jəleri]⟨telb.zn.; →mv. 2⟩ **0.1** ⟨R.-K.⟩ ***sc(h)apulier*** ⇒*schouderkleed* **0.2** ***schouderband*** ⟨v. verband⟩ **0.3** ***rugveer***.
scapular[2] ⟨bn.⟩ **0.1** ***v.d. schouder(bladen)*** ◆ **1.1** ⟨med.⟩ ~ arch *schoudergordel;* ~ feathers *rugveren*.
scar[1], ⟨in bet. 0.2 ook⟩ **scaur** [skɑ:‖skɑr]⟨f2⟩⟨telb.zn.⟩ **0.1** ***litteken*** ⇒*schram, kras;* ⟨fig.⟩ *schandvlek, smet* **0.2** ***klip*** ⇒*steile rotswand* **0.3** ⟨plantk.⟩ ***litteken*** **0.4** ***papegaaivis***.
scar[2] ⟨f1⟩⟨ww.; →ww. 7⟩
I ⟨onov.ww.⟩ **0.1** ***een litteken vormen*** ⟨v. wond⟩ **0.2** ***met littekens bedekt worden*** ◆ **5.2** ~ **over** *een litteken vormen; dichtgaan, helen;*
II ⟨ov.ww.⟩ **0.1** ⟨vnl. volt. deelw.⟩ ***met littekens bedekken*** ⇒*schrammen* **0.2** ***een litteken vormen op*** ⟨wond⟩.
scar·ab ['skærəb], ⟨in bet. 0.1 ook⟩ **'scarab beetle, scar·a·bae·id** ['skærə'bi:ɪd]⟨telb.zn.⟩ **0.1** ***(mest)kever*** ⇒*tor, scarabee* ⟨i.h.b. heilig dier der oude Egyptenaren⟩ **0.2** ***(voorstelling v.) scarabee*** ⟨amulet⟩.
scar·a·mouch ['skærəmu:tʃ‖-mu:]⟨telb.zn.⟩ **0.1** ***schelm*** ⇒*deugniet* **0.2** ⟨vero.⟩ ***snoever***.
scarce[1] [skeəs‖skers]⟨f2⟩⟨bn.; -er; -ness⟩ **0.1** ⟨vnl. predikatief⟩ ***schaars*** **0.2** ***zeldzaam*** ⇒*moeilijk te vinden* ◆ **1.2** as ~ as hen's teeth *met een lantaarntje te zoeken, zeer zeldzaam* **3.2** ⟨inf.⟩ make o.s. ~ *zich uit de voeten maken, zich niet vertonen*.
scarce[2] ⟨bw.⟩⟨schr.⟩ **0.1** ***nauwelijks*** ⇒*bijna niet*.
scarce·ly ['skeəsli‖'skersli]⟨f2⟩⟨bw.⟩ **0.1** ***nauwelijks*** ⇒*ternauwernood, bijna niet, nog maar net, met moeite* **0.2** ⟨vnl. pompeus⟩ ***zeker niet*** ⇒*niet* ◆ **3.1** they can ~ have been there *ze kunnen er moeilijk geweest zijn* **4.1** ~ anybody *bijna niemand* **5.1** ~ at all *bijna niet;* ~ ever *haast nooit* **8.1** ~... before/when *nauwelijks... of*.
scar·ci·ty ['skeəsəti‖'skersət̬i]⟨f1⟩⟨telb. en n.-telb.zn.; →mv. 2⟩ **0.1** ***schaarste*** ⇒*gebrek* ◆ **6.1** ~ **of** *gebrek aan*.
scare[1] [skeə‖sker]⟨f1⟩⟨telb.zn.⟩ **0.1** ***(redeloze) schrik*** ⇒*vrees, paniek* **0.2** ***alarm*** ◆ **3.1** give s.o. a ~ *iem. de stuipen op het lijf jagen*.
scare[2] ⟨f1⟩⟨bn., attr.⟩⟨inf.⟩ **0.1** ***schrikaanjagend*** ⇒*angstwekkend, paniekzaaiend*.
scare[3] ⟨f3⟩⟨ww.⟩⟨inf.⟩
I ⟨onov.ww.⟩ **0.1** ***schrikken*** ⇒*bang worden* ◆ **5.1** ~ easily *snel bang worden;*
II ⟨ov.ww.⟩ **0.1** ⟨vaak volt. deelw.⟩ ***doen schrikken*** ⇒*bang maken* **0.2** ***wegjagen*** ◆ **1.1** ~d to death *doodsbang* **2.1** ⟨inf.⟩ ~ s.o. silly/stiff *iem. de stuipen op het lijf jagen* **3.1** ~d to do sth. *bang iets te doen* **5.2** ~ **away/off** *afschrikken;* ⟨AE⟩ ~ **out/up** game *wild opjagen* **5.¶** →scare up **6.1** ~d **of** *bang voor;* ~d **out of** one's wits *buiten zichzelf v. schrik, dood geschrokken*.
scare·crow ['skeəkroʊ‖'sker-]⟨f1⟩⟨telb.zn.⟩ **0.1** ***vogelverschrikker*** ⟨ook fig.⟩ **0.2** ***boeman***.
scare·dy-cat ['skeədikæt‖'sker-]⟨telb.zn.⟩⟨inf.⟩ **0.1** ***bangerik*** ⇒*haas*.
'scare headline, 'scare head, 'scare heading ⟨telb.zn.⟩ **0.1** ***sensatiekop*** ⟨in krant⟩.
scare·mon·ger ['skeəmʌŋgə‖'skermɑŋgər]⟨telb.zn.⟩ **0.1** ***bangmaker*** ⇒*alarmist, paniekzaaier*.
'scare story ⟨telb.zn.⟩ **0.1** ***paniekverhaal*** ⇒*sensatieverhaal*.
'scare 'up ⟨ov.ww.⟩⟨vnl. AE; inf.⟩ **0.1** ***ontdekken*** ⇒*opscharrelen, aan het licht brengen* **0.2** ***klaarmaken*** ⇒*vervaardigen* ◆ **6.2** ~ a meal **from** leftovers *uit restjes een maaltijd in elkaar flansen*.
scarf[1] [skɑ:f‖skɑrf]⟨f2⟩⟨telb.zn.; ook scarves [skɑ:vz‖skɑrvz]; →mv. 3⟩ **0.1** ***sjaal(tje)*** ⇒*sjerp, das* **0.2** ⟨tech.⟩ ***las*** ⇒*verscherving*.
scarf[2] ⟨ov.ww.⟩ →scarfed **0.1** ***een sjaal omdoen/omslaan*** **0.2** ⟨tech.⟩ ***lassen*** ⟨hout⟩ ⇒*verscherven* **0.3** ⟨sl.⟩ ***drinken*** ◆ **5.1** ~ **about/around** *omslaan*.
scarfed [skɑ:ft‖skɑrft]⟨bn.; volt. deelw. v. scarf⟩ **0.1** ***met een sjaal***.
'scarf·pin ⟨telb.zn.⟩⟨vnl. BE⟩ **0.1** ***dasspeld***.
'scarf·ring ⟨telb.zn.⟩⟨vnl. BE⟩ **0.1** ***sjaalring***.
'scarf·skin ⟨n.-telb.zn.⟩ **0.1** ***opperhuid*** ⇒⟨i.h.b.⟩ *cutikel*.
'scarf-wise ⟨bn.⟩ **0.1** ***schuin*** ⇒*(over)dwars*.
scar·i·fi·ca·tion ['skeərɪfɪ'keɪʃn‖'sker-]⟨telb.zn.⟩ **0.1** ⟨med.⟩ ***insnijding*** ⇒*kerving* **0.2** ***gisping*** ⇒*scherpe kritiek*.
scar·i·fi·er ['skeərɪfaɪə‖'skerɪfaɪər], ⟨in bet. 0.1 ook⟩ **scar·i·fi·ca·tor** [-fɪkeɪtə‖-fɪkeɪt̬ər]⟨telb.zn.⟩ **0.1** ⟨med.⟩ ***scarificator*** ⇒⟨i.h.b.⟩ *(kop)snepper, kopmes* **0.2** ⟨landb.⟩ ***cultivator*** ⇒*mesegge* **0.3** ⟨wwb.⟩ ***(weg)opbreker***.
scar·i·fy ['skeərɪfaɪ‖'sker-]⟨ov.ww.; →ww. 7⟩ **0.1** ⟨med.⟩ ***insnijden*** ⇒*kerven* **0.2** ⟨fig.⟩ ***gispen*** ⇒*hekelen, wonden* **0.3** ***loswerken*** ⟨grond⟩.
scar·i·ous ['skeərɪəs‖'sker-]⟨bn.⟩⟨plantk.⟩ **0.1** ***vliezig***.
scar·la·ti·na ['skɑ:lə'ti:nə‖'skɑrlə-]⟨f1⟩⟨telb. en n.-telb.zn.⟩ **0.1** ***roodvonk*** ⇒*scarlatina*.
scar·less ['skɑ:ləs‖'skɑr-]⟨bn.⟩ **0.1** ***zonder littekens***.
scar·let[1] ['skɑ:lɪt‖'skɑr-]⟨f2⟩⟨n.-telb.zn.⟩ **0.1** ***scharlaken(rood)***.
scarlet[2] ⟨f2⟩⟨bn.⟩ **0.1** ***scharlaken(rood)*** ◆ **1.¶** ~ fever *roodvonk;* ⟨dierk.⟩ ~ grosbeak *roodmus* ⟨Carpodacus erythrinus⟩; ~ hat *kardinaalshoed; (symbool v.) kardinaalsrang;* ⟨plantk.⟩ ~ pimpernel *(gewone) guichelheil* ⟨Anagallis arvensis⟩; ⟨med.⟩ ~ rash *roseola* ⟨huiduitslag⟩; ⟨dierk.⟩ ~ rosefinch *roodmus* ⟨Carpodacus erythrinus⟩; ⟨plantk.⟩ ~ runner *pronkboon* ⟨Phaseolus coccineus⟩; ~ woman ⟨euf., scherts.⟩ *lichte vrouw;* ⟨bel.⟩ *rooms-katholieke kerk;* ⟨bijb.⟩ *hoer v. Babylon*.
scarp[1] [skɑ:p‖skɑrp]⟨telb.zn.⟩ **0.1** ***steile (rots)wand*** ⇒*glooiing* **0.2** ***escarpe*** ⇒*binnentalud v.e. gracht*.
scarp[2] ⟨ov.ww.⟩ **0.1** ***afschuinen*** ⇒⟨i.h.b.⟩ *binnentalud maken* ◆ **1.1** ~ed hillside *steile helling*.
scarp·er ['skɑ:pə‖'skɑrpər]⟨f1⟩⟨onov.ww.⟩⟨BE; sl.⟩ **0.1** ***'m smeren***.
scar·us ['skeərəs‖'sker-]⟨telb. en n.-telb.zn.⟩ **0.1** ***papegaaivis*** ⟨Sparisoma cretense⟩.
scarves [skɑ:vz‖skɑrvz]⟨mv.⟩ →scarf.
scar·y ['skeəri‖'skeri]⟨f2⟩⟨bn.; -er; →compar. 7⟩⟨inf.⟩ **0.1** ***eng*** ⇒*schrikaanjagend, alarmerend* **0.2** ***(snel) bang*** ⇒*schrikachtig, bevreesd*.
scat[1] [skæt]⟨telb.zn.⟩⟨jazz⟩ **0.1** ***betekenisloze lettergrepen*** ⟨waarbij de stem als instrument wordt gebruikt⟩.
scat[2] ⟨onov.ww.; →ww. 7⟩ **0.1** ⟨vaak onpers.⟩⟨inf.⟩ ***snel vertrekken*** **0.2** ⟨jazz⟩ ***betekenisloze lettergrepen zingen*** ⟨met stem als instrument⟩ ⇒*scat* ◆ **¶.1** ~! *weg! hoepel op!*.
scat·back ['skætbæk]⟨telb.zn.⟩⟨AE; sl.; Am. voetbal⟩ **0.1** ***razendsnelle/kwikzilverachtige back***.
scathe[1] [skeɪð]⟨telb.zn.; vaak met ontkenning⟩⟨vero.⟩ **0.1** ***letsel*** ⇒*schade*.

scathe[2] ⟨ov.ww.⟩ →scathing **0.1** ***schaden*** ⇒*letsel toebrengen;* ⟨i.h.b.⟩ *verschroeien, verzengen* **0.2** ***afmaken*** ⟨met kritiek⟩ ⇒*afkraken, vernietigen, kapot maken* **0.3** ⟨met ontkenning⟩ ***enig(e) letsel/schade toebrengen.***

scathe·less ['skeɪðləs]⟨bn.⟩⟨meestal predikatief⟩ **0.1** ***ongedeerd.***

scath·ing ['skeɪðɪŋ]⟨f1⟩⟨bn.; teg. deelw. v. scathe; -ly⟩ **0.1** ***vernietigend*** ⇒*scherp* ◆ **1.1** ~ remark *vernietigende opmerking;* ~ sarcasm *bijtend sarcasme.*

scat·o·log·i·cal [skætə'lɒdʒɪkl‖'skæṭl'ɑ-]⟨bn.⟩ **0.1** ***scatologisch*** ⇒*mbt. uitwerpselen, drek-* **0.2** ***obsceen.***

sca·tol·o·gy [skæ'tɒlədʒi‖-'tɑ-]⟨n.-telb.zn.⟩ **0.1** ***scatologie*** ⇒*studie v. coprolieten/fossiele uitwerpselen* **0.2** ***aandacht/voorliefde voor uitwerpselen*** **0.3** ***voorliefde voor obsceniteiten/obscene literatuur.***

sca·toph·a·gous [skə'tɒfəgəs‖-'tɑ-]⟨bn.⟩ **0.1** ***v. mest levend*** ⟨v. kever, vlieg e.d.⟩ ⇒*mest-.*

scat·ter[1] ['skætə‖'skæṭər], **scat·ter·ing** ['skæṭərɪŋ]⟨f1⟩⟨telb. en n.-telb.zn.; tweede variant gerund v. scatter⟩ **0.1** ***(ver)spreiding*** ⇒*verstrooiing* ⟨ook nat.⟩; ⟨i.h.b.⟩ *kleine verspreide hoeveelheid, gering aantal* **0.2** ⟨sl.⟩ ***(clandestiene) kroeg*** ⇒*ontmoetingsplaats, verblijfplaats* ◆ **6.1** a ~ **of** houses *een paar huizen hier en daar.*

scatter[2] ⟨f3⟩⟨ww.⟩ →scattered, scattering
I ⟨onov.ww.⟩ **0.1** ***verstrooid raken*** ⇒*zich verspreiden;*
II ⟨ov.ww.⟩⟨vaak pass.⟩ **0.1** ***(ver)strooien*** ⇒*verspreiden, uitstrooien, bestrooien, rondstrooien* ⟨ook fig.⟩; ⟨nat.⟩ *verstrooien* ⟨straling⟩ **0.2** ***uiteendrijven*** ⇒*verdrijven* **0.3** ***de bodem inslaan*** ⟨hoop⟩ ◆ **5.1** ~ **about/around/round** *rondstrooien* **6.1** ~ **on** *strooien op;* ~ **over** *uitstrooien over;* ~ **with** *bestrooien met.*

'scat·ter·brain ⟨f1⟩⟨telb.zn.⟩⟨inf.⟩ **0.1** ***warhoofd.***

'scat·ter·brained ⟨f1⟩⟨bn.⟩⟨inf.⟩ **0.1** ***warhoofdig*** ⇒*warrig.*

'scatter cushion ⟨telb.zn.; vaak mv.⟩⟨AE⟩ **0.1** ***sierkussentje*** ⇒*los kussentje.*

'scatter (dia)gram ⟨telb.zn.⟩⟨stat.⟩ **0.1** ***strooidiagram.***

scat·tered ['skætəd‖'skæṭərd]⟨f2⟩⟨bn.; volt. deelw. v. scatter⟩ **0.1** ***verspreid (liggend)*** ⇒*ver uiteen, sporadisch* ◆ **1.1** ~ instances *incidentele gevallen;* ~ showers *hier en daar een bui.*

'scat·ter-gun ⟨telb.zn.⟩ **0.1** ***(jacht)geweer.***

scat·ter·ing ['skæṭərɪŋ]⟨bn.; teg. deelw. v. scatter; -ly⟩ **0.1** ***verspreid (liggend)*** ⇒*sporadisch* **0.2** ***versnipperd*** ⟨stemmen⟩.

'scat·ter-joint ⟨telb.zn.⟩⟨sl.⟩ **0.1** ***nachtclub.***

'scatter rug ⟨telb.zn.; vaak mv.⟩⟨AE⟩ **0.1** ***los (vloer)kleedje.***

'scat·ter·shot[1] ⟨n.-telb.zn.⟩⟨vnl. AE⟩ **0.1** ***willekeurig geschiet.***

scat·ter·shot[2] ⟨bn.⟩⟨vnl. AE⟩ **0.1** ***lukraak/willekeurig schietend.***

scat·ty ['skæṭi]⟨bn.; -er; -ly; -ness; →bijw. 3⟩⟨vnl. BE; inf.⟩ **0.1** ***gek*** ⇒*daas, warrig, verstrooid.*

scaup [skɔ:p], **'scaup duck** ⟨telb.zn.⟩⟨dierk.⟩ **0.1** ***toppereend*** ⟨Aythya marila⟩.

scauper →scalper.

scaur →scar.

scav·enge ['skævɪ̣ndʒ]⟨f1⟩⟨ww.⟩
I ⟨onov.ww.⟩ **0.1** ***vuil ophalen*** ⟨op straat⟩ **0.2** ***afval doorzoeken*** **0.3** ***aas eten;***
II ⟨ov.ww.⟩ **0.1** ***reinigen*** ⟨straat⟩ **0.2** ***doorzoeken*** ⟨afval, op eetbare en bruikbare zaken⟩ ⇒*afstropen* **0.3** ⟨tech.⟩ ***spoelen*** ◆ **6.2** ~ **for** *zoeken naar.*

scav·en·ger[1] ['skævɪ̣ndʒə‖-ər], ⟨in bet. 0.2 ook⟩ **'scavenger beetle** ⟨f1⟩⟨telb.zn.⟩ **0.1** ***aaseter*** **0.2** ***aaskever*** ⇒*aaseter* **0.3** ⟨vnl. BE⟩ ***vuilnisman*** ⇒⟨i.h.b.⟩ *voddenraper.*

scavenger[2] ⟨onov.ww.⟩ **0.1** ***vuil ophalen/opruimen.***

scav·en·ger·y ['skævɪ̣ndʒri]⟨n.-telb.zn.⟩ **0.1** ***vuilnisophaling*** ⟨ook bel.⟩.

Sc D ⟨afk.⟩ Doctor of Science ⟨Scientiae Doctor⟩.

SCE ⟨afk.⟩ Scottish Certificate of Education.

sce·na ['ʃeɪnə]⟨telb.zn.⟩ **0.1** ***scène*** ⟨in opera⟩ ⇒*(deel v.e.) bedrijf* **0.2** ***dramatische solo*** ⟨in opera⟩.

sce·nar·i·o [sɪ̣'nɑ:rioʊ‖-'ner-]⟨f1⟩⟨telb.zn.⟩ **0.1** ***scenario*** ⇒*draaiboek* ⟨ook fig.⟩, *(film)script.*

sce·nar·ist [sɪ̣'nɑ:rɪst‖-'ner-]⟨telb.zn.⟩ **0.1** ***scenarioschrijver*** ⇒*scriptschrijver.*

scend →send.

scene [si:n]⟨f3⟩⟨telb.zn.⟩ **0.1** ***plaats v. handeling*** ⇒*locatie, toneel* **0.2** ⟨inf.⟩ ***levenswijze*** ⇒*interesse* **0.3** ***scène*** ⟨in toneelstuk, film⟩ ⇒*deel v.e. bedrijf, toneel, episode* **0.4** ⟨inf.⟩ ***scène*** **0.5** ***tafereel*** ⇒*voorval, scène, toneel(tje)* **0.6** ***decor(s)*** ⇒*coulisse(n), toneel* **0.7** ***wereldje*** ⇒*scene* **0.8** ***landschap*** **0.9** ⟨vero.⟩ ***podium*** ⇒*toneel* **0.10** ⟨sl.⟩ ***ervaring*** ◆ **1.1** ~ of battle *strijdtoneel;* change of ~ *verandering v. omgeving* **3.1** the ~ is laid *het speelt zich af* **3.2** ⟨vnl. fig.⟩ come on the ~ *verschijnen;* quit the ~ *van het toneel verdwijnen;* ⟨i.h.b.⟩ *sterven* **3.4** make a ~ *een scène maken* **3.6** set ~ *toneelopbouw;* ⟨fig.⟩ set the ~ (for sth.) *(iets) voorbereiden* **3.7** ⟨inf.⟩ be on the ~ *aanwezig zijn; tot het wereldje behoren;* ⟨inf.⟩ make the ~ *aanwezig zijn; deel uitmaken v.h. wereldje;* ⟨inf.⟩ make the ~ (with s.o.) *gezien worden (met iem.)* **3.¶** ⟨inf.⟩ steal the ~ *de show stelen* **4.2** that isn't my ~ *dat is niets voor mij, daar moet ik niets van hebben* **6.6** **behind** the ~s *achter de schermen* ⟨ook fig.⟩.

'scene artist, 'scene painter ⟨telb.zn.⟩ **0.1** ***decorschilder.***

'scene change ⟨telb.zn.⟩ **0.1** ***wisseling v. decor*** ⇒*decorwisseling* ⟨ook fig.⟩.

'scene-dock ⟨telb.zn.⟩ **0.1** ***decorruimte.***

'scene painting ⟨n.-telb.zn.⟩ **0.1** ***decorschildering*** ⇒*het decorschilderen.*

scen·er·y ['sin(ə)ri]⟨f2⟩⟨n.-telb.zn.⟩ **0.1** ***decors*** ⇒*coulissen, toneel* **0.2** ***landschap*** ⇒*natuurschoon* ◆ **1.2** change of ~ *verandering v. omgeving.*

'scene·shift·er ⟨f1⟩⟨telb.zn.⟩ **0.1** ***machinist*** ⇒*toneelknecht.*

'scene·shift·ing ⟨n.-telb.zn.⟩ **0.1** ***decorwisseling.***

sce·nic ['si:nɪk]⟨f1⟩⟨bn.; -ally; →bijw. 3⟩ **0.1** ***dramatisch*** ⇒*toneel-* **0.2** ***pittoresk*** ⇒*schilderachtig* **0.3** ***v.d. natuur*** ⇒*landschap(s)-* **0.4** ***met een tafereel/voorval*** ◆ **1.¶** ~ railway *miniatuurspoorbaan.*

sce·nog·ra·phy [si:'nɒgrəfi‖-'nɑ-]⟨n.-telb.zn.⟩ **0.1** ***scenografie*** ⇒*perspectiefschildering.*

scent[1] [sent]⟨f2⟩⟨zn.⟩
I ⟨telb.zn.⟩ **0.1** ***geur*** ⇒*lucht* ⟨ook jacht⟩; *odeur* **0.2** ⟨vnl. enk.⟩ ***spoor*** ⟨ook fig.⟩ ⇒*spoor bij snipperjacht* ◆ **2.2** on a false/wrong ~ *op een verkeerd spoor* **3.2** ⟨fig.⟩ put/throw s.o. off the ~ *iem. van het spoor/op een dwaalspoor brengen* **6.2** **off** the ~ *van het juiste spoor (af);* **on** the (right) ~ *op het goede spoor;*
II ⟨telb. en n.-telb.zn.⟩ **0.1** ⟨vnl. BE⟩ ***parfum*** ⇒*luchtje, geurtje* **0.2** ***reuk(zin)*** ⇒*neus;* ⟨fig.⟩ *fijne neus* ◆ **6.2** hunt **by** ~ *op de reuk afgaan;* a (good) ~ **for** talent *een (goede) neus voor talent;* a ~ **of** danger *lucht van gevaar.*

scent[2] ⟨f2⟩⟨ww.⟩
I ⟨onov.ww.⟩ **0.1** ***rondsnuffelen*** ⇒*op zijn reuk afgaan;*
II ⟨onov. en ov.ww.⟩ **0.1** ***ruiken*** ⟨ook fig.⟩ ⇒*geuren, rieken, doen denken, lucht krijgen van, vermoeden* ◆ **5.1** ~ **about** *zijn neus gebruiken;* ~ **out** *opsporen* ⟨door op de lucht af te gaan⟩ **6.1** ~ **of** *ruiken naar; doen denken aan;*
III ⟨ov.ww.⟩⟨vaak pass.⟩ **0.1** ***parfumeren*** ⇒*geurig maken* ◆ **6.1** ~ed **with** *vervuld met de lucht van.*

'scent bag ⟨telb.zn.⟩ **0.1** ⟨dierk.⟩ ***reukzak*** **0.2** ⟨jacht⟩ ***zakje anijszaad*** ⟨e.d.; i.p.v. vos⟩ **0.3** ***sachet.***

'scent bottle ⟨telb.zn.⟩ **0.1** ***parfumflesje.***

'scent gland ⟨telb.zn.⟩ **0.1** ***reukklier.***

scent·less ['sentləs]⟨f1⟩⟨bn.⟩ **0.1** ***reukloos*** ⇒*geurloos, zonder lucht* ⟨ook jacht⟩.

'scent organ ⟨telb.zn.⟩ **0.1** ***reukzak*** ⇒*reukklier.*

'scent spray ⟨telb.zn.⟩ **0.1** ***parfumspuitje.***

scep·sis, ⟨AE sp. ook⟩ **skep·sis** ['skepsɪs]⟨n.-telb.zn.⟩ **0.1** ***twijfel (zucht)*** ⇒*scepticisme, scepsis.*

scep·tic, ⟨AE sp. ook⟩ **skep·tic** ['skeptɪk]⟨f1⟩⟨telb.zn.⟩ **0.1** ***scepticus*** ⟨i.h.b. mbt. relig.⟩ ⇒⟨fil.⟩ *aanhanger v. Pyrrho* **0.2** ***twijfelaar.***

scep·ti·cal, ⟨AE sp. ook⟩ **skep·ti·cal** ['skeptɪkl]⟨f2⟩⟨bn.; -ly⟩ **0.1** ***sceptisch*** ⟨ook fil.⟩ ⇒*kritisch, twijfelend* **0.2** ***twijfelzuchtig*** ⇒*vol twijfel, sceptisch* ◆ **6.1** ~ **about/of** *sceptisch over/aangaande/t.a.v.*

scep·ti·cism, ⟨AE sp. ook⟩ **skep·ti·cism** ['skeptɪ̣sɪzm]⟨f2⟩⟨telb. en n.-telb.zn.⟩ **0.1** ***scepticisme*** ⟨i.h.b. mbt. religie⟩ ⇒*twijfelzucht,* ⟨fil.⟩ *leer v. Pyrrho* **0.2** ***kritische houding.***

scep·tre, ⟨AE sp. ook⟩ **scep·ter** ['septə‖-ər]⟨f1⟩⟨telb.zn.⟩ **0.1** ***scepter*** ⇒*(konings)staf, rijksstaf* **0.2** ⟨fig.⟩ ***soeverein gezag*** ⇒*heerschappij, scepter.*

scep·tred, ⟨AE sp. ook⟩ **scep·tered** ['septəd‖-tərd]⟨bn.⟩ **0.1** ***soeverein*** ⇒*de scepter voerend.*

sch ⟨afk.⟩ scholar, school, schooner.

scha·den·freu·de ['ʃɑ:dnfrɔɪdə]⟨n.-telb.zn.⟩ **0.1** ***leedvermaak.***

schap·pe ['ʃɒpə‖'ʃɑpə]⟨n.-telb.zn.⟩ **0.1** ***zijde(draad)*** ⟨uit zijdeafval⟩.

sched·ule[1] ['ʃedju:l‖'skedʒʊ(ə)l]⟨f3⟩⟨telb. en n.-telb.zn.⟩ **0.1** ***programma*** ⇒*schema* **0.2** ***(inventaris)lijst*** ⇒*prijslijst, index, bijlage, tabel* **0.3** ⟨vnl. AE⟩ ***dienstregeling*** ⇒*rooster* **0.4** ***tijd volgens dienstregeling/rooster*** ◆ **6.1** **ahead of** ~ *vóór op de geplande tijd; vóór op het schema;* be **behind** ~ *te laat zijn, vertraging hebben, achterliggen op het schema;* **on** ~ *op tijd;* **(according) to** ~ *volgens plan.*

schedule[2] ⟨f2⟩⟨ov.ww.⟩ **0.1** ⟨vaak pass.⟩ ***plannen*** ⇒*in het rooster/de dienstregeling opnemen* **0.2** ***op een lijst zetten*** ⇒⟨i.h.b. BE⟩ *op een monumentenlijst zetten* **0.3** ***regelmatige dienst verzorgen*** ◆ **1.3** ~d flight *lijnvlucht;* ~d service *lijndienst.*

schee·lite ['ʃi:laɪt‖'ʃeɪ-]⟨n.-telb.zn.⟩⟨schei.⟩ **0.1** ***calciumwolframaat.***

sche·ma ['ski:mə]⟨f1⟩⟨telb.zn.; schemata ['ski:məṭə]; →mv. 5⟩

⟨schr.⟩ **0.1** ***diagram*** ⇒*schema, schets, kort overzicht* **0.2** ⟨logica⟩ ***syllogistisch figuur*** **0.3** ⟨fil.⟩ ***schema*** ⟨Kant⟩ ⇒*manier v. bewijsvoeren.*

sche·mat·ic[1] [ski:'mæṭɪk]⟨telb.zn.⟩ **0.1** ***schematisch diagram.***

schematic[2] ⟨f1⟩⟨bn.;-ally;→bijw. 3⟩ **0.1** ***schematisch*** ⇒*schetsmatig, in schets* **0.2** ***planmatig*** ⇒*stelselmatig.*

sche·ma·tism ['ski:mətɪzm]⟨n.-telb.zn.⟩ **0.1** ***schematische voorstelling*** ⇒*schematische ordening.*

sche·ma·ti·za·tion, -sa·tion ['ski:mətaɪ'zeɪʃn‖-məṭə-]⟨n.-telb.zn.⟩ **0.1** ***schematisering.***

sche·ma·tize, -tise ['ski:mətaɪz]⟨f1⟩⟨ov.ww.⟩ **0.1** ***schematisch voorstellen*** ⇒*schematiseren* **0.2** ***in een schema zetten.***

scheme[1] [ski:m]⟨f3⟩⟨telb.zn.⟩ **0.1** ***stelsel*** ⇒*ordening, systeem, regeling* **0.2** ***programma*** ⇒*plan* **0.3** ***oogmerk*** ⇒*plan, project* **0.4** ***snood plan*** ⇒*complot, intrige, list* **0.5** ***ontwerp*** ◆ **1.1** ~ of things *wereldplan.*

scheme[2] ⟨f2⟩⟨ww.⟩ →scheming

I ⟨onov.ww.⟩ **0.1** ***plannen maken*** ⇒⟨i.h.b.⟩ *intrigeren, plannen uitbroeden/smeden* ◆ **3.1** ~ to do sth. *plannen maken iets te doen* **6.1** ~ **against** s.o. *tegen iem. samenzweren;* ~ **for** sth. *iets plannen;*

II ⟨ov.ww.⟩ **0.1** ***beramen*** ⟨plannen⟩ ⇒*smeden* **0.2** ***intrigeren tegen.***

schem·er ['ski:mə‖-ər]⟨f1⟩⟨telb.zn.⟩ **0.1** ***plannenmaker*** **0.2** ***intrigant*** ⇒*samenzweerder.*

schem·ing ['ski:mɪŋ]⟨bn.;teg. deelw. v. scheme⟩ **0.1** ***sluw*** ⇒*intrigerend.*

schemozzle →shemozzle.

scher·zan·do[1] [skeət'sændoʊ‖skert'sɑndoʊ]⟨telb.zn.; ook scherzandi [-ndi:];→mv. 5⟩⟨muz.⟩ **0.1** ***scherzando.***

scherzando[2] ⟨bn.⟩⟨muz.⟩ **0.1** ***scherzando.***

scher·zo ['skeətsoʊ‖'sker-]⟨telb.zn.; ook scherzi [-tsi];→mv. 5⟩⟨muz.⟩ **0.1** ***scherzo.***

Schie·dam [ski'dæm‖'ski:dæm]⟨n.-telb.zn.⟩ **0.1** ***Schiedammer (jenever).***

schil·ling ['ʃɪlɪŋ]⟨telb.zn.⟩ **0.1** ***schilling*** ⟨Oostenrijkse munteenheid⟩.

schip·per·ke ['skɪpəki‖-pər-]⟨telb.zn.⟩ **0.1** ***schipperke*** ⟨hondje⟩ ⇒*schippertje.*

schism [sɪzm, skɪzm]⟨zn.⟩

I ⟨telb.zn.⟩ **0.1** ***scheuring*** ⟨i.h.b. in kerk⟩ ⇒*afscheiding* ⟨in kerk⟩, *schisma* **0.2** ***afgescheiden groep/sekte*** ⇒*splintergroep;*

II ⟨n.-telb.zn.⟩ **0.1** ***het veroorzaken v.e. scheuring.***

schis·mat·ic[1] [sɪz'mæṭɪk, skɪz-]⟨telb.zn.⟩ **0.1** ***schismaticus.***

schismatic[2], **schis·mat·i·cal** [sɪz'mæṭɪkl, skɪz-]⟨bn.;-(al)ly;→bijw. 3⟩ **0.1** ***schismatiek*** ⇒*scheuring makend.*

schist, shist [ʃɪst]⟨n.-telb.zn.⟩⟨geol.⟩ **0.1** ***schist*** ⟨bladerig, metamorf gesteente⟩.

schis·tose ['ʃɪstoʊs], **schis·tous** ['ʃɪstəs]⟨bn.⟩⟨tech.⟩ **0.1** ***schisteus*** ⇒*bladerig.*

schis·to·some ['ʃɪstəsoʊm]⟨telb.zn.⟩⟨dierk.⟩ **0.1** ***parasitaire zuigworm*** ⟨genus Schistosoma⟩.

schis·to·so·mi·a·sis ['ʃɪstəsoʊ'maɪəsɪs]⟨telb.zn.; schistosomiases [-si:z];→mv. 5⟩⟨med.⟩ **0.1** ***schistosomiasis*** ⟨infectie met parasitaire zuigwormen⟩ ⇒*bilharziosis.*

schiz(o) [skɪts(oʊ)]⟨verk.⟩ schizophrenic.

schiz·o·carp ['skɪtsəkɑ:p‖-kɑrp]⟨telb.zn.⟩⟨plantk.⟩ **0.1** ***splitvrucht.***

schiz·oid[1] ['skɪtsɔɪd]⟨telb.zn.⟩⟨med.⟩ **0.1** ***schizoïde persoon.***

schizoid[2] ⟨bn.⟩⟨med.⟩ **0.1** ***schizoïde*** ⇒*op schizofrenie gelijkend.*

schiz·o·my·cete ['skɪtsoʊ'maɪsi:t]⟨telb.zn.⟩⟨plantk.⟩ **0.1** ***splijtzwam*** ⟨klasse Schizomycetes⟩ ⇒*schizomyceet.*

schiz·o·phre·ni·a ['skɪtsə'fri:nɪə]⟨telb. en n.-telb.zn.⟩⟨med.⟩ **0.1** ***schizofrenie.***

schiz·o·phren·ic[1] ['skɪtsə'frenɪk], ⟨inf.⟩ **schi·zo** ['skɪtsoʊ]⟨f1⟩⟨telb.zn.⟩⟨med.⟩ **0.1** ***schizofreen.***

schizophrenic[2], ⟨inf.⟩ **schizo** ⟨f1⟩⟨bn.; schizophrenically⟩⟨med.⟩ **0.1** ***schizofreen.***

schiz·o·thy·mi·a ['skɪtsə'θaɪmɪə]⟨telb. en n.-telb.zn.⟩⟨psych.⟩ **0.1** ***gespletenheid v. gemoed*** ⇒*schizot(h)ymie.*

schiz·o·thy·mic ['skɪtsə'θaɪmɪk]⟨bn.⟩ **0.1** ***schizot(h)ym.***

schiz·y, schiz·zy ['skɪtsi]⟨bn.⟩⟨sl.⟩ **0.1** ***gek*** ⇒*psychotisch.*

schlang [ʃlæŋ‖ʃlɑŋ]⟨telb.zn.⟩⟨sl.⟩ **0.1** ***pik*** ⇒*fluit* **0.2** ***schoft.***

schle·ma·sel[1], **schle·ma·zel** [ʃlə'mæzl‖-'mɑzl]⟨telb.zn.⟩⟨sl.⟩ **0.1** ***schlemiel*** ⇒*klungel.*

schlemasel[2], **schlemazel** ⟨bn.⟩⟨sl.⟩ **0.1** ***rampspoedig*** ⇒*ongelukkig* **0.2** ***klungelig.***

schle·miel, schle·mihl [ʃlə'mi:l]⟨telb.zn.⟩⟨AE;sl.⟩ **0.1** ***schlemiel*** ⇒*uilskuiken.*

schlep(p)[1] [ʃlep], ⟨in bet. 0.2 en 0.3 ook⟩ **shlep·per, schlep·per** ['ʃlepə‖-ər]⟨telb.zn.⟩⟨AE;inf.⟩ **0.1** ***lange/vermoeiende reis*** **0.2** ***klungel*** ⇒*stommeling* **0.3** ***koopjesjager*** **0.4** ***neringzieke*** **0.5** ***klaploper.***

schlep(p)[2] ⟨ww.⟩⟨AE;inf.⟩

I ⟨onov.ww.⟩ **0.1** ***zich voortslepen;***

II ⟨ov.ww.⟩ **0.1** ***(onhandig) meeslepen*** ⇒*meesjouwen.*

schlep·py ['ʃlepi]⟨bn.⟩⟨sl.⟩ **0.1** ***stom*** ⇒*onhandig.*

schlie·ren ['ʃlɪərən‖'ʃlɪrən]⟨mv.⟩⟨geol.⟩ **0.1** ***schlieren*** ⟨samenklonteringen v. mineralen als slierten in stollingsgesteenten⟩.

schlock[1] [ʃlɒk‖ʃlɑk]⟨n.-telb.zn.⟩⟨AE;sl.⟩ **0.1** ***(oude) rommel*** ⇒*vodden, lompen, lorren.*

schlock[2] ⟨bn.⟩⟨AE;sl.⟩ **0.1** ***voddig*** ⇒⟨bij uitbr.⟩ *slecht, derderangs.*

schlock·meis·ter ['ʃlɒkmaɪstə‖'ʃlɑkmaɪstər]⟨telb.zn.⟩⟨inf.⟩ **0.1** ***rotzooi/junkproducent*** **0.2** ***rotzooi/junkverkoper.***

schloomp[1] [ʃlu:mp]⟨telb.zn.⟩⟨sl.⟩ **0.1** ***geitebreier.***

schloomp[2] ⟨onov.ww.⟩⟨sl.⟩ **0.1** ***nietsdoen*** ⇒*tijd verspillen, zich ontspannen.*

schlub[1] [ʃlʌb]⟨telb.zn.⟩⟨sl.⟩ **0.1** ***geitebreier.***

schlub[2] ⟨bn.⟩⟨sl.⟩ **0.1** ***tweederangs.***

schmalz[1], **schmaltz** [ʃmɔ:ltz‖ʃmɑlts]⟨n.-telb.zn.⟩⟨inf.⟩ **0.1** ***sentimentaliteit*** ⇒*sentimentele muziek* **0.2** ***haarvet*** ⇒*pommade.*

schmalz[2], **schmaltz** ⟨ov.ww.⟩⟨sl.⟩ **0.1** ***sentimenteel brengen/spelen*** ⟨muziek⟩.

schmalz·y, schmaltz·y ['ʃmɔ:ltsi‖'ʃmɑl-]⟨bn.;-er;→compar. 7⟩⟨inf.⟩ **0.1** ***sentimenteel.***

schmat·te, shmat·te ['ʃmæṭə]⟨telb.zn.⟩⟨sl.⟩ **0.1** ***vod*** ⇒*versleten kledingstuk.*

schmear[1], **schmeer, shmeer** [ʃmɪə‖ʃmɪr]⟨telb.zn.⟩⟨inf.⟩ **0.1** ***gedoe*** ⇒*bende* **0.2** ***steekpenning*** ⇒*omkoopgeld, smeergeld* **0.3** ***laster*** **0.4** ***klacht.***

schmear[2] ⟨ov.ww.⟩⟨sl.⟩ **0.1** ***omkopen*** **0.2** ***ruw behandelen*** ⇒*tackelen.*

schmeg·eg·gy [ʃmə'gegi]⟨telb.zn.⟩⟨sl.⟩ **0.1** ***idioot.***

schmen·drick ['ʃmendrɪk]⟨telb.zn.⟩⟨sl.⟩ **0.1** ***idioot*** ⇒*onbenul.*

schmo(e) →shmo(e).

schmoos(e), schmooze [ʃmu:z], **schmooz·le** ['ʃmu:zl]⟨onov.ww.⟩⟨sl.⟩ **0.1** ***kletsen*** ⇒*smoezen, roddelen.*

schmuck [ʃmʌk]⟨f1⟩⟨telb.zn.⟩⟨sl.⟩ **0.1** ***lul*** ⇒*zak, zakkewasser.*

schnapps [ʃnæps]⟨n.-telb.zn.⟩ **0.1** ***schnapps*** ⇒*borrel.*

schnau·zer ['ʃnaʊtsə‖-ər]⟨telb.zn.⟩ **0.1** ***schnauzer*** ⟨Duits honderas⟩.

schnit·zel ['ʃnɪtsl]⟨telb.zn.⟩ **0.1** ***schnitzel*** ⇒*kalfskotelet.*

schnook ['ʃnʊk]⟨telb.zn.⟩⟨sl.⟩ **0.1** ***zacht ei*** ⇒*doetje.*

schnor·kel ['ʃnɔ:kl‖'ʃnɔrkl], **snor·kel** ['snɔ:kl‖'snɔrkl]⟨telb.zn.⟩ **0.1** ***snuiver*** ⟨op onderzeeër⟩ ⇒*s(ch)norkel* **0.2** ***snorkel*** ⟨voor onderwaterzwemmen⟩ ⇒*snuiver.*

schnor·rer ['ʃnɔ:rə‖-ər]⟨telb.zn.⟩⟨sl.⟩ **0.1** ***bietser*** ⇒*parasiet.*

schnozz [ʃnɒz‖ʃnɑz], **snoz·zle** ['snɒzl‖'snɑzl], **schnoz·zle** [ʃnɒzl‖ʃnɑzl], **schnozz·ola** ['ʃnɒzələ‖'ʃnɑ-]⟨telb.zn.⟩⟨sl.⟩ **0.1** ***grote neus*** ⇒*gok.*

'schoeshine boy ⟨telb.zn.⟩ **0.1** ***schoenpoetser.***

schol·ar ['skɒlə‖'skɑlər]⟨f3⟩⟨telb.zn.⟩ **0.1** ***geleerde*** ⟨in geesteswetenschappen⟩ ⇒*wetenschapper* **0.2** ***beursstudent*** ⇒*beursleerling* **0.3** ⟨retoriek⟩ ***leerling*** ⇒*volgeling* **0.4** ⟨inf.⟩ ***geletterde*** ⇒*ontwikkeld mens* **0.5** ⟨vero.⟩ ***scholier*** ⇒*schoolkind* ◆ **1.1** a ~ and a gentleman *een geleerde heer* **4.4** not much of a ~ *geen studiehoofd.*

scho·lar·ly ['skɒləli‖'skɑlərli]⟨f2⟩⟨bn.;-ness;→bijw. 3⟩ **0.1** ***wetenschappelijk*** **0.2** ***geleerd*** ⇒*(als) v.e. geleerde, erudiet* **0.3** ***leergierig.***

scho·lar·ship ['skɒləʃɪp‖'skɑlərʃɪp]⟨f3⟩⟨zn.⟩

I ⟨telb.zn.⟩ **0.1** ***(studie)beurs*** ◆ **3.1** win a ~ to a college *een beurs voor een 'college' verkrijgen;*

II ⟨n.-telb.zn.⟩ **0.1** ***wetenschappelijkheid*** **0.2** ***wetenschap*** **0.3** ***geleerdheid*** ⇒*eruditie.*

'scholar's mate ⟨telb. en n.-telb.zn.⟩⟨schaken⟩ **0.1** ***herdersmat.***

scho·las·tic[1] [skə'læstɪk]⟨telb.zn.⟩ **0.1** ⟨vaak S-⟩ ***scholasticus*** ⇒*beoefenaar/aanhanger der scholastiek* **0.2** ***scholastiek*** ⟨jezuïet in priesteropleiding⟩ **0.3** ***dogmatist*** ⇒*pedant persoon.*

scholastic[2] ⟨f2⟩⟨bn.;-ally⟩ **0.1** ***school-*** **0.2** ⟨vaak S-⟩ ***scholastisch*** **0.3** ***schools*** ⇒*schoolmeesterachtig* ◆ **1.1** ~ agent *bemiddelaar voor banen in het onderwijs* **1.2** ~ theology *scholastiek.*

scho·las·ti·cism [skə'læstɪsɪzm]⟨n.-telb.zn.⟩ **0.1** ⟨ook S-⟩ ***scholastiek*** **0.2** ***schoolse wijsheid.***

scho·li·ast ['skoʊliæst]⟨telb.zn.⟩ **0.1** ***scholiast*** ⇒*scholiograaf,* ⟨i.h.b.⟩ *schrijver v. scholia.*

scho·li·as·tic ['skoʊli'æstɪk]⟨bn.⟩ **0.1** ***scholiastisch.***

scho·li·um ['skoʊlɪəm]⟨telb.zn.; ook scholia ['skoʊlɪə];→mv. 5⟩ **0.1** ***(geleerde) verklaring*** ⇒*verklarende aantekening, scholion.*

school[1] [sku:l]⟨f4⟩⟨zn.⟩

I ⟨telb.zn.⟩ **0.1** ***school*** ⟨v. gedachten⟩ ⇒*richting, denkwijze, volgelingen, stijl* **0.2** ***school*** ⟨v. vissen e.d.⟩ ◆ **1.1** ~ of thought *denkwijze, richting, (filosofische) school* **2.1** of the old ~ *v.d. oude stempel* **3.1** he left no ~ behind him *hij vond geen navolging* **6.2** ~ **of** fish *school vissen;*

II ⟨telb. en n.-telb.zn.⟩ **0.1** ***school*** ⇒*schoolgebouw;* ⟨fig.⟩ *leer-*

school **0.2** ***collegeruimte*** ⇒*examengebouw, gehoorzaal, aula, leslokaal* **0.3** ⟨BE⟩ ***studierichting*** ⇒*faculteit* **0.4** ⟨BE⟩ ***centrum voor archeologisch onderzoek*** **0.5** ⟨AE⟩ ***(universitair) instituut*** ⇒*faculteit, universiteit, academie, 'college'* **0.6** ⟨Austr. E, BE⟩ ***bende*** ⇒*groep* ⟨v. gokkers, dieven e.d.⟩ **0.7** ⟨muz.⟩ ***leer*** **0.8** ⟨sl.⟩ ***staatsgevangenis*** ◆ **2.1** lower ~ *onderbouw;* ⟨BE⟩ modern ~ ⟨ong.⟩ *mavo;* upper ~ *bovenbouw* **2.4** the British School at Athens/Rome *Het Britse Centrum voor Archeologisch Onderzoek in Athene/Rome* **2.5** medical ~ *faculteit (der) geneeskunde;* he's going to medical ~ *hij studeert medicijnen* **3.1** consolidated ~ *boeren/plattelands/streekschool;* go to ~ *(naar) school gaan;* ⟨fig.⟩ go to ~ to *in de leer gaan bij;* keep a ~ *een school leiden;* leave ~ *van school gaan;* ⟨BE⟩ maintained ~ *(door de staat) gesubsidieerde school;* mixed ~ *gemengde school;* quit ~ *van school gaan* **6.1 at** ~ *op school;* ⟨AE⟩ **in** ~ *op school;*
III ⟨n.-telb.zn.⟩ **0.1** ***scholing*** ⇒*(school)opleiding* **0.2** ***school(tijd)*** ⇒*lessen* ◆ **3.2** keep in after ~ *na laten blijven* **6.2 after** ~ *na school(tijd);*
IV ⟨verz.n.⟩ **0.1** ***school(gemeenschap);***
V ⟨mv.; ~s; vaak the⟩ **0.1** ⟨vaak S-⟩ ***(middeleeuwse) universiteiten*** ⇒*scholastici en scholastiek* **0.2** ⟨BE⟩ ***examengebouw*** ⟨in Oxford⟩ **0.3** ⟨BE; inf.⟩ ***academisch examen*** ⟨voor behalen v. BA in Oxford⟩ ◆ **6.2** be **in** the ~s *examen doen* **6.3** be in **for** one's ~s *voor zijn examen zitten.*
school[2] ⟨f2⟩ ⟨ww.⟩ →schooling
I ⟨onov.ww.⟩ **0.1** ***scholen vormen*** ⟨v. vissen⟩ ⇒*scholen;*
II ⟨ov.ww.⟩ **0.1** ***naar school sturen*** ⇒*op school doen* **0.2** ***scholen*** ⇒*onderrichten, oefenen, trainen;* ⟨i.h.b.⟩ *africhten* ⟨paard⟩ ◆ **1.2** ~ one's temper *zich beheersen* **6.2** ~ed **in** *opgeleid tot/in, getraind in;* ~ o.s. **to** patience *geduld oefenen.*
school·able ['sku:ləbl] ⟨bn.⟩ **0.1** ***leerplichtig*** ⇒*schoolplichtig.*
'school age ⟨n.-telb.zn.⟩ **0.1** ***leerplichtige leeftijd.***
'school-bag ⟨f1⟩ ⟨telb.zn.⟩ **0.1** ***schooltas.***
'school-board ⟨verz.n.⟩ ⟨AE; BE, gesch.⟩ **0.1** ***schoolcommissie.***
'school-book ⟨telb.zn.⟩ **0.1** ***schoolboek.***
'school·boy ⟨f2⟩ ⟨telb.zn.⟩ **0.1** ***schooljongen*** ⇒*scholier.*
'school bus ⟨telb.zn.⟩ **0.1** ***schoolbus.***
'school certificate ⟨telb.zn.⟩ **0.1** ***einddiploma.***
'school·child ⟨telb.zn.⟩ **0.1** ***schoolkind*** ⇒*scholier.*
'school crossing patrol ⟨telb.zn.⟩ **0.1** ***klaar-over-brigade.***
'school-dame ⟨telb.zn.⟩ ⟨BE; gesch.⟩ **0.1** ***hoofdonderwijzeres.***
'school-days ⟨f1⟩ ⟨mv.⟩ **0.1** ***schooltijd*** ⇒*schooljaren.*
'school·fee ⟨zn.⟩
I ⟨telb.zn.⟩ **0.1** ***schoolgeld;***
II ⟨mv.; ~s⟩ **0.1** ***schoolgeld.***
'school·fel·low ⟨telb.zn.⟩ **0.1** ***schoolkameraad*** ⇒*schoolmakker.*
'school-fish ⟨telb.zn.⟩ **0.1** ***schoolvis.***
'school·girl ⟨f2⟩ ⟨telb.zn.⟩ **0.1** ***schoolmeisje*** ⇒*scholiere.*
'school·hall ⟨telb.zn.⟩ **0.1** ***aula.***
'school horse ⟨telb.zn.⟩ ⟨paardesport⟩ **0.1** ***dressuurpaard.***
'school·house ⟨f1⟩ ⟨telb.zn.⟩ **0.1** ***schoolgebouw*** ⇒⟨i.h.b.⟩ *dorpsschool.*
'school house ⟨telb.zn.⟩ **0.1** ***directeurshuis*** ⇒*schoolwoning, meesterswoning.*
school·ing ['sku:lɪŋ] ⟨f2⟩ ⟨n.-telb.zn.; gerund v. school⟩ **0.1** ***scholing*** ⇒*(school)opleiding, onderwijs* **0.2** ***dressuur.***
'school-in·spec·tor ⟨telb.zn.⟩ **0.1** ***schoolinspecteur*** ⇒*inspecteur bij het onderwijs.*
'school·kid ⟨telb.zn.⟩ ⟨inf.⟩ **0.1** ***schoolkind.***
'school-'leav·er ⟨f1⟩ ⟨telb.zn.⟩ ⟨BE⟩ **0.1** ***schoolverlater.***
'school 'lunch ⟨telb.zn.⟩ **0.1** ***schoolmaaltijd.***
school-ma'm, school-ma'am, school-marm ['sku:lmɑ:m‖-mɑrm] ⟨telb.zn.⟩ ⟨AE; inf.; scherts.⟩ **0.1** ***schooljuffrouw*** **0.2** ***schoolfrik.***
school·man ['sku:lmən] ⟨telb.zn.; schoolmen [-mən]; →mv. 3⟩ **0.1** ⟨vaak S-⟩ ***scholasticus*** **0.2** ⟨AE⟩ ***onderwijzer*** ⇒*leraar/lerares.*
'school-marmish →schoolmistressy.
'school·mas·ter ⟨f2⟩ ⟨telb.zn.⟩ **0.1** ***schoolmeester*** ⇒*onderwijzer, leraar* **0.2** ***hoofdonderwijzer*** **0.3** ⟨dierk.⟩ ***leider v.e. school walvissen.***
school·mas·ter·ing ['sku:lmɑ:stərɪŋ‖-mæs-] ⟨n.-telb.zn.⟩ **0.1** ***het lesgeven*** ⟨als beroep⟩.
'school·mate ⟨telb.zn.⟩ **0.1** ***schoolkameraad*** ⇒*schoolmakker.*
'school·mis·tress ⟨f1⟩ ⟨telb.zn.⟩ **0.1** ***schooljuffrouw*** ⇒*onderwijzeres* **0.2** ***hoofdonderwijzeres.***
school·mis·tress·y ['sku:lmɪstrəsi], ⟨AE ook⟩ **school-marm·ish** ['sku:lmɑ:mɪʃ‖-mɑrmɪʃ] ⟨bn.⟩ ⟨inf.⟩ **0.1** ***frikk(er)ig.***
'school·room ⟨f1⟩ ⟨telb.zn.⟩ **0.1** ***(les)lokaal*** ⇒*schoollokaal.*
'school-ship ⟨telb.zn.⟩ **0.1** ***opleidingsschip.***
'school superin'tendent ⟨telb.zn.⟩ **0.1** ***schooldirecteur*** **0.2** ***onderwijsinspecteur.***
'school·teach·er ⟨f2⟩ ⟨telb.zn.⟩ **0.1** ***onderwijzer(es)*** **0.2** ***leraar, lerares.***
'school-time ⟨n.-telb.zn.⟩ **0.1** ***schooltijd.***
'school·work ⟨f1⟩ ⟨n.-telb.zn.⟩ **0.1** ***schoolwerk*** ⟨tijdens of na schooltijd⟩ ⇒*huiswerk.*
'school year ⟨telb.zn.⟩ **0.1** ***schooljaar*** ⇒*studiejaar.*
schoo·ner ['sku:nə‖-ər] ⟨f1⟩ ⟨telb.zn.⟩ **0.1** ⟨scheep.⟩ ***schoener*** **0.2** ⟨AE⟩ ***groot bierglas*** **0.3** ⟨BE⟩ ***groot sherry/portglas.***
schorl, scorl [ʃɔ:l‖ʃɔrl] ⟨n.-telb.zn.⟩ **0.1** ***schor*** ⇒*zwarte toermalijn.*
schot·tische [ʃɒ'ti:ʃ‖'ʃɑṭɪʃ] ⟨n.-telb.zn.⟩ **0.1** ***(muziek voor) Schotse polka.***
schtoonk [ʃtʊŋk] ⟨telb.zn.⟩ ⟨sl.⟩ **0.1** ***ellendeling.***
schuss[1] [ʃʊs] ⟨telb.zn.⟩ ⟨skiën⟩ **0.1** ***schusz(fahrt)*** ⟨bij afdaling; recht naar beneden langs de vallijn⟩.
schuss[2] ⟨onov.ww.⟩ **0.1** ***recht naar beneden skiën.***
'schuss·boom ⟨onov.ww.⟩ ⟨inf.; skiën⟩ **0.1** ***met grote snelheid afdalen.***
'schuss·boom·er ⟨telb.zn.⟩ ⟨inf.; skiën⟩ **0.1** ***zeer snelle afdaler.***
schvart·ze(r), schwart·ze(r), shvart·zeh ['ʃwɑ:tsə‖'ʃwɔrtsər] ⟨telb.zn.⟩ ⟨sl.; bel.⟩ **0.1** ***zwartjanus*** ⇒*roetmop, nikker.*
schwa, shwa [ʃwɑ:] ⟨telb. en n.-telb.zn.⟩ ⟨taalk.⟩ **0.1** ***sjwa*** ⇒*reductievocaal.*
sci·a·gram ['saɪəgræm], **ski·a·gram** [skaɪə-] ⟨telb.zn.⟩ **0.1** ***röntgenfoto.***
sci·a·graph[1] ['saɪəgrɑ:f‖-græf], **ski·a·graph** ['skaɪə-] ⟨telb.zn.⟩ **0.1** ***röntgenfoto*** **0.2** ***röntgenapparaat*** **0.3** ***verticale doorsnede*** ⟨v.e. gebouw⟩.
sciagraph[2], **skiagraph** ⟨ov.ww.⟩ **0.1** ***een röntgenfoto maken van*** **0.2** ***een dwarsdoorsnede maken van.***
sci·ag·ra·phic ['saɪə'græfɪk], **ski·ag·ra·phic** ['skaɪə-] ⟨bn.; -ally⟩ **0.1** ***d.m.v. een röntgenapparaat*** ⇒*röntgen-* **0.2** ***schaduw-.***
sci·ag·ra·phy [saɪ'ægrəfi], **ski·ag·ra·phy** [skaɪ-] ⟨n.-telb.zn.⟩ **0.1** ***röntgenfotografie*** **0.2** ***tekenleer*** ⇒*schaduwleer.*
sci·am·a·chy [saɪ'æməki], **ski·am·a·chy** [skaɪ-] ⟨telb.zn.; →mv. 2⟩ **0.1** ***spiegelgevecht*** **0.2** ***gevecht tegen windmolens.***
sci·at·ic [saɪ'æṭɪk] ⟨bn.; -ally; →bijw. 3⟩ ⟨med.⟩ **0.1** ***heup-*** **0.2** ***v./mbt. de grote beenzenuw*** **0.3** ***lijdend aan ischias*** ◆ **1.1** the ~ nerve *de grote beenzenuw* ⟨Nervus ischiadicus⟩.
sci·at·i·ca [saɪ'æṭɪkə] ⟨f1⟩ ⟨telb. en n.-telb.zn.⟩ **0.1** ***ischias*** ⇒*heupjicht.*
sci·ence ['saɪəns] ⟨f3⟩ ⟨zn.⟩
I ⟨telb. en n.-telb.zn.⟩ **0.1** ***natuurwetenschap*** ⟨natuurkunde, scheikunde enz.⟩ ⇒*natuurwetenschappelijk onderzoek, natuurfilosofie* **0.2** ***wetenschap*** ⇒*wetenschappelijk onderzoek* **0.3** ***techniek*** ⇒*vaardigheid* ⟨i.h.b. bij boksen, schermen⟩; ⟨bij uitbr.⟩ *boksen, schermen* ◆ **1.2** the ~ of ethics *ethiek;* the ~ of theology *theologie* **3.2** applied ~ *toegepaste wetenschap* **3.3** have sth. down to a ~ *iets onder de knie hebben/doorhebben, de vaardigheid te pakken hebben van iets;*
II ⟨n.-telb.zn.⟩ **0.1** ***de natuurwetenschap(pen)*** **0.2** ⟨vero.⟩ ***kennis.***
'science 'fiction ⟨f1⟩ ⟨n.-telb.zn.; ook attr.⟩ **0.1** ***science fiction.***
'science park ⟨telb.zn.⟩ **0.1** ***researchpark.***
sci·en·tial [saɪ'enʃl] ⟨bn.⟩ **0.1** ***wetenschappelijk*** **0.2** ***kundig*** ⇒*bekwaam.*
sci·en·tif·ic ['saɪən'tɪfɪk] ⟨f3⟩ ⟨bn.; -ally; →bijw. 3⟩
I ⟨bn.⟩ **0.1** ***vakkundig*** ⇒*vakbekwaam* ◆ **2.1** a ~ boxer *een bokser met een goede techniek;*
II ⟨bn., attr.⟩ **0.1** ***wetenschappelijk.***
sci·en·tism ['saɪənṭɪzm] ⟨n.-telb.zn.⟩ ⟨fil.⟩ **0.1** ***sciëntisme.***
sci·en·tist ['saɪənṭɪst] ⟨f3⟩ ⟨telb.zn.⟩ **0.1** ***wetenschapsman*** ⇒*wetenschapper, wetenschapsbeoefenaar* ⟨i.h.b. natuurwetenschappen⟩.
sci·en·tis·tic ['saɪən'tɪstɪk] ⟨bn.⟩ ⟨fil.⟩ **0.1** ***sciëntistisch.***
sci·en·tol·o·gist ['saɪən'tɒlədʒɪst‖-'tɑ-] ⟨telb.zn.⟩ ⟨relig.⟩ **0.1** ***aanhanger v. sciëntologie.***
sci·en·tol·o·gy ['saɪən'tɒlədʒi‖-'tɑ-] ⟨n.-telb.zn.⟩ ⟨relig.⟩ **0.1** ***sciëntologie.***
sci-fi ['saɪ'faɪ] ⟨n.-telb.zn.⟩ ⟨verk.⟩ science fiction.
scil ⟨afk.⟩ scilicet **0.1** ***scil.***
scil·i·cet ['sɪlɪset] ⟨bw.⟩ **0.1** ***te weten*** ⇒*namelijk, scilicet.*
scil·la ['sɪlə] ⟨telb.zn.⟩ ⟨plantk.⟩ **0.1** ***Scilla*** ⟨genus; behorend tot de Liliaceae⟩.
scil·lion, skil·lion ['skɪlɪən] ⟨telb.zn.⟩ ⟨sl.; vaak scherts.⟩ **0.1** ***ongelooflijk groot aantal*** ⇒*massa's;* ⟨als onbep. telw. ook⟩ *tig.*
Scil·lo·ni·an[1] [sɪ'loʊnɪən] ⟨telb.zn.⟩ **0.1** ***bewoner v.d. Scilly-eilanden.***
Scillonian[2] ⟨bn.⟩ **0.1** ***v.d. Scilly-eilanden.***
Scil·ly Isles ['sɪli aɪlz], **'Scilly Islands, Scil·lies** ['sɪli:z] ⟨eig.n.; the; ww. mv.⟩ **0.1** ***Scilly-eilanden.***
scim·i·tar, scim·i·ter ['sɪmɪtə‖'sɪmɪṭər] ⟨telb.zn.⟩ **0.1** ***kromzwaard.***
scin·til·la [sɪn'tɪlə] ⟨telb.zn.; geen mv.⟩ **0.1** ***sprankje*** ⇒*greintje, vonk(je), spoort(tje), schijntje* ◆ **1.1** there's not a ~ of truth in his account *er is helemaal niets waar v. zijn verhaal.*
scin·til·lant ['sɪnṭɪlənt] ⟨bn.⟩ **0.1** ***fonkelend*** ⇒*glinsterend, schitterend.*

scin·til·late ['sɪnt̬ɪleɪt]⟨f1⟩⟨ww.⟩
I ⟨onov.ww.⟩ **0.1** ***schitteren*** ⇒*fonkelen, glinsteren* **0.2** ***vonken*** ⇒*vonken schieten* **0.3** ***sprankelen*** ⇒*tintelen, geestig/scherpzinnig zijn, sprankelend converseren* ◆ **1.3** a scintillating book *een sprankelend boek;* scintillating humour *tintelende humor* **6.3** ~ **with** wit *sprankelen van geest;*
II ⟨ov.ww.⟩ **0.1** ***schieten*** ⟨vonken, lichtflitsen⟩ ⇒*verspreiden, uitstralen* **0.2** ***sprankelen van*** ◆ **1.2** he usually ~s good ideas in his articles *gewoonlijk sprankelen zijn artikelen v.d. goede ideeën.*
scin·til·la·tion ['sɪnt̬ɪ'leɪʃn]⟨f1⟩⟨zn.⟩
I ⟨telb.zn.⟩ **0.1** ***vonk*** **0.2** ***flits*** ⇒*lichtstraal;*
II ⟨n.-telb.zn.⟩ **0.1** ***fonkeling*** ⇒*glinstering, schittering, flikkering* ⟨v. sterren e.d.⟩ **0.2** ⟨nat.⟩ ***scintillatie.***
scintil'lation counter ⟨telb.zn.⟩⟨nat.⟩ **0.1** ***scintillatieteller.***
sci·o·lism ['saɪəlɪzm]⟨n.-telb.zn.⟩ **0.1** ***pseudo-wetenschap*** ⇒*schijnkennis.*
sci·o·list ['saɪəlɪst]⟨telb.zn.⟩ **0.1** ***pseudo-wetenschapper*** ⇒*schijngeleerde.*
sci·o·lis·tic ['saɪə'lɪstɪk]⟨bn.⟩ **0.1** ***schijngeleerd*** ⇒*pseudo-wetenschappelijk.*
sci·on, ⟨AE sp. ook⟩ **ci·on** ['saɪən]⟨telb.zn.⟩ **0.1** ***ent(loot/rijs)*** ⇒*spruit, stek* **0.2** ***telg*** ⇒*loot, afstammeling.*
sci·re fa·ci·as ['saɪəri 'feɪʃiæs]⟨telb.zn.; geen mv.⟩⟨jur.⟩ **0.1** ***dagvaarding voor (zitting met uitspraak v. vonnis).***
scirocco →sirocco.
scir·rhous ['sɪrəs], **scir·rhoid** ['sɪrɔɪd]⟨bn.⟩⟨med.⟩ **0.1** ***als (v.) e. hard carcinoom/kankergezwel*** **0.2** ***hard.***
scir·rhus ['sɪrəs]⟨telb.zn.; ook scirrhi ['sɪraɪ]; →mv. 5⟩⟨med.⟩ **0.1** ***hard carcinoom*** ⇒*hard kankergezwel.*
scis·sel ['sɪsl]⟨zn.⟩
I ⟨telb.zn.⟩ **0.1** ***metaalafknipsel;***
II ⟨n.-telb.zn.⟩⟨muntwezen⟩ **0.1** ***schroot.***
scis·sile ['sɪsaɪl‖'sɪsl]⟨bn.⟩ **0.1** ***snijbaar*** **0.2** ***splijtbaar*** ⇒*deelbaar.*
scis·sion ['sɪʒn]⟨telb. en n.-telb.zn.⟩ **0.1** ***splitsing*** ⇒*splijting, deling* **0.2** ***afscheiding*** **0.3** ***schisma*** ⇒*scheur(ing).*
scis·sor ['sɪzə‖-ər]⟨ov.ww.⟩ **0.1** ***knippen*** ⇒*uitknippen* ◆ **5.1** ~ **off** *afknippen;* ~ **out** *uitknippen* **6.1** ~ an article **out of** a magazine *een artikel uit een tijdschrift knippen.*
'scis·sor·bill ⟨telb.zn.⟩⟨dierk.⟩ **0.1** ***schaarbek*** ⟨Rynchopdae⟩.
'scis·sor·bird, 'scis·sor·tail ⟨telb.zn.⟩⟨dierk.⟩ **0.1** ***splitstaarttiran*** ⟨Muscivora forficata⟩.
scis·sors ['sɪzəz‖-ərz]⟨f2⟩⟨zn.⟩
I ⟨telb.zn.; geen mv.⟩ **0.1** ⟨gymnastiek⟩ ***schaar*** **0.2** ⟨worstelen⟩ ***schaar(greep)*** ⟨met benen⟩ **0.3** ⟨atletiek⟩ ***schaarsprong;***
II ⟨mv.⟩ **0.1** ***schaar*** ◆ **1.1** two pairs of ~ *twee scharen;* ⟨vaak attr.⟩⟨inf.; pej.⟩ ~ and paste *schaar en lijmpot, knip- en plakwerk* ⟨v. boeken, artikelen⟩.
'scis·sors-grind·er ⟨telb.zn.⟩⟨dierk.⟩ **0.1** ***nachtzwaluw*** ⟨Caprimulgus europaeus⟩.
'scissors kick ⟨telb.zn.⟩⟨sport⟩ **0.1** ⟨zwemsport⟩ ***(scharende) beenslag*** **0.2** ⟨voetbal⟩ ***sprongschot*** ⟨met schaarbeweging⟩ **0.3** ⟨voetbal⟩ ***omhaal achterover*** ⇒*achterwaartse omhaal.*
'scissors volley ⟨telb.zn.⟩⟨voetbal⟩ **0.1** ***sprongschot met schaarbeweging*** **0.2** ***omhaal achterover*** ⇒*achterwaartse omhaal.*
scis·sure ['sɪʒə]⟨telb.zn.⟩⟨vero.⟩ **0.1** ***spleet*** ⇒*scheur(ing).*
sci·u·rine[1] ['saɪəraɪn]⟨telb.zn.⟩⟨dierk.⟩ **0.1** ***eekhoornachtige*** ⟨Sciuridae⟩.
sciurine[2], **sci·u·roid** ['saɪərɔɪd]⟨bn.⟩ **0.1** ***eekhoornachtig*** ⇒*als een eekhoorn* **0.2** ***behorend tot de eekhoornachtigen/Sciuridae.***
scle·ra ['sklɪərə‖'sklɪrə], **scle·rot·ic** [sklɪ'rɒtɪk‖-'rɑt̬ɪk], **scle·rot·i·ca** [-ɪkə]⟨telb.zn.; ook sclerae ['sklɪəri:‖'sklɪri:]; →mv. 5⟩ **0.1** ***harde oogrok*** ⇒*sclera.*
scle·ren·chy·ma [sklɪ'reŋkɪmə]⟨telb.zn.; ook sclerenchymata ['sklɪreŋ'kɪmət̬ə]; →mv. 5⟩⟨plantk.⟩ **0.1** ***sclerenchym*** ⟨celweefsel met verhoute wand⟩.
scle·ri·tis [sklɪ'raɪt̬ɪs]⟨telb. en n.-telb.zn.; sclerites [-ti:z]; →mv. 5⟩ **0.1** ***sclera-ontsteking*** ⇒*scleritis.*
scle·ro·der·ma ['sklɪəroʊ'dɜ:mə‖'sklɪroʊ'dɜrmə], **scle·ro·der·mi·a** [-'dɜ:mɪə‖-'dɜrmɪə], **scle·ri·a·sis** [sklɪ'raɪəsɪs]⟨telb. en n.-telb.zn.; ook sclerodermata ['sklɪəroʊ'dɜ:mətə‖'sklɪroʊ'dɜrmət̬ə]; →mv. 5⟩⟨med.⟩ **0.1** ***sclerodermie*** ⇒*scleroderma, scleroma* ⟨chronische huidziekte⟩.
scle·roid ['sklɪərɔɪd‖'sklɪr-]⟨bn.⟩⟨biol.⟩ **0.1** ***hard*** ⇒*verhard, verhout.*
scle·ro·ma [sklɪ'roʊmə]⟨telb.zn.; ook scleromata [-mət̬ə]; →mv. 5⟩⟨med.⟩ **0.1** ***weefselverharding*** ⇒*scleroma, harde knobbel* ⟨in weefsel⟩.
scle·rom·e·ter [sklɪ'rɒmɪtə‖-'rɑmɪt̬ər]⟨telb.zn.⟩ **0.1** ***sclerometer*** ⇒*hardheidsmeter v. Seebeck.*
scle·rosed ['sklɪəroʊst‖'sklɪr-]⟨bn.⟩ **0.1** ⟨med.⟩ ***aangetast door sclerose*** ⇒*verhard* **0.2** ⟨plantk.⟩ ***verhard*** ⇒*verhout.*
scle·ro·sis [sklɪ'roʊsɪs]⟨f1⟩⟨telb. en n.-telb.zn.; scleroses [-si:z]; →mv. 5⟩ **0.1** ⟨med.⟩ ***sclerose*** ⇒*weefselverharding, orgaanverharding* **0.2** ⟨plantk.⟩ ***verharding*** ⇒*verhouting* ⟨v.d. celwanden⟩ ◆ **3.1** disseminated ~ *gegeneraliseerde sclerose.*
sclerotic[1] →sclera.
scle·rot·ic[2] ⟨bn.⟩ **0.1** ***verhard*** ⇒*aangetast door sclerose* **0.2** ***mbt. de harde oogrok.***
sclerotica →sclera.
scle·rot·o·my [sklɪ'rɒtəmi‖-'rɑt̬əmi]⟨telb. en n.-telb.zn.; →mv. 2⟩⟨med.⟩ **0.1** ***chirurgische ingreep in de sclera*** ⇒*sclerotomie.*
scle·rous ['sklɪərəs‖'sklɪrəs]⟨bn.⟩ **0.1** ***hard*** ⇒*verhard, stug, benig.*
scob [skɒb‖skɑb]⟨telb.zn.⟩⟨BE; gew.⟩ **0.1** ***(hout)splinter*** ⇒*spaan (der), krul, houtje.*
scoff[1] [skɒf‖skɑf]⟨telb.zn.⟩ **0.1** ⟨vaak mv.⟩ ***spottende opmerking*** ⇒*bespotting* **0.2** ***mikpunt v. spotternij*** ⇒*(voorwerp v.) spot* **0.3** ⟨vnl. BE; sl.⟩ ***vreten*** ⇒*voer, kost.*
scoff[2] ⟨f2⟩⟨ww.⟩
I ⟨onov.ww.⟩ **0.1** ***spotten*** ⇒*schimpen, de spot drijven* ◆ **6.1** ~ **at** *spotten met, uitlachen, lachen om;*
II ⟨onov. en ov.ww.⟩⟨sl.⟩ **0.1** ***schrokken*** ⇒*vreten, schranzen, bunkeren;*
III ⟨ov.ww.⟩ **0.1** ***bespotten*** ⇒*spotten met, uitlachen, schimpen op, de spot drijven met.*
scoff·er ['skɒfə‖'skɑfər]⟨telb.zn.⟩ **0.1** ***spotter/spotster.***
scoff·ing·ly ['skɒfɪŋli‖'skɑ-]⟨bw.⟩ **0.1** ***spottend*** ⇒*schimpend.*
'scoff·law ⟨telb.zn.⟩⟨AE; inf.⟩ **0.1** ***spotter met de wet*** ⇒*vrijbuiter, wetsovertreder.*
scold[1] [skoʊld]⟨telb.zn.⟩ **0.1** ***viswijf*** ⇒*schreeuwlelijk, feeks.*
scold[2] ⟨f2⟩⟨ww.⟩ →scolding
I ⟨onov.ww.⟩ **0.1** ***schelden*** ⇒*vitten, te keer gaan, kijven* ◆ **6.1** ~ **at** s.o. *iem. bekijven, schelden/vitten/kijven op iem.;*
II ⟨ov.ww.⟩ **0.1** ***uitvaren tegen*** ⇒*een standje geven/maken, een schrobbering geven* ◆ **6.1** ~ s.o. **for** sth. *iem. om iets berispen, iem. een uitbrander/standje geven voor iets.*
scold·ing ['skoʊldɪŋ]⟨f1⟩⟨telb.zn.; oorspr. gerund v. scold⟩ **0.1** ***standje*** ⇒*schrobbering, uitbrander.*
sco·lex ['skoʊleks]⟨telb.zn.; scoleces [-lɪsi:z], scolices [-lɪsi:z]; →mv. 5⟩ **0.1** ***scolex*** ⇒*kop* ⟨v. lintworm⟩.
sco·li·o·sis ['skoʊli'oʊsɪs], **sco·li·o·ma** [-oʊmə]⟨telb. en n.-telb.zn.; scolioses [-'oʊsi:z]; →mv. 5⟩⟨med.⟩ **0.1** ***scoliose*** ⟨blijvende zijwaartse ruggegraatsverkromming⟩.
scollop →scallop.
scol·o·pen·dra ['skɒlə'pendrə‖'skɑ-]⟨telb.zn.⟩⟨dierk.⟩ **0.1** ***Scolopendra*** ⟨genus v.d. onderklasse der Chilopoda/Duizendpoten⟩ **0.2** ***duizendpoot*** ⟨Chilopoda⟩.
scom·ber ['skɒmbə‖'skɑmbər], **scom·brid** [-brɪd]⟨telb.zn.⟩⟨dierk.⟩ **0.1** ***makreel*** ⟨Scomber scomber/scombrus⟩ **0.2** ***makreelachtige.***
scom·broid[1] ['skɒmbrɔɪd‖'skɑm-]⟨telb.zn.⟩⟨dierk.⟩ **0.1** ***makreel*** ⟨fam. Scombroidae⟩.
scombroid[2] ⟨bn.⟩⟨dierk.⟩ **0.1** ***behorend tot de makrelen.***
sconce[1] [skɒns‖skɑns]⟨zn.⟩
I ⟨telb.zn.⟩ **0.1** ***muurarm/haak/houder*** ⟨voor lamp, kaars⟩ ⇒*muurlamp, muurkandelaar, armblaker* **0.2** ***blaker*** **0.3** ***wal*** ⇒*schans, bolwerk* **0.4** ⟨BE; stud.; Oxford⟩ ***boete*** ⇒*straf* ⟨voor gebrekkige tafelmanieren; kroes bier in één teug opdrinken⟩ **0.5** ⟨vero.⟩ ***beschutting*** ⇒*schutting, scherm;*
II ⟨n.-telb.zn.⟩ **0.1** ⟨vero.; scherts.⟩ ***kop*** ⇒*kanis, kruin;* ⟨bij uitbr.⟩ *verstand, hersenen.*
sconce[2] ⟨ov.ww.⟩⟨BE; stud.; Oxford⟩ **0.1** ***beboeten*** ⇒*veroordelen tot een boete;* ⟨i.h.b.⟩ *(af)straffen* ⟨door kroes bier in één teug te laten opdrinken⟩.
scone [skɒn, skoʊn‖skoʊn, skɑn]⟨f1⟩⟨telb.zn.⟩ **0.1** ***scone*** ⟨kleine, stevige cake⟩.
scooch [sku:tʃ]⟨onov.ww.⟩⟨sl.⟩ **0.1** ***zich glijdend/schuivend voortbewegen.***
scoop[1] [sku:p]⟨f1⟩⟨zn.⟩
I ⟨telb.zn.⟩ **0.1** ⟨ben. voor⟩ ***iets om vloeistoffen en materialen te bevatten/verplaatsen*** ⇒*schep, schop, lepel; hoosvat, schepper; emmer, bak* ⟨v. baggermolen⟩; *schaal, bak* ⟨v. weegschaal⟩; *schoep, lepel* ⟨v. waterrad⟩; *spatel* ⟨v. chirurg⟩ **0.2** ***schepbeweging*** ⇒*grijpbeweging, graai, greep, schep* **0.3** ***primeur*** ⇒*exclusief verhaal/nieuws;* ⟨bij uitbr.⟩ *sensationeel nieuwtje, sensatieverhaal* **0.4** ***holte*** ⇒*holle ruimte* **0.5** ⟨geen mv.; inf.⟩ ***fortuin*** ⇒*kapitaal(tje), zoet sommetje, speculatiewinst* **0.6** ⟨tech.⟩ ***luchtinlaat*** ⟨v. auto; in motorkap of spatbord⟩ **0.7** ⟨sl.⟩ ***glas bier*** **0.8** ⟨hockey⟩ ***wipslag*** ◆ **1.1** three ~s of ice cream *drie scheppen ijs* **6.2** **at/with** one ~ *in één beweging, met één greep;* ⟨fig.⟩ *in één keer;*
II ⟨n.-telb.zn.⟩⟨sl.⟩ **0.1** ***details*** ⇒*het hoe en wat, precieze toedracht.*
scoop[2] ⟨f2⟩⟨ww.⟩

I ⟨onov.ww.⟩⟨inf.⟩ **0.1** ***portamento di voce zingen*** ⇒*glijden* ⟨v. zanger(es)⟩;
II ⟨ov.ww.⟩ **0.1** ***scheppen*** ⇒*lepelen* **0.2** ***uithollen*** ⇒*(uit)graven* **0.3** ***hozen*** ⇒*ledigen* **0.4** ***binnenhalen*** ⇒*grijpen, opstrijken* ⟨geld⟩, *pakken, in de wacht slepen* **0.5** ⟨inf.⟩ ***vóór zijn*** ⇒*te vlug/slim af zijn, de loef afsteken* **0.6** ⟨badminton⟩ ***scheppen*** ⇒*gooien* ◆ **1.5** the Observer ~ed the other newspapers with the election results *The Observer was de andere kranten vóór met de verkiezingsuitslagen* **5.1** ~ **out** *opscheppen, uitscheppen;* ~ **up** *opscheppen* ⟨met handen, lepel⟩ **5.2** ~ **out** a tunnel *een tunnel graven* **5.3** ~ **out** *leeghozen, legen, hozen* **5.4** ~ **in/up** *binnenhalen*.

scoop·er ['sku:pə||-ər]⟨telb.zn.⟩ **0.1** ***schepper*** **0.2** ***graveerstift/staal*** **0.3** ⟨dierk.⟩ ***kluut*** ⟨genus Recurvirostra⟩.

scoop·ful ['sku:pful]⟨telb.zn.⟩ **0.1** ***schep*** ⇒*schop, lepel, emmer, bak* ◆ **1.1** one ~ of mashed potatoes *een schep aardappelpuree*.

'scoop neck ⟨telb.zn.⟩ **0.1** ***laag uitgesneden ronde hals*** ⟨bv. in jurk⟩.

'scoop net ⟨telb.zn.⟩ **0.1** ***sleepnet*** ⇒*baggernet* **0.2** ***schepnet***.

scoot [sku:t]⟨f1⟩⟨ww.⟩⟨inf.⟩
I ⟨onov.ww.⟩ **0.1** ***rennen*** ⇒*vliegen, snellen, 'm smeren* **0.2** ***glijden*** ⇒*(ver)schuiven, wegschieten;*
II ⟨ov.ww.⟩ **0.1** ***snel bewegen*** **0.2** ***schuiven***.

scoot·er ['sku:tə||'sku:ṭər]⟨f1⟩⟨telb.zn.⟩ **0.1** ***autoped*** ⇒*step* **0.2** ***scooter*** **0.3** ⟨AE⟩ ***ijszeiljacht*** ⟨voor ijszeilen en varen⟩.

scoot·er·ist ['sku:ṭərɪst]⟨telb.zn.⟩ **0.1** ***scooterrijder***.

'scooter start ⟨telb.zn.⟩⟨waterskiën⟩ **0.1** ***sprongstart***.

scope [skoup]⟨f2⟩⟨zn.⟩
I ⟨telb.zn.⟩ **0.1** ⟨verk.⟩ ⟨microscope, oscilloscope, periscope, telescope⟩ ⟨enz.⟩;
II ⟨n.-telb.zn.⟩ **0.1** ***bereik*** ⇒*gebied, omvang, terrein, sfeer, gezichtsveld, reikwijdte, draagwijdte* **0.2** ***ruimte*** ⇒*armslag, gelegenheid, kans* **0.3** ⟨scheep.⟩ ***loos*** ⟨v.d. ankerketting⟩ **0.4** ⟨vero.⟩ ***doel*** ⇒*bedoeling* ◆ **6.1 beyond/outside** the ~ of this essay *buiten het bestek v. dit opstel;* that is **within** the ~ of a trade union's activities *dat valt onder het takenpakket v.e. vakbond* **6.2** this job gives you ~ **for** your abilities *deze baan geeft je de kans je talenten te ontplooien*.

-sco·pe [skoup]⟨vormt nw.⟩ **0.1** ***-scoop*** ◆ ¶.**1** kaleidoscope *caleidoscoop*.

-scop·ic ['skɒpɪk||'skɑpɪk]⟨vormt bijv. nw.⟩ **0.1** ***-scopisch*** ◆ ¶.**1** telescopic *telescopisch*.

sco·pol·a·mine [skə'pɒləmi:n||-'pɑ-]⟨n.-telb.zn.⟩ **0.1** ***scopolamine*** ⟨pijnstillend middel⟩.

'scops owl [skɒps||skɑps]⟨telb.zn.⟩⟨dierk.⟩ **0.1** ***dwergooruil*** ⟨Otus scops⟩.

scop·u·la ['skɒpjʊlə||'skɑpjələ]⟨telb.zn.; scopulae [-li:]; →mv. 5⟩ **0.1** ***bos haartjes*** ⟨i.h.b. op spinnepoot/achterpoot v. bij⟩.

-sco·py [skəpi] **0.1** ***-scopie*** ◆ ¶.**1** microscopy *microscopie*.

scor·bu·tic[1] [skɔ:'bju:tɪk||skɔr'bju:ṭɪk]⟨telb.zn.⟩ **0.1** ***scheurbuiklijder***.

scorbutic[2], **scor·bu·ti·cal** [skɔ:'bju:tɪkl||skɔr'bju:ṭɪkl]⟨bn.; -(al)ly; →bijw. 3⟩ **0.1** ***aan scheurbuik lijdend*** ⇒*scorbutiek* **0.2** ***mbt. scheurbuik/scorbuut***.

scorch[1] [skɔ:tʃ||skɔrtʃ]⟨zn.⟩
I ⟨telb.zn.⟩ **0.1** ***schroeiplek*** **0.2** ⟨inf.⟩ ***dolle rit*** ⇒*woeste vaart;*
II ⟨n.-telb.zn.⟩ **0.1** ***brand*** ⟨planteziekte⟩.

scorch[2] ⟨f2⟩⟨ww.⟩ →scorching
I ⟨onov.ww.⟩⟨BE; inf.⟩ **0.1** ***razendsnel rijden*** ⇒*vliegen, blazen* ⟨v. motorrijders⟩, *scheuren, jakkeren* ◆ **6.1** the cyclists ~ed **down** the road *de fietsers vlogen over de weg;*
II ⟨onov. en ov.ww.⟩ **0.1** ***(ver)schroeien*** ⇒*(ver)zengen, verbranden, aanbranden* **0.2** ***verdorren*** ⇒*verschrompelen, verschroeien, uitdrogen, (doen) verwelken* ◆ **1.1** I smelt that the meat ~ed *ik rook dat het vlees aanbrandde* **1.2** a hot sun had ~ed our plants *de hete zon had onze planten laten verdorren/verschroeien;*
III ⟨ov.ww.⟩⟨inf.⟩ **0.1** ***fel bekritiseren*** ⇒*scherpe kritiek leveren op, aanvallen, te lijf gaan*.

'scorched-'earth policy ⟨telb.zn.; geen mv.⟩⟨mil.⟩ **0.1** ***tactiek v.d. verschroeide aarde***.

scorch·er ['skɔ:tʃə||'skɔrtʃər]⟨f1⟩⟨telb.zn.⟩ **0.1** →scorch **0.2** ⟨inf.⟩ ***snikhete dag*** **0.3** ⟨inf.⟩ ⟨ben. voor⟩ ***iets vernietigends*** ⇒*scherpe kritiek, bijtend antwoord, scherpe uithaal, venijnige aanval* **0.4** ⟨inf.⟩ ***snelheidsduivel*** ⟨op fiets, motor enz.⟩ ⇒*laagvlieger, hardrijder* **0.5** ⟨BE; inf.⟩ ***iets geweldigs*** ⇒*juweel, iets opzienbarends, pracht*.

scorch·ing[1] ['skɔ:tʃɪŋ||'skɔr-]⟨f1⟩⟨bn.; teg. deelw. v. scorch⟩ **0.1** ***verschroeiend*** ⇒*verzengend, snikheet* **0.2** ***vernietigend*** ⇒*bijtend, stekend*.

scorching[2] ⟨f1⟩⟨bw.⟩ **0.1** ***verschroeiend*** ⇒*verzengend* ◆ **2.1** ~ hot *snikheet, bloedheet*.

score[1] [skɔ:||skɔr]⟨f3⟩⟨telb.zn.⟩ **0.1** ***stand*** ⇒*uitslag, puntentotaal* ⟨ook v.e. test⟩, *score;* ⟨schaken, dammen⟩ *notatie* **0.2** ⟨vnl. enk.⟩ ***(doel)punt*** ⟨ook fig.⟩ ⇒*rake opmerking; succes, overwinning* **0.3** ⟨ben. voor⟩ ***getrokken/ingesneden lijn*** ⇒*kerf, kras, groef, gleuf, keep; striem, schram; lijn, streep;* ⟨i.h.b. scheep.⟩ *neut, inkeping in juffer/scheepsblok;* ⟨zelden⟩ *startlijn, streep* **0.4** ⟨vnl. enk.⟩ ***reden*** ⇒*grond* **0.5** ***rekening*** ⇒*schuld, gelag* **0.6** ***grief*** ⇒*wrok* **0.7** ***onderwerp*** ⇒*thema, punt* **0.8** ⟨muz.⟩ ***partituur*** ⇒⟨bij uitbr.⟩ *muziek* ⟨bv. voor musical⟩, *filmmuziek, toneelmuziek* **0.9** ⟨sl.⟩ ***slachtoffer*** ⇒*doelwit* **0.10** ⟨sl.⟩⟨ben. voor⟩ ***geslaagd bedrog*** ⇒*beroving, gok, zwendel* **0.11** ⟨sl.⟩ ***(hoeveelheid) buit*** ⇒*geld, winst* **0.12** ⟨sl.⟩ ***nummertje*** ⇒*neukpartij* **0.13** ⟨sl.⟩ ***gekochte drugs*** ◆ **3.1** what is the ~? *hoeveel staat het/er?;* keep (the) ~ *de stand bijhouden* **3.3** go off at ~ *energiek van start gaan* **3.5** pay one's ~ *de rekening vereffenen, afrekenen;* run up a ~ *in de schulden raken* **3.6** pay off/settle/wipe off/out an old ~/a ~/old ~s *iem. iets betaald zetten, afrekenen met iem., een oude rekening vereffenen* **3.¶** ⟨inf.⟩ know the ~ *de stand v. zaken weten, weten hoe de zaken ervoor staan* **6.2** ⟨fig.⟩ the president couldn't make a ~ **against/off** his opponent *de president kon geen punt scoren tegen/het niet winnen van zijn tegenstander* **6.4 on** more ~s than one *om meer dan één reden;* **on** the ~ **of** *vanwege, op grond van, wegens, omwille van;* **on** this ~ *hierom;* **on** that ~ *daarom* **6.7 on** the ~ **of** food *wat voedsel betreft;* **on** this/that ~ *wat dit/dat betreft;* no words **on** that ~, please *alsjeblieft geen woord over dat onderwerp* **6.8 in** ~ *in een partituur, op muziek*.

score[2] ⟨f3⟩⟨ww.⟩ →scoring
I ⟨onov.ww.⟩ **0.1** ***scoren*** ⇒*(doel)punt maken* **0.2** ***de score noteren*** ⇒*wedstrijdverslag bijhouden, de stand bijhouden* **0.3** ***puntentotaal halen*** ⇒*scoren* ⟨in test⟩ **0.4** ***succes hebben/boeken*** ⇒*aanslaan, het maken* **0.5** ⟨inf.⟩ ***geluk hebben*** ⇒*boffen, het treffen* **0.6** ⟨sl.⟩ ***scoren*** ⇒*drugs op de kop tikken, aan stuff komen* **0.7** ⟨sl.⟩ ***een punt zetten*** ⇒*een nummertje maken* ⟨v. mannen⟩ ◆ **5.3** Liz ~d high on the test *Liz scoorde hoog in de test* **6.1** ⟨cricket⟩ ~ **off** a bowler *een run/runs scoren uit/op een bal v.e. bowler* **6.¶** ⟨inf.⟩ ~ **off/against/over** s.o. *iem. aftroeven, iem. raak antwoorden; iem. de grond in trappen/vernederen/afmaken* ⟨in debat⟩; *iem. voor gek zetten; van iem. winnen;*
II ⟨ov.ww.⟩ **0.1** ⟨ben. voor⟩ ***lijn(en) trekken/krassen*** ⇒*(in)kerven, (in)krassen; strepen; schrammen, striemen, groeven; insnijden* ⟨bv. vlees⟩ **0.2** ***noteren*** ⟨schuld, score⟩ ⇒*turven, bijhouden, opschrijven* **0.3** ***scoren*** ⇒*maken* ⟨punt⟩; ⟨fig.⟩ *behalen, boeken* ⟨succes⟩, *winnen, treffen* **0.4** ***tellen voor*** ⇒*waard zijn* ⟨v. punt, run⟩ **0.5** ***toekennen*** ⟨punten⟩ ⇒*geven* **0.6** ***een score/puntentotaal halen van*** **0.7** ⟨vnl. AE; inf.⟩ ***fel bekritiseren*** ⇒*hekelen, de les lezen, op de korrel nemen* **0.8** ⟨sl.⟩ ***plat/in bed krijgen*** ⇒*een nummertje maken met* **0.9** ⟨muz.⟩ ***orkestreren*** ⇒*voor orkest bewerken;* ⟨i.h.b.⟩ *bewerken, arrangeren* **0.10** ⟨muz.⟩ ***op muziek zetten*** ◆ **1.3** ~ a hit *doel treffen;* ~ a success *succes hebben, een succes behalen* **1.5** the judge ~d ten to Tarkovsky *het jurylid kende Tarkovsky tien punten toe* **1.6** the best pupil ~d ninety out of a hundred *de beste leerlinge behaalde een puntentotaal v. negentig uit honderd* **5.1** ~ **out/through** *uitkrassen, doorstrepen;* ~ **under** *onderstrepen* **5.2** ~ **up** *opschrijven, noteren, aantekenen* **6.2** ~ sth. (up) **against/to** s.o. *iets op iemands rekening schrijven* ⟨ook fig.⟩; *iem. iets aanrekenen;* her behaviour will be ~d up **against** her *haar gedrag zal haar duur komen te staan* **6.9** ~d **for** piano and drums *gearrangeerd voor piano en slagwerk*.

'score·board ⟨f1⟩⟨telb.zn.⟩⟨sport⟩ **0.1** ***scorebord***.

'score·book ⟨telb.zn.⟩⟨sport⟩ **0.1** ***puntenboekje*** ⇒*scoreblok;* ⟨i.h.b. cricket⟩ *scoreboek*.

'score·card ⟨telb.zn.⟩⟨sport, vnl. cricket, honkbal⟩ **0.1** ***spelerslijst*** ⟨met plaats, nummer enz.⟩ **0.2** →scoresheet.

score·less [skɔ:ləs||skɔr-]⟨bn.⟩⟨AE; sport⟩ **0.1** ***doelpuntloos***.

scor·er ['skɔ:rə||'skɔrər], ⟨in bet. 0.1 ook⟩ **'score·keep·er** ⟨f1⟩⟨telb.zn.⟩ **0.1** ***scoreteller*** ⇒*optekenaar* ⟨v. gescoorde runs, punten enz.⟩ **0.2** ***(doel)puntenmaker*** ⇒*scorer*.

'score·sheet ⟨telb.zn.⟩⟨sport⟩ **0.1** ⟨vnl. cricket, honkbal⟩ ***scorelijst/kaart*** ⇒*puntenlijst;* ⟨schaken, dammen⟩ *notatieblad*.

sco·ri·a ['skɔ:rɪə]⟨zn.; scoriae [-rɪi:]; →mv. 5⟩
I ⟨telb.zn.⟩⟨geol.⟩ **0.1** ***scoriabrok*** ⇒*vulkanische slak;*
II ⟨n.-telb.zn.⟩ **0.1** ***(metaal)schuim*** ⇒*slakken, sintels* **0.2** ⟨geol.⟩ ***scoria(brokken)***.

sco·ri·a·ceous ['skɔ:ri'eɪʃəs]⟨bn.⟩⟨geol.⟩ **0.1** ***slakachtig*** ◆ **1.1** ~ lava *scoria-achtig lava*.

sco·ri·fi·ca·tion ['skɔ:rɪfɪ'keɪʃn]⟨telb. en n.-telb.zn.⟩ **0.1** ***slak(ken) vorming*** **0.2** ***zuivering*** ⟨door slakvorming⟩ ⇒⟨i.h.b.⟩ *afdrijving* ⟨v. goud, zilver⟩.

sco·ri·fy ['skɔ:rɪfaɪ]⟨ov.ww.; →ww. 7⟩ **0.1** ***tot slakken/schuim maken*** **0.2** ***zuiveren*** ⟨metalen; door slakvorming⟩ ⇒⟨i.h.b.⟩ *afdrijven* ⟨goud, zilver⟩.

scor·ing ['skɔ:rɪŋ]⟨zn.; (oorspr.) gerund v. score⟩⟨muz.⟩
I ⟨telb.zn.⟩ **0.1** ***partituur;***

II ⟨n.-telb.zn.⟩ **0.1** ***het op muziek zetten*** **0.2** ***bewerking*** ⇒*het arrangeren.*

scorn[1] [skɔ:n‖skɔrn]⟨f2⟩⟨zn.⟩

I ⟨telb. en n.-telb.zn.; geen mv.⟩ **0.1** ***voorwerp v. minachting/verachting*** ◆ **3.1** hold up to ~ *tot voorwerp v. minachting maken* **6.1** a ~ **to** all passers-by *een voorwerp v. minachting voor alle voorbijgangers;*

II ⟨n.-telb.zn.⟩ **0.1** ***minachting*** ⇒*misprijzen, geringschatting, verachting* ◆ **3.1** pour ~ on, think ~ of *minachten, verachten* **3.¶** laugh s.o./sth. to ~ *iem. smalend uitlachen, smalend om iets lachen.*

scorn[2] ⟨f2⟩⟨ww.⟩

I ⟨onov.ww.⟩ **0.1** ***smalen*** ⇒*schimpen;*

II ⟨ov.ww.⟩ **0.1** ***minachten*** ⇒*misprijzen, verachten, geringschatten* **0.2** ***versmaden*** ⇒*beneden zich achten, minachtend afwijzen* ◆ **1.2** he ~ed my help *hij versmaadde mijn hulp;* she ~s lying *zij acht zich boven leugens verheven.*

scorn·er ['skɔ:nə‖'skɔrnər]⟨telb.zn.⟩ **0.1** ***verachter*** ⇒*smaler, versmader.*

scorn·ful ['skɔ:nfl‖'skɔrn-]⟨f2⟩⟨bn.; -ly; -ness⟩ **0.1** ***minachtend*** ⇒*geringschattend, smalend* ◆ **6.1** ~ **of** sth. *met minachting voor iets.*

scorper →scalper.

Scor·pi·o ['skɔ:piou‖'skɔr-], **Scor·pi·us** ['skɔ:pɪəs‖'skɔr-]⟨zn.⟩

I ⟨eig.n.⟩⟨astr., ster.⟩ **0.1** ***(de) Schorpioen*** ⇒*Scorpius;*

II ⟨telb.zn.⟩⟨astr.⟩ **0.1** ***schorpioen*** ⟨iem. geboren onder I⟩.

scor·pi·oid ['skɔ:pɪɔɪd‖'skɔr-]⟨bn.⟩ **0.1** ***schorpioenachtig*** ⇒*behorend tot de schorpioenen* **0.2** ⟨plantk.⟩ ***gekromd*** ⟨als schorpioenstaart⟩ ⇒*opgerold* ⟨v. cymeuze bloeiwijze⟩.

scor·pi·on ['skɔ:pɪən‖'skɔr-]⟨f1⟩⟨zn.⟩

I ⟨eig.n.; S-; the⟩ **0.1** →Scorpio I;

II ⟨telb.zn.⟩ **0.1** ⟨dierk.⟩ ***schorpioen*** ⟨Scorpionida⟩ **0.2** ⟨dierk.⟩ ***bastaardschorpioen*** ⟨Pseudoscorpionida⟩ **0.3** ⟨bijb.⟩ ***schorpioen*** ⟨soort gesel; Kon. 12: 11⟩ **0.4** ⟨gesch.⟩ ***onager*** ⇒*ballista, schorpioen, eenarmige katapult* **0.5** ⟨sl.⟩ ***scorpion*** ⟨inwoner v. Gibraltar⟩ **0.6** →scorpion fish.

'scorpion fish ⟨telb.zn.⟩⟨dierk.⟩ **0.1** ***schorpioenvis*** ⟨fam. Scorpaenidae⟩.

'scorpion fly ⟨telb.zn.⟩⟨dierk.⟩ **0.1** ***schorpioenvlieg*** ⟨orde Mecoptera⟩.

'scorpion grass ⟨telb.zn.⟩⟨plantk.⟩ **0.1** ***vergeet-mij-nietje*** ⟨genus Myosotis⟩ ⇒⟨i.h.b.⟩ *moerasvergeet-mij-niet, schorpioenkruid* ⟨Myosotis palustris/scorpiodes⟩.

scor·zo·ne·ra ['skɔ:zə'nɪərə‖-'nɪrə]⟨telb.zn.⟩⟨plantk.⟩ **0.1** ***schorseneer*** ⟨genus Scorzonera⟩.

scot [skɒt‖skɑt]⟨f2⟩⟨zn.⟩

I ⟨telb.zn.; S-⟩ **0.1** ***Schot*** **0.2** ⟨gesch.⟩ ***Schot*** ⟨Kelt die uit Ierland naar Schotland kwam in de zesde eeuw⟩;

II ⟨n.-telb.zn.⟩⟨gesch.⟩ **0.1** ***hoofdgeld*** ⇒*schot, belasting, grondrente* ◆ **1.1** pay ~ and lot *schot en lot betalen;* ⟨fig.⟩ *aan zijn verplichtingen voldoen.*

scotch[1] [skɒtʃ‖skɑtʃ]⟨telb.zn.⟩ **0.1** ***houw*** ⇒*jaap, snee* **0.2** ***schram*** ⇒*kras, krab, schaafwond* **0.3** ***lijn*** ⇒*streep* ⟨bij hinkelen⟩ **0.4** ***(stop)blok*** ⇒*wig* ⟨om wiel te blokkeren⟩.

scotch[2] ⟨f1⟩⟨ov.ww.⟩ **0.1** ***een eind maken aan*** ⇒*ontzenuwen, de grond in boren* ⟨theorie⟩, *de kop indrukken* ⟨gerucht⟩, *vernietigen* **0.2** ***verijdelen*** ⇒*doen mislukken* ⟨plan⟩ **0.3** ***vastzetten*** ⇒*blokkeren* **0.4** ⟨vero.⟩ ***verwonden*** ⇒*verminken, onschadelijk maken, buiten gevecht stellen* **0.5** ⟨vero.⟩ ***kerven*** ⇒*insnijden, schrammen* ◆ **1.2** rainfall ~ed our plans *regen deed onze plannen in duigen vallen.*

Scotch[1] [skɒtʃ‖skɑtʃ]⟨f2⟩⟨zn.⟩

I ⟨eig.n.⟩ **0.1** ***Schots*** ⇒*de Schotse taal;* ⟨i.h.b.⟩ *Laagland-Schots;*

II ⟨telb. en n.-telb.zn.⟩ **0.1** ***Schotse whisky;***

III ⟨verz.n.; the⟩ **0.1** ***de Schotten.***

Scotch[2] ⟨f2⟩⟨bn.⟩ **0.1** ***Schots*** **0.2** ***zuinig*** ⇒*gierig, vrekkig, spaarzaam* ◆ **1.1** ~ cap *Schotse muts;* ~ egg *Schots ei* ⟨hard gekookt ei in worstvlees⟩; ⟨plantk.⟩ ~fir/pine *grove den, pijn(boom)* ⟨Pinus sylvestris⟩; ~ kale *(Schotse) kool* ⟨soort boerenkool⟩; ~ terrier *Schotse terriër;* ~ whisky *Schotse whisky* **1.¶** ~ broth *extragevulde Schotse soep; Schotse maaltijdsoep* ⟨v. vlees, parelgort, groenten⟩; ~ mist *motregen;* ~ tape, scotch tape *plakband;* ⟨BE⟩ ~ woodcock *toastje ansjovis(pasta) met ei.*

Scotchman →Scotsman.

Scotchwoman →Scotswoman.

sco·ter ['skoutə‖'skouṭər]⟨telb.zn.⟩⟨dierk.⟩ **0.1** ***zeeëend*** ⟨genus Melanitta⟩ ◆ **2.¶** common ~ *zwarte zeeëend* ⟨Melanitta nigra⟩.

'scot-'free ⟨f1⟩⟨bn., pred.; bw.⟩ **0.1** ***ongedeerd*** ⇒*zonder kleerscheuren* **0.2** ***ongestraft*** **0.3** ⟨gesch.⟩ ***vrij v. belasting/schot*** ⇒*zonder verplichtingen* ◆ **3.1** go/get off/escape ~ *er ongedeerd/zonder kleerscheuren afkomen* **3.2** go/get off/escape ~ *er ongestraft (van) af komen.*

Sco·tia ['skouʃə]⟨eig.n.⟩⟨schr.⟩ **0.1** ***Schotland.***

scotice →scottice.

Scot·land ['skɒtlənd‖'skɑt-]⟨eig.n.⟩ **0.1** ***Schotland.***

'Scotland 'Yard ⟨f1⟩⟨verz.n.⟩ **0.1** ***Scotland Yard*** ⟨hoofdkwartier v.d. Londense politie⟩ ⇒⟨i.h.b.⟩ *opsporingsdienst, recherche (afdeling).*

sco·to·ma [skə'toumə]⟨telb.zn.; ook scotomata [-məṭə]; →mv. 5⟩ ⟨med.⟩ **0.1** ***blinde plek*** ⟨in het gezichtsveld⟩ ⇒*scotoom.*

Scots[1] [skɒts‖skɑts]⟨eig.n.⟩⟨vnl. Sch. E⟩ **0.1** ***Schots*** ⇒*de Schotse taal.*

Scots[2] ⟨bn.⟩ **0.1** ***Schots*** ◆ **1.1** ⟨gesch.⟩ pound ~ *Schots pond* ⟨een shilling en acht pence⟩ **1.¶** ⟨BE⟩ ~ Greys *tweede regiment dragonders.*

Scots·man ['skɒtsmən‖'skɑts-], **Scotch·man** ['skɒtʃ-‖'skɑtʃ-]⟨telb.zn.; Scotsmen, Scotchmen [-mən]; →mv. 3⟩ **0.1** ***Schot.***

'Scots·wom·an, 'Scotch·wom·an ⟨telb.zn.⟩ **0.1** ***Schotse.***

scot·ti·ce, scot·i·ce ['skɒtɪsi‖'skɑṭɪsi]⟨bw.⟩ **0.1** ***in het Schots.***

Scot·ti·cism, Scot·i·cism ['skɒtɪsɪzm‖'skɑṭɪ-]⟨zn.⟩

I ⟨telb.zn.⟩ **0.1** ***Schots woord*** ⇒*Schots idioom/gezegde, Schotse uitdrukking;*

II ⟨n.-telb.zn.⟩ **0.1** ***Schotsgezindheid.***

scot·ti·cize, scot·i·cize, -cise ['skɒtɪsaɪz‖'skɑṭɪ-]⟨ww.⟩

I ⟨onov.ww.⟩ **0.1** ***verschotsen*** ⇒*Schots worden;*

II ⟨ov.ww.⟩ **0.1** ***Schots maken*** ⇒*verschotsen.*

Scot·tie ['skɒti‖'skɑṭi]⟨telb.zn.⟩⟨inf.⟩ **0.1** ***Schot*** **0.2** ***Schotse terriër.***

Scot·tish[1] ['skɒtɪʃ‖'skɑṭɪʃ]⟨f2⟩⟨zn.⟩

I ⟨eig.n.⟩ **0.1** ***Schots*** ⇒*de Schotse taal;*

II ⟨verz.n.; the⟩ **0.1** ***de Schotten.***

Scottish[2] ⟨f2⟩⟨bn.⟩ **0.1** ***Schots*** **0.2** ⟨scherts.⟩ ***zuinig*** ⇒*gierig, vrekkig* ◆ **1.1** ~ Certificate of Education ⟨ong.⟩ *einddiploma middelbare school* ⟨in Schotland⟩; ~ terrier *Schotse terriër.*

scoun·drel[1] ['skaundrəl]⟨f1⟩⟨telb.zn.⟩ **0.1** ***schoft*** ⇒*schurk, ploert.*

scoundrel[2], **scoun·drel·ly** ['skaundrəli]⟨bn.⟩ **0.1** ***schurkachtig*** ⇒*schofterig, gemeen, laag.*

scoun·drel·ism ['skaundrəlɪzm]⟨telb. en n.-telb.zn.⟩ **0.1** ***laagheid*** ⇒*gemeenheid, schoftenstreek.*

scour[1] ['skauə‖-ər]⟨f1⟩⟨zn.⟩

I ⟨telb.zn.⟩ **0.1** ⟨geen mv.⟩ ***schuurbeurt*** ⇒*poetsbeurt* **0.2** ***holte*** ⇒*uitgesleten plek* ⟨in rivier e.d.⟩ **0.3** ***reinigingsmiddel*** ⇒⟨i.h.b.⟩ *ontvettingsmiddel* ⟨voor wol⟩ ◆ **2.1** that pan needs a good ~ *die pan moet eens goed uitgeschuurd worden;*

II ⟨n.-telb.zn.⟩ **0.1** ***uitspoelende werking*** ⟨v. water⟩ ⇒*uitspoeling, uitslijting, erosie, wegspoeling;*

III ⟨mv.; ww. ook enk.⟩ **0.1** ***diarree*** ⟨v. vee⟩.

scour[2] ⟨f2⟩⟨ww.⟩ →scourings

I ⟨onov.ww.⟩ **0.1** ***rondzwerven*** ⇒*rondtrekken* **0.2** ***rennen*** ⇒*snellen, vliegen* **0.3** ***diarree hebben*** ⟨v. vee⟩ ◆ **5.2** ~ **about** (for/after s.o./sth.) *rondrennen (op zoek naar iem./iets);* ~ **off** *ervandoor gaan, wegvliegen;*

II ⟨onov. en ov.ww.⟩ **0.1** ***schuren*** ⇒*schrobben, poetsen, polijsten* ◆ **1.1** ~ the floor *de vloer schrobben;* ~ the knives *de messen poetsen* **5.1** ~ sth. **away/off** *iets afschuren, iets wegschuren;* ~ **out** the pots and pans *de potten en pannen schoonschuren/uitschuren* **6.1** ~ the rust **off** the pipes *het roest van de pijpen afschuren;*

III ⟨ov.ww.⟩ **0.1** ***reinigen*** ⇒*schoonmaken, wassen;* ⟨i.h.b.⟩ *ontvetten* ⟨wol⟩ **0.2** ***(door/uit)spoelen*** ⇒*schoonspoelen, purgeren* **0.3** ***uitschuren*** ⇒*uithollen, uitslijpen, wegspoelen* **0.4** ***doorkruisen*** ⇒*doortrekken* **0.5** ***af/doorzoeken*** ⇒*uitkammen, afstropen/lopen* ◆ **1.1** ~ clothes *kleren wassen/reinigen* **1.5** ~ the shops for a record *de winkels aflopen voor een plaat* **5.1** ~ **away/off** stains *vlekken verwijderen;* ⟨fig.⟩ ~ **away/off** the enemy from a territory *de vijand uit een gebied verdrijven* **5.3** the rain had ~ed **out** channels in the hills *de regen had geulen uitgesleten in de heuvels.*

scour·er ['skauərə‖-ər]⟨f1⟩⟨telb.zn.⟩ **0.1** ***schuursponsje*** ⇒*pannesponsje* **0.2** ***schuurder*** **0.3** ***zwerver*** ⇒*trekker;* ⟨i.h.b.⟩ *verkenner* **0.4** ⟨gesch.⟩ ***(nachtelijke) vagebond*** ⇒*straatrover* ⟨Engeland⟩ **0.5** ⟨med.⟩ ***purgeermiddel*** ⇒*laxeermiddel.*

scourge[1] [skɜ:dʒ‖skɜrdʒ]⟨f1⟩⟨telb.zn.⟩ **0.1** ***gesel*** ⇒*zweep, roede* **0.2** ***plaag*** ⇒*bezoeking, gesel, kwelling* ◆ **1.2** Attila, the Scourge of God *Attila, de Gesel Gods;* the ~ of war *de gesel v.d. oorlog.*

scourge[2] ⟨f1⟩⟨ov.ww.⟩ **0.1** ***geselen*** ⇒*kastijden, tuchtigen* **0.2** ***teisteren*** ⇒*treffen* **0.3** ⟨schr.⟩ ***straffen*** ◆ **1.2** a city ~d by the plague *een stad getroffen/geteisterd door de pest.*

scourg·er ['skɜ:dʒə‖'skɜrdʒər]⟨telb.zn.⟩ **0.1** ***geselaar*** ⇒*kastijder.*

'scouring powder ⟨telb.zn.⟩ **0.1** ***schuurpoeder.***

scour·ings ['skauərɪŋz]⟨mv.; enk. oorspr. gerund v. scour⟩ **0.1** ***afschuursel*** ⇒*vuil* **0.2** ***schuim*** ⇒*uitschot.*

scouse[1] [skaus], ⟨in bet. II 0.1 ook⟩ **scous·er** ['skausə‖-ər]⟨zn.⟩

I ⟨eig.n.; S-⟩⟨BE⟩ **0.1** ***Liverpools*** ⇒*het dialect v. Liverpool;*

II ⟨telb.zn.; ook S-⟩⟨BE⟩ **0.1** ***scouse(r)*** ⟨inwoner v. Liverpool⟩ **0.2** ⟨sl.⟩ ***prut*** ⇒*smaakloos eten;*

III ⟨n.-telb.zn.⟩⟨verk.⟩ lobscouse.

scouse[2], **scous·i·an** ['skaʊsɪən]⟨bn.⟩ **0.1** ***uit Liverpool*** ⇒*Liverpools*.

scout[1] [skaʊt]⟨f2⟩⟨telb.zn.⟩ **0.1** ***verkenner*** ⇒⟨bij uitbr.⟩ *verkenningsvliegtuig; verkenningsvaartuig, lichter; verkenningswagen* **0.2** ⟨geen mv.⟩⟨vnl. mil.⟩ ***verkenning*** **0.3** ***talentenjager*** ⇒*ontdekker* ⟨v. jong talent⟩; *scout* ⟨in voetbal/filmwereld⟩ **0.4** ⟨S-⟩ ***verkenner/ster*** ⇒*padvinder/ster, gids* **0.5** ⟨BE⟩ ***wegenwacht(er)*** ⟨v.d. A.A. of R.A.C.⟩ **0.6** ⟨inf.⟩ ***iem. die je wel ziet zitten*** ⇒*prima vent/kerel, toffe gozer, knul; goeie meid* **0.7** ⟨stud.; Oxford⟩ ***bediende*** ⇒*huisknecht* **0.8** ⟨dierk.⟩ ***alk*** ⟨Alca torda⟩ **0.9** ⟨dierk.⟩ ***zeekoet*** ⟨Uria aalge⟩ ◆ **6.2 on** the ~ *op verkenning*.

scout[2] ⟨f1⟩⟨ww.⟩
I ⟨onov.ww.⟩ **0.1** ***zoeken*** ⇒*op zoek gaan* **0.2** ***terrein verkennen*** **0.3** ***spotten*** ⇒*schimpen, de spot drijven* ◆ **6.1** ~ about/around **for** sth. *iets zoeken, naar iets op zoek zijn, iets proberen op te sporen* **6.3** ~ **at** *de spot drijven met, schimpen op;*
II ⟨ov.ww.⟩ **0.1** ***verkennen*** ⇒*op verkenning uitgaan in* **0.2** ***observeren*** ⇒*bekijken, in de gaten houden* ⟨jong talent⟩ **0.3** ***minachtend afwijzen*** ⇒*spottend verwerpen, hooghartig van de hand wijzen* ◆ **5.¶** our soldiers ~ed **out** the Germans *onze soldaten spoorden de Duitsers op*.

'Scout Association ⟨eig.n., n.-telb.zn.; the⟩ **0.1** ***padvinderij*** ⇒*padvindersorganisatie*.

'scout car ⟨telb.zn.⟩⟨mil.⟩ **0.1** ***verkenningswagen***.

Scout·er ['skaʊtə‖'skaʊṭər]⟨telb.zn.⟩ **0.1** ***hopman***.

'scout·mas·ter ⟨f1⟩⟨telb.zn.⟩ **0.1** ***hopman*** **0.2** ⟨mil.⟩ ***verkenningsofficier*** **0.3** ⟨sl.⟩ ***fanatiekeling*** ⇒*idealist, optimist, patriot, moralist*.

scow[1] [skaʊ]⟨telb.zn.⟩ **0.1** ***schouw*** ⇒*praam* **0.2** ⟨sl.⟩ ***grote, lelijke vrouw*** **0.3** ⟨sl.⟩ ***karonje*** ⇒*feeks* **0.4** ⟨sl.⟩ ***grote vrachtwagen***.

scow[2] ⟨ov.ww.⟩ **0.1** ***in een schouw/praam vervoeren***.

scowl[1] [skaʊl]⟨f1⟩⟨telb.zn.⟩ **0.1** ***frons(ende blik)*** ⇒*chagrijnige/norse/stuurse/afkeurende/dreigende blik*.

scowl[2] ⟨f2⟩⟨ww.⟩
I ⟨onov.ww.⟩ **0.1** ***het voorhoofd fronsen*** ⇒*chagrijnig/nors/stuurs kijken* ◆ **6.1** ~ **at** s.o. *iem. kwaad aankijken;* ⟨fig.⟩ ~ **on** a proposal *afkeurend staan tegenover een voorstel;*
II ⟨ov.ww.⟩ **0.1** ***duidelijk maken*** ⇒*uitstralen, laten blijken* ⟨door norse blik⟩ ◆ **1.1** he ~ed his dissatisfaction *zijn ontevredenheid stond op zijn gezicht te lezen*.

scr ⟨afk.⟩ scruple(s).

scrab·ble[1] ['skræbl]⟨f1⟩⟨zn.⟩
I ⟨telb.zn.⟩ **0.1** ⟨geen mv.⟩ ***gegraai*** ⇒*gegrabbel* **0.2** ***krabbel(tje)*** **0.3** ⟨geen mv.⟩ ***gekrab*** ⇒*gekras, geschraap* **0.4** →scramble I 0.1 en 0.2;
II ⟨n.-telb.zn.⟩⟨spel⟩ **0.1** ***scrabble***.

scrabble[2] ⟨f1⟩⟨ww.⟩
I ⟨onov.ww.⟩ **0.1** ***graaien*** ⇒*grabbelen, scharrelen* **0.2** ***krabbelen*** ⇒*slordig schrijven* **0.3** ***vechten*** **0.4** ***krabben*** ⇒*krassen, schrapen* **0.5** ***(moeizaam) klauteren*** ◆ **1.4** the cat ~d her nails on the door *de kat krabde op de deur* **6.1** ~ about **for** sth. *naar iets graaien/grabbelen;*
II ⟨ov.ww.⟩ **0.1** ***bijeenscharrelen*** ⇒*bijeenschrapen* ◆ **5.1** ~ **up** *bijeenscharrelen*.

scrag[1] [skræg], ⟨in bet. II ook⟩ **'scrag 'end** ⟨zn.⟩
I ⟨telb.zn.⟩ **0.1** ⟨ben. voor⟩ ***mager iem./iets*** ⇒*scharminkel, spriet, bonestaak* **0.2** ⟨sl.⟩ ***hals*** ⇒*nek* **0.3** ⟨BE⟩ ***grillige boom/tak*** ⇒*kronkelige boom/tak;*
II ⟨telb. en n.-telb.zn.⟩ **0.1** ***halsstuk*** ⇒*nekstuk* ⟨vnl. v. schaap, voor de soep⟩ **0.2** ***soepvlees***.

scrag[2] ⟨ov.ww.; →ww. 7⟩⟨inf.⟩ →scragging **0.1** ***de nek omdraaien*** ⇒*nekken* **0.2** ***wurgen*** ⇒*worgen* **0.3** ***(op)hangen*** **0.4** ***bij de keel grijpen***.

scrag·ging ['skrægɪŋ]⟨telb.zn.; oorspr. gerund v. scrag⟩⟨sl.⟩ **0.1** ***moord***.

scrag·gly ['skrægli]⟨bn.; -er; →compar. 7⟩⟨AE; inf.⟩ **0.1** ***onverzorgd*** ⇒*verwaarloosd, niet onderhouden* **0.2** ***ongelijk*** ⇒*onregelmatig*.

scrag·gy ['skrægi], ⟨in bet. 0.1 ook⟩ **scrag·ged** ['skrægɪd]⟨f1⟩⟨bn.; -er; -ly; -ness; →bijw. 3⟩ **0.1** ***(brood)mager*** ⇒*benig, vel over been, dun, schriel* **0.2** ⟨ben. voor⟩ ***ruw*** ⇒*ongelijk, oneffen; hoekig; grillig*.

scram[1] [skræm]⟨telb.zn.⟩ **0.1** ⟨sl.⟩ ***overhaast vertrek*** **0.2** ***noodstop/sluiting*** ⟨v. kerncentrale⟩.

scram[2] ⟨onov.ww.; →ww. 7⟩ **0.1** ⟨vnl. in geb. w.⟩⟨sl.⟩ ***'m smeren*** ⇒*opkrassen* **0.2** ***gesloten worden*** ⟨v. kerncentrale⟩ ◆ **¶.1** ~! *maak dat je wegkomt!*.

scram·ble[1] ['skræmbl]⟨f1⟩⟨telb.zn.⟩ **0.1** ***klauterpartij*** ⇒*klimpartij* **0.2** ***gevecht*** ⇒*vechtpartij, worsteling* **0.3** ***gedrang*** ⇒*geduw* **0.4** ⟨mil.⟩ ***start*** ⇒*het opstijgen* ⟨wegens alarm⟩ **0.5** ⟨BE⟩ ***motorcross*** ◆ **1.1** it was a bit of a ~ to reach the top *het was een hele toer om de top te bereiken* **6.2** a mad ~ **for** advantage *een krankzinnig gevecht om de bovenhand te krijgen*.

scramble[2] ⟨f3⟩⟨ww.⟩
I ⟨onov.ww.⟩ **0.1** ***klauteren*** ⇒*klimmen* **0.2** ***vechten*** ⇒*zich verdringen, voordringen* **0.3** ***zich haasten*** ⇒*zich reppen* **0.4** ***scharrelen*** ⟨voor levensonderhoud⟩ **0.5** ⟨mil.⟩ ***opstijgen wegens alarm*** ⟨v. piloot, vliegtuig⟩ ◆ **6.1** we ~d **up** the hill *we klauterden de heuvel op* **6.2** ~ **for** a first edition *vechten om een eerste editie* **6.3** ~ **to** one's feet *overeind krabbelen;* ~ **through** one's work *zijn werk afraffelen;*
II ⟨ov.ww.⟩ **0.1** ***door elkaar gooien*** ⇒*in de war brengen, schudden* **0.2** ***roeren*** ⇒*klutsen, roerei maken van* **0.3** ***bijeenscharrelen*** ⇒*bijeenrapen, bijeenschrapen* **0.4** ***afraffelen*** ⇒*snel afwerken* **0.5** ***te grabbel gooien*** ⇒*rondstrooien* ⟨geld⟩ **0.6** ***vervormen*** ⟨om radio/telefoonboodschap te coderen⟩ ⇒*verdraaien* **0.7** ⟨mil.⟩ ***laten opstijgen*** ⟨wegens alarm⟩ ◆ **5.3** ~ **up** a meal *een maaltijd bijeenscharrelen, een maaltijd in elkaar flansen*.

scram·bler ['skræmblə‖-ər]⟨telb.zn.⟩ **0.1** ***vervormer*** ⟨om radio/telefoonberichten te coderen⟩ ⇒*kryptofoon*.

scrambl·ing ['skræmblɪŋ]⟨telb. en n.-telb.zn.⟩ **0.1** ***gescharrel***.

'scram·jet ⟨telb.zn.⟩ **0.1** ***stuwstraalmotor*** **0.2** ***straalvliegtuig***.

scran [skræn]⟨n.-telb.zn.⟩⟨sl.⟩ **0.1** ***eten*** ⇒*voedsel, proviand* **0.2** ***restjes*** ⇒*kliekjes*.

scran·nel ['skrænl]⟨bn.⟩⟨vero.⟩ **0.1** ***mager*** ⇒*iel, ijl, dun* ⟨v. geluid⟩ **0.2** ***schril*** ⇒*snerpend, knarsend, scherp*.

scrap[1] [skræp]⟨f3⟩⟨zn.⟩
I ⟨telb.zn.⟩ **0.1** ⟨ben. voor⟩ ***stukje*** ⇒*beetje, greintje, zweempje; hoekje; scherf, flenter; fragment* **0.2** ***knipsel*** ⇒*kranteknipsel, uitgeknipt plaatje* **0.3** ⟨vnl. mv.⟩ ***kaantje*** ⇒*gebakken spek(je), uitgebakken vis* **0.4** ⟨inf.⟩ ***ruzie*** ⇒*vechtpartijtje, handgemeen* ◆ **1.1** ~s of his letter *fragmenten uit zijn brief;* ~ of paper *stukje/vodje papier, papiertje;* there's not a ~ of truth in it *er is niets van waar;*
II ⟨n.-telb.zn.; vaak attr.⟩ **0.1** ***afval*** ⇒⟨i.h.b.⟩ *schroot, oud ijzer;*
III ⟨mv.; ~s⟩ **0.1** ***restjes*** ⇒*kliekjes* **0.2** ***afval*** ⇒*rommel, losse stukjes*.

scrap[2] ⟨f1⟩⟨ww.; →ww. 7⟩
I ⟨onov.ww.⟩ **0.1** ***ruziën*** ⇒*bakkeleien, vechten, op de vuist gaan* ◆ **6.1** ~ **with** s.o. *op de vuist gaan met iem.;*
II ⟨ov.ww.⟩ **0.1** ***afdanken*** ⇒*dumpen, wegdoen, aan kant zetten, naar de schroothoop verwijzen* ⟨ideeën⟩ **0.2** ***slopen*** ⇒*tot schroot verwerken*.

'scrap·book ⟨f1⟩⟨telb.zn.⟩ **0.1** ***plakboek***.

scrape[1] [skreɪp]⟨f1⟩⟨zn.⟩
I ⟨telb.zn.⟩ **0.1** ***schaafwond*** ⇒*schaafplek* **0.2** ***uitgekrabde/uitgeschaafde holte*** **0.3** ***het strijken v.d. voet*** ⟨in strijkage⟩ **0.4** ***dun laagje*** ⟨boter⟩ **0.5** ⟨inf.⟩ ***netelige situatie*** ⇒*lastig parket, verlegenheid* **0.6** ⟨inf.⟩ ***ruzie*** ⇒*twist, gevecht* ◆ **1.4** ~ and bread *dun besmeerde boterham* **3.5** get into ~s *in moeilijkheden verzeild raken* **3.6** get into a ~ with s.o. *het aan de stok krijgen met iem.;*
II ⟨telb. en n.-telb.zn.⟩ **0.1** ***geschraap*** ⇒*het schrapen, het schuren, schraap, geschuur* **0.2** ***(ge)kras*** ⇒*geschraap, het krassen* **0.3** ⟨sl.⟩ ***het scheren*** ◆ **1.¶** ⟨Sch. E⟩ ~ of the pen *krabbel(tje), briefje, berichtje*.

scrape[2] ⟨f2⟩⟨ww.⟩ →scraping
I ⟨onov.ww.⟩ **0.1** ***schuren*** ⇒*strijken, schuiven* **0.2** ***schrapen*** ⇒*zagen, krassen, schuren* ⟨bv. op viool⟩ **0.3** ***met de voet strijken*** ⟨langs de grond; in een strijkage⟩ **0.4** ***met weinig rondkomen*** ⇒*sober leven, zuinig zijn* **0.5** ***het op het kantje af halen*** ⇒*het net redden* ◆ **5.5** ~ **through** in essay writing *maar net een voldoende halen voor zijn opstellen* **5.¶** he was scraping **along** on some money from friends *hij wist het uit te zingen met wat geld v. vrienden;* we managed to ~ **by** on a little money from my mother *we wisten rond te komen met een beetje geld v. mijn moeder* **6.5** ⟨inf.⟩ ~ **into** university *kantje boord op de universiteit komen;*
II ⟨onov. en ov.ww.⟩ **0.1** ***krassen*** ⇒*schuren, schrapen* ◆ **1.1** he ~d his rotan on the floor *hij schraapte zijn wandelstok over de vloer;*
III ⟨ov.ww.⟩ **0.1** ***(af)schrapen*** ⇒*(af)krabben, schaven, schuren* **0.2** ***uitschrapen*** ⇒*uitkrabben, uitschuren* **0.3** ***schaven*** ⇒*openhalen* ⟨bv. knie⟩ ◆ **1.1** you'll have to ~ the cupboard (down) before painting it *je moet het kastje eerst schuren/afkrabben voor je het schildert;* he ~d his plate clean *hij schraapte zijn bord schoon* **1.2** ~ (out) a hole *een gat uitschaven/uitschuren* **1.3** he ~d the paintwork of his new bike *hij beschadigde de verf v. zijn nieuwe fiets* **5.1** ~ **away** *wegschrapen, wegkrabben;* ⟨fig.⟩ ~ **back** one's hair *zijn haar strak achterover kammen;* ~ **off** sth. *iets afkrabben* **5.2** ~ **out** the jam-jar *de jampot uitschrapen* **5.¶** ⟨inf.⟩ ~ **together/up** *bij elkaar schrapen* ⟨geld⟩ **6.1** ~ the paint **off** the table *de verf van de tafel afkrabben;* the little girl ~d the skin **off** her hands *het meisje haalde haar handen open*.

scrap·er ['skreɪpə‖-ər]⟨f1⟩⟨telb.zn.⟩ **0.1** ⟨ben. voor⟩ ***schraper*** ⇒*(verf)krabber, schraapijzer, schraapmes, schraapstaal; baardkrabbertje* **0.2** ***flesselikker*** ⇒*pannelikker* **0.3** ***voet(en)krabber*** ⇒*voet(en)schrapper* **0.4** ***schraper*** ⟨persoon⟩ ⇒*vrek, gierigaard;*

baardschraper; zager ⟨op viool⟩ 0.5 ⟨verk.⟩ ⟨skyscraper⟩ ⟨inf.⟩ ***wolkenkrabber***.
'scrap·er·board ⟨telb. en n.-telb.zn.⟩ ⟨BE⟩ 0.1 ***schaafkarton*** ⇒*schaafpapier*.
'scrap·heap ⟨f1⟩ ⟨telb.zn.⟩ ⟨ook fig.⟩ 0.1 ***vuilnisbelt*** ⇒*schroothoop* 0.2 ⟨sl.⟩ ***oude auto*** ⇒*wrak* ◆ 3.1 ⟨fig.⟩ throw s.o./sth. on the ~ *iem./iets afdanken/dumpen/op de schroothoop gooien*.
scra·pie ['skreɪpi] ⟨n.-telb.zn.⟩ ⟨med.⟩ 0.1 ***scrapie*** ⟨ziekte v. schapen⟩.
scrap·ing ['skreɪpɪŋ] ⟨f2⟩ ⟨zn.; (oorspr.) gerund v. scrape⟩
I ⟨n.-telb.zn.⟩ 0.1 ***geschrap*** ⇒*geschuur, geschaaf* 0.2 ***gekras*** ⇒*geschuur;*
II ⟨mv.; ~s⟩ 0.1 ***afschra(a)psel*** 0.2 ***kliekjes*** ⇒*restjes*.
'scrap iron, ⟨in bet. 0.1 ook⟩ **'scrap metal** ⟨f1⟩ ⟨n.-telb.zn.⟩ 0.1 ***schroot*** ⇒*oud ijzer, oudroest, oud metaal* 0.2 ⟨sl.⟩ ***goedkope whisky*** ⇒*bocht*.
'scrap paper ⟨n.-telb.zn.⟩ 0.1 ***kladpapier*** 0.2 ***oud papier*** ⇒*lompen*.
scrap·py ['skræpi] ⟨f1⟩ ⟨bn.; -er; -ly; -ness; →bijw. 3⟩ 0.1 ***fragmentarisch*** ⇒*onsamenhangend* 0.2 ⟨inf.⟩ ***vechtlustig*** ⇒*strijdlustig* 0.3 ⟨inf.⟩ ***twistziek*** ⇒*ruzie zoekend, ruzieachtig*.
scratch[1] [skrætʃ] ⟨f2⟩ ⟨zn.⟩
I ⟨telb.zn.⟩ 0.1 ***kras(je)*** ⟨ook op grammofoonplaat⟩ ⇒*schram(metje), krab* 0.2 ***krabbeltje*** 0.3 ⟨geen mv.⟩ ***het krabbelen*** ⇒*gekrab* 0.4 ⟨ben. voor⟩ ***teruggetrokken kandidaat/paard*** ⇒*uitvaller, opgever, niet gestarte deelnemer* 0.5 ***toupet*** ⇒*pruikje* 0.6 ***deelnemer/mededinger zonder handicap/voorgift*** 0.7 ⟨biljart⟩ ***misstoot*** ⇒*foute bal* 0.8 ⟨biljart⟩ ***gelukstoot*** ⇒*bofstoot* 0.9 ⟨sl.⟩ ***wedstrijdformulier v. teruggetrokken paard*** 0.10 ⟨sl.⟩ ***agenda*** ⇒*schrijf/kladblok* 0.11 ⟨sl.⟩ ***lening*** 0.12 ⟨sl.⟩ ***kut*** ⇒*kruis* 0.13 ⟨sl.⟩ ***wond*** 0.14 ⟨sl.⟩ ***minkukel*** 0.15 ⟨sl.⟩ ***(gunstige) vermelding*** ⟨bv. in krant⟩ 0.16 ⟨sl.⟩ ***(gunstige) indruk*** ◆ 1.2 ~ of the pen *berichtje, briefje, paar regeltjes; krabbeltje* 2.3 have a good ~ *zich eens goed krabben* 6.1 **without** a ~ *zonder een schrammetje, ongedeerd;*
II ⟨n.-telb.zn.⟩ 0.1 ***startstreep*** ⇒*startlijn, meet* 0.2 ***kippevoer*** 0.3 ⟨sl.⟩ ***geld*** ◆ 3.1 start from ~ *zonder handicap/voorgift beginnen;* ⟨fig.⟩ *bij het begin beginnen, met niets beginnen, niets cadeau krijgen* 6.¶ **from** ~ *van het begin af;* arrive **on** ~ *stipt op tijd komen;* **up to** ~ *in vorm, tiptop, in goede conditie; op het vereiste niveau;* bring s.o. **up to** ~ for a test *iem. klaarmaken voor een test;* some will not come **up to** ~ *sommigen zullen het niet halen/redden;* it comes **up to** ~ *het voldoet;*
III ⟨mv.; ~es; ww. ook enk.⟩ 0.1 ***kloof*** ⟨paardeziekte⟩.
scratch[2] ⟨bn.⟩ 0.1 ***samengeraapt*** ⇒*ongeregeld, bijeengescharreld, bont* 0.2 ***lukraak*** ⇒*toevallig* 0.3 ⟨sport⟩ ***zonder voorgift*** ⇒*zonder handicap* ◆ 1.1 a ~ meal *een restjesmaaltijd, opgewarmde kliekjes;* a ~ team *een bijeengeraapt team* 1.2 ⟨sl.⟩ ~ hit *toevalstreffer* ⟨honkbal⟩ 1.3 ~ race *wedstrijd zonder voorgift/handicap*.
scratch[3] ⟨f3⟩ ⟨ww.⟩ ⟨→sprw. 772⟩
I ⟨onov.ww.⟩ 0.1 ***scharrelen*** ⇒*wroeten, woelen, krabben* 0.2 ***zich terugtrekken*** ⟨uit de (wed)strijd⟩ ⇒*afzeggen* 0.3 ⟨biljart⟩ ***foute bal stoten*** ⇒⟨i.h.b. Eng. biljart⟩ *speelbal in zak stoten* 0.4 ⟨biljart⟩ ***toevalstreffer maken*** ⇒*bofstoot/beest maken* 0.5 ⟨inf.; muz.⟩ ***scratchen*** ⟨grammofoonplaat ritmisch heen en weer bewegen op draaitafel⟩ ◆ 1.2 ⟨AE⟩ one of the Republican candidates ~ed *een v.d. Republikeinse kandidaten trok zich terug/zag er van af* 5.¶ ~ **along** *het hoofd boven water weten te houden* 6.1 the chickens ~ed about in the dirt **for** worms *de kippen scharrelden rond in de modder op zoek naar wormen;*
II ⟨onov. en ov.ww.⟩ 0.1 ***krassen*** ⇒*(zich) krabben, krassen maken/krijgen (in)* ◆ 1.1 the cat ~ed me *de kat krabde me;* a dog was ~ing at the door *een hond krabde aan de deur;* he was ~ing his nose *hij zat zijn neus te krabben;* your son ~ed my new table *je zoon heeft een kras in mijn nieuwe tafel gemaakt* 3.1 stop ~ing *hou op met (je te) krabben;*
III ⟨ov.ww.⟩ 0.1 ***(zich) schrammen*** 0.2 ***krabbelen*** ⟨briefje⟩ ⇒*krassen* 0.3 ***(af)schrappen*** ⟨ook fig.⟩ ⇒*doorhalen/krassen, afgelasten* 0.4 ***terugtrekken*** ⇒*intrekken* ⟨inschrijving⟩ 0.5 ***uitschrapen*** ⇒*uitkrabben, uitgraven* 0.6 ***schrapen*** ⇒*bijeenschrapen* ◆ 1.1 he ~ed his hand *hij schramde zijn hand* 1.3 ~ those items off/from your list *schrap die punten van je lijst* 1.5 ~ (out) a hole *een gat graven/uitschrapen* 5.3 ~ **out** sth. *iets uitkrassen, iets schrappen* 5.5 the dog ~ed **up** his bones *de hond groef zijn botten op, de hond krabbelde zijn botten te voorschijn* 5.6 ~ together/**up** *bijeenschrapen* 6.4 ~ a horse **from** a race *een paard uit een race terugtrekken*.
'scratch·board ⟨telb. en n.-telb.zn.⟩ 0.1 ***schaafkarton*** ⇒*schaafpapier*.
'scratch·brush ⟨telb.zn.⟩ 0.1 ***krasborstel*** ⇒*staal/ijzerdraadborstel*.
'scratch cat ⟨telb.zn.⟩ 0.1 ***krab(be)kat***.
scratch·er ['skrætʃə‖-ər] ⟨telb.zn.⟩ 0.1 ***krabber(tje)*** 0.2 →scratch.
'scratch line ⟨telb.zn.⟩ ⟨atletiek⟩ 0.1 ***afzetlijn*** ⟨bij verspringen en driesprong⟩ 0.2 ***werplijn*** ⟨bij speerwerpen⟩.
'scratch pad ⟨telb.zn.⟩ ⟨vnl. AE⟩ 0.1 ***kladblok***.
'scratch paper ⟨n.-telb.zn.⟩ ⟨AE⟩ 0.1 ***kladpapier***.
'scratch sheet ⟨telb.zn.⟩ ⟨sl.⟩ 0.1 ***bulletin*** ⟨met gegevens over paardesport⟩.
'scratch wig ⟨telb.zn.⟩ 0.1 ***toupet*** ⇒*pruikje*.
'scratch·work ⟨telb. en n.-telb.zn.⟩ 0.1 ***muurschildering*** ⇒*(s)graffito*.
scratch·y ['skrætʃi] ⟨f1⟩ ⟨bn.; -er; -ly; -ness; →bijw. 3⟩ 0.1 ***slordig*** ⇒*krabbelig* 0.2 ***krassend*** ⇒*vol krassen* ⟨bv. plaat⟩, *bekrast* 0.3 ***ongelijk*** ⇒*onregelmatig, ongeregeld* 0.4 ***kriebelig*** ⇒*ruw, irriterend, prikke(le)nd, jeukerig* ◆ 1.3 ~ hair *dun haar*.
scrawl[1] [skrɔ:l] ⟨f1⟩ ⟨telb.zn.⟩ 0.1 ***krabbeltje*** ⇒*kattebelletje* 0.2 ⟨geen mv.⟩ ***poot*** ⇒*krabbelpootje, kattepoot, hanepoot, (ge)krabbel*.
scrawl[2] ⟨f1⟩ ⟨onov. en ov.ww.⟩ 0.1 ***krabbelen*** ⇒*slordig schrijven* ◆ 5.1 ~ **out** *uitkrabbelen, slordig doorschrappen*.
scrawl·y ['skrɔ:li] ⟨bn.; -er; →compar. 7⟩ 0.1 ***krabbelig*** ⇒*slordig*.
scraw·ny ['skrɔ:ni] ⟨f1⟩ ⟨bn.; -er; -ness; →compar. 7⟩ 0.1 ***broodmager*** ⇒*vel over been, schriel*.
scray [skreɪ] ⟨telb.zn.⟩ ⟨BE; dierk.⟩ 0.1 ***visdief*** ⟨Sterna hirundo⟩.
screak[1] [skri:k] ⟨telb. en n.-telb.zn.⟩ ⟨vnl. AE⟩ 0.1 ***(ge)gil*** ⇒*(ge)krijs, (ge)gier* 0.2 ***knars*** ⇒*gekraak, gepiep, kras*.
screak[2] ⟨onov.ww.⟩ ⟨vnl. AE⟩ 0.1 ***gillen*** ⇒*krijsen, gieren* 0.2 ***kraken*** ⇒*knarsen, krassen, piepen*.
scream[1] [skri:m] ⟨f2⟩ ⟨telb.zn.⟩ 0.1 ***gil*** ⇒*krijs, schreeuw* 0.2 ⟨geen mv.⟩ ***giller*** ⇒*dolkomisch iets/iem., een goeie*.
scream[2] ⟨f3⟩ ⟨ww.⟩
I ⟨onov.ww.⟩ 0.1 ***tieren*** ⇒*razen, te keer gaan* 0.2 ⟨inf.⟩ ***langsgieren*** ⇒*scheuren;*
II ⟨onov. en ov.ww.⟩ 0.1 ***gillen*** ⇒*gieren, krijsen, schreeuwen* ◆ 1.1 a ~ing farce *een dolle klucht;* ~ing fun *dolle pret;* a ~ing machine *een gierende machine* 1.¶ ⟨sl.⟩ the ~ing meemies *delirium, de zenuwen, paniek, angst;* ⟨sl.⟩ give s.o. the ~ing meemies *iem. de stuipen op het lijf jagen/hoorndol maken* 6.1 ~ **for** help *om hulp gillen;* ~ **for** water *om water schreeuwen, om water zitten te springen;* ~ **with** laughter *gillen/gieren van het lachen*.
scream·er ['skri:mə‖-ər] ⟨telb.zn.⟩ 0.1 ***krijser*** ⇒*schreeuwer, gillend iem./iets* 0.2 ***uitroepteken*** 0.3 ⟨ben. voor⟩ ***iets buitengewoons*** ⇒*juweeltje, parel, pracht* 0.4 ⟨AE⟩ ***schreeuwende kop*** ⟨in krant⟩ ⇒*pakkende kop; schreeuwende advertentie* 0.5 ⟨dierk.⟩ ***hoenderkoet*** ⟨Zuid-Am.; fam. Anhimidae⟩ 0.6 ⟨sl.⟩ ***giller*** ⇒*dolkomisch iem./iets* 0.7 ⟨Austr. E; sl.; Austr. voetbal⟩ ***spectaculaire mark*** ⟨door hoogopspringende speler⟩.
scream·ing·ly ['skri:mɪŋli] ⟨bw.⟩ 0.1 ***om te gieren/gillen*** ◆ 2.1 ~ funny *dolkomisch; om te gillen, zo leuk*.
scree [skri:] ⟨zn.⟩
I ⟨telb.zn.⟩ 0.1 ***puinhelling*** ⇒*helling met losse stenen;*
II ⟨n.-telb.zn.⟩ 0.1 ***puin*** ⇒*losse stenen/steentjes* ⟨op berghelling⟩, *gruis*.
screech[1] [skri:tʃ] ⟨f2⟩ ⟨telb.zn.⟩ 0.1 ***gil*** ⇒*krijs, schreeuw, gier* 0.2 ***(ge)knars*** ⇒*(ge)piep* ⟨v. deur⟩ 0.3 ⟨sl.⟩ ***klaagster*** ⇒*vitster, feeks* 0.4 ⟨sl.⟩ ***goedkope/zelfgemaakte/gesmokkelde whisky*** ◆ 1.1 a ~ of brakes *gierende remmen*.
screech[2] ⟨f2⟩ ⟨ww.⟩
I ⟨onov.ww.⟩ 0.1 ***knarsen*** ⇒*kraken, piepen* ◆ 1.1 ⟨inf.⟩ come to a ~ing halt, ~ to a halt/standstill/stop *met gierende remmen tot stilstand komen;* ⟨fig.⟩ *plotseling ophouden, abrupt tot een einde komen;*
II ⟨onov. en ov.ww.⟩ 0.1 ***gillen*** ⇒*krijsen, gieren* ◆ 1.1 ~ing monkeys *krijsende apen*.
'screech owl ⟨telb.zn.⟩ ⟨dierk.⟩ 0.1 ***kerkuil*** ⟨Tyto alba⟩ 0.2 ⟨AE⟩ ***dwergooruil*** ⟨genus Otus⟩ ⇒⟨i.h.b.⟩ *kleine schreeuwuil* ⟨Otus asio⟩.
screed [skri:d] ⟨telb.zn.⟩ 0.1 ***(lang) verhaal*** ⇒*epistel, waslijst* ⟨v. grieven⟩, *preek* 0.2 ***diktemal*** ⇒*pleister/metselstrook* 0.3 ***plakspaan*** ⟨v. betonwerker⟩ 0.4 ⟨Sch. E⟩ ***scheur(geluid)***.
screen[1] [skri:n] ⟨f3⟩ ⟨zn.⟩
I ⟨telb.zn.⟩ 0.1 ⟨ben. voor⟩ ***scherm*** ⇒*schut, kamerscherm, windscherm; cricketschutting; koorhek* ⟨in kerk⟩ 0.2 ⟨ben. voor⟩ ***iets dat beschermt/afschermt*** ⇒*(be)schutting, dekking, bescherming, schuiling; afscherming* ⟨in elektrische apparatuur e.d.⟩; *masker; voorpostendetachement* ⟨v. cavallerie⟩ 0.3 ***doek*** ⇒*projectiescherm; beeldscherm, televisiescherm* 0.4 ***hor*** 0.5 ***zeef*** ⇒*rooster;* ⟨fig.⟩ *selectie(procedure)* 0.6 ***voorruit*** ⟨auto⟩ 0.7 ***prikbord*** ⇒*mededelingenbord, aanplakbord* 0.8 ⟨druk.; foto.⟩ ***raster*** 0.9 ⟨foto.⟩ ***matglas*** ◆ 1.2 under a ~ of indifference *achter een masker v. onverschilligheid;* under ~ of night *onder dekking v.d. nacht;*
II ⟨n.-telb.zn.; the⟩ 0.1 ***het witte doek*** ⇒*de film, de bioscoop, de filmwereld*.
screen[2] ⟨f2⟩ ⟨ww.⟩ →screening
I ⟨onov.ww.⟩ 0.1 ***zich laten verfilmen*** ⇒*zich voor verfilming le-*

nen **0.2** ***fotogeniek zijn*** ⟨in film⟩ ◆ **5.2** the actress ~s badly *de actrice straalt niets uit op het doek;*
II ⟨ov.ww.⟩ **0.1** ***afschermen*** ⟨ook tegen straling⟩ ⇒*afschutten, beschermen,* ⟨i.h.b.⟩ *dekken* ⟨soldaat⟩ **0.2** ***beschermen*** ⇒*de hand boven het hoofd houden, vrijwaren* **0.3** ***verbergen*** ⇒*maskeren, camoufleren* **0.4** ***zeven*** ⇒*ziften* ⟨kolen⟩ **0.5** ***doorlichten*** ⟨op ziekte, achtergrond e.d. enz.⟩ ⇒*aan een streng(e) onderzoek/selectie onderwerpen, op geschiktheid testen, screenen* **0.6** ***van horren voorzien*** **0.7** ***vertonen*** ⇒*projecteren, op het scherm brengen* **0.8** ***verfilmen*** ◆ **5.1** ~ **off** one corner of the room *een hoek v.d. kamer afschermen;* they whitewashed the windows to ~ **out** the light *zij witten de ramen om het licht buiten te houden* **5.5** ~ **out** lazy people *luie mensen eruit werken/wegselecteren* **6.1** ~ s.o. **from** sth. *iem. voor iets behoeden, iem. tegen iets beschermen.*
'screen·actor ⟨telb.zn.⟩ **0.1** ***filmacteur.***
'screen editor ⟨telb.zn.⟩ ⟨comp.⟩ **0.1** ***scherm-editor*** ⟨editor die het scherm opmaakt⟩.
'screen grid ⟨telb.zn.⟩ ⟨elek.⟩ **0.1** ***schermrooster.***
screen·ing ['skri:nɪŋ] ⟨f1⟩ ⟨zn.; (oorspr.) gerund v. screen⟩
I ⟨telb. en n.-telb.zn.⟩ **0.1** ***filmvertoning*** **0.2** ***doorlichting*** ⇒*gedegen onderzoek, verhoor, screening* **0.3** ***afscherming*** ⇒*ommanteling;*
II ⟨n.-telb.zn.⟩ **0.1** ***metaalgaas*** ⇒*metaaldraad* ⟨voor horren⟩;
III ⟨mv.; ~s; ww. ook enk.⟩ **0.1** ***zeefsel*** ⇒*gruis.*
'screen·play ⟨telb.zn.⟩ **0.1** ***scenario*** ⇒*script.*
'screen print ⟨telb.zn.⟩ **0.1** ***zeefdruk.***
'screen printing ⟨n.-telb.zn.⟩ **0.1** ***zeefdruk.***
'screen test ⟨telb.zn.⟩ **0.1** ***proefopname*** ⟨v. acteur/actrice⟩.
'screen·wash ⟨n.-telb.zn.⟩ ⟨BE⟩ **0.1** ***besproeiing v.d. voorruit.***
'screen·wash·er ⟨f1⟩ ⟨telb.zn.⟩ ⟨BE⟩ **0.1** ***ruitesproeier.***
'screen·writer ⟨telb.zn.⟩ **0.1** ***scenario-schrijver*** ⇒*script-schrijver.*
screw[1] [skru:], ⟨in bet. 0.5 ook⟩ **'screw·back** ⟨f3⟩ ⟨telb.zn.⟩ **0.1** ***schroef*** **0.2** ⟨ben. voor⟩ ***schroefvormig iets*** ⇒*kurketrekker; schroefboot;* ⟨fig.⟩ *pressie, druk* **0.3** ***propeller*** ⇒*scheepsschroef* **0.4** ***draai v.e. schroef*** **0.5** ⟨biljart⟩ ***trekbal(effect)*** ⇒*trekstoot* **0.6** ⟨BE⟩ ***peperhuisje*** ⇒*papieren (punt)zakje, punt(je)* **0.7** ***vrek*** ⇒*uitzuiger* **0.8** ⟨BE; sl.⟩ ***loon*** ⇒*salaris* **0.9** ⟨sl.⟩ ***cipier*** ⇒*gevangenbewaarder* **0.10** ⟨sl.⟩ ***neukpartij*** ⇒*wip* **0.11** ⟨BE⟩ ***oude knol*** **0.12** ***sleutel*** ⇒*loper* **0.13** ⟨sl.⟩ ***gek*** ◆ **2.¶** there's a ~ loose *daar klopt iets niet* **3.1** put the ~(s) on/to s.o. *iem. de duimschroeven aandraaien* **3.3** give it another ~ *draai het nog een keer aan.*
screw[2] ⟨f3⟩ ⟨ww.⟩ →screwed, screwing
I ⟨onov.ww.⟩ **0.1** ***zich spiraalsgewijs bewegen*** **0.2** ***schrapen*** ⇒*potten, zuinig aan doen* **0.3** ⟨sl.⟩ ***neuken*** ⇒*naaien, wippen* ◆ **5.¶** →screw **up;**
II ⟨ov.ww.⟩ **0.1** ***schroeven*** ⇒*vastschroeven, aandraaien* **0.2** ***verfrommelen*** **0.3** ⟨inf.⟩ ***afzetten*** **0.4** ⟨sl.⟩ ***neuken*** ⇒*naaien* **0.5** ⟨sl.⟩ ***er als een scheet vandoor gaan*** **0.6** ⟨sl.⟩ ***verneuken*** ⇒*belazeren* ◆ **1.1** I could ~ his neck *ik zou hem zijn nek wel kunnen omdraaien* **4.¶** ⟨sl.⟩ ~ you! *val dood!* **5.1** ~ **down** *vast/dichtschroeven;* ~ **on** *vastschroeven* **5.¶** →screw **up** **6.1** →screw **out of.**
'screw·aug·er ⟨telb.zn.⟩ **0.1** ***schroefboor.***
'screw·ball ⟨telb.zn.; 0.1 ook attr.⟩ **0.1** ⟨AE; sl.⟩ ***idioot*** ⇒*iem. aan wie een steekje los zit, mafkees* **0.2** ⟨honkbal⟩ ***screwball*** ⇒*omgekeerde curve.*
'screw bean ⟨telb.zn.⟩ ⟨plantk.⟩ **0.1** ***(soort) boon*** ⟨Prosopis pubescens⟩.
'screw bolt ⟨telb.zn.⟩ **0.1** ***schroefbout*** **0.2** ***schroef.***
'screw cap ⟨telb.zn.⟩ **0.1** ***schroefdop*** ⇒*schroefdeksel, schroefsluiting.*
'screw coupling ⟨telb.zn.⟩ **0.1** ***schroefkoppeling.***
'screw cutter ⟨telb.zn.⟩ **0.1** ***draadsnijder.***
'screw·driv·er ⟨f2⟩ ⟨telb.zn.⟩ **0.1** ***schroevedraaier.***
screwed [skru:d] ⟨bn., pred.; oorspr. volt. deelw. v. screw⟩ ⟨sl.⟩ **0.1** ***dronken*** ◆ **3.¶** ~ blued, and tattooed *volkomen verneukt/belazerd.*
'screwed-'up ⟨bn.; volt. deelw. v. screw up⟩ ⟨sl.⟩ **0.1** ***verpest*** ⇒*verknald* **0.2** ***verknipt*** ⇒*opgefokt, neurotisch.*
'screw eye ⟨telb.zn.⟩ **0.1** ***schroefoog.***
'screw gear ⟨telb.zn.⟩ **0.1** ***schroefwiel.***
'screw·head ⟨telb.zn.⟩ **0.1** ***schroefkop.***
'screw hook ⟨telb.zn.⟩ **0.1** ***schroefhaak.***
screw·ing ['skru:ɪŋ] ⟨bn.; teg. deelw. v. screw⟩ ⟨sl.⟩ **0.1** ***verdomd*** **0.2** ***lastig*** **0.3** ***klote*** ⇒*klere* **0.4** ***verward.***
'screw-in stud ⟨telb.zn.⟩ ⟨sport, i.h.b. voetbal⟩ **0.1** ***schroefnop.***
'screw jack ⟨telb.zn.⟩ **0.1** ***regulatieinstrument*** ⟨v. tandarts⟩ **0.2** ***dommekracht*** ⇒*vijzel, krik.*
'screw-loose ⟨telb.zn.⟩ ⟨sl.⟩ **0.1** ***malloot*** ⇒*mafkees.*
'screw nut ⟨telb.zn.⟩ **0.1** ***schroefmoer.***
'screw 'out of ⟨ov.ww.⟩ **0.1** ***afpersen*** ⇒*uitzuigen* ◆ **1.1** screw money out of s.o. *iem. geld afhandig maken;* screw s.o. out of sth. *zorgen dat iem. iets niet krijgt.*
'screw pile ⟨telb.zn.⟩ **0.1** ***schroefpaal.***
'screw pine ⟨telb.zn.⟩ ⟨plantk.⟩ **0.1** ***pandan*** ⟨genus Pandanus⟩.
'screw plate ⟨telb.zn.⟩ **0.1** ***draadsnijplaat.***
'screw pod ⟨telb.zn.⟩ ⟨plantk.⟩ **0.1** ***(soort) boon*** ⟨Prosopis pubescens⟩.
'screw press ⟨telb.zn.⟩ **0.1** ***schroefpers.***
'screw propeller ⟨telb.zn.⟩ **0.1** ***schroef*** ⟨v. boot of vliegtuig⟩ ⇒*scheepsschroef, propeller.*
'screw steamer ⟨telb.zn.⟩ **0.1** ***stoomboot.***
'screw tap ⟨telb.zn.⟩ **0.1** ***draadsnijtap.***
'screw thread ⟨n.-telb.zn.⟩ **0.1** ***schroefdraad.***
'screw top ⟨telb.zn.⟩ **0.1** ***schroefdop*** ⇒*schroefdeksel, schroefsluiting.*
'screw-'topped ⟨bn.⟩ **0.1** ***met een schroefdop.***
'screw 'up ⟨f1⟩ ⟨ww.⟩ →screwed-up
I ⟨onov.ww.⟩ **0.1** ***blunderen*** ⇒*het verknallen/verknoeien;*
II ⟨ov.ww.⟩ **0.1** ***verwringen*** ⇒*verdraaien, samenknijpen, verfrommelen* **0.2** ***verzieken*** ⇒*verknallen, verknoeien* **0.3** ***bij elkaar rapen*** ⇒*verzamelen* ⟨moed⟩ **0.4** ***nerveus maken*** **0.5** ***opdrijven*** ⟨prijs⟩ ◆ **1.1** she screwed up her eyes *zij kneep haar ogen dicht;* screwed-up pieces of paper *verfrommelde stukjes papier.*
'screw-up ⟨telb.zn.⟩ ⟨sl.⟩ **0.1** ***blunder*** **0.2** ***puinhoop*** **0.3** ***kluns*** ⇒*klungel.*
'screw valve ⟨telb.zn.⟩ **0.1** ***schroefventiel.***
'screw wheel ⟨telb.zn.⟩ **0.1** ***schroefwiel.***
'screw wrench ⟨telb.zn.⟩ **0.1** ***schroefsleutel*** ⇒*Engelse sleutel.*
screw·y ['skru:i] ⟨bn.⟩ ⟨inf.⟩ **0.1** ***excentriek*** ⇒*zonderling, raar, niet goed snik* **0.2** ***duizelig*** ⇒*verbijsterd* **0.3** ***dronken*** ⇒*teut, aangeschoten* **0.4** ***afgejakkerd*** ⟨v. paard⟩.
scrib·al ['skraɪbl] ⟨bn.⟩ **0.1** ***schrijf-*** **0.2** ***v.e. schrijver*** **0.3** ***v.e. schriftgeleerde.***
scrib·ble[1] ['skrɪbl] ⟨zn.⟩
I ⟨telb.zn.⟩ **0.1** ***briefje*** ⇒*kladje, kattebelletje;*
II ⟨telb. en n.-telb.zn.; g. mv.⟩ **0.1** ***gekrabbel*** ⇒*slordig handschrift.*
scribble[2] ⟨f1⟩ ⟨ww.⟩
I ⟨onov.ww.⟩ **0.1** ***een derderangs schrijver/journalist zijn*** ⇒*schrijven;*
II ⟨onov. en ov.ww.⟩ **0.1** ***krabbelen*** ⇒*slordig schrijven/tekenen;*
III ⟨ov.ww.⟩ **0.1** ***kaarden*** ⟨wol⟩.
scrib·bler ['skrɪblə‖-ər] ⟨telb.zn.⟩ **0.1** ***iem. die krabbelt*** ⇒*(derderangs) schrijver/journalist.*
'scrib·bling block ⟨telb.zn.⟩ **0.1** ***kladblok.***
'scribbling diary ⟨telb.zn.⟩ **0.1** ***aantekenboekje.***
'scribbling paper ⟨n.-telb.zn.⟩ **0.1** ***kladpapier.***
scribe[1] [skraɪb], ⟨in bet. 0.4 ook⟩ **'scribe awl** ⟨f1⟩ ⟨telb.zn.⟩ **0.1** ⟨ben. voor⟩ ***iem. die kan schrijven*** ⇒*klerk; secretaris; scriba* ⟨ook jud.⟩; *schrijver* **0.2** ***kopiist*** **0.3** ***schriftgeleerde*** **0.4** ***kraspen*** ⇒*afschrijfnaald, ritsijzer v. timmerman* ◆ **2.1** I am no great ~ *ik ben geen groot schrijver.*
scribe[2] ⟨ww.⟩
I ⟨onov.ww.⟩ ⟨sl.⟩ **0.1** ***schrijven*** ⇒*pennen;*
II ⟨ov.ww.⟩ **0.1** ***ritsen*** ⇒*met het ritsijzer bewerken/merken.*
scrib·er ['skraɪbə‖-ər] ⟨telb.zn.⟩ **0.1** ***kraspen*** ⇒*afschrijfnaald, ritsijzer* ⟨v. timmerman⟩.
scrim [skrɪm] ⟨n.-telb.zn.⟩ **0.1** ***los geweven katoen/linnen*** **0.2** ⟨AE⟩ ***toneelgordijn.***
scrim·mage[1] ['skrɪmɪdʒ] ⟨f1⟩ ⟨telb.zn.⟩ **0.1** ***schermutseling*** ⇒*vechtpartij* **0.2** ⟨sport⟩ ***(doel)worsteling*** ⇒*scrimmage, spelerskluwen* **0.3** ⟨Am. voetbal⟩ ***spelperiode*** ⟨totdat de bal uit/dood is⟩ **0.4** ⟨Am. voetbal⟩ ***scrimmage*** ⟨tegenover elkaar staande spelers in de officiële down-opstelling om in balbezit te komen⟩.
scrimmage[2] ⟨ww.⟩
I ⟨onov.ww.⟩ **0.1** ***schermutselen*** ⇒*vechten, worstelen (om de bal);*
II ⟨ov.ww.⟩ **0.1** ***de bal in een scrimmage plaatsen*** ⟨Am. football⟩.
'scrimmage line ⟨telb.zn.⟩ ⟨Am. voetbal⟩ **0.1** ***scrimmage-lijn.***
scrimp [skrɪmp] ⟨ww.⟩
I ⟨onov.ww.⟩ **0.1** ***zich bekrimpen*** ⇒*erg zuinig doen* ◆ **1.1** Peter must ~ and save/scrape *Peter moet heel zuinig aan doen;*
II ⟨ov.ww.⟩ **0.1** ***beknibbelen op.***
scrim·shank ['skrɪmʃæŋk] ⟨onov.ww.⟩ ⟨BE; sl.; mil.⟩ **0.1** ***lijntrekken*** ⇒*proberen ergens onderuit te komen.*
scrim·shaw[1] ['skrɪmʃɔ:] ⟨n.-telb.zn.⟩ **0.1** ***handwerk*** ⇒*versierd schelpenwerk, ivoorwerk* ⟨v. matrozen op zee⟩.
scrimshaw[2] ⟨onov. en ov.ww.⟩ **0.1** ***knutselen*** ⇒*(schelpen) versieren, ivoor bewerken.*
scrip [skrɪp] ⟨zn.⟩
I ⟨telb.zn.⟩ **0.1** ***briefje*** ⇒*bon, tijdelijk uitgegeven papiergeld* **0.2** ⟨geldw.⟩ ***recepis*** ⇒*bewijs van storting, tijdelijk certificaat, scrip* **0.3** ⟨geldw.⟩ ***aandeel in de plaats v. dividend*** ⇒*scrip* **0.4** ⟨vero.⟩

tas ⇒ransel;
II ⟨n.-telb.zn.⟩⟨geldw.⟩ **0.1** ***recipissen*** *⇒scrips* **0.2** ***aandelen in de plaats v. dividend*** *⇒scrips.*
'scrip issue ⟨telb.zn.⟩⟨BE; geldw.⟩ **0.1** ***bonusuitgifte.***
script[1] [skrɪpt]⟨f3⟩⟨zn.⟩
I ⟨telb.zn.⟩ **0.1** ⟨jur.⟩ ***oorspronkelijk document*** **0.2** ***geschrift*** **0.3** ***script*** *⇒manuscript, typoscript, filmscript, scenario, draaiboek* **0.4** ⟨BE⟩ ***schriftelijk examenwerk*** **0.5** ***schrift*** *⇒alfabet* **0.6** ⟨sl.⟩ ***doktersvoorschrift*** *⇒recept;*
II ⟨n.-telb.zn.⟩ **0.1** ***schrijfletters*** *⇒handschrift, gedrukte schrijfletters.*
script[2] ⟨ov.ww.⟩ →scripted **0.1** ***een script schrijven voor.***
scrip·ted ['skrɪptɪd]⟨bn.; volt. deelw. v. script⟩ **0.1** ***opgelezen*** ⟨v. script⟩ *⇒naar een script.*
'script girl ⟨telb.zn.⟩ **0.1** ***script-girl*** *⇒regieassistente.*
scrip·to·ri·um ['skrɪp'tɔ:rɪəm]⟨telb.zn.; ook scriptoria [-rɪə]; →mv. 5⟩ **0.1** ***scriptorium*** *⇒schrijfvertrek in klooster.*
scrip·tur·al ['skrɪptʃərəl]⟨f1⟩⟨bn.⟩ **0.1** ***bijbels*** *⇒schriftuurlijk.*
scrip·tur·al·ism ['skrɪptʃrəlɪzm]⟨n.-telb.zn.⟩ **0.1** ***het vasthouden aan de letter v.d. Schrift.***
scrip·ture ['skrɪptʃə||-ər], ⟨in bet. II ook⟩ **scrip·tures** ['skrɪptʃəz||-tʃərs]⟨f2⟩⟨zn.⟩ ⟨→sprw. 105⟩
I ⟨telb.zn.⟩ **0.1** ***bijbelcitaat;***
II ⟨n.-telb.zn.; the; voor 0.1 vnl. S-⟩ **0.1** ***de H. Schrift*** *⇒de Bijbel* **0.2** ***heilig geschrift.***
'script·writ·er ⟨f1⟩⟨telb.zn.⟩ **0.1** ***schrijver v. scripts*** *⇒tekstschrijver, scenarioschrijver.*
scriv·en·er ['skrɪvnə||-ər]⟨telb.zn.⟩ **0.1** ***schrijver*** *⇒iem. die brieven enz. schrijft op verzoek, klerk, secretaris, kopiist* **0.2** ***iem. die contracten opmaakt*** *⇒notaris* **0.3** ***geldmakelaar*** **0.4** ⟨vero.; pej.⟩ ***auteur*** *⇒schrijver.*
scro·bic·u·late ['skroʊ'bɪkjʊlət||-jələt]⟨bn.⟩⟨biol.⟩ **0.1** ***met veel putjes en groeven*** *⇒pokdalig.*
scrod [skrɒd||skrɑd]⟨telb.zn.⟩⟨AE⟩ **0.1** ***jonge kabeljauw*** **0.2** ***jonge schelvis.***
scrof·u·la ['skrɒfjʊlə||'skrɑfjələ]⟨n.-telb.zn.⟩⟨med.⟩ **0.1** ***scrofulose*** *⇒klierziekte.*
scrof·u·lous ['skrɒfjʊləs||'skrɑfjələs]⟨bn.⟩⟨med.⟩ **0.1** ***scrofuleus*** *⇒klierachtig.*
scroll[1] [skroʊl]⟨f1⟩⟨telb.zn.⟩ **0.1** ***rol*** *⇒perkamentrol, geschrift;* ⟨vero.⟩ *lijst, brief* **0.2** ⟨ben. voor⟩ ***krul*** *⇒krulversiering; sierlijke pennestreek; krultrek, volute* **0.3** ⟨heraldiek⟩ ***lint met motto.***
scroll[2] ⟨ww.⟩ →scrolling
I ⟨onov. en ov.ww.⟩ **0.1** ***omkrullen;***
II ⟨ov.ww.⟩ **0.1** ***op een perkamentrol zetten*** **0.2** ⟨vnl. volt. deelw.⟩ ***met krullen versieren*** **0.3** ⟨comp.⟩ ***(ver)rollen*** ⟨schuiven v. tekst op beeldscherm⟩.
'scroll head ⟨telb.zn.⟩ **0.1** ***krul aan de boeg v.e. schip.***
scroll·ing ['skroʊlɪŋ]⟨n.-telb.zn.; gerund v. scroll⟩⟨comp.⟩ **0.1** ***(het) (ver)rollen*** ⟨schuiven v. tekst op beeldscherm⟩.
'scroll lathe ⟨telb.zn.⟩ **0.1** ***draaibank.***
'scroll saw ⟨telb.zn.⟩ **0.1** ***figuurzaag.***
'scroll·work ⟨n.-telb.zn.⟩ **0.1** ***krulwerk.***
scrooch [skru:tʃ], **scrooge** [skru:dʒ]⟨ov.ww.⟩⟨sl.⟩ **0.1** ***glijden*** *⇒schuiven.*
Scrooge [skru:dʒ]⟨eig.n., telb.zn.⟩ **0.1** ***vrek*** ⟨naar een figuur in Dickens' Christmas Carol⟩.
scroop[1] [skru:p]⟨telb.zn.⟩ **0.1** ***gekraak*** *⇒geritsel.*
scroop[2] ⟨onov.ww.⟩ **0.1** ***kraken*** *⇒ritselen.*
scro·to·cele ['skroʊt̬əsi:l]⟨telb.zn.⟩ **0.1** ***breuk in het scrotum.***
scro·tum ['skroʊt̬əm]⟨telb.zn.; ook scrota ['skroʊt̬ə]; →mv. 5⟩ **0.1** ***scrotum*** *⇒balzak.*
scrounge[1] [skraʊndʒ]⟨n.-telb.zn.; the⟩⟨inf.⟩ ◆ **6.¶ on** the ~ *op de biets, aan het bietsen, op de schobberdebonk.*
scrounge[2] ⟨ww.⟩⟨inf.⟩
I ⟨onov.ww.⟩ **0.1** ***schooien*** *⇒bietsen, klaplopen, profiteren* ◆ **5.¶** →scrounge **around;**
II ⟨ov.ww.⟩ **0.1** ***in de wacht slepen*** *⇒achteroverdrukken* **0.2** ***bietsen*** *⇒'lenen', aftroggelen* ◆ **5.¶** →scrounge **around.**
'scrounge a'round ⟨ww.⟩⟨sl.⟩
I ⟨onov.ww.⟩ **0.1** ***gaan schooien*** **0.2** ***gaan stappen*** *⇒vermaak zoeken* **0.3** ***op de versiertoer gaan;***
II ⟨ov.ww.⟩ **0.1** ***gaan versieren*** **0.2** ***gaan opscharrelen.***
scroung·er [skraʊndʒə||-ər]⟨telb.zn.⟩⟨inf.⟩ **0.1** ***klaploper*** *⇒bietser, profiteur, parasiet.*
scroun·gy ['skraʊndʒi]⟨bn.⟩⟨sl.⟩ **0.1** ***waardeloos.***
scrow [skraʊ], **scrowl** [skraʊl]⟨onov.ww.⟩⟨sl.⟩ **0.1** ***wegwezen.***
scrub[1] [skrʌb]⟨f1⟩⟨zn.⟩
I ⟨telb.zn.⟩ **0.1** ⟨ben. voor⟩ ***nietig/onbeduidend(e)/armzalig(e) mens/dier/plant*** *⇒stumper; armzalig beestje; dwergplant, miezerig plantje* **0.2** ***schrobbing*** *⇒het boenen/schrobben* **0.3** ***boender*** *⇒schrobber, borstel* **0.4** ***snor*** **0.5** ***scrub(cream)*** *⇒gezichtsreinigingscrème* ⟨met fijne schuurkorreltjes⟩ **0.6** ⟨AE; inf.⟩ ***invaller*** **0.7** ⟨AE; inf.⟩ ***tweede team*** **0.8** ⟨AE; inf.⟩ ***spelletje honkbal met minder dan 9 spelers;***
II ⟨n.-telb.zn.⟩ **0.1** ***met struikgewas bedekt gebied*** **0.2** ***struikgewas*** *⇒kreupelhout.*
scrub[2] ⟨f3⟩⟨ww.; →ww. 7⟩
I ⟨onov.ww.⟩ **0.1** ***een boender gebruiken*** *⇒boenen, schrobben* **0.2** ***zich wassen*** *⇒zich schoonschrobben* ⟨v. chirurg⟩ ◆ **5.2** the surgeon was ~bing **up** *de chirurg was zich aan het wassen voor de operatie* **6.¶** ⟨inf.⟩ ~ **round** a rule *een regel omzeilen;*
II ⟨ov.ww.⟩ **0.1** ***schrobben*** *⇒boenen* **0.2** ***zuiveren*** ⟨gas⟩ **0.3** ⟨sl.⟩ ***schrappen*** *⇒afgelasten; vergeten, negeren; ontslaan* ◆ **5.1** ~ **off** *afboenen;* ~ **out** *uit/wegboenen, verwijderen* **5.3** ~ **out** *afgelasten, schrappen.*
scrub·ber ['skrʌbə||-ər]⟨telb.zn.⟩ **0.1** ***boender*** *⇒schrobber* **0.2** ***gaszuiveraar/wasser*** **0.3** ⟨BE; sl.⟩ ***hoer*** *⇒slet.*
scrub·bing brush ['skrʌbɪŋ brʌʃ], ⟨AE⟩ **'scrub brush** ⟨telb.zn.⟩ **0.1** ***boender*** *⇒schrobber.*
scrub·by ['skrʌbi]⟨bn.⟩ **0.1** ***miezerig*** *⇒klein, onbeduidend* **0.2** ***sjofel*** *⇒slordig* **0.3** ***met struikgewas bedekt*** **0.4** ***borstelig.***
'scrub·club ⟨telb.zn.⟩⟨sl.⟩ **0.1** ***stel klunzen.***
'scrub fowl, 'scrub hen, 'scrub turkey ⟨telb.zn.⟩⟨dierk.⟩ **0.1** ***freycinetloophoen*** ⟨Megapodiidae⟩.
'scrub oak ⟨telb.zn.⟩ **0.1** ***dwergeik.***
'scrub pine ⟨telb.zn.⟩ **0.1** ***dwergden.***
'scrub·wom·an ⟨telb.zn.⟩⟨AE⟩ **0.1** ***schoonmaakster*** *⇒werkster.*
scruff [skrʌf]⟨n.-telb.zn.⟩ **0.1** ***nekvel*** **0.2** ⟨inf.⟩ ***schooier*** *⇒sjofel iem.* **0.3** ⟨inf.⟩ ***schurk*** *⇒schoft* ◆ **1.1** take by the ~ of the neck *bij het nekvel grijpen.*
scruf·fy ['skrʌfi]⟨bn.; -er; →compar. 7⟩ **0.1** ***smerig*** *⇒slordig, sjofel.*
scrum [skrʌm]⟨telb.zn.⟩⟨verk.⟩ scrummage.
scrum·cap ['skrʌmkæp]⟨telb.zn.⟩ **0.1** ***(rugby)helm*** **0.2** ***oorbeschermer.***
'scrum'half ⟨telb.zn.⟩⟨rugby⟩ **0.1** ***scrumhalf*** ⟨halfback⟩.
scrum·mage[1] ['skrʌmɪdʒ], **scrum** ⟨f1⟩⟨telb.zn.⟩⟨rugby⟩ **0.1** ***scrum*** ⟨worsteling om de bal⟩.
scrummage[2] ⟨onov.ww.⟩⟨rugby⟩ **0.1** ***meedoen aan een scrum.***
scrump·tious ['skrʌmpʃəs]⟨bn.⟩⟨inf.⟩ **0.1** ***zalig*** *⇒lekker, heerlijk* **0.2** ***uitstekend*** *⇒chic, mooi* **0.3** ⟨AE⟩ ***kieskeurig.***
scrum·py ['skrʌmpi]⟨n.-telb.zn.⟩⟨BE⟩ **0.1** ***cider.***
scrunch →crunch.
scru·ple[1] ['skru:pl]⟨f1⟩⟨zn.⟩
I ⟨telb.zn.⟩ **0.1** ***scrupel*** ⟨1,296 g; →t1⟩ *⇒*⟨vero., fig.⟩ *greintje;*
II ⟨telb. en n.-telb.zn.⟩ **0.1** ***scrupule*** *⇒gewetensbezwaar* ◆ **3.1** make no ~ about doing sth. *er geen been in zien om iets te doen* **6.1 without** ~(s) *zonder scrupules.*
scruple[2] ⟨onov.ww.⟩ **0.1** ***aarzelen*** *⇒door gewetensbezwaren tegengehouden worden.*
scru·pu·los·i·ty ['skru:pjʊ'lɒsəti||-pjə'lɑsət̬i]⟨zn.; →mv. 2⟩
I ⟨telb.zn.⟩ **0.1** ***scrupule*** *⇒gewetensbezwaar;*
II ⟨n.-telb.zn.⟩ **0.1** ***scrupuleusheid*** *⇒angstvalligheid, nauwgezetheid, striktheid.*
scru·pu·lous ['skru:pjʊləs||-pjə-]⟨f1⟩⟨bn.; -ly; -ness⟩ **0.1** ***scrupuleus*** *⇒angstvallig, nauwgezet, gewetensvol, strikt* ◆ **2.1** ~ly clean *kraakhelder* **6.1** they were not ~ **about** money *zij namen het niet zo nauw met het geld.*
scru·ta·tor [sku:'teɪtə||-'teɪt̬ər]⟨telb.zn.⟩ **0.1** ***onderzoeker*** *⇒navorser* **0.2** ⟨BE⟩ ***stemopnemer.***
scru·ti·neer ['skru:tɪ'nɪə||-tn'ɪr]⟨telb.zn.⟩ **0.1** ***onderzoeker*** *⇒navorser* **0.2** ⟨BE⟩ ***stemopnemer*** **0.3** ⟨autosport⟩ ***(jury)lid v.d. technische commissie.***
scru·ti·nize, -ise ['skru:t̬ɪnaɪz||-tn·aɪz]⟨f1⟩⟨ov.ww.⟩ **0.1** ***in detail onderzoeken*** *⇒nauwkeurig bekijken, kritisch opnemen.*
scru·ti·nous ['skru:t̬ɪnəs||-tn·əs]⟨bn.; -ly⟩ **0.1** ***onderzoekend.***
scru·ti·ny ['skru:t̬ɪni||-tn·i]⟨f2⟩⟨zn.; →mv. 2⟩
I ⟨telb.zn.⟩ **0.1** ***kritische blik*** **0.2** ***nauwkeurig onderzoek*** **0.3** ⟨BE⟩ ***officiële stemopneming;***
II ⟨n.-telb.zn.⟩ **0.1** ***nauwkeurig toezicht/onderzoek.***
scry [skraɪ]⟨onov.ww.⟩ **0.1** ***met een kristallen bol waarzeggen.***
scu·ba ['skju:bə||'sku:bə]⟨telb.zn.⟩ **0.1** ***scuba-uitrusting*** ⟨self-contained underwater breathing apparatus⟩.
'scuba diver ⟨telb.zn.⟩ **0.1** ***scuba-duiker*** *⇒duiker met zuurstoffles(sen)/scuba-uitrusting.*
'scuba diving ⟨n.-telb.zn.⟩ **0.1** ***(het) duiken met scuba-uitrusting/zuurstoffles(sen)*** *⇒(het) scuba-duiken.*
scud[1] [skʌd]⟨zn.⟩
I ⟨telb.zn.⟩ **0.1** ***het scheren*** *⇒het ijlen, het snellen* **0.2** ⟨scheep.⟩ ***het lenzen*** *⇒het voor de wind varen met weinig zeil* **0.3** ***regenvlaag*** *⇒windvlaag, bui* **0.4** ⟨sl.⟩ ***rotklus;***
II ⟨n.-telb.zn.⟩ **0.1** ***nevel*** *⇒schuim* **0.2** ***wolkenslierten.***

scud[2] ⟨f1⟩⟨onov.ww.;→ww.7⟩ **0.1** ***voortscheren*** ⇒*ijlen, snellen, jagen* **0.2** ⟨scheep.⟩ ***lenzen*** ⇒*met weinig zeil voor de wind varen.*
scuff[1] [skʌf], ⟨in bet. 0.1 ook⟩ **'scuff·mark** ⟨telb.zn.⟩ **0.1** ***slijtplek*** **0.2** ***muil*** ⇒*slipper, slof.*
scuff[2] ⟨ww.⟩
I ⟨onov.ww.⟩ **0.1** ***sloffen*** ⇒*sleepvoeten, schuifelen* **0.2** ***versleten zijn*** ⟨v. schoen, vloer⟩ ◆ **6.¶** ⟨AE⟩ ~ **at** *met de voet aanraken, trappen tegen;*
II ⟨ov.ww.⟩ **0.1** ***schuren*** ⇒*strijken langs, schaven, schampen* **0.2** ***schaven*** ⇒*slijten.*
scuf·fle[1] ['skʌfl]⟨f1⟩⟨zn.⟩
I ⟨telb.zn.⟩ **0.1** ***handgemeen*** ⇒*knokpartij, schermutseling;*
II ⟨n.-telb.zn.⟩ **0.1** ***geslof*** ⇒*geschuifel.*
scuffle[2] ⟨f1⟩⟨ww.⟩
I ⟨onov.ww.⟩ **0.1** ***bakkeleien*** ⇒*knokken, vechten* **0.2** ***sloffen*** ⇒*sleepvoeten, schuifelen;*
II ⟨ov.ww.⟩ **0.1** ***schoffelen.***
scug[1] [skʌg]⟨telb.zn.⟩ **0.1** ⟨BE⟩ ***druiloor*** ⇒⟨i.h.b.⟩ *domme/onsportieve schooljongen* **0.2** ⟨Sch. E⟩ ***schaduw*** **0.3** ⟨Sch. E⟩ ***schuilplaats*** ⇒*beschutte plek.*
scug[2] ⟨ov.ww.⟩⟨Sch. E⟩ **0.1** ***beschutten*** ⇒*beschermen* **0.2** ***verhullen*** ⇒*verbergen.*
scull[1] [skʌl]⟨f1⟩⟨telb.zn.⟩ **0.1** ***korte (roei)riem*** **0.2** ***wrikriem*** **0.3** ***sculler*** **0.4** ⟨g. mv.⟩ ***roeitochtje in sculler.***
scull[2] ⟨f1⟩⟨onov. en ov.ww.⟩ **0.1** ***roeien*** ⇒⟨sport⟩ *scullen* ⟨roeien met twee riemen⟩ **0.2** ***wrikken.***
scull·er ['skʌlə‖-ər]⟨telb.zn.⟩ **0.1** ***roeier*** **0.2** ***wrikker*** **0.3** ⟨roeisport⟩ *sculler* ⇒*skiff* **0.4** ⟨roeisport⟩ *sculler* ⇒*skiffeur/euse.*
scul·ler·y ['skʌləri]⟨f1⟩⟨telb.zn.;→mv. 2⟩ **0.1** ***bijkeuken.***
'scullery maid ⟨telb.zn.⟩ **0.1** ***keukenhulpje.***
scul·lion ['skʌlıən]⟨telb.zn.⟩⟨vero.⟩ **0.1** ***koksjongen.***
sculp [skʌlp]⟨onov. en ov.ww.⟩⟨verk.⟩ sculpture.
scul·pin ['skʌlpın]⟨telb.zn.; ook sculpin;→mv. 4.⟩⟨dierk.⟩ **0.1** ***donderpad*** ⟨fam. Cottidae⟩ **0.2** ***liervis*** ⟨Callionymus lyra⟩.
sculpt [skʌlpt]⟨onov. en ov.ww.⟩⟨verk.⟩ sculpture.
sculp·tor ['skʌlptə‖-ər]⟨f2⟩⟨telb.zn.⟩ **0.1** ***beeldhouwer.***
sculp·tress ['skʌlptrıs]⟨f1⟩⟨telb.zn.⟩ **0.1** ***beeldhouwster.***
sculp·tur·al ['skʌlptʃərəl], **sculp·tur·esque** [-'resk]⟨bn.;-ly⟩ **0.1** ***plastisch*** ⇒*beeldhouw-.*
sculp·ture[1] ['skʌlptʃə‖-ər]⟨f2⟩⟨zn.⟩
I ⟨telb.zn.⟩ **0.1** ***beeldhouwwerk*** ⇒*sculptuur, beeld* **0.2** ***ribbel*** ⇒*insnijding* ⟨op schelp⟩;
II ⟨telb. en n.-telb.zn.⟩ **0.1** ***beeldhouwkunst*** **0.2** ***plastiek*** ⇒*plastische kunst, houtsnijkunst, boetseerkunst.*
sculp·ture[2], **sculpt** [skʌlpt]⟨f1⟩⟨ww.⟩
I ⟨onov.ww.⟩ **0.1** ***een plastiek maken*** ⇒*beeldhouwen, modelleren, snijden;*
II ⟨ov.ww.⟩ **0.1** ***in plastiek voorstellen*** ⇒*beeldhouwen, (uit)snijden, (uit)houwen* **0.2** ***met plastiek/sculptuur versieren*** ⇒*bewerken.*
scum[1] [skʌm]⟨f1⟩⟨n.-telb.zn.⟩ **0.1** ***schuim*** ⇒*metaalschuim, brijn, vuil, vlies* ⟨op water⟩ **0.2** ***uitschot*** ⟨ook fig.⟩ ⇒*afval, uitvaagsel, schuim, tuig* **0.3** ⟨sl.⟩ ***geil*** ⇒*sperma* ◆ **1.2** the ~ of humanity *het janhagel, het schorem* **4.2** you ~! *ploert!.*
scum[2] ⟨ww.;→ww.7⟩
I ⟨onov.ww.⟩ **0.1** ***schuimen*** ⇒*schuim vormen;*
II ⟨ov.ww.⟩ **0.1** ***(af)schuimen*** ⇒*afscheppen.*
'scum·bag ⟨telb.zn.⟩⟨sl.⟩ **0.1** ***kapotje*** ⇒*condoom* **0.2** ⟨bel.⟩ ***(stuk) tuig*** ⇒*schoelje;* ⟨mv.⟩ *tuig, uitschot.*
scum·ble[1] ['skʌmbl]⟨telb.zn.⟩⟨beeld.k.⟩ **0.1** ***dekkleur*** **0.2** ***lazuurkleur.***
scumble[2] ⟨ov.ww.⟩⟨schilderkunst⟩ **0.1** ***dempen*** ⇒⟨fig.⟩ *verdoezelen.*
scum·my ['skʌmi]⟨bn.; ook -er;→compar. 7⟩ **0.1** ***schuimachtig*** ⇒*schuimend* **0.2** ***gemeen*** ⇒*verachtelijk, laag.*
scun·ner[1] ['skʌnə‖-ər]⟨telb.zn.⟩ **0.1** ***hekel*** ⇒*walging, afkeer, weerzin* ◆ **6.1** take a ~ **against/at/to** *een gloeiende hekel/de pest krijgen aan.*
scunner[2] ⟨ww.⟩⟨Sch. E⟩
I ⟨onov.ww.⟩ **0.1** ***walgen*** ⇒*zich misselijk voelen;*
II ⟨ov.ww.⟩ **0.1** ***doen walgen*** ⇒*misselijk maken.*
scup [skʌp]⟨telb.zn.; ook scup;→mv. 4⟩⟨dierk.⟩ **0.1** ***soort Am. zeebrasem*** ⟨genus Stenotomus⟩.
scup·per[1] ['skʌpə‖-ər]⟨f1⟩⟨telb.zn.⟩ **0.1** ***spijgat*** ⇒*spiegat, spuigat.*
scupper[2] ⟨f1⟩⟨ov.ww.⟩⟨BE⟩ **0.1** ***tot zinken brengen*** ⇒*doen vergaan* **0.2** ⟨inf.⟩ ***(overvallen en) in de pan hakken*** **0.3** ⟨inf.⟩ ***om zeep helpen/brengen*** ⇒*afmaken, in de grond boren, torpederen* ◆ **3.3** be ~ed *naar de haaien/eraan gaan.*
scup·per·nong ['skʌpənɒŋ‖'skʌpərnɔŋ]⟨zn.⟩⟨AE⟩
I ⟨telb.zn.⟩ **0.1** ***muskaatdruif;***
II ⟨n.-telb.zn.⟩ **0.1** ***muskaatwijn.***
'scupper shoot ⟨telb.zn.⟩ **0.1** ***goot naar spuigat.***
scurf [skɜ:f‖skɜrf]⟨f1⟩⟨n.-telb.zn.⟩ **0.1** ***roos*** ⇒*(huid)schilfers* **0.2** ***korst*** ⇒*roofje.*
scurf·y ['skɜ:fi‖'skɜrfi]⟨bn.⟩ **0.1** ***schilferachtig*** ⇒*bedekt met schilfers/een korst.*
scur·ril·i·ty [skə'rılət̬i]⟨telb. en n.-telb.zn.;→mv. 2⟩ **0.1** ***grofheid*** ⇒*gemeenheid, vulgariteit* **0.2** ***grove taal.***
scur·ri·lous ['skʌrıləs‖'skɜrı-]⟨f1⟩⟨bn.;-ly;-ness⟩ **0.1** ***grof*** ⇒*gemeen, plat, vulgair, schunnig* ◆ **1.1** ~ language *grove taal.*
scur·ry[1] ['skʌri‖'skɜri]⟨zn.;→mv. 2⟩
I ⟨telb.zn.⟩ **0.1** ***vlaag*** ⇒*bui, sneeuwjacht* **0.2** ***stofwolk*** **0.3** ***korte (wed)ren*** ◆ **1.2** ⟨fig.⟩ a ~ of birds *een vlucht/zwerm vogels;*
II ⟨n.-telb.zn.⟩ **0.1** ***gejaag*** ⇒*beweging, drukte, jacht.*
scurry[2] ⟨f2⟩⟨ww.;→ww.7⟩
I ⟨onov.ww.⟩ **0.1** ***dribbelen*** ⇒*zich haasten, zich spoeden, zich reppen, ijlen, jagen, hollen* ◆ **6.1** the first thunderbolt sent them ~ing **for** shelter *de eerste donderslag deed hen haastig een onderdak zoeken;*
II ⟨ov.ww.⟩ **0.1** ***doen ijlen*** ⇒*doen reppen.*
scur·vied ['skɜ:vid‖'skɜr-]⟨bn.⟩ **0.1** ***aan scheurbuik lijdend*** ⇒*door scheurbuik aangetast.*
scur·vy[1] ['skɜ:vi‖'skɜrvi]⟨f1⟩⟨n.-telb.zn.⟩⟨med.⟩ **0.1** ***scheurbuik.***
scurvy[2] ⟨bn., attr.; ook -er;-ly;→bijw. 3⟩ **0.1** ***gemeen*** ⇒*laag, verachtelijk, eerloos.*
'scurvy grass ⟨telb. en n.-telb.zn.⟩⟨plantk.⟩ **0.1** ***echt lepelblad*** ⟨Gochlearia officinalis⟩.
scut [skʌt]⟨telb.zn.⟩ **0.1** ⟨vnl. jacht⟩ ***rechtopstaand staartje*** ⇒*pluim* ⟨v. haas/konijn⟩; *bloem* ⟨v. hert⟩ **0.2** ⟨AE;sl.⟩ ***schoft*** **0.3** ⟨AE; sl.⟩ ***nieuweling*** ⇒*broekje* **0.4** ⟨AE;sl.⟩ ***stinkklus.***
scu·tage ['skju:t̬ıdʒ]⟨telb.zn.⟩⟨gesch.⟩ **0.1** ***afkoopgeld*** ⟨voor mil. dienst⟩.
scutch[1] ['skʌtʃ], **scutch·er** ['skʌtʃə‖-ər]⟨telb.zn.⟩ **0.1** ***zwingelinstrument.***
scutch[2] ⟨onov. en ov.ww.⟩ **0.1** ***zwingelen*** ⇒*braken* ⟨vnl. vlas⟩.
scutch·eon ['skʌtʃn]⟨telb.zn.⟩ **0.1** ***wapenschild*** **0.2** ***sleutelschild*** **0.3** ***naamplaat.***
scutch·er ['skʌtʃə‖-ər]⟨telb.zn.⟩ **0.1** ***zwingelaar*** ⇒*vlasbraker* **0.2** ***zwingel(stok)*** ⇒*zwingelmachine, vlasbraak.*
scute [skju:t]⟨telb.zn.⟩⟨biol.⟩ **0.1** ***schub*** ⇒*schild.*
scu·tel·late ['skju:tələt‖skju:'telət], **scu·tel·lat·ed** ['skju:t̬leıt̬ıd]⟨bn.⟩⟨biol.⟩ **0.1** ***bedekt met schubben/een schild*** **0.2** ***schildvormig*** ⇒*schotelvormig, schubvormig.*
scu·tel·lum [skju:'teləm]⟨telb.zn.; scutella [-lə];→mv. 5⟩⟨biol.⟩ **0.1** ***schildje*** ⇒*schubje, schubbetje.*
scut·ter ['skʌtə‖'skʌt̬ər]⟨onov.ww.⟩⟨BE; inf.⟩ **0.1** ***stuiven*** ⇒*hollen, rennen, fladderen.*
scut·tle[1] ['skʌt̬l], ⟨in bet. I 0.4 ook⟩ **'scut·tle-fish** ⟨f1⟩⟨zn.⟩
I ⟨telb.zn.⟩ **0.1** ***luik(gat)*** ⇒*ventilatieopening* **0.2** ***kolenbak*** **0.3** ***mand*** ⇒*korf* **0.4** ***inktvis;***
II ⟨n.-telb.zn.⟩ **0.1** ***overhaaste vlucht*** ⇒*(ge)loop, haast, jacht, ren.*
scuttle[2] ⟨f2⟩⟨ww.⟩
I ⟨onov.ww.⟩ **0.1** ***zich wegscheren*** ⇒*wegvluchten, weghollen, wegstuiven* ◆ **5.1** ~ **off/away** *zich uit de voeten maken, de plaat poetsen, er vandoor gaan;*
II ⟨ov.ww.⟩ **0.1** ***doen zinken*** ⟨door gaten te maken⟩ ⇒*tot zinken brengen, kelderen;* ⟨fig.⟩ *de ondergang veroorzaken v., ten val brengen.*
'scut·tle·butt, ⟨in bet. I 0.1 ook⟩ **'scut·tle-cask** ⟨zn.⟩
I ⟨telb.zn.⟩⟨scheep.⟩ **0.1** ***watervat*** ⇒*waterton;*
II ⟨n.-telb.zn.⟩⟨sl.⟩ **0.1** ***gelul*** ⇒*geklets, praatjes, roddelpraat, geruchten.*
scu·tum ['skju:təm]⟨telb.zn.; scuta ['skju:t̬ə];→mv. 5⟩ **0.1** ⟨biol.⟩ ***schub*** ⇒*schild* **0.2** ⟨anat.⟩ ***knieschijf.***
scuzz·y ['skʌzi]⟨bn.⟩⟨sl.⟩ **0.1** ***smerig*** ⇒*vies.*
Scyl·la ['sılə]⟨eig.n.⟩ **0.1** ***Scylla*** ⟨klip in Straat v. Messina⟩ ◆ **6.1** **between** ~ and Charybdis *tussen Scylla en Charybdis, tussen twee gevaren.*
scy·pho·zo·an ['saıfə'zouən]⟨telb.zn.⟩⟨dierk.⟩ **0.1** ***schijfkwal*** ⟨genus Scyphozoa⟩.
scy·phus ['saıfəs]⟨telb.zn.; scyphi ['saıfaı];→mv. 5⟩ **0.1** ⟨gesch.⟩ ***drinkbeker zonder voet met twee oren*** **0.2** ⟨plantk.⟩ ***beker.***
scythe[1] [saıð]⟨f1⟩⟨telb.zn.⟩ **0.1** ***zeis.***
scythe[2] ⟨onov. en ov.ww.⟩ **0.1** ***(af)maaien*** ⟨ook fig.⟩ ◆ **1.1** a ~d chariot *een sikkelwagen* **5.1** ~ **down/off** *neer/afmaaien.*
Scyth·i·an[1] ['sıðıən]⟨zn.⟩
I ⟨eig.n.⟩ **0.1** ***Scythisch*** ⟨oude taal⟩;
II ⟨telb.zn.⟩ **0.1** ***Scyth*** ⟨lid v. oude volksstam aan de Zwarte Zee⟩.
Scythian[2] ⟨bn.⟩ **0.1** ***Scythisch.***
SDI ⟨afk.⟩ Strategic Defence/Defense Initiative.

SDP ⟨afk.⟩ Social Democratic Party.
SDR, SDRs ⟨afk.⟩ Special Drawing Right(s).
SE ⟨afk.⟩ **0.1** ⟨southeast⟩ *Z.O.* **0.2** ⟨southeastern⟩ **0.3** ⟨stock exchange⟩.
sea [si:] ⟨f3⟩ ⟨zn.⟩ ⟨→sprw. 201, 334, 646, 762⟩
I ⟨telb.zn.⟩ **0.1** *zee* **0.2** *zeegolf* ⇒*baar, golfbeweging; sterke golfslag, zeeberoering* **0.3** *zee* ⇒⟨fig.⟩ *massa, overvloed, drom, boel* **0.4** *kust* ⇒*kustlijn, strand, zeeoever* **0.5** *maanzee* ⇒*maanvlakte* ◆ **1.3** a ~ of flame *een vlammenzee;* ~s of blood *bloedbad* **2.2** heavy ~ *onstuimige/zware zee;* ~s mountains high *huizenhoge zeeën;* long ~ *kalme zee;* short ~ *woelige zee, korte golfslag* **3.2** ship a ~ *een zeetje overkrijgen* **6.1** **within** the four ~s *in Groot-Brittannië* **6.4** **on** the ~ *aan zee, aan de kust* **7.1** the seven ~s *de zeven zeeën/oceanen;*
II ⟨n.-telb.zn.⟩ **0.1** *zee* ⇒*oceaan, zeewater* ◆ **3.1** follow the ~ *ter zee varen, zeeman zijn;* go to ~ *naar zee gaan, zeeman worden;* proceed to ~ *uitvaren;* put out to ~ *uitvaren, zee kiezen* **6.1** **at** ~ *op zee, in volle/open zee;* **by** ~ and by land *te land en ter zee;* travel **by** ~ *over zee/met de boot reizen;* **on** the ~ *op zee, op de boot* **6.¶** be (all)(completely) **at** ~ *perplex/in de war/verbijsterd zijn, de kluts kwijt zijn, uit zijn lood geslagen zijn;*
III ⟨mv.; ~s⟩ **0.1** *zee* ⇒*zeeën, oceanen* ◆ **1.1** ⟨hand.⟩ the freedom of the ~s *de vrijheid van de zee* **6.1** **beyond** (the) ~s *over zee, overzee(s), in den vreemde.*
'sea acorn ⟨telb.zn.⟩ ⟨dierk.⟩ **0.1** *zeepok* ⟨fam. Balanidae⟩.
'sea 'air ⟨f1⟩ ⟨n.-telb.zn.⟩ **0.1** *zeelucht.*
'sea anchor ⟨telb.zn.⟩ **0.1** *zeeanker.*
'sea anemone, 'sea-flow·er ⟨telb.zn.⟩ ⟨dierk.⟩ **0.1** *zeeanemoon* ⟨fam. Anthozoa⟩.
'sea-an·gel ⟨telb.zn.⟩ ⟨dierk.⟩ **0.1** *zeeëngel* ⟨Squatina squatina⟩.
'sea-an·i·mal ⟨telb.zn.⟩ **0.1** *zeedier.*
'sea arrow ⟨telb.zn.⟩ ⟨dierk.⟩ **0.1** *gewone pijlinktvis* ⟨Ommastrephes sagittatus⟩.
'sea bank ⟨telb.zn.⟩ **0.1** *zeedijk* ⇒*strandmuur* **0.2** *zandbank.*
'sea bass ⟨telb.zn.⟩ ⟨dierk.⟩ **0.1** *zeebaars* ⟨vnl. Centropristis striatus⟩.
'sea-bath·ing ⟨n.-telb.zn.⟩ **0.1** *het baden in zee.*
'sea battle ⟨telb.zn.⟩ **0.1** *zeeslag.*
'sea·bed ⟨n.-telb.zn.⟩ **0.1** *zeebedding* ⇒*zeebodem.*
'Sea·bees ⟨mv.⟩ **0.1** *genietroepen v.d. Am. marine.*
'sea bells ⟨mv.⟩ ⟨plantk.⟩ **0.1** *zeewinde* ⟨Convolvulus soldanella⟩.
'sea bird ⟨f1⟩ ⟨telb.zn.⟩ **0.1** *zeevogel.*
'sea·board ⟨f1⟩ ⟨telb.zn.⟩ **0.1** *kustlijn* ⇒*zeekust.*
'sea boat ⟨telb.zn.⟩ **0.1** *zeeschip.*
'sea·boot ⟨telb.zn.⟩ **0.1** *zeelaars.*
'sea-born ⟨bn.⟩ ⟨schr.⟩ **0.1** *uit de zee geboren* ⟨vnl. mbt. Aphrodite⟩.
'sea·borne ⟨bn., attr.⟩ **0.1** *over zee (vervoerd/aangevoerd)* ⇒*overzees, zee-.*
'sea-bow ⟨telb.zn.⟩ **0.1** *regenboog in spattend zeewater* ⇒*zeeregenboog.*
'sea breach ⟨telb.zn.⟩ **0.1** *doorbraak* ⟨v. zeedijk⟩.
'sea bream ⟨telb.zn.⟩ ⟨dierk.⟩ **0.1** *zeebrasem* ⟨fam. Sparidae⟩ ⇒⟨o.a.⟩ *rode zeebrasem* ⟨Pagellus centrodontus⟩.
'sea breeze, 'sea wind ⟨f1⟩ ⟨telb.zn.⟩ **0.1** *zeebries/wind* **0.2** *wind op zee.*
'sea 'buckthorn ⟨telb. en n.-telb.zn.⟩ ⟨plantk.⟩ **0.1** *duindoorn* ⇒*kattedoorn* ⟨Hippophae rhamnoides⟩.
'sea 'butterfly ⟨telb.zn.⟩ ⟨dierk.⟩ **0.1** *vleugelslak* ⟨orde Pteropoda⟩.
sea cabbage →sea kale.
'sea calf ⟨telb.zn.⟩ ⟨dierk.⟩ **0.1** *gewone zeehond* ⟨Phoca vitulina⟩.
'sea canary ⟨telb.zn.⟩ ⟨dierk.⟩ **0.1** *beloega* ⟨witte dolfijn; Delphinapterus leucas⟩.
'sea captain ⟨telb.zn.⟩ **0.1** *zeekapitein* ⇒⟨fig.⟩ *(groot) zeevaarder.*
'sea change ⟨telb.zn.⟩ ⟨schr.⟩ **0.1** *ommekeer* ⇒*transformatie.*
'sea chest ⟨telb.zn.⟩ **0.1** *zeemanskist.*
'sea coal ⟨n.-telb.zn.⟩ ⟨gesch.⟩ **0.1** *steenkool* ⟨over zee naar Londen vervoerd⟩.
'sea·coast ⟨f1⟩ ⟨telb.zn.⟩ **0.1** *zeekust* ⇒*kustlijn.*
'sea cock ⟨telb.zn.⟩ **0.1** *buitenboordskraan.*
'sea cook ⟨telb.zn.⟩ **0.1** *scheepskok.*
'sea cow ⟨telb.zn.⟩ ⟨dierk.⟩ **0.1** *doejoeng* ⟨(Indische) zeekoe; orde Sirenia⟩.
'sea crow ⟨telb.zn.⟩ ⟨dierk.⟩ **0.1** *alpenkraai* ⇒*steenkraai* ⟨Pyrrhocorax Pyrrhocorax⟩ **0.2** ⟨ben. voor⟩ *zeevogel* ⇒⟨o.a.⟩ *aalscholver* ⟨fam. Phalacrocoracidae⟩; *kokmeeuw* ⟨Larus ridibundus⟩; *grote jager* ⟨Stercorarius skua⟩.
'sea 'cucumber, 'sea slug ⟨telb.zn.⟩ ⟨dierk.⟩ **0.1** *zeekomkommer* ⟨klasse Holothuroidea⟩.
'sea-dad·dy ⟨telb.zn.⟩ **0.1** *zeevader.*
'sea devil ⟨telb.zn.⟩ ⟨dierk.⟩ **0.1** *zeeduivel* ⟨Lophius piscatorius⟩ **0.2** *zeeduivel* ⇒*duivelsrog* ⟨Mobula (mobular)⟩ **0.3** *zeeëngel* ⟨genus Squatina⟩.
'sea·dog ⟨telb.zn.⟩ **0.1** *licht in mistbank.*
'sea dog ⟨telb.zn.⟩ **0.1** *zeebonk* ⇒*zeerob* ⟨vnl. onder Elizabeth I⟩ **0.2** ⟨dierk.⟩ *(gewone) zeehond* ⟨Phoca vitulina⟩ **0.3** ⟨dierk.⟩ ⟨ben. voor⟩ *kleinere haai* ⇒⟨i.h.b.⟩ *hondshaai* ⟨fam. Scyliorhinidae⟩; *doornhaai* ⟨fam. Squalidae⟩; *roofhaai* ⟨fam. Carcharhinidae⟩.
'sea eagle ⟨telb.zn.⟩ ⟨dierk.⟩ **0.1** *zeearend* ⟨genus Haliaëtus⟩.
'sea-ear ⟨telb.zn.⟩ ⟨dierk.⟩ **0.1** *zeeoor* ⟨schelp; genus Haliotis⟩.
'sea 'elephant ⟨telb.zn.⟩ ⟨dierk.⟩ **0.1** *zeeolifant* ⟨genus Mirounga⟩.
'sea fan, 'sea whip ⟨telb.zn.⟩ ⟨dierk.⟩ **0.1** *zeewaaier* ⟨genus Gorgonia; i.h.b. G. flabellum⟩.
'sea·far·er ⟨f1⟩ ⟨telb.zn.⟩ **0.1** *zeevaarder* ⇒*zeeman.*
'sea·far·ing ⟨f1⟩ ⟨n.-telb.zn.; vaak attr.⟩ **0.1** *zeevaart* ◆ **1.1** ~ nation *zeevarende natie.*
'sea farming ⟨n.-telb.zn.⟩ **0.1** *maricultuur* ⇒*zeelandbouw.*
'sea feather, 'sea pen ⟨telb.zn.⟩ ⟨dierk.⟩ **0.1** *zeeveer* ⟨koraaldier; fam. Pennatulidae⟩.
'sea fennel ⟨n.-telb.zn.⟩ ⟨plantk.⟩ **0.1** *zeevenkel* ⟨Crithmum maritimum⟩.
'sea-fish ⟨f1⟩ ⟨telb.zn.⟩ **0.1** *zeevis* ⇒*zoutwatervis.*
sea-flower →sea anemone.
'sea fog ⟨telb. en n.-telb.zn.⟩ **0.1** *zeevlam.*
'sea·food ⟨f1⟩ ⟨n.-telb.zn.⟩ **0.1** *eetbare zeevis en schaal- en schelpdieren* ⇒*fruits de mer,* ⟨B.⟩ *zeevruchten.*
'sea·fowl ⟨zn.⟩
I ⟨telb.zn.⟩ **0.1** *zeevogel;*
II ⟨verz.n.⟩ **0.1** *zeegevogelte* ⇒*zeevogels.*
'sea fox ⟨telb.zn.⟩ ⟨dierk.⟩ **0.1** *voshaai* ⟨Alopias vulpinus⟩.
'sea fret ⟨telb. en n.-telb.zn.⟩ **0.1** *zeemist.*
'sea front ⟨telb.zn.⟩ **0.1** *strandboulevard* ⇒*zeekant* ⟨v.d. stad⟩.
'sea 'gherkin ⟨telb.zn.⟩ ⟨dierk.⟩ **0.1** *zeeaugurk* ⟨genus Cucumaria⟩.
sea gillyflower →sea pink.
'sea·girt ⟨bn.⟩ ⟨schr.⟩ **0.1** *door de zee omgeven.*
'sea·go·ing ⟨bn., attr.⟩ **0.1** *zeevarend* ⇒*zee-.*
'sea 'gooseberry ⟨telb.zn.⟩ ⟨dierk.⟩ **0.1** *zeedruif* ⟨genus Pleurobrachia⟩.
'sea grape ⟨zn.⟩
I ⟨telb. en n.-telb.zn.⟩ ⟨plantk.⟩ **0.1** *zeekraal* ⟨genus Salicornia⟩ **0.2** *loogkruid* ⟨genus Salsola⟩;
II ⟨n.-telb.zn.⟩ ⟨plantk.⟩ **0.1** *Sargassum* ⟨soort zeewier⟩;
III ⟨mv.; ~s⟩ **0.1** *zeedruif* ⟨eierkapsels v. inktvis⟩.
'sea-'green ⟨n.-telb.zn.; vaak attr.⟩ **0.1** *zeegroen* ⇒*grijsgroen.*
'sea gull, 'sea mew ⟨f1⟩ ⟨telb.zn.⟩ **0.1** *zeemeeuw.*
'sea hare ⟨telb.zn.⟩ ⟨dierk.⟩ **0.1** *zeehaas* ⟨zeenaaktslak; genus Aplysia⟩.
'sea hedgehog ⟨telb.zn.⟩ ⟨dierk.⟩ **0.1** *zeeëgel* ⟨orde Echinoidea⟩ **0.2** *kogelvis* ⟨fam. Tetraodontoidae⟩.
'sea hog ⟨telb.zn.⟩ ⟨dierk.⟩ **0.1** *bruinvis* ⟨genus Phocaena⟩.
'sea holly ⟨telb. en n.-telb.zn.⟩ ⟨plantk.⟩ **0.1** *zeedistel* ⟨Eryngium maritimum⟩.
'sea horse ⟨telb.zn.⟩ **0.1** ⟨dierk.⟩ *zeepaardje* ⟨genus Hippocampus⟩ **0.2** ⟨dierk.⟩ *walrus* ⟨Odobenus rosmarus⟩ **0.3** ⟨mythologie⟩ *zeepaard* **0.4** *golf met schuimkop.*
'Sea island 'cotton ⟨n.-telb.zn.⟩ ⟨plantk.⟩ **0.1** *fijn katoen uit de U.S.A. en v.d. Caraïbische eilanden* ⟨Gossypium barbadense⟩.
'sea kale, 'sea cabbage ⟨telb.zn.⟩ ⟨plantk.⟩ **0.1** *zeekool* ⟨Crambe maritima⟩.
'sea king ⟨telb.zn.⟩ **0.1** *zeekoning* ⇒*vikinghoofdman.*
seal[1] [si:l] ⟨f2⟩ ⟨zn.⟩
I ⟨telb.zn.⟩ **0.1** ⟨ben. voor⟩ *zegel* ⇒*stempel,* ⟨ook fig.⟩ *lak, lakzegel, lakstempel; (plak)zegel;* ⟨fig.⟩ *merk, kenmerk;* ⟨fig.⟩ *bezegeling* **0.2** ⟨ben. voor⟩ *dichting* ⇒*dichtingsmateriaal; (lucht/waterdichte) (af)sluiting; stankafsluiter/ing* **0.3** *feeststicker* **0.4** ⟨dierk.⟩ ⟨ben. voor⟩ *(zee)rob* ⇒*rob, zeehond* ⟨fam. Phocidae⟩; *oorrob, zeeleeuw* ⟨fam. Otariidae⟩ **0.5** *robbevel* ⇒*robbepels, zeehondehuid* **0.6** *kledingstuk van sealskin/zeehondeleer* **0.7** ⟨sl.; bel.⟩ *negerin* ◆ **1.1** he has the ~ of death on his face *zijn gezicht is door de dood getekend;* ⟨jur.⟩ given under my hand and ~ *door mij getekend en gezegeld;* ~ of love *bezegeling v.d. liefde* ⟨kus, kind⟩; ⟨vnl. BE⟩ ~s of office *ambtszegels* **2.1** leaden ~ *loodje* ⟨zoals gebruikt bij verzegeling⟩ **2.4** common ~ *gewone zeehond* ⟨Phoca vitulina⟩; earless ~s *robachtigen, zeehondachtigen* ⟨Phocidae⟩ **3.1** put/set the ~ on *bezegelen* ⟨ook fig.⟩; ⟨schr.⟩ *afsluiten, een eind maken aan;* set one's ~ to *bezegelen* ⟨ook fig.⟩; *bekrachtigen, bevestigen* **3.4** eared ~s *oorrobachtigen, zeeleeuwen* ⟨Otariidae⟩ **6.1** **under** ~ of confession *onder biechtgeheim;* **under** ~ of secrecy *onder het zegel van geheimhouding;*
II ⟨n.-telb.zn.⟩ **0.1** *sealskin* ⇒*robbevel, robbepels(werk)* **0.2** *zeehondeleer.*
seal[2] ⟨f2⟩ ⟨ww.⟩ →sealing
I ⟨onov.ww.⟩ **0.1** *op robben/zeehondenvangst gaan/zijn;*

II ⟨ov.ww.⟩ **0.1** ***zegelen*** ⇒*verzegelen, bezegelen;* ⟨fig.⟩ *opsluiten, veilig opbergen* **0.2** ⟨ben. voor⟩ ***dichten*** ⇒*verzegelen, afsluiten; (lucht/water)dicht maken; van een stankafsluiting voorzien; opvullen; verharden* ⟨weg⟩ **0.3** ***bezegelen*** ⇒*bekrachtigen, bevestigen, vastleggen, autoriseren* ◆ **1.1** ~ed orders *verzegelde orders;* ~ed verdict *verzegeld verdict/vonnis* **1.2** ⟨fig.⟩ it is a ~ed book to me *het is voor mij een gesloten boek/een boek met zeven zegels;* ⟨fig.⟩ my lips are ~ed *ik zal er niets over zeggen;* ~ the meat *het vlees dichtschroeien* **1.3** ~ an agreement *een overeenkomst bekrachtigen;* Sealed Book *geautoriseerde kopie v.h. originele anglicaanse gebedenboek van 1662;* ~ one's devotion with one's death *zijn toewijding met de dood bezegelen;* ⟨inf.⟩ ~ s.o.'s doom /fate *iemands (nood)lot bezegelen;* ⟨mormonen⟩ ~ a marriage *een huwelijk bezegelen;* ⟨BE; mil.⟩ ~ed pattern ⟨officieel goedgekeurd(e)⟩ *standaarduitrusting* **5.1** ~ **in** *insluiten;* this new packing ~s the flavour **in** *deze nieuwe verpakking houdt het aroma vast;* the ship has been ~ed **in** by the ice *het schip is in het pakijs vastgelopen* **5.2** ~ **up** *verzegelen, dichten; opsluiten, veilig opbergen;* ~ **off** an area *een gebied afgrendelen* **6.3** he is ~ed **for/to** damnation *hij is tot de verdoemenis (voor)bestemd.*

'sea lace ⟨n.-telb.zn.⟩⟨plantk.⟩ **0.1** ***(soort) zeewier*** ⟨Chorda filum⟩.

'sea 'lamprey ⟨telb.zn.⟩⟨dierk.⟩ **0.1** ***zeeprik*** ⟨Petromyzon marinus⟩.

'sea-lane ⟨telb.zn.⟩ **0.1** ***vaarroute.***

seal·ant ['si:lənt]⟨telb.zn.⟩ **0.1** ⟨ben. voor⟩ ***dichtingsprodukt*** ⇒*zegelwas; poriënvulsel.*

'sea 'lavender ⟨telb. en n.-telb.zn.⟩⟨plantk.⟩ **0.1** ***lamsoor*** ⟨genus Limonium⟩.

'sea·law·yer ⟨telb.zn.⟩ **0.1** ***haai*** **0.2** ***chicaneur*** ⇒*querulant.*

'sea league ⟨telb.zn.⟩ **0.1** ***league*** ⟨UK 5559,55 m; internationaal 5556m; →t1⟩.

'sea legs ⟨mv.⟩ **0.1** ***zeebenen*** ◆ **3.1** find/get one's ~ *zeebenen krijgen.*

'sea leopard ⟨telb.zn.⟩⟨dierk.⟩ **0.1** ***zeeluipaard*** ⟨Hydrurga leptonyx⟩.

seal·er ['si:lə‖-ər]⟨telb.zn.⟩ **0.1** ***(ver)zegelaar*** **0.2** ***ijker*** **0.3** ***robbenjager*** **0.4** ***robbenvaartuig*** **0.5** ***poriënvulsel.***

seal·er·y ['si:ləri], **'seal fishery** ⟨zn.; →mv. 2⟩

I ⟨telb.zn.⟩ **0.1** ***robbenjachtgebied;***

II ⟨telb. en n.-telb.zn.⟩ **0.1** ***robbenjacht.***

'sea letter, 'sea pass ⟨telb.zn.⟩ **0.1** ***zeebrief*** ⇒*zeepas.*

'sea level ⟨f1⟩⟨n.-telb.zn.⟩ **0.1** ***zeeniveau*** ⇒*zeespiegel.*

'sea lily ⟨telb.zn.⟩⟨dierk.⟩ **0.1** ***zeelelie*** ⟨stekelhuidig dier; orde Crinoidea⟩.

'sea line ⟨telb.zn.⟩ **0.1** ***lange vislijn*** **0.2** ***zeekust*** ⇒*kustlijn* **0.3** ***kim*** ⇒*horizon.*

seal·ing ['si:lɪŋ]⟨n.-telb.zn.; gerund v. seal⟩ **0.1** ***robbevangst.***

'sealing wax ⟨n.-telb.zn.⟩ **0.1** ***zegelwas.***

'sea lion ⟨telb.zn.⟩⟨dierk.⟩ **0.1** ***zeeleeuw*** ⟨genera Zalophus, Otaria⟩.

'sea lizard ⟨telb.zn.⟩⟨dierk.⟩ **0.1** ***zeeleguaan/hagedis*** ⟨genus Glaucus⟩ **0.2** ***zeeslak*** ⟨v.h. genus Glaucus⟩.

'sea-loch ⟨telb.zn.⟩ **0.1** ***zeearm.***

'Sea Lord ⟨telb.zn.⟩⟨BE⟩ **0.1** ***tot de marine behorend lid v. ministerie v. defensie.***

'seal ring ⟨telb.zn.⟩ **0.1** ***zegelring.***

'seal rookery ⟨telb.zn.⟩ **0.1** ***robbenkolonie.***

'seal·skin ⟨f1⟩⟨zn.⟩

I ⟨telb.zn.⟩ **0.1** ***robbevel*** ⇒*robbepels, zeehondehuid* **0.2** ***kledingstuk van sealskin/zeehondehuid;***

II ⟨n.-telb.zn.⟩ **0.1** ***sealskin*** ⇒*robbevel, robbepels(werk).*

seal·wort ['si:lwɜ:t‖-wɜrt]⟨telb. en n.-telb.zn.⟩⟨plantk.⟩ **0.1** ***salomonszegel*** ⟨planten v.h. genus Polygonatum⟩ **0.2** ***vetmuur*** ⟨planten v.h. genus Sagina⟩.

Sea·ly·ham ['si:lɪəm‖'si:lihæm], **'Sealyham 'terrier** ⟨telb.zn.⟩ **0.1** ***Sealyham terriër*** ⟨kortpotige, draadharige hond⟩.

seam[1] [si:m]⟨f2⟩⟨telb.zn.⟩ **0.1** ***naad*** ⇒*voeg* **0.2** ***naad*** ⇒*litteken* **0.3** ***scheurtje*** ⟨in metaal⟩ **0.4** ***rimpel*** ⇒*groef, plooi* **0.5** ***(steenkolen) laag*** ⇒*(steenkolen)bedding* ◆ **1.1** the ~s of a ship *de naden v.e. schip* **3.¶** ⟨inf.⟩ burst at the ~s *tot barstens toe vol zitten, propvol zijn;* ⟨inf.⟩ come apart at the ~s *helemaal over zijn toeren zijn; in duigen vallen; tot niets komen.*

seam[2] ⟨ww.⟩

I ⟨onov.ww.⟩ **0.1** ***openscheuren*** ⇒*splijten* **0.2** ***rimpelen*** **0.3** ⟨AE⟩ ***averechts breien;***

II ⟨ov.ww.⟩ **0.1** ***samennaaien*** **0.2** ***doorgroeven*** ⇒*doorsnijden, doorkerven* **0.3** ***rimpelen*** **0.4** ⟨AE⟩ ***met averechtse steken ribbels breien in*** ◆ **6.2** ~ed **with** scars *met littekens doorgroefd/overdekt.*

'sea mail ⟨n.-telb.zn.⟩ **0.1** ***zeepost.***

sea·man ['si:mən]⟨f2⟩⟨telb.zn.; seamen [-mən]; →mv. 3⟩ **0.1** ***zeeman*** ⇒*matroos* **0.2** ⟨mil.⟩ ***matroos 1e klas*** ⟨in de Am. marine⟩.

'seaman ap'prentice ⟨telb.zn.⟩⟨mil.⟩ **0.1** ⟨ong.⟩ ***matroos 2e klas*** ⟨in de Am. marine⟩.

sea·man·like ['si:mənlaɪk]⟨bn.⟩ **0.1** ***een zeeman/matroos waardig.***

'seaman re'cruit ⟨telb.zn.⟩⟨mil.⟩ **0.1** ⟨ong.⟩ ***matroos 3e klas*** ⟨in de Am. marine⟩.

sea·man·ship ['si:mənʃɪp]⟨n.-telb.zn.⟩ **0.1** ***zeemanschap*** ⇒*zeevaartkunde.*

'sea·mark ⟨telb.zn.⟩ **0.1** ***zeebaken*** ⇒*zeebaak, boei; vuurtoren.*

'seam bowler ⟨telb.zn.⟩⟨cricket⟩ **0.1** ***seamer*** ⟨speler die de bal via de naad met effect laat opstuiten⟩.

seamer →seam bowler.

sea mew →sea gull.

'sea mile ⟨f1⟩⟨telb.zn.⟩ **0.1** ***(internationale) zeemijl*** ⟨1852 m; →t1⟩ **0.2** ***(Engelse) zeemijl*** ⟨1853,18 m; →t1⟩.

'seam·ing-lace ⟨telb.zn.⟩ **0.1** ***gallon*** ⇒*tussenzetsel.*

seam·less ['si:mləs]⟨bn.⟩ **0.1** ***naadloos*** ⇒⟨fig.⟩ *consistent, consequent.*

'sea monster ⟨telb.zn.⟩ **0.1** ***zeemonster.***

'sea moss ⟨n.-telb.zn.⟩ **0.1** ***zeemos.***

'sea·mount ⟨telb.zn.⟩ **0.1** ***onderzeese berg.***

'sea mouse ⟨telb.zn.⟩⟨dierk.⟩ **0.1** ***zeemuis*** ⟨worm; genus Aphrodite; i.h.b. A. aculeata⟩.

seam·stress ['si:mstrɪs], ⟨BE ook⟩ **semp·stress** ['sem(p)strɪs]⟨f1⟩ ⟨telb.zn.⟩ **0.1** ***naaister.***

'seam welding ⟨n.-telb.zn.⟩⟨tech.⟩ **0.1** ***(het) naadlassen.***

seam·y ['si:mi]⟨bn.; -er; -ness; →bijw. 3⟩ **0.1** ***met een naad/naden*** ⇒⟨fig.⟩ *minder mooi, ruw, hard* ◆ **1.1** the ~ side of a garment *de averechtse/verkeerde kant v.e. kledingstuk;* the ~ side of life *de zelfkant v.h. leven.*

Sean·ad ['ʃænɑ:d], **Seanad Eir·eann** [-'eərən‖-'erən]⟨eig.n.; the⟩ **0.1** ***Eerste Kamer/Senaat van Ierland.***

sé·ance, se·ance ['seɪɑ̃s, 'seɪɒns‖'seɪɑns]⟨telb.zn.⟩ **0.1** ***seance*** ⇒*spiritistische seance* **0.2** ***sessie*** ⇒*zitting.*

'sea necklace ⟨telb.zn.⟩ **0.1** ***eiersnoer v. wulk.***

'sea nettle ⟨telb.zn.⟩ **0.1** ***zeekwal.***

'sea oak ⟨n.-telb.zn.⟩⟨plantk.⟩ **0.1** ***zeeëik*** ⟨wier; genus Fucus⟩.

'sea onion ⟨telb.zn.⟩⟨plantk.⟩ **0.1** ***zeeui*** ⇒*zeelook* ⟨Urginea maritima⟩.

'sea orange ⟨telb.zn.⟩⟨dierk.⟩ **0.1** ***oranje zeekomkommer*** ⟨klasse Holothurioidea⟩.

'sea otter ⟨telb.zn.⟩⟨dierk.⟩ **0.1** ***zeeotter*** ⟨Enhydra lutris⟩.

'sea parrot ⟨telb.zn.⟩⟨dierk.⟩ **0.1** ***papegaaiduiker*** ⟨genera Fratercula, Lunda⟩.

'sea pay ⟨n.-telb.zn.⟩ **0.1** ***zeemansloon.***

'sea peach ⟨telb.zn.⟩⟨dierk.⟩ **0.1** ***zakpijp*** ⟨met perzikachtige huid; klasse Ascidiacea⟩.

'sea pear ⟨telb.zn.⟩⟨dierk.⟩ **0.1** ***zakpijp*** ⟨met peervormig lichaam; klasse Ascidiacea⟩.

sea pen →sea feather.

'sea pie ⟨telb.zn.⟩ **0.1** ***gerecht v. groente en pekelvlees*** **0.2** ⟨BE; dierk.⟩ ***scholekster*** ⟨genus Haematopus⟩.

'sea·piece ⟨telb.zn.⟩ **0.1** ***zeegezicht*** ⇒*zeestuk.*

'sea pig ⟨telb.zn.⟩⟨dierk.⟩ **0.1** ***bruinvis*** ⟨genus Phocaena⟩ **0.2** ***doejoeng*** ⟨Dugong dugon⟩.

'sea pike ⟨telb.zn.⟩ **0.1** ⟨ben. voor⟩ ***snoekachtige zeevis*** ⇒⟨o.a.⟩ *geep.*

'sea pilot ⟨telb.zn.⟩⟨dierk.⟩ **0.1** ***scholekster*** ⟨genus Haematopus⟩.

'sea 'pincushion, 'sea purse ⟨telb.zn.⟩ **0.1** ***kapsel v. haaie/vleeteieren.***

'sea 'pink, 'sea 'thrift, 'sea 'gillyflower ⟨n.-telb.zn.⟩⟨plantk.⟩ **0.1** ***Engels gras*** ⟨Armeria maritima⟩.

'sea·plane ⟨f1⟩⟨telb.zn.⟩ **0.1** ***watervliegtuig.***

'sea poacher ⟨telb.zn.⟩⟨dierk.⟩ **0.1** ***harnasmannetje*** ⟨Agonus cataphractus⟩.

'sea·port ⟨f1⟩⟨telb.zn.⟩ **0.1** ***zeehaven.***

'sea power ⟨telb.zn.⟩ **0.1** ***zeemacht*** ⇒*scheepsmacht, oorlogsvloot* **0.2** ***zeemogendheid*** ⇒*zeemacht.*

'sea 'pumpkin ⟨telb.zn.⟩⟨dierk.⟩ **0.1** ***zeekomkommer*** ⟨klasse Holothurioidea⟩.

'sea·quake ⟨telb.zn.⟩ **0.1** ***zeebaring*** ⇒*zeebeving.*

sear[1] [sɪə‖sɪr]⟨telb.zn.⟩ **0.1** ***(haan)pal*** ⟨v. geweerslot⟩.

sear[2], **sere** ⟨bn.⟩⟨schr.⟩ **0.1** ***verwelkt*** ⇒*dor, droog* ◆ **1.¶** ⟨fig.⟩ the ~, the yellow leaf *de herfst v.h. leven.*

sear[3] ⟨f2⟩⟨ww.⟩ →searing

I ⟨onov.ww.⟩ **0.1** ***verdorren*** ⇒*op/uitdrogen, verschroeien;*

II ⟨ov.ww.⟩ **0.1** ***schroeien*** ⇒*verschroeien, (dicht)branden, brandmerken* **0.2** ***(doen) verdorren*** ⇒*op/uitdrogen;* ⟨fig.⟩ *verharden, ongevoelig maken* ◆ **1.2** a ~ed conscience *een verhard/vereelt geweten.*

'sea raven ⟨telb.zn.⟩⟨dierk.⟩ **0.1** ***zeeraaf*** ⟨vis; Hemitripterus americanus⟩.

search[1] [sɜ:tʃ||sɜrtʃ]⟨f3⟩⟨telb. en n.-telb.zn.⟩ **0.1** ⟨ben. voor⟩ ***grondig onderzoek*** ⇒*opsporing, zoek/speurtocht; speurwerk;* ⟨fig.⟩ *jacht; visitatie, fouillering, aftasting; huiszoeking;* ⟨comp.⟩ *zoekbewerking, zoekfunctie* **0.2** ⟨schr.⟩ ***doordringendheid*** ◆ **1.1** ~ of conscience *gewetensonderzoek* **6.1** his ~ **after** glory *zijn jacht op/naar roem;* the ~ **for** terrorists *de jacht op terroristen;* **in** ~ **of** *op zoek naar.*

search[2] ⟨f3⟩⟨ww.⟩ →searching

I ⟨onov.ww.⟩ **0.1** ***grondig zoeken*** ⇒*speuren, opsporingswerk doen* ◆ **6.1** ~ **after** glory *roem najagen;* ~ **for** the causes of cancer *zoeken naar de oorzaken van kanker;* ~ **for** money *geld najagen;* he ~ed **through** the drawer for his pen *hij zocht in de la naar zijn pen;*

II ⟨ov.ww.⟩ **0.1** ⟨ben. voor⟩ ***grondig onderzoeken*** ⇒*grondig bekijken, doorzoeken; visiteren, fouilleren, aftasten; natrekken, nagaan, naspeuren* **0.2** ⟨schr.⟩ ***doordringen*** **0.3** ⟨mil.⟩ ***bestrijken*** ⟨met geschut⟩ **0.4** ⟨med.⟩ ***sonderen*** ⇒*peilen* ⟨wonde⟩ ◆ **1.1** ~ one's conscience *zijn geweten onderzoeken* **1.2** the cold ~ed the deserted camp *de koude doordrong het verlaten kamp* **4.¶** ⟨inf.⟩ ~ me! *weet ik veel!, dat mag Joost weten!* **5.1** ~ **out** *op het spoor komen, ontdekken* **6.1** ~ a house **for** weapons *een huis op wapens doorzoeken.*

search·er ['sɜ:tʃə||'sɜrtʃər]⟨f1⟩⟨telb.zn.⟩ **0.1** ***onderzoeker*** **0.2** ***visiteur*** **0.3** ⟨med.⟩ ***sonde.***

search·ing[1] ['sɜ:tʃɪŋ||'sɜr-]⟨f1⟩⟨telb. en n.-telb.zn.; (oorspr.) gerund v. search⟩ **0.1** ***grondig onderzoek*** **0.2** ***visitatie*** ⇒*fouillering, aftasting;* ⟨bij uitbr.⟩ *huiszoeking* **0.3** ⟨schr.⟩ ***het doordringen*** **0.4** ⟨mil.⟩ ***het bestrijken*** ⟨d.m.v. geschut⟩ **0.5** ⟨med.⟩ ***het sonderen*** ⇒*sondering* ⟨v. wonde⟩ ◆ **1.¶** ⟨schr.⟩ ~(s) of the heart(s) *gewetensangst/wroeging.*

searching[2] ⟨f1⟩⟨bn.; oorspr. teg. deelw. v. search; -ly⟩ **0.1** ***onderzoekend*** ⇒*vorsend, scherp* **0.2** ***grondig*** ⇒*nauwgezet* ◆ **1.1** a ~ look *een onderzoekende blik* **1.2** a ~ examination *een grondig onderzoek.*

'search·light ⟨f2⟩⟨telb.zn.⟩ **0.1** ***zoeklicht*** ⇒*schijnwerper* **0.2** ***lichtbundel/kegel v. zoeklicht*** ⇒⟨fig.⟩ *licht, daglicht, bekendheid* **0.3** ***zaklantaren.***

'search operation ⟨telb.zn.⟩ **0.1** ***zoekactie.***

'search party ⟨verz.n.⟩ **0.1** ***opsporingsexpeditie/patrouille*** ⇒*reddingsteam.*

'search plane ⟨telb.zn.⟩ **0.1** ***opsporingsvliegtuig.***

'search warrant ⟨telb.zn.⟩ **0.1** ***bevel(schrift) tot huiszoeking.***

sear·ing ['sɪərɪŋ||'sɪrɪŋ]⟨bn.; oorspr. teg. deelw. v. sear⟩ **0.1** ***brandend*** ⇒*schroeiend* **0.2** ⟨inf.⟩ ***ophitsend*** ⇒*heet, hitsig* ⟨vnl. seksueel⟩.

'sear·ing-i·ron ⟨telb.zn.⟩ **0.1** ***brandijzer*** ⇒*merkijzer.*

'sea robin ⟨telb.zn.⟩⟨AE; dierk.⟩ **0.1** ***rode poon*** ⇒*rode knorhaan, rode zeehaan* ⟨fam. Triglidae⟩.

'sea room ⟨n.-telb.zn.⟩ **0.1** ***manoeuvreerruimte*** ⟨van schip op zee⟩ ⇒⟨fig.⟩ *bewegingsruimte, armslag.*

'sea rover ⟨telb.zn.⟩ **0.1** ***piratenschip*** ⇒*kaperschip* **0.2** ***zeeschuimer*** ⇒*piraat, zeerover, kaper.*

'sea·scape ⟨telb.zn.⟩ **0.1** ***zeegezicht*** ⟨schilderij⟩.

'Sea Scout ⟨telb.zn.⟩ **0.1** ***zeeverkenner.***

'sea serpent, 'sea snake ⟨telb.zn.⟩ **0.1** ⟨dierk.⟩ ***zeeslang*** ⟨fam. Hydrophidae⟩ **0.2** ***zeemonster.***

'sea-shan·ty ⟨telb.zn.⟩ **0.1** ***shanty*** ⟨zeemanslied⟩.

'sea·shell ⟨telb.zn.⟩ **0.1** ***zeeschelp.***

'sea·shore ⟨f1⟩⟨n.-telb.zn.⟩ **0.1** ***zeekust*** **0.2** ⟨jur.⟩ ***strand tussen hoog en laag tij*** ⇒*nat strand.*

'sea·sick ⟨f1⟩⟨bn.; -ness⟩ **0.1** ***zeeziek.***

'sea·side ⟨f2⟩⟨n.-telb.zn.; ook attr.; the⟩ **0.1** ***kust*** ⇒*zee(kust)* ◆ **3.1** go to the ~ *naar de zee/kust/het strand/een badplaats gaan.*

'sea·sid·er ⟨telb.zn.⟩ **0.1** ***badgast.***

'sea slug ⟨telb.zn.⟩⟨dierk.⟩ **0.1** ***zeekomkommer*** ⟨klasse Holothurioidea⟩ **0.2** ***zeenaaktslak*** ⟨orde Nudibranchia⟩.

'sea snail, 'snail·fish ⟨telb.zn.⟩⟨dierk.⟩ **0.1** ***slakdolf*** ⟨Liparis liparis⟩.

sea snake →sea serpent.

'sea snipe ⟨telb.zn.⟩⟨dierk.⟩ **0.1** ***franjepoot*** ⟨fam. Phalaropodidae⟩ ⇒⟨alg.⟩ *strandvogel* **0.2** ***snipvis*** ⟨fam. Macrorhamphosidae⟩.

sea·son[1] ['si:zn]⟨f3⟩⟨telb.zn.⟩ **0.1** ***seizoen*** ⇒*jaargetijde* **0.2** ***seizoen*** ⇒*periode, tijd;* ⟨fig.⟩ *jaar* **0.3** ⟨ben. voor⟩ ***geschikte/drukke tijd*** ⇒*seizoen; jachtseizoen; vakantieperiode; bronsttijd* **0.4** ⟨ben. voor⟩ ***feesttijd*** ⇒⟨vnl.⟩ *kerst- en nieuwjaarstijd, feestdagen* **0.5** ***seizoenkaart*** ⇒*abonnementskaart, doorlopende kaart* ⟨voor vervoer, speelseizoen e.d.⟩ ◆ **1.2** a man for all ~s *een man voor alle tijden/voor goede en kwade dagen* **1.3** London in the ~ *Londen in het seizoen* ⟨vnl. de vroege zomer⟩ **1.4** the ~ of good cheer *de gezellige kerst- en nieuwjaarstijd;* compliments of the ~ *feestgroeten;* ⟨vnl.⟩ *kerst- en nieuwjaarswensen* **2.1** dry ~ *droog seizoen/jaargetijde;* rainy ~ *regenseizoen/tijd* **2.3** dead/off ~ *voorseizoen, periode buiten hoogseizoen* ⟨vnl. in toerisme⟩; high ~ *vol seizoen, hoogseizoen;* low/dull ~ *slap seizoen, slappe tijd* **3.2** this may last a whole ~ *dit kan een heel seizoen/jaar duren/meegaan* **3.3** come into ~ *de tijd zijn v., te koop zijn* ⟨v. seizoenprodukten⟩; mushrooms come into ~ in autumn *de herfst is de tijd v./voor paddestoelen* **6.3** cherries are **in** ~ *het is kersentijd;* ducks are **in** ~ *de eendejacht is open;* the mare is **in** ~ *de merrie is bronstig;* a word **in** ~ *een woord ter rechter tijd/op het passende moment; een gepast woord;* **in** and **out of** ~ *te allen tijde, te pas en te onpas;* **out of** ~ *buiten het (jacht-/volle) seizoen; niet op het gepaste moment; te onpas;* strawberries are **out of** ~ *het is nu geen aardbeientijd* **7.1** the four ~s *de vier seizoenen/jaargetijden.*

season[2] ⟨f1⟩⟨ww.⟩ →seasoning

I ⟨onov.ww.⟩ **0.1** ⟨ben. voor⟩ ***geschikt/bruikbaar worden*** ⇒*(ge)wennen, zich aanpassen; zich harden, gehard worden; acclimatiseren;* ⟨fig.⟩ *rijpen; drogen, liggen* ⟨hout⟩;

II ⟨ov.ww.⟩ **0.1** ***kruiden*** ⟨ook fig.⟩ ⇒*op smaak brengen, toebereiden* **0.2** ⟨ben. voor⟩ ***geschikt/bruikbaar maken*** ⇒*(ge)wennen, aanpassen; harden; acclimatiseren;* ⟨fig.⟩ *rijpen, rijp maken; laten liggen/drogen* ⟨hout⟩ **0.3** ⟨schr.⟩ ***verzachten*** ⇒*milder maken, matigen* ◆ **1.1** ~ one's conversation with humour *zijn conversatie met humor kruiden* **1.2** ~ed troops *doorgewinterde/geharde/geroutineerde/volleerde troepen;* a ~ed pipe *een doorgerookte pijp;* ~ed timber *belegen/droog hout* **5.1** highly ~ed dishes *sterk gekruide gerechten.*

sea·son·able ['si:znəbl]⟨f1⟩⟨bn.; -ly; -ness; →bijw. 3⟩ **0.1** ***passend bij het seizoen/de tijd*** **0.2** ***tijdig*** ⇒*op de gepaste tijd* **0.3** ***passend*** ⇒*geschikt.*

sea·son·al ['si:znəl]⟨f2⟩⟨bn.; -ly⟩ **0.1** ***volgens het seizoen*** ⇒*seizoen(s)-, seizoengevoelig, tijdelijk* ◆ **1.1** ~ employment *seizoenarbeid;* ~ goods *seizoenartikelen;* a ~ trade *een seizoengevoelige handel.*

sea·son·ing ['si:znɪŋ]⟨f1⟩⟨zn.; (oorspr.) gerund v. season⟩

I ⟨telb. en n.-telb.zn.⟩ **0.1** ***specerij*** ⇒*kruiden, kruiderij, smaakmaker;*

II ⟨n.-telb.zn.⟩ **0.1** ***het kruiden*** ⇒*het op smaak brengen.*

'season's 'greetings ⟨mv.⟩ **0.1** ***kerst- en nieuwjaarsgroeten/wensen.***

'season ticket ⟨f1⟩⟨telb.zn.⟩ **0.1** ***seizoenkaart*** ⇒*abonnement, abonnementskaart, doorlopende kaart* ⟨voor vervoer, speelseizoen e.d.⟩.

'sea squirt ⟨telb.zn.⟩⟨dierk.⟩ **0.1** ***zeeschede*** ⟨genus Ascidia⟩.

'sea swallow ⟨telb.zn.⟩⟨dierk.⟩ **0.1** ***visdief*** ⟨Sterna hirundo⟩.

seat[1] [si:t], ⟨in bet. 0.5 ook⟩ **'country·'seat** ⟨f3⟩⟨telb.zn.⟩ **0.1** ***(zit)plaats*** ⇒*stoel, zetel, bank, (fiets)zadel* **0.2** ***zitting*** **0.3** ***zitvlak*** ⇒*achterste, kruis* **0.4** ***zetel*** ⇒*centrum, plaats, ligging, gebied* **0.5** ***landgoed*** ⇒*buitenverblijf* **0.6** ***zetel*** ⇒*lidmaatschap* **0.7** ⟨paardesport⟩ ***zit*** **0.8** ***W.C.-bril*** ⇒*closetbril* **0.9** ⟨vnl. BE⟩ ***kiesdistrict*** ◆ **1.2** the ~ of a chair *de zitting v.e. stoel;* the ~ of a valve *de zitting v.e. klep* **1.4** the ~ of a disease *de zetel v.e. ziekte, de ziektehaard;* the ~ of a fire *de haard v.e. brand, de brandhaard;* the ~ of government *de zetel der regering;* a ~ of learning *een zetel/centrum v. geleerdheid/wetenschap;* the ~ of war *het toneel v. oorlog* **1.7** she has a good ~ *ze heeft een goede zit, ze zit goed (te paard)* **1.¶** ⟨inf.⟩ by the ~ of one's pants *op 't gevoel af, bij intuïtie, gevoelsmatig, in 't wilde weg, op goed geluk af; op het nippertje gelukt* **2.1** the back ~ of a car *de achterbank v.e. auto;* the front ~ of a car *de voorbank v.e. auto;* tickets for good ~s at the theatre *kaarten voor goede plaatsen in het theater* **3.1** have/take a ~ *neem plaats, ga zitten;* keep your ~s! *blijf (rustig) zitten!;* lose one's ~ *zijn plaats kwijt raken;* take one's ~ *(op zijn plaats) gaan zitten;* she took her ~ on a rock *ze ging op een rots zitten* **3.4** the disease has its ~ in the heart *de ziekte heeft haar zetel in het hart/is in het hart gelokaliseerd* **3.6** lose one's ~ *niet herkozen worden (voor het parlement), zijn zetel verliezen;* win a ~ *verkozen worden (voor het parlement), een zetel behalen;* take one's ~ *zijn plaats (in het parlement) innemen* **6.6** have a ~ **on** a board *zetelen in een commissie.*

seat[2], ⟨in bet. 0.4, 0.5 vnl.⟩ **re·seat** ['ri:'si:t]⟨f3⟩⟨ov.ww.⟩ →seating **0.1** ⟨vaak pass.⟩ ***zetten*** ⇒*plaatsen, doen zitten, doen zetelen* **0.2** ***v. zitplaatsen voorzien*** **0.3** ***(zit)plaats bieden aan/voor*** ⇒*een zitplaatscapaciteit hebben v.* **0.4** ***de zitting repareren/vervangen v.*** **0.5** ***het achterste/het kruis repareren/vervangen v.*** ⟨broek⟩ **0.6** ***plaatsen*** ⇒*bevestigen, vastzetten/maken* ⟨onderdeel e.d.⟩ **0.7** ***zijn functie doen innemen*** ◆ **1.1** the government is ~ed in the capital *de regering zetelt in de hoofdstad;* the town is ~ed at the border of the desert *de stad ligt aan de rand v.d. woestijn/is aan de rand v.d. woestijn gelegen* **1.3** this room is ~ed for/will ~ twenty *deze kamer biedt plaats aan twintig mensen* **1.7** the queen was ~ed last year *de koningin werd vorig jaar ingehuldigd/kwam vorig jaar op de troon* **3.1** be ~ed *ga zitten;* please/pray be

~ed *gaat u zitten* **4.1** ~ o.s. *gaan zitten* **5.1** be deeply ~ed *diep zitten, diep ingeworteld zijn* ⟨v. gevoel, ziekte enz.⟩.

'sea·tang, 'sea tangle ⟨n.-telb.zn.⟩ ⟨plantk.⟩ **0.1** ***bruinwier*** ⟨genus Laminaria⟩.

'seat belt ⟨f1⟩ ⟨telb.zn.⟩ **0.1** ***veiligheidsgordel*** ⇒*veiligheidsriem*.

-seat·er ['si:tə||'si:ṭər] ⟨vormt (bijv.) nw. met getal⟩ **0.1** ***met... zitplaatsen*** **0.2** ***auto/fiets/enz. met... zitplaatsen*** ⇒*-zit(ter)* ◆ **¶.1** a three-seater car *een auto met drie zitplaatsen* **¶.2** this car is a three-seater *deze auto heeft/biedt 3 zitplaatsen*.

sea thrift →sea pink.

seat·ing ['si:ṭɪŋ], ⟨in bet. II 0.3 ook⟩ **'seating room, 'seating accommodation** ⟨f1⟩ ⟨zn.; 1e variant (oorspr.) gerund v. seat⟩
I ⟨telb.zn.⟩ **0.1** ***steunvlak*** ⇒*draagvlak, basis, zitting* ◆ **1.1** the ~ of a valve *de zitting v.e. klep;*
II ⟨n.-telb.zn.⟩ **0.1** ***plaatsing*** ⇒*het geven v.e. plaats* **0.2** ***het geven v.e. zitting*** **0.3** ⟨vaak attr.⟩ ***plaatsruimte*** ⇒*(zit)plaatsen* **0.4** ***bekledingsstof*** ⇒*stoffering* ◆ **1.1** the ~ of the visitors took a long time *het duurde lang voor alle bezoekers op hun plaats zaten/een plaats hadden*.

'seat·mate ⟨telb.zn.⟩ ⟨vnl. AE⟩ **0.1** ***medepassagier(e)***.

'seat mile ⟨telb.zn.⟩ **0.1** ***reizigersmijl*** ⇒*mijl per reiziger*.

SEATO ['si:ṭou] ⟨eig.n.⟩ ⟨afk.⟩ Southeast Asia Treaty Organization **0.1** ***ZOAVO***.

'sea toad ⟨telb.zn.⟩ ⟨dierk.⟩ **0.1** ***zeeduivel*** ⇒*hozemond/bek* ⟨Lophius piscatorius⟩.

'sea trout ⟨telb.zn.⟩ ⟨dierk.⟩ **0.1** ***zeeforel*** ⇒*schot(zalm)* ⟨Salmo trutta⟩.

'seat·worm ⟨telb.zn.⟩ **0.1** ***aarsmade***.

'sea unicorn ⟨telb.zn.⟩ ⟨dierk.⟩ **0.1** ***narwal*** ⟨Monodon monoceros⟩.

'sea urchin ⟨telb.zn.⟩ ⟨dierk.⟩ **0.1** ***zeeëgel*** ⟨klasse Echinoidea⟩.

'seawall ⟨telb.zn.⟩ **0.1** ***zeedijk*** ⇒*strandmuur, zeewering*.

sea·ward[1] ['si:wəd||-wərd] ⟨f1⟩ ⟨bn.⟩ **0.1** ***zeewaarts***.

seaward[2], **sea·wards** ['si:wədz||-wərdz] ⟨f1⟩ ⟨bw.⟩ **0.1** ***zeewaarts*** ⇒*naar zee; aan de kant v.d. zee*.

'sea·ware ⟨n.-telb.zn.⟩ **0.1** ***aangespoeld zeewier*** ⟨als meststof gebruikt⟩.

'sea·wa·ter ⟨f1⟩ ⟨n.-telb.zn.⟩ **0.1** ***zeewater*** ⇒*zout water*.

'sea·way ⟨zn.⟩
I ⟨telb.zn.⟩ **0.1** ***zeeweg*** ⇒*vaarroute (op zee)* **0.2** ***vaarroute naar zee*** ⇒*zeeweg* **0.3** ***ligging*** ⟨v. schip⟩ **0.4** ***woelige zee*** ⇒*zeegang;*
II ⟨n.-telb.zn.⟩ **0.1** ***vaart/voortgang*** ⟨v. schip⟩.

'sea·weed ⟨f1⟩ ⟨n.-telb.zn.⟩ **0.1** ***zeewier*** **0.2** ***zeegras***.

sea whip →sea fan.

'sea·wife ⟨telb.zn.⟩ ⟨dierk.⟩ **0.1** ***lipvis*** ⟨fam. Labridae; i.h.b. Labrus vetula, Acantholabrus yarrelli⟩.

sea wind →sea breeze.

'sea wolf ⟨telb.zn.⟩ **0.1** ⟨dierk.⟩ ***zeeolifant*** ⟨Mirounga leonina⟩ **0.2** ⟨dierk.⟩ ***zeewolf*** ⟨Anarhichas lupus⟩ **0.3** ⟨dierk.⟩ ***zeebaars*** ⟨Centropristis striatus⟩ **0.4** ***piraat*** ⇒*kaper, zeerover, zeeschuimer*.

'sea·wor·thy ⟨bn.; -ness; →bijw. 3⟩ **0.1** ***zeewaardig***.

'sea wrack ⟨n.-telb.zn.⟩ **0.1** ***aangespoeld zeewier*** **0.2** ***(uit zee) aangespoeld materiaal***.

se·ba·ceous [sɪ'beɪʃəs] ⟨bn.⟩ ⟨med.⟩ **0.1** ***vetachtig*** ⇒*vet-, talg-* **0.2** ***vet afscheidend*** ◆ **1.1** ~ gland *vetklier*.

SEbE ⟨afk.⟩ Southeast by East **0.1** ***Z.O.O.***.

se·bi- ['sebi], **seb·o-** ['sebou] **0.1** ***vet-*** ⇒*vetachtig*.

seb·or·rhoe·a, ⟨AE sp. ook⟩ **seb·or·rhe·a** ['sebə'ri:ə] ⟨n.-telb.zn.⟩ ⟨med.⟩ **0.1** ***vetzucht***.

SEbS ⟨afk.⟩ Southeast by South **0.1** ***Z.Z.O.***.

se·bum ['si:bəm] ⟨n.-telb.zn.⟩ **0.1** ***sebum*** ⇒*huidsmeer, talg*.

sec[1] [sek] ⟨f1⟩ ⟨telb.zn.⟩ **0.1** ⟨verk.⟩ ⟨second⟩ ⟨inf.⟩ ***seconde*** ◆ **5.1** just a ~ *een ogenblikje*.

sec[2] ⟨bn.⟩ **0.1** ***sec*** ⇒*droog* ⟨v. wijn⟩.

sec[3] ⟨afk.⟩ **0.1** ⟨secondary⟩ **0.2** ⟨ook S-⟩ ⟨Secretary⟩ **0.3** ⟨section⟩ ***Sect.*** **0.4** ⟨sector⟩.

SEC ⟨afk.⟩ Securities and Exchange Commission.

se·cant[1] ['si:kənt||-kænt] ⟨telb.zn.⟩ ⟨wisk.⟩ **0.1** ***snijlijn*** **0.2** ***secans***.

secant[2] ⟨bn.⟩ **0.1** ***snijdend*** ⇒*snij-* ◆ **1.1** ~ line *snijlijn*.

sec·a·teurs ['sekətɜ:z||-'tɜrz] ⟨f1⟩ ⟨mv.; ww. steeds mv.⟩ ⟨BE⟩ **0.1** ***(kleine) snoeischaar*** ⇒*(kleine) tuinschaar* ◆ **1.1** three pairs of ~ *drie snoeischaren*.

sec·co ['sekou] ⟨telb.zn.⟩ **0.1** ***secco schilderij*** ⟨op een droge grond geschilderd⟩.

se·cede [sɪ'si:d] ⟨f1⟩ ⟨onov.ww.⟩ **0.1** ***zich afscheiden*** ⇒*zich afsplitsen, zich terugtrekken* ◆ **6.1** ~ **from** *zich afscheiden van, uittreden uit*.

se·ced·er [sɪ'si:də||-ər] ⟨telb.zn.⟩ **0.1** ***afgescheiden persoon*** ⇒*afgescheidene, afvallige*.

se·cern [sɪ'sɜ:n||-'sɜrn] ⟨ov.ww.⟩ **0.1** ***afscheiden*** ⇒*secreteren* ⟨v. klier⟩ **0.2** ***onderscheiden***.

se·cern·ent [sɪ'sɜ:nənt||-sɜr-] ⟨telb.zn.⟩ **0.1** ***afscheidingsorgaan*** **0.2** ***afscheiding bevorderend middel***.

se·ces·sion [sɪ'seʃn] ⟨f1⟩ ⟨n.-telb.zn.⟩ **0.1** ***afscheiding*** ⇒*het afscheiden, separatie* **0.2** ⟨vnl. S-⟩ ⟨gesch.⟩ ***secessie*** ⇒*afscheidingsbeweging* ⟨aanleiding tot de Am. burgeroorlog⟩ ◆ **1.2** War of Secession *secessieoorlog* ⟨Am. burgeroorlog 1861-1865⟩.

se·ces·sion·al [sɪ'seʃnəl] ⟨bn.⟩ **0.1** ***afscheidend*** ⇒*afscheidings-*.

se·ces·sion·ism [sɪ'seʃənɪzm] ⟨n.-telb.zn.⟩ **0.1** ***afscheidingspolitiek*** ⇒*separatisme*.

se·ces·sion·ist [sɪ'seʃənɪst] ⟨telb.zn.⟩ **0.1** ***separatist***.

Seckel pear ['sekl peə||-per] ⟨telb.zn.⟩ ⟨AE⟩ **0.1** ***Seckel peer*** ⟨kleine, zoete peer⟩.

se·clude [sɪ'klu:d] ⟨f2⟩ ⟨ov.ww.⟩ →secluded **0.1** ***afzonderen*** ⇒*af/opsluiten, isoleren, terugtrekken* **0.2** ***afschermen*** ⇒*beschermen* ◆ **4.1** ~ o.s. *zich afzonderen* **6.1** ~ s.o./o.s. **from** *iem./zich afzonderen van;* ~ o.s. **in** one's room *zich in zijn kamer opsluiten*.

se·clud·ed [sɪ'klu:dɪd] ⟨f1⟩ ⟨bn.; oorspr. volt. deelw. v. seclude; -ly; -ness⟩ **0.1** ***afgezonderd*** ⇒*teruggetrokken, geïsoleerd* **0.2** ***afgezonderd*** ⇒*rustig, stil, eenzaam, afgelegen, afgeschermd, verborgen, privé* ◆ **1.1** a ~ life *een teruggetrokken leven* **1.2** a ~ house *een afgelegen huis;* a ~ spot *een stil/eenzaam plekje*.

se·clu·sion [sɪ'klu:ʒn] ⟨f1⟩ ⟨zn.⟩
I ⟨telb.zn.⟩ **0.1** ***afgezonderde plaats*** ⇒*eenzame/rustige/afgelegen plaats;*
II ⟨n.-telb.zn.⟩ **0.1** ***afzondering*** ⇒*het afzonderen* **0.2** ***afzondering*** ⇒*eenzaamheid, rust, afgelegenheid, privacy* ◆ **3.2** live in ~ *in afzondering leven* **6.2** **in** the ~ **of** one's own room *in de beslotenheid/privacy v. zijn eigen kamer*.

se·clu·sive [sɪ'klu:sɪv] ⟨bn.; -ly; -ness⟩ **0.1** ***geneigd zich af te zonderen*** ⇒*zich afzonderend* **0.2** ***om (zich) af te zonderen*** ◆ **1.1** he's a very ~ person *hij heeft sterk de neiging zich af te zonderen, hij zondert zich sterk af* **1.2** a ~ spot *een plaats waar men zich kan terugtrekken*.

sec·ond[1] ['sekənd] ⟨f4⟩ ⟨zn.⟩
I ⟨telb.zn.; in bet. 0.3 - 0.9 niet te scheiden v.h. vnw.⟩ **0.1** ***seconde*** ⟨eenheid v. tijd⟩ ⇒⟨fig.⟩ *moment(je), ogenblik(je)* **0.2** ***seconde*** ⟨eenheid v. hoekmaat⟩ **0.3** ***tweede*** ⟨v.d. maand⟩ **0.4** ⟨sport⟩ ***tweede (plaats)*** **0.5** ⟨school.⟩ ***tweede (klas)*** **0.6** ⟨tech.⟩ ***tweede (versnelling)*** **0.7** ⟨universiteit; ong.⟩ ***met veel genoegen*** **0.8** ⟨ec.⟩ ***secundawissel*** **0.9** ⟨muz.⟩ ***tweede stem*** **0.10** ***secondant*** ⇒*getuige* ⟨bij boksen, duel⟩ **0.11** ⟨muz.⟩ ***seconde*** ⇒*secunde* ◆ **1.8** ~ of exchange *secundawissel* **2.4** a close/good ~ *een goede tweede plaats, een tweede vlak op de hielen v.d. eerste;* a distant/poor ~ *een tweede plaats ver achter de eerste, een zwakke tweede* **2.7** lower ~ ⟨ong.⟩ *met (veel) genoegen;* upper ~ ⟨ong.⟩ *met (zeer) veel genoegen* **2.11** major ~ *grote seconde, één toon;* minor ~ *kleine seconde, halve toon* **3.1** wait a ~ *wacht even* **5.11** a ~ **up** *een seconde hoger* **6.1** I'll be back **in** a ~ *ik ben zo terug* **6.6** put her **in** ~ *schakel naar tweede* **6.¶** not **for** a/one ~ *helemaal niet* **7.1** half a ~! *een ogenblik!;*
II ⟨mv.; ~s⟩ **0.1** ***tweede kwaliteitsgoederen*** ⇒*tweede keus/klas(se)* **0.2** ***tweede portie*** ⟨bij maaltijd⟩ **0.3** ***tweede gang*** ⟨bij maaltijd⟩ ◆ **1.1** these are ~s and therefore cheaper *deze zijn v. mindere kwaliteit en daarom goedkoper* **3.2** who would like ~s? *wie wil er nog?*.

sec·ond[2] ['sekənd] ⟨f3⟩ ⟨ov.ww.⟩ **0.1** ***(onder)steunen*** ⇒*bijstaan, helpen, meewerken* **0.2** ***ondersteunen*** ⇒*goedkeuren, bijvallen* **0.3** ***seconderen*** ⇒*secondant zijn v.* **0.4** ***de tweede stem zingen voor/bij***.

se·cond[3] [sɪ'kɒnd||sɪ'kɑnd] ⟨ov.ww.⟩ ⟨BE⟩ **0.1** ***tijdelijk overplaatsen*** ⇒*detacheren, à la suite plaatsen* ⟨i.h.b. in het leger⟩ ◆ **6.1** ~ **for** special duties *tijdelijk overplaatsen om speciale taken te vervullen;* ~ s.o. **from** *iem. (tijdelijk) overplaatsen van;* ~ **to** *tijdelijk overplaatsen naar, detacheren bij*.

second[4] ['sekənd] ⟨f4⟩ ⟨telw.; als vnw.⟩ **0.1** ***tweede*** ⇒*ander(e)* ◆ **1.1** ⟨mil.⟩ the captain's ~ *de adjudant v.d. kapitein;* ⟨mil.⟩ ~ in command *onderbevelhebber;* ~ in line *tweede op de ranglijst* **3.1** give me a ~ *geef me er nog een* **4.1** he was ~ to none *hij was van niemand de mindere, hij moest voor niemand onderdoen*.

second[5] ['sekənd] ⟨f3⟩ ⟨bw.; →telwoord⟩ **0.1** ***op één na*** **0.2** ***ten tweede*** **0.3** ⟨verkeer⟩ ***(in) tweede klas*** ◆ **2.1** ~ best *op één na de beste;* come off ~ best *als tweede eindigen;* ⟨fig.⟩ *aan het kortste eind trekken, het onderspit delven* **3.3** travel ~ *(in) tweede klas reizen* **¶.2** ~(ly) *ten tweede, in/op de tweede plaats, secundo*.

second[6] ['sekənd] ⟨f4⟩ ⟨telw.; als det.⟩ **0.1** ***tweede*** ⇒*ander(e);* ⟨fig.⟩ *tweederangs, minderwaardig* ◆ **1.1** ~ class *tweede klas* ⟨ook v. post⟩; ⟨school.⟩ *tweede rang* ⟨bij examen⟩; ⟨ong.⟩ *onderscheiding;* ~ day *maandag;* ⟨fig.⟩ ~ nature *tweede natuur;* in the ~ place *ten tweede, bovendien;* ~ violin *tweede viool* **7.1** every ~ day *om de andere dag*.

sec·on·dar·y[1] ['sekəndri||-deri] ⟨f3⟩ ⟨telb.zn.; →mv. 2⟩ **0.1** ***ondergeschikte*** ⇒*helper, assistent* **0.2** ***afgevaardigde*** ⇒*vertegenwoordiger, gedelegeerde, gezant* **0.3** ***iets ondergeschikts*** ⇒*iets bijkomends/secundairs* **0.4** ***secundaire kleur*** ⇒*samengestelde kleur,* *mengkleur* **0.5** ⟨BE⟩ ***secondary*** ⟨ondergeschikte geestelijke⟩ **0.6** ⟨dierk.⟩ ***kleine slagpen*** **0.7** ⟨elek.⟩ ***secundaire wikkeling/stroomkring*** ⇒*secundaire winding, inductiespoel, secundair circuit* **0.8** ⟨ster.⟩ ***bijplaneet*** ⇒*satelliet* **0.9** ⟨sport⟩ ***achterste verdedigingslinie.***

secondary[2] ⟨bn.; -ly; -ness; →bijw. 3⟩
I ⟨bn.⟩ **0.1** ***secundair*** ⇒*bijkomend/komstig, ondergeschikt, bij-, tweede* **0.2** ***secundair*** ⇒*lager, inferieur, tweederangs, minder(waardig)* **0.3** ⟨elek.⟩ ***secundair*** ⇒*inductie-* **0.4** ⟨schei.⟩ ***secundair*** ◆ **1.1** ~ accent/stress *bijaccent;* ~ sex(ual) characteristics, ~ sex characters *secundaire geslachtskenmerk(en);* ~ colour *secundaire/samengestelde kleur, mengkleur;* ~ planet *bijplaneet, satelliet;* ~ plot *nevenintrige;* ~ rainbow *bijregenboog;* ~ source *secundaire bron* **1.3** ~ circuit *secundair circuit, secundaire stroomkring;* ~ coil *secundaire spoel/winding, inductiespoel;* ~ electrons *secundaire elektronen;* ~ emission *secundaire emissie* **1.¶** ~ battery/cell *accumulator, omkeerbaar elektrisch element;* ⟨taalk.⟩ ~ derivative *secundaire afleiding, afleiding v.e. afleiding;* ⟨dierk.⟩ ~ feather *kleine slagpen;* ~ recovery *secundaire oliewinning* **6.1** ~ **to** *ondergeschikt aan* **6.2** ~ **to** *inferieur aan;*
II ⟨bn., attr.⟩ **0.1** ***secundair*** ⇒*middelbaar* ◆ **1.1** ~ education *secundair/middelbaar onderwijs;* ~ school *middelbare school;* ~ modern (school), ⟨inf.⟩ ~ mod *middelbare school met eindonderwijs/zonder doorstromingsmogelijkheden* ⟨in Engeland sinds 1944⟩; ⟨ong.⟩ *MAVO;* ~ technical school *middelbare technische school;* ~ teacher *leerkracht in het middelbaar onderwijs.*

'sec·ond-'chop ⟨bn.⟩ ⟨inf.⟩ **0.1** ***tweederangs*** ⇒*tweede klas.*

'sec·ond-'class[1] ⟨f1⟩ ⟨bn.⟩ **0.1** ***tweede klas*** ⇒*tweedeklas(se)-* **0.2** ***tweederangs*** ⇒*inferieur, minderwaardig* ◆ **1.1** ~ compartment *tweedeklas(se)coupé;* ~ fare *tweedeklastarief;* ~ mail *tweede klas post* ⟨in Engeland: langzamere verzending tegen lagere tarieven; in Am. en Canada: kranten en tijdschriften⟩; a ~ ticket *een kaartje (voor de) tweede klas* **1.2** ~ citizens *tweederangsburgers.*

second-class[2] ⟨bw.⟩ **0.1** ***tweede klas*** ◆ **3.1** go/travel ~ *tweede klas reizen.*

'sec·ond-de'gree ⟨bn.⟩ **0.1** ***v.d. tweede graad*** ⇒*tweedegraads-* ◆ **1.1** ~ burn *brandwond v.d. tweede graad, tweedegraadsverbranding.*

sec·ond·er ['sekəndə||-ər] ⟨telb.zn.⟩ **0.1** ***voorstander*** ⇒*ondersteuner* ◆ **3.1** his proposal had no ~ *er was niemand die achter zijn voorstel stond.*

'sec·ond-floor ⟨bn., attr.⟩ **0.1** ⟨BE⟩ ***op de tweede verdieping*** **0.2** ⟨AE⟩ ***op de eerste verdieping*** ◆ **1.1** a ~ flat *een appartement op de tweede verdieping.*

'sec·ond-gen·e'r·a·tion ⟨bn., attr.⟩ **0.1** ***v.d. tweede generatie*** ⟨i.h.b. Am.; met ouders die zelf in Am. geboren zijn⟩.

'sec·ond-'guess ⟨ww.⟩ ⟨vnl. AE⟩
I ⟨onov.ww.⟩ **0.1** ***het achteraf wel kunnen zeggen*** ⇒*achteraf kritiek leveren, het achteraf beter weten;*
II ⟨ov.ww.⟩ **0.1** ***achteraf bekritiseren*** ⇒*achteraf kritiek leveren op* **0.2** ***voorspellen*** **0.3** ***doorhebben*** ⇒*doorzien.*

'sec·ond-half ⟨f1⟩ ⟨bn., attr.⟩ ⟨sport⟩ **0.1** ***van/in de tweede (speel) helft*** ◆ **1.1** two ~ goals were scored *in de tweede helft werden twee doelpunten gescoord.*

'sec·ond'hand[1] ⟨f2⟩ ⟨bn.⟩
I ⟨bn.⟩ **0.1** ***tweedehands*** **0.2** ***uit de tweede hand*** ◆ **1.1** a ~ car *een tweedehands auto* **1.2** a ~ report *een verslag uit de tweede hand;*
II ⟨bn., attr.⟩ **0.1** ***tweedehands-*** ⇒*in/v. tweedehands goederen* ◆ **1.1** ~ dealer *handelaar in tweedehands goederen, uitdrager;* a ~ shop *een tweedehandswinkel.*

secondhand[2] ⟨bw.⟩ **0.1** ***uit de tweede hand*** ⇒*tweedehands, indirect, onrechtstreeks.*

'second hand, 'seconds hand ⟨telb.zn.⟩ **0.1** ***secondewijzer.***

'sec·ond-in-com'mand ⟨f1⟩ ⟨telb.zn.; seconds in command; →mv. 6⟩ **0.1** ***onderbevelhebber.***

'sec·ond-mark ⟨bn.⟩ **0.1** ***secondeteken*** ⟨″⟩.

se·cond·ment [sɪ'kɒndmənt||-'kɑnd-] ⟨telb. en n.-telb.zn.⟩ ⟨BE⟩ **0.1** ***detachering*** ⇒*overplaatsing.*

se·con·do [se'kɒndoʊ||sɪ'koun-] ⟨telb.zn.; secondi [-di:]; →mv. 5⟩ ⟨muz.⟩ **0.1** ⟨speler v.d.⟩ ***tweede partij*** ⇒*tweede stem.*

'sec·ond-'rate ⟨f1⟩ ⟨bn.⟩ **0.1** ***tweederangs*** ⇒*inferieur, middelmatig.*

'sec·ond-'rat·er ⟨telb.zn.⟩ **0.1** ***tweederangsfiguur*** **0.2** ***ding v. tweede rang*** ◆ **2.1** a government of ~s *een regering bestaande uit tweederangsfiguren.*

'sec·ond-'sight·ed ⟨bn.⟩ **0.1** ***helderziend*** ⇒*clairvoyant.*

'sec·ond'sto·ry man ⟨telb.zn.⟩ ⟨AE⟩ **0.1** ***geveltoerist*** ⟨inbreker⟩.

'sec·ond-'strike ⟨bn., attr.⟩ ⟨mil.⟩ **0.1** ***voor een tegenaanval bestemd*** ⟨atoomwapen⟩ ◆ **1.1** ~ capability *capaciteit voor de tegenaanval.*

'sec·ond-'string ⟨bn.⟩ ⟨vnl. AE⟩ **0.1** ⟨sport⟩ ***reserve-*** ⇒*vervangend* **0.2** ⟨sport⟩ ***op één na beste*** ⟨in team⟩ **0.3** ***tweederangs*** ⇒*inferieur, v.h. tweede garnituur.*

se·cre·cy ['si:krɪsi] ⟨f2⟩ ⟨zn.; →mv. 2⟩
I ⟨telb.zn.⟩ **0.1** ***geheim(enis)*** ⇒*mysterie, verborgenheid;*
II ⟨n.-telb.zn.⟩ **0.1** ***geheimhouding*** ⇒*stilzwijgen, geslotenheid, geheimzinnigheid, verborgenheid* ◆ **3.1** bind/swear s.o. to ~ *iem. (strikte) geheimhouding doen beloven* **6.1** **in** ~ *in het geheim;* **with** ~ *onder geheimhouding.*

se·cret[1] ['si:krɪt] ⟨f3⟩ ⟨zn.⟩
I ⟨telb.zn.⟩ **0.1** ***geheim(enis)*** ⇒*mysterie, verborgenheid* **0.2** ***geheim*** ⇒*kunst, sleutel* **0.3** ⟨vaak S-⟩ ⟨R.-K.⟩ ***secreta*** ⇒*oratio super oblata* ⟨stil gebed voor de prefatie⟩ ◆ **1.1** the ~s of nature *de geheimen/mysteriën der natuur* **1.2** the ~ of your health *het geheim van uw gezondheid;* the ~ of success *het geheim/de kunst om succesvol te zijn* **3.1** keep a/the ~ *een/het geheim bewaren;* make a ~ of sth. *ergens een geheim v. maken* **6.1** let s.o. **into** a/the ~ *iem. in een/het geheim inwijden;* be in **on** the ~ *in het geheim ingewijd zijn;* John's in **on** the ~ *John is een ingewijde, John weet ervan;*
II ⟨n.-telb.zn.⟩ **0.1** ***geheim(houding)*** ◆ **6.1** **in** ~ *in het geheim, onder geheimhouding.*

secret[2] ⟨f3⟩ ⟨bn.⟩ **0.1** ***geheim*** ⇒*verborgen, heimelijk, vertrouwelijk* **0.2** ***geheimhoudend*** ⇒*gesloten, discreet, terughoudend* **0.3** ***verborgen*** ⇒*afgezonderd, afgesloten* **0.4** ***innerlijk*** ⇒*inwendig* **0.5** ***geheim*** ⇒*esoterisch* ◆ **1.1** a ~ admirer *een verborgen/stille aanbidder;* ~ agent *geheim agent;* ~ ballot *geheime stemming;* ~ police *geheime politie;* ~ service *geheime dienst;* ⟨AE⟩ the Secret Service *de Geheime Dienst* ⟨beschermingsdienst voor de president en zijn naasten⟩; ~ society *geheim genootschap* **1.¶** ~ ink *onzichtbare inkt;* s.o.'s ~ soul *het diepste v. iemands ziel* **6.1** keep sth. ~ **from** s.o. *iets voor iem. geheim houden* **6.2** be ~ **about** *gesloten zijn over.*

sec·re·tar·i·al ['sekrə'teərɪəl||-'ter-] ⟨f2⟩ ⟨bn.⟩ **0.1** ***v.e. secretaresse*** ⇒*secretariaats-* ◆ **1.1** ~ training *opleiding voor secretaresse.*

sec·re·tar·i·at(e) ['sekrə'teərɪət||-'ter-] ⟨f1⟩ ⟨zn.⟩
I ⟨telb.zn.⟩ **0.1** ***secretariaat*** ⇒*secretarie, secretariaatspersoneel/gebouw, kantoor/bureau v.e. secretaris/secretaresse* ◆ **1.1** the ~ of the United Nations *het secretariaat/de secretarie v.d. Verenigde Naties;*
II ⟨n.-telb.zn.⟩ **0.1** ***secretarisambt/schap.***

sec·re·tar·y ['sek(r)ətri||-teri], ⟨in bet. I 0.6 ook⟩ **sec·re·taire** ['sekrə'teə||-'ter] ⟨f3⟩ ⟨zn.; →mv. 2⟩
I ⟨telb.zn.⟩ **0.1** ***secretaresse*** **0.2** ***secretaris*** ⇒*secretaris-generaal* ⟨v. ministerie⟩ **0.3** ⟨vnl. S-⟩ ⟨verk.⟩ ⟨Secretary of State⟩ ⟨BE; inf.⟩ ***minister*** ⇒*staatssecretaris, hulpminister, onderminister* **0.4** ⟨vnl. S-⟩ ⟨AE⟩ ***minister*** ⇒*administrateur* **0.5** ***secretaire*** ⇒*bureautje, schrijftafel* **0.6** ***(geheim)schrijver*** **0.7** ⟨dierk.⟩ ***secretarisvogel*** ⟨Sagittarius serpentarius⟩ ◆ **1.¶** ⟨BE⟩ Secretary of State *Minister;* ⟨BE⟩ the Secretary of State for Foreign Affairs *de Minister v. Buitenlandse Zaken;* ⟨BE⟩ the Secretary of State for Home Affairs *de Minister v. Binnenlandse Zaken;* ⟨AE⟩ Secretary of State *Minister v. Buitenlandse Zaken;* ⟨in sommige Am. Staten⟩ *referendaris, administrateur;* ⟨AE⟩ the Secretary of the Treasury *de Minister v. Financiën* **2.1** honorary ~ *eresecretaris;* private/Private ~ *privé-secretaris/secretaresse, particuliere secretaris/secretaresse* **6.1** ~ **to** the chairman *secretaris/secretaresse van de voorzitter;*
II ⟨n.-telb.zn.⟩ **0.1** →secretary type.

'secretary bird ⟨telb.zn.⟩ ⟨dierk.⟩ **0.1** ***secretarisvogel*** ⟨Sagittarius serpentarius⟩.

'sec·re·tar·y-'gen·er·al ⟨f1⟩ ⟨telb.zn.; vaak S- G-; secretaries-general; →mv. 6⟩ **0.1** ***secretaris-generaal*** ⟨bv. v.d. V.N.⟩.

'secretary hand ⟨n.-telb.zn.⟩ **0.1** ***gotisch schrift.***

sec·re·tar·y·ship ['sek(r)ətriʃɪp||-teri-] ⟨n.-telb.zn.⟩ **0.1** ***secretarisambt/schap*** **0.2** ⟨BE⟩ ***ministerschap*** ⇒*ministersambt.*

'secretary type ⟨n.-telb.zn.⟩ ⟨boek.⟩ **0.1** ***gotisch schrift*** ⇒*gotische/Duitse letter.*

se·crete [sɪ'kri:t] ⟨f1⟩ ⟨ov.ww.⟩ **0.1** ***verbergen*** ⇒*ver/wegstoppen, (ver)helen* **0.2** ***in 't geheim wegnemen*** ⇒*verduisteren, ontfutselen* **0.3** ***afscheiden*** ⟨v. organen, klieren⟩ ◆ **1.3** the nose ~s mucus *door de neus wordt slijm afgescheiden* **4.1** ~ o.s. *zich verstoppen* **6.1** ~ sth. **about** one's person *iets op zijn lichaam verstoppen.*

se·cre·tion [sɪ'kri:ʃn] ⟨f1⟩ ⟨zn.⟩
I ⟨telb.zn.⟩ **0.1** ⟨med.⟩ ***afscheiding(sprodukt);***
II ⟨n.-telb.zn.⟩ **0.1** ***verberging*** ⇒*het verbergen/verstoppen, verduistering, verheling* **0.2** ⟨med.⟩ ***secretie*** ⇒*afscheiding* ◆ **1.1** he made an attempt at ~ of three valuable watches *hij probeerde drie kostbare horloges te verbergen.*

se·cre·tive ['si:krɪtɪv] ⟨f1⟩ ⟨bn.; -ly; -ness⟩ **0.1** ***geheimzinnig*** ⇒*achterhoudend* **0.2** ***gesloten*** ⇒*terughoudend, gereserveerd, zwijgzaam* **0.3** ⟨fysiologie⟩ ***secretorisch*** ⇒*de afscheiding bevorderend* ◆ **1.1** John's very ~ *John doet graag geheimzinnig.*

se·cret·ly ['si:krɪtli] ⟨f3⟩ ⟨bw.⟩ **0.1** →secret **0.2** ***in het geheim.***

se·cre·to·ry [sɪ'kri:t̬əri]⟨bn.⟩⟨med.⟩ **0.1** ***secretorisch*** ⇒*de afscheiding bevorderend* **0.2** ***afscheidings-*** ⇒*geproduceerd door afscheiding*.

sect[1] [sekt]⟨f2⟩⟨telb.zn.⟩ **0.1** ***sekte*** ⇒*afscheuring, afscheiding, schisma* **0.2** ⟨bel.⟩ ***(extreme/ketterse) sekte*** ⇒*groep non-conformisten* **0.3** ***geloofsgemeenschap*** ⇒*kerkgenootschap, gezindte* **0.4** ***partij*** ⇒*fractie* **0.5** ***fractie*** **0.6** ***school*** ⇒*richting, opvatting, gezindheid*.

sect[2] ⟨afk.⟩ section **0.1** ***Sect.***.

sec·tar·i·an[1] [sek'teərɪən||-'ter-], **sec·ta·ry** ['sektəri]⟨f1⟩⟨telb.zn.; →mv. 2⟩ **0.1** ***sektariër*** ⇒*sektaris* **0.2** ***fanatiekeling*** ⇒*dweper, fanaticus, geestdrijver* **0.3** ***enggeestig iem.*** ⇒*bekrompen iem., dogmaticus*.

sectarian[2] ⟨f1⟩⟨bn.⟩ **0.1** ***sektarisch*** ⇒*sekte-* **0.2** ***dweperig*** ⇒*dweepziek, dweepzuchtig, fanatiek* **0.3** ***enggeestig*** ⇒*bekrompen, dogmatisch*.

sec·tar·i·an·ism [sek'teərɪənɪzm||-'ter-]⟨n.-telb.zn.⟩ **0.1** ***sektarisme*** ⇒*sektegeest* **0.2** ***sekteijver*** ⇒*dweepzucht, fanatisme, geestdrijverij*.

sec·tar·i·an·ize, -ise [sek'teərɪənaɪz||-'ter-]⟨ww.⟩
I ⟨onov.ww.⟩ **0.1** ***sektarisch worden*** ⇒*in sektes uiteenvallen;*
II ⟨ov.ww.⟩ **0.1** ***sektarisch maken*** ⇒*met sekteijver vervullen* **0.2** ***in sektes opdelen*** ⇒*onder de controle v.e. sekte/v.d. belangengroepen brengen*.

sec·ta·ry ['sektəri]⟨telb.zn.; →mv. 2⟩ **0.1** →sectarian **0.2** ⟨vnl. gesch.⟩ ***non-conformist*** ⟨i.h.b. afgescheidene v.d. Engelse staatskerk⟩.

sec·tile ['sektaɪl||'sektl]⟨bn.⟩ **0.1** ***snijdbaar*** ⇒*deelbaar*.

sec·tion[1] ['sekʃn]⟨f3⟩⟨zn.⟩
I ⟨telb.zn.⟩ **0.1** ⟨ben. voor⟩ ***sectie*** ⇒*(onder)deel; afdeling; lid; stuk, segment, component;* ⟨ec.⟩ *aflevering; (aan)bouwelement;* ⟨vnl. AE⟩ *(gemeente)sectie, afdeling, wijk, district, stads/landsdeel, regio;* ⟨vnl. AE⟩ *baanvak, (onderhouds)traject* ⟨v. spoorlijn⟩; ⟨mil.⟩ *smaldeel, peloton* **0.2** ***groep*** ⟨binnen samenleving⟩ ⇒*entiteit* **0.3** ***(onder)afdeling*** ⇒*paragraaf, lid, sectie; katern* ⟨v. krant/boek⟩ **0.4** ***paragraaf(teken)*** ⟨§, ook als verwijzingsteken naar voetnoot⟩ **0.5** ***partje*** ⟨v. citrusvrucht⟩ ⇒*plakje, schijfje* **0.6** ***(dwars)doorsnede*** ⟨ook in wisk.⟩ ⇒*profiel* **0.7** ***preparaat*** ⟨in ontleedkunde⟩ ⇒*microtomisch plakje weefsel* **0.8** ⟨Austr. E⟩ ***tariefzone*** ⟨op openbaar vervoer⟩ **0.9** ⟨AE⟩ ***slaaprijtuigcompartiment*** ⟨met twee boven elkaar geplaatste couchettes⟩ **0.10** ⟨AE⟩ ***(splitsings)klasje*** **0.11** ⟨AE⟩ ***een vierkante mijl*** ⟨640 acres⟩ **0.12** ⟨biol.⟩ ***groep*** ⇒*subgenus* ◆ **1.1** the brass ~ *koper(sectie)* ⟨v. fanfare⟩; all ~s of the population *alle lagen v.d. bevolking* **2.1** residential ~ *woonwijk* **2.6** conic ~ *kegeldoorsnede;* horizontal ~ *vlakke/horizontale doorsnede, dwarsdoorsnede;* longitudinal ~ *overlangse doorsnede, doorsnede in de lengte;* microscopic ~ *preparaat* ⟨voor microscopisch onderzoek⟩; *microtomisch plakje;* oblique ~ *schuine doorsnede;* vertical ~ *verticale doorsnede* **6.¶ in** ~ *in (zijaanzicht na) (dwars)doorsnede, in profiel;*
II ⟨telb.en n.-telb.zn.⟩⟨med.⟩ **0.1** ***(chirurgische) snede*** ⇒*incisie, (in)snijding, sectie* ◆ **2.1** c(a)esarean ~ *keizersnede;*
III ⟨n.-telb.zn.⟩ **0.1** ***het snijden*** ⇒*het scheiden/verdelen*.

section[2] ⟨f1⟩⟨ov.ww.⟩ **0.1** ***in secties verdelen/schikken*** ⇒*segmenteren* **0.2** ***een doorsnede tonen v.*** **0.3** ***met microtoom snijden*** ⇒*prepareren* ⟨anatomisch weefsel⟩ **0.4** ⟨med.⟩ ***insnijden*** **0.5** ***arceren*** ⟨delen v. tekening⟩.

-sec·tion ['sekʃn] **0.1** ***-sectie*** ◆ **¶.1** vivisection *vivisectie*.

sec·tion·al[1] ['sekʃnəl]⟨telb.zn.⟩ **0.1** ***aanbouwmeubel*** ⇒*aanbouwelement*.

sectional[2] ⟨f1⟩⟨bn.; -ly⟩ **0.1** ***uit afzonderlijke elementen/delen bestaand*** ⇒*geleed, uitneembaar, demonteerbaar* **0.2** ***sectioneel*** ⇒*mbt. een bep. landsdeel/bevolkingsgroep* **0.3** ***lokaal*** ⇒*particularistisch, streekgebonden* **0.4** ***mbt. een doorsnede*** ◆ **1.1** ~ furniture *aanbouwmeubilair* **1.2** ~ interests *(tegenstrijdige) groepsbelangen, particuliere belangen* **1.4** a ~ view of *een zijaanzicht (in doorsnede) v.*.

sec·tion·al·ism ['sekʃnəlɪzm]⟨n.-telb.zn.⟩ **0.1** ***particularisme***.

sec·tion·al·ize, -ise ['sekʃnəlaɪz]⟨ov.ww.⟩ **0.1** ***in secties verdelen/weergeven/samenstellen***.

'section gang ⟨telb.zn.⟩⟨AE⟩ **0.1** ***ploeg spoorlijnarbeiders*** ⟨die een sectie onderhouden⟩.

'section mark ⟨telb.zn.⟩ **0.1** ***paragraaf(teken)*** ⟨§, ook als verwijzingsteken naar voetnoot⟩.

sec·tor[1] ['sektə||-ər]⟨f2⟩⟨telb.zn.⟩ **0.1** ***sector*** ⟨v. maatschappelijk leven⟩ ⇒*(bedrijfs)tak, afdeling, actieterrein, branche, gebied v. bedrijvigheid, deelgebied* **0.2** ⟨wisk.⟩ ***sector*** ⟨v. cirkelvlak⟩ **0.3** ⟨vnl. mil.⟩ ***sector*** ⇒*zone, (deel v.) operatiegebied, (gebieds)afdeling, deel v. verdedigingsstelling* **0.4** ***(tweebenige) hoekmeter*** ⟨met sinus-, tangensaanduidingen⟩ ◆ **1.¶** ~ of sphere *bolsector, bolvormige sector* **2.1** private ~ *particuliere sector;* public ~ *openbare sector, overheidssector*.

sector[2] ⟨ov.ww.⟩ **0.1** ***in sectoren opdelen***.

sec·tor·i·al[1] [sek'tɔ:rɪəl]⟨telb.zn.⟩ **0.1** ***snijpremolaar***.

sectorial[2], ⟨in bet. 0.1 ook⟩ **sec·tor·al** ['sekt(ə)rəl]⟨bn.⟩ **0.1** ***mbt. een sector*** **0.2** ⟨dierk.⟩ ***aan het snijden aangepast*** ⇒*met snijfunctie* ⟨v. premolaren v. vleeseters⟩.

sec·u·lar[1] ['sekjʊlə||'sekjələr]⟨telb.zn.⟩ **0.1** ***seculier*** ⇒*wereldlijk geestelijke* **0.2** ***leek***.

secular[2] ⟨f2⟩⟨bn.⟩ **0.1** ***seculair*** ⇒*seculier, wereldlijk, niet-kerkelijk, ongodsdienstig, leken-, ongewijd* **0.2** ***secularistisch*** ⇒*vrijzinnig* **0.3** ⟨R.-K.⟩ ***seculier*** ⟨v. geestelijke⟩ ⇒*wereldlijk, niet tot een orde/congregatie behorend* **0.4** ***seculair*** ⇒*seculier, eeuwen durend, zich erg langzaam over een oneindig lange periode voltrekkend* **0.5** ***ééns in een eeuw/tijdperk plaatshebbend*** ◆ **1.1** ~ music *profane muziek;* the ~ power *de Staat* ⟨tgo. de kerk⟩ **1.3** the ~ clergy *de seculiere clerus* **1.4** ~ change *seculiere verandering* ⟨onafgebroken en traag, alleen waarneembaar na verloop v. lange tijd⟩ **1.5** ~ games *eeuwfeesten* ⟨in Rome⟩ **1.¶** ⟨gesch.⟩ the ~ arm *de wereldlijke arm* ⟨burgerlijke rechtspraak waaraan misdadigers door de kerkelijke rechtbanken werden overgedragen⟩; ~ fame *onvergankelijke roem;* ⟨ster.⟩ ~ variation *seculaire beweging*.

sec·u·lar·ism ['sekjʊlərɪzm||-kjə-]⟨n.-telb.zn.⟩⟨fil.⟩ **0.1** ***secularisme*** ⇒*vrijdenkerij*.

sec·u·lar·ist[1] ['sekjʊlərɪst||-kjə-]⟨telb.zn.⟩ **0.1** ***secularist*** ⇒*vrijdenker*.

secularist[2] ⟨bn.⟩ **0.1** ***secularistisch***.

sec·u·lar·i·ty ['sekjʊ'lærəti||'sekjə'lærət̬i]⟨zn.; →mv. 2⟩
I ⟨telb.zn.⟩ **0.1** ***iets seculairs/seculiers;***
II ⟨n.-telb.zn.⟩ **0.1** ***het seculier zijn*** ⇒*wereldgezindheid*.

sec·u·lar·i·za·tion, -sa·tion ['sekjʊləraɪ'zeɪʃn||-kjələrə-]⟨telb. en n.-telb.zn.⟩ **0.1** ***secularisatie*** ⇒*secularisering, verwereldlijking*.

sec·u·lar·ize, -ise ['sekjʊləraɪz||-kjə-]⟨ov.ww.⟩ **0.1** ***seculariseren*** ⇒*verwereldlijken, aan de controle v.d. kerk onttrekken* **0.2** ***seculariseren*** ⇒*aan de staat trekken, naasten* ⟨v. kerkelijke goederen⟩ **0.3** ⟨R.-K.⟩ ***seculariseren*** ⟨v. clericus⟩ ⇒*v. monastieke geloften ontheffen*.

sec·u·lar·i·zer, -i·ser ['sekjʊləraɪzə||'sekjələraɪzər]⟨telb.zn.⟩ **0.1** ***secularist***.

se·cund [sɪ'kʌnd||'si:kʌnd]⟨bn.; -ly⟩⟨biol.⟩ **0.1** ***eenzijdig*** ⟨als bloemen v. lelietje-van-dalen⟩.

sec·un·dines ['sekəndaɪnz, sɪ'kʌn-]⟨mv.⟩⟨med.⟩ **0.1** ***nageboorte***.

se·cur·a·ble [sɪ'kjʊərəbl||sɪ'kjʊr-]⟨bn.⟩ **0.1** ***verkrijgbaar*** ⇒*vast te krijgen*.

se·cure[1] [sɪ'kjʊə||sɪ'kjʊr]⟨f3⟩⟨bn.; ook -er; -ly; -ness; →compar. 7⟩ ⟨→sprw. 603⟩
I ⟨bn.⟩ **0.1** ***veilig*** ⇒*beschut, beveiligd, onneembaar, buiten gevaar* **0.2** ***veilig*** ⇒*stevig, secuur, (goed) vast(gemaakt), betrouwbaar, stabiel* **0.3** ***onbevreesd*** ⇒*veilig, geborgen, zeker, onverstoorbaar* **0.4** ***(ver)zeker(d)*** ⇒*gewaarborgd* **0.5** ⟨vero.⟩ ***zorgeloos*** ⇒*onbekommerd* ◆ **1.1** ~ existence *veilig bestaan* **1.2** this ladder is ~ *deze ladder is veilig;* are the shutters ~? *zijn de luiken goed gesloten?* **1.3** ~ belief *een onwankelbaar/onaantastbaar geloof* **1.4** ~ investment *veilige belegging;* she was ~ of victory *de overwinning kon haar niet ontgaan* **6.1** ~ **against/from** *beveiligd tegen, veilig voor* **6.3** she feels ~ **about/as to** her future *zij ziet de toekomst met een gerust hart/vol vertrouwen tegemoet;*
II ⟨bn., pred.⟩ **0.1** ***in verzekerde bewaring*** ◆ **3.1** they 've got him ~ *hij zit achter slot en grendel*.

secure[2] ⟨f3⟩⟨ov.ww.⟩ **0.1** ***beveiligen*** ⇒*(tegen gevaar) beschutten, in veiligheid brengen* **0.2** ***bemachtigen*** ⇒*zorgen voor, vast/te pakken krijgen, op de kop weten te tikken, verwerven, zich verzekeren v.* **0.3** ***opsluiten*** ⇒*pakken* **0.4** ***stevig vastmaken*** ⇒*vastleggen, afsluiten, bevestigen* **0.5** ***versterken*** **0.6** ***samendrukken*** ⇒*afbinden* ⟨bloedvat⟩ **0.7** ***waarborgen*** ⇒*verzekeren, garanderen, zekerheid bieden v.* **0.8** ***borg staan voor*** ⇒*(door onderpand) dekken, belenen, de (terug)betaling verzekeren v., v. terugbetaling verzekeren* ⟨crediteur⟩ **0.9** ***bewerkstelligen*** ◆ **1.2** I will ~ you some good seats *ik versier wel een paar goede plaatsen voor je* **1.4** ~ valuables *waardevolle voorwerpen in verzekerde bewaring geven/veilig opbergen* **1.8** ~d creditor *pandhoudend schuldeiser;* ~d loan *gedekte lening, lening met onderpand;* a loan ~d on landed property *een door grondbezit geborgde/gedekte lening* **6.1** the village was ~d **against/from** floods *het dorp werd tegen overstroming beveiligd* **6.5** the town was ~d **with** a wall *de stad was omwald* **6.7** can you ~ yourself **against** any consequences *kan je je tegen eventuele gevolgen dekken?*.

se·cure·ment [sɪ'kjʊəmənt||sɪ'kjʊrmənt]⟨n.-telb.zn.⟩ **0.1** ***verzekering*** ⇒*zekerheid* **0.2** ***bemachtiging*** ⇒*aanschaf*.

Se·cu·ri·cor [sɪ'kjʊərɪkɔ:||sɪ'kjʊrɪkɔr]⟨eig.n.⟩⟨BE⟩ **0.1** ***privé-bewakingsdienst*** ⟨belast met geldtransporten, industriële bewaking e.d.⟩.

se·cu·ri·form [sɪ'kjʊərɪfɔ:m||sɪ'kjʊrɪfɔrm]⟨bn.⟩⟨plantk.⟩ **0.1** ***bijlvormig*** ⟨v. blad⟩.

se·cu·ri·ty [sɪ'kjʊərəti‖sɪ'kjʊrəṭi]⟨f3⟩⟨zn.;→mv. 2⟩
I ⟨telb.zn.⟩ **0.1** ⟨vaak mv.⟩ ***obligatie(certificaat)*** ⇒*schuldbrief, fonds, effect, aandeel, eigendomsbewijs, hypotheekakte, waardepapier* **0.2** ***borg*** ⟨pers.⟩ ◆ **1.2** my father-in-law agreed to being my ~ *mijn schoonvader wilde zich voor mij borg stellen* **1.¶** ⟨AE⟩ Securities and Exchange Commission *beurscommissie* ⟨Am. overheidsinstelling die toezicht houdt op het publieke emissiebedrijf/beursverrichtingen⟩ **2.1** foreign securities *buitenlandse fondsen* **3.1** registered securities *effecten op naam* **3.2** go ~ for s.o. *zich borg stellen voor iem.;*
II ⟨telb. en n.-telb.zn.⟩ **0.1** ***(waar)borg*** ⇒*onderpand, securiteit, cautie* ◆ **3.1** give as (a) ~ *zekerheid/cautie stellen; in onderpand geven* **6.1** ⟨fig.⟩ **in ~ for** *als waarborg voor;* he could borrow (money) **on ~ of** his life insurance policy *hij kon zijn levensverzekering belenen, hij kon lenen met zijn levensverzekeringspolis als borg;*
III ⟨n.-telb.zn.⟩ **0.1** ***veiligheid(sgevoel)*** ⇒*securiteit* **0.2** ***geborgenheid*** ⇒*beschutting, veiligheidsvoorziening, (ver)zeker(d)heid, betrouwbaarheid, verzekering* **0.3** ***beveiliging*** ⇒*openbare veiligheid, veiligheidsmaatregelen/middel, staatsveiligheid, bewaking* ◆ **1.1** the ~ that his faith gave him *de geruststellende zekerheid die zijn geloof hem bood* **1.3** for reasons of ~ *uit veiligheidsoverwegingen* **2.3** tight ~ is in force *er zijn strenge veiligheidsmaatregelen getroffen* **6.1** is there any ~ **against/from** nuclears? *is er enige bescherming mogelijk tegen kernwapens?;* cross the street **in ~** at a zebra crossing *steek de straat veilig over op het zebrapad* **6.2** that money is my ~ **against** hardship *op dat geld kan ik terugvallen als het wat moeilijker gaat.*

se'curity blanket ⟨telb.zn.⟩⟨AE⟩ **0.1** ***knuffeldekentje/doekje/pop*** ⇒*knuffeltje/kroeltje* ⟨v. kind⟩ **0.2** ***grote broer*** ⟨iem. die gevoel v. veiligheid/geborgenheid biedt⟩ ⇒*beschermengel* **0.3** ***bescherming*** ⇒*veiligheid, geborgenheid.*

se'curity check ⟨telb.zn.⟩ **0.1** ***veiligheidscontrole.***

se'curity clearance ⟨telb. en n.-telb.zn.⟩⟨pol.⟩ **0.1** ⟨ong.⟩ ***betrouwbaarheidsverklaring.***

Se'curity Council ⟨f1⟩⟨verz.n.; the⟩ **0.1** ***Veiligheidsraad*** ⟨v. UN⟩.

se'curity forces ⟨mv.⟩ **0.1** ***ordestrijdkrachten*** ⇒*politietroepen.*

se'curity guard ⟨telb.zn.⟩ **0.1** ***veiligheidsagent*** ⇒*bewaker, veiligheidsbeambte.*

se'curity measure ⟨telb.zn.⟩ **0.1** ***veiligheidsmaatregel.***

se'curity officer ⟨telb.zn.⟩ **0.1** ***veiligheidsagent.***

se'curity patrol ⟨telb.zn.⟩ **0.1** ***veiligheidspatrouille.***

se'curity police ⟨verz.n.⟩ **0.1** ***veiligheidspolitie*** ⇒*geheime politie, staatsveiligheid, veiligheidsdienst.*

se'curity prison ⟨telb.zn.; alleen in uitdr. onder 2.1⟩ **0.1** ***bewaakte gevangenis*** ◆ **2.1** maximum/minimum ~ *zwaar/licht bewaakte gevangenis.*

se'curity reason ⟨telb.zn.; vnl. mv.⟩ **0.1** ***veiligheidsoverweging*** ◆ **6.1** for ~s *uit veiligheidsoverwegingen.*

se'curity risk ⟨telb.zn.⟩ **0.1** ***(pers. met verhoogd) veiligheidsrisico*** ⇒*potentieel staatsgevaarlijk individu, mogelijke spion.*

se'curity system ⟨telb.zn.⟩ **0.1** ***veiligheidssysteem.***

secy, sec'y ⟨afk.⟩ secretary.

se·dan [sɪ'dæn]⟨telb.zn.⟩ **0.1** ⟨vnl. AE⟩ ***sedan*** ⟨dichte (vierdeurs) personenwagen⟩ **0.2** ⟨verk.⟩ ⟨sedan chair⟩.

se'dan 'chair, sedan ⟨telb.zn.⟩⟨gesch.⟩ **0.1** ***gesloten draagstoel*** ⇒*sedia gestatoria.*

se·date[1] [sɪ'deɪt]⟨f1⟩⟨bn.; ook -er; -ly; -ness; →compar. 7⟩ **0.1** ***bezadigd*** ⇒*onverstoorbaar, kalm, bedaard, sereen, ernstig, rustig.*

sedate[2] ⟨f1⟩⟨ov.ww.⟩ **0.1** ***kalmeren*** ⇒*tot rust brengen, sederen,* ⟨i.h.b.⟩ *een kalmerend middel toedienen aan.*

se·da·tion [sɪ'deɪʃn]⟨n.-telb.zn.⟩⟨vnl. med.⟩ **0.1** ***het kalmeren*** ⇒*het toedienen v.e. sedativum, verdoving* ◆ **6.1** the patient is **under ~** *de patiënt is onder verdoving/zit onder de kalmerende middelen.*

sed·a·tive[1] ['sedəṭɪv]⟨f1⟩⟨telb. en n.-telb.zn.⟩⟨vnl. med.⟩ **0.1** ***sedatief*** ⇒*kalmerend middel, slaapmiddel, pijnstiller, sedativum.*

sedative[2] ⟨f1⟩⟨bn.⟩ **0.1** ***sedatief*** ⇒*kalmerend, pijnstillend, verzachtend.*

sed·en·tar·y ['sedntri‖-teri]⟨f1⟩⟨bn.; -ly; -ness; →bijw. 3⟩ **0.1** ***sedentair*** ⇒*(stil)zittend, aan een zittend leven gebonden, weinig lichaamsbeweging vereisend, een zittend leven leidend* **0.2** ***sedentair*** ⇒*aan één plaats gebonden, honkvast, een vaste woonplaats hebbend, metterwoon gevestigd, niet-nomadisch* **0.3** ⟨biol.⟩ ***sedentair*** ⇒*een vaste standplaats hebbend, roerloos op de loer liggend* ⟨v. spin, tot prooi in web vastzit⟩, *immer vastgehecht* ⟨v. weekdieren⟩ ◆ **1.1** ~ job/occupation/work *zittend (uitgevoerd) werk* **1.3** ~ birds *standvogels.*

Se·der ['seɪdə‖'seɪdər]⟨eig.n., telb.zn.; ook Sedarim [sɪ'dɑ:rɪm]; →mv. 5⟩⟨relig.⟩ **0.1** ***se(i)der*** ⟨huiselijke ceremoniën op eerste (en tweede) avond v. Pesach⟩.

se·de·runt [sɪ'dɪərənt, -rʌnt‖sɪ'dɪrənt]⟨telb.zn.⟩⟨vnl. Sch. E⟩ **0.1** ***zitting*** ⟨bv. v. kerkvergadering⟩ ⇒*(presentielijst v.) bijeenkomst* **0.2** ***gezellig samenzijn.***

sedge [sedʒ]⟨zn.⟩
I ⟨telb.zn.⟩ **0.1** ***zeggebed*** ⇒*zeggemoeras;*
II ⟨n.-telb.zn.⟩⟨plantk.⟩ **0.1** ***cypergras*** ⟨fam. Cyperaceae⟩ ⇒⟨i.h.b.⟩ *zegge* ⟨genus Carex⟩.

'sedge warbler ⟨telb.zn.⟩⟨dierk.⟩ **0.1** ***rietzanger*** ⟨Acrocephalus schoenobaenus⟩.

sedg·y ['sedʒi]⟨bn.; -er; →compar. 7⟩ **0.1** ***zeggeachtig*** **0.2** ***met zegge begroeid/afgeboord.***

se·di·le [sɪ'daɪli]⟨telb.zn.; sedilia [sɪ'dɪlɪə]; →mv. 5; vnl. mv.⟩ **0.1** ***sedilia*** ⟨zitbank aan de epistelkant v.e. altaar⟩.

sed·i·ment ['sedɪmənt]⟨f1⟩⟨zn.⟩
I ⟨telb. en n.-telb.zn.⟩ **0.1** ***sediment*** ⇒*neerslag, bezinksel, afzetting, grondsop, droesem;*
II ⟨n.-telb.zn.⟩⟨geol.⟩ **0.1** ***sediment*** ⇒*afzettingsmateriaal, afzetting* ⟨door water, wind enz.⟩.

sed·i·men·ta·ry ['sedɪ'mentri‖-'menṭəri], **sed·i·men·tal** [-'menṭl]⟨bn.⟩⟨geol.⟩ **0.1** ***sedimentair*** ⇒*door afzetting gevormd* ◆ **1.1** sedimentary rock(s) *sediment/afzettings/bezinkingsgesteente.*

sed·i·men·ta·tion ['sedɪmən'teɪʃn]⟨n.-telb.zn.⟩ **0.1** ***sedimentatie*** ⇒*het neerslaan, afzetting, bezinking.*

sed·i·men·tol·o·gy ['sedɪmen'tɒlədʒi‖-'tɑ-]⟨n.-telb.zn.⟩ **0.1** ***sedimentologie.***

se·di·tion [sɪ'dɪʃn]⟨f1⟩⟨n.-telb.zn.⟩ **0.1** ***opruiing*** ⇒*(aanstichting tot) staats/gezagsondermijning, insubordinatie, burgerlijke ongehoorzaamheid, ordeverstoring* **0.2** ⟨zelden⟩ ***revolte*** ⇒*opstand, rebellie* ◆ **1.1** incitement to ~ *het aanzetten tot staatsondermijnende activiteiten.*

se·di·tious [sɪ'dɪʃəs]⟨f1⟩⟨bn.; -ly; -ness⟩ **0.1** ***opruiend*** ⇒*revolterend, oproerig, opstandig* ◆ **1.1** ~ meeting *opruiende bijeenkomst;* ~ writings *gezagsondermijnende geschriften.*

se·duce [sɪ'dju:s‖sɪ'du:s]⟨f2⟩⟨ov.ww.⟩ **0.1** ***verleiden*** ⇒*verlokken, versieren, strikken* **0.2** ⟨vnl. schr.⟩ ***verleiden*** ⇒*tot kwaad/zonde/plichtsverzuim aanzetten, v.h. rechte pad afbrengen* **0.3** ***verleiden*** ⇒*bekoren, in verzoeking brengen, verlokken, overhalen* ◆ **1.3** Tina was ~d by the offer of higher pay *Tina werd met de belofte v.e. salarisverhoging overgehaald* **6.2** the sunny weather ~d me **away from** my studies *het zonnige weertje lokte me achter mijn boeken vandaan;* ~ s.o. **from** *iem. weglokken/weghalen v.;* ~ s.o. **from** his duty *iem. tot plichtsverzuim aanzetten* **6.3** ~ s.o. **into** sth. *iem. tot iets overhalen/brengen.*

se·duc·er [sɪ'dju:sə‖sɪ'du:sər]⟨telb.zn.⟩ **0.1** ***verleider*** ⇒*versierder, Don Juan, charmeur* ◆ **6.1** a ~ **of** a woman *een verleider v.e. vrouw.*

se·duc·i·ble, se·duce·a·ble [sɪ'dju:səbl‖sɪ'du:səbl]⟨bn.⟩ **0.1** ***verleidbaar*** ⇒*overhaalbaar.*

se·duc·tion [sɪ'dʌkʃn], **se·duce·ment** [sɪ'dju:smənt‖sɪ'du:s-]⟨f1⟩⟨zn.⟩
I ⟨telb.zn.⟩ **0.1** ***verleiding(spoging)*** ⇒*verlokking, bekoring, verzoeking* **0.2** ⟨vaak mv.⟩ ***iets aan/verlokkelijks*** ⇒*aantrekkelijke kwaliteit, verleidingsmiddel, aantrekkingskracht* ◆ **1.2** the ~s of simple country life *de aanlokkelijkheden v.h. eenvoudige buitenleven;*
II ⟨n.-telb.zn.⟩ **0.1** ***het verleiden*** ⇒*het bekoord worden, seductie.*

se·duc·tive [sɪ'dʌktɪv]⟨f1⟩⟨bn.; -ly; -ness⟩ **0.1** ***verleidelijk*** ⇒*verleidend, aan/verlokkelijk, onweerstaanbaar, bekoorlijk, seduisant* ◆ **1.1** a ~ offer of higher pay *een verleidelijk aanbod v. loonsverhoging.*

se·duc·tress [sɪ'dʌktrɪs]⟨telb.zn.⟩ **0.1** ***verleidster*** ⇒*femme fatale.*

se·du·li·ty [sɪ'dju:ləti‖sɪ'du:ləṭi]⟨n.-telb.zn.⟩ **0.1** ***volharding*** ⇒*ijver, naarstigheid.*

sed·u·lous ['sedjʊləs‖'sedʒə-]⟨bn.; -ly; -ness⟩⟨schr.⟩ **0.1** ***volhardend*** ⇒*onverdroten, nauwgezet, naarstig, ijverig, nijver* **0.2** ***niet-aflatend*** ⇒*volgehouden, met koppige volharding* ◆ **1.1** with ~ care *nauwgezet, angstvallig* **1.2** John paid her ~ attention *John liet geen gelegenheid voorbijgaan om haar te behagen* **1.¶** play the ~ ape *(stilistisch) naäpen, stilistisch imiteren, naschrijven, iemands aap zijn.*

se·dum ['si:dəm]⟨telb. en n.-telb.zn.⟩⟨plantk.⟩ **0.1** ***sedum*** ⇒*vetkruid* ⟨genus Sedum⟩; ⟨i.h.b.⟩ *muurpeper* ⟨S. acre⟩.

see[1] [si:]⟨f1⟩⟨telb.zn.⟩ **0.1** ***(aarts)bisdom*** ⇒*diocees* **0.2** ***(aarts)bisschopszetel*** **0.3** ⟨sl.⟩ ***inspectiebezoek*** ◆ **1.2** See of Rome *Heilige Stoel* **2.2** Apostolic/Holy See *Apostolische/Heilige Stoel.*

see[2] ⟨f4⟩⟨ww.; saw [sɔ:]; seen [si:n]⟩ →seeing ⟨→sprw. 78, 128, 257, 291, 417, 604, 661, 736⟩
I ⟨onov.ww.⟩ **0.1** ***nadenken*** ⇒*bekijken, zien* ◆ **3.1** let me ~ *wacht eens, even denken* **6.1** ⟨inf.⟩ we will ~ **about** it *dat zullen we nog wel (eens) zien;*
II ⟨onov. en ov.ww.⟩ **0.1** ***zien*** ⇒*kijken (naar), aankijken tegen* **0.2** ***zien*** ⇒*(het) begrijpen, (het) snappen, (het) inzien* **0.3** ***toezien***

(op) ⇒*opletten, ervoor zorgen, zorgen voor* ◆ **1.1** ~ chapter 4 *zie hoofdstuk 4;* ⟨fig.⟩ ~ beyond the end of your nose *verder kijken dan je neus lang is;* ⟨fig.⟩ ~ in a different light *in een ander licht zien;* ⟨fig.⟩ ~ stars *sterretjes zien;* things ~n *waargenomen dingen / zaken* ⟨tgo. wat in de verbeelding bestaat⟩; ~ visions *visioenen hebben, zienersgave hebben* **1.2** I don't ~ the fun of doing that *ik zie daar de lol / grap niet v. in* **2.1** ~ sth. as possible *iets voor mogelijk houden;* worth ~ing *de moeite waard, opmerkelijk* **2.2** as far as I can ~ *volgens mij* **3.1** ~ s.o. do / doing sth. *iem. iets zien doen;* they were ~n to do / doing sth. *men had ze iets zien doen;* I cannot ~ him doing it *ik zie het hem nog niet doen;* go and ~! *ga dan / maar kijken!;* we shall ~ *we zullen wel zien, wie weet* **3.3** ~ sth. done *ervoor zorgen dat iets gedaan wordt* **4.2** I ~ *(o,) ik begrijp het;* as I ~ it *volgens mij;* you ~ *weet je* ⟨als tussenzin⟩ **5.1** ~ double *dubbel zien* ⟨ook v. dronkenschap⟩; ~ here! *hoor eens!, luister eens (even)!;* ~ **over** *aandachtig bekijken* **6.1** ⟨fig.⟩ not be able to ~ **beyond** a day *niet vooruit kunnen zien;* ~ **into** a matter *een zaak onderzoeken;* ⟨fig.⟩ ~ **through** s.o. / sth. *iem. / iets doorzien / doorhebben* **6.3** ~ **about / after** *zorgen voor, iets doen aan; onderzoeken;* ~ **to** it that *ervoor zorgen dat* ¶.**2** ⟨inf.⟩ ~? *snap je?, gesnopen?;*

III ⟨ov.ww.⟩ **0.1** ***voor zich zien*** ⇒*zich voorstellen* **0.2** ***lezen*** ⟨in krant, enz.⟩ ⇒*zien* **0.3** ***tegenkomen*** ⇒*ontmoeten, zien* **0.4** ***ontvangen*** ⇒*zien, spreken met* **0.5** ***bezoeken*** ⇒*opzoeken, langs gaan bij, spreken, bezichtigen;* ⟨sl.⟩ *een babbeltje maken met, tot andere gedachten brengen* **0.6** ***raadplegen*** ⇒*consulteren, bezoeken* **0.7** ***meemaken*** ⇒*ervaren, zien, getuige zijn v.* **0.8** ***begeleiden*** ⇒*meelopen met, (weg)brengen* **0.9** ⟨gokspel⟩ ***aannemen*** ⇒*aangaan, evenveel inzetten als* ◆ **1.1** I ~ the house now *ik zie het huis nog voor me* **1.5** ~ a tennis match *naar een tenniswedstrijd kijken;* ~ the town *de stad bezichtigen / doen, een (toeristische) rondrit door de stad maken* **1.6** ~ a doctor *een arts raadplegen* **1.7** I have ~n the day / time when *ik heb het nog meegemaakt dat, in mijn tijd;* ~ an end of / to sth. unpleasant *een einde zien komen aan / het einde meemaken v. iets onaangenaams* **1.8** ~ a girl home *een meisje naar huis brengen* **3.**¶ I'll ~ you blowed / damned / dead / further / in hell (first) *over mijn lijk, geen haar op mijn hoofd dat eraan denkt, ik peins er niet over* **4.3** ~ sth. of s.o. *iem. af en toe / eventjes zien;* ~ you (later)!, (I'll) be ~ing you! *tot ziens!, tot kijk!, doei!;* I'd like to ~ more of you *ik zou je wel vaker willen zien* **4.7** he will never ~ 30 again *hij is geen 30 meer* **5.5** ~ **over / round** a house *een huis bezichtigen* **5.7** ~ the new year **in** *het nieuwe jaar inluiden;* ~ the old year **out** *het oude jaar uitluiden* **5.8** ~ s.o. **in** *iem. binnenlaten;* ~ s.o. **off** at the station *iem. uitwuiven / uitgeleide doen op het station;* ~ s.o. **out** *iem. uitlaten / uitgeleide doen; aan iemands sterfbed zitten;* I'll ~ you **through** *ik help je er wel doorheen* **5.**¶ ~ **off** (an attack) *(een aanval) afslaan;* ⟨inf.⟩ ~ **off** *verdringen, verjagen;* ~ sth. **out / through** *iets tot het einde volhouden / doorzetten, iets tot een goed einde brengen, iets uitzingen* **6.3** ~ a lot **of** s.o. *iem. veel / vaak zien / ontmoeten* **6.4** I can ~ you **for** five minutes *ik heb vijf minuten voor je* **6.6** ~ s.o. **about** sth. *iem. over iets raadplegen / advies vragen* **6.8** ~ s.o. **across** the street *iem. helpen oversteken;* ~ s.o. **over / round** a house *iem. in een huis rondleiden, iem. een huis laten zien;* ~ s.o. **through** a difficult time *iem. door een moeilijke tijd heen helpen;* have enough money to ~ one **through** the month *genoeg geld hebben om de maand door te komen;* ~ children **to** bed *kinderen naar bed brengen;* ~ s.o. **to** the door *iem. uitlaten.*

seed[1] [si:d]⟨f3⟩⟨zn.⟩

I ⟨telb.zn.⟩ **0.1** ⟨plantk.⟩ ***zaadje*** **0.2** ***korreltje*** ⇒*bolletje, capsule;* ⟨i.h.b. med.⟩ *radiumstaafje* **0.3** ***kiem*** ⟨fig.⟩ ⇒*zaad, begin* **0.4** ⟨sport, i.h.b. tennis⟩ ***geplaatste speler*** **0.5** ⟨vis.⟩ ***zaaioester*** **0.6** ⟨sl.⟩ ***sticky*** ◆ **3.3** sow the ~(s) of strife / suspicion *het zaad der tweedracht zaaien, wantrouwen doen ontstaan, een kiem v. wantrouwen (in iemands hart) planten* **7.4** he's the third ~ *hij is als derde geplaatst;*

II ⟨n.-telb.zn.⟩ **0.1** ⟨plantk.⟩ ***zaad*** **0.2** ⟨vero.⟩ ***zaad*** ⇒*sperma; hom* **0.3** ⟨bijb.⟩ ***zaad*** ⇒*nakomelingen* ◆ **1.3** the ~ of Abraham *Abrahams zaad* **3.1** go / run to ~ *uitbloeien, zaad vormen, doorschieten;* ⟨fig.⟩ *verlopen, afzakken, aftakelen, er slonzig bij lopen* **3.3** raise ~ *nageslacht verwekken* **6.1** ⟨plantk.⟩ **in** ~ *in het zaad, zaadvormend.*

seed[2] ⟨f1⟩⟨ww.⟩

I ⟨onov.ww.⟩ **0.1** ***zaad vormen*** ⇒*uitbloeien, doorschieten;*

II ⟨onov. en ov.ww.⟩ **0.1** ***zaaien*** ⇒*zaad uitstrooien, een gewas zaaien;*

III ⟨ov.ww.⟩ **0.1** ***bezaaien*** ⟨ook fig.⟩ ⇒*bestrooien, vol strooien* **0.2** ***van zaad ontdoen*** **0.3** ***bestrooien met zilverjodidekristallen*** ⟨wolk; om regen te veroorzaken⟩ **0.4** ⟨sport⟩ ***selectie toepassen op*** ⟨plaatsing⟩ ⇒*de favorieten het laatst tegen elkaar laten uitkomen in* ⟨een toernooi⟩ **0.5** ⟨sport, i.h.b. tennis⟩ ***plaatsen*** ◆ **1.5** W. was ~ed number one *W. was als eerste geplaatst;* ~ed players *geplaatste speler* **5.1** ⟨landb.⟩ ~ **down** a crop of wheat *gras / klaver tussen de tarwe zaaien* **6.1** ~ **to** grass *met gras bezaaien / inzaaien.*

'seed bank ⟨telb.zn.⟩⟨plantk.⟩ **0.1** ***zaadbank.***

'seed-bed ⟨f1⟩⟨telb.zn.⟩ **0.1** ⟨landb.⟩ ***zaaibed*** **0.2** ⟨fig.⟩ ***voedingsbodem.***

'seed-bud ⟨telb.zn.⟩⟨plantk.⟩ **0.1** ***zaadknop.***

'seed-cake ⟨telb. en n.-telb.zn.⟩ **0.1** ***kruidcake*** ⇒*kummelcake* **0.2** ***oliekoek*** ⇒*raap / lijnkoek, uitgeperst zaad.*

'seed-coat ⟨telb.zn.⟩⟨plantk.⟩ **0.1** ***zaadvlies.***

'seed-cor·al ⟨n.-telb.zn.⟩ **0.1** ***koraalkorreltjes.***

'seed-corn ⟨n.-telb.zn.⟩⟨landb.⟩ **0.1** ***zaaikoren.***

'seed-cot·ton ⟨n.-telb.zn.⟩ **0.1** ***onbewerkt katoenpluis.***

'seed-crush·ing mill ⟨telb.zn.⟩⟨ind.⟩ **0.1** ***oliepers.***

'seed-crys·tal ⟨telb.zn.⟩⟨schei.⟩ **0.1** ***entkristal.***

'seed-eat·er ⟨telb.zn.⟩⟨dierk.⟩ **0.1** ***zaadeter.***

seed·er ['si:də‖ər]⟨telb.zn.⟩ **0.1** ⟨landb.⟩ ***zaaimachine*** **0.2** ⟨landb.⟩ ***machine om vruchten v. zaden te ontdoen*** **0.3** ⟨dierk.⟩ ***kuit schietende vis.***

'seed fern ⟨telb.zn.⟩⟨plantk.⟩ **0.1** ***zaadvaren*** ⟨Pteridospermae⟩.

'seed-fish ⟨telb.zn.⟩⟨dierk.⟩ **0.1** ***kuiter*** ⇒*vis die kuit gaat schieten.*

'seed-leaf, 'seed-lobe ⟨telb.zn.⟩⟨plantk.⟩ **0.1** ***zaadlob*** ⇒*cotyledon.*

seed·less ['si:dləs]⟨f1⟩⟨bn.⟩ **0.1** ***zonder zaad / pitjes.***

seed·ling ['si:dlɪŋ]⟨f1⟩⟨telb.zn.⟩⟨plantk.⟩ **0.1** ***zaailing.***

'seed-lip ⟨telb.zn.⟩⟨landb.⟩ **0.1** ***zaaimand.***

'seed money ⟨n.-telb.zn.⟩ **0.1** ***beginkapitaal*** ⇒*geld om iets op touw te zetten.*

'seed oyster ⟨telb.zn.⟩⟨vis.⟩ **0.1** ***zaaioester.***

'seed-pearl ⟨telb.zn.⟩ **0.1** ***zaadparel.***

seed-plot →seed-bed.

'seed-po'ta·to ⟨telb.zn.⟩⟨landb.⟩ **0.1** ***pootaardappel.***

seeds·man ['si:dzmən]⟨telb.zn.; seedsmen [-mən]; →mv. 3⟩ **0.1** ***zaadhandelaar*** **0.2** ***zaaier.***

'seed-time ⟨n.-telb.zn.⟩ **0.1** ***zaaitijd*** ⇒*zaaiseizoen.*

'seed-ves·sel ⟨telb.zn.⟩⟨plantk.⟩ **0.1** ***zaadhuisje*** ⇒*zaadhulsel.*

seed·y ['si:di]⟨f1⟩⟨bn.; -er; -ly; -ness; →bijw. 3⟩ **0.1** ***vol zaad / pitten*** **0.2** ***zaadachtig*** **0.3** ⟨inf.⟩ ***slonzig*** ⇒*verwaarloosd, vervallen, vuil* **0.4** ⟨inf.⟩ ***niet lekker*** ⇒*een beetje ziek, slap, akelig.*

see·ing[1] ['si:ɪŋ]⟨n.-telb.zn.; gerund v. see⟩⟨ster.⟩ **0.1** ***seeing*** ⟨kwaliteit v.d. waarneming⟩ ⇒*zicht.*

seeing[2] ⟨ondersch.vw.; →oorspr. teg. deelw. v. see⟩ **0.1** ***aangezien (dat)*** ⇒*in aanmerking genomen dat, gezien (dat)* ◆ **8.1** ⟨inf.⟩ ~ as (how) *aangezien (als) dat;* ~ that there is nothing I can do *aangezien ik niets kan doen* ¶.**1** ~ he has hurt you so often *aangezien hij je al zo vaak heeft pijngedaan.*

seek [si:k]⟨f3⟩⟨ww.; sought; sought [sɔ:t]⟩⟨→sprw. 517⟩

I ⟨onov.ww.⟩ **0.1** ***een onderzoek instellen*** ⟨naar⟩ ⇒*zoeken* ◆ **6.1** ~ **after** *zoeken;* ~ **for** a solution *een oplossing zoeken;*

II ⟨ov.ww.⟩ **0.1** ***nastreven*** ⇒*proberen te bereiken* **0.2** ***vragen*** ⇒*wensen, verlangen, eisen* **0.3** ***opzoeken*** ⇒*gaan naar, zich bewegen in de richting van* **0.4** ***proberen (te)*** ⇒*trachten (te), ernaar streven (te)* ◆ **1.1** ~ a situation *een baan zoeken* **1.3** ~ the coolness of the water *de koelte van het water opzoeken* **1.**¶ ⟨jacht⟩ ~ dead! *zoek!* **3.4** ~ to escape *pogen te ontsnappen* **5.3** ~ s.o. **out** *naar iem. toekomen, op iem. afkomen, iem. opzoeken, iem. opsporen* **5.**¶ money is yet to ~ *het geld ontbreekt nog / moet nog worden gevonden;* that is not far to ~ *dat behoef je niet ver te zoeken, dat is gemakkelijk te begrijpen;* be much to ~ *node gemist worden, dringend nodig zijn.*

seek·er ['si:kə‖-ər]⟨telb.zn.⟩⟨→sprw. 418⟩ **0.1** ***zoeker*** ⇒*onderzoeker* **0.2** ⟨med.⟩ ***sonde.***

seel [si:l]⟨ov.ww.⟩ **0.1** ⟨vero.⟩ ***sluiten*** ⟨iemands ogen⟩ **0.2** ⟨gesch.⟩ ***de ogen dichtnaaien*** ⟨v. valk⟩.

seem [si:m]⟨f4⟩⟨onov.ww., kww.⟩ →seeming ⟨→sprw. 513, 680, 681⟩ **0.1** ***schijnen*** ⇒*lijken, eruit zien, toeschijnen* ◆ **1.1** he ~s (to be) the leader *hij schijnt de leider te zijn, het lijkt alsof / erop dat hij de leider is* **2.1** he ~s certain to lose *het zit er dik in dat hij verliest;* he ~s (to be) deaf today *vandaag is hij klaarblijkelijk doof;* it ~s good to me *het lijkt mij goed;* it ~s (to be) old *het ziet er oud uit* **3.1** ⟨inf.⟩ I can't ~ to complete the book *het lijkt alsof ik het boek maar niet af krijg;* ⟨inf.⟩ she doesn't ~ to like New York *op de een of andere manier / om de een of andere reden houdt ze niet v. New York;* he ~s to have done it *het ziet ernaar uit dat hij het gedaan heeft;* I ~ to hear her still *het lijkt wel alsof ik haar nog hoor;* I ~ to know it *het komt me bekend voor* **4.1** ⟨vaak iron. of verwijtend⟩ it ~s that / as if *het lijkt wel dat / alsof, klaarblijkelijk;* it would ~ to me that / as if *het lijkt mij dat / alsof;* he's not satisfied, it would ~ *hij is niet tevreden, naar het schijnt* **5.1** 'It seems (as if) it's going to rain / (as if) it's not going to rain after all' 'So it ~s / It ~s not' ,, *Het ziet er naar uit dat het uiteindelijk toch / toch* *niet zal gaan regenen", ,,Daar ziet het inderdaad naar uit/niet naar uit"* **6.1** it~s to me *mij dunkt* **¶.1** it~s like years since I last saw him *het lijkt wel alsof ik hem in geen jaren gezien heb.*

seem·ing[1] ['si:mɪŋ]⟨n.-telb.zn.; gerund v. seem⟩ **0.1** ***schijn*** *⇒bedriegelijk beeld, schijnbare toestand* **0.2** ***schijn*** *⇒uiterlijk* ◆ **6.2 to** all~ *het heeft er alle schijn van, het ziet er naar uit, klaarblijkelijk;* **to** outward~ *naar het schijnt, naar het eruit ziet, kennelijk.*

seem·ing[2] ⟨f2⟩⟨bn.; -ly; (oorspr.) teg. deelw. v. seem⟩ **0.1** ***schijnbaar*** *⇒ogenschijnlijk, geveinsd, onoprecht* **0.2** ***klaarblijkelijk*** ◆ **1.1** in~friendship *onder schijn v. vriendschap* **1.2** with~sincerity *met klaarblijkelijke oprechtheid* **¶.2** ~ly there's nothing I can do *klaarblijkelijk kan ik er niets aan doen.*

seem·ly[1] ['si:mli]⟨f1⟩⟨bn.; ook -er; -ness; →bijw. 3⟩ **0.1** ***juist*** *⇒correct, fatsoenlijk, passend, behoorlijk, bescheiden, netjes, betamelijk* **0.2** ***knap*** *⇒er goed uitziend, goed geproportioneerd.*

seemly[2] ⟨bw.⟩⟨vero.⟩ **0.1** ***fatsoenlijk*** *⇒correct.*

seen ['si:n]⟨volt. deelw.⟩ →see.

seep[1] [si:p]⟨telb.zn.⟩ **0.1** ***plas*** *⇒doorlekkend vocht.*

seep[2] ⟨f2⟩⟨onov.ww.⟩ **0.1** ***sijpelen*** *⇒uit/wegsijpelen, lekken, doorweken, doorsijpelen;* ⟨fig.⟩ *doordringen, zich verspreiden* ◆ **6.1** ~ **into** *doorsijpelen in;* ⟨fig.⟩ *doordringen in, zich verspreiden door.*

seep·age ['si:pɪdʒ]⟨f1⟩⟨n.-telb.zn.⟩ **0.1** ***lekkage*** *⇒het sijpelen* **0.2** ***lekkage*** *⇒weggelekt/weggestroomd vocht.*

seer ['sɪə||sɪr]⟨f1⟩⟨telb.zn.⟩ **0.1** ***ziener*** *⇒profeet* **0.2** ***helderziende*** **0.3** ⟨Ind.E⟩ ***seer*** ⟨gewichts/inhoudsmaat; ong. kilo/liter⟩.

seer·ess ['sɪərɪs||'sɪrɪs]⟨telb.zn.⟩ **0.1** ***zieneres*** *⇒profetes* **0.2** ***helderziende (vrouw).***

seer·suck·er ['sɪəsʌkə||'sɪrsʌkər]⟨n.-telb.zn.⟩⟨textiel⟩ **0.1** ***seer-sucker*** *⇒gestreept cloqué, bobbeltjesstof.*

see·saw[1] ['si:sɔ:]⟨f1⟩⟨zn.⟩
I ⟨telb.zn.⟩ **0.1** ***wip*** **0.2** ⟨sport; mil.⟩ ***getouwtrek*** *⇒het steeds beurtelings aan de winnende hand zijn, heen en weer gaande beweging;*
II ⟨n.-telb.zn.⟩ **0.1** ***het wippen*** *⇒het op de wip spelen* **0.2** ⟨ook attr.⟩ ***het schommelen*** *⇒heen en weer gaande beweging* ◆ **3.1** play (at)~ *wippen* **3.2** go~ *schommelen, aarzelen, steeds veranderen.*

seesaw[2] ⟨f1⟩⟨onov.ww.⟩ **0.1** ***wippen*** *⇒op en neer wippen, op de wip spelen* **0.2** ***schommelen*** *⇒zigzaggen, veranderlijk zijn, weifelen, aarzelen* ◆ **1.2** ~ing prices *schommelende prijzen* **6.2** ~ **between** two possibilities *steeds aarzelen tussen twee mogelijkheden.*

seethe [si:ð]⟨f2⟩⟨ww.; vero. ook sod [sɒd||sɑd], sodden ['sɒdn||'sɑdn]⟩
I ⟨onov.ww.⟩ **0.1** ***koken*** ⟨ook fig.⟩ *⇒zieden, kolken, bruisen* ◆ **1.1** the seething waters *de ziedende zee* **6.1** the whole of Europe ~d **with** unrest *heel Europa was in de greep van de onrust;*
II ⟨onov. en ov.ww.⟩⟨vero.⟩ **0.1** ***koken.***

'see-through[1] ⟨telb.zn.⟩⟨inf.⟩ **0.1** ***doorzichtig kledingstuk*** *⇒doorkijkbloesje/jurk.*

see-through[2] ⟨f1⟩⟨bn.⟩⟨inf.⟩ **0.1** ***doorzichtig*** **0.2** ***doorkijk-*** *⇒doorschijnend* ◆ **1.2** ~ blouse *doorkijkbloesje.*

seg·ment[1] ['segmənt]⟨f2⟩⟨telb.zn.⟩ **0.1** ***deel*** *⇒segment, part(je), onderdeel, sectie* **0.2** ⟨wisk., biol.⟩ ***segment*** **0.3** ⟨taalk.⟩ ***klanksegment*** ◆ **1.2** ⟨wisk.⟩ ~ of circle *cirkelsegment;* ⟨wisk.⟩ ~ of line *lijnsegment;* ⟨wisk.⟩ ~ of sphere *bolsegment.*

segment[2] [seg'ment]⟨ww.⟩
I ⟨onov.ww.⟩⟨biol.⟩ **0.1** ***delen*** ⟨v. cellen⟩ *⇒gespleten worden, zich splijten;*
II ⟨ov.ww.⟩ **0.1** ***in segmenten verdelen*** *⇒segmenteren, verdelen.*

seg·men·tal [seg'mentl], **seg·men·ta·ry** ['segməntri||-teri]⟨bn.⟩ **0.1** ***segmentaal.***

seg·men·ta·tion ['segmən'teɪʃn]⟨telb. en n.-telb.zn.; g. mv.⟩ **0.1** ***segmentatie*** *⇒verdeling, opsplitsing* **0.2** ⟨biol.⟩ ***celdeling.***

seg·no ['senjoʊ||'seɪn-]⟨telb.zn.; segni [-ji:]; →mv. 5⟩⟨muz.⟩ **0.1** ***segno*** *⇒teken;* ⟨i.h.b.⟩ *herhalingsteken.*

sego lily ['si:goʊ ˌlɪli]⟨telb.zn.⟩⟨plantk.⟩ **0.1** ***segolelie*** ⟨Calochortus nuttalii⟩.

se·gre·gate[1] ['segrɪgeɪt]⟨bn.⟩ **0.1** ⟨biol.⟩ ***afzonderlijk*** *⇒niet samengesteld* **0.2** ⟨vero.⟩ ***afzonderlijk*** *⇒apart.*

segregate[2] ⟨f2⟩⟨ww.⟩
I ⟨onov.ww.⟩ **0.1** ***zich afzonderen*** *⇒in afzonderlijke groepen leven* **0.2** ***rassenscheiding toepassen*** **0.3** ⟨biol.⟩ ***segregeren*** ⟨v. genen⟩;
II ⟨ov.ww.⟩ **0.1** ***afzonderen*** *⇒scheiden;* ⟨i.h.b.⟩ *rassenscheiding toepassen op.*

se·gre·ga·tion ['segrɪ'geɪʃn]⟨f2⟩⟨telb. en n.-telb.zn.; g. mv⟩ **0.1** ***afzondering*** *⇒scheiding;* ⟨i.h.b.⟩ *rassenscheiding* **0.2** ⟨biol.⟩ ***segregatie.***

se·gre·ga·tion·ist ['segrɪ'geɪʃənɪst]⟨telb.zn.⟩ **0.1** ***voorstander v. apartheid.***

seg·re·ga·tive ['segrɪgeɪtɪv]⟨bn.⟩ **0.1** ***zich afzonderend*** *⇒(zich) isolerend* **0.2** ***apartheids-.***

se·gui·di·lla [segɪ'di:ljə||seɪgɪ'di:ə]⟨telb.zn.⟩ **0.1** ⟨lit.⟩ ***seguidilla*** ⟨Spaanse versvorm⟩ **0.2** ⟨muz., dansk.⟩ ***seguidilla*** ⟨Spaanse dans⟩.

sei·cen·to [seɪ'tʃentoʊ]⟨eig.n., n.-telb.zn.; vaak attr.⟩⟨beeld. k.; lit.⟩ **0.1** ***(het) seicento*** *⇒de Italiaanse kunst v.d. 17ᵉ eeuw.*

seiche [seɪʃ]⟨telb.zn.⟩⟨meteo.⟩ **0.1** ***seiche(s)*** *⇒niveauverandering, staande golving* ⟨v. meren e.d.⟩.

Seid·litz powder ['sedlɪts ˌpaʊdə||-ər], **'Seidlitz powders** ⟨n.-telb.zn.⟩⟨med.⟩ **0.1** ***seidlitzpoeders*** *⇒bruispoeder, laxeerpoeder.*

seign·eur [se'njɜ:||seɪ'njɜr], ⟨AE⟩ **seign·ior** ['seɪnjə||'si:njər]⟨telb.zn.⟩⟨gesch.⟩ **0.1** ***landheer*** *⇒seigneur.*

sei·gneu·ri·al [se'njɜ:rɪəl||seɪ'njʊrɪəl], ⟨AE⟩ **sei·gnio·ri·al** [seɪ'njɔ:rɪəl||si:'njɔrɪəl]⟨bn.⟩⟨gesch.⟩ **0.1** ***seigneuriaal*** *⇒v.d. landheer, v.d. adel.*

seign·eur·y, seign·ior·y ['seɪnjəri||'si:n-]⟨zn.; →mv. 2⟩
I ⟨telb.zn.⟩ **0.1** ***landgoed*** *⇒landbezit, domein, heerlijkheid;*
II ⟨n.-telb.zn.⟩ **0.1** ***heerschappij*** *⇒macht, heerlijke rechten.*

seign·or·age, seign·ior·age ['seɪnjərɪdʒ||'si:n-]⟨telb.zn.⟩ **0.1** ⟨gesch.⟩ ***privilege*** *⇒wat wordt opgeëist door vorst/landheer;* ⟨i.h.b.⟩ *muntrecht* **0.2** ***muntloon*** **0.3** ***royalty.***

seine[1] [seɪn], **'seine-net** ⟨telb.zn.⟩⟨vis.⟩ **0.1** ***zegen*** *⇒seine, sleepnet.*

seine[2] ⟨onov. en ov.ww.⟩⟨vis.⟩ **0.1** ***vissen met de zegen.***

seise →seize.

sei·sin, sei·zin ['si:zɪn]⟨zn.⟩⟨jur.⟩
I ⟨telb. en n.-telb.zn.⟩ **0.1** ***grondbezit*** *⇒het bezitten v. land in vrij eigendom;*
II ⟨n.-telb.zn.⟩ **0.1** ***inbezitstelling/inbezitneming v. grond.***

seism ['saɪzm]⟨telb.zn.⟩⟨geol.⟩ **0.1** ***aardbeving.***

seis·m- ['saɪzm], **seis·mo-** ['saɪzmoʊ] **0.1** ***seismo-*** *⇒aardbevings-.*

seis·mic ['saɪzmɪk], **seis·mic·al** [-ɪkl]⟨bn.; (al)ly; →bijw. 3⟩⟨geol.⟩ **0.1** ***seismisch*** *⇒aardbevings-.*

seis·mi·ci·ty [saɪz'mɪsɪti]⟨n.-telb.zn.⟩ **0.1** ***seismische activiteit.***

seis·mo·gram ['saɪzməgræm]⟨telb.zn.⟩ **0.1** ***seismogram.***

seis·mo·graph ['saɪzməgrɑ:f||-græf]⟨telb.zn.⟩ **0.1** ***seismograaf.***

seis·mog·ra·pher [saɪz'mɒgrəfə||saɪz'mɑgrəfər]⟨telb.zn.⟩ **0.1** ***seismoloog.***

seis·mo·graph·ic ['saɪzmə'græfɪk]⟨bn.⟩ **0.1** ***seismografisch.***

seis·mo·log·ic ['saɪzmə'lɒdʒɪk||-'lɑ-], **seis·mo·log·ical** [-ɪkl]⟨bn.; (al)ly; →bijw. 3⟩ **0.1** ***seismologisch.***

seis·mol·o·gist [saɪz'mɒlədʒɪst||-'mɑ-]⟨telb.zn.⟩ **0.1** ***seismoloog.***

seis·mol·o·gy ['saɪz'mɒlədʒi||-'mɑ-]⟨n.-telb.zn.⟩ **0.1** ***seismologie*** *⇒leer der aardbevingen.*

seis·mom·e·ter [saɪz'mɒmɪtə||-'mɑmɪtər]⟨telb.zn.⟩ **0.1** ***seismometer.***

seis·mo·met·ric ['saɪzmə'metrɪk], **seis·mo·met·rical** [-ɪkl]⟨bn.; (al)ly; →bijw. 3⟩ **0.1** ***seismometrisch*** *⇒met de seismometer.*

seis·mo·scope ['saɪzməskoʊp]⟨telb.zn.⟩ **0.1** ***seismoscoop.***

seis·mo·scop·ic ['saɪzmə'skɒpɪk||-'skɑ-]⟨bn.⟩ **0.1** ***seismoscopisch*** *⇒met de seismoscoop.*

seize, ⟨in bet. II 0.5 ook⟩ **seise** [si:z]⟨f3⟩⟨ww.⟩ →seizing
I ⟨onov.ww.⟩ **0.1** ***vastlopen*** ⟨v. machine⟩ *⇒blijven hangen;* ⟨fig. ook⟩ *blijven steken, niet verder kunnen* ◆ **5.1** ~ **up** *vastlopen, blijven steken* **6.¶** ~ **on/upon** *aangrijpen, beetpakken, zich meester maken v., gretig afkomen op;* ~ **(up)on** a chance/an offer *een kans/een aanbod aangrijpen;* she will immediately ~ **(up)on** the slightest mistake *ze zal de geringste fout onmiddellijk aangrijpen;*
II ⟨ov.ww.⟩ **0.1** ***grijpen*** *⇒pakken, nemen, de hand leggen op* **0.2** ***in beslag nemen*** *⇒confisqueren, afnemen, beslag leggen op* **0.3** ***in hechtenis nemen*** *⇒opbrengen, arresteren* **0.4** ***bevatten*** *⇒begrijpen, inzien* **0.5** ⟨jur.⟩ ***in bezit stellen*** *⇒overdragen aan* **0.6** ⟨scheep.⟩ ***seizen*** *⇒beleggen, vastbinden, dunne touwen om zware touwen slaan* ◆ **1.1** ~ s.o.'s hand *iemands hand grijpen;* ~ the occasion with both hands *de kans met beide handen aangrijpen* **1.4** she never seemed to ~ the point *ze scheen helemaal niet te bevatten waar het om ging* **6.1** ~d **with** fear *door angst bevangen;* he was ~d **with** the idea to go and live in the U.S. *hij was bezeten door het idee in Amerika te gaan wonen* **6.5** be/stand ~d **of** *in bezit hebben, bezitten, eigenaar zijn v.* **6.¶** be ~d **of** the recent developments *v.d. jongste ontwikkelingen op de hoogte zijn.*

seizin →seisin.

seiz·ing ['si:zɪŋ]⟨telb.zn.; oorspr. gerund v. seize⟩⟨scheep.⟩ **0.1** ***bindsel*** *⇒seizing.*

sei·zure ['si:ʒə||-ər]⟨f2⟩⟨telb.zn.⟩ **0.1** ***confiscatie*** *⇒inbeslagneming, beslaglegging* **0.2** ***greep*** *⇒het grijpen, het (in)nemen* **0.3** ***attaque*** *⇒aanval;* ⟨fig. ook⟩ *vlaag.*

se·jant ['si:dʒənt]⟨bn.⟩⟨heraldiek⟩ **0.1** ***zittend.***

sel ⟨afk.⟩ select, selected.

se·la·chi·an [sɪ'leɪkɪən]⟨telb.zn.⟩⟨dierk.⟩ **0.1** ***haai*** ⟨Selachii⟩.

se·lah ['si:lə]⟨telb.zn.⟩⟨bijb.⟩ **0.1** ***sela*** ⇒*rustpunt* ⟨muziekteken in de psalmen⟩.

sel·dom ['seldəm]⟨f3⟩⟨bw.⟩ **0.1** ***zelden*** ⇒*haast nooit, nauwelijks ooit* ◆ **5.1** ~ if ever, ~ or never *zelden of nooit*.

se·lect[1] [sɪ'lekt]⟨f2⟩⟨bn.; -ness⟩ **0.1** ***uitgezocht*** ⇒*zorgvuldig gekozen, geselecteerd, bijeengebracht, selectief* **0.2** ***select*** ⇒*exclusief, uitgelezen, superieur, elite-* **0.3** ***kritisch*** ⇒*zorgvuldig, oordeelkundig* ◆ **1.1** ~ school *particuliere school, bijzondere school* **1.¶** ⟨BE; pol.⟩ ~ committee *bijzondere parlementaire commissie*.

select[2] ⟨f3⟩⟨ww.⟩
I ⟨onov.ww.⟩ **0.1** ***een keuze maken;***
II ⟨ov.ww.⟩ **0.1** ***uitkiezen*** ⇒*uitzoeken, verkiezen, selecteren*.

se·lec·tee [sɪ'lek'ti:]⟨telb.zn.⟩⟨AE.; mil.⟩ **0.1** ***dienstplichtige*** ⇒*opgeroepene, loteling*.

se·lec·tion [sɪ'lekʃn]⟨f3⟩⟨zn.⟩
I ⟨telb. en n.-telb.zn.⟩ **0.1** ***keuze*** ⇒*selectie, het uitkiezen, verzameling* ◆ **6.1** a few ~s **from** Donne's Elegies *een keuze uit Donne's Elegieën;* they have a good ~ **of** classical records *ze hebben een ruime keus/sortering in klassieke platen;*
II ⟨n.-telb.zn.⟩⟨biol.⟩ **0.1** ***selectie***.

se'lection committee ⟨telb.zn.⟩ **0.1** ***benoemingscommissie*** ⇒*sollicitatiecommissie*.

se·lec·tive [sɪ'lektɪv]⟨f2⟩⟨bn.; -ly; -ness⟩ **0.1** ***selectief*** ⇒*uitkiezend, schiftend* **0.2** ***kritisch*** ⇒*precies, kieskeurig, zorgvuldig* **0.3** ⟨elektronica⟩ ***selectief*** ◆ **1.1** ⟨geldw.⟩ ~ employment tax *selectieve loonbelasting;* ⟨AE; mil.⟩ ~ service *selectieve dienstplicht, loting;* ~ strike action *prikactie*.

se·lec·tiv·i·ty [sɪ'lek'tɪvəṭi]⟨n.-telb.zn.⟩ **0.1** ***het selectief/kritisch zijn*** **0.2** ⟨elektronica⟩ ***selectiviteit***.

se·lect·man [sɪ'lektmən]⟨telb.zn.; selectmen [-mən]; →mv. 3⟩⟨AE; pol.⟩ **0.1** ⟨ong.⟩ ***gekozen gemeenteraadslid*** ⟨in New England⟩.

se·lec·tor [sɪ'lektə‖-ər]⟨telb.zn.⟩ **0.1** ***selecteur*** ⇒*deskundige, lid v. selectie/benoemingscommissie* **0.2** ⟨tech.⟩ ***kiezer/keuzeschakelaar***.

sel·e·nate ['selɪneɪt]⟨n.-telb.zn.⟩⟨schei.⟩ **0.1** ***selenaat*** ⇒*zout v. seleenzuur*.

se·len·ic [sɪ'lenɪk, -'li:-], **se·le·ni·ous** [sɪ'li:nɪəs]⟨bn.⟩⟨schei.⟩ **0.1** ***seleen-*** ⇒*selenig*.

sel·e·nite ['selɪnaɪt]⟨n.-telb.zn.⟩ **0.1** ***seleniet*** ⇒*zout v. selenig zuur* **0.2** ***maansteen***.

se·le·ni·um [sɪ'li:nɪəm]⟨n.-telb.zn.⟩⟨schei.⟩ **0.1** ***seleen*** ⇒*selenium* ⟨element 34⟩.

se'lenium cell ⟨telb.zn.⟩⟨foto.⟩ **0.1** ***seleniumcel***.

se·le·no- ['selɪnou] **0.1** ***seleno-*** ⇒*maan-* ◆ **¶.1** selenologist *selenoloog*.

sel·e·nog·ra·pher ['selɪ'nɒgrəfə‖-'nɑgrəfər]⟨telb.zn.⟩ **0.1** ***selenograaf***.

sel·e·nog·ra·phy ['selɪ'nɒgrəfi‖-'nɑ-]⟨n.-telb.zn.⟩ **0.1** ***selenografie*** ⇒*maanbeschrijving*.

self[1] [self]⟨f2⟩⟨telb. en n.-telb.zn.; selves; in bet. 0.5, 0.6 selfs; →mv. 3⟩ **0.1** ***(het) zelf*** ⇒*(het) eigen wezen, (het) ik* **0.2** ***persoonlijkheid*** ⇒*karakter* **0.3** ***de eigen persoon*** ⇒*zichzelf, het eigenbelang* **0.4** ⟨hand.; volks.; scherts.⟩ ***(zich)zelf*** ⇒*mij/uzelf* ⟨etc.⟩ **0.5** ⟨plantk.⟩ ***eenkleurige bloem*** **0.6** ⟨plantk.⟩ ***bloem in de natuurlijke kleur*** ◆ **1.1** study of ~ *zelfbeschouwing* **1.¶** love's/Napoleon's ⟨etc.⟩ ~ *de liefde/Napoleon* ⟨enz.⟩ *zelf* **2.2** he's still not quite his old ~ *hij is nog steeds niet helemaal de oude* **3.3** think only of ~ *alleen maar aan zichzelf denken* **6.4** a room **for** ~ and wife *een kamer voor hemzelf en echtgenote;* ⟨geldw.⟩ cheque drawn **to** ~ *cheque aan eigen order* **7.¶** one's second ~ *zijn tweede ik, zijn rechterhand, zijn beste vriend*.

self[2] ⟨bn.⟩ **0.1** ***uniform*** ⟨v. kleur⟩ **0.2** ***v. dezelfde kleur*** ⟨v. plant⟩.

self- [self] **0.1** ***zelf-*** ⇒*zichzelf, door/uit/in zichzelf, auto-* **0.2** ⟨vormt bijv. nw.⟩⟨ong.⟩ ***eigen-*** ⇒*natuurlijk, zelfde, gelijk*.

'self-a'ban·don·ment ⟨n.-telb.zn.⟩ **0.1** ***zelfverzaking*** ⇒*zelfontzegging* **0.2** ***ongebondenheid*** ⇒*onbeheerstheid*.

'self-a'base·ment ⟨f1⟩⟨n.-telb.zn.⟩ **0.1** ***zelfvernedering***.

'self-ab'hor·rence ⟨n.-telb.zn.⟩ **0.1** ***zelfverachting***.

'self-'ab·ne·ga·t·ing, 'self-'ab·ne·ga·to·ry ⟨bn.⟩ **0.1** ***zelfopofferend*** ⇒*zelfontkennend, zelfverloochenend*.

'self-ab·ne'ga·tion ⟨n.-telb.zn.⟩ **0.1** ***zelfopoffering*** ⇒*zelfontzegging, zelfverloochening*.

'self-ab'sorb·ed ⟨f1⟩⟨bn.⟩ **0.1** ***in zichzelf verdiept*** ⇒*door zichzelf in beslag genomen, egocentrisch*.

'self-ab'sorp·tion ⟨n.-telb.zn.⟩ **0.1** ***het verdiept zijn in zichzelf*** **0.2** ⟨nat.⟩ ***zelfabsorptie***.

self-a·buse ['selfə'bju:s]⟨n.-telb.zn.⟩ **0.1** ***zelfverwijt*** ⇒*zelfbeschuldiging, het zichzelf beschimpen/betichten* **0.2** ***zelfbevlekking*** ⇒*masturbatie*.

'self-ac·cu'sa·tion ⟨n.-telb.zn.⟩ **0.1** ***zelfbeschuldiging***.

'self-'act·ing ⟨bn.⟩ **0.1** ***zelfwerkend*** ⇒*automatisch*.

'self-'ac·ti·vating ⟨bn.⟩ **0.1** ***zelfwerkend*** ⇒*automatisch, met zelfstarter/zelfontsteking*.

'self-ad'dressed ⟨bn.⟩ **0.1** ***aan zichzelf geadresseerd*** ◆ **1.1** ~ envelope *antwoordenvelop*.

'self-ad'he·sive ⟨bn.⟩ **0.1** ***zelfklevend***.

'self-ad'just·ing ⟨bn.⟩⟨tech.⟩ **0.1** ***met automatische instelling*** ⇒*automatisch, zelfinstellend*.

'self-ad·mi'ra·tion ⟨n.-telb.zn.⟩ **0.1** ***zelfbewondering*** ⇒*verwatenheid*.

'self-ad'ver·tise·ment ⟨n.-telb.zn.⟩ **0.1** ***het zichzelf aanbevelen*** ⇒*het zichzelf op de voorgrond dringen/bekendheid geven*.

'self-af·fir'ma·tion ⟨n.-telb.zn.⟩⟨psych.⟩ **0.1** ***zelfbevestiging*** ⇒*zelfaffirmatie/erkenning*.

'self-ag'gran·dize·ment ⟨n.-telb.zn.⟩ **0.1** ***zelfexpansie*** ⇒*vergroting v. zijn macht/roem/rijkdom*.

'self-a'nal·y·sis ⟨telb.zn.⟩ **0.1** ***zelfanalyse*** ⇒*zelfontleding*.

'self-ap'point·ed ⟨bn.⟩⟨inf.⟩ **0.1** ***opgedrongen*** ⇒*zichzelf ongevraagd opwerpend (als)* ◆ **1.1** a ~ critic *iem. die zich een oordeel aanmatigt*.

'self-ap·pre·ci'a·tion ⟨n.-telb.zn.⟩ **0.1** ***zelfachting*** ⇒*zelfrespect*.

'self-ap·pro'ba·tion ⟨n.-telb.zn.⟩ **0.1** ***zelfwaardering*** ⇒*tevredenheid, zelfgenoegzaamheid*.

'self-ap'prov·al ⟨n.-telb.zn.⟩ **0.1** ***zelfwaardering***.

'self-as'sert·ing, 'self-as·'ser·tive ⟨bn.; -ly⟩ **0.1** ***voor zichzelf opkomend*** ⇒*niet dociel/gedwee, niet op zijn mondje gevallen* **0.2** ***aanmatigend*** ⇒*hoogmoedig*.

'self-as'ser·tion ⟨n.-telb.zn.⟩ **0.1** ***het voor zichzelf opkomen*** ⇒*zelfbewustheid, het niet met zich laten sollen* **0.2** ***aanmatiging*** ⇒*hoogmoed*.

'self-as'sur·ance ⟨f1⟩⟨n.-telb.zn.⟩ **0.1** ***zelfverzekerdheid*** ⇒*zelfbewustheid, zelfvertrouwen*.

'self-as'sured ⟨f1⟩⟨bn.; -ness⟩ **0.1** ***zelfverzekerd*** ⇒*vol zelfvertrouwen*.

'self-be'got·ten ⟨bn.⟩ **0.1** ***zelfverwekt*** ⇒*echt* ⟨v. kind⟩ **0.2** ***zelf verkregen***.

'self-be'tray·al ⟨n.-telb.zn.⟩ **0.1** ***zelfmisleiding***.

'self-'bind·er ⟨telb.zn.⟩⟨landb.⟩ **0.1** ***zelfbinder***.

'self-'born ⟨bn.⟩ **0.1** ***uit zichzelf voortkomend***.

'self-bow ⟨telb.zn.⟩⟨boogschieten⟩ **0.1** ***selfbow*** ⟨boog gemaakt uit een en hetzelfde materiaal⟩.

'self-'catering ⟨bn.⟩ **0.1** ***zelf voor eten zorgend*** ⇒*maaltijden niet inbegrepen* ◆ **1.1** ~ flat *flat, appartement* ⟨waar men zelf voor het eten moet zorgen⟩; ~ holiday *vakantie zonder verzorgde maaltijden*.

'self-'cen·tred, ⟨AE sp.⟩ **'self-'cen·tered** ⟨f1⟩⟨bn.; -ly; -ness⟩ **0.1** ***op zichzelf geconcentreerd*** ⇒*zelfzuchtig, egocentrisch*.

'self-'clean·ing ⟨bn.⟩ **0.1** ***zelfreinigend***.

'self-'clos·ing ⟨bn.⟩ **0.1** ***zelfsluitend*** ⇒*automatisch sluitend*.

'self-'cock·ing ⟨bn.⟩ **0.1** ***met automatische slagpin*** ⟨geweer⟩.

'self-col'lect·ed ⟨bn.⟩ **0.1** ***beheerst*** ⇒*kalm, met tegenwoordigheid v. geest, onverstoorbaar*.

'self-'col·our ⟨telb.zn.⟩ **0.1** ***effen kleur*** **0.2** ***oorspronkelijke/natuurlijke kleur*** ⟨v. bloem⟩.

'self-'col·our·ed, ⟨AE sp.⟩ **'self-'col·or·ed** ⟨bn.⟩ **0.1** ***effen*** ⇒*eenkleurig* **0.2** ⟨plantk.⟩ ***v.d. oorspronkelijke*** ⟨niet gekweekte⟩ ***kleur***.

'self-com'mand ⟨n.-telb.zn.⟩ **0.1** ***zelfbeheersing*** ⇒*het zichzelf meester zijn*.

'self-com'mun·ion ⟨n.-telb.zn.⟩ **0.1** ***zelfbeschouwing*** ⇒*zelfbetrachting, bespiegeling, inkeer*.

'self-com'pla·cen·cy ⟨n.-telb.zn.⟩ **0.1** ***zelfbehagen*** ⇒*zelfingenomenheid*.

'self-com'pla·cent ⟨bn.⟩ **0.1** ***zelfingenomen*** ⇒*zelfvoldaan*.

'self-con'ceit ⟨n.-telb.zn.⟩ **0.1** ***eigenwaan*** ⇒*eigendunk, hoogmoed, verwaandheid*.

'self-con'ceit·ed ⟨bn.⟩ **0.1** ***verwaand*** ⇒*vol eigendunk*.

'self-con·dem'na·tion ⟨n.-telb.zn.⟩ **0.1** ***het zichzelf veroordelen/betichten***.

'self-con'demned ⟨bn.⟩ **0.1** ***door zichzelf veroordeeld/beticht***.

'self-con'fess·ed ⟨bn.⟩ **0.1** ***openlijk*** ⇒*onverholen* ◆ **1.1** he is a ~ swindler *hij komt er rond voor uit dat hij een zwendelaar is*.

'self-'con·fi·dence ⟨f2⟩⟨n.-telb.zn.⟩ **0.1** ***zelfvertrouwen*** ⇒*zelfverzekerdheid*.

'self-'con·fi·dent ⟨f2⟩⟨bn.; -ly⟩ **0.1** ***vol zelfvertrouwen*** ⇒*zelfverzekerd*.

'self-con·grat·u'la·tion ⟨n.-telb.zn.⟩ **0.1** ***zelftevredenheid*** ⇒*zelfbehagen, zelfgenoegzaamheid*.

'self-'con·quest ⟨n.-telb.zn.⟩ **0.1** ***zelfoverwinning*** ⇒*zelfonderwerping*.

'self-'con·scious ⟨f2⟩⟨bn.; -ly; -ness⟩ **0.1** ***bewust*** ⇒*zich v. zichzelf bewust* **0.2** ***verlegen*** ⇒*niet op zijn gemak, onbehaaglijk, stijf*.

'self-con'sis·ten·cy ⟨n.-telb.zn.⟩ **0.1** ***consequentheid*** ⇒*trouw aan zichzelf/zijn principes*.

'self-con'sis·tent ⟨bn.⟩ **0.1** ***trouw aan zichzelf*** ⇒*zichzelf gelijk blijvend, consequent, principieel.*

'self-'con·stit·ut·ed ⟨bn.⟩ **0.1** ***eigenmachtig (handelend)*** ⇒*zich (een taak) toeëigenend.*

'self-con'sum·ing ⟨bn.⟩ **0.1** ***zichzelf verterend*** ⇒*zelfvernietigend.*

'self-con'tain·ed ⟨f2⟩ ⟨bn.⟩ **0.1** ***onafhankelijk*** ⇒*niet mededeelzaam, niet aanhankelijk, op zichzelf, eenzelvig, gereserveerd* **0.2** ***vrij*** ⇒*op zichzelf staand, apart, met alle accommodatie* ⟨v. flat e.d.⟩.

'self-con'tempt ⟨n.-telb.zn.⟩ **0.1** ***zelfverachting.***

'self-con'temp·tu·ous ⟨bn.; -ly⟩ **0.1** ***vol zelfverachting.***

'self-con'tent ⟨n.-telb.zn.⟩ **0.1** ***zelfbehagen*** ⇒*tevredenheid, zelfgenoegzaamheid.*

'self-con'tent·ed ⟨bn.⟩ **0.1** ***tevreden met zichzelf*** ⇒*zelfgenoegzaam, vol zelfbehagen, zelfvoldaan.*

'self-con·tra'dic·tion ⟨telb. en n.-telb.zn.⟩ **0.1** ***tegenstrijdigheid*** ⇒*contradictie, innerlijke tegenspraak, inconsistente uitspraak.*

'self-con·tra'dic·to·ry ⟨bn.⟩ **0.1** ***tegenstrijdig*** ⇒*in innerlijke tegenspraak, contradictoir.*

'self-con'trol ⟨f2⟩ ⟨n.-telb.zn.⟩ **0.1** ***zelfbeheersing*** ⇒*kalmte.*

'self-con'trol·led ⟨bn.⟩ **0.1** ***beheerst*** ⇒*kalm, zichzelf meester.*

'self-con'vict·ed ⟨bn.⟩ **0.1** ***door zichzelf veroordeeld.***

'self-'cop·y·ing 'paper ⟨telb. en n.-telb.zn.⟩ **0.1** ***doorschrijfpapier.***

'self-cre'at·ed ⟨bn.⟩ **0.1** ***zelfgemaakt*** ⇒*door zichzelf tot stand gebracht.*

'self-cre'a·tion ⟨n.-telb.zn.⟩ **0.1** ***het zelf tot stand brengen/in het leven roepen/maken.***

'self-'crit·i·cal ⟨bn.; -ly⟩ **0.1** ***vol zelfkritiek.***

'self-'crit·i·cism ⟨f1⟩ ⟨n.-telb.zn.⟩ **0.1** ***zelfkritiek.***

'self-'cul·ture ⟨n.-telb.zn.⟩ **0.1** ***zelfontwikkeling.***

'self-de'ceit, 'self-de·'cep·tion ⟨n.-telb.zn.⟩ **0.1** ***zelfbedrog*** ⇒*zelfmisleiding.*

'self-de'ceived ⟨bn.⟩ **0.1** ***door zichzelf misleid.***

'self-de'ceiv·er ⟨telb.zn.⟩ **0.1** ***iem. die zichzelf om de tuin leidt.***

'self-de'ceiv·ing ⟨bn.⟩ **0.1** ***geneigd tot zelfbedrog*** ⇒*zichzelf gemakkelijk misleidend* **0.2** ***om zichzelf te misleiden.***

'self-de'feat·ing ⟨f1⟩ ⟨bn.⟩ **0.1** ***zichzelf hinderend*** ⇒*zichzelf in de weg staand, zijn doel voorbijstrevend.*

'self-de'fence, ⟨AE sp.⟩ **'self-de·'fense** ⟨f2⟩ ⟨n.-telb.zn.⟩ **0.1** ***zelfverdediging*** ⇒⟨i.h.b. jur.⟩ *noodweer* ◆ **1.1** the (noble) art of ~ *bokssport/judo* **6.1** **in** ~ *uit zelfverdediging.*

'self-de'lu·sion ⟨n.-telb.zn.⟩ **0.1** ***zelfmisleiding.***

'self-de'nial ⟨f1⟩ ⟨n.-telb.zn.⟩ **0.1** ***zelfverzaking*** ⇒*zelfverloochening, zelfopoffering.*

'self-de'ny·ing ⟨bn.; -ly⟩ **0.1** ***zelfverloochenend*** ⇒*opofferend* ◆ **1.¶** ⟨gesch., pol.⟩ ~ ordinance *zelfverloochenend decreet* ⟨besluit v.h. Long Parliament (1645) dat parlementsleden uitsloot v. ambten en mil. posities⟩; ⟨fig.⟩ *daad v. zelfverloochening, offer.*

'self-de'pend·ence ⟨n.-telb.zn.⟩ **0.1** ***onafhankelijkheid*** ⇒*zelfstandigheid.*

'self-de'pend·ent ⟨bn.⟩ **0.1** ***zelfstandig*** ⇒*op eigen kracht.*

'self-de·pre·ci'a·tion ⟨n.-telb.zn.⟩ **0.1** ***zelfverachting*** ⇒*het zichzelf omlaag halen.*

'self-de'pre·ci·a·tive, 'self-'de·pre·cating ⟨bn.⟩ **0.1** ***zichzelf omlaag halend*** ⇒*vol zelfkritiek, zonder zelfwaardering.*

'self-de'spair ⟨n.-telb.zn.⟩ **0.1** ***wanhoop*** ⇒*vertwijfeling, zelfvertwijfeling, het aan zichzelf wanhopen.*

self-de·struct ['self-dɪ'strʌkt] ⟨onov.ww.⟩ ⟨vnl. AE⟩ **0.1** ***zichzelf vernietigen.***

'self-de'struc·tion ⟨f1⟩ ⟨n.-telb.zn.⟩ **0.1** ***zelfvernietiging*** ⇒⟨i.h.b.⟩ *zelfmoord.*

'self-de'struc·tive, ⟨soms ook⟩ **'self-de·'stroy·ing** ⟨f1⟩ ⟨bn.; self-destructiveness⟩ **0.1** ***zelfvernietigend*** ⇒*zichzelf vernietigend;* ⟨i.h.b.⟩ *suicidaal, tot zelfmoord neigend.*

'self-de·ter·mi'na·tion ⟨f1⟩ ⟨n.-telb.zn.⟩ **0.1** ***de vrije wil*** **0.2** ⟨pol.⟩ ***zelfbeschikking(srecht).***

'self-de'ter·mined ⟨bn.⟩ **0.1** ***onafhankelijk*** ⇒*voor zichzelf beslissend, uit vrije wil.*

'self-de'vel·op·ment ⟨n.-telb.zn.⟩ **0.1** ***zelfontplooiing*** ⇒*zelfontwikkeling.*

'self-de'vo·tion ⟨n.-telb.zn.⟩ **0.1** ***toewijding*** ⇒*zelfovergave.*

'self-'dis·ci·pline ⟨f1⟩ ⟨n.-telb.zn.⟩ **0.1** ***zelfdiscipline.***

'self-dis'par·age·ment ⟨n.-telb.zn.⟩ **0.1** ***zelfkleinering*** ⇒*vernederende zelfkritiek, het zichzelf afkraken.*

'self-dis'play ⟨n.-telb.zn.⟩ **0.1** ***ijdel vertoon*** ⇒*opschepperigheid, vertoning, het met zichzelf te koop lopen.*

'self-dis'praise ⟨n.-telb.zn.⟩ **0.1** ***negatieve zelfkritiek*** ⇒*afkeuring v. eigen prestaties, het zichzelf kleineren.*

'self·dis'trust ⟨n.-telb.zn.⟩ **0.1** ***onzekerheid*** ⇒*gebrek aan zelfvertrouwen.*

'self-dis'trust·ful ⟨n.-telb.zn.⟩ **0.1** ***onzeker*** ⇒*zonder zelfvertrouwen.*

'self-'doubt ⟨n.-telb.zn.⟩ **0.1** ***onzekerheid*** ⇒*twijfel aan zichzelf, gebrek aan zelfvertrouwen.*

'self-'drive ⟨bn.⟩ ⟨BE⟩ **0.1** ***zonder chauffeur*** ⟨v. huurauto⟩.

'self-'driv·en ⟨bn.⟩ **0.1** ***gemotoriseerd.***

'self-'ed·u·cat·ed ⟨bn.⟩ **0.1** ***autodidactisch*** ◆ **1.1** a ~ man *een autodidact.*

'self-ed·u'ca·tion ⟨n.-telb.zn.⟩ **0.1** ***zelfontwikkeling*** ⇒*autodidactische ontwikkeling.*

'self-ef'face·ment ⟨n.-telb.zn.⟩ **0.1** ***bescheidenheid*** ⇒*afzijdigheid, het zichzelf wegcijferen.*

'self-ef'fac·ing ⟨bn.⟩ **0.1** ***bescheiden*** ⇒*op de achtergrond blijvend, teruggetrokken, afzijdig, zichzelf wegcijferend.*

'self-e'lec·tive ⟨bn.⟩ **0.1** ***zelfgekozen*** ⇒⟨i.h.b.⟩ *door coöptatie benoemd.*

'self-em'ployed ⟨f1⟩ ⟨bn.⟩ **0.1** ***zelfstandig*** ⇒*met een eigen onderneming, eigen baas.*

'self-en'gross·ed ⟨bn.⟩ **0.1** ***in zichzelf verdiept*** ⇒*in zichzelf opgaand.*

'self-es'teem ⟨f1⟩ ⟨n.-telb.zn.⟩ **0.1** ***eigendunk*** ⇒*trots, zelfachting.*

'self-'ev·i·dent ⟨f2⟩ ⟨bn.; -ly⟩ **0.1** ***duidelijk*** ⇒*vanzelfsprekend, vaststaand.*

'self-ex·am·i'na·tion ⟨telb.zn.⟩ **0.1** ***zelfonderzoek.***

'self-'ex·e·cuting ⟨bn.⟩ ⟨jur.⟩ **0.1** ***zichzelf bekrachtigend*** ⇒*uit zichzelf geldig, zonder verdere bekrachtiging geldig.*

'self-ex'is·tent ⟨bn.⟩ **0.1** ***onafhankelijk*** ⇒*zelfstandig, op zichzelf bestaand.*

'self-ex'plain·ing, 'self-ex·'plan·a·to·ry ⟨f1⟩ ⟨bn.⟩ **0.1** ***duidelijk*** ⇒*onmiskenbaar, wat voor zichzelf spreekt.*

'self-ex'pres·sion ⟨n.-telb.zn.⟩ **0.1** ***zelfexpressie.***

'self-'faced ⟨bn.⟩ **0.1** ***onbehouwen*** ⇒*ruw, onbewerkt* ⟨steen⟩.

'self-'feed·er ⟨telb.zn.⟩ ⟨tech.⟩ **0.1** ***machine met automatische materiaaltoevoer.***

'self-'fer·tile ⟨bn.⟩ ⟨biol.⟩ **0.1** ***zelfbevruchtend/bestuivend*** ⇒*autogaam.*

'self-fer·til·i'za·tion ⟨n.-telb.zn.⟩ ⟨biol.⟩ **0.1** ***zelfbevruchting/zelfbestuiving.***

self-fi·nanc·ing [-faɪ'nænsɪŋ] ⟨n.-telb.zn.⟩ ⟨ec.⟩ **0.1** ***zelffinanciering*** ⇒*autofinanciering.*

'self-'flat·ter·ing ⟨bn.⟩ **0.1** ***zelfgenoegzaam*** ⇒*geneigd zichzelf te vleien, zelfstrelend.*

'self-for'get·ful ⟨bn.; -ly; -ness⟩ **0.1** ***zichzelf vergetend*** ⇒*zich verliezend* **0.2** ***onbaatzuchtig*** ⇒*onzelfzuchtig.*

'self-ful'fill·ing ⟨bn.⟩ **0.1** ***zichzelf vervullend*** ⇒*zichzelf realiserend, zichzelf ontwikkelend* ◆ **1.1** ~ prophecy *selffulfilling prophecy, zichzelf waarmakende/vervullende voorspelling.*

'self-ful'fil(l)·ment ⟨n.-telb.zn.⟩ **0.1** ***zelfvervulling*** ⇒*zelfontplooiing, het zich waarmaken.*

'self-'gen·er·ating ⟨bn.⟩ **0.1** ***autogenetisch*** ⇒*zichzelf voortbrengend.*

'self-'glazed ⟨bn.⟩ **0.1** ***effen*** ⇒*eenkleurig, in een kleur geglazuurd* ⟨porselein⟩.

'self-glo·ri·fi'ca·tion ⟨n.-telb.zn.⟩ **0.1** ***zelfverheerlijking.***

'self-'gov·ern·ing ⟨bn.⟩ **0.1** ***autonoom*** ⇒*onafhankelijk, onder eigen bestuur.*

'self-'gov·ern·ment ⟨f1⟩ ⟨n.-telb.zn.⟩ **0.1** ***zelfbestuur*** ⇒*autonomie* **0.2** ***democratie*** **0.3** ⟨vero.⟩ ***zelfbeheersing.***

'self-grat·u'la·tion ⟨n.-telb.zn.⟩ **0.1** ***zelfbehagen*** ⇒*zelfgenoegzaamheid.*

'self-heal ⟨telb.zn.⟩ ⟨plantk.⟩ **0.1** ***geneeskrachtige plant*** ⇒⟨i.h.b.⟩ *brunel* ⟨Prunella vulgaris⟩, *heelkruid* ⟨Sanicula europea⟩.

'self-'help ⟨f2⟩ ⟨n.-telb.zn.⟩ **0.1** ***zelfhulp*** ⇒*het zichzelf helpen, het zichzelf kunnen redden.*

'self-help group ⟨telb.zn.⟩ **0.1** ***zelfhulpgroep.***

self·hood ['selfhʊd] ⟨n.-telb.zn.⟩ **0.1** ***individualiteit*** ⇒*zelfheid, eigenheid* **0.2** ***persoonlijkheid*** **0.3** ***egoïsme*** ⇒*gerichtheid op zichzelf.*

'self-hu·mil·i'a·tion ⟨n.-telb.zn.⟩ **0.1** ***zelfvernedering.***

'self-'im·age ⟨f1⟩ ⟨telb.zn.⟩ **0.1** ***zelfbeeld.***

'self-im·mo'la·tion ⟨n.-telb.zn.⟩ **0.1** ***zelfopoffering.***

'self-im'por·tance ⟨n.-telb.zn.⟩ **0.1** ***gewichtigheid*** ⇒*opgeblazenheid, ingebeeldheid, eigendunk.*

'self-im'por·tant ⟨bn.; -ly⟩ **0.1** ***gewichtig*** ⇒*verwaten, opgeblazen.*

'self-im'posed ⟨f1⟩ ⟨bn.⟩ **0.1** ***aan zichzelf opgelegd*** ◆ **1.1** a ~ task *een taak die men vrijwillig op zich genomen heeft.*

'self-'im·po·tent ⟨bn.⟩ ⟨biol.⟩ **0.1** ***niet zelfbevruchtend.***

'self-im'prove·ment ⟨n.-telb.zn.⟩ **0.1** ***zelfverbetering.***

'self-in'duced ⟨bn.⟩ **0.1** ***zelf teweeggebracht*** ⇒*zelf toegebracht* **0.2** ⟨elek.⟩ ***door zelfinductie voortgebracht.***

'self-in'duc·tion ⟨n.-telb.zn.⟩ ⟨elek.⟩ **0.1** ***zelfinductie.***

'self-in'dul·gence ⟨f1⟩ ⟨n.-telb.zn.⟩ **0.1** ***genotzucht*** ⇒*toegeeflijkheid t.o.v. zichzelf, het aan al zijn neigingen tegemoetkomen.*

'self-in'dul·gent ⟨n.-telb.zn.⟩ **0.1** ***genotzuchtig*** ⇒*plezier zoekend, aan al zijn verlangens toegevend.*

'self-in'flict·ed ⟨bn.⟩ **0.1** ***zelf teweeggebracht*** ⇒*zichzelf toegebracht/aangedaan.*
'self-in'struc·tion·al ⟨bn.⟩ **0.1** ***zelfstudie-*** ◆ **1.1** for ~ use *te gebruiken bij zelfstudie.*
'self-in'struc·tor ⟨telb.zn.⟩ **0.1** ***iem. die aan zelfstudie doet.***
'self-'in·ter·est ⟨f1⟩ ⟨n.-telb.zn.⟩ **0.1** ***eigenbelang.***
'self-'in·ter·est·ed ⟨bn.⟩ **0.1** ***egoïstisch*** ⇒*vervuld v. eigenbelang, uit eigenbelang.*
'self-in'vited ⟨bn.⟩ **0.1** ***onuitgenodigd*** ⇒*ongenood, onwelkom, uit zichzelf gekomen.*
'self-in'volved ⟨bn.⟩ **0.1** ***in zichzelf verdiept.***
self·ish ['selfɪʃ] ⟨f2⟩ ⟨bn.; -ly; -ness⟩ **0.1** ***zelfzuchtig*** ⇒*egoïstisch* **0.2** ***uit eigenbelang*** ◆ **1.1** ~ theory of morals *de theorie v.h. eigenbelang.*
'self-'kin·dled ⟨bn.⟩ **0.1** ***zelf aangewakkerd*** ⇒*zelf aangericht, zelf veroorzaakt.*
'self-'knowl·edge ⟨f1⟩ ⟨n.-telb.zn.⟩ **0.1** ***zelfkennis.***
self·less ['selfləs] ⟨bn.; -ly; -ness⟩ **0.1** ***onbaatzuchtig*** ⇒*onzelfzuchtig, altruïstisch.*
'self-'liq·ui·dat·ing ⟨bn.⟩ ⟨hand.⟩ **0.1** ***zelfliquiderend*** ⇒*zelfterugbetalend.*
'self-'load·ing ⟨bn.⟩ **0.1** ***halfautomatisch*** ⟨v. vuurwapen⟩.
'self-'lock·ing ⟨bn.⟩ **0.1** ***zelfsluitend*** ⇒*met automatisch slot.*
'self-'love ⟨n.-telb.zn.⟩ **0.1** ***zelfzucht*** **0.2** ***eigenliefde.***
'self-'lu·mi·nous ⟨bn.⟩ **0.1** ***zelflichtend*** ⇒*zelf licht voortbrengend.*
'self-'made ⟨f1⟩ ⟨bn.⟩ **0.1** ***zelfgemaakt*** **0.2** ***opgewerkt*** ⇒*opgeklommen* ◆ **1.2** a ~ man *een man die zich omhoog gewerkt heeft, een self-made man.*
'self-'mas·ter·y ⟨n.-telb.zn.⟩ **0.1** ***zelfbeheersing.***
'self-'mate ⟨n.-telb.zn.⟩ ⟨schaken⟩ **0.1** ***zelfmat.***
'self-mor·ti·fi'ca·tion ⟨n.-telb.zn.⟩ **0.1** ***zelfkwelling*** ⇒*zelfpijniging.*
'self-'mo·tion ⟨n.-telb.zn.⟩ **0.1** ***spontane beweging*** ⇒*het uit zichzelf in beweging komen.*
'self-'mov·ing ⟨bn.⟩ **0.1** ***zelfbewegend.***
'self-'mur·der ⟨n.-telb.zn.⟩ **0.1** ***zelfmoord.***
'self-'mur·der·er ⟨telb.zn.⟩ **0.1** ***zelfmoordenaar.***
self·ness ['selfnəs] ⟨n.-telb.zn.⟩ **0.1** ***egoïsme*** **0.2** ***persoonlijkheid*** ⇒*zelfheid.*
'self-o'pin·ion ⟨n.-telb.zn.⟩ **0.1** ***verwatenheid*** ⇒*verwaandheid* **0.2** ***koppigheid*** ⇒*starheid.*
'self-o'pin·ion·at·ed ⟨bn.⟩ **0.1** ***verwaten*** ⇒*verwaand* **0.2** ***koppig*** ⇒*met onwrikbare overtuigingen, eigenwijs.*
'self-or'dained ⟨bn.⟩ **0.1** ***eigenmachtig*** ⇒*onafhankelijk, zelf bepaald/bepalend.*
'self-'par·tial ⟨bn.⟩ **0.1** ***zelfingenomen*** ⇒*vol eigenwaan.*
'self-par·ti'al·i·ty ⟨n.-telb.zn.⟩ **0.1** ***eigendunk*** ⇒*zelfingenomenheid.*
'self-per'pet·u·ating ⟨f1⟩ ⟨bn.⟩ **0.1** ***zichzelf voortzettend*** ⇒*zichzelf in stand houdend.*
'self-'pit·y ⟨f1⟩ ⟨n.-telb.zn.⟩ **0.1** ***zelfmedelijden*** ⇒*zelfbeklag.*
'self-'pleas·ing ⟨n.-telb.zn.⟩ **0.1** ***zelfbehagen*** **0.2** ***het zichzelf naar de zin maken*** ⇒*het doen waar je zin in hebt.*
'self-'poised ⟨bn.⟩ **0.1** ***met innerlijk evenwicht*** ⇒*beheerst.*
'self-pol·li'na·tion ⟨n.-telb.zn.⟩ ⟨plantk.⟩ **0.1** ***zelfbestuiving.***
'self-pol'lu·tion ⟨n.-telb.zn.⟩ **0.1** ***zelfbevlekking*** ⇒*masturbatie.*
'self-'por·trait ⟨telb.zn.⟩ **0.1** ***zelfportret.***
'self-pos'sessed ⟨f1⟩ ⟨bn.⟩ **0.1** ***kalm*** ⇒*beheerst, kordaat, flink.*
'self-pos'ses·sion ⟨n.-telb.zn.⟩ **0.1** ***kalmte*** ⇒*zelfbeheersing.*
'self-'praise ⟨n.-telb.zn.⟩ ⟨→sprw. 605⟩ **0.1** ***eigenlof.***
'self-pres·er'va·tion ⟨f1⟩ ⟨n.-telb.zn.⟩ ⟨→sprw. 606⟩ **0.1** ***zelfbehoud.***
'self-'prof·it ⟨n.-telb.zn.⟩ **0.1** ***eigen voordeel/baat.***
'self-'prop·a·gat·ing ⟨bn.⟩ **0.1** ***zichzelf verspreidend/uitbreidend/voortzettend.***
'self-pro'pel·led, 'self-pro·'pel·ling ⟨bn.⟩ **0.1** ***zich op eigen kracht voortbewegend*** ⇒*zichzelf voortstuwend* ◆ **1.1** ⟨mil.⟩ ~ gun *gemotoriseerd kanon.*
'self-'rais·ing, ⟨AE⟩ **'self-'ris·ing** ⟨f1⟩ ⟨bn.⟩ **0.1** ***zelfrijzend*** ◆ **1.1** ~ flour *zelfrijzend bakmeel.*
'self-re·al·i'za·tion ⟨n.-telb.zn.⟩ **0.1** ***zelfontplooiing*** ⇒*zelfverwerkelijking.*
'self-re'cord·ing, 'self-'reg·is·ter·ing ⟨bn.⟩ ⟨tech.⟩ **0.1** ***zelfregistrerend*** ⟨v. instrumenten⟩.
'self-re'gard ⟨n.-telb.zn.⟩ **0.1** ***het rekening houden met zichzelf*** **0.2** ***zelfachting*** ⇒*zelfrespect.*
'self-'reg·u·lating ⟨bn.⟩ ⟨tech.⟩ **0.1** ***zelfregelend.***
'self-re'li·ance ⟨n.-telb.zn.⟩ **0.1** ***onafhankelijkheid.***
'self-re'li·ant ⟨f1⟩ ⟨bn.; -ly⟩ **0.1** ***onafhankelijk*** ⇒*zonder iemand nodig te hebben.*
'self-re·nun·ci'a·tion ⟨n.-telb.zn.⟩ **0.1** ***zelfverloochening*** ⇒*het onderdrukken v. wensen/gevoelens, zelfverzaking.*
'self-re'pair ⟨n.-telb.zn.⟩ **0.1** ***herstel op eigen kracht.***
'self-re'proach ⟨telb. en n.-telb.zn.⟩ **0.1** ***zelfverwijt.***
'self-re'proach·ful ⟨bn.⟩ **0.1** ***vol zelfverwijt.***
'self-re'pug·nant ⟨bn.⟩ **0.1** ***inconsistent*** ⇒*tegenstrijdig, in innerlijke tegenspraak.*
'self-re'spect ⟨f2⟩ ⟨n.-telb.zn.⟩ **0.1** ***zelfrespect.***
'self-re'spect·ing, 'self-re·'spect·ful ⟨bn.⟩ **0.1** ***zichzelf respecterend.***
'self-re'strain·ed ⟨bn.⟩ **0.1** ***zichzelf meester*** ⇒*beheerst, kalm.*
'self-re'straint ⟨n.-telb.zn.⟩ **0.1** ***zelfbedwang.***
'self-re'veal·ing ⟨bn.⟩ **0.1** ***zelfonthullend*** ⇒*zijn gedachten/gevoelens blootgevend.*
'self-rev·e'la·tion ⟨n.-telb.zn.⟩ **0.1** ***zelfonthulling.***
'self-'right·eous ⟨bn.; -ly; -ness⟩ **0.1** ***overtuigd v. eigen goedheid*** ⇒*vol eigendunk, intolerant, star.*
'self-'right·ing ⟨bn.⟩ ⟨scheep.⟩ **0.1** ***zichzelf oprichtend*** ⟨na kapseizen⟩.
self-rising →self-raising.
'self-'rule ⟨f1⟩ ⟨n.-telb.zn.⟩ **0.1** ***autonomie*** ⇒*zelfbestuur.*
'self-'sac·ri·fice ⟨f1⟩ ⟨n.-telb.zn.⟩ **0.1** ***zelfopoffering*** ⇒*zelfverzaking.*
'self-'sac·ri·fic·ing ⟨bn.⟩ **0.1** ***zelfopofferend.***
'self·same ⟨bn.⟩ ⟨schr.⟩ **0.1** ***precies dezelfde/hetzelfde*** ⇒*identiek, juist die/datzelfde* ◆ **1.1** on the ~ day *nog wel/en dat op dezelfde dag.*
'self-sat·is'fac·tion ⟨n.-telb.zn.⟩ **0.1** ***zelfbehagen*** ⇒*zelftevredenheid, eigendunk.*
'self-'sat·is·fied ⟨bn.⟩ **0.1** ***tevreden met zichzelf*** ⇒*(te) zelfvoldaan.*
'self-'seal·ing ⟨bn.⟩ **0.1** ***zelfdichtend*** ⟨v. tank, band⟩.
'self-'search·ing ⟨n.-telb.zn.⟩ **0.1** ***zelfonderzoek*** ⇒*het zich rekenschap geven v. zijn daden.*
'self-'seek·er ⟨telb.zn.⟩ **0.1** ***zelfzuchtige streber*** ⇒*egoïst, iem. die alleen op eigen voordeel uit is.*
'self-'seek·ing[1] ⟨n.-telb.zn.⟩ **0.1** ***egoïsme*** ⇒*het naar eigen gewin streven.*
self-seeking[2] ⟨bn.⟩ **0.1** ***zelfzuchtig*** ⇒*egoïstisch, op eigen voordeel uit.*
-self/-selves **0.1** ⟨vormt →wederkerend voornaamwoord⟩ ***-zelf*** **0.2** ⟨→-self/-selves als nadrukwoord⟩ ***zelf*** ◆ ¶**.1** oneself *zichzelf* ¶**.2** I did it myself *ik heb het zelf gedaan.*
'self-'serv·ice, ⟨vnl. AE⟩ **'self-serve** ⟨f1⟩ ⟨telb. en n.-telb.zn.; vaak attr.⟩ **0.1** ***zelfbediening*** ◆ **1.1** ~ restaurant/shop *zelfbedieningsrestaurant/winkel.*
'self-'serv·ing ⟨bn.⟩ **0.1** ***uit eigenbelang.***
'self-'slaugh·ter ⟨n.-telb.zn.⟩ **0.1** ***zelfmoord.***
'self-'sown ⟨bn.⟩ ⟨plantk.⟩ **0.1** ***in het wild groeiend*** ⇒*niet aangeplant.*
'self-'start·er ⟨telb.zn.⟩ ⟨tech.⟩ **0.1** ***automatische starter*** ⇒*zelfstarter.*
'self-'ster·ile ⟨bn.⟩ ⟨biol.⟩ **0.1** ***niet zelfbevruchtend*** ⇒*autosteriel.*
'self-styled ⟨bn., attr.⟩ **0.1** ***zogenaamd*** ⇒*zichzelf noemend, vals* ◆ **1.1** ~ professor *iem. die zich voor professor uitgeeft.*
'self-suf'fi·cien·cy ⟨f1⟩ ⟨n.-telb.zn.⟩ **0.1** ***onafhankelijkheid*** ⇒*het op zichzelf kunnen bestaan;* ⟨i.h.b. ec.⟩ *autarkie.*
'self-suf'fi·cient, 'self-suf·'fic·ing ⟨f1⟩ ⟨bn.⟩ **0.1** ***onafhankelijk*** ⇒⟨i.h.b. ec.⟩ *autarkisch* **0.2** ***arrogant*** ⇒*verwaand.*
'self-sug'ges·tion ⟨telb. en n.-telb.zn.⟩ ⟨psych.⟩ **0.1** ***autosuggestie.***
'self-sup'port ⟨n.-telb.zn.⟩ ⟨vnl. ec.⟩ **0.1** ***zelfstandigheid*** ⇒*het in eigen behoefte kunnen voorzien.*
'self-sup'port·ing ⟨f1⟩ ⟨bn.⟩ ⟨vnl. ec.⟩ **0.1** ***zelfstandig*** ⇒*self-supporting, in eigen behoefte voorziend, onafhankelijk, zelfbedruipend.*
'self-sur'ren·der ⟨n.-telb.zn.⟩ **0.1** ***overgave*** ⇒*het zichzelf verliezen.*
'self-sus'tain·ed, 'self-sus·'tain·ing ⟨bn.⟩ **0.1** ***zichzelf onderhoudend*** ⇒*in eigen behoefte voorziend.*
'self-'taught ⟨bn.⟩ **0.1** ***zelf geleerd*** ⇒*zichzelf aangeleerd* **0.2** ***autodidactisch*** ⇒*zichzelf opgeleid.*
'self-tor'ment·ing ⟨bn.⟩ **0.1** ***zichzelf kwellend.***
'self-'tor·ture ⟨telb. en n.-telb.zn.⟩ **0.1** ***zelfkwelling.***
'self-'trust ⟨n.-telb.zn.⟩ **0.1** ***zelfvertrouwen.***
'self-tu'i·tion ⟨n.-telb.zn.⟩ **0.1** ***zelfstudie.***
'self-'vi·o·lence ⟨n.-telb.zn.⟩ **0.1** ***gewelddadigheid t.o.v. zichzelf*** ⇒*het de hand aan zichzelf slaan, (poging tot) zelfmoord.*
'self-'will ⟨n.-telb.zn.⟩ **0.1** ***koppigheid*** ⇒*eigenwijsheid, gedecideerdheid.*
'self-'will·ed ⟨f1⟩ ⟨bn.⟩ **0.1** ***koppig*** ⇒*eigenwijs, niet tot rede te brengen.*
'self-'wind·ing ⟨bn.⟩ **0.1** ***zichzelf opwindend*** ⟨horloge⟩.
'self-'wor·ship ⟨n.-telb.zn.⟩ **0.1** ***zelfaanbidding*** ⇒*zelfheiliging.*
Sel·juk ['seldʒʊk] ⟨telb.zn.⟩ ⟨gesch.⟩ **0.1** ***Seldjoek.***
sell[1] [sel] ⟨zn.⟩
I ⟨telb.zn.⟩ **0.1** ⟨inf.⟩ ***bedrog*** ⇒*verlakkerij, zwendel;*
II ⟨n.-telb.zn.⟩ **0.1** ***verkoop*** ⇒*het verkopen.*
sell[2] ⟨f4⟩ ⟨ww.; sold, sold [sould]⟩ ⟨→sprw. 770⟩
I ⟨onov.ww.⟩ **0.1** ***verkocht worden*** ⇒*verkopen, gaan, kosten, in de handel zijn* **0.2** ***handel drijven*** ⇒*verkopen* **0.3** ***aanvaard wor-***

den ⇒goedgekeurd worden, populair zijn, het maken ◆ **5.2** →sell **out** **5.¶** →sell **out** (to); ⟨geldw.⟩ ~ short *à la baisse speculeren, in blanco verkopen;* ~ **up** *zijn zaak sluiten;*
II ⟨ov.ww.⟩ **0.1** ***verkopen*** **0.2** ***verkopen*** *⇒verhandelen, in voorraad hebben, doen in, handelen in* **0.3** ***verkopen*** *⇒verraden, opgeven, verkwanselen* **0.4** ***aanprijzen*** *⇒verkopen, propageren, de verkoop/goedkeuring bevorderen v.* **0.5** ***overhalen*** *⇒warm maken voor, tot aankoop/goedkeuring weten te brengen, aanpraten* **0.6** ⟨inf.⟩ ***misleiden*** *⇒bedriegen, bezwendelen* ◆ **1.3** ~ one's soul *zijn ziel verkopen, zich verlagen* **3.2** ⟨hand.⟩ ~ to arrive *zeilend verkopen* **4.3** ~ o.s. *zichzelf verkopen, zijn eer verkopen* **4.4** ~ o.s. *zichzelf goed verkopen* **5.1** ~ **off** *uitverkopen, uitverkoop houden v., wegdoen;* →sell **out;** ~ **up** *sluiten, opheffen;* ⟨zijn zaak⟩ *uitverkopen en sluiten;* ~ s.o. **up** *iemands goederen verbeurd verklaren, iemands bezittingen laten veilen* ⟨bij schuld⟩ **5.6** sold again! *beetgenomen! bedrogen!* **5.¶** →sell **out;** ~ s.o./sth. short *iem./iets onderwaarderen, iem./iets miskennen/te kort doen;* ⟨inf.⟩ ~ s.o. short *iem. bedriegen/misleiden* **6.1** ~ **at** five pounds/**at** a loss *voor vijf pond/met verlies verkopen;* you never told me what you sold it **for** *je hebt me nooit verteld voor hoeveel je het verkocht hebt;* ~ **over** *verkopen, overdoen* **6.5** be sold **on** sth. *ergens warm voor lopen, enthousiast over iets zijn.*

sellanders →sallenders.

'sell-by date ⟨telb.zn.⟩ **0.1** ***uiterste verkoopdatum.***

sel·ler ['selə‖-ər]⟨f2⟩⟨telb.zn.⟩ **0.1** ***verkoper*** **0.2** ***succes*** *⇒artikel dat goed verkoopt.*

'seller's 'market ⟨telb.zn.⟩⟨hand.⟩ **0.1** ***verkopersmarkt*** *⇒schaarste en duurte v. goederen.*

'sel·ling point ⟨telb. en n.-telb.zn.⟩⟨hand.⟩ **0.1** ***belangrijkste pluspunt*** *⇒voordeel, aanbeveling* ⟨bv. v. artikel⟩.

'sel·ling price ⟨telb. en n.-telb.zn.⟩ **0.1** ***verkoopprijs*** *⇒winkelwaarde.*

'selling race, 'selling plate ⟨telb.zn.⟩⟨sport⟩ **0.1** ⟨ong.⟩ ***verkoopren*** *⇒wedloop waarbij het winnende paard wordt geveild.*

'sell-off ⟨telb.zn.⟩ **0.1** ***uitverkoop.***

sel·lo·tape[1] ['seləteɪp]⟨telb.zn.⟩⟨BE⟩ **0.1** ***plastic plakband*** *⇒sellotape.*

sellotape[2] ⟨ov.ww.⟩ **0.1** ***plakken*** *⇒met plakband vastmaken.*

'sell 'out ⟨f1⟩⟨ww.⟩
I ⟨onov.ww.⟩ **0.1** ***de hele voorraad verkopen*** *⇒door de voorraad heen raken* **0.2** ***verkocht worden*** *⇒opraken, uitverkocht raken* **0.3** ***zijn zaak/aandeel in een zaak verkopen*** **0.4** ***verraad plegen*** **0.5** ⟨inf.⟩ ***vertrekken*** *⇒er vandoorgaan* ⟨uit lafheid⟩ **0.6** ⟨inf.⟩ ***compromissen sluiten*** ⟨uit lafheid⟩ **0.7** ⟨inf.⟩ ***zich laten omkopen*** *⇒zijn principes opzij zetten* ⟨om geldelijk gewin⟩ ◆ **3.3** ~ and retire *zijn zaak verkopen en ophouden met werken* **6.1** I am/I have sold out **of** this book *ik heb dit boek niet meer in voorraad* **6.4** ~ **to** the enemy *zijn partij aan de vijand verraden, gemene zaak maken met de vijand;*
II ⟨ov.ww.⟩ **0.1** ***verkopen*** *⇒uitverkopen, doorheen raken, opmaken* **0.2** ***van de hand doen*** *⇒ermee ophouden, verkopen* **0.3** ***verraden*** ◆ **1.2** ~ one's shop *zijn winkel wegdoen* **1.3** ~ a friend *een vriend verraden.*

'sell-out ⟨f1⟩⟨telb.zn.⟩ **0.1** ***tekort*** *⇒het uitverkocht zijn, het uitputten v.d. voorraad* **0.2** ***volle zaal*** *⇒uitverkochte voorstelling* **0.3** ***verraad.***

selt·zer ['seltsə‖-ər], **'seltzer water** ⟨n.-telb.zn.⟩ **0.1** ***selterswater*** *⇒mineraalwater.*

sel·vage, sel·vedge ['selvɪdʒ]⟨f1⟩⟨telb.zn.⟩ **0.1** ***zelfkant*** ⟨v. textiel⟩ **0.2** ***rand*** *⇒uiterste* **0.3** ***slotplaat.***

sel·va·gee ['selvɪ'dʒi:]⟨n.-telb.zn.⟩⟨scheep.⟩ **0.1** ***wantslag.***

(-)selves [selvz]⟨mv.⟩ →(-)self.

se·man·teme [sɪ'mænti:m]⟨telb.zn.⟩⟨taalk.⟩ **0.1** ***semanteem*** *⇒minimale betekenisdragende eenheid.*

se·man·tic [sɪ'mæntɪk]⟨f1⟩⟨bn.; -ally; →bijw. 3⟩⟨taalk.⟩ **0.1** ***semantisch*** ◆ **1.1** ~ distinguisher *semantische onderscheiding;* ~ features/markers *semantische kenmerken;* ~ field *semantisch veld, woordveld.*

se·man·ti·cist [sɪ'mæntɪst]⟨telb.zn.⟩⟨taalk.⟩ **0.1** ***semanticus.***

se·man·tics [sɪ'mæntɪks]⟨n.-telb.zn.⟩⟨taalk., fil.⟩ **0.1** ***semantiek*** *⇒betekenisleer, studie v.d. betekenis* **0.2** ***betekenis*** *⇒*⟨pej.⟩ *misbruik v./manipulatie met woorden* ◆ **2.2** that supposed distinction is pure ~ *dat vermeende onderscheid is een kwestie v. woorden.*

se·ma·phore[1] ['seməfɔ:‖-fɔr]⟨zn.⟩
I ⟨telb.zn.⟩ **0.1** ⟨spoorwegen⟩ ***seinpaal*** *⇒semafoor;*
II ⟨n.-telb.zn.⟩ **0.1** ⟨vnl. mil.⟩ ***vlaggespraak*** *⇒het seinen met vlaggen.*

semaphore[2] ⟨onov. en ov.ww.⟩ **0.1** ***per semafoor seinen*** **0.2** ⟨vnl. mil.⟩ ***met vlaggen seinen.***

se·ma·si·ol·o·gy [sɪ'meɪsi'ɒlədʒi‖-'ɑlədʒi]⟨n.-telb.zn.⟩⟨taalk.⟩ **0.1** ***semasiologie*** *⇒semantiek, betekenisleer.*

se·mat·ic [sɪ'mætɪk]⟨bn.⟩⟨dierk.⟩ **0.1** ***sematisch*** *⇒significant, seingevend* ⟨v. uiterlijke kenmerken⟩.

sem·bla·ble[1] ['sembləbl]⟨telb.zn.⟩⟨vero.⟩ **0.1** ***gelijke*** *⇒iets soortgelijks, soortgenoot.*

semblable[2] ⟨bn.⟩ **0.1** ***schijnbaar*** *⇒onwerkelijk, vals* **0.2** ⟨vero.⟩ ***soortgelijk*** *⇒dergelijk.*

sem·blance ['sembləns]⟨f1⟩⟨telb.zn.⟩ **0.1** ***schijn*** *⇒voorkomen, uiterlijk, vorm* **0.2** ***gelijkenis*** **0.3** ***afbeelding*** *⇒beeld, kopie, gelijke* **0.4** ***schijn*** *⇒zweem, vleug, greintje, zier* ◆ **3.1** bear the ~ of *lijken op, het voorkomen hebben van;* put on a ~ of enthousiasm *geestdriftig doen, doen of men enthousiast is* **6.4** **without** a ~ of a guilty conscience *zonder ook maar een zweem van schuldgevoel.*

se·mé(e) ['semeɪ]⟨bn.⟩⟨heraldiek⟩ **0.1** ***bezaaid.***

semeiology →semiology.

semeiotics →semiotics.

se·meme ['si:mi:m]⟨telb.zn.⟩⟨taalk.⟩ **0.1** ***semeem*** ⟨verzameling semen waaruit betekenis v.e. woord bestaat⟩.

se·men ['si:mən]⟨n.-telb.zn.⟩⟨biol.⟩ **0.1** ***sperma*** *⇒zaad.*

se·mes·ter [sɪ'mestə‖-ər]⟨f2⟩⟨telb.zn.⟩⟨vnl. AE⟩ **0.1** ***semester*** ⟨universiteit⟩.

se·mes·tral [sɪ'mestrəl], **se·mes·trial** [sɪ'mestrɪəl]⟨bn.⟩ **0.1** ***halfjaarlijks.***

sem·i ['semi]⟨telb.zn.⟩⟨BE; inf.⟩ **0.1** ***halfvrijstaand huis*** *⇒(een v.) twee onder een kap.*

semi- **0.1** ***semi-*** *⇒deels, gedeeltelijk* **0.2** ***semi-*** *⇒half* **0.3** ***bijna-*** *⇒vrijwel* **0.4** ***semi-*** *⇒niet helemaal, minder, onvolledig.*

sem·i·an·nu·al [-'ænjuəl]⟨bn.; -ly⟩ **0.1** ***halfjaarlijks.***

sem·i·an·nu·lar [-'ænjulə‖-'ænjələr]⟨bn.⟩⟨biol.⟩ **0.1** ***half ringvormig.***

sem·i·au·to·mat·ic [-ɔ:tə'mætɪk]⟨bn.⟩ **0.1** ***halfautomatisch*** ⟨ook v. vuurwapens⟩.

sem·i·bar·bar·i·an [-bɑ:'beərɪən‖-bɑr'berɪən]⟨bn.⟩ **0.1** ***halfbarbaars*** *⇒nauwelijks beschaafd, zo goed als barbaars.*

sem·i·bar·ba·rism [-'bɑ:brɪzm‖-bɑr-]⟨n.-telb.zn.⟩ **0.1** ***geringe beschaving*** *⇒het half barbaars zijn.*

sem·i·base·ment [-'beɪsmənt]⟨telb.zn.⟩⟨bouwk.⟩ **0.1** ***souterrain.***

sem·i·bold [-'bould]⟨bn.⟩⟨druk.⟩ **0.1** ***halfvet.***

sem·i·breve [-bri:v]⟨telb.zn.⟩⟨vnl. BE; muz.⟩ **0.1** ***hele noot*** *⇒semibrevis.*

sem·icen·ten·ni·al [-sen'tenɪəl]⟨bn.⟩ **0.1** ***eens in de vijftig jaar*** *⇒vijftigjarig.*

sem·i·cir·cle [-sɜ:kl‖-sɜrkl]⟨f1⟩⟨telb.zn.⟩ **0.1** ***halve cirkel*** **0.2** ***halve kring.***

sem·i·cir·cu·lar [-'sɜ:kjulə‖-'sɜrkjələr]⟨bn.⟩ **0.1** ***halfrond*** *⇒halfcirkelvormig* ◆ **1.1** ⟨med.⟩ ~ canals *halfcirkelvormige kanalen* ⟨in oor⟩.

sem·i·civ·i·lized [-'sɪvɪlaɪzd]⟨bn.⟩ **0.1** ***halfbeschaafd*** *⇒half wild.*

sem·i·co·lon ['semi'koulən‖'semikoulən]⟨f1⟩⟨telb.zn.⟩⟨druk.⟩ **0.1** ***kommapunt*** *⇒puntkomma.*

sem·i·con·duc·tor [-kən'dʌktə‖-ər]⟨f1⟩⟨telb.zn.⟩⟨elek.⟩ **0.1** ***halfgeleider.***

sem·i·con·scious [-'kɒnʃəs‖-'kɑn-]⟨bn.⟩ **0.1** ***halfbewust.***

sem·i·con·so·nant [-'kɒnsənənt‖-'kɑn-]⟨telb.zn.⟩⟨taalk.⟩ **0.1** ***semiconsonant*** *⇒semi-vocaal.*

sem·i·dem·i·sem·i·qua·ver ['semidemi'semikweɪvə‖-ər]⟨telb.zn.⟩⟨vnl. BE; muz.⟩ **0.1** ***64ste noot.***

sem·i·de·tach·ed[1] [-dɪ'tætʃt]⟨f1⟩⟨telb.zn.⟩ **0.1** ***halfvrijstaand huis*** *⇒huis v. twee onder een kap.*

semidetached[2] ⟨bn.⟩ **0.1** ***halfvrijstaand*** ⟨v. huis⟩.

sem·i·doc·u·men·ta·ry [-dɒkju'mentəri‖-dɑkjə'mentəri]⟨telb.zn.⟩⟨film.⟩ **0.1** ***gespeelde documentaire*** *⇒semi-documentaire.*

sem·i·dome [-doum]⟨telb.zn.⟩⟨bouwk.⟩ **0.1** ***halfkoepel.***

sem·i·fi·nal [-'faɪnl]⟨f1⟩⟨telb.zn.⟩⟨sport⟩ **0.1** ***halve finale.***

sem·i·fi·nal·ist [-'faɪnl·ɪst]⟨f1⟩⟨telb.zn.⟩⟨sport⟩ **0.1** ***semifinalist*** *⇒deelnemer aan de halve finale.*

sem·i·fin·ish·ed [-'fɪnɪʃt]⟨bn.⟩ **0.1** ***half-af*** *⇒half ontwikkeld, halverwege.*

sem·i·flu·id[1] [-'flu:ɪd]⟨telb.zn.⟩ **0.1** ***halfvloeibare stof.***

semifluid[2] ⟨bn.⟩ **0.1** ***halfvloeibaar.***

sem·i·for·mal [-'fɔ:ml‖-'fɔrml]⟨bn.⟩ **0.1** ***semiformeel.***

sem·i·in·fi·nite [-'ɪnf(ɪ)nɪt]⟨bn.⟩⟨wisk.⟩ **0.1** ***semi-infiniet.***

sem·i·liq·uid [-'lɪkwɪd]⟨bn.⟩ **0.1** ***halfvloeibaar.***

sem·i·lu·nar [-'lu:nə‖-ər], **sem·i·lu·nate** [-'lu:neɪt]⟨bn.⟩ **0.1** ***halvemaanvormig*** ◆ **1.1** ⟨med.⟩ ~ bone *halvemaanbeentje* ⟨Os lunatum⟩; ~ valve *semilunaire klep.*

sem·i·man·u·fac·tured [-mænju'fæktʃəd‖-mænjə'fæktʃərd]⟨bn.⟩⟨ind.⟩ **0.1** ***als halffabrikaat.***

sem·i·met·al [-'metl]⟨telb.zn.⟩ **0.1** ***halfmetaal.***

sem·i·month·ly[1] [-'mʌnθli]⟨telb.zn.; vaak mv.⟩ **0.1** ***tweewekelijks tijdschrift.***

semimonthly[2] ⟨bn.⟩ **0.1** ***twee keer per maand*** *⇒tweewekelijks.*

sem·i·nal ['semɪnəl]⟨bn.; -ly⟩ **0.1** ***sperma-*** ⇒*zaad-* **0.2** ***voortplantings-*** **0.3** ***embryonaal*** ⇒⟨fig. ook⟩ *rudimentair, in wording* **0.4** ***vruchtbaar*** ⟨fig.⟩ ⇒*vrucht afwerpend, een ontwikkeling in zich dragend, oorspronkelijk, kiemkrachtig* ◆ **1.3** in the ~ state *in staat v. wording, rudimentair* **1.4** a ~ mind *een oorspronkelijke geest.*

sem·i·nar ['semɪnɑ:‖-nɑr]⟨f2⟩⟨telb.zn.⟩⟨universiteit⟩ **0.1** ***werkgroep*** ⇒*cursus* **0.2** ***seminar*** ⇒*seminarie, intensieve cursus* **0.3** ⟨AE⟩ ***congres.***

sem·i·nar·ist ['semɪnərɪst], ⟨AE ook⟩ **sem·i·nar·i·an** ['semɪ'neərɪən ‖-'ner-]⟨telb.zn.⟩ **0.1** ⟨ben. voor⟩ ***seminarist*** ⇒*priesterstudent; theologiestudent; student aan rabbijnenschool.*

sem·i·nar·y ['semɪnri‖-neri]⟨f1⟩⟨telb.zn.; →mv. 2⟩ **0.1** ⟨ben. voor⟩ ***seminarie*** ⇒*priesteropleiding; theologische hogeschool; rabbijnenschool* **0.2** ***instituut voor hoger onderwijs*** ⇒⟨i.h.b. schr.⟩ *meisjeskostschool, meisjesacademie* **0.3** ***voedingsbodem*** ⟨fig.⟩ ⇒*oorsprong, broedplaats.*

sem·i·na·tion ['semɪ'neɪʃn]⟨n.-telb.zn.⟩⟨vnl. vero.⟩ **0.1** ***zaadvorming*** **0.2** ***zaaiing.***

sem·i·nif·er·ous ['semɪ'nɪfrəs]⟨bn.⟩⟨biol.⟩ **0.1** ***zaaddragend*** **0.2** ***sperma voortbrengend.***

sem·i·oc·ca·sion·al ['semiə'keɪʒnəl]⟨bn.; -ly⟩⟨vnl. schr.⟩ **0.1** ***af en toe voorkomend.***

sem·i·of·fi·cial [-ə'fɪʃl]⟨f1⟩⟨bn.; -ly⟩ **0.1** ***semi-officieel.***

se·mi·ol·o·gy, se·mei·ol·o·gy ['semi'ɒlədʒi‖'si:mi'ɑlədʒi]⟨n.-telb.zn.⟩ **0.1** ***semiologie*** ⇒*semiotiek, tekenleer* **0.2** ***het seinen*** **0.3** ⟨med.⟩ ***semiologie*** ⇒*symptomatologie.*

sem·i·o·paque ['semioʊ'peɪk]⟨bn.⟩ **0.1** ***half-opaak*** ⇒*niet helemaal opaak, enigszins transparant.*

se·mi·ot·ic, se·mei·ot·ic ['semi'ɒtɪk‖'si:mi'ɑṭɪk], **se·mi·ot·ical, se·mei·ot·ical** [-ɪkl]⟨bn.⟩ **0.1** ⟨logica⟩ ***semiotisch*** ⇒*v./mbt. semiotiek* **0.2** ⟨med.⟩ ***symptomatologisch.***

se·mi·ot·ics, se·mei·ot·ics ['semi'ɒtɪks‖'si:mi'ɑṭɪks]⟨n.-telb.zn.⟩ **0.1** ⟨logica⟩ ***semiotiek*** ⇒*tekenleer, semiologie* **0.2** ⟨med.⟩ ***symptomatologie*** ⇒*leer der ziekteverschijnselen.*

sem·i·ped ['semiped]⟨telb.zn.⟩⟨lit.⟩ **0.1** ***halve versvoet.***

sem·i·per·me·a·ble [-'pɜ:mɪəbl‖-'pɜr-]⟨bn.⟩ **0.1** ***semipermeabel.***

sem·i·pre·cious [-preʃəs]⟨bn., attr.⟩ **0.1** ***halfedel-*** ◆ **1.1** ~ stone *halfedelsteen.*

sem·i·pro·fes·sion·al [-prə'feʃnl], ⟨inf. ook⟩ **sem·i·pro** [-'proʊ]⟨f1⟩⟨bn.⟩ **0.1** ***semiprofessioneel*** ⟨i.h.b. mbt. sport⟩.

'semi-quar·ter finals ⟨mv.⟩ **0.1** ***achtste finales.***

sem·i·qua·ver [-kweɪvə‖-ər]⟨telb.zn.⟩⟨BE; muz.⟩ **0.1** ***16e noot.***

sem·i·rig·id [-'rɪdʒɪd]⟨bn.⟩ **0.1** ***enigszins stijf*** ⇒*min of meer onbeweeglijk* **0.2** ***met vaste/onbeweeglijke onderdelen*** **0.3** ***halfstijf*** ⟨v. luchtschip⟩.

sem·i·round [-'raʊnd]⟨bn.⟩ **0.1** ***halfrond*** ⇒*met een ronde en een platte kant.*

sem·i·sav·age [-'sævɪdʒ]⟨bn.⟩ **0.1** ***half wild*** ⇒*half barbaars.*

sem·i·sick [-'sɪk]⟨bn.⟩ **0.1** ***halfziek.***

sem·i·skilled [-'skɪld]⟨bn.⟩ **0.1** ***halfgeschoold.***

sem·i·smile [-smaɪl]⟨telb.zn.⟩ **0.1** ***flauw glimlachje*** ⇒*half lachje.*

sem·i·sol·id [-'sɒlɪd‖-'sɑlɪd]⟨telb.zn.⟩ **0.1** ***half vaste stof.***

sem·i·spher·i·cal [-'sferɪkl]⟨bn.⟩ **0.1** ***halfbolvormig.***

Sem·ite ['si:maɪt‖'se-], **Shem·ite** ['ʃemaɪt]⟨telb.zn.⟩ **0.1** ***Semiet*** ⇒*lid v. een der Semitische volken* **0.2** ***Semiet*** ⇒*afstammeling v. Sem.*

Se·mit·ic[1] [sɪ'mɪṭɪk]⟨zn.⟩

I ⟨eig.n.⟩ **0.1** ***Semitisch*** ⟨taal⟩;

II ⟨mv.; ~s; ww. vnl. enk.⟩ **0.1** ***Semitische studies*** ⇒*Hebraïca.*

Semitic[2] ⟨f1⟩⟨bn.⟩ **0.1** ***Semitisch*** ⇒*tot een der Semitische volken/talen behorend* **0.2** ***Semitisch*** ⇒*joods.*

Sem·i·tism ['semɪtɪzm]⟨zn.⟩

I ⟨telb.zn.⟩ **0.1** ***Joodse uitdrukking;***

II ⟨n.-telb.zn.⟩ **0.1** ***Joodse kenmerken/gewoonten*** **0.2** ***pro-Joodse houding*** ⇒*het begunstigen v. Joden.*

sem·i·tone ['semitoʊn]⟨telb.zn.⟩⟨muz.⟩ **0.1** ***halve toon.***

sem·i·trail·er [-'treɪlə‖-ər]⟨telb.zn.⟩ **0.1** ***oplegger.***

sem·i·trans·par·ent [-træn'spærənt]⟨bn.⟩ **0.1** ***half transparant.***

sem·i·trop·i·cal [-'trɒpɪkl‖-'trɑ-]⟨bn.⟩ **0.1** ***subtropisch.***

sem·i·vow·el [-'vaʊəl]⟨telb.zn.⟩⟨taalk.⟩ **0.1** ***half/semi-vocaal.***

sem·i·week·ly[1] [-'wi:kli]⟨telb.zn.⟩ **0.1** ***twee maal per week verschijnend tijdschrift.***

semiweekly[2] ⟨bn.⟩ **0.1** ***twee maal per week verschijnend/plaats hebbend.***

sem·mit ['semɪt]⟨telb.zn.⟩⟨Sch. E⟩ **0.1** ***hemd*** ⇒*onderhemd.*

sem·o·li·na ['semə'li:nə]⟨n.-telb.zn.⟩ **0.1** ***griesmeel.***

sem·pi·ter·nal ['sempɪ'tɜ:nl‖-'tɜr-]⟨bn.⟩⟨schr.⟩ **0.1** ***eeuwig(durend).***

sem·plice ['semplɪtʃi‖-plɪtʃeɪ]⟨bw.⟩⟨muz.⟩ **0.1** ***semplice*** ⇒*eenvoudig.*

sem·pre ['sempri‖-preɪ]⟨bw.⟩⟨muz.⟩ **0.1** ***sempre*** ⇒*aldoor.*

semp·stress ['sem(p)strɪs]⟨telb.zn.⟩⟨vnl. vero.⟩ **0.1** ***naaister.***

sen [sen]⟨telb.zn.⟩⟨geldw.⟩ **0.1** ***sen*** ⇒$^1/_{100}$ *yen (Japan)*/$^1/_{100}$ *roepia (Indonesië)*/$^1/_{100}$ *riel (Cambodja).*

Sen, sen ⟨afk.⟩ **0.1** ⟨senate⟩ ***Sen.*** **0.2** ⟨senator⟩ ***Sen.*** **0.3** ⟨senior⟩ ***Sen.***

SEN ⟨afk.⟩ State Enrolled Nurse.

se·nar·i·us [sɪ'neərɪəs‖-'ner-]⟨telb.zn.; senarii [-iaɪ]; →mv. 5⟩⟨lit.⟩ **0.1** ***senarius*** ⇒*zesvoetig vers;* ⟨i.h.b.⟩ *jambische trimeter.*

sen·a·ry ['si:nəri]⟨bn.⟩ **0.1** ***zesvoudig*** ⇒*in zessen* ◆ **1.1** ⟨wisk.⟩ ~ scale *zestallig stelsel.*

sen·ate ['senət]⟨f3⟩⟨zn.⟩

I ⟨telb.zn.; vnl. the⟩ **0.1** ***senaat(sgebouw)*** ⇒⟨ong.⟩ *hogerhuis, eerste-kamer(gebouw);*

II ⟨verz.n.⟩ **0.1** ⟨S-; vnl. the⟩ ***senaat*** ⇒⟨ong.⟩ *hogerhuis, eerste kamer,* ⟨i.h.b.⟩ *Amerikaanse Senaat,* ⟨bij uitbr.⟩ *wetgever, wetgevende macht* **0.2** ⟨vnl. the⟩ ***senaat*** ⇒*universitaire bestuursraad* **0.3** ⟨the⟩⟨gesch.⟩ ***senaat*** ⟨hoogste Romeinse bestuurslichaam⟩.

sen·a·tor ['senətə‖'senəṭər]⟨f2⟩⟨telb.zn.; ook S-⟩ **0.1** ***senator*** ⇒*senaatslid;* ⟨ong.⟩ *hogerhuis/eerste-kamerlid,* ⟨i.h.b.⟩ *lid v.d. Amerikaanse Senaat* **0.2** ⟨gesch.⟩ ***senator*** ⇒*lid v.d. Romeinse senaat.*

sen·a·to·ri·al ['senə'tɔ:rɪəl]⟨f1⟩⟨bn.; -ly⟩ **0.1** ***senaats-*** ⇒*mbt. een senaat* **0.2** ***senatoriaal*** ⇒*mbt. een senator* ◆ **1.1** ~ powers *bevoegdheden v.e. senaat* **1.2** ~ district *district dat een senator mag kiezen* ⟨in U.S.A.⟩ **1.¶** ~ courtesy *senaatsweigering tot bekrachtiging v.e. benoeming als de senatoren uit het district v.d. kandidaat tegen zijn* ⟨in U.S.A⟩.

sen·a·tor·ship ['senətəʃɪp‖-nəṭər-]⟨n.-telb.zn.⟩ **0.1** ***senatorschap*** ⇒*senatorsambt.*

se·na·tus [sə'neɪṭəs], **senatus ac·a·dem·i·cus** [- ækə'demɪkəs]⟨telb.zn.⟩ **0.1** ***(universiteits)senaat*** ⟨in Schotland⟩.

senatus con·sul·tum [- kən'sʊltəm]⟨telb.zn.; senatus consulta [-tə]; →mv. 5⟩⟨gesch.⟩ **0.1** ***senatus-consult*** ⇒*senaatsbesluit/decreet.*

send[1], **scend** [send]⟨telb.zn.⟩⟨scheep.⟩ **0.1** ***stuwkracht v. golf*** ⇒*golfslag, deining* **0.2** ***stampbeweging*** ⇒*het stampen* ⟨v. schip⟩.

send[2], ⟨in bet. I 0.2 ook⟩ **scend** ⟨f4⟩⟨ww.; eerste variant sent, sent [sent]⟩⟨→sprw. 84⟩

I ⟨onov.ww.⟩ **0.1** ***bericht sturen*** ⇒*laten weten* **0.2** ⟨scheep.⟩ ***stampen*** ◆ **3.1** I sent to warn her *ik heb haar laten waarschuwen;*

II ⟨onov. en ov.ww.⟩ **0.1** ***(uit)zenden*** ◆ **5.¶** →send **away;** →send **down;** →send **off;** →send **out** **6.1** ~ **after** her and bring her back *laat haar achterna gaan en terugbrengen;* ~ s.o. **after** her *laat iem. haar terughalen;* ⟨sport⟩ ~ **off** the field *uit/van het veld sturen* **6.¶** →send **for;**

III ⟨ov.ww.⟩ **0.1** ***(ver)sturen*** ⇒*(ver)zenden* **0.2** ***sturen*** ⇒*zenden, (doen) overbrengen,* ⟨bij uitbr.⟩ *dwingen tot* **0.3** ***teweegbrengen*** ⇒*veroorzaken,* ⟨vnl. schr.⟩ *schenken, geven* **0.4** ***jagen*** ⇒*drijven, met kracht (doen) verplaatsen* **0.5** ***maken*** ⇒*doen worden* **0.6** ***afgeven*** ⇒*uitstralen/zenden, verspreiden* **0.7** ⟨inf.⟩ ***opwinden*** ⇒*meeslepen, in vervoering brengen* ◆ **1.1** ~ a letter/telegram *een brief/telegram versturen* **1.2** ~ to bed *naar bed sturen;* the fire sent me looking for a new house *door de brand moest ik omzien naar een ander huis;* ~ s.o. a letter/telegram *iem. een brief/telegram sturen;* she ~s her love *je moet de groeten van haar hebben* **1.3** Heaven ~ that they'll arrive in time *de hemel/God geve dat ze op tijd (aan)komen;* ~ pestilence *verderf zaaien* **1.4** the batter sent the ball in the field *de slagman joeg de bal het veld in;* ~ a bullet through s.o.'s head *iem. een kogel door het hoofd jagen* **1.7** this music really ~s me *ik zie die muziek helemaal zitten, ik vind die muziek helemaal te gek* **2.5** this rattle ~s me crazy *ik word gek van dat geratel* **3.5** the movie sent our spirits rising *door de film steeg onze stemming* **3.¶** ~ flying *in het rond doen vliegen; op de vlucht jagen; ondersteboven lopen;* ~ packing *de laan uit sturen; afpoeieren, afschepen* **5.2** ~ **ahead** *vooruit sturen;* ~ **back** *terugsturen;* ~ **in** *inzenden, insturen* ⟨i.h.b. ter beoordeling⟩; *indienen;* ~ **in** one's name/card *zijn naam/kaartje geven (aan een bediende)* **5.3** ~ her victorious *dat zij overwinnen moge, God schenke haar de overwinning* **5.6** ~ **forth/out** leaves/light/odour/steam *bladeren krijgen/licht uitstralen/geur verspreiden/stoom afgeven* **5.¶** →send **on;** →send **up** **6.1** ~ **across** the river *naar de overkant v.d. rivier sturen;* ~ **across to** England *naar Engeland verzenden* **6.2** ~ scouts **ahead of** the troops *verkenners voor de soldaten uit sturen;* ~ goods **by** ship *goederen per schip versturen;* ~ **on** a holiday *met verlof/vakantie sturen* **6.3** the news sent us **into** deep distress *het nieuws bracht diepe droefenis bij ons teweeg.*

sen·dal ['sendl]⟨zn.⟩

I ⟨telb.zn.⟩ **0.1** ***kledingstuk v. dunne zijde*** ⟨in de middeleeuwen⟩;

II ⟨n.-telb.zn.⟩ **0.1** ***dunne zijde*** ⟨in de middeleeuwen⟩.

'send a'way ⟨f1⟩⟨ww.⟩

I ⟨onov.ww.⟩ **0.1** ***schrijven*** ⇒*een bestelbon opsturen* ◆ **6.1** ~ **for**

schrijven om, schriftelijk bestellen, per post(order) laten komen;
II ⟨ov.ww.⟩ **0.1** ***wegsturen*** ⇒⟨bij uitbr.⟩ *ontslaan.*
'send 'down ⟨f1⟩ ⟨ww.⟩
I ⟨onov.ww.⟩ **0.1** ***bericht sturen*** ⇒*opdracht geven* ◆ **6.1** ~ **to** the barman for more beer *de barman nog wat bier laten (boven) brengen;*
II ⟨ov.ww.⟩ **0.1** ***naar beneden sturen*** ⇒⟨bij uitbr.⟩ *omlaag drijven, doen dalen* ⟨prijzen, temperatuur⟩ **0.2** ⟨vnl. pass.⟩ ⟨BE⟩ ***verwijderen (wegens wangedrag)*** ⟨v.d. universiteit⟩ **0.3** ⟨BE; inf.⟩ ***opbergen*** ⇒*opsluiten, achter slot en grendel / in de gevangenis zetten.*
send·er ['sendə‖-ər] ⟨f1⟩ ⟨telb.zn.⟩ **0.1** ***afzender*** ⇒*verzender* ◆ **3.1** return to ~ *retour afzender.*
'send for ⟨onov.ww.⟩ **0.1** ***bestellen*** ⇒*schriftelijk bestellen, per post (order) laten komen* **0.2** ***(laten) waarschuwen*** ⇒*laten halen / komen, laten gaan om* ◆ **1.1** ~ a free catalogue *een gratis catalogus laten komen* **1.2** ~ help *hulp laten halen.*
'send 'off ⟨f1⟩ ⟨ww.⟩
I ⟨onov.ww.⟩ **0.1** ***schrijven*** ⇒*een bestelbon opsturen* ◆ **6.1** ~ **for** *schriftelijk bestellen, per post(order) laten komen;*
II ⟨ov.ww.⟩ **0.1** ***versturen*** ⇒⟨i.h.b.⟩ *posten, op de post doen* **0.2** ***uitgeleide doen*** ⇒*uitzwaaien* **0.3** ***op pad sturen*** ⇒*de deur uit laten gaan* **0.4** ***wegsturen*** ⇒⟨i.h.b. sport⟩ *uit het veld sturen* ◆ **1.4** two players were sent off *er werden twee spelers uit / v.h. veld gestuurd.*
'send-off ⟨telb.zn.⟩ **0.1** ***uitgeleide*** ⇒*afscheid, het uitzwaaien;* ⟨bij uitbr.⟩ *de beste wensen (voor een nieuwe onderneming)* **0.2** ***lovende recensie*** **0.3** ⟨sl.⟩ ***begrafenis*** ◆ **3.1** give s.o. a ~ *iem. uitzwaaien.*
'send 'on ⟨f1⟩ ⟨ov.ww.⟩ **0.1** ***vooruitsturen*** ⇒*(alvast) doorsturen* **0.2** ***achternasturen*** ⇒*doorsturen* ⟨post⟩.
'send 'out ⟨f1⟩ ⟨ww.⟩
I ⟨onov. en ov.ww.⟩ **0.1** ***sturen*** ◆ **6.1** send (s.o.) out **for / to** collect sth. *(iem.) om iets sturen / iets laten (op)halen;*
II ⟨ov.ww.⟩ **0.1** ***weg / naar buiten sturen*** ⇒⟨i.h.b.⟩ *eruit / de klas uit sturen* **0.2** ***uitstralen*** ⇒*uitzenden, afgeven* ◆ **1.2** the trees ~ leaves *de bomen krijgen bladeren.*
'send 'up ⟨f1⟩ ⟨ov.ww.⟩ **0.1** ***opdrijven*** ⇒*omhoogstuwen, doen stijgen* **0.2** ***vernielen*** ⇒*doen opgaan* **0.3** ⟨BE⟩ ***parodiëren*** ⇒*de gek steken met, persifleren* **0.4** ⟨AE; inf.⟩ ***opbergen*** ⇒*opsluiten, achter slot en grendel / in de gevangenis zetten* ◆ **1.1** ~ prices *de prijzen opdrijven* **1.2** ~ in flames / smoke *in vlammen / rook doen opgaan.*
'send-up ⟨telb.zn.; ook attr.⟩ ⟨BE; inf.⟩ **0.1** ***parodie*** ⇒*persiflage* **0.2** ⟨sl.⟩ ***bedriegerij*** ⇒*het belazeren.*
Sen·e·gal·ese[1] [ˌsenɪgə'li:z] ⟨telb.zn.; Senegalese; →mv. 4⟩ **0.1** ***Senegalees*** ⇒*bewoner v. Senegal.*
Senegalese[2] ⟨bn.⟩ **0.1** ***Senegalees*** ⇒*mbt. Senegal / de Senegalezen.*
se·nes·cence [sɪ'nesns] ⟨n.-telb.zn.⟩ **0.1** ***senescentie*** ⇒*(beginnende) ouderdom.*
se·nes·cent [sɪ'nesnt] ⟨bn.⟩ **0.1** ***(een dagje) ouder wordend*** ⇒*tekenen v. ouderdom vertonend, vergrijzend.*
sen·e·schal ['senɪʃl] ⟨telb.zn.⟩ **0.1** ***sénéchal*** ⟨parlementsvoorzitter v. Sark⟩ **0.2** ⟨gesch.⟩ ***seneschalk*** ⇒*(middeleeuws) hofmeester.*
sen·g(h)i ['seŋgi] ⟨telb.zn.; seng(h)i; →mv. 4⟩ ⟨geldw.⟩ **0.1** ***sengi*** ⟨Zaïrese munt; een honderdste likuta⟩.
se·nile ['si:naɪl] ⟨f1⟩ ⟨bn.; -ly⟩ **0.1** ***ouderdoms-*** **0.2** ***seniel*** ⇒*afgetakeld* **0.3** ⟨aardr., geol.⟩ ***oud*** ⟨i.h.b. in het laatste stadium v.d. erosiecyclus⟩ ◆ **1.1** ~ decay *seniele aftakeling;* ⟨med.⟩ ~ dementia *dementia senilis, ouderdomsdementie.*
se·nil·i·ty [sɪ'nɪləṭi] ⟨f1⟩ ⟨n.-telb.zn.⟩ **0.1** ***seniliteit*** ⇒*ouderdomszwakte.*
sen·ior[1] ['si:nɪə‖-ər] ⟨f2⟩ ⟨telb.zn.⟩ **0.1** ***oudere*** ⇒⟨i.h.b.⟩ *iem. met een hogere anciënniteit / meer dienstjaren* **0.2** ***oudgediende*** ⇒*senior* **0.3** ⟨AE⟩ ***laatstejaars*** ⇒*vierdejaars* ⟨i.h.b. leerling / student in laatste (vaak vierde) jaar v. school, universiteit, e.d.⟩ **0.4** ⟨BE⟩ ***oudere leerling / student*** ◆ **1.1** she's four years my ~ *ze is vier jaar ouder dan ik; ze telt vier dienstjaren meer dan ik* **1.4** the ~s beat the juniors *de senioren hebben gewonnen v.d. junioren* **6.1** she's my ~ **by** four years *ze is vier jaar ouder dan ik; ze telt vier dienstjaren meer dan ik.*
senior[2] ⟨f3⟩ ⟨bn.⟩
I ⟨bn.⟩ **0.1** ***oud*** ⇒*op leeftijd, bejaard;* ⟨bij uitbr.⟩ *oudst(e)* **0.2** ***hooggeplaatst*** ⇒*hoofd-* **0.3** ***hoger geplaatst*** ⇒⟨i.h.b.⟩ *met hogere anciënniteit* **0.4** ***eerstaanwezend*** ⇒*eerst verantwoordelijk, hoogst in rang* **0.5** ⟨AE⟩ ***laatstejaars*** ⇒*vierdejaars* ⟨mbt. leerling / student in laatste (meestal vierde) jaar v. school, universiteit, e.d.⟩ **0.6** ⟨BE⟩ ***ouderejaars*** ⟨v. school: met leerlingen in de hogere leeftijdsklassen⟩ ◆ **1.1** ⟨euf.⟩ ~ citizen 65- ⟨vrouwen: 60-⟩ *plusser;* the ~ organization in this field *de oudste organisatie op dit terrein* **1.2** ⟨mil.⟩ the most ~ officers *de hoogste officieren, de legertop;* a ~ position *een leidinggevende positie* **1.3** ⟨mil.⟩ ~ officer *meerdere* **1.4** ~ clerk *eerste bediende;* ~ partner *eerstaanwezende;* ⟨ong.⟩ *oudste vennoot* **1.¶** ⟨BE⟩ ~ lecturer ⟨ong.⟩ *wetenschappelijk hoofdmedewerker;* ~ master *onderdirecteur* ⟨v. school⟩; ⟨BE; mil.⟩ ~ service *marine;* ⟨BE⟩ ~ tutor *programmadocent* ⟨verantwoordelijk voor de indeling v.h. lesprogramma⟩; ~ wrangler *beste geslaagde in de exacte vakken* ⟨te Cambridge⟩ **5.1** too ~ for the job *te oud voor de baan* **6.3** he's five years ~ **to** me *hij heeft vijf dienstjaren meer dan ik;*
II ⟨bn., pred.⟩ **0.1** ***ouder*** ⇒*van gevorderde leeftijd* ◆ **6.1** ~ **to** s.o. **by** some years, some years ~ **to** s.o. *een paar jaar ouder dan iem.;*
III ⟨bn., post.; S-⟩ **0.1** ***senior*** ◆ **1.1** Jack Jones Senior *Jack Jones senior.*
'senior class ⟨telb.zn.⟩ ⟨AE⟩ **0.1** ***hoogste / vierde leerjaar / klas.***
'senior college ⟨telb.zn.⟩ ⟨AE⟩ **0.1** ***college met opleiding voor bachelor's degree*** **0.2** ⟨ong.⟩ ***bovenbouw v. college*** ⟨laatste drie jaar⟩.
'senior combi'nation room, 'senior 'common room ⟨telb.zn.⟩ ⟨BE⟩ **0.1** ⟨ong.⟩ ***leraarskamer*** ⇒*docentenkamer.*
'senior 'high school, 'senior 'high ⟨telb.zn.⟩ ⟨AE⟩ **0.1** ***laatste vier jaar v.d. middelbare school.***
sen·ior·i·ty ['si:ni'ɒrəti‖-'ɔrəṭi, -'ɑ-] ⟨f1⟩ ⟨n.-telb.zn.⟩ **0.1** ***hogere leeftijd*** **0.2** ***anciënniteit*** ⇒⟨i.h.b.⟩ *voorrang op grond v. dienstjaren / leeftijd* ◆ **6.2** promotion **through** merit or **through** ~ *promotie naar verdienste of naar anciënniteit.*
'senior runner ⟨telb.zn.⟩ ⟨BE; sport, i.h.b. atletiek⟩ **0.1** ***veteraan*** ⟨mannen vanaf 40 jaar, vrouwen vanaf 35 jaar⟩.
'senior school ⟨telb.zn.⟩ ⟨BE⟩ **0.1** ***middelbare school*** ⟨v. 14 - 17 jaar⟩.
sen·na ['senə] ⟨zn.⟩
I ⟨telb.zn.⟩ ⟨plantk.⟩ **0.1** ***cassia*** ⇒*seneplant / struik* ⟨genus Cassia⟩;
II ⟨n.-telb.zn.⟩ **0.1** ***senebladen*** ⇒*sennabladeren* ⟨purgeermiddel⟩.
sen·net ['senɪt] ⟨telb.zn.⟩ **0.1** ***fanfare*** ⇒*hoorn / trompetsignaal* ⟨als regie-aanwijzing bij het elizabethaans toneel⟩ **0.2** ⟨dierk.⟩ ***barracuda*** ⟨Sphyraena borealis⟩.
sen·night, se'n·night ['senaɪt] ⟨telb.zn.⟩ ⟨vero.⟩ **0.1** ***week.***
sen·nit ['senɪt], **sin·net** ['sɪnɪt] ⟨n.-telb.zn.⟩ ⟨scheep.⟩ **0.1** ***platting*** ⇒*platte streng* **0.2** ***bies*** ⇒*plat stro* ⟨voor hoeden, e.d.⟩.
se·ñor [se'njɔ:‖seɪ'njɔr] ⟨telb.zn.; ook señores [-'njɔ:reɪz‖-'njɔreɪs]; →mv. 5; voor eigennamen S-⟩ **0.1** ***señor*** ⇒*(mijn)heer,* ⟨bij uitbr.⟩ *Spanjaard, Spaanssprekende.*
se·ño·ra [se'njɔ:rə‖seɪ'njɔrə] ⟨telb.zn.; voor eigennaam S-⟩ **0.1** ***señora*** ⇒*mevrouw,* ⟨bij uitbr.⟩ *Spaanse, Spaanssprekende vrouw.*
se·ño·ri·ta ['senjə'ri:tə‖'seɪnjə'ri:ṭə] ⟨telb.zn.; voor eigennaam S-⟩ **0.1** ***señorita*** ⇒*juffrouw,* ⟨bij uitbr.⟩ *Spaanse, Spaanssprekende ongetrouwde vrouw.*
Senr ⟨afk.⟩ Senior.
sen·sate[1] ['senseɪt], **sen·sat·ed** [-seɪṭɪd] ⟨bn.; sensately⟩ **0.1** ***gewaargeworden*** ⇒*met de zingtuigen waargenomen.*
sensate[2] ⟨ov.ww.⟩ **0.1** ***met de zintuigen waarnemen.***
sen·sa·tion [sen'seɪʃn] ⟨f2⟩ ⟨telb. en n.-telb.zn.⟩ **0.1** ***gevoel*** ⇒*(zintuiglijke) gewaarwording, sensatie, aandoening* **0.2** ***sensatie*** ⇒*opzien, opschudding, (hevige) beroering* ◆ **3.2** cause / create a ~ *voor grote opschudding zorgen.*
sen·sa·tion·al [sen'seɪʃnəl] ⟨f2⟩ ⟨bn.; -ly⟩ **0.1** ***sensationeel*** ⇒*opzienbarend, spectaculair, (wereld)schokkend* **0.2** ***sensatie-*** ⇒*sensatiebelust* **0.3** ⟨inf.⟩ ***sensationeel*** ⇒*te gek, waanzinnig* **0.4** ⟨med., psych.⟩ ***zintuiglijk*** ⇒*sensorisch* ◆ **1.2** ~ paper *sensatiekrant* **1.3** a ~ golf player *een fantastische golfspeler.*
sen·sa·tion·al·ism [sen'seɪʃnəlɪzm] ⟨n.-telb.zn.⟩ **0.1** ***sensatiezucht*** ⇒*belustheid op / streven naar sensatie, effectbejag* **0.2** ***sensatielectuur*** **0.3** ⟨fil.⟩ ***sensualisme*** ⟨tgo. rationalisme⟩.
sen·sa·tion·al·ist [sen'seɪʃnəlɪst] ⟨telb.zn.⟩ **0.1** ***sensatiezoeker*** **0.2** ⟨fil.⟩ ***sensualist*** ⇒*aanhanger v.h. sensualisme.*
sen·sa·tion·al·is·tic [sen'seɪʃnə'lɪstɪk] ⟨bn.⟩ **0.1** ***sensatie-*** ⇒*sensatiezoekend* **0.2** ⟨fil.⟩ ***sensualistisch.***
sense[1] [sens] ⟨f4⟩ ⟨zn.⟩
I ⟨telb.zn.⟩ **0.1** ***bedoeling*** ⇒*strekking* **0.2** ***betekenis*** ⇒*zin* **0.3** ⟨wisk.⟩ ***(omloop)zin*** ◆ **1.1** the ~ of a sentence *de strekking v.e. zin* **1.2** a word with several ~s *een woord met diverse betekenissen;* the ~ of the word is not clear *de betekenis v.h. woord is niet duidelijk* **2.2** in the strict ~ *in strikte zin* **6.2** **in** a ~ *in zekere zin;* **in** one ~ *in één opzicht;*
II ⟨telb. en n.-telb.zn.⟩ **0.1** ***(vaag) gevoel*** ⇒*begrip, (instinctief) besef, zin* **0.2** ***(zintuiglijk) vermogen*** ⇒*zin, zintuig* ◆ **1.1** ~ of direction *richtingsgevoel;* ~ of duty *plichtsbesef / gevoel;* ~ of humour *gevoel voor humor;* ~ of responsibility *verantwoordelijkheidsbesef / gevoel;* ~ of shame *schaamtegevoel;* ~ of warmth *warm gevoel, besef v. warmte;* under a ~ of wrong *(met een) verongelijkt (gevoel)* **1.2** errors of ~ *(zintuiglijke) waarnemingsfou-*

ten; ~ of hearing *gehoor;* ~ of locality *oriënteringsvermogen;* pleasures of ~ *zintuiglijke genietingen;* ~ of smell *reukzin/vermogen;* ~ of touch *tastzin* **2.1** moral ~ *moreel besef* **7.2** the (five) ~s *de (vijf) zinnen/zintuigen;* sixth ~ *zesde zintuig;*
III ⟨n.-telb.zn.⟩ **0.1** ***(gezond) verstand*** ⇒*benul* **0.2** ***zin*** ⇒*nut* **0.3** ***(groeps)mening*** ⇒*communis opinio, algemene stemming* ◆ **1.1** there was a lot of ~ in her words *er stak heel wat zinnigs in haar woorden* **1.3** take the ~ of a meeting *de algemene stemming v.e. vergadering peilen* **1.¶** ⟨inf.⟩ not have enough ~ to come in from/out of the rain *te dom zijn om voor de duivel te dansen* **3.1** knock some ~ into s.o./s.o.'s head *iem. tot rede brengen* **3.¶** make ~ *zinnig*/⟨inf.⟩ *verstandig zijn; ergens op slaan; hout snijden, steekhoudend zijn;* make ~ of sth. *ergens iets zinnigs aan/in ontdekken, ergens uit wijs kunnen (worden); iets doorzien/doorgronden;* I can't make ~ of it *ik kan er niet uit wijs worden/geen touw aan vastknopen;* talk ~ *iets zinnigs zeggen, verstandig praten* **7.2** (there's) no ~ (in) *(het heeft) geen zin/(het is) zinloos (om);* what's the ~? *wat heeft het voor zin?;*
IV ⟨mv.; ~s⟩ **0.1** ***positieven*** ⇒*gezond verstand, denkvermogen* ◆ **3.1** bring s.o. to his ~s *iem. tot bezinning brengen; iem. weer bij bewustzijn/zijn positieven brengen;* come to one's ~s *weer bij bewustzijn/zijn positieven komen; tot bezinning komen, zijn verstand terugkrijgen;* frighten s.o. out of his ~s *iem. de stuipen op het lijf jagen;* frightened out of his ~s *gek/door het dolle van angst* **6.1 in** one's (right) ~s *bij zijn (volle) verstand;* (is) **out of** her ~s *(is) niet goed bij haar hoofd.*

sense[2] ⟨f3⟩ ⟨ov.ww.⟩ **0.1** ***(zintuiglijk) waarnemen*** ⇒*gewaar worden* **0.2** ***zich (vaag) bewust zijn*** ⇒*voelen, gewaar worden, bespeuren* **0.3** ⟨AE; inf.⟩ ***begrijpen*** ⇒*door hebben* **0.4** ⟨tech.⟩ ***opsporen*** ⇒*registreren, ontdekken, meten, aftasten* ◆ **8.2** ~ that sth. is wrong *voelen dat er iets mis is.*

'sense datum ⟨telb.zn.⟩ **0.1** ***zintuiglijk gegeven.***

sen·sei [sen'seɪ] ⟨telb.zn.⟩ ⟨vechtsport⟩ **0.1** ***sensei*** ⟨vechtsportinstructeur⟩.

sense·less ['sensləs] ⟨f2⟩ ⟨bn.; -ly; -ness⟩ **0.1** ***bewusteloos*** **0.2** ***gevoelloos*** **0.3** ***onzinnig*** ⇒*idioot, belachelijk* **0.4** ***zinloos*** ⇒*nutteloos, doelloos.*

'sense organ ⟨f1⟩ ⟨telb.zn.⟩ **0.1** ***zintuig.***

'sense perception ⟨telb. en n.-telb.zn.⟩ **0.1** ***zintuiglijke waarneming.***

sen·si·bil·i·ty ['sensə'bɪləṭi] ⟨f2⟩ ⟨zn.; →mv. 2⟩
I ⟨telb. en n.-telb.zn.; vnl. mv.⟩ **0.1** ***(over)gevoeligheid*** ⟨voor indrukken, kunst⟩ ⇒*(over)ontvankelijkheid, fijngevoeligheid* **0.2** ***lichtgeraaktheid*** ⇒*prikkelbaarheid* ◆ **3.1** offend s.o.'s sensibilities *iemands gevoelens kwetsen* **6.1** sing **with** ~ *met gevoel zingen;*
II ⟨n.-telb.zn.⟩ **0.1** ***gevoel(igheid)*** ⇒*waarnemingsvermogen;* ⟨bij uitbr.⟩ *bewustzijn, erkenning* ⟨v. probleem⟩ **0.2** ***gevoeligheid*** ⇒*ontvankelijkheid.*

sen·si·ble ['sensəbl] ⟨f3⟩ ⟨bn.; -ly; -ness; →bijw. 3⟩
I ⟨bn.⟩ **0.1** ***zinnig*** ⇒*verstandig, redelijk, beraden, bezonnen* **0.2** ***praktisch*** ⇒*doelmatig, functioneel* ⟨v. kleren e.d.⟩ **0.3** ***merkbaar*** ⇒*constateerbaar, aanwijsbaar, waarneembaar* **0.4** ***(zintuiglijk) waarneembaar*** **0.5** ***gevoelig*** ⇒*ontvankelijk* ◆ **1.¶** ~ horizon *lokale/schijnbare/zichtbare horizon* **6.5** ~ **to** *gevoelig voor;*
II ⟨bn., pred.⟩ **0.1** ***(zich) bewust*** ◆ **6.1** ~ **of** *(zich) bewust van* **8.1** be ~ that *weten dat.*

sen·si·tive[1] ['sensəṭɪv] ⟨telb.zn.⟩ **0.1** ***gevoelig iem.*** **0.2** ***medium*** ⟨bij spiritisme⟩.

sensitive[2] ⟨f3⟩ ⟨bn.; -ly; -ness⟩ **0.1** ***gevoelig*** ⇒*ontvankelijk, sensitief* **0.2** ***precies*** ⇒*gevoelig* ⟨v. instrument⟩ **0.3** ***(fijn)gevoelig*** ⇒*smaakvol* **0.4** ⟨ook pej.⟩ ***over/teergevoelig*** ⇒*lichtgeraakt, prikkelbaar, sensitief* **0.5** ⟨foto.⟩ ***(licht)gevoelig*** **0.6** ***gevoelig*** ⇒*vertrouwelijk, geheim* **0.7** ***gevoelig*** ⇒*delicaat, netelig, beladen* ◆ **1.5** ~ paper *lichtgevoelig papier* **1.6** ~ post *vertrouwenspost* **1.7** ~ issue/topic *gevoelig onderwerp* **1.¶** ~ market *snel reagerende/elastische markt;* ⟨plantk.⟩ ~ plant *gevoelige plant; kruidje-roer-mij-niet* ⟨Mimosa pudica⟩ **3.2** be ~ *nauw luisteren.*

sen·si·tiv·i·ty ['sensə'tɪvəṭi] ⟨f2⟩ ⟨n.-telb.zn.⟩ **0.1** ***gevoeligheid*** ⇒*ontvankelijkheid, sensitiviteit* **0.2** ***gevoeligheid*** ⇒*precisie* ⟨v. instrument⟩ **0.3** ***(fijn)gevoeligheid*** ⇒*smaak, sensitiviteit* **0.4** ⟨foto., tech.⟩ ***gevoeligheid.***

sensi'tivity group ⟨telb.zn.⟩ ⟨psych.⟩ **0.1** ***sensitivity-groep*** ⇒*encounter-groep, ontmoetingsgroep, zelfrealisatiegroep, zelfconfrontatiegroep.*

sensi'tivity training ⟨telb. en n.-telb.zn.⟩ ⟨psych.⟩ **0.1** ***sensitivity-training*** ⇒*communicatie/relatietraining.*

sen·si·ti·za·tion, ⟨BE sp. ook⟩ **-sa·tion** ['sensɪtaɪ'zeɪʃn‖-səṭə-] ⟨n.-telb.zn.⟩ **0.1** ***het gevoelig/ontvankelijk maken/worden*** **0.2** ⟨foto.⟩ ***sensibilisatie.***

sen·si·tize, -tise ['sensɪtaɪz] ⟨ww.⟩
I ⟨onov.ww.⟩ **0.1** ***gevoelig/ontvankelijk worden;***
II ⟨ov.ww.⟩ **0.1** ***(over)gevoelig/ontvankelijk maken*** ⇒⟨i.h.b.⟩ *sensibiliseren* **0.2** ⟨foto.⟩ ***sensibiliseren.***

sen·si·tiz·er, -tis·er ['sensɪtaɪzə‖-ər] ⟨telb.zn.⟩ **0.1** ***factor die gevoelig/ontvankelijk maakt*** **0.2** ⟨foto.⟩ ***sensibiliserende stof*** ⇒*sensibilisator.*

sen·si·tom·e·ter ['sensɪ'tɒmɪtə‖-'tɑmɪṭər] ⟨telb.zn.⟩ ⟨foto.⟩ **0.1** ***sensitometer.***

sen·sor ['sensə‖-ər] ⟨f1⟩ ⟨telb.zn.⟩ ⟨tech.⟩ **0.1** ***aftaster*** ⇒*sensor.*

sen·so·ri·um [sen'sɔ:rɪəm] ⟨telb.zn.; ook sensoria [-rɪə]; →mv. 5⟩ **0.1** ***sensorium*** ⇒*sensorieel/zintuiglijk centrum, centrum v. gewaarwording/zintuiglijke waarneming;* ⟨bij uitbr.⟩ *zenuwcentrum, centraal zenuwstelsel* **0.2** ⟨biol.⟩ ***sensorisch systeem.***

sen·so·ry ['sensri] ⟨f1⟩ ⟨bn.⟩ **0.1** ***sensorisch*** ⇒*sensorieel, zintuiglijk* **0.2** ***sensibel*** ⇒*afferent, centripetaal* ◆ **1.1** ~ hair *tasthaar* ⟨bij geleedpotige dieren⟩; ~ organ *zintuig, gevoelsorgaan;* ~ perception *zintuiglijke waarneming* **1.2** ~ nerve *sensibele zenuw, gevoelszenuw.*

sen·su·al ['senʃʊəl] ⟨f2⟩ ⟨bn.; -ly; -ness⟩ **0.1** ***zintuiglijk (waarneembaar)*** ⇒*sensorisch, sensibel* **0.2** ***sensueel*** ⇒*zinnelijk, genotziek, wellustig, wulps* **0.3** ⟨fil.⟩ ***zintuiglijk*** ⇒*van/mbt. het sensualisme* ◆ **1.2** ~ enjoyment *zinnelijk/seksueel genot;* ~ lips *sensuele lippen.*

sen·su·al·ism ['senʃʊəlɪzm] ⟨n.-telb.zn.⟩ **0.1** ***sensualisme*** ⇒*sensualiteit, genotzucht, wellust* **0.2** ***hedonisme*** **0.3** ⟨fil.⟩ ***sensualisme.***

sen·su·al·ist ['senʃʊəlɪst] ⟨f1⟩ ⟨telb.zn.⟩ **0.1** ***sensualist*** ⇒*zinnelijk/genotzuchtig mens, wellusteling, genieter, hedonist, epicurist* **0.2** ⟨fil.⟩ ***sensualist*** ⇒*aanhanger v.h. sensualisme.*

sen·su·al·is·tic ['senʃʊə'lɪstɪk] ⟨bn.⟩ **0.1** ***sensualistisch*** ⟨ook fil.⟩.

sen·su·al·i·ty ['senʃʊ'æləṭi] ⟨f1⟩ ⟨n.-telb.zn.⟩ **0.1** ***sensualiteit*** ⇒*sensualisme, genotzucht, wellust, zinnelijke begeerte.*

sen·su·al·i·za·tion, sa·tion ['senʃʊəlaɪ'zeɪʃn‖-lə'zeɪʃn] ⟨n.-telb.zn.⟩ **0.1** ***verzinnelijking*** ⇒*het verzinnelijken/verzinnelijkt zijn, zinnelijkheid.*

sen·su·al·ize, -ise ['senʃʊəlaɪz] ⟨ov.ww.⟩ **0.1** ***verzinnelijken*** ⇒*waarneembaar maken, aanschouwelijk voorstellen* **0.2** ***sensueel maken*** ⇒*(ook/voornamelijk) genot beleven aan, zich verlustigen in* **0.3** ⟨fil.⟩ ***zintuiglijk waarneembaar maken.***

sen·sum ['sensəm] ⟨telb.zn.; sensa ['sensə]; →mv. 5⟩ ⟨fil.⟩ **0.1** ***zintuiglijk (ervarings)gegeven.***

sen·su·ous ['senʃʊəs] ⟨f2⟩ ⟨bn.; -ly; -ness⟩ **0.1** ***zinnelijk*** ⇒*zintuiglijk, tot de zinnen sprekend, suggestief, aanschouwelijk/levendig (voorgesteld)* **0.2** ***(zinnen)strelend*** ⇒*aangenaam, behaaglijk, prettig* **0.3** ***sensitief*** ⇒*sensibel, gevoelig* ◆ **1.2** with ~ pleasure *vol behagen, behaaglijk.*

sent [sent] ⟨verl. t. en volt. deelw.⟩ →send.

sen·tence[1] ['sentəns‖'sentns] ⟨f3⟩ ⟨zn.⟩
I ⟨telb.zn.⟩ **0.1** ⟨taalk.⟩ ***(vol)zin*** **0.2** ⟨muz.⟩ ***zin*** ⟨afgeronde groep v. twee of meer frasen⟩ **0.3** ⟨vero.⟩ ***opinie*** ⇒*oordeel, mening* **0.4** ⟨vero.⟩ ***sententie*** ⇒*(kern/zin)spreuk, maxime, spreekwoord* ◆ **2.1** complex/compound ~ *samengestelde zin;* simple ~ *enkelvoudige zin* **3.1** cleft ~ *gekloofde zin;*
II ⟨telb. en n.-telb.zn.⟩ **0.1** ***vonnis(sing)*** ⇒*oordeel, (rechterlijke) uitspraak, sententie;* ⟨i.h.b.⟩ *veroordeling, straf* ◆ **3.1** give/pass/pronounce ~ *een vonnis vellen/wijzen/uitspreken* **6.1** pass ~ **on** s.o. *een vonnis uitspreken over iem., iem. vonnissen;* **under** ~ **of** death *ter dood veroordeeld.*

sentence[2] ⟨f2⟩ ⟨ov.ww.⟩ **0.1** ***veroordelen*** ⇒*vonnissen* ◆ **3.1** be ~d to pay a fine *veroordeeld worden tot een geldboete* **6.1** ~ **to** death *ter dood veroordelen;* ~ **to** four years' imprisonment *veroordelen tot vier jaar gevangenisstraf.*

'sentence adverb ⟨telb.zn.⟩ ⟨taalk.⟩ **0.1** ***zinsbepaling*** ⇒*zinsadverbium.*

'sentence stress, 'sentence accent ⟨telb.zn.⟩ ⟨taalk.⟩ **0.1** ***zinsaccent.***

sen·ten·tial [sen'tenʃl] ⟨bn.; -ly⟩ **0.1** ***van/mbt. een zinspreuk*** **0.2** ⟨taalk.⟩ ***zins-*** ⇒*sententieel, van/mbt. een zin* ◆ **1.1** ~ book *spreukenboek, maximenboek;* ~ saying *sententie, (kern/zin) spreuk, aforisme.*

sen·ten·tious [sen'tenʃəs] ⟨f1⟩ ⟨bn.; -ly; -ness⟩ **0.1** ***moraliserend*** ⇒*prekerig, saai, geaffecteerd, gezwollen, hoogdravend* **0.2** ⟨vero.⟩ ***sententieus*** ⇒*aforistisch, vol aforismen, spreukmatig, kernachtig, bondig.*

sen·ti·ence ['senʃns], **sen·ti·en·cy** [-si] ⟨n.-telb.zn.⟩ **0.1** ***waarnemingsvermogen*** ⇒*perceptievermogen, receptief vermogen, bewustzijn, gevoel.*

sen·ti·ent ['senʃnt] ⟨bn.; -ly⟩ **0.1** ***bewust*** ⇒*receptief, percipiërend, gevoelig, sensibel* **0.2** ⟨schr.⟩ ***bewust*** ◆ **6.2** be ~ **of** *zich bewust zijn/weet hebben van, voelen.*

sen·ti·ment ['senṭɪmənt] ⟨f2⟩ ⟨zn.⟩
I ⟨telb.zn.⟩ **0.1** ⟨vaak mv.⟩ ***gevoelen*** ⇒*idee, mening, opvatting, standpunt* **0.2** ***(geluk)wens*** ⇒*toewensing, toast* ⟨bv. aan het einde v.e. speech⟩, *(aforistische) gedachte* ◆ **1.1** these are/⟨scherts.⟩

them's my ~s *zo denk ik erover;* (those are) my ~s exactly *zo denk ik er ook over, precies wat ik wou zeggen, volledig akkoord, wat je zegt* **2.2** have you got a card with a suitable ~? *heb je een kaart met een toepasselijke wens?* **3.1** share s.o.'s ~s on *iemands gevoelen delen mbt. / omtrent, het met iem. eens zijn over;*
II ⟨telb. en n.-telb.zn.⟩ **0.1** ***gevoel*** ⇒*gevoelen(s), stemming* ⟨ook op beurs / markt⟩, *emotie, voorkeur, intentie* ◆ **1.1** a matter of ~ *een gevoelskwestie / gevoelszaak* **2.1** the public ~ *de algemene stemming, de publieke opinie* **3.1** animated by noble ~s *bezield door edele gevoelens;* be swayed by ~ *zich laten leiden door zijn gevoel* **6.1** create ~ **against** *stemming maken tegen;*
III ⟨n.-telb.zn.⟩ **0.1** ***sentiment(aliteit)*** ⇒*gevoeligheid, emotioneel gedoe* ◆ **6.1 for** ~ *uit gevoelsoverwegingen, om sentimentele redenen.*

sen·ti·men·tal ['sent̬ɪ'ment̬l] ⟨f3⟩ ⟨bn.; -ly⟩ **0.1** ***sentimenteel*** ⇒*(over)gevoelig, gevoelvol, gevoels-, gevoelerig, emotioneel, weekhartig* ◆ **1.1** ~ value *sentimentele waarde, gevoelswaarde, affectiewaarde* **6.1** be ~ **about / over** *sentimenteel doen over.*

sen·ti·men·tal·ism ['sent̬ɪ'ment̬əlɪzm] ⟨n.-telb.zn.⟩ **0.1** ***sentimentaliteit*** ⇒*gevoel(er)igheid, overgevoeligheid, gevoelscultus, sentimentalisme.*

sen·ti·men·tal·ist ['sent̬ɪ'ment̬əlɪst] ⟨telb.zn.⟩ **0.1** ***sentimenteel iemand*** ⇒*sentimentele, gevoelsmens, romanticus.*

sen·ti·men·tal·i·ty ['sent̬ɪmən'tæləti‖'sent̬ɪmen'tæləṱi] ⟨f1⟩ ⟨telb. en n.-telb.zn.; →mv. 2⟩ **0.1** ***sentimentaliteit*** ⇒*gevoelerigheid.*

sen·ti·men·tal·i·za·tion, -sa·tion ['sent̬ɪmentəlaɪ'zeɪʃn‖'sent̬ɪ ment̬lə-] ⟨n.-telb.zn.⟩ **0.1** ***het sentimenteel doen / maken*** ⇒*sentimentele beschrijving / voorstelling, sentimenteel / emotioneel gedoe.*

sen·ti·men·tal·ize, -ise ['sent̬ɪ'ment̬əlaɪz] ⟨onov. en ov.ww.⟩ **0.1** ***sentimentaliseren*** ⇒*sentimenteel behandelen / voorstellen / bekijken / doen over, een sentimentele voorstelling geven van, romantiseren, sentimenteel maken / worden / zijn* ◆ **6.1** ~ **about / over** *sentimenteel doen / zijn over.*

sen·ti·nel[1] ['sentɪnəl‖'sentnl] ⟨telb.zn.⟩ **0.1** ⟨schr.⟩ ***schildwacht*** ⇒*wachtpost, wachter, bewaker* **0.2** →sentinel crab **0.3** ⟨comp.⟩ ***wachter*** ◆ **3.1** stand ~ over *(de) wacht houden bij / over, op (schild)wacht staan bij, bewaken.*

sentinel[2] ⟨ov.ww.; →ww. 7⟩ ⟨schr.⟩ **0.1** ***bewaken*** ⇒*(de) wacht houden bij / over, op (schild)wacht staan bij / in / voor* **0.2** ***laten bewaken*** ⇒*een schildwacht plaatsen / posteren bij / in, schildwachten uitzetten bij* **0.3** ***(de) wacht laten houden*** ⇒*als schildwacht plaatsen, op wacht zetten.*

'sentinel crab ⟨telb.zn.⟩ ⟨dierk.⟩ **0.1** ***steeloog*** ⟨soort boogkrab, Podophthalmus vigil⟩.

sen·try ['sentri] ⟨f2⟩ ⟨telb.zn.; →mv. 2⟩ **0.1** ***schildwacht*** ⇒*wachtpost* ◆ **3.1** stand / keep ~ *op (schild)wacht staan, (de) wacht houden;* ⟨fig.⟩ *(staan) schilderen.*

'sentry box ⟨f1⟩ ⟨telb.zn.⟩ **0.1** ***(schild)wachthuisje*** ⇒*schilderhuisje.*

'sen·try-go ⟨n.-telb.zn.⟩ **0.1** ***wacht(dienst)*** ⇒*schildwacht, het wachtlopen / schilderen* ◆ **3.1** do ~ *op (schild)wacht staan, zijn wacht kloppen.*

Seoul ['soʊl] ⟨eig.n.⟩ **0.1** ***Seoel.***

se·pal ['sepl] ⟨telb.zn.⟩ ⟨plantk.⟩ **0.1** ***kelkblad*** ⇒*kelkblaadje.*

se·pal·oid ['si:pəlɔɪd‖'sepə-], **se·pal·ine** [-laɪn] ⟨bn.⟩ ⟨plantk.⟩ **0.1** ***kelkbladachtig*** ⇒*kelkblad-.*

sep·a·ra·bil·i·ty ['seprəbɪləṱi] ⟨n.-telb.zn.⟩ **0.1** ***scheidbaarheid*** ⇒*het (af)scheidbaar zijn, verdeelbaarheid, ontbindbaarheid.*

sep·a·ra·ble ['seprəbl] ⟨f1⟩ ⟨bn.; -ly; →bijw. 3⟩ **0.1** ***(af)scheidbaar*** ⇒*verdeelbaar, ontbindbaar.*

sep·a·rate[1] ['seprət] ⟨zn.⟩
I ⟨telb.zn.⟩ **0.1** ***overdruk(je)*** ⇒*offprint, afdruk;*
II ⟨mv.; ~s⟩ **0.1** ***afzonderlijk combineerbare kledingstukken*** ⟨bv. bloes en rok⟩.

separate[2] ⟨f3⟩ ⟨bn.; -ly; -ness⟩ **0.1** ***afzonderlijk*** ⇒*(af)gescheiden, apart; verschillend, onderscheiden; op zichzelf staand, alleenstaand; autonoom, onafhankelijk; eigen, persoonlijk* ◆ **1.1** ~ copy *overdruk(je);* under ~ cover, by ~ post *separaat, onder afzonderlijke omslag;* enjoy ~ estate *gescheiden v. goederen zijn, een afzonderlijk vermogen bezitten* ⟨v. getrouwde vrouw⟩; one's own ~ interests *zijn eigen, persoonlijke belangen;* ~ maintenance *alimentatie* ⟨bij scheiding met wederzijds goedvinden⟩; ~ ownership *particulier eigendom(srecht);* the bibliography lists ninety ~ publications *de bibliografie telt negentig verschillende publikaties;* the two questions are ~ *de twee vragen moeten los v. elkaar gezien worden;* the children sleep in ~ rooms *de kinderen slapen in aparte kamers;* we went our ~ ways home *we gingen (elk) apart naar huis* **1.¶** ~ establishment *maitresse, maintenee* **3.1** ~ly excited field magnet *onafhankelijk bekrachtigde veldmagneet;* keep ~ from *afgezonderd / (af)gescheiden houden van;* live ~ *gescheiden leven, uit elkaar zijn;* send ~ly *separaat / onder afzonderlijke omslag (op)sturen / (toe)zenden* **6.1** be ~ **from** *verschillen / los staan van.*

separate[3] ['sepəreɪt] ⟨f3⟩ ⟨ww.⟩
I ⟨onov.ww.⟩ **0.1** ***zich (van elkaar) afscheiden*** ⇒*zich afzonderen / verdelen, uiteenvallen, loskomen* **0.2** ***scheiden*** ⇒*uiteengaan, uit elkaar gaan* ◆ **5.1** ~ **out** *zich (van elkaar) afscheiden / afzonderen, ontmengen* **6.1** ~ **from** *zich afscheiden / afscheuren van;* ~ (up) **into** *(onder)verdeeld / ontbonden kunnen worden / uiteenvallen in;*
II ⟨ov.ww.⟩ **0.1** ***(van elkaar)(af / onder)scheiden*** ⇒*afzonderen, separeren, losmaken, ontbinden, verdelen* **0.2** ⟨AE⟩ ***ontslaan*** ⇒*afdanken, wegsturen;* ⟨mil.⟩ *pasporteren* ◆ **1.1** ~ mail *post sorteren;* ~d milk *afgeroomde melk, ondermelk, taptemelk* **3.1** legally ~d *gescheiden v. tafel en bed;* widely ~d *wijdverspreid, ver uit elkaar gelegen* **5.1** ~ **off** *afzonderen, afzonderlijk / apart houden, bijeenhouden;* ~ **out** *(af / onder)scheiden, uit elkaar houden* **6.1** ~ **from** *(af / onder)scheiden / afzonderen van;* ⟨schei.⟩ *(af)scheiden / extraheren uit;* ~ sth. **(up) into** *iets verdelen / ontbinden / scheiden in.*

sep·a·ra·tion ['sepə'reɪʃn] ⟨f3⟩ ⟨telb. en n.-telb.zn.⟩ **0.1** ***(af)scheiding*** ⇒*afzondering, afscheuring, separatie, verwijdering; ontmenging, extractie; verschil, onderscheid; het uiteengaan, vertrek; sortering* ⟨v. post⟩; *(tussen)ruimte, afstand* **0.2** ⟨AE⟩ ***ontslag*** ⇒*afdanking, verwijdering, het wegsturen* ◆ **1.1** ~ of church and state *scheiding v. kerk en staat;* a clear line of ~ *een duidelijke / scherpe scheidingslijn;* ~ of powers *machtenscheiding* **2.1** judicial / legal ~ *scheiding v. tafel en bed* **6.1** the ~ **between** the lines *de interlinie;* live **in** ~ *in afzondering leven* **6.2** ~ **from** the service *ontslag uit (militaire) dienst.*

sepa'ration allowance ⟨telb.zn.⟩ **0.1** ***kostwinnersvergoeding*** ⇒*alimentatie(geld).*

sepa'ration center ⟨telb.zn.⟩ ⟨AE; mil.⟩ **0.1** ***afzwaaicentrum*** ⇒ *pasporteercentrum.*

sepa'ration order ⟨telb.zn.⟩ **0.1** ***vonnis tot scheiding v. tafel en bed.***

sep·a·ra·tism ['seprət̬ɪzm] ⟨n.-telb.zn.⟩ **0.1** ***separatisme*** ⇒*sociale scheiding, segregatie* ◆ **2.1** racial ~ *rassenscheiding.*

sep·a·ra·tist ['seprət̬ɪst] ⟨telb.zn.⟩ **0.1** ***separatist*** ⇒*aanhanger v. separatisme, voorstander v. afscheiding / afscheuring / onafhankelijkheid;* ⟨relig.⟩ *afgescheidene, sektariër;* ⟨pol.⟩ *autonomist, nationalist.*

sep·a·ra·tis·tic ['seprə'tɪstɪk], **sep·a·ra·tist** ⟨bn.⟩ **0.1** ***separatistisch*** ◆ **1.1** ~ movement *afscheidingsbeweging.*

sep·a·ra·tive ['seprət̬ɪv] ⟨bn.⟩ **0.1** ***scheidend*** ⇒*verdelend.*

sep·a·ra·tor ['sepəreɪtə‖-reɪt̬ər] ⟨telb.zn.⟩ **0.1** ⟨ben. voor⟩ ***iem. die scheidt*** ⇒*scheid(st)er, afscheider; bediener v.e. separator / centrifugaalmachine, centrifugist; louteraar, affineur; sorteerder / ster* **0.2** ⟨ben. voor⟩ ***iets dat scheidt*** ⇒*separator, afscheider, afscheidingstoestel, scheidingsapparaat; centrifuge, centrifugaalmachine; melkseparator, melkontromer; louteroven; dorsmachine; sorteermachine;* ⟨verkeer⟩ *middenberm, scheidingsstrook.*

sep·a·ra·to·ry ['seprətri‖-tɔri] ⟨bn., attr.⟩ **0.1** ***(af)scheidings-*** ◆ **1.1** ~ funnel *scheitrechter.*

sep·a·ra·tum ['sepə'reɪt̬əm] ⟨telb.zn.; separata [-'reɪt̬ə]; →mv. 5⟩ **0.1** ***overdruk(je)*** ⇒*offprint.*

Se·phar·di [sɪ'fɑ:di:‖-'fɑr-] ⟨telb.zn.; Sephardim [-dɪm]; →mv. 5⟩ **0.1** ***sefardi*** ⇒*lid v.d. sefarden / sefardi(e)m* ⟨verzamelnaam v.d. Spaanse / Portugese joden en hun nakomelingen⟩.

Se·phar·dic [sɪ'fɑ:dɪk‖-'fɑr-] ⟨bn.⟩ **0.1** ***sefardisch*** ⇒*van de sefarden.*

se·pi·a ['si:pɪə] ⟨f1⟩ ⟨zn.⟩
I ⟨telb.zn.⟩ **0.1** ***sepiatekening*** ⇒*(waterverf)tekening / schilderij in sepia* **0.2** ***sepiakleurige foto;***
II ⟨n.-telb.zn.⟩ **0.1** ***sepia*** ⟨bruinzwart vocht v.d. inktvis⟩ **0.2** ⟨vaak attr.⟩ ***sepia*** ⇒*donkerbruine / bruinzwarte (water)verf / kleurstof / inkt;* ⟨bij uitbr.⟩ *roodbruin, donkerbruin, olijfbruin.*

'se·pi·a·bone ⟨n.-telb.zn.⟩ **0.1** ***sepiabeen*** ⇒*meerschuim.*

se·pi·o·lite ['si:pɪəlaɪt] ⟨n.-telb.zn.⟩ **0.1** ***sepia(been)*** ⇒*zeeschuim, meerschuim.*

se·poy ['si:pɔɪ] ⟨telb.zn.⟩ **0.1** ***sepoy*** ⇒*sipoy* ⟨Indisch soldaat, i.h.b. in het Brits-Indische leger vóór 1947⟩.

'Sepoy 'Mutiny ⟨n.-telb.zn.; the⟩ ⟨gesch.⟩ **0.1** ***(de) Sepoyopstand*** ⟨muiterij v.d. Bengaalse troepen in 1857-58⟩.

sep·pu·ku [se'pu:ku:] ⟨n.-telb.zn.⟩ **0.1** ***seppoekoe*** ⇒*harakiri.*

seps [seps] ⟨telb.zn.; seps; →mv. 4⟩ ⟨dierk.⟩ **0.1** ***skink*** ⟨hagedis v.h. genus Chalcides⟩.

sep·sis ['sepsɪs] ⟨telb. en n.-telb.zn.; sepses [-si:z]; →mv. 5⟩ **0.1** ***sepsis*** ⇒*(ver)rotting, bederf, bacteriële infectie;* ⟨i.h.b.⟩ *bloedvergiftiging.*

sept [sept] ⟨telb.zn.⟩ **0.1** ***stam*** ⇒*(tak v.e.) familie, clan, sibbe* ⟨i.h.b. in Ierland⟩.

sept- [sept], **sep·ti-** ['septi] **0.1** ***sept(i)-*** ⇒*zeven-, hepta-* ◆ **¶.1** sept-

angular *zevenhoekig;* ⟨wisk.⟩ septimal *zeventallig;* ⟨schei.⟩ septivalent *zevenwaardig, met valentie(getal) zeven, heptavalent.*
Sept ⟨afk.⟩ **0.1** ⟨September⟩ ***sept.*** **0.2** ⟨Septuagint⟩.
sep·tal ['septl]⟨bn., attr.⟩⟨biol.⟩ **0.1** ***septum-*** *⇒v./mbt. het (neus) tussenschot* ◆ **1.1** ~cartilage *kraakbeen v.h. neustussenschot, neuskraakbeen.*
sep·tate ['septeɪt]⟨bn.⟩⟨biol.⟩ **0.1** ***voorzien v.e. septum/septa*** *⇒door een septum/septa (van elkaar) gescheiden.*
Sep·tem·ber [sep'tembə‖-ər]⟨f3⟩⟨eig.n.⟩ **0.1** ***september.***
'September elm ⟨telb.zn.⟩⟨plantk.⟩ **0.1** ***rode iep*** ⟨Ulmus serotina⟩.
sep·tem·vir [sep'temvə‖-vər]⟨telb.zn.; ook septemviri [-vəraɪ]; →mv. 5⟩⟨vnl. gesch.⟩ **0.1** ***septemvir*** *⇒zevenman, lid v.e. septemviraat.*
sep·te·nar·i·us ['septɪ'neərɪəs‖-'ner-]⟨telb.zn.; septenarii [-riaɪ]; →mv. 5⟩⟨lit.⟩ **0.1** ***heptameter*** *⇒zevenvoetig vers.*
sep·te·nar·y[1] [sep'ti:nri‖'septenəri]⟨telb.zn.; →mv. 2⟩ **0.1** ***zevental*** *⇒groep/ploeg/verzameling v. zeven, zevenen* **0.2** ***zevenjarige periode*** *⇒periode v. zeven jaar* **0.3** ⟨lit.⟩ ***heptameter*** *⇒zevenvoetig vers.*
septenary[2] ⟨bn.⟩ **0.1** ***zeventallig*** *⇒zevendelig, zevenvoudig, van/in/met zeven* **0.2** ***zevenjarig*** *⇒zevenjaarlijks.*
sep·ten·nate [sep'tenət,-neɪt]⟨telb.zn.⟩ **0.1** ***zevenjarige periode*** *⇒periode v. zeven jaar;* ⟨i.h.b.⟩ *ambtsperiode/ambtstermijn v. zeven jaar.*
sep·ten·ni·al [sep'tenɪəl]⟨bn.; -ly⟩ **0.1** ***septennaal*** *⇒zevenjaarlijks* **0.2** ***zevenjarig*** *⇒zeven jaar oud/durend.*
sep·ten·ni·um [sep'tenɪəm]⟨telb.zn.; ook septennia [-nɪə]; →mv. 5⟩ **0.1** ***septennium*** *⇒zevenjarige periode, periode v. zeven jaar.*
sep·ten·tri·on [sep'tentrɪən‖-triɑn]⟨zn.; ook septentriones [-tri'ouni:z]; →mv. 5⟩
I ⟨n.-telb.zn.; vaak S-; the⟩ **0.1** ***het noorden;***
II ⟨mv.; ~(e)s⟩ **0.1** ***het noorden*** *⇒de noordelijke streken.*
sep·ten·tri·o·nal [sep'tentrɪənəl]⟨bn.⟩⟨vero.⟩ **0.1** ***noordelijk*** *⇒noord(en), noorder-.*
sep·tet(te) [sep'tet]⟨zn.⟩
I ⟨telb.zn.⟩ **0.1** ⟨muz.⟩ ***septet*** *⇒stuk voor zeven instrumenten/stemmen* **0.2** ⟨lit.⟩ ***zevenregelige strofe/gedicht;***
II ⟨verz.n.⟩ **0.1** ***zevental*** *⇒groep v. zeven (personen/objecten);* ⟨muz.⟩ *groep v. zeven musici, septet; zevengesternte* ⟨alleen fig.⟩.
septi- →sept-.
sep·tic ['septɪk]⟨f1⟩⟨bn.; -ally; →bijw. 3⟩ **0.1** ***septisch*** *⇒(ver)rottings-, ontbindings-, bederf/infectie/(ver)rotting/sepsis veroorzakend* **0.2** ⟨vnl. BE⟩ ***ontstoken*** *⇒geïnfecteerd, besmet, rottend;* ⟨fig.⟩ *rot, corrupt, verderfelijk* ◆ **1.1** ~ matter *etter;* ~ poisoning *bloedvergiftiging;* ~ sore throat *(soort) keelontsteking;* ~ tank *septictank, septische put, rottingsput* **1.2** ~ gums *zwerend tandvlees* **3.2** become ~ *ontsteken, geïnfecteerd geraken, gaan etteren/zweren.*
sep·ti·cae·mi·a, ⟨AE sp.⟩ **sep·ti·ce·mi·a** ['septɪ'si:mɪə]⟨telb. en n.-telb.zn.⟩⟨med.⟩ **0.1** ***septik(a)emie*** *⇒bloedvergiftiging.*
sep·ti·cae·mic, ⟨AE sp.⟩ **sep·ti·ce·mic** ['septɪ'si:mɪk]⟨bn.⟩ **0.1** ***septik(a)emisch*** *⇒van/mbt. bloedvergiftiging, bloedvergiftigings-, lijdend aan septik(a)emie.*
sep·ti·cen·ten·nial ['septɪsen'tenɪəl]⟨telb.zn.⟩ **0.1** ***viering v. zevenhonderdste verjaardag*** *⇒zevende eeuwfeest.*
sep·tic·i·ty [sep'tɪsəṭi]⟨n.-telb.zn.⟩ **0.1** ***het septisch zijn*** **0.2** ***geneigdheid tot sepsis*** **0.3** ***het veroorzaken v. ontsteking.***
sep·ti·lat·er·al ['septɪ'lætrəl‖-'læṭərəl]⟨bn.⟩ **0.1** ***zevenzijdig.***
sep·til·lion [sep'tɪlɪən]⟨telb.zn.⟩ **0.1** ⟨BE⟩ ***septiljoen*** ⟨10^{42}⟩ **0.2** ⟨AE⟩ ***quadriljoen*** ⟨10^{24}⟩.
sep·tu·a·ge·nar·i·an[1] ['septʃʊədʒɪ'neərɪən‖-'nerɪən], **sep·tu·a·ge·nar·y** ['septʃʊə'dʒi:nri‖-'dʒenəri]⟨telb.zn.; →mv. 2⟩ **0.1** ***zeventigjarige*** *⇒zeventiger, iem. v. in de zeventig.*
septuagenarian[2]**, septuagenary** ⟨bn.⟩ **0.1** ***zeventigjarig*** *⇒in de zeventig.*
Sep·tu·a·ges·i·ma ['septʃʊə'dʒesɪmə], **'Septuagesima 'Sunday** ⟨eig.n.⟩ **0.1** ***Septuagesima*** ⟨1e zondag v.d. voorvasten, 10e voor Pasen⟩.
Sep·tu·a·gint ['septʃʊədʒɪnt]⟨eig.n.; the⟩⟨bijb.⟩ **0.1** ***Septuagint(a)*** ⟨Griekse vertaling v.h. Oude Testament en de apocriefen⟩.
sep·tum ['septəm]⟨telb.zn.; septa [-tə]; →mv. 5⟩⟨biol.⟩ **0.1** ***septum*** *⇒(scheidings)vlies, membraan, tussenschot;* ⟨i.h.b.⟩ *neustussenschot* ◆ **2.1** nasal ~ *septum nasi, neustussenschot.*
sep·tu·ple[1] ['septjʊpl‖-təpl]⟨telb.zn.⟩ **0.1** ***zevenvoud.***
septuple[2] ⟨bn.⟩ **0.1** ***zevenvoudig*** *⇒zevenmaal zo groot/zoveel (zijnde)* **0.2** ***zeven(delig)*** *⇒met/van zeven.*
septuple[3] ⟨onov. en ov.ww.⟩ **0.1** ***verzevenvoudigen*** *⇒(zich) vermenigvuldigen met zeven, zevenmaal groter worden/vergroten.*
sep·tup·let [sep'tju:plɪt‖-'tʌ-]⟨telb.zn.⟩ **0.1** ***groep v. zeven*** *⇒zevental, zevengesternte* ⟨alleen fig.⟩ **0.2** ***(kind v.e.) zevenling*** **0.3** ⟨muz.⟩ ***septool.***
se·pul·chral [sɪ'pʌlkrəl]⟨bn.; -ly⟩ **0.1** ***sepulcraal*** *⇒van/mbt. graf/begrafenis; graf-, begrafenis-* ⟨ook fig.⟩; ⟨fig.⟩ *somber, akelig, naargeestig, doods* ◆ **1.1** ~ customs *begrafenisgewoonten;* ~ inscription *grafschrift;* ~ looks *een gezicht als een lijkbidder;* ~ mound *grafheuvel, grafterp;* ~ pillar *grafzuil;* in a ~ voice *met een grafstem.*
sep·ul·chre[1]**,** ⟨AE sp.⟩ **sep·ul·cher** ['seplkə‖-ər]⟨telb.zn.⟩ **0.1** ***sepulcrum*** *⇒graf(gewelf/kelder/spelonk/tombe);* ⟨fig.⟩ *einde, laatste rustplaats* **0.2** ⟨relig.⟩ ***sepulcrum*** *⇒reliekengraf, (reliek)schrijn, relikwieënkast(je)* ◆ **2.1** the Holy Sepulchre *het Heilig Graf* ⟨v. Jezus⟩ **3.¶** painted/whited ~s *(wit)gepleisterde/gekalkte graven, schijnheiligen.*
sepulchre[2]**,** ⟨AE sp.⟩ **sepulcher** ⟨ov.ww.⟩ **0.1** ***begraven*** *⇒ter aarde bestellen, (in een grafkelder/graftombe) bijzetten* **0.2** ***als graf (tombe) dienen voor*** *⇒de laatste rustplaats zijn van.*
sep·ul·ture ['sepltʃə‖-ər]⟨zn.⟩
I ⟨telb.zn.⟩⟨vero.⟩ **0.1** ***sepulcrum*** *⇒graf;*
II ⟨n.-telb.zn.⟩ **0.1** ***begrafenis*** *⇒teraardebestelling, bijzetting,* ⟨vnl. relig.⟩ *graflegging.*
seq, ⟨in bet. 0.1 ook⟩ **seqq** ⟨afk.⟩ **0.1** ⟨sequens, sequentes, sequentia⟩ ***seq.*** *⇒sq., de/het volgende* **0.2** ⟨sequel, sequence⟩.
se·qua·cious [sɪ'kweɪʃəs]⟨bn.; -ly⟩⟨vero.⟩ **0.1** ***volgzaam*** *⇒onderdanig, meegaand, kruiperig, slaafs (navolgend), manipuleerbaar* **0.2** ***logisch (opeenvolgend/samenhangend)*** *⇒consistent, coherent.*
se·quac·i·ty [sɪ'kwæsəṭi]⟨n.-telb.zn.⟩⟨vero.⟩ **0.1** ***volgzaamheid*** *⇒onderdanigheid, kneedbaarheid* **0.2** ***logische samenhang*** *⇒consistentie, coherentie.*
se·quel ['si:kwəl]⟨f1⟩⟨telb.zn.⟩ **0.1** ***gevolg*** *⇒resultaat, consequentie, afloop, nasleep* **0.2** ***vervolg*** ⟨i.h.b. op een boek⟩ *⇒voortzetting, hervatting, volgende aflevering* ◆ **2.1** have an unfortunate ~ *slecht/ongelukkig aflopen* **6.1** **in** the ~ *later, na verloop v. tijd, achteraf;* be the ~ **of** *het gevolg zijn van, voortvloeien uit;* as a ~ **to** *als gevolg van* **6.2** a ~ **to** *een vervolg op.*
se·que·la [sɪ'kwi:lə‖-'kwe-]⟨telb.zn.; sequelae [-li:]; →mv. 5; vnl. mv.⟩ **0.1** ***gevolg*** *⇒*⟨i.h.b. med.⟩ *nawerking, bijverschijnsel, complicatie.*
se·quence ['si:kwəns]⟨f3⟩⟨zn.⟩
I ⟨telb.zn.⟩ **0.1** ⟨ben. voor⟩ ***wat volgt op iets anders*** *⇒reeks/bundel* ⟨gedichten⟩; *episode, fragment, scène, (onder)deel;* ⟨film.⟩ *sequentie, (film)opname, scène;* ⟨kaartspel⟩ *(aaneengesloten) serie, biedserie, biedverloop;* ⟨wisk.⟩ *rij* **0.2** ⟨muz.⟩ ***sequens*** ⟨herhaling v.e. motief⟩ **0.3** ⟨R.-K.⟩ ***sequens*** *⇒sequentie* ⟨kerkzang⟩;
II ⟨telb. en n.-telb.zn.⟩ **0.1** ***opeenvolging*** *⇒aaneenschakeling, (volg)reeks, rij, volgorde, vooruitgang, regeling* **0.2** ***gevolg*** *⇒resultaat, logische gevolgtrekking* ◆ **1.1** the ~ of events *de loop der gebeurtenissen;* ⟨taalk.⟩ ~ of tenses *overeenstemming/congruentie v.d. tijden, consecutio temporum* **1.2** by all laws of ~ *volgens alle wetten v.d. logica* **6.1** **in** ~ *in/op volgorde, de een na de ander* **6.2** **in** ~ **to** *als gevolg van, voortvloeiend uit, samenhangend met.*
se·quent[1] ['si:kwənt]⟨telb.zn.⟩ **0.1** ***gevolg*** *⇒resultaat.*
sequent[2] ⟨bn.⟩ **0.1** ***(daarop/opeen)volgend*** *⇒later, verder* **0.2** ***daaruit volgend*** *⇒resulterend* ◆ **6.2** ~ **(up)on/to** *volgend/voortvloeiend uit.*
se·quen·tial [sɪ'kwenʃl]⟨f1⟩⟨bn.; -ly⟩ **0.1** ***(opeen)volgend*** *⇒na elkaar komend, een reeks/sequens vormend, geordend, ononderbroken, samenhangend* **0.2** ***daaruit volgend*** *⇒resulterend;* ⟨i.h.b.⟩ *consecutief, bijkomend/als complicatie optredend* ⟨v. ziekte⟩.
se·ques·ter [sɪ'kwestə‖-ər], ⟨in bet. 0.3 en 0.4 ook⟩ **se·ques·trate** [-streɪt]⟨ww.⟩ →sequestered
I ⟨onov.ww.⟩⟨schei.⟩ **0.1** ***sekwestreren;***
II ⟨ov.ww.⟩ **0.1** ***afzonderen*** *⇒afscheiden, verborgen/apart/afgezonderd houden, isoleren, verwijderen* **0.2** ⟨schei.⟩ ***sequestreren*** **0.3** ⟨jur.⟩ ***sekwestreren*** *⇒in bewaring stellen, beslag leggen op* **0.4** ***confisqueren*** *⇒verbeurdverklaren, in beslag nemen, aanslaan* ◆ **4.1** ~ o.s. from the world *zich v.d. wereld afzonderen, de wereld vaarwel zeggen.*
se·ques·ter·ed [sɪ'kwestəd‖-tərd]⟨bn.; volt. deelw. v. sequester⟩ **0.1** ***afgezonderd*** *⇒afgelegen, afgesloten, geïsoleerd, eenzaam, verscholen* **0.2** ***geconfisqueerd*** *⇒verbeurdverklaard, in beslag genomen, aangeslagen* ◆ **1.1** a ~ life *een teruggetrokken leven.*
se·ques·trant [sɪ'kwestrənt]⟨telb.zn.⟩⟨schei.⟩ **0.1** ***stof/agens die het sekwestreren bevordert.***
se·ques·tra·tion ['si:kwɪ'streɪʃn]⟨telb. en n.-telb.zn.⟩ **0.1** ***afzondering*** *⇒(af)scheiding, isolement, verwijdering* **0.2** ⟨schei.⟩ ***het sekwestreren*** **0.3** ⟨jur.⟩ ***(bevelschrift tot) sekwestratie*** *⇒sekwester, beslaglegging* **0.4** ***confiscatie*** *⇒verbeurdverklaring, inbeslagneming.*
se·ques·tra·tor ['si:kwɪstreɪtə‖-streɪṭər]⟨telb.zn.⟩⟨jur.⟩ **0.1** ***sekwester*** *⇒gerechtelijk bewaarder* ⟨v. gesekwestreerde goederen⟩, *beslaglegger.*

se·ques·trum [sɪ'kwestrəm]⟨telb.zn.; sequestra [-trə]; →mv. 5⟩ ⟨med.⟩ **0.1** ***sekwester*** ⟨afgestorven en afgescheiden beenstuk/weefsel⟩.
se·quin ['si:kwɪn]⟨telb.zn.⟩ **0.1** ***lover(tje)*** *⇒sierblaadje, sterretje* **0.2** ⟨gesch.⟩ ***zecchino*** ⟨Venetiaans goudstuk⟩.
se·quin·ed, se·quin·ned ['si:kwɪnd]⟨bn.⟩ **0.1** ***bezaaid (met lovertjes).***
se·quoi·a [sɪ'kwɔɪə]⟨f1⟩⟨telb.zn.⟩⟨plantk.⟩ **0.1** ***sequoia*** ⟨genus Sequoia⟩ *⇒reuzen(pijn)boom, mammoet(s)boom* ⟨S. gigantea⟩; *redwood* ⟨S. sempervirens⟩.
ser ⟨afk.⟩ serial, series, sermon.
sera ⟨mv.⟩ →serum.
se·rac ['seræk‖sə'ræk]⟨telb.zn.⟩⟨aardr.⟩ **0.1** ***sérac*** *⇒ijstoren* ⟨bij gletsjers⟩.
se·ra·glio [sɪ'rɑ:ljoʊ‖-'ræl-]⟨telb.zn.; ook seragli [-ji:]; →mv. 5⟩ **0.1** ***serail*** *⇒harem, vrouwenverblijf;* ⟨pej.⟩ *bordeel, huis v. ontucht* **0.2** ⟨gesch.⟩ ***serail*** ⟨Turks paleis, i.h.b. paleis/verblijf v.d. sultan⟩.
se·rai [sɪ'raɪ]⟨telb.zn.⟩ **0.1** ***karavansera(i)*** **0.2** ⟨gesch.⟩ ***serail*** ⟨Turks paleis, i.h.b. paleis/verblijf v.d. sultan⟩.
se·ra·pe, sa·ra·pe [sə'rɑ:pi], **za·ra·pe** [sə'rɑ:pi]⟨telb.zn.⟩ **0.1** ***poncho*** *⇒(wollen) deken, (kleurige) omslagdoek* ⟨in Latijns-Am.⟩.
ser·aph ['serəf]⟨telb.zn.; ook S-; ook seraphim [-fɪm]; →mv. 5⟩ ⟨bijb.⟩ **0.1** ***seraf(ijn)*** ⟨eerste der negen engelenkoren⟩.
se·raph·ic [sɪ'ræfɪk], **se·raph·i·cal** [-ɪkl]⟨bn.; -(al)ly; →bijw. 3⟩ **0.1** ***serafijns*** *⇒serafs-, engelachtig, engelrein, subliem, innig* ◆ **1.1** Seraphic Doctor *Serafijnse leraar; H. Bonaventura.*
se·ra·phine ['serəfi:n], **se·ra·phi·na** [-'fi:nə]⟨telb.zn.⟩⟨muz.⟩ **0.1** ***serafine(orgel)*** *⇒serafientje* ⟨negentiende-eeuws Engels harmonium⟩.
Serb[1] [sɜ:b‖sɜrb], **Ser·bi·an** ['sɜ:bɪən‖'sɜr-]⟨zn.⟩
I ⟨eig.n.⟩ **0.1** ***Servisch*** *⇒de Servische taal;*
II ⟨telb.zn.⟩ **0.1** ***Serviër*** *⇒inwoner v. Servië.*
Serb[2], **Serbian** ⟨bn.⟩ **0.1** ***Servisch*** *⇒van/mbt./uit Servië/het Servisch.*
Serb[3] ⟨afk.⟩ Serbian.
Ser·bo-Cro·a·tian[1] ['sɜ:boʊ kroʊ'eɪʃn‖'sɜr-], **Ser·bo-Cro·at** [-'kroʊæt]⟨zn.⟩
I ⟨eig.n.⟩ **0.1** ***Servo-Kroatisch*** *⇒de Servo-Kroatische taal;*
II ⟨telb.zn.⟩ **0.1** ***Servo-Kroaat.***
Serbo-Croatian[2], **Serbo-Croat**[2] ⟨bn.⟩ **0.1** ***Servo-Kroatisch.***
Ser·bo·nian [sɜ:'boʊnɪən‖sɜr-] →bog.
sere[1] [sɪə‖sɪr]⟨telb.zn.⟩ **0.1** ***(haan)pal*** ⟨v. geweerslot⟩ **0.2** ⟨ecologie⟩ ***serie*** ⟨reeks opeenvolgende (planten/dieren)gemeenschappen/associaties op een bep. plaats⟩.
sere[2] →sear[2].
se·rein [sə'reɪn]⟨n.-telb.zn.⟩ **0.1** ***fijne avondregen uit wolkenloze hemel*** ⟨in de tropen⟩.
ser·e·nade[1] ['serɪ'neɪd]⟨f1⟩⟨telb.zn.⟩ **0.1** ***serenade(muziek)*** *⇒avondconcert* **0.2** ***pastorale cantate*** **0.3** ***soort suite.***
serenade[2] ⟨f1⟩⟨ww.⟩
I ⟨onov.ww.⟩ **0.1** ***een serenade brengen/spelen/zingen;***
II ⟨ov.ww.⟩ **0.1** ***een serenade brengen aan*** ◆ **1.1** ~ s.o. *iem. een serenade brengen.*
ser·e·nad·er ['serə'neɪdə‖-ər]⟨telb.zn.⟩ **0.1** ***muzikant/zanger die een serenade geeft.***
ser·e·na·ta ['serə'nɑ:ṭə]⟨telb.zn.⟩ **0.1** ***pastorale cantate*** **0.2** ***soort suite.***
ser·en·dip·i·tous ['serən'dɪpəṭəs]⟨bn.⟩ **0.1** ***begiftigd met de gave om waardevolle ontdekkingen te doen.***
ser·en·dip·i·ty ['serən'dɪpəṭi]⟨f1⟩⟨n.-telb.zn.⟩ **0.1** ***gave om toevallig waardevolle dingen te ontdekken.***
se·rene[1] [sə'ri:n]⟨n.-telb.zn.⟩ **0.1** ***klaarte*** *⇒helderheid, kalmte, rust.*
serene[2] ⟨f2⟩⟨bn.; -er; -ly; -ness⟩
I ⟨bn.⟩ **0.1** ***sereen*** *⇒helder, klaar, kalm, rustig* ◆ **1.1** a ~ sky *een heldere/onbewolkte hemel/serene/klare lucht;* a ~ summer night *een kalme zomeravond* **4.1** ⟨BE; sl.⟩ all ~ *(alles) okee, (komt) in orde;*
II ⟨bn., attr.; vaak S-⟩ **0.1** ***doorluchtig*** *⇒verheven* ◆ **1.1** Their Serene Highnesses *Hunne Doorluchtigheden;* Your Serene Highness *Uwe Doorluchtige Hoogheid.*
serene[3] ⟨ov.ww.⟩⟨schr.⟩ **0.1** ***sereen maken*** *⇒tot rust brengen.*
se·ren·i·ty [sə'renəṭi]⟨f1⟩⟨zn.; →mv. 2⟩
I ⟨telb.zn.; S-⟩ **0.1** ***doorluchtigheid*** *⇒doorluchtige hoogheid;*
II ⟨n.-telb.zn.⟩ **0.1** ***sereniteit*** *⇒helderheid, kalmte, waardigheid.*
serf [sɜ:f‖sɜrf]⟨f1⟩⟨telb.zn.⟩ **0.1** ***lijfeigene*** *⇒horige, onvrije, (lijf) laat;* ⟨fig.⟩ *slaaf, knecht, werkezel.*
serf·age ['sɜ:fɪdʒ‖'sɜrf-], **serf·dom** [-dəm], **serf·hood** [-hʊd]⟨n.-telb.zn.⟩ **0.1** ***lijfeigenschap*** *⇒horigheid, onvrijheid;* ⟨fig.⟩ *slavernij.*
serge [sɜ:dʒ‖sɜrdʒ]⟨n.-telb.zn.; vaak attr.⟩ **0.1** ***serge*** ⟨stevige gekeperd(e) kamgaren/wollen stof⟩.
ser·gean·cy ['sɑ:dʒənsi‖'sɑr-], **ser·geant·ship** [-dʒənt·ʃɪp]⟨n.-telb.zn.⟩ **0.1** ***sergeantplaats*** *⇒sergeantrang, sergeantschap.*
ser·geant ['sɑ:dʒənt‖'sɑr-]⟨f3⟩⟨telb.zn.⟩ **0.1** ⟨mil.⟩ ***sergeant*** *⇒wachtmeester* **0.2** ***brigadier (v. politie)*** ◆ **1.1** ~ of the guard *planton.*
'sergeant-at-'arms →serjeant-at-arms.
'Sergeant 'Ba·ker ⟨telb.zn.; ook s- b-⟩⟨dierk.⟩ **0.1** ***Sergeant Baker (vis)*** ⟨Australische lantaarnvis; Aulopus purpurissatus⟩.
'sergeant first 'class ⟨telb.zn.; sergeants first class; →mv. 6⟩ **0.1** ***sergeant eerste klasse*** *⇒pelotonssergeant* ⟨Am. leger⟩.
'sergeant fish ⟨telb.zn.⟩⟨dierk.⟩ **0.1** ***cobia*** ⟨soort tropische vis; Rachycentron canadum⟩.
'sergeant 'major ⟨f1⟩⟨telb.zn.; ook sergeants major; →mv. 6⟩ **0.1** ***(sergeant-)majoor*** ◆ **2.1** ⟨BE⟩ regimental ~ *regimentssergeant-majoor.*
serg·ette ['sɜ:dʒet‖'sɜr-]⟨n.-telb.zn.⟩ **0.1** ***lichte serge(stof).***
Sergt ⟨afk.⟩ Sergeant.
se·ri·al[1] ['sɪərɪəl‖'sɪrɪəl]⟨f1⟩⟨telb.zn.⟩ **0.1** ***feuilleton*** *⇒vervolgverhaal, vervolgroman, vervolghoorspel, (radio/televisie)serie* **0.2** ***serie(werk)*** *⇒(vervolg)reeks, tijdschrift, periodiek, seriepublikatie.*
serial[2] ⟨f2⟩⟨bn.; -ly⟩
I ⟨bn.⟩ **0.1** ***serieel*** *⇒van/mbt. een serie/reeks/rij, in serie, serie-, opeenvolgend* **0.2** ⟨muz.⟩ ***serieel*** ⇒⟨i.h.b.⟩ *twaalftonig, dodecafonisch* ◆ **1.1** ~ number *volgnummer, reeksnummer, serienummer;* in ~ order *in/op volgorde;* ⟨comp.⟩ ~ printer *tekendrukker;* ~ production *serieproduktie, seriefabricage;*
II ⟨bn., attr.⟩ **0.1** ***in afleveringen/delen verschijnend*** *⇒vervolg-, serie-, periodiek* ◆ **1.1** ~ publication *seriepublikatie, vervolgwerk;* a ~ story *een vervolgverhaal/feuilleton* **3.1** be published ~ly *in afleveringen/als serie verschijnen.*
se·ri·al·ist ['sɪərɪəlɪst‖'sɪr-]⟨telb.zn.⟩ **0.1** ***feuilletonist*** *⇒feuilletonschrijver* **0.2** ***componist v. seriële muziek*** ⇒⟨i.h.b.⟩ *dodecafonist.*
se·ri·al·i·ty ['sɪəri'æləti‖'sɪri'æləṭi]⟨n.-telb.zn.⟩ **0.1** ***opeenvolging*** *⇒seriële ordening.*
se·ri·al·i·za·tion, -sa·tion ['sɪərɪəlaɪ'zeɪʃn‖'sɪrɪələ-]⟨telb. en n.-telb.zn.⟩ **0.1** ***publikatie als feuilleton/serie/vervolgverhaal*** **0.2** ***rangschikking*** *⇒indeling in reeksen.*
se·ri·al·ize, -ise ['sɪərɪəlaɪz‖'sɪr-]⟨ov.ww.⟩ **0.1** ***als feuilleton/serie publiceren*** *⇒in (verschillende) afleveringen/delen uitgeven/uitzenden* **0.2** ***rangschikken*** *⇒ordenen/indelen in series/reeksen.*
'serial rights, seriali'zation rights ⟨mv.⟩ **0.1** ***feuilletonrechten*** ⟨recht om een boek, verhaal e.d. in afleveringen te publiceren⟩.
se·ri·ate[1] ['sɪərieɪt‖'sɪri-]⟨ov.ww.⟩ **0.1** ***rangschikken*** *⇒reeksgewijze/in series/reeksen ordenen/indelen.*
seriate[2] ⟨bn.; -ly⟩ **0.1** ***een reeks/serie vormend*** *⇒(geordend/voorkomend) in een serie/reeks(en)/rij(en), geordend.*
se·ri·a·tim ['sɪəri'eɪṭɪm‖'sɪri-]⟨bw.⟩⟨schr.⟩ **0.1** ***punt voor punt*** *⇒één na/voor één, in/op volgorde, achtereenvolgens.*
se·ri·a·tion ['sɪəri'eɪʃn‖'sɪri-]⟨n.-telb.zn.⟩ **0.1** ***(seriële) ordening.***
Se·ric ['sɪərɪk, 'se-‖'sɪrɪk, 'se-]⟨bn.⟩⟨schr.⟩ **0.1** ***Chinees.***
se·ri·ceous [sɪ'ri:ʃəs]⟨bn.⟩ **0.1** ***zijdeachtig*** *⇒zijig, zijden* **0.2** ⟨biol.⟩ ***donzig*** *⇒zachtharig, pubescent.*
ser·i·cin ['serɪsɪn]⟨n.-telb.zn.⟩ **0.1** ***sericine*** *⇒zijdelijm.*
ser·i·cul·tur·al ['serɪ'kʌltʃrəl]⟨bn.⟩ **0.1** ***van/mbt. zijdecultuur.***
ser·i·cul·ture ['serɪkʌltʃə‖-ər]⟨n.-telb.zn.⟩ **0.1** ***zijdecultuur*** *⇒zijde (rups)teelt.*
ser·i·cul·tur·ist ['serɪ'kʌltʃərɪst]⟨telb.zn.⟩ **0.1** ***zijderupskweker*** *⇒zijde(rups)teler.*
ser·i·e·ma ['serɪ'i:mə]⟨telb.zn.⟩⟨dierk.⟩ **0.1** ***seriema*** ⟨genus Cariamidae; Z.-Am. gekuifde vogel⟩.
se·ries ['sɪəri:z‖'sɪr-]⟨f3⟩⟨zn.; series; →mv. 4⟩
I ⟨telb.zn.⟩ **0.1** ***reeks*** *⇒serie* ⟨o.m. v. boeken, artikelen, muntstukken, postzegels; ook biol., geol., schei., wisk.⟩; *rij, verzameling, opeenvolging, groep* **0.2** ⟨muz.⟩ ***reeks*** *⇒sequens* ⟨v. twaalf chromatische tonen⟩ ◆ **1.1** one long ~ of accidents *een aaneenschakeling v. ongelukken;* a ~ of setbacks *een reeks tegenslagen* **2.1** ⟨schei.⟩ homologous ~ *homologe reeks;* ⟨wisk.⟩ arithmetical ~ *rekenkundige reeks* **3.1** ⟨wisk.⟩ ascending ~ *opklimmende reeks* **6.1** **in** ~ *in serie, seriegewijs, na elkaar* **7.1** second ~ *tweede reeks/jaargang* ⟨bv. v. tijdschrift⟩;
II ⟨n.-telb.zn.⟩⟨elek.⟩ **0.1** ***serie(schakeling)*** ◆ **6.1** **in** ~ *in serie.*
'series connection ⟨telb. en n.-telb.zn.⟩⟨elek.⟩ **0.1** ***serieschakeling.***
se·ries-wound [-waʊnd]⟨bn.⟩⟨elek.⟩ **0.1** ***met seriewikkeling*** *⇒serie-* ◆ **1.1** ~ dynamo *seriedynamo.*
ser·if, ser·iph, cer·iph ['serɪf]⟨zn.⟩⟨druk.⟩
I ⟨telb.zn.⟩ **0.1** ***dwarsstreepje*** *⇒schreef;*
II ⟨telb. en n.-telb.zn.⟩ **0.1** ***schreef(letter).***
ser·i·graph ['serɪgrɑ:f‖-græf]⟨telb.zn.⟩⟨graf.⟩ **0.1** ***zeefdruk.***
se·rig·ra·phy [sə'rɪgrəfi]⟨n.-telb.zn.⟩⟨graf.⟩ **0.1** ***serigrafie*** *⇒zeefdruk(kunst), het zeefdrukken.*

ser·in ['serɪn]⟨telb.zn.⟩⟨dierk.⟩ **0.1** ***Europese kanarie*** ⟨Serinus serinus⟩.

ser·i·nette ['serɪ'net]⟨telb.zn.⟩ **0.1** ***serinette*** ⇒*kanarieorgeltje* ⟨speeldoos/orgeltje om zangvogels te leren zingen⟩.

se·rin·ga [sɪ'rɪŋgə]⟨telb.zn.⟩⟨plantk.⟩ **0.1** ***boerenjasmijn*** ⟨genus Philadelphus⟩ **0.2** ***Braziliaanse rubberboom*** ⇒*hevea* ⟨genus Hevea⟩.

se·ri·o-com·ic ['sɪəriou'kɒmɪk||'sɪrɪə'kɑmɪk], **se·ri·o-com·i·cal** [-ɪkl] ⟨bn.; -(al)ly; →bijw. 3⟩ **0.1** ***half ernstig, half vrolijk*** ⇒*deels serieus, deels komisch, tragikomisch* **0.2** ***gemaakt ernstig/grappig*** ⇒*ironisch, schalks* ◆ **1.1** a ~ novel *een ernst-en-luim roman.*

se·ri·ous ['sɪərɪəs||'sɪr-]⟨f4⟩⟨bn.⟩ **0.1** ***ernstig*** ⇒*serieus; bedachtzaam, bedaard, deftig; belangrijk, gewichtig, aanzienlijk; moeilijk, kritiek, erg; oprecht, gemeend; toegewijd, gemotiveerd* ◆ **1.1** ~ alterations *ingrijpende veranderingen;* ~ damage *aanzienlijke schade, zware beschadiging;* a ~ illness *een ernstige ziekte;* a ~ matter *een zaak v. betekenis;* ~ offence *zwaar vergrijp;* a ~ rival *een geduchte rivaal/medeminnaar, een ernstige mededinger;* a ~ step *een belangrijke stap;* after ~ thought *na rijp beraad* **3.1** be ~ *het (ernstig/werkelijk) menen* ⟨bv. verkering⟩; *in ernst zijn;* are you ~? *meen je dat nu echt?;* she is not ~, is she? *dat meent ze toch niet, hè?;* look ~ *ernstig/bedenkelijk kijken, ernstig lijken, er ernstig uitzien* **3.¶** and now to be ~ *alle gekheid op een stokje* **6.1** be ~ **about** sth. *iets ernstig/serieus opnemen/opvatten, au sérieux nemen.*

se·ri·ous·ly ['sɪərɪəsli||'sɪr-]⟨f3⟩⟨bw.⟩ **0.1** →serious **0.2** ***zonder gekheid*** ⇒*alle gekheid op een stokje, maar in ernst nu* ◆ **2.1** ~ ill *ernstig/erg ziek* **3.1** take sth. ~ *iets au sérieux nemen, iets ernstig opnemen/opvatten* **¶.2** but ~, are you really thinking of moving? *maar serieus, ben je echt van plan te verhuizen?.*

se·ri·ous·ness ['sɪərɪəsnəs||'sɪr-]⟨f2⟩⟨n.-telb.zn.⟩ **0.1** ***ernst(igheid)*** ⇒*seriositeit, belang, bedenkelijkheid, oprechtheid* ◆ **6.1 in** all ~ *in alle ernst, zonder gekheid.*

ser·jeant ['sɑ:dʒənt||'sɑr-], ⟨in bet. 0.1 ook⟩ **serjeant-at-law** ⟨telb.zn.⟩ **0.1** ⟨gesch.⟩ ***advocaat v.d. hoogste rang*** ⟨in Engeland⟩ **0.2** ⟨BE; mil.⟩ ***sergeant*** ⇒*wachtmeester.*

'serjeant-at-'arms, 'sergeant-at-'arms ⟨telb.zn.⟩ **0.1** ***ceremoniemeester*** ⟨in gerechtshof, parlement, organisatie⟩ ⇒*ordebewaarder, deurwaarder, zaalwachter, stafdrager, functionaris v.d. ordedienst.*

ser·mon ['sɜ:mən||'sɜr-]⟨f2⟩⟨telb.zn.⟩ **0.1** ***preek*** ⇒*predikatie, sermoen, kanselrede* **0.2** ***sermoen*** ⇒*zedenles, boete/zedenpreek, vermaning* **0.3** ***stichtend voorbeeld*** ◆ **1.1** Sermon on the Mount *Bergrede* ⟨Matth. 5-7⟩ **3.1** an edifying ~ *een stichtelijke preek* **6.1** deliver/preach a ~ **on** *een preek/lezing houden/preken over.*

ser·mon·ic [sɜ:'mɒnɪk||sɜr'mɑ-], **ser·mon·i·cal** [-ɪkl]⟨bn.⟩ **0.1** ***preekachtig*** ⇒*prekerig* ⟨ook fig.⟩.

ser·mon·ize, -ise ['sɜ:mənaɪz||'sɜr-]⟨ww.⟩
I ⟨onov.ww.⟩ **0.1** ***preken*** ⟨ook fig.⟩ ⇒*een (boete/zeden)preek/predikatie houden, zedenpreken, zedemieren, moraliseren* ◆ **3.1** stop sermonizing! *schei nou eens uit met je gezedenpreek!;*
II ⟨ov.ww.⟩ **0.1** ***preken tegen/over*** ⟨ook fig.⟩ ⇒*een (boete/zeden)preek/predikatie houden/zedenpreken/moraliseren tegen/over* ◆ **1.1** ~ s.o. *tegen iem. een boetepreek houden, iem. de les lezen.*

ser·mon·iz·er, -is·er ['sɜ:mənaɪzə||-ər]⟨telb.zn.⟩ **0.1** ***prediker.***

sero- ['sɪərou||'sɪrou]⟨med.⟩ **0.1** ***sero-*** ⇒*serum-, serologisch* ◆ **¶.1** serodiagnosis *serologische diagnose, serumdiagnose;* serotherapy *serotherapie, serumtherapie, serumbehandeling.*

ser·o·log·ic ['sɪərə'lɒdʒɪk||'sɪrə'lɑ-], **ser·o·log·i·cal** [-ɪkl]⟨f1⟩⟨bn.; -(al)ly; →bijw. 3⟩⟨med.⟩ **0.1** ***serologisch*** ⇒*van/mbt. de serologie, met behulp v.e. serumreactie, serum-* ◆ **1.1** a ~ reaction *een serumreactie.*

se·rol·o·gist [sɪ'rɒlədʒɪst||-'rɑ-]⟨telb.zn.⟩⟨med.⟩ **0.1** ***seroloog*** ⇒*specialist in de serologie, serumdeskundige.*

se·rol·o·gy [sɪ'rɒlədʒi||-'rɑ-]⟨n.-telb.zn.⟩⟨med.⟩ **0.1** ***serologie*** ⇒*studie/leer v.d. sera.*

se·roon, ce·roon [sɪ'ru:n], **se·ron** ['sɪərɒn||sɪ'roun]⟨telb.zn.⟩ **0.1** ***seroen*** ⟨verpakking v. boombast/runderhuid/vlechtwerk⟩ ⇒*baal, gevlochten emballagemat.*

se·ro·sa [sɪ'rousə]⟨telb.zn.; ook serosae [-si:]; →mv. 5⟩⟨biol.⟩ **0.1** ***serosa*** ⇒*weivlies;* ⟨i.h.b.⟩ *sereus vlies.*

se·ros·i·ty [sɪ'rɒsəti||sɪ'rɑsəṭi]⟨n.-telb.zn.⟩⟨biol.⟩ **0.1** ***waterigheid*** ⇒*waterachtigheid, weiachtigheid.*

ser·o·tine ['serəti:n]⟨telb.zn.⟩⟨dierk.⟩ **0.1** ***laatvlieger*** ⟨kastanjebruine Europese vleermuis; Eptesicus serotinus⟩.

se·rot·i·nous [sɪ'rɒtɪnəs||-'rɑtn·əs], **se·rot·i·nal** [sɪ'rɒtɪnəl||-'rɑtn·əl] ⟨bn.⟩⟨biol.⟩ **0.1** ***van/mbt./tijdens de nazomer*** ⇒⟨i.h.b.⟩ *laat (bloeiend/rijpend), nabloeiend.*

ser·o·to·nin ['sɪərə'tounɪn||'sɪrə-]⟨n.-telb.zn.⟩⟨biol.⟩ **0.1** ***serotonine*** ⟨vaso-constrictieve stof o.a. aanwezig in het bloedserum⟩.

se·rous ['sɪərəs||'sɪrəs]⟨bn.⟩⟨biol.⟩ **0.1** ***waterig*** ⇒*waterachtig, sereus* ◆ **1.1** ~ gland *sereuze klier;* ~ membrane *sereus vlies, weivlies.*

ser·pent ['sɜ:pənt||'sɜr-]⟨f1⟩⟨telb.zn.⟩ **0.1** ***slang*** ⇒*serpent* **0.2** ⟨vaak S-; the⟩ ***duivel*** ⇒*de Satan* ⟨Gen. 3, Openb. 12: 9, 20: 2⟩ **0.3** ***onderkruiper*** ⇒*geniepigerd, gemene donder* **0.4** ⟨muz.⟩ ***serpent.***

'serpent charmer ⟨telb.zn.⟩ **0.1** ***slangenbezweerder.***

'serpent eater ⟨telb.zn.⟩⟨dierk.⟩ **0.1** ***slangenvreter*** ⇒*secretarisvogel, slangearend* ⟨Sagittarius serpentarius⟩ **0.2** ***markboor*** ⇒*schroefhoorngeit* ⟨Capra falconieri⟩.

'serpent grass ⟨n.-telb.zn.⟩⟨plantk.⟩ **0.1** ***knolletjesduizendknoop*** ⟨Bistorta vivipara⟩.

ser·pen·tine[1] ['sɜ:pəntaɪn||'sɜrpənti:n]⟨zn.⟩
I ⟨eig.n.; S-; the⟩ **0.1** ***Serpentine*** ⟨vijver in Hyde Park⟩;
II ⟨telb.zn.⟩ **0.1** ***kronkelpad*** ⇒*kronkelweg* **0.2** ***kronkellijn*** **0.3** ⟨gesch.⟩ ***serpentijn*** ⇒*slang* ⟨klein 15e-17e eeuws kanon⟩;
III ⟨n.-telb.zn.⟩ **0.1** ***serpentiniet*** ⇒*serpentijn(steen), slangesteen.*

serpentine[2] ⟨bn.⟩ **0.1** ***slangachtig*** ⇒*slange(n)-* **0.2** ***kronkelig*** ⇒*kronkelend, bochtig, draaiend, slingerend* **0.3** ***listig*** ⇒*sluw, geslepen, verraderlijk, vals* ◆ **1.¶** ⟨lit.⟩ ~ verse *serpentinisch vers;* ~ wisdom *omzichtigheid, behoedzaamheid, voorzichtigheid.*

serpentine[3] ⟨onov.ww.⟩ **0.1** ***(zich) kronkelen*** ⇒*slingeren.*

'serpent lizard ⟨telb.zn.⟩ **0.1** ***slanghagedis.***

'ser·pent's-tongue ⟨n.-telb.zn.⟩⟨plantk.⟩ **0.1** ***addertong*** ⟨Ophioglossum vulgatum⟩.

ser·pig·i·nous [sɜ:'pɪdʒɪnəs||sɜr-]⟨bn.⟩⟨med.⟩ **0.1** ***serpigineus.***

ser·pi·go [sɜ:'paɪgou||sɜr-]⟨telb. en n.-telb.zn.; -es; ook serpigines [sɜ:'pɪdʒəni:z||sɜr-]; →mv. 2, 5⟩⟨med.⟩ **0.1** ***ringworm.***

ser·rate ['serət, 'sereɪt], **ser·rat·ed** [se'reɪṭɪd]⟨f1⟩⟨bn.⟩ **0.1** ***zaagvormig*** ⇒*getand, gezaagd* ⟨ook biol.⟩.

ser·ra·tion [se'reɪʃn]⟨zn.⟩
I ⟨telb.zn.⟩ **0.1** ***tand*** **0.2** ***tanding;***
II ⟨n.-telb.zn.⟩ **0.1** ***het zaagvormig/getand/gezaagd zijn.***

ser·ried ['serid]⟨f1⟩⟨bn.⟩ **0.1** ***aaneengesloten*** ⇒*opeengedrongen, opeengepakt* ◆ **1.1** plants in ~ rows *dichte rijen planten;* soldiers in ~ ranks *soldaten in gesloten gelid.*

ser·ru·late ['serʊlət, -leɪt||-rə-]⟨bn.⟩ **0.1** ***(zeer) fijn getand/gezaagd.***

se·rum ['sɪərəm||'sɪrəm]⟨f2⟩⟨telb.zn.; ook sera [-rə]; →mv. 5⟩ **0.1** ***serum*** ⇒*bloedwei.*

'serum sickness ⟨telb. en n.-telb.zn.⟩ **0.1** ***serumziekte.***

ser·val ['sɜ:vl||'sɜrvl]⟨telb.zn.⟩⟨dierk.⟩ **0.1** ***serval*** ⟨boskat, Felis serval⟩.

ser·vant ['sɜ:vnt||'sɜr-]⟨f3⟩⟨telb.zn.⟩⟨→sprw. 464⟩ **0.1** ***dienaar*** ⇒*dienares, (huis)bediende, (huis)knecht, (dienst)meid, dienstbode* **0.2** ***(hulp)middel*** ⇒*instrument* ◆ **1.1** ~ of servants *ondergeschikte;* ~ of the servants of God *dienaar v.d. dienaren Gods, de paus* **1.2** atomic energy should be a ~ of man *kernenergie moet ten dienste staan van de mens* **3.1** what did your last ~ die of? *ik ben je dienstmeisje/knechtje niet, commandeer je hondje en blaf zelf.*

'servant girl ⟨telb.zn.⟩ **0.1** ***dienstmeisje*** ⇒*dienstbode.*

'servants' hall ⟨telb.zn.⟩ **0.1** ***bediendenkamer*** ⇒*dienstbodenkamer, dienstbodenvertrek.*

serve[1] [sɜ:v||sɜrv]⟨f1⟩⟨telb.zn.⟩ **0.1** ⟨sport⟩ ***service*** ⇒*serve, opslag.*

serve[2] ⟨f3⟩⟨ww.⟩ →serving ⟨→sprw. 196, 500, 674, 775⟩
I ⟨onov.ww.⟩ **0.1** ***misdienen*** ◆ **6.1** ~ **at** Mass *de mis dienen* **6.¶** →serve **on;**
II ⟨onov. en ov.ww.⟩ **0.1** ***dienen*** ⇒*in dienst zijn van, dienen bij, bekleden* ⟨ambt⟩ **0.2** ***serveren*** ⇒*opdienen, opdoen* **0.3** ***dienen*** ⇒*dienst doen, helpen, baten, voorzien in/van, volstaan, voldoende zijn, voldoen aan, vervullen* **0.4** ⟨sport⟩ ***serveren*** ⇒*opslaan* ◆ **1.1** the gardener ~d our family for twenty years *de tuinman is twintig jaar bij ons in dienst geweest;* ⟨fig.⟩ ~ two masters *twee heren dienen* **1.2** ~ dinner *het eten opdienen;* spirits are not ~d here *hier wordt geen sterke drank geschonken* **1.3** that excuse ~d him well *dat smoesje is hem goed van pas gekomen;* £ 50 ~s him for a week *aan vijftig pond heeft hij een week genoeg;* only total surrender would ~ him *hij nam alleen genoegen met een totale overgave;* it will ~ *het kan ermee door, daarmee lukt het wel;* as memory ~s *voor zover mijn geheugen me niet in de steek laat;* as occasion ~s *al naar gelang de gelegenheid zich voordoet;* the tide ~s *het tij is gunstig* **3.3** are you being ~d? *wordt u al geholpen?* **6.1** ~ **as** a clerk *werkzaam zijn als kantoorbediende;* he ~d **in** the Commons *hij heeft in het Lagerhuis gezeten, hij is lid van het Lagerhuis geweest;* ~ **under** the old regime *dienen onder het oude bewind* **6.2** ~ **at** table *bedienen, opdienen* **6.3** the sky ~ him **for** a roof *de hemel diende hem als dak* **8.3** a stone ~d him as hammer *een steen diende hem als/tot hamer;*
III ⟨ov.ww.⟩ **0.1** ***dienen*** ⇒*voorzien in/van, volstaan, voldoende zijn, vervullen* **0.2** ***behandelen*** ⇒*bejegenen, optreden, zich gedragen* **0.3** ***ondergaan*** ⇒*vervullen, doorlopen, (uit)zitten* **0.4** ***dag-***

vaarden ⇒*betekenen* **0.5** ***dekken*** ⟨dieren⟩ **0.6** ⟨scheep.⟩ ***bekleden*** ⟨touw⟩ **0.7** ⟨mil.⟩ ***bedienen*** ⟨geschut⟩ ◆ **1.1** ~ a purpose *een bepaald doel dienen;* ~ no useful purpose *geen nut/zin hebben;* ~ the purpose of *dienst doen als;* ~ the need/turn *geschikt zijn voor het doel, bruikbaar zijn, zijn dienst doen;* buses ~ the suburbs *de voorsteden zijn per bus bereikbaar;* this recipe will ~ four people *dit recept is genoeg voor vier personen* **1.2** ~ s.o. a trick *iem. erin laten lopen, iem. een poets bakken* **1.3** ~ one's apprenticeship *in de leer zijn;* he ~d ten years in prison *hij heeft tien jaar in de gevangenis gezeten* **1.4** ~ a writ *een dagvaarding betekenen* **5.2** that ~s him right! *dat is zijn verdiende loon!, net goed!;* he ~d me shamefully *hij heeft me schandelijk behandeld* **5.¶** →serve **out;**→serve **up 6.1** the house is ~d **with** water *het huis is aangesloten op de waterleiding* **6.4** ~ a writ **on** s.o., ~ s.o. **with** a writ *iem. dagvaarden.*

'serve on ⟨onov.ww.⟩ **0.1** ***zitting hebben in*** ⇒*lid zijn van, zitten in* ◆ **1.1** Jones serves on the company board *Jones zit in de raad van bestuur.*

'serve 'out ⟨f1⟩ ⟨ov.ww.⟩ **0.1** ***verdelen*** ⇒*ronddelen, distribueren* **0.2** ***uitdienen*** ⇒*uitzitten* **0.3** ***betaald zetten*** ◆ **1.1** serve rations out *rantsoenen verdelen* **1.2** he served out his time on the Bench *hij diende zijn tijd als rechter uit* **1.3** serve s.o. out *iem. iets betaald zetten.*

serv·er ['sɜ:və‖'sɜrvər]⟨telb.zn.⟩ **0.1** ***ober*** ⇒*kelner, serveerster, buffetbediende* **0.2** ⟨sport⟩ ***serveerder*** ⇒*degene die serveert/de opslag heeft* **0.3** ***misdienaar*** ⇒*koorknaap, acoliet* **0.4** ***opscheplepel*** ⇒*schep* **0.5** ***dienblad*** ⇒*presenteerblad;* ⟨i.h.b.⟩ *(koffie/theeblad met) koffie/theestel.*

ser·ve·ry ['sɜ:vri‖'sɜr-]⟨telb.zn.;→mv. 2⟩ **0.1** ***buffet*** ⟨in zelfbedieningsrestaurant⟩ **0.2** ***doorgeefluik*** ⟨tussen keuken en eetkamer⟩.

'serve 'up ⟨f1⟩ ⟨ov.ww.⟩ **0.1** ***opdienen*** **0.2** ***voorzetten*** ⇒*voorschotelen* ◆ **1.2** they keep serving up the same old rubbish *ze komen steeds weer met dezelfde oude troep aanzetten.*

serv·ice[1] ['sɜ:vɪs‖'sɜr-]⟨f4⟩⟨zn.⟩

I ⟨telb.zn.⟩ **0.1** ***dienst*** ⇒*tak v. dienst, (overheids)instelling, bedrijf, onderneming, (gas/water/elektriciteits)voorziening* **0.2** ***krijgsmachtonderdeel*** ⇒*onderdeel v.d. strijdkrachten* ⟨leger, marine of luchtmacht⟩ **0.3** ⟨mil.⟩ ***dienstvak*** **0.4** ⟨vaak mv.⟩ ***hulp*** ⇒*dienst, bijstand, dienstverlening* **0.5** ***dienst*** ⇒*kerkdienst, godsdienstoefening* **0.6** ***liturgie*** **0.7** ***(liturgisch) gezang*** ⇒*muzikale deel v.d. liturgie* **0.8** ⟨jur.⟩ ***betekening*** ⇒*gerechtelijke aanzegging, exploot, dagvaarding* **0.9** ***verbinding*** ⇒*dienst* ⟨d.m.v. bus, trein of boot⟩ **0.10** ***onderhoudsbeurt*** ⇒*onderhoud, service* **0.11** ***servies*** **0.12** ***nutsbedrijf*** **0.13** ⟨sport⟩ ***opslag*** ⇒*service, serve, servicebeurt* **0.14** ⟨plantk.⟩ ***peerlijsterbes*** ⟨Sorbus domestica⟩ **0.15** ⟨plantk.⟩ ***elsbes*** ⟨Sorbus torminalis⟩ **0.16** ***gas/waterleiding*** ⟨in woning⟩ ⇒*aanvoerbuis, huisaansluiting* ◆ **2.1** secret ~ *geheime dienst* **2.5** divine ~ *godsdienstoefening* **3.4** do s.o. a ~ *iem. een dienst bewijzen* **3.¶** see ~ *dienst doen* ⟨vnl. bij de strijdkrachten⟩; the U.S. Army saw ~ in Europe *het Amerikaanse leger heeft in Europa gestreden;* our batallion first saw ~ in 1942 *ons bataljon heeft in 1942 voor het eerst actief aan de strijd deelgenomen* **6.2 on** (active) ~ *in actieve dienst* **7.2** the (fighting) ~s *de strijdkrachten, leger, marine en luchtmacht;*

II ⟨n.-telb.zn.⟩ **0.1** ***dienstbaarheid*** ⇒*dienst, het dienen* **0.2** ***nut*** ⇒*dienst* **0.3** ***bediening*** ⇒*service* **0.4** ***het dekken*** ⟨v. dieren⟩ ⇒*dekking* **0.5** ⟨scheep.⟩ ***woelgaren*** **0.6** ***(rente)dienst*** ⟨v. lening⟩ ◆ **3.2** his typewriter has seen a lot of ~ *zijn schrijfmachine raakt al aardig versleten* **6.1** be **in** ~ *in dienst* ⟨bv. v.e. bus of trein⟩; be **in/go into** ~ *in de huishouding werken/gaan werken, als dienstbode/huisknecht werken/gaan werken;* take **into** one's ~ *in dienst nemen, aannemen als bediende/knecht/dienstbode;* take ~ **with** *in dienst gaan bij, als bediende/knecht/dienstbode gaan werken bij, in betrekking gaan bij* **6.2 at** your ~ *tot je/uw dienst;* is it of any ~ **to** you? *heb je er iets aan?, kun je het gebruiken?.*

service[2] ⟨f2⟩ ⟨ov.ww.⟩ **0.1** ***onderhouden*** ⇒*repareren, een (onderhouds)beurt geven* **0.2** ***(be)dienen*** ⇒*voorzien van* **0.3** ***dekken*** ⟨dieren⟩ **0.4** ***rente betalen op*** ⟨lening⟩ **0.5** ***aflossen*** ⟨lening⟩.

serv·ice·a·bil·i·ty ['sɜ:vɪsə'bɪləti‖'sɜrvɪsə'bɪləṭi]⟨n.-telb.zn.⟩ **0.1** ***nut*** ⇒*nuttigheid, bruikbaarheid* **0.2** ***stevigheid*** ⇒*duurzaamheid.*

serv·ice·a·ble ['sɜ:vɪsəbl‖'sɜr-]⟨f1⟩⟨bn.;-ly;-ness;→bijw. 3⟩ **0.1** ***nuttig*** ⇒*dienstig, bruikbaar, handig* **0.2** ***sterk*** ⇒*stevig, duurzaam.*

'service agreement ⟨telb.zn.⟩ **0.1** ***arbeidsovereenkomst*** ⇒*arbeidscontract* **0.2** ***onderhoudscontract.***

'service area ⟨telb.zn.⟩ **0.1** ***wegrestaurant*** ⟨samen met benzinestation⟩ **0.2** ⟨com.⟩ ***reikwijdte*** ⇒*bereik* ⟨v. zender⟩ **0.3** ⟨volleybal⟩ ***serveervak*** ⇒*servicevak, opslagplaats.*

'serv·ice·ber·ry ⟨telb.zn.;→mv. 2⟩ **0.1** ⟨plantk.⟩ ***peerlijsterbes*** ⟨Sorbus domestica⟩ **0.2** ***vrucht v. peerlijsterbes*** **0.3** ⟨plantk.⟩ ***elsbes*** ⟨Sorbus torminalis⟩ **0.4** ***vrucht v. elsbes*** **0.5** ⟨plantk.⟩ ***krenteboompje*** ⟨genus Amelanchier⟩.

'service book ⟨telb.zn.⟩ **0.1** ***kerkboek*** **0.2** ***missaal.***

'service bus, 'service car ⟨telb.zn.⟩ ⟨Austr. E⟩ **0.1** ***(auto)bus.***

'service ceiling ⟨telb.zn.⟩⟨lucht.⟩ **0.1** ***(praktische) hoogtegrens.***

'service charge ⟨telb.zn.⟩ **0.1** ***bedieningsgeld*** **0.2** ***administratiekosten.***

'service club ⟨telb.zn.⟩ **0.1** ***serviceclub*** ⇒*vereniging voor het algemeen welzijn.*

'service court ⟨telb.zn.⟩⟨sport⟩ **0.1** ***servicevak.***

'service door ⟨telb.zn.⟩ **0.1** ***dienstingang*** ⇒*personeelsingang, leveranciersingang.*

'service dress ⟨n.-telb.zn.⟩ **0.1** ***diensttenue.***

'service engineer ⟨telb.zn.⟩ **0.1** ***onderhoudsmonteur.***

'service entrance ⟨telb.zn.⟩ **0.1** ***dienstingang.***

'service flat ⟨f1⟩⟨telb.zn.⟩⟨BE⟩ **0.1** ***verzorgingsflat.***

'service hatch ⟨telb.zn.⟩ **0.1** ***doorgeefluik*** ⟨in keuken⟩ ⇒*dienluikje.*

'service industry ⟨telb. en n.-telb.zn.⟩ **0.1** ***dienstverlenend bedrijf*** ⇒*dienstverlenende industrie* ◆ **7.1** the service industries *de dienstensector.*

'service line ⟨f1⟩⟨telb.zn.⟩⟨sport⟩ **0.1** ***servicelijn.***

serv·ice·man ['sɜ:vɪsmən‖'sɜr-]⟨telb.zn.; servicemen [-mən];→mv. 3⟩ **0.1** ***militair*** ⇒*soldaat* **0.2** ***monteur*** ⇒*reparateur.*

'service module ⟨telb.zn.⟩⟨ruim.⟩ **0.1** ***service module*** ⇒*dienstcompartiment.*

'service occupation ⟨telb.zn.⟩⟨ec.⟩ **0.1** ***dienstverlenende activiteit.***

'service pipe ⟨telb.zn.⟩ **0.1** ***aanvoerbuis*** ⇒*huisaansluiting gas/waterleiding, gasbuis.*

'service road ⟨telb.zn.⟩ **0.1** ***ventweg*** ⇒*parallelweg.*

'service speed ⟨telb.zn.⟩⟨scheep.⟩ **0.1** ***economische vaart.***

'service station ⟨f1⟩⟨telb.zn.⟩ **0.1** ***servicestation*** ⇒*benzinestation, pompstation* **0.2** ***(auto)wegrestaurant*** ⟨met garage, w.c. enz.⟩.

'service tree ⟨telb.zn.⟩⟨plantk.⟩ **0.1** ***peerlijsterbes*** ⟨Sorbus domestica⟩ **0.2** ***elsbes*** ⟨Sorbus torminalis⟩ **0.3** ***krenteboompje*** ⟨genus Amelanchier⟩.

'serv·ice·wom·an ⟨telb.zn.⟩ **0.1** ***vrouwelijke militair*** ⇒*milva, marva, luva.*

ser·vi·ette [sɜ:vi'et‖'sɜr-]⟨telb.zn.⟩⟨vnl. BE⟩ **0.1** ***servet*** ⇒*servetje, vingerdoekje.*

ser·vile ['sɜ:vaɪl‖'sɜrvl]⟨bn.;-ly⟩ **0.1** ***slaven-*** **0.2** ***slaafs*** ⇒*onderdanig, kruiperig, serviel* **0.3** ***slafelijk*** ⇒*zwaar* ◆ **1.1** ~ revolt *slavenopstand;* ~ war *slavenoorlog* **1.3** ~ works *zwaar werk;* ⟨R.-K.⟩ *slafelijke arbeid* **2.2** ~ flattery *kruiperige vleierij;* ~ imitation *slaafse navolging* **6.2** ~ **to** public opinion *overdreven gevoelig voor de publieke opinie.*

ser·vil·ity [sɜ:'vɪləti‖sɜr'vɪləṭi]⟨n.-telb.zn.⟩ **0.1** ***slaafsheid*** ⇒*slaafs gedrag, kruiperige houding.*

serv·ing ['sɜ:vɪŋ‖'sɜr-]⟨zn.; (oorspr.) gerund v. serve⟩

I ⟨telb.zn.⟩ **0.1** ***portie*** ◆ **7.1** three ~s of ice-cream *drie porties ijs;*

II ⟨n.-telb.zn.⟩ **0.1** ***het bedienen*** ⇒*bediening, het (op)dienen.*

ser·vi·tor ['sɜ:vɪtə‖'sɜrvɪṭər]⟨telb.zn.⟩ **0.1** ⟨vero.⟩ ***dienaar*** ⇒*bediende* **0.2** ⟨gesch.⟩ ***beursstudent*** ⟨student in Oxford, die in ruil voor beurs stafleden moest bedienen⟩.

ser·vi·tude ['sɜ:vɪtju:d‖'sɜrvɪtu:d]⟨zn.⟩

I ⟨telb.zn.⟩⟨jur.⟩ **0.1** ***servituut*** ⇒*erfdienstbaarheid;*

II ⟨n.-telb.zn.⟩ **0.1** ***slavernij*** ⇒*onderworpenheid* **0.2** ***dwangarbeid*** ◆ **6.1** ~ **to** the enemy *onderworpenheid aan de vijand.*

ser·vo[1] ['sɜ:voʊ‖'sɜr-]⟨f1⟩⟨telb.zn.⟩ **0.1** →servomotor **0.2** ***servomechanisme.***

servo[2] ⟨ov.ww.⟩ **0.1** ***met servomechanisme bedienen*** ◆ **5.1** ~ the brakes **off** *de remmen door servomechanisme lossen.*

ser·vo- ['sɜ:voʊ‖'sɜrvoʊ] **0.1** ***servo-*** ◆ **¶.1** servo-assisted steering *servobesturing, stuurbekrachtiging.*

ser·vo-as·sist·ed [-ə'sɪstɪd]⟨bn.⟩ **0.1** ***servo-*** ⇒*(door servomotor/mechanisme) bekrachtigd* ◆ **1.1** ~ brakes *bekrachtigde remmen; rembekrachtiging.*

ser·vo·boost·ed [-'bu:stɪd]⟨bn.⟩ **0.1** ***met servomechanisme aangedreven.***

'servo 'disc brake [-'dɪsk breɪk]⟨telb.zn.⟩ **0.1** ***servoschijfrem.***

ser·vo·mech·a·nism [-mekənɪzm]⟨f1⟩⟨telb.zn.⟩ **0.1** ***servomechanisme.***

'ser·vo·mo·tor [-moʊtə‖-moʊṭər]⟨f1⟩⟨telb.zn.⟩ **0.1** ***servomotor*** **0.2** ***stuwkrachtversterker*** ⟨v. vliegtuig⟩.

ses·a·me ['sesəmi]⟨f1⟩⟨n.-telb.zn.⟩ **0.1** ⟨plantk.⟩ ***sesamkruid*** ⟨Sesamum indicum⟩ **0.2** ***sesamzaad*** ◆ **3.¶** Open ~! *Sesam, open U!.*

ses·a·moid[1] ['sesəmɔɪd]⟨telb.zn.⟩⟨anat.⟩ **0.1** ***sesambeentje.***

sesamoid[2] ⟨bn.⟩ **0.1** ***de vorm v.e. sesamzaadje hebbend*** **0.2** ⟨anat.⟩ ***sesam-*** ◆ **1.2** ~ bone *sesambeentje.*

ses·qui- ['seskwi] **0.1** ***anderhalf-*** **0.2** ***veel-*** **0.3** ⟨schei.⟩ ***sesqui-*** ⇒*waarvan de elementen in verhouding 2:3 staan* ◆ **¶.1** sesquicentennial *anderhalve-eeuwfeest, 150ste verjaardag* **¶.2** sesquipedalian *met vele lettergrepen* **¶.3** sesquioxide *sesquioxyde.*

ses·qui·cen·ten·ni·al ['seskwɪsen'tenɪəl], **ses·qui·cen·ten·a·ry**

· [-sen'ti:nəri‖-'sentn·eri]⟨telb.zn.⟩ **0.1** ***honderdvijftigste verjaardag.***

ses·qui·pe·da·li·an [-pɪ'deɪlɪən], **ses·quip·e·dal** [se'skwɪpɪdl]⟨bn.⟩ **0.1** ***vele lettergrepen hebbend*** *⇒ellenlang* ⟨woord, vers⟩ **0.2** ***pedant*** *⇒bombastisch, lange woorden gebruikend.*

sess[1] [ses]⟨telb.zn.⟩⟨vnl. Sch. E, IE, Ind. E⟩ **0.1** ***belasting*** *⇒heffing, taks.*

sess[2] ⟨afk.⟩ session.

ses·sile ['sesaɪl‖'sesl]⟨bn.⟩ **0.1** ⟨plantk., dierk.⟩ ***sessiel*** *⇒zittend, vastzittend* **0.2** ⟨plantk.⟩ ***ongesteeld.***

ses·sion ['seʃn]⟨f3⟩⟨telb.zn.⟩ **0.1** ***zitting*** ⟨gerechtshof, bestuur, commissie⟩ *⇒vergadering, sessie* **0.2** ***zitting*** *⇒zittijd, zittingsperiode / tijd* **0.3** ***academiejaar*** ⇒⟨AE, Sch. E⟩ *semester, halfjaar* **0.4** ***schooltijd*** **0.5** ⟨Sch. E⟩ ***kerkeraad*** *⇒consistorie* **0.6** ***bijeenkomst*** *⇒partij, vergadering* **0.7** ⟨relig.⟩ ***zitten v. Christus ter rechterhand Gods*** ◆ **2.1** secret ~ *geheime zitting* **3.6** gossip(ing) ~ *roddelpartij* **6.1 in** ~ *in zitting;* be **in** ~ *zitting houden, vergaderen.*

ses·sion·al ['seʃnəl]⟨bn., attr.; -ly⟩ **0.1** ***zittings-*** **0.2** ***voor één (parlements)zitting geldig*** *⇒voor elke zitting vernieuwbaar* ◆ **1.2** ~ rule / order *vernieuwbare / niet-permanente reglementering* ⟨in Parlement⟩.

ses·terce ['sestɜ:s‖-stɜrs], **ses·ter·tius** [se'stɜ:tɪəs‖-'stɜrʃəs]⟨telb.zn.; sestertii [-tiaɪ‖-ʃiaɪ]; →mv. 5⟩⟨gesch.⟩ **0.1** ***sestertie*** *⇒sestertius* ⟨Romeinse munt⟩.

ses·ter·tium [se'stɜ:tɪəm‖-'stɜrʃəm]⟨telb.zn.; sestertia [-tɪə‖-ʃə]; →mv. 5⟩⟨gesch.⟩ **0.1** ***duizend sestertiën*** ⟨Romeinse munteenheid⟩.

ses·tet [ses'tet]⟨telb.zn.⟩ **0.1** ⟨muz.⟩ ***sextet*** **0.2** ⟨lit.⟩ ***sextet*** ⟨v. sonnet⟩.

ses·ti·na [se'sti:nə]⟨telb.zn.⟩⟨lit.⟩ **0.1** ***sestina*** ⟨gedicht met zes stanza's v. zes regels gevolgd door triplet⟩.

set[1] [set]⟨f3⟩⟨zn.⟩

I ⟨telb.zn.⟩ **0.1** ***stel*** *⇒span, servies, garnituur, assortiment;* ⟨tech.⟩ *aggregaat, batterij, stel; reeks* ⟨gebouwen, vertrekken, kamers, postzegels⟩; *serie, suite* **0.2** ***kring*** *⇒gezelschap, groep, troep, bende, kliek, ploeg* **0.3** ***quadrille*** *⇒quadrillefiguren, quadrilledansers, vier paren* ⟨dans⟩ **0.4** ***gebit*** *⇒kunstgebit* **0.5** ***toestel*** ⇒⟨i.h.b.⟩ *radio / TV-toestel / -installatie* **0.6** ***stek*** *⇒loot, jonge plant, zaailing* **0.7** ***laatste pleisterlaag*** *⇒afwerk(pleister)laag* **0.8** ***ruit*** ⟨in Schotse ruit⟩ **0.9** ***legsel*** *⇒stel broedeieren, broed(sel)* **0.10** ***dassehol*** **0.11** ***vierkante straatkei*** **0.12** ***roem*** ⟨kaartspel⟩ **0.13** ***val*** *⇒strik* ⟨voor wild⟩ **0.14** ⟨sport⟩ ***set*** *⇒spel, partij* **0.15** ⟨volleybal⟩ ***set-up*** ⟨hoge bal bij net om teamgenoot te laten smashen⟩ **0.16** ⟨wisk.⟩ ***verzameling*** *⇒stelsel* ◆ **1.1** a ~ of proposals *een pakket voorstellen;* a ~ of stamps *een reeks postzegels;* ~ of (false) teeth *een (vals) gebit* **1.3** ~ of dancers *vier paren;* ~ of quadrilles *quadrille* **2.2** the fast ~ *de uitgaande wereld;* the smart ~ *de chic;*

II ⟨n.-telb.zn.⟩ **0.1** ***het (zich) zetten*** *⇒het hard / vast worden* **0.2** ***richting*** ⟨v. stroming, getij, wind⟩ ⇒⟨fig.⟩ *(ver)loop, tendens, neiging, strekking, aanleg;* ⟨psych.⟩ *predispositie, voorbeschiktheid* **0.3** ***vorm*** *⇒houding* ⟨v. hoofd⟩; *ligging* ⟨v. heuvels⟩ **0.4** ***val*** *⇒model, fatsoen, snit, het zitten* ⟨v. jurk⟩ **0.5** ***watergolf*** **0.6** ***schranking*** *⇒het (scherp) zetten* ⟨v. zaag⟩ **0.7** ***het stellen*** ⟨v. weefkam⟩ **0.8** ***Schotse ruit*** *⇒geruit patroon* **0.9** ⟨druk.⟩ ***letterbreedte*** **0.10** ***het staan*** ⟨v. jachthond⟩ **0.11** ***toneelopbouw*** *⇒scène, meubilering, aankleding, stoffering; filmdecor, studiohal, set* **0.12** ***verzakking*** ⟨v. metselwerk⟩ **0.13** ***vleug*** ⟨v. bont, fluweel⟩ **0.14** ***vruchtzetting*** **0.15** ⟨schr.⟩ ***(zons)ondergang*** **0.16** ⟨Austr. E⟩⟨inf.⟩ ***wrok*** ◆ **1.2** the ~ of public opinion is against tolerance *er is een neiging bij het publiek tegen tolerantie* **1.3** the ~ of her head *de houding v. haar hoofd;* the ~ of the hills *de ligging v.d. heuvels* **1.15** at ~ of sun *bij zonsondergang* **2.10** dead ~ *het staan* ⟨v. jachthond⟩ **6.2** he's got a ~ **to** the left *hij heeft een neiging naar links* **6.11** everyone to be **on** the ~ by eight a.m. *iedereen op de set om acht uur* **6.13 against** the ~ *tegen de vleug.*

set[2] ⟨f3⟩⟨bn.; oorspr. volt. deelw. v. set⟩⟨→sprw. 607, 608⟩

I ⟨bn.⟩ **0.1** ***gezet*** *⇒vast, bepaald, vastgesteld; sterotiep, routine-, onveranderlijk, formeel, pro forma, conventioneel, officieel* **0.2** ***voorgeschreven*** *⇒opgelegd* ⟨boek, onderwerp⟩ **0.3** ***strak*** *⇒onbeweeglijk, stijf* ⟨gezicht⟩; *koppig, hardnekkig, halsstarrig, onverzettelijk, onbuigzaam, onwrikbaar* **0.4** ***klaar*** *⇒gereed* **0.5** ***opzettelijk*** **0.6** ***samengebracht*** *⇒samengevoegd, in elkaar gezet, gevormd* **0.7** ***ingebouwd*** *⇒belegd, afgezet* **0.8** ⟨cricket⟩ ***ingespeeld*** ⟨mbt. batsman⟩ ◆ **1.1** ~ form of prayer *stereotiepe gebedsvorm;* a ~ formula *een stereotiepe formule;* ~ hours of work *vaste werkuren;* ~ phrase *cliché, stereotiepe uitdrukking;* ~ price / time *vast(e) prijs / tijdstip;* ~ purpose *vast vooropgesteld doel;* ~ speech *vooraf geprepareerde / ingestudeerde toespraak;* at a ~ wage *tegen een vast loon* **1.2** ~ reading *opgelegde / verplichte lectuur* **1.3** a man of ~ opinions *een man die halsstarrig bij zijn mening blijft;* a ~ smile *een strakke glimlach;* ~ in one's ways *met vaste gewoonten, vastgeroest* **1.¶** a ~ battle *een geregelde slag;* ~ piece *groot vuurwerk op stellage; doorwrocht(e) stuk / compositie* ⟨in kunst en literatuur⟩; ⟨dram.⟩ *zetstuk; zorgvuldig vooraf geplande militaire operatie;* ⟨BE; sport⟩ *ingestudeerd(e) (tactische) manoeuvre / combinatie / spelpatroon* ⟨vnl. bij voetbal⟩; ⟨AE; vnl. sport⟩ ~ play *ingestudeerd spel(patroon) / manoeuvre;* of ~ purpose *met opzet;* ~ scene *toneelschikking, decor, toneel(opbouw);* ⟨rugby⟩ ~ scrum *scrum opgelegd door de scheidsrechter;* ~ square *tekendriehoek;* ~ teeth *op elkaar geklemde tanden;* in (good) ~ terms *ronduit, zonder een blad voor de mond te nemen, in duidelijke bewoordingen* **2.3** ~ fair *bestendig* ⟨weer⟩; *prettig, mooi, goed* ⟨vooruitzicht⟩ **2.4** ready, ~, go *aan de lijn, klaar, start* **3.4** ⟨sport⟩ (get) ~! *klaar!* **5.4** ⟨inf.⟩ be all ~ for sth. / to do sth. *kant en klaar zijn voor iets / om iets te doen;*

II ⟨bn., attr.⟩⟨BE⟩ **0.1** ***volledig en tegen vaste prijs*** ⟨in restaurant⟩ ◆ **1.1** ~ dinner *dagschotel, dagmenu;*

III ⟨bn., pred.⟩ **0.1** ***geplaatst*** *⇒gevestigd* **0.2** ***vastbesloten*** *⇒gesteld* ◆ **1.1** eyes ~ deep in the head *diepliggende ogen* **1.2** my mind is ~ *ik ben vastbesloten* **6.2** her mind is ~ **on** pleasure *ze wil alleen plezier maken;* he's very ~ **(up)on** becoming an actor *hij wil absoluut acteur worden;* be ~ **(up)on** sth. *zeer gesteld / verzot zijn op iets.*

set[3] ⟨f4⟩⟨ww.; set, set; →ww. 7⟩ →set[2], setting ⟨→sprw. 607, 608⟩

I ⟨onov.ww.⟩ **0.1** ***vast worden*** *⇒stijf / hard / stevig / dik worden* ⟨v. cement, gelei⟩; *verharden, stremmen, klonteren, stollen, een vaste vorm aannemen; opdrogen* ⟨v. inkt⟩; *bestendig worden* ⟨v. weer⟩; *hard worden* ⟨v. ei⟩; *broeden* ⟨v. klokhen⟩; *zich zetten* ⟨v. bloesem, vrucht⟩; *vruchten vormen* ⟨v. boom⟩; *een harde / strakke / vastberaden / besliste uitdrukking aannemen* ⟨v. gezicht⟩; *verstarren, breken* ⟨v. ogen⟩ **0.2** ***ondergaan*** ⟨v. zon, maan⟩ **0.3** ***afnemen*** *⇒verminderen, achteruitgaan, verbleken, tanen* **0.4** ***zich bewegen*** *⇒gaan, voortsnellen, toenemen* ⟨v. getij, stroming⟩; *neigen* ⟨ook fig., mbt. gevoelens, gewoonte⟩ **0.5** ***staan*** *⇒blijven staan* ⟨v. jachthond⟩ **0.6** ***zijn positie innemen*** *⇒voor de partner plaatsnemen* ⟨bij dans⟩ **0.7** ***passen*** *⇒zitten, vallen* ⟨v. kledij⟩; *gepast / betamelijk zijn* **0.8** ***aan elkaar groeien*** ⟨v. gebroken been⟩ **0.9** ***wasecht worden*** ⟨v. kleur⟩ **0.10** ***golven*** ⟨v. haar⟩ **0.11** ⟨gew.; vulg.⟩ ***zitten*** ◆ **1.3** ⟨fig.⟩ his star ~s *zijn ster verbleekt, zijn roem begint te tanen* **1.4** ⟨fig.⟩ the tide has ~ in his favour *het tij is in zijn voordeel gekeerd* **5.¶** →set **forth;** →set **forward;** →set **in;** →set **off;** →set **on;** →set **out;** →set **to;** →set **up** **6.4** the current ~s strongly **to** the south *er is een sterke stroming in zuidelijke richting* **6.6** ~ **to** partner(s) *voor de partner plaatsnemen, tegenover elkaar gaan staan* ⟨bij dans⟩ **6.¶** →set **about;**

II ⟨ov.ww.⟩ **0.1** ***zetten*** *⇒plaatsen, stellen, leggen, doen zitten* **0.2** ***gelijkzetten*** ⟨klok, uurwerk⟩ **0.3** ***te broeden zetten*** ⟨klokhen⟩ *⇒laten uitbroeden, in de incubator / broedmachine doen* **0.4** ***zaaien*** *⇒planten, poten* **0.5** ***instellen*** ⟨camera, lens, toestel⟩ *⇒justeren* ⟨instrument⟩ **0.6** ***opprikken*** ⟨vlinder⟩ **0.7** ***drijven*** ⟨in een richting⟩ **0.8** ***aanzetten*** *⇒opzetten, scherpen, slijpen* ⟨scheermes⟩ **0.9** ***schranken*** *⇒(scherp) zetten* ⟨zaag⟩ **0.10** ***(in)zetten*** *⇒wagen, verwedden* **0.11** ***dekken*** ⟨tafel⟩ *⇒klaarzetten* ⟨maaltijd⟩ **0.12** ***aanhitsen*** *⇒aanzetten, ophitsen* **0.13** ***laten rijzen*** ⟨deeg⟩ **0.14** ***op elkaar klemmen*** ⟨tanden, lippen⟩ **0.15** ***watergolven*** *⇒onduleren* **0.16** ***zetten*** ⟨letters, tekst⟩ **0.17** ***invatten*** *⇒kassen* ⟨steen, juweel⟩; *(be)zetten, afzetten, omboorden, inzetten, bezaaien, voorzien van, tooien, versieren* **0.18** ***schikken*** *⇒richten* **0.19** ***brengen*** *⇒aanleiding geven tot, veroorzaken* **0.20** ***opleggen*** *⇒voorschrijven, opdragen, opgeven* ⟨taak⟩; *geven* ⟨voorbeeld⟩; *stellen* ⟨voorbeeld, probleem⟩ **0.21** ***vast / stijf / hard / stevig / onbeweeglijk doen worden*** ⟨cement, gelei, e.d.⟩ *⇒verharden, hard maken, doen stollen, stremmen;* ⟨vero.⟩ *tot rijpheid / volle ontwikkeling doen komen, doen rijpen / ontwikkelen* **0.22** ***uitzetten*** ⟨wacht, netten⟩ *⇒posteren* **0.23** ***(bij)zetten*** ⟨zeil⟩ **0.24** ***zetten*** ⟨gebroken been⟩ *⇒bij elkaar voegen / plaatsen, samenvoegen, verbinden, vastmaken / hechten / zetten / leggen, (be)vestigen* **0.25** ***bepalen*** ⟨datum⟩ *⇒voorschrijven* ⟨de mode⟩; *richtinggevend zijn voor, aangeven* ⟨maat, pas, toon, tempo⟩; *vaststellen* ⟨limiet, tijd, prijs⟩; *besluiten, beslissen* **0.26** ***opstellen*** *⇒(samen)stellen* ⟨vragen, puzzel⟩ **0.27** ***toonzetten*** *⇒componeren, op muziek zetten* ⟨tekst⟩ **0.28** ***dichten*** *⇒van tekst voorzien* ⟨melodie⟩ **0.29** ⟨vaak pass.⟩ ***situeren*** ⟨verhaal, toneelstuk⟩ **0.30** ***inrichten*** *⇒opbouwen* ⟨het toneel⟩ **0.31** ***wasecht maken*** ⟨kleuren⟩ **0.32** ⟨bridge⟩ ***down spelen*** **0.33** ⟨AE⟩ ***vestigen*** ⟨record⟩ **0.34** ⟨AE⟩ ***aansteken*** ⟨vuur⟩ ◆ **1.1** ~ a trap *een val zetten* **1.2** ~ the clock / one's watch by s.o. else's *de klok / zijn uurwerk met die van iem. anders gelijkzetten;* ~ the alarm-clock *de wekker zetten* **1.3** ~ eggs *eieren laten uitbroeden;* ~ a hen *een hen op eieren zetten* **1.5** ~ the camera *de camera instellen* **1.6** ~ a butterfly *een vlinder opprikken* **1.8** ~ a razor *een scheermes aanzetten* **1.9** ~ a saw *een zaag zetten* **1.11**

~ the chairs *de stoelen (klaar)zetten;* ~ the table *de tafel dekken* **1.14** ~ one's teeth/lips *zijn tanden/lippen op elkaar klemmen* **1.16** ~ (up) type *het zetsel klaarmaken* **1.17** ~ jewels *juwelen (in) zetten/kassen;* ~ a bed with flowers *een bloembed aanleggen;* ~ a crown with gems *een kroon met juwelen bezetten* **1.20** who will ~ the examination papers? *wie stelt de examenvragen op?;* ~ an example *een voorbeeld stellen;* ~ s.o. a good example *iem. het goede voorbeeld geven;* ~ s.o. an exercise *iem. een oefening opleggen;* ~ a problem *een probleem stellen;* ~ questions *vragen stellen;* ~ s.o. a task *iem. een taak opleggen* **1.21** ⟨fig.⟩ ~ one's face *een strak gezicht zetten* **1.22** ~ a watch/⟨scheep.⟩ the watch *een schildwacht uitzetten* **1.23** ~ sail *zeil zetten, de zeilen hijsen;* ⟨fig.⟩ *onder zeil gaan, vertrekken* **1.24** ~ a broken bone *een gebroken been zetten* **1.25** ~ conditions *voorwaarden stellen;* ~ the fashion *de mode bepalen;* ~ the price *de prijs bepalen;* ~ a price on sth. *de prijs v. iets bepalen;* ⟨roeisport⟩ ~ the stroke *de slag aangeven;* ~ a high value on sth. *veel waarde aan iets hechten;* ~ the wedding-day *de trouwdag bepalen* **1.29** this novel is ~ in nineteenth-century London *deze roman speelt zich af in het Londen v.d. negentiende eeuw* **1.30** ~ the stage *het toneel inrichten;* ⟨fig.⟩ *alles voorbereiden* **1.33** ~ a new record *een nieuw record vestigen* **1.34** ~ a fire *een vuur aansteken* **2.1** ~ free *vrijlaten, bevrijden* **3.19** ~ a machine/engine going *een machine in werking stellen;* ~ s.o. laughing *iem. aan het lachen brengen;* that ~ me thinking *dat bracht me aan het denken* **3.20** ~ s.o. to write a report *iem. een rapport laten opstellen* **4.19** ~ o.s. to do sth. *zich erop toeleggen/zijn best doen om iets te doen* **4.20** ~ o.s. a difficult task *zichzelf een moeilijke taak opleggen* **4.¶** ⟨vero.⟩ ~ at naught/nothing *zich niet storen aan, zich niets aantrekken v., in de wind slaan, naast zich neerleggen; beneden zich achten; niet bang/bevreesd zijn voor* **5.1** ~ ashore *aan land zetten* **5.16** ~ close *dicht bij elkaar zetten* ⟨letters, tekst⟩; ~ wide *ruim spatiëren* ⟨letters, tekst⟩ **5.¶** ~ **about** rumours *geruchten verspreiden;* ~ little/much by sth. *iets geringschatten/hoogschatten, weinig/veel geven om;* →set **apart;** →set **aside;** →set **back;** →set **by;** →set **down;** →set **forth;** →set **forward;** →set **in;** →set **off;** →set **on;** →set **out;** →set **up** **6.1** ~ **at** liberty *vrijlaten, bevrijden;* ⟨fig.⟩ ~ a purpose **before** one's eyes *zich een doel voor ogen stellen;* ⟨fig.⟩ ~ duty **before** pleasure *de plicht voor het plezier laten gaan;* ~ sth. **before** s.o. *iem. iets voorzetten/voorleggen;* ~ flowers **in** water *bloemen in water zetten;* ~ s.o. **on** his feet *iem. op de been/* ⟨fig.⟩ *er bovenop helpen;* ⟨fig.⟩ ~ a country **on** its feet *een land er (financieel) bovenop helpen;* ~ **on** the shore *aan land zetten;* ~ an axe **to** sth. *iets neerhakken;* ⟨fig.⟩ *met de vernieling v. iets beginnen, in iets het mes zetten;* ~ a glass **to** one's lips, ~ one's lips **to** a glass *een glaasje aan de lippen brengen;* ~ pen **to** paper *beginnen te schrijven;* ~ one's seal **to** a document *een document van zijn zegel voorzien;* ~ spurs **to** the horse *het paard de sporen geven;* ~ the trumpet **to** one's lips *de trompet aan de mond brengen* **6.7** the current ~ us **to** the south *de stroming dreef ons af naar het zuiden* **6.12** ~ a dog **at/(up)on** s.o. *een hond tegen iem. aanhitsen/op iem. loslaten* **6.17** ⟨fig.⟩ the sky was ~ **with** bright stars *sterren schitterden als juwelen aan de hemel* **6.19** ~ sth. **in** motion *iets in beweging zetten;* ⟨fig.⟩ ~ (the) wheels **in** motion *de zaak aan het rollen brengen;* ~ sth. **in** order *iets in orde brengen;* ~ **to** work *zich aan het werk zetten; beginnen te werken;* ~ o.s. **to** work *zich aan het werk zetten* **6.27** ~ **to** music *op muziek zetten, toonzetten* **6.¶ against** that fact you must ~ that... *daartegenover moet je stellen dat...;* ~ friend **against** friend *vriend tegen vriend opzetten;* public opinion is ~ting **against** him *de publieke opinie kant zich tegen hem;* ~ theory **against** practice *de theorie tegenover de praktijk stellen;* ~ s.o. **against** s.o. *iem. opzetten/innemen tegen iem., iem. tegen iem. in het harnas jagen;* ~ sth. **against** sth. else *iets tegenover iets anders stellen;* ~ **at** s.o. *iem. aanvallen, op iem. lostrekken;* ~ s.o. **beside** s.o. else *iem. met iem. anders vergelijken;* ~ s.o. **over** s.o. *iem. boven iem. (aan)stellen, iem. het bevel over iem. geven;* ~ s.o. **over** sth. *iem. aan het hoofd stellen v. iets;* ~ **(up)on** s.o. *iem. aanvallen/overvallen.*

se·ta ['si:ṭə]⟨telb.zn.; setae [-i:]; →mv. 5⟩⟨biol.⟩ **0.1** ***seta*** ⇒*borstel (haar).*

'set a'bout ⟨f1⟩⟨onov.ww.⟩ **0.1** ***beginnen(met/aan)*** ⇒*aanpakken* **0.2** ⟨inf.⟩ ***aanvallen*** ◆ **3.1** ~ doing sth. *iets beginnen te doen* **4.1** he didn't know how to ~ it *hij wist niet hoe eraan te beginnen.*

se·ta·ceous [sɪ'teɪʃəs]⟨bn.; -ly⟩⟨biol.⟩ **0.1** ***borstelig*** ⇒*borstelachtig.*

'set a'part ⟨f1⟩⟨ov.ww.⟩ **0.1** ***terzijde zetten/leggen*** ⇒*reserveren* **0.2** ***scheiden*** ⇒*afzonderen* ◆ **6.2** he felt ~ **from** the others *hij voelde zich opzij gezet door de anderen;* set sth. apart **from** sth. else *iets v. iets anders scheiden.*

'set a'side ⟨f1⟩⟨ov.ww.⟩ **0.1** ***terzijde zetten/leggen*** ⇒*reserveren, sparen* **0.2** ***veronachtzamen*** ⇒*buiten beschouwing laten, geen aandacht schenken aan* **0.3** ⟨jur.⟩ ***nietig verklaren*** ⇒*vernietigen, casseren, annuleren, verwerpen, afwijzen, naast zich neerleggen, buiten werking stellen* ◆ **1.1** ~ money *geld opzijleggen/sparen* **1.2** setting aside the details *afgezien van de details, de details daargelaten, de details buiten beschouwing gelaten* **1.3** ~ claims *eisen naast zich neerleggen;* ~ a decree *een decreet vernietigen* **6.1** ~ **for** *reserveren/bestemmen voor.*

'set·back ⟨f1⟩⟨telb.zn.⟩ **0.1** ***inzinking*** ⇒*instorting, terugval* **0.2** ***nederlaag*** ⇒*tegenslag, kink in de kabel* **0.3** ⟨bouwk.⟩ ***terugsprong*** ⇒*terugspringende gevel* **0.4** ***offensieve achterspeler/verdediger.***

'set 'back ⟨f1⟩⟨ov.ww.⟩ **0.1** ***terugzetten*** ⇒*achteruitzetten, terugstellen, achteruitstellen* **0.2** ⟨sl.⟩ ***kosten.***

'set 'by ⟨ov.ww.⟩⟨vero.⟩ **0.1** ***opzij leggen*** ⇒*sparen.*

'set chisel ⟨telb.zn.⟩ **0.1** ***koubeitel.***

'set designer ⟨telb.zn.⟩ **0.1** ***decorbouwer/ontwerper.***

'set·down ⟨telb.zn.⟩ **0.1** ***terechtwijzing*** ⇒*berisping, vernedering.*

'set 'down ⟨f1⟩⟨ov.ww.⟩ **0.1** ***neerzetten*** **0.2** ***afzetten*** ⇒*laten afstappen/uitstappen* ⟨uit voertuig⟩ **0.3** ***neerschrijven*** ⇒*op papier brengen/zetten, optekenen, opschrijven* **0.4** ***op zijn nummer zetten*** ⇒*vernederen* **0.5** ⟨jur.⟩ ***vaststellen*** ⇒*bepalen* ⟨termijn⟩ ◆ **1.5** ~ the day for the trial *de dag v.h. proces bepalen;* ~ a case for trial *een zaak aanhangig maken* **6.¶** set o.s. down **as** a genius *zichzelf voor een genie houden;* set s.o. down **as** a liar *iem. voor een leugenaar houden;* set sth. down **at** *iets vaststellen/schatten op;* set sth. down **to** *iets toeschrijven aan.*

'set 'forth ⟨f1⟩⟨ww.⟩⟨schr.⟩

I ⟨onov.ww.⟩ **0.1** ***zich op weg begeven*** ⇒*vertrekken, opbreken, op weg gaan* ◆ **6.1** ~ **on** one's journey *de reis aanvaarden, op reis gaan;*

II ⟨ov.ww.⟩ **0.1** ***uitvaardigen*** ⇒*bekendmaken, verklaren, uiteenzetten, beschrijven* **0.2** ***versieren*** ⇒*verfraaien.*

'set 'forward ⟨ww.⟩

I ⟨onov.ww.⟩⟨vero.⟩ **0.1** ***zich op weg begeven*** ⇒*vertrekken, opbreken;*

II ⟨ov.ww.⟩ **0.1** ***vooruithelpen*** ⇒*bevorderen* **0.2** ***vooruitzetten*** ⟨klok⟩.

se·tif·er·ous [sɪ'tɪfrəs], **se·tig·er·ous** [sɪ'tɪdʒərəs], **se·tose** ['si:tous], **se·tous** ['si:ṭəs]⟨bn.⟩ **0.1** ***met borstels*** ⇒*borstelig.*

se·ti·form ['si:tɪfɔ:m‖'si:ṭɪfɔrm]⟨bn.⟩ **0.1** ***borstelvormig.***

'set·in ⟨telb.zn.⟩ **0.1** ***begin*** ⇒*intrede, inval.*

'set 'in ⟨f1⟩⟨ww.⟩

I ⟨onov.ww.⟩ **0.1** ***intreden*** ⟨jaargetij, reactie⟩ ⇒*invallen* ⟨duisternis, dooi⟩; *beginnen* **0.2** ***opkomen*** ⇒*landinwaarts gaan* ⟨vloed, stroming, wind⟩ ◆ **1.1** rain has ~ *het is gaan regenen* **3.1** it ~ to rain *het begon te regenen;*

II ⟨ov.ww.⟩ **0.1** ***inpassen*** ⇒*inzetten* ⟨deel v. kledingstuk⟩ **0.2** ***landinwaarts richten*** ⟨schip⟩.

'set·line ⟨telb.zn.⟩⟨hengelsport⟩ **0.1** ***zetlijn.***

'set·off ⟨zn.⟩

I ⟨telb.zn.⟩ **0.1** ***repoussoir*** ⟨dat wat iets anders beter doet uitkomen⟩ ⇒*contrast, tegenstelling, tegenhanger* **0.2** ***tegenwicht*** ⇒*compensatie, vergoeding* **0.3** ***tegeneis*** **0.4** ***versiering*** **0.5** ⟨bouwk.⟩ ***voorsprong*** ⟨v. muur⟩ **0.6** ⟨druk.⟩ ***off-set;***

II ⟨n.-telb.zn.⟩⟨druk.⟩ **0.1** ***het afgeven/vlekken*** ⟨v. drukinkt⟩.

'set 'off ⟨f1⟩⟨ww.⟩

I ⟨onov.ww.⟩ **0.1** ***zich op weg begeven*** ⇒*vertrekken, op weg gaan, opbreken* **0.2** ***afgeven*** ⇒*vlekken* ⟨inkt⟩ ◆ **6.1** ~ **for** home *naar huis vertrekken;* ~ **in** pursuit *de achtervolging inzetten;* ~ **on** a trip/expedition *een reis/expeditie ondernemen;*

II ⟨ov.ww.⟩ **0.1** ***versieren*** ⇒*verfraaien* **0.2** ***doen uitkomen*** ⟨kleuren⟩ ⇒*verhogen* **0.3** ***doen ontbranden*** ⇒*doen afgaan, tot ontploffing brengen* ⟨bom⟩ **0.4** ***doen opwegen*** ⇒*goedmaken, compenseren* **0.5** ***aan de gang maken*** ⇒*doen* ⟨lachen, praten⟩, *aan het,* ⟨lachen/praten⟩ *brengen, veroorzaken, stimuleren* **0.6** ***afzetten*** ⇒*afpassen, afmeten* **0.7** ***afscheiden*** ⇒*onderscheiden, afzonderen* ◆ **3.5** set s.o. off laughing *iem. aan het lachen brengen* **6.4** ~ **against** *doen opwegen tegen, stellen tegenover;* the gain ~ **against** the loss *de winst maakte het verlies goed* **6.5** set s.o. off **on** his pet subject *iem. op zijn stokpaardje zetten.*

se·ton ['si:tn]⟨telb.zn.⟩⟨med.⟩ **0.1** ***seton*** ⇒*draineerstreng.*

'set 'on ⟨ww.⟩

I ⟨onov.ww.⟩⟨schr.⟩ **0.1** ***voortschrijden;***

II ⟨ov.ww.⟩ **0.1** ***ertoe brengen*** ⇒*aansporen, aanzetten.*

'set 'out ⟨f1⟩⟨ww.⟩

I ⟨onov.ww.⟩ **0.1** ***zich op weg begeven*** ⇒*vertrekken, opbreken, op reis/weg gaan, zich opmaken* **0.2** ***zich voornemen*** ⇒*het plan opvatten, zich ten doel stellen, trachten, het erop aanleggen* ◆ **6.1** ~ **on** a journey *op reis gaan* **6.2** ~ **in** business *een zaak beginnen;*

II ⟨ov.ww.⟩ **0.1** ***uitzetten*** ⇒*opzetten* ⟨schaakstukken⟩; *wijd zetten* ⟨letters, tekst⟩ **0.2** ***versieren*** ⇒*tooien* **0.3** ***uitplanten*** **0.4** ***tentoonstellen*** ⇒*etaleren, uitstallen* ⟨goederen⟩ **0.5** ***verklaren*** ⇒*aantonen, demonstreren, uiteenzetten, beschrijven, bekendmaken,* *opsommen* **0.6** ***ontwerpen*** *⇒opstellen, plannen* **0.7** ***klaarzetten*** ⟨stoelen, maaltijd⟩ *⇒klaarleggen* ⟨theegerei⟩; *dekken* ⟨tafel⟩ **0.8** ***afbakenen***.

'set-out ⟨telb.zn.⟩ ⟨vnl. inf.⟩ **0.1** ***begin*** *⇒aanvang, start, vertrek* **0.2** ***uitrusting*** *⇒collectie, servies* **0.3** ***uitstalling*** *⇒vertoning* **0.4** ***opmaak*** *⇒lay-out*.

'set point ⟨telb.zn.⟩ ⟨sport⟩ **0.1** ***setpunt*** ⇒⟨volleybal⟩ *setbal;* ⟨tennis⟩ *setpoint* ⟨waarmee setwinst gemaakt kan worden⟩.

'set·screw ⟨telb.zn.⟩ **0.1** ***stelschroef***.

'set shot ⟨telb.zn.⟩ ⟨basketbal⟩ **0.1** ***schot uit stand***.

'set·square ⟨telb.zn.⟩ **0.1** ***tekendriehoek***.

sett [set] ⟨zn.⟩
I ⟨telb.zn.⟩ **0.1** ***stek*** *⇒loot, jonge plant, zaailing* **0.2** ***ruit*** ⟨in Schotse ruit⟩ **0.3** ***dassehol*** **0.4** ***vierkante straatkei;***
II ⟨n.-telb.zn.⟩ **0.1** ***het stellen*** ⟨v. weefkam⟩ **0.2** ***Schotse ruit***.

set·tee [se'ti:] ⟨f1⟩ ⟨telb.zn.⟩ **0.1** ***canapé*** *⇒sofa, (rust)bank* **0.2** ⟨gesch.; scheep.⟩ ***schebek***.

set'tee bed ⟨telb.zn.⟩ **0.1** ***divanbed***.

set·ter ['setə‖'seṭər] ⟨f1⟩ ⟨telb.zn.⟩ **0.1** ***zetter*** **0.2** ***setter*** ⟨hond⟩ **0.3** ***lokvogel*** *⇒politiespion, tipgever, aanbrenger* **0.4** ⟨volleybal⟩ ***setupman*** *⇒spelverdeler*.

'set·ter-'on ⟨telb.zn.; setters-on; →mv. 6⟩ **0.1** ***aanvaller*** **0.2** ***aanhitser***.

set·ter·wort ['setəwɜ:t‖'seṭərwɜrt] ⟨n.-telb.zn.⟩ ⟨plantk.⟩ **0.1** ***stinkend nieskruid*** ⟨Helleborus foetidus⟩.

'set theory ⟨f1⟩ ⟨n.-telb.zn.⟩ ⟨wisk.⟩ **0.1** ***verzamelingenleer***.

set·ting ['seṭɪŋ] ⟨f2⟩ ⟨zn.; (oorspr.) gerund v. set⟩
I ⟨telb.zn.⟩ **0.1** ***stand*** *⇒instelling* ⟨op instrument, machine⟩ **0.2** ⟨vnl. enk.⟩ ***omlijsting*** *⇒omgeving, achtergrond, verband, kader* **0.3** ***couvert*** ⟨v. diner⟩ **0.4** ***kas*** *⇒montuur, vatting* ⟨v. juweel⟩ **0.5** ***sokkel*** *⇒voetstuk* ⟨v. machine⟩ ◆ **1.2** the story has its ~ in London *het verhaal speelt zich af in Londen;*
II ⟨n.-telb.zn.⟩ **0.1** ***het zetten*** **0.2** ***ondergang*** ⟨zon, maan⟩ **0.3** ***toonzetting*** *⇒compositie* **0.4** ***montering*** *⇒aankleding* ⟨film, toneelstuk⟩ **0.5** ***legsel*** *⇒gelegde eieren, broed(sel)* **0.6** ⟨badminton⟩ ***verlengingsrecht***.

'set·ting-board ⟨telb.zn.⟩ **0.1** ***bord voor het opprikken v. insekten***.

'set·ting-lo·tion ⟨telb.zn.⟩ **0.1** ***haarversteviger***.

'set·ting-nee·dle ⟨telb.zn.⟩ **0.1** ***oppriknaald*** ⟨voor insekten⟩.

'set·ting-pole ⟨telb.zn.⟩ ⟨scheep.⟩ **0.1** ***schippersboom***.

'set·ting-rule ⟨telb.zn.⟩ ⟨boek.⟩ **0.1** ***zetlijn***.

'set·ting-stick ⟨telb.zn.⟩ ⟨boek.⟩ **0.1** ***zethaak***.

set·ting-'up exercise ⟨telb.zn.⟩ **0.1** ***gymnastiekoefening*** ⇒⟨vnl. mv.⟩ *conditietraining*.

set·tle[1] ['seṭl] ⟨telb.zn.⟩ **0.1** ⟨ong.⟩ ***zittekist*** ⟨met vaste hoge leuning⟩.

settle[2] ⟨f3⟩ ⟨ww.⟩ →settled
I ⟨onov.ww.⟩ **0.1** ***gaan zitten*** *⇒zich neerzetten, neerdalen, neerstrijken* **0.2** ***neerslaan*** *⇒bezinken* ⟨v. stof, droesem⟩ **0.3** ***verzakken*** *⇒inklinken, inzakken* ⟨v. grond⟩ **0.4** ***langzaam zinken*** *⇒beginnen te zinken* ⟨v. schip⟩ **0.5** ***zich vestigen*** *⇒gaan wonen* ◆ **1.1** his cold had ~d in/on his chest *zijn verkoudheid had zich vastgezet op/in zijn borst;* darkness ~d on the town *duisternis daalde neer op de stad* **1.5** the father ~d near his daughter in Amsterdam *de vader ging vlakbij zijn dochter in Amsterdam wonen* **5.1** ~ **back** in a chair *gemakkelijk gaan zitten in een stoel* **5.¶** →settle **down;** ~ **in** *zich installeren, zich inrichten* ⟨in huis⟩; *zich inwerken, acclimatiseren;* we haven't yet ~d **in** *we zijn nog niet op stel/orde;* the new secretary had soon ~d **in** at our office *de nieuwe secretaresse voelde zich al gauw thuis op ons kantoor;* it is settling **in** to rain tonight *het ziet er naar uit dat het vannacht gaat regenen* **6.¶** ~ **for** sth. *genoegen nemen met iets, iets accepteren, iets (aan)nemen;* ~ **for** second best *zich met wat minder tevreden (moeten) stellen;* ~ **into** new surroundings *wennen/gewend raken aan een nieuwe omgeving;* ~ (down) **to** sth. *zich ergens op concentreren, zich toeleggen op iets, zich ergens toe zetten;* I cannot ~ (down) **to** anything *ik kom nergens toe;* I cannot ~ (down) **to** work *ik kom maar niet aan het werk, ik kan me niet op mijn werk concentreren;* ~ **to** a life of boredom *aan een leven vol verveling beginnen;*
II ⟨onov. en ov.ww.⟩ **0.1** ***kalmeren*** *⇒(doen) bedaren, bezinken, tot rust brengen/komen, rustig worden/maken* **0.2** ***opklaren*** *⇒helderder worden/maken* **0.3** ***overeenkomen*** *⇒een besluit nemen, besluiten* **0.4** ***betalen*** *⇒voldoen, vereffenen* ◆ **1.1** this drink will ~ your nerves *dit drankje zal je kalmeren;* the situation ~d into shape after the quarrel *na de ruzie kwam de situatie weer tot rust;* ⟨fig.⟩ the storm ~d the weather *de storm zorgde voor stabieler weer/bracht minder wisselvallig weer;* the weather ~s *het weer wordt bestendig* **1.2** the beer ~s *het bier wordt helderder;* ~ white with egg-white *witte wijn met eiwit (op)klaren* **1.3** ~ the day and place for the next meeting *de datum en plaats voor de volgende vergadering afspreken* **1.4** ~ the bill *de rekening betalen;* ~ a claim *schade uitbetalen;* my wife has already ~d for all of us *mijn vrouw heeft al voor ons allemaal betaald* **3.3** we ~d to go hiking in Sweden *we besloten te gaan trekken in Zweden* **5.4** ~ **up** *verrekenen, afrekenen* ⟨onder elkaar⟩; ~ **up** (with the waiter) *(met de ober) afrekenen, de rekening betalen* **5.¶** →settle **down** **6.3** ~ **(up)on** a date *een datum vaststellen;* ~ **(up)on** the colour red *de kleur rood kiezen/(besluiten te) nemen;* ~ **with** s.o. **on** sth. *een overeenkomst sluiten/een regeling treffen met iem. mbt. iets* **6.4** ~ **with** s.o. *rekening/schulden betalen aan iem.;* ⟨fig.⟩ ~ (an account) **with** s.o. *het iem. betaald zetten, de rekening met iem. vereffenen;*
III ⟨ov.ww.⟩ **0.1** ***regelen*** *⇒in orde brengen/maken* ⟨ook kleren, kamer⟩, *voor elkaar brengen* **0.2** ***vestigen*** ⟨in woonplaats, maatschappij⟩ ⇒⟨bij uitbr.⟩ *aan een goede baan helpen, aan de man/vrouw brengen* **0.3** ⟨vaak pass.⟩ ***koloniseren*** *⇒bevolken* **0.4** ⟨ook wederk. ww.⟩ ***zetten*** *⇒plaatsen, leggen* **0.5** ⟨ben. voor⟩ ***vaster doen worden*** *⇒doen inklinken, laten inzakken, indikken* **0.6** ***(voorgoed) beëindigen*** *⇒beslissen, een eind maken aan* ⟨woordenwisseling, twijfels⟩, *de doorslag geven, uitmaken* **0.7** ***schikken*** *⇒bijleggen, tot een schikking komen, het eens worden* **0.8** ⟨inf.⟩ ***afrekenen met*** ⟨alleen fig.⟩ *⇒tot zwijgen brengen, uitschakelen, doen ophouden, terechtwijzen; wraak nemen op, betaald zetten, kwaad doen, ruïneren* ◆ **1.3** when was this country ~d? *wanneer werd dit land gekoloniseerd?* **1.4** he ~d his cap on his bald head *hij zette zijn pet op zijn kale kop;* ~ a colony *een kolonie stichten;* she ~d her mother among the pillows *zij legde haar moeder comfortabel neer tussen de kussens* **4.4** she ~d herself in the chair *zij nestelde zich in haar stoel* **4.6** that ~s it! *dat is de druppel!, dat geeft de doorslag!, dat doet de deur dicht/toe!* **4.8** I'll ~ him if he bothers you *ik zal hem op andere gedachten brengen als hij je lastig valt* **5.1** ~ **up** sth. *iets definitief regelen, iets voor eens en voor altijd in orde maken* **5.¶** ~ **in** *installeren, inrichten* ⟨huis⟩; *zich thuis doen voelen in* ⟨baan⟩; *inwerken* **6.¶** ~ **into** *laten wennen aan, zich thuis doen voelen in;* ~ **on** *vastzetten op, vestigen op;* ⟨jur.⟩ *in vruchtgebruik overdragen op* ⟨geld, bezit⟩.

set·tled ['seṭld] ⟨f2⟩ ⟨bn.; volt. deelw. v. settle⟩ **0.1** →settle **0.2** ***vast*** *⇒onwrikbaar, gevestigd* ⟨mening⟩, *bestendig* ⟨weer⟩, *onveranderlijk* **0.3** ***blijvend*** *⇒vast, gezeten* ⟨bevolking⟩ **0.4** ***bewoond*** *⇒bevolkt* **0.5** ***vastgesteld*** *⇒bepaald, geregeld* **0.6** ***betaald*** *⇒voldaan*.

'settle 'down ⟨f2⟩ ⟨ww.⟩
I ⟨onov.ww.⟩ **0.1** ***een vaste betrekking aannemen*** *⇒zich vestigen, een geregeld/gezapig/burgerlijk leven gaan leiden* **0.2** ***wennen*** *⇒zich thuis gaan voelen, ingewerkt raken* **0.3** ***zich concentreren*** *⇒zich toeleggen* **0.4** ***vast/stabiel worden*** ⟨v. weer⟩ **0.5** ***minder worden*** *⇒(weg)zakken* ◆ **1.5** the excitement has settled down a little *de opwinding is enigszins bedaard* **3.1** marry and ~ *trouwen en gesetteld raken* **6.1** ~ **in** a job *een vaste baan/betrekking nemen;* ~ **to** a married life *het rustige leventje v. echtgenoot gaan leiden* **6.2** ~ **in** a new house *zich thuis gaan voelen in een nieuw huis* **6.3** ~ **to** sth. *zich ergens op concentreren, zich ergens op toeleggen, zich ergens toe zetten, aan iets toekomen;*
II ⟨onov. en ov.ww.⟩ **0.1** ***kalmeren*** *⇒(doen) bedaren, tot rust komen/brengen, rustig worden/maken* **0.2** ⟨ook wederk. ww.⟩ ***(gemakkelijk) gaan zitten*** *⇒onderuit/achterover zakken, zich neerzetten* ◆ **1.1** wait till things have settled down *wacht totdat het rustig is* **4.2** we settled ourselves down in front of the TV *we zakten onderuit voor de t.v.* **6.2** ~ **to** an evening of reading *een avond gaan zitten lezen*.

set·tle·ment ['seṭlmənt] ⟨f3⟩ ⟨zn.⟩
I ⟨telb.zn.⟩ **0.1** ⟨ben. voor⟩ ***nederzetting*** *⇒kolonie; groepje kolonisten; plaatsje, gehucht, gat; slavenhutten* **0.2** ***schikking*** *⇒overeenkomst, vergelijk, regeling, akkoord* **0.3** ***afrekening*** *⇒vereffening, betaling, voldoening;* ⟨i.h.b.⟩ *liquidatie, rescontre* ⟨op beurs⟩ **0.4** ***schenking*** *⇒gift* **0.5** ***(vestiging v.) lijfrente*** **0.6** ***wijkcentrum*** *⇒buurthuis* ⟨vnl. maatschappelijk werk in arme wijken⟩ **0.7** ***vaste woonplaats*** *⇒wettige verblijfplaats* **0.8** ⟨jur.⟩ ***(akte v.) overdracht*** ◆ **3.5** make a ~ on s.o. *iets vastzetten op iem.* **6.3** **in** ~ **of** *ter vereffening van;*
II ⟨n.-telb.zn.⟩ **0.1** ***kolonisatie*** *⇒vestiging* **0.2** ***bezinking*** *⇒opklaring* ⟨wijn e.d.⟩ **0.3** ***verzakking*** *⇒inklinking*.

set·tler ['setlə‖-ər] ⟨f2⟩ ⟨telb.zn.⟩ **0.1** ***kolonist*** **0.2** ***bemiddelaar*** ⟨in rechtszaken⟩ **0.3** ⟨ben. voor⟩ ***beslissend iets*** *⇒doodklap; laatste woord, afdoend argument; doorslaggevende gebeurtenis*.

'settling day ⟨n.-telb.zn.⟩ ⟨BE; hand.⟩ **0.1** ***liquidatiedag*** *⇒(vierde/vijfde) rescontredag* ⟨op beurs⟩.

set·tlings ['setlɪŋz] ⟨mv.⟩ **0.1** ***bezinksel*** *⇒afzetsel, droesem, neerslag*.

set·tlor ['setlə‖'seṭlər] ⟨telb.zn.⟩ ⟨jur.⟩ **0.1** ***iem. die eigendom in vruchtgebruik overdraagt***.

'set 'to ⟨onov.ww.⟩ **0.1** ***aanpakken*** *⇒aan de slag/gang gaan, toetasten* ⟨eten⟩; *er op los trekken, van leer trekken, aanvallen*.

'set-to ⟨telb.zn.⟩ **0.1** ***vechtpartij*** *⇒bokswedstrijd, bokspartij, handgemeen* **0.2** ***ruzie*** *⇒dispuut, woordentwist, gekijf* **0.3** ***aanval*** **0.4** ***nek-aan-nek-race*** ⟨paardenrennen⟩.

'set·up ⟨f2⟩ ⟨telb.zn.⟩ **0.1** ***houding*** *⇒gesteldheid, instelling* **0.2** ***fysiek*** *⇒lichamelijke gesteldheid* **0.3** ***opstelling*** ⟨v. camera, microfoons, acteurs bij filmopname⟩ **0.4** ⟨inf.⟩ ***opbouw*** *⇒structuur, organisatie, situatie* **0.5** ⟨AE; inf.⟩ ***doorgestoken kaart*** *⇒makkie* **0.6** ⟨vaak mv.⟩ ⟨AE; inf.⟩ ***alcoholvrije ingrediënten v.e. alcoholisch mengsel*** **0.7** ⟨AE; sl.⟩ ***sul*** **0.8** ⟨AE; sl.⟩ ***woning*** *⇒ruimte.*

'set 'up ⟨f2⟩ ⟨ww.⟩
I ⟨onov.ww.⟩ **0.1** ***zich vestigen*** **0.2** ***zich voordoen*** *⇒zich doen doorgaan, zich opwerpen, aanspraak maken* **0.3** ***te vlug vast worden*** *⇒te vlug stollen* **0.4** ⟨sl.⟩ ***rijk zijn*** *⇒alles hebben* ◆ **6.1** set (o.s.) up **as** a photographer *zich als fotograaf vestigen;* ~ **for** o.s. *voor zichzelf beginnen;* ~ **in** business *een zaak beginnen* **6.2** he is not the man he sets himself up **as** *hij is niet de man die hij beweert te zijn;* ⟨inf.⟩ ~ **as/for** an expert *zich opwerpen als expert;* ~ **for** sth. *op iets aanspraak maken;*
II ⟨ov.ww.⟩ **0.1** ***opzetten*** *⇒overeind zetten, oprichten, opslaan* ⟨tent⟩; *opstellen, monteren, in elkaar zetten* ⟨machine⟩; *zetten* ⟨boek, letters⟩; *plaatsen* ⟨op de troon⟩; *stichten* ⟨religieuze orde⟩; *oprichten* ⟨school⟩; *beginnen* ⟨winkel⟩; *aanstellen, instellen, benoemen* ⟨comité⟩; *opstellen* ⟨regels⟩; *organiseren* **0.2** ***vooropstellen*** *⇒voor de dag komen met* ⟨plan, theorie⟩; *aankomen met* ⟨eisen⟩; *aanvoeren* ⟨argumenten, bewijzen⟩ **0.3** ***te koop aanbieden*** *⇒in veiling brengen* **0.4** ***aanheffen*** *⇒slaken* ⟨kreet⟩; *verheffen* ⟨stem⟩ **0.5** ***veroorzaken*** *⇒doen ontstaan* **0.6** ***er bovenop helpen*** *⇒op de been helpen, opknappen, stimuleren, opbeuren, opvrolijken* **0.7** ***vestigen*** ⟨ook record⟩ *⇒in een zaak zetten, uitrusten* **0.8** ⟨inf.⟩ ***belazeren*** *⇒de schuld in de schoenen schuiven* **0.9** ***lichamelijk ontwikkelen/opleiden*** **0.10** ***beramen*** ⟨overval⟩ **0.11** ***de horens doen opsteken*** *⇒trots/ijdel maken* ⟨door gevlei⟩ **0.12** ⟨AE; inf.⟩ ***tracteren*** *⇒onthalen op* ⟨drank, sigaren⟩; *klaarzetten* **0.13** ⟨sl.⟩ ***verzwakken*** **0.14** ⟨sl.⟩ ***dekken*** ⟨tafel⟩ ◆ **1.1** ⟨inf.⟩ ~ shop as a dentist *zich als tandarts vestigen* **1.4** ~ a yell *een gil slaken* **6.7** set s.o. up **in** business *iem. in een zaak zetten* **6.¶** set o.s. up **against** the authority *zich tegen het gezag verzetten;* be well ~ **for/with** money *goed voorzien zijn van geld.*

set-up ⟨telb.zn.⟩ **0.1** ⟨badminton⟩ ***makkelijke kans (om te scoren)*** **0.2** ⟨volleybal⟩ ***set-up*** ⟨aangeven v. bal zodat hij over het net geslagen kan worden⟩.

'set·wall ⟨telb.zn.⟩ ⟨plantk.⟩ **0.1** ***echte valeriaan*** ⟨Valeriana officinalis⟩.

sev·en ['sevn] ⟨f4⟩ ⟨telw.⟩ **0.1** ***zeven*** ⟨ook voorwerp/groep ter waarde/grootte v. zeven⟩ *⇒*⟨in mv.⟩ ⟨rugby⟩ *wedstrijd(en) voor ploegen v. zeven spelers* ◆ **1.1** ~ deadly sins *zeven doodszonden;* the Seven Years' War *de Zevenjarige Oorlog* ⟨1756-63⟩ **3.1** he bought ~ *hij kocht er zeven* **5.1** at ~ o'clock *om zeven uur* **6.1** arranged **by** ~s *per zeven gegroepeerd;* a poem **in** ~s *een gedicht in zevenlettergrepige regels.*

'sevenfigure 'fortune ⟨telb.zn.⟩ **0.1** ***miljoenenfortuin.***

sev·en·fold ['sevnfould] ⟨bn.⟩ **0.1** ***zevenvoudig*** **0.2** ***zevendelig.***

'sev·en-inch ⟨telb.zn.⟩ ⟨muz.⟩ **0.1** ***single*** ⟨v. gewoon formaat tgo. twelve-inch⟩.

'sev·en-league ⟨bn.⟩ **0.1** ***zevenmijls-*** ◆ **1.1** ~ boots *zevenmijlslaarzen;* ~ steps *zevenmijlse stappen.*

sev·en·teen ['sevn'ti:n] ⟨f3⟩ ⟨telw.⟩ **0.1** ***zeventien.***

sev·en·teenth ['sevn'ti:nθ] ⟨f3⟩ ⟨telw.⟩ **0.1** ***zeventiende.***

seventh ['sevnθ] ⟨f3⟩ ⟨telw.; -ly⟩ **0.1** ***zevende*** *⇒*⟨muz.⟩ *septiem* ◆ **1.1** the ~ day *de zevende dag, de sabbat, de zaterdag;* in the ~ heaven *in de zevende hemel* **2.1** the ~ largest town *de zevende grootste stad* **3.1** she came in ~ *ze kwam als zevende aan* **¶.1** ~(ly) *ten zevende, in/op de zevende plaats.*

Sev·enth-Day Ad·vent·ists ['sevnθdeɪ 'ædventɪsts] ⟨mv.⟩ ⟨relig.⟩ **0.1** ***zevendedagadventisten.***

sev·enth·ly ['sevnθli] ⟨bw.⟩ **0.1** ***in/op de zevende plaats.***

sev·en·tieth ['sevntiɪθ] ⟨f1⟩ ⟨telw.⟩ **0.1** ***zeventigste.***

sev·en·ty ['sevnti] ⟨f3⟩ ⟨telw.⟩ **0.1** ***zeventig*** ⟨ook voorwerp/groep ter waarde/grootte v. zeventig⟩ ◆ **1.1** in ~ countries *in zeventig landen* **6.1** he is **in** his seventies *hij is in de zeventig;* temperatures **in** the seventies *temperaturen van boven de zeventig graden;* **in** the seventies *in de zeventiger jaren* **7.¶** he is a Seventy *hij is een lid v.d. Raad v. Zeventig* ⟨bij de Mormonen⟩; the Seventy *de zeventig vertalers v.d. Septuagint; de zeventig leerlingen v. Christus; (de zeventig leden v.) het Sanhedrin.*

'sev·en·ty-'eight, ⟨inf.⟩ **'seventy, 'sev·en·ty-'five** ⟨telb.zn.⟩ **0.1** ***78-toerenplaat.***

sev·en·ty-'leven ['sevnti'levn] ⟨telw.⟩ ⟨scherts.⟩ **0.1** ***willekeurig groot aantal*** *⇒veel, elfendertig.*

'sev·en-year ⟨bn.⟩ **0.1** ***zevenjarig*** ◆ **1.¶** ~ itch *schurft;* ⟨scherts.⟩ *huwelijkskriebels* ⟨na zeven jaar huwelijk⟩.

sev·er ['sevə‖-ər] ⟨f1⟩ ⟨ww.⟩
I ⟨onov.ww.⟩ **0.1** ***breken*** *⇒begeven, losgaan* **0.2** ***uiteen gaan*** *⇒scheiden, van elkaar gaan* **0.3** ⟨jur.⟩ ***(als) afzonderlijk(e partij) optreden*** ◆ **1.1** the arms of the chair had ~ed *de armleuningen v.d. stoel waren afgebroken;* the ropes ~ed under the weight *de touwen begaven het onder het gewicht;*
II ⟨ov.ww.⟩ **0.1** ***afbreken*** *⇒afhakken, doorhakken, door/afsnijden* **0.2** ***(af)scheiden*** **0.3** ***verbreken*** ⟨relatie e.d.⟩ **0.4** ***ontslaan*** *⇒verbreken/opzeggen v.e. arbeidscontract met* **0.5** ⟨jur.⟩ ***splitsen*** *⇒verdelen* ⟨rechten e.d.⟩ ◆ **1.1** ~ the rope *het touw doorhakken/doorsnijden* **1.2** the Atlantic Ocean ~s America and Europe *de Atlantische Oceaan scheidt Amerika en Europa* **4.2** ~ o.s. from *zich afscheiden van* **6.1** ~ the hand **from** the arm *de hand van de arm scheiden/afhakken.*

sev·er·a·ble ['sevrəbl] ⟨bn.⟩ **0.1** ***scheidbaar*** *⇒(ver)deelbaar, splitsbaar.*

sev·er·al[1] ['sevrəl] ⟨f4⟩ ⟨onb.vnw.; →onbepaald woord⟩ **0.1** ***verscheidene(n)*** *⇒enkele(n), een aantal (ervan)* ◆ **3.1** she washed the strawberries and ate ~ *ze waste de aardbeien en at er enkele* **6.1** ~ **of** my friends *verscheidene van mijn vrienden.*

several[2] ⟨f4⟩ ⟨onb.det.; →onbepaald woord⟩ **0.1** ***enkele*** *⇒een aantal, enige, verscheidene* **0.2** ***apart(e)*** *⇒respectievelijk(e), verschillend(e), individuele;* ⟨jur.⟩ *hoofdelijk* ◆ **1.1** she has written ~ books *ze heeft verscheidene boeken geschreven;* they spent ~ days in Paris *ze brachten een aantal dagen door in Parijs* **1.2** this is one of his ~ conclusions *dit is één van zijn afzonderlijke conclusies;* each gave their ~ contributions *elk gaf zijn afzonderlijke bijdrage;* she had three ~ degrees *ze had drie verschillende diploma's;* collective and ~ responsibility *gezamenlijke en hoofdelijke verantwoordelijkheid;* each went their ~ ways *elk ging zijn eigen weg* **3.2** ⟨jur.⟩ the fine imposed on the gang was ~, not joint *de boete die de bende werd opgelegd gold voor elk lid apart, niet voor allen samen.*

sev·er·al·ly ['sevrəli] ⟨bw.⟩ **0.1** ***afzonderlijk*** *⇒hoofdelijk* **0.2** ***elk voor zich*** *⇒respectievelijk, onderscheidenlijk.*

sev·er·al·ty ['sevrəlti] ⟨zn.; →mv. 2⟩
I ⟨telb. en n.-telb.zn.⟩ **0.1** ***afzonderlijkheid*** *⇒apartheid;*
II ⟨n.-telb.zn.⟩ **0.1** ***persoonlijk eigendom*** ◆ **6.1** **in** ~ *in persoonlijk eigendom.*

sev·er·ance ['sevrəns] ⟨zn.⟩
I ⟨telb. en n.-telb.zn.⟩ **0.1** ***verbreking*** *⇒opzegging* ⟨v. betrekkingen⟩ **0.2** ***scheiding*** *⇒(ver)deling;*
II ⟨n.-telb.zn.⟩ **0.1** ***ontslag*** *⇒verbreking v. arbeidscontract.*

'severance pay ⟨n.-telb.zn.⟩ **0.1** ***ontslagpremie*** *⇒ontslaguitkering* ⟨v. bedrijf waar men werkte⟩.

se·vere [sɪ'vɪə‖sɪ'vɪr] ⟨f3⟩ ⟨bn.; ook -er; -ly; -ness; →compar. 7⟩ **0.1** ***streng*** *⇒strikt, onverbiddelijk* **0.2** ***hevig*** *⇒heftig, bar, streng* **0.3** ***zwaar*** *⇒moeilijk, ernstig, hard, scherp* **0.4** ***gestreng*** *⇒strak* ⟨bouwstijl⟩, *kaal, sober, eenvoudig* **0.5** ***bijtend*** *⇒sarcastisch* **0.6** ***precies*** *⇒nauwgezet, strikt* ⟨in de leer⟩ ◆ **1.2** ~ cold *strenge kou;* ~ conditions *strenge/barre omstandigheden* **1.3** ~ competition *scherpe/zware concurrentie;* ~ requirements *zware eisen* **1.5** ~ remarks *sarcastische opmerkingen* **2.¶** leave/let sth. ~ly alone *ergens z'n handen niet aan willen vuilmaken;* ⟨scherts.⟩ *ergens z'n vingers niet aan willen branden* **6.1** ~ **(up)on** s.o. *streng jegens iem..*

se·ver·i·ty [sɪ'verəti] ⟨f1⟩ ⟨zn.; →mv. 2⟩
I ⟨n.-telb.zn.⟩ **0.1** ***strengheid*** *⇒hardheid* **0.2** ***striktheid*** *⇒nauwgezetheid* **0.3** ***hevigheid*** *⇒barheid* **0.4** ***soberheid*** *⇒strakheid, eenvoud;*
II ⟨mv.; severities⟩ **0.1** ***barheid*** *⇒hardheid, ruwheid.*

Se·ville orange ['sevɪl 'ɒrɪndʒ‖-'ɔrɪndʒ, -'ɑr-] ⟨telb.zn.⟩ ⟨plantk.⟩ **0.1** ***pomerans*** *⇒zure sinaasappel* ⟨Citrus aurantium⟩.

Sè·vres ['seɪvr(ə)‖'sevrə] ⟨n.-telb.zn.⟩ **0.1** ***sèvres(porselein).***

sew [sou] ⟨f2⟩ ⟨onov. en ov.ww.; sewed [soud]; sewed, sewn [soun]⟩ →sewing **0.1** ***naaien*** *⇒hechten* ⟨wond⟩, *aannaaien* **0.2** ***innaaien*** ◆ **1.1** ~ a book *een boek (in)naaien;* ~ buttons *knopen aanzetten* **1.2** he had sewn some money inside/into his pocket *hij had wat geld in zijn zak ingenaaid* **5.1** ~ **down** the lapels *de revers vastzetten;* ~ **in** a patch *een lap er inzetten;* ~ **on** a sleeve *een mouw aanzetten;* →sew **up 5.2** →sew **up 5.¶** →sew **up 6.1** ~ a button **onto** a coat *een knoop aan een jas zetten/naaien.*

sew·age[1] ['s(j)u:ɪdʒ‖'su:-] ⟨f2⟩ ⟨zn.⟩
I ⟨telb.zn.⟩ ⟨zelden⟩ **0.1** ***riolering*** *⇒rioolstelsel;*
II ⟨n.-telb.zn.⟩ **0.1** ***afvalwater*** *⇒rioolwater* ◆ **2.1** raw ~ *ongezuiverd afvalwater.*

sewage[2] ⟨ov.ww.⟩ **0.1** ***met afvalwater bemesten*** **0.2** ***rioleren.***

'sewage disposal ⟨n.-telb.zn.⟩ **0.1** ***rioolwaterverwerking*** *⇒rioolwaterzuivering.*

'sewage farm ⟨telb.zn.⟩ **0.1** ***rioolwaterzuiveringsinrichting*** ⟨met vloeiweides⟩ **0.2** ***vloeiweide*** *⇒vloeiveld* ⟨met afvalwater als mest⟩.

'sewage works ⟨mv.⟩ **0.1** ***rioolwaterzuiveringsinrichting***.

sew·er[1] ['souə‖-ər]⟨f2⟩⟨telb.zn.⟩ **0.1** ***naaister***.

sewer[2] ['s(j)u:ə‖'su:ər]⟨f2⟩⟨telb.zn.⟩ **0.1** ***riool(buis)*** **0.2** ⟨gesch.⟩ ⟨ong.⟩ ***hofmeester*** ⇒*intendant*.

sewer[3] ⟨ov.ww.⟩ **0.1** ***rioleren*** **0.2** ***afvoeren*** ⇒*lozen, afwateren*.

sew·er·age ['s(j)u:ərɪdʒ‖'su:-]⟨n.-telb.zn.⟩ **0.1** ***riolering*** ⇒*rioolstelsel* **0.2** ***(afval)waterafvoer*** ⇒*waterlozing* **0.3** ***afvalwater*** ⇒*rioolwater* **0.4** ***viezigheid*** ⇒*vuiligheid, gore taal, vuilspuiterij*.

'sew·er-gas ⟨n.-telb.zn.⟩ **0.1** ***rioolgas***.

sew·er·man ['s(j)u:əmən‖'su:ər-]⟨telb.zn.; sewermen [mən]; →mv. 3⟩ **0.1** ***rioolwerker*** ⇒*rioolarbeider*.

'sew·er-rat ⟨telb.zn.⟩ **0.1** ***rioolrat*** ⇒*bruine rat*.

sew·ing ['souɪŋ]⟨f1⟩⟨n.-telb.zn.; gerund v. sew⟩ **0.1** ***het naaien*** **0.2** ***naaiwerk***.

'sewing bird ⟨telb.zn.⟩ **0.1** ***naaischroef***.

'sewing cotton ⟨n.-telb.zn.⟩ **0.1** ***naaigaren***.

'sewing machine ⟨f1⟩⟨telb.zn.⟩ **0.1** ***naaimachine***.

sewn [soun]⟨volt. deelw.⟩ →sew.

'sew 'up ⟨f1⟩⟨ov.ww.⟩ **0.1** ***dichtnaaien*** ⇒*hechten* **0.2** ***innaaien*** **0.3** ⟨inf.⟩ ***succesvol afsluiten/afhandelen*** ⇒*voor elkaar maken, beklinken, regelen* **0.4** ⟨AE; inf.⟩ ***monopoliseren*** ⇒*alleenrecht v./alleenheerschappij over iets verkrijgen, onder controle krijgen* **0.5** ⟨BE; inf.; vnl. volt. deelw.⟩ ***uitputten*** ⇒*vermoeien* **0.6** ⟨BE; inf.; vnl. volt. deelw.⟩ ***dronken voeren*** ◆ **1.1** the wound was sewn up *de wond werd gehecht* **1.3** I want to have the deal sewn up before July *ik wil dat de zaak rond is voor juli* **1.6** a sewn up sailor *een ladderzatte matroos*.

'sew-up ⟨telb.zn.⟩⟨wielrennen⟩ **0.1** ***tube***.

sex[1] [seks]⟨f3⟩⟨zn.; vaak attr.⟩

I ⟨telb. en n.-telb.zn.⟩ **0.1** ***geslacht*** ⇒*sekse, kunne* ◆ **7.¶** the second ~ *de tweede sekse, de vrouw(en);* ⟨sl.⟩ the third ~ *de homoseksuelen, homofielen;*

II ⟨n.-telb.zn.⟩ **0.1** ***seks*** ⇒*erotiek* **0.2** ***seksuele omgang*** ⇒*seksueel contact, geslachtsgemeenschap* **0.3** ***geslachtsdrift*** **0.4** ***(uitwendige) geslachtsorganen*** ⟨v. mens⟩ ◆ **3.2** have ~ with s.o. *seks met iem. hebben, met iem. naar bed gaan/vrijen*.

sex[2] ⟨ov.ww.⟩ **0.1** ***seksen*** ⇒*het geslacht vaststellen v.* ⟨kuikens⟩.

sex- [seks], **sex·i-** [seksi] **0.1** ***zes-*** ◆ **¶.1** sexangular *zeshoekig*.

sex·a·ge·nar·i·an[1] [seksədʒɪ'neərɪən‖-'ner-]⟨telb.zn.⟩ **0.1** ***zestigjarige*** ⇒*zestiger, iem. v. in de zestig*.

sexagenarian[2] ⟨bn.⟩ **0.1** ***zestigjarig*** ⇒*in de zestig* **0.2** ***zestigers-*** ⇒*v.e. zestiger*.

sex·ag·e·nar·y[1] ['seksə'dʒi:nəri‖sek'sægɪneri]⟨telb.zn.; →mv. 2⟩ **0.1** ***zestigjarige*** ⇒*zestiger, iem. v. in de zestig*.

sexagenary[2] ⟨bn.⟩ **0.1** ***zestigvoudig*** ⇒*zestig-, zestigtallig* **0.2** ***zestigjarig*** ⇒*in de zestig* **0.3** ***zestigers-*** ⇒*v.e. zestiger*.

Sex·a·ges·i·ma ['seksə'dʒesɪmə], **'Sexagesima 'Sunday** ⟨eig.n.⟩ **0.1** ***Sexagesima*** ⟨2e zondag v.d. vasten, 8e zondag voor Pasen⟩.

sex·a·ges·i·mal ['seksə'dʒesɪml]⟨bn.⟩ **0.1** ***zestigtallig*** ⇒*sexagesimaal* ◆ **1.1** a ~ fraction *een sexagesimale breuk* ⟨met noemer een macht v. zestig⟩.

'sex appeal ⟨f1⟩⟨n.-telb.zn.⟩ **0.1** ***sex-appeal*** ⇒*seksuele aantrekkelijkheid*.

'sex bomb ⟨telb.zn.⟩ **0.1** ***seksbom***.

sex·cen·te·nar·y[1] ['seksen'ti:n(ə)ri‖'sentn·eri]⟨telb.zn.; →mv. 2⟩ **0.1** ***zeshonderdste gedenkdag*** ⇒*zesde eeuwfeest*.

sexcentenary[2] ⟨bn.⟩ **0.1** ***zeshonderdjarig*** **0.2** ***v. zeshonderd*** ⇒*zeshonderd(voudig)-*.

'sex change ⟨telb.zn.⟩ **0.1** ***sekse/geslachtsverandering***.

'sex chromosome ⟨telb.zn.⟩ **0.1** ***geslachtschromosoom*** ⇒*heterosoom*.

'sex drive ⟨telb.zn.⟩ **0.1** ***libido*** ⇒*geslachtsdrift*.

sex·ed [sekst]⟨bn.⟩ **0.1** ***opwindend*** ⇒*sexy, geil* ◆ **1.1** a highly ~ dance *een opwindende/geile dans*.

-sex·ed [sekst] **0.1** ***mbt. seks(ualiteit)*** ◆ **¶.1** oversexed *van seks bezeten, oversekst*.

'sex education ⟨telb. en n.-telb.zn.⟩ **0.1** ***seksuele opvoeding*** ⇒*seksuele voorlichting* ⟨ook als schoolvak⟩.

sex·en·ni·al [sek'senɪəl]⟨bn.⟩ **0.1** ***zesjaarlijks*** **0.2** ***zesjarig***.

sex·ism ['seksɪzm]⟨f1⟩⟨n.-telb.zn.⟩ **0.1** ***seksime*** ⇒*ongelijke behandeling naar sekse;* ⟨i.h.b.⟩ *vrouwenonderdrukking*.

sex·ist[1] ['seksɪst]⟨f1⟩⟨telb.zn.⟩ **0.1** ***seksist***.

sexist[2] ⟨f1⟩⟨bn.⟩ **0.1** ***seksistisch***.

'sex job ⟨telb.zn.⟩⟨sl.⟩ **0.1** ***sexy vrouw*** ⇒*lekker stuk* **0.2** ***sletje*** ⇒*nimfomane* **0.3** ***(uitgebreide/uitputtende) neukpartij***.

'sex kitten ⟨telb.zn.⟩⟨inf.⟩ **0.1** ***stoeipoes*** ⇒*lekker stuk*.

sex·less ['seksləs]⟨bn.; -ly; -ness⟩ **0.1** ***onzijdig*** ⇒*geslachtloos, neutraal* **0.2** ***seksloos*** ⇒*niet opwindend* **0.3** ***aseksueel*** ⇒*geslachtloos*.

'sex life ⟨telb. en n.-telb.zn.⟩ **0.1** ***seksueel leven*** ⇒*liefdeleven*.

'sex-'link·ed ⟨bn.⟩⟨genetica⟩ **0.1** ***in geslachtschromosomen*** ⟨v. genen⟩ **0.2** ***geslachtgebonden***.

'sex maniac ⟨telb.zn.⟩ **0.1** ***seksmaniak*** ⇒*seksueel geobsedeerde*.

'sex object ⟨telb.zn.⟩ **0.1** ***seks/lustobject*** **0.2** ***sekssymbool***.

sex·o·log·ic ['seksə'lɒdʒɪk‖-'lɑdʒɪk], **sex·o·log·i·cal** [-ɪkl]⟨bn.⟩ **0.1** ***seksuologisch***.

sex·ol·o·gist [sek'sɒlədʒɪst‖-'sɑ-]⟨telb.zn.⟩ **0.1** ***seksuoloog***.

sex·ol·o·gy [sek'sɒlədʒi‖-'sɑ-]⟨n.-telb.zn.⟩ **0.1** ***seks(u)ologie***.

sex·par·tite [seks'pɑ:taɪt‖-'pɑr-]⟨bn.⟩ **0.1** ***zesdelig*** ⇒*zesvoudig*.

sex·pert ['sekspɜ:t‖-pərt]⟨telb.zn.⟩⟨scherts.⟩ **0.1** ***seksuele therapeut***.

sex·ploi·ta·tion ['seksplɔɪ'teɪʃn]⟨n.-telb.zn.⟩ **0.1** ***commercieel gebruik v. seks*** ⟨vnl. in film⟩.

sex·ploi·ter [sek'splɔɪtə‖-'splɔɪtər]⟨telb.zn.⟩ **0.1** ***seksfilm*** ⇒*pornofilm*.

'sex·pot ⟨telb.zn.⟩⟨sl.⟩ **0.1** ***sexy vrouw/*** ⟨zelden⟩ ***man*** ⇒*lekker stuk*.

'sex role ⟨telb.zn.; vaak mv.⟩ **0.1** ***rollenpatroon***.

'sex shop ⟨telb.zn.⟩ **0.1** ***sexshop*** ⇒*seksboetiek/winkel*.

'sex symbol ⟨telb.zn.⟩ **0.1** ***sekssymbool***.

sext, sexte [sekst]⟨zn.⟩⟨relig.⟩

I ⟨telb.zn.⟩ **0.1** ***sext(en)*** ⟨vijfde canonieke uur; om twaalf uur⟩;

II ⟨n.-telb.zn.⟩ **0.1** ***sextentijd*** ⟨zesde uur v.d. dag⟩.

sex·tain ['sekstein]⟨telb.zn.⟩ **0.1** ***sestina*** ⟨dichtvorm⟩ **0.2** ***zesregelig vers***.

sex·tan[1] ['sekstən]⟨telb. en n.-telb.zn.⟩ **0.1** ***de vijfdendaagse koorts***.

sextan[2] ⟨bn.⟩ **0.1** ***vijfdaags*** ⇒*om de vijf dagen terugkerend*.

sex·tant ['sekstənt], ⟨in bet. I ook⟩ **Sex·tans** [-tænz]⟨zn.⟩

I ⟨eig.n.; S-⟩⟨ster.⟩ **0.1** ***Sextant*** ⇒*Uranies Sextans;*

II ⟨telb.zn.⟩ **0.1** ***sextant*** ⟨navigatie-instrument⟩.

sex·tet(te) [sek'stet]⟨zn.⟩

I ⟨telb.zn.⟩ **0.1** ⟨muz.⟩ ***sextet*** ⇒*zesstemmig stuk* **0.2** ⟨lit.⟩ ***zesregelig vers*** ⇒*sextet;*

II ⟨verz.n.⟩ **0.1** ⟨muz.⟩ ***sextet*** ⇒⟨alg.⟩ *zestal*.

'sex therapy ⟨telb. en n.-telb.zn.⟩ **0.1** ***sekstherapie***.

sex·to·dec·i·mo ['sekstə'desɪmou]⟨zn.⟩⟨boek.⟩

I ⟨telb.zn.⟩ **0.1** ***sedecimo*** ⟨boek in 16mo⟩;

II ⟨n.-telb.zn.⟩ **0.1** ***sedecimo*** ⟨32 bladzijden per vel druks⟩.

sex·ton ['sekstən]⟨f1⟩⟨telb.zn.⟩ **0.1** ***koster*** ⇒*kerkbewaarder* **0.2** ⟨vero.⟩ ***doodgraver***.

'sexton beetle ⟨telb.zn.⟩⟨dierk.⟩ **0.1** ***doodgraver*** ⟨genus Necrophorus⟩.

sex·ton·ship ['sekstənʃɪp]⟨n.-telb.zn.⟩ **0.1** ***kosterschap***.

sex·tu·ple[1] ['sekstʊpl‖-'tu:-]⟨telb.zn.⟩ **0.1** ***zesvoud***.

sextuple[2] ⟨bn.; -ly; →bijw. 3⟩ **0.1** ***zesdelig*** **0.2** ***zesvoudig***.

sextuple[3] ⟨onov. en ov.ww.⟩ **0.1** ***verzesvoudigen***.

sex·tu·plet [sek'stju:plɪt‖-'stʌ-]⟨zn.⟩

I ⟨telb.zn.⟩ **0.1** ***zesling*** ⟨één v.d. zes⟩ **0.2** ***zestal*** ⟨zelfde personen/dingen⟩ **0.3** ⟨muz.⟩ ***sextool;***

II ⟨mv.; ~s⟩ **0.1** ***zesling*** ⟨groep v. zes⟩.

sex-typed ['sekstaɪpt]⟨bn.⟩ **0.1** ***seksegebonden***.

sex·u·al ['sekʃuəl]⟨f3⟩⟨bn.; -ly⟩ **0.1** ***seksueel*** ⇒*geslachts-* **0.2** ***geslachtelijk*** ⇒*mbt. het geslacht/de sekse* ◆ **1.1** ~ abuse *seksueel misbruik/geweld, ontucht;* ~ contact *seksueel contact;* ~ harassment *ongewenste intimiteiten* ⟨vnl. op werk⟩; ~ intercourse, ⟨vero.⟩ ~ commerce *vleselijke omgang, geslachtsgemeenschap;* ~ organs *geslachtsorganen;* ~ revolution *seksuele revolutie* **1.2** ⟨plantk.⟩ ~ system *seksueel systeem* ⟨v. Linnaeus⟩.

sex·u·al·i·ty ['sekʃu'æləṭi]⟨f1⟩⟨n.-telb.zn.⟩ **0.1** ***seksualiteit*** ⇒*geslachtelijkheid* **0.2** ***geslachtsleven*** ⇒*geslachtsdrift, seksualiteit* **0.3** ***seksuele geaardheid***.

sex·u·al·ize, -ise ['sekʃuəlaɪz]⟨ov.ww.⟩ **0.1** ***geslacht toekennen aan*** **0.2** ***seks betrekken bij*** ⇒*seksueel maken, erotiseren*.

sex·y ['seksi]⟨f2⟩⟨bn.; -er; -ly; -ness; →bijw. 3⟩ **0.1** ***sexy*** ⇒*opwindend, prikkelend, pikant, uitdagend* **0.2** ***geil*** ⇒*heet, hitsig*.

sez [sez]⟨inf. spelling v. says⟩⟨inf.⟩ **0.1** ***zeg(t)*** ◆ **4.¶** ~ you! *hij/zij wel!, hoor hem/haar!, kom nou!, bespottelijk!*.

sf[1], **SF** ⟨afk.⟩ **0.1** ⟨science fiction⟩ ***SF*** ⇒*Sf* **0.2** ⟨sub finem⟩ ***s.f.***.

sf[2] ⟨afk.⟩ sforzando **0.1** ***sfz.***.

sfor·zan·do [sfɔ:'tsændou‖sfɔr'tsɑn-], **sfor·za·to** [sfɔ:'tsɑ:tou‖sfɔr'tsɑṭou]⟨bn.; bw.⟩⟨muz.⟩ **0.1** ***sforzando*** ⇒*sforzato* ⟨aanzwellend⟩.

sfz ⟨afk.⟩ sforzando **0.1** ***sfz.***.

SG ⟨afk.⟩ **0.1** ⟨senior grade⟩ **0.2** ⟨solicitor general⟩ **0.3** ⟨specific gravity⟩ ***s.g.*** **0.4** ⟨vnl. AE⟩ ⟨Surgeon General⟩.

sgd ⟨afk.⟩ signed **0.1** ***sign.*** ⇒*w.g.*.

sgraf·fi·to [sgræ'fi:tou‖sgrɑ'fi:ṭou]⟨telb.zn.; sgraffiti [-'fi:ṭi]; →mv. 5⟩ **0.1** ***(s)graffito*** **0.2** ***(s)graffitopot/beker*** ⇒*(s)graffito(ceramiek)*.

Sgt ⟨afk.⟩ sergeant.

sh[1], **shh, ssh** [ʃʃʃ]⟨f2⟩⟨tussenw.⟩ **0.1** ***st*** ⇒*sst*.

sh[2] ⟨afk.⟩ share, sheet, shilling(s).

shab·by ['ʃæbi]⟨f2⟩⟨bn.; -er; -ly; -ness; →bijw. 3⟩ **0.1** ***versleten*** ⇒*af (gedragen), kaal* **0.2** ***sjofel*** ⇒*armoedig, verlopen, armzalig* **0.3** ***min*** ⇒*laag, gemeen, vuil, verachtelijk*.

'shab·by-gen'teel ⟨bn.⟩ **0.1** ***van kale chic getuigend*** ⇒*vol vergane glorie*.

'shab·by-gen'til·i·ty ⟨n.-telb.zn.⟩ **0.1** ***vergane glorie*** ⇒*kale chic*.

shab·rack ['ʃæbræk]⟨telb.zn.⟩ **0.1** ***sjabrak*** ⇒*zadelkleed*.

Sha·bu·ot(h), She·vu·ot(h), Sha·vu·ot(h) [ʃə'vu:ouθ,-'vu:əs]⟨eig.n.⟩ ⟨relig.⟩ **0.1** ***wekenfeest*** ⇒*joodse pinksterfeest*.

shack [ʃæk]⟨f2⟩⟨telb.zn.⟩ **0.1** ***hut*** **0.2** ***hok*** ⇒*keet, schuurtje*.

'shack job ⟨telb.zn.⟩⟨sl.⟩ **0.1** ***sletje*** ⇒*maîtresse* **0.2** ***(langdurige) seksuele relatie***.

shack·le[1] ['ʃækl]⟨f1⟩⟨zn.⟩

I ⟨telb.zn.⟩ **0.1** ⟨vaak mv.⟩ ***(voet/hand)boei*** ⇒*keten, kluister* **0.2** ***schakel*** ⇒*(sluit)schalm, (sluit)harp, sluiting, harpsluiting* **0.3** ***trekijzer*** ⇒*koppeling* ⟨bv. tussen ploeg en trekker⟩ **0.4** ***beugel*** ⟨v. hangslot⟩ **0.5** ***kluister(blok)*** ⟨voor dier⟩;

II ⟨mv.; ~s⟩ **0.1** ***boeien*** ⇒*kluisters, ketenen;* ⟨fig.⟩ *blok aan het been*.

shackle[2] ⟨f1⟩⟨ov.ww.; vaak pass.⟩ **0.1** ***boeien*** ⇒*ketenen, kluisteren* **0.2** ***koppelen*** ⇒*vastmaken* ⟨d.m.v. schalm e.d.⟩ **0.3** ***belemmeren*** ⇒*beperken, hinderen* ◆ **6.¶** be ~d **with** sth. *vast zitten aan iets, met iets opgezadeld zitten*.

'shackle bolt ⟨telb.zn.⟩ **0.1** ***sluitbout*** ⇒*harpbout* **0.2** ***grendel met sluitschalm***.

'shack man ⟨telb.zn.⟩⟨sl.⟩ **0.1** ***getrouwde man*** **0.2** ***man/soldaat met maîtresse***.

'shack 'up ⟨f1⟩⟨onov.ww.⟩⟨inf.⟩ **0.1** ***hokken*** ⇒*samenwonen, intiem zijn/leven* ⟨i.h.b. met vrouw⟩ **0.2** ***wonen*** ⇒*uithangen, zitten* ◆ **1.2** I don't know where the fellow is shacking up right now *ik weet niet waar de knaap op dit moment huist/uithangt* **5.1** ~ **together** *(samen)hokken, samenwonen* **6.1** ~ **with** s.o. *met iem. hokken*.

shad [ʃæd]⟨telb.zn.; ook shad; →mv. 4⟩⟨dierk.⟩ **0.1** ***elft*** ⟨genus Alosa⟩.

'shad·ber·ry ⟨telb.zn.⟩⟨AE; plantk.⟩ **0.1** ***bes v. krenteboompje*** ⇒*bes v. rotsmispel/junibes* ⟨genus Amelanchier⟩.

'shad·bush ⟨telb.zn.⟩⟨AE; plantk.⟩ **0.1** ***krenteboompje*** ⇒*rotsmispel, junibes* ⟨genus Amelanchier⟩.

shad·dock ['ʃædək]⟨telb.zn.⟩⟨plantk.⟩ **0.1** ***pompelmoes*** ⟨Citrus grandis/decumana/maxima⟩ **0.2** ***pompelmoes*** ⟨vrucht v.d. Citrus grandis⟩.

shade[1] [ʃeɪd]⟨f3⟩⟨zn.⟩

I ⟨telb.zn.⟩ **0.1** ⟨vaak mv.⟩ ***schaduwplek(je)*** ⇒*schaduwhoek, plaats in de schaduw;* ⟨fig.⟩ *rustig plekje, afzondering* **0.2** ***schakering*** ⇒*nuance, tint* **0.3** ⟨vaak attr.⟩⟨ben. voor⟩ ***scherm*** ⇒*kap; lampekap; oogscherm, zonneklep; zonnescherm; stolp* ⟨over klok⟩; ⟨sl.; scherts.⟩ *paraplu* **0.4** ***hersenschim*** ⇒*schaduw* **0.5** ***schim*** ⇒*geest, spook* **0.6** ***tikkeltje*** ⇒*ietsje, tikje, beetje* **0.7** ⟨AE⟩ ***(rol)gordijn*** **0.8** ⟨sl.⟩ ***heler*** ◆ **1.2** ~s of green *schakeringen (v.) groen, verschillende kleuren groen;* ~s of meaning *(betekenis) nuances, betekenisschakeringen* **1.6** with a ~ of despair *met een vleugje wanhoop* **5.6** a ~ too heavy *ietsje te zwaar;*

II ⟨telb. en n.-telb.zn.⟩ **0.1** ***schaduw*** ⇒*diepsel* ⟨bij schilderen e.d.⟩;

III ⟨n.-telb.zn.⟩ **0.1** ***schaduw*** ⇒*lommer;* ⟨fig.⟩ *achtergrond* ◆ **3.1** ⟨fig.⟩ cast/throw s.o./sth. into the ~, put s.o./sth. in the ~ *iem./iets in de schaduw stellen* **7.1** in the ~ *in de schaduw;* ⟨fig.⟩ *op de achtergrond, achter de schermen;*

IV ⟨mv.; ~s⟩ **0.1** ***duisternis*** ⇒*schemerduister* **0.2** ⟨vaak Shades; the⟩ ***schimmenrijk*** ⇒*Hades, onderwereld* **0.3** ⟨vnl. AE; inf.⟩ ***zonnebril*** **0.4** ⟨BE⟩ ***wijnkelder*** ⇒*wijntapperij* ◆ **6.¶** ⟨inf.⟩ ~s **of** your granny. She used to talk like that *je lijkt je opoe wel/sprekend je opoe. Die praatte ook zo;* ~s of Homer! *Homeros zou zich in zijn graf omkeren!*.

shade[2] ⟨f3⟩⟨ww.⟩ →shading

I ⟨onov. en ov.ww.⟩ **0.1** ***geleidelijk veranderen*** ⇒*(doen) overgaan* ◆ **5.¶** ~ **away/off** *geleidelijk aan (laten) verdwijnen, beetje bij beetje (doen) afnemen* **6.1** shading **from** red **into** pink *van rood overgaand naar roze;* ~ (off) **into** blue *(doen) overgaan in blauw;*

II ⟨ov.ww.⟩ **0.1** ***beschermen*** ⇒*beschutten, beschaduwen, belommeren;* ⟨fig.⟩ *overschaduwen, in de schaduw stellen* **0.2** ***afschermen*** ⟨licht⟩ ⇒*temperen, dimmen* **0.3** ***arceren*** ⇒*schaduwen, schaduw aanbrengen in; donker/zwart maken* **0.4** ***verduisteren*** ⇒*verdonkeren, versomberen* **0.5** ***iets verlagen*** ⇒*iets laten zakken, wat scherper stellen* ⟨prijzen⟩ ◆ **1.1** ~ one's eyes *zijn hand boven de ogen houden;* the trees ~d the little square *het pleintje lag in de schaduw v.d. bomen*.

'shade tree ⟨telb.zn.⟩ **0.1** ***schaduwboom***.

shad·ing ['ʃeɪdɪŋ]⟨f1⟩⟨zn.; (oorspr.) gerund v. shade⟩

I ⟨telb.zn.⟩ **0.1** ***nuance*** ⇒*schakering, verschilletje* **0.2** ***scherm*** ⇒*beschutting;*

II ⟨n.-telb.zn.⟩ **0.1** ***arcering*** ⇒*het schaduwen*.

shad·ow[1] ['ʃædou]⟨f3⟩⟨zn.⟩⟨→sprw. 69⟩

I ⟨telb.zn.⟩ **0.1** ***schaduw(beeld)*** ⟨ook fig.⟩ ⇒*afschaduwing, silhouet* **0.2** ***schaduwplek*** ⇒*schaduwhoek;* ⟨i.h.b.⟩ *arcering, schaduw* ⟨in schilderij⟩; ⟨fig.⟩ *kring* ⟨onder ogen⟩ **0.3** ***zwakke afspiegeling*** ⇒*schaduw, schijn(beeld), schim, hersenschim* **0.4** ***onafscheidelijke metgezel*** ⇒*vaste kameraad;* ⟨sport⟩ *mandekker, schaduw* **0.5** ***(be)dreiging*** ⇒*schaduw, voorspiegeling, somber voorteken* **0.6** ⟨ben. voor⟩ ***iem. die schaduwt*** ⇒*spion, detective, rechercheur, smeris* **0.7** ***spiegelbeeld*** ⇒*evenbeeld* **0.8** ***houtskool*** ⇒*oogschaduw* **0.9** ⟨alleen enk.⟩ ***spoortje*** ⇒*zweem, schijntje* **0.10** ⟨sl.⟩ ***nikker*** ⇒*roetmop* **0.11** ⟨sl.⟩ ***klaploper*** ◆ **1.1** ⟨fig.⟩ in the ~ of s.o. *in de schaduw v. iem.* **1.3** a ~ of democracy *een schijn v. democratie, een zwakke afspiegeling v. democratie* **1.¶** he is the ~ of his former self *hij is bij lange na niet meer wat hij geweest is;* it is the ~ of a shade *het is een hersenschim/waanidee* **3.1** cast a ~ on sth. *een schaduw werpen op iets* ⟨ook fig.⟩ **3.3** catch at a ~ *een hersenschim najagen;* wear o.s. to a ~ *uitgemergeld raken als een geest, zichzelf uitputten totdat men eruitziet als een spook* **3.5** coming events cast their ~s before *komende gebeurtenissen werpen hun schaduw vooruit* **6.9** **beyond/without** the ~ of a doubt, **beyond/without** a ~ of doubt *zonder ook maar de geringste twijfel;*

II ⟨n.-telb.zn.⟩ **0.1** ***schaduw*** ⇒*duister(nis), schemerduister* **0.2** ***hoede*** ⇒*bescherming* ◆ **3.1** sleep in the ~ *in de schaduw slapen* **6.2** **under** the ~ **of** *onder de hoede van;*

III ⟨mv.; ~s; the⟩ **0.1** ***schemerduister*** ⇒*invallende duisternis, schaduwen*.

shadow[2] ⟨f2⟩⟨ov.ww.⟩ **0.1** ***beschaduwen*** ⇒*belommeren, in de schaduw stellen* **0.2** ***schaduwen*** ⇒*volgen* ⟨v. detective⟩ **0.3** ⟨sport⟩ ***volgen als een schaduw*** ⇒*straf dekken* **0.4** ***somber maken*** ⇒*verdonkeren, versomberen, doen betrekken* **0.5** ***afschaduwen*** ⇒*vaag schetsen, vaag aankondigen, voorlopig voorstellen* **0.6** ***arceren*** ⇒*schaduwen, schaduw aanbrengen in* ◆ **1.4** a ~ed face *een betrokken gezicht* **5.5** ~ **forth/out** *afschaduwen, vaag aangeven*.

'shadow ball ⟨telb.zn.⟩⟨bowling⟩ **0.1** ***oefenbal***.

'shadow bird ⟨telb.zn.⟩⟨dierk.⟩ **0.1** ***schaduwvogel*** ⟨Scopus umbretta⟩.

'shad·ow·box ⟨onov.ww.⟩ **0.1** ***schaduwboksen***.

'shadow 'cabinet ⟨f1⟩⟨telb.zn.⟩⟨BE⟩ **0.1** ***schaduwkabinet***.

'shadow factory ⟨telb.zn.⟩ **0.1** ***schaduwindustrie***.

shad·ow·graph ['ʃædougrɑ:f‖-græf]⟨telb.zn.⟩ **0.1** ***schaduwbeeld*** ⇒*silhouet, schaduwfiguur* ⟨op scherm/doek⟩ **0.2** ⟨med.⟩ ***röntgenfoto***.

'shadow play, 'shadow show ⟨telb.zn.⟩ **0.1** ***schimmenspel*** ⇒*schaduwspel*.

'shadow skating ⟨n.-telb.zn.⟩⟨schaatssport⟩ **0.1** ***(het) parallelschaatsen***.

shad·ow·y ['ʃædoui]⟨f1⟩⟨bn.; -er; -ness; →compar. 7⟩ **0.1** ***onduidelijk*** ⇒*vaag, schimmig* **0.2** ***schaduwrijk*** ⇒*lommerrijk, in schaduw gehuld* **0.3** ***als een schim*** ⇒*vluchtig, onwezenlijk, denkbeeldig, hersenschimmig*.

shad·y ['ʃeɪdi]⟨f1⟩⟨bn.; -er; -ly; -ness; →bijw. 3⟩ **0.1** ***schaduwrijk*** ⇒*lommerrijk* **0.2** ***onbetrouwbaar*** ⇒*(v.) twijfelachtig(e) (reputatie), verdacht, louche* **0.3** ***donker*** **0.4** ***stil*** ⇒*gedeisd, koest, schuil* ◆ **1.¶** on the ~ side of sixty *boven de zestig* **3.4** keep ~! *hou je gedeisd!, blijf stil zitten!*.

shaft[1] [ʃɑ:ft‖ʃæft]⟨f2⟩⟨telb.zn.⟩ **0.1** ***schacht*** ⟨v. pijl, speer⟩ ⇒⟨bij uitbr.⟩ *pijl, speer, lans, werpspies* **0.2** ⟨ben. voor⟩ ***lang recht hoofddeel/middenstuk*** ⇒*steel, stok, schacht* ⟨spade⟩; *schacht* ⟨veer⟩; *haarschacht; schacht, diafyse* ⟨pijpbeenderen⟩; *bloemstengel, steel, schacht* **0.3** ***lamoenstok*** ⇒*arm v.e. disselboom* **0.4** ***schacht*** ⟨v. zuil⟩ ⇒⟨bij uitbr.⟩ *zuil, pilaar, obelisk* **0.5** ⟨ben. voor⟩ ***lichtstraal*** ⇒*lichtbundel; bliksemstraal, lichtflits* **0.6** ***koker*** ⇒*schacht* ⟨lift, mijn⟩ **0.7** ***schoorsteen*** ⟨op dak⟩ **0.8** ***torenspits*** **0.9** ⟨tech.⟩ ***as*** ⇒*drijfas* ◆ **1.1** ⟨fig.⟩ ~s of envy *pijlen v. jaloezie* **3.¶** ⟨AE; sl.⟩ get the ~ *te grazen genomen worden;* give s.o. the ~ *iem. te grazen nemen;* have a ~ left in one's quiver *nog andere pijlen op zijn boog/in zijn koker hebben*.

shaft[2] ⟨f1⟩⟨ov.ww.⟩⟨sl.⟩ **0.1** ***neuken*** ⇒*naaien, palen* **0.2** ⟨AE⟩ ***te grazen nemen*** ⇒*belazeren, besodemieteren*.

shag[1] [ʃæg]⟨f1⟩⟨zn.⟩

I ⟨telb.zn.⟩ **0.1** ***warboel*** ⇒*kluwen* **0.2** ***verwarde haarbos*** **0.3** ***lange nop*** ⇒*pluis, knoop* ⟨in laken⟩ **0.4** ⟨dierk.⟩ ***aalscholver*** ⟨genus Phalocrocorax⟩ ⇒⟨i.h.b.⟩ *kuifaalscholver* ⟨Phalocrocorax aristotelis⟩ **0.5** ⟨BE; sl.⟩ ***nummertje*** **0.6** ⟨sl.⟩ ***seksorgie*** ⇒*groepsseks* **0.7** ⟨sl.⟩ ***vriend(innetje)*** ◆ **3.5** have a ~ *een nummertje maken;*

II ⟨n.-telb.zn.⟩ **0.1** ***shag*** ⇒*gekorven tabak* **0.2** ***noppen*** ⇒*ruw laken*.

shag[2] ⟨bn.⟩ **0.1** ***ruig*** ⇒*verward, wild*.

shag[3] ⟨ww.; →ww. 7⟩

I ⟨onov.ww.⟩⟨sl.⟩ **0.1** ***'m smeren*** ⇒*rennen;*

II ⟨ov.ww.⟩ **0.1** ***(op)ruwen*** ⇒*ruig maken* **0.2** ⟨vnl. volt. deelw.⟩ ***uitputten*** ⇒*vermoeien* **0.3** ⟨BE; sl.⟩ ***naaien*** ⇒*een nummertje/wippie maken met, wippen met* **0.4** ⟨sl.⟩ ***jacht maken op*** ◆ **1.2** Dorene was ~ged (out) *Dorene was afgepeigerd/gevloerd/uitgeteld.*

'shag·bark ⟨zn.⟩ ⟨AE⟩
I ⟨telb.zn.⟩ ⟨plantk.⟩ **0.1** ***hickory-noot*** ⇒*hickory-noteboom* ⟨Carya ovata⟩;
II ⟨n.-telb.zn.⟩ **0.1** ***hickory*** ⇒*hickory-notehout.*

shag·gy ['ʃægi] ⟨f1⟩ ⟨bn.; -er; -ly; -ness; →bijw. 3⟩ **0.1** ***harig*** ⇒*ruigbehaard, ruwharig* **0.2** ***ruig*** ⇒*wild, woest, verwaarloosd* ⟨baard⟩, *overwoekerd* ⟨land⟩ **0.3** ***noppig*** ⇒*ruig, ruw, grof, oneffen* ⟨stof⟩ **0.4** ⟨biol.⟩ ***stekelig*** ⇒*ruig, harig, als met haar begroeid* ◆ **1.1** a ~ dog *een ruwharige/ruige hond* **1.2** ~ forests *ruige bossen.*

'shag·gy-'dog story ⟨telb.zn.⟩ **0.1** ***paardemop*** **0.2** ***lange mop/anekdote zonder pointe.***

sha·green[1] [ʃə'gri:n, ʃæ-] ⟨n.-telb.zn.⟩ **0.1** ***chagrijn/segrijnleer*** ⟨v. haai/segrijnrog: om hout te polijsten⟩ **0.2** ***chagrijn/segrijnleer*** ⇒*Turks leer* ⟨ook v. schapehuid e.d.⟩.

shagreen[2] ⟨bn.⟩ **0.1** ***segrijn/chagrijnleren.***

shah [ʃɑ:] ⟨f1⟩ ⟨telb.zn.⟩ **0.1** ***sjah*** ⟨v. Perzië⟩.

shaik(h) →sheikh.

shaik(h)dom →sheikdom.

shake[1] [ʃeɪk] ⟨f2⟩ ⟨zn.⟩
I ⟨telb.zn.⟩ **0.1** ⟨geen mv.⟩ ***het schudden*** ⇒⟨i.h.b.⟩ *handdruk* **0.2** ***beving*** ⇒*schok, ruk, trilling* **0.3** ***barst*** ⇒*spleet, scheur* ⟨in hout, rots⟩ **0.4** ***dakspaan*** **0.5** ***milk shake*** **0.6** ⟨inf.⟩ ***ogenblikje*** ⇒*momentje* **0.7** ⟨inf.⟩ ***aardbeving*** **0.8** ⟨muz.⟩ ***triller*** **0.9** ⟨AE; inf.⟩ ***handeltje*** ⇒*transactie, kans, gelegenheid* **0.10** ⟨sl.⟩ ***afpersing*** **0.11** ⟨sl.⟩ ***chantagegeld*** ⇒*omkoopgeld* ◆ **1.1** a ~ of the hand *een handdruk;* he said no with a ~ of the head *hij schudde (van) nee* **2.9** get a fair/good ~ *goed/eerlijk behandeld worden* **3.1** give s.o. a ~ *iem. door elkaar rammelen* **3.¶** give s.o./sth. the ~ *iets/iem. kwijtraken, van iets/iem. afraken, ontsnappen aan iem./iets* **4.1** be all of a ~ *over zijn hele lichaam trillen* **6.6 in** two ~s (of a lamb's tail) *zo, direct, in een seconde, in een wip* **6.10 on** the ~ *bezig met afpersing, aan het chanteren;*
II ⟨mv.; ~s; the⟩ **0.1** ***tremor*** ⇒*(koorts)rillingen, trillingen, bibbers;* ⟨i.h.b.⟩ *delirium (tremens).*

shake[2] ⟨f4⟩ ⟨ww.; shook [ʃʊk]; shaken ['ʃeɪkən], ⟨vero. of inf. ook⟩ shook⟩
I ⟨onov.ww.⟩ **0.1** ***schudden*** ⇒*schokken, beven, (t)rillen, sidderen* **0.2** ***wankelen*** ⇒*onvast worden* **0.3** ⟨inf.⟩ ***de hand geven*** ⇒*de vijf geven* **0.4** ⟨sl.⟩ ***wellustig heupwiegen*** ⇒⟨scherts.⟩ *dansen* ◆ **1.1** the building shook *het gebouw trilde/beefde;* your hand ~s *je hand trilt* **5.¶** →shake **down;** ⟨mil.⟩ ~ **out** *zich verspreiden, uiteengaan* **6.1** they were shaking **with** fear *ze stonden te bibberen van angst;* ~ **with** laughter *schudden/schuddebuiken v.h. lachen* **¶.3** ~ (on it)! *geef me de vijf!, hand erop!;*
II ⟨onov. en ov.ww.⟩ ⟨muz.⟩ **0.1** ***trillen*** ⇒*tremolo/vibrato zingen;*
III ⟨ov.ww.⟩ **0.1** ***doen schudden*** ⇒*schokken, doen beven/trillen* **0.2** ***(uit)schudden*** ⇒*zwaaien, heen en weer schudden* **0.3** ***geven*** ⇒*schudden, drukken* ⟨hand⟩ **0.4** ⟨vaak pass.⟩ ***schokken*** ⇒*verontrusten, v.d. wijs/kook brengen, overstuur maken* **0.5** ***aan het wankelen brengen*** ⟨fig.⟩ ⇒*verzwakken, verminderen, aan geloofwaardigheid doen verliezen* **0.6** ⟨Austr. E; sl.⟩ ***bestelen*** ⇒*beroven, uitschudden* **0.7** ⟨Austr. E⟩ ***stelen*** **0.8** ⟨inf.⟩ ***kwijtraken*** ⇒*van zich afschudden, afkomen van, opgeven* ◆ **1.1** the explosion shook the island *de explosie deed het eiland schudden/beven* **1.2** ~ dice *dobbelstenen schudden;* ~ sugar on bread *suiker op brood strooien;* ~ a sword *met een zwaard zwaaien* **1.4** mother was shaken by Paul's death *moeder was getroffen/geschokt/overstuur door de dood v. Paul* **1.5** ~ s.o.'s faith *iemands geloof/vertrouwen schokken/doen wankelen;* these stories have shaken the firm's credit *deze verhalen hebben de firma in diskrediet gebracht* **1.8** he couldn't ~ gambling *hij kon het gokken niet laten, hij kon niet ophouden met gokken* **4.2** the dog shook himself after his swim *na het zwemmen schudde de hond zich (uit)* **5.2** ~ **off** *(van zich) afschudden* ⟨ook fig.⟩; *kwijtraken, ontsnappen aan;* ~ **out** *uitschudden, leegschudden;* ~ **out** a rug *een kleedje uitschudden* **5.¶** →shake **down;** ~ together *het goed met elkaar vinden, (goed) opschieten met elkaar;* →shake **up** **6.2** ~ the fruits **from/out of** the trees *de vruchten uit/van de bomen schudden* **6.4** ~ s.o. **from/out of** his apathy *iem. uit zijn onverschilligheid wakker schudden* **7.1** get a shaking *door elkaar geschud worden* **¶.2** ~ before use/using *schudden voor gebruik.*

shake·a·ble, shak·a·ble ['ʃeɪkəbl] ⟨bn.⟩ **0.1** ***schudbaar.***

'shake·down ⟨telb.zn.⟩ **0.1** ***kermisbed*** **0.2** ⟨vaak attr.⟩ ***laatste proefvlucht/vaart*** ⟨met bemanning⟩ **0.3** ⟨AE; inf.⟩ ***afpersing*** ⇒*chantage, geld-uit-de-zak-klopperij* **0.4** ⟨AE; inf.⟩ ***grondig onderzoek*** ⇒*grondige fouillering, zwaar verhoor* **0.5** ⟨AE⟩ ***shakedown*** ⟨woeste dans⟩.

'shake 'down ⟨f1⟩ ⟨ww.⟩
I ⟨onov.ww.⟩ **0.1** ***gewend raken aan*** ⇒*ingewerkt raken, zich op zijn plaats/thuis gaan voelen, zich inpassen* **0.2** ***goed/gesmeerd gaan lopen*** ⇒*werken, goed afgesteld zijn, in orde zijn* ⟨v. machine e.d.⟩ **0.3** ***(gaan) slapen*** ⇒*pitten, maffen* **0.4** ***vast worden*** ⇒*compact worden* ◆ **1.1** the members of the committee are shaking down nicely *de leden v.d. commissie raken aardig op elkaar ingespeeld/kunnen goed met elkaar overweg* **1.2** the engines shook down properly *de motoren werkten zoals het hoorde;*
II ⟨ov.ww.⟩ **0.1** ***(af)schudden*** ⇒*uitschudden, schuddend neerhalen* **0.2** ***uitspreiden*** ⇒*op de grond schudden* ⟨stro e.d., als kermisbed⟩ **0.3** ***compacter laten worden*** ⇒*ineenschudden* **0.4** ***laatste proefvlucht/vaart laten maken*** ⟨met bemanning⟩ **0.5** ⟨AE; inf.⟩ ***afpersen*** ⇒*chanteren, geld uit de zak kloppen, uitschudden, aftroggelen* **0.6** ⟨AE; inf.⟩ ***grondig doorzoeken*** ⇒*aan een zwaar verhoor onderwerpen* ◆ **1.1** the building had been shaken down by an earthquake *het gebouw was ingestort door een aardbeving* **6.5** shake s.o. down **for** fifty dollars *iem. vijftig dollar afpersen/lichter maken, iem. tillen voor vijftig dollar.*

'shake-'hands ⟨f1⟩ ⟨mv.; ww. vnl. enk.⟩ **0.1** ***hand(druk).***

'shake-out ⟨telb.zn.⟩ **0.1** ***reorganisatie*** ⟨bv. in industrie⟩.

shak·er ['ʃeɪkə‖-ər] ⟨f1⟩ ⟨telb.zn.⟩ **0.1** ***schudbeker*** ⇒*mengglas, shaker* **0.2** ***strooibus*** ⇒⟨i.h.b.⟩ *zoutbusje, suikerstrooier* **0.3** ***schudder*** **0.4** ⟨S-⟩ ***shaker*** ⟨Am. godsdienstige sekte⟩.

Shak·er·ism ['ʃeɪkərɪzm] ⟨n.-telb.zn.⟩ **0.1** ***shakerisme*** ⟨leer v.d. Shakers⟩.

Shake·spear·i·an[1], **Shak·sper·i·an, Shake·spear·e·an, Shak·sper·e·an** ['ʃeɪk'spɪərɪən‖-'spɪr-] ⟨telb.zn.⟩ **0.1** ***Shakespearekenner.***

Shakespearian[2], **Shaksperian, Shakespearean, Shaksperean** ⟨f1⟩ ⟨bn.⟩ **0.1** ***v. Shakespeare*** ⇒*Shakespeare-* **0.2** ***Shakespeariaans.***

Shake·spear·i·ana, Shak·sper·i·ana, Shake·spear·e·ana, Shak·sper·e·ana ['ʃeɪkspɪəri'ɑ:nə‖-spɪri'ænə] ⟨mv.⟩ **0.1** ***Shakespeariana.***

'shake·up ⟨f1⟩ ⟨telb.zn.⟩ **0.1** ***radicale reorganisatie*** ⇒*ingrijpende hergroepering* **0.2** ⟨geen mv.⟩ ***opschudding*** ⇒*het opschudden* ⟨v. kussen⟩ **0.3** ⟨geen mv.⟩ ***het door elkaar schudden*** **0.4** ⟨geen mv.⟩ ***opfrisser*** ⇒*het wakker schudden* **0.5** ⟨AE⟩ ***in elkaar geflanst huis/gebouw*** **0.6** ⟨sl.⟩ ***whiskycocktail*** ◆ **3.4** they need a thorough ~ *ze moeten eens flink wakker geschud/tot de orde geroepen worden.*

'shake 'up ⟨f1⟩ ⟨ov.ww.⟩ **0.1** ***(door elkaar) schudden*** ⇒*hutselen* ⟨drankje⟩ **0.2** ***opschudden*** ⟨kussen⟩ **0.3** ***wakker schudden*** ⇒*opschudden, opschrikken, tot de orde v.d. dag brengen* **0.4** ***reorganiseren*** ⇒*hergroeperen, orde op zaken stellen in* **0.5** ***schokken*** ⇒*overstuur maken* ◆ **1.5** shaken up by the news of her father's death *helemaal v. slag/streek door het nieuws v. haar vaders dood* **3.1** ⟨fig.⟩ we felt shaken up after the ten-hour flight *we voelden ons geradbraakt na de vlucht v. tien uur* **4.¶** ⟨sl.⟩ shake it up *schiet op.*

shak·o ['ʃækoʊ, 'ʃeɪkoʊ] ⟨telb.zn.⟩ ⟨mil.⟩ **0.1** ***sjako.***

shak·y ['ʃeɪki] ⟨f2⟩ ⟨bn.; -er; -ly; →bijw. 3⟩ **0.1** ***beverig*** ⇒*trillerig, zwak(jes)* **0.2** ***wankel*** ⟨ook fig.⟩ ⇒*gammel, onbetrouwbaar, onveilig, zwak* **0.3** ***vol scheuren*** ⟨hout⟩ ◆ **1.2** ⟨fig.⟩ my Swedish is rather ~ *ik ben niet zo sterk in Zweeds, mijn Zweeds is nogal zwak.*

shale [ʃeɪl] ⟨f2⟩ ⟨n.-telb.zn.⟩ ⟨geol.⟩ **0.1** ***schalie*** ⇒*kleischalie.*

'shale oil ⟨n.-telb.zn.⟩ **0.1** ***schalieolie.***

shall [ʃ(ə)l ⟨sterk⟩ ʃæl] ⟨f4⟩ ⟨ww.; →t2 voor onregelmatige vormen; →do-operator, modaal hulpwerkwoord, ww. 3⟩ →should
I ⟨onov.ww.⟩ ⟨vero.⟩ **0.1** ***zullen gaan*** ◆ **6.1** we ~ **to** London tomorrow *we vertrekken morgen naar Londen;*
II ⟨hww.⟩ **0.1** ⟨→onvoltooid toekomende tijd, voltooid toekomende tijd⟩ ***zullen*** **0.2** ⟨→gebod; ook plechtige belofte, dreiging, plan, intentie, enz.; steeds emfatisch⟩ ⟨schr.⟩ ***zullen*** ⇒*moeten* **0.3** ⟨→wilsuiting; in inversie; vraagt om beslissing⟩ ***zullen*** ⇒*moeten* **0.4** ⟨noodzaak⟩ ⟨vero.⟩ ***zullen moeten*** ◆ **3.1** I ~ consider it *ik zal er rekening mee houden* **3.2** as it was in the beginning, it now and ever ~ be *zoals het was in den beginne, en nu, en altijd;* whatever ~ happen, we must be brave *wat er ook gebeure, we moeten dapper zijn;* you ~ have the book you want *je krijgt het boek dat je wil hebben;* thou shalt not kill *gij zult niet doden;* I will and I ~ be married *ik wil en ik zal trouwen;* it ~ be prohibited to dump in the woods *het is verboden vuilnis te storten in de bossen;* I ~ speak to him even if he tries to prevent me *ik zal hoe dan ook met hem spreken, zelfs als hij het me wil verhinderen* **3.3** what ~ we do when Jimmy leaves us? *wat moeten we doen als Jimmy ons verlaat?;* ~ I open the window? *zal ik het raam openzetten?, wilt u dat ik het raam openzet?* **3.4** he who wins ~ have the gods

on his side *hij die wint zal de goden aan zijn kant moeten hebben*.

shal·loon [ʃə'lu:n]⟨n.-telb.zn.⟩ **0.1** ***(soort) sérge*** ⟨lichte gekeperde wollen stof⟩.

shal·lop ['ʃæləp]⟨telb.zn.⟩ **0.1** ***sloep***.

shal·lot [ʃə'lɒt‖ʃə'lɑt], **esch·a·lot** ['eʃə-]⟨f1⟩⟨telb.zn.⟩ **0.1** ***sjalot***.

shal·low[1] ['ʃæloʊ]⟨f1⟩⟨telb.zn.⟩ **0.1** ⟨vaak mv.⟩ ***ondiep(te)*** ⇒*ondiepe plaats, wad, zandbank* **0.2** ⟨BE⟩ ***platte / ondiepe mand*** ⟨v. venter⟩ **0.3** ⟨BE⟩ ***venterskar*** ◆ **2.1** the ship lay wrecked in the rocky ~s of the river *het schip lag gestrand op de ondiepe rotsen v.d. rivier*.

shallow[2] ⟨f3⟩⟨bn.; ook -er; -ly; -ness⟩⟨→sprw. 93⟩ **0.1** ***ondiep*** **0.2** ***oppervlakkig*** ⇒*niet diepgaand, lichtvaardig, ondiep, triviaal* **0.3** ***zwak*** ⇒*niet diep* ⟨v. ademhaling⟩ ◆ **1.1** a ~ dish *een plat bord;* ~ river *ondiepe rivier;* ~ steps *lage treden* **1.2** ~ arguments *oppervlakkige / niet diepgaande argumenten;* a ~ love *een oppervlakkige liefde;* ~ optimism *lichtvaardig optimisme*.

shallow[3] ⟨ww.⟩

I ⟨onov.ww.⟩ **0.1** ***ondiep(er) worden;***

II ⟨ov.ww.⟩ **0.1** ***ondiep(er) maken***.

'shal·low-'brained, 'shal·low-'wit·ted ⟨bn.⟩ **0.1** ***oppervlakkig*** ⇒*dom, leeghoofdig, lichtvaardig*.

'shal·low-'heart·ed ⟨bn.⟩ **0.1** ***oppervlakkig*** ⇒*met / v. oppervlakkige gevoelens* ◆ **3.1** be ~ *oppervlakkige gevoelens hebben*.

'shal·low-'pat·ed ⟨bn.⟩ **0.1** ***leeghoofdig***.

shal·lows ['ʃæloʊz]⟨telb.zn.⟩ **0.1** ***ondiepte*** ⇒*ondiepe plaats, wad* ◆ **2.1** a dangerous ~ *een gevaarlijke ondiepte*.

sha·lom [ʃə'lɒm‖ʃɑ'loʊm], **shalom a·lei·chem** [ʃə'lɒm ə'leɪxəm‖ʃɑ'loʊm-] **0.1** ***sjalo(o)m (aleichem)*** ⇒*vrede (zij met u)*.

shalt [ʃəlt⟨sterk⟩ʃælt]⟨2e pers. enk. teg. t., vero. of relig.; →t2⟩ →shall.

sham[1] [ʃæm]⟨f1⟩⟨zn.⟩

I ⟨telb.zn.⟩ **0.1** ***veinzerij*** ⇒*komedie, bedotterij, schijn(vertoning), misleiding* **0.2** ***voorwendsel*** ⇒*smoes* **0.3** ***namaaksel*** ⇒*imitatie, vervalsing* **0.4** ***bedrieger*** ⇒*veinzer(es) komediant, hypocriet, huichelaar* **0.5** ⟨sl.⟩ ***smeris*** ◆ **1.1** the promise was a ~ *de belofte was maar geveinsd / schijn* **2.1** her love for him is a mere ~ *haar liefde voor hem is louter veinzerij / enkel voor de schijn;*

II ⟨n.-telb.zn.⟩ **0.1** ***bedrog*** ⇒*veinzerij, schijn, valsheid* ◆ **4.1** all ~ *één en al veinzerij / komedie / vertoning, je reinste bedrog*.

sham[2] ⟨f1⟩⟨bn., attr.⟩ **0.1** ***namaak-*** ⇒*imitatie-, nagemaakt, vals* **0.2** ***schijn-*** ⇒*gesimuleerd, voorgewend, pseudo-* ◆ **1.1** ⟨bouwk.⟩ ~ Tudor *imitatie-Tudor* **1.2** ~ pity *voorgewend medelijden;* ⟨jur.⟩ a ~ plea *een pseudo-pleidooi* ⟨gehouden om tijd te winnen⟩ **1.¶** ⟨mil.⟩ a ~ fight *een spiegelgevecht*.

sham[3] ⟨f1⟩⟨ww.; →ww. 7⟩

I ⟨onov.ww., kww.⟩ **0.1** ***doen alsof*** ⇒*veinzen, simuleren* ◆ **2.1** ~ asleep *doen alsof je slaapt;* ~ dead *zich dood houden;* ~ ill *veinzen ziek te zijn* **¶.1** he's only ~ming *hij doet maar alsof;*

II ⟨ov.ww.⟩ **0.1** ***voorwenden*** ⇒*veinzen, simuleren, voorgeven* ◆ **1.1** ~ a headache *hoofdpijn voorwenden;* ~ illness *ziekte voorwenden, doen alsof je ziek bent*.

sha·man ['ʃɑ:mən]⟨telb.zn.⟩ **0.1** ***sjamaan*** ⇒*medicijnman*.

sha·man·ism ['ʃɑ:mənɪzm]⟨n.-telb.zn.⟩ **0.1** ***sjamanisme***.

sham·at·eur ['ʃæmətə, -tʃə‖-mətʃər, -tʃʊr]⟨telb.zn.⟩ **0.1** ***semi-professional*** ⇒*pseudo-amateur, staatsamateur*.

sham·at·eur·ism ['ʃæmətərɪzm, -tʃə-‖'ʃæmətʃərɪzm, -'tʃʊ-]⟨n.-telb.zn.⟩ **0.1** ***semi-professionalisme*** ⇒*pseudo-amateurisme, staatsamateurisme*.

sham·ba ['ʃamba]⟨n.-telb.zn.⟩ **0.1** ***(bouw)land***.

sham·ble[1] ['ʃæmbl]⟨telb.zn.⟩ **0.1** ***schuifelgang(etje)***.

shamble[2] ⟨f2⟩⟨onov.ww.⟩ **0.1** ***schuifelen*** ⇒*sloffen, sukkelend gaan* ⟨ook fig.⟩ ◆ **1.1** a shambling gait *een sukkelgang;* a shambling style *een houterige / sukkelende stijl*.

sham·bles ['ʃæmblz]⟨f1⟩⟨telb.zn.⟩ **0.1** ***janboel*** ⇒*mesthoop* ⟨enkel fig.⟩, *troep, bende, rommel* **0.2** ***bloedbad*** ⇒*(af)slachting, slachtpartij* **0.3** ***slachterij*** ⇒*slachthuis / plaats, abattoir* **0.4** ⟨BE⟩ ***(vlees) markt*** **0.5** ⟨BE⟩ ***slagerij*** ⇒*beenhouwerij* ◆ **2.1** their house is a complete ~ *hun huis is een echte varkensstal* **3.1** be a ~ *volledig overhoop staan, één grote rommel / troep / bende zijn;* make a ~ of sth. *een ramp / zooi maken v. iets* **6.1** leave sth. **in** a ~ *iets als één grote bende achterlaten*.

sham·bol·ic [ʃæm'bɒlɪk‖-'bɑlɪk]⟨bn.⟩⟨BE⟩ **0.1** ***wanordelijk*** ⇒*volledig overhoop*.

shame[1] [ʃeɪm]⟨f3⟩⟨zn.⟩⟨→sprw. 309⟩

I ⟨telb.zn.; alleen enk.⟩ **0.1** ***schande*** ⇒*schandaal* **0.2** ***zonde*** ◆ **1.1** it's a sin and a ~ *het is zonde en schande* **4.¶** what a ~! *het is een schande!; 't is zonde!, wat jammer / spijtig!* **6.1** be a ~ **to** one's family *een schande zijn voor de familie, de schande v.d. familie zijn;*

II ⟨n.-telb.zn.⟩ **0.1** ***schaamte(gevoel)*** ⇒*beschaamd / verlegenheid* **0.2** ***schande*** ⇒*smaad, oneer, vernedering* ◆ **1.1** have no sense of ~ *zich nergens voor schamen* **3.1** have no ~ *geen schaamte kennen, geen enkel schaamtegevoel hebben* **3.2** bring ~ on s.o. *schande brengen over iem., iem. tot schande / oneer strekken, iem. te schande maken;* cry ~ on s.o. *schande roepen over iem., schande v. iem. spreken;* think ~ to do sth. *het een schande vinden iets te doen, zich schamen iets te doen* **3.¶** put to ~ *in de schaduw stellen; schande / oneer aandoen; beschaamd maken / doen staan, beschamen* **6.1** Don't you feel ~ **at** having told lies? *Schaam je je niet dat je leugens verteld hebt?;* **for** ~ *van / uit schaamte / beschaamdheid;* he cannot do it **for** very ~ *hij is uit louter beschaamd / verlegenheid niet in staat het te doen;* I feel no ~ **for** my actions *ik schaam me niet voor mijn daden;* be **past** ~ *geen schaamte meer kennen;* be dead **to / quite without** ~ *alle schaamte afgelegd hebben;* be lost **to** ~ *alle schaamte verloren hebben;* flush **with** ~ *blozen v. schaamte* **6.2 to** my ~ *tot mijn (grote) schande* **6.¶ for** ~!, ~ **on** you! *schaam je!, je moest je schamen!* **¶.2** ⟨tegen spreker⟩ ~! *schandalig!, (het is een) schande!, hoe durft u!*.

shame[2] ⟨f2⟩⟨ov.ww.⟩⟨→sprw. 622⟩ **0.1** ***beschamen*** ⇒*beschaamd doen staan / maken* **0.2** ***schande aandoen*** ⇒*te schande maken* **0.3** ***in de schaduw stellen*** ⇒*overtreffen, met rode kaken doen staan* ◆ **1.3** an industrial development which ~s the western world *een industriële ontwikkeling die de westerse wereld in de schaduw stelt* **4.1** it ~s me to say this *ik schaam me ervoor dit te (moeten) zeggen* **6.1** he ~d her **into** admitting that it was a lie *hij maakte haar zo beschaamd, dat zij toegaf te hebben gelogen;* she ~d him **out of** copying his homework *ze maakte hem zo beschaamd, dat hij het huiswerk niet meer durfde overschrijven*.

'shame'faced ⟨f1⟩⟨bn.; -ly [-'feɪsɪdli]; -ness [-'feɪsɪdnəs]⟩ **0.1** ***beschaamd*** **0.2** ***beschroomd*** ⇒*bedeesd, verlegen, schaamachtig* **0.3** ⟨schr.⟩ ***bescheiden*** ⇒*onopvallend*.

shame·ful ['ʃeɪmfl]⟨f2⟩⟨bn.; -ly; -ness⟩ **0.1** ***beschamend*** **0.2** ***schandelijk*** ⇒*schandalig*.

shame·less ['ʃeɪmləs]⟨f1⟩⟨bn.; -ly; -ness⟩ **0.1** ***schaamteloos*** ⇒*onbeschaamd*.

sham·mer ['ʃæmə‖-ər]⟨telb.zn.⟩ **0.1** ***veinzer(es)*** ⇒*komediant, hypocriet, huichelaar* **0.2** ***bedrieger***.

shammy, shamoy →chamois.

sham·poo[1] ['ʃæm'pu:]⟨f2⟩⟨zn.⟩

I ⟨telb.zn.⟩ **0.1** ***shampoobeurt*** ◆ **3.1** give o.s. a ~ *zijn haar met shampoo wassen;*

II ⟨telb. en n.-telb.zn.⟩ **0.1** ***shampoo*** **0.2** ⟨sl.; scherts.⟩ ***champagne*** ◆ **2.1** dry ~ *droogshampoo*.

shampoo[2] ⟨f1⟩⟨ov.ww.; shampooed ['ʃæm'pu:d]⟩ **0.1** ***shampooën*** ⇒*shamponeren* **0.2** ***shamponeren*** ⇒*met shampoo reinigen / schoonmaken* ⟨i.h.b. auto, tapijt⟩.

sham·rock ['ʃæmrɒk‖-rɑk]⟨f1⟩⟨telb. en n.-telb.zn.⟩⟨plantk.⟩ **0.1** ***klaver*** ⟨Trifolium⟩ ⇒⟨i.h.b.⟩ *kleine klaver* ⟨T. dubium, symbool v. Ierland⟩ **0.2** ***klaverzuring*** ⟨Oxalis⟩.

sha·mus ['ʃɑ:məs, 'ʃeɪməs]⟨telb.zn.⟩⟨sl.⟩ **0.1** ***smeris*** ⇒*klabak, politieagent* **0.2** ***privé-detective***.

shan·dry·dan ['ʃændrɪdæn]⟨telb.zn.⟩ **0.1** ***rijtuig*** ⟨met kap⟩ **0.2** ***(oude) rammelkast***.

shan·dy ['ʃændi], **shan·dy·gaff** [-gæf]⟨f1⟩⟨telb. en n.-telb.zn.⟩ **0.1** ***shandy(gaff)*** ⟨bier met gemberbier of limonade⟩.

shang·hai ⟨ov.ww.; →ww. 7⟩ **0.1** ***sjangha(a)ien*** ⇒*(door list of onder dwang) ronselen* ⟨i.h.b. als matroos, door hem dronken te voeren⟩ **0.2** ***sjangha(a)ien*** ⇒*(door list / onder dwang) overhalen, dwingen, chanteren* ◆ **6.2** ~ **into** *pressen / dwingen tot, onder dwang brengen tot, chanteren*.

Shang·hai ['ʃæŋ'haɪ]⟨zn.⟩

I ⟨eig.n.⟩ **0.1** ***Shanghai;***

II ⟨telb.zn.; soms s-⟩ **0.1** ***Shanghai*** ⟨soort brahmapoetrakip⟩.

Shan·gri-La ['ʃæŋgri 'lɑ:]⟨n.-telb.zn.⟩ **0.1** ***Shangri-La*** ⇒*aards paradijs, Utopia* ⟨naar verborgen vallei in 'Lost Horizon' v. J. Hilton⟩.

shank[1] [ʃæŋk]⟨f1⟩⟨zn.⟩

I ⟨telb.zn.⟩ **0.1** ⟨anat.⟩ ***(onder / scheen)been*** ⇒*schenkel* **0.2** ⟨ornithologie⟩ ***loopbeen*** **0.3** ⟨plantk.⟩ ***steel*** ⇒*stengel* **0.4** ***schacht*** ⟨v. anker, zuil, sleutel, vishaak⟩ ⇒*pijp* ⟨v. sleutel⟩ **0.5** ***steel*** ⟨v. gebruiksvoorwerpen, i.h.b. nagel, bout, lepel, pijp, glas⟩ **0.6** ***oog*** ⟨v. knoop⟩ **0.7** ***doorn*** ⟨v. mes, enz.⟩ **0.8** ⟨BE⟩ ***been*** ⇒*schacht* ⟨v. kous⟩ **0.9** ⟨AE⟩ ***beste / vroegste deel*** ⟨v. tijdsperiode⟩ ◆ **1.9** the ~ of the evening *het beste deel v.d. avond;*

II ⟨n.-telb.zn.⟩ **0.1** ***schenkel(vlees)***.

shank[2] ⟨ww.⟩

I ⟨onov.ww.⟩ **0.1** ***afvallen*** ⟨v. bloem, door verrotting v.d. stengel⟩ ◆ **5.1** ~ **off** *afvallen;*

II ⟨ov.ww.⟩ **0.1** ⟨golf⟩ ***shanken*** ⟨een misslag maken met hiel v. golfstok⟩ **0.2** ⟨Am. voetbal⟩ ***mistrappen*** ⇒*misschoppen*.

'shanks'(s) pony, 'shanks'(s) mare ⟨n.-telb.zn.⟩ ⟨vero.; scherts.⟩ **0.1** ***benenwagen*** ◆ **3.1** go on/ride ~ *met de benenwagen gaan.*
shan·ny ['ʃæni] ⟨telb.zn.; →mv. 2⟩ ⟨dierk.⟩ **0.1** ***slijmvis*** ⟨Blennius pholis⟩.
shan't, sha'nt [ʃɑ:nt‖ʃænt] ⟨samentr. v. shall not; →t2⟩ →shall.
shan·tung ['ʃæn'tʌŋ] ⟨n.-telb.zn.⟩ **0.1** ***sjantoeng*** ⇒*tussorzijde.*
shan·ty[1], ⟨in bet. 0.3 sp. ook⟩ **shan·tey** ['ʃænti], ⟨in bet. 0.3 ook⟩ **chan·ty,** ⟨AE sp. ook⟩ **chan·tey** ['tʃænti] ⟨f2⟩ ⟨telb.zn.; →mv. 2⟩ **0.1** ***barak*** ⇒*keet* **0.2** ⟨vero.; Austr. E⟩ ***kroeg*** ⇒*café, bar* ⟨i.h.b. zonder vergunning⟩ **0.3** ***shanty*** ⇒*zeemans/matrozenliedje.*
shanty[2] ⟨onov.ww.⟩ **0.1** ***barakkeren*** ⇒*in een barak/hut/keet/loods wonen.*
shan·ty·man ['ʃæntimən], ⟨in bet. 0.1 ook⟩ **'shan·ty·boy** ⟨telb.zn.; eerste variant shantymen [-mən]; →mv. 3⟩ **0.1** ***barakbewoner*** ⟨i.h.b. houthakker⟩ **0.2** ***shantyman*** ⟨voorzanger bij het zingen v. zeemansliedjes⟩.
'shan·ty·town ⟨telb.zn.⟩ **0.1** ***sloppenwijk*** ⇒*barakkenkamp, bidonville.*
shape[1] [ʃeɪp] ⟨f3⟩ ⟨zn.⟩
I ⟨telb.zn.⟩ **0.1** ***gedaante*** ⇒*schim, verschijning* **0.2** ***(bak/giet) vorm*** ⇒*model, patroon, sjabloon* **0.3** ***hoedebol*** ◆ **2.1** a huge ~ loomed up through the fog *een enorme gedaante doemde uit de mist op;*
II ⟨telb. en n.-telb.zn.⟩ **0.1** ***vorm*** ⇒*gestalte, gedaante, voorkomen, verschijning* ◆ **1.1** in all ~s and sizes *in alle vormen en maten, in alle maten en gewichten* **1.¶** ⟨met ontkenning⟩ in any ~ or form *in welke vorm dan ook, van welke aard dan ook;* I've had no trouble with him in any ~ or form *ik heb op geen enkele manier moeilijkheden met hem gehad* **2.1** a monster in human ~ *een monster in de gedaante v.e. mens/in menselijke gedaante* **3.1** get/put sth. into ~ *gestalte/vorm geven aan iets, iets (een) vaste vorm geven;* give ~ to *vorm geven aan, tot uitdrukking brengen;* take ~ *(vaste/vastere) vorm aannemen/krijgen, gestalte (ver)krijgen;* take ~ in *vaste vorm krijgen door, tot uiting komen in* **3.¶** knock/lick sth. into ~ *iets in een goede vorm gieten/presentabel maken, iets fatsoeneren/bijschaven;* knock out of ~ *vervormen* **6.1 in** ~ *van vorm/toestand;* round **in** ~ *rond van vorm;* **in** any ~ *onder welke vorm dan ook;* **in** the ~ **of** *in de vorm/gedaante van;*
III ⟨n.-telb.zn.⟩ ⟨inf.⟩ **0.1** ***(goede) conditie*** ⇒*(goede) toestand, vorm* ◆ **2.1** in bad/poor ~ *in slechte conditie;* be in good ~ *in (goede) conditie zijn, (goed) in vorm zijn* **3.¶** ⟨AE; inf.⟩ bent out of ~ *woest, pisnijdig; geschokt, verbouwereerd; apezat, strontlazerus* **6.1 in(to)** ~ *in (goede) conditie;* they got the shop **in** ~ for the sale *zij maakten de winkel in orde voor de verkoop;* exercises to keep **in** ~ *conditietraining, gymnastiekoefeningen;* that's the ~ **of** it *zo is het ermee gesteld;* **out of** ~ *in slechte conditie;* I feel **out of** ~ *er scheelt me iets, ik voel me niet al te best.*
shape[2] ⟨f3⟩ ⟨ww.; volt. deelw. vero. ook shapen ['ʃeɪpən]; →ww. 7⟩ ⟨→sprw. 227⟩
I ⟨onov.ww.⟩ **0.1** ***zich ontwikkelen*** ⇒*vooruitgang maken, zich vormen, vorm aannemen/krijgen* ◆ **1.1** how is the new system shaping? *hoe is het nieuwe systeem zich aan 't ontwikkelen?;* the new team is shaping satisfactorily *de nieuwe ploeg maakt voldoende vooruitgang;* we'll see how things ~ (up) *we zullen zien hoe de dingen zich ontwikkelen* **5.1** ~ **up** *zich ontwikkelen, vooruitgang maken, zich vormen, vorm aannemen/krijgen; zich voorbereiden, zich opstellen;* ~ (up) **well** *zich gunstig ontwikkelen, veelbelovend zijn, er goed voorstaan, succesvol lijken* **5.¶** ~ **up** *zich goed (gaan) gedragen, zijn fatsoen houden* **6.1** ~ **into** *zich ontwikkelen tot;*
II ⟨ov.ww.⟩ **0.1** ***vormen*** ⇒*maken, ontwerpen, creëren, modelleren, de juiste vorm geven aan* **0.2** ***plannen*** ⇒*regelen, vorm/richting geven aan, leiden* **0.3** ***bepalen*** ⇒*vormen, vorm/richting geven aan, determineren* **0.4** ***aanpassen*** ⇒*adapteren, bijschaven, fatsoeneren* **0.5** ***passend maken*** ⇒*doen passen* ⟨kledingstuk⟩ **0.6** ***uit/indenken*** **0.7** ***veranderen*** ⟨gedrag⟩ ◆ **1.1** ~ earth and leaves to make a bed *met aarde en bladeren een bed maken* **1.2** ~ one's course differently *van koers veranderen;* ~ one's course for home *op huis aan gaan* **1.3** the years of my youth ~d my future *de jeugdjaren hebben mijn toekomst bepaald* **6.1** ~ sth. **from** *iets vormen uit/met, iets maken van;* ~ a bed **from** earth and leaves *uit aarde en bladeren een bed vormen, van aarde en bladeren een bed maken;* ~ **into** *(om)vormen tot, maken tot;* ~ plastic **into** buckets *uit/van plastic emmers maken;* ~d **like** (a pear) *in de vorm v.e. (een peer), (peer)vormig* **6.4** ~ **to** *aanpassen aan* **6.5** a dress ~d **at** the waist *een getailleerde jurk;* dress ~d **to** her figure *een jurk die haar als gegoten zit/die de vorm v. haar lichaam volgt* **6.¶** ~d **for** (a teacher) *in de wieg gelegd voor (leraar).*
SHAPE [ʃeɪp] ⟨eig.n.⟩ ⟨afk.⟩ Supreme Headquarters Allied Powers Europe.
shape·a·ble, shap·a·ble ['ʃeɪpəbl] ⟨bn.⟩ **0.1** ***vormbaar*** ⇒*plastisch* **0.2** ***goedgevormd*** ⇒*welgemaakt/gevormd, knap, fraai.*
-shaped [ʃeɪpt] ⟨vormt bijv. nw. met zelfstandig nw.⟩ **0.1** ***-vormig*** ⇒*in de vorm van* ◆ **¶.1** V-shaped *V-vormig.*
shape·less ['ʃeɪpləs] ⟨f1⟩ ⟨bn.; -ly; -ness⟩ **0.1** ***vorm(e)loos*** ⇒*ongevormd* **0.2** ***misvormd*** ⇒*misvormig, vervormd.*
shape·ly ['ʃeɪpli] ⟨f1⟩ ⟨bn.; -er; -ness; →compar. 7⟩ **0.1** ***goedgevormd*** ⇒*welgemaakt, knap* ◆ **1.1** a ~ pair of legs *een mooi stel benen.*
shap·er ['ʃeɪpə‖-ər] ⟨telb.zn.⟩ **0.1** ***vormer*** ⇒*vormmaker* **0.2** ***vormmachine*** **0.3** ***freesmachine*** **0.4** ***sterke-armschaafmachine.***
shard [ʃɑ:d‖ʃɑrd], **sherd** [ʃɜ:d‖ʃɜrd] ⟨telb.zn.⟩ **0.1** ***(pot)scherf*** ⇒*stuk, brok* **0.2** ⟨dierk.⟩ ***vleugelschild*** ⇒*dekschild.*
share[1] [ʃeə‖ʃer] ⟨f3⟩ ⟨zn.⟩
I ⟨telb.zn.⟩ **0.1** ⟨vaak mv.⟩ ⟨ec.⟩ ***aandeel*** ⇒*effect* **0.2** ⟨verk.⟩ ⟨ploughshare⟩ ***ploegschaar*** ⇒*ploegijzer* ◆ **2.1** ⟨BE⟩ ordinary ~s *gewone aandelen* **3.1** deferred ~s *uitgestelde aandelen;* ⟨geldw.⟩ partly paid ~s *niet volstorte aandelen;* ⟨BE⟩ preferred ~s *preferente aandelen;*
II ⟨telb. en n.-telb.zn.⟩ **0.1** ***(aan/onder)deel*** ⇒*part, gedeelte, portie, stuk, inbreng* ◆ **1.1** you must take your ~ of the blame *je moet voor jouw deel v.d. schuld opdraaien;* ~ and ~ alike *met gelijke/eerlijke verdeling, op gelijke voet* **2.1** do one's fair ~ *zijn deel inbrengen;* you have done your fair ~ *je hebt je portie wel gedaan;* get one's fair ~ *zijn part krijgen, zijn rechtmatig (aan)deel krijgen* **3.¶** fall to one's ~ *iem. ten deel/te beurt vallen, zijn lot zijn;* go ~s with s.o. in sth. *de kosten v. iets met iem. delen, samen met iem. bijdragen in de kosten v. iets* **4.1** what ~ had she in their success? *wat was haar inbreng in hun succes?* **6.1** a ~ **in/of** *een deel van;* have no ~ **in** *part noch deel hebben aan, niets te maken hebben met;* take ~ **in** a conversation *deelnemen in/aan een gesprek;* take a ~ **in** the expenses *een deel v.d. kosten op zich nemen/betalen;* she has her ~ **of** conceit *ze is flink verwaand* **6.¶ on** ~s *met gelijke verdeling v. kosten/winst, met gedeelde kosten/winst* **¶.¶** ~s! *samen delen!.*
share[2] ⟨f3⟩ ⟨ww.⟩ ⟨→sprw. 609⟩
I ⟨onov.ww.⟩ **0.1** ***deelnemen*** ⇒*delen* **0.2** ***aandeelhouder zijn*** ◆ **3.1** ~ and ~ alike *eerlijk delen, elk zijn part betalen* **6.1** ~ **in** *deelnemen aan, delen;* he will ~ **in** the cost **with** me *hij zal de kosten met mij delen;* I will ~ **in** the work *ik zal mijn deel v.h. werk doen;*
II ⟨onov. en ov.ww.⟩ **0.1** ***delen;***
III ⟨ov.ww.⟩ **0.1** ***(ver)delen*** **0.2** ***deelgenoot maken van*** ◆ **1.1** would you and your brother mind sharing a bedroom? *zou je 't erg vinden een slaapkamer met je broer te delen?* **5.1** ~ **out** *ver/uitdelen* **6.1** ~ (out) **among/between** *verdelen onder/over;* ~ **with** *delen met;* ~ one's happiness **with** others *anderen laten delen in zijn geluk* **6.2** ~ sth. **with** s.o. *iem. deelgenoot maken v. iets.*
'share-beam ⟨telb.zn.⟩ **0.1** ***ploegboom.***
'share capital ⟨telb.zn.⟩ ⟨BE; ec.⟩ **0.1** ***aandelenkapitaal.***
'share certificate, ⟨AE⟩ **'stock certificate** ⟨telb.zn.⟩ **0.1** ***aandeelbewijs.***
'share·crop ⟨ww.; →ww. 7⟩
I ⟨onov.ww.⟩ **0.1** ***deelpachter zijn;***
II ⟨ov.ww.⟩ **0.1** ***als deelpachter bewerken.***
'share·crop·per ⟨telb.zn.⟩ **0.1** ***deelpachter.***
'share·hold·er, ⟨AE ook⟩ **'stock·hold·er** ⟨f2⟩ ⟨telb.zn.⟩ **0.1** ***aandeelhouder.***
'share index ⟨telb.zn.⟩ **0.1** ***aandelenindex.***
'share-out ⟨telb.zn.⟩ **0.1** ***verdeling*** ⇒*distributie, uitkering.*
'share·push·er ⟨telb.zn.⟩ **0.1** ***zwendelaar in aandelen.***
shar·er ['ʃeərə‖'ʃerər] ⟨telb.zn.⟩ **0.1** ***aandeelhouder*** **0.2** ***deelnemer*** ⇒*deelhebber* **0.3** ***verdeler.***
'share shop ⟨telb.zn.⟩ **0.1** ***'beurswinkel'*** ⇒*aandelen- en effectenwinkel/afdeling* ⟨bv. in warenhuis⟩.
'share warrant ⟨telb.zn.⟩ **0.1** ***aandeelhoudersbewijs.***
sharif →sherif.
shark[1] [ʃɑ:k‖ʃɑrk] ⟨f2⟩ ⟨telb.zn.⟩ **0.1** ***haai*** **0.2** ***haai*** ⟨alleen fig.⟩ ⇒*schrok, veelvraat, gulzigaard, parasiet* **0.3** ***afzetter*** ⇒*zwendel/woekeraar(ster), oplichter* **0.4** ⟨BE; sl.⟩ ***douanier*** ⇒*douane-beambte* **0.5** ⟨AE; sl.⟩ ***kei*** ⇒*kraan* ⟨alleen fig.⟩, *uitblinker* **0.6** ⟨sl., zeelui⟩ ***advocaat*** ◆ **3.1** frilled ~ *franjehaai* ⟨Chlamydoselachus anguineus⟩.
shark[2] ⟨ww.⟩
I ⟨onov.ww.⟩ **0.1** ***als bedrieg(st)er aan de kost komen*** ⇒*v. zwendel/afzetterij leven, woekeren, op anderen teren, parasiteren* **0.2** ***klaplopen;***
II ⟨ov.ww.⟩ ⟨vero.⟩ **0.1** ***aftroggelen*** ⇒*door bedrog bemachtigen, afzetten* **0.2** ***gappen*** ◆ **5.¶** ~ **up** *bijeenscharrelen.*
'shark·skin ⟨zn.⟩
I ⟨telb.zn.⟩ ⟨sl.⟩ **0.1** ***afzetter*** ⇒*zwendel/woekeraar(ster), oplichter;*
II ⟨n.-telb.zn.⟩ **0.1** ***haaievel*** **0.2** ***haaieleer*** ⇒*segrijn* **0.3** ***rayon (stof)*** ⟨i.h.b. voor boven/sportkledij⟩.

shark's mouth ['ʃɑːksmaʊθ‖'ʃɑrks-]⟨telb.zn.⟩⟨scheep.⟩ **0.1** ***haaiebek***.

sharp[1] [ʃɑːp‖ʃɑrp]⟨zn.⟩
I ⟨telb.zn.⟩ **0.1** ⟨muz.⟩ ***(noot met) kruis*** **0.2** ***smalle, scherpe naald*** **0.3** ***bedrieg(st)er (in het spel)*** ⇒*oplichter, valse speler/speelster* **0.4** ⟨AE; scherts.⟩ ***expert*** ⇒*deskundige* ◆ **1.¶** under the ~ of one's hand *met de hand boven de ogen;*
II ⟨mv.; ~s⟩⟨BE⟩ **0.1** ***middelsoort*** ⇒*middensoort* ⟨i.h.b. tussen zemelen en meel⟩.

sharp[2] ⟨f3⟩⟨bn.; -er; -ly; -ness⟩
I ⟨bn.⟩ **0.1** ***scherp*** ⇒*scherpsnijdend, spits, puntig, scherpgepunt/gekant* **0.2** ***scherp*** ⇒*schril, duidelijk/scherp afgelijnd/afgetekend/uitkomend/afstekend* **0.3** ***scherp*** ⇒*plots, abrupt, steil, sterk* **0.4** ***scherp*** ⇒*bijtend, doordringend, snijdend* **0.5** ***scherp*** ⇒*pikant, prikkelend, sterk* **0.6** ***hevig*** ⇒*krachtig* **0.7** ***scherp*** ⇒*streng, vinnig, bijtend* **0.8** ***scherp*** ⇒*scherpzinnig, schrander, bijdehand, pienter, vinnig, vlug* **0.9** ***geslepen*** ⇒*sluw, leep, gewiekst, gehaaid, op 't randje van 't oneerlijke af, bedrieglijk* **0.10** ***stevig*** ⇒*flink, gezwind, vlug* **0.11** ***hongerig*** **0.12** ⟨inf.⟩ ***knap*** ⇒*net, vlot, tof* **0.13** ⟨muz.⟩ ***met kruisen in de voortekening*** **0.14** ⟨taalk.⟩ ***scherp*** ⇒*stemloos* ◆ **1.1** a ~ angle *een scherpe hoek;* a ~ gable *een spitse gevel/puntgevel;* a ~ knife *een scherp mes;* ~ sand *scherp zand* **1.2** a ~ contrast *een scherp/schril contrast;* a ~ image *een scherp/duidelijk beeld* **1.3** there's a ~ drop over the edge *aan de rand gaat het steil naar beneden, is er een steile afgrond;* a ~ fall/rise in prices *een plotse/scherpe daling/stijging v.d. prijzen;* a ~ turn to the right *een scherpe bocht naar rechts* **1.4** ~ air *scherpe ijskoude lucht;* ~ frost *vinnige kou, bijtende vrieskou, strenge vorst;* ~ pains *scherpe/hevige/stekende pijnen;* a ~ voice *een scherpe/bijtende/schelle stem;* a ~ wind *een scherpe/bijtende/snijdende wind* **1.5** ⟨vnl. AE⟩ ~ cheese *scherpe/sterke/sterk afsmakende kaas;* a ~ flavour *een scherpe smaak;* ~ sauce *pikante saus;* ~ wine *scherpe/zurige/zerpe/wrange wijn* **1.6** a ~ blow *een hevige/gevoelige klap* ⟨ook fig.⟩; his death was a ~ blow *zijn dood kwam hard aan/was een harde slag;* a ~ fight *een hevig/vinnig/fel gevecht;* a ~ push *een fikse duw* **1.7** ~ punishment *strenge straf;* a ~ reproof *een scherp/hard verwijt;* a ~ temper *een scherp/fel/vinnig/hevig temperament;* have a ~ tongue *een scherpe tong hebben;* ~ words *scherpe/bijtende woorden* **1.8** a ~ answer *een vinnig/puntig/gevat antwoord;* a ~ child *een schrander kind;* ~ ears *scherpe/waakzame oren;* ~ eyes *scherpe/waakzame/pientere ogen;* keep a ~ look-out *scherp uitkijken/opletten, nauwgezet toekijken;* ~ reflexes *vlugge/snelle reacties/reflexen;* ~ wits *een scherp verstand* **1.9** a ~ hand *een gewiekste kerel;* a ~ salesman *een gehaaid verkoper* **1.10** at a ~ pace *in een stevig tempo;* a ~ walk *een fikse wandeling;* a ~ shower *een fikse bui* **1.11** a ~ appetite *een stevige eetlust;* my stomach was ~ *ik had erge honger* **1.12** he's a ~ dresser *hij kleedt zich erg vlot* **1.14** a ~ consonant *een scherpe/fortis medeklinker* **1.¶** at the ~ end *daar waar de strijd het hevigst is;* as ~ as a needle/tack *buitengewoon intelligent, zeer kien;* ~ practice *oneerlijke praktijken, een vuil zaakje;* as ~ as a razor *buitengewoon intelligent; uiterst vlug/actief;* ~'s the word *haast je!, zet er een beetje vaart achter, 't moet vlug gebeuren;* be ~ work *vlug in zijn werk gaan;* er *hevig aan toe gaan* **6.7** be ~ **with** s.o. *iem. hard aanpakken* **6.8** ~ **at** maths *goed in wiskunde;* ~ **at** sums *vlug in sommen maken;* be too ~ **for** s.o. *iem. te slim af zijn;* he's too ~ **for** me *ik kan niet tegen hem op;* he's got a ~ eye **for** detail *hij heeft een goed/scherp oog voor details;*
II ⟨bn., post.⟩⟨muz.⟩ **0.1** ***(-)kruis*** ◆ **1.1** C ~ *C-kruis, do kruis, cis;* F ~ *F-kruis, fa kruis, fis.*

sharp[3] ⟨ww.⟩
I ⟨onov.ww.⟩ **0.1** ⟨muz.⟩ ***te hoog klinken*** ⇒*vals klinken;*
II ⟨onov. en ov.ww.⟩⟨gew.⟩ **0.1** →sharpen;
III ⟨ov.ww.⟩⟨AE; muz.⟩ **0.1** ***(met een halve toon) verhogen***.

sharp[4] ⟨f3⟩⟨bw.; -er⟩ **0.1** →sharp[2] **0.2** ***stipt*** ⇒*precies, klokslag* **0.3** ***opeens*** ⇒*plotseling, onverhoeds* **0.4** ***scherp*** **0.5** ⟨muz.⟩ ***te hoog*** ⇒*vals* ◆ **1.2** three o'clock ~ *drie uur stipt, klokslag drie uur* **2.4** turn ~ right *scherp naar rechts draaien* **3.3** pull up ~ *opeens optrekken* **3.5** sing ~ *te hoog/vals zingen* **3.¶** look ~ *schiet op, haast je, een beetje snel graag.*

'sharp-'cut ⟨bn.⟩ **0.1** ***scherp (uit/in)gesneden***.

'sharp-'edged ⟨bn.⟩ **0.1** ***scherpgekant*** ⇒*met scherpe randen.*

sharp·en ['ʃɑːpən‖'ʃɑrpən]⟨f2⟩⟨ww.⟩
I ⟨onov.ww.⟩ **0.1** ***scherp(er) worden*** ⇒*(zich) (ver)scherpen;*
II ⟨ov.ww.⟩ **0.1** ***(ver)scherpen*** ⇒*scherp(er) maken, slijpen* **0.2** ***aanpunten*** ⇒*puntig maken* **0.3** ⟨BE; muz.⟩ ***(met een halve toon) verhogen***.

sharp·en·er ['ʃɑːpənə‖'ʃɑrpənər]⟨f1⟩⟨telb.zn.⟩ **0.1** ***scherper/slijper*** ⇒*puntenslijper.*

sharp·er ['ʃɑːpə‖'ʃɑrpər], ⟨AE ook⟩ **sharp** ⟨telb.zn.⟩ **0.1** ***afzetter*** ⇒*bedrieg(st)er, oplichter* **0.2** ***valse speler/speelster*** ⟨i.h.b. in kaartspel⟩.

'sharp-'eyed ⟨bn.⟩ **0.1** ***scherpziend/zichtig*** **0.2** ***opmerkzaam*** ⇒*waakzaam, oplettend, alert.*

sharp·ie ['ʃɑːpi‖'ʃɑrpi]⟨telb.zn.⟩ **0.1** ***sharpie*** ⟨bep. kleine zeilboot⟩ **0.2** ⟨inf.⟩ ***knapperd*** ⇒*uitblinker.*

sharp·ish[1] ['ʃɑːpɪʃ‖'ʃɑrpɪʃ]⟨bn.⟩ **0.1** ***scherpachtig*** ⇒*nogal scherp.*

sharpish[2] ⟨bw.⟩⟨inf.⟩ **0.1** ***snel*** ⇒*(nu) meteen, direct.*

'sharp-'set ⟨bn.⟩ **0.1** ***in een scherpe hoek geplaatst*** ⇒*met scherpe kant zichtbaar* **0.2** ***uitgehongerd*** ⇒*hongerig* **0.3** ***begerig*** ◆ **6.3** ~ **after/for/upon** *begerig naar.*

'sharp-'shod ⟨bn.⟩ **0.1** ***op scherp*** ⟨v. paard⟩.

'sharp·shoot·er ⟨f1⟩⟨telb.zn.⟩ **0.1** ***scherpschutter***.

'sharp-'sight·ed ⟨bn.; -ly; -ness⟩ **0.1** ***scherpziend*** **0.2** ***scherp(zinnig)*** ⇒*schrander, vinnig, bijdehand, slim.*

'sharp-'tongued ⟨bn.⟩ **0.1** ***met een scherpe tong*** ⇒*scherp, bits, bijtend.*

'sharp-'wit·ted ⟨bn.; -ly; -ness⟩ **0.1** ***scherp(zinnig)*** ⇒*schrander, vinnig, gevat.*

shash·lik, shash·lick ['ʃɑːʃlɪk]⟨telb. en n.-telb.zn.⟩⟨cul.⟩ **0.1** ***shashlik*** ⇒*sjaslik* ⟨op een pen geregen en geroosterde groenten en vlees⟩.

Shas·ta daisy ['ʃæstə ˌdeɪzi]⟨telb.zn.⟩⟨plantk.⟩ **0.1** ***reuzenmargriet*** ⇒*grootbloemige margriet* ⟨Chrysanthemum maximum⟩.

Shas·tra ['ʃɑːstrə]⟨eig.n.⟩ **0.1** ***sjastra*** ⟨heilige schriften v.h. hindoeïsme⟩.

shat [ʃæt]⟨verl. t. en volt. deelw.⟩ →shit.

shat·ter[1] ['ʃætə‖'ʃæt̬ər]⟨zn.⟩
I ⟨n.-telb.zn.⟩ **0.1** ***het verbrijzelen;***
II ⟨mv.; ~s⟩⟨vero. of gew.⟩ **0.1** ***brokstukken*** ⇒*duigen, diggelen* ◆ **6.1** **in** ~s *aan scherven.*

shatter[2] ⟨f3⟩⟨ww.⟩
I ⟨onov.ww.⟩ **0.1** ***gruizelen*** ⇒*uiteenspatten, barsten, in stukken (uiteen)vallen, aan gruzelementen vallen;*
II ⟨ov.ww.⟩ **0.1** ***aan gruzelementen/diggelen slaan*** ⇒*versplinteren, verbrijzelen, gruizen, (compleet) vernietigen* ⟨ook fig.⟩ **0.2** ⟨inf.⟩ ***schokken*** ⇒*ontredderen, in de war brengen* **0.3** ⟨vnl. BE; inf.⟩ ***afmatten*** ⇒*totaal uitputten* ◆ **1.1** an illness that ~ed his health *een ziekte die zijn gezondheid (volkomen) ruïneerde;* the event ~ed our hopes *het gebeuren sloeg onze hoop/verwachtingen stuk;* all window-panes were ~ed *alle ruiten lagen aan diggelen/waren verbrijzeld* **1.2** a ~ed look *een ontredderde blik;* ~ed nerves *geschokte/ontredderde/ondermijnde zenuwen* **5.3** I feel completely ~ed *ik ben doodop.*

'shat·ter·proof ⟨bn.⟩ **0.1** ***splintervrij*** ◆ **1.1** ~ glass *veiligheidsglas.*

shave[1] [ʃeɪv]⟨f1⟩⟨telb.zn.⟩ **0.1** ***het scheren*** ⇒*scheerbeurt* **0.2** ***rakelingse benadering*** ⇒*ontwijking op het nippertje* **0.3** ***(dun) schijfje*** ⇒*spaan, flenter* **0.4** ***schaaf(mes)*** ◆ **3.1** I must have a ~ *ik moet me eens (laten) scheren* **6.2** he got through **by** a ~ *hij kwam er op het nippertje door* ⟨examen⟩.

shave[2] ⟨f3⟩⟨ww.; shaved, shaved ['ʃeɪvd], ⟨vnl. als bijv. nw.⟩ shaven ['ʃeɪvn]⟩ →shaving
I ⟨onov. en ov.ww.; ook wederk. ww.⟩ **0.1** ***(zich) scheren*** ◆ **4.1** he doesn't ~ every day *hij scheert zich niet dagelijks* **5.1** he has ~d **off** his beard *hij heeft zijn baard afgeschoren;*
II ⟨ov.ww.⟩ **0.1** ***(af)schaven*** ⇒*afraspen* **0.2** ⟨inf.⟩ ***scheren langs*** ⇒*net missen, schampen, rakelings gaan langs* **0.3** ⟨inf.⟩ ***iets afdoen van*** ⟨de prijs van⟩ ⇒*afprijzen* **0.4** ***(kort af)maaien*** **0.5** ⟨AE; sl.⟩ ***tegen (te) hoog disconto opkopen*** **0.6** ⟨sl.⟩ ***scheren*** ⇒*bedriegen, villen* **0.7** ⟨sl.⟩ ***(net) verslaan*** **0.8** ⟨sl.⟩ ***gebruik maken van*** ◆ **1.2** the car just ~d me by an inch *de wagen miste me op een haar na* **5.1** ~ **off** *afschaven, een dun schijfje afsnijden van, schillen.*

'shave grass, 'shave rush ⟨n.-telb.zn.⟩⟨plantk.⟩ **0.1** ***schaafstro*** ⟨Equisetum hiemale⟩.

'shave hook ⟨telb.zn.⟩ **0.1** ***(verf)krabber*** ⟨om metaal schoon te schrapen vóór het solderen⟩.

shave·ling ['ʃeɪvlɪŋ]⟨telb.zn.⟩⟨vero.⟩ **0.1** ⟨pej.⟩ ***geschoren persoon*** ⇒*paap, pater* **0.2** ***jongeling***.

shaven ['ʃeɪvn]⟨volt. deelw.⟩ →shave.

shav·er ['ʃeɪvə‖-ər]⟨f1⟩⟨telb.zn.⟩ **0.1** ***(elektrisch) scheerapparaat*** **0.2** ⟨scherts.⟩ ***jongen*** ⇒*jonge snaak, snotjongen, jochie* **0.3** ***scheerder*** ⇒*barbier* **0.4** ⟨vero.⟩ ***scheerder*** ⇒*afzetter.*

'shave·tail ⟨telb.zn.⟩⟨vnl. AE⟩ **0.1** ***pas afgericht muildier*** **0.2** ⟨sl.⟩ ***pas aangesteld officier*** ⇒*tweede luitenant, onderluitenant.*

Sha·vi·an[1] ['ʃeɪvɪən]⟨telb.zn.⟩⟨lit.⟩ **0.1** ***leerling/bewonderaar v. G.B. Shaw***.

Shavian[2] ⟨bn.⟩ **0.1** ***Shawiaans*** ⇒*(in de trant) v. G.B. Shaw.*

shav·ing ['ʃeɪvɪŋ]⟨f1⟩⟨zn.; (oorspr.) gerund v. shave⟩
I ⟨telb.zn.; vnl. mv.⟩ **0.1** ***schijfje*** ⇒⟨mv.⟩ *flenters, spaanders,* ⟨B.⟩ *schavelingen, schaafkrullen, spanen;*
II ⟨n.-telb.zn.⟩ **0.1** ***het scheren*** ⇒*scheerbeurt.*

'shaving brush ⟨f1⟩⟨telb.zn.⟩ **0.1** ***scheerkwast***.

'shaving cream ⟨f1⟩⟨n.-telb.zn.⟩ **0.1** ***scheerzeep*** ⇒*scheercrème.*

'shaving·mug ⟨telb.zn.⟩ **0.1** ***scheerkommetje*** ⟨voor scheer- en warm water⟩.
'shaving soap ⟨n.-telb.zn.⟩ **0.1** ***scheerzeep***.
'shaving stick ⟨f1⟩ ⟨telb.zn.⟩ **0.1** ***staafje scheerzeep*** ⇒*scheerstaaf*.
'shaving tackle ⟨n.-telb.zn.⟩ **0.1** ***scheergerei***.
shaw [ʃɔ:] ⟨telb.zn.⟩ ⟨BE⟩ **0.1** ⟨vero./gew.⟩ ***(kreupel)bosje*** ⇒*struikgewas* **0.2** ⟨vnl. Sch. E⟩ ***loof*** ⟨v. aardappelen, rapen enz.⟩.
shawl[1] [ʃɔ:l] ⟨f1⟩ ⟨telb.zn.⟩ **0.1** ***sjaal(tje)*** ⇒*omslagdoek, hoofddoek*.
shawl[2] ⟨ov.ww.⟩ **0.1** ***een sjaal omdoen/hangen***.
'shawl collar ⟨telb.zn.⟩ **0.1** ***sjaalkraag***.
'shawl pattern ⟨telb.zn.⟩ **0.1** ***veelkleurig (bloem)blaadjesmotief*** ⟨zoals de tekening v. Oosterse kasjmieren sjalen⟩.
'shawl strap ⟨telb.zn.⟩ **0.1** ***plaidriem*** ⇒*handvat met riemenstel* ⟨om baggage enz. compact te vervoeren⟩.
shawm [ʃɔ:m] ⟨telb.zn.⟩ **0.1** ***schalmei***.
Shaw·nee ['ʃɔ:'ni:] ⟨zn.; ook Shawnee; →mv. 4⟩
I ⟨eig.n.⟩ **0.1** ***Shawnee*** ⟨indianentaal⟩;
II ⟨telb.zn.⟩ **0.1** ***lid v.d. Shawnee;***
III ⟨verz.n.⟩ **0.1** ***Shawnee*** ⟨indianenstam⟩.
shay [ʃeɪ] ⟨telb.zn.⟩ ⟨vero. beh. AE; inf.; scherts.⟩ **0.1** ***sjees***.
she[1] [ʃi:] ⟨f2⟩ ⟨telb.zn.; vaak attr.⟩ **0.1** ⟨inf.⟩ ***vrouw(tje)*** ⇒*wijfje, zij, meisje, liefje* **0.2** ⟨plantk.⟩ ***inferieure variant*** ◆ **1.1** is it a he or a ~? *is het een jongen of een meisje?* **2.1** the not impossible ~ *het meisje van wie men wel zou kunnen houden*.
she[2] [ʃi ⟨sterk⟩ ʃi:] ⟨f4⟩ ⟨p.vnw.; →naamval⟩ →her, herself **0.1** ***zij/ze*** ⇒⟨in sommige constructies⟩ *die, dat, het* ◆ **1.1** ⟨vero. of substandaard⟩ and Mary, ~ could not sing *en Mary, zij/die kon niet zingen* **3.1** John's ship? ~ looks terrific *Johns schip? het ziet er geweldig uit;* England's problem was that ~ had neglected her fleet *Engelands probleem was dat het zijn vloot verwaarloosd had;* ~'s left *ze is weg* **4.1** ⟨schr.⟩ this is ~ *zij is het* **6.1** ⟨substandaard⟩ a secret **between** Helen and ~ *een geheim tussen Helen en haar*.
she- [ʃi:] **0.1** ***wijfjes-*** ⟨v. dier; pej. v. vrouw⟩ ◆ ¶**.1** she-ass *ezelin;* she-talk *vrouwenpraat*.
shea [ʃɪə], **'shea tree** ⟨telb.zn.⟩ ⟨plantk.⟩ **0.1** ***sheaboom*** ⟨Butyrospermum parkii⟩.
'shea butter ⟨n.-telb.zn.⟩ **0.1** ***sheaboter*** ⟨wit vet uit de zaden v.d. sheaboom⟩.
shead·ing ['ʃi:dɪŋ] ⟨telb.zn.⟩ **0.1** ***sheading*** ⇒*district, kanton* ⟨op het eiland Man⟩.
sheaf[1] [ʃi:f] ⟨f2⟩ ⟨telb.zn.; sheaves [ʃi:vz]; →mv. 3⟩ **0.1** ***schoof*** **0.2** ***bundel*** **0.3** ***pijlenbundel*** ⇒*pijlenkoker (vol)* ◆ **1.2** a ~ of papers *een bundel papier/documenten*.
sheaf[2], **sheave** [ʃi:v] ⟨ov.ww.; →ww. 7⟩ **0.1** ***schoven*** ⇒*tot schoven/in garven binden, opbinden*.
'sheaf-bind·er ⟨telb.zn.⟩ **0.1** ***schovenbinder***.
shealing →shieling.
shear[1] [ʃɪə‖ʃɪr] ⟨f1⟩ ⟨zn.⟩
I ⟨telb.zn.⟩ **0.1** ***blad*** ⟨v. schaar⟩ **0.2** ⟨tech.⟩ ***schuifkracht*** ⇒*dwarskracht, afschuiving, (af)glijding* ⟨v. terrein⟩; ⟨geol.⟩ *schuifspanning, tangentiële spanning* **0.3** ***scheersel*** ⇒*scheerwol, vacht* **0.4** ***schering*** ⇒*scheerbeurt* ⟨v. schapen⟩ ◆ ¶**.4** a two-shear sheep *een schaap dat tweemaal geschoren werd;*
II ⟨mv.; ~s; in bet. 0.3 ook sheers⟩ **0.1** ***(grote) schaar*** ⇒*heggeschaar* **0.2** ***knipmachine*** ⇒*knipwerktuig* **0.3** ***(mast)bok*** ⇒*drijvende kraan* **0.4** ⟨gymnastiek⟩ ***schaar*** ◆ **1.1** a pair of ~s *een schaar*.
shear[2] ⟨f2⟩ ⟨ww.; ,/zn. ook, vero./bn. shore [ʃɔ:‖ʃɔr], shorn [ʃɔ:n‖ʃɔrn]⟩ →shearing ⟨→sprw. 228⟩
I ⟨onov.ww.⟩ **0.1** ⟨vero.⟩ ***snijden*** ⇒*klieven* **0.2** ⟨tech.⟩ ***afschuiven*** ⇒*afknappen* ⟨onder zijdelingse druk⟩ ◆ **6.1** birds shore **through** the air *er scheerden vogels door de lucht;*
II ⟨ov.ww.⟩ **0.1** ***(af)scheren*** **0.2** ***ontdoen*** ⇒*beroven, plukken, villen* **0.3** ⟨vero.⟩ ***afhouwen*** ⇒*doorklieven, afsnijden* **0.4** ⟨tech.⟩ ***doen schuiven*** ⟨door zijdelingse druk⟩ ⇒*breken* **0.5** ⟨vnl. Sch. E⟩ ***zichten*** ⇒*maaien* ⟨koren⟩ ◆ **1.1** ~ cloth *laken scheren;* ~ing sheep *schapen scheren* **5.3** he shore **off** his plume *hij hieuw zijn helmbos af* **6.2** shorn **of** *ontdaan van;* shorn **of** his money *totaal berooid*.
'shear·bill ⟨telb.zn.⟩ ⟨dierk.⟩ **0.1** ***schaarbek*** ⟨Rynchops⟩.
shear·er ['ʃɪərə‖'ʃɪrər] ⟨telb.zn.⟩ **0.1** ***scheerder*** **0.2** ***maaier*** **0.3** ⟨landb.⟩ ***scheermachine*** **0.4** ⟨tech.⟩ ***blikschaar*** ⇒*snijmachine*.
'shear·grass ⟨n.-telb.zn.⟩ **0.1** ***kweek(gras)*** ⟨met scherpe randen⟩.
'shear·hog ⟨telb.zn.⟩ **0.1** ***jaarling*** ⇒*ééns geschoren schaap*.
shear·ing ['ʃɪərɪŋ‖'ʃɪrɪŋ] ⟨zn.; (oorspr.) gerund v. shear⟩
I ⟨telb. en n.-telb.zn.⟩ **0.1** ***het scheren*** ⇒*scheerbeurt* ⟨v. schaap e.d.⟩;
II ⟨n.-telb.zn.⟩ ⟨tech.⟩ **0.1** ***afschuiving***.
'shearing strain, 'shear(ing) stress ⟨telb. en n.-telb.zn.⟩ **0.1** ⟨tech.⟩ ***schuifspanning*** **0.2** ⟨geol.⟩ ***schuifspanning*** ⇒*tangentiële spanning*.
'shearlegs, 'sheer·legs ⟨mv.⟩ **0.1** ***(mast)bok*** ⇒*drijvende (hijs)kraan* ⟨in dok⟩, *schrank*.
shear·ling ['ʃɪəlɪŋ‖'ʃɪr-] ⟨telb.zn.⟩ **0.1** ***(vacht v.) jaarling*** ⇒*eenmaal geschoren schaap*.
'shear·machine, 'shear·ing machine ⟨telb.zn.⟩ **0.1** ***knipmachine*** ⇒*schaar* **0.2** ***lakenscheermachine***.
'shear steel ⟨n.-telb.zn.⟩ **0.1** ***staal voor scharen*** ⟨hard, fijn staal v. bijzondere kwaliteit⟩.
'shear·tail ⟨telb.zn.⟩ **0.1** ***kolibri met schaarvormige staart***.
'shear·wa·ter ⟨telb.zn.⟩ ⟨dierk.⟩ **0.1** ***pijlstormvogel*** ⟨genus Puffinus⟩ ◆ **2.1** great ~ *grote pijlstormvogel* ⟨Puffinus gravis⟩.
'she-ass ⟨telb.zn.⟩ **0.1** ***ezelin***.
sheat·fish ['ʃi:tfɪʃ] ⟨telb.zn.⟩ ⟨dierk.⟩ **0.1** ***meerval*** ⟨Silurus glanis⟩.
sheath [ʃi:θ] ⟨f1⟩ ⟨telb.zn.; sheaths [ʃi:ðz, ʃi:θs]; →mv. 3⟩ **0.1** ***schede*** ⇒*foedraal, beschermhuls, koker, omhulsel* **0.2** ⟨biol.⟩ ***schede*** ⇒*omhulsel, vleugelschild, schacht* **0.3** ⟨vnl. attr.⟩ ***nauwaansluitende jurk*** ⇒*rechte jurk* **0.4** ***condoom*** **0.5** ***(kabel)mantel*** ◆ **2.4** protective ~ *condoom*.
'sheath·bill ⟨telb.zn.⟩ ⟨dierk.⟩ **0.1** ***ijshoen*** ⟨fam. Chionididae⟩.
sheath(e) [ʃi:ð] ⟨f1⟩ ⟨ov.ww.; →ww. 7⟩ →sheathing **0.1** ***in de schede steken*** ⇒*van een omhulsel voorzien, hullen* **0.2** ⟨scheep.⟩ ***koperen*** ⇒*dubbelen, bekleden* **0.3** ***terug/intrekken*** ⟨klauwen⟩ **0.4** ⟨schr.⟩ ***steken*** ◆ **1.4** she sheathed a dagger in his back *zij plantte een dolk in zijn rug*.
sheath·ing ['ʃi:ðɪŋ] ⟨n.-telb.zn.; gerund v. sheath(e)⟩ **0.1** ⟨ben. voor⟩ ***(beschermende) bekleding*** ⇒*omhulling, mantel; dubbeling* ⟨v. schip⟩; *beplanking* ⟨v. huis⟩ **0.2** ***het bekleden*** ⇒*bekleding*.
'sheath knife ⟨telb.zn.⟩ **0.1** ***steekmes*** ⇒*dolk*.
sheave[1] [ʃi:v] ⟨telb.zn.⟩ **0.1** ***katrolschijf*** ⇒*blokschijf, kabelschijf*.
sheave[2] →sheaf[2].
sheaves [ʃi:vz] ⟨mv.⟩ →sheaf[1].
she·ba ['ʃi:bə] ⟨eig.n.; S-⟩ **0.1** ***Scheba*** ⇒*Saba, Seba* ⟨pre-islamitisch koninkrijk in het Z.W. van Arabië⟩.
she·bang [ʃɪ'bæŋ] ⟨f1⟩ ⟨telb.zn.⟩ ⟨vnl. AE; inf.⟩ **0.1** ***zootje*** ⇒*zaak (je), spul, santenkraam, poespas, affaire, situatie, organisatie* **0.2** ***hut*** ⇒*keet, (stille) kroeg, bordeel* **0.3** ***fuif*** ◆ **2.1** the whole ~ *het hele zootje*.
'she-bear ⟨telb.zn.⟩ **0.1** ***berin***.
she·been, she·bean [ʃɪ'bi:n] ⟨zn.⟩
I ⟨telb.zn.⟩ **0.1** ⟨IE⟩ ***stille kroeg*** ⇒*sluikschenkerij* **0.2** ⟨Z. Afr. E⟩ ***zwarte kroeg*** ⟨waar alleen zwarten komen⟩;
II ⟨n.-telb.zn.⟩ ⟨AE, IE⟩ **0.1** ***slap bier***.
'she-boss ⟨telb.zn.⟩ ⟨AE⟩ **0.1** ***bazin*** ⇒*manwijf*.
she-cat ⟨telb.zn.⟩ **0.1** ***(wijfjes)kat*** ⇒⟨pej.; fig.⟩ *kat, kattige vrouw*.
Shechinah →Shekinah.
'she-cous·in ⟨telb.zn.⟩ **0.1** ***nicht***.
shed[1] [ʃed] ⟨f3⟩ ⟨telb.zn.⟩ **0.1** ***schuur(tje)*** ⇒*stal(letje), keet, loods, schutstal, barak* **0.2** ***afdak*** ⇒*luifel, hangar* **0.3** ***waterscheiding*** ⇒*scheidingslijn, afscheiding* **0.4** ⟨tech.⟩ ***vak*** ⟨bij het weven⟩.
shed[2] ⟨f3⟩ ⟨ww.; shed, shed; →ww. 7⟩
I ⟨onov.ww.⟩ **0.1** ***ruien*** **0.2** ***afvallen*** ⇒*uitvallen;*
II ⟨ov.ww.⟩ **0.1** ***afwerpen*** ⇒*verliezen, afleggen, afschudden, laten vallen* **0.2** ⟨schr.⟩ ***storten*** ⇒*vergieten, plengen* **0.3** ***uitstralen*** ⇒*verspreiden, afgeven, uitstrooien* **0.4** ***afstoten*** **0.5** ⟨BE⟩ ***verliezen*** ⇒*kwijt raken* **0.6** ***in de/een schuur opsluiten/bergen*** **0.7** ⟨elek.⟩ ***verlagen*** ◆ **1.1** they began to ~ their clothes *ze begonnen hun kleren uit te trekken;* ~ eggs/spawn *kuit schieten;* ~ bad habits *slechte gewoonten afleggen;* the dog is ~ding its hair *de hond verliest zijn haar;* the tree had ~ its leaves *de boom had zijn bladeren laten vallen;* snakes ~ their skin every year *slangen vervellen jaarlijks;* little John hasn't ~ his teeth yet *kleine John heeft zijn tandjes nog niet gewisseld* **1.2** ~ hot tears *hete tranen storten* **1.3** ~ love and affection around one *liefde en genegenheid om zich uitstralen* **1.4** a duck's feathers ~ water *het verenkleed v.e. eend stoot water af* **1.5** the lorry ~ its load *de vrachtwagen verloor zijn lading*.
she'd [ʃid ⟨sterk⟩ ʃi:d] ⟨hww.⟩ ⟨samentr. v. she had, she would⟩.
shed·der ['ʃedə‖-ər] ⟨telb.zn.⟩ **0.1** ***dier dat ruit*** **0.2** ***wijfjeszalm na het kuitschieten*** ⇒*schootzalm*.
'shed dormer ⟨telb.zn.⟩ **0.1** ***koekoek*** ⇒*dakkapel* ⟨met vlakke dakrand⟩.
'she-dev·il ⟨telb.zn.⟩ **0.1** ***duivelin*** ⟨ook fig.⟩ ⇒*helleveeg, feeks, rotwijf*.
'shed roof ⟨telb.zn.⟩ **0.1** ***sheddak*** ⇒*zaagdak, lessenaarsdak*.
sheen[1] [ʃi:n] ⟨f1⟩ ⟨telb.zn.⟩ **0.1** ***glans*** ⇒*schittering, (weer)schijn* **0.2** ⟨schr.⟩ ***pracht*** ⇒*prachtige tooi*.
sheen[2] ⟨bn.⟩ **0.1** ***glanzend*** ⇒*schitterend, stralend, prachtig, mooi*.
sheen[3] ⟨onov.ww.⟩ **0.1** ***glanzen*** ⇒*schitteren, schijnen, glinsteren*.
sheen·y[1], **sheen·ie**, ⟨AE sp. ook⟩ **sheen·ee** ['ʃi:ni] ⟨telb.zn.; →mv. 2⟩ ⟨sl.; bel.⟩ **0.1** ***smous*** ⟨jood⟩ **0.2** ***kleermaker***.
sheeny[2] ⟨bn.⟩ **0.1** ***glinsterend*** ⇒*glanzend, blinkend* **0.2** ⟨sl.; bel.⟩ ***joods***.

sheep [ʃi:p]⟨f3⟩⟨zn.; sheep; →mv. 4⟩ ⟨→sprw. 317, 537, 653⟩
I ⟨telb.zn.⟩ **0.1** ***schaap*** ⟨ook fig.⟩ ⇒*onnozel kind, bloed(je), mak / volgzaam / gedwee persoon* **0.2** ⟨vnl. mv.⟩ ⟨relig.⟩ ***schapen*** ⇒*parochianen, gemeente* ◆ **1.¶** separate / tell the ~ and the goats *de goeden van de slechten / het koren van het kaf / de bokken van de schapen scheiden* ⟨Matth. 25:33⟩; you might as well be hanged / hung for a ~ as for a lamb *wie a zegt moet ook b zeggen, wie in 't schuitje zit moet meevaren* **3.1** ⟨vnl. fig.⟩ the lost ~ *het verloren schaap* **8.¶** like ~ *afhankelijk, initiatiefloos, als een stom schaap / een kudde schapen;*
II ⟨n.-telb.zn.⟩ **0.1** ***schapeleer*** ⇒*schaapsleer.*
'sheep·back ⟨telb.zn.⟩ ⟨aardr.⟩ **0.1** ***bultrots.***
'sheep·berry ⟨telb.zn.⟩ ⟨AE⟩ ⟨plantk.⟩ **0.1** ***Noordamerikaanse sneeuwbal*** ⟨Viburnum lentago⟩.
'sheep·bot ⟨telb.zn.⟩ ⟨dierk.⟩ **0.1** ***(larve v.) schapehorzel*** ⟨Oestrus ovis⟩.
'sheep·cot(e) ⟨telb.zn.⟩ ⟨vero.; vnl. BE⟩ **0.1** ***schaapskooi.***
'sheep dip ⟨telb. en n.-telb.zn.⟩ **0.1** ***(dompelbad met) ontsmettingsmiddel*** ⇒*ontluizingsvloeistof* **0.2** ⟨sl.⟩ ***goedkope drank.***
'sheep·dog ⟨telb.zn.⟩ **0.1** ***(schaap)herdershond*** ⟨i.h.b. collie⟩ **0.2** ***bobtail*** ⇒*oudengelse herdershond.*
'sheep·farm ⟨telb.zn.⟩ **0.1** ***schapenfokkerij.***
'sheep·farm·er ⟨telb.zn.⟩ ⟨BE⟩ **0.1** ***schapenboer*** ⇒*schapenfokker.*
'sheep 'fescue, 'sheep's 'fescue ⟨n.-telb.zn.⟩ ⟨plantk.⟩ **0.1** ***schapegras*** ⇒*schaapsdravik* ⟨Festuca ovina⟩.
'sheep·fold ⟨telb.zn.⟩ **0.1** ***schaapskooi*** ⇒*schaapsstal* **0.2** ***toevluchtsoord*** ⇒*asiel.*
'sheep·herd·er ⟨telb.zn.⟩ ⟨AE⟩ **0.1** ***schaper*** ⇒*schapenhoeder, schaapsherder.*
'sheep·hook ⟨telb.zn.⟩ **0.1** ***schaapherdersstaf.***
sheep·ish ['ʃi:pɪʃ]⟨f1⟩⟨bn.; -ly; -ness⟩ **0.1** ***verlegen*** ⇒*onbeholpen, bedeesd, dom, schaapachtig.*
'sheep·ked, ked [ked]⟨telb.zn.⟩ ⟨dierk.⟩ **0.1** ***schapeteek*** ⟨Melophagus ovinus⟩.
'sheep laurel, 'sheep·kill ⟨telb.zn.⟩ ⟨plantk.⟩ **0.1** ***giftige Noordamerikaanse dwergheester*** ⟨Kalmia angustifolia⟩.
'sheep louse ⟨telb.zn.⟩ ⟨dierk.⟩ **0.1** ***schapevachtluis*** ⟨Bovicula ovis⟩ **0.2** ***schapeluis*** ⟨Melophagus ovinus⟩.
'sheep·man ⟨telb.zn.; sheepmen; →mv. 3⟩ ⟨AE⟩ **0.1** ***schapenfokker*** ⇒*schapenhouder.*
'sheep·mas·ter ⟨telb.zn.⟩ ⟨BE⟩ **0.1** ***schapenfokker*** ⇒*schapenhouder.*
'sheep-pen ⟨telb.zn.⟩ **0.1** ***schaapskooi*** ⇒*omheining voor schapen.*
'sheep-pox ⟨mv.⟩ **0.1** ***schapepokken.***
'sheep·rot ⟨n.-telb.zn.⟩ **0.1** ***leverbotziekte.***
'sheep·run ⟨telb.zn.⟩ **0.1** ***schaapsweide*** ⇒*schapeweide, schapedrift.*
'sheep's-bit ⟨telb.zn.⟩ ⟨plantk.⟩ **0.1** ***zandblauwtje*** ⟨Jasione montana⟩.
'sheep's 'eyes ⟨mv.⟩ ⟨inf.⟩ ◆ **3.¶** make / cast ~ at s.o. *iem. vertederd aankijken, verliefde / smachtende blikken werpen naar iem., iem. toelonken.*
'sheep·shank ⟨telb.zn.⟩ **0.1** ***trompetsteek*** ⟨om touw in te korten⟩.
'sheeps·head ⟨telb.zn.⟩ **0.1** ***schaapshoofd*** ⇒*schapekop* ⟨i.h.b. als voedsel⟩ **0.2** ⟨dierk.⟩ ***Archosargus probatocephalus*** ⟨grote zeevis⟩.
'sheep·shear·ing ⟨n.-telb.zn.⟩ **0.1** ***het schapenscheren*** **0.2** ***(feest bij gelegenheid v.h.) scheerseizoen.***
'sheep·skin ⟨f1⟩ ⟨zn.⟩
I ⟨telb.zn.⟩ **0.1** ***schapehuid*** ⇒*schapevel, schaapsvacht, nappajas* **0.2** ⟨AE; scherts.⟩ ***diploma;***
II ⟨n.-telb.zn.⟩ **0.1** ***schaapsle(d)er*** ⇒*nappa, perkament.*
'sheep·sta·tion ⟨telb.zn.⟩ ⟨Austr. E⟩ **0.1** ***(grote) schapenfokkerij.***
'sheep·tick ⟨telb.zn.⟩ ⟨dierk.⟩ **0.1** ***hondeteek*** ⟨Ixodes ricinus⟩ **0.2** ***schapeteek*** ⟨Melophagus ovinus⟩.
'sheep·walk ⟨telb.zn.⟩ ⟨BE⟩ **0.1** ***schapeweide.***
'sheep·wash ⟨n.-telb.zn.⟩ **0.1** ***dompelbad*** ⟨voor schapen⟩ **0.2** ⟨vnl. BE⟩ ***schapewasmiddel*** ⇒*ontluizingsvloeistof.*
'sheep·weed ⟨telb.zn.⟩ ⟨plantk.⟩ **0.1** ***vetblad*** ⟨Pinguicula vulgaris⟩.
sheer[1] [ʃɪə‖ʃɪr]⟨zn.⟩
I ⟨telb.zn.⟩ ⟨scheep.⟩ **0.1** ***zeeg*** ⟨v. schip⟩ ⇒*langscheepse rondte* **0.2** ***gier(ing)*** ⇒*zwenking* **0.3** ***positie v. schip*** ⟨t.o.v. ankerplaats⟩;
II ⟨mv.; ~s⟩ →shear.
sheer[2] ⟨f3⟩ ⟨bn.; -er; -ly; -ness⟩
I ⟨bn.⟩ **0.1** ***dun*** ⇒*doorschijnend, transparant, diafaan* **0.2** ***erg steil*** ⇒*kaarsrecht, loodrecht* ◆ **1.1** ~ nylon *dun / doorzichtig nylon;*
II ⟨bn., attr.⟩ **0.1** ***volkomen*** ⇒*zuiver, rein, je reinste, puur, absoluut, onversneden* ⟨bv. wijn⟩ ◆ **1.1** ~ nonsense! *klinkklare onzin!.*
sheer[3] ⟨ww.⟩
I ⟨onov.ww.⟩ ⟨scheep.⟩ **0.1** ***gieren*** ⇒*een gier doen, scherp uitwijken, zwenken, sterk van koers afwijken, afhouden* ◆ **5.¶** ~ **about** *voor het anker gieren;* ~ **away** *scherp zwenken, uitwijken;* ~ **off** *uit 't roer lopen, uitzetten, afhouden;* ⟨inf.⟩ *vermijden, ontlopen, 'm smeren, het over een andere boeg gooien;* ~ **up** *aangieren; steil stijgen* **6.¶** ~ away **from** *mijden;* he always ~ed away **from** that subject *hij vermeed dat onderwerp zorgvuldig;*
II ⟨ov.ww.⟩ **0.1** ***plots v. richting doen veranderen*** ⇒*laten zwenken.*
sheer[4] ⟨f1⟩ ⟨bw.⟩ **0.1** ***erg steil*** ⇒*(bijna) loodrecht* **0.2** ***compleet*** ⇒*regelrecht, radicaal, pardoes, absoluut, volkomen, volledig, totaal.*
'sheer-hulk ⟨telb.zn.⟩ **0.1** ***schip met mastbok*** ⇒*pontonkraan.*
sheerlegs →shearlegs.
sheet[1] [ʃi:t]⟨f3⟩ ⟨zn.⟩
I ⟨telb.zn.⟩ **0.1** ***(bedde)laken*** ⇒*doek, lijkwade* **0.2** ***blad*** ⇒*vel* ⟨papier⟩ **0.3** ***plaat*** ⇒*(dunne) laag, film, vlak, folie, blik* **0.4** ***gordijn*** ⇒*muur, massa, vlaag* **0.5** ***geperforeerd vel postzegels*** **0.6** ⟨sl.⟩ ***(schandaal)krant*** ⇒*(sensatie)blad, brochure* **0.7** ⟨geol.⟩ ***rotsblad*** **0.8** ⟨scheep.⟩ ***schoot*** **0.9** ⟨sl.⟩ ***strafblad*** ◆ **1.3** a ~ of glass *een glasplaat / stuk glas;* the sea is just like a ~ of glass *de zee is als een spiegel* **1.4** a ~ of flame *een vuurzee / vlammengordijn* **1.¶** ⟨inf.⟩ be / have a ~ / three ~s in / to the wind *hem om hebben, strontzat / straalbezopen zijn* **3.1** fitted ~ *hoeslaken* **3.8** with flowing ~(s) *met losse / gevierde schoten* **6.2** **in** ~s *in losse vellen* ⟨drukwerk⟩ **6.4** the rain came down **in** ~s *de regen kwam in stromen naar beneden, het goot* **6.¶** **between** the ~s *tussen de lakens, onder zeil, onder de wol;*
II ⟨mv.; ~s⟩ ⟨scheep.⟩ **0.1** ***voor- en achterplecht.***
sheet[2] ⟨f1⟩ ⟨ww.⟩ →sheeting
I ⟨onov.ww.⟩ **0.1** ***zich massaal / als een dik gordijn vormen*** **0.2** ⟨scheep.⟩ ***de schoten aanhalen*** ◆ **5.1** the rain ~ed **down** *de regen stroomde bij beken neer, het stortregende;* the mist came ~ing **in** from the lake *de mist kwam als een dik gordijn v.h. meer aangewaaid* **5.2** ~ home *de schoten aanhalen;*
II ⟨ov.ww.⟩ **0.1** ***(als) in een laken wikkelen*** ⇒*omhullen, v. lakens voorzien, afdekken* **0.2** ***in een lijkwade wikkelen*** **0.3** ***met een dunne laag / plaat bedekken*** **0.4** ***in lagen vormen*** **0.5** ⟨scheep.⟩ ***met de schoten vastmaken*** ⇒*aanhalen* ◆ **1.1** mist ~ed the mountains *mist hulde zich om de bergen* **1.4** ~ed rain *neerstromende regen* **5.5** ~ home the sail *het zeil met de schoten vastmaken* **5.¶** ⟨Austr. E⟩ ~ home blame *schuld geven, verantwoordelijk stellen.*
'sheet anchor ⟨telb.zn.⟩ **0.1** ⟨scheep.⟩ ***(groot) noodanker*** ⇒*plechtanker* **0.2** ***toeverlaat*** ⇒*laatste toevlucht, noodoplossing.*
'sheet bend ⟨telb.zn.⟩ ⟨scheep.⟩ **0.1** ***schootsteek.***
'sheet copper ⟨n.-telb.zn.⟩ **0.1** ***bladkoper*** ⇒*koperblik.*
'sheet erosion ⟨n.-telb.zn.⟩ **0.1** ***vlakte-erosie.***
'sheet glass ⟨n.-telb.zn.⟩ **0.1** ***vensterglas*** ⇒*getrokken glas.*
sheet·ing ['ʃi:t̬ɪŋ]⟨n.-telb.zn.; oorspr. gerund v. sheet⟩ **0.1** ***lakenstof*** **0.2** ***bekleding(smateriaal)*** **0.3** ***het afdekken / omhullen*** **0.4** ⟨geol.⟩ ***sheeting*** ⇒*ontspanningsdiaklazering* ⟨bij stollingsgesteenten⟩ ◆ **2.2** metal ~ *metalen bekleding, bekleding met metaalplaten.*
'sheet iron ⟨n.-telb.zn.⟩ **0.1** ***bladstaal*** ⇒*plaatijzer, gewalst ijzer.*
'sheet 'lightning ⟨n.-telb.zn.⟩ **0.1** ***weerlicht.***
'sheet 'metal ⟨n.-telb.zn.⟩ **0.1** ***bladmetaal*** ⇒*metaalblik.*
'sheet music ⟨n.-telb.zn.⟩ **0.1** ***(muziek uitgegeven op) losse muziekbladen.***
'sheet piling ⟨telb.zn.⟩ **0.1** ***(be)schoeiing*** ⇒*damwand.*
she·getz ['ʃeɪgɪts]⟨telb.zn.; shkotzim ['ʃkɒtsɪm‖'ʃkɔt-]; →mv. 5⟩ ⟨jud.; pej.⟩ **0.1** ***niet-joodse jonge(ma)n*** **0.2** ***onorthodoxe joodse jongen.***
'she-goat ⟨telb.zn.⟩ **0.1** ***geit.***
sheik·dom, sheikh·dom ['ʃeɪkdəm‖'ʃi:k-]⟨telb.zn.⟩ **0.1** ***sjeikdom.***
sheik(h)[1]**, shaik(h)** [ʃeɪk‖ʃi:k]⟨f1⟩ ⟨telb.zn.⟩ **0.1** ***sjeik*** **0.2** ⟨inf.⟩ ***knappe kerel*** ⇒*bink, aantrekkelijke man.*
sheik(h)[2] ⟨ov.ww.⟩ ⟨sl.⟩ **0.1** ***versieren*** ⟨vrouw⟩ **0.2** ***in de maling nemen.***
shei·la ['ʃi:lə]⟨telb.zn.⟩ ⟨Austr. E; sl.⟩ **0.1** ***meisje*** ⇒*jonge vrouw.*
shekarry →shikaree.
shek·el ['ʃekl]⟨zn.; in bet. I ook shekalim [ʃə'kɑ:lɪm]; →mv. 5⟩
I ⟨telb.zn.⟩ **0.1** ***sjekel*** ⟨Israëlische munt⟩ **0.2** ***sjekel*** ⇒*sikkel* ⟨Hebreeuwse munt en gewicht; ± 16,3 g⟩;
II ⟨mv.; ~s⟩ ⟨inf.; scherts.⟩ **0.1** ***poen*** ⇒*duiten, geld, fortuin.*
She·ki·nah, she·chi·na(h) [ʃɪ'kaɪnə‖-'ki:nə]⟨n.-telb.zn.⟩ ⟨jud.⟩ **0.1** ***sjechina*** ⇒*goddelijke aanwezigheid, goddelijke uitstraling, goddelijke openbaring* ⟨i.h.b. in de tempel⟩.
shel·drake ['ʃeldreɪk]⟨telb.zn.; ook sheldrake; →mv. 4⟩ ⟨dierk.⟩ **0.1** ***(woerd v.d.) bergeend*** ⟨genus Tadorna; i.h.b. Tadorna tadorna⟩ **0.2** ***zaagbek*** ⟨genus Mergus⟩.
shel·duck, sheld·duck ['ʃeldʌk]⟨telb.zn.; ook shel(d)duck; →mv. 4⟩ ⟨dierk.⟩ **0.1** ***bergeend*** ⟨genus Tadorna; i.h.b. Tadorna tadorna⟩.
shelf [ʃelf]⟨f3⟩ ⟨telb.zn.; shelves [ʃelvz]; →mv. 3⟩ **0.1** ***(leg)plank*** ⇒*boekenplank,* ⟨B.⟩ *schap* **0.2** ***(rots)richel*** ⇒*vooruitstekende*

rand, terras **0.3** ***rif*** ⇒*rotsrichel* ⟨onder water⟩; ⟨bij uitbr.⟩ *zandbank* **0.4** ⟨mijnw.⟩ ***deklaag*** ⇒*harde rotslaag* ◆ **6.¶** these articles can be delivered **off** the ~ *deze artikelen zijn prompt/uit voorraad leverbaar;* ⟨inf.⟩ **be (put/left) on** the ~ *uitgerangeerd/aan de kant gezet/afgeschreven/aan de dijk gezet worden; in onbruik raken, afgedankt worden; blijven zitten, niet meer aan een man raken* ⟨v. vrouw⟩.

'shelf company ⟨telb.zn.⟩ **0.1** ***brievenbusfirma***.

'shelf ice ⟨n.-telb.zn.⟩ **0.1** ***shelfijs*** ⇒*ijsbarrière*.

'shelf life ⟨n.-telb.zn.⟩ **0.1** ***houdbaarheidsperiode*** ⟨v. waren⟩.

'shelf list, 'shelf register ⟨telb.zn.⟩ **0.1** ***standcatalogus*** ⟨in bibliotheek⟩.

'shelf·load ⟨telb.zn.⟩⟨inf.⟩ **0.1** ***hele plank*** ◆ **1.1** ~s of reports *planken vol rapporten*.

'shelf mark ⟨telb.zn.⟩ **0.1** ***signatuur*** ⇒*kastnummer* ⟨v. boek in bibliotheek⟩.

'shelf room ⟨n.-telb.zn.⟩ **0.1** ***plankruimte*** ◆ **3.1** refuse ~ to sth. *iets weigeren op te nemen*.

shelf·y ['ʃelfi]⟨bn.⟩ **0.1** ***vol zandbanken*** ⇒*vol ondiepten* **0.2** ***vol richels*** ⇒*terrasvormig*.

shell[1] [ʃel]⟨f3⟩⟨zn.⟩

I ⟨telb.zn.⟩ **0.1** ⟨ben. voor⟩ ***geraamte*** ⟨v. gebouw⟩ ⇒*skelet, casco, romp* ⟨v. schip⟩, *chassis* **0.2** ***(binnenste) doodkist*** **0.3** ***lichte roeiboot*** ⇒*wedstrijdroeiboot* **0.4** ***deegbakje*** ⇒*pasteikorst* **0.5** ***huls*** ⇒*granaat;* ⟨AE⟩ *patroon* **0.6** ***handbeschermer*** ⟨v. zwaard⟩ ⇒*stootplaat* **0.7** ***schelpvormig gebouw*** **0.8** ⟨BE; school.⟩ ***brugklas*** ⇒*overgangsklas* **0.9** ***lege huls*** ⇒*schijn, voorkomen;*

II ⟨telb. en n.-telb.zn.⟩ **0.1** ⟨ben. voor⟩ ***hard omhulsel*** ⇒*schelp; slakkehuis; schil, dop, schaal, bolster, peul, omhulsel;* ⟨nat.⟩ *elektronenschil; schulp; rugschild, dekschild, vleugelschild; cocon* ◆ **3.1** come out of one's ~ *loskomen, ontdooien;* go/retire into one's ~ *in zijn schulp kruipen* **6.1 in** the ~ *in de dop;*

III ⟨n.-telb.zn.⟩ **0.1** ***aardkorst***.

shell[2] ⟨f1⟩⟨ww.⟩

I ⟨onov.ww.⟩ **0.1** ***zich van zijn schil ontdoen*** **0.2** ***zich laten schillen*** ⇒*zich laten pellen/doppen* ◆ **5.1** ~ **off** *afschilferen* ⟨v. metaal⟩ **5.¶** →shell out;

II ⟨ov.ww.⟩ **0.1** ***van zijn schil ontdoen*** ⇒*schillen, doppen, pellen, ontbolsteren* **0.2** ***beschieten*** ⇒*onder vuur nemen, bombarderen* **0.3** ***omhullen*** ⇒*bedekken (met schelpen)* ◆ **5.¶** →shell **out**.

she'll [ʃil⟨sterk⟩ʃi:l]⟨samentr. v. she shall, she will⟩.

shel·lac[1] [ʃə'læk]⟨n.-telb.zn.⟩ **0.1** ***schellak***.

shellac[2] ⟨ov.ww.; →ww. 7⟩ →shellacking **0.1** ***met schellak vernissen*** **0.2** ⟨AE; sl.⟩ ***in de pan hakken*** ⇒*totaal verslaan, genadeloos afranselen*.

shel·lack·ing [ʃə'lækɪŋ]⟨telb.zn.; gerund v. shellac; vnl. enk.⟩⟨AE; sl.⟩ **0.1** ***aframmeling*** **0.2** ***nederlaag*** ⇒*fiasco*.

'shell·back ⟨telb.zn.⟩⟨scheep.; sl.⟩ **0.1** ***oude zeerob*** ⇒*pikbroek*.

'shell·bark ⟨telb.zn.⟩⟨plantk.⟩ **0.1** ***soort hickory*** ⟨Am. noteboom; Carya ovata⟩.

'shell bit ⟨telb.zn.⟩ **0.1** ***guts*** ⟨gutsvormig gedeelte v.h. boorijzer v.e. centerboor⟩.

'shell button ⟨telb.zn.⟩ **0.1** ***beklede (metalen) knoop***.

'shell company ⟨telb.zn.⟩ **0.1** ***lege vennootschap*** ⟨waarop een overnamebod wordt gedaan vanwege haar positie op de beurs⟩.

'shell egg ⟨telb.zn.⟩ **0.1** ***ei in de schaal*** ⟨tgo. eipoeder⟩.

'shell·fire ⟨n.-telb.zn.⟩ **0.1** ***granaatvuur***.

'shell·fish ⟨f1⟩⟨telb.zn.; ook shellfish; →mv. 4⟩ **0.1** ***schelpdier*** **0.2** ***schaaldier***.

'shell game ⟨telb.zn.⟩⟨AE⟩ **0.1** ***dopjesspel*** ⟨kansspel met drie dopjes, een beker en een balletje⟩ **0.2** ***zwendel***.

'shell heap, 'shell mound ⟨telb.zn.⟩ **0.1** ***voorhistorische afvalhoop***.

'shell hole ⟨telb.zn.⟩ **0.1** ***granaattrechter***.

'shell jacket ⟨telb.zn.⟩⟨mil.⟩ **0.1** ***buis***.

shell·less ['ʃelləs]⟨bn.⟩ **0.1** ***zonder schil*** ⇒*zonder dop, zonder schaal, zonder bolster* **0.2** ***zonder schelp*** ⇒*zonder rugschild, zonder dekschild, zonder vleugelschild, zonder cocon*.

'shell lime ⟨n.-telb.zn.⟩ **0.1** ***schelpkalk***.

'shell marble ⟨n.-telb.zn.⟩ **0.1** ***schelpmarmer***.

'shell money ⟨n.-telb.zn.⟩ **0.1** ***schelpengeld***.

'shell 'out ⟨ww.⟩

I ⟨onov. en ov.ww.⟩⟨inf.⟩ **0.1** ***dokken*** ⇒*afschuiven;*

II ⟨ov.ww.⟩ **0.1** ***in zijn geheel verwijderen***.

'shell 'pink ⟨n.-telb.zn.; ook attr.⟩ **0.1** ***zachtrose***.

'shell·proof ⟨bn.⟩ **0.1** ***bomvrij***.

'shell shock ⟨telb. en n.-telb.zn.⟩⟨med.⟩ **0.1** ***(shell)shock*** ⟨veroorzaakt door oorlogservaringen⟩.

'shell·work ⟨n.-telb.zn.⟩ **0.1** ***schelpwerk*** ⇒*schelpversiering*.

shel·ly ['ʃeli]⟨bn.⟩ **0.1** ***vol schelpen*** **0.2** ***schelpen-***.

shel·ter[1] ['ʃeltə||-ər]⟨f2⟩⟨zn.⟩⟨→sprw. 239⟩

I ⟨telb.zn.⟩ **0.1** ⟨ben. voor⟩ ***schuilgelegenheid*** ⇒*schuilkelder; bushokje, wachthokje; schuilkeet; tramhuisje; lighal* **0.2** ***schuilplaats*** ⇒*toevluchtsoord, tehuis,* ⟨AE⟩ *asiel* ◆ **1.2** ~ for battered women *opvang(te)huis voor mishandelde vrouwen;*

II ⟨n.-telb.zn.⟩ **0.1** ***beschutting*** ⇒*bescherming, onderdak;* ⟨sport, i.h.b. wielrennen⟩ *windschaduw* ◆ **3.1** give ~ *onderdak verlenen, een schuilplaats verlenen;* take ~ *schuilen* **6.1** ~ **from** the wind *beschutting tegen de wind;* **in** the ~ *in de luwte*.

shelter[2] ⟨f3⟩⟨ww.⟩

I ⟨onov.ww.⟩ **0.1** ***schuilen*** ◆ **6.1** ~ **from** *schuilen voor/tegen;*

II ⟨ov.ww.⟩ **0.1** ***beschutten*** ⇒*beschermen, een schuilplaats verlenen;* ⟨sport, i.h.b. wielrennen⟩ *uit de wind houden* **0.2** ***huisvesten*** ⇒*onderdak verlenen* ◆ **1.1** ~ed industries *beschermde industrieën;* a ~ed workshop *een sociale werkplaats* **4.1** ~ o.s. *zich schuilhouden* **6.1** ~ **from** *in bescherming nemen tegen*.

'shelter belt ⟨telb.zn.⟩ **0.1** ***windkering*** ⇒*windhaag*.

'shelter deck ⟨telb.zn.⟩⟨scheep.⟩ **0.1** ***schutdek*** ⇒*shelterdek*.

shel·ter·er ['ʃeltrə||-ər]⟨telb.zn.⟩ **0.1** ***iem. die schuilt*** **0.2** ***iem. die een schuilplaats verleent***.

shel·ter·less ['ʃeltələs||-tər-]⟨bn.⟩ **0.1** ***onbeschut*** ⇒*zonder schuilplaats, zonder onderdak*.

'shelter tent ⟨telb.zn.⟩ **0.1** ***shelter*** ⇒*eenvoudig tentje*.

'shelter trench ⟨telb.zn.⟩ **0.1** ***schuilloopgraaf***.

shel·tie, shel·ty ['ʃelti]⟨telb.zn.; tweede variant; →mv. 2⟩ **0.1** ***Shetland pony*** **0.2** ***Shetlandse herdershond***.

shelve [ʃelv]⟨f1⟩⟨ww.⟩ →shelving

I ⟨onov.ww.⟩ **0.1** ***geleidelijk aflopen*** ⟨v. bodem⟩ ⇒*glooien, (zacht) hellen* ◆ **6.1** ~ **down to** *geleidelijk aflopen naar;*

II ⟨ov.ww.⟩ **0.1** ***op een plank zetten*** **0.2** ***op de lange baan schuiven*** ⇒*in de ijskast zetten, opschorten* **0.3** ***ontslaan*** ⇒*pensioneren, op stal zetten* **0.4** ***van planken voorzien***.

shelves [ʃelvz]⟨mv.⟩ →shelf.

shelv·ing ['ʃelvɪŋ]⟨n.-telb.zn.; gerund v. shelve⟩ **0.1** ***(materiaal voor) planken***.

she·moz·zle, sche·moz·zle [ʃɪ'mɒzl||ʃɪ'mɑzl]⟨telb.zn.⟩⟨sl.⟩ **0.1** ***herrie*** ⇒*heibel, ruzie* **0.2** ***janboel*** ⇒*warboel*.

she·nan·i·gan [ʃɪ'nænɪgən]⟨telb.zn.; vnl. mv.⟩⟨inf.⟩ **0.1** ***trucje*** ⇒*foefje, list* **0.2** ***streek*** ⇒*geintje, dwaasheid* **0.3** ***schelmerij*** ⇒*bedriegerij*.

shend [ʃend]⟨ov.ww.; shent, shent [ʃent]⟩⟨vero.⟩ **0.1** ***schenden*** ⇒*onteren* **0.2** ***berispen*** **0.3** ***beschamen*** **0.4** ***vernielen*** ⇒*vernietigen, te gronde richten, ruïneren*.

'she-oak ⟨telb.zn.⟩⟨plantk.⟩ **0.1** ***casuarina*** ⟨Casuarina stricta: Australische boom⟩.

She·ol ['ʃioul]⟨eig.n.⟩ **0.1** ***Hebreeuws dodenrijk***.

shep·herd[1] ['ʃepəd||'ʃepərd]⟨f2⟩⟨telb.zn.⟩⟨→sprw. 589⟩ **0.1** ***(schaap)herder*** ⇒*hoeder, zielenherder* ◆ **2.1** the Good ~ *de Goede Herder*.

shepherd[2] ⟨f1⟩⟨ov.ww.⟩ **0.1** ***hoeden*** ⇒*leiden, loodsen, in het oog houden, in de gaten houden* **0.2** ⟨voetbal⟩ ***weglokken***.

'shepherd dog ⟨telb.zn.⟩ **0.1** ***herdershond***.

shep·herd·ess ['ʃepədɪs||-pər-]⟨telb.zn.⟩ **0.1** ***herderin***.

'shepherd moon ⟨telb.zn.⟩⟨ster.⟩ **0.1** ***herdersmaan(tje)***.

'shep·herd's-'club ⟨telb. en n.-telb.zn.⟩⟨plantk.⟩ **0.1** ***koningskaars*** ⇒*aronsstaf, nachtkaars* ⟨Verbascum thapsus⟩.

'shep·herd's-'cress ⟨telb. en n.-telb.zn.⟩⟨plantk.⟩ **0.1** ***klein tasjeskruid*** ⟨Teesdalia nudicaulis⟩.

'shepherd's 'crook ⟨telb.zn.⟩ **0.1** ***herdersstaf***.

'shep·herd's-'nee dle ⟨telb. en n.-telb.zn.⟩⟨plantk.⟩ **0.1** ***naaldekervel*** ⟨Scandix pecten-veneris⟩.

'shepherd's 'pie ⟨n.-telb.zn.⟩⟨BE; cul.⟩ **0.1** ***gehakt met een korst van aardappelpuree*** ⇒⟨ong.⟩ *filosoof*.

'shep·herd's 'plaid, 'shep·herd's 'check ⟨zn.⟩

I ⟨telb.zn.⟩ **0.1** ***zwart-witte ruit;***

II ⟨n.-telb.zn.⟩ **0.1** ***zwart-wit geruite stof*** **0.2** ***zwart-witte ruit***.

'shepherd's-'purse, 'shepherd's-'pouch ⟨telb. en n.-telb.zn.⟩ ⟨plantk.⟩ **0.1** ***herderstasje*** ⟨Capsella bursa pastoris⟩.

'shepherd's 'rod ⟨telb. en n.-telb.zn.⟩⟨plantk.⟩ **0.1** ***kaardebol*** ⟨Dipsacus⟩.

'she-pine ⟨telb. en n.-telb.zn.⟩⟨plantk.⟩ **0.1** ***Podocarpus elata*** ⟨bep. Australische conifeer, met geel hout⟩.

Sher·a·ton ['ʃerətn]⟨eig.n.; ook attr.⟩ **0.1** ***Sheraton*** ⟨Engelse meubelstijl, eind 18[e] eeuw⟩.

sher·bet ['ʃɜ:bət||'ʃɜr-]⟨zn.⟩

I ⟨telb. en n.-telb.zn.⟩ **0.1** ⟨vnl. AE⟩ ***sorbet*** ⇒*waterijs* **0.2** ***sorbet*** ⇒*(oosterse) vruchten/ijsdrank* **0.3** ***drank(je) gemaakt met II;***

II ⟨n.-telb.zn.⟩ **0.1** ***zoet poeder*** ⟨als snoep of om een frisdrank mee te maken⟩.

sherd [ʃɜ:d||ʃɜrd], **shard** [ʃɑ:d||ʃɑrd]⟨telb.zn.⟩ **0.1** ***(pot)scherf*** **0.2** ***brok(je)*** ⇒*stuk(je)* **0.3** ***(vleugel)schild*** ⟨v. insekt⟩.

she·rif, she·reef [ʃe'ri:f||ʃə'ri:f], **sha·rif** [ʃæ'ri:f]⟨telb.zn.⟩ **0.1** ***sjarif*** ⟨afstammeling v. Mohammed's dochter Fatima; moslim-leider⟩.

sher·iff ['ʃerɪf], ⟨in bet. 0.3 ook⟩ **'sheriff 'depute** ⟨f2⟩ ⟨telb.zn.⟩ **0.1** ⟨BE⟩ ***sheriff*** ⇒⟨ong.⟩ *drost* ⟨hoogste rechterlijke en bestuursambtenaar in een graafschap⟩ **0.2** ⟨BE⟩ ***sheriff*** ⟨bekleder v. ereambt die jaarlijks in een aantal steden gekozen wordt⟩ **0.3** ***sheriff*** ⟨hoogste rechter v.e. graafschap of district in Schotland⟩ **0.4** ⟨AE⟩ ***sheriff*** ⟨hoofd v.d. politie in een district⟩.
sheriffalty, sheriffdom, sheriffship →shrievalty.
'sheriff court ⟨telb.zn.⟩ **0.1** ***rechtbank v.e. graafschap in Schotland.***
'sheriff 'substitute ⟨telb.zn.⟩ ⟨Sch. E; jur.⟩ **0.1** ***hulpsheriff.***
Sher·lock Holmes ['ʃɜ:lɒk 'hoʊmz‖'ʃɜrlɑk-] ⟨f1⟩ ⟨eig.n., telb.zn.⟩ **0.1** ***Sherlock Holmes*** *⇒(goede) detective, scherp redeneerder.*
Sher·pa ['ʃɜ:pə‖'ʃɜr-] ⟨telb.zn.; ook attr.⟩ **0.1** ***sherpa.***
sher·ry ['ʃeri] ⟨f2⟩ ⟨telb. en n.-telb.zn.; →mv. 2⟩ **0.1** ***sherry.***
'sherry glass ⟨telb.zn.⟩ **0.1** ***sherryglas.***
she's [ʃiz⟨sterk⟩ʃi:z] ⟨hww.⟩ ⟨samentr. v. she has, she is⟩.
'she-stuff ⟨n.-telb.zn.⟩ ⟨sl.⟩ **0.1** ***wijven*** *⇒vrouwen* **0.2** ***vrouwengedoe*** *⇒wijvenpraat.*
Shetland lace ['ʃetlənd 'leɪs] ⟨n.-telb.zn.⟩ **0.1** ***opengewerkte wollen rand.***
'Shetland 'pony ⟨f1⟩ ⟨telb.zn.⟩ **0.1** ***Shetlander*** *⇒Shetland pony.*
'Shetland 'sheepdog ⟨telb.zn.⟩ **0.1** ***Shetland sheepdog*** *⇒sheltie, Schotse herdershond.*
'Shetland 'wool ⟨f1⟩ ⟨n.-telb.zn.⟩ **0.1** ***Shetland wol.***
Shevuot(h) →Shabuoth.
shew →show.
shewbread →showbread.
'she-wolf ⟨telb.zn.⟩ **0.1** ***wolvin.***
Shi·ah ['ʃi:ə] ⟨eig.n.⟩ **0.1** ***sji'iten*** ⟨sji'itische sekte v.d. Islam⟩.
shib·bo·leth ['ʃɪbəleθ‖-lɪθ] ⟨telb.zn.⟩ **0.1** ***schibbolet*** *⇒herkenningswoord, wachtwoord.*
shick·ered ['ʃɪkəd‖-ərd] ⟨bn.⟩ ⟨Austr. E⟩ **0.1** ***bezopen*** *⇒zat, dronken.*
shiel [ʃi:l] ⟨telb.zn.⟩ ⟨Sch. E⟩ **0.1** ***hut(je)*** ⟨voor herders, sportvissers⟩.
shield[1] [ʃi:ld] ⟨f2⟩ ⟨telb.zn.⟩ **0.1** ***schild*** *⇒beukelaar, verdedigingswapen, wapenschild;* ⟨dierk.⟩ *dekschild* **0.2** ***beveiliging*** *⇒bescherming, beschermkap* **0.3** ⟨AE⟩ ***politiepenning.***
shield[2] ⟨f3⟩ ⟨ov.ww.⟩ **0.1** ***beschermen*** *⇒in bescherming nemen, dekken* **0.2** ***verbergen*** *⇒verhullen* ◆ **6.1** ~ **from** *beschermen tegen.*
'shield bug ⟨telb.zn.⟩ ⟨dierk.⟩ **0.1** ***stinkwants*** ⟨Pentatomidae⟩.
'shield fern ⟨telb.zn.⟩ **0.1** ***schildvaren*** *⇒moerasvaren, mannetjesvaren.*
shiel·ing, shea·ling ['ʃi:lɪŋ] ⟨telb.zn.⟩ ⟨Sch. E⟩ **0.1** ***(herders)hut*** **0.2** ***weide(grond).***
shi·er, shy·er ['ʃaɪə‖-ər] ⟨telb.zn.⟩ **0.1** ***schichtig paard.***
shift[1] [ʃɪft] ⟨f3⟩ ⟨telb.zn.⟩ **0.1** ***verschuiving*** *⇒verandering, wisseling, verruiling;* ⟨vnl. BE⟩ *verhuizing* **0.2** ***ploeg*** ⟨werklieden⟩ **0.3** ***werktijd*** *⇒arbeidsduur* **0.4** ***redmiddel*** *⇒hulpmiddel* **0.5** ***foefje*** *⇒kneepje, truc, kunstje, uitvlucht, list* **0.6** ***hemdjurk*** ⇒⟨vero.⟩ *(dames)hemd* **0.7** ***verschuiving*** ⟨v. voegen t.o.v. elkaar in metselwerk enz.⟩ **0.8** ⟨ster.⟩ ***verschuiving*** **0.9** ⟨taalk.⟩ ***klankverschuiving*** **0.10** ⟨bridge⟩ ***antwoord in nieuwe kleur*** **0.11** ⟨AE; bridge⟩ ***switch*** *⇒overschakeling op/nakomst in nieuwe kleur* **0.12** ***positieverandering*** ⟨bij het vioolspelen⟩ **0.13** ***verschoning*** **0.14** ***hoofdlettertoets*** **0.15** ⟨AE⟩ ***wisseling v. versnelling*** **0.16** ⟨atletiek⟩ ***aanglijtechniek*** ⟨v. discuswerper⟩ ◆ **1.8** Doppler ~ *dopplerverschuiving* **3.¶** ⟨vero.⟩ make ~ *zich behelpen;* make ~ without *het stellen zonder.*
shift[2] ⟨f3⟩ ⟨ww.⟩
I ⟨onov.ww.⟩ **0.1** ***van plaats veranderen*** *⇒zich verplaatsen, schuiven, werken* ⟨v. lading⟩, *omlopen* ⟨v.d. wind⟩ **0.2** ***wisselen*** *⇒veranderen* **0.3** ⟨sl.⟩ ***snel bewegen*** **0.4** ***zich redden*** *⇒zich behelpen, het klaarspelen, zich erdoor slaan* **0.5** ***draaien*** *⇒hengelen, uitvluchten verzinnen* ◆ **1.1** ~ing sands *drijfzand* **1.2** the scene ~s *de achtergrond v.h. verhaal verandert* **4.4** ~ for o.s. *het zelf klaarspelen, voor zichzelf zorgen* **5.1** ~ **away** *zich (stilletjes) uit de voeten maken, er tussenuit knijpen;*
II ⟨ov.ww.⟩ **0.1** ***verplaatsen*** *⇒verschuiven, verzetten, verhalen* ⟨boot⟩ **0.2** ***verwisselen*** *⇒verruilen, veranderen;* ⟨AE⟩ *wisselen, schakelen* ⟨versnelling⟩ **0.3** ***transformeren*** *⇒van gedaante doen veranderen* **0.4** ***verstouwen*** *⇒verorberen, achteroverslaan* ◆ **1.1** ~ the blame onto *de schuld schuiven op;* ~ the helm *het roer omgooien* **1.2** ~ one's ground *plotseling een ander standpunt innemen;* ~ the scene *de achtergrond v.e. verhaal veranderen* **5.1** ~ the responsibility **off** *de verantwoordelijkheid afschuiven.*
shift·er ['ʃɪftə‖-ər] ⟨telb.zn.⟩ **0.1** ***draaier*** *⇒iem. die vol uitvluchten zit* **0.2** ⟨dram.⟩ ***machinist.***
shift·ie ['ʃɪfti] ⟨telb.zn.⟩ ⟨sl.⟩ **0.1** ***onbetrouwbaar meisje.***
'shift·ie-'eyed, 'shift·y-'eyed ⟨bn.⟩ ⟨sl.⟩ **0.1** ***gluiperig*** *⇒gemeen.*
'shift key ⟨telb.zn.⟩ **0.1** ***hoofdlettertoets.***
shift·less ['ʃɪftləs] ⟨bn.; -ly; -ness⟩ **0.1** ***niet vindingrijk*** *⇒inefficiënt, onbeholpen, onbekwaam* **0.2** ***lui*** **0.3** ***doelloos.***
'shift work ⟨n.-telb.zn.⟩ **0.1** ***ploegendienst*** *⇒ploegenarbeid.*
shift·y ['ʃɪfti] ⟨f1⟩ ⟨bn.; -ly; -ness; →bijw. 3⟩ **0.1** ***niet recht door zee*** *⇒onoprecht, stiekem, onbetrouwbaar* **0.2** ***gewiekst*** *⇒goochem* **0.3** ***ongrijpbaar*** *⇒moeilijk te vatten.*
Shi·ite ['ʃi:aɪt] ⟨telb.zn.⟩ **0.1** ***Sji'iet*** ⟨lid v.d. Islamitische Sji'a sekte⟩.
shi·kar [ʃɪ'kɑ:‖ʃɪ'kɑr] ⟨n.-telb.zn.⟩ ⟨Ind. E⟩ **0.1** ***jacht*** ⟨vnl. op grof wild⟩.
shi·ka·ree [ʃɪ'kæri] ⟨telb.zn.⟩ ⟨Ind. E⟩ **0.1** ***jager*** ⟨i.h.b. inheemse beroepsjager of begeleider v. jachtgezelschap⟩.
shik·sa, shik·se, shick·sa ['ʃɪksə] ⟨telb.zn.⟩ ⟨AE; jud.; vnl. pej.⟩ **0.1** ***sjikse*** ⟨niet-joods meisje; joods meisje dat de tradities niet meer volgt⟩.
shill[1] [ʃɪl] ⟨telb.zn.⟩ ⟨AE; sl.⟩ **0.1** ***lokvogel*** *⇒lokaas* **0.2** ***standwerker*** *⇒vendumeester, reclameman, public-relationsman* **0.3** ***politieknuppel.***
shill[2] ⟨onov.ww.⟩ **0.1** ***als lokvogel dienen.***
shil·le·lagh, shil·la·lah [ʃɪ'leɪli] ⟨telb.zn.⟩ **0.1** ***knots*** *⇒knuppel* ⟨Iers, v. sleedoorn of eikehout⟩.
shil·ling ['ʃɪlɪŋ] ⟨f2⟩ ⟨telb.zn.⟩ **0.1** ***shilling*** ⟨voormalige Engelse munt, Oostafrikaanse munteenheid⟩ ◆ **3.¶** cut off with a ~ *onterven.*
'shilling mark ⟨telb.zn.⟩ ⟨druk.⟩ **0.1** ***schuin streepje.***
shil·lings·worth ['ʃɪlɪŋzwɜ:θ‖-wɜrθ] ⟨telb.zn.; alleen enk.⟩ **0.1** ***shilling*** *⇒voor een shilling* ⟨hoeveelheid die men voor een shilling kan kopen⟩.
shil·ly-shal·ly[1] ['ʃɪliʃæli] ⟨telb. en n.-telb.zn.; →mv. 2⟩ **0.1** ***besluiteloosheid*** *⇒het weifelen, het aarzelen.*
shilly-shally[2] ⟨bn.⟩ **0.1** ***besluiteloos*** *⇒weifelend, aarzelend, irresoluut.*
shilly-shally[3] ⟨onov.ww.; →ww. 7⟩ **0.1** ***dubben*** *⇒weifelen, aarzelen.*
shily →shy.
shim[1] [ʃɪm] ⟨telb.zn.⟩ **0.1** ***vulstuk*** *⇒vulsteen, plug, wig.*
shim[2] ⟨ov.ww.; →ww. 7⟩ **0.1** ***van een vulstuk voorzien.***
shim·mer[1] ['ʃɪmə‖-ər] ⟨f1⟩ ⟨n.-telb.zn.⟩ **0.1** ***flikkering*** *⇒glimp, flauw schijnsel, glinstering.*
shimmer[2] ⟨f2⟩ ⟨onov.ww.⟩ **0.1** ***glinsteren*** *⇒flakkeren, flikkeren, glimmen, schemeren.*
shim·my[1] ['ʃɪmi] ⟨telb.zn.; →mv. 2⟩ ⟨AE⟩ **0.1** ***hemd*** **0.2** ***shimmy*** ⟨dans uit de jaren '20⟩ **0.3** ***abnormale slingering v.d. voorwielen*** *⇒shimmy.*
shimmy[2] ⟨onov.ww.⟩ ⟨AE⟩ **0.1** ***de shimmy dansen*** **0.2** ***abnormaal slingeren*** ⟨v. voorwielen⟩.
shin[1] [ʃɪn] ⟨f1⟩ ⟨telb.zn.⟩ **0.1** ***scheen*** **0.2** ***runderschenkel*** ◆ **1.2** a ~ of beef *een runderschenkel.*
shin[2], ⟨in bet. I ook, vnl. AE⟩ **shin·ny** ['ʃɪni] ⟨ww.; →ww. 7⟩
I ⟨onov. en ov.ww.⟩ **0.1** ***klauteren*** *⇒klimmen* ⟨met handen en voeten⟩ ◆ **5.1** ~ **down** *omlaag klauteren;* ~ **up** *omhoogklauteren* **6.1** ~ **up** a tree *een boom inklauteren, een boom invliegen;*
II ⟨ov.ww.⟩ **0.1** ***tegen de schenen trappen.***
'shin·bone ⟨f1⟩ ⟨telb.zn.⟩ **0.1** ***scheenbeen*** *⇒tibia.*
shin·dig ['ʃɪndɪg] ⟨telb.zn.⟩ ⟨inf.⟩ **0.1** ***partij(tje)*** *⇒feest(je), fuif(je)* **0.2** ***herrie*** *⇒heibel, tumult, opschudding, rumoer.*
shin·dy ['ʃɪndi] ⟨telb.zn.; →mv. 2⟩ ⟨inf.⟩ **0.1** ***herrie*** *⇒heibel, tumult, opschudding, rumoer* **0.2** ***partij(tje)*** *⇒feest(je), fuif(je)* ◆ **3.1** kick up a ~ *herrie schoppen, lawaai maken, een rel trappen.*
shine[1] [ʃaɪn] ⟨f1⟩ ⟨telb. en n.-telb.zn.⟩ **0.1** ***schijn*** *⇒schijnsel, licht, uitstraling* **0.2** ***glans*** *⇒glinstering, schittering, luister, politoer* **0.3** ⟨AE⟩ ***poetsbeurt*** *⇒het poetsen* ⟨v. schoenen⟩ **0.4** ⟨BE; sl.⟩ ***tumult*** *⇒rumoer, opschudding* **0.5** ⟨sl.⟩ ***(gesmokkelde/zelfgemaakte) whisky*** ◆ **3.2** take the ~ off/out of *van zijn glans beroven; maken dat de aardigheid af gaat van; in de schaduw stellen* **3.¶** ⟨AE; inf.⟩ take a ~ to s.o. *iem. zomaar/direct aardig vinden.*
shine[2] ⟨f1⟩ ⟨ww.⟩
I ⟨onov.ww.⟩ →shine up to;
II ⟨ov.ww.⟩ ⟨inf.⟩ **0.1** ***poetsen*** *⇒doen glimmen.*
shine[3] ⟨f3⟩ ⟨ww.; shone, shone [ʃɒn‖ʃoʊn]⟩ →shining ⟨→sprw. 428, 638⟩
I ⟨onov.ww.⟩ **0.1** ***glanzen*** *⇒glimmen, blinken, stralen* **0.2** ***schitteren*** *⇒uitblinken* ◆ **5.2** ~ **out** *duidelijk naar voren komen;*
II ⟨onov. en ov.ww.⟩ **0.1** ***schijnen*** *⇒lichten, gloeien* ◆ **1.1** he shone his light in my face *hij scheen met zijn lantaarn in mijn gezicht* **5.1** ~ **out** *naar buiten schijnen.*
'shine box ⟨telb.zn.⟩ ⟨sl.⟩ **0.1** ***glittertent*** ⟨van of voor negers⟩.
shin·er ['ʃaɪnə‖-ər] ⟨zn.⟩
I ⟨telb.zn.⟩ **0.1** ⟨ben. voor⟩ ***iets dat schittert*** *⇒ster, diamant, blinkend muntstuk* **0.2** ***schoenpoetser*** **0.3** ⟨inf.⟩ ***blauw oog*** **0.4** ⟨dierk.⟩ ***shiner*** ⟨Noordamerikaanse zoetwatervis; Netropis⟩;
II ⟨mv.; ~s⟩ ⟨BE⟩ **0.1** ***duiten*** *⇒poen, centen.*

shine up to ⟨onov.ww.⟩ ⟨AE⟩ **0.1** ***proberen in het gevlij te komen bij*** ⇒*veel aandacht besteden aan.*

shin·gle[1] ['ʃɪŋgl] ⟨f1⟩ ⟨zn.⟩
I ⟨telb.zn.⟩ **0.1** ***dakspaan*** **0.2** ⟨AE⟩ ***naambord v. arts/advocaat*** ⟨enz.⟩ **0.3** ***kort dameskapsel*** ⟨waarbij het haar van achteren opgeknipt is⟩ ⇒*jongenskopje* ◆ **3.2** hang out/hang up/put up one's ~ *zich vestigen als arts enz.;*
II ⟨n.-telb.zn.⟩ **0.1** ***kiezel*** ⇒*grind, kiezelstrand;*
III ⟨mv.; ~s⟩ ⟨med.⟩ **0.1** ***gordelroos.***

shingle[2] ⟨ov.ww.⟩ **0.1** ***met dakspanen bedekken*** **0.2** ***opknippen*** ⟨haar⟩.

'shingle beach ⟨telb.zn.⟩ **0.1** ***kiezelstrand.***

'shin·guard, 'shin·pad ⟨telb.zn.⟩ **0.1** ***scheenbeschermer.***

shin·ing ['ʃaɪnɪŋ] ⟨f1⟩ ⟨bn.; oorspr. teg. deelw. v. shine⟩ **0.1** ***schitterend*** ⇒*glanzend, blinkend, lichtend, stralend* **0.2** ***uitstekend*** ⇒*uitmuntend.*

shinpad →shinguard.

'shin splints ⟨mv.⟩ ⟨sport⟩ **0.1** ***pijnlijke scheenbeenspieren.***

Shin·to ['ʃɪntoʊ], **Shin·to·ism** ['ʃɪntoʊɪzm] ⟨eig.n.⟩ **0.1** ***shintoïsme*** ⟨Japanse godsdienst⟩.

Shin·to·ist ['ʃɪntoʊɪst] ⟨telb.zn.⟩ **0.1** ***aanhanger v.h. Shintoïsme.***

shin·ty ['ʃɪnṭi], **shin·ny** ['ʃɪni] ⟨zn.; →mv. 2⟩ ⟨BE⟩
I ⟨telb.zn.⟩ **0.1** ***bal gebruikt bij shinty*** **0.2** ***stick gebruikt bij shinty;***
II ⟨n.-telb.zn.⟩ **0.1** ***shinty*** ⟨balspel dat op hockey lijkt⟩.

shin·y[1] ['ʃaɪni] ⟨telb.zn.⟩ ⟨sl.⟩ **0.1** ⟨bel.⟩ ***nikker*** ⇒*roetmop* **0.2** ***sterke drank.***

shiny[2] ⟨f2⟩ ⟨bn.; -er; -ness; →bijw. 3⟩ **0.1** ***glanzend*** ⇒*glimmend, blinkend, schitterend* **0.2** ***zonnig*** ◆ **1.1** ~ trousers *een glimmende broek.*

ship[1] [ʃɪp] ⟨f3⟩ ⟨telb. en n.-telb.zn.⟩ **0.1** ***schip*** ⇒*schuit, vaartuig, zeilschip* **0.2** ⟨AE⟩ ***vliegtuig*** ⇒*kist, luchtschip* **0.3** ***ruimteschip*** **0.4** ⟨sl.⟩ ***boot*** ⟨i.h.b. wedstrijdboot⟩ ◆ **1.1** on board ~ *aan boord;* ⟨fig.⟩ ~ of the desert *het schip der woestijn;* ~ of the line *linieschip* **1.¶** spoil the ~ for a halfpennyworth/⟨inf.⟩ ha'porth o'tar ⟨ong.⟩ *het kind met het badwater weggooien;* (like) ~s that pass in the night *mensen die elkaar toevallig een keer tegenkomen* **3.1** break ~ *drossen;* ⟨inf.⟩ when my ~ comes in/home *als het schip met geld (binnen)komt;* jump ~ ⟨als bemanningslid⟩ *het schip verlaten, aan wal blijven* ⟨zonder af te monsteren⟩; take ~ *zich inschepen, aan boord gaan.*

ship[2] ⟨f2⟩ ⟨ww.; →ww. 7⟩ →shipping
I ⟨onov.ww.⟩ **0.1** ***scheep gaan*** ⇒*zich inschepen* **0.2** ***aanmonsteren*** ◆ **5.¶** ~ **out** *naar zee gaan;*
II ⟨ov.ww.⟩ **0.1** ***verschepen*** ⇒*(per schip) verzenden/transporteren;* ⟨bij uitbr.⟩ *vervoeren, verzenden* **0.2** ***schepen*** ⇒*laden* **0.3** ***plaatsen*** ⟨bv. mast, roer⟩ **0.4** ***binnenhalen*** ⟨riemen⟩ **0.5** ***binnen/overkrijgen*** ◆ **1.5** ~ water/a sea *een golf binnenkrijgen/overkrijgen* **5.1** ~ **off** *verschepen;* ~ **out** *verschepen* **5.¶** ~ **off** *wegsturen/zenden.*

-ship [ʃɪp] ⟨vormt abstr. nw. uit bijv. nw. en nw.⟩ **0.1** ⟨ong.⟩ ***-schap*** ⟨geeft hoedanigheid aan of rang, status, beroep, vaardigheid, aantal⟩ ◆ **¶.1** chairmanship *voorzitterschap;* kinship *verwantschap;* membership *lidmaatschap, het aantal leden;* workmanship *vakmanschap.*

'ship biscuit, ⟨vnl. BE⟩ **'ship's biscuit** ⟨n.-telb.zn.⟩ **0.1** ***scheepsbeschuit*** ⇒*scheepskaak.*

'ship·board ⟨telb. en n.-telb.zn.⟩ **0.1** ***scheepsboord*** ◆ **6.1** on ~ *aan boord.*

'ship boy ⟨telb.zn.⟩ **0.1** ***scheepsjongen*** ⇒*kajuitsjongen.*

'ship-break·er ⟨telb.zn.⟩ **0.1** ***scheepssloper*** ⇒*opkoper v. oude schepen.*

'ship broker ⟨telb.zn.⟩ **0.1** ***cargadoor*** ⇒*scheepsbevrachter, scheepsmakelaar* **0.2** ***scheepsmakelaar*** ⟨die schepen verhandelt⟩.

'ship·build·er ⟨telb.zn.⟩ **0.1** ***scheepsbouwer.***

'ship·build·ing ⟨f2⟩ ⟨n.-telb.zn.⟩ **0.1** ***scheepsbouw.***

'ship burial ⟨telb. en n.-telb.zn.⟩ ⟨gesch.⟩ **0.1** ***begrafenis in een schip in een grafheuvel.***

'ship canal ⟨telb.zn.⟩ **0.1** ***kanaal*** ⟨bevaarbaar voor zeeschepen⟩.

'ship 'carpenter ⟨telb.zn.⟩ **0.1** ***scheepstimmerman.***

'ship 'chandler, 'ship's 'chandler ⟨telb.zn.⟩ **0.1** ***scheepsleverancier*** ⇒*shipchandler, verkoper v. scheepsbenodigdheden.*

'ship fever ⟨telb. en n.-telb.zn.⟩ **0.1** ***tyfus.***

ship·lap ['ʃɪplæp] ⟨ov.ww.; →ww. 7⟩ **0.1** ***rabatten*** ⟨planken enz. dakpansgewijs over elkaar leggen⟩.

'ship letter ⟨telb.zn.⟩ **0.1** ***brief die per gewoon schip en niet per mailboot wordt verzonden.***

'ship·load ⟨telb.zn.⟩ **0.1** ***scheepslading*** ⇒*scheepsvracht.*

'ship·mas·ter ⟨telb.zn.⟩ **0.1** ***kapitein*** ⟨v. koopvaardijschip⟩.

'ship·mate ⟨telb.zn.⟩ **0.1** ***scheepsmaat*** ⇒*scheepsmakker.*

ship·ment ['ʃɪpmənt] ⟨f2⟩ ⟨zn.⟩
I ⟨telb.zn.⟩ **0.1** ***zending*** ⇒*vracht,* ⟨i.h.b.⟩ *scheepslading;*
II ⟨n.-telb.zn.⟩ **0.1** ***vervoer*** ⟨niet alleen per schip⟩ ⇒*verzending, verscheping, transport.*

'ship money ⟨n.-telb.zn.⟩ ⟨BE; gesch.⟩ **0.1** ***belasting tot instandhouding v.d. vloot.***

'ship·own·er ⟨f1⟩ ⟨telb.zn.⟩ **0.1** ***reder.***

ship·pen, ship·pon ['ʃɪpən] ⟨telb.zn.⟩ ⟨BE; gew.⟩ **0.1** ***(koe)stal.***

ship·per ['ʃɪpə||-ər] ⟨telb.zn.⟩ **0.1** ***expediteur*** ⟨BE alleen per schip⟩ ⇒*verzender.*

ship·ping ['ʃɪpɪŋ] ⟨f1⟩ ⟨n.-telb.zn.; gerund v. ship⟩ **0.1** ***verscheping*** ⇒*verzending* **0.2** ***inscheping*** **0.3** ***(totaal aan) schepen*** ⟨v.e. land, in een haven enz.⟩ **0.4** ***scheepvaart.***

'ship·ping-a·gent ⟨f1⟩ ⟨telb.zn.⟩ **0.1** ***scheepsbevrachter*** ⇒*cargadoor.*

shipping articles →ship's articles.

'ship·ping-bill ⟨telb.zn.⟩ ⟨BE⟩ **0.1** ***ladingsmanifest*** ⇒*carga, ladinglijst.*

'ship·ping-clerk ⟨telb.zn.⟩ **0.1** ***expeditieklerk.***

'shipping company, 'shipping line ⟨telb.zn.⟩ **0.1** ***scheepvaartmaatschappij.***

'shipping document ⟨telb.zn.⟩ **0.1** ***verschepings/verladingsdocument.***

'ship·ping-mas·ter ⟨telb.zn.⟩ ⟨BE⟩ ⟨scheep.⟩ **0.1** ***waterschout.***

'ship·ping-of·fice ⟨telb.zn.⟩ **0.1** ***cargadoorskantoor*** ⇒*expeditiekantoor, bevrachtingskantoor* **0.2** ***kantoor v.e. waterschout.***

'ship railway ⟨telb.zn.⟩ **0.1** ***spoorweg*** ⟨om schepen van het ene water naar het andere te vervoeren⟩.

'ship-'rig·ged ⟨bn.⟩ **0.1** ***vierkant getuigd*** ⇒*met razeilen.*

'ship's 'articles, ⟨AE⟩ **'shipping articles** ⟨mv.⟩ **0.1** ***arbeidsovereenkomst*** ⟨tussen kapitein en bemanning⟩.

ship's chandler →ship chandler.

'ship's 'company ⟨verz.n.⟩ **0.1** ***scheepsbemanning.***

'ship's 'corporal ⟨telb.zn.⟩ **0.1** ***scheepsonderofficier belast met het handhaven van de orde*** ⟨onder de provoost⟩.

ship·shape ['ʃɪpʃeɪp] ⟨f1⟩ ⟨bn., pred.; bw.⟩ **0.1** ***netjes*** ⇒*in orde, keurig* ◆ **2.1** (all) ~ and Bristol fashion *keurig netjes, prima/piekfijn in orde.*

'ship's 'husband ⟨telb.zn.⟩ **0.1** ***scheepsagent*** ⇒*rederijagent.*

'ship's 'papers ⟨mv.⟩ **0.1** ***scheepspapieren*** ⇒*scheepsdocumenten.*

'ship·wreck[1] ⟨f1⟩ ⟨telb. en n.-telb.zn.⟩ **0.1** ***schipbreuk*** ⇒⟨fig.⟩ *ondergang, mislukking.*

shipwreck[2] ⟨f1⟩ ⟨ww.⟩
I ⟨onov.ww.⟩ **0.1** ***schipbreuk lijden*** ⇒⟨fig.⟩ *mislukken;*
II ⟨ov.ww.⟩ **0.1** ***schipbreuk doen lijden*** ⇒⟨fig.⟩ *doen mislukken.*

ship·wright ['ʃɪpraɪt] ⟨telb.zn.⟩ **0.1** ***scheepsbouwer*** ⇒*scheepstimmerman.*

'ship·yard ⟨f2⟩ ⟨telb.zn.⟩ **0.1** ***scheeps(timmer)werf.***

shir·a·lee ['ʃɪrə'li:||'ʃɪrəli:] ⟨telb.zn.⟩ ⟨Austr. E⟩ **0.1** ***bundel*** ⇒*pak* ⟨v. zwerver⟩.

shire ['ʃaɪə||'ʃaɪər], ⟨in bet. I 0.3 ook⟩ **'shire horse** ⟨f1⟩ ⟨zn.⟩
I ⟨telb.zn.⟩ **0.1** ⟨BE⟩ ***graafschap*** ⟨Eng. provincie⟩ **0.2** ⟨Austr. E⟩ ***zelfstandig gebied*** ⟨platteland⟩ **0.3** ***shire*** ⟨zwaar Engels trekpaarderas⟩;
II ⟨mv.; ~s; the; meestal S-⟩ **0.1** ***Engelse graafschappen*** ⟨ten noordoosten v. Hampshire en Devon⟩ **0.2** ***graafschappen in midden-Engeland*** ⇒⟨i.h.b.⟩ *Leicestershire en Northamptonshire* ⟨gebied v. vossejacht⟩.

shirk[1] [ʃɜ:k||ʃɜrk], **shirk·er** ['ʃɜ:kə||'ʃɜrkər] ⟨telb.zn.⟩ **0.1** ***drukker*** ⇒*lijntrekker* ⟨iem. die zich aan zijn plicht e.d. onttrekt⟩.

shirk[2] ⟨f1⟩ ⟨ww.⟩
I ⟨onov.ww.⟩ **0.1** ***zich drukken;***
II ⟨ov.ww.⟩ **0.1** ***zich onttrekken aan*** ◆ **1.1** ~ school *spijbelen.*

Shir·ley pop·py ['ʃɜ:li ˌpɒpi||'ʃɜrli ˌpɑpi] ⟨telb.zn.⟩ **0.1** ***Shirley klaproos.***

shirr[1] [ʃɜ:||ʃɜr] ⟨zn.⟩
I ⟨telb. en n.-telb.zn.⟩ **0.1** ***draad voor smokwerk;***
II ⟨n.-telb.zn.⟩ **0.1** ***smokwerk.***

shirr[2] ⟨ov.ww.⟩ →shirring **0.1** ***smokken*** ⇒*plooien, inrimpelen, inhalen* **0.2** ⟨AE⟩ ***pocheren*** ⟨eieren⟩.

shirr·ing ['ʃɜ:rɪŋ] ⟨n.-telb.zn.; gerund v. shirr⟩ **0.1** ***smokwerk.***

shirt [ʃɜ:t||ʃɜrt] ⟨f3⟩ ⟨telb.zn.⟩ **0.1** ***overhemd*** **0.2** ***overhemdblouse*** **0.3** ***overhemdjurk*** ◆ **1.¶** give away the ~ off one's back *zijn laatste cent weggeven* **3.1** boiled ~ *rokoverhemd, wit overhemd met gesteven front;* ⟨AE; sl.⟩ fried ~ *hemd met stijve boord, gesteven overhemd* **3.¶** ⟨inf.⟩ bet one's ~ on/that *er absoluut zeker van zijn (dat);* ⟨inf.⟩ keep one's ~ on *zich gedeisd houden;* ⟨inf.⟩ lose one's ~ *alles verliezen wat men heeft, veel geld verliezen;* ⟨inf.⟩ put one's ~ on sth. *al zijn geld op iets zetten* ⟨i.h.b. paarden⟩; ⟨inf.⟩ stuffed ~ *opgeblazen persoon, blaaskaak; reactionair, zelfgenoegzaam iem..*

'shirt blouse ⟨telb.zn.⟩ **0.1** ***overhemdblouse.***

'shirt dress ⟨telb.zn.⟩ **0.1** ***overhemdjurk.***

shirt·ed ['ʃɜ:tɪd||'ʃɜrṭɪd] ⟨bn.⟩ **0.1** ***met overhemd.***

'shirt-front ⟨telb.zn.⟩ **0.1** *front(je)* ⇒*overhemdsborst.*
shirt·ing ['ʃɜ:tɪŋ‖'ʃɜrṭɪŋ]⟨n.-telb.zn.⟩ **0.1** ***(katoenen) overhemdstof.***
shirt·less ['ʃɜ:tləs‖'ʃɜrt-]⟨bn.; -ness⟩ **0.1** ***zonder overhemd.***
'shirt-sleeve ⟨f1⟩⟨telb.zn.; vaak attr.⟩⟨inf.⟩ **0.1** ⟨meestal mv.⟩ ***hemdsmouw*** ◆ **6.1 in** one's ~s *in hemdsmouwen, informeel.*
'shirt·waist·er, ⟨AE⟩ **'shirt·waist,** ⟨AE ook⟩ **'shirt·mak·er** ⟨telb.zn.⟩ **0.1** ***overhemdblouse*** **0.2** ***overhemdjurk.***
shirt·y ['ʃɜ:ti‖'ʃɜrṭi]⟨bn.⟩⟨vnl. BE; inf.⟩ **0.1** ***nijdig*** ⇒*kwaad, geërgerd.*
shish ke·bab ['ʃɪʃ kɪ̦bæb‖-̦bɑb]⟨n.-telb.zn.⟩ **0.1** ***sjisj kebab.***
shist →schist.
shit[1] [ʃɪt]⟨f2⟩⟨zn.⟩⟨vulg.⟩
I ⟨telb.zn.⟩ **0.1** ***zeiker(d)*** ⇒*lul, zak* ◆ **4.1** you ~! *klootzak!;*
II ⟨telb. en n.-telb.zn.⟩ **0.1** ***stront*** ⇒*kak, poep, schijt, drol* **0.2** ***het schijten*** **0.3** ***rommel*** ⇒*rotzooi* ◆ **2.¶** not worth a ~ *niets waard* **3.2** go and have a ~ *gaan schijten* **3.¶** beat the ~ out of s.o. *iem. een pak op zijn sodemieter geven;* bore the ~ out of s.o. *strontvervelend zijn;* ⟨sl.⟩ get one's ~ together *orde op zaken stellen, zichzelf meester worden;* not give a ~ *er schijt aan hebben;* it grips my ~ *het ergert me mateloos;* then the ~ hit the fan *daar had je 't gelazer, toen brak de pleuris uit;* shoot the ~ *dik doen;*
III ⟨n.-telb.zn.⟩ **0.1** ***gezeik*** ⇒*gelul, geklets, onzin* **0.2** ***hasj*** **0.3** ***lot*** ⇒*noodlot* ◆ **1.1** that is ~ for the birds *je kunt me nog meer vertellen;*
IV ⟨mv.; ~s; the⟩ **0.1** ***schijterij*** ⇒*'dunne', diarree.*
shit[2] ⟨f1⟩⟨bn.⟩⟨vulg.⟩ **0.1** ***volledig*** ⇒*totaal.*
shit[3] ⟨f2⟩⟨ww.; ook shat [ʃæt]; →ww. 7⟩⟨vulg.⟩
I ⟨onov.ww.⟩ **0.1** ***schijten*** ⇒*beren, kakken, poepen, bouten* **0.2** ***overdrijven*** **0.3** ***liegen*** **0.4** ***het besterven*** ◆ **6.¶** ~ **on** s.o. *iem. verlinken/verloenen* ⟨bij de politie⟩; *walgen van/woedend zijn op iem.;*
II ⟨ov.ww.⟩ **0.1** ***schijten op/in*** ◆ **4.1** ~ o.s. *het in zijn broek doen.*
shit[4] ⟨f2⟩⟨bw.⟩⟨vulg.⟩ **0.1** ***verdomd*** ⇒*zeer, heel* ◆ **1.1** ~ out of luck *volkomen hulpeloos, mislukt, gestraald.*
shit[5] ⟨f1⟩⟨tussenw.⟩⟨vulg.⟩ **0.1** ***verdomme*** ⇒*gelul, shit.*
'shit·head, 'shit·heel ⟨telb.zn.⟩⟨vulg.⟩ **0.1** ***klootzak*** ⇒*schoft, etter* **0.2** ***hasjroker/rookster*** ⇒*junkie.*
'shit·kick·er ⟨telb.zn.⟩⟨vulg.⟩ **0.1** ***boer*** ⇒*plattelander* **0.2** ***western*** **0.3** ⟨mv.⟩ ***zware laarzen*** ⟨v. boeren⟩.
'shit list ⟨telb.zn.⟩⟨vulg.⟩ **0.1** ***zwarte lijst.***
shit·ter ['ʃɪtə‖'ʃɪṭər]⟨telb.zn.⟩⟨vulg.⟩ **0.1** ***schijthuis.***
shit·ty ['ʃɪṭi]⟨bn.⟩⟨vulg.⟩ **0.1** ***lullig*** ⇒*stom, onbelangrijk.*
shiv [ʃɪv], **shive** ⟨telb.zn.⟩⟨sl.⟩ **0.1** ***mes*** ⟨i.h.b. als wapen⟩.
shivaree →charivari.
'shiv artist ⟨telb.zn.⟩⟨sl.⟩ **0.1** ***messentrekker.***
shi·ver[1] ['ʃɪvə‖-ər]⟨f2⟩⟨telb.zn.; meestal mv.⟩ **0.1** ***rilling*** ⟨ook fig.⟩ ⇒*beving, siddering;* ⟨i.h.b.⟩ *gevoel v. angst/afkeer* **0.2** ⟨zelden⟩ ***scherf*** ⇒*splinter* ◆ **3.1** ⟨inf.⟩ get the ~s *de rillingen krijgen;* ⟨inf.⟩ give s.o. the ~s *iem. de rillingen geven;* ⟨inf.⟩ have the ~s *de rillingen hebben, huiveren* **3.2** break sth. to ~s *iets in scherven laten vallen;* burst into ~s *in scherven uiteen vallen* **6.1** a ~ ran **down** his spine *de rillingen liepen hem over de rug;* send cold ~s **(up and) down** s.o.'s back/spine *iem. de koude rillingen langs de rug doen lopen.*
shiver[2] ⟨f2⟩⟨ww.⟩
I ⟨onov.ww.⟩ **0.1** ***rillen*** ⟨v. angst, koude⟩ ⇒*sidderen, huiveren* **0.2** ***killen*** ⟨v. zeil⟩ ⇒*klapperen* **0.3** ⟨vero.⟩ ***breken*** ⇒*(in scherven) uiteenvallen* ◆ **1.1** be ~ing in one's shoes *op zijn benen staan te trillen;*
II ⟨ov.ww.⟩ **0.1** ***doen killen*** ⟨zeilen⟩ ⇒*doen klapperen* **0.2** ⟨vero. of scherts.⟩ ***breken*** ⇒*versplinteren, verbrijzelen.*
shiv·er·y ['ʃɪvəri]⟨bn.; ook -er; →compar. 7⟩ **0.1** ***rillerig*** ⇒*beverig* **0.2** ***griezelig*** ⇒*beangstigend* **0.3** ***kil*** ⟨v. weer⟩ **0.4** ***bros*** ⇒*brokkelig.*
shle·moz·zle [ʃlə'mɒzl‖-'mɑzl]⟨telb.zn.⟩⟨AE; sl.⟩ **0.1** ***puinhoop*** **0.2** ***tumult*** ⇒*ruzie, verwarring* **0.3** ***slamassel*** ⇒*eeuwige pechvogel.*
shlep →schlep.
shlub [ʃlʌb], **shlub·bo** ['ʃlʌbou]⟨telb.zn.⟩⟨AE; sl.⟩ **0.1** ***lomperik*** ⇒*boer.*
shmat·te ['ʃmæṭə], **shmot·te** ['ʃmɒtə‖'ʃmɑṭə]⟨telb.zn.⟩⟨AE; sl.⟩ **0.1** ***lor*** ⇒*vod.*
shmo(e) [ʃmou]⟨telb.zn.⟩⟨AE; sl.⟩ **0.1** ***sul*** ⇒*idioot* **0.2** ***kerel*** ⇒*vent, gozer.*
shnook [ʃnʊk]⟨telb.zn.⟩⟨AE; sl.⟩ **0.1** ***sul*** ⇒*onnozele hals.*
shoal[1] [ʃoul]⟨f2⟩⟨telb.zn.⟩ **0.1** ***ondiepte*** **0.2** ***zandbank*** **0.3** ***menigte*** ⇒*troep;* ⟨i.h.b.⟩ *school* ⟨v. vissen⟩ **0.4** ⟨inf.⟩ ***hoop*** ⇒*groot aantal* **0.5** ⟨mv.⟩ ***klippen*** ⟨fig.⟩ ⇒*verborgen geva(a)r(en)* ◆ **6.3 in** ~s *in scholen;* ~ **of** fish *school vissen.*
shoal[2] ⟨bn.; -er; -ness⟩ **0.1** ***ondiep.***
shoal[3] ⟨ww.⟩
I ⟨onov.ww.⟩ **0.1** ***ondiep(er) worden*** **0.2** ***scholen*** ⟨v. vissen⟩;
II ⟨ov.ww.⟩ **0.1** ***in ondiep(er) deel komen van*** ⟨v. schepen⟩.
shoal·y ['ʃouli]⟨bn.; -ness; →bijw. 3⟩ **0.1** ***vol ondiepten.***
shoat, shote [ʃout]⟨telb.zn.⟩⟨AE⟩ **0.1** ***jong (speen)varken.***
shock[1] [ʃɒk‖ʃɑk], ⟨in bet. I 0.2 ook⟩ **stook** [stʊk, stu:k]⟨f3⟩⟨zn.⟩
I ⟨telb.zn.⟩ **0.1** ***aardschok*** **0.2** ***stuik*** ⟨v. schoven graan⟩ ⇒*hok* **0.3** ⟨inf.⟩ ***schokbreker*** **0.4** ⟨inf.⟩ ***dikke bos*** ⟨v. haar⟩ ◆ **1.4** ~ of hair *dikke bos haar, wilde haardos;*
II ⟨telb. en n.-telb.zn.⟩ **0.1** ***schok*** ⇒*hevige emotie, schrik, (onaangename) verrassing* **0.2** ***(elektrische) schok*** ◆ **6.1** come **upon** s.o. **with** a ~ *een (grote) schok zijn voor iem.;*
III ⟨n.-telb.zn.⟩ **0.1** ***shock*** ⟨ook med.⟩ ◆ **6.1** die **of** ~ *sterven ten gevolge van een shock.*
shock[2], ⟨in bet. II 0.3 ook⟩ **stook** ⟨f3⟩⟨ww.⟩ →shocking
I ⟨onov.ww.⟩ **0.1** ***een schok veroorzaken*** **0.2** ⟨vero.⟩ ***krachtig botsen;***
II ⟨ov.ww.⟩⟨vaak pass.⟩ **0.1** ***schokken*** ⇒*shockeren, laten schrikken* **0.2** ***een schok geven*** ⟨ook elek.⟩ ⇒*een shock veroorzaken bij* **0.3** ***hokken*** ⟨schoven graan⟩ ⇒*aan hokken zetten, in stuiken zetten* ◆ **3.1** be ~ed at/by *geschokt zijn door* **3.2** get ~ed *een (elektrische) schok krijgen* **6.¶** ~ s.o. **into** telling sth. *d.m.v. een schok iem. ertoe brengen iets te vertellen;* ~ a secret/confession **out of** s.o. *d.m.v. een schok iem. ertoe brengen een geheim prijs te geven/te bekennen.*
'shock absorber ⟨telb.zn.⟩⟨tech.⟩ **0.1** ***schokdemper*** ⇒*schokbreker.*
shock·er ['ʃɒkə‖'ʃɑkər]⟨telb.zn.⟩⟨vero.; scherts.⟩⟨inf.⟩ **0.1** ***iem. die schokt*** **0.2** ***schokkend iets*** ⇒⟨i.h.b.⟩ *schokkend verhaal/boek.*
'shock-head ⟨telb.zn.⟩ **0.1** ***dikke, warrige haardos.***
'shock-head·ed ⟨bn.⟩ **0.1** ***met een dikke bos haar.***
shock·ing ['ʃɒkɪŋ‖'ʃɑ-]⟨f2⟩⟨bn.; oorspr. teg. deelw. v. shock; -ness⟩ **0.1** ⟨inf.⟩ ***zeer slecht*** **0.2** ***stuitend*** ⇒*schokkend, weerzinwekkend* **0.3** ⟨inf.⟩ ***vreselijk*** ⇒*erg* ◆ **1.3** ~ weather *rotweer.*
shock·ing·ly ['ʃɒkɪŋli‖'ʃɑ-]⟨f1⟩⟨bw.⟩ **0.1** →shocking **0.2** ***uiterst*** ⇒*zeer.*
'shock·proof ⟨f1⟩⟨bn.⟩ **0.1** ***schokvast*** ⇒*schokbestendig.*
'shock stall ⟨n.-telb.zn.⟩⟨lucht.⟩ **0.1** ***schokgolfweerstand.***
'shock tactics ⟨mv.⟩ **0.1** ⟨mil.⟩ ***stoottactiek*** ⇒⟨fig.⟩ *overrompeling (stactiek).*
'shock therapy, 'shock treatment ⟨f1⟩⟨n.-telb.zn.⟩⟨med.⟩ **0.1** ***schoktherapie*** ⇒*schokbehandeling.*
'shock troops ⟨mv.⟩ **0.1** ***stoottroepen*** ⇒*keur/elitetroepen.*
'shock wave ⟨telb.zn.⟩ **0.1** ***schokgolf*** ⇒*drukgolf.*
shod [ʃɒd‖ʃɑd]⟨verl. t. en volt. deelw.⟩ →shoe.
shod·dy[1] ['ʃɒdi‖'ʃɑdi]⟨telb. en n.-telb.zn.; →mv. 2⟩ **0.1** ***scheurwol*** ⟨uit breisels, vervilt weefsel, enz.⟩ ⇒*herwonnen wol, kunstwol* **0.2** ***weefsel uit scheurwol*** **0.3** ***goedkoop/inferieur materiaal*** **0.4** ***kitsch*** ⇒*prul.*
shoddy[2] ⟨bn.; -er; -ly; -ness; →bijw. 3⟩ **0.1** ***nagemaakt*** ⇒*kunst-, imitatie-, pseudo-* **0.2** ***prullig*** **0.3** ***onwaardig*** ⇒*minderwaardig, snert-.*
shoe[1] [ʃu:]⟨f3⟩⟨telb.zn.; vero. mv. ook shoon [ʃu:n]⟩⟨→sprw. 210, 545⟩ **0.1** ***schoen*** **0.2** ***hoefijzer*** **0.3** ⟨ben. voor⟩ ***schoenvormig voorwerp*** ⇒*remschoen, remblok, beslag* **0.4** ⟨tech.⟩ ***beugel*** ⟨op trein, tram e.d.⟩ **0.5** ⟨autosport⟩ ***band*** ◆ **1.1** a pair of ~s *een paar schoenen* **1.¶** another pair of ~s *een andere zaak* **3.1** put on one's ~s *zijn schoenen aantrekken;* take off one's ~s *zijn schoenen uittrekken* **3.¶** ⟨inf.⟩ be in s.o.'s ~s *in iemands schoenen staan;* die in one's ~s/with one's ~s on *een gewelddadige dood sterven;* ⟨inf.⟩ fill s.o.'s ~s *iem. opvolgen;* lick s.o.'s ~s *iem. likken;* ⟨inf.⟩ (know) where the ~ pinches *(weten) waar de schoen wringt;* put o.s. in(to) s.o.'s ~s *zich in iemands positie verplaatsen;* put the ~ on the right foot *de ware schuldige aanwijzen;* shake in one's ~s *op zijn benen staan te trillen;* step into s.o.'s ~s *iem. opvolgen;* step into s.o. else's ~s *de rol/taak/bevoegdheid v. iem. anders overnemen.*
shoe[2] ⟨f1⟩⟨ov.ww.; meestal shod, shod [ʃɒd‖ʃɑd]⟩ **0.1** ***beslaan*** ⟨paard⟩ **0.2** ***schoeien*** ◆ **6.¶** cars shod **with** special tyres *auto's met/voorzien van speciale banden.*
'shoe·bill ⟨telb.zn.⟩⟨dierk.⟩ **0.1** ***schoensnavel*** ⟨Balaeniceps rex⟩.
'shoe·black ⟨telb.zn.⟩ **0.1** ***schoenpoetser.***
'shoe-black·ing ⟨telb. en n.-telb.zn.⟩ **0.1** ***(zwarte) schoensmeer.***
'shoe-buckle ⟨telb.zn.⟩ **0.1** ***(schoen)gesp.***
'shoe·horn[1], 'shoe-lift ⟨f1⟩⟨telb.zn.⟩ **0.1** ***schoenlepel.***
shoehorn[2] ⟨ov.ww.⟩⟨AE⟩ **0.1** ***in een kleine ruimte (trachten te) persen.***
'shoe·ing-horn ⟨telb.zn.⟩ **0.1** ***schoenlepel*** ⇒⟨fig.⟩ *hulpmiddel.*
'shoe·ing-smith ⟨telb.zn.⟩ **0.1** ***hoefsmid.***
'shoe-lace ⟨f1⟩⟨telb.zn.⟩ **0.1** ***(schoen)veter.***
'shoe-last ⟨telb.zn.⟩ **0.1** ***(schoen)leest.***
'shoe-latch·et ⟨telb.zn.⟩ **0.1** ***schoenriem.***
'shoe-leath·er ⟨n.-telb.zn.⟩ **0.1** ***schoenleer*** **0.2** ***slijtage v. schoenen*** ◆ **3.2** save ~ *zijn schoenen sparen* ⟨door weinig te lopen⟩.
shoe·less ['ʃu:ləs]⟨bn.⟩ **0.1** ***zonder schoenen.***
shoe-lift →shoehorn.

'shoe·mak·er ⟨f1⟩⟨telb.zn.⟩ **0.1** ***schoenmaker*** ⇒*schoenlapper.*
'shoe·mak·ing ⟨n.-telb.zn.⟩ **0.1** ***het schoenmaken*** **0.2** ***schoenmakersambacht.***
'shoe polish ⟨n.-telb.zn.⟩ **0.1** ***schoensmeer.***
'shoe·shine ⟨f1⟩⟨n.-telb.zn.⟩ **0.1** ***het schoenpoetsen.***
'shoe-string[1] ⟨f1⟩⟨zn.⟩
I ⟨telb.zn.⟩ **0.1** ⟨vnl. AE⟩ ***(schoen)veter*** **0.2** ⟨inf.⟩ ***(te) klein budget*** ◆ **6.2 on** a ~ *met erg weinig geld;*
II ⟨n.-telb.zn.⟩⟨sl.⟩ **0.1** ***goedkope rode wijn.***
shoe-string[2] ⟨f1⟩⟨bn., attr.⟩ **0.1** ***erg gering*** ⇒*erg klein/weinig* **0.2** ⟨AE⟩ ***lang en dun*** ◆ **1.1** ~ budget *zeer beperkt budget* **1.2** ~ potatoes *dunne friet(en).*
'shoe-tree ⟨telb.zn.⟩ **0.1** ***(schoen)spanner.***
sho·far ['ʃoufɑ:||-fər]⟨telb.zn.; shofroth [ʃou'frout]; →mv. 5⟩ **0.1** ***ramshoorn*** ⇒*sjofar, sjoufer.*
sho·gun ['ʃougən]⟨telb.zn.⟩⟨gesch.⟩ **0.1** ***sjogoen*** ⟨mil. heersers in Japan, 1192 - 1867⟩.
sho·gun·ate ['ʃougənət, -neɪt]⟨n.-telb.zn.⟩ **0.1** ***sjogoenaat*** ⇒*ambt (speriode)/waardigheid v.e. sjogoen.*
shone [ʃɒn||ʃoun]⟨verl. t. en volt. deelw.⟩ →shine.
shonk·y, shonk·ie ['ʃɒŋki||'ʃɑŋ-]⟨bn.; -er; →compar. 7⟩⟨Austr. E; inf.⟩ **0.1** ***louche*** ⇒*verdacht, onbetrouwbaar.*
shoo[1] [ʃu:]⟨f1⟩⟨onov. en ov.ww.⟩ **0.1** ***ks/kst roepen*** ⇒*wegjagen* ◆ **5.1** ~ sth/s.o. **away/off** *iets/iem. wegjagen.*
shoo[2] ⟨f1⟩⟨tussenw.⟩ **0.1** ***ks*** ⇒*kst, ksst.*
'shoo·fly ⟨telb.zn.⟩⟨AE⟩ **0.1** ***tijdelijk(e) weg/spoor*** **0.2** ***politieman in burger*** ⟨die agenten controleert⟩.
'shoo-fly ⟨tussenw.⟩⟨sl.⟩ **0.1** ***verrek.***
'shoofly 'pie ⟨telb. en n.-telb.zn.⟩⟨AE⟩ **0.1** ***soort toetje*** ⟨heel zoet en stroopachtig⟩.
'shoo-in ⟨telb.zn.⟩⟨AE; inf.⟩ **0.1** ***kat in bakkie*** ⇒*gedoodverfde winnaar* **0.2** ***makkie.***
shook[1] [ʃuk]⟨zn.⟩⟨AE⟩
I ⟨telb.zn.⟩ **0.1** ***stuik*** ⟨schoven graan⟩;
II ⟨verz.n.⟩ **0.1** ***stel duigen*** ⇒*stel latten* ⟨voor krat/kist⟩.
shook[2] ⟨ov.ww.⟩⟨AE⟩ **0.1** ***in stellen pakken.***
shook[3] ⟨verl. t.⟩ →shake.
shoon [ʃu:n]⟨mv.⟩⟨vero.⟩ →shoe.
shoot[1] [ʃu:t]⟨f2⟩⟨telb.zn.⟩ **0.1** ***(jonge) spruit*** ⇒*loot, scheut, uitloper* **0.2** ***stroomversnelling*** ⇒*waterval* **0.3** ***glijgoot*** ⇒*glijkoker, stortkoker, helling* **0.4** ***jachtpartij*** ⇒*jachtexpeditie, jacht* **0.5** ***schietoefening*** ⇒*schietwedstrijd* **0.6** ***jachtgebied*** ⇒*jachtterrein* **0.7** ***jachtrecht*** **0.8** ⟨vnl. AE; inf.⟩ ***lancering*** ⟨v. raket e.d.⟩ ◆ **2.¶** ⟨sl.⟩ the whole ~ *de hele handel.*
shoot[2] ⟨f3⟩⟨ww.; shot, shot [ʃɒt||ʃɑt]⟩ →shooting, shot[2]
I ⟨onov.ww.⟩ **0.1** ***snel bewegen*** ⇒*voortschieten, wegschieten, voorbij schieten;* ⟨i.h.b.⟩ *schuiven* ⟨v. grendel⟩ **0.2** ***uitsteken*** ⟨v. rots e.d.⟩ **0.3** ***schieten*** ⟨met wapen⟩ ⇒*jagen, vuren* **0.4** ***afgaan*** ⟨v. wapen⟩ ⇒*afgevuurd worden* **0.5** ***steken*** ⟨v. pijn, wond⟩ **0.6** ***uitlopen*** ⇒*ontspruiten* **0.7** ***scoren*** ⇒*schieten, hard werpen* **0.8** ***plaatjes schieten*** ⇒*foto's nemen, filmen* **0.9** ***doorschieten*** ⟨v. cricketbal⟩ ⇒*over de grond scheren* **0.10** ⟨sl.⟩ ***doorgeven*** ⟨eten aan tafel⟩ ◆ **5.1** ~ **ahead** *vooruitschieten, de leiding nemen* ⟨in race⟩; ~ **away** *met schieten doorgaan;* ~ **forth/along** *voortsnellen* **5.3** →shoot **out** **5.6** →shoot **up** **6.3** ~ **at/for** *schieten op;* ⟨i.h.b. AE; inf.; ook fig.⟩ *(zich) richten op;* ~ **over** dogs *met honden jagen;* ~ **over** an estate *een landgoed afjagen* **6.5** the pain shot **through/up** his arm *een stekende pijn ging door zijn arm* **¶.¶** ⟨AE; inf.⟩ ~ ! *zeg op!, zeg het maar!;*
II ⟨ov.ww.⟩ **0.1** ***(af)schieten*** ⟨kogel, pijl enz.⟩ ⇒*afvuren* **0.2** ***neerschieten*** ⇒*verwonden, afschieten, doodschieten;* ⟨i.h.b.⟩ *fusilleren* **0.3** ***jagen (op)*** ⇒*afjagen* ⟨terrein⟩ **0.4** ⟨ben. voor⟩ ***doen bewegen*** ⇒*schuiven* ⟨grendel⟩; *storten* ⟨vuil⟩; ⟨AE; inf.⟩ *spuiten* ⟨drugs⟩ **0.5** ***scoren*** ⟨(doel)punt⟩ ⇒*schieten* **0.6** ***snel passeren*** ⇒*snel onderdoor varen* ⟨brug⟩; *snel varen over* ⟨stroomversnelling⟩ **0.7** ***schieten*** ⟨plaatjes⟩ ⇒*kieken, opnemen* ⟨film⟩ **0.8** ***gladschuren*** **0.9** ⟨AE⟩ ***spelen*** ⟨biljart e.d.⟩ ◆ **1.9** ~ dice *dobbelen;* ~ marbles *knikkeren* **3.2** ⟨fig.⟩ I'll be shot if *ik mag doodvallen als* **5.1** ~ **away** *verschieten* ⟨munitie⟩; *eraf schieten* ⟨ledemaat⟩; ~ **down** *neerschieten, neerhalen;* ⟨fig.⟩ *afkeuren; belachelijk maken;* ⟨mil.⟩ ~ **in** *dekken, (vuur)dekking geven;* ~ **off** *afschieten, afvuren, afsteken* ⟨vuurwerk⟩; *eraf schieten* ⟨ledemaat⟩; ⟨sl.⟩ *spuiten, ejaculeren* **5.¶** →shoot **out;** →shoot **up.**
shoot·a·ble ['ʃu:ṭəbl]⟨bn.⟩ **0.1** ***te schieten*** ⇒*te jagen.*
shoot·er ['ʃu:tə||'ʃu:ṭər]⟨f1⟩⟨telb.zn.⟩ **0.1** ***schutter*** ⇒*jager* **0.2** ⟨inf.; cricket⟩ ***doorschietende bal*** ◆ **2.1** a snap ~ *een schieter op de aanslag.*
-shoot·er ['ʃu:tə||'ʃuṭər] **0.1** ⟨vormt samenstelling die schietwapen aanduidt⟩⟨ong.⟩ ***-schieter*** ⇒*-blazer* **0.2** ⟨vormt samenstelling die schutter aanduidt⟩ ***-schutter*** ◆ **¶.1** peashooter *erwteblazer* **¶.2** sharpshooter *scherpschutter.*
shoot·ing[1] ['ʃu:ṭɪŋ]⟨f2⟩⟨zn.; (oorspr.) gerund v. shoot⟩
I ⟨telb.zn.⟩ **0.1** ***jachtterrein*** **0.2** ***(pijn)scheut*** **0.3** ***schietpartij*** **0.4** ***scheut*** ⟨v. plant⟩ ⇒*spruit, uitloper* **0.5** ***opname*** ⟨film, scene⟩;
II ⟨n.-telb.zn.⟩ **0.1** ***het schieten*** ⇒*het jagen* **0.2** ***jacht*** **0.3** ***jachtrecht.***
shooting[2] ⟨f1⟩⟨bn.; teg. deelw. v. shoot⟩ **0.1** ***schietend*** **0.2** ***stekend*** ◆ **1.2** ~ pains *pijnscheuten* **1.¶** ⟨inf.⟩ ~ star *vallende ster.*
'shoot·ing-box, 'shoot·ing-lodge ⟨telb.zn.⟩⟨BE⟩ **0.1** ***jachthut.***
'shoot·ing-brake, 'shoot·ing-break ⟨telb.zn.⟩⟨BE⟩ **0.1** ***stationcar.***
'shooting circle ⟨telb.zn.⟩⟨netbal⟩ **0.1** ***schietcirkel.***
'shoot·ing-coat, 'shoot·ing-jack·et ⟨telb.zn.⟩ **0.1** ***jagersbuis.***
'shoot·ing-gal·ler·y ⟨f1⟩⟨telb.zn.⟩ **0.1** ***(overdekte) schietbaan.***
'shoot·ing-i·ron ⟨telb.zn.⟩⟨sl.⟩ **0.1** ***schietijzer*** ⇒*vuurwapen;* ⟨i.h.b.⟩ *revolver.*
'shoot·ing-match ⟨telb.zn.⟩ **0.1** ***schietwedstrijd*** ◆ **2.¶** ⟨inf.⟩ the whole ~ *het hele zaakje, de hele handel.*
'shoot·ing-range ⟨telb.zn.⟩ **0.1** ***schietterrein.***
'shoot·ing-script ⟨telb.zn.⟩ **0.1** ***draaiboek*** ⟨voor film⟩.
'shoot·ing-stick ⟨telb.zn.⟩ **0.1** ***zitstok.***
'shooting war ⟨telb.zn.⟩⟨inf.⟩ **0.1** ***oorlog waarin geschoten wordt*** ⇒*gewapend conflict.*
'shoot 'out ⟨f1⟩⟨ww.⟩
I ⟨onov.ww.⟩ **0.1** ***naar buiten schieten*** **0.2** ***eruit flappen*** ⟨opmerking⟩ **0.3** ⟨inf.⟩ ***uitzetten*** ⟨uit huis⟩;
II ⟨ov.ww.⟩⟨inf.⟩ **0.1** ***een vuurgevecht leveren over*** ◆ **4.1** they're going to shoot it out *ze gaan het uitvechten (met de revolver).*
'shoot-out ⟨f1⟩⟨telb.zn.⟩⟨inf.⟩ **0.1** ***(beslissend, hevig) vuurgevecht*** ⟨met handwapens⟩ ⇒*duel* **0.2** ⟨dobbelen⟩ ***eindresultaat*** **0.3** ⟨AE; sport, i.h.b. Am. voetbal⟩ ***doelpuntenfestijn.***
'shoot 'up ⟨f1⟩⟨ww.⟩
I ⟨onov.ww.⟩ **0.1** ⟨inf.⟩ ***omhoog schieten*** ⟨v. planten, kinderen⟩ ⇒*snel groeien, snel stijgen* ⟨v. temperatuur, prijzen⟩ **0.2** ⟨sl.⟩ ***spuiten*** ⟨mbt. drugs⟩;
II ⟨ov.ww.⟩ **0.1** ***kapot schieten*** ⇒*overhoop schieten* **0.2** ***terroriseren*** ⟨met vuurwapens⟩ **0.3** ⟨sl.⟩ ***spuiten*** ⟨drugs⟩ ◆ **1.2** ~ a town *een stadje terroriseren.*
'shoot-up ⟨telb.zn.⟩⟨sl.⟩ **0.1** ***vuurgevecht.***
shop[1], ⟨in bet. 0.1 AE en vero. ook⟩ **shoppe** [ʃɒp||ʃɑp]⟨f3⟩⟨zn.⟩
I ⟨telb.zn.⟩ **0.1** ***winkel*** ⇒*zaak* **0.2** ***werkplaats*** ⇒*atelier, studio* **0.3** ⟨inf.⟩ ***kantoor*** ⇒*zaak, instelling* **0.4** ⟨toneel⟩ ***engagement*** ◆ **3.1** keep a ~ *een winkel drijven;* mind the ~ *de winkel runnen;* ⟨fig.⟩ *op de winkel passen* **3.¶** closed ~ *closed shop* ⟨onderneming waarin lidmaatschap v. vakbond verplicht is voor alle werknemers; dit principe⟩; smell of the ~ *te graag willen verkopen; te technisch zijn* **6.¶** ⟨inf.⟩ all **over** the ~ *door elkaar, her en der;*
II ⟨n.-telb.zn.⟩ **0.1** ***werk*** ⇒*zaken, beroep* ◆ **3.1** close/shut up ~ *de zaak sluiten/opdoeken;* keep ~ *op de zaak passen;* set up ~ *een zaak opzetten;* talk ~ *over zaken/het vak praten.*
shop[2] ⟨f3⟩⟨ww.; →ww. 7⟩ →shopping
I ⟨onov.ww.⟩ **0.1** ***winkelen*** ⇒*boodschappen doen* ◆ **3.1** go ~ping *gaan winkelen* **5.1** ~ **around** *rondkijken, zich oriënteren (alvorens te kopen)* ⟨ook fig.⟩; ⟨fig.⟩ *links en rechts informeren (wat het beste is), de markt verkennen;* ~ **around** for sth. *rondkijken naar iets* **6.1** ~ **for** a dress *op een jurk uitgaan* **6.¶** ⟨BE; sl.⟩ ~ **on** s.o. *iem. aangeven/verlinken;*
II ⟨ov.ww.⟩ **0.1** ⟨AE⟩ ***bezoeken*** ⟨winkels⟩ **0.2** ⟨BE; sl.⟩ ***verlinken*** ⟨bij de politie⟩ ⇒*verloenen, verklikken* **0.3** ⟨BE; sl.⟩ ***opsluiten.***
'shop assistant ⟨f1⟩⟨telb.zn.⟩⟨BE⟩ **0.1** ***winkelbediende*** ⇒*verkoper, verkoopster.*
'shop-bell ⟨telb.zn.⟩ **0.1** ***winkelbel.***
'shop-boy ⟨telb.zn.⟩ **0.1** ***winkelbediende*** ⇒*verkoper.*
'shop-'floor ⟨f1⟩⟨n.-telb.zn.; the⟩ **0.1** ***werkplaats*** ⇒*werkvloer, atelier* **0.2** ***arbeiders*** ⟨tgo. bazen⟩.
'shop-front ⟨telb.zn.⟩ **0.1** ***winkelpui.***
'shop-girl ⟨telb.zn.⟩ **0.1** ***winkelmeisje*** ⇒*verkoopster(tje).*
'shop-hours ⟨mv.⟩ **0.1** ***openingstijden*** ⟨v.e. winkel⟩.
'shop·keep·er ⟨f1⟩⟨telb.zn.⟩ **0.1** ***winkelier*** ◆ **1.1** nation of ~s *volk v. winkeliers* ⟨de Engelsen⟩.
'shop·lift ⟨f1⟩⟨ww.⟩ →shoplifting
I ⟨onov.ww.⟩ **0.1** ***winkeldiefstal(len) plegen;***
II ⟨ov.ww.⟩ **0.1** ***stelen*** ⟨uit een winkel⟩.
'shop·lift·er ⟨f1⟩⟨telb.zn.⟩ **0.1** ***winkeldief/dievegge.***
'shop·lift·ing ⟨f1⟩⟨n.-telb.zn.; gerund v. shoplift⟩ **0.1** ***winkeldiefstal.***
shop·man ['ʃɒpmən||'ʃɑp-]⟨telb.zn.; shopmen; →mv. 3⟩ **0.1** ⟨BE⟩ ***winkelier*** **0.2** ⟨BE⟩ ***winkelbediende*** **0.3** ⟨AE⟩ ***werkman*** ⟨in werkplaats⟩.
shop·per ['ʃɒpə||'ʃɑpər]⟨f1⟩⟨telb.zn.⟩ **0.1** ***koper*** ⇒*klant* **0.2** ⟨AE⟩ ***(lokaal) reclameblad/krantje.***
shop·ping ['ʃɒpɪŋ||'ʃɑpɪŋ]⟨f2⟩⟨n.-telb.zn.; gerund v. shop⟩ **0.1** ***het boodschappen doen*** ⇒*het inkopen, het winkelen* **0.2** ***boodschappen*** ⇒*inkopen* ◆ **3.1** do one's ~ *boodschappen doen.*

'shopping arcade, 'shopping mall ⟨f1⟩⟨telb.zn.⟩ **0.1** ***winkelgalerij***.
'shopping bag ⟨f1⟩⟨telb.zn.⟩ **0.1** ***boodschappentas***.
'shopping bag 'lady →bag lady.
'shopping centre ⟨f1⟩⟨telb.zn.⟩ **0.1** ***winkelcentrum*** ⇒*winkelwijk*.
'shopping list ⟨telb.zn.⟩ **0.1** ***boodschappenlijstje***.
'shopping street ⟨telb.zn.⟩ **0.1** ***winkelstraat***.
'shopping trolley ⟨telb.zn.⟩ **0.1** ***winkelwagentje*** ⇒*boodschappenwagentje*.
shop·py ['ʃɒpi‖'ʃɑpi]⟨bn.⟩ **0.1** ***winkel-*** **0.2** ***vak-*** **0.3** ***zakelijk***.
'shop·soiled, 'shop·worn ⟨bn.⟩⟨BE⟩ **0.1** ***verlegen*** ⟨v. goederen; ook fig.⟩ ⇒*verbleekt, minder geworden*.
'shop-'stew·ard ⟨f1⟩⟨telb.zn.⟩ **0.1** ***vakbondsvertegenwoordiger/afgevaardigde*** ⇒*vakbondsman, sociaal voorman, vertrouwensman (v.d. vakbond)*.
'shop·talk ⟨n.-telb.zn.⟩ **0.1** ***gepraat over het vak/werk*** ⇒*jargon*.
'shop-walk·er ⟨telb.zn.⟩⟨BE⟩ **0.1** ***(afdelings)chef***.
'shop-'win·dow ⟨f1⟩⟨telb.zn.⟩ **0.1** ***etalage*** ◆ **3.¶** have everything in the ~ *oppervlakkig/een leeghoofd zijn;* ⟨fig.⟩ put all one's goods in the ~ *al zijn kennis ten toon spreiden*.
shopworn →shopsoiled.
sho·ran ['ʃɔːræn]⟨telb.zn.⟩⟨afk.⟩ short range navigation ⟨tech.⟩ **0.1** ***shoran-systeem*** ⟨radionavigatiesysteem met twee antwoordbakens⟩.
shore[1] [ʃɔː‖ʃɔr]⟨f3⟩⟨zn.⟩
I ⟨telb.zn.⟩ **0.1** ***schoor(balk)*** ⇒*steunbalk, stut, schoorpaal, schraag;*
II ⟨telb. en n.-telb.zn.⟩ **0.1** ***kust*** ⇒*oever* ⟨v. meer⟩ **0.2** ⟨jur.⟩ ***strand*** ⟨land tussen eb- en vloedlijn⟩ ◆ **6.1 in** ~ *vlak voor de kust;* **in** ~ of *dichter bij de kust dan;* **off** the ~ *voor de kust;* **on** ~ *aan (de) wal, op het land;* **on** the ~(s) of a lake *aan de oever v.e. meer* **7.¶** these ~s *dit land/eiland*.
shore[2] ⟨f1⟩⟨ov.ww.⟩ →shoring **0.1** ***steunen*** ⇒*schoren, schragen, versterken* **0.2** ***aan land zetten*** ⇒*landen* ◆ **5.1** ~ **up** *(onder)steunen*.
shore[3] ⟨verl. t.⟩ →shear.
'shore-based ⟨bn.⟩ **0.1** ***vanaf de wal opererend*** ⇒*wal-*.
'shore bird ⟨telb.zn.⟩ **0.1** ***waadvogel***.
'shore-go·ing ⟨bn.⟩ **0.1** ***op het land wonend*** **0.2** ***aan wal gaand*** ⇒*geschikt om aan land te gaan, gebruikt om aan land te gaan*.
'shore 'lark ⟨telb.zn.⟩⟨dierk.⟩ **0.1** ***strandleeuwerik*** ⟨Eremophila alpestris⟩.
'shore leave ⟨telb.zn.⟩⟨scheep.⟩ **0.1** ***verlof (om aan wal te gaan)***.
shore·less ['ʃɔːləs‖'ʃɔr-]⟨bn.⟩ **0.1** ***zonder oever*** ⟨waarop men kan landen⟩ ⇒*met steile kust* **0.2** ***onbegrensd*** ⇒*uitgestrekt*.
'shore·line ⟨f1⟩⟨telb.zn.⟩ **0.1** ***waterlijn*** ⇒*oever; kustlijn*.
shore·man ['ʃɔːmən‖'ʃɔr-]⟨telb.zn.; shoremen; →mv. 3⟩ **0.1** ***kustbewoner*** **0.2** ***iem. die aan de wal werkt*** ⟨in visserij e.d.⟩.
'shore radar ⟨telb.zn.⟩ **0.1** ***walradar***.
shore·ward[1] ['ʃɔːwəd‖'ʃɔrwərd]⟨bn.⟩ **0.1** ***landwaarts*** ⇒*naar de kust*.
shoreward[2], **shore·wards** ['ʃɔːwədz‖'ʃɔrwərdz]⟨bw.⟩ **0.1** ***naar de kust***.
shor·ing ['ʃɔːrɪŋ]⟨zn.; (oorspr.) gerund v. shore⟩
I ⟨telb.zn.⟩ **0.1** ***stutsel*** ⇒*schoorpalen;*
II ⟨n.-telb.zn.⟩ **0.1** ***het steunen*** ⇒*het schoren/stutten/schragen*.
shorl →schorl.
shorn [ʃɔːn‖ʃɔrn]⟨volt. deelw.⟩ →shear.
short[1] [ʃɔːt‖ʃɔrt]⟨f3⟩⟨zn.⟩
I ⟨telb.zn.⟩ **0.1** ***korte lettergreep/klinker*** **0.2** ⟨verk.⟩ ⟨short circuit⟩ ⟨inf.⟩ ***kortsluiting*** **0.3** ⟨inf.⟩ ***korte (voor)film*** **0.4** ⟨geldw.⟩ ***baissier*** ⇒*contramineur, speculant à la baisse* **0.5** ⟨inf.⟩ ***borrel*** ⇒*sterke drank* ⟨puur⟩ ◆ **¶.¶** ⟨inf.⟩ get s.o. by the ~ and curlies *iem. bij de lurven/bij zijn kraag/in zijn nekvel grijpen;*
II ⟨mv.; ~s⟩ **0.1** ***korte broek*** **0.2** ⟨AE⟩ ***onderbroek*** **0.3** ⟨geldw.⟩ ***kortzichtpapieren*** **0.4** ***ongebuild grof meel*** **0.5** ⟨sl.⟩ ***het blut zijn*** ◆ **3.5** I have/am troubled with the ~s *ik ben blut*.
short[2] ⟨f4⟩⟨bn.; -er; -ness⟩⟨→sprw. 27, 232, 394, 415, 610⟩ **0.1** ***kort*** ⇒*klein, beknopt* **0.2** ***kort(durend)*** **0.3** ***te kort*** ⇒*onvoldoende, te weinig, karig, krap* **0.4** ***kortaf*** ⇒*bits* **0.5** ***bros*** ⇒*kruimelig, brokkelig* **0.6** ***onverdund*** ⟨sterke drank⟩ ⇒*puur* **0.7** ⟨geldw.⟩ ***à la baisse*** ◆ **1.1** ~ division *deling zonder staart;* ⟨sl.⟩ be left with the ~ end of the stick *aan het kortste eind trekken, met de gebakken peren zitten;* ⟨inf.⟩ ~ hairs *schaamhaar;* ⟨fig.⟩ get/have (s.o.) by the ~ hairs *(iem.) volledig onder controle/in zijn macht hebben; iem. bij de lurven hebben;* ~ haul *transport over korte afstand;* (by a) ~ head *(met) minder dan een hoofdlengte/kleine voorsprong* ⟨ook fig.⟩; ~ hundredweight *Am. ton* ⟨45,36 kg; →t1⟩; ⟨BE⟩ ~ list/leet *voordracht, aanbevelingslijst* ⟨v. sollicitant⟩; ⟨lit.⟩ ~ metre *soort kwatrijn* ⟨eerste, tweede en vierde regel: trimeter, derde regel: tetrameter⟩; ⟨sl.⟩ ~ pint *dwerg;* ~ rib *valse rib;* ~ sea *zee met korte golfslag;* ⟨muz.⟩ ~ score *ingekorte partituur;* ~ sight *bijziendheid, kortzichtigheid;* ~ story *novelle, kort verhaal;* ⟨kaartspel⟩ ~ suit *korte kleur;* ~ title *verkorte titel;* ~ ton *Am. ton* ⟨907,18 kg; →t1⟩; ~ view *kortzichtigheid, bekrompen visie;* take the ~ view of sth. *iets op korte termijn zien;* in the ~ view *op korte termijn;* ~ wave *korte golf;* ~ whist *whistspel voor vijf punten* **1.2** ⟨geldw.⟩ ~ bill/bond *kortzichtpapier;* ⟨geldw.⟩ ~ date *kortzicht;* ⟨sport⟩ ~ game *kort spel;* ⟨sl.⟩ ~ heist *klein(e) diefstal/bedrog;* ~ list *zwarte lijst;* (at) ~ notice *(op) korte termijn;* ⟨AE⟩ ~ order *snelbuffet;* ⟨AE⟩ in ~ order *onmiddellijk, direct;* in the ~ run *over een korte periode, op korte termijn;* ⟨fig.⟩ give ~ shrift to, make ~ shrift of *korte metten maken met;* in the ~ term *op korte termijn;* ~ time *korte(re) werktijd, werktijdverkorting;* ⟨inf.⟩ make ~ work of *korte metten maken met, snel naar binnen werken, snel een einde maken aan* **1.3** ~ of breath *kortademig;* ~ change *te weinig wisselgeld;* (on) ~ commons *te weinig voedsel/proviand (hebbend);* ~ measure *krappe maat, manco;* ~ memory *slecht geheugen;* ~ of money *krap bij kas;* be on ~ rations *(te) krap gerantsoeneerd zijn;* in ~ supply *schaars, beperkt leverbaar;* ~ weight *ondergewicht;* ~ wind *kortademigheid* **1.5** ~ biscuit *sprits;* ~ pastry *kruimeldeeg, brokkeldeeg* **1.6** ~ drink/one *borrel* **1.7** ~ sale *verkoop à la baisse* **1.¶** ~ circuit *kortsluiting;* ~ corner ⟨hockey⟩ *korte corner, strafcorner;* ⟨voetbal⟩ *korte corner;* ⟨sl.⟩ ~ fuse *drift, lange tenen;* ~ odds *bijna gelijke kansen* ⟨bij gokken⟩; be in ~ pants *onvolwassen/een broekje zijn, nog in de korte broek lopen;* ~ temper *drift(igheid), opvliegendheid;* ~ waist *verhoogde taille* **2.1** ⟨inf.; meestal iron.⟩ ~ and sweet *kort en bondig, kort maar krachtig* **4.1** nothing ~ of *niets minder dan, in één woord;* something ~ of *weinig minder dan, bijna* **4.6** something ~ *een borrel* **5.1** little ~ of *weinig minder dan, bijna* **6.1** ~ **for** *een afkorting van;* **in** ~ *in het kort, om kort te gaan* **6.3** ~ **by** ten *tien te kort/te weinig;* (be) ~ **of/on** *te kort (hebben) aan;* two ~ **of** fifty *op twee na vijftig*.
short[3] ⟨ww.⟩
I ⟨onov.ww.⟩ **0.1** ***kortsluiting veroorzaken;***
II ⟨ov.ww.⟩ **0.1** ***kortsluiten*** ⇒*uitschakelen* **0.2** ⟨fig.⟩ ***verkorten*** ⟨procedure e.d.⟩ ⇒*vereenvoudigen* **0.3** ⟨geldw.⟩ ***à la baisse verkopen***.
short[4] ⟨f2⟩⟨bw.⟩ **0.1** ***niet (ver) genoeg*** **0.2** ***plotseling*** ◆ **1.1** ⟨sl.⟩ ~ of hat size *stom, stompzinnig;* four inches ~ *vier inches te kort/te weinig* **3.1** come ~ *onvoldoende zijn, te kort schieten;* come ~ of *niet voldoen aan* ⟨verwachtingen⟩; cut sth./s.o. ~ *iets kort(er) maken, iem. onderbreken;* fall ~ *onvoldoende zijn, te kort schieten; niet ver genoeg reiken, te vroeg neerkomen* ⟨raket⟩; fall ~ of *niet voldoen aan, teleurstellen;* go ~ (of) *gebrek hebben (aan);* run ~ *bijna op zijn;* run ~ of (sth.) *bijna zonder (iets) zitten;* throw ~ *niet ver genoeg werpen* **3.2** bring/pull up ~ *plotseling stoppen/tegenhouden;* snap s.o. (off) ~ *iem. afsnauwen;* stop ~ *plotseling ophouden/niet doorgaan;* ⟨inf.⟩ be taken/caught ~ *nodig moeten; overvallen worden;* take up ~ (s.o.) *(iem.) onderbreken* **3.¶** ⟨geldw.⟩ sell ~ *contramineren, à la baisse speculeren;* ⟨inf.⟩ sell s.o. ~ *iem. te kort doen, iem. niet op zijn juiste waarde schatten* **4.¶** nothing ~ of *slechts, alleen maar; niets minder dan, minstens* **6.¶** ~ **of** *behalve, zonder*.
short·age ['ʃɔːtɪdʒ‖'ʃɔrṭɪdʒ]⟨f2⟩⟨telb. en n.-telb.zn.⟩ **0.1** ***gebrek*** ⇒*tekort, schaarste* ◆ **6.1** ~ **of** *tekort/gebrek aan*.
'short-arm ⟨bn., attr.⟩ **0.1** ***met gebogen arm*** ⟨klap⟩.
'short·bread ⟨f1⟩⟨n.-telb.zn.⟩ **0.1** ***zandkoek***.
'short·cake ⟨n.-telb.zn.⟩ **0.1** ⟨BE⟩ ***theebeschuit*** **0.2** ⟨AE⟩ ***zandgebak***.
'short-'change ⟨ov.ww.⟩⟨inf.⟩ **0.1** ***te weinig wisselgeld geven aan*** **0.2** ⟨sl.⟩ ***afzetten*** ⇒*beduvelen* ◆ **1.1** be ~d *te weinig (wisselgeld) terugkrijgen*.
'short-'circuit ⟨f1⟩⟨ww.⟩
I ⟨onov.ww.⟩ **0.1** ***kortsluiting veroorzaken;***
II ⟨ov.ww.⟩ **0.1** ***kortsluiten*** ⇒*uitschakelen* **0.2** ⟨fig.⟩ ***verkorten*** ⟨procedure e.d.⟩ ⇒*vereenvoudigen*.
'short·com·ing ⟨f1⟩⟨telb.zn.; vaak mv.⟩ **0.1** ***tekortkoming***.
'short-'coup·led ⟨bn.⟩⟨dierk.⟩ **0.1** ***met korte romp***.
'short course ⟨telb.zn.⟩⟨zwemsport⟩ **0.1** ***kort bassin*** ⇒*25 m-bad*.
short·crust pastry ['ʃɔːtkrʌst‖'ʃɔrtkrʌst]⟨telb. en n.-telb.zn.⟩ **0.1** ***kruimeldeeg*** ⇒*brokkeldeeg*.
'short cut ⟨f1⟩⟨telb.zn.⟩⟨inf.⟩ **0.1** ***korte(re) weg*** **0.2** ⟨fig.⟩ ***besparing***.
'short-cut ⟨f1⟩⟨ww.⟩
I ⟨onov.ww.⟩ **0.1** ***een korte(re) weg nemen;***
II ⟨ov.ww.⟩ **0.1** ***afsnijden*** ⟨weg⟩ **0.2** ***in/verkorten***.
'short-'dat·ed ⟨bn.⟩⟨geldw.⟩ **0.1** ***kortzicht-***.
'short-day ⟨bn., attr.⟩⟨plantk.⟩ **0.1** ***korte-dag behandeling vereisend*** ⟨voor bloei⟩.
'short-'eared ⟨bn.⟩⟨dierk.⟩ ◆ **1.¶** ~ owl *velduil* ⟨Asio flammeus⟩.
short·en ['ʃɔːtn‖'ʃɔrtn]⟨f2⟩⟨ww.⟩ →shortening
I ⟨onov.ww.⟩ **0.1** ***kort(er) worden*** **0.2** ⟨cul.⟩ ***bros worden*** **0.3** ***ver-***

minderen ⇒*lager worden* ⟨v. prijzen⟩;
II ⟨ov.ww.⟩ **0.1** ***verkorten*** ⇒*kort(er) maken, afkorten* **0.2** ⟨cul.⟩ ***bros maken*** **0.3** ⟨scheep.⟩ ***minderen*** ⟨zeil⟩ ◆ **1.1** ~ed form *verkorting*.
short·en·ing [ˈʃɔ:tnɪŋ‖ˈʃɔrt-]⟨f1⟩⟨zn.; (oorspr.) gerund v. shorten⟩
I ⟨telb.zn.⟩ **0.1** ***verkorte vorm*** ⇒*verkorting*;
II ⟨n.-telb.zn.⟩ **0.1** ***bakvet***.
ˈshort·fall ⟨telb.zn.⟩ **0.1** ***tekort*** ⇒*manco, deficit*.
ˈshort·hand ⟨f2⟩⟨n.-telb.zn.⟩ **0.1** ***steno(grafie)*** **0.2** ⟨fig.⟩ ***korte wijze v. uitdrukken***.
ˈshort-ˈhand·ed ⟨f1⟩⟨bn.⟩ **0.1** ***met te weinig personeel/arbeiders***.
ˈshorthand ˈsecretary ⟨f1⟩⟨telb.zn.⟩ **0.1** ***stenotypist(e)***.
ˈshorthand ˈtypist ⟨f1⟩⟨telb.zn.⟩ **0.1** ***stenotypist(e)***.
ˈshort-head ⟨ov.ww.⟩ **0.1** ***met minder dan een hoofdlengte verslaan***.
ˈshort·horn ⟨telb.zn.⟩ **0.1** ***korthoorn(rund)***.
short·ish [ˈʃɔ:tɪʃ‖ˈʃɔrṭɪʃ]⟨f1⟩⟨bn.⟩ **0.1** ***vrij kort*** ⇒*aan de korte kant*.
ˈshort-life ⟨bn., attr.⟩⟨BE⟩ **0.1** ***korte tijd meegaand*** ⇒*wegwerp-* **0.2** ***bederfelijk*** ⇒*aan bederf onderhevig* **0.3** ***kortstondig*** ⇒*tijdelijk* ◆ **1.2** ~ foods *bederfelijke etenswaren*.
ˈshort-list ⟨ov.ww.⟩⟨BE⟩ **0.1** ***voordragen*** ⇒*op voordracht plaatsen*.
ˈshort-ˈlived ⟨f1⟩⟨bn.; -ness⟩ **0.1** ***kortdurend*** ⇒*kortlevend, kortstondig*.
short·ly [ˈʃɔ:tli‖ʃɔrt-]⟨f2⟩⟨bw.⟩ **0.1** ***spoedig*** ⇒*binnenkort* **0.2** ***(op) beknopt(e wijze)*** ⇒*in het kort, in een paar woorden* **0.3** ***kort(af)*** ⇒*ongeduldig* ◆ **5.1** ~ afterwards *korte tijd later* **6.1** ~ **after** *korte tijd na;* ~ **before** *korte tijd voor*.
ˈshort-ˈpitched ⟨bn.⟩⟨cricket⟩ **0.1** ***(te) kort geworpen*** ⟨v. bal⟩.
ˈshort-ˈrange ⟨bn.⟩ **0.1** ***op korte termijn*** **0.2** ***met kort bereik*** ⇒*korte-afstands-*.
ˈshort-ˈsheet ⟨onov. en ov.ww.⟩⟨sl.⟩ **0.1** ***een practical joke uithalen*** **0.2** ***aan het kortste eind laten trekken***.
ˈshort-ˈsight·ed ⟨f2⟩⟨bn.; -ly; -ness⟩ **0.1** ***bijziend*** **0.2** ⟨fig.⟩ ***kortzichtig***.
ˈshort-ˈsleeved ⟨bn.⟩ **0.1** ***met korte mouw(en)***.
ˈshort-ˈspo·ken ⟨bn.⟩ **0.1** ***kortaangebonden*** ⇒*kort(af), bits*.
ˈshort-ˈstaffed ⟨bn.⟩ **0.1** ***met te weinig personeel***.
ˈshort-stak·er ⟨telb.zn.⟩⟨sl.⟩ **0.1** ***tijdelijke werkkracht***.
ˈshort·stop[1] ⟨telb.zn.⟩ **0.1** ⟨honkbal⟩ ***korte stop*** **0.2** ⟨sl.⟩⟨ben. voor⟩ ***iem. die zichzelf bedient v. voor anderen bestemd gerecht***.
shortstop[2] ⟨ov.ww.⟩⟨sl.⟩ **0.1** ***zichzelf bedienen*** ⟨v. langskomend gerecht dat voor iem. anders bestemd is⟩.
ˈshort-ˈtem·pered ⟨bn.⟩ **0.1** ***opvliegend***.
ˈshort-ˈterm ⟨f2⟩⟨bn.⟩ **0.1** ***op korte termijn*** ⇒*korte-termijn-*.
ˈshort-time working ⟨n.-telb.zn.⟩ **0.1** ***korte(re) werktijd*** ⇒*werktijdverkorting*.
ˈshort-ˈtoed ⟨bn.⟩⟨dierk.⟩ ◆ **1.¶** ~ eagle *slangenarend* ⟨Circaetus gallicus⟩; ~ lark *kortteenleeuwerik* ⟨Calandrella cinerea⟩; lesser ~ lark *kleine kortteenleeuwerik* ⟨Calandrella rufescens⟩; ~ treecreeper *boomkruiper* ⟨Certhia brachydactyla⟩.
ˈshort-wave ⟨bn.⟩ **0.1** ***kortegolf-***.
ˈshort-ˈwind·ed ⟨bn.⟩ **0.1** ***kortademig*** **0.2** ⟨fig.⟩ ***geen lange adem hebbend***.
short·y, short·ie [ˈʃɔ:ti‖ˈʃɔrṭi]⟨f1⟩⟨telb.zn.; →mv. 2⟩⟨inf.⟩ **0.1** ***kleintje*** ⟨gezegd v. pers.⟩ ⇒*kruimel, onderdeurtje* **0.2** ***kort kledingstuk***.
shot[1] [ʃɒt‖ʃɑt]⟨f3⟩⟨zn.⟩
I ⟨telb.zn.⟩ **0.1** ***schot*** ⟨ook sport⟩ ⇒*voorzet, worp, stoot, slag* **0.2** ***schutter*** **0.3** ***lancering*** ⟨v. raket e.d.⟩ ⇒*start* **0.4** ⟨inf.⟩ ***(snedige) opmerking*** ⇒*repartie* **0.5** ⟨inf.⟩ ***gok*** ⇒*poging, kans, gissing* **0.6** ⟨foto.⟩ ***opname*** ⇒*foto, kiekje, shot* **0.7** ⟨inf.⟩ ***injectie*** ⇒*shot* **0.8** ⟨atletiek⟩ ***(stoot)kogel*** **0.9** ***gelag*** ⇒*(drank)rekening* **0.10** ⟨inf.⟩ ***borrel*** ⇒*whisky puur* **0.11** ⟨sl.⟩ ***ontploffing*** ⟨v. atoombom⟩ **0.12** ⟨sl.⟩ ***vermogen*** ⟨v. raket⟩ **0.13** ⟨sl.⟩ ***ejaculatie*** ⇒*het spuiten/klaarkomen* **0.14** ⟨sl.⟩ ***hobby*** ⇒*egotripperij* ◆ **1.¶** ~ in the arm/⟨sl.⟩ ass *stimulans, injectie, opsteker;* ⟨inf.⟩ *borrel(tje);* ⟨sl.⟩ ~ in the ass *schok, slecht nieuws, schop onder je kont;* ~ across the bows *schot voor de boeg, waarschuwing;* ~ in the dark *slag in de lucht;* ⟨vero.⟩ not have a ~ in one's/the locker *berooid/kansloos zijn;* ⟨sl.⟩ ~ in the neck *bezopen* **2.2** good ~ *goede schutter;* poor ~ *slechte schutter* **2.5** make a bad ~ *verkeerd gokken/raden;* good ~ *goede gok/poging* **3.5** have/make a ~ (at sth.) *(iets) proberen, (ergens) een slag (naar) slaan* **3.6** have a ~ at *een kiekje nemen van* **3.8** putting the ~ *kogelstoten* **3.9** pay one's ~ *zijn (deel v.d.) (drank)rekening betalen;* stand ~ *(alles) betalen, tracteren* **3.¶** ⟨AE; inf.⟩ call one's ~ *precies vertellen wat men van plan is;* ⟨sl.⟩ call the ~s *de leiding hebben, de baas zijn* **6.5** a ~ **at** the title *een poging om de titel te veroveren* **6.¶** (do sth.) **like** a ~ *zonder aarzelen/onmiddellijk (iets doen);* off **like** a ~ *als een pijl uit een boog;*
II ⟨telb. en n.-telb.zn.; mv. vaak shot; →mv. 4⟩ **0.1** ***lading*** ⟨v. vuurwapen⟩ ⇒*schroot, kartets, hagel, (kanons)kogel;*
III ⟨n.-telb.zn.⟩ **0.1** ***het schieten*** **0.2** ***bereik*** **0.3** ⟨atletiek⟩ ***(het) kogelstoten*** ◆ **6.2** **out of** ~ *buiten schot/bereik, buiten schootsafstand;* **within** ~ *binnen bereik/schootsafstand*.
shot[2] ⟨f3⟩⟨bn.; oorspr. volt. deelw. v. shoot⟩
I ⟨bn.⟩ **0.1** ***changeant*** ⇒*met weerschijn* ⟨v. weefsel⟩ **0.2** ***glad geschaafd;***
II ⟨bn., pred.⟩ **0.1** ⟨inf.⟩ ***uitgeput*** ⇒*uitgevloerd; oud, versleten* **0.2** ⟨inf.⟩ ***bezopen*** ⇒*zat, teut, dronken* **0.3** ***doorweven*** ⇒*vol* **0.4** ⟨sl.⟩ ***katterig*** ◆ **1.1** his nerves are ~ *hij is kapot/doodmoe* **3.¶** ⟨inf.⟩ get ~ of *afhandelen* **6.3** ~ (through) **with** *doorspekt met, vol van* **6.¶** ⟨inf.⟩ be ~ **of** *klaar zijn met, af zijn van*.
shot[3] ⟨ov.ww.; →ww. 7⟩ **0.1** ***met kogels verzwaren*** ⟨netten⟩.
shot[4] ⟨verl. t. en volt. deelw.⟩ →shoot.
ˈshot·blast ⟨ov.ww.⟩⟨tech.⟩ **0.1** ***kogelstralen*** ⇒*staalstralen, zandstralen, gietstralen*.
ˈshot cartridge ⟨telb.zn.⟩ **0.1** ***hagelpatroon***.
shote →shoat.
ˈshot-fir·er ⟨telb.zn.⟩⟨mijnw.⟩ **0.1** ***schietmeester/houwer***.
ˈshot·gun[1] ⟨f2⟩⟨telb.zn.⟩ **0.1** ***(jacht)geweer*** **0.2** ⟨sl.⟩ ***gepeperde saus*** **0.3** ⟨sl.⟩ ***koppelaar(ster)*** ◆ **3.¶** ride ~ *bewaken v. goederen/personen in transit;* ⟨in voertuig⟩ *voorin zitten*.
shotgun[2] ⟨bn., attr.⟩⟨inf.⟩ **0.1** ***gedwongen*** **0.2** ⟨vnl. AE⟩ ***lukraak*** ⇒*in het wilde weg, grof* ◆ **1.1** a ~ merger *een gedwongen fusie* **1.2** ~ approach *(zeer) grove benadering*.
ˈshotgun ˈmarriage, ˈshotgun ˈwedding ⟨f1⟩⟨telb.zn.⟩ **0.1** ***moetje***.
ˈshot hole ⟨telb.zn.⟩ **0.1** ***boorgat*** **0.2** ***(door insekt geboord) gat*** ⟨in hout⟩.
ˈshot·proof ⟨bn.⟩ **0.1** ***kogelvrij***.
ˈshot-put ⟨f1⟩⟨n.-telb.zn.; the⟩⟨atletiek⟩ **0.1** ***kogelstoten***.
shot-put·ter [ˈʃɒt ˌpʊtə‖ˈʃɑt ˌpʊṭər]⟨telb.zn.⟩⟨atletiek⟩ **0.1** ***kogelstoter***.
shot·ten [ˈʃɒtn‖ˈʃɑtn]⟨bn.⟩ **0.1** ***kuit geschoten hebbend*** ◆ **1.1** ~ herring *ijle haring;* ⟨vero.; fig.⟩ *waardeloze figuur*.
ˈshot tower ⟨telb.zn.⟩ **0.1** ***hageltoren***.
should [ʃ(ə)d⟨sterk⟩ʃʊd]⟨f4⟩⟨hww.; verl. t. v. shall; →t2 voor onregelmatige vormen; →do-operator, modaal hulpwerkwoord, ww. 3⟩ **0.1** ⟨→voorwaarde 3b⟩ ***zou(den)*** ⇒*mochten* **0.2** ⟨→gebod 5, verplichting en noodzakelijkheid⟩ ***moet(en)*** **0.3** ⟨→gebod, verbod, verplichting en noodzakelijkheid; ook plechtige belofte, dreiging, plan, intentie enz. in verl. context⟩ ***zou(den)*** ⇒*zou (den) moeten, moest(en)* **0.4** ⟨verwijst naar toekomst in verleden context⟩ ***zou(den)*** **0.5** ⟨→voorwaarde 2; ook te vertalen door verl. t.⟩ ***zou(den)*** **0.6** ⟨→onderstelling⟩ ***moet(en)*** ⇒*zullen/zal, zou(den)* **0.7** ⟨als beleefdheidsvorm; →wilsuiting⟩⟨vnl. BE⟩ ***zou (den)*** **0.8** ⟨in bijzin afhankelijk v.e. uitdrukking die de wil of wens uitdrukt; vaak onvertaald⟩⟨vnl. BE⟩ ***zou(den)*** ⇒*moeten* **0.9** ⟨in bijzin afhankelijk v.e. uitdrukking die een opinie weergeeft; blijft onvertaald⟩⟨vnl. BE⟩ ◆ **3.1** ~ the dead return, they would be amazed *als de doden zouden terugkeren, zouden zij versteld staan;* ~ I ever see him again, he will rue the day *als ik hem ooit weer zie zal hij die dag vervloeken* **3.2** this is as it ~ be *dit is zoals het hoort;* every man ~ do his duty *iedereen moet zijn plicht doen;* why ~ I listen to him? *waarom zou ik naar hem luisteren?* **3.3** he told her that she ~ be quieter *hij zei dat ze stiller moest zijn;* they decreed that all men ~ enlist in the army *zij bevalen dat alle mannen in dienst moesten* **3.4** he hoped that he ~ be accepted *hij hoopte dat hij aangenomen zou worden;* we knew that we ~ meet again *we wisten dat we elkaar weer zouden ontmoeten* **3.5** if Sheila came, I ~ come too *als Sheila kwam, dan kwam ik ook/dan zou ik ook komen* **3.6** it ~ be easy for you *het moet voor jou gemakkelijk zijn;* she ~ have returned by now *ze zou nu al terug moeten zijn;* we ~ make good profits next year *we zullen volgend jaar grote winsten maken* **3.7** I ~ advise you to travel by air *ik zou je aanraden te vliegen;* I ~ like some more apples *ik zou nog wat appels willen;* ~ you like to come *als je graag zou komen;* yes, I ~ love to *ja, dat zou ik echt graag doen;* I ~ say that *... ik zou zeggen dat ...;* ⟨BE; iron.⟩ whether you can come? I ~ think so! *of jij ook kunt komen? dat zou ik denken!* **3.8** I suggest that we ~ leave *ik stel voor dat wij naar huis (zouden) gaan;* she was anxious that her son ~ be successful *ze was erop gebrand dat haar zoon succes zou hebben* **3.9** it's surprising he ~ be so attractive *het is verbazingwekkend dat hij zo aantrekkelijk is*.
shoul·der[1] [ˈʃouldə‖-ər]⟨f3⟩⟨telb.zn.⟩⟨→sprw. 128, 769⟩ **0.1** ***schouder*** ⇒⟨cul.⟩ *schouderstuk* **0.2** ⟨vnl. enk.⟩ ***(weg)berm*** **0.3** ***berghelling onder top*** **0.4** ***verwijding (onder hals v. fles)*** **0.5** ***schoft*** ⟨v. dier⟩ ◆ **1.1** he stood head and ~s above his friends *hij stak met kop en schouders boven zijn vrienden uit;* ⟨fig.⟩ his work stood head and ~s above that of his contemporaries *zijn werk stak met kop en schouders boven dat v. zijn tijdgenoten uit;* a ~ of lamb *een schouderstuk v.e. lam, een lamsbout;* this shirt is narrow across the ~s *dit overhemd is te nauw in de schouders* **1.¶**

put/set one's ~ to the wheel *zijn schouders ergens onder zetten, ergens hard aan werken* **3.1** a ~ to cry/lean on *een schouder om op uit te huilen; mededogen, sympathie* **3.¶** open one's ~s *met de kracht v.h. gehele bovenlichaam raken* ⟨de bal in balspel⟩; ⟨inf.⟩ rub ~s with *omgaan met, in het gezelschap verkeren van* **6.1 off** the ~s *de schouders bloot latend* ⟨v. jurk⟩; ~ **to** ~ *schouder aan schouder, zij aan zij;* ⟨fig.⟩ *in eenheid, met een gemeenschappelijk doel* **6.¶** ⟨inf.⟩ (straight) **from** the ~ *op de man af, recht voor z'n raap, onomwonden, zonder omhaal.*

shoulder[2] ⟨f2⟩⟨ww.⟩

I ⟨onov. en ov.ww.⟩ **0.1** ***duwen*** *⇒(met de schouders) dringen* ◆ **1.1** he ~ed his way through the crowd *hij baande zich een weg door de menigte* **5.1** ~ people **aside** *mensen opzij duwen met de schouders* **6.1** ~ s.o. **out of** position *iem. v. zijn plaats verdringen;*

II ⟨ov.ww.⟩ **0.1** ***op zich nemen*** *⇒op zijn schouders nemen, dragen, ondersteunen* **0.2** ⟨mil.⟩ ***schouderen*** ⟨geweer⟩ ⇒⟨i.h.b. AE⟩ *tegen de schouder brengen* ◆ **1.1** ~ a great burden *een zware last op zich nemen* **1.2** ~ arms/a rifle *een geweer schouderen.*

'shoulder bag ⟨telb.zn.⟩ **0.1** ***schoudertas.***

'shoulder belt ⟨telb.zn.⟩ **0.1** ***draagband*** *⇒bandelier.*

'shoulder blade, 'shoulder bone ⟨f1⟩⟨telb.zn.⟩ **0.1** ***schouderblad.***

'shoulder charge ⟨telb.zn.⟩⟨voetbal⟩ **0.1** ***schouderduw.***

'shoulder flash ⟨telb.zn.⟩⟨mil.⟩ **0.1** ***(gekleurd) onderscheidingslintje*** ⟨v. rang, enz. op uniform⟩.

'shoulder-'high ⟨bn.; bw.⟩ **0.1** ***op schouderhoogte.***

'shoulder joint ⟨telb.zn.⟩⟨cul.⟩ **0.1** ***schouderstuk.***

'shoulder knot ⟨telb.zn.⟩ **0.1** ***schoudertres*** *⇒nestel.*

'shoulder loop ⟨telb.zn.⟩⟨AE⟩ **0.1** ***schouderlap*** *⇒schouderbedekking* ⟨v. officier⟩.

'shoulder mark ⟨telb.zn.⟩⟨AE⟩ **0.1** ***schouderklep*** ⟨verstevigde schouderbedekking v. marineofficier⟩.

'shoulder-of-mutton 'sail ⟨telb.zn.⟩⟨scheep.⟩ **0.1** ***driehoekig loggerzeil.***

'shoulder pad ⟨telb.zn.⟩ **0.1** ***schoudervulling.***

'shoulder stand ⟨telb.zn.⟩⟨gymnastiek⟩ **0.1** ***kaarsstand.***

'shoulder strap ⟨f1⟩⟨telb.zn.⟩ **0.1** ***schouderbandje*** ⟨bv. v. jurk⟩ *⇒schouderriem(pje)* **0.2** ⟨mil.⟩ ***schouderbedekking*** *⇒schouderklep/lap.*

shouldst ⟨2e pers. enk., vero. of relig.; →t2⟩ →should.

shout[1] [ʃaʊt]⟨f2⟩⟨telb.zn.⟩ **0.1** ***schreeuw*** *⇒kreet, roep, gil, toejuiching* **0.2** ⟨Austr. E; inf.⟩ ***rondje*** *⇒beurt om te bestellen, gratis drankje, aangeboden glas* ◆ **1.1** ~ of joy *vreugdekreet;* a ~ of pain *een schreeuw v. pijn* **4.2** it's my ~ *ik trakteer/betaal* **6.1** ~s **for** help *hulpgeroep.*

shout[2] ⟨f3⟩⟨onov. en ov.ww.⟩ →shouting **0.1** ***schreeuwen*** *⇒(uit)roepen, brullen, gillen, juichen,* ⟨vero.⟩ *(opdringerig) aanprijzen* **0.2** ⟨Austr. E; inf.⟩ ***trakteren*** *⇒een rondje geven* ◆ **1.1** he ~ed his approbation *hij gaf luidkeels zijn goedkeuring te kennen;* ~ the news *het nieuws uitschreeuwen;* ~ orders *bevelen roepen;* pedlars ~ed their wares *venters prezen luid hun koopwaar aan* **2.1** ~ o.s. hoarse *zich schor schreeuwen* **5.1** the audience ~ed **down** the speaker *het publiek joelde de spreker uit; het publiek overstemde de spreker met zijn geschreeuw;* don't ~ **out** like that! *ga niet zo tekeer!* **6.1** don't ~ **about** it! *maak er niet zo'n ophef over!, maak je er niet zo druk om!;* the crowd ~ed **at** the traitor *de menigte jouwde de verrader uit;* don't ~ **at** me! *ga niet zo tegen me tekeer!;* ~ **for** joy *het uitroepen v. vreugde;* he was ~ing **for** money *hij riep luidkeels om geld;* he ~ed **for/to** me to come *hij riep dat ik moest komen;* ~ **with** laughter *brullen v.d. lach;* ~ **with** pain *schreeuwen/gillen v.d. pijn.*

shout·ing[1] ['ʃaʊtɪŋ]⟨f2⟩⟨n.-telb.zn.; gerund v. shout⟩ **0.1** ***geschreeuw*** *⇒geroep, gegil, gejuich* ◆ **6.¶** it's all over **but/bar** the ~ *de strijd is zo goed als gestreden, het spel is gespeeld.*

shouting[2] ⟨f1⟩⟨bn.; oorspr. teg. deelw. v. shout⟩ **0.1** ***opvallend*** *⇒scherp in het oog vallend, opdringerig, onaangenaam treffend* ◆ **1.1** ~ needs *zeer dringende noden;* her lips were ~ with red *op haar lippen zat een schreeuwende kleur rood.*

shove[1] [ʃʌv]⟨f1⟩⟨telb.zn.⟩ **0.1** ***duw*** *⇒zet, stoot* ◆ **1.¶** if push comes to ~ *als puntje bij paaltje komt* **3.1** give s.o. a good ~ *iem. een flinke zet geven.*

shove[2] ⟨f3⟩⟨onov. en ov.ww.⟩ **0.1** ***duwen*** *⇒wegduwen, (opzij) schuiven, dringen (tegen), een zet geven,* ⟨inf.⟩ *stoppen, leggen* ◆ **3.1** a lot of pushing and shoving *heel wat geduw en gedrang* **5.1** ~ **along** *heen en weer duwen; vooruitdringen* **5.¶** →shove **around;** ~ **off** *afschuiven; afduwen* ⟨in boot⟩; ⟨inf.⟩ let's ~ **off** *laten we er vandoor gaan;* ~ **off!** *hoepel op!;* ~ **over** *opschuiven* **6.1** ~ **it in** the drawer *stop/gooi het in de la;* ~ **past** s.o. *langs iem. schuiven/dringen.*

'shove a'round ⟨ov.ww.⟩⟨inf.⟩ **0.1** ***vooruitduwen*** *⇒heen en weer duwen* **0.2** ***commanderen*** *⇒ruw/hardvochtig behandelen.*

'shove-'half·pen·ny, 'shove-'ha'pen·ny ⟨n.-telb.zn.⟩ **0.1** ⟨oneig.⟩ ***sjoelbak*** ⟨gezelschapsspel met munten⟩.

shov·el[1] ['ʃʌvl]⟨f2⟩⟨telb.zn.⟩ **0.1** ***schop*** *⇒spade, schep* **0.2** ***schoep*** ⟨v. machine⟩ **0.3** ***laadschop*** **0.4** ***schepvol*** *⇒schopvol.*

shovel[2] ⟨f2⟩⟨onov. en ov.ww.; →ww. 7⟩ **0.1** ***scheppen*** *⇒opscheppen, verplaatsen, schuiven, opruimen (met een schep)* ◆ **1.1** ~ coal *steenkool scheppen;* ⟨inf.⟩ ~ food into one's mouth *eten in zijn mond proppen, gulzig eten;* ~ papers into a desk *papieren in een bureau proppen;* ~ a path through the snow *een pad graven door de sneeuw.*

'shov·el·board, 'shuf·fle·board ⟨n.-telb.zn.⟩ **0.1** ⟨oneig.⟩ ***sjoelbak*** ⟨gezelschapsspel met munten; vnl. gespeeld op passagiersschepen⟩.

shov·el·ful ['ʃʌvlfʊl]⟨telb.zn.; ook shovelsful; →mv. 6⟩ **0.1** ***schep (vol)*** *⇒(schep)lading.*

'shovel hat ⟨telb.zn.⟩ **0.1** ***schuithoed*** ⟨i.h.b. v. Eng. geestelijken⟩.

'shov·el·head ⟨telb.zn.⟩⟨dierk.⟩ **0.1** ***hamerhaai*** ⟨Sphyrna tiburo⟩.

shov·el·(l)er ['ʃʌvələ‖-ər]⟨telb.zn.⟩ **0.1** ***schepper*** **0.2** ⟨dierk.⟩ ***slobeend*** ⟨Spatula clypeata⟩.

show[1] [ʃoʊ]⟨f3⟩⟨zn.⟩

I ⟨telb.zn.⟩ **0.1** ***vertoning*** *⇒show,* ⟨inf.⟩ *uitzending, opvoering, voorstelling, programma* **0.2** ***spektakel(stuk)*** *⇒grootse vertoning, schouwspel, optocht, parade* **0.3** ***tentoonstelling*** *⇒expositie, uitstalling, collectie* **0.4** ***indruk*** *⇒uiterlijk, impressie* **0.5** ***spoor*** *⇒zweem, enige blijk, indicatie, aanwijzing* **0.6** ⟨vero.; inf.⟩ ***kans*** *⇒gelegenheid* ⟨bv. om zich te verdedigen⟩ **0.7** ⟨inf.⟩ ***poging*** *⇒gooi, beurt* **0.8** ⟨vnl. enk.⟩ ***zaak*** *⇒onderneming, organisatie, gebeurtenis, resultaat* ◆ **1.1** the last ~s of this circus *de laatste voorstellingen v. dit circus;* a ~ in the theatre *een toneelopvoering* **1.2** be in the Arnhem ~ *bij de grote slag om Arnhem zijn;* a ~ of force/strength *een machtsvertoon;* the orchard in a fine ~ of blossoms *de boomgaard in een prachtige bloesemtooi* **1.4** he wasn't even given a ~ of appraisal *hij kreeg zelfs geen schijntje waardering* **1.5** without a ~ of justice *zonder een greintje/enige rechtvaardigheid;* no ~ of resistance *geen enkel blijk v. verzet* **1.¶** vote by (a) ~ of hands *d.m.v. handopsteking stemmen;* let's get this ~ on the road *laten we nu maar eens beginnen* **2.6** give s.o. a fair ~ *iem. een eerlijke kans geven* **2.7** a bad/poor ~ *een slechte beurt, een ongelukkige gooi, geen stijl;* good ~! *goed geprobeerd!, mooi gedaan!;* (put up) a good ~ *een goede prestatie (leveren), een flinke poging (wagen)* **3.1** a travelling ~ *een reizende voorstelling* **3.2** ⟨fig.⟩ make a ~ of sth. *ergens een hele heisa/drukte om maken;* make a ~ of one's learning *te koop lopen met zijn geleerdheid* **3.4** make a ~ of interest *belangstelling voorwenden, uiterlijk geïnteresseerd zijn;* make a ~ of being reasonable *de indruk wekken redelijk te zijn;* make a good ~ at a reception *een goede indruk maken op een receptie* **3.6** have no ~ at all *geen kans krijgen zich te verdedigen* **3.8** boss/run the ~, be in charge of the ~ *de zaak leiden/runnen* **3.¶** give the (whole) ~ away *de hele zaak verraden/verlinken, alles rondvertellen;* steal the ~ *de show stelen, aller aandacht trekken, het meeste succes hebben* **6.4 under** a ~ of benevolence *onder het mom v. welwillendheid* **6.8** the man **behind** the ~ *de man achter de schermen;* be not in this ~ *niets met deze zaak te maken hebben* **6.¶** ⟨inf.⟩ all **over** the ~ *door elkaar, overal, her en der* **7.8** this is my ~ *dit is mijn zaak;*

II ⟨n.-telb.zn.⟩ **0.1** ***uiterlijk*** *⇒de buitenkant, show, schijn, het voordoen, opschepperij* **0.2** ***pracht (en praal)*** *⇒overdreven vertoon, luister, glans, glorie, glamour* **0.3** ***vertoning*** *⇒het opvoeren/tentoonstellen, demonstratie, manifestatie* ◆ **2.1** this is all empty ~ *dit is allemaal slechts schijn;* he's good enough in outward ~ *hij is ogenschijnlijk goed genoeg, hij doet zich goed genoeg voor* **2.2** be fond of ~ *dol zijn op glamour, gek zijn op pracht en praal;* a world full of ~ *een glansrijke/luisterrijke wereld* **6.1** she only does it **for** ~ *ze doet het alleen voor de buitenwereld/show/schijn, ze doet het slechts om op te scheppen;* grateful **in** ~ *ogenschijnlijk dankbaar* **6.3** what's **on** ~ today? *wat wordt er vandaag vertoond?, wat draait er vandaag?;* objects **on** ~ *de tentoongestelde/geëxposeerde voorwerpen.*

show[2], ⟨vero. ook⟩ **shew** [ʃoʊ]⟨f4⟩⟨ww.; showed [ʃoʊd], shown [ʃoʊn];⟩, ⟨volt. deelw. zelden ook⟩ showed →showing ⟨→sprw. 324, 633⟩

I ⟨onov.ww.⟩ **0.1** ***(zich)(ver)tonen*** *⇒(duidelijk) zichtbaar zijn, (zich) laten zien, (ver)schijnen, eruit zien, vertoond worden* ⟨v. film⟩ **0.2** ***blijken (te zijn)*** *⇒zich bewijzen, duidelijk worden* **0.3** ⟨AE⟩ ***als derde (of hoger) eindigen*** ⟨in paarden/hondenrace, bij weddenschap⟩ **0.4** ⟨inf.⟩ ***komen opdagen*** ◆ **1.1** blood will ~ *afkomst verloochent zich niet;* some buds start ~ing *enkele knoppen beginnen tevoorschijn te komen;* your dress ~s white from here *hiervandaan lijkt je jurk wit;* his face ~ed red *zijn gezicht zag rood;* his education ~s *het is goed merkbaar/duidelijk dat hij goed onderlegd is;* the scar still ~s *het litteken is nog goed te zien;* your slip is ~ing *je onderjurk komt eruit, je vlagt;* that stain will ~ *de vlek krijg je er niet uit;* time will ~ *de tijd zal het leren;* we'll ~

the world *we zullen de wereld/iedereen eens laten zien wat we kunnen* **1.2** the hero in him ~ed *de held in hem kwam naar boven, zijn heldhaftigheid werd bewezen/duidelijk* **1.4** the man never ~ed *de man is niet komen opdagen* **3.¶** it just goes to ~! *zo zie je maar!* **4.1** she's in trouble and it ~s *ze heeft problemen en dat is duidelijk te merken;* what's ~ing at the cinema? *wat draait er in de bioscoop?* **5.1** her Dutch accent still ~s **through** *haar Nederlandse accent is nog (goed) hoorbaar* **5.¶** →show **off;** →show **up 6.1** her yellow bikini ~s **through** her dress *haar gele bikini schijnt door haar jurk heen* **6.¶** Birmingham will ~ **against** Arsenal *Birmingham zal uitkomen tegen Arsenal;*

II ⟨ov.ww.⟩ **0.1** ***(aan)tonen*** ⇒*laten zien, tentoonstellen, vertonen, manifesteren, openbaren* **0.2** ***uitleggen*** ⇒*verklaren, uiteenzetten, demonstreren, bewijzen, duidelijk maken* **0.3** ***te kennen geven*** ⇒*aan de dag leggen, ten toon spreiden, doen blijken* **0.4** ***(rond) leiden*** ⇒*geleiden, brengen/voeren naar* **0.5** ***aanwijzen*** ⇒*aangeven, aanduiden* **0.6** ⟨schr.⟩ ***bewijzen*** ⇒*laten gevoelen, geven, schenken, verlenen, toestaan* **0.7** ⟨ec.⟩ ***sluiten met*** ◆ **1.1** ~ one's cards/hand *open kaart spelen, zich in de kaart laten kijken* ⟨ook fig.⟩; ⟨jur.⟩ ~ cause *aantonen;* ~ me an example *geef me een voorbeeld;* she never ~s her feelings *ze toont haar gevoelens nooit;* this year's figures ~ some recovery *de cijfers v. dit jaar geven enig herstel te zien;* which film are they ~ing? *welke film draaien ze?;* the painting ~ed the queen *op het schilderij stond de koningin;* ~ the painting to advantage *het schilderij op zijn voordeligst tonen;* a peacock ~s its feathers *een pauw pronkt met zijn veren;* ~ signs of fatigue *tekenen v. vermoeidheid vertonen;* ~ one's ticket *zijn kaartje laten zien;* ~ (s.o.) the way *iem. de weg wijzen* ⟨ook fig.⟩; *een voorbeeld stellen, de leiding hebben* **1.2** you ~ me some purpose in life *je geeft me enig doel aan in het leven;* that remark ~s her stupidity *die opmerking illustreert hoe dom ze is;* in his speech he ~ed why he was an advocate of that plan *in zijn toespraak zette hij uiteen waarom hij een voorstander v. dat plan was;* ~ me the truth of what you're saying *bewijs me dat het waar is wat je zegt* **1.3** ~ one's feelings *zijn gevoelens uiten;* ~ one's kindness *vriendelijk blijken te zijn;* impressed by the vast knowledge she ~ed *onder de indruk v.d. enorme kennis die ze aan de dag legde;* ~ o.s. to be a brave man *een dapper man blijken te zijn;* ~ bad taste *v.e. slechte smaak getuigen* **1.5** the barometer ~s wind *de barometer geeft wind aan;* the clock ~s five minutes past *de klok staat op vijf over* **1.6** Lord, ~ mercy *Heer, schenk genade;* they ~ed their enemies pity *ze hadden/toonden mededogen met hun vijanden* **1.7** ~ a deficit *sluiten met een tekort* **3.2** this goes to ~ that crime doesn't pay *dit bewijst dat misdaad niet loont;* he ~ed me how to write *hij leerde me schrijven* **4.1** his anger ~ed itself *hij was duidelijk boos;* ~ o.s. *je (gezicht) laten zien, ergens verschijnen; je ware aard tonen* **5.1** several objects were ~n **forth** *verscheidene voorwerpen werden tevoorschijn gehaald/vertoond* **5.4** ~ s.o. **about/(a)round** *iem. rondleiden;* ~ s.o. **in** *iem. binnenlaten;* ~ me **out** *laat me uit, breng me naar de deur/uitgang* **5.¶** →show **off;** →show **up 6.1** he has nothing to ~ **for** all his work *zijn werk heeft helemaal geen vruchten afgeworpen;* he had scars to ~ **for** it *zijn littekens waren er het bewijs van* **6.4** ~ me **about** the town *laat me de stad zien;* he ~ed us **(a)round** the house *hij liet ons het huis zien;* ~ her **into** the waiting room *breng haar naar de wachtkamer;* I'll ~ you **out of** the house *ik zal u uitlaten;* ~ s.o. **over** the factory *iem. een rondleiding geven door de fabriek.*

'show bill ⟨telb.zn.⟩ **0.1** ***aanplakbiljet*** ⇒*affiche, reclameposter.*

'show·boat ⟨f1⟩ ⟨telb.zn.⟩ **0.1** ***theaterboot*** ⟨vnl. in U.S.A., Mississippi-stoomboot waarop voorstellingen gegeven worden⟩ **0.2** ⟨AE; inf.⟩ ***aansteller*** ⇒*uitslover, bink, patser.*

'show box ⟨telb.zn.⟩ **0.1** ***kijkkast*** ⇒*kijkdoos.*

'show·bread, ⟨vero. ook⟩ **'shew·bread** ⟨telb. en n.-telb.zn.⟩ ⟨jud.⟩ **0.1** ***toonbrood*** ⇒*offerbrood.*

'show business, ⟨inf. ook⟩ **'show biz** ⟨f1⟩ ⟨n.-telb.zn.⟩ **0.1** ***amusementsbedrijf*** ⇒*show business.*

'show card ⟨telb.zn.⟩ **0.1** ***reclameplaat*** **0.2** ***toonkaart*** ⇒*staal/monsterkaart.*

'show·case[1] ⟨f1⟩ ⟨telb.zn.⟩ **0.1** ***vitrine*** ⟨in winkel/museum⟩ ⇒*glazen toonbank, uitstalkast.*

showcase[2] ⟨ov.ww.⟩ ⟨AE⟩ **0.1** ***tentoonstellen*** ⇒*onder de aandacht brengen.*

'show·down ⟨f2⟩ ⟨telb.zn.; vnl. enk.⟩ ⟨inf.⟩ **0.1** ⟨poker⟩ ***het zijn kaarten op tafel leggen*** ⟨ook fig.⟩ ⇒*het zich blootgeven, openhartige bespreking* **0.2** ***directe confrontatie*** ⇒*beslissend treffen, krachtmeting* ◆ **3.1** call for a ~ *oproepen om zijn kaarten op tafel te leggen, vragen om het bekendmaken v. zijn plannen* ⟨bv. de vijand⟩ **3.2** call for a ~ *uitdagen om het uit te vechten;* when it comes to the/a ~ *als het er uiteindelijk op aankomt, als er orde op zaken gesteld wordt.*

show·er[1] [ʃaʊə‖-ər], ⟨in bet. 0.2 ook⟩ **'shower bath** ⟨f3⟩ ⟨zn.⟩

I ⟨telb.zn.⟩ **0.1** ⟨vaak mv.⟩ ***bui*** ⇒*regen/hagel/sneeuwbui, windvlaag* **0.2** ***douche*** ⇒*stortbad* **0.3** ***stroom*** ⇒*lawine, toevloed, golf, lading, menigte* **0.4** ⟨AE⟩ ***feest waarbij geschenken worden aangeboden*** ⟨bv. voor toekomstige bruid, pasgeboren baby⟩ **0.5** ***meteoorregen*** **0.6** ***kosmische (stralings)bui*** ◆ **1.3** a ~ of arrows/bullets *een regen v. pijlen/kogels;* a ~ of insults *een stroom v. beledigingen;* a ~ of letters *een golf brieven;* a ~ of stones *een lading stenen* **2.4** a bridal ~ *feest waarbij de toekomstige bruid geschenken worden aangeboden* **3.1** scattered ~s are expected *er worden verspreid voorkomende buien verwacht* **3.2** ⟨sl.⟩ send s.o. to the ~s *iem. het veld uitsturen; iem. afwijzen;* take a ~ *(zich) douchen, een douche nemen;*

II ⟨verz.n.⟩ ⟨BE; inf.⟩ **0.1** ***(groep) vervelende mensen*** ⇒*stelletje lamzakken.*

shower[2] ⟨f2⟩ ⟨ww.⟩

I ⟨onov.ww.⟩ **0.1** ***(zich) douchen*** ⇒*een douche nemen* **0.2** ***(stort) regenen*** ⇒*buiig zijn* **0.3** ***(toe)stromen*** ⇒*als een lawine aankomen, losbarsten* ◆ **3.2** it started to ~ *een bui barstte los* **5.3** apples ~ed **down** the tree *het regende appels uit de boom;*

II ⟨ov.ww.⟩ **0.1** ***overgieten*** ⇒*uitstorten, doen neerstromen* **0.2** ***overladen*** ⇒*in grote hoeveelheden geven/zenden, overstromen, overstelpen* ◆ **6.1** the couple was ~ed **with** confetti *het paar werd overgoten met confetti* **6.2** ~ questions **on** s.o. *een heleboel vragen op iem. afvuren;* ~ s.o. **with** gifts/gifts **(up)on** s.o. *iem. overladen met geschenken;* ~ the enemy **with** missiles *de vijand bestoken met projectielen;* be ~ed **with** honours *met eerbewijzen overstelpt/overstroomd worden.*

'shower activity ⟨telb.zn.⟩ ⟨meteo.⟩ **0.1** ***buienactiviteit.***

'shower cubicle ⟨telb.zn.⟩ **0.1** ***douchecel.***

'show·er·proof ⟨bn.⟩ **0.1** ***waterafstotend*** ⇒*tegen lichte regen bestand.*

show·er·y ['ʃaʊəri] ⟨bn.⟩ **0.1** ***buiig*** ⇒*regenachtig.*

'show·girl ⟨f1⟩ ⟨telb.zn.⟩ **0.1** ***revuemeisje*** **0.2** ***figurante*** **0.3** ***mannequin.***

'show glass ⟨telb.zn.⟩ ⟨BE⟩ **0.1** ***vitrine*** ⇒*(glazen) toonbank, uitstalkast.*

'show house ⟨telb.zn.⟩ **0.1** ***kijkwoning*** ⇒*modelwoning.*

show·ing ['ʃoʊɪŋ] ⟨f1⟩ ⟨zn.⟩

I ⟨telb.zn.⟩ **0.1** ***bewijs(voering)*** ⇒*opgave (v. gegevens), (cijfer) materiaal, verklaring (v. feiten)* ◆ **2.1** the financial ~ of this firm doesn't give much hope *de financiële positie v. deze firma geeft niet veel hoop* **6.1** **on** any ~ *hoe je het ook bekijkt;* **on** your own ~, sth. must be done soon *zoals je zelf al aangeeft/verklaart, er moet gauw iets gebeuren;* **on** present ~ *volgens de huidige bewijsvoering/feiten, zoals de zaak er nu voor blijkt te staan;*

II ⟨telb. en n.-telb.zn.⟩ **0.1** ***vertoning*** ⇒*voorstelling, voordracht, show, voorkomen, figuur* ◆ **2.1** get a good ~ *goed tot zijn recht komen;* make a good ~ *een goed figuur slaan;* a poor ~ *een zwakke vertoning, een armzalige voorstelling* **6.1** **on** this ~ he'll fail *op deze manier zal hij geen succes hebben, nu zal het hem niet lukken.*

'show jumper ⟨telb.zn.⟩ ⟨paardesport⟩ **0.1** ***springruiter.***

'show jump·ing ⟨n.-telb.zn.⟩ ⟨paardesport⟩ **0.1** ***(het) jachtspringen*** ⇒*springconcours.*

show·man [ʃoʊmən] ⟨f1⟩ ⟨telb.zn.; showmen [-mən]; →mv. 3⟩ **0.1** ***impresario*** ⇒*arrangeur v. evenementen, kermisbaas, producer* **0.2** ***publiekspeler*** ⇒*publiekstrekker, publiciteitsnajager, aansteller.*

show·man·ship ['ʃoʊmənʃɪp] ⟨n.-telb.zn.⟩ **0.1** ***gave voor het trekken v. publiciteit*** ⇒*propagandistisch talent.*

shown [ʃoʊn] ⟨volt. deelw.⟩ →show.

'show·off ⟨zn.⟩ ⟨inf.⟩

I ⟨telb.zn.⟩ **0.1** ***uitslover*** ⇒*opschepper, druktemaker, praatjesmaker;*

II ⟨n.-telb.zn.⟩ **0.1** ***uitsloverij.***

'show 'off ⟨f2⟩ ⟨ww.⟩

I ⟨onov.ww.⟩ **0.1** ***opscheppen*** ⇒*indruk proberen te maken, de aandacht trekken* ◆ **¶.1** he is always showing off *hij loopt zich altijd uit te sloven, hij heeft altijd kapsones;*

II ⟨ov.ww.⟩ **0.1** ***pronken met*** ⇒*opscheppen met* **0.2** ***goed doen uitkomen*** ⇒*voordelig tonen* ◆ **1.1** don't ~ your knowledge *loop niet zo te koop met je kennis;* she likes to ~ her son *ze loopt graag te pronken/paraderen met haar zoon.*

'show·piece ⟨telb.zn.⟩ **0.1** ***pronkstuk*** ⇒*prachtexemplaar, paradepaardje.*

'show place ⟨telb.zn.⟩ **0.1** ***(toeristische) trekpleister*** ⇒*hoogtepunt, attractie, bezienswaardigheid.*

'show room ⟨f1⟩ ⟨telb.zn.⟩ **0.1** ***toonzaal*** ⇒*showroom, modelkamer.*

'show·up ⟨telb.zn.⟩ **0.1** ***aan-de-kaak-stelling*** ⇒*openbaring, ontmaskering.*

'show 'up ⟨f2⟩⟨ww.⟩
I ⟨onov.ww.⟩ **0.1** ⟨inf.⟩ ***opdagen*** ⇒*verschijnen, komen, aanwezig zijn* **0.2** ***zichtbaar zijn*** ⇒*tevoorschijn komen, duidelijk worden* ◆ **1.1** only three guests showed up *slechts drie gasten kwamen opdagen* **1.2** in these circumstances people's true characters ~ *in deze omstandigheden treedt het ware karakter v.d. mensen naar voren;* his addiction to drink started to ~ again *zijn drankzucht begon de kop weer op te steken;* her wrinkles ~ now *haar rimpeltjes zijn nu zichtbaar;*
II ⟨ov.ww.⟩ **0.1** ***ontmaskeren*** ⇒*aan het licht brengen, openbaar maken, bekendheid geven aan, aantonen* **0.2** ***zichtbaar maken*** ⇒*vertonen* **0.3** ⟨vnl. BE⟩ ***in verlegenheid brengen*** ⇒*doen schamen, in een moeilijk parket brengen* ◆ **1.1** ~ a deception *een bedrog aan het licht brengen;* ~ an impostor *een bedrieger ontmaskeren* **1.2** only strong light shows up her wrinkles *slechts sterk licht toont haar rimpeltjes* **1.3** his daughter's remark showed him up *de opmerking v. zijn dochtertje zette hem voor gek* **6.1** don't ~ **for** what you are! *doe je anders voor dan je bent!* **8.1** he was shown up as a coward *hij bleek een lafaard te zijn, hij werd ontmaskerd als lafaard.*

'show window ⟨f1⟩⟨telb.zn.⟩ **0.1** ***etalage*** ⇒*toonkast, vitrine.*

show·y ['ʃoʊi]⟨f1⟩⟨bn.; -er; -ly; -ness; →bijw. 3⟩ **0.1** ***opvallend*** ⇒*opzichtig, (te) fel gekleurd, schitterend, de aandacht trekkend* ◆ **1.1** ~ clothes *opzichtige kleren;* ~ flowers *felgekleurde bloemen.*

shp ⟨afk.⟩ shaft horsepower.

shpt ⟨afk.⟩ shipment.

shrammed [ʃræmd]⟨bn.⟩⟨BE; gew.⟩ **0.1** ***verstijfd (v.d. kou).***

shrank [ʃræŋk]⟨verl. t.⟩ →shrink.

shrap·nel ['ʃræpnəl]⟨f1⟩⟨zn.⟩
I ⟨telb.zn.⟩ **0.1** ***(soort) granaat;***
II ⟨n.-telb.zn.⟩ **0.1** ***granaatkartets*** ⇒*granaatscherven.*

shred[1] [ʃred]⟨f1⟩⟨telb.zn.⟩ **0.1** ***stukje*** ⇒*draadje, reepje, snipper* **0.2** ***greintje*** ⇒*flard, zweem* ◆ **1.1** not a ~ of clothing *geen draadje kleding;* some ~s of a shirt *enkele reepjes v.e. overhemd;* a ~ of tobacco *een beetje/restantje tabak* **1.2** not a ~ of truth *geen greintje waarheid* **3.1** cut to ~s *in de pan hakken;* tear sth. to ~s *iets aan flarden scheuren* ⟨ook fig.⟩; *niets heel laten van, iets geheel de grond inboren.*

shred[2] ⟨f2⟩⟨ov.ww.; →ww. 7⟩ →shredding **0.1** ***verscheuren*** ⇒*versnipperen, aan flarden scheuren, in stukjes snijden, rafelen* ◆ **1.1** ~ded cabbage *gesneden/geschaafde kool;* ~ded clothes *gescheurde kleren.*

shred·der ['ʃredə‖-ər]⟨telb.zn.⟩ **0.1** ***(grove keuken)schaaf*** ⟨voor groente, kaas⟩ ⇒*rasp* **0.2** ***papierversnipperaar*** ⟨machine⟩.

shred·ding ['ʃredɪŋ]⟨telb.zn.; oorspr. gerund v. shred⟩ **0.1** ***reepje*** ⇒*stukje, draadje, vodje, snipper.*

shred·dy ['ʃredi]⟨bn.; -er; →compar. 7⟩ **0.1** ***rafelig*** ⇒*gescheurd, aan flarden.*

shrew [ʃru:], ⟨in bet. 0.2 ook⟩ **'shrew·mouse** ⟨f1⟩⟨telb.zn.⟩ **0.1** ***feeks*** ⇒*kijvende vrouw, helleveeg* **0.2** ⟨dierk.⟩ ***spitsmuis*** ⟨genus Soricidae⟩ ⇒⟨i.h.b.⟩ *bosspitsmuis* ⟨Sorex araneus⟩ ◆ **1.1** 'The Taming of the Shrew' by Shakespeare *'De Getemde Feeks' v. Shakespeare.*

shrewd [ʃru:d]⟨f2⟩⟨bn.; -er; -ly; -ness⟩ **0.1** ***slim*** ⇒*schrander, uitgeslapen, pienter, scherpzinnig, intelligent* **0.2** ***sluw*** ⇒*doortrapt, listig, slinks, gehaaid* **0.3** ⟨schr.⟩ ***scherp*** ⇒*vinnig, pijnlijk, hardaankomend, bitter, ernstig* ◆ **1.1** ~ businessmen *slimme zakenlui;* a ~ face *een pienter gezicht;* a ~ guess *een scherpzinnige/intelligente gok;* a ~ idea where to find sth. *een nauwkeurig idee waar iets te zoeken;* a ~ observer *een scherp waarnemer;* a ~ suspicion *een sterk vermoeden* **1.2** his ~ plan to cheat her *zijn boosaardige plan om haar te bedriegen* **1.3** a ~ blow *een gevoelige klap;* a ~ cold *een bijtende kou;* a ~ pain *een doordringende/stekende pijn* **3.1** ~-headed *pienter, slim.*

shrew·ish ['ʃru:ɪʃ]⟨bn.; -ly; -ness⟩ **0.1** ***feeksachtig*** ⇒*scheldend, tekeer gaand, als een helleveeg, kijfachtig.*

shriek[1] [ʃri:k]⟨f2⟩⟨telb.zn.⟩ **0.1** ***schreeuw*** ⇒*gil, (schrille) kreet, doordringende roep* ◆ **1.1** the ~ of a locomotive engine *het gillen v.e. locomotief;* a ~ of pain *een gil v.d. pijn.*

shriek[2] ⟨f2⟩⟨onov. en ov.ww.⟩ **0.1** ***schreeuwen*** ⇒*gillen, gieren, (uit)roepen* ◆ **1.1** ~ing headlines *schreeuwende krantekoppen;* she ~ed a warning *ze gilde een waarschuwing* **3.1** don't ~ like that! *schreeuw niet zo!* **5.1** ~ **out** *uitschreeuwen* **6.1** ~ **with** laughter *gieren v.h. lachen.*

shriev·al [ʃri:vl]⟨bn.⟩ **0.1** ***v./mbt. een sheriff*** ⇒*sheriffs-* ◆ **1.1** ~ authority *het gezag v.e. sheriff.*

shriev·al·ty ['ʃri:vlti]⟨telb.zn.; →mv. 2⟩⟨vnl. BE⟩ **0.1** ***het sheriffsambt*** ⇒*bevoegdheid/rechtsgebied/ambtsperiode v. sheriff, het sheriff zijn* **0.2** ***sheriffskantoor*** ⇒*bureau v. sheriff.*

shrift [ʃrɪft]⟨telb.zn.⟩ **0.1** ⟨vero.⟩ ***biecht*** ⇒*schuldbekentenis* **0.2** ⟨vero.⟩ ***absolutie.***

shrike [ʃraɪk]⟨telb.zn.⟩⟨dierk.⟩ **0.1** ***klauwier*** ⟨fam. Laniidae⟩ ◆ **3.¶** masked ~ *maskerklauwier* ⟨Lanius nubicus⟩.

shrill[1] [ʃrɪl]⟨f1⟩⟨bn.; -er; -ly; -ness; →bijw. 3⟩ **0.1** ***schel*** ⇒*schril, scherp (en op hoge toon), doordringend, snerpend,* ⟨fig.⟩ *fel* ◆ **1.1** a ~ attack *een felle aanval;* a ~ contrast *een schril contrast;* a ~ cry *een doordringende uitroep;* a ~ sound *een krijsend/snerpend geluid;* a ~ voice *een schelle stem.*

shrill[2] ⟨f1⟩⟨ww.⟩
I ⟨onov.ww.⟩ **0.1** ***schel klinken*** ⇒*snerpen;*
II ⟨ov.ww.⟩ **0.1** ***schel doen klinken*** ⇒*op scherpe toon uiten, krijsen, gillen, piepen.*

shrimp[1] [ʃrɪmp]⟨f2⟩⟨telb.zn.; ook shrimp; →mv. 4⟩ **0.1** ***garnaal*** **0.2** ⟨inf.⟩ ***garnaal*** ⇒*klein opdondertje, onderdeurtje, peuter.*

shrimp[2] ⟨onov.ww.⟩ **0.1** ***op garnalenvangst gaan*** ⇒*garnalen vangen.*

shrimp·er ['ʃrɪmpə‖-ər]⟨telb.zn.⟩ **0.1** ***garnalenvisser.***

shrine[1] [ʃraɪn]⟨f2⟩⟨telb.zn.⟩ **0.1** ***relikwieënkist*** ⇒*relikwieënkastje* **0.2** ***(heiligen)tombe*** ⇒*grafteken* **0.3** ***heiligdom*** ⇒*tempel, kapel, altaar* **0.4** ***vereringsplaats*** ⇒*plaats v. speciale aandacht* ◆ **1.2** the ~ of a saint *de tombe v.e. heilige* **1.4** Stratford, the ~ of Shakespeare *Stratford, de speciale gedenkplaats v. Shakespeare* **1.¶** worship at the ~ of Mammon *de mammon dienen.*

shrine[2] ⟨ov.ww.⟩⟨schr.⟩ **0.1** ***zorgvuldig bewaren (als iets heiligs)*** ⇒*als in een relikwieënkistje wegsluiten.*

Shrin·er ['ʃraɪnə‖-ər]⟨telb.zn.⟩ **0.1** ***lid v. (vnl. Am.) broederschap de Shrine.***

shrink[1] [ʃrɪŋk]⟨zn.⟩
I ⟨telb.zn.⟩⟨verk.⟩ headshrinker ⟨AE; inf.⟩ **0.1** ***zieleknijper*** ⇒*psych* ⟨psychiater, psycholoog⟩;
II ⟨telb. en n.-telb.zn.⟩ **0.1** ***inkrimping*** ⇒*afname, het afnemen/slinken,* ⟨fig.⟩ *ineenkrimping, het ineenkrimpen.*

shrink[2] ⟨f3⟩⟨ww.; shrank [ʃræŋk], shrunk [ʃrʌŋk];⟩, ⟨vnl. als bn. ook⟩ shrunken ['ʃrʌŋkən]
I ⟨onov.ww.⟩ **0.1** ***krimpen*** ⇒*afnemen, kleiner worden, samentrekken, slinken, inlopen* **0.2** ***wegkruipen*** ⇒*zich aan het oog onttrekken, ineenkrimpen,* ⟨fig.⟩ *huiveren, achteruitkrabbelen, onwillig zijn* ◆ **5.2** ~ **back** *terugdeinzen* ⟨ook fig.⟩; *achteruitdeinzen;* ~ **up** *wegkruipen, ineenkrimpen* **6.2** ~ **at/from** a situation *zich aan een situatie onttrekken, terugschrikken voor een situatie;* ~ back **from** action/acting *terugdeinzen voor actie;* ~ **into** o.s. *in zichzelf keren;*
II ⟨ov.ww.⟩ **0.1** ***doen krimpen*** ⇒*inkrimpen, doen afnemen/samentrekken/slinken, kleiner maken* ◆ **1.1** cooking ~s mushrooms *champignons slinken bij het koken* **5.1** ~ a metal tyre **on** *een metalen band opkrimpen, een metalen band heet omleggen.*

shrink·a·ble ['ʃrɪŋkəbl]⟨bn.⟩ **0.1** ***inkrimpbaar*** ⇒*samentrekbaar.*

shrink·age ['ʃrɪŋkɪdʒ]⟨f1⟩⟨telb. en n.-telb.zn.⟩ **0.1** ***krimp*** ⇒*inkrimping, slinking, samentrekking, verkleining* **0.2** ***(waarde)vermindering*** ⇒*bezuiniging, afname.*

'shrink-wrap ⟨ov.ww.⟩ **0.1** ***krimpverpakken*** ⇒*in krimpfolie verpakken.*

shrive [ʃraɪv]⟨ww.; vnl. shrove [ʃroʊv], shriven ['ʃrɪvn]⟩⟨vero.⟩
I ⟨onov.ww.⟩ **0.1** ***biecht horen*** ⇒*absolutie verlenen;*
II ⟨ov.ww.⟩ **0.1** ***biecht horen van*** ⇒*absolutie verlenen, boetedoening opleggen, vergiffenis schenken* **0.2** ***biechten*** ◆ **4.2** ~ o.s. to s.o. *te biecht gaan bij iem..*

shriv·el ['ʃrɪvl]⟨f2⟩⟨ww.; →ww. 7⟩
I ⟨onov.ww.⟩ **0.1** ***zijn vitaliteit verliezen*** ◆ **5.1** ~ **up** *uitgeput raken, zijn energie verliezen;*
II ⟨onov. en ov.ww.⟩ **0.1** ***verschrompelen*** ⇒*uitdrogen, verdorren, inkrimpen, samentrekken* ◆ **1.1** a shrivelled face *een verschrompeld/gerimpeld gezicht;* this plant ~s (up) *deze plant verdort/verdroogt.*

shriv·en ['ʃrɪvn]⟨volt. deelw.⟩ →shrive.

shroud[1] [ʃraʊd]⟨f1⟩⟨telb.zn.⟩⟨→sprw. 611⟩ **0.1** ***lijkwa(de)*** ⇒*doodskleed, lijkkleed* **0.2** ⟨fig.⟩ ***sluier*** ⇒*dekmantel* **0.3** ⟨vaak mv.⟩⟨scheep.⟩ ***hoofdtouwen*** ⇒*want, tuig* **0.4** ***draaglijn*** ⟨v. valscherm⟩ **0.5** ⟨tech.⟩⟨ben. voor⟩ ***versterking*** ⇒*tandverstijving* ⟨v. tandwiel⟩; *schoepversterking* ⟨v. turbine⟩; *straalpijpring* ⟨vliegtuig⟩ ◆ **1.1** you'll have no pockets in your ~ *je kunt je geld niet in je graf meenemen* **1.2** a ~ of mist *een sluier v. mist* **1.3** ~s and riggings of the masthead *tuig v.d. mast* **3.2** wrapped in a ~ of mystery *in een sluier v. raadselachtigheid/geheimzinnigheid gehuld.*

shroud[2] ⟨f1⟩⟨ov.ww.⟩ **0.1** ***in een doodskleed wikkelen*** **0.2** ***hullen*** ⇒*omhullen, verbergen* ◆ **6.2** mountains ~ed **in** mist *in mist gehulde bergen;* lies ~ed **in** polite phrases *leugens gehuld/verhuld/verborgen in beleefde woorden/formuleringen.*

'shroud-laid ⟨bn.⟩ **0.1** ⟨scheep.⟩ ***vierstrengs*** ⟨v. touw⟩.

shrove [ʃroʊv]⟨verl. t.⟩ →shrive.

Shrove·tide ['ʃroʊvtaɪd]⟨eig.n.⟩ **0.1** ***vastenavond*** ⟨drie dagen vóór Aswoensdag⟩ ⇒*carnaval.*

'Shrove 'Tues·day ⟨eig.n.⟩ **0.1** ***vastenavond*** ⇒⟨B.⟩ *vette dinsdag.*

shrub [ʃrʌb]⟨f2⟩⟨zn.⟩

I ⟨telb.zn.⟩ **0.1** ***struik*** ⇒*heester;*

II ⟨n.-telb.zn.⟩ **0.1** ***(rum)punch.***

shrub·ber·y ['ʃrʌbəri]⟨f1⟩⟨zn.;→mv. 2⟩

I ⟨telb.zn.⟩ **0.1** ***heesterperk*** ⇒*heesteraanleg, heesterhaag;*

II ⟨n.-telb.zn.⟩ **0.1** ***struikgewas*** ⇒*heestergewas.*

shrub·by ['ʃrʌbi]⟨bn.;-er;-ness;→bijw. 3⟩ **0.1** ***heesterachtig*** ⇒*op een heester gelijkend* **0.2** ***heesterachtig*** ⇒*uit heesters bestaand, met heesters begroeid.*

shrug[1] [ʃrʌg]⟨f2⟩⟨telb.zn.⟩ **0.1** ***schouderophalen*** ⇒*schouderbeweging* ◆ **3.1** give a ~ *de schouders ophalen* **6.1** answer with a ~ *met schouderophalen antwoorden.*

shrug[2] ⟨f3⟩⟨ww.;→ww. 7⟩

I ⟨onov.ww.⟩ **0.1** ***de schouders ophalen;***

II ⟨ov.ww.⟩ **0.1** ***ophalen*** ⟨schouders⟩ ◆ **5.1** →shrug **off**.

'shrug 'off ⟨f1⟩⟨ov.ww.⟩ **0.1** ***van zich afschudden*** ⟨kleding⟩ ⇒⟨fig.⟩ *geen belang hechten aan, links laten liggen, negeren* ◆ **1.1** he shrugged off his coat *hij schudde (met een schouderbeweging) zijn mantel af.*

shrunk [ʃrʌŋk], **shrunken** ['ʃrʌŋkən]⟨volt. deelw.⟩ →shrink.

shtg ⟨afk.⟩ shortage.

shtick, shtik [ʃtɪk]⟨telb.zn.⟩⟨AE;sl.⟩ **0.1** ***nummertje*** ⇒*optreden* **0.2** ***trekje*** ⇒*kenmerkende eigenschap, treffend detail* **0.3** ***draai*** ⇒*(eigen) manier v. doen/optreden* **0.4** ***stuk*** ⇒*gedeelte.*

shuck[1] [ʃʌk]⟨f1⟩⟨telb.zn.⟩ **0.1** ⟨vnl. AE⟩⟨ben. voor⟩ ***omhulsel*** ⇒*peul, dop* ⟨v. vrucht⟩; *kaf, schede* ⟨v. aar⟩; *schaal, schelp* ⟨v. oester⟩ **0.2** ⟨AE;sl.⟩ ***nep*** ⇒*bedrog, bedotterij, diefstal, fraude* ◆ **2.1** not worth ~s *geen zier waard.*

shuck[2] ⟨f1⟩⟨ww.⟩

I ⟨onov.ww.⟩⟨AE;sl.⟩ **0.1** ***dollen*** ⇒*lol trappen* **0.2** ***bluffen*** ⇒*overdrijven, liegen;*

II ⟨ov.ww.⟩ **0.1** ⟨vnl. AE⟩ ***pellen*** ⇒*doppen* ⟨erwten⟩; *kraken* ⟨noten⟩ **0.2** ⟨AE;inf.⟩ ***uitgooien*** ⟨kleren⟩ **0.3** ⟨AE;sl.⟩ ***neppen*** ⇒*belazeren, oplichten.*

shucks! [ʃʌks]⟨tussenw.⟩⟨AE;inf.⟩ **0.1** ***onzin!*** **0.2** ***verdorie!*** ⇒*stik!.*

shud·der[1] ['ʃʌdə‖-ər]⟨f1⟩⟨telb.zn.⟩ **0.1** ***huivering*** ⇒*rilling* ◆ **3.1** it gives me the ~s *het geeft me koude rillingen (van ontzetting);* a ~ ran through the crowd *een huivering/rilling ging door de menigte.*

shudder[2] ⟨f3⟩⟨ww.⟩

I ⟨onov.ww.⟩ **0.1** ***huiveren*** ⇒*sidderen, beven* **0.2** ***trillen*** ◆ **3.1** I ~ to think *ik huiver als ik eraan denk/bij de gedachte* **5.1** ~ **away/up** from *huiveren/terugschrikken voor* **6.1** he ~ed **at** the sight of the corpse *hij huiverde bij het zien v.h. lijk;* ~ **with** cold/disgust *huiveren v.d. kou/v. afkeer;* ~ **with** fear *sidderen v. angst;*

II ⟨ov.ww.⟩ **0.1** ***doen huiveren*** ⇒*doen beven* ◆ **1.1** the thought ~ed my spine *ik sidderde bij de gedachte.*

shud·der·ing·ly ['ʃʌdərɪŋli]⟨bw.⟩ **0.1** ***huiverend*** ⇒*angstig.*

shuf·fle[1] ['ʃʌfl]⟨f1⟩⟨telb.zn.⟩ **0.1** ***schuifelgang*** ⇒*slenterpas, geslof* **0.2** ⟨dans⟩ ***schuifelpas*** **0.3** ***het schudden*** ⇒*het wassen/mêleren* ⟨kaarten, dominostenen⟩ **0.4** ***verwisseling*** ⇒*herverdeling* **0.5** ***dubbelzinnigheid*** ⇒*uitvlucht* ◆ **1.4** a ~ of the Cabinet *een herverdeling v.d. regeringsportefeuilles* **2.2** double ~ *twee opeenvolgende schuifelpassen* **3.3** give the cards a ~ *de kaarten schudden* **6.1** he came in **in** a ~ *hij kwam binnengesloft* **7.5** plain words and no ~ *duidelijke taal zonder draaierij.*

shuffle[2] ⟨f2⟩⟨ww.⟩

I ⟨onov.ww.⟩ **0.1** ***heen en weer bewegen*** ⇒*zitten te wiebelen/schommelen/draaien* **0.2** ⟨fig.⟩ ***weifelen*** ⇒*eromheen/,* ⟨B.⟩ *rond de pot draaien; uitvluchten zoeken* **0.3** ***op onzekere wijze bewegen*** ⇒⟨fig.⟩ *op slordige manier handelen* ◆ **6.2** ~ **out of** one's responsibility *zich aan zijn verantwoordelijkheid onttrekken, zich eruit draaien* **6.3** ~ **through** one's job *zijn werk afraffelen;*

II ⟨onov. en ov.ww.⟩ **0.1** ***schuifelen*** ⇒*sloffen* ◆ **1.1** ~ one's feet *met de voeten schuifelen* **5.1** ~ **along** *voortsloffen/sjokken;* ~ **off** *wegsloffen, ervandoor gaan;* ⟨fig.⟩ *de pijp uit gaan;*

III ⟨ov.ww.⟩ **0.1** ***mengen*** ⇒*door elkaar halen/gooien; schudden, wassen, mêleren* ⟨kaarten⟩ **0.2** ***heen en weer bewegen*** ⇒*verwisselen, herverdelen* **0.3** ***schuiven*** ⇒*al schuivend aan/uittrekken, afschuiven* **0.4** ***smokkelen*** ⇒*binnensmokkelen, wegsmokkelen, verdonkeremanen* ◆ **1.1** ~ the cards *de kaarten schudden/wassen;* ⟨fig.⟩ *de rollen herverdelen, het over een andere boeg gooien* **1.2** ~ one's papers *in zijn papieren rommelen;* ~ the Cabinet *de regeringsportefeuilles herverdelen* **5.2** ~ **together/up** one's papers *zijn papieren bij elkaar graaien/grabbelen* **5.3** ~ **on/off** one's slippers *zijn pantoffels al schuifelend aan/uittrekken;* try to ~ **off** one's responsibility *zijn verantwoordelijkheid proberen af te schuiven* **5.4** ~ sth. **away** *iets wegmoffelen/smokkelen* **6.3** ~ **into** one's clothes *zijn kleren onhandig/sloom aantrekken* **6.4** ~ a few facts **into** a file *een paar feiten in een dossier binnensmokkelen.*

'shuf·fle·board ⟨telb. en n.-telb.zn.⟩ **0.1** ⟨ong.⟩ ***sjoelbak.***

shuf·fler ['ʃʌflə‖-ər]⟨telb.zn.⟩ **0.1** ***weifelaar(ster)*** ⇒*draaier, uitvluchtenzoeker* **0.2** ***speler die de kaarten schudt.***

shuf·ty ['ʃʊfti]⟨telb.zn.⟩⟨BE;sl.⟩ **0.1** ***kijkje*** ⇒*blik* ◆ **3.1** have/take a ~ at *een blik werpen op.*

shun [ʃʌn]⟨f2⟩⟨ov.ww.;→ww. 7⟩ **0.1** ***mijden*** ⇒*schuwen* ◆ **1.1** ~ people *mensen uit de weg gaan/blijven.*

'shun [ʃʌn]⟨f1⟩⟨tussenw.⟩⟨verk.⟩ attention ⟨mil.⟩ **0.1** ***geef acht!.***

shun·pike[1] ['ʃʌnpaɪk]⟨telb.zn.⟩⟨AE⟩ **0.1** ***zijweg waardoor men tolhek op snelweg kan omzeilen.***

shun·pike[2] ⟨onov.ww.⟩⟨AE⟩ **0.1** ***tolhek op snelweg omzeilen via zijweg*** **0.2** ***langs kleinere, gezelligere wegen reizen*** ⟨i.p.v. snelweg⟩.

shunt[1] [ʃʌnt]⟨f1⟩⟨zn.⟩

I ⟨telb.zn.⟩ **0.1** ***(spoor)wissel*** **0.2** ***aftakking*** ⇒*zijspoor* **0.3** ⟨elek.⟩ ***shunt*** ⇒*parallelle schakeling* **0.4** ⟨med.⟩ ***by-pass*** ⇒*aftakking* ⟨voor bloedstroom⟩ **0.5** ⟨sl.⟩ ***botsing;***

II ⟨telb. en n.-telb.zn.⟩ **0.1** ***afleiding*** ⇒*het afleiden/rangeren.*

shunt[2] ⟨f1⟩⟨ww.⟩

I ⟨onov.ww.⟩ **0.1** ***afslaan*** ⇒*een andere richting volgen/inslaan, aftakking/zijspoor volgen;* ⟨fig.⟩ *van richting/standpunt veranderen* **0.2** ***afgeleid worden*** ⇒*gerangeerd worden* ⟨wagon⟩; *afgetakt worden* ⟨stroom⟩ **0.3** ***pendelen*** ⇒*heen en weer reizen;*

II ⟨ov.ww.⟩ **0.1** ***afleiden*** ⇒*afvoeren; rangeren, doen afslaan* ⟨trein, wagon⟩; *shunten* ⟨elektriciteit⟩; *uit de weg duwen, op een dood spoor zetten* ⟨persoon⟩; ⟨med.⟩ *afleiden* ⟨bloed⟩ **0.2** ***ontlopen*** ⇒*van zich af schuiven, op de lange baan schuiven, zich ontdoen van* ◆ **1.2** he ~ed the responsibility *hij schoof de verantwoordelijkheid van zich af* **6.1** ~ a train **onto** a siding *een trein naar een zijspoor afvoeren/op een zijspoor rangeren;* ~ the conversation **onto** a more decent subject *het gesprek naar een behoorlijker onderwerp leiden;* he has been ~ed **to** a post where he could do no harm *ze hebben hem naar een post verplaatst/overgeheveld waar hij geen kwaad kon* **6.2** he ~ed the job **onto** me *hij schoof het werk op mij af.*

'shunt·ing-en·gine ⟨telb.zn.⟩ **0.1** ***rangeerlocomotief.***

'shunt·ing-switch ⟨telb.zn.⟩ **0.1** ***rangeerwissel.***

'shunt·ing-yard ⟨telb.zn.⟩ **0.1** ***rangeerterrein*** ⇒*rangeerstation.*

shush[1] [ʃʌʃ]⟨f1⟩⟨ww.⟩

I ⟨onov.ww.; vaak geb. w.⟩ **0.1** ***stil zijn*** ⇒*stil worden* ◆ **5.1** ~ now, let's be quiet *st, stil nu, iedereen rustig;*

II ⟨ov.ww.⟩ **0.1** ***doen zwijgen*** ⇒*sussen.*

shush[2] ⟨f1⟩⟨tussenw.⟩ **0.1** ***ssst!*** ⇒*stilte!.*

shut[1] [ʃʌt]⟨bn., pred.; oorspr. volt. deelw. v. shut⟩ **0.1** ***dicht*** ⇒*gesloten* ◆ **3.1** slam the door ~ *de deur dichtsmijten.*

shut[2] ⟨f3⟩⟨ww.; shut, shut;→ww. 7⟩ →shut[1] ⟨→sprw. 125, 740⟩

I ⟨onov.ww.⟩ **0.1** ***sluiten*** ⇒*dichtgaan, dichtslaan/klappen;* ⟨fig.⟩ *stopgezet worden, ophouden* ⟨bv. bedrijf⟩, *dicht/toe zijn* ◆ **1.1** the shop ~s on Sundays *de winkel is 's zondags gesloten* **5.1** the door ~s badly *de deur sluit niet goed;* the factory ~s **down** for a fortnight this summer *de fabriek gaat van de zomer twee weken dicht;* the door ~s **to** *de deur gaat helemaal dicht;* →shut **up;**

II ⟨ov.ww.⟩ **0.1** ***sluiten*** ⇒*dichtdoen, dichtslaan/klappen/draaien* **0.2** ***sluiten*** ⇒*stopzetten, doen staken* **0.3** ***opsluiten*** **0.4** ***al sluitend klemmen*** ⇒*vastklemmen* ◆ **1.1** ~ a book *een boek dichtklappen;* ⟨fig.⟩ ~ the door on a request/proposal *een aanvraag weigeren/voorstel verwerpen;* ~ one's eyes/ears/mind to sth. *iets niet willen zien/horen/weten;* ⟨inf.⟩ ~ your mouth/head/trap *hou je mond/waffel/bek;* ⟨fig.⟩ ~ the stable after the horse is gone *de put dempen als het kalf verdronken is* **1.3** ~ the horses into the stable *de paarden in de stal opsluiten* **1.4** ~ one's finger in the door *zijn vinger tussen de deur klemmen* **4.3** she ~ herself into her room *ze sloot zich in haar kamer op* **5.1** ~ **in** by mountains *door bergen ingesloten/omringd;* ~ **off** the water/gas *het water/gas afsluiten;* live ~ **off** from society *van de maatschappij afgezonderd leven;* ~ **out** *buitensluiten, uitsluiten; het zicht belemmeren op, aan het zicht onttrekken;* ⟨AE; sport, vnl. honkbal⟩ *niet laten scoren, op nul houden;* ~ the door **to** *de deur (pot)dicht doen* **5.2** ~ **down** a plant *een fabriek (definitief) sluiten;* ~ a reactor **down** *een reactor stilleggen;* →shut **up** **5.3** ~ sth. **away** *iets (veilig) opsluiten/bergen;* ~ o.s. **away** to finish a book *zichzelf opsluiten om een boek af te maken;* ~ o.s. **in** *zichzelf opsluiten* ⟨bv. in kamer⟩; →shut **up** **5.¶** ⟨AE; sport⟩ ~ **down/off** *verslaan* **6.1** ~ **out of** *de toegang ontzeggen tot* **6.3** ~ s.o. **into** a room *iem. in een kamer opsluiten.*

'shut·down ⟨telb.zn.⟩ **0.1** ***sluiting*** ⇒*opheffing, stopzetting* ⟨v. bedrijf⟩.

'shut-eye ⟨telb. en n.-telb.zn.⟩⟨sl.⟩ **0.1** ***slaap*** ⇒*tukje, dutje* **0.2** ⟨AE⟩ ***bewusteloosheid*** ◆ **1.1** have a bit of ~ *een dutje doen* **3.2** pull a ~ *zich bewusteloos drinken.*

'shut-in[1] ⟨telb.zn.⟩⟨vnl. AE⟩ **0.1** ***invalide*** ⟨die binnen moet blijven⟩.

shut-in[2] ⟨bn.⟩⟨vnl. AE⟩ **0.1** ***die binnen moet blijven*** ⟨zieke⟩ **0.2** ⟨psych.⟩ ***mensenschuw*** ⇒*zeer introvert/gesloten*.
'shut·off ⟨telb.zn.⟩ **0.1** ***afsluiting*** ⇒*afsluitstuk* **0.2** ***onderbreking***.
'shut·out, ⟨in bet. 0.1 ook⟩ **'shut·ting 'out,** ⟨in bet. 0.2 ook⟩ **'shutout bid** ⟨telb.zn.⟩ **0.1** ***lock-out*** ⇒*uitsluiting* ⟨v. arbeiders⟩ **0.2** ⟨bridge⟩ ***preëmptief bod*** ⇒*pre-emptive* **0.3** ⟨AE; vnl. honkbal⟩ ***slagbeurt/wedstrijd waarin één team niet scoort***.
shut·ter[1] ['ʃʌtə‖'ʃʌt̬ər]⟨f2⟩⟨telb.zn.⟩ **0.1** ***blind*** ⇒*luik, rolluik* **0.2** ***schuifdeksel*** **0.3** ***sluiter*** ⟨ook v. camera⟩ ◆ **3.1** put up the ~s *de zaak sluiten*.
shutter[2] ⟨f1⟩⟨ov.ww.⟩ →shuttering **0.1** ***met (een) luik(en) sluiten*** **0.2** ***van luiken voorzien*** ◆ **1.1** ~ed windows/houses *vensters/huizen met gesloten luiken*.
'shut·ter·bug ⟨telb.zn.⟩⟨inf.⟩ **0.1** ***amateurfotograaf*** ⇒*fotoënthousiast*.
shut·ter·ing ['ʃʌt̬ərɪŋ]⟨n.-telb.zn.; gerund v. shutter⟩⟨vnl. BE⟩ **0.1** ***bekisting***.
shut·tle[1] ['ʃʌtl]⟨f1⟩⟨telb.zn.⟩ **0.1** ***schietspoel*** **0.2** ***schuitje*** ⟨v. naaimachine⟩ **0.3** ***pendeldienst*** **0.4** →shuttlecock **0.5** →space-shuttle.
shuttle[2] ⟨f1⟩⟨ww.⟩
I ⟨onov.ww.⟩ **0.1** ***pendelen*** ⇒*heen en weer reizen/bewegen/lopen* ◆ **6.1** on busy days I keep shuttling between the shop and the phone *op drukke dagen ren ik voortdurend heen en weer tussen de winkel en de telefoon;*
II ⟨ov.ww.⟩ **0.1** ***heen en weer vervoeren*** ⟨met pendeltrein e.d.⟩ ◆ **1.1** ~ people from New Jersey to New York *mensen (dagelijks) per trein heen en weer vervoeren van New Jersey naar New York*.
'shuttle armature ⟨telb.zn.⟩⟨elek.⟩ **0.1** ***dubbel T-anker*** ⟨mbt. gewapende magneet⟩.
'shut·tle·cock[1] ⟨telb.zn.⟩ **0.1** ***pluimbal*** ⇒*shuttle* ⟨badminton⟩.
shuttlecock[2] ⟨ov.ww.⟩ **0.1** ***heen en weer sturen/slaan/gooien***.
'shuttle craft ⟨telb.zn.⟩ **0.1** ***pendel*** ⇒*ruimteveer, space shuttle*.
'shuttle di'plomacy ⟨f1⟩⟨n.-telb.zn.⟩ **0.1** ***pendeldiplomatie***.
'shuttle service ⟨f1⟩⟨telb.zn.⟩ **0.1** ***pendeldienst***.
'shuttle train ⟨telb.zn.⟩ **0.1** ***pendeltrein***.
'shut 'up ⟨f2⟩⟨ww.⟩
I ⟨onov.ww.⟩ **0.1** ⟨vaak geb. w.⟩ ***zwijgen*** **0.2** ***sluiten*** ⟨winkel e.d.⟩ ◆ **1.1** ~ like an oyster *zijn mond niet opendoen, geen kik geven* **5.2** ~ early *(de winkel) vroeg sluiten* **¶.1** ⟨inf.⟩ ~! *kop dicht!;*
II ⟨ov.ww.⟩ **0.1** ***sluiten*** ⇒*(zorgvuldig) afsluiten* **0.2** ***opsluiten*** ⇒*achter slot en grendel zetten* **0.3** ***doen zwijgen*** ⇒*de mond snoeren* ◆ **1.1** they ~ the house before they left *ze sloten het huis af voordat ze weggingen;* ~ shop *de zaak sluiten, met de zaak ophouden* **4.3** ⟨inf.⟩ shut s.o. up *iem. tot zwijgen brengen* **5.2** the documents are safely ~ in a vault *de documenten liggen veilig opgeborgen in een kluis*.
shwa →schwa.
shy[1] [ʃaɪ]⟨telb.zn.; →mv. 2⟩ **0.1** ***gooi*** ⇒*worp* **0.2** ⟨inf.⟩ ***bruuske beweging/sprong*** ⟨v. schrik⟩ ⇒*ruk* **0.3** ⟨inf.⟩ ***gooi*** ⇒*poging, experiment* **0.4** ⟨inf.⟩ ***schimpscheut*** ⇒*steek onder water, hatelijkheid* ◆ **1.1** sixpence a ~ *drie ballen voor een stuiver, drie keer gooien voor een duppie* **6.1** have a ~ **at** s.o. *iem. proberen te raken, naar iem. gooien* **6.3** have a ~ **at** sth. *een gooi doen naar iets, iets proberen te krijgen/bereiken, het (ook) eens proberen* **6.4** have a ~ **at** s.o. *iem. een steek onder water geven*.
shy[2] ⟨f3⟩⟨bn.; ook shyer, shyly, shyness; →bijw. 3⟩⟨→sprw. 526⟩
I ⟨bn.⟩ **0.1** ***schuw*** ⇒*schichtig* ⟨dieren⟩ **0.2** ***verlegen*** ⇒*bedeesd, timide, bleu, schuchter, blo, beschroomd, gereserveerd, terughoudend* **0.3** ***slecht dragend*** ⇒*weinig voortbrengend/produktief* ⟨planten, dieren, vruchtbomen⟩ ◆ **1.2** give s.o. a ~ look *iem. verlegen aankijken* **6.2** be rather ~ **with** women *nogal bedeesd zijn in de omgang met vrouwen;*
II ⟨bn., pred.⟩ **0.1** ***voorzichtig*** ⇒*behoedzaam, omzichtig, wantrouwend* **0.2** ⟨vnl. AE; inf.⟩ ***te kort*** ⇒*gebrek hebbend, te weinig, verloren* **0.3** ⟨AE; inf.⟩ ***niet in staat de inzet te betalen*** ⟨poker⟩ ◆ **1.2** he's ~ three quid *hij is drie pond kwijt* **3.1** fight/be ~ of *uit de weg gaan, zich niet inlaten met, (proberen te) vermijden;* I am ~ of saying sth. on this subject *ik zeg liever niets over dit onderwerp* **6.1** be ~ **about/of** doing sth. *huiverig staan om/ervoor terugschrikken iets te doen* **6.2** be ~ **of** money *slecht bij kas zijn;*
III ⟨bn., post.⟩⟨vnl. AE; inf.⟩ **0.1** ***te kort*** ⇒*gebrek hebbend, te weinig, verloren* ◆ **1.1** he's three quid ~ *hij komt drie pond te kort*.
shy[3] ⟨f1⟩⟨ww.; →ww. 7⟩
I ⟨onov.ww.⟩ **0.1** ***schichtig opspringen*** ⇒*schrikken, schichtig worden, schichtig opzij springen* **0.2** ***terugschrikken*** ◆ **6.1** ~ **at** sth. *schichtig worden voor iets* ⟨paarden⟩ **6.2** ~ **at/from** sth. *voor iets terugschrikken;* ~ **away/off from** sth. *iets vermijden/ontwijken, voor iets uit de weg gaan/terugschrikken;*
II ⟨onov. en ov.ww.⟩⟨inf.⟩ **0.1** ***gooien*** ⇒*werpen, smijten, slingeren;*
III ⟨ov.ww.⟩⟨AE⟩ **0.1** ***ontwijken*** ⇒*vermijden* ◆ **5.1** ~ **off** *ontwijken, vermijden*.
-shy [ʃaɪ]⟨drukt vrees of afkeer uit⟩ **0.1** ***-schuw*** ◆ **¶.1** work-shy *werkschuw*.
shy·er ['ʃaɪə‖-ər]⟨telb.zn.⟩ **0.1** ***schichtig paard***.
shy·lock ['ʃaɪlɒk‖-lɑk]⟨f1⟩⟨eig.n., telb.zn.; ook S-⟩ **0.1** ***Shylock*** ⇒*harteloze woekeraar*.
shy·ster ['ʃaɪstə‖-ər]⟨telb.zn.⟩⟨AE; sl.⟩ **0.1** ***gewetenloos mens*** ⟨vnl. advocaat of politicus⟩ ⇒*beunhaas, hooizak* **0.2** ⟨sl.⟩ ***advocaat***.
si [siː]⟨f1⟩⟨telb. en n.-telb.zn.⟩⟨muz.⟩ **0.1** ***si***.
SI ⟨afk.⟩ (Order of the) Star of India, (International) System of Units (of Measurement).
si·al ['saɪəl‖'saɪæl]⟨n.-telb.zn.⟩⟨geol.⟩ **0.1** ***sial*** ⟨bovenste gedeelte v.d. aardkorst⟩.
si·a·mang ['saɪəmæŋ‖'siːə-]⟨telb.zn.⟩⟨dierk.⟩ **0.1** ***siamang*** ⟨grote zwarte gibbon; Symphalangus/Hylobates syndactylus⟩.
Si·a·mese[1] ['saɪə'miːz]⟨f1⟩⟨zn.; Siamese; →mv. 4⟩
I ⟨eig.n.⟩ **0.1** ***Siamees*** ⇒*Thai, Thaise taal;*
II ⟨telb.zn.⟩ **0.1** ***Siamees*** ⟨inwoner v. Siam⟩ **0.2** ***siamees*** ⇒*Siamese kat* **0.3** ⟨s-⟩⟨tech.⟩ ***Y-vormig verbindingsstuk***.
Siamese[2] ⟨f1⟩⟨bn.⟩ **0.1** ***Siamees*** **0.2** ***nauw verwant*** ⇒*sterk gelijkend, onafscheidelijk, onscheidbaar, Siamees, tweeling-* **0.3** ⟨s-⟩⟨tech.⟩ ***Y-vormig*** ◆ **1.1** ~ cat *Siamese kat* **1.2** ~ twin(s) *Siamese tweeling (en)* ⟨ook fig.⟩ **1.3** siamese pipe *broekstuk, y-buis, gaffelvormige buis*.
sib[1] [sɪb]⟨zn.⟩
I ⟨telb.zn.⟩ **0.1** ***(bloed)verwant(e)*** ⇒*broer, zuster;*
II ⟨verz.n.⟩ **0.1** ***sibbe*** ⇒*(bloed)verwanten, familie, verwantschap*.
sib[2] ⟨bn.⟩⟨vnl. Sch. E⟩ **0.1** ***verwant***.
Sib ⟨afk.⟩ Siberia(n).
Sibbald's rorqual ['sɪbl(d)z 'rɔːkwəl‖-'rɔr-]⟨telb.zn.⟩⟨dierk.⟩ **0.1** ***blauwe vinvis*** ⟨Sibbaldus musculus, Balaenopterus musculus⟩.
Si·be·ri·an[1] [saɪ'bɪərɪən‖-'bɪr-]⟨f1⟩⟨telb.zn.⟩ **0.1** ***Siberiër***.
Siberian[2] ⟨f1⟩⟨bn.⟩ **0.1** ***Siberisch*** ◆ **1.1** ~ dog *sledehond;* ⟨dierk.⟩ ~ thrush *Siberische lijster* ⟨Turdus sibiricus⟩ **1.¶** ⟨dierk.⟩ ~ jay *taigagaai* ⟨Perisoreus infaustus⟩; ⟨dierk.⟩ ~ tit *bruinkopmees* ⟨Parus cinctus⟩.
sib·i·lance ['sɪbl̩əns], **sib·i·lan·cy** [-si]⟨n.-telb.zn.⟩ **0.1** ***sissend geluid*** ⇒*sissen*.
sib·i·lant[1] ['sɪbl̩ənt]⟨telb.zn.⟩⟨taalk.⟩ **0.1** ***sisklank*** ⇒*sibilant*.
sibilant[2] ⟨bn.; -ly⟩ **0.1** ***sissend***.
sib·i·late ['sɪbl̩leɪt]⟨ww.⟩
I ⟨onov.ww.⟩ **0.1** ***sissen*** ⇒*sissend spreken;*
II ⟨ov.ww.⟩ **0.1** ***sissend/met een sisklank uitspreken***.
sib·i·la·tion ['sɪbl̩'leɪʃn]⟨zn.⟩
I ⟨telb.zn.⟩ **0.1** ***sisklank;***
II ⟨n.-telb.zn.⟩ **0.1** ***gesis***.
sib·ling ['sɪblɪŋ]⟨f1⟩⟨telb.zn.⟩⟨schr.⟩ **0.1** ***broer*** **0.2** ***zuster***.
sib·ship ['sɪbʃɪp]⟨verz.n.⟩ **0.1** ***broers en zusters*** ⇒*(bloed)verwanten, familie, verwantschap*.
sib·yl ['sɪbl]⟨telb.zn.⟩ **0.1** ***sibille*** ⇒*profetes;* ⟨pej.⟩ *waarzegster, heks*.
sib·yl·line ['sɪbl̩laɪn], **si·byl·ic, si·byl·lic** [sɪ'bɪlɪk]⟨bn.⟩ **0.1** ***sibillijns*** ⇒*profetisch, orakelachtig, mysterieus* ◆ **1.¶** the Sibylline books *de sibillijnse boeken*.
sic[1], **sick** [sɪk]⟨ov.ww.; →ww. 7⟩ **0.1** ***aanvallen*** **0.2** ***aanhitsen*** ⇒*opzetten* ◆ **4.1** ~ him! *pak 'em!* ⟨tegen hond⟩ **6.2** ~ s.o. **on** s.o. *iem. tegen iem. opzetten*.
sic[2] ⟨bw.⟩ **0.1** ***sic*** ⇒*aldus, zo staat er woordelijk*.
sic[3] ⟨predet.⟩⟨Sch. E⟩ **0.1** ***zulk(e)***.
Sic ⟨afk.⟩ Sicilian, Sicily.
Si·ca·ni·an [sɪ'keɪnɪən]⟨bn.⟩ **0.1** ***Siciliaans***.
sic·ca·tive[1] ['sɪkət̬ɪv]⟨telb.zn.⟩ **0.1** ***siccatief*** ⇒*droogmiddel*.
siccative[2] ⟨bn.⟩ **0.1** ***opdrogend*** ⇒*droog-*.
sice, ⟨in bet. 0.2 ook⟩ **syce** [saɪs]⟨telb.zn.⟩ **0.1** ***zes*** ⟨op dobbelsteen⟩ **0.2** ⟨Ind. E⟩ ***stalknecht*** ⇒*lakei, dienaar*.
Si·cil·ian[1] [sɪ'sɪlɪən]⟨f1⟩⟨zn.⟩
I ⟨eig.n.⟩ **0.1** ***Siciliaans*** ⟨dialect⟩;
II ⟨telb.zn.⟩ **0.1** ***Siciliaan***.
Sicilian[2] ⟨f1⟩⟨bn.⟩ **0.1** ***Siciliaans***.
Sic·i·ly ['sɪsɪli]⟨eig.n.⟩ **0.1** ***Sicilië*** ◆ **7.1** ⟨gesch.⟩ (the Kingdom of) the Two Sicilies *het Koninkrijk der Beide Siciliën*.
sick[1] [sɪk]⟨zn.⟩
I ⟨telb.zn.⟩⟨sl.⟩ **0.1** ***ziekenhuispatiënt;***
II ⟨telb. en n.-telb.zn.⟩ **0.1** ***ziekte*** ⇒*misselijkheid* **0.2** ⟨BE⟩ ***braaksel***.
sick[2] ⟨f3⟩⟨bn.; -er⟩⟨→sprw. 302⟩
I ⟨bn.⟩ **0.1** ⟨AE; vero. in BE⟩ ***ziek*** ⇒*ziekelijk, sukkelend* **0.2** ***zie-***

kelijk ⇒*ongezond, morbide; bitter, wrang* ⟨spot⟩; *luguber, sadistisch, wreed, macaber* ⟨humor, grap⟩; *geperverteerd* **0.3** ***geestesziek*** ⇒*gestoord;* ⟨sl.⟩ *(gevaarlijk) psychopatisch, neurotisch* **0.4** ***bleek*** **0.5** ⟨landb.⟩ ***onvruchtbaar*** ◆ **1.2** ~ humour *macabere humor;* a ~ joke *een lugubere grap;* a ~ mind *een ziekelijke geest* **1.¶** ~ unto death *doodziek* **3.1** ⟨R.-K.; niet vero.⟩ the anointing of the ~ *de zalving der zieken, het Heilig/Laatste Oliesel;* fall ~ *ziek worden;* ⟨mil.⟩ go/report ~ *zich ziek melden;* ⟨inf.⟩ go on the ~ *zich ziek melden;* lie ~ of a fever *met koorts liggen;*

II ⟨bn., attr.⟩ **0.1** ⟨BE⟩ ***ziek*** **0.2** ***wee*** ⇒*onpasselijk/misselijk makend* **0.3** ***ziekte-*** ⇒*zieken-* **0.4** ***defect*** **0.5** ***flauw*** ⟨markt, Beurs⟩ ◆ **1.1** his ~ son is in hospital *zijn zieke zoon ligt in het ziekenhuis* **1.2** a ~ feeling *een wee gevoel;* ⟨AE; vnl. inf.⟩ ~ headache *hoofdpijn met misselijkheid, migraine* **1.¶** ⟨gesch.⟩ the ~ Man (of Europe) *de Zieke Man, het Turkse Rijk* **7.1** the ~ *de zieken;*

III ⟨bn., pred.⟩ **0.1** ***misselijk*** ⇒*onpasselijk, ziek, met walging vervuld* **0.2** ***diep bedroefd*** ⇒*verdrietig, treurig* **0.3** ***beu*** ⇒*moe(de), 't land hebbend* **0.4** ***geërgerd*** ⇒*gekrenkt* **0.5** ***van streek*** ⇒*ontdaan, ondersteboven, overstuur, onthutst* **0.6** ***smachtend*** ⇒*hunkerend, ziek* **0.7** ***zwak*** ⇒*van slechte kwaliteit* **0.8** ⟨euf.⟩ ***ongesteld*** **0.9** ⟨gew.; euf.⟩ ***in het kinderbed*** ◆ **1.1** ~ as a cat *kotsmisselijk, misselijk als een kat/hond;* ⟨sl.⟩ he was ~ as a dog *hij moest flink kotsen, hij ging flink over zijn nek;* ⟨AE⟩ ~ at/to one's stomach *onpasselijk, misselijk* **1.¶** ⟨sl.⟩ be ~ in the breadbasket *moeten kotsen;* ~ to/unto death of s.o./sth. *iem./iets spuugzat zijn, doodziek v. iem./iets;* ~ with envy *groen van nijd* **3.1** ⟨vnl. BE⟩ be ~ *overgeven, braken, spugen;* turn ~ *misselijk worden/maken;* be worried ~ *doodongerust zijn* **3.4** you make me ~! *je maakt me ziek, je verveelt me!* **3.7** ⟨inf.⟩ he makes me look ~ *vergeleken bij hem ben ik een nul;* ⟨vero.; AE⟩ ~ of fever *ziek v.d. koorts* **6.2** ⟨inf.⟩ I am ~ **at** having to do this, but I must *ik vind het intreurig dit te moeten doen, maar ik kan er niet buiten;* I am ~ **at** heart *ik ben diep bedroefd* **6.3** ⟨inf.⟩ I am ~ (and tired) **of** it *ik ben het spuugzat;* I am ~ **of** the sight of it *ik word misselijk als ik het zie* **6.6** she is ~ **for** home *ze heeft heimwee;* ⟨fig.⟩ the ship is ~ **of** paint *het schip moet nodig geverfd.*

sick³ ⟨ov.ww.⟩ **0.1** ⟨inf.⟩ ***braken*** ⇒*overgeven, spugen* **0.2** ***aanvallen*** **0.3** ***aanhitsen*** ⇒*opzetten* ◆ **4.2** ~ him! *pak 'em!* ⟨tegen hond⟩ **5.1** ~ **up** *spugen, overgeven, uitbraken.*

-sick [sɪk] **0.1** ***-ziek*** ⇒*misselijk, onpasselijk* **0.2** ***smachtend*** ⇒*hunkerend* **0.3** ⟨scheep.⟩ ***(dringend) nodig (hebbend)*** ⟨herstelling⟩ ◆ **¶.1** carsick *wagenziek;* seasick *zeeziek* **¶.2** she is homesick *ze heeft heimwee* **¶.3** be paint-sick *om verf schreeuwen.*

'sick·bay ⟨telb.zn.⟩ **0.1** ***medisch centrum*** ⟨bv. op universitaire campus⟩ **0.2** ⟨scheep.⟩ ***ziekenboeg.***

'sick·bed ⟨f1⟩ ⟨telb.zn.⟩ **0.1** ***ziekbed.***

'sick-ben·e·fit, 'sickness benefit ⟨n.-telb.zn.⟩ ⟨BE⟩ **0.1** ***ziekengeld.***

'sick·berth ⟨telb.zn.⟩ ⟨scheep.⟩ **0.1** ***ziekenboeg.***

'sick call ⟨zn.⟩

I ⟨telb. en n.-telb.zn.⟩ ⟨AE; mil.⟩ **0.1** ***ziekenappel*** ⇒*ziekenrapport;*

II ⟨n.-telb.zn.⟩ **0.1** ***ziekenbezoek*** ⟨door dokter of geestelijke⟩.

sick·en ['sɪkən] ⟨f2⟩ ⟨ww.⟩ →sickening

I ⟨onov.ww.⟩ **0.1** ***ziek worden*** **0.2** ***misselijk/onpasselijk worden*** **0.3** ***het beu/moe worden*** ⇒*walgen* **0.4** ***kwijnen*** ⇒*verzwakken, vervallen* **0.5** ***smachten*** **0.6** ⟨vnl. BE⟩ ***de eerste tekenen (v.e. ziekte) vertonen*** ⇒*onder de leden hebben* ◆ **6.2** ~ **at** the sight of/to see sth. *misselijk worden bij het zien van iets* **6.3** I ~ed **of** it after a few days *na een paar dagen was ik het spuugzat* **6.5** ~ **for** sth. *naar iets smachten* **6.6** be ~ing **for/of/with** measles *de mazelen onder de leden hebben;*

II ⟨ov.ww.⟩ **0.1** ***ziek/misselijk maken*** ⇒*doen walgen, met afschuw vervullen* **0.2** ***moe maken*** **0.3** ***verzwakken*** ⇒*uitputten* ⟨land⟩.

sick·en·er ['sɪkənə‖-ər] ⟨telb.zn.⟩ **0.1** ***wat ziek/misselijk/moe maakt.***

sick·en·ing ['sɪkənɪŋ] ⟨f1⟩ ⟨bn.; -ly; teg. deelw. v. sicken⟩ **0.1** ***ziekmakend*** ⇒*ziekteverwekkend* **0.2** ***walglijk*** ⇒*misselijk, weerzinwekkend.*

'sick-flag ⟨telb.zn.⟩ **0.1** ***quarantainevlag*** ⇒*gele vlag.*

sick·ish ['sɪkɪʃ] ⟨bn.; -ly; -ness⟩ **0.1** ***onwel*** ⇒*onpasselijk, wat misselijk* **0.2** ***onaangenaam*** ⇒*wat stuitend* **0.3** ⟨vero.⟩ ***ziekelijk*** ⇒*sukkelend.*

sick·le¹ ['sɪkl] ⟨f1⟩ ⟨telb.zn.⟩ **0.1** ***sikkel*** ⇒*sikkelvormig voorwerp* **0.2** ⟨landb.⟩ ***snijmachine v. maaidorser.***

sickle² ⟨ov.ww.⟩ **0.1** ***met een sikkel snijden/maaien.***

'sick leave ⟨f1⟩ ⟨n.-telb.zn.⟩ **0.1** ***ziekteverlof*** ◆ **6.1** **on** ~ *met ziekteverlof.*

'sick·le·bill ⟨telb.zn.⟩ ⟨dierk.⟩ **0.1** ⟨ben. voor⟩ ***vogel met sikkelvormige snavel*** ⇒⟨i.h.b.⟩ *wulp* ⟨genus Numenius⟩.

'sickle cell ⟨telb.zn.⟩ ⟨med.⟩ **0.1** ***sikkelcel.***

'sickle-cell a'naemia, sick·lae·mi·a, ⟨AE sp.⟩ **sick·le·mi·a** ['sɪkl'i:mɪə] ⟨n.-telb.zn.⟩ ⟨med.⟩ **0.1** ***sikkelcelanemie*** ⟨erfelijke bloedarmoede⟩.

'sickle feather ⟨telb.zn.⟩ **0.1** ***haneveer*** ⟨uit de staart⟩.

'sick list ⟨telb.zn.⟩ **0.1** ***ziekenlijst*** ◆ **6.1** **on** the ~ *afwezig wegens ziekte, ziek.*

sick·ly ['sɪkli] ⟨f1⟩ ⟨bn.; -er; -ly; -ness; →bijw. 3⟩ **0.1** ***ziekelijk*** ⇒*sukkelend* **0.2** ***bleek*** ⟨gelaat(skleur)⟩ ⇒*flauw* ⟨glimlach⟩; *kwijnend, zwak* ⟨licht, kleur⟩ **0.3** ***ongezond*** ⟨klimaat⟩ **0.4** ***walglijk*** ⟨geur⟩ ⇒*wee* ⟨lucht⟩ **0.5** ***slap*** ⇒*laf.*

'sick-mak·ing ⟨bn.⟩ ⟨inf.⟩ **0.1** ***ziekmakend*** ⇒*ziekteverwekkend* **0.2** ***walglijk*** ⇒*misselijk.*

sick·ness ['sɪknəs] ⟨f3⟩ ⟨zn.⟩

I ⟨telb. en n.-telb.zn.⟩ **0.1** ***ziekte*** ◆ **3.1** falling ~ *vallende ziekte;*

II ⟨n.-telb.zn.⟩ **0.1** ***misselijkheid.***

'sick·nurse ⟨telb.zn.⟩ **0.1** ***ziekenzuster.***

'sick-out¹ ⟨n.-telb.zn.⟩ **0.1** ***algemene georganiseerde ziekmelding*** ⟨door werknemers⟩.

'sick-'out² ⟨onov.ww.⟩ **0.1** ***zich gezamenlijk ziek melden*** ⟨v. werknemers⟩.

'sick parade ⟨n.-telb.zn.⟩ ⟨BE; mil.⟩ **0.1** ***ziekenappel*** ⇒*ziekenrapport* ◆ **6.1** go **on** ~ *op ziekenrapport gaan, zich ziek melden.*

'sick·pay ⟨f1⟩ ⟨n.-telb.zn.⟩ **0.1** ***ziekengeld.***

'sick room ⟨f1⟩ ⟨telb.zn.⟩ **0.1** ***ziekenkamer.***

sid·dur ['sɪdə‖'sɪdʊr] ⟨telb.zn.; ook siddurim; →mv. 5⟩ **0.1** ***siddoer*** ⟨joods gebedenboek⟩.

side¹ [saɪd] ⟨f4⟩ ⟨zn.⟩ ⟨→sprw. 26, 167, 226, 582, 651⟩

I ⟨telb.zn.⟩ **0.1** ⟨ben. voor⟩ ***zijde*** ⇒*zij, kant, zijkant, flank, helling* ⟨v. heuvel, berg⟩; *oever* ⟨v. rivier⟩; *richting; aspect, trek* ⟨v. karakter⟩; *partij; afstammingslijn* **0.2** ***bladzijde*** ⇒*kantje, zijtje* **0.3** ***gedeelte*** ⇒*deel* ⟨v. stad⟩; *(land)streek* **0.4** ***gezichtspunt*** **0.5** ***(studie)richting*** ⇒*afdeling* ⟨v. school⟩ **0.6** ***hoek*** ⟨v. mond, oog⟩ **0.7** ⟨BE; sport⟩ ***ploeg*** ⇒*team; elftal* ⟨voetbal⟩ **0.8** ⟨inf.⟩ ***televisiekanaal*** **0.9** ⟨dram.⟩ ***rol*** **0.10** ⟨AE⟩ ***bijgerecht*** ◆ **1.1** a ~ of bacon *een zij spek;* on the mother's ~ *van moederskant;* ~ of a mountain *bergflank* **1.¶** on the ~ of the angels *aan de goede kant, rechtgeaard;* butter both ~s of one's bread *v. twee wallen eten;* know (on) which ~ one's bread is buttered *de kaats wel weten te tekenen, weten waar men zijn kaarsje moet laten branden;* the other ~ of the coin *de keerzijde v.d. medaille;* laugh on the other ~ of one's face/mouth *lachen als een boer die kiespijn heeft;* come down on one ~ of the fence or the other *zich bij de ene partij/kant aansluiten of bij de andere;* on this ~ of the grave *in leven;* ⟨inf.⟩ like the ~ of a house *kamerbreed, zo rond als een ton* ⟨v. vrouw⟩ **2.1** ⟨fig.⟩ the bright ~ *de lichtzijde, de zonzijde;* ⟨fig.⟩ the dark ~ *de schaduwzijde;* ⟨fig.⟩ on the fat ~ *aan de vette kant, tamelijk vet;* ⟨fig.⟩ on the high ~ *aan de hoge kant, tamelijk hoog/duur* ⟨v. prijs o.a.⟩; ⟨fig.⟩ on the safe ~ *aan de veilige kant, tamelijk veilig;* ⟨fig.⟩ to be on the safe ~ *voor alle zekerheid;* ⟨fig.⟩ on the small ~ *aan de kleine kant, tamelijk klein* **2.3** he went to the far ~ of the room *hij liep tot achter in de kamer* **2.4** look on the black ~ *zich alles zwart voorstellen;* look on the bright ~ of life *het leven van de zonzijde zien* **2.5** classical ~ *klassieke richting/afdeling* ⟨op school⟩ **2.7** we have a strong ~ *we hebben een sterk elftal* **3.1** ⟨fig.⟩ burst/hold/shake/split one's ~s (laughing/with laughter) *zich te barsten lachen;* change ~s *overlopen;* pick ~s *partij kiezen;* study all ~s of sth. *alle aspecten v. iets bestuderen;* take ~s with s.o., take s.o.'s ~ *partij voor iem. kiezen* **3.7** ⟨vnl. fig.⟩ let the ~ down *matig presteren, niet aan de verwachtingen (v.d. anderen) voldoen, teleurstellen* **3.¶** brush to one ~ *in de wind slaan;* pass by on the other ~ *in een boog om iem. heen lopen, iem. niet helpen;* place/put sth. on one ~ *iets terzijde leggen; iets uitstellen;* put on/to one ~ *terzijde leggen; sparen, reserveren;* set on one ~ *opzij/terzijde leggen, sparen, reserveren;* ⟨jur.⟩ *vernietigen* ⟨vonnis⟩; take on/to one ~ *terzijde nemen* ⟨voor een gesprek⟩ **5.1** this ~ **up** *boven* ⟨op dozen voor verzending⟩ **6.1** look **at** all ~s of the question *het probleem van alle kanten bekijken;* **at/by** my ~ *aan mijn zij, naast mij;* **by** the ~ of *naast, vergeleken met/bij;* ⟨fig.⟩ ~ **by** ~ *zij aan zij;* she looks small **by** his ~ *naast hem ziet ze er klein uit;* **from/on** every ~/all ~s *van alle kanten;* they came **from** all ~s *ze kwamen uit alle richtingen;* look **on** all ~s *naar alle kanten kijken;* this price is **on** the high ~ *deze prijs is aan de hoge kant;* **on** the north ~ of *aan de noordkant van;* **on** one ~ *aan één kant, opzij, scheef* **6.10** **on** the ~ *als bijgerecht* **6.¶** **on** the ~ ⟨vnl. AE⟩ *als bijverdienste;* ⟨BE⟩ *zwart; tersluiks, in het geniep;* gin and coke **on** the ~ *gin met cola* **7.1** on both ~s *aan weerskanten;* there is much to be said on both ~s *er is veel voor en veel tegen te zeggen;* the Lord is on our ~ *de Heer is met ons;* the other ~ *de andere kant, de overkant;* ⟨inf.⟩ the best food this ~ of Paris *om (nòg) beter te eten moet je naar Parijs;* whose ~ is he on, anyway? *aan wiens kant staat hij eigenlijk?* **7.7** the other ~ *de tegenpartij, de vijand* **7.¶** on his ~ *van zijn kant;* (on) this ~

(of) Christmas *vóór Kerstmis;* ⟨rugby, voetbal⟩ no ~ *eindsignaal, einde v.h. spel;* ⟨euf.⟩ the other ~ *het hiernamaals;*
II ⟨n.-telb.zn.⟩ **0.1** ⟨biljart⟩ ***(zij/links/mee-)effect* 0.2** ⟨BE; sl.; vero.⟩ ***air(s)*** ⇒*snoeverij, opschepperij* ◆ **3.2** he's putting on ~ again *hij geeft zich weer airs, hij stelt zich weer aan* **6.2** he is **without** ~ *hij geeft zich nooit airs;* utterly **without** ~s *zonder de geringste pretenties* **7.2** she has too much ~ *ze stelt zich te veel aan;* he has no ~ *hij stelt zich nooit aan.*
side[2] ⟨f2⟩ ⟨bn., attr.⟩ **0.1** ***zij-* 0.2** ***bij-*** ⇒*neven-* ◆ **1.1** ~ entrance *zijingang.*
side[3] ⟨f3⟩ ⟨ww.⟩
I ⟨onov.ww.⟩ **0.1** ***partij kiezen* 0.2** ***zijwaarts gaan*** ◆ **6.1** ~ **against/with** *partij kiezen tegen/voor;*
II ⟨ov.ww.⟩ **0.1** ***van zijden voorzien* 0.2** ***bijstaan*** ⇒*staan naast* **0.3** ***opzij zetten* 0.4** ⟨gew.⟩ ***opruimen* 0.5** ⟨tech.⟩ ***kanten*** ⟨hout⟩ ◆ **1.1** ~ (up) a house *een huis oprichten* **5.4** ~ **up** a room *een kamer opruimen.*
'side aisle ⟨telb.zn.⟩ **0.1** ***zijbeuk.***
'side·arm ⟨bn., attr.⟩ ⟨honkbal⟩ **0.1** ***onderhands geworpen.***
'side arm ⟨telb.zn.; vnl. mv.⟩ **0.1** ***zijdgeweer*** ⇒*sabel, degen.*
'side band ⟨telb.zn.⟩ **0.1** ***zijband*** ⟨radio⟩.
'side-bet ⟨telb.zn.⟩ **0.1** ***bijweddenschap.***
'side·board ⟨f2⟩ ⟨zn.⟩
I ⟨telb.zn.⟩ **0.1** ***buffet* 0.2** ***dientafel*** ⇒*zijtafel, dressoir* **0.3** ***zijplank;***
II ⟨mv.; ~s⟩ ⟨BE; inf.⟩ **0.1** ***(lange) bakkebaarden.***
'side-bone ⟨zn.⟩
I ⟨telb.zn.⟩ **0.1** ***(gevorkt) heupbeen*** ⟨v. gevogelte⟩;
II ⟨n.-telb.zn.⟩ **0.1** ***zijbeen*** ⟨bij paarden⟩.
'side-bones ⟨mv.⟩ **0.1** ***zijbeen*** ⟨bij paarden⟩.
'side-box ⟨telb.zn.⟩ **0.1** ***zijloge.***
'side·burns ⟨mv.⟩ ⟨AE; inf.⟩ **0.1** ***bakkebaardjes*** ⇒*tochtlatten, koteletten.*
'side·car ⟨telb.zn.⟩ **0.1** ***tweewielig karretje met twee banken*** ⟨Ierland⟩ **0.2** ***zijspan(wagen)* 0.3** ***sidecar*** ⟨soort cocktail⟩.
'side chain ⟨telb.zn.⟩ ⟨schei.⟩ **0.1** ***zijketen.***
'side-chap·el ⟨telb.zn.⟩ **0.1** ***zijkapel.***
'side·check ⟨telb.zn.⟩ **0.1** ***opzetteugel.***
-sid·ed ['saɪdɨd] **0.1** ***-zijdig*** ⇒*-kantig, -vlakkig* **0.2** ***met ... zijd(en)/kant(en)/vlak(ken)*** ◆ **¶.1** two-sided *tweezijdig* **¶.2** marble-sided *met marmeren kanten.*
'side-dish ⟨telb.zn.⟩ **0.1** ***bijgerecht*** ⇒*tussengerecht.*
'side-door ⟨telb.zn.⟩ **0.1** ***zijdeur*** ⟨ook fig.⟩ ◆ **6.1 in by** the ~ *langs een achterpoortje, tersluiks, in het geniep.*
'side·dress[1] ⟨n.-telb.zn.⟩ **0.1** ***mest*** ⇒*voedingsstof(fen)* ⟨voor zijdelingse rijenbemesting⟩ **0.2** ***zijdelingse rijenbemesting.***
sidedress[2] ⟨onov. en ov.ww.⟩ **0.1** ***in rijen zijdelings bemesten.***
'side·dress·ing ⟨n.-telb.zn.⟩ **0.1** ***mest*** ⇒*voedingsstof(fen)* ⟨voor zijdelingse rijenbemesting⟩.
'side-drum ⟨telb.zn.⟩ ⟨mil.⟩ **0.1** ***kleine trom*** ⟨ook in jazzorkest⟩.
'side effect ⟨f1⟩ ⟨telb.zn.⟩ **0.1** ***bijwerking*** ⟨v. geneesmiddel of therapie⟩.
'side-face[1] ⟨telb.zn.⟩ **0.1** ***profiel.***
side-face[2] ⟨bw.⟩ **0.1** ***in profiel.***
'side-glance ⟨telb.zn.⟩ **0.1** ***zijdelingse blik.***
'side·head ⟨telb.zn.⟩ ⟨boek.⟩ **0.1** ***marginale onderkop/ondertitel.***
'side·hill ⟨telb.zn.⟩ ⟨AE⟩ **0.1** ***heuvelhelling*** ⇒*(berg)helling.*
'side issue ⟨f1⟩ ⟨telb.zn.⟩ **0.1** ***bijzaak*** ⇒*iets bijkomstigs.*
'side judge ⟨telb.zn.⟩ ⟨Am. voetbal⟩ **0.1** ***grensrechter.***
'side·kick, 'side·kick·er ⟨telb.zn.⟩ ⟨AE; inf.⟩ **0.1** ***handlanger*** ⇒*ondergeschikte partner* **0.2** ***gabber*** ⇒*makker, maat.*
'side lamp ⟨telb.zn.⟩ **0.1** ***stadslicht*** ⟨v. auto⟩.
'side·light ⟨zn.⟩
I ⟨telb.zn.⟩ **0.1** ***zijlicht*** ⇒⟨i.h.b.⟩ *stadslicht* ⟨v. auto⟩ **0.2** ***zijraam*** ⇒*zijvenster* **0.3** ⟨scheep.⟩ ***zijlantaarn*** ⇒*boordlicht, boordlantaarn* **0.4** ⟨mv.⟩ ⟨scheep.; sl.⟩ ***doppen*** ⇒*ogen;*
II ⟨telb. en n.-telb.zn.⟩ **0.1** ⟨fig.⟩ ***toevallige/bijkomstige/aanvullende informatie*** ◆ **2.1** that throws some interesting ~s on the problem *dat werpt een interessant licht op de zaak;*
III ⟨n.-telb.zn.⟩ **0.1** ***zijlicht*** ⇒*schamplicht.*
'side·line[1] ⟨f2⟩ ⟨zn.⟩
I ⟨telb.zn.⟩ **0.1** ***zijlijn* 0.2** ***bijbaan*** ⇒*bijkomstig werk, bijkomstige bron v. inkomsten, nevenactiviteit* **0.3** ***nevenbranche*** ⇒*bijartikel;*
II ⟨mv.; ~s⟩ **0.1** ⟨sport⟩ ***zijlijnen*** ⇒*rand v.h. veld* **0.2** ⟨fig.⟩ ***(standpunt van) buitenstaanders*** ◆ **6.1** be/sit/stand **on** the ~s *de zaak van een afstand bekijken.*
sideline[2] ⟨ov.ww.⟩ ⟨AE; sport⟩ **0.1** ***van het veld sturen*** ⟨speler⟩ ⇒⟨fig.⟩ *passeren, negeren, buiten spel zetten* **0.2** ⟨Am. voetbal⟩ ***langs de lijn houden*** ⇒*uitschakelen* ⟨vanwege blessure bv.⟩.
side·ling[1] ['saɪdlɪŋ] ⟨bn.⟩ **0.1** ***zijwaarts*** ⇒*scheef, schuin* **0.2** ***hellend.***
sideling[2] ⟨bw.⟩ **0.1** ***zijwaarts*** ⇒*scheef, schuin.*
side·long ⟨f1⟩ ⟨bn.; bw.⟩ **0.1** ***zijdelings*** ⇒*zijwaarts* **0.2** ***schuin*** ⇒*hellend, scheef* ◆ **3.1** she looked at him ~ *ze keek hem zijdelings aan.*
side·man ['saɪdmən] ⟨telb.zn.; sidemen [-mən]; →mv. 3⟩ **0.1** ***(gewoon) lid v. band/jazzgroep*** ⟨tgo. leider: front man⟩.
'side-note ⟨telb.zn.⟩ **0.1** ***kanttekening.***
'side order ⟨telb.zn.⟩ ⟨AE⟩ **0.1** ***bijgerecht*** ⟨in restaurant⟩.
'side-out ⟨telb.zn.⟩ ⟨volleybal⟩ **0.1** ***serviceverlies*** ⇒*opslagverlies.*
'side·piece ⟨telb.zn.⟩ **0.1** ***zijstuk.***
si·de·re·al [saɪ'dɪərɪəl‖-'dɪr-] ⟨bn.⟩ ⟨ster.⟩ **0.1** ***siderisch*** ⇒*sterre(n)-, sideraal* ◆ **1.1** ~ clock *sterreklok;* ~ day *siderische dag, sterredag;* ~ time *siderische tijd;* ~ year *siderisch jaar, sterrejaar.*
sid·er·ite ['saɪdəraɪt‖'sɪ-] ⟨zn.⟩
I ⟨telb.zn.⟩ **0.1** ***sideriet*** ⟨vnl. uit ijzer bestaande meteoriet⟩;
II ⟨n.-telb.zn.⟩ **0.1** ***sideriet*** ⇒*ijzerspaat.*
'side-road ⟨f1⟩ ⟨telb.zn.⟩ **0.1** ***zijweg*** ⇒*zijstraat.*
sid·er·og·ra·phy ['saɪdə'rɒgrəfi‖'sɪdə'rɑ-] ⟨n.-telb.zn.⟩ **0.1** ***staalgraveerkunst.***
sid·er·o·stat ['saɪdəroustæt‖'sɪdərə-] ⟨telb.zn.⟩ ⟨ster.⟩ **0.1** ***siderostaat*** ⟨instrument dat beeld v. ster a.h.w. vasthoudt⟩.
'side·sad·dle[1] ⟨telb.zn.⟩ **0.1** ***dameszadel.***
sidesaddle[2] ⟨bw.⟩ **0.1** ***in een dameszadel.***
'side scene ⟨telb.zn.⟩ **0.1** ***coulisse.***
'side-seat ⟨telb.zn.⟩ **0.1** ***zijbank*** ⟨in voertuig⟩.
'side show ⟨f1⟩ ⟨telb.zn.⟩ **0.1** ***bijkomende voorstelling/vertoning*** ⇒*extra attractie* ⟨op kermis; in circus⟩ **0.2** ***bijzaak*** ⟨ook fig.⟩ ⇒*ondergeschikte gebeurtenis, onbelangrijk voorval, leuk incident/spektakel.*
'side·slip[1] ⟨telb.zn.⟩ **0.1** ***zijwaartse slip/beweging*** ⟨v. auto, vliegtuig, skiër⟩ ⇒*zijslip.*
sideslip[2] ⟨ww.⟩
I ⟨onov.ww.⟩ **0.1** ***(zijwaarts) slippen*** ⟨v. auto, vliegtuig, skiër⟩;
II ⟨ov.ww.⟩ **0.1** ***(zijwaarts) doen slippen*** ⟨vliegtuig⟩.
sides·man ['saɪdzmən] ⟨telb.zn.; sidesmen [-mən]; →mv. 2⟩ **0.1** ***onderkerkmeester.***
'side splits ⟨mv.⟩ ⟨gymnastiek⟩ **0.1** ***breedtespagaat.***
'side·split·ting ⟨bn.⟩ **0.1** ***om je te barsten/krom/slap/ziek te lachen.***
'side·step ⟨f1⟩ ⟨ww.⟩
I ⟨onov.ww.⟩ **0.1** ***opzij gaan*** ⇒*uit de weg gaan, ter zijde gaan;*
II ⟨ov.ww.⟩ **0.1** ***ontwijken*** ⇒*uit de weg gaan* ⟨ook fig.; verantwoordelijkheid, problemen⟩.
'side step ⟨f1⟩ ⟨telb.zn.⟩ **0.1** ***zijstap*** ⇒*zijpas, stap zijwaarts/opzij/ter zijde* **0.2** ***zijtrap*** ⇒*zijdelingse opstap.*
'side-strad·dle 'hop ⟨telb.zn.⟩ **0.1** ***hansworst*** ⟨kinderspeelgoed⟩.
'sidestreet ⟨f1⟩ ⟨telb.zn.⟩ **0.1** ***zijstraat.***
'side·stroke[1] ⟨telb.zn.⟩ **0.1** ***zijslag*** ⇒*zijstoot* **0.2** ***toevallig/bijkomend voorval* 0.3** ***zijslag*** ⟨zwemmen⟩.
sidestroke[2] ⟨onov.ww.⟩ **0.1** ***op de zij zwemmen.***
'side·swipe[1] ⟨telb.zn.⟩ ⟨vnl. AE; inf.⟩ **0.1** ***zijslag*** ⇒*zijstoot* **0.2** ***schampscheut*** ⇒*steek onder water.*
sideswipe[2] ⟨ov.ww.⟩ ⟨AE; inf.⟩ **0.1** ***schampen (langs)*** ⇒*zijdelings/van terzijde raken.*
'side-ta·ble ⟨telb.zn.⟩ **0.1** ***zijtafel*** ⇒*wandtafel* **0.2** ***bij(zet)tafel.***
'side·track[1] ⟨f1⟩ ⟨telb.zn.⟩ **0.1** ***zijspoor*** ⟨ook fig.⟩ ⇒*wisselspoor, rangeerspoor.*
sidetrack[2] ⟨f1⟩ ⟨ww.⟩
I ⟨onov.ww.⟩ **0.1** ***op een zijspoor lopen* 0.2** ***afwijken*** ⇒*afdwalen* ⟨van het hoofdthema/onderwerp⟩;
II ⟨ov.ww.⟩ **0.1** ***op een zijspoor zetten/brengen*** ⟨ook fig.⟩ ⇒*rangeren, opzij schuiven/zetten, op de lange baan schuiven* **0.2** ***van zijn onderwerp afbrengen*** ⇒*doen afwijken/afdwalen, afleiden* **0.3** ⟨AE; sl.⟩ ***arresteren*** ⇒*inrekenen.*
'side-trip ⟨telb.zn.⟩ **0.1** ***kleine excursie.***
'side-valve engine ⟨telb.zn.⟩ **0.1** ***zijklepmotor.***
'side-view ⟨telb.zn.⟩ **0.1** ***zijaanzicht*** ⇒*profiel.*
'side·walk ⟨f2⟩ ⟨telb.zn.⟩ ⟨AE⟩ **0.1** ***stoep*** ⇒*trottoir, voetpad* ◆ **3.¶** ⟨sl.⟩ hit the ~s *werk zoeken; wandelen; ervandoorgaan; staken.*
'sidewalk superintendent ⟨telb.zn.⟩ ⟨AE; inf.; scherts.⟩ **0.1** ⟨ong.⟩ ***gaper*** ⇒*gaapstok* ⟨toeschouwer bij bouw/sloopwerk⟩.
'side·wall ⟨telb.zn.⟩ **0.1** ***zijwand/muur* 0.2** ***zijvlak/kant*** ⟨v. autoband⟩.
side·ward[1] ['saɪdwəd‖-wərd], **side·way** [-weɪ], **side·ways** [-weɪz], **side·wise** [-waɪz] ⟨bn.⟩ **0.1** ***zijwaarts*** ⇒*zijdelings.*
sideward[2], **side·wards** ['saɪdwədz‖-wərdz], **sideway, sideways, sidewise** ⟨f1⟩ ⟨bw.⟩ **0.1** ***zijwaarts*** ⇒*zijdelings* ◆ **6.1** it was so narrow that one could only move ~ **on** *het was zo smal dat je je alleen zijwaarts kon voortbewegen.*
'side·way ⟨telb.zn.⟩ **0.1** ***zijweg* 0.2** ***stoep*** ⇒*trottoir, voetpad.*
'side-wheel·er ⟨telb.zn.⟩ ⟨AE⟩ **0.1** ***raderstoomschip* 0.2** ⟨sl.⟩ ***linkshandige* 0.3** ***telganger.***
'side-whisk·ers ⟨mv.⟩ **0.1** ***bakkebaarden.***

side·wind ['saɪdwɪnd]⟨telb.zn.⟩ **0.1** ***zijwind*** **0.2** ⟨fig.⟩ ***onrechtstreekse werking/invloed/aanval.***

side·wind·er ['saɪdwaɪndə‖-ər]⟨telb.zn.⟩⟨AE⟩ **0.1** ***harde slag van terzijde*** **0.2** ⟨dierk.⟩ ***hoornratelslang*** ⟨Crotalus cerastes⟩ **0.3** ⟨mil.⟩⟨ben. voor⟩ ***type van supersonische korteafstandsraket*** **0.4** ⟨sl.⟩ ***bruut*** **0.5** ⟨sl.⟩ ***lijfwacht*** **0.6** ⟨sl.⟩ ***handlanger*** ⇒*huurmoordenaar.*

'side·win·dow ⟨telb.zn.⟩ **0.1** ***zijraam.***

sid·ing ['saɪdɪŋ]⟨f1⟩⟨zn.⟩
I ⟨telb.zn.⟩ **0.1** ***rangeerspoor*** ⇒*wisselspoor;*
II ⟨n.-telb.zn.⟩⟨AE⟩ **0.1** ***afbouwmateriaal*** ⇒*gevelbeplating.*

si·dle[1] ['saɪdl]⟨telb.zn.⟩ **0.1** ***zijstap*** ⇒*zijwaartse beweging.*

sidle[2] ⟨f1⟩⟨onov.ww.⟩ **0.1** ***zijwaarts lopen*** ⇒*zich zijdelings bewegen* **0.2** ***zich schuchter/steels bewegen*** ◆ **6.2** ~ **upto/away from** s.o. *schuchter naar iem. toe/van iem. weglopen.*

SIDS [ʃɪdz]⟨afk.⟩ Sudden Infant Death Syndrome ⟨med.⟩ **0.1** ***wiegedood.***

siege [si:dʒ]⟨f2⟩⟨telb.zn.⟩ **0.1** ***beleg(ering)*** ⇒*blokkade,* ⟨fig.⟩ *slijtageslag* ◆ **3.1** lay ~ to *het beleg slaan van, belegeren;* raise the ~ *het beleg opbreken.*

'siege artillery ⟨verz.n.⟩⟨gesch.⟩ **0.1** ***belegeringsartillerie.***

'siege gun ⟨telb.zn.⟩⟨gesch.⟩ **0.1** ***belegeringskanon.***

si·en·na [si'enə]⟨n.-telb.zn.⟩ **0.1** ***oker*** ⇒*(terra)siënna* ◆ **2.1** raw ~ *ongebrande siënna* ⟨bruin-geel⟩ **3.1** burnt ~ *gebrande siënna* ⟨rood-bruin⟩.

si·er·ra [si'erə]⟨f1⟩⟨telb.zn.⟩ **0.1** ***siërra*** ⇒*getande bergketen* **0.2** ⟨dierk.⟩ ***Spaanse makreel*** ⟨genus Scomberomorus⟩.

si·es·ta [si'estə]⟨f1⟩⟨telb.zn.⟩ **0.1** ***siësta*** ⇒*middagdutje, middagslaapje.*

sieve[1] [sɪv]⟨f1⟩⟨telb.zn.⟩ **0.1** ***zeef*** ⇒*zift, reuter* ◆ **1.1** a head/memory/mind like a ~ *een hoofd/geheugen als een zeef.*

sieve[2] ⟨f1⟩⟨ov.ww.⟩ **0.1** ***ziften*** ⟨ook fig.⟩ ⇒*zeven, schiften* ◆ **5.1** ~ **out** *uitzeven, uitziften.*

sie·vert ['si:vət‖-vərt]⟨telb.zn.⟩⟨nat.⟩ **0.1** ***sievert*** ⟨eenheid v. ioniserende straling⟩.

sift [sɪft]⟨f2⟩⟨ww.⟩
I ⟨onov.ww.⟩ **0.1** ***vallen*** ⟨als door een zeef⟩ ◆ **6.1** the light is ~ing **through** the curtains *het licht filtert door de gordijnen;*
II ⟨onov. en ov.ww.⟩ **0.1** ***ziften*** ⟨ook fig.⟩ ⇒*zeven, schiften, strooien* ⟨suiker⟩ **0.2** ***uit/doorpluizen*** ⇒*uit/navorsen, uitziften, ontleden, nauwkeurig onderzoeken* **0.3** ***uitvragen*** ⇒*uithoren* ◆ **5.1** ~ **out** *uitzeven* **6.1** ~ the wheat **from** the chaff *het kaf v.h. koren scheiden* **6.2** he ~ed **through** his papers *hij doorzocht zijn papieren.*

sift·er ['sɪftə‖-ər]⟨telb.zn.⟩ **0.1** ***kleine zeef*** ⇒*zeefbusje, strooibusje.*

sift·ings ['sɪftɪŋz]⟨mv.⟩ **0.1** ***ziftsel.***

Sig ⟨afk.⟩ signor(e).

sigh[1] [saɪ]⟨f3⟩⟨telb.zn.⟩ **0.1** ***zucht*** ◆ **1.1** a ~ of relief *een zucht v. verlichting.*

sigh[2] ⟨f3⟩⟨onov. en ov.ww.⟩ **0.1** ***zuchten*** ◆ **6.1** ~ **for** *smachten/hunkeren/zuchten naar.*

sight[1] [saɪt]⟨f4⟩⟨zn.⟩⟨→sprw. 552⟩
I ⟨telb.zn.⟩ **0.1** ***aanblik*** ⇒*blik, gezicht, uitzicht, schouwspel* **0.2** ⟨vaak mv.⟩ ***vizier*** ⇒*korrel* **0.3** ***waarneming*** ⟨met instrument⟩ **0.4** ⟨inf.⟩ ***boel*** ⇒*massa, hoop* **0.5** ***mening*** ⇒*opinie* ◆ **1.1** the ~s of Brussels *de bezienswaardigheden v. Brussel* **1.4** a ~ of money *een bom geld* **2.1** the garden is a wonderful ~/a ~ to see this summer *de tuin is prachtig deze zomer;* ⟨inf., iron.⟩ you are a perfect ~ *je ziet er (fraai) uit* **2.4** that is a long ~ better *dat is stukken beter;* he is a ~ too clever for me *hij is me veel te vlug af* **3.1** cannot bear/stand the ~ of *niet kunnen luchten of zien;* catch ~ of, have/get a ~ of *in het oog krijgen; een glimp opvangen van;* keep ~ of *in het oog houden;* ⟨inf., iron.⟩ what a ~ you look/are! *wat zie je eruit!;* ⟨inf., iron.⟩ you do look a ~ *je ziet er fraai uit;* lose ~ of *uit het oog verliezen* ⟨ook fig.⟩; buy sth. ~ unseen *iets ongezien kopen;* see the ~s *de bezienswaardigheden bezoeken/doen* **3.2** get/have (lined up) in one's ~s, get/have one's ~s (lined up) on *willen, op het oog hebben;* ⟨fig.⟩ set one's ~s on *op het oog hebben, willen* **3.3** take a careful ~ before shooting *goed mikken voor het schieten* **3.¶** raise/lower one's ~s *meer/minder verwachten* **6.5** **in** the ~ of law *volgens de wet* **6.¶** you are a ~ **for** the gods/**for** sore eyes *je bent door de hemel gezonden;*
II ⟨n.-telb.zn.⟩ **0.1** ***gezicht*** ⇒*zicht, gezichtsvermogen* **0.2** ***gezicht*** ⇒*het zien* **0.3** ***zicht*** ⇒*uitzicht, gezicht(sveld)* ◆ **1.1** loss of ~ *het blind worden* **1.2** line of ~ *gezichtslijn* **3.3** come into/within ~ *zichtbaar worden;* go out of ~ *uit het oog/gezicht verdwijnen;* ⟨scherts.⟩ heave in(to) ~ *eraan komen, opdoemen;* keep s.o. in ~ *iem. in het oog houden;* keep in ~ of *binnen het gezichtsveld blijven v., zichbaar blijven voor* **6.2** ⟨geldw.⟩ ten days **after** ~ *(betaalbaar) tien dagen na zicht* ⟨mbt. wissels⟩; **at** the ~ of *bij het zien van;* ⟨geldw.⟩ **at** ten days' ~ *(betaalbaar) tien dagen na zicht* ⟨mbt. wissels⟩; **at** first ~ *op het eerste gezicht;* **at/on** ~ *op zicht;* play music **at** ~ *op het eerste gezicht/van het blad spelen;* know s.o. **by** ~ *iem. v. gezicht kennen;* shoot **on** ~ *schieten zonder waarschuwing* **6.3** **in** ~ *in zicht* ⟨ook fig.⟩; we are **(with)in** ~ of the end *het einde is in zicht;* **out of** my ~! *uit mijn ogen!;* put **out of** ~ *uit het gezicht leggen;* stay/keep **out of** ~ *blijf uit het gezicht* **6.¶** ⟨inf.⟩ the cost of living has grown **out of** ~ *het leven is onbetaalbaar geworden;* ⟨AE; inf.⟩ what about a trip to Paris? that would be **out of** ~! *wat denk je van een trip naar Parijs? Reuze/Fantastisch!* **7.¶** second ~ *helderziendheid.*

sight[2] ⟨f2⟩⟨ov.ww.⟩ →sighting **0.1** ***in zicht krijgen*** ⇒*in het vizier krijgen* **0.2** ***waarnemen*** ⇒*observeren, zien* ⟨met instrument⟩ **0.3** ***van vizieren voorzien*** **0.4** ***(in)stellen*** ⟨vizier⟩ **0.5** ***richten*** ⇒*mikken* **0.6** ⟨hand.⟩ ***presenteren*** ⟨rekening⟩ ◆ **5.2** ~ **along** *viseren* ⟨op rechtlijnigheid⟩ **6.4** the rifle was ~ed to five hundred yards *het vizier werd ingesteld op/het geweer werd gericht op vierhonderdvijftig meter.*

'sight bill, 'sight draft ⟨telb.zn.⟩ **0.1** ***zichtwissel.***

sight·ed ['saɪṭɪd]⟨bn.⟩ **0.1** ***ziende.***

sight·er ['saɪtə‖-ər]⟨telb.zn.⟩⟨boogschieten⟩ **0.1** ***oefenschot*** ⟨één v.d. toegestane zes⟩.

sight·ing ['saɪṭɪŋ]⟨f1⟩⟨telb. en n.-telb.zn.; (oorspr.) gerund v. sight⟩ **0.1** ***waarneming*** ◆ **2.1** there have been numerous ~s of UFO's lately *er zijn de laatste tijd veel vliegende schotels gezien.*

'sighting shot ⟨telb.zn.⟩ **0.1** ***proefschot*** ⇒*gericht schot.*

sight·less ['saɪtləs]⟨bn.; -ly; -ness⟩ **0.1** ***blind*** **0.2** ⟨schr.⟩ ***onzichtbaar.***

'sight·line ⟨telb.zn.⟩ **0.1** ***gezichtslijn*** ⇒*(onbelemmerd) uitzicht.*

sight·ly ['saɪtli]⟨bn.; -er, -ness; →compar. 7⟩ **0.1** ***aantrekkelijk*** ⇒*mooi, aardig, aangenaam* **0.2** ⟨AE⟩ ***mooi*** ⟨uitzicht⟩.

'sight-read ⟨onov. en ov.ww.⟩ →sight-reading **0.1** ***van het blad/op zicht lezen/spelen/zingen.***

'sight-read·er ⟨telb.zn.⟩ **0.1** ***iem. die van het blad leest/musiceert.***

'sight-read·ing ⟨n.-telb.zn.; gerund v. sight-read⟩ **0.1** ***het lezen/spelen van het blad.***

'sight·screen ⟨telb.zn.⟩⟨cricket⟩ **0.1** ***wit scherm om zichtbaarheid v.d. bal te verbeteren.***

'sight·see·ing ⟨f2⟩⟨n.-telb.zn.⟩ **0.1** ***sightseeing*** ⇒*het bezoeken v. bezienswaardigheden.*

sight·se·er ['saɪtsi:ə‖-ər]⟨f1⟩⟨telb.zn.⟩ **0.1** ***toerist.***

'sight·wor·thy ⟨bn.⟩ **0.1** ***bezienswaardig.***

sig·il ['sɪdʒɪl]⟨telb.zn.⟩ **0.1** ***zegel*** **0.2** ⟨bibliotheekwezen⟩ ***signatuur.***

sig·il·late ['sɪdʒɪlət]⟨bn.⟩ **0.1** ***gezegeld*** ⟨mbt. aardewerk⟩ **0.2** ⟨plantk.⟩ ***als met zegelafdrukken.***

sig·lum ['sɪgləm]⟨telb.zn.; sigla [-lə]; →mv. 5⟩ **0.1** ***teken*** ⇒*afkorting.*

sig·ma ['sɪgmə]⟨telb.zn.⟩ **0.1** ***sigma*** ⟨18e letter v.h. Griekse alfabet⟩.

sig·mate ['sɪgmeɪt]⟨bn.⟩ **0.1** ***sigmavormig*** **0.2** ***S-vormig.***

sig·moid ['sɪgmɔɪd]⟨bn.⟩ **0.1** ***sigmavormig*** ⇒*sikkelvormig* **0.2** ***S-vormig*** ◆ **2.1** ~ flexure *sigma* ⟨laatste deel v. dikke darm⟩.

sign[1] [saɪn]⟨f3⟩⟨telb.zn.⟩ **0.1** ***teken*** ⇒*symbool* **0.2** ***aanwijzing*** ⇒*(ken)teken, indicatie, symptoom, blijk; voorteken* **0.3** ***wenk*** ⇒*teken, gebaar, signaal, seintje* **0.4** ***bord*** ⇒*uithangbord, (gevel)plaat, bordje* **0.5** ***teken*** ⇒*merkteken, kenteken* **0.6** ⟨med.⟩ ***symptoom*** ⇒*ziekteverschijnsel, indicatie* **0.7** ⟨relig.⟩ ***wonder*** ⇒*mirakel* **0.8** ***sterrenbeeld*** **0.9** ⟨AE⟩ ***spoor*** ⟨v. wild dier⟩ ◆ **1.1** ~ and countersign *herkenningstekens, geheime afgesproken tekens/woorden;* ⟨mil.⟩ *wachtwoord, parool* **1.5** ~ of the cross *kruisteken;* ~ of the times *teken des tijds* **1.7** ~s and wonders *mirakels* **1.8** ~ of the zodiac *sterrenbeeld* **2.1** deaf-and-dumb ~s *doofstommenalfabet;* negative/minus ~ *minteken;* positive/plus ~ *plusteken* **3.3** make no ~ *geen teken geven* **6.4** **at** the ~ of the Pink Panther *in 'de Roze Panter'* **¶.1** V ~ *V-teken.*

sign[2] ⟨f3⟩⟨ww.⟩ →signing
I ⟨onov.ww.⟩ **0.1** ***gebarentaal gebruiken;***
II ⟨onov. en ov.ww.⟩ **0.1** ***(onder)tekenen*** **0.2** ***signeren*** **0.3** ***wenken*** ⇒*een teken geven, gebaren* **0.4** ***zegenen*** **0.5** ***contracteren*** ⟨speler⟩ ◆ **1.1** ~ one's name *tekenen;* ~ one's name to *ondertekenen* **5.1** ~ **away** *schriftelijk afstand doen van;* ~ **in** *tekenen bij aankomst, intekenen;* ~ **off** *een contract schriftelijk beëindigen; afmonsteren; een radio/t.v.-uitzending beëindigen* ⟨met herkenningsmelodie⟩; ~ **off** a letter *een brief aftekenen;* ~ **off** smoking *ophouden met roken;* ~ **on** *een radio/t.v.-uitzending beginnen* ⟨met herkenningsmelodie⟩; ~ **on** at the Job Centre *inschrijven op het Arbeidsbureau;* ~ **on/up** as a sailor *als matroos aanmonsteren;* ~ **on/up** a footballer *een voetballer contracteren;* ~ **out** *tekenen bij vertrek;* she ~ed **over** her estate to her daughter *ze deed schriftelijk afstand van haar landgoed ten gunste van haar dochter;* ~ **up** for a course *zich voor een cursus inschrijven* **6.1** a registered letter has to be ~ed **for** when delivered *bij een aangetekende brief*

moet je tekenen voor ontvangst; ~ o.s. **out of** the camp *tekenen bij het verlaten v.h. kamp.*

sign·age ['saɪnɪdʒ]⟨n.-telb.zn.⟩ **0.1** ***verkeers- en richtingsborden*** **0.2** ***wegbebakening.***

sig·nal[1] ['sɪgnl]⟨f3⟩⟨telb.zn.⟩ **0.1** ***signaal*** *⇒teken, sein* **0.2** ***signaal*** *⇒aanleiding* **0.3** ***sein(apparaat)*** *⇒signaal* **0.4** ⟨elektronica⟩ ***signaal*** **0.5** ***verkeerslicht*** **0.6** ⟨muz.⟩ ***voortekening*** ◆ **1.1** code of ~s *seincode;* ~ of distress *noodsein, noodsignaal* **3.1** crossed ~s *tegenstrijdige signalen/bevelen/instructies;* get the ~ *het signaal ontvangen;* ⟨fig.⟩ *de wenk begrijpen* **6.2** the police action was the ~ **for** the revolution *het politieoptreden was het signaal voor de opstand.*

signal[2] ⟨bn., attr.; -ly⟩ **0.1** ***buitengewoon*** *⇒opmerkelijk, aarts-, kapitaal, schitterend* ◆ **3.1** fail ~ly *het glansrijk afleggen, duidelijk verliezen.*

signal[3] ⟨f2⟩⟨ww.; →ww. 7⟩

I ⟨onov. en ov.ww.⟩ **0.1** ***(over)seinen*** *⇒signaleren, een teken geven* ◆ **6.1** the leader signalled **to** his men for the attack to begin *de leider gaf zijn mannen het teken tot de aanval;*

II ⟨ov.ww.⟩ **0.1** ***signaleren*** *⇒aankondigen; duidelijk maken, te kennen geven* **0.2** ***betekenen*** *⇒een teken zijn van.*

'sig·nal-box ⟨telb.zn.⟩⟨BE⟩ **0.1** ***seinhuisje.***

'signal gun ⟨telb.zn.⟩ **0.1** ***seinpistool.***

sig·nal·ize, -ise ['sɪgnəlaɪz]⟨ov.ww.⟩ **0.1** ***doen opvallen*** *⇒de aandacht vestigen op, beklemtonen; doen uitblinken, opluisteren* **0.2** ***markeren*** *⇒onderscheiden, kenbaar maken* **0.3** ***signaleren*** *⇒seinen, een teken geven; aankondigen.*

sig·nal·ler, ⟨AE sp. ook⟩ **sig·nal·er** ['sɪgnələ||-ər]⟨telb.zn.⟩ **0.1** ***seiner*** ⟨bij leger⟩.

signal·man ['sɪgnəlmən]⟨telb.zn.⟩⟨spoorwegen, marine⟩ **0.1** ***seiner*** *⇒*⟨spoorwegen ook⟩ *sein(huis)wachter.*

'signal tower ⟨telb.zn.⟩⟨AE⟩ **0.1** ***seintoren*** *⇒seinhuisje.*

sig·na·to·ry ['sɪgnətri||-tɔri]⟨f1⟩⟨telb.zn.; →mv. 2; ook attr.⟩ **0.1** ***ondertekenaar.***

sig·na·ture ['sɪgnətʃə||-ər]⟨f3⟩⟨telb.zn.⟩ **0.1** ***handtekening*** *⇒ondertekening, signatuur* **0.2** ⟨boek.⟩ ***katern(merk)*** *⇒signatuur* **0.3** ***kenmerk*** *⇒kenteken, aanwijzing* **0.4** ⟨med.⟩ ***signatuur.***

'signature campaign ⟨telb.zn.⟩ **0.1** ***handtekeningenactie.***

'signature tune ⟨telb.zn.⟩ **0.1** ***herkenningsmelodie*** *⇒tune* ⟨v. radio, t.v.⟩.

'sign·board ⟨f1⟩⟨telb.zn.⟩ **0.1** ***uithangbord*** **0.2** ⟨AE⟩ ***bord met opschrift.***

sign·er ['saɪnə||-ər]⟨f1⟩⟨telb.zn.⟩ **0.1** ***ondertekenaar.***

sig·net ['sɪgnɪt]⟨telb.zn.⟩ **0.1** ***zegel*** *⇒signet* ◆ **7.1** the ~ *het koninklijke zegel.*

'signet ring ⟨telb.zn.⟩ **0.1** ***zegelring.***

sig·nif·i·cance [sɪg'nɪfɪkəns], ⟨AE ook⟩ **sig·nif·i·cancy** [-nsi]⟨f3⟩⟨n.-telb.zn.⟩ **0.1** ***betekenis*** *⇒belang, inhoud, draagwijdte, strekking* **0.2** ***belang*** *⇒gewicht, waarde, betekenis, invloed, significantie* **0.3** ⟨stat.⟩ ***significantie*** ◆ **2.1** a look of deep ~ *een veelbetekenende blik* **3.1** don't read ~ into every gesture *je moet geen betekenis hechten aan elk gebaar.*

sig'nificance level ⟨telb.zn.⟩⟨stat.⟩ **0.1** ***significantieniveau.***

sig'nificance test ⟨telb.zn.⟩⟨stat.⟩ **0.1** ***significantietoets.***

sig·nif·i·cant[1] [sɪg'nɪfɪkənt]⟨telb.zn.⟩ **0.1** ***teken*** *⇒symbool, aanduiding.*

significant[2] ⟨f3⟩⟨bn.; -ly⟩ **0.1** ***belangrijk*** *⇒gewichtig, aanmerkelijk, substantieel; invloedrijk, waardevol* **0.2** ***suggestief*** *⇒veelbetekenend, veelzeggend, expressief, significant* **0.3** ***betekenisdragend*** **0.4** ⟨stat.⟩ ***significant*** ⟨niet door toeval verklaarbaar geacht⟩ ◆ **1.3** ⟨stat., wisk.⟩ ~ figure *significant cijfer* ⟨bv. niet de 0 aan het begin v.e. getal⟩ **6.2** be ~ **of** *aanduiden, kenmerkend zijn voor.*

sig·ni·fi·ca·tion [sɪgnɪfɪ'keɪʃn]⟨zn.⟩

I ⟨telb.zn.⟩ **0.1** ***(precieze) betekenis*** *⇒significatie, inhoud, zin* **0.2** ***aanzegging;***

II ⟨n.-telb.zn.⟩ **0.1** ***het betekenen*** *⇒het aanduiden, het beduiden.*

sig·nif·i·ca·tive [sɪg'nɪfɪkətɪv||-keɪtɪv]⟨bn.; -ly; -ness⟩ **0.1** ***significant*** *⇒veelbetekenend* **0.2** ***betekenisdragend*** *⇒symbolisch* ◆ **6.1** be ~ **of** *aanduiden.*

sig·nif·ics [sɪg'nɪfɪks]⟨mv.⟩ **0.1** ***significa.***

sig·ni·fy ['sɪgnɪfaɪ]⟨f2⟩⟨ww.; →ww. 7⟩

I ⟨onov.ww.⟩ **0.1** ***van belang zijn*** *⇒tellen, van betekenis zijn* ◆ **5.1** it does not ~ *het heeft niets te betekenen;*

II ⟨ov.ww.⟩ **0.1** ***betekenen*** *⇒inhouden, voorstellen, beduiden; aanduiden, wijzen op* **0.2** ***te kennen geven*** *⇒duidelijk maken, bekend maken.*

sig·ni·fy·ing ['sɪgnɪfaɪɪŋ]⟨n.-telb.zn.; gerund v. signify⟩⟨AE; sl.⟩ **0.1** ***(beledigend) woordenspel.***

'sign-in ⟨telb.zn.⟩ **0.1** ***handtekeningenactie.***

sign·ing ['saɪnɪŋ]⟨telb.zn.⟩ **0.1** ***iem. die gecontracteerd wordt*** *⇒aanwinst.*

'sign language ⟨f1⟩⟨telb. en n.-telb.zn.⟩ **0.1** ***gebarentaal.***

'sign-on ⟨telb.zn.⟩ **0.1** ***herkenningsmelodie*** ⟨v. radio-/t.v.-programma⟩ *⇒tune.*

si·gnor ['si:njɔ:, si:'njɔ:||si:'njɔr]⟨telb.zn.; ook signori [si:'njɔ:ri]; →mv. 5; ook S-⟩ **0.1** ***signore*** *⇒mijnheer.*

si·gno·ra [si:'njɔ:rə]⟨telb.zn.; ook signore [si:'njɔ:reɪ]; →mv. 5; ook S-⟩ **0.1** ***signora*** *⇒mevrouw.*

si·gno·ri·na ['si:njɔ:'ri:nə||-njə-]⟨telb.zn.; ook signorine [-'ri:neɪ]; →mv. 5; ook S-⟩ **0.1** ***signorina*** *⇒juffrouw.*

'sign-paint·er, 'sign-writ·er ⟨telb.zn.⟩ **0.1** ***reclameschilder*** *⇒schilder v. uithangborden.*

'sign·post[1] ⟨f2⟩⟨telb.zn.⟩ **0.1** ***wegwijzer*** *⇒handwijzer* ⟨ook fig.⟩ **0.2** ***paal v. vrijstaand uithangbord.***

signpost[2] ⟨ov.ww.⟩ **0.1** ***van wegwijzers voorzien.***

si·ka ['si:kə], **'sika deer** ⟨telb.zn.⟩⟨dierk.⟩ **0.1** ***sika(hert)*** ⟨Cervus sika/nippon⟩.

Sikh [si:k]⟨telb.zn.⟩ **0.1** ***Sikh*** ⟨lid v. Hindoe-sekte⟩.

Sikh·ism ['si:kɪzm]⟨n.-telb.zn.⟩ **0.1** ***godsdienst v.d. Sikhs.***

si·lage[1] ['saɪlɪdʒ]⟨n.-telb.zn.⟩ **0.1** ***kuilvoeder*** *⇒ingekuild voer, silovoer.*

silage[2] ⟨ov.ww.⟩ **0.1** ***inkuilen.***

si·lence[1] ['saɪləns]⟨f3⟩⟨telb. en n.-telb.zn.⟩⟨→sprw. 612, 624⟩ **0.1** ***stilte*** *⇒het stil zijn, stilheid, stilzwijgen(dheid)* **0.2** ***stilte*** *⇒geheimhouding, heimelijkheid* **0.3** ***vergetelheid*** ◆ **1.1** a one-minute's ~ *een minuut stilte;* two minutes' ~ *twee minuten stilte* ⟨in Groot-Brittannië, herdenkingsceremonie omstreeks 11 november⟩ **3.1** break ~ *de stilte/het stilzwijgen verbreken;* keep ~ *het stilzwijgen bewaren/in acht nemen;* pass over in ~ *stilzwijgend aan voorbijgaan;* put/reduce s.o. to ~ *iem. tot zwijgen brengen/het stilzwijgen opleggen* ⟨vnl. fig.⟩ **6.1 in** ~ *in stilte, stilzwijgend* **6.2** his ~ **on** the riots was significant *zijn stilzwijgen/terughoudendheid over de rellen was veelbetekenend* **¶.1** ~! *stil!, stilte!, zwijg!.*

silence[2] ⟨f2⟩⟨ov.ww.⟩ **0.1** ***tot zwijgen brengen*** *⇒het stilzwijgen opleggen* ⟨ook fig.⟩; *stil doen zijn.*

si·lenc·er ['saɪlənsə||-ər]⟨f1⟩⟨telb.zn.⟩ **0.1** ***geluiddemper*** ⟨aan vuurwapen⟩ **0.2** ⟨BE⟩ ***knalpot*** *⇒knaldemper* **0.3** ***doorslaand/afdoend argument.***

si·lent ['saɪlənt]⟨f3⟩⟨bn.; -ly; -ness⟩ **0.1** ⟨ben. voor⟩ ***stil*** *⇒(stil)zwijgend, zwijgzaam; onuitgesproken, stom; rustig* ◆ **1.1** ~ action *stil spel;* ~ assassin *sluipmoordenaar;* a ~ film *een stomme film;* ~ as the grave *doodstil;* the k in 'know' is a ~ letter *de k in 'know' is een stomme letter;* the ~ majority *de zwijgende meerderheid;* the ~ screen *de stomme film;* ~ system *stil regime* ⟨in gevangenis, waarbij niet gesproken mag worden⟩; William the Silent *Willem de Zwijger* **1.¶** ⟨AE⟩ ~ butler *asemmertje;* ⟨AE⟩ ~ partner *stille/commanditair vennoot, commanditaris;* ~ spirit *sterke drank zonder boeket/karakter* **3.1** keep ~ *rustig/stil blijven;* ~ reading *stillezen* **6.1** be ~ **about/as to** what you saw! *zwijg/zeg niets over wat je gezien hebt!;* the report is ~ **(up)on** the incident *het rapport zegt niets over het incident.*

si·le·nus [saɪ'li:nəs]⟨telb.zn.; sileni [-naɪ]; →mv. 5⟩ **0.1** ***sileen*** ⟨sater⟩.

si·le·sia [saɪ'li:ʃɪə||-ʒə]⟨n.-telb.zn.⟩ **0.1** ***linon*** *⇒lawn* ⟨zacht lijnwaad/katoen voor voering⟩.

si·lex ['saɪleks]⟨n.-telb.zn.⟩ **0.1** ***tripel*** ⟨vulmiddel voor verf⟩ **0.2** ***kwartsglas.***

sil·hou·ette[1] ['sɪlu:'et]⟨f2⟩⟨telb.zn.⟩ **0.1** ***silhouet*** *⇒beeltenis* **0.2** ***silhouet*** *⇒schaduwbeeld, omtrek* ◆ **6.2 in** ~ *in silhouet.*

silhouette[2] ⟨f1⟩⟨ov.ww.⟩ **0.1** ***silhouetteren*** **0.2** ⟨vnl. pass.⟩ ***aftekenen*** ◆ **6.2** he saw the tower ~d **against** the blue sky *hij zag het silhouet v.d. toren tegen de blauwe lucht.*

sil·i·ca ['sɪlɪkə], **'silicon di'oxide** ⟨f1⟩⟨n.-telb.zn.⟩⟨geol., schei.⟩ **0.1** ***silica*** *⇒siliciumdioxyde, kiezelaarde.*

sil·i·cate ['sɪlɪkət, -keɪt]⟨telb. en n.-telb.zn.⟩ **0.1** ⟨schei.⟩ ***silicaat*** **0.2** ⟨geol.⟩ ***silicaat(gesteente).***

si·li·ceous, si·li·cious [sɪ'lɪʃəs]⟨bn.⟩⟨geol., schei.⟩ **0.1** ***siliciumachtig*** *⇒kiezelachtig, kiezel-;* ⟨geol. ook⟩ *kiezelhoudend* ◆ **1.1** ~ earth *kiezelaarde.*

si·lic·ic [sɪ'lɪsɪk]⟨bn., attr.⟩⟨schei.⟩ **0.1** ***silicium-*** *⇒kiezel-* ◆ **1.1** ~ acid *kiezelzuur.*

sil·i·cif·er·ous ['sɪlɪ'sɪfərəs]⟨bn.⟩⟨geol., schei.⟩ **0.1** ***siliciumhoudend*** *⇒kiezelhoudend.*

si·lic·i·fy [sɪ'lɪsɪfaɪ]⟨onov. en ov.ww.; →ww. 7⟩⟨geol.⟩ **0.1** ***verkiezelen.***

sil·i·cle ['sɪlɪkl]⟨telb.zn.⟩⟨plantk.⟩ **0.1** ***hauwtje.***

sil·i·con ['sɪlɪkən||-kɑn]⟨n.-telb.zn.⟩⟨schei.⟩ **0.1** ***silicium*** ⟨element 14⟩.

'silicon 'chip ⟨telb.zn.⟩⟨comp.⟩ **0.1** ***siliciumchip.***

sil·i·cone ['sɪlɪkoʊn]⟨telb. en n.-telb.zn.⟩⟨schei., tech.⟩ **0.1** ***silicone.***

sil·i·co·sis ['sɪlɪ'kousɪs]⟨n.-telb.zn.⟩ **0.1** ***silicose*** ⇒*stoflong, steenlong.*

sil·i·qua ['sɪlɪkwə]⟨telb.zn.; siliquae [-kwi:]; →mv. 5⟩⟨plantk.⟩ **0.1** ***hauw.***

sil·i·quous ['sɪlɪkwəs], **sil·i·quose** [-kwous]⟨bn.⟩⟨plantk.⟩ **0.1** ***hauwdragend*** **0.2** ***hauwachtig.***

silk[1] [sɪlk]⟨f2⟩⟨zn.⟩⟨→sprw. 272⟩

I ⟨telb.zn.⟩ **0.1** ***zijden kledingstuk*** **0.2** ⟨BE; inf.⟩ ***King's/Queen's Counsel*** ⟨die zijden toga mag dragen⟩;

II ⟨n.-telb.zn.⟩ **0.1** ***zij(de)*** ⇒*zijdedraad, zijdegaren, zijden weefsel* **0.2** ***zijdeachtig zaadpluis op maïskolf*** ◆ **1.1** ⟨schr.⟩ ~ and satins *zijden en satijnen kleren;* ⟨fig.⟩ *zeer fijne/chique kleren* **2.1** artificial ~ *kunstzij(de), rayon* **3.¶** spun ~ *floret/vloszijde, filozel;* ⟨BE⟩ take ~ *zijde mogen dragen* ⟨als King's/Queen's Counsel⟩; *King's/Queen's Counsel worden;*

III ⟨mv.; ~s⟩ **0.1** ***zijden kleren*** ⟨vnl. van jockeys⟩.

silk[2] ⟨f2⟩⟨bn., attr.⟩⟨→sprw. 766⟩ **0.1** ***zijden*** ⇒*zijde-* ◆ **1.1** ~ cotton *(zijde) kapok;* ~ hat *zijden hoed, hoge zijden* **1.¶** make a ~ piece/purse out of a sow's ear *goede resultaten bereiken met een persoon van middelmatige kwaliteit.*

silk·en ['sɪlkən]⟨f1⟩⟨bn.⟩ **0.1** ***zij(de)achtig*** ⇒*zijig, zacht/glanzend als zijde* **0.2** ***zoetvleiend*** ⇒*zacht, innemend* **0.3** ***in zijde gekleed*** **0.4** ⟨vero.; schr.⟩ ***zijden*** ⇒*zijde-.*

'silk-fowl ⟨telb.zn.⟩ **0.1** ***zijdehoen.***

'silk-gland ⟨telb.zn.⟩ **0.1** ***zijde(spin)klier.***

'silk-screen printing, 'silk-screen process ⟨n.-telb.zn.⟩ **0.1** ***zijdezeefdruk.***

'silk·worm ⟨telb.zn.⟩⟨dierk.⟩ **0.1** ***zijderups*** ⟨Bombyx mori⟩.

silk·y ['sɪlki]⟨f2⟩⟨bn.; -er; -ly; -ness; →bijw. 3⟩ **0.1** ***zij(de)achtig*** ⇒*zijig, zacht/glanzend als zij(de)* **0.2** ***zijden*** **0.3** ***zoetvleiend*** ⇒*zacht, innemend, verlokkend, verleidend.*

sill, cill [sɪl]⟨f2⟩⟨telb.zn.⟩ **0.1** ***vensterbank*** ⇒*onderdorpel, lekdorpel/drempel* **0.2** ***drempel*** ⇒*onderdorpel, lekdorpel/drempel* **0.3** ***grondbalk*** ⟨in dok of sluis⟩ **0.4** ⟨geol.⟩ ***sill*** ⟨dunne rotslaag v. stollingsgesteente⟩.

sil·la·bub, syl·la·bub ['sɪləbʌb]⟨telb. en n.-telb.zn.⟩ **0.1** ***room of melk gestremd met wijn of likeur en vaak geklopt met eiwit of gelatine*** ⇒⟨ong.⟩ *Haagse bluf;* ⟨fig.⟩ *bombast, woordenkraam* ◆ **2.1** ⟨fig.⟩ mere ~ *louter holle frasen.*

sill·er ['sɪlə‖-ər]⟨n.-telb.zn.⟩⟨Sch. E⟩ **0.1** ***zilver*** **0.2** ***geld.***

sil·ly[1] ['sɪli]⟨f1⟩⟨telb.zn.; →mv. 2⟩⟨inf.⟩ **0.1** ***domoor*** ⇒*arme hals, slome, stommeling, stommerd.*

silly[2] ⟨f3⟩⟨bn.; -er; -ly; -ness; →bijw. 3⟩ **0.1** ***dwaas*** ⇒*mal, onnozel, lichtzinnig, dom, onvoorzichtig, onverstandig* **0.2** ⟨inf.⟩ ***verdwaasd*** ⇒*suf, murw* **0.3** ⟨vero.⟩ ***zwakzinnig*** ⇒*imbeciel; seniel* **0.4** ⟨cricket⟩ ***heel dicht bij de batsman (geplaatst)*** ◆ **1.¶** ⟨sl.⟩ play ~ buggers *de idioot uithangen* **3.2** bore s.o. ~ *iem. dood vervelen;* knock s.o. ~ *iem. murw/lens slaan;* scare s.o. ~ *iem. dood laten schrikken/de stuipen op het lijf jagen.*

'sil·ly-bil·ly ⟨telb.zn.; →mv. 2⟩ **0.1** ***suffie*** ⇒*sufferdje, sul, hannes.*

'silly season ⟨telb.zn.⟩⟨BE⟩ **0.1** ***komkommertijd.***

si·lo[1] ['saɪlou]⟨f1⟩⟨telb.zn.⟩ **0.1** ***silo*** ⇒*voederkuil* **0.2** ***silo*** ⇒*raketsilo* **0.3** ⟨BE⟩ ***graansilo.***

silo[2] ⟨ov.ww.⟩ **0.1** ***in een silo opslaan*** **0.2** ***inkuilen*** ⟨voeder⟩.

silt[1] [sɪlt]⟨f1⟩⟨n.-telb.zn.⟩ **0.1** ***slib*** ⇒*slik.*

silt[2] ⟨onov. en ov.ww.⟩ **0.1** ***dichtslibben*** ⇒*verzanden* ◆ **5.1** ~ **up** *dichtslibben, verzanden.*

'silt·stone ⟨n.-telb.zn.⟩⟨geol.⟩ **0.1** ***siltgesteente.***

Si·lu·rian[1] [sɪ'lʊərɪən‖-'lʊr-]⟨eig.n.; the⟩⟨geol.⟩ **0.1** ***Siluur*** ⟨paleozoïsche periode⟩.

Silurian[2] ⟨bn.⟩⟨geol.⟩ **0.1** ***Silurisch.***

sil·van, syl·van ['sɪlvn]⟨bn.⟩ **0.1** ***bos-*** ⇒*bosrijk, bebost* **0.2** ***landelijk.***

silvanite →sylvanite.

sil·ver[1] ['sɪlvə‖-ər]⟨f2⟩⟨n.-telb.zn.⟩⟨→sprw. 272⟩ **0.1** ⟨ook schei.⟩ ***zilver*** ⟨element 47⟩ **0.2** ***zilvergeld*** ⇒*zilvermunten* **0.3** ***nikkelmunten*** ⇒*nikkeltjes* **0.4** ⟨vnl. Sch. E; sl.⟩ ***geld*** **0.5** ***zilver*** ⇒*zilverwerk, zilveren vaatwerk, tafelzilver;* ⟨fig.⟩ *tafelgerei* **0.6** ***zilver*** ⇒*zilveren medaille* **0.7** ***zilverkleur*** **0.8** ⟨foto.⟩ ***zilver(zout/nitraat)*** ◆ **3.1** oxidized ~ *geoxideerd zilver* ⟨eig.: zilver met laagje zilversulfide⟩ **6.2, 6.3** **in** ~ *in munten.*

silver[2] ⟨f3⟩⟨bn.⟩⟨→sprw. 151, 624⟩ **0.1** ***van zilver*** ⇒*zilveren, zilver-* **0.2** ***zilverhoudend*** **0.3** ***verzilverd*** **0.4** ***zilverachtig*** ⇒*zilverig, zilveren* ⟨ook mbt. klank⟩; *zilverkleurig* ◆ **1.1** ⟨foto.⟩ ~ bromide *zilverbromide;* ⟨plantk.⟩ ~ birch *zilverberk, ruwe/witte berk* ⟨Betula verrucosa⟩; ⟨schei.⟩ ~ chloride *zilverchloride;* ⟨plantk.⟩ ~ fir *zilverspar/den* ⟨Abies alba⟩; ~ foil *zilverfo(e)lie;* ~ fox *zilvervos;* ~ gilt *(imitatie v.) verguld zilver;* ~ iodide *zilverjodide;* ~ lace *zilverkant/galon;* ~ leaf *zilverblad; bladzilver;* ~ medal *zilveren medaille;* ~ nitrate *zilvernitraat;* ~ paper *zilverpapier; tinfo(e)lie;* ~ print *zilverdruk;* ~ sand *zilverzand;* ~ solder *zilversoldeer;* ~ standard *zilveren (geld/munt)standaard;* Silver Star *Zilveren Ster* ⟨Am. militaire decoratie⟩ **1.3** ~ plate *verzilverd vaatwerk/tafelgerei* **1.¶** ~ age *zilveren eeuw* ⟨eerste eeuw v. Chr. in het Oude Rome⟩; ⟨BE⟩ ~ band *fanfare;* ~ jubilee *zilveren (herdenkings)feest* ⟨bv. v. troonsbestijging⟩; ~ Latin *het Latijn uit de zilveren eeuw;* ⟨dierk.⟩ ~ salmon *Kisutchzalm* ⟨Oncorhynchus kisutch⟩; ~ screen *goed reflecterend filmscherm;* ⟨fig.⟩ the ~ screen *het witte doek;* be born with a ~ spoon in one's mouth *van rijke afkomst zijn; een gelukskind zijn;* ⟨BE⟩ the silver streak *Het Kanaal;* ~ thaw *ijslaagje v. aangevroren regen of dooiwater;* ~ tongue *fluwelen tong, welsprekendheid, overredingskracht;* ~ wedding (anniversary) *zilveren bruiloft.*

silver[3] ⟨ww.⟩

I ⟨onov.ww.⟩ **0.1** ***zilverkleurig worden*** ⇒*een zilveren kleur krijgen;*

II ⟨ov.ww.⟩ **0.1** ***verzilveren*** ⇒⟨fig.⟩ *(als) zilver kleuren, zilverkleurig maken* **0.2** ***met tinfo(e)lie coaten*** ⟨spiegelglas⟩ **0.3** ⟨foto.⟩ ***met zilver(nitraat) coaten*** ◆ **1.1** the years have ~ed his hair *met de jaren is zijn haar zilverwit geworden.*

'sil·ver-bath ⟨telb.zn.⟩⟨foto.⟩ **0.1** ***zilverbad.***

'sil·ver-fish ⟨telb.zn.⟩⟨dierk.⟩ **0.1** ***zilvervis*** ⟨tgo. goudvis⟩ **0.2** ***zilvervisje*** ⇒*suikergast, schietmot, papiermot* ⟨Lepisma saccharina⟩.

'sil·ver-'grey, ⟨AE sp.⟩ **'sil·ver-'gray** ⟨n.-telb.zn.; ook attr.⟩ **0.1** ***zilvergrijs*** ⇒*glanzend grijs.*

'sil·ver-gull ⟨telb.zn.⟩⟨dierk.⟩ **0.1** ***witkopkokmeeuw*** ⟨Larus novaehollandiae⟩.

sil·vern ['sɪlvən‖-vərn]⟨bn.⟩⟨vero.; schr.⟩ **0.1** ***zilverachtig*** ⇒*zilverig, zilveren* **0.2** ***van zilver*** ⇒*zilveren, zilver-.*

'sil·ver-pheas·ant ⟨telb.zn.⟩⟨dierk.⟩ **0.1** ***zilverfazant*** ⟨Gennaeus nycthemerus⟩.

'sil·ver-point ⟨telb. en n.-telb.zn.⟩ **0.1** ***zilverstift*** ⇒*zilverstifttekening* ◆ **6.1** a drawing **in** ~ *een zilverstifttekening.*

'sil·ver·side ⟨n.-telb.zn.⟩⟨BE⟩ **0.1** ***runderhaas.***

'sil·ver·smith ⟨f1⟩⟨telb.zn.⟩ **0.1** ***zilversmid.***

'Silver Stick ⟨telb.zn.⟩⟨BE⟩ **0.1** ***hoofdofficier v.d. Koninklijke Lijfwacht in het Paleis*** **0.2** ***beambte v.d. Koninklijke Lijfwacht in Schotland.***

'sil·ver-'tongued ⟨bn.⟩ **0.1** ***met een fluwelen tong*** ⇒*welsprekend.*

'sil·ver-tree ⟨telb.zn.⟩⟨plantk.⟩ **0.1** ***zilverboom*** ⟨Leucadendron argenteum⟩.

'sil·ver·ware ⟨f1⟩⟨n.-telb.zn.⟩ **0.1** ***zilverwerk*** **0.2** ⟨AE⟩ ***tafelzilver.***

'sil·ver·weed ⟨telb. en n.-telb.zn.⟩⟨plantk.⟩ **0.1** ***zilverschoon*** ⇒*zilverkruid* ⟨Potentilla anserina⟩.

sil·ver·y ['sɪlvri]⟨f2⟩⟨bn.; -ness; →bijw. 3⟩ **0.1** ***zilverachtig*** ⇒*zilverig, zilveren* ⟨ook mbt. klank⟩ **0.2** ***zilverkleurig*** **0.3** ***zilverhoudend*** **0.4** ***verzilverd*** ◆ **1.2** ⟨dierk.⟩ ~ gull *zilvermeeuw* ⟨Larus argentatus⟩.

sil·vi·cul·ture, syl·vi·cul·ture ['sɪlvɪkʌltʃə‖-ər]⟨n.-telb.zn.⟩ **0.1** ***bosbouw.***

si·ma ['saɪmə]⟨n.-telb.zn.⟩⟨geol.⟩ **0.1** ***sima*** ⟨onderste gedeelte v.d. aardkorst⟩.

sim·i·an[1] ['sɪmɪən]⟨telb.zn.⟩⟨dierk.⟩ **0.1** ***mensaap*** **0.2** ***aap.***

simian[2], **sim·i·oid** ['sɪmiɔɪd], **sim·i·ous** [-mɪəs]⟨bn.⟩⟨dierk.⟩ **0.1** ***mensaapachtig*** **0.2** ***aapachtig*** ⇒*ape-.*

sim·i·lar[1] ['sɪm(ɪ)lə‖-ər]⟨telb.zn.⟩ **0.1** ***gelijke.***

similar[2] ⟨f3⟩⟨bn.⟩ **0.1** ***gelijk*** ⇒*gelijkend, dergelijk, vergelijkbaar, soortgelijk, gelijksoortig; hetzelfde;* ⟨wisk.⟩ *gelijkvormig* ◆ **1.1** ~ triangles *gelijkvormige driehoeken* **6.1** be ~ **to** *lijken op.*

sim·i·lar·i·ty ['sɪmɪ'lærəṭi]⟨f3⟩⟨zn.; →mv. 2⟩

I ⟨telb.zn.⟩ **0.1** ***vergelijkingspunt*** ⇒*gelijkenis, punt v. overeenkomst;*

II ⟨n.-telb.zn.⟩ **0.1** ***vergelijkbaarheid*** ⇒*gelijksoortigheid, soortgelijkheid, gelijkvormigheid, overeenkomst.*

sim·i·lar·ly ['sɪm(ɪ)ləli‖-lər-]⟨f3⟩⟨bw.⟩ **0.1** ***op dezelfde manier*** ⇒*op een vergelijkbare manier* **0.2** ⟨aan het begin v.d. zin⟩ *evenzo.*

sim·i·le ['sɪmɪli]⟨f1⟩⟨telb.zn.⟩ **0.1** ***vergelijking*** ⇒*gelijkenis* ⟨retorische figuur⟩.

si·mil·i·tude [sɪ'mɪlɪtju:d‖-tu:d]⟨zn.⟩

I ⟨telb.zn.⟩ **0.1** ***vergelijking*** ⇒*gelijkenis* **0.2** ⟨vero.⟩ ***evenbeeld*** ⇒*dubbelganger, tegenhanger* ◆ **6.1** talk **in** ~s *in vergelijkingen spreken;*

II ⟨telb. en n.-telb.zn.⟩ **0.1** ***gelijkenis*** ⇒*overeenkomst;*

III ⟨n.-telb.zn.⟩ **0.1** ***uitzicht*** ⇒*schijn, vorm, gestalte* ◆ **6.1** Jesus **in** the ~ of a beggar *Jezus in de gestalte v.e. bedelaar.*

sim·i·lor ['sɪmɪlɔ:‖-lɔr]⟨n.-telb.zn.⟩ **0.1** ***similor*** ⇒*spinsbek, half/bijouteriegoud.*

sim·mer[1] ['sɪmə‖-ər]⟨telb.zn.; g. mv.⟩ **0.1** ***gesudder*** ⇒*gepruttel, het sudderen* ◆ **3.1** bring sth. to a ~ *iets aan het sudderen brengen;* keep sth. at a ~ *iets aan het sudderen houden/zachtjes laten koken.*

simmer[2] ⟨f2⟩⟨ww.⟩

I ⟨onov.ww.⟩ **0.1** ***sudderen*** ⇒*pruttelen, zachtjes koken* **0.2** ***zich***

inhouden ⟨mbt. woede, lach⟩ ◆ **5.2** ~ **down/off** *bedaren, tot rust komen, zich kalmeren* **6.2** he was ~ing **with** anger *inwendig kookte hij van woede;* he was ~ing **with** laughter *hij kon zijn lach nauwelijks inhouden;*
II ⟨ov.ww.⟩ **0.1** ***aan het sudderen/pruttelen brengen/houden*** ⇒*zachtjes aan de kook brengen/houden, laten sudderen.*

sim·nel ['sɪmnəl], **'simnel cake** ⟨telb.zn.⟩ ⟨BE⟩ **0.1** ***feestgebak*** ⟨vnl. met Kerstmis, Pasen, halfvasten⟩.

si·mo·le·on [sɪ'mouliən] ⟨telb.zn.⟩ ⟨AE; sl.⟩ **0.1** ***dollar*** ⇒ ⟨mv.⟩ *poen.*

si·mo·ni·ac[1] [sɪ'mouniæk] ⟨telb.zn.⟩ **0.1** ***iem. die simonie bedrijft.***

simoniac[2], **si·mo·ni·a·cal** ['sɪmə'naɪəkl] ⟨bn.; -(al)ly; →bijw. 3⟩ **0.1** ***schuldig aan simonie.***

si·mon·ize ['saɪmənaɪz] ⟨ov.ww.⟩ **0.1** ***wassen*** ⇒*in de was zetten* ⟨auto⟩.

'si·mon-'pure ⟨bn., attr.⟩ **0.1** ***waar*** ⇒*echt, onvervalst, authentiek.*

Si·mon Pure ['saɪmən 'pjʊə‖-'pjʊr] ⟨n.-telb.zn.⟩ **0.1** ***de ware*** ⇒*de echte* ⟨persoon⟩ **0.2** ***je ware*** ⇒*het echte/onvervalste/authentieke* ⟨ding⟩ ◆ **2.1** The real ~ *de ware/echte* **2.2** The real ~ *je ware, de enige echte.*

sim·o·ny ['saɪməni] ⟨n.-telb.zn.⟩ **0.1** ***simonie*** ⟨handel in geestelijke ambten/privileges⟩.

si·moom [sɪ'mu:m], **si·moon** [sɪ'mu:n] ⟨telb.zn.⟩ **0.1** ***samoem*** ⇒*samoen* ⟨hete zandwind, vnl. in Arabische woestijn⟩.

simp [sɪmp] ⟨telb.zn.⟩ ⟨vnl. AE; inf.⟩ **0.1** ***sul*** ⇒*stumper, onnozele bloed/hals* **0.2** ***dwaas*** ⇒*domkop, sukkel.*

sim·pa·ti·co [sɪm'pɑ:ṭɪkou] ⟨bn.⟩ ⟨inf.⟩ **0.1** ***gelijkgezind*** ⇒*gelijkgestemd* **0.2** ***sympathiek*** ⇒*aardig, aantrekkelijk.*

sim·per[1] ['sɪmpə‖-ər] ⟨f1⟩ ⟨telb.zn.⟩ **0.1** ***onnozele glimlach*** ⇒*zelfvoldane/gemaakte grijnslach.*

simper[2] ⟨f1⟩ ⟨onov. en ov.ww.⟩ **0.1** ***onnozel glimlachen*** ⇒*zelfvoldaan/gemaakt grijnslachen* ◆ **1.1** he ~ed his approval *met een grijnslach gaf hij zijn toestemming.*

sim·per·ing·ly ['sɪmpərɪŋli] ⟨bw.⟩ **0.1** ***met een onnozele glimlach*** ⇒*met een zelfvoldane/gemaakte grijnslach.*

sim·ple[1] ['sɪmpl] ⟨telb.zn.⟩ **0.1** ***iets eenvoudigs*** **0.2** ***dwaas*** ⇒*sul* **0.3** ⟨vero.⟩ ***heelkruid*** ⇒*geneeskrachtige plant.*

simple[2] ⟨f4⟩ ⟨bn.⟩ **0.1** ***enkelvoudig*** ⇒*eenvoudig, enkel, eendelig, primair* **0.2** ***eenvoudig*** ⇒*ongekunsteld, eerlijk, natuurlijk, ongecompliceerd* **0.3** ***simpel*** ⇒*eenvoudig, gewoon, enkel, zonder meer* **0.4** ***dwaas*** ⇒*onnozel, argeloos, niet wijs, simpel;* ⟨sl.⟩ *afgestompt* **0.5** ***eenvoudig*** ⇒*gemakkelijk, simpel* **0.6** ***eenvoudig*** ⇒*bescheiden, nederig, onbeduidend* **0.7** ⟨vero.⟩ ***simpel*** ⇒*zwakzinnig* ◆ **1.1** ⟨dierk.⟩ ~ eye *enkelvoudig oog, ommatidium* ⟨bij insekten⟩; ~ forms of life *eenvoudige/primaire levensvormen;* ⟨wisk.⟩ ~ fraction *een/enkelvoudige breuk;* ⟨med.⟩ ~ fracture *enkelvoudige (been)breuk/fractuur;* ⟨plantk.⟩ ~ fruit *vrucht v. één stamper;* ~ idea *enkelvoudige/primaire idee;* ⟨muz.⟩ ~ interval *interval v. niet meer dan één octaaf;* ⟨plantk.⟩ ~ leaf *enkelvoudig blad;* ⟨tech.⟩ ~ machine *enkelvoudig werktuig* ⟨als onderdeel v.e. machine⟩; ⟨nat.⟩ ~ harmonic motion *eenvoudige harmonische beweging;* ⟨plantk.⟩ ~ pistil *enkelvoudige stamper;* ⟨taalk.⟩ ~ tense *enkelvoudige tijd(svorm);* ⟨muz.⟩ ~ time *enkelvoudige maat* **1.2** ~ beauty *natuurlijke schoonheid;* the ~ life *het ongekunstelde/natuurlijke leven* ⟨vnl. als artificieel fenomeen⟩ **1.3** ~ contract *ongeregistreerd/ongezegeld contract;* hold in fee ~ *in volle/onbeperkte eigendom bezitten;* a ~ majority of votes *een eenvoudige meerderheid van stemmen;* the ~ truth *de nuchtere/naakte/zuivere waarheid* **1.4** Simple Simon *onnozele hals, hannes* **1.5** a ~ solution *een eenvoudige/gemakkelijke oplossing* **1.6** a ~ peasant *een eenvoudige boer/plattelander* **2.3** deceit pure and ~ *regelrecht bedrog.*

'sim·ple-'heart·ed ⟨bn.⟩ ⟨schr.⟩ **0.1** ***eenvoudig*** ⇒*eerlijk, oprecht.*

'sim·ple-'mind·ed ⟨f1⟩ ⟨bn.; -ly; -ness⟩ **0.1** ***eenvoudig*** ⇒*eerlijk, oprecht, ongekunsteld* **0.2** ***dwaas*** ⇒*argeloos, onnadenkend* **0.3** ***zwakzinnig.***

sim·ple·ton ['sɪmpltən] ⟨f1⟩ ⟨telb.zn.⟩ **0.1** ***dwaas*** ⇒*sul, hannes.*

sim·plex ['sɪmpleks] ⟨zn.; ook simplices [-plɪsi:z], simplicia [sɪm'plɪʃə]; →mv. 5⟩
I ⟨telb.zn.⟩ **0.1** ⟨ben. voor⟩ ***enkelvoudig element*** ⇒ ⟨taalk.⟩ *simplex, ongeleed woord;*
II ⟨n.-telb.zn.⟩ ⟨comp., telecommunicatie⟩ **0.1** ***simplex*** ⟨communicatielijn die maar in een richting tegelijk werkt⟩.

sim·plic·i·ty [sɪm'plɪsəṭi] ⟨f2⟩ ⟨n.-telb.zn.⟩ **0.1** ***eenvoud*** ⇒*simpliciteit, ongecompliceerdheid* **0.2** ***dwaasheid*** ⇒*argeloosheid, simpelheid, onnozelheid* ◆ **4.1** ⟨inf.⟩ it is ~ itself *het is een koud kunstje.*

sim·pli·fi·ca·tion ['sɪmplɪfɪ'keɪʃn] ⟨f1⟩ ⟨telb. en n.-telb.zn.⟩ **0.1** ***vereenvoudiging*** ⇒*simplificatie.*

sim·pli·fy ['sɪmplɪfaɪ] ⟨f2⟩ ⟨ov.ww.; →ww. 7⟩ **0.1** ***vereenvoudigen*** ⟨ook wisk.⟩ **0.2** ***(te) eenvoudig voorstellen*** ⇒*simplificeren.*

sim·plism ['sɪmplɪzm] ⟨telb. en n.-telb.zn.⟩ **0.1** ***simplisme*** ⇒*overdreven eenvoud* **0.2** ***simplisme*** ⇒*simplistische denkwijze/voorstelling.*

sim·plis·tic [sɪm'plɪstɪk] ⟨f1⟩ ⟨bn.; -ally; →bijw. 3⟩ **0.1** ***simplistisch.***

sim·ply ['sɪmpli] ⟨f4⟩ ⟨bw.⟩ **0.1** ***eenvoudig*** ⇒*gewoonweg, zonder meer* **0.2** ***stomweg*** ⇒*domweg* **0.3** ***enkel*** ⇒*maar, slechts.*

sim·u·la·crum ['sɪmjʊ'leɪkrəm‖-mjə-] ⟨telb.zn.; ook simulacra [-'leɪkrə]; →mv. 5⟩ **0.1** ***beeld*** ⇒*afbeelding, voorstelling* **0.2** ***schijnbeeld*** ⇒*schaduwbeeld, schim.*

sim·u·lant ['sɪmjʊlənt‖-mjə-] ⟨bn.⟩ **0.1** ***nabootsend*** ◆ **6.1** ⟨plantk.⟩ leaves ~ **of** their surroundings *bladeren die hun omgeving nabootsen.*

sim·u·late ['sɪmjʊleɪt‖-mjə-] ⟨f2⟩ ⟨ov.ww.⟩ **0.1** ***simuleren*** ⇒*voorgeven, voorwenden, fingeren, veinzen, doen alsof* **0.2** ***imiteren*** ⇒*nabootsen, spelen, zich uitgeven voor* ◆ **1.2** ~d gold *namaak/ersatzgoud.*

sim·u·la·tion ['sɪmjʊ'leɪʃn‖-mjə-] ⟨f1⟩ ⟨telb. en n.-telb.zn.⟩ **0.1** ***simulatie*** ⇒*voorwending, veinzerij* **0.2** ***imitatie*** ⇒*nabootsing* **0.3** ⟨comp.⟩ ***simulatie*** ⇒*model.*

sim·u·la·tor ['sɪmjʊleɪtə‖-mjəleɪṭər] ⟨telb.zn.⟩ **0.1** ***simulant*** ⇒*huichelaar* **0.2** ⟨tech.⟩ ***simulator.***

si·mul·cast[1] ['sɪmlkɑ:st‖'saɪmlkæst] ⟨telb.zn.⟩ **0.1** ***simultane uitzending*** ⟨op radio, t.v.⟩.

simulcast[2] ⟨ov.ww.⟩ **0.1** ***simultaan uitzenden*** ⟨radio, t.v.⟩.

si·mul·ta·ne·i·ty ['sɪmltə'ni:əti‖'saɪmltə'ni:əṭi] ⟨n.-telb.zn.⟩ **0.1** ***gelijktijdigheid*** ⇒*simultaneïteit.*

si·mul·ta·ne·ous ['sɪml'teɪnɪəs‖'saɪ-] ⟨f2⟩ ⟨bn.; -ly; -ness⟩ **0.1** ***gelijktijdig*** ⇒*simultaan* ◆ **1.1** ~ display *simultaanspel* ⟨schaken⟩; ⟨wisk.⟩ ~ equations *simultane vergelijkingen* **6.1** ~ly **with** *tegelijk met.*

sin[1] [sɪn] ⟨f3⟩ ⟨telb. en n.-telb.zn.⟩ ⟨→sprw. 75, 569⟩ **0.1** ***zonde*** ⇒*inbreuk, vergrijp, misdaad* ◆ **1.1** ~ against the Holy Ghost *zonde tegen de Heilige Geest;* ~s of omission *zonden v. nalatigheid* **2.1** deadly/mortal ~ *doodzonde;* the seven deadly ~s *de zeven hoofdzonden;* the original ~ *de erfzonde;* venial ~ *dagelijkse zonde* **3.1** commit a ~ *een zonde begaan/bedrijven/doen;* live in ~ *in zonde leven;* ⟨inf. vnl.⟩ *samenwonen* **6.1** ⟨scherts.⟩ **for** my ~s *voor mijn straf* **6.¶** black **as** ~ *zwart als de hel;* ugly **as** ~ *foei/spuuglelijk;* ⟨sl.⟩ **like** ~ *als de dood, hard, erg.*

sin[2] ⟨f3⟩ ⟨ww.⟩
I ⟨onov.ww.⟩ **0.1** ***zondigen*** ⇒*zonde begaan/bedrijven/doen* ◆ **6.1** ~ **against** *zondigen tegen;*
II ⟨ov.ww.⟩ **0.1** ***begaan*** ⟨zonde⟩.

sin[3] ⟨afk.⟩ sine **0.1** ***sin.***

sin·an·thro·pus [sɪ'nænθrəpəs] ⟨telb.zn.⟩ **0.1** ***sinanthropus*** ⇒*Pekingmens* ⟨Pithecantropus erectus/pekinensis⟩.

sin·a·pism ['sɪnəpɪzm] ⟨n.-telb.zn.⟩ **0.1** ***mosterdpleister.***

'sin bin ⟨telb.zn.⟩ ⟨inf.; ijshockey⟩ **0.1** ***strafbankje.***

since[1] [sɪns] ⟨f2⟩ ⟨bw.⟩ ⟨tijd⟩ **0.1** ***sindsdien*** ⇒*van dan af, onder/intussen, inmiddels* **0.2** ***geleden*** ◆ **3.1** that building has ~ been demolished *dat gebouw is ondertussen gesloopt;* he has seen her twice ~ *hij heeft haar sindsdien twee keer gezien* **3.2** he left some years ~ *hij is enige jaren geleden weggegaan* **5.1** I've lived here ever ~ *ik heb hier sindsdien onafgebroken gewoond* **5.2** it has disappeared long ~ *het is lang geleden/allang verdwenen.*

since[2] ⟨f4⟩ ⟨vz.; →tijdsaanduiding⟩ **0.1** ***sinds*** ⇒*sedert, van ... af* ◆ **1.1** I've met her on and off ~ that occasion *ik heb haar sinds/na die gelegenheid nog af en toe gezien.*

since[3], ⟨vero.⟩ **sith** [sɪθ] ⟨f4⟩ ⟨ondersch.vw.⟩ **0.1** ⟨→tijdsaanduiding⟩ ***sinds*** ⇒*vanaf/na de tijd dat* **0.2** ⟨reden of oorzaak⟩ ***aangezien*** ⇒*daar* ◆ **¶.1** he's never been the same ~ his wife died *hij is nooit meer dezelfde geweest sinds zijn vrouw gestorven is;* it's a long time ago ~ I last visited the place *het is lang geleden sinds ik die plek voor het laatst bezocht* **¶.2** ~ you don't want me around I might as well leave *aangezien je me niet in de buurt wilt hebben, kan ik evengoed vertrekken.*

sin·cere [sɪn'sɪə‖-'sɪr] ⟨f3⟩ ⟨bn.⟩ ⟨→sprw. 333⟩ **0.1** ***eerlijk*** ⇒*oprecht, rechtuit, gemeend* **0.2** ⟨vero.⟩ ***zuiver*** ⇒*puur, onvervalst.*

sin·cere·ly [sɪn'sɪəli‖-'sɪrli] ⟨f3⟩ ⟨bw.⟩ **0.1** ***eerlijk*** ⇒*oprecht, gemeend, rechtuit* ◆ **4.1** yours ~ *met vriendelijke groeten* ⟨slotformule in brief⟩.

sin·cer·i·ty [sɪn'serəṭi] ⟨f2⟩ ⟨n.-telb.zn.⟩ **0.1** ***eerlijkheid*** ⇒*oprechtheid, gemeendheid* ◆ **6.1** **in** all ~ *in alle oprechtheid.*

sin·cip·i·tal [sɪn'sɪpɪṭl] ⟨bn., attr.⟩ ⟨anat.⟩ **0.1** ***schedeldak-*** ⇒*schedelkap-, kruin-* **0.2** ***voorhoofds-.***

sin·ci·put ['sɪnsɪpʌt] ⟨telb.zn.; ook sincipita [sɪn'sɪpɪṭə]; →mv. 5⟩ ⟨anat.⟩ **0.1** ***schedeldak*** ⇒*schedelkap, kruin* **0.2** ***voorhoofd.***

sine [saɪn] ⟨telb.zn.⟩ ⟨wisk.⟩ **0.1** ***sinus*** ◆ **1.1** ~ of angle *sinus* **3.1** versed ~ *sinus versus.*

si·ne·cure ['saɪnɪkjʊə‖-kjʊr] ⟨telb.zn.⟩ **0.1** ***sinecure*** ⇒*sinecuur* ⟨bezoldigd (geestelijk) ambt zonder verplichtingen; ook fig.⟩.

si·ne·cur·ism ['saɪnɪkjʊərɪzm‖-kjʊr-]⟨n.-telb.zn.⟩ **0.1** ***stelsel v. sinecures.***
si·ne·cur·ist ['saɪnɪkjʊərɪst‖-kjʊr-]⟨telb.zn.⟩ **0.1** ***iem. met een sinecure.***
'sine curve, 'sine wave ⟨telb.zn.⟩ **0.1** ***sinuslijn*** ⇒*sinusoïde.*
si·ne di·e ['saɪni 'daɪi:]⟨bw.⟩ **0.1** ***sine die*** ⇒*voor onbepaalde tijd.*
si·ne qua non ['sɪni kwɑ: 'noʊn‖'saɪni kweɪ 'nɑn]⟨telb.zn.⟩ **0.1** ***conditio/voorwaarde sine qua non*** ⇒*absolute voorwaarde, onmisbaar iets.*
sin·ew[1] ['sɪnju:]⟨f1⟩⟨zn.⟩
I ⟨telb.zn.⟩ **0.1** ***pees*** ⇒*zeen;*
II ⟨n.-telb.zn.⟩ **0.1** ***kracht*** ⇒*lichaams/spierkracht;*
III ⟨mv.; ~s; the⟩ **0.1** ***kracht*** ⇒*spierkracht* **0.2** ***krachtbron*** **0.3** ⟨fig.⟩ ***steunpilaar*** ⇒*geraamte* ◆ **1.¶** ~s of war *geldmiddelen.*
sinew[2] ⟨ov.ww.⟩ **0.1** ***sterken*** ⇒*kracht geven* **0.2** ***ondersteunen*** ⇒*schragen.*
sin·ew·y ['sɪnju:i]⟨f1⟩⟨bn.⟩ **0.1** ***pezig*** ⇒*zenig, taai* **0.2** ***gespierd*** ⇒*sterk.*
sin·fo·nia ['sɪnfə'nɪə]⟨telb.zn.; sinfonie [-'nieɪ]; →mv. 5⟩⟨muz.⟩ **0.1** ***symfonie*** **0.2** ***ouverture.***
sin·fo·niet·ta ['sɪnfoʊni'eṭə]⟨zn.⟩⟨muz.⟩
I ⟨telb.zn.⟩ **0.1** ***sinfonietta*** ⇒*korte symfonie;*
II ⟨verz.n.⟩ **0.1** ***klein symfonieorkest*** ⇒*kamerorkest.*
sin·ful ['sɪnfl]⟨f2⟩⟨bn.; -ly; -ness⟩ **0.1** ***zondig*** ⇒*schuldig* **0.2** ***slecht*** ⇒*verdorven, goddeloos* **0.3** ***schandalig*** ⇒*schandelijk* ◆ **1.3** a ~ waste of money *een schandalige geldverspilling.*
sing[1] [sɪŋ]⟨telb.zn.⟩ **0.1** ***zangsamenkomst*** ⇒*samenzang.*
sing[2] ⟨f3⟩⟨ww.; sang [sæŋ], sung [sʌŋ]⟩ →singing ⟨→sprw. 327⟩
I ⟨onov.ww.⟩ **0.1** ⟨ben. voor⟩ ***zingend geluid maken*** ⇒*suizen* ⟨v. wind⟩; *fluiten* ⟨v. kogel⟩; *tsjirpen* ⟨v. krekel⟩ **0.2** ***gonzen*** ⟨v. oor⟩ **0.3** ***prettig klinken*** ⟨v. taal⟩ **0.4** ⟨sl.⟩ ***tippen*** ⇒*verklikken* **0.5** ⟨sl.⟩ ***(schuld) bekennen*** ◆ **1.1** the kettle is ~ing on the cooker *de ketel fluit op het fornuis;* ~ing saw *zingende zaag* **1.2** his ears were ~ing from the roaring *zijn oren zoemden van het gedreun* **5.¶** ~ sth. **out** *iets uitroepen;* ~ small *achteruit krabbelen, toontje lager zingen;* ~ **up** *luider zingen* **6.1** ~ **to** the music of *zingen op de muziek van* **6.¶** ~ **of** the old heroes *de oude helden bezingen;* ~ **out (for)** *schreeuwen (om);*
II ⟨onov. en ov.ww.⟩ **0.1** ⟨ben. voor⟩ ***zingen*** ⇒*tsjilpen* ⟨v. vogel e.d.⟩ **0.2** ***dichten*** ◆ **5.1** ~ **away** one's troubles *zijn zorgen wegzingen* **6.1** ~ **to** sleep *in slaap zingen;*
III ⟨ov.ww.⟩ **0.1** ***bezingen*** ⇒*verheerlijken.*
sing[3] ⟨afk.⟩ singular.
sing·a·ble ['sɪŋəbl]⟨bn.⟩ **0.1** ***(geschikt om) te zingen.***
'sing·a·long ⟨telb.zn.⟩ **0.1** ***meezinger.***
singe[1] [sɪndʒ]⟨telb.zn.⟩ **0.1** ***schroeiing*** ⇒*verzenging* **0.2** ***schroeiplek*** ⇒*schroeivlek.*
singe[2] ⟨onov. en ov.ww.⟩ **0.1** ***(ver)schroeien*** ⇒*verzengen, afschroeien* **0.2** ***friseren*** ⟨haar⟩ ◆ **1.1** ~ fowl/a pig *gevogelte/een varken zengen.*
sing·er ['sɪŋə‖-ər]⟨f3⟩⟨telb.zn.⟩ **0.1** ***zanger(es)*** **0.2** ***dichter(es)*** **0.3** ***zangvogel*** **0.4** ⟨sl.⟩ ***verklikker.***
Singh [sɪŋ]⟨eig.n., telb.zn.⟩ **0.1** ***Indiaas krijgsman.***
Singhalese →Sinhalese.
sing·ing ['sɪŋɪŋ]⟨zn.; (oorspr.) gerund v. sing⟩
I ⟨n.-telb.zn.⟩ **0.1** ***zang(kunst)*** **0.2** ***het zingen;***
II ⟨telb. en n.-telb.zn.⟩ **0.1** ***gezang*** ⇒*het zingen.*
'sing·ing-mas·ter ⟨telb.zn.⟩ **0.1** ***zangleraar.***
sin·gle[1] ['sɪŋgl]⟨f3⟩⟨zn.⟩
I ⟨telb.zn.⟩ **0.1** ⟨BE⟩ ***enkeltje*** ⇒*enkele reis* **0.2** ***één run*** ⟨bv. bij cricket⟩ **0.3** ***enkel*** ⇒*enkelspel* ⟨golf, tennis⟩ **0.4** ⟨vaak mv.⟩ ***vrijgezel*** **0.5** ***single*** ⇒*45-toeren plaatje* **0.6** ⟨inf.⟩ ***bankbiljet v. één dollar/pond*** **0.7** ⟨honkbal⟩ ***honkslag*** **0.8** ⟨sl.⟩ ***solist;***
II ⟨mv.; ~s⟩ **0.1** ***enkel*** ⇒*enkelspel* ⟨i.h.b. bij tennis⟩.
single[2] ⟨f3⟩⟨bn.⟩
I ⟨bn.⟩ **0.1** ***enkel*** ⇒*enkelvoudig* **0.2** ***ongetrouwd*** ⇒*alleenstaand* **0.3** ***oprecht*** ⇒*eerlijk* ◆ **1.1** ~ entry *enkelvoudig boekhouden;* ~ flower *enkelvoudige bloem;* ⟨ec.⟩ ~ tax *enkelvoudige belastingheffing* **1.3** ~ heart/mind *eenvoud* ⟨mbt. karakter⟩; *toewijding, toegewijdheid;*
II ⟨bn., attr.⟩ **0.1** ***enig*** **0.2** ***afzonderlijk*** ⇒*alleen(staand), op zichzelf staand* **0.3** ***eenpersoons-*** **0.4** ⟨BE⟩ ***enkele reis*** ◆ **1.2** in ~ file *in / op één rij, in ganzenmars, allemaal achter elkaar;* not a ~ man helped *niet één man hielp* **1.3** ~ bed *eenpersoonsbed* **1.4** a ~ ticket *een (kaartje) enkele reis* **1.¶** ~ combat *tweegevecht;* with a ~ eye *doelbewust, met één doel voor ogen;* ⟨scheep.⟩ ~ knot *halve/overhandse knoop;* ⟨AE; ec.⟩ ~ liability *beperkte aansprakelijkheid;* ⟨sport⟩ ~ wicket *cricket met één batsman.*
single[3] ⟨f3⟩⟨ov.ww.⟩ **0.1** ***uitkiezen*** ⇒*selecteren, uitpikken* ◆ **5.1** ~ s.o./sth. **out** *iets/iem. uitkiezen.*
'sin·gle-'act·ing ⟨bn.⟩ **0.1** ***enkelwerkend*** ⟨i.h.b. van machine⟩.
'sin·gle-'bar·relled ⟨bn.⟩ **0.1** ***enkelloops*** ⇒*éénloops* ◆ **1.1** ~ rifle *enkelloops geweer.*
'sin·gle-'breast·ed ⟨bn.⟩ **0.1** ***met één rij knopen*** ◆ **1.1** ~ coat *jas met één rij knopen.*
'sin·gle-cut ⟨bn.⟩ **0.1** ***met groeven in één richting*** ⟨v. vijl⟩.
'sin·gle-'deck·er, 'sin·gle-deck 'bus ⟨telb.zn.⟩ **0.1** ***éénverdiepingsvoertuig/bus*** ⇒*ééndekker.*
'sin·gle-en·gine ⟨bn., attr.⟩ **0.1** ***eenmotorig.***
'sin·gle-'eyed ⟨bn.⟩ **0.1** ***met één oog*** ⇒*éénogig* **0.2** ***eerlijk*** ⇒*oprecht* **0.3** ***doelbewust.***
'sin·gle-foot[1] ⟨n.-telb.zn.⟩ **0.1** ***telgang.***
'single-foot[2] ⟨onov.ww.⟩ **0.1** ***in telgang lopen.***
'sin·gle-foot·er ⟨telb.zn.⟩ **0.1** ***telganger.***
'sin·gle-'hand·ed[1] ⟨f2⟩⟨bn.; -ly⟩ **0.1** ***alleen*** ⇒*zonder steun* **0.2** ***met één hand*** **0.3** ***voor één hand.***
single-handed[2] ⟨f2⟩⟨bw.⟩ **0.1** ***alleen*** ⇒*zonder steun* **0.2** ***met één hand.***
'sin·gle-jack ⟨telb.zn.⟩⟨sl.⟩ **0.1** ***bedelaar met één arm/been/oog.***
'single-lens 'reflex ⟨telb.zn.⟩ **0.1** ***eenlenzige reflexcamera.***
'sin·gle-'load·er ⟨telb.zn.⟩ **0.1** ***enkelschots geweer.***
'sin·gle-'mind·ed ⟨f1⟩⟨bn.; -ly; -ness⟩ **0.1** ***doelbewust*** **0.2** ***vastberaden*** ⇒*standvastig.*
sin·gle·ness ['sɪŋglnəs]⟨n.-telb.zn.⟩ **0.1** ***concentratie*** **0.2** ***het alleen/ongehuwd zijn*** ◆ **1.¶** with ~ of mind *met één doel voor ogen;* ~ of purpose *doelgerichte toewijding.*
sin·gle-o[1] ['sɪŋgəloʊ]⟨telb.zn.⟩⟨sl.⟩ **0.1** ***alleen opererende oplichter.***
single-o[2] ⟨bn.⟩⟨sl.⟩ **0.1** ***ongetrouwd*** **0.2** ***solistisch.***
single-o[3] ⟨bw.⟩⟨sl.⟩ **0.1** ***alleen*** ⇒*op zichzelf.*
'single-parent 'family ⟨telb.zn.⟩ **0.1** ***eenoudergezin.***
'sin·gle-'phase ⟨bn.⟩⟨elek., nat.⟩ **0.1** ***éénfasig*** ⇒*éénfase-.*
'singles bar ⟨telb.zn.⟩ **0.1** ***vrijgezellenbar.***
'sin·gle-'seat·er ⟨telb.zn.⟩ **0.1** ***éénpersoonsvoertuig*** **0.2** ***éénpersoonsvliegtuig.***
'sin·gle-sex ⟨bn., attr.⟩⟨BE; school.⟩ **0.1** ***niet-gemengd.***
'single skating ⟨n.-telb.zn.⟩⟨schaatssport⟩ **0.1** ***(het) solorijden.***
'sin·gle-'space ⟨onov. en ov.ww.⟩ **0.1** ***(uit)typen op enkele regelafstand.***
'sin·gle·stick ⟨zn.⟩⟨sport⟩
I ⟨telb.zn.⟩ **0.1** ***(batonneer)stok;***
II ⟨n.-telb.zn.⟩ **0.1** ***het stokschermen.***
'sin·gle·stick·er ⟨telb.zn.⟩ **0.1** ***zeilboot met één mast.***
sin·glet ['sɪŋglɪt]⟨f1⟩⟨telb.zn.⟩ **0.1** ⟨BE⟩ ***(onder)hemd*** ⇒*sporthemd* **0.2** ⟨nat.⟩ ***enkele spectraallijn.***
sin·gle·ton ['sɪŋgltən]⟨telb.zn.⟩ **0.1** ***singleton*** ⟨bij kaarten⟩ **0.2** ***eenling*** ⇒*individu* ◆ **6.1** a ~ **in** diamonds *een singleton in ruiten.*
'sin·gle-'track ⟨bn.⟩ **0.1** ***enkelsporig*** ⇒*eensporig* **0.2** ***kleingeestig*** ⇒*kortzichtig.*
'sin·gle-tree ⟨telb.zn.⟩ **0.1** ***zwengelhout*** ⇒*zwenghout* ⟨v. wagen⟩.
sing·ly ['sɪŋgli]⟨f1⟩⟨bw.⟩⟨→sprw. 459⟩ **0.1** ***afzonderlijk*** ⇒*apart, alleen* **0.2** ***één voor één.***
'sing-song[1] ⟨f1⟩⟨telb.zn.⟩ **0.1** ***dreun*** ⇒*eentonige manier van opzeggen* **0.2** ⟨BE⟩ ***samenzang*** ⇒*zangbijeenkomst* ◆ **6.1** say sth. **in** a ~ *iets opdreunen.*
sing-song[2] ⟨f1⟩⟨bn., attr.⟩ **0.1** ***eentonig*** ⇒*monotoon, op een dreun* ◆ **1.1** in a ~ manner *eentonig;* in a ~ voice *met eentonige stem* **1.¶** ~ girl *Chinese zangeres.*
sing-song[3] ⟨ww.⟩
I ⟨onov. en ov.ww.⟩ **0.1** ***eentonig zingen;***
II ⟨ov.ww.⟩ **0.1** ***opdreunen*** ⇒*eentonig opzeggen.*
sin·gu·lar[1] ['sɪŋgjʊlə‖-gjələr]⟨f2⟩⟨n.-telb.zn.⟩ **0.1** ***het bijzondere*** **0.2** ⟨taalk.⟩ ***enkelvoud(svorm)*** ⇒*singularis(vorm), enkelvoudige vorm.*
singular[2] ⟨f2⟩⟨bn.; -ly; -ness⟩ **0.1** ***alleen*** ⇒*op zichzelf staand, uniek, individueel, afzonderlijk* **0.2** ***buitengewoon*** ⇒*bijzonder, uitzonderlijk* **0.3** ***ongewoon*** ⇒*eigenaardig, zonderling, vreemd* **0.4** ***opmerkelijk*** ⇒*opvallend* **0.5** ⟨taalk.⟩ ***enkelvoudig*** ⇒*in/van het enkelvoud, enkelvouds-* **0.6** ⟨wisk.⟩ ***singulier*** ◆ **1.1** a king of ~ nerve *een koning met een buitengewone moed* **1.2** ~ event *eigenaardige gebeurtenis* **1.5** ~ number *enkelvoud* **8.1** all and ~ *allen samen of afzonderlijk.*
sin·gu·lar·i·ty ['sɪŋgjʊ'lærəti‖-gjə'lærəṭi]⟨f1⟩⟨zn.; →mv. 2⟩
I ⟨telb.zn.⟩ **0.1** ***bijzonderheid*** ⇒*uitzonderlijkheid* **0.2** ***eigenaardigheid*** ⇒*ongewoonheid* **0.3** ***opmerkelijkheid*** ⇒*opvallendheid;*
II ⟨n.-telb.zn.⟩ **0.1** ***enkelvoudigheid*** **0.2** ***individualiteit*** ⇒*uniekheid.*
sin·gu·lar·ize, -ise ['sɪŋgjʊləraɪz‖-gjə-]⟨ov.ww.⟩ **0.1** ***enkelvoudig maken*** **0.2** ***individualiseren*** **0.3** ***onderscheiden*** **0.4** ***kenmerken*** ⇒*karakteriseren, typeren.*
sinh ⟨afk.⟩ hyperbolic sine.
Sin·ha·lese[1] ['sɪn(h)ə'li:z], **Sin·gha·lese** ['sɪŋ(g)ə'li:z]⟨zn.; in bet. II; →mv. 4⟩

I ⟨eig.n.⟩ **0.1** ***Singalees*** ⇒*de Singalese taal;*
II ⟨eig.n., telb.zn.⟩ **0.1** ***Singalees*** ⇒*bewoner v. Sri Lanka.*
Sinhalese[2], Singhalese ⟨bn.⟩ **0.1** ***Singalees*** ⇒*uit/van Sri Lanka* **0.2** ***Singalees*** ⇒*uit/van het Singalees.*
sin·is·ter ['sɪnɪstə||-ər]⟨f2⟩⟨bn.; -ly; -ness⟩ **0.1** ***boosaardig*** ⇒*kwaadaardig, onguur* **0.2** ***onheilspellend*** ⇒*dreigend, duister, sinister, noodlottig* **0.3** ⟨heraldiek⟩ ***links*** ⟨gezien vanuit de drager van het schild⟩ **0.4** ⟨vero.⟩ ***links*** ⇒*linker* ◆ **1.1** ~ face *onguur gezicht* **1.2** ~ gesture *onheilspellend gebaar* **1.¶** ⟨heraldiek⟩ bar/baton ~ *linkerschuinbalk* ⟨vaak aanduiding v. bastaardschap⟩; *bastaardschap.*
sin·is·tral[1] ['sɪnɪstrəl]⟨telb.zn.⟩ **0.1** ***linkshandige.***
sinistral[2] ⟨bn.; -ly⟩ **0.1** ***linkshandig*** ⇒*links* **0.2** ***links*** ⇒*linker* **0.3** ***met linkerzijde boven*** ⟨vis⟩ **0.4** ***naar links gedraaid*** ⟨schelp⟩.
sin·is·tral·i·ty [sɪnɪ'strælət̬i]⟨n.-telb.zn.⟩ **0.1** ***linkshandigheid*** **0.2** ***linksheid*** ⇒*het zich links bevinden.*
sin·is·trorse ['sɪnɪ'strɔ:s||-strɔrs]⟨bn.⟩ **0.1** ***omhoog groeiend met linkse draai*** ⟨i.h.b. biol.⟩ ◆ **1.1** ~ vine *met een draai naar links groeiende rank.*
sin·is·trous ['sɪnɪstrəs]⟨bn.; -ly⟩ **0.1** ***onheilspellend*** ⇒*sinister, dreigend, duister* **0.2** ***boosaardig*** ⇒*kwaadaardig* **0.3** ***ongeluk brengend.***
sink[1] [sɪŋk]⟨f3⟩⟨telb.zn.⟩ **0.1** ***gootsteen*** **0.2** ***gootsteenbakje*** ⇒*afwasbakje* **0.3** ***beerput*** ⇒*zinkput* **0.4** ***riool*** **0.5** ***poel*** ⇒*moeras* **0.6** ***poel v. kwaad*** **0.7** ⟨aardr.⟩ ***doline*** ⟨verzakking(sgat), vnl. in (kalk) steenlandschap⟩ ◆ **6.6** ~ of iniquity *poel v. ongerechtigheid.*
sink[2] ⟨f3⟩⟨ww.; sank [sæŋk]/sunk, sunk [sʌŋk]/sunken ['sʌŋkən]⟩ →sinking
I ⟨onov.ww.⟩ **0.1** ***(weg)zinken*** ⇒*(weg)zakken, verzakken, verzinken* **0.2** ***(neer)dalen*** **0.3** ***afnemen*** ⇒*verminderen, verflauwen, kleiner worden, verdwijnen* **0.4** ***achteruit gaan*** ⇒*zwakker worden, in verval raken* **0.5** ***bedaren*** ⇒*luwen, tot rust komen* **0.6** ***doordringen*** ⇒*indringen (in)* **0.7** ***glooien*** ⇒*afhellen, schuin aflopen* ◆ **1.1** sunken road *verzakte/holle weg* **1.2** darkness sank quickly *de duisternis viel snel in* **1.4** the sick man is ~ing fast *de zieke man gaat snel achteruit* **1.7** the ground ~s to the shore *de grond loopt naar de kust af* **1.¶** sunken cheeks *ingevallen wangen;* her spirits sank *de moed zonk haar in de schoenen* **3.¶** ~ or swim *zwemmen/pompen of verzuipen, erop of eronder* **5.¶** his words will ~ **in** *zijn woorden zullen inslaan* **6.1** courage sank **into/to** his boots *de moed zonk hem in de schoenen;* ~ **to** the ground *op de grond neerzijgen;* his voice sank **to** a whisper *hij begon te fluisteren* **6.2** ~ **in** one's estimation *in iemands achting dalen* **6.6** the news finally sank **into** his mind *het nieuws drong eindelijk tot hem door* **6.¶** ~ **into** a doze *insluimeren;* ~ **into** oblivion *in vergetelheid raken;*
II ⟨ov.ww.⟩ **0.1** ***laten zinken*** ⇒*tot zinken brengen, doen zakken, laten dalen* **0.2** ***verzwakken*** **0.3** ***tot rust brengen*** ⇒*kalmeren, tot bedaren brengen* **0.4** ***vergeten*** ⇒*laten rusten, van zich af zetten* **0.5** ***investeren*** **0.6** ***verliezen*** ⟨investering⟩ **0.7** ***(bal) in gat/korf krijgen*** ⟨golf, basketbal enz.⟩ **0.8** ***afbetalen*** ⇒*delgen* **0.9** ***graven*** ⇒*boren* **0.10** ***bederven*** ⇒*verpesten, verzieken* **0.11** ⟨BE; inf.⟩ ***achteroverslaan*** ⟨glas drank, borrel⟩ ◆ **1.1** ~ a ship *een schip tot zinken brengen/de grond in boren* **1.4** ~ the differences *de geschillen vergeten* **1.9** ~ a well *een put boren* **1.10** ~ a plan *een plan bederven* **1.¶** ~ a bottle of rum *een fles rum achterover slaan;* ~ a die *een stempel graveren;* ~ one's head *zijn hoofd laten hangen;* ~ one's name *afstand doen van zijn naam, zijn naam niet voeren* **3.¶** ⟨inf.⟩ be sunk *reddeloos verloren zijn* **6.1** ~ a pole **into** the ground *een paal de grond in drijven* **6.5** ~ one's capital **in** *zijn geld steken in* **6.¶** be sunk **in** thought *in gedachten verzonken zijn.*
sink·a·ble ['sɪŋkəbl]⟨bn.⟩ **0.1** ***tot zinken te brengen.***
sink·er ['sɪŋkə||-ər]⟨telb.zn.⟩ **0.1** ***zinklood*** ⟨aan vissnoer⟩ **0.2** ⟨sl.⟩ ***(zilveren) dollar*** **0.3** ⟨sl.⟩ ***doughnut*** **0.4** ⟨mv.⟩⟨sl.⟩ ***schuiten*** ⇒*grote voeten.*
'sink·hole ⟨telb.zn.⟩ **0.1** ***zinkput*** ⇒*zakput;* ⟨fig.⟩ *poel v. zonde/verderf* **0.2** ⟨aardr.⟩ ***verdwijngat*** ⟨verzakking in bodem waar rivier/beek in ondergrond verdwijnt⟩.
sink·ing ['sɪŋkɪŋ]⟨telb.zn.; oorspr. gerund v. sink⟩ **0.1** ***het doen zinken*** ⇒*het tot zinken brengen* **0.2** ***wee gevoel*** **0.3** ***amortisatie*** ⇒*aflossing.*
'sinking fund ⟨telb.zn.⟩ **0.1** ***amortisatiefonds.***
'sink rate ⟨telb.zn.⟩⟨lucht., i.h.b. zweefvliegen⟩ **0.1** ***daalsnelheid.***
sin·less ['sɪnləs]⟨bn.; -ly; -ness⟩ **0.1** ***zondeloos*** ⇒*zonder zonde, onschuldig, vrij v. zonde.*
sin·ner ['sɪnə||-ər]⟨f2⟩⟨telb.zn.⟩ **0.1** ***zondaar*** **0.2** ⟨schr., scherts.⟩ ***schelm.***
sinnet →sennit.
Sinn Fein ['ʃɪn 'feɪn]⟨eig.n.⟩ **0.1** ***Sinn Fein*** ⟨politieke vleugel v.d. IRA⟩.

Si·no- ['saɪnoʊ] **0.1** ***Chinees-*** ⇒*sino-.*
'sin-of·fer·ing ⟨telb.zn.⟩ **0.1** ***zoenoffer.***
Si·nol·o·gist [saɪ'nɒlədʒɪst||-'nɑ-]⟨telb.zn.⟩ **0.1** ***sinoloog.***
sin·o·logue, sin·o·log ['saɪnəlɒg||-lɔg]⟨telb.zn.⟩ **0.1** ***sinoloog.***
Si·nol·o·gy [saɪ'nɒlədʒi||-'nɑ-]⟨n.-telb.zn.⟩ **0.1** ***sinologie.***
sin·o·phile ['saɪnəfaɪl]⟨telb.zn.⟩ **0.1** ***sinofiel.***
sin·ter[1] ['sɪntə||'sɪnt̬ər]⟨telb.zn.⟩ **0.1** ⟨geol.⟩ ***sinter*** **0.2** ***sintering.***
sinter[2] ⟨ww.⟩
I ⟨onov.ww.⟩ **0.1** ***sinteren;***
II ⟨onov. en ov.ww.⟩ **0.1** ***samenbakken.***
sin·u·ate ['sɪnjuət, -eɪt], **sin·u·at·ed** [-eɪt̬ɪd]⟨bn.; -ly⟩ **0.1** ***kronkelend*** ⇒*golvend* **0.2** ⟨plantk.⟩ ***gelobd*** ⇒*gegolfd.*
sin·u·os·i·ty ['sɪnju'ɒsəti||-'ɑsət̬i]⟨zn.; →mv. 2⟩
I ⟨telb.zn.⟩ **0.1** ***kronkeling*** ⇒*bocht, kromming;*
II ⟨n.-telb.zn.⟩ **0.1** ***bochtigheid*** **0.2** ***lenigheid*** ⇒*buigzaamheid, flexibiliteit.*
sin·u·ous ['sɪnjuəs]⟨bn.; -ly; -ness⟩ **0.1** ***kronkelend*** ⇒*krom, bochtig, golvend* **0.2** ***lenig*** ⇒*buigzaam, flexibel* **0.3** ⟨plantk.⟩ ***gelobd*** ⇒*gegolfd.*
si·nus ['saɪnəs]⟨f1⟩⟨telb.zn.⟩ **0.1** ***holte*** ⇒*opening* **0.2** ⟨biol.⟩ ***sinus*** **0.3** ⟨med.⟩ ***fistel*** **0.4** ⟨plantk.⟩ ***golf tussen twee bladlobben.***
'sinus cavity ⟨telb.zn.⟩⟨anat.⟩ **0.1** ***sinus(holte)*** ⇒*voorhoofdsholte; kaakholte.*
si·nus·i·tis ['saɪnə'saɪt̬ɪs]⟨telb. en n.-telb.zn.⟩⟨med.⟩ **0.1** ***sinusitis*** ⇒*voorhoofdsholteontsteking.*
si·nus·oid ['saɪnəsɔɪd]⟨telb.zn.⟩⟨wisk.⟩ **0.1** ***sinusoïde*** ⇒*sinuslijn.*
si·nus·oid·al ['saɪnə'sɔɪdl]⟨bn.⟩⟨wisk.⟩ **0.1** ***sinusoïdaal*** ◆ **1.1** ~ projection *sinusoïdale (kaart)projectie.*
-sion [ʃn, ʒn]⟨vormt nw.⟩ **0.1** ⟨ong.⟩ ***-ing*** ⇒*-sie* ◆ **¶.1** permission *toestemming;* explosion *ontploffing, explosie.*
Sion →Zion.
Siou·an ['su:ən]⟨zn.; ook Siouan; →mv. 4⟩
I ⟨telb.zn.⟩ **0.1** ***Sioux-indiaan;***
II ⟨n.-telb.zn.⟩ **0.1** ***taal der Sioux*** **0.2** ***Sioux-stam.***
Sioux[1] [su:]⟨f1⟩⟨zn.; Sioux; →mv. 4⟩
I ⟨telb.zn.⟩ **0.1** ***Sioux-indiaan;***
II ⟨n.-telb.zn.⟩ **0.1** ***Sioux-stam*** **0.2** ***Sioux*** ⟨taal⟩.
Sioux[2] ⟨f1⟩⟨bn.⟩ **0.1** ***Sioux-*** ⇒*van/mbt. de Sioux.*
sip[1] [sɪp]⟨f2⟩⟨telb.zn.⟩ **0.1** ***slokje*** ⇒*teugje.*
sip[2] ⟨f2⟩⟨ww.⟩
I ⟨onov.ww.⟩ **0.1** ***nippen*** ◆ **6.1** ~ **at** *nippen aan;*
II ⟨onov. en ov.ww.⟩ **0.1** ***met kleine teugjes drinken.***
sipe [saɪp||si:p]⟨telb.zn.⟩ **0.1** ***profielgroef v. band.***
si·phon[1], sy·phon ['saɪfn]⟨f1⟩⟨telb.zn.⟩ **0.1** ***sifon*** ⇒*hevel, stankafsluiter* **0.2** ***sifon*** ⇒*hevelfles, spuitfles* **0.3** ⟨dierk.⟩ ***zuigbuis v. insekt*** **0.4** ⟨dierk.⟩ ***buisvormig orgaan v. inktvisachtigen*** ⟨genus Cephalopoda⟩.
siphon[2], syphon ⟨ww.⟩
I ⟨onov.ww.⟩ **0.1** ***(als) door hevel stromen*** ◆ **1.¶** tea was ~ing from the cup *de thee liep over uit het kopje;*
II ⟨ov.ww.⟩ **0.1** ***(over)hevelen*** ⇒*overtappen* ◆ **5.1** ~ **off/out** *overhevelen;* ⟨fig.⟩ *overdragen, overbrengen, verplaatsen.*
si·phon·al ['saɪfənəl], **si·phon·ic** [saɪ'fɒnɪk||-'fɑ-]⟨bn.⟩ **0.1** ***sifonachtig*** ⇒*hevelachtig.*
'siphon ba'rometer ⟨telb.zn.⟩ **0.1** ***hevelbarometer.***
si·phon·et ['saɪfə'net]⟨telb.zn.⟩ **0.1** ***honingbuisje v. bladluis.***
si·pho·no·phore [saɪ'fɒnəfɔ:||saɪ'fɑnəfɔr]⟨telb.zn.⟩⟨dierk.⟩ **0.1** ***kwalachtig dier*** ⟨orde Siphonophora⟩.
si·phun·cle ['saɪfʌŋkl]⟨telb.zn.⟩⟨dierk.⟩ **0.1** ***buisvormig orgaan*** ⟨i.h.b. bij zeedieren⟩.
sip·pet ['sɪpɪt]⟨telb.zn.⟩ **0.1** ***brood/toast bij soep*** ⟨e.d.⟩ ⇒*soldaatje, croûton* **0.2** ⟨fig.⟩ ***stukje.***
sir[1], Sir [sɜ:⟨in bet. 0.2⟩sə||sɜ:r]⟨f3⟩⟨telb.zn.⟩ **0.1** ***meneer*** ⇒*mijnheer* ⟨aanspreektitel⟩ **0.2** ***Sir*** ⟨titel v. baronet en ridder⟩ ◆ **1.¶** Sir Roger de Coverley *levendige Engelse volksdans(muziek)* **2.1** Dear Sir *geachte heer;* Dear Sirs *mijne heren* ⟨in brief⟩ **9.1** ⟨AE; inf.⟩ no sir! *geen sprake van!.*
sir[2] [sɜ:||sɜr]⟨f1⟩⟨ov.ww.; →ww. 7⟩ **0.1** ***met meneer aanspreken*** ◆ **3.1** don't ~ me, please *noem me alsjeblieft geen meneer.*
sir·car, sir·kar ['sɜ:kɑ:||'sɜrkɑr]⟨telb.zn.⟩⟨Ind. E⟩ **0.1** ***regering*** **0.2** ***bevelhebber*** ⇒*hoofd* **0.3** ***heer*** ⇒*aanzienlijk man* **0.4** ***huisbediende*** **0.5** ***administrateur*** ⇒*hoofdboekhouder.*
sir·dar ['sɜ:dɑ:||'sɜrdɑr]⟨telb.zn.⟩⟨vnl. Ind. E⟩ **0.1** ***sirdar*** ⇒*legerbevelhebber* **0.2** ***titel v. hoge officier*** **0.3** ***hoogwaardigheidsbekleder.***
sire[1] ['saɪə||-ər]⟨f1⟩⟨telb.zn.⟩ **0.1** ***vader v. dier*** ⟨i.h.b. v. paard⟩ **0.2** ***dekhengst*** **0.3** ⟨vero.⟩ ***heer*** ⇒*aanzienlijk man* **0.4** ⟨vero.⟩ ***(voor)vader*** **0.5** ⟨vero.⟩ ***Sire*** ⇒*heer* ⟨aanspreektitel v. keizer/koning⟩ ◆ **1.1** have a ~ with a pedigree *een vader met een stamboom hebben.*
sire[2] ⟨f1⟩⟨ov.ww.⟩ **0.1** ***verwekken*** ⟨i.h.b. v. paard⟩.

si·ren[1] ['saɪərən]⟨f2⟩⟨telb.zn.⟩ **0.1** ⟨mythologie⟩ ***sirene*** **0.2** ***verleidster*** **0.3** ***betoverende zangeres*** **0.4** ***sirene*** ⇒*alarmsirene* **0.5** ***misthoorn*** **0.6** ⟨dierk.⟩ ***amfibisch dier*** ⟨fam. Sirenidae⟩.
siren[2] ⟨bn., attr.⟩ **0.1** ***verleidelijk*** ⇒*betoverend*.
si·re·ni·an [saɪ'ri:nɪən]⟨telb.zn.⟩⟨dierk.⟩ **0.1** ***zeekoe*** ⟨orde der Sirenia⟩.
'siren song ⟨telb.zn.⟩ **0.1** ***sirenengezang*** ⇒*sirenenlied*.
'siren suit ⟨telb.zn.⟩ **0.1** ***hansop***.
Sir·i·us ['sɪrɪəs]⟨eig.n.⟩⟨ster.⟩ **0.1** ***Sirius*** ⇒*Hondsster*.
sirkar →sircar.
sir·loin ['sɜ:lɔɪn‖'sɜr-]⟨f1⟩⟨telb. en n.-telb.zn.⟩ **0.1** ***sirloin*** ⇒*harst, lendestuk v. rund*.
'sirloin 'steak ⟨telb. en n.-telb.zn.⟩ **0.1** ***stuk sirloin*** ⇒*harststuk, lendestuk*.
si·roc·co [sɪ'rɒkoʊ‖-'rɑ-], **sci·roc·co** [ʃɪ-]⟨telb.zn.⟩ **0.1** ***sirocco*** ⟨hete wind⟩.
sir·rah ['sɪrə]⟨telb.zn.⟩⟨vero.⟩ **0.1** ***man*** ⇒*kerel, vent*.
sir·ree, sir·ee [sə'ri:]⟨telb.zn.⟩⟨inf.⟩ **0.1** ***mijnheer*** ⇒*meneer* ⟨nadrukkelijk, vaak met 'ja' en 'nee'⟩ ◆ **9.1** no ~, I will not do that! *nee meneer, dat doe ik niet!*.
sirup →syrup.
sir·vente [sɜ:'vent‖sɜr-], **sir·ventes** [sɜ:'ventɪs‖sɜr'ventɪs], **sir·vent** [sɜ:'vent‖sɜr-]⟨telb.zn.⟩ **0.1** ***satirisch lied v. Provençaalse troubadour*** ⟨vnl. Middeleeuws⟩.
sis [sɪs]⟨f1⟩⟨telb.zn.; sisses; →mv. 2⟩⟨verk.⟩ sister ⟨inf.⟩ **0.1** ***zusje*** ⇒*zus(ter)* **0.2** ***laffe/bange jongen*** **0.3** ***meisje***.
si·sal ['saɪsl]⟨telb.zn.⟩ **0.1** ⟨plantk.⟩ ***sisal(plant)*** ⟨Agave sisalana⟩ **0.2** ***sisalvezel***.
sis·kin ['sɪskɪn]⟨telb.zn.⟩⟨dierk.⟩ **0.1** ***sijs*** ⟨Carduelis spinus⟩.
sis·soo ['sɪsu:]⟨zn.⟩⟨plantk.⟩
I ⟨telb.zn.⟩ **0.1** ***sis·soo*** ⟨boom, genus Dalbergia⟩;
II ⟨n.-telb.zn.⟩ **0.1** ***hout v.d. sissooboom***.
sis·sy[1], **cis·sy** ['sɪsi]⟨f1⟩⟨telb.zn.; →mv. 2⟩⟨inf.⟩ **0.1** ***zus(je)*** **0.2** ***fat*** ⇒*dandy, verwijfde vent, moederskindje, mietje* **0.3** ***lafbek*** ⇒*melkmuil* **0.4** ***prik(limonade)***.
sissy[2], **sis·si·fied** ['sɪsɪfaɪd]⟨f1⟩⟨bn.⟩⟨inf.⟩ **0.1** ***verwijfd*** ⇒*fatterig, dandyachtig, meisjesachtig* **0.2** ***laf*** ⇒*lafhartig, slap*.
sis·ter ['sɪstə‖-ər]⟨f4⟩⟨telb.zn.⟩ **0.1** ***zuster*** ⇒*zus* **0.2** ***non*** ⇒*zuster* **0.3** ***meid*** ⇒*feministe* **0.4** ⟨BE⟩ ***hoofdverpleegster*** ⇒*hoofdzuster* **0.5** ⟨BE; inf.⟩ ***verpleegster*** ⇒*zuster* **0.6** ⟨AE; inf.⟩ ***zus*** ⇒*meid* ⟨vnl. aanspreekvorm⟩ ◆ **1.2** Sister of Charity/Mercy *liefdezuster* **1.6** hands up, sister! *handen omhoog, zus!* **2.1** the Fatal Sisters/Sisters three/three Sisters *de Schikgodinnen*.
'sis·ter-'ger·man ⟨telb.zn.; sisters-german; →mv. 6⟩ **0.1** ***volle zus(ter)***.
sis·ter·hood ['sɪstəhʊd‖-tər-]⟨f1⟩⟨telb.zn.⟩ **0.1** ***zusterschap*** **0.2** ***nonnenorde*** **0.3** ***zusterlijke verwantschap/relatie*** **0.4** ⟨vaak S-; vaak the⟩ ***vrouwenbeweging*** ⇒*feminisme*.
'sis·ter-in-law ⟨f2⟩⟨telb.zn.; sisters-in-law; →mv. 6⟩ **0.1** ***schoonzus(ter)***.
sis·ter·li·ness ['sɪstəlinəs‖-tər-]⟨telb.zn.⟩ **0.1** ***zusterlijkheid***.
sis·ter·ly ['sɪstəli‖-tər-]⟨bn.; bw.⟩ **0.1** ***zusterlijk***.
'sister ship ⟨telb.zn.⟩ **0.1** ***zusterschip***.
'sister 'uterine ⟨telb.zn.; sisters uterine; →mv. 6⟩ **0.1** ***halfzus(ter)*** ⟨v. moederszijde⟩.
Sis·tine ['sɪsti:n], **Six·tine** ⟨bn.⟩ **0.1** ***Sixtijns*** ◆ **1.1** ~ chapel *Sixtijnse kapel*.
sis·trum ['sɪstrəm]⟨telb.zn.; sistra [-trə]; →mv. 5⟩⟨muz.⟩ **0.1** ***sistrum***.
sit[1] [sɪt]⟨n.-telb.zn.⟩ **0.1** ***het zitten*** **0.2** ***zit*** **0.3** ***pasvorm***.
sit[2] ⟨f4⟩⟨ww.; sat [sæt]/⟨vero.⟩ sate [sæt, seɪt], sat [sæt]⟩ →sitting
I ⟨onov.ww.⟩ **0.1** ***zitten*** **0.2** ***zijn*** ⇒*zich bevinden, liggen, staan* **0.3** ***te paard zitten*** **0.4** ***poseren*** ⇒*model staan* **0.5** ***oppassen*** ⟨bv. op baby⟩ **0.6** ***(zitten te) broeden*** **0.7** ***zitting hebben/houden*** **0.8** ***passen*** ⇒*zitten, staan;* ⟨fig.⟩ *betamen* ◆ **5.1** ⟨inf.⟩ ~ tight *rustig blijven zitten, voet bij stuk houden* **5.2** ~ heavy on the stomach *zwaar op de maag liggen* **5.8** that hat ~s well on her *die hoed staat haar goed* **5.¶** ~ **about/around** *lanterfanten;* ~ **back** *gemakkelijk gaan zitten, achterover leunen;* ⟨fig.⟩ *zijn gemak nemen, ontspannen;* ~ **by** *lijdelijk toekijken;* ~ **down** *gaan zitten;* ⟨mil.⟩ *zich legeren;* ~ **down** under *lijdelijk ondergaan, nemen, slikken;* ⟨inf.⟩ ~ fat *goed zitten, boven jan zijn;* ~ **in** *als vervanger optreden; een gebouw bezetten als uiting v. protest;* ~ **in** on *als toehoorder bijwonen, aanwezig zijn bij;* her words ~ loosely on her *ze houdt zich niet erg aan haar woord;* →sit **out**; ⟨inf.⟩ ~ pretty *op rozen zitten;* →sit **up**; that idea doesn't ~ well with me *dat idee zit me niet lekker* **6.1** ~ **through** a meeting *een vergadering uitzitten* **6.4** ~ **for** *vertegenwoordigen (in het Parlement);* ~ **for** a portrait *voor een portret poseren;* ~ **to** a painter *voor een schilder poseren* **6.¶** ⟨BE⟩ ~ **for** on exam *een examen afleggen;* →sit **on/upon**; ⟨kerk.⟩ ~ **under** *deel uitmaken v.d. gemeente van (dominee);* ~ **with** *helpen verplegen;*
II ⟨ov.ww.⟩ **0.1** ***laten zitten*** **0.2** ***berijden*** ⟨paard⟩ **0.3** ⟨BE⟩ ***afleggen*** ⟨examen⟩ ◆ **5.¶** →sit **out**.
si·tar ['sɪtɑ:‖sɪ'tɑr]⟨telb.zn.⟩⟨muz.⟩ **0.1** ***sitar***.
sit·com ['sɪtkɒm‖-kɑm]⟨telb. en n.-telb.zn.⟩⟨verk.⟩ situation comedy ⟨vnl. BE; inf.⟩ **0.1** ***komische t.v.-serie***.
'sit-down[1] ⟨f1⟩⟨telb.zn.⟩ **0.1** ***sit-down-demonstratie*** **0.2** ***zitstaking***.
'sit-down[2] ⟨f1⟩⟨bn., attr.⟩ **0.1** ***zittend*** ⇒*zit-* **0.2** ***sit-down*** ⇒*zit-* ◆ **1.1** ~ meal *zittend/aan tafel genuttigde maaltijd* **1.2** ~ strike *zitstaking*.
site[1] [saɪt]⟨f3⟩⟨telb.zn.⟩ **0.1** ***plaats*** ⇒*ligging, locatie* **0.2** ***(bouw)terrein*** ⇒*(bouw)grond*.
site[2] ⟨f1⟩⟨ov.ww.⟩ **0.1** ***plaatsen*** ⇒*situeren* ◆ **5.1** the cottage is beautifully ~d *het huisje is prachtig gelegen*.
'sit-fast[1] ⟨telb.zn.⟩ **0.1** ***ontstoken eeltplek/eeltknobbel*** ⟨onder zadel⟩.
sit-fast[2] ⟨bn.⟩ **0.1** ***vastzittend*** ⇒*onbeweeglijk*.
sith →since.
'sit-in ⟨f1⟩⟨telb.zn.⟩ **0.1** ***sit-in-demonstratie*** ⇒*bezetting* ⟨v. gebouw⟩.
'sit·ka 'cypress ⟨telb. en n.-telb.zn.⟩⟨plantk.⟩ **0.1** ***gele ceder*** ⟨Chamaecyparis nootkatensis⟩.
'sitka 'spruce ⟨telb. en n.-telb.zn.⟩⟨plantk.⟩ **0.1** ***spar*** ⟨Picea sitchensis⟩.
'sit on, ⟨in bet. 0.1 ook⟩ **'sit upon** ⟨onov.ww.⟩ **0.1** ***zitting hebben in*** **0.2** ***onderzoeken*** **0.3** ⟨inf.⟩ ***niets doen aan*** ⇒*laten liggen, verwaarlozen* **0.4** ⟨inf.⟩ ***onderdrukken*** **0.5** ⟨inf.⟩ ***terechtwijzen*** ⇒*berispen, op z'n kop zitten*.
'sit 'out ⟨f1⟩⟨ww.⟩
I ⟨onov.ww.⟩ **0.1** ***buiten zitten*** **0.2** ***langer blijven*** ⟨dan anderen⟩ **0.3** ***niet meedoen*** ⇒*blijven zitten;*
II ⟨ov.ww.⟩ **0.1** ***uitzitten*** ⟨bv. concert⟩ **0.2** ***niet meedoen aan*** ⟨dans enz.⟩ ⇒*blijven zitten tijdens*.
sitrep ['sɪtrep]⟨telb.zn.⟩⟨verk.⟩ situation report ⟨mil.⟩ **0.1** ***verslag (v.d. stand van zaken)*** ⇒*situatierapport*.
'sit spin ⟨telb.zn.⟩⟨schaatssport⟩ **0.1** ***zitpirouette***.
sit·ter ['sɪtə‖'sɪtər]⟨f2⟩⟨telb.zn.⟩ **0.1** ***zitter*** **0.2** ***model*** ⇒*iem. die poseert* **0.3** ***broedende vogel*** ⇒*broedhen* **0.4** ⟨inf.⟩ ***makkelijk schot/vangst*** ⇒⟨fig.⟩ *makkelijk werkje; makkelijke vangbal* **0.5** ⟨verk.⟩ ⟨babysitter⟩ ***(baby)oppas*** **0.6** ⟨sl.⟩ ***zitvlak***.
'sit·ter-'in ⟨telb.zn.⟩ **0.1** ***(baby)oppas***.
sit·ting[1] ['sɪtɪŋ]⟨f1⟩⟨zn.; (oorspr.) gerund v. sit⟩
I ⟨telb.zn.⟩ **0.1** ***zitting*** ⇒*vergadering, seance* **0.2** ***broedsel*** ⇒*stel broedeieren* **0.3** ***vaste zitplaats in de kerk*** **0.4** ***tafel*** ⇒*gelegenheid om te eten* ◆ **1.4** there will be two ~s of lunch, one at noon and one at two o'clock *er zijn twee middagtafels, één om twaalf en één om twee uur;*
II ⟨n.-telb.zn.⟩ **0.1** ***het zitten*** ⇒*zit* **0.2** ***het poseren*** ⇒*het model staan* ◆ **6.¶** he read the story at one ~ *hij las het verhaal in één ruk uit*.
sitting[2] ⟨bn., attr.; teg. deelw. v. sit⟩ **0.1** ***zittend*** **0.2** ***broedend*** **0.3** ***stilstaand*** ◆ **1.1** ⟨fig.⟩ ~ duck/target *makkelijke kans/doel;* ~ member *zittend lid;* ~ tenant *huidige huurder*.
'sit·ting-room ⟨f2⟩⟨telb.zn.⟩ **0.1** ***zitkamer*** ⇒*woon/huiskamer* **0.2** ***zitplaats*** ⇒*zitruimte*.
sit·u·ate[1] ['sɪtʃʊeɪt, -ʊət]⟨bn.⟩⟨vero.⟩ **0.1** ***geplaatst*** ⇒*gelegen, gesitueerd*.
situate[2] ['sɪtʃʊeɪt]⟨ov.ww.⟩ →situated **0.1** ***plaatsen*** ⇒*situeren*.
sit·u·a·ted ['sɪtʃʊeɪtɪd]⟨f2⟩⟨bn.; volt. deelw. v. situate⟩ **0.1** ***geplaatst*** **0.2** ***gelegen*** ⇒*gesitueerd* **0.3** ⟨inf.⟩ ***in een bep. positie verkerend*** ◆ **5.3** I'm rather awkwardly ~ right now *ik zit momenteel nogal moeilijk*.
sit·u·a·tion ['sɪtʃʊ'eɪʃn]⟨f4⟩⟨zn.⟩
I ⟨telb.zn.⟩ **0.1** ***toestand*** ⇒*situatie, positie, omstandigheden* **0.2** ***betrekking*** ⇒*baan* ◆ **2.2** ~ vacant *functie aangeboden;*
II ⟨n.-telb.zn.⟩ **0.1** ***ligging*** ⇒*plaats, stand* **0.2** ***kritieke samenloop van omstandigheden*** ⟨i.h.b. bij toneelstuk⟩.
sit·u·a·tion·al ['sɪtʃʊ'eɪʃnəl]⟨bn.⟩ **0.1** ***verband houdend met ligging/plaats/stand*** **0.2** ***verband houdend met omstandigheden***.
'situation 'comedy ⟨telb. en n.-telb.zn.⟩⟨vnl. BE⟩ **0.1** ***komische televisieserie***.
'situation re'port ⟨telb.zn.⟩ **0.1** ***situatierapport*** ⇒*verslag over de stand v. zaken*.
'sit 'up ⟨f1⟩⟨onov.ww.⟩ **0.1** ***rechtop (gaan) zitten*** **0.2** ***opblijven*** ⇒*waken* ⟨bij zieke⟩ **0.3** ***opkijken v. iets*** ⇒*verbaasd staan v. iets* ◆ **3.1** ⟨inf.⟩ ~ and take notice *wakker worden, opschrikken;* ⟨fig.⟩ that will make him ~ and take notice! *daar zal hij van opkijken!*.
'sit-up ⟨telb.zn.⟩ **0.1** ***opzit-oefening*** ⟨gymnastiek⟩.
'sit-up·on ⟨telb.zn.⟩⟨inf.⟩ **0.1** ***zitvlak***.
sitz bath ['sɪts bɑ:θ, 'zɪts-‖-bæθ]⟨telb.zn.⟩ **0.1** ***zitbad*** **0.2** ***bad genomen in zitbad***.

sitz·bein ['sɪtsbaɪn, 'zɪts-]⟨telb.zn.⟩⟨sl.⟩ **0.1** ***billen*** ⇒*zitvlak*.
sitz·fleisch ['sɪtsflaɪʃ, 'zɪts-], **sitz·pow·er** [-pauə‖-ər]⟨n.-telb.zn.⟩⟨sl.⟩ **0.1** ***doorzettingsvermogen***.
Si·va, Shi·va ⟨eig.n.⟩ **0.1** ***Sjiva*** ⇒*Shiva* ⟨Indische godheid⟩.
six [sɪks]⟨f4⟩⟨telw.⟩ **0.1** ***zes*** ⟨ook voorwerp/groep ter waarde/grootte v. zes⟩ ◆ **1.1** ~ foot high *zes voet hoog* **1.¶** I'm all at ~es and sevens *ik ben helemaal confuus/de kluts kwijt, ik weet niet hoe ik het heb;* everything is at ~es and sevens *alles is helemaal in de war/in het honderd gelopen* **3.1** he drives a ~ *hij rijdt met een zes-cylinder;* he let ~ escape *hij liet er zes ontsnappen;* ⟨sport⟩ they made a ~ *zij vormden een zestal* **4.¶** it's ~ and two threes *het is lood om oud ijzer* **5.1** ~ o'clock *zes uur*.
six·ain ['sɪkseɪn‖sɪk'seɪn]⟨telb.zn.⟩ **0.1** ***zesregelig couplet***.
six·er ['sɪksə‖-ər]⟨telb.zn.⟩ **0.1** ***leider v. zes kabouters/welpen*** ⟨padvinderij⟩.
six·fold ['sɪksfould]⟨f1⟩⟨bn.; bw.⟩ **0.1** ***zesvoudig***.
'six-'foot·er ⟨telb.zn.⟩⟨inf.⟩ **0.1** ***iem./iets van zes voet***.
six-gun →sixshooter.
'six-pack ⟨telb.zn.⟩⟨inf.⟩ **0.1** ***(kartonnetje/(om)verpakking met) zes flesjes/blikjes*** ⇒⟨i.h.b.⟩ *zes flesjes/blikjes bier*.
six·pence ['sɪkspəns]⟨f2⟩⟨zn.⟩⟨BE⟩
I ⟨telb.zn.⟩ **0.1** ***sixpence*** ⇒*zesstuiver(munt)stuk;* ⟨ong.⟩ *kwartje;*
II ⟨n.-telb.zn.⟩ **0.1** ***(waarde v.) zesstuiver***.
six·pen·ny ['sɪkspəni]⟨bn., attr.⟩ **0.1** ***zesstuiver-*** **0.2** ***onbetekenend*** ⇒*prullig, nietszeggend* ◆ **1.1** ~ bit/piece *zesstuiverstuk*.
'six·shoot·er, 'six-gun ⟨telb.zn.⟩ **0.1** ***revolver*** ⟨met zes kamers⟩.
sixte [sɪkst]⟨telb.zn.⟩⟨schermen⟩ **0.1** ***de wering zes***.
six·teen ['sɪk'sti:n]⟨f3⟩⟨telw.⟩ **0.1** ***zestien*** ⟨ook voorwerp/groep ter waarde/grootte v. zestien⟩ ◆ **6.1** ⟨boek.⟩ bound in ~s *gebonden in sedecimo*.
six·teen·mo ['sɪk'sti:nmou]⟨zn.⟩⟨boek.⟩
I ⟨telb.zn.⟩ **0.1** ***boek v.h. sedecimo-formaat;***
II ⟨n.-telb.zn.⟩ **0.1** ***sedecimo***.
sixteenth ['sɪk'sti:nθ]⟨f2⟩⟨telw.⟩ **0.1** ***zestiende*** ⇒⟨AE; muz.⟩ *zestiende noot*.
sixth [sɪksθ]⟨f3⟩⟨telw.; -ly⟩ **0.1** ***zesde*** ⇒⟨muz.⟩ *sixt* ◆ **1.1** ~ day *vrijdag;* a ~ part of the area *een zesde deel van het gebied;* trusted her ~ sense *vertrouwde op haar zesde zintuig* **2.1** the ~ smallest business *het zesde kleinste bedrijf* **3.1** he came ~ *hij kwam als zesde, hij stond op de zesde plaats* **5.1** ⟨muz.⟩ a ~ too low *een sixt te laag* **¶.1** ~(ly) *ten zesde, in/op de zesde plaats*.
six·ti·eth ['sɪkstiɪθ]⟨f1⟩⟨telw.⟩ **0.1** ***zestigste***.
Sixtine →Sistine.
six·ty ['sɪksti]⟨f3⟩⟨telw.⟩ **0.1** ***zestig*** ⟨ook voorwerp/groep ter waarde/grootte v. zestig⟩ ◆ **6.1** a man **in** his sixties *een man in de zestig:* temperatures **in** the sixties *temperaturen boven de zestig graden;* **in** the sixties *in de zestiger jaren* **6.¶** ⟨AE; inf.⟩ **like** ~ *allemachtig hard, in een razend tempo;* it went **like** ~ *het liep als een lier/trein, het ging heel vlot*.
'six·ty'four·mo ⟨zn.⟩⟨druk.⟩
I ⟨telb.zn.⟩ **0.1** ***boek v. $^1/_{64}$ste formaat;***
II ⟨n.-telb.zn.⟩ **0.1** ***$^1/_{26}$ste formaat***.
'sixty-four (thousand) dollar 'question ⟨telb.zn.; the⟩⟨AE⟩ **0.1** ***hamvraag*** ⇒*de grote vraag*.
siz·a·ble, size·a·ble ['saɪzəbl]⟨f2⟩⟨bn.; -ly; -ness; →bijw. 3⟩ **0.1** ***vrij groot*** ⇒*fors, flink*.
siz·ar ['saɪzə‖-ər]⟨telb.zn.⟩ **0.1** ⟨ong.⟩ ***beursstudent*** ⟨student in Cambridge en Trinity College, Dublin, met toelage⟩.
size[1] [saɪz]⟨f4⟩⟨zn.⟩
I ⟨telb. en n.-telb.zn.⟩ **0.1** ***afmeting*** ⇒*formaat, grootte, omvang, kaliber* **0.2** ***maat*** ◆ **1.1** in all ~s and styles *in alle maten en vormen;* trees of various ~s *bomen v. verschillende grootte* **2.1** two of a ~ *twee v. dezelfde grootte* **3.2** she takes ~ eight *ze heeft maat acht* **3.¶** ⟨fig.⟩ cut down to ~ *iem. op zijn plaats zetten;* try for ~ *proberen of iets iem. ligt* ⟨ook fig.⟩ **4.¶** of some ~ *nogal groot;* ⟨inf.⟩ that is (about) the ~ of it *zo zit dat, zo is het verlopen;*
II ⟨n.-telb.zn.⟩ **0.1** ***lijmwater*** ⇒*planeerwater* **0.2** ***stijfsel*** ⇒*pap, sterksel, appret*.
size[2] ⟨f2⟩⟨ov.ww.⟩ →-sized, sizing **0.1** ***rangschikken/sorteren naar grootte/maat*** ⇒*kalibreren, ordenen* **0.2** ***stijven*** ⇒*pappen, planeren, appreteren* ◆ **5.¶** ⟨inf.⟩ ~ s.o./sth. **up** *iem./iets schatten/taxeren/opnemen, zich een mening vormen over iem./iets*.
-sized [saɪzd]⟨oorspr. volt. deelw. v. size⟩ **0.1** ***van een bep. grootte*** ◆ **2.1** a large-~ book *een boek v. groot formaat;* a medium-~ car *een auto v. middelmatige grootte*.
'size-stick ⟨telb.zn.⟩ **0.1** ***schoenmakersmaatstok***.
'size-up ⟨telb.zn.⟩ **0.1** ***taxatie***.
siz·ing ['saɪzɪŋ]⟨n.-telb.zn.; gerund v. size⟩ **0.1** ***het stijven*** ⇒*het pappen/appreteren/planeren* **0.2** ***lijmwater*** ⇒*planeerwater* **0.3** ***stijfsel*** ⇒*pap, sterksel, appret*.
siz·y ['saɪzi]⟨bn.; -er; →compar. 7⟩ **0.1** ***plakkerig*** ⇒*kleverig, lijmachtig*.
siz·zle[1] ['sɪzl]⟨telb.zn.⟩ **0.1** ***gesis*** ⇒*geknetter* **0.2** ⟨sl.⟩ ***onaangenaam persoon*** ⇒*griezel*.
sizzle[2] ⟨f1⟩⟨onov.ww.⟩ →sizzling **0.1** ⟨inf.⟩ ***sissen*** ⇒*knetteren* **0.2** ⟨inf.⟩ ***zieden van woede*** **0.3** ⟨sl.⟩ ***geroosterd worden*** ⟨op elektrische stoel⟩.
siz·zler ['sɪzlə‖-ər]⟨telb.zn.⟩⟨inf.⟩ **0.1** ***snikhete dag*** **0.2** ⟨sl.⟩ ***stuk*** ⇒*lekker wijf* **0.3** ⟨sl.⟩ ***travestiedanser/stripper*** **0.4** ⟨sl.⟩ ***sensationeel/luguber verhaal*** **0.5** ***(schuine) bak*** **0.6** ⟨sl.⟩ ***uitschieter*** ⇒*hit* **0.7** ⟨sl.⟩ ***jatwerk*** ⇒*gestolen goed* **0.8** ⟨sl.⟩ ***gekidnapt persoon***.
sizz·ling ['sɪzlɪŋ]⟨bn.; teg. deelw. v. sizzle⟩ **0.1** ***heet*** **0.2** ⟨sl.⟩ ***gestolen*** **0.3** ⟨sl.⟩ ***losgeld-*** ◆ **2.1** a ~ hot day *een snikhete dag*.
'sizz-wa·ter ['sɪzwɔ:tə‖-wɔṭər]⟨telb.zn.⟩⟨sl.⟩ **0.1** ***spuitwater***.
SJ ⟨afk.⟩ Society of Jesus.
sjam·bok ['ʃæmbɒk‖-bɑk]⟨telb.zn.⟩ **0.1** ***sambok*** ⇒*sjambok* ⟨zweep⟩.
SJD ⟨afk.⟩ Doctor of Juridical Science.
ska [skɑ:]⟨n.-telb.zn.⟩⟨muz.⟩ **0.1** ***ska*** ⟨voorloper v. reggae, met fel ritme⟩.
skads [skædz]⟨mv.⟩⟨sl.⟩ **0.1** ***massa's*** ⇒*hopen* ⟨bv. poen⟩.
skag →scag.
skald →scald.
skam·mer ['skæmə‖-ər]⟨telb.zn.⟩⟨sl.⟩ **0.1** ***oplichter*** ⇒*zwendelaar, smokkelaar*.
skat[1] [skæt]⟨zn.⟩
I ⟨telb.zn.⟩ **0.1** ***skaat*** ⟨kaartcombinatie bij skaat⟩;
II ⟨n.-telb.zn.⟩ **0.1** ***skaat*** ⟨kaartspel⟩.
skat[2] ⟨bn.⟩⟨tienersl.⟩ **0.1** ***in*** ⇒*blits*.
skate[1] [skeɪt]⟨f1⟩⟨telb.zn.⟩ **0.1** ***schaats*** **0.2** ⟨AE; sl.⟩ ***vent*** ⇒*kerel* ◆ **3.¶** ⟨inf.⟩ get/put one's ~s on *opschieten, voortmaken*.
skate[2] ⟨telb. en n.-telb.zn.; ook skate; →mv. 4⟩⟨dierk.⟩ **0.1** ***rog*** ⟨fam. Rajidae⟩ ⇒⟨i.h.b.⟩ *vleet, spijkerrog* ⟨Raja batis⟩.
skate[3] ⟨f2⟩⟨onov.ww.⟩ →skating **0.1** ***schaatsen*** ⇒*schaatsenrijden* **0.2** ***rolschaatsen*** **0.3** ***glijden*** ⟨vaak fig.⟩ **0.4** ⟨sl.⟩ ***er (zonder betaling) vandoor gaan*** ⇒*'m smeren* ◆ **6.¶** ~ **over/round** sth. *ergens luchtig overheen lopen/praten*.
'skate·board[1] ⟨f1⟩⟨telb.zn.⟩ **0.1** ***skateboard*** ⇒*rol(schaats)plank*.
skateboard[2] ⟨onov.ww.⟩ **0.1** ***skateboarden*** ⇒*skaten, schaatsplankrijden*.
'skate·board·er ⟨telb.zn.⟩ **0.1** ***skateboarder*** ⇒*rolplankschaatser*.
'skate·board·ing ⟨n.-telb.zn.⟩⟨spel, sport⟩ **0.1** ***skateboarding*** ⇒*(het) skateboarden*.
'skate guard ⟨telb.zn.⟩ **0.1** ***schaatsbeschermer***.
skat·er ['skeɪtə‖'skeɪṭər]⟨f1⟩⟨telb.zn.⟩ **0.1** ***schaatser*** **0.2** ***rolschaatser*** ⇒⟨ook⟩ *skateboarder* **0.3** ⟨dierk.⟩ ***schaatsenrijder*** ⟨fam. Gerridae⟩.
'skate sailing ⟨n.-telb.zn.⟩⟨schaatssport⟩ **0.1** ***(het) schaatszeilen*** ⟨voortglijden v. schaatser met handzeil⟩.
'skate sailor ⟨telb.zn.⟩⟨schaatssport⟩ **0.1** ***schaatszeiler***.
skat·ing ['skeɪtɪŋ]⟨f1⟩⟨n.-telb.zn.; gerund v. skate⟩ **0.1** ***het schaatsen*** ⇒*het schaatsenrijden* **0.2** ***het rolschaatsen***.
'skating boot ⟨telb.zn.⟩⟨schaatssport⟩ **0.1** ***kunstschaats***.
'skating foot ⟨telb.zn.⟩⟨schaatssport⟩ **0.1** ***schaatsvoet***.
'skat·ing-rink ⟨f1⟩⟨telb.zn.⟩ **0.1** ***ijsbaan*** ⇒*schaatsbaan* **0.2** ***rolschaatsbaan***.
skean, skene [ski:n]⟨telb.zn.⟩ **0.1** ***dolk***.
skean-dhu ['ski:n'ðu:]⟨telb.zn.⟩ **0.1** ***dolk in klederdracht der Schotse Hooglanders***.
ske·dad·dle[1] [skɪ'dædl], **sked·dle** ['skedl]⟨telb.zn.⟩⟨inf.⟩ **0.1** ***vlucht*** ⇒*ontsnapping*.
skedaddle[2], **skeddle** ⟨onov.ww.⟩⟨inf.⟩ **0.1** ***ervandoor gaan*** ⇒*'m smeren*.
skee·sicks, skee·zicks, skee·zix ['ski:zɪks]⟨telb.zn.⟩ **0.1** ***schelm*** ⇒*schurk, rakker, dondersteen*.
skeet [ski:t], **'skeet-shoot·ing** ⟨n.-telb.zn.⟩⟨AE; sport⟩ **0.1** ***skeet (schieten)*** ⇒*soort kleiduivenschieten*.
skein [skeɪn]⟨f1⟩⟨telb.zn.⟩ **0.1** ***streng*** **0.2** ***vlucht wilde ganzen*** **0.3** ***verwarring*** ⇒*verwikkeling*.
skel·e·tal ['skelɪṭl]⟨f1⟩⟨bn.; -ly⟩ **0.1** ***skeletachtig*** ⇒*v.h. geraamte*.
skel·e·ton ['skelɪtn]⟨f2⟩⟨zn.⟩⟨→sprw. 155⟩
I ⟨telb.zn.⟩ **0.1** ***skelet*** ⇒*geraamte* **0.2** ***uitgemergeld persoon/dier*** **0.3** ***schema*** ⇒*schets* ◆ **1.1** the ~ of the building *het geraamte v.h. gebouw* **1.¶** ~ in the cupboard/⟨AE⟩ closet *onplezierig (familie) geheim;* ~ at the feast *iets dat de feestvreugde bederft/vergalt* **3.2** he was reduced to a ~ *hij was broodmager geworden;*
II ⟨n.-telb.zn.⟩ **0.1** ***kern*** ⇒*essentie* **0.2** ***opzet*** ⇒*plan*.
'skeleton 'crew ⟨telb.zn.⟩ **0.1** ***kernbemanning***.
skel·e·ton·ize, -ise ['skelɪtənaɪz‖-tn·aɪz]⟨ww.⟩
I ⟨onov.ww.⟩ **0.1** ***een geraamte worden*** ⟨ook fig.⟩ **0.2** ***een schets maken*** ⇒*een uittreksel maken;*
II ⟨ov.ww.⟩ **0.1** ***tot een geraamte maken*** **0.2** ***verkorten*** ⇒*inkorten*.
'skeleton key ⟨telb.zn.⟩ **0.1** ***loper***.

'skeleton 'service ⟨telb.zn.⟩ **0.1** ***basisdienst*** ⇒*minimale dienst*.
'skeleton 'staff ⟨telb.zn.⟩ **0.1** ***kern v.e. staf***.
'skeleton tobogganing ⟨n.-telb.zn.⟩ ⟨sport⟩ **0.1** ***(het) skeletonsleeën*** ⟨met buik op slee⟩.
skel·lum ['skeləm]⟨telb.zn.⟩⟨Sch. E⟩ **0.1** ***schurk*** ⇒*schelm*.
skelp[1] [skelp]⟨telb.zn.⟩⟨gew.⟩ **0.1** ***klap*** ⇒*slag*.
skelp[2] ⟨ww.; skelped [skelpt], skelpit ['skelpɪt]; skelped, skelpit⟩
I ⟨onov.ww.⟩ **0.1** ***doorstappen*** ⇒*de pas erin zetten*;
II ⟨ov.ww.⟩⟨gew.⟩ **0.1** ***een klap geven*** ⇒*slaan*.
skel·ter ['skeltə‖-ər]⟨onov.ww.⟩ **0.1** ***rennen*** ⇒*ijlen, zich haasten*.
skene →skean.
skep [skep], **skip** [skɪp]⟨telb.zn.⟩ **0.1** ***mand*** ⇒*korf* **0.2** ***mandvol*** **0.3** ***bijenkorf*** ⟨i.h.b. v. stro⟩.
skepsis →scepsis.
skeptic →sceptic.
skeptical →sceptical.
skepticism →scepticism.
sker-ew·y [skə'ru:i]⟨bn.⟩⟨sl.⟩ **0.1** ***gek*** ⇒*dwaas, idioot* **0.2** ***verbijsterd***.
sker·rick ['skerɪk]⟨telb.zn.⟩⟨AE, Austr. E; inf.⟩ **0.1** ***kruimeltje*** ⇒*korreltje*.
sker·ry ['skeri]⟨telb.zn.; →mv. 2⟩ **0.1** ***rif*** **0.2** ***rotsig eiland***.
sketch[1] [sketʃ]⟨f3⟩⟨telb.zn.⟩ **0.1** ***schets*** ⇒*beknopte beschrijving, kort overzicht* **0.2** ***schets*** ⇒*tekening* **0.3** ***sketch*** ⇒*kort toneelstukje / verhaal* **0.4** ⟨muz.⟩ ***schets*** **0.5** ⟨inf.⟩ ***grapjas*** ⇒*lolbroek*.
sketch[2] ⟨f2⟩⟨ww.⟩
I ⟨onov. en ov.ww.⟩ **0.1** ***schetsen*** ⇒*tekenen*;
II ⟨ov.ww.⟩ **0.1** ***schetsen*** ⇒*kort beschrijven / omschrijven* ◆ **5.1** ~ **in/out** the main points *de hoofdpunten kort beschrijven / aangeven*.
'sketch·block, 'sketch·book, 'sketch·pad ⟨f1⟩⟨telb.zn.⟩ **0.1** ***schetsblok*** ⇒*tekenblok*.
sketch·er ['sketʃə‖-ər]⟨telb.zn.⟩ **0.1** ***schetser***.
sketch·i·ness ['sketʃinəs]⟨n.-telb.zn.⟩ **0.1** ***schetsmatigheid*** ⇒⟨fig.⟩ *oppervlakkigheid*.
'sketch-map ⟨telb.zn.⟩ **0.1** ***schetskaart***.
sketch·y ['sketʃi]⟨f1⟩⟨bn.; -er; -ly; →bijw. 3⟩ **0.1** ***schetsmatig*** ⇒*ruw, vluchtig*; ⟨fig.⟩ *onafgewerkt, onvolledig, oppervlakkig* ◆ **1.1** a ~ breakfast *een vlug / licht ontbijt*; a ~ knowledge of history *een oppervlakkige kennis v. geschiedenis*.
skew[1] [skju:]⟨telb.zn.⟩ **0.1** ***scheefheid*** ⇒*helling, schuinte, asymmetrie* ◆ **6.¶ on** the ~ *schuin, scheef*.
skew[2] ⟨f1⟩⟨bn.; -ness⟩ **0.1** ***schuin*** ⇒*scheef, hellend* **0.2** ***niet in één vlak liggend*** ⟨meetkunde⟩ **0.3** ***asymmetrisch*** ⇒*onregelmatig* ⟨i.h.b. stat.⟩ ◆ **1.1** ~ arch *scheve boog*; ~ chisel *schuine beitel*.
skew[3] ⟨ww.⟩
I ⟨onov.ww.⟩ **0.1** ***opzijgaan*** ⇒*uitwijken, draaien, keren* **0.2** ***hellen*** ⇒*schuin aflopen* **0.3** ***van opzij kijken*** ⇒*vanuit de ooghoeken kijken* ◆ **6.3** ~ **at** *loensen naar*;
II ⟨ov.ww.⟩ **0.1** ***scheef maken*** ⇒*(ver)draaien, verwringen*.
'skew·back ⟨telb.zn.⟩⟨bouwk.⟩ **0.1** ***aanzetsteen*** ⟨v. boog / gewelf⟩ ⇒*aanzet(laag)*.
'skew·bald[1] ⟨telb.zn.⟩ **0.1** ***gevlekt dier*** ⟨i.h.b. paard⟩.
skewbald[2] ⟨bn.⟩ **0.1** ***bont*** ⇒*gevlekt, bruin-wit / rood-wit / grijs-witgevlekt*.
skew·er[1] ['skju:ə‖-ər]⟨telb.zn.⟩⟨cul.⟩ **0.1** ***vleespen / pin*** ⇒*spies, brochette*.
skewer[2] ⟨ov.ww.⟩⟨vnl. cul.⟩ **0.1** ***doorsteken*** ⟨(als) met vleespen⟩ **0.2** ***vastprikken*** ⇒*vaststeken* ⟨(als) met vleespen⟩.
'skew-'eyed ⟨bn.⟩⟨BE; inf.⟩ **0.1** ***scheel***.
'skew-'whiff ⟨bn., post.⟩⟨BE; inf.⟩ **0.1** ***schuin*** ⇒*scheef, schots*.
ski[1] [ski:]⟨f2⟩⟨telb.zn.; ook ski; →mv. 4⟩ **0.1** ***ski***.
ski[2] ⟨f3⟩⟨onov.ww.; verl. t. ook ski'd⟩ **0.1** ***skiën*** ⇒*skilopen*.
skiagraphy →sciagraphy.
'ski bag ⟨telb.zn.⟩⟨wintersport⟩ **0.1** ***heuptasje***.
'ski-bob ⟨telb.zn.⟩⟨sport⟩ **0.1** ***skibob***.
ski·bob·ber ['ski:bɒbə‖-bɑbər]⟨telb.zn.⟩⟨sport⟩ **0.1** ***skibobrijder***.
'ski boot ⟨telb.zn.⟩ **0.1** ***skischoen*** ⇒*skilaars*.
skid[1] [skɪd]⟨f1⟩⟨telb.zn.⟩ **0.1** ***steunblok*** ⇒*steunbalk / plank* **0.2** ***glijbaan*** ⇒*schuifbaan, glijplank, rolhout* **0.3** ***remschoen*** ⇒*remblok, remslot, remketting* **0.4** ***schuiver*** ⇒*slip, slippartij, het slippen* **0.5** ⟨vaak mv.⟩⟨scheep.⟩ ***wrijfhout*** ⟨als bescherming bij laden en lossen⟩ **0.6** ***staartsteun*** ⇒*staartslof* ⟨v. vliegtuig⟩ **0.7** ***laadbord*** ⇒*pellet* ◆ **3.¶** ⟨inf.⟩ put the ~s on / under s.o. / sth. *iem. / iets afremmen; iem. / iets naar de ondergang brengen / naar de verdommenis helpen; iem. opjutten* **6.4** the car went **into** a ~ *de wagen raakte in een slip / maakte een schuiver* **6.¶** ⟨inf.⟩ **on** the ~s *bergafwaarts, van kwaad tot erger*.
skid[2] ⟨f1⟩⟨ww.; →ww. 7⟩
I ⟨onov.ww.⟩ **0.1** ***slippen*** ⟨ook v. wiel⟩ ⇒*schuiven*;
II ⟨ov.ww.⟩ **0.1** ***laten glijden*** ⇒*doen slippen, schuiven, slepen* **0.2** ***blokkeren*** ⇒*afremmen* **0.3** ***stutten*** ⇒*op steunbalken zetten*.
'skid chain ⟨telb.zn.⟩ **0.1** ***sneeuwketting***.
skid·dy ['skɪdi]⟨bn.; -er; →compar. 7⟩ **0.1** ***glibberig***.
'skid-lid ⟨telb.zn.⟩⟨BE; inf.⟩ **0.1** ***valhelm*** ⇒*motorhelm*.
'skid mark ⟨f1⟩⟨telb.zn.⟩ **0.1** ***slipspoor*** ⇒*remspoor*.
ski·doo[1] [ski'du:]⟨telb.zn.⟩ **0.1** ***skidoo*** ⇒*motorslee*.
ski·doo[2], **skid·doo** ⟨onov.ww.⟩⟨AE; sl.⟩ **0.1** ***hem smeren*** ⇒*er tussen uit knijpen, er vandoor gaan, ophoepelen*.
'skid-pan ⟨telb.zn.⟩⟨BE⟩ **0.1** ***slipbaan*** ⇒*slipschool* **0.2** ***remschoen*** ⇒*remblok, remslot*.
'skid road ⟨telb.zn.⟩⟨AE⟩ **0.1** ***rolbaan*** ⇒*sleepbaan* ⟨voor boomstammen⟩ **0.2** ⟨inf.⟩ ***achterbuurt*** ⇒*kroegenbuurt*.
'skid 'row ⟨telb.zn.⟩⟨AE; inf.⟩ **0.1** ***achterbuurt*** ⇒*kroegenbuurt*.
ski·er ['ski:ə‖-ər]⟨f1⟩⟨telb.zn.⟩ **0.1** ***skiër / skiester*** **0.2** →skyer.
skies ⟨mv.⟩ →sky.
skiey →skyey.
skiff [skɪf]⟨f1⟩⟨telb.zn.⟩ **0.1** ***kleine boot*** ⇒⟨i.h.b.⟩ *skiff* ⟨smalle, lange eenpersoonsroeiboot⟩.
skif·fle [skɪfl]⟨n.-telb.zn.⟩⟨vnl. BE⟩ **0.1** ***skiffle*** ⟨soort volksmuziek met zelfgemaakte instrumenten en zanger met gitaar / banjo⟩.
'skif·fle-group ⟨telb.zn.⟩⟨vnl. BE⟩ **0.1** ***'skiffle'band***.
'ski glasses ⟨mv.⟩ **0.1** ***skibril***.
'ski hut ⟨telb.zn.⟩ **0.1** ***skihut*** ⇒*schuilhut*.
'ski·ing goggles ['ski:ɪŋ]⟨mv.⟩⟨skiën⟩ **0.1** ***skibril***.
'ski instructor ⟨telb.zn.⟩ **0.1** ***skileraar / lerares*** ⇒*ski-instructeur*.
ski·jor·ing ['ski:dʒɔ:rɪŋ]⟨n.-telb.zn.⟩⟨skiën⟩ **0.1** ***skijöring*** ⟨vnl. in Noorwegen; voorttrekken v. skiër door paard⟩.
'ski-jump ⟨zn.⟩
I ⟨telb.zn.⟩ **0.1** ***skischans*** **0.2** ***skisprong***;
II ⟨n.-telb.zn.⟩ **0.1** ***schansspringen***.
skil·ful, ⟨AE sp.⟩ **skill·ful** ['skɪlfl]⟨f3⟩⟨bn.; -ly; -ness⟩ **0.1** ***bekwaam*** ⇒*(des)kundig, capabel* **0.2** ***vakkundig*** ⇒*ervaren, vaardig* ◆ **6.2** he is not very ~ **at/in** painting *van schilderen heeft hij weinig verstand*.
'ski lift ⟨f1⟩⟨telb.zn.⟩ **0.1** ***skilift***.
skill[1] [skɪl]⟨f3⟩⟨telb. en n.-telb.zn.⟩ **0.1** ***bekwaamheid*** ⇒*(des)kundigheid* **0.2** ***vakkundigheid*** ⇒*vaardigheid* ◆ **6.2** he has acquired quite some ~ **in** cooking *hij heeft aardig wat leren koken*.
skill[2] ⟨onov.ww.⟩ **0.1** ***baten***.
skilled [skɪld]⟨f2⟩⟨bn.⟩ **0.1** ***bekwaam*** ⇒*kundig, capabel* **0.2** ***vakkundig*** ⇒*bedreven, geschoold, ervaren* ◆ **1.2** ~ labour *geschoolde arbeid*; ~ worker *geschoolde arbeider, vakman*.
skil·let ['skɪlɪt]⟨f1⟩⟨telb.zn.⟩ **0.1** ⟨BE⟩ ***steelpannetje*** ⇒*kookpotje* ⟨vaak met pootjes⟩ **0.2** ⟨AE⟩ ***koekepan*** ⇒*braadpan*.
skillion →scillion.
skil·ly ['skɪli]⟨n.-telb.zn.⟩⟨BE⟩ **0.1** ***haversoep*** ⇒*dunne meelsoep*.
'ski lodge ⟨telb.zn.⟩ **0.1** ***skihut*** ⇒*skichalet*.
skim[1] [skɪm]⟨zn.⟩
I ⟨telb.zn.⟩ **0.1** ***dun laagje***;
II ⟨n.-telb.zn.⟩ **0.1** ***het glijden over*** ⇒*het afschuimen, het afromen* **0.2** ***het afgeroomde*** ⇒*het afgeschepte*, ⟨i.h.b.⟩ *afgeroomde melk*.
skim[2], **skimmed** [skɪmd]⟨f1⟩⟨bn.⟩ **0.1** ***afgeroomd*** ◆ **1.1** ~ milk *taptemelk*.
skim[3] ⟨f2⟩⟨ww.; →ww. 7⟩ →skimmed, skimming
I ⟨onov.ww.⟩ **0.1** ***(heen) glijden*** ⇒*scheren, langs strijken* **0.2** ***zich met een dun laagje bedekken*** ◆ **6.1** sea-gulls skimmed **along/over** the waves *meeuwen scheerden over de golven*;
II ⟨onov. en ov.ww.⟩ **0.1** ***vluchtig inkijken*** ⇒*doorbladeren* ◆ **1.1** ~ (through / over) a book *een boek vlug doornemen*;
III ⟨ov.ww.⟩ **0.1** ***afschuimen*** ⇒*afscheppen* **0.2** ***afromen*** **0.3** ***(doen) scheren over*** ⇒*(doen) (heen) glijden over, keilen* **0.4** ***met een dun laagje bedekken*** **0.5** ***verzwijgen*** ⟨gokwinst⟩ ⇒*verbergen* ◆ **1.2** ~ milk *melk afromen* **1.3** ~ the ground *over de grond scheren*; ~ a stone over the water *een steen op het water doen springen / keilen* **5.1** ~ the cream **off** from *de room afscheppen van*; ⟨fig.⟩ *afromen*.
skim·ble-skam·ble ['skɪmbl 'skæmbl]⟨n.-telb.zn.⟩ **0.1** ***nonsens*** ⇒*onzin*.
skim·mer ['skɪmə‖-ər]⟨f1⟩⟨telb.zn.⟩ **0.1** ***afromer*** **0.2** ***schuimspaan*** **0.3** ⟨dierk.⟩ ***schaarbek*** ⟨vogel; genus Rynchops⟩ **0.4** ***platte strohoed*** **0.5** ***hemdjurk*** ⇒*rechte jurk zonder mouwen* **0.6** ***olieveger***.
skim·mia ['skɪmɪə]⟨telb. en n.-telb.zn.⟩⟨plantk.⟩ **0.1** ***skimmia*** ⟨heester; genus Skimmia⟩.
skim·ming ['skɪmɪŋ]⟨telb.zn.; meestal ~s; oorspr. gerund v. skim⟩ **0.1** ***het afgeschuimde*** ⇒*het afgeschepte, het afgeroomde* **0.2** ***schuim*** **0.3** ***belastingfraude*** ⇒*het verzwijgen v. gokwinst*.
'skimming dish ⟨telb.zn.⟩ **0.1** ***schuimspaan***.
ski mountai'neering ⟨n.-telb.zn.⟩⟨sport⟩ **0.1** ***(het) gletsjerskiën***.
skimp [skɪmp]⟨f1⟩⟨ww.⟩
I ⟨onov.ww.⟩ **0.1** ***bezuinigen*** ⇒*(zich) bekrimpen, beknibbelen* **0.2** ***karig / zuinig zijn*** ⇒*spaarzaam zijn* ◆ **6.1** ~ **on** the budget *op*

de begroting bezuinigen;
II ⟨ov.ww.⟩ **0.1** ***karig (toe)bedelen*** ⇒*zuinig zijn met* **0.2** ***kort houden*** ⇒*krap houden.*
skimp·y ['skɪmpi]⟨f1⟩⟨bn.;-er;-ly;-ness;→bijw. 3⟩ **0.1** ***karig*** ⇒*schaars, krap* **0.2** ***krenterig*** ⇒*gierig.*
skin[1] [skɪn]⟨f3⟩⟨zn.⟩⟨→sprw. 40⟩
I ⟨telb.zn.⟩ **0.1** ***leren waterzak*** **0.2** ⟨sl.⟩ ***vrek*** **0.3** ⟨sl.⟩ ***knol*** ⇒*paard* **0.4** ⟨sl.⟩ ***dollar*** **0.5** ⟨verk.⟩ ⟨skinhead⟩;
II ⟨telb. en n.-telb.zn.⟩ **0.1** ***huid*** ⟨ook v. vliegtuig, schip⟩ ⇒*vel, pels* **0.2** ***schil*** ⇒*vlies, bast* **0.3** ⟨sl.⟩ ***hand*** **0.4** ⟨sl.⟩ ***portefeuille*** ◆ **1.¶** ~ and bone(s) *vel over been;* ⟨inf.⟩ the ~ off your nose! *proost!;* ⟨inf.⟩ be no ~ off s.o.'s nose *iem. niet aangaan, niet iemands zaak zijn, iem. niet interesseren;* escape by the ~ of one's teeth *op het nippertje ontsnappen* **2.1** wet to the ~ *doornat;* with a whole ~ *heelhuids* **3.4** ⟨sl.⟩ give me some ~ *geef me een poot* **3.¶** change one's ~ *een ander mens worden;* ⟨inf.⟩ get under s.o.'s ~ *vat krijgen op iem., iem. kriegel maken/irriteren; bezeten zijn van iem.;* jump out of one's ~ *een gat in de lucht springen, zich dood schrikken;* save one's ~ *er heelhuids afkomen* **5.1** next to the ~ *op de huid* **6.¶ under** the ~ *in wezen.*
skin[2] ⟨f1⟩⟨ww.⟩
I ⟨onov.ww.⟩ **0.1** ***zich met (nieuw) vel bedekken*** ⇒*helen, genezen* **0.2** ***vervellen*** ◆ **6.1** ~ **over** *zich met (nieuw) vel bedekken, nieuw vel krijgen* **6.¶** ~ **by/through** *er met moeite doorheen komen* ⟨ook fig.⟩;
II ⟨ov.ww.⟩ **0.1** ***villen*** ⇒*(af)stropen* ⟨ook fig.⟩ **0.2** ***schillen*** ⇒*pellen* **0.3** ***(als) met (nieuw) vel bedekken*** **0.4** ***oplichten*** ⇒*afzetten, bedriegen, zwendelen* **0.5** ⟨inf.⟩ ***verpletterend verslaan*** ◆ **5.1** ~ **off** *afstropen, uittrekken* ⟨bv. kousen⟩.
'skin-'deep ⟨f1⟩⟨bn.⟩⟨→sprw. 40⟩ **0.1** ***oppervlakkig*** ⟨ook fig.⟩.
'skin-dive ⟨onov.ww.⟩⟨sport⟩ **0.1** ***sportduiken.***
'skin diver ⟨telb.zn.⟩ **0.1** ***sportduiker.***
'skin diving ⟨n.-telb.zn.⟩ **0.1** ***(het) sportduiken*** ⇒*het snuiven.*
'skin effect ⟨telb. en n.-telb.zn.⟩⟨nat.⟩ **0.1** ***huideffect*** ⇒*skineffect* ⟨elek.⟩.
'skin·flick ⟨f1⟩⟨telb.zn.⟩⟨AE; inf.⟩ **0.1** ***pornofilm.***
'skin·flint ⟨telb.zn.⟩ **0.1** ***vrek*** ⇒*gierigaard, krent.*
'skin-food ⟨n.-telb.zn.⟩ **0.1** ***voedende huidcrème.***
'skin friction ⟨n.-telb.zn.⟩⟨nat.⟩ **0.1** ***wrijving v.e. lichaam in vloeistof.***
skin·ful ['skɪnfʊl]⟨telb.zn.⟩⟨inf.⟩ **0.1** ***genoeg drank om dronken van te worden.***
'skin game ⟨telb.zn.⟩⟨inf.⟩ **0.1** ***oneerlijk gokspel*** **0.2** ***afzetterij*** ⇒*zwendel.*
'skin-graft ⟨telb.zn.⟩ **0.1** ***getransplanteerd stukje huid*** ⟨plast. chirurgie⟩.
'skin·head ⟨f1⟩⟨telb.zn.⟩ **0.1** ***skinhead*** ⇒*iem. met zeer kort haar, lid v. jeugdbende* **0.2** ***kaalkop.***
'skin house ⟨telb.zn.⟩⟨sl.⟩ **0.1** ***travestie(film)theater.***
skink [skɪŋk]⟨telb.zn.⟩⟨dierk.⟩ **0.1** ***skink*** ⟨fam. Scincidae⟩.
'skin magazine ⟨telb.zn.⟩⟨sl.⟩ **0.1** ***pornotijdschrift.***
-skinned [skɪnd]⟨vormt bijv. nw.⟩ **0.1** ***met (een)... huid*** ⇒*-huidig* ◆ **¶.1** dark-skinned *met een donkere huid;* thick-skinned *dikhuidig.*
skin·ner ['skɪnə‖-ər]⟨telb.zn.⟩ **0.1** ***vilder*** **0.2** ***bonthandelaar*** ⇒*huidenkoper* **0.3** ***oplichter*** ⇒*afzetter.*
skin·ny ['skɪni]⟨f2⟩⟨bn.;-er;→compar. 7⟩ **0.1** ***broodmager*** ⇒*uitgemergeld, vel over been* **0.2** ***huidachtig*** **0.3** ***krenterig*** ⇒*gierig.*
'skin·ny-dip[1] ⟨telb.zn.⟩⟨inf.⟩ **0.1** ***naaktzwempartij*** ⇒*blote plons.*
skinny-dip[2] ⟨onov.ww.⟩⟨inf.⟩ **0.1** ***naakt zwemmen.***
'skin·ny-dip·per ⟨telb.zn.⟩⟨inf.⟩ **0.1** ***naaktzwemmer.***
'skin-pop ⟨onov.ww.⟩⟨sl.⟩ **0.1** ***onderhuids spuiten*** ⟨mbt. drugs⟩.
'skin-search[1] ⟨telb.zn.⟩⟨sl.⟩ **0.1** ***visitatie.***
skin-search[2] ⟨ov.ww.⟩⟨sl.⟩ **0.1** ***visiteren*** ⇒*fouilleren.*
'skin spots ⟨mv.⟩ **0.1** ***huiduitslag.***
skint [skɪnt]⟨bn.⟩⟨BE; inf.⟩ **0.1** ***platzak*** ⇒*blut.*
'skin test ⟨telb.zn.⟩ **0.1** ***oppervlakkige allergietest.***
'skin-'tight ⟨f1⟩⟨bn.⟩ **0.1** ***nauwsluitend*** ⇒*strak, gespannen* ⟨v. kleren⟩.
'skin wool ⟨n.-telb.zn.⟩ **0.1** ***plootwol*** ⇒*blootwol.*
skip[1] [skɪp]⟨f1⟩⟨zn.⟩
I ⟨telb.zn.⟩ **0.1** ***sprongetje*** **0.2** ***weglating*** ⇒*omissie, hiaat* **0.3** ***bediende*** ⟨Trinity College, Dublin⟩ **0.4** ⟨BE⟩ ***afvalcontainer*** ⟨voor puin, afbraak e.d.⟩ **0.5** ***kooi/bak waarin mijnwerkers en materiaal worden vervoerd*** **0.6** ***aanvoerder v. bowling-team*** **0.7** ⟨sl.⟩ ***bus/taxichauffeur;***
II ⟨n.-telb.zn.⟩ **0.1** ***het huppelen*** ⇒*het (touwtje)springen.*
skip[2] ⟨f3⟩⟨ww.;→ww. 7⟩
I ⟨onov.ww.⟩ **0.1** ***huppelen*** ⇒*(over)springen* **0.2** ***touwtjespringen*** **0.3** ⟨inf.⟩ ***ervandoor gaan*** ⟨zonder te betalen⟩ **0.4** ***van de hak op de tak springen*** ◆ **5.3** ~ **off/out** *weggaan, verdwijnen* **6.¶** ~ **over** *overslaan, luchtig overheen gaan;*
II ⟨ov.ww.⟩ **0.1** ***overslaan*** ⇒*weglaten* **0.2** ***keilen*** ⟨steentje⟩ **0.3** ⟨inf.⟩ ***overslaan*** ⇒*wegblijven van* **0.4** ⟨vnl. AE; inf.⟩ ***'m smeren uit*** ⇒*met de noorderzon vertrekken uit* ◆ **1.1** ~ a grade *een klas overslaan* **1.3** ~ breakfast *het ontbijt overslaan;* ~ school *niet naar school gaan, spijbelen* **4.¶** ⟨inf.⟩ oh, ~ it! *o, vergeet het maar!, o, het doet er niet toe!.*
'ski pants ⟨f1⟩⟨mv.⟩ **0.1** ***skibroek*** ⇒*skipantalon.*
'skip·jack ⟨telb.zn.; ook skipjack;→mv. 4⟩ **0.1** ***tonijnachtige vis*** **0.2** ***soort haring.***
'ski-plane ⟨telb.zn.⟩ **0.1** ***vliegtuig voorzien v. ski's.***
ski pole →ski stick.
skip·per[1] ['skɪpə‖-ər]⟨f2⟩⟨telb.zn.⟩ **0.1** ***kapitein*** ⇒*schipper, gezagvoerder* **0.2** ⟨sport⟩ ***coach/aanvoerder v.e. team*** **0.3** ***iem. die huppelt/springt*** **0.4** ⟨dierk.⟩ ***dikkopje*** ⟨vlinder v.d. fam. der Hesperia⟩ **0.5** ***springende vis*** **0.6** ⟨sl.⟩ ***hoofd v.e. politiedistrict.***
skipper[2] ⟨ov.ww.⟩ **0.1** ***schipper/kapitein/gezagvoerder zijn van*** **0.2** ***aanvoeren*** ⇒*leiden.*
'skipper's 'daughters ⟨mv.⟩ **0.1** ***golven met witte koppen*** ⇒*witgekuifde golven.*
skip·pet ['skɪpɪt]⟨telb.zn.⟩ **0.1** ***zegeldoosje.***
'skip·ping-rope, ⟨AE⟩ **'skip-rope** ⟨f1⟩⟨telb.zn.⟩ **0.1** ***springtouw.***
skip·py strike ['skɪpi straɪk]⟨telb.zn.⟩⟨sl.⟩ **0.1** ***prikactie/staking*** ⟨i.h.b. aan lopende band⟩.
'skip zone, 'skip distance ⟨telb. en n.-telb.zn.⟩⟨elek.⟩ **0.1** ***dode zone*** ⟨radio⟩.
skirl[1] [skɜ:l‖skɜrl]⟨n.-telb.zn.⟩ **0.1** ***gesnerp*** ⇒*gegil* ⟨i.h.b. v. doedelzak⟩.
skirl[2] ⟨ww.⟩
I ⟨onov.ww.⟩ **0.1** ***snerpen*** ⇒*een schril geluid maken* **0.2** ***gillen*** ⟨i.h.b. v. doedelzak⟩;
II ⟨ov.ww.⟩ **0.1** ***bespelen*** ◆ **1.¶** ~ the bagpipe *de doedelzak bespelen.*
skir·mish[1] ['skɜ:mɪʃ‖'skɜrmɪʃ]⟨f1⟩⟨telb.zn.⟩ **0.1** ***schermutseling*** ⟨ook fig.⟩ **0.2** ***redetwist*** ⇒*gedachten/woordenwisseling.*
skirmish[2] ⟨onov.ww.⟩ **0.1** ***schermutselen*** ⇒*tirailleren* **0.2** ***redetwisten*** ⇒*gedachten/woordenwisseling hebben.*
skir·mish·er ['skɜ:mɪʃə‖'skɜrmɪʃər]⟨telb.zn.⟩ **0.1** ***verkenner*** **0.2** ***voorpostenlinie*** ⇒*patrouille* **0.3** ***tirailleur.***
'skirmish line ⟨telb. en n.-telb.zn.⟩ **0.1** ***tirailleurslinie.***
skir·ret ['skɪrɪt]⟨telb. en n.-telb.zn.⟩⟨plantk.⟩ **0.1** ***suikerwortel*** ⟨Sium sisarum⟩.
skirt[1] [skɜ:t‖skɜrt]⟨f3⟩⟨telb.zn.⟩ **0.1** ***rok*** **0.2** ***pand*** ⇒*slip* **0.3** ⟨vaak mv.⟩ ***rand*** ⇒*zoom, boord, uiteinde* **0.4** ***zweetblad*** ⟨v. zadel⟩ **0.5** ⟨tech.⟩ ***bekleding*** ⇒*ommanteling, beschermplaat* **0.6** ***staartmantel*** ⟨v. raket⟩ **0.7** ***middenrif*** ⟨v. dier⟩ **0.8** ⟨BE⟩ ***ribstuk*** **0.9** ⟨sl.⟩ ***stuk*** ⇒*grietje* **0.10** ⟨badminton⟩ ***veren*** ⟨v. kunststofpluimbal⟩ ◆ **1.3** the ~ of the forest *de zoom v.h. woud* **1.9** what a piece of ~! *wat een stuk!.*
skirt[2] ⟨f2⟩⟨ww.⟩
I ⟨onov.ww.⟩ **0.1** ***dicht langs de rand v. iets gaan*** ◆ **6.1** ~ **around/round** a moor *dicht langs de rand v.e. moeras gaan;*
II ⟨ov.ww.⟩ **0.1** ***begrenzen*** ⇒*lopen langs* **0.2** ***omringen*** ⇒*omgeven, omzomen* **0.3** ***ontwijken*** ⇒*vermijden, omzeilen, ontduiken.*
'skirt-chas·er ⟨telb.zn.⟩ **0.1** ***rokkenjager.***
'skirt-dance ⟨telb.zn.⟩ **0.1** ***rokkendans.***
skirt·ed ['skɜ:tɪd‖'skɜrtɪd]⟨bn.⟩ **0.1** ***met een slip/pand*** ◆ **1.1** ~ coat *slipjas.*
skirt·ing-board ['skɜ:tɪŋ bɔ:d‖'skɜrtɪŋ bɔrd]⟨f1⟩⟨telb.zn.⟩ **0.1** ***plint.***
'ski run ⟨f1⟩⟨telb.zn.⟩ **0.1** ***skihelling*** ⇒*skipiste* **0.2** ***skispoor.***
'ski school ⟨telb. en n.-telb.zn.⟩ **0.1** ***skischool*** ⇒*skiklas(sen).*
'ski stick, ⟨AE⟩ **'ski pole** ⟨f1⟩⟨telb.zn.⟩ **0.1** ***skistok.***
'ski stop ⟨telb.zn.⟩⟨skiën⟩ **0.1** ***stopper.***
'ski suit ⟨telb.zn.⟩ **0.1** ***skipak.***
skit [skɪt]⟨f1⟩⟨telb.zn.⟩ **0.1** ***parodie*** ⇒*spotternij, bespotting, scherts* **0.2** ***schimpschrift*** ⇒*schotschrift.*
'ski tow ⟨telb.zn.⟩ **0.1** ***sleeplift.***
skit·ter ['skɪtə‖'skɪtər]⟨onov.ww.⟩ **0.1** ***snellen*** ⇒*rennen, voortschieten* **0.2** ***spatten*** ⇒*plassen* **0.3** ⟨hengelsport⟩ ***vliegvissen.***
skit·tish ['skɪtɪʃ]⟨f1⟩⟨bn.;-ly;-ness⟩ **0.1** ***schichtig*** ⇒*nerveus* **0.2** ***levendig*** ⇒*dartel, uitgelaten* **0.3** ***schalks*** ⇒*koket, frivool* **0.4** ***grillig*** ⇒*wispelturig* **0.5** ***bedeesd*** ⇒*schuw.*
skit·tle ['skɪtl]⟨f1⟩⟨telb.zn.⟩⟨BE⟩⟨→sprw. 393⟩ **0.1** ***kegel.***
'skit·tle-al·ley ⟨telb.zn.⟩⟨BE⟩ **0.1** ***kegelbaan.***
'skittle ball ⟨telb.zn.⟩⟨BE⟩ **0.1** ***kegelbal*** ⇒*kegelschijf.*
'skittle 'out ⟨ov.ww.⟩⟨cricket⟩ **0.1** ***oprollen*** ⇒*eruit kegelen* ⟨team⟩.
'skittle pin ⟨telb.zn.⟩⟨BE⟩ **0.1** ***kegel.***
skit·tles ⟨f1⟩⟨n.-telb.zn.⟩⟨BE⟩⟨→sprw. 393⟩ **0.1** ***kegelspel*** **0.2** ***informeel schaakspel*** ◆ **1.¶** life is not only beer and ~ *het leven is niet alleen rozegeur en maneschijn.*

skive [skaɪv], ⟨in bet. I ook⟩ **'skive 'off** ⟨ww.⟩
I ⟨onov.ww.⟩ ⟨BE; inf.⟩ **0.1** ***zich aan het werk onttrekken*** ⇒*zich drukken;*
II ⟨ov.ww.⟩ **0.1** ***afschaven*** ⟨leer⟩ **0.2** ***snijden*** ⇒*splitsen* ⟨leer⟩.
skiv·er ['skaɪvə‖-ər]⟨telb.zn.⟩ **0.1** ***schaver*** ⇒*snijder* ⟨v. leer⟩ **0.2** ***mes voor het snijden v. leer*** **0.3** ***dun reepje leer.***
skiv·vy[1] ['skɪvi]⟨zn.; →mv. 2⟩
I ⟨telb.zn.⟩ **0.1** ⟨BE; inf.⟩ ***dienstmeisje*** ⇒*hitje* **0.2** ⟨AE⟩ ***herenonderhemd;***
II ⟨mv.; skivvies⟩ ⟨AE⟩ **0.1** ***herenondergoed.***
skivvy[2] ⟨onov.ww.; →ww. 7⟩ ⟨BE; inf.⟩ **0.1** ***het vuile werk doen.***
'skivvy shirt ⟨telb.zn.⟩ ⟨AE⟩ **0.1** ***herenonderhemd.***
'ski wax ⟨n.-telb.zn.⟩ ⟨wintersport⟩ **0.1** ***skiwas.***
'ski wear ⟨n.-telb.zn.⟩ **0.1** ***skikleding.***
sku·a ['skju:ə]⟨telb.zn.⟩ ⟨dierk.⟩ **0.1** ***jager*** ⟨genus Stercorarius⟩ ◆ **2.1** great ~ *grote jager* ⟨Stercorarius skua⟩.
skulk[1] [skʌlk]⟨telb.zn.⟩ **0.1** ***sluiper*** ⇒*gluiper* **0.2** ***troep vossen.***
skulk[2] ⟨f1⟩ ⟨onov.ww.⟩ **0.1** ***zich verschuilen*** **0.2** ***sluipen*** ⇒*gluipen* **0.3** ***lijntrekken*** ⇒*zich drukken.*
skulk·er ['skʌlkə‖-ər]⟨telb.zn.⟩ **0.1** ***sluiper*** ⇒*gluiper.*
skull [skʌl]⟨f2⟩ ⟨telb.zn.⟩ **0.1** ***schedel*** **0.2** ***doodshoofd*** ⇒*doodskop* **0.3** ⟨vnl. enk.⟩ ⟨inf.⟩ ***hersenpan*** ⇒*hersenen* **0.4** ⟨sl.⟩ ***kei*** ⇒*kraan* ◆ **1.2** ~ and crossbones *doodshoofd met gekruiste beenderen* ⟨bv. op piratenvlag⟩ **3.3** he couldn't get it into his ~ *het drong niet tot zijn hersenen door.*
'skull·cap ⟨telb.zn.⟩ **0.1** ***petje*** ⇒*kalotje, keppeltje* **0.2** ***kap*** ⟨i.h.b. bij klederdracht⟩ ⇒*oorijzer* **0.3** ⟨biol.⟩ ***schedeldak*** **0.4** ⟨plantk.⟩ ***glidkruid*** ⟨genus Scutellaria⟩ **0.5** ⟨sl.; paardesport⟩ ***valhelm.***
skul(l)·dug·ge·ry [skʌl'dʌgəri]⟨n.-telb.zn.⟩ **0.1** ***bedriegerij*** ⇒*bedotterij, geïntrigeer* **0.2** ***achterbaksheid*** ⇒*rotstreek.*
'skull session ⟨telb.zn.⟩ ⟨AE⟩ **0.1** ***bijeenkomst voor overleg*** ⇒*vergadering* **0.2** ⟨sport⟩ ***tactiekbespreking*** ⇒*tactiek / spelanalyse.*
skunk[1] [skʌŋk]⟨f2⟩ ⟨zn.⟩
I ⟨telb.zn.⟩ **0.1** ⟨dierk.⟩ ***stinkdier*** ⟨genus Mephitis⟩ **0.2** ⟨inf.⟩ ***verachtelijk sujet*** ⇒*schoft, schooier;*
II ⟨n.-telb.zn.⟩ **0.1** ***bont van stinkdier.***
skunk[2] ⟨ov.ww.⟩ ⟨AE; inf.⟩ **0.1** ***volkomen verslaan*** **0.2** ***bedriegen*** ⇒*oplichten* ⟨vnl. door niet te betalen⟩ ◆ **6.2** ~ s.o. **out of** sth. *iem. iets afzetten.*
'skunk-bear ⟨telb.zn.⟩ ⟨AE; dierk.⟩ **0.1** ***veelvraat*** ⟨Gulo luscus⟩.
'skunk-cab·bage ⟨telb.zn.⟩ ⟨AE; plantk.⟩ **0.1** ⟨ben. voor⟩ ***stinkende Noordamerikaanse (moeras)planten*** ⟨Symplocarpus foetidus; Lysichitum americanum⟩.
sky[1] [skaɪ]⟨f3⟩ ⟨telb. en n.-telb.zn.; →mv. 2; vnl. enk.; vnl. the⟩ (→sprw. 589) **0.1** ***hemel*** ⇒*lucht, firmament, ruimte* **0.2** ***klimaat*** ⇒*luchtstreek* ◆ **1.¶** ⟨inf.⟩ the ~ is the limit *het is onbegrensd / onbeperkt, het kan niet op* ⟨vnl. mbt. geld⟩ **2.2** sunny skies are expected *er wordt zonnig weer verwacht* **3.1** praise s.o. to the skies *iem. hemelhoog prijzen;* reach for the ~ *hemelhoog reiken;* ⟨fig.⟩ *het hoogste nastreven;* read the ~ ⟨astr.⟩ *de tekenen aan de hemel interpreteren;* ⟨meteo.⟩ *aan de hand van waarnemingen v.d. lucht het weer voorspellen* **6.1** the stars **in** the ~ *de sterren aan de hemel;* **under** the open ~ *onder de blote / vrije hemel, in de open lucht.*
sky[2] ⟨ov.ww.; →ww. 7⟩ **0.1** ⟨sport⟩ ***(te) hoog slaan / schoppen / trappen*** ⟨bal⟩ ⇒*huizenhoog overschieten, hoog wegschieten* **0.2** ⟨roeisport⟩ ***(te) hoog optillen*** ⟨roeiblad⟩ **0.3** ***(te) hoog ophangen*** ⟨schilderij⟩.
'sky 'blue ⟨f1⟩ ⟨n.-telb.zn.⟩ **0.1** ***hemelsblauw.***
'sky-'blue ⟨f1⟩ ⟨bn.⟩ **0.1** ***hemelsblauw.***
'sky·borne ⟨bn.⟩ **0.1** ***door de lucht vervoerd*** **0.2** ***in de lucht*** ◆ **1.2** the aeroplane is ~ *het vliegtuig is opgestegen / los v.d. grond.*
'sky·cap ⟨telb.zn.⟩ ⟨sl.⟩ **0.1** ***kruier.***
'sky·dive ⟨onov.ww.; ⟨verl. t. ook, AE; inf.⟩ skydove ['skaɪdoʊv]⟩ ⟨parachutespringen⟩ **0.1** ***vrije val maken*** ◆ **¶.1** skydiving *vrije val.*
'sky·div·er ⟨telb.zn.⟩ ⟨parachutespringen⟩ **0.1** ***vrijevaller.***
Skye [skaɪ], **'Skye 'terrier** ⟨telb. en n.-telb.zn.⟩ **0.1** ***Skyeterriër.***
sky·er ['skaɪə‖-ər]⟨telb.zn.⟩ ⟨cricket⟩ **0.1** ***hoge slag.***
sky·ey ['skaii]⟨bn.⟩ **0.1** ***hemels*** **0.2** ***hoog*** ⇒*verheven.*
'sky-'high ⟨f1⟩ ⟨bn.; bw.⟩ **0.1** ***hemelhoog*** ⇒⟨fig.⟩ *buitensporig hoog* ⟨bv. prijzen⟩ ◆ **3.1** blow ~ *in de lucht laten vliegen, opblazen;* ⟨inf.; fig.⟩ *geen spaan heel laten van.*
'sky·hook, ⟨in bet. 0.2 ook⟩ **'skyhook balloon** ⟨telb.zn.⟩ ⟨AE; inf.⟩ **0.1** ***denkbeeldige haak / steun uit de hemel*** **0.2** ***sondeerballon.***
'sky·jack[1] ⟨telb.zn.⟩ **0.1** ***vliegtuigkaping.***
skyjack[2] ⟨f1⟩ ⟨ov.ww.⟩ ⟨inf.⟩ →skyjacking **0.1** ***kapen*** ⟨vliegtuig⟩.
'sky·jack·er ⟨f1⟩ ⟨telb.zn.⟩ ⟨inf.⟩ **0.1** ***vliegtuigkaper.***
'sky·jack·ing ⟨f1⟩ ⟨telb. en n.-telb.zn.; (oorspr.) gerund v. skyjack⟩ ⟨inf.⟩ **0.1** ***(vliegtuig)kaping.***
'sky·lark[1] ⟨f1⟩ ⟨telb.zn.⟩ **0.1** ⟨dierk.⟩ ***veldleeuwerik*** ⟨Alauda arvensis⟩ **0.2** ***grap*** ⇒*gekheid, geintje.*
skylark[2] ⟨f1⟩ ⟨onov.ww.⟩ **0.1** ***stoeien*** **0.2** ***pret maken*** ⇒*grappen uithalen.*
'sky·light ⟨f1⟩ ⟨telb.zn.⟩ **0.1** ***dakraam.***
'sky·line ⟨f1⟩ ⟨telb.zn.⟩ **0.1** ***horizon*** ⇒*einder, kim* **0.2** ***skyline*** ⇒*silhouet, omtrek* ⟨gezien tegen de lucht⟩.
'sky·man ['skaɪmən]⟨telb.zn.; skymen [-mən]; →mv. 3⟩ ⟨sl.⟩ **0.1** ***vlieger*** ⇒*piloot.*
'sky-par·lor ⟨telb.zn.⟩ ⟨sl.⟩ **0.1** ***vliering*** ⇒*zolderkamer.*
'sky piece ⟨telb.zn.⟩ ⟨sl.⟩ **0.1** ***pruik.***
'sky pilot ⟨telb.zn.⟩ ⟨sl.⟩ **0.1** ⟨R.-K.⟩ ***vlootaalmoezenier*** ⇒*VLAM* **0.2** ⟨Prot.⟩ ***vlootpredikant*** ⇒*VLOP* **0.3** ⟨ben. voor⟩ ***pastoor / dominee*** ⇒*hemelpiloot* **0.4** ***sportvlieger met brevet.***
'sky·rock·et[1] ⟨telb.zn.⟩ **0.1** ***vuurpijl.***
'skyrocket[2] ⟨onov.ww.⟩ **0.1** ***omhoogschieten*** ◆ **1.1** prices are ~ing *de prijzen vliegen omhoog.*
'sky·sail ⟨telb.zn.⟩ ⟨scheep.⟩ **0.1** ***klapmuts*** ⇒*schijnzeil.*
'sky·scape ⟨telb.zn.⟩ **0.1** ***luchtgezicht.***
'sky·scrap·er ⟨f2⟩ ⟨telb.zn.⟩ **0.1** ***wolkenkrabber*** ⇒*torengebouw* **0.2** ⟨fig.⟩ ***bonestaak*** ⇒*lange, sladood* **0.3** ⟨inf.⟩ ⟨ben. voor⟩ ***hoog iets*** ⇒⟨honkbal⟩ *hoge bal; sandwich met veel lagen beleg; uitgebreid dessert.*
'sky ship ⟨telb.zn.⟩ **0.1** ***luchtschip.***
'sky sign ⟨telb.zn.⟩ **0.1** ***(licht)reclame bovenop gebouw.***
'sky·walk ⟨telb.zn.⟩ **0.1** ***(overdekte) voetgangersbrug.***
'sky·ward(s) ['skaɪwəd(z)‖-wərd(z)]⟨bn., attr.; bw.⟩ **0.1** ***hemelwaarts.***
'sky wave ⟨telb.zn.⟩ ⟨nat.⟩ **0.1** ***ethergolf*** ⟨radio⟩ ⇒*luchtgolf.*
'sky way ⟨telb.zn.⟩ **0.1** ***luchtroute*** **0.2** ⟨AE⟩ ***verkeersweg boven de grond.***
'sky·writ·ing ⟨n.-telb.zn.⟩ **0.1** ***rookschrift*** ⇒*luchtschrift.*
S & L ⟨afk.⟩ Savings and Loan Association.
slab[1] [slæb]⟨f2⟩ ⟨telb.zn.⟩ **0.1** ***plaat*** ⟨bv. ijzer⟩ **0.2** ***plat rechthoekig stuk steen*** ⟨bv. in lijkenhuisje⟩ **0.3** ***plak*** ⟨bv. kaas⟩ ⇒*snee (brood)* **0.4** ***buitenschaal*** ⟨bij het kantrechten v. boomstam⟩ **0.5** ⟨honkbal⟩ ***werkplaat*** **0.6** ⟨sl.⟩ ***dollar.***
slab[2] ⟨ov.ww.; →ww. 7⟩ **0.1** ***(vlak) behakken*** ⟨vnl. steen, hout⟩ ⇒*afschalen, kantrechten* ⟨boomstam⟩ **0.2** ***plaveien met platte stenen.***
slab·by ['slæbi]⟨bn.; -er; →compar. 7⟩ **0.1** ***kleverig*** ⇒*taai, dik* **0.2** ***bedekt met platte stenen*** ⇒*van platte stenen* **0.3** ***plaatvormig.***
'slab-line ⟨telb.zn.⟩ ⟨scheep.⟩ **0.1** ***triplijn.***
'slab-'sid·ed ⟨bn.⟩ ⟨AE⟩ **0.1** ***met platte zijkanten*** ⇒*met platte zijden* **0.2** ***lang en mager*** ⇒*spichtig.*
'slab-stone ⟨telb.zn.⟩ **0.1** ***plat rechthoekig stuk steen*** **0.2** ***makkelijk te splijten steen.***
slack[1] [slæk]⟨f2⟩ ⟨zn.⟩
I ⟨telb.zn.⟩ **0.1** ***los / slap (hangend) deel van zeil of touw*** ⇒*loos* **0.2** ***verslapping*** ⇒*slapte* **0.3** ***speling*** **0.4** ***tijdelijke stilte / kalmte*** **0.5** ***stil water*** **0.6** ⟨BE; inf.⟩ ***dal*** **0.7** ⟨BE; inf.⟩ ***poel*** ⇒*moeras* ◆ **3.1** take up the ~, pull in the ~ *aantrekken* ⟨touw e.d.⟩; ⟨fig.⟩ *de teugel(s) kort houden;*
II ⟨n.-telb.zn.⟩ **0.1** ***steenkoolgruis*** **0.2** ***slappe tijd*** ⇒*slapte* ⟨in hand.⟩; *komkommertijd* ⟨in nieuws⟩;
III ⟨mv.; ~s⟩ **0.1** ***sportpantalon*** ⇒*lange broek, sportbroek.*
slack[2] ⟨f2⟩ ⟨bn.; bw.; -ly; -ness⟩ **0.1** ***slap*** ⇒*los* **0.2** ***zwak*** ⇒*slap, laks* **0.3** ***lui*** ⇒*traag, loom, mat* ◆ **1.1** reign with a ~ hand *met slappe hand regeren* **1.2** ~ laws *zwakke wetten* **1.¶** ~ lime *gebluste kalk;* keep a ~ rein on sth. *iets verwaarlozen;* ⟨fig.⟩ *laks regeren;* ⟨fig.⟩ keep a ~ rein on s.o. *iem. de vrije teugel laten;* ~ season *slappe tijd;* ⟨AE⟩ ~ suit *vrijetijdspak;* ~ water *stil water; dood getij.*
slack[3] ⟨f1⟩ ⟨ww.⟩
I ⟨onov.ww.⟩ **0.1** ***lijntrekken*** ⇒*traag / minder hard werken* **0.2** ***vaart verminderen*** ◆ **5.2** ~ **up** *vaart verminderen* **5.¶** ~ **off** *lui / zorgeloos zijn in het werk; verslappen;*
II ⟨onov. en ov.ww.⟩ **0.1** ***verslappen*** ⇒*(zich) ontspannen* **0.2** ***verminderen*** ⇒*afnemen* ◆ **1.2** ~ing tide *afgaand getij;*
III ⟨ov.ww.⟩ **0.1** ***los(ser) maken*** ⇒*(laten) vieren* **0.2** ***blussen*** ⟨kalk⟩ **0.3** ***lessen*** ⇒*stillen* ⟨dorst⟩ ◆ **1.2** ~ed lime *gebluste kalk* **5.¶** ~ **away / off** *losmaken* ⟨bv. touw⟩.
'slack-'baked ⟨bn.⟩ **0.1** ***half doorbakken*** **0.2** ***slecht gemaakt / afgewerkt*** ◆ **1.1** ~ bread *half doorbakken brood.*
slack·en ['slækən]⟨f1⟩ ⟨ww.⟩
I ⟨onov.ww.⟩ **0.1** ***langzamer bewegen / lopen / rijden;***
II ⟨onov. en ov.ww.⟩ **0.1** ***verslappen*** ⇒*(zich) ontspannen* **0.2** ***verminderen*** ⇒*afnemen* ◆ **1.2** ~ speed *vaart verminderen;* the storm is ~ing *de storm neemt af* **5.2** ~ **off** *verminderen, minder worden;*
III ⟨ov.ww.⟩ **0.1** ***los(ser) maken*** ⇒*(laten) vieren, loos geven* ◆ **5.¶** ~ **away / off!** *opvieren / loos geven die tros!.*
slack·er ['slækə‖-ər]⟨telb.zn.⟩ **0.1** ***luilak*** ⇒*lijntrekker* **0.2** ***dienstweigeraar.***
slag[1] [slæg]⟨f1⟩ ⟨zn.⟩

I ⟨telb.zn.⟩ ⟨BE; inf.⟩ **0.1** ***slet;***
II ⟨n.-telb.zn.⟩ **0.1** ***slak*** ⇒*(metaal) slak(ken)* **0.2** ***slak*** ⇒*vulkanische slakken* **0.3** ***sintel(s)*** ◆ **2.1** basic ~ *thomasslakkenmeel.*
slag² ⟨ww.⟩
I ⟨onov. en ov.ww.; →ww. 7⟩ **0.1** ***slakken vormen*** ⇒*verslakken;*
II ⟨ov.ww.⟩ ◆ **5.¶** ⟨inf.⟩ ~ **off** *neerhalen, afkraken, kleineren, afgeven op.*
slag·gy [slægi]⟨bn.⟩ **0.1** ***slakachtig*** ⇒*slakkig* **0.2** ***sintelachtig.***
'slag-heap ⟨f1⟩ ⟨telb.zn.⟩ ⟨BE⟩ **0.1** ***heuvel van mijnafval*** ◆ **6.¶** be **on** the ~ *afgedaan hebben, onbruikbaar geworden zijn* ⟨mbt. persoon⟩.
'slag-wool ⟨n.-telb.zn.⟩ **0.1** ***slakkenwol.***
slain [sleɪn]⟨volt. deelw.⟩ →slay.
slake [sleɪk]⟨f1⟩ ⟨ww.⟩
I ⟨onov.ww.⟩ **0.1** ***uit elkaar vallen*** ⇒*verkruimelen;*
II ⟨ov.ww.⟩ **0.1** ***lessen*** ⇒*laven, verkwikken* **0.2** ***bevredigen*** ⟨bv. nieuwsgierigheid⟩ **0.3** ***blussen*** ⟨kalk⟩ **0.4** ***bedaren*** ⇒*matigen* ◆ **1.3** ~d lime *gebluste kalk.*
slake·less ['sleɪkləs]⟨bn.⟩ ⟨schr.⟩ **0.1** ***niet tot bedaren te brengen*** ⇒*onstuitbaar.*
sla·lom ['slɑ:ləm]⟨f1⟩ ⟨zn.⟩ ⟨sport⟩
I ⟨telb.zn.⟩ **0.1** ***slalom*** ◆ **2.1** giant ~ *reuzenslalom;*
II ⟨n.-telb.zn.⟩ **0.1** ***slalom*** ⇒*het slalomskiën / kanoën / rijden.*
'slalom skier ⟨telb.zn.⟩ ⟨skiën⟩ **0.1** ***slalomskiër*** ⇒*slalommer.*
slam¹ [slæm]⟨f1⟩ ⟨zn.⟩
I ⟨telb.zn.⟩ **0.1** ***harde slag*** ⇒*klap, dreun;* ⟨honkbal⟩ *rake slag* **0.2** ⟨sl.⟩ ***neut*** ⇒*borrel* **0.3** →slammer;
II ⟨telb. en n.-telb.zn.⟩ **0.1** ***scherpe kritiek;***
III ⟨n.-telb.zn.⟩ ⟨bridge⟩ **0.1** ***slem*** ⇒*alle slagen* ◆ **2.1** grand ~ *groot slem* ⟨dertien slagen; fig. ook voor het winnen v.e. reeks tennis / golftoernooien e.d.⟩; little / small ~ *klein slem* ⟨twaalf slagen⟩.
slam² ⟨f3⟩ ⟨ww.; →ww. 7⟩
I ⟨onov. en ov.ww.⟩ **0.1** ***met een klap dichtslaan*** **0.2** ⟨inf.; honkbal⟩ ***(de bal) raken*** **0.3** ⟨inf.⟩ ***harde klap / slag met de hand geven*** ◆ **5.1** ~ **to** *met een klap dichtslaan* **5.¶** ⟨sl.⟩ ~ **off** *doodgaan;*
II ⟨ov.ww.⟩ **0.1** ***(neer / dicht)smijten*** ⇒*(neer / dicht)kwakken met een smak (neer / dicht)gooien* **0.2** ⟨inf.⟩ ***scherp bekritiseren*** ⇒*uitschelden* **0.3** ⟨inf.⟩ ***inmaken*** ⇒*volledig verslaan* ◆ **1.1** ⟨inf.⟩ ~ the door *de deur dichtslaan* ⟨ook fig.⟩ **5.1** ~ **down** *neersmijten* **5.¶** he ~ed **out of** the room *hij denderde de kamer uit.*
slam³ ⟨bw.⟩ **0.1** ***met een klap / dreun.***
'slam-bang¹ ⟨bn.⟩ ⟨inf.⟩ **0.1** ***gewelddadig*** **0.2** ***onnodig ruw*** **0.3** ***grondig*** ⇒*compleet, rigoreus* **0.4** ***rechtstreeks.***
slam-bang² ⟨ov.ww.⟩ ⟨inf.⟩ **0.1** ***aanvallen.***
slam-bang³ ⟨bw.⟩ ⟨inf.⟩ **0.1** →slam-bang¹ **0.2** ***met een klap / dreun*** **0.3** ***roekeloos*** ⇒*onbesuisd.*
slam·mer ['slæmə‖-ər]⟨telb.zn.⟩ ⟨AE; sl.⟩ **0.1** ***nor.***
slan ⟨afk.⟩ sine loco, anno, vel nomine ⟨boek.⟩ **0.1** ***zonder plaats, jaartal of naam.***
slan·der¹ ['slɑ:ndə‖'slændər]⟨f1⟩ ⟨telb. en n.-telb.zn.⟩ **0.1** ***lasterpraat(je)*** ⇒*laster, kwaadsprekerij, belastering.*
slander² ⟨f1⟩ ⟨ov.ww.⟩ **0.1** ***(be)lasteren*** ⇒*zwartmaken.*
slan·der·er ['slɑ:ndərə‖'slændərər]⟨f1⟩ ⟨telb.zn.⟩ **0.1** ***lasteraar(ster)*** ⇒*kwaadspreker / spreekster, schendtong, slangetong.*
slan·der·ous ['slɑ:ndrəs‖'slæn-]⟨f1⟩ ⟨bn.; -ly; -ness⟩ **0.1** ***lasterlijk.***
slang¹ [slæŋ]⟨f1⟩ ⟨n.-telb.zn.; ook attr.⟩ **0.1** ***slang*** ⇒*zeer gemeenzame taal; taal v. bep. sociale klasse of beroep; boeven / schuttingtaal; jargon; ruwe / platte / onbeschofte taal.*
slang² ⟨f1⟩ ⟨ww.⟩ ⟨BE; inf.⟩
I ⟨onov.ww.⟩ **0.1** ***slang gebruiken;***
II ⟨ov.ww.⟩ **0.1** ***uitschelden*** ⇒*uitfoeteren, uitkafferen.*
'slang·ing-match ⟨telb.zn.⟩ **0.1** ***scheldpartij.***
slang·y ['slæŋi]⟨f1⟩ ⟨bn.; -er; -ly; -ness; →bijw. 3⟩ **0.1** ***slang-achtig*** **0.2** ***met ruwe en onbeschofte taal.***
slant¹ [slɑ:nt‖slænt]⟨f2⟩ ⟨telb.zn.⟩ **0.1** ***helling*** ⇒*schuinte, scheefheid, schuinheid* **0.2** ***gezichtspunt*** ⇒*kijk, optiek, oogpunt* **0.3** ***schuine / scheve koers / richting / baan*** **0.4** ***scheef invallende (licht) straal*** **0.5** ***schuine streep*** **0.6** ***briesje*** ⇒*windvlaag* **0.7** ⟨AE⟩ ***hatelijkheid*** ⇒*steek onder water* **0.8** ⟨AE⟩ ***(steelse) blik*** **0.9** ⟨AE; sl.; leger⟩ ***spleetoog*** ◆ **6.¶** **on** a / the ~ *scheef, schuin.*
slant² ⟨bn.⟩ **0.1** ***hellend*** ⇒*schuin, scheef* ◆ **1.¶** ⟨wisk.⟩ ~ height *schuine hoogte; ribbe* ⟨v.e. piramide⟩; *regel* ⟨v.e. kegel⟩; ⟨lit.⟩ ~ rhyme *onzuiver rijm, kreupelrijm.*
slant³ ⟨f2⟩ ⟨ww.⟩
I ⟨onov.ww.⟩ **0.1** ***hellen*** ⇒*schuin aflopen* **0.2** ***scheef gaan / lopen*** ⇒*afwijken;*
II ⟨ov.ww.⟩ **0.1** ***laten hellen*** ⇒*scheef houden* **0.2** ***schuin gooien*** **0.3** ***tendentieus weergeven*** ◆ **1.3** ~ed news *tendentieuze nieuwsberichten.*
'slant-eye ⟨telb.zn.⟩ ⟨sl.⟩ **0.1** ***spleetoog.***
'slant-'eyed ⟨bn.⟩ **0.1** ***spleetogig.***
slant·ing·ly ['slɑ:ntɪŋli‖'slæn-]⟨bw.⟩ **0.1** ***schuin*** ⇒*scheef, hellend.*
slant·ways ['slɑ:ntweɪz‖'slænt-]⟨bw.⟩ **0.1** ***schuin*** ⇒*scheef, hellend.*
slant·wise ['slɑ:ntwaɪz‖'slænt-]⟨bn.; bw.⟩ **0.1** ***schuin*** ⇒*scheef, hellend.*
slap¹ [slæp]⟨f1⟩ ⟨telb.zn.⟩ **0.1** ***klap*** ⇒*mep, slag* ◆ **1.1** ~ on the back *joviale klap op de rug;* ⟨fig.⟩ *schouderklopje, felicitaties;* ⟨inf.⟩ ~ in the face / kisser / teeth ⟨ook fig.⟩ *klap in het gezicht;* ⟨inf.; fig.⟩ ~ on the wrist *vermaning, lichte straf;* ⟨BE; inf.⟩ ~ and tickle *geflirt.*
slap² ⟨ww.; →ww. 7⟩ →slapping
I ⟨onov.ww.⟩ **0.1** ***kletteren*** ⇒*kletsen, klepperen* ◆ **6.1** rain ~ped **at** the window *de regen kletterde tegen het raam;*
II ⟨onov. en ov.ww.⟩ **0.1** ***een klap geven*** ⇒*meppen, kletsen* ◆ **6.1** ⟨fig.⟩ ~ s.o. **on** the back *iem. op zijn schouder kloppen / feliciteren;* father ~ped **on** the table *vader gaf een klap op de tafel;*
III ⟨ov.ww.⟩ **0.1** ***smakken*** ⇒*smijten, kwakken* **0.2** ***berispen*** ◆ **5.1** ~ **down** *neersmijten, neerkwakken;* ⟨inf.⟩ *hard aanpakken* **6.1** ⟨inf.⟩ ~ sth. **on(to)** *iets kwakken op;* ⟨inf.⟩ ~ new taxes **on(to)** spirits *belasting op sterke drank verhogen, hogere belasting(en) leggen op sterke drank.*
slap³ ⟨f3⟩ ⟨bw.⟩ **0.1** ***met een klap*** ⇒*pats, regelrecht* **0.2** ***eensklaps*** ⇒*pardoes, zomaar ineens.*
'slap-'bang ⟨bn.; bw.⟩ **0.1** ***pardoes*** ⇒*eensklaps, opeens, hals over kop* **0.2** ***heftig*** ⇒*lawaaierig.*
'slap·dash¹ ⟨n.-telb.zn.⟩ **0.1** ***nonchalance*** ⇒*achteloosheid, nalatigheid* **0.2** ***beraping*** ⇒*ruwe pleisterkalk.*
slapdash² ⟨f1⟩ ⟨bn.; bw.⟩ **0.1** ***nonchalant*** ⇒*achteloos, met de Franse slag gedaan, lukraak.*
'slap·hap·py ⟨bn.; -er; -ly; →bijw. 3⟩ ⟨inf.⟩ **0.1** ***uitgelaten*** ⇒*brooddronken, onstuimig* **0.2** ⟨BE⟩ ***nonchalant*** ⇒*achteloos* **0.3** ⟨sl.⟩ ***duizelig.***
'slap·jack ⟨telb.zn.⟩ ⟨AE⟩ **0.1** ***pannekoek*** ⇒*plaatkoek.*
slap·ping ['slæpɪŋ]⟨bn.; teg. deelw. v. slap⟩ **0.1** ***enorm*** ⇒*reusachtig.*
'slap shot ⟨telb.zn.⟩ ⟨ijshockey⟩ **0.1** ***slapshot*** ⇒*vliegend schot, harde slag.*
'slap·stick¹ ⟨f1⟩ ⟨zn.⟩
I ⟨telb.zn.⟩ **0.1** ***buigbare houten sabel v. harlekijn*** **0.2** ***gooi-en-smijtfilm / toneelstuk;***
II ⟨n.-telb.zn.⟩ **0.1** ***grove humor.***
slapstick² ⟨f1⟩ ⟨bn., attr.⟩ **0.1** ***lawaaierig*** ⇒*grof.*
'slap-up ⟨bn.⟩ ⟨BE; inf.⟩ **0.1** ***super-de-luxe*** ⇒*uit de kunst, eerste klas.*
slash¹ [slæʃ]⟨f1⟩ ⟨zn.⟩
I ⟨telb.zn.⟩ **0.1** ***houw*** ⇒*slag* **0.2** ***snee*** ⇒*jaap* **0.3** ***schuine streep*** **0.4** ⟨AE⟩ ***split*** ⟨in kleding⟩ **0.5** ⟨vnl. mv.⟩ ⟨AE⟩ ***moerassig, begroeid terrein;***
II ⟨n.-telb.zn.⟩ **0.1** ***het houwen*** ⇒*het hakken* **0.2** ⟨AE⟩ ***afval bij houthakken*** **0.3** ⟨vulg.⟩ ***het zeiken*** ⇒*het pissen.*
slash² ⟨f2⟩ ⟨ww.⟩ →slashing
I ⟨onov.ww.⟩ **0.1** ***erop inhakken*** ⇒*om zich heen slaan;*
II ⟨onov. en ov.ww.⟩ **0.1** ***houwen*** ⇒*hakken, slaan* **0.2** ***snijden*** ⇒*splijten, een jaap geven* **0.3** ***striemen*** ⇒*ranselen;*
III ⟨ov.ww.⟩ **0.1** ***drastisch verlagen*** ⟨prijzen⟩ **0.2** ***scherp bekritiseren / berispen*** **0.3** ***een split maken in*** ⟨kleding⟩ **0.4** ⟨AE⟩ ***kaal slaan*** ◆ **1.3** ~ed sleeve *mouw met split* ⟨waardoor andere stof zichtbaar is⟩.
slash·er ['slæʃə‖-ər]⟨telb.zn.⟩ **0.1** ***kapmes*** **0.2** ***houwwapen*** **0.3** ***houwer*** ⇒*hakker.*
slash·ing¹ ['slæʃɪŋ]⟨zn.; (oorspr.) gerund v. slash⟩
I ⟨telb.zn.⟩ **0.1** ⟨AE⟩ ***open plek in een bos;***
II ⟨n.-telb.zn.⟩ **0.1** ***het houwen*** ⇒*het hakken* **0.2** ***het snijden*** **0.3** ***het striemen*** ⇒*het ranselen* **0.4** ⟨ijshockey⟩ ***(het) hakken*** ⟨met de stick als overtreding⟩.
slashing² ⟨bn.; teg. deelw. v. slash; -ly⟩ **0.1** ***snijdend*** ⇒ ⟨fig.⟩ *scherp, striemend, vernietigend* **0.2** ***vurig*** ⇒*fel* ◆ **1.1** ~ criticism *bijtende kritiek.*
'slash pine ⟨telb.zn.⟩ **0.1** ***soort den*** ⟨in USA en Caribisch gebied⟩.
slat¹ [slæt]⟨f2⟩ ⟨zn.⟩
I ⟨telb.zn.⟩ **0.1** ***lat*** ⟨bv. v. jaloezie⟩ **0.2** ⟨tech.⟩ ***vleugelneusklep*** ⟨vliegtuig⟩ **0.3** ⟨sl.⟩ ***magere, hoekige vrouw*** ⇒*lat;*
II ⟨mv.; ~s⟩ ⟨inf.⟩ **0.1** ***ribben.***
slat² ⟨ww.; →ww. 7⟩ →slatted
I ⟨onov.ww.⟩ **0.1** ***klapperen*** ⟨v. zeil⟩;
II ⟨ov.ww.⟩ **0.1** ***voorzien van latten.***
slate¹ [sleɪt]⟨f2⟩ ⟨zn.⟩
I ⟨telb.zn.⟩ **0.1** ***lei*** ⇒*plaatje leisteen, schrijfbordje* **0.2** ***daklei*** ⇒*lei* **0.3** ⟨AE⟩ ***kandidatenlijst*** **0.4** ***kerfstok*** ◆ **3.¶** clean the ~ *oude zaken afdoen en opnieuw beginnen, het verleden begraven* **6.4** ⟨inf.⟩ put it **on** the ~! *schrijf het maar op (de lat)!;*
II ⟨n.-telb.zn.⟩ **0.1** ***lei*** ⟨gesteente⟩ **0.2** ***leigrijs.***

slate[2] ⟨bn., attr.⟩ **0.1** *leien* **0.2** *leikleurig*.
slate[3] ⟨ww.⟩ →slating
I ⟨onov. en ov.ww.⟩ **0.1** *op een lei schrijven;*
II ⟨ov.ww.⟩ **0.1** *met lei dekken* **0.2** ⟨AE⟩ *(voor)bestemmen* **0.3** ⟨AE⟩ *beleggen* ⟨bv. vergadering⟩ ⇒*vaststellen* **0.4** ⟨BE; inf.⟩ *scherp bekritiseren* ⇒*afkraken, hekelen* **0.5** ⟨AE; inf.⟩ *(als kandidaat) voordragen*.
'slate 'black ⟨n.-telb.zn.; vaak attr.⟩ **0.1** *leizwart*.
'slate 'blue ⟨n.-telb.zn.; vaak attr.⟩ **0.1** *leiblauw* ⇒*grijsblauw*.
'slate club ⟨telb.zn.⟩ ⟨BE⟩ **0.1** *club met onderlinge spaarkas*.
'slate 'grey ⟨n.-telb.zn.; vaak attr.⟩ **0.1** *leigrijs* ⇒*blauwgrijs*.
'slate-pen·cil ⟨telb.zn.⟩ **0.1** *griffel*.
slat·er ['sleɪtə‖'sleɪt̬ər] ⟨telb.zn.⟩ **0.1** *leidekker* **0.2** ⟨dierk.⟩ *pissebed* ⟨orde Isopoda⟩ ⇒⟨i.h.b.⟩ *gewone pissebed, keldermot, (platte) zeug* ⟨Oniscus asellus⟩.
slath·er[1] ['slæðə‖-ər] ⟨telb.zn.⟩ ⟨inf.⟩ **0.1** ⟨vaak mv.⟩ *grote hoeveelheid* ⇒*massa* ◆ **1.1** ~s of friends *massa's vrienden*.
slather[2] ⟨ov.ww.⟩ ⟨AE; inf.⟩ **0.1** *dik besmeren met* **0.2** *verspillen*.
slat·ing ['sleɪtɪŋ] ⟨telb. en n.-telb.zn.; g. mv.; oorspr. gerund v. slate⟩ **0.1** *het leidekken* **0.2** ⟨BE⟩ *scherpe kritiek* **0.3** *leisteen* ⟨i.h.b. voor leidekken⟩ ◆ **3.2** give s.o. a sound ~ *iem. er flink van langs geven*.
slat·ted ['slætɪd] ⟨bn.; volt. deelw. v. slat⟩ **0.1** *met latten* ⟨als bij jaloezie⟩.
slat·tern ['slætən‖'slæt̬ərn] ⟨telb.zn.⟩ **0.1** *del* ⇒*slons*.
slat·tern·ly ['slætənli‖'slæt̬ərnli] ⟨bn.; -ness; →bijw. 3⟩ **0.1** *slonzig* ⇒*slodderig, slordig*.
slat·y ['sleɪt̬i] ⟨bn.⟩ **0.1** *leiachtig* **0.2** *met leisteen*.
slaugh·ter[1] ['slɔ:tə‖'slɔt̬ər] ⟨f2⟩ ⟨zn.⟩
I ⟨telb.zn.⟩ **0.1** *slachting* ⇒*slachtpartij, bloedbad* ◆ **1.1** be brought as a lamb to the ~ *als een lam ter slachting geleid worden;*
II ⟨n.-telb.zn.⟩ **0.1** *het slachten* ⇒*het afmaken*.
slaughter[2] ⟨f2⟩ ⟨ov.ww.⟩ **0.1** *slachten* ⇒*een slachting aanrichten onder, afmaken, vermoorden* **0.2** ⟨inf.⟩ *totaal verslaan* ⇒*inmaken*.
slaugh·ter·er ['slɔ:tərə‖'slɔt̬ərər] ⟨telb.zn.⟩ **0.1** *slachter* ⇒*slager*.
'slaugh·ter·house ⟨f1⟩ ⟨telb.zn.⟩ **0.1** *slachthuis* ⇒*abattoir*.
slaugh·ter·ous ['slɔ:trəs‖'slɔt̬ərəs] ⟨bn.⟩ ⟨schr.⟩ **0.1** *bloedig* ⇒*moorddadig, moordend*.
Slav[1] [slɑ:v] ⟨f1⟩ ⟨telb.zn.⟩ **0.1** *Slaaf*.
Slav[2] ⟨bn.⟩ **0.1** *Slavisch*.
slave[1] [sleɪv] ⟨f3⟩ ⟨telb.zn.⟩ ⟨→sprw. 49⟩ **0.1** *slaaf/slavin* ⇒*lijfeigene* **0.2** ⟨sl.⟩ *(slechtbetaald) baantje* ⇒*korvee*.
slave[2] ⟨f1⟩ ⟨onov.ww.⟩ **0.1** *zich uitsloven* ⇒*zich afbeulen, zwoegen, slaven* ◆ **5.1** ~ **away** (at sth.) *zwoegen (op iets), ploeteren* ⟨bv. voor examen⟩.
'slave·born ⟨bn.⟩ **0.1** *geboren in slavernij*.
'slave drive ⟨ov.ww.⟩ **0.1** *tot harder werk opzwepen*.
'slave driver ⟨f1⟩ ⟨telb.zn.⟩ **0.1** *slavendrijver* ⟨ook fig.⟩ ⇒*bank-officier* **0.2** ⟨sl.; scherts.⟩ *echtgenote*.
'slave-hunt·er ⟨telb.zn.⟩ **0.1** *slavenjager*.
'slave 'labour ⟨f1⟩ ⟨n.-telb.zn.⟩ **0.1** *slavenarbeid* ⇒*slavenwerk* ⟨ook fig.⟩.
'slave market ⟨telb.zn.⟩ ⟨sl.⟩ **0.1** *straat/wijk met arbeidsbureau(s)*.
slav·er[1] ['sleɪvə‖-ər] ⟨telb.zn.⟩ **0.1** *slavenhandelaar* **0.2** *slavenschip*.
slaver[2] ['slævə‖-ər] ⟨n.-telb.zn.⟩ **0.1** *kwijl* ⇒*speeksel* **0.2** *geflikflooi* ⇒*strooplikkerij, gekwijl*.
slaver[3] ['slævə‖-ər] ⟨ww.⟩
I ⟨onov.ww.⟩ **0.1** *kwijlen* ⟨ook fig.⟩ ⇒*temen, zeveren;*
II ⟨ov.ww.⟩ **0.1** *bekwijlen*.
slav·er·y[1] ['sleɪvəri] ⟨f2⟩ ⟨n.-telb.zn.⟩ **0.1** *slavernij* ⇒*slavendienst* **0.2** *slavenarbeid* ⇒*uitputtende arbeid, gezwoeg* **0.3** *het slaaf zijn*.
slavery[2] ⟨bn.⟩ **0.1** *kwijlend* ⇒*slobberend* **0.2** *kwijlerig*.
'slave ship ⟨telb.zn.⟩ **0.1** *slavenschip*.
'Slave State ⟨eig.n., telb.zn.⟩ ⟨gesch.⟩ **0.1** *Slavenstaat* ⟨staat waar slavernij wettelijk toegelaten was voor de Am. burgeroorlog⟩.
'slave trade, 'slave traffic ⟨f1⟩ ⟨n.-telb.zn.⟩ **0.1** *slavenhandel*.
sla·vey ['sleɪvi] ⟨telb.zn.⟩ ⟨inf.⟩ **0.1** *dienstmeisje* ⇒*sloof, hitje*.
Slav·ic ['slɑ:vɪk, 'slæ-] ⟨f1⟩ ⟨bn.⟩ **0.1** *Slavisch*.
slav·ish ['sleɪvɪʃ] ⟨f1⟩ ⟨bn.; -ly; -ness⟩ **0.1** *slaafs* ⇒*serviel, onderdanig* **0.2** *zwaar* ⇒*moeilijk* ◆ **1.1** a ~ imitation *een slaafse nabootsing*.
Slav·ism ['slɑ:vɪzm] ⟨telb. en n.-telb.zn.⟩ **0.1** *slavisme* ⇒*iets typisch Slavisch*.
Sla·vo·ni·an[1] [slə'voʊnɪən] ⟨telb.zn.⟩ **0.1** *Slavoniër* ⇒*Slavoon*.
Slavonian[2] ⟨bn.⟩ **0.1** *Slavonisch* ◆ **1.¶** ⟨dierk.⟩ ~ grebe *kuifduiker* ⟨Podiceps auritus⟩.
Sla·von·ic[1] [slə'vɒnɪk‖-'vɑ-] ⟨f1⟩ ⟨eig.n.⟩ **0.1** *Slavisch* ⟨taal⟩ ◆ **2.1** Old (Church) ~ *Oudkerkslavisch*.
Slavonic[2] ⟨f1⟩ ⟨bn.⟩ **0.1** *Slavisch* ◆ **1.1** ~ languages *Slavische talen*.

slav·o·phil(e) ['slɑ:vəfɪl,-faɪl‖'slæ-] ⟨telb.zn.⟩ **0.1** *slavofiel*.
sla·voph·i·lism [slə'vɒfɪlɪzm‖slæ'vɑfɪlɪzm] ⟨n.-telb.zn.⟩ **0.1** *slavofilisme*.
sla·vo·phobe ['slɑ:vəfoʊb‖'slæ-] ⟨telb.zn.⟩ **0.1** *slavenhater*.
slaw [slɔ:] ⟨n.-telb.zn.⟩ **0.1** *koolsla*.
slay[1] →sley.
slay[2] ⟨f2⟩ ⟨ov.ww.; slew [slu:]; slain [sleɪn]⟩ **0.1** *doden* ⇒*doodslaan, vermoorden, afmaken* **0.2** *slachten* **0.3** ⟨sl.⟩ *volkomen voor zich winnen*.
slay·er ['sleɪə‖-ər] ⟨telb.zn.⟩ **0.1** *moordenaar* ⇒*doder*.
SLBM ⟨afk.⟩ submarine-launched ballistic missile.
sld ⟨afk.⟩ sailed, sealed.
SLD ⟨afk.⟩ Social and Liberal Democrats.
sleave[1] [sli:v] ⟨telb.zn.⟩ **0.1** *verwarde draad* **0.2** *rafeldraad* ⇒*dun draadje*.
sleave[2] ⟨ov.ww.⟩ **0.1** *ontwarren* ⇒*uit elkaar halen*.
'sleave silk ⟨n.-telb.zn.⟩ **0.1** *vloszijde* **0.2** *borduurzijde*.
sleaze [sli:z] ⟨zn.⟩ ⟨inf.⟩
I ⟨telb.zn.⟩ **0.1** *vieze kerel/man* ⇒*viespeuk, voddebaal;*
II ⟨n.-telb.zn.⟩ **0.1** *goorheid* ⇒*verlopenheid, viesheid, smerigheid*.
slea·zy, slee·zy ['sli:zi] ⟨f1⟩ ⟨bn.; -er; -ly; -ness; →bijw. 3⟩ **0.1** *goor* ⇒*vies, smerig, verlopen* **0.2** *armoedig* ⇒*goedkoop, waardeloos* **0.3** *dun* ⇒*zwak, niet sterk* ⟨bv. v. stof⟩ ◆ **1.1** a ~ alley *een goor steegje* **1.2** a ~ excuse *een waardeloos excuus*.
sled[1] [sled] ⟨f1⟩ ⟨telb.zn.⟩ ⟨vnl. AE⟩ **0.1** *slee* ⇒*slede*.
sled[2] ⟨f1⟩ ⟨ww.; →ww. 7⟩ ⟨vnl. AE⟩ →sledding
I ⟨onov.ww.⟩ **0.1** *sleeën* ⇒*sleetje rijden;*
II ⟨ov.ww.⟩ **0.1** *met een slee vervoeren*.
sled·ding ['sledɪŋ] ⟨n.-telb.zn.; gerund v. sled⟩ ⟨AE⟩ **0.1** *het sleeën* **0.2** *weer om te sleeën* **0.3** ⟨inf.⟩ *vooruitgang* ⇒*vordering* ◆ **2.3** tough ~ *moeizame vooruitgang*.
'sled dog, 'sledge dog ⟨telb.zn.⟩ **0.1** *sledehond*.
'sled-dog race ⟨telb.zn.⟩ ⟨sport⟩ **0.1** *sledehondren*.
'sled-dog racing ⟨n.-telb.zn.⟩ ⟨sport⟩ **0.1** *(het) sledehondrennen*.
sledge[1] [sledʒ] ⟨f1⟩ ⟨telb.zn.⟩ **0.1** *slee* ⇒*slede* **0.2** *voorhamer* ⇒*moker*.
sledge[2] ⟨f1⟩ ⟨ww.⟩
I ⟨onov.ww.⟩ **0.1** *sleeën* ⇒*sleetje rijden;*
II ⟨ov.ww.⟩ **0.1** *met een slee vervoeren*.
'sledge·ham·mer[1] ⟨f1⟩ ⟨telb.zn.⟩ **0.1** *voorhamer* ⇒*moker* ◆ **3.¶** take a ~ to crack/break a walnut/nut *met een kanon op een mug schieten*.
sledgehammer[2] ⟨bn., attr.⟩ **0.1** *verpletterend* ⇒*verbrijzelend*.
sledgehammer[3] ⟨onov.ww.⟩ **0.1** *met een moker slaan*.
sleek[1] [sli:k] ⟨f2⟩ ⟨bn.; -ly; -ness⟩ **0.1** *zacht en glanzend* ⟨i.h.b. van haar⟩ **0.2** *sluik* ⇒*glad* ⟨i.h.b. van haar⟩ **0.3** *bloeiend/blakend* ⟨v. gezondheid⟩ ⇒*welgedaan* **0.4** *vleiend* ⇒*zalvend* **0.5** *(te) keurig verzorgd* ⇒*gesoigneerd* **0.6** *mooi gestroomlijnd* ⟨auto⟩ ⇒*chic en gestroomlijnd*.
sleek[2] ⟨f1⟩ ⟨ov.ww.⟩ **0.1** *gladmaken* ⇒*gladstrijken* **0.2** *glanzend maken*.
sleep[1] [sli:p] ⟨f3⟩ ⟨zn.⟩ ⟨→sprw. 305⟩
I ⟨telb. en n.-telb.zn.⟩ **0.1** *slaap* ⇒*slaaptoestand; nachtrust;* ⟨sl.⟩ *nacht* **0.2** *rust* ⇒*rustperiode, winterslaap* **0.3** ⟨plantk.⟩ *(plante) slaap* ⇒*nyctinastie* ◆ **1.1** the ~ of the just *de slaap der rechtvaardigen* **2.1** ⟨schr.⟩ the big/last/long ~ *de eeuwige slaap/rust, de dood* **3.1** get to ~ *in slaap vallen;* go to ~ *gaan slapen, in slaap vallen;* my foot has gone to ~ *mijn voet slaapt;* have one's ~ out *uit/doorslapen;* lay (out) to ~ *te slapen leggen;* ⟨fig.⟩ *begraven;* not lose ~ over/about sth. *niet wakker liggen van iets;* put to ~ *in slaap brengen/sussen; wegmaken* ⟨narcose⟩; *afmaken; een spuitje geven, vergassen* ⟨dier⟩; send to ~ *in slaap doen vallen* **7.1** have a good ~ *goed slapen, een goede nachtrust hebben;* a six hours' ~ *een nachtrust v. zes uur, zes uur slaap;*
II ⟨n.-telb.zn.⟩ ⟨inf.⟩ **0.1** *slaap* ⇒*slapers, oogvuil*.
sleep[2] ⟨f3⟩ ⟨ww.; slept; slept [slept]⟩ ⟨→sprw. 388⟩
I ⟨onov.ww.⟩ **0.1** *slapen* ⇒*rusten, dutten, sluimeren* **0.2** *winterslaap houden* ◆ **1.1** Sleeping Beauty *schone slaapster, Doornroosje;* ~ round the clock/the clock round *de klok rond slapen* **5.1** ~ **in** *in huis slapen* ⟨bv. oppas⟩; *uitslapen;* ~ late *uitslapen;* ~ **on** *doorslapen;* ~ **out** *buitenshuis/in de open lucht slapen;* ~ rough *in barre omstandigheden/onder de blote hemel slapen* **5.¶** ⟨inf.⟩ ~ **around** *met jan en alleman naar bed gaan;* ~ **together** *met elkaar naar bed gaan* **6.1** ~ **on/over** sth. *een nachtje over iets slapen;* ~ **through** sth. *door iets heen slapen* ⟨bv. wekker⟩ **6.¶** ~ **with** s.o. *met iem. naar bed gaan;*
II ⟨ov.ww.⟩ **0.1** *slaapplaats hebben voor* **0.2** *laten slapen* ◆ **1.1** this hotel ~s eighty (guests) *dit hotel biedt plaats voor tachtig gasten* **1.2** ~ the girls in that room *laat de meisjes in die kamer slapen* **5.¶** ~ **away** *verslapen* ⟨bv. tijd⟩; ~ **off** *verslapen, door slapen kwijtraken;* ~ **off** one's hangover *zijn roes uitslapen*.

'sleep disorder ⟨f1⟩ ⟨telb. en n.-telb.zn.⟩ **0.1** ***slaapstoornis.***

sleep·er ['sli:pə‖-ər] ⟨f1⟩ ⟨telb.zn.⟩ **0.1** ***slaper*** ⇒*slaapkop* **0.2** ***dwarsbalk*** ⟨i.h.b. v. spoorbaan⟩ ⇒*biel(s)* **0.3** ***slaapwagen*** ⇒*couchette* **0.4** ***slaaptrein*** **0.5** ***relmuis*** ⇒*zevenslaper* **0.6** ***ongebrandmerkt kalf met oormerk*** **0.7** ***weinig gevraagd artikel*** **0.8** ***onverwacht succes*** ⇒*onverwachte kandidaat* **0.9** ***stille vennoot*** **0.10** ***slaappakje*** ⟨voor kinderen⟩ **0.11** ⟨vnl. BE⟩ ***kleine gouden oorring*** **0.12** ⟨dierk.⟩ ***slaapgrondel*** ⟨fam. Eleotridae⟩ **0.13** ⟨AE; sl.⟩ ***slaapmiddel*** **0.14** ***spion*** ⟨die op later tijdstip pas actief wordt⟩ **0.15** ⟨BE⟩ ***ondergedoken IRA-terrorist*** ◆ **7.¶** this would rouse the seven ~s *dit zou de doden doen ontwaken.*

'sleep-in ⟨telb.zn.⟩ **0.1** ***sleep-in*** ⟨op een publieke plaats⟩.

'sleeping bag ⟨f1⟩ ⟨telb.zn.⟩ **0.1** ***slaapzak.***

'sleeping berth ⟨telb.zn.⟩ **0.1** ***couchette*** ⟨in trein⟩.

'sleeping car ⟨f1⟩ ⟨telb.zn.⟩ **0.1** ***slaapwagen.***

'sleeping coach ⟨telb.zn.⟩ **0.1** ***slaapbus.***

'sleeping draught ⟨telb.zn.⟩ **0.1** ***slaapdrank(je).***

'sleeping pill, 'sleeping tablet ⟨f1⟩ ⟨telb.zn.⟩ **0.1** ***slaaptablet*** ⇒*slaappil.*

'sleeping porch ⟨telb.zn.⟩ ⟨AE⟩ **0.1** ***slaapveranda.***

'sleeping quarters ⟨mv.⟩ **0.1** ***slaapzaal*** ⇒*slaapvertrekken.*

'sleeping sickness ⟨telb. en n.-telb.zn.⟩ **0.1** ***slaapziekte.***

'sleep-learn·ing ⟨n.-telb.zn.⟩ **0.1** ***hypnopedie.***

sleep·less ['sli:pləs] ⟨f1⟩ ⟨bn.; -ly; -ness⟩ **0.1** ***slapeloos.***

'sleep·walk·er ⟨telb.zn.⟩ **0.1** ***slaapwandelaar.***

sleep·y ['sli:pi] ⟨f2⟩ ⟨bn.; -er; -ly; -ness; →bijw. 3⟩ **0.1** ***slaperig*** ⇒*doezelig, soezerig* **0.2** ***loom*** ⇒*suf, passief* **0.3** ***buikziek*** ⟨fruit⟩ ⇒*overrijp* **0.4** ***saai*** ⇒*slaapverwekkend, levenloos* ◆ **1.4** ~ town *saaie, doodse stad* **1.¶** Sleepy Hollow chair *makkelijke, diepe stoel;* ⟨med.⟩ ~ sickness *slaapziekte* ⟨Encefalitis lethargica⟩ **3.1** be ~ *slaperig zijn, slaap hebben.*

'sleep·y·head ⟨telb.zn.⟩ ⟨inf.⟩ **0.1** ***slaapkop*** ⇒*sufkop.*

sleet[1] [sli:t] ⟨f1⟩ ⟨n.-telb.zn.⟩ **0.1** ***natte sneeuw(bui)*** ⇒*natte hagel (bui)* **0.2** ⟨AE⟩ ***ijzel*** ⇒*rijp.*

sleet[2] ⟨f1⟩ ⟨onov.ww.⟩ **0.1** ***sneeuwen/hagelen en regenen tegelijk.***

sleet·y ['sli:ţi] ⟨bn.⟩ **0.1** ***als/met natte sneeuw/hagel.***

sleeve[1] [sli:v] ⟨f3⟩ ⟨telb.zn.⟩ **0.1** ***mouw*** **0.2** ***koker*** ⇒*bus, huls, mof* **0.3** ***hoes*** ⟨i.h.b. v. grammofoonplaat⟩ **0.4** ***windzak*** ◆ **3.¶** have sth. up one's ~ *iets achter de hand houden, iets in petto hebben;* laugh in/up one's ~ *in zijn vuistje lachen;* ⟨inf.⟩ put the ~ on *arresteren; identificeren* ⟨voor politie⟩; *aanklampen;* roll up one's ~s *de handen uit de mouwen steken.*

sleeve[2] ⟨ov.ww.⟩ **0.1** ***van mouwen voorzien*** ◆ **1.1** a long-sleeved dress *een jurk met lange mouwen.*

'sleeve·board ⟨telb.zn.⟩ **0.1** ***mouwplankje*** ⟨bij strijken⟩.

'sleeve coupling ⟨telb.zn.⟩ ⟨tech.⟩ **0.1** ***klemkoppelbus*** ⇒*mofkoppeling.*

'sleeve garter ⟨telb.zn.⟩ **0.1** ***mouwophouder.***

sleeve·less ['sli:vləs] ⟨f1⟩ ⟨bn.⟩ **0.1** ***mouwloos*** **0.2** ***tevergeefs.***

sleeve·let ['sli:vlɪ̣t] ⟨telb.zn.⟩ **0.1** ***mouwtje*** **0.2** ***morsmouw*** ⇒*overmouw.*

'sleeve link ⟨telb.zn.⟩ **0.1** ***manchetknoop.***

'sleeve note ⟨telb.zn.⟩ **0.1** ***hoestekst*** ⟨v. plaat⟩.

'sleeve nut ⟨telb.zn.⟩ ⟨tech.⟩ **0.1** ***mof met linkse en rechtse draad.***

'sleeve valve ⟨telb.zn.⟩ ⟨tech.⟩ **0.1** ***schuifklep.***

sleezy →sleazy.

sleigh[1] [sleɪ] ⟨f1⟩ ⟨telb.zn.⟩ **0.1** ***ar*** ⇒*(arre)slee, (arre)slede.*

sleigh[2] ⟨onov.ww.⟩ **0.1** ***arren.***

'sleigh·bell ⟨f1⟩ ⟨telb.zn.⟩ **0.1** ***arrebel.***

sleight [slaɪt] ⟨telb.zn.⟩ **0.1** ***behendigheid*** ⇒*handigheid, kunstgreep* **0.2** ***slimmigheid*** ⇒*list* **0.3** ***goocheltoer*** ⇒*goocheltruc.*

'sleight-of-'hand ⟨n.-telb.zn.⟩ **0.1** ***goochelarij*** ⇒*gegoochel* **0.2** ***vingervlugheid*** ⇒*behendigheid, handigheid.*

slen·der ['slendə‖-ər] ⟨f2⟩ ⟨bn.; -ly; -ness⟩ **0.1** ***slank*** ⇒*tenger, dun* **0.2** ***schaars*** ⇒*karig, ontoereikend* **0.3** ***zwak*** ⇒*teer, broos* ◆ **1.2** ~ income *karig inkomen* **1.¶** ⟨dierk.⟩ ~ loris *slanke lori* ⟨Loris tardigradus⟩.

'slen·der-'billed ⟨bn.⟩ ⟨dierk.⟩ ◆ **1.¶** ~ curlew *dunbekwulp* ⟨Numenius tenuirostris⟩; ~ gull *dunbekmeeuw* ⟨Larus genei⟩.

slen·der·ize, -ise ['slendəraɪz] ⟨ww.⟩

I ⟨onov.ww.⟩ **0.1** ***afslanken*** ⇒*slank(er) worden;*

II ⟨ov.ww.⟩ **0.1** ***dun(ner) maken*** ⇒*slank(er) maken.*

slept [slept] ⟨verl. t. en volt. deelw.⟩ →sleep.

sleuth[1] [slu:θ], **'sleuth·hound** ⟨telb.zn.⟩ **0.1** ***bloedhond*** ⇒*speurhond* **0.2** ⟨scherts.⟩ ***detective*** ⇒*speurder.*

sleuth[2] ⟨ww.⟩

I ⟨onov.ww.⟩ **0.1** ***als detective optreden;***

II ⟨ov.ww.⟩ **0.1** ***(op)speuren*** ⇒*naspeuren* **0.2** ***volgen*** ⇒*schaduwen.*

slew[1], **slue** [slu:] ⟨telb.zn.⟩ **0.1** ***draai*** ⇒*zwenking* **0.2** ⟨AE; inf.⟩ ***massa*** ⇒*hoop* **0.3** ⟨AE⟩ ***moeras*** ⇒*drijf/modderland* **0.4** ⟨AE⟩ ***modderpoel.***

slew[2], **slue** ⟨onov. en ov.ww.⟩ →slewed **0.1** ***(rond)zwenken*** ⇒*met kracht omdraaien/ronddraaien.*

slew[3] ⟨verl. t.⟩ →slay.

slewed [slu:d] ⟨bn.; oorspr. volt. deelw. v. slew⟩ ⟨sl.⟩ **0.1** ***bezopen.***

'slew·foot ⟨telb.zn.⟩ ⟨sl.⟩ **0.1** ***detective*** ⇒*politieagent* **0.2** ***klungel*** ⇒*kluns.*

sley, slay [sleɪ] ⟨telb.zn.⟩ **0.1** ***weverskam*** **0.2** ***lade*** ⟨weefgetouw⟩.

slice[1] [slaɪs] ⟨f3⟩ ⟨telb.zn.⟩ **0.1** ***plak(je)*** ⇒*snee(tje), schijf(je)* **0.2** ***deel*** ⇒*stuk, segment* **0.3** ***schep*** ⇒*spatel, visschep* **0.4** ***slag met effect*** ⇒*effectbal* ⟨bv. bij tennis⟩ **0.5** ⟨druk.⟩ ***inktspatel*** ◆ **1.1** ~ of cake *sneetje cake* **1.¶** ⟨inf.; fig.⟩ a ~ of the cake *een deel v.d. koek;* it is a ~ of life *het is uit het leven gegrepen;* ~ of luck *bof, meevaller, gelukje.*

slice[2] ⟨f2⟩ ⟨ww.⟩

I ⟨onov. en ov.ww.⟩ **0.1** ***kappen*** ⟨(bal) met effect slaan⟩;

II ⟨ov.ww.⟩ **0.1** ***in plakken snijden*** **0.2** ***af/doorsnijden*** **0.3** ***verdelen*** **0.4** ⟨sl.⟩ ***snijden*** ⇒*afzetten* ◆ **1.2** ~d bread *gesneden brood* **4.¶** ⟨AE; inf.⟩ any way you ~ it *hoe je het ook bekijkt* **6.1** ~ **up** a loaf *een brood opsnijden/in sneetjes snijden* **6.2** ~ **off** a big piece *een groot stuk afsnijden* **6.¶** ~ **into** sth. *ergens in snijden, het mes ergens in zetten.*

slice·a·ble ['slaɪsəbl] ⟨bn.⟩ **0.1** ***(in plakken) snijdbaar*** ⇒*te snijden* **0.2** ***verdeelbaar*** ⇒*te verdelen.*

'slice bar ⟨telb.zn.⟩ **0.1** ***breekbeitel.***

slic·er ['slaɪsə‖-ər] ⟨telb.zn.⟩ **0.1** ***snijder*** **0.2** ***snijmachine*** **0.3** ***schaaf.***

slick[1] [slɪk], ⟨in bet. 0.1 ook⟩ **'oil slick,** ⟨in bet. 0.3 ook⟩ **'slick chisel** ⟨telb.zn.⟩ **0.1** ***olievlek*** ⟨i.h.b. op zeeoppervlak⟩ **0.2** ⟨AE inf.⟩ ***populair tijdschrift op glanzend papier*** **0.3** ⟨AE⟩ ***brede afsteekbeitel*** **0.4** ⟨autosport⟩ ***slick*** ⇒*droogweerband, profielloze/brede raceband* **0.5** ⟨sl.⟩ ***goede tweedehands auto.***

slick[2] ⟨f1⟩ ⟨bn.; -ly; -ness⟩ ⟨inf.⟩ **0.1** ***glad*** ⇒*glibberig, slipperig* **0.2** ***glad*** ⇒*uitgeslapen, gehaaid, slim, listig* **0.3** ***oppervlakkig*** ⇒*glad, zich mooi voordoend, uitsluitend commercieel* **0.4** ***goed (uitgevoerd)*** ⇒*kundig, soepel (verlopend/draaiend).*

slick[3] ⟨ov.ww.⟩ **0.1** ***glad maken*** ⇒*glanzend maken, polijsten* ◆ **5.¶** ~ **down** *(haar) glad tegen het hoofd plakken met water/olie;* ⟨inf.⟩ ~ **up** *mooi/netjes maken, opknappen.*

slick[4] ⟨bw.⟩ ⟨inf.⟩ **0.1** ***vlak*** ⇒*recht* ◆ **3.1** hit s.o. ~ in the face *iem. vlak in het gezicht slaan.*

'slick-chick ⟨telb.zn.⟩ ⟨sl.⟩ **0.1** ***aantrekkelijk, goedgekleed meisje.***

slick·en·side ['slɪkənsaɪd] ⟨telb.zn.⟩ ⟨geol.⟩ **0.1** ***glijvlak*** ⟨bij breuk⟩.

slick·er[1] ['slɪkə‖-ər] ⟨telb.zn.⟩ ⟨AE; inf.⟩ **0.1** ***gladjanus*** ⇒*gladde* **0.2** ***waterafstotende regenjas*** ⇒*oliejas* **0.3** ***opgedirkt stadsmens*** **0.4** ***soort looiersmes*** **0.5** ⟨dierk.⟩ ***franjestaart*** ⟨orde Thysanura⟩ ⇒⟨i.h.b.⟩ *zilvervisje, suikergast* ⟨Lepisma saccharina⟩.

slicker[2] ⟨ov.ww.⟩ ⟨sl.⟩ **0.1** ***belazeren*** ⇒*bedriegen.*

slick·um ['slɪkəm] ⟨telb.zn.⟩ ⟨sl.⟩ **0.1** ***pommade.***

slid·able, slide·able ['slaɪdəbl] ⟨bn.; -ly; →bijw. 3⟩ **0.1** ***verschuifbaar.***

slide[1] [slaɪd] ⟨f3⟩ ⟨zn.⟩

I ⟨telb.zn.⟩ **0.1** ***glijbaan*** ⇒*glijplank, glijgoot, glijkoker* **0.2** ***helling*** ⇒*hellend vlak* **0.3** ***sleehelling*** ⇒*rodelbaan* **0.4** ***(stoom)schuif*** ⇒*slede, loper* **0.5** ***schuifdeur*** ⇒*schuifraam* **0.6** ***objectglaasje*** ⟨van microscoop⟩ **0.7** ***dia(positief)*** ⇒*lantaarnplaatje* **0.8** ⟨roeisport⟩ ***rolbankje*** **0.9** ***(aard)verschuiving*** ⇒*lawine* **0.10** ***haarspeld*** **0.11** ⟨muz.⟩ ***portamento di voce;***

II ⟨n.-telb.zn.⟩ **0.1** ***het glijden*** ⇒*het slippen* **0.2** ***slip*** **0.3** ***val*** ⇒*achteruitgang* ⟨ook fig.⟩ ◆ **6.¶** ⟨inf.⟩ he is **on** the ~ *het gaat bergaf met hem.*

slide[2] ⟨f3⟩ ⟨ww.; slid; slid [slɪd], slidden ['slɪdn]⟩

I ⟨onov.ww.⟩ **0.1** ***(uit)glijden*** **0.2** ***glippen*** ⇒*slippen* **0.3** ***afdwalen*** **0.4** ***zijn natuurlijke loop nemen*** **0.5** ⟨sl.⟩ ***populariteit/prestige kwijtraken*** ◆ **5.¶** youth ~s **by** *de jeugd gaat ongemerkt voorbij* **6.¶** ~ **into** lies *tot leugens vervallen;* ~ **over** sth. *luchtig over iets heen praten;*

II ⟨onov. en ov.ww.⟩ **0.1** ***schuiven*** **0.2** ***slippen*** ◆ **1.1** sliding door *schuifdeur;* sliding keel *kielzwaard;* sliding roof *schuifdak;* sliding scale *kalibermaat; variabele schaal, glijdende (loon)schaal;* sliding seat *glijbank* ⟨v. roeiboot⟩;

III ⟨ov.ww.⟩ **0.1** ***(voort) laten glijden.***

'slide fastener ⟨telb.zn.⟩ ⟨AE⟩ **0.1** ***rits(sluiting).***

'slide frame, 'slide mount ⟨telb.zn.⟩ **0.1** ***diaraampje.***

'slide 'guitar ⟨telb.zn.⟩ **0.1** ***bottleneck(gitaar)*** ⟨met metalen/glazen cylindertje bespeeld⟩ ⇒*slidegitaar.*

slid·er ['slaɪdə‖-ər] ⟨telb.zn.⟩ **0.1** ***glijder*** ⇒*schuiver* **0.2** ***glijbaan*** ⇒*glijplank* **0.3** ***schuif.***

'slide rule ⟨f1⟩ ⟨telb.zn.⟩ **0.1** ***rekenliniaal.***

'slide tackle, 'sliding tackle ⟨telb.zn.⟩ ⟨voetbal⟩ **0.1** ***sliding.***

'slide valve ⟨telb.zn.⟩ ⟨tech.⟩ **0.1** ***stoomschuif*** **0.2** ***schuifklep.***

'slide·way ⟨telb.zn.⟩ **0.1** ***glijbaan*** ⇒*glijplank, glijgoot* **0.2** ***schuif*** ⇒*slede, loper.*

'sliding time ⟨n.-telb.zn.⟩ ⟨AE⟩ **0.1** ***glijdende/variabele werktijd.***

slight[1] [slaɪt]⟨f1⟩⟨telb. en n.-telb.zn.⟩ **0.1** ***(blijk v.) geringschatting*** *⇒minachting, kleinering* ◆ **3.1** put a ~ upon *geringschatten, kleineren.*

slight[2] ⟨f3⟩⟨bn.;-er;-ness⟩ **0.1** ***tenger*** *⇒broos, frêle* **0.2** ***gering*** *⇒klein, onbeduidend* ◆ **1.2** ~ cold *lichte verkoudheid* **6.2** not **in** the ~est *niet in het minst.*

slight[3] ⟨f1⟩⟨ov.ww.⟩ →slighting **0.1** ***geringschatten*** *⇒kleineren, minachten* **0.2** ***veronachtzamen*** **0.3** ***versmaden*** *⇒afwijzen, verwerpen.*

slight·ing ['slaɪṭɪŋ]⟨bn.;-ly;teg. deelw. v. slight⟩ **0.1** ***geringschattend*** *⇒minachtend, kleinerend, smalend.*

slight·ly ['slaɪtli]⟨f3⟩⟨bw.⟩ **0.1** ***onstevig*** *⇒zwak* **0.2** ***een beetje*** *⇒lichtjes, enigszins* **0.3** ***onzorgvuldig*** *⇒oppervlakkig* ◆ **2.2** ~ longer *een beetje langer.*

slily →sly.

slim[1] [slɪm]⟨f3⟩⟨bn.;slimmer;-ly;-ness;→compar. 7⟩ **0.1** ***slank*** *⇒tenger, dun* **0.2** ***klein*** *⇒gering* **0.3** ***listig*** *⇒geslepen, sluw, slim* ◆ **1.2** ~ chance *geringe kans.*

slim[2] ⟨f1⟩⟨ww.;→ww. 7⟩
I ⟨onov.ww.⟩ **0.1** ***afslanken*** *⇒aan de (slanke) lijn doen; lijnen;*
II ⟨ov.ww.⟩ **0.1** ***slanker maken.***

slime[1] [slaɪm]⟨f1⟩⟨n.-telb.zn.⟩ **0.1** ***slik*** *⇒slijk, slat, slib* **0.2** ***slijm*** *⇒zwadder* **0.3** ***asfalt*** **0.4** ⟨sl.⟩ ***onderwereld*** **0.5** ⟨sl.⟩ ***schoft*** **0.6** ⟨sl.⟩ ***lasterlijk artikel.***

slime[2] ⟨ww.⟩
I ⟨onov.ww.⟩ **0.1** ***slijm/zwadder verwijderen;***
II ⟨ov.ww.⟩ **0.1** ***met slijm bedekken/besmeuren*** *⇒bezwadderen.*

'slime mould, ⟨AE sp.⟩ **'slime mold** ⟨telb.zn.⟩ **0.1** ***slijmzwam*** ⟨klasse Myxomycetes⟩.

'slim·line ⟨bn.,attr.⟩ **0.1** ***rank*** *⇒slank, gracieus* ⟨v. constructie⟩.

slim·mish ['slɪmɪʃ]⟨bn.⟩ **0.1** ***enigszins slank/tenger.***

slim·y ['slaɪmi]⟨f1⟩⟨bn.;-er;-ly;-ness;→bijw. 3⟩ **0.1** ***slijmachtig*** **0.2** ***slijmerig*** ⟨ook fig.⟩ *⇒glibberig* **0.3** ***slijkerig*** *⇒modderig, slibachtig* **0.4** ***kruiperig*** *⇒onoprecht, vleierig* **0.5** ***walgelijk*** *⇒smerig.*

sling[1] [slɪŋ]⟨f1⟩⟨zn.⟩
I ⟨telb.zn.⟩ **0.1** ***slinger*** **0.2** ⟨AE⟩ ***katapult*** **0.3** ***slingerverband*** *⇒mitella, draagdoek* **0.4** ***draagriem*** *⇒draagband* **0.5** ***lus*** *⇒(hijs) strop;* ⟨scheep.⟩ *leng* **0.6** ***hielbandje*** ⟨v. schoen⟩ **0.7** ⟨scheep.⟩ ***borg*** ⟨v. ra⟩;
II ⟨telb. en n.-telb.zn.⟩⟨AE⟩ **0.1** ***grog*** ⟨drank⟩;
III ⟨n.-telb.zn.⟩ **0.1** ***het slingeren*** *⇒het zwaaien* **0.2** ***zwaai.***

sling[2] ⟨f2⟩⟨ov.ww.;slung, slung [slʌŋ]⟩ **0.1** ***(weg)slingeren*** *⇒zwaaien, smijten, gooien* **0.2** ***ophangen*** *⇒vrij laten hangen, vastsjorren* ⟨bv. hangmat⟩ **0.3** ***(op)hijsen met een strop/leng*** **0.4** ***in draagriem dragen*** ◆ **4.¶** ~ it *(te veel) praten; ouwehoeren, lullen; liegen* **6.1** ~ s.o. **out** *iem. eruit smijten.*

'sling·back ⟨telb.zn.⟩ **0.1** ***pump met open hiel.***

'sling dog ⟨telb.zn.⟩⟨scheep.⟩ **0.1** ***grijphaak.***

sling·er ['slɪŋə‖-ər]⟨telb.zn.⟩ **0.1** ***slingeraar*** **0.2** ⟨sl.⟩ ***kelner*** *⇒serveerster* **0.3** ⟨sl.⟩ ***ouwehoer*** *⇒kletskous.*

'sling seat ⟨telb.zn.⟩⟨bergsport⟩ **0.1** ***karabinerzit*** ⟨bij het abseilen⟩.

'sling·shot ⟨onov.ww.⟩⟨wielrennen⟩ **0.1** ***erop en erover gaan*** ⟨inhalen en meteen demarreren⟩.

'sling shot ⟨telb.zn.⟩ **0.1** ⟨AE⟩ ***katapult*** **0.2** ⟨waterpolo⟩ ***slingerschot.***

slink[1] [slɪŋk]⟨telb. en n.-telb.zn.⟩ **0.1** ***(vlees v.) onvoldragen jong*** ⟨i.h.b. kalf⟩.

slink[2] ⟨bn.⟩ **0.1** ***voortijdig geboren*** ⟨i.h.b. kalf⟩.

slink[3] ⟨f1⟩⟨ww.;slunk, slunk [slʌŋk]⟩ →slinking
I ⟨onov.ww.⟩ **0.1** ***wegsluipen*** ◆ **5.1** ~ **away/off/out** *heimelijk weggaan, zich stilletjes uit de voeten maken;* ~ **in** *heimelijk binnensluipen;*
II ⟨ov.ww.⟩ **0.1** ***ontijdig werpen.***

'slink-butch·er ⟨telb.zn.⟩ **0.1** ***slager die vlees v. vroeg geworpen/zieke dieren verkoopt.***

slink·ing ['slɪnkɪŋ]⟨bn.;teg. deelw. v. slink;-ly⟩ **0.1** ***stiekem*** *⇒heimelijk.*

slink·y ['slɪŋki]⟨bn.;-er;-ly;-ness;→bijw. 3⟩ **0.1** ***stiekem*** *⇒heimelijk, steels, gluiperig* **0.2** ***nauwsluitend*** ⟨v. jurk⟩ *⇒slankmakend* **0.3** ⟨inf.⟩ ***soepel*** *⇒*⟨i.h.b.⟩ *heupwiegend.*

slip[1] [slɪp]⟨f3⟩⟨zn.⟩⟨→sprw. 657⟩
I ⟨telb.zn.⟩ **0.1** ***misstap*** ⟨ook fig.⟩ *⇒uitglijding, vergissing, ongelukje, abuis, blunder* **0.2** ***hoesje*** *⇒(kussen)sloop, (boek)cassette* **0.3** ***onderrok/jurk*** **0.4** ⟨ben. voor⟩ ***strookje (papier)*** *⇒reep(je), sluitnota, slip,* ⟨druk.⟩ *losse drukproef, galeiproef* **0.5** ***stek(je)*** *⇒ent, loot, spruit* **0.6** ⟨cricket⟩ ***slip(positie)*** ⟨veldspeler/positie vlak achter de wicketkeeper⟩ **0.7** ***garnaal*** *⇒opdondertje, onderdeurtje* **0.8** ***landverschuiving*** **0.9** ***koppel(riem)*** **0.10** ⟨tech.⟩ ***slip*** **0.11** ⟨vnl. mv.⟩⟨scheep.⟩ ***aanlegplaats*** *⇒ligplaats* ◆ **1.1** ~ of the pen *verschrijving;* ~ of the tongue *verspreking, lapsus linguae* **1.7** ~ of a girl *tenger meisje* **3.1** make a ~ *een vergissing maken, een misstap begaan* **3.¶** give s.o. the ~/give the ~ to s.o. *iem. ontglippen* **6.6 in** the/**at** ~s *in de slips;*
II ⟨n.-telb.zn.⟩ **0.1** ⟨ceramiek⟩ ***slip*** *⇒kleisuspensie, engobe* **0.2** ⟨tech.⟩ ***slip*** ⟨verschil tussen de snelheid v.e. schip als de schroef in een vast medium zou kunnen draaien en de ware snelheid⟩;
III ⟨mv.;~s⟩ **0.1** ⟨scheep.⟩ ***(hellend) dok*** *⇒(scheeps)helling* **0.2** ⟨vnl. BE⟩ ***zwembroek*** ◆ **1.2** pair of ~s *zwembroek.*

slip[2] ⟨f3⟩⟨ww.;→ww. 7⟩
I ⟨onov.ww.⟩ **0.1** ***(uit)glijden*** *⇒slippen, wegglijden, doorschieten, glippen* **0.2** ***glippen*** *⇒(snel) sluipen* **0.3** ***afglijden*** *⇒vervallen, erger worden* **0.4** ***zich vergissen*** *⇒een vergissing maken, struikelen* ◆ **1.1** ~ped disc *hernia* **3.1** ~ and slide *glijden, vallen en glijden* **3.¶** let ~ *zich verspreken* **5.1** time ~s **away/by** *de tijd gaat ongemerkt voorbij;* ~ **down** *naar beneden glijden;* ~ **through** *doorschieten* **5.2** ~ **away** *wegglippen, ertussenuit knijpen;* ~ **in** *naar binnen glippen;* ~ **off** *wegglippen, ertussenuit knijpen;* ~ **out** *naar buiten glippen* **5.4** ~ **up** *zich vergissen* **6.1** ~ **on** sth. *ergens over uitglijden* **6.2** ~ **from** *ontglippen aan;* ~ **past** s.o. *langs iem. glippen* **6.¶** ~ **into** a dress *een jurk aanschieten;* ~ **into** another rhythm *ongemerkt overgaan in/op een ander ritme;*
II ⟨ov.ww.⟩ **0.1** ***schuiven*** *⇒slippen, laten glijden* **0.2** ***ontglippen*** *⇒ontschieten* **0.3** ⟨inf.⟩ ***aanschieten*** *⇒snel aantrekken* **0.4** ***(onopvallend) toestoppen/geven*** **0.5** ***afschuiven*** *⇒zich losmaken v.* **0.6** ⟨BE⟩ ***(onder het rijden) afhaken*** ⟨rijtuig⟩ **0.7** ***afhalen*** ⟨breisteek⟩ **0.8** ***ontijdig werpen*** ⟨v. dieren⟩ **0.9** ***loslaten*** ⟨hond, v. riem⟩ **0.10** ***laten voorbijgaan*** **0.11** ***stekken*** *⇒afsnijden* **0.12** ⟨keramiek⟩ ***engoberen*** **0.13** ⟨sl.⟩ ***ontslaan*** ◆ **1.1** ~ping clutch *slippende koppeling* **1.2** ~ one's attention *ontgaan;* ~ one's foot *uitglijden;* ~ one's memory/mind *vergeten* **1.10** ~ an opportunity *een gelegenheid voorbij laten gaan* **3.2** let ~ *zich laten ontvallen; laten ontsnappen* **3.9** ⟨schr.; fig.⟩ let ~ the dogs of war *de oorlog ontketenen* **5.1** ⟨fig.⟩ ~ **in** a remark *een opmerking invoegen* **5.3** ~ **off** clothes *kleren snel uittrekken;* ~ **on** sth. comfortable *iets gemakkelijks/comfortabels aanschieten* **5.¶** ⟨AE⟩ ~ one **over** on s.o. *iem. beetnemen* **6.1** ~ a certain remark **into** a speech *een bep. opmerking inlassen in een toespraak;* let ~ **through** one's fingers *door zijn vingers laten glippen* **6.3** ~ a jumper **over** one's head *een trui aanschieten.*

'slip bolt ⟨telb.zn.⟩ **0.1** ***grendel.***

'slip carriage, 'slip coach ⟨telb.zn.⟩⟨BE⟩ **0.1** ***sliprijtuig*** *⇒slipwagon.*

'slip·case ⟨telb.zn.⟩ **0.1** ***(boek)cassette.***

'slip·cov·er ⟨telb.zn.⟩ **0.1** ***losse (meubel)hoes*** **0.2** ***(boek)cassette*** **0.3** ⟨AE⟩ ***losse bekleding*** ⟨v. meubels⟩.

'slip·hook ⟨telb.zn.⟩⟨scheep.⟩ **0.1** ***sliphaak.***

'slip·knot ⟨telb.zn.⟩ **0.1** ***schuifknoop*** **0.2** ***slipsteek.***

'slip-on[1] ⟨telb.zn.⟩ **0.1** ***instapper*** ⟨schoen⟩ **0.2** ***sportmantel*** *⇒overjas.*

'slip-on[2] ⟨f1⟩⟨bn.,attr.⟩ **0.1** ***makkelijk aan te schieten*** ⟨v. kleding⟩ ◆ **1.1** ~ shoes *instappers.*

'slip·o·ver[1] ⟨telb.zn.⟩ **0.1** ***slipover*** **0.2** ***pullover.***

slipover[2] ⟨bn.,attr.⟩ **0.1** ***over het hoofd aan te trekken*** ⟨v. kleding⟩.

slip·page ['slɪpɪdʒ]⟨telb. en n.-telb.zn.⟩ **0.1** ***slip*** *⇒het slippen.*

slip·per[1] ['slɪpə‖-ər]⟨f3⟩⟨telb.zn.⟩ **0.1** ***pantoffel*** *⇒slof* **0.2** ***slipper*** *⇒muiltje* **0.3** ***remschoen*** ◆ **3.¶** hunt the ~ *slofje onder* ⟨gezelschapsspel⟩.

slipper[2] ⟨ov.ww.⟩ **0.1** ***een pak slaag geven*** *⇒er met de pantoffel van langs geven* **0.2** ***in pantoffels/muiltjes steken*** ◆ **1.2** ~ed feet *in pantoffels/muiltjes gestoken voeten.*

'slipper an·i'mal·cule ⟨telb.zn.⟩⟨dierk.⟩ **0.1** ***pantoffeldiertje*** ⟨Paramecium caudatum⟩.

'slip·per-bath ⟨telb.zn.⟩ **0.1** ***pantoffelvormig bad*** *⇒bad met bedekt voeteneind.*

slip·per·ette ['slɪpə'ret]⟨telb.zn.⟩ **0.1** ***pantoffeltje.***

'slipper lim·pet ⟨telb.zn.⟩⟨dierk.⟩ **0.1** ***muiltje*** ⟨Crepidula fornicata⟩.

slip·per·wort ['slɪpəwɜ:t‖-pərwərt]⟨telb. en n.-telb.zn.⟩⟨plantk.⟩ **0.1** ***pantoffeltje*** ⟨Calceolaria⟩.

slip·per·y ['slɪpəri]⟨f2⟩⟨bn.;-ly;-ness;→bijw. 3⟩ **0.1** ***glad*** *⇒glibberig* **0.2** ***moeilijk te pakken te krijgen*** *⇒ontwijkend;* ⟨fig. ook⟩ *moeilijk te begrijpen* **0.3** ***glibberig*** *⇒moeilijk te hanteren, riskant* **0.4** ***onbetrouwbaar*** *⇒glad, louche, vals* ◆ **1.3** on ~ ground *op glibberig terrein* **1.4** as ~ as an eel *glad als een aal, voor geen cent te vertrouwen* **1.¶** ⟨plantk.⟩ ~ elm *Noordamerikaanse iep* ⟨Ulmus rubra⟩; ⟨BE⟩ a ~ slope *een glibberig pad, een gevaarlijke koers.*

'slip proof ⟨telb.zn.⟩⟨druk.⟩ **0.1** ***galeiproef.***

slip·py ['slɪpi]⟨bn.⟩ **0.1** ⟨inf.⟩ ***glad*** *⇒glibberig* **0.2** ***tenger*** *⇒rank* ◆ **3.¶** ⟨BE; inf.⟩ be ~! *vlug! schiet op!;* look ~! *kijk uit!.*

'slip ring ⟨telb.zn.⟩⟨elek.⟩ **0.1** ***sleepring.***

'slip road ⟨f1⟩⟨telb.zn.⟩⟨BE⟩ **0.1** ***op/afrit*** ⟨v. autoweg⟩ *⇒in/uitvoegstrook.*

'slip rope ⟨telb.zn.⟩ ⟨scheep.⟩ **0.1** ***tros.***
slip·shod ['slɪpʃɒd‖-ʃɑd] ⟨bn.⟩ **0.1** ***sjofel*** ⇒*met afgetrapte schoenen* **0.2** ***onzorgvuldig*** ⇒*slordig* ⟨v. taal, stijl⟩.
'slip·slide a'way ⟨onov.ww.⟩ **0.1** ***weg/afglijden*** ⇒*(langzaam) populariteit verliezen.*
slip·slop ['slɪpslɒp‖-slɑp] ⟨telb.zn.⟩ **0.1** ***slap bakje*** ⟨koffie, enz.⟩ **0.2** ***(slap) geklets*** ⇒*gezwets* **0.3** ***slordige stijl*** ⟨v. schrijven⟩.
'slip stitch ⟨telb.zn.⟩ **0.1** ***blinde steek*** **0.2** ***afgehaalde (brei)steek.***
'slip-stitch ⟨ov.ww.⟩ **0.1** ***blind zomen.***
'slip·stream[1] ⟨telb.zn.⟩ **0.1** ⟨lucht.⟩ ***schroefwind*** **0.2** ***zuiging*** ⟨achter auto⟩ ⇒⟨fig.⟩ *kielzog* ◆ **6.2 in** the ~ of ⟨fig.⟩ *in het kielzog v..*
slipstream[2] ⟨ov.ww.⟩ **0.1** ***in de slipstream rijden van*** ⟨andere auto, motor⟩.
'slip-up ⟨f1⟩ ⟨telb.zn.⟩ ⟨inf.⟩ **0.1** ***vergissing*** ⇒*fout(je).*
slip·ware ['slɪpweə‖-wer] ⟨n.-telb.zn.⟩ **0.1** ***engobe-werk*** ⇒*met engobe bewerkt ceramiek.*
'slip·way ⟨telb.zn.⟩ **0.1** ***(scheeps)dok*** ⇒*(scheeps)helling, steigers* **0.2** ***(bouw)steiger.***
slit[1] [slɪt] ⟨f2⟩ ⟨telb.zn.⟩ **0.1** ***spleet*** ⇒*gleuf, kier, split, scheur, insnijding* **0.2** ⟨sl.⟩ ***spleet(je)*** ⇒*gleuf, vagina.*
slit[2] ⟨f2⟩ ⟨ww.; →ww. 7⟩
 I ⟨onov.ww.⟩ **0.1** ***een scheur krijgen*** ⇒*scheuren, uitscheuren;*
 II ⟨ov.ww.⟩ **0.1** ***snijden*** ⇒*insnijden, in repen snijden, opensnijden/knippen* **0.2** ***scheuren*** ⇒*inscheuren, stukscheuren, openscheuren* ◆ **6.1** ~ a skirt **up** the back *een achtersplit in een rok maken.*
'slit-'eyed ⟨bn.⟩ **0.1** ***spleetogig*** ⇒*met lange smalle ogen.*
slith·er[1] ['slɪðə‖-ər] ⟨zn.⟩
 I ⟨telb.zn.⟩ **0.1** ***glijdende beweging*** ⇒*glijpartij, slip;*
 II ⟨n.-telb.zn.⟩ **0.1** ***steenslag.***
slither[2] ⟨f1⟩ ⟨ww.⟩
 I ⟨onov.ww.⟩ **0.1** ***glijden*** ⇒*glibberen, uitglijden, slippen* **0.2** ***voortglijden*** ⇒*voortschuifelen;*
 II ⟨ov.ww.⟩ **0.1** ***laten (uit)glijden.***
slith·er·y ['slɪðəri] ⟨bn.⟩ **0.1** ***glibberig.***
'slit-pock·et ⟨telb.zn.⟩ **0.1** ***steekzak.***
slit·ter ['slɪtə‖'slɪṭər] ⟨telb.zn.⟩ ⟨ind.⟩ **0.1** ***snijmachine.***
'slit trench ⟨telb.zn.⟩ ⟨mil.⟩ **0.1** ***smalle loopgraaf.***
sliv·er[1] ['slɪvə‖-ər] ⟨f1⟩ ⟨telb.zn.⟩ **0.1** ***splinter*** ⇒*scherf, stuk afgescheurd/afgebroken hout/metaal; granaatscherf* **0.2** ***lat*** ⇒*dunne strip hout, strook* **0.3** ***reepje*** ⇒*plakje, schijfje* **0.4** ***streng gekaarde wol/katoen.***
sliver[2] ⟨ww.⟩
 I ⟨onov.ww.⟩ **0.1** ***versplinteren*** ⇒*in stukken uiteen vallen;*
 II ⟨ov.ww.⟩ **0.1** ***versnipperen*** ⇒*in/tot snippers scheuren, aan splinters hakken, splijten* **0.2** ***aan repen/plakken snijden.***
sli·vo·vitz ['slɪvəvɪts, 'sli:-] ⟨telb. en n.-telb.zn.⟩ **0.1** ***slivovitz*** ⇒*sliwowitz, pruimebrandewijn.*
Sloane Ranger ['sloun 'reɪndʒə‖-ər] ⟨telb.zn.⟩ **0.1** ***jong 'high society' type*** ⇒*'pareltje'.*
slob [slɒb‖slɑb] ⟨f1⟩ ⟨zn.⟩
 I ⟨telb.zn.⟩ **0.1** ⟨inf.⟩ ***luie stomkop*** ⇒*sukkel, vent van niks* **0.2** ⟨inf.⟩ ***smeerlap*** ⇒*slons, voddige kerel;*
 II ⟨telb. en n.-telb.zn.⟩ ⟨IE⟩ **0.1** ***slik*** ⇒*schor, modderig (stuk) land.*
slob·ber[1] ['slɒbə‖'slɑbər] ⟨n.-telb.zn.⟩ **0.1** ***kwijl*** ⇒*speeksel, spuug* **0.2** ***sentimentele praat*** ⇒*weeïg gedoe, gezwijmel, gekwijl* **0.3** ⟨vnl. gew.⟩ ***slijk*** ⇒*modder* **0.4** ***kwal.***
slobber[2] ⟨f1⟩ ⟨ww.⟩
 I ⟨onov.ww.⟩ **0.1** ***kwijlen*** ⇒*speeksel uit de mond laten lopen* **0.2** ***knoeien*** ⇒*kliederen, kwijlen, drank/voedsel uit de mond laten lopen* **0.3** ***sentimenteel doen*** ⇒*weeïg doen, zwijmelen, kwijlen* **0.4** ⟨gew.⟩ ***grienen*** ⇒*snotteren, snikken* **0.5** ⟨gew.⟩ ***slobberen*** ⇒*smakken, vies eten* ◆ **6.3** ⟨inf.⟩ ~ **over** s.o./sth. *overdreven lief doen/weeïg doen tegen iem., zwijmelig doen over iets;*
 II ⟨ov.ww.⟩ **0.1** ***bekwijlen*** ⇒*vies maken, nat maken met speeksel* **0.2** ***verknoeien*** ⇒*een janboel maken van* **0.3** ***natte zoenen geven*** ⇒*vochtig kussen* **0.4** ***brabbelen*** ⇒*met dikke tong uitbrengen.*
slob·ber·y ['slɒbəri‖'slɑ-] ⟨bn.⟩ **0.1** ***modderig*** ⇒*vies, vuil* **0.2** ***kwijlend*** **0.3** ***weeïg*** ⇒*klef, sentimenteel.*
sloe [slou] ⟨telb.zn.⟩ **0.1** ⟨plantk.⟩ ***sleedoorn*** ⟨Prunus spinosa⟩ **0.2** ***sleepruim.***
'sloe-'eyed ⟨bn.⟩ **0.1** ***donkerogig*** ⇒*met blauwig-zwarte ogen* **0.2** ***met schuinstaande ogen.***
'sloe'gin ⟨n.-telb.zn.⟩ **0.1** ***sleepruimebrandewijn.***
'sloe-thorn, 'sloe-tree ⟨telb.zn.⟩ ⟨plantk.⟩ **0.1** ***sleedoorn*** ⟨Prunus spinosa⟩.
slog[1] [slɒg‖slɑg] ⟨telb.zn.⟩ ⟨inf.⟩ **0.1** ***geploeter*** ⇒*gezwoeg, het lang en hard werken* **0.2** ***uitputtende tocht*** **0.3** ⟨cricket, boksport⟩ ***harde klap/stoot*** ⇒*uithaal, zwieper, ram.*
slog[2], ⟨AE⟩ **slug** [slʊg] ⟨f2⟩ ⟨ww.; →ww. 7⟩
 I ⟨onov.ww.⟩ **0.1** ***zwoegen*** ⇒*gestaag doorploeteren, noest doorwerken* **0.2** ***ploeteren*** ⇒*zich moeizaam voortslepen, sjokken* ◆ **5.1** ⟨inf.⟩ ~ **away** (at) *zwoegen (op), ijverig doorworstelen (met);*
 II ⟨ov.ww.⟩ **0.1** ⟨vnl. cricket, boksport⟩ ***hard raken/stoten/treffen*** ⇒*uithalen naar, beuken, een ontzettende mep geven* ◆ **5.¶** ~ it **out** *het uitvechten, tot het einde doorknokken.*
slo·gan ['slougən] ⟨f2⟩ ⟨telb.zn.⟩ **0.1** ***strijdkreet*** **0.2** ***motto*** ⇒*devies, strijdkreet, slogan* **0.3** ***slagzin*** ⟨in reclame⟩.
slo·gan·eer ['slougənɪə‖-ɪr] ⟨telb.zn.⟩ **0.1** ***kretoloog.***
slog·ger ['slɒgə‖'slɑgər] ⟨telb.zn.⟩ **0.1** ***zwoeger*** ⇒*ploeteraar* **0.2** ⟨cricket⟩ ***mepper*** ⇒*speler die wilde klappen uitdeelt* **0.3** ⟨inf.⟩ ***bokser*** ⇒*vuistvechter.*
sloid, sloyd [slɔɪd] ⟨n.-telb.zn.⟩ **0.1** ***slöjd*** ⇒*handenarbeid.*
slommack →slummock.
slo-mo ['slou'mou] ⟨bn.; bw.⟩ ⟨verk.⟩ slow motion.
sloop [slu:p] ⟨f1⟩ ⟨telb.zn.⟩ ⟨scheep.⟩ **0.1** ***sloep*** ⇒*zeilboot met sloeptuig* **0.2** ***klein oorlogsschip*** ⟨i.h.b. met antiduikbootwapens⟩ **0.3** ⟨BE; gesch.⟩ ***klein oorlogsschip*** ◆ **1.3** ~ of war *klein oorlogsschip.*
'sloop-rigged ⟨bn.⟩ ⟨scheep.⟩ **0.1** ***met sloeptuig.***
sloot →sluit.
slop[1] [slɒp‖slɑp] ⟨f1⟩ ⟨zn.⟩
 I ⟨telb.zn.⟩ **0.1** ***plas*** ⇒*gemorste vloeistof* **0.2** ***wijd jak*** ⇒*los wijd gewaad* **0.3** ⟨sl.⟩ ***smeris*** ⇒*politieman* **0.4** ⟨sl.⟩ ***goedkope (eet)tent;***
 II ⟨n.-telb.zn.⟩ **0.1** ***modder*** ⇒*slijk, slik* **0.2** ***sentimenteel gewauwel*** ⇒*gezwijmel* **0.3** ⟨vaak mv. met ww. in enk.⟩ ***waterige soep*** ⇒*slappe kost* **0.4** ⟨vaak mv. met ww. in enk.⟩ ***spoeling*** ⇒*dun varkensvoer* **0.5** ⟨vaak mv. met ww. in enk.⟩ ***bezinksel*** ⇒*residu* ⟨bij distillatie⟩ **0.6** ⟨vaak mv. met ww. in enk.⟩ ***menselijke ontlasting*** ⇒*drek;*
 III ⟨mv.; ~s⟩ **0.1** ***vuil water*** ⇒*spoelwater, vuil waswater* **0.2** ***werkkleren*** ⇒*overall* **0.3** ***matrozenplunje*** ⇒*kleren en beddegoed aan matrozen uitgereikt* **0.4** ⟨vnl. BE⟩ ***confectie*** ⇒*goedkope kleren* **0.5** ⟨gesch. of vero.⟩ ***(korte) wijde (zeemans)broek.***
slop[2] ⟨f2⟩ ⟨ww.⟩
 I ⟨onov.ww.⟩ **0.1** ***overstromen*** ⇒*gemorst worden* **0.2** ***plassen*** ⇒*kliederen, in de modder ploeteren* **0.3** ***sloffen*** ⇒*slenteren, sleepvoeten, sjokken* **0.4** ***overlopen v. sentiment*** ◆ **5.1** ~ **about/around** *klotsen, rondklotsen;* ~ **over** *overstromen* **5.¶** ~ **about/around** *rondhannesen, niksen, lummelen;* ~ **out** *toiletemmers/po's leegmaken* **6.4** ~ **over** s.o. *walgelijk sentimenteel doen tegen iem.;*
 II ⟨onov. en ov.ww.⟩ **0.1** ***morsen*** ⇒*knoeien, kliederen;*
 III ⟨ov.ww.⟩ **0.1** ***bemorsen*** ⇒*bevuilen, nat maken, knoeien op* **0.2** ***voederen met spoeling*** ◆ **5.¶** ⟨gew.⟩ ~ **up** *opslobberen, opslurpen.*
'slop-ba·sin, 'slop-bowl ⟨telb.zn.⟩ ⟨BE⟩ **0.1** ***spoelkom.***
'slop-buck·et, 'slop-pail ⟨telb.zn.⟩ **0.1** ***toiletemmer.***
'slop-chute ⟨telb.zn.⟩ ⟨sl.⟩ **0.1** ***bar*** ⇒*kroeg.*
slope[1] [sloup] ⟨f2⟩ ⟨telb.zn.⟩ **0.1** ***helling*** ⇒*het hellen, het schuin aflopen* **0.2** ***helling*** ⇒*hellend oppervlak, glooiing* **0.3** ⟨wisk.⟩ ***helling(sgraad)*** ⇒*richtingscoëfficiënt* ◆ **3.¶** do a ~ *'m smeren, er vandoor gaan* **6.¶** ⟨mil.⟩ **at** the ~ *met het geweer op schouder* ⟨v. soldaat⟩; (rifle) **at** the ~ *(het geweer) op schouder, (het geweer) geschouderd.*
slope[2] ⟨f2⟩ ⟨ww.⟩
 I ⟨onov.ww.⟩ **0.1** ***hellen*** ⇒*schuin af/oplopen, glooien* ◆ **5.¶** ~ **off** *er vandoor gaan, 'm smeren* **6.1** ~ **down (to)** *aflopen (naar), omlaag glooien (naar);*
 II ⟨ov.ww.⟩ **0.1** ***laten hellen*** ⇒*laten af/oplopen* **0.2** ⟨mil.⟩ ***schouderen*** ◆ **1.2** ⟨mil.⟩ ~ arms *de geweren schouderen.*
'slope lift ⟨telb.zn.⟩ ⟨zweefvliegen⟩ **0.1** ***hellingsstijgwind.***
slop·py ['slɒpi‖'slɑpi] ⟨f2⟩ ⟨bn.; -er; -ly; -ness; →bijw. 3⟩ **0.1** ***nat*** ⇒*modderig, vol plassen* **0.2** ***nat*** ⇒*vies, bemorst* **0.3** ***dun*** ⇒*waterig, smakeloos* **0.4** ***slordig*** ⇒*slonzig, slecht uitgevoerd, slecht gemaakt, onzorgvuldig gedaan, er slonzig bijlopend* **0.5** ***melig*** ⇒*weeïg, overdreven gevoelig, sentimenteel* **0.6** ⟨sl.⟩ ***bezopen*** ◆ **1.¶** Sloppy Joe, ~ joe *slobbertrui; hamburgergehakt met barbecuesaus.*
'slop-sell·er ⟨telb.zn.⟩ **0.1** ***textielhandelaar*** ⇒*confectieverkoper.*
'slop-shop ⟨telb.zn.⟩ **0.1** ***kledingzaak*** ⇒*winkel in goedkope confectie.*
'slop-work ⟨n.-telb.zn.⟩ **0.1** ***confectieindustrie*** ⇒*het maken v. goedkope kleding* **0.2** ***goedkope confectie.***
slosh[1] [slɒʃ‖slɑʃ] ⟨zn.⟩
 I ⟨telb.zn.⟩ **0.1** ***dreun*** ⇒*zware slag* **0.2** ***plasje*** ⇒*laagje (vloeistof);*
 II ⟨n.-telb.zn.⟩ **0.1** ***modder*** ⇒*slijk, brij* **0.2** ***geplas*** ⇒*geklots.*
slosh[2] ⟨f1⟩ ⟨ww.⟩ →sloshed
 I ⟨onov.ww.⟩ **0.1** ***plassen*** ⇒*ploeteren, door het water/de modder waden* **0.2** ***klotsen*** ◆ **5.1** ~ **about** *rondplassen, rondploeteren;*
 II ⟨ov.ww.⟩ **0.1** ***knoeien*** ⇒*morsend uitschenken, kliederen met*

0.2 ***bemorsen*** ⇒*knoeien op* **0.3** ***klotsen met*** ⇒*laten klotsen, roeren in* **0.4** ⟨BE; sl.⟩ ***meppen*** ⇒*een dreun verkopen, een opstopper geven, stompen* ◆ **5.3** ~ **about** *rondroeren, rondklotsen* **6.¶** ~ the paint **on** the wall *de verf op de muur smijten;* I've been ~ing paint **on** my trousers *ik heb mijn broek vol verf gesmeerd.*

sloshed [slɒʃt‖slɑʃt] ⟨bn.; volt. deelw. v. slosh⟩ ⟨inf.⟩ **0.1** ***dronken*** ⇒*zat.*

slosh·y [ˈslɒʃi‖ˈslɑʃi] ⟨bn.⟩ **0.1** ***modderig*** ⇒*vies.*

slot[1] [slɒt‖slɑt] ⟨f2⟩ ⟨telb.zn.⟩ **0.1** ***groef*** ⇒*geul, sleuf, spleet, gleuf* **0.2** ⟨inf.⟩ ***plaats*** ⇒*plaatsje, gaatje, ruimte* **0.3** ⟨sport⟩ ***gunstige schietpositie*** **0.4** ⟨lucht.⟩ ***spleet*** **0.5** ⟨verk.⟩ ⟨slot machine⟩ ***(geld) automaat*** **0.6** ⟨sl.⟩ ***fruitmachine*** ◆ **6.2** ⟨com.⟩ find a ~ **for** the president's speech *een plaats inruimen voor de toespraak v.d. president* ⟨in het programma⟩ **6.¶** **in** the ~ *klaar* ⟨i.h.b. voor slagbeurt⟩.

slot[2] ⟨telb.zn.; slot; →mv. 4⟩ **0.1** ***hertespoor*** **0.2** ***hertehoef.***

slot[3] ⟨f1⟩ ⟨ww.⟩

I ⟨onov.ww.⟩ **0.1** ***in een gleuf/groef passen;***

II ⟨ov.ww.⟩ **0.1** ***een gleuf/gleuven maken in*** **0.2** ***in een gleuf plaatsen*** **0.3** ***achtervolgen*** ⇒*het spoor volgen v.* **0.4** ⟨vnl. BE⟩ ***inlassen*** ⇒*een plaatsje vinden voor, de tijd vinden voor* **0.5** ⟨voetbal⟩ ***erin prikken.***

sloth [slouθ] ⟨f1⟩ ⟨zn.⟩

I ⟨telb.zn.⟩ ⟨dierk.⟩ **0.1** ***luiaard*** ⟨Bradypus⟩;

II ⟨n.-telb.zn.⟩ **0.1** ***vadsigheid*** ⇒*lui/laks/traagheid.*

'sloth·bear ⟨telb.zn.⟩ ⟨dierk.⟩ **0.1** ***lippenbeer*** ⟨Melursus ursinus/labiatus⟩.

sloth·ful [ˈslouθfl] ⟨bn.⟩ **0.1** ***vadsig*** ⇒*lui, laks, traag.*

'sloth·mon·key ⟨telb.zn.⟩ ⟨dierk.⟩ **0.1** ***lori*** ⇒*luie aap* ⟨halfaap; onderfam. Lorisidae⟩.

'slot machine ⟨f1⟩ ⟨telb.zn.⟩ **0.1** ⟨BE⟩ ***automaat*** ⇒*sigaretten/snoep/kaartjesautomaat* **0.2** ⟨spel⟩ ***fruitmachine.***

slot·ter [ˈslɒtə‖ˈslɑt̬ər] ⟨telb.zn.⟩ ⟨ind.⟩ **0.1** ***uit/afsteekmachine.***

slouch[1] [slautʃ] ⟨f1⟩ ⟨telb.zn.⟩ **0.1** ***slappe houding*** ⇒*ronde rug, afhangende schouders, slome manier v. lopen* **0.2** ***neergeslagen hoedrand*** **0.3** ***slappe hoed*** ⇒*flambard* **0.4** ⟨inf.⟩ ***zoutzak*** ⇒*waardeloze vent, slordig werker, sukkel* **0.5** ⟨inf.⟩ ***waardeloos geval*** ◆ **5.4** be no ~ at *bepaald niet stom zijn in, handig zijn in* **5.5** it is no ~ *het is niet kwaad, het is zeker niet gek, het is uitstekend* **6.1** move **with** a ~ *er sloom bij lopen, een ronde rug hebben.*

slouch[2] ⟨f1⟩ ⟨ww.⟩ →slouching

I ⟨onov.ww.⟩ **0.1** ***hangen*** ⇒*erbij hangen, afzakken* **0.2** ***een slappe houding hebben*** ⇒*met afzakkende schouders lopen, met een ronde rug zitten, er sloom bij lopen/zitten* ◆ **5.1** ~ **about/around** *rondhannesen, er lui/slonzig bijlopen, maar wat rondsjokken;*

II ⟨ov.ww.⟩ **0.1** ***laten hangen*** ⇒*laten zakken.*

'slouch 'hat ⟨telb.zn.⟩ **0.1** ***slappe vilthoed*** ⇒*flambard.*

slouch·ing [ˈslautʃɪŋ] ⟨bn.; -ly; teg. deelw. v. slouch⟩ **0.1** ***slap*** ⇒*krom, gebogen, met afhangende schouders.*

slouch·y [ˈslautʃi] ⟨bn.; -ly; -ness; →bijw. 3⟩ **0.1** ***slap*** ⇒*sloom v. houding, met hangende schouders* **0.2** ***slonzig*** ⇒*slordig.*

slough[1] [slau] ⟨telb.zn.⟩ **0.1** ***moeras*** ⇒*drijfland, modderland* **0.2** ***modderpoel*** **0.3** ***inzinking*** ⇒*depressie, wanhoop* **0.4** ⟨sl.⟩ ***arrestatie*** **0.5** ⟨sl.⟩ ***sluiting*** ⟨v. café e.d.⟩ **0.6** ⟨sl.⟩ ***smeris*** ◆ **1.1** the Slough of Despond *een poel van ellende, de diepste wanhoop.*

slough[2] [slʌf] ⟨zn.⟩

I ⟨telb.zn.⟩ **0.1** ***afgeworpen huid*** ⟨v. slang enz.⟩ **0.2** ***iets dat wordt afgeworpen/afgeschaft;***

II ⟨n.-telb.zn.⟩ ⟨med.⟩ **0.1** ***dood weefsel.***

slough[3] [slʌf] ⟨ww.⟩

I ⟨onov.ww.⟩ **0.1** ***afvallen*** ⇒*afgeworpen worden* **0.2** ⟨dierk.⟩ ***vervellen*** ⇒*zijn huid afwerpen* **0.3** ⟨med.⟩ ***loslaten*** ⇒*afvallen* ⟨v. dood weefsel⟩ **0.4** ⟨sl.⟩ ***'m smeren;***

II ⟨ov.ww.⟩ **0.1** ***afwerpen*** ⇒⟨fig. ook⟩ *afschaffen, kwijt raken* **0.2** ⟨sl.⟩ ***opsluiten*** ⇒*gevangen nemen, arresteren* **0.3** ⟨sl.⟩ ***opheffen*** ⟨zaak⟩ **0.4** ⟨sl.⟩ ***uiteenjagen*** ⟨menigte⟩ **0.5** ⟨sl.⟩ ***hard stompen*** ◆ **5.1** ~ sth. **off** *iets van zich af schudden* **5.2** ⟨sl.⟩ ~ **up** *arresteren.*

slough-foot [ˈslaufʊt] ⟨onov.ww.⟩ ⟨sl.⟩ **0.1** ***zich wankelend voortbewegen.***

slough·y[1] [ˈslaui] ⟨bn.⟩ **0.1** ***modderig*** ⇒*zompig.*

sloughy[2] [ˈslʌfi] ⟨bn.⟩ **0.1** ⟨med.⟩ ***als/met dood weefsel.***

Slo·vak[1] [ˈslouvæk] ⟨zn.⟩

I ⟨eig.n.⟩ **0.1** ***Slowaaks*** ⇒*de Slowaakse taal;*

II ⟨telb.zn.⟩ **0.1** ***Slowaak.***

Slovak[2], **Slo·vak·i·an** [slouˈvækɪən] ⟨bn.⟩ **0.1** ***Slowaaks.***

slov·en [ˈslʌvn] ⟨telb.zn.⟩ **0.1** ***slons*** ⇒*slordig gekleed/vuil mens* **0.2** ***sloddervos*** ⇒*iem. die er met de pet naar gooit, slordig werker.*

Slo·vene[1] [ˈslouviːn] ⟨zn.⟩

I ⟨eig.n.⟩ **0.1** ***Sloveens*** ⇒*de Sloveense taal;*

II ⟨telb.zn.⟩ **0.1** ***Sloveen.***

Slovene[2], **Slo·ve·ni·an** [slouˈviːnɪən] ⟨bn.⟩ **0.1** ***Sloveens.***

slov·en·ly [ˈslʌvnli] ⟨f1⟩ ⟨bn.; ook -er; -ness; →compar. 7⟩ **0.1** ***slonzig*** ⇒*vuil, slordig gekleed, onverzorgd* **0.2** ***slordig*** ⇒*onzorgvuldig, zonder zorg.*

slow[1] [slou] ⟨f3⟩ ⟨bn.; -ly; -ness⟩ ⟨→sprw. 427, 458, 613⟩ **0.1** ***langzaam*** ⇒*traag, met lage snelheid* **0.2** ***langzaam*** ⇒*geleidelijk, stapsgewijze* **0.3** ⟨ben. voor⟩ ***traag*** ⇒*zwak, flauw, niet vlug, niet levendig, niet scherp, slap, saai, dom, vervelend* **0.4** ***traag*** ⇒*laat, vertraagd* ◆ **1.1** ~ handclap *traag handgeklap* ⟨door publiek, als teken v. verveling⟩; ⟨mil.⟩ ~ march *dodenmars, trage mars;* ⟨film.⟩ in ~ motion *in slow motion, vertraagd;* ⟨nat.⟩ ~ neutron *traag neutron;* I had a ~ puncture *mijn band liep langzaam leeg;* ⟨vero.; nat.⟩ ~ reactor *trage reactor, thermische reactor;* ~ train *boemeltrein, lokaaltrein, lokaal(tje)* **1.2** a ~ job *een karwei dat veel tijd kost;* ⟨med.⟩ ~ fever *sluipkoorts, moeraskoorts;* ~ poison *langzaamwerkend vergif* **1.3** ⟨hand.⟩ business is ~ *de markt is flauw;* a ~ fire *een zacht/laagbrandend vuur;* a ~ oven *een laagbrandende oven;* a ~ party *een vervelend feestje;* ~ to wrath *niet gauw in toorn ontstekend* **1.4** a ~ clock *een klok die achterloopt;* the train is ~ *de trein is (te) laat* **1.¶** ⟨sl.⟩ ~ burn *het langzaam kwaad worden;* ⟨foto.⟩ a ~ film *een langzame film;* ⟨dierk.⟩ ~ loris *grote plompe lori, koekang* ⟨Nycticebus coucang⟩; ~ off the mark, ⟨AE⟩ ~ on the uptake *traag v. begrip;* ~ match *lont* ⟨v. explosieven⟩; ⟨sport⟩ a ~ pitch/court/green *een trage/langzame pitch/baan/veld;* be ~ of wit *traag v. begrip zijn* **2.1** ~ but steady *langzaam maar gestaag;* ~ and sure *langzaam gaat zeker, haast u langzaam;* ~ but sure *langzaam maar zeker* **3.3** be ~ to anger *niet gauw kwaad worden;* she was not ~ to claim the inheritance *ze was er direct bij om de erfenis op te eisen.*

slow[2] ⟨f3⟩ ⟨onov. en ov.ww.⟩ **0.1** ***vertragen*** ⇒*snelheid minderen, inhouden* ◆ **5.1** ~ (the car) **down** *langzaam gaan rijden, snelheid minderen;* the doctor said I had to ~ **down** a bit *de dokter zei dat ik het wat kalmer aan moest doen;* he seems to be slowing **up** *het lijkt wel of hij minder energie heeft/minder goed werk aflevert dan vroeger.*

slow[3] ⟨f3⟩ ⟨bw.; vaak in combinatie met ww.⟩ **0.1** ***langzaam*** ⇒*traag, in een langzaam tempo* ◆ **1.1** your watch is four minutes ~ *je horloge loopt vier minuten achter* **3.1** drive ~ *langzaam rijden;* go ~ *het langzaam aan doen, een langzaam-aan-actie voeren;* ⟨sl.⟩ take it ~ *voorzichtig zijn* **¶.1** slow-moving goods *moeilijk verkoopbare goederen;* a slow-spoken man *een traag sprekende man.*

'slow-'beat guy ⟨telb.zn.⟩ ⟨sl.⟩ **0.1** ***ellendeling*** **0.2** ***natte klapzoen.***

'slow·coach, ⟨AE⟩ **'slow·poke** ⟨telb.zn.⟩ ⟨inf.⟩ **0.1** ***slak*** ⇒*slome, traag mens.*

'slow-down ⟨f1⟩ ⟨telb.zn.⟩ **0.1** ***vertraging*** ⇒*vermindering;* ⟨i.h.b. ind.⟩ *produktievermindering* **0.2** ***langzaam-aan-actie.***

'slow-'foot·ed, 'slow-'paced ⟨bn.⟩ **0.1** ***langzaam*** ⇒*traag;* ⟨ook fig.⟩ *zonder vaart, gezapig.*

'slow ramp ⟨telb.zn.⟩ **0.1** ***verkeersdrempel.***

'slow'wit·ted ⟨bn.; -ly; -ness⟩ **0.1** ***traag v. begrip*** ⇒*dom, traag.*

'slow·worm ⟨telb.zn.⟩ ⟨dierk.⟩ **0.1** ***hazelworm*** ⟨Anguis fragilis⟩.

sloyd →sloid.

SLR ⟨afk.⟩ single-lens reflex.

slub[1] [slʌb] ⟨zn.⟩ ⟨textiel⟩

I ⟨telb.zn.⟩ **0.1** ***verdikking*** ⇒*bobbel in garen;*

II ⟨n.-telb.zn.⟩ **0.1** ***lont*** ⇒*voorgesponnen strengen.*

slub[2] ⟨bn.⟩ ⟨textiel⟩ **0.1** ***onregelmatig*** ⇒*oneffen, ruw.*

slub[3] ⟨ov.ww.⟩ ⟨textiel⟩ **0.1** ***voorspinnen.***

slub·ber·de·gul·li·on [ˈslʌbədɪˈgʌlɪən‖-bər-] ⟨telb.zn.⟩ ⟨vero.; BE⟩ **0.1** ***schobbejak*** ⇒*schooier, haveloze kerel, smerige vent.*

sludge [slʌdʒ] ⟨f2⟩ ⟨n.-telb.zn.⟩ **0.1** ***slijk*** ⇒*modder* **0.2** ***rioolspecie*** ⇒*bezinksel in het riool* **0.3** ***olieklont*** ⇒*oliekorst* **0.4** ***nieuwgevormd zeeijs*** ⇒*onsamenhangende laag zeeijs* ◆ **3.2** activated ~ *geactiveerd slib.*

'sludge-hole ⟨telb.zn.⟩ ⟨ind.⟩ **0.1** ***slijkgat.***

sludg·y [ˈslʌdʒi] ⟨bn.⟩ **0.1** ***modderig*** ⇒*blubberig, slijkachtig.*

slue →slew.

slug[1] [slʌg] ⟨f2⟩ ⟨telb.zn.⟩ **0.1** ***naakte slak*** **0.2** ***metaalklomp*** **0.3** ***onregelmatig gevormde kogel*** **0.4** ***luchtbukskogel*** **0.5** ⟨druk.⟩ ***regel linotypezetsel*** **0.6** ⟨druk.⟩ ***smalle interlinie*** **0.7** ⟨nat.⟩ ***slug*** ⟨eenheid v. massa⟩ **0.8** ⟨AE; inf.⟩ ***slok*** ⇒*glaasje sterkedrank* **0.9** ⟨sl.⟩ ***doughnut*** **0.10** ⟨sl.⟩ ***dollar*** **0.11** ⟨sl.⟩ ***klap*** **0.12** ⟨sl.⟩ ***(vervelende) kerel*** **0.13** ⟨mil.; sl.⟩ ***douw*** ◆ **3.11** put the ~ on s.o. *iem. een dreun geven;* ⟨fig.⟩ *iem. met woorden aanvallen/bekritiseren/de grond in boren.*

slug[2] →slog.

slug·a·bed [ˈslʌgəbed] ⟨telb.zn.⟩ ⟨vero.⟩ **0.1** ***luilak*** ⇒*luiaard.*

slug·fest [ˈslʌgfest] ⟨telb.zn.⟩ ⟨AE; sl.⟩ **0.1** ***felle knokpartij*** ⇒*hevig gevecht;* ⟨i.h.b.⟩ *zware honkbalwedstrijd.*

slug·gard[1] [ˈslʌgəd‖-ərd] ⟨telb.zn.⟩ **0.1** ***luiaard*** ⇒*luiwammes, slome.*

sluggard[2] ⟨bn.; -ly; -ness⟩ **0.1** ***lui.***
slugged ['slʌgd]⟨bn.⟩⟨sl.⟩ **0.1** ***bezopen.***
slug·ger ['slʌgə‖-ər]⟨telb.zn.⟩⟨sl.⟩ **0.1** ⟨honkbal⟩ ***goede slagman*** **0.2** ***bokser*** **0.3** ***ringbaard.***
slug·gish ['slʌgɪʃ]⟨f1⟩⟨bn.; -ly; -ness⟩ **0.1** ***traag*** ⇒*langzaam, lui.*
'slug-nut·ty ⟨bn.⟩⟨sl.⟩ **0.1** ***bedwelmd*** ⟨v. bokser⟩.
sluice[1] [slu:s]⟨f1⟩⟨telb.zn.⟩⟨vnl. bouwk.⟩ **0.1** ***sluis*** **0.2** ***sluiskolk*** ⇒*schutkolk* **0.3** ***sluisdeur*** **0.4** ***afwateringskanaal*** **0.5** ***inlaatduiker/sluis*** **0.6** ⟨mijnw.⟩ ***wasgoot*** ⟨voor erts⟩ ⇒*stroomgoot* **0.7** ***kanaal voor houtvervoer.***
sluice[2] ⟨f1⟩⟨ww.⟩
I ⟨onov.ww.⟩ **0.1** ***uitstromen*** ⇒*wegstromen, neerstromen* ◆ **5.1** ~ **out** *uitstorten, neerstorten;*
II ⟨ov.ww.⟩ **0.1** ***laten uitstromen*** ⇒*weg laten stromen* **0.2** ***van een sluis/sluizen voorzien*** ⇒*een sluis/sluizen aanbrengen in* **0.3** ***bevloeien*** ⟨d.m.v. sluizen⟩ **0.4** ***overspoelen*** ⇒*spoelen, water laten stromen over* **0.5** ***wegspoelen*** ⇒*weg laten stromen* **0.6** ***via een kanaal vervoeren*** ⟨hout⟩ ◆ **1.4** ~ ore *erts wassen* **5.4** ~ **out** *uitspoelen, doorspoelen, schoonspoelen.*
'sluice-gate, 'sluice-valve ⟨telb.zn.⟩⟨wwb.⟩ **0.1** ***sluisdeur.***
'sluice-way ⟨telb.zn.⟩⟨mijnw.⟩ **0.1** ***wasgoot*** ⟨voor erts⟩ ⇒*stroomgoot.*
sluit, sloot [slu:t]⟨telb.zn.⟩⟨Z. Afr. E⟩ **0.1** ***geul*** ⇒*regengeul, diepe greppel.*
slum[1] [slʌm]⟨f2⟩⟨zn.⟩
I ⟨telb.zn.; vaak mv.⟩ **0.1** ***achterbuurt*** ⇒*krottenwijk, sloppenwijk, vervallen stadswijk* **0.2** ⟨inf.⟩ ***rotzooi*** ⇒*smerige boel;*
II ⟨n.-telb.zn.⟩ **0.1** ⟨mijnw.⟩ ***slik.***
slum[2] ⟨bn.⟩⟨sl.⟩ **0.1** ***armoedig*** ⇒*goedkoop.*
slum[3] ⟨onov.ww. beh. in uitdrukking slum it; →ww. 7⟩ **0.1** ***(voor zijn plezier) in achterbuurten rondlopen*** ⇒*zijn vertier zoeken in de achterbuurten* **0.2** ***sociaal werk/onderzoek doen (in sloppenwijken)*** **0.3** ⟨inf.⟩ ***een armoedig leven leiden*** ⇒*beneden zijn stand leven* ◆ **4.1** ~ it *op stap gaan in de achterbuurten* **4.3** ~ it *armoedig/primitief leven, zich behelpen.*
slum·ber[1] ['slʌmbə‖-ər]⟨telb.zn.; vaak mv.⟩⟨vnl. schr.⟩ **0.1** ***slaap*** ⇒*sluimer, sluimering;* ⟨fig. ook⟩ *periode v. inertie.*
slumber[2] ⟨f1⟩⟨ww.⟩⟨vnl. schr.⟩
I ⟨onov.ww.⟩ **0.1** ***slapen*** ⇒*sluimeren, rusten;*
II ⟨ov.ww.⟩ **0.1** ***verslapen*** ◆ **5.1** ~ **away** the afternoon *de middag sluimerend doorbrengen, de middag verslapen.*
'slumber button ⟨telb.zn.⟩ **0.1** ***sluimerknop.***
'slum·ber·land ⟨n.-telb.zn.⟩ **0.1** ***dromenland.***
slum·ber·ous ['slʌmbrəs]⟨bn.; -ly; -ness⟩ **0.1** ***slaperig*** ⇒⟨fig. ook⟩ *vredig, rustig, ingeslapen* **0.2** ***slaapverwekkend*** **0.3** ***op slaap gelijkend.***
'slumber party ⟨telb.zn.⟩⟨AE⟩ **0.1** ***pyjamafeest*** ⟨voor jonge meisjes in nachtjapon⟩.
'slum·ber-wear ⟨n.-telb.zn.⟩⟨hand.⟩ **0.1** ***nachtmode*** ⇒*nachtkleding.*
'slum clearance ⟨n.-telb.zn.⟩ **0.1** ***krotopruiming*** ⇒*woningsanering.*
slum·gul·lion ['slʌm'gʌlɪən]⟨n.-telb.zn.⟩⟨sl.⟩ **0.1** ***slootwater*** ⇒*waterige drank, slappe thee/koffie* **0.2** ⟨AE⟩ ***waterig vleesgerecht*** ⇒*dunne haché.*
'slum·land ⟨telb.zn.⟩ **0.1** ***krottenwijk.***
'slum·lord ⟨telb.zn.⟩⟨inf.⟩ **0.1** ***eigenaar v. krottenwijk*** ⇒*slechte huisbaas, uitzuiger, huisjesmelker.*
slum·mock ['slʌmək]⟨ww.⟩⟨vnl. gew.⟩
I ⟨onov.ww.⟩ **0.1** ***onhandig rondstommelen*** **0.2** ⟨AE⟩ ***er smerig bijlopen*** ⇒*slonzig zijn;*
II ⟨ov.ww.⟩ **0.1** ***opschrokken*** ⇒*schransen.*
slum·my ['slʌmi]⟨bn.⟩ **0.1** ***vervallen*** ⇒*verkrot* **0.2** ***vuil*** ⇒*smerig.*
slump[1] [slʌmp]⟨f1⟩⟨telb.zn.⟩⟨vnl. hand., geldw.⟩ **0.1** ***ineenstorting*** ⇒*snelle daling, val, inzinking, debâcle.*
slump[2] ⟨f2⟩⟨onov.ww.⟩ **0.1** ***in elkaar zakken*** ⇒*neervallen, neerzinken* **0.2** ***zakken*** ⇒*zinken, ergens doorheen zakken* **0.3** ***instorten*** ⇒*bezwijken, mislukken;* ⟨i.h.b. hand., geldw.⟩ *kelderen, snel dalen* ◆ **5.1** suddenly she ~ed **down** to the floor *ze zakte plotseling op de vloer in elkaar.*
slump·fla·tion [slʌmp'fleɪʃn]⟨n.-telb.zn.⟩⟨ec.⟩ **0.1** ***stagflatie.***
slung [slʌŋ]⟨verl. t. en volt. deelw.⟩ →sling.
slung·shot ['slʌŋʃɒt‖-ʃɑt]⟨telb.zn.⟩⟨AE⟩ **0.1** ***slingerkogel*** ⟨als wapen⟩.
slunk [slʌŋk]⟨verl. t. en volt. deelw.⟩ →slink.
slur[1] [slɜ:‖slɜr]⟨telb.zn.⟩ **0.1** ***smet*** ⇒*blaam, betichting, belastering, verdachtmaking* **0.2** ***gemompel*** ⇒*gebrabbel, onduidelijk uitgesproken woorden* **0.3** ***gekrabbel*** ⇒*onduidelijk opgeschreven/in elkaar overlopende woorden/letters* **0.4** ⟨muz.⟩ ***legato*** ⇒*legato uitgevoerd fragment* **0.5** ⟨muz.⟩ ***boog*** ⇒*legato-teken* **0.6** ⟨boek.⟩ ***vlekkerige afdruk*** ◆ **3.1** cast a ~ on sth. *een smet werpen op iets* **6.1** put a ~ **upon** s.o. *iemands reputatie schaden, een smet op iemands naam werpen.*
slur[2] ⟨f2⟩⟨ww.; →ww. 7⟩
I ⟨onov. en ov.ww.⟩ **0.1** ***brabbelen*** ⇒*onduidelijk (uit)spreken, klanken inslikken* **0.2** ***slordig schrijven*** ⇒*(de letters/woorden) in elkaar laten overlopen;*
II ⟨ov.ww.⟩ **0.1** ***achteloos heenlopen over*** ⇒*wegstoppen, negeren, veronachtzamen* **0.2** ⟨muz.⟩ ***legato spelen/zingen*** **0.3** ⟨muz.⟩ ***een boog aanbrengen bij*** **0.4** ⟨vero., beh. AE⟩ ***blameren*** ⇒*betichten, verdacht maken* **0.5** ⟨boek.⟩ ***laten uitlopen*** ⟨de inkt⟩ ⇒*smeren, vlekken* ◆ **6.1** the fact that it was his own fault was ~red **over** *aan het feit dat het zijn eigen schuld was, werd achteloos voorbij gegaan.*
slurb [slɜ:b‖slɜrb]⟨telb.zn.⟩⟨inf.⟩ **0.1** ***armoedige buitenwijk.***
slurf →slurp.
slurp[1] [slɜ:p‖slɜrp]⟨n.-telb.zn.⟩⟨inf.⟩ **0.1** ***geslobber*** ⇒*gesmak, geschrok, geslurp.*
slurp[2], ⟨inf.⟩ **slurf** [slɜ:f‖slɜrf]⟨onov. en ov.ww.⟩ **0.1** ***slobberen*** ⇒*luidruchtig eten/drinken, (op)schrokken, (op)slurpen.*
slurp·y ['slɜ:pi‖'slɜrpi]⟨bn.⟩⟨sl.⟩ **0.1** ***half vloeibaar.***
slur·ry ['slɜ:ri]⟨telb. en n.-telb.zn.; →mv. 2⟩ **0.1** ***suspensie v. klei/leem/modder*** ⇒⟨i.h.b.⟩ *dunne specie* **0.2** ***drijfmest*** **0.3** ***smurrie*** ⇒*dunne modder* **0.4** ⟨mijnw.⟩ ***slurry*** ⇒*slik.*
slush[1] [slʌʃ]⟨f1⟩⟨n.-telb.zn.⟩ **0.1** ***sneeuwbrij*** ⇒*smeltende sneeuw* **0.2** ***dunne modder*** ⇒*slijk* **0.3** ***spoeling*** ⇒*draf* ⟨veevoer⟩ **0.4** ***gezwijmel*** ⇒*sentimentele onzin, keukenmeidenromans, weeïge films* **0.5** ⟨ind.⟩ ***smeervet*** **0.6** ⟨scheep.⟩ ***vetrestanten uit scheepskeuken*** **0.7** ⟨sl.⟩ ***leuterpraat*** **0.8** ⟨sl.⟩⟨verk.⟩ ⟨slush fund⟩.
slush[2] ⟨ww.⟩
I ⟨onov.ww.⟩ **0.1** ***plassen*** ⇒*plonzen, ploeteren;*
II ⟨ov.ww.⟩ **0.1** ***met modder/gesmolten sneeuw bespatten*** **0.2** ⟨ind.⟩ ***smeren*** **0.3** ⟨bouwk.⟩ ***voegen*** **0.4** ⟨scheep.⟩ ***schoonspoelen*** ⟨dek⟩ **0.5** ⟨scheep.⟩ ***invetten.***
'slush fund ⟨telb.zn.⟩⟨AE⟩ **0.1** ***omkooppot*** ⇒*geheim fonds voor steekpenningen* **0.2** ***potje*** ⇒*geldvoorraad voor speciale gelegenheden* **0.3** ⟨gesch., scheep.⟩ ***opbrengst v.d. verkoop van overschotten.***
slush·y ['slʌʃi]⟨bn.; -er; -ness; →compar. 7⟩ **0.1** ***modderig*** ⇒*vies* **0.2** ***dun*** ⇒*slap, waterig* **0.3** ***sentimenteel*** ⇒*weeïg, zwijmelig.*
slut [slʌt]⟨f1⟩⟨telb.zn.⟩ **0.1** ***slons*** ⇒*del, slonzig en vuil mens* **0.2** ***slet*** ⇒*lichtzinnige meid, zedeloze vrouw* **0.3** ***hoer*** ⇒*prostituée* **0.4** ***brutale meid*** ⇒*schaamteloos kind* **0.5** ***teef*** ⇒*vrouwtjeshond.*
'slut lamp ⟨telb.zn.⟩⟨sl.⟩ **0.1** ***geïmproviseerde olielamp.***
slut·tish ['slʌṭɪʃ]⟨bn.; -ly; -ness⟩ **0.1** ***slonzig*** ⇒*vuil, wanordelijk* **0.2** ***lichtzinnig*** ⇒*uitdagend, hoerig.*
slut·ty ['slʌṭi]⟨bn.⟩ **0.1** ***sletterig*** ⇒*hoerig.*
sly[1] [slaɪ]⟨n.-telb.zn.⟩ ◆ **6.¶ on** the ~ *in het geniep, verborgen.*
sly[2] ⟨f2⟩⟨bn.; -er; -ly; -ness; →bijw. 3⟩ **0.1** ***sluw*** ⇒*geslepen, handig, glad* **0.2** ***geniepig*** ⇒*leep, bedriegelijk, onbetrouwbaar* **0.3** ***plagerig*** ⇒*pesterig, speels-gemeen, insinuerend, ironisch* **0.4** ⟨Austr. E; sl.⟩ ***clandestien*** ⇒*illegaal* ◆ **1.1** ~ old fox *sluwe vos, geslepen kerel* **1.2** a ~ dog *geniepigerd, stiekemerd* **1.4** ~ grog *illegaal gestookte sterkedrank.*
'sly·boots ⟨telb.zn.⟩⟨inf.⟩ **0.1** ***leperd*** ⇒*sluwe vos.*
slype [slaɪp]⟨telb.zn.⟩⟨bouwk.⟩ **0.1** ***overdekte gang tussen kerk en pastorie.***
SM ⟨afk.⟩ sadomasochism, Sergeant Major, short metre, silver medallist, Soldier's Medal.
smack[1] [smæk], ⟨in bet. I 0.1-0.3 ook⟩ **smatch** [smætʃ]⟨f1⟩⟨zn.⟩
I ⟨telb.zn.⟩ **0.1** ***smaak*** ⇒*smaakje* **0.2** ***vleugje*** ⇒*snufje, spoortje* **0.3** ***trek*** ⇒*karaktertrek, neiging, spoor* **0.4** ***smakkend geluid*** ⇒*gesmak, smak* **0.5** ***klap*** ⇒*knal* **0.6** ***klapzoen*** ⇒*klinkende zoen, smakkerd* **0.7** ⟨scheep.⟩ ***smak*** ◆ **1.1** it has a ~ of cinnamon *het smaakt een beetje naar kaneel, het heeft iets van kaneel* **1.3** he has a ~ of inflexibility in him *hij heeft iets onverzettelijks* **1.5** a ~ in the eye *een klap in het gezicht* ⟨ook fig.⟩ **3.¶** ⟨fig.⟩ get a ~ in the eye/face *zijn neus stoten, op zijn gezicht vallen;* have a ~ at sth. *een poging wagen (te), in de aanval gaan, ergens op af gaan* **¶.4** ~! *klap!, pats!, smak!;*
II ⟨n.-telb.zn.⟩⟨sl.⟩ **0.1** ***heroïne.***
smack[2] ⟨f2⟩⟨ww.⟩ →smacking
I ⟨onov.ww.⟩ **0.1** ***smakken*** ⇒*een smakkend geluid maken* **0.2** ***klappen*** ⇒*een klappend/knallend geluid maken* **0.3** ***rieken*** ◆ **6.3** ~ **of** *rieken naar, suggereren, kenmerken vertonen van;* this ~s **of** treason *dit riekt naar verraad;*
II ⟨ov.ww.⟩ **0.1** ***slaan*** ⇒*een klap geven* **0.2** ***smakken met*** ⟨de lippen⟩ ⇒*smakkende geluiden maken met* **0.3** ***met een smak neerzetten/neersmijten*** ◆ **1.1** ~ s.o.'s bottom/s.o. on the bottom *iem. een pak op zijn donder geven* **1.3** she ~ed her bag on the desk *ze kwakte haar tas op het bureau* **5.¶** →smack **down.**
smack[3] ⟨f2⟩⟨bw.⟩⟨inf.⟩ **0.1** ***met een klap*** **0.2** ***recht*** ⇒*precies, rechtstreeks, direct, pal* ◆ **3.1** hit s.o. ~ on the head *iem. een rake klap op zijn kop geven* **3.2** he hurled it ~ through the window *hij smeet het regelrecht het raam uit.*

'smack-'dab ⟨bw.⟩ ⟨AE; sl.⟩ 0.1 ***recht*** ⇒*precies, juist, zomaar.*

'smack 'down ⟨ov.ww.⟩ ⟨sl.⟩ 0.1 ***uitfoeteren*** 0.2 ***laten verliezen*** 0.3 ***zijn verdiende loon geven.***

smack·er ['smækə‖-ər] ⟨telb.zn.⟩ 0.1 ***klap*** ⇒*dreun, smak* 0.2 ***klapzoen*** ⇒*smakkerd* 0.3 ⟨vaak mv.⟩ ⟨sl.⟩ ***pond*** 0.4 ⟨vaak mv.⟩ ⟨sl.⟩ ***dollar.***

smack·er·oo ['smækə'ru:] ⟨telb.zn.⟩ ⟨sl.⟩ 0.1 ***pond*** 0.2 ***dollar.***

'smack·head ⟨telb.zn.⟩ ⟨sl.⟩ 0.1 ***junk(ie)*** ⇒*heroïneverslaafde.*

smack·ing[1] ['smækɪŋ] ⟨telb.zn.; oorspr. gerund v. smack⟩ 0.1 ***pak slaag*** 0.2 ***geklapper.***

smacking[2] ⟨bn., attr.; teg. deelw. v. smack⟩ ⟨inf.⟩ 0.1 ***kwiek*** ⇒*vief, energiek, vlug* ◆ 1.1 a ~ breeze *een stevige bries;* at a ~ pace *in een stevig tempo.*

smacks·man ['smæksmən] ⟨telb.zn.; smacksmen [-mən]; →mv. 3⟩ ⟨scheep.⟩ 0.1 ***zeeman op visserssmak.***

small[1] [smɔ:l] ⟨f4⟩ ⟨zn.⟩

I ⟨n.-telb.zn.⟩ 0.1 ***het smalste gedeelte*** 0.2 ***gruiskool*** ◆ 1.1 the ~ of the back *lende, lendestreek* 6.¶ **in** (the) ~ *in het klein;*

II ⟨verz.n.⟩ 0.1 ***de kleintjes*** ⇒*jongen, kinderen;*

III ⟨mv.; ~s⟩ 0.1 ***broodjes*** 0.2 ⟨hand.⟩ ***kleine zendingen*** 0.3 ⟨inf.⟩ ***kleine was*** ⇒*kleine spulletjes, lingerie* 0.4 ***gruiskool.***

small[2] ⟨bn.; -er; -ness⟩ ⟨→sprw. 614⟩ 0.1 ***klein*** ⇒*klein in aantal/afmetingen, klein v. stuk* 0.2 ***klein*** ⇒*met een kleine onderneming, op kleine schaal werkend* 0.3 ***klein*** ⇒*jong, onvolgroeid* 0.4 ***fijn*** ⇒*in kleine deeltjes* 0.5 ***klein*** ⇒*gering, nietig, goedkoop* 0.6 ***klein*** ⇒*kleiner, v.d. kleinere soort* 0.7 ***bescheiden*** ⇒*zonder pretenties* 0.8 ***kleingeestig*** ⇒*enghartig, gering, laag, min;* ⟨inf.⟩ *gierig, onbeleefd, asociaal* 0.9 ***slap*** ⇒*licht, dun, niet sterk, met weinig alcohol* ◆ 1.1 ⟨inf.⟩ the ~est room *het kleinste kamertje, de w.c.* 1.2 ~ business *kleinbedrijf;* a ~ farmer *een kleine boer;* ~ science *kleinschalige wetenschap* 1.5 I paid but ~ attention to it *ik besteedde er nauwelijks aandacht aan;* ⟨spel⟩ a ~ card *een lage kaart;* a ~ eater *een kleine eter;* it is only a ~ matter *het is maar een onbelangrijke kwestie;* a ~ voice *een klein/zacht/hoog stemmetje;* ~ wonder *geen wonder* 1.6 ~ arms *handvuurwapens;* ⟨scheep.⟩ ~ bower *klein boeganker;* ⟨boek.⟩ ~ capital *klein kapitaal;* ~ change *kleingeld;* ⟨fig.⟩ *prietpraat, gebeuzel; bagatel;* ⟨wisk.⟩ ~ circle *kleine cirkel;* ⟨jur.⟩ ~ claim/debt *invorderbare schuld;* ~ craft *boten;* ~ gross *tien dozijn;* ⟨med.⟩ ~ intestine *dunne darm;* ~ letters *kleine letters;* ⟨sl.⟩ ~ nickel *vijfhonderd dollar;* ~ print *kleine druk, klein gedrukt werk;* ⟨fig.⟩ *de kleine lettertjes, verborgen ongunstige bepalingen;* ⟨spel⟩ ~ slam *klein slem* 1.7 in a ~ way *op kleine schaal, op bescheiden voet* 1.8 ~ beer *dun/klein bier, zwak alcoholisch bier;* ⟨fig.⟩ *nietigheden;* ⟨B.⟩ *klein bier* 1.¶ the ~ hours *de kleine uurtjes;* ⟨inf.⟩ ~ potatoes *mensen/dingen v. weinig belang; bagatel;* ⟨hand.⟩ ~ profits and quick returns *kleine winst, snelle omzet;* on the ~ side *aan de kleine kant; beperkt, nietig, onbelangrijk* 3.5 feel/look ~ *zich schamen, zich vernederd voelen/beschaamd kijken;* have ~ French *maar weinig Frans spreken.*

small[3] ⟨f2⟩ ⟨bw.⟩ ⟨→sprw. 458⟩ 0.1 ***klein*** ◆ 3.1 cut sth. ~ *iets klein snijden.*

'small ad ⟨telb.zn.⟩ ⟨BE⟩ 0.1 ***rubriek(s)advertentie*** ⇒*kleine annonce.*

small·age ['smɔ:lɪdʒ] ⟨n.-telb.zn.⟩ ⟨plantk.⟩ 0.1 ***(wilde) selderie*** ⟨Apium graveolens⟩.

'small-bore ⟨bn., attr.⟩ 0.1 ***van klein kaliber*** ⟨v. vuurwapen⟩.

'small-clothes ⟨mv.⟩ 0.1 ⟨BE⟩ ***de kleine was*** ⇒*ondergoed, lingerie* 0.2 ⟨vero.⟩ ***korte broek*** ⇒*kniebroek.*

'small fry ⟨mv.⟩ ⟨inf.⟩ 0.1 ***onbelangrijke lieden*** ⇒*kleine luiden* 0.2 ***het kleine grut*** ⇒*kinderen, kleintjes.*

'small·goods ⟨mv.⟩ ⟨Austr. E⟩ 0.1 ***delicatessen*** ⇒*vleeswaren.*

'small·hold·er ⟨telb.zn.⟩ ⟨AE; landb.⟩ 0.1 ***kleine boer*** ⇒*kleine pachter.*

'small·hold·ing ⟨telb.zn.⟩ ⟨BE; landb.⟩ 0.1 ***stuk akkerland kleiner dan twintig hectare.***

'small-'mind·ed ⟨bn.; -ly; -ness⟩ 0.1 ***kleingeestig*** ⇒*kleinzielig, enghartig.*

'small·pox ⟨f2⟩ ⟨n.-telb.zn.⟩ ⟨med.⟩ 0.1 ***pokken.***

'small-scale ⟨bn., attr.⟩ 0.1 ***kleinschalig.***

'small-sword ⟨telb.zn.⟩ 0.1 ***klein zwaard*** ⇒*rapier, duelleerzwaard.*

'small talk ⟨n.-telb.zn.⟩ 0.1 ***geklets*** ⇒*het praten over koetjes en kalfjes.*

'small-time ⟨bn., attr.⟩ ⟨inf.⟩ 0.1 ***gering*** ⇒*beperkt, nietig, onbelangrijk.*

'small·tim·er ⟨telb.zn.⟩ 0.1 ***onbelangrijke figuur.***

'small·wares ⟨mv.⟩ ⟨BE⟩ 0.1 ***fournituren*** ⇒*garen en band.*

smalt [smɔ:lt] ⟨n.-telb.zn.⟩ 0.1 ***smalt*** ⇒*blauwe verfstof.*

sma·rag·dite [smə'rægdaɪt] ⟨n.-telb.zn.⟩ ⟨geol.⟩ 0.1 ***smaragdiet.***

smarm [smɑ:m‖smɑrm] ⟨ov.ww.⟩ ⟨BE; inf.⟩ 0.1 ***besmeren*** ⇒*bestrijken, bepleisteren* 0.2 ***stroop om de mond smeren*** ⇒*vleien, flikflooien* ◆ 6.2 ~ one's way **into** sth. *door gevlei iets bereiken.*

smarm·y ['smɑ:mi‖'smɑrmi] ⟨bn.; -er; -ly; -ness; →bijw. 3⟩ ⟨BE; inf.⟩ 0.1 ***zalvend*** ⇒*flikflooiend.*

smart[1] [smɑ:t‖smɑrt] ⟨f1⟩ ⟨zn.⟩

I ⟨telb.zn.⟩ 0.1 ***steek*** ⇒*pijnscheut, scherpe pijn;*

II ⟨n.-telb.zn.; ~s⟩ 0.1 ***hersens*** ⇒*verstand, intelligentie.*

smart[2] ⟨f3⟩ ⟨bn.; -ly; -ness⟩ 0.1 ***heftig*** ⇒*fel, hevig, flink, fiks* 0.2 ***bijdehand*** ⇒*ad rem, knap, intelligent, slim, gevat, vlug* 0.3 ***sluw*** ⇒*geslepen, doortrapt* 0.4 ***keurig*** ⇒*knap, verzorgd, fris, fleurig, mooi* 0.5 ***toonaangevend*** ⇒*in de mode, in, bij de chic horend* ◆ 1.1 at a ~ pace *met flinke pas* 1.2 a ~ answer *een gevat antwoord;* ⟨sl.⟩ ~ bomb *doelzoekende bom;* ~ card *chipkaart, smart-card, slimme kaart* ⟨(bank)kaart met geheugen⟩; a ~ talker *een vlotte prater;* ⟨inf.⟩ ~ number *slimmerd* 1.5 the ~ people *de bekende mensen, de toonaangevende kringen;* ~ money *investering/inzet v. insiders* 1.¶ ~ aleck/alick, ⟨sl.⟩ ~ ass/guy *wijsneus, pedante kwast* 3.2 don't (you) get ~ (with me)! *niet te slim/brutaal worden, hè!* 3.4 how ~ you look! *wat zie je er mooi uit!* 3.¶ look ~! *schiet op!;* ⟨AE, inf.⟩ play it ~ *het handig aanpakken, het juiste doen* 8.2 ⟨sl.⟩ ~ as paint *heel intelligent.*

smart[3] ⟨f1⟩ ⟨onov.ww.⟩ 0.1 ***pijn doen*** ⇒*steken, prikken* 0.2 ***pijn hebben*** ⇒*lijden* ◆ 1.1 the needle/my finger ~ed *de naald/mijn vinger deed me pijn* 6.2 ~ **for** one's deeds *boeten voor zijn daden;* ~ **over/under** an insult *zich gekwetst voelen door een belediging.*

smart·al·eck·y ['smɑ:tælɪki‖'smɑrţælɪki] ⟨bn.⟩ 0.1 ***eigenwijs*** ⇒*pedant, betweterig, wijsneuzig.*

smart-al·ick ['smɑ:tælɪk‖'smɑrţælɪk] ⟨bn.⟩ 0.1 ***gewiekst*** ⇒*sluw.*

smart·en ['smɑ:tn‖'smɑrtn] ⟨ww.⟩

I ⟨onov. en ov.ww.⟩ 0.1 ***opknappen*** ⇒*mooier worden, mooier maken, (zichzelf) opdoffen, er beter uit gaan zien, zich beter kleden* ◆ 5.1 ~ **up** the house *het huis opknappen;* you really have ~ed **up** *je ziet er echt veel beter uit;*

II ⟨ov.ww.⟩ 0.1 ***doen opleven*** ⇒*opfrissen, opmonteren* ◆ 5.¶ ~ **up** one's pace *flink doorstappen, zijn pas versnellen.*

'smart-mon·ey ⟨n.-telb.zn.⟩ 0.1 ***smartegeld*** 0.2 ***geld ingezet door ervaren/goed ingelichte gokkers.***

'smart-weed ⟨n.-telb.zn.⟩ ⟨plantk.⟩ 0.1 ***duizendknoop*** ⇒⟨i.h.b.⟩ *waterpeper* ⟨Polygonum hydropiper⟩.

smart·y[1] ['smɑ:ti‖'smɑrţi] ⟨telb.zn.; →mv. 2⟩ 0.1 ***wijsneus.***

smarty[2] ⟨bn.⟩ ⟨inf.⟩ 0.1 ***eigenwijs*** ⇒*pedant, betweterig, wijsneuzig.*

'smart·y-pants, 'smart·y-boots ⟨telb.zn.⟩ ⟨inf.⟩ 0.1 ***wijsneus*** ⇒*pedante kwast.*

smash[1] [smæʃ] ⟨f2⟩ ⟨telb.zn.⟩ 0.1 ***slag*** ⇒*gerinkel, het in scherven vallen, het met een klap aan stukken breken* 0.2 ***klap*** ⇒*slag, dreun* 0.3 ***ineenstorting*** ⇒*ruïnering;* ⟨i.h.b. ec.⟩ *krach, bankroet, financieel debâcle* 0.4 ⟨AE; inf.⟩ ***topper*** ⇒*groot succes, hit* 0.5 ⟨tennis⟩ ***smash*** 0.6 ⟨cul.⟩ ***smash*** ⇒*longdrink met cognac en mint* 0.7 ⟨cul.⟩ ***vruchtensap*** 0.8 ⟨sl.⟩ ***valse munt*** ◆ 3.3 go to ~ *mislukken, instorten.*

smash[2] ⟨f3⟩ ⟨ww.⟩ →smashed, smashing

I ⟨onov.ww.⟩ 0.1 ***razen*** ⇒*beuken, botsen* 0.2 ***geruïneerd worden*** ⇒⟨i.h.b.⟩ *failliet gaan* 0.3 ⟨tennis⟩ ***een smash maken*** ◆ 6.1 the car ~ed **into** the garage door *de auto vloog met een klap tegen de garagedeur;*

II ⟨onov. en ov.ww.⟩ 0.1 ***breken*** ⇒*in stukken breken, in scherven uiteen (doen) spatten, stuksmijten* ◆ 5.1 a cup ~ed **up** in the sink *er viel een kopje kapot in de gootsteen;*

III ⟨ov.ww.⟩ 0.1 ***slaan op*** ⇒*beuken tegen* 0.2 ***vernielen*** ⇒*vernietigen, in de prak rijden* 0.3 ***uiteenjagen*** ⇒*verpletteren* ⟨de vijand⟩ 0.4 ⟨tennis⟩ ***smashen*** 0.5 ⟨nat.⟩ ***(ver)splijten*** ⟨atomen⟩ ◆ 5.1 ⟨inf.⟩ I will ~ your face **in** *ik sla je in elkaar* 5.2 ~ **in** *in elkaar slaan, inslaan, stukslaan;* the car was completely ~ed **up** *de auto was volledig vernield* 6.1 she ~ed her fist **through** the pane *ze sloeg met haar vuist het ruitje in.*

smash[3] ⟨f1⟩ ⟨bw.⟩ 0.1 ***met een klap*** ◆ 3.1 he ran ~ into a parked truck *hij reed met een klap op een geparkeerde vrachtwagen.*

'smash-and-'grab raid ⟨telb.zn.⟩ ⟨BE⟩ 0.1 ***etalagediefstal*** ⇒*plundering.*

smashed [smæʃt] ⟨bn.; volt. deelw. v. smash⟩ ⟨BE; inf.⟩ 0.1 ***teut*** ⇒*dronken, aangeschoten.*

smash·er ['smæʃə‖-ər] ⟨f1⟩ ⟨telb.zn.⟩ ⟨inf.⟩ 0.1 ***iets geweldigs*** ⇒*iets fantastisch* 0.2 ***dreun*** ⇒*vernietigend antwoord, afbrekende kritiek* 0.3 ***slappe hoed.***

'smash 'hit ⟨telb.zn.⟩ ⟨sl.⟩ 0.1 ***geweldig succes*** ⇒*iets dat enorm inslaat.*

smash·ing ['smæʃɪŋ] ⟨f1⟩ ⟨bn.; teg. deelw. v. smash⟩ ⟨BE; inf.; vnl. kind.⟩ 0.1 ***geweldig*** ⇒*te gek, gaaf, prachtig.*

'smash-up ⟨telb.zn.⟩ 0.1 ***klap*** ⇒*dreun;* ⟨i.h.b.⟩ *botsing, ongeluk* 0.2 ***catastrofe*** ⇒*financieel debâcle.*

smatch →smack.

smat·ter ['smætə‖'smæţər] ⟨ww.⟩ →smattering

I ⟨onov.ww.⟩ 0.1 ***stamelen*** ⇒*brabbelen;*

II ⟨ov.ww.⟩ **0.1** ***brabbelen*** ⇒*hortend spreken, zich moeizaam behelpen in* ⟨een vreemde taal⟩ **0.2** ***liefhebberen in.***
smat·ter·er ['smætərə||'smæṭərər]⟨telb.zn.⟩ **0.1** ***amateur.***
smat·ter·ing ['smæṭərɪŋ]⟨f1⟩⟨telb.zn.; oorspr. gerund v. smatter⟩ **0.1** ***beetje*** ⇒*schijntje* ◆ **1.1** have a ~ of French *een paar woordjes Frans spreken.*
smaze [smeɪz]⟨n.-telb.zn.⟩⟨BE⟩ **0.1** ***mengsel v. nevel en rook.***
smear[1] [smɪə||smɪr]⟨f1⟩⟨zn.⟩
I ⟨telb.zn.⟩ **0.1** ***smeer*** ⇒*vlek* **0.2** ⟨inf.⟩ ***verdachtmaking*** ⇒*bekladding, loze beschuldiging* **0.3** ⟨med.⟩ ***uitstrijkje;***
II ⟨n.-telb.zn.⟩ **0.1** ***vettige/kleverige substantie*** ⇒*smeersel.*
smear[2] ⟨f2⟩⟨ww.⟩
I ⟨onov.ww.⟩ **0.1** ***vies worden*** ⇒*vlekkerig worden, uitlopen* **0.2** ***afgeven;***
II ⟨ov.ww.⟩ **0.1** ***smeren*** ⇒*uitsmeren* **0.2** ***besmeren*** **0.3** ***vlekken maken op*** **0.4** ***vlekkerig maken*** ⇒*uitvlakken, uit laten lopen* **0.5** ***verdacht maken*** ⇒*een smet werpen op, de naam bekladden van* **0.6** ⟨sl.⟩ ***volkomen verslaan*** ⇒*uit de weg ruimen* **0.7** ⟨inf.⟩ ***omkopen*** ⇒*smeergeld aanbieden* ◆ **6.2** ~ butter **on** a piece of toast *boter op een stuk geroosterd brood smeren;* the little girl had ~ed her face **with** make-up *het kleine meisje had haar gezicht volgesmeerd met make-up.*
smear·case ['smɪəkeɪs||'smɪr-]⟨n.-telb.zn.⟩⟨AE⟩ **0.1** ***zachte kaas*** ⇒*verse kaas.*
smear·er ['smɪərə||'smɪrər]⟨telb.zn.⟩ **0.1** ***lasteraar.***
'smear(ing) campaign ⟨telb.zn.⟩ **0.1** ***lastercampagne*** ⇒*hetze.*
'smear test ⟨telb.zn.⟩⟨med.⟩ **0.1** ***uitstrijkje.***
'smear-word ⟨telb.zn.⟩ **0.1** ***belasterend scheldwoord*** ⇒*verdachtmakende benaming.*
smear·y ['smɪəri||'smɪri]⟨bn.⟩ **0.1** ***uitgelopen*** ⇒*vlekkerig* **0.2** ***vettig*** ⇒*kleverig.*
smec·tite ['smektaɪt]⟨n.-telb.zn.⟩ **0.1** ***smectis*** ⇒⟨soort⟩ *vollersaarde.*
smee →smew.
smeech ['smi:tʃ]⟨n.-telb.zn.⟩⟨BE; gew.⟩ **0.1** ***walm*** ⇒*dikke rook.*
smeg·ma ['smegmə]⟨n.-telb.zn.⟩⟨med.⟩ **0.1** ***sebum*** ⇒*smeer, vetafscheiding;* ⟨i.h.b.⟩ *smegma.*
smell[1] [smel]⟨f3⟩⟨zn.⟩
I ⟨telb.zn.⟩ **0.1** ***reuk*** ⇒*lucht, geur;* ⟨fig.⟩ *sfeer, uitstraling* **0.2** ***vieze lucht*** ⇒*stank* **0.3** ***snuf*** ⇒*het opsnuiven, het ruiken* ◆ **1.¶** ~ of powder *(ge)vecht(s)ervaring* **3.3** take a ~ at this *ruik hier eens even aan;*
II ⟨n.-telb.zn.⟩ **0.1** ***reuk*** ⇒*reukzin.*
smell[2] ⟨f3⟩⟨ww.; ook smelt, smelt [smelt]⟩⟨→sprw. 599⟩
I ⟨onov.ww.⟩ **0.1** ***ruiken (naar)*** ⇒*een geur afgeven, geuren* **0.2** ***snuffelen*** ⇒*rondsnuffelen;* ⟨fig.⟩ *speuren, zoeken* **0.3** ***stinken*** ⇒*rieken;* ⟨fig.⟩ *er verdacht uitzien, een luchtje hebben* **0.4** ***lijken*** ⇒*de indruk wekken v., suggereren, eruit zien als* ◆ **1.1** tulips don't ~ *tulpen ruiken niet* **1.3** the meat has gone off, it ~s *het vlees is bedorven, het stinkt* **5.2** ~ **about/round** *rondsnuffelen;* ⟨fig.⟩ *op zoek zijn, speuren, op jacht zijn naar* **6.1** ~ **of** garlic *naar knoflook ruiken* **6.3** it ~s **of** dishonesty *het riekt naar oneerlijkheid;*
II ⟨onov. en ov.ww.⟩ **0.1** ***ruiken*** ⇒*(een geur) waarnemen, ergens aan ruiken* ◆ **6.1** ~ **at** a rose *aan een roos ruiken;*
III ⟨ov.ww.⟩ **0.1** ***opsporen*** ⇒*op het spoor komen, ontdekken* **0.2** ⟨inf.⟩ ***doen stinken*** ⇒*met stank vullen* ◆ **5.1** the dogs smelt him **out** soon *de honden waren hem al gauw op het spoor;* she smelt **out** our intentions *ze bespeurde wat we van plan waren* **5.2** that chicken is smelling the kitchen **out** *de hele keuken stinkt naar die kip.*
smell·er ['smelə||-ər]⟨telb.zn.⟩ **0.1** ***ontdekker*** ⇒*wie iets op het spoor komt* **0.2** ***voelspriet*** ⇒*tastspriet;* ⟨i.h.b.⟩ *snorhaar* ⟨v. kat⟩ **0.3** ⟨sl.⟩ ***neus.***
'smell·ing-bot·tle ⟨telb.zn.⟩ **0.1** ***flesje reukzout.***
'smell·ing-salts ⟨mv.⟩ **0.1** ***reukzout.***
smell·y ['smeli]⟨f1⟩⟨bn.; -er; -ness; →compar. 7⟩⟨inf.⟩ **0.1** ***vies*** ⇒*stinkend.*
smelt[1] [smelt]⟨telb.zn.; ook smelt; →mv. 5⟩⟨dierk.; vis.⟩ **0.1** ***spiering*** ⇒⟨i.h.b.⟩ *(Europese) spiering* ⟨Osmerus eperlanus⟩; *Noordamerikaanse spiering* ⟨Osmerus mordax⟩.
smelt[2] ⟨f1⟩⟨ov.ww.⟩⟨ind.⟩ **0.1** ***(uit)smelten*** ⟨erts⟩ **0.2** ***uit erts uitsmelten*** ⟨metaal⟩.
smelt·er ['smeltə||-ər]⟨telb.zn.⟩⟨ind.⟩ **0.1** ***smeltoven*** ⟨erts⟩ **0.2** ***ertssmelterij*** **0.3** ***smelter*** ⇒*arbeider in ertssmelterij.*
smew [smju:], ⟨gew. ook⟩ **smee** [smi:]⟨telb.zn.⟩⟨dierk.⟩ **0.1** ***nonnetje*** ⟨soort zaagbekeend; Mergus abellus⟩.
smid·gen, smid·geon, smid·gin ['smɪdʒən]⟨telb.zn.⟩⟨AE; inf.⟩ **0.1** ***tikje*** ⇒*fractie* **0.2** ***snufje*** ⇒*vleugje.*
smi·lax ['smaɪlæks]⟨telb. en n.-telb.zn.⟩⟨plantk.⟩ **0.1** ***smilax*** ⟨klimplant; Smilax; Asparagus asparagoides⟩.
smile[1] [smaɪl]⟨f3⟩⟨telb.zn.⟩ **0.1** ***glimlach*** **0.2** ***plezierige aanblik*** ⇒*schoonheid* **0.3** ***gunstige gezindheid*** ◆ **1.1** wipe the ~ off s.o.'s face *iem. het lachen doen vergaan* **5.1** she was all ~s *ze straalde.*
smile[2] ⟨f4⟩⟨ww.⟩
I ⟨onov.ww.⟩ **0.1** ***glimlachen*** **0.2** ***er stralend uitzien*** **0.3** ***lachen*** ⇒*toelachen, gunstig gezind zijn* ◆ **1.2** the smiling hills *het stralende heuvellandschap* **3.1** I ~d to think how happy the children would be *ik glimlachte bij de gedachte hoe blij de kinderen zouden zijn* **3.¶** come up smiling *het niet opgeven, met frisse moed opnieuw beginnen* **6.1** she ~d **at** me *ze glimlachte tegen me;* he ~d cynically **at/upon** my clumsy attempts *hij bekeek mijn onhandige pogingen met een cynische glimlach* **6.3** the Commission ~s **on** deregulation *de Commissie is de deregulering gunstig gezind;*
II ⟨ov.ww.⟩ **0.1** ***glimlachen*** ⇒*glimlachend uiten/uitdrukken/bewerkstelligen* ◆ **1.1** she ~d her approval *ze glimlachte goedkeurend;* he ~d an uncanny smile *er kwam een eigenaardig lachje op zijn gezicht* **5.1** he ~d my anger **away** *zijn glimlach verjaagde mijn woede* **6.1** he ~d me **out of** my anger *door zijn glimlach verdween mijn woede.*
smil·ing·ly ['smaɪlɪŋli]⟨f1⟩⟨bw.⟩ **0.1** ***glimlachend*** ⇒*met een glimlach.*
smirch[1] [smɜ:tʃ||smɜrtʃ]⟨telb.zn.⟩ **0.1** ***vlek*** **0.2** ***smet*** ⇒*schande, schandvlek.*
smirch[2] ⟨ov.ww.⟩ **0.1** ***bevuilen*** ⇒*bevlekken, besmeuren, vies maken* **0.2** ***schandvlekken*** ⇒*te schande maken, een smet werpen op.*
smirk[1] [smɜ:k||smɜrk]⟨f1⟩⟨telb.zn.⟩ **0.1** ***zelfgenoegzaam/aanstellerig lachje.***
smirk[2] ⟨f2⟩⟨onov.ww.⟩ **0.1** ***zelfgenoegzaam/geaffecteerd glimlachen*** ⇒*meesmuilen, grijnzen.*
smite[1] [smaɪt]⟨telb.zn.⟩⟨inf.⟩ **0.1** ***slag*** ⇒*dreun, mep.*
smite[2] ⟨f2⟩⟨ww.; smote [smoʊt], smitten ['smɪtn]/⟨vero.⟩ smit [smɪt]⟩⟨schr., scherts.⟩
I ⟨onov.ww.⟩ **0.1** ***neerstorten*** ⇒*neerkomen, beuken, slaan* ◆ **6.1** a harsh sound smote **upon** my ear *een rauw geluid trof mijn oor;*
II ⟨ov.ww.⟩ **0.1** ***slaan*** **0.2** ***verslaan*** ⇒*vernietigen, vellen, neerslaan* **0.3** ***straffen*** **0.4** ***raken*** ⇒*treffen* ◆ **1.4** her conscience smote her *haar geweten stak;* a terrible thought smote him *hij werd plotseling bevangen door een vreselijke gedachte* **6.4** smitten **with** a contagious disease *getroffen door een besmettelijke ziekte;* he is really smitten **with** her *hij is werkelijk smoorverliefd op haar.*
smith[1] [smɪθ]⟨telb.zn.⟩ **0.1** ***smid*** **0.2** ***maker*** ⇒*bedenker, smeder.*
smith[2] ⟨onov. en ov.ww.⟩ **0.1** ***smeden.***
smith·er·eens ['smɪðə'ri:nz], **smith·ers** ['smɪðəz||-ərz]⟨f1⟩⟨mv.⟩⟨inf.⟩ **0.1** ***duigen*** ⇒*diggelen, gruzelementen* ◆ **6.1** smash **into/to** ~ *aan diggelen gooien/slaan.*
smith·er·y ['smɪθəri]⟨zn.; →mv. 2⟩
I ⟨telb.zn.⟩⟨vnl. scheep.⟩ **0.1** ***smederij;***
II ⟨n.-telb.zn.⟩ **0.1** ***smeedwerk*** ⇒*smidswerk.*
smith·y ['smɪði||'smɪθi,-ði]⟨telb.zn.⟩ **0.1** ***smederij*** ⇒*smidse.*
smock[1] [smɒk||smɑk]⟨telb.zn.⟩ **0.1** ***kieltje*** ⇒*schortje* **0.2** ***jak*** ⇒*kiel; boerenkiel; schilderskiel; positiejak; jasschort.*
smock[2] ⟨ov.ww.⟩ →smocking **0.1** ***in een kiel steken*** ⇒*een kiel aantrekken* **0.2** ***smokken*** ⇒*met smokwerk versieren.*
'smock·frock ⟨telb.zn.⟩ **0.1** ***kiel*** ⇒*werkkiel; schilderskiel.*
smock·ing ['smɒkɪŋ||'smɑ-]⟨n.-telb.zn.; gerund v. smock⟩ **0.1** ***smokwerk.***
'smock·mill ⟨telb.zn.⟩⟨gesch.⟩ **0.1** ***wipmolen*** ⇒*kokermolen.*
smog [smɒg||smɔg,smɑg]⟨f1⟩⟨n.-telb.zn.⟩ **0.1** ***smog*** ⇒*vervuilde mist, met rook/gassen vermengde mist, dichte damp.*
smoke[1] [smoʊk]⟨f3⟩⟨zn.⟩⟨→sprw. 666⟩
I ⟨telb.zn.⟩ **0.1** ***rokertje*** ⇒*sigaret* ⟨e.d.⟩ **0.2** ***trekje*** ⇒*haal* **0.3** ⟨bel.⟩ ***neger;***
II ⟨n.-telb.zn.⟩ **0.1** ***rook*** ⇒*het roken* **0.2** ***damp*** **0.3** ⟨vaak attr.⟩ ***rookkleur*** ⇒*blauwgrijs, dofgrijs* **0.4** ⟨sl.⟩ ***slechte sterke drank*** ⇒*bocht, goedkope drank* ◆ **3.¶** ⟨AE; sl.⟩ blow ~ *opscheppen, fabeltjes vertellen; belazeren, misleiden; hasj/shit roken, blowen;* end up in ~ *in rook opgaan, op niets uitlopen;* go up in ~ *in rook opgaan, verbranden;* ⟨fig.⟩ *op niets uitlopen* **6.¶** ⟨sl.⟩ **like** ~ *gemakkelijk als wat, in een handomdraai, bliksemsnel.*
smoke[2] ⟨f3⟩⟨ww.⟩
I ⟨onov.ww.⟩ **0.1** ***rook afgeven*** ⇒*roken* **0.2** ***tabak roken*** ⇒*roken* **0.3** ***dampen*** **0.4** ⟨sl.⟩ ***nijdig zijn*** ⇒*koken v. woede* ◆ **7.2** no smoking *verboden te roken;*
II ⟨ov.ww.⟩ **0.1** ***beroken*** ⇒*beroeten, met rook laten beslaan* **0.2** ***bederven*** ⇒*doorroken* ⟨voedsel⟩ **0.3** ***uitroken*** **0.4** ***fumigeren*** ⇒*doorroken* **0.5** ***roken*** ⟨tabak⟩ **0.6** ⟨cul.⟩ ***roken*** **0.7** ⟨vero.⟩ ***belachelijk maken*** ◆ **1.1** ~d glass *beroet glas;* ~d pearl *gebrand paarlemoer, paarsgrijs, donker paarlemoerkleurig;* ~d walls *berookte muren* **1.6** ~d ham *gerookte ham* **4.5** ~ o.s sick/to death *roken tot je er ziek van wordt/zich doodroken* **5.3** ~ **out** a fox *een*

vos uitroken; ~ **out** a runaway criminal *een gevluchte misdadiger uit zijn schuilplaats jagen;* ~ **out** the enemy's plans *de plannen v.d. vijand te weten komen* **5.5** ~ **away** one's time *zijn tijd verdoen met roken, zijn tijd rokend doorbrengen;* ~ **away** the mosquitoes *de muggen uitroken / met rook verjagen;* ~ **out** a cigar *een sigaar oproken.*

'smoke a'batement ⟨n.-telb.zn.⟩ **0.1** ***rookbestrijding.***

'smoke·bell ⟨telb.zn.⟩ **0.1** ***lampekapje*** ⟨boven gaslamp⟩.

'smoke-black ⟨n.-telb.zn.⟩ **0.1** ***lampezwart*** *⇒roet.*

'smoke-bomb ⟨telb.zn.⟩ **0.1** ***rookbom.***

'smoke-box ⟨telb.zn.⟩⟨tech.⟩ **0.1** ***rookkast.***

'smoke-bush, 'smoke-plant, 'smoke-tree ⟨telb.zn.⟩⟨plantk.⟩ **0.1** ***pruikeboom*** ⟨Cotinus abovatus / coggyria⟩.

'smoke-con·sum·er ⟨telb.zn.⟩⟨tech.⟩ **0.1** ***rookverbrander.***

'smoke detector ⟨telb.zn.⟩ **0.1** ***rookdetector*** *⇒rookmelder.*

'smoke-dried ⟨bn.⟩⟨cul.⟩ **0.1** ***(droog) gerookt.***

'smoke-eat·er ⟨telb.zn.⟩ **0.1** ***brandweerman*** *⇒brandblusser.*

'smoke-hel·met ⟨telb.zn.⟩ **0.1** ***gasmasker.***

smoke-ho →smoko.

'smoke hood ⟨telb.zn.⟩⟨lucht.⟩ **0.1** ***rookmasker*** ⟨tegen giftige gassen bij vliegtuigongelukken⟩.

'smoke-house ⟨telb.zn.⟩⟨cul.⟩ **0.1** ***rookhok*** *⇒rookzolder, rokerij.*

'smoke-jack ⟨telb.zn.⟩⟨cul.⟩ **0.1** ***spitdraaier*** *⇒op hete lucht werkende spitdraaier* ⟨in schoorsteen⟩.

'smoke-jump·er ⟨telb.zn.⟩ **0.1** ***brandweerman-parachutist.***

smoke·less ['smoʊkləs]⟨bn.⟩ **0.1** ***zonder rook*** *⇒rookvrij* ◆ **1.1** ~ powder *rookvrij kruit.*

'smoke-out ⟨telb.zn.⟩⟨inf.⟩ **0.1** ***barbecue*** *⇒pick-nick.*

smok·er ['smoʊkə‖-ər]⟨f1⟩⟨telb.zn.⟩ **0.1** ***roker*** *⇒vis / vleesroker;* ⟨hengelsport⟩ *rookoven(tje)* **0.2** ***roker*** **0.3** ***rookcoupé / rijtuig*** **0.4** ***mannenbijeenkomst.***

'smoke-ring ⟨telb.zn.⟩ **0.1** ***kring*** *⇒rookkring.*

smoke-room →smoking-room.

smoker's cough ['smoʊkəs 'kɒf‖'smoʊkərz 'kɔf]⟨telb.zn.⟩⟨med.⟩ **0.1** ***rokershoest.***

'smoker's 'heart ⟨telb.zn.⟩⟨med.⟩ **0.1** ***rokershart.***

'smoker's 'throat ⟨telb.zn.⟩⟨med.⟩ **0.1** ***rokerskeel.***

'smoke-screen ⟨telb.zn.⟩⟨mil.⟩ **0.1** ***rookgordijn*** ⟨ook fig.⟩.

'smoke-shell ⟨telb.zn.⟩ **0.1** ***rookgranaat.***

'smoke·stack ⟨telb.zn.⟩ **0.1** ***schoorsteen*** *⇒fabrieks / scheepsschoorsteen;* ⟨AE ook⟩ *locomotiefschoorsteen.*

'smokestack industry ⟨telb. en n.-telb.zn.; vaak mv.⟩⟨vnl. AE⟩ **0.1** ***zware industrie*** ⟨auto- en staalindustrie e.d.⟩.

'smoke-stone ⟨n.-telb.zn.⟩ **0.1** ***rookkwarts*** *⇒cairngorm.*

'smoke·tree ⟨telb.zn.⟩ **0.1** ***pruikeboom*** ⟨Cotinus coggygria⟩.

'smok·ing-cap ⟨telb.zn.⟩ **0.1** ***huismutsje*** *⇒kalotje.*

'smok·ing-car·riage ⟨telb.zn.⟩ **0.1** ***rookrijtuig*** *⇒rookwagon.*

'smok·ing-com·part·ment ⟨telb.zn.⟩ **0.1** ***rookcoupé.***

'smok·ing-con·cert ⟨telb.zn.⟩⟨BE⟩ **0.1** ***informeel concert*** *⇒concert waar gerookt mag worden.*

'smok·ing-jack·et ⟨f1⟩⟨telb.zn.⟩ **0.1** ***huisjasje.***

'smok·ing-mix·ture ⟨telb.zn.⟩ **0.1** ***pijptabak.***

'smok·ing-room, 'smoke-room ⟨telb.zn.⟩ **0.1** ***rooksalon.***

'smok·ing-room talk ⟨n.-telb.zn.⟩ **0.1** ***mannenpraat*** *⇒obscene praat.*

smok·o, smoke-ho, smoke-oh ['smoʊkoʊ]⟨telb.zn.⟩⟨Austr. E; sl.⟩ **0.1** ***pauze*** *⇒rookpauze, theepauze* **0.2** ***informeel concert.***

smok·y ['smoʊki]⟨f2⟩⟨bn.; -er; -ly; -ness; →bijw. 3⟩ **0.1** ***rokerig*** *⇒rook afgevend* **0.2** ***rokerig*** *⇒vol rook* **0.3** ***rokerig*** *⇒met rook beslagen, bruin v.d. rook* **0.4** ***rokerig*** *⇒naar rook smakend* **0.5** ***rookachtig*** *⇒op rook lijkend* **0.6** ⟨sl.; bel.⟩ ***nikkerachtig*** ◆ **1.3** ~ quartz *rookkwarts.*

smolder →smoulder.

smolt [smoʊlt]⟨telb.zn.⟩⟨dierk.⟩ **0.1** ***jonge zalm.***

smooch[1] [smu:tʃ]⟨zn.⟩⟨inf.⟩

I ⟨telb.zn.⟩ **0.1** ***smakkerd*** *⇒pakkerd, zoen* **0.2** ⟨BE⟩ ***(een nummertje) schuifelen / slijpen*** ⟨intiem dansen⟩ *⇒slow* ◆ **3.2** fancy a ~, Gerry? *zin om (een nummertje) te schuifelen, Gerard?;*

II ⟨n.-telb.zn.⟩ **0.1** ***gezoen*** *⇒gevrij, geknuffel* **0.2** ⟨BE⟩ ***slijp / schuifelnummer*** ⟨muziek waarop men intiem danst⟩.

smooch[2] ⟨onov.ww.⟩ **0.1** ⟨inf.⟩ ***vrijen*** *⇒knuffelen, liefkozen, zoenen* **0.2** ⟨BE; inf.⟩ ***schuifelen*** *⇒slowen, slijpen* ⟨intiem dansen⟩ **0.3** ⟨sl.⟩ ***bevlekken*** *⇒bevuilen* **0.4** ⟨sl.⟩ ***schooien*** *⇒jatten.*

smooch·er ['smu:tʃə‖-ər]⟨telb.zn.⟩⟨inf.⟩ **0.1** ***smakker*** *⇒knuffelaar, vrijpot* **0.2** ⟨sl.⟩ ***leentjebuur*** *⇒klaploper.*

smooch·y ['smu:tʃi]⟨bn.⟩ **0.1** ***knuffelig*** *⇒zoenerig.*

smoot [smu:t], **smout** [smoʊt]⟨onov.ww.⟩⟨boek.⟩ **0.1** ***smouten*** *⇒in zijn vrije tijd bij een andere drukker werken.*

smooth[1] [smu:ð]⟨zn.⟩

I ⟨telb.zn.⟩ **0.1** ***veeg*** *⇒aai, gladstrijkende beweging;*

II ⟨n.-telb.zn.⟩ **0.1** ***glad gedeelte*** *⇒glad oppervlak.*

smooth[2] ⟨f3⟩⟨bn.; -ly; -ness⟩ **0.1** ***glad*** **0.2** ***soepel*** *⇒gelijkmatig, ritmisch, vloeiend* **0.3** ***gemakkelijk*** *⇒probleemloos* **0.4** ***vreedzaam*** *⇒rustig, minzaam* **0.5** ***overmatig vriendelijk*** *⇒uiterst beleefd, glad, vleiend, poeslief* **0.6** ***zacht smakend*** **0.7** ***zoetvloeiend*** *⇒zacht, strelend* ⟨v. stem, klank⟩ **0.8** ⟨sl.⟩ ***aangenaam*** *⇒voortreffelijk* ◆ **1.1** ⟨cul.⟩ a ~ batter *een glad beslag;* ⟨med.⟩ ~ muscle *gladde spier;* ~ surface *glad oppervlak* **1.5** ⟨inf.⟩ ~ operator *gladjanus* **1.¶** ~ things *gevlei, gehuichel;* in ~ water *in rustig vaarwater, de moeilijkheden te boven* **3.7** ⟨taalk.⟩ ~ breathing *spiritus lenis.*

smooth[3], **smooth·en** ['smu:ðn]⟨f3⟩⟨ww.⟩

I ⟨onov.ww.⟩ **0.1** ***glad worden*** ◆ **5.1** the waves had ~ed **down** *de zee was kalm geworden;*

II ⟨ov.ww.⟩ **0.1** ***gladmaken*** *⇒effen / regelmatig maken* **0.2** ***gladstrijken*** *⇒*⟨fig.⟩ *(onregelmatigheden / verschillen) wegnemen* **0.3** ***effenen*** *⇒obstakels wegnemen in* **0.4** ***kalmeren*** ◆ **5.2** ~ **away** *wegnemen;* ~ **down** one's clothes *zijn kleren gladstrijken;* ~ **out** a sheet *een laken gladstrijken;* ~ **out** difficulties *moeilijkheden gladstrijken / oplossen* **5.3** ~ **out** a problem *een moeilijkheid wegnemen;* ~ **over** an argument *een woordentwist bijleggen* **5.4** it is quite a job to ~ him **down** when he is angry *hij is heel moeilijk te kalmeren als hij kwaad is.*

smooth[4] ⟨bw.⟩ **0.1** ***glad*** *⇒soepel, gemakkelijk.*

'smooth-bore ⟨telb.zn.⟩ **0.1** ***gladloopsgeweer.***

'smooth-file ⟨telb.zn.⟩ **0.1** ***gladvijl.***

smooth·ie, smooth·y ['smu:ði]⟨telb.zn.; 2de variant; →mv. 2⟩ **0.1** ⟨inf.⟩ ***gladde*** *⇒handige prater, vleier* **0.2** ⟨sl.⟩ ***stuk*** *⇒aantrekkelijk persoon.*

'smooth·ing-iron ⟨telb.zn.⟩ **0.1** ***strijkijzer.***

'smooth·ing-plane ⟨telb.zn.⟩ **0.1** ***gladschaaf.***

smooth·ish ['smu:ðɪʃ]⟨bn.⟩ **0.1** ***tamelijk glad.***

smor·gas·bord ['smɔ:gəsbɔ:d‖'smɔrgəsbɔrd]⟨telb. en n.-telb.zn.⟩⟨cul.⟩ **0.1** ***smörgäbord*** *⇒smörrebröd;* ⟨fig.⟩ *grote / ruime keuze / selectie, lappendeken.*

smote [smoʊt]⟨verl. t.⟩ →smite.

smoth·er[1] ['smʌðə‖-ər]⟨f1⟩⟨telb.zn.⟩ **0.1** ***(verstikkende) walm*** *⇒(dikke) rook, damp* **0.2** ***(rook / stof / sneeuw)wolk*** **0.3** ***massa*** *⇒chaos, wirwar, vloed* **0.4** ⟨vero.⟩ ***smeulend vuur*** *⇒smeulende as* ◆ **1.2** a ~ of sand *een wolk (v.) zand* **1.3** a ~ of flowers covered the bride *een regen v. bloemen bedekte de bruid.*

smother[2] ⟨f2⟩⟨ww.⟩

I ⟨onov.ww.⟩ **0.1** ***(uit)doven*** *⇒uitgaan / sterven, wegsterven* **0.2** ⟨BE; gew.⟩ ***(na)smeulen*** *⇒gloeien* ◆ **1.1** his anger ~ed *zijn woede doofde uit / stierf weg;* the fire ~ed *het vuur doofde uit;*

II ⟨onov. en ov.ww.⟩ **0.1** ***(ver)stikken*** *⇒(ver)smoren, (doen) stikken;*

III ⟨ov.ww.⟩ **0.1** ***(uit)doven*** **0.2** ***(ver)smoren*** *⇒onderdrukken, tegenhouden, stuiten* **0.3** ***overladen*** *⇒overdekken, overstelpen,* ⟨fig.⟩ *verstikken, versmoren* **0.4** ⟨AE⟩ ***overweldigen*** *⇒onder de voet lopen, platdrukken* ◆ **1.2** all opposition was ~ed *elke oppositie werd gesmoord / onderdrukt* **1.3** medals ~ed his chest *zijn borst was met medailles beladen* **5.2** ~ **up** *onderdrukken, in de doofpot stoppen* **6.3** ~ **in** *over / beladen met;* a cake ~ed **in** cream *een rijkelijk met room bedekte taart;* she ~ed him **with** kisses *zij overstelpte hem met kussen.*

smoth·er·y ['smʌðəri]⟨bn.⟩ **0.1** ***benauw(en)d*** *⇒verstikkend.*

smoul·der[1], ⟨AE sp. vnl.⟩ **smol·der** ['smoʊldə‖-ər]⟨telb. en n.-telb.zn.⟩ **0.1** ***(dikke) rookwolk*** *⇒walm* **0.2** ***smeulend vuur*** *⇒smeulende as.*

smoulder[2], ⟨AE sp. vnl.⟩ **smolder** ⟨f1⟩⟨onov.ww.⟩ **0.1** ***(na)smeulen*** *⇒gloeien.*

smri·ti ['smrɪṭi]⟨n.-telb.zn.; vaak S-⟩ **0.1** ***smriti*** ⟨traditionele religieuze geschriften v.h. hindoeïsme⟩.

smudge[1] [smʌdʒ], ⟨in bet. 0.2 ook⟩ **'smudge fire** ⟨telb.zn.⟩ **0.1** ***vlek*** *⇒(vuile) plek, veeg, klad, smet* **0.2** ⟨AE⟩ ***smeulend vuur*** ⟨tegen insekten / vorst⟩ *⇒rookfakkel, rookpot* ◆ **3.1** cleanse o.s. of every ~ *zich v. alle smetten zuiveren.*

smudge[2] ⟨f1⟩⟨ww.⟩

I ⟨onov.ww.⟩ **0.1** ***vlekken*** *⇒vlekken maken, uitlopen* ◆ **1.1** ink ~s easily *inkt maakt gemakkelijk vlekken;*

II ⟨ov.ww.⟩ **0.1** ***(be)vlekken*** *⇒vlekken maken op, vuilmaken, besmeuren, bezoedelen* **0.2** ***een smet werpen op*** *⇒(be)vlekken, bezoedelen* **0.3** ***uitsmeren*** *⇒uitwrijven* **0.4** ***verknoeien*** **0.5** ⟨AE⟩ ***tegen insekten / vorst met rook vullen*** *⇒tegen insekten / vorst beroken.*

'smudge pot ⟨telb.zn.⟩⟨AE⟩ **0.1** ***rookpot*** ⟨tegen vorst / insekten⟩.

smudg·y ['smʌdʒi]⟨bn.; -er; -ly; -ness; →bijw. 3⟩ **0.1** ***vlekkerig*** *⇒besmeurd, vuil* **0.2** ***wazig*** *⇒vaag, onhelder, onduidelijk.*

smug [smʌg]⟨f1⟩⟨bn.; -er; -ly; -ness; →compar. 7⟩ **0.1** ***zelfvoldaan*** *⇒vol zelfbehagen, vol bekrompen deugdzaamheid, burgerlijk.*

smug·gle ['smʌgl]⟨f2⟩⟨ww.⟩ →smuggling

I ⟨onov.ww.⟩ **0.1** ***smokkelen*** *⇒smokkelhandel drijven* ◆ **5.¶** ~

off *er heimelijk van door gaan;*
II ⟨ov.ww.⟩ **0.1** ***(mee)smokkelen*** ⇒*stiekem/heimelijk overbrengen, (illegaal) over de grens brengen* ◆ **5.1** ~ **in** *binnensmokkelen;* ~ **out** *naar buiten smokkelen* **6.1** ~ drugs **into** Europe *drugs Europa in smokkelen;* ~ **past** the customs *langs/voorbij de douane smokkelen.*
smug·gler ['smʌglə‖-ər]⟨f1⟩⟨telb.zn.⟩ **0.1** ***smokkelaar.***
smug·gling ['smʌglɪŋ]⟨f1⟩⟨n.-telb.zn.; gerund v. smuggle⟩ **0.1** ***smokkel*** ⇒*smokkelarij, smokkelhandel.*
smut[1] [smʌt]⟨f1⟩⟨zn.⟩
I ⟨telb.zn.⟩ **0.1** ***vuiltje*** ⇒*stofje* **0.2** ***roetdeeltje*** **0.3** ***(zwarte) vlek*** ⇒*roetvlek;*
II ⟨n.-telb.zn.⟩ **0.1** ***roet*** ⇒*kolenstof* **0.2** ***vuiligheid*** ⇒*viezigheid, smerigheid, vuile taal/grappen/lectuur, obsceniteiten* **0.3** ⟨plantk.⟩ ***(koren)brand*** ⇒*brandschimmel* ◆ **3.2** talk ~ *vuile taal uitslaan.*
smut[2] ⟨f1⟩⟨ww.; →ww. 7⟩
I ⟨onov.ww.⟩ **0.1** ***roet/vuil afgeven*** **0.2** ***zwart/vuil worden*** **0.3** ***korenbrand krijgen*** ⇒*brandig worden* ⟨v. koren⟩;
II ⟨ov.ww.⟩ **0.1** ***bezoedelen*** ⇒*bevuilen, vuil maken;* ⟨fig.⟩ *omlaag halen, besmetten* **0.2** ***met korenbrand besmetten*** **0.3** ***van korenbrand ontdoen*** **0.4** ***met vuile taal doorspekken*** ⇒*obsceen maken.*
'smut ball ⟨telb.zn.⟩⟨plantk.⟩ **0.1** ***brandaar.***
smutch[1] [smʌtʃ]⟨zn.⟩
I ⟨telb.zn.⟩ **0.1** ***vlek*** ⇒*(vuile) plek* **0.2** ***smet*** ⇒*klad;*
II ⟨n.-telb.zn.⟩ **0.1** ***vuil*** **0.2** ***roet.***
smutch[2] ⟨ov.ww.⟩ **0.1** ***bezoedelen*** ⇒*bevuilen, vuilmaken.*
'smut mill ⟨telb.zn.⟩ **0.1** ***korenbrandmachine.***
smut·ty ['smʌṭi]⟨f1⟩⟨bn.; -er; -ly; -ness; →bijw. 3⟩ **0.1** ***vuil*** ⇒*bezoedeld* **0.2** ***vuil*** ⇒*smerig, vies, obsceen* **0.3** ***brandig*** ⟨v. koren⟩.
Smyr·na[1] ['smɜ:nə‖'smɜrnə]⟨zn.⟩
I ⟨eig.n.⟩ **0.1** ***Smyrna;***
II ⟨telb.zn.; ook s-⟩ **0.1** ***smyrna(tapijt).***
Smyrna[2] ⟨bn., attr.⟩ **0.1** ***Smyrnaas*** ⇒*v./uit Smyrna.*
Smyr·nae·an ['smɜ:nɪən‖'smɜr-], **Smyr·ni·ote** [-niout]⟨telb.zn.⟩ **0.1** ***Smyrnioot*** ⇒*inwoner v. Smyrna.*
sn ⟨afk.⟩ sine nomine **0.1** ***s.n., z.n.*** ⟨boek.⟩.
snack[1] [snæk]⟨f1⟩⟨telb.zn.⟩ **0.1** ***snack*** ⇒*hapje, vlugge maaltijd, tussendoortje, versnapering* **0.2** ***hap*** ⇒*beet* **0.3** ***slok*** **0.4** ⟨Austr. E⟩ ***akkefietje*** ⇒*kleinigheid, werkje v. niets.*
snack[2] ⟨onov.ww.⟩⟨AE⟩ **0.1** ***lunchen*** **0.2** ***een tussendoortje gebruiken.***
'snack bar, 'snack counter ⟨f1⟩⟨telb.zn.⟩ **0.1** ***snackbar*** ⇒*snelbuffet.*
snaf·fle[1] ['snæfl], **'snaffle bit** ⟨telb.zn.⟩ **0.1** ***trens*** ⟨paardebit⟩ ◆ **3.¶** ride s.o. on the ~ *iem. met zachte hand leiden.*
snaffle[2] ⟨ov.ww.⟩ **0.1** ***de trens aandoen*** **0.2** ***met een trens in toom houden*** **0.3** ⟨BE; sl.⟩ ***gappen*** ⇒*pikken, stelen* **0.4** ⟨BE; sl.⟩ ***pakken*** ⇒*(op)vangen* ⟨bal⟩ **0.5** ⟨BE; sl.⟩ ***inrekenen.***
sna·fu[1] [snæ'fu:]⟨telb.zn.⟩⟨afk.⟩ situation normal all fouled/fucked up ⟨AE; sl.⟩ **0.1** ***troep*** ⇒*rommel, bende, chaos, stommiteit.*
snafu[2] ⟨bn.⟩⟨AE; sl.⟩ **0.1** ***overhoop*** ⇒*in de war, chaotisch.*
snafu[3] ⟨ov.ww.; snafued, snafued [snæ'fu:d]⟩⟨AE; sl.⟩ **0.1** ***overhoop gooien*** ⇒*in de war brengen, een bende maken van.*
snag[1] [snæg]⟨f2⟩⟨zn.⟩
I ⟨telb.zn.⟩ **0.1** ***uitsteeksel*** ⇒*bult, oneffenheid, knobbel, (uitstekende) punt, stomp* ⟨v. tand, boom⟩, *knoest* **0.2** ***(voor)uitstekende tand*** **0.3** ***tak*** ⟨v. gewei⟩ **0.4** ***probleem*** ⇒*tegenvaller(tje), hinderpaal, belemmering, moeilijkheid* **0.5** ***(winkel)haak*** ⇒*scheur, gat, haal* **0.6** ⟨vnl. AE⟩ ***boom(stronk)*** ⟨i.h.b. in rivierbedding⟩ ◆ **3.4** come/strike upon a ~, hit a ~ *op een klip zeilen, op een moeilijkheid stuiten/botsen* **¶.4** the ~ is that *'t probleem is dat;* that's the ~ *daar zit 'm de kneep;* there's a ~ in it somewhere *er schuilt ergens een addertje onder 't gras, er zit ergens een kink in de kabel;*
II ⟨mv.; ~s⟩⟨Austr. E; sl.⟩ **0.1** ***worstjes.***
snag[2] ⟨ww.; →ww. 7⟩
I ⟨onov.ww.⟩ **0.1** ***scheuren*** **0.2** ⟨vnl. AE⟩ ***zich vastvaren*** ⇒*stranden* ⟨i.h.b. op boom(stronk) in rivierbedding⟩;
II ⟨ov.ww.⟩ **0.1** ***blijven haken met*** ⇒*blijven hangen met* **0.2** ***scheuren*** ⇒*halen* **0.3** ***hinderen*** ⇒*storen, belemmeren* **0.4** ***effenen*** ⇒*v. uitsteeksels ontdoen* **0.5** ⟨AE; inf.⟩ ***wegsnappen*** ⇒*te pakken krijgen, bemachtigen* ◆ **1.1** ~ one's pants on barbed wire *met zijn broek aan prikkeldraad blijven haken* **3.1** be ~ged *vastzitten, in de war zitten;* get ~ged *vast raken, in de war raken, blijven haken/hangen.*
snagged [snægd], **snag·gy** ['snægi]⟨bn.⟩ **0.1** ***bultig*** ⇒*oneffen, (k)noestig.*
snag·gle·tooth ['snægltu:θ]⟨telb.zn.⟩ **0.1** ***(voor)uitstekende tand*** **0.2** ***(af)gebroken tand.***
snail[1] [sneɪl]⟨f2⟩⟨telb.zn.⟩ **0.1** ***(huisjes)slak*** ⟨ook fig.⟩ ⇒*slome, trage, treuzelaar(ster)* **0.2** ⟨verk.⟩ ⟨snail clover⟩ ***slakkeklaver*** **0.3** ⟨verk.⟩ ⟨snail-fish⟩ ***zeeslak*** **0.4** ⟨verk.⟩ ⟨snail-wheel⟩ ***snekrad.***
snail[2] ⟨ww.⟩
I ⟨onov.ww.⟩ **0.1** ***kruipen*** ⇒*met een slakkegangetje gaan* **0.2** ***slakken zoeken;***
II ⟨ov.ww.⟩ **0.1** ***spiraalvormig maken*** **0.2** ***van slakken ontdoen.***
'snail clover, 'snail med·ic(k) ⟨telb.zn.⟩⟨plantk.⟩ **0.1** ***slakkeklaver*** ⇒*rups/driebladklaver* ⟨Medicago⟩.
'snail·fish, 'sea snail ⟨telb.zn.⟩ **0.1** ***zeeslak.***
snail·like ['sneɪllaɪk]⟨bn.⟩ **0.1** ***slakachtig*** ⇒*als (van) een slak.*
'snail-'paced ⟨bn.⟩ **0.1** ***met een slakkegang(etje)*** ⇒*heel traag.*
'snail's pace ⟨f1⟩⟨telb.zn.⟩ **0.1** ***slakkegang(etje).***
'snail-wheel ⟨telb.zn.⟩ **0.1** ***snekrad*** ⟨bep. tandrad in horloge⟩.
snail·y ['sneɪli]⟨bn.⟩ **0.1** ***vol slakken*** ⇒*met veel slakken* **0.2** ***slakachtig.***
snake[1] [sneɪk]⟨f3⟩⟨zn.⟩
I ⟨eig.n.; S-; the⟩⟨ster.⟩ **0.1** ***Slang*** ⇒*Serpens;*
II ⟨telb.zn.⟩ **0.1** ***slang*** **0.2** ***valsaard*** ⇒*zogezegde vriend* **0.3** ***ontstoppingsveer*** **0.4** ⟨geldw.⟩ ***(munt)slang*** ◆ **1.4** Snake in a/the Tunnel *(Europese) muntslang* **1.¶** have ~s in one's boots *beestjes/roze olifantjes zien, een delirium tremens hebben;* a ~ in one's bosom *een valse vriend;* cherish/warm a ~ in one's bosom *een adder aan zijn borst koesteren;* a ~ in the grass *een valsaard, een zogezegde vriend; een addertje onder het gras;* ~s and ladders *slangen en ladders* ⟨op ganzenbord lijkend gezelschapsspel⟩ **3.¶** scotch a/the ~ *een gerucht de kop indrukken, een gevaar ontkrachten;* see ~s *beestjes/roze olifantjes zien, een delirium tremens hebben* **¶.¶** (great) ~s! *verdomme.*
snake[2] ⟨f2⟩⟨ww.⟩
I ⟨onov.ww.⟩ **0.1** ***kronkelen (als een slang)*** ⇒*kruipen* **0.2** ***sluipen*** ⇒*ongemerkt verdwijnen;*
II ⟨ov.ww.⟩ **0.1** ***sleuren*** ⇒*slepen* ⟨i.h.b. met ketting/koord⟩ **0.2** ***rukken*** **0.3** ***kronkelend voortbewegen*** ◆ **5.2** ~ **in** *binnenloodsen, inhijsen, binnentrekken.*
'snake·bird ⟨telb.zn.⟩⟨dierk.⟩ **0.1** ***slangehalsvogel*** ⟨genus Anhinga⟩.
'snake·bite ⟨f1⟩⟨telb. en n.-telb.zn.⟩ **0.1** ***(vergiftiging door) slangebeet/steek.***
'snake charmer ⟨f1⟩⟨telb.zn.⟩ **0.1** ***slangenbezweerder.***
'snake charming ⟨telb. en n.-telb.zn.⟩ **0.1** ***slangenbezwering.***
'snake dance ⟨telb.zn.⟩ **0.1** ***slangedans*** **0.2** ***zigzag voorwaarts lopende rij.***
'snake·den ⟨telb.zn.⟩ **0.1** ***slangekuil.***
'snake-eat·er ⟨telb.zn.⟩⟨dierk.⟩ **0.1** ***markhoor*** ⟨Capra falconeri⟩ **0.2** ***secretarisvogel*** ⟨Sagittarius serpentarius⟩.
'snake fence ⟨telb.zn.⟩⟨AE⟩ **0.1** ***zigzagvormig hek*** ⇒*zigzagvormige afrastering.*
'snake·head ⟨telb.zn.⟩⟨plantk.⟩ **0.1** ***schildpadbloem*** ⟨Chelone glabra⟩.
snake·like ['sneɪklaɪk]⟨bn.⟩ **0.1** ***slangachtig*** ⇒*kronkelig.*
'snake·locked ⟨bn.⟩⟨schr.⟩ **0.1** ***met slangehaar*** ⇒*met haar als slangen.*
'snake oil ⟨n.-telb.zn.⟩ **0.1** ***slangeolie*** **0.2** ⟨AE; inf.⟩ ***geleuter*** ⇒*geklets.*
'snake pit ⟨telb.zn.⟩⟨sl.⟩ **0.1** ***gekkenhuis*** ⇒*krankzinnigengesticht.*
'snake·root ⟨telb. en n.-telb.zn.⟩ **0.1** ⟨ben. voor⟩ ***slangewortel*** ⟨tegen slangebeet⟩ ⇒*pijpbloem* ⟨Aristolochia serpentaria⟩; *leverkruid(plant)* ⟨Eupatorium urticaefolium⟩ **0.2** ***adderwortel*** ⟨Polygonum bistorta⟩.
'snake's head ⟨telb.zn.⟩⟨plantk.⟩ **0.1** ***kievitsbloem*** ⟨Fritillaria meleagris⟩.
'snake·skin ⟨telb. en n.-telb.zn.⟩ **0.1** ***slangehuid*** ⇒*slangevel/le(d)er.*
'snake·stone ⟨telb.zn.⟩ **0.1** ***slangesteen*** **0.2** ***wetsteen*** ⇒*slijpsteen.*
'snake·weed ⟨telb.zn.⟩⟨plantk.⟩ **0.1** ***duizendknoop*** ⟨Polygonum⟩ **0.2** ***adderwortel*** ⟨Polygonum bistorta⟩ **0.3** ***slangewortel*** ⟨Calla⟩.
'snake·wood ⟨zn.⟩
I ⟨telb.zn.⟩ **0.1** ***slangehoutboom;***
II ⟨n.-telb.zn.⟩ **0.1** ***slangehout.***
snak·ish ['sneɪkɪʃ]⟨bn.⟩ **0.1** ***slangachtig.***
snak·y ['sneɪki]⟨bn.; -er; -ly; -ness; →bijw. 3⟩ **0.1** ***v.e. slang*** ⇒*slange(n)-* **0.2** ***slangachtig*** ⇒*kronkelig* **0.3** ***vol slangen*** ⇒*met veel slangen* **0.4** ***boosaardig*** ⇒*vals, arglistig* **0.5** ***sluw*** ⇒*geslepen, leep.*
snap[1] [snæp]⟨f2⟩⟨zn.⟩
I ⟨telb.zn.⟩ **0.1** ***knal*** ⇒*klap, knap, krak, klik* **0.2** ***hap*** ⇒*beet, snap* **0.3** ***knip*** **0.4** ⟨vaak attr.⟩ ***knip(slot)*** ⇒*knipsluiting, snapslot, drukknoop* **0.5** ***korte periode (van hevige koude/vorst)*** **0.6** ***snauw*** ⇒*snak* **0.7** ⟨vnl. als tweede lid in samenstellingen⟩ ***(knappend) koekje*** ⇒*bros koekje* **0.8** ⟨AE; inf.⟩ ***karweitje van niets*** ⇒*kleinigheid, lachertje, gemakkelijk baantje, akkevietje* **0.9** ***kort engagement*** ⇒*rolletje tussendoor* ⟨in theater⟩ **0.10** ***koopje*** ⇒*voordeeltje* **0.11** ⟨Am. voetbal⟩ ***beginpass*** ⟨door benen v.d. center naar (quarter)back⟩ **0.12** ⟨Can. E⟩ ***middenveld*** ⟨bij voetbal⟩ **0.13**

⟨verk.⟩ ⟨snap bean, snapshot⟩ ◆ **1.1** the glass broke with a ~ *het glas brak met een knal* **1.3** a ~ of the fingers *een knip met de vingers;* one ~ of the scissors cut the paper *met één knip v.d. schaar was het papier gesneden* **1.4** the bracelet closes with a ~ *de armband sluit met een knip(slot)* **1.5** a ~ of cold *een korte periode v. strenge vorst* **2.5** a cold ~ *een korte periode v. strenge vorst* **3.1** shut a book/lid with a ~ *een boek/deksel met een klap sluiten* **3.8** it will be a ~ to win that game *dat spel winnen we met gemak* **3.¶** not care a ~ (of one's fingers) for sth. *zich niets aantrekken v. iets, geen knip geven om iets;* I don't care a ~ for what she says *wat zij zegt kan me geen barst/lor schelen;*

II ⟨telb. en n.-telb.zn.⟩ ⟨BE; gew.⟩ **0.1** ***tussendoortje*** *⇒snack, lunch(pakket);*

III ⟨n.-telb.zn.⟩ **0.1** ***het losschieten*** ⟨v. elastiek e.d., onder spanning of druk⟩ **0.2** ⟨BE⟩ ***snap*** ⟨kaartspel⟩ **0.3** ⟨inf.⟩ ***pit*** *⇒fut, energie, kracht* ◆ **3.3** put some ~ into it! *een beetje meer fut!* **¶.2** ~! *snap!* ⟨uitroep bij kaartspel⟩.

snap[2] ⟨f1⟩ ⟨bn., attr.⟩ **0.1** ***impulsief*** *⇒overijld, overhaast,* ⟨B.⟩ *plots* **0.2** ***onverwacht*** *⇒onvoorbereid, geïmproviseerd* **0.3** ⟨inf.⟩ ***makkelijk*** *⇒licht* ◆ **1.1** a ~ decision *een beslissing van 't moment (zelf)* **1.2** a ~ check *een steekproef;* a ~ election *een onverwachte/vervroegde verkiezing;* the chairman called a ~ election to take place *de voorzitter liet bij verrassing/inderhaast een verkiezing houden* **1.¶** a ~ shot *een direct schot, een schot op de aanslag* ⟨zonder lang te richten⟩.

snap[3] ⟨f3⟩ ⟨ww.; →ww. 7⟩

I ⟨onov.ww.⟩ **0.1** ***happen*** *⇒snappen, bijten* **0.2** ⟨jacht⟩ ***lukraak/in't wilde weg schieten*** *⇒op de aanslag schieten* **0.3** ***klikken (zonder af te gaan)*** **0.4** ***fonkelen*** *⇒schitteren* ◆ **1.3** the gun ~ped *het geweer klikte/ging niet af* **1.4** her eyes ~ped with fury *haar ogen fonkelden v. woede* **6.1** the dog ~ped **at** the postman *de hond hapte/beet naar de postbode* **6.¶** ~ **at** *grijpen naar, gretig/dadelijk ingaan op, aangrijpen;* she'd ~ **at** every opportunity to make money *ze is er als de kippen bij als er geld te verdienen valt;* he'd ~ **at** any invitation to leave the country *hij zou dadelijk toehappen/bijten als hem gevraagd zou worden het land te verlaten;* ⟨vnl. geb. w.⟩ ⟨inf.⟩ ~ **(in)to** it *vooruit, schiet 'ns op, aan de slag;* ⟨inf.⟩ ~ **out of** it *ermee ophouden, ermee breken, er een punt achter zetten;*

II ⟨onov. en ov.ww.⟩ **0.1** ***(af)breken*** *⇒(af)knappen, knakken, het begeven* ⟨ook fig.⟩ **0.2** ***knallen*** *⇒een knallend/knappend geluid (doen) maken* **0.3** ***(dicht)klappen*** *⇒toeklappen, dichtslaan* **0.4** ***(toe)knippen*** *⇒met een knip sluiten* **0.5** ***snauwen*** *⇒schimpen, grauwen, bitsen* **0.6** ***met een ruk/schok bewegen*** *⇒springen, rukken, rukkend bewegen,* ⟨B.⟩ *snokken* ◆ **1.1** the cable ~ped *de kabel knapte/brak af;* my nerves ~ped *mijn zenuwen knapten af/begaven het;* ~ped nerves *geknakte zenuwen* **1.2** the fire ~ped and crackled *het vuur knalde en knetterde;* the gun ~ped *het geweer knalde/ging af;* he ~ped the whip *hij knalde met de zweep/liet de zweep knallen* **1.4** ~ one's eyes shut *zijn ogen toeknippen;* she ~ped the lock of her purse *ze knipte het slot v. haar portemonnee dicht* **1.6** he ~ped to attention *opeens had hij er zijn volle aandacht bij;* clothes ~ping on the line *kleren die aan de waslijn wapperen;* the wind ~ped the sheets *de wind rukte aan de lakens/deed de lakens wapperen* **5.1** he ~ped **off** the twigs *hij brak de twijgjes af* **5.2** the whip ~ped **down** on his back *de zweep kwam knallend op zijn rug neer;* ~ **down** a bird *een vogel neerknallen/schieten* **5.3** the door ~ped **to/shot** *de deur sloeg dicht* **5.5** I won't come, she ~ped **out** *ik kom niet, snauwde ze* **5.6** he was ~ped **back** by a sudden cry *een plotse schreeuw deed hem met een ruk omdraaien* **5.¶** ~ s.o. short *iem. (botweg) afschepen/onderbreken/afsnauwen;*

III ⟨ov.ww.⟩ **0.1** ***(weg)grissen*** *⇒(mee)snappen/pakken, grijpen, (weg)rukken* **0.2** ***happen*** *⇒bijten* **0.3** ***knippen met*** **0.4** ***kieken*** *⇒een kiekje/foto maken van* **0.5** ***centeren*** *⇒naar achteren/het middenveld spelen* ◆ **1.1** the dog ~ped the meat from the table *de hond griste het vlees v.d. tafel;* the wind ~ped the scarf from her head *de wind rukte haar sjaaltje v. haar hoofd* **1.3** ~ one's fingers *met zijn vingers knippen* **5.1** ~ **away** *wegsnappen/gappen;* ~ **up** *op de kop tikken, te pakken krijgen;* ~ **up** a bargain *een koopje meepakken;* he was ~ped **up** by a rich woman *hij werd door een rijke vrouw ingepikt* **5.¶** ⟨AE; inf.⟩ ~ it **up** *vooruit, aan de slag.*

snap[4] ⟨f1⟩ ⟨tussenw.⟩ **0.1** ***klap*** *⇒knal, knap* **0.2** ***knak*** *⇒krak, klik* ◆ **3.1** ~ went the glass *klap ging/zei het glas* **3.2** ~ went the oar *knak ging/zei de roeispaan* **¶.¶** ⟨BE; inf.⟩ ~! you're wearing the same dress as me *wat een toeval!/asjemenou! je hebt dezelfde jurk aan als ik.*

'snap bean ⟨telb.zn.⟩ ⟨AE⟩ **0.1** ***prinsesseboon*** *⇒sperzieboon.*

'snap beetle, 'snap bug, 'snapping beetle, 'snapping bug ⟨telb.zn.⟩ ⟨dierk.⟩ **0.1** ***kniptor*** ⟨fam. Elateridae⟩.

'snap bolt ⟨telb.zn.⟩ **0.1** ***knipslot*** *⇒spring/vleugel/snapslot.*

'snap-brim, 'snap-brim 'hat ⟨telb.zn.⟩ **0.1** ***jagershoed*** ⟨met vooraan neergeslagen en achteraan opgeslagen rand⟩.

snap·drag·on ['snæpdrægən] ⟨zn.⟩

I ⟨telb.zn.⟩ ⟨plantk.⟩ **0.1** ***leeuwebek*** ⟨Antirrhinum⟩;

II ⟨n.-telb.zn.⟩ **0.1** ***snapdragon*** ⟨spel waarbij rozijnen uit brandende brandewijn moeten worden gehaald⟩.

'snap election ⟨telb.zn.; vnl. mv.⟩ ⟨inf.; pol.⟩ **0.1** ***vervroegde verkiezingen.***

'snap fastener ⟨telb.zn.⟩ ⟨vnl. AE⟩ **0.1** ***drukknoop(je)*** *⇒drukknoopsluiting.*

'snap lock, 'snap bolt ⟨telb.zn.⟩ **0.1** ***knipslot*** *⇒spring/vleugel/snapslot.*

snap·per[1] ['snæpə||-ər] ⟨zn.⟩

I ⟨telb.zn.⟩ **0.1** ***happer*** **0.2** ***snauwer/snauwster*** **0.3** ***pakker*** *⇒grijper* **0.4** ***kiekjesmaker*** *⇒kieker* **0.5** ***drukknoopje*** **0.6** ***slag*** ⟨dun uiteinde v. zweep⟩ **0.7** ⟨AE⟩ ***voetzoeker*** **0.8** ⟨sl.⟩ ***clou*** **0.9** ⟨vulg.⟩ ***kut*** **0.10** →snapping turtle;

II ⟨mv.; ~s⟩ **0.1** ***castagnetten*** **0.2** ⟨sl.⟩ ***tanden.***

snapper[2] ⟨telb. en n.-telb.zn.; ook snapper; →mv. 4⟩ ⟨dierk.⟩ **0.1** ***snapper*** ⟨fam. Lutianidae⟩.

'snap·per-'up ⟨telb.zn.; snappers-up; →mv. 6⟩ **0.1** ***koopjesjager.***

'snapping turtle ⟨telb.zn.⟩ ⟨dierk.⟩ **0.1** ***bijtschildpad*** ⟨Chelydra serpentina⟩ **0.2** ***alligatorschildpad*** ⟨Macroclemys temmineki⟩.

snap·py ['snæpi], ⟨in bet. 0.5 en 0.7 ook⟩ **snap·pish** [-pɪʃ] ⟨f1⟩ ⟨bn.; -er; -ly; -ness; →bijw. 3⟩ **0.1** ⟨inf.⟩ ***pittig*** *⇒levendig, energiek, vurig* **0.2** ⟨inf.⟩ ***chic*** *⇒net, modieus, elegant* **0.3** ***knapp(er)end*** *⇒knetterend* **0.4** ***fris*** **0.5** ***bijtachtig*** *⇒bijtgraag* **0.6** ***snauwerig*** *⇒bits, nors, bijtend, vinnig* **0.7** ***prikkelbaar*** *⇒lichtgeraakt, kortaangebonden* ◆ **1.4** a ~ wind *een frisse wind* **3.¶** ⟨inf.⟩ look snappy!, make it snappy! *vlug wat!, schiet op!.*

'snap roll ⟨telb.zn.⟩ **0.1** ***snap roll*** ⟨manoeuvre met vliegtuig⟩.

'snap·shoot·er ⟨telb.zn.⟩ **0.1** ***kiekjesmaker*** *⇒kieker.*

'snap·shot ⟨f1⟩ ⟨telb.zn.⟩ **0.1** ***kiekje*** *⇒snapshot, momentopname* ⟨ook fig.⟩.

snare[1] [sneə||sner] ⟨f1⟩ ⟨telb.zn.⟩ **0.1** ⟨vaak mv. in fig. bet.⟩ ***(val) strik*** *⇒strop, val, klem, hinderlaag* **0.2** ***verleiding*** *⇒bekoring, verzoeking, verlokking* **0.3** ***snaar*** ⟨v. trommel⟩ **0.4** ⟨med.⟩ ***poliepsnoerder*** **0.5** →snare drum ◆ **1.1** he got caught in the ~s of a rich woman *hij raakte verstrikt in de netten v.e. rijke vrouw* **3.1** lay a ~ for s.o. *voor iem. een valstrik leggen/spannen.*

snare[2] ⟨f1⟩ ⟨ov.ww.⟩ **0.1** ***(ver)strikken*** ⟨ook fig.⟩ *⇒vangen, in de val lokken* **0.2** ⟨BE; sl.⟩ ***gappen*** ◆ **1.1** ~ a hase *een haas strikken;* ~ a good job *een goede baan versieren/weten te bemachtigen* **3.1** get ~d *in de val raken/lopen, bedrogen worden.*

'snare drum ⟨telb.zn.⟩ **0.1** ***roffeltrom*** *⇒kleine trom.*

snar·er ['sneərə||'snerər] ⟨telb.zn.⟩ **0.1** ***strikkenspanner*** *⇒strikker.*

snark·y ['snɑ:ki||'snɑrki] ⟨bn.⟩ ⟨sl.⟩ **0.1** ***elegant*** *⇒chic.*

snarl[1] [snɑ:l||snɑrl] ⟨f1⟩ ⟨telb.zn.⟩ **0.1** ***grauw*** *⇒grom, snauw, sneer* **0.2** ***knoop*** *⇒klis, wirwar, warboel, verwarring, zwerm, massa* **0.3** ***verwarring*** *⇒complicatie, moeilijk(e) situatie/parket, warboel* **0.4** ***(k)noest*** *⇒kwast, war* ◆ **1.2** a ~ of bushes *een wirwar v. struiken;* a ~ of people *een zwerm/massa mensen;* a ~ of traffic *een verkeersknoop/opstopping* **2.3** he got all his affairs in a great ~ *hij heeft v. al zijn zaken een grote knoeiboel gemaakt* **6.¶** be **in** a ~ *in de war zijn.*

snarl[2] ⟨f2⟩ ⟨ww.⟩

I ⟨onov.ww.⟩ **0.1** ***grauwen*** *⇒grommen, brommen* ⟨v. mens/dier⟩, *snauwen* ⟨v. mens⟩ **0.2** ***in de war raken/lopen*** *⇒in de knoop raken* ◆ **5.¶** →snarl up **6.1** ~ **at** s.o. *tegen iem. snauwen, iem. afsnauwen;* I don't like being ~ed **at** *ik hou er niet van toegesnauwd te worden;*

II ⟨ov.ww.⟩ **0.1** ***snauwen*** *⇒grauwen, brommen* **0.2** ***in de war/knoop brengen*** *⇒verwarren* **0.3** ***bemoeilijken*** ◆ **5.1** ~ **out** *snauwen, grauwen, met een snauw/grauw zeggen* **5.¶** →snarl **up.**

snarl·er ['snɑ:lə||'snɑrlər] ⟨telb.zn.⟩ **0.1** ***snauwer/snauwster*** *⇒grauw(st)er, grommer, grom/brompot.*

'snarl 'up ⟨f2⟩ ⟨ww.⟩

I ⟨onov.ww.⟩ **0.1** ***in de war raken/lopen*** *⇒in de knoop raken* **0.2** ***vastlopen*** ◆ **1.2** the traffic snarled up completely *het verkeer liep helemaal vast* **3.1** get snarled up *in de war/knoop raken, in de war lopen, vastlopen* **6.¶** ~ **in** *verwikkeld/verstrikt raken in;* get o.s. snarled up **in** *verwikkeld/verstrikt raken in;*

II ⟨ov.ww.⟩ **0.1** ***in de war/knoop brengen*** *⇒verwarren* **0.2** ***doen vastlopen*** ◆ **6.¶** ~ **in** *verwikkelen/verstrikken in.*

'snarl-up ⟨f1⟩ ⟨telb.zn.⟩ **0.1** ***(verkeers)knoop*** **0.2** ***warboel, verwarring.***

snarl·y ['snɑ:li||'snɑrli] ⟨bn.; -er; →compar. 7⟩ **0.1** ***snauwerig*** *⇒bits, grommig, knorrig* **0.2** ***verward*** *⇒in de war/knoop.*

snatch[1] [snætʃ] ⟨f1⟩ ⟨telb.zn.⟩ **0.1** ***greep*** *⇒ruk* **0.2** ***brok(stuk)*** *⇒stuk(je), deel, fragment* **0.3** ⟨vaak mv.⟩ ***korte periode*** *⇒poos, tijdje,* *vlaag, ogenblik(je)* **0.4** ***hapje*** ⇒*snack, vluchtige maaltijd* **0.5** ⟨AE; sl.⟩ ***roof*** ⇒*kidnapping, ontvoering* **0.6** ⟨BE; sl.⟩ ***roof*** ⇒*diefstal* **0.7** ⟨gewichtheffen⟩ ***het trekken*** ⟨het gewicht in één keer tot boven het hoofd brengen⟩ **0.8** ⟨sl.⟩ ***arrestatie*** **0.9** ⟨vulg.⟩ ***kut*** ◆ **1.2** a ~ of conversation *een brokstuk v.e. gesprek;* he has heard ~es of the gossip *hij heeft hier en daar iets v.h. geroddel opgevangen;* whistle ~es of songs *fragmenten v. liedjes fluiten;* a ~ of sleep *een hazeslaapje, een dutje* **3.¶** put the ~ on s.o. *iem. onder druk zetten;* ⟨sl.⟩ *iem. arresteren; iem. kidnappen;* ⟨sl.⟩ put the ~ on sth. *iets pakken/grijpen/stelen* **6.1** make a ~ **at** *een greep doen naar* **6.3 by/in** ~es *met tussenpozen, bij/met vlagen, (zo) nu en dan, v. tijd tot tijd, met stukken en brokken, met horten en stoten;* sleep **in** ~es *met tussenpozen/onderbrekingen slapen;* I read all night and slept **in** ~es *ik heb heel de nacht gelezen en v. tijd tot tijd/zo nu en dan geslapen;* work **in** ~es *met vlagen werken.*

snatch[2] ⟨bn., attr.⟩ **0.1** ***impulsief*** ◆ **1.1** a ~ decision *een beslissing v.h. moment (zelf).*

snatch[3] ⟨f3⟩ ⟨ww.⟩

I ⟨onov.ww.⟩ **0.1** ***rukken*** ◆ **6.¶** ~ **at** *grijpen naar; (dadelijk) aangrijpen; te baat nemen, dadelijk ingaan op;* there's a vacancy, but you'll have to ~ **at** it *er is een lege plaats, maar je zult er als de kippen bij moeten zijn;*

II ⟨ov.ww.⟩ **0.1** ***(weg)rukken*** ⇒*(weg)grijpen, grissen, (beet/weg) pakken, gappen, bemachtigen, vlug nemen/doen;* ⟨sl.⟩ *kidnappen* **0.2** ***aangrijpen*** ⇒*te baat nemen* **0.3** ⟨gewichtheffen⟩ ***trekken*** ⟨in één beweging boven 't hoofd brengen⟩ **0.4** ⟨sl.⟩ ***arresteren*** ◆ **1.1** death ~ed her prematurely *de dood rukte haar vroegtijdig weg;* ~ a glance at *een blik toewerpen;* ~ a kiss *een kus bemachtigen/stelen, onverwachts zoenen;* ~ a meal *een maaltijd bemachtigen, vlug iets eten;* ~ an hour's rest *een uurtje rust bemachtigen, vlug een uurtje rusten, v.d. gelegenheid gebruik maken om een uurtje te rusten;* ~ some sleep *een beetje slaap bemachtigen, vlug een beetje slapen, een uiltje knappen* **1.2** ~ an opportunity *een kans/gelegenheid aangrijpen/te baat nemen* **5.1** ~ **away** *wegrukken/grijpen/pakken;* ~ **down** *grijpen; naar beneden rukken;* ~ **off** *afrukken; uitrukken/gooien;* ~ **off** one's clothes *zijn kleren uitgooien;* ~ **up** *grijpen, oppakken* **6.1** ~ **from** *ontrukken (aan); (weg)rukken uit;* he ~ed the bag **from** me *hij ontrukte me de tas;* the boy was ~ed **from** the car *de jongen werd uit de wagen (weg) gerukt;* she was ~ed **from** us by premature death *ze werd door een vroegtijdige dood uit ons midden weggerukt/aan ons ontrukt;* be ~ed **from** death *aan de dood ontrukt worden, ternauwernood aan de dood ontsnappen/ontkomen;* ~ **out of** *(weg)rukken uit, grissen uit;* she ~ed the letter **out of** my hand *ze griste me de brief uit de hand.*

'snatch block ⟨telb.zn.⟩ ⟨scheep.⟩ **0.1** ***voetblok*** ⇒*kinnebaksblok.*

snatch·er ['snætʃə‖-ər], ⟨in bet. 0.3 vnl.⟩ **'body snatcher** ⟨f1⟩ ⟨telb.zn.⟩ **0.1** ***grijper*** ⇒*pakker* **0.2** ***(gauw)dief*** ⇒*zakkenroller, gapper, grijper* **0.3** ***lijkenrover*** **0.4** ***kidnapper*** ⇒*kinderrover, mensenrover, ontvoerder.*

'snatch squad ⟨telb.zn.⟩ **0.1** ***oppakploeg*** ⟨ploeg v. agenten om bij rellen e.d. herrieschoppers aan te houden⟩ ⇒*arrestatieteam.*

snatch·y ['snætʃi] ⟨bn.; -er; -ly; →bijw. 3⟩ **0.1** ***ongeregeld*** ⇒*onregelmatig, intermitterend* **0.2** ***met onderbrekingen/tussenpozen*** ⇒*met vlagen* ◆ **1.2** a ~ conversation *een gesprek met onderbrekingen.*

snath [snæθ] ⟨telb.zn.⟩ ⟨vnl. AE⟩ **0.1** ***zeisboom.***

snaz·zy ['snæzi] ⟨bn.; -er; -ly; →bijw. 3⟩ ⟨inf.⟩ **0.1** ***chic*** ⇒*net, mooi, knap, hip* **0.2** ***opzichtig*** ⇒*smakeloos.*

SNCC ⟨afk.⟩ Student Nonviolent Coordinating Committee ⟨vnl. AE⟩.

sneak[1] [sni:k] ⟨f1⟩ ⟨zn.⟩

I ⟨telb.zn.⟩ **0.1** ⟨inf.⟩ ***gluiper(d)*** ⇒*valsaard, achterbakse, lafaard* **0.2** ***achterbakse daad*** **0.3** ⟨BE; inf.⟩ ***onopvallend vertrek*** **0.4** ⟨BE; kind.⟩ ***klikspaan*** ⇒*klikker/klikster* **0.5** ⟨sl.⟩ ***onaangekondigde voorvertoning*** **0.6** →sneak thief ◆ **6.¶ on** the ~ *in het geheim, in 't geniep;*

II ⟨mv.; ~s⟩ ⟨AE; inf.⟩ **0.1** ***gympjes*** ⇒*gymnastiek/tennisschoenen.*

sneak[2] ⟨f1⟩ ⟨bn., attr.⟩ **0.1** ***geheim*** ⇒*clandestien, heimelijk, verborgen* **0.2** ***onverhoeds*** ⇒*onverwacht, verrassings-, bij verrassing* ◆ **1.1** a ~ preview *een onaangekondigde voorvertoning* **1.2** a ~ attack *een verrassingsaanval;* a ~ flood *een onverhoedse/onverwachte overstroming;* a ~ raider *vliegtuig dat verrassingsaanvallen doet.*

sneak[3] ⟨f3⟩ ⟨ww.; inf. ook snuck, snuck [snʌk]⟩ →sneaking

I ⟨onov.ww.⟩ **0.1** ***(weg)sluipen*** ⇒*(weg)glippen, gluipen* **0.2** ***zich achterbaks/kruiperig gedragen*** **0.3** ⟨BE; kind.⟩ ***klikken*** ◆ **5.1** ~ **away** *wegsluipen/glippen* **6.1** ~ up **behind** s.o. *van achteren naar iem. toesluipen;* ~ **(up)on** s.o. *naar iem. toesluipen* **6.3** ~ **on** s.o. *over iem. klikken, iem. verklikken;*

II ⟨ov.ww.⟩ **0.1** ***heimelijk doen*** ⇒*heimelijk brengen, smokkelen, heimelijk nemen* **0.2** ⟨sl.⟩ ***pikken*** ⇒*gappen, kapen, stelen* **0.3** ⟨sl.⟩ ***onaangekondigd voorvertonen*** ◆ **1.1** ~ a strawberry into one's mouth *heimelijk een aardbei in zijn mond laten glijden;* the little boy ~ed the kitten into the house *het jongetje smokkelde het poesje binnen;* ~ a smoke *heimelijk een trekje doen.*

sneak·er ['sni:kə‖-ər] ⟨f1⟩ ⟨zn.⟩

I ⟨telb.zn.⟩ **0.1** ***sluiper*** **0.2** ***gluiper(d)*** ⇒*valsaard, achterbakse, lafaard* **0.3** ⟨BE; kind.⟩ ***klikspaan*** ⇒*klikker/klikster* **0.4** ⟨sl.⟩ ***gapper*** ⇒*pikker, dief;*

II ⟨mv.; ~s⟩ ⟨AE⟩ **0.1** ***gym(nastiek)schoenen*** ⇒*tennisschoenen* ◆ **1.1** a pair of ~s *een paar gymnastiek/tennisschoenen.*

sneak·ing ['sni:kɪŋ], ⟨in bet. 0.2 en 0.3 ook⟩ **sneak·y** ['sni:ki] ⟨f1⟩ ⟨bn.; eerste variant teg. deelw. v. sneak; -er; -ly; -ness; →bijw. 3⟩ **0.1** →sneak **0.2** ***gluiperig*** ⇒*vals, achterbaks* **0.3** ***heimelijk*** ⇒*verborgen, geheim, stil* **0.4** ***vaag*** ◆ **1.3** have a ~ desire to *de stille wens koesteren om;* have a ~ sympathy for *een heimelijke/stille sympathie koesteren voor* **1.4** a ~ suspicion *een vaag vermoeden* **1.¶** ⟨sl.⟩ ~ pete *illegale/zelfgemaakte/goedkope sterke drank/wijn.*

'sneak thief ⟨telb.zn.⟩ **0.1** ***insluiper.***

sneck[1] [snek] ⟨telb.zn.⟩ ⟨Sch. E, en gew.⟩ **0.1** ***klink*** **0.2** ***knip(slot)*** ⇒*slot.*

sneck[2] ⟨ov.ww.⟩ ⟨Sch. E, en gew.⟩ **0.1** ***in de klink sluiten/zetten*** ⇒*op de klink doen* **0.2** ***op de knip doen.***

sneer[1] [snɪə‖snɪr] ⟨f2⟩ ⟨telb.zn.⟩ **0.1** ***grijns(lach)*** ⇒*spot/hoonlach* **0.2** ***spottende opmerking*** ⇒*hatelijkheid,* ⟨mv.⟩ *gespot* ◆ **6.2** I am fed up with his ~s **at** politics *ik ben zijn hatelijkheden over politiek beu.*

sneer[2] ⟨f2⟩ ⟨ww.⟩

I ⟨onov.ww.⟩ **0.1** ***grijnzen*** ⇒*grijns/spotlachen, spottend lachen* **0.2** ***spotten*** ◆ **6.1** ~ **at** *grijnzen naar* **6.2** ~ **at** *spotten met, bespotten, honen; zijn neus ophalen/trekken voor;* this is not to be ~ed **at** *daar valt niet om te lachen, daar hoef je niet voor uit de hoogte te doen;*

II ⟨ov.ww.⟩ **0.1** ***met een grijns zeggen*** ⇒*grijnzend/spottend/laatdunkend zeggen.*

sneeze[1] [sni:z] ⟨f1⟩ ⟨telb.zn.⟩ **0.1** ***nies(geluid)*** ⇒⟨mv.⟩ *het niezen, genies* **0.2** ⟨sl.⟩ ***kidnapping*** ◆ **7.1** three ~s *drie keer niezen, drie niesgeluiden.*

sneeze[2] ⟨f2⟩ ⟨onov.ww.⟩ **0.1** ***niezen*** ◆ **5.¶** ⟨inf.⟩ not ~ at *niet versmaden;* that's not to be ~d at *dat valt niet te versmaden, dat is de moeite waard.*

'sneeze gas, 'sneez·ing gas ⟨n.-telb.zn.⟩ **0.1** ***niesgas.***

sneez·er ['sni:zə‖-ər] ⟨telb.zn.⟩ ⟨sl.⟩ **0.1** ***bajes*** ⇒*nor, bak, lik.*

'sneeze·weed ⟨telb.zn.⟩ ⟨plantk.⟩ **0.1** ***lintbloem*** ⟨Helenium⟩ **0.2** →sneezewort.

sneeze·wort ['sni:zwɜ:t‖-wɜrt] ⟨telb.zn.⟩ ⟨plantk.⟩ **0.1** ***wilde bertram*** ⟨Achillea ptarmica⟩.

sneez·y ['sni:zi] ⟨bn.; -er; →compar. 7⟩ **0.1** ***niezerig*** **0.2** ***stofferig*** ◆ **3.1** I'm ~ again today *ik ben weer aan 't niezen vandaag.*

snell[1] [snel] ⟨telb.zn.⟩ **0.1** ***sneu*** ⟨dwarslijntje v. vislijn⟩.

snell[2] ⟨bn.⟩ **0.1** ⟨gew.⟩ ***snel*** ⇒*vlug, rap* **0.2** ⟨gew.⟩ ***pienter*** ⇒*wakker, bijdehand, vinnig* **0.3** ***scherp*** ⇒*bijtend.*

SNG ⟨afk.⟩ Substitute Natural Gas, Synthetic Natural Gas.

snib[1] [snɪb] ⟨telb.zn.⟩ ⟨Sch. E, Can. E⟩ **0.1** ***grendel*** **0.2** ***knip(slot).***

snib[2] ⟨ov.ww.; →ww. 7⟩ ⟨Sch. E, Can. E⟩ **0.1** ***grendelen*** **0.2** ***op de knip doen.***

snick[1] [snɪk] ⟨telb.zn.⟩ **0.1** ***knip(je)*** ⇒*snee(tje), keep(je), inkeping, insnijding* **0.2** ***klik*** ⇒*tik* **0.3** ***knoop*** ⟨in draad enz.⟩.

snick[2] ⟨ww.⟩

I ⟨onov.ww.⟩ **0.1** ***klikken*** ⇒*een klik geven;*

II ⟨ov.ww.⟩ **0.1** ***doen klikken*** **0.2** ***insnijden*** ⇒*(in)kepen, een snee maken in.*

snick·er[1] ['snɪkə‖-ər] ⟨telb.zn.⟩ **0.1** ⟨vnl. BE⟩ ***hinnikgeluid*** **0.2** →snigger.

snicker[2] ⟨f1⟩ ⟨onov.ww.⟩ **0.1** ⟨vnl. BE⟩ ***(zacht) hinniken*** **0.2** →snigger.

snick·er·snee ['snɪkə'sni:‖-ə(r)'sni:] ⟨telb.zn.⟩ ⟨vero.; scherts.⟩ **0.1** ***lang mes*** ⟨i.h.b. om mee te vechten⟩ **0.2** ***messengevecht*** ⇒*bekkesnijderij.*

snide[1] [snaɪd] ⟨zn.⟩ ⟨inf.⟩

I ⟨telb.zn.⟩ **0.1** ***gemenerik*** ⇒*hatelijk/misselijk persoon;*

II ⟨n.-telb.zn.⟩ **0.1** ***namaak(juwelen).***

snide[2] ⟨f1⟩ ⟨bn.; -ly; -ness⟩ ⟨inf.⟩ **0.1** ***vals*** ⇒*nagemaakt, namaak-* **0.2** ***hatelijk*** ⇒*spottend, grievend, sarcastisch* **0.3** ⟨vnl. AE⟩ ***gemeen*** ⇒*laag, smerig* ◆ **1.2** ~ remarks *hatelijke/misselijke opmerkingen* **1.3** a ~ trick *een smerige truc.*

sniff[1] [snɪf] ⟨f1⟩ ⟨telb.zn.⟩ **0.1** ***snuivend geluid*** ⇒⟨mv.⟩ *gesnuif* **0.2** ***luchtje*** ⇒*snuifje, vleugje* ◆ **3.2** get a ~ of sea air *de zeelucht opsnuiven.*

sniff[2] ⟨f3⟩ ⟨ww.⟩

I ⟨onov.ww.⟩ **0.1** ***snuiven*** ⇒*snuffen* **0.2** ***snuffelen*** ◆ **5.1** she ~ed contemptuously *ze snoof minachtend* **6.2** ~ **at** *snuffelen aan, besnuffelen* **6.¶** ⟨vnl. met ontkenning⟩ ~ **at** *zijn neus ophalen voor, minachten;* not to be ~fed **at** *niet te versmaden;*
II ⟨ov.ww.⟩ **0.1** ***(op)snuiven*** ⇒*inhaleren* **0.2** ***snuiven*** ⇒*snuivend zeggen* **0.3** ***besnuffelen*** ⇒*snuffelen aan* **0.4** ***ruiken*** ⇒*de geur opsnuiven v., ruiken aan* ◆ **1.1** ~ heroin *heroïne snuiven* **1.4** ~ a rose *aan een roos ruiken, de geur v.e. roos opsnuiven* **5.1** ~ **up** *opsnuiven* **5.¶** ~ **out** *opsporen, zoeken, uitvissen, op zoek gaan naar.*

sniff·er ['snɪfə‖-ər]⟨telb.zn.⟩⟨sl.⟩ **0.1** ***zakdoek*** ⇒*snotlap.*

'sniffer dog ⟨telb.zn.⟩ **0.1** ***snuffelhond*** ⟨voor explosieven, narcotica⟩ ⇒*drughond, hasjhond, heroïnehond.*

sniff·ish ['snɪfɪʃ]⟨bn.; -ly⟩ **0.1** ***hooghartig*** ⇒*trots.*

snif·fle[1] ['snɪfl]⟨f1⟩⟨zn.⟩
I ⟨telb.zn.⟩ **0.1** ***gesnuif*** ⇒*gesnotter;*
II ⟨mv.; ~s; the⟩⟨inf.⟩ **0.1** ***verstopt(e) neus/hoofd*** ⇒*loopneus, snuffelneus.*

sniffle[2] ⟨f1⟩⟨onov.ww.⟩ **0.1** ***snuffen*** ⇒*snotteren, snuiven* **0.2** ***snotteren*** ⇒*grienen, snikken.*

snif·fler ['snɪflə‖-ər]⟨telb.zn.⟩ **0.1** ***snotteraar.***

snif·fy ['snɪfi]⟨f1⟩⟨bn.; -er; -ly; -ness; →bijw. 3⟩⟨inf.⟩ **0.1** ***arrogant*** ⇒*hooghartig, hautain, smalend, met opgehaalde neus, verwaten* **0.2** ⟨BE⟩ ***duf*** ⇒*kwalijk riekend, muf* **0.3** ***slechtgehumeurd.***

snift [snɪft]⟨onov.ww.⟩⟨gew.⟩ **0.1** ***snotteren.***

snif·ter ['snɪftə‖-ər]⟨telb.zn.⟩ **0.1** ⟨vnl. BE; sl.⟩ ***neutje*** ⇒*borrel* **0.2** ⟨AE⟩ ***(ballonvormig) cognacglas*** **0.3** ⟨gew.⟩ ***stevige bries*** **0.4** ⟨sl.⟩ ***snuiver*** ⟨cocaïne⟩.

'snifter valve, 'snift·ing valve ⟨telb.zn.⟩ **0.1** ***snuifklep*** ⟨v. stoommachine⟩.

snif·ty ['snɪfti]⟨bn.⟩⟨sl.⟩ **0.1** ***hooghartig*** ⇒*verachtelijk* **0.2** ***nietig*** ⇒*gering* **0.3** ⟨AE⟩ ***geurig.***

snig [snɪg]⟨telb.zn.⟩⟨BE; gew.⟩ **0.1** ***aaltje.***

snig·ger[1] ['snɪgə‖-ər], ⟨AE ook⟩ **snick·er** ['snɪkə‖-ər]⟨telb.zn.⟩ **0.1** ***giechel*** ⇒*heimelijk lachje, grinniklachje.*

snigger[2], ⟨AE ook⟩ **snicker** ⟨f1⟩⟨onov.ww.⟩ **0.1** ***gniffelen*** ⇒*giechelen.*

snig·gle ['snɪgl]⟨ww.⟩
I ⟨onov.ww.⟩ **0.1** ***peuren*** ⇒*met de peur vissen* **0.2** ⟨vnl. gew.⟩ ***gniffelen*** ⇒*giechelen, grinniken* ◆ **6.1** ~ **for** eels *(naar) paling peuren;*
II ⟨ov.ww.⟩ **0.1** ***peuren*** ⇒*met de peur vangen* **0.2** ***steken*** ⇒*strikken* ◆ **1.2** ~ salmon *zalm steken/strikken.*

snip[1] [snɪp]⟨f1⟩⟨zn.⟩
I ⟨telb.zn.⟩ **0.1** ***knip(geluid)*** **0.2** ***snipper*** ⇒*stukje, fragment* **0.3** ***knip*** ⇒*snip, keep, snede* **0.4** ***wit vlekje*** ⟨op neus v. paard⟩ **0.5** ⟨BE; inf.⟩ ***koopje*** ⇒*buitenkans* **0.6** ⟨vnl. BE; inf.⟩ ***makkie*** ⇒*gemakkelijk/zeker iets, gemakkelijke karwei/baantje* **0.7** ⟨vnl. AE; inf.⟩ ***nietig persoontje/ding*** **0.8** ⟨vnl. AE; inf.⟩ ***brutaal ding*** ⇒*onbeschaamd kind;*
II ⟨mv.; ~s⟩ **0.1** ***metaalschaar.***

snip[2] ⟨f1⟩⟨ww.; →ww. 7⟩ →snipping
I ⟨onov.ww.⟩ **0.1** ***snijden*** ⇒*knippen, een knippende beweging maken, 'knip' doen* ◆ **6.1** ~ **at** sth. *naar iets knippen, iets met de schaar te lijf gaan;*
II ⟨ov.ww.⟩ **0.1** ***(af/door) knippen*** ⇒*versnipperen, (af)snijden* ◆ **5.1** ~ **off** loose threads *losse draden afknippen.*

snip[3] ⟨tussenw.⟩ **0.1** ***knip(-knip)*** ◆ **3.1** ~ went the scissors *knip zei/deed de schaar.*

snipe[1] [snaɪp]⟨f1⟩⟨telb.zn.; ook snipe; →mv. 4⟩ **0.1** ⟨dierk.⟩ ***(water)snip*** ⟨genus Capella, i.h.b. Capella gallinago⟩ **0.2** ***sluipschot*** **0.3** ***kwal*** ⇒*verachtelijk persoon* **0.4** ⟨sl.⟩ ***peuk*** **0.5** ⟨sl.⟩ ***niet-bestaand dier*** ◆ **2.¶** ⟨dierk.⟩ great ~ *poelsnip* ⟨Gallinago media⟩.

snipe[2] ⟨f1⟩⟨ww.⟩
I ⟨onov.ww.⟩ **0.1** ***op snip (gaan) jagen*** **0.2** ***sluipschieten*** ⇒*uit een hinderlaag schieten* **0.3** ***zware kritiek leveren op*** ⇒*op iem. afgeven, iem. een veeg uit de pan geven* ◆ **6.3** he got tired of critics sniping **at** him *hij was het beu door critici aangevallen te worden;*
II ⟨ov.ww.⟩ **0.1** ***vanuit een hinderlaag neerschieten.***

'snipe eel ⟨telb.zn.⟩⟨dierk.⟩ **0.1** ***snebaal*** ⟨fam. Anguillidae⟩.

'snipe·fish ⟨telb.zn.⟩⟨dierk.⟩ **0.1** ***snipvis*** ⟨Macrorhamphosidae⟩.

snip·er ['snaɪpə‖-ər]⟨f1⟩⟨telb.zn.⟩ **0.1** ***sluipschutter*** **0.2** ⟨sl.⟩ ***dief*** ⇒*zakkenroller.*

snip·pet ['snɪpɪt]⟨f1⟩⟨telb.zn.⟩ **0.1** ***stukje*** ⇒*fragment, knipsel, snipper, citaat* **0.2** ⟨vnl. AE; inf.⟩ ***vlegel*** ⇒*rekel.*

snip·ping ['snɪpɪŋ]⟨telb.zn.; oorspr. gerund v. snip⟩ **0.1** ***snipper*** ⇒*stukje.*

snip·py ['snɪpi], **snip·pet·y** ['snɪpəti]⟨bn.; -er; -ly; -ness; →bijw. 3⟩ **0.1** ***fragmentarisch*** ⇒*uit kleine stukjes bestaand, versnipperd, snipperachtig, snipperig* **0.2** ***hakkelig*** ⇒*kort, erg beknopt* **0.3** ***nietig*** ⇒*klein, petieterig, snipperachtig* **0.4** ⟨inf.⟩ ***bars*** ⇒*bits, kortaf, kort aangebonden.*

'snip-snap[1] ⟨telb.zn.⟩ **0.1** ***geknip*** ⇒*knip-knip* ⟨v. schaar⟩ **0.2** ***gevat antwoord*** ⇒*stekelige zet, snedige repliek.*

snip-snap[2] ⟨bn., attr.⟩ **0.1** ***snedig*** ⇒*bits, vinnig.*

'snip-snap[3] ⟨onov.ww.; →ww. 7⟩ **0.1** ***snibben*** ⇒*snibbig spreken.*

snip·snap·sno·rum ['snɪpsnæp'snɔ:rəm]⟨n.-telb.zn.⟩ **0.1** ***snip-snap*** ⟨kaartspel⟩.

snit [snɪt]⟨telb.zn.⟩⟨AE; sl.⟩ **0.1** ***opwinding*** ◆ **6.¶** she was **in** a ~ *zij was over haar toeren.*

snitch[1] [snɪtʃ]⟨telb.zn.⟩ **0.1** ⟨BE; inf.; vnl. scherts.⟩ ***snuitje*** ⇒*snufferd, neus* **0.2** ⟨sl.⟩ ***aanbrenger*** ⇒*verrader, verklikker* **0.3** ⟨sl.⟩ ***diefstal.***

snitch[2] ⟨ww.⟩⟨inf.⟩
I ⟨onov.ww.⟩ **0.1** ***klikken*** ⇒*(uit de school) klappen* ◆ **6.1** he ~ed **on** John *hij verklikte John;*
II ⟨ov.ww.⟩ **0.1** ***gappen*** ⇒*snaaien, verdonkeremanen.*

snitch·er ['snɪtʃə‖-ər]⟨telb.zn.⟩⟨sl.⟩ **0.1** ***aanbrenger*** ⇒*verrader, verklikker, klikspaan.*

sniv·el[1] [snɪvl]⟨zn.⟩
I ⟨telb.zn.⟩ **0.1** ***snotter*** **0.2** ⟨vnl. mv.⟩ ***neusverkoudheid*** ⇒*verstopte neus, loopneus* ◆ **6.1** **with** a sob and a ~ *met een snik en een snotter;*
II ⟨n.-telb.zn.⟩ **0.1** ***snot*** **0.2** ***gesnotter*** ⇒*gegrien* **0.3** ***huichelend gesnotter*** ⇒*huichelarij.*

snivel[2] ⟨f1⟩⟨onov.ww.; →ww. 7⟩ **0.1** ***een loopneus hebben*** ⇒*een verstopte neus hebben* **0.2** ***(minachtend) snuiven*** ⇒*(verontwaardigd) de neus ophalen* **0.3** ***grienen*** ⇒*weeklagen, snotteren, jammeren, jengelen.*

sniv·el·ler, ⟨AE sp.⟩ **sniv·el·er** ['snɪvlə‖-ər]⟨telb.zn.⟩ **0.1** ***huilebalk*** ⇒*snotteraar, wekeling.*

snizzle ['snɪzl]⟨telb.zn.⟩⟨inf.⟩ **0.1** ***nies*** ⇒*genies.*

snob [snɒb‖snɑb]⟨f1⟩⟨telb.zn.⟩ **0.1** ***snob*** **0.2** ⟨vero.; BE; gew.⟩ ***schoenmaker.***

'snob appeal ⟨n.-telb.zn.⟩ **0.1** ***snob-appeal*** ⇒*exclusiviteit, aantrekkingskracht.*

snob·ber·y ['snɒbəri‖'snɑ-]⟨f1⟩⟨zn.; →mv. 2⟩
I ⟨n.-telb.zn.⟩ **0.1** ***snobisme*** ⇒*verwatenheid, gewichtigdoenerij;*
II ⟨mv.; snobberies⟩ **0.1** ***pedanterieën.***

snob·bish ['snɒbɪʃ‖'snɑ-]⟨f2⟩⟨bn.; -ly; -ness⟩ **0.1** ***snobistisch*** ⇒*pedant, pretentieus, omhooggevallen, laatdunkend.*

snob·bism ['snɒbɪzm‖'snɑ-]⟨n.-telb.zn.⟩ **0.1** ***snobisme*** ⇒*voornaamdoenerij, laatdunkendheid.*

snob·by ['snɒbi‖'snɑbi]⟨bn.; -ly; →bijw. 3⟩ **0.1** ***snobistisch*** ⇒*laatdunkend.*

SNOBOL ['snoubɒl‖-bɔl]⟨eig.n.⟩⟨afk.⟩ String Oriented Symbolic Language **0.1** ***SNOBOL*** ⟨computerprogrammeertaal⟩.

snoek [snu:k]⟨telb.zn.⟩⟨Z. Afr. E; dierk.⟩ **0.1** ***atoen*** ⟨Thyrsites atun⟩.

sno·fa·ri [snou'fɑ:ri]⟨telb.zn.⟩ **0.1** ***sneeuwsafari*** ⇒*poolexpeditie.*

snoff [snɒf‖snɔf, snɑf]⟨telb.zn.⟩⟨sl.⟩ **0.1** ***weekendvriendin.***

snog[1] [snɒg‖snɑg]⟨telb.zn.; g. mv.⟩⟨BE; inf.⟩ **0.1** ***vrijpartijtje*** ⇒*(ge)knuffel.*

snog[2] ⟨onov.ww.; →ww. 7⟩⟨BE; inf.⟩ **0.1** ***vrijen.***

snood[1] [snu:d]⟨telb.zn.⟩ **0.1** ***haarnet*** ⟨i.h.b. voor wrong⟩ **0.2** ⟨Sch. E; schr.⟩ ***haarlint*** ⟨i.h.b. gedragen door Schotse maagd⟩ **0.3** ***sneu*** ⇒*ondertuig* ⟨v. vislijn⟩.

snood[2] ⟨ov.ww.⟩ **0.1** ***in een haarnet steken*** ⇒*met een haarlint binden* **0.2** ***met een sneu vastmaken.***

snook [snu:k‖snʊk]⟨telb.zn.; in bet. 0.1 ook snook; →mv. 4⟩ **0.1** ⟨dierk.⟩ ***(zee)snoek*** ⟨genus Centropomus⟩ **0.2** ⟨BE; sl.⟩ ***lange neus*** ⟨spottend gebaar, met duim tegen neus en vingers uitgespreid⟩ ◆ **3.¶** cock a ~ at s.o. *een lange neus maken naar iem..*

snook·er[1] ['snu:kə‖'snʊkər], ⟨in bet. II ook⟩ **'snooker pool** ⟨f1⟩⟨zn.⟩⟨BE⟩
I ⟨telb.zn.⟩ **0.1** ***obstructiestoot*** ⟨biljart; de speelbal zo leggen dat een andere bal hem de weg blokkeert⟩ ⇒*in de weg liggende bal* **0.2** ⟨sl.⟩ ***groentje*** ⇒⟨B.⟩ *schacht; pas aangekomen cadet* ⟨in Woolwich⟩ ◆ **3.1** lay a ~ *een bal in de weg leggen;*
II ⟨n.-telb.zn.⟩ **0.1** ***snooker(biljart).***

snooker[2] ⟨ov.ww.⟩ **0.1** ***verhinderen rechtstreeks te stoten*** ⟨door een bal tussen de speelbal en de te spelen bal te leggen⟩ **0.2** ⟨inf.⟩ ***in het nauw drijven*** ⇒*dwarsbomen, verslaan, doodleggen* **0.3** ⟨sl.⟩ ***belazeren.***

snoop[1] [snu:p]⟨telb.zn.⟩⟨inf.⟩ **0.1** ***het snuffelen*** **0.2** ***snuffelaar*** ⇒*bemoeial, speurder, spion.*

snoop[2] ⟨f1⟩⟨ww.⟩⟨inf.⟩
I ⟨onov.ww.⟩ **0.1** ***rondsnuffelen*** ⇒*zijn neus in andermans zaken steken, speuren, neuzen* ◆ **5.1** the headmaster is ~ing **about/around** again *het schoolhoofd is weer op ronde/ligt weer op de loer* **6.1** don't ~ **into** my correspondence *zit niet in mijn brieven te neuzen;*
II ⟨ov.ww.⟩ **0.1** ***gappen*** ⇒*(mee)pikken, stiekem meenemen.*

snoop·er ['snu:pə‖-ər]⟨telb.zn.⟩⟨inf.⟩ **0.1** ***bemoeial*** ⇒*speurder, spion*.
'snoop·er·scope ⟨telb.zn.⟩⟨vnl. AE⟩ **0.1** ***nacht/infraroodkijker***.
snoop·y ['snu:pi]⟨bn.; -er; →compar. 7⟩⟨inf.⟩ **0.1** ***bemoeiziek*** ⇒*nieuwsgierig*.
snoot¹ ['snu:t]⟨telb.zn.⟩⟨sl.⟩ **0.1** ***snuit*** ⇒*neus* ◆ **3.¶** cock a ~ at/to s.o. *een lange neus maken naar iem.*; ⟨sl.⟩ get/have a ~ full *bezopen worden/zijn*.
snoot² ⟨ov.ww.⟩⟨sl.⟩ **0.1** ***hooghartig behandelen***.
snoot·y ['snu:ṭi]⟨bn.; -er; -ly; -ness; →bijw. 3⟩⟨inf.⟩ **0.1** ***verwaand*** ⇒*laatdunkend, hooghartig, omhooggevallen* **0.2** ***exclusief*** ⇒*voor snobs*.
snooze¹ [snu:z]⟨f1⟩⟨telb.zn.⟩⟨inf.⟩ **0.1** ***dutje*** ⇒*(haze)slaapje*.
snooze² ⟨f1⟩⟨onov.ww.⟩⟨inf.⟩ **0.1** ***dutten*** ⇒*een uiltje knappen, maffen*.
snooz·y ['snu:zi]⟨bn.⟩⟨inf.⟩ **0.1** ***slaperig*** ⇒*suf*.
snopes [snoʊps]⟨telb.zn.⟩⟨AE⟩ **0.1** ***haai*** ⇒*gewetenloos politicus/zakenman* ⟨naar romanfiguren v. Faulkners⟩.
snore¹ [snɔ:‖snɔr]⟨telb.zn.⟩ **0.1** ***(ge)snurk***.
snore² ⟨f2⟩⟨ww.⟩
I ⟨onov.ww.⟩ **0.1** ***snurken*** ⇒*snorken*;
II ⟨ov.ww.⟩ **0.1** ***snurkend doorbrengen***.
snor·er ['snɔ:rə‖'snɔrər]⟨f1⟩⟨telb.zn.⟩ **0.1** ***snurker*** ⇒*snorker*.
snor·kel¹ ['snɔ:kl‖'snɔrkl], **schnor·kel** ['ʃnɔ:kl‖'ʃnɔrkl]⟨f1⟩⟨telb.zn.⟩ **0.1** ***s(ch)norkel*** ⇒*ventilatiepijp* ⟨v. onderzeeër⟩ **0.2** ***snorkel*** ⇒*snuiver* ⟨v. duiker⟩.
snorkel² ⟨onov.ww.⟩ **0.1** ***met een snorkel zwemmen/duiken*** ⇒*snorkelen*.
snort¹ [snɔ:t‖snɔrt]⟨f1⟩⟨telb.zn.⟩ **0.1** ***gesnuif*** **0.2** ⟨inf.⟩ ***neutje*** ⇒*borrel* **0.3** ⟨BE⟩ ***s(ch)norkel*** **0.4** ⟨sl.⟩ ***snuif*** ⟨drug die men opsnuift, i.h.b. cocaïne⟩ **0.5** ⟨sl.⟩⟨ben. voor⟩ ***iets kleins*** ⇒*korte afstand* ◆ **3.1** he gave a ~ of contempt *hij snoof minachtend*.
snort² ⟨f2⟩⟨ww.⟩
I ⟨onov.ww.⟩ **0.1** ***snuiven*** **0.2** ***verachtelijk snuiven*** ⇒*fulmineren* **0.3** ⟨inf.⟩ ***het uitproesten*** ⇒*in lachen uitbarsten* ◆ **6.2** ~ **at** s.o. *(snuivend) tegen iem. uitvaren*; John ~ed **with** rage *John snoof van woede*;
II ⟨ov.ww.⟩ **0.1** ***snuivend uitdrukken*** ⇒*uitblazen, uitspuwen* **0.2** ***uitsnuiten*** **0.3** ***(op)snuiven*** ◆ **1.1** ~ (out) a reply *met onverholen verontwaardiging antwoord geven* **1.3** ~ cocaïne *cocaïne snuiven*.
snort·er ['snɔ:tə‖'snɔrṭər]⟨telb.zn.⟩ **0.1** ***snuiver*** ⇒*snorker* **0.2** ***kanjer*** ⇒*kei, zeer moeilijk karwei* **0.3** ***(hevige) storm*** **0.4** ***opdoffer*** ⇒*klap op de neus* **0.5** ⟨sl.⟩ ***borrel*** ⇒*neutje* **0.6** ⟨BE; sl.⟩ ***belachelijk iem./iets*** ⇒*giller* **0.7** ⟨AE⟩ ***opschepper*** ⇒*vechtjas*.
snort·y ['snɔ:ti‖'snɔrṭi]⟨bn.⟩⟨inf.⟩ **0.1** ***slechtgehumeurd*** ⇒*geërgerd, afkeurend*.
snot [snɒt‖snɑt]⟨zn.⟩⟨vulg.⟩
I ⟨telb.zn.⟩ **0.1** ***snotjong*** ⇒*snotneus*;
II ⟨n.-telb.zn.⟩ **0.1** ***snot***.
'snot-rag ⟨telb.zn.⟩⟨vulg.⟩ **0.1** ***snotlap*** ⇒*snotdoek*.
snot·ter¹ ['snɒtə‖'snɑṭər]⟨n.-telb.zn.⟩⟨BE; gew.⟩ **0.1** ***snot***.
snotter² ⟨onov.ww.⟩⟨BE; gew.⟩ **0.1** ***snotteren*** **0.2** ***snuiven*** ⇒*snurken*.
snot·ty¹ ['snɒti‖'snɑṭi]⟨telb.zn.; →mv. 2⟩⟨vero.; sl.⟩ **0.1** ***adelborst (eerste klasse)*** ⟨bij marine⟩.
snotty² ⟨f1⟩⟨bn.; -er; -ly; -ness; →bijw. 3⟩ **0.1** ⟨vulg.⟩ ***snott(er)ig*** ⇒*met snot* **0.2** ⟨sl.⟩ ***verwaand*** ⇒*omhooggevallen, snobistisch* **0.3** ⟨sl.⟩ ***gemeen*** ⇒*smerig, onbeschoft* **0.4** ⟨inf.⟩ ***geërgerd*** ⇒*kort aangebonden*.
'snot·ty-'nosed ⟨bn.⟩⟨sl.⟩ **0.1** ***verwaand*** ⇒*opgeblazen, omhooggevallen*.
snout¹ [snaʊt]⟨f1⟩⟨zn.⟩
I ⟨telb.zn.⟩ **0.1** ***snuit*** ⇒*snoet*; ⟨bij uitbr.⟩ *tuit, punt, snavel* **0.2** ⟨sl.; pej.⟩ ***kokkerd*** ⇒*(grote) neus* **0.3** ⟨sl.⟩ ***verklikker*** ⇒*informant* **0.4** ⟨BE; sl.⟩ ***sigaret*** ⇒*saffie* ◆ **3.¶** ⟨Austr. E; sl.⟩ have (got) a ~ on s.o. *de pik op iem. hebben*;
II ⟨n.-telb.zn.⟩⟨BE; sl.⟩ **0.1** ***tabak*** ⇒*shag*.
snout² ⟨ww.⟩
I ⟨onov.ww.⟩ **0.1** ***wroeten***;
II ⟨ov.ww.⟩ **0.1** ***van een snuit/tuit voorzien***.
'snout beetle ⟨telb.zn.⟩⟨dierk.⟩ **0.1** ***snuitkever*** ⟨fam. Curculionidae⟩.
snout·y ['snaʊṭi]⟨bn.⟩ **0.1** ***snuitachtig*** **0.2** ***met een (uitstekende) snuit***.
snow¹ [snoʊ]⟨f3⟩⟨zn.⟩
I ⟨telb.zn.⟩ **0.1** ***sneeuwmassa*** ⇒*sneeuwbui, sneeuwval, sneeuwdek* **0.2** ⟨scheep.⟩ ***snauw*** ⟨soort schip⟩ ◆ **1.1** ⟨schr.⟩ where are the ~s of yester-year? *où sont les neiges d'antan?, waar is de vergankelijke schoonheid gebleven?*;
II ⟨n.-telb.zn.⟩ **0.1** ***sneeuw*** **0.2** ⟨ben. voor wat er uitziet als⟩ ***sneeuw*** ⇒*sneeuwwit haar* **0.3** ⟨sl.⟩ ***sneeuw*** ⇒*cocaïne* **0.4** ⟨cul.⟩ ***tot sneeuw geklopt eiwit*** ⇒*sneeuweieren/ballen/vlokken* **0.5** ***(koolzuur)sneeuw*** **0.6** ***sneeuw*** ⟨op t.v./radarscherm⟩ **0.7** ⟨sl.⟩ ***overdreven (vleierig) gepraat***.
snow² ⟨f2⟩⟨ww.⟩
I ⟨onov.ww.⟩ **0.1** ***sneeuwen*** **0.2** ***neerdwarrelen*** ◆ **4.1** it's ~ing *het is aan het sneeuwen, het sneeuwt* **5.¶** ~ **in** *(massaal) binnenstromen, binnendwarrelen*;
II ⟨ov.ww.⟩ **0.1** ***(be)sneeuwen*** ⇒*laten dwarrelen, in grote hoeveelheden doen vallen* **0.2** ⟨AE; inf.⟩ ***omverpraten*** ⇒*overbluffen, charmeren, in het ootje nemen, om zijn vinger winden* **0.3** ***insneeuwen*** ◆ **5.3** be ~ed **in/up** *ingesneeuwd zijn, van de buitenwereld afgesloten zijn* ⟨door sneeuwval⟩; be ~ed **off** ⟨v. sportmanifestaties⟩ *wegens sneeuwval niet doorgaan*; be ~ed **under** *ondergesneeuwd worden*; ⟨fig.⟩ *bedolven worden, verslagen worden*; ⟨AE; pol.⟩ *met verpletterende meerderheid verslagen worden* **5.¶** ⟨AE; sl.⟩ be ~ed **in/up** *(door cocaïne) bedwelmd zijn*.
'snow anchor ⟨telb.zn.⟩⟨bergsport⟩ **0.1** ***sneeuwanker*** ⇒*firnanker*.
'snow·ball¹ ⟨f1⟩⟨telb.zn.⟩ **0.1** ***sneeuwbal*** **0.2** ***sneeuwbal(effect)*** ⇒*wat escaleert, lawine* **0.3** ⟨plantk.⟩ ***sneeuwbal*** ⇒*Gelderse roos* ⟨Viburnum opulus⟩ **0.4** ⟨sl.⟩ ***cocaïnesnuiver*** ⇒*junkie* ◆ **1.¶** ⟨inf.⟩ a ~'s chance in hell *geen schijn v./niet de minste/louw kans*.
snowball² ⟨f1⟩⟨ww.⟩
I ⟨onov.ww.⟩ **0.1** ***sneeuwballen*** ⇒*sneeuwballen gooien* **0.2** ***een sneeuwbaleffect hebben/kennen*** ⇒*escaleren, aanzwellen, de pan uit rijzen, steeds sneller toenemen*;
II ⟨ov.ww.⟩ **0.1** ***(met sneeuwballen) bekogelen*** **0.2** ***doen escaleren***.
'snow·ball-tree ⟨telb.zn.⟩⟨plantk.⟩ **0.1** ***sneeuwbal*** ⇒*Gelderse roos* ⟨genus Viburnum⟩.
'Snow·belt ⟨eig.n.; (the)⟩ **0.1** ***Sneeuwgordel*** ⟨noorden v.d. U.S.A.⟩.
snow·ber·ry ['snoʊbri‖-beri]⟨telb.zn.; →mv. 2⟩⟨plantk.⟩ **0.1** ***sneeuwbes*** ⟨genus Symphoricarpos⟩.
'snow·bird ⟨telb.zn.⟩ **0.1** ⟨dierk.⟩ ***sneeuwvogel*** ⇒⟨i.h.b.⟩ *sneeuwgors* ⟨Plectrophenax nivalis⟩ **0.2** ⟨sl.⟩ ***cocaïnesnuiver*** ⇒*cocaïnegebruiker, junkie* **0.3** ⟨inf.⟩ ***bleekscheet*** ⟨toerist in zonnig klimaat⟩.
'snow-blind ⟨f1⟩⟨bn.; -ness⟩ **0.1** ***sneeuwblind***.
'snow·blink ⟨n.-telb.zn.⟩ **0.1** ***(sneeuw)blink*** ⟨weerkaatsing v. sneeuw in de lucht⟩.
'snow·blow·er ⟨telb.zn.⟩ **0.1** ***sneeuwblazer*** ⇒*sneeuwruimer, sneeuwruimmachine*.
'snow·boot ⟨telb.zn.⟩ **0.1** ***sneeuwlaars*** ⇒*poollaars*.
'snow·bound ⟨bn.⟩ **0.1** ***ingesneeuwd***.
'snow bridge ⟨telb.zn.⟩⟨bergsport⟩ **0.1** ***sneeuwbrug*** ⇒*firnbrug*.
'snow·broth ⟨n.-telb.zn.⟩ **0.1** ***sneeuwslijk*** ⇒*half gesmolten sneeuw*.
'snow bunting ⟨telb.zn.⟩⟨dierk.⟩ **0.1** ***sneeuwgors*** ⟨Plectrophenax nivalis⟩.
'snow·cap ⟨telb.zn.⟩ **0.1** ***sneeuwkap*** ⟨over bergtop⟩.
'snow·capped ⟨bn.⟩⟨schr.⟩ **0.1** ***met sneeuw op de top*** ⟨v. berg⟩.
'snow·cat ⟨telb.zn.⟩ **0.1** ***sneeuwkat***.
'snow chain ⟨telb.zn.; vaak mv.⟩ **0.1** ***sneeuwketting***.
'snow-clad, 'snow-covered ⟨f1⟩⟨bn.⟩⟨schr.⟩ **0.1** ***met sneeuw bedekt*** ⇒*ondergesneeuwd, besneeuwd*.
'snow·drift ⟨telb.zn.⟩ **0.1** ***sneeuwbank*** **0.2** ***sneeuwjacht***.
'snow·drop¹ ⟨f1⟩⟨telb.zn.⟩ **0.1** ⟨plantk.⟩ ***sneeuwklokje*** ⟨Galanthus nivalis⟩ **0.2** ***sneeuwvlok*** **0.3** ⟨sl.⟩ ***lid v. Amerikaanse militaire politie***.
snowdrop² ⟨onov.ww.⟩⟨Austr. E; inf.⟩ **0.1** ***wasgoed (v.d. lijn) stelen/jatten***.
'snowdrop tree ⟨telb.zn.⟩⟨plantk.⟩ **0.1** ***sneeuwklokjesboom*** ⟨genus Halesia⟩.
'snow·fall ⟨f1⟩⟨telb. en n.-telb.zn.⟩ **0.1** ***sneeuwval***.
'snow fence ⟨telb.zn.⟩ **0.1** ***sneeuwscherm*** ⇒*sneeuwschild*.
'snow·field ⟨telb.zn.⟩ **0.1** ***(eeuwig) sneeuwveld***.
'snow 'finch ⟨telb.zn.⟩⟨dierk.⟩ **0.1** ***sneeuwvink*** ⟨Montifringilla nivalis⟩.
'snow·flake ⟨f1⟩⟨telb.zn.⟩ **0.1** ***sneeuwvlok(je)*** **0.2** ⟨plantk.⟩ ***zomerklokje*** ⟨genus Leucojum⟩ **0.3** ⟨dierk.⟩ ***sneeuwgors*** ⟨Plectrophenax nivalis⟩.
'snow gaiters ⟨mv.⟩⟨bergsport⟩ **0.1** ***gamaschen*** ⟨beenkappen om binnendringen v. sneeuw in schoenen tegen te gaan⟩.
'snow goggles ⟨mv.⟩⟨vnl. bergsport⟩ **0.1** ***sneeuwbril*** ⇒*gletsjerbril*.
'snow goose ⟨telb.zn.⟩⟨dierk.⟩ **0.1** ***sneeuwgans*** ⟨Anser caerulescens⟩.
'snow grains ⟨mv.⟩⟨meteo.⟩ **0.1** ***motsneeuw***.
'snow grouse ⟨telb.zn.⟩⟨dierk.⟩ **0.1** ***sneeuwhoen*** ⟨genus Lagopus⟩.
'snow ice ⟨n.-telb.zn.⟩ **0.1** ***sneeuwijs***.
'snow job ⟨telb.zn.⟩⟨AE; sl.⟩ **0.1** ***overdondering*** ⟨door veel gepraat, details, vleierij enz.⟩.
'snow leopard ⟨telb.zn.⟩⟨dierk.⟩ **0.1** ***sneeuwluipaard*** ⇒*sneeuwpanter* ⟨Uncia uncia⟩.

snow·less ['snoʊləs]⟨bn.⟩ **0.1** ***sneeuwvrij*** ⇒*zonder sneeuw*.
snow·like ['snoʊlaɪk]⟨bn.⟩ **0.1** ***sneeuw(acht)ig***.
'snow line ⟨n.-telb.zn.; the⟩ **0.1** ***sneeuwgrens*** ⇒*sneeuwlinie, sneeuwgordel*.
'snow·mak·er ⟨telb.zn.⟩ **0.1** ***sneeuwmaker*** ⇒*sneeuwmachine*.
'snow·man ⟨f1⟩ ⟨telb.zn.; snowmen; →mv. 3⟩ **0.1** ***sneeuwman*** ⇒*sneeuwpop*.
'snow·mo·bile ⟨telb.zn.⟩ ⟨vnl. AE⟩ **0.1** ***skimotor*** ⇒*sneeuwkat*.
'snow-on-the-'moun·tain ⟨telb.zn.⟩ ⟨AE; plantk.⟩ **0.1** ***wolfsmelk*** ⟨Euphorbia marginata⟩.
'snow owl, 'snowy owl ⟨telb.zn.⟩ ⟨dierk.⟩ **0.1** ***sneeuwuil*** ⟨Nyctea nyctea/scandiaca⟩.
'snow pellets ⟨mv.⟩ **0.1** ***sneeuwkorrels*** ⇒*korrelsneeuw, stofhagel*.
'snow plant ⟨telb.zn.⟩ ⟨plantk.⟩ **0.1** ***sneeuwalg*** ⇒*sneeuwwier* ⟨dat sneeuw rood kleurt; Sarcodes sanguinea⟩.
'snow·plough, ⟨AE sp.⟩ **'snow·plow** ⟨f1⟩ ⟨telb.zn.⟩ **0.1** ***sneeuwploeg*** ⟨ook skiën⟩ ⇒*sneeuwruimer, sneeuwfrees, sneeuwschraper*.
'snow report ⟨telb.zn.⟩ **0.1** ***sneeuwbericht(en)***.
'snow·shed ⟨telb.zn.⟩ **0.1** ***sneeuwdak*** ⟨boven spoorbaan, tegen sneeuwlawines enz.⟩.
'snow·shirt ⟨telb.zn.⟩ ⟨bergsport⟩ **0.1** ***waterdicht jack*** ⇒*anorak*.
'snow·shoe[1] ⟨telb.zn.⟩ **0.1** ***sneeuwschoen*** **0.2** ⟨sl.⟩ ***politieman in burger*** ⇒*stille, detective*.
snowshoe[2] ⟨onov.ww.⟩ **0.1** ***op sneeuwschoenen lopen/reizen***.
'snowshoe rabbit, 'snowshoe hare ⟨telb.zn.⟩ ⟨dierk.⟩ **0.1** ***Amerikaanse haas*** ⟨Lepus americanus⟩.
'snow-shov·el ⟨telb.zn.⟩ **0.1** ***sneeuwschop*** ⇒*sneeuwschepper*.
'snow·slip, 'snow·slide ⟨telb.zn.⟩ **0.1** ***sneeuwlawine*** ⇒*sneeuwstorting*.
'snow·storm ⟨f1⟩ ⟨telb.zn.⟩ **0.1** ***sneeuwstorm*** ⇒*sneeuwjacht*.
'snow·suit ⟨telb.zn.⟩ **0.1** ***sneeuwhansop*** ⇒*skioverall* ⟨voor kinderen⟩, *winterpakje*.
'snow tyre ⟨telb.zn.⟩ **0.1** ***sneeuwband*** ⇒*spijkerband*.
'snow-'white ⟨f1⟩ ⟨bn.⟩ **0.1** ***sneeuwwit***.
'Snow'white ⟨eig.n.⟩ **0.1** ***Sneeuwwitje***.
snow·y ['snoʊi] ⟨f2⟩ ⟨bn.; -er; -ly; -ness; →bijw. 3⟩ **0.1** ***besneeuwd*** ⇒*met sneeuw bedekt* **0.2** ***sneeuw(acht)ig*** ⇒*sneeuwen, sneeuw-* **0.3** ***sneeuwwit*** ⇒*hagelwit, kraakhelder, sneeuwblank*.
SNP ⟨eig.n.⟩ ⟨afk.⟩ Scottish National Party.
Snr, snr ⟨afk.⟩ Senior/senior ⟨vnl. BE⟩.
snub[1] [snʌb]⟨telb.zn.⟩ **0.1** ***affront*** ⇒*onheuse bejegening, kleinering, terechtwijzing* **0.2** ***stompneus*** **0.3** ***ruk*** ⇒*plotselinge stilstand* ⟨v. afrollend touw⟩.
snub[2] ⟨bn.⟩ **0.1** ***stomp*** ⟨i.h.b. v. neus⟩ ⇒*stompneuzig, kort en dik* ◆ **1.1** a ~ nose *een korte dikke wipneus*.
snub[3] ⟨f2⟩ ⟨ov.ww.; →ww. 7⟩ **0.1** ***(plotseling) in/tegenhouden*** ⟨i.h.b. door touw rond paal te slaan⟩ **0.2** ***afstoten*** ⇒*onheus bejegenen, vernederen, affronteren, met de nek aanzien, bits afwijzen* **0.3** ***platdrukken*** ⟨neus⟩ ◆ **5.1** ~ **up** *vastleggen/maken/meren* **5.¶** ⟨inf.⟩ ~ **out** *uitdrukken* ⟨sigaret⟩.
snub·ber ['snʌbə‖-ər]⟨telb.zn.⟩ ⟨vnl. AE⟩ **0.1** ***schokdemper***.
'snub·bing post ⟨telb.zn.⟩ **0.1** ***bindpaal*** ⇒*boom,* ⟨scheep.⟩ *bolder*.
snub·by ['snʌbi]⟨bn.⟩ **0.1** ***stomp(neuzig)***.
'snub-'nosed ⟨bn.⟩ **0.1** ***stompneuzig*** **0.2** ***met extra-korte loop*** ⟨v. pistool⟩.
snuck [snʌk]⟨verl. t. en volt. deelw.⟩ ⟨inf.⟩ →sneak.
snuff[1] [snʌf]⟨f1⟩ ⟨zn.⟩
I ⟨telb.zn.⟩ **0.1** ***(ge)snuif*** **0.2** ***snuifpoeder(tje)*** ⟨i.h.b. geneesmiddel⟩ **0.3** ***verkoolde pit*** ⟨v. kaars⟩ ⇒*snuitsel* **0.4** ***snuifje*** ⟨snuif⟩;
II ⟨n.-telb.zn.⟩ **0.1** ***snuif(tabak)*** **0.2** ***(snuif)poeder*** ◆ **1.1** take ~ *snuiven* **6.¶** ⟨inf.⟩ **up to** ~ ⟨BE⟩ *uitgeslapen, niet van gisteren, niet voor één gat te vangen, zijn wereld kennend; in goede conditie, zoals het hoort, voldoende;* I'm not feeling **up to** ~ this morning *ik voel me niet al te best vanmorgen*.
snuff[2] ⟨f1⟩ ⟨ww.⟩
I ⟨onov.ww.⟩ **0.1** ***snuiven*** ⇒*snuffelen, inhaleren* **0.2** ***snuiven*** ⇒*snuiftabak nemen; cocaïne snuiven* ◆ **5.¶** ~ **out** *uitdoven;* ⟨inf.⟩ *sterven;*
II ⟨ov.ww.⟩ **0.1** ***snuiten*** ⟨kaars⟩ **0.2** ***opsnuiven*** **0.3** ***besnuffelen*** ◆ **4.¶** ⟨BE; sl.⟩ ~ it *'t hoekje omgaan, de pijp uit gaan* **5.¶** ~ **out** *uitsnuiten, (uit)doven;* ⟨inf.⟩ *koud maken, een eind maken aan, de grond in slaan, vernietigen, onderdrukken*.
'snuff·box ⟨f1⟩ ⟨telb.zn.⟩ **0.1** ***snuifdoos***.
'snuff-col·our ⟨telb.zn.⟩ **0.1** ***snuifkleur*** ⇒*donker oker/geelbruin*.
'snuff-col·oured ⟨bn.⟩ **0.1** ***snuifkleurig*** ⇒*tabakskleurig*.
'snuff dip ⟨telb.zn.⟩ **0.1** ***(pruim)tabakzakje***.
'snuff·dish ⟨telb.zn.⟩ **0.1** ***snuiterbakje***.
snuf·fer ['snʌfə‖-ər]⟨zn.⟩
I ⟨telb.zn.⟩ **0.1** ***(kaarsen)domper*** **0.2** ***snuiver*** ⇒*snuifgebruiker;*
II ⟨mv.; ~s⟩ **0.1** ***kaarsesnuiter*** ◆ **1.1** a pair of ~s *een kaarsesnuiter*.
snuf·fle[1] ['snʌfl]⟨zn.⟩
I ⟨telb.zn.⟩ **0.1** ***snuif*** ⇒*snuiving, snuf* **0.2** ***neusstem*** ⇒*nasaal geluid;*
II ⟨mv.; ~s; the⟩ **0.1** ***verstopte neus*** ⇒*neusverkoudheid* **0.2** ***snuffelziekte*** ⟨v. dieren⟩.
snuffle[2] ⟨f1⟩ ⟨ww.⟩
I ⟨onov.ww.⟩ **0.1** ***snuffen*** ⇒*snuffelen, snuiven, zwaar ademen* **0.2** ***door de neus spreken*** ⟨vroeger typisch voor sommige puriteinse predikers⟩ **0.3** ***snotteren*** ⇒*grienen;*
II ⟨ov.ww.⟩ **0.1** ***met een nasale stem uitspreken*** ◆ **5.1** ~ **out** *nasaal uitspreken, met een nasale stem zeggen*.
snuf·fler ['snʌflə‖-ər]⟨telb.zn.⟩ **0.1** ***snuiver*** ⇒*snuffelaar* **0.2** ***temer*** ⇒*huichelaar*.
snuff·y ['snʌfi]⟨bn.; -er; -ness; →compar. 7⟩ **0.1** ***als snuif*** ⇒*met snuif bedekt, naar snuif ruikend* **0.2** ***aan snuif verslaafd*** ⇒*snuif gebruikend* **0.3** ***gemelijk*** ⇒*verveeld, chagrijnig, knorrig, lichtgeraakt* **0.4** ***onaangenaam*** ⇒*onprettig, irritant* **0.5** ***verwaand*** ⇒*laatdunkend, hovaardig*.
snug[1] [snʌg]⟨telb.zn.⟩ ⟨BE⟩ **0.1** ***gelagkamer***.
snug[2] ⟨f2⟩ ⟨bn.; snugger; -ly; -ness; →compar. 7⟩ **0.1** ***behaaglijk*** ⇒*beschut, warmpjes, knus, gezellig, lekker* **0.2** ***goed ingericht*** **0.3** ***nauwsluitend*** ⇒*goed passend* **0.4** ***ruim*** ⟨v. inkomen⟩ ⇒*comfortabel* **0.5** ***knap*** ⇒*ordelijk, netjes* **0.6** ***zeewaardig*** **0.7** ***verborgen*** ◆ **1.1** be as ~ as a bug in a rug *een lekker leventje leiden* **3.1** lie ~ *lekker liggen* **3.7** lie ~ *zich schuilhouden*.
snug[3] ⟨ov.ww.; →ww. 7⟩ **0.1** ***in orde brengen*** ⇒*netjes maken* **0.2** ***wegbergen*** ⇒*verstoppen* ◆ **5.¶** ~ **down** a vessel *een schip stormklaar maken*.
snug·ger·y ['snʌgəri]⟨telb.zn.; →mv. 2⟩ **0.1** ⟨vnl. BE⟩ ***beschut plekje*** ⇒*hol(letje), knusse kamer* **0.2** ⟨BE⟩ ***gelagkamer***.
snug·gish ['snʌgɪʃ]⟨bn.⟩ **0.1** ***behaaglijk*** ⇒*knus, gezellig*.
snug·gle ['snʌgl]⟨f2⟩ ⟨ww.⟩
I ⟨onov.ww.⟩ **0.1** ***zich nestelen*** ◆ **5.1** ~ **down** *lekker onder de dekens kruipen* **6.1** ~ **up to** s.o. *lekker tegen iem. aan gaan liggen;*
II ⟨ov.ww.⟩ **0.1** ***dicht tegen zich aantrekken*** ⇒*knuffelen*.
so[1] [soʊ]⟨f2⟩ ⟨bn., pred.⟩ **0.1** ***zo*** ⇒*waar* **0.2** ⟨als pro-vorm voor bn.⟩ ***dat*** ⇒*het* ◆ **4.1** is that really ~? *is dat echt waar?* **4.2** she was chubby but not exceedingly ~ *ze was mollig maar niet buitenmate;* 'She's the tallest' 'Yes, ~ she is' *'Ze is de grootste' 'Dat is ze inderdaad'* **8.1** if ~ *als dat zo/waar is*.
so[2] ⟨f4⟩ ⟨aanw.vnw.⟩ **0.1** ⟨ook als pro-vorm v.e. gehele (bij)zin of v.e. hoofdwerkwoord⟩ ***dusdanig*** ⇒*het, dat, zo (ook), aldus, zulks* **0.2** ***iets dergelijks*** ⇒*zo(iets)* ◆ **1.1** I was born a beggar and I will die ~ *ik ben als bedelaar geboren en zal er als een sterven;* he became president and remained ~ until his death *hij werd president en bleef dat tot zijn dood* **3.1** 'I'm tired' 'So you should be' *'Ik ben moe' 'Dat zou je ook moeten zijn';* 'You blundered' 'So I did/But ~ did you' *'Je hebt geblunderd' 'Ja, inderdaad/Maar jij ook';* don't say you didn't steal it: you did ~ *zeg niet dat je het niet gestolen hebt: je hebt dat (vast en zeker) wel gedaan;* 'Is Jill coming?' 'I think ~' *'Komt Jill?' 'Ik denk het/van wel'* **8.2** six days or ~ *zes dagen of zo;* it sounds like French or ~ *het lijkt op Frans of zoiets;* in June or ~ *in of omstreeks de maand juni*.
so[3] ⟨f4⟩ ⟨bw.; →predeterminator⟩ **0.1** ⟨wijze of graad; →bijwoordelijke bijzin 2.4 en 2.5⟩ ***zo*** ⇒*aldus, op die wijze, dus/zodanig, in die mate* **0.2** ⟨emfatische graadaanduiding⟩ ***zozeer*** ⇒*zo erg, zo sterk, zo(danig)* **0.3** ⟨duidt een bep. maar niet gespecifieerde mate of wijze aan⟩ **0.4** ⟨reden⟩ ***bijgevolg*** ⇒*daarom, zodoende, dus* ◆ **1.1** ⟨gew.⟩ he twisted it ~ fashion *hij draaide het op deze wijze* **2.1** it's better ~ *het is beter zo;* it's not ~ difficult as you think *het is niet zo moeilijk als je denkt;* (would you) be ~ kind as to leave immediately *zou u zo goed willen zijn/wees zo goed onmiddellijk te vertrekken;* she is ~ proud as to be unapproachable *ze is zo trots dat je haar niet kunt benaderen;* ~ wise a man was he *hij was zo'n wijs man* **2.2** she is ~ haughty *ze is toch zo hooghartig;* it's ~ sad *het is heel erg droevig;* ⟨inf.⟩ ~ sorry *sorry, pardon* **3.1** he tripped and fell and ~ broke the eggs *hij struikelde, viel en brak zo de eieren;* he continued to do it ~ *hij bleef het zo doen;* this ~ frightened her that she began to cry *daar schrok ze zo/dusdanig van, dat ze begon te huilen;* it was ~ interpreted as to mislead *het werd op een misleidende wijze geïnterpreteerd;* ~ it is said *zo wordt er gezegd;* ~ it is told *aldus wordt het verteld* **3.2** I love you ~ *ik hou zo veel van je* **4.2** ~ many came *er kwamen er zo veel* **4.3** I can only do ~ much *ik kan niets bovenmenselijks doen* **4.4** ~ what? *en dan?, wat dan nog?* **5.1** she studies hard but even ~ she should pay more attention *ze studeert hard maar toch zou ze beter moeten opletten;* (in) ~ far as I know *voor zover ik weet;* ~ far it hasn't happened *tot nu toe/tot nog toe is het niet gebeurd;* and ~ forth/on *enzovoort(s);* ~ long as you don't tell anybody *als je 't maar aan niemand vertelt;* she's not ~ much ill as discontented *ze is niet zozeer ziek als wel ontevreden;* he was

tired, ~ much ~ that he dozed off *hij was moe, zo erg moe dat hij indommelde;* he did not ~ much as open the envelope *hij heeft de enveloppe niet eens opengemaakt;* ~ much the worse *des te erger* **5.3** I can only work ~ fast *ik kan niet sneller werken* **5.¶** ~ far from letting him go she followed him home *ze liet hem niet gaan maar volgde hem integendeel naar huis;* ⟨inf.⟩ ~ long! *tot ziens!;* every ~ often *nu en dan, af en toe;* ~ there *nu weet je het, dat is / wordt het dan* **6.1** ⟨inf.⟩ hold it like ~ *hou het zo / op die manier* **8.1** if ~ *als dat zo is, zo ja;* just as the French enjoy Brie, ~ the Scots enjoy haggis *net zoals de Fransen v. Brie houden, (net zo) zijn de Schotten dol op haggis* **8.4** my wife was ill and ~ I couldn't come *mijn vrouw was ziek en dus kon ik niet komen* **8.¶** ⟨vero.⟩ and ~ to bed *en nu naar bed, en dan gingen ze naar bed;* ~ as *zo dat; opdat* **¶.4** ~ there you are *daar zit je dus;* ~ here we are! *hier zijn we dan!;* ~ that's who did it *aha, dus die heeft het gedaan;* she only spoke French; ~ we could not understand her *ze sprak alleen Frans, en dus konden wij haar niet verstaan.*

so[4] ⟨f4⟩ ⟨vw.⟩
I ⟨ondersch.vw.⟩ **0.1** ⟨gevolg of doel⟩ ⟨inf., beh. in combinatie met ander voegw.⟩ ***zodat*** ⇒*opdat, om* **0.2** ⟨voorwaarde⟩ ⟨vero. beh. met just⟩ ***mits*** ⇒*als… maar, indien* ◆ **5.2** he'd do anything just ~ he can make money *hij zou alles doen als hij er maar mee verdient* **8.1** come in quietly, ~ as not to wake up the baby *kom zachtjes binnen, zodat je de baby niet wakker maakt / om de baby niet wakker te maken;* warn her, ~ that she may avoid all danger *waarschuw haar zodat / opdat ze geen gevaar zou lopen* **¶.1** be careful ~ you don't get hurt *pas op dat je je geen pijn doet;* he behaved ~ she wouldn't see how angry he was *hij gedroeg zich netjes zodat / opdat ze niet zou zien hoe kwaad hij wel was* **¶.2** ~ it's done, no matter how, I shall be pleased *als het maar gebeurt, het geeft niet hoe, dan zal ik tevreden zijn;* ~ please you *als het u behaagt;*
II ⟨nevensch.vw.⟩ **0.1** ***zodat*** ⇒*(en) dus* ◆ **¶.1** he's late, ~ (that) we can't start yet *hij is te laat, zodat we nog niet kunnen beginnen / en dus kunnen we nog niet beginnen.*

so[5] ⟨f2⟩ ⟨tussenw.⟩ **0.1** ***ziezo*** ⇒*voilà, klaar!.*

So ⟨afk.⟩ South **0.1** **Z.**

SO ⟨afk.⟩ Stationery Office.

soak[1] [souk] ⟨zn.⟩
I ⟨telb.zn.⟩ **0.1** ***zuippartij*** **0.2** ⟨sl.⟩ ***zuipschuit*** ⇒*dronkelap* **0.3** ⟨Austr. E; gew.⟩ ***drassig stuk land (aan de voet v.e. heuvel)*** ⇒*poel;*
II ⟨telb. en n.-telb.zn.⟩ **0.1** ***week*** ⇒*het weken* ◆ **6.1** **in** ~ *in de week;*
III ⟨n.-telb.zn.⟩ ⟨sl.⟩ **0.1** ***het verpand zijn*** ◆ **6.1** **in** ~ *in de lommerd.*

soak[2] ⟨f3⟩ ⟨ww.⟩ →soaked, soaking
I ⟨onov.ww.⟩ **0.1** ***sijpelen*** ⇒*doordringen, doortrekken* **0.2** ⟨sl.⟩ ***zuipen*** ⇒*hijsen* ◆ **5.¶** →soak in **6.1** the water had ~ed **through** the paper *het water had het papier doordrenkt;*
II ⟨onov. en ov.ww.⟩ **0.1** ***weken*** ⇒*in de week zetten, in de week staan, soppen* ◆ **5.1** ~ **off** *losweken, afweken;*
III ⟨ov.ww.⟩ **0.1** ***doorweken*** ⇒*(door)drenken* **0.2** ***(onder)dompelen*** **0.3** ***dronken voeren*** **0.4** ***uitzuigen*** ⇒*afzetten* **0.5** ***afstraffen*** **0.6** ***doorbakken*** **0.7** ⟨BE; sl.⟩ ***in de lommerd brengen*** ◆ **1.1** ~ed to the skin *doornat* **1.4** ~ the rich *de rijken plukken* **4.2** ~ o.s. in *zich verdiepen in* **4.¶** ⟨sl.⟩ go ~ yourself *kom nou, ga weg* **5.1** ~ed **through** *doornat, kletsnat* **5.¶** →soak **in;** →soak **up.**

soak·age [ˈsoukɪdʒ] ⟨n.-telb.zn.⟩ **0.1** ***doorsijpeling*** **0.2** ***doorgesijpelde vloeistof.***

soak·a·way [ˈsoukəweɪ] ⟨telb.zn.⟩ ⟨BE⟩ **0.1** ***afvoer v. zakwater.***

soaked [ˈsoukt] ⟨f2⟩ ⟨bn., pred.; volt. deelw. v. soak⟩ **0.1** ***doornat*** ⇒*kletsnat* **0.2** ***stomdronken*** ⇒*zat, lazarus* ◆ **6.¶** ~ **in/with** *doortrokken van, vol van, doorkneed van.*

soak·er [ˈsoukə‖-ər] ⟨telb.zn.⟩ **0.1** ***stortbui*** ⇒*plasregen* **0.2** ***zuipschuit*** ⇒*dronkelap* **0.3** ⟨inf.⟩ ***luierbroekje.***

ˈsoak ˈin ⟨ww.⟩
I ⟨onov.ww.⟩ **0.1** ***doordringen*** ⇒*intrekken, inwerken* ⟨v. opmerking, vocht enz.⟩;
II ⟨ov.ww.⟩ **0.1** ***opnemen*** ⇒*inzuigen, opslorpen, absorberen.*

soak·ing[1] [ˈsoukɪŋ] ⟨f1⟩ ⟨bn.; tegenw. deelw. v. soak⟩ **0.1** ***doornat*** ⇒*kletsnat, doorweekt.*

soaking[2] ⟨f1⟩ ⟨bw.⟩ **0.1** ***door en door*** ◆ **2.1** ~ wet *kletsnat, doorweekt.*

ˈsoak ˈup ⟨ov.ww.⟩ **0.1** ***opnemen*** ⇒*absorberen, opslorpen, inzuigen* **0.2** ***kunnen incasseren*** ⟨kritiek, klap⟩.

so-and-so [ˈsouənsou] ⟨f2⟩ ⟨zn.⟩
I ⟨telb.zn.⟩ **0.1** ***je-weet-wel*** **0.2** ⟨sl.; scherts.⟩ ***vriend*** ⇒*man* ◆ **2.1** a real ~ *een echte je-weet-wel* ⟨eufemisme voor bv. rotzak⟩;
II ⟨n.-telb.zn.⟩ **0.1** ***die en die*** ⇒*dinges* **0.2** ***dit en dit*** ⇒*zo* ◆ **3.1** he told me to do ~ *hij zei mij zus en zo te handelen.*

soap[1] [soup] ⟨f3⟩ ⟨n.-telb.zn.⟩ **0.1** ***zeep*** ⟨ook schei.⟩ **0.2** ⟨AE; sl.⟩ ***vleierij*** ⇒*geslijm* **0.3** ⟨sl.⟩ →soap opera ◆ **1.1** a bar/cake/tablet of ~ *een stuk zeep* **2.1** soft ~ *half-vloeibare zeep* **7.¶** ⟨AE; inf.⟩ no ~ *geen geluk, zonder succes, het zal niet gaan.*

soap[2] ⟨ov.ww.⟩ **0.1** ***zepen*** ⇒*inzepen, afzepen* **0.2** ⟨inf.⟩ ***vleien*** ⇒*likken, stroop om de mond smeren.*

ˈsoap·bark ⟨telb.zn.⟩ ⟨plantk.⟩ **0.1** ***zeepboom*** ⟨Quillaja saponaria⟩.

ˈsoap·ber·ry ⟨telb.zn.; →mv. 2⟩ ⟨plantk.⟩ **0.1** ***zeepboomachtige*** ⟨Sapindaceae⟩ **0.2** ***zeepbes*** ⟨vrucht v.d. zeepboom⟩.

ˈsoap-boil·er ⟨telb.zn.⟩ **0.1** ***zeepzieder.***

ˈsoap-boil·ing ⟨n.-telb.zn.⟩ **0.1** ***het zeepzieden.***

ˈsoap·box[1] ⟨telb.zn.⟩ **0.1** ***doos / karton*** ⟨waar zeep in heeft gezeten⟩ ⇒*zeepkist* **0.2** ***zeepkist*** ⇒*geïmproviseerd platform* **0.3** ***karretje*** ⇒*zeepkist* ◆ **3.2** get on one's ~ *op zijn spreekgestoelte staan, op de zeepkist gaan staan.*

soapbox[2] ⟨bn., attr.⟩ ⟨AE⟩ **0.1** ***(als) v.e. straatredenaar*** ⇒*demagogisch.*

ˈsoap·box·er ⟨telb.zn.⟩ **0.1** ***straatredenaar.***

ˈsoap bubble ⟨f1⟩ ⟨telb.zn.⟩ **0.1** ***zeepbel.***

ˈsoap dish ⟨telb.zn.⟩ **0.1** ***zeepbakje*** ⇒*zeephouder.*

ˈsoap earth ⟨n.-telb.zn.⟩ **0.1** ***steatiet*** ⇒*spekssteen, zeepsteen.*

soap·er, so·por, so·per [ˈsoupə‖-ər] ⟨telb.zn.⟩ ⟨AE; sl.⟩ **0.1** ***slaapmiddel*** ⇒*methaqualone, quaalude* ⟨ook als illegale drug⟩.

ˈsoap flakes ⟨mv.⟩ **0.1** ***zeepvlokken.***

ˈsoap nut ⟨telb.zn.⟩ ⟨plantk.⟩ **0.1** ***zeepnoot*** ⟨vrucht v.d. zeepboom⟩.

ˈsoap opera ⟨f1⟩ ⟨telb.zn.; ook attr.⟩ ⟨AE⟩ **0.1** ***melodramatische serie*** ⟨op radio/t.v.⟩.

ˈsoap plant ⟨telb.zn.⟩ ⟨plantk.⟩ **0.1** ***zeepkruid*** ⟨Saponaria⟩.

ˈsoap pod ⟨telb.zn.⟩ **0.1** ***vrucht v. Chinese Caesalpinia-variëteiten.***

ˈsoap powder ⟨n.-telb.zn.⟩ **0.1** ***zeeppoeder.***

ˈsoap root ⟨n.-telb.zn.⟩ ⟨plantk.⟩ **0.1** ***gipskruid*** ⟨Gypsophila⟩ **0.2** ***zeepkruid*** ⟨Saponaria⟩.

ˈsoap·stone ⟨n.-telb.zn.⟩ ⟨geol.⟩ **0.1** ***zeepsteen*** ⇒*steatiet, speksteen.*

ˈsoap·suds ⟨f1⟩ ⟨mv.⟩ **0.1** ***zeepsop.***

ˈsoap works ⟨mv.⟩ **0.1** ***zeepziederij.***

soap·wort [ˈsoupwɜ:t‖-wɜrt] ⟨n.-telb.zn.⟩ ⟨plantk.⟩ **0.1** ***(gewoon) zeepkruid*** ⟨Saponaria officinalis⟩.

soap·y [ˈsoupi] ⟨f1⟩ ⟨bn.; -er; -ly; -ness; →bijw. 3⟩ **0.1** ***zeepachtig*** ⇒*zeep-* **0.2** ⟨inf.⟩ ***zalvend*** ⇒*flikflooiend* **0.3** ⟨inf.⟩ ***melodramatisch.***

soar[1] [sɔ:‖sɔr] ⟨n.-telb.zn.⟩ **0.1** ***vlucht*** **0.2** ***hoogte.***

soar[2] ⟨f2⟩ ⟨onov.ww.⟩ →soaring **0.1** ***hoog vliegen*** ⇒⟨fig.⟩ *een hoge vlucht nemen* **0.2** ***(omhoog) rijzen*** ⇒*stijgen, zich verheffen* **0.3** ***zweven*** ⇒*zeilen* ◆ **2.1** a ~ing spire *een hoge toren;* prices ~ed *de prijzen rezen de pan uit.*

soar·ing [ˈsɔ:rɪŋ] ⟨n.-telb.zn.; gerund v. soar⟩ **0.1** ***(het) thermiekvliegen.***

sob[1] [sɒb‖sɑb] ⟨f2⟩ ⟨telb.zn.⟩ **0.1** ***snik.***

sob[2], ⟨voor II 0.1 ook⟩ **ˈsob ˈout** ⟨f2⟩ ⟨ww.; →ww. 7⟩
I ⟨onov.ww.⟩ **0.1** ***snikken;***
II ⟨ov.ww.⟩ **0.1** ***snikkend vertellen*** **0.2** ***huilend doen*** ◆ **1.1** sob one's heart out *hartverscheurend snikken* **4.2** he ~bed himself to sleep *hij huilde zichzelf in slaap, al huilend viel hij in slaap.*

SOB ⟨afk.⟩ son of a bitch ⟨AE; sl.⟩.

sob·bing·ly [ˈsɒbɪŋli‖ˈsɑ-] ⟨f1⟩ ⟨bw.⟩ **0.1** ***snikkend.***

so·ber[1] [ˈsoubə‖-ər] ⟨f2⟩ ⟨bn.; -ly; -ness⟩ ⟨→sprw. 735⟩ **0.1** ***nuchter*** ⇒*niet beschonken* **0.2** ***matig*** ⇒*gematigd, abstinent, ingetogen* **0.3** ***beheerst*** ⇒*kalm, nuchter, bedaard, rustig, bezadigd* **0.4** ***verstandig*** ⇒*redelijk, rationeel* **0.5** ***ernstig*** ⇒*serieus* ◆ **1.1** ⟨fig.⟩ as ~ as a judge *zo nuchter als een kalf, broodnuchter* **1.2** ~ colours *gedekte kleuren;* a ~ dress *een stemmige jurk;* a ~ man *een man die niet veel drinkt* **1.4** in ~ fact *in werkelijkheid* **5.1** ⟨inf.⟩ stone cold ~ *broodnuchter.*

sober[2] ⟨f1⟩ ⟨ww.⟩
I ⟨onov.ww.⟩ **0.1** ***ernstig worden*** **0.2** ***verstandig worden*** **0.3** ***nuchter worden*** ⇒*tot bezinning komen* **0.4** ***bedaren*** ⇒*kalmeren* ◆ **5.3** ~ **down/up** *nuchter worden, tot bezinning komen* **5.4** ~ **down/up** *nuchter worden, bedaren;*
II ⟨ov.ww.⟩ **0.1** ***ernstig stemmen*** **0.2** ***ontnuchteren*** ⇒*nuchter maken, tot bezinning brengen* **0.3** ***doen bedaren*** ⇒*kalmeren* ◆ **5.2** ~ **down/up** *nuchter maken, tot bezinning brengen* **5.3** ~ **down/up** *nuchter maken, doen bedaren.*

so·ber·ize, ise [ˈsoubəraɪz] ⟨ov.ww.⟩ **0.1** ***ernstig stemmen*** **0.2** ***ontnuchteren*** ⇒*tot bezinning brengen.*

ˈso·berˈmind·ed ⟨bn.⟩ **0.1** ***nuchter*** ⇒*bezadigd, bedaard.*

so·ber·sides [ˈsoubəsaɪdz‖-bər-] ⟨telb.zn.⟩ ⟨vero.; inf.⟩ **0.1** ***matig mens*** ⇒*serieus persoon.*

ˈso·berˈsuit·ed, ˈso·ber·ˈsid·ed ⟨bn.⟩ **0.1** ***nuchter*** ⇒*serieus, bezadigd, bedaard.*

so·bri·e·ty [səˈbraɪəţi] ⟨n.-telb.zn.⟩ **0.1** ***nuchterheid*** **0.2** ***gematigdheid*** ⇒*ingetogenheid* **0.3** ***bezadigdheid*** ⇒*kalmte* **0.4** ***ernst*** ⇒*serieusheid, seriositeit* **0.5** ***verstand*** ⇒*overleg.*

so·bri·quet, sou·bri·quet ['soubrɪkeɪ‖-ket]⟨telb.zn.⟩ **0.1** ***bijnaam***.
'sob sister[1] ⟨telb.zn.⟩ **0.1** ***schrijfster v. sentimentele/melodramatische verhalen*** **0.2** ***actrice met sentimentele rol*** **0.3** ***sentimenteel persoon***.
sob sister[2] ⟨bn.⟩⟨sl.⟩ **0.1** ***sentimenteel***.
'sob story ⟨telb.zn.⟩ **0.1** ***smartlap*** ⇒*tranentrekker, sentimenteel/pathetisch verhaal*.
'sob stuff ⟨n.-telb.zn.⟩⟨inf.⟩ **0.1** ***pathetisch gedoe*** ⇒*melodramatisch verhaal, pathetisch gedrag*.
soc, Soc [sɒk‖sɑk]⟨afk.⟩ socialist, society.
so·ca ['soukə]⟨n.-telb.zn.⟩ **0.1** ***soca(-muziek)*** ⟨met elementen uit soul en calypso⟩.
soc·age, soc·cage ['sɒkɪdʒ‖'sɑ-]⟨n.-telb.zn.⟩⟨gesch.⟩ **0.1** ***leenmanschap met bep. niet-militaire herendiensten***.
so-called ['sou'kɔ:ld]⟨f3⟩⟨bn., attr.⟩ **0.1** ***zogenaamd***.
soc·cer ['sɒkə‖'sɑkər]⟨f2⟩⟨n.-telb.zn.⟩ **0.1** ***voetbal***.
'soccer fan ⟨f1⟩⟨telb.zn.⟩ **0.1** ***voetbalfan*** ⇒*voetbalsupporter*.
so·cia·bil·i·ty [souʃə'bɪləṭi]⟨telb. en n.-telb.zn.; →mv. 2⟩ **0.1** ***vriendelijkheid*** **0.2** ***gezelligheid***.
so·cia·ble[1] ['souʃəbl]⟨telb.zn.⟩ **0.1** ***wagentje*** ⟨(vierwielig,) met dwarsbalken⟩ **0.2** ***S-vormige sofa*** **0.3** ⟨AE⟩ ***gezellige bijeenkomst*** ⇒*feestje, partij, avondje*.
sociable[2] ⟨f1⟩⟨bn.; -ly; →bijw. 3⟩ **0.1** ***sociabel*** ⇒*gezellig, vriendelijk, open, prettig in de omgang* ◆ **1.¶** ⟨dierk.⟩ ~ plover *steppenkieviet* ⟨Vanellus gregarius⟩.
so·cial[1] ['souʃl]⟨f2⟩⟨telb.zn.⟩ **0.1** ***gezellige bijeenkomst*** ⇒*feestje, partij, avondje*.
social[2] ⟨f3⟩⟨bn.; -ly⟩
I ⟨bn.⟩ **0.1** ***sociaal*** ⇒*maatschappelijk;* ⟨dierk.⟩ *gezellig levend* **0.2** ⟨plantk.⟩ ***bijeen groeiend*** **0.3** ***sociabel*** ⇒*gezellig, vriendelijk* ◆ **1.1** man is a ~ animal *de mens is een sociaal wezen;* ~ anthropology *culturele anthropologie;* ~ charges *sociale lasten* ⟨werkgever⟩; a ~ climber *iem. die in de hogere kringen wil doordringen;* ⟨gesch.⟩ the ~ contract *het maatschappelijke verdrag;* ⟨pol.⟩ ~ contract *sociaal akkoord;* ⟨ec.⟩ ~ credit *sociaal krediet* ⟨theorie dat de winst v.d. industrie onder de consumenten verdeeld moet worden⟩; ~ critic *maatschappijcriticus;* ~ democracy *sociaal democratie;* ~ democrat *sociaal-democraat;* a ~ disease *een venerische ziekte;* ~ event *ontvangst, receptie, partijtje;* the ~ evil *de prostitutie;* ~ history *sociale geschiedenis;* ~ order *de samenleving;* ~ realism *sociaal realisme;* ~ science *sociale wetenschap;* ~ sciences/studies *sociale wetenschappen, maatschappij/gammawetenschappen;* ~ security *uitkering, sociale voorzieningen;* ⟨AE⟩ *stelsel v. sociale zekerheid;* ⟨vnl. BE⟩ ~ service *liefdadig werk;* ⟨vnl. BE⟩ ~ services *sociale voorzieningen;* ~ welfare *bijstand* **3.3** I'm not feeling very ~ today *ik blijf liever alleen vandaag, ik heb vandaag niet zo'n zin om met andere mensen om te gaan;*
II ⟨bn., attr.⟩ **0.1** ***gezelligheids-*** ⇒*gezellig* ◆ **1.1** a ~ club *een gezelligheidsvereniging;* active ~ life *druk uitgaansleven/sociaal verkeer*.
so·cial·ism ['souʃəlɪzm]⟨f2⟩⟨n.-telb.zn.⟩ **0.1** ***socialisme*** ◆ **2.1** Christian ~ *religieus socialisme*.
so·cial·ist[1] ['souʃəlɪst]⟨f2⟩⟨telb.zn.⟩ **0.1** ***socialist***.
socialist[2] ⟨f2⟩⟨bn.⟩ **0.1** ***socialistisch*** ⇒*mbt. het socialisme, v.d. socialisten, volgens het socialisme*.
so·cial·is·tic ['souʃə'lɪstɪk]⟨bn.⟩ **0.1** ***socialistisch*** ⇒*m.b.t. het socialisme, v.d. socialisten, volgens het socialisme*.
so·cial·ite ['souʃəlaɪt]⟨telb.zn.⟩⟨vnl. AE⟩ **0.1** ***lid v.d. beau-monde***.
so·ci·al·i·ty ['souʃi'æləṭi]⟨telb. en n.-telb.zn.; →mv. 2⟩ **0.1** ***vriendelijkheid*** **0.2** ***gezelligheid*** **0.3** ***gemeenschap*** ⇒*omgang, sociaal verkeer* **0.4** ***neiging tot groepsvorming***.
so·cial·i·za·tion, -sa·tion ['souʃəlaɪ'zeɪʃn‖-lə'zeɪʃn]⟨n.-telb.zn.⟩ **0.1** ***socialisatie*** ⇒*socialisering, vermaatschappelijking*.
so·cial·ize, -ise ['souʃəlaɪz]⟨f1⟩⟨ww.⟩
I ⟨onov.ww.⟩ **0.1** ***zich sociabel gedragen*** ⇒*gezellig doen, zich aanpassen* ◆ **6.1** ~ **with** *omgaan met;*
II ⟨ov.ww.⟩ **0.1** ***socialiseren*** **0.2** ***geschikt maken voor de maatschappij*** ◆ **1.1** ⟨AE⟩ ~ed medicine *openbare gezondheidszorg*.
'social 'science ⟨f1⟩⟨zn.⟩
I ⟨telb.zn.⟩ **0.1** ***sociale wetenschap;***
II ⟨n.-telb.zn.⟩ **0.1** ***sociale wetenschappen*** ⇒*maatschappijwetenschappen, gammawetenschappen*.
'social 'service ⟨f1⟩⟨zn.⟩⟨vnl. BE⟩
I ⟨telb. en n.-telb.zn.⟩ **0.1** ***liefdadig werk;***
II ⟨mv.; ~s⟩ **0.1** ***sociale voorzieningen***.
'social 'studies ⟨mv.⟩ **0.1** ***sociale wetenschappen*** ⇒*maatschappijwetenschappen, gammawetenschappen*.
'social work ⟨n.-telb.zn.⟩ **0.1** ***maatschappelijk werk***.
'social worker ⟨f1⟩⟨telb.zn.⟩ **0.1** ***maatschappelijk werker/werkster***.
so·ci·e·tal [sə'saɪəṭl]⟨bn., attr.⟩ **0.1** ***mbt. de samenleving*** ⇒*sociaal*.
so·ci·e·ty [sə'saɪəṭi]⟨f4⟩⟨zn.; →mv. 2⟩
I ⟨telb.zn.⟩ **0.1** ***vereniging*** ⇒*genootschap, kring, maatschappij* **0.2** ⟨AE⟩ ***(kerkelijke) gemeente*** **0.3** ⟨plantk.⟩ ***plantengemeenschap*** ◆ **1.1** Dorcas ~ *Dorcas, dorcasvereniging, liefdadige instelling;* the Society of Friends *het Genootschap der Vrienden* ⟨de quakers⟩; Society of Jesus *Societas Jesu, Sociëteit v. Jezus* ⟨jezuïtenorde⟩ **2.1** Royal Society (of London) *Royal Society* ⟨voor wetenschappelijke discussie⟩;
II ⟨telb. en n.-telb.zn.⟩ **0.1** ***(de) samenleving*** ⇒*(de) maatschappij /gemeenschap;*
III ⟨n.-telb.zn.⟩ **0.1** ***gezelschap*** **0.2** ⟨ook attr.⟩ ***society*** ⇒*hogere kringen, beau monde* ◆ **3.1** I try to avoid his ~ *ik probeer zijn gezelschap te mijden* **6.1** he goes a great deal **into** ~ *hij gaat veel uit*.
So'ciety Islands ⟨eig.n.; the⟩ **0.1** ***de Gezelschapseilanden***.
so'ciety wedding ⟨telb.zn.⟩ **0.1** ***societyhuwelijk***.
So·cin·i·an[1] [sou'sɪnɪən]⟨telb.zn.⟩ **0.1** ***sociniaan*** ⟨aanhanger v. het socianisme, de leer v. Socinus⟩.
Socinian[2] ⟨bn.⟩ **0.1** ***sociniaans*** ⟨volgens het socianisme⟩.
so·ci·o- ['sousiou] **0.1** ***socio-*** ⇒*sociaal* ◆ **¶.1** socio-cultural *sociaalcultureel;* socio-economic *sociaal-economisch*.
so·ci·o·log·i·cal ['sousɪə'lɒdʒɪkl, 'souʃə-‖-'lɑ-], **so·ci·o·log·ic** [-'lɒdʒɪk‖-'lɑdʒɪk]⟨f2⟩⟨bn.; -(al)ly; →bijw. 3⟩ **0.1** ***sociologisch***.
so·ci·ol·o·gist ['sousi'ɒlədʒɪst, 'souʃi-‖-'ɑlə-]⟨f2⟩⟨telb.zn.⟩ **0.1** ***socioloog***.
so·ci·ol·o·gy ['sousi'ɒlədʒi, 'souʃi-‖-'ɑlə-]⟨f2⟩⟨n.-telb.zn.⟩ **0.1** ***sociologie***.
so·ci·o·met·ric ['sousɪə'metrɪk, 'souʃə-]⟨bn.⟩ **0.1** ***sociometrisch***.
so·ci·om·e·trist ['sousi'ɒmɪtrɪst, 'souʃi-‖-'ɑmɪtrɪst]⟨telb.zn.⟩ **0.1** ***beoefenaar der sociometrie***.
so·ci·om·e·try ['sousi'ɒmɪtri, 'souʃi-‖-'ɑmɪtri]⟨n.-telb.zn.⟩ **0.1** ***sociometrie***.
sock[1] [sɒk‖sɑk]⟨f3⟩⟨zn.; in bet. I 0.1 AE sp. mv. ook sox⟩
I ⟨telb.zn.⟩ **0.1** ***sok*** ⟨ook v. dier⟩ ⇒*(korte) kous* **0.2** ***inlegzool(tje)*** **0.3** ⟨gesch.⟩ ***soccus*** ⟨lage open schoen op toneel gedragen⟩ **0.4** ***komedie*** ⇒*blijspel* **0.5** ⟨inf.⟩ ***(vuist)slag*** ⇒*oplawaai(er), poeier, stoot, dreun* **0.6** ***windzak*** **0.7** ⟨vnl. Sch. E⟩ ***ploegschaar*** **0.8** ***spaarpot*** **0.9** ⟨sl.⟩ ***sok*** ⇒*sukkel* **0.10** ⟨sl.⟩ ***veel poen*** **0.11** ⟨sl.⟩ ***succes*** ⇒*hit* ◆ **3.¶** ⟨BE; inf.⟩ pull one's ~s up *er tegen aan gaan;* ⟨sl.⟩ put a ~ in it *kop dicht;* ⟨AE; sl.⟩ knock (one's) ~s off *(volkomen) verbijsteren/in verrukking brengen;*
II ⟨n.-telb.zn.⟩⟨AE⟩ **0.1** ***stootkracht*** ⇒*slagkracht*.
sock[2] ⟨f1⟩⟨ov.ww.⟩⟨inf.⟩ **0.1** ***sokken aantrekken*** **0.2** ***meppen*** ⇒*slaan, dreunen* **0.3** ⟨sl.⟩ ***als een bom laten inslaan*** **0.4** ⟨sl.⟩ ***sparen*** **0.5** ⟨sl.⟩ ***verdienen*** ◆ **4.¶** ~ it to s.o. *iem. op zijn donder geven, iem. er van langs geven; grote indruk op iem. maken; als een bom bij iem. laten inslaan* **5.¶** ⟨AE⟩ ~ed **in** *(pot)dicht, (wegens slecht weer) gesloten* ⟨v. vliegveld⟩; *(door mist) vertraagd, aan de grond* ⟨v. vliegtuigen⟩ **6.2** ~ s.o. **on** the jaw *iem. een kaakslag geven*.
sock[3] ⟨bw.⟩⟨vnl. BE; inf.⟩ **0.1** ***precies*** ⇒*juist, recht* ◆ **6.1** ~ **in** the eye *middenin het oog*.
sock·dol·a·ger, sock·dol·o·ger [sɒk'dɒlədʒə‖sɑk'dɑlədʒər] ⟨telb.zn.⟩⟨vero.; AE; inf.⟩ **0.1** ***beslissende slag*** ⟨ook fig.⟩ ⇒*genadeslag* **0.2** ***opmerkelijk iets*** ⇒*einde*.
sock·er·oo[1] ['sɒkə'ru:‖'sɑ-]⟨telb.zn.⟩⟨sl.⟩ **0.1** ***succes*** ⇒*hit*.
sockeroo[2] ⟨bn.⟩⟨sl.⟩ **0.1** ***geweldig*** ⇒*heel succesvol*.
sock·et[1] ['sɒkɪt‖'sɑ-]⟨f2⟩⟨telb.zn.⟩ **0.1** ***holte*** ⇒*(oog)kas, gewrichtsholte* **0.2** ***kandelaar*** ⇒*kaarshouder* **0.3** ⟨tech.⟩ ***sok*** ⇒*mof, buis* **0.4** ⟨elek.⟩ ***contactdoos*** **0.5** ⟨elek.⟩ ***contrastekker*** **0.6** ⟨elek.⟩ ***fitting*** ⇒*lamphouder* **0.7** ⟨golf⟩ ***socket*** ⟨onderste deel v. shaft v. ijzeren golfclub⟩.
socket[2] ⟨ov.ww.⟩ **0.1** ***uithollen*** **0.2** ***in holte/kandelaar/fitting/sok inbrengen*** **0.3** ⟨golf⟩ ***socketen*** ⇒*shanken, een shank slaan* ⟨misslag maken⟩.
'socket spanner ⟨telb.zn.⟩⟨BE⟩ **0.1** ***dopsleutel***.
'socket wrench ⟨telb.zn.⟩ **0.1** ***dopsleutel*** ⇒*inbussleutel*.
'sock·eye, 'sockeye 'salmon ⟨telb.zn.⟩⟨dierk.⟩ **0.1** ***blauwrugzalm*** ⟨Oncorhynchus nerka⟩.
sock·o[1] ['sɒkou‖'sɑ-]⟨bw.⟩⟨sl.⟩ **0.1** ***heel goed*** ⇒*profijtelijk*.
socko[2] ⟨tussenw.⟩⟨sl.⟩ **0.1** ***pats***.
'sock suspender ⟨telb.zn.; vaak mv.⟩⟨BE⟩ **0.1** ***sokophouder***.
so·cle ['sɒkl, 'soukl‖'sɑkl, 'soukl]⟨telb.zn.⟩⟨bouwk.⟩ **0.1** ***sokkel*** ⇒*voet(stuk), plint*.
So·crat·ic[1] [sə'kræṭɪk]⟨telb.zn.⟩ **0.1** ***volgeling v. Socrates***.
Socratic[2] ⟨bn.; -ally; →bijw. 3⟩ **0.1** ***socratisch*** ◆ **1.1** ~ elenchus *socratisch onderzoek;* ~ irony *socratische ironie;* the ~ method *de socratische methode, dialectiek*.
So·crat·i·cism [sə'kræṭɪsɪzm]⟨n.-telb.zn.⟩ **0.1** ***leer v. Socrates***.
sod[1] [sɒd‖sɑd]⟨f2⟩⟨zn.⟩
I ⟨telb.zn.⟩⟨BE; inf.; pej. of scherts.⟩ **0.1** ***sodemieter*** **0.2** ***vent*** ⇒*kerel, lamstraal* **0.3** ***stinkklus*** ⇒*ellende* ◆ **2.2** dirty ~ *viezerik;*

kind old ~ *vriendelijke oude kerel;* silly ~ *dwaas, idioot* **3.1** not care/give a ~ *zich geen bliksem interesseren;*
II ⟨telb. en n.-telb.zn.⟩ **0.1** ***(gras)zode*** ⇒*gras(land), plag(ge)* ◆ **6.1 under** the ~ *onder de (groene) zoden.*
sod[2] ⟨ww.; →ww. 7⟩
I ⟨onov.ww.⟩ ⟨BE; vulg.⟩ ◆ **5.¶** ~ **off** *opsodemieteren, ophoepelen;*
II ⟨ov.ww.⟩ **0.1** ***met zoden bedekken*** **0.2** ⟨BE; vulg.⟩ ***verdoemen*** ◆ **4.2** ~ it! *verdomme!;* ~ you! *krijg de klere!.*
sod[3] ⟨vero. verl. t.⟩ →seethe.
sod[4] ⟨tussenw.⟩ **0.1** ***verdomme.***
so·da ['soʊdə] ⟨f2⟩ ⟨zn.⟩
I ⟨telb.zn.⟩ **0.1** ***roomijs met spuitwater;***
II ⟨telb. en n.-telb.zn.⟩ **0.1** ***soda(water);***
III ⟨n.-telb.zn.⟩ **0.1** ⟨schei.⟩ ***soda*** ⇒*natriumcarbonaat* **0.2** ⟨inf.⟩ ***natrium*** **0.3** ⟨verk.⟩ ⟨soda pop⟩ **0.4** ⟨verk.⟩ ⟨soda water⟩ ◆ **2.1** caustic ~ *bijtende/caustische soda, natriumhydroxyde* **3.1** baking ~ *dubbelkoolzure soda, zuiveringszout;* washing ~ *soda, natriumcarbonaat, wassoda.*
'soda biscuit ⟨telb.zn.⟩ **0.1** ***sodakoekje*** ⟨bereid met dubbelkoolzure soda⟩.
'soda bread ⟨n.-telb.zn.⟩ **0.1** ***sodabrood*** ⟨bereid met dubbelkoolzure soda⟩.
'soda cracker ⟨telb.zn.⟩ **0.1** ***soda cracker*** ⟨bereid met dubbelkoolzure soda⟩.
'soda fountain ⟨telb.zn.⟩ ⟨AE⟩ **0.1** ***fristap(installatie).***
'soda jerk ⟨telb.zn.⟩ ⟨verk.⟩ soda jerker ⟨AE; sl.⟩ **0.1** ***bediener v.e. fristap.***
so·dal·i·ty [soʊ'dæləṭi] ⟨telb.zn.; →mv. 2⟩ **0.1** ***groepering*** ⇒*broederschap,* ⟨R.-K.⟩ *congregatie, sodaliteit.*
'soda pop ⟨telb. en n.-telb.zn.⟩ ⟨AE; inf.⟩ **0.1** ***prik(limonade)*** ⇒*fris.*
'soda water ⟨f1⟩ ⟨n.-telb.zn.⟩ **0.1** ***soda(water)*** ⇒*spuitwater.*
sod·den[1] ['sɒdn‖'sɑdn] ⟨f1⟩ ⟨bn.; -ly; -ness⟩ **0.1** ***doorweekt*** ⇒*doordrenkt* **0.2** ***klef*** ⟨v. brood, e.d.⟩ **0.3** ***opgeblazen*** ⇒*opgezwollen* ⟨door drank⟩ ◆ **1.3** ~ features *opgeblazen gezicht* **6.1** ~ **with** water *kleddernat.*
sodden[2] ⟨ww.⟩
I ⟨onov.ww.⟩ **0.1** ***doordrenkt/doorweekt raken*** **0.2** ***klef worden;***
II ⟨ov.ww.⟩ **0.1** ***doorweken*** ⇒*doordrenken* **0.2** ***klef maken*** **0.3** ***opgeblazen maken*** ⟨door drank⟩.
sod·dy ['sɒdi‖'sɑ-] ⟨bn.; -er; →compar. 7⟩ **0.1** ***met zoden bedekt.***
so·di·um ['soʊdɪəm] ⟨f1⟩ ⟨n.-telb.zn.⟩ ⟨schei.⟩ **0.1** ***natrium*** ⟨element 11⟩.
'sodium 'chloride ⟨n.-telb.zn.⟩ ⟨schei.⟩ **0.1** ***keukenzout.***
'sodium lamp ⟨telb.zn.⟩ **0.1** ***natriumlamp.***
Sod·om ['sɒdəm‖'sɑ-] ⟨eig.n., telb.zn.⟩ **0.1** ***Sodom*** ⟨in bijbels Palestina; Gen. 19:24⟩ ⇒*verdorven stad.*
sod·om·ite ['sɒdəmaɪt‖'sɑ-] ⟨telb.zn.⟩ **0.1** ***sodemieter*** ⇒*iem. die sodomie bedrijft* **0.2** ***homoseksueel.***
sod·om·y ['sɒdəmi‖'sɑ-] ⟨n.-telb.zn.⟩ **0.1** ***sodomie*** **0.2** ***homoseksueel gedrag.***
'Sod's Law ⟨n.-telb.zn.⟩ ⟨BE; inf.; scherts.⟩ **0.1** ***de wet v. 'Sod'*** ⟨als er iets fout kàn gaan, gaat dat ook fout; zie ook Murphy's Law⟩ ◆ **¶.1** oh God, ~ again! *verdorie, alles wat maar kan, zit weer tegen!.*
so·ev·er [soʊ'evə‖-ər] ⟨bw.; vaak suffix bij betr. vnw. of bijw.; →betrekkelijk voornaamwoord 9⟩ **0.1** ⟨ong.⟩ ***... (dan) ook*** ⇒*al ...* ◆ **7.1** any town ~ *welke plaats dan ook* **¶.1** howsoever *hoe dan ook;* whosoever *wie dan ook, al wie.*
so·fa ['soʊfə] ⟨f3⟩ ⟨telb.zn.⟩ **0.1** ***bank*** ⇒*sofa, canapé.*
'sofa bed ⟨telb.zn.⟩ **0.1** ***slaapbank.***
'sofa lizard ⟨telb.zn.⟩ ⟨sl.⟩ **0.1** ***(vurige) vrijer.***
sof·fit ['sɒfɪt‖'sɑ-] ⟨telb. en n.-telb.zn.⟩ ⟨bouwk.⟩ **0.1** ***soffiet*** ⟨(versierd) ondervlak v.e. architraaf, kroonlijst, galerij enz.⟩.
S of S ⟨afk.⟩ Song of Songs **0.1** ***Hoogl.*.**
soft[1] →softy.
soft[2] [sɒft‖sɔft] ⟨f3⟩ ⟨bn.; -er; -ly; -ness⟩ ⟨→sprw. 615⟩
I ⟨bn.⟩ **0.1** ***zacht*** ⇒*week, buigzaam; gedempt* ⟨licht⟩; *vaag, onscherp; rustig; teerhartig, mild, teder, hartelijk, medelevend* **0.2** ***slap*** ⟨ook fig.⟩ ⇒*zwak, week, sentimenteel* **0.3** ⟨BE⟩ ***vochtig*** ⟨weer⟩ ⇒*regenachtig, dooiend* **0.4** ⟨inf.⟩ ***niet-verslavend*** ⇒*soft* ⟨drugs⟩ **0.5** ⟨geldw.⟩ ***laaggeprijsd*** ⟨aandelen⟩ **0.6** ⟨inf.⟩ ***eenvoudig*** **0.7** ⟨inf.⟩ ***onnozel*** ⇒*dwaas, gek* **0.8** ⟨inf.⟩ ***niet-alcoholisch*** ⇒*fris* **0.9** ⟨vero.; taalk.⟩ ***lenis*** ⇒*stemhebbend, niet-geaspireerd* **0.10** ⟨niet tech.⟩ ***zacht*** ⇒*fricatief* ⟨medeklinker⟩ ◆ **1.1** ~ answer *rustig/kalmerend antwoord* ⟨op beschuldiging e.d.⟩; *zacht antwoord* ⟨Spreuken 15:1⟩; as ~ as butter *zo zacht als boter;* ~ corn *zachte likdoorn;* have a ~ heart *vriendelijk zijn;* ~ iron *weekijzer;* ~ landing *zachte landing;* ~ manners *hoffelijk gedrag;* ~ palate *zacht gehemelte;* ~ shoulder/verge! *zachte berm!;* ~ skin *zachte huid;* ~ soap *zachte zeep;* ⟨fig.⟩ *vleierij;* ~ solder *tinsoldeer;* ~ tissues *zachte weefsels* **1.2** ~ muscles *slappe spieren;* ~ nothings *mooie praatjes, geflirt;* ⟨inf.⟩ ~ sawder *vleierij, mooie praatjes;* (have) a ~ spot for s.o. *een zwak voor iem. hebben* **1.6** ~ job *makkie; goedbetaalde baan;* ~ option *gemakkelijke weg/oplossing* **1.7** have gone ~ in the head *niet goed wijs zijn geworden* **1.10** in ice-age, c and g are ~ *in ice-age worden c en g uitgesproken als s en zj* **1.¶** ⟨AE⟩ ~ cider *appelsap;* ~ coal *vette kolen;* ~ currency *zwakke valuta;* ~ detergent *milieuvriendelijk schoonmaakmiddel;* ⟨foto.⟩ ~ focus *soft focus;* ⟨BE⟩ ~ fruit *zacht fruit* ⟨zonder pit⟩; ⟨BE⟩ ~ furnishings *woningtextiel;* ⟨BE⟩ ~ goods *manufacturen;* ~ loan *lening op gunstige voorwaarden;* ~ mark *dupe, willig slachtoffer;* ~ money *papiergeld;* ~ paste *namaakporselein, zacht porselein;* ~ pedal *linker pedaal* ⟨piano⟩; ⟨inf.⟩ ~ porno *soft porno;* ~ radiation *zwakke straling;* ~ roe *hom;* the ~ sciences *de niet-exacte wetenschappen, de alfa- en gamma-wetenschappen;* ~ sell *vriendelijk overredende verkoop(methode);* the ~(er) sex *het zwakke geslacht;* ~ sugar *kristalsuiker; poedersuiker;* ~ touch *vrijgevig iem.; iem. die gemakkelijk te overreden is/geld uitleent; eenvoudig klusje; makkelijk verdiend geld;* ~ water *zacht water;* ⟨cricket⟩ ~ wicket *natte (en daardoor zachte) wicket/pitch;*
II ⟨bn., pred.⟩ **0.1** ***zwak*** ⇒*gek, verliefd* ◆ **6.1** ⟨inf.⟩ be ~ **about/on** *gek/verliefd zijn op, een zwak hebben voor.*
soft[3] ⟨bw.; vnl. vergr. trap⟩ **0.1** ***zacht*** ◆ **3.1** play ~(er) *zachtjes/(zachter) spelen.*
soft[4] ⟨tussenw.⟩ ⟨vero.⟩ **0.1** ***zacht(jes)*** ⇒*stil* **0.2** ***wacht even.***
sof·ta ['sɒftə‖'sɔftə, 'sɑf-] ⟨telb.zn.⟩ **0.1** ***softa*** ⟨student v.d. moslemleer⟩.
'soft·ball ⟨f1⟩ ⟨n.-telb.zn.⟩ **0.1** ***softbal.***
'soft-'boiled ⟨f1⟩ ⟨bn.⟩ **0.1** ***zacht(gekookt)*** ⟨v. ei⟩ **0.2** ***weekhartig*** ⇒*sentimenteel.*
'soft-'cen·tred ⟨bn.⟩ **0.1** ***met zachte vulling*** ⟨v. chocolade⟩ ⇒*gevuld.*
'soft copy ⟨n.-telb.zn.⟩ ⟨comp.⟩ **0.1** ***beeldschermtekst.***
'soft-core ⟨bn., attr.⟩ **0.1** ***soft*** ⇒*zacht* ⟨mbt. porno⟩ ◆ **1.1** ~ pornography *soft porno.*
'soft drink ⟨telb.zn.⟩ **0.1** ***fris(drank).***
sof·ten ['sɒfn‖'sɔfn] ⟨f3⟩ ⟨ww.⟩
I ⟨onov.ww.⟩ **0.1** ***zacht(er) worden*** **0.2** ***vertederd worden*** ⇒*vertederen;*
II ⟨ov.ww.⟩ **0.1** ***zacht(er) maken*** ⇒*verzachten, dempen* ⟨licht⟩, *ontharden* ⟨water⟩ **0.2** ***verwennen*** ⇒*verwekelijken, verslappen* **0.3** ***vertederen*** ⇒*teder maken* ◆ **1.¶** ~ing of the brain *hersenverweking, seniele aftakeling* **5.¶** ~ **up** *mild/gunstig stemmen, vermurwen; verzwakken, murw maken;* ⟨mil.⟩ *murw bombarderen.*
sof·ten·er ['sɒfnə‖'sɔfnər] ⟨f1⟩ ⟨telb.zn.⟩ **0.1** ***(water)verzachter*** ⇒*waterontharder,* ⟨i.h.b.⟩ *wasverzachter.*
'soft·head ⟨telb.zn.⟩ ⟨inf.⟩ **0.1** ***onnozele hals.***
'soft'head·ed, 'soft-'wit·ted ⟨bn.; softheadedly⟩ **0.1** ***halfzacht*** ⇒*niet goed wijs/snik.*
'soft'heart·ed ⟨f1⟩ ⟨bn.; -ly; -ness⟩ **0.1** ***teerhartig*** ⇒*snel bewogen/ontroerd, hartelijk, vriendelijk.*
softie →soft.
soft·ish ['sɒftɪʃ‖'sɔf-] ⟨bn.⟩ **0.1** ***vrij zacht*** ⇒*aan de zachte kant.*
'soft'land ⟨onov.ww.⟩ **0.1** ***een zachte landing maken.***
'soft-'lined ⟨bn.⟩ **0.1** ***met zachte/delicate gelaatstrekken.***
'soft-nosed ⟨bn.⟩ ◆ **1.¶** ~ bullet *dum-dum-kogel.*
'soft-'ped·al ⟨f1⟩ ⟨ww.; →ww. 7⟩
I ⟨onov.ww.⟩ **0.1** ***een uitspraak afzwakken;***
II ⟨onov. en ov.ww.⟩ **0.1** ***met het linkerpedaal ingedrukt spelen*** ⟨piano⟩;
III ⟨ov.ww.⟩ **0.1** ***afzwakken*** ⇒*matigen, verzachten, temperen* **0.2** ***niet benadrukken.***
'soft-'shell, 'soft-'shelled ⟨bn.⟩ **0.1** ***met zachte schaal*** ⟨v. krab, i.h.b. na vervellen⟩ **0.2** ***gematigd*** ⇒*mild.*
'soft-soap, 'soft-saw·der ⟨f1⟩ ⟨ov.ww.⟩ ⟨inf.⟩ **0.1** ***stroop smeren bij*** ⇒*vleien, zoete broodjes bakken/een wit voetje trachten te halen bij.*
'soft-'spo·ken ⟨bn.; ook softer-spoken; →compar. 7⟩ **0.1** ***met zachte/vriendelijke stem.***
'soft tack ⟨n.-telb.zn.⟩ ⟨scheep.⟩ **0.1** ***zacht/wit brood*** ⇒*goede kost.*
'soft-'term ⟨bn., attr.⟩ **0.1** ***op lange termijn*** ◆ **1.1** ~ loan *lening op lange/gunstige termijn.*
soft·ware ['sɒf(t)weə‖'sɔf(t)wer] ⟨f1⟩ ⟨n.-telb.zn.⟩ ⟨comp.⟩ **0.1** ***programmatuur*** ⇒*software.*
'software package ⟨telb.zn.⟩ ⟨comp.⟩ **0.1** ***software-pakket.***
softwitted →softheaded.
'soft·wood ⟨n.-telb.zn.⟩ **0.1** ***zachthout*** ⟨vnl. naaldhout⟩.
soft·y, soft·ie ['sɒfti‖'sɔfti], **soft** ⟨f2⟩ ⟨telb.zn.; →mv. 2⟩ ⟨inf.⟩ **0.1** ***slappeling*** ⇒*zwakkeling, softie, dwaas* **0.2** ***iem. die gemakkelijk te overreden is/geld uitleent*** ⇒*zacht ei(tje).*
SOGAT ['soʊgæt] ⟨afk.⟩ ⟨BE⟩ Society of Graphical and Allied Trades.

sog·gy ['sɒgi‖'sɑgi]⟨f2⟩⟨bn.;-er;-ly;-ness;→bijw.3⟩ **0.1** ***doorweekt*** **0.2** ***drassig*** **0.3** ***suf*** ⇒*saai, sullig, idioot* **0.4** ***klef*** ⟨v. brood, e.d.⟩ **0.5** ***drukkend*** ⇒*zwoel.*

soh, so [soʊ]⟨telb. en n.-telb.zn.⟩⟨muz.⟩ **0.1** ***sol*** ⇒*G.*

so·ho ['soʊhoʊ]⟨tussenw.⟩ **0.1** ⟨jacht⟩⟨uitroep bij het ontdekken v.e.⟩ ***haas!*** ⇒⟨alg.⟩ *aha!, nou heb ik je te pakken!* **0.2** ⟨tot paard⟩ ***bedaard.***

soi-di·sant ['swɑ:'di:zɑ̃‖-di:'zɑ̃]⟨bn.⟩ **0.1** ***zich noemend*** **0.2** ***zogenaamd.***

soi·gné, ⟨vr.⟩ **soi·gnée** ['swɑ:njeɪ‖swɑn'jeɪ]⟨bn.⟩ **0.1** ***gesoigneerd*** ⇒*verzorgd, elegant.*

soil[1] [sɔɪl]⟨f3⟩⟨zn.⟩

I ⟨telb. en n.-telb.zn.⟩ **0.1** ***grond*** ⟨ook fig.⟩ ⇒*land, teelaarde* **0.2** ***(vader)land*** **0.3** ***vuil*** ⇒*vlek, vuiligheid, smet* ⟨ook fig.⟩ ◆ **2.2** on Dutch ~ *op Nederlandse bodem;* native ~ *geboortegrond;*

II ⟨n.-telb.zn.⟩ **0.1** ***(ver)vuil(ing)*** **0.2** ***afval*** ⇒*drek* **0.3** ⟨the⟩ ***aarde*** ⇒*grond, land* **0.4** ⟨jacht⟩ ***poel*** ⇒*water* ◆ **1.3** son of the ~ *kind v.h. land* **4.4** take ~ *zijn toevlucht zoeken in het water* ⟨v. wild⟩.

soil[2] ⟨f2⟩⟨ww.⟩

I ⟨onov.ww.⟩ **0.1** ***vuil worden*** ⇒*smetten* **0.2** ⟨jacht⟩ ***zijn toevlucht zoeken in het water*** ⟨v. wild⟩;

II ⟨ov.ww.⟩ **0.1** ***vuil maken*** ⇒*bevuilen, bezoedelen* **0.2** ***groenvoer geven*** ⟨vee⟩ ◆ **1.1** ⟨fig.⟩ not ~ one's hands with sth. *vies zijn van iets;* refuse to ~ one's hands *weigeren zijn handen vuil te maken.*

soil·age ['sɔɪlɪdʒ]⟨n.-telb.zn.⟩ **0.1** ***groenvoer.***

soil·less ['sɔɪləs]⟨f1⟩⟨bn.⟩ **0.1** ***zonder grond/(teel)aarde.***

'soil mechanics ⟨mv.; ww. vnl. enk.⟩ **0.1** ***grondmechanica.***

'soil pipe ⟨telb.zn.⟩ **0.1** ***afvoerpijp*** ⇒*riool.*

'soil science ⟨n.-telb.zn.⟩ **0.1** ***bodemkunde*** ⇒*pedologie.*

'soil survey ⟨telb.zn.⟩ **0.1** ***bodemkartering.***

soil·ure ['sɔɪljə‖-jər]⟨zn.⟩⟨vero.⟩

I ⟨telb.zn.⟩ **0.1** ***vlek*** ⇒*smet;*

II ⟨n.-telb.zn.⟩ **0.1** ***vervuiling.***

soil·y ['sɔɪli]⟨bn.;-er;→compar.7⟩ **0.1** ***vuil*** **0.2** ***bodem-*** ⇒*aarde-.*

soi·ree, soi·rée ['swɑ:reɪ‖swɑ'reɪ]⟨f1⟩⟨telb.zn.⟩ **0.1** ***soiree*** ⇒*avondje.*

so·journ[1] ['sɒdʒɜ:n‖'soʊdʒɜrn]⟨telb.zn.⟩⟨schr.⟩ **0.1** ***(tijdelijk) verblijf*** ⇒*oponthoud.*

sojourn[2] ['sɒdʒɜ:n‖soʊ'dʒɜrn]⟨onov.ww.⟩⟨schr.⟩ **0.1** ***vertoeven*** ⇒*(tijdelijk) verblijven* ◆ **6.1** ~ **among** friends *onder vrienden vertoeven;* ~ **at/in** a place *tijdelijk ergens verblijven;* ~ **with** relatives *bij familie verblijven.*

so·journ·er ['sɒdʒɜ:nə‖'soʊdʒɜrnər]⟨telb.zn.⟩⟨schr.⟩ **0.1** ***gast.***

soke [soʊk]⟨zn.⟩⟨BE; gesch., jur.⟩

I ⟨telb.zn.⟩ **0.1** ***rechtsgebied*** ⇒*district* ⟨onder II⟩;

II ⟨n.-telb.zn.⟩ **0.1** ***jurisdictie*** ⇒*rechtsmacht* ⟨v. landheer⟩.

soke·man ['soʊkmən]⟨telb.zn.; sokemen [-mən];→mv.3⟩ **0.1** ***leenman.***

sol[1] [sɒl‖sɑl]⟨f1⟩⟨zn.⟩

I ⟨eig.n.; S-; the⟩⟨scherts. beh. Romeinse mythologie⟩ **0.1** ***Sol*** ⇒*de Zon(negod);*

II ⟨telb. en n.-telb.zn.⟩ **0.1** ⟨muz.⟩ ***sol*** ⇒*G* **0.2** ⟨verk.⟩ ⟨solution⟩ ⟨schei.⟩ *sol* ⟨colloïdale oplossing⟩;

III ⟨n.-telb.zn.⟩ **0.1** ⟨verk.⟩ ⟨solitary confinement⟩ ⟨sl.⟩ ***eenzame opsluiting*** ⇒*afzondering, isoleercel* **0.2** ⟨alch.⟩ ***goud.***

sol[2] ⟨telb.zn.; ook soles;→mv.5⟩ **0.1** ***sol*** ⟨munteenheid v. Peru⟩.

sol[3] ⟨afk.⟩ solicitor, solution.

so·la[1] ['soʊlə]⟨telb.zn.⟩⟨plantk.⟩ **0.1** ***sola*** ⟨Aeschynomene aspera⟩.

sola[2] ⟨vr.⟩ →solus.

'sola bill ⟨telb.zn.⟩⟨geldw.⟩ **0.1** ***sola(wissel)*** ⇒*enkele wissel.*

sol·ace[1] ['sɒlɪs‖'sɑlɪs], **sol·ace·ment** [-mənt]⟨f1⟩⟨telb. en n.-telb.zn.⟩ **0.1** ***troost*** ⇒*vertroosting, verlichting, so(e)laas, bemoediging* ◆ **6.1** find ~ **in** sth. *troost vinden in iets.*

solace[2] ⟨ov.ww.⟩ **0.1** ***(ver)troosten*** ⇒*verlichten, opbeuren* **0.2** ***opvrolijken*** ⇒*opmonteren* ◆ **4.1** ~ o.s. (with sth.) *zich troosten (met iets).*

sol·ac·er ['sɒlɪsə‖'sɑlɪsər]⟨telb.zn.⟩ **0.1** ***trooster.***

so·lan ['soʊlən], **'solan goose** ⟨telb.zn.⟩⟨vero.; dierk.⟩ **0.1** ***jan-van-gent*** ⇒*bassaangans, rotspelikaan* ⟨Sula bassana⟩.

so·lan·der [sə'lændə‖-ər]⟨telb.zn.⟩ **0.1** ***cassette*** ⟨voor boek, kaarten, e.d.⟩.

so·la·num [sə'leɪnəm]⟨telb. en n.-telb.zn.⟩⟨plantk.⟩ **0.1** ***nachtschade*** ⟨genus Solanum⟩.

so·lar[1] ['soʊlə‖-ər]⟨telb.zn.⟩ **0.1** ***solarium*** **0.2** ***bovenkamer*** ⟨v. middeleeuws huis⟩.

solar[2] ⟨f2⟩⟨bn.⟩ **0.1** ***solair*** ⇒*v.d. zon, zonne-, zons-* ◆ **1.1** ~ battery *zonnecel;* ~ cell *zonnecel;* ~ collector *zonnecollector;* ~ constant *zonneconstante;* ~ cycle *zonnecyclus, zonnecirkel* ⟨28 jaar⟩; ~ day *zonnedag;* ~ eclipse *zoneclips, zonsverduistering;* ~ energy *zonne-energie;* ~ heating *zonneverwarming;* ~ month *zonnemaand;* ~ myth *zonnemythe;* ~ panel *zonnepaneel;* ~ particle *zonnedeeltje;* ~ pond *zonnevijver;* ~ power *zonne-energie;* ~ wind *zonnewind;* ~ year *zonnejaar* **1.¶** ⟨med.⟩ ~ plexus *zonnevlecht* ⟨plexus solaris⟩; ⟨inf.⟩ *maag.*

so·lar·ism ['soʊlərɪzm]⟨n.-telb.zn.⟩ **0.1** ***zonnecultus*** ⇒*zonnedienst.*

so·lar·ist ['soʊlərɪst]⟨telb.zn.⟩ **0.1** ***aanhanger v. zonnecultus.***

so·lar·i·um [soʊ'leərɪəm‖-'ler-]⟨telb.zn.; ook solaria [-rɪə];→mv.5⟩ **0.1** ***solarium*** **0.2** ⟨gesch.⟩ ***(Romeinse) zonnewijzer.***

so·lar·i·za·tion, -sa·tion ['soʊləraɪ'zeɪʃn‖-rə'zeɪʃn]⟨telb. en n.-telb.zn.⟩⟨foto.⟩ **0.1** ***solarisatie*** ⟨na sterke overbelichting⟩.

so·lar·ize, -ise ['soʊləraɪz]⟨ww.⟩

I ⟨onov.ww.⟩ **0.1** ***aan zonlicht blootgesteld worden*** **0.2** ⟨foto.⟩ ***gesolariseerd worden*** ⇒*solarisatie ondergaan;*

II ⟨ov.ww.⟩ **0.1** ***aan zonlicht blootstellen*** **0.2** ⟨foto.⟩ ***solariseren.***

'so·lar-pow·ered ⟨bn.⟩ **0.1** ***v./mbt. zonne-energie.***

'solar system ⟨f1⟩⟨telb.zn.⟩ **0.1** ***zonnestelsel.***

so·la·ti·um [soʊ'leɪʃɪəm]⟨telb.zn.; solatia [-ʃɪə];→mv.5⟩⟨jur.⟩ **0.1** ***vergoeding*** ⟨voor immateriële schade⟩ ⇒*smartegeld.*

sola topi ['soʊlə 'toʊpi]⟨telb.zn.⟩ **0.1** ***tropenhelm.***

sold ⟨verl. t. en volt. deelw.⟩ →sell.

sol·dan ['soʊldən, 'sɒl-‖'soʊldən, 'sɑl-], **sou·dan** ['su:dn]⟨telb.zn.⟩⟨vero.⟩ **0.1** ***sultan.***

sol·da·nel·la ['sɒldə'nelə‖'sɑl-]⟨telb.zn.⟩⟨plantk.⟩ **0.1** ***alpenklokje*** ⟨genus Soldanella, i.h.b. S. alpina⟩.

sol·der[1] ['sɒldə, 'soʊldə‖'sɑdər]⟨f1⟩⟨n.-telb.zn.⟩ **0.1** ***soldeer(sel)*** ⇒*soldeermetaal* **0.2** ***(gemeenschappelijke) band*** ⇒*cement.*

solder[2] ⟨f1⟩⟨ov.ww.⟩ **0.1** ***solderen*** ⇒⟨fig.⟩ *verbinden* ◆ **5.1** ~ **up** *solderen, bij elkaar houden, herstellen.*

sol·der·ing-iron ['soʊldrɪŋ aɪən, 'sɒl-‖'sɑdərɪŋ aɪərn]⟨f1⟩⟨telb.zn.⟩ **0.1** ***soldeerbout*** ⇒*soldeerijzer.*

sol·dier[1] ['soʊldʒə‖-ər]⟨f3⟩⟨telb.zn.⟩ **0.1** ***militair*** ⇒*soldaat, onderofficier* **0.2** ***strijder*** ⇒*voorvechter* **0.3** ⟨sl.; vnl. scheep.⟩ ***lijntrekker*** ⇒*bootafhouder* **0.4** ***rode spin*** **0.5** ⟨sl.⟩ ***lege bier/whiskyfles*** **0.6** ⟨AE; sl.⟩ ***iem. die het vuile werk opknapt*** ⟨in bendes⟩ ⇒*knecht, waterdrager, klusjesman* **0.7** →soldier ant **0.8** →soldier beetle **0.9** →soldier crab **0.10** →soldier fish ◆ **1.1** ~ of Christ *proselietenmaker;* ~ of fortune *avonturier, huurling* **2.1** common ~ *(gewoon) soldaat, onderofficier;* fine ~ *goed militair* **3.1** play at ~s *soldaatje spelen.*

soldier[2] ⟨f1⟩⟨onov.ww.⟩ **0.1** ***dienen*** ⟨als soldaat⟩ ⇒*dienst doen* **0.2** ⟨sl.; vnl. scheep.⟩ ***lijntrekken*** **0.3** ⟨sl.⟩ ***zijn plicht doen*** ⇒*verantwoordelijkheid op zich nemen* ◆ **3.1** go ~ing *dienst nemen* **5.¶** ⟨BE; inf.⟩ ~ **on** *volhouden, volharden.*

'soldier ant ⟨telb.zn.⟩⟨dierk.⟩ **0.1** ***soldaat*** ⟨strijdmier⟩ **0.2** ***rode mier*** ⟨Australisch; genus Myrmecia⟩.

'soldier beetle ⟨telb.zn.⟩⟨dierk.⟩ **0.1** ***zachtschildkever*** ⇒*weekschildkever* ⟨fam. Cantharidae⟩, *soldaatje* ⟨genus Cantharis⟩.

'soldier crab ⟨telb.zn.⟩⟨dierk.⟩ **0.1** ***zee-heremietkrab*** ⟨fam. Paguridae⟩ ⇒⟨i.h.b.⟩ *soldaat(krab), bernharduskrab* ⟨Pagurus bernhardus⟩ **0.2** ***wenkkrab*** ⟨genus Uca⟩.

'soldier fish ⟨telb.zn.⟩⟨Austr. E; dierk.⟩ **0.1** ***kardinaalbaars*** ⟨fam. Apogonidae⟩ **0.2** ***soldatenvis*** ⟨fam. Holocentridae⟩ **0.3** ***regenbogen-darter*** ⟨Etheostoma caeruleum⟩.

sol·dier·ize ['soʊldʒəraɪz]⟨ww.⟩

I ⟨onov.ww.⟩ **0.1** ***soldaat zijn*** ⇒*dienen;*

II ⟨ov.ww.⟩ **0.1** ***(tot) soldaat maken.***

sol·dier·ly[1] ['soʊldʒəli‖-dʒər-], **sol·dier·like** [-laɪk]⟨bn.; soldierliness;→bijw.3⟩ **0.1** ***(als) v.e. soldaat*** ⇒*soldatesk, krijgsmans-* **0.2** ***krijgshaftig*** ⇒*dapper.*

soldierly[2] ⟨bw.⟩ **0.1** ***soldatesk*** ⇒*als v.e. soldaat.*

'soldier orchid ⟨telb.zn.⟩⟨plantk.⟩ **0.1** ***soldaatje*** ⟨Orchis militaris⟩.

sol·dier·ship ['soʊldʒəʃɪp‖-dʒər-]⟨n.-telb.zn.⟩ **0.1** ***krijgskunst*** **0.2** ***soldaterij*** ⇒*het soldaat-zijn.*

'soldier's wind ⟨telb. en n.-telb.zn.⟩⟨scheep.⟩ **0.1** ***halve wind.***

sol·dier·y ['soʊldʒəri]⟨verz.n.⟩⟨schr.⟩ **0.1** ***militairen*** **0.2** ***soldateska*** ⇒*soldatenvolk, krijgsvolk.*

sole[1] [soʊl]⟨f2⟩⟨telb.zn.⟩ **0.1** ***(voet)zool*** **0.2** ***(schoen)zool*** **0.3** ***ondervlak*** ⇒*grondvlak* **0.4** ***bodem*** **0.5** ⟨bouwk.⟩ ***kesp*** **0.6** ***vlakke onderkant v. golfclub.***

sole[2] ⟨f2⟩⟨telb.zn., cul. ook n.-telb.zn.; ook sole;→mv.4⟩⟨dierk.⟩ **0.1** ***tong*** ⟨Solea solea⟩.

sole[3] ⟨f2⟩⟨bn.⟩

I ⟨bn., attr.⟩ **0.1** ***enig*** ⇒*enkel* **0.2** ***exclusief*** ⇒*uitsluitend;*

II ⟨bn., post.⟩⟨vero.⟩ **0.1** ⟨jur.⟩ ***ongetrouwd*** ⟨i.h.b. v. vrouw⟩ **0.2** ***alleen*** ◆ **1.1** feme ~ *ongehuwde vrouw; weduwe* **1.2** corporation ~ *uit één persoon bestaande rechtspersoonlijkheid* ⟨koning; bisschop⟩.

sole[4] ⟨ov.ww.⟩ **0.1** ***(ver)zolen.***

'sole circle ⟨telb.zn.⟩⟨gymnastiek⟩ **0.1** ***zolendraai*** ⟨aan rek of legger⟩.

sol·e·cism ['sɒlɪsɪzm‖'sɑ-]⟨telb.zn.⟩ **0.1** ***taalfout*** ⇒*solecisme* **0.2** ***onbetamelijkheid*** ⇒*ongepastheid.*

sol·e·cist ['sɒlɪsɪst‖'sɑ-]⟨telb.zn.⟩ **0.1** ***iem. die taalfouten maakt*** **0.2** ***onbetamelijk iem.*** ⇒*vlerk*.
sol·e·cis·tic ['sɒlɪ'sɪstɪk‖'sɑ-]⟨bn.; -ally; →bijw. 3⟩ **0.1** ***onjuist*** **0.2** ***onbetamelijk*** ⇒*ongepast*.
-soled [soʊld] **0.1** ⟨ong.⟩ ***met zolen*** ⟨v. bep. soort⟩ ◆ **¶.1** rubber-soled *met rubberzolen*.
sole·ly ['soʊlli]⟨f2⟩⟨bw.⟩ **0.1** ***alleen*** **0.2** ***enkel*** ⇒*uitsluitend*.
sol·emn ['sɒləm‖'sɑ-]⟨f3⟩⟨bn.; -ly; -ness⟩ **0.1** ***plechtig*** ⇒*solemneel* **0.2** ***ernstig*** **0.3** ***(plecht)statig*** **0.4** ***belangrijk*** ⇒*gewichtig*; ⟨muz. ook⟩ *gedragen* **0.5** ***indrukwekkend*** ⇒*eerbiedwaardig* **0.6** ***saai*** ◆ **1.1** a ~ duty *een heilige plicht;* Solemn League and Covenant *Plechtig Verbond tussen Engeland en Schotland* ⟨1643⟩; ⟨R.-K.⟩ ~ mass *solemnele/plechtige mis;* a ~ oath *een plechtige eed* **1.2** look as ~ as a judge *doodernstig kijken* **1.4** ~ warning *dringende waarschuwing*.
so·lem·ni·ty [sə'lemnəṭi]⟨f1⟩⟨zn.; →mv. 2⟩
I ⟨telb.zn.⟩ **0.1** ***plechtigheid*** ⇒*solemniteit;*
II ⟨n.-telb.zn.⟩ **0.1** ***plechtstatigheid*** ⇒*ceremonieel* **0.2** ***ernst***.
sol·em·ni·za·tion, -sa·tion ['sɒləmnaɪ'zeɪʃn‖'sɑləmnə-]⟨zn.⟩
I ⟨telb. en n.-telb.zn.⟩ **0.1** ***(plechtige) viering*** **0.2** ***voltrekking*** ⟨v.e. huwelijk⟩;
II ⟨n.-telb.zn.⟩ **0.1** ***het plechtig maken*** **0.2** ***het ernstig stemmen***.
sol·em·nize, -nise ['sɒləmnaɪz‖'sɑ-]⟨ov.ww.⟩⟨schr.⟩ **0.1** ***(plechtig) vieren*** ⇒*solemniseren* **0.2** ***voltrekken*** ⟨huwelijk⟩ **0.3** ***plechtig maken*** **0.4** ***ernstig stemmen***.
so·len ['soʊlən]⟨telb.zn.⟩⟨dierk.⟩ **0.1** ***zwaardschede*** ⟨Solen ensis⟩.
so·le·noid ['soʊlənɔɪd]⟨telb.zn.⟩⟨elek.⟩ **0.1** ***solenoïde*** ⇒*relais, elektromagneet*.
'sole·plate ⟨telb.zn.⟩⟨tech.⟩ **0.1** ***funderingsplaat*** ⇒*grondplaat*.
sol-fa[1] ['sɒl'fɑ:‖'soʊl'fɑ]⟨telb. en n.-telb.zn.⟩⟨muz.⟩ **0.1** ***diatonische toonladder*** **0.2** ***solfège(-oefening)*** **0.3** →solmization.
sol-fa[2] →solmizate.
sol·fa·ta·ra ['sɒlfə'tɑ:rə‖'sɑlfə'tɑrə]⟨telb.zn.⟩ **0.1** ***bron v. zwaveldampen*** ⇒*solfatare*.
sol·feg·gio [sɒl'fedʒioʊ‖sɑl-]⟨telb. en n.-telb.zn.; ook solfeggi [-dʒi]; →mv. 5⟩ **0.1** ***solmisatie*** **0.2** ***solfège*** ⇒*solfeggio*.
sol·fe·ri·no ['sɒlfə'ri:noʊ‖'sɑl-]⟨n.-telb.zn.; vaak attr.⟩ **0.1** ***purperachtig rood*** ⇒*solferino* **0.2** ***fuchsine*** ⇒*fuchsia, foksia*.
soli ⟨mv.⟩ →solo.
so·lic·it [sə'lɪsɪt]⟨f1⟩⟨ww.⟩
I ⟨onov.ww.⟩ **0.1** ***een verzoek doen*** **0.2** ***tippelen*** ⇒*banen* ◆ **6.1** ⟨schr.⟩ ~ **for** custom *om klandizie verzoeken;*
II ⟨ov.ww.⟩ **0.1** ***(dringend) verzoeken*** ⇒*bedelen, dingen naar* **0.2** ***aanspreken*** ⟨v. prostituée⟩ ⇒*aanklampen, benaderen, lastig vallen, (ver)lokken* ◆ **1.1** ~ s.o.'s attention *iemands aandacht vragen;* ~ (s.o. for) s.o.'s custom *iemands klandizie vragen*.
so·lic·i·tant [sə'lɪsɪṭənt]⟨telb.zn.⟩ **0.1** ⟨schr.⟩ ***vrager***.
so·lic·i·ta·tion [sə'lɪsɪ'teɪʃn]⟨zn.⟩
I ⟨telb.zn.⟩ **0.1** ***verzoek*** **0.2** ***verlokking*** ⇒*verleiding;*
II ⟨n.-telb.zn.⟩ **0.1** ***het verzoeken*** ⇒*aandrang* **0.2** ***het verlokken***.
so·lic·i·tor [sə'lɪsɪtə‖-sɪṭər]⟨f2⟩⟨telb.zn.⟩ **0.1** ⟨BE; jur.⟩⟨ong.⟩ ***procureur*** **0.2** ⟨BE; jur.⟩ ***rechtskundig adviseur*** ⇒⟨ong.⟩ *advocaat* ⟨voor lagere rechtbank⟩ **0.3** ⟨BE; jur.⟩⟨ong.⟩ ***notaris*** **0.4** ⟨AE⟩ ***rechterlijk ambtenaar*** **0.5** ⟨AE⟩ ***colporteur*** **0.6** ⟨AE⟩ ***verkiezingsagent***.
So'licitor 'General ⟨telb.zn.; Solicitors General; →mv. 6; ook s- g-⟩ ⟨jur.⟩ **0.1** ⟨BE⟩⟨ong.⟩ ***Advocaat-Generaal*** **0.2** ⟨AE⟩⟨ong.⟩ ***viceminister v. justitie*** **0.3** ⟨AE⟩⟨ong.⟩ ***minister v. justitie***.
so·lic·i·tous [sə'lɪsɪṭəs]⟨f1⟩⟨bn.; -ly; -ness⟩ **0.1** ***verlangend*** ⇒*gretig* **0.2** ***bezorgd*** ⇒*bekommerd* **0.3** ***aandachtig*** ⇒*nauwgezet* ◆ **3.1** ~ to do sth. *verlangend om iets te doen* **6.1** ~ **of** *verlangend naar* **6.2** ~ **about/for** *bezorgd om*.
so·lic·i·tude [sə'lɪsɪtju:d‖-tu:d]⟨f1⟩⟨n.-telb.zn.⟩ **0.1** ***zorg*** ⇒*bezorgdheid, angst* **0.2** ***aandacht*** ⇒*nauwgezetheid*.
sol·id[1] ['sɒlɪd‖'sɑ-]⟨f2⟩⟨zn.⟩
I ⟨telb.zn.⟩ **0.1** ***vast lichaam*** **0.2** ***(driedimensionaal) lichaam*** ⇒*stereometrische figuur* **0.3** ⟨vaak mv.⟩ ***vast deeltje*** ⟨in een vloeistof⟩ ⇒*vaste stof;*
II ⟨mv.; ~s⟩ **0.1** ***vast voedsel***.
solid[2] ⟨f3⟩⟨bn.; -ly; -ness⟩
I ⟨bn.⟩ **0.1** ***vast*** ⟨ook schei.⟩ ⇒*stevig, compact, solide* **0.2** ***massief*** ⇒*dicht* **0.3** ⟨inf.⟩ ***ononderbroken*** ⇒*aaneen, aaneengesloten* ⟨v. tijd⟩ **0.4** ***betrouwbaar*** ⟨i.h.b. financieel⟩ ⇒*solide, welgesteld* **0.5** ***kubiek*** ⇒*kubisch, driedimensionaal* **0.6** ⟨inf.⟩ ***unaniem*** ⇒*eensgezind, solidair* **0.7** ***gegrond*** ⇒*echt, grondig, degelijk* **0.8** ⟨boek.⟩ ***aanéén(geschreven)*** ⇒*kompres, aan elkaar* ◆ **1.1** of ~ build *stevig gebouwd;* ⟨fig.⟩ on ~ ground *goed onderbouwd;* a ~ meal *een degelijke maaltijd;* ~ rock *vast gesteente;* ⟨schei.⟩ ~ solution *vaste oplossing* ⟨mengkristal⟩; ~ state *vaste toestand* **1.2** ~ tyre *massieve (rubber)band;* ~ wall *blinde muur* **1.3** ~ hour *vol uur* **1.4** ~ evidence *betrouwbaar/concreet/tastbaar bewijs;* ~ figures *harde cijfers;* ~ firm *kredietwaardige zaak* **1.5** ~ angle *ruimtehoek; lichaamshoek;* ~ geometry *stereometrie;* ~ metre *kubieke meter;* ~ paraboloid *kubische paraboloïde* **1.6** ⟨AE⟩ the Solid South *het eensgezinde Zuiden* ⟨democratisch⟩; ~ vote *eenstemmigheid* **1.7** ~ arguments *sterke argumenten;* ~ comfort *echte troost;* ~ learning *grondige studie;* ~ offer *goed aanbod;* ~ reasons *gegronde redenen* **1.8** ~ printing *kompresse druk* **1.¶** ⟨sl.⟩ ~ ivory *uilskuiken;* ⟨sl.⟩ ~ sender *hippe vogel* **3.1** packet ~ *propvol* **3.3** Castro talked ~ly for three hours *Castro sprak drie uur aan één stuk* **3.6** the Board supports you ~ly *het bestuur staat als één man achter u* **6.6** ~ **against** *unaniem tegen* **6.7** (be) ~ **for** sth. *unaniem vóór iets (zijn);* (go) ~ **for** sth. *unaniem (stemmen) vóór iets* **6.¶** ⟨AE; inf.⟩ ~ **with** *op goede voet met;*
II ⟨bn., attr.⟩ **0.1** ***zuiver*** ⇒*massief, puur* **0.2** ⟨AE⟩ ***effen*** ◆ **1.1** ~ gold *puur goud* **1.2** ~ colour *effen kleur*.
sol·i·dar·i·ty ['sɒlɪ'dærəti‖'sɑlɪ'dærəṭi]⟨f2⟩⟨n.-telb.zn.⟩ **0.1** ***solidariteit*** ⇒*saamhorigheidsgevoel, eensgezindheid*.
sol·i·dar·y ['sɒlɪdri‖'sɑlɪderi]⟨bn.⟩ **0.1** ***solidair*** **0.2** ***verenigd*** ⇒*één*.
'sol·id-'drawn ⟨bn.⟩⟨tech.⟩ **0.1** ***naadloos getrokken***.
'solid glass 'rod ⟨telb.zn.⟩⟨hengelsport⟩ **0.1** ***glashengel***.
so·lid·i·fi·ca·tion [sə'lɪdɪfɪ'keɪʃn]⟨telb. en n.-telb.zn.⟩ **0.1** ***verharding*** ⇒*condensatie, stolling;* ⟨fig.⟩ *consolidering* **0.2** ***versterking***.
so·lid·i·fy [sə'lɪdɪfaɪ]⟨f1⟩⟨ww.; →ww. 7⟩
I ⟨onov.ww.⟩ **0.1** ***hard(er) worden*** ⇒*verharden, stollen, vast/stijf worden;* ⟨fig.⟩ *zich consolideren* **0.2** ***zich verenigen*** ⇒*één worden;*
II ⟨ov.ww.⟩ **0.1** ***hard(er) maken*** ⇒*doen stollen, condenseren, vast/stijf maken;* ⟨fig.⟩ *consolideren* **0.2** ***vormen*** **0.3** ***verenigen*** ⇒*één maken*.
so·lid·i·ty [sə'lɪdəṭi]⟨f1⟩⟨zn.; →mv. 2⟩
I ⟨telb.zn.⟩ **0.1** ***vast lichaam;***
II ⟨n.-telb.zn.⟩ **0.1** ***soliditeit*** ⇒*hardheid, stevigheid* **0.2** ***dichtheid*** ⇒*compactheid* **0.3** ***kracht*** ⟨v. argumenten⟩ **0.4** ***betrouwbaarheid***.
'sol·id-'state ⟨bn.⟩⟨elek.⟩ **0.1** ***halfgeleider-*** ⇒*getransistoriseerd, statisch* ⟨onderbreker⟩ ◆ **1.¶** ~ physics *vaste stof fysica*.
sol·id·un·gu·late ['sɒlɪ'dʌŋgjʊlət‖'sɑlɪ'dʌŋgjələt]⟨bn.⟩⟨dierk.⟩ **0.1** ***eenhoevig***.
sol·i·dus ['sɒlɪdəs‖'sɑ-]⟨telb.zn.; solidi [-daɪ]; →mv. 5⟩ **0.1** ***schuine streep*** ⇒*breukstreep, Duitse komma* **0.2** ⟨wisk.⟩ ***solidus(kromme)*** ⇒*(schuine) breukstreep* **0.3** ⟨gesch.⟩ ***solidus*** ⟨Romeinse munt⟩.
'solidus curve ⟨telb.zn.⟩⟨wisk.⟩ **0.1** ***solidus(kromme)***.
sol·i·fid·i·an[1] ['sɒlɪ'fɪdɪən‖'sɑ-, 'soʊ-]⟨telb.zn.⟩⟨relig.⟩ **0.1** ***aanhanger v.h. beginsel v. verlossing door geloof alleen***.
solifidian[2] ⟨bn.⟩⟨relig.⟩ **0.1** ***gelovend in verlossing door geloof alleen***.
so·li·fluc·tion, ⟨AE sp. ook⟩ **so·li·flux·ion** ['soʊlɪflʌkʃn, 'sɒ-‖'soʊ-, 'sɑ-]⟨n.-telb.zn.⟩⟨aardr.⟩ **0.1** ***bodemvloeiing*** ⇒*solifluctie*.
so·lil·o·quist [sə'lɪləkwɪst]⟨telb.zn.⟩ **0.1** ***iem. die tot zichzelf spreekt***.
so·lil·o·quize, -quise [sə'lɪləkwaɪz]⟨ww.⟩
I ⟨onov.ww.⟩ **0.1** ***tot zichzelf spreken*** ⇒*hardop denken;*
II ⟨ov.ww.⟩ **0.1** ***in de vorm v.e. monoloog zeggen***.
so·lil·o·quy [sə'lɪləkwi]⟨f1⟩⟨telb. en n.-telb.zn.; →mv. 2⟩ **0.1** ***alleenspraak*** ⇒*monoloog*.
so·li·ped[1] ['sɒlɪped‖'sɑ-]⟨telb.zn.⟩ **0.1** ***eenhoevig dier***.
soliped[2] ⟨bn.⟩ **0.1** ***eenhoevig***.
sol·ip·sism ['sɒlɪpsɪzm‖'sɑ-, 'soʊ-]⟨n.-telb.zn.⟩⟨fil.⟩ **0.1** ***solipsisme***.
sol·ip·sist ['sɒlɪpsɪst‖'sɑ-, 'soʊ-]⟨telb.zn.⟩⟨fil.⟩ **0.1** ***solipsist***.
sol·ip·sis·tic ['sɒlɪp'sɪstɪk‖'sɑ-, 'soʊ-]⟨bn.⟩⟨fil.⟩ **0.1** ***solipsistisch***.
sol·i·taire ['sɒlɪ'teə‖'sɑlɪ'ter]⟨zn.⟩
I ⟨telb.zn.⟩ **0.1** ***solitair(e)*** ⟨afzonderlijk gezette diamant, enz.⟩ **0.2** ***ring/oorbel met solitair(e)*** **0.3** ⟨dierk.⟩ ***solitaire v. Rodriguez*** ⟨uitgestorven vogel; Pezophaps solitaria⟩ **0.4** ⟨dierk.⟩ ***clarino*** ⇒*klarinetvogel, townsendzanger* ⟨Myadestes townsendi⟩;
II ⟨n.-telb.zn.⟩ **0.1** ⟨AE⟩ ***patience(spel)*** ⇒*solitair(spel)* **0.2** ***solitair(spel)*** ⟨met pinnetjes⟩ **0.3** ⟨sl.⟩ ***zelfmoord***.
sol·i·tar·y[1] ['sɒlɪtri‖'sɑlɪteri]⟨zn.; →mv. 2⟩
I ⟨telb.zn.⟩ **0.1** ***kluizenaar*** ⇒*eenling;*
II ⟨n.-telb.zn.⟩⟨inf.⟩ **0.1** ***eenzame opsluiting*** ⇒*afzondering, isoleercel*.
solitary[2] ⟨f2⟩⟨bn.; -ly; -ness; →bijw. 3⟩
I ⟨bn.⟩ **0.1** ***alleen(levend)*** ⇒*solitair* ⟨ook biol.⟩ **0.2** ***eenzelvig*** **0.3** ***afgezonderd*** ⇒*eenzaam, teruggetrokken, afgelegen, verlaten* ◆ **1.3** ~ confinement *eenzame opsluiting;*
II ⟨bn., attr.⟩ **0.1** ***enkel*** ◆ **1.1** give me one ~ example *geef mij één enkel voorbeeld*.
sol·i·tude ['sɒlɪtju:d‖'sɑlɪtu:d]⟨f1⟩⟨zn.⟩⟨→sprw. 243⟩
I ⟨telb.zn.⟩ **0.1** ***eenzame plek;***
II ⟨n.-telb.zn.⟩ **0.1** ***eenzaamheid***.
sol·mi·zate ['sɒlmɪzeɪt‖'sɑl-], **'sol-'fa** ⟨ww.⟩⟨muz.⟩
I ⟨onov.ww.⟩ **0.1** ***solmiseren*** ⇒*solfègiëren;*
II ⟨ov.ww.⟩ **0.1** ***zingen met gebruik v. klankladder***.

sol·mi·za·tion ['sɒlmɪ'zeɪʃn‖'sɑl-], **'sol-'fa** ⟨telb. en n.-telb.zn.⟩ ⟨muz.⟩ **0.1** ***solmisatie*** ⇒*transpositie-do-systeem, solfège.*

so·lo[1] ['soulou]⟨f1⟩⟨zn.; in bet. I ook soli ['souli]; →mv. 5⟩
I ⟨telb.zn.⟩ **0.1** ⟨muz.⟩ ***solo*** ⇒*alleenzang* **0.2** ***solo-optreden*** ⇒*solistisch optreden* **0.3** ***solovlucht;***
II ⟨n.-telb.zn.⟩ →solo whist.

solo[2] ⟨f1⟩⟨bn.⟩ **0.1** ***mbt. een solo*** ⇒*solistisch, solo-* ◆ **1.1** ~ flight *solovlucht.*

solo[3] ⟨f1⟩⟨onov.ww.⟩ **0.1** ***als solist(e) optreden*** ⇒*alleen optreden, soliëren* **0.2** ***solo vliegen*** **0.3** ⟨sl.⟩ ***z'n eigen boontjes doppen*** ⇒*iets op z'n eigen houtje doen.*

solo[4] ⟨f1⟩⟨bw.⟩ **0.1** ***solo*** ⇒*alleen* ◆ **3.1** fly ~ *solo vliegen.*

so·lo·ist ['soulouist]⟨f1⟩⟨telb.zn.⟩ **0.1** ***solist(e).***

Sol·o·mon ['sɒləmən‖'sɑ-]⟨f1⟩⟨eig.n., telb.zn.⟩ **0.1** ***Salomo*** ⇒*wijze, wijs man* ◆ **1.1** Judgement of ~ *Salomonsoordeel* ⟨1 Kon. 3: 16 - 28⟩ **7.1** ⟨iron.⟩ be no ~ *niet zo wijs zijn als Salomo, geen licht zijn.*

Sol·o·mon·ic ['sɒlə'mɒnɪk‖'sɑlə'mɑnɪk], **Sol·o·mo·nian** [-'mouniən] ⟨bn.⟩ **0.1** ***Salomonisch*** ⇒*wijs, uiterst verstandig.*

'Solomon's seal ⟨zn.⟩
I ⟨telb.zn.⟩⟨plantk.⟩ **0.1** ***salomonszegel*** ⟨genus Polygonatum⟩;
II ⟨n.-telb.zn.⟩ **0.1** ***davidster.***

So·lon ['soulən]⟨eig.n., telb.zn.⟩ **0.1** ***Solon*** ⇒*wijze wetgever.*

'so-'long ⟨f2⟩⟨tussenw.⟩⟨inf.⟩ **0.1** ***tot ziens.***

'solo stop ⟨telb.zn.⟩⟨muz.⟩ **0.1** ***soloregister*** ⟨v. orgel⟩.

'solo whist ⟨n.-telb.zn.⟩ **0.1** ***solo*** ⟨soort whistspel⟩.

sol·stice ['sɒlstɪs‖'sɑl-]⟨telb.zn.⟩⟨ster.⟩ **0.1** ***zonnestilstand*** ⇒*solstitium, zonnewende* **0.2** ***zonnestilstandspunt*** **0.3** ***hoogste punt*** ⇒*limiet.*

sol·sti·tial [sɒl'stɪʃl‖sɑl-]⟨bn.⟩⟨ster.⟩ **0.1** ***solstitiaal.***

sol·u·bil·i·ty ['sɒlju'bɪləti‖'sɑljə'bɪləṭi]⟨f1⟩⟨n.-telb.zn.⟩ **0.1** ***oplosbaarheid.***

sol·u·bi·li·za·tion, -sa·tion ['sɒljubəlaɪ'zeɪʃn‖'sɑljəbelə-]⟨n.-telb.zn.⟩ **0.1** ***het oplosbaar gemaakt worden/zijn.***

sol·u·bil·ize, -ise ['sɒljubəlaɪz‖'sɑljə-]⟨ov.ww.⟩ **0.1** ***(meer) oplosbaar maken.***

sol·u·ble ['sɒljubl‖'sɑljəbl]⟨f1⟩⟨bn.; -ly; -ness; →bijw. 3⟩ **0.1** ***oplosbaar*** **0.2** ***verklaarbaar*** ⇒*oplosbaar* ◆ **1.¶** ⟨schei.⟩ ~ glass *waterglas, natriumsilicaat* **6.1** ~ **in** *oplosbaar in.*

so·lus ['souləs], ⟨vr.⟩ **so·la** ['soulə]⟨bn., pred.⟩⟨vero., dram.; of scherts.⟩ **0.1** ***alleen.***

sol·ute [sɒ'lju:t‖'sɑlju:t]⟨telb. en n.-telb.zn.⟩⟨schei.⟩ **0.1** ***opgeloste stof.***

so·lu·tion [sə'lu:ʃn]⟨f3⟩⟨zn.⟩
I ⟨telb. en n.-telb.zn.⟩ **0.1** ***solutie*** ⇒*oplossing* **0.2** ***oplossing*** ⇒*uitwerking, uitweg* **0.3** ***ontbinding*** ◆ **1.3** ~ of continuity *onderbreking;* ⟨med.⟩ *breuk* **6.1** **in** ~ *in opgeloste vorm* **6.2** ~ **for/of/to** a problem *oplossing v.e. probleem;*
II ⟨n.-telb.zn.⟩ **0.1** ***het oplossen*** **0.2** ***het ontraadselen.***

So·lu·tre·an[1], **So·lu·tri·an** [sə'lu:triən]⟨n.-telb.zn.⟩ **0.1** ***Solutréen*** ⟨laat-paleolithische cultuur⟩.

Solutrean[2], **Solutrian** ⟨bn.⟩ **0.1** ***mbt./van het Solutréen.***

solv·a·bil·i·ty ['sɒlvə'bɪləti‖'sɑlvə'bɪləṭi]⟨n.-telb.zn.⟩ **0.1** ***oplosbaarheid*** **0.2** ⟨ec.⟩ ***solvabiliteit.***

solv·a·ble ['sɒlvəbl‖'sɑl-]⟨f1⟩⟨bn.; -ness⟩ **0.1** ***oplosbaar*** **0.2** ***verklaarbaar.***

sol·vate ['sɒlveɪt‖'sɑl-]⟨ww.⟩⟨schei.⟩
I ⟨onov.ww.⟩ **0.1** ***solvateren;***
II ⟨ov.ww.⟩ **0.1** ***doen solvateren.***

sol·va·tion [sɒl'veɪʃn‖sɑl-]⟨telb. en n.-telb.zn.⟩⟨schei.⟩ **0.1** ***solvatatie.***

solve [sɒlv‖sɑlv]⟨f3⟩⟨ov.ww.⟩ **0.1** ***oplossen*** ⇒*solveren, een uitweg vinden voor* **0.2** ***verklaren.***

sol·ven·cy ['sɒlvənsi‖'sɑl-]⟨n.-telb.zn.⟩ **0.1** ***solventie*** ⇒*solvabiliteit.*

sol·vent[1] ['sɒlvnt‖'sɑl-]⟨telb. en n.-telb.zn.⟩ **0.1** ***solvent*** ⇒*oplosmiddel* **0.2** ***tinctuur*** **0.3** ***verzachtend middel*** ⇒*verdrijver.*

solvent[2] ⟨bn.⟩ **0.1** ⟨ec.⟩ ***solvent*** ⇒*solvabel* **0.2** ***oplossend*** **0.3** ***ontbindend*** **0.4** ***afbrekend*** ⟨tradities, opvattingen e.d.⟩ ◆ **6.4** ⟨schr.⟩ our technological culture, ~ **of** all tradition *onze vertechniseerde cultuur, die alle tradities afbreekt.*

solv·er ['sɒlvə‖'sɑlvər]⟨telb.zn.⟩ **0.1** ***oplosser*** ⇒*iem. die iets oplost.*

-som →-some.

Som ⟨afk.⟩ Somerset.

so·ma ['soumə]⟨zn.⟩
I ⟨telb.zn.⟩ **0.1** ⟨biol.⟩ ***lichaam*** ⟨tgo. geest⟩ ⇒*soma* **0.2** ⟨biol.⟩ ***totaal der lichaamscellen*** ⟨i.t.t. kiemcellen⟩ **0.3** ⟨plantk.⟩ ***soma*** ⟨Sarcostemma acidum⟩;
II ⟨telb. en n.-telb.zn.⟩ **0.1** ***somadrank*** ⟨bedwelmende drank⟩.

So·ma·li[1] [sou'mɑ:li]⟨f1⟩⟨zn.; ook Somali; →mv. 4⟩
I ⟨eig.n.⟩ **0.1** ***Somalisch*** ⇒*de Somalische taal;*
II ⟨telb.zn.⟩ **0.1** ***Somaliër.***

Somali[2] ⟨f1⟩⟨bn.⟩ **0.1** ***Somalisch.***

so·mat·ic [sou'mæṭɪk]⟨bn.⟩⟨med.⟩ **0.1** ***somatisch*** ⇒*lichamelijk* ◆ **1.1** ~ cell *lichaamscel;* ~ death *somatische dood.*

so·ma·to- ['souməṭou]⟨med., psych.⟩ **0.1** ***somato-*** ⇒*lichaams-* ◆ **¶.1** somatogenic *somatogeen;* somatology *somatologie, leer v.h. menselijk lichaam;* somatotonic *somatotonisch;* somatotype *lichaamstype.*

so·ma·to·stat·in [soumətə'stætɪn]⟨telb.zn.⟩ **0.1** ***somatostatine.***

so·ma·tot·ro·pin [soumə'tɒtrə'pɪn‖-'tɑt-], **so·ma·tot·ro·phin** [soumə'tɒtrə'fɪn‖-'tɑt-]⟨telb.zn.⟩ **0.1** ***somatotropine*** ⇒*groeihormoon.*

som·bre[1], ⟨AE sp. ook⟩ **som·ber** ['sɒmbə‖'sɑmbər], ⟨schr.⟩ **som·brous** ['sɒmbrəs‖'sɑm-]⟨f2⟩⟨bn.; -ly; -ness⟩ **0.1** ***somber*** ⇒*duister, zwaarmoedig, donker, melancholiek* ◆ **1.¶** ⟨dierk.⟩ ~ tit *rouwmees* ⟨Parus lugubris⟩.

sombre[2], ⟨AE sp. ook⟩ **somber** ⟨onov. en ov.ww.⟩ **0.1** ***versomberen*** ⇒*somber/donker worden/maken.*

som·bre·ro [sɒm'breərou‖sɑm'brerou]⟨f1⟩⟨telb.zn.⟩ **0.1** ***sombrero.***

some[1] [sʌm]⟨f4⟩⟨onb.vnw.; →onbepaald woord⟩ **0.1** ***wat*** ⇒*iets, enkele(n), sommige(n), een aantal* ◆ **1.1** ~ of these days *een dezer dagen* **3.1** I've made a cake; would you like ~? *ik heb een cake gebakken; wil je er wat van/een stukje?;* ~ say so *sommigen zeggen dat, er zijn er die dat zeggen* **5.1** he weighed out three pounds and then ~ *hij woog drie pond af en nog wat* **5.¶** ⟨AE; inf.⟩ and then ~! *en meer dan dat!, en nog veel meer!, en hoe!.*

some[2] [sʌm]⟨f3⟩⟨bw.; →onbepaald woord⟩ **0.1** ***ongeveer*** ⇒*zo wat* **0.2** ⟨vnl. AE; inf.⟩ ***enigszins*** ⇒*een beetje;* ⟨iron.⟩ *geweldig, formidabel, fantastisch* ◆ **2.2** she felt ~ stronger *ze voelde zich wat sterker* **3.2** he was annoyed ~ *hij was een tikje geïrriteerd;* that's going ~! *sjonge-jonge, wat geweldig!* **7.1** ~ fifty pounds *zo'n vijftig pond.*

some[3] [sʌm⟨in bet. 0.1⟩s(ə)m⟨sterk⟩sʌm]⟨f4⟩⟨onb.det.; →onbepaald woord⟩ **0.1** ⟨hoeveelheid of aantal⟩ ***wat*** ⇒*een stuk, een aantal* **0.2** ⟨entiteit⟩ ***sommige*** ⇒*een of andere, een* **0.3** ⟨emfatische graadaanduiding⟩⟨ook iron.⟩ ***geweldig*** ⇒*fantastisch* ◆ **1.1** ~ oranges *wat sinaasappels;* ~ water *wat water* **1.2** ~ day or another *op één of andere dag;* ~ day I'll know *ik zal het ooit weten;* ~ girls were dark, others fair *sommige meisjes hadden donker haar, andere blond haar;* →someplace; →sometime; ~ woman in the crowd shouted *een vrouw uit de massa schreeuwde* **1.3** it was ~ demonstration *het was een indrukwekkende betoging;* that was ~ holiday *dat was nu eens een fijne vakantie;* ⟨iron.⟩ ~ hope! *waarschijnlijk stelt het niets voor!;* ⟨iron.⟩ ~ plumber he is! *wat een klungelaar van een loodgieter!* **7.2** a blunt object: a baseball bat, a frozen leg of lamb, or ~ such thing *een stomp voorwerp: een baseball bat, een bevroren lamsbout, of iets dergelijks.*

-some[1] [səm] **0.1** ***-achtig*** ⇒*-gevend, -veroorzakend, gauw geneigd tot, de aanleiding vormend tot, gekenmerkt door* **0.2** ***-tal*** ⇒*groep van* ◆ **¶.1** burdensome *zwaar;* fearsome *angstaanjagend;* quarrelsome *ruzieachtig;* troublesome *moeilijkheden veroorzakend, problematisch* **¶.2** foursome *viertal;* ninesome *groep v. negen.*

-some[2] [soum]⟨biol.⟩ **0.1** ***-soom*** ⇒*-lichaam(pje)* ◆ **¶.1** chromosome *chromosoom;* ribosome *ribosoom.*

some·bod·y[1] ['sʌmbədi‖-bɑdi]⟨f1⟩⟨telb.zn.; →mv. 2⟩ **0.1** ***een belangrijk persoon*** ⇒*een hele piet* ◆ **3.1** he wanted to be ~ *hij wilde aanzien verwerven;* she thinks she is a real ~ *ze denkt dat ze nogal wat is.*

somebody[2] ⟨f4⟩⟨onb.vnw.; →onbepaald woord⟩ **0.1** ***iemand*** ◆ **3.1** ~ will take care of you *er zal iemand voor je zorgen.*

'some·day ⟨f2⟩⟨bw.; →onbepaald woord⟩ **0.1** ***op een dag*** ⇒*ooit, op één of andere dag* ◆ **3.1** we all must die ~ *we moeten allen eens sterven.*

'some·how ⟨f3⟩⟨bw.; →onbepaald woord⟩ **0.1** ***op de een of andere manier*** ⇒*hoe dan ook, ergens* **0.2** ***om de een of andere reden*** ⇒*waarom dan ook* ◆ **3.1** ~ (or other) I'll have to make this clear *op de een of andere wijze moet ik het duidelijk maken* **3.2** ~ (or other) she never talked to him *om de een of andere reden praatte ze nooit tegen hem.*

'some·one ⟨f4⟩⟨onb.vnw.; →onbepaald woord⟩ **0.1** ***iemand*** ◆ **3.1** she met ~ on the train *ze ontmoette iemand in de trein.*

'some·place ⟨f1⟩⟨bw.; →onbepaald woord⟩ **0.1** ***ergens*** ⇒*op een of andere plaats* ◆ **3.1** ~ else *ergens anders;* do you have ~ to go? *heb je een onderkomen?* **6.1** ~ **in** this area *ergens in deze omgeving.*

som·er·sault[1], **sum·mer·sault** ['sʌməsɔ:lt‖-mər-], **som·er·set, sum·mer·set** ['sʌməset‖-mər-]⟨f1⟩⟨telb.zn.⟩ **0.1** ***salto (mortale)*** ⇒*buiteling, koprol, sprong* ◆ **3.1** turn/throw a ~ *een salto/koprol maken, kopje duikelen, over de kop slaan.*

somersault[2], **somerset, summersault, summerset** ⟨onov.ww.⟩ **0.1** ***een salto/koprol maken*** ⇒*buitelen, rondduikelen.*

'some·thing[1] ⟨f1⟩⟨telb.zn.; →onbepaald woord⟩ **0.1** ***iets*** ◆ **2.1** I've bought you a little ~ to take with you *ik heb een kleinigheidje voor je gekocht om mee te nemen* **3.1** I saw a ~ move and screamed *ik zag iets bewegen en gilde* **7.1** ⟨euf.⟩ what the ~ are you up to? *wat voer je potdorie uit?*.

something[2] ⟨f4⟩⟨onb.vnw.; →onbepaald woord⟩ **0.1** ***iets*** ⇒*wat* **0.2** ⟨inf.⟩ ***iets geweldigs*** ◆ **1.1** his name is ~ Jones *zijn naam is Jones maar ik kende zijn voornaam niet* **1.2** the party was really ~ *het feestje was geweldig, het was een knalfuif* **3.1** he dropped ~ *hij liet iets vallen;* have ~ *eet of drink wat/iets;* this means ~ *dit is van belang* **3.¶** you may have ~ there *je zou wel eens gelijk kunnen hebben, daar zit wat in, daar zeg je wat* **4.1** ~ or other *het een of ander;* seventy ~ *in de zeventig, een dikke zeventig;* at three ~ *om drie uur zoveel* **5.2** ⟨AE⟩ 3 else *een speciaal/buitengewoon iem./iets* **6.1** there's ~ **in/to** it *daar is iets v. aan, daar zit wat in;* ⟨inf.⟩ ~ **like** $ 1000 *zo ongeveer/om en nabij een duizend dollar;* it's ~ **like** a church *het ziet er min of meer uit als een kerk;* shaped ~ **like** an egg *ongeveer eivormig;* ⟨inf.⟩ he's ~ **of** a painter *het is een vrij behoorlijk/niet onaardig/niet onverdienstelijk schilder;* it's ~ **of** a problem *het is enigszins een probleem;* it came as ~ **of** a surprise *het kwam een beetje als een verrassing* **6.2** this is ~ **like** a castle *dit is me nog eens een kasteel* **8.1** this dish is called haggis or ~ *dit gerecht heet haggis of zoiets/iets dergelijks* **¶.2** this is ~ like *dit is geweldig/je v. het/het neusje v.d. zalm*.

something[3] ⟨f1⟩⟨bw.⟩⟨inf.⟩ **0.1** ⟨graadaanduidend⟩ ***iets*** ⇒*wat, een beetje* **0.2** ⟨intensiverend⟩ ***heel erg*** ⇒*in hoge mate* ◆ **2.1** he was ~ hesitant *hij aarzelde een beetje* **2.2** he had a fever ~ terrible *hij had een verschrikkelijk hoge koorts* **5.2** he yelled ~ awful *hij schreeuwde zo verschrikkelijk, dat het niet om aan te horen was* **6.1** ~ **over** sixty *iets boven de zestig*.

'some·time[1] ⟨f1⟩⟨bn., attr.⟩ **0.1** ***vroeger*** ⇒*voormalig* ◆ **1.1** Mr Jones, ~ teacher at this school *meneer Jones, voormalig leraar aan deze school;* John, a ~ friend of mine *John, die ooit een vriend van me was*.

sometime[2] ⟨f3⟩⟨bw.; →onbepaald woord⟩ **0.1** ***ooit*** ⇒*eens, te eniger tijd* **0.2** ⟨vero.⟩ ***vroeger*** **0.3** ⟨vero.⟩ ***soms*** ⇒*af en toe* ◆ **1.1** she died ~ last year *ze is in de loop van vorig jaar gestorven* **3.1** I'll show it to you ~ *ik zal het je (ooit) eens laten zien* **3.2** it had ~ been built for a nobleman *het is vroeger ooit voor een edelman gebouwd* **3.3** ~ they would gather *soms kwamen ze bijeen* **6.1** ~ **in** the future *in de toekomst*.

'some·times ⟨f4⟩⟨bw.⟩ **0.1** ***soms*** ⇒*af en toe, nu en dan, v. tijd tot tijd, bij gelegenheid* ◆ **5.1** ~ he lies and ~ he tells the truth *soms liegt hij en soms spreekt hij de waarheid*.

'some·way, some·ways ⟨f2⟩⟨bw.; →onbepaald woord⟩⟨AE; inf.⟩ **0.1** ***op de een of andere manier*** **0.2** ***om de een of andere reden*** ◆ **3.1** you'll have to pay ~ (or other) *je zult op de een of andere manier moeten betalen* **3.2** ~ I don't believe him *ik weet niet goed waarom, maar ik geloof hem niet*.

some·what[1] ['sʌmwɒt‖-(h)wɑt, -(h)wʌt]⟨telb.zn.⟩⟨vero.⟩ **0.1** ***iets*** ⇒*ding* ◆ **2.1** matter is an unknown ~ *de materie is een onbekend iets*.

somewhat[2] ⟨f3⟩⟨onb.vnw.; →onbepaald woord⟩ **0.1** ***iets*** ⇒*wat* **0.2** ***iets/iem. v. aanzien*** ◆ **1.2** Mr Soames is ~ in Grimsby *meneer Soames is een grote meneer in Grimsby* **3.1** he recovered ~ of the money *hij kreeg een deel v.h. geld terug* **6.1** ~ **of** a cynic *een beetje een cynicus*.

somewhat[3] ⟨f3⟩⟨bw.⟩ **0.1** ***enigszins*** ⇒*in zekere mate, een beetje, wat, iets* ◆ **2.1** ~ moist *een beetje vochtig* **3.1** a ~ soiled cloth *een lichtjes bevuilde stof* **5.1** ⟨inf.⟩ more than ~ surprised *niet weinig verbaasd*.

'some·when ⟨bw.⟩ **0.1** ***ooit*** ⇒*een of andere keer, te eniger tijd*.

somewhere ⟨f3⟩⟨bw.; →onbepaald woord⟩ **0.1** ⟨plaats of richting; ook fig.⟩ ***ergens (heen)*** **0.2** ⟨benadering⟩ ***ongeveer*** ⇒*ergens, om en bij* **0.3** ⟨euf.⟩ ***in de hel*** ◆ **3.1** he'll get ~ yet *hij zal het nog ver brengen;* we're getting ~ at last *eindelijk maken we vorderingen, dat lijkt er al meer op;* he was headed ~ south *hij ging in zuidelijke richting;* the experiment ought to lead us ~ *het experiment moet toch een of ander resultaat opleveren;* she's read it ~ *ze heeft het ergens gelezen;* he went ~ else *hij ging ergens anders naar toe* **3.3** I'll see you ~ first *eer dat gebeurt kun je naar de duivel lopen, over mijn lijk* **6.1** he left **for** ~ in Scotland *hij vertrok naar ergens in Schotland* **6.2** ~ **about** sixty *zo'n zestig;* ~ **between** twenty and forty *tussen de twintig en de veertig*.

'some·while ⟨bw.⟩⟨vero.⟩ **0.1** ***ooit*** ⇒*soms*.

'some·whith·er ⟨bw.⟩⟨vero.⟩ **0.1** ***ergens heen***.

so·mite ['soumaɪt]⟨telb.zn.⟩⟨dierk.⟩ **0.1** ***lichaamssegment*** ⇒*metameer*.

so·mit·ic [sou'mɪtɪk]⟨bn.⟩⟨dierk.⟩ **0.1** ***metamerisch***.

som·nam·bu·lant [sɒm'næmbjələnt‖sɑm-]⟨bn.⟩ **0.1** ***slaapwandelend*** ⇒*somnambuul*.

som·nam·bu·late [sɒm'næmbjəleɪt‖sɑm-]⟨onov.ww.⟩ **0.1** ***slaapwandelen***.

som·nam·bu·lism [sɒm'næmbjəlɪzm‖sɑm-]⟨n.-telb.zn.⟩ **0.1** ***het slaapwandelen*** ⇒*somnambulisme*.

som·nam·bu·list [sɒm'næmbjəlɪst‖sɑm-]⟨telb.zn.⟩ **0.1** ***slaapwandelaar*** ⇒*somnambule*.

som·nif·er·ous [sɒm'nɪfrəs‖sɑm-], **som·nif·ic** [-'nɪfɪk]⟨bn.; -ly⟩ **0.1** ***slaapverwekkend*** ⇒*soporatief*.

som·no·lence ['sɒmnələns‖'sɑmnə-], **som·no·len·cy** [-lənsi]⟨n.-telb.zn.⟩ **0.1** ***slaperigheid*** ⇒*somnolentie, slaapdronkenheid*.

som·no·lent ['sɒmnələnt‖'sɑm-]⟨bn.; -ly⟩ **0.1** ***slaperig*** ⇒*suffig, slaapdronken, somnolent, doezelig* **0.2** ***slaapverwekkend*** ⇒*saai, vervelend* ◆ **1.2** a ~ speech *een saaie toespraak*.

son [sʌn]⟨f4⟩⟨telb.zn.⟩⟨→sprw. 399⟩ **0.1** ***zoon*** ⇒*mannelijk(e) afstammeling/familielid/inwoner, jongen* ◆ **1.1** the ~s of Adam *de mensheid;* the ~s of Britain *de Britse jongens;* the ~s of darkness *de zonen/kinderen v.h. duister;* he's his father's ~ *hij is een (echte) zoon v. zijn vader; hij lijkt op zijn vader;* ~s of freedom *kinderen/erfgenamen v.d. vrijheid;* ~ and heir *zoon en erfgenaam;* ⟨vaak⟩ *oudste zoon;* the Son of Man *de Mensenzoon, Christus;* the ~s of men *mensenkinderen, de mensheid;* ~ of the soil *kind v.h. land, iem. die geboren en getogen is op het land; landbouwer* **7.1** the Son (of God) *de Zoon (v. God)*.

so·nance ['sounəns]⟨telb. en n.-telb.zn.⟩ **0.1** ***klank*** ⇒*geluid, het klinken* **0.2** ***stemhebbende kwaliteit*** ⇒*het stem hebben*.

so·nan·cy ['sounənsi]⟨telb. en n.-telb.zn.; →mv. 2⟩ **0.1** ***stemhebbende kwaliteit*** ⇒*het stemhebbend klinken*.

so·nant ['sounənt]⟨telb.zn.⟩⟨taalk.⟩ **0.1** ***sonant*** ⇒*stemhebbende klank* **0.2** ***sonant*** ⟨medeklinker met mogelijke syllabefunctie⟩.

so·nar ['sounɑ:‖-ɑr]⟨f1⟩⟨telb. en n.-telb.zn.⟩⟨afk.⟩ sound navigation and ranging **0.1** ***sonar*** ⇒*echopeilingssysteem, echolokalisatie*.

so·na·ta [sə'nɑ:tə]⟨f1⟩⟨telb.zn.⟩⟨muz.⟩ **0.1** ***sonate***.

so'nata form ⟨telb.zn.⟩⟨muz.⟩ **0.1** ***sonatevorm***.

so·na·ti·na ['sɒnə'ti:nə‖'sɑnə-]⟨telb.zn.; ook sonatine [-'ti:n]; →mv. 5⟩⟨muz.⟩ **0.1** ***sonatine***.

sone [soun]⟨telb.zn.⟩ **0.1** ***soon*** ⟨luidheidsmaat⟩.

son et lu·mière ['sɒn eɪ lu:mjeə‖'sɑn eɪ 'lu:m'jer]⟨telb.zn.⟩⟨vnl. BE⟩ **0.1** ***klank- en lichtspel*** ⟨bv. als toeristische attractie⟩.

song [sɒŋ‖sɔŋ]⟨f3⟩⟨zn.⟩

I ⟨telb.zn.⟩ **0.1** ***lied(je)*** ⇒*versje, deuntje, wijsje, gezang, chanson* **0.2** ***gedicht(je)*** ⇒*rijm, vers* ◆ **1.1** a ~ and dance *(voorstelling met) zang en dans, vaudeville, revue;* ⟨fig.⟩ *heisa, drukte, ophef, onnodige/onwelkome uitbarsting v. emotie;* ⟨inf.⟩ nothing to make a ~ and dance about *niets om drukte/ophef over te maken* **1.2** ⟨bijb.⟩ Song of Degrees/Ascents *Bedevaartsliederen* ⟨psalm 120-134⟩; Song of Songs/Solomon *Hooglied;* Songs of Innocence and Experience *gedichtjes v. onschuld en ervaring* **2.1** popular ~s *volksliedjes, populaire wijsjes;* it's the same (old) ~ *'t is weer het oude liedje* **3.1** give us a ~ *zing eens wat;* sing a ~ *een deuntje/wijsje zingen* **3.¶** buy sth. for a(n old) ~ *iets voor een appel en een ei/een habbekrats kopen;* go for a ~ *bijna voor niets van de hand gaan;*

II ⟨n.-telb.zn.⟩ **0.1** ***gezang*** ⇒*het zingen* **0.2** ***poëzie*** ⇒*rijm, vers* ◆ **1.1** the ~ of birds *vogelgezang* **3.1** he burst (forth) into ~ *hij barstte in gezang uit* **3.2** renowned in ~ *vermaard in de dichtkunst* **6.¶** ⟨BE; inf.⟩ **on** ~ *op dreef, op volle toeren; in topconditie/vorm*.

'song·bird ⟨f1⟩⟨telb.zn.⟩ **0.1** ***zangvogel***.

'song·book ⟨f1⟩⟨telb.zn.⟩ **0.1** ***zangboek*** ⇒*liedboek, zangbundel*.

'song box ⟨telb.zn.⟩ **0.1** ***zangorgaan*** ⟨v. vogels⟩ ⇒*syrinx*.

'song contest ⟨telb.zn.⟩ **0.1** ***songfestival*** ◆ **¶.1** the Eurovision ~ *het Eurovisie songfestival*.

song·ful ['sɒŋfʊl‖'sɔŋ-]⟨bn.; -ly; -ness⟩ **0.1** ***melodieus*** ⇒*mooiklinkend, goedzingend, zangerig*.

'song-line ⟨telb.zn.⟩⟨Austr. E⟩ **0.1** ***droomspoor***.

'song sparrow ⟨telb.zn.⟩⟨dierk.⟩ **0.1** ***zanggors*** ⟨Am. vogel; Melospiza melodia⟩.

song·ster ['sɒŋstə‖'sɔŋstər]⟨telb.zn.⟩ **0.1** ***zanger*** **0.2** ***zangvogel*** **0.3** ⟨schr.⟩ ***dichter*** ⇒*tekstschrijver, liedjesschrijver* **0.4** ⟨AE⟩ ***zangboek***.

song·stress ['sɒŋstrɪs‖'sɔŋ-]⟨telb.zn.⟩ **0.1** ***zangeres*** ⇒*zangster* **0.2** ***liedjesschrijfster***.

'song thrush ⟨telb.zn.⟩⟨dierk.⟩ **0.1** ***zanglijster*** ⟨Turdus philomelos⟩.

'song·writ·er ⟨f1⟩⟨telb.zn.⟩ **0.1** ***liedjesschrijver/schrijfster*** ⇒*schrijver/schrijfster v. versjes, songschrijver/schrijfster, tekstdichter*.

son·ic ['sɒnɪk‖'sɑnɪk]⟨f1⟩⟨bn.⟩ **0.1** ***sonisch*** ⇒*mbt. geluid(sgolven), -soon* ◆ **1.1** ~ barrier *geluidsbarrière;* ~ boom, ⟨BE ook⟩ ~ bang *supersone knal;* ~ mine *akoestische mijn;* ~ speed *geluidssnelheid;* ~ wave *geluidsgolf*.

so·nif·er·ous [sə'nɪfərəs]⟨bn.⟩ **0.1** ***klankvoortbrengend*** ⇒*klankuitstotend* **0.2** ***klankgeleidend***.

'son-in-law ⟨f2⟩⟨telb.zn.; sons-in-law; →mv. 6⟩ **0.1** ***schoonzoon***.

son·net[1] ['sɒnɪt‖'sɑ-]⟨f1⟩⟨telb.zn.⟩ **0.1** ***sonnet***.

sonnet[2], **sonneteer, son·net·ize** ['sɒnɪtaɪz‖'sɑ-]⟨ww.; ook sonnetted; →ww. 7⟩
I ⟨onov.ww.⟩ **0.1** ***(een) sonnet(ten) schrijven/dichten;***
II ⟨ov.ww.⟩ **0.1** ***een sonnet schrijven voor/over*** ⇒*een sonnet opdragen aan, in een sonnet bezingen*.

son·net·eer ['sɒnɪ'tɪə‖'sɑnɪ'tɪr]⟨telb.zn.⟩ **0.1** ***sonnetschrijver/schrijfster*** ⇒*sonnettendichter(es)* **0.2** ***rijmelaar(ster)*** ⇒*poëtaster, pruldichter(es)*.

'sonnet sequence ⟨telb.zn.⟩ **0.1** ***serie sonnetten***.

son·ny ['sʌni]⟨f2⟩⟨telb.zn.; →mv. 2⟩⟨vnl. aanspreekvorm⟩⟨inf.⟩ **0.1** ***jochie*** ⇒*ventje, kerel, mannetje, jongen, jongetje, jongeman*.

'son-of-a-'bitch, ⟨sp. ook⟩ **sonavobitch** ⟨f1⟩⟨telb.zn.; sons of bitches; →mv. 6⟩⟨vulg.⟩ **0.1** ***klootzak*** ⇒*(rot)zak, rotvent, klier, smeerlap* ◆ **¶.¶** ~! *godverdomme!, potverdrie!*.

'son-of-a-'gun ⟨f1⟩⟨telb.zn.; son of a guns, sons of guns; →mv. 6⟩⟨inf.; man.⟩ **0.1** ***(stoere) bink*** ⇒*durfal, mannetjesputter* **0.2** ***rotvent*** ⇒*smeerlap* ⟨ook scherts./affectief⟩ ◆ **¶.¶** ~! *godverdomme!*.

so·no·met·er [sə'nɒmɪtə‖-'nɑmɪtər]⟨telb.zn.⟩ **0.1** ***sonometer*** ⇒*toon/klankmeter*.

so·nor·i·ty [sə'nɒrəti‖sə'nɔrəti, -'nɑ-]⟨n.-telb.zn.⟩ **0.1** ***sonoriteit*** ⇒*het sonoor zijn, (een) volle klank (hebben)*.

so·no·rous ['sɒnərəs‖'sɑ-]⟨bn.; -ly; -ness⟩ **0.1** ***sonoor*** ⇒*(helder) klinkend, met diepe/volle klank* **0.2** ***weerklinkend*** **0.3** ***imposant*** ⇒*indrukwekkend, weids, klankvol, welluidend* ◆ **1.1** a ~ voice *een sonore stem* **1.3** a ~ style of writing *een imposante schrijfstijl;* a ~ title *een indrukwekkende/klinkende titel* **1.¶** ~ figures *klankfiguren v. Chladni*.

son·ship ['sʌnʃɪp]⟨n.-telb.zn.⟩ **0.1** ***zoonschap*** ⇒*het zoon zijn*.

son·sy, son·sie ['sɒnsi‖'sɑn-]⟨bn.; -er; →compar. 7⟩⟨gew.⟩ **0.1** ***mollig*** ⇒*welgevormd, goedgevormd* **0.2** ***vrolijk*** ⇒*vriendelijk, goedgehumeurd, glunder, opgewekt* **0.3** ***gelukbrengend***.

sook [su:k]⟨telb.zn.⟩⟨Austr. E⟩ **0.1** ***kalfje*** **0.2** ***moederskindje*** ⇒*bangerik, schuchter iem.*.

sool [su:l]⟨ov.ww.⟩⟨vnl. Austr. E⟩ **0.1** ***ophitsen*** ⟨i.h.b. hond⟩.

soon[1] [su:n]⟨bn.; -er⟩ **0.1** ***snel*** ⇒*vlug, vroeg* ◆ **1.1** the ~est date that can be arranged *de eerste datum die mogelijk is*.

soon[2] ⟨f4⟩⟨bw.; -er⟩ **0.1** ***spoedig*** ⇒*gauw, binnen korte tijd, snel (daarna), op korte termijn, vroeg* **0.2** ***graag*** ⇒*bereidwillig, gewillig, zonder aarzeling* ◆ **3.1** it will ~ be one year since we first met *het is binnenkort al een jaar geleden dat we elkaar voor het eerst ontmoetten;* I'm going ~ *ik ga al spoedig;* he ~ saw me *hij zag me gauw;* speak too ~ *te voorbarig zijn, te veel op de zaken vooruit lopen, te gauw iets voor waar aannemen, te vroeg juichen* **3.2** which would you ~er do *wat zou je liever/het liefst doen;* I'd ~er walk *ik loop liever, ik zou liever lopen* **5.1** the ~er the better *hoe eerder hoe beter;* ~ or late *vroeg of laat, uiteindelijk;* ~er or later *vroeg of laat, tenslotte, uiteindelijk* **6.1** ~ **after** that *spoedig daarop;* **at** the ~est *op z'n vroegst* **8.1** as ~ as *zodra (als), meteen toen/als;* you must come as/so ~ as you can *je moet zo spoedig mogelijk komen;* no ~er... than *nauwelijks... of;* no ~er had he arrived than she left *nauwelijks was hij aangekomen of zij ging al weg;* he had no ~er gone than she called *hij was nauwelijks weg, toen zij kwam;* it was no ~er said than done *het werd meteen gedaan, het werd in een mum v. tijd gedaan* **8.2** as ~ as not *liever (wel dan niet);* I'd as ~ tell them as not *ik vertel het ze liever;* I'd (just) as ~ stay home *ik blijf net zo lief thuis;* he would ~er die than apologize *hij gaat liever dood dan dat hij zijn verontschuldigingen aanbiedt;* ~er than working he would be a beggar *hij zou nog liever gaan bedelen dan werken*.

soon·er ['su:nə‖-ər]⟨telb.zn.⟩ **0.1** ⟨S-⟩ ***inwoner v. Oklahoma*** ⟨als bijnaam⟩ **0.2** ⟨gesch.⟩ ***(te) vroege kolonist*** ⟨vóór officiële in gebruikneming v. bep. gebied⟩ ⇒*voorloper, voorbarig kolonist, eerste nederzettingsstichter* ⟨vnl. in westen v. U.S.A.⟩.

soot[1] [sʊt]⟨f1⟩⟨n.-telb.zn.⟩ **0.1** ***roet*** ⇒*roetvlokjes,* ⟨B.⟩ *grijm*.

soot[2] ⟨ov.ww.⟩ **0.1** ***met roet bedekken*** ⇒*vuil maken, vervuilen*.

sooth[1] [su:θ]⟨n.-telb.zn.⟩⟨vero.⟩ **0.1** ***werkelijkheid*** ⇒*realiteit, waarheid* ◆ **6.1 in** (good) ~ *werkelijk, echt, heus, voorwaar*.

sooth[2] ⟨bn.⟩⟨vero.⟩ **0.1** ***werkelijk*** ⇒*waar, heus, echt, waarheidsgetrouw, eerlijk* **0.2** ***zacht*** ⇒*zoet, troostend*.

soothe [su:ð]⟨f2⟩⟨ww.⟩
I ⟨onov. en ov.ww.⟩ **0.1** ***kalmeren*** ⇒*geruststellen, troosten, sussen, (iemands angst/boosheid/opgewondenheid) wegnemen* ◆ **1.1** his anger was ~d *zijn boosheid werd gesust/zijn woede zakte;* ~ a crying boy *een huilend jongetje troosten;* his words had a soothing effect *zijn woorden hadden een kalmerende invloed;* the anxious girl was soothed *het ongeruste meisje werd gerustgesteld;* sth. to ~ your nerves *een kalmeringsmiddel;*
II ⟨ov.ww.⟩ **0.1** ***verzachten*** ⟨pijn⟩ ⇒*lenigen* **0.2** ***vleien*** ⇒*tevreden stellen* ◆ **1.2** ~ s.o.'s vanity *iemands ijdelheid strelen*.

sooth·er ['su:ðə‖-ər]⟨telb.zn.⟩ **0.1** ***geruststeller*** ⇒*susser, trooster, kalmeerder* **0.2** ***verzachter*** **0.3** ***vleier***.

sooth·fast ['su:θfɑ:st‖-fæst]⟨bn.⟩⟨vero.⟩ **0.1** ***eerlijk*** ⇒*de waarheid sprekend, trouw* **0.2** ***werkelijk*** ⇒*waarlijk, echt, waar*.

sooth·ing·ly ['su:ðɪŋli]⟨f1⟩⟨bw.⟩ **0.1** ***op kalmerende wijze*** ⇒*op geruststellende toon, troostend, kalmerend* **0.2** ***op verzachtende wijze*** ⇒*met een verzachtend effect, verzachtend*.

sooth·say ['su:θseɪ]⟨onov.ww.⟩⟨vero.⟩ **0.1** ***waarzeggen*** ⇒*de toekomst voorspellen*.

sooth·say·er ['su:θseɪə‖-ər]⟨telb.zn.⟩⟨vero.⟩ **0.1** ***waarzegger*** ⇒*profeet, voorspeller, ziener*.

soot·y ['sʊti]⟨bn.; -er; →compar. 7⟩ **0.1** ***roetig*** ⇒*(als) met roet bedekt* **0.2** ***roetkleurig*** ⇒*zwart, donker, roetkleurig* **0.3** ***roetbruin*** ◆ **1.¶** ⟨dierk.⟩ ~ shearwater *grauwe pijlstormvogel* ⟨Puffinus griseus⟩; ⟨dierk.⟩ ~ tern *bonte stern* ⟨Sterna fuscata⟩.

sop[1] [sɒp‖sɑp]⟨f1⟩⟨telb.zn.⟩ **0.1** ***sopbroodje*** ⇒*dompelbroodje, stukje brood in melk/soep* ⟨e.d.⟩, *crouton* **0.2** ***zoenoffer*** ⇒*omkoopgeschenk, smeergeld, zoethoudertje* ◆ **3.2** ⟨vero.⟩ throw a ~ to Cerberus *een vijandig mens/dier even zoet houden, iem. iets geven/vleien om hem gunstig te stemmen, het gevaar voorlopig bezweren*.

sop[2] ⟨f1⟩⟨ww.; →ww. 7⟩ →sopping
I ⟨onov.ww.⟩ **0.1** ***soppen*** ⇒*doorweekt/doornat/drijfnat/week worden/zijn, druipen, sijpelen;*
II ⟨ov.ww.⟩ **0.1** ***doorweken*** ⇒*(in)dopen, soppen, kletsnat maken* ◆ **5.¶** →sop **up**.

SOP ⟨afk.⟩ standard operating procedure.

soper →soaper.

soph ⟨afk.⟩ sophomore.

soph·ism ['sɒfɪzm‖'sɑ-]⟨telb. en n.-telb.zn.⟩ **0.1** ***sofisme*** ⇒*drogreden, verkeerde redenering, bedrieglijk-spitsvondige bewering*.

soph·ist ['sɒfɪst‖'sɑ-]⟨telb.zn.⟩ **0.1** ***sofist*** ⇒*drogredenaar, schijnbaar logische redenaar, bedrieglijke spreker* **0.2** ⟨S-⟩⟨gesch.⟩ ***sofist***.

soph·is·ter ['sɒfɪstə‖'sɑfɪstər]⟨telb.zn.⟩ **0.1** ***drogredenaar*** ⇒*sofist* **0.2** ⟨gesch.⟩ ***tweede/derde/vierdejaarsstudent aan Eng./Am. universiteit*** ⟨verschillend per plaats⟩.

so·phis·tic [sə'fɪstɪk], **so·phis·ti·cal** [-ɪkl]⟨bn.; -(al)ly; →bijw. 3⟩ **0.1** ***schijnbaar logisch*** ⇒*spitsvondig, sofistisch* **0.2** ***van/mbt. sofisten***.

so·phis·ti·cate[1] [sə'fɪstɪkeɪt]⟨telb.zn.⟩ **0.1** ***wijsneus*** ⇒*wereldwijs/mondain iem.* **0.2** ***subtiel persoon*** ⇒*slim/geraffineerd iem.*.

sophisticate[2] ⟨ww.⟩ →sophisticated
I ⟨onov.ww.⟩ **0.1** ***sofistisch redeneren*** ⇒*drogredenen uiten, sofismen gebruiken;*
II ⟨ov.ww.⟩ **0.1** ***een bedrieglijke redenering houden over*** ⇒*sofismen uiten over* **0.2** ***wereldwijs maken*** ⇒*kunstmatig/gekunsteld maken, beroven v. spontaneïteit, ontdoen v. natuurlijkheid* **0.3** ***bederven*** ⇒*verdraaien, vervalsen,* ⟨tekst⟩ *op verkeerde manier gebruiken, pervers maken* **0.4** ***aanlengen*** ⟨wijn⟩ **0.5** ***verfijnen*** ⇒*ingewikkelder/omvangrijker maken, intelligent maken, verder ontwikkelen, perfectioneren*.

so·phis·ti·cat·ed [sə'fɪstɪkeɪtɪd]⟨f2⟩⟨bn.; volt. deelw. v. sophisticate; -ly⟩ **0.1** ***subtiel*** ⇒*intellectualistisch, ver/ontwikkeld, geperfectioneerd, verfijnd, geraffineerd, gecheveerd* **0.2** ***wereldwijs*** ⇒*niet spontaan/naïef, werelds, mondain, erudiet, ontwikkeld, cultureel* **0.3** ***gekunsteld*** ⇒*onecht, onnatuurlijk, onoprecht* **0.4** ***ingewikkeld*** ⇒*complex, gecompliceerd* ◆ **1.1** a ~ dress *een geraffineerde jurk;* a ~ remark *een subtiele opmerking;* a ~ taste *een verfijnde/gedistingeerde smaak* **1.2** a ~ child *een wereldwijs/vroegwijs kind* **1.3** a ~ smile *een gekunstelde glimlach* **1.4** a ~ machine *een ingewikkelde machine*.

so·phis·ti·ca·tion [sə'fɪstɪ'keɪʃn]⟨f2⟩⟨telb. en n.-telb.zn.⟩ **0.1** ***subtiliteit*** ⇒*raffinement, geraffineerdheid, verfijning, distinctie, perfectie* **0.2** ***wereldwijsheid*** ⇒*mondaniteit, het vroeg rijp zijn* **0.3** ***onechtheid*** ⇒*gekunsteldheid, vervalsing* **0.4** ***complexiteit*** ⇒*ingewikkeldheid*.

so·phis·ti·ca·tor [sə'fɪstɪkeɪtə‖-keɪtər]⟨telb.zn.⟩ **0.1** ***sofist(isch redenaar)*** **0.2** ***bedrieger*** ⇒*(woord)verdraaier, vervalser, bederver*.

soph·is·try ['sɒfɪstri‖'sɑ-]⟨telb. en n.-telb.zn.; →mv. 2⟩ **0.1** ***sofisterij*** ⇒*spitsvondigheid* **0.2** ***sofisme*** ⇒*sofistiek, bedrieglijke redenering*.

soph·o·more ['sɒfəmɔ:‖'sɑfəmɔr]⟨f1⟩⟨telb.zn.⟩⟨vnl. AE⟩ **0.1** ***tweedejaarsstudent*** ⟨op Am. school/universiteit⟩.

soph·o·mor·ic ['sɒfə'mɒrɪk‖'sɑfə'mɔrɪk], **soph·o·mor·i·cal** [-ɪkl]⟨bn.; -(al)ly; →bijw. 3⟩⟨vnl. AE⟩ **0.1** ***mbt. een tweedejaarsstudent*** ⇒*tweedejaars-* **0.2** ***onrijp (en zelfingenomen)*** ⇒*arrogant, pedant*.

sopor →soaper.

so·po·rif·er·ous ['sɒpə'rɪfrəs‖'sɑ-]⟨bn.; -ly; -ness⟩ **0.1** ***slaapverwekkend***.

so·po·rif·ic[1] ['sɒpə'rɪfɪk‖'sɑ-]⟨telb.zn.⟩ **0.1** ***slaapmiddel*** *⇒slaapverwekkend(e) medicijn/stof/drankje, soporatief.*

soporific[2] ⟨f1⟩⟨bn.;-ally;→bijw.3⟩ **0.1** ***slaapverwekkend*** *⇒saai, vervelend, soporatief* **0.2** ***slaperig*** *⇒doezelig, slaapdronken, lethargisch* ◆ **1.1** a ~ drug *een slaapmiddel;* a ~ speech *een saaie toespraak* **1.2** a ~ look in his eyes *een slaperige blik in zijn ogen.*

so·po·rose ['sɒpərous‖'sɑ-]⟨bn.⟩ **0.1** ***slaapzuchtig*** *⇒slaapziek, slaap-.*

sop·ping ['sɒpɪŋ‖'sɑ-], **'sopping 'wet** ⟨bn.; teg. deelw. v. sop+2⟩ ⟨inf.⟩ **0.1** ***doorweekt*** *⇒sopp(er)ig, doornat, kleddernat, week* ◆ **6.1** ~ **with** rain *kletsnat v.d. regen.*

sop·py ['sɒpi‖'sɑpi]⟨bn.;-er;→compar.7⟩ **0.1** ***doorweekt*** *⇒kletsnat, sopperig, drassig* **0.2** ***regenachtig*** **0.3** ⟨BE;inf.⟩ ***sentimenteel*** *⇒slijmerig, klef, zoetig, weeïg* ◆ **1.1** ~ land *drassig land;* ~ socks *doorweekte sokken* **1.3** a ~ film *een sentimentele film* **6.3** to be ~ **on** s.o. *tot over zijn oren verliefd zijn op iem., verslingerd zijn aan iem..*

so·pra·ni·no ['sɒprə'ni:nou‖'sou-]⟨telb.zn.⟩ **0.1** ***sopranino*** *⇒sopraninoblokfluit/saxofoon* ⟨e.d.⟩.

so·pra·nist [sə'prɑ:nɪst‖sə'prænɪst]⟨telb.zn.⟩ **0.1** ***sopraan*** ⇒⟨i.h.b.⟩ *mannensopraan.*

so·pran·o [sə'prɑ:nou‖sə'præ-], **so'prano singer** ⟨f2⟩⟨telb.zn.; ook soprani [-ni:];→mv.5⟩ **0.1** ***sopraan(zangeres).***

so'prano clef ⟨telb.zn.⟩ **0.1** ***sopraansleutel.***

so'prano voice ⟨telb.zn.⟩ **0.1** ***sopraanstem.***

'sop 'up ⟨f1⟩⟨ov.ww.⟩ **0.1** ***opnemen*** ⟨vloeistoffen⟩ *⇒opdweilen, afnemen, opzuigen, absorberen* ◆ **1.1** he likes to ~ gravy with some bread *hij vindt het lekker om de jus van zijn bord te vegen met brood;* ~ this water with a towel *neem dit water op met een handdoek.*

so·ra ['sɔ:rə], **'sora rail** ⟨telb.zn.⟩⟨dierk.⟩ **0.1** ***carolinenral*** ⟨Noord-Am. moerasvogel; Porzana carolina⟩.

sorb [sɔ:b‖sɔrb]⟨telb.zn.⟩⟨plantk.⟩ **0.1** ***lijsterbes*** *⇒sorbe(boom)* ⟨genus Sorbus⟩ **0.2** →sorb apple.

Sorb [sɔ:b‖sɔrb]⟨telb.zn.⟩ **0.1** ***Sorb*** *⇒één der Wenden.*

'sorb apple ⟨telb.zn.⟩ **0.1** ***sorbe*** ⟨vrucht v. sorbeboom⟩.

sor·bet ['sɔ:bɪt, 'sɔ:beɪ‖'sɔrbɪt]⟨telb. en n.-telb.zn.⟩ **0.1** ***sorbet*** *⇒waterijs(je);* ⟨BE ook⟩ *vruchtendrank;* ⟨AE ook⟩ *frappé, bevroren vruchtenmoes.*

sor·cer·er ['sɔ:sərə‖'sɔrsərər]⟨f1⟩⟨telb.zn.⟩ **0.1** ***tovenaar.***

sor·cer·ess ['sɔ:sərɪs‖'sɔr-]⟨f1⟩⟨telb.zn.⟩ **0.1** ***tovenares*** *⇒(tover) heks.*

sor·cer·y ['sɔ:səri‖'sɔr-]⟨n.-telb.zn.⟩ **0.1** ***tovenarij*** *⇒toverkunst, hekserij, toverij, zwarte kunst.*

sor·des ['sɔ:di:z‖'sɔr-]⟨mv.; ww. ook enk.⟩⟨med.⟩ **0.1** ***vuil*** *⇒korst v.d. koorts, verontreinigde wond, stinkende afscheiding.*

• **sor·did** ['sɔ:dɪd‖'sɔr-]⟨f2⟩⟨bn.;-ly;-ness⟩ **0.1** ***gemeen*** *⇒laag, oneerlijk, verachtelijk, kwalijk* **0.2** ***vuil*** ⟨ook fig.⟩ *⇒vies, smerig, zwaar vervuild, stinkend, onhygiënisch* **0.3** ***armzalig*** *⇒pover, armoedig* **0.4** ***inhalig*** *⇒vrekkig, gierig, zelfzuchtig, egoïstisch* **0.5** ***vaal*** ◆ **1.1** a ~ criminal *een vuile boef* **1.2** ~ clothes *smerige kleren;* the ~ details of the story *de smerige details v.h. verhaal* **1.3** ~ living conditions *zeer slechte levens/woonomstandigheden.*

sor·di·no [sɔ:'di:nou‖sɔr-]⟨telb.zn.; sordini [-ni:];→mv.5⟩⟨muz.⟩ **0.1** ***sordino*** *⇒sourdine, demper* ⟨bv. op strijk/blaasinstrument⟩.

sore[1] [sɔ:‖sɔr]⟨f2⟩⟨telb.zn.⟩ **0.1** ***pijnlijke plek*** *⇒zweer, wond* **0.2** ⟨vnl. mv.⟩ ***zeer*** *⇒pijnlijk(e) onderwerp(en), onaangename herinnering* ◆ **2.2** old ~s *oud zeer;* recall/reopen old ~s *oude wonden openrijten.*

sore[2] ⟨f2⟩⟨bn.;-er;-ness;→compar.7⟩

I ⟨bn.⟩ **0.1** ***pijnlijk*** *⇒zeer, pijn veroorzakend, irriterend* **0.2** ⟨inf.⟩ ***(over)gevoelig*** *⇒(licht)geraakt, geïrriteerd, gauw op zijn teentjes getrapt* **0.3** ***bedroefd*** ◆ **1.1** ⟨inf.⟩ he's like a bear with a ~ head *hij is een oude mopperpot/knorrepot;* a ~ spot on your arm *een pijnlijke plek op je arm;* clergyman's ~ throat *sprekershoestje;* a ~ throat *een zere/ontstoken keel, keelpijn* **1.3** a ~ heart *een bedroefd/bezwaard hart* **1.¶** a sight for ~ eyes *een prettig(e) gezicht/mededeling, aangenaam iets/iem., welkome verrassing;* you are a sight for ~ eyes *je bent door de hemel gezonden;* I stuck out like a ~ thumb with that red hat on *ik viel lelijk uit de toon met die rode hoed op* **3.1** I'm ~ all over *ik heb overal pijn, ik ben bont en blauw* **3.2** he is ~ on this point *hij is overgevoelig op dit punt;*

II ⟨bn., bn., attr.⟩⟨vero.⟩ **0.1** ***ernstig*** *⇒zwaar, belangrijk, moeilijk* ◆ **1.1** in ~ distress *in grote wanhoop;* in ~ need of help *in ernstige verlegenheid om hulp;* a ~ struggle *een zware strijd;* ~ trouble *erge moeilijkheden;*

III ⟨bn., attr.⟩ **0.1** ***onaangenaam*** *⇒pijnlijk, onprettig, teer* ◆ **1.1** a ~ point *een teer punt;* a ~ subject *een pijnlijk onderwerp;* a ~ task *een bittere/onaangename taak;*

IV ⟨bn., pred.⟩⟨vnl. AE⟩ **0.1** ***beledigd*** *⇒boos, kwaad, nijdig, misdeeld, gepikeerd* ◆ **3.1** he felt ~ for not being invited *hij voelde zich gekrenkt/gepasseerd omdat hij niet uitgenodigd was;* don't get ~ about your defeat *maak je niet zo nijdig over je verlies.*

'sore·head ⟨telb.zn.⟩⟨AE; inf.⟩ **0.1** ***zaniker*** *⇒zeur(kous), klager, mopperaar, knorrepot.*

'sore'head·ed ⟨bn.⟩⟨AE; inf.⟩ **0.1** ***knorrig*** *⇒zanikend, mopperig, zeurderig, klagerig.*

so·rel ['sɒrəl‖'sɑ-]⟨telb.zn.⟩⟨BE⟩ **0.1** ***tweejarig damhert.***

sore·ly ['sɔ:li‖'sɔrli], ⟨vero.⟩ **sore** ⟨f1⟩⟨bw.⟩ **0.1** ***ernstig*** *⇒in belangrijke mate, pijnlijk* ◆ **3.1** she was ~ afflicted *ze had het heel erg te kwaad;* the army was ~ defeated *het leger leed een gevoelige nederlaag;* help is ~ needed *hulp is hard nodig;* he ~ reminded me of his father *hij deed me op pijnlijke wijze aan zijn vader denken;* he was ~ tempted *hij werd zwaar in verzoeking gebracht.*

so·rex ['sɔ:reks]⟨telb.zn.⟩⟨dierk.⟩ **0.1** ***spitsmuis*** ⟨genus Sorex⟩.

sor·ghum ['sɔ:gəm‖'sɔr-]⟨n.-telb.zn.⟩ **0.1** ⟨plantk.⟩ ***sorg(h)um (gierst)*** ⟨tropisch graangewas; genus Sorghum⟩ ⇒⟨i.h.b.⟩ *durrha* ⟨S. durra⟩ **0.2** ***sorg(h)umdrank.***

so·ri·tes [sə'raɪṭi:z]⟨telb.zn.; sorites;→mv.4⟩⟨logica⟩ **0.1** ***kettingredenering*** *⇒sorites* ⟨volgens theorie v.h. polysyllogisme⟩.

sorn [sɔ:n‖sɔrn]⟨onov.ww.⟩⟨Sch. E⟩ **0.1** ***klaplopen*** *⇒parasiteren* ⟨als logé⟩ ◆ **6.1** ~ **(up)on** s.o. *zich bij iem. opdringen.*

so·rop·ti·mist [sə'rɒptɪmɪst‖-'rɑp-]⟨telb.zn.⟩ **0.1** ***soroptimiste*** ⟨lid v. oorspr. Am. vrouwenvereniging, pendant v. Rotary club⟩.

so·ror·i·cid·al [sə'rɒrɪ'saɪdl‖-'rɔ-, -'rɑ-]⟨bn.⟩ **0.1** ***zustermoord-.***

so·ror·i·cide [sə'rɒrɪsaɪd‖-'rɔ-, -'rɑ-]⟨zn.⟩

I ⟨telb.zn.⟩ **0.1** ***zustermoordenaar/moordenares;***

II ⟨telb. en n.-telb.zn.⟩ **0.1** ***zustermoord.***

so·ror·i·ty [sə'rɒrəti‖-'rɔrəṭi, -'rɑ-]⟨telb.zn.;→mv.2⟩ **0.1** ***zusterschap*** *⇒nonnenorde* **0.2** ***vrouwenvereniging*** **0.3** ⟨AE⟩ ***meisjesstudentenclub*** *⇒sociëteit v. vrouwelijke studenten* ⟨aan Am. universiteit⟩.

so·ro·sis [sə'rousɪs]⟨telb.zn.; soroses [-si:z];→mv.5⟩⟨plantk.⟩ **0.1** ***samengestelde besvrucht*** ⟨ananas, moerbei e.d.⟩.

sorp·tion ['sɔ:pʃn‖'sɔrpʃn]⟨n.-telb.zn.⟩⟨nat., schei.⟩ **0.1** ***sorptie*** ⟨absorptie, adsorptie⟩.

sor·rel[1] ['sɒrəl‖'sɔ-, 'sɑ-]⟨f1⟩⟨zn.⟩

I ⟨telb.zn.⟩ **0.1** ***vos*** *⇒vos/roodbruin paard* **0.2** ⟨BE⟩ ***mannelijk damhert in zijn derde jaar;***

II ⟨n.-telb.zn.⟩ **0.1** ⟨plantk.⟩ ***zuring*** ⟨genus Rumex⟩ ⇒⟨i.h.b.⟩ *schapezuring* ⟨R. acetosella⟩ **0.2** ⟨plantk.⟩ ***klaverzuring*** *⇒zurkel* ⟨genus Oxalis⟩ **0.3** ***voskleur*** *⇒roodbruin.*

sorrel[2] ⟨f1⟩⟨bn.⟩ **0.1** ***voskleurig*** *⇒roodbruin, rossig.*

sor·row[1] ['sɒrou‖'sɑ-]⟨f2⟩⟨telb. en n.-telb.zn.⟩⟨→sprw.85⟩ **0.1** ***smart*** *⇒verdriet, leed, zorg(en), rouw* **0.2** ***gejammer*** *⇒jammer/weeklacht* ◆ **1.1** more in ~ than in anger *eerder bedroefd/teleurgesteld dan boos;* joy(s) and ~(s) *lief en leed;* Man of Sorrows *Man van Smarten* ⟨Jezus⟩ **3.1** drown one's ~ *zijn verdriet verdrinken* **6.1** ~ **at/for/over** the loss of a friend *verdriet/rouw over het verlies v.e. vriend;* ~ **for/over** his evil deeds *spijt om/over zijn kwade daden;* **to** the ~ of all *tot aller spijt* **7.1** cause s.o. much ~/many ~s *iem. veel verdriet aandoen/zorgen baren.*

sorrow[2] ⟨onov.ww.⟩⟨→sprw.750⟩ **0.1** ***treuren*** *⇒bedroefd zijn, rouwen* **0.2** ***treuren*** *⇒weeklagen* ◆ **6.1** ~ **for/after** one's mother *om (de dood van) zijn moeder treuren/rouwen;* I ~ **for** you *het spijt me voor je;* ~ **over/for** one's misfortune *treuren over zijn ongeluk.*

sor·row·er ['sɒrouə‖'sɑrouər]⟨telb.zn.⟩ **0.1** ***treurende*** *⇒bedroefde, rouwende, weeklager/weeklaagster.*

sor·row·ful ['sɒroufl‖'sɑ-]⟨f1⟩⟨bn.;-ly;-ness⟩ **0.1** ***treurig*** *⇒droevig, spijtig* **0.2** ***bedroefd*** **0.3** ***erbarmelijk*** *⇒bedroevend.*

sorry[1] ['sɒri‖'sɑri]⟨f3⟩⟨bn.;-er;-ly;-ness;→bijw.3⟩⟨→sprw.51⟩

I ⟨bn., attr.⟩ **0.1** ***droevig*** *⇒treurig, erbarmelijk* **0.2** ***naar*** *⇒armzalig, ellendig* **0.3** ***waardeloos*** *⇒min* ◆ **1.1** he came home in a ~ condition *hij kwam thuis in een trieste toestand* **1.2** be in a ~ plight *in een vervelende situatie verkeren* **1.3** a ~ excuse *een armzalige uitvlucht;*

II ⟨bn., pred.⟩ **0.1** ***bedroefd*** *⇒droevig* **0.2** ***medelijdend*** **0.3** ***berouwvol*** *⇒berouwhebbend, beschaamd* ◆ **2.2** it's better to be safe than ~ *laten we het zekere voor het onzekere nemen* **3.1** I'm ~ (to hear that) your brother died *het spijt me (te horen) dat je broer overleden is;* I'm ~ (to say that) we cannot accept your proposal *het spijt mij dat we uw voorstel niet kunnen aanvaarden* **3.2** I am/feel ~ for his children *ik heb medelijden met/het spijt me voor zijn kinderen;* don't feel so ~ for yourself *wees niet zo met jezelf begaan* **3.3** I'm ~ *het spijt me; neem (het) me niet kwalijk;* you'll be ~ *het zal je berouwen* **6.3** I'm ~ **for/about** that *het/dat spijt me (zeer).*

sorry[2] ⟨f3⟩⟨tussenw.⟩ **0.1** ***sorry*** *⇒het spijt me, pardon, neem me niet kwalijk* **0.2** ***wat zegt u?*** *⇒ik versta u niet, wat b(e)lieft u?.*

sort[1] [sɔ:t||sɔrt] ⟨f4⟩ ⟨telb.zn.⟩ **0.1** ***soort*** ⇒*klas(se), variëteit, type* **0.2** ⟨inf.⟩ ***persoon*** ⇒*type, slag* **0.3** ⟨druk.⟩ ***lettertype*** **0.4** ⟨vero.⟩ ***manier*** **0.5** ⟨comp.⟩ ***sortering*** ◆ **1.1** of every ~ and kind *v. allerlei slag/soorten, allerhande;* that ~ of thing *zoiets, zulks* **1.2** all ~s and conditions of men *mensen v. alle rangen en standen/v. allerlei slag* **2.2** he is a bad ~ *hij deugt niet;* the common ~ *gewone mensen;* a good/decent ~ *een geschikt type, behoorlijke lui* **3.2** it takes all ~s (to make a world) *zulke mensen moeten er ook zijn* **6.1** a ~ **of** (a) *een soort(ement) van, een of andere;* a painter **of** ~s *een of ander stuk/soort schilder;* nothing **of** the ~ *niets dergelijks, geen sprake van!* **6.4** **in/after** their ~ *op hun manier;* **in** seemly ~ *op betamelijke wijze;* **in** some ~ *op een of andere manier, enigszins, min of meer* **6.¶** be **out of** ~s *zich niet lekker/kregelig voelen;* →sort **of** **7.1** all ~s of *allerlei;* no ~ of notion *geen benul* **7.2** not my/your ~ *niet mijn/jouw type.*

sort[2] ⟨f3⟩ ⟨ww.⟩

I ⟨onov.ww.⟩ ⟨schr.⟩ **0.1** ***stroken*** ⇒*overeenstemmen* **0.2** ⟨gew.⟩ ***omgaan*** ⇒*optrekken* ◆ **6.1** his actions ~ ill/well **with** his character *zijn daden stemmen slecht/goed met zijn karakter overeen* **6.2** ~ **with** *optrekken/omgaan met;*

II ⟨ov.ww.⟩ **0.1** ***sorteren*** ⇒*klasseren, rangschikken* **0.2** ***bij elkaar doen passen*** ⇒*assorteren; schakeren* ⟨kleuren⟩ **0.3** ⟨Sch. E⟩ ***in orde brengen*** ⇒*repareren* ◆ **1.1** ~ letters *brieven sorteren* **3.3** have the dishwasher ~ed *de vaatwasmachine laten repareren* **5.1** ~ **over/through** *sorteren, klasseren* **5.¶** →sort out.

sort·a·ble ['sɔ:təbl||'sɔrt̬əbl] ⟨bn.⟩ **0.1** ***sorteerbaar.***

sort·er ['sɔ:tə||'sɔrt̬ər] ⟨telb.zn.⟩ **0.1** ***sorteerder*** ⟨postbeambte⟩ **0.2** ***sorteermachine.***

sor·tie ['sɔ:ti||'sɔrt̬i] ⟨f1⟩ ⟨telb.zn.⟩ **0.1** ⟨mil.⟩ ***uitval*** **0.2** ⟨mil.⟩ ***vlucht*** ⟨v. gevechtsvliegtuig⟩ **0.3** ***uitstapje*** ⟨fig.; op/naar onbekend/vijandig gebied⟩.

sor·ti·lege ['sɔ:tɪlɪdʒ||'sɔrt̬l-] ⟨zn.⟩

I ⟨telb. en n.-telb.zn.⟩ **0.1** ***waarzegging door loten;***

II ⟨n.-telb.zn.⟩ **0.1** ***waarzeggerij*** **0.2** ***toverij*** ⇒*tovenarij, hekserij.*

sor·ti·tion [sɔ:'tɪʃn||sɔr-] ⟨telb. en n.-telb.zn.⟩ **0.1** ***loting*** ⇒*trekking.*

sort of ['sɔ:təv||'sɔrt̬əv] ⟨f2⟩ ⟨bw.⟩ ⟨inf.⟩ **0.1** ***min of meer*** ⇒*zo ongeveer, een beetje, zoiets als* ◆ **2.1** I feel ~ ill *ik voel me een beetje ziek* **3.1** I ~ wondered *ik vroeg me zo min of meer af.*

'sort 'out ⟨f2⟩ ⟨ov.ww.⟩ **0.1** ***sorteren*** ⇒*indelen, rangschikken* **0.2** ⟨BE⟩ ***ordenen*** ⇒*regelen, ontwarren, bijleggen* **0.3** ⟨BE; inf.⟩ ***organiseren*** ⇒*disciplineren* **0.4** ⟨BE; inf., sl.⟩ ***te pakken krijgen*** ⇒*bestraffen, een opdonder geven* ◆ **1.1** ~ one's stamp collection *zijn postzegelverzameling sorteren* **1.2** ~ a difficult problem *een moeilijk probleem ontwarren;* ~ the quarrel *het geschil bijleggen* **1.3** I need a week to ~ the office staff *ik heb een week nodig om het personeel te organiseren/disciplineren* **4.2** things will sort themselves out *de zaak komt wel terecht;* sort o.s. out *met zichzelf in het reine komen;* leave it to sort itself out *laat maar betijen* **4.4** stop that noise or I'll come and sort you out *hou op met die herrie of je krijgt het met mij aan de stok* **6.1** ~ the chaff **from** the wheat *het kaf v.h. koren scheiden.*

'sort-out ⟨telb.zn.⟩ ⟨BE⟩ **0.1** ***ordening*** ◆ **3.1** your room needs a ~ *je kamer moet opgeruimd worden.*

so·rus ['sɔ:rəs] ⟨telb.zn.; sori [-raɪ]; →mv. 5⟩ ⟨plantk.⟩ **0.1** ***tros sporenhouders*** ⟨v. varens, zwammen e.d.⟩.

SOS ⟨f1⟩ ⟨telb.zn.⟩ **0.1** ***S.O.S.*** ⇒*telegrafisch noodsein, noodsignaal* **0.2** ***S.O.S-bericht*** ⇒*dringende oproep* ⟨om hulp, aan fam. e.d.⟩.

'so-so ⟨f1⟩ ⟨bn.; bw.⟩ ⟨inf.⟩ **0.1** ***zo-zo*** ⇒*middelmatig, niet al te best* ◆ **1.1** a ~ student *een middelmatig student* **3.1** business is ~ *de zaken gaan maar zo-zo* **5.1** I'm feeling only ~ *ik voel me maar zo-zo.*

sos·te·nu·to[1] ['sɒstə'nju:toʊ||'soʊstə'nu:t̬oʊ] ⟨telb.zn.; ook sostenuti [-'nju:ti:||-'nu:t̬i:]; →mv. 5⟩ ⟨muz.⟩ **0.1** ***sostenuto*** ⟨matig langzaam gespeeld stuk⟩.

sostenuto[2] ⟨bn.; bw.⟩ ⟨muz.⟩ **0.1** ***sostenuto*** ⟨de beweging aanhoudend⟩ **0.2** ***sostenuto*** ⇒*voortdurend.*

sot[1] [sɒt||sɑt] ⟨telb.zn.⟩ **0.1** ***dronkaard*** ⇒*drinkebroer, zuiplap.*

sot[2] ⟨onov.ww.; →ww. 7⟩ **0.1** ***pimpelen*** ⇒*zuipen, zich bedrinken.*

so·te·ri·ol·o·gy [soʊ'tɪəri'ɒlədʒi||-'tɪri'ɑlədʒi] ⟨n.-telb.zn.⟩ ⟨theol.⟩ **0.1** ***soteriologie*** ⇒*verlossingsleer.*

So·thic ['soʊθɪk] ⟨bn.⟩ ⟨ster.⟩ **0.1** ***Sothis-*** ⇒*i.v.m. Sothis/Sirius* ◆ **1.1** ~ cycle *Sothisperiode* ⟨1460 jaar⟩; ~year *Sothisjaar* ⟨365 1/4 dagen⟩.

So·this ['soʊθɪs] ⟨eig.n.⟩ ⟨ster.⟩ **0.1** ***Sirius*** ⇒*Hond, Hondsster.*

sot·tish ['sɒtɪʃ||'sɑt̬ɪʃ] ⟨bn.; -ly; -ness⟩ **0.1** ***bezopen*** ⇒*dronken, beneveld* **0.2** ***bezopen*** ⇒*zot, dwaas.*

sot·to vo·ce ['sɒtoʊ 'voʊtʃi||'sɑt̬oʊ-] ⟨bw.⟩ **0.1** ⟨muz.⟩ ***sotto voce*** ⇒*met zachte, ingehouden stem* **0.2** ***terzijde*** ⇒*niet hardop, zacht, binnensmonds, terloops.*

sou [su:] ⟨telb.zn.⟩ **0.1** ⟨gesch.⟩ ***sou*** ⇒*stuiver* ⟨Frans geldstukje van kleine waarde⟩ **0.2** ⟨inf.⟩ ***duit*** ⇒*cent* ⟨vnl. in neg. zin⟩ ◆ **5.1** not a ~ *geen rooie duit, geen cent, geen sou.*

sou·brette [su:'bret] ⟨telb.zn.⟩ **0.1** ***soubrette*** ⇒*kamenier* ⟨in toneelstuk, operette e.d.⟩.

soubriquet →sobriquet.

sou·chong, soo·chong ['su:'tʃɒŋ||-'tʃɔŋ] ⟨n.-telb.zn.⟩ **0.1** ***souchon*** ⇒*souchonthee.*

sou-east[1] ['saʊ'i:st] ⟨zn.⟩ ⟨scheep.⟩

I ⟨telb.zn.⟩ **0.1** ***zuidoostenwind;***

II ⟨n.-telb.zn.; the⟩ **0.1** ***zuidoosten.***

sou-east[2] ⟨bn.⟩ ⟨scheep.⟩ **0.1** ***zuidoostelijk*** ⇒*zuidoosten-.*

sou-east[3] ⟨bw.⟩ ⟨scheep.⟩ **0.1** ***zuidoost*** ⇒*ten zuidoosten, zuidoostwaarts, naar/in/uit het zuidoosten.*

souf·fle ['su:fl] ⟨telb.zn.⟩ ⟨med.⟩ **0.1** ***geruis*** ⟨v. hart e.d.⟩.

souf·flé[1] ['su:fleɪ||su:'fleɪ] ⟨telb.zn.⟩ **0.1** ***soufflé.***

soufflé[2], ⟨in bet. II ook⟩ **souf·fleed** ['su:fleɪd||'su:'fleɪd] ⟨bn.⟩

I ⟨bn.⟩ **0.1** ***gespikkeld*** ⟨vaatwerk⟩;

II ⟨bn., bn., post.⟩ ⟨cul.⟩ **0.1** ***soufflé*** ⇒*gesouffleerd.*

sough[1] [sʌf, saʊ] ⟨telb.zn.⟩ **0.1** ***gesuis*** ⇒*geruis, zucht* ⟨wind⟩ **0.2** ***zucht*** ⇒*luidruchtige ademhaling* **0.3** ⟨Sch. E⟩ ***zangerige toon*** ⇒*zeurige (preek)toon* **0.4** ⟨Sch. E⟩ ***gerucht*** ⇒*praatje.*

sough[2] ⟨onov.ww.⟩ **0.1** ***suizen*** ⇒*ruisen* **0.2** ***zuchten*** ⇒*hijgen* **0.3** ⟨Sch. E⟩ ***temen*** ⇒*drenzen, zeuren* ◆ **5.¶** ~ **awa(y)** *de laatste adem uitblazen, sterven.*

sought [sɔ:t] ⟨verl. t. en volt. deelw.⟩ →seek.

'sought after, ⟨als attr. bn.⟩ **'sought-af·ter** ⟨bn.⟩ ⟨vnl. BE⟩ **0.1** ***veelgevraagd*** ⇒*in trek, gezocht, gewild.*

souk, suq [su:k] ⟨telb.zn.⟩ **0.1** ***soek.***

soul [soʊl] ⟨f3⟩ ⟨zn.⟩ ⟨→sprw. 62, 546⟩

I ⟨telb. en n.-telb.zn.⟩ **0.1** ***ziel*** ⇒*geest* ◆ **1.¶** ⟨BE; inf.⟩ he is the (life and) ~ of the party/enterprise *hij is de bezieler v.h. feest/de ziel v.d. onderneming, alles draait om hem op het feest/in de onderneming* **2.1** there's a good ~! *dat is lief/braaf!;* the greatest ~s of antiquity *de grootste geesten uit de oudheid;* he left that to meaner ~s *daar heeft hij zijn handen niet aan vuilgemaakt;* poor ~! *(arme) stakker!, zielepoot!;* his whole ~ revolted from it *zijn hele wezen kwam ertegen in opstand* **3.1** commend one's ~ to God *zijn ziel Gode bevelen;* ⟨fig.⟩ that fellow has no ~ *die knaap heeft geen pit/hart/is een egoïst;* ⟨fig.⟩ his art lacks ~ *het ontbreekt zijn kunst aan bezieling;* not a living ~ *geen levende ziel, geen sterveling;* like a lost ~ *als een verloren ziel;* sell one's ~ for sth. *zijn ziel voor iets verkopen* **3.¶** ⟨inf.⟩ (God) bless my ~! *lieve deugd!;* ⟨inf.⟩ (God) bless your ~! *dat is lief/aardig!;* he has a ~ above such trivialities *met zulke beuzelarijen houdt hij zich niet bezig* **6.1** ⟨vero.⟩ **upon** my ~! *bij mijn ziel!, wis en waarachtig!;* **with** (all one's) heart and ~ *met hart en ziel* **6.¶** he is the ~ **of** honour *hij is de eer in persoon/zelf;* she is the ~ **of** kindness *zij is de vriendelijkheid in persoon/zelf* **7.1** not a ~ *geen levende ziel, geen sterveling;* the ship went down with 300 ~s *het schip zonk met 300 zielen aan boord;*

II ⟨n.-telb.zn.⟩ **0.1** ⟨ook attr.⟩ ***soul(-muziek)*** **0.2** ⟨ook attr.⟩ ⟨AE; inf.⟩ ***soul*** ⟨Afro-Am. cultuur, het neger-zijn; vaak als uiting v. Afro-Am. saamhorigheidsgevoel⟩ **0.3** ⟨S-⟩ ***God*** ⟨Christian Science⟩.

'soul brother ⟨telb.zn.⟩ ⟨AE; inf.⟩ **0.1** ***Afro-Amerikaan*** ⇒*mede-neger.*

'soul-de·stroy·ing ⟨bn.⟩ ⟨inf.⟩ **0.1** ***geestdodend*** ⇒*afstompend, monotoon.*

'soul food ⟨n.-telb.zn.⟩ ⟨AE; inf.⟩ **0.1** ***typisch Afro-Amerikaans voedsel.***

soul·ful ['soʊlfl] ⟨f1⟩ ⟨bn.; -ly; -ness⟩ **0.1** ***vol (verheven) gevoelens*** ⇒*gevoelvol, innerlijk bewogen* ⟨soms iron.⟩ **0.2** ⟨inf.⟩ ***hyperemotioneel.***

'soul kiss ⟨telb.zn.⟩ **0.1** ***tongkus.***

soul·less ['soʊlləs] ⟨bn.; -ly; -ness⟩ **0.1** ***zielloos*** ⇒*geestdodend, monotoon.*

'soul mate ⟨telb.zn.⟩ **0.1** ***boezemvriend(in)*** ⇒*zielsvriend(in); minnaar, minnares, echtgenoot, echtgenote.*

'soul music ⟨n.-telb.zn.⟩ **0.1** ***soul(-muziek).***

'soul rock ⟨n.-telb.zn.⟩ **0.1** ***soul rock*** ⟨rockmuziek onder invloed v. soul⟩.

'soul-search·ing[1] ⟨n.-telb.zn.⟩ **0.1** ***gewetensonderzoek*** ⇒*gewetensvolle zelfanalyse.*

soul-searching[2] ⟨bn.⟩ **0.1** ***de ziel doorvorsend.***

'soul sister ⟨telb.zn.⟩ ⟨AE; inf.⟩ **0.1** ***Afro-Amerikaanse*** ⇒*mede-negerin.*

'soul-stir·ring ⟨bn.⟩ **0.1** ***(ont)roerend*** ⇒*treffend, aandoenlijk.*

sound[1] [saʊnd] ⟨f3⟩ ⟨zn.⟩ ⟨→sprw. 139⟩

I ⟨eig.n.; S-; the⟩ **0.1** ***Sont;***

II ⟨telb.zn.⟩ **0.1** ***zeeëngte*** ⇒*zeestraat* **0.2** ***inham*** ⇒*(diepe, wijde) baai, golf* **0.3** ***zwemblaas*** **0.4** ⟨med.⟩ ***sonde*** **0.5** ⟨vero.⟩ ***dieplood;***

III ⟨telb. en n.-telb.zn.⟩ **0.1** ***geluid*** ⇒*klank, toon* **0.2** ***gehoorsafstand*** **0.3** ***gerucht*** ◆ **1.¶** ~ and fury *nietsbeduidende woorden, ge-*

raas en gebral **3.1** I don't like the ~ of it *het bevalt me niet, het zit me niet zo lekker* **6.1 from/by** the ~(s) of it/things *zo te horen* **6.2** be **out of** ~ *buiten gehoorsafstand zijn;*
IV ⟨n.-telb.zn.⟩ **0.1** ⟨vaak mv.⟩⟨sl.⟩ ***sound*** ⇒*muziek* ⟨vnl. rock, jazz of pop⟩.
sound² ⟨f2⟩⟨bn.; -er; -ly; -ness⟩ **0.1** ***gezond*** ⇒*krachtig, kloek, stevig; gaaf; flink, bekwaam, knap;* ⟨inf.⟩ *fit* **0.2** ***correct*** ⇒*orthodox, zuiver in de leer; logisch; gegrond, deugdelijk, overtuigend* ⟨argument⟩; *rechtmatig, oordeelkundig, verstandig; wijs, goed* ⟨raad⟩ **0.3** ***solvent*** ⇒*financieel gezond; solide, degelijk, evenwichtig, te vertrouwen, betrouwbaar* **0.4** ***vast*** ⇒*diep, vredig* ⟨slaap⟩ **0.5** ***grondig*** ⇒*compleet* ⟨onderzoek⟩ **0.6** ***hard*** ⇒*krachtig, flink* **0.7** ***conservatief*** **0.8** ⟨jur.⟩ ***(rechts)geldig*** **0.9** ⟨vero.⟩ ***eervol*** ⇒*oprecht, rechtschapen* ◆ **1.1** ⟨inf.⟩ be (as) ~ as a bell *(zo) gezond als een vis zijn; perfect functioneren* ⟨machine⟩; ~ fruit *gaaf fruit;* a ~ mind in a ~ body *een gezonde geest in een gezond lichaam;* ~ teeth *gave tanden* **1.2** ⟨AE; pol.⟩ ~ on the goose *zuiver in de leer* **1.6** a ~ thrashing *een flink pak ransel.*
sound³ ⟨f4⟩⟨ww.⟩ →sounding
I ⟨onov.ww.⟩ **0.1** ***klinken*** ⟨ook fig.⟩ ⇒*luiden, schallen, uitbazuinen, galmen, weerklinken* **0.2** ***de diepte peilen*** ⇒*de oceaanbodem onderzoeken* **0.3** ***in de diepte schieten*** ⇒*onderduiken* ⟨(wal)vis⟩ ◆ **2.1** that ~s reasonable *dat klinkt redelijk/billijk* **4.1** it ~s as if he wanted to come back home *het klinkt alsof hij terug naar huis wil komen* **5.1** that ~s all right *dat klinkt goed;* his excuse ~s hollow *zijn excuus klinkt geveinsd;* ~ loud *luid weerklinken* **5.¶** ⟨mil.⟩ ~ **off** *een sein laten weerklinken;* ⟨inf.⟩ *opscheppen, pochen;* ⟨mil.; sl.⟩ *schreeuwen, roepen; het marstempo aangeven;* ⟨inf.⟩ *zijn mening luid te kennen geven; afblazen, luid klagen/schelden* **6.¶** ⟨jur.⟩ ~ **in** damages *alleen maar betrekking hebben op schadevergoeding;*
II ⟨ov.ww.⟩ **0.1** ***laten klinken*** ⇒*laten luiden/schallen/weerklinken, doen horen* **0.2** ***uiten*** ⇒*uitspreken, articuleren* **0.3** ***blazen*** ⟨alarm, aftocht⟩ ⇒*blazen op* ⟨bv. trompet⟩ **0.4** ***testen*** ⟨door bekloppen v. longen, wielen v. spoorwagon⟩ ⇒*ausculteren, onderzoeken* **0.5** ***peilen*** ⟨ook fig.⟩ ⇒*sonderen; loden;* ⟨fig.⟩ *onderzoeken, polsen, (discreet) uithoren* **0.6** ⟨schr.⟩ ***verkondigen*** ⇒*bekendmaken* ◆ **1.1** ~ a warning *een waarschuwing laten horen* **1.2** the h in 'honest' is not ~ed *de h in 'honest' wordt niet uitgesproken* **1.3** ~ the attack *ten aanval blazen* **1.6** ~ God's praises far and wide *Gods lof wijd en zijd uitzingen* **5.5** ~ s.o. **out** about/on sth. *iem. over iets polsen.*
sound⁴ ⟨f2⟩⟨bw.⟩ **0.1** ***vast*** ⇒*diep, vredig* ⟨slaap⟩ ◆ **2.1** ~ asleep *vast in slaap* **3.1** I will sleep the ~er for it *ik zal er des te beter om slapen.*
'sound-and-'light ⟨bn., attr.⟩ **0.1** ***klank-en-licht-*** ◆ **1.1** ~ programme *klank-en-lichtspel;* ~ technique *klank-en-lichttechniek.*
'sound archives ⟨mv.⟩ **0.1** ***geluidsarchief.***
'sound barrier ⟨f1⟩⟨telb.zn.⟩ **0.1** ***geluidsbarrière*** ⇒*geluidsmuur* ◆ **3.1** break the ~ *de geluidsbarrière doorbreken, sneller gaan dan het geluid.*
sound-board →sounding board.
'sound-bow ⟨telb.zn.⟩ **0.1** ***slagrand*** ⟨v. klok⟩.
'sound box ⟨telb.zn.⟩ **0.1** ***geluidgever*** ⟨v. ouderwetse grammofoon⟩ **0.2** ***klankkast*** ⟨v. viool, gitaar, cello enz.⟩.
'sound broadcasting, 'sound radio ⟨telb. en n.-telb.zn.⟩ **0.1** ***radio.***
'sound camera ⟨telb.zn.⟩ **0.1** ***geluidscamera.***
'sound·check ⟨telb.zn.⟩ **0.1** ***geluidstest.***
'sound effects ⟨mv.⟩ **0.1** ***geluidseffecten*** ⇒*geluiden* ⟨radio⟩.
'sound engineer ⟨telb.zn.⟩ **0.1** ***geluidsingenieur*** ⇒*geluidstechnicus.*
sound·er ['saʊndə‖-ər]⟨f1⟩⟨telb.zn.⟩ **0.1** ***sounder*** ⇒*klankgever;* ⟨telegrafie⟩ *klopper* **0.2** ***dieplood*** ⇒*peilinrichting, peiltoestel* **0.3** ***loder*** ⇒*peiler.*
'sound-film ⟨telb.zn.⟩ **0.1** ***geluidsfilm.***
sound·ful ['saʊndfl]⟨bn.⟩ **0.1** ***melodieus.***
'sound-hole ⟨telb.zn.⟩ **0.1** ***klankgat*** ⟨v. sommige snaarinstrumenten⟩.
'sound·ing¹ ['saʊndɪŋ]⟨zn.; (oorspr.) gerund v. sound⟩
I ⟨telb. en n.-telb.zn.⟩ **0.1** ***peiling*** ⟨ook fig.⟩ ⇒*sondering; loding;* ⟨fig.⟩ *(grondig) onderzoek;*
II ⟨n.-telb.zn.⟩ **0.1** ***het klinken*** ⇒*klank* **0.2** ⟨AE; sl.⟩ →signifying;
III ⟨mv.; ~s⟩ **0.1** ⟨scheep.⟩ ***peilbare grond*** ⇒*aangelode plaats (en)/diepte(n)* ◆ **3.1** lose one's ~s *geen grond meer aanloden;* make/take ~s *loden;* ⟨fig.⟩ *poolshoogte nemen; opiniepeilingen houden;* strike ~s *grond aanloden* **6.1** be **in/on** ~s *grond aanloden;* come **into** ~s *binnen de dieptelijn komen;* be **out of/off** ~s *geen grond aanloden.*
sounding² ⟨bn., attr.; teg. deelw. v. sound⟩ **0.1** ***weerklinkend*** ⇒*resonerend, schallend, klinkend* ⟨klank⟩; *hoogdravend, bombastisch, pompeus* ⟨retoriek⟩; *indrukwekkend, ronkend* ⟨titel⟩.
'sound·ing·bal·loon ⟨telb.zn.⟩ **0.1** ⟨meteo.⟩ ***weerballon*** ⇒*weersonde.*
'sounding board ⟨telb.zn.⟩ **0.1** ***klankbord*** ⟨bv. boven preekstoel⟩ **0.2** ***klankbodem*** **0.3** ⟨fig.⟩ ***spreekbuis.***
'sounding lead [- led]⟨telb.zn.⟩ **0.1** ***dieplood*** ⇒*peillood.*
'sounding line ⟨telb.zn.⟩⟨scheep.⟩ **0.1** ***loodlijn.***
'sounding rocket ⟨telb.zn.⟩ **0.1** ***sondeerraket.***
'sounding rod ⟨telb.zn.⟩ **0.1** ***peilroede*** ⇒*peilstok.*
sound·less ['saʊndləs]⟨f1⟩⟨bn.; -ly; -ness⟩ **0.1** ***geluidloos*** **0.2** ⟨vnl. schr.⟩ ***onpeilbaar.***
sound·ly ['saʊndli]⟨f1⟩⟨bw.⟩ **0.1** ***gezond*** ⇒*stevig, flink, terdege* **0.2** ***vast*** ⟨in slaap⟩.
'sound mixer ⟨telb.zn.⟩⟨tech.⟩ **0.1** ***geluidmixer*** ⇒*geluidstechnicus* **0.2** ***mengpaneel.***
'sound pollution ⟨n.-telb.zn.⟩ **0.1** ***geluidshinder.***
'sound-post ⟨telb.zn.⟩⟨muz.⟩ **0.1** ***stapel*** ⟨v. snaarinstrument⟩.
'sound-proof¹ ⟨f1⟩⟨bn.⟩ **0.1** ***geluiddicht.***
sound-proof² ⟨f1⟩⟨ov.ww.⟩ **0.1** ***geluiddicht maken.***
'sound-rang·ing ⟨n.-telb.zn.⟩ **0.1** ***geluidmeting*** ⟨vnl. mil.⟩.
'sound-re·cord·ing ⟨telb. en n.-telb.zn.⟩ **0.1** ***geluidsopname.***
sound·scape ['saʊndskeɪp]⟨n.-telb.zn.⟩⟨muz.⟩ **0.1** ***muzikaal panorama.***
'sound shift ⟨telb.zn.⟩ **0.1** ***klankverschuiving.***
'sound spectrograph ⟨telb.zn.⟩ **0.1** ***geluidsspectrograaf*** ⟨voor het registreren en analyseren v. spraakgeluiden⟩.
'sound stage ⟨telb.zn.⟩ **0.1** ***(geluiddichte) opnamestudio.***
'sound-sup·press·ing ⟨bn.⟩ **0.1** ***geluiddempend.***
'sound·track ⟨f1⟩⟨telb.zn.⟩ **0.1** ***sound-track*** ⇒*geluidspoor, klankstrook* ⟨v. geluidsfilm⟩ **0.2** ***opgenomen filmmuziek.***
'sound truck ⟨telb.zn.⟩⟨AE⟩ **0.1** ***geluidswagen*** ⇒*reportagewagen.*
'sound wave ⟨telb.zn.⟩ **0.1** ***geluidsgolf.***
soup¹ [su:p]⟨f3⟩⟨telb. en n.-telb.zn.⟩ **0.1** ***soep*** **0.2** ⟨inf.; foto.⟩ ***ontwikkelaar*** **0.3** ⟨sl.⟩ ***dichte mist*** ⇒*erwtensoep* **0.4** ⟨sl.⟩ ***p.k.*** ⟨v. motor⟩ **0.5** ⟨AE; sl.⟩ ***nitroglycerine*** ⇒*springstof* ⟨v. brandkastkrakers⟩ **0.6** ⟨AE; sl.⟩ ***brandstof*** ⟨i.h.b. voor krachtige motoren⟩ **0.7** ⟨schei.⟩ ***(oer)soep*** ⟨mengsel v. basiselementen⟩ ◆ **6.¶** ⟨AE; inf.⟩ **from** ~ **to** nuts *v. begin tot einde;* ⟨sl.⟩ **in** ~ and fish *in avondtoilet, in pontificaal;* ⟨sl.⟩ **in** the ~ *in de puree, in de rats.*
soup² ⟨f1⟩⟨ov.ww.⟩⟨inf.⟩ **0.1** ***opvoeren*** ⇒*opfokken* ⟨motor(vermogen)⟩ ◆ **5.1** ~ **up** *opvoeren, opfokken* ⟨motor(vermogen)⟩.
soup·çon ['su:psɒn‖-san]⟨telb.zn.⟩ **0.1** ***beetje*** ⇒*ietsje, tikkeltje, vleugje, snuifje, tikje, schijntje, schimmetje, soupçon.*
'souped-'up ⟨f1⟩⟨bn.⟩⟨inf.⟩ **0.1** ***opgepept*** ⇒*groter, aantrekkelijker, sensationeler, opwindender.*
soup·er ['su:pə‖-ər]⟨telb.zn.⟩⟨sl.⟩ **0.1** ***dichte mist*** ⇒*erwtensoep* **0.2** ***klok*** ⇒*horloge.*
'soup jockey ⟨telb.zn.⟩⟨sl.⟩ **0.1** ***kelner*** **0.2** ***serveerster.***
'soup kitchen ⟨telb.zn.⟩ **0.1** ***soepinrichting*** **0.2** ⟨mil.⟩ ***veldkeuken.***
'soup plate ⟨f1⟩⟨telb.zn.⟩ **0.1** ***soepbord*** ⇒*diep bord.*
'soup·spoon ⟨telb.zn.⟩ **0.1** ***soeplepel.***
'soup-strain·er ⟨telb.zn.⟩⟨inf.; scherts.⟩ **0.1** ***snor.***
soup·y ['su:pi]⟨bn.; -er; →compar. 7⟩ **0.1** ***soepachtig*** ⇒*soeperig* **0.2** ***sentimenteel*** **0.3** ***zeer mistig*** ⇒*zwaarbewolkt.*
sour¹ ['saʊə‖-ər]⟨f1⟩⟨zn.⟩
I ⟨telb.zn.⟩ **0.1** ***iets zuurs*** **0.2** ⟨AE⟩ ***zure sterke drank*** ⟨vnl. whisky met citroen/limoensap en suiker⟩;
II ⟨n.-telb.zn.⟩ **0.1** ***zuur*** **0.2** ***onaangenaamheid*** ⇒*(het) onaangename* ◆ **2.2** the sweet and ~ *vreugde en verdriet* **6.2** ⟨sl.⟩ **in** ~ *in ongenade; in moeilijkheden; met een slechte start.*
sour² ⟨f2⟩⟨bn.; -er; -ly; -ness⟩ **0.1** ***zuur*** ⇒*wrang, zerp, ranzig* **0.2** ***nors*** ⇒*gemelijk, knorrig, zuur; ongelukkig, pessimistisch* ⟨persoon⟩; *scherp* ⟨tong⟩ **0.3** ***guur*** ⇒*onaangenaam, slecht* ⟨weer⟩; *ontgoochelend* **0.4** ⟨sl.⟩ ***verkeerd*** ⇒*verdacht, onethisch, illegaal* ◆ **1.1** ⟨plantk.⟩ ~ cherry *zure kers, morel* ⟨Prunus cerasus⟩; *kerseboom, morelleboom;* ~ cream *zure room;* ⟨AE⟩ ~ mash *zuur beslag* ⟨om whiskey te distilleren⟩; *whisky* ⟨uit zuur beslag⟩; as ~ as vinegar *zo zuur als azijn* **1.¶** ⟨plantk.⟩ ~ dock *veldzuring* ⟨Rumex acetosa⟩; ~ grapes *de druiven zijn zuur;* ~ salt *citroenzuur* **3.1** go/turn ~ *verzuren, bitter worden* **3.4** go/turn ~ *slecht aflopen.*
sour³ ⟨f1⟩⟨ww.⟩
I ⟨onov.ww.⟩ **0.1** ***verzuren*** ⇒*zuur/verbitterd worden* ◆ **6.¶** ⟨AE⟩ ~ **on** s.o. *genoeg van iem. hebben;*
II ⟨ov.ww.⟩ **0.1** ***zuur maken*** ⇒*verbitteren* ◆ **1.1** ⟨BE⟩ ~ed cream *zure room* **6.¶** ⟨AE⟩ ~ s.o. **on** sth. *iem. een afkeer van iets doen krijgen.*
'sour·ball ⟨telb.zn.⟩⟨inf.⟩ **0.1** ***zuurpruim*** ⇒*pessimist, zwartkijker.*
source¹ [sɔ:s‖sɔrs]⟨f3⟩⟨telb.zn.⟩ **0.1** ***bron*** ⟨ook fig.⟩ ⇒*oorsprong, oorzaak; zegsman, informant* ◆ **1.1** ~ of income *bron van inkomsten* **2.1** reliable ~ *betrouwbare bron* **6.1** **at** ~ *aan de bron.*
source² ⟨ov.ww.⟩ **0.1** ***veroorzaken*** ⇒*brengen, doen ontstaan, in het leven roepen.*

'source book ⟨telb.zn.⟩ **0.1** ***bronnenboek***.
'source-crit·i·cism ⟨n.-telb.zn.⟩ **0.1** ***bronnenkritiek***.
'source language ⟨telb.zn.⟩ **0.1** ***oorspronkelijke taal*** **0.2** ⟨comp.⟩ ***brontaal***.
sourcrout →sauerkraut.
sour·dine [sʊə'di:n‖'sʊr-]⟨telb.zn.⟩⟨muz.⟩ **0.1** ***sourdine*** ⇒*sordino, (klank)demper* **0.2** ***sourdine*** ⟨register v. orgel⟩.
'sour·dough ⟨zn.⟩⟨AE⟩
I ⟨telb.zn.⟩⟨inf.⟩ **0.1** ***ouwe trapper/goudzoeker*** ⇒*doorgewinterde prospector/pionier* ⟨in Alaska en Noordwest-Canada⟩;
II ⟨n.-telb.zn.⟩ **0.1** ⟨Can. E; gew.⟩ ***zuurdeeg*** ⇒*zuurdesem*.
'sourdough 'bread ⟨n.-telb.zn.⟩ **0.1** ***zuurdesembrood***.
sour·ish ['saʊərɪʃ]⟨bn.⟩ **0.1** ***zurig*** ⇒*zuurachtig, rins*.
'sour·puss, 'sour-pan ⟨telb.zn.⟩⟨sl.; scherts.⟩ **0.1** ***zuurpruim*** ⇒*zuursmoel, zuurmuil*.
sour·sop ['saʊəsɒp‖'saʊərsɑp]⟨telb.zn.⟩⟨plantk.⟩ **0.1** ***zuurzak*** ⟨Anona muricata⟩ **0.2** ***zuurzakboom***.
'sour-sweet[1] ⟨telb.zn.⟩ **0.1** ***zuurtje***.
sour-sweet[2] ⟨bn.⟩ **0.1** ***zuurzoet***.
sou·sa·phone ['su:zəfoʊn]⟨telb.zn.⟩⟨muz.⟩ **0.1** ***sousafoon*** ⟨soort tuba⟩.
souse[1] [saʊs]⟨zn.⟩
I ⟨telb.zn.⟩ **0.1** ⟨AE; sl.⟩ ***zuiplap*** **0.2** ⟨AE; sl.⟩ ***zuippartij*** **0.3** ⟨gew.⟩ ***opstopper;***
II ⟨n.-telb.zn.⟩ **0.1** ***pekel*** ⇒*pekelsaus* **0.2** ***het inpekelen*** ⇒*het marineren* **0.3** ***onderdompeling*** ⇒*geplons* **0.4** ⟨AE⟩ ***pekelvlees*** ⇒*varkensoren/kop en -poten, marinade*.
souse[2] ⟨f1⟩⟨ww.⟩ →soused
I ⟨onov.ww.⟩ **0.1** ***doornat worden;***
II ⟨ov.ww.⟩ **0.1** ***onderdompelen*** **0.2** ***doornat maken*** ⇒*(een vloeistof) gieten (over iets)* **0.3** ***pekelen*** ⇒*marineren* **0.4** ⟨AE; inf.⟩ ***dronken voeren*** **0.5** ⟨vero.⟩ ***aanvallen*** ⇒*zich werpen op, met de klauwen grijpen*.
soused [saʊst]⟨bn.; volt. deelw. v. souse⟩⟨sl.⟩ **0.1** ***bezopen*** ⇒*dronken* ◆ **1.1** ~ to the gills *volkomen lazarus, straalbezopen*.
souslik →suslik.
'sou-sou-'east[1] ⟨n.-telb.zn.; the⟩⟨scheep.⟩ **0.1** ***zuidzuidoosten***.
sou-sou-east[2] ⟨bn.⟩⟨scheep.⟩ **0.1** ***zuidzuidoostelijk*** ⇒*zuidzuidoosten-*.
sou-sou-east[3] ⟨bw.⟩⟨scheep.⟩ **0.1** ***zuidzuidoost*** ⇒*ten zuidoosten, zuidzuidoostwaarts, naar/in/uit het zuidzuidoosten*.
'sou-sou-'west[1] ⟨n.-telb.zn.; the⟩⟨scheep.⟩ **0.1** ***zuidzuidwesten***.
sou-sou-west[2] ⟨bn.⟩⟨scheep.⟩ **0.1** ***zuidzuidwestelijk*** ⇒*zuidzuidwesten-*.
sou-sou-west[3] ⟨bw.⟩⟨scheep.⟩ **0.1** ***zuidzuidwest*** ⇒*ten zuidzuidwesten, zuidzuidwestwaarts, naar/in/uit het zuidzuidwesten*.
sou·tache [su:'tæʃ]⟨telb.zn.⟩ **0.1** ***soutache*** ⇒*soutas, galon*.
sou·tane [su:'tɑ:n]⟨telb.zn.⟩⟨R.-K.⟩ **0.1** ***soutane*** ⇒*(priester)toog*.
sou·te·neur ['su:t(ə)'nɜ:‖-'nɜr]⟨telb.zn.⟩ **0.1** ***souteneur*** ⇒*pooier*.
sou·ter ['su:tə‖-ər]⟨telb.zn.⟩⟨Sch. E⟩ **0.1** ***schoenlapper***.
sou·ter·rain ['su:tərein‖'su:ţə'rein]⟨telb.zn.⟩ **0.1** ***souterrain*** ⟨vnl. archeologie⟩.
south[1] [saʊθ]⟨f4⟩⟨zn.⟩
I ⟨telb.zn.⟩ **0.1** ***zuidenwind;***
II ⟨n.-telb.zn.; the⟩ **0.1** ***zuiden*** ⟨windrichting⟩ **0.2** ⟨S-⟩ ***Zuiden*** ⟨deel v. wereld, land, stad⟩ **0.3** ⟨S-⟩ ***zuidoostelijke staten v.d. U.S.A.*** **0.4** ⟨bridge⟩ ***zuid*** ◆ **2.3** Deep South *het diepe Zuiden* ⟨de meest zuidelijke staten v.d. U.S.A.⟩ **6.1** **(to the)** ~ **of** *ten zuiden van*.
south[2] ⟨f2⟩⟨bn.⟩ **0.1** ***zuidelijk*** ⇒*zuid-, zuiden-, zuider-* **0.2** ⟨S-⟩ ***Zuid-*** ⇒*Zuider-* ⟨vnl. in aardr. namen⟩ ◆ **1.1** the wind is ~ *de wind zit in het zuiden* **1.2** (Republic of) South Africa *(Republiek) Zuid-Afrika;* South America *Zuid-Amerika;* South China Sea *Zuidchinese Zee;* South Island *Zuidereiland* ⟨deel v. Nieuw-Zeeland⟩; South Orkney Islands *Zuid-Orkaden;* South Pole *zuidpool;* South Sea *(Stille) Zuidzee;* South Slavic *Zuidslavisch* ⟨talengroep⟩.
south[3] ⟨onov.ww.⟩ **0.1** ***zuidelijken*** ⇒*naar het zuiden draaien, zich naar het zuiden bewegen* **0.2** ***door de meridiaan gaan*** ⇒*de meridiaan passeren* ⟨v. hemellichaam⟩.
south[4] ⟨f1⟩⟨bw.⟩ **0.1** ***zuid*** ⇒*ten zuiden, zuidwaarts, naar/in/uit het zuiden, in zuidelijke richting, aan de zuidzijde* ◆ **5.1** ⟨inf.⟩ **down** ~ *in het zuiden* **6.1** ~ **by** east *zuid ten oosten;* ~ **by** west *zuid ten westen*.
'South 'African[1] ⟨f1⟩⟨telb.zn.⟩ **0.1** ***Zuidafrikaner***.
South African[2] ⟨f1⟩⟨bn.⟩ **0.1** ***Zuidafrikaans*** ◆ **1.1** ~ Dutch *Afrikaans* ⟨taal⟩; *Afrikaner, Afrikaander Boer;* ~ War *Boerenoorlog*.
'south·bound ⟨bn.⟩ **0.1** ***op weg naar het zuiden***.
'South·down ⟨telb.zn.⟩ **0.1** ***Southdowner*** ⟨schaap/schaperas⟩.
'south-'east[1] ⟨f2⟩⟨zn.⟩
I ⟨telb.zn.⟩ **0.1** ***zuidoostenwind;***
II ⟨n.-telb.zn.; the⟩ **0.1** ***zuidoosten*** **0.2** ⟨S-⟩ ***Zuidoosten*** ⟨deel v. wereld, land, stad⟩.
south-east[2] ⟨bn.⟩ **0.1** ***zuidoostelijk*** ⇒*zuidoosten-*.
south-east[3], ⟨scheep.⟩ **sou-east** ⟨bw.⟩ **0.1** ***zuidoost*** ⇒*ten zuidoosten, zuidoostwaarts, naar/in/uit het zuidoosten, in zuidoostelijke richting, aan de zuidoostelijke zijde* ◆ **6.1** ~ **by** east *zuidoost ten oosten;* ~ **by** south *zuidoost ten zuiden*.
'south'east·er ⟨telb.zn.⟩ **0.1** ***zuidooster*** ⟨wind⟩.
'south'east·er·ly[1] ⟨bn.⟩ **0.1** ***zuidoostelijk*** ⇒*zuidoosten-*.
southeasterly[2] ⟨bw.⟩ **0.1** ***naar/in/uit het zuidoosten***.
'south'east·ern ⟨f1⟩⟨bn.; vaak S-⟩ **0.1** ***zuidoostelijk*** ⟨deel v. land⟩.
'south'east·ward[1] ⟨n.-telb.zn.⟩ **0.1** ***zuidoosten*** ⟨richting, streek⟩.
southeastward[2] ⟨bn.; -ly⟩ **0.1** ***zuidoost(waarts)*** ⇒*zuidoostelijk*.
'south'east·wards, ⟨AE ook⟩ **southeastward** ⟨bw.⟩ **0.1** ***zuidoost (waarts)*** ⇒*zuidoostelijk*.
south·er ['saʊðə‖-ər]⟨telb.zn.⟩ **0.1** ***zuidenwind***.
south·er·ly[1] ['sʌðəli‖-ðər-]⟨telb.zn.; →mv. 2⟩ **0.1** ***zuidenwind*** ⇒*zuiderstorm* **0.2** ⟨Austr. E⟩ ***koude zuiderstorm***.
southerly[2] ⟨bn.⟩ **0.1** ***zuiden-*** ⇒*zuidwaarts* **0.2** ***zuidelijk*** ⇒*zuider-, zuiden-* ◆ **1.1** ⟨Austr. E⟩ ~ buster *koude zuiderstorm*.
southerly[3] ⟨bw.⟩ **0.1** ***naar het zuiden*** ⇒*zuidwaarts* **0.2** ***uit het zuiden*** ⇒*uit zuidelijke richting*.
south·ern[1] ['sʌðn‖'sʌðərn]⟨telb.zn.⟩ **0.1** ***zuiderling*** ⟨in de U.S.A.⟩.
southern[2] ⟨f3⟩⟨bn.; S-⟩ **0.1** ***zuidelijk*** ⇒*zuider-, zuid(en), op/uit het zuiden* ◆ **1.1** the Southern Alps *de zuidelijke Alpen;* the Southern Confederacy *de zuidelijke staten* ⟨tijdens de Am. burgeroorlog⟩; ⟨ster.⟩ Southern Cross *Zuiderkruis;* Southern Hemisphere *zuidelijk(e) halfrond/hemisfeer;* ~ lights *zuiderlicht, aurora australis;* the ~ sun *de zuiderzon, de zon v. zuidelijke streken;* Southern States *zuidelijke staten* ⟨v.d. U.S.A.⟩; ~ wind *zuidenwind*.
south·ern·er ['sʌðənə‖'sʌðərnər]⟨f2⟩⟨telb.zn.; vaak S-⟩ **0.1** ***zuiderling*** ⇒⟨i.h.b. AE⟩ *Zuiderling, Amerikaan uit de zuidelijke staten*.
south·ern·most ['sʌðnmoʊst‖'sʌðərn-]⟨f1⟩⟨bn.⟩ **0.1** ***meest zuidelijk*** ⇒*zuidelijkst*.
'south·ern·wood ⟨n.-telb.zn.⟩⟨plantk.⟩ **0.1** ***citroenkruid*** ⟨Artemisia abrotanum⟩.
south·ing ['saʊðɪŋ, -θɪŋ]⟨n.-telb.zn.; gerund v. south⟩ **0.1** ***breedteverschil bij varen naar het zuiden*** **0.2** ***zuidwaartse beweging/tocht*** **0.3** ⟨ster.⟩ ***het door de meridiaan gaan*** ⟨v. hemellichamen⟩.
'south·paw[1] ⟨f1⟩⟨telb.zn.⟩⟨AE; sport; inf.⟩ **0.1** ⟨honkbal, bokssport⟩ ***linkshandige werper/bokser*** **0.2** ***linkerhand***.
southpaw[2] ⟨f1⟩⟨bn., attr.⟩⟨AE; sport; inf.⟩ **0.1** ***linkshandig***.
'South 'Pole ⟨f1⟩⟨eig.n., telb.zn.⟩ **0.1** ***zuidpool***.
south·ron[1] ['sʌðrən]⟨telb.zn.⟩ **0.1** ⟨vero.; Sch. E⟩ ***zuiderling*** ⇒*Engelsman* **0.2** ⟨AE; gesch.⟩ ***Zuiderling*** ⟨tijdens de burgeroorlog⟩.
southron[2] ⟨bn.⟩⟨vero.; Sch. E⟩ **0.1** ***zuidelijk*** ⇒*Engels*.
'South 'Sea ⟨eig.n.⟩ **0.1** ***(Stille) Zuidzee***.
'South Sea 'Bubble ⟨eig.n.⟩⟨gesch.⟩ **0.1** ***failliet v.d. Britse South Sea Company*** ⟨1720⟩.
'south-south'east[1] ⟨n.-telb.zn.; the⟩ **0.1** ***zuidzuidoosten***.
south-southeast[2] ⟨bn.⟩ **0.1** ***zuidzuidoostelijk*** ⇒*zuidzuidoosten-*.
south-southeast[3] ⟨bw.⟩ **0.1** ***zuidzuidoost*** ⇒*ten zuidzuidoosten, zuidzuidoostwaarts, naar/in/uit het zuidzuidoosten, in zuidzuidoostelijke richting*.
'south-south'west[1] ⟨n.-telb.zn.; the⟩ **0.1** ***zuidzuidwesten***.
south-southwest[2] ⟨bn.⟩ **0.1** ***zuidzuidwestelijk*** ⇒*zuidzuidwesten-*.
south-southwest[3] ⟨bw.⟩ **0.1** ***zuidzuidwest*** ⇒*ten zuidzuidwesten, zuidzuidwestwaarts, naar/in/uit het zuidzuidwesten, in zuidzuidwestelijke richting*.
south·ward[1] ['saʊθwəd‖-wərd]⟨n.-telb.zn.⟩ **0.1** ***zuiden*** ⟨richting, streek⟩.
southward[2] ⟨f1⟩⟨bn.; -ly⟩ **0.1** ***zuid(waarts)*** ⇒*zuidelijk*.
southwards ['saʊθwədz‖-wərdz], ⟨AE ook⟩ **southward** ⟨f1⟩⟨bw.⟩ **0.1** ***zuid(waarts)*** ⇒*zuidelijk*.
'south-'west[1] ⟨f2⟩⟨zn.⟩
I ⟨telb.zn.⟩ **0.1** ***zuidwestenwind;***
II ⟨n.-telb.zn.; the⟩ **0.1** ***zuidwesten*** **0.2** ⟨S-⟩ ***Zuidwesten*** ⟨deel v. wereld, land, stad⟩.
south-west[2] ⟨bn.⟩ **0.1** ***zuidwestelijk*** ⇒*zuidwesten-*.
south-west[3] ⟨bw.⟩ **0.1** ***zuidwest*** ⇒*ten zuidwesten, zuidwestwaarts, naar/in/uit het zuidwesten, in zuidwestelijke richting, aan de zuidwestelijke zijde* ◆ **6.1** ~ **by** south *zuidwest ten zuiden;* ~ **by** west *zuidwest ten westen*.
south·west·er [saʊθ'westə‖-ər]⟨telb.zn.⟩ **0.1** ***zuidwester (storm)***.
'south'west·er·ly[1] ⟨bn.⟩ **0.1** ***zuidwestelijk*** ⇒*zuidwesten-*.
southwesterly[2] ⟨bw.⟩ **0.1** ***naar/in/uit het zuidwesten***.
'south'west·ern ⟨f1⟩⟨bn.; vaak S-⟩ **0.1** ***zuidwestelijk*** ⟨deel v. land⟩.
south·west·ward[1] ⟨n.-telb.zn.⟩ **0.1** ***zuidwesten*** ⟨richting, streek⟩.

southwestward[2] ⟨bn.; -ly⟩ **0.1** ***zuidwest(waarts)*** *⇒zuidwestelijk.*

'south'west·wards, ⟨AE ook⟩ **'south'westward** ⟨bw.⟩ **0.1** ***zuidwestwaarts.***

'south 'wind ⟨telb.zn.⟩ **0.1** ***zuidenwind.***

sou·ve·nir ['su:vəˈnɪə‖-ˈnɪr]⟨f1⟩⟨telb.zn.⟩ **0.1** ***souvenir*** *⇒aandenken, herinnering; memento, gedenkteken.*

sou-west[1] ['saʊ'west]⟨zn.⟩⟨scheep.⟩
I ⟨telb.zn.⟩ **0.1** ***zuidwestenwind;***
II ⟨n.-telb.zn.; the⟩ **0.1** ***zuidwesten.***

sou-west[2] ⟨bn.⟩⟨scheep.⟩ **0.1** ***zuidwestelijk*** *⇒zuidwesten-.*

sou-west[3] ⟨bw.⟩⟨scheep.⟩ **0.1** ***zuidwest*** *⇒ten zuidwesten, zuidwestwaarts.*

sou·west·er ['saʊ'westə‖-ər]⟨telb.zn.⟩ **0.1** ***zuidwester*** ⟨hoed, wind⟩.

sov ⟨afk.⟩ sovereign.

sov·er·eign[1] ['sɒvrɪn‖'sɑvərɪn]⟨f2⟩⟨telb.zn.⟩ **0.1** ***soeverein*** *⇒monarch, heerser, vorst* **0.2** ***sovereign*** *⇒soeverein* ⟨gouden pondstuk⟩.

sovereign[2] ⟨f2⟩⟨bn.; -ly⟩ **0.1** ***soeverein*** *⇒zelfbeschikkend, onafhankelijk, autonoom* **0.2** ***soeverein*** *⇒heersend, oppermachtig, hoogst, grootst* **0.3** ***onovertroffen*** *⇒buitengewoon, uitstekend, weergaloos; ongetemperd, puur* **0.4** ***doeltreffend*** *⇒probaat, efficiënt, krachtig* ⟨remedie⟩ ◆ **1.2** our ~ lord the King *onze landsheer/vorst;* the ~ pontiff *de opperpriester, de paus;* our ~ lady the Queen *onze landsvorstin/vrouwe* **1.3** with ~ contempt *met de diepste minachting;* the ~ good *het hoogste goed* **1.4** there is no ~ remedy for cancer yet *er is nog geen afdoend middel tegen kanker.*

sov·er·eign·ty ['sɒvrənti‖'sɑvrənti]⟨f2⟩⟨zn.; →mv. 2⟩
I ⟨telb.zn.⟩ **0.1** ***soevereine staat;***
II ⟨n.-telb.zn.⟩ **0.1** ***soevereiniteit*** *⇒autonomie, zelfbestuur, zelfbeschikking, onafhankelijkheid* **0.2** ***soevereiniteit*** *⇒heerschappij.*

so·vi·et[1] ['soʊviət, 'sɒ-‖'soʊviet]⟨f1⟩⟨zn.; vaak S-⟩
I ⟨telb.zn.⟩ **0.1** ***sovjet*** *⇒sowjet, raad* ⟨bestuursraad in de USSR⟩ ◆ **2.1** the Supreme Soviet *de Opperste Sovjet;*
II ⟨mv.; ~s; the⟩ **0.1** ***de Sovjets*** *⇒de Russen.*

so·vi·et[2] ⟨f3⟩⟨bn., attr.⟩ **0.1** ***sovjet-*** *⇒sowjet-, v./mbt. een sovjet* **0.2** ⟨S-⟩ ***Sovjet-*** *⇒Sowjet-, Sovjetrussisch, v./uit/mbt. de Sovjetunie;* ⟨bij uitbr.⟩ *Russisch.*

so·vi·et·ize ['soʊvɪətaɪz]⟨ov.ww.⟩ **0.1** ***sovjettiseren*** *⇒tot een sovjetstaat maken* **0.2** ***van de sovjetgeest doordringen.***

so·vi·et·ol·o·gist ['soʊvɪə'tɒlədʒɪst‖-'tɑ-]⟨telb.zn.⟩ **0.1** ***sovjetkenner*** *⇒Ruslandkenner.*

sovran →sovereign.

sow[1] [saʊ]⟨f1⟩⟨telb.zn.⟩⟨→sprw. 766⟩ **0.1** ***zeug*** **0.2** ⟨metaalbewerking⟩ ***afvoergeul*** *⇒putkanaal; gieteling, vaar, staaf* **0.3** ***pissebed*** *⇒keldermot, zeug* **0.4** ⟨gesch.⟩ ***stormdak.***

sow[2] [soʊ]⟨f2⟩⟨ww.; sowed [soʊd]; sowed, sown [soʊn]⟩⟨→sprw. 30, 536, 619⟩
I ⟨onov. en ov.ww.⟩ **0.1** ***zaaien*** ⟨ook fig.⟩ *⇒uitstrooien, verspreiden, (dik) bedekken* **0.2** ***zaaien*** *⇒(be)planten, poten* ◆ **6.2** ~ a piece of land **with** clover *een stuk land volzaaien met klaver;*
II ⟨ov.ww.⟩ **0.1** ***opwekken*** *⇒veroorzaken, teweegbrengen, zaaien, de kiem leggen van* ◆ **1.1** ~ the seeds of doubt *twijfel zaaien.*

sow·back ['saʊbæk]⟨telb.zn.⟩ **0.1** ***lage kiezel/zandrug.***

sow·bread ['saʊbred]⟨n.-telb.zn.⟩⟨plantk.⟩ **0.1** ***varkensbrood*** ⟨Cyclamen europaeum⟩.

sow bug ['saʊ bʌg]⟨telb.zn.⟩ **0.1** ***keldermot*** *⇒pissebed, zeug.*

sow·er ['soʊə‖-ər]⟨f1⟩⟨telb.zn.⟩ **0.1** ***zaaier*** **0.2** ***zaaimachine.***

sow thistle ['saʊ ˌθɪsl]⟨telb.zn.⟩ **0.1** ***melkdistel.***

sox [sɒks‖sɑks]⟨mv.⟩⟨vnl. AE⟩ **0.1** ***sokken.***

soy [sɔɪ], **soy·a** ['sɔɪə]⟨n.-telb.zn.⟩ **0.1** ***soja(saus)*** **0.2** ***soja(bonen).***

'soy·bean, 'soya bean ⟨f1⟩⟨telb.zn.⟩ **0.1** ***soja(boon).***

'soy sauce ⟨n.-telb.zn.⟩ **0.1** ***ketjap*** *⇒soja(saus).*

soz·zled ['sɒzld‖'sɑ-]⟨bn.⟩⟨BE; sl.⟩ **0.1** ***straalbezopen*** *⇒lazarus.*

spa [spɑ:]⟨telb.zn.⟩ **0.1** ***minerale bron*** **0.2** ***badplaats*** ⟨bij bron⟩ *⇒kuuroord.*

space[1] [speɪs]⟨f3⟩⟨zn.⟩
I ⟨telb.zn.⟩ **0.1** ***afstand*** *⇒interval, tussenruimte, wijdte* **0.2** ***plaats*** *⇒ruimte, gebied, terrein* **0.3** ***tijdsspanne*** *⇒periode, tijdsverloop* **0.4** ⟨druk.⟩ ***spatie*** ◆ **1.2** buy ~ in a newspaper *(advertentie)ruimte in een dagblad kopen, een advertentie/mededeling plaatsen* **1.3** during the ~ of three years *binnen het bestek v. drie jaar* **2.2** a trip through the wide open ~s *een tocht in de vrije natuur* **3.1** keep a ~ of thirty yards between cars *tussen de wagens een afstand van honderd meter bewaren* **3.2** clear a ~ on the tribune for the speaker *ruimte op de tribune maken voor de spreker* **6.3** **for** a ~ *voor een tijdje;*
II ⟨telb. en n.-telb.zn.⟩ **0.1** ***ruimte*** **0.2** ***(wereld)ruimte*** *⇒heelal, universum;* ⟨fig.⟩ *wat je bezig houdt* ◆ **2.2** outer ~ *kosmische ruimte, heelal* **3.2** vanish into ~ *in het niet verdwijnen* **7.1** I was part of his ~ *ik hoorde tot zijn wereld.*

space[2] ⟨f2⟩⟨ov.ww.⟩ →spacing **0.1** ***uit elkaar plaatsen*** *⇒met tussenruimten plaatsen, scheiden; over de tijd verdelen* **0.2** ⟨druk.⟩ ***spatiëren*** ◆ **1.1** a well ~d (out) family *een goed gepland gezin* **5.1** ~ **out** *over meer ruimte/tijd verdelen, scheiden, spatiëren, uitsmeren, spreiden;* ~ **out** payments *betalen in termijnen.*

'space age ⟨f1⟩⟨telb. en n.-telb.zn.⟩ **0.1** ***tijdperk v.d. ruimtevaart*** *⇒ruimtetijdperk.*

'space-age ⟨bn., attr.⟩ **0.1** ***futuristisch*** *⇒ultramodern, mbt. het ruimtetijdperk.*

'space antenna ⟨telb.zn.⟩ **0.1** ***paraboolantenne.***

'space bar ⟨telb.zn.⟩⟨druk.⟩ **0.1** ***spatielat*** *⇒spatiebalk.*

'space·borne ⟨bn.⟩ **0.1** ***ruimte-*** *⇒in de ruimte vliegend, zich in de ruimte bevindend* **0.2** ***ruimte-*** *⇒in de ruimte/d.m.v. ruimte-instrumenten verwezenlijkt* ◆ **1.2** ~ television *satelliettelevisie.*

'space capsule ⟨f1⟩⟨telb.zn.⟩ **0.1** ***ruimtecapsule.***

'space centre ⟨f1⟩⟨telb.zn.⟩ **0.1** ***ruimtevaartcentrum.***

'space·craft ⟨f1⟩⟨telb.zn.⟩ **0.1** ***ruimtevaartuig*** *⇒ruimteschip.*

'spaced 'out ⟨bn.⟩⟨AE; sl.⟩ **0.1** ***versuft*** *⇒stoned, high, onder invloed* **0.2** ***wereldvreemd*** *⇒excentriek.*

'space flight ⟨f1⟩⟨telb.zn.⟩ **0.1** ***ruimtevlucht*** *⇒ruimtereis.*

'space heater ⟨telb.zn.⟩ **0.1** ***kachel*** ⟨die één vertrek/ruimte verwarmt⟩.

'space helmet ⟨telb.zn.⟩ **0.1** ***ruimtehelm.***

'space·lab ⟨f1⟩⟨telb. en n.-telb.zn.⟩ **0.1** ***ruimtelab.***

'space lattice ⟨telb.zn.⟩⟨nat.⟩ **0.1** ***kristalrooster.***

'space·man ⟨f1⟩⟨telb.zn.; spacemen; →mv. 3⟩ **0.1** ***ruimtevaarder*** *⇒astronaut, kosmonaut.*

'space mark ⟨telb.zn.⟩ **0.1** ***spatieteken.***

'space medicine ⟨n.-telb.zn.⟩ **0.1** ***ruimtevaartgeneeskunde.***

'space opera ⟨telb.zn.⟩⟨AE; inf.⟩ **0.1** ***SF-serie/-film/-toneelstuk.***

'space platform →space station.

'space port ⟨telb.zn.⟩ **0.1** ***ruimtevaartcentrum.***

'space probe ⟨telb.zn.⟩ **0.1** ***ruimtesonde.***

'space programme, ⟨AE sp.⟩ **'space program** ⟨telb.zn.⟩ **0.1** ***ruimtevaartprogramma.***

'space rocket ⟨telb.zn.⟩ **0.1** ***ruimteraket.***

space·scape ['speɪsskeɪp]⟨telb.zn.⟩ **0.1** ***ruimtelandschap*** *⇒ruimtepanorama, ruimtegezicht.*

'space·ship ⟨f1⟩⟨telb.zn.⟩ **0.1** ***ruimteschip*** *⇒ruimtevaartuig.*

'space-shut·tle ⟨f2⟩⟨telb.zn.⟩ **0.1** ***ruimtependel*** *⇒space-shuttle, ruimteveer.*

'space·sick ⟨bn.; -ness⟩ **0.1** ***ruimteziek.***

'space station ⟨telb.zn.⟩ **0.1** ***ruimtestation*** *⇒ruimtehaven.*

'space suit ⟨f1⟩⟨telb.zn.⟩ **0.1** ***ruimtepak.***

'space-'time ⟨n.-telb.zn.⟩ **0.1** ***ruimte-tijdcontinuüm.***

'space travel ⟨n.-telb.zn.⟩ **0.1** ***het reizen door de ruimte*** *⇒het maken v. ruimtevluchten.*

'space vehicle ⟨telb.zn.⟩ **0.1** ***ruimtevaartuig.***

'space·walk ⟨f1⟩⟨telb.zn.⟩ **0.1** ***ruimtewandeling.***

'space warp ⟨telb. en n.-telb.zn.⟩ **0.1** ***vervorming v./onderbreking/gat/deviatie in de ruimte.***

'space·wom·an ⟨f1⟩⟨telb.zn.⟩ **0.1** ***ruimtevaarster*** *⇒astronaute, kosmonaute.*

'space writer ⟨telb.zn.⟩⟨AE⟩ **0.1** ***journalist/tekstschrijver die per afgedrukt woord wordt betaald*** *⇒schrijver die alleen afgedrukte kopij betaald krijgt.*

spac·(e)y ['speɪsi]⟨bn.; →compar. 7⟩⟨AE; sl.⟩ **0.1** ***versuft*** *⇒stoned, verdwaasd* ⟨door drugs⟩ **0.2** ***vreemd*** *⇒raar, excentriek.*

spacial →spatial.

spac·ing ['speɪsɪŋ]⟨f1⟩⟨zn.; (oorspr.) gerund v. space⟩
I ⟨telb.zn.⟩ **0.1** ***afstand*** *⇒tussenruimte* **0.2** ⟨druk.⟩ ***spatie*** ◆ **2.2** single/double/triple ~ *zonder/met één/met twee spaties;*
II ⟨n.-telb.zn.⟩ **0.1** ***het scheiden*** *⇒het uit elkaar plaatsen; het spreiden, het ordenen in de ruimte/tijd* **0.2** ⟨druk.⟩ ***het spatiëren.***

spa·cious ['speɪʃəs]⟨f2⟩⟨bn.; -ly; -ness⟩ **0.1** ***ruim*** *⇒spatieus, uitgebreid, uitgestrekt, wijd, weids, groot.*

spade[1] [speɪd]⟨f2⟩⟨telb.zn.⟩ **0.1** ***spade*** *⇒schop* **0.2** ⟨vnl. mv.⟩ ⟨kaartspel⟩ ***schoppen(s)*** **0.3** ***steek*** **0.4** ⟨AE; sl.; bel.⟩ ***nikker*** **0.5** ⟨mil.⟩ ***spoor v. affuit*** ◆ **2.2** the five of ~s *schoppen vijf* **3.¶** call a ~ a ~ *het kind/beestje bij zijn naam noemen, er geen doekjes om winden* **6.¶** ⟨AE; sl.⟩ **in** ~s *beslist, heel zeker, absoluut, dubbel en dwars, onmiskenbaar, heel erg; ronduit, recht voor zijn raap, zonder meer.*

spade[2] ⟨f1⟩⟨ww.⟩
I ⟨onov.ww.⟩ **0.1** ***spitten*** *⇒spaden, delven, schoppen;*
II ⟨ov.ww.⟩ **0.1** ***omspitten*** *⇒bespitten, omspaden, delven* ◆ **5.1** ~ **up** *opspitten, delven.*

spade·ful ['speɪdfʊl]⟨telb.zn.⟩ **0.1** ***steek.***

'spade·work ⟨f1⟩⟨n.-telb.zn.⟩⟨fig.⟩ **0.1** ***pionierswerk.***

spad·ger ['spædʒə‖-ər]⟨telb.zn.⟩⟨BE⟩ **0.1** ***huismus.***

spa·dille [spə'dɪl]⟨telb.zn.⟩ **0.1** ***spadille*** ⟨schoppenaas⟩.

spa·dix ['speɪdɪks]⟨telb.zn.; spadices [-dɪsi:z]; →mv. 5⟩⟨plantk.⟩ **0.1** ***bloeikolf*** ⇒*bloemkolf*.

spa·ghet·ti [spə'geṭi]⟨f1⟩⟨n.-telb.zn.⟩ **0.1** ***spaghetti*** **0.2** ⟨sl.; bel.⟩ ***spaghettivreter*** ⇒*Italiaan, Latijnsamerikaan* **0.3** ⟨sl.⟩ ***brandslang*** **0.4** ⟨sl.⟩ ***bep. televisieantenne***.

spa'ghetti western ⟨telb.zn.⟩ **0.1** ***spaghettiwestern*** ⟨Italiaanse western⟩.

spa·hi, spa·hee ['spɑ:hi:]⟨telb.zn.⟩⟨gesch.⟩ **0.1** ***spahi*** ⟨Turks ruiter; Algerijnse ruiter in Franse dienst⟩.

Spain [speɪn]⟨eig.n.⟩ **0.1** ***Spanje***.

spake [speɪk]⟨verl. t.⟩ →speak.

spall[1] [spɔ:l]⟨telb.zn.⟩ **0.1** ***steensplinter*** ⇒*schilfer, chip*.

spall[2] ⟨onov. en ov.ww.⟩ **0.1** ***afsplinteren*** ⇒*(ver)splinteren, kleinmaken, stukslaan*.

spal·la·tion [spə'leɪʃn‖spɔ'l-]⟨telb.zn.⟩⟨kernfysica⟩ **0.1** ***spallatie*** ⇒*afsplitsing*.

spal·peen [spæl'pi:n]⟨telb.zn.⟩⟨IE⟩ **0.1** ***deugniet*** ⇒*schurk, schavuit, schelm, belhamel* **0.2** ***jochie***.

spam [spæm]⟨n.-telb.zn.; S-⟩⟨handelsmerk⟩ **0.1** ***gekookte ingeblikte ham***.

span[1] [spæn]⟨f2⟩⟨telb.zn.⟩ **0.1** ***breedte*** ⇒*wijdte, span(ne)* **0.2** ***(tijds)span(ne)*** ⇒*(korte) periode, tijdsruimte, tijdsbestek* **0.3** ***overspanning*** ⇒*spanwijdte* **0.4** ***vleugelbreedte*** ⇒*spanwijdte* ⟨vliegtuig⟩ **0.5** ***span(ne)*** ⟨0,2286 m; →t1⟩ **0.6** ⟨scheep.⟩ ***sjortouw*** **0.7** ⟨AE⟩ ***span*** ⇒*stel* ⟨paarden, ezels⟩ **0.8** ⟨Z. Afr. E⟩ ***juk*** ⇒*(ge)span* ⟨ossen⟩ ◆ **1.2** during the whole ~ of human history *gedurende heel de geschiedenis van de mensheid*.

span[2] ⟨f2⟩⟨ov.ww.; →ww. 7⟩ **0.1** ***overspannen*** ⟨ook fig.⟩ ⇒*overbruggen, zich uitstrekken over* **0.2** ***omspannen*** ⇒*meten, bedekken* ⟨met hand⟩ **0.3** ***vastsjorren***.

span[3] ⟨verl. t.⟩ →spin.

span·cel[1] ['spænsl]⟨telb.zn.⟩ **0.1** ***tui*** ⇒*touw* ⟨om de poten v. vee te binden⟩.

spancel[2] ⟨ov.ww.; →ww. 7⟩ **0.1** ***tuien*** ⇒*tuieren, binden, boeien* ⟨poten v. vee met touw⟩.

span·drel, span·dril ['spændrəl]⟨telb.zn.⟩⟨bouwk.⟩ **0.1** ***boogvulling***.

'spandrel wall ⟨telb.zn.⟩⟨bouwk.⟩ **0.1** ***muur als boogvulling***.

spang [spæŋ]⟨bw.⟩⟨AE⟩ **0.1** ***precies*** ⇒*juist, helemaal, pardoes, pats*.

span·gle[1] ['spæŋgl]⟨f1⟩⟨telb.zn.⟩ **0.1** ***paillet(te)*** ⇒*lovertje, kristalletje, glinsterend kledingornament* **0.2** ***glinstering*** ⇒*glinsterend deeltje, lichtend punt* **0.3** ***galnoot*** ⇒*galappel* ⟨op eikebladen⟩ ◆ **1.2** ~s of sunlight *druppels zonnelicht*.

spangle[2] ⟨f1⟩⟨ov.ww.⟩ **0.1** ***met pailletten / lovertjes versieren*** ⟨ook fig.⟩ ◆ **1.1** ~d with stars *met sterren bezaaid*.

Span·glish ['spæŋglɪʃ]⟨eig.n.⟩ **0.1** ***mengeling v. Spaans en Engels***.

span·gly ['spæŋgli]⟨bn.; -er; →compar. 7⟩ **0.1** ***glinsterend*** ⇒*fonkelend*.

Span·iard ['spænjəd‖-jərd]⟨f2⟩⟨telb.zn.⟩ **0.1** ***Spanjaard*** **0.2** ***Spaanse***.

span·iel[1] ['spænɪəl]⟨f1⟩⟨telb.zn.⟩ **0.1** ***spaniel*** ⇒*spaniël* ⟨hond⟩ **0.2** ***hielenlikker*** ⇒*vleier, kruiper, pluimstrijker*.

spaniel[2] ⟨onov. en ov.ww.⟩ **0.1** ***hielenlikken*** ⇒*kruiperig vleien*.

Span·ish[1] ['spænɪʃ]⟨eig.n.⟩ **0.1** ***Spaans*** ⇒*de Spaanse taal*.

Spanish[2] ⟨f3⟩⟨bn.⟩ **0.1** ***Spaans*** ◆ **1.1** ~ America *Spaans (sprekend) Amerika;* ⟨gesch.⟩ ~ Armada *Spaanse Armada* **1.¶** ⟨plantk.⟩ ~ bayonet *yucca* ⟨genus Yucca⟩; ⟨i.h.b.⟩ *adamsnaald* ⟨Yucca filamentosa⟩; ⟨plantk.⟩ ~ chestnut *tamme kastanje(boom)* ⟨Castanea sativa⟩; ⟨dierk.⟩ ~ fly *Spaanse vlieg* ⟨Lytta vesicatoria⟩; ⟨plantk.⟩ ~ grass *Spaans gras, esparto(gras), spart(e), spartelgras* ⟨Stipa tenacissima, Lygeum spartum⟩; ⟨gesch.⟩ ~ Main *noordoostkust v. Zuid-Amerika en aangrenzend deel v.d. Caraïbische Zee;* ~ omelette *Spaanse omelet* ⟨met groenten⟩; ~ onion *grote, gele ui met zachte smaak;* ⟨plantk.⟩ ~ potato *bataat, zoete aardappel, cassave* ⟨Ipomoea batatas⟩; ⟨dierk.⟩ ~ sparrow *Spaanse mus* ⟨Passer hispaniolensis⟩; ~ windlass *Spaanse takeling, hondsend*.

'Span·ish-A'mer·i·can[1] ⟨f1⟩⟨telb.zn.⟩ **0.1** ***bewoner van Spaanssprekend Amerika*** ⇒*Spaans-Amerikaan* **0.2** ***bewoner v. Spaanse afkomst***.

Spanish-American[2] ⟨f1⟩⟨bn.⟩ **0.1** ***van / uit / mbt. Spaanssprekend Amerika*** ⇒*Spaans-Amerikaans* **0.2** ***van / mbt. bewoners v. Spaanse afkomst***.

'Span·ish-'walk ⟨ov.ww.⟩⟨sl.⟩ **0.1** ***bij kop en kont eruitgooien***.

spank[1] [spæŋk]⟨telb.zn.⟩ **0.1** ***mep*** ⇒*klets, klap* ⟨met vlakke hand op achterste⟩.

spank[2] ⟨f1⟩⟨ww.⟩ →spanking

I ⟨onov.ww.⟩ **0.1** ***voortsnellen*** ◆ **5.1** ~ **along** *zich reppen, stuiven, vliegen* ⟨v. paard, boot⟩;

II ⟨ov.ww.⟩ **0.1** ***(een pak) voor de broek / billen geven*** ⟨i.h.b. met vlakke hand / plat voorwerp⟩ ⇒*een pak slaag geven, afstraffen* **0.2** ⟨sl.⟩ ***verslaan*** ⟨i.h.b. in spel⟩.

spank·er ['spæŋkə‖-ər]⟨telb.zn.⟩ **0.1** ***hardlopen*** ⇒*draven* ⟨i.h.b. paard⟩ **0.2** ⟨scheep.⟩ ***bezaan*** **0.3** ⟨inf.⟩ ***kraan*** ⇒*kanjer, kei, puikje, prachtexemplaar*.

'spanker boom ⟨telb.zn.⟩⟨scheep.⟩ **0.1** ***bezaansboom***.

spank·ing[1] ['spæŋkɪŋ]⟨f1⟩⟨telb.zn.; oorspr. gerund v. spank⟩ **0.1** ***pak voor de broek*** ⇒*pak slaag, afstraffing*.

spanking[2] ⟨f1⟩⟨bn., attr.; teg. deelw. v. spank⟩⟨inf.⟩ **0.1** ***kolossaal*** ⇒*mieters, eerste klas, prima, reusachtig* **0.2** ***kwiek*** ⇒*wakker, levendig, flink, vlug, krachtig,* ⟨B.⟩ *vinnig* ◆ **1.2** a ~ breeze *een stevige bries;* at a ~ pace *in snelle draf*.

spanking[3] ⟨f1⟩⟨bw.⟩⟨inf.⟩ **0.1** ***kolossaal*** ⇒*excellent, mieters, prachtig, prima* ◆ **2.1** what a ~ fine woman *wat een prachtmeid;* ~ new *spiksplinternieuw*.

'span-'long ⟨bn.⟩ **0.1** ***een span(ne) lang***.

span·ner ['spænə‖-ər]⟨f1⟩⟨telb.zn.⟩⟨BE⟩ **0.1** ***moersleutel*** ⇒*schroefsleutel* ◆ **1.¶** throw a ~ into the works *een spaak / stok in het wiel steken* **2.1** adjustable ~ *Engelse sleutel, bahco;* open-end(ed) ~ *steeksleutel*.

'span roof ⟨telb.zn.⟩ **0.1** ***zadeldak***.

'span·worm ⟨telb.zn.⟩⟨AE; dierk.⟩ **0.1** ***spanrups*** ⟨fam. Geometridae⟩.

spar[1] [spɑ:‖spɑr]⟨zn.⟩

I ⟨telb.zn.⟩ **0.1** ⟨ben. voor⟩ ***lange paal*** ⇒⟨scheep.⟩ *rondhout;* ⟨lucht.⟩ *ligger* ⟨v. vliegtuigvleugel⟩ **0.2** ***bokspartij*** ⇒⟨i.h.b.⟩ *oefenboksmatch* **0.3** ***hanengevecht*** **0.4** ***dispuut*** ⇒*redetwist, schermutseling;*

II ⟨n.-telb.zn.⟩ **0.1** ⟨geol.⟩ ***spaat*** ⟨mineraal⟩ **0.2** ***het boksen***.

spar[2] ⟨f1⟩⟨onov.ww.; →ww. 7⟩ **0.1** ***sparren*** ⇒*boksen* **0.2** ***met klauwen / sporen vechten*** ⟨hanengevecht⟩ **0.3** ***redetwisten*** ⇒*bekvechten, schermutselen*.

spar·a·ble ['spærəbl]⟨telb.zn.⟩ **0.1** ***schoenspijker***.

'spar buoy ⟨telb.zn.⟩ **0.1** ***drijfbaken***.

'spar deck ⟨telb.zn.⟩ **0.1** ***spardek***.

spare[1] [speə‖sper]⟨f1⟩⟨telb.zn.⟩ **0.1** ***reserve*** ⇒*dubbel* **0.2** ***reservewiel*** **0.3** ⟨BE⟩ ***reserveonderdeel*** ⇒*vervangstuk* **0.4** ⟨bowling⟩ ***spare*** ⟨het omvergooien v. alle kegels met de eerste twee ballen⟩ ◆ **3.1** it is a ~ *we hebben er een over, we kunnen er een missen*.

spare[2] ⟨f3⟩⟨bn.; -er; -ly; -ness; →compar. 7⟩

I ⟨bn.⟩ **0.1** ***extra*** ⇒*reserve, overtollig, ongebruikt;* ⟨scheep.⟩ *waarloos* **0.2** ***vrij*** ⇒*onbezet* ⟨tijd⟩ **0.3** ***mager*** ⇒*dun* ◆ **1.1** ~ part *reserveonderdeel,* ⟨B.⟩ *wisselstuk;* ~ room *logeerkamer* **1.3** a man of ~ frame *een tenger mannetje* **1.¶** ⟨sl.; scherts.⟩ feel like a ~ prick at a wedding *zich opgelaten / als het vijfde wiel aan de wagen voelen;* ⟨BE; inf.; scherts.⟩ ~ tyre *vijfde wiel aan wagen; zwembandje, michelinbandje* ⟨vetring boven taille⟩ **3.¶** ⟨BE; sl.⟩ go ~ *razend / verbijsterd worden, van streek / erg geïrriteerd raken;*

II ⟨bn., attr.⟩ **0.1** ***schraal*** ⇒*schaars, karig, krap, zuinig* ◆ **1.1** a ~ style of prose *een sobere (schrijf)stijl*.

spare[3] ⟨f3⟩⟨ww.⟩ →sparing ⟨→sprw. 620⟩

I ⟨onov.ww.⟩ **0.1** ***zuinig / sober zijn;***

II ⟨ov.ww.⟩ **0.1** ***het stellen zonder*** ⇒*missen, overhebben; geven, afstaan* **0.2** ***sparen*** ⇒*ontzien* **0.3** ***besparen*** **0.4** ***sparen*** ⇒*bezuinigen op, zuinig zijn met* ◆ **1.2** ~ his blushes *maak hem niet verlegen;* ~ s.o.'s feelings *iemands gevoelens sparen* **1.3** ~ me your excuses *bespaar me je excuses* **1.4** no expense(s) / pains ~d *zonder geld / moeite te sparen* **3.1** I have exactly £ 1 to ~ *ik heb nog precies £ 1 over* **3.2** if I am ~d *als ik dan nog leef* **4.1** enough and to ~ *meer dan genoeg, volop;* can you ~ me a few moments? *heb je een paar ogenblikken voor mij?* **4.2** not ~ o.s. *zichzelf niet sparen* **6.1** I can't ~ the money **for** a trip to Italy *ik heb geen geld voor een reisje naar Italië*.

spare·able ['speərəbl‖'sper-]⟨bn.⟩ **0.1** ***misbaar*** ⇒*ontbeerlijk*.

'spare-'part surgery ⟨n.-telb.zn.⟩⟨inf.⟩ **0.1** ***transplantatiechirurgie***.

'spare·rib ⟨telb.zn.; vnl. mv.⟩ **0.1** ***krab*** ⇒*krabbetje, magere varkensrib(ben)*.

sparge [spɑ:dʒ‖spɑrdʒ]⟨ov.ww.⟩ **0.1** ***(be)sprenkelen***.

spar·ing ['speərɪŋ‖'sperɪŋ]⟨f1⟩⟨bn.; teg. deelw. v. spare; -ly; -ness⟩ **0.1** ***zuinig*** ⇒*spaarzaam; matig, sober, karig, schraal*.

spark[1] [spɑ:k‖spɑrk]⟨f2⟩⟨zn.⟩

I ⟨telb.zn.⟩ **0.1** ***vonk*** ⇒*vuursprank(el), vonkje, sprankel, glinstering;* ⟨fig.⟩ *sprank(je), greintje* **0.2** ***fat*** ⇒*dandy* **0.3** ***minnaar*** ⇒*vrijer* **0.4** ⟨elek.⟩ ***ontlading*** ⇒*doorslag* **0.5** ⟨tech.⟩ ***diamant*** ⇒*diamantsplinter* ⟨als werktuig⟩ ◆ **1.1** a ~ of compassion *een greintje medelijden* **3.4** advance / retard the ~ *de ontsteking vervroegen / vertragen* ⟨mbt. ontstekingsmotor⟩ **3.¶** as the ~s fly upward *zo zeker als tweemaal twee vier is;* make the ~s fly *erop los gaan / timmeren, de poppen aan het dansen brengen;* strike ~s out of s.o. *vonken uit iem. slaan, iem. aan de gang maken / brengen,*

iem. aan de praat krijgen;
II ⟨mv.; Sparks⟩ ⟨scherts.; scheep.⟩ 0.1 ***draad*** ⟨ben. voor marconist⟩.

spark[2] ⟨f2⟩ ⟨ww.⟩
I ⟨onov.ww.⟩ 0.1 ***vonken*** ⇒*vonken schieten* 0.2 ***het hof maken*** ⇒*vrijen* 0.3 ⟨tech.⟩ ***ontsteken*** ⇒*ontbranden* ⟨mbt. motor⟩;
II ⟨ov.ww.⟩ 0.1 ***ontsteken*** ⇒*doen ontbranden* 0.2 ***aanvuren*** ⇒*aanwakkeren* 0.3 ***uitlokken*** ⇒*doen beginnen / ontbranden* 0.4 ***aanbidden*** ⇒*het hof maken, vrijen met* ◆ 5.1 ~ **off** *ontsteken, doen ontploffen* 5.3 ~ **off** a war *een oorlog uitlokken / doen ontbranden.*

'spark arrester ⟨telb.zn.⟩ ⟨tech.⟩ 0.1 ***vonkafleider.***

'spark chamber ⟨telb.zn.⟩ ⟨nat.⟩ 0.1 ***ionisatiekamer*** ⇒*ionisatievat.*

'spark coil ⟨telb.zn.⟩ ⟨elek.⟩ 0.1 ***(vonk)inductor*** ⇒*ontstekingsspoel.*

'spark gap ⟨telb.zn.⟩ ⟨tech.⟩ 0.1 ***vonkbrug*** ⇒*elektrodenafstand.*

'sparking distance ⟨n.-telb.zn.⟩ ⟨tech.⟩ 0.1 ***slagwijdte.***

spark·ish ['spɑ:kɪʃ‖'spɑrkɪʃ] ⟨bn.⟩ 0.1 ***galant*** ⇒*elegant, zwierig, chic.*

spar·kle[1] ['spɑ:kl‖'spɑrkl] ⟨f2⟩ ⟨zn.⟩
I ⟨telb.zn.⟩ 0.1 ***sprankel*** ⇒*sprankje, vonkje* ⟨ook fig.⟩ ◆ 1.1 ~s of wit *sprankels (van) geestigheid;*
II ⟨telb. en n.-telb.zn.⟩ 0.1 ***fonkeling*** ⇒*glinstering, schittering;*
III ⟨n.-telb.zn.⟩ 0.1 ***gefonkel*** ⇒*geglinster, geschitter, (ge)tintel* 0.2 ***het parelen*** ⇒*het mousseren / schuimen / (op)bruisen* 0.3 ***geestigheid*** ⇒*levendigheid, opgewektheid.*

sparkle[2] ⟨f2⟩ ⟨onov.ww.⟩ 0.1 ***fonkelen*** ⇒*glinsteren, sprankelen, tintelen* 0.2 ***parelen*** ⇒*mousseren, schuimen, (op)bruisen* 0.3 ***sprankelen*** ⇒*geestig zijn* ◆ 1.2 ⟨AE⟩ sparkling water *spuitwater;* sparkling wine *schuimwijn* 6.1 sparkling **with** wit *sprankelend van geest(igheid).*

spar·kler ['spɑ:klə‖'spɑrklər] ⟨telb.zn.⟩ 0.1 ***wat fonkelt*** 0.2 ***sprankelende geest*** 0.3 ***sterretje*** ⟨vuurwerk⟩ 0.4 ***schuimwijn*** ⇒*mousserende wijn* 0.5 ⟨dierk.⟩ ***zand(loop)kever*** ⟨genus Cicindelidae⟩ 0.6 ⟨sl.⟩ ***glimmer*** ⟨diamant⟩.

spark·less ['spɑ:kləs‖'spɑrk-] ⟨bn.⟩ ⟨tech.⟩ 0.1 ***vonkvrij.***

spark·let ['spɑ:klɪt‖'spɑrk-] ⟨telb.zn.⟩ 0.1 ***vonkje.***

'spark plug, ⟨BE ook⟩ **'spark·ing plug** ⟨f1⟩ ⟨telb.zn.⟩ 0.1 ***(ontstekings)bougie*** 0.2 ⟨AE; inf.⟩ ***animator*** ⇒*stuwende kracht, bezieler.*

spar·ling ['spɑ:lɪŋ‖'spɑr-] ⟨telb.zn.; ook sparling; →mv. 4⟩ ⟨dierk.⟩ 0.1 ***spiering*** ⟨Osmerus eperlanus⟩ 0.2 ***jonge haring.***

spar·ring-match ['spɑ:rɪŋ mætʃ] ⟨telb.zn.⟩ 0.1 ***oefenboksmatch*** 0.2 ***dispuut*** ⇒*redetwist, schermutseling.*

'spar·ring-part·ner ⟨telb.zn.⟩ 0.1 ***sparring-partner*** ⟨ook fig.⟩.

spar·row ['spærou] ⟨f2⟩ ⟨telb.zn.⟩ 0.1 ***mus.***

'spar·row·bill ⟨telb.zn.⟩ 0.1 ***schoenspijker.***

'spar·row·grass ⟨n.-telb.zn.⟩ ⟨gew.; inf.⟩ 0.1 ***asperge(s)*** ⇒*sperzie (s).*

'sparrow hawk ⟨telb.zn.⟩ ⟨dierk.⟩ 0.1 ***sperwer*** ⟨Accipiter nisus⟩ 0.2 ***Amerikaanse torenvalk*** ⟨Falco sparverius⟩.

spar·ry ['spɑ:ri] ⟨bn.⟩ ⟨geol.⟩ 0.1 ***spaatachtig*** ⇒*spaat-.*

sparse [spɑ:s‖spɑrs] ⟨f2⟩ ⟨bn.; -er; -ly; -ness⟩ 0.1 ***dun*** ⇒*verspreid, mager, schaars, spaarzaam, karig* ◆ 1.1 a ~ beard *een dunne baard* 3.1 a ~ly furnitured house *een spaarzaam gemeubileerd huis;* a ~ly populated area *een dunbevolkt gebied.*

spar·si·ty ['spɑ:səti‖'spɑrsəṭi] ⟨n.-telb.zn.⟩ 0.1 ***dunheid*** ⇒*dunte, schraalheid, magerte.*

Spar·ta·cist ['spɑ:təsɪst‖'spɑrṭə-] ⟨telb.zn.⟩ ⟨gesch.⟩ 0.1 ***Spartakist*** ⟨lid v. revolutionaire beweging in Duitsland 1914-'19⟩.

Spar·tan[1] ['spɑ:tn‖'spɑrtn] ⟨f1⟩ ⟨telb.zn.⟩ 0.1 ***Spartaan*** ⇒⟨fig.⟩ *zeer gehard persoon.*

Spartan[2] ⟨f1⟩ ⟨bn.⟩ 0.1 ***Spartaans*** ⇒⟨fig.⟩ *zeer hard / streng* ◆ 1.1 a ~ life *een Spartaanse levenswijze.*

spasm ['spæzm] ⟨f2⟩ ⟨zn.⟩
I ⟨telb.zn.⟩ 0.1 ***kramp*** ⇒*huivering, rilling, siddering* 0.2 ***aanval*** ⇒*opwelling, vlaag, bui* ◆ 1.1 ~s of laughter *lachkrampen;* ~s of pain *sidderingen v. pijn* 1.2 a ~ of energy *een energieke bui;* ~s of grief *opwellingen v. smart;*
II ⟨telb. en n.-telb.zn.⟩ ⟨med.⟩ 0.1 ***spasme*** ⇒*kramp* ◆ 2.1 clonic ~ *klonische kramp;* tonic ~ *tonische kramp.*

spas·mod·ic [spæz'mɒdɪk‖-'mɑ-] ⟨f1⟩ ⟨bn.; -ally; →bijw. 3⟩ 0.1 ***spasmodisch*** ⇒*spastisch, krampachtig, kramp-* 0.2 ***bij vlagen*** ⇒*met tussenpozen, ongestadig* 0.3 ***prikkelbaar*** ⇒*lichtgeraakt, oplopend* ◆ 1.1 ~ asthma *spasmodisch astma* 1.2 ~ gunfire *ongestadig kanonvuur.*

spas·tic[1] ['spæstɪk] ⟨f1⟩ ⟨telb.zn.⟩ 0.1 ⟨med.⟩ ***spastisch persoon*** 0.2 ⟨sl.; vnl. kind.⟩ ***lammeling*** ⇒*lummel, hannes.*

spastic[2] ⟨f1⟩ ⟨bn.; -ally; →bijw. 3⟩ 0.1 ***spastisch*** ⇒*krampachtig* ◆ 1.1 ⟨med.⟩ ~ paralysis *spastische paralyse, ruggemergverlamming.*

spat[1] [spæt] ⟨f1⟩ ⟨telb.zn.; ook spat; →mv. 4⟩ 0.1 ⟨ben. voor⟩ ***kuit van schelpdieren*** ⇒⟨vnl.⟩ *oesterzaad* 0.2 ⟨ben. voor⟩ ***jonge schelpdieren*** ⇒⟨vnl.⟩ *oesters* 0.3 ⟨inf.⟩ ***ruzietje*** ⇒*klappen* 0.4 ⟨zelden⟩ ***klap*** ⇒*mep* 0.5 ⟨vnl. mv.⟩ ***slobkous*** 0.6 ***klatering*** ⇒*klaterend geluid, geklater, gekletter* ⟨als v. regendruppels⟩ 0.7 ⟨tech.⟩ ***beschermhoes voor vliegtuigwielen*** ◆ 6.3 they were **between** ~s *ze waren even niet aan het ruziën / bakkeleien.*

spat[2] ⟨f2⟩ ⟨ww.; →ww. 7⟩
I ⟨onov.ww.⟩ 0.1 ***kuit schieten*** ⟨v. schelpdieren, vnl. oesters⟩ 0.2 ⟨inf.⟩ ***kibbelen*** 0.3 ***slaan*** ⇒*een klap geven* 0.4 ***kletteren*** ⇒*sputteren, kletsen* ⟨als v. regendruppels⟩;
II ⟨ov.ww.⟩ 0.1 ***een klap(je) geven*** ⇒*meppen, slaan.*

spat[3] ⟨verl. t. en volt. deelw.⟩ →spit.

spatch·cock[1] ['spætʃkɒk‖-kɑk] ⟨telb.zn.⟩ 0.1 ***geslacht en dadelijk bereid gevogelte.***

spatchcock[2] ⟨ov.ww.⟩ 0.1 ***slachten en dadelijk bereiden*** ⟨gevogelte⟩ 0.2 ⟨inf.⟩ ***(haastig / onvoorzien) inlassen*** ⟨woorden⟩ ◆ 1.2 a ~ed document *een ineengeflanst document* 6.2 he ~ed a curious remark **into** his speech *hij laste een vreemde opmerking in zijn toespraak in.*

spate, ⟨vnl. Sch. E sp.⟩ **spait** [speɪt] ⟨f1⟩ ⟨telb.zn.⟩ 0.1 ⟨BE⟩ ***hoge waterstand*** ⇒*(water)vloed, overstroming* ⟨v. rivier⟩ 0.2 ***toevloed*** ⇒*vloed, stroom, overvloed* ◆ 1.2 a ~ of words *een woordenvloed* 6.1 the rivers are **in** ~ *de rivieren zijn gezwollen.*

spa·tha·ceous [spə'ðeɪʃəs‖speɪ-], **spa·those** ['spæðous‖'speɪ-] ⟨bn.⟩ 0.1 ***met bloeischede*** 0.2 ***bloeischede-achtig.***

spathe ['speɪð] ⟨n.-telb.zn.⟩ ⟨plantk.⟩ 0.1 ***bloeischede*** ⇒*bloemschede.*

spath·ic ['spæθɪk] ⟨bn.⟩ 0.1 ***spaatachtig*** 0.2 ***kloofbaar*** ⇒*splijtbaar, kliefbaar* ◆ 1.1 ~ iron ore *ijzerspaat, sideriet.*

spa·tial, spa·cial ['speɪʃl] ⟨f1⟩ ⟨bn.; -ly⟩ 0.1 ***ruimtelijk*** ⇒*ruimte-.*

spa·ti·al·i·ty ['speɪʃi'æləṭi] ⟨n.-telb.zn.⟩ 0.1 ***ruimtelijkheid.***

spa·ti·o·tem·po·ral ['speɪʃiou'temprəl] ⟨bn.; -ly⟩ 0.1 ***ruimtelijk en tijdelijk*** ⇒*ruimte-tijd-.*

spat·ter[1] ['spætə‖'spæṭər] ⟨f1⟩ ⟨zn.⟩
I ⟨telb.zn.⟩ 0.1 ***spat(je)*** ⇒*vlekje* 0.2 ***spattend geluid*** ⇒*klatering* 0.3 ***buitje*** ◆ 1.3 a ~ of rain *een regenbuitje;*
II ⟨n.-telb.zn.⟩ 0.1 ***gespat*** ⇒*gesputter, gekletter, geklater.*

spatter[2] ⟨f1⟩ ⟨ww.⟩
I ⟨onov.ww.⟩ 0.1 ***spatten*** ⇒*kletsen, klateren, plassen;*
II ⟨ov.ww.⟩ 0.1 ***bespatten*** ⇒*spatten, (be)sprenkelen* 0.2 ***bekladden*** ⇒*besmeuren, bevlekken, bezoedelen* ⟨ook fig.⟩ ◆ 6.1 he ~ed water **on(to) / in** my face *hij spatte water in mijn gezicht;* the lorry ~ed my clothes **with** mud *de vrachtauto bespatte mijn kleren met modder.*

spat·ter·dash ['spætədæʃ‖'spæṭər-] ⟨telb.zn.; vnl. mv.⟩ 0.1 ***slobkous.***

'spat·ter·work ⟨telb. en n.-telb.zn.⟩ 0.1 ***spatwerk*** ⟨tekening⟩.

spat·u·la ['spætjʊlə‖-tʃələ], **spat·ule** ['spætju:l‖-tʃu:l] ⟨f1⟩ ⟨telb.zn.⟩ 0.1 ***spatel*** 0.2 ⟨med.⟩ ***(tong)spatel.***

spat·u·late ['spætjʊlət‖-tʃələt], **spat·u·lar** [-lə‖-lər] ⟨bn.⟩ 0.1 ***spatelvormig.***

spav·in ['spævɪn] ⟨n.-telb.zn.⟩ 0.1 ***spat*** ⟨paardeziekte⟩.

spav·ined ['spævɪnd] ⟨bn.⟩ 0.1 ***spatkreupel*** ⟨mbt. paarden⟩ ⇒⟨fig.⟩ *kreupel, verminkt.*

spawn[1] [spɔ:n] ⟨f1⟩ ⟨n.-telb.zn.⟩ 0.1 ***kuit*** ⟨v. vissen⟩ 0.2 ***kikkerdril*** 0.3 ***broedsel*** ⇒*broed, gebroed(sel)* ⟨ook fig.; pej. mbt. mensen⟩ 0.4 ⟨vaak pej.⟩ ***voortbrengsel*** ⇒*produkt* 0.5 ⟨plantk.⟩ ***zwamvlokken*** ⇒*mycelium.*

spawn[2] ⟨f2⟩ ⟨ww.⟩
I ⟨onov.ww.⟩ 0.1 ***kuit schieten*** ⇒*paaien, rijden* 0.2 ***opkomen / opschieten / verrijzen als paddestoelen (uit de grond / na een regenachtige dag)*** ◆ 6.2 the river ~s **with** fish *de rivier wemelt v.d. vis;*
II ⟨ov.ww.⟩ 0.1 ***schieten*** ⟨kuit / kikkerdril⟩ 0.2 ⟨vaak pej.⟩ ***uitbroeden*** ⇒*voortbrengen, produceren* 0.3 ***met zwamvlokken beplanten.***

spawn·er ['spɔ:nə‖-ər] ⟨telb.zn.⟩ 0.1 ***kuiter*** ⇒*kuitvis.*

'spawn·ing-sea·son ⟨telb.zn.⟩ 0.1 ***paaitijd*** ⇒*rijtijd* ⟨paartijd voor vissen⟩.

spay [speɪ] ⟨ov.ww.⟩ 0.1 ***steriliseren*** ⟨vrouwelijk dier⟩.

SPCA ⟨afk.⟩ Society for the Prevention of Cruelty to Animals ⟨AE⟩ 0.1 ***Dierenbescherming.***

SPCK ⟨afk.⟩ Society for Promoting Christian Knowledge.

speak[1] [spi:k], **speak·o** ['spi:kou] ⟨telb.zn.⟩ ⟨AE; sl.⟩ 0.1 ***speakeasy*** ⇒*clandestiene kroeg* ⟨vnl. omstreeks 1920-'30⟩.

speak[2] ⟨f4⟩ ⟨ww.; spoke [spouk], ⟨vero.⟩ spake [speɪk]; spoken ['spoukən], ⟨vero.⟩ spoke⟩ →speaking ⟨→sprw. 4, 115, 130, 260, 268, 270, 438, 621-623, 725, 761⟩
I ⟨onov.ww.⟩ 0.1 ***spreken*** ⇒*een toespraak / voordracht houden* 0.2 ***aanslaan*** ⇒*(beginnen te) blaffen* 0.3 ***klinken*** ⇒*toon geven, aanspreken* ◆ 1.1 ⟨fig.⟩ a will ~s from the death of the testator *een testament gaat in / is van kracht vanaf de dood v.d. erflater* 1.2

the dog spoke immediately *de hond sloeg onmiddellijk aan* **1.3** the guns spoke in the distance *de kanonnen weerklonken/bulderden in de verte;* that flute ~s well *die fluit spreekt goed aan/klinkt goed* **4.¶** that ~s for itself *dat spreekt voor zich/boekdelen;* ~ing for myself *ik voor mijn part;* ~ing for yourself/selves! *je moet het zelf weten!* **5.1** generally ~ing *in het algemeen gesproken;* legally ~ing *wettelijk gezien, volgens de wet;* ~ **on** *verder spreken, vervolgen;* ~ **out/up** *duidelijk spreken; vrijuit spreken;* ~ **out** against sth. *zich tegen iets uitspreken, zich tegenstander verklaren v. iets;* personally ~ing *voor mijn part;* properly ~ing *in eigenlijke zin;* roughly ~ing *ruw geschat;* so to ~ *(om) zo te zeggen, bij wijze van spreken, zogezegd, zo goed als;* strictly ~ing *strikt genomen, in de strikte zin (des woords);* ~ **up** for sth. *het voor iets opnemen* **5.¶** ~ **up** *harder spreken;* could you ~ **up** please *wat harder/luider a.u.b.* **6.1** ~ **about** *spreken over/van;* ~ **against** sth. *spreken/een toespraak/pleidooi houden tegen;* ~ **for** s.o. *spreken voor/uit naam v. iem.;* ~ **of** sth. *van iets spreken/gewag maken, iets vermelden;* not to ~ **of** *haast niet, niet noemenswaard(ig);* nothing to ~ **of** *haast niets, niets noemenswaard(ig)s;* ~ ill/well **of** s.o./sth. *kwaad/gunstig spreken over iem./iets;* ~ **on** sth. *spreken/een toespraak/voordracht houden over iets;* ~ **to** s.o. *tot/met iem. spreken, iem. aanspreken, zich tot iem. richten; voor iem. een toespraak houden;* ~ **to** s.o. (**about** sth.) *iem. (om iets) aanspreken; iem. (over iets) aanspreken/aanpakken/onder handen nemen;* ~ **to** sth. *iets toelichten;* ~ **with** s.o. *met iem. praten/spreken/converseren* **6.¶** ~ **for** sth. *iets bestellen/reserveren; v. iets getuigen; een toespraak houden/pleiten voor* ⟨ook fig.⟩; it ~s well **for** his diligence *dat zegt heel wat over zijn ijver;* ~ **to** sth. *spreken/een verklaring afleggen over iets, iets behandelen;* I can ~ **to** his having been here *ik kan getuigen/bevestigen dat hij hier geweest is;* this music does not ~ **to** me *deze muziek zegt me niets/spreekt me niet aan* **¶.1** ⟨telefoon⟩ ~ing! *spreekt u mee!;* ⟨telefoon⟩ Smith ~ing! *(u spreekt) met Smith!;*

II ⟨ov.ww.⟩ **0.1** ***spreken*** ⇒*zeggen, uitspreken, uitdrukken* **0.2** ⟨scheep.⟩ ***signalen uitwisselen met*** ⇒*contact leggen met, praaien* ⟨voorbijvarend schip⟩ **0.3** ⟨vero.⟩ ***spreken van*** ⇒*getuigen van, wijzen op, aanduiden* ◆ **1.1** ~ English *Engels spreken;* ~ one's mind *zijn mening zeggen;* ~ a piece *een stukje opzeggen/voordragen;* it ~s volumes for his moderation *het spreekt boekdelen over zijn gematigdheid, het stelt zijn gematigdheid in een helder daglicht;* ~ the word! *zeg het maar!* **1.3** this ~s a generous mind *dit getuigt v.e. edelmoedige geest;* his face ~s sadness *het verdriet is van zijn gezicht af te lezen* **2.3** this ~ him honest *dit typeert hem als eerlijk* **5.1** ~ s.o. **fair** *iem. vriendelijk aanspreken.*

-speak ⟨produktief achtervoegsel⟩ **0.1** ***-jargon*** ◆ **¶.1** education-speak *onderwijsjargon;* computerspeak *computerjargon.*

speak·a·ble ['spi:kəbl]⟨bn.⟩ **0.1** ***uit te spreken*** ⇒*uitspreekbaar, goedklinkend, welluidend, die/dat wel bekt.*

'speak·eas·y ⟨telb.zn.; →mv. 2⟩⟨AE; sl.⟩ **0.1** ***speakeasy*** ⇒*clandestiene kroeg* ⟨vnl. omstreeks 1920-'30⟩.

speak·er ['spi:kə‖-ər]⟨f3⟩⟨telb.zn.⟩ **0.1** ***spreker/spreekster*** **0.2** ***woordvoerder/woordvoerster*** ⇒*zegsman* **0.3** ***luidspreker*** **0.4** ⟨S-⟩ ***voorzitter v.h. Lagerhuis/Huis v. Afgevaardigden*** ◆ **1.1** a ~ of French *iem. die Frans spreekt* **3.¶** catch (the) Speaker's eye *het woord krijgen* ⟨in het Lagerhuis⟩.

Speak·er·ship ['spi:kəʃɪp‖-kər-]⟨n.-telb.zn.⟩ **0.1** ***voorzitterschap v.h. Lagerhuis/Huis v. Afgevaardigden.***

speak·ing[1] ['spi:kɪŋ]⟨zn.; oorspr. gerund v. speak⟩

I ⟨telb.zn.⟩ **0.1** ***politieke bijeenkomst*** ⇒*meeting;*

II ⟨n.-telb.zn.⟩ **0.1** ***het spreken*** ⇒*woorden, toespraak, uiteenzetting* **0.2** ***redekunst*** ⇒*retorica.*

speaking[2] ⟨f1⟩⟨bn.; teg. deelw. v. speak⟩ **0.1** ***sprekend*** ⇒*levensecht, treffend* ◆ **1.1** a ~ likeness *een sprekende gelijkenis;* a ~ portrait *een levensecht portret* **1.¶** ⟨BE⟩ ~ clock *tijdsmelding/sprekende klok.*

'speaking acquaintance ⟨telb.zn.⟩ **0.1** ***iem. die men goed genoeg kent om aan te spreken.***

'speaking engagement ⟨telb.zn.⟩ **0.1** ***spreekbeurt.***

'speaking skill ⟨telb. en n.-telb.zn.⟩ **0.1** ***spreekvaardigheid.***

'speaking terms ⟨f1⟩⟨mv.; in verbindingen⟩ **0.1** ***het kunnen/willen spreken*** ◆ **6.1** be **on** ~ **with** s.o. *iem. goed genoeg kennen om hem aan te spreken;* not be **on** ~ **with** s.o. *niet (meer) spreken tegen iem..*

'speaking trumpet ⟨telb.zn.⟩ **0.1** ***spreektrompet*** ⇒*roeper.*

'speaking tube ⟨telb.zn.⟩ **0.1** ***spreekbuis*** ⟨vnl. op schip⟩.

spear[1] [spɪə‖spɪr]⟨f2⟩⟨telb.zn.⟩ **0.1** ***speer*** ⇒*spies, piek, lans* **0.2** ***harpoen*** ⇒*aalschaar* **0.3** ***spriet*** ⇒*(gras)halm, (riet)stengel;* ⟨fig.⟩ *(haar)spriet/piek* **0.4** ⟨sl.⟩ ***vork*** **0.5** ⟨vero.⟩ ***speerdrager*** ⇒*lansier, piekenier.*

spear[2] ⟨f2⟩⟨ww.⟩

I ⟨onov.ww.⟩ **0.1** ***sprieten*** ⇒*opschieten* ⟨v. planten⟩ **0.2** ⟨inf.⟩ ***doorklieven*** ⇒*schieten, snijden* ◆ **1.2** the torpedo ~ed through the water *de torpedo schoot door het water;*

II ⟨ov.ww.⟩ **0.1** ***(met een speer) doorboren/steken*** ⇒*spietsen* **0.2** ⟨sport⟩ ***grijpen met vooruitschietende armbeweging*** ⟨bv. bal in Am. voetbal⟩ ⇒*uit de lucht plukken* **0.3** ⟨Am. voetbal⟩ ***torpederen*** ⟨tegenstander⟩ **0.4** ⟨Can. E; ijshockey⟩ ***steken/slaan naar*** ⟨tegenstander met stick⟩.

'spear grass ⟨n.-telb.zn.⟩⟨plantk.⟩ **0.1** ⟨ben. voor⟩ ***hoog gras*** ⇒⟨i.h.b.⟩ *struisgras* ⟨genus Agrostis⟩.

'spear gun ⟨telb.zn.⟩ **0.1** ***harpoengeweer*** ⟨bij onderwatervissen⟩.

'spear·head[1] ⟨telb.zn.⟩ **0.1** ***speerpunt*** ⇒⟨fig.⟩ *ver vooruit gedrongen legerspits* **0.2** ***spits*** ⇒*leider, voorloper,* ⟨i.h.b.⟩ *campagneleider* **0.3** ⟨sport, i.h.b. Austr. voetbal⟩ ***topscorer.***

spearhead[2] ⟨ov.ww.⟩ **0.1** ***de spits/voorhoede zijn van*** ⇒*aan de spits staan van* ⟨ook fig.⟩; *leiden, aanvoeren* ⟨bv. actie, campagne⟩.

'spearhead principle ⟨n.-telb.zn.⟩⟨zwemsport⟩ **0.1** ***speerpuntprincipe*** ⟨snelste zwemmers uit series in de middelste banen⟩.

spear·man ['spɪəmən‖'spɪr-]⟨telb.zn.; spearmen [-mən]; →mv. 3⟩ **0.1** ***speerdrager*** ⇒*lansier, piekenier.*

'spear·mint ⟨n.-telb.zn.⟩ **0.1** ⟨plantk.⟩ ***groene munt*** ⟨Mentha spicata⟩ **0.2** ***kauwgom met muntsmaak.***

'spear side ⟨telb.zn.⟩⟨geneal.⟩ **0.1** ***zwaardzijde*** ⇒*mannelijke linie, vaderszijde.*

spear·wort ['spɪəwɜ:t‖'spɪrwɜrt]⟨n.-telb.zn.⟩⟨plantk.⟩ **0.1** ***egelboterbloem*** ⟨Ranunculus flammula⟩.

spec[1] [spek]⟨telb.zn.⟩⟨verk.⟩ speculation ⟨inf.⟩ **0.1** ***gok*** ⇒*speculatie* ◆ **6.1** buy shares **on** ~ *aandelen op speculatie/de bonnefooi kopen.*

spec[2] ⟨afk.⟩ special, specification, speculation.

spe·cial[1] ['speʃl]⟨f2⟩⟨telb.zn.⟩ **0.1** ⟨ben. voor⟩ ***iets bijzonders/speciaals*** ⇒*extratrein; extra-editie; speciaal gerecht op menu; bijzonder examen; speciale attractie; (t.v.-)special, speciaal programma* **0.2** ⟨BE⟩ ***hulppolitieagent*** **0.3** ⟨AE; inf.⟩ ***(speciale) aanbieding*** ⟨met reductie⟩ **0.4** ⟨sl.⟩ ***frankfurter speciaal*** ⟨v. flink gekruid rundvlees⟩ ◆ **1.1** today's ~ *de (aanbevolen) dagschotel, menu v.d. dag* **6.3** oranges are **on** ~ today *sinaasappels zijn in de aanbieding vandaag;* what have you got **on** ~? *wat hebt u in de aanbieding?.*

special[2] ⟨f4⟩⟨bn.; -ness⟩ **0.1** ***speciaal*** ⇒*bijzonder, apart, buitengewoon, extra* ◆ **1.1** ⟨jur.⟩ ~ act *bijzondere wet* ⟨voor één persoon/gebied⟩; ~ case *speciaal/apart geval;* ⟨BE⟩ ~ constable *hulppolitieagent;* ~ correspondent *speciale correspondent* ⟨voor berichtgeving⟩; ⟨AE⟩ ~ court-martial *bijzondere krijgsraad* ⟨voor vrij ernstige vergrijpen⟩; ⟨geldw.⟩ ~ drawing rights *speciale trekkingsrechten* ⟨v.h. IMF⟩; ⟨R.-K.⟩ ~ intention *bijzondere intentie* ⟨bv. v. mis⟩; ~ jury *bijzondere jury;* ⟨nat.⟩ ~ relativity *speciale relativiteit(stheorie);* ~ session *bijzondere zitting* **1.¶** ⟨BE; vnl. ec.⟩ ~ area *noodgebied;* ⟨BE⟩ Special Branch *Politieke Veiligheidspolitie;* ⟨jur.⟩ ~ case *geschreven ingediende klacht bij rechtbank;* ~ delivery *expressebestelling;* ~ effects *trucage;* ⟨BE⟩ ~ licence *speciale toelating voor huwelijk* ⟨zonder afkondiging of verplichting v. plaats of tijd⟩; ⟨jur.⟩ ~ plea *pleidooi waarin nieuwe feiten worden aangevoerd;* ⟨jur.⟩ ~ pleader *advocaat die zijn mening over bijzondere aspecten v.e. geval geeft;* ⟨jur.⟩ ~ pleading *aanvoering v. bijzondere/nieuwe elementen;* ⟨inf.⟩ *spitsvondige aanvoering v. misleidende argumenten;* ~ student *vrij student* ⟨aan Am. universiteit⟩; ~ verdict *bijzondere uitspraak* ⟨waarbij de jury de conclusie aan het hof overlaat⟩.

spe·cial·ism ['speʃəlɪzm]⟨telb. en n.-telb.zn.⟩ **0.1** ***specialisme*** ⇒*specialisering, specialisatie.*

spe·cial·ist ['speʃəlɪst]⟨f2⟩⟨telb.zn.⟩ **0.1** ***specialist*** ⟨i.h.b. med.⟩ **0.2** ***militair v. lage rang maar met wedde v. onderofficier*** ⟨in het Am. leger⟩.

spe·cial·ist·ic ['speʃə'lɪstɪk]⟨bn., attr.⟩ **0.1** ***specialistisch*** ⇒*specialisten-.*

spe·ci·al·i·ty ['speʃi'æləṭi], ⟨in bet. 0.2, 0.3 ook⟩ **spe·cial·ty** ['speʃlti] ⟨f1⟩⟨telb.zn.; →mv. 2⟩ **0.1** ***bijzonder kenmerk*** ⇒*bijzonderheid, detail* **0.2** ⟨BE⟩ ***specialiteit*** ⟨vak, produkt e.d.⟩ **0.3** ⟨BE⟩ ***specialisme*** ⇒*specialisatie* ⟨vnl. med.⟩.

spe·cial·i·za·tion, -sa·tion ['speʃəlaɪ'zeɪʃn‖-lə'zeɪʃn]⟨f2⟩⟨telb. en n.-telb.zn.⟩ **0.1** ***specialisering*** ⇒*specialisatie* **0.2** ***specificering*** **0.3** ***beperking*** ⇒*wijziging* ⟨v. verklaring e.d.⟩ **0.4** ⟨biol.⟩ ***differentiatie*** ⇒*adaptatie, aanpassing.*

spe·cial·ize, -ise ['speʃəlaɪz]⟨f3⟩⟨ww.⟩

I ⟨onov.ww.⟩ **0.1** ***zich specialiseren*** **0.2** ***in bijzonderheden treden*** **0.3** ⟨biol.⟩ ***zich bijzonder ontwikkelen*** ⇒*zich aanpassen/adapteren/differentiëren* ◆ **6.1** ~ **in** paediatrics *zich in de pediatrie specialiseren;*

II ⟨ov.ww.⟩ **0.1** ***specificeren*** ⇒*speciaal vermelden, specialiseren* **0.2** ***beperken*** ⇒*wijzigen, preciseren* ⟨verklaring e.d.⟩ **0.3** ***differentiëren*** ⇒*adapteren, aanpassen.*

spe·cial·ly ['speʃli]⟨f3⟩⟨bw.⟩ **0.1** ***speciaal*** *⇒inzonderheid, bepaaldelijk* **0.2** ***speciaal*** *⇒apart, op speciale/bijzondere wijze* **0.3** ***bepaald*** *⇒bijzonder, speciaal* ◆ **3.1** I did it ~ for you *ik heb het speciaal voor u gedaan* **3.2** he talks very ~ *hij spreekt heel speciaal/apart* **5.3** he is not ~ interesting *hij is niet bepaald interessant.*

spe·cial·ty ['speʃlti]⟨f1⟩⟨zn.;→mv. 2⟩
I ⟨telb.zn.⟩ **0.1** ***specialiteit*** ⟨vak, produkt e.d.⟩ **0.2** ***specialisme*** *⇒specialisatie* ⟨vnl. med.⟩ **0.3** ***bijzonder kenmerk*** *⇒bijzonderheid* **0.4** ⟨jur.⟩ ***gezegeld document/contract;***
II ⟨n.-telb.zn.⟩ **0.1** ***specialiteit*** *⇒bijzonder karakter.*

spe·ci·a·tion ['spi:ʃi'eɪʃn]⟨n.-telb.zn.⟩⟨biol.⟩ **0.1** ***vorming v. nieuwe species/soorten.***

spe·cie ['spi:ʃi]⟨n.-telb.zn.⟩⟨schr.⟩ **0.1** ***specie*** *⇒gemunt geld, munt* ◆ **6.1 in** ~ *in klinkende munt;* ⟨fig.⟩ *met gelijke munt;* payment **in** ~ *betaling in specie.*

spe·cies ['spi:ʃi:z,-si:z]⟨f2⟩⟨telb.zn.; species;→mv. 5⟩ **0.1** ***soort*** *⇒type* **0.2** ***gestalte*** *⇒gedaante, vorm* ⟨vnl. R.-K., mbt. eucharistie⟩ **0.3** ⟨biol.⟩ ***species*** *⇒soort* **0.4** ⟨logica⟩ ***soort*** ◆ **6.1** a remarkable ~ **of** car *een vreemd soort auto* **7.2** the two ~ of the Eucharist *de twee gedaanten v.d. eucharistie* **7.3** the (human)/our ~ *het mensdom, de menselijke soort.*

spec·i·fi·able ['spesɪfaɪəbl]⟨bn.⟩ **0.1** ***te specificeren.***

spe·cif·ic[1] [spɪ'sɪfɪk]⟨f1⟩⟨zn.⟩
I ⟨telb.zn.⟩ **0.1** ***iets specifieks*** *⇒specifiek kenmerk* **0.2** ⟨med.⟩ ***specificum;***
II ⟨mv.; ~s⟩ **0.1** ***bijzonderheden*** *⇒details.*

specific[2] ⟨f3⟩⟨bn.; -ness⟩
I ⟨bn.⟩ **0.1** ***specifiek*** *⇒duidelijk, precies, gedetailleerd* **0.2** ***specifiek*** *⇒kenmerkend, eigen* ◆ **1.1** a ~ description *een duidelijke/precieze beschrijving* **3.1** be ~ *de dingen bij hun naam noemen, er niet omheen draaien* **6.2** ~ **of/to** Rembrandt *kenmerkend voor Rembrandt;*
II ⟨bn., attr.⟩ **0.1** ***specifiek*** *⇒soortelijk, soort-* ◆ **2.1** ⟨med.⟩ ~ cause *specifieke oorzaak* ⟨v. ziekte⟩; ⟨biol.⟩ ~ difference *soortelijk verschil;* ⟨med.⟩ ~ disease *specifieke ziekte* ⟨met bep. oorzaak⟩; ~ duties *specifieke (invoer)rechten;* ⟨nat.⟩ ~ gravity *soortelijk gewicht;* ⟨nat.⟩ ~ heat *soortelijke warmte;* ⟨tech.⟩ ~ impulse *specifieke stootkracht* ⟨v. raketbrandstof⟩; ⟨med.⟩ ~ medicine *specificum, specifiek geneesmiddel;* ⟨biol.⟩ ~ name *soortnaam;* ⟨jur.⟩ ~ performance *uitvoering v.e. specifieke verbintenis;* ⟨elek.⟩ ~ resistance *soortelijke weerstand.*

spe·cif·i·cal·ly [spɪ'sɪfɪkli]⟨f2⟩⟨bw.⟩ **0.1** →specific **0.2** ***duidelijk*** *⇒precies, gedetailleerd* **0.3** ***bepaald*** *⇒bijzonder* **0.4** ***meer bepaald*** *⇒inzonderheid, met name* ◆ **2.3** not a ~ English custom *niet bepaald een Engelse gewoonte* ¶**.4** two people, ~ you and I *twee mensen, met name jij en ik.*

spec·i·fi·ca·tion ['spesɪfɪ'keɪʃn]⟨f2⟩⟨zn.⟩
I ⟨telb.zn.⟩ **0.1** ***specificatie*** *⇒gedetailleerde beschrijving* **0.2** ⟨jur.⟩ ***specificatie*** *⇒zaakvorming* **0.3** ⟨jur.⟩ ***patentbeschrijving;***
II ⟨n.-telb.zn.⟩ **0.1** ***specificering;***
III ⟨mv.; ~s⟩ **0.1** ***bestek*** *⇒technische beschrijving.*

spec·i·fic·i·ty ['spesɪ'fɪsəṭi]⟨f1⟩⟨n.-telb.zn.⟩ **0.1** ***specificiteit*** *⇒specifiek karakter, het specifiek-zijn.*

spe·ci·fy ['spesɪfaɪ]⟨f2⟩⟨ov.ww.;→ww. 7⟩ **0.1** ***specificeren*** *⇒precies vermelden/omschrijven/noemen, (in een bestek) opnemen.*

spec·i·men ['spesɪmən]⟨f2⟩⟨telb.zn.⟩ **0.1** ***specimen*** *⇒proeve, monster, staaltje, voorbeeld, exemplaar* **0.2** ⟨inf.⟩ ***(mooi) exemplaar*** *⇒(rare) snuiter, vreemde vogel.*

'specimen copy ⟨telb.zn.⟩⟨druk.⟩ **0.1** ***proefexemplaar.***

'specimen page ⟨telb.zn.⟩⟨druk.⟩ **0.1** ***proefpagina.***

spe·ci·ol·o·gy ['spi:ʃi'ɒlədʒi||-'ɑlədʒi]⟨n.-telb.zn.⟩⟨biol.⟩ **0.1** ***leer v.d. soorten*** *⇒*⟨i.h.b.⟩ *evolutieleer.*

spe·ci·os·i·ty ['spi:ʃi'ɒsəti||-'ɑsəṭi]⟨zn.;→mv. 2⟩
I ⟨telb.zn.⟩ **0.1** ***schoonschijnend persoon/ding;***
II ⟨n.-telb.zn.⟩ **0.1** ***(schone) schijn*** *⇒schijnbare juistheid, misleidend karakter, schijndeugd.*

spe·cious ['spi:ʃəs]⟨f1⟩⟨bn.; -ly; -ness⟩ **0.1** ***schoonschijnend*** *⇒schijnbaar oprecht/juist/goed, misleidend, verblindend.*

speck[1] [spek]⟨f2⟩⟨zn.⟩
I ⟨telb.zn.⟩ **0.1** ***vlek(je)*** *⇒stip, spikkel, plek(je);* ⟨fig.⟩ ***greintje*** **0.2** ***gevlekt fruit*** ◆ **1.1** the apples were full of ~s *de appels zaten vol (rotte) plekjes;* not a ~ of common sense *geen greintje gezond verstand* **1.2** a basket of ~s *een mand gevlekt fruit;*
II ⟨n.-telb.zn.⟩ **0.1** ⟨vnl. gew.⟩ ***blubber*** *⇒(zeehonde/walvis) spek* **0.2** ⟨Z. Afr. E⟩ ***nijlpaardespek.***

speck[2] ⟨ov.ww.⟩ **0.1** ***(be)vlekken*** *⇒met vlekjes/plekjes/spikkels bezaaien* ◆ **1.1** ~ed fruit *gevlekt fruit.*

speck·le[1] ['spekl]⟨f1⟩⟨telb.zn.⟩ **0.1** ***spikkel*** *⇒stippel, vlekje.*

speckle[2] ⟨f1⟩⟨ov.ww.⟩ **0.1** ***(be)spikkelen*** *⇒stippelen* ◆ **1.1** ~d skin *gespikkelde huid;* a ~d cow *een bonte/gevlekte koe.*

speck·less ['spekləs]⟨bn.⟩ **0.1** ***vlekkeloos*** ⟨ook fig.⟩.

speck·tio·neer, speck·sio·neer ['spekʃə'nɪə||-'nɪr]⟨telb.zn.⟩ **0.1** ***eerste harpoenier*** ⟨op walvisvaarder⟩.

specs, ⟨in bet. 0.1 ook⟩ **specks** [speks]⟨f1⟩⟨mv.⟩⟨inf.⟩ **0.1** ⟨verk.⟩ ⟨spectacles⟩ ***bril*** **0.2** ⟨verk.⟩ ⟨specifications⟩ ***bestek.***

spec·ta·cle ['spektəkl]⟨f2⟩⟨zn.⟩
I ⟨telb.zn.⟩ **0.1** ***schouwspel*** *⇒vertoning* **0.2** ***aanblik*** *⇒gezicht, spektakel* ◆ **3.1** make a ~ of o.s. *spektakel maken;*
II ⟨mv.; ~s⟩ **0.1** ***bril*** **0.2** ⟨spoorwegen⟩ ***bril*** ⟨opening in seinarm voor gekleurd glas⟩ ◆ **1.1** a pair of ~s *een bril;* ⟨BE; cricket⟩ *brilstand* **2.1** see reality through rose-coloured/rose-tinted/rosy ~s *de werkelijkheid door een roze bril/rooskleurig/optimistisch zien.*

'spec·ta·cle-case ⟨f1⟩⟨telb.zn.⟩ **0.1** ***brilledoos.***

spec·ta·cled ['spektəkld]⟨bn.⟩ **0.1** ***gebrild*** ◆ **1.1** ⟨dierk.⟩ ~ bear *brilbeer* ⟨Tremarctos ornatus⟩; ⟨dierk.⟩ ~ cobra *brilslang* ⟨Naja naja⟩; ⟨dierk.⟩ ~ warbler *brilgrasmus* ⟨Sylvia conspicillata⟩.

spec·tac·u·lar[1] [spek'tækjʊlə||-jələr]⟨telb.zn.⟩ **0.1** ***spectaculaire show*** ⟨vnl. op t.v.⟩.

spectacular[2] ⟨f3⟩⟨bn.; -ly⟩ **0.1** ***spectaculair*** *⇒sensationeel, opzienbarend, opvallend.*

spec·tate [spek'teɪt]⟨onov.ww.⟩ **0.1** ***toekijken*** *⇒bekijken.*

spec·ta·tor [spek'teɪtə||'spekteɪṭər]⟨f2⟩⟨telb.zn.⟩ **0.1** ***toeschouwer*** *⇒kijker, ooggetuige, waarnemer.*

spec·ta·to·ri·al ['spektə'tɔ:rɪəl]⟨bn., attr.⟩ **0.1** ***toeschouwers-*** *⇒kijkers-, ooggetuige-* **0.2** ⟨ook S-⟩⟨gesch.⟩ ***spectatoriaal*** ⟨vnl. mbt. The Spectator, 1711-'12⟩.

spectator sport ['--]⟨telb.zn.⟩ **0.1** ***kijksport.***

spectra ['spektrə]⟨mv.⟩ →spectrum.

spec·tral ['spektrəl]⟨f1⟩⟨bn.; -ly; -ness⟩ **0.1** ***spookachtig*** *⇒spook-, geest-* **0.2** ⟨nat.⟩ ***spectraal.***

spec·tre, ⟨AE sp.⟩ **spec·ter** ['spektə||-ər]⟨f1⟩⟨telb.zn.⟩ **0.1** ***spook*** *⇒geest, schim, schrikbeeld* ⟨ook fig.⟩; ⟨fig.⟩ *(bang) voorgevoel* **0.2** ⟨dierk.⟩⟨ben. voor⟩ ***spookachtig dier(tje)*** *⇒*⟨i.h.b.⟩ *spooksprinkhaan, wandelend(e) blad/tak* ⟨fam. Phasmidae⟩ ◆ **1.1** the ~ of war *het schrikbeeld v.d. oorlog.*

spec·tro- ['spektroʊ]⟨tech.⟩ **0.1** ***spectro-*** ◆ ¶**.1** spectrogram *spectrogram.*

spec·tro·gram ['spektrəgræm]⟨telb.zn.⟩ **0.1** ***spectrogram.***

spec·tro·graph ['spektrəgrɑ:f||-græf]⟨telb.zn.⟩ **0.1** ***spectrograaf.***

spec·tro·graph·ic ['spektrə'græfɪk]⟨bn.⟩ **0.1** ***spectrografisch.***

spec·tro·gra·phy [spek'trɒgrəfi||-'trɑ-]⟨n.-telb.zn.⟩ **0.1** ***spectrografie.***

spec·tro·he·li·o·graph ['spektroʊ'hi:lɪəgrɑ:f||-græf]⟨telb.zn.⟩ **0.1** ***spectroheliograaf.***

spec·tro·he·li·o·scope ['spektroʊ'hi:lɪəskoʊp]⟨telb.zn.⟩ **0.1** ***spectrohelioscoop.***

spec·trom·e·ter [spek'trɒmɪtə||-'trɑmɪṭər]⟨telb.zn.⟩ **0.1** ***spectrometer.***

spec·tro·met·ric ['spektrə'metrɪk]⟨bn.⟩ **0.1** ***spectrometrisch.***

spec·trom·e·try [spek'trɒmɪtri||-'trɑ-]⟨n.-telb.zn.⟩ **0.1** ***spectrometrie.***

spec·tro·pho·tom·e·ter ['spektroʊfoʊtɒmɪtə||-'tɑməṭər]⟨telb.zn.⟩ **0.1** ***spectrofotometer.***

spec·tro·scope ['spektrəskoʊp]⟨telb.zn.⟩ **0.1** ***spectroscoop.***

spec·tro·scop·ic ['spektrə'skɒpɪk||-'skɑ-], **spec·tro·scop·i·cal** [-ɪkl] ⟨bn.; -(al)ly;→bijw. 3⟩ **0.1** ***spectroscopisch.***

spec·tros·co·pist [spek'trɒskəpɪst||-'trɑ-]⟨telb.zn.⟩ **0.1** ***spectroscopist.***

spec·tros·co·py [spek'trɒskəpi||-'trɑ-]⟨n.-telb.zn.⟩ **0.1** ***spectroscopie.***

spec·trum ['spektrəm]⟨f2⟩⟨telb.zn.; ook spectra [-trə];→mv. 5⟩ **0.1** ***spectrum*** *⇒kleurenbeeld;* ⟨bij uitbr.⟩ *radio/klankspectrum* **0.2** ***spectrum*** *⇒gamma, reeks* **0.3** ***nabeeld*** ◆ **2.2** a wide ~ of *een breed gamma van* **2.3** ocular ~ *nabeeld.*

'spectrum analysis ⟨telb.zn.⟩ **0.1** ***spectraalanalyse*** *⇒spectrumanalyse.*

'spectrum line ⟨telb.zn.⟩ **0.1** ***spectraallijn*** *⇒spectrumlijn.*

spec·u·lar ['spekjʊlə||-kjələr]⟨bn.⟩ **0.1** ***spiegelend*** *⇒glanzend, spiegel-, speculum-* ◆ **1.1** ⟨med.⟩ ~ examination *onderzoek m.b.v. een speculum;* ~ iron (ore) *hematiet;* ~ surface *reflecterend oppervlak.*

spec·u·late ['spekjʊleɪt||-kjə-]⟨f2⟩⟨onov.ww.⟩ **0.1** ***speculeren*** *⇒berekenen; mijmeren, bespiegelingen houden* ◆ **6.1** ~ **about/on/upon** *overdenken, overpeinzen;* ~ **in** *speculeren in.*

spec·u·la·tion ['spekjʊ'leɪʃn||-kjə-]⟨f2⟩⟨telb. en n.-telb.zn.⟩ **0.1** ***speculatie*** *⇒beschouwing, bespiegeling, overpeinzing* **0.2** ***speculatie*** *⇒(riskante) transactie, het speculeren.*

spec·u·la·tive ['spekjʊlətɪv||-kjəleɪṭɪv]⟨f2⟩⟨bn.; -ly; -ness⟩ **0.1** ***speculatief*** *⇒bespiegelend, beschouwend, theoretisch* **0.2** ***speculatief*** *⇒op gissingen berustend* ◆ **1.1** ~ philosophy *speculatieve filosofie* **1.2** ~ builder *bouwspeculant;* ~ guess *pure gissing;* ~ housing *speculatiebouw, revolutiebouw;* ~ market *termijnmarkt.*

spec·u·la·tor ['spekjʊleɪtə||-kjəleɪţər]⟨f1⟩⟨telb.zn.⟩ **0.1** ***bespiegelaar*** *⇒filosoof, theoreticus* **0.2** ***speculant.***
spec·u·lum ['spekjʊləm||-kjələm]⟨telb.zn.; ook specula [-lə]; →mv. 5⟩ **0.1** ***speculum*** *⇒(dokters)spiegel(tje)* **0.2** ***(metalen) spiegel*** **0.3** ⟨ornithologie⟩ ***spiegel*** ⟨op vleugel⟩ ◆ **2.1** vaginal ~ *vaginaal speculum, vaginoscoop.*
'speculum metal ⟨n.-telb.zn.⟩ **0.1** ***spiegelmetaal.***
sped [sped]⟨verl. t. en volt. deelw.⟩ →speed.
speech[1] [spi:tʃ]⟨f3⟩⟨zn.⟩⟨→sprw. 624⟩
I ⟨telb.zn.⟩ **0.1** ***speech*** *⇒toespraak, rede(voering), voordracht* **0.2** ***opmerking*** *⇒uitlating* **0.3** ***gesprek*** *⇒conversatie* **0.4** ***taal*** **0.5** ***dialect*** *⇒idiolect* **0.6** ***uitspraak*** *⇒accent* **0.7** ***klank*** *⇒geluid* **0.8** ***rede*** ◆ **1.1** ⟨BE⟩ Queen's/King's (gracious) ~, ~ from the throne *troonrede* **2.1** maiden ~ *maiden-speech, redenaarsdebuut;* quite a ~ *een heel verhaal;* a set ~ *een vooraf geprepareerde speech* **2.2** unlucky ~ *ongelukkige/misplaatste opmerking* **2.8** (in)direct ~ *(in)directe rede;* reported ~ *indirecte rede* **3.1** deliver/give/make a ~ *een toespraak houden, een speech afsteken;*
II ⟨n.-telb.zn.⟩ **0.1** ***spraak(vermogen)*** *⇒het spreken, uiting, taal* **0.2** ***uitspraak*** *⇒accent* ◆ **1.1** freedom of ~ *vrijheid van meningsuiting* **3.1** have ~ with *spreken met;* recover one's ~ *zijn spraakvermogen herwinnen;* stumble in one's ~ *hakkelen, hakkelend spreken.*
speech[2] ⟨ww.⟩
I ⟨onov.ww.⟩ **0.1** ***speechen*** *⇒een redevoering houden;*
II ⟨ov.ww.⟩ **0.1** ***toespreken.***
'speech act ⟨telb.zn.⟩⟨taalk., fil.⟩ **0.1** ***taaldaad*** *⇒taalhandeling.*
'speech analysis ⟨telb.zn.⟩ **0.1** ***taalanalyse.***
'speech band ⟨telb.zn.⟩ **0.1** ***spraakfrequentieband.***
'speech center ⟨telb.zn.⟩ **0.1** ***spraakcentrum.***
'speech community ⟨telb.zn.⟩ **0.1** ***taalgemeenschap*** *⇒taalgroep.*
'speech·craft ⟨n.-telb.zn.⟩ **0.1** ***taalkunst*** *⇒redekunst, retorica.*
'speech day ⟨telb.zn.⟩⟨BE⟩ **0.1** ***prijsuitdeling(sdag)*** *⇒proclamatiedag.*
'speech defect ⟨f1⟩⟨telb.zn.⟩ **0.1** ***spraakgebrek*** *⇒spraakstoornis.*
'speech form ⟨telb.zn.⟩ **0.1** ***taalvorm.***
speech·ful ['spi:tʃfl]⟨bn.; -ness⟩ **0.1** ***expressief.***
speech·i·fi·ca·tion ['spi:tʃɪfɪ'keɪʃn]⟨n.-telb.zn.⟩⟨scherts.⟩ **0.1** ***gespeech.***
speech·i·fi·er ['spi:tʃɪfaɪə||-ər]⟨telb.zn.⟩⟨scherts.⟩ **0.1** ***speecher.***
speech·i·fy ['spi:tʃɪfaɪ]⟨onov.ww.; →ww. 7⟩⟨scherts.⟩ **0.1** ***speechen*** *⇒een speech afsteken.*
speech·less ['spi:tʃləs]⟨f2⟩⟨bn.; -ly; -ness⟩ **0.1** ***sprakeloos*** *⇒stom, verstomd* **0.2** ***onbeschrijflijk*** *⇒verstommend, woordeloos* **0.3** ***zwijgzaam*** *⇒stil* ◆ **1.2** ~ admiration *onbeschrijflijke/woordeloze bewondering.*
'speech·ma·ker ⟨telb.zn.⟩ **0.1** ***tekstschrijver*** ⟨van redevoeringen⟩ **0.2** ***redenaar.***
'speech·mak·ing ⟨n.-telb.zn.⟩ **0.1** ***het schrijven van redevoeringen*** **0.2** ***het speechen.***
'speech melody, 'speech tune ⟨telb.zn.⟩ **0.1** ***spraakmelodie*** *⇒muzikaal accent, taalmelodie.*
'speech organ ⟨telb.zn.⟩ **0.1** ***spraakorgaan.***
'speech·read·ing ⟨n.-telb.zn.⟩ **0.1** ***het liplezen.***
'speech recognition ⟨n.-telb.zn.⟩⟨comp.⟩ **0.1** ***spraakherkenning.***
'speech sound ⟨telb.zn.⟩ **0.1** ***spraakklank*** **0.2** ***foneem.***
'speech therapist ⟨f1⟩⟨telb.zn.⟩ **0.1** ***logopedist.***
'speech therapy ⟨f1⟩⟨n.-telb.zn.⟩ **0.1** ***logopedie.***
speed[1] [spi:d]⟨f3⟩⟨zn.⟩⟨→sprw. 468⟩
I ⟨telb.zn.⟩ **0.1** ***versnelling*** ⟨v. fiets⟩ **0.2** ⟨AE of vero.⟩ ***versnelling(sbak)*** ⟨v. auto⟩;
II ⟨telb. en n.-telb.zn.⟩ **0.1** ***(rij)snelheid*** *⇒vaart, gang* **0.2** ⟨foto.⟩ ***(sluiter)snelheid*** **0.3** ***omwentelingssnelheid*** *⇒draaisnelheid, toerental* ◆ **1.1** ⟨atletiek⟩ ~ of release *werpsnelheid* ⟨v. discus, speer, (slinger)kogel⟩ **2.1** average ~ *gemiddelde snelheid, kruissnelheid;* (at) full ~ *met volle kracht, in volle vaart;* a player with good ~ *een beweeglijke/snelle speler;* top ~ *topsnelheid* **3.1** have the ~ of *sneller vliegen/gaan/zijn dan* **6.1 at** ~ *snel, vlug, haastig;* **at** a ~ **of** *met een snelheid van;*
III ⟨n.-telb.zn.⟩ **0.1** ***spoed*** *⇒haast* **0.2** ⟨sl.⟩ ***speed*** *⇒amfetamine* **0.3** ⟨vero.⟩ ***succes*** *⇒voorspoed* ◆ **2.3** send s.o. good ~ *iem. voorspoed toewensen.*
speed[2] ⟨f2⟩⟨ww.; ook sped, sped [sped]⟩ →speeding
I ⟨onov.ww.⟩ **0.1** ***(te) snel rijden*** *⇒de maximumsnelheid overschrijden* **0.2** ***(voorbij)snellen*** ⟨ook fig.⟩ **0.3** ***zich haasten*** *⇒haast maken, zich spoeden* **0.4** ⟨vero.⟩ ***gedijen*** *⇒voorspoed hebben, welvaren, slagen* ◆ **5.1** ~ **away** *(snel) wegrijden;* ~ **up** *sneller gaan rijden, optrekken, gas geven* **5.2** ~ **by** *voorbijvliegen;* ~ **on** *voortsnellen* **5.3** ~ **up** *haast maken;* ~ **up!** *haast je wat!, maak voort!* **5.4** how have you sped? *hoe is het je vergaan?;* ~ well *voorspoed hebben, gedijen* **6.3** ~ **down** the street *de straat door/uitrennen;*
II ⟨ov.ww.⟩ **0.1** ***verhaasten*** *⇒haast doen maken, aanzetten, opjagen, bespoedigen* **0.2** ***versnellen*** *⇒opvoeren, opdrijven* **0.3** ***reguleren*** *⇒afstellen* **0.4** ***(ver)zenden*** *⇒(weg/ver)sturen, afschieten* **0.5** ***uitgeleide doen*** *⇒afscheid nemen van* **0.6** ***(snel) vervoeren*** **0.7** ⟨vero.⟩ ***doen gedijen*** *⇒begunstigen, bevorderen, doen slagen* ◆ **1.4** ~ an arrow (from the bow) *een pijl afschieten* **1.5** ~ a parting guest *een gast uitgeleide doen* **1.7** God ~ you! *God zij met u!, het ga je goed!* **5.1** ~ **up** *verhaasten, opjagen;* it needs ~ing **up** *er moet schot in worden gebracht* **5.2** ~ **up** (production) *(de produktie) opvoeren* **5.6** ~ **away** *(haastig) wegvoeren.*
'speed bag ⟨telb.zn.⟩⟨AE; bokssport⟩ **0.1** ***speedbal*** *⇒platformpeer, wandboksbal.*
'speed·ball ⟨telb.zn.⟩ **0.1** ***sneltrein*** ⟨fig.; snel werkend persoon⟩ **0.2** ⟨sl.⟩ ***speedball*** ⟨mengeling van cocaïne met heroïne of morfine⟩ **0.3** ⟨sport⟩ ***speedball*** ⟨mengvorm v. voetbal en rugby⟩ **0.4** ⟨BE; bokssport⟩ ***speedball*** *⇒platformpeer, wandboksbal.*
'speed·boat ⟨f1⟩⟨telb.zn.⟩ **0.1** ***speedboat*** *⇒raceboot.*
'speed brake ⟨telb.zn.⟩ **0.1** ***remklep*** ⟨v. vliegtuig⟩.
'speed bump ⟨f1⟩⟨telb.zn.⟩ **0.1** ***verkeersdrempel.***
'speed control ⟨n.-telb.zn.⟩ **0.1** ***snelheidsregeling.***
'speed·cop ⟨telb.zn.⟩⟨sl.⟩ **0.1** ***motoragent*** ⟨die o.a. snelheid controleert⟩ ⇒⟨B.⟩ *zwaantje.*
speed·er ['spi:də||-ər]⟨telb.zn.⟩ **0.1** ***snelheidsmaniak*** **0.2** ***snelheidsregelaar*** *⇒snelheidsbeperker.*
'speed·fiend ⟨telb.zn.⟩ **0.1** ***snelheidsduivel.***
'speedfreak ⟨telb.zn.⟩⟨sl.⟩ **0.1** ***speedfreak*** *⇒speed-gebruiker.*
'speed indicator ⟨telb.zn.⟩ **0.1** ***snelheidsmeter*** *⇒tachometer.*
speed·ing ['spi:dɪŋ]⟨f1⟩⟨n.-telb.zn.; gerund v. speed⟩ **0.1** ***het te hard rijden.***
speed inhibitors ⟨mv.⟩ **0.1** ***verkeersremmende maatregelen*** ⟨bv. verkeersdrempels⟩.
'speed limit ⟨f1⟩⟨telb.zn.⟩ **0.1** ***topsnelheid*** *⇒maximumsnelheid* **0.2** ⟨spoorwegen⟩ ***baanvaksnelheid*** ◆ **3.1** exceed/keep within the ~ *de maximumsnelheid overschrijden/niet overschrijden.*
'speed limitation ⟨n.-telb.zn.⟩ **0.1** ***snelheidsbeperking.***
'speed merchant ⟨telb.zn.⟩ **0.1** ***snelheidsmaniak*** **0.2** ⟨AE; sl.⟩ ***snelle atleet*** ⇒⟨bij uitbr.⟩ *snelle pitcher* ⟨honkbal⟩.
speed·o ['spi:doʊ]⟨telb.zn.⟩⟨verk.⟩ speedometer ⟨BE; inf.⟩ **0.1** ***snelheidsmeter.***
speed·om·e·ter [spɪ'dɒmɪtə, spi:-||-'dɑmɪţər]⟨f1⟩⟨telb.zn.⟩ **0.1** ***snelheidsmeter*** *⇒tachometer* **0.2** ***afstandsmeter*** *⇒hodometer, pedometer.*
'speed ramp ⟨telb.zn.⟩ **0.1** ***verkeersdrempel*** **0.2** ***rollend trottoir*** ⟨op luchthaven⟩.
'speed-read ⟨onov. en ov.ww.⟩ **0.1** ***snellezen.***
'speed-read·ing ⟨n.-telb.zn.; gerund v. speed-read⟩ **0.1** ***het snellezen.***
'speed record ⟨telb.zn.⟩ **0.1** ***snelheidsrecord.***
'speed·skat·ing ⟨n.-telb.zn.⟩ **0.1** ***hardrijden*** ⟨op de schaats⟩.
speed·ster ['spi:dstə||-ər]⟨telb.zn.⟩⟨AE⟩ **0.1** ***snelheidsmaniak*** **0.2** ***hardrijder*** **0.3** ***sportwagen*** *⇒raceauto* **0.4** ***raceboot.***
'speed trap ⟨telb.zn.⟩ **0.1** ***autoval.***
'speed·up ⟨telb.zn.⟩ **0.1** ***opdrijving*** ⟨v.d. produktie⟩ *⇒versnelling.*
'speed·way ⟨f1⟩⟨zn.⟩
I ⟨telb.zn.⟩ **0.1** ***(auto/motor)renbaan*** *⇒speedwaybaan* **0.2** ⟨AE⟩ ***autosnelweg;***
II ⟨n.-telb.zn.⟩ **0.1** ***speedway.***
'speed·well ⟨telb.zn.⟩⟨plantk.⟩ **0.1** ***ereprijs*** ⟨genus Veronica⟩.
speed·y ['spi:di]⟨f2⟩⟨bn.; -er; -ly; -ness; →bijw. 3⟩ **0.1** ***snel*** *⇒vlug, spoedig, prompt.*
speiss [spaɪs]⟨n.-telb.zn.⟩ **0.1** ***spijs*** ⟨bijprodukt van andere metalen bij uitsmelten v.e. metaal uit erts⟩.
spe·le·o·log·i·cal, spe·lae·o·log·i·cal ['spi:lɪə'lɒdʒɪkl||-'lɑ-]⟨bn.⟩ **0.1** ***speleologisch.***
spe·le·ol·o·gist, spe·lae·ol·o·gist ['spi:li'ɒlədʒɪst||-'ɑlə-]⟨telb.zn.⟩ **0.1** ***speleoloog*** *⇒grotonderzoeker.*
spe·le·ol·o·gy, spe·lae·ol·o·gy ['spi:li'ɒlədʒi||-'ɑlə-]⟨n.-telb.zn.⟩ **0.1** ***speleologie.***
spelican →spillikin.
spell[1] [spel]⟨f2⟩⟨telb.zn.⟩ **0.1** ***bezwering(sformule)*** *⇒ban(formule), betovering, toverformule, tovermiddel;* ⟨fig.⟩ *bekoring* **0.2** ***periode*** *⇒tijd(je), werktijd, (werk)beurt* **0.3** ***vlaag*** *⇒aanval, golf, bui* **0.4** ⟨inf.⟩ ***eind(je)*** **0.5** ⟨vnl. BE⟩ ***splinter*** **0.6** ⟨Austr. E⟩ ***schaft (tijd)*** *⇒rusttijd* **0.7** ⟨vero.⟩ ***ploeg*** ⟨arbeiders⟩ ◆ **1.2** ~ of work abroad *arbeidsperiode in het buitenland* **1.3** ~ of hay fever *aanval van hooikoorts* **2.3** cold ~ *koudegolf* **3.1** break the ~ *de betovering verbreken;* cast/lay/put a ~ on/over, lay under a ~ *betoveren, beheksen, biologeren;* have s.o. in one's ~ *iem. in zijn betovering hebben;* fall under the ~ of *in de ban raken van* **3.2** do a ~ of carpentering *wat timmerwerk doen, wat timmeren;* give a ~

aflossen; keep/take ~ *aan de beurt zijn/komen;* rest for a (short) ~ *een poosje rusten;* take a ~ at *zich wat bezighouden met;* take ~s at the wheel *om beurten rijden* **6.1 under** a ~ *betoverd, behekst, in trance;* **under** the ~ of *in de ban van* **6.2 at** a ~ *zonder onderbreking;* **by** ~s *met tussenpozen, om beurten;* **for** a ~ *een poosje;* ~ **for** ~ *om beurten* **8.2** ~ and ~ (about) *om beurten.*

spell² ⟨f3⟩ ⟨ww.; ook spelt, spelt⟩ →spelling
I ⟨onov.ww.⟩ **0.1** ***rusten*** ⇒*pauzeren, schaften* ◆ **5.1** ~ **off** for a while *wat rust nemen, even uitblazen;*
II ⟨onov. en ov.ww.⟩ **0.1** ***spellen*** ◆ **3.1** learn to ~ *zonder fouten leren schrijven* **5.1** ~ **down** *verslaan in een spelwedstrijd;* ~ **out/over** *(met moeite) spellen;* ⟨fig.⟩ *uitleggen, verklaren, nauwkeurig omschrijven;*
III ⟨ov.ww.⟩ **0.1** ***de spelling zijn van*** **0.2** ***(voor)spellen*** ⇒*betekenen, inhouden* **0.3** ***ontdekken*** ⇒*ontcijferen* **0.4** ***betoveren*** ⇒*beheksen, in zijn ban brengen* **0.5** ***laten rusten*** ⇒*rust gunnen, aflossen* ◆ **1.1** book ~s 'book' *de letters boek vormen het woord 'boek'* **1.2** these measures ~ the ruin of *deze maatregelen betekenen de ondergang van* **5.3** ~ **out** *ontcijferen, uitdokteren* **6.5** ~ s.o. **at** sth. *iem. bij iets aflossen.*

'spell·bind ⟨ov.ww.⟩ →spellbound **0.1** ***boeien*** ⇒*verrukken, fascineren, betoveren, biologeren, (als) verlammen.*

'spell·bind·er ⟨telb.zn.⟩ **0.1** ***boeiend spreker*** ⇒*charismatisch redenaar;* ⟨pej.⟩ *volksmenner.*

'spell·bound ⟨f1⟩ ⟨bn.; volt. deelw. v. spellbind⟩ **0.1** ***geboeid*** ⇒*gefascineerd* ◆ **3.1** hold one's audience ~ *het publiek in zijn ban houden.*

'spell·down ⟨telb.zn.⟩ **0.1** ***spelwedstrijd*** ⇒*spelkampioenschap.*

spell·er ['spelə||-ər] ⟨f1⟩ ⟨telb.zn.⟩ **0.1** ***speller/ster*** **0.2** ***spelboek(je)*** ⇒*a-b-c-boek.*

spell·ing ['spelɪŋ] ⟨f2⟩ ⟨telb. en n.-telb.zn.; oorspr. gerund v. spell⟩ **0.1** ***spelling(swijze)*** ⇒*het spellen, orthografie, spellingleer.*

'spelling bee ⟨telb.zn.⟩ **0.1** ***spelwedstrijd.***

'spelling book ⟨telb.zn.⟩ **0.1** ***spelboek.***

'spelling checker ⟨telb.zn.⟩ ⟨comp.⟩ **0.1** ***spel(ling)checker.***

'spelling error, 'spelling mistake ⟨telb.zn.⟩ **0.1** ***spelfout.***

'spelling pronunciation ⟨telb.zn.⟩ **0.1** ***spellinguitspraak.***

spelt¹ [spelt] ⟨n.-telb.zn.⟩ **0.1** ***spelt*** ⟨soort tarwe⟩.

spelt² ⟨verl. t. en volt. deelw.⟩ →spell.

spel·ter ['speltə||-ər] ⟨n.-telb.zn.⟩ **0.1** ***handelszink.***

spe·lun·ker [spɪ'lʌŋkə||-ər] ⟨telb.zn.⟩ ⟨AE⟩ **0.1** ***speleoloog*** ⇒*grotonderzoeker.*

spe·lunk·ing [spɪ'lʌŋkɪŋ] ⟨n.-telb.zn.⟩ ⟨AE⟩ **0.1** ***grotonderzoek*** ⇒*speleologie.*

spence [spens] ⟨telb.zn.⟩ ⟨vero.⟩ **0.1** ***provisiekast*** ⇒*spin(de).*

spen·cer ['spensə||-ər] ⟨f1⟩ ⟨telb.zn.⟩ **0.1** ***spencer*** ⇒*jumper, (onder)lijfje* **0.2** ⟨vero.⟩ ***spencer*** ⇒*mouwvest* ⟨herenoverjas in 19e eeuw⟩ **0.3** ⟨scheep.⟩ ***gaffelzeil.***

Spen·ce·ri·an¹ [spen'sɪərɪən||-'sɪrɪən] ⟨telb.zn.⟩ ⟨fil.⟩ **0.1** ***Spenceriaan*** ⇒*volgeling v. (H.) Spencer* ⟨1820-1903⟩.

Spen·ce·ri·an² ⟨bn.⟩ ⟨fil.⟩ **0.1** ***Spenceriaans*** ⇒*mbt. (H.) Spencer.*

spend¹ [spend] ⟨n.-telb.zn.; the⟩ **0.1** ***het spenderen*** ◆ **6.1** be **on** the ~ *zijn geld laten rollen, geld uitgeven.*

spend² ⟨f4⟩ ⟨ww.; spent, spent [spent]⟩ →spent ⟨→sprw. 488⟩
I ⟨onov.ww.⟩ **0.1** ***geld uitgeven*** ⇒*betalen* **0.2** ⟨vero.⟩ ***verbruikt worden*** ⇒*opgebruikt/opgemaakt raken/worden;*
II ⟨ov.ww.⟩ **0.1** ***uitgeven*** ⇒*spenderen, besteden, verteren, verbruiken, opmaken, betalen* **0.2** ***doorbrengen*** ⇒*spenderen, wijden, besteden* **0.3** ***verkwisten*** ⇒*verspillen, vergooien* **0.4** ***verliezen*** ⇒*opofferen, opgeven* **0.5** ***uitputten*** ◆ **1.1** ~ money *geld uitgeven* **1.2** ~ the evening (in) watching TV *de avond doorbrengen met t.v.-kijken;* have spent one's purpose *zijn diensten gedaan hebben* **1.4** ⟨scheep.⟩ ~ a mast *een mast verliezen* **1.5** the storm had soon spent its force *de storm was spoedig uitgeraasd* **4.5** ~ o.s. in friendly words *zich uitputten in vriendelijke woorden;* have spent o.s. *gekalmeerd zijn, tot bedaren gekomen zijn, uitgewoed zijn* **4.¶** ~ o.s. *klaarkomen, ejaculeren* **6.1** ~ money **on**/⟨vnl. AE⟩ **for** *geld spenderen/uitgeven aan.*

spend·a·ble ['spendəbl] ⟨bn.⟩ **0.1** ***uit te geven*** ⇒*te verteren.*

'spend-all ⟨telb.zn.⟩ **0.1** ***verkwister.***

spend·er ['spendə||-ər] ⟨f1⟩ ⟨telb.zn.⟩ **0.1** ***verkwister*** **0.2** ***consument*** ⇒*verteerder, verbruiker* ◆ **2.1** be a big ~ *het breed laten hangen.*

'spend·ing cut ⟨f1⟩ ⟨telb.zn.⟩ **0.1** ***bezuinigingsmaatregel*** ⇒*bezuiniging, besnoeiing, ombuiging.*

'spend·ing money ⟨n.-telb.zn.⟩ ⟨vnl. AE⟩ **0.1** ***zakgeld.***

'spend·ing power ⟨n.-telb.zn.⟩ **0.1** ***koopkracht.***

'spend·ing spree ⟨telb.zn.⟩ **0.1** ***vlaag v. koopwoede*** ◆ **3.1** go on a ~ *uitgebreid uit winkelen gaan, veel geld uitgeven bij het winkelen.*

'spend·thrift¹ ⟨f1⟩ ⟨telb.zn.⟩ **0.1** ***verkwister*** ⇒*verspiller.*

'spendthrift² ⟨bn.⟩ **0.1** ***verkwistend*** ⇒*spilziek, verspillend.*

'spend-up ⟨telb.zn.⟩ **0.1** ***vlaag v. koopwoede.***

Spen·se·ri·an¹ ⟨telb.zn.; vnl. mv.⟩ ⟨lit.⟩ **0.1** ***Spenseriaans vers*** ⟨zoals gebruikt door Edmund Spenser in 'Faerie Queene'⟩.

Spenserian² ⟨bn.⟩ ⟨lit.⟩ **0.1** ***Spenseriaans*** ◆ **1.1** ~ stanz *Spenseriaans vers;* ~ sonnet *Spenseriaans sonnet.*

spent [spent] ⟨f2⟩ ⟨bn.; volt. deelw. v. spend⟩ **0.1** ***(op)gebruikt*** ⇒*af, leeg, mat, ijl, afgetrokken* **0.2** ***uitgeput*** ⇒*afgemat* ◆ **1.1** a ~ athlete *een atleet die over zijn hoogtepunt heen is;* ~ bullet *matte kogel;* ~ cartridge *lege huls;* ~ herring *ijle haring;* ~ horse *afgeleefd paard;* ~ tea *afgetrokken thee* **6.2** ~ **with** *uitgeput van.*

sperm [spɜ:m||spɜrm] ⟨f2⟩ ⟨zn.; ook sperm; →mv. 4⟩
I ⟨telb.zn.⟩ **0.1** ***spermacel*** ⇒*zaadcel, spermatozoön* **0.2** →sperm whale;
II ⟨n.-telb.zn.⟩ **0.1** ***sperma*** ⇒*zaad* **0.2** ***spermaceti*** ⇒*walschot, witte amber.*

sper·ma·ce·ti ['spɜ:mə'seti||'spɜrmə'seṭi], **sperma'ceti wax** ⟨n.-telb.zn.⟩ **0.1** ***spermaceti*** ⇒*spermaceet, walschot, witte amber.*

sperma'ceti whale →sperm whale.

sper·mat·ic [spɜ:'mætɪk||spɜr'mæṭɪk] ⟨bn.⟩ ⟨biol.⟩ **0.1** ***sperma-achtig*** ⇒*zaadachtig, sperma-, zaad-* ◆ **1.1** ~ cord *zaadstreng;* ~ fluid *sperma, zaadvloeistof.*

sper·ma·tid ['spɜ:mətɪd||'spɜrməṭɪd] ⟨telb.zn.⟩ ⟨biol.⟩ **0.1** ***spermatide.***

sper·ma·ti·um [spɜ:'meɪtɪəm||spɜr'meɪʃɪəm] ⟨telb.zn.; spermatia [-ṭɪə||-ʃɪə]; →mv. 5⟩ ⟨biol.⟩ **0.1** ***spermatium*** ⟨soort spore⟩.

sper·mato·blast ['spɜ:mətəblæst||spɜr'mæṭə-] ⟨telb.zn.⟩ ⟨biol.⟩ **0.1** ***spermatide.***

sper·ma·to·cyte ['spɜ:mətəsaɪt||spɜr'mæṭə-] ⟨telb.zn.⟩ ⟨biol.⟩ **0.1** ***spermatocyt*** ◆ **2.1** primary/secondary ~ *primaire/secundaire spermatocyt.*

sper·ma·to·gen·e·sis ['spɜ:mətə'dʒenɪsɪs||'spɜrməṭə-] ⟨n.-telb.zn.⟩ ⟨biol.⟩ **0.1** ***spermatogenese.***

sper·ma·to·ge·net·ic ['spɜ:mətədʒɪ'netɪk||spɜr'mæṭədʒɪ'neṭɪk], **sper·ma·to·gen·ic** [-'dʒenɪk] ⟨bn.⟩ **0.1** ***spermatogenetisch.***

sper·ma·to·go·ni·um ['spɜ:mətə'goʊnɪəm||'spɜrməṭə-] ⟨telb.zn.; spermatogonia [-nɪə]; →mv. 5⟩ ⟨biol.⟩ **0.1** ***spermatogonium*** ⇒*spermamoedercel.*

sper·ma·toid ['spɜ:mətɔɪd||'spɜr-] ⟨bn.⟩ ⟨biol.⟩ **0.1** ***zaadachtig*** ⇒*sperma-achtig.*

sper·ma·to·phore ['spɜ:mətəfɔ:||spɜr'mæṭəfɔr] ⟨telb.zn.⟩ ⟨biol.⟩ **0.1** ***spermatofoor.***

sper·ma·to·phyte ['spɜ:mətəfaɪt||spɜr'mæṭə-] ⟨telb.zn.⟩ ⟨plantk.⟩ **0.1** ***zaadplant*** ⇒*spermatophyton.*

sper·mat·o·phyt·ic ['spɜ:mətə'fɪtɪk||spɜr'mæṭə'fɪṭɪk] ⟨telb.zn.⟩ ⟨plantk.⟩ **0.1** ***zaaddragend.***

sper·ma·to·zoid¹ ['spɜ:mətə'zoʊɪd||'spɜrməṭə-] ⟨telb.zn.⟩ ⟨plantk.⟩ **0.1** ***spermatozoïde.***

spermatozoid² ⟨bn.⟩ ⟨biol.⟩ **0.1** ***zaadcelachtig.***

sper·ma·to·zo·on ['spɜ:mətə'zoʊən||'spɜrməṭə-] ⟨telb.zn.; spermatozoa [-'zoʊə]; →mv. 5⟩ ⟨biol.⟩ **0.1** ***spermatozoön*** ⇒*(dierlijke) zaadcel, zaaddiertje.*

sper·ma·ty ['spɜ:mәri||'spɜr-] ⟨telb.zn.; →mv. 2⟩ ⟨biol.⟩ **0.1** ***zaadorgaan.***

'sperm bank ⟨telb.zn.⟩ **0.1** ***spermabank.***

sper·mi·cide ['spɜ:mɪsaɪd||'spɜr-] ⟨telb.zn.⟩ **0.1** ***spermacide pasta*** ⇒*zaaddodende pasta.*

sper·mine ['spɜ:mi:n||'spɜr-] ⟨n.-telb.zn.⟩ ⟨schei.⟩ **0.1** ***spermine.***

sper·mi·o·gen·e·sis ['spɜ:mioʊ'dʒenɪsɪs||'spɜr-] ⟨n.-telb.zn.⟩ ⟨biol.⟩ **0.1** ***spermiogenese*** **0.2** ***spermatogenese.***

'sperm oil ⟨n.-telb.zn.⟩ **0.1** ***spermacetieolie*** ⇒*spermolie, potvisolie.*

sperm·o·phile ['spɜ:məfaɪl||'spɜr-] ⟨telb.zn.⟩ ⟨dierk.⟩ **0.1** ***grondeekhoorn*** ⟨genus Citellus⟩.

'sperm whale ⟨telb.zn.⟩ ⟨dierk.⟩ **0.1** ***potvis*** ⇒*cachelot* ⟨Physeter catodon⟩.

spew¹, ⟨vero.⟩ **spue¹** [spju:] ⟨n.-telb.zn.⟩ **0.1** ***braaksel*** ⇒*spuug(sel).*

spew², ⟨vero.⟩ **spue²** ⟨f1⟩ ⟨onov. en ov.ww.⟩ **0.1** ***(uit)braken*** ⇒*spuwen, (uit)spugen, overgeven* ◆ **5.1** ~ **out** *uitspugen;* ~ **up** *overgeven.*

sp gr ⟨afk.⟩ specific gravity **0.1** ***s.g.***.

sphag·nous ['sfægnəs] ⟨bn.⟩ **0.1** ***veenmos(achtig)-.***

sphag·num ['sfægnəm] ⟨telb. en n.-telb.zn.; ook sphagna ['sfægnə]; →mv. 5⟩ **0.1** ***veenmos*** ⇒*sphagnum.*

sphal·er·ite ['sfælәraɪt] ⟨n.-telb.zn.⟩ **0.1** ***sfaleriet*** ⟨mineraal⟩.

sphene [sfi:n] ⟨n.-telb.zn.⟩ ⟨schei.⟩ **0.1** ***titaniet.***

sphe·no·don ['sfi:nədɒn||-dɑn] ⟨telb.zn.⟩ ⟨dierk.⟩ **0.1** ***brughagedis*** ⟨Sphenodon punctatus⟩.

sphe·noid¹ ['sfi:nɔɪd] ⟨telb.zn.⟩ ⟨anat.⟩ **0.1** ***wiggebeen.***

sphenoid², sphe·noid·al [sfi:'nɔɪdl] ⟨bn., attr.⟩ ⟨anat.⟩ **0.1** ***wigvormig*** **0.2** ***wiggebeen-*** ◆ **1.1** sphenoid bone *wiggebeen.*

sphere¹ [sfɪə||sfɪr] ⟨f3⟩ ⟨telb.zn.⟩ **0.1** ***sfeer*** ⇒*bol, bal, kogel* **0.2** ***hemellichaam*** ⇒*globe, (aard)bol* **0.3** ***wereldbol*** ⇒*(aard)globe* **0.4** ***hemelglobe*** ⇒⟨i.h.b.⟩ *open hemelglobe, (armillair)sfeer* **0.5** ***sfeer***

⇒*kring, domein, gebied, terrein, veld, bereik* **0.6** ⟨schr.⟩ ***hemelgewelf*** ⇒*uitspansel* **0.7** ⟨ster., gesch.⟩ ***sfeer*** ⟨om de aarde⟩ ◆ **1.5** ~ of action *werkingssfeer, actieveld;* ~ of influence *invloedssfeer;* ~ of interest *belangensfeer* **1.7** harmony / music of the ~s *harmonie der sferen* **2.4** oblique / right / parallel ~ *hemelglobe waarop sterrenhemel wordt afgebeeld zoals waargenomen uit plaats waar horizon schuin / recht / parallel staat t.o.v. evenaar* **3.5** distinguished in many ~s *in vele kringen bekend* **6.5 out of** one's ~ *buiten zijn sfeer / bevoegdheid.*

sphere² ⟨ov.ww.⟩ **0.1** ***omsluiten*** **0.2** ***ronden*** ⇒*een bolvorm geven aan* **0.3** ***een domein toewijzen*** **0.4** ⟨schr.⟩ ***(hoog) verheffen*** ⇒*onder de hemellichamen plaatsen.*

spher·ic ['sferɪk], **spher·i·cal** ['sferɪkl] ⟨f1⟩ ⟨bn.; -(al)ly; -ness; →bijw. 3⟩ **0.1** ***sferisch*** ⇒*bolvormig, (bol)rond, bol-* **0.2** ⟨schr.⟩ ***hemels*** ◆ **1.1** ~ aberration *sferische aberratie;* ~ angle *sferische hoek;* ⟨scheep.⟩ ~ buoy *bolton;* ~ candle power *sferische lichtsterkte;* ~ cap *bolsegment;* ~ coordinates *sferische coördinaten;* ~ function *bolfunctie;* ~ geometry *bolmeetkunde;* ~ polygon *sferische polygoon;* ~ sector *bolsector;* ~ segment *bolschijf;* ~ triangle *boldriehoek, sferische driehoek;* ~ trigonometry *boldriehoeksmeting;* ~ valve *kogelklep;* ~ vault *bolgewelf, koepelgewelf;* ~ zone *bolschijf.*

spher·ic·i·ty [sfɪ'rɪsət̬i] ⟨n.-telb.zn.⟩ **0.1** ***bolvormigheid.***

spher·ics ['sferɪks] ⟨n.-telb.zn.⟩ **0.1** ***boldriehoeksmeting.***

sphe·roid ['sfɪərɔɪd‖'sfɪrɔɪd] ⟨telb.zn.⟩ **0.1** ***sferoïde*** ⇒*afgeplatte bol* **0.2** ***ballontank*** ⇒*druktank.*

sphe·roi·dal [sfɪə'rɔɪdl‖sfɪ-], **sphe·roi·dic** [-dɪk], **sphe·roi·di·cal** [-dɪkl] ⟨bn.; -(al)ly; →bijw. 3⟩ **0.1** ***ongeveer bolvormig*** ⇒*sferoïdisch, sferoïdaal* ◆ **1.1** ~ graphite iron *modulair gietijzer;* ~ state *sferoïdale toestand.*

sphe·rom·e·ter [sfɪə'rɒmɪtə‖sfɪ'rɑmət̬ər] ⟨telb.zn.⟩ **0.1** ***sferometer.***

spher·u·lar ['sferʊlə‖'sfɪrələr] ⟨bn.⟩ **0.1** ***bolvormig.***

spher·ule ['sferu:l‖'sfɪru:l] ⟨telb.zn.⟩ **0.1** ***bolletje.***

spher·u·lite ['sferʊlaɪt‖-rə-] ⟨telb.zn.⟩ **0.1** ***sferoliet.***

spher·y ['sfɪəri‖'sfɪri] ⟨bn.⟩ ⟨schr.⟩ **0.1** ***hemels.***

sphinc·ter ['sfɪŋ(k)tə‖-ər] ⟨telb.zn.⟩ ⟨anat.⟩ **0.1** ***sfincter*** ⇒*kring / sluitspier.*

sphinc·ter·al ['sfɪŋ(k)trəl], **sphinc·ter·ic** [-'terɪk] ⟨bn.⟩ ⟨anat.⟩ **0.1** ***sfincter-*** ⇒*mbt. / v.d. kring / sluitspier.*

sphin·gid ['sfɪndʒɪd] ⟨telb.zn.⟩ ⟨dierk.⟩ **0.1** ***pijlstaart*** ⟨fam. Sphingidae⟩.

sphinx [sfɪŋks] ⟨f1⟩ ⟨telb.zn.; ook sphinges ['sfɪndʒi:z]; →mv. 5⟩ **0.1** ***sfinx*** ⟨ook fig.⟩ **0.2** →sphinx baboon **0.3** →sphinx moth.

'sphinx ba'boon ⟨telb.zn.⟩ ⟨dierk.⟩ **0.1** ***sfinxbaviaan*** ⟨Papio sphinx⟩.

sphinx·like ['sfɪŋkslaɪk] ⟨bn.⟩ **0.1** ***sfinxachtig*** ⇒*raadselachtig, ondoorgrondelijk, mysterieus.*

'sphinx moth ⟨telb.zn.⟩ ⟨dierk.⟩ **0.1** ***pijlstaart*** ⟨fam. Sphingidae⟩.

sphra·gis·tics [sfrə'dʒɪstɪks] ⟨mv.; ww. vnl. enk.⟩ **0.1** ***sfragistiek*** ⇒*zegelkunde, sigillografie.*

sp ht ⟨afk.⟩ specific heat.

sphyg·mic ['sfɪgmɪk] ⟨bn.⟩ **0.1** ***sfygmisch*** ⇒*mbt. / v.d. polsslag.*

sphyg·mo·gram ['sfɪgməgræm] ⟨telb.zn.⟩ **0.1** ***sfygmogram*** ⟨registratie v. polsslag⟩.

sphyg·mo·graph ['sfɪgməgrɑ:f‖-græf] ⟨telb.zn.⟩ **0.1** ***sfygmograaf*** ⟨registreert polsslag⟩.

sphyg·mo·ma·nom·e·ter ['sfɪgmoʊmə'nɒmɪtə‖-'nɑmɪt̬ər], **sphyg·mom·e·ter** [sfɪg'mɒmɪtə‖-'mɑmɪt̬ər] ⟨telb.zn.⟩ **0.1** ***sfygmomanometer*** ⇒*bloeddrukmeter.*

spic, spick, spik [spɪk] ⟨telb.zn.⟩ ⟨AE; sl.; bel.⟩ **0.1** ***(in de U.S.A. wonende) Latijns-Amerikaan*** ⇒*iem. v. Latijnsamerikaanse afkomst,* ⟨ong.⟩ *Spanjool;* ⟨i.h.b.⟩ *Mexicaan, Puertoricaan.*

spi·ca ['spaɪkə] ⟨telb.zn.; ook spicae ['spaɪsi:]; →mv. 5⟩ **0.1** ⟨plantk.⟩ ***aar*** **0.2** ⟨med.⟩ ***korenaarverband.***

'spic-and-'span, 'spick-and-'span ⟨f1⟩ ⟨bn.; bw.⟩ **0.1** ***kraaknet / schoon*** ⇒*keurig, in de puntjes* **0.2** ***(spik)splinternieuw*** ⇒*fonkel / gloednieuw* ◆ **1.1** in ~ order *piekfijn / tot in de puntjes in orde, picobello* **2.2** ~ new *spiksplinternieuw.*

spi·cate ['spaɪkeɪt], **spi·cat·ed** [-keɪt̬ɪd] ⟨bn.⟩ ⟨plantk.⟩ **0.1** ***aarvormig.***

spic·ca·to¹ [spɪ'kɑ:t̬oʊ] ⟨telb.zn.⟩ ⟨muz.⟩ **0.1** ***spiccato*** ⟨v. strijkers⟩.

spiccato² ⟨bn.⟩ ⟨muz.⟩ **0.1** ***spiccato*** ⇒*met springende strijkstok.*

spice¹ ['spaɪs] ⟨f2⟩ ⟨telb. en n.-telb.zn.⟩ ⟨→sprw. 709⟩ **0.1** ***kruid(en)*** ⇒*specerij(en), kruiderij* **0.2** ***bijsmaak*** ⇒*tintje, zweem, vleugje, tikje, snuifje* **0.3** ***geur*** ⇒*parfum* ◆ **1.1** dealer in ~ *handelaar in specerijen* **1.2** there is a ~ of haughtiness in him *hij heeft iets hautains over zich;* a ~ of malice *een vleugje kwaadaardigheid* **3.1** add ~ to *kruiden, smaak geven aan* ⟨ook fig.⟩.

spice² ⟨f1⟩ ⟨ov.ww.⟩ **0.1** ***kruiden*** ⇒*smaak geven aan* ⟨ook fig.⟩ ◆ **6.1** ~ **with** *kruiden met.*

'spice·bush, ⟨in bet. 0.1 ook⟩ **'spice·wood** ⟨telb.zn.⟩ ⟨plantk.⟩ **0.1** ***koortsstruik*** ⟨Lindera benzoin⟩ **0.2** ***specerijstruik*** ⟨genus Calycanthus⟩.

'Spice Islands ⟨eig.n.⟩ **0.1** ***Specerijeilanden*** ⇒*Molukken.*

'spice nut ⟨telb.zn.⟩ **0.1** ***pepernoot.***

spic·er·y ['spaɪsəri] ⟨n.-telb.zn.⟩ **0.1** ***kruiderij*** ⇒*specerijen* **0.2** ***kruidigheid*** ⇒*pikantheid.*

spick →spic.

spicknel →spignel.

spic·u·lar ['spɪkjʊlə‖-kjələr] ⟨bn.⟩ **0.1** ***scherp*** ⇒*puntig.*

spic·u·late ['spɪkjʊlət, -leɪt‖-kjə-] ⟨bn.⟩ **0.1** ***stekelig*** ⇒*(bedekt) met scherpe punten, puntig, scherp.*

spic·ule ['spɪkju:l], **spic·u·la** ['spɪkjʊlə‖-kjələ] ⟨telb.zn.; spiculae [-li:]; →mv. 5⟩ **0.1** ***naald*** ⇒*stekel, (scherpe) punt, uitsteeksel, spriet* **0.2** ⟨plantk.⟩ ***aartje*** **0.3** ⟨anat.⟩ ***stekelvormig orgaan*** ⇒*spiculum* ⟨v. ongewervelden / rondwormen⟩ **0.4** ⟨ster.⟩ ***spicula*** ⟨v. zon⟩.

spic·u·lum ['spɪkjʊləm‖-kjə-] ⟨telb.zn.; spicula [-lə]; →mv. 5⟩ **0.1** ⟨anat.⟩ ***stekelvormig orgaan*** ⇒*spiculum* **0.2** →spicule.

spi·cy, spi·cey ['spaɪsi] ⟨f1⟩ ⟨bn.; -er; -ly; -ness; →bijw. 3⟩ **0.1** ***kruidig*** ⇒*gekruid, pikant, heet* **0.2** ***geurig*** ⇒*aromatisch* **0.3** ***pikant*** ⟨fig.⟩ ⇒*pittig, gewaagd sappig, sensationeel* **0.4** ⟨sl.⟩ ***net*** ⇒*elegant, chic, picobello, piekfijn* ◆ **1.3** ~ story *gewaagd verhaal.*

spi·der ['spaɪdə‖-ər] ⟨f3⟩ ⟨telb.zn.⟩ **0.1** ***spin*** ⇒*spinnekop* **0.2** ⟨BE⟩ ***spin(binder)*** **0.3** ⟨AE⟩ ***(ijzeren) koekepan*** ⟨oorspr. op poten⟩ **0.4** ⟨AE⟩ ***drievoet*** ⇒*treeft* **0.5** ***wagen (op hoge wielen)*** **0.6** ⟨elek.⟩ ***ankerbus*** **0.7** ⟨tech.⟩ ***centreerstuk*** ⟨in een bril v.e. draaibank⟩ ◆ **1.1** ⟨fig.⟩ ~ and fly *kat en muis.*

'spider cart, 'spider wagon ⟨telb.zn.⟩ **0.1** ***wagen (op hoge wielen).***

'spider crab ⟨telb.zn.⟩ ⟨dierk.⟩ **0.1** ***spinkrab*** ⟨fam. Majidae⟩.

'spider hole ⟨telb.zn.⟩ ⟨mil.⟩ **0.1** ***eenmansgat.***

spi·der·like ['spaɪdəlaɪk‖-dər-] ⟨bn.⟩ **0.1** ***spinachtig.***

'spider line, 'spider's line, 'spider thread ⟨telb.zn.⟩ **0.1** ***kruisdraad*** ⟨v. dradenkruis in optische instrumenten⟩.

'spi·der·man ⟨telb.zn.⟩ ⟨vnl. BE; inf.⟩ **0.1** ***op grote hoogte werkende bouwvakker*** ⟨aan stalen geraamte v. gebouw⟩ ⇒*skeletbouwer.*

'spider monkey ⟨telb.zn.⟩ ⟨dierk.⟩ **0.1** ***slingeraap*** ⟨genus Ateles⟩ **0.2** ***spinaap*** ⟨Brachyteles arachnoïdes⟩.

'spider's web, 'spider web ⟨telb.zn.⟩ **0.1** ***spinneweb.***

'spider wasp ⟨telb.zn.⟩ ⟨dierk.⟩ **0.1** ***spinne(n)doder*** ⟨sluipwesp; fam. Pompilidae⟩.

spi·der·wort ['spaɪdəwɜ:t‖'spaɪdərwɜrt] ⟨telb.zn.⟩ ⟨plantk.⟩ **0.1** ***eendagsbloem*** ⟨genus Tradescantia⟩.

spi·der·y ['spaɪdəri] ⟨f1⟩ ⟨bn.⟩ **0.1** ***spinachtig*** ⇒⟨fig.⟩ *krabbelig* ⟨handschrift⟩ **0.2** ***vol spinnen*** **0.3** ***spichtig*** ⇒*broodmager, schraal* **0.4** ***ragfijn*** ⇒*spinnewebachtig* ◆ **1.3** ~ legs *spillebenen.*

spie·gel·eisen ['ʃpi:gl·aɪzn], **spie·gel** ['ʃpi:gl], **'spiegel iron** ⟨n.-telb.zn.⟩ **0.1** ***spiegelijzer.***

spiel¹ [ʃpi:l, spi:l] ⟨telb. en n.-telb.zn.⟩ ⟨vnl. AE; inf.⟩ **0.1** ***woordenstroom*** ⇒*woordenvloed, relaas, (breedsprakig) verhaal, speech* **0.2** ***reclametekst*** ⟨radio⟩ ◆ **1.1** the saleman's ~ *het verkooppraatje, de snelle babbel v.d. verkoper* **3.1** fall for s.o.'s ~ *zich laten overtuigen / inpakken door iemands verhaal / babbel;* give a ~ *een heel verhaal doen, een boom opzetten.*

spiel² ⟨ww.⟩

I ⟨onov.ww.⟩ **0.1** ***oreren*** ⇒*zijn relaas doen;*

II ⟨ov.ww.⟩ **0.1** ***afdraaien*** ⇒*opdreunen, afratelen* ◆ **5.1** ~ **off** *afratelen.*

spiel·er ['ʃpi:lə, 'spi:lə‖-ər] ⟨telb.zn.⟩ ⟨sl.⟩ **0.1** ⟨AE⟩ ***breedsprakig persoon*** **0.2** ⟨AE⟩ ***boniseur*** ⇒*klantenlokker* **0.3** ⟨AE⟩ ***radio / televisieomroeper*** **0.4** ⟨Austr. E⟩ ***gokker*** ⇒*valsspeler.*

'spiff 'out ⟨bn.⟩ ⟨sl.⟩ **0.1** ***chic gekleed.***

spif·(f)li·cate ['spɪflɪkeɪt] ⟨ov.ww.⟩ ⟨scherts.⟩ **0.1** ***afrossen*** ⇒*een pak slaag geven, er van langs geven* **0.2** ***afmaken*** ⇒*uit de weg ruimen.*

spif·fli·cat·ed ['spɪflɪkeɪt̬ɪd] ⟨bn.⟩ ⟨sl.⟩ **0.1** ***bezopen.***

spif·fy¹ ['spɪfi], **spif·fing** ['spɪfɪŋ] ⟨bn.; -er; -ly; -ness; →bijw. 3⟩ ⟨inf.⟩ **0.1** ***chic*** ⇒*(piek)fijn, prachtig, knap, elegant* **0.2** ***uitstekend*** ⇒*slim, groots.*

spiffy² ⟨bw.⟩ ⟨sl.⟩ **0.1** ***best.***

spig·nel ['spɪgnəl], **spick·nel** ['spɪknəl] ⟨telb.zn.⟩ ⟨plantk.⟩ **0.1** ***berewortel*** ⟨Meum athamanticum⟩.

spig·ot ['spɪgət] ⟨telb.zn.⟩ **0.1** ***spon*** ⇒*stop, zwik(je), tap* **0.2** ***tapkraan*** **0.3** ***pasrand*** ⇒*ring* **0.4** ***insteekeinde*** ⇒*spieëind* ⟨v. pijp of buis⟩.

spik →spic.

spike¹ [spaɪk] ⟨f1⟩ ⟨zn.⟩

I ⟨telb.zn.⟩ **0.1** ⟨ben. voor⟩ ***(scherpe) punt*** ⇒*pin, piek, spijl; prikker* ⟨voor rekeningen e.d.⟩; *piek* ⟨in grafiek⟩; *stekel; tand* ⟨v. kam⟩; ⟨sl.⟩ *naald, spuitje; arend, angel* ⟨v. vijl enz.⟩; *naaldhak* **0.2** ***spijker*** ⇒*(draad)nagel;* ⟨i.h.b.⟩ *spoorspijker, haakbout* **0.3** ***(koren)aar*** ⇒*(koren)halm* **0.4** ***aar*** ⇒*(bloei)kolf* ⟨bloeiwijze; spica⟩ **0.5** ***spies*** ⟨v. hertekalf⟩ **0.6** ***(jonge) makreel*** **0.7** ⟨BE⟩ ***recht-***

zinnige ⇒*orthodoxe* **0.8** ⟨volleybal⟩ ***smash*** **0.9** ⟨Am. voetbal⟩ ***spike*** ⟨demonstratieve stuitbal na touchdown in eindzone⟩;
II ⟨mv.; ~s⟩ **0.1** ***spikes*** ⟨sportschoen⟩ **0.2** ⟨AE⟩ ***spijkerbroek***.

spike[2] ⟨f1⟩ ⟨ov.ww.⟩ **0.1** ***(be/vast)spijkeren*** ⇒*(vast)nagelen* **0.2** ***v. spijkers/punten/spikes voorzien*** **0.3** ***vernagelen*** ⟨vuurwapen⟩ ⇒*onbruikbaar maken;* ⟨fig.⟩ *verijdelen* ⟨plan⟩ **0.4** ***kwetsen*** ⇒*doorboren, beschadigen* ⟨met punt/spijkers/spikes⟩ **0.5** ***weigeren*** ⇒*tegenhouden* ⟨verhaal, artikel⟩ **0.6** ⟨AE⟩ ***ontzenuwen*** ⇒*weerleggen* ⟨idee, betoog enz.⟩ **0.7** ⟨vnl. AE; inf.⟩ ***alcoholiseren*** ⇒*alcohol toevoegen aan* **0.8** ⟨volleybal⟩ ***smashen*** **0.9** ⟨Am. voetbal⟩ ***spiken*** ⟨bal demonstratief stuiten na touchdown in eindzone⟩ ◆ **1.2** ~d shoes *spikes* **1.3** ~ a plan *een plan verijdelen* **1.6** ~ a rumour *een gerucht de kop indrukken* **1.7** ~ coffee with cognac *wat cognac in de koffie doen* **6.7** ⟨fig.⟩ ~ sth. **with** humour *iets opfrissen met wat humor*.

'spike 'heel ⟨telb.zn.⟩ **0.1** ***naaldhak***.

'spike 'lavender ⟨telb.zn.⟩ ⟨plantk.⟩ **0.1** ***spijk*** ⇒*grote lavendel* ⟨Lavandula latifolia⟩.

'spike 'lavender oil, 'spike oil ⟨n.-telb.zn.⟩ **0.1** ***spijkolie*** ⇒*lavendelolie*.

spike·let ['spaɪklɪt] ⟨telb.zn.⟩ ⟨plantk.⟩ **0.1** ***aartje***.

'spike nail ⟨telb.zn.⟩ ⟨vnl. gew.⟩ **0.1** ***lange nagel***.

spike·nard ['spaɪknɑ:d‖-nɑrd] ⟨zn.⟩
I ⟨telb.zn.⟩ ⟨plantk.⟩ **0.1** ***(spijk)nardus*** ⟨i.h.b. Nardostachys jatamansi⟩ **0.2** ⟨soort⟩ ***aralia*** ⟨Aralia racemosa; uit Noord-Am.⟩;
II ⟨n.-telb.zn.⟩ **0.1** ***nardusolie***.

spik·er ['spaɪkə‖-ər] ⟨telb.zn.⟩ ⟨volleybal⟩ **0.1** ***smasher***.

'spike team ⟨telb.zn.⟩ ⟨AE⟩ **0.1** ***driespan*** ⟨met één paard voor de twee andere⟩.

spik·y ['spaɪki] ⟨f1⟩ ⟨bn.; -er; -ly; -ness; →bijw. 3⟩ **0.1** ***puntig*** ⇒*stekelig, piekerig, met (scherpe) punten* **0.2** ***bits*** ⇒*onvriendelijk, stekelig, scherp* ⟨bv. antwoord⟩; *lichtgeraakt* ⟨v. persoon⟩ **0.3** ⟨BE⟩ ***rechtzinnig*** ⇒*orthodox, fel* **0.4** ⟨plantk.⟩ ***aardragend*** ⇒*kolfdragend* ◆ **1.2** that's a ~ boy *die jongen is gauw op zijn teentjes getrapt*.

spile[1] [spaɪl] ⟨telb.zn.⟩ **0.1** ***paal*** ⇒*spijl, staak* **0.2** ***spon*** ⇒*plug, prop* **0.3** ⟨AE⟩ ***tap*** ⇒*kraantje* ⟨om sap uit suikerahorn af te voeren⟩.

spile[2] ⟨ov.ww.⟩ **0.1** ***schragen*** ⇒*stutten* **0.2** ***pluggen*** **0.3** ⟨AE⟩ ***aftappen*** ⟨sap v. suikerahorn⟩.

spill[1] [spɪl] ⟨f1⟩ ⟨zn.⟩
I ⟨telb.zn.⟩ **0.1** ***val(partij)*** ⇒*tuimeling, duik, daling* **0.2** ***vlek*** **0.3** ***fidibus*** **0.4** ***splinter*** ⇒*stukje* **0.5** ***spil*** ⇒*staafje* **0.6** ***spon*** ⇒*pen, plug* **0.7** ***overlaat*** **0.8** ⟨sl.⟩ ***(half)neger, (half)Portoricaan*** ◆ **1.2** coffee ~s *koffievlekken* **3.1** give s.o. a ~ *iem. doen vallen;* have/take a ~ *vallen, een smak maken;*
II ⟨n.-telb.zn.⟩ **0.1** ***afwerping*** ⟨v. ruiter⟩ **0.2** ***morserij*** ⇒*het morsen, verspilling, spil(lage)* **0.3** ***het vergieten*** **0.4** ***stortregen*** ⇒*plasregen*.

spill[2] ⟨f3⟩ ⟨ww.; ook spilt [spɪlt]⟩
I ⟨onov.ww.⟩ **0.1** ***overlopen*** ⇒*overstromen, uitstromen, overstorten, gemorst worden* **0.2** ***(af)vallen*** **0.3** ⟨sl.⟩ ***zijn mond opendoen*** **0.4** ⟨sl.⟩ ***verklikken*** ◆ **1.1** the coffee has spilt on my books *de koffie is over mijn boeken uitgelopen;* the milk ~ed *de melk liep over* **5.1** when the doors opened, the classes ~ed **out** into the streets *toen de deuren opengingen, stroomden de klassen de straten in/naar buiten de straat op;* ~ **over** *overlopen, zich verspreiden;* ⟨fig.⟩ *te veel inwoners hebben, bevolkingsoverschot hebben* ⟨v. gemeente⟩; *te omvangrijk worden* ⟨v. bevolking⟩ **6.1** flour ~ed **out of** the packet **onto** the table *meel stroomde over de rand v.h. pak op tafel* **6.2** ~ **from** *vallen uit/van;*
II ⟨ov.ww.⟩ **0.1** ⟨ben. voor⟩ ***doen overlopen*** ⇒*laten overstromen/uitstromen; overstorten, overgieten; morsen (met); omgooien, (ver)spillen* **0.2** ***vergieten*** ⟨bloed⟩ ⇒*doen vloeien* **0.3** ***afwerpen*** ⇒*uit het voertuig/zadel gooien* ⟨v. paard⟩ **0.4** ⟨inf.⟩ ***verklappen*** ⇒*onthullen, openbaar maken* **0.5** ⟨scheep.⟩ ***gorden*** ⟨zeil⟩ **0.6** ⟨sl.⟩ ***laten vallen*** ◆ **1.1** ~ the wine *met wijn morsen* **1.2** ~ blood *(nodeloos) bloed vergieten;* ~ the blood of *doden, vermoorden* **5.1** ~ **out** *laten overstromen, morsen;* look out, you ~ some oil **out** *kijk uit, je morst olie*.

spill·age ['spɪlɪdʒ] ⟨telb. en n.-telb.zn.⟩ **0.1** ***morserij*** ⇒*het (ver)spillen/morsen/overstromen; lozing* ⟨bv. v. olie op zee⟩ **0.2** ***spil(lage)*** ⇒*het verspilde/gemorste*.

spill·er ['spɪlə‖-ər] ⟨telb.zn.⟩ **0.1** ***morser*** **0.2** ***(klein) visnet*** ⟨om groter net te ontlasten⟩.

spil·li·kin ['spɪlɪkɪn] ⟨zn.⟩
I ⟨telb.zn.⟩ **0.1** ***splinter;***
II ⟨mv.; ~s⟩ **0.1** ***knibbelspel***.

spil·(l)i·kins ['spɪlɪkɪnz] ⟨n.-telb.zn.⟩ **0.1** ***knibbelspel***.

'spill·o·ver ⟨telb. en n.-telb.zn.⟩ **0.1** ***overloop*** ⇒*het overlopen/overstromen, surplus* ◆ **1.1** ~ population *overloop, surplusbevolking*.

'spill·way ⟨telb.zn.⟩ **0.1** ***overlaat*** **0.2** ***afvoerkanaal***.

spilt [spɪlt] ⟨verl. t. en volt. deelw.⟩ →spill.

spilth [spɪlθ] ⟨n.-telb.zn.⟩ **0.1** ***het morsen*** **0.2** ***het gemorste*** **0.3** ***overmaat*** ⇒*overschot, teveel* **0.4** ***afval*** ⇒*rommel*.

spin[1] [spɪn] ⟨f1⟩ ⟨zn.⟩
I ⟨telb.zn.⟩ **0.1** ***draaibeweging*** ⇒*tolbeweging, rotatie* **0.2** ***ritje*** ⇒*tochtje* **0.3** ***(terug)val*** ⇒*duik* ⟨ook fig.⟩ **0.4** ⟨lucht.⟩ ***spin*** ⇒*tolvlucht, vrille, wervelval, duik* **0.5** ⟨nat.⟩ ***spin*** ⟨v. elektron⟩ **0.6** ⟨sport⟩ ***spin*** ⟨draaifiguur bij dansen⟩ **0.7** ⟨Austr. E; inf.⟩ ***toeval*** ⟨geluk, pech⟩ ◆ **2.4** flat ~ *horizontale spin/tolvlucht;* ⟨fig.⟩ *paniek, opwinding* **3.2** ⟨inf.⟩ let's go for a ~ *laten we 'n eindje gaan rijden* **6.¶** **in** a (flat) ~ *in paniek;*
II ⟨n.-telb.zn.⟩ **0.1** ***het spinnen*** **0.2** ***spinsel*** **0.3** ***het draaien*** ⇒*het tollen* **0.4** ⟨inf.⟩ ***verwarring*** ⇒*paniek* **0.5** ⟨sport⟩ ***spin(effect)***.

spin[2] ⟨f3⟩ ⟨ww.; spun [spʌn], ⟨vero.⟩ span [spæn]; spun; →ww. 7⟩ →spun
I ⟨onov.ww.⟩ **0.1** ***tollen*** ⇒*snel draaien, roteren* **0.2** ***(voort)snellen*** **0.3** ⟨sport⟩ ***spinnen*** ⇒*vissen met spinners* ◆ **1.1** ⟨fig.⟩ make s.o.'s head ~ *iemands hoofd doen tollen;*
II ⟨ov.ww.⟩ **0.1** ***spinnen*** ⟨ook fig.⟩ **0.2** ***fabriceren*** ⇒*produceren, doen ontstaan* ⟨i.h.b. verhaal⟩ **0.3** ***spineffect geven*** ⟨aan bal; bv. bij tennis⟩ **0.4** ***snel laten ronddraaien*** ◆ **1.2** ~ a story *een verhaal spinnen/verzinnen* **1.4** ~ a coin *een munt opgooien, kruis of munt gooien;* ~ a top *tollen* ⟨spel⟩ **5.¶** ~ **out** *uitspinnen* ⟨verhaal⟩; *rekken* ⟨tijd⟩; *zuinig zijn met* ⟨geld⟩ **6.¶** ~ **off** *draaiend van zich afwerpen;* ~ **off** poems *het ene gedicht na het andere produceren*.

spi·na bif·i·da ['spaɪnə 'bɪfɪdə] ⟨telb. en n.-telb.zn.⟩ ⟨med.⟩ **0.1** ***open rug***.

spi·na·ceous [spɪ'neɪʃəs] ⟨bn.⟩ **0.1** ***spinazieachtig***.

spin·ach ['spɪnɪdʒ‖-nɪtʃ] ⟨f1⟩ ⟨zn.⟩
I ⟨telb.zn.⟩ **0.1** ⟨AE⟩ ***overbodigheid*** ⇒*onnodigheid* **0.2** ⟨sl.⟩ ***baard*** **0.3** ⟨sl.⟩ ***onzin*** ⇒*kletspraat;*
II ⟨n.-telb.zn.⟩ **0.1** ***spinazie***.

'spinach beet ⟨n.-telb.zn.⟩ ⟨plantk.⟩ **0.1** ***snijbiet*** ⟨Beta vulgaris acla⟩.

spi·nal[1] ['spaɪnl] ⟨telb.zn.⟩ **0.1** ***verdoving in ruggemerg*** ⇒⟨oneig.⟩ *epi*.

spinal[2] ⟨f1⟩ ⟨bn., attr.; -ly⟩ **0.1** ***van/mbt. de ruggegraat*** ⇒*ruggegraats-* ◆ **1.1** ~ anaesthesia *verdoving in het ruggemerg, epidurale anesthesie;* ~ canal *ruggemergholte;* ~ column *ruggegraat;* ~ cord *ruggemerg;* ~ marrow *ruggemerg*.

'spin bowler ⟨telb.zn.⟩ ⟨sport⟩ **0.1** ***een met spineffect gooiende bowler*** ⟨i.h.b. bij cricket⟩.

spin·dle[1] ['spɪndl] ⟨f1⟩ ⟨telb.zn.⟩ **0.1** ***spindel*** ⇒*(spin)klos, spoel* **0.2** ***as*** ⇒*spil, pin* **0.3** ***stang*** ⇒*staaf, pijp, spijl* **0.4** ***lengtemaat v. draad/garen***.

spindle[2] ⟨ww.⟩ →spindly
I ⟨onov.ww.⟩ **0.1** ***uitschieten*** ⇒*opschieten, uitlopen* ⟨v. plant⟩ **0.2** ***lang en dun worden/zijn;***
II ⟨ov.ww.⟩ **0.1** ***(vast)prikken*** ⇒*spietsen* ⟨op prikker⟩.

'spindle berry ⟨telb.zn.⟩ **0.1** ***besje v. kardinaalsmuts***.

'spin·dle-legged, 'spin·dle-shanked ⟨bn.⟩ **0.1** ***met spillebenen***.

'spin·dle-legs, 'spin·dle-shanks ⟨mv.; ww. vnl. enk.⟩ **0.1** ***spillebeen*** ⟨bijnaam⟩.

'spindle side ⟨n.-telb.zn.⟩ **0.1** ***spillezijde*** ⇒*vrouwelijke linie*.

'spindle tree ⟨telb.zn.⟩ ⟨plantk.⟩ **0.1** ***kardinaalsmuts*** ⟨genus Euonymus⟩.

spin·dly ['spɪndli], **spin·dling** ['spɪndlɪŋ] ⟨bn.; spindlier; →compar. 7⟩ **0.1** ***spichtig*** ⇒*stakig*.

'spin doctor ⟨telb.zn.⟩ ⟨inf.⟩ **0.1** ***stemmingmaker*** ⇒*paniekzaaier, onruststoker*.

'spin-'dri·er, 'spin-'dry·er ⟨telb.zn.⟩ **0.1** ***centrifuge***.

spin·drift ['spɪndrɪft] ⟨n.-telb.zn.⟩ **0.1** ***vlokschuim*** ⇒*verwaaid(e) schuim/nevel* ⟨v. zeewater⟩ **0.2** ***stuifsneeuw***.

'spin-'dry ⟨ov.ww.; →ww. 7⟩ **0.1** ***centrifugeren***.

spine [spaɪn] ⟨f2⟩ ⟨telb.zn.⟩ **0.1** ***ruggegraat*** **0.2** ***stekel*** ⇒*doorn, uitsteeksel* **0.3** ***rug*** ⟨v. boek⟩.

'spine-chill·er ⟨telb.zn.⟩ **0.1** ***horrorfilm/roman/verhaal*** ⇒*griezel/gruwelfilm* ⟨enz.⟩.

spined [spaɪnd] ⟨bn.⟩ **0.1** ***gestekeld*** ⇒*met doorns*.

spi·nel [spɪ'nel] ⟨telb. en n.-telb.zn.⟩ **0.1** ***spinel*** ⟨edelsteen⟩.

spine·less ['spaɪnləs] ⟨f1⟩ ⟨bn.; -ly; -ness⟩ **0.1** ***zonder ruggegraat*** ⟨ook fig.⟩ **0.2** ***karakterloos*** ⇒*slap, zwak*.

spi'nel 'ruby ⟨telb. en n.-telb.zn.⟩ **0.1** ***rode spinel*** ⟨edelsteen⟩.

spi·nes·cence [spaɪ'nesns] ⟨n.-telb.zn.⟩ **0.1** ***rangschikking v. stekels*** ⟨bv. op insekt⟩ **0.2** ***doornigheid*** ⇒*stekeligheid*.

spi·nes·cent [spaɪ'nesnt] ⟨bn.⟩ **0.1** ***stekelig*** ⇒*doornig, met stekels/doorns* **0.2** ***stekelachtig***.

spin·et [spɪ'net‖'spɪnɪt] ⟨telb.zn.⟩ ⟨muz.⟩ **0.1** ***spinet***.

spi·nif·er·ous [spaɪ'nɪfərəs], **spi·nig·er·ous** [spaɪ'nɪdʒərəs] ⟨bn.⟩ **0.1** ***doornig*** ⇒*stekelig* **0.2** ***stekelachtig*** ⇒*doornachtig*.

spin·i·fex ['spaɪnɪfeks]⟨telb.zn.⟩⟨plantk.⟩ **0.1** ***Australisch gras*** ⟨genus Spinifex⟩.

spin·na·ker ['spɪnəkə‖-ər]⟨telb.zn.⟩⟨scheep.⟩ **0.1** ***spinnaker*** ⇒*ballonfok*.

spin·ner ['spɪnə‖-ər]⟨f1⟩⟨telb.zn.⟩ **0.1** ***spinner*** ⇒*spinster* **0.2** ***spinmachine*** **0.3** ⟨biol.⟩ ***spinorgaan*** **0.4** ⟨hengelsport⟩ ***spinner*** ⇒*tol(letje), lepel(tje)* **0.5** ⟨cricket⟩ ***spinner*** ⇒*effectbal* **0.6** ⟨cricket⟩ ***bowler die spinner gooit*** **0.7** ***naafkap*** ⇒*dop v. propelleras* ⟨v. vliegtuig⟩ **0.8** ***draaibord*** ⇒*bord met draaiwijzer* ⟨bv. op kermis⟩.

spin·ner·et ['spɪnə'ret]⟨telb.zn.⟩ **0.1** ⟨biol.⟩ ***spinorgaan*** ⟨v. spin, zijderups e.d.⟩ **0.2** ⟨ind.⟩ ***spindop***.

spin·ney, spin·ny ['spɪni]⟨telb.zn.; tweede variant; →mv. 2⟩⟨BE⟩ **0.1** ***bosje*** ⇒*struikgewas*.

spin·ning[1] ['spɪnɪŋ]⟨f1⟩⟨n.-telb.zn.; gerund v. spin⟩ **0.1** ***het spinnen***.

spinning[2] ⟨f1⟩⟨bn., attr.; teg. deelw. v. spin⟩ **0.1** ***spin-*** ⇒*spinne-, om te spinnen*.

'spinning frame ⟨telb.zn.⟩ **0.1** ***spinmachine***.

'spinning house ⟨telb.zn.⟩⟨gesch.⟩ **0.1** ***opvoedingstehuis voor prostituees*** ⇒*spinhuis*.

'spinning 'jenny ⟨telb.zn.⟩ **0.1** ***spinmachine***.

'spinning wheel ⟨f1⟩⟨telb.zn.⟩ **0.1** ***spinnewiel***.

'spin-'off ⟨f1⟩⟨telb.zn.; ook attr.⟩ **0.1** ***(winstgevend) nevenprodukt/resultaat/derivaat*** ⇒*bijprodukt, spin-off*.

spi·nose ['spaɪnoʊs]⟨bn.; -ly; -ness⟩ **0.1** ***doornig*** ⇒*stekelig* **0.2** ***stekelachtig*** ⇒*doornachtig* **0.3** ***netelig*** ⇒*moeilijk*.

spi·nos·i·ty [spaɪ'nɒsəti‖-'nɑsət̬i]⟨n.-telb.zn.⟩ **0.1** ***doornigheid*** ⇒*stekeligheid* **0.2** ***stekelachtigheid*** ⇒*doornachtigheid* **0.3** ***neteligheid***.

spi·nous ['spaɪnəs]⟨bn.⟩ **0.1** ***doornachtig*** ⇒*stekelachtig* **0.2** ***doornig*** ⇒*stekelig* **0.3** ***netelig*** ⇒*moeilijk* ◆ **1.¶** ⟨biol.⟩ ~ process *processus spinosus*.

'spin·out ⟨telb.zn.⟩ **0.1** ***het uit de bocht vliegen*** ⟨v. auto⟩.

Spi·no·zism [spɪ'noʊzɪzm]⟨n.-telb.zn.⟩⟨fil.⟩ **0.1** ***spinozisme***.

spi·no·zis·tic ['spɪnoʊ'zɪstɪk]⟨bn.⟩⟨fil.⟩ **0.1** ***spinozistisch***.

spin·ster ['spɪnstə‖-ər]⟨f1⟩⟨telb.zn.⟩ **0.1** ***oude vrijster*** **0.2** ⟨BE; jur.⟩ ***ongehuwde vrouw***.

spin·ster·hood ['spɪnstəhʊd‖-stər-]⟨n.-telb.zn.⟩ **0.1** ***ongehuwde staat v.e. vrouw***.

spin·ster·ish ['spɪnstərɪʃ]⟨bn.⟩ **0.1** ***oudevrijsterachtig***.

spin·thar·i·scope [spɪn'θærɪskoʊp]⟨telb.zn.⟩⟨nat.⟩ **0.1** ***spinthariscoop***.

spi·nule ['spaɪnju:l]⟨telb.zn.⟩ **0.1** ***stekeltje*** ⇒*doorntje*.

spin·u·lose ['spaɪnjʊloʊs‖-jə-], **spin·u·lous** [-ləs]⟨bn.⟩ **0.1** ***met stekeltjes*** **0.2** ***stekelvormig*** ⇒*als een stekeltje*.

spin·y ['spaɪni]⟨bn.; -er; -ness; →bijw. 3⟩ **0.1** ***doornig*** ⇒*stekelig* **0.2** ***doornachtig*** ⇒*stekelachtig, doorn/stekelvormig* **0.3** ***moeilijk*** ⇒*netelig, hachelijk* ◆ **2.¶** ⟨dierk.⟩ ~ anteater *mierenegel* ⟨Tachyglossus⟩; ~ lobster *langoest* ⟨fam. Palinuridae⟩; ~ rat *stekelrat* ⟨genus Echimys⟩.

'spin·y'finned ⟨bn.⟩ **0.1** ***met een stekelvin*** ⟨van vis⟩ ⇒*stekelvinnig*.

spir·a·cle ['spaɪrəkl‖'spɪ-], **spi·rac·u·lum** [-'rækjʊləm‖-kjələm]⟨telb.zn.; tweede variant spiracula [-lə-]; →mv. 5⟩ **0.1** ***ademgat*** ⇒*stigma, ademspleetje* ⟨zoals bij insekt⟩ **0.2** ***spuitgat*** ⇒*spiraculum* ⟨i.h.b. van walvis⟩ **0.3** ***luchtgat***.

spi·rac·u·lar [spaɪ'rækjʊlə‖-kjələr]⟨bn.⟩ **0.1** ***als v.e. ademgat/stigma***.

spi·rae·a, spi·re·a [spaɪ'rɪə]⟨telb. en n.-telb.zn.⟩⟨plantk.⟩ **0.1** ***spirea*** ⟨genus Spiraea⟩.

spi·ral[1] ['spaɪərəl]⟨f2⟩⟨telb.zn.⟩ **0.1** ***spiraal*** ⇒*schroeflijn, helix* **0.2** ***spiraalvormige winding*** ⟨i.h.b. v. schelp⟩ **0.3** ⟨ec.⟩ ***spiraal*** ⟨v. prijzen, lonen⟩.

spiral[2] ⟨f1⟩⟨bn.; -ly⟩ **0.1** ***spiraalvormig*** ⇒*schroefvormig* **0.2** ***kronkelend*** ◆ **1.1** ~ binding *spiraalband* ⟨bv. v. schrift⟩; ~ galaxy/nebula *spiraalnevel, nevelvlekken;* ~ staircase *wenteltrap*.

spiral[3] ⟨f1⟩⟨ww.; →ww. 7⟩
I ⟨onov.ww.⟩ **0.1** ***zich in een spiraalbaan bewegen*** ⇒*een spiraal beschrijven* ◆ **1.1** prices are ~ling *prijzen stijgen/dalen spiraalsgewijs* **6.1** ~ **up** *omhoogkringelen* ⟨rook⟩; *spiraalsgewijs stijgen;*
II ⟨ov.ww.⟩ **0.1** ***spiraalvormig/schroefvormig maken***.

spi·rant[1] ['spaɪərənt]⟨telb.zn.⟩⟨taalk.⟩ **0.1** ***spirant*** ⇒*fricatief*.

spirant[2] ⟨bn.⟩⟨taalk.⟩ **0.1** ***spirantisch*** ⇒*fricatief*.

spire[1] ['spaɪə‖-ər]⟨f2⟩⟨telb.zn.⟩ **0.1** ***(toren)spits*** ⇒*piek, punt* **0.2** ***grasspriet*** ⇒*grashalm* **0.3** ***spiraal*** ⇒*kronkeling, draai* **0.4** ⟨biol.⟩ ***top v. slakkehuis***.

spire[2] ⟨ww.⟩ →spired
I ⟨onov.ww.⟩ **0.1** ***zich verheffen*** ⇒*verrijzen, bovenuit steken* **0.2** ***omhoog schieten*** ⇒*ontkiemen* **0.3** ***(omhoog)kronkelen*** **0.4** ***spiraalsgewijs bewegen;***
II ⟨ov.ww.⟩ **0.1** ***van een (toren)spits voorzien***.

spired ['spaɪəd‖-ərd]⟨bn.; volt. deelw. v. spire⟩ **0.1** ***spits*** ⇒*puntig* **0.2** ***met een (toren)spits(en)*** ◆ **1.1** a ~ peak *een spitse piek* **1.2** a ~ village *een dorp met (veel) torenspits(en)*.

spi·rif·er·ous [spaɪ'rɪfrəs]⟨bn.⟩ **0.1** ***van een (toren)spits voorzien*** **0.2** ***spiraalvormig***.

spi·ril·lum [spɪ'rɪləm‖spaɪ-]⟨telb.zn.; spirilla [-lə]; →mv. 5⟩⟨dierk.⟩ **0.1** ***spirillum*** ⟨genus v. spiraalvormige bacteriën⟩.

spir·it[1] ['spɪrɪt]⟨f3⟩⟨zn.⟩(→sprw. 625)
I ⟨telb.zn.⟩ **0.1** ⟨steeds met bep.⟩ ***geest*** ⟨persoon⟩ ⇒*karakter* **0.2** ***geest*** ⇒*spook, elf, fee* ◆ **2.1** she is a kind ~ *zij is een vriendelijke ziel;* two unbending ~s *twee onbuigzame karakters* **2.2** familiar ~ *vertrouweling, persoonlijke duivel, boeleerduivel* **3.1** moving ~ *drijvende kracht, aanstichter;*
II ⟨telb. en n.-telb.zn.⟩ **0.1** ***geest*** ⇒*ziel, karakter, wezen* ◆ **1.1** ~ of the age/times *tijdgeest;* the poor in ~ *de armen v. geest* **2.1** the Holy Spirit *de Heilige Geest;* kindred ~s *verwante zielen* **2.¶** public ~ *gemeenschapszin* **3.1** when the ~ moves him *als hij de geest krijgt/geïnspireerd wordt/zich geneigd voelt* **6.1** be with s.o. **in** (the) ~ *in gedachten bij iem. zijn;*
III ⟨n.-telb.zn.⟩ **0.1** ***levenskracht*** ⇒*vitaliteit, energie, pit* **0.2** ***levenslust*** ⇒*opgewektheid, monterheid* **0.3** ***moed*** ⇒*durf, lef, spirit* **0.4** ***zin*** ⇒*diepe betekenis* **0.5** ***spiritus*** ⇒*alcohol* ◆ **1.4** the ~ of the law *de geest v.d. wet* ⟨tgo. de letter v.d. wet⟩ **1.¶** ~ of turpentine *terpentijnolie* **3.1** ⟨inf.⟩ knock the ~ out of s.o. *iem. murw slaan;* ⟨fig.⟩ *iem. door geweld demoraliseren* **3.4** enter into the ~ of sth. *het geestige v. iets inzien* **3.5** methylated ~ *(brand)spiritus, gedenatureerde alcohol;*
IV ⟨mv.; ~s⟩ **0.1** ***gemoedsgesteldheid*** ⇒*geestesgesteldheid, stemming* **0.2** ⟨soms enk.⟩ ***spiritualiën*** ⇒*sterke dranken, alcohol* **0.3** ***spiritus*** ⇒*geest* ⟨alcoholische oplossing⟩ ◆ **1.¶** ~s of turpentine *terpentijnolie* **2.1** be in great/high ~s *opgewekt zijn;* in good ~s *opgeruimd;* be in low/poor ~s *neerslachtig/down zijn* **2.2** ardent ~s *sterke drank* **3.1** my ~s fell *ik raakte terneergeslagen;* this will lift his ~s *dit zal hem opbeuren;* pluck up one's ~s *moed vatten;* raise s.o.'s ~s *iem. opmonteren/opvrolijken* **6.1** **out of** ~s *neerslachtig, down*.

spirit[2] ⟨f1⟩⟨ov.ww.⟩ →spirited **0.1** ***wegtoveren*** ⇒*weggoochelen, ontfutselen;* ⟨fig.⟩ *heimelijk laten verdwijnen, stilletjes ontvoeren* **0.2** ***aanmoedigen*** ⇒*aanvuren, stimuleren, aansporen* **0.3** ***opmonteren*** ⇒*opvrolijken* ◆ **5.1** ~ **away/off** *wegtoveren, weggoochelen, ontfutselen;* ⟨fig.⟩ *verdonkeremanen* **5.2** ~ **up** *aanmoedigen; opmonteren*.

'spirit 'blue ⟨n.-telb.zn.⟩ **0.1** ***anilineblauw*** ⟨oplosbaar in alcohol⟩.

'spirit duck ⟨telb.zn.⟩⟨dierk.⟩ **0.1** ***buffelkopeend*** ⟨Bucephala albeola⟩ **0.2** ***brilduiker*** ⟨Bucephala clangula⟩.

spir·it·ed ['spɪrɪt̬ɪd]⟨f1⟩⟨bn.; volt. deelw. v. spirit; -ly; -ness⟩ **0.1** ***levendig*** ⇒*geanimeerd, pittig* **0.2** ***bezield*** ⇒*vurig, energiek*.

-spir·it·ed ['spɪrɪt̬ɪd] **0.1** ***gestemd*** ⇒*bezield met* ◆ **¶.1** high-~ *fier, stoutmoedig;* low-~ *neerslachtig;* public-~ *met gemeenschapszin*.

'spirit gum ⟨telb. en n.-telb.zn.⟩ **0.1** ***sneldrogende gomoplossing***.

spir·it·ism ['spɪrɪt̬ɪzm]⟨n.-telb.zn.⟩ **0.1** ***spiritisme***.

spir·it·ist ['spɪrɪt̬ɪst]⟨telb.zn.⟩ **0.1** ***spiritist***.

spir·it·is·tic ['spɪrɪ'tɪstɪk]⟨bn.⟩ **0.1** ***spiritistisch***.

'spirit lamp ⟨telb.zn.⟩ **0.1** ***spirituslamp***.

spir·it·less ['spɪrɪt̬ləs]⟨bn.; -ly; -ness⟩ **0.1** ***lusteloos*** ⇒*futloos, moedeloos, slap* **0.2** ***levenloos*** ⇒*geesteloos, doods, saai*.

'spirit level ⟨telb.zn.⟩ **0.1** ***luchtbelwaterpas*** ⟨met alcoholvulling⟩.

'spirit licence ⟨telb.zn.⟩ **0.1** ***drankvergunning***.

spir·it·ous ['spɪrɪt̬əs]⟨bn.⟩ **0.1** ***alcoholisch*** **0.2** ⟨vero.⟩ ***levendig*** ⇒*geanimeerd, vurig* **0.3** ⟨vero.⟩ ***puur*** ⇒*verfijnd*.

'spirit rapper ⟨telb.zn.⟩ **0.1** ***klopgeestmedium***.

'spirit rapping ⟨n.-telb.zn.⟩ **0.1** ***het kloppen*** ⟨v. klopgeest⟩.

'spirit stove ⟨telb.zn.⟩ **0.1** ***spiritusstel*** ⇒*spirituskomfoor, spiritusbrander*.

spir·i·tu·al[1] ['spɪrɪtʃʊəl]⟨f1⟩⟨zn.⟩
I ⟨telb.zn.⟩ **0.1** ***(negro-)spiritual;***
II ⟨mv.; ~s⟩ **0.1** ***geestelijke/godsdienstige aangelegenheden***.

spiritual[2] ⟨f3⟩⟨bn.; -ly; -ness⟩ **0.1** ***geestelijk*** ⇒*onstoffelijk, spiritueel* **0.2** ***mentaal*** ⇒*geestelijk, intellectueel* **0.3** ***godsdienstig*** ⇒*religieus, geestelijk* **0.4** ***spiritualistisch*** ⇒*bovennatuurlijk* **0.5** ***geestig*** ⇒*gevat, spiritueel* **0.6** ⟨BE⟩ ***kerkelijk*** ◆ **1.1** ~ court *geestelijk gerechtshof* **1.4** ~ healing *geloofsgenezing* **1.6** ⟨BE⟩ Lords ~ *bisschoppen in het Hogerhuis*.

spir·i·tu·al·ism ['spɪrɪtʃʊlɪzm]⟨n.-telb.zn.⟩ **0.1** ⟨fil.⟩ ***spiritualisme*** **0.2** ***spiritisme***.

spir·i·tu·al·ist ['spɪrɪtʃʊlɪst]⟨telb.zn.⟩ **0.1** ⟨fil.⟩ ***spiritualist*** **0.2** ***spiritist***.

spir·i·tu·al·is·tic ['spɪrɪtʃʊ'lɪstɪk]⟨bn.⟩ **0.1** ⟨fil.⟩ ***spiritualistisch*** **0.2** ***spiritistisch***.

spir·i·tu·al·i·ty ['spɪrɪtʃʊ'æləṭi], **spir·i·tu·al·ty** [-tʃʊəlti]⟨zn.; →mv. 2⟩

I ⟨n.-telb.zn.⟩ **0.1** ***onstoffelijkheid*** ⇒*geestelijke aard, spiritualiteit* **0.2** ***vroomheid*** ⇒*godsvrucht* **0.3** ***geestelijkheid*** ⇒*geestelijken;*
II ⟨mv.; spiritual(i)ties⟩ **0.1** ***kerkelijke inkomsten/bezittingen.***

spir·i·tu·al·i·za·tion, -sa·tion ['spɪrɪtʃʊlaɪ'zeɪʃn‖-lə-]⟨n.-telb.zn.⟩ **0.1** ***vergeestelijking.***

spir·i·tu·al·ize, -lise ['spɪrɪtʃʊlaɪz‖-tʃə-]⟨ov.ww.⟩ **0.1** ***vergeestelijken*** **0.2** ***in geestelijke zin uitleggen.***

spir·i·tu·el, spir·i·tu·elle ['spɪrɪtʃʊ'el]⟨bn.⟩ **0.1** ***geestig*** ⇒*pittig, snedig.*

spir·it·u·os·i·ty ['spɪrɪtʃʊ'ɒsəti‖-'ɑsəṭi]⟨n.-telb.zn.⟩ **0.1** ***geestrijkheid.***

spir·i·tu·ous ['spɪrɪtʃʊəs]⟨bn.; -ness⟩ **0.1** ***alcoholisch*** ⇒*geestrijk* ◆ **1.1** ~ liquors *sterke dranken.*

spir·i·tus as·per ['spɪrɪtəs 'æspə‖'spɪrɪṭəs 'æspər]⟨telb.zn.⟩⟨taalk.⟩ **0.1** ***spiritus asper.***

spir·i·tus le·nis ['spɪrɪṭəs 'li:nɪs]⟨telb.zn.⟩⟨taalk.⟩ **0.1** ***spiritus lenis.***

spi·ri·valve ['spaɪrəvælv]⟨bn.⟩⟨dierk.⟩ **0.1** ***met spiraalvormige schelp.***

spir·ket·ing ['spɜ:kɪtɪŋ‖'spɜrkɪṭɪŋ]⟨telb.zn.⟩⟨scheep.⟩ **0.1** ***zetgang.***

spi·ro- ['spaɪroʊ-] **0.1** ***spiro-*** ◆ **¶.1** spirochete *spirocheet;* spirometer *spirometer, ademhalingsmeter.*

spi·ro·che·tal, spi·ro·chae·tal ['spaɪrə'ki:ṭl]⟨bn.⟩ **0.1** ***door spirocheten veroorzaakt*** ⟨v. ziekte⟩.

spi·ro·chete, spi·ro·chaete ['spaɪroʊki:t]⟨telb.zn.⟩ **0.1** ***spirocheet*** ⟨bacterie, genus Spirochaeta⟩.

spi·ro·che·to·sis, spi·ro·chae·to·sis ['spaɪroʊkɪ'toʊsɪs]⟨telb. en n.-telb.zn.⟩ **0.1** ***ziekte veroorzaakt door spirocheten*** ⟨bv. syfilis⟩.

spi·ro·graph ['spaɪrəgrɑ:f‖-græf]⟨telb.zn.⟩ **0.1** ***spirograaf.***

spi·ro·gy·ra ['spaɪrə'dʒaɪrə]⟨telb.zn.⟩ **0.1** ***zoetwater alg*** ⟨genus Spirogyra⟩.

spi·roid ['spaɪrɔɪd]⟨bn.⟩ **0.1** ***spiraalvormig*** ⇒*schroefvormig.*

spi·rom·e·ter [spaɪ'rɒmɪtə‖-'rɑmɪṭər]⟨telb.zn.⟩ **0.1** ***spirometer*** ⇒*ademhalingsmeter.*

spirt →spurt.

spir·u·la ['spaɪrʊlə‖'spɪrələ]⟨telb.zn.; spirulae [-li:]; →mv. 5⟩ ⟨dierk.⟩ **0.1** ***koppotig weekdier*** ⟨genus Spirula⟩.

spir·y ['spaɪəri]⟨bn.⟩ **0.1** ***spits*** ⇒*puntig (toelopend)* **0.2** ***spiraalvormig*** **0.3** ***met torenspitsen*** ◆ **1.3** ~ town *stad met (veel) torenspitsen.*

spit[1] [spɪt]⟨f2⟩⟨zn.⟩
I ⟨telb.zn.⟩ **0.1** ***spit*** ⇒*braadspit, vleespen* **0.2** ***landtong*** **0.3** ***spade*** ⇒*schop, spadesteek* ◆ **2.3** dig a hole two ~(s) deep *een gat twee spaden diep graven;*
II ⟨n.-telb.zn.⟩ **0.1** ***spuug*** ⇒*speeksel* **0.2** ⟨biol.⟩ ***koekoeksspeeksel*** ⟨v.h. schuimbeestje⟩ **0.3** ***het blazen*** ⇒*het sissen* ⟨v. kat⟩ **0.4** ***buitje*** ◆ **1.4** a ~ of snow *een sneeuwbuitje* **1.¶** the ~ (and image) of *het evenbeeld van;* ~ and polish *(grondig) poetswerk* ⟨bv. in het leger⟩.

spit[2] ⟨f3⟩⟨ww.; spit, spat [spæt], spit, spat [spæt]; →ww. 7⟩
I ⟨onov.ww.⟩ **0.1** ***spuwen*** ⇒*spugen* **0.2** ***sputteren*** ⇒*blazen* ⟨bv. kat⟩ **0.3** ***spatten*** ⇒*spetteren, knetteren* ⟨v. vuur, heet vet⟩ **0.4** ***lichtjes neervallen*** ⇒*druppen, druppelen* ⟨regen⟩; *zachtjes sneeuwen* ◆ **1.1** ⟨dierk.⟩ spitting cobra *spugende cobra, zwarthalscobra* ⟨Naja nigricallis⟩; I could have spat in his eye *ik had hem in het gezicht kunnen spugen* **6.1** ~ **at/(up)on** s.o./sth. *op iem./iets spugen* ⟨ook fig.⟩ **¶.¶** he is the (dead/very) ~ting (and image) of his father, he is the ~ting image of his father *hij lijkt als twee druppels water op zijn vader;*
II ⟨ov.ww.⟩ **0.1** ***(uit)spuwen*** ⇒*(uit)spugen, opgeven* ◆ **1.1** ~ blood *bloed opgeven* **5.1** ~ **out** *uitspuwen* **5.¶** ~ **out** a curse *er een vloek uitgooien;* ⟨inf.⟩ ~ **it out!** *voor de dag ermee!.*

spit[3] ⟨f1⟩⟨ov.ww.; →ww. 7⟩ **0.1** ***aan het spit steken/rijgen*** ⇒*spietsen* **0.2** ***aan het zwaard/de degen/e.d. rijgen*** ⇒*doorboren/doorsteken.*

spit·al ['spɪṭl]⟨telb.zn.; vero.⟩ **0.1** ***lazaret*** ⇒*ziekenhuis* ⟨i.h.b. voor besmettelijke ziekten⟩.

'spit·ball ⟨f1⟩⟨telb.zn.⟩⟨AE⟩ **0.1** ***propje*** ⇒*gekauwd papierpropje* **0.2** ⟨honkbal⟩ ***spitball*** ⇒*spuugbal* ⟨bal met spuug aan een kant natgemaakt⟩.

spitch·cock[1] ['spɪtʃkɒk‖-kɑk]⟨telb.zn.⟩ **0.1** ***speetaal.***

spitchcock[2] ⟨ov.ww.⟩ **0.1** ***aan moten snijden en braden*** ⟨i.h.b. van aal⟩.

'spit curl ⟨telb.zn.⟩⟨AE⟩ **0.1** ***spuuglok.***

spite[1] [spaɪt]⟨f3⟩⟨telb. en n.-telb.zn.⟩ **0.1** ***wrok*** ⇒*wrevel;* ⟨alg.⟩ *haat, boosaardigheid* ◆ **3.1** have a ~ against s.o. *tegen iem. wrok koesteren, iets hebben tegen iem.* **4.¶** in ~ of o.s. *of men wil of niet, onwillekeurig* **6.1 from/out of** ~ *uit kwaadaardigheid* **6.¶ in** ~ **of** *ondanks, in weerwil van, trots.*

spite[2] ⟨f2⟩⟨ov.ww.⟩ **0.1** ***treiteren*** ⇒*pesten, vernederen, dwarsbomen, hinderen.*

spite·ful ['spaɪtfl]⟨bn.; -ly; -ness⟩ **0.1** ***hatelijk*** **0.2** ***wraakgierig*** ⇒*rancuneus.*

'spit·fire ⟨telb.zn.⟩ **0.1** ***heethoofd*** ⇒*driftkop.*

spit·ter ['spɪtə‖'spɪṭər]⟨telb.zn.⟩⟨AE⟩ **0.1** ***spuwer*** ⇒*spuger* **0.2** ⟨honkbal⟩ ***spitball*** ⇒*spuugbal* ⟨bal met spuug aan een kant natgemaakt⟩ **0.3** ***spiesbok*** ⇒*jong hert.*

spit·tle ['spɪṭl]⟨f1⟩⟨n.-telb.zn.⟩ **0.1** ***speeksel*** ⇒*spuug* **0.2** ***koekoeksspeeksel*** ⟨v. schuimbeestje⟩.

'spit·tle·bug ⟨telb.zn.⟩⟨dierk.⟩ **0.1** ***schuimbeestje/cicade*** ⟨fam. Cercopidae⟩.

spit·toon [spɪ'tu:n]⟨telb.zn.⟩ **0.1** ***kwispedoor*** ⇒*spuwbakje.*

spitz [spɪts]⟨telb.zn.⟩ **0.1** ***keeshond*** ⇒*spitshond.*

spiv [spɪv]⟨telb.zn.⟩⟨BE; sl.⟩ **0.1** ***handige jongen*** ⇒*scharrelaar, linkerd, profiteur* **0.2** ***charlatan*** ⇒*zwendelaar, oplichter, zwarthandelaar.*

spiv·ery, spiv·very ['spɪvəri]⟨n.-telb.zn.⟩⟨BE; sl.⟩ **0.1** ***oplichterij*** ⇒*zwendel.*

spiv·vy ['spɪvi]⟨bn.⟩ **0.1** ***fatterig*** ⇒*opgedirkt, opzichtig.*

splanch·nic ['splæŋknɪk]⟨bn.⟩ **0.1** ***ingewands-*** ⇒*darm-.*

splanch·ni·cot·o·my ['splæŋknɪ'kɒtəmi‖-'kɑṭəmi]⟨telb. en n.-telb.zn.; →mv. 2⟩⟨med.⟩ **0.1** ***splanchnicotomie.***

splash[1] [splæʃ]⟨f2⟩⟨zn.⟩
I ⟨telb.zn.⟩ **0.1** ***plons*** **0.2** ***vlek*** ⇒*spat, (licht/kleur)plek, klad* **0.3** ***schreeuwende krantekop*** ⇒*voorpaginanieuws* **0.4** ⟨inf.⟩ ***succes*** ⇒*faam* ◆ **3.4** ⟨inf.⟩ make a ~ *opzien baren;*
II ⟨n.-telb.zn.⟩ **0.1** ***gespetter*** ⇒*gespat, geplas* **0.2** ⟨BE; inf.⟩ ***(spuit)water*** ⇒*scheutje (spuit)water* ◆ **1.2** scotch and ~ *whiskysoda.*

splash[2] ⟨f2⟩⟨ww.⟩
I ⟨onov.ww.⟩ **0.1** ***(rond)spatten*** ⇒*uiteenspatten* **0.2** ***plassen*** ⇒*rondspetteren, ploeteren, poedelen, plonzen* **0.3** ***klateren*** ⇒*kletteren* ◆ **5.1** ~ **about** *rondspatten* **5.¶** ~ **down** *landen in zee* ⟨v. ruimtevaartuig⟩;
II ⟨ov.ww.⟩ **0.1** ***(be)spatten*** **0.2** ***laten spatten*** **0.3** ***met grote koppen in de krant zetten*** **0.4** ⟨BE; inf.⟩ ***verkwisten*** ⇒*over de balk smijten* ◆ **5.2** this painter just ~es **about** paint *deze schilder kwakt de verf maar raak* **5.4** ⟨inf.⟩ he ~es his money **about** *hij smijt met geld;* ⟨inf.⟩ ~ **out** money *met geld smijten* **6.1** ~ s.o./sth. **with** sth. *iem./iets met iets bespatten* **6.2** ~ sth. **on/over** s.o./sth. *iets op/over iem./iets spatten.*

splash[3] ⟨f1⟩⟨bw.⟩ **0.1** ***met een plons.***

'splash·back ⟨telb.zn.⟩ **0.1** ***spatplaat.***

'splash·board ⟨telb.zn.⟩ **0.1** ***spatbord*** ⇒*spatscherm* **0.2** ⟨wwb.⟩ ***schutplank.***

'splash·down ⟨f1⟩⟨telb.zn.⟩ **0.1** ***landing in zee*** ⟨v. ruimtevaartuig⟩.

splash·er ['splæʃə‖-ər]⟨telb.zn.⟩ **0.1** ***spetteraar*** **0.2** ***spatbord.***

splash·y ['splæʃi]⟨bn.; -er; -ly; -ness; →bijw. 3⟩ **0.1** ***spattend*** ⇒*spetterend* **0.2** ***modderig*** **0.3** ***met kleurige vlekken bedekt*** ⟨bv. stof⟩ **0.4** ***opzichtig*** ⇒*in het oog vallend.*

splat[1] [splæt]⟨telb.zn.⟩ **0.1** ***rugleuning*** ⇒*rugstijl, rugspijl* **0.2** ***klets.***

splat[2] ⟨bw.⟩ **0.1** ***met een klets.***

splat·ter[1] ['splætə‖'splæṭər]⟨n.-telb.zn.⟩ **0.1** ***gespetter*** ⇒*gespat.*

splatter[2] ⟨ww.⟩
I ⟨onov.ww.⟩ **0.1** ***spetteren*** ⇒*spatten* **0.2** ***plassen*** ⇒*poedelen, ploeteren* **0.3** ***klateren*** ⇒*kletteren;*
II ⟨ov.ww.⟩ **0.1** ***bespatten*** **0.2** ***laten spatten.***

'splatter movie ⟨telb.zn.⟩ **0.1** ***bloederige horrorfilm.***

splay[1] [spleɪ]⟨telb.zn.⟩ **0.1** ***verwijding*** ⇒*verbreding* **0.2** ***afschuining.***

splay[2] ⟨bn.⟩ **0.1** ***breed, plat en naar buiten staand*** ⟨i.h.b.v. voet⟩.

splay[3] ⟨f1⟩⟨ww.⟩
I ⟨onov.ww.⟩ **0.1** ***afgeschuind zijn*** **0.2** ***naar buiten staan*** ⟨v. voet⟩;
II ⟨onov. en ov.ww.⟩ **0.1** ***(zich) verwijden*** ⇒*(zich) verbreden* **0.2** ***(zich) uitspreiden*** ◆ **5.1** ~ **out** *breder worden, zich verbreden;*
III ⟨ov.ww.⟩ **0.1** ***afschuinen*** **0.2** ***uitspreiden*** ◆ **5.2** ~ **out** *uitspreiden.*

'splay·foot[1] ⟨telb.zn.⟩ **0.1** ***naar buiten gedraaide platvoet.***

splay·foot[2], **'splay·'foot·ed** ⟨bn.⟩ **0.1** ***met naar buiten gedraaide platvoeten*** **0.2** ***onhandig*** ⇒*lomp.*

spleen [spli:n]⟨f1⟩⟨zn.⟩
I ⟨telb.zn.⟩ **0.1** ***milt;***
II ⟨n.-telb.zn.⟩ **0.1** ***zwaarmoedigheid*** ⇒*neerslachtigheid, zwartgalligheid* **0.2** ***gemelijkheid*** ⇒*boze bui* ◆ **1.2** fit of ~ *woedeaanva* **3.¶** vent one's ~ *zijn gal spuwen.*

spleen·ful ['spli:nfl]⟨bn.; -ly⟩ **0.1** ***zwaarmoedig*** ⇒*neerslachtig* **0.2** ***boos*** ⇒*gemelijk, geïrriteerd, knorrig.*

'spleen·wort ⟨telb.zn.⟩⟨plantk.⟩ **0.1** ***streepvaren*** ⟨genus Asplenium⟩.

spleen·y ['spli:ni]⟨bn.; -er; →compar. 7⟩ **0.1** ***zwaarmoedig*** ⇒*neerslachtig* **0.2** ***kwaad*** ⇒*gemelijk, knorrig.*

splen·dent ['splendənt]⟨bn.⟩ **0.1** ***schitterend*** ⇒*glanzend* **0.2** ***beroemd*** ⇒*vermaard.*

splen·did ['splendɪd]⟨f3⟩⟨bn.; -ly; -ness⟩ **0.1** ***schitterend*** *⇒stralend, luisterrijk, prachtig* **0.2** ***groots*** *⇒imposant* **0.3** ***roemrijk*** *⇒glorierijk* **0.4** ***prijzenswaard(ig)*** **0.5** ⟨inf.⟩ ***voortreffelijk*** *⇒uitstekend.*

splen·dif·er·ous [splen'dɪfrəs]⟨bn.; -ly; -ness⟩⟨inf; vaak iron.⟩ **0.1** ***groots*** *⇒indrukwekkend* **0.2** ***prachtig*** *⇒schitterend.*

splen·dor·ous, splen·drous ['splendrəs]⟨bn.⟩ **0.1** ***schitterend*** *⇒stralend, prachtig, luisterrijk.*

splen·dour, ⟨AE sp.⟩ **splen·dor** ['splendə‖-ər]⟨f2⟩⟨n.-telb.zn.⟩ **0.1** ***pracht*** *⇒glans, glorie, praal* **0.2** ***glorie*** *⇒heerlijkheid, grootsheid* ◆ **1.¶** ⟨heraldiek⟩ sun in ~ *stralende zon.*

sple·nec·to·my [splɪ'nektəmi]⟨telb. en n.-telb.zn.; →mv. 2⟩⟨med.⟩ **0.1** ***splenectomie*** ⟨verwijdering v.d. milt⟩.

sple·net·ic[1] [splɪ'neṭɪk]⟨telb.zn.⟩ **0.1** ***hypochonder*** *⇒zwartkijker, zwaarmoedig persoon.*

splenetic[2], **sple·net·i·cal** [splɪ'neṭɪkl]⟨bn.; -(al)ly; →bijw. 3⟩ **0.1** ***humeurig*** *⇒knorrig, gemelijk, onaangenaam* **0.2** ***van/mbt. de milt*** *⇒milt-.*

splen·ic ['spli:nɪk, 'splenɪk]⟨bn.⟩ **0.1** ***milt*** *⇒van de milt* ◆ **1.1** ⟨med.⟩ ~ fever *miltvuur* ⟨Anthrax⟩.

sple·ni·tis [splɪ'naɪṭɪs]⟨telb. en n.-telb.zn.; splenites [-'naɪṭi:z]; →mv. 5⟩⟨med.⟩ **0.1** ***splenitis*** *⇒miltontsteking.*

sple·no·meg·a·ly ['spli:noʊ'megəli]⟨telb. en n.-telb.zn.; →mv. 2⟩⟨med.⟩ **0.1** ***splenomegalie*** *⇒miltvergroting.*

splice[1] [splaɪs]⟨telb.zn.⟩ **0.1** ***las*** *⇒verbinding, koppeling* **0.2** ***splits*** ⟨v. touwwerk⟩ **0.3** ***houtverbinding.***

splice[2] ⟨f1⟩⟨ov.ww.⟩ **0.1** ***splitsen*** *⇒aan elkaar verbinden, ineenvlechten* ⟨touwwerk⟩ **0.2** ***verbinden*** *⇒een verbinding maken* ⟨v. houtwerk⟩ **0.3** ***lassen*** *⇒koppelen* ⟨film, geluidsband⟩ **0.4** ⟨inf.⟩ ***aan elkaar blijven hangen*** *⇒trouwen* ◆ **3.4** get ~d *trouwen.*

splic·er ['splaɪsə‖-ər]⟨telb.zn.⟩ **0.1** ***lasapparaat*** ⟨voor films, banden⟩.

spline[1] [splaɪn]⟨telb.zn.⟩ **0.1** ***glijspie*** **0.2** ***spiebaan*** *⇒gleuf* **0.3** ***strooklat*** **0.4** ***lat*** *⇒strook hout/metaal, strip.*

spline[2] ⟨ov.ww.⟩ **0.1** ***van glijspieën voorzien.***

splint[1] [splɪnt]⟨f1⟩⟨telb.zn.⟩ **0.1** ***splinter*** **0.2** ***spaan*** **0.3** ***metaalstrook*** *⇒metaalstrip* **0.4** ⟨med.⟩ ***spalk*** **0.5** ⟨dierk.⟩ ***spat*** **0.6** ⟨dierk., med.⟩ ***kuitbeen.***

splint[2] ⟨f1⟩⟨ov.ww.⟩⟨med.⟩ **0.1** ***spalken.***

'splint-bone ⟨telb.zn.⟩ **0.1** ***kuitbeen.***

'splint-coal ⟨n.-telb.zn.⟩⟨mijnw.⟩ **0.1** ***doffe kool*** *⇒schilferkool.*

splin·ter[1] ['splɪntə‖'splɪnṭər]⟨f1⟩⟨telb.zn.⟩ **0.1** ***splinter*** *⇒scherf* **0.2** ***splintergroepering*** *⇒splinterpartij.*

splinter[2] ⟨f2⟩⟨ww.⟩

I ⟨onov.ww.⟩ **0.1** ***zich afsplitsen;***

II ⟨onov. en ov.ww.⟩ **0.1** ***versplinteren*** *⇒splinteren.*

'splin·ter-bar ⟨telb.zn.⟩ **0.1** ***haamhout*** *⇒zwenghout.*

'splinter group, 'splinter party ⟨f1⟩⟨telb.zn.⟩⟨pol.⟩ **0.1** ***splintergroepering*** *⇒splinterpartij.*

splin·ter·less ['splɪntələs‖'splɪnṭər-]⟨bn.⟩ **0.1** ***splintervrij*** *⇒niet splinterend* ⟨v. glas e.d.⟩.

'splin·ter-proof[1] ⟨telb.zn.⟩⟨mil.⟩ **0.1** ***scherfvrije schuilplaats*** *⇒schuilplaats tegen granaatscherven.*

splinter-proof[2] ⟨bn.⟩⟨mil.⟩ **0.1** ***scherfvrij.***

splin·ter·y ['splɪnṭəri]⟨bn.⟩ **0.1** ***splinterig*** *⇒vol splinters, uit splinters bestaand* **0.2** ***splinterachtig*** *⇒als een splinter.*

'splint·wood ⟨n.-telb.zn.⟩ **0.1** ***spint*** *⇒spinthout.*

split[1] [splɪt]⟨f2⟩⟨zn.⟩

I ⟨telb.zn.⟩ **0.1** ***spleet*** *⇒scheur, torn, kloof;* ⟨fig.⟩ *breuk, splitsing, scheiding, scheuring* **0.2** ***deel*** *⇒gedeelte, aandeel, portie* **0.3** ***splinter*** **0.4** ***gespleten wilgeteen*** **0.5** ***tand v. weefkam*** **0.6** ***lap splitleer*** **0.7** ⟨inf.⟩ ***halfje*** *⇒half flesje, half glaasje, halve 'pint'* **0.8** ⟨sport⟩ ***tussentijd*** **0.9** ⟨faraospel⟩ ***gelijke inzet*** **0.10** ***ijscoupe*** *⇒ijs met fruit* **0.11** ⟨BE; inf.⟩ ***splitje*** *⇒split, sterke drank met water* **0.12** ⟨BE; sl.⟩ ***verklikker*** *⇒speurder, spion, detective* **0.13** ⟨bowling⟩ ***split*** *⇒nog staande kegels na eerste bowl* **0.14** ⟨pol.⟩ ***gesplitste stem*** *⇒stem uitgebracht op tegengestelde kandidaten* **0.15** ⟨sport, i.h.b. gewichtheffen⟩ ***uitval(spas);***

II ⟨n.-telb.zn.⟩ **0.1** ***het splitsen*** *⇒het splijten* **0.2** ⟨AE; geldw.⟩ ***splitsing*** *⇒het splitsen v. aandelen;*

III ⟨mv.; ~s; the⟩ **0.1** ***spagaat*** ◆ **3.1** do the ~s *een spagaat maken, in spagaat vallen.*

split[2] ⟨f2⟩⟨bn.; volt. deelw. v. split⟩ **0.1** ***gespleten*** *⇒gekloofd, gebarsten, gebroken* **0.2** ***gesplitst*** *⇒gescheurd, gescheiden, gedeeld* ◆ **1.2** ⟨sport⟩ ~ decision *niet-eenstemmige beslissing;* ⟨taalk.⟩ ~ infinitive *gescheiden infinitief* ⟨infinitief met bijw. e.d. tussen 'to' en ww.⟩; ⟨bouwk.⟩ ~ level *met halve verdiepingen, split level;* ⟨psych.⟩ ~ mind/personality *gespleten geest, gespleten persoonlijkheid, schizofreen;* ~ pea *spliterwt;* ~ ring *splitring, sleutelring;* ~ second *onderdeel v.e. seconde, flits;* ~ shift *gebroken dienst* ⟨bv. van 8.00 - 12.00 en dan weer van 18.00 - 22.00⟩; ⟨croquet⟩ ~ shot/stroke *split-slag;* ⟨AE; vnl. pol.⟩ ~ ticket *gesplitste stem, stem uitgebracht op kandidaten v. verschillende partijen* **1.¶** ⟨sl.; poker⟩ ~ week *kleine straat met ontbrekende middelste kaart.*

split[3] ⟨f3⟩⟨ww.; split, split⟩ →splitting

I ⟨onov.ww.⟩ **0.1** ⟨inf.⟩ ***geheimen verraden*** *⇒verklappen, verraden* **0.2** ⟨inf.⟩ ***'m smeren*** **0.3** ⟨scheep.⟩ ***stuklopen*** *⇒stukslaan* ◆ **6.1** I know you have split **on** me *ik weet dat je me verraden hebt;*

II ⟨onov. en ov.ww.⟩ **0.1** ***splijten*** *⇒overlangs scheuren, splitsen;* ⟨fig.⟩ *afsplitsen, scheuren, uiteen (doen) vallen, scheiden, een breuk vertonen/veroorzaken, verdelen* **0.2** ***delen*** *⇒onder elkaar verdelen* ◆ **1.2** let us ~ (the bill) *laten we (de kosten) delen* **5.1** John and I have split **up** *John en ik zijn uit elkaar gegaan;* ~ **up** into groups *(zich) in groepjes verdelen;*

III ⟨ov.ww.⟩ **0.1** ***verdunnen*** ⟨sterke drank⟩ **0.2** ⟨sport⟩ ***voor de helft winnen*** ⟨reeks wedstrijden⟩.

'split jump ⟨telb.zn.⟩⟨schaatssport⟩ **0.1** ***spreidsprong.***

'split pin ⟨telb.zn.⟩ **0.1** ***splitpen.***

split·ter ['splɪtə‖'splɪṭər]⟨telb.zn.⟩ **0.1** ***wegloper*** *⇒opgever.*

'split time ⟨telb.zn.⟩⟨sport⟩ **0.1** ***tussentijd.***

split·ting ['splɪṭɪŋ]⟨f1⟩⟨bn.; teg. deelw. v. split⟩ **0.1** ***fel*** *⇒heftig, doordringend, scherp, hevig* ◆ **1.1** ~ headache *barstende hoofdpijn.*

'split-up ⟨f1⟩⟨telb.zn.⟩⟨inf.⟩ **0.1** ***breuk*** ⟨na ruzie⟩ *⇒het uit-elkaargaan, echtscheiding.*

splodge[1] [splɒdʒ‖splɑdʒ], ⟨AE sp.⟩ **splotch** [splɒtʃ‖splɑtʃ]⟨telb.zn.⟩ **0.1** ***vlek*** *⇒smeer, plek, veeg, klodder.*

splodge[2], ⟨AE sp.⟩ **splotch** ⟨ov.ww.⟩ **0.1** ***besmeuren*** *⇒vlekken maken op.*

splodg·y ['splɒdʒi‖'splɑdʒi], ⟨AE sp.⟩ **splotch·y** ['splɒtʃi‖'splɑtʃi]⟨bn.⟩ **0.1** ***vlekkerig.***

splosh[1] [splɒʃ‖splɑʃ]⟨telb.zn.⟩⟨inf.⟩ **0.1** ***plons*** *⇒plens, pets.*

splosh[2] ⟨onov. en ov.ww.⟩ **0.1** ***plonzen*** *⇒plenzen, petsen.*

splurge[1] [splɜ:dʒ‖splɜrdʒ]⟨telb.zn.⟩ **0.1** ***uitspatting*** *⇒uitbarsting* **0.2** ***vertoon*** *⇒spektakel, demonstratie* **0.3** ***plensbui*** *⇒stortregen.*

splurge[2] ⟨ww.⟩⟨inf.⟩

I ⟨onov.ww.⟩ **0.1** ***een vertoning weggeven*** *⇒demonstratief doen, pronken* **0.2** ***plenzen*** *⇒plonzen;*

II ⟨onov. en ov.ww.⟩ **0.1** ***(geld) verspillen/verkwisten*** *⇒zich te buiten gaan* ◆ **6.1** ~ **on** a twelve-course dinner *zich te buiten gaan aan een diner v. twaalf gangen.*

splurg·y ['splɜ:dʒi‖'splɜr-]⟨bn.⟩ **0.1** ***demonstratief*** *⇒opzichtig, pronkerig.*

splut·ter[1] ['splʌtə‖'splʌṭər]⟨f1⟩⟨telb. en n.-telb.zn.⟩ **0.1** ***gesputter*** *⇒gespetter* **0.2** ***tumult*** *⇒onenigheid, ruzie.*

splutter[2] ⟨f1⟩⟨ww.⟩

I ⟨onov.ww.⟩ **0.1** ***sputteren*** *⇒spetteren, sissen, knapperen* **0.2** ***proesten*** *⇒sproeien, spetteren* **0.3** ***spatten*** *⇒inktspatten maken* ◆ **5.¶** ~ **out** *uitgaan als een nachtkaars, op niets uitlopen;*

II ⟨onov. en ov.ww.⟩ **0.1** ***sputteren*** *⇒stamelen, hakkelen, brabbelen.*

Spode [spoʊd]⟨eig.n., n.-telb.zn.; ook s-⟩ **0.1** ***spode-porselein.***

spoil[1] [spɔɪl]⟨f1⟩⟨zn.⟩

I ⟨telb.zn.⟩ **0.1** ***dierehuid;***

II ⟨n.-telb.zn.⟩ **0.1** ***buit*** *⇒roofbuit, oorlogsbuit, geroofde goederen* **0.2** ***uitgegraven/opgebaggerde grond*** **0.3** ⟨vero.⟩ ***het plunderen;***

III ⟨mv.; ~s⟩ **0.1** ***buit*** *⇒roofbuit, oorlogsbuit* **0.2** ***resultaten*** **0.3** ⟨scherts.; pol.⟩ ***buit*** *⇒voordeel, opbrengst v.e. overwinning, te vergeven ambten, emolumenten.*

spoil[2] ⟨f3⟩⟨ww.; ook spoilt, spoilt [spɔɪlt]⟩⟨→sprw. 620, 695⟩

I ⟨onov.ww.⟩ **0.1** ***verschalen*** *⇒oninteressant worden, een baard krijgen* ⟨v. grap⟩;

II ⟨onov. en ov.ww.⟩ **0.1** ***bederven*** *⇒(doen) rotten* **0.2** ⟨vero.; mil.⟩ ***plunderen*** *⇒roven* ◆ **1.1** the strawberries have ~ed a bit *de aardbeien zijn een beetje zacht geworden* **6.¶** ⟨inf.⟩ be ~ing **for** a fight *snakken naar een gevecht, staan te trappelen om te vechten;*

III ⟨ov.ww.⟩ **0.1** ***bederven*** *⇒beschadigen, laten mislukken, vergallen* **0.2** ***bederven*** *⇒verwennen* **0.3** ***verwennen*** *⇒vertroetelen* **0.4** ⟨vero.⟩ ***beroven*** *⇒plunderen* ◆ **1.1** ~ the fun *het plezier vergallen* **1.2** a ~t child of fortune *een zondagskind* **6.2** my stay in Italy has ~t me **for** the English climate *door mijn verblijf in Italië bevalt het Engelse klimaat me niet meer* **6.4** ~ s.o. **of** his money *iem. van zijn geld beroven.*

spoil·age ['spɔɪlɪdʒ]⟨n.-telb.zn.⟩ **0.1** ***bederf*** **0.2** ***bedorven waar*** **0.3** ⟨boek.⟩ ***verspild papier*** *⇒misdrukken.*

spoil·er ['spɔɪlə‖-ər]⟨telb.zn.⟩ **0.1** ***plunderaar*** *⇒rover* **0.2** ***bederver*** **0.3** ***spoiler*** ⟨v. auto⟩ **0.4** ⟨lucht.⟩ ***stromingsverstoorder*** *⇒spoiler.*

'spoil-'five ⟨n.-telb.zn.⟩ **0.1** ***kaartspel waarbij een speler drie v.d. vijf slagen moet winnen.***

spoils·man ['spɔɪlzmən]⟨telb.zn.; spoilsmen [-mən]; →mv. 3⟩ **0.1** ***baantjesjager*** *⇒iem. die op een profijtelijk ambt uit is.*

'spoil-sport ⟨f1⟩ ⟨telb.zn.⟩ **0.1** ***spelbreker***.

'spoils system ⟨n.-telb.zn.⟩ ⟨AE; pol.⟩ **0.1** ***weggeefsysteem*** *⇒het uitdelen v. ambten aan partijgenoten*.

spoke[1] [spoʊk] ⟨f2⟩ ⟨telb.zn.⟩ **0.1** ***spaak*** **0.2** ***sport*** *⇒tree* **0.3** ⟨scheep.⟩ ***spaak v. stuurrad*** ◆ **3.¶** put in one's ~ *een duit in het zakje doen, zijn zegje doen;* put a ~ in s.o.'s wheel *iem. een spaak in het wiel steken*.

spoke[2] ⟨ov.ww.⟩ **0.1** ***van spaken voorzien*** *⇒een spaak steken in* ⟨een wiel⟩ **0.2** ***tegenhouden*** *⇒afremmen*.

spoke[3] ⟨verl. t., volt. deelw.⟩ →speak.

'spoke-bone ⟨telb.zn.⟩ ⟨med.⟩ **0.1** ***spaakbeen***.

spo·ken ['spoʊkən] ⟨volt. deelw.⟩ →speak.

-spo·ken ['spoʊkən] **0.1** ***-gevooisd*** *⇒met zachte stem* **0.2** ***-sprekende*** *⇒goed uit zijn woorden komend*.

'spoke-shave ⟨telb.zn.⟩ **0.1** ***stokschaaf*** *⇒spookschaaf*.

spokes·man ['spoʊksmən] ⟨f2⟩ ⟨telb.zn.; spokesmen [-mən]; →mv. 3⟩ **0.1** ***woordvoerder*** *⇒afgevaardigde, spreker*.

spokes·per·son ['spoʊkspɜ:sn‖-pɜr-] ⟨telb.zn.⟩ **0.1** ***woordvoerder/ster***.

spokes·wom·an ['spoʊkswʊmən] ⟨telb.zn.; spokeswomen [-wɪmɪn]; →mv. 3⟩ **0.1** ***woordvoerster*** *⇒afgevaardigde, spreekster*.

spo·li·ate ['spoʊlieɪt] ⟨ov.ww.⟩ **0.1** ***plunderen*** *⇒beroven* **0.2** ***vernietigen***.

spo·li·a·tion ['spoʊli'eɪʃn] ⟨n.-telb.zn.⟩ **0.1** ***beroving*** *⇒plundering* ⟨i.h.b. v. neutrale vrachtschepen door oorlogvoerende landen⟩.

spon·da·ic [spɒn'deɪɪk‖spɑn-] ⟨bn.⟩ ⟨lit.⟩ **0.1** ***spondeïsch***.

spon·dee ['spɒndi:‖'spɑndi] ⟨telb.zn.⟩ ⟨lit.⟩ **0.1** ***spondee***.

spon·du·licks [spɒn'dju:lɪks‖spɑn'du:-] ⟨mv.⟩ ⟨sl.⟩ **0.1** ***duiten*** *⇒centen*.

spon·dy·li·tis ['spɒndɪ'laɪtɪs‖'spɑndɪ'laɪt̬ɪs] ⟨telb. en n.-telb.zn.⟩ ⟨med.⟩ **0.1** ***spondylitis*** *⇒wervelontsteking*.

sponge[1] [spʌndʒ] ⟨f2⟩ ⟨zn.⟩

I ⟨telb.zn.⟩ **0.1** ***klaploper*** *⇒parasiet, uitvreter* **0.2** ***spons*** *⇒drinker, zuiplap* **0.3** ***sponsbad*** *⇒afsponzing;*

II ⟨telb. en n.-telb.zn.⟩ **0.1** ⟨dierk.⟩ ***spons*** ⟨Porifera⟩ **0.2** ***spons*** *⇒stuk spons* **0.3** ⟨ben. voor⟩ ***sponsachtige substantie*** ⇒⟨med.⟩ *tampon;* ⟨med.⟩ *wondgaas;* ⟨ind.⟩ *sponsijzer, platinaspons* ⟨e.d.⟩; ⟨cul.⟩ *gerezen deeg; (cake v.) biscuitdeeg;* ⟨mil.⟩ *loopborstel* ⟨voor kanon⟩; *drassige grond* ◆ **3.2** ⟨bokssport⟩ toss/throw in/up the ~ *de spons opgooien/in de ring gooien* ⟨als teken dat deelnemer het opgeeft⟩; ⟨fig.⟩ *de strijd opgeven*.

sponge[2] ⟨f2⟩ ⟨ww.⟩

I ⟨onov.ww.⟩ **0.1** ***naar sponzen duiken*** *⇒sponzenduiken* **0.2** ***klaplopen*** *⇒parasiteren* **0.3** ⟨cul.⟩ ***rijzen*** ◆ **6.2** ~ **from** s.o. *teren op iem., steeds zijn hand ophouden bij iem.;* ~ **on** s.o. *op iem. parasiteren;*

II ⟨ov.ww.⟩ **0.1** ***sponzen*** *⇒schoonsponzen, afsponzen, met een spons opnemen* **0.2** ***natmaken/afspoelen met een spons*** **0.3** ***uitvegen*** *⇒wegvegen;* ⟨fig.⟩ *wegvagen* **0.4** ***afbedelen*** *⇒aftroggelen* **0.5** ⟨cul.⟩ ***doen rijzen*** ◆ **5.3** ~ **off** a debt *een schuld delgen* **6.4** he always manages to ~ some supper **from** her *hij ziet altijd kans om wat te eten van haar los te krijgen*.

'sponge-bag ⟨telb.zn.⟩ ⟨BE⟩ **0.1** ***toilettasje***.

'sponge-bag 'trousers ⟨mv.⟩ ⟨BE⟩ **0.1** ***geruite broek***.

'sponge-bath ⟨telb.zn.⟩ **0.1** ***afsponzing*** *⇒sponsbad*.

'sponge biscuit ⟨telb. en n.-telb.zn.⟩ ⟨cul.⟩ **0.1** ***eierbiscuit***.

'sponge-cake ⟨f1⟩ ⟨telb. en n.-telb.zn.⟩ ⟨cul.⟩ **0.1** ***biscuitgebak*** *⇒cake v. biscuitdeeg*.

'sponge-div·er ⟨telb.zn.⟩ **0.1** ***sponzenduiker*** *⇒sponzenvisser*.

'sponge-fin·ger ⟨telb.zn.⟩ ⟨cul.⟩ **0.1** ***lange vinger***.

spong·er ['spʌndʒə‖-ər] ⟨telb.zn.⟩ **0.1** ***sponzenduiker*** **0.2** ⟨inf.⟩ ***klaploper***.

spon·ging-house ['spʌndʒɪŋ haʊs] ⟨telb.zn.⟩ ⟨gesch.⟩ **0.1** ***arrestantenkamer*** *⇒gevangenis voor schuldenaars* ⟨onder gezag v. deurwaarder⟩.

spon·gy ['spʌndʒi] ⟨f1⟩ ⟨bn.; -er; -ness; →compar. 7⟩ **0.1** ***sponzig*** *⇒sponsachtig*.

spon·sion ['spɒnʃn‖'spɑnʃn] ⟨zn.⟩

I ⟨telb.zn.⟩ ⟨pol.⟩ **0.1** ***niet-geautoriseerde toezegging*** *⇒diplomatieke afspraak door onbevoegd persoon;*

II ⟨n.-telb.zn.⟩ ⟨jur.⟩ **0.1** ***borg*** *⇒het zich borg stellen*.

spon·son ['spɒnsn‖'spɑnsn] ⟨telb.zn.⟩ ⟨scheep.⟩ **0.1** ***raderkastplatform*** ⟨op raderboot⟩ **0.2** ***kanonplatform*** **0.3** ***stabilisatievin*** ⟨v. watervliegtuig⟩.

spon·sor[1] ['spɒnsə‖'spɑnsər] ⟨f2⟩ ⟨telb.zn.⟩ **0.1** ***peter/meter*** **0.2** ***leider*** *⇒leraar, meester* **0.3** ⟨jur.⟩ ***borg*** *⇒iem. die zich borg stelt* **0.4** ⟨pol.⟩ ***indiener*** ⟨v. wetsontwerp⟩ **0.5** ⟨vnl. hand.⟩ ***sponsor*** *⇒geldschieter* **0.6** ⟨pol.⟩ ***verkiezingscommissie*** *⇒verkiezingsorganisatie*.

sponsor[2] ⟨f2⟩ ⟨ov.ww.⟩ **0.1** ***propageren*** *⇒steunen, bevorderen* **0.2** ***de verantwoordelijkheid op zich nemen voor*** **0.3** ***sponsor zijn voor***.

spon·sor·ship ['spɒnsəʃɪp‖'spɑnsər-] ⟨f1⟩ ⟨n.-telb.zn.⟩ **0.1** ***peetschap*** **0.2** ***sponsorschap*** *⇒sponsoring, financiële steun* ⟨in ruil voor reclame⟩.

spon·ta·ne·i·ty ['spɒntə'ni:əti‖'spɑnt̬ə'ni:ət̬i] ⟨f1⟩ ⟨n.-telb.zn.⟩ **0.1** ***spontaniteit*** *⇒spontaneïteit, spontaanheid*.

spon·ta·ne·ous [spɒn'teɪnɪəs‖spɑn-] ⟨f3⟩ ⟨bn.; -ly; -ness⟩ **0.1** ***spontaan*** *⇒in een opwelling, eigener beweging* **0.2** ***spontaan*** *⇒natuurlijk, ongedwongen, impulsief* **0.3** ***uit zichzelf*** *⇒vanzelf;* ⟨i.h.b. biol.⟩ *spontaan* **0.4** ***onwillekeurig*** *⇒plotseling, onbeheerst* ◆ **1.3** ~ combustion *spontane ontbranding, zelfontbranding;* ~ generation *spontane generatie, abiogenesis;* ~ suggestion *onwillekeurige/onbewuste suggestie*.

spon·toon [spɒn'tu:n‖spɑn-] ⟨telb.zn.⟩ ⟨gesch.; mil.⟩ **0.1** ***korte piek/hellebaard***.

spoof[1] [spu:f] ⟨telb.zn.⟩ **0.1** ***poets*** *⇒bedrog, verlakkerij* **0.2** ***parodie*** **0.3** ***onzin*** *⇒flauwe kul*.

spoof[2] ⟨ov.ww.⟩ **0.1** ***voor de gek houden*** *⇒een poets bakken, verlakken* **0.2** ***parodiëren***.

spook[1] [spu:k] ⟨f1⟩ ⟨telb.zn.⟩ **0.1** ⟨scherts.⟩ ***geest*** *⇒spook* **0.2** ⟨AE; inf.⟩ ***spion*** *⇒geheim agent* **0.3** ⟨AE; bel.⟩ ***neger*** **0.4** ⟨AE; bel.⟩ ***blanke***.

spook[2] ⟨f1⟩ ⟨ov.ww.⟩ ⟨inf.⟩ **0.1** ***rondspoken in*** *⇒rondwaren in* **0.2** ⟨vnl. AE⟩ ***opschrikken*** *⇒opjagen* ⟨dieren⟩.

spook·ish ['spu:kɪʃ] ⟨bn.⟩ **0.1** ***spookachtig***.

spook·y ['spu:ki] ⟨f1⟩ ⟨bn.; -er; -ly; -ness; →bijw. 3⟩ ⟨inf.⟩ **0.1** ***spookachtig*** *⇒spook-* **0.2** ***spookachtig*** *⇒griezelig, eng, angstaanjagend* **0.3** ***schichtig*** ⟨v. paard⟩ *⇒nerveus*.

spool[1] [spu:l] ⟨telb.zn.⟩ **0.1** ***spoel*** **0.2** ***spoel*** *⇒hoeveelheid draad op een spoel* **0.3** ⟨BE⟩ ***klos*** *⇒garenklos*.

spool[2] ⟨ov.ww.⟩ **0.1** ***spoelen*** *⇒opspoelen, opwinden*.

spoon[1] [spu:n] ⟨f2⟩ ⟨telb.zn.⟩ ⟨→sprw. 266, 286⟩ **0.1** ***lepel*** **0.2** ⟨vis.⟩ ***lepel*** *⇒lepelvormig kunstaas* **0.3** ⟨scheep.⟩ ***roeispaan met hol blad*** **0.4** ⟨vero.; golf⟩ ***spoon*** ⟨houten golf-club⟩ **0.5** ⟨sl.⟩ ***halve gare*** *⇒dwaas* **0.6** ⟨sl.⟩ ***verliefde gek***.

spoon[2] ⟨f1⟩ ⟨ww.⟩

I ⟨onov.ww.⟩ **0.1** ⟨vis.⟩ ***met de lepel vissen*** **0.2** ⟨vero.⟩ ***dwaas verliefd doen;***

II ⟨ov.ww.⟩ **0.1** ***lepelen*** *⇒opscheppen, oplepelen* ◆ **5.1** ~ **out** *opscheppen, uitdelen;* ~ **up** *oplepelen, met een lepel opeten*.

'spoon-bait ⟨telb.zn.⟩ ⟨vis.⟩ **0.1** ***lepel*** *⇒lepelvormig kunstaas*.

'spoon beak ⟨telb.zn.⟩ ⟨dierk.⟩ **0.1** ***lepeleend***.

'spoon·bill ⟨telb.zn.⟩ ⟨dierk.⟩ **0.1** ***lepelaar*** ⟨in Europa Plataleia leucorodia, in Amerika Ajaja ajaja⟩ **0.2** ***slobeend*** ⟨Spatula clypeata⟩ **0.3** ***lepelsteur*** ⟨fam. Polyodontidae, i.h.b. Polyodon spatula⟩.

'spoon-bow ⟨telb.zn.⟩ ⟨scheep.⟩ **0.1** ***lepelboeg***.

'spoon-bread ⟨n.-telb.zn.⟩ ⟨AE; cul.⟩ **0.1** ***zacht maïsbrood*** *⇒maïspudding*.

spoondrift →spindrift.

spoon·er·ism ['spu:nərɪzm] ⟨telb.zn.⟩ ⟨taalk.⟩ **0.1** ***spoonerism(e)*** ⟨verwisseling v. beginletters v. twee of meer woorden, bv. peatot ipv. teapot⟩.

'spoon-fed ⟨bn.; (oorspr.) volt. deelw. v. spoon-feed⟩ **0.1** ***gevoerd*** **0.2** ***verwend*** *⇒bedorven* **0.3** ***passief*** *⇒dom gehouden*.

'spoon-feed ⟨f1⟩ ⟨ov.ww.⟩ →spoon-fed **0.1** ***voeren*** *⇒met een lepel voeren* **0.2** ***iets met de lepel ingieten*** *⇒iem. iets voorkauwen* **0.3** ⟨ec.⟩ ***kunstmatig beschermen*** ⟨industrieën⟩.

spoon·ful ['spu:nfʊl] ⟨f1⟩ ⟨telb.zn.; ook spoonsful; →mv. 6⟩ **0.1** ***lepel*** *⇒lepel vol*.

'spoon-meat ⟨n.-telb.zn.⟩ **0.1** ***vloeibaar voedsel*** **0.2** ⟨fig.⟩ ***slappe kost***.

'spoon-net ⟨telb.zn.⟩ ⟨vis.⟩ **0.1** ***schepnet***.

spoon·y[1] ['spu:ni] ⟨telb.zn.; →mv. 2⟩ **0.1** ***dwaas*** *⇒malloot*.

spoony[2] ⟨bn.; -er; →compar. 7⟩ **0.1** ***dwaas*** *⇒mal, sentimenteel* **0.2** ***verliefd*** *⇒verkikkerd* ◆ **6.2** ~ **(up)on** s.o. *verkikkerd op iem.*.

spoor[1] [spʊə, spɔ:‖spʊr, spɔr] ⟨telb.zn.⟩ **0.1** ***spoor*** ⟨vnl. v. dier⟩.

spoor[2] ⟨ww.⟩

I ⟨onov.ww.⟩ **0.1** ***het spoor/sporen volgen*** ⟨vnl. v. dier⟩;

II ⟨ov.ww.⟩ **0.1** ***volgen*** ⟨(dier)spoor⟩.

spo·rad·ic [spə'rædɪk], **spo·rad·i·cal** [-ɪkl] ⟨f1⟩ ⟨bn.; -(al)ly; -(al) ness; →bijw. 3⟩ **0.1** ***sporadisch*** *⇒nu en dan/hier en daar voorkomend* **0.2** ⟨plantk.⟩ ***sporadisch*** *⇒slechts wijd verspreid voorkomend* **0.3** ⟨med.⟩ ***sporadisch*** *⇒geïsoleerd, niet algemeen heersend*.

spo·ran·gi·um [spə'rændʒɪəm] ⟨bn.; sporangia [-dʒɪə]; →mv. 5⟩ ⟨plantk.⟩ **0.1** ***sporangium*** *⇒sporenkapsel*.

spore [spɔ:‖spɔr] ⟨f1⟩ ⟨telb.zn.⟩ ⟨biol.⟩ **0.1** ***spore***.

spo·ro-, spor- ['spɔ:r(oʊ)] ⟨biol.⟩ **0.1** ***spore-*** *⇒sporen-*.

spo·ro·ge·ne·sis ['spɔ:rə'dʒenɪsɪs] ⟨n.-telb.zn.⟩ ⟨biol.⟩ **0.1** ***sporevorming***.

spo·ro·phyte ['spɔ:rəfaɪt] ⟨telb.zn.⟩ ⟨plantk.⟩ **0.1** ***sporofyt***.

spo·ro·zo·an [spɔ:rə'zoʊən] ⟨telb.zn.⟩ **0.1** ***sporozoön***.

spor·ran ['spɒrən‖'spɔrən, 'spɑ-] ⟨telb.zn.⟩ **0.1** ***tasje*** ⇒*beurs* ⟨op kilt, gedragen door Schotse Hooglanders⟩.

sport[1] [spɔ:t‖spɔrt] ⟨f3⟩ ⟨zn.⟩
I ⟨telb.zn.⟩ **0.1** ***sportieve meid/kerel*** **0.2** ⟨BE, Austr. E; inf.⟩ ***meid/kerel*** ⇒*vriend(in), kameraad* **0.3** ⟨AE; inf.⟩ ***frivole vent*** ⇒*bon vivant, playboy* **0.4** ⟨biol.⟩ ***afwijking*** ⇒*afwijkend exemplaar, mutatie* **0.5** ⟨AE⟩ ***gokker*** ◆ **2.2** hello, old ~ *zo, beste kerel!;*
II ⟨telb. en n.-telb.zn.⟩ **0.1** ***sport*** **0.2** ***jacht*** **0.3** ***spel*** ⇒*tijdverdrijf* ◆ **1.¶** the ~ of Kings *paardenrennen* **3.¶** ⟨jacht⟩ have good ~ *met een flinke buit thuiskomen;* show ~ *een sportieve tegenstander zijn, zich met vuur verdedigen;*
III ⟨n.-telb.zn.⟩ **0.1** ***pret*** ⇒*vermaak, spel, plezier, lol, grappenmakerij* **0.2** ***speelbal*** ⇒*slachtoffer, mikpunt* ◆ **1.2** the ~ of Fortune *de speelbal der Fortuin* **6.1** **in** ~ *voor de grap;* make ~ **of** *voor de mal houden;*
IV ⟨mv.; ~s⟩ **0.1** ***sportdag*** ⇒*sportevenement, sportmanifestatie* **0.2** ***atletiek*** **0.3** ***sport*** ⇒*de sportwereld.*

sport[2] ⟨f3⟩ ⟨ww.⟩ →sporting
I ⟨onov.ww.⟩ **0.1** ***spelen*** ⇒*zich vermaken* **0.2** ***grappen maken*** **0.3** ⟨biol.⟩ ***een mutatie vertonen;***
II ⟨ov.ww.⟩ **0.1** ***pronken met*** ⇒*vertonen, uitgebreid laten zien, de aandacht trekken met, te koop lopen met* ◆ **1.1** she was ~ing her high heels *ze liep te pronken met haar hoge hakken.*

sport·ful ['spɔ:tfl‖'spɔrtfl] ⟨bn.; -ly; -ness⟩ **0.1** ***leuk*** ⇒*amusant* **0.2** ***speels.***

sport·ing[1] ['spɔ:tɪŋ‖'spɔrt̬ɪŋ] ⟨telb.zn.; oorspr. gerund v. sport⟩ ⟨sl.⟩ **0.1** ***het boemelen.***

sporting[2] ⟨f1⟩ ⟨bn.; oorspr. teg. deelw. v. sport; -ly⟩ **0.1** ***sportief*** ⇒*in sport geïnteresseerd, sport beoefenend* **0.2** ***sportief*** ⇒*eerlijk, fair* **0.3** ***sport-*** ⇒*mbt. de sport* **0.4** ⟨AE⟩ ***gokkers-*** ◆ **1.1** ~ dog *racehond;* ~ man *tweederangs sportman, iem. die een beetje aan sport/jagen doet* **1.2** ~ chance *redelijke kans, eerlijke kans* **1.¶** ⟨AE⟩ ~ house *bordeel.*

'sporting editor, 'sports editor ⟨telb.zn.⟩ **0.1** ***sportredacteur/redactrice.***

spor·tive ['spɔ:tɪv‖'spɔrt̬ɪv] ⟨bn.; -ly; -ness⟩ **0.1** ***speels*** **0.2** ***sport-*** ⇒*sportief* **0.3** ⟨vero.⟩ ***amoureus*** ⇒*begerig.*

'sports car ⟨f1⟩ ⟨telb.zn.⟩ **0.1** ***sportwagen.***

'sports·cast ⟨n.-telb.zn.⟩ **0.1** ***sportnieuws.***

'sports·cast·er ⟨telb.zn.⟩ **0.1** ***sportverslaggever*** ⇒*sportjournalist.*

'sports coat, ⟨AE ook⟩ **'sport coat, 'sport jacket** ⟨telb.zn.⟩ **0.1** ***sportjasje.***

'sports day ⟨telb.zn.⟩ **0.1** ***sportdag*** ⇒*sportevenementendag.*

'sports event, 'sporting event ⟨telb.zn.⟩ **0.1** ***sportevenement/manifestatie.***

sports·man ['spɔ:tsmən‖'spɔrts-] ⟨f2⟩ ⟨telb.zn.; sportsmen [-mən]; →mv. 3⟩ **0.1** ***sportieve man*** **0.2** ***sportman*** ⇒⟨i.h.b.⟩ *jager, visser* **0.3** ⟨vero.⟩ ***paardegek*** ⇒*gokker.*

sports·man·like ['spɔ:tsmənlaɪk‖'spɔrts-] ⟨bn.⟩ **0.1** ***sportief*** ⇒*zich sportief gedragend, als een goede winnaar/verliezer.*

sports·man·ship ['spɔ:tsmənʃɪp‖'spɔrts-] ⟨f1⟩ ⟨n.-telb.zn.⟩ **0.1** ***sportiviteit*** ⇒*het zich sportief gedragen, het eerlijk spelen.*

'sports medicine ⟨n.-telb.zn.⟩ **0.1** ***sportgeneeskunde.***

'sports page ⟨telb.zn.⟩ **0.1** ***sportpagina*** ⟨in krant⟩.

sports·wear ['spɔ:tsweə‖'spɔrtswer] ⟨n.-telb.zn.⟩ **0.1** ***sportieve kleding.***

'sports·wom·an ⟨f2⟩ ⟨telb.zn.; sportswomen; →mv. 3⟩ **0.1** ***sportieve vrouw*** **0.2** ***sportvrouw.***

'sports writer ⟨telb.zn.⟩ **0.1** ***sportmedewerker*** ⇒*sportredacteur.*

sport·y ['spɔ:ti‖'spɔrt̬i] ⟨f1⟩ ⟨bn.; -er; →compar. 7⟩ **0.1** ***sportief*** ⇒*sport-* **0.2** ***zorgeloos*** ⇒*vrolijk, nonchalant* **0.3** ***opvallend*** ⇒*apart, bijzonder* ⟨v. kleren⟩.

spor·ule ['spɒru:l‖'spɔrju:l] ⟨telb.zn.⟩ ⟨biol.⟩ **0.1** ***sporule*** ⇒*kleine spore, spoortje.*

spot[1] [spɒt‖spɑt] ⟨f3⟩ ⟨telb.zn.⟩ (→sprw. 384) **0.1** ***plaats*** ⇒*plek(je)* **0.2** ***vlek*** ⇒*vlekje, stip, spikkel* **0.3** ***vlek*** ⇒⟨fig.⟩ *smet, blaam* **0.4** ***puistje*** **0.5** ***post*** ⇒*plaats, functie, positie* **0.6** ***oog*** ⟨v. dobbelsteen⟩ **0.7** ***figuur*** ⟨v. speelkaart⟩ **0.8** ***zonnevlek*** **0.9** ***druppel*** **0.10** ⟨radio, t.v.⟩ ***nummer*** ⟨in show⟩ ⇒*plaats* **0.11** ⟨radio, t.v.⟩ ***spot(je)*** ⟨mbt. reclame e.d.⟩ **0.12** ***gestippelde stof*** **0.13** ***lapje*** ⇒*stuk grond* **0.14** ⟨inf.⟩ ***drankje*** ⇒*slokje, borrel* ⟨i.h.b. whisky⟩ **0.15** ⟨inf.⟩ ***spotlight*** **0.16** ⟨BE; inf.⟩ ***beetje*** ⇒*wat, iets* **0.17** ⟨biljart⟩ ***acquit*** **0.18** ⟨biljart⟩ ***stipbal*** ⇒*wit met stip* **0.19** ⟨boogschieten⟩ ***roos*** **0.20** ⟨hand.⟩ ***onmiddellijke levering*** ⇒*loco-, contant-* **0.21** ⟨sl.⟩ ***tent*** ⇒*bar, nachtclub, restaurant* ◆ **1.16** a ~ of bother *een probleem, onenigheid;* a ~ of lunch *een hapje, wat te eten;* do a ~ of work *nog wat werken* **3.¶** change one's ~s *van richting/overtuiging veranderen, een ander leven gaan leiden;* ⟨inf.⟩ that hit the ~ *dat was net wat ik nodig had, dat smaakt;* ⟨BE⟩ knock ~s off *gemakkelijk verslaan, de vloer aanvegen met, geen kind hebben aan;* touch the ~ *de spijker op de kop slaan; de vinger op de wond leggen* **6.1** they were **on** the ~ within half an hour *ze waren binnen een half uur ter plaatse;* he was shot dead **on** the ~ *hij werd ter plekke doodgeschoten;* running **on** the ~ *het op de plaats/ter plaatse lopen* **6.¶** ⟨inf.⟩ now he is **in** a (tight) ~ *nu zit hij in de penarie;* ⟨AE⟩ **in** ~s *af en toe/enigszins;* be **on** the ~ *klaarwakker zijn, zich weren, tegen de situatie opgewassen zijn;* leave **on** the ~ *op staande voet vertrekken;* put s.o. **on** the ~ *iem. in het nauw brengen, iem. onder druk zetten.*

spot[2] ⟨f3⟩ ⟨ww.; →ww. 7⟩ →spotted, spotting
I ⟨onov.ww.⟩ **0.1** ***verkleuren*** ⇒*vlekken krijgen, gevlekt worden* **0.2** ***vlekken*** ⇒*vlekken maken* **0.3** ⟨BE⟩ ***spetteren*** ⇒*licht regenen, in grote druppels neervallen* ◆ **1.3** it's ~ting with rain *er vallen dikke regendruppels;*
II ⟨ov.ww.⟩ **0.1** ***vlekken maken in/op*** ⇒*bemorsen, bevlekken;* ⟨fig.⟩ *bezoedelen, een smet werpen op* **0.2** ***stippelen*** ⇒*bespikkelen, stippels maken op* **0.3** ***herkennen*** ⇒*eruit halen, eruit pikken, ontwaren, zien, ontdekken* **0.4** ***plaatsen*** ⇒*situeren, neerzetten, uitzetten* **0.5** ***letten op*** ⇒*belangstelling hebben voor, uitkijken naar* **0.6** ***een mouche aanbrengen op*** ⟨het gezicht⟩ **0.7** ⟨mil.⟩ ***lokaliseren*** ⇒*de positie vaststellen* ⟨i.h.b. vanuit de lucht⟩ **0.8** ⟨AE⟩ ***ontvlekken*** ⇒*vlekken halen uit* **0.9** ⟨AE⟩ ***verwijderen*** ⇒*uithalen* ⟨vlek⟩ **0.10** ⟨AE⟩ ***merken*** ⇒*sjappen* ⟨bomen⟩ **0.11** ⟨AE; sport⟩ ***(als voorgift) geven*** ⇒*als voorsprong geven* **0.12** ⟨biljart⟩ ***opzetten*** ⟨de bal⟩ ⇒*acquit geven* **0.13** ⟨sl.⟩ ***in het nauw brengen*** ⇒*onder druk zetten* ◆ **1.3** ~ a mistake *een fout ontdekken;* ⟨sport⟩ ~ the winner *de winnaar er van tevoren uitpikken* **5.3** I ~ted him right away as a Dutchman *ik wist meteen dat hij een Nederlander was* **6.3** with her red hair she is very easy to ~ **among** her class-mates *met haar rode haar valt ze direct op tussen haar klasgenootjes.*

spot[3] ⟨bw.⟩ ⟨BE; inf.⟩ **0.1** ***precies*** ◆ **3.1** arrive ~ on time *precies op tijd komen.*

'spot-ball ⟨telb.zn.⟩ ⟨biljart⟩ **0.1** ***stipbal*** ⇒*met 2 stippen gemerkt.*

'spot card ⟨telb.zn.⟩ ⟨kaartspel⟩ **0.1** ***kleintje.***

'spot 'cash ⟨n.-telb.zn.⟩ ⟨hand.⟩ **0.1** ***contant geld*** ⇒*contante betaling.*

'spot check ⟨f1⟩ ⟨telb.zn.⟩ **0.1** ***steekproef.***

'spot-'check ⟨f1⟩ ⟨ov.ww.⟩ **0.1** ***aan een steekproef onderwerpen.***

'spot kick ⟨telb.zn.⟩ ⟨sport⟩ **0.1** ***strafschop.***

spot·less ['spɒtləs‖'spɑt-] ⟨f2⟩ ⟨bn.; -ly; -ness⟩ **0.1** ***brandschoon*** ⇒*vlekkeloos;* ⟨fig. ook⟩ *onberispelijk* ◆ **1.¶** ⟨dierk.⟩ ~ starling *zwarte spreeuw* ⟨Sturnus unicolor⟩.

'spot·light[1] ⟨f2⟩ ⟨telb.zn.⟩ **0.1** ***bundellicht*** ⇒*spotlight* **0.2** ***bermlicht*** ⟨v. auto⟩ ◆ **3.¶** be in the ~, hold the ~ *in het middelpunt v.d. belangstelling staan.*

'spotlight[2] ⟨f1⟩ ⟨ov.ww.⟩ **0.1** ***beschijnen*** ⇒*een spotlight richten op* **0.2** ***onder de aandacht brengen*** ⇒*laten zien.*

'spot-mar·ket ⟨telb.zn.⟩ ⟨hand.⟩ **0.1** ***locohandel.***

'spot-'on ⟨bn.⟩ ⟨BE; inf.⟩ **0.1** ***juist*** ⇒*precies (goed).*

'spot-price ⟨telb.zn.⟩ ⟨hand.⟩ **0.1** ***locoprijs.***

'spot remover ⟨telb.zn.⟩ **0.1** ***vlekkenmiddel*** ⇒*vlekkenwater.*

spot·ted ['spɒtɪd‖'spɑt̬ɪd] ⟨f1⟩ ⟨bn.; volt. deelw. v. spot⟩ **0.1** ***vlekkerig*** ⇒*vuil, bezoedeld;* ⟨fig. ook⟩ *besmet, onzuiver* **0.2** ***gevlekt*** ⇒*met vlekken* **0.3** ***verdacht*** ◆ **1.2** ~ Dick, ~ dog *Dalmatiër, rijstmet-krentenhond;* ⟨BE; inf.⟩ *rozijnenpudding;* ⟨med.⟩ ~ fever *nekkramp; vlektyfus.*

spot·ter ['spɒtə‖'spɑt̬ər] ⟨telb.zn.⟩ **0.1** ***stippelaar*** ⇒*iem. die stippen zet* **0.2** ***wachter*** ⇒*iem. die op de uitkijk zit* **0.3** ***detective*** ⇒*spion* **0.4** ***ontvlekker*** **0.5** ⟨mil.⟩ ***verkenner*** ⇒*verkenningsvliegtuig* **0.6** ⟨sport⟩ ***spotter*** ⇒*iem. die de spelers identificeert voor een verslaggever* **0.7** ⟨gymnastiek, trampolinespringen⟩ ***helper/ster*** ⟨bij het opvangen⟩.

spot·ting ⟨n.-telb.zn.; gerund v. spot⟩ ⟨parachutespringen⟩ **0.1** ***(het) spotten*** ⟨juiste moment kiezen om voor precisiesprong uit vliegtuig te springen⟩.

spot·ty ['spɒti‖'spɑt̬i] ⟨f1⟩ ⟨bn.; -er; -ly; -ness; →bijw. 3⟩ **0.1** ***vlekkerig*** **0.2** ⟨AE⟩ ***ongelijkmatig*** ⇒*onregelmatig, niet consequent, met goede en slechte gedeelten* **0.3** ⟨BE; inf.⟩ ***puisterig*** ⇒*in de puberteit.*

'spot-weld ⟨ov.ww.⟩ **0.1** ***puntlassen.***

'spot-weld·er ⟨telb.zn.⟩ **0.1** ***puntlasser*** **0.2** ***puntlasmachine.***

spous·al[1] ['spaʊzl] ⟨telb.zn.; vaak mv.⟩ ⟨schr.⟩ **0.1** ***huwelijk*** ⇒*bruiloft.*

spousal[2] ⟨bn.⟩ **0.1** ***huwelijks-*** ⇒*bruilofts-.*

spouse [spaʊs, spaʊz] ⟨f2⟩ ⟨telb.zn.⟩ ⟨schr.; jur.⟩ **0.1** ***echtgenoot/echtgenote.***

spout[1] [spaʊt] ⟨f1⟩ ⟨telb.zn.⟩ **0.1** ***pijp*** ⇒*buis* **0.2** ***tuit*** **0.3** ***glijkoker*** ⇒*stortkoker* **0.4** ***waterspuwer*** **0.5** ***waterhoos*** **0.6** ***straal*** ⇒*opspuitende vloeistof/zand* ⟨e.d.⟩ **0.7** ***spuitgat*** ⟨v. walvis⟩ ◆ **6.¶** ⟨inf.⟩ **up** the ~ *naar de knoppen, verknald* ⟨bv. geld, leven⟩; *totaal verkeerd* ⟨bv. cijfers⟩; *hopeloos in de knoei, reddeloos verloren* ⟨v. persoon⟩; ⟨sl.⟩ *zwanger;* ⟨inf.⟩ that's another 20 pounds **up** the ~ *dat is nog eens 20 pond naar de knoppen/verspild.*

spout[2] ⟨f2⟩⟨onov. en ov.ww.⟩ **0.1** ***spuiten*** ⇒*naar buiten spuiten, met kracht uitstoten, omhoog spuiten* **0.2** ⟨inf.⟩ ***oreren*** ⇒*galmen, spuien, brallen* ◆ **1.2** she was always ~ing German verses *ze liep altijd Duitse verzen te galmen* **6.1** the water ~ed **from** the broken pipe *het water spoot uit de gebarsten leiding* **6.2** he ~ed **about** the merits of a classical education *hij oreerde over de deugden v.e. klassieke opleiding.*

SPQR ⟨afk.⟩ **0.1** ⟨Senatus Populusque Romanus⟩ ***S.P.Q.R.*** **0.2** ⟨small profits and quick returns⟩.

SPR ⟨afk.⟩ Society for Physical Research.

sprad·dle ['sprædl]⟨onov.ww.⟩ **0.1** ***wijdbeens lopen/staan.***

sprag [spræg]⟨telb.zn.⟩ **0.1** ***blok*** ⇒*remblok; houten blok* ⟨e.d., onder/in wiel ter afremming⟩ **0.2** ***pal*** ⇒*rempal* **0.3** ⟨mijnw.⟩ ***schoor*** ⇒*stut, hulpstijl.*

sprain[1] [spreɪn]⟨f1⟩⟨telb.zn.⟩⟨med.⟩ **0.1** ***verstuiking.***

sprain[2] ⟨f1⟩⟨ov.ww.⟩⟨med.⟩ **0.1** ***verstuiken.***

spraint [spreɪnt]⟨telb.zn.; vaak mv.⟩ **0.1** ***(stuk) otterdrek.***

sprang ⟨verl.t.⟩ →spring.

sprat[1] [spræt]⟨f1⟩⟨telb.zn.⟩⟨vis.⟩ **0.1** ***sprot*** ◆ **3.¶** (set) a ~ to catch a herring/mackerel/whale *een spiering (uitwerpen) om een kabeljauw te vangen.*

sprat[2] ⟨onov.ww.⟩⟨vis.⟩ **0.1** ***op sprot vissen.***

sprawl[1] [sprɔ:l]⟨telb.zn.⟩ **0.1** ***nonchalante houding*** ⇒*het lui uitgestrekt liggen/hangen* **0.2** ***slordige massa*** ⇒*onregelmatige uitgroei, vormeloos geheel* ◆ **1.2** the ~ of the suburbs *de uitdijende voorsteden.*

sprawl[2] ⟨f2⟩⟨ww.⟩

I ⟨onov.ww.⟩ **0.1** ***armen en benen uitspreiden*** ⇒*nonchalant liggen, onderuit zakken, slordig in een stoel hangen, zich uitspreiden, de ledematen alle kanten op steken* **0.2** ***zich uitspreiden*** ⇒*alle kanten op gaan, zich in alle richtingen verbreiden, onregelmatig v. vorm zijn* ◆ **1.2** a ~ing hand *een groot onregelmatig handschrift;* ~ing suburbs *naar alle kanten uitgroeiende voorsteden* **5.1** the girls were ~ing **about** on the couch *de meisjes hingen lui op de bank;* she ~ed **out** in the grass *ze ging languit in het gras liggen;*

II ⟨ov.ww.⟩ **0.1** ***uitspreiden*** ⇒*alle kanten op steken/laten hangen* ⟨armen, benen⟩.

spray[1] [spreɪ]⟨f2⟩⟨zn.⟩

I ⟨telb.zn.⟩ **0.1** ***takje*** ⇒*twijg* **0.2** ***corsage*** ⇒*broche* ⟨met vorm v. bloeiend takje⟩ **0.3** ***verstuiver*** ⇒*spuitbus, vaporisator* **0.4** ***straal*** ⇒*wolk* ⟨verstoven vloeistof⟩ **0.5** ***spray;***

II ⟨n.-telb.zn.⟩ **0.1** ***nevel*** ⇒*wolk v. druppels, stuivend water.*

spray[2] ⟨f2⟩⟨ww.⟩

I ⟨onov.ww.⟩ **0.1** ***sproeien*** ⇒*spuiten, een vloeistof verstuiven;*

II ⟨onov. en ov.ww.⟩ **0.1** ***verstuiven*** ⇒*vaporiseren;*

III ⟨ov.ww.⟩ **0.1** ***bespuiten*** ⇒*besproeien, met een spray behandelen* ◆ **6.1** ~ the skin **with** disinfectant *de huid behandelen/bespuiten met een ontsmettend middel.*

'spray can ⟨telb.zn.⟩ **0.1** ***spuitbus.***

'spray cover, 'spray skirt ⟨telb.zn.⟩⟨kanovaren⟩ **0.1** ***spatschort.***

spray·er ['spreɪə‖-ər]⟨f1⟩⟨telb.zn.⟩ **0.1** ***spuiter*** **0.2** ***spuitbus*** ⇒*vaporisator.*

spray·ey ['spreɪi]⟨bn.⟩ **0.1** ***vochtig*** ⇒*nevelig, vol druppeltjes* **0.2** ***twijgachtig.***

'spray-gun ⟨f1⟩⟨telb.zn.⟩ **0.1** ***spuitpistool*** ⇒*verfspuit.*

'spray-paint ⟨onov. en ov.ww.⟩ **0.1** ***met verf spuiten.***

spread[1] [spred]⟨f2⟩⟨telb.zn.⟩ **0.1** ***wijdte*** ⇒⟨fig. ook⟩ *reikwijdte* **0.2** ***uitdijing*** ⇒*het dikker worden* **0.3** ***breedte*** **0.4** ***verbreiding*** ⇒*verspreiding* **0.5** ***stuk land*** ⇒⟨i.h.b. AE⟩ *landbezit v. één boer* **0.6** ***sprei*** ⇒*kleed* **0.7** ***smeersel*** **0.8** ⟨inf.⟩ ***maal*** ⇒*feestmaal, onthaal, volgeladen tafel* **0.9** ⟨ec., geldw.⟩ ***marge*** ⇒*verschil* ⟨bv. tussen aan- en verkoopprijs⟩ **0.10** ⟨geldw., verz.⟩ ***spreiding*** ⟨v. portefeuille, risico's⟩ **0.11** ⟨AE; geldw.⟩ ***stellage*** ⇒*dubbele optie* ⟨voor koop/verkoop v. aandelen⟩ **0.12** ⟨boek.⟩ ***tekst over twee of meer kolommen*** **0.13** ⟨boek.⟩ ***dubbele pagina*** ⇒*tekst/foto over twee (tegenover elkaar liggende) pagina's, spread* **0.14** ⟨sl.⟩ ***boter*** **0.15** ⟨sl.⟩ ***(gunstig) krante/tijdschriftartikel*** ⇒*reclame, publiciteit* **0.16** ⟨paardesport⟩ ***breedtesprong*** ⟨als hindernis⟩.

spread[2] ⟨f3⟩⟨ww.; spread, spread⟩

I ⟨onov.ww.⟩ **0.1** ***zich uitstrekken*** ⇒*zich uitspreiden* **0.2** ***zich verspreiden*** ⇒*zich verbreiden, overal bekend worden, alom heersen* **0.3** ***uitgespreid/uitgesmeerd worden*** **0.4** ***zich verspreiden*** ⇒*verder uit elkaar gaan* **0.5** ***zich uitrollen*** ⇒*zich uitvouwen, zich ontvouwen* ◆ **5.1** ~ **out** *zich verbreden, zich breed uitstrekken;* the contract ~s **over** into next season *het contract loopt door tot in het volgende seizoen* **5.3** cold butter does not ~ easily *koude boter smeert niet gemakkelijk* **5.4** the riders ~ **out** *de ruiters verspreidden zich* **6.2** the disease ~ quickly **to** surrounding villages *de ziekte breidde zich snel uit naar omliggende dorpen* **6.¶** ⟨sl.⟩ ~ **for** *de benen spreiden voor, (willen) neuken met;*

II ⟨ov.ww.⟩ **0.1** ***uitspreiden*** ⇒⟨fig. ook⟩ *spreiden, verdelen* **0.2** ***uitsmeren*** ⇒*uitstrijken* **0.3** ***bedekken*** ⇒*beleggen/besmeren* **0.4** ***verbreiden*** ⇒*verspreiden* **0.5** ***klaarzetten*** ⟨een maaltijd⟩ ⇒*dekken* ⟨tafel⟩ **0.6** ***uithameren*** ⇒*uitkloppen* ⟨metaal⟩ ◆ **1.1** deep below the fields were ~ like a quilt *in de diepte lagen de akkers uitgespreid als een lappendeken* **4.¶** ~ o.s. *uitweiden (over), uitpakken, er veel geld/moeite aan besteden, er veel tegenaan gooien* **5.1** ~ **out** one's arms *zijn armen uitslaan/uitspreiden* **5.¶** ⟨sl.⟩ ~ it **on** thick *overdrijven; vleien* **6.1** the measures are ~ **over** a considerable period *de maatregelen worden over een vrij lange tijd verspreid* **6.3** ~ a cracker **with** butter *een cracker met boter besmeren.*

'spread'ea·gle ⟨zn.⟩

I ⟨telb.zn.⟩ **0.1** ⟨heraldiek e.d.⟩ ***adelaar*** ⟨met uitgespreide vleugels⟩ **0.2** ***arrogante opschepper*** **0.3** ⟨scheep.⟩ ***gestrafte, met armen en benen wijd vastgebonden*** ⟨om gegeseld te worden⟩ ◆ **3.3** make a ~ of s.o. *iem. aan armen en benen vastbinden en geselen;*

II ⟨n.-telb.zn.⟩⟨AE⟩ **0.1** ***chauvinisme*** ⇒*bombastisch gepoch.*

spread-eagle ⟨ww.⟩

I ⟨onov.ww.⟩ **0.1** ***met armen en benen wijd liggen*** **0.2** ***opsnijden*** ⇒*chauvinistische praat uitslaan;*

II ⟨ov.ww.⟩ **0.1** ***(zich) met armen en benen wijd neerleggen/neergooien*** **0.2** ***vastbinden en geselen*** **0.3** ***volkomen verslaan*** ⇒*in de grond boren.*

spread-ea·gle·ism ['spred'i:gl·ɪzm]⟨n.-telb.zn.⟩⟨AE⟩ **0.1** ***chauvinisme*** ⇒*patriottisme.*

spread·er ['spredə‖-ər]⟨telb.zn.⟩ **0.1** ***botermes*** **0.2** ⟨landb.⟩ ***strooier*** ⇒*strooimachine* **0.3** ***dwarshout*** ⇒*dwarsbalk;* ⟨i.h.b. scheep.⟩ *zaling.*

'spread·sheet ⟨telb.zn.⟩⟨comp.⟩ **0.1** ***spreadsheet.***

spree[1] [spri:]⟨f1⟩⟨telb.zn.⟩⟨inf.⟩ **0.1** ***pret(je)*** ⇒*lol, boemel(arij), braspartij, drinkgelag, jool* ◆ **3.1** buying ~ *aanval v. koopwoede;* go out on a ~ *aan de boemel gaan, boemelen;* have a ~ *boemelen, fuiven;* shopping ~ *aanval v. koopwoede;* spending ~ *geldsmijterij* **6.1** **on** the ~ *aan de rol/boemel.*

spree[2] ⟨ww.⟩⟨inf.⟩

I ⟨onov.ww.⟩ **0.1** ***boemelen*** ⇒*pierewaaien, zwierbollen;*

II ⟨ov.ww.⟩ **0.1** ⟨alleen in vlg. uitdr.⟩ ◆ **4.1** ~ it *boemelen, pierewaaien, zwierbollen.*

sprig[1] [sprɪg]⟨f1⟩⟨telb.zn.⟩ **0.1** ***twijg(je)*** ⇒*takje, rijsje* **0.2** ***toefje*** ⇒*aigrette* ⟨ter versiering⟩ **0.3** ***telg*** ⇒*spruit* **0.4** ⟨inf.⟩ ***jongmens*** **0.5** ***kopleos spijkertje*** ◆ **1.3** ⟨pej.⟩ ~ of (the) nobility *telg uit/voortbrengsel v.e. adellijk geslacht.*

sprig[2] ⟨ov.ww.; vaak volt. deelw.; →ww. 7⟩ **0.1** ***(met twijgjes/bloemfiguren) versieren*** **0.2** ***(be)spijkeren*** ⟨met kopleze spijkertjes⟩.

sprig·gy ['sprɪgi]⟨bn.; -er; →compar. 7⟩ **0.1** ***vol twijgen.***

spright →sprite.

spright·ly ['spraɪtli]⟨f1⟩⟨bn.; -er; -ness; →bijw. 3⟩ **0.1** ***levendig*** ⇒*dartel, opgewekt, vrolijk.*

'sprig·tail ⟨telb.zn.⟩⟨dierk.⟩ **0.1** ***pijlstaart(eend)*** ⇒*langhals(eend)* ⟨Anas acuta⟩.

spring[1] [sprɪŋ]⟨f3⟩⟨zn.⟩

I ⟨telb.zn.⟩ **0.1** ⟨vaak mv.⟩ ***bron*** ⟨ook fig.⟩ ⇒*wel, oorsprong, herkomst* **0.2** ***(metalen) veer*** ⇒*springveer* **0.3** ***sprong*** ⇒*buiteling* **0.4** ***terugsprong*** ⇒*terugslag, terugstoot* **0.5** ***springtij*** ⇒*springvloed* **0.6** ***drijfveer*** ⇒*(beweeg)reden, motief* **0.7** ⟨scheep.⟩ ***spring*** ⇒*sprenkel* **0.8** ⟨bouwk.⟩ ***geboorte*** ⇒*voet* ⟨v. boog, gewelf⟩ **0.9** ***barst*** ⇒*sprong, scheur* **0.10** ⟨sl.⟩ ***lening*** ◆ **2.1** hot ~s *geisers, warme springbronnen* **3.3** make/take a ~ *springen* **6.1** have its ~ **in** *zijn oorsprong hebben in* **6.3** take a ~ **at** s.o.'s throat *iem. naar de keel vliegen;*

II ⟨telb. en n.-telb.zn.⟩ **0.1** ***lente*** ⟨ook fig.⟩ ⇒*voorjaar* ◆ **1.1** ~ of life *lente v.h. leven* **6.1** **in** (the) ~ *in het voorjaar;*

III ⟨n.-telb.zn.⟩⟨ook fig.⟩ **0.1** ***veerkracht*** ⇒*vering, rek, elasticiteit, energie.*

spring[2] ⟨f3⟩⟨ww.; sprang [spræŋ]/⟨AE ook⟩ sprung [sprʌŋ], sprung⟩ →sprung ⟨→sprw. 304⟩

I ⟨onov.ww.⟩ **0.1** ***(op)springen*** **0.2** ***(terug)veren*** **0.3** ***ontspringen*** ⇒*ontstaan, voortkomen, opschieten* **0.4** ***openspringen*** ⇒*barsten, splijten, exploderen, ontploffen, springen* **0.5** ***dichtklappen*** ⟨v. val⟩ ⇒*toespringen* **0.6** ***kromtrekken*** ⟨v. hout⟩ ⇒*buigen* **0.7** ⟨vero.⟩ ***aanbreken*** ⟨v.d. dag⟩ **0.8** ⟨sl.⟩ ***vrijkomen*** ⟨uit gevangenis⟩ **0.9** ⟨sl.⟩ ***ontsnappen*** ⟨uit gevangenis⟩ ◆ **1.1** ~ to attention *in de houding springen;* ~ to s.o.'s defense *iem. te hulp schieten;* ~ to life *plotseling tot leven komen;* the first thing that ~s to one's mind *het eerste wat je te binnen schiet* **5.1** ~ **up** *opspringen; opkomen* **5.2** ~ **back** *terugveren* **5.3** ~ **up** *plotseling opkomen/verschijnen* **6.1** ~ **at** s.o.'s throat *iem. naar de keel vliegen;* ~ **to** one's feet *opspringen;* ~ **to** s.o.'s assistance *iem. te hulp snellen* **6.3** ~ **from** *afstammen v.;* ~ **from/out of** *voortkomen/ontstaan uit;*

⟨inf.⟩ where did you ~ **from?** *waar kom jij opeens vandaan?;*
II ⟨ov.ww.⟩ **0.1** ***doen opspringen*** **0.2** ***springen over*** ⟨v. paard, hindernis⟩ **0.3** ***plotseling bekendmaken*** **0.4** ***opjagen*** ⟨wild⟩ **0.5** ***doen (open)springen*** ⇒*opblazen, splijten, tot ontploffing brengen* **0.6** ***laten dichtklappen/toespringen*** **0.7** ⟨meestal volt. deelw.⟩ ***v. veren/vering voorzien*** **0.8** ⟨inf.⟩ ***erdoor jagen*** ⟨geld⟩ ⇒*uitgeven* **0.9** ⟨AE; sl.⟩ ***(voorwaardelijk) vrijlaten*** ⟨uit de gevangenis⟩ ⇒*ontslaan, helpen ontsnappen* **0.10** ⟨sl.⟩ ***tracteren*** **0.11** ⟨sl.⟩ ***als een verrassing brengen*** ◆ **6.3** ⟨inf.⟩ ~ sth. **on/with** s.o. *iem. plotseling met iets confronteren/met iets overvallen.*

'spring 'balance ⟨telb.zn.⟩ **0.1** ***veerbalans*** ⇒*veerunster.*

'spring 'bed ⟨telb.zn.⟩ **0.1** ***bed met springveren matras/springmatras*** **0.2** ***springveren matras/springmatras.***

'spring·board ⟨f1⟩ ⟨telb.zn.⟩ ⟨ook fig.⟩ **0.1** ***springplank*** ⇒*duikplank* ◆ **6.1** ~ **to** success *springplank naar succes.*

'springboard diving ⟨n.-telb.zn.⟩ ⟨schoonspringen⟩ **0.1** ***(het) plankspringen.***

spring·bok ['sprɪŋbɒk‖-bɑk], **spring·buck** ['sprɪŋbʌk] ⟨telb.zn.; ook springbok/buck; →mv. 4⟩ ⟨dierk.⟩ **0.1** ***springbok*** ⟨soort gazelle; Antidorcas marsupialis⟩.

'Spring·bok ⟨telb.zn.⟩ **0.1** ⟨bijnaam v.⟩ ***Zuidafrikaan*** ⇒⟨i.h.b. bijnaam v.⟩ *lid v.e. Zuidafrikaans sportteam* ◆ **¶.1** ~s *Springbokken* ⟨Zuidafrikaans sportteam⟩.

'spring bolt ⟨telb.zn.⟩ **0.1** ***veergrendel.***

'spring butt ⟨telb.zn.⟩ ⟨sl.⟩ **0.1** ***overijverig/overenthousiast persoon.***

'spring 'cal(l)ipers ⟨mv.⟩ **0.1** ***veerpasser*** ◆ **1.1** two pairs of ~ *twee springpassers.*

'spring 'chicken ⟨telb. en n.-telb.zn.⟩ ⟨ook fig.⟩ **0.1** ***piepkuiken*** ⇒*groentje, jong broekje* ◆ **3.1** she is no ~ *zij is niet meer zo piep.*

'spring-clean¹, ⟨AE⟩ **'spring-'clean·ing** ⟨n.-telb.zn.⟩ **0.1** ***voorjaarsschoonmaak*** ⇒*grote schoonmaak.*

'spring-'clean² ⟨ww.⟩
I ⟨onov.ww.⟩ **0.1** ***voorjaarsschoonmaak/grote schoonmaak houden;***
II ⟨ov.ww.⟩ **0.1** ***grondig schoonmaken*** ⇒*voorjaarsschoonmaak/grote schoonmaak houden in.*

springe¹ [sprɪndʒ] ⟨telb.zn.⟩ **0.1** ***valstrik*** ⇒*lus.*

springe² ⟨ww.⟩
I ⟨onov.ww.⟩ **0.1** ***strikken zetten;***
II ⟨ov.ww.⟩ **0.1** ***strikken*** ⇒*vangen.*

'spring 'equinox ⟨telb.zn.⟩ **0.1** ***lentepunt*** ⇒*voorjaarsnachteveningspunt.*

spring·er ['sprɪŋə‖-ər] ⟨telb.zn.⟩ **0.1** ***springer*** ⟨iem. die springt⟩ **0.2** ***springerspaniel*** **0.3** ***springbok*** **0.4** ***dolfijn*** **0.5** ***springende zalm/vis*** **0.6** ***iets wat veert*** **0.7** ⟨bouwk.⟩ ***geboorte*** ⇒*voet* ⟨v. boog, gewelf⟩.

'spring 'fever ⟨telb.zn.⟩ ⟨sl.⟩ **0.1** ***lentekoorts*** ⇒*voorjaarskoorts.*

'spring gun ⟨telb.zn.⟩ **0.1** ***vanzelf afgaand geweer*** ⟨als waarschuwing tegen stropers e.d.⟩ **0.2** ***soort speelgoedgeweertje.***

spring·halt ['sprɪŋhɔ:lt] ⟨telb. en n.-telb.zn.⟩ **0.1** ***hanespat*** ⟨v. paard⟩.

'spring·head ⟨telb.zn.⟩ **0.1** ***bron*** ⇒*oorsprong.*

'spring·house ⟨telb.zn.⟩ ⟨AE⟩ **0.1** ***koelhuis boven een bron.***

spring·ing ['sprɪŋɪŋ] ⟨zn.⟩
I ⟨telb.zn.⟩ ⟨bouwk.⟩ **0.1** ***geboorte*** ⇒*voet* ⟨v. boog, gewelf⟩;
II ⟨telb. en n.-telb.zn.⟩ **0.1** ***vering*** ⟨v.e. auto⟩.

spring·less ['sprɪŋləs] ⟨bn.⟩ **0.1** ***zonder veren/vering.***

spring·let ['sprɪŋlɪt] ⟨telb.zn.⟩ **0.1** ***bronnetje*** **0.2** ***stroompje*** ⇒*beekje, vliet.*

spring·like ['sprɪŋlaɪk] ⟨bn.⟩ **0.1** ***voorjaarsachtig*** ⇒*voorjaars-.*

'spring-'load·ed ⟨bn.⟩ **0.1** ***met veer(werking).***

'spring lock ⟨bn.⟩ **0.1** ***veerslot.***

'spring 'mattress ⟨telb.zn.⟩ **0.1** ***springverenmatras*** ⇒*springmatras.*

'spring 'onion ⟨telb. en n.-telb.zn.⟩ ⟨BE⟩ **0.1** ***bosuitje*** ⇒*lenteuitje, nieuwe ui.*

'spring roll ⟨telb.zn.⟩ ⟨BE⟩ **0.1** ***loempia.***

'spring·tail ⟨telb.zn.⟩ ⟨dierk.⟩ **0.1** ***springstaart*** ⟨orde Collembola, klasse Hexapoda⟩.

'spring 'tide ⟨f1⟩ ⟨zn.⟩
I ⟨telb. en n.-telb.zn.⟩ **0.1** ***springtij*** ⇒*springvloed;*
II ⟨n.-telb.zn.⟩ ⟨schr.⟩ **0.1** ***lente(tijd)*** ⇒*voorjaar.*

'spring·time ⟨f1⟩ ⟨n.-telb.zn.⟩ **0.1** ***lente(tijd)*** ⇒*voorjaar.*

'spring water ⟨n.-telb.zn.⟩ **0.1** ***bronwater*** ⇒*welwater.*

'spring 'wheat ⟨n.-telb.zn.⟩ **0.1** ***zomertarwe.***

spring·y ['sprɪŋi] ⟨f1⟩ ⟨bn.; -er; -ly; -ness; →bijw. 3⟩ **0.1** ***veerkrachtig*** **0.2** ***elastisch*** **0.3** ***rijk aan (water)bronnen.***

sprin·kle¹ ['sprɪŋkl] ⟨f1⟩ ⟨telb.zn.⟩ **0.1** ***stofregen*** **0.2** ***regenbuitje*** **0.3** →sprinkling ◆ **6.2** ~ **of** rain *(regen)buitje* **6.¶** a ~ **of** houses *enkele (verspreid liggende) huizen.*

sprinkle² ⟨f2⟩ ⟨ww.⟩ →sprinkling
I ⟨onov.ww.⟩ **0.1** ***stofregenen;***
II ⟨ov.ww.⟩ **0.1** ***sprenkelen*** ⟨ook fig.⟩ ⇒*sprengen, strooien* **0.2** ***bestrooien*** ⟨ook fig.⟩ ⇒*besprenkelen* ◆ **6.1** ~ **on(to)** *sprenkelen op* **6.2** ~ **with** *bestrooien met.*

sprinkl·er ['sprɪŋklə‖-ər] ⟨f1⟩ ⟨telb.zn.⟩ **0.1** ***(tuin)sproeier*** **0.2** ***sprenkelinstallatie*** ⇒*sprinklerinstallatie, blusinstallatie.*

'sprinkler system ⟨telb.zn.⟩ **0.1** ***sprenkelinstallatie*** ⇒*sprinklerinstallatie, blusinstallatie.*

sprinkl·ing ['sprɪŋklɪŋ], ⟨in bet. 0.1 ook⟩ **sprinkle** ⟨zn.; (oorspr.) gerund v. sprinkle⟩
I ⟨telb.zn.⟩ **0.1** ***kleine hoeveelheid*** ⇒*greintje;*
II ⟨telb. en n.-telb.zn.⟩ **0.1** ***het sproeien.***

'sprinkling can ⟨telb.zn.⟩ ⟨AE⟩ **0.1** ***gieter.***

sprint¹ [sprɪnt], **'sprint race** ⟨f1⟩ ⟨telb.zn.⟩ **0.1** ***sprint*** ⇒*spurt.*

sprint² ⟨f1⟩ ⟨onov.ww.⟩ **0.1** ***sprinten*** ⇒*spurten.*

sprint·er ['sprɪntə‖'sprɪntər] ⟨f1⟩ ⟨telb.zn.⟩ **0.1** ⟨sport⟩ ***sprinter*** **0.2** ***sprinter*** ⟨trein⟩.

'sprint·out ⟨telb.zn.⟩ ⟨Am. voetbal⟩ **0.1** ***zijwaartse sprint.***

'sprint training ⟨n.-telb.zn.⟩ ⟨sport⟩ **0.1** ***sprinttraining.***

sprit [sprɪt] ⟨telb.zn.⟩ **0.1** ***(zeil)spriet*** **0.2** ***spruit*** ⇒*scheut, loot, ent.*

sprite, spright [spraɪt] ⟨f1⟩ ⟨telb.zn.⟩ **0.1** ***(boze) geest*** **0.2** ***elf(je)*** **0.3** ***kabouter.***

sprit·sail ['sprɪtseɪl ⟨scheep.⟩ 'sprɪtsl] ⟨telb.zn.⟩ ⟨scheep.⟩ **0.1** ***sprietzeil.***

spritz·er ['sprɪtsə‖-ər] ⟨telb.zn.⟩ ⟨AE⟩ **0.1** ***drankje v. witte wijn met spuitwater.***

sprock·et ['sprɒkɪt‖'sprɑ-] ⟨telb.zn.⟩ **0.1** ***tand(je)*** ⟨v. tandrad⟩ **0.2** →sprocket wheel.

'sprocket block ⟨telb.zn.⟩ ⟨wielrennen⟩ **0.1** ***pignon.***

'sprocket wheel, sprocket ⟨telb.zn.⟩ **0.1** ***kettingrad*** ⇒*tandrad, kettingwiel, kettingschijf* ⟨v. fiets, e.d.⟩.

sprout¹ [spraʊt] ⟨f1⟩ ⟨telb.zn.⟩ **0.1** ***spruit*** ⇒*loot, scheut, ent* **0.2** ⟨inf.⟩ ***jong pers.*** ⇒*spruit, jongmens* **0.3** ⟨vaak mv.⟩ ***spruitje*** ⟨groente⟩.

sprout² ⟨f2⟩ ⟨ww.⟩
I ⟨onov.ww.⟩ **0.1** ***(ont)spruiten*** ⇒*ontluiken, uitlopen* **0.2** ***de hoogte in schieten*** ⇒*groeien, opschieten* ◆ **5.2** ~ **up** *de hoogte in schieten;*
II ⟨ov.ww.⟩ **0.1** ***doen ontspruiten*** ⇒*doen ontluiken* **0.2** ***laten groeien*** ⟨ook fig.⟩ ◆ **1.2** ~ a beard *zijn baard laten staan.*

spruce¹ [spru:s], ⟨in bet. I ook⟩ **'spruce fir** ⟨f1⟩ ⟨zn.⟩
I ⟨telb.zn.⟩ ⟨plantk.⟩ **0.1** ***spar*** ⟨genus Picea⟩;
II ⟨n.-telb.zn.⟩ **0.1** ***sparrehout.***

spruce² ⟨f1⟩ ⟨bn.; -er; -ly; -ness; →compar. 7⟩ **0.1** ***net*** ⇒*netjes, keurig, opgedoft, opgedirkt.*

spruce³ ⟨f1⟩ ⟨ww.⟩ ⟨inf.⟩
I ⟨onov.ww.⟩ ◆ **5.¶** ~ **up** *zich opdoffen/opdirken;*
II ⟨ov.ww.⟩ **0.1** ***opdoffen*** ⇒*opdirken, netjes opknappen* ◆ **4.1** ~ o.s. (up) *zich opdoffen/opdirken* **5.1** ~ s.o. **up** *iem. opdirken.*

'spruce beer ⟨n.-telb.zn.⟩ **0.1** ***bier v. sparrebladeren en -takjes.***

sprue [spru:] ⟨zn.⟩
I ⟨telb.zn.⟩ **0.1** ***dun soort asperge*** **0.2** ⟨tech.⟩ ***gietloop*** ⇒*giettap;*
II ⟨telb. en n.-telb.zn.⟩ ⟨med.⟩ **0.1** ***Indische sprouw*** ⟨Aphthae tropicae⟩.

spruit [spreɪt‖spru:t] ⟨telb.zn.⟩ ⟨Z. Afr. E⟩ **0.1** ***spruit*** ⇒*stroompje.*

sprung¹ [sprʌŋ] ⟨bn.; oorspr. volt. deelw. v. spring⟩ ⟨sl.⟩ **0.1** ***bezopen*** ⇒*dronken, teut.*

sprung² ⟨verl. t. en volt. deelw.⟩ →spring.

spry [spraɪ] ⟨f1⟩ ⟨bn.; sprier of spryer; spryly; spryness; →compar. 7⟩ **0.1** ***levendig*** ⇒*actief, kwiek* ◆ **1.1** a ~ old man *een krasse oude baas.*

spud¹ [spʌd] ⟨telb.zn.⟩ **0.1** ***(smalle) schoffel*** ⇒*wiedijzer* **0.2** ⟨inf.⟩ ***pieper*** ⇒*aardappel* **0.3** ***kort en dik iem./iets*** ⇒*dikkerdje, propje.*

spud² ⟨ww.; →ww. 7⟩
I ⟨onov. en ov.ww.⟩ ⟨tech.⟩ **0.1** ***(in)spudden*** ⟨olie/gasput⟩ ◆ **5.1** ~ **in** *inspudden* ⟨olie/gasput⟩;
II ⟨ov.ww.⟩ **0.1** ***schoffelen*** ⇒*wieden, uitsteken* ◆ **5.1** ~ **out/up** weeds *onkruid uitsteken/wieden.*

'spud-bash·ing ⟨n.-telb.zn.⟩ ⟨sl.; sold.⟩ **0.1** ***het piepers jassen.***

spudge around ['spʌdʒ ə'raʊnd] ⟨onov.ww.⟩ ⟨sl.⟩ **0.1** ***snel werken*** ⇒*actief zijn.*

spue →spew.

spume¹ [spju:m] ⟨n.-telb.zn.⟩ ⟨vnl. schr.⟩ **0.1** ***schuim*** ⇒*bruis.*

spume² ⟨onov.ww.⟩ **0.1** ***schuimen*** ⇒*bruisen.*

spu·mes·cence [spju:'mesns] ⟨n.-telb.zn.⟩ **0.1** ***schuimigheid*** **0.2** ***het schuimen/bruisen.***

spu·mous ['spju:məs], **spum·y** [-mi] ⟨bn.; spumier; →compar. 7⟩ **0.1** ***schuimig*** ⇒*schuimend* **0.2** ***schuimachtig.***

spun¹ [spʌn] ⟨f1⟩ ⟨bn.; volt. deelw. v. spin⟩ **0.1** ***gesponnen*** ◆ **1.1** ~ gold/silver *gesponnen goud/zilver, goud/zilverdraad* **1.¶** ~ silk *floret/vloszijde, filozel;* ~ yarn *schiemansgaren.*

spun² [spʌn] ⟨verl. t. en volt. deelw.⟩ →spin.

spunk¹ [spʌŋk] ⟨f1⟩ ⟨n.-telb.zn.⟩ **0.1** ***tonder*** ⇒*zwam* **0.2** ⟨inf.⟩ ***pit*** ⇒*lef, durf, fut* **0.3** ⟨BE; vulg.⟩ ***kwakje*** ⇒*zaad, sperma.*

spunk² ⟨onov.ww.⟩⟨AE; ook fig.⟩ **0.1** ***ontvlammen*** ◆ **5.1** ~ **up** *in actie komen.*

spunk·y¹, spunk·ie ['spʌŋki]⟨telb.zn.; →mv. 2⟩⟨inf.⟩ **0.1** ***bink*** ⇒*flinke vent.*

spunky² ⟨bn.; -er; -ly; -ness; →bijw. 3⟩⟨inf.⟩ **0.1** ***flink*** ⇒*pittig, moedig* **0.2** ⟨AE⟩ ***opvliegend*** ⇒*heethoofdig, driftig.*

spur¹ [spɜ:‖spɜr]⟨f2⟩⟨telb.zn.⟩ **0.1** ***spoor*** ⟨v. ruiter, haan⟩ **0.2** ***aansporing*** ⇒*prikkel, stimulans, impuls, spoorslag* **0.3** ⟨plantk.⟩ ***spoor*** **0.4** ***uitloper*** ⟨v. berg⟩ **0.5** ***ram*** ⟨aan op stapel staand schip⟩ ⇒*steun, stut, beer* **0.6** ***zij(spoor)lijn*** ◆ **1.2** (act) on the ~ of the moment *spontaan, impulsief, in een opwelling (iets doen)* **3.1** put / set ~s to *de sporen geven, aansporen;* win / gain one's ~s *zijn sporen verdienen* ⟨ook fig.⟩; *geridderd worden, zich onderscheiden.*

spur² ⟨f2⟩⟨ww.; →ww. 7⟩ →spurred ⟨→sprw. 489⟩

I ⟨onov.ww.⟩⟨ook fig.⟩ **0.1** ***er vaart achter zetten*** ◆ **5.1** ~ **forward / on** *spoorslags rijden;*

II ⟨ov.ww.⟩ **0.1** ***de sporen geven*** **0.2** ***aansporen*** ⇒*aanmoedigen, aanzetten* **0.3** ⟨vaak volt. deelw.⟩ ***v. sporen voorzien*** ⇒*sporen* ◆ **3.2** ~ s.o. to do sth. *iem. aansporen om iets te doen* **5.2** ~ **on** (to) *aanzetten, aansporen (tot).*

spurge [spɜ:dʒ‖spɜrdʒ]⟨telb.zn.⟩⟨plantk.⟩ **0.1** ***wolfsmelk*** ⟨genus Euphorbia⟩.

'spurge 'laurel ⟨telb.zn.⟩⟨plantk.⟩ **0.1** ***peperboompje*** ⟨Daphne⟩ ⇒⟨i.h.b.⟩ *zwart peperboompje* ⟨Daphne laureola⟩.

spu·ri·ous ['spjʊərɪəs‖'spjʊr-]⟨f1⟩⟨bn.; -ly; -ness⟩ **0.1** ***onecht*** ⇒*vals, vervalst, nagemaakt, pseudo-, schijn-* **0.2** ***buitenechtelijk*** ⇒*bastaard-* ⟨v. kind⟩ **0.3** ***onlogisch*** ◆ **1.1** ~ edition *pirateneditie, witte uitgave* **1.3** ~ argument *verkeerd argument.*

spur·less ['spɜ:ləs‖'spɜr-]⟨bn.⟩ **0.1** ***zonder sporen.***

spurn¹ [spɜ:n‖spɜrn]⟨telb.zn.⟩⟨vero.⟩ **0.1** ***versmading*** ⇒*verachting, afwijzing, verwerping* **0.2** ***trap*** ⇒*schop.*

spurn² ⟨f1⟩⟨ww.⟩

I ⟨onov.ww.⟩⟨vero.⟩ **0.1** ***trappen*** ◆ **6.1** ~ **against / at** *trappen tegen, versmaden, verwerpen;*

II ⟨ov.ww.⟩ **0.1** ***afwijzen*** ⇒*versmaden, verachten, verwerpen, v.d. hand wijzen* **0.2** ⟨vero.⟩ ***(weg)trappen.***

'spur-of-the-'mo·ment ⟨bn.⟩⟨inf.⟩ **0.1** ***spontaan*** ⇒*in een opwelling, impulsief.*

spurred [spɜ:d‖spɜrd]⟨bn.; volt. deelw. v. spur⟩ **0.1** ***met sporen*** ◆ **1.¶** ~ rye *moederkoren.*

spur·r(e)y ['spʌri]⟨telb.zn.; -eys, -ies; →mv. 2⟩⟨plantk.⟩ **0.1** ***spurrie*** ⟨Spergula arvensis⟩.

spur·ri·er ['spɜ:rɪə‖-ər]⟨telb.zn.⟩ **0.1** ***sporenmaker.***

'spur rowel ⟨telb.zn.⟩⟨heraldiek⟩ **0.1** ***spoorrad.***

'spur 'royal ⟨telb.zn.⟩⟨gesch.⟩ **0.1** ***munt v. vijftien shilling*** ⟨17e eeuw⟩.

spurt¹ [spɜ:t‖spɜrt], ⟨BE sp. ook⟩ **spirt** ⟨f1⟩⟨telb.zn.⟩ **0.1** ***uit / losbarsting*** ⇒*vlaag, opwelling, bevlieging, bui* **0.2** ⟨sport⟩ ***sprint(je)*** ⇒*spurt(je)* **0.3** ***(krachtige) straal*** ⇒*stroom, vloed* **0.4** ***uit / losbarsting*** ⇒*eruptie* **0.5** ***piek*** ⇒*hoogtepunt, uitschieter* **0.6** ***ogenblik*** ⇒*moment* ◆ **1.1** a ~ of anger *een uitbarsting v. woede;* a ~ of energy *een vlaag v. energie* **1.3** a ~ of water *een krachtige waterstraal* **1.4** a ~ of flames *een plotselinge zee v. vlammen* **1.5** the annual ~ in sales *de jaarlijkse piek in de verkoop* **3.2** put on a ~ *een sprintje trekken* **6.1** **by / in** ~s *bij / met vlagen.*

spurt², ⟨BE sp. ook⟩ **spirt** ⟨f1⟩⟨ww.⟩

I ⟨onov.ww.⟩ **0.1** ***een krachtige inspanning doen*** ⇒*zich tot het uiterste inspannen* **0.2** ***spurten*** ⇒*een grote vaart zetten, sprinten* **0.3** ***spuiten*** ⇒*opspatten, opslaan, met kracht naar buiten komen / uitslaan, losbarsten* **0.4** ***de hoogte ingaan*** ⇒*een piek bereiken / beleven, omhoog schieten* **0.5** ***opschieten*** ◆ **1.4** sales ~ed *de verkoop bereikte een piek* **1.5** grass ~ed between the rocks *tussen de rotsen schoot het gras op* **5.3** the blood ~ed **out** *het bloed spoot / gutste eruit* **6.3** blood ~ed **from** his head *het bloed spoot / gutste uit zijn hoofd;* smoke and flames ~ed **from** the windows *rook en vlammen sloegen door de ramen naar buiten* **6.4** he ~ed **into** fame *hij werd op slag beroemd;*

II ⟨ov.ww.⟩ **0.1** ***spuiten*** ⇒*doen stromen / vloeien, met kracht (naar buiten) stuwen, doen (op)spatten, doen losbarsten* **0.2** ***de hoogte doen ingaan*** ⇒*intensiveren.*

'spur track ⟨telb.zn.⟩ **0.1** ***zijspoor.***

'spur wheel, 'spur gear ⟨telb.zn.⟩ **0.1** ***(eenvoudig) tandwiel*** ⇒*tandrad.*

'spur-'winged ⟨bn.⟩⟨dierk.⟩ ◆ **1.¶** ~ plover *sporenkievit* ⟨Vanellus spinosus⟩.

spur·wort ['spɜ:wɜ:t‖'spɜrwɜrt]⟨n.-telb.zn.⟩⟨plantk.⟩ **0.1** ***blauw walstro*** ⟨Sherardia arvensis⟩.

sput·nik [spʊtnɪk]⟨f2⟩⟨telb.zn.; ook S-⟩⟨ruim.⟩ **0.1** ***spoetnik.***

sput·ter¹ ['spʌtə‖'spʌṭər]⟨f1⟩⟨telb. en n.-telb.zn.⟩ **0.1** ***gesputter*** ⇒*sputtergeluid, geputtel, het sputteren* **0.2** ***gestamel*** ⇒*gebrabbel, het stamelen, stamel / brabbeltaal* **0.3** ***het spatten*** ⇒*spat(je)* **0.4** ***geratel.***

sputter² ⟨ww.⟩

I ⟨onov.ww.⟩ **0.1** ***sputteren*** ⇒*spuwen, proesten* **0.2** ***sputteren*** ⇒*stamelen, brabbelen* **0.3** ***ratelen*** **0.4** ***sputteren*** ⇒*spatten* **0.5** ***sputteren*** ⇒*knetteren* ◆ **1.1** the diver was ~ing *de duiker proestte* **1.4** the engine only ~ed a bit *de motor sputterde alleen een beetje* **5.¶** ~ **out** *sputterend uitgaan / doven;* the candle ~ed **out** *de kaars ging sputterend uit;* the riot ~ed **out** when the police arrived *het oproer bloedde dood toen de politie er aankwam* **6.2** ~ **at** *sputteren tegen;*

II ⟨ov.ww.⟩ **0.1** ***stamelen*** ⇒*brabbelen* **0.2** ***ratelen*** **0.3** ***sputteren*** ⟨een metaallaagje aanbrengen op⟩ **0.4** ***uitspuwen*** ⇒*in het rond spuwen* **0.5** ⟨elek.⟩ ***sproeien*** ◆ **5.1** ~ **out** *uitbrengen, uitstamelen* **5.2** ~ **out** *al ratelend vertellen.*

sput·ter·er ['spʌtərə‖'spʌṭərər]⟨telb.zn.⟩ **0.1** ***stamelaar(ster)*** **0.2** ***spuwer*** **0.3** ***ratel.***

spu·tum ['spju:ṭəm]⟨zn.; ook sputa ['spju:ṭə]; →mv. 5⟩

I ⟨telb.zn.⟩ **0.1** ***fluim*** ⇒*rochel, kwalster, slijmprop;*

II ⟨n.-telb.zn.⟩ **0.1** ***sputum*** ⇒*slijm, spuwsel* **0.2** ***saliva*** ⇒*speeksel.*

spy¹ [spaɪ]⟨f2⟩⟨telb.zn.; →mv. 2⟩ **0.1** ***spion(ne)*** ⇒*geheim agent, stille* **0.2** ⟨vnl. vero.⟩ ***(mogelijkheid) tot bekijken / bespioneren*** ◆ **1.¶** ⟨inf.⟩ ~ in the cab *tachograaf* **2.1** industrial ~ *industrieel spion* **3.2** have one's first ~ *voor het eerst gaan spioneren* **6.1** be a ~ **on** *bespioneren.*

spy² ⟨f2⟩⟨ww.; →ww. 7⟩

I ⟨onov.ww.⟩ **0.1** ***spioneren*** ⇒*spieden, loeren, gluren, kijken* **0.2** ***spioneren*** ⇒*een spion zijn* ◆ **6.1** ~ **at** *kijken / gluren / loeren naar, bespioneren;* ~ **into** *bespioneren, bespieden, beloeren; onderzoeken, trachten te achterhalen; zijn neus steken in;* ~ **(up)on** *bespioneren, bespieden, beloeren, loeren op;* ~ **out for** *uitkijken / zoeken naar;*

II ⟨ov.ww.⟩ **0.1** ***bespioneren*** ⇒*bespieden, beloeren* **0.2** ***ontwaren*** ⇒*in het oog krijgen, bespeuren* **0.3** ***v. dichtbij bekijken*** ⇒*nauwkeurig bekijken* ◆ **4.¶** I ~ (with my little eye) *ik zie, ik zie, wat jij niet ziet* ⟨kinderspel waarbij een zichtbaar voorwerp geraden moet worden⟩ **5.¶** →spy **out.**

'spy·glass ⟨zn.⟩

I ⟨telb.zn.⟩ **0.1** ***kijker*** ⟨i.h.b. kleine telescoop⟩;

II ⟨mv.; ~es⟩ **0.1** ***verrekijker*** ⇒*toneelkijker.*

'spy·hole ⟨telb.zn.⟩ **0.1** ***kijkgat*** ⇒*loergat.*

'spy 'out ⟨ov.ww.⟩ **0.1** ***verkennen*** ⇒*onderzoeken* **0.2** ***opsporen*** ⇒*zoeken, ontdekken, op zoek gaan naar* ◆ **1.2** ~ all opposition *alle oppositie opsporen.*

sq ⟨telb.zn.⟩⟨afk.⟩ **0.1** ⟨the following (one)⟩ *sq.* **0.2** ⟨sequence, squadron, square⟩.

Sq ⟨afk.⟩ Squadron, Square.

sqn ⟨afk.⟩ squadron.

Sqn Ldr ⟨afk.⟩ Squadron Leader.

sqq ⟨afk.⟩ the following (ones) **0.1** *sq..*

squab¹ [skwɒb‖skwɑb]⟨telb.zn.⟩ **0.1** ***dikkerd*** ⇒*dikzak* **0.2** ***jonge vogel*** ⇒*kuiken* ⟨i.h.b. als voedsel; vnl. duif⟩ **0.3** ***(zit)kussen*** ⇒*sofakussen* **0.4** ⟨BE⟩ ***rugkussen*** ⇒*rugleuning* ⟨in auto⟩ **0.5** ***sofa*** ⇒*canapé, rustbank, ottomane* **0.6** ***onervaren persoon*** ⇒*melkmuil, jong meisje.*

squab², ⟨in bet. 0.1 ook⟩ **squab·by** ['skwɒbi‖'skwɑbi]⟨bn.; 2e variant -er; →compar. 7⟩ **0.1** ***plomp*** ⇒*kort, dik, log* **0.2** ***kaal*** ⇒*naakt* ⟨v. jonge vogel⟩.

squab·ble¹ ['skwɒbl‖'skwɑbl]⟨telb.zn.⟩ **0.1** ***kibbelpartij*** ⇒*schermutseling, gekibbel, kibbelarij, ruzie* **0.2** ⟨druk.⟩ ***pastei.***

squabble² ⟨f1⟩⟨ww.⟩

I ⟨onov.ww.⟩ **0.1** ***krakelen*** ⇒*kibbelen, overhoop liggen, twisten* **0.2** ⟨druk.⟩ ***in pastei vallen*** ⇒*door elkaar raken, uit de vorm vallen* ◆ **6.1** ~ **with** s.o. **about** sth. *met iem. over iets kibbelen;*

II ⟨ov.ww.⟩⟨druk.⟩ **0.1** ***door elkaar gooien*** ⇒*pastei maken v..*

squab·bler ['skwɒblə‖'skwɑblər]⟨telb.zn.⟩ **0.1** ***kibbelaar(ster).***

'squab chick ⟨telb.zn.⟩ **0.1** ***vogel zonder veren*** ⇒*kale vogel.*

'squab 'pie ⟨telb. en n.-telb.zn.⟩⟨cul.⟩ **0.1** ***duivenpastei*** **0.2** ***vleespastei met uien en appels.***

squac·co ['skwækoʊ‖'skwɑ-], **'squacco heron** ⟨telb.zn.⟩⟨dierk.⟩ **0.1** ***ralreiger*** ⟨Ardeola ralloides⟩.

squad¹ [skwɒd‖skwɑd]⟨f2⟩⟨verz.n.⟩ **0.1** ***ploeg*** ⇒*groep, team* **0.2** ⟨mil.⟩ ***sectie*** ⇒*escouade, rot* **0.3** ⟨sport⟩ ***selectie*** ⇒*team* **0.4** ⟨sport⟩ ***(sport)ploeg.***

squad² ⟨ov.ww.; →ww. 7⟩ **0.1** ***in ploegen onderbrengen*** ⇒*ploegen vormen met.*

'squad car ⟨telb.zn.⟩⟨AE⟩ **0.1** ***patrouilleauto.***

squad·die, squad·dy ['skwɒdi‖'skwɑdi]⟨telb.zn.; →mv. 2⟩⟨BE; inf.⟩ **0.1** ***soldaat(je)*** **0.2** ***(ploeg)maat.***

squad·ron¹ ['skwɒdrən‖'skwɑ-]⟨f2⟩⟨verz.n.⟩⟨mil.⟩ **0.1** ***eskadron*** **0.2** ⟨marine⟩ ***eskader*** ⇒*smaldeel* **0.3** ⟨luchtmacht⟩ ***eskader*** **0.4** ***groep*** ⇒*ploeg, team.*

squadron[2] ⟨ov.ww.⟩ **0.1** ***in eskadrons / eskaders onderbrengen***.
'squadron leader ⟨telb.zn.⟩⟨BE; mil.⟩ **0.1** ***majoor*** ⇒*eskadercommandant* ⟨bij luchtmacht⟩.
squail [skweɪl]⟨zn.⟩⟨spel⟩
I ⟨telb.zn.⟩ **0.1** ***schijfje*** ⇒*fiche;*
II ⟨mv.; ~s⟩ **0.1** ***squails*** ⟨soort vlooienspel⟩.
squal·id ['skwɒlɪd‖'skwɑ-]⟨f1⟩ ⟨bn.; -ly; -ness⟩ **0.1** ***smerig*** ⇒*vuil, vies* **0.2** ***smerig*** ⇒*vuil, gemeen, laag, schunnig* **0.3** ***ellendig*** ⇒*beroerd, erbarmelijk* ◆ **2.3** a ~ existence *een erbarmelijk / doodarm bestaan*.
squa·lid·i·ty [skwɒ'lɪdəti‖skwɑ'lɪdəṭi]⟨n.-telb.zn.⟩ **0.1** ***smerigheid*** ⇒*vuil / laag / gemeen / schunnigheid* **0.2** ***ellendigheid*** ⇒*ellende, beroerd / erbarmelijkheid*.
squall[1], ⟨in bet. 0.4 ook⟩ **squawl** [skwɔ:l]⟨f1⟩ ⟨telb.zn.⟩ **0.1** ***(wind / regen / sneeuw / hagel)vlaag*** ⇒*rukwind, windstoot, (regen / sneeuw / hagel)bui, storm* **0.2** ***uitbarsting*** ⇒*vlaag, bui, herrie, opschudding* **0.3** ***kibbelpartij*** ⇒*ruzie, schermutseling* **0.4** ***kreet*** ⇒*gil, schreeuw* ◆ **3.¶** an arched ~ *equatoriale (onweers)bui, gewelfvormige stapelwolken;* look out for ~s *op zijn hoede zijn*.
squall[2], ⟨in bet. II 0.1 ook⟩ **squawl** ⟨f1⟩ ⟨ww.⟩
I ⟨onov.ww.⟩ **0.1** ***stormen*** ⇒*waaien;*
II ⟨onov. en ov.ww.⟩ **0.1** ***gillen*** ⇒*krijsen, (uit)schreeuwen*.
squall·er ['skwɔ:lə‖-ər]⟨telb.zn.⟩ **0.1** ***schreeuwer*** ⇒*schreeuwlelijk*.
'squall line ⟨telb.zn.⟩⟨meteo.⟩ **0.1** ***buienlijn*** ⟨vaak gepaard met onweders⟩.
squall·y ['skwɔ:li]⟨bn.; -er; →compar. 7⟩ **0.1** ***buiig*** ⇒*regenachtig, winderig, stormachtig* **0.2** ***stormachtig*** ⇒*onstuimig, heftig, hevig* ◆ **1.2** a ~ discussion *een stormachtige discussie*.
squa·loid[1] ['skweɪlɔɪd]⟨telb.zn.⟩ **0.1** ***haaiachtige (vis)***.
squaloid[2] ⟨bn.⟩ **0.1** ***haaiachtig***.
squal·or ['skwɒlə‖'skwɑlər]⟨f1⟩ ⟨n.-telb.zn.⟩ **0.1** ***misère*** ⇒*ellende,* ⟨B.⟩ *miserie* **0.2** ***smerigheid*** ⇒*vuil(heid), viezigheid*.
squa·ma ['skweɪmə]⟨telb.zn.; squamae [-mi:]; →mv. 5⟩ ⟨biol.⟩ **0.1** ***schub*** **0.2** ***schubvormig(e) bot / veer***.
squa·mous ['skweɪməs], **squamose** [-moʊs], ⟨in bet. 0.1 ook⟩ **squa·mate** [-meɪt]⟨bn.; -ly; -ness⟩ ⟨biol.⟩ **0.1** ***geschubd*** ⇒*schubbig* **0.2** ***schubachtig*** ⇒*schubvormig, squameus*.
squam·ule ['skweɪmju:l]⟨telb.zn.⟩⟨biol.⟩ **0.1** ***schub(bet)je***.
squam·u·lous ['skweɪmjʊləs‖-mjə-]⟨bn.⟩⟨biol.⟩ **0.1** ***met schub(bet) jes / kleine schubben bedekt***.
squan·der[1] ['skwɒndə‖'skwɑndər]⟨zn.⟩
I ⟨telb. en n.-telb.zn.⟩ **0.1** ***verspilling*** ⇒*verkwisting;*
II ⟨n.-telb.zn.⟩ **0.1** ***kwistigheid*** ⇒*overdaad*.
squander[2] ⟨f2⟩ ⟨ww.⟩
I ⟨onov.ww.⟩ **0.1** ***spilziek zijn;***
II ⟨ov.ww.⟩ **0.1** ***verspillen*** ⇒*verkwisten, verbrassen, opsouperen* **0.2** ⟨vero.⟩ ***verspreiden*** ⇒*verstrooien, uiteendrijven* ◆ **1.1** ~ money *met geld smijten* **6.1** ~ **on** *verspillen / verkwisten / weggooien aan*.
squan·der·er ['skwɒndərə‖'skwɑndərər]⟨f1⟩ ⟨telb.zn.⟩ **0.1** ***verspiller / ster*** ⇒*verkwister*.
squan·der·ma·ni·a ['skwɒndə'meɪnɪə‖'skwɑndər-]⟨n.-telb.zn.⟩ **0.1** ***spilzucht*** ⇒*geldsmijterij*.
square[1] [skweə‖skwer]⟨f3⟩ ⟨telb.zn.⟩ **0.1** ***vierkant*** **0.2** ***vierkant stuk*** **0.3** ***doek*** ⇒*vierkante sjaal* **0.4** ⟨in plaatsnamen S-⟩ ***plein*** ⇒ *square,* ⟨B.⟩ *plaats* **0.5** ***teken / winkelhaak*** **0.6** ***veld*** ⇒*hokje, ruit* ⟨op speelbord⟩ **0.7** ⟨AE⟩ ***(huizen)blok*** **0.8** ***blok(je)*** ⇒*klomp(je)* **0.9** ***oefenplein / terrein*** ⇒*exercitieplein / veld, kazerneplein* **0.10** ⟨wisk.⟩ ***kwadraat*** ⇒*tweede macht, vierkant* **0.11** ⟨mil.⟩ ***carré*** **0.12** ⟨cricket⟩ ***square*** ⇒*wicketveldje* **0.13** ⟨inf.⟩ ***bourgeois*** ⇒*filistijn, kleinburgerlijk / bekrompen / ouderwets / conventioneel persoon* **0.14** ⟨vero.⟩ ***standaard*** ⇒*maatstaf, regel, richtlijn* **0.15** ***square*** ⟨oppervlaktemaat; honderd vierkante voet⟩ **0.16** ***square*** ⇒*vliegende matras, stratostar* **0.17** →square dance ◆ **1.2** a ~ of carpet *een vierkant stuk tapijt* **1.8** a ~ of butter *een boterklomp (je);* a ~ of cheese *een kaasblokje* **4.7** he lives three ~s from here *hij woont hier drie blokken vandaan* **6.10** nine is the ~ **of** three *negen is het kwadraat / de tweede macht v. drie;* the ~ **of** four is sixteen *het kwadraat / de tweede macht v. vier is zestien, vier in het kwadraat is zestien* **6.11** form **into** ~ *(zich) in carré opstellen* **6.¶** be **back to** ~ one *weer bij het vertrekpunt zijn, terug naar 'af' moeten, van voren af aan / opnieuw moeten beginnen;* **by** the ~ *op de millimeter (nauwkeurig), precies, nauwkeurig;* **on** the ~ *recht door zee, eerlijk, open; in een rechte hoek;* be **on** the ~ *bij de loge zijn, in de loge zitten, bij de vrijmetselarij zijn;* **out of** ~ *niet haaks, scheef; niet op zijn plaats, in de war, overhoop*.
square[2] ⟨f3⟩ ⟨bn.; -er; -ness; →compar. 7⟩
I ⟨bn.⟩ **0.1** ***vierkant*** **0.2** ***recht(hoekig)*** **0.3** ***eerlijk*** ⇒*fair, rechtvaardig, rechtmatig* **0.4** ***eerlijk*** ⇒*open(hartig), direct, rechtuit, onomwonden* **0.5** ***vierkant*** ⇒*fors, breed, stevig* **0.6** ***effen*** ⇒*vlak, glad, plat* **0.7** ⟨inf.⟩ ***bourgeois*** ⇒*kleinburgerlijk, conventioneel, ouderwets* **0.8** ⟨cricket⟩ ***loodrecht*** ⟨op het wicket⟩ **0.9** ⟨scheep.⟩ ***vierkant getuigd / gebrast*** **0.10** ***vierkant*** ⇒*regelmatig* ⟨mbt. gang v. paard⟩ ◆ **1.1** ~ brackets *vierkante haakjes* **1.2** a ~ corner *een rechte hoek* **1.3** a ~ deal *een rechtvaardige behandeling; een eerlijke verkoop / transactie;* ~ dealings *eerlijke onderhandelingen;* his dealings are not quite ~ *zijn praktijken zijn niet helemaal eerlijk;* a ~ game *een eerlijk spel* **1.4** a ~ answer *een direct / onomwonden antwoord* **1.5** a ~ chin *een vierkante kin;* of ~ frame *fors v. gestalte* **1.6** a ~ surface *een glad oppervlak* **1.¶** ⟨cricket⟩ ~ leg *square leg* ⟨(plaats v.) speler links v. batsman en in een rechte lijn met het wicket⟩; a ~ peg (in a round hole), a round peg in a ~ hole *de verkeerde persoon (voor iets), een vreemde eend in de bijt;* a ~ piano *tafelpiano / klavier* **3.3** get a ~ deal *eerlijk behandeld worden;* give s.o. a ~ deal *iem. eerlijk / royaal behandelen;* play a ~ game *eerlijk spelen, een eerlijk spel spelen* **6.2** ~ **to** *recht (hoekig) op* **6.3** be ~ **with** s.o. *eerlijk zijn tegen / met iem.;*
II ⟨bn., attr.⟩ **0.1** ***vierkant*** ⇒*kwadraat-, vierkants-* ⟨→t1⟩ **0.2** ***regelrecht*** ⇒*onomwonden, vierkant, keihard* **0.3** ***met / van vier personen*** **0.4** ***stevig*** ⇒*flink* ◆ **1.1** one ~ foot *één vierkante voet;* one ~ metre *één vierkante meter;* one ~ mile *één vierkante mijl;* ⟨wisk.⟩ a ~ number *een volkomen kwadraat(getal);* ⟨wisk.⟩ ~ root *vierkantswortel* **1.2** a ~ contradiction *een regelrechte contradictie;* a ~ refusal *een onomwonden / vierkante weigering* **1.3** a ~ party *een gezelschap v. vier personen* **1.4** a ~ drink *een flinke / stevige borrel;* a ~ meal *een flinke / stevige maaltijd* **3.2** meet (with) a ~ refusal *nul op het rekest krijgen;*
III ⟨bn., pred.⟩ **0.1** ***effen*** ⇒*quitte, vereffend, voldaan* **0.2** ***in orde*** **0.3** ⟨sport, i.h.b. golf⟩ ***gelijk*** ◆ **1.1** our account is (all) ~ *onze rekening is (helemaal) effen* **3.1** be (all) ~ *(helemaal) effen / quitte zijn / staan* **3.2** get things ~ *de boel in orde brengen, orde op zaken stellen* **3.3** be (all) ~ *gelijk staan* **6.¶** ~ **with** *op gelijke hoogte / voet met;* be ~ **with** *effen / quitte zijn / staan met; op gelijke hoogte / voet staan met;* get ~ **with** s.o. *met iem. afrekenen, zijn schulden bij iem. vereffenen; het iem. betaald zetten, met iem. afrekenen* **7.¶** all ~ *we zijn / staan effen / quitte;* ⟨sport, i.h.b. golf⟩ *gelijke stand;* call it all ~ *beschouw het als vereffend; we zijn / staan effen / quitte, O.K.?* **¶.¶** ~! *we zijn / staan effen / quitte!;*
IV ⟨bn., post.⟩ **0.1** ***in het vierkant*** ◆ **1.1** three feet ~ *drie voet in het vierkant*.
square[3] ⟨f3⟩ ⟨ww.⟩
I ⟨onov.ww.⟩ **0.1** ***overeenstemmen*** ⇒*kloppen, stroken, overeenkomen, verzoenbaar zijn* **0.2** ***in een rechte hoek staan*** **0.3** ***zich in postuur stellen*** ⇒*in gevechtshouding gaan staan, klaar gaan staan om te vechten* **0.4** ***afrekenen*** ⇒*(de rekening) betalen, de rekening vereffenen* ◆ **5.3** ~ **off / up** *zich in postuur / gevechtshouding stellen, de vuisten ballen;* ⟨fig.⟩ ~ **up** to reality *de werkelijkheid onder ogen zien / onderkennen* **5.4** ⟨inf.⟩ ~ **up** *afrekenen, (de rekening) betalen, de rekening vereffenen; orde op zaken stellen;* ~ **up** with s.o. *het iem. betaald zetten, zijn schuld bij iem. vereffenen* **5.¶** →square **away** **6.1** ~ **to** *aansluiten / passen bij, verzoenbaar zijn met;* my plans don't ~ **to** his interests *mijn plannen komen niet in zijn kraam te pas;* ~ **with** *overeenstemmen / stroken / kloppen met, aansluiten bij* **6.4** ~ **for** *betalen voor;*
II ⟨ov.ww.⟩ **0.1** ***vierkant maken*** ⇒*vierkanten* **0.2** ***rechthoekig maken*** **0.3** ***kantrechten*** ⟨timmerhout⟩ **0.4** ***op rechthoekigheid testen*** **0.5** ***rechten*** ⇒*rechtzetten, omhoog brengen, rechthoekig plaatsen* **0.6** ***van een vierkant / vierkanten voorzien*** ⇒*een vierkant / vierkanten tekenen op* **0.7** ***in overeenstemming brengen*** ⇒*doen aansluiten* **0.8** ***in orde brengen*** ⇒*regelen, vereffenen, schikken* **0.9** ***omkopen*** ⇒*steekpenningen geven aan* **0.10** ***vervalsen*** **0.11** ⟨wisk.⟩ ***kwadrateren*** ⇒*in / tot de tweede macht / het kwadraat verheffen* **0.12** ⟨sport, i.h.b. golf⟩ ***op gelijke stand brengen*** **0.13** ⟨scheep.⟩ ***vierkant brassen*** ◆ **1.5** ~ one's shoulders *zijn schouders rechten* **1.11** squaring the circle *de kwadratuur v.d. cirkel* **4.11** three ~d equals nine *drie tot de tweede (macht) is negen* **5.1** ~ **off / up** *(tot een) vierkant maken* **5.2** ~ **off / up** *rechthoekig maken* **5.6** ~ **off** a page *een blad in vierkanten verdelen, ruitjes tekenen op een bladzijde* **5.8** ⟨inf.⟩ ~ **up** *vereffenen, (af)betalen;* ~ **up** one's debts *zijn schuld voldoen / aanzuiveren* **5.¶** →square **away** **6.7** ~ **to / with** *doen aansluiten bij, richten naar, afstemmen op, in overeenstemming brengen met, doen stroken met*.
square[4] ⟨f1⟩ ⟨bw.⟩ **0.1** ***recht(hoekig)*** ⇒*in een rechte hoek, rechtop* **0.2** ***(regel)recht*** ⇒*vlak, pal, juist* **0.3** ***eerlijk*** ⇒*fair, rechtvaardig* **0.4** ***rechtuit*** ⇒*open(hartig), eerlijk, direct, onomwonden* **0.5** ***stevig*** ⇒*breed(uit), fors* ◆ **3.1** sit ~ on one's seat *recht op zijn stoel zitten* **3.2** hit s.o. ~ on the jaw *iem. een regelrechte kaakslag toedienen, iem. recht op de kaak slaan;* look s.o. ~ in the eye *iem. recht in de ogen kijken* **3.3** play ~ *eerlijk spelen;* treat s.o. ~ *iem. eerlijk / royaal behandelen* **3.4** come ~ out with an answer *rechtuit / onomwonden antwoorden* **3.5** place o.s. ~ before *zich breeduit neer zetten / planten voor* **6.2** ~ **to** *vlak / pal tegenover*.

'square a'way ⟨ww.⟩
I ⟨onov.ww.⟩ **0.1** ⟨scheep.⟩ ***de ra's vierkant tuigen/brassen*** **0.2** ***de dingen in orde brengen*** ⇒*alles in orde maken, orde op zaken stellen;*
II ⟨ov.ww.⟩ **0.1** ***vierkant tuigen*** **0.2** ***in orde brengen/maken*** ⇒*regelen.*
'square ball ⟨telb.zn.⟩⟨voetbal⟩ **0.1** ***breedtepass.***
'square-bash·ing ⟨n.-telb.zn.⟩⟨BE; sl.; sold.⟩ **0.1** ***drill*** ⇒*exercities.*
'square-'built ⟨bn.⟩ **0.1** ***vierkant*** ⇒*fors, hoekig, stevig, breed.*
'square dance ⟨f1⟩⟨telb.zn.⟩ **0.1** ***quadrille.***
'square-dance ⟨onov.ww.⟩ **0.1** ***een quadrille dansen.***
'square game ⟨telb.zn.⟩ **0.1** ***gezelschapsspel met vier.***
'square·head ⟨telb.zn.⟩⟨vnl. AE; bel.⟩ **0.1** ***mof*** ⇒*Duitser* **0.2** ***kaaskop*** ⇒*Hollander, Nederlander* **0.3** ***Noordeuropeaan*** ⇒*Scandinaviër.*
'square knot ⟨telb.zn.⟩⟨AE⟩ **0.1** ***platte knoop.***
square·ly ['skweəli||'skwerli]⟨f2⟩⟨bw.⟩ **0.1** →square **0.2** ***recht(hoekig)*** ⇒*in een rechte hoek, rechtop* **0.3** ***(regel)recht*** ⇒*vlak, pal, juist* **0.4** ***eerlijk*** ⇒*fair, rechtvaardig* ◆ **3.2** sit ~ in one's seat *recht op zijn stoel zitten* **3.3** sit ~ across s.o. *recht tegenover iem. zitten* **3.4** act ~ *eerlijk handelen.*
'square 'measure ⟨telb.zn.⟩ **0.1** ***(opper)vlaktemaat.***
'square pass →square ball.
'square-'rigged ⟨bn.⟩⟨scheep.⟩ **0.1** ***vierkant getuigd/gebrast.***
square-rig·ger ['skweərɪgə||'skwer-]⟨telb.zn.⟩⟨scheep.⟩ **0.1** ***square-rigger*** ⟨vierkant getuigde boot⟩.
'square sail ⟨telb.zn.⟩⟨scheep.⟩ **0.1** ***razeil.***
'square-'shoul·dered ⟨bn.⟩ **0.1** ***breedgeschouderd*** ⇒*met rechte schouders.*
squares·ville[1] ['skweəzvɪl||'skwerz-]⟨n.-telb.zn.; soms S-⟩⟨sl.⟩ **0.1** ***de bourgeoisie*** ⇒*de kleine burgerij.*
squaresville[2] ⟨bn.⟩⟨sl.⟩ **0.1** ***bourgeois*** ⇒*ouderwets, kleinburgerlijk.*
square-toed ['skweə'toʊd||'skwer-]⟨bn.; -ness⟩ **0.1** ***met brede tip/neus/punt*** ⟨v. schoen⟩ **0.2** ***preuts*** ⇒*ouderwets, vormelijk.*
square-toes ['skweətoʊz||'skwer-]⟨n.-telb.zn.⟩ **0.1** ***preuts persoon*** ⇒*vormelijk/ouderwets iem., pedant.*
squar·ish ['skweərɪʃ||'skwerɪʃ]⟨bn.; -ly⟩ **0.1** ***ongeveer/bijna vierkant.***
squar·rose ['skwæroʊs], **squar·rous** [-rəs]⟨bn.; -ly⟩ **0.1** ⟨biol.⟩ ***ruw (harig)*** ⇒*schubachtig* **0.2** ⟨plantk.⟩ ***schubvormig*** ⇒*gekruld* **0.3** ⟨plantk.⟩ ***stijfbladig*** ◆ **1.2** ~ bracts *schubvormige schutbladen* **1.3** a ~ involucre *een stijfbladig omwindsel.*
squar·son ['skwɑ:sn||'skwɑrsn]⟨telb.zn.⟩⟨BE; scherts.⟩ **0.1** ***squarson*** ⇒*dominee-grootgrondbezitter* ⟨squire die ook parson is⟩.
squash[1] [skwɒʃ||skwɑʃ]⟨f2⟩⟨zn.; in bet. II 0.2 ook squash; →mv. 4⟩
I ⟨telb.zn.⟩ **0.1** ***plets*** ⇒*pats, klets, smak, plof* **0.2** ***gesop*** ⇒*soppig geluid, zuigend geluid* **0.3** ⟨bijna altijd enk.⟩ ***gedrang*** ⇒*opeenhoping, oploop, menigte,* ⟨B.⟩ *gedrum* **0.4** ***verplettering*** ⇒*verbrijzeling* **0.5** →squash hat;
II ⟨telb. en n.-telb.zn.⟩ **0.1** ⟨BE⟩ ***kwast*** ⇒*vruchtendrank* **0.2** ⟨plantk.⟩ ***pompoen*** ⟨genus Cucurbita⟩;
III ⟨n.-telb.zn.⟩ **0.1** ***pulp*** ⇒*brij, pap, zachte massa* **0.2** →squash rackets **0.3** →squash tennis.
squash[2] ⟨f2⟩⟨ww.⟩
I ⟨onov.ww.⟩ **0.1** ***pletten*** ⇒*plat/tot moes gedrukt worden* **0.2** ***dringen*** ⇒*zich wringen/persen* **0.3** ***soppen*** ⇒*zompen, een zuigend geluid maken* ◆ **5.2** ~ **in** *zich wringen/persen in;* can I ~ **in** next to you? *kan ik me nog naast u wringen?;* ~ **up** *(dicht) opeen gaan zitten/staan, samen schuiven, zich opeendringen;*
II ⟨ov.ww.⟩ **0.1** ***pletten*** ⇒*platdrukken, (plat)persen, tot pulp maken, verpletteren* **0.2** ***verpletteren*** ⟨alleen fig.⟩ ⇒*de mond snoeren, tot zwijgen brengen, overdonderen* **0.3** ***de kop indrukken*** ⇒*onderdrukken* **0.4** ***wringen*** ⇒*(samen)duwen/persen, opeenhopen* ◆ **5.1** ~ flat *platdrukken/duwen* **5.4** ~ **in** *erin/erbij persen/duwen;* ~ **up** *samenduwen, tegen elkaar duwen* **6.4** ~ **into** *wringen/(samen)duwen in.*
squash[3] ⟨bw.⟩ **0.1** ***met een plets*** ⇒*met een plof.*
'squash 'hat ⟨telb.zn.⟩ **0.1** ***slappe hoed.***
'squash rackets, 'squash racquets ⟨f1⟩⟨n.-telb.zn.⟩ **0.1** ***squash*** ⟨balspel⟩.
'squash tennis ⟨n.-telb.zn.⟩ **0.1** ***squash tennis*** ⟨op squash rackets lijkend balspel met opblaasbare bal⟩.
squash·y ['skwɒʃi||'skwɑʃi]⟨bn.; -er; -ly; -ness; →bijw. 3⟩ **0.1** ***zacht*** ⇒*gemakkelijk pletbaar* **0.2** ***zacht*** ⇒*overrijp* **0.3** ***papp(er)ig*** ⇒*papachtig, brijig, pulpachtig* **0.4** ***drassig*** ⇒*vochtig, week* ◆ **1.1** a ~ pillow *een zacht vormeloos kussen* **1.3** a ~ face *een papachtig gezicht.*
squat[1] [skwɒt||skwɑt]⟨f1⟩⟨zn.⟩
I ⟨telb.zn.⟩ **0.1** ***hurkende houding*** ⇒*hurkzit;* ⟨krachtsport⟩ *diepe kniebuiging* ⟨met halter op schouders uit hurkhouding omhoogkomen⟩ **0.2** ***ineengedoken houding*** ⟨v. dier⟩ **0.3** ***kraakpand*** **0.4** ***leger*** ⟨v. haas⟩ ⇒*hol* ◆ **6.1** put o.s. **into** a ~ *zich in hurkzit zetten, hurken;*
II ⟨n.-telb.zn.⟩ **0.1** ***het (neer)hurken*** **0.2** ***het ineenkruipen*** ⟨v. dier⟩ **0.3** ***het kraken*** ⟨v.e. huis⟩.
squat[2] ⟨f1⟩⟨bn.; -er; -ly; -ness; →compar. 7⟩ **0.1** ***gedrongen*** ⇒*plomp, log* **0.2** ***gehurkt*** ⇒*(neer)hurkend.*
squat[3] ⟨f2⟩⟨ww.; →ww. 7⟩
I ⟨onov.ww.⟩ **0.1** ***(neer)hurken*** **0.2** ***zich tegen de grond drukken*** ⟨v. dier⟩ **0.3** ***zich illegaal ne(d)erzetten*** ⇒*zich illegaal vestigen* ⟨op een stuk land⟩ **0.4** ***een kraker zijn*** ⇒*in een kraakpand wonen* **0.5** ⟨BE; inf.⟩ ***(gaan) zitten*** ⇒*zich neergooien, zich (neer)zetten* ◆ **5.1** ~ **down** *neerhurken* **5.3** ~ **down** *zich neergooien, zich (neer)zetten* **6.4** ~ **in** a derelict building *een vervallen pand gekraakt hebben, als kraker in een vervallen pand wonen;*
II ⟨ov.ww.⟩ **0.1** ⟨wederk. ww.⟩ ***(neer)hurken*** ⇒*zich in hurkzit zetten* **0.2** ***in hurkzit zetten*** ⇒*doen hurken* **0.3** ***illegale nederzettingen vestigen op*** ⇒*bezetten* **0.4** ***kraken*** ◆ **1.4** ~ an empty building *een leegstaand gebouw kraken* **4.1** ~ o.s. *(neer)hurken, zich in hurkzit zetten* **5.1** ~ o.s. **down** *(neer)hurken, zich in hurkzit zetten.*
squat·ter[1] ['skwɒtə||'skwɑṭər]⟨f1⟩⟨telb.zn.⟩ **0.1** ***hurkend persoon*** **0.2** ***ineengedoken dier*** **0.3** ***illegale kolonist*** ⇒*landbezetter* **0.4** ***kolonist*** ⟨op onontgonnen land met de bedoeling het eigendomsrecht te verkrijgen⟩ **0.5** ***kraker*** **0.6** ⟨Austr. E; gesch.⟩ ***pachter v. gouvernementsland*** **0.7** ⟨Austr. E; gesch.⟩ ***grootgrondbezitter*** ⇒*hereboer* ◆ **1.4** ~'s rights *de rechten v.e. kolonist.*
squatter[2] ⟨onov.ww.⟩ **0.1** ***pletsen*** ⇒*ploeteren, poedelen, plassen.*
squaw [skwɔ:]⟨f1⟩⟨telb.zn.⟩ **0.1** ***squaw*** ⇒*Indiaanse (getrouwde) vrouw* **0.2** ⟨AE; vnl. scherts.⟩ ***vrouw*** ⇒*oudje.*
squawk[1] [skwɔ:k]⟨f1⟩⟨telb.zn.⟩ **0.1** ***schreeuw*** ⇒*gekrijs, snerp, geloei* **0.2** ⟨inf.⟩ ***luid protest*** ⇒*gejammer* **0.3** ⟨sl.⟩ ***klacht*** **0.4** ⟨sl.⟩ ***klager.***
squawk[2] ⟨f1⟩⟨onov.ww.⟩ **0.1** ***krijsen*** ⇒*snateren, snerpen, schril schreeuwen, angstig kakelen, klappen* **0.2** ***knarsen*** **0.3** ⟨inf.⟩ ***heftig/luid protesteren*** ⇒*steen en been klagen* **0.4** ⟨sl.⟩ ***klikken*** ⇒*doorslaan.*
'squawk box ⟨telb.zn.⟩⟨inf.⟩ **0.1** ***luidspreker*** ⇒*intercom.*
squawk·er ['skwɔ:kə||-ər]⟨telb.zn.⟩ **0.1** ***snerpend speeltuig*** **0.2** ***lokfluitje*** ⟨voor eenden⟩ **0.3** ***klager*** **0.4** ***verklikker*** **0.5** ***luidspreker.***
squawl →squall.
'squaw man ⟨telb.zn.⟩ **0.1** ***blanke/zwarte man v. Indiaanse.***
'squaw winter ⟨telb.zn.⟩⟨AE⟩ **0.1** ***winterse periode*** ⟨in herfst, vóór zgn. Indian summer⟩.
squeak[1] [skwi:k]⟨f1⟩⟨telb.zn.⟩ **0.1** ***(ge)piep*** ⇒*geknars* **0.2** ***klein kansje*** **0.3** ⟨sl.⟩ ***helper*** ⇒*assistent* **0.4** ⟨sl.⟩ ***klacht tegen politie*** ◆ **2.¶** ⟨inf.⟩ that was a close/narrow/near ~ *dat was op het nippertje, dat scheelde een haartje.*
squeak[2] ⟨f2⟩⟨ww.⟩
I ⟨onov.ww.⟩ **0.1** ***piepen*** ⇒*knarsen, krassen, kraken, gilletjes slaken* **0.2** ⟨inf.⟩ ***doorslaan*** ⇒*klikken, bekennen, de boel verraden* **0.3** ⟨vnl. AE⟩ ***nipt winnen*** ⇒*nog net erdoor glippen, op 't kantje af slagen* ◆ **5.3** ~ **through/by** *het nog net halen* **6.3** she ~ed **through/by** the exam *zij haalde het examen met de hakken over de sloot;*
II ⟨ov.ww.⟩ **0.1** ***(laten/doen) piepen*** ⇒*schril uitroepen* ◆ **5.1** ~ **out** *schril uitbrengen.*
squeak·er ['skwi:kə||-ər]⟨telb.zn.⟩ **0.1** ***pieper*** ⇒*jonge vogel* **0.2** ⟨vnl. BE; inf.⟩ ***pieper*** ⇒*verrader, aanbrenger, verklikker* **0.3** ⟨BE⟩ ***big*** ⇒*varkentje* **0.4** ***piepertje*** ⟨speeltuig⟩ ⇒*blieper, piepend voorwerp, lawaaimaker* **0.5** ⟨sl.⟩ ***op het nippertje behaald resultaat.***
squeak·y ['skwi:ki]⟨bn.; -er; -ly; -ness; →bijw. 3⟩ **0.1** ***piepend*** ⇒*pieperig, schril, krakend* ◆ **2.¶** ⟨vnl. AE; inf.⟩ ~ clean *kraaknet, brandschoon.*
squeal[1] [skwi:l]⟨f1⟩⟨zn.⟩
I ⟨telb.zn.⟩ **0.1** ***gil*** ⇒*schreeuw, schril geluid, gepiep* **0.2** ⟨sl.⟩ ***klacht;***
II ⟨n.-telb.zn.⟩⟨sl.⟩ **0.1** ***varkensvlees*** ⇒*ham.*
squeal[2] ⟨f2⟩⟨ww.⟩
I ⟨onov.ww.⟩ **0.1** ***krijsen*** ⇒*piepen, snerpen, schril schreeuwen, een keel opzetten, gillen, briesen, gieren* **0.2** ⟨inf.⟩ ***klikken*** ⇒*doorslaan* **0.3** ⟨vnl. BE; inf.⟩ ***luid klagen*** ⇒*groot misbaar maken, heftig protesteren* ◆ **6.1** the children ~ed **with** delight *de kinderen gierden het uit v.d. pret* **6.2** he ~ed **on** them to the jailer *hij verklikte hen bij de cipier;*
II ⟨ov.ww.⟩ **0.1** ***(uit)krijsen*** ⇒*gillen, schreeuwen.*
squeal·er ['skwi:lə||-ər]⟨telb.zn.⟩ **0.1** ***pieper*** ⇒*jonge vogel* **0.2** ***aanbrenger*** ⇒*verklikker* **0.3** ⟨inf.⟩ ***klager*** ⇒*vitter.*
squeam·ish ['skwi:mɪʃ]⟨f1⟩⟨bn.; -ly; -ness⟩ **0.1** ***(gauw) misselijk*** ⇒*zwak v. maag, gauw aan het walgen gebracht* **0.2** ***teergevoelig***

⇒*lichtgeraakt* **0.3** ***(al te) kieskeurig*** ⇒*overdreven nauwgezet, overscrupuleus, overgevoelig, preuts* **0.4** ***gauw bang*** ⇒*met 'n klein hartje.*

squee·gee[1] ['skwi:dʒi:]⟨telb.zn.⟩ **0.1** ***rubber vloer/ruitewisser*** ⇒*schuiver, gummi waterschraper, trekker* **0.2** ⟨foto.⟩ ***rolstrijker.***

squeegee[2] ⟨ov.ww.⟩ **0.1** ***afwissen*** ⇒*afvegen* ⟨met een gummiwisser⟩ **0.2** ⟨foto.⟩ ***aandrukken*** ⇒*gladstrijken* ⟨afdruk⟩ ◆ **1.1** ~ the floor *de vloer (droog)trekken.*

squeeze[1] [skwi:z]⟨f1⟩⟨zn.⟩

I ⟨telb.zn.⟩ **0.1** ***samendrukking*** ⇒*persing, het knijpen* **0.2** ⟨ben. voor⟩ ***uitgeperste/uitgeknepen hoeveelheid*** ⇒*enige druppels, snuifje* **0.3** ***gedrang*** ⇒*menigte, opeengepakte massa, drukte* **0.4** ⟨BE⟩ ***(stevige) handdruk*** ⇒*(innige) omarming/omhelzing* **0.5** ⟨inf.⟩ ***moeilijkheid*** ⇒*probleem, klem* **0.6** ⟨bridge⟩ ***dwang*** **0.7** ***afdruk*** ⟨v. munt e.d. op stof/papier/was⟩ ◆ **1.2** a ~ of lemon juice *enkele druppels/een beetje citroensap* **2.3** there's room for one more, but it will be a ~ *er kan er nog eentje bij, maar 't zal wringen zijn* **2.¶** we all got in, but it was a close/narrow/tight ~ *we geraakten allemaal binnen, maar we zaten als haringen in een ton* **3.1** she gave his hand a little ~ *ze kneep even in zijn hand* **6.5** be **in** a ~ *in de klem zitten, problemen hebben;*

II ⟨telb. en n.-telb.zn.⟩ **0.1** ⟨ec.⟩ ***beperking*** ⇒*schaarste, tekort* **0.2** ⟨inf.⟩ ***politiek v. kredietbeperking*** ⇒*strakke monetaristische politiek, handelsbeperking(en)* **0.3** ***smeergeld*** ⇒*steekpenning;* ⟨bij uitbr.⟩ *percent, commissieloon; afpersing* ⟨in Azië⟩ **0.4** ***pressie*** ⇒*druk* ◆ **3.4** put the ~ on s.o. *iem. onder druk zetten.*

squeeze[2] ⟨f3⟩⟨ww.⟩

I ⟨onov.ww.⟩ **0.1** ***zich laten (uit)persen/knijpen/wringen*** ⇒*samendrukbaar zijn, meegeven* **0.2** ***druk uitoefenen*** ⇒*drukken, zich (economisch/financieel) laten gelden* **0.3** ***wurmen*** ⇒*dringen, zich wringen* ◆ **1.1** sponges ~ easily *sponsen kunnen gemakkelijk uitgeknepen worden* **3.2** the continuous industrial action began to ~ *de voortdurende vakbondsacties begonnen zich te laten gelden* **5.3** ~ **in** *zich erin/ertussen/naar binnen wringen, erbij kruipen, zich naar binnen wurmen;* ~ **through** *zich erdoorheen wurmen/worstelen, erdoor spartelen* ⟨ook fig.⟩; the student managed to ~ **through** *de student haalde het net/met de hakken over de sloot/op het nippertje zijn examens;* ~ **up** a bit more to let the others in *schuif nog wat op, dan kunnen de anderen erbij* **5.¶** ~ **off** *afdrukken, de trekker overhalen* **6.3** he ~d **into** the car *hij wurmde/wrong zich in de auto;* the burglar ~d **through** the narrow slit *de inbreker wurmde zich door de nauwe spleet;* ~ **through** the crowd *zich een weg door de menigte banen;*

II ⟨ov.ww.⟩ **0.1** ***drukken (op)*** ⇒*knijpen (in)* **0.2** ***(uit)persen*** ⇒*uitknijpen* **0.3** ***onder (financiële) druk zetten*** ⇒*zware (belastings) druk leggen op, afpersen, in (financiële) moeilijkheden brengen, uitzuigen* **0.4** ***duwen*** ⇒*wurmen, proppen, stouwen* **0.5** ***tegen zich aan drukken*** ⇒*stevig omhelzen, flink vastpakken* **0.6** ⟨bridge⟩ ***in dwang brengen*** **0.7** ***een afdruk nemen v.*** ◆ **1.1** he ~d her hand *hij kneep haar (zachtjes) in de hand* **1.2** ~ a lemon *een citroen uitpersen* **5.2** ~ **out** a few drops *er enkele druppels uitpersen;* ~ **out** an orange *een sinaasappel uitpersen* **5.3** dictators who ~ **out** the people *dictators die het volk leeg zuigen/afpersen* **6.3** the blackmailer tried to ~ more **out of** his victim *de chanteur probeerde meer geld v. zijn slachtoffer af te persen;* the government will ~ every penny **out of** you *de regering zal de laatste cent/frank van je opeisen* **6.4** he ~d all his clothes **in/into** one suitcase *hij propte al zijn kleren in één koffer;* how can she ~ so many things **into** one single day? *hoe krijgt ze zoveel dingen op één dag gedaan?;* he ~d his way **through** the crowds *hij worstelde/baande zich een weg door de menigte.*

'squeeze bottle ⟨telb.zn.⟩ **0.1** ***(plastic) knijpfles.***

'squeeze play ⟨telb.zn.⟩ **0.1** ***afpersing*** **0.2** ⟨honkbal⟩ ***squeeze spel*** ⟨poging om met stootslag de 3e honkloper binnen te krijgen⟩ **0.3** ⟨bridge⟩ ***dwang(positie)*** **0.4** ⟨bridge⟩ ***dwangtechniek*** ⇒*dwangpositiespel.*

squeez·er ['skwi:zə‖-ər]⟨f1⟩⟨telb.zn.⟩ **0.1** ***(fruit)pers*** **0.2** ***knijper*** ⇒*drukker, perser* **0.3** ***speelkaart*** ⟨met symbool en waarde in linker bovenhoek⟩ **0.4** ⟨inf.⟩ ***vrek.***

squelch[1] [skweltʃ]⟨f1⟩⟨telb.zn.⟩ **0.1** ***verplettering*** ⇒*harde slag/klap;* ⟨fig.⟩ *onderdrukking* **0.2** ***verpletterend(e) antwoord/opmerking*** ⇒*dooddoener* **0.3** ***plassend/zompend/zuigend geluid*** **0.4** ⟨radio⟩ ***ruisonderdrukker.***

squelch[2] ⟨f1⟩⟨ww.⟩

I ⟨onov.ww.⟩ **0.1** ***een zuigend geluid maken*** ⇒*zompen, ploeteren, waden;*

II ⟨ov.ww.⟩ **0.1** ***verpletteren*** ⇒*onderdrukken, een eind maken aan, de grond in boren* **0.2** ***het zwijgen opleggen*** ⇒*de mond snoeren, doen zwijgen, de kop indrukken* **0.3** ***een zuigend geluid doen maken.***

squelch·er ['skweltʃə‖-ər]⟨telb.zn.⟩ **0.1** ***vernietigend antwoord.***

squelch·y ['skweltʃi]⟨bn.⟩ **0.1** ***zompig*** ⇒*sompig, drassig, pappig.*

sque·teague [skwɪ'ti:g]⟨telb.zn.; squeteague; →mv. 4⟩⟨AE; dierk.⟩ **0.1** ***zeeforel*** ⟨Salmo trutta⟩.

squib[1] [skwɪb]⟨f1⟩⟨telb.zn.⟩ **0.1** ***voetzoeker*** ⇒*rotje, sterretjesvuurwerk, klapper* **0.2** ***blindganger*** ⇒*sisser* **0.3** ***schotschrift*** ⇒*libel, hekeldicht, schimpschrift* **0.4** ***ontstekingsmechanisme*** **0.5** ⟨Austr. E; inf.⟩ ***lafaard*** **0.6** ⟨inf.⟩ ***advertentietekst*** **0.7** ⟨inf.⟩ ***stopper*** ⇒*opvullertje, kranteartikeltje* **0.8** ⟨Am. voetbal⟩ ***(langs de grond) stuiterende bal.***

squib[2] ⟨ww.; →ww. 7⟩

I ⟨onov.ww.⟩ **0.1** ***schotschriften schrijven*** **0.2** ***voetzoekers gooien*** **0.3** ***als een voetzoeker exploderen*** **0.4** ***zich zigzaggend bewegen*** ⇒*bokkesprongen maken* **0.5** ⟨sl.⟩ ***jokken*** **0.6** ⟨Austr. E; inf.⟩ ***zich laf gedragen;***

II ⟨ov.ww.⟩ **0.1** ***een schotschrift schrijven tegen*** ⇒*over de hekel halen.*

squid[1] [skwɪd]⟨f1⟩⟨telb.zn.; in bet. 0.1 ook squid; →mv. 4⟩ **0.1** ⟨dierk.⟩ ***pijlinktvis*** ⟨genus Loligo⟩ **0.2** ***(kunst)aas*** ⟨lijkend op pijlinktvis⟩ **0.3** ⟨afk. v. superconducting quantum interference device⟩ ***squid*** ⟨meettoestel voor het meten v. zeer zwakke magnetische velden⟩.

squid[2] ⟨onov.ww.⟩ **0.1** ***met pijlinktvis vissen*** ⟨als aas⟩ **0.2** ***de vorm v.e. inktvis aannemen*** ⇒*een langwerpige vorm aannemen* ⟨v. valscherm, door te grote luchtdruk⟩.

squid·gy ['skwɪdʒi]⟨bn.; -er; →compar. 7⟩⟨BE; inf.⟩ **0.1** ***zompig.***

squif·fy ['skwɪfi], **squiffed** [skwɪft]⟨bn.; -er; →compar. 7⟩⟨inf.⟩ **0.1** ***aangeschoten*** ⇒*licht beneveld, boven zijn theewater.*

squig·gle[1] ['skwɪgl]⟨telb.zn.⟩⟨inf.⟩ **0.1** ***kronkel(lijn)*** ⇒*krabbel, krul.*

squiggle[2] ⟨onov.ww.⟩ **0.1** ***kronkelen*** ⇒*wriemelen, wriggelen* **0.2** ***krabbelen*** ⇒⟨B.⟩ *kribbelen, een kronkellijn trekken.*

squig·gly ['skwɪgli]⟨bn.; -er; →compar. 7⟩ **0.1** ***kronkelig*** ⇒*krabbelig.*

squill [skwɪl]⟨zn.⟩

I ⟨telb.zn.⟩ **0.1** ⟨plantk.⟩ ***scilla*** ⇒*(soort) hyacint* ⟨genus Scilla⟩ **0.2** ⟨dierk.⟩ ***bidsprinkhaankreeft*** ⟨Squilla mantis⟩;

II ⟨telb. en n.-telb.zn.⟩ **0.1** ⟨plantk.⟩ ***zeeui*** ⇒*zeelook* ⟨ook in geneeskundige toepassingen; Urginea maritima⟩.

squil·la ['skwɪlə]⟨telb.zn.; ook squillae [-li:]; →mv. 5⟩⟨dierk.⟩ **0.1** ***bidsprinkhaankreeft*** ⟨Squilla mantis⟩.

squinch [skwɪntʃ]⟨telb.zn.⟩⟨bouwk.⟩ **0.1** ***pendentief*** ⇒*hoekzwik.*

squint[1] [skwɪnt]⟨telb.zn.; vnl. enk.⟩ **0.1** ***scheel oog*** ⇒*het scheelzien/loensen, strabisme* **0.2** ***turend oog*** **0.3** ⟨BE; inf.⟩ ***(vluchtige) blik*** ⇒*kijkje, oogopslag, het turen* **0.4** ***loense/steelse/zijdelingse blik*** **0.5** ***neiging*** ⇒*geneigdheid, tendens* **0.6** ***hagioscoop*** ⇒*kijkgat/spleet* ◆ **3.3** have/take a ~ at sth. *iets even bekijken, een blik werpen op iets* **6.4** ⟨fig.⟩ he organized parties with a ~ **to/towards** business *hij organiseerde feestjes met één oog gericht op zakendoen.*

squint[2] ⟨bn.⟩ **0.1** ***scheel*** ⇒*loensend* **0.2** ***schuin/van ter zijde kijkend.***

squint[3] ⟨f2⟩⟨ww.⟩

I ⟨onov.ww.⟩ **0.1** ***scheelkijken*** ⇒*aan strabisme lijden, loensen* **0.2** ***gluren*** ⇒*(scheef) kijken, (door de wimpers) turen, met de ogen knipperen, de ogen half dicht/tot spleetjes knijpen* ◆ **6.2** ~ **at** sth. *een steelse blik op iets werpen, iets zijdelings begluren* **6.¶** ~ **at/towards** *geneigd zijn tot, ogen op, overhellen naar; zinspelen op;* he proposed measures that ~ed **at/towards** a war *hij stelde maatregelen voor die zinspeelden op een oorlog;*

II ⟨ov.ww.⟩ **0.1** ***vlug dichtdoen*** ⇒*doen knippen, knipperen met, half sluiten* ⟨ogen⟩ **0.2** ***scheel doen kijken.***

squint·er ['skwɪntə‖'skwɪnṭər]⟨telb.zn.⟩ **0.1** ***schele*** ⇒*scheeloog.*

'squint-eye ⟨telb.zn.⟩ **0.1** ***schele*** ⇒*scheeloog.*

'squint-'eyed ⟨bn.⟩ **0.1** ***scheel*** **0.2** ***met half dichtgeknepen ogen*** **0.3** ***zijdelings kijkend*** **0.4** ***boosaardig*** ⇒*afgunstig, bevooroordeeld, kwaadwillig, afkeurend.*

squint·y ['skwɪnṭi]⟨bn.; -er; →compar. 7⟩ **0.1** ***scheel(kijkend)*** ⇒*loensend.*

squir·arch, squire-arch ['skwaɪərɑ:k‖-ɑrk]⟨telb.zn.⟩ **0.1** ***lid v.d. landadel.***

squir·ar·chal, squire·ar·chal ['skwaɪər'ɑ:kl‖-ɑrkl], **squir·ar·chi·cal, squire·ar·chi·cal** [-ɪkl]⟨bn.⟩ **0.1** ***van de landadel*** ⇒*landadelijk.*

squir·ar·chy, squire·ar·chy ['skwaɪərɑ:ki‖-ɑr-]⟨zn.; →mv. 2⟩

I ⟨telb.zn.⟩ **0.1** ***landjonkerdom*** ⇒*titel/ambt v. landjonker;*

II ⟨verz.n.⟩ **0.1** ***landjonkerdom*** ⇒*landadel, grondadel.*

squire[1] ['skwaɪə‖-ər], ⟨vero.⟩ **es·quire** [ɪ'skwaɪə‖'eskwaɪər]⟨f2⟩⟨telb.zn.⟩ **0.1** ***landjonker*** ⇒*landheer, grondbezitter, heer van 't dorp* ⟨in Engeland⟩ **0.2** ⟨gesch.⟩ ***schildknaap*** ⇒*wapendrager, wapenknecht* **0.3** ⟨BE; inf.⟩ ***meneer*** ⟨aanspreekvorm tussen mannen onderling⟩ ⇒*heer* **0.4** ***cavalier*** ⇒*begeleider* ⟨v. dame⟩, *charmeur, vrijer* **0.5** ⟨Austr. E⟩ ***(jonge) zeebrasem*** ⇒*bliekje* ◆ **1.¶** ~ of dames *cavalier, charmeur.*

squire² ⟨ov.ww.⟩ ⟨schr., inf.⟩ **0.1** ***(als cavalier) begeleiden*** ⇒*het hof maken, escorteren* **0.2** ***jonker noemen*** ◆ **4.¶** ~ it *de landheer/jonker uithangen, als landheer optreden.*

squi·reen ['skwaɪə'ri:n], **squire·ling** [-lɪŋ] ⟨telb.zn.⟩ ⟨vnl. IE⟩ **0.1** ***jonkertje*** ⇒*kleine grondbezitter.*

squire·hood ['skwaɪəhʊd‖-ər-] ⟨zn.⟩

I ⟨n.-telb.zn.⟩ **0.1** ***jonkerschap*** ⇒*landheerschap;*

II ⟨verz.n.⟩ →squirarchy.

squire·ly ['skwaɪəli‖-ər-] ⟨bn.⟩ **0.1** ***jonkerachtig*** ⇒*(als) v.e. landsheer.*

squire·ship ['skwaɪəʃɪp‖-ər-] ⟨n.-telb.zn.⟩ **0.1** ***jonkerschap.***

squirk [skwɜ:k‖skwɜrk] ⟨telb.zn.⟩ **0.1** ***piep/giechelgeluid*** ⇒*gegniffel, gepiep.*

squirl [skwɜ:l‖skwɜrl] ⟨telb.zn.⟩ **0.1** ***tierelantijntje*** ⇒*kronkel, krul* ⟨in schrift⟩.

squirm¹ [skwɜ:m‖skwɜrm] ⟨telb.zn.⟩ **0.1** ***(lichaamsge)kronkel*** ⇒*wriemeling, gewriemel, gekronkel* **0.2** ⟨scheep.⟩ ***kronkel*** ⟨in touw⟩.

squirm² ⟨f2⟩ ⟨onov.ww.⟩ **0.1** ***kronkelen*** ⇒*wriggelen, wriemelen, zich in bochten wringen* **0.2** ***de grond in kunnen kruipen*** ⇒*zich ongemakkelijk voelen, in verlegenheid gebracht zijn* ◆ **6.1** she'll never manage to ~ **out of** that charge *onder die beschuldiging komt zij nooit uit* **6.2** she was ~ing **with** embarrassment *zij wist zich geen raad v. verlegenheid.*

squirm·y ['skwɜ:mi‖'skwɜrmi] ⟨bn.⟩ **0.1** ***kronkelend*** ⇒*wriemelend.*

squir·rel¹ ['skwɪrəl‖'skwɜrəl] ⟨f2⟩ ⟨zn.⟩

I ⟨telb.zn.⟩ **0.1** ⟨dierk.⟩ ***eekhoorn*** ⇒*eekhoornachtige* ⟨fam. Sciuridae⟩ **0.2** ⟨sl.⟩ ***psycholoog*** ⇒*psychiater* **0.3** ⟨sl.⟩ ***idioot*** **0.4** ⟨inf.⟩ ***hamsteraar*** ⇒*prullenverzamelaar* ◆ **2.1** grey ~ *grijze eekhoorn* ⟨Sciurus carolinensis⟩; red ~ *rode eekhoorn* ⟨Sciurus leucourus⟩ **3.¶** barking ~ *prairiehond* ⟨Cynomys⟩;

II ⟨n.-telb.zn.⟩ **0.1** ***eekhoorn(vacht/pels).***

squirrel² ⟨ov.ww.⟩ ⟨vnl. AE⟩ **0.1** ***hamsteren*** ⇒*bijeengaren* ◆ **5.1** he ~ed **away** more than he needed *hij hamsterde meer dan hij nodig had.*

'squirrel cage ⟨telb.zn.⟩ **0.1** ***tredmolen(tje)*** ⟨ook fig.⟩ ⇒*afstompende monotonie, zinloos bestaan* **0.2** ⟨tech.⟩ ***kooianker*** ⇒*kooirotor.*

'squirrel corn ⟨telb.zn.⟩ ⟨plantk.⟩ **0.1** ***eekhoorntjeskruid*** ⟨Dicentra Canadensis⟩.

'squir·rel·fish ⟨telb.zn.⟩ ⟨dierk.⟩ **0.1** ***eekhoornvis*** ⟨genus Holocentrus⟩.

'squirrel hawk ⟨telb.zn.⟩ ⟨AE; dierk.⟩ **0.1** ***roestbruine ruigpootbuizerd*** ⟨Buteo regalis⟩.

squir·rel·ly ['skwɪrəli‖'skwɜr-] ⟨bn.⟩ ⟨AE; sl.⟩ **0.1** ***knetter*** ⇒*gek, excentriek.*

'squirrel monkey ⟨telb.zn.⟩ ⟨dierk.⟩ **0.1** ***doodshoofdaapje*** ⟨genus Saimiri⟩.

squirt¹ [skwɜ:t‖skwɜrt] ⟨f1⟩ ⟨telb.zn.⟩ **0.1** ***straal*** ⟨v. vloeistof enz.⟩ **0.2** ***spuit(je)*** ⇒⟨bij uitbr.⟩ *waterpistool* **0.3** ⟨inf.⟩ ***nul*** ⇒*stuk onbenul* **0.4** ⟨inf.⟩ ***snotneus*** ⇒*snotaap.*

squirt² ⟨f1⟩ ⟨ww.⟩

I ⟨onov.ww.⟩ **0.1** ***(krachtig) naar buiten spuiten*** ◆ **5.1** ~ **out** *uitspuiten;*

II ⟨ov.ww.⟩ **0.1** ***(uit)spuiten*** ⇒*uitspuwen* **0.2** ***volspuiten.***

squirt·er ['skwɜ:tə‖'skwɜrt̬ər] ⟨telb.zn.⟩ **0.1** ***spuitmachine*** ⇒*spuitpistool, spuitfles.*

'squirt gun ⟨telb.zn.⟩ ⟨vnl. AE⟩ **0.1** ***waterpistool.***

'squirting cucumber ⟨telb.zn.⟩ ⟨plantk.⟩ **0.1** ***spuitkomkommer*** ⟨Ecballium elaterium⟩.

squish¹ [skwɪʃ] ⟨telb.zn.⟩ **0.1** ***zompend/zuigend geluid*** ⟨als v. modder⟩.

squish² ⟨ww.⟩

I ⟨onov.ww.⟩ **0.1** ***zompen*** **0.2** ***een plassend/zuigend/gorgelend geluid maken;***

II ⟨ov.ww.⟩ **0.1** ***tot pulp slaan*** ⇒*doen plassen.*

'squish-squash¹ ⟨telb.zn.⟩ **0.1** ***zompend/zuigend geluid.***

squish-squash² ⟨onov.ww.⟩ **0.1** ***zompen*** **0.2** ***een plassend/zuigend/gorgelend geluid maken.***

squish·y ['skwɪʃi] ⟨bn.⟩ **0.1** ***zompig*** ⇒*drassig* **0.2** ⟨sl.⟩ ***sentimenteel*** ⇒*verliefd.*

squit [skwɪt] ⟨telb.zn.⟩ ⟨BE; sl.⟩ **0.1** ***broekie*** ⇒*ventje, onderdeur* **0.2** ***nonsens*** ⇒*onzin.*

squitch [skwɪtʃ] ⟨telb.zn.⟩ ⟨plantk.⟩ **0.1** ***kweek(gras)*** ⟨Agropyron repens⟩.

squiz [skwɪz] ⟨telb.zn.; squizzes; →mv. 2⟩ ⟨Austr. E; sl.⟩ **0.1** ***(onderzoekende) blik.***

sr, Sr ⟨afk.⟩ **0.1** ⟨senior⟩ ***Sr.*** ⇒*Sen.* **0.2** ⟨señor⟩ **0.3** ⟨sister⟩ ***Zr.*** **0.4** ⟨sri⟩ ⟨Ind. E⟩ **0.5** ⟨steradian(s)⟩ ***SR.***

Sra ⟨afk.⟩ señora.

SRAM ⟨afk.⟩ short-range attack missile.

SRC ⟨afk.⟩ Science Research Council ⟨BE⟩.

Sri [ʃri:] ⟨telb.zn.⟩ ⟨Ind. E⟩ **0.1** ***Sri*** ⇒*hoogheid* ⟨eretitel⟩.

SRN ⟨afk.⟩ State Registered Nurse.

SRO ⟨afk.⟩ Self-Regulatory Organization ⟨BE; beurswezen⟩; sex-ratio organism ⟨biol.⟩; single-room occupancy ⟨AE⟩; standing room only ⟨AE⟩; Statutory Rules and Orders ⟨BE⟩.

S.R.O. hotel ⟨telb.zn.⟩ ⟨AE⟩ **0.1** ***(hotel/instelling met) verzorgingsflats voor alleenstaanden.***

Srta ⟨afk.⟩ señorita.

ss ⟨afk.⟩ scilicet **0.1** ***sc..***

SS ⟨afk.⟩ **0.1** ⟨saints⟩ ***HH.*** **0.2** ⟨Schutzstaffel⟩ ***SS*** **0.3** ⟨screw steamer⟩ ***s.s.*** **0.4** ⟨steamship⟩ ***S.S.*** ⇒*s.s.* **0.5** ⟨subjects⟩ **0.6** ⟨Sunday school⟩.

SSA ⟨afk.⟩ Social Security Administration.

SSAFA ⟨afk.⟩ Soldiers', Sailors', and Airmen's Families Association.

SSBN ⟨telb.zn.⟩ ⟨afk.⟩ Submarine, Ballistic, Nuclear **0.1** ***kernduikboot.***

SSC ⟨afk.⟩ Solicitor to the Supreme Court ⟨Sch. E⟩.

SSE ⟨afk.⟩ south-southeast **0.1** ***Z.Z.O..***

Ssh [ʃʃʃ] ⟨tussenw.⟩ **0.1** ***sst*** ⇒*st, stil.*

SSR ⟨afk.⟩ Soviet Socialist Republic.

SSRC ⟨afk.⟩ Social Science Research Council ⟨BE⟩.

SSS ⟨afk.⟩ Selective Service System ⟨AE⟩; standard scratch score ⟨sport; golf⟩.

SST ⟨afk.⟩ supersonic transport.

SSW ⟨afk.⟩ south-southwest **0.1** ***Z.Z.W..***

st¹, St ⟨afk.⟩ **0.1** ⟨stanza⟩ **0.2** ⟨state⟩ **0.3** ⟨statute⟩ **0.4** ⟨stet⟩ **0.5** ⟨stitch⟩ **0.6** ⟨stokes⟩ ***St.*** **0.7** ⟨stone⟩ **0.8** ⟨strait⟩ **0.9** ⟨Street⟩ ***str.*** **0.10** ⟨strophe⟩ ***str.*** **0.11** ⟨stumped (by)⟩ ⟨cricket⟩.

st² ⟨afk.⟩ same time, short ton.

-st **0.1** ⟨superlatiefsuffix na -e⟩ ***-ste*** **0.2** ⟨vero.⟩ ⟨suffix v. tweede pers. enk.⟩ ***-t*** **0.3** ⟨vormt rangtelwoorden met een⟩ ***-ste.***

St Saint **0.1** ***St.*** ⇒*H..*

sta, Sta ⟨afk.⟩ Station, stationary.

stab¹ [stæb] ⟨f2⟩ ⟨telb.zn.⟩ **0.1** ***steek(wonde)*** ⇒*stoot, messteek, uithaal* ⟨met scherp voorwerp⟩ **0.2** ***pijnscheut*** ⇒*stekende pijn, plotse opwelling* **0.3** ⟨inf.⟩ ***poging*** ⇒*gooi* ◆ **1.¶** a ~ in the back *dolkstoot in de rug, achterbakse streek* **3.3** have/make a ~ at *een gooi doen naar.*

stab² ⟨f2⟩ ⟨ww.; →ww. 7⟩

I ⟨onov.ww.⟩ **0.1** ***(toe)stoten*** ⇒*steken, uithalen* **0.2** ***een vlijmende pijn veroorzaken*** ◆ **1.2** a ~bing pain *een stekende pijn* **6.1** he ~bed **at** the guard *hij stak naar de bewaker;*

II ⟨ov.ww.⟩ **0.1** ***(door/dood/neer) steken*** ⇒*doorboren, over de kling jagen, spiezen, prikken in* **0.2** ***een stekende pijn bezorgen*** ⟨ook fig.⟩ ⇒*kwellen* **0.3** ***ruw maken*** ⇒*krassen in* ⟨muur⟩ ◆ **1.1** she was ~bed to death *zij werd doodgestoken* **1.2** it ~bed me to the heart *het raakte me in mijn ziel.*

Sta·bat Ma·ter ['stɑ:bæt 'mɑ:tə‖-'meɪt̬ər] ⟨eig.n., telb.zn.⟩ **0.1** ***Stabat Mater*** ⟨Maria-lied in R.-K. liturgie⟩.

stab·ber ['stæbə‖-ər] ⟨telb.zn.⟩ **0.1** ***messetrekker.***

'stab culture ⟨telb.zn.⟩ **0.1** ***bacteriecultuur*** ⟨d.m.v. diepgestoken naald⟩.

sta·bile¹ ['steɪbaɪl‖-bi:l] ⟨telb.zn.⟩ ⟨beeld. k.⟩ **0.1** ***stabile*** ⟨abstract kunstwerk zonder bewegende delen⟩.

stabile² ['steɪbaɪl‖-bl̩] ⟨bn.⟩ **0.1** ***stabiel*** ⇒*immobiel, stationair.*

sta·bil·i·ty [stə'bɪləti] ⟨f2⟩ ⟨telb. en n.-telb.zn.; →mv. 2⟩ **0.1** ***stabiliteit*** ⇒*bestendigheid, duurzaamheid, standvastigheid, evenwichtigheid, betrouwbaarheid* **0.2** ⟨relig.⟩ ***votum stabilitatis loci*** ⟨gelofte v. monnik om zich aan één abdij te binden⟩.

sta·bi·li·za·tion, -sa·tion ['steɪbl̩aɪ'zeɪʃn‖-lə'zeɪʃn] ⟨f1⟩ ⟨n.-telb.zn.⟩ **0.1** ***stabilisatie.***

sta·bi·lize, -lise ['steɪbl̩aɪz] ⟨f2⟩ ⟨ww.⟩

I ⟨onov.ww.⟩ **0.1** ***stabiel worden*** ⇒*in evenwicht blijven, zich stabiliseren;*

II ⟨ov.ww.⟩ **0.1** ***stabiliseren*** ⇒*stabiel maken, in evenwicht brengen/houden, duurzaam maken.*

sta·bi·liz·er, -lis·er ['steɪbl̩aɪzə‖-ər] ⟨telb.zn.⟩ **0.1** ***stabilisator*** ⇒*gyroscoop, stabilo, stabiliseringsmiddel.*

sta·ble¹ [steɪbl] ⟨f3⟩ ⟨telb.zn.⟩ **0.1** ***stal*** ⇒*paardenstal, stallingen* **0.2** ***(ren)stal*** **0.3** ***stal*** ⇒*groep, ploeg, familie, huis* ◆ **1.3** the same ~ of newspapers *dezelfde krantengroep.*

stable² ⟨f3⟩ ⟨bn.; ook -er; -ly; -ness; →bijw. 3⟩ **0.1** ***stabiel*** ⇒*bestendig, solide, vast, duurzaam, onafbreekbaar* **0.2** ***standvastig*** ⇒*resoluut, onwankelbaar, onverstoorbaar* ◆ **1.1** ~ equilibrium *stabiel evenwicht.*

stable³ ⟨f1⟩ ⟨ww.⟩ →stabling

I ⟨onov.ww.⟩ **0.1** ***op stal staan*** ⇒*in een stal gehuisvest zijn, huizen;*

II ⟨ov.ww.⟩ **0.1** ***stallen*** ⇒*op stal zetten/houden.*

'sta·ble·boy, 'sta·ble·lad ⟨telb.zn.⟩ **0.1** ***staljongen.***
'sta·ble-com·pan·ion, 'sta·ble·mate ⟨telb.zn.⟩ **0.1** ***paard uit dezelfde stal*** **0.2** ***kameraad*** *⇒clubgenoot, kuiken uit hetzelfde nest.*
'stable 'door ⟨telb.zn.⟩ **0.1** ***staldeur*** *⇒stalpoort* ◆ **1.¶** lock the ~ after the horse has bolted/has been stolen *de put dempen als het kalf verdronken is.*
'sta·ble-fly ⟨telb.zn.⟩ ⟨dierk.⟩ **0.1** ***stalvlieg*** ⟨Stomoxys calcitrans⟩.
'stable hand ⟨telb.zn.⟩ **0.1** ***stalknecht.***
sta·ble·man ['steɪblmən]⟨telb.zn.; stablemen; →mv. 3⟩ **0.1** ***stalknecht.***
'stable yard ⟨telb.zn.⟩ **0.1** ***stalerf.***
sta·bling ['steɪblɪŋ]⟨n.-telb.zn.; gerund v. stable⟩ **0.1** ***het stallen*** **0.2** ***stalgelegenheid*** *⇒stalruimte, stalling(en).*
stablish →establish.
'stab wound ⟨telb.zn.⟩ **0.1** ***steekwond*** **0.2** ***(buik)incisie.***
stac·ca·to[1] [stə'kɑ:t̬oʊ]⟨telb.zn.; ook staccati [-i]; →mv. 5⟩ **0.1** ***staccato*** *⇒stotend ritme, gehakkel.*
staccato[2] ⟨f1⟩⟨bn.; bw.⟩ **0.1** ⟨muz.⟩ ***staccato (te spelen)*** **0.2** ***hortend*** *⇒stokkend, hakkelig, onsamenhangend.*
stac'cato mark ⟨telb.zn.⟩ ⟨muz.⟩ **0.1** ***staccatopuntje.***
stack[1] [stæk]⟨f2⟩⟨telb.zn.⟩ **0.1** ***(hooi/hout)mijt*** *⇒(hooi)opper/berg* **0.2** ***stapel*** *⇒hoop* **0.3** ***schoorsteen*** *⇒groep schoorstenen, schoorsteenpijp, rookgang, fabrieksschoorsteen;* ⟨sl.⟩ *uitlaat* **0.4** ⟨vnl. mv.⟩ ***boekenrek(ken)*** *⇒depot, (boeken)magazijn* ⟨in bibliotheek⟩ **0.5** ***rot*** ⟨geweren⟩ **0.6** ⟨lucht.⟩ ***wachtende groep vliegtuigen*** ⟨voor landing rondcirkelend boven vliegveld⟩ *⇒wachtruimte* **0.7** ⟨BE⟩ ***drie kuub*** ⟨houtmaat⟩ **0.8** ⟨BE⟩ ***vrijstaande rots*** ⟨in zee⟩ **0.9** ⟨comp.⟩ ***stapelgeheugen*** ◆ **1.2** ~s of money *hopen/bergen geld;* a whole ~ of work *een massa werk* **3.¶** ⟨vnl. AE; inf.⟩ blow one's ~ *uit zijn vel springen v. woede, opvliegen.*
stack[2] ⟨f2⟩⟨ww.⟩ →stacked
I ⟨onov.ww.⟩ **0.1** ***(op verschillende hoogten) boven een vliegveld rondcirkelen*** *⇒op landingsinstructies wachten* **0.2** ***opstapelbaar zijn*** ◆ **5.¶** →stack **up;**
II ⟨ov.ww.⟩ **0.1** ***(op)stapelen*** *⇒tassen, op een hoop leggen, aan mijten zetten* **0.2** ***arrangeren*** *⇒bedrieglijk beramen, vals schikken* **0.3** ***op verschillende hoogten laten rondvliegen*** ⟨vliegtuigen die op landingsinstructies wachten⟩ **0.4** ***volstapelen*** ◆ **1.1** ~ arms *geweren aan rotten zetten* **1.2** ~ the cards *de kaarten vals schikken* **5.¶** →stack **up.**
stacked [stækt]⟨bn.; volt. deelw. v. stack⟩ **0.1** ***uit laagjes bestaand*** *⇒gelaagd, gestapeld* **0.2** ⟨inf.⟩ ***mollig*** *⇒van alles rijk voorzien* ⟨v. vrouwen⟩ ◆ **1.1** a ~ heel *uit laagjes leer bestaande schoenhiel.*
'stack room ⟨telb.zn.⟩ **0.1** ***magazijn*** ⟨v. bibliotheek⟩.
'stack·stand ⟨telb.zn.⟩ **0.1** ***ruiter*** *⇒hooiberg* ⟨onderbouw v. hooimijt⟩.
'stack 'up ⟨f2⟩⟨ww.⟩
I ⟨onov.ww.⟩ **0.1** ***een file/rij vormen*** ⟨v. auto's, vliegtuigen⟩ *⇒aanschuiven,* ⟨i.h.b.⟩ *wachten op landingsinstructies, op verschillende hoogten boven vliegveld rondcirkelen* **0.2** ⟨AE; inf.⟩ ***de vergelijking doorstaan*** *⇒op kunnen, voldoen* **0.3** ⟨AE; inf.⟩ ***ervoor staan*** *⇒eruitzien* **0.4** ⟨AE; sl.⟩ ***een wagen in de prak rijden*** *⇒met de auto verongelukken* ◆ **1.3** that's how things stacked up yesterday *zo stonden de zaken er gisteren voor* **6.2** our product does not ~ **against** the competition *ons produkt kan niet op tegen de concurrentie;*
II ⟨ov.ww.⟩ **0.1** ***opstapelen*** *⇒tassen, op een hoop leggen* **0.2** ***ophouden*** *⇒een file/rij doen vormen,* ⟨i.h.b.⟩ *op verschillende hoogten boven het vliegveld doen wachten/rondcirkelen* ◆ **1.2** traffic was stacked up for miles *het verkeer werd kilometers lang opgehouden.*
'stack·yard ⟨telb.zn.⟩ **0.1** ***erf voor hooimijt.***
stac·te ['stækti]⟨n.-telb.zn.⟩ **0.1** ***mirre(olie)*** ⟨om wierook te maken⟩.
stad·dle ['stædl]⟨telb.zn.⟩ **0.1** ***ruiter*** *⇒*⟨i.h.b. stenen⟩ *onderbouw v. mijt.*
'stad·dle-stone ⟨telb.zn.⟩ **0.1** ***platte ronde steen v. hooibed.***
stad·hold·er, stadt·hold·er ['stæthoʊldə‖-ər]⟨telb.zn.⟩ ⟨gesch.⟩ **0.1** ***stadhouder*** ⟨in de Nederlanden⟩.
stad·hold·er·ate, stadt·hold·er·ate ['stæthoʊldərət‖-reɪt], **stad·hold·er·ship, stadt·hold·er·ship** [-ʃɪp]⟨n.-telb.zn.⟩ **0.1** ***stadhouderschap.***
sta·di·a ['steɪdɪə]⟨zn.⟩
I ⟨telb.zn.⟩ **0.1** ***tachimetrische methode*** ⟨afstandsmeting d.m.v. landmeterssextant en landmeetstok⟩ **0.2** ***landmeetstok;***
II ⟨mv.⟩ **0.1** ***parallelle lijntjes*** ⟨in landmeterstelescoop⟩.
sta·di·um ['steɪdɪəm]⟨f2⟩⟨telb.zn.; ook stadia [-dɪə]; →mv. 5⟩ **0.1** ***stadion*** *⇒renbaan, looppiste, atletiekbaan, sportterrein, arena* **0.2** ***stadium*** *⇒fase* **0.3** ***stadie*** ⟨Oudgriekse lengtemaat, meestal ca. 190 m⟩.
'stadium golf ⟨telb.zn.⟩ ⟨golf⟩ **0.1** ***stadiongolf*** ⟨golfbaan met bijzondere faciliteiten voor toeschouwers, zoals tribunes, uitkijkpunten en wandelpaden⟩.
staff[1] [stɑ:f‖stæf]⟨f3⟩⟨zn.; in bet. 0.4 ook staves [steɪvz]; →mv. 3⟩ ⟨→sprw. 61⟩
I ⟨telb.zn.⟩ **0.1** ***staf*** *⇒knuppel, kromstaf* **0.2** ***steunstok*** *⇒vlaggestok, schacht* **0.3** ***steun*** ⟨ook fig.⟩ *⇒staf, ondersteuning, stut, sport* ⟨bv. ladder⟩ **0.4** ⟨muz.⟩ ***notenbalk*** **0.5** ***doorrijsignaal*** ⟨voor treinmachinist op enkelspoor⟩ **0.6** ***spilletje*** ⟨in horloge⟩ **0.7** ⟨vnl. BE⟩ ***landmetersstok*** *⇒liniaal* ◆ **1.3** that son is the ~ of his old age *die zoon is de staf zijns ouderdoms* **1.¶** the ~ of aesculapius *Aesculaapteken, esculaap(slang);* the ~ of life *brood* ⟨als hoofdbestanddeel v. eten⟩; *ons dagelijks brood;* ~ and staple *hoofdbestanddeel/schotel* **2.1** pastoral ~ *herderlijke staf, bisschops/kromstaf;*
II ⟨n.-telb.zn.⟩ **0.1** ***specie*** ⟨mengsel v. gebrande gips, cement enz.⟩;
III ⟨verz.n.⟩ **0.1** ***staf*** *⇒personeel, corps, kader, équipe* **0.2** ⟨mil.⟩ ***staf*** ◆ **2.1** the editorial ~ of a newspaper *de redactionele staf/redactie v.e. dagblad* **2.2** the General Staff *de generale staf* **3.1** be ~ *tot het personeel behoren.*
staff[2] ⟨f1⟩⟨ov.ww.⟩ **0.1** ***bemannen*** *⇒van personeel voorzien* ◆ **5.¶** ~ **up** *het personeelsbestand opvoeren v., meer personeel aanwerven voor.*
staf·fage [stə'fɑ:ʒ]⟨n.-telb.zn.⟩ ⟨beeld. k.⟩ **0.1** ***stoffering*** *⇒bijwerk.*
'staff association ⟨telb.zn.⟩ **0.1** ***personeelsraad.***
'staff college ⟨telb.zn.⟩ ⟨BE; mil.⟩ **0.1** ***stafschool*** ⟨ter voorbereiding v. officieren op staffuncties⟩.
'staff counsel ⟨telb.zn.⟩ **0.1** ***stafvergadering.***
staff·er ['stɑ:fə‖'stæfər]⟨telb.zn.⟩ ⟨vnl. AE; inf.⟩ **0.1** ***stafmedewerker*** *⇒redactielid.*
'staff manager ⟨telb.zn.⟩ **0.1** ***personeelschef.***
'staff member ⟨telb.zn.⟩ **0.1** ***staflid.***
'staff notation ⟨n.-telb.zn.⟩ ⟨muz.⟩ **0.1** ***notenschrift*** ⟨d.m.v. notenbalk⟩.
'staff nurse ⟨telb.zn.⟩ ⟨BE⟩ **0.1** ***stafverpleegster*** ⟨onderzuster in rang⟩.
'staff-of·fice ⟨telb.zn.⟩ **0.1** ***personeelsdienst.***
'staff officer ⟨telb.zn.⟩ ⟨mil.⟩ **0.1** ***stafofficier.***
'staff position ⟨telb.zn.⟩ **0.1** ***staffunctie.***
'staff room ⟨f1⟩⟨telb.zn.⟩ **0.1** ***leraarskamer.***
Staffs [stæfs]⟨afk.⟩ Staffordshire.
'staff sergeant ⟨telb.zn.⟩ ⟨mil.⟩ **0.1** ***stafonderofficier.***
'staff system ⟨telb.zn.⟩ ⟨verkeer⟩ **0.1** ***blokstelsel*** *⇒bloksysteem* ⟨op lijn met slechts één spoor⟩.
stag[1] [stæg]⟨f1⟩⟨telb.zn.⟩ **0.1** ***hertebok*** *⇒(mannetjes)hert* **0.2** ***gecastreerd dier*** *⇒*⟨vnl.⟩ *barg; os* **0.3** ⟨BE⟩ ***kalkoense haan*** **0.4** ⟨BE; geldw.⟩ ***premiejager*** **0.5** ⟨AE⟩ ***ongeëscorteerde heer*** *⇒man die alleen op stap is* **0.6** ⟨AE⟩ ***herenpartijtje*** *⇒mannenaangelegenheid* **0.7** ⟨sl.⟩ ***vrijgezel.***
stag[2] ⟨f1⟩⟨bn., attr.⟩ **0.1** ***mannen-*** *⇒heren-* **0.2** ⟨AE; man.⟩ ***ongeëscorteerd*** *⇒alleen op stap* ◆ **1.1** a ~ diner *een herendiner;* a ~ film *een seksfilm;* a ~ line *een groep dancingbezoekers.*
stag[3] ⟨ww.⟩
I ⟨onov.ww.⟩ **0.1** ⟨BE⟩ ***klikken*** *⇒doorslaan* **0.2** ⟨BE; geldw.⟩ ***speculeren*** **0.3** ⟨AE; man.⟩ ***ongeëscorteerd uitgaan*** *⇒alleen op stap gaan;*
II ⟨ov.ww.⟩ **0.1** ⟨BE⟩ ***in de gaten houden*** *⇒bespionneren* **0.2** ⟨AE⟩ ***korter maken*** *⇒afknippen* ⟨i.h.b. broekspijpen⟩ ◆ **4.¶** ⟨AE; man.⟩ ~ it *de vrouw(en) thuislaten.*
'stag beetle ⟨telb.zn.⟩ ⟨dierk.⟩ **0.1** ***vliegend hert.***
stage[1] [steɪdʒ]⟨f4⟩⟨zn.⟩
I ⟨telb.zn.⟩ **0.1** ***stellage*** *⇒stelling, verhoging, platform, toneel* **0.2** ***objecttafel*** ⟨v. microscoop⟩ **0.3** ***fase*** *⇒stadium, trap, graad* **0.4** ***pleisterplaats*** *⇒stopplaats;* ⟨BE⟩ *halte aan het eind v.e. tariefzone* **0.5** ***etappe*** *⇒rit, traject;* ⟨BE⟩ *tariefzone* **0.6** ⟨geol.⟩ ***etage*** **0.7** ⟨elektronica⟩ ***trap*** **0.8** ***trap v. raket*** **0.9** ***diligence*** *⇒postkoets* ◆ **6.3** at this ~ *op dit punt* **6.5** by easy ~s *in korte etappes;* in ~s *gefaseerd, stap voor stap;*
II ⟨n.-telb.zn.; the⟩ **0.1** ***toneel*** ⟨ook fig.⟩ *⇒schouwtoneel, toneelkunst* ◆ **3.1** put on the ~ *opvoeren* **3.¶** hold the ~ *alle aandacht trekken, het gesprek overheersen;* set the ~ for *de weg bereiden voor;* tread the ~ *op de planken staan, bij het toneel zijn, optreden* **6.1** be **on** the ~ *aan het toneel verbonden zijn;* go **on** the ~ *aan het toneel gaan.*
stage[2] ⟨bn.⟩ ⟨sl.⟩ **0.1** ***snobistisch*** *⇒arrogant.*
stage[3] ⟨f2⟩⟨ww.⟩ →staging
I ⟨onov.ww.⟩ **0.1** ***geschikt zijn voor opvoering;***
II ⟨ov.ww.⟩ **0.1** ***opvoeren*** *⇒ten tonele brengen, uitvoeren* **0.2** ***produceren*** **0.3** ***regisseren*** **0.4** ***op touw zetten*** *⇒ensceneren, organiseren* **0.5** ⟨sl.⟩ ***de aandacht afhandig maken*** **0.6** ⟨sl.⟩ ***negeren*** *⇒onheus bejegenen, kil behandelen* **0.7** ⟨sl.⟩ ***kwaad worden/zijn op.***

'stage box ⟨telb.zn.⟩ **0.1** ***loge avant-scène.***
'stage·coach ⟨f1⟩⟨telb.zn.⟩ **0.1** ***diligence*** ⇒*postkoets* ◆ **6.1 by** ~ *met de postkoets.*
'stage·craft ⟨n.-telb.zn.⟩ **0.1** ***toneelkunst.***
'stage direction ⟨f1⟩⟨telb.zn.⟩ **0.1** ***toneelaanwijzing.***
'stage 'door ⟨f1⟩⟨telb.zn.⟩ **0.1** ***artiesteningang.***
'stage effect ⟨telb.zn.⟩ **0.1** ***toneeleffect*** ⇒*dramatisch effect.*
'stage fever ⟨n.-telb.zn.⟩ **0.1** ***hartstocht voor het toneel*** ◆ **3.1** he has got ~ *hij wil dolgraag aan / bij het toneel.*
'stage fright ⟨f1⟩⟨n.-telb.zn.⟩ **0.1** ***plankenkoorts.***
'stage·hand ⟨telb.zn.⟩ **0.1** ***toneelknecht.***
'stage-man·age ⟨ov.ww.⟩ **0.1** ***ensceneren*** ⇒*opzetten, op touw zetten.*
'stage management ⟨n.-telb.zn.⟩ **0.1** ***het ensceneren.***
'stage manager ⟨telb.zn.⟩ **0.1** ***toneelmeester.***
'stage name ⟨telb.zn.⟩ **0.1** ***toneelnaam.***
'stage play ⟨telb.zn.⟩ **0.1** ***toneelstuk.***
'stage properties ⟨mv.⟩ **0.1** ***rekwisieten.***
stag·er ['steɪdʒə‖-ər]⟨telb.zn.⟩ **0.1** ***ervaren iemand*** **0.2** ***koetsier v.e. postkoets*** **0.3** ***paard v.e. postkoets*** **0.4** ⟨vero.⟩ ***toneelspeler / speelster*** ◆ **2.1** an old ~ *een oude rot in het vak.*
'stage race ⟨telb.zn.⟩⟨sport, i.h.b. wielrennen⟩ **0.1** ***etappewedstrijd*** ⇒⟨B.⟩ *rittenwedstrijd.*
'stage rights ⟨mv.; the⟩ **0.1** ***recht v. opvoering*** ⇒*toneelauteursrechten.*
stag·er·y ['steɪdʒəri]⟨n.-telb.zn.⟩ **0.1** ***toneelkunst.***
'stage setting ⟨telb.zn.⟩ **0.1** ***toneelschikking*** ⇒*mise-en-scène.*
'stage·struck ⟨bn.⟩ **0.1** ***gek op toneel*** ⇒*met toneelaspiraties behept* ◆ **3.1** she is ~ *zij wil dolgraag aan het toneel.*
'stag evil ⟨telb. en n.-telb.zn.⟩⟨diergeneeskunde⟩ **0.1** ***klem*** ⟨bij paarden⟩.
'stage wait ⟨telb.zn.⟩ **0.1** ***onderbreking v.d. opvoering.***
'stage whisper ⟨telb.zn.⟩ **0.1** ***terzijde*** **0.2** ***luid gefluister.***
stagey →stagy.
stag·fla·tion [stæg'fleɪʃn]⟨n.-telb.zn.⟩⟨ec.⟩ **0.1** ***stagflatie.***
stag·gard ['stægəd‖-ərd]⟨telb.zn.⟩⟨dierk.⟩ **0.1** ***vier jaar oud mannetjeshert.***
stag·ger[1] ['stægə‖-ər]⟨zn.⟩
I ⟨telb.zn.; alleen enk.⟩ **0.1** ***wankeling*** ⇒*het wankelen* **0.2** ***zigzag / overhangende / schuine opstelling;***
II ⟨mv.; ~s; the⟩ **0.1** ***duizeligheid*** **0.2** ⟨dierk.⟩ ***kolder.***
stagger[2] ⟨f3⟩⟨ww.⟩ →staggering
I ⟨onov.ww.⟩ **0.1** ***wankelen*** ⇒*onvast staan, waggelen* **0.2** ***weifelen*** ⇒*aarzelen, dubben* ◆ **5.1** ~ **about / around** *rondwankelen;* ~ **along** *moeizaam vooruitkomen;*
II ⟨ov.ww.⟩ **0.1** ***doen wankelen*** ⇒⟨fig.⟩ *onthutsen, van zijn stuk brengen* **0.2** ***doen weifelen*** ⇒*doen aarzelen* **0.3** ***zigzagsgewijs aanbrengen*** **0.4** ***doen alterneren*** ⇒*spreiden* ⟨vakantie⟩ ◆ **1.3** a ~ed road crossing *een kruising met verspringende zijwegen;* ~ the spokes of a wheel *de spaken v.e. wiel beurtelings naar links en naar rechts buigen* **1.4** ~ed office hours *glijdende werktijden / openingstijden.*
stag·ger·er ['stægərə‖-ər]⟨telb.zn.⟩ **0.1** ***iem. die wankelt*** **0.2** ***weifelaar*** **0.3** ⟨ben. voor⟩ ***iets dat versteld doet staan*** ⇒*puzzle, probleem.*
stag·ger·ing ['stægərɪŋ]⟨f2⟩⟨bn.; -ly; oorspr. teg. deelw. v. stagger⟩ **0.1** ***wankelend*** **0.2** ***weifelend*** **0.3** ***onthutsend*** ⇒*ontstellend.*
'stag-'head·ed ⟨bn.⟩⟨plantk.⟩ **0.1** ***met een kale kruin.***
'stag·horn ⟨zn.⟩
I ⟨telb.zn.⟩⟨plantk.⟩ **0.1** ***wolfsklauw*** ⟨Lycopodium⟩ **0.2** ***hertshoornvaren*** ⟨Platycerium⟩;
II ⟨n.-telb.zn.⟩ **0.1** ***hertshoorn*** ⟨voor mesheften⟩.
'stag·hound ⟨telb.zn.⟩ **0.1** ***jachthond.***
stag·ing ['steɪdʒɪŋ]⟨f1⟩⟨zn.; oorspr. gerund v. stage⟩
I ⟨telb.zn.⟩ **0.1** ***steiger*** ⇒*stelling, stellage, verhoging, platform;*
II ⟨telb. en n.-telb.zn.⟩ **0.1** ***opvoering*** ⇒*het opvoeren, mise-en-scène* **0.2** ⟨mil.⟩ ***het zich groeperen;***
III ⟨n.-telb.zn.⟩ **0.1** ***het mennen v.e. postkoets*** **0.2** ***het rijden in een postkoets*** **0.3** ***exploitatie v.e. postkoetsdienst*** **0.4** ⟨ruim.⟩ ***het afstoten v.e. draagraket.***
'staging area ⟨telb.zn.⟩⟨mil.⟩ **0.1** ***verzamelplaats.***
'staging post ⟨telb.zn.⟩ **0.1** ***vaste halte.***
Stag·i·rite ['stædʒɪraɪt]⟨eig.n.; the⟩ **0.1** ***de man uit Stagira*** ⇒*Aristoteles.*
'stag jump ⟨telb.zn.⟩⟨schaatssport⟩ **0.1** ***reesprong.***
stag·nan·cy ['stægnənsi]⟨n.-telb.zn.⟩ **0.1** ***stilstand*** ⇒*malaise.*
stag·nant ['stægnənt]⟨f1⟩⟨bn.; -ly⟩ **0.1** ***stilstaand*** **0.2** ***stagnerend*** ⟨ook ec.⟩ ⇒*mat, slap, flauw.*
stag·nate ['stæg'neɪt‖'stægneɪt]⟨f1⟩⟨ww.⟩
I ⟨onov.ww.⟩ **0.1** ***stilstaan*** ⇒*stagneren, niet vloeien* **0.2** ***mat worden / zijn*** ⇒*flauw / slap worden / zijn;*
II ⟨ov.ww.⟩ **0.1** ***doen stilstaan*** ⇒*laten stagneren.*
stag·na·tion ['stæg'neɪʃn]⟨f1⟩⟨n.-telb.zn.⟩ **0.1** ***stagnatie*** ⇒*stremming, stilstand.*
'stag party ⟨telb.zn.⟩ **0.1** ***bokkenfuif*** ⇒*herenpartijtje, hengstenbal* ⟨i.h.b. ter afscheid v.h. vrijgezellenbestaan⟩.
stag·y, stage·y ['steɪdʒi]⟨bn.; -ly; -ness; →bijw. 3⟩ **0.1** ***theatraal*** ⇒*overdreven, geaffecteerd.*
staid [steɪd]⟨f1⟩⟨bn.; -ly; -ness⟩
I ⟨bn.⟩ **0.1** ***bezadigd*** ⇒*ernstig, saai;*
II ⟨bn., attr.⟩ **0.1** ***vast*** ⇒*stellig, onwrikbaar.*
stain[1] [steɪn]⟨f2⟩⟨zn.⟩
I ⟨telb.zn.⟩ **0.1** ***smet*** ⇒*schandvlek, brandmerk;*
II ⟨telb. en n.-telb.zn.⟩ **0.1** ***vlek*** ⇒*klad, vuile plek, verkleuring* **0.2** ***kleurstof*** ⇒*verfstof, beits.*
stain[2] ⟨f2⟩⟨ww.⟩
I ⟨onov.ww.⟩ **0.1** ***vlekken*** ⇒*afgeven, vlekken krijgen, smetten;*
II ⟨ov.ww.⟩ **0.1** ***(be)vlekken*** ⇒*vlekken geven op;* ⟨fig.⟩ *bezoedelen, besmeuren, een smet werpen op* **0.2** ***kleuren*** ⇒*verven, beitsen, branden, vlammen* ◆ **1.2** ~ed glass *gebrandschilderd glas.*
stain·a·ble ['steɪnəbl]⟨bn.⟩ **0.1** ***te kleuren*** ⇒*te verven, te beitsen.*
stain·er ['steɪnə‖-ər]⟨telb.zn.⟩ **0.1** ***kleurder*** ⇒*verver, beitser* **0.2** ***kleurpigment*** ⟨v. verf⟩.
stain·less ['steɪnləs]⟨f2⟩⟨bn.⟩ **0.1** ***vlekkeloos*** ⇒*smetteloos, zonder smet, onbezoedeld* **0.2** ***roestvrij*** ⇒*vlekvrij* ◆ **1.2** ~ steel *roestvrij staal.*
'stain-proof ⟨bn.⟩ **0.1** ***vlekvrij.***
'stain remover ⟨telb.zn.⟩ **0.1** ***vlekkenmiddel / water.***
stair [steə‖ster]⟨f3⟩⟨zn.⟩
I ⟨telb.zn.⟩ **0.1** ***trap*** **0.2** ***tree*** ◆ **3.1** a winding ~ *een wenteltrap;*
II ⟨mv.; ~s⟩ **0.1** ***trap*** **0.2** ***aanlegsteiger*** ◆ **6.¶ below** ~ *in het souterrain, bij de bedienden.*
'stair carpet ⟨telb.zn.⟩ **0.1** ***traploper.***
'stair·case, 'stair·way ⟨f2⟩⟨telb.zn.⟩ **0.1** ***trap*** ◆ **2.1** a moving ~ *een roltrap.*
'stair·head ⟨telb.zn.⟩ **0.1** ***trapportaal boven aan de trap.***
'stair rod ⟨telb.zn.⟩ **0.1** ***traproe.***
'stair·well ⟨telb.zn.⟩ **0.1** ***trappenhuis.***
'stair wire ⟨telb.zn.⟩ **0.1** ***(dunne) traproe.***
staithe [steɪð]⟨telb.zn.⟩⟨BE⟩ **0.1** ***kolenpark in haven*** ⇒*kolenpier.*
stake[1] [steɪk]⟨f3⟩⟨zn.⟩
I ⟨telb.zn.⟩ **0.1** ***staak*** ⇒*paal* **0.2** ***brandstapel*** ⇒*brandpaal* **0.3** ***inzet*** ⇒⟨fig.⟩ *belang, interesse* **0.4** ***tentharing*** **0.5** ***bies*** ⟨v. vlechtwerk⟩ **0.6** ⟨tech.⟩ ***bankaambeeld*** ◆ **3.3** have a ~ in the country *zakelijk belang hebben bij het wel en wee v.h. land, belangen hebben op het platteland;* lose one's ~ *zijn inzet / de weddenschap verliezen* **3.4** pull up ~s *zijn biezen pakken, verhuizen* **6.¶** be **at** ~ *op het spel staan;* the issue **at** ~ *waar het om gaat;*
II ⟨n.-telb.zn.; the⟩ **0.1** ***de dood op de brandstapel / aan de brandpaal*** ◆ **3.1** go to the ~ *op de brandstapel sterven;* ⟨fig.⟩ *de zure vruchten plukken (v.e. onverstandig besluit);*
III ⟨mv.; ~s⟩ **0.1** ***prijzengeld*** **0.2** ***wedstrijd met prijzengeld*** ⇒*paardenrennen.*
stake[2] ⟨f2⟩⟨ov.ww.⟩⟨→sprw. 519⟩ **0.1** ***vastbinden aan een staak*** ⇒*stutten* **0.2** ***afpalen*** ⇒*afbakenen* **0.3** ***spietsen*** **0.4** ***verwedden*** ⇒*inzetten;* ⟨fig.⟩ *op het spel zetten, riskeren, inzetten* **0.5** ⟨AE; inf.⟩ ***(financieel) steunen*** ⇒*financieren, aan geld helpen* ◆ **1.2** ~ (out) a / one's claim (on / to) *aanspraak maken (op)* **5.2** ~ **off / out** *afpalen, afbakenen, afzetten* **5.¶** ⟨AE; inf.⟩ ~ **out** *posten bij, in de gaten houden* ⟨bv. (huis v.) misdadiger⟩ **6.4** I'd ~ my life **on** it *ik durf er mijn hoofd om te verwedden;* ~ money **on** a horse *geld (in)zetten op een paard* **6.5** I'll ~ you **to** a new one *ik zal een nieuwe voor je betalen.*
'stake boat ⟨telb.zn.⟩⟨roeisport⟩ **0.1** ***startboot*** ⇒*(drijvende) startsteiger, startponton.*
'stake·hold·er ⟨telb.zn.⟩ **0.1** ***beheerder v.d. inzet*** ⇒*beheerder v.d. pot* ⟨bij weddenschap⟩ **0.2** ⟨jur.; ong.⟩ ***bewaarder*** ⇒*sekwester.*
'stake net ⟨telb.zn.⟩ **0.1** ***fuik*** ⇒*staaknet.*
'stake·out ⟨telb.zn.⟩⟨AE; inf.⟩ **0.1** ***plaats die (door politie) wordt bespied*** **0.2** ***politiebewaking / toezicht / surveillance*** ⟨v. plaats of verdacht persoon⟩.
Sta·kha·nov·ite [stæ'kænəvaɪt‖stə-]⟨telb.zn.⟩ **0.1** ***Stachanovist*** ⟨Sovjet arbeider die enorme prestaties levert; naar Stachanov⟩.
stal·ac·tic [stə'læktɪk], **stal·ac·tit·ic** ['stælək'tɪtɪk]⟨bn.⟩ **0.1** ***als een stalactiet*** ⇒*stalactitisch* **0.2** ***vol stalactieten.***
stal·ac·ti·form [stə'læktɪfɔːm‖-fɔrm]⟨bn.⟩ **0.1** ***stalactietvormig.***
sta·lac·tite ['stæləktaɪt‖stə'læktaɪt]⟨telb.zn.⟩⟨geol.⟩ **0.1** ***stalactiet*** ⇒*druipsteen.*
sta·lag·mite ['stæləgmaɪt‖stə'lægmaɪt]⟨telb.zn.⟩⟨geol.⟩ **0.1** ***stalagmiet*** ⇒*druipsteen.*
stal·ag·mit·ic ['stæləg'mɪtɪk], **stal·ag·mit·i·cal** [-ɪkl]⟨bn.; -(al)ly; →bijw. 3⟩⟨geol.⟩ **0.1** ***als een stalagmiet*** ⇒*stalagmitisch.*
stale[1] [steɪl]⟨n.-telb.zn.⟩⟨vero. of gew.⟩ **0.1** ***stal(le)*** ⟨urine v. paard / rund⟩.

stale[2] ⟨f2⟩ ⟨bn.; -er; -ly; -ness; →compar. 7⟩ 0.1 ***niet vers*** ⇒*muf, bedompt, oud(bakken), verschaald* **0.2** ***afgezaagd*** ⇒*triviaal, banaal* **0.3** ***overtraind*** ⇒*overwerkt, op, mat, niet meer geïnspireerd, machinaal* **0.4** ⟨jur.⟩ ***verjaard*** ◆ **1.1** ~ bread *oud brood* **1.4** ⟨geldw.⟩ a ~ cheque *een verjaarde cheque* **3.¶** go ~ on *beu zijn, genoeg hebben van*.

stale[3] ⟨ww.⟩

I ⟨onov.ww.⟩ **0.1** ***oud worden*** ⇒*muf/bedompt worden, verschalen* **0.2** ***afgezaagd worden*** ⇒*oninteressant worden, verflauwen* **0.3** ⟨vero. of gew.⟩ ***wateren*** ⟨v. paard, enz.⟩;

II ⟨ov.ww.⟩ **0.1** ***oud maken*** ⇒*muf/bedompt maken, doen verschalen* **0.2** ***doen verflauwen***.

stale·mate[1] ['steɪlmeɪt] ⟨f1⟩ ⟨telb. en n.-telb.zn.⟩ **0.1** ⟨schaken⟩ ***pat*** **0.2** ***impasse*** ⇒*dood punt*.

stalemate[2] ⟨f1⟩ ⟨ov.ww.⟩ **0.1** ⟨schaken⟩ ***pat zetten*** ⇒⟨fig.⟩ *vast/klem zetten*.

stalk[1] [stɔ:k] ⟨f1⟩ ⟨zn.⟩

I ⟨telb.zn.⟩ **0.1** ⟨plantk.⟩ ***stengel*** ⇒*steel, rank, halm* **0.2** ***steel*** ⇒*schacht* **0.3** ***hoge schoorsteenpijp*** **0.4** ***statige tred;***

II ⟨n.-telb.zn.⟩ **0.1** ***het besluipen*** ⟨v. wild⟩.

stalk[2] ⟨f2⟩ ⟨ww.⟩

I ⟨onov.ww.⟩ **0.1** ***schrijden*** ⇒*statig stappen/lopen* **0.2** ***sluipen*** ⟨bij de jacht⟩ **0.3** ***rondwaren*** ⇒*spoken* ◆ **5.1** the chairman ~ed **out** in anger *de voorzitter stapte kwaad op;*

II ⟨ov.ww.⟩ **0.1** ***besluipen*** **0.2** ***achtervolgen*** **0.3** ***rondwaren door***.

stalked [stɔ:kt] ⟨bn.⟩ ⟨plantk.⟩ **0.1** ***gesteeld***.

stalk·er ['stɔ:kə‖-ər] ⟨f1⟩ ⟨telb.zn.⟩ **0.1** ***iem. die wild besluipt*** ⇒*jager*.

'stalk-eyed ⟨bn.⟩ ⟨dierk.⟩ **0.1** ***met ogen op steeltjes***.

'stalk·ing-horse ⟨telb.zn.⟩ **0.1** ***(imitatie)paard waarachter jager zich verbergt*** ⇒⟨fig.⟩ *voorwendsel, dekmantel*.

stalk·y ['stɔ:ki] ⟨bn.⟩ **0.1** ⟨plantk.⟩ ***gesteeld*** **0.2** ***dun*** ⇒*slank, sprietig*.

stall[1] [stɔ:l] ⟨f3⟩ ⟨zn.⟩

I ⟨telb.zn.⟩ **0.1** ***box*** ⇒*hok, stal* **0.2** ***stalletje*** ⇒*kraam, stand* **0.3** ***koorstoel*** ⟨i.h.b. v. deken, kanunnik⟩ ⇒⟨fig.⟩ *decanaat/kanunnikdij* **0.4** ⟨BE⟩ ***stallesplaats*** **0.5** ***douchecel*** ⇒*douchehok(je)* **0.6** ⟨vaak mv.⟩ ⟨paardesport⟩ ***startbox*** ⇒*starthok* **0.7** ***vingerling*** ⇒*sluifje, vingerovertrek* **0.8** ⟨BE; mijnw.⟩ ***pand*** **0.9** ⟨lucht.⟩ ***overtrokken vlucht*** **0.10** ⟨AE; sl.⟩ ***handlanger v. zakkenroller/crimineel*** **0.11** ⟨AE; sl.⟩ ***voorwendsel*** ⇒*list, smoesje;*

II ⟨mv.; ~s⟩ ⟨BE⟩ **0.1** ***stalles***.

stall[2] ⟨f2⟩ ⟨ww.⟩

I ⟨onov.ww.⟩ **0.1** ***blijven steken*** ⇒*vastzitten, tot stilstand komen,* ⟨AE⟩ *ingesneeuwd zijn* **0.2** ***afslaan*** ⟨v. motor⟩ **0.3** ⟨lucht.⟩ ***in een overtrokken vlucht raken*** **0.4** ***draaien*** ⇒*talmen, uitvluchten zoeken, tijd rekken;*

II ⟨ov.ww.⟩ **0.1** ***stallen*** ⇒*op stal zetten* **0.2** ***van boxen voorzien*** **0.3** ⟨lucht.⟩ ***overtrekken*** **0.4** ***doen afslaan*** ⟨motor⟩ **0.5** ***ophouden*** ⇒*blokkeren, obstrueren* ◆ **5.5** ~ **off** *aan het lijntje houden, afschepen*.

stall·age ['stɔ:lɪdʒ] ⟨n.-telb.zn.⟩ ⟨BE⟩ **0.1** ***staangeld*** ⇒*marktgeld, marktrecht* **0.2** ***staanplaats op markt*** **0.3** ***recht om een kraam neer te zetten***.

'stall-feed ⟨ov.ww.⟩ **0.1** ***op stal mesten***.

'stall·hold·er ⟨telb.zn.⟩ ⟨BE⟩ **0.1** ***houd(st)er v.e. kraam***.

'stall·ing speed ⟨n.-telb.zn.⟩ ⟨lucht.⟩ **0.1** ***overtreksnelheid***.

stal·lion ['stæliən] ⟨f2⟩ ⟨telb.zn.⟩ **0.1** ***hengst*** ⇒*dekhengst*.

'stall·keep·er ⟨telb.zn.⟩ **0.1** ***houd(st)er v.e. kraam***.

stal·wart[1] ['stɔ:lwət‖-wərt] ⟨telb.zn.⟩ **0.1** ***trouwe aanhanger/volgeling***.

stalwart[2] ⟨f1⟩ ⟨bn.; -ly; -ness⟩ **0.1** ***stevig*** ⇒*fors, robuust, stoer, potig* **0.2** ***flink*** ⇒*dapper* **0.3** ***standvastig*** ⇒*onverzettelijk, trouw*.

Stam·boul [stæm'bu:l] ⟨eig.n.⟩ **0.1** ***Konstantinopel*** ⇒*Stamboel*.

sta·men ['steɪmən] ⟨f1⟩ ⟨telb.zn.; ook stamina ['stæmɪnə]; →mv. 5⟩ ⟨plantk.⟩ **0.1** ***meeldraad***.

stam·i·na ['stæmɪnə] ⟨f1⟩ ⟨n.-telb.zn.⟩ **0.1** ***uithoudingsvermogen*** ⇒*weerstandsvermogen*.

stam·i·nal ['stæmɪnl] ⟨bn.⟩ **0.1** ***uithoudings-*** ⇒*weerstands-, v. h. gestel* **0.2** ⟨plantk.⟩ ***mbt. meeldraden***.

stam·i·nate ['stæmɪnət] ⟨bn.⟩ ⟨plantk.⟩ **0.1** ***met meeldraden*** **0.2** ***mannelijk***.

sta·mi·nif·er·ous ['stæmɪ'nɪfrəs] ⟨bn.⟩ ⟨plantk.⟩ **0.1** ***met meeldraden***.

stam·mer[1] ['stæmə‖-ər] ⟨telb.zn.; vnl. enk.⟩ **0.1** ***stamelgebrek*** ⇒*het stotteren* ◆ **3.1** speak with a ~ *stotteren*.

stammer[2] ⟨f2⟩ ⟨onov. en ov.ww.⟩ **0.1** ***stotteren*** ⇒*stamelen, haperen* ◆ **5.1** he ~ed **out** a few words *hij stamelde een paar woorden*.

stam·mer·er ['stæmərə‖-ər] ⟨f1⟩ ⟨telb.zn.⟩ **0.1** ***stotteraar*** ⇒*stamelaar*.

stam·mer·ing·ly ['stæmərɪŋli] ⟨f1⟩ ⟨bw.⟩ **0.1** ***stotterend*** ⇒*stamelend*.

stamp[1] [stæmp] ⟨f3⟩ ⟨telb.zn.⟩ **0.1** ***stempel*** ⇒*stempelafdruk;* ⟨fig.⟩ *(ken)merk, indruk, effect* **0.2** ***zegel*** ⇒*postzegel, stempelmerk, waarmerk* **0.3** ***kenmerk*** ⇒*label* **0.4** ***soort*** ⇒*slag, stempel* **0.5** ***stampblok*** ⟨voor erts⟩ **0.6** ***stamp*** ⇒*gestamp* ◆ **3.1** bear the ~ of *het stempel dragen van;* embossed ~ *reliëfstempel, droogstempel;* leave one's ~ on *zijn stempel drukken op*.

stamp[2] ⟨f3⟩ ⟨ww.⟩

I ⟨onov. en ov.ww.⟩ **0.1** ***stampen*** ⇒*trappen, aanstampen, losstampen* ◆ **1.1** she ~ed the snow from her boots *zij stampte de sneeuw van haar laarzen* **5.1** ⟨fig.⟩ ~ **out** *uitroeien* **6.1** ⟨fig.⟩ ~ **on** *onderdrukken, in de kiem smoren, afstraffen;*

II ⟨ov.ww.⟩ **0.1** ***stempelen*** ⇒*persen, waarmerken, stampen* ⟨metalen⟩ **0.2** ***frankeren*** ⇒*een postzegel plakken op* **0.3** ***fijnstampen*** ⇒*verpulveren* **0.4** ***stempelen tot*** ⇒*tekenen, karakteriseren* ◆ **1.2** ~ed addressed envelope *antwoordenvelop* **1.4** this ~s him (as) a conservative *dit stempelt hem tot een conservatief* **6.1** it was ~ed **on** his memory *het was in zijn geheugen gegrift*.

'Stamp Act ⟨eig.n.; the⟩ **0.1** ***zegelwet*** ⟨in 1765⟩.

'stamp album ⟨f1⟩ ⟨telb.zn.⟩ **0.1** ***postzegelalbum***.

'stamp book ⟨telb.zn.⟩ **0.1** ***postzegelboekje***.

'stamp collecting ⟨n.-telb.zn.⟩ **0.1** ***het verzamelen v. postzegels***.

'stamp collector ⟨f1⟩ ⟨telb.zn.⟩ **0.1** ***postzegelverzamelaar***.

'stamp dealer ⟨telb.zn.⟩ **0.1** ***postzegelhandelaar***.

'stamp duty ⟨n.-telb.zn.⟩ **0.1** ***zegelrecht***.

stam·pede[1] ['stæm'pi:d] ⟨f1⟩ ⟨telb.zn.⟩ **0.1** ***wilde vlucht*** ⟨i.h.b. v. vee of paarden⟩ ⇒*paniek, het op hol slaan* **0.2** ***stormloop*** ⇒*toeloop* **0.3** ***massabeweging*** ⇒⟨AE⟩ *grote toestroom v. kiezers*.

stampede[2] ⟨f1⟩ ⟨ww.⟩

I ⟨onov.ww.⟩ **0.1** ***op de vlucht slaan*** ⇒*op hol slaan;* ⟨fig.⟩ *het hoofd verliezen;*

II ⟨ov.ww.⟩ **0.1** ***op de vlucht jagen*** ⇒*op hol jagen;* ⟨fig.⟩ *het hoofd doen verliezen* ◆ **6.1** don't be ~d **into** selling all your shares *besluit niet overhaastig al je aandelen te verkopen*.

stamp·er ['stæmpə‖-ər] ⟨telb.zn.⟩ **0.1** ***stamper*** ⇒*mortierstok, stempel*.

'stamp-hinge ⟨telb.zn.⟩ **0.1** ***gomstrookje*** ⇒*postzegelstrookje*.

'stamping ground ⟨telb.zn.; ook mv.⟩ **0.1** ***gewone/geliefde verblijfplaats*** ◆ **4.1** that used to be his ~ *daar hing hij vroeger veel uit*.

'stamping machine ⟨telb.zn.⟩ **0.1** ***stempelmachine*** **0.2** ***frankeermachine***.

'stamp mill ⟨telb.zn.⟩ **0.1** ***ertsmolen***.

'stamp office ⟨telb.zn.⟩ **0.1** ***zegelkantoor***.

'stamp paper ⟨zn.⟩

I ⟨telb.zn.⟩ **0.1** ***gomstrook aan een postzegelblad;***

II ⟨n.-telb.zn.⟩ **0.1** ***gezegeld papier***.

stance [stɑ:ns‖stæns] ⟨f2⟩ ⟨telb.zn.; vnl. enk.⟩ **0.1** ***houding*** ⟨bij tennis, golf enz.⟩ ⇒*stand, postuur* **0.2** ***pose*** ⇒*houding, gezindheid*.

stanch[1] →staunch.

stanch[2] [stɑ:ntʃ], **staunch** ['stɔ:ntʃ] ⟨f1⟩ ⟨ov.ww.⟩ **0.1** ***stelpen*** ⇒*stillen* **0.2** ***tot staan brengen*** ⇒*een halt toeroepen (aan)* **0.3** ***waterdicht maken***.

stan·chion[1] ['stɑ:ntʃən‖'stæn-] ⟨telb.zn.⟩ **0.1** ***paal*** ⇒*staak, stijl, stang, stut;* ⟨scheep.⟩ *scepter, berkoen* **0.2** ***ijzeren kraag*** ⇒*halsbeugel* ⟨om koeien in vast te leggen⟩.

stanchion[2] ⟨ov.ww.⟩ **0.1** ***stutten*** ⇒*schoren* **0.2** ***een ijzeren kraag omdoen*** ⟨koeien⟩.

stand[1] [stænd] ⟨f3⟩ ⟨telb.zn.⟩ **0.1** ***stilstand*** ⇒*halt* **0.2** ***stelling*** ⟨ook mil.⟩ ⇒⟨fig.⟩ *standpunt* **0.3** ***plaats*** ⇒*positie, post* **0.4** ***stander*** ⇒*rek, stelling, statief* **0.5** ***stand*** ⇒*kraam, stalletje* **0.6** ***standplaats*** ⟨v. taxi's enz.⟩ **0.7** ***tribune*** ⇒*platform, podium, stellage,* ⟨AE⟩ *getuigenbank* **0.8** ⟨bosbouw⟩ ***opstand*** ⇒⟨landb.⟩ *stand, gewas* **0.9** ***plaats waar men optreedt op toernee*** **0.10** ⟨vnl. Sch. E⟩ ***stel kleren*** **0.11** ⟨cricket⟩ ***stand*** ⇒*het langdurig aan slag zijn v. twee batsmen* ◆ **1.¶** ⟨mil.⟩ ~ of arms *wapenrusting;* ~ of colours *vaandel v. regiment* **3.1** bring to a ~ *tot staan brengen;* come to a ~ *tot staan komen, blijven stilstaan* **3.2** make a final ~ *een laatste verdedigingsstelling innemen;* make a ~ against the enemy *stelling nemen tegen de vijand;* make a ~ for *opkomen voor;* take one's ~ on *zich baseren op;* ⟨fig.⟩ take a ~ on *zich uitspreken over* **3.3** take a/one's ~ *post vatten* **3.7** ⟨AE⟩ take the ~ *plaats nemen in de getuigenbank*.

stand[2] ⟨f4⟩ ⟨ww.; stood; stood [stʊd]⟩ →standing ⟨→sprw. 138, 306, 674, 708⟩

I ⟨onov.ww.⟩ **0.1** ***(rechtop) staan*** ⇒*gaan staan, opstaan* **0.2** ***zich bevinden*** ⇒*staan, liggen* **0.3** ***stilstaan*** ⇒*halt houden,* ⟨AE⟩ *stoppen* ⟨v. voertuigen⟩ **0.4** ***blijven staan*** ⇒*stand houden* **0.5** ***gelden*** ⇒*van kracht blijven/zijn, opgaan* **0.6** ***zijn*** ⇒*(ervoor) staan, zich in een bep. situatie bevinden* **0.7** ⟨BE⟩ ***kandidaat zijn*** ⇒*zich kandidaat stellen* **0.8** ⟨scheep.⟩ ***koersen*** **0.9** ⟨jacht⟩ ***staan*** ⟨v. hond⟩ ◆ **1.1** ~ on one's head *op zijn hoofd staan;* I won't ~ in your way *ik zal jou niet in de weg staan* **1.5** the offer still ~s *het aanbod is nog v. kracht* **1.6** they stood under heavy obligations *zij hadden* *zware verplichtingen* **3.4** ~ and deliver! *je geld of je leven!* **3.5** ~ or fall by *staan of vallen met, afhankelijk zijn van* **3.¶** I ~ corrected *ik neem mijn woorden terug;* ~ to lose sth. *waarschijnlijk/zeker iets zullen verliezen* **5.1** the workers were just ~ing **about/around** *de arbeiders stonden maar wat te kijken;* please ~ clear of the doors *laat de deuropening vrij a.u.b.* **5.¶** it ~s alone *het kent zijn weerga niet;* ~ aloof *zich op een afstand houden;* ~ apart *zich afzijdig houden;* →stand **aside;** →stand **back;** →stand **by;** →stand **down;** ~ easy! *op de plaats rust!;* ~ high *hoog in aanzien staan;* ~ **in** (for s.o.) *(iem.) vervangen;* ~ **in** for the shore *op de kust aanhouden;* ~ **in** towards the harbour *koers zetten naar de haven;* ~ **in** with s.o. *met iem. samenwerken/meedoen;* →stand **off;** →stand **out;** this item can ~ **over** until next month *deze zaak kan tot volgende maand wachten;* ~ pat *passen* ⟨in poker⟩; ⟨fig.⟩ *voet bij stuk houden, op zijn stuk blijven (staan);* →stand **to;** →stand **up;** ~ well with s.o. *met iem. op goede voet staan, bij iem. in een goed blaadje staan* **6.4** he ~s **at** nothing *hij deinst voor niets terug* **6.6** the thermometer stood **at** thirty degrees *de thermometer stond op dertig graden* **6.8** ~ **from** the shore *van de kust afhouden* **6.¶** ~ **by/**⟨vero.⟩ **to** *bijstaan, steunen, niet afvallen; zich houden aan, trouw blijven aan;* →stand **for;** ~ **on** *staan op, aandringen op;* we don't ~ **on** ceremony *wij hechten niet aan plichtplegingen;* she ~s **on** her dignity *zij wil met égards behandeld worden;* ~ **over** *toezicht houden op;* ~ **upon** *staan op, gesteld zijn op* **8.1** as I ~ here *zowaar ik hier sta* **8.6** as it ~s *in de huidige situatie, momenteel, zoals het nu is;* he would like to know/learn/find out where he ~s *hij wil graag weten waar hij aan toe is;*

II ⟨ov.ww.⟩ **0.1** ***plaatsen*** *⇒neerzetten, rechtop zetten* **0.2** ***verdragen*** *⇒dulden, uitstaan* **0.3** ***doorstaan*** *⇒ondergaan* **0.4** ***weerstaan*** **0.5** ***trakteren (op)*** *⇒betalen* ◆ **1.1** ~ everything on its head *alles op zijn kop zetten* **1.3** ~ the test *de proef doorstaan;* ~ trial *terecht staan* **1.5** ~ s.o. (to) a drink *iem. op een drankje trakteren;* ~ treat *trakteren* **5.¶** →stand **off;** →stand **out;** →stand **up.**

stand-a'lone ⟨telb.zn.; ook attr.⟩ ⟨comp.⟩ **0.1** ***stand-alone*** *⇒*⟨attr.⟩ *zelfstandig, autonoom* ⟨v. computersysteem⟩.

stan·dard¹ ['stændəd‖-dərd] ⟨f3⟩ ⟨zn.⟩

I ⟨telb.zn.⟩ **0.1** ***vaandel*** ⟨ook fig.⟩ *⇒standaard, vlag, banier* **0.2** ⟨vaak mv.⟩ ***maat(staf)*** *⇒norm, richtlijn* **0.3** ***standaard(maat)*** *⇒gebruikelijke maat, slaper, legger, eenheidsmaat* **0.4** ***houder*** *⇒standaard, kandelaar* **0.5** ***(munt)standaard*** *⇒muntvoet, geldstandaard* **0.6** ***standaard*** ⟨houtmaat⟩ **0.7** ***staander*** *⇒steun, stijl, post, paal* **0.8** ***hoogstammige plant/struik*** **0.9** ⟨vero.; BE⟩ ***klasse*** ⟨v. lagere school⟩ ◆ **1.1** ⟨fig.⟩ raise the ~ of revolt *tot opstand oproepen, de revolutie uitroepen* **2.1** royal ~ *koninklijke standaard;*

II ⟨telb. en n.-telb.zn.⟩ **0.1** ***peil*** *⇒niveau, standaard* ◆ **1.1** ~ of living/life *levensstandaard* **3.1** (not) come up to (the) ~ *(niet) op peil zijn/aan de gestelde eisen voldoen;* set a high/low ~ *hoge/lage eisen stellen* **6.1 below** ~ *beneden peil;* **of** a low ~ *van slechte kwaliteit;* **up to** ~ *op peil, v.d. gewenste kwaliteit.*

standard² ⟨f2⟩ ⟨bn.; -ly⟩

I ⟨bn.⟩ **0.1** ***normaal*** *⇒gebruikelijk, standaard-* **0.2** ⟨vero.; BE⟩ ***v. gemiddelde (standaard)grootte*** ⟨v. eieren⟩;

II ⟨bn., attr.⟩ **0.1** ***standaard-*** *⇒gebruikelijk, eenheids-, genormaliseerd, gestandaardiseerd* **0.2** ***staand*** ◆ **1.1** ~ coin *standpenning, standaardmunt;* ⟨stat.⟩ ~ deviation *standaardafwijking, standaarddeviatie* ⟨symbool σ⟩; Standard English *standaardengels;* ⟨stat.⟩ ~ error *standaardfout;* ⟨spoorwegen⟩ ~ gauge *normaalspoor;* ~ time *zonnetijd* **1.2** ~ rose *stamroos* **1.¶** ~ book *standaardwerk.*

'stan·dard-bearer ⟨telb.zn.⟩ **0.1** ***banierdrager*** ⟨ook fig.⟩ *⇒vaandeldrager.*

'stan·dard·bred ⟨zn.; ook S-⟩ ⟨AE⟩

I ⟨telb.zn.⟩ **0.1** ***standardbred*** *⇒standardbred-paard, harddraver;*

II ⟨n.-telb.zn.⟩ **0.1** ***standardbred(ras).***

stan·dard·i·za·tion, -sa·tion ['stændədaɪ'zeɪʃn‖-dərdə-] ⟨f1⟩ ⟨telb. en n.-telb.zn.⟩ **0.1** ***standaardisering*** *⇒normalisering.*

stan·dard·ize, -ise ['stændədaɪz‖-dər-] ⟨f2⟩ ⟨ov.ww.⟩ **0.1** ***standaardiseren*** *⇒normaliseren.*

'standard lamp ⟨f1⟩ ⟨telb.zn.⟩ ⟨BE⟩ **0.1** ***staande lamp.***

'stand a'side ⟨onov.ww.⟩ **0.1** ***opzij gaan (staan)*** *⇒aan de kant gaan (staan)* **0.2** ***zich afzijdig houden*** *⇒niets doen.*

'stand 'back ⟨onov.ww.⟩ **0.1** ***achteruit gaan*** **0.2** ***op een afstand liggen*** **0.3** ***zich op de achtergrond houden*** ◆ **6.2** the house stands well back **from** the road *het huis ligt een goed stuk v.d. weg af.*

'stand·by¹ ⟨f1⟩ ⟨zn.; mv. standbys⟩

I ⟨telb.zn.⟩ **0.1** ***reserve*** *⇒vervanger;* ⟨fig.⟩ *toevlucht, hulp (in nood);* ⟨sport ook⟩ *wisselspeler* **0.2** ***reserve*** *⇒(nood)voorraad* **0.3** ⟨lucht.⟩ ***standby-passagier*** **0.4** ⟨lucht.⟩ ***standby-ticket*** ◆ **2.1** an old ~ *een ouwe getrouwe;*

II ⟨n.-telb.zn.⟩ **0.1** ***reserve*** ◆ **6.1** be **on** ~ *paraat/bereikbaar zijn, reserve/klaar/paraat staan,* ⟨B.⟩ *van wacht zijn.*

standby² ⟨bn., attr.⟩ **0.1** ***reserve-*** *⇒nood-, hulp-* **0.2** ⟨lucht.⟩ ***standby*** ◆ **1.1** be on ~ duty *klaar/paraat moeten staan;* ~ equipment *nooduitrusting;* ~ power plant *noodaggregaat* **1.¶** ⟨geldw.⟩ ~ credit *overbruggingskrediet.*

'stand 'by ⟨f1⟩ ⟨onov.ww.⟩ **0.1** ***erbij staan*** **0.2** ***werkloos toezien*** **0.3** ***gereed staan*** *⇒*⟨mil.⟩ *paraat staan;* ⟨scheep.⟩ *klaar staan.*

'stand 'down ⟨f1⟩ ⟨onov.ww.⟩ **0.1** ***zich terugtrekken*** *⇒aftreden* **0.2** ⟨AE; jur.⟩ ***de getuigenbank verlaten*** **0.3** ⟨mil.⟩ ***inrukken*** **0.4** ⟨scheep.⟩ ***voor de wind/met het getij varen*** ◆ **1.1** he stood down in favour of his brother *hij trok zich terug ten gunste van zijn broer.*

stand·ee ['stæn'di:] ⟨telb.zn.⟩ ⟨AE⟩ **0.1** ***iem. op staanplaats.***

'stand for ⟨onov.ww.⟩ **0.1** ***staan voor*** *⇒vertegenwoordigen, betekenen* **0.2** ⟨inf.⟩ ***goedvinden*** *⇒zich laten welgevallen, dulden, (het) nemen* **0.3** ⟨BE⟩ ***kandidaat staan voor*** **0.4** ⟨BE⟩ ***voorstaan*** *⇒verdedigen.*

'stand-in ⟨telb.zn.⟩ **0.1** ***vervanger.***

stand·ing¹ ['stændɪŋ] ⟨f2⟩ ⟨zn.; (oorspr.) gerund v. stand⟩

I ⟨telb. en n.-telb.zn.⟩ **0.1** ***status*** *⇒rang, stand, positie, naam, standing* **0.2** ***reputatie*** *⇒achting* **0.3** ***lidmaatschapsduur*** **0.4** ***diensttijd*** ◆ **2.1** a member in full/good ~ *een gerespecteerd lid* **6.1** s.o. **of** ~ *iem. v. aanzien/standing;*

II ⟨n.-telb.zn.⟩ **0.1** ***(tijds)duur*** **0.2** ***het staan*** ◆ **2.1** friendship of long ~ *oude/ver teruggaande vriendschap.*

standing² ⟨f2⟩ ⟨bn., attr.⟩ **0.1** ***blijvend*** *⇒v. kracht/in gebruik blijvend, permanent, gevestigd, vast, constant, bestendig* **0.2** ***staand*** *⇒stilstaand* **0.3** ***zonder aanloop*** ⟨v. sprong, e.d.⟩ ◆ **1.1** ~ army *staand leger;* ~ committee *permanente commissie;* ~ corn *(te velde) staand koren, koren op (de) halm;* ~ joke *vaste grap;* ~ order *doorlopende order, legorder; staande opdracht;* ⟨i.h.b.⟩ *automatische overschrijving;* pay by ~ order *per staande opdracht, via automatische overschrijving betalen;* ~ orders *reglement v. orde, statuten;* ⟨mil.⟩ *algemene orders;* ⟨scheep.⟩ ~ rigging *staand tuig/want;* ⟨boek.⟩ ~ type *vaste drukplaat, stereotype, stype, stiep, cliché;* ~ water *staand water;* ⟨nat.⟩ ~ wave *staande/transversale golf* **1.2** ~ ovation *staande ovatie* **7.1** ⟨scheep.⟩ all ~ *met staande zeilen;* ⟨fig.⟩ *onverhoeds.*

'standing dive ⟨telb.zn.⟩ ⟨schoonspringen⟩ **0.1** ***sprong uit stand.***

'standing room ⟨n.-telb.zn.⟩ **0.1** ***staanplaatsen*** ⟨in theater, stadion, enz.⟩.

stand·ish ['stændɪʃ] ⟨telb.zn.⟩ ⟨vero.⟩ **0.1** ***inktstel.***

'stand'off ⟨telb.zn.⟩ **0.1** ***impasse*** **0.2** ***evenwicht*** **0.3** ⟨vnl. AE⟩ ***(periode v.) nietsdoen/zich afzijdig houden*** **0.4** →stand-off.

'stand 'off ⟨ww.⟩

I ⟨onov.ww.⟩ **0.1** ***opzij gaan staan*** **0.2** ***zich op een afstand houden*** **0.3** ⟨scheep.⟩ ***voor de kust liggen/varen*** *⇒van de kust afhouden;*

II ⟨ov.ww.⟩ **0.1** ***tegenhouden*** *⇒op (een) afstand houden* ⟨vijand⟩ **0.2** ***(tijdelijk) ontslaan.***

'stand-'off, 'stand-off 'half ⟨telb.zn.⟩ ⟨rugby⟩ **0.1** ***stand-off half*** ⟨halfback⟩ *⇒fly-half.*

stand·off·ish ['stænd'ɒfɪʃ‖-'ɔfɪʃ] ⟨bn.; -ly; -ness⟩ **0.1** ***op een afstand*** *⇒afstandelijk, gereserveerd, niet/weinig toeschietelijk.*

'stand oil ⟨n.-telb.zn.⟩ **0.1** ***standolie.***

'stand 'out ⟨f1⟩ ⟨ww.⟩

I ⟨onov.ww.⟩ **0.1** ***duidelijk uitkomen*** *⇒in het oog vallen, afsteken* **0.2** ***zich onderscheiden*** **0.3** ***blijven volhouden*** ◆ **1.1** it stands out a mile *dat kun je met je klompen aanvoelen* **6.3** ~ **for** *verdedigen, blijven aandringen op* **6.¶** his eyes stood out **of** his head *zijn ogen puilden uit (zijn hoofd) (v. verbazing/angst/verbijstering);* ~ **to** sea *zee kiezen;*

II ⟨ov.ww.⟩ **0.1** ***weerstaan*** *⇒verduren, doorstaan.*

stand·pat·ter ['stæn(d)'pætə‖-'pæṭər] ⟨telb.zn.⟩ ⟨AE⟩ **0.1** ***(aarts) conservatief*** ⟨vnl. pol.⟩.

'stand·pipe ⟨telb.zn.⟩ ⟨tech.⟩ **0.1** ***standpijp*** *⇒standbuis.*

stand·point ['stæn(d)pɔɪnt] ⟨f2⟩ ⟨telb.zn.⟩ **0.1** ***standpunt*** ⟨ook fig.⟩ *⇒gezichtspunt* ◆ **6.1 from** a commercial ~ *uit een commercieel oogpunt, commercieel gezien.*

stand·still ['stæn(d)stɪl] ⟨f1⟩ ⟨telb.zn.⟩ **0.1** ***stilstand*** ◆ **3.1** bring/come to a ~ *(doen) stoppen/stilstaan, tot stilstand brengen/komen* **6.1 at** a ~ *tot stilstand gekomen.*

'stand 'to ⟨onov.ww.⟩ **0.1** ⟨mil.⟩ ***paraat zijn*** *⇒in de houding staan;* ⟨scheep.⟩ *klaar staan* **0.2** ***aanstaan*** ⟨v. deur⟩.

'stand 'up ⟨f1⟩ ⟨ww.⟩

I ⟨onov.ww.⟩ **0.1** ***overeind staan*** **0.2** ***gaan staan*** *⇒opstaan* **0.3** ***standhouden*** *⇒overeind blijven;* ⟨fig.⟩ *goed blijven, doorstaan, zich handhaven* ◆ **1.1** they only had the clothes they stood up in *zij hadden alleen maar de kleren die ze aan hadden* **1.3** that won't ~ in court *daar blijft niets van overeind in de rechtszaal* **3.2** ~ and be counted *voor zijn mening uitkomen* **6.2** ⟨fig.⟩ ~ **against** *in verzet komen tegen;* ~ **for** *opkomen voor* **6.3** it stood up **to** the years *het heeft al die jaren goed doorstaan* **6.¶** ~ **to** *trotseren, het* *hoofd bieden aan;*

II ⟨ov.ww.⟩ **0.1** ***laten zitten*** ⇒*een afspraak niet nakomen* ◆ **4.1** she stood me up *zij heeft me laten zitten, zij is niet op komen dagen.*

'stand-up ⟨bn., attr.⟩ **0.1** ***rechtop staand*** **0.2** ***lopend*** ⟨v. souper e.d.⟩ **0.3** ***flink*** ⇒*stevig* **0.4** ***eerlijk*** ⇒*zonder trucs* **0.5** ***eenmans*** ⇒*solo-* ◆ **1.2** ~ buffet *lopend buffet* **1.3** ~ fight *stevig potje/robbertje vechten* **1.5** ~ comedian *solo-entertainer.*

stang [stæŋ]⟨verl. t.⟩⟨vero.⟩ →sting.

stan·hope ['stænəp]⟨telb.zn.⟩ **0.1** ***stanhope*** ⇒*open sjees, faëton, open rijtuigje* ⟨voor één pers., met twee of vier wielen⟩.

stan·iel ['stænɪəl]⟨telb.zn.⟩ **0.1** ***torenvalk.***

stank ⟨verl. t.⟩ →stink.

stan·na·ry ['stænəri]⟨telb.zn.; →mv. 2⟩⟨BE⟩ **0.1** ***tinmijn*** **0.2** ⟨vaak mv.⟩ ***tinmijndistrict*** ⟨in Cornwall en Devon⟩.

'stannary court ⟨telb.zn.⟩⟨BE⟩ **0.1** ***rechtbank voor tinmijndistrict.***

stan·nate ['stæneɪt]⟨telb. en n.-telb.zn.⟩⟨schei.⟩ **0.1** ***stannaat*** ⇒*tinzuur zout.*

stan·nic ['stænɪk]⟨bn.⟩⟨schei.⟩ **0.1** ***tin-*** ⇒*stanni-* ◆ **1.1** ~ acid *tinzuur.*

stan·nif·er·ous [stæ'nɪfərəs]⟨bn.⟩ **0.1** ***tinhoudend.***

stan·nite ['stænaɪt]⟨n.-telb.zn.⟩⟨schei.⟩ **0.1** ***stannien.***

stan·nous ['stænəs]⟨bn.⟩⟨schei.⟩ **0.1** ***tin-*** ⇒*stanno-* ◆ **1.1** ~ salts *tinzouten.*

stan·za ['stænzə]⟨f1⟩⟨telb.zn.⟩ **0.1** ⟨lit.⟩ ***stanza*** ⇒*ottava rima, couplet, strofe* **0.2** ⟨inf.; Am. voetbal⟩ ***kwart*** ⟨spelperiode v. 15 min.⟩.

stan·za'd, stan·zaed ['stænzəd]⟨bn.⟩ **0.1** ***verdeeld in stanza's*** **0.2** ***opgebouwd uit stanza's.***

stan·za·ic [stæn'zeɪɪk]⟨bn.; -ally; →bijw. 3⟩ **0.1** ***bestaande uit stanza's.***

sta·pe·dec·to·my ['steɪpə'dektəmi]⟨telb. en n.-telb.zn.; →mv. 2⟩ ⟨med.⟩ **0.1** ***stijgbeugelamputatie*** ⇒*stapedectomie.*

sta·pe·lia [stə'pi:lɪə]⟨telb.zn.⟩⟨plantk.⟩ **0.1** ***aasbloem*** ⟨genus Stapelia⟩.

sta·pes ['steɪpi:z]⟨telb.zn.; stapes; stapedes [stə'pi:di:z]; →mv. 4, 5⟩ ⟨biol.⟩ **0.1** ***stijgbeugel*** ⇒*stapes.*

staph [stæf]⟨telb.zn.⟩⟨verk.⟩ staphylococcus.

staph·y·lo·coc·cal ['stæfɪlou'kɒkl‖-'kakl]⟨bn.⟩ **0.1** ***mbt. stafylokok*** ⇒*v.e. stafylokok.*

staph·y·lo·coc·cus ['stæfɪlou'kɒkəs‖-'ka-], ⟨inf.⟩ **staph** [stæf] ⟨telb.zn.; staphylococci ['stæfɪlou'kɒksaɪ‖-'kak-]; →mv. 5⟩ **0.1** ***stafylokok*** ⇒*druifcoccus* ⟨etter vormende micro-bacterie⟩.

sta·ple[1] ['steɪpl]⟨f1⟩⟨zn.⟩

I ⟨telb.zn.⟩ **0.1** ***niet(je)*** **0.2** ***kram(metje)*** **0.3** ⟨vaak mv.⟩ ***belangrijk artikel*** ⇒*hoofdvoortbrengsel, stapelprodukt* **0.4** ***ruw produkt*** **0.5** ⟨vaak mv.⟩ ***hoofdbestanddeel*** ⟨ook fig.⟩ ⇒*hoofdschotel* **0.6** ***stapelplaats*** ⇒*markt* **0.7** ***centrum*** ⇒*bron, middelpunt;*

II ⟨telb. en n.-telb.zn.⟩ **0.1** ***vezel*** ⟨wol, katoen⟩ ⇒*stapel, vezellengte.*

staple[2] ⟨f1⟩⟨bn., attr.⟩ **0.1** ***voornaamste*** ⇒*stapel-* **0.2** ***belangrijk*** ◆ **1.1** their ~ diet/food is rice *hun hoofdvoedsel is rijst;* ~ products *stapelprodukten.*

staple[3] ⟨f1⟩⟨ov.ww.⟩ **0.1** ***(vast)nieten*** ⇒*hechten, krammen, vastmaken* **0.2** ***sorteren*** ⟨wol⟩.

'staple gun ⟨telb.zn.⟩ **0.1** ***nietpistool.***

sta·pler ['steɪplə‖-ər]⟨f1⟩⟨telb.zn.⟩ **0.1** ***nietmachine*** ⇒*niettang* **0.2** ***krammachine*** **0.3** ***koopman*** **0.4** ***wolhandelaar.***

sta·pling machine ['steɪplɪŋ mə‚ʃi:n]⟨telb.zn.⟩ **0.1** ***nietapparaat*** ⇒*nietmachine.*

star[1] [sta:‖star]⟨f3⟩⟨telb.zn.⟩ **0.1** ***ster*** ⟨ook fig.⟩ **0.2** ***asterisk*** ⇒*sterretje* **0.3** ***gesternte*** **0.4** ***uitblink(st)er*** ⇒⟨i.h.b.⟩ *beroemdheid, (film)ster, vedette* **0.5** ⟨mv.; the⟩ ***sterren*** ⇒*horoscoop* **0.6** ***(witte) bles*** ⇒*ster, kol* **0.7** ⟨elek.⟩ ***sterschakeling*** ⇒*sterrepunt* **0.8** ***ster*** ⟨aanduiding v. kwaliteit/rang⟩ **0.9** →star prisoner ◆ **1.1** Star of David *davidsster* **1.8** ⟨gesch.⟩ Star of India *Ster v. India* ⟨Eng. onderscheiding⟩ **1.¶** ⟨AE⟩ the Stars and Bars *vlag v.d. geconfedereerden;* ⟨plantk.⟩ Star of Bethlehem *gewone vogelmelk* ⟨Ornithogalum umbellatum⟩; with ~s in one's eyes *met een gevoel v. verrukking, vervoering vertonend/uitend;* ⟨AE⟩ the Stars and Stripes *Am. vlag* **2.3** born under a lucky ~ *onder een gelukkig gesternte geboren* **2.4** literary ~ *ster aan de literaire hemel* **3.1** falling ~ *vallende ster, meteoor;* fixed ~ *vaste ster;* his ~ is rising *zijn ster rijst;* see ~s *sterretjes zien* ⟨na val, e.d.⟩; his ~ has set *zijn ster rijst niet meer/verbleekt;* shooting ~ *vallende/verschietende ster* **3.5** thank one's (lucky) ~s *zich gelukkig prijzen* **¶.4** all-star cast *sterbezetting* **¶.8** three-~ hotel *driesterren hotel.*

star[2] ⟨f1⟩⟨ww.; →ww. 7⟩

I ⟨onov.ww.⟩ **0.1** ***(als ster) optreden*** ⇒*hoofdrol hebben, schitteren* **0.2** ***stervormige barst krijgen*** ⟨v. ruit e.d.⟩ ◆ **6.1** ~ **in** *(in de hoofdrol) optreden in;*

II ⟨ov.ww.⟩ **0.1** ⟨vnl. volt. deelw.⟩ ***met sterren versieren*** **0.2** ***een ster geven aan*** ⟨als kwaliteitsaanduiding⟩ **0.3** ***met een sterretje/asterisk aanduiden*** **0.4** ***als ster laten optreden*** ⇒*de hoofdrol geven* ◆ **1.4** a film ~ring Romy Schneider *een film met (in de hoofdrol) Romy Schneider* **6.4** ~ s.o. **in** *iem. laten optreden, iem. een/de hoofdrol geven in.*

'star apple ⟨telb.zn.⟩ **0.1** ⟨plantk.⟩ ***sterappel*** ⟨Chrysophyllum cainito⟩ ⇒*sterrenet* **0.2** ***sterappel*** ⟨vrucht⟩.

star·board[1] ['sta:bəd‖'starbərd]⟨f1⟩⟨n.-telb.zn.⟩⟨lucht., scheep.⟩ **0.1** ***stuurboord.***

starboard[2] ⟨ov.ww.⟩⟨scheep.⟩ **0.1** ***naar stuurboord draaien*** ⟨roer⟩ ◆ **1.1** ~ the helm *stuurboordroer geven.*

'starboard 'tack ⟨telb.zn.⟩⟨scheep.⟩ **0.1** ***stuurboordslag.***

'starboard 'watch ⟨telb.zn.⟩⟨scheep.⟩ **0.1** ***stuurboordwacht.***

starch[1] [sta:tʃ‖startʃ]⟨f1⟩⟨zn.⟩

I ⟨telb. en n.-telb.zn.⟩ **0.1** ***zetmeel*** ◆ **¶.1** ~-reduced *met minder zetmeel;*

II ⟨n.-telb.zn.⟩ **0.1** ***stijfsel*** **0.2** ⟨fig.⟩ ***stijfheid*** ⇒*vormelijkheid.*

starch[2] ⟨bn.; -er; -ly; -ness⟩⟨vero.⟩ **0.1** ***stijf(jes)*** ⇒*opgeprikt, vormelijk.*

starch[3] ⟨f1⟩⟨ov.ww.⟩ **0.1** ***stijven*** ⇒*door het stijfsel halen, stijfselen* **0.2** ***verstijven*** ◆ **1.2** ~ed manners *vormelijkheid, stijfheid.*

'star 'chamber ⟨n.-telb.zn.⟩ **0.1** ***willekeurig, streng gerecht*** **0.2** ⟨S-C-⟩⟨BE; gesch.⟩ ***Star Chamber*** ⟨rechtbank tot 1641⟩.

starch·er ['sta:tʃə‖'startʃər]⟨telb.zn.⟩ **0.1** ***iem. die stijft*** ⇒*stijfster.*

starch·y ['sta:tʃi‖'startʃi]⟨bn.; -er; -ly; -ness; →bijw. 3⟩ **0.1** ***stijf (achtig)*** **0.2** ***zetmeelrijk*** **0.3** ***gesteven*** **0.4** ⟨inf.⟩ ***stijfjes*** ⇒*vormelijk, opgeprikt* ◆ **1.2** ~ food *meelkost, meelspijzen.*

'star-crossed ⟨bn.⟩⟨vero.⟩ **0.1** ***door het lot ongunstig beïnvloed*** ⇒*onder een ongunstig gesternte geboren, noodlottig, ongelukkig* ◆ **1.1** ~ lovers *geliefden die het lot niet gunstig gezind is.*

star·dom ['sta:dəm‖'star-]⟨f1⟩⟨n.-telb.zn.⟩ **0.1** ***het ster-zijn*** ⇒*roem* **0.2** ***sterren.***

'star drift ⟨telb.zn.⟩ **0.1** ***sterrenstroming.***

'star·dust ⟨f1⟩⟨n.-telb.zn.⟩ **0.1** ***kosmische stof*** ⇒*sterrenwolk, sterrenhoop* **0.2** ***romantisch gevoel.***

stare[1] ['steə‖ster]⟨f1⟩⟨telb.zn.⟩ **0.1** ***starende blik*** ⇒*staar.*

stare[2] ⟨f3⟩⟨ww.⟩ →staring

I ⟨onov.ww.⟩ **0.1** ***staren*** **0.2** ***wijd open zijn*** ⟨v. ogen⟩ ⇒*staren* **0.3** ***in het oog springen*** ◆ **3.1** ⟨fig.⟩ make s.o. ~ *iem. verbijsteren/doen opkijken* **6.1** ~ **at/upon** *staren naar, aanstaren, aangapen;* ~ **with** surprise *verbaasd staren, kijken met grote ogen v. verbazing;*

II ⟨ov.ww.⟩ **0.1** ***staren naar*** ⇒*aanstaren* ◆ **1.1** ⟨fig.⟩ it is staring you in the face *het ligt (vlak) voor je neus/voor de hand/is overduidelijk;* the facts stared us in the face *de feiten waren niet langer te ontkennen;* ~ s.o. into silence *iem. met een indringende blik tot zwijgen brengen* **5.1** ~ s.o. **down/out** *iem. aanstaren tot hij de ogen neerslaat;* ~ s.o. **out** (of countenance) *iem. v. zijn stuk brengen door hem aan te staren.*

'star·finch ⟨telb.zn.⟩⟨dierk.⟩ **0.1** ***gekraagde roodstaart*** ⟨Phoenicurus phoenicurus⟩.

'star·fish ⟨f1⟩⟨telb.zn.⟩ **0.1** ***zeester.***

'star·flow·er ⟨telb.zn.⟩⟨plantk.⟩ **0.1** ⟨ben. voor⟩ ***plant met stervormige bloem*** ⇒⟨i.h.b.⟩ *zevenster* ⟨genus Trientalis⟩; *(gewone) vogelmelk* ⟨Ornithogalum umbellatum⟩; *veldmuur* ⟨genus Alsine⟩.

'star·fruit ⟨telb. en n.-telb.zn.⟩ **0.1** ***carambola*** ⇒*stervrucht, zoete blimbing* ⟨(vrucht v.) Averrhoa carambola⟩.

'star·gaze ⟨onov.ww.⟩ **0.1** ***sterrenkijken*** **0.2** ***dromen.***

star·gaz·er ['sta:geɪzə‖'stargeɪzər]⟨telb.zn.⟩ **0.1** ***sterrenkijker*** ⇒*astronoom* **0.2** ***sterrenwichelaar*** ⇒*astroloog, sterrenkijker* **0.3** ***dromer*** ⇒*idealist* **0.4** ⟨dierk.⟩ ***sterrenkijker*** ⟨vis; fam. Uranoscopidae⟩.

'star·gaz·ing ⟨n.-telb.zn.⟩⟨scherts.⟩ **0.1** ***sterrenkijkerij.***

star·ing[1] ['steərɪŋ‖'sterɪŋ]⟨bn.; teg. deelw. v. stare⟩⟨vnl. BE⟩ **0.1** ***(te) fel*** ⟨v. kleuren⟩ ⇒*in 't oog springend, opzichtig, schril, hel.*

staring[2] ⟨bw.; oorspr. teg. deelw. v. stare⟩ **0.1** ***volledig*** ◆ **2.1** stark ~ mad *knettergek.*

stark[1] [sta:k‖stark]⟨f1⟩⟨bn.; -er; -ly; -ness⟩

I ⟨bn.⟩ **0.1** ***grimmig*** ⇒*streng* **0.2** ***stijf*** ⇒*strak* **0.3** ***onbuigzaam*** ⇒*star* **0.4** ⟨fig.⟩ ***schril*** **0.5** ***verlaten*** ⟨v. landschap⟩ ⇒*kaal* **0.6** ***spiernaakt*** ◆ **1.4** ~ contrast *schril contrast* **1.¶** ~ poverty *bittere armoede;* ~ truth *naakte waarheid;*

II ⟨bn., attr.⟩ **0.1** ***zuiver*** ⇒*volledig, uiterst, louter* ◆ **1.1** ~ nonsense *klinkklare onzin.*

stark[2] ⟨f1⟩⟨bw.⟩ **0.1** ***volledig*** ◆ **2.1** ~ blind *stekeblind;* ~ naked *spiernaakt.*

stark·en ['sta:kən‖'star-]⟨onov.ww.⟩ **0.1** ***verstijven*** ⇒*stijf worden.*

stark·ers ['sta:kəz‖'starkərz]⟨bn., pred.⟩⟨BE; inf.⟩ **0.1** ***poedelnaakt.***

star·less ['stɑ:ləs‖'stɑr-]⟨f1⟩⟨bn.; -ly; -ness⟩ **0.1** ***sterreloos*** ⇒*zonder sterren*.
star·let ['stɑ:lɪt‖'stɑr-]⟨f1⟩⟨telb.zn.⟩ **0.1** ***sterretje*** ⇒⟨i.h.b.⟩ *aankomend filmsterretje*.
'star·light[1] ⟨n.-telb.zn.⟩ **0.1** ***sterrelicht*** ◆ **6.1 by** ~ *bij het licht v.d. sterren*.
starlight[2], ⟨schr.⟩ **star·lit** ['stɑ:lɪt‖'stɑr-]⟨bn.⟩ **0.1** ***door sterren verlicht*** ⇒*sterverlicht* ◆ **1.1** ~ night *sterrennacht*.
star·like ['stɑ:laɪk‖'stɑr-]⟨bn.⟩ **0.1** ***als een ster*** ⇒*stervormig*.
star·ling ['stɑ:lɪŋ‖'stɑr-]⟨f1⟩⟨telb.zn.⟩ **0.1** ⟨dierk.⟩ ***spreeuw*** ⟨Sturnus vulgaris⟩ **0.2** ⟨AE; dierk.⟩ ***troepiaal*** ⟨fam. Icteridae⟩ **0.3** ***paalbeschoeiing*** ⟨v. brugpijler⟩.
'star 'player ⟨telb.zn.⟩ **0.1** ***sterspeler***.
'star prisoner ⟨telb.zn.⟩⟨BE⟩ **0.1** ***voor het eerst in de gevangenis zittende veroordeelde*** ⇒*beginneling, groentje*.
'star·quake ⟨telb.zn.⟩ **0.1** ***nova-uitbarsting***.
'star route ⟨telb.zn.⟩⟨AE⟩ **0.1** ***postroute*** ⟨op Am. platteland⟩.
star·ry ['stɑ:ri]⟨f1⟩⟨bn.; -er; -ly; -ness; →bijw. 3⟩ **0.1** ***met sterren bezaaid*** ⇒*sterrig* **0.2** ***stralend*** ⇒*schitterend, fonkelend* ◆ **1.2** ~ eyes *ogen als sterren*.
'star·ry-'eyed ⟨bn.⟩⟨inf.⟩ **0.1** ***(te) idealistisch*** ⇒*onpraktisch, naïef, te optimistisch, irrationeel, wereldvreemd, zonder werkelijkheidszin*.
'star sapphire, 'star·stone ⟨telb.zn.⟩ **0.1** ***stersaffier***.
'star shell ⟨telb.zn.⟩⟨mil.⟩ **0.1** ***lichtgranaat*** ⇒*lichtkogel, seingranaat*.
star-span·gled ['stɑ:spæŋgld‖'stɑr-]⟨bn.⟩ **0.1** ***met sterren bezaaid*** ◆ **1.¶** the Star-Spangled Banner *het Am. volkslied; de Am. vlag*.
starstone →star sapphire.
'star·stream ⟨telb.zn.⟩ **0.1** ***sterrenstroming***.
'star-stud·ded ⟨bn.⟩ **0.1** ***met sterren bezaaid*** ⟨v. hemel⟩ **0.2** ⟨inf.⟩ ***vol bekende namen*** ⇒*met veel sterren* ◆ **1.2** ~ play *stuk met veel sterren*.
'star system ⟨n.-telb.zn.; the⟩ **0.1** ***melkwegstelsel*** **0.2** ⟨film., dram.⟩ ***sterrensysteem*** ⇒*het werken met sterren* ⟨om succes te verzekeren⟩.
start[1] [stɑ:t‖stɑrt]⟨f3⟩⟨zn.⟩
I ⟨telb.zn.⟩ **0.1** ⟨vnl. enk.⟩ ***schok*** ⟨v. schrik, verbazing, e.d.⟩ ⇒*ruk, plotselinge beweging, sprong* **0.2** ⟨inf.⟩ ***verrassende / eigenaardige gebeurtenis*** ⇒*verrassing* **0.3** ***start(plaats)*** ⇒*vertrekpunt* **0.4** ***start*** ⟨ook sport⟩ ⇒*begin, vertrek, afvaart* **0.5** ***startsein*** **0.6** ***losgeschoten gedeelte*** ◆ **1.4** from ~ to finish *v. begin tot eind, helemaal* **2.2** a queer ~ *een zonderling voorval* **2.4** ⟨sport⟩ false ~ *valse start* ⟨ook fig.⟩ **3.1** give a ~ *hevig schrikken;* give s.o. a ~ *iem. doen / laten schrikken; iem. doen opkijken;* wake up with a ~ *wakker schrikken* **3.4** get off to a good / bad ~ *goed / slecht beginnen;* make a ~ on *beginnen met;* make an early ~ *vroeg vertrekken / beginnen;* make a fresh / new ~ *opnieuw beginnen;* ⟨atletiek⟩ staggered ~ *verspringende start(lijn)* **6.4 at** the ~ *in het begin;* ⟨inf.⟩ **for** a ~ *om te beginnen;* **from** the (very) ~ *vanaf het (allereerste) begin;*
II ⟨telb. en n.-telb.zn.⟩ **0.1** ***voorsprong*** ⇒*voordeel* ◆ **3.1** get the ~ of s.o. *vóór komen op iem.;* give s.o. a ~ *iem. een voorsprong geven;* give s.o. a ~ (in life) *iem. op gang / op weg helpen;* have (a) two hours' ~ *een voorsprong v. twee uur hebben / krijgen* **6.1** ~ **on / over** *voorsprong op* **7.1** much ~ *grote voorsprong*.
start[2] ⟨f4⟩⟨ww.⟩ →starting
I ⟨onov.ww.⟩ **0.1** ***beginnen*** ⇒*starten, beginnen te lopen* ⟨v. klok, e.d.⟩, *beginnen te werken* **0.2** ***vertrekken*** ⇒⟨i.h.b.⟩ *opstijgen, afvaren* **0.3** ***(op)springen*** ⇒*(op)schrikken, (terug)deinzen, wakker schrikken, ontstellen* **0.4** ⟨ben. voor⟩ ***(plotseling) bewegen*** ⇒*losspringen* ⟨v. hout⟩; *aanslaan* ⟨v. motor⟩; *te voorschijn springen* **0.5** ***startsein geven*** **0.6** ***uitpuilen*** **0.7** ⟨BE; inf.⟩ ***moeilijkheden zoeken*** ⇒*katten* ◆ **1.1** ~ing next month *vanaf volgende maand;* ⟨inf.⟩ ~ from scratch *v. voren af aan beginnen* **5.1** ~ **out** *vertrekken;* ⟨fig.⟩ *zijn loopbaan beginnen;* ~ (all) **over** again *(helemaal) opnieuw beginnen;* ⟨AE⟩ ~ (all) **over** *(helemaal) opnieuw beginnen* **5.3** ~ **back** (from) *terugdeinzen (voor)* **5.¶** →start **in;** →start **off;** →start **up** **6.1** ~ **at** *beginnen bij / met;* ~ **from** *beginnen bij / met;* ⟨fig.⟩ *uitgaan van;* ~ **with** *beginnen met;* to ~ **with** *om (mee) te beginnen; in het begin; in de eerste plaats* **6.2** ~ (out) **for** *op weg gaan naar, vertrekken naar* **6.3** ~ **at** *(op)schrikken van;* ~ **from** *opschrikken / opspringen uit;* ⟨schr.⟩ ~ **on / to** one's feet *opspringen* **6.4** ~ **for** the door *richting deur gaan / lopen;* water ~ed **from** the hole *water spoot uit het gat;* ~ **into** life *(plotseling) tot leven komen* ⟨v. personages in een boek, e.d.⟩; tears ~ed **to** their eyes *de tranen sprongen hen in de ogen* **6.6** eyes ~ing **from** their sockets *uitpuilende ogen* **6.7** ~ **on** *ruzie zoeken met, vitten op;*
II ⟨ov.ww.⟩ **0.1** ⟨ben. voor⟩ ***(doen) beginnen*** ⇒*in beweging zetten, aan de gang brengen / helpen, het startsein geven aan; aanzetten, starten* ⟨motor, auto⟩; *opwerpen* ⟨vraag⟩; *aanheffen* ⟨lied⟩; *aanrichten; aansteken* ⟨vuur⟩; *op touw zetten; stichten, opzetten, oprichten* ⟨zaak, e.d.⟩; *naar voren / te berde brengen, introduceren, aansnijden* ⟨onderwerp⟩ **0.2** ***verwekken*** **0.3** ***zwanger worden van*** **0.4** ***brengen tot*** ⇒*laten* **0.5** ***aannemen*** ⇒*laten beginnen, in dienst nemen* **0.6** ***doen losgaan*** ⟨hout⟩ ⇒*doen losspringen* **0.7** ***opjagen*** ⟨wild⟩ **0.8** ⟨scheep.⟩ ***(uit)gieten*** ⟨drank uit vat⟩ ◆ **1.1** ~ a discussion *een discussie op gang brengen;* ~ school *voor het eerst naar school gaan;* ~ sth. from scratch *iets v.d. grond af opbouwen, met niets / opnieuw beginnen;* ~ work *beginnen (met werken)* **1.4** the dust ~ed me coughing *door het stof moest ik hoesten* **4.¶** ~ sth. *moeilijkheden maken / zoeken, ruzie zoeken* **5.¶** →start **off;** →start **up**.
START [stɑ:t‖stɑrt]⟨afk.⟩ Strategic Arms Reduction Talks / Treaty.
start·er ['stɑ:tə‖'stɑrtər]⟨f2⟩⟨telb.zn.⟩ **0.1** ***beginner*** **0.2** ⟨sport⟩ ***starter*** **0.3** ⟨sport⟩ ***deelnemer*** **0.4** ***startmotor*** **0.5** ⟨ook mv.⟩ ***voorafje*** ⇒*voorgerecht* **0.6** ⟨inf.⟩ ***eerste stap / aanzet*** ⇒*opwarmertje, voorafje* **0.7** ⟨met ontkenning⟩⟨BE⟩ ***mogelijkheid*** ◆ **1.2** ⟨sport⟩ be under ~'s orders *in de startklaarpositie staan, in afwachting v.h. startsein zijn* **2.1** a slow ~ *iem. die langzaam op gang komt* **6.¶** ⟨AE; inf.⟩ **for** ~s *om te beginnen*.
'start 'in ⟨onov.ww.⟩⟨inf.⟩ **0.1** ***beginnen*** **0.2** ***kritiek beginnen te leveren*** ◆ **6.1** ~ **on** a job *een karwei beginnen* **6.2** ~ **on** s.o. *iem. beginnen uit te schelden*.
start·ing ['stɑ:tɪŋ‖'stɑrtɪŋ]⟨telb. en n.-telb.zn.; oorspr. gerund v. start⟩ **0.1** ***start*** ⇒*het beginnen / starten* **0.2** ***vertrek***.
'starting block ⟨f1⟩⟨telb.zn.⟩⟨sport⟩ **0.1** ***startblok***.
'starting dive ⟨telb.zn.⟩⟨zwemsport⟩ **0.1** ***startduik***.
'starting gate ⟨f1⟩⟨telb.zn.⟩⟨paardesport⟩ **0.1** ***starthek***.
'starting grid ⟨telb.zn.⟩⟨autosport⟩ **0.1** ***startplaats*** ⟨met tijdsnelsten vooraan⟩ ⇒*startopstelling*.
'starting grip ⟨telb.zn.⟩⟨zwemsport⟩ **0.1** ***startgreep*** ⟨voor rugslagzwemmers⟩.
'starting gun ⟨telb.zn.⟩⟨sport⟩ **0.1** ***startpistool***.
'starting handle ⟨telb.zn.⟩⟨BE⟩ **0.1** ***slinger*** ⟨v. auto⟩ ⇒*aanzetslinger*.
'starting height ⟨telb.zn.⟩⟨atletiek⟩ **0.1** ***beginhoogte*** ⟨v. lat bij (polsstok)hoogspringen⟩.
'starting lane ⟨telb.zn.⟩⟨(zwem)sport⟩ **0.1** ***startbaan***.
'starting motor ⟨telb.zn.⟩ **0.1** ***startmotor***.
'starting order ⟨telb.zn.⟩⟨sport⟩ **0.1** ***start(volg)orde***.
'starting pistol, starting gun ⟨telb.zn.⟩⟨sport⟩ **0.1** ***startpistool***.
'starting point ⟨f2⟩⟨telb.zn.⟩ **0.1** ***uitgangspunt*** ⟨ook fig.⟩.
'starting position ⟨telb.zn.⟩⟨sport⟩ **0.1** ***startpositie*** ⇒*startopstelling*.
'starting post ⟨telb.zn.⟩⟨sport⟩ **0.1** ***startpaal***.
'starting price ⟨telb.zn.⟩⟨paardesport⟩ **0.1** ***inzetprijs***.
'starting punch ⟨telb.zn.⟩ **0.1** ***perforatie***.
'starting score ⟨telb.zn.⟩⟨darts⟩ **0.1** ***beginscore*** ⟨v. 301, 501 of 1001 punten⟩.
'starting signal ⟨telb.zn.⟩⟨sport⟩ **0.1** ***startsignaal*** ⟨meestal hoorbaar⟩.
'starting stall ⟨telb.zn.; vaak mv.⟩⟨paardesport⟩ **0.1** ***startbox*** ⇒*starthok*.
'starting time ⟨telb. en n.-telb.zn.⟩ **0.1** ***aanvangs / begintijd***.
'starting trap ⟨telb.zn.⟩⟨hondenrennen⟩ **0.1** ***starthok*** ⇒*startbox*.
'starting wheel ⟨telb.zn.⟩ **0.1** ***aanzetwiel***.
star·tle[1] ['stɑ:tl‖'stɑrtl]⟨telb.zn.⟩ **0.1** ***schrik*** ⇒*schok*.
startle[2] ⟨f3⟩⟨ww.⟩ →startling
I ⟨onov.ww.⟩ **0.1** ***(op)schrikken;***
II ⟨ov.ww.⟩ **0.1** ***doen schrikken*** ⇒*alarmeren* **0.2** ***schokken*** **0.3** ***opschrikken*** ◆ **6.1** ~d **out of** one's wits *zich rot / wild geschrokken*.
star·tling ['stɑ:tlɪŋ‖'stɑrtlɪŋ]⟨f1⟩⟨bn.; teg. deelw. v. startle; -ly⟩ **0.1** ***verrassend*** ⇒*opzienbarend* **0.2** ***alarmerend*** ⇒*ontstellend, schrikwekkend*.
'start 'off ⟨f1⟩⟨ww.⟩
I ⟨onov.ww.⟩ **0.1** ⟨inf.⟩ ***beginnen*** ⇒⟨i.h.b.⟩ *beginnen te bewegen / lopen / rijden* **0.2** ***vertrekken*** ⇒*op weg gaan* **0.3** ***beginnen te zeggen*** ◆ **3.1** he started off (by) saying that *hij begon met te zeggen dat;*
II ⟨ov.ww.⟩ **0.1** ***aan de gang laten gaan*** **0.2** ***op een spoor zetten*** ⇒*doen beginnen te praten* ◆ **6.1** start them off **on** Spanish *ze aan Spaans laten werken* **6.2** don't start him off **on** those jokes *laat hem in vredesnaam niet met die moppen beginnen*.
'start 'up ⟨f1⟩⟨ww.⟩
I ⟨onov.ww.⟩ **0.1** ***opspringen*** **0.2** ***een loopbaan beginnen*** ⇒*opkomen, carrière maken, vooruitkomen* **0.3** ***ontstaan*** ⇒*opkomen, de kop opsteken* ◆ **6.2** ~ **in** business *in zaken gaan;*
II ⟨ov.ww.⟩ **0.1** ***aan de gang brengen*** ⇒*in beweging brengen, opzetten* ⟨zaak⟩, *(op)starten, aan de praat krijgen* ⟨motor⟩.
start-'up period ⟨telb.zn.⟩ **0.1** ***het opstarten*** ⇒*begin / aanloopperiode*.

'star 'turn ⟨telb.zn.⟩ ⟨vnl. BE⟩ **0.1** ***hoofdnummer*** ⇒*voornaamste attractie* **0.2** ***beroemdste optreder/artiest***.

star·va·tion [stɑ:'veɪʃn‖stɑr-] ⟨f2⟩ ⟨n.-telb.zn.⟩ **0.1** ***hongerdood*** **0.2** ***verhongering*** ◆ **3.2** die of ~ *verhongeren*.

star'vation wages ⟨f1⟩ ⟨mv.⟩ **0.1** ***hongerloon***.

starve [stɑ:v‖stɑrv] ⟨f3⟩ ⟨ww.⟩

I ⟨onov.ww.⟩ **0.1** ***verhongeren*** ⇒*omkomen/sterven door honger/gebrek* **0.2** ***honger lijden*** **0.3** ⟨inf.⟩ ***sterven v.d. honger*** ⟨fig.⟩ ⇒*erge honger hebben* **0.4** ***hunkeren*** ⇒*kwijnen, verlangen, hongeren* **0.5** ⟨vero.⟩ ***kou lijden*** ◆ **1.1** ~ to death *verhongeren* **6.4** ~ **for** *hunkeren naar;*

II ⟨ov.ww.⟩ **0.1** ***uithongeren*** ⇒*laten verhongeren, v. honger doen omkomen* **0.2** ***doen kwijnen*** ⇒*laten hongeren;* ⟨ook fig.⟩ *laten hunkeren, onthouden* **0.3** ***door uithongering dwingen*** ◆ **1.1** ~ to death *uithongeren;* ~ an illness *een ziekte door vasten genezen* **4.1** ~ o.s. *een hongerkuur volgen* **5.1** ~ **out** *uithongeren* **6.2** be ~d **of** *verlangen naar, behoefte hebben aan, snakken naar* **6.3** the troops were ~d **into** surrender *de troepen werden door uithongering tot overgave gedwongen;* ~d **out of** a place *door uithongering gedwongen een plaats te verlaten*.

starve·ling[1] ['stɑ:vlɪŋ‖'stɑr-] ⟨telb.zn.⟩ ⟨schr.⟩ **0.1** ***hongerlijder*** ⇒*ondervoed pers.,* ⟨i.h.b.⟩ *uitgehongerd kind* **0.2** ***uitgehongerd dier***.

starveling[2] ⟨bn.⟩ **0.1** ***uitgehongerd*** ⇒*hongerig* **0.2** ***schamel*** ⇒*armoedig*.

'star·war ⟨telb.zn.; vaak mv.⟩ **0.1** ***sterrenkrijg/oorlog*** ⇒*Star Wars, satellietenoorlog*.

star·wort ['stɑ:wɜ:t‖'stɑrwɜrt] ⟨telb.zn.⟩ ⟨plantk.⟩ **0.1** ***muur*** ⟨genus Stellaria⟩ **0.2** ***aster*** ⟨genus Aster⟩ **0.3** ***sterrekroos*** ⟨genus Callitriche⟩.

star·y, star·ey ['steəri‖'steri] ⟨bn.; -er; →compar. 7⟩ **0.1** ***(wild) starend***.

stash[1] [stæʃ] ⟨telb.zn.⟩ **0.1** ***bergplaats*** **0.2** ***verborgen voorwerp*** **0.3** ⟨AE⟩ ***huis***.

stash[2] ⟨ov.ww.⟩ ⟨inf.⟩ **0.1** ***verbergen*** ⇒*opbergen, hamsteren* **0.2** ***verlaten*** **0.3** ⟨vnl. BE⟩ ***stoppen/kappen met*** ◆ **5.1** ~ **away** *verbergen, opbergen* **5.3** ~ **up** *een eind maken aan*.

sta·sis ['steɪsɪs, 'stæsɪs] ⟨f1⟩ ⟨telb. en n.-telb.zn.; stases [-si:z]; →mv. 5⟩ **0.1** ***stilstand*** ⟨ook fig.⟩ ⇒*stagnatie* **0.2** ⟨med.⟩ ***stagnatie***.

-sta·sis ['steɪsɪs] ⟨-stases [-si:z]; →mv. 5⟩ **0.1** ***-stase*** ⇒*stopping, vertraging* ◆ ¶.**1** bacteriostasis *bacteriostase, onderdrukking v. bacteriegroei;* haemostasis *hemostase, bloedstelping*.

-stat [stæt] **0.1** ***-staat*** ◆ ¶.**1** thermostat *t(h)ermostaat*.

stat·a·ble, state·a·ble ['steɪṭəbl] ⟨bn.⟩ **0.1** ***vast te stellen*** **0.2** ***uit te drukken***.

stat·al ['steɪṭl] ⟨bn.⟩ **0.1** ***staats-*** ⇒*v./mbt. (de) staat/staten*.

sta·tant ['steɪtnt] ⟨bn., post.⟩ ⟨heraldiek⟩ **0.1** ***staand***.

state[1] [steɪt] ⟨f4⟩ ⟨zn.⟩

I ⟨telb.zn.⟩ **0.1** ⟨alleen enk.⟩ ***toestand*** ⇒*staat, stadium,* ⟨i.h.b.⟩ *slechte toestand* **0.2** ***(gemoeds)toestand*** ⇒*stemming,* ⟨i.h.b.⟩ *zenuwachtige toestand* **0.3** ***rijk*** ⇒*land, staat, natie* **0.4** ***(deel)staat*** **0.5** ⟨druk.⟩ ***staat*** ⟨afdruk v. boek/ets in bep. stadium⟩ ◆ **1.1** ~ of affairs *toestand, stand v. zaken;* ⟨relig.⟩ ~ of grace *genadestaat;* a poor ~ of health *een slechte gezondheidstoestand;* ~ of mind *geestes/gemoedstoestand;* ⟨cricket⟩ ~ of play *score, stand;* ⟨fig.⟩ *stand v. zaken;* be in a bad ~ of repair *slecht onderhouden zijn;* ~ of things *toestand;* ~ of war *oorlogstoestand* **1.4** the United States of America *de Verenigde Staten v. Amerika* **1.¶** ~ of the art *state of the art, (overzicht v.d.) stand v. zaken* ⟨op een bep. wet. gebied⟩; ~ of life *status;* ⟨relig.⟩ ~ of nature *zondige staat* **2.1** larval ~ *larvestadium* **6.2** be **in** a ~ *in alle staten zijn;* get **into** a ~ *in alle staten raken, v. streek/overstuur raken;*

II ⟨telb. en n.-telb.zn.⟩ **0.1** ⟨ook attr.; vaak S-⟩ ***staat*** ⇒*natie, rijk* **0.2** ***rang*** ⇒*stand* ◆ **1.1** affairs of ~ *staatszaken;* Church and State *Kerk en Staat;* States of the Church *Kerkelijke Staat;* ⟨BE⟩ State Enrolled Nurse ⟨ong.⟩ *ziekenverzorger/ster;* ⟨BE⟩ State Registered Nurse ⟨ong.⟩ *verpleegkundige;*

III ⟨n.-telb.zn.; ook attr.⟩ **0.1** ***staatsie*** ⇒*praal, luister, vol ornaat* ◆ **1.1** ~ banquet *staatsiebanket* **3.1** keep ~ *staatsie voeren;* live in ~ *grote/hoge staat voeren* **3.¶** lie in ~ *opgebaard liggen* ⟨op praalbed⟩;

IV ⟨mv.; ~s⟩ **0.1** ⟨the; S-⟩ ***Verenigde Staten*** ⇒*Amerika* **0.2** ***wetgevend lichaam v.d. Kanaaleilanden***.

state[2] ⟨f3⟩ ⟨ov.ww.⟩ **0.1** ***(formeel) verklaren*** ⇒*uitdrukken, beweren, mededelen, zeggen* **0.2** ***aangeven*** ⇒*opgeven* **0.3** ***vaststellen*** ⇒*specificeren, bepalen, aankondigen* **0.4** ⟨jur.⟩ ***uiteenzetten*** ⇒*officieel vastleggen* **0.5** ⟨muz.⟩ ***(voor)spelen*** ⟨thema e.d.⟩ ◆ **1.2** at ~d intervals *op gezette tijden, met vaste tussenpozen, op regelmatige afstanden*.

'state 'aid ⟨telb. en n.-telb.zn.⟩ **0.1** ***rijksbijdrage*** ⇒*overheidssubsidie*.

State attorney →State's attorney.

'state 'call ⟨telb.zn.⟩ **0.1** ***officieel bezoek***.

'State 'capitalism ⟨n.-telb.zn.; ook s-⟩ **0.1** ***staatskapitalisme***.

'state 'carriage ⟨telb.zn.⟩ **0.1** ***staatsiekoets***.

'state·craft ⟨n.-telb.zn.⟩ **0.1** ***staatmanschap*** ⇒*staatmanskunst, staatskunst, staatkunde*.

'state 'criminal ⟨telb.zn.⟩ **0.1** ***staatsmisdadiger***.

'State Department ⟨f2⟩ ⟨n.-telb.zn.⟩ **0.1** ***Ministerie v. Buitenlandse Zaken*** ⟨v.d. U.S.A.⟩.

'state 'funeral ⟨telb.zn.⟩ **0.1** ***staatsbegrafenis***.

state·hood ['steɪthʊd] ⟨n.-telb.zn.⟩ **0.1** ***soevereiniteit*** ⇒*onafhankelijkheid;* ⟨i.h.b. AE⟩ *het staat zijn, positie als staat*.

'state house ⟨telb.zn.⟩ **0.1** ⟨S- H-⟩ ⟨AE⟩ ***statengebouw*** **0.2** ***overheidswoning*** ⟨in Nieuw Zeeland⟩.

state·less ['steɪtləs] ⟨f1⟩ ⟨bn.; -ness⟩ **0.1** ***staatloos*** ◆ **1.1** ~ person *statenloze*.

state·let ['steɪtlɪt] ⟨telb.zn.⟩ **0.1** ***staatje***.

'state 'lottery ⟨telb.zn.⟩ **0.1** ***staatsloterij***.

state·ly ['steɪtli] ⟨f2⟩ ⟨bn.; -er; -ness; →bijw. 3⟩ **0.1** ***statig*** ⇒*deftig* **0.2** ***waardig*** ⇒*groots, imposant* **0.3** ***formeel*** ⇒*ceremonieel* ◆ **1.¶** ⟨BE⟩ ~ home *landhuis*.

state·ment ['steɪtmənt] ⟨f3⟩ ⟨zn.⟩

I ⟨telb.zn.⟩ **0.1** ***verklaring*** ⟨ook jur.⟩ ⇒*bewering, uiteenzetting, vermelding* **0.2** ***(bank)afschrift*** ⇒*(af)rekening* **0.3** ***uitdrukking*** **0.4** ⟨ec.⟩ ***borderel*** ⇒*lijst* **0.5** ⟨muz.⟩ ***invoering v.h. thema*** **0.6** ⟨comp.⟩ ***statement*** ⟨formulering v. opdracht⟩ ◆ **1.2** ~ of account *rekeningafschrift* **1.4** ~ of affairs *staat v. baten en schulden* **2.2** daily ~ *dagafschrift* **3.1** make a ~ *een verklaring afleggen;*

II ⟨n.-telb.zn.⟩ **0.1** ***het uitdrukken***.

'state-of-the-'art ⟨f1⟩ ⟨bn., attr.⟩ **0.1** ***overzichts-*** ⇒*mbt. de stand van zaken* ⟨in een wetenschap⟩, *state-of-the-art-* **0.2** ***ultra-modern*** ⇒*allernieuwst/laatst, geavanceerd, met de nieuwste snufjes, state-of-the-art* ◆ **1.1** ~ report *overzichtsrapport, state-of-the-art-rapport*.

'state-'own·ed ⟨f1⟩ ⟨bn.⟩ **0.1** ***overheids-*** ⇒*genationaliseerd*.

'state partici'pation ⟨n.-telb.zn.⟩ **0.1** ***staatsdeelneming***.

'state 'prison ⟨telb.zn.; ook S-⟩ **0.1** ***staatsgevangenis***.

'state 'prisoner ⟨telb.zn.⟩ **0.1** ***staatsgevangene*** ⇒*politieke gevangene*.

sta·ter ['steɪtə‖'steɪṭər] ⟨telb.zn.⟩ ⟨gesch.⟩ **0.1** ***stater*** ⟨Oudgriekse munt⟩.

'State 'Rights, 'State's 'Rights ⟨mv.⟩ ⟨AE⟩ **0.1** ***rechten v.d. afzonderlijke staten***.

'state·room ⟨telb.zn.⟩ **0.1** ***staatsiezaal*** **0.2** ***passagiershut*** ⇒*luxe hut* **0.3** ⟨AE⟩ ***(privé-)coupé***.

'state'run ⟨bn.⟩ **0.1** ***onder staatstoezicht***.

'State('s) at'torney ⟨telb.zn.⟩ ⟨AE⟩ **0.1** ***officier v. justitie v.e. staat***.

'State school ⟨telb.zn.⟩ **0.1** ***staatsschool*** ⇒*openbare school*.

'state 'secret ⟨telb.zn.⟩ **0.1** ***staatsgeheim*** ⟨ook fig.⟩.

'State's 'evidence ⟨n.-telb.zn.; ook s-⟩ ⟨AE⟩ **0.1** ***getuigenis tegen medeplichtigen*** **0.2** ***getuige die tegen zijn medeplichtigen getuigt*** ◆ **3.2** turn ~ *getuigen tegen zijn medeplichtigen*.

'States-'Gen·e·ral, Es'tates-'Gen·e·ral ⟨mv.⟩ **0.1** ***Staten-Generaal***.

'state·side ⟨bn.; bw.; ook S-⟩ ⟨AE; inf.⟩ **0.1** ***v./naar/in de U.S.A.*** ⇒*Amerikaans*.

states·man ['steɪtsmən] ⟨f2⟩ ⟨telb.zn.; statesmen [-mən]; →mv. 3⟩ **0.1** ***staatsman*** **0.2** ***politicus*** ◆ **2.1** elder ~ *groot staatsman* ⟨in Japan tussen 1868 en 1900⟩; *raadsman in staatszaken, ervaren politicus*.

states·man·like ['steɪtsmənlaɪk] ⟨bn.⟩ **0.1** ***als een staatsman***.

states·man·ly ['steɪtsmənli] ⟨bn.⟩ **0.1** ***(als) v.e. staatsman*** ⇒*staatsman(s)-*.

states·man·ship ['steɪtsmənʃɪp] ⟨n.-telb.zn.⟩ **0.1** ***(goed) staatsmanschap*** ⇒*staatkunde, staatsmanskunst*.

'State 'socialism ⟨n.-telb.zn.; ook s-⟩ **0.1** ***staatssocialisme***.

'state 'spending ⟨n.-telb.zn.⟩ **0.1** ***overheidsuitgaven***.

'state 'trial ⟨telb.zn.⟩ **0.1** ***staatsproces***.

'state 'trooper ⟨telb.zn.⟩ ⟨AE⟩ **0.1** ***staatspolitieman***.

'State uni'versity ⟨telb.zn.; ook s-⟩ ⟨AE⟩ **0.1** ***staatsuniversiteit***.

'state 'visit ⟨telb.zn.⟩ **0.1** ***staatsbezoek*** ⇒*officieel bezoek*.

'state·wide ⟨f1⟩ ⟨bn.; bw.⟩ ⟨AE⟩ **0.1** ***over de gehele staat***.

stat·ic[1] ['stæṭɪk] ⟨zn.⟩

I ⟨n.-telb.zn.⟩ **0.1** ***statica*** **0.2** ***statische elektriciteit*** **0.3** ⟨elek.⟩ ***atmosferische storing*** ⇒*luchtstoring* **0.4** ⟨AE; inf.⟩ ***luidruchtige kritiek*** ◆ **3.4** the ~ I am going to receive *het gedonder dat me te wachten staat;*

II ⟨mv.; ~s; ww. vnl. enk.⟩ **0.1** ***evenwichtsleer*** ⇒*statica* **0.2** ***statische elektriciteit***.

static[2], **stat·i·cal** ['stæṭɪkl] ⟨f2⟩ ⟨bn.; -(al)ly; →bijw. 3⟩ **0.1** ***statisch*** **0.2** ***stabiel*** ⇒*evenwichtig, statisch* **0.3** ***in rust*** ⇒*passief* **0.4** ***atmosferisch*** ◆ **1.1** ~ pressure *statische druk* **1.2** ~ electricity *statische* *elektriciteit;* ⟨lucht.⟩ ~line *treklijn* ⟨tussen valscherm en vliegtuig⟩ **1.3** ~water *watervoorraad.*

-stat·ic ['stæṭɪk] **0.1** ***-statisch*** ◆ **¶.1** bacteriostatic *bacteriostatisch, bacterieremmend.*

sta·tion[1] ['steɪʃn]⟨f3⟩⟨zn.⟩

I ⟨telb.zn.⟩ **0.1** ***standplaats*** *⇒plaats; post* ⟨ook mil.⟩; *station;* ⟨sl.; honkbal⟩ *honk* **0.2** ***station*** *⇒basis* **0.3** ***(spoorweg)station*** *⇒stationsgebouw, halte;* ⟨BE⟩ *goederenstation* **0.4** ***brandweerkazerne*** **0.5** ***politiebureau*** **0.6** ***radiostation*** *⇒televisiestation* **0.7** ***observatiepost*** **0.8** ***(elektrische) centrale*** **0.9** ⟨AE⟩ ***postbijkantoor*** **0.10** ⟨Austr. E⟩ ***veefokkerij*** *⇒schapenfokkerij, boerderij, ranch* **0.11** ⟨gesch.; mil.; scheep.⟩ ***basis*** *⇒post, Britse officieren / kolonie* ⟨in Indië⟩ **0.12** ⟨relig.⟩ ***statie*** ⟨v.d. kruisweg⟩ *⇒bidkapel* ⟨vnl. in Rome⟩ **0.13** ⟨plantk.; dierk.⟩ ***habitat*** *⇒biotoop, woongebied* ⟨v. plant / dier⟩ ◆ **1.12** ~s of the Cross *kruiswegstaties* **2.2** naval ~ *marinebasis* **3.1** take up one's ~ *post vatten* **3.12** go / make / perform one's / the ~s *de kruisweg doen* **6.1** be **at** action ~s *gevechtsklaar zijn;* **on** ~ *op zijn post;*

II ⟨telb. en n.-telb.zn.⟩ **0.1** ***positie*** *⇒stand, rang, status, staat, ambt* ◆ **6.1** marry **above / beneath** one's ~ *boven / beneden zijn stand trouwen;* men **of** (high) ~ *mannen v. (hoge) stand;*

III ⟨n.-telb.zn.⟩ **0.1** ⟨scheep.⟩ ***station*** *⇒standplaats* ⟨v. schepen in konvooi⟩ **0.2** ***het staan*** *⇒stilstand, stilte* ◆ **6.1** be **in / out of** ~ *in / uit station liggen.*

station[2] ⟨f2⟩⟨ov.ww.⟩ **0.1** ***plaatsen*** *⇒stationeren, posteren* ◆ **4.1** ~ o.s. *post vatten.*

sta·tion·ar·y[1] ['steɪʃənri‖-neri]⟨telb.zn.; →mv. 2⟩ **0.1** ***iem. die (op dezelfde plaats) blijft*** **0.2** ⟨vaak mv.⟩ ⟨gesch., mil.⟩ ***Romeins garnizoenssoldaat.***

stationary[2] ⟨f2⟩⟨bn.; -ly; -ness; →bijw. 3⟩ **0.1** ***stationair*** *⇒stilstaand, vast, (op de plaats) blijvend;* ⟨mil.⟩ *niet verplaatsbaar* ⟨wapens, troepen⟩ ◆ **1.1** ~ air *lucht die in de longen blijft bij de ademhaling;* ⟨meteo.⟩ ~ front *stationair front;* ⟨ruim.⟩ ~ orbit *vaste baan;* ⟨ruim.⟩ ~ satellite *vaste satelliet;* ~ warfare *positieoorlog;* ⟨nat., radio⟩ ~ wave *staande golf.*

'sta·tion-bill ⟨telb.zn.⟩⟨scheep.⟩ **0.1** ***kwartierlijst*** ⟨lijst v. bemanning⟩.

'sta·tion-break ⟨telb.zn.⟩⟨AE⟩ **0.1** ***omroeppauze*** ⟨met identificatie v. radio- of t.v.-station⟩.

sta·tion·er ['steɪʃənə‖-ər]⟨f1⟩⟨telb.zn.⟩ **0.1** ***handelaar in kantoorbenodigdheden*** **0.2** ⟨vero.⟩ ***uitgever*** *⇒boekhandelaar* ◆ **1.2** ⟨BE; gesch.⟩ Stationers' Company *boekhandelaarsgilde* ⟨in Londen opgericht in 1557⟩; ⟨BE; gesch.⟩ Stationers' Hall *kantoor v.h. boekhandelaarsgilde* ⟨in Londen, waar het kopijrecht werd geregistreerd⟩.

sta·tion·er·y ['steɪʃənri‖-neri]⟨f1⟩⟨zn.⟩

I ⟨telb. en n.-telb.zn.⟩ **0.1** ***kleinhandel in kantoorbenodigdheden;***

II ⟨n.-telb.zn.⟩ **0.1** ***kantoorbenodigdheden*** **0.2** ***brief / postpapier en enveloppen.***

'Stationery Office ⟨f1⟩⟨eig.n.⟩⟨BE⟩ **0.1** ***staatsdrukkerij / uitgeverij.***

'station house ⟨telb.zn.⟩ **0.1** ***politiebureau*** **0.2** ***brandweerkazerne*** **0.3** ***plattelandsstation.***

'sta·tion-keep·ing ⟨n.-telb.zn.⟩⟨scheep.; lucht.⟩ **0.1** ***het positie bewaren*** ⟨bij het varen / vliegen in formatie⟩.

'sta·tion·mas·ter ⟨f1⟩⟨telb.zn.⟩ **0.1** ***stationschef.***

'sta·tion-point·er ⟨telb.zn.⟩⟨scheep.⟩ **0.1** ***plaatspasser.***

'station sergeant ⟨telb.zn.⟩⟨BE⟩ **0.1** ***hoofd v. politiebureau.***

'station-to-'station ⟨bn.; bw.⟩⟨com.⟩ **0.1** ***v. aansluiting tot aansluiting*** ⟨v. telefoongesprek; tgo. person-to-person⟩.

'station wagon ⟨f1⟩⟨telb.zn.⟩⟨AE⟩ **0.1** ***stationcar*** *⇒combi(natie) wagen.*

stat·ism, state·ism ['steɪṭɪzm]⟨n.-telb.zn.⟩ **0.1** ***dirigisme*** ⟨op economisch en sociaal gebied⟩ *⇒etatisme, geleide economie, planeconomie.*

stat·ist[1] ['steɪṭɪst]⟨telb.zn.⟩ **0.1** ***etatist*** *⇒voorstander v. dirigisme / geleide economie* **0.2** ***statisticus*** **0.3** ⟨vero.⟩ ***politicus.***

statist[2] ⟨bn.⟩ **0.1** ***etatistisch.***

sta·tis·tic [stə'tɪstɪk]⟨telb.zn.⟩ **0.1** ***statistisch gegeven / feit*** **0.2** ⟨stat.⟩ ***steekproefgrootheid.***

sta·tis·ti·cal [stə'tɪstɪkl], **statistic** ⟨f3⟩⟨bn.; -(al)ly; →bijw. 3⟩ **0.1** ***statistisch*** ◆ **1.1** statistical physics *statistische fysica.*

stat·is·ti·cian ['stæṭɪ'stɪʃn]⟨f1⟩⟨telb.zn.⟩ **0.1** ***statisticus.***

sta·tis·tics [stə'tɪstɪks]⟨f3⟩⟨zn.⟩⟨→sprw. 647⟩

I ⟨n.-telb.zn.⟩ **0.1** ***statistiek;***

II ⟨mv.⟩ **0.1** ***statistieken*** *⇒cijfers, percentages.*

sta·tive ['steɪṭɪv]⟨bn.⟩⟨taalk.⟩ **0.1** ***statisch*** *⇒een toestand aanduidend* ◆ **1.1** ~verb *niet-handelings-werkwoord.*

sta·tor ['steɪtə‖'steɪṭər]⟨telb.zn.⟩⟨elek.⟩ **0.1** ***stator.***

stats [stæts]⟨mv.⟩⟨verk.⟩ statistics ⟨inf.⟩ **0.1** ***statistieken.***

stat·u·ar·y[1] ['stætʃʊəri‖-tʃʊeri]⟨f1⟩⟨zn.; →mv. 2⟩

I ⟨telb.zn.⟩ **0.1** ***beeldhouwer;***

II ⟨n.-telb.zn.⟩ **0.1** ***beeldhouwwerken*** **0.2** ***beeldhouwkunst.***

statuary[2] ⟨f1⟩⟨bn., attr.⟩ **0.1** ***beeldhouw-*** *⇒statuair* ◆ **1.1** ~ marble *statuair marmer.*

stat·ue ['stætʃu:]⟨f3⟩⟨telb.zn.⟩ **0.1** ***(stand)beeld*** *⇒statue, beeldhouwwerk* ◆ **1.1** Statue of Liberty *Vrijheidsbeeld.*

stat·u·esque ['stætʃʊ'esk]⟨bn.; -ly; -ness⟩ **0.1** ***statuesk*** *⇒als een standbeeld, groots, statig* **0.2** ***plastisch*** **0.3** ⟨pej.⟩ ***star*** *⇒streng, koud.*

stat·u·ette ['stætʃʊ'et]⟨f1⟩⟨telb.zn.⟩ **0.1** ***beeldje.***

stat·ure ['stætʃə‖-ər]⟨f2⟩⟨telb. en n.-telb.zn.⟩ **0.1** ***gestalte*** *⇒(lichaams)lengte, statuur* **0.2** ⟨fig.⟩ ***formaat*** *⇒status, kaliber, gewicht, grootte* ◆ **1.2** a man of ~ *een man v. formaat.*

stat·us ['steɪtəs‖'stæṭəs]⟨f3⟩⟨zn.⟩

I ⟨telb. en n.-telb.zn.⟩ **0.1** ***status*** *⇒stand (v. zaken), toestand, staat, plaats, sociale / maatschappelijke positie, rechtspositie;*

II ⟨n.-telb.zn.⟩ **0.1** ***status*** *⇒standing, maatschappelijk aanzien, erkenning, waardering, prestige.*

status quo [- 'kwoʊ]⟨f1⟩⟨n.-telb.zn.; the⟩ **0.1** ***status-quo*** *⇒onveranderde / vorige toestand.*

stat·us quo an·te [- kwoʊ 'ænṭi]⟨n.-telb.zn.; the⟩ **0.1** ***status quo ante*** *⇒de vorige toestand.*

'status report ⟨telb.zn.⟩ **0.1** ***stand-van-zakenrapport.***

'status seeker ⟨telb.zn.⟩ **0.1** ***statusjager / zoeker.***

'status symbol ⟨f1⟩⟨telb.zn.⟩ **0.1** ***statussymbool.***

stat·u·ta·ble ['stætʃʊtəbl‖-tʃəṭəbl]⟨bn.; -ly; →bijw. 3⟩ **0.1** ***statutair.***

stat·ute ['stætʃu:t]⟨f1⟩⟨telb.zn.⟩ **0.1** ⟨jur.⟩ ***statuut*** *⇒wet, beschikking, verordening, decreet, edict* **0.2** ⟨bijb.⟩ ***Goddelijk gebod*** ◆ **1.1** ~s at large *de volledige oorspronkelijke termen v.d. wet, de letter v.d. wet;* ~ of limitations *verjaringswet;* ⟨pol., gesch.⟩ Statute of Westminster *Grondwet v.h. Britse Gemenebest* ⟨1931⟩.

'stat·ute-'barred ⟨bn.⟩⟨jur.⟩ **0.1** ***verjaard.***

'stat·ute-book ⟨n.-telb.zn.; the⟩⟨jur.⟩ **0.1** ***(verzameling der) geschreven wetten.***

'statute labour ⟨n.-telb.zn.⟩ **0.1** ***herendienst(en).***

'statute law ⟨n.-telb.zn.⟩ **0.1** ***geschreven wet(ten)*** *⇒geschreven recht.*

'statute mile ⟨telb.zn.⟩ **0.1** ***(wettelijke) mijl*** ⟨1609,34 m; →t1⟩.

'stat·ute-roll ⟨n.-telb.zn.⟩⟨jur.⟩ **0.1** ***gegrosseerde wetten*** **0.2** ***(verzameling der) geschreven wetten.***

stat·u·to·ry ['stætʃʊtri‖-tʃətɔri]⟨f2⟩⟨bn.; -ly; →bijw. 3⟩ **0.1** ⟨jur.⟩ *statutair ⇒wettelijk opgelegd / voorgeschreven / vereist, wettig, volgens de wet* ◆ **1.1** ⟨BE; ec.⟩ ~ corporation *wettelijk erkende vennootschap;* ⟨BE⟩ ~ declaration *plechtige verklaring* ⟨eed⟩; ~ holiday *wettelijke feestdag;* ~ incomes policy *geleide loonpolitiek;* ⟨AE⟩ ~ rape *ontucht met / seksueel contact met / verkrachting v. minderjarig meisje;* ~ woman *excuus-Truus, alibi-Jet* ⟨vrouw slechts getolereerd om schijn v. seksisme te vermijden⟩.

staunch[1], ⟨AE sp. ook⟩ **stanch** [stɔ:ntʃ‖stɔntʃ, stɑntʃ]⟨telb.zn.⟩ **0.1** ***stuw*** *⇒sluis.*

staunch[2], ⟨AE sp. ook⟩ **stanch** ⟨f1⟩⟨bn.; -er; -ly; -ness⟩ **0.1** ***betrouwbaar*** *⇒trouw, loyaal, onwrikbaar* **0.2** ***solide*** *⇒sterk (gebouwd), stoer, hecht, ferm* **0.3** ***waterdicht*** *⇒zeewaardig* ⟨schip⟩; *luchtdicht.*

staunch[3] →stanch.

stave[1] [steɪv]⟨f1⟩⟨telb.zn.⟩ **0.1** ***duig*** **0.2** ***stok*** *⇒knuppel, staf* **0.3** ***stang*** *⇒staaf* **0.4** ***sport*** ⟨v. ladder, stoel⟩ **0.5** ***couplet*** *⇒strofe, vers* **0.6** ⟨muz.⟩ ***notenbalk.***

stave[2] ⟨f2⟩⟨ww.; ook stove, stove [stoʊv]⟩

I ⟨onov.ww.⟩ **0.1** ***in duigen vallen*** **0.2** ***lek slaan*** **0.3** ⟨AE⟩ ***razen*** *⇒zich haasten, rennen;*

II ⟨ov.ww.⟩ **0.1** ***in duigen slaan / doen vallen*** **0.2** ***een gat slaan in*** *⇒inslaan, indrukken, kapotslaan* **0.3** ***van duigen voorzien*** *⇒in elkaar zetten* ◆ **5.2** he ~d in several ribs *hij brak verscheidene ribben;* the hull is stove **in** *de romp is lek geslagen* **5.¶** →stave **off.**

'stave 'off ⟨ov.ww.⟩ **0.1** ***van zich af / op een afstand houden*** *⇒zich van het lijf houden, van zich afzetten* **0.2** ***(tijdelijk) afwenden*** *⇒voorkomen, opschorten, uitstellen.*

'stave-rhyme ⟨telb. en n.-telb.zn.⟩ **0.1** ***stafrijm*** *⇒alliteratie.*

staves [steɪvz]⟨mv.⟩ →staff, stave.

staves·a·cre ['steɪvzeɪkə‖-ər]⟨n.-telb.zn.⟩⟨plantk.⟩ **0.1** ***staverzaad*** ⟨Delphinium staphisagria⟩.

stay[1] [steɪ]⟨f3⟩⟨zn.⟩

I ⟨telb.zn.⟩ **0.1** ***verblijf*** *⇒oponthoud* **0.2** ***steun*** *⇒stut* ⟨ook fig.⟩; *schoor* **0.3** ***verbindingsstuk*** ⟨bv. in vliegtuig⟩ **0.4** ***balein*** ⟨v. korset, overhemdsboord⟩ **0.5** ⟨vero.; schr.⟩ ***rem*** ⟨fig.⟩ *⇒stilstand, belemmering* **0.6** ⟨scheep.⟩ ***stag*** *⇒tuitouw, stormlijn* ⟨ook voor schoorstenen, enz.⟩ **0.7** ⟨scheep.⟩ ***topreep*** *⇒toppardoen* ◆ **1.2** be the prop and ~ of s.o. *iemands steun en toeverlaat zijn* **2.1** a long ~ *een lang oponthoud* **3.1** make a ~ *zich ophouden* **3.5** make a ~ *stilhouden;* put a ~ on sth. *iets tegenhouden / tegengaan* **3.7** miss / refuse ~s *weigeren te wenden, weigeren over een andere boeg te gaan liggen / overstag te gaan* **6.1** be **on** a short ~ *maar en-*

kele dagen blijven 6.2 the ~ of his old age de steun v. zijn oude dag 6.5 a ~ upon her activities een rem op haar activiteiten 6.7 in ~s overstag;
II ⟨telb. en n.-telb.zn.⟩ 0.1 ⟨jur.⟩ schorsing ⇒uitstel, opschorting ◆ 1.1 ~ of execution uitstel v. executie;
III ⟨n.-telb.zn.⟩ 0.1 uithoudingsvermogen;
IV ⟨mv.; ~s⟩ ⟨vero.⟩ 0.1 korset ⇒keurslijf.

stay[2] ⟨f4⟩ ⟨ww.⟩
I ⟨onov.ww.⟩ 0.1 blijven ⇒toeven, wachten, dralen, talmen 0.2 verblijven ⇒logeren, doorbrengen 0.3 stilhouden ⇒stoppen, ophouden 0.4 resideren ⇒verblijven, wonen ⟨in de koloniën⟩ 0.5 ⟨poker⟩ de inzet aanvaarden zonder hem te verhogen 0.6 ⟨vnl. geb. w.⟩ ⟨vero.⟩ wachten 0.7 ⟨scheep.⟩ overstag gaan ⇒wenden 0.8 ⟨Sch. E⟩ wonen 0.9 ⟨sl.⟩ 'm overeind/stijf houden ⟨penis⟩ ◆ 1.2 ~ the night de nacht doorbrengen, blijven slapen; ~ the weekend het weekend doorbrengen/blijven 3.1 ⟨inf.⟩ come to ~, be here to ~ blijven; ⟨fig.⟩ burgerrecht krijgen, zich een blijvende plaats verwerven, een blijver worden 5.1 ~ here! blijf hier! 6.1 for s.o./sth. op iem./iets wachten; ~ for/to supper blijven souperen/eten 6.2 ~ at a hotel in een hotel logeren; ~ over the weekend het weekend overblijven; ~ with friends bij vrienden logeren 6.¶ ⟨inf.⟩ ~ with s.o. blijven luisteren naar iem.; ⟨AE⟩ ~ with s.o. iem. bijhouden ¶.6 ~! wacht!;
II ⟨onov. en ov.ww.⟩ 0.1 (het) uithouden ⟨vnl. sport⟩ ◆ 1.1 ~ the course/pace het tot het einde volhouden/uithouden, strijden tot het einde ⟨ook fig.⟩;
III ⟨ov.ww.⟩ 0.1 uitstellen ⇒opschorten ⟨executie, oordeel, beslissing⟩ 0.2 schoren ⇒stutten, (onder)steunen 0.3 kracht geven ⇒ondersteunen, troosten 0.4 tuien ⟨mast, vlaggestok⟩ 0.5 ⟨schr.⟩ stillen ⇒doen ophouden, bevredigen ⟨honger⟩ 0.6 afwachten 0.7 inhouden ⇒intomen, bedwingen ⟨gevoelens⟩ 0.8 ⟨scheep.⟩ overstag smijten 0.9 ⟨schr.⟩ tegenhouden ⇒tegenhouden, stoppen; tot staan brengen ⟨ziekte⟩ 0.10 ⟨vero.⟩ onderdrukken 0.11 ⟨vero.⟩ standhouden ⇒pal staan ◆ 1.5 ~ one's appetite/stomach zijn honger/maag stillen 1.9 ~ one's hand zich inhouden, van een actie afzien; ~ your hand! laat af! 5.2 ~ up schoren 5.¶ →stay out 6.9 ~ s.o. from his duty iem. van zijn plicht afhouden ¶.¶ ~ s.o. at arm's length iem. op afstand houden ⟨ook fig.⟩;
IV ⟨kww.; vaak moeilijk te scheiden van I 0.1⟩ 0.1 blijven ◆ 2.1 ~ clean schoon blijven; ⟨inf.⟩ ~ put op zijn plaats blijven, blijven waar men is, thuis blijven, voorgoed blijven; ~ seated blijven zitten ⟨lett.⟩; ~ single ongetrouwd blijven 5.1 ~ abreast (of) op de hoogte blijven (van), bijblijven (in); ~ ahead aan de leiding blijven; ~ ahead of the others de anderen voorblijven; ~ aloft in de lucht blijven ⟨vliegtuig⟩; ~ away wegblijven, niet opdagen/verschijnen; ⟨fig.⟩ zich niet (be)moeien; ~ away from s.o./sth. iem./iets ongemoeid laten, zich niet bemoeien met iem./iets; ~ behind (achter)blijven; ~ down beneden blijven (staan); erin blijven ⟨in de maag⟩; ~ in binnen blijven, erin blijven; bezetten ⟨fabriek, e.d.⟩; ⟨cricket⟩ aan het wicket blijven; ~ in (after school) schoolblijven, nablijven; ~ indoors binnen blijven; ~ on erop blijven; aanblijven ⟨v. licht, vuur, t.v.⟩; (aan)blijven ⟨in ambt; als anderen weg zijn⟩; ~ out buiten(shuis) blijven ⟨na donker⟩; buiten blijven, uitblijven, van huis blijven, wegblijven; blijven staken; ~ up recht blijven (staan); boven blijven ⟨in het water⟩; blijven staan/hangen ⟨v. decor, aankondiging⟩; in de lucht blijven ⟨v. vliegtuig⟩; ~ up late laat opblijven; ~ up (at the University) niet met vakantie gaan 6.1 ~ off the bottle van de fles blijven, niet meer drinken; ~ out of reach buiten bereik/schot blijven; ~ on top aan het langste eind trekken; ~ on top of s.o. iem. de baas blijven; ~ out of danger/trouble buiten gevaar blijven, moeilijkheden vermijden.

'stay-at-home[1] ⟨telb.zn.⟩ 0.1 huismus ⇒thuiszitter, thuisblijver.
stay-at-home[2] ⟨bn., attr.⟩ 0.1 thuisblijvend ⇒ho(n)kvast ◆ 1.1 he is the ~ type hij is een thuisblijver.
stay·er ['steɪə‖-ər] ⟨telb.zn.⟩ 0.1 blijver 0.2 ⟨inf.⟩ volhouder ⇒doorzetter, iem./dier met veel uithoudingsvermogen; ⟨sport⟩ lange-afstands-loper/zwemmer/⟨enz.⟩ 0.3 ⟨wielrennen⟩ stayer.
'stay-in, 'stay-in 'strike ⟨telb.zn.⟩ 0.1 zitstaking ⇒bezettingsactie.
stay·ing permit ['steɪɪŋ pɜ:mɪt‖- pɜrmɪt] ⟨telb.zn.⟩ 0.1 verblijfsvergunning.
'stay·ing power ⟨n.-telb.zn.⟩ 0.1 uithoudingsvermogen.
'stay 'out ⟨ov.ww.⟩ 0.1 langer blijven dan ◆ 1.1 ~ the performance de hele opvoering door blijven; ~ a welcome langer blijven dan lief is.
'stay-'press ⟨bn., attr.⟩ 0.1 plooivast.
stay·sail ['steɪseɪl ⟨scheep.⟩ 'steɪsl] ⟨telb.zn.⟩ ⟨scheep.⟩ 0.1 stagzeil.
stbd ⟨afk.⟩ starboard.
St. Bernard [sn(t) 'bɜ:nəd‖'seɪnt bər'nɑrd] ⟨telb.zn.⟩ 0.1 sint-bernard(shond).
STC ⟨afk.⟩ short-title catalogue.
std ⟨afk.⟩ standard.
STD ⟨afk.⟩ Sexually Transmitted Disease(s), Subscriber Trunk Dialling, Doctor of Sacred Theology.
ST'D-code ⟨telb.zn.⟩ ⟨BE⟩ 0.1 kengetal.
stead[1] [sted] ⟨f1⟩ ⟨telb.zn.⟩ 0.1 hofstede ⇒hoeve, erf 0.2 ⟨vero.⟩ baat ⇒voordeel, nut, stade 0.3 ⟨vero.⟩ plaats ⇒positie ◆ 2.2 stand one in good ~ iem. te stade/van pas komen 6.3 in s.o.'s ~ in iemands plaats.
stead[2] ⟨ov.ww.⟩ ⟨vero.⟩ 0.1 helpen ⇒baten, te stade komen.
stead·fast, sted·fast ['stedfɑ:st‖-fæst] ⟨f1⟩ ⟨bn.; -ly; -ness⟩ 0.1 vast ⇒standvastig, vastberaden, onwrikbaar 0.2 trouw ⇒getrouw, loyaal.
stead·ing ['stedɪŋ] ⟨telb.zn.⟩ ⟨BE⟩ 0.1 hofstede ⇒hoeve 0.2 ⟨Sch. E⟩ bijgebouwen.
stead·y[1] ['stedi] ⟨telb.zn.; →mv. 2⟩ 0.1 steun ⇒steunsel 0.2 ⟨AE; inf.⟩ vaste vrijer ⇒vaste vriend(in) 0.3 ⟨tech.⟩ bril ⟨v. draaibank⟩.
steady[2] ⟨f3⟩ ⟨bn.; -ly; -ness; →bijw. 3⟩ 0.1 vast ⇒vaststaand, stevig, stabiel, onbeweeglijk 0.2 gestadig ⇒gestaag, bestendig, constant, geregeld, regelmatig, gelijkmatig, vast, gelijkblijvend, doorlopend, stationair 0.3 kalm ⇒bezadigd, onverstoorbaar, evenwichtig 0.4 standvastig ⇒trouw, onwankelbaar 0.5 betrouwbaar ⇒oppassend, solide, ernstig, degelijk 0.6 gematigd ⇒matig ◆ 1.1 ~ hand vaste hand; (as) ~ as a rock rotsvast; ⟨med., sport⟩ ~ state steady state ⟨evenwicht tussen inspanning en zuurstofgebruik⟩; ⟨fig.⟩ evenwicht, stabiliteit 1.2 ~ income vast inkomen; ~ job vaste baan; lead a ~ life een regelmatig leven leiden; ~ nerves sterke zenuwen 1.6 ~ climate gematigd klimaat 3.¶ ⟨scheep.⟩ keep her ~! zo houden! 5.3 ~ on! kalm aan!, langzaam! 5.¶ ⟨scheep.⟩ ~ on! recht zo! 6.4 he is ~ in his principles hij houdt vast aan zijn principes.
steady[3] ⟨f2⟩ ⟨ww.; →ww. 7⟩
I ⟨onov.ww.⟩ 0.1 vast worden 0.2 bestendig/regelmatig worden 0.3 kalm worden ⇒kalmeren, tot rust komen 0.4 standvastig worden 0.5 oppassend/betrouwbaar/solide worden 0.6 ⟨scheep.⟩ dezelfde koers houden ◆ 1.1 the prices steadied de prijzen stabiliseerden zich 5.2 ~ down een regelmatig leven (gaan) leiden, bezadigd worden;
II ⟨ov.ww.⟩ 0.1 vastheid geven ⇒steunen, sterken, staven, krachtiger maken 0.2 bestendigen ⇒stabiliseren 0.3 kalmeren ⇒in evenwicht brengen, onder controle brengen, tot bedaren brengen 0.4 standvastig maken 0.5 oppassend/betrouwbaar/solide maken 0.6 in de pas doen lopen ⟨paard⟩ 0.7 ⟨scheep.⟩ dezelfde koers doen houden ◆ 1.1 ⟨scheep.⟩ ~ the helm het roer recht houden 4.1 ~ o.s. zich steunen, zich staande houden 4.3 ~ o.s. bedaren, kalmeren.
steady[4] ⟨f1⟩ ⟨bw.⟩ 0.1 vast ⇒gestadig, gestaag ◆ 3.¶ ⟨inf.⟩ go ~ vaste verkering hebben.
steady[5] ⟨tussenw.⟩ 0.1 kalmaan ⇒kalmpjes aan, rustig 0.2 ⟨scheep.⟩ recht zo.
'stead·y-'go·ing ⟨bn.⟩ 0.1 kalm ⇒bezadigd, bedaard, oppassend, solide, ernstig, degelijk, betrouwbaar.
stead·y·ish ['stediɪʃ] ⟨bn.⟩ 0.1 tamelijk vast/kalm/bestendig/standvastig/betrouwbaar.
'steady-'state theory ⟨telb.zn.; the⟩ ⟨ster.⟩ 0.1 steady-state theorie ⟨dat de dichtheid v.h. heelal onveranderd blijft⟩.
steak [steɪk] ⟨f2⟩ ⟨zn.⟩
I ⟨telb.zn.⟩ 0.1 lapje vlees ⇒⟨i.h.b.⟩ runderlapje, biefstuk; ⟨ook⟩ varkenslapje 0.2 (vis)moot;
II ⟨n.-telb.zn.⟩ 0.1 vlees ⇒⟨i.h.b.⟩ rundvlees; ⟨ook⟩ varkensvlees 0.2 visfilet 0.3 gehakt.
'steak and kidney 'pie ⟨telb. en n.-telb.zn.⟩ ⟨cul.⟩ 0.1 pastei met rundvlees en nieren.
'steak house ⟨telb.zn.⟩ 0.1 steakhouse ⇒biefstukhuis.
steal[1] [sti:l] ⟨telb.zn.⟩ ⟨vnl. AE⟩ 0.1 diefstal 0.2 ⟨inf.⟩ koopje ⇒(spot)goedkoop iets, meevallertje 0.3 ⟨inf.⟩ frauduleuze/twijfelachtige (politieke) daad ⇒corrupte handeling 0.4 ⟨honkbal⟩ gestolen honk.
steal[2] ⟨f3⟩ ⟨ww.; stole [stoʊl], stolen ['stoʊlən]⟩ ⟨→sprw. 632⟩
I ⟨onov.ww.⟩ 0.1 stelen 0.2 sluipen ⇒stilletjes gaan, zich op slinkse wijze bewegen, glijden 0.3 ⟨honkbal⟩ een honk stelen ◆ 5.2 ~ away er heimelijk vandoor gaan, er tussenuitknijpen, wegsluipen; ongemerkt voorbijgaan ⟨v. tijd⟩; ~ in/out stilletjes binnenkomen/weggaan; the months stole on de maanden verstreken ongemerkt 6.2 a tear stole down her face er rolde een traan over haar gezicht; ~ out of the room stiekem de kamer verlaten; a feeling of happiness stole over her een gevoel v. geluk kwam ongemerkt over haar; an uncomfortable thought stole over her een onaangename gedachte bekroop haar; a smile ~s over her face een glimlach glijdt over haar gezicht; he managed to ~ through the frontlines hij slaagde erin ongemerkt door de frontlinies heen

te komen; the boy stole **up on** me *de jongen besloop me;* don't let melancholy ~ **up on** you *laat de melancholie je niet bekruipen;*
II ⟨ov.ww.⟩ **0.1** ***(ont)stelen*** *⇒ontvreemden, pikken, wederrechtelijk (af)nemen, heimelijk innemen, op slinkse wijze verkrijgen* **0.2** ⟨honkbal⟩ ***stelen*** ⟨honk⟩ **0.3** ⟨basketbal⟩ ***stelen*** *⇒(af)pakken, uit handen slaan, onderscheppen* ◆ **1.1** ~ each other's clients *elkaars klanten afpikken;* ~ an idea / a joke *een idee / grap pikken / plagiëren;* ~ a kiss *onverhoeds een kus geven, een kus ontstelen;* ~ s.o.'s lines *iemands verzen overnemen / stelen;* ~ money *geld stelen;* ~ a ride *stiekem meerijden, als verstekeling meerijden.*

stealth [stelθ]⟨f1⟩⟨n.-telb.zn.⟩ **0.1** ***heimelijkheid*** *⇒geheim, onopvallendheid* ◆ **6.1 by** ~ *stiekem, in het geheim / geniep, tersluiks.*

stealth·y ['stelθi]⟨f1⟩⟨bn.; -er; -ly; -ness; →bijw. 3⟩ **0.1** ***heimelijk*** *⇒geheim, tersluiks, ongemerkt, ongezien, onopvallend, sluipend.*

steam[1] [sti:m]⟨f2⟩⟨n.-telb.zn.⟩ **0.1** ***stoom(kracht)*** *⇒wasem, damp, condensatie;* ⟨fig.⟩ *kracht(ige gevoelens), fut, energie, vaart* ◆ **1.1** ~ on the window *condensatie / wasem op het raam;* there is ~ on the window *het raam is beslagen* **2.1** dry / wet ~ *droge / natte stoom;* full ~ ahead *met volle kracht / vaart vooruit* **3.1** blow / let / work off ~ *stoom afblazen* ⟨ook fig.⟩; *zijn hart luchten;* get up ~ *energie / stoom opladen;* ⟨fig.⟩ *zich boos maken; energie opdoen, zijn moed bijeenrapen; er vaart achter zetten;* that idea is getting up ~ *dat idee begint goed op gang te komen;* run out of ~ *zijn drijfkracht / energie verliezen; futloos worden; uitgeput raken;* saturated ~ *verzadigde stoom;* superheated ~ *oververhitte stoom* **6.1 under** one's own ~ *op eigen (wils)kracht, uit eigen wil.*

steam[2] ⟨f3⟩⟨ww.⟩ →steamed(-up)
I ⟨onov.ww.⟩ **0.1** ***stomen*** *⇒dampen, (uit)wasemen, stoom afgeven / vormen* **0.2** ***beslaan*** **0.3** ***opstomen*** *⇒zich (op stoomkracht) voortbewegen,* ⟨fig.⟩ *energiek werken, goede vooruitgang boeken* ◆ **1.1** ~ing hot milk *dampende melk* **5.1** the pan was ~ing **away** on the fire *de pan stond te stomen op het vuur* **5.3** ~ **ahead / away** *doorstomen, snel verder gaan, er vaart achter zetten;* the ship ~s **out** *het schip vertrekt, het schip stoomt weg* **5.¶** →steam **up** **6.3** the ship ~s **across** the Atlantic at high speed *het schip stoomt over de Atlantische Oceaan met grote snelheid;* the vessel ~s **down** the river *het vaartuig vaart snel de rivier af;* the train ~s **into** London *de trein stoomt Londen binnen;*
II ⟨ov.ww.⟩ **0.1** ***(gaar) stomen*** *⇒klaarstomen, koken dmv. stoom, bewerken met stoom* ◆ **1.1** ~ed fish / rice *gestoomde vis / rijst* **5.1** ~ a stamp **off** an envelope *een postzegel v.e. envelop af stomen;* ~ **open** a letter *een brief open stomen* **5.¶** →steam **up**.

'steam bath ⟨telb.zn.⟩ **0.1** ***stoombad.***

'steam·boat ⟨f1⟩⟨telb.zn.⟩ **0.1** ***stoomboot.***

'steam 'boiler ⟨telb.zn.⟩ **0.1** ***stoomketel.***

'steam box, 'steam chest ⟨telb.zn.⟩ **0.1** ***stoomschuifkast.***

'steam brake ⟨telb.zn.⟩ **0.1** ***stoomrem.***

'steam 'coal ⟨n.-telb.zn.⟩ **0.1** ***ketelkool.***

'steam cock ⟨telb.zn.⟩ **0.1** ***stoomkraan*** *⇒stoomafsluiter.*

'steam crane ⟨telb.zn.⟩ **0.1** ***stoomkraan.***

'steam cylinder ⟨telb.zn.⟩ **0.1** ***stoomcilinder.***

'steam dome ⟨telb.zn.⟩ **0.1** ***stoomdom.***

'steamed(-'up) ⟨bn.⟩ **0.1** ***opgewonden*** *⇒enthousiast, boos.*

'steam engine ⟨f1⟩⟨telb.zn.⟩ **0.1** ***stoommachine.***

steam·er ['sti:mə‖-ər]⟨f2⟩⟨telb.zn.⟩ **0.1** ***stoomkoker*** *⇒stoompan, stoomketel* **0.2** ***stoomschip / boot*** **0.3** ***stoombrandspuit.***

'steam gauge ⟨telb.zn.⟩ **0.1** ***(stoom)manometer.***

'steam hammer ⟨telb.zn.⟩ **0.1** ***stoomhamer.***

'steam 'heat ⟨n.-telb.zn.⟩ **0.1** ***stoomwarmte*** *⇒stoomverwarming.*

'steam iron ⟨telb.zn.⟩ **0.1** ***stoomstrijkijzer.***

'steam jacket ⟨telb.zn.⟩ **0.1** ***stoommantel.***

'steam navvy ⟨telb.zn.⟩⟨vnl. BE⟩ **0.1** ***stoomschop.***

'steam power ⟨n.-telb.zn.⟩ **0.1** ***stoomkracht.***

'steam pump ⟨telb.zn.⟩ **0.1** ***stoompomp.***

'steam 'radio ⟨telb.zn.⟩⟨BE; inf.⟩ **0.1** ***geluidskastje*** *⇒geluidsdoos.*

'steam·rol·ler[1] ⟨telb.zn.⟩ **0.1** ***stoomwals*** ⟨ook fig.⟩.

steamroller[2] ⟨ov.ww.⟩⟨inf.⟩ **0.1** ***met een stoomwals platwalsen*** **0.2** ***verpletteren*** *⇒korte metten maken met, vernietigen, platwalsen, niets heel laten van* ◆ **1.2** ~ all opposition *alle verzet de kop indrukken.*

'steam rug ⟨telb.zn.⟩⟨vnl. AE⟩ **0.1** ***reisdeken.***

'steam·ship ⟨f1⟩⟨telb.zn.⟩ **0.1** ***stoomschip.***

'steam shovel ⟨telb.zn.⟩⟨vnl. AE⟩ **0.1** ***grondgraafmachine.***

'steam·tight ⟨bn.; -ness⟩ **0.1** ***stoomdicht.***

'steam train ⟨telb.zn.⟩ **0.1** ***stoomtrein.***

'steam tug ⟨telb.zn.⟩ **0.1** ***stoomsleepboot*** *⇒stoomsleper.*

'steam 'turbine ⟨telb.zn.⟩ **0.1** ***stoomturbine.***

'steam 'up ⟨f2⟩⟨ww.⟩
I ⟨onov.ww.⟩ **0.1** ***beslaan*** *⇒met condensatie / wasem bedekt worden* **0.2** ***opstomen*** *⇒oprukken, zich snel voortbewegen* ◆ **1.1** my glasses are steaming up *mijn bril beslaat* **1.2** the ships are steaming up *de schepen rukken op;*
II ⟨ov.ww.⟩ **0.1** ***doen beslaan*** *⇒met condensatie / wasem bedekken* **0.2** ⟨vnl. passief⟩⟨inf.⟩ ***boos / opgewonden / enthousiast maken*** *⇒prikkelen, opwinden, ergeren* ◆ **1.1** the heat steamed up the windows *de hitte deed de ramen beslaan* **3.2** she became steamed up about the new fashion *ze werd laaiend enthousiast over de nieuwe mode;* don't get steamed up about it *wind je er niet zo over op, maak je er niet druk om.*

'steam valve ⟨telb.zn.⟩ **0.1** ***stoomafsluiter*** *⇒stoomschuif.*

'steam whistle ⟨telb.zn.⟩ **0.1** ***stoomfluit.***

'steam winch ⟨telb.zn.⟩ **0.1** ***stoomlier.***

steam·y ['sti:mi]⟨bn.; -er; -ly; -ness; →bijw. 3⟩ **0.1** ***mbt. stoom*** *⇒stoomachtig, dampig, vol stoom / damp* **0.2** ⟨inf.⟩ ***heet*** *⇒sensueel.*

ste·ar·ic [sti'ærɪk]⟨bn.⟩⟨schei.⟩ **0.1** ***mbt. stearine*** *⇒vet-* ◆ **1.1** ~ acid *stearinezuur, octadecaanzuur.*

ste·a·rin ['stɪərɪn]⟨n.-telb.zn.⟩⟨schei.⟩ **0.1** ***stearine*** *⇒glyceroltristearaat,* ⟨oneig.⟩ *vet.*

ste·a·tite ['stɪətaɪt]⟨n.-telb.zn.⟩ **0.1** ***steatiet*** *⇒speksteen, zeepsteen.*

ste·a·tit·ic ['stɪə'tɪtɪk]⟨bn.⟩ **0.1** ***mbt. steatiet*** *⇒speksteen-, speksteenachtig.*

ste·a·to·py·gi·a ['stɪətoʊ'pɪdʒɪə‖'stɪət̬ə-]⟨n.-telb.zn.⟩ **0.1** ***steatopygie*** ⟨overvloedige vetvorming op zitvlak, bv. bij Hottentotvrouwen⟩.

ste·a·to·py·gous ['stɪətoʊ'paɪgəs‖'stɪət̬ə-]⟨bn.⟩ **0.1** ***steatopygisch*** *⇒mbt. grote vetvorming op zitvlak, met dikke billen.*

steed [sti:d]⟨f1⟩⟨telb.zn.⟩⟨schr. beh. scherts.⟩ **0.1** ***(strijd)ros*** *⇒paard.*

steel[1] [sti:l]⟨f3⟩⟨zn.⟩⟨→sprw. 694⟩
I ⟨telb.zn.⟩ **0.1** ***wetstaal*** *⇒slijpstaal, aanzetstaal, stalen priem* **0.2** ***(staal)balein*** ⟨bv. in korset⟩ **0.3** ⟨vnl. enk.⟩ ***(stalen) strijdwapen*** *⇒zwaard, sabel, dolk, mes, degen* **0.4** ***vuurslag*** ◆ **1.1** a butcher's ~ *een slagers aanzetstaal* **2.3** my enemy was worthy of my ~ *ik had een waardige / goede tegenstander, mijn vijand bood dapper tegenstand;*
II ⟨n.-telb.zn.; vaak attr.⟩ **0.1** ***(stuk) staal*** **0.2** ***staalindustrie*** **0.3** ***strijdwapens*** **0.4** ***grote kracht*** *⇒staal* ⟨fig.⟩ ◆ **1.1** ⟨fig.⟩ a heart of ~ *een hart v. steen* **1.2** national income from ~ *nationaal inkomen uit de staalindustrie* **1.4** a man of ~ *een man v. staal, een sterke man;* muscles of ~ *oersterke / stalen spieren* **2.1** ⟨fig.⟩ as true as ~ *zo eerlijk als goud; zo trouw als een hond* **3.1** pressed ~ *geperst staal* **7.3** all ~ had to be used *alle strijdwapenen moesten werden ingezet;*
III ⟨mv.; ~s⟩ **0.1** ***staalaandelen / waarden.***

steel[2] ⟨f2⟩⟨ov.ww.⟩ **0.1** ***(ver)stalen*** *⇒met staal bedekken, wapenen, tot staal maken, pantseren* ⟨ook fig.⟩, *harden, sterken* ◆ **1.1** ~ one's heart *zijn hart / moed sterken* **3.1** ~ o.s. to do sth. *zich dwingen iets te doen* **4.1** ~ o.s. against / for disappointment *zich pantseren / wapenen tegen teleurstelling;* ~ yourself for further increases in prices *bereid je voor op verdere prijsstijgingen* **6.1** ~ed **against** pity *gehard tegen medelijden, onvermurwbaar tot medelijden.*

'steel band ⟨f1⟩⟨verz.n.⟩⟨muz.⟩ **0.1** ***steelband.***

'steel 'blue ⟨n.-telb.zn.; vaak attr.⟩ **0.1** ***staalblauw.***

'steel-'clad, steel-plat·ed ['sti:l'pleɪt̬ɪd]⟨bn.⟩ **0.1** ***gepantserd (met staal)*** *⇒met staal(platen) bekleed* ⟨bv. v. oorlogsschip⟩ **0.2** ***(met staal) bewapend*** *⇒met (stalen) harnas, in wapenuitrusting.*

'steel engraving ⟨telb. en n.-telb.zn.⟩ **0.1** ***staalgravure*** *⇒staalplaat.*

'steel 'grey ⟨n.-telb.zn.; vaak attr.⟩ **0.1** ***staalgrijs.***

'steel guitar ⟨telb.zn.⟩⟨muz.⟩ **0.1** ***steel guitar*** ⟨gitaar met stalen snaren⟩.

'steel·head ⟨telb.zn.⟩⟨dierk.⟩ **0.1** ***regenboogforel*** ⟨Salmo gairdneri⟩.

'steel industry ⟨telb.zn.⟩ **0.1** ***staalindustrie.***

'steel 'mesh ⟨n.-telb.zn.⟩ **0.1** ***plaatgaas.***

'steel mill ⟨telb.zn.⟩ **0.1** ***staalfabriek*** **0.2** ***staalwalserij.***

'steel plant ⟨telb.zn.⟩ **0.1** ***staalfabriek.***

'steel'plate ⟨telb. en n.-telb.zn.⟩ **0.1** ***staalplaat*** *⇒plaatstaal, plaatijzer.*

'steel town ⟨telb.zn.⟩ **0.1** ***(staal)industriestad.***

'steel 'wool ⟨f1⟩⟨n.-telb.zn.⟩ **0.1** ***staalwol.***

'steel·work ⟨f1⟩⟨zn.⟩
I ⟨n.-telb.zn.⟩ **0.1** ***staalwerk*** *⇒stalen delen / voorwerpen;*
II ⟨mv.; ~s; ww. ook enk.⟩ **0.1** ***staalfabriek.***

'steel·work·er ⟨telb.zn.⟩ **0.1** ***staalwerker*** *⇒staalarbeider.*

steel·y ['sti:li]⟨bn.; -er; -ness; →bijw. 3⟩ **0.1** ***stalen*** *⇒(als) v. staal, staalachtig,* ⟨fig.⟩ *onwrikbaar, onbuigzaam* ◆ **1.1** ~ composure *ijzige kalmte;* a ~ glance *een staalharde / ijskoude blik;* a ~ will *een stalen / onbreekbare / ijzeren wilskracht.*

'steel·yard ⟨telb.zn.⟩ **0.1** ***unster*** *⇒Romeinse balans, weeghaak.*

steen, stein, steyn [sti:n, staɪn]⟨ov.ww.⟩ **0.1** ***met steen bekleden*** ⟨bv. put⟩.

steen·bok ['sti:nbɒk||-bɑk], **stein·bok** ['staɪn-]⟨telb.zn.; ook steenbok, steinbok; →mv. 4⟩⟨dierk.⟩ **0.1** ***steenbokantilope*** ⟨kleine Afrikaanse antilope; Raphicerus campestris⟩.

steep[1] [sti:p]⟨zn.⟩
I ⟨telb.zn.⟩ **0.1** ***steilte*** ⇒*scherpe/steile helling, steil oplopende plaats;*
II ⟨n.-telb.zn.⟩ **0.1** ***indompeling*** ⇒*het intrekken/weken/doordrenken* **0.2** ***bad*** ⇒*weekvloeistof* ◆ **6.2 in** ~ *in de week.*

steep[2] ⟨f3⟩⟨bn.; -er; -ly; -ness⟩ **0.1** ***steil*** ⇒*sterk hellend* **0.2** ***scherp (oplopend)*** ⇒*snel (stijgend)* **0.3** ⟨inf.⟩ ***onredelijk*** ⟨bv. v. eis⟩ ⇒*te groot, overdreven, onrealistisch, ongeloofwaardig, sterk* ⟨v. verhaal⟩ ◆ **1.1** a ~ slope *een steile helling;* ~ stairs *een steile trap* **1.2** a ~ drop of the number of children *een snelle/sterke daling v.h. kindertal;* a ~ rise in prices *scherpe prijsstijgingen* **1.3** I thought it a bit ~ *ik vond het een beetje te veel gevraagd;* I know he's ambitious, but this object is really ~ *ik weet dat hij ambitieus is, maar nu neemt hij echt teveel hooi op zijn vork;* oil-prices are becoming really ~ *de olieprijzen rijzen de pan uit;* a rather ~ remark *een nogal krasse opmerking.*

steep[3] ⟨f2⟩⟨ww.⟩
I ⟨onov.ww.⟩ **0.1** ***(in)trekken*** ⇒*weken, in de week staan, doordrenkt worden* ◆ **1.1** leave the coffee to ~ *de koffie laten trekken;* ~ in the sunlight *zich baden in het zonlicht;*
II ⟨ov.ww.⟩ **0.1** ***onderdompelen*** ⟨ook fig.⟩ ⇒*indopen, laten trekken/weken, in de week zetten, doen verzinken, (door)drenken, impregneren* ◆ **1.1** ~ almonds in wine *amandelen in wijn weken;* ~ the coffee *de koffie laten trekken;* ~ flax *vlas roten* **4.1** ~ o.s. in *zich verdiepen in, verzinken in* **6.1** your mind is ~ed **in** useless facts *je geest is doordrongen/overvol v. nutteloze feiten;* ~ed **in** Chinese history *doorkneed in de Chinese geschiedenis;* be ~ed **in** misery *ondergedompeld zijn in ellende, zich ellendig voelen;* a lady ~ed **in** mystery *een dame omhuld door geheimzinnigheid;* ~ed **in** a deep sleep *gedompeld/verzonken in een diepe slaap;* ~ed **in** vice *door en door slecht.*

steep·en ['sti:pən]⟨ww.⟩
I ⟨onov.ww.⟩ **0.1** ***steil(er) worden*** ◆ **1.1** the slope ~ed near the top *de helling liep steiler op nabij de top;*
II ⟨ov.ww.⟩ **0.1** ***steil(er) maken*** ⇒*hoger maken, verhogen.*

steep·er ['sti:pə||-ər]⟨telb.zn.⟩ **0.1** ***weekvat*** ⇒*loogkuip, drenkvat.*

steep·ish ['sti:pɪʃ]⟨bn.⟩ **0.1** ***nogal steil.***

stee·ple ['sti:pl]⟨f2⟩⟨telb.zn.⟩ **0.1** ***(toren)spits*** ⇒*bovenste deel v.e. toren* **0.2** ***toren met spits*** ⇒*spitse toren.*

'stee·ple·bush ⟨telb.zn.⟩⟨plantk.⟩ **0.1** ***viltige spirea*** ⟨Spiraea tomentosa⟩.

'stee·ple·chase ⟨f1⟩⟨telb.zn.⟩ **0.1** ⟨paardesport⟩ ***steeplechase*** ⟨oorspr. met torenspits als doel⟩ ⇒*hindernisren* **0.2** ⟨atletiek⟩ ***steeple(chase)*** ⇒*hindernisloop.*

'stee·ple·chas·er ⟨telb.zn.⟩ **0.1** ⟨paardesport⟩ ***steeplechaser*** **0.2** ⟨atletiek⟩ ***hindernisloper*** ⇒*steeple-loper.*

'stee·ple·chas·ing ⟨n.-telb.zn.⟩⟨paardesport⟩ **0.1** ***(het) hindernisrennen.***

'stee·ple-'crowned ⟨bn.⟩ **0.1** ***punt-*** ⇒*met een punt, puntig, taps toelopend* ◆ **1.1** a ~ hat *een punthoed.*

stee·pled ['sti:pld]⟨bn.⟩ **0.1** ***met een/(vele) toren(s).***

'steeple hat ⟨telb.zn.⟩ **0.1** ***punthoed.***

'stee·ple·jack ⟨telb.zn.⟩ **0.1** ***hoogtewerker*** ⇒*toren/schoorsteenreparateur.*

'stee·ple·top ⟨telb.zn.⟩⟨dierk.⟩ **0.1** ***Groenlandse walvis*** ⟨Balaena mysticetus⟩.

'stee·ple·wise ⟨bn.⟩ **0.1** ***als een toren(spits).***

'steep-'to ⟨bn.⟩⟨scheep.⟩ **0.1** ***zeer steil*** ⇒*bijna loodrecht aflopend* ⟨v. kust, zandbank⟩.

steer[1] [stɪə||stɪr]⟨f2⟩⟨telb.zn.⟩ **0.1** ***jonge os*** **0.2** ***stierkalf*** **0.3** ⟨vnl. AE; inf.⟩ ***advies*** ⇒*raad(geving), tip* ◆ **2.3** give/sell s.o. a bum ~ *iem. een slecht advies geven.*

steer[2] ⟨f3⟩⟨onov. en ov.ww.⟩ **0.1** ***sturen*** ⇒*koers (doen) zetten, in een bep. richting (doen) gaan, (zich laten) leiden* ◆ **1.1** learn how to ~ (a car) *leren hoe je (een auto) moet (be)sturen;* which course will you ~? *welke koers ga je volgen?;* ~ the middle course *de middenweg bewandelen;* the vessel ~s well/badly *het schip stuurt goed/slecht, het vaartuig luistert goed/slecht naar het roer* **5.¶** ⟨inf.⟩ ~ clear of sth. *iets vermijden/ontwijken, uit de buurt blijven v. iets* **6.1** ~ the conversation **away from** a subject *de conversatie afleiden/wegloodsen v.e. onderwerp;* the ship is ~ing **for** the harbour *het schip stevent/vaart op de haven af;* he ~ed **for** home *hij ging op huis aan;* ~ s.o.'s thoughts **into** a certain direction *iemands gedachten in een bep. baan/richting leiden;* she ~ed him **towards** the window *zij loodste hem naar het raam.*

steer·a·ble ['stɪərəbl||'stɪrəbl]⟨bn.⟩ **0.1** ***bestuurbaar.***

steer·age ['stɪərɪdʒ||'stɪrɪdʒ]⟨zn.⟩
I ⟨telb.zn.⟩ **0.1** ***stuurinrichting;***
II ⟨n.-telb.zn.⟩ **0.1** ***het sturen*** ⇒*stuurmanskunst* **0.2** ***stuurvermogen*** ⇒*bestuurbaarheid, het luisteren naar het roer* **0.3** ***leiding*** ⇒*het besturen* **0.4** ⟨vero.⟩ ***vooronder*** ⇒*tussendek* ◆ **6.2** a ship **with** easy ~ *een schip met een goed stuurvermogen, een gemakkelijk bestuurbaar schip.*

'steerage accommodations ⟨mv.⟩ **0.1** ***tussendeksinrichtingen.***

'steerage passenger ⟨telb.zn.⟩ **0.1** ***tussendekspassagier.***

'steer·age·way ⟨n.-telb.zn.⟩⟨scheep.⟩ **0.1** ***voortgang voor roercontrole*** ⇒*bestuurbaarheidsafstand.*

steer·er ['stɪərə||'stɪrər]⟨telb.zn.⟩ **0.1** ***bestuurder*** **0.2** ***stuurman*** **0.3** ***voertuig dat naar het sturen luistert*** **0.4** ⟨AE⟩ ***trekpleister*** ⟨bv. in theater⟩ ⇒*publiekstrekker, lokvogel* ◆ **2.3** be a quick ~ *goed naar het stuur/roer luisteren.*

'steer·ing column, 'steer·ing post ⟨telb.zn.⟩ **0.1** ***stuurkolom.***

'steer·ing committee ⟨f1⟩⟨verz.n.⟩ **0.1** ***stuurgroep.***

'steering gear ⟨n.-telb.zn.⟩ **0.1** ***stuurinrichting*** ⇒*stuurhuis, stuurgerei.*

'steer·ing wheel ⟨f1⟩⟨telb.zn.⟩ **0.1** ***stuur(wiel)*** ⟨v. boot, auto⟩ ⇒*stuurrad* ⟨v. boot⟩.

steers·man ['stɪəzmən||'stɪrz-]⟨telb.zn.; steersmen [-mən]; →mv. 3⟩ **0.1** ***stuurman*** ⇒*roerganger.*

steeve[1] [sti:v]⟨zn.⟩⟨scheep.⟩
I ⟨telb.zn.⟩ **0.1** ***laadboom*** ⇒*rondhout* ⟨gebruikt bij laden v. schip⟩;
II ⟨telb. en n.-telb.zn.⟩ **0.1** ***boegspriethelling.***

steeve[2] ⟨ww.⟩⟨scheep.⟩
I ⟨onov.ww.⟩ **0.1** ***een hoek maken*** ⟨v. boegspriet met horizon/kiel⟩ ⇒*hellen, springen;*
II ⟨ov.ww.⟩ **0.1** ***een bep. hoek geven*** ⟨boegspriet⟩ ⇒*laten springen, doen hellen* **0.2** ***stouwen*** ⇒*laden* ⟨met laadboom⟩.

stein[1] [staɪn]⟨telb.zn.⟩ **0.1** ***stenen bierkroes.***

stein[2] →steen.

stein·bock ['steɪnbɒk||-bɑk]⟨telb.zn.⟩⟨dierk.⟩ **0.1** ***steenbok*** ⟨Capra ibex⟩.

steinbok →steenbok.

ste·le ['sti:li||sti:l], **ste·la** ['sti:lə]⟨telb.zn.; ook stelae [-li:]; →mv. 5⟩ **0.1** ***stèle*** ⇒*(oudgriekse) (graf)steen/zuil met inscripties* **0.2** ⟨plantk.⟩ ***stèle*** ⇒*centrale cilinder (v. plant).*

stell [stel]⟨telb.zn.⟩⟨vnl. Sch. E⟩ **0.1** ***schaapskooi*** ⇒*afgeschermd schapenlandje.*

stel·lar ['stelə||-ər]⟨bn.⟩ **0.1** ***stellair*** ⇒*v./mbt. de sterren, sterre(n)-, stervormig.*

stel·late ['stelət||-leɪt], **stel·lat·ed** [-leɪṭɨd]⟨bn.; -ly⟩ **0.1** ***stervormig*** ⇒*sterrig;* ⟨plantk.⟩ *gestraald* **0.2** ***stralend (als een ster)*** **0.3** ***met sterren bezaaid.***

stel·lif·er·ous [ste'lɪfrəs]⟨bn.⟩ **0.1** ***met sterren (versierd)*** ⇒*vol sterren.*

stel·li·form ['stelɪ̣fɔ:m||-fɔrm]⟨bn.⟩ **0.1** ***stervormig*** ⇒*sterrig.*

stel·lu·lar ['steljʊlə||-jələr]⟨bn.⟩ **0.1** ***als/met sterretjes*** ⇒*bezaaid met (kleine) sterren.*

stem[1] [stem]⟨f2⟩⟨telb.zn.⟩ **0.1** ⟨ben. voor⟩ ***stam*** ⟨v. boom/woord/afkomst⟩ ⇒*basisvorm, geslacht* **0.2** ***(hoofd)stengel*** ⟨v. bloem⟩ ⇒*steel(tje)* **0.3** ⟨ben. voor⟩ ***stamvormig deel*** ⇒*steel* ⟨v. glas, pijp⟩; *schacht* ⟨v. pijl, veer⟩; *poot/stok* ⟨v. letter/muzieknoot⟩; *stang, stift* **0.4** ***voorsteven*** ⇒*boeg* **0.5** ⟨mv.⟩ ⟨sl.⟩ ***(fraaie) benen*** ◆ **1.1** the ~ of this tree *de stam v. deze boom;* the ~ of this verb *de stam v. dit werkwoord* **1.3** the ~ of the thermometer *het (verticale deel v. het) buisje v.d. thermometer* **1.4** the ~ of the ship *de voorsteven v.h. schip;* from ~ to stern *v.d. voor- tot de achtersteven;* ⟨fig.⟩ *v. top tot teen, helemaal, over de hele linie, in alle opzichten.*

stem[2] ⟨f3⟩⟨ww.; →ww. 7⟩
I ⟨onov.ww.⟩ **0.1** ⟨skiën⟩ ***stemmen*** ⟨met één of twee ski's licht afremmen om een bocht te maken⟩ ◆ **6.¶** →stem **from;**
II ⟨ov.ww.⟩ **0.1** ***strippen*** ⟨tabak, kersen⟩ **0.2** ***doen stoppen*** ⇒*stuiten, tegenhouden, stremmen, afdammen, stelpen* **0.3** ***het hoofd bieden aan*** ⇒*zich richten tegen, weerstand bieden aan, zich verzetten tegen, recht ingaan tegen, worstelen met* **0.4** ***stevig plaatsen*** ⇒*planten, poten* ◆ **1.2** ~ blood *bloed stelpen;* ~ his enthousiasm *zijn enthousiasme stuiten/indammen;* ~ the river *de rivier afdammen;* ~ the traffic *het verkeer stremmen* **1.3** ~ the current *tegen de stroom opvaren;* ~ a gale *tegen een storm optornen;* ~ the tide (of public opinion) *tegen het getij (v.d. publieke opinie) ingaan/indruisen;* ⟨scheep.⟩ *het tij doodzeilen* **1.4** ~ your hand in your side *je hand in je zij planten.*

'stem cell ⟨telb.zn.⟩⟨med.⟩ **0.1** ***stamcel.***

'stem from ⟨onov.ww.⟩ **0.1** ***stammen uit*** ⇒*teruggaan op, voortkomen uit, afkomstig zijn van, voortspruiten uit* ◆ **1.1** his bitterness stems from all his disappointments *zijn verbittering komt door al zijn teleurstellingen;* he stemmed from William the Conqueror *hij was een afstammeling v. Willem de Veroveraar.*

stem·ma ['stemə]⟨telb.zn.; ook stemmata ['steməṭə]; →mv. 5⟩ **0.1**

stamboom ⇒*afstamming* **0.2** ⟨dierk.⟩ ***facet v. samengesteld oog*** ⇒*enkelvoudig oog*.

-stemmed [stemd] **0.1** ***-gestamd*** ⇒*met bep. stam* **0.2** ***-gesteeld*** ⇒*met bep. steel/stengel* ◆ **¶.1** a blue-/stemmed toadstool *een paddestoel met blauwe steel* **¶.2** long-stemmed flowers *bloemen met lange stelen/stengels*.

'stem (turn) ⟨telb.zn.⟩ ⟨skiën⟩ **0.1** ***stemmschwung***.

'stem·ware ⟨n.-telb.zn.⟩ ⟨AE⟩ **0.1** ***glaswerk op voet*** ⇒*glasservies/glazen met steel*.

stem-wind·er ['stemwaɪndə‖-ər] ⟨telb.zn.⟩ ⟨AE⟩ **0.1** ***remontoir*** ⇒*opwindhorloge met knopje* **0.2** ⟨sl.⟩ ***vrachtauto met slinger***.

Sten, sten [sten], **sten gun** ⟨f1⟩ ⟨telb.zn.⟩ **0.1** ***sten(gun)*** ⇒*bep. licht machinepistool*.

stench [stentʃ] ⟨f1⟩ ⟨telb.zn.⟩ **0.1** ***stank*** ⇒*vieze lucht/geur*.

'stench-trap ⟨telb.zn.⟩ ⟨tech.⟩ **0.1** ***stankafsluiter*** ⇒*stankscherm/bocht*.

sten·cil[1] ['stensl] ⟨f1⟩ ⟨telb.zn.⟩ **0.1** ***stencil*** ⇒*stencilafdruk, stencilplaat, getypte drukvorm* **0.2** ***modelvorm*** ⇒*sjabloon, mal*.

stencil[2] ⟨f1⟩ ⟨ov.ww.; →ww. 7⟩ **0.1** ***stencilen*** ⇒*stencilafdrukken maken v.* **0.2** ***sjabloneren*** ⇒*(sjabloon)afdrukken maken v., vermenigvuldigen d.m.v. modelvorm*.

sten·o ['stenoʊ], **ste·nog** [stə'nɒg‖-'nɑg] ⟨verk.⟩ stenographer, stenography ⟨vnl. AE⟩.

sten·o·graph ['stenəgrɑ:f‖-græf] ⟨telb.zn.⟩ **0.1** ***stenogram*** **0.2** ***stenografeermachine*** **0.3** ***stenografisch teken***.

ste·nog·ra·pher [stə'nɒgrəfə‖-'nɑgrəfər] ⟨telb.zn.⟩ ⟨vero., AE⟩ **0.1** ***stenograaf*** ⇒*snelschrijver, stenotypist(e)*.

sten·o·graph·ic ['stenə'græfɪk], **sten·o·graph·i·cal** [-ɪkl] ⟨bn.; -(al)ly; →bijw. 3⟩ **0.1** ***stenografisch***.

ste·nog·ra·phy [stə'nɒgrəfi‖-'nɑgrəfi] ⟨n.-telb.zn.⟩ ⟨vero., AE⟩ **0.1** ***steno(grafie)*** ⇒*snelschrift, snelschrijfkunst*.

ste·no·sis [stɪ'noʊsɪs] ⟨telb.zn.; stenoses [-si:z]; →mv. 5⟩ ⟨med.⟩ **0.1** ***vernauwing*** ⟨in lichaam⟩.

sten·o·type ['stenətaɪp] ⟨telb.zn.⟩ **0.1** ***stenografisch teken*** **0.2** ***stenografeermachine***.

Sten·tor ['stentɔ:‖-tɔr] ⟨eig.n., telb.zn.; ook s-⟩ **0.1** ***Stentor*** ⟨ook s-⟩ ⇒*man/iem. met zeer luide stem* **0.2** ⟨biol.⟩ ***stentor*** ⇒*trompetdiertje*.

sten·to·ri·an [sten'tɔ:rɪən] ⟨bn.⟩ ⟨schr.⟩ **0.1** ***zeer luid*** ⇒*doordringend, keihard, machtig* ⟨v. stem⟩ ◆ **1.1** a ~ voice *een stentorstem*.

step[1] [step] ⟨f4⟩ ⟨zn.⟩ ⟨→sprw. 111, 213⟩

I ⟨telb.zn.⟩ **0.1** ***(voet)stap*** ⇒*(dans)pas, voetspoor/afdruk, schrede, stapgeluid, tred, schrede* **0.2** ***stap*** ⇒*maatregel, daad, actie, poging* **0.3** ***(trap)trede*** ⇒*sport* ⟨v. ladder⟩, *afstapje, stoepje, stepje* ⟨v. brommer⟩, *voetsteun* **0.4** ***niveau*** ⟨bv. in bep. schaal⟩ ⇒*trap, fase, trede, rang, streepje* **0.5** ⟨AE; muz.⟩ ***toon*** ⟨in toonschaal⟩ **0.6** ⟨scheep.⟩ ***spoor(stuk)*** ⟨v. mast⟩ ◆ **1.1** only two ~s from our house *slechts twee passen v. ons huis, vlakbij ons huis* **1.4** a ~ on the Fahrenheit or on the Celsius scale? *een streepje/graad op de schaal v. Fahrenheit of Celsius?;* rise a ~ on the scale of wages *een stapje/treetje/trapje op de loonschaal stijgen* **2.1** dance a fast ~ *een snelle danspas dansen;* a light ~ *een lichte pas;* take long ~s *lange passen/schreden nemen* **2.2** a false ~ *een misstap, een verkeerde stap/daad;* a long ~ towards success *een belangrijke stap/vooruitgang in de richting v.h. succes;* a rash ~ *een overhaaste daad* **3.1** break ~ *uit de pas/maat gaan;* change ~ *in een andere pas/maat gaan lopen;* fall into ~ *in de pas lopen;* ⟨fig.⟩ fall into ~ with *zich aansluiten bij, het eens zijn met, in de pas lopen met;* follow in s.o.'s ~s *in iemands voetsporen treden, iemands voetspoor volgen/drukken;* keep ~ to the music *op de maat v.d. muziek lopen;* keep ~ with s.o. *in de maat lopen/dansen met iem., hetzelfde ritme aanhouden als iem. anders;* do not move a ~ *verzet geen stap/voet, verroer je niet;* recognize s.o.'s ~ *iemands loop herkennen;* retrace your ~s *op je schreden terugkeren;* turn one's ~s *zijn schreden richten, in een bep. richting gaan* **3.2** take ~s to prevent sth. *stappen ondernemen/maatregelen treffen om iets te voorkomen;* watch/mind your ~ *wees voorzichtig, pas op* **3.3** watch/mind the ~ *pas op het afstapje* **3.4** get a ~ up *een treetje stijgen, promotie maken* **5.1** some ~s **forward** and some ~s **back** *enkele stappen voorwaarts en enkele achteruit* **6.1** ~ **by** ~ *stapje voor stapje, voetje voor voetje, geleidelijk, behoedzaam;* **in** his father's ~s *in zijn vaders voetstappen/voetsporen, naar zijn vaders voorbeeld;* **in** ~ ⟨ook fig.⟩ *in de pas/maat, in het juiste ritme; in harmonie, ermee eens;* he is **in** ~ **with** the latest developments *hij houdt de laatste ontwikkelingen bij;* keep **in** ~ **(with)** *gelijke tred houden (met);* get/fall **into** ~ *in de pas/maat gaan;* **out of** ~ *uit de pas/maat* ⟨ook fig.⟩; *niet ermee eens, uit de toon;* he's **out of** ~ **with** modern painting *hij is geen volgeling v.d. moderne schilderkunst* **6.4** a ~ **ahead of** me *een stapje voor mij, een rang boven mij;*

II ⟨mv.; ~s⟩ **0.1** ***(stenen) trap*** ⇒*stoep(je)* **0.2** ***trap(ladder)*** ⇒*trapleer, dubbele ladder*.

step[2] ⟨f3⟩ ⟨ww.; →ww. 7⟩

I ⟨onov.ww.⟩ **0.1** ***stappen*** ⇒*trappen, gaan, dansen, lopen, wandelen* **0.2** ⟨scheep.⟩ ***vaststaan*** ⟨v. mast⟩ ⇒*vastgezet worden/zijn* ◆ **1.1** ~ this way *komt u deze kant op, volgt u mij;* ~ on s.o.'s toes/corns *iem. op zijn teentjes trappen, iem. kwetsen, iem. tactloos behandelen* **5.1** ~ **back(wards)** *(verschrikt) een pas achteruit doen, terugdeinzen;* ~ briskly *kwiek lopen, flink stappen;* ~ **forward** *naar voren komen, z. aanbieden als vrijwilliger;* ~ high *hoog zijn benen optillen* ⟨bv. v. paard⟩; ⟨fig.⟩ *stijgen, vorderingen maken;* ~ **inside** *komt u binnen;* ⟨inf.⟩ he told me to ~ **outside** and repeat the insult *hij zei dat ik mee naar buiten moest gaan* ⟨om te vechten⟩ *en de belediging herhalen;* ~ short *(te) korte passen nemen, langza(a)m(er) gaan lopen;* she ~s well *ze danst goed* **5.¶** →step **aside;** →step **down;** →step **in;** →step **off;** →step **out;** →step **up** **6.1** ~ **across** the road *de weg oversteken;* ~ **between** the fighters *zich tussen de strijdende partijen mengen;* ~ **into** a fortune *een fortuin verwerven/erven;* ~ **into** the house *het huis binnengaan;* ~ **off** the plane *uit het vliegtuig stappen;* ~ **off** the platform *v.h. spreekgestoelte afstappen, het spreekgestoelte verlaten;* ~ **on** the brake *op de rem gaan staan, op de rem trappen;* ~ **on** the gas, ⟨inf.⟩ ~ **on** it *gas geven;* ⟨fig.⟩ *opschieten, haast maken, sneller gaan;* ~ **on** some glass *in wat glas trappen;* ~ **on** s.o. *iem. onverschillig/arrogant behandelen;* ~ **out of** line *uit het gareel raken;* ~ **over** a heap of bricks *over een hoop stenen heen stappen;* ~ **through** a dance *de pasjes v.e. dans doen;*

II ⟨ov.ww.⟩ **0.1** ***stappen*** ⇒*zetten, plaatsen* **0.2** ***dansen*** ⇒*uitvoeren* ⟨dans⟩, *de stapjes doen v.* **0.3** ⟨vnl. step out/off⟩ ***afstappen*** ⇒*afpassen, meten d.m.v. passen* **0.4** ⟨scheep.⟩ ***vastzetten*** ⟨mast⟩ ◆ **1.1** ⟨AE⟩ ~ foot on land *voet aan wal zetten, land betreden;* ~ some paces *enkele stappen doen* **1.2** ~ a measure *een nummertje dansen;* ~ the menuet *de menuet dansen* **1.3** ~ 20 yards *twintig yard afstappen* **1.4** ~ the mast *de mast vastzetten (in het spoor)* **5.¶** →step **down;** →step **off;** →step **out;** →step **up**.

step- [step] **0.1** ***stief-*** ◆ **¶.1** stepchild *stiefkind;* stepparents *stiefouders*.

'step a'side ⟨f1⟩ ⟨onov.ww.⟩ **0.1** ***opzij stappen*** ⇒*uit de weg gaan* **0.2** ***zijn plaats afstaan***.

'step·broth·er ⟨f1⟩ ⟨telb.zn.⟩ **0.1** ***stiefbroer*** ⇒*halfbroer*.

'step·child ⟨telb.zn.⟩ **0.1** ***stiefkind***.

'step·dance ⟨telb.zn.⟩ **0.1** ***step(dans)***.

'step·daugh·ter ⟨f1⟩ ⟨telb.zn.⟩ **0.1** ***stiefdochter***.

'step 'down ⟨f1⟩ ⟨ww.⟩

I ⟨onov.ww.⟩ **0.1** ***aftreden*** **0.2** ***zijn plaats afstaan*** ◆ **1.1** the chairman stepped down in favour of the vice-chairman *de voorzitter ruimde het veld ten gunste v.d. vice-voorzitter;*

II ⟨ov.ww.⟩ **0.1** ***verminderen*** ⇒*trapsgewijs verlagen/reduceren* **0.2** ⟨elek.⟩ ***neertransformeren*** ⟨voltage⟩.

'step-down ⟨bn., attr.⟩ **0.1** ***verlagings-*** ◆ **1.1** ~ transformer *verlagingstransformator*.

'step·father ⟨f1⟩ ⟨telb.zn.⟩ **0.1** ***stiefvader***.

steph·a·no·tis ['stefə'noʊt̬ɪs] ⟨telb.zn.⟩ ⟨plantk.⟩ **0.1** ***stephanotis*** ⟨genus Stephanotis⟩.

Ste·phen, Ste·ven ['sti:vn] ⟨eig.n.⟩ **0.1** ***Steven*** ⇒*Stefaan*.

'step 'in ⟨f1⟩ ⟨onov.ww.⟩ **0.1** ***binnenkomen*** ⇒*erin komen, even langskomen* **0.2** ***tussenbeide komen*** ⇒*zich erin mengen, zich ermee gaan bemoeien, te hulp schieten, inspringen* ◆ **1.2** when a disaster was imminent, he stepped in *toen een ramp dreigde, kwam hij tussenbeide;* only when victory of the party was certain, did she ~ *pas toen de overwinning v.d. partij zeker was, kwam zij erbij*.

'step-in ⟨telb.zn.; vaak mv.⟩ **0.1** ⟨ben. voor⟩ ***kledingstuk waar men in stapt*** ⇒⟨i.h.b.⟩ *step-in* ⟨rondgeweven korsetje⟩.

'step·ins ['stepɪnz] ⟨mv.⟩ **0.1** ⟨vero.⟩ ***step-in*** **0.2** ⟨sl.⟩ ***slipje*** **0.3** ⟨sl.⟩ ***slippers*** ⇒*sloffen, instappers*.

'step·lad·der ⟨f1⟩ ⟨telb.zn.⟩ **0.1** ***trap(ladder)*** ⇒*trapleer*.

'step·moth·er ⟨f2⟩ ⟨telb.zn.⟩ **0.1** ***stiefmoeder*** ⟨ook fig.⟩.

'step·moth·er·ly ⟨f1⟩ ⟨bn.; bw.⟩ **0.1** ***stiefmoederlijk*** ⇒⟨fig.⟩ *liefdeloos, hardvochtig, onrechtvaardig*.

'step 'off ⟨ww.⟩

I ⟨onov.ww.⟩ **0.1** ⟨inf.⟩ ***beginnen*** ⇒*aanvangen, starten* **0.2** ⟨mil.⟩ ***beginnen te marcheren*** ⇒*aantreden, af/wegmarcheren* **0.3** ⟨sl.⟩ ***trouwen*** **0.4** ⟨sl.⟩ ***de pijp uitgaan*** ⇒*doodgaan* ◆ **1.1** ~ on the wrong foot *op de verkeerde manier beginnen, iets fout aanpakken* **1.2** ~ with the left foot *te beginnen met je linkerbeen wegmarcheren;*

II ⟨ov.ww.⟩ **0.1** ***afpassen*** ⇒*afstappen, meten d.m.v. stappen* ◆ **1.1** ~ 5 yards *vijf yard afstappen* **1.¶** ⟨sl.⟩ ~ the carpet *trouwen*.

step-'on 'can ⟨telb.zn.⟩ ⟨AE⟩ **0.1** ***pedaalemmer***.

'step 'out ⟨f1⟩ ⟨ww.⟩

I ⟨onov.ww.⟩ **0.1** ***snel(ler) gaan lopen*** ⇒*kwiek lopen, flink doorstappen, het tempo opvoeren, lange(re) passen nemen* **0.2** ***(even)***

***naar buiten gaan** ⇒een stapje buiten de deur doen* **0.3** ***eruit stappen** ⇒aftreden, zich terugtrekken, opstappen;* ⟨vnl. AE⟩ *sterven, doodgaan* **0.4** ⟨inf.⟩ ***een vrolijk leven(tje) leiden** ⇒goed uitgaan, flink feesten, gaan stappen;* ⟨sl.⟩ *naar een afspraak/feest gaan* ◆ **6.4** ⟨sl.⟩ ~ **on** (s.o.) *iem. bedriegen, een afspraakje hebben met een ander, ontrouw zijn;*
II ⟨ov.ww.⟩ **0.1** ***afstappen** ⇒meten d.m.v. passen nemen, afpassen* ◆ **1.1** ~ 10 metres *tien meter afstappen* **4.¶** step it out *uitbundig dansen.*

'step·par·ent ⟨telb.zn.⟩ **0.1** ***stiefouder.***

steppe [step]⟨f1⟩⟨telb.zn.; vaak mv.⟩ **0.1** ***steppe** ⇒steppenland.*

stepped [stept]⟨bn.⟩ **0.1** ***trap-** ⇒trapvormig, met trappen* ◆ **1.1** ~ gable *trapgevel.*

'stepped-'up ⟨bn.⟩ **0.1** ***opgevoerd** ⇒verhoogd, versneld* ◆ **1.1** ~ attacks *(in kracht) toenemende aanvallen;* ~ production *opgevoerde produktie.*

step·per ['stepə‖-ər]⟨telb.zn.⟩⟨sl.⟩ **0.1** ***stapper*** ⟨student⟩.

step·ping·stone ['stepɪŋstoʊn]⟨f1⟩⟨telb.zn.⟩ **0.1** ***stapsteen*** ⟨om bv. rivier te doorwaden⟩ *⇒oversteeksteen, één steen uit rij* **0.2** ***springplank** ⇒duwtje in de rug, hulp (bij een bep. streven), gunstige positie (om iets te bereiken)* ◆ **1.2** a ~ to success *een springplank naar het succes.*

'step·sis·ter ⟨f1⟩⟨telb.zn.⟩ **0.1** ***stiefzuster.***

'step·son ⟨f1⟩⟨telb.zn.⟩ **0.1** ***stiefzoon.***

'step-stool ⟨telb.zn.⟩ **0.1** ***keukentrapje.***

'step 'up ⟨f1⟩⟨ww.⟩ →stepped-up
I ⟨onov.ww.⟩ **0.1** ***naar voren komen** ⇒opstaan* ◆ **3.1** he stepped up and told his story *hij kwam naderbij en vertelde zijn verhaal* **6.1** ⟨fig.⟩ ~ to the chair of English *recht afgaan op de leerstoel Engels;*
II ⟨ov.ww.⟩ **0.1** ***doen toenemen** ⇒opvoeren, groter maken;* ⟨elek.⟩ *optransformeren* ⟨voltage⟩; *versterken, intensiveren* **0.2** ⟨scheep.⟩ ***vastzetten*** ⟨mast⟩ *⇒in het spoor brengen* ◆ **1.1** ~ the campaign *de campagne uitbreiden, actiever campagne gaan voeren;* ~ production *de produktie opvoeren;* ~ the volume *het volume vergroten* **1.2** ~ the mast *de mast bevestigen/vastmaken in het spoor.*

-ster [stə‖stər] **0.1** ⟨na nw. of ww. om persoon aan te duiden⟩ ***-er*** *⇒ster, -ling* ◆ **¶.1** gangster *gangster, bendelid.*

ste·ra·di·an [stə'reɪdɪən]⟨telb.zn.⟩⟨meetkunde⟩ **0.1** ***steradiaal.***

ster·co·ra·ce·ous ['stɜ:kə'reɪʃəs‖'stɜr-], **ster·co·rous** [-kərəs], **ster·co·ral** [-kərəl]⟨bn.⟩ **0.1** ***faecaal** ⇒mest-, uitwerpsel-.*

stere, stère [stɪə‖stɪr]⟨telb.zn.⟩ **0.1** ***stère** ⇒kubieke meter.*

ster·e·o[1] ['sterioʊ‖'stɪrioʊ]⟨f2⟩⟨telb.zn.⟩ **0.1** ***stereo** ⇒stereo-installatie, grammofoon/radio/versterker met stereo-effect.*

stereo[2] ⟨f2⟩⟨bn.⟩ **0.1** ***stereo-** ⇒sterofonisch, met stereo-effect* ◆ **1.1** ~ recording *stereo-opname.*

ster·e·o- ['sterioʊ‖''stɪrioʊ] **0.1** ***stereo-** ⇒ruimtelijk* ◆ **¶.1** stereography *stereografie.*

ster·e·o·bate [-beɪt]⟨telb.zn.⟩⟨bouwk.⟩ **0.1** ***stereobaat** ⇒onderbouw.*

ster·e·o·chem·is·try [-'kemɪstri]⟨n.-telb.zn.⟩ **0.1** ***stereochemie.***

ster·e·o·graph·y ['steri'ɒgrəfi‖'stɪri'ɑgrəfi]⟨n.-telb.zn.⟩ **0.1** ***stereografie* 0.2** ***stereofotografie.***

ster·e·o·i·so·mer ['sterioʊ'aɪsəmə‖'stɪrioʊ'aɪsəmər]⟨telb.zn.⟩⟨schei.⟩ **0.1** ***stereo-isomeer.***

ster·e·ol·o·gy ['steri'ɒlədʒi‖'stɪri'ɑlədʒi]⟨n.-telb.zn.⟩ **0.1** ***stereologie*** ⟨bestuderen v. driedimensionale voorwerpen via tweedimensionale beelden⟩.

ster·e·om·e·ter [-'ɒmɪtə‖-'ɑmɪtər]⟨telb.zn.⟩ **0.1** ***stereometer.***

ster·e·om·e·try [-'ɒmɪtri‖-'ɑmɪtri]⟨n.-telb.zn.⟩ **0.1** ***stereometrie.***

ster·e·o·phon·ic ['sterɪə'fɒnɪk‖'stɪrɪə'fɑ-]⟨bn.; -ally; →bijw. 3⟩ **0.1** ***stereofonisch.***

ster·e·oph·o·ny ['steri'ɒfəni‖'stɪri'ɑfəni]⟨n.-telb.zn.⟩ **0.1** ***stereofonie.***

ster·e·o·scope ['sterɪəskoʊp‖'stɪrɪə-]⟨telb.zn.⟩ **0.1** ***stereoscoop.***

ster·e·o·scop·ic [-'skɒpɪk‖-'skɑpɪk]⟨bn.; -ally; →bijw. 3⟩ **0.1** ***stereoscopisch** ⇒driedimensionaal.*

ster·e·o·tape [-teɪp]⟨telb. en n.-telb.zn.⟩ **0.1** ***stereoband/tape.***

ster·e·o·tax·ic [-'tæksɪk], **ster·e·o·tac·tic** [-'tæktɪk]⟨bn.; -ally⟩⟨med.⟩ **0.1** ***stereotactisch*** ⟨mbt. driedimensionaal hersenonderzoek⟩.

ster·e·o·type[1] [-taɪp]⟨f2⟩⟨zn.⟩
I ⟨telb.zn.; ook attr.⟩ **0.1** ***stereotype** ⇒stereotiepplaat, styp* **0.2** ***stereotype** ⇒stereotiep beeld, vaststaande opvatting* **0.3** ***stereotype** ⇒type, model, karakteristiek vertegenwoordiger;*
II ⟨n.-telb.zn.⟩ **0.1** ***stereotypie** ⇒stereotiepdruk.*

stereotype[2] ⟨f2⟩⟨ov.ww.⟩ **0.1** ***stereotyperen** ⇒in stereotypie drukken* **0.2** ***stereotyperen** ⇒in stereotypen indelen* ◆ **1.2** ~ people *mensen in stereotypen indelen;* ~d ideas *vastgeroeste/stereotiepe opvattingen.*

ster·ic ['sterɪk]⟨bn.⟩⟨schei.⟩ **0.1** ***sterisch*** ⟨mbt. schikking v. atomen in de ruimte⟩ ◆ **1.1** ~ hindrance *sterische verhindering.*

ster·ile ['steraɪl‖-rəl]⟨f2⟩⟨bn.; -ly; -ness⟩ **0.1** ***steriel** ⇒onvruchtbaar* **0.2** ***steriel** ⇒kiemvrij* **0.3** ***steriel*** ⇒⟨fig.⟩ *weinig resultaat opleverend, weinig ontvankelijk, weinig creatief/oorspronkelijk* **0.4** ⟨AE⟩ ***absoluut veilig** ⇒vrij van afluisterapparatuur, afluistervrij* ⟨v. telefoon, huis⟩ ◆ **1.3** a ~ discussion *een vruchteloze/niets opleverende discussie;* a ~ mind *een steriele geest.*

ste·ril·i·ty [stə'rɪləṭi]⟨f1⟩⟨n.-telb.zn.⟩ **0.1** ***steriliteit** ⇒onvruchtbaarheid* ⟨ook fig.⟩.

ster·il·i·za·tion, -sa·tion ['sterɪlaɪ'zeɪʃn‖-lə'zeɪʃn]⟨f1⟩⟨n.-telb.zn.⟩ **0.1** ***sterilisatie** ⇒onvruchtbaarmaking* **0.2** ***sterilisatie** ⇒het kiemvrij maken* ⟨v. melk, instrumenten enz.⟩.

ster·il·ize, -ise ['sterɪlaɪz]⟨f2⟩⟨ov.ww.⟩ **0.1** ***steriliseren** ⇒steriel/onvruchtbaar maken* **0.2** ***steriliseren** ⇒kiemvrij maken* **0.3** ⟨AE⟩ ***beveiligen** ⇒van belastend materiaal/geheime informatie ontdoen, veilig maken.*

ster·il·iz·er, -is·er ['sterɪlaɪzə‖-ər]⟨telb.zn.⟩ **0.1** ***sterilisator** ⇒autoclaaf.*

ster·let ['stɜ:lɪt‖'stɜr-]⟨telb.zn.⟩⟨dierk.⟩ **0.1** ***sterlet*** ⟨Acipenser ruthenus⟩.

ster·ling[1] ['stɜ:lɪŋ‖'stɜr-]⟨f1⟩⟨n.-telb.zn.⟩ **0.1** ***pond sterling*** ◆ **1.1** the value of ~ *de waarde v.h. Britse pond.*

sterling[2] ⟨f1⟩⟨bn.⟩ **0.1** ***echt** ⇒zuiver, onvervalst* ⟨zilver, goud⟩; ⟨fig.⟩ *degelijk, betrouwbaar, eersteklas* ◆ **1.1** a ~ friend *een echte vriend;* ~ sense *echt gezond verstand;* ~ silver *92,5% zuiver zilver.*

'sterling area ⟨n.-telb.zn.; the⟩ **0.1** ***sterlinggebied** ⇒sterlingblok.*

stern[1] [stɜ:n‖stɜrn]⟨f1⟩⟨telb.zn.⟩ **0.1** ⟨scheep.⟩ ***achterschip** ⇒hek, spiegel, achtersteven* **0.2** ***achterstuk* 0.3** ***achterste** ⇒achterwerk* **0.4** ***staart*** ⟨i.h.b. v. vossejachthond⟩ ◆ **3.1** trim by the ~ *de lading (vooral) in het achterschip stuwen* **5.1** ~ **forward/on** *met de achtersteven naar voren* **6.1** **by** the ~ *achteruithellend, met achtersteven dieper in het water;* down **by** the ~ *met de achtersteven onder water;* from stem **to** ~ *van voor- tot achtersteven.*

stern[2] ⟨f3⟩⟨bn.; -er; -ly; -ness⟩ **0.1** ***streng** ⇒hard, onbuigzaam, meedogenloos* **0.2** ***streng** ⇒strak, strikt, grimmig, sober* **0.3** ***ongastvrij** ⇒onherbergzaam* ◆ **1.1** the ~er sex *het sterke geslacht;* ambition should be made of ~er stuff *een eerzuchtig iemand zou zich niet zo gevoelig moeten tonen* ⟨Shakespeare⟩ **1.2** ~ countenance *grimmige uitdrukking* **1.3** ~ landscape *onherbergzaam landschap.*

ster·nal ['stɜ:nl‖'stɜrnl]⟨bn.⟩ **0.1** ***borstbeen-** ⇒v./mbt. het borstbeen.*

'stern-chase ⟨telb.zn.⟩ **0.1** ***vervolging v.e. schip door schip erachter.***

'stern-chas·er ⟨telb.zn.⟩⟨mil.⟩ **0.1** ***hekvuur*** ⟨kanon op hek v. schip⟩.

'stern-fast ⟨telb.zn.⟩⟨scheep.⟩ **0.1** ***achtertros** ⇒achtertouw.*

stern·most ['stɜ:nmoʊst‖'stɜrn-]⟨bn.⟩ **0.1** ***achterst.***

'stern·post ⟨telb.zn.⟩⟨scheep.⟩ **0.1** ***achtersteven** ⇒roersteven.*

'stern sheets ⟨mv.⟩⟨scheep.⟩ **0.1** ***achterschip*** ⟨v. open boot⟩.

ster·num ['stɜ:nəm‖stɜr-]⟨telb.zn.; ook sterna [-nə]; →mv. 5⟩ **0.1** ***borstbeen.***

ster·nu·ta·tion ['stɜ:njʊ'teɪʃn‖'stɜrnjə-]⟨telb. en n.-telb.zn.⟩ **0.1** ***het niezen.***

ster·nu·ta·tor ['stɜ:njʊteɪtə‖'stɜrnjəteɪṭər]⟨telb.zn.⟩ **0.1** ***niesmiddel** ⇒niesgas.*

ster·nu·ta·to·ry [stɜ:'nju:tətri‖stɜr'nju:ṭətɔri]⟨bn.⟩ **0.1** ***het niezen verwekkend.***

stern·ward[1] ['stɜ:nwəd‖'stɜrnwərd]⟨bn.⟩⟨scheep.⟩ **0.1** ***naar het achterschip** ⇒achterwaarts.*

sternward[2], **stern·wards** ['stɜ:nwədz‖'stɜrnwərdz]⟨bw.⟩⟨scheep.⟩ **0.1** ***naar het achterschip** ⇒achterwaarts.*

'stern wave ⟨telb.zn.⟩⟨scheep.⟩ **0.1** ***hekgolf.***

'stern·way ⟨n.-telb.zn.⟩⟨scheep.⟩ **0.1** ***achterwaartse beweging.***

'stern-wheel·er ⟨telb.zn.⟩ **0.1** ***hekwielboot.***

ster·oid ['stɪərɔɪd‖'stɪr-]⟨telb.zn.⟩⟨schei.⟩ **0.1** ***steroïde*** ◆ **2.1** anabolic ~s *anabole steroïden.*

ster·ol ['sterɒl‖-rɔl]⟨n.-telb.zn.⟩⟨schei.⟩ **0.1** ***sterol.***

ster·tor·ous ['stɜ:trəs‖'stɜrṭərəs]⟨bn.; -ly; -ness⟩ **0.1** ***snorkend** ⇒snurkend.*

stet [stet]⟨f1⟩⟨onov. en ov.ww.; →ww. 7⟩⟨druk.⟩ **0.1** ⟨geb. w.⟩ ***correctie vervalt*** ⟨aan te geven door stippellijn onder oorspronkelijke tekst⟩ **0.2** ***correctie laten vervallen.***

steth·o·scope[1] ['steθəskoʊp]⟨f1⟩⟨telb.zn.⟩⟨med.⟩ **0.1** ***stet(h)oscoop.***

stethoscope[2] ⟨ov.ww.⟩ **0.1** ***met de stet(h)oscoop onderzoeken.***

steth·o·scop·ic ['steθə'skɒpɪk‖-'skɑ-]⟨bn.; -ally; →bijw. 3⟩ **0.1** ***stet(h)oscopisch.***

steth·o·sco·py [ste'θɒskəpi‖-'θɑ-]⟨telb.zn.; →mv. 2⟩ **0.1** ***stet(h)oscopie** ⇒onderzoek met de stet(h)oscoop.*

stet·son ['stetsn]⟨f1⟩⟨telb.zn.⟩ **0.1** ***cowboyhoed*** ⟨breedgerand⟩ **0.2** ⟨sl.⟩ ***hoed***.

ste·ve·dore ['sti:vɪdɔ:‖-dɔr]⟨telb.zn.⟩ **0.1** ***stuwadoor***.

Stev·en·graph ['sti:vngrɑ:f‖-græf]⟨telb.zn.⟩ **0.1** ***in zijde geweven afbeelding***.

stew[1] [stju:‖stu:]⟨f3⟩⟨zn.⟩
I ⟨telb.zn.⟩ **0.1** ⟨BE⟩ ***visvijver*** ⇒*visreservoir* **0.2** ***artificieel oesterbed*** **0.3** ***zweetbad(inrichting)*** **0.4** ⟨AE; inf.; lucht.⟩ ***steward(ess)*** **0.5** ⟨vnl. mv.; the⟩⟨vero.⟩ ***bordeel;***
II ⟨telb. en n.-telb.zn.⟩ **0.1** ***hutspot*** ⇒⟨B.⟩ *hutsepot* **0.2** ***stoofpot*** ⇒*stoofschotel* **0.3** ⟨sl.⟩ ***dronkelap*** **0.4** ⟨sl.⟩ ***zuippartij*** **0.5** ⟨sl.⟩ ***chaos*** ⇒*verwarring* **0.6** ⟨sl.⟩ ***frustratie*** ◆ **1.1** a ~ of lies *een brouwsel v. leugens* **2.1** Irish ~ *stoofschotel v. schapevlees, ui en aardappelen* **6.¶** ⟨inf.⟩ be **in/get into** a ~ *zich dik maken, opgewonden zijn/raken*.

stew[2] ⟨f2⟩⟨ww.⟩ →stewed
I ⟨onov.ww.⟩ **0.1** ⟨inf.⟩ ***stikken*** ⇒*bakken, smoren* **0.2** ⟨sl.⟩ ***blokken*** **0.3** ⟨AE; inf.⟩ ***broeien*** ◆ **6.3** ~ **over** *broeien/zich zorgen maken over;*
II ⟨onov. en ov.ww.⟩ **0.1** ***stoven*** ⇒*smoren* ◆ **3.¶** let s.o. ~ (in one's own juice) *iem. in zijn eigen vet gaar laten koken*.

stew·ard[1] ['stju:əd‖'stu:ərd]⟨f2⟩⟨telb.zn.⟩ **0.1** ***rentmeester*** ⇒*administrateur, beheerder* **0.2** ***steward*** ⇒*hofmeester, bottelier;* ⟨bij uitbr.⟩ *mannelijk lid v. bedieningspersoneel* ⟨in club/restaurant; i.h.b. op boot/trein/vliegtuig⟩ **0.3** ***ceremoniemeester*** ⇒*commissaris v. orde; zaalwachter* **0.4** ⟨sport⟩ ***wedstrijdcommissaris*** ⇒*baancommissaris, (wedstrijd)official*.

steward[2] ⟨onov. en ov.ww.⟩ **0.1** ***beheren*** ⇒*besturen*.

stew·ard·ess ['stju:ə'des‖'stu:ərdɪs]⟨f1⟩⟨telb.zn.⟩ **0.1** ***stewardess*** ⇒*air-hostess, hofmeesteres*.

stew·ard·ship ['stju:ədʃɪp‖'stu:ərdʃɪp]⟨zn.⟩
I ⟨telb.zn.⟩ **0.1** ***rentmeesterambt*** ⟨ook ambtsperiode⟩ ◆ **1.1** ⟨BE⟩ apply for the ~ of the Chiltern Hundreds *zijn parlementszetel opgeven, zich uit de actieve politiek terugtrekken;*
II ⟨n.-telb.zn.⟩ **0.1** ***rentmeesterschap***.

stewed [stju:d‖stu:d]⟨bn.; volt. deelw. v. stew⟩ **0.1** ⟨BE⟩ ***sterk*** ⇒*te lang getrokken* ⟨thee⟩ **0.2** ⟨sl.⟩ ***bezopen*** ◆ **6.2** ⟨sl.⟩ ~ to the gills *straalbezopen*.

'stewing pear ⟨telb.zn.⟩ **0.1** ***stoofpeer***.

St Ex ⟨afk.⟩ Stock Exchange.

steyn →steen.

stg ⟨afk.⟩ sterling.

stich·o·myth·i·a [stɪkə'mɪθɪə]⟨n.-telb.zn.⟩⟨dram.⟩ **0.1** ***stichomyt(h)ie*** ⟨dialoog in alternerende versregels⟩.

stick[1] [stɪk]⟨f3⟩⟨zn.⟩⟨→sprw. 626⟩
I ⟨telb.zn.⟩ **0.1** ***stok*** ⇒*tak, rijs, twijg; stuk hout, kachelblok, brandhout* **0.2** ***staf*** ⇒*stok(je)* **0.3** ***stok*** ⇒*trommelstok; dirigeerstok; strijkstok, seinstok* **0.4** ***staaf(je)*** ⇒*reep(je), stuk* ⟨chocolade, dynamiet, zeep⟩; *pijp* ⟨kaneel, lak⟩ **0.5** ***roede*** ⇒*stok, knuppel* **0.6** ***stick*** ⇒*hockeystick; (polo)hamer* **0.7** ***stengel*** ⇒*steel* ⟨rabarber, selderie⟩ **0.8** ***kandelaar*** **0.9** ***stuk (schamele) inboedel/huisraad*** **0.10** ***tic*** ⟨in drankje⟩ **0.11** ***hek*** ⇒*hindernis, horde* ⟨bij wedren⟩ **0.12** ⟨inf.⟩ ***figuur*** ⇒*snuiter;* ⟨i.h.b.⟩ *houten Klaas, droogstoppel, dooie Piet, saaie vent* **0.13** ⟨lucht.⟩ ***stuurknuppel*** ⇒*stuurstang* **0.14** ⟨druk.⟩ ***zethaak*** **0.15** ⟨mil.⟩ ***reeks uit vliegtuig uitgeworpen bommen/gedropte parachutisten*** **0.16** ⟨scheep.; scherts.⟩ ***rondhout*** ⇒*mast, ra* **0.17** ⟨sl.⟩ ***stick*** ⇒*stickie, marihuanasigaret* ◆ **1.4** a ~ of chalk *een krijtje* **1.9** ⟨inf.⟩ a few ~s of furniture *een paar meubeltjes* **1.¶** the ~ and the carrot *dreigementen en lokmiddelen* **2.1** gather dry ~s for the fire *hout sprokkelen voor het vuur* **2.5** ⟨fig.⟩ the big ~ *de stok achter de deur, machtsvertoon;* ⟨fig.⟩ wield/carry a big ~ *dreigen* **2.12** you clever old ~! *jij oude slimmerik!;* a dull/dry old ~ *een dooie Piet;* a queer ~ *een rare snuiter* **3.9** not a ~ was left standing *de hele inboedel werd vernield, alles werd kort en klein geslagen* **3.¶** caught in a cleft ~ *in de knel/klem, in het nauw;* ⟨AE; sl.⟩ get on the ~ *fel van start gaan, aan de slag gaan, de handen laten wapperen;* ⟨sl.⟩ hop the ~ *het hoekje om gaan; met de noorderzon vertrekken, er tussenuit knijpen;* ⟨AE; inf.⟩ more than you could shake a ~ at *ontelbaar veel;* tarred with the same ~ *een pot nat, met hetzelfde sop overgoten, uit hetzelfde hout gesneden;*
II ⟨n.-telb.zn.⟩ **0.1** ***het afranselen*** ⟨ook fig.⟩ ⇒*afranseling* **0.2** ***kleefvermogen*** ⇒*het kleven* ◆ **3.1** ⟨vnl. fig.⟩ get/take ~ *er van langs krijgen;* give s.o. some ~ *iem. een pak slaag geven;* ⟨inf.⟩ daddy will give you some ~ *papa zal je er van langs geven;*
III ⟨mv.; ~s⟩ **0.1** ⟨inf.⟩ ***(schamele) inboedel/huisraad*** **0.2** ⟨inf.⟩ ***benen*** **0.3** ⟨the⟩⟨AE; inf.⟩ ***rimboe*** ⇒*periferie, afgelegen gebied* **0.4** ⟨cricket⟩ ***paaltjes v. wicket*** **0.5** ***sticks*** ⇒*het boven de schouders brengen v.d. hockeystick* ⟨overtreding⟩ **0.6** ⟨sl.⟩ ***tamboer*** ⇒*drummer* ◆ **3.¶** ⟨vero.; inf.⟩ up ~s *verhuizen* **5.3** **out** in the ~s *in de rimboe, ergens ver weg*.

stick[2] ⟨f3⟩⟨ww.; stuck, stuck [stʌk]⟩ →stuck ⟨→sprw. 200, 390⟩
I ⟨onov.ww.⟩ **0.1** ***klem zitten*** ⇒*vastzitten, knellen* **0.2** ***blijven steken*** ⇒*(blijven) vastzitten, vastlopen* **0.3** ***plakken*** ⟨ook fig.⟩ ⇒*(vast)kleven, hechten, houden;* ⟨inf.⟩ *blijven* ◆ **1.2** he stuck in the middle of his speech *hij stokte midden in zijn redevoering;* ⟨fig.⟩ ~ in the mud *blijven steken, vastlopen, niet met zijn tijd meegaan* **1.3** the memory of it will always ~ in my mind *dat zal me altijd bijblijven;* they called him Piggy and the nickname stuck *ze noemden hem Dikzak en die bijnaam hield hij;* the reorganisation could not be made to ~ *de reorganisatie hield geen stand* **5.1** ~ fast *stevig vastzitten* **5.3** ⟨fig.⟩ ~ **about/around** *rondhangen, rondlummelen, in de buurt blijven;* ⟨inf.⟩ let us for ever ~ **together** *laten we altijd samen blijven* **5.¶** →stick **out;** →stick **up** **6.3** ⟨inf.⟩ you can get this job done in a few days' time but you have to ~ **at** it *je kan met dit karwei in een paar dagen klaar zijn, maar je moet goed doorwerken;* ⟨inf.⟩ ~ **by** one's old friends *zijn oude vrienden trouw blijven;* he ~s **in** the bar all day *hij blijft de hele dag in de bar hangen;* ~ **on** *blijven (zitten) op, pakken/houden op;* ⟨inf.⟩ ~ **to** it! *volhouden!;* the translation ~s closely **to** the original *de vertaling volgt het origineel op de voet;* ~ **to** the point *bij het onderwerp blijven, niet uitweiden;* ~ **to/with** one's principles *trouw blijven aan zijn principes;* ~ **to** the rules *zich aan de regels houden;* ⟨inf.⟩ ~ **with** one's friends for safety *voor alle veiligheid bij zijn vrienden blijven* **6.¶** →stick **at;**
II ⟨ov.ww.⟩ **0.1** ***(vast)steken*** ⇒*(vast)prikken, vastnagelen, opspelden vast/ophangen, bevestigen; opprikken* ⟨insekten⟩ **0.2** ***doodsteken*** ⇒*neersteken* **0.3** ⟨inf.⟩ ***steken*** ⇒*zetten, plaatsen, leggen, stoppen, bergen* **0.4** ***(vast)kleven*** ⇒*vastlijmen/plakken, aanplakken* **0.5** ⟨alleen ontkennend⟩⟨inf.⟩ ***pruimen*** ⇒*luchten, uitstaan, verdragen* **0.6** ***afzetten*** ⇒*bedriegen* **0.7** ***ophouden*** ⇒*vertragen* ◆ **1.2** ~ pigs *varkens kelen; op wilde zwijnen jagen* ⟨met speer⟩ **1.5** I can't ~ his airs *ik heb de pest aan zijn maniertjes* **4.¶** ⟨inf.⟩ ~ it there! *geef me de vijf!* ⟨ten teken v. akkoord⟩; ⟨AE; inf.⟩ ~ it to s.o. *iem. op zijn donder geven, iem. er van langs geven* **5.3** ~ it **down** anywhere *gooi het maar ergens neer;* ~ something **down** *iets neerkrabbelen/neerpennen;* ~ **on** *opzetten, opleggen* **5.4** ~ **down** *dichtkleven, dichtplakken;* ~ **on** *opplakken* **5.6** ⟨sl.⟩ beware of psychiatrists, they ~ it **on** *pas op voor psychiaters, ze halen je het vel over de oren* **5.¶** ⟨sl.⟩ don't believe everything he says; he ~s it **on** *je moet niet alles geloven wat hij zegt: hij maakt van een vlieg/mug een olifant/hij dikt het flink aan/blaast het flink op;* →stick **out;** →stick **up** **6.3** ~ a few commas **in** your article *gooi een paar komma's in je artikel;* ~ it **in** your pocket *stop/doe het in je zak;* ~ it **on** the bill *zet het op de rekening;* a cake stuck **with** raisins *een cake bezet met rozijnen*.

stick[3] ⟨ov.ww.; ook stuck, stuck⟩ **0.1** ***stokken*** ⇒*ondersteunen, stokken zetten bij* ⟨plant⟩.

'stick at ⟨onov.ww.⟩ **0.1** ***opzien tegen*** ⇒*zich laten weerhouden door, terugdeinzen voor* **0.2** ***doorgaan (met)*** ⇒*volhouden* ◆ **1.1** he sticks at no scruples *hij heeft geen scrupules* **4.1** ~ nothing *voor niets/nergens voor terugdeinzen*.

'stick-at-'noth·ing ⟨bn., attr.⟩ **0.1** ***gewetenloos***.

stick·er ['stɪkə‖-ər]⟨f1⟩⟨telb.zn.⟩ **0.1** ***plakkertje*** ⇒*zelfklevend etiket;* ⟨i.h.b.⟩ *sticker* **0.2** ***plakker*** ⇒*plakbroek, iem. die maar niet weggaat* **0.3** ***doorzetter*** ⇒*aanhouder, volhouder, doordouwer* **0.4** ***struikelblok*** ⇒*moeilijk vraagstuk, lastige vraag* **0.5** ***steker*** ⇒⟨i.h.b.⟩ *slachter* **0.6** ***(aan)plakker*** **0.7** ***steekwapen*** **0.8** ***winkeldochter/knecht*** ⇒*moeilijk verkoopbaar artikel* **0.9** ***doorn*** ⇒*stekel*.

'stick·fast ⟨zn.⟩
I ⟨telb.zn.⟩ **0.1** ***vastzittend(e) schip/wagen;***
II ⟨n.-telb.zn.⟩ **0.1** ***het vastzitten***.

'stick·ing-piece ⟨telb.zn.⟩⟨BE; cul.⟩ **0.1** ***stuk halsvlees***.

'stick·ing place, 'stick·ing point ⟨telb.zn.⟩ **0.1** ***eindpunt*** ⇒*limiet, hoogtepunt* **0.2** ***knelpunt*** ⇒*breekpunt*.

'stick·ing plaster ⟨f1⟩⟨telb. en n.-telb.zn.⟩ **0.1** ⟨BE⟩ ***kleefpleister*** ⇒*hechtpleister* **0.2** ⟨AE⟩ ***kleefband*** ⇒*plakband*.

'stick insect ⟨telb.zn.⟩⟨dierk.⟩ **0.1** ***wandelende tak*** ⟨fam. Phasmidae⟩.

'stick-in-the-mud ⟨telb.zn.; vaak attr.⟩⟨inf.⟩ **0.1** ***conservatieveling***.

stick·it ['stɪkɪt]⟨bn., attr.⟩⟨Sch. E⟩ **0.1** ***onvoltooid*** ⇒*onaf* ◆ **1.1** a ~ minister *een mislukt predikant, een gesjeesde priester*.

'stick·jaw ⟨telb. en n.-telb.zn.⟩ **0.1** ***kleef(toffee)*** **0.2** ***kleef(pudding)***.

'stick lac ⟨n.-telb.zn.⟩⟨biol.⟩ **0.1** ***stoklak***.

stick·le ['stɪkl]⟨onov.ww.⟩ **0.1** ***blijven vitten*** ⇒*doorbomen, koppig vasthouden aan* **0.2** ***scrupules hebben*** ⇒*aarzelen, bezwaren hebben*.

'stick·le·back ⟨telb.zn.⟩ **0.1** ***stekelbaars***.

stick·ler ['stɪklə‖-ər]⟨f1⟩⟨telb.zn.⟩ **0.1** ***(hardnekkig) voorstander*** ⇒*ijveraar* ◆ **1.1** ~ for accuracy *pietje precies* **6.1** ~ **for** *ijveraar voor, vurig voorstander van;* be a ~ **for** formality *overdreven belang hechten aan formaliteiten*.

'stick-on ⟨f1⟩⟨bn., attr.⟩ **0.1** ***zelfklevend***.

'stick 'out ⟨f2⟩⟨ww.⟩
 I ⟨onov.ww.⟩⟨inf.⟩ **0.1** ***overduidelijk zijn;***
 II ⟨onov. en ov.ww.⟩ **0.1** ***volhouden*** ⇒*uithouden, doorbijten, doorstaan* **0.2** ***uitsteken*** ⇒*vooruit steken* ◆ **4.1** ⟨inf.⟩ stick it out! *hou vol!* **6.1** ~ **for** more women in Parliament *alles op alles zetten om meer vrouwen in het parlement te krijgen*.

'stick-out[1] ⟨telb.zn.⟩ **0.1** ***staking***.

stick-out[2] ⟨bn., attr.⟩ **0.1** ***uitstekend*** ⇒*vooruitstekend*.

'stick·pin ⟨telb.zn.⟩⟨AE⟩ **0.1** ***dasspeld***.

'stick 'up ⟨f1⟩⟨ww.⟩
 I ⟨onov.ww.⟩ **0.1** ***omhoogstaan*** ⇒*overeindstaan, uitsteken* **0.2** ⟨inf.⟩ ***in de bres springen*** ⇒*opkomen* **0.3** ⟨inf.⟩ ***weerstand bieden*** ◆ **6.2** ~ **for** s.o. *voor iem. in de bres springen, het voor iem. opnemen;* ~ **for** yourself *sta je mannetje, kom voor jezelf op* **6.3** ~ **to** *weerstand bieden aan, het hoofd bieden aan;*
 II ⟨ov.ww.⟩ **0.1** ***omhoogsteken*** ⇒*uitsteken* **0.2** ***opplakken*** ⇒*aanplakken* **0.3** ⟨inf.⟩ ***overvallen*** ⇒*beroven* ◆ **1.1** stick your hands up/'em up! *handen omhoog!*.

'stick-up[1] ⟨telb.zn.⟩ **0.1** ***overval*** **0.2** ***opstaande boord*** **0.3** ⟨AE⟩ ***overvaller***.

stick-up[2] ⟨bn.⟩ **0.1** ***opstaand***.

stick·y ['stɪki]⟨f2⟩⟨bn.; -er; -ly; -ness; →bijw. 3⟩ **0.1** ***kleverig*** ⇒*klevend; lijmachtig, plakkerig* **0.2** ⟨inf.⟩ ***weerspannig*** ⇒*stug, lastig, onwillig; taai, onbuigzaam* **0.3** ⟨inf.⟩ ***penibel*** ⇒*pijnlijk, onaangenaam, lastig, akelig* **0.4** ***zwoel*** ⇒*broeierig, drukkend* **0.5** ***stroef*** ⇒*ongemakkelijk, stug, stijfjes* **0.6** ***houtachtig*** ⇒*stokachtig* ⟨ook fig.⟩; *houterig, stokkerig* ◆ **1.1** a ~ road *een modderige weg;* a ~ wicket *glibberig/moeilijk bespeelbaar terrein;* ⟨fig.⟩ *benarde situatie* **1.3** be/bat on a ~ wicket *in een benarde situatie zitten;* he will come to/meet a ~ end *het zal slecht met hem aflopen* **1.5** a rather ~ conversation *een slecht vlottend/stroef gesprek* **1.¶** ⟨inf.⟩ she's got ~ fingers *ze heeft lange vingers, ze jat* **3.2** she was rather ~ when I asked for a rise *ze maakte nogal bezwaar toen ik om opslag vroeg*.

stiff[1] [stɪf]⟨telb.zn.⟩⟨sl.⟩ **0.1** ***kreng*** ⇒*kadaver, lijk* **0.2** ***briefje*** ⇒*geld; wissel, waardepapier* **0.3** ***lummel*** ⇒*schooier, landloper* **0.4** ***document*** ⇒*brief, vergunning, certificaat* ◆ **2.3** you big ~ *idioot, stommeling*.

stiff[2] ⟨f3⟩⟨bn.; -er; -ly; -ness⟩
 I ⟨bn.⟩ **0.1** ***stijf*** ⇒*onbuigzaam, stevig, taai, rigide, stug, hard, strak* **0.2** ***vastberaden*** ⇒*koppig, stijfhoofdig, halsstarrig, onbuigzaam* **0.3** ***stram*** ⇒*stijf, stroef* **0.4** ***stijf*** ⇒*stug, stroef, ongemakkelijk, vormelijk, terughoudend, gereserveerd, uit de hoogte* **0.5** ***zwaar*** ⇒*moeilijk, lastig, veeleisend, streng* **0.6** ***sterk*** ⇒*stevig, krachtig, energiek* **0.7** ***(te) groot/erg*** ⇒*enorm, straf, sterk; overdreven, onredelijk* **0.8** ***dik*** ⇒*stijf, viskeus, stevig, vast* **0.9** ***stijf*** ⇒*vast, stabiel* **0.10** ***stijf*** ⇒*vast* ⟨markt⟩ ◆ **1.1** a ~ collar *een stijve boord* **1.2** put up (a) ~ resistance *hardnekkig weerstand bieden* **1.3** a ~ neck *een stijve nek* **1.4** a ~ reception *een koele ontvangst;* ~ verse *stroeve poëzie* **1.5** a ~ exam *een pittig examen;* a ~ job *een hele toer* **1.6** a ~ breeze *een stijve bries* **1.7** ~ demands *hoge eisen;* a ~ price *een woekerprijs* **1.¶** keep a ~ upper lip *het been stijfhouden, voet bij stuk houden; zich flink houden;* as ~ as a poker/ramrod *zo stijf als een plank* **2.3** ~ and stark *stijf en stram* **3.5** this poem is ~ reading *dit gedicht is zware kost* **3.7** it is a bit ~ to expect me to work all night *het is nogal kras om van mij te verwachten dat ik de hele nacht doorwerk* **6.4** she is rather ~ **with** people she doesn't know *ze is nogal op een afstand tegenover mensen die ze niet kent* **6.¶** ⟨inf.⟩ he is ~ **with** conceit *hij staat stijf v. eigendunk;* ⟨inf.⟩ the place is ~ **with** people *het is hier eivol/stampvol/tjokvol;*
 II ⟨bn., attr.⟩ **0.1** ***sterk*** ⇒*puur* ⟨alcoholische drank⟩ ◆ **1.1** a ~ drink *een stevige borrel;* a ~ whisky *whisky puur*.

stiff[3] ⟨bw.⟩⟨inf.⟩ **0.1** ***door en door*** ⇒*intens, buitenmate, vreselijk, ontzettend* ◆ **3.1** bore s.o. ~ *iem. gruwelijk/dodelijk vervelen;* scare s.o. ~ *iem. de stuipen op het lijf jagen*.

'stiff-'arm ⟨ov.ww.⟩ **0.1** ***afweren***.

stiff·en ['stɪfn]⟨f2⟩⟨ww.⟩ →stiffening
 I ⟨onov.ww.⟩ **0.1** ***verstijven*** ⇒*stijf/stijver/strammer worden; een vastere vorm aannemen* **0.2** ***verstevigen*** ⇒*in kracht toenemen* **0.3** ***verstijven*** ⇒*koeler/stuurser worden* **0.4** ***vaster/stabieler worden*** ⟨prijzen, markt⟩ ◆ **6.3** she ~ed **at** his insolent remark *ze verstijfde bij zijn brutale opmerking;*
 II ⟨ov.ww.⟩ **0.1** ***verstijven*** ⇒*stijfmaken, stram maken, verharden* **0.2** ***dikker maken*** ⇒*een vastere vorm doen aannemen, doen verdikken* **0.3** ***verstevigen*** ⇒*krachtiger maken;* ⟨ook fig.⟩ *stijven (in), aanwakkeren, versterken, ondersteunen; vastberadener maken* **0.4** ***versterken*** ⟨leger, door nieuwe troepen⟩ **0.5** ***stijf maken*** ⟨markt⟩ ◆ **1.3** the growing opposition ~ed her will to continue *ze ging halsstarriger doorzetten naarmate ze meer tegenstand kreeg* **5.1** that long walk ~ed me **up** *die lange wandeling heeft me helemaal stram gemaakt*.

stiff·en·er ['stɪfnə‖-ər]⟨n.-telb.zn.⟩ **0.1** ⟨ben. voor⟩ ***versteviger*** ⇒*balein; verstevigende voering/vulling; hielstuk; karton; verstijver; versterking* **0.2** ***opkikkertje*** ⇒*hartversterking, borrel*.

stiff·en·ing ['stɪfnɪŋ]⟨n.-telb.zn.; gerund v. stiffen⟩ **0.1** ***versteviging*** **0.2** ***stijfsel***.

'stiff-'necked ⟨bn.⟩ **0.1** ***koppig*** ⇒*halsstarrig, ontoegeeflijk; eigenzinnig* **0.2** ***verwaand***.

sti·fle[1] [staɪfl], **'sti·fle-joint** ⟨telb.zn.⟩⟨dierk.⟩ **0.1** ***achterste kniegewricht*** ⟨v. paard, hond⟩.

stifle[2] ⟨f2⟩⟨ww.⟩
 I ⟨onov.ww.⟩ **0.1** ***stikken*** ⇒*verstikken, (ver)smoren* ⟨ook fig.⟩;
 II ⟨ov.ww.⟩ **0.1** ***verstikken*** ⇒*doen stikken, (ver)smoren;* ⟨fig. ook⟩ *in de doofpot stoppen* **0.2** ***onderdrukken*** ◆ **1.1** a stifling heat *een verstikkende hitte* **1.2** ~ one's laughter *zijn lach inhouden;* ~ a revolt *een opstand onderdrukken*.

stig·ma ['stɪgmə]⟨f1⟩⟨telb.zn.; ook stigmata [-məṭə]; →mv. 5⟩ **0.1** ***brandmerk*** ⇒*(schand)vlek, smet, blaam, stigma* ⟨vnl. fig.⟩ **0.2** ⟨ben. voor⟩ ***merkteken*** ⇒*litteken; geboortevlek* **0.3** ⟨med.⟩ ***stigma*** ⇒*wondteken* ⟨bij hysterie⟩; ⟨fig.⟩ *vast symptoom* **0.4** ⟨dierk.⟩ ***stigma*** ⇒*ademopening* ⟨v. insekten⟩ **0.5** ⟨plantk.⟩ ***stigma*** ⇒*stempel* **0.6** ⟨mv. alleen -ta⟩⟨relig.⟩ ***stigma*** ⇒*wondteken* ⟨(zoals) v. Christus⟩.

stig·mat·ic[1] [stɪg'mæṭɪk], **stig·ma·tist** ['stɪgməṭɪst]⟨telb.zn.⟩⟨relig.⟩ **0.1** ***gestigmatiseerde***.

stigmatic[2], **stig·mat·i·cal** [stɪg'mæṭɪkl]⟨bn.; -(al)ly; →bijw. 3⟩⟨relig.⟩ **0.1** ***gestigmatiseerd*** **0.2** ***brandmerkend*** ⇒*blamerend* **0.3** ⟨foto.⟩ ***anastigmatisch***.

stig·ma·ti·za·tion, -sa·tion ['stɪgmətaɪ'zeɪʃn‖-məṭə'zeɪʃn]⟨telb. en n.-telb.zn.⟩ **0.1** ***brandmerking*** ⇒*schandvlekking* **0.2** ⟨relig.⟩ ***stigmatisatie*** ⟨het verschijnen v.d. stigma's v. Christus⟩.

stig·ma·tize, -tise ['stɪgmətaɪz]⟨ov.ww.⟩ **0.1** ***stigmatiseren*** ⇒*brandmerken, schandvlekken* **0.2** ⟨relig.⟩ ***stigmatiseren***.

stil·bene ['stɪlbi:n]⟨n.-telb.zn.⟩⟨schei.⟩ **0.1** ***stilbeen*** ⇒*1,2-difenyletheen*.

stil·boes·trol, ⟨AE sp.⟩ **stil·bes·trol** [stɪl'bi:strəl‖-'be-]⟨n.-telb.zn.⟩⟨schei.⟩ **0.1** ***stilboestrol***.

stile [staɪl]⟨f1⟩⟨telb.zn.⟩ **0.1** ***overstap*** **0.2** ***tourniquet*** ⇒*draaikruis* **0.3** ⟨houtbewerking⟩ ***stijl*** ⇒*post* ⟨v. deur e.d.⟩ ◆ **3.¶** help s.o./a lame dog over a ~ *iem./een zielepoot een handje helpen*.

sti·let·to [stɪ'leṭoʊ]⟨f1⟩⟨telb.zn.; ook -es; →mv. 2⟩ **0.1** ***stiletto*** ⟨korte dolk⟩ **0.2** ***priem*** **0.3** ⟨inf.⟩ ***schoen met naaldhak***.

sti'letto 'heel ⟨f1⟩⟨telb.zn.⟩ **0.1** ***naaldhak***.

still[1] [stɪl]⟨f1⟩⟨zn.⟩
 I ⟨telb.zn.⟩ **0.1** ***filmfoto*** ⇒*stilstaand (film)beeld* **0.2** ***stilleven*** **0.3** ***distilleertoestel*** ⇒*distilleervat* **0.4** ***stokerij*** **0.5** ⟨AE⟩ ***stil (brand) alarm;***
 II ⟨n.-telb.zn.⟩ **0.1** ***stilte*** ⇒*rust, kalmte* ◆ **1.1** the ~ of the night *de stilte v.d. nacht, de nachtelijke stilte*.

still[2] ⟨f3⟩⟨bn.; -ness⟩⟨→sprw. 627, 628⟩ **0.1** ***stil*** ⇒*onbeweeglijk, roerloos, stilstaand* **0.2** ***stil*** ⇒*geluidloos* **0.3** ***stil*** ⇒*gedempt, zacht* **0.4** ***stil*** ⇒*rustig, kalm* **0.5** ***stil*** ⇒*niet mousserend, niet gazeus* ◆ **1.1** a ~ evening *een stille/windloze avond;* ~ water *stilstaand water* **1.2** ⟨AE⟩ ~ alarm *stil (brand)alarm;* ~ as the grave *zo stil als het graf;* keep a ~ tongue (in one's head) *zijn mond houden* **1.3** a ~ voice *een stille/gedempte stem, een fluisterstem* **1.4** a ~ character *een stil/rustig karakter* **1.5** ~ lemonade *niet-gazeuse limonade;* ~ wine *niet-mousserende wijn* **1.¶** ~ camera *fotocamera/toestel;* ⟨AE⟩ ~ hunt *sluipjacht;* ⟨inf.⟩ *het werken in stilte;* ~ picture *filmfoto, stilstaand (film)beeld;* the ~ small voice *de stem v.h. geweten*.

still[3] ⟨f1⟩⟨ww.⟩⟨schr.⟩
 I ⟨onov.ww.⟩ **0.1** ***stil worden*** ⇒*bedaren, luwen, stillen* ◆ **1.1** the storm ~s *de storm luwt;*
 II ⟨ov.ww.⟩ **0.1** ***stillen*** ⇒*stil doen worden, het zwijgen opleggen, doen ophouden* **0.2** ***stillen*** ⇒*tot stilstand/rust brengen;* ⟨fig.⟩ *bedaren, kalmeren*.

still[4] ⟨f4⟩⟨bw.⟩ **0.1** ***stil*** **0.2** ***nog*** ⇒*nog altijd* **0.3** ***nog*** ⟨mbt. graad, hoeveelheid⟩ **0.4** ***toch*** ⇒*nochtans, niettemin* **0.5** ⟨vero.⟩ ***steeds*** ⇒*altijd aan/door, voortdurend* ◆ **2.3** ~ another possibility *nog een andere mogelijkheid;* he is ~ taller, he is taller ~ *hij is nog groter* **3.1** keep ~ *(zich) stilhouden;* lie ~ *stilliggen;* sit ~ *stilzitten;* stand ~ *stilstaan;* my heart stood ~ *mijn hart stond stil* ⟨v. schrik⟩ **3.2** is he ~ here? *is hij hier nog?;* he ~ loved her, he loved her ~ *hij hield nog altijd van haar;* he had ~ not understood *hij had het nog altijd niet begrepen;* he is ~ waiting *hij wacht nog altijd* **3.4** he did not like the idea, but he ~ agreed *het idee stond hem niet aan, maar hij stemde er toch mee in*.

stil·lage ['stɪlɪdʒ]⟨telb.zn.⟩ **0.1** ***stellage*** ⇒*schraag, rek*.

'still'birth ⟨telb.zn.⟩ **0.1** ***geboorte v.e. dood kind*** **0.2** ***doodgeborene***.

'still'born ⟨f1⟩⟨bn.⟩ **0.1** *doodgeboren* ⟨ook fig.⟩.
'still frame ⟨telb.zn.⟩ **0.1** *stilstaand beeld.*
stil·ling ['stɪlɪŋ], **stil·lion** ['stɪlɪən]⟨telb.zn.⟩ **0.1** *stellage* ⟨voor vaten⟩.
'still-'life ⟨f1⟩⟨telb. en n.-telb.zn.; ook attr.; soms still lives ['stɪl 'laɪvz]; →mv. 3⟩ **0.1** *stilleven.*
'still-room ⟨telb.zn.⟩⟨BE⟩ **0.1** *distilleerkamer* **0.2** *provisiekamer.*
still·y[1] ['stɪli]⟨bn.⟩⟨schr.⟩ **0.1** *stil* ⇒*rustig.*
stilly[2] ⟨bw.⟩⟨schr.⟩ **0.1** *stilletjes.*
stilt[1] [stɪlt]⟨f1⟩⟨telb.zn.; in bet. 0.3 ook stilt; →mv. 4⟩ **0.1** *stelt* **0.2** *paal* ⇒*pijler* **0.3** ⟨dierk.⟩ *steltkluut* ⟨genus Himantopus⟩ ◆ **6.1** on ~s *op stelten;* ⟨fig.⟩ *hoogdravend, bombastisch.*
stilt[2] ⟨f1⟩⟨ww.⟩ →stilted
I ⟨onov.ww.⟩ **0.1** *op stelten lopen;*
II ⟨ov.ww.⟩ **0.1** *op stelten zetten.*
stilt·ed ['stɪltɪd]⟨f1⟩⟨bn.; oorspr. volt. deelwoord v. stilt; -ly; -ness⟩ **0.1** *(als) op stelten* **0.2** *stijf* ⇒*artificieel, vormelijk, gekunsteld* **0.3** *hoogdravend* ⇒*bombastisch, pompeus* **0.4** ⟨bouwk.⟩ *verhoogd* ⟨met een verticaal stuk vanaf de impost v.e. boog⟩.
stilt·er ['stɪltə||-ər], **'stilt-walk·er** ⟨telb.zn.⟩ **0.1** *stelt(en)loper* **0.2** ⟨dierk.⟩ *steltloper* ⟨waadvogel⟩.
Stil·ton ['stɪltn], **'Stilton 'cheese** ⟨n.-telb.zn.⟩ **0.1** *Stiltonkaas.*
stilus →stylus.
stim·u·lant[1] ['stɪmjʊlənt||-jə-]⟨f1⟩⟨telb.zn.⟩ **0.1** *stimulans* ⇒*opwekkend middel;* ⟨fig.⟩ *prikkel* **0.2** *sterkedrank* ⇒*alcohol.*
stimulant[2] ⟨bn.⟩ **0.1** *stimulerend* ⇒*prikkelend.*
stim·u·late ['stɪmjʊleɪt||-jə-]⟨f3⟩⟨onov. en ov.ww.⟩ **0.1** *stimuleren* ⇒*prikkelen, opwekken, aanmoedigen* ◆ **6.1** ~ s.o. **(in)to** more efforts *iem. tot meer inspanningen aanmoedigen.*
stim·u·la·tion ['stɪmjʊ'leɪʃn||-jə-]⟨f2⟩⟨telb. en n.-telb.zn.⟩ **0.1** *stimulering* ⇒*stimulatie, prikkeling, aanmoediging.*
stim·u·la·tive[1] ['stɪmjʊlətɪv||-jəleɪt̬ɪv]⟨telb.zn.⟩ **0.1** *stimulans* ⇒*prikkel.*
stimulative[2] ⟨bn.⟩ **0.1** *stimulerend* ⇒*prikkelend.*
stim·u·la·tor ['stɪmjʊleɪtə||-jəleɪt̬ər]⟨telb.zn.⟩ **0.1** *stimulator.*
stim·u·lus ['stɪmjʊləs||-jə-]⟨f2⟩⟨telb.zn.; stimuli [-laɪ]; →mv. 5⟩ **0.1** ⟨ook psych.⟩ *stimulus* ⇒*prikkel;* ⟨fig.⟩ *aanmoediging, spoorslag* **0.2** ⟨plantk.⟩ *brandhaar* ⟨bv. op netels⟩ ◆ **3.1** conditioned ~ *voorwaardelijke prikkel.*
stimy →stymie.
sting[1] [stɪŋ]⟨f2⟩⟨zn.⟩ (→sprw. 629, 630)
I ⟨telb.zn.⟩ **0.1** *angel* **0.2** *gif(t)tand* **0.3** *brandhaar* ⇒*netelhaar* **0.4** ⟨sl.⟩ *list* ⇒*val* ⟨i.h.b. door politie opgezet⟩ ◆ **1.¶** the story has a ~ in the tail *het venijn zit in de staart v.h. verhaal;*
II ⟨telb. en n.-telb.zn.⟩ **0.1** *steek* ⇒*beet; prikkel(ing), tinteling* ⟨ook fig.⟩; *vinnigheid, pit* ◆ **1.1** the ~ of fresh air *de tinteling v. frisse lucht;* the ~ of his remark *de stekeligheid v. zijn opmerking;* ~s of remorse *knagende wroeging;* ⟨sport⟩ his service has no ~ in it *er zit geen venijn in zijn service/opslag;* the ~ of icy wind *het bijten v. ijskoude wind.*
sting[2] ⟨f2⟩⟨onov. en ov.ww.; stung [stʌŋ], stung⟩ →stinging (→sprw. 287) **0.1** *steken* ⇒*bijten;* ⟨fig.⟩ *grieven, pijn doen, knagen* **0.2** *prikkelen* ⇒*branden;* ⟨fig.⟩ *aansporen/zetten* **0.3** ⟨sl.⟩ *afzetten* ⇒*oplichten* ◆ **1.1** a bee ~s *een bij steekt;* his conscience stung him *zijn geweten knaagde, hij kreeg wroeging;* a snake ~s *een slang bijt* **1.2** that stung him (in)to action *dat zette hem tot actie aan;* a nettle ~s *een netel brandt* **6.3** ~ s.o. **for** a few dollars *iem. een paar dollar lichter maken.*
'sting-bull ⟨telb.zn.⟩⟨dierk.⟩ **0.1** *grote pieterman* ⟨Trachinus draco⟩.
sting·er ['stɪŋə||-ər]⟨telb.zn.⟩ **0.1** *iem. die/iets dat steekt/prikkelt* **0.2** ⟨inf.⟩ *mep* ⇒*por, klap;* ⟨fig.⟩ *steek* **0.3** ⟨sl.⟩ *obstakel* ⇒*onopgelost probleem, onzekere factor.*
'sting-fish ⟨telb.zn.⟩⟨dierk.⟩ **0.1** *kleine pieterman* ⟨Trachinus vipera⟩ **0.2** *schorpioenvis* ⟨fam. Scorpaenidae⟩.
sting·ing ['stɪŋɪŋ]⟨f1⟩⟨bn.; oorspr. teg. deelw. v. sting; -ly⟩ **0.1** *stekend* ⇒*bijtend* **0.2** *prikkelend* ◆ **1.1** a ~ reproach *een bijtend/scherp verwijt* **3.1** he replied ~ly *hij antwoordde op bijtende/scherpe toon.*
sting·less ['stɪŋləs]⟨bn.⟩ **0.1** *zonder angel* ⇒⟨fig.⟩ *futloos, zonder pit.*
'sting-net·tle, 'sting·ing-net·tle ⟨telb.zn.⟩ **0.1** *brandnetel.*
stin·go ['stɪŋgoʊ]⟨n.-telb.zn.⟩⟨vero.⟩ **0.1** *sterk bier* ⇒⟨fig.⟩ *pit, fut.*
'sting·ray, ⟨AE, Austr. E ook⟩ **sting·a·ree** ['stɪŋəri:]⟨telb.zn.⟩⟨dierk.⟩ **0.1** *pijlstaartrog* ⟨fam. Dasyatidae⟩.
sting·y ['stɪndʒi]⟨f1⟩⟨bn.; -er; -ly; -ness; →bijw. 3⟩ **0.1** *vrekkig* ⇒*gierig.*
stink[1] [stɪŋk]⟨f1⟩⟨zn.⟩
I ⟨telb.zn.⟩ **0.1** *stank* **0.2** ⟨inf.⟩ *herrie* ◆ **3.2** create/kick up/make/raise a (big/real) ~ about sth. *herrie schoppen over iets* **6.¶** ⟨sl.⟩ **like** ~ *hels, bliksems;*
II ⟨mv.; ~s⟩⟨BE; sl.⟩ **0.1** *scheikunde* ⟨als leervak⟩ **0.2** *scheikundeleraar.*
stink[2] ⟨f2⟩⟨ww.; stank [stæŋk]/stunk [stʌŋk], stunk⟩ →stinking
I ⟨onov.ww.⟩ **0.1** *stinken* ⇒*kwalijk rieken* ⟨ook fig.⟩ **0.2** ⟨sl.⟩ *oerslecht zijn* ⇒*niet deugen* ◆ **1.2** his reputation ~s *hij heeft een slechte reputatie* **6.1** ~ **of** rotten fish *naar rotte vis stinken;* ~ **by/of/with** money *stinkend rijk zijn, bulken v.h. geld;*
II ⟨ov.ww.⟩ **0.1** *doen stinken* ⇒*met stank vullen* **0.2** ⟨sl.⟩ *stank ruiken* ◆ **5.1** ~ **out** *door stank verdrijven;* ⟨inf.⟩ *met stank vullen;* ~ **out** a fox *een vos uitroken;* ~ **up** *doen stinken.*
'stink-a·live ⟨telb.zn.⟩⟨dierk.⟩ **0.1** *steenbolk* ⟨kleine kabeljauw; Gadus luscus⟩.
stin·ka·roo[1], stin·ke·roo ['stɪŋkə'ru:]⟨telb.zn.⟩⟨sl.⟩ **0.1** *slechte voorstelling.*
stinkaroo[2], stinkeroo ⟨bn.⟩⟨sl.⟩ **0.1** *waardeloos* ⇒*vervelend, slecht.*
'stink-ball ⟨telb.zn.⟩⟨gesch.⟩ **0.1** *stinkbom* ⟨bij zeeslagen⟩.
'stink-bomb ⟨f1⟩⟨telb.zn.⟩ **0.1** *stinkbom.*
stink·er ['stɪŋkə||-ər]⟨f1⟩⟨telb.zn.⟩ **0.1** *stinker(d)* **0.2** ⟨ben. voor⟩ *aasetende stormvogel* ⇒⟨i.h.b.⟩ *zuidelijke reuzenstormvogel* ⟨Macronectus giganteus⟩ **0.3** ⟨sl.⟩⟨ben. voor⟩ *iets beledigends/boosaardigs/strengs/waardeloos* ⇒*boze/beledigende brief; moeilijke opdracht/examen; slechte voorstelling* **0.4** ⟨sl.⟩⟨ong.⟩ *scheet (je)* ⟨koosnaam⟩.
'stink·horn ⟨telb. en n.-telb.zn.⟩⟨plantk.⟩ **0.1** *stinkzwam* ⟨orde Phallales⟩.
stink·ie, stink·y ['stɪŋki]⟨telb.zn.; tweede variant; →mv. 2⟩⟨sl.⟩ **0.1** *stinkerd.*
stink·ing[1] ['stɪŋkɪŋ]⟨f1⟩⟨bn.; oorspr. teg. deelw. v. stink; -ly; -ness⟩ **0.1** *stinkend* **0.2** ⟨sl.⟩ *aanstotelijk* ⇒*gemeen* **0.3** ⟨AE; sl.⟩ *stomdronken* **0.4** ⟨AE; sl.⟩ *stinkrijk* ◆ **1.1** ⟨dierk.⟩ ~ badger *(Maleise) stinkdas, teledoe* ⟨Mydaus javanensis⟩; ⟨plantk.⟩ ~ c(h)amomile *stinkende kamille* ⟨Anthemis cotula⟩ **1.¶** cry ~ fish *zijn eigen waar/familie enz. afkammen, het eigen nest bevuilen.*
stinking[2] ⟨bw.⟩⟨inf.⟩ **0.1** *stinkend* ⇒*ontzettend* ◆ **2.1** ~ rich *stinkend rijk.*
stink·o ['stɪŋkoʊ]⟨bn., pred.⟩⟨AE; sl.⟩ **0.1** *stomdronken.*
'stink-pot ⟨telb.zn.⟩ **0.1** *stinkpot* **0.2** *stinkbom* **0.3** *modderpoel* **0.4** ⟨sl.⟩ *stinker(d).*
'stink stone ⟨telb. en n.-telb.zn.⟩ **0.1** *stinksteen.*
'stink trap ⟨telb.zn.⟩ **0.1** *stankafsluiter.*
'stink·weed ⟨telb. en n.-telb.zn.⟩⟨plantk.⟩ **0.1** ⟨ben. voor⟩ *stinkende plant* ⇒⟨i.h.b.⟩ *muurzandkool* ⟨Diplotaxis muralis⟩; ⟨AE⟩ *doornappel* ⟨Datura stramonium⟩.
'stink·wood ⟨n.-telb.zn.⟩⟨plantk.⟩ **0.1** *stinkhout* ⟨i.h.b. Ocotea bullata⟩.
stint[1] [stɪnt]⟨f1⟩⟨zn.⟩
I ⟨telb.zn.⟩ **0.1** *portie* ⇒*karwei(tje), taak, opdracht* **0.2** ⟨dierk.⟩ *strandloper* ⟨genus Calidris⟩ ⇒⟨i.h.b.⟩ *bonte strandloper* ⟨C. alpina⟩ ◆ **3.1** do one's daily ~ *zijn dagtaak volbrengen* **7.2** little ~ *kleine strandloper* ⟨C. minuta⟩;
II ⟨n.-telb.zn.⟩ **0.1** *beperking* ⇒*restrictie, limiet* ◆ **6.1 without** ~ *zonder beperking, onbeperkt.*
stint[2] ⟨f1⟩⟨ww.⟩
I ⟨onov.ww.⟩ **0.1** *zich bekrimpen* ⇒*zich beperken* **0.2** ⟨vero.⟩ *ophouden;*
II ⟨ov.ww.⟩ **0.1** *beperken* ⇒*inperken, inkrimpen* **0.2** *karig toebedelen* ⇒*krap houden* **0.3** ⟨vero.⟩ *ophouden met* ◆ **1.1** ~ the amount of money *de geldhoeveelheid beperken* **4.2** ~ o.s./s.o. of food *zichzelf/iem. karig voedsel toebedelen.*
stint·less ['stɪntləs]⟨bn.⟩ **0.1** *onbeperkt.*
stipe [staɪp]⟨telb.zn.⟩⟨plantk.⟩ **0.1** *stengel* ⇒*steel, stam* ⟨vnl. v. paddestoel, varen⟩.
sti·pel ['staɪpl]⟨telb.zn.⟩⟨plantk.⟩ **0.1** *secundair steunblaadje.*
sti·pel·late ['staɪpələt,-'pelət]⟨bn.⟩⟨plantk.⟩ **0.1** *met secundaire steunblaadjes.*
sti·pend ['staɪpend||-pənd]⟨telb.zn.⟩ **0.1** *wedde* ⇒*bezoldiging, salaris* ⟨i.h.b. v. geestelijke⟩.
sti·pen·di·ar·y[1] [staɪ'pendɪəri||-dieri]⟨telb.zn.; →mv. 2⟩ **0.1** *bezoldigde* ⇒*bezoldigd ambtenaar* **0.2** ⟨BE⟩ *(bezoldigd) politierechter.*
stipendiary[2] ⟨bn.⟩ **0.1** *bezoldigd* ◆ **1.1** ⟨BE⟩ ~ magistrate *bezoldigd politierechter.*
sti·pes ['staɪpi:z]⟨telb.zn.; stipites ['stɪpɪt̬i:z]; →mv. 5⟩⟨plantk.⟩ **0.1** *stengel* ⇒*steel, stam.*
stip·i·tate ['stɪpɪteɪt]⟨bn.⟩⟨plantk.⟩ **0.1** *gesteeld.*
sti·pi·ti·form ['stɪpɪtɪfɔ:m||'stɪpɪt̬ɪfɔrm], **sti·pi·form** ['staɪpɪfɔ:m||-fɔrm]⟨bn.⟩ **0.1** *stengel/steel/stamvormig.*
stip·ple[1] ['stɪpl]⟨zn.⟩
I ⟨telb.zn.⟩ **0.1** ⟨graveer/tekenkunst⟩ *stippelgravure* ⇒*punteerwerk* **0.2** ⟨schilderkunst⟩ *pointillé;*
II ⟨n.-telb.zn.⟩ **0.1** ⟨graveer/tekenkunst⟩ *punteerkunst* ⇒*punteermethode* **0.2** ⟨schilderkunst⟩ *pointillisme.*

stipple² ⟨onov. en ov.ww.⟩ **0.1** ***(be)stippelen*** ⇒*(be)spikkelen* **0.2** ⟨graveer/tekenkunst⟩ ***punteren*** **0.3** ⟨schilderkunst⟩ ***pointilleren***.

stip·pler ['stɪplə‖-ər]⟨telb.zn.⟩ **0.1** ***punteerder*** **0.2** ***pointillist*** **0.3** ***punteernaald*** **0.4** ***pointilleerpenseel***.

stip·u·lar ['stɪpjʊlə‖-pjələr]⟨bn.⟩⟨plantk.⟩ **0.1** ***met/mbt./als steunblaadjes***.

stip·u·late¹ ['stɪpjʊlət‖-pjə-]⟨bn.⟩⟨plantk.⟩ **0.1** ***met steunblaadjes***.

stipulate² ['stɪpjʊleɪt‖-pjə-]⟨f1⟩⟨onov. en ov.ww.⟩ **0.1** ***bedingen*** ⇒*stipuleren, bepalen, vastleggen/stellen* **0.2** ⟨schr.⟩ ***garanderen*** ⇒*beloven* **0.3** ⟨AE; jur.⟩ ***niet betwisten*** ⇒*onbetwist laten* ◆ **6.1** ~ **for** the best conditions *de beste voorwaarden bedingen* **6.3** he did not ~ **to** all the evidence *hij liet niet al het bewijsmateriaal onbetwist* **8.3** they ~d that they might have been there *zij betwistten niet dat zij daar misschien geweest waren*.

stip·u·la·tion ['stɪpjʊ'leɪʃn‖-pjə-]⟨f1⟩⟨telb. en n.-telb.zn.⟩ **0.1** ***stipulatie*** ⇒*beding, bepaling, voorwaarde*.

stip·u·la·tor ['stɪpjʊleɪtə‖-pjəleɪṭər]⟨telb.zn.⟩ **0.1** ***contractant***.

stip·ule ['stɪpju:l]⟨telb.zn.⟩⟨plantk.⟩ **0.1** ***steunblaadje***.

stir¹ [stɜ:‖stɜr]⟨f1⟩⟨telb.zn.⟩ **0.1** ⟨ben.voor⟩ ***roerende/pokende beweging*** **0.2** ***beroering*** ⇒*opwinding, sensatie; woeling, gisting* **0.3** ***drukte*** ⇒*beweging* **0.4** ⟨sl.⟩ ***nor*** ⇒*bajes* ◆ **3.1** give the fire a ~ *pook het vuur even op;* give the pudding a few ~s *roer een paar maal door de pudding* **3.2** cause a/make a great/quite a ~ *(veel) opzien baren, beroering verwekken* **6.4 in** ~ *in de nor*.

stir² ⟨f3⟩⟨ww.; →ww. 7⟩ →stirring

I ⟨onov.ww.⟩ **0.1** ***(zich)(ver)roeren*** ⇒*(zich) bewegen* **0.2** ***opstaan*** ⇒*op zijn;* ⟨ook fig.⟩ *opkomen* **0.3** ***in de weer zijn*** **0.4** ***gaande zijn*** ⇒*aan de hand zijn, gebeuren* ◆ **1.2** compassion ~red in his heart *deernis kwam in zijn hart op* **3.1** don't ~! *beweeg niet!* **5.1** ~ **out** *naar buiten gaan, uitgaan* **5.2** he is not ~ring yet *hij komt nog niet op* **6.1** ~ **from/out of** house *de deur/het huis uitgaan;*

II ⟨ov.ww.⟩ **0.1** ***bewegen*** ⇒*roeren, in beweging brengen;* ⟨fig.⟩ *beroeren, verontrusten, ontstellen;* ⟨fig.⟩ *wakker maken* **0.2** ***(op) poken*** ⇒*opporren;* ⟨fig.⟩ *opwekken, aanwakkeren, stimuleren, prikkelen;* ⟨fig.⟩ *aan/opstoken, ophitsen* **0.3** ***roeren*** ⇒*door/omroeren* ◆ **1.2** ~ one's curiosity *iemands nieuwsgierigheid prikkelen;* ~ the fire *het vuur oppoken/opporren* **4.1** ~ o.s. *in beweging komen, actief worden* **5.2** ~ **up** *opwekken, aanwakkeren, prikkelen; aan/opstoken, ophitsen* **5.3** ~ **up** *oproeren* **6.2** ~ people **to** discontent *mensen tot ontevredenheid aanzetten* **6.3** ~ cocoa **in (to)** milk *cacao in melk roeren*.

'stir-a·bout ⟨telb. en n.-telb.zn.⟩ **0.1** ***(haver)meelpap*** ⇒*roerom* **0.2** ***druk persoon*** **0.3** ***beroering*** ⇒*drukte*.

'stir crazy ⟨bn.⟩⟨sl.⟩ **0.1** ***dof*** ⇒*suf* ⟨door opsluiting⟩.

stir·less ['stɜ:ləs‖'stɜr-]⟨bn.⟩ **0.1** ***roerloos*** ⇒*onbeweeglijk*.

stir·pi·cul·ture ['stɜ:pɪkʌltʃə‖'stɜrpɪkʌltʃər]⟨telb. en n.-telb.zn.⟩ **0.1** ***rasverbetering/veredeling***.

stirps ['stɜ:ps‖'stɜrps]⟨telb.zn.; stirpes [-pi:z]; →mv. 5⟩ **0.1** ***stam*** ⇒*familietak* **0.2** ⟨dierk.⟩ ***ras*** **0.3** ⟨jur.⟩ ***stamvader***.

stir·rer ['stɜ:rə‖-ər]⟨telb.zn.⟩ **0.1** ⟨ben.voor⟩ ***roertoestel*** ⇒⟨i.h.b.⟩ *roerlepel* **0.2** ⟨sl.⟩ ***(op)stoker*** ⇒*opruier, twiststoker*.

stir·ring¹ ['stɜ:rɪŋ]⟨telb. en n.-telb.zn.; (oorspr.) gerund v. stir⟩ **0.1** ***beweging*** ⇒*activiteit* **0.2** ***opwinding*** ⇒*agitatie* **0.3** ***aansporing*** ⇒*stimulatie, prikkel(ing)*.

stirring² ⟨f1⟩⟨bn.; -ly; (oorspr.) teg. deelw. v. stir⟩ **0.1** ***druk*** ⇒*levendig, actief* **0.2** ***opwekkend*** ⇒*stimulerend* **0.3** ***bezielend*** ⇒*enthousiasmerend, inspirerend*.

stir·rup ['stɪrəp‖'stɜrəp], ⟨in bet. 0.3 ook⟩ **'stirrup bone** ⟨f2⟩ ⟨telb.zn.⟩ **0.1** ***(stijg)beugel*** **0.2** ***voetbeugel/riem*** **0.3** ⟨anat.⟩ ***stijgbeugel*** ⟨in het oor⟩ **0.4** ⟨scheep.⟩ ***springpaard*** ⟨touw aan ra⟩.

'stir·rup-cup ⟨telb.zn.⟩ **0.1** ***afscheidsdronk*** ⇒*glaasje op de valreep*.

'stirrup leather, 'stirrup strap ⟨telb.zn.⟩ **0.1** ***stijgbeugelriem***.

'stir-up ⟨telb.zn.⟩ **0.1** ***beroering*** ⇒*rumoer, drukte*.

'stir·up 'Sunday ⟨eig.n.⟩⟨BE; inf.⟩ **0.1** ***zondag vóór de advent***.

'stir-wise ⟨bn.⟩⟨sl.⟩ **0.1** ***verstandig*** ⇒*goed geïnformeerd* ⟨door verblijf in gevangenis⟩.

stitch¹ [stɪtʃ]⟨f2⟩⟨telb.zn.⟩⟨→sprw. 631⟩ **0.1** ⟨geen mv.⟩ ***steek in de zij*** **0.2** ***steek*** ⇒*naaisteek; breisteek; haaksteek* **0.3** ***lapje*** ⇒*stukje (stof);* ⟨fig.⟩ *beetje* **0.4** ⟨boek.⟩ ***naaisel*** **0.5** ⟨med.⟩ ***hechting*** ◆ **1.3** not do a ~ of work *geen lor uitvoeren;* not have a ~ to one's back *in vodden gekleed zijn* **3.2** drop a ~ *een steek laten vallen;* put a few ~es in a garment *een paar steken in een kledingstuk naaien* **3.3** haven't got/not have a ~ on *niks aanhebben, spiernaakt zijn* **6.¶** in ~es *ziek/slap v.h. lachen*.

stitch² ⟨f2⟩⟨ov.ww.⟩ →stitched **0.1** ***stikken*** ⇒*(vast/dicht)naaien* **0.2** ***bestikken*** ⇒*borduren* **0.3** ***nieten*** ◆ **5.1** ~ **on** a pocket *een zak opzetten/stikken;* ~ **on** a button *een knoop aanzetten/naaien;* ~ **up** a seam *een zoom opnaaien;* ~ **up** a tear *een scheur dichtnaaien;* ~ **up** a wound *een wond hechten/naaien*.

stitched [stɪtʃt]⟨bn.; volt. deelw. v. stitch⟩⟨sl.⟩ **0.1** ***bezopen***.

stitch·er ['stɪtʃə‖-ər]⟨telb.zn.⟩ **0.1** ***stikker/stikster*** **0.2** ***stikmachine***.

stitch·er·y ['stɪtʃəri]⟨telb. en n.-telb.zn.; →mv. 2⟩ **0.1** ***stik/naaiwerk***.

stitch·wort ['stɪtʃwɜ:t‖-wɜrt]⟨telb. en n.-telb.zn.⟩⟨plantk.⟩ **0.1** ***muur*** ⟨genus Stellaria⟩ ⇒⟨i.h.b.⟩ *grootbloemige muur* ⟨St. holostea⟩.

stith·y ['stɪði]⟨telb.zn.; →mv. 2⟩⟨vero., schr.⟩ **0.1** ***aambeeld*** **0.2** ***smidse***.

stive [staɪv]⟨ww.⟩

I ⟨onov.ww.⟩ **0.1** ***stikken;***

II ⟨ov.ww.⟩ **0.1** ***stuwen*** ⇒*stouwen, pakken* **0.2** ***doen stikken***.

sti·ver ['staɪvə‖-ər]⟨telb.zn.⟩ **0.1** ***stuiver*** ⇒⟨fig.⟩ *duit, zier* ◆ **3.1** I don't care a ~ *het kan me geen zier schelen;* he hasn't got a ~ *hij heeft geen (rooie) duit*.

sto·a ['stoʊə]⟨telb.zn.; stoae [-i:]; →mv. 5⟩ **0.1** ***stoa*** ⇒*zuilengang* ⟨in het oude Griekenland⟩ ◆ **7.1** the Stoa *de Stoa* ⟨leer v.d. stoïcijnen⟩.

stoat [stoʊt]⟨telb.zn.⟩⟨dierk.⟩ **0.1** ***hermelijn*** ⟨i.h.b. in bruine zomerpels; Mustela erminea⟩.

sto·chas·tic [stoʊ'kæstɪk‖stə-]⟨bn.; -ally; →bijw. 3⟩⟨wisk.⟩ **0.1** ***stochastisch*** ⇒*waarschijnlijk*.

stock¹ [stɒk‖stɑk]⟨f3⟩⟨zn.⟩

I ⟨telb.zn.⟩ **0.1** ***stok*** ⇒*stam, (boom)stronk/stomp* **0.2** ***onderstam*** ⟨voor ent⟩ **0.3** ***moederstam*** ⟨waarvan enten genomen worden⟩ **0.4** ⟨ben. voor⟩ ***steel*** ⇒*zweepsteel; hengelstok; geweerlade; ploegstaart; ankerstok* **0.5** ⟨ben. voor⟩ ***blokvormig stuk*** ⇒*(steun) blok, voet* ⟨bv. v. aambeeld⟩; *kop* ⟨v. machines, bv. draaibank⟩; *klokkebalk; (achterstuk v.) affuit* **0.6** ***stommerd*** ⇒*idioot* **0.7** ***stamvader*** **0.8** ***familie*** ⇒*ras, geslacht* ⟨mens, dier, plant⟩; *volk* ⟨bijen⟩; *(taal)groep/familie* **0.9** ***stapel niet rondgedeelde kaarten/dominostenen*** **0.10** ***hoefstal*** ⇒*travalje, noodstal* **0.11** ⟨plantk.⟩ ***violier*** ⟨Matthiola, i.h.b. M. incana⟩ **0.12** ⟨gesch., mode⟩ ***geknoopte foularde*** ⟨als das om halsboord, 18e eeuw⟩ **0.13** ⟨AE; ec.⟩ ***aandeel*** ⇒*effect, aandeel(houders)bewijs* **0.14** ⟨AE⟩ ***(toneel)repertoire*** **0.15** ⟨AE⟩ ***repertoiregezelschap*** **0.16** ⟨AE⟩ ***repertoiretheater*** ◆ **1.¶** ~s and stones *levenloze dingen;* ⟨fig.⟩ *ongeïnteresseerd/mat publiek* **2.1** ten-week ~ *violier* ⟨die na tien weken bloeit; Matthiola incana annua⟩;

II ⟨telb. en n.-telb.zn.⟩ **0.1** ***voorraad*** ⇒*stock, inventaris* **0.2** ***bouillon*** **0.3** ⟨ec.⟩ ***aandelenkapitaal*** **0.4** ⟨ec.⟩ ***aandelen(bezit/portefeuille)*** ⇒*effecten, fonds* **0.5** ⟨BE; ec.⟩ ***overheids/staatspapier*** ◆ **1.1** ~ in trade *voorhanden/beschikbare voorraad; beschikbare gelden/middelen; benodigd gereedschap; (geestelijke) bagage; kneep (v.h. vak), truc* **2.4** active ~s *actieve/druk verhandelde aandelen;* ⟨BE⟩ ordinary/⟨AE⟩ common ~ *gewone aandelen* **3.1** while ~ lasts *zolang de voorraad strekt;* lay in ~ *voorraad inslaan;* take ~ *de inventaris opmaken;* ⟨fig.⟩ take ~ of the situation *de toestand bekijken/beoordelen/nagaan, de balans opmaken v.d. toestand* **3.4** buy/hold ~ *aandelen kopen/bezitten;* deferred ~ *uitgestelde aandelen, aandelen met uitgesteld dividend;* ⟨fig.⟩ his ~ is falling *zijn ster verbleekt;* ⟨AE⟩ preferred ~ *preferente/prioriteitsaandelen;* ⟨fig.⟩ her ~ is rising *haar ster gaat op/rijst;* take ~ in *aandelen kopen van;* ⟨fig.⟩ *zich interesseren voor;* ⟨inf.⟩ *vertrouwen, geloven, belang hechten aan* **6.1 in** ~ *in voorraad, voorhanden;* **out of** ~ *niet in voorraad/voorhanden;*

III ⟨n.-telb.zn.⟩ **0.1** ***afkomst*** ⇒*ras, familie, komaf* **0.2** ***materiaal*** ⇒*materieel, grondstof* **0.3** ***vee(stapel)*** **0.4** ***veestapel en gereedschap*** ◆ **3.2** rolling ~ *rollend materieel/materiaal* ⟨v. spoorwegen⟩ **6.1** be/come of good ~ *van goede afkomst/komaf zijn;*

IV ⟨mv.; ~s⟩ **0.1** ⟨scheep.⟩ ***stapel(blokken)*** ⇒*stapelhout, helling* **0.2** ⟨gesch.⟩ ***blok*** ⟨straftuig⟩ **0.3** ⟨the⟩⟨BE; ec.⟩ ***staatsschulden*** ◆ **3.3** consolidated ~s *consols* **6.1** ⟨vero.⟩ **on** the ~s *op stapel* ⟨ook fig.⟩; ⟨fig.⟩ *in voorbereiding*.

stock² ⟨f1⟩⟨bn., attr.⟩ **0.1** ***courant*** ⇒*gangbaar, gewoon* **0.2** ***stereotiep*** ⇒*vast, terugkerend* ◆ **1.1** ~ sizes *courante maten* **1.2** a ~ remark *een stereotiepe opmerking*.

stock³ ⟨f2⟩⟨ww.⟩

I ⟨onov.ww.⟩ **0.1** ***voorraad inslaan*** ⇒*zich bevoorraden;* ⟨fig.⟩ *hamsteren* ◆ **5.1** ~ **up** on/with sugar *suiker inslaan/hamsteren;*

II ⟨ov.ww.⟩ **0.1** ***van een steel voorzien*** **0.2** ***van het nodige voorzien*** **0.3** ***inslaan*** ⇒*een voorraad bewaren v.* **0.4** ***in voorraad hebben*** **0.5** ⟨gesch.⟩ ***in het blok zetten*** ◆ **1.2** ~ a farm *een fokkerij van vee voorzien;* ~ a shop with goods *een winkel van goederen voorzien;* a well-~ed department store *een goed voorzien warenhuis* **1.3** ~ oil *olievoorraden aanleggen* **1.4** ~ umbrellas *paraplu's in voorraad hebben*.

'stock-ac·count, 'stock-book ⟨telb.zn.⟩⟨BE⟩ **0.1** ***magazijnboek*** ⇒*stockboek, voorraadboek*.

stock·ade¹ [stɒ'keɪd‖stɑ-]⟨f1⟩⟨telb.zn.⟩ **0.1** ***palissade*** ⇒*palank* **0.2** ***met palissade omheind terrein*** **0.3** ⟨AE⟩ ***omheind veld voor dwangarbeid***.

stockade² ⟨ov.ww.⟩ **0.1** ***palissaderen*** ⇒*omheinen, afsluiten*.

'stock·breed·er, 'stock·farm·er ⟨f1⟩⟨telb.zn.⟩ **0.1** ***veefokker***.
'stock·breed·ing ⟨n.-telb.zn.⟩ **0.1** ***veefokkerij***.
'stock·bro·ker ⟨f2⟩⟨telb.zn.⟩ **0.1** ***effectenmakelaar*** ⇒*stockbroker*.
'stockbroker 'belt ⟨telb.zn.⟩⟨BE; inf.⟩ **0.1** ***sjieke woonwijk*** ⇒*rijkeluisbuurt* ⟨rondom grote steden⟩.
'stock·bro·king ⟨n.-telb.zn.⟩ **0.1** ***effectenhandel***.
'stock-build·ing ⟨n.-telb.zn.⟩ **0.1** ***het verwerven v. aandelen***.
'stock car ⟨f1⟩⟨telb.zn.⟩ **0.1** ⟨BE; autosport⟩ ***stock-car*** ⟨speciaal aangepaste/gedemonteerde auto voor stock-carraces⟩ **0.2** ⟨AE; autosport⟩ ***stock-car*** ⟨speciaal opgevoerde produktietoerwagens voor speedwayraces en soms wegracecircuits⟩ **0.3** ⟨AE⟩ ***veewagen***.
'stockcar race ⟨f1⟩⟨telb.zn.⟩ **0.1** ***stock-carrace*** ⇒⟨B.⟩ *autorodeo*.
'stock company ⟨telb.zn.⟩⟨AE⟩ **0.1** ***maatschappij op aandelen*** **0.2** ***repertoiregezelschap***.
'stock cube ⟨f1⟩⟨telb.zn.⟩ **0.1** ***bouillonblokje***.
'stock dividend ⟨telb.zn.⟩⟨AE; geldw.⟩ **0.1** ***dividend in aandelen*** ⇒*bonusaandelen*.
'stock dove ⟨telb.zn.⟩⟨dierk.⟩ **0.1** ***holenduif*** ⟨Columba oenas⟩.
stock·er ['stɒkə‖'stɑkər]⟨telb.zn.⟩ **0.1** ***maker v. geweerladen*** **0.2** ⟨AE⟩ ***vetweider*** ⇒*mestdier/beest* **0.3** ⟨AE⟩ ***stock-car*** ⟨licht aangepast voor dragrace⟩.
'stock exchange ⟨f2⟩⟨n.-telb.zn.; the⟩ **0.1** ***effectenbeurs*** ⇒*beurs(gebouw)* **0.2** ***beursnoteringen*** ⇒*beurskoersen* ◆ **3.2** the ~ fell sharply today *de beursnoteringen zijn vandaag scherp gedaald* **6.1** be **on** the Stock Exchange *aan de (Londense) Beurs zijn* ⟨daar opereren⟩ **7.1** the Stock Exchange *de (Londense) Beurs*.
'stock·fish ⟨telb. en n.-telb.zn.⟩ **0.1** ***stokvis***.
'stock·hold·er ⟨f1⟩⟨telb.zn.⟩ **0.1** ***houder v. aandelen/effecten*** **0.2** ⟨vnl. AE⟩ ***aandeelhouder***.
'stock-hold·ing ⟨n.-telb.zn.⟩ **0.1** ***het bezit v. aandelen***.
stock·i·net, stock·i·nette ['stɒkɪ'net‖'stɑ-]⟨n.-telb.zn.⟩ **0.1** ***elastische stof*** ⟨voor verband, ondergoed e.d.⟩ ⇒⟨ong.⟩ *tricotstof*.
stock·ing ['stɒkɪŋ‖'stɑ-]⟨f3⟩⟨telb.zn.⟩ **0.1** ***kous*** **0.2** ⟨paard⟩ ***sok*** ◆ **1.1** a pair of ~s *een paar kousen* **2.1** ⟨fig.⟩ blue ~ *blauwkous*; elastic ~ *elastieke kous* ⟨tegen spataders⟩ **2.2** white ~ *sok* ⟨v. paard⟩ **3.1** ⟨fig.⟩ fill one's ~ *een kous maken, geld sparen* **6.1** **in** his ~s/~(ed) feet *op kousevoeten, zonder schoenen aan*.
'stocking cap ⟨telb.zn.⟩ **0.1** ***lange gebreide muts***.
stock·ing·er ['stɒkɪŋə‖'stɑkɪŋər]⟨telb.zn.⟩ **0.1** ***kousenwever***.
'stock·ing-frame, 'stock·ing-loom ⟨telb.zn.⟩ **0.1** ***breimachine voor kousen***.
'stocking mask ⟨telb.zn.⟩ **0.1** ***als masker over het hoofd getrokken nylonkous***.
'stock-in-'trade ⟨f1⟩⟨n.-telb.zn.⟩ **0.1** ***voorhanden/beschikbare voorraad*** **0.2** ***beschikbare gelden/middelen*** **0.3** ***benodigd gereedschap*** **0.4** ***(geestelijke) bagage*** **0.5** ***kneep (v.h. vak)*** ⇒*truc* ◆ **1.4** that joke is part of his ~ *dat is één v. zijn standaardgrappen*.
stock·ish ['stɒkɪʃ‖'stɑ-]⟨bn.; -ly; -ness⟩ **0.1** ***als een blok*** **0.2** ***dom*** ⇒*stom* **0.3** ***gedrongen***.
stock·ist ['stɒkɪst‖'stɑ-]⟨telb.zn.⟩⟨BE⟩ **0.1** ***handelaar met (grote) voorraad*** ◆ **2.1** the town's largest ~ of schoolbooks *de handelaar met de grootste voorraad schoolboeken in de stad*.
'stock·job·ber ⟨telb.zn.⟩ **0.1** ⟨BE⟩ ***beursagent*** ⇒*hoekman* ⟨die transacties afsluit voor effectenmakelaars⟩ **0.2** ⟨AE⟩ ***effectenmakelaar*** **0.3** ⟨AE; pej.⟩ ***beursspeculant***.
'stock·job·bing, 'stock·job·ber·ry ⟨n.-telb.zn.⟩ **0.1** ***effectenhandel*** **0.2** ⟨AE⟩ ***beursspeculatie***.
'stock·list ⟨telb.zn.⟩ **0.1** ***koerslijst*** ⇒*beursnoteringen*.
'stock·man ['stɒkmən‖'stɑk-]⟨telb.zn.; stockmen [-mən]; →mv. 3⟩ **0.1** ⟨vnl. Austr. E⟩ ***veehoeder*** ⇒*veedrijver* ⟨voor eigenaar⟩ **0.2** ⟨AE⟩ ***veeboer*** ⇒*veefokker, veehouder* ⟨eigenaar⟩ **0.3** ⟨AE⟩ ***magazijnmeester/houder***.
'stock market ⟨f1⟩⟨n.-telb.zn.; the⟩ **0.1** ***effectenbeurs*** **0.2** ***effectenhandel*** **0.3** ⟨vnl. AE⟩ ***beursnoteringen*** **0.4** ***veemarkt*** ◆ **3.3** the ~ rose slightly today *de beursnoteringen zijn vandaag enigszins gestegen*.
'stock·pile¹ ⟨f1⟩⟨telb.zn.⟩ **0.1** ***voorraad*** ⇒*reserve*.
stockpile² ⟨f1⟩⟨onov. en ov.ww.⟩ **0.1** ***voorraden aanleggen/inslaan (van)***.
'stock·pot ⟨telb.zn.⟩⟨BE⟩ **0.1** ***bouillonketel***.
'stock·rid·er ⟨telb.zn.⟩⟨Austr. E⟩ **0.1** ***bereden veedrijver*** ⇒*cowboy*.
'stock·room, 'stock room ⟨f1⟩⟨telb.zn.⟩ **0.1** ***magazijn*** **0.2** ***monsterkamer*** ⇒*showroom* ⟨bv. in hotel⟩.
'stock size ⟨telb.zn.⟩⟨hand.⟩ **0.1** ***vaste maat*** ⇒⟨vnl.⟩ *confectiemaat*.
'stock-'still ⟨bw.⟩ **0.1** ***doodstil*** ⇒*stokstijf*.
'stock-tak·ing ⟨f1⟩⟨n.-telb.zn.⟩ **0.1** ***inventarisatie*** ⇒*voorraadopneming*; ⟨fig.⟩ *onderzoek v.d. toestand*.
'stock-tick·er ⟨telb.zn.⟩ **0.1** ***beurstikker*** ⇒*koerstelegraaf*.
'stock-turn, 'stock turnover ⟨n.-telb.zn.⟩⟨ec.⟩ **0.1** ***omzetsnelheid*** ⟨v. voorraad⟩.
'stock-whip ⟨telb.zn.⟩ **0.1** ***veedrijverszweep*** ⟨korte steel, lang touw⟩.
stock·y ['stɒki‖'stɑki]⟨f1⟩⟨bn.; -er; -ly; -ness; →bijw. 3⟩ **0.1** ***gedrongen*** ⇒*kort en dik, stevig* **0.2** ***houtig*** ⇒*stokkig* **0.3** ***stijf*** ⇒*stug* ◆ **1.1** a ~ fellow *een flinke/stevige vent* **1.3** ~ manners *koude/stijve/afstandelijke manieren*.
'stock·yard ⟨telb.zn.⟩ **0.1** ***omheinde, tijdelijke ruimte voor vee***.
stodge¹ [stɒdʒ‖stɑdʒ]⟨n.-telb.zn.⟩⟨inf.⟩ **0.1** ***zware kost*** ⇒*onverteerbaar eten*; ⟨fig.⟩ *moeilijke stof*.
stodge² ⟨ww.⟩
I ⟨onov.ww.⟩ **0.1** ***zich volproppen met eten*** **0.2** ***ploeteren*** ◆ **5.2** ~ **along** through the snow *door de sneeuw ploeteren* **6.2** ~ **at** sth. *ergens aan (zitten) ploeteren*;
II ⟨ov.ww.⟩ **0.1** ***volproppen*** ⇒⟨fig.⟩ *verzadigen* **0.2** ***door elkaar draaien*** ⇒*door elkaar roeren* ◆ **4.1** ~ o.s. with *zich volproppen met*.
stodg·y ['stɒdʒi‖'stɑdʒi]⟨f1⟩⟨bn.; -er; -ly; -ness; →bijw. 3⟩ **0.1** ***zwaar*** ⇒*onverteerbaar* **0.2** ***zwaar*** ⇒*moeilijk* **0.3** ***saai*** ⇒*vervelend* ◆ **1.1** ~ food *zwaar te verteren kost* **1.2** ~ reading *zware lectuur*.
stoep [stu:p]⟨telb.zn.⟩⟨Z. Afr. E⟩ **0.1** ***veranda***.
sto·gy, sto·gie ['stougi]⟨telb.zn.; →mv. 2⟩⟨AE⟩ **0.1** ***lange dunne sigaar*** **0.2** ***lompe schoen/laars***.
sto·ic¹ ['stouɪk]⟨telb.zn.⟩ **0.1** ***stoïcijn***.
stoic², sto·i·cal ['stouɪkl]⟨f1⟩⟨bn.; -(al)ly; →bijw. 3⟩ **0.1** ***stoïcijns*** ⇒*onaangedaan, gelaten*.
stoi·chi·om·e·try ['stɔɪki'ɒmɪtri‖-'ɑmɪ-]⟨n.-telb.zn.⟩⟨schei.⟩ **0.1** ***stoichiometrie*** ⇒*stoechiometrie*.
sto·i·cism ['stouɪsɪzm]⟨n.-telb.zn.⟩ **0.1** ***stoïcisme*** ⇒*gelatenheid*.
stoke [stouk]⟨f1⟩⟨ww.⟩
I ⟨onov.ww.⟩ **0.1** ***het vuur aan/opstoken*** **0.2** ⟨inf.⟩ ***zich met eten volproppen*** ◆ **5.2** ~ **up** *zich met eten volproppen*;
II ⟨ov.ww.⟩ **0.1** ***aan/opstoken*** ⟨vuur⟩ ⇒*aanwakkeren, opvullen* ⟨kachel⟩ ◆ **5.1** ~ **up** the fire with coal *de kachel opvullen met kolen*.
'stoke·hold, 'stoke·hole ⟨telb.zn.⟩ **0.1** ***stookplaats*** **0.2** ***stookgat***.
stok·er ['stoukə‖-ər]⟨telb.zn.⟩ **0.1** ***stoker***.
STOL [stɒl‖stoul]⟨afk.⟩ short take-off and landing ⟨lucht.⟩ **0.1** ***STOL***.
sto·la ['stoulə]⟨telb.zn.; ook stolae ['stouli:]; →mv. 5⟩ **0.1** ***stola*** ⟨lang bovenkleed v. Romeinse vrouwen⟩.
stole¹ [stoul]⟨f1⟩⟨telb.zn.⟩ **0.1** ***stola*** **0.2** ***stola*** ⇒*brede, lange sjaal* ⟨bij avondjurk⟩ **0.3** ***stool*** ⟨bandstrook door priester/diaken gedragen⟩.
stole² ⟨verl. t.⟩ →steal.
sto·len ⟨'stoulən⟩⟨volt. deelw.⟩ →steal.
stol·id ['stɒlɪd‖'stɑ-]⟨bn.; -ly; -ness⟩ **0.1** ***flegmatiek*** ⇒*onverstoorbaar, ongevoelig, onaandoenlijk* **0.2** ***stompzinnig*** ⇒*koppig, verwezen, traag*.
sto·lid·i·ty [stə'lɪdəṭi]⟨n.-telb.zn.⟩ **0.1** ***flegma*** ⇒*onverstoorbaarheid* **0.2** ***stompzinnigheid*** ⇒*koppigheid*.
sto·lon ['stoulɒn‖-lən]⟨telb.zn.⟩⟨dierk.; plantk.⟩ **0.1** ***stoloon*** ⇒*uitloper*.
'STOL·port ⟨telb.zn.⟩ **0.1** ***vliegveld voor vliegtuigen die slechts een korte start/landingsbaan nodig hebben***.
sto·ma ['stoumə]⟨telb.zn.; ook stomata [-məṭə]; →mv. 5⟩ **0.1** ⟨dierk.⟩ ***stoma*** ⇒*mondopening* **0.2** ⟨plantk.⟩ ***stoma*** ⇒*huidmondje*.
stom·ach¹ ['stʌmək]⟨f3⟩⟨zn.⟩⟨→sprw. 718⟩
I ⟨telb.zn.⟩ **0.1** ***maag*** **0.2** ***buik*** ⇒*abdomen, buikje* ◆ **1.1** pit of the ~ *maagkuil* **2.1** on an empty ~ *op een nuchtere maag*; on a full ~ *met een volle maag*; muscular ~ *spiermaag* **3.1** it turns my ~ *het doet me walgen* **7.1** first/second/third/fourth ~ *pens/netmaag/boekmaag/lebmaag* ⟨v. herkauwers⟩;
II ⟨n.-telb.zn.; vaak met no⟩ **0.1** ***eetlust*** ⇒*zin, trek* **0.2** ***zin*** ⇒*neiging* ◆ **3.1** still one's ~ *zijn maag/honger stillen* **7.1** I have no ~ for such heavy food *ik heb geen trek in/kan niet tegen zulke zware kost* **7.2** I have no ~ for a fight *ik heb geen zin om ruzie te maken*.
stomach² ⟨f1⟩⟨ov.ww.⟩ **0.1** ***slikken*** ⇒*eten* **0.2** ***slikken*** ⇒*aanvaarden, goedkeuren* ◆ **3.1** I can't ~ Indian food *ik krijg Indisch eten niet naar binnen* **3.2** you needn't ~ such an affront *zo'n belediging hoef je niet zomaar te slikken*.
'stom·ach-ache ⟨f1⟩⟨telb. en n.-telb.zn.⟩ **0.1** ***maagpijn*** **0.2** ***buikpijn***.
'stomach bleeding ⟨f1⟩⟨telb.zn.⟩ **0.1** ***maagbloeding***.
stom·ach·er ['stʌməkə‖-ər]⟨telb.zn.⟩ **0.1** ***borst*** ⟨v. vrouwenkleed⟩ ⇒*borstlap, corsage*.
stom·ach·ful ['stʌməkful]⟨telb.zn.; geen mv.⟩⟨inf.; fig.⟩ **0.1** ***een buik vol*** ◆ **2.1** I've had my ~ of your complaints *ik heb mijn buik vol van je gejammer/ben je geklaag beu*.
sto·mach·ic¹ [stə'mækɪk], **sto·mach·al** ['stʌməkl]⟨n.-telb.zn.⟩ **0.1** ***maagversterkend middel*** ⇒*eetlust/spijsvertering bevorderende medicijn/drank*.

stomachic[2], **stomachal, sto·mach·i·cal** [stə'mækɪkl]⟨bn.⟩ **0.1** ***maag-*** *⇒gastrisch* **0.2** ***de maagfuncties bevorderend*** *⇒maagversterkend, eetlustverwekkend, spijsvertering bevorderend.*

'stomach pump ⟨telb.zn.⟩ **0.1** ***maagpomp.***

'stom·ach-rob·ber ⟨telb.zn.⟩⟨sl.⟩ **0.1** ***kok*** ⟨in houthakkerskamp⟩.

'stomach tooth ⟨telb.zn.⟩ **0.1** ***onderste melkhoektand.***

'stomach tube ⟨telb.zn.⟩ **0.1** ***maagsonde*** **0.2** ***maagcatheter*** *⇒maaghevel.*

sto·ma·ti·tis ['stoʊmə'taɪṭɪs]⟨n.-telb.zn.⟩⟨med.⟩ **0.1** ***stomatitis*** *⇒mondslijmvliesontsteking.*

sto·ma·tol·o·gist ['stoʊmə'tɒlədʒɪst‖-'tɑ-]⟨telb.zn.⟩⟨med.⟩ **0.1** ***stomatoloog.***

sto·ma·tol·o·gy ['stoʊmə'tɒlədʒi‖-'tɑ-]⟨n.-telb.zn.⟩⟨med.⟩ **0.1** ***stomatologie.***

stomp[1] [stɒmp‖stɑmp]⟨telb. en n.-telb.zn.⟩⟨inf.⟩ **0.1** ***stomp*** ⟨jazzdans/muziek⟩.

stomp[2] ⟨f2⟩⟨onov.ww.⟩⟨inf.⟩ **0.1** ***de stomp dansen*** *⇒stampend dansen* **0.2** ***stampen.***

stone[1] [stoʊn]⟨f3⟩⟨zn.⟩⟨→sprw. 87, 597, 626, 683, 765⟩
I ⟨telb.zn.⟩ **0.1** ⟨ben. voor⟩ ***steen*** *⇒kei, kiezelsteen; bouwsteen; straatsteen, plavei; grafsteen; slijpsteen; molensteen; mijlsteen; landpaal; edelsteen; pit* ⟨v. vrucht⟩; *hagelsteen; niersteen; galsteen* **0.2** ⟨druk.⟩ ***steen*** ⟨tafel voor het inslaan v. pagina's⟩ **0.3** ⟨vero.; vulg.⟩ ***bal*** *⇒teelbal, kloot* ◆ **1.1** ~ of offence *steen des aanstoots;* sermons in ~s *getuigenissen v. steen* ⟨bv. oude tempels⟩ **2.1** meteoric ~ *meteoorsteen, meteoriet;* precious ~ *edelsteen;* mark that with a white ~! *schrijf dat met een krijtje aan/op de balk!* **3.1** break ~s *stenen breken* ⟨voor wegverharding⟩; ⟨fig.⟩ *tot diepe nood vervallen zijn;* ⟨fig.⟩ give a ~ for bread *stenen voor brood geven;* sink/⟨scherts.⟩ swim like a ~ *zinken als een baksteen;* throw/cast ~s at s.o. *(met) stenen gooien/werpen/smijten naar iem.;* ⟨fig.⟩ *iem. belasteren;* ⟨vero.; fig.⟩ throw/cast the first ~ *de eerste steen werpen* **3.¶** give a ~ and a beating to *gemakkelijk verslaan* ⟨oorspr. bij paardenrennen⟩; leave no ~ unturned *geen middel onbeproefd laten;* rolling ~ *zwerver;*
II ⟨n.-telb.zn.⟩ **0.1** ***steen*** ◆ **1.1** he has a heart of ~ *hij heeft een hart v. steen* **2.1** as hard as ~ *(zo) hard als steen* **3.1** harden into ~ *verstenen* ⟨ook fig.⟩.

stone[2] ⟨telb.zn.; ook stone; →mv. 4⟩ **0.1** ***stone*** *⇒6,35 kg; →t1.*

stone[3] ⟨bn., attr.; bw.⟩⟨AE, Can. E; inf.⟩ **0.1** ***volkomen*** *⇒volledig, volslagen, echt, absoluut* ◆ **1.1** ~ madness *absolute waanzin.*

stone[4] ⟨f1⟩⟨ov.ww.⟩ →stoned **0.1** ***stenigen*** *⇒met stenen gooien naar* **0.2** ***ontpitten*** *⇒v.d. pitten ontdoen* **0.3** ***met stenen bekleden*** ⇒⟨i.h.b.⟩ *bestraten, plaveien* **0.4** ***(met steen) schuren/slijpen*** **0.5** ***castreren.***

'Stone Age ⟨f1⟩⟨telb. en n.-telb.zn.⟩⟨gesch.⟩ **0.1** ***stenen tijdperk*** ⟨ook fig.⟩ *⇒steentijd.*

'stone-'blind ⟨f1⟩⟨bn.⟩ **0.1** ***stekeblind*** **0.2** ⟨AE; sl.⟩ ***straal bezopen.***

'stone 'blue ⟨n.-telb.zn.⟩ **0.1** ***smalt*** ⟨kleur⟩.

'stone·boat ⟨telb.zn.⟩⟨AE⟩ **0.1** ***platte slee.***

'stone borer ⟨telb.zn.⟩⟨dierk.⟩ **0.1** ***boormossel*** ⟨genus Lithophaga⟩.

'stone·break ⟨telb.zn.⟩⟨plantk.⟩ **0.1** ***steenbreek*** ⟨genus Saxifraga⟩.

'stone-break·er ⟨telb.zn.⟩ **0.1** ***steenbreker*** *⇒steenbreekmachine.*

'stone-'broke ⟨bn.⟩⟨AE; sl.⟩ **0.1** ***volkomen platzak/blut.***

stone-cast →stone's throw.

'stone·chat ⟨telb.zn.⟩⟨dierk.⟩ **0.1** ***roodborsttapuit*** ⟨Saxicola torquata⟩.

'stone coal ⟨n.-telb.zn.⟩ **0.1** ***antraciet.***

'stone-'cold[1] ⟨f1⟩⟨bn.⟩ **0.1** ***steenkoud.***

stone-cold[2] ⟨bw.⟩ **0.1** ***zeer*** *⇒ontzettend* ◆ **2.1** ~ dead *morsdood;* ~ sober *broodnuchter.*

'stone·crop ⟨telb.zn.⟩⟨plantk.⟩ **0.1** ***vetkruid*** ⟨genus Sedum⟩ ⇒⟨i.h.b.⟩ *muurpeper* ⟨S. acre⟩.

'stone curlew ⟨telb.zn.⟩⟨dierk.⟩ **0.1** ***griel*** ⟨Burhinus oedicnemus⟩.

'stone·cut·ter ⟨telb.zn.⟩ **0.1** ***steenhouwer*** *⇒steenbikker.*

stoned [stoʊnd]⟨f1⟩⟨bn.; oorspr. volt. deelw. v. stone⟩ **0.1** ⟨inf.⟩ ***stomdronken*** **0.2** ⟨inf.⟩ ***stoned*** *⇒high, onder invloed van drugs* **0.3** ***met pit*** ◆ **1.1** ~ out of one's head/mind *straalbezopen* **1.2** ~ out of one's head/mind *apestoned.*

'stone-'dead ⟨f1⟩⟨bn.⟩ **0.1** ***morsdood*** ⇒⟨B.⟩ *steendood.*

'stone-'deaf ⟨f1⟩⟨bn.⟩ **0.1** ***stokdoof.***

'stone dust ⟨n.-telb.zn.⟩ **0.1** ***steengruis.***

'stone falcon ⟨telb.zn.⟩⟨dierk.⟩ **0.1** ***smelleken*** ⟨Falco columbarius⟩.

'stone 'fence ⟨telb. en n.-telb.zn.⟩⟨AE⟩ **0.1** ***alcoholische mix-drank*** ⟨i.h.b. whisky en cider⟩.

'stone·fish ⟨telb.zn.⟩⟨dierk.⟩ **0.1** ***steenvis*** ⟨genus Synanceia⟩.

'stone·fly ⟨telb.zn.⟩⟨dierk.⟩ **0.1** ***steenvlieg*** ⟨Plecoptera⟩.

'stone fruit ⟨f1⟩⟨telb. en n.-telb.zn.⟩ **0.1** ***steenvrucht(en).***

'stone'heart·ed ⟨bn.⟩ **0.1** ***met een hart van steen.***

'stone·lay·ing ⟨telb.zn.⟩ **0.1** ***(eerste) steenlegging.***

stone·less ['stoʊnləs]⟨bn.⟩ **0.1** ***zonder pit.***

'stone lily ⟨telb.zn.⟩⟨dierk.⟩ **0.1** ***fossiele zeelelie.***

'stone marten ⟨telb.zn.⟩⟨dierk.⟩ **0.1** ***steenmarter*** ⟨Martes foina⟩.

'stone·ma·son ⟨telb.zn.⟩ **0.1** ***steenhouwer.***

'stone parsley ⟨telb.zn.⟩⟨plantk.⟩ **0.1** ***steeneppe*** ⟨Sison Amomum⟩.

'stone pit, stone quarry ⟨telb.zn.⟩ **0.1** ***steengroeve.***

'stone'so·ber ⟨bn.⟩ **0.1** ***broodnuchter.***

'stone's throw, 'stone-cast ⟨telb.zn.⟩ **0.1** ***steenworp*** ◆ **6.1** **within** a stone's throw *op een steenworp afstand.*

'stone'wall ⟨ww.⟩ →stonewalling
I ⟨onov.ww.⟩ **0.1** ⟨cricket⟩ ***defensief batten*** **0.2** ***obstructie voeren*** *⇒niet meewerken;*
II ⟨ov.ww.⟩ **0.1** ***niet meewerken aan*** *⇒tegenwerken.*

'stone'wall·er ⟨telb.zn.⟩⟨BE⟩ **0.1** ⟨cricket⟩ ***defensief batsman*** **0.2** ⟨pol.⟩ ***obstructievoerder.***

'stone'wall·ing ⟨n.-telb.zn.; gerund van stonewall⟩⟨BE⟩ **0.1** ⟨cricket⟩ ***(het) defensief batten*** **0.2** ⟨pol.⟩ ***het obstructie voeren.***

'stone·ware ⟨f1⟩⟨n.-telb.zn.⟩ **0.1** ***steengoed*** ⟨zwaar aardewerk⟩.

'stone·work ⟨n.-telb.zn.⟩ **0.1** ***steenwerk*** **0.2** ***metselwerk.***

'stone·wort ⟨telb.zn.⟩⟨plantk.⟩ **0.1** ***kranswier*** ⟨genus Chara⟩.

stonk·ered ['stɒŋkəd‖'stɑŋkərd]⟨bn.⟩⟨Austr. E; sl.⟩ **0.1** ***hondsmoe*** *⇒afgepeigerd, bekaf* **0.2** ***in de pan gehakt*** *⇒afgemaakt* **0.3** ***van zijn/haar stuk*** *⇒van de kaart.*

ston·y[1] ['stoʊni]⟨f2⟩⟨bn.; -er; -ly; -ness; →bijw. 3⟩ **0.1** ***steenachtig*** *⇒stenig, vol stenen* **0.2** ***keihard*** *⇒steenhard;* ⟨fig.⟩ *hardvochtig, gevoelloos* **0.3** ***ijzig*** *⇒onaandoenlijk* **0.4** ***verlammend*** *⇒dof* **0.5** ***blut*** *⇒platzak* ◆ **1.1** ~ soil *steenachtige grond* **1.2** ~ heart *ongevoelig hart, harde kern* **1.3** ~ look *ijzige blik* **1.4** ~ fear *verlammende angst.*

stony[2] ⟨bw.; alleen in uitdr. onder 2.1⟩ **0.1** ***tot op de bodem*** *⇒finaal* ◆ **2.1** ~ broke *platzak, blut, op de keien.*

'ston·y-'faced ⟨bn.⟩ **0.1** ***ernstig*** *⇒met een stalen gezicht, onbewogen.*

stood [stʊd]⟨verl. t. en volt. deelw.⟩ →stand.

stooge[1] [stu:dʒ]⟨telb.zn.⟩ **0.1** ⟨dram.⟩ ***mikpunt*** *⇒aangever* **0.2** ***zondebok*** **0.3** ***knechtje*** *⇒slaafje, duvelstoejager* **0.4** ***spion*** **0.5** ***stroman*** ◆ **2.5** he turned out a Russian ~ *hij bleek een marionet van de Russen te zijn.*

stooge[2] ⟨onov.ww.⟩ **0.1** ⟨dram.⟩ ***als mikpunt optreden/fungeren*** *⇒aangeven* **0.2** ***heen en weer vliegen*** **0.3** ***rondhangen*** ◆ **5.2** ~ **about/around** *rondvliegen* **5.3** ~ **about/around** *rondlummelen* **6.1** ~ **for** *aangever zijn voor.*

stook →shock.

stool[1] [stu:l]⟨f2⟩⟨telb.zn.⟩ **0.1** ***kruk*** *⇒bankje, tabouret* **0.2** ***voetenbank(je)*** **0.3** ***vensterbank*** **0.4** ***stoelgang*** **0.5** ⟨schr.⟩ ***ontlasting*** *⇒faeces* **0.6** ⟨AE⟩ →stool pigeon **0.7** ***schraag*** *⇒steun* **0.8** ⟨plantk.⟩ ***stoel*** *⇒uitlopende boomstomp* **0.9** ⟨vero.⟩ ***stilletje*** *⇒gemak* ◆ **1.1** ~ of repentance *zondaarsbank* **3.1** fall between two ~s *tussen twee stoelen in de as zitten* **3.5** go to/pass a ~ *ontlasting hebben.*

stool[2] ⟨ww.⟩
I ⟨onov.ww.⟩ **0.1** ⟨plantk.⟩ ***stoelen*** *⇒uitlopen* **0.2** ⟨AE; sl.⟩ ***als lokvogel optreden;***
II ⟨ov.ww.⟩⟨AE⟩ **0.1** ***met een lokvogel lokken*** **0.2** ⟨sl.⟩ ***verlinken*** ⟨bij politie⟩.

'stool-ball ⟨n.-telb.zn.⟩ **0.1** ⟨ong.⟩ ***cricket*** ⟨vnl. voor dames⟩.

'stool pigeon, stool, ⟨AE ook⟩ **stool·ie, stool·ey** ['stu:li]⟨telb.zn.⟩⟨sl.⟩ **0.1** ***lokvogel*** *⇒lokaas* **0.2** ***politieverklikker.***

stoop[1] [stu:p]⟨telb.zn.⟩ **0.1** ***gebukte houding*** **0.2** ***ronde rug*** **0.3** ⟨vnl. enk.⟩ ***neerbuigendheid*** **0.4** ***vernedering*** **0.5** ***duikvlucht*** **0.6** ⟨AE⟩ ***stoep*** *⇒bordes, veranda* **0.7** ***drinkbeker*** *⇒kroes, flacon* **0.8** ***wijwaterbak*** **0.9** ⟨sl.⟩ ***stommeling*** ◆ **3.2** walk with a slight ~ *een beetje gebogen lopen.*

stoop[2] ⟨f2⟩⟨ww.⟩
I ⟨onov.ww.⟩ **0.1** ***(zich) bukken*** *⇒voorover buigen* **0.2** ***zich verwaardigen*** **0.3** ***zich vernederen*** *⇒zich verlagen* **0.4** ***gebogen lopen*** *⇒met ronde rug lopen* **0.5** ***stoten*** *⇒neerschieten* ⟨v. roofvogel op prooi⟩ ◆ **3.3** ~ to conquer *winnen door zich te vernederen* **6.3** ~ **to** folly *zich tot onbezonnenheden verlagen;*
II ⟨ov.ww.⟩ **0.1** ***buigen*** *⇒neigen* ◆ **1.1** ~ one's head *het hoofd buigen.*

stop[1] [stɒp‖stɑp]⟨f3⟩⟨telb.zn.⟩ **0.1** ***einde*** *⇒beëindiging, het stoppen; pauze, onderbreking* **0.2** ***halte*** *⇒stopplaats* **0.3** ***afsluiting*** *⇒blokkade, belemmering* **0.4** ⟨taalk.⟩ ***lees/interpunctieteken*** ⇒⟨i.h.b.⟩ *punt* **0.5** ⟨muz.⟩ ***klep*** *⇒gat* ⟨op blaasinstrument⟩ **0.6** ⟨muz.⟩ ***register(knop)*** ⟨v. orgel⟩ **0.7** ⟨foto.⟩ ***diafragma*** *⇒lensopening* **0.8** ⟨taalk.⟩ ***occlusief*** **0.9** ⟨tech.⟩ ***pal*** *⇒aanslag, pin, pen, stop, plug, begrenzer* **0.10** ⟨scheep.⟩ ***sjorring*** ◆ **3.1** bring to a ~ *stopzetten, een halt toeroepen;* come to a ~ *ophouden;* put a ~ to *een eind maken aan* **3.6** pull all the ~s out, pull out all the ~s *alle registers opentrekken* ⟨ook fig.⟩; ⟨fig.⟩ *alle zeilen bijzetten* **5.6**

with all ~s **out** *met alle registers open;* ⟨fig.⟩ *met alle zeilen bijgezet* **6.1 without** ~ *zonder ophouden, voortdurend.*

stop[2] ⟨f4⟩ ⟨ww.; →ww. 7⟩ →stopping
I ⟨onov.ww.⟩ **0.1** ***ophouden*** *⇒tot een eind komen, stoppen* **0.2** ***halt houden*** *⇒stilhouden, tot stilstand komen* **0.3** ⟨inf.⟩ ***blijven*** *⇒verblijven, overblijven* ◆ **1.1** the flow of talk ~ped *de woordenstroom hield op* **1.2** the boys ~ped to eat sth. *de jongens pauzeerden om iets te eten* **2.2** ~ dead (in one's tracks) *plotseling blijven staan;* ~ short *plotseling halt houden;* they ~ped short of doing it *ze deden het net niet, ze gingen niet zover, dat ze het deden;* ~ short at ... *zich beperken tot ..., niet meer doen dan ...* **5.3** ~ **away** *wegblijven;* ~ **behind** *achterblijven;* ⟨vnl. AE⟩ ~ **by** *(even) langskomen;* ~ **in** *binnenblijven, nablijven, schoolblijven;* ⟨AE ook⟩ *langskomen;* ~ **indoors** *binnenblijven;* ~ **off** *zijn reis onderbreken;* ~ **on** *langer blijven;* ~ **out** *niet thuis komen, wegblijven;* ⟨AE⟩ *zijn studie onderbreken;* ~ **over** *de (vlieg)reis onderbreken;* ~ **up** late *nog laat opblijven, lang opzitten* **6.2** ~ **at** nothing *tot alles in staat zijn* **6.3** ~ **at/with** s.o. *logeren bij iem.;* ~ **by** s.o.'s house *bij iem. langs gaan;* ~ **to/for** tea *blijven eten;*
II ⟨ov.ww.⟩ **0.1** ***(af)sluiten*** *⇒dichten, dichtstoppen, dichthouden* ⟨ook gat op blaasinstrument⟩ **0.2** ***verhinderen*** *⇒afhouden, tegenhouden* **0.3** ***blokkeren*** *⇒versperren, afsnijden, tegenhouden, inhouden* **0.4** ***een eind maken aan*** *⇒stopzetten, beëindigen* **0.5** ***opvangen*** *⇒in ontvangst nemen, krijgen, vangen* ⟨bal⟩ **0.6** ***stilzetten*** **0.7** ***ophouden met*** *⇒staken, beëindigen* **0.8** ⟨taalk.⟩ ***interpuncteren*** **0.9** ⟨scheep.⟩ ***sjorren*** ◆ **1.1** ~ one's ears *zijn oren dichthouden;* ⟨fig.⟩ *niet willen luisteren;* ~ a gap *een leemte vullen, in een behoefte voorzien;* ~ s.o.'s mouth *iem. de mond snoeren* **1.2** ~ a runaway horse *een op hol geslagen paard tegenhouden;* ~ thief! *houd de dief!* **1.3** ~ blood *bloed stelpen;* ~ s.o.'s breath *iem. de keel dichtknijpen;* ~ (payment of) a cheque *een cheque blokkeren;* ~ payment *zich insolvent verklaren;* ⟨muz.⟩ ~ a string *een snaar neerdrukken;* ~ the way *de weg versperren* **1.4** ~ a bird *een vogel neerschieten;* ~ one's visits *zijn bezoeken beëindigen* **1.5** ⟨sport⟩ ~ a blow *een slag pareren;* ⟨sl.⟩ ~ a bullet *een kogel door zijn lijf krijgen* **1.7** ~ work *het werk neerleggen* **3.2** ~ s.o. getting into trouble *zorgen dat iem. niet in moeilijkheden raakt* **3.7** ~ muttering *ophouden met foeteren* **4.7** ~ it! *hou op!* **5.1** ⟨foto.⟩ ~ **down** *diafragmeren;* ~ **off** *vullen, dichten* ⟨vorm met zand⟩; ~ **up** a leak *een lek dichten* **5.2** ~ **out** *afdekken* **6.2** ~ s.o. **from** getting into trouble *zorgen dat iem. niet in moeilijkheden raakt* **6.3** ~ a fee **out of** one's wages *contributie v. iemands salaris inhouden.*

'stop·board ⟨telb.zn.⟩ ⟨atletiek⟩ **0.1** ***(stoot)balk*** ⟨voorste begrenzing d.m.v. witte balk v. kogelstootcirkel⟩.
'stop·cock ⟨telb.zn.⟩ ⟨tech.⟩ **0.1** ***plugkraan.***
'stop·drill ⟨telb.zn.⟩ **0.1** ***boor met diepte-aanslag.***
stope [stoup] ⟨telb.zn.⟩ ⟨mijnw.⟩ **0.1** ***winplaats*** *⇒terrasgewijs afgegraven groeve.*
'stop·gap ⟨f1⟩ ⟨telb.zn.⟩ **0.1** ***noodoplossing*** **0.2** ***invaller/ster*** **0.3** ***stopwoord.***
'stop-'go, 'go-'stop ⟨telb.zn.; meestal enk.; ook attr.⟩ ⟨BE; inf.⟩ **0.1** ***wisselvallige belastingpolitiek*** ⟨gericht op economische expansie of bezuiniging⟩.
'stop·knob ⟨telb.zn.⟩ **0.1** ***registerknop*** ⟨op orgel⟩.
'stop·lamp ⟨telb.zn.⟩ ⟨BE⟩ **0.1** ***remlicht.***
'stop·light ⟨telb.zn.⟩ **0.1** ⟨BE⟩ ***stoplicht*** *⇒verkeerslicht* **0.2** ⟨vnl. AE⟩ ***remlicht.***
'stop-log ⟨telb.zn.⟩ **0.1** ***schotbalk.***
'stop-loss order, 'stop order ⟨telb.zn.⟩ ⟨beurs⟩ **0.1** ***stop-loss-order.***
'stop·off ⟨telb.zn.⟩ **0.1** ***kort verblijf*** *⇒reisonderbreking.*
'stop·o·ver ⟨f1⟩ ⟨telb.zn.⟩ **0.1** ***reisonderbreking*** *⇒kort verblijf, oponthoud.*
'stopover ticket ⟨telb.zn.⟩ **0.1** ***stop-overticket.***
STOPP ⟨afk.⟩ Society of Teachers Opposed to Physical Punishment ⟨BE⟩.
stop·pa·ble ['stɒpəbl‖'stɑ-] ⟨bn.⟩ **0.1** ***tegen te houden*** *⇒te stoppen.*
stop·page ['stɒpɪdʒ‖'stɑ-] ⟨f1⟩ ⟨telb.zn.⟩ **0.1** ***verstopping*** *⇒stremming, blokkering, obstructie* **0.2** ***inhouding*** **0.3** ***aanhouding*** *⇒inbeslagneming* **0.4** ***staking*** *⇒stilstand; (werk)onderbreking, prikactie* **0.5** ***oponthoud*** **0.6** ⟨sport⟩ ***(spel)onderbreking*** ◆ **1.1** ~ of air *blokkering van de luchtstroom* **1.2** ~ of pay *inhouden v. loon* **1.3** ~ of goods *inbeslagneming v. goederen* **1.4** ~ of work *staking* **6.1** ~ **in** the drain *verstopping in de afvoer* **6.5** ⟨hand.⟩ ~ **in** transit (u) *recht v. reclame.*
'stoppage time ⟨telb. en n.-telb.zn.⟩ ⟨sport⟩ **0.1** ***(extra) bijgetelde tijd*** ⟨voor spelonderbrekingen⟩ *⇒blessuretijd.*
stop·per[1] ['stɒpə‖'stɑpər] ⟨f1⟩ ⟨telb.zn.⟩ **0.1** ***stopper*** *⇒vanger, iem. die/iets dat stopt;* ⟨tech.⟩ *nok, pal, prop* **0.2** ***stop*** *⇒plug, kurk* ◆ **3.2** put the ~s on sth. *ergens een eind aan maken, iets stopzetten.*
stopper[2] ⟨ov.ww.⟩ **0.1** ***afsluiten*** *⇒een stop doen op.*

stop·ping ['stɒpɪŋ‖'stɑ-] ⟨zn.; (oorspr.) gerund v. stop⟩
I ⟨telb.zn.⟩ ⟨BE⟩ **0.1** ***vulling*** *⇒plombeersel* ⟨v. tand, kies⟩;
II ⟨n.-telb.zn.⟩ **0.1** ***het stoppen*** *⇒het pauzeren/belemmeren/inhouden.*
'stopping knife ⟨telb.zn.⟩ **0.1** ***plamuurmes.***
'stopping place ⟨telb.zn.⟩ **0.1** ***halteplaats*** *⇒stopplaats.*
'stopping train ⟨telb.zn.⟩ **0.1** ***stoptrein*** *⇒boemel(trein).*
stop·ple[1] ['stɒpl‖'stɑpl] ⟨telb.zn.⟩ **0.1** ***stop*** ⟨v. fles⟩ **0.2** ⟨AE⟩ ***oordopje.***
stopple[2] ⟨ov.ww.⟩ **0.1** ***(met een stop) afsluiten.***
'stop-'press ⟨n.-telb.zn.; the⟩ ⟨BE⟩ **0.1** ***laatste nieuws.***
'stop sign ⟨telb.zn.⟩ **0.1** ***stopsignaal/sein/teken.***
'stop valve ⟨telb.zn.⟩ ⟨tech.⟩ **0.1** ***sluitklep.***
'stop-vol·ley ⟨telb.zn.⟩ **0.1** ***stopvolley*** ⟨bij tennis⟩.
'stop·watch ⟨f1⟩ ⟨telb.zn.⟩ **0.1** ***stopwatch.***
stor·age ['stɔ:rɪdʒ] ⟨f2⟩ ⟨n.-telb.zn.⟩ **0.1** ***opslag*** *⇒bewaring* **0.2** ***verzameling*** *⇒ophoping, accumulatie* **0.3** ***bergruimte*** *⇒opslagplaats, pakhuis;* ⟨comp.⟩ *geheugen* **0.4** ***opslagkosten*** *⇒pakhuishuur* ◆ **6.1** put one's piano **in** ~ *zijn piano laten opslaan.*
'storage battery ⟨telb.zn.⟩ ⟨tech.⟩ **0.1** ***accumulatorenbatterij*** *⇒accu.*
'storage cell ⟨telb.zn.⟩ **0.1** ⟨tech.⟩ ***accumulator*** *⇒accucel* **0.2** ⟨comp.⟩ ***geheugenelement.***
'storage chip ⟨telb.zn.⟩ ⟨comp.⟩ **0.1** ***geheugenchip.***
'storage heater ⟨telb.zn.⟩ **0.1** ***warmteaccumulator.***
'storage room ⟨telb.zn.⟩ **0.1** ***bergruimte*** *⇒voorraadkamer.*
'storage space ⟨n.-telb.zn.⟩ **0.1** ***opslagruimte*** *⇒bergruimte.*
'storage tank ⟨telb.zn.⟩ **0.1** ***opslagtank.***
'storage yard ⟨telb.zn.⟩ **0.1** ***opslagterrein.***
sto·rax ['stɔ:ræks], **sty·rax** ['staɪræks] ⟨zn.⟩
I ⟨telb.zn.⟩ ⟨plantk.⟩ **0.1** ***storaxboom*** ⟨genus Styrax; i.h.b. S. officinalis en S. benzoin⟩;
II ⟨n.-telb.zn.⟩ **0.1** ***styrax*** *⇒benzoë(balsem), storax* **0.2** ***storax (hars)*** ⟨v.d. Liquidambar⟩ ◆ **2.2** liquid ~ *storax(hars).*
store[1] [stɔ:‖stɔr] ⟨f3⟩ ⟨zn.⟩
I ⟨telb.zn.⟩ **0.1** ***voorraad*** **0.2** ***voorraadkast*** *⇒provisiekast* **0.3** ***opslagplaats*** *⇒magazijn, pakhuis* **0.4** ***grote hoeveelheid*** *⇒overvloed, hoop* **0.5** ⟨AE⟩ ***winkel*** *⇒zaak* **0.6** ⟨BE⟩ ***warenhuis*** *⇒bazaar* **0.7** ⟨BE⟩ ***mestdier*** ◆ **2.1** we always keep a large ~ of tins *we hebben altijd een hoop blikjes in voorraad* **6.1 in** ~ *in voorraad;* there's a surprise **in** ~ **for** you *je zult voor een verrassing komen te staan* **7.6** the ~s *de grote warenhuizen;*
II ⟨n.-telb.zn.⟩ ⟨comp.⟩ **0.1** ***geheugen*** *⇒geheugenruimte* ◆ **3.¶** lay/put/set (great) ~ by/on *veel waarde hechten aan;*
III ⟨mv.; ~s⟩ **0.1** ⟨i.h.b. mil.⟩ ***provisie*** *⇒artikelen, goederen, proviand* ◆ **2.1** naval ~s *scheepsbehoeften.*
store[2] ⟨f3⟩ ⟨ov.ww.⟩ **0.1** ***bevoorraden*** *⇒volstoppen, toerusten, uitrusten* **0.2** ***inslaan*** *⇒in huis halen* **0.3** ***opslaan*** *⇒opbergen, bewaren* **0.4** ***kunnen bevatten*** *⇒ruimte hebben voor* ◆ **1.1** ~ one's memory with facts *zijn geheugen volladen met feiten* **1.4** this chest will ~ a lot of blankets *je kunt heel wat dekens in deze kist kwijt* **3.3** ⟨hand.⟩ sell on ~d terms *op ceel leveren* **5.2** ~ **up** a lot of tins *een hele voorraad blikjes aanleggen* **5.3** ~ **away** *wegbergen, opbergen;* ~ **up** one's jealousy *zijn jaloezie opkroppen* **6.3** ~ blankets **in** a chest *dekens in een kist opbergen.*
'store cattle ⟨verz.n.⟩ **0.1** ***mestvee.***
'store cheese ⟨n.-telb.zn.⟩ ⟨AE; inf.⟩ **0.1** ***(gewone Am.) cheddarkaas.***
'store·front ⟨telb.zn.⟩ ⟨AE⟩ **0.1** ***winkelpui.***
storeh ['stɔ:ri] ⟨telb.zn.⟩ ⟨sl.⟩ **0.1** ***man*** *⇒kerel, vent.*
'store·house ⟨f1⟩ ⟨telb.zn.⟩ **0.1** ***pakhuis*** *⇒opslagplaats, voorraadschuur* ⟨ook fig.⟩ ◆ **1.1** Steve is a ~ of information *Steve is een onuitputtelijke bron van informatie.*
'store·keep·er ⟨f1⟩ ⟨telb.zn.⟩ **0.1** ***magazijnmeester*** ⟨i.h.b. mil.⟩ *⇒proviandmeester* **0.2** ⟨AE⟩ ***winkelier.***
store·man ['stɔ:mən‖stɔr-], **stores·man** ['stɔ:zmən‖'stɔrz-] ⟨telb.zn.; store(s)men; →mv. 3⟩ **0.1** ***magazijnmeester*** **0.2** ⟨AE⟩ ***winkelier.***
'store·room ⟨f1⟩ ⟨telb.zn.⟩ **0.1** ***opslagkamer*** *⇒voorraadkamer.*
stores ⟨zn.⟩
I ⟨telb.zn.; g.mv.⟩ ⟨BE⟩ **0.1** ***(dorps)winkel*** *⇒bazaar;*
II ⟨n.-telb.zn., mv.⟩ ⟨vnl. mil.⟩ **0.1** ***opslagplaats*** *⇒magazijn.*
'store·ship ⟨telb.zn.⟩ ⟨mil.⟩ **0.1** ***proviandschip.***
'store suit ⟨telb.zn.⟩ ⟨AE⟩ **0.1** ***confectiepak.***
sto·rey, ⟨AE sp.⟩ **sto·ry** ['stɔ:ri] ⟨f1⟩ ⟨telb.zn.; tweede variant; →mv. 2⟩ **0.1** ***verdieping*** *⇒woonlaag* ◆ **2.1** the first ~ *benedenverdieping, parterre;* the second ~ *de eerste verdieping.*
-sto·reyed, ⟨AE sp.⟩ **-sto·ried** ['stɔ:rid] **0.1** ⟨ong.⟩ ***-lagig*** *⇒met... verdiepingen* ◆ **1.¶** four-storeyed *met drie bovenverdiepingen.*
sto·ri·at·ed ['stɔ:rieɪtɪd] ⟨bn., attr.⟩ **0.1** ***met historische/legendarische afbeeldingen versierd.***
sto·ried ['stɔ:rid] ⟨bn., attr.⟩ **0.1** ***legendarisch*** *⇒befaamd, veelbezongen* **0.2** ***met historische/legendarische taferelen versierd.***
sto·ri·ette ['stɔ:riet‖-'et] ⟨telb.zn.⟩ **0.1** ***heel kort verhaal.***

stork [stɔ:k‖stɔrk]⟨f1⟩⟨telb.zn.⟩ **0.1** ***ooievaar***.
'stork's bill ⟨telb.zn.⟩⟨plantk.⟩ **0.1** ***ooievaarsbek*** ⟨genus Geranium⟩ **0.2** ***reigersbek*** ⟨genus Erodium⟩.
storm[1] [stɔ:m‖stɔrm]⟨f3⟩⟨telb.zn.⟩⟨→sprw. 8, 23, 711⟩ **0.1** ⟨vnl. als tweede lid in samenstellingen⟩ ***(hevige) bui*** ⇒*noodweer* **0.2** ⟨alg.⟩ ***storm(wind)*** ⇒*orkaan;* ⟨meteo., i.h.b.⟩ *zeer zware storm* ⟨windkracht 11⟩ **0.3** ***beroering*** ⇒*wanorde, agitatie, tweedracht, tumult* **0.4** ***uitbarsting*** ⇒*vlaag* **0.5** ***stormaanval*** ⇒*bestorming* ◆ **1.2** ~ in a teacup *storm in een glas water* **1.3** ⟨fig.⟩ bring a ~ about one's/s.o.'s ears *een storm ontketenen/doen losbarsten;* ~ and stress *Sturm und Drang* **1.4** a ~ of applause *stormachtig applaus;* ~ of protests *regen v. protesten* **3.3** kick up a ~ *opschudding verwekken;* ride the ~ ⟨fig.⟩ *de storm beteugelen* **3.5** take by ~ *stormenderhand veroveren* ⟨ook fig.⟩.
storm[2] ⟨f2⟩⟨ww.⟩
I ⟨onov.ww.⟩ **0.1** ***stormen*** ⇒*waaien, onweren, gieten* **0.2** ***tekeergaan*** ⇒*uitvallen, razen, woeden* **0.3** ***rennen*** ⇒*denderen, stormen* **0.4** ⟨mil.⟩ ***een stormaanval uitvoeren*** ⇒*stormlopen* ◆ **4.1** it ~ed last night *er was gisteravond een vreselijk noodweer* **5.3** ~ **in** *binnen komen stormen* **6.2** ~ **at/against** s.o. *tegen iem. tekeergaan* **6.3** ~ **into** the room *de kamer binnenstormen;* ⟨inf.⟩ ~ **out** *woedend vertrekken;*
II ⟨ov.ww.⟩⟨mil.⟩ **0.1** ***bestormen*** ⇒*stormlopen op*.
'storm-beat·en ⟨bn.⟩ **0.1** ***door stormen geteisterd***.
'storm belt, 'storm zone ⟨telb.zn.⟩ **0.1** ***stormgebied*** ⇒*stormzone*.
storm bird →storm petrel.
'storm·bound ⟨bn.⟩ **0.1** ***door storm/noodweer opgehouden***.
'storm centre ⟨telb.zn.⟩ **0.1** ⟨meteo.⟩ ***stormcentrum*** ⇒⟨fig.⟩ *haard van onrust*.
'storm cloud ⟨f1⟩⟨telb.zn.⟩ **0.1** ***regenwolk*** ⇒*donderwolk, onweerswolk;* ⟨fig.⟩ *donkere wolk, teken van onheil*.
'storm-cock ⟨telb.zn.⟩ **0.1** ***grote lijster***.
'storm-col·lar ⟨telb.zn.⟩ **0.1** ***hoge opstaande kraag***.
'storm-cone ⟨telb.zn.⟩ **0.1** ***stormkegel***.
'storm door ⟨telb.zn.⟩ **0.1** ***dubbele deur*** **0.2** ***tochtdeur***.
'storm drum ⟨telb.zn.⟩⟨scheep.⟩ **0.1** ***stormtrommel***.
'storm finch ⟨telb.zn.⟩⟨BE⟩ **0.1** ***stormvogeltje***.
'storm glass ⟨telb.zn.⟩ **0.1** ⟨ong.⟩ ***weerglas***.
'storming party ⟨telb.zn.⟩⟨mil.⟩ **0.1** ***stormkolonne*** ⇒*stormtroep*.
'storm jib ⟨telb.zn.⟩⟨scheep.⟩ **0.1** ***stormstagzeil***.
'storm lantern ⟨telb.zn.⟩⟨BE⟩ **0.1** ***stormlamp*** ⇒*stormlantaren*.
'storm petrel, 'storm bird ⟨telb.zn.⟩⟨dierk.⟩ **0.1** ***stormvogeltje*** ⟨Hydrobates pelagicus⟩.
'storm-proof ⟨bn.⟩ **0.1** ***storm/windbestendig*** ⇒*windvast*.
'storm sail ⟨telb.zn.⟩⟨scheep.⟩ **0.1** ***stormzeil***.
'storm signal ⟨telb.zn.⟩ **0.1** ***stormsein***.
'storm-tossed ⟨bn., attr.⟩ **0.1** ***door storm heen en weer geslingerd***.
'storm trooper ⟨telb.zn.⟩ **0.1** ***lid v. stormtroep/stoottroep*** **0.2** ***S.A.-man***.
'storm troops ⟨f1⟩⟨mv.⟩ **0.1** ***stormtroepen*** ⇒*stoottroepen* **0.2** ***S.A.*** ⟨in nazi-Duitsland⟩.
'storm water ⟨n.-telb.zn.⟩ **0.1** ***overtollig regenwater***.
'storm window ⟨telb.zn.⟩ **0.1** ***voorzetraam*** ⇒*dubbel raam*.
storm·y ['stɔ:mi‖'stɔr-]⟨f2⟩⟨bn.; -er; -ly; -ness; →bijw. 3⟩ **0.1** ***stormachtig*** ⇒*winderig, waaierig* **0.2** ***onbesuisd*** ⇒*heftig, ruw* **0.3** ***door stormen geteisterd*** ⇒*stormachtig* **0.4** ***storm-*** ⇒*stormbrengend* ◆ **1.1** ~ day *winderige dag* **1.2** ~ temper *opvliegend temperament* **1.3** ~ coast *winderige kust* **1.4** ~ petrel *stormvogeltje;* ⟨fig.⟩ *onheilsbode, onrustzaaier*.
Stor·ting, Stor·thing ['stɔ:tɪŋ‖'stɔrṭɪŋ]⟨eig.n.; ook s-⟩ **0.1** ***Noors parlement*** ⇒*storting*.
sto·ry ['stɔ:ri]⟨f4⟩⟨telb.zn.; →mv. 2⟩ **0.1** ***(levens)geschiedenis*** ⇒*historie, overlevering* **0.2** ***verhaal*** ⇒*relaas* **0.3** ⟨lit.⟩ ***vertelling*** ⇒*legende, novelle, verhaal* **0.4** ⟨journalistiek⟩ ***(materiaal voor) artikel*** ⇒*verhaal* **0.5** ⟨lit.⟩ ***plot*** ⇒*intrige, verhaal(tje)* **0.6** ⟨inf.⟩ ***smoesje*** ⇒*praatje, verzinsel, gerucht* **0.7** ⟨inf.⟩ ***jokkebrok*** ⇒*liegbeest* **0.8** →storey ◆ **2.2** it's quite another ~ now *de zaken liggen nu heel anders;* cut/make a long ~ short *om kort te gaan;* the (same) old ~ *het bekende verhaal, het oude liedje* **2.4** that's a good ~ *daar zit een artikel in* **2.5** the film is built on a very thin ~ *de film heeft maar een mager verhaaltje* **3.2** the ~ goes *het gerucht gaat* **3.6** tell stories *jokken* **4.1** what's Stella's ~? *wat voor leven heeft Stella achter de rug?*.
'sto·ry·board ⟨f1⟩⟨telb.zn.⟩⟨film., show⟩ **0.1** ***storyboard*** ⟨reeks tekeningen/foto's v. nog op te nemen scènes⟩.
'sto·ry·book[1] ⟨f1⟩⟨telb.zn.⟩ **0.1** ***verhalenboek*** ⇒*vertelselboek*.
storybook[2] ⟨bn., attr.⟩ **0.1** ***als in een sprookje*** ⇒*sprookjesachtig* ◆ **1.1** a ~ ending *een gelukkige afloop, een happy-end*.
'story line ⟨telb.zn.⟩⟨lit.⟩ **0.1** ***intrige*** ⇒*plot*.
'sto·ry·tell·er ⟨f1⟩⟨telb.zn.⟩ **0.1** ***verteller*** **0.2** ⟨inf.⟩ ***jokkebrok*** ⇒*leugenaar, praatjesmaker*.
stot[1] [stɒt‖stɑt]⟨telb.zn.⟩⟨Sch. E⟩ **0.1** ***jonge os***.
stot[2] ⟨ww.; →ww. 7⟩⟨Sch. E⟩
I ⟨onov.ww.⟩ **0.1** ***stuite(re)n*** ⇒*(terug)springen;*
II ⟨ov.ww.⟩ **0.1** ***(doen/laten) stuite(re)n***.
sto·tious ['stoʊʃəs]⟨bn.⟩⟨IE of gew.⟩ **0.1** ***bezopen*** ⇒*dronken*.
stoup, stoop [stu:p]⟨telb.zn.⟩ **0.1** ***flacon*** ⇒*fles* **0.2** ***beker*** ⇒*kroes* **0.3** ***stoop*** **0.4** ***wijwaterbak***.
stout[1] [staʊt]⟨f2⟩⟨telb. en n.-telb.zn.⟩ **0.1** ***stout*** ⇒*donker bier*.
stout[2] ⟨f2⟩⟨bn.; -er; -ly; -ness⟩
I ⟨bn.⟩ **0.1** ***krachtig*** ⇒*vastberaden* **0.2** ***solide*** ⇒*stevig, kloek, zwaar* **0.3** ***gezet*** ⇒*corpulent, dik* ◆ **1.1** ~ resistance *krachtig verzet;* Steve was a ~ supporter of co-education *Steve was een groot voorvechter van het gemengd onderwijs* **1.2** ~ shoes *stevige schoenen* **1.3** a ~ woman *een gezette vrouw;*
II ⟨bn., attr.⟩ **0.1** ***moedig*** ⇒*dapper, flink, vastberaden* ◆ **1.1** ⟨vero., inf.⟩ ~ fellow *stoere knaap;* a ~ heart *moed*.
stout·en ['staʊtn]⟨ww.⟩
I ⟨onov.ww.⟩ **0.1** ***dik/gezet worden;***
II ⟨ov.ww.⟩ **0.1** ***versterken*** ⇒*steunen*.
'stout'heart·ed ⟨bn.⟩ **0.1** ***dapper*** ⇒*moedig, kloek*.
stout·ish ['staʊṭɪʃ]⟨bn.⟩ **0.1** ***nogal moedig*** **0.2** ***vrij krachtig*** **0.3** ***vrij stevig*** **0.4** ***dikkig***.
stove[1] [stoʊv]⟨f3⟩⟨telb.zn.⟩ **0.1** ***kachel*** **0.2** ***fornuis*** **0.3** ***petroleum/oliestel*** **0.4** ***droogoven*** **0.5** ***stoof*** **0.6** ⟨BE⟩ ***broeikas***.
stove[2] ⟨ov.ww.⟩ **0.1** ***drogen*** ⟨in oven⟩ **0.2** ⟨BE⟩ ***in een broeikas kweken*** **0.3** ⟨Sch. E⟩ ***stoven***.
stove[3] ⟨verl. tijd en volt. deelw.⟩ →stave.
'stove-en·am·el ⟨n.-telb.zn.⟩ **0.1** ***hittevast email***.
'stove league ⟨verz.n.⟩⟨sl.⟩ **0.1** ***honkbalfanaten***.
'stove-pipe, ⟨in bet. 0.2 AE ook⟩ **'stove-pipe 'hat** ⟨telb.zn.⟩ **0.1** ***kachelpijp*** **0.2** ⟨inf.⟩ ***hoge zijden*** ⇒*hoge hoed* **0.3** ⟨AE; inf.⟩ ***straaljager***.
sto·ver ['stoʊvə‖-ər]⟨telb. en n.-telb.zn.⟩⟨AE; gew.⟩ **0.1** ***hooi*** ⇒*stro, stoppels* ⟨als veevoer⟩.
stow [stoʊ]⟨f2⟩⟨ov.ww.⟩ **0.1** ***opbergen*** ⇒*stouwen, inpakken, bergen, stuwen* **0.2** ***volstouwen*** ⇒*volpakken, volstoppen* **0.3** ⟨sl.⟩ ***kappen met*** ⇒*uitscheiden met, ophouden met* ◆ **1.1** ~ one's belongings in a knapsack *zijn spullen in een rugzak proppen* **1.3** ⟨sl.⟩ ~ the gab! *mond dicht!* **4.3** ~ it! *kap ermee!* **5.1** →stow **away** **6.2** a trunk ~ed **with** blankets *een hutkoffer volgepakt met dekens*.
stow·age ['stoʊɪdʒ]⟨n.-telb.zn.⟩ **0.1** ***het stouwen*** ⇒*het inpakken, het wegbergen;* ⟨scheep.⟩ *stuwing* **0.2** ***bergruimte*** ⇒*laadruimte* **0.3** ⟨scheep.⟩ ***stuwagegeld*** ⇒*stuwkosten, stuwloon*.
stow·a·way ['stoʊəweɪ]⟨f1⟩⟨telb.zn.⟩ **0.1** ***verstekeling*** **0.2** ***(op)bergruimte***.
'stow a'way ⟨ww.⟩
I ⟨onov.ww.⟩ **0.1** ***zich verbergen*** ⟨aan boord v.e. schip/vliegtuig⟩;
II ⟨ov.ww.⟩ **0.1** ***opbergen*** ⇒*wegbergen, uit de weg zetten*.
STP ⟨afk.⟩ standard temperature and pressure.
Str ⟨afk.⟩ strait, street.
stra·bis·mic [strə'bɪzmɪk], **stra·bis·mal** [-məl]⟨bn.⟩⟨med.⟩ **0.1** ***scheelziend***.
stra·bis·mus [strə'bɪzməs]⟨telb. en n.-telb.zn.; strabismes [-mi:z]; →mv. 5⟩⟨med.⟩ **0.1** ***het scheelzien*** ⇒*strabisme, strabismus*.
stra·bot·o·my [strə'bɒtəmi‖-'bɑṭəmi]⟨telb. en n.-telb.zn.; →mv. 2⟩⟨med.⟩ **0.1** ***verkorting/verlenging v.d. oogspier(en)*** ⇒*oogcorrectie*.
Strad [stræd]⟨telb.zn.⟩⟨verk.⟩ Stradivarius **0.1** ***Stradivarius(viool)***.
strad·dle[1] ['strædl]⟨telb.zn.; vnl. enk.⟩ **0.1** ***spreidstand/zit*** ⇒*schrijlingse stand/zit* **0.2** ***vrijblijvende houding*** ⇒*onduidelijke opstelling* **0.3** ⟨hand.⟩ ***stellage*** **0.4** ⟨geldw.⟩ ***stellage*** ⇒*dubbele optie* ⟨voor koop of verkoop v. aandelen⟩ **0.5** ⟨atletiek⟩ ***buikrol*** ⟨hoogtesprong met buik over de lat⟩.
straddle[2] ⟨f2⟩⟨ww.⟩
I ⟨onov.ww.⟩ **0.1** ***in spreidstand staan/zitten*** ⇒*schrijlings zitten* **0.2** ***gespreid zijn*** ⟨v. benen⟩ **0.3** ***dubbelen*** ⟨bij poker⟩ **0.4** ⟨mil.⟩ ***bommen over een doel spreiden*** ⇒*een bommentapijt leggen;*
II ⟨ov.ww.⟩ **0.1** ***schrijlings zitten op*** ⇒*met gespreide benen zitten op/staan boven* **0.2** ***uitspreiden*** **0.3** ⟨mil.⟩ ***zich inschieten op*** **0.4** ⟨mil.⟩ ***terechtkomen aan weerskanten van*** **0.5** ***zich vrijblijvend opstellen tegenover*** ⇒*zich niet vastleggen op* ◆ **1.1** ~ a chair *schrijlings op een stoel zitten* **1.2** ~ one's legs *zijn benen spreiden* **1.4** ~ a target *rondom het doel terechtkomen* ⟨v. bommen⟩ **1.5** ~ a question *zich niet uitspreken over een zaak*.
'straddle jump →straddle[1] 0.4.
'strad·dle-'legged ⟨bn.⟩ **0.1** ***wijdbeens*** ⇒*schrijlings, met gespreide benen*.
Strad·i·var·i·us [strædɪ'veərɪəs, ‖-'ver-]⟨telb.zn.; Stradivarii [-rɪi:]⟩ **0.1** ***Stradivarius(viool)***.

strafe[1] [strɑ:f‖streɪf]⟨telb.zn.⟩⟨inf.⟩ **0.1** ⟨mil.⟩ ***bombardement*** ⇒*beschieting* **0.2** ***reprimande*** ⇒*uitbrander, afstraffing.*

strafe[2] ⟨ov.ww.⟩⟨inf.⟩ **0.1** ***beschieten*** ⇒*bombarderen* **0.2** ***afstraffen*** **0.3** ***uitschelden*** ⇒*een uitbrander geven,* ⟨B.⟩ *een bolwassing geven.*

strag·gle[1] ['strægl]⟨telb.zn.⟩ **0.1** ***verspreide groep.***

straggle[2] ⟨f1⟩⟨onov.ww.⟩ **0.1** ***(af)dwalen*** ⇒*zwerven, achterblijven, van de groep af raken* **0.2** ***uitgroeien*** ⇒*verspreid groeien/liggen* **0.3** ***zich verspreiden*** ⇒*uiteenvallen* ◆ **1.1** soldiers straggling through the fields *door de velden zwervende soldaten* **1.2** a straggling beard *een woest uitgegroeide baard;* straggling town *stadskern met grillige uitlopers.*

strag·gler ['stræglə‖-ər]⟨f1⟩⟨telb.zn.⟩ **0.1** ***achterblijver*** ⇒*uitvaller;* ⟨i.h.b.⟩ *afgedwaalde vogel* **0.2** ⟨plantk.⟩ ***uitloper*** **0.3** ***matroos die zonder verlof uitblijft.***

strag·gly ['strægli]⟨bn.;-er;→compar. 7⟩ **0.1** ***verspreid*** ⇒*verstrooid* **0.2** ***verwilderd*** ⇒*verward* ⟨haar, baard⟩ **0.3** ***onregelmatig*** ⇒*schots en scheef* ⟨handschrift⟩.

straight[1] [streɪt]⟨f1⟩⟨zn.⟩
I ⟨telb.zn.⟩ **0.1** ***recht stuk*** ⟨i.h.b. v. renbaan⟩ **0.2** ***straat*** ⟨bij poker⟩ **0.3** ⟨inf.⟩ ***conventioneel/conformistisch iem.*** ⇒*brave burger (man)* **0.4** ⟨inf.⟩ ***hetero(seksueel iem.)*** **0.5** ⟨inf.⟩ ***niet-gebruiker*** ⟨mbt. drugs⟩ ⇒*straight/clean iem.* **0.6** ⟨sl.⟩ ***(gewone) sigaret*** ◆ **2.1** home ~ *laatste rechte stuk v. renbaan;*
II ⟨n.-telb.zn.; meestal the⟩ **0.1** ***de rechte lijn*** ⟨ook fig.⟩ ◆ **6.1 on** the ~ *recht v. draad, in de draadrichting* ⟨v. stof⟩; **on** the ~ and narrow *op het (smalle) rechte pad;* **out of** the ~ *scheef, krom.*

straight[2] ⟨f3⟩⟨bn.;-er;-ly;-ness⟩ **0.1** ***recht*** ⇒*gestrekt* ⟨v. knie⟩; *steil, sluik, glad* ⟨v. haar⟩; *rechtop* **0.2** ***puur*** ⇒*onverdund;* ⟨fig.⟩ *letterlijk, zonder franje, serieus* **0.3** ***opeenvolgend*** ⇒*direct achter elkaar* **0.4** ***open(hartig)*** ⇒*eerlijk, recht door zee* **0.5** ***strak*** ⇒*recht, in de plooi, correct, fatsoenlijk;* ⟨inf.⟩ *conventioneel, conformistisch, burgerlijk* **0.6** ***ordelijk*** ⇒*geordend, netjes* **0.7** ***rechtlijnig*** ⇒*logisch* **0.8** ***vrij van schulden*** **0.9** ***direct*** ⇒*rechtstreeks, zonder voorbehoud* **0.10** ⟨inf.⟩ ***hetero(seksueel)*** **0.11** ⟨inf.⟩ ***straight*** ⇒*clean, afgekickt, niet meer aan de drugs* **0.12** ⟨AE; pol.⟩ ***streng*** ⇒*star* ◆ **1.1** ~ angle *gestrekte hoek;* ~ arch *platte boog;* as ~ as an arrow *kaarsrecht;* ~ bat *vertikaal gehouden bat* ⟨bij cricket⟩; ⟨fig.⟩ *correct gedrag;* ⟨inf.⟩ play one's game with a ~ bat *eerlijk spel spelen;* (as) ~ as a die *kaarsrecht;* ⟨fig.⟩ *goudeerlijk, door en door betrouwbaar;* ⟨AE⟩ ~ razor *(ouderwets) scheermes* **1.2** ~ man *aangever* ⟨v. komiek⟩; ~ play *traditioneel toneelstuk;* a ~ rendering of the facts *een letterlijk verslag v.d. feiten;* ~ whisky *whisky puur* **1.3** ~ flush *suite, (vijf) volgkaarten, straat* ⟨bij poker⟩; five ~ wins *vijf overwinningen op rij* **1.4** ~ answer *eerlijk antwoord;* ~ arrow *nette vent* **1.5** ~ face *uitgestreken gezicht;* keep a ~ face *niet verpinken* ⟨vnl. in komische situatie⟩; keep (s.o.) to the ~ and narrow path *(iem.) op het rechte pad houden;* ⟨AE; inf.⟩ ~ shooter *fatsoenlijke kerel* **1.7** ~ thinking *rechtlijnig denken* **1.9** ⟨BE; pol.⟩ ~ fight *directe confrontatie tussen twee kandidaten;* ⟨AE; pol.⟩ ~ ticket *stem op alle kandidaten van één partij;* ~ tip *tip uit betrouwbare bron* **1.¶** ~ eye *timmermansoog;* ⟨sl.⟩ ~ goods *de waarheid* **2.5** keep to the ~ and narrow path *op het rechte pad blijven;* keep s.o. to the ~ and narrow path *iem. op het rechte pad houden* **3.1** put one's tie ~ *zijn das rechttrekken* **3.5** keep ~ *op het rechte pad blijven* **3.6** get this ~ *knoop dit even goed in je oren, begrijp me goed;* get/keep/put/set the facts/record ~ *alle feiten op een rijtje zetten/hebben;* put one's desk ~ *zijn bureau opruimen;* set s.o. ~ about sth. *iem. de ware toedracht over iets meedelen* **4.9** if you stand me a drink, we'll be ~ *als jij me een drankje geeft, staan we quitte.*

straight[3] ⟨f3⟩⟨bw.⟩ **0.1** ***rechtstreeks*** ⇒*meteen, zonder omwegen* **0.2** ***recht*** ⇒*rechtop* **0.3** ***goed*** ⇒*correct* **0.4** ***eerlijk*** ⇒*onomwonden* **0.5** ⟨vero.⟩ ***onmiddellijk*** ⇒*meteen, dadelijk* ◆ **3.1** come ~ to the point *meteen ter zake raken;* go ~ back *meteen terug gaan;* vote ~ *met zijn partij mee stemmen* **3.2** sit up ~ *recht overeind zitten* **3.3** go ~ *een eerlijk mens worden;* see ~ *duidelijk zien;* think ~ *helder denken* **3.4** give it s.o. ~ *iem. er direct van langs geven;* sing an aria ~ *een aria zonder versieringen zingen;* ⟨inf.⟩ tell s.o. ~ *iemand eerlijk de waarheid zeggen, er geen doekjes om winden* **5.1** tell s.o. ~ **out** *iem. iets vierkant in zijn gezicht zeggen* **5.2** ~ **ahead** *recht vooruit;* ~ **on** *rechtdoor* **5.5** ~ **away/off** *onmiddellijk.*

'straight-'A ⟨bn.⟩ **0.1** ***briljant*** ⇒*knap* ◆ **1.1** a ~ student *een briljant (e) student(e).*

'straight-'ar·row ⟨bn.⟩ **0.1** ***keurig*** ⇒*netjes, fatsoenlijk.*

'straight-a·way[1] ⟨telb.zn.⟩ **0.1** ***recht stuk*** ⟨op weg of renbaan⟩.

'straight-away[2] ⟨bn., attr.⟩⟨AE⟩ **0.1** ***recht(doorgaand)*** ⇒⟨fig.⟩ *eerlijk, recht door zee* **0.2** ***onmiddellijk*** ⇒*direct.*

'straight-a'way[3] ⟨f1⟩⟨bw.⟩ **0.1** ***onmiddellijk*** ⇒*dadelijk, meteen.*

'straight·bred ⟨bn.⟩ **0.1** ***raszuiver.***

'straight·edge ⟨telb.zn.⟩⟨tech.⟩ **0.1** ***richtlineaal.***

'straight-'eight ⟨telb.zn.⟩ **0.1** ***auto met achtcilindermotor*** ⇒*achtcilinder.*

straight·en ['streɪtn]⟨f3⟩⟨ww.⟩
I ⟨onov.ww.⟩ **0.1** ***recht worden*** ⇒*recht trekken, bijtrekken* ⟨ook fig.⟩ ◆ **5.1** →straighten **out;** ~ up *overeind gaan staan, zich weer oprichten;*
II ⟨ov.ww.⟩ **0.1** ***rechtmaken*** ⇒*recht zetten, richten* ⟨ook fig.⟩ ◆ **1.1** ~ one's accounts *zijn rekeningen vereffenen;* ~ one's face *zijn gezicht in de plooi brengen;* ~ one's legs *de benen strekken;* ~ the room *de kamer aan kant brengen* **5.1** →straighten **out;** ~ o.s. **up** *zich oprichten.*

'straighten 'out ⟨f1⟩⟨ww.⟩
I ⟨onov.ww.⟩ **0.1** ***recht worden*** ⇒*recht (gaan) liggen, bijtrekken;*
II ⟨ov.ww.⟩ **0.1** ***recht leggen*** ⇒*rechtmaken* **0.2** ***ordenen*** ⇒*ontwarren, op orde brengen* **0.3** ⟨inf.⟩ ***op het rechte spoor zetten*** ⇒*twijfels wegnemen bij, inlichten* ◆ **1.3** straighten s.o. out as to his chances of a scholarship *iem. precies uitleggen wat zijn kansen op een studiebeurs zijn* **4.2** things will soon straighten themselves out *alles zal gauw op zijn pootjes terechtkomen.*

'straight'for·ward ⟨f2⟩⟨bn.;-ly;-ness⟩ **0.1** ***oprecht*** ⇒*recht door zee, open, eerlijk, onverbloemd* **0.2** ***ongecompliceerd*** ⇒*simpel, duidelijk, rechtlijnig* ◆ **1.1** ~ answer *eerlijk antwoord* **1.2** ~ language *ongekunstelde taal.*

'straight'limbed ⟨bn.⟩ **0.1** ***recht v. lijf en leden.***

'straight-line ⟨bn.⟩ **0.1** ***lineair*** ⇒*vast* ⟨v. afschrijving e.d.⟩.

'straight-'out ⟨bn.⟩ **0.1** ***volkomen*** ⇒*volslagen* ◆ **1.1** Jane's motive is ~ jealousy *Jane wordt zuiver door jaloezie gedreven.*

'straight 'up ⟨tussenw.⟩⟨BE; sl.⟩ **0.1** ***eerlijk*** ⇒*serieus, zonder gekheid* **0.2** ***zonder ijsklontjes.***

straight·way ['streɪtweɪ]⟨bw.⟩⟨schr.⟩ **0.1** ***aanstonds*** ⇒*onmiddellijk, meteen, direct.*

strain[1] [streɪn]⟨f3⟩⟨telb.zn.⟩ **0.1** ***spanning*** ⇒*druk, trek;* ⟨fig.⟩ *belasting; inspanning* **0.2** ⟨nat., tech.⟩ ***vervorming*** ⇒*vormverandering, rek* **0.3** ***overbelasting*** ⇒*uitputting* **0.4** ***verdraaiing*** ⇒*verrekking, verstuiking* **0.5** ⟨meestal mv.⟩ ***flard*** ⟨v. muziekstuk, gedicht⟩ ⇒*regel, melodie, toon* **0.6** ***stijl*** ⇒*trant, toon* ⟨v. uitdrukken⟩ **0.7** ***(karakter)trek*** ⇒*element* **0.8** ***stam*** ⇒*ras, soort* **0.9** ***familie*** ⇒*afkomst* **0.10** ***streven*** ◆ **1.8** ~ of bacteria *bacteriënstam* **2.6** in a lighter ~ *op luchtiger toon* **2.8** of a good ~ *uit een goed nest, van goede familie* **3.1** place/put a ~ on s.o. *een zware belasting zijn voor iem.* **6.1 at** (full) ~ /**on** the ~ *met de uiterste inspanning, tot het uiterste gespannen;* a ~ **on** one's resources *een aanslag op iemands beurs;* your behaviour is a great ~ **on** my patience *je gedrag vergt het uiterste van mijn geduld;* too much ~ **on** the walls *te veel belasting op de muren;* be **under** a lot of ~ *onder hoge druk staan* **6.3** ~ **of** the heart *overbelasting v.h. hart* **6.4** a ~ **in** one's arm *een verrekte arm* **6.7** there's a ~ **of** musicality in the family *muzikaliteit zit in de familie* **6.10** a ~ **after** *een streven naar.*

strain[2] ⟨f3⟩⟨ww.⟩ →strained ⟨→sprw. 454⟩
I ⟨onov.ww.⟩ **0.1** ***zich inspannen*** ⇒*moeite doen, zwoegen, worstelen* **0.2** ***rukken*** ⇒*trekken* **0.3** ***doorsijpelen*** ⇒*doorzijgen* ◆ **5.1** ~ **upwards** *een weg omhoog zoeken, zich omhoog worstelen* **6.1** ~ **after** *fanatiek nastreven;* ~ing **after** effect *effectbejag;* ~ **under** a load *onder een zware last gebukt gaan* **6.2** ~ **at** *rukken aan;* ⟨fig.⟩ *moeite hebben met, aarzelen te;* ~ **at** a gnat *muggeziften* ⟨naar Matth. 23:24⟩; ~ **at** the leash *aan de teugels trekken, zich los willen rukken* ⟨i.h.b. fig.⟩; ~ **on** *rukken aan* **6.¶** ~ **against** *zich aandrukken tegen;*
II ⟨ov.ww.⟩ **0.1** ***spannen*** ⇒*(uit)rekken, wringen* **0.2** ***inspannen*** ⇒*maximaal belasten* **0.3** ***overbelasten*** ⇒*te veel vergen van;* ⟨fig.⟩ *geweld aandoen* **0.4** ***verrekken*** ⇒*verdraaien* **0.5** ***vastklemmen*** **0.6** ***zeven*** ⇒*laten doorzijgen/doorsijpelen* **0.7** ***afgieten*** ◆ **1.1** ~ a rubber band to breaking-point *een elastiek uitrekken tot het knapt* **1.2** ~ one's ears *ingespannen luisteren;* ~ one's eyes *turen;* ~ every nerve *zich tot het uiterste inspannen;* ~ one's voice *uit alle macht schreeuwen* **1.3** ~ one's authority/powers/rights *buiten zijn boekje gaan;* ~ the law *de wet ruim interpreteren;* ~ the truth *de waarheid geweld aandoen;* ~ one's voice *zijn stem forceren* **1.4** ~ a muscle *een spier verrekken* **1.7** ~ the vegetables *de groente afgieten* **5.6** ~ **out** *uitzeven* **5.7** ~ **away/off** *afgieten* **6.5** ~ **to** one's breast *tegen zijn borst klemmen.*

strained [streɪnd]⟨f1⟩⟨bn.; oorspr. volt. deelw. v. strain⟩ **0.1** ***gedwongen*** ⇒*geforceerd, onnatuurlijk, gewild* **0.2** ***gewrongen*** ⇒*verdraaid* **0.3** ***gespannen*** ⇒*geladen, (zwaar)belast* ◆ **1.1** ~ smile *geforceerd lachje* **1.2** ~ interpretation *vergezochte interpretatie* **1.3** ~ expression *gespannen uitdrukking;* ~ relations *gespannen verhoudingen.*

strain·er ['streɪnə‖-ər]⟨f1⟩⟨telb.zn.⟩ **0.1** ***zeef*** **0.2** ***vergiet*** **0.3** ***filter (doek)*** **0.4** ⟨Austr. E⟩ ***paal*** ⟨v. hek⟩.

'strain gauge ⟨telb.zn.⟩⟨tech.⟩ **0.1** ***rekstrookje.***

strait[1] [streɪt]⟨f2⟩⟨telb.zn.; vaak mv.⟩ **0.1** ***zeeëngte*** ⇒*(zee)straat* **0.2** ***netelige omstandigheden*** ⇒*moeilijkheden* **0.3** ***landengte*** ◆ **1.1** the Straits of Dover *het Nauw v. Calais* **2.2** be in dire ~s *ernstig in het nauw zitten* **7.1** The Straits *de Straat v. Malakka*.

strait[2] ⟨bn.; -er; -ly⟩ ⟨vero.; bijb.⟩ **0.1** ***nauw*** ⇒*smal, eng, beperkt* **0.2** ***strikt*** ⇒*streng, stijf, bekrompen, benepen* ◆ **1.1** the ~ gate *de enge poort* ⟨Matth. 7:13⟩.

strait·en ['streɪtn]⟨ww.⟩
I ⟨onov.ww.⟩⟨vero.⟩ **0.1** ***nauw worden*** ⇒*zich versmallen;*
II ⟨ov.ww.⟩ **0.1** ***inperken*** ⇒*beperken, begrenzen* **0.2** ⟨vero.⟩ ***vernauwen*** ⇒*nauw maken* ◆ **1.1** ~ed circumstances *behoeftige omstandigheden* **6.1** ⟨vero.⟩ we're rather ~ed **for/in** money *we zitten nogal krap met geld*.

'strait·jack·et[1] ⟨f1⟩⟨telb.zn.⟩ **0.1** ***dwangbuis*** ⇒*keurslijf* ⟨ook fig.⟩.

straitjacket[2] ⟨ov.ww.⟩ **0.1** ***een dwangbuis aandoen*** ⇒⟨fig.⟩ *in zijn vrijheid beperken, in een keurslijf stoppen*.

'strait-'laced ⟨bn.⟩⟨pej.⟩ **0.1** ***puriteins*** ⇒*stijf, bekrompen, preuts, kleingeestig*.

'strait-waist·coat ⟨telb.zn.⟩⟨BE⟩ **0.1** ***dwangbuis*** ⇒*keurslijf* ⟨ook fig.⟩.

strake [streɪk]⟨telb.zn.⟩⟨scheep.⟩ **0.1** ***huidgang***.

stra·mash [strə'mæʃ]⟨telb.zn.⟩⟨Sch. E⟩ **0.1** ***herrie*** ⇒*lawaai* **0.2** ***vechtpartij*** ⇒*kloppartij*.

stra·min·eous [strə'mɪnɪəs]⟨bn.⟩ **0.1** ***strooien*** ⇒*van stro, stro-;* ⟨fig.⟩ *nietig, waardeloos, onbeduidend* **0.2** ***strokleurig***.

strand[1] [strænd]⟨f2⟩⟨telb.zn.⟩ **0.1** ***streng*** ⇒*snoer, draad* **0.2** ***lijn*** ⇒*draad* ⟨in verhaal⟩, *element* **0.3** ⟨schr.⟩ ***strand*** ⇒*kust, oever* ◆ **1.1** a ~ of hair *een streng haar;* a ~ of pearls *een parelsnoer*.

strand[2] ⟨f2⟩⟨ww.⟩ →stranded
I ⟨onov.ww.⟩⟨scheep.⟩ **0.1** ***vastlopen*** ⇒*stranden, aan de grond lopen;*
II ⟨ov.ww.⟩ **0.1** ***laten stranden*** ⇒*aan de grond laten lopen* **0.2** ***een streng breken van*** ⟨touw⟩ **0.3** ***in strengen verdelen***.

strand·ed ['strændɪd]⟨f1⟩⟨bn.; volt. deelw. v. strand⟩ **0.1** ***gestrand*** ⇒*vast, aan de grond, vastgelopen* ⟨ook fig.⟩ **0.2** ***bestaande uit strengen/draden*** ◆ **6.1** due to the strike at the airport, Alan was ~ **in** Rome *vanwege de staking op het vliegveld zat Alan in Rome vast* **6.2** black hair ~ **with** grey *zwart haar met grijs erdoor*.

'strand wolf ⟨telb.zn.⟩ **0.1** ***strandwolf*** ⇒*bruine hyena*.

strange [streɪndʒ]⟨f4⟩⟨bn.; -er; -ly; -ness; →bijw. 3⟩ ⟨→sprw. 6, 699⟩ **0.1** ***vreemd*** ⇒*onbekend* **0.2** ***eigenaardig*** ⇒*gek, zonderling, ongewoon, onverklaarbaar* **0.3** ***nieuw*** ⇒*onbekend, onervaren, vreemd* **0.4** ⟨vero.⟩ ***uitheems*** ⇒*buitenlands* ◆ **1.1** I can't write with a ~ pen *ik kan niet met andermans pen schrijven* **1.2** ⟨nat.⟩ ~ particle *vreemd deeltje* **2.2** Clothilde wears the ~st clothes *Clothilde draagt altijd de wonderlijkste kleren* **2.3** I'm quite ~ here *ik ben hier volslagen vreemd* **3.2** feel ~ *zich raar/duizelig voelen;* it feels ~ *het is een gek gevoel;* ~ to say *vreemd genoeg* **3.3** feel ~ *zich een buitenstaander voelen* **6.1** that handbag is ~ **to** me *dat handtasje heb ik nooit gezien* **6.3** Steve is ~ **to** the business *Steve heeft nog geen ervaring in deze branche*.

stran·ger[1] ['streɪndʒə‖-ər]⟨f3⟩⟨telb.zn.⟩ **0.1** ***vreemdeling*** ⇒*vreemde, nieuweling, onbekende, buitenlander* **0.2** ⟨BE⟩ ***tribunebezoeker*** ⟨in parlement⟩ **0.3** ***theeblaadje*** ⟨dat een bezoeker aankondigt⟩ ◆ **2.1** ⟨scherts.⟩ the little ~ *de nieuwgeborene, de pasgeborene, de kleine wereldburger* **3.1** make a/no ~ of s.o. *iem. koeltjes/hartelijk bejegenen* **3.2** I spy ~s *ik verzoek de zitting met gesloten deuren voort te laten zetten* ⟨v. Lagerhuis⟩ **5.1** Simon has become quite a ~ *we zien Simon nog maar zelden* **6.1** be a/no ~ **to** sth. *iets nooit/vaak meegemaakt hebben;* ⟨jur.⟩ be a ~ **to** *ergens part noch deel aan hebben;* Simon is no ~ **to** me *ik ken Simon heel goed;* be a ~ **to** the town *niet bekend zijn in de stad* **7.1** I'm a ~ here *ik ben hier vreemd*.

stranger[2] ⟨f1⟩⟨bn.⟩ **0.1** ***vreemd*** ⇒*onbekend, uitheems*.

stran·gle ['stræŋgl]⟨f2⟩⟨ww.⟩
I ⟨onov.ww.⟩ **0.1** ***stikken;***
II ⟨ov.ww.⟩ **0.1** ***wurgen*** ⇒*kelen, doen/laten stikken* **0.2** ***smoren*** ⇒*verstikken* **0.3** ***onderdrukken*** ⇒*smoren* ⟨neiging, kreet⟩.

'stran·gle·hold ⟨f1⟩⟨telb.zn.⟩ **0.1** ***wurggreep*** ⇒*verstikkende greep;* ⟨fig.⟩ *onbeperkte macht* ◆ **6.1** have a ~ **on** *in zijn greep/macht hebben*.

stran·gler ['stræŋglə‖-ər]⟨f1⟩⟨telb.zn.⟩ **0.1** ***wurger*** ⇒*wurgmoordenaar*.

stran·gles ['stræŋglz]⟨mv.; ww. vaak enk.⟩ **0.1** ***goedaardige droes*** ⟨klierzwelling bij hoefdieren⟩.

stran·gu·late ['stræŋgjʊleɪt‖-gjə-]⟨ov.ww.⟩ **0.1** ***wurgen*** **0.2** ⟨med.⟩ ***beknellen*** ⇒*af/beklemmen* ◆ **1.2** ~d hernia *beklemde/beknelde breuk*.

stran·gu·la·tion ['stræŋgjʊ'leɪʃn‖-gjə-]⟨f1⟩⟨telb. en n.-telb.zn.⟩ **0.1** ***wurging*** **0.2** ⟨med.⟩ ***beknelling*** ⇒*beklemming*.

stran·gu·ry ['stræŋgjʊri‖-gjəri]⟨telb. en n.-telb.zn.; →mv. 2⟩ ⟨med.⟩ **0.1** ***strangurie*** ⇒*het moeilijk urineren*.

strap[1] [stræp]⟨f2⟩⟨zn.⟩
I ⟨telb.zn.⟩ **0.1** ***riem*** ⇒⟨tech.⟩ *drijfriem* **0.2** ***band(je)*** **0.3** ⟨tech.⟩ ***strop*** ⇒*band, reep* ⟨ook v. metaal⟩ **0.4** ***lus*** ⟨in tram e.d.⟩ ⇒*beugel* **0.5** ⟨IE⟩ ***hoer*** ⇒*slet, del;*
II ⟨n.-telb.zn.; vaak the⟩ **0.1** ***de knoet*** ⇒*pak rammel/ransel*.

strap[2] ⟨f2⟩⟨ov.ww.; →ww. 7⟩ →strapped, strapping **0.1** ***vastbinden*** ⇒*vastsnoeren, vastgespen* **0.2** ***verbinden*** ⇒*met pleisters afdekken* **0.3** ***pak rammel/ransel geven*** **0.4** ***aanzetten*** ⟨scheermes⟩ **0.5** ⟨zelden; inf.⟩ ***plukken*** ⇒*uitkleden, van zijn laatste geld beroven* ◆ **5.1** ~ **down** *dichtgespen;* ~ **on** a saddle *een zadel aangespen;* ~ **up** a suitcase *een koffer met riemen dichtmaken* **5.2** ~ **up** a wound *een wond stevig verbinden* **6.1** ~ a rucksack **on(to)** one's back *een rugzak op zijn rug gespen*.

'strap·hang ⟨onov.ww.⟩⟨inf.⟩ **0.1** ***aan de lus hangen*** ⟨in tram e.d.⟩.

strap·hang·er ⟨telb.zn.⟩ **0.1** ***lushanger*** ⟨in tram e.d.⟩.

'strap-'laid ⟨bn.⟩ **0.1** ***tweedraads*** ⟨touwwerk⟩.

strap·less ['stræpləs]⟨f1⟩⟨bn.⟩⟨mode⟩ **0.1** ***strapless*** ⇒*zonder schouderbandjes*.

'strap-oil ⟨telb.zn.⟩⟨sl.⟩ **0.1** ***afranseling*** ⟨met riem⟩.

strap·pa·do[1] [strə'pɑ:doʊ, -'peɪ-]⟨telb.zn.; ook -es; →mv. 2⟩ ⟨gesch.⟩ **0.1** ***wipgalg***.

strappado[2] ⟨ov.ww.; →ww. 7⟩⟨gesch.⟩ **0.1** ***wippen*** ⇒*aan de wipgalg straffen*.

strapped [stræpt]⟨bn.; volt. deelw. v. strap⟩ **0.1** ***vastgebonden*** ⇒*vastgegespt* **0.2** ***verbonden*** ⇒*opgebonden* **0.3** ⟨inf.⟩ ***berooid*** ⇒*platzak, blut*.

strap·per ['stræpə‖-ər]⟨telb.zn.⟩ **0.1** ***poteling*** ⇒*flinkerd*.

strap·ping[1] ['stræpɪŋ]⟨zn.; (oorspr.) gerund v. strap⟩
I ⟨telb.zn.⟩ **0.1** ***aframmeling*** ⇒*pak rammel/ransel;*
II ⟨n.-telb.zn.⟩ **0.1** ***pleister(s)*** ⟨om verband op zijn plaats te houden⟩ **0.2** ***het vastbinden*** **0.3** ***het verbinden*** **0.4** ***riemen*** ⇒*banden*.

strapping[2] ⟨bn.⟩ **0.1** ***flink*** ⇒*potig, stoer*.

'strap-work ⟨n.-telb.zn.⟩ **0.1** ***vlechtbandmotief***.

Stras·bourg ['stræzbɜ:g‖-bɜrg]⟨eig.n.⟩ **0.1** ***Straatsburg***.

strass [stræs]⟨n.-telb.zn.⟩ **0.1** ***stras*** ⇒*namaakjuwelen*.

strata ⟨mv.⟩ →stratum.

strat·a·gem ['stræṭədʒəm]⟨f1⟩⟨telb.zn.⟩ **0.1** ***(krijgs)list*** ⇒*stratagème*.

stra·tal ['streɪṭl]⟨bn., attr.⟩⟨wet.⟩ **0.1** ***laag*** ⇒*lagen-, in lagen, gelaagd*.

stra·te·gic [strə'ti:dʒɪk], **stra·te·gi·cal** [-ɪkl]⟨f2⟩⟨bn.; -(al)ly; →bijw. 3⟩ **0.1** ***strategisch***.

stra·te·gics [strə'ti:dʒɪks]⟨n.-telb.zn.⟩⟨mil.⟩ **0.1** ***strategie***.

strat·e·gist ['stræṭɪdʒɪst]⟨f1⟩⟨telb.zn.⟩ **0.1** ***strateeg***.

strat·e·gus [strə'ti:gəs]⟨telb.zn.; strategi [-dʒaɪ]; →mv. 5⟩⟨gesch.⟩ **0.1** ***legeraanvoerder*** ⇒*veldheer* ⟨i.h.b. in de Griekse oudheid⟩ **0.2** ***strateeg*** ⇒*opperbevelhebber* ⟨in Athene⟩.

strat·e·gy ['stræṭədʒi]⟨f2⟩⟨zn.; →mv. 2⟩
I ⟨telb.zn.⟩ **0.1** ***plan*** ⇒*methode, strategie;*
II ⟨n.-telb.zn.⟩ **0.1** ***strategie*** ⇒*beleid*.

strath [stræθ]⟨telb.zn.⟩⟨Sch. E⟩ **0.1** ***(breed)dal***.

strath·spey ['stræθ'speɪ]⟨telb.zn.⟩⟨Sch. E⟩ **0.1** ***(muziek voor een) Schotse dans***.

strati ⟨mv.⟩ →stratus.

stra·tic·u·late [strə'tɪkjʊlət‖-kjə-]⟨bn.⟩⟨geol.⟩ **0.1** ***gelaagd*** ⇒*in dunne lagen*.

strat·i·fi·ca·tion ['stræṭɪfɪ'keɪʃn]⟨f1⟩⟨zn.⟩
I ⟨telb.zn.⟩ **0.1** ⟨ook geol.⟩ ***gelaagdheid*** ⇒*verdeling in lagen, stratificatie* ◆ **2.1** social ~ *maatschappelijke gelaagdheid;*
II ⟨n.-telb.zn.⟩ **0.1** ***laagvorming***.

strat·i·fi·ca·tion·al ['stræṭɪfɪ'keɪʃnəl]⟨bn., attr.⟩ **0.1** ***lagen-*** ⇒*mbt. gelaagdheid* ◆ **1.1** ⟨taalk.⟩ ~ grammar *stratificationele grammatica* ⟨waarbij taal op verschillende structurele strata wordt beschreven⟩.

strat·i·form ['stræṭɪfɔ:m‖'stræṭɪfɔrm]⟨bn.⟩ **0.1** ***gelaagd*** ⇒*laagvormig*.

strat·i·fy ['stræṭɪfaɪ]⟨f1⟩⟨ww.; →ww. 7⟩
I ⟨onov.ww.⟩ **0.1** ***lagen vormen*** ⇒*gelaagd zijn/worden;*
II ⟨ov.ww.⟩ **0.1** ***in lagen verdelen*** ⟨ook fig.⟩ ◆ **1.1** ⟨stat.⟩ stratified sample *gelede/gelaagde/gestratificeerde steekproef;* stratified society/soil *gelaagde maatschappij/bodem*.

strat·i·graph·ic ['stræṭɪ'græfɪk], **strat·i·graph·i·cal** [-ɪkl]⟨bn.; -(al)ly; →bijw. 3⟩⟨geol.⟩ **0.1** ***stratigrafisch***.

stra·tig·ra·phy [strə'tɪgrəfi]⟨n.-telb.zn.⟩⟨geol.⟩ **0.1** ***stratigrafie*** ⇒*leer v.d. aardlagen*.

stra·to·cir·rus ['stræṭoʊ'sɪrəs]⟨telb.zn.; stratocirri [-raɪ]; →mv. 5⟩ ⟨meteo.⟩ **0.1** ***stratocirrus*** ⇒*lage vederwolk*.

stra·toc·ra·cy [strə'tɒkrəsi‖-'tɑ-]⟨telb.zn.; →mv. 2⟩ **0.1** ***militair bewind***.

stra·to·cruis·er ['strætoʊkru:zə‖'stræṭoʊkru:zər]⟨telb.zn.⟩ **0.1** ***straalvliegtuig***.

stra·to·cu·mu·lus ['stræţoʊ'kju:mjələs]⟨telb.zn.; stratocumuli [-laɪ]; →mv. 5⟩⟨meteo.⟩ 0.1 ***stratocumulus***.
stra·to·pause ['stræţoʊpɔ:z]⟨n.-telb.zn.⟩⟨meteo.⟩ 0.1 ***stratopauze*** ⟨laag tussen stratosfeer en ionosfeer⟩.
strat·o·sphere ['strætəsfɪə||'stræţəsfɪr]⟨n.-telb.zn.⟩ 0.1 ***stratosfeer***.
strat·o·spher·ic ['stræţə'sferɪk]⟨bn., attr.⟩ 0.1 ***stratosferisch*** 0.2 ***buitengewoon hoog*** ◆ 1.2 ⟨fig.⟩ ~ interest rates *buitengewone hoge rentevoet*.
stra·tum ['strɑ:təm||'streɪţəm,'stræ-]⟨f1⟩⟨telb.zn.; strata ['strɑ:tə||'streɪţə,'stræ-]; →mv. 5⟩ 0.1 ***laag*** ⇒*stratum* ⟨v. bodem, weefsel enz.; ook fig.⟩ ◆ 2.1 he and I belong to different social strata *er is een standsverschil tussen hem en mij*.
stra·tus ['strɑ:təs||'streɪţəs,'stræ-]⟨telb.zn.; strati [-aɪ]; →mv. 5⟩ ⟨meteo.⟩ 0.1 ***stratus*** ⇒*laagwolk*.
straw[1] [strɔ:]⟨f3⟩⟨zn.⟩⟨→sprw. 126, 376, 633⟩
I ⟨telb.zn.⟩ 0.1 ***strohalm*** ⇒*strootje* 0.2 ***rietje*** ⟨om mee te drinken⟩ 0.3 ***strooien hoed*** 0.4 ⟨alleen enk.⟩ ***zier*** ◆ 1.¶ the ~ that broke the camel's back *de druppel die de emmer deed overlopen;* a ~ in the wind *een voorteken, een eerste aankondiging, een teken aan de wand* 2.1 the last ~ *de druppel die de emmer doet overlopen* 2.4 not worth a ~ *niets waard* 3.1 catch/clutch/grasp at a ~/at ~s (like a drowning man) *zich aan iedere kleinigheid vastklampen;* draw ~s *strootje trekken* 3.4 not care a ~ about *geen moer geven om* 3.¶ her eye(lid)s began to draw/gather/pick ~ *haar ogen begonnen dicht te vallen;*
II ⟨n.-telb.zn.⟩ 0.1 ***stro*** ◆ 6.1 **in** the ~ *in het kraambed*.
straw[2] ⟨f1⟩⟨bn., attr.⟩ 0.1 ***strooien*** ⇒*stro-, van stro* 0.2 ***nietszeggend*** ⇒*onbelangrijk, nietswaardig* ◆ 1.2 ~ bail *ongeldige borgstelling;* ⟨AE⟩ ~ ballot/poll/vote *opiniepeiling, opinieonderzoek;* ⟨AE⟩ ~ boss *onderbaas, voorman;* ⟨AE⟩ ~ bid *schijnbod*.
straw[3] ⟨ov.ww.⟩ 0.1 ***met stro bedekken*** 0.2 →strew.
straw·ber·ry ['strɔ:bri||'strɔberi]⟨f2⟩⟨zn.; →mv. 2⟩
I ⟨telb.zn.⟩ 0.1 ***aardbeiplant*** 0.2 ***aardbei;***
II ⟨n.-telb.zn.; vaak attr.⟩ 0.1 ***donkerroze*** ◆ 3.¶ crushed ~ *karmozijn(rood)*.
'strawberry 'blonde ⟨zn.⟩
I ⟨telb.zn.⟩ 0.1 ***rossige vrouw;***
II ⟨n.-telb.zn.; vaak attr.⟩ 0.1 ***rossig*** ⇒*rosblond* ⟨v. haar⟩.
'strawberry leaf ⟨zn.⟩
I ⟨telb.zn.⟩ 0.1 ***aardbeiblad;***
II ⟨mv.; strawberry leaves; the⟩⟨BE⟩ 0.1 ***hertogelijke/grafelijke waardigheid*** ⟨naar patroon op hertogskroon⟩.
'strawberry mark ⟨telb.zn.⟩⟨med.⟩ 0.1 ***aardbeivlek*** ⇒*frambozevlek, vaatgezwel, angioom*.
'strawberry 'pear ⟨telb.zn.⟩⟨plantk.⟩ 0.1 ***slingercactus*** ⟨Hylocereus undatus⟩.
'strawberry 'roan ⟨telb.zn.⟩ 0.1 ***rossig-grijs paard***.
'strawberry 'tongue ⟨telb.zn.⟩⟨med.⟩ 0.1 ***frambozetong***.
'strawberry tree ⟨telb.zn.⟩⟨plantk.⟩ 0.1 ***aardbeiboom*** ⟨Arbutus unedo⟩.
'straw·board ⟨n.-telb.zn.⟩ 0.1 ***strokarton***.
'straw boss ⟨telb.zn.⟩⟨AE; inf.⟩ 0.1 ***(assistent-)ploegbaas***.
'straw·col·our, 'straw·col·oured ⟨bn.⟩ 0.1 ***strokleurig*** ⇒*strogeel*.
'straw-cut·ter ⟨telb.zn.⟩ 0.1 ***strosnijmachine*** ⇒*hakselmachine*.
'straw-hat ⟨bn., attr.⟩⟨AE⟩ 0.1 ⟨ong.⟩ ***zomer-*** ⇒*buiten-* ◆ 1.1 ~ theater *zomertheater, openluchttheater*.
straw man ['strɔ:mən]⟨telb.zn.; straw men [-mən]; →mv. 3⟩⟨vnl. AE⟩ 0.1 ***stropop*** ⇒⟨fig. ook⟩ *stroman, marionet*.
'straw ride ⟨telb.zn.⟩⟨AE⟩ 0.1 ***ritje op een hooiwagen***.
'straw stem ⟨telb.zn.⟩ 0.1 ***(wijnglas met) aan de kelk vastgeblazen steel***.
'straw·worm ⟨telb.zn.⟩⟨dierk.⟩ 0.1 ***kokerjuffer*** ⟨Harmolita grandis⟩.
straw·y ['strɔ:i]⟨bn.; -er; →compar. 7⟩ 0.1 ***stroachtig*** ⇒*als stro*.
stray[1] [streɪ]⟨f1⟩⟨zn.⟩
I ⟨telb.zn.⟩ 0.1 ***zwerver*** ⇒*verdoolde, verdwaalde* ⟨ook fig.⟩; ⟨i.h.b.⟩ *zwerfdier* 0.2 ***ontheemd kind*** ⇒*dakloos kind* 0.3 ⟨meestal mv.⟩⟨tech.⟩ ***atmosferische storing*** ◆ 3.1 a Bible on the detective shelf? that must be a ~ *een bijbel op de plank met detectives? Die is daar vast verdwaald;*
II ⟨n.-telb.zn.⟩⟨BE⟩ 0.1 ***recht zijn vee te laten grazen***.
stray[2] ⟨f2⟩⟨bn., attr.⟩ 0.1 ***verdwaald*** ⇒*zwervend, verdoold, afgedwaald* 0.2 ***verspreid*** ⇒*los, sporadisch, toevallig* ◆ 1.1 ~ bullet *verdwaalde kogel;* ~ cats *zwerfkatten;* ⟨elek.⟩ ~ current *zwerfstroom* 1.2 there were some ~ cars in the streets *in de straten reed hier en daar een auto;* a shop with a ~ customer coming in *een winkel met zo nu en dan eens een klant;* ~ remarks *verspreide/losse opmerkingen*.
stray[3] ⟨f1⟩⟨onov.ww.⟩ 0.1 ***dwalen*** ⇒*dolen, rondzwerven* ⟨ook fig.⟩ 0.2 ***het slechte pad opgaan*** ◆ 6.1 ~ **from** the subject *v.h. onderwerp afdwalen*.

stray·ling ['streɪlɪŋ]⟨telb.zn.⟩ 0.1 ***verdwaalde*** ⇒*zwerver*.
streak[1] [stri:k]⟨f2⟩⟨telb.zn.⟩ 0.1 ***streep*** ⇒*lijn, strook, veeg* 0.2 ***flits*** 0.3 ***(karakter)trek*** ⇒*element, tikje* 0.4 ***reeks*** ⇒*serie, periode* 0.5 ⟨geol.⟩ ***streep(kleur)*** ⟨test(resultaat) om mineralen van elkaar te onderscheiden⟩ ◆ 1.1 a ~ of light in the East *een streepje licht in het oosten;* yellow with ~s of red *geel met rode vegen* 1.2 a ~ of lightning *een bliksemflits;* like a ~ of lightning *bliksemsnel* 1.3 there's a ~ of madness in Mel *er zit (ergens) een draadje los bij Mel* 1.4 a ~ of luck *een periode waarin het meezit* 2.4 hit a winning ~ *een reeks overwinningen/successen behalen;* suffer a losing ~ *een reeks nederlagen/verliezen lijden*.
streak[2] ⟨f1⟩⟨ww.⟩ →streaked
I ⟨onov.ww.⟩ 0.1 ***(weg)schieten*** ⇒*flitsen, snellen, ijlen* 0.2 ⟨inf.⟩ ***streaken*** ⇒⟨B.⟩ *(bloot/naakt)flitsen* ⟨praktisch naakt rondrennen⟩ 0.3 ***strepen krijgen*** ◆ 5.1 the rabbit ~ed **off** into the woods *het konijn schoot als een pijl uit een boog het bos in;*
II ⟨ov.ww.⟩ 0.1 ***strepen zetten op*** ⇒*strepen maken in* ◆ 6.1 ~ed **with** grey *met grijze strepen*.
streaked [stri:kt]⟨bn.; volt. deelw. v. streak⟩ 0.1 ***doorregen*** ⟨v. spek⟩ 0.2 ⟨AE⟩ ***geschrokken*** ⇒*ontsteld* 0.3 ⟨AE⟩ ***slecht op zijn gemak***.
streak·er ['stri:kə||-ər]⟨f1⟩⟨telb.zn.⟩⟨inf.⟩ 0.1 ***streaker*** ⇒⟨B.⟩ *flitser* ⟨iem. die praktisch naakt rondrent⟩.
streak·y ['stri:ki]⟨f1⟩⟨bn.; -er; -ly; -ness; →bijw. 3⟩ 0.1 ***gestreept*** ⇒*met strepen, doorregen* ⟨v. spek⟩ 0.2 ***ongelijk*** ⇒*wisselend, veranderlijk, variabel*.
stream[1] [stri:m]⟨f3⟩⟨telb.zn.⟩⟨→sprw. 93, 490⟩ 0.1 ***stroom(pje)*** ⇒*water, beek, rivier* 0.2 ⟨meestal enk.⟩ ***stroomrichting*** ⇒*stroom* 0.3 ⟨vnl. enk.⟩ ***stroming*** ⇒*stroom, heersende mening, algemene opinie* 0.4 ***(stort)vloed*** ⇒*stroom* 0.5 ⟨BE; school.⟩ ***richting*** ⇒*stroom, afdeling, niveaugroep* ◆ 1.4 a ~ of abuse *een stortvloed van scheldwoorden;* ⟨lit.⟩ ~ of consciousness *monologue intérieur* 6.2 **up/down** the ~ *stroomop/afwaarts* 6.3 go/swim **with/against** the ~ *met de stroom mee/tegen de stroom in gaan* 6.¶ ⟨ind.⟩ take **off** ~ *stilleggen, stopzetten* ⟨fabriek, proces⟩; ⟨ind.⟩ put **on** ~ *op gang brengen, in gebruik/bedrijf stellen* ⟨fabriek, continu proces⟩.
stream[2] ⟨f2⟩⟨ww.⟩
I ⟨onov.ww.⟩ 0.1 ***stromen*** ⇒*vloeien, lopen* ⟨ook fig.⟩ 0.2 ***druipen*** ⇒*kletsnat zijn/worden, vloeien, lopen* ⟨bv. neus⟩ 0.3 ***wapperen*** ⇒*waaien, fladderen* ◆ 1.2 have a ~ing cold *snipverkouden zijn* 6.1 the blood ~ed **down** Ned's nose *het bloed stroomde langs Neds neus naar beneden;* they ~ed **out of** the church *ze stroomden de kerk uit* 6.2 his face was ~ing **with** sweat *het zweet liep hem langs het gezicht;*
II ⟨ov.ww.⟩ 0.1 ***doen stromen*** ⇒*druipen van* 0.2 ⟨BE; school.⟩ ***indelen*** ⇒*groeperen* ⟨leerlingen naar begaafdheid⟩ 0.3 ***laten wapperen*** 0.4 ⟨tech.⟩ ***wassen*** ⟨tinerts⟩ 0.5 ⟨scheep.⟩ ***uitgooien*** ⟨boei⟩ ◆ 1.1 the wound was ~ing blood *het bloed gutste uit de wond*.
'stream-an·chor ⟨telb.zn.⟩⟨scheep.⟩ 0.1 ***stopanker*** ⇒*stroomanker*.
stream·er ['stri:mə||-ər]⟨f1⟩⟨telb.zn.⟩ 0.1 ***wimpel*** 0.2 ***serpentine*** 0.3 ***loshangend lint*** 0.4 ***loshangende veer*** 0.5 ⟨AE⟩ ***paginabrede (krante)kop*** 0.6 ⟨meteo.⟩ ***straal v.h. noorderlicht*** 0.7 ⟨parachutespringen⟩ ***winddrifter*** ⇒*sikkie*.
'streamer 'headline ⟨telb.zn.⟩⟨AE⟩ 0.1 ***paginabrede (krante)kop***.
stream·let ['stri:mlɪţ]⟨telb.zn.⟩ 0.1 ***stroompje*** ⇒*beekje*.
'stream·line[1] ⟨telb.zn.; alleen enk.⟩ 0.1 ***stroomlijn***.
streamline[2] ⟨f1⟩⟨ov.ww.⟩ →streamlined 0.1 ***stroomlijnen*** ⇒⟨fig.⟩ *lijn brengen in, vereenvoudigen, simplificeren* ◆ 1.1 ~ an organization *een organisatie stroomlijnen/efficiënter maken*.
stream·lined ['stri:mlaɪnd]⟨f1⟩⟨bn.; volt. deelw. v. streamline⟩ 0.1 ***gestroomlijnd*** ⟨ook fig.⟩ ◆ 1.1 a ~ version of an old model *een verbeterde/gemoderniseerde versie v.e. oud model*.
street [stri:t]⟨f4⟩⟨zn.⟩
I ⟨telb.zn.⟩ 0.1 ***straat*** ⇒*weg, straatweg* ◆ 2.1 through ~ *straat voor doorgaand verkeer;* not a through ~ *doodlopende straat;* the whole ~ helped her *de hele straat hielp haar, iedereen in de straat hielp haar* 3.1 be on/go on/walk the ~s *dakloos zijn/worden, op straat zwerven;* cross the ~ *de straat oversteken;* go across the ~ *de straat oversteken;* go down the ~ *de straat aflopen;* hit the ~ *de straat oplopen, de stad intrekken, de hort op gaan, naar buiten gaan;* turn s.o. out into the ~ *iem. op straat zetten/gooien, iem. aan de deur zetten, iem. eruit gooien* 3.¶ be on/go on/walk the ~s *gaan tippelen, de baan opgaan;* ⟨sl.⟩ put it on the ~ *inlichtingen verstrekken; bekend maken; verklappen;* walk the ~s *de straten aflopen op zoek naar werk* 5.1 ⟨inf.⟩ ~s **ahead** (of) *(mijlen) ver uitstekend boven, veel beter dan* 6.1 ⟨BE⟩ **in**/⟨AE⟩ **on** the ~ *op straat;* windows looking **on** the ~ *ramen die uitzien op de straat;* (just/right) **up/down** one's ~ *een kolfje naar zijn hand;* that's (just/right) **up/down** my ~ *dat is precies in mijn straatje,*

dat is een kolfje naar mijn hand; that's not **up** my ~ *dat is niets voor mij / mijn vak niet* **7.¶** ⟨inf.⟩ not be in the same ~ as / with *niet kunnen tippen aan, niet v. hetzelfde kaliber zijn als;*
II ⟨n.-telb.zn.; the S-⟩ **0.1** ⟨BE⟩ ***Fleetstreet*** **0.2** ⟨AE⟩ ***Wallstreet*** **0.3** ⟨geldw.⟩ ***nabeurs*** *⇒straatbeurs* **0.4** ⟨sl.⟩ ***vermaakscentrum*** ⟨bv. Broadway⟩ ◆ **6.3 in** the ~ *na sluitingstijd* ⟨v. beurs⟩; *op de nabeurs.*

'street Arab ⟨telb.zn.⟩ **0.1** ***straatbengel*** *⇒straatvlegel / jongen, boefje* **0.2** ***dakloos kind.***

'street·car ⟨f2⟩ ⟨telb.zn.⟩ ⟨AE⟩ **0.1** ***tram.***

'street cleaning machine ⟨telb.zn.⟩ **0.1** ***veegmachine.***

'street corner ⟨telb.zn.⟩ **0.1** ***straathoek*** *⇒hoek v.e. straat.*

'street credibility, 'street cred ⟨n.-telb.zn.⟩ ⟨inf.⟩ **0.1** ***geloofwaardigheid / populariteit (bij de jeugd)*** *⇒straatimago.*

'street cry ⟨telb.zn.; vnl. mv.⟩ ⟨BE⟩ **0.1** ***straatroep*** *⇒straatkreet.*

'street dog ⟨telb.zn.⟩ **0.1** ***straathond.***

'street 'door ⟨telb.zn.⟩ **0.1** ***voordeur*** *⇒straatdeur, huisdeur.*

'street furniture ⟨n.-telb.zn.⟩ ⟨sl.⟩ **0.1** ***grofvuilmeubilair*** ⟨ingepikt voor eigen gebruik⟩ **0.2** ⟨bouwk.; scherts.⟩ ***straatmeubilair*** ⟨bv. lampen, parkeermeters enz.⟩.

'street gang ⟨telb.zn.⟩ **0.1** ***straatbende.***

'street girl ⟨telb.zn.⟩ **0.1** ***hippiemeisje*** *⇒verwaarloosd meisje dat op straat loopt* **0.2** →streetwalker.

'street·lamp, 'street·light ⟨telb.zn.⟩ **0.1** ***straatlamp*** *⇒straatlantaarn / licht.*

'street level ⟨n.-telb.zn.⟩ **0.1** ***gelijkvloers.***

'street lighting ⟨n.-telb.zn.⟩ **0.1** ***straatverlichting.***

'street map, 'street plan ⟨telb.zn.⟩ **0.1** ***stratenplan*** *⇒wegenkaart.*

'street market ⟨n.-telb.zn.⟩ **0.1** ***nabeurs*** *⇒straatbeurs.*

'street noise ⟨n.-telb.zn.⟩ **0.1** ***straatlawaai*** *⇒straatgerucht.*

'street offence ⟨telb.zn.⟩ **0.1** ***straatschenderij*** *⇒schending der openbare eerbaarheid.*

'street people ⟨mv.⟩ ⟨AE⟩ **0.1** ***(soort) clochards*** **0.2** ⟨sl.⟩ ***hippies.***

'street performer ⟨telb.zn.⟩ **0.1** ***straatkunstenaar.***

'street pizza ⟨telb.zn.⟩ ⟨AE; sl.; skateboarding⟩ **0.1** ***schaafwond.***

'street 'railway ⟨telb.zn.⟩ ⟨AE⟩ **0.1** ***tramlijn.***

'street refuge ⟨telb.zn.⟩ **0.1** ***vluchtheuvel.***

'street roller ⟨telb.zn.⟩ **0.1** ***straatwals.***

'street·scape ⟨telb.zn.⟩ **0.1** ***straatbeeld*** *⇒straatgezicht* **0.2** ***afbeelding v.e. straat*** *⇒schilderij v.e. straat.*

street-smart →streetwise.

'street sweeper, 'street cleaner ⟨telb.zn.⟩ **0.1** ***straatveger*** *⇒straatveegmachine.*

'street time ⟨telb.zn.⟩ ⟨sl.⟩ **0.1** ***proef / verloftijd*** ⟨v. gevangene⟩.

'street trader ⟨telb.zn.⟩ **0.1** ***straatventer*** *⇒straathandelaar / koopman.*

'street value ⟨f1⟩ ⟨telb.zn.⟩ **0.1** ***handelswaarde*** *⇒straatwaarde* ◆ **1.1** drugs with a ~ of £ 30,000 *drugs voor een handelswaarde v. 30.000 pond.*

'street vendor ⟨telb.zn.⟩ **0.1** ***venter.***

'street·walk·er, 'street girl ⟨telb.zn.⟩ **0.1** ***tippelaarster*** *⇒straatmeid / hoer.*

'street·walk·ing ⟨n.-telb.zn.⟩ **0.1** ***straatprostitutie*** *⇒het tippelen.*

street·ward[1] ['stri:twəd‖-wərd] ⟨bn.⟩ **0.1** ***naar de straat gekeerd / gericht.***

streetward[2] ⟨bw.⟩ **0.1** ***naar de straat.***

'street·wise, 'street-smart ⟨bn.⟩ ⟨inf.⟩ **0.1** ***door het leven gehard*** *⇒door de wol geverfd, slim, gewiekst, doortrapt* ⟨op de hoogte van wat er op straat reilt en zeilt⟩.

stre·ga ['streɪgə] ⟨n.-telb.zn.⟩ **0.1** ***strega*** ⟨Italiaanse likeur⟩.

strength [streŋ(k)θ] ⟨f3⟩ ⟨n.-telb.zn.⟩ ⟨→sprw. 634⟩ **0.1** ***sterkte*** ⟨ook fig.⟩ *⇒kracht(en), krachtbron, macht, vermogen* **0.2** ***(getal) sterkte*** *⇒macht, talrijkheid, bezetting, aantal* **0.3** ***gehalte*** *⇒concentratie, zwaarte* ⟨v. tabak⟩, *sterkte* **0.4** ⟨sl.⟩ ***(grove) winst(en)*** **0.5** ⟨vero.⟩ ***vesting*** *⇒fort, sterkte* ◆ **1.1** ~ of character *karaktersterkte;* ~ of evidence *bewijskracht;* God is our ~ *God is onze sterkte en kracht;* ~s and weaknesses *sterke en zwakke punten* **3.1** measure one's ~ with *zijn krachten meten met* **3.¶** ⟨inf.⟩ give me ~! *wel, allemachtig!* **4.1** that is not his ~ *dat is zijn fort / sterkste punt niet* **6.1 on** the ~ of *op grond van, krachtens, uitgaand van, vertrouwend op* **6.2 at** half ~ *op halve sterkte;* **below / under** ~ *niet op sterkte, onder de volle sterkte;* **in** full ~ *voltallig;* **in** (great) ~ *in groten getale;* (mil.) **off** the ~ *buiten de formatie;* **on** the ~ *op de monsterrol, in dienst;* ⟨mil.⟩ *tot de formatie behorend;* ⟨mil.⟩ **off / on** the ~ *zonder / met verlof der legerautoriteiten;* (bring) **up to** (full) ~ *op (volle) sterkte (brengen), voltallig maken* **6.5 from** ~ *vanuit een sterke positie* **6.¶** go **from** ~ **to** ~ *het ene succes na het andere behalen.*

strength·en ['streŋ(k)θən] ⟨f3⟩ ⟨ww.⟩
I ⟨onov.ww.⟩ **0.1** ***sterk(er) worden*** *⇒aansterken, in kracht toenemen;*
II ⟨ov.ww.⟩ **0.1** ***sterk(er) maken*** *⇒versterken, verstevigen.*

strength·en·er ['streŋ(k)θnə‖-ər] ⟨telb.zn.⟩ **0.1** ***versterker*** *⇒versterkend middel.*

strength·less ['streŋ(k)θləs] ⟨bn.; -ly; -ness⟩ **0.1** ***krachteloos*** *⇒futloos, mat, zwak, machteloos.*

'strength training ⟨n.-telb.zn.⟩ ⟨sport⟩ **0.1** ***krachttraining.***

stren·u·os·i·ty ['strenjʊ'ɒsəti‖-'ɑsəṭi] ⟨n.-telb.zn.⟩ **0.1** ***energie*** *⇒kracht, ijver, intensiteit* **0.2** ***inspanning*** *⇒moeite.*

stren·u·ous ['strenjʊəs] ⟨f2⟩ ⟨bn.; -ly; -ness⟩ **0.1** ***zwaar*** *⇒inspannend, hard, veeleisend, vermoeiend* **0.2** ***energiek*** *⇒onvermoeibaar, fervent, ijverig, (over)actief* **0.3** ***luid*** *⇒fors, krachtig* ◆ **1.1** ~ efforts *zware inspanningen;* ~ life *inspannend leven* **1.2** ~ child *(hyper)actief kind.*

strep·i·tant ['strepɪṭənt], **strep·i·tous** ['strepɪṭəs] ⟨bn.⟩ **0.1** ***luid (ruchtig)*** *⇒druk, rumoerig.*

'strep 'throat ⟨telb. en n.-telb.zn.⟩ **0.1** ***keelontsteking.***

strep·to·coc·cal ['streptə'kɒkl‖-'kɑkl], **strep·to·coc·cic** [-'kɒk(s)ɪk‖-'kɑk(s)ɪk] ⟨bn.⟩ ⟨med.⟩ **0.1** ***streptokokken-.***

strep·to·coc·cus [-'kɒkəs‖-'kɑkəs], ⟨inf. ook⟩ **strep** [strep] ⟨telb.zn.; streptococci [-'kɒk(s)aɪ‖-'kɑk(s)aɪ]; →mv. 5⟩ ⟨med.⟩ **0.1** ***streptokok*** *⇒streptococcus.*

strep·to·my·cin [-'maɪsɪn] ⟨n.-telb.zn.⟩ ⟨med.⟩ **0.1** ***streptomycine.***

stress[1] [stres] ⟨f3⟩ ⟨telb. en n.-telb.zn.⟩ **0.1** ***spanning*** *⇒druk, pressie, (aan)drang, dwang, stress* **0.2** ***beklemtoning*** *⇒accentuering, nadruk, klem(toon), accent;* ⟨fig.⟩ *gewicht, belang, waarde, betekenis* **0.3** ⟨tech.⟩ ***spanning*** *⇒druk, belasting* ◆ **1.1** the ~ of business life *de stress / spanning(en) v.h. zakenleven;* moments of ~ *spannende momenten;* times of ~ *crisistijden* **3.1** put ~ on *(zwaar) belasten* **3.2** lay ~ on *beklemtonen, de nadruk leggen op, vooropstellen, v. betekenis vinden;* lay the ~ on *de klemtoon leggen op* **6.1 by** ~ of / **under** the ~ of circumstances *gedwongen door de omstandigheden;* **by / under** ~ of weather *in zwaar weer, door noodweer gedwongen;* (be) **under** ~ / subjected to great ~ *onder (hoog)spanning (staan), onder (hoge) druk (staan);* **under** the ~ of poverty *onder de druk v. armoede.*

stress[2] ⟨f3⟩ ⟨ov.ww.⟩ **0.1** ***beklemtonen*** ⟨ook fig.⟩ *⇒de nadruk leggen op, accentueren, op de voorgrond plaatsen, sterk doen uitkomen* **0.2** ***belasten*** ⟨lett. èn fig.⟩ *⇒onder druk / spanning zetten* **0.3** ***(ver)dragen*** *⇒kunnen hebben* ⟨bep. spanning⟩ ◆ **1.1** ~ the point that *met nadruk betogen dat;* ~ed syllable *beklemtoonde lettergreep* **5.1** we can't ~ enough that *we kunnen er niet voldoende de nadruk op leggen dat.*

-stress [strɪs] **0.1** ***-ster*** ◆ **¶.1** seamstress *naaister.*

'stress disease ⟨telb. en n.-telb.zn.⟩ **0.1** ***managerziekte.***

stress·ful ['stresfl] ⟨bn.; -ly; -ness⟩ **0.1** ***zwaar*** *⇒veeleisend, stressrijk, stressig.*

stress·less ['stresləs] ⟨bn.⟩ **0.1** ***zorgeloos*** *⇒zonder stress* **0.2** ***onbeklemtoond*** *⇒zonder accent.*

'stress mark ⟨telb.zn.⟩ **0.1** ***klemtoonteken*** *⇒accent.*

stres·sor ['stresə‖-ər] ⟨telb.zn.⟩ **0.1** ***stressveroorzakende factor.***

'stress test ⟨telb.zn.⟩ ⟨med.; sport⟩ **0.1** ***inspanningstest.***

stretch[1] [stretʃ] ⟨f3⟩ ⟨zn.⟩
I ⟨telb.zn.⟩ **0.1** ⟨ben. voor⟩ ***(groot) stuk*** ⟨land, weg, zee enz.⟩ *⇒uitgestrektheid, vlakte; eind(je), lap, stuk, traject; rak; slag* ⟨v. laverend schip⟩ **0.2** ⟨vnl. enk.⟩ ***rechte stuk*** ⟨v. renbaan⟩ **0.3** ***tijd (ruimte)*** *⇒tijdsspanne, periode, duur* **0.4** ⟨inf.⟩ ***straftijd*** *⇒*⟨i.h.b.⟩ *gevangenisstraf v.e. jaar* **0.5** ⟨vnl. enk.⟩ ***rekbeweging*** *⇒strekoefening* **0.6** ⟨vero.⟩ ***overdrijving*** ◆ **1.1** large ~es of open country *grote uitgestrektheden onbebouwd land;* ~ of road *eind / stuk weg* **2.2** final / ⟨AE⟩ home ~ *laatste stuk* ⟨v. renbaan⟩ **3.2** finishing ~ *laatste stuk* **3.4** do a ~ *brommen, zitten* **3.5** give / have a good ~ *zich flink uitrekken;* go for a ~ *zijn benen strekken, een wandelingetje maken* **3.6** it would be a ~ to claim that *het zou te veel gezegd zijn te beweren dat* **6.3** ten hours **at** a ~ *tien uur aan één stuk* **6.5 at** full ~ *languit, volledig uitgestrekt;*
II ⟨telb. en n.-telb.zn.⟩ **0.1** ***(uiterste) inspanning*** ⟨v. verbeelding, kracht⟩ *⇒*⟨bij uitbr.⟩ *misbruik, verruiming, verlenging* ◆ **1.1** ~ of authority *machtsmisbruik;* not by any ~ of the imagination *met de beste wil v.d. wereld niet;* it cannot be true, by any ~ of the imagination *het kan niet waar zijn, hoeveel fantasie men ook mag hebben;* ~ of language *onnauwkeurig taalgebruik* **6.1** ⟨vnl. BE⟩ **at** a ~ *desnoods; als het moet;* **at** full ~ *met inspanning van al zijn krachten, op volle toeren;* **on** the ~ *in volle vaart;* with every faculty **on** the ~ *met al zijn vermogens tot het uiterste gespannen;*
III ⟨n.-telb.zn.⟩ **0.1** ***rek(baarheid)*** *⇒elasticiteit* **0.2** ***spanning*** ◆ **3.2** bring to the ~ *(op)spannen* **6.2 on** the ~ *gespannen;*
IV ⟨mv.; ~es⟩ ⟨sl.⟩ **0.1** ***jarretelles.***

stretch[2] ⟨f3⟩ ⟨ww.⟩ →stretching ⟨→sprw. 635⟩
I ⟨onov.ww.⟩ **0.1** ***zich uitstrekken*** *⇒reiken, liggen* **0.2** ***gaan liggen*** *⇒zich neervleien, zich uitstrekken* **0.3** ***zich uitrekken*** *⇒rekoefeningen doen* **0.4** ***duren*** **0.5** ***voortmaken*** *⇒flink doorstappen, met volle zeilen varen* **0.6** ⟨sl.⟩ ***opgehangen / opgeknoopt worden*** ◆ **1.1**

his memories ~ to his childhood *zijn herinneringen gaan terug tot zijn kindertijd* **5.1** ~ **away** (to) *zich (eindeloos) uitstrekken (naar)* **5.2** ~ **out** *gaan liggen, zich uitstrekken;* be ~ed **out** *languit liggen* **5.3** ~ **out** *zich uitrekken* **5.4** ~ **over** a year *een jaar duren* **5.5** ~ **out** *flink aanstappen / aanpakken;* ~ **to** the oar / stroke *uit alle macht roeien;*

II ⟨onov. en ov.ww.⟩ **0.1** ***(uit)rekken*** ⟨ook fig.⟩ ⇒*verwijden, verlengen, verruimen* ◆ **1.1** ~ one's budget *zuinig omspringen / rondkomen met je geld;* ~ gloves *handschoenen oprekken;* ~ one's mind *zijn geest verruimen;* ~ the law *de wet ruim interpreteren;* ~ s.o.'s patience *iemands geduld op de proef stellen;* my new sweater ~ed when I washed it *mijn nieuwe sweater werd wijder / rekte uit toen ik hem waste* **5.1** ~ **out** an argument *een argument (nodeloos) uitspinnen;* ~ **out** *genoeg / voldoende (doen) zijn;* will the beer ~ **out?** *is er genoeg bier?;* ~ **out** the wine by putting water in it *zorgen dat de wijn genoeg is door er water bij te doen;*

III ⟨ov.ww.⟩ **0.1** ***(aan)spannen*** ⇒*opspannen, strak trekken* **0.2** ***(uit)strekken*** ⇒*reiken* **0.3** ***tot het uiterste inspannen*** ⇒ ⟨bij uitbr.⟩ *forceren, geweld aandoen, misbruiken* **0.4** ***verrekken*** **0.5** ***uithameren*** ⇒*uitsmeden* **0.6** ⟨inf.⟩ ***vellen*** ⇒*neerslaan* **0.7** ⟨sl.⟩ ***een stukje langer maken*** ⟨door op te hangen / op pijnbank te leggen⟩ ⇒*uitrekken, opknopen* **0.8** ⟨vnl. gew.⟩ ***afleggen*** ⟨lijk⟩ ◆ **1.1** ~ a rope *een touw spannen* **1.3** ~ one's powers *zich forceren;* ~ the rules *het reglement omzeilen, de regels overtreden* **1.4** ~ a tendon *een pees verrekken* **4.2** ~ o.s *zich uitrekken* **4.3** ~ o.s. *zich tot het uiterste inspannen* **4.5** ~ s.o. (on the ground) *iem. in het stof doen bijten* **5.2** ~ **forth / out** *uitstrekken, uitsteken* ⟨hand⟩ **5.3** be fully ~ed *op volle toeren draaien, zich helemaal geven* **¶.3** that's rather ~ed *dat is nogal overdreven, dat is tamelijk vergezocht.*

stretch·able ['stretʃəbl] ⟨bn.⟩ **0.1** ***rekbaar*** ⇒*elastisch.*

stretch·er ['stretʃə‖-ər] ⟨f1⟩ ⟨telb.zn.⟩ **0.1** ***brancard*** ⇒*draagbaar* **0.2** ***rekker*** ⇒*handschoenrekker, schoenspanner* **0.3** ***spanraam*** **0.4** ***dwarshout*** ⇒*dwarsbalk* **0.5** ***strekse steen*** **0.6** ⟨inf.⟩ ***sterk verhaal*** ⇒*overdrijving, leugen* **0.7** ⟨roeisport⟩ ***spoorstok*** ⇒*voet(en)bord* **0.8** ⟨sl.⟩ ***hals*** **0.9** ⟨vnl. Austr. E⟩ ***(opklapbaar) veldbed*** ⇒*stretcher.*

'stretch·er-bear·er ⟨telb.zn.⟩ **0.1** ***ziekendrager*** ⇒*brancardier.*

'stretcher bond, 'stretching bond ⟨n.-telb.zn.⟩ **0.1** ***halfsteensverband.***

'stretcher course, 'stretching course ⟨telb.zn.⟩ **0.1** ***strekse laag.***

'stretcher 'off ⟨ov.ww.⟩ ⟨sport⟩ **0.1** ***(per brancard) afvoeren / van het veld dragen.***

'stretcher party ⟨verz.n.⟩ **0.1** ***groep brancardiers.***

'stretch hosiery ⟨n.-telb.zn.⟩ **0.1** ***stretchkousen.***

stretch·ing ['stretʃɪŋ] ⟨n.-telb.zn.; gerund v. stretch⟩ **0.1** ***stretching*** ⟨statisch rekken v. spieren⟩.

'stretching 'gallop ⟨n.-telb.zn.⟩ **0.1** ***gestrekte galop.***

'stretch mark ⟨telb.zn.⟩ **0.1** ***zwangerschapsstreep.***

'stretch-out ⟨telb.zn.⟩ **0.1** ***opvoering van het arbeidsritme.***

stretch·y ['stretʃi] ⟨f1⟩ ⟨bn.; -er; -ness; →bijw. 3⟩ ⟨inf.⟩ **0.1** ***elastisch*** ⇒*(te) rekbaar, rekkerig.*

stret·to[1] ['stret̬oʊ], **stret·ta** ['stret̬ə] ⟨telb.zn.; ook stretti ['stret̬i], strette ['stret̬eɪ]; →mv. 5⟩ ⟨muz.⟩ **0.1** ***stretta.***

stretto[2] ⟨bw.⟩ ⟨muz.⟩ **0.1** ***stretto.***

strew [stru:] ⟨f1⟩ ⟨ov.ww.; ook strewn [stru:n]⟩ **0.1** ***uit / bestrooien*** ⇒*bezaaien* **0.2** ⟨schr.⟩ ***verspreid liggen op*** ◆ **6.1** ~ **on / over** *uitstrooien over;* books were ~n all **over** his desk *overal op zijn bureau lagen boeken;* ~ **with** *bestrooien met.*

'strewth →'struth.

stri·a ['straɪə] ⟨telb.zn.; striae ['straɪi:]; →mv. 5⟩ **0.1** ***(fijne) streep*** ⇒*lijn, groef, ribbe.*

stri·ate[1] ['straɪət‖'straɪeɪt], **stri·at·ed** [-'eɪt̬ɪd] ⟨bn.⟩ **0.1** ***(fijn)gegroefd*** ⇒*(fijn)gestreept.*

striate[2] ['straɪeɪt] ⟨ov.ww.⟩ **0.1** ***(fijn) groeven*** ⇒*strepen.*

stri·a·tion [straɪ'eɪʃn], **stri·a·ture** ['straɪətʃə‖-ər] ⟨zn.⟩

I ⟨telb.zn.⟩ **0.1** ***(fijne) streep*** ⇒*lijn, groef, ribbe;*

II ⟨n.-telb.zn.⟩ **0.1** ***gestreeptheid*** ⇒*gegroefdheid, streping, striatie.*

strick·en ['strɪkən] ⟨f2⟩ ⟨bn.; oorspr. volt. deelw. v. strike⟩ **0.1** ⟨ben. voor⟩ ***getroffen*** ⇒*geslagen, aangetast, bezocht; (zwaar) beproefd, verslagen, bedroefd; verwond, gewond;* ⟨scherts.⟩ *verliefd* **0.2** ***afgestreken*** ⟨maat met strijkstok⟩ **0.3** ⟨AE⟩ ***geschrapt*** ⇒*afgevoerd* ◆ **1.1** ~ face *bedroefd gezicht;* ~ field *slagveld, getroffen gebied;* ~ heart *bedrukt gemoed;* ~ look *verslagen blik;* ~ voice *bedroefde stem* **5.2** ~ **out** *geschrapt, afgevoerd* **6.1** ⟨vero.⟩ ~ **in** years *verzwakt door ouderdom;* ~ **with** fever *door koorts overmand* **6.2** ~ **from** *geschrapt van.*

strick·le[1] [strɪkl] ⟨telb.zn.⟩ **0.1** ***strijkel*** ⇒*strijkhout, strijkstok* ⟨bij het graanmeten⟩ **0.2** ***wetsteen*** ⟨voor zeis⟩ **0.3** ***strijkplank*** ⟨in gieterij⟩.

strickle[2] ⟨ov.ww.⟩ **0.1** ***afstrijken*** **0.2** ***wetten.***

strict [strɪkt] ⟨f3⟩ ⟨bn.; -er; -ly; -ness⟩ **0.1** ***strikt*** ⇒*nauwkeurig, precies, nauwgezet, stipt, streng, rigoreus* **0.2** ⟨plantk.⟩ ***rechtop staand*** ◆ **1.1** in ~(est) confidence *in strikt vertrouwen, onder de striktste geheimhouding;* ⟨muz.⟩ ~ counterpoint *strenge contrapunt;* ~ discipline *strenge discipline;* lay a ~ injunction on s.o. (to do sth.) *iem. op het hart drukken (iets te doen);* ~ order *strikt bevel;* ~ parents *strenge ouders;* ~ secrecy *strikte geheimhouding;* in the ~ sense *in de strikte zin* **1.¶** ⟨jur.⟩ ~ liability *burgerlijke aansprakelijkheid* **3.1** interpret (a law) ~ly *(een wet) strikt interpreteren;* ⟨inf.⟩ ~ly played *prima / uitstekend gespeeld* ⟨v. jazz⟩; smoking is ~ly prohibited *roken is ten strengste verboden;* ~ly speaking *strikt genomen, in de strikte zin v.h. woord* **6.1** be ~ **with** *streng zijn voor.*

stric·ture ['strɪktʃə‖-ər] ⟨telb.zn.⟩ **0.1** ⟨vaak mv.⟩ ***aanmerking*** ⇒*berisping, afkeuring, kritiek* **0.2** ***beperking*** ⇒*restrictie, band* **0.3** ⟨med.⟩ ***strictuur*** ⇒*vernauwing* ◆ **3.1** pass ~s (up)on *kritiek uitoefenen op.*

stric·tured ['strɪktʃəd‖-ərd] ⟨bn.⟩ ⟨med.⟩ **0.1** ***vernauwd.***

stride[1] [straɪd] ⟨f2⟩ ⟨zn.⟩

I ⟨telb.zn.⟩ **0.1** ***pas*** ⇒*stap, tred, schrede* **0.2** ***gang*** **0.3** ⟨vnl. mv.⟩ ***stap vooruit*** ⇒*vooruitgang, vordering* **0.4** ***spreidstand*** ◆ **2.1** walk with vigorous ~s / a vigorous ~ *flink aanstappen* **3.1** ⟨fig.⟩ get into one's ~ *zijn weg vinden, op dreef komen;* ⟨inf.; fig.⟩ put s.o. off his ~ *iem. uit zijn gewone doen brengen, iemands leven ontregelen;* take in (one's) ~ *er overheen stappen;* ⟨fig.⟩ *niet gehinderd worden door, tussen de bedrijven door / zonder veel omhaal afhandelen, even meenemen;* ⟨fig.⟩ be thrown out of one's ~ *uit zijn normale doen / van de wijs / uit balans geraken* **3.3** make great / rapid ~s (towards) *grote vooruitgang boeken (op de weg naar), met rasse schreden vorderen / naderen* **6.1** **at / in** a ~ *in één stap;*

II ⟨mv.; ~s⟩ ⟨BE⟩ **0.1** ***broek.***

stride[2] ⟨f2⟩ ⟨ww.; strode [stroʊd], stridden ['strɪdn]⟩

I ⟨onov.ww.⟩ **0.1** ***schrijden*** ⇒*(voort)stappen, grote passen nemen, benen* ◆ **5.1** ~ **away / off** *wegstappen;* ~ **out** *flink aanstappen* **6.1** ~ **across / over** *stappen over;*

II ⟨ov.ww.⟩ **0.1** ***stappen over*** ⇒*schrijden over, benen over* **0.2** ***afpassen*** **0.3** ***schrijlings zitten op / staan over.***

stri·dence ['straɪdns], **stri·den·cy** [-si] ⟨telb. en n.-telb.zn.; →mv. 2⟩ **0.1** ***schelheid*** ⇒*schrilheid.*

stri·dent ['straɪdnt] ⟨bn.; -ly⟩ **0.1** ***schel*** ⇒*schril, scherp, snerpend, snijdend, krassend* ◆ **1.1** ~ cry *schrille kreet, door merg en been gaande kreet.*

'stride pattern ⟨telb.zn.⟩ ⟨atletiek⟩ **0.1** ***pasritme*** ⟨v. hordenloper⟩.

stri·dor ['straɪdɔː‖-dər] ⟨telb.zn.⟩ **0.1** ***schel geluid*** **0.2** ⟨med.⟩ ***stridor*** ⇒*piepend ademhalingsgeluid* ◆ **2.2** nasal ~ *nasale stridor.*

stri·du·lant ['strɪdjʊlənt‖-dʒələnt], **stri·du·la·to·ry** [-lətri‖-lətɔri], **stri·du·lous** [-ləs] ⟨bn.⟩ **0.1** ***sjirpen*** **0.2** ***krassend*** ⇒*piepend, knerpend.*

stri·du·late ['strɪdjʊleɪt‖-dʒəleɪt] ⟨onov.ww.⟩ **0.1** ***sjirpen*** **0.2** ***krassen*** ⇒*piepen, knerpen.*

stri·du·la·tion ['strɪdjʊ'leɪʃn‖-dʒə'leɪʃn] ⟨telb. en n.-telb.zn.⟩ **0.1** ***gesjirp*** **0.2** ***gekras*** ⇒*gepiep.*

strife [straɪf] ⟨f2⟩ ⟨n.-telb.zn.⟩ **0.1** ***strijd*** ⇒*twist, ruzie, conflict, geharrewar* **0.2** ⟨vero.⟩ ***streving*** ◆ **2.1** industrial ~ *industriële onrust / onvrede* **6.1** be **at** ~ **with** *het oneens zijn met, bekampen.*

strig·il ['strɪdʒɪl] ⟨telb.zn.⟩ **0.1** ⟨gesch.⟩ ***huidkrabber*** **0.2** ⟨entomologie⟩ ***strigilis.***

stri·gose ['straɪgoʊs] ⟨bn.⟩ **0.1** ⟨plantk.⟩ ***behaard*** ⇒*borstelig* **0.2** ⟨entomologie⟩ ***gegroefd*** ⇒*gestreept.*

strik·a·ble ['straɪkəbl] ⟨bn.⟩ **0.1** ***trefbaar.***

strike[1] [straɪk] ⟨f3⟩ ⟨telb.zn.⟩ **0.1** ***slag*** ⇒*klap, treffer, inslag* **0.2** ***(lucht)aanval*** **0.3** ***beet*** ⟨v. vis, slang enz.⟩ **0.4** ***staking*** **0.5** ***vondst*** ⟨v. olie enz.⟩ ⇒*ontdekking;* ⟨fig.⟩ *succes, vangst* **0.6** ***strijkel*** ⇒*strijkhout* **0.7** ⟨honkbal⟩ ***slag*** ⇒*geldige worp* ⟨gemist door slagman⟩ **0.8** ⟨bowling⟩ ***strike*** ⟨het omwerpen v. alle kegels met 1^e^ bal⟩ **0.9** ⟨geol.⟩ ***strekking*** **0.10** ⟨vnl. BE; gew.⟩ ***strike*** ⟨maat van 2 pecks tot 4 bushels⟩ ◆ **2.1** lucky ~ *gelukstreffer* **2.4** general ~ *algemene staking;* sympathetic ~ *solidariteitsstaking;* unofficial ~ *wilde staking* **3.5** make a ~ *een succes boeken* **6.4** (out) **on** ~ *in staking.*

strike[2] ⟨f4⟩ ⟨ww.; struck struck [strʌk], ⟨vero.⟩ stricken ['strɪkən]⟩ →striking, stricken ⟨→sprw. 398⟩

I ⟨onov.ww.⟩ **0.1** ***zich overgeven*** ⇒*de vlag strijken;*

II ⟨onov. en ov.ww.⟩ **0.1** ⟨ben. voor⟩ ***slaan*** ⇒*slaan in / met / op / tegen; uithalen; treffen, raken; inslaan (in); aanvallen, toeslaan; wegslaan, afslaan; aanslaan* ⟨snaar, noot⟩; *aan de haak slaan, vangen; munten, geld slaan; aansteken, aanstrijken, (doen) aangaan* ⟨lucifer⟩; *botsen (met / op), stoten (op / tegen), lopen op, vallen (op)* ⟨v. licht⟩ **0.2** ***bijten*** ⟨v. slang⟩ **0.3** ***staken*** ⇒*stopzetten, ophouden (met), in staking gaan* **0.4** ⟨ben. voor⟩ ***steken*** ⇒*door-*

steken, doorboren; insteken; steken in, stekken; (zich) vasthechten (in), wortel schieten **0.5** ***aanvoelen*** *⇒aandoen, lijken* **0.6** ***(op pad/weg) gaan*** *⇒beginnen (met)* ◆ **1.1** ~ a blow *een klap toedienen/uitdelen;* the clock ~s (the hour) *de klok slaat (het uur);* ~ a coin *een munt slaan;* ~ (a blow) for freedom *voor de vrijheid in de bres springen, de zaak v.d. vrijheid dienen;* the hammer ~s ((on) the bell *de klepel doet de klok luiden;* his head struck the kerb *hij viel met zijn hoofd tegen de stoeprand;* the hour has struck *het uur heeft geslagen;* ~ a light *een lucifer aansteken, licht maken; vuur slaan;* ~ a match *een lucifer aansteken;* ⟨fig.⟩ ~ a note of warning *een waarschuwend geluid laten horen, tot voorzichtigheid manen;* the ship ~s ((on) rock) *het schip loopt op de klippen;* ~ sparks (out of sth.) *vonken slaan (uit iets);* ⟨fig.⟩ ~ sparks out of s.o. *iem. er duchtig van langs geven* **1.4** ~ cuttings (of a plant) *planten stekken;* ~ a knife into s.o.'s chest *iem. een mes tussen de ribben steken;* a plant ~s (its roots into the soil), a plant ~s root *een plant schiet wortel* **2.1** ~ s.o. blind *iem. (met een klap) verblinden, iem. met blindheid slaan;* struck dumb *met stomheid geslagen;* they were struck silent *ze stonden als aan de grond genageld* **2.5** the room ~s cold *de kamer doet koud aan;* ~ false *vals klinken* ⟨v. noot⟩ **5.1** ~ **back** *terugslaan;* ~ **down** *neerslaan* ⟨ook fig.⟩; *vellen; branden* ⟨v. zon⟩; ~ **in** *naar binnen slaan* ⟨v. ziekte⟩; *onderbreken, er tussenkomen;* →strike **off;** →strike **out;** ~ **through** *doorstrepen, schrappen* **5.4** ~ **through** *doorsteken* **5.6** ~ **away** (to) *afslaan (naar);* ~ **down** to *de weg inslaan naar* **5.¶** ~ home *een voltreffer plaatsen;* ~ home to s.o. *grote indruk maken op/geheel doordringen tot iem.;* →strike **up** **6.1** ~ one's foot **against** a stone *zijn voet aan een steen stoten;* ~ **at** *uithalen naar, een slag toedienen, aangrijpen, aantasten;* struck **by** lightning *door de bliksem getroffen;* ~ s.o. **in** the face (**with** one's fist) *iem. een (vuist)slag in het gezicht geven;* ~ s.o. **off** the list *iem. royeren;* ~ **(up)on** *treffen, slaan op; stoten op, ontdekken; krijgen, komen op* ⟨idee⟩; ~ one's hand **on** the table *met zijn hand op tafel slaan;* ~ the ball **out of** court *de bal uit slaan;* ~ **upon** *verlichten* ⟨v. licht⟩ **6.3** ~ **against/for** *in staking gaan tegen/voor* **6.4** the cold struck **through** his clothes *de kou ging dwars door zijn kleren heen* **6.6** ~ **for** home *de weg naar huis inslaan;* ~ **into** a song *een lied aanheffen;* ~ **into/out of** a subject *een onderwerp aansnijden/van een onderwerp afstappen;* ~ **into/out of** a track *een pad inslaan/verlaten;* ~ **to** the right *rechts afslaan* **6.¶** ⟨sl.⟩ struck **on** *smoor(verliefd)/verkikkerd op;*

III ⟨ov.ww.⟩ **0.1** ***strijken*** *⇒neerlaten* ⟨vlag e.d.⟩ **0.2** ***opbreken*** *⇒afbreken, wegnemen, opruimen* **0.3** ***vervullen (met)*** **0.4** ***bereiken*** *⇒sluiten, halen* **0.5** ***aannemen*** ⟨houding⟩ **0.6** ***uitkomen op*** *⇒tegenkomen, stuiten op* **0.7** ***ontdekken*** *⇒aanboren, vinden, stoten op* **0.8** ***een indruk maken op*** *⇒opvallen, treffen, verrassen, voorkomen, lijken* **0.9** ***opkomen bij*** *⇒invallen* ⟨idee⟩ **0.10** ***afstrijken*** ⟨graan⟩ **0.11** ***trekken*** ⟨lijn⟩ **0.12** ***vormen*** *⇒samenstellen* ⟨jury⟩ **0.13** ⟨AE⟩ ***staakactie ondernemen tegen*** **0.14** ⟨inf.⟩ ***een dringend verzoek doen*** *⇒smeken* ⟨om geld, baan enz.⟩ ◆ **1.1** ~ one's flag *zich overgeven; het bevel neerleggen* ⟨v. admiraal⟩ **1.2** ~ camp/tents *het kamp/de tenten opbreken;* ~ one's moorings *losgooien* ⟨schip⟩ **1.3** ~ terror into s.o.'s heart *iem. met schrik vervullen/de schrik op het lijf jagen* **1.4** ~ an alliance *een verbond aangaan;* ~ an average *een gemiddelde halen/nemen;* ~ a balance *het saldo trekken;* ⟨fig.⟩ *de buit opmaken;* ~ a bargain *een koopje sluiten;* ~ a bargain with *het op een akkoordje gooien met* **1.5** ~ a gallop *het op een galop zetten;* ~ a pose *een houding aannemen* **1.6** ~ a river *bij/op een rivier uitkomen* **1.7** ~ help *hulp vinden;* ~ oil *olie aanboren;* ⟨fig.⟩ *een goudmijn aanboren, fortuin maken* **1.8** it struck my eye *het viel mij op* **4.8** it ~s me that *het valt me op dat; het komt me voor/lijkt me dat;* it ~s me as impossible *het lijkt mij onmogelijk;* how does it ~ you? *wat vind je ervan?;* did it ever ~ you that *heb je er ooit bij stilgestaan dat, heb je er wel eens aan gedacht dat* **5.4** ~ **up** (a treaty) *(een verdrag) sluiten/aangaan* **6.3** ~ s.o. **with** panic *iem. de schrik op het lijf jagen;* ~ s.o. **with** dismay *iem. met ontzetting vervullen.*

'strike action ⟨telb.zn.⟩ **0.1** ***staking*** *⇒stakingsactie* ◆ **3.1** take ~ *in staking gaan.*

'strike·bound ⟨f1⟩ ⟨bn.⟩ **0.1** ***lamgelegd*** ⟨door staking⟩.

'strike·break·er ⟨f1⟩ ⟨telb.zn.⟩ **0.1** ***stakingbreker*** **0.2** ⟨sl.⟩ ***eerste reserve*** ⟨geliefde⟩.

'strike·break·ing ⟨n.-telb.zn.⟩ **0.1** ***het breken v.e. staking.***

'strike-call ⟨telb.zn.⟩ **0.1** ***stakingsoproep.***

'strike committee ⟨verz.n.⟩ **0.1** ***stakingscomité.***

'strike force ⟨telb.zn.⟩ **0.1** ***aanvalsmacht*** *⇒*⟨i.h.b.⟩ *(direct inzetbare) aanvals/interventietroepen; kernstrijdmacht.*

'strike fund ⟨telb.zn.⟩ **0.1** ***stakingsfonds*** *⇒stakingskas, weerstandskas.*

'strike leader ⟨telb.zn.⟩ **0.1** ***stakingsleider.***

'strike measure ⟨telb.zn.⟩ **0.1** ***afgestreken maat.***

'strike 'off ⟨f1⟩ ⟨ww.⟩

I ⟨onov.ww.⟩ **0.1** ***op pad/weg gaan*** **0.2** ***uitkomen*** ◆ **6.1** ~ **on** a new course *een nieuwe richting inslaan* **6.2** ~ **against** *uitkomen tegen;*

II ⟨ov.ww.⟩ **0.1** ***afslaan*** *⇒afhakken* **0.2** ***schrappen*** *⇒royeren* **0.3** ***afdraaien*** *⇒drukken.*

'strike·out ⟨telb.zn.⟩ ⟨honkbal⟩ **0.1** ***het uitgooien met 3 slag*** ⟨v. slagman⟩.

'strike 'out ⟨f1⟩ ⟨ww.⟩

I ⟨onov.ww.⟩ **0.1** ***(fel) uithalen*** ⟨ook fig.⟩ *⇒(fel) tekeergaan* **0.2** ***armen en benen uitslaan*** ⟨bij zwemmen⟩ **0.3** ***nieuwe wegen inslaan*** ◆ **6.1** ~ **at** *(fel)uithalen naar* **6.2** ~ **for/towards** *met krachtige slag/snel zwemmen naar/afzwemmen op, zich spoeden naar* **6.3** ~ **on** one's own *zijn eigen weg inslaan/gaan;*

II ⟨ov.ww.⟩ **0.1** ***uitstippelen*** *⇒schetsen, smeden* ⟨plan⟩ **0.2** ***schrappen*** *⇒doorhalen* **0.3** ⟨honkbal⟩ ***(met 3 maal slag) uitgooien*** ⟨slagman⟩.

'strike pay ⟨f1⟩ ⟨n.-telb.zn.⟩ **0.1** ***stakingsuitkering.***

'strike picket ⟨telb.zn.⟩ **0.1** ***stakingspost.***

strik·er ['straɪkə‖-ər] ⟨f1⟩ ⟨telb.zn.⟩ **0.1** ***iem. die slaat*** ⟨enz.; zie strike[2]⟩ **0.2** ***staker*** **0.3** ⟨sport⟩ ***slagman*** *⇒*⟨cricket⟩ *batsman die aan slag is* **0.4** ⟨voetbal⟩ ***spits(speler)*** *⇒aanvaller* **0.5** ***harpoen(ier)*** **0.6** ***slagpin*** ⟨v. vuurwapen⟩ **0.7** ***strijkel*** *⇒strijkhout* **0.8** ⟨AE⟩ ***officiersoppasser.***

'strike 'up ⟨f1⟩ ⟨ww.⟩

I ⟨onov. en ov.ww.⟩ **0.1** ***gaan spelen/zingen*** *⇒inzetten, aanheffen;*

II ⟨ov.ww.⟩ **0.1** ***beginnen*** ◆ **1.1** ~ an acquaintance (with) *(toevallig) kennismaken (met);* ~ a conversation *een gesprek aanknopen.*

'strike-wea·ry ⟨bn.⟩ **0.1** ***stakingsmoe.***

'strike zone ⟨telb.zn.⟩ ⟨honkbal⟩ **0.1** ***slagzone*** ⟨tussen knie- en schouderhoogte⟩.

strik·ing[1] ['straɪkɪŋ] ⟨n.-telb.zn.; gerund v. strike⟩ **0.1** ***het slaan.***

striking[2] ⟨f1⟩ ⟨bn.; oorspr. teg. deelw. v. strike; -ly; -ness⟩ **0.1** ***slaand*** **0.2** ***opvallend*** *⇒treffend, frappant, markant, saillant* **0.3** ***aantrekkelijk*** ◆ **1.1** ~ clock *slaande klok, slagklok* **2.2** ~ly beautiful *buitengewoon mooi.*

'striking circle ⟨telb.zn.⟩ ⟨veldhockey⟩ **0.1** ***slagcirkel.***

'striking distance ⟨telb.zn.⟩ **0.1** ***bereik*** **0.2** ⟨elek.⟩ ***slagwijdte*** ◆ **6.1** **within** ~ *binnen het bereik;* ⟨mil.⟩ *binnen de aanvalsradius.*

'striking part, 'striking train, 'striking work ⟨telb.zn.⟩ **0.1** ***slagwerk*** ⟨v. klok⟩.

Strine [straɪn] ⟨eig.n.⟩ ⟨inf.⟩ **0.1** ***Australisch (Engels).***

string[1] [strɪŋ] ⟨f3⟩ ⟨zn.⟩

I ⟨telb.zn.⟩ **0.1** ***koord*** *⇒touw(tje), streng, bindgaren, snoer, sliert* **0.2** ***lint*** *⇒band, veter, riem(pje)* **0.3** ***draad*** *⇒vezel, pees* **0.4** ***snaar*** **0.5** ⟨ben. voor⟩ ***aaneenschakeling*** *⇒snoer, ris(t); reeks, rij, string, file, sliert; kolom, serie* **0.6** ***(trap)boom*** **0.7** ***stal (paarden)*** **0.8** ⟨bouwk.⟩ ***vooruitstekende lijst*** *⇒uitstekende laag stenen* **0.9** ⟨biljart⟩ ⟨ong.⟩ ***afstootlijn*** ⟨lijn parallel aan onderzijde v. Eng. biljart⟩ **0.10** ⟨biljart⟩ ***voorstoot*** ⟨om te bepalen wie er begint⟩ **0.11** ⟨biljart⟩ ⟨ong.⟩ ***scorebord*** ⟨met balletjes op draden⟩ **0.12** ⟨sl.⟩ ***kletsverhaal*** ◆ **1.1** ~ of spaghetti *sliert spaghetti* **1.2** ~ of the tongue *tongriem* **1.5** ~ of beads *kralensnoer;* ~ of cars *file auto's;* ~ of symbols *aaneenschakeling van symbolen* **1.¶** have two ~s/a second ~/more than one ~ to one's bow *op twee paarden wedden* **3.1** ⟨fig.⟩ pull (some) ~s *invloed uitoefenen, kruiwagens gebruiken;* ⟨fig.⟩ pull the ~s *aan de touwtjes trekken, de touwtjes in handen hebben* **3.4** touch the ~s *spelen, de snaren betokkelen;* ⟨fig.⟩ touch a ~ *een (gevoelige) snaar aanraken* **3.¶** harp on one/the same ~ *(door)drammen;* play second ~ *de tweede viool spelen* **6.1** **in** ~s *kapot, versleten;* ⟨fig.⟩ have s.o. **on** a ~ *iem. volledig in zijn macht/aan het lijntje hebben/houden* **6.5** **in** a ~ *op een rijtje* **6.¶** **without** ~s, **with** no ~s (attached) *zonder kleine lettertjes/beperkende bepalingen, onvoorwaardelijk* **7.¶** first ~ *voornaamste troef;* ⟨AE; sport⟩ *basisopstelling;* second ~ *achterdeurtje, tweede kans;*

II ⟨n.-telb.zn.⟩ **0.1** ***touw*** *⇒garen* ◆ **1.1** piece of ~ *touwtje;*

III ⟨mv.; ~s⟩ **0.1** ***strijkinstrumenten.***

string[2] ⟨f3⟩ ⟨ww.; strung, strung [strʌŋ]⟩

I ⟨onov.ww.⟩ **0.1** ***een rij vormen*** *⇒op een rij liggen* **0.2** ***draden vormen*** *⇒draderig worden* ⟨v. lijm e.d.⟩ **0.3** ⟨biljart⟩ ***de voorstoot maken*** ⟨om te beslissen wie begint⟩ ◆ **5.1** ~ **along** (with) *meedoen/meegaan/meelopen/meewerken (met), zich aansluiten (bij), volgen;* ~ **out** *uit elkaar vallen, zich verspreiden* ⟨v. groep⟩;

II ⟨ov.ww.⟩ **0.1** ***een rij doen vormen*** *⇒op een rij plaatsen* **0.2** ***(vast)binden*** **0.3** ***(aan elkaar) rijgen*** *⇒ritsen* **0.4** ⟨inf.⟩ ***opknopen*** *⇒ophangen* **0.5** ***spannen*** **0.6** ***stemmen*** **0.7** ***bespannen*** *⇒besnaren* **0.8** ***afritsen*** *⇒afhalen* **0.9** ⟨AE; inf.⟩ ***beduvelen*** *⇒verlakken, bedriegen* ◆ **1.3** ~ words together *woorden aan elkaar rijgen* **1.5** ~

a bow *een boog spannen* **1.8** ~ beans *bonen afhalen* **5.1** ~ **out** *in een lange rij plaatsen; rekken* **5.4** ~ **up** *ophangen, opknopen* **5.5** ~ **up** *spannen, veerkracht geven;* ~ **up** to *klaar maken voor* **5.7** ⟨fig.⟩ **finely** strung *fijnbesnaard;* ⟨fig.⟩ **highly** strung *fijnbesnaard, overgevoelig* **5.9** ~ **along** *beduvelen, verlakken, misleiden, aan het lijntje houden.*

'string·bag ⟨telb.zn.⟩⟨scherts.⟩ **0.1** ***kist*** ⇒*vliegtuig.*

'string 'bag ⟨telb.zn.⟩ **0.1** ***boodschappennet.***

'string 'band ⟨telb.zn.⟩ **0.1** ***strijkje.***

'stringbark, 'string·y·bark ⟨zn.⟩

I ⟨telb.zn.⟩ **0.1** ***(Austr.) eucalyptus;***

II ⟨n.-telb.zn.⟩ **0.1** ***schors v. eucalyptus.***

'string 'bass ⟨telb.zn.⟩⟨AE⟩ **0.1** ***contrabas.***

'string 'bean ⟨telb.zn.⟩⟨AE⟩ **0.1** ***(snij)boon*** **0.2** ⟨inf.⟩ ***bonestaak.***

'string·board ⟨telb.zn.⟩ **0.1** ***(trap)boom.***

'string correspondent, string·man ['strɪŋmən]⟨telb.zn.; stringmen [-mən]; →mv. 3⟩⟨AE⟩ **0.1** ***(plaatselijk) correspondent*** ⟨die per regel betaald wordt⟩.

'string·course ⟨telb.zn.⟩⟨bouwk.⟩ **0.1** ***(vooruitstekende) lijst*** ⇒*uitstekende laag stenen.*

stringed [strɪŋd]⟨bn.⟩ **0.1** ***besnaard*** ⇒*snaar-, strijk-* ◆ **1.1** ~ instrument *strijkinstrument.*

strin·gen·cy ['strɪndʒənsi]⟨zn.; →mv. 2⟩

I ⟨telb. en n.-telb.zn.⟩ **0.1** ***beperking*** ⇒*restrictie* **0.2** ***nood(situatie)*** ⇒*krapte, schaarste* ◆ **2.2** financial ~ *financiële nood;*

II ⟨n.-telb.zn.⟩ **0.1** ***striktheid*** ⇒*strengheid, bindendheid* **0.2** ***overtuigingskracht*** ◆ **1.1** the ~ of the law *de bindende kracht v.d. wet* **1.2** the ~ of an argument *de kracht van een argument.*

strin·gen·do [strɪn'dʒendoʊ]⟨bw.⟩⟨muz.⟩ **0.1** ***stringendo.***

string·ent ['strɪndʒənt]⟨bn.; -ly⟩ **0.1** ***stringent*** ⇒*strikt, streng, bindend, dwingend* **0.2** ***afdoend*** ⇒*overtuigend, bondig* **0.3** ***krap*** ⇒*schaars* **0.4** ***knellend*** ⇒*samentrekkend* **0.5** ***scherp*** ⇒*bitter* ◆ **1.1** ~ rule *strikte regel* **1.2** ~ argument *overtuigend argument* **1.5** ~ cold *snijdende kou.*

string·er ['strɪŋə‖-ər]⟨telb.zn.⟩ **0.1** ***(trap)boom*** **0.2** ***(lange) steunbalk*** ⇒*ligger, dwarsbalk* **0.3** ⟨tech.⟩ ***langsverband*** ⇒*langsligger* ⟨v. spoor, brug⟩; *stringer* ⟨v. schip⟩; *(langs)verstijver* ⟨v. vliegtuig⟩ **0.4** ⟨AE⟩ ***(plaatselijk) correspondent*** ⟨die per regel wordt betaald⟩ ◆ **7.¶** ⟨AE; sport⟩ first ~ *basisspeler.*

'string·halt ⟨n.-telb.zn.⟩⟨med.⟩ **0.1** ***hanespat*** ⇒*hanetred* ⟨v. paard⟩.

'string 'orchestra ⟨telb.zn.⟩ **0.1** ***strijkorkest.***

'string 'pea ⟨telb.zn.⟩ **0.1** ***peulerwt.***

'string·piece ⟨telb.zn.⟩ **0.1** ***(lange) steunbalk.***

'string quar'tet ⟨telb.zn.⟩ **0.1** ***strijkkwartet.***

'string 'tie ⟨telb.zn.⟩ **0.1** ***smalle stropdas*** ⟨vaak als strikje gedragen⟩.

'string 'vest ⟨telb.zn.⟩ **0.1** ***nethemd.***

string·y ['strɪŋi]⟨f1⟩⟨bn.; -er; -ly; -ness; →bijw. 3⟩ **0.1** ***vezelig*** ⇒*pezig, zenig* **0.2** ***mager*** ⇒*lang en dun* **0.3** ***draderig*** ⟨v. vloeistof⟩ ◆ **1.1** ~ arm *pezige arm;* ~ hair *vlassig haar.*

stringybark →stringbark.

strip[1] [strɪp]⟨f3⟩⟨zn.⟩

I ⟨telb.zn.⟩ **0.1** ***strook*** ⇒*strip, reep* **0.2** ***landingsbaan*** **0.3** ⟨voetbal⟩ ***clubkleuren*** **0.4** ***strip(verhaal)*** ⇒*beeldverhaal* **0.5** ***striptease (nummer)*** **0.6** ⟨elek.⟩ ***beeldstrook*** ⟨mbt. t.v.-beeld⟩ **0.7** ⟨AE⟩ ***commerciële zone*** ⟨met horeca, supermarkten enz. aan uitvalsweg⟩ **0.8** ⟨AE; sl.⟩ ***racebaan*** **0.9** ⟨Sch. E⟩ ***streep*** ◆ **1.1** ~ of paper *papierstrook* **3.5** do a ~ *een striptease opvoeren* **3.¶** ⟨sl.⟩ tear s.o. off a ~, tear a ~/~s off s.o. *iem. een uitbrander geven* **7.¶** ⟨AE; sl.⟩ the Strip *het uitgaans/vermaakscentrum;*

II ⟨mv.; ~s⟩ **0.1** ***strippeling*** ⇒*gestripte tabak.*

strip[2] ⟨f3⟩⟨ww.; →ww. 7⟩

I ⟨onov.ww.⟩ **0.1** ***zich uitkleden*** **0.2** ***een striptease opvoeren*** **0.3** ***afschilferen*** ⇒*afbrokkelen, loslaten* **0.4** ***(af/weg) slijten*** **0.5** ***tabak strippen*** ◆ **5.1** ~ **off** *zich uitkleden* **6.1** ~ped **to** the waist *met ontbloot bovenlijf;*

II ⟨ov.ww.⟩ **0.1** ***uitkleden*** **0.2** ⟨ben. voor⟩ ***van iets ontdoen*** ⇒*pellen, (af)schillen; villen, (af)stropen; ontschorsen, kaal vreten; ontbloten; uit elkaar halen, ontmantelen; verwijderen; aftrekken, afscheuren; aftuigen, onttakelen* ⟨schip.⟩; *afhalen, aftrekken* ⟨bed⟩; *strippen* ⟨tabak⟩; *(uit)melken* ⟨koe⟩; *ontharen* ⟨hond⟩; *ontzadelen* ⟨paard⟩; *leeghalen* ⟨huis⟩; *afkrabben* ⟨verf⟩; *uittrekken* ⟨handschoen⟩ **0.3** ***degraderen*** **0.4** ***uitschudden*** ⟨fig.⟩ **0.5** ***doldraaien*** ⟨schroef⟩ ◆ **1.2** ~ a branch *een tak ontbladeren* **2.1** ~ s.o. naked *iem. (helemaal) uitkleden* ⟨ook fig.⟩ **5.2** ~ **away/off** *afrukken/scheuren/halen/werpen;* ~ **down** *uit elkaar nemen, ontmantelen;* ~ **off** (one's clothes) *(zijn kleren) uittrekken;* ~ **up** *opstropen* ⟨mouw⟩ **6.1** ~ s.o. **to** the skin *iem. (helemaal) uitkleden* ⟨ook fig.⟩ **6.2** ~ the leaves **from/off** a tree *een boom ontbladeren;* ~ **of** *ontdoen van; beroven.*

'strip artist ⟨telb.zn.⟩ **0.1** ***stripper*** ⇒*stripdanser(es).*

'strip car'toon ⟨f1⟩⟨telb.zn.⟩ **0.1** ***stripverhaal*** ⇒*beeldverhaal.*

'strip club, ⟨AE; inf. ook⟩ **'strip joint** ⟨telb.zn.⟩ **0.1** ***strip(tease)tent.***

'strip-crop·ping, 'strip farming ⟨n.-telb.zn.⟩ **0.1** ***strooksgewijze beplanting.***

stripe[1] [straɪp]⟨f2⟩⟨zn.⟩

I ⟨telb.zn.⟩ **0.1** ***streep*** ⇒*lijn, strook, baan* **0.2** ***streep*** ⇒*chevron* **0.3** ⟨AE⟩ ***opvatting*** ⇒*opinie, mening, strekking, soort* **0.4** ⟨vnl. mv.⟩⟨vero.⟩ ***(zweep)slag*** ⇒*striem* ◆ **2.3** of all political ~s *van alle politieke kleuren* **3.2** get a ~ *promotie maken;* lose a ~ *gedegradeerd worden* **6.3** all **of** a ~ *één pot nat;*

II ⟨mv.; ~s; ww. ook enk.⟩ **0.1** ***tijger*** **0.2** ***streepjesgoed*** ⇒*gestreepte plunje* ◆ **3.2** wear the ~ *het boevenpak dragen.*

stripe[2] ⟨f2⟩⟨ov.ww.⟩ **0.1** ***(onder)strepen*** ◆ **1.1** ⟨dierk.⟩ ~d bass *gestreepte zeebaars* ⟨Roccus saxatilis⟩; ⟨dierk.⟩ ~d hyena *gestreepte hyena* ⟨Hyaena hyaena⟩.

strip·er ['straɪpə‖-ər]⟨telb.zn.⟩ **0.1** ⟨inf.; dierk.⟩ ***gestreepte zeebaars*** ⟨Roccus saxatilis⟩ **0.2** ⟨vaak in samenstellingen; sl.⟩ ***officier*** ◆ **¶.2** four-striper *officier met vier strepen.*

'strip iron ⟨n.-telb.zn.⟩ **0.1** ***bandstaal*** ⇒*bandijzer.*

'strip·leaf ⟨n.-telb.zn.⟩ **0.1** ***strippeling*** ⇒*gestripte tabak.*

'strip·light, ⟨in bet. II ook⟩ **'strip·light·ing** ⟨f1⟩⟨zn.⟩

I ⟨telb.zn.⟩ **0.1** ***T.L.-buis*** ⇒*neonbuis, buislamp;*

II ⟨n.-telb.zn.⟩ **0.1** ***T.L.-verlichting*** ⇒*neonverlichting, buisverlichting.*

strip·ling ['strɪplɪŋ]⟨telb.zn.⟩ **0.1** ***knaap*** ⇒*jongmens, melkmuil.*

'strip mill ⟨telb.zn.⟩ **0.1** ***pletmolen.***

'strip-mine[1] ⟨telb.zn.⟩ **0.1** ***bovengrondse mijn.***

strip-mine[2] ⟨ov.ww.⟩⟨mijnw.⟩ **0.1** ***in dagbouw ontginnen.***

'strip mining ⟨n.-telb.zn.⟩⟨mijnw.⟩ **0.1** ***dagbouw.***

strip·per ['strɪpə‖-ər]⟨f1⟩⟨telb.zn.⟩ **0.1** ***stripper*** ⟨v. tabak⟩ **0.2** ***afkrabber*** ⟨v. verf⟩ **0.3** ***afbijtmiddel*** ⟨v. verf⟩ **0.4** ***stripper*** ⇒*kleine oliebron* **0.5** ⟨sl.⟩ ***stripper*** ⇒*stript(eas)euse, stripdanser(es).*

strip·pings ['strɪpɪŋz]⟨mv.⟩ **0.1** ***laatste melk v. koe.***

'strip 'poker ⟨n.-telb.zn.⟩ **0.1** ***strippoker*** ⟨pokerspel waarbij verliezers kledingstukken uittrekken⟩.

'strip-search[1] ⟨telb.zn.⟩⟨sl.⟩ **0.1** ***visitatie.***

strip-search[2] ⟨ov.ww.⟩⟨sl.⟩ **0.1** ***visiteren.***

'strip show ⟨f1⟩⟨telb.zn.⟩ **0.1** ***striptease-vertoning/show.***

'strip·tease[1] ⟨f1⟩⟨telb. en n.-telb.zn.⟩ **0.1** ***striptease.***

striptease[2] ⟨onov.ww.⟩ **0.1** ***een striptease opvoeren.***

'strip·teas·er ⟨telb.zn.⟩ **0.1** ***stripper*** ⇒*stript(eas)euse, stripdanser (es).*

strip·y ['straɪpi]⟨bn.; -er; →compar. 7⟩ **0.1** ***streperig*** ⇒*met/vol strepen* ◆ **1.1** ~ pattern *streepdessin.*

strive [straɪv]⟨f2⟩⟨onov.ww.; strove [stroʊv]; striven ['strɪvn]⟩ →striving **0.1** ***streven*** ⇒*zich inspannen* **0.2** ***vechten*** ⇒*worstelen, strijden* ◆ **3.1** ~ to do sth. *iets trachten (waar te maken)* **6.1** ~ **after/for** *nastreven* **6.2** ~ **against/with** *bekampen, bevechten;* ~ **with** each other/together *ruziën.*

striv·er ['straɪvə‖-ər]⟨telb.zn.⟩ **0.1** ***strever*** ◆ **6.1** ~ **after** *beijveraar van.*

'striv·ing ⟨zn.; oorspr. gerund v. strive⟩

I ⟨telb.zn.⟩ **0.1** ***inspanning;***

II ⟨mv.; ~s⟩ **0.1** ***strijd*** ⇒*wedijver, streberij.*

strobe [stroʊb]⟨telb.zn.⟩⟨inf.⟩ **0.1** ***stroboscoop*** **0.2** ***stroboscooplamp.***

'strobe light ⟨telb.zn.⟩ **0.1** ***stroboscooplamp*** ⇒*flitslamp/licht, knipperlicht.*

strobe(s) [stroʊb(z)], **'strobe lighting** ⟨n.-telb.zn.⟩ **0.1** ***stroboscooplicht.***

stro·bi·la [strə'baɪlə]⟨telb.zn.; strobilae [-li:]; →mv. 5⟩ **0.1** ***strobila*** ⟨segmentketen v. lintworm⟩ **0.2** ***strobila*** ⟨scyfopoliep⟩.

strob·i·la·ceous ['stroʊbɪ'leɪʃəs‖'strɑbɪ-]⟨bn.⟩⟨plantk.⟩ **0.1** ***kegelachtig*** ⇒*kegelvormig, konisch* **0.2** ***kegeldragend.***

strob·ile, strob·il ['stroʊbaɪl‖'strɑbɪl]⟨telb.zn.⟩ **0.1** ⟨plantk.⟩ ***kegel (vrucht)*** ⇒*strobilus* **0.2** →strobila.

strob·i·lus ['stroʊbɪləs‖'strɑ-]⟨telb.zn.; strobili [-laɪ]; →mv. 5⟩ **0.1** ⟨plantk.⟩ ***kegel(vrucht)*** ⇒*strobilus* **0.2** →strobila.

strob·o·scope ['stroʊbəskoʊp]⟨telb.zn.⟩ **0.1** ***stroboscoop*** **0.2** ***stroboscooplamp.***

strob·o·scop·ic ['stroʊbə'skɒpɪk‖-'skɑpɪk]⟨bn.; -ally; →bijw. 3⟩ **0.1** ***stroboscopisch.***

strode [stroʊd]⟨verl. t.⟩ →stride.

stro·gan·off ['strɒgənɒf‖'strɔgənɔf]⟨bn., post.⟩ **0.1** ***stroganoff*** ⟨v. vlees; in reepjes gesneden en bereid met zure room, ui en champignons⟩.

stroke[1] [stroʊk]⟨f3⟩⟨telb.zn.⟩⟨→sprw. 110, 409⟩ **0.1** ⟨ben. voor⟩ ***slag*** ⇒*klap, houw, stoot, klop, dreun, steek; donder/bliksem/klok/hamer/trommel/hartslag; tel; zet; manoeuvre* **0.2** ***aanval*** ⇒*beroerte, verlamming* **0.3** ***trek*** ⇒*haal, pennestreek, streep* **0.4**

streepje ⇒*breukstreep* **0.5** *streling* ⇒*aai* **0.6** ⟨roeisport⟩ *slag (roeier)* ⟨achterste roeier⟩ **0.7** ⟨tech.⟩ *slag(lengte/hoogte)* ⇒*takt* ◆ **1.1** do a good ~ of business *een goede slag slaan;* ~ of genius *geniale zet/vondst;* ~ of lightning *bliksem(in)slag;* ten ~s of the whip *tien zweepslagen;* ~ of wit *geestige zet/vondst, kwinkslag* **1.2** ~ of apoplexy *beroerte;* ~ of paralysis *verlamming* **1.3** with one ~ of the pen *met één pennestreek* **1.¶** ~ of (good) luck *buitenkansje;* he has not done a ~ of work *hij heeft geen klap/donder uitgevoerd, hij heeft geen vinger uitgestoken* **2.1** bold ~ *gewaagde zet* **3.1** pull/row ~s *slagen roeien;* set the ~ *de slag aangeven* **3.¶** finishing ~ *coup de grâce, genade/doodslag, genadestoot;* put the finishing ~s *er de laatste hand aanleggen, de finishing touch geven* **6.1** at a/one ~ *met één slag, in één klap;* be **off** one's ~ *uit de maat zijn, van slag zijn, geen slag houden;* ⟨fig.⟩ *de kluts kwijt zijn;* ⟨fig.⟩ put s.o. **off** his ~ *iem. van zijn stuk/van de kook brengen;* **on** the ~ *precies op tijd;* **on/at** the ~ **of** twelve *klokslag twaalf (uur).*

stroke[2] ⟨f2⟩ ⟨ov.ww.⟩ **0.1** *strijken* ⇒*strelen, aaien, gladstrijken;* ⟨inf.; fig.⟩ *vleien* **0.2** *de slag aangeven in/aan* **0.3** *(beheerst/bekeken) slaan/stoten* ⟨bal⟩ ⇒⟨i.h.b. biljart⟩ *een aaistoot geven* **0.4** *aanslaan* **0.5** *doorstrepen* ◆ **1.1** ~ one's hair *zijn haren gladstrijken;* ~ s.o./s.o.'s hair the wrong way *iem. tegen de haren in strijken/irriteren* **1.2** ~ a boat *de slag aangeven/slagroeier zijn in een boot;* ~ a crew *de slag aangeven aan een roeiteam* **1.4** ~ a key *een toets aanslaan* ⟨op schrijfmachine⟩ **1.5** dot the i's and ~ the t's *puntjes op de i zetten en streepjes door de t trekken* **5.1** ~ s.o. **down** *iem. paaien/kalmeren/bedaren/sussen* **5.5** ~ **out** *doorstrepen.*

'stroke house ⟨telb.zn.⟩ ⟨AE; sl.⟩ **0.1** *pornobio(scoop)* ⇒*seksbioscoop.*

'stroke oar ⟨telb.zn.⟩ ⟨roeisport⟩ **0.1** *slag(roeier)* ⟨achterste roeier⟩.

stroll[1] [stroul] ⟨f2⟩ ⟨telb.zn.⟩ **0.1** *wandeling(etje)* ⇒*kuier, ommetje* ◆ **3.1** have/go for/take a ~ *een wandelingetje/ommetje maken, wat gaan kuieren, een frisse neus halen.*

stroll[2] ⟨f2⟩ ⟨ww.⟩

I ⟨onov.ww.⟩ **0.1** *wandelen* ⇒*kuieren, slenteren* **0.2** *rondreizen/dwalen* ⇒*trekken, zwerven* ◆ **1.2** ~ing actor *rondreizend toneelspeler* **5.¶** ⟨sl.⟩ ~ **on!** *ga heen!, vlieg op!;*

II ⟨ov.ww.⟩ **0.1** *wandelen door* ⇒*kuieren/slenteren door* **0.2** *rondreizen/dwalen* ⇒*doortrekken, zwerven in/door* ◆ **1.1** ~ the streets *de straten afkuieren* **1.2** ~ the whole country *het hele land afreizen.*

stroll·er ['stroulə‖-ər] ⟨f1⟩ ⟨telb.zn.⟩ **0.1** *wandelaar* ⇒*kuieraar, slenteraar* **0.2** ⟨vnl. AE⟩ *wandelwagen(tje)* ⇒*kinderwagentje* **0.3** *rondreizend acteur* **0.4** *vagebond* ⇒*landloper.*

stro·ma ['stroumə] ⟨telb.zn.; stromata [-mət̬ə]; →mv. 5⟩ ⟨biol.⟩ **0.1** *stroma* ⇒*steunweefsel, interstitium.*

stro·mat·ic [strou'mæt̬ɪk], **stro·mal** ['strouml] ⟨bn.⟩ **0.1** ⟨biol.⟩ *stroma-.*

strong [strɒŋ‖strɔŋ] ⟨f4⟩ ⟨bn.; -er ['strɒŋgə‖'strɔŋgər]; →compar. 2⟩ **0.1** ⟨ben. voor⟩ *sterk* ⇒*stoer, krachtig, fors, weerbaar; stevig, hecht, vast, duurzaam; kloek, flink, gezond; zwaar* ⟨v. bier, sigaar⟩; *geconcentreerd* ⟨v. oplossing⟩; *prikkelig, scherp, doordringend* ⟨v. geur, smaak, geluid⟩; *onwelriekend, stinkend; drastisch* ⟨v. maatregel⟩; *rans, ranzig* ⟨v. boter⟩; *talrijk* ⟨v. leger⟩; *bekwaam, bedreven, kundig; hevig, geducht, krachtig, stevig* ⟨v. wind⟩; *hoog* ⟨v. koorts, prijs enz.⟩; *vurig; onregelmatig* ⟨v. werkw., naamw.⟩; *beklemtoond* ⟨v. lettergreep⟩; *geprononceerd, uitgesproken; gedecideerd, vastbesloten; kras, overdreven* ⟨v. taal, woorden⟩ ◆ **1.1** ~ argument *sterk/sluitend argument;* ~ arm *macht, geweld;* ~ arm of the law *(sterke) arm der wet;* by the ~ arm *met geweld;* ~ bank/farmer *rijke bank/boer;* ~ beliefs *onwrikbare opvattingen;* ~ breath *slechte adem;* hold ~ cards *sterke kaarten (in handen) hebben;* ~ conviction *vaste overtuiging;* ~ dollar *sterke dollar;* ~ drink *sterke drank;* ~ electrolyte *sterk elektrolyt;* ~ fever *hevige koorts;* ~ feelings *intense gevoelens, groot ongenoegen;* ⟨taalk.⟩ ~ form *sterke vervoegings/buigingsvorm; beklemtoonde vorm;* ⟨meteo.⟩ ~ gale *storm(wind)* ⟨windkracht 9⟩; ⟨taalk.⟩ ~ grade *voltrap* ⟨v. ablaut⟩; stand on ~ ground *sterk staan;* have a ~ hold upon/over *grote macht uitoefenen over, grote invloed hebben op;* ~ language *krasse/krachtige taal, gevloek, schimptaal;* take a ~ line *zich (kei)hard opstellen, een onverzoenlijk standpunt innemen, flink doortasten;* ~ man *krachtpatser;* ⟨fig.⟩ *steunpilaar; dictator, sterke man;* ~ measure *drastische maatregel;* ~ meat *hele kluif, harde dobber, moeilijk te verteren opvatting/actie;* ~ nerves *stalen zenuwen;* ~ point *fort, bastion;* ⟨fig.⟩ *sterke kant;* ~ stomach *sterke maag, maag die veel verdraagt, ijzeren maag;* ~ stuff *krachtige taal;* ~ suit *sterke kleur* ⟨bij kaartspel⟩; ⟨fig.⟩ *sterke kant;* ~ supporter *hevig/vurig supporter;* ⟨taalk.⟩ ~ verb *sterk werkwoord;* hold ~ views *er een uitgesproken mening op nahouden;* ~ voice *krachtige stem;* ⟨vero.⟩ ~ waters *sterke drank* **3.1** as ~ as they come *oer/beresterk;* ⟨sl.⟩ come/go it (a bit (too)) ~ *overdrijven;* ⟨inf.⟩ come on ~ *een sterke indruk maken; overdrijven;* feel ~ again *er weer bovenop zijn;* give it s.o. hot and ~ *iem. er ongenadig v. langs geven;* ⟨sl.⟩ (still) going ~ *nog steeds actief, nog steeds in de wedstrijd/op dreef* **4.1** two hundred ~ *tweehonderd man sterk* **6.1** be ~ **against** sth. *uitgesproken tegen iets zijn;* be ~ **for** *veel ophebben met, hoog oplopen met, krachtig steunen;* be ~ **in** *uitblinken/goed zijn in;* ~ **in** *goed voorzien van;* ~ **in** health *kerngezond;* be ~ **on** *zeer hechten aan* **8.1** as ~ as a horse/an ox *sterk als een paard/beer.*

'strong-arm[1] ⟨f1⟩ ⟨bn., attr.⟩ **0.1** *hardhandig* ⇒*ruw, grof, gewelddadig* ◆ **1.1** ~ methods *grove middelen.*

strong-arm[2] ⟨ov.ww.⟩ **0.1** *hardhandig aanpakken* ◆ **1.1** ~ one's way to *zich (ruw) een weg banen naar.*

'strong-'bo·died ⟨bn.⟩ **0.1** *krachtig* ⇒*met veel body, gecorseerd* ⟨v. wijn⟩.

'strong·box ⟨telb.zn.⟩ **0.1** *brandkast* ⇒*geldkist, juwelenkist, safe(loket).*

'strong'head·ed ⟨bn.⟩ **0.1** *(stijf)koppig* ⇒*eigenzinnig.*

'strong'heart·ed ⟨bn.⟩ **0.1** *dapper* ⇒*moedig.*

'strong·hold ⟨f1⟩ ⟨telb.zn.⟩ **0.1** *bolwerk* ⇒*bastion, vesting, sterkte.*

strong·ish ['strɒŋɪʃ‖'strɔŋɪʃ] ⟨bn.⟩ **0.1** *vrij sterk.*

'strong-'limb·ed ⟨bn.⟩ **0.1** *sterk v. leden* ⇒*potig.*

strong·ly ['strɒŋli‖'strɔŋli] ⟨f3⟩ ⟨bw.⟩ **0.1** →strong **0.2** *met klem* ⇒*nadrukkelijk* ◆ **3.1** feel ~ about sth. *iets uitgesproken belangrijk vinden;* they felt ~ about the increased taxes *ze waren misnoegd over de verhoogde belasting* **3.2** I ~ advise you *ik raad je ten stelligste aan.*

'strongman ⟨f1⟩ ⟨telb.zn.; -men; →mv. 3⟩ **0.1** *sterke man* ⇒*autoriteit, machthebber, leider.*

'strong-'mind·ed ⟨bn.; -ly; -ness⟩ **0.1** *gedecideerd* ⇒*vastberaden, stijfkoppig, resoluut* ◆ **3.1** be very ~ *(verdraaid goed) weten wat men wil.*

'strong room ⟨telb.zn.⟩ **0.1** *(bank)kluis* ⇒*safe, bewaarkluis.*

'strong-'willed ⟨bn.⟩ **0.1** *wilskrachtig* ⇒*gedecideerd, vastberaden.*

stron·tia ['strɒntɪə‖'strɑnʃə] ⟨n.-telb.zn.⟩ **0.1** *strontium oxide* ⇒*strontiaan.*

stron·ti·an·ite ['strɒntɪənaɪt‖'strɑnʃənaɪt] ⟨n.-telb.zn.⟩ **0.1** *strontianiet.*

stron·ti·um ['strɒntɪəm‖'strɑnʃəm] ⟨n.-telb.zn.⟩ ⟨schei.⟩ **0.1** *strontium* ⟨element 38⟩.

strop[1] [strɒp‖strɑp] ⟨telb.zn.⟩ **0.1** *scheerriem* **0.2** *strop* ⟨ook scheep.⟩.

strop[2] ⟨ov.ww.; →ww. 7⟩ **0.1** *aanzetten* ⇒*scherpen* ⟨op scheerriem⟩ **0.2** *stroppen* ⟨ook scheep.⟩ ⇒*met een strop vastleggen.*

stro·phan·thin [strou'fænθɪn] ⟨n.-telb.zn.⟩ **0.1** *strofantine.*

stro·phe ['stroufi] ⟨f1⟩ ⟨telb.zn.⟩ **0.1** *strofe* ⇒*couplet, stanza, zang* ⟨in Grieks drama⟩.

stroph·ic ['strɒfɪk‖'strɑfɪk], **stroph·i·cal** [-ɪkl] ⟨bn.; -(al)ly; →bijw. 3⟩ **0.1** *strofisch* ⇒*in strofevorm.*

stroph·u·lus ['strɒfjʊləs‖'strɑfjələs] ⟨telb. en n.-telb.zn.; strophuli [-laɪ]; →mv. 5⟩ **0.1** *strophulus* ⇒*prurigo* ⟨jeukende huidreactie⟩.

strop·py ['strɒpi‖strɑpi] ⟨bn.; -er; →compar. 7⟩ ⟨BE; inf.⟩ **0.1** *onbeschoft dwars* ⇒*lastig, tegendraads.*

stroud [straud], ⟨in bet. II ook⟩ **stroud·ing** ['straudɪŋ] ⟨zn.⟩

I ⟨telb.zn.⟩ **0.1** *(ruwe) wollen doek/deken;*

II ⟨n.-telb.zn.⟩ **0.1** *ruwe wol* ⟨naar Stroud in Gloucestershire⟩.

strove [strouv] ⟨verl. t.⟩ →strive.

struck[1] [strʌk] ⟨f2⟩ ⟨bn.; volt. deelw. v. strike⟩

I ⟨bn., attr.⟩ **0.1** *stakend* ⇒*lamgelegd, in staking* **0.2** *afgestreken* ◆ **1.1** ~ factory *lamgelegde/platgelegde fabriek;* ~ labourer *arbeider in staking* **1.2** ~ measure *afgestreken maat;*

II ⟨bn., pred.⟩ **0.1** *aangegrepen* ⇒*getroffen, bezeten, vervuld* ◆ **6.1** ⟨inf.⟩ be ~ **on/with** *dol/verliefd zijn op, wég zijn van, veel ophebben met;* ~ **with** terror *met ontzetting vervuld, aangegrepen door angst.*

struck[2] ⟨verl. t. en volt. t.⟩ →strike.

struc·tur·al ['strʌktʃrəl] ⟨f2⟩ ⟨bn.; -ly⟩ **0.1** *structureel* ⇒*bouw-, structuur-, constructie-, tektonisch,* ⟨biol.⟩ *morfologisch* ◆ **1.1** ~ alterations *verbouwing;* ⟨dierk.⟩ ~ colour *structuurkleur;* ~ engineer *bouwkundig ingenieur;* ~ fault *constructiefout;* ~ formula *structuurformule;* ~ gene *structuurgen;* ~ grammar *structurele grammatica;* ~ linguistics *structurele taalkunde, structuralisme;* ~ psychology *structuurpsychologie;* ~ steel *constructiestaal;* ~ unit *structuureenheid.*

struc·tur·al·ism ['strʌktʃrəlɪzm] ⟨n.-telb.zn.⟩ **0.1** *structuralisme.*

struc·tur·al·ist ['strʌktʃrəlɪst] ⟨telb.zn.⟩ **0.1** *structuralist.*

struc·tur·al·i·za·tion, -sa·tion ['strʌktʃrəlaɪ'zeɪʃn‖-lə'zeɪʃn] ⟨telb. en n.-telb.zn.⟩ **0.1** *structurering.*

struc·tur·al·ize, -ise ['strʌktʃrəlaɪz] ⟨ov.ww.⟩ **0.1** *structureren* ⇒*in een structuur vatten.*

struc·ture[1] ['strʌktʃə||-ər]⟨f3⟩⟨zn.⟩
I ⟨telb.zn.⟩ **0.1** ***bouwwerk*** ⇒*constructie, bouwsel, stellage;*
II ⟨n.-telb.zn.⟩ **0.1** ***structuur*** ⇒*bouw, samenstel(ling), constitutie, constructie, structurering* **0.2** ⟨bouwk.⟩ ***bouw(wijze)*** ⇒*structuur* **0.3** ⟨scheep.⟩ ***verband.***
structure[2] ⟨f2⟩⟨ov.ww.⟩ **0.1** ***structureren*** ⇒*organiseren, ordenen* **0.2** ***bouwen*** ⇒*construeren.*
stru·del ['stru:dl]⟨telb. en n.-telb.zn.⟩⟨cul.⟩ **0.1** ***strudel*** ⇒*fruit/kaasrolletje* ⟨v. bladerdeeg⟩.
strug·gle[1] ['strʌgl]⟨f3⟩⟨telb.zn.⟩ **0.1** ***worsteling*** ⇒*gevecht, vechtpartij, twist, (wed)strijd* **0.2** ***(krachts)inspanning*** ◆ **1.1** ~ for existence /life *strijd om het bestaan;* ~ for freedom *vrijheidsstrijd* **2.2** quite a ~ *een heel karwei, een harde dobber* **3.1** put up a ~ *zich verzetten* **3.2** I had a ~ helping/to help them *het kostte me veel moeite om hen te helpen* **6.1** the ~ **with** *de strijd tegen;* **without** a ~ *zonder verzet* **6.2** **with** a ~ *met moeite.*
struggle[2] ⟨f3⟩⟨onov.ww.⟩ →struggling **0.1** ***worstelen*** ⇒*vechten;* ⟨ook fig.⟩ *strijden, kampen, zich inspannen, zwoegen, zich uitsloven* ◆ **3.1** ~ to be friendly *zich inspannen/zijn best doen om vriendelijk te zijn;* ~ to say sth. *zich (bovenmatig) inspannen om iets te zeggen* **5.1** ~ **along/on** *met moeite vooruitkomen;* ~ **in** *zich met moeite een weg naar binnen zoeken;* ~ **through** *zich erdoor worstelen/wurmen* **6.1** ~ **against** poverty *opboksen tegen de armoede;* ~ **for** power *een machtsstrijd voeren;* ~ **into** one's clothes *zich in zijn kleren wurmen;* ~ **out of** s.o.'s power *zich aan iemands macht ontworstelen;* ~ **to** one's feet *overeind krabbelen;* ~ **with** *vechten met, worstelen met.*
strug·gler ['strʌglə||-ər]⟨telb.zn.⟩ **0.1** ***vechter*** ⇒*kamper, strijder.*
strug·gling ['strʌglɪŋ]⟨bn., attr.; teg. deelw. v. struggle⟩ **0.1** ***strijdend*** ⇒*vechtend tegen de armoede, een strijd om het bestaan voerend.*
strug·gling·ly ['strʌglɪŋli]⟨bw.⟩ **0.1** →struggling **0.2** ***met moeite.***
strum[1] [strʌm]⟨telb.zn.⟩ **0.1** ***getokkel*** ⇒*getrommel, gehamer.*
strum[2] ⟨f1⟩⟨onov. en ov.ww.; →ww. 7⟩ **0.1** ***(be)tokkelen*** ⇒*trommelen (op)* ◆ **1.1** he was ~ming his guitar *hij zat een beetje op zijn gitaar te tokkelen.*
stru·ma ['stru:mə]⟨telb.zn.; strumae [-mi:]; →mv. 5⟩ **0.1** ***scrofulose*** ⇒*klierziekte* **0.2** ***struma*** ⇒*krop(gezwel), (hals)kliergezwel* **0.3** ⟨plantk.⟩ ***verdikking*** ⇒*gezwel.*
stru·mat·ic [stru:'mæṭɪk], **stru·mose** ['stru:moʊs], **stru·mous** ['stru:məs]⟨bn.⟩ **0.1** ***klierachtig*** ⇒*scrofuleus.*
strum·pet ['strʌmpɪt]⟨telb.zn.⟩⟨vero.⟩ **0.1** ***deern(e)*** ⇒*lichtekooi, hoer.*
strung [strʌŋ]⟨verl. t. en volt. deelw.⟩ →string.
'strung 'out ⟨bn., pred.⟩⟨inf.⟩ **0.1** ***verslaafd*** ⇒*onder invloed* ⟨v. narcotica⟩ **0.2** ***overspannen*** ⇒*in de war* **0.3** ***verliefd*** ◆ **6.1** ~ **on** *verslaafd/* ⟨B.⟩ *verhangen aan* **6.3** ~ **on** *verliefd op.*
'strung-'up ⟨bn.⟩⟨inf.⟩ **0.1** ***gespannen*** ⇒*geëxalteerd.*
strut[1] [strʌt]⟨f1⟩⟨telb.zn.⟩ **0.1** ⟨vnl. enk.⟩ ***pompeuze/pronkerige gang*** **0.2** ***stut*** ⇒*steun; schoor(balk), verstijvingsbalk* ⟨ook mijnw.⟩; *stijl* ⟨ook v. vliegtuig⟩; ⟨scheep.⟩ *dekstijl; veerpoot* ⟨v. auto⟩.
strut[2] ⟨f2⟩⟨ww.; →ww. 7⟩
I ⟨onov. en ov.ww.⟩ **0.1** ***pompeus/pronkerig schrijden (op/over)*** ⇒*paraderen, heen en weer stappen (op)* ◆ **1.1** ~ the stage *heen en weer schrijden op het toneel* **5.1** ~ **about/around/round** *rondstappen als een pauw, met de neus in de lucht (rond)lopen, een hoge borst opzetten* **6.1** ~ **about** the place *rondparaderen;*
II ⟨ov.ww.⟩ **0.1** ***stutten*** ⇒*schoren, schragen, steunen.*
'struth, 'strewth [stru:θ]⟨tussenw.⟩ **0.1** ***warempel*** ⇒*allemachtig* ⟨verk. v. God's truth⟩.
stru·thi·ous ['stru:θɪəs]⟨bn.⟩ **0.1** ***struisvogelachtig*** ⇒*struis(vogel)-.*
strut·ter ['strʌtə||'strʌṭər]⟨telb.zn.⟩ **0.1** ***opschepper*** ⇒*pocher, snoever, snoefhaan, praalhans.*
strych·nic ['strɪknɪk]⟨bn.⟩ **0.1** ***strychnine-*** ◆ **1.1** ~ poisoning *strychninevergiftiging.*
strych·nine ['strɪkni:n||-naɪn, -nɪn]⟨n.-telb.zn.⟩ **0.1** ***strychnine.***
Sts ⟨afk.⟩ Saints.
stub[1] [stʌb]⟨f1⟩⟨telb.zn.⟩ **0.1** ⟨ben. voor⟩ ***stomp*** ⇒*rest, stompje, eind(je), peuk; staartstomp; stobbe, boomstronk, boomstomp;* ⟨vaak mv.⟩ *afgesleten spijker/hoefnagel* **0.2** ***souche*** ⟨v. bon- of chequeboekje⟩ ⇒*reçustrook, controlestrook, talon* ⟨v. effecten⟩.
stub[2] ⟨f1⟩⟨ov.ww.; →ww. 7⟩ →stubbed **0.1** ***rooien*** ⇒*uit de grond halen, ontwortelen* **0.2** ***van wortels/boomstronken ontdoen*** **0.3** ***stoten*** **0.4** ***uitdrukken*** ⇒*uitdoven* ◆ **1.3** ~ one's toe *zijn teen stoten* **5.1** ~ **up** *ontwortelen, rooien* **5.4** ~ **out** a cigarette *een sigaret uitdrukken/doven.*
'stub axle ⟨telb.zn.⟩ **0.1** ***asstomp.***
stubbed [stʌbd]⟨bn.; volt. deelw. v. stub⟩ **0.1** ***stomp*** **0.2** ***stoppelig*** ⇒*vol stompjes* **0.3** ***versleten*** ⇒*afgesleten* **0.4** ⟨gew.⟩ ***gezet*** ⇒*kort en dik.*
stub·ble ['stʌbl]⟨f2⟩⟨zn.⟩
I ⟨n.-telb.zn.⟩ **0.1** ***stoppel(s)*** **0.2** ***stoppelveld*** ⇒*stoppelakker, stoppelland* **0.3** ***stoppelbaard;***
II ⟨mv.; ~s⟩ **0.1** ***stoppelveld*** ⇒*stoppels.*
'stub·ble·field ⟨telb.zn.⟩ **0.1** ***stoppelveld*** ⇒*stoppelakker, stoppelland.*
'stubble goose ⟨telb.zn.⟩⟨dierk.⟩ **0.1** ***grauwe gans*** ⟨Anser anser⟩.
stub·bly ['stʌbli]⟨bn.⟩ **0.1** ***stoppelig*** ⇒*stekelig, borstelig.*
stub·born ['stʌbən||-bərn]⟨f2⟩⟨bn.; -ly; -ness⟩ **0.1** ***koppig*** ⇒*eigenwijs, stijfhoofdig, eigenzinnig, obstinaat, weerspannig* **0.2** ***onverzettelijk*** ⇒*onbuigzaam, halsstarrig* **0.3** ***hardnekkig*** ⇒*aanhoudend, chronisch, moeilijk te bestrijden* **0.4** ***weerbarstig*** ⇒*hard, zwaar, moeilijk te bewerken, stroef, stug* ◆ **1.2** facts are ~ things *je kunt niet om de feiten heen* **1.3** ~ illness *hardnekkige ziekte* **1.4** ~ lock *stroef slot;* ~ soil *moeilijk te bewerken grond, taaie grond* **8.1** as ~ as a mule *koppig als een ezel.*
stub·by ['stʌbi]⟨f1⟩⟨bn.; -er; -ly; -ness; →bijw. 3⟩ **0.1** ***stomp*** ⇒*afgesleten* **0.2** ***gedrongen*** ⇒*gezet, plomp, kort en dik* **0.3** ***borstelig*** ⇒*stekelig, stoppelig, stoppel-* ◆ **1.2** ~ fingers *dikke vingertjes.*
'stub end station, ⟨AE ook⟩ **'stub terminal** ⟨telb.zn.⟩ **0.1** ***kopstation*** ⟨v. spoorweg⟩.
'stub fin ⟨telb.zn.⟩⟨ruim.⟩ **0.1** ***stompvin.***
'stub mortise ⟨telb.zn.⟩ **0.1** ***blind gat*** ⟨v. verborgen pen-en-pat verbinding⟩.
'stub receptacle ⟨telb.zn.⟩ **0.1** ***vergaarbak voor peukjes*** ⇒*asbak.*
'stub tenon ⟨telb.zn.⟩ **0.1** ***blinde pen*** ⟨v. verborgen pen-en-pat verbinding⟩.
'stub wing ⟨telb.zn.⟩ **0.1** ***vleugelstomp*** **0.2** ***stomp*** ⟨v. vliegboot⟩.
stuc·co[1] ['stʌkoʊ]⟨telb. en n.-telb.zn.; ook -es [-koʊz]; →mv. 2⟩ **0.1** ***stuc(ornament)*** ⇒*pleister(kalk), gipsspecie, stucco, gipspleister; stukadoorswerk, pleisterwerk, stucwerk, stucversiering.*
stucco[2] ⟨ov.ww.; →ww. 7⟩ **0.1** ***pleisteren*** ⇒*stukadoren.*
stuck[1] [stʌk]⟨f2⟩⟨bn., pred.; volt. deelw. v. stick⟩ **0.1** ***vast*** ⟨ook fig.⟩ ⇒*klem, onbeweeglijk; ten einde raad* **0.2** ***vastgekleefd/geplakt*** ◆ **5.1** ⟨inf.⟩ let's get ~ **in** *laten we er (lekker/flink) tegenaan gaan;* ⟨inf.⟩ here is my home-made apple pie; get ~ **in!** *hier is mijn zelfgebakken appeltaart, val aan!* **6.1** be ~ **for** an answer *met zijn mond vol tanden staan/zitten;* ⟨inf.⟩ get ~ **in(to)** sth. *iets enthousiast aanpakken;* he reached the fourth form but there he got ~ **on** mathematics *hij haalde de vierde klas maar daar bleef hij hangen op zijn wiskunde;* ⟨inf.⟩ be/get ~ **with** a job *met een karwei opgezadeld/opgescheept zitten* **6.¶** ⟨BE; inf.⟩ she is really ~ **on** the boy next-door *ze is helemaal weg van de buurjongen.*
stuck[2] [stʌk]⟨verl. t. en volt. deelw.⟩ →stick.
'stuck-'up ⟨f1⟩⟨bn.⟩⟨inf.⟩ **0.1** ***bekakt*** ⇒*opgeblazen, blasé, verwaand.*
stud[1] [stʌd]⟨f2⟩⟨telb.zn.⟩ **0.1** ***(sier)spijker*** ⇒*sierknopje, nagel* **0.2** ***knoop(je)*** ⇒*overhemds/boorde/manchetknoopje* **0.3** ***verbindingsbout*** ⟨in schakels v. ketting⟩ **0.4** ***stijl*** ⇒*plank* ⟨in pleisterwerk⟩ **0.5** ⟨AE⟩ ***kamerhoogte*** **0.6** ***stoeterij*** ⇒*(ren)stal, fokbedrijf* **0.7** ⟨AE⟩ ***fokhengst*** ⇒*spring/dekhengst* ⟨ook fig.⟩ **0.8** ***tapeind*** ⇒*tapbout, schroefbout, steunbout* **0.9** ***open poker*** **0.10** ***wegpunaise*** **0.11** ***nop*** ⟨onder voetbalschoen⟩ ⇒⟨B.⟩ *stud* ◆ **6.7** **at/in** ~ *als fokhengst beschikbaar.*
stud[2] ⟨f1⟩⟨ov.ww.; →ww. 7⟩ →studding **0.1** ***beslaan*** ⇒*versieren met/voorzien van spijkers/knopjes* **0.2** ***bezetten*** ⇒*bezaaien, bedekken, bestrooien* **0.3** ***schoren*** ⇒*stutten, schragen* ◆ **6.2** ~ded **with** *bezaaid/bestrooid met;* ~ded **with** quotations *vol citaten;* a crown ~ded **with** diamonds *een met diamanten bezette kroon.*
stud[3] ⟨afk.⟩ student.
'stud bolt ⟨telb.zn.⟩ **0.1** ***tapeind*** ⇒*tapbout, schroefbout, steunbout.*
'stud·book ⟨telb.zn.⟩ **0.1** ***stamboek*** ⟨vnl. v. paarden⟩ ⇒*fokstamboek.*
stud·ding ['stʌdɪŋ]⟨telb. en n.-telb.zn.; (oorspr.) gerund v. stud⟩ **0.1** ***houtwerk*** ⇒*tengelwerk, tengeling* ⟨in pleisterwand⟩ **0.2** ⟨AE⟩ ***kamerhoogte*** ⟨in termen v. stijllengte⟩.
studding sail ['stʌdɪŋ seɪl⟨scheep.⟩'stʌnsl]⟨telb.zn.⟩⟨scheep.⟩ **0.1** ***lijzeil.***
stu·dent ['stju:dnt||'stu:dnt]⟨f4⟩⟨telb.zn.⟩ **0.1** ***student(e)*** ⇒*studerende,* ⟨BE⟩ *student(e) met onderzoeksbeurs* ⟨i.h.b. fellow v. Christ Church, Oxford⟩; ⟨AE⟩ *leerling(e), scholier* **0.2** ***navorser*** ⇒*kenner* ◆ **1.1** ~ of law *rechtenstudent, student in de rechten* **1.2** ~ of bird-life *vogelkenner;* ~ of history *iem. met historische belangstelling, historicus;* ~ of human nature *kenner v.d. menselijke natuur* **2.1** medical ~ *student in de medicijnen.*
'student engi'neer ⟨telb.zn.⟩⟨AE; spoorwegen⟩ **0.1** ***leerling-machinist.***
'student 'grant ⟨telb.zn.⟩ **0.1** ***studiebeurs.***
'student hostel ⟨telb.zn.⟩ **0.1** ***studentenhuis/flat.***
'student in'terpreter ⟨telb.zn.⟩ **0.1** ***leerling-tolk.***
'student 'loan ⟨telb.zn.⟩ **0.1** ***studielening.***

'student 'nurse ⟨telb.zn.⟩ 0.1 leerling-verpleegster.

'student 'pastor ⟨telb.zn.⟩ 0.1 studentenpredikant/pasto(o)r.

stu·dent·ship ['stju:dntʃɪp||'stu:-]⟨zn.⟩
I ⟨telb.zn.⟩⟨BE⟩ 0.1 studiebeurs;
II ⟨n.-telb.zn.⟩ 0.1 het student zijn ⇒studie.

'students' 'union ⟨telb.zn.⟩⟨BE⟩ 0.1 studentenbond 0.2 studentensociëteit/vereniging/corps.

'student 'teacher ⟨telb.zn.⟩ 0.1 hospitant(leraar) ⇒(leraar-)stagiair 0.2 kwekeling 0.3 student PA/PABO/NLO.

'student uprising ⟨telb.zn.⟩ 0.1 studentenopstand.

'stud farm ⟨fɪ⟩⟨telb.zn.⟩ 0.1 fokbedrijf ⇒stoeterij.

'stud fee ⟨telb.zn.⟩ 0.1 dekgeld.

'stud·hole ⟨telb.zn.⟩ 0.1 knoopsgat ⟨voor boordeknoopje⟩.

'stud·horse ⟨telb.zn.⟩ 0.1 dek/fokhengst.

stud·ied ['stʌdid]⟨fɪ⟩⟨bn.; volt. deelw. v. study; -ness⟩ 0.1 weloverwogen ⇒(wel)doordacht, berekend, gemaakt, geforceerd, bestudeerd, gekunsteld, vormelijk 0.2 geleerd ⇒belezen, kundig, knap, bedreven ◆ 1.1 ~ attitude bestudeerde houding; ~ insult opzettelijke belediging; ~ plan (wel)doordacht plan; ~ politeness berekende beleefdheid; ~ smile gemaakte/geforceerde glimlach; ~ words weloverwogen woorden 1.2 an able and ~ man een vaardig en belezen man.

stud·ied·ly ['stʌdidli]⟨bw.⟩ 0.1 →studied 0.2 willens en wetens.

stu·di·o ['stju:dioʊ||'stu:-]⟨f3⟩⟨telb.zn.⟩ 0.1 studio ⇒eenkamerappartement 0.2 atelier ⇒werkplaats 0.3 studio ⇒opnamekamer, ⟨vaak mv.⟩ filmstudio.

'studio audience ⟨verz.n.⟩ 0.1 studiopubliek.

'studio couch ⟨telb.zn.⟩ 0.1 divanbed.

'studio flat, ⟨AE⟩ 'studio apartment ⟨telb.zn.⟩ 0.1 éénkamerappartement ⇒studio.

stu·di·ous ['stju:dɪəs||'stu:-]⟨fɪ⟩⟨bn.; -ly; -ness⟩ 0.1 leergierig ⇒studieus, vlijtig, ijverig 0.2 nauwgezet ⇒scrupuleus, angstvallig, behoedzaam, bedachtzaam 0.3 bestudeerd ⇒weloverwogen, opzettelijk 0.4 verlangend ⇒begerig, zich toeleggend 0.5 studie bevorderend ⇒tot studie nopend ◆ 1.3 ~ politeness bestudeerde/gemaakte beleefdheid 3.2 be ~ to do/in doing sth. iets nauwgezet doen 6.2 be ~ of nauwgezet in acht nemen 6.4 be ~ of beogen, nastreven.

'stud·mare ⟨telb.zn.⟩ 0.1 fokmerrie ⇒veulenmerrie.

'stud 'poker, 'studhorse 'poker ⟨n.-telb.zn.⟩ 0.1 open poker.

stud·y[1] ['stʌdi]⟨f4⟩⟨zn.; →mv. 2⟩
I ⟨telb.zn.⟩ 0.1 studie ⇒monografie, werk, thesis; oefenschets/tekening/schilderij; ⟨muz.⟩ oefenstuk, etude 0.2 studeerkamer ⇒⟨B.⟩ bureau 0.3 studie(vak) ⇒discipline, onderwerp 0.4 acteur ⟨die rol instudeert⟩ ◆ 2.1 ⟨dram.⟩ have a quick/slow ~ gemakkelijk/moeilijk rollen leren/instuderen 2.3 this is quite a ~ dit is de moeite waard om te bestuderen; graduate studies ⟨ong.⟩ postkandidaatsstudie; ⟨B.⟩ derde cyclus, postgraduaat; Theological Studies Theologische Studiën 2.4 ⟨dram.⟩ be a quick/slow ~ gemakkelijk/moeilijk rollen leren 3.1 make a ~ of sth. een studie van iets maken, zich op iets toeleggen 3.3 make a ~ of ervoor trachten te zorgen dat;
II ⟨n.-telb.zn.⟩ 0.1 studie ⇒het studeren, research, onderzoek; aandacht, attentie; ⟨dram.⟩ het instuderen v.e. rol ◆ 6.1 spend an afternoon in ~ een namiddag met studeren doorbrengen; with ~ met aandacht.

study[2] ⟨f4⟩⟨ww.; →ww. 7⟩ →studied
I ⟨onov.ww.⟩ 0.1 studeren ⇒les volgen, college lopen 0.2 peinzen ⇒denken 0.3 zijn best doen ⇒zich toeleggen, zich beijveren ◆ 3.1 ~ to be a doctor voor dokter studeren 3.3 ~ to do sth. zich beijveren om iets te doen 6.1 ~ for the Bar voor advocaat studeren, rechten doen;
II ⟨ov.ww.⟩ 0.1 (be)studeren ⇒onderzoeken, navorsen, aandachtig lezen/bekijken, overdenken, overpeinzen, beschouwen, overwegen 0.2 instuderen ⇒memorizeren, van buiten leren 0.3 nastreven ⇒behartigen, in het oog houden ◆ 1.1 ~ a language een taal studeren; ~ law rechten studeren/doen; ~ s.o. iem. opnemen 1.3 ~ s.o.'s interests iemands belangen behartigen 5.1 ~ out uitdenken; ~ up bestuderen.

'study circle, 'study club, 'study group ⟨telb.zn.⟩ 0.1 studiekring ⇒studiegroep.

'study hall ⟨telb.zn.⟩⟨AE⟩ 0.1 studie(zaal) 0.2 studie(tijd).

stuff[1] [stʌf]⟨f3⟩⟨n.-telb.zn.⟩ 0.1 materiaal ⇒(grond)stof, elementen 0.2 kern ⇒(het) wezen(lijke), essentie 0.3 spul ⇒goed(je), waar 0.4 troep ⇒rommel, boeltje, goedje, spul 0.5 onzin ⇒kletskoek, kletspraat, nonsens 0.6 gedoe 0.7 stof ⇒kopij, materiaal 0.8 materie ⇒(grond)stof 0.9 (koop)waar ⇒goederen 0.10 ⟨inf.⟩ kost ⇒waar 0.11 ⟨inf.⟩ spullen ⇒boel(tje), gerei, hebben en houden 0.12 ⟨sl.⟩ poen ⇒(klinkende) duiten, (baar) geld 0.13 ⟨sl.⟩ stuff ⇒spul, hasj, shit, heroïne, weed 0.14 ⟨vero.⟩ wollen stof(fen) ◆ 1.1 there was a lot of ~ about it on television er was heel wat over te doen op de televisie 1.2 the ~ of life de essentie v.h. leven 1.¶ ~ and nonsense! kletskoek, klinkklare/je reinste onzin! 2.3 sweet ~ zoet spul, snoepgoed 2.10 dull ~ saaie kost; good ~ goede/goeie kost; old ~ oude/ouwe kost, oud nieuws; that joke is old ~ dat is een mop met een baard 2.13 hard ~ hard stuff, hard drugs ⟨morfine, cocaïne, heroïne⟩ 3.1 we must first know what ~ she's made of we moeten eerst weten uit welk hout zij gesneden is/wat voor vlees we (met haar) in de kuip hebben/met wat voor iem. we te doen hebben; (not) be the ~ heroes are made of (niet) v.h. hout zijn waarvan men helden maakt; she has the ~ of an actress in her er zit een actrice in haar 3.3 do you call this ~ coffee? noem jij dit goedje koffie? 3.4 throw that ~ away! gooi die rommel/vuiligheid weg! 3.13 smell the ~ cocaïne snuiven 3.¶ ⟨sl.⟩ do one's ~ eens tonen wat je kan, zijn taak volbrengen; ⟨sl.⟩ that's the ~ to give 'em/to give the troops zo moet je hen aanpakken, dat is de behandeling die ze verdienen, 't is niet meer dan dat ze verdienen, ze verdienen niet beter; know one's ~ weten waarover je het hebt/waarover je spreekt, zijn vak verstaan, een meester in zijn vak zijn; ⟨inf.⟩ strut one's ~ opscheppen, duur doen, snoeven 6.1 be of the ~ that v.h. soort/slag zijn dat 7.11 I've sold all my ~ ik heb al mijn spullen/heel mijn boeltje verkocht 7.12 the ~ poen, duiten 7.¶ ⟨inf.⟩ the ~ voorraad; ⟨inf.⟩ that's the ~! dat is het!, dat is wat we nodig hebben!, (dat is) je ware!, zo mag ik 't horen.

stuff[2] ⟨f3⟩⟨ww.⟩ →stuffing
I ⟨onov.ww.⟩⟨inf.⟩ 0.1 schrokken ⇒zich volproppen/overeten;
II ⟨ov.ww.⟩ 0.1 (op)vullen ⇒volproppen/stoppen, vol duwen, oppropppen 0.2 (dicht/vol)stoppen ⇒toeproppen 0.3 proppen ⇒stoppen, steken, duwen; ⟨inf.⟩ van dichtbij ingooien/erin rammen/erin slaan ⟨bal, puck⟩ 0.4 opzetten 0.5 ⟨inf.⟩ volproppen ⇒doen overeten 0.6 ⟨cul.⟩ farceren ⇒vullen, stoppen 0.7 ⟨vulg.⟩ neuken 0.8 ⟨sl.⟩ bedanken voor ⇒afdanken, weigeren 0.9 ⟨AE⟩ met valse stemmen vullen ⟨de stembus⟩ ◆ 1.2 ~ one's ears zijn oren dichtstoppen; ~ a hole een gat stoppen; a ~ed nose een verstopte neus; his throat was ~ed hij had een brok/prop in zijn keel 1.4 ~ a bird een vogel opzetten 1.6 ~ed tomatoes gevulde tomaten; a ~ed turkey een gefarceerde kalkoen 1.8 he can ~ his job! hij kan naar de maan lopen met zijn baan! 3.¶ if you don't like it, you can ~ it als het je niet zint, dan laat je het toch/dan doe je het toch niet/dan smeer je het maar in je haar 4.5 ~ o.s. zich volproppen, zich overeten; ~ s.o. iem. volproppen 4.¶ ⟨sl.⟩ (you can) ~ yourself! je kunt me de bout hachelen!, je kunt me wat! 5.1 ~ full volproppen; ~ out opvullen, volproppen/stoppen, opproppen 5.2 ⟨vnl. pass.⟩ ~ up (dicht/ver)stoppen, toeproppen; ~ up a hole een gat stoppen; ~ed up verstopt; my nose is completely ~ed up mijn neus is helemaal verstopt; we ~ed up our ears wij stopten onze oren dicht 5.3 ~ away wegmoffelen, wegsteken/stoppen; ~ in erbij/erin proppen 6.1 ~ sth./s.o. with iets/iem. volproppen met; my mind is ~ed with facts mijn hersenpan zit vol (met) feiten 6.3 ~ sth. in(to) iets proppen/stoppen/duwen/steken in; ~ food into o.s. zich volproppen (met eten) 6.5 ~ o.s. with zich volproppen met.

'stuffed-'up ⟨bn., attr.⟩ 0.1 verstopt ◆ 1.1 a ~ nose een verstopte neus.

stuff·er ['stʌfə||-ər]⟨telb.zn.⟩ 0.1 opzetter ⇒taxidermist 0.2 (op)vuller 0.3 bijsluiter ⟨i.h.b. als reclame⟩ ◆ 1.1 a ~ of birds een vogelopzetter 1.2 ~ of chairs stoelenvuller.

'stuff 'gown ⟨telb.zn.⟩ 0.1 wollen (advocaten)toga ⇒gewone (advocaten)toga 0.2 jonge advocaat.

stuff·ing ['stʌfɪŋ]⟨fɪ⟩⟨telb. en n.-telb.zn.; (oorspr.) gerund v. stuff⟩ 0.1 (op)vulsel ⇒vulling, stopsel; ⟨cul.⟩ farce ◆ 3.¶ knock/take the ~ out of s.o. iem. tot moes slaan, iem. uitschakelen, iem. knock-out slaan, iem. buiten gevecht stellen; iem. doen aftakelen, iem. verzwakken, iem. futloos maken ⟨v. ziekte⟩.

'stuffing box ⟨telb.zn.⟩⟨tech.⟩ 0.1 pakkingbus.

stuff shot →dunk shot.

stuff·y ['stʌfi]⟨fɪ⟩⟨bn.; -er; -ly; -ness; →bijw. 3⟩ 0.1 bedompt ⇒benauwd, muf 0.2 saai ⇒duf, muf, vervelend 0.3 verstopt 0.4 bekrompen ⇒kleingeestig, preuts, conventioneel 0.5 humeurig ⇒ontstemd, boos.

stull [stʌl]⟨telb.zn.⟩⟨mijnw.⟩ 0.1 stijl ⇒steunpilaar ⟨in winplaats⟩ 0.2 platform ⟨op stijlen, in winplaats⟩.

stul·ti·fi·ca·tion ['stʌltɪfɪ'keɪʃn]⟨telb. en n.-telb.zn.⟩ 0.1 bespotting ⇒het belachelijk maken 0.2 tenietdoening ⇒vernietiging, opheffing, uitschakeling 0.3 afstomping 0.4 verklaring v. ontoerekeningsvatbaarheid.

stul·ti·fy ['stʌltɪfaɪ]⟨ov.ww.; →ww. 7⟩ 0.1 belachelijk maken ⇒ridiculiseren, bespotten 0.2 tenietdoen ⇒nietig/zinloos/krachteloos maken, opheffen 0.3 afstompen ⇒gevoelloos maken 0.4 ⟨jur.⟩ ontoerekeningsvatbaar verklaren ◆ 4.2 the critic stultifies himself by admitting that he has only seen a part of the film de criticus *schakelt zichzelf uit door toe te geven dat hij maar een gedeelte v.d. film heeft gezien.*

stum[1] [stʌm]⟨n.-telb.zn.⟩ **0.1** ***most(wijn).***

stum[2] ⟨ov.ww.; →ww. 7⟩ **0.1** ***zwavelen*** ⇒*de gisting stoppen van* ⟨wijn⟩, *beletten te gisten* **0.2** ***tot nieuwe gisting brengen.***

stumble[1] ['stʌmbl]⟨f1⟩⟨telb.zn.⟩ **0.1** ***struikeling*** ⇒*misstap* **0.2** ***blunder*** ⇒*flater, fout* **0.3** ***misstap*** ⇒*dwaling, zonde.*

stumble[2] ⟨f3⟩⟨ww.⟩⟨→sprw. 339⟩

I ⟨onov.ww.⟩ **0.1** ***struikelen*** ⇒*vallen* **0.2** ***strompelen*** ⇒*stuntelen* **0.3** ***hakkelen*** ⇒*haperen, stamelen, stotteren* **0.4** ***blunderen*** ⇒*(een) blunder(s) maken, (een) fout(en) maken, een flater begaan* **0.5** ***dwalen*** ⇒*dolen* ⟨alleen fig.⟩, *een misstap begaan, zondigen* ◆ **5.2** ~ **about/across/along** *voortstrompelen* **6.1** ~ **on/over** *struikelen over* **6.3** he always ~s **at/over** the difficult words *hij struikelt altijd over de moeilijke woorden;* ~ **in** one's speech *hakkelen, hakkelend spreken;* ~ **through** a text *een tekst hakkelend lezen* **6.4** ~ **against/over** *struikelen over* ⟨alleen fig.⟩; *blunderen in;* they all ~d **over** the same part of the exam *ze struikelden allemaal over hetzelfde deel v.h. examen* **6.¶** →stumble **across/up(on);** →stumble **at;** →stumble **into;**

II ⟨ov.ww.⟩ **0.1** ***in de war brengen*** ⇒*perplex doen staan, verbijsteren.*

'stumble across, 'stumble (up)on ⟨onov.ww.⟩ **0.1** ***tegen het lijf lopen*** ⇒*tegenkomen, toevallig ontmoeten* **0.2** ***(toevallig)(aan)treffen*** ⇒*stuiten op* **0.3** ***toevallig ontdekken*** ⇒*toevallig vinden* ◆ **1.2** ~ the right persons *de juiste personen treffen* **1.3** ~ a secret passage *toevallig een geheime doorgang ontdekken;* ~ a plot *toevallig een samenzwering ontdekken.*

'stumble at ⟨onov.ww.⟩ **0.1** ***struikelen over*** ⟨woorden⟩ **0.2** ***aanstoot nemen aan*** ⇒*zich stoten aan, struikelen over* ◆ **1.2** he stumbled at my behaviour *hij nam aanstoot aan mijn gedrag.*

'stum·ble·bum ⟨telb.zn.⟩⟨sl.⟩ **0.1** ***bokser v. niets*** **0.2** ***knoei(st)er.***

'stumble into ⟨onov.ww.⟩ **0.1** ***(door dwaling) komen/overgaan tot*** **0.2** ***door een toeval belanden in*** ⇒*terechtkomen in, geraken tot* ◆ **1.1** ~ crime *tot misdaad vervallen* **1.2** ~ fame *door toeval beroemd worden;* he stumbled into that job *hij kreeg die baan in de schoot geworpen, hij belandde toevallig op die post;* he stumbled into marriage *hij raakte op een of andere manier getrouwd.*

'stum·bling block ⟨f1⟩⟨telb.zn.⟩ **0.1** ***struikelblok*** ⇒*hindernis, belemmering* **0.2** ***steen des aanstoots*** ◆ **7.1** that is the ~ *dat is het probleem.*

stu·mer ['stju:mə‖'stu:mər]⟨telb.zn.⟩⟨BE; sl.⟩ **0.1** ***namaaksel*** ⇒*namaak, vervalsing, bedrog, prul* **0.2** ***vals(e) cheque/munt/(geld)stuk/(geld)briefje*** ⇒*namaakcheque/munt/briefje* **0.3** ***blunder*** ⇒*flater, fout, stommiteit* **0.4** ***flop*** ⇒*mislukk(el)ing, fiasco* ⟨i.h.b. paard⟩.

stump[1] [stʌmp]⟨f2⟩⟨zn.⟩

I ⟨telb.zn.⟩ **0.1** ***(boom)stronk*** ⇒*stomp* **0.2** ***(arm/been/tak)stomp*** **0.3** ***(potlood/tand)stompje*** ⇒*eindje, stukje, (sigare/sigarette) peukje* **0.4** ***platform*** ⇒*podium, spreekgestoelte, sprekershoek* **0.5** ***kunstbeen*** ⇒*houten been* **0.6** ***dikkerd(je)*** ⇒*prop(je)* **0.7** ***zware stap*** ⇒*(ge)stamp, geklos* **0.8** ⟨vaak mv.⟩⟨scherts.⟩ ***been*** **0.9** ⟨graf.⟩ ***doezelaar*** **0.10** ⟨cricket⟩ ***stump*** ⇒*wicketpaaltje* ◆ **2.10** middle ~ *middelste wicketpaaltje* **3.¶** ⟨cricket⟩ draw ~s *ophouden met spelen, het spel beëindigen;* ⟨inf.⟩ stir one's ~s *er vaart achter zetten, zich reppen;* ⟨inf.⟩ stir your ~s! *schiet op!, rep je wat!;* ⟨inf.⟩ take the ~ *het gebied afreizen om campagne te voeren /om (verkiezings)toespraken/(politieke) redevoeringen/campagnes te houden* **6.1** buy timber **on** the ~ *hout op stam kopen* **6.4** ⟨vnl. AE; inf.⟩ **on** the ~ *bezig met het houden van (verkiezings)toespraken/(politieke) redevoeringen/campagnes;* ⟨vnl. AE; inf.⟩ go **on** the ~ *een campagne gaan voeren* **6.¶** ⟨AE; inf.⟩ **up** a ~ *in de knel, in moeilijkheden;* ⟨AE; inf.⟩ be **up** a ~ *in de knel zitten, in het nauw zitten, zich in een lastig parket bevinden, aan het eind v. zijn Latijn zijn;* ⟨AE; inf.⟩ get s.o. **up** a ~ *iem. in het nauw drijven/in een lastig parket/in verlegenheid brengen, iem. tot wanhoop drijven;*

II ⟨mv.; ~s⟩ **0.1** ***(haar)stoppels.***

stump[2] ⟨bn.⟩ **0.1** ***stomp*** ⇒*plomp, kort* **0.2** ***afgesleten*** ◆ **1.¶** a ~ arm *een korte/mismaakte arm;* a ~ foot *een horrelvoet.*

stump[3] ⟨f2⟩⟨ww.⟩

I ⟨onov.ww.⟩ **0.1** ***stommelen*** ⇒*(al) stampen(d gaan), met zware/heftige stap gaan, klossen* **0.2** ***strompelen*** ⇒*hompelen* **0.3** ***al rondreizend campagne voeren*** ⇒*al rondreizend (verkiezings)toespraken/(politieke) redevoeringen/campagnes houden* ◆ **5.1** ~ **away** *met heftige pas weggaan* **5.¶** →stump **up** **6.1** ~ **across** *met heftige stap gaan door;* ~ **across to/up to** *al stampend gaan naar;* ~ **up** the stairs *de trap opstommelen/stormen* **6.3** ~ **for** *campagne voeren voor;*

II ⟨ov.ww.⟩ **0.1** ***(af)knotten*** ⇒*snoeien* **0.2** ***van boomstronken ontdoen*** **0.3** ***rooien*** ⇒*uitgraven* **0.4** ⟨inf.⟩ ***voor raadsels stellen*** ⇒*perplex/versteld doen staan, met stomheid slaan, in het nauw drijven, overdonderen* **0.5** ⟨inf.⟩ ***blut maken*** **0.6** ⟨vnl. AE⟩ ***doorreizen om campagne te voeren*** ⇒*doorreizen om (verkiezings)toespraken /(politieke) redevoeringen/campagnes te houden* **0.7** ⟨AE⟩ ***stoten*** **0.8** ⟨AE; inf.⟩ ***uitdagen*** **0.9** ⟨graf.⟩ ***doezelen*** **0.10** ⟨cricket⟩ ***stumpen*** ⟨batsman buiten zijn crease uitschakelen door de stumps met de bal te raken⟩ ◆ **1.3** ~ trees *bomen rooien* **1.4** all the students were ~ed by the last question *de laatste vraag sloeg al de studenten met stomheid* **1.7** I ~ed my toe *ik heb mijn teen (ergens tegen) gestoten* **3.4** be ~ed *perplex staan, aan het eind v. zijn Latijn zijn, niet meer weten wat te doen* **3.5** be ~ed *blut zijn* **5.10** ~ **out** *stumpen, uitstumpen* **5.¶** →stump **up** **6.6** ~ **for** *doorreizen om campagne te voeren voor.*

stump·age ['stʌmpɪdʒ]⟨n.-telb.zn.⟩⟨AE⟩ **0.1** ***(waarde v.) hout op stam.***

stump·er ['stʌmpə‖-ər]⟨f1⟩⟨telb.zn.⟩⟨inf.⟩ **0.1** ***moeilijke/lastige vraag*** **0.2** ***politiek redenaar*** ⇒*verkiezingsredenaar.*

'stump oratory ⟨n.-telb.zn.⟩ **0.1** ***politieke redevoeringen*** ⇒*verkiezingsredes* **0.2** ***politieke welsprekendheid.***

'stump speaker, 'stump orator ⟨telb.zn.⟩ **0.1** ***politieke redenaar*** ⇒*verkiezingsredenaar.*

'stump speech ⟨telb.zn.⟩ **0.1** ***politieke redevoering*** ⇒*verkiezingsrede.*

'stump 'up ⟨onov. en ov.ww.⟩⟨BE; inf.⟩ **0.1** ***ophoesten*** ⇒*dokken, neertellen, betalen* ◆ **6.1** ~ **for** sth. *(moeten) (op)dokken voor iets.*

stump·y ['stʌmpi]⟨f1⟩⟨bn.; -er; -ly; -ness; →bijw. 3⟩ **0.1** ***stomp(achtig)*** ⇒*kort en dik, log* **0.2** ***afgesleten*** **0.3** ***vol stronken.***

stun[1] [stʌn]⟨telb.zn.⟩ **0.1** ***schok.***

stun[2] ⟨f3⟩⟨ov.ww.; →ww. 7⟩ →stunning **0.1** ***bewusteloos slaan*** ⇒*bedwelmen, verdoven* **0.2** ***overweldigen*** ⇒*overrompelen, schokken, verwarren, verdoven* **0.3** ***versteld doen staan*** ⇒*verbluft /perplex doen staan, verbazen* **0.4** ***verrukken*** ⇒*vervoeren* **0.5** ***verdoven*** ⟨v. geluid⟩ ◆ **6.3** be ~ned **by** *versteld staan van;* be ~ned **into** speechlessness *sprakeloos staan van verbazing, met stomheid geslagen zijn.*

stung [stʌŋ]⟨verl. t. en volt. deelw.⟩ →sting.

'stun gas ⟨n.-telb.zn.⟩ **0.1** ***bedwelmingsgas.***

'stun gun ⟨telb.zn.⟩ **0.1** ***stun gun*** ⇒*verdovingspistool/geweer* ⟨bv. d.m.v. stroomstoten⟩.

stunk [stʌŋk]⟨verl. t. en volt. deelw.⟩ →stink.

stun·ner ['stʌnə‖-ər]⟨telb.zn.⟩ **0.1** ***verbazingwekkend iets/iem.*** ⇒*klapstuk, klap op de vuurpijl, (hoofd)attractie, verrassing* **0.2** ⟨inf.⟩ ***prachtexemplaar*** ⇒*schoonheid, beauty.*

stun·ning ['stʌnɪŋ]⟨f1⟩⟨bn.; oorspr. teg. deelw. v. stun; -ly⟩⟨inf.⟩ **0.1** ***ongelooflijk/verbluffend mooi*** **0.2** ***verrukkelijk*** **0.3** ***prachtig*** ⇒*magnifiek.*

stun·sail, stun·s'l ['stʌnsl]⟨telb.zn.⟩⟨verk.⟩ studdingsail ⟨scheep.⟩ **0.1** ***lijzeil.***

stunt[1] [stʌnt]⟨f1⟩⟨telb.zn.⟩ **0.1** ⟨inf.⟩ ***stunt*** ⇒*(acrobatische) toer, kunst(je), kunststuk, truc, bravourestukje* **0.2** ⟨inf.⟩ ***(reclame) stunt*** ⇒*attractie, nieuwigheid, curiositeit* **0.3** ⟨inf.⟩ ***stunt*** ⇒*sensatie(verhaal), buitenissigheid* **0.4** ⟨inf.⟩ ***kunstvlucht*** ⇒*stuntvlucht* **0.5** ***belemmering v. groei/ontwikkeling*** ⇒*dwerggroei* **0.6** ***in groei achtergebleven dier/plant/persoon*** ⇒*dwerg(dier)* ◆ **2.1** acrobatic ~s *acrobatische toeren* **3.¶** pull a ~ *een stunt uithalen.*

stunt[2] ⟨f2⟩⟨ww.⟩ →stunted

I ⟨onov.ww.⟩⟨inf.⟩ **0.1** ***toeren doen*** ⇒*stunts uitvoeren* **0.2** ***stunten*** ⇒*kunstvliegen* **0.3** ***(een) stunt(s) op touw zetten;***

II ⟨ov.ww.⟩ **0.1** ⟨inf.⟩ ***stunts doen met*** ⟨i.h.b. een vliegtuig⟩ **0.2** ***(in zijn groei) belemmeren*** ⇒*de groei/ontwikkeling belemmeren van, niet tot volle ontwikkeling laten komen.*

stunt·ed ['stʌnṭɪd]⟨bn.; volt. deelw. v. stunt; -ness⟩ **0.1** ***onvolgroeid*** ⇒*(in groei) achtergebleven, niet tot volle ontwikkeling gekomen, dwerg-.*

'stunt flying ⟨n.-telb.zn.⟩ **0.1** ***luchtacrobatiek*** ⇒*kunstvlucht, het stuntvliegen, het stunten.*

'stunt man ⟨f1⟩⟨telb.zn.⟩⟨film.⟩ **0.1** ***stuntman.***

'stunt woman ⟨f1⟩⟨telb.zn.⟩⟨film.⟩ **0.1** ***stuntvrouw.***

stu·pa ['stu:pə]⟨telb.zn.⟩ **0.1** ***stoepa*** ⟨boeddhistisch heiligdom⟩.

stupe[1] [stju:p‖stu:p]⟨telb.zn.⟩ **0.1** ***warme omslag*** **0.2** ⟨sl.⟩ ***uilskuiken.***

stupe[2] ⟨ov.ww.⟩ **0.1** ***met warme omslagen betten.***

stu·pe·fa·cient[1] ['stju:pɪ'feɪʃnt‖'stu:pɪ-], **stu·pe·fac·tive** [-'fæktɪv] ⟨telb.zn.⟩ **0.1** ***verdovend middel*** ⇒*bedwelmend middel, narcoticum.*

stupefacient[2], **stupefactive** ⟨bn.⟩ **0.1** ***bedwelmend*** ⇒*verdovend.*

stu·pe·fac·tion ['stju:pɪ'fækʃn‖'stu:-]⟨n.-telb.zn.⟩ **0.1** ***bedwelming*** ⇒*verdoving* **0.2** ***verbijstering*** ⇒*stomme verbazing.*

stu·pe·fy ['stju:pɪfaɪ‖'stu:-]⟨ov.ww.; vaak pass.; →ww. 7⟩ **0.1** ***bedwelmen*** ⇒*verdoven* **0.2** ***afstompen*** **0.3** ***verbijsteren*** ⇒*versteld/*

verstomd doen staan, verbluffen, ontzetten, verbazen ◆ **1.1** be stupefied by drink *door de drank versuft zijn.*

stu·pen·dous [stju:'pendəs||stu:-]⟨f1⟩⟨bn.; -ly; -ness⟩ **0.1** ***ontzagwekkend*** *⇒verbazingwekkend, overweldigend* **0.2** ***reusachtig*** *⇒kolossaal, ongelooflijk (groot)* **0.3** ***prachtig*** *⇒schitterend, ongelooflijk* ◆ **1.2** what ~ folly! *wat een ongelooflijke stommiteit!;* a ~ mistake *een kolossale flater, een blunder v. formaat;* a most ~ thing to do *een erg domme zet.*

stu·pid[1] ['stju:pɪd||'stu:-]⟨f1⟩⟨telb.zn.⟩⟨inf.⟩ **0.1** ***domoor*** *⇒stommerd, domkop, dommerik.*

stupid[2] ⟨f3⟩⟨bn.; ook -er; -ly; -ness⟩
I ⟨bn.⟩ **0.1** ***dom*** *⇒traag (v. begrip), stom(pzinnig), onverstandig* **0.2** ***dom*** *⇒dwaas, zot, onzinnig, onverstandig* **0.3** ***dom*** *⇒saai, oninteressant, vervelend, suf;*
II ⟨bn., pred.⟩ **0.1** ***suf*** *⇒versuft, verdoofd, verdwaasd, wezenloos* ◆ **6.1** be ~ **with** beer *beneveld/versuft zijn door te veel bier;* I'm still ~ **with** sleep *ik heb mijn ogen nog niet open, ik ben nog slaapdronken.*

stu·pid·i·ty [stju:'pɪdəti||stu:'pɪdət̬i]⟨f2⟩⟨zn.; →mv. 2⟩
I ⟨telb.zn.⟩ **0.1** ***dom(mig)heid*** *⇒stommiteit, dwaasheid, domme streek/opmerking;*
II ⟨n.-telb.zn.⟩ **0.1** ***domheid*** *⇒traagheid (v. begrip), stompzinnigheid, dwaasheid* **0.2** ***domheid*** *⇒saaiheid* **0.3** ***het domme*** *⇒het stompzinnige* **0.4** ***dom gedrag.***

stu·por ['stju:pə||'stu:-]⟨f1⟩⟨telb. en n.-telb.zn.⟩ **0.1** ***(toestand v.) verdoving*** *⇒(toestand v.) bedwelming/let(h)argie/bewusteloosheid/gevoelloosheid* **0.2** ***(toestand v.) stomme verbazing*** *⇒verbluftheid* ◆ **2.1** in a drunken ~ *in stomdronken/zwijmelende/benevelde toestand.*

stu·por·ous ['stju:prəs||'stu:-]⟨bn.⟩ **0.1** ***verdoofd*** *⇒bedwelmd, gevoelloos, let(h)argisch, bewusteloos* **0.2** ***stomverbaasd*** *⇒verbluft.*

stur·died ['stɜ:did||'stɜr-]⟨bn.⟩ **0.1** ***met draaiziekte*** *⇒aan draaiziekte lijdend* ⟨v. schaap⟩.

stur·dy[1] ['stɜ:di||'stɜr-]⟨telb. en n.-telb.zn.⟩ **0.1** ***draaiziekte*** ⟨v. schaap⟩.

sturdy[2] ⟨f2⟩⟨bn.; -er; -ly; -ness; →bijw. 3⟩ **0.1** ***stevig*** *⇒sterk, duurzaam* **0.2** ***robuust*** *⇒sterk, flink, krachtig, gespierd, stevig (gebouwd)* **0.3** ***vastberaden*** *⇒resoluut, krachtig, energiek* **0.4** ***krachtig*** *⇒gespierd, kernachtig, energiek* ◆ **1.3** keep up a ~ resistance to sth. *krachtig/vastberaden weerstand bieden aan/tegen iets* **1.4** a ~ style *een krachtige stijl.*

stur·geon ['stɜ:dʒən||'stɜr-]⟨telb. en n.-telb.zn.⟩ **0.1** ***steur.***

Sturm und Drang ['ʃtuəm ʊn(t) 'drɑ:ŋ||'ʃtʊrm-]⟨zn.; soms s- und d-⟩
I ⟨eig.n.⟩⟨lit.⟩ **0.1** ***Sturm-und-Drang;***
II ⟨n.-telb.zn.⟩ **0.1** ***herrie en opwinding*** *⇒Sturm-und-Drang* ◆ **1.¶** the ~ of life *de stormen des levens.*

stut·ter[1] ['stʌtə||'stʌt̬ər]⟨telb.zn.; vnl. enk.⟩ **0.1** ***gestotter*** *⇒het stotteren* **0.2** ***staccato*** *⇒geratel* ◆ **3.1** have a ~ *stotteren* **6.1** **without** a ~ *zonder te stotteren.*

stutter[2] ⟨f1⟩⟨onov. en ov.ww.⟩ **0.1** ***stotteren*** *⇒stamelen; hakkelen; stotterend uitbrengen* ◆ **5.1** ~ **out** *stotterend uitbrengen.*

stut·ter·er ['stʌtrə||'stʌt̬ərər]⟨f1⟩⟨telb.zn.⟩ **0.1** ***stotteraar(ster).***

stut·ter·ing·ly ['stʌt̬ərɪŋli]⟨bw.⟩ **0.1** ***(al) stotterend.***

STV ⟨afk.⟩ Scottish Television.

sty[1] [staɪ], ⟨in bet. 0.4 ook⟩ **stye** ⟨f1⟩⟨telb.zn.; →mv. 2⟩ **0.1** ***varkenskot*** *⇒varkensstal/hok* **0.2** ***zwijnestal*** ⟨fig.⟩ *⇒(varkens)kot, huishouden v. Jan Steen* **0.3** ***oord (des verderfs)*** **0.4** ***strontje*** *⇒gerst(e)korrel, stijg* ⟨zweertje aan oog⟩.

sty[2] ⟨ww.; →ww. 7⟩
I ⟨onov.ww.⟩ **0.1** ***in een varkenskot opsluiten;***
II ⟨ov.ww.⟩ **0.1** ***in een varkenskot verblijven/wonen.***

styg·i·an ['stɪdʒɪən]⟨bn.; vaak S-⟩ **0.1** ⟨Griekse mythologie⟩ ***Stygisch*** *⇒v.d. Styx* **0.2** ⟨schr.⟩ ***somber (als de Styx)*** *⇒donker/duister/zwart (als de Styx), onheilspellend* **0.3** ⟨schr.⟩ ***hels*** *⇒duivels* **0.4** ⟨schr.⟩ ***onschendbaar*** *⇒onverbreekbaar.*

style[1] [staɪl]⟨f3⟩⟨zn.⟩
I ⟨telb.zn.⟩ **0.1** ***stift*** *⇒schrijfstift, stilus; stilet, schrijfpriem* **0.2** ***graveer/etsnaald*** *⇒graveerstift* **0.3** ***grammofoonnaald*** **0.4** ***genre*** *⇒type, soort, model, vorm* **0.5** ***benaming*** *⇒(volledige) (aanspreek)titel, (firma)naam* **0.6** ***stijl*** *⇒tijdrekening* **0.7** ***stift*** ⟨v. zonnewijzer⟩ **0.8** ⟨plantk.⟩ ***stijl*** **0.9** ⟨med.⟩ ***sonde*** **0.10** ⟨med.⟩ ***stilet*** **0.11** ⟨boek.⟩ ***typografie*** *⇒typografische conventies* ◆ **1.4** in all sizes and ~s *in alle maten en vormen* **2.4** a new ~ of chair *een nieuw genre/model stoel* **2.5** s.o.'s proper ~ *iemands juiste (aanspreek)titel* **2.6** the New Style *de nieuwe stijl* ⟨de Gregoriaanse tijdrekening⟩; the Old Style *de oude stijl* ⟨de Juliaanse tijdrekening⟩ **3.5** take the ~ (of) 'Majesty' *de titel (van) 'Majesteit' dragen/aannemen* **6.5** **under** the ~ **of** *onder de benaming (van);*
II ⟨telb. en n.-telb.zn.⟩ **0.1** ***(schrijf)stijl*** *⇒(schrijf)trant/wijze* **0.2** ***stijl*** *⇒stroming, school, richting* ⟨mbt. lit., bouwk. e.d.⟩ **0.3** ***manier v. doen*** *⇒manieren, stijl, levenswijze* **0.4** ***mode*** *⇒stijl, vogue* ◆ **1.2** the new ~ of building *de nieuwe bouwstijl* **1.3** the ~ of a gentleman *de stijl v.e. gentleman* **1.¶** ~ of swimming *zwemslag* **2.1** spaghetti Italian ~ *spaghetti op zijn Italiaans* **2.2** Decorated ~ *decorated-stijl* ⟨2e fase v. Eng. gotiek; 14e eeuw⟩ **2.3** in fine ~ *met (veel) stijl, stijlvol* **3.¶** cramp s.o.'s ~ *iem. de ruimte niet geven, iem. in zijn ontplooiing/doen en laten belemmeren/beperken;* live in a ~ beyond one's means *boven zijn stand leven* **6.1** **in** the ~ **of** *in/volgens de stijl van* **6.4** **in** ~ *in de mode, en vogue;* **out of** ~ *uit de mode* **7.3** that's not his ~ *dat is zijn stijl niet, zo is hij niet;*
III ⟨n.-telb.zn.⟩ **0.1** ***vorm(geving)*** *⇒stijl* **0.2** ***stijl*** *⇒distinctie, voorname manieren* ◆ **2.1** the ~ is even worse than the matter *de vorm is nog slechter dan de inhoud* **3.2** have no ~ *geen stijl hebben, (alle) distinctie missen* **6.¶** **in** ~ *met stijl, stijlvol, chic;* a party **in** ~ *een chic feest;* drive **in** ~ *met een chique wagen rijden;* live **in** (grand/great) ~ *op grote voet leven, een luxe leventje leiden.*

style[2] ⟨f1⟩⟨ov.ww.⟩ **0.1** ***stileren*** **0.2** ***(volgens een bep. stijl) ontwerpen*** *⇒een bep. stijl geven aan, vorm geven aan* **0.3** ⟨vaak pass.⟩ ***noemen*** *⇒de titel geven van* **0.4** ⟨druk.⟩ ***typografisch persklaar maken.***

-style [staɪl] **0.1** ***in... (-)stijl*** ◆ **¶.1** cowboy-style *in cowboystijl;* Indian-style *op zijn Indiaans.*

'style book ⟨telb.zn.⟩⟨druk.⟩ **0.1** ***boek met typografische aanwijzingen.***

'style judge ⟨telb.zn.⟩⟨zwemsport⟩ **0.1** ***kamprechter*** *⇒zwemslagcontroleur.*

'style jump ⟨telb.zn.⟩⟨sport⟩ **0.1** ***stijlsprong.***

style·less ['staɪlləs]⟨bn.⟩ **0.1** ***stijlloos.***

styl·er ['staɪlə||-ər]⟨telb.zn.⟩ **0.1** ***stilist.***

'style sheet ⟨telb.zn.⟩ **0.1** ***(kaart/boekje met) stijlregels*** **0.2** ⟨druk.⟩ ***(kaart/boekje met) typografische regels*** *⇒regels voor het persklaar maken.*

sty·let ['staɪlɪt]⟨telb.zn.⟩ **0.1** ***stilet(to)*** **0.2** ⟨med.⟩ ***stilet.***

sty·lish ['staɪlɪʃ]⟨f1⟩⟨bn.; -ly; -ness⟩ **0.1** ***modieus*** *⇒naar de mode (gekleed)* **0.2** ***stijlvol*** *⇒elegant, deftig, chic.*

styl·ist ['staɪlɪst]⟨f1⟩⟨telb.zn.⟩ **0.1** ***stilist(e)*** *⇒auteur met (goede) stijl* **0.2** ***ontwerp(st)er*** **0.3** ***stilist(e)*** *⇒adviseur/se, etaleur* ◆ **2.3** an industrial ~ *een industrieel adviseur.*

sty·lis·tic [staɪ'lɪstɪk], **sty·lis·ti·cal** [-ɪkl]⟨f1⟩⟨bn.; -(al)ly; →bijw. 3⟩ **0.1** ***stilistisch*** *⇒stijl-, mbt./v.(d.) stijl* ◆ **1.1** ~ change *stijlverandering.*

sty·lis·tics [staɪ'lɪstɪks]⟨n.-telb.zn.⟩ **0.1** ***stilistiek*** *⇒stijlstudie/onderzoek/analyse* **0.2** ***stilistiek*** *⇒stijlleer.*

sty·lite ['staɪlaɪt]⟨telb.zn.⟩ **0.1** ***pilaarheilige*** *⇒styliet, zuilheilige.*

styl·i·za·tion, -sa·tion ['staɪlaɪ'zeɪʃn||-lə'zeɪʃn]⟨f1⟩⟨telb. en n.-telb.zn.⟩ **0.1** ***stilering.***

styl·ize, -ise ['staɪlaɪz]⟨f2⟩⟨ov.ww.⟩ **0.1** ***stileren*** *⇒stiliseren* ◆ **1.1** ~d representations *gestileerde afbeeldingen.*

sty·lo ['staɪloʊ]⟨telb.zn.⟩⟨verk.⟩ stylograph ⟨inf.⟩ **0.1** ***stylograaf*** *⇒(soort) vulpen.*

sty·lo·bate ['staɪləbeɪt]⟨telb.zn.⟩⟨bouwk.⟩ **0.1** ***stylobaat*** *⇒zuilenstoel.*

sty·lo·graph [-grɑ:f||-græf]⟨telb.zn.⟩ **0.1** ***stylograaf*** *⇒(soort) vulpen.*

sty·lo·graph·ic [-'græfɪk], **sty·lo·graph·i·cal** [-ɪkl]⟨bn.; (al)ly; →bijw. 3⟩ **0.1** ***mbt./v.d. stylografie*** **0.2** ***met/v.e. stylograaf*** *⇒met/v.e. vulpen* ◆ **1.2** stylographic pen *stylograaf, (soort) vulpen.*

sty·log·ra·phy [staɪ'lɒgrəfi||-'lɑ-]⟨n.-telb.zn.⟩ **0.1** ***(kunst v.) het schrijven/graveren/etsen met een (schrijf)stift.***

sty·loid ['staɪlɔɪd]⟨bn.⟩ **0.1** ***priemvormig*** *⇒naaldvormig, puntig.*

sty·lo·po·di·um ['staɪlə'poʊdɪəm]⟨telb.zn.; stylopodia [-dɪə]; →mv. 5⟩⟨plantk.⟩ **0.1** ***stijlvoet.***

sty·lus ['staɪləs]⟨f1⟩⟨telb.zn.; ook styli [-laɪ]; →mv. 5⟩ **0.1** ***(grammofoon)naald*** *⇒diamant, saffier* **0.2** ***ets/graveernaald*** **0.3** ***schrijfpriem/stift*** *⇒stilet* **0.4** ***snijbeitel*** ⟨maakt groef in plaat⟩.

sty·mie[1], **sty·my** ['staɪmi]⟨telb.zn.; →mv. 2⟩ **0.1** ⟨golf⟩ ***stymie*** ⟨situatie waarbij de bal v.e. speler de weg v.d. andere bal naar de hole belemmert⟩ **0.2** ***lastige situatie*** *⇒impasse, hindernis, beletsel, kink in de kabel* ◆ **3.1** lay a ~ *een bal tussen die v.d. tegenspeler en het te bereiken gat spelen.*

stymie[2], **stymy** ⟨ov.ww.; →ww. 7⟩ **0.1** ⟨golf⟩ ***met een stymie hinderen*** *⇒voor een stymie stellen* ⟨zie stymie[1]⟩ **0.2** ***dwarsbomen*** *⇒(ver)hinderen, verijdelen, belemmeren, tegenhouden* ◆ **1.1** ~ a ball *een bal tussen die v.d. tegenspeler en het gat spelen.*

styp·sis ['stɪpsɪs]⟨n.-telb.zn.⟩⟨med.⟩ **0.1** ***bloedstelping*** *⇒bloedstilling.*

styp·tic[1] ['stɪptɪk]⟨telb.zn.⟩⟨med.⟩ **0.1** ***stypticum*** *⇒bloedstelpend/hemostatisch middel.*

styptic[2], **styp·ti·cal** ['stɪptɪkl]⟨bn.⟩⟨med.⟩ **0.1** ***styptisch*** *⇒bloedstelpend, hemostatisch* **0.2** ***adstringerend*** *⇒samentrekkend.*

styrax →storax.

sty·rene ['staɪri:n]⟨n.-telb.zn.⟩⟨schei.⟩ **0.1** ***styreen*** ⇒*styrol, vinylbenzeen*.

Styr·i·a ['stɪrɪə]⟨eig.n.⟩ **0.1** ***Stiermarken*** ⟨Oostenrijkse deelstaat⟩.

Styr·i·an[1] ['stɪrɪən]⟨telb.zn.⟩ **0.1** ***Stiermarker/markse*** ⇒*inwoner/inwoonster v. Stiermarken*.

Styrian[2] ⟨bn.; ook s-⟩ **0.1** ***Stiermarks***.

Styx [stɪks]⟨eig.n.⟩⟨Griekse mythologie⟩ **0.1** ***Styx*** ◆ **2.1** black as ~ *zo zwart als de nacht, zo duister als de Styx* **3.¶** cross the ~ *zich naar het schimmenrijk begeven, sterven*.

Suabian →Swabian.

su·a·bil·i·ty ['sju:ə'bɪləti||'su:ə'bɪləṭi]⟨n.-telb.zn.⟩ **0.1** ***vervolgbaarheid***.

su·a·ble ['sju:əbl||'su:əbl]⟨bn.; -ly; →bijw. 3⟩ **0.1** ***(gerechtelijk) vervolgbaar***.

sua·sion ['sweɪʒn]⟨n.-telb.zn.⟩ **0.1** ***overreding(skracht)*** ⇒*overtuiging* ◆ **2.1** moral ~ *morele overreding(skracht)*.

sua·sive ['sweɪsɪv]⟨bn.⟩ **0.1** ***overredend*** ⇒*overtuigend, welbespraakt*.

suave [swɑ:v]⟨f1⟩⟨bn.; -ly; -ness⟩ **0.1** ***zacht(aardig)*** ⇒*mild, suave, vriendelijk, verzachtend* **0.2** ***beminnelijk*** ⇒*hoffelijk, beleefd*; ⟨pej.⟩ *glad* ◆ **1.1** a ~ wine *een zacht wijntje* **1.2** ~ manners *beminnelijke manieren*.

suav·i·ty ['swɑ:vəṭi]⟨zn.; →mv. 2⟩
I ⟨telb. en n.-telb.zn.⟩ **0.1** ***hoffelijkheid*** ⇒*beleefdheid, beminnelijkheid*;
II ⟨n.-telb.zn.⟩ **0.1** ***zacht(aardig)heid*** ⇒*mildheid, vriendelijkheid*.

sub[1] [sʌb]⟨telb.zn.⟩⟨verk.⟩ subaltern, subcontractor, subeditor, sublieutenant, submarine, subordinate, subscriber, subscription, subsidiary, subsistence allowance, substitute, substratum, suburb, subway.

sub[2] ⟨bn., attr.⟩ **0.1** ***ondergeschikt*** ⇒*secundair, bijkomend, hulp-* ◆ **1.1** ~ post office *hulppostkantoor*.

sub[3] ⟨f1⟩⟨ww.; →ww. 7⟩⟨inf.⟩
I ⟨onov.ww.⟩ **0.1** ***als plaatsvervanger optreden*** ⇒*invallen* **0.2** ⟨BE⟩ ***een voorschot op het loon/salaris betalen/ontvangen*** ◆ **6.1** ~ **for** *vervangen, invallen voor*;
II ⟨ov.ww.⟩ **0.1** ⟨foto.⟩ ***substreren*** **0.2** ⟨verk.⟩ ⟨subcontract, subedit, subirrigate⟩.

sub- [sʌb] **0.1** ***sub-*** ⇒*onder-, bij-; ondergeschikt; enigszins; grenzend aan*.

sub·ab·dom·i·nal ['sʌbæb'dɒmɪnl||-æb'dɑ-]⟨bn.⟩⟨med.⟩ **0.1** ***subabdominaal***.

sub·ac·id [-'æsɪd]⟨bn.; -ly; -ness⟩ **0.1** ***zuurachtig*** ⇒*nogal zuur/scherp* **0.2** ***minder zuur dan normaal***.

sub·ac·id·i·ty [-ə'sɪdəṭi]⟨n.-telb.zn.⟩ **0.1** ***zuurachtigheid***.

sub·ac·rid [-'ækrɪd]⟨bn.⟩ **0.1** ***nogal scherp/bitter***.

sub·a·cute [-ə'kju:t]⟨bn.; -ly⟩ **0.1** ***subacuut***.

sub·aer·i·al [-'eərɪəl||-'erɪəl]⟨bn.; -ly⟩ **0.1** ***(net) bovengronds*** ⇒*in de open lucht, aan het aardoppervlak*.

sub·a·gen·cy [-eɪdʒənsi]⟨telb.zn.; →mv. 2⟩ **0.1** ***subagentschap*** ⇒*filiaal, bijkantoor*.

sub·a·gent [-eɪdʒənt]⟨telb.zn.⟩ **0.1** ***subagent*** ⇒*onderagent*.

su·bah·dar, su·ba·dar ['su:bədɑ:||-'dɑr]⟨telb.zn.⟩⟨gesch.⟩ **0.1** ***subadar*** ⟨Indisch officier⟩.

sub·al·pine ['sʌb'ælpaɪn]⟨bn.⟩ **0.1** ***subalpien*** **0.2** ***aan de voet v.d. Alpen*** ◆ **1.¶** ⟨dierk.⟩ ~ warbler *baardgrasmus* ⟨Sylvia cantillans⟩.

sub·al·tern[1] ['sʌbltən||sə'bɔltərn]⟨f1⟩⟨telb.zn.⟩ **0.1** ***ondergeschikte*** ⇒*mindere, subaltern* **0.2** ⟨vnl. BE⟩ ***subalterne officier*** ⟨onder kapiteinsrang⟩.

subaltern[2] ⟨bn.⟩ **0.1** ***subaltern*** ⇒*ondergeschikt, onder-* **0.2** ⟨logica⟩ ***subaltern***.

sub·al·ter·nate ['sʌb'ɔ:ltənət||-tər-]⟨bn.⟩ **0.1** ***ondergeschikt*** **0.2** ⟨plantk.⟩ ***subalternerend***.

sub·ant·arc·tic [-æn'tɑ:(k)tɪk||-æn'tɑr-]⟨bn.⟩ **0.1** ***subantarctisch***.

sub·ap·os·tol·ic [-æpə'stɒlɪk||-æpə'stɑ-]⟨bn.⟩ **0.1** ***post-apostolisch***.

sub·a·qua [-'ækwə], **sub·a·quat·ic** [-ə'kwæṭɪk], **sub·a·que·ous** [-'eɪkwɪəs]⟨bn.⟩ **0.1** ***onderwater-*** ⇒*submarien*.

sub·arc·tic [-'ɑ:(k)tɪk||-'ɑr-]⟨bn.⟩ **0.1** ***subarctisch***.

sub·ar·id [-'ærɪd]⟨bn.⟩ **0.1** ***nogal droog/dor***.

sub·as·tral [-'æstrəl]⟨bn.⟩ **0.1** ***aards*** ⇒*ondermaans*.

sub-at·lan·tic [-ət'lænṭɪk]⟨bn.⟩ **0.1** ***subatlantisch***.

sub·a·tom·ic [-ə'tɒmɪk||-ə'tɑ-]⟨bn.⟩ **0.1** ***subatomair***.

sub·au·di·tion ['sʌbɔ:'dɪʃn]⟨n.-telb.zn.⟩ **0.1** ***het lezen tussen de regels***.

sub·ax·il·lar·y [-ək'sɪləri]⟨bn.⟩⟨med.⟩ **0.1** ***onder de oksel***.

sub·base·ment [-beɪsmənt]⟨telb.zn.⟩ **0.1** ***kelderverdieping onder souterrain***.

sub·branch [-brɑ:ntʃ||-bræntʃ]⟨telb.zn.⟩ **0.1** ***subafdeling*** ⇒*onderafdeling*.

sub·breed [-bri:d]⟨telb.zn.⟩ **0.1** ***onderras***.

sub·cal·i·ber [-'kælɪbə||-ər]⟨bn.⟩ **0.1** ***van te klein kaliber***.

sub·car·ri·er [-kærɪə||-ər]⟨telb.zn.⟩⟨elektronica⟩ **0.1** ***hulpdraaggolf***.

sub·car·ti·lag·i·nous [-kɑ:tɪ'lædʒənəs||-kɑrṭl'ædʒənəs]⟨bn.⟩⟨med.⟩ **0.1** ***onder het kraakbeen*** **0.2** ***(gedeeltelijk) kraakbeenachtig***.

sub·cat·e·go·ry [-kætəgri||-kæṭəgɔri]⟨f1⟩⟨telb.zn.; →mv. 2⟩ **0.1** ***subcategorie***.

sub·cau·dal ['kɔ:dl]⟨bn.⟩⟨med.⟩ **0.1** ***onder de staart***.

sub·ce·les·tial [-sɪ'lestʃəl]⟨bn.⟩ **0.1** ***aards*** ⇒*ondermaans* **0.2** ***werelds*** ⇒*mondain, profaan*.

sub·cep·tion [sʌb'sepʃn]⟨n.-telb.zn.⟩⟨psych.⟩ **0.1** ***subliminale perceptie***.

'sub·chas·er ⟨telb.zn.⟩ **0.1** ***onderzeebootjager***.

sub·class ['sʌbklɑ:s||-klæs]⟨f1⟩⟨telb.zn.⟩ **0.1** ***subklasse*** ⇒*onderklasse*.

sub·cla·vi·an[1] [-'kleɪvɪən]⟨telb.zn.⟩⟨med.⟩ **0.1** ***ondersleutelbeenslagader/zenuw/spier***.

subclavian[2] ⟨bn.⟩⟨med.⟩ **0.1** ***onder het sleutelbeen***.

sub·clin·i·cal [-'klɪnɪkl]⟨bn.⟩⟨med.⟩ **0.1** ***vóór het verschijnen v.d. symptomen*** ⇒*zonder duidelijke symptomen*.

sub·com·mis·sion [-kəmɪʃn]⟨verz.n.⟩ **0.1** ***subcommissie***.

sub·com·mis·sion·er [-kəmɪʃnə||-ər]⟨telb.zn.⟩ **0.1** ***onderafgevaardigde*** ⇒*ondercommissie*.

sub·com·mit·tee [-kəmɪṭi]⟨f2⟩⟨verz.n.⟩ **0.1** ***subcomité*** ⇒*subcommissie* **0.2** ***commissie v. bijstand***.

sub·com·pact [-'kɒmpækt||-'kɑmpækt], **'subcompact 'car** ⟨telb.zn.⟩ **0.1** ***kleine tweepersoonsauto***.

sub·con·ic [-'kɒnɪk||-'kɑnɪk], **sub·con·i·cal** [-ɪkl]⟨bn.⟩ **0.1** ***bijna kegelvormig***.

sub·con·scious[1] [-'kɒnʃəs||-'kɑnʃəs]⟨f2⟩⟨n.-telb.zn.; the⟩ **0.1** ***het onderbewustzijn***.

subconscious[2] ⟨f2⟩⟨bn.; -ly; -ness⟩ **0.1** ***onderbewust***.

sub·con·ti·nent [-kɒntɪnənt||-kɑntn·ənt]⟨f1⟩⟨telb.zn.⟩ **0.1** ***subcontinent***.

sub·con·tract[1] [-'kɒntrækt||-'kɑntrækt]⟨f1⟩⟨telb.zn.⟩ **0.1** ***onderaanbestedings/toeleveringscontract***.

subcontract[2] [-kən'trækt]⟨f1⟩⟨onov. en ov.ww.⟩ **0.1** ***een onderaanbestedings/toeleveringscontract sluiten (voor)*** ◆ **6.1** ~ some of the work **to** a plumber *een gedeelte v.h. werk uitbesteden aan een loodgieter*.

sub·con·trac·tor [-kən'træktə||-'kɑntræktər]⟨f1⟩⟨telb.zn.⟩ **0.1** ***onderaannemer*** ⇒*toeleveringsbedrijf, toeleverancier*.

sub·con·tra·ry[1] [-'kɒntrəri||-'kɑntreri]⟨telb.zn.; →mv. 2⟩⟨logica⟩ **0.1** ***subcontraire propositie***.

subcontrary[2] ⟨bn.⟩⟨logica⟩ **0.1** ***subcontrair***.

sub·cor·date [-'kɔ:deɪt||-'kɔr-]⟨bn.⟩ **0.1** ***bijna hartvormig***.

sub·cos·tal [-'kɒstl||-'kɑstl]⟨bn.⟩⟨med.⟩ **0.1** ***onder een rib/de ribben***.

sub·crit·i·cal [-'krɪṭɪkl]⟨bn.⟩⟨nat.⟩ **0.1** ***subkritisch*** ⇒*onderkritisch*.

sub·cul·tur·al [-'kʌltʃrəl]⟨bn.⟩ **0.1** ***mbt. een subcultuur***.

sub·cul·ture [-kʌltʃə||-ər]⟨f1⟩⟨telb.zn.⟩ **0.1** ***subcultuur***.

sub·cu·ta·ne·ous [-kju:'teɪnɪəs], **sub·cu·tic·u·lar** [-kju:'tɪkjʊlə||-jələr]⟨bn.; -ly⟩⟨med.⟩ **0.1** ***subcutaan*** ⇒*onderhuids, subdermaal, hypodermaal* ◆ **1.1** ~ injection *subcutane injectie*.

sub·cy·lin·dri·cal [-sɪ'lɪndrɪkl]⟨bn.⟩ **0.1** ***bijna cilindrisch***.

sub·dea·con [-'di:kən]⟨telb.zn.⟩⟨relig.⟩ **0.1** ***subdiaken*** ⇒*onderdiaken*.

sub·dean [-'di:n]⟨telb.zn.⟩ **0.1** ***vice-decaan*** ⇒*onderdeken*.

sub·dean·er·y [-'di:nəri]⟨telb. en n.-telb.zn.⟩ **0.1** ***onderdecanaat*** ⇒⟨B.⟩ *onderdekenij*.

sub·deb·u·tante [-'debjʊtɑ:nt], ⟨inf.⟩ **sub·deb** [-deb]⟨telb.zn.⟩ ⟨AE⟩ **0.1** ***tiener(meisje)***.

sub·dec·a·nal [-dɪ'keɪnl]⟨bn.; -ly⟩ **0.1** ***mbt. het onderdecanaat***.

sub·di·ac·o·nate [-daɪ'ækənət]⟨n.-telb.zn.⟩⟨relig.⟩ **0.1** ***subdiaconaat***.

sub·di·vide ['sʌbdɪ'vaɪd]⟨f1⟩⟨ww.⟩
I ⟨onov.ww.⟩ **0.1** ***zich splitsen*** ⇒*zich weer verdelen*;
II ⟨ov.ww.⟩ **0.1** ***(onder)verdelen*** ⇒*opsplitsen* **0.2** ⟨AE⟩ ***verkavelen***.

sub·di·vid·er ['sʌbdɪ'vaɪdə||-ər]⟨telb.zn.⟩ **0.1** ***(onder)verdeler***.

sub·di·vis·i·ble ['sʌbdɪ'vɪzəbl]⟨bn.⟩ **0.1** ***verder verdeelbaar***.

sub·di·vi·sion ['sʌbdɪvɪʒn]⟨f2⟩⟨telb. en n.-telb.zn.⟩ **0.1** ***(onder)verdeling*** ⇒*onderafdeling, subafdeling* **0.2** ⟨AE⟩ ***verkaveling***.

sub·dom·i·nant [-'dɒmɪnənt||-'dɑ-]⟨n.-telb.zn.⟩⟨muz.⟩ **0.1** ***subdominant*** ⇒*onderdominant, onderkwint v.d. tonica*.

sub·du·a·ble [səb'dju:əbl||-'du:-]⟨bn.⟩ **0.1** ***tembaar***.

sub·du·al [səb'dju:əl||-'du:-]⟨n.-telb.zn.⟩ **0.1** ***onderwerping*** ⇒*overheersing, beteugeling, beheersing* **0.2** ***matiging*** ⇒*tempering, verzachting* **0.3** ***ontginning*** ⇒*bebouwing*.

sub·duct [səb'dʌkt]⟨ov.ww.⟩ **0.1** ⟨biol.⟩ ***neerwaarts richten*** ⟨vnl. oog⟩ **0.2** ⟨vero.⟩ ***verwijderen*** ⇒*onttrekken* **0.3** ⟨vero.⟩ ***aftrekken***.
sub·duc·tion [səb'dʌkʃn]⟨telb. en n.-telb.zn.⟩ **0.1** ⟨biol.⟩ ***(het) neerwaarts richten*** ⟨v. oog⟩ **0.2** ⟨geol.⟩ ***subductie*** ⟨in tektoniek⟩ **0.3** ⟨vero.⟩ ***verwijdering*** ⇒*onttrekking* **0.4** ⟨vero.⟩ ***aftrekking***.
sub·due [səb'dju:‖-'du:]⟨f2⟩⟨ov.ww.⟩ →subdued **0.1** ***onderwerpen*** ⇒*onder het juk brengen, beteugelen, bedwingen, beheersen; temmen, gedwee maken* **0.2** ***temperen*** ⇒*matigen, verzachten* **0.3** ***ontginnen*** ⇒*cultiveren, bebouwen* ◆ **1.1** ~ one's passions *zijn hartstochten beteugelen* **1.2** ~ the light *het licht temperen* **1.3** ~ the land *het land ontginnen*.
sub·dued [səb'dju:d‖'du:d]⟨f2⟩⟨bn.; oorspr. volt. deelw. v. subdue⟩ **0.1** ***getemperd*** ⇒*(ver)zacht, gematigd, gedempt; ingehouden, ingetogen, stil, berustend; stemmig, niet opzichtig* ◆ **1.1** ~ colours *zachte kleuren;* ~ humour *ingehouden humor;* ~ lighting *getemperd licht;* ~ mood *ingetogen/gelaten stemming;* ~ voice *gedempte stem*.
sub·du·er [səb'dju:ə‖-'du:ər]⟨telb.zn.⟩ **0.1** ***overheerser***.
sub·ed·it [-'edɪt]⟨ov.ww.⟩ **0.1** ***redigeren*** ⇒*persklaar maken*.
sub·ed·i·tor [-'edɪtə‖-'edɪṭər]⟨telb.zn.⟩ **0.1** ***adjunct-hoofdredacteur*** **0.2** ***persklaarmaker*** ⇒*editor*.
sub·e·qua·to·ri·al [-ekwə'tɔ:rɪəl]⟨bn.⟩ **0.1** ***subequatoriaal***.
sub·e·rect [-ɪ'rekt]⟨bn.⟩⟨plantk.⟩ **0.1** ***bijna rechtop (groeiend)***.
su·ber·e·ous ['sju:'berɪəs‖'su:-], **su·ber·ic** [-'berɪk], **su·ber·ose** [-broʊs], **su·ber·ous** [-brəs]⟨bn.⟩ **0.1** ***kurkachtig*** ◆ **1.1** suberic acid *kurkzuur*.
su·ber·in ['sju:brɪn‖'su:-]⟨n.-telb.zn.⟩⟨plantk.⟩ **0.1** ***suberine*** ⇒*kurkstof*.
su·ber·i·za·tion, -sa·tion ['sju:bəraɪ'zeɪʃn‖'su:bərə-]⟨n.-telb.zn.⟩ ⟨plantk.⟩ **0.1** ***suberinevorming***.
su·ber·ize, ise ['sju:bəraɪz‖'su:-], **su·ber·in·ize, ise** [-brɪnaɪz] ⟨ov.ww.⟩⟨plantk.⟩ **0.1** ***suberine doen vormen***.
sub·fam·i·ly ['sʌbfæm(ɪ)li]⟨telb.zn.; →mv. 2⟩ **0.1** ***subfamilie*** ⇒*onderfamilie*.
sub·feb·rile [-'fi:braɪl‖-'febrəl]⟨bn.⟩ **0.1** ***subfebriel*** ⇒*lichtjes koortsig*.
sub fi·nem [-'faɪnəm]⟨bw.⟩ **0.1** ***sub finem*** ⇒*aan/tegen het eind*.
sub·floor [-flɔ:‖-flɔr]⟨telb.zn.⟩ **0.1** ***houten ondervloer***.
sub·form [-fɔ:m‖-fɔrm]⟨telb.zn.⟩ **0.1** ***variant***.
sub·fusc[1] ['sʌbfʌsk]⟨n.-telb.zn.⟩ **0.1** ***donkere kledij*** ⟨aan sommige universiteiten⟩.
subfusc[2] ⟨bn.⟩ **0.1** ***donker*** ⇒*somber, weinig inspirerend;* ⟨fig.⟩ *grijs*.
sub·ge·ner·ic [-dʒɪ'nerɪk], **sub·ge·ner·ic·al** [-ɪkl]⟨bn.; -(al)ly; →bijw. 3⟩ **0.1** ***mbt. een onderklasse*** ⇒*een onderklasse vormend*.
sub·ge·nus [-dʒi:nəs]⟨telb.zn.; subgenera [-dʒenərə]; →mv. 5⟩ **0.1** ***onderklasse***.
sub·gla·cial [-'gleɪʃl]⟨bn.; -ly⟩ **0.1** ***subglaciaal*** ⇒*onder een gletsjer* **0.2** ***postglaciaal***.
sub·group [-gru:p]⟨f1⟩⟨telb.zn.⟩ **0.1** ***subgroep***.
sub·head [-hed], **sub·head·ing** [-hedɪŋ]⟨telb.zn.⟩ **0.1** ***onderdeel*** **0.2** ***ondertitel*** ⇒*onderkop, deeltitel*.
sub·he·pat·ic [-hɪ'pæṭɪk]⟨bn.⟩⟨med.⟩ **0.1** ***onder de lever***.
sub-Hi·ma·la·yan [-hɪmə'leɪən]⟨bn.⟩ **0.1** ***onder/aan de voet v.d. Himalaja***.
sub·hu·man [-'hju:mən‖-'(h)ju:mən]⟨f1⟩⟨bn.⟩ **0.1** ***minder dan menselijk*** ⇒*dierlijk*.
sub·in·dex [-'ɪndeks]⟨telb.zn.; ook subindices [-'ɪndɪsi:z]; →mv. 5⟩ **0.1** ***subindex*** ⇒*deelindex*.
sub·in·feu·date [-ɪn'fju:deɪt], **sub·in·feud** [-ɪn'fju:d]⟨ov.ww.⟩ ⟨gesch.⟩ **0.1** ***onderpacht*** ⇒*onderverhuren* ⟨feodaal landgoed⟩.
sub·in·feu·da·tion [-ɪnfjʊ'deɪʃn]⟨n.-telb.zn.⟩⟨gesch.⟩ **0.1** ***onderpacht***.
sub·in·feu·da·to·ry [-ɪn'fju:dətri‖-tɔri]⟨telb.zn.; →mv. 2⟩ **0.1** ***onderpachter***.
sub·ir·ri·gate [-ɪrɪgeɪt]⟨ov.ww.⟩ **0.1** ***ondergronds irrigeren***.
sub·ir·ri·ga·tion [-ɪrɪ'geɪʃn]⟨n.-telb.zn.⟩ **0.1** ***ondergrondse irrigatie***.
su·bi·to ['su:bɪṭoʊ]⟨bw.⟩⟨muz.⟩ **0.1** ***subito***.
subj ⟨afk.⟩ subject, subjective, subjunctive.
sub·ja·cent [sʌb'dʒeɪsnt]⟨bn.⟩ **0.1** ***lager/dieper gelegen*** ⇒*onderliggend*.
sub·ject[1] ['sʌbdʒɪkt]⟨f4⟩⟨telb.zn.⟩ **0.1** ***onderdaan*** ⇒*ondergeschikte* **0.2** ***thema*** ⟨ook muz.⟩ ⇒*onderwerp* **0.3** ***sujet*** ⇒*persoon* **0.4** ***(studie)object*** ⇒*voorwerp, studiegebied, (leer)vak* **0.5** ***aanleiding*** ⇒*omstandigheid, reden* **0.6** ⟨taalk., logica⟩ ***subject*** ⇒*onderwerp* **0.7** ⟨fil.⟩ ***subject*** ⇒*het (beschouwende) ik, ikheid* **0.8** ⟨med.⟩ ***lijk*** ⟨voor dissectie⟩ ⇒*kadaver; proefdier, proefpersoon, proefkonijn* **0.9** ⟨med.⟩ ***patiënt*** ◆ **1.1** rulers and ~s *vorsten en onderdanen* **1.2** ~ for debate *gespreksthema, discussiepunt* **1.5** ~ for complaint *reden tot klagen;* ~ for congratulation *reden tot gelukwensing;* ~ for ridicule *voorwerp v. spot* **1.6** ~ and object *subject en object;* ~ and predicate *onderwerp en gezegde* **1.8** ~ for dissection *dissectieobject, lijk, kadaver* **2.3** sensitive ~ *teergevoelig sujet* **3.2** change the ~ *van onderwerp veranderen, over iets anders beginnen te praten;* talk on serious ~s *over ernstige onderwerpen praten;* wander from the ~ *v.h. onderwerp afwijken/afdwalen* **6.2 on** the ~ **of** *omtrent, aangaande, over, op het punt van*.
subject[2] ['sʌbdʒɪkt]⟨f2⟩⟨bn.⟩
I ⟨bn.⟩ **0.1** ***onderworpen*** ◆ **1.1** a ~ nation *een onderdrukte natie* **6.1** ~ **to** foreign rule *onder vreemde heerschappij;* ~ **to** the laws of nature *onderworpen aan de wetten v.d. natuur;*
II ⟨bn., attr.⟩⟨vero.⟩ **0.1** ***lager gelegen*** ⇒*onderliggend;*
III ⟨bn., pred.⟩ **0.1** ***onderhevig*** ⇒*blootgesteld, vatbaar* **0.2** ***afhankelijk*** ◆ **6.1** ~ **to** change *vatbaar voor wijziging(en);* ~ **to** gout *onderhevig aan jicht* **6.2** ~ **to** these conditions *afhankelijk v.d. vervulling v. deze voorwaarden, op deze voorwaarden;* ~ **to** your consent *behoudens uw toestemming;* ~ **to** contract *afhankelijk v.h. sluiten v.e. contract*.
subject[3] [səb'dʒekt]⟨f3⟩⟨ov.ww.⟩ **0.1** ***onderwerpen*** **0.2** ***blootstellen*** **0.3** ***doen ondergaan*** ◆ **6.1** ~ **to** one's rule *aan zijn heerschappij onderwerpen* **6.2** ~ **to** criticism *aan kritiek blootstellen* **6.3** ~ **to** torture *martelen*.
'subject catalogue ⟨telb.zn.⟩ **0.1** ***systematische catalogus***.
'subject heading ⟨telb.zn.⟩ **0.1** ***indexering***.
'subject index ⟨telb.zn.⟩ **0.1** ***klapper*** ⇒*systematisch register*.
sub·jec·tion [səb'dʒekʃn]⟨f1⟩⟨n.-telb.zn.⟩ **0.1** ***onderwerping*** ⇒*subjectie, onderworpenheid* **0.2** ***afhankelijkheid***.
sub·jec·tive[1] [səb'dʒektɪv]⟨telb.zn.⟩⟨taalk.⟩ **0.1** ***(woord in de) nominatief***.
subjective[2] ⟨f2⟩⟨bn.; -ly; -ness⟩ **0.1** ***subjectief*** ⇒*persoonlijk, gevoelsmatig, bevooroordeeld* **0.2** ⟨taalk.⟩ ***onderwerps-*** ◆ **1.2** ~ case *nominatief;* ~ genitive *onderwerpsgenitief*.
sub·jec·tiv·ism [səb'dʒektɪvɪzm]⟨n.-telb.zn.⟩ **0.1** ***subjectivisme***.
sub·jec·tiv·ist [səb'dʒektɪvɪst]⟨telb.zn.⟩ **0.1** ***subjectivist***.
sub·jec·tiv·is·tic [səb'dʒektɪ'vɪstɪk]⟨bn.⟩ **0.1** ***subjectivistisch***.
sub·jec·tiv·i·ty ['sʌbdʒek'tɪvəṭi]⟨f1⟩⟨n.-telb.zn.⟩ **0.1** ***subjectiviteit***.
sub·ject·less ['sʌbdʒɪktləs]⟨bn.⟩ **0.1** ***zonder onderwerp***.
'subject matter ⟨f1⟩⟨n.-telb.zn.⟩ **0.1** ***onderwerp*** ⇒*inhoud* ⟨v. boek⟩.
'sub·ject-'ob·ject ⟨telb.zn.⟩⟨fil.⟩ **0.1** ***subject-object***.
'subject picture ⟨telb.zn.⟩ **0.1** ***genrestuk***.
sub·join ['sʌb'dʒɔɪn]⟨ov.ww.⟩⟨schr.⟩ →subjoined **0.1** ***(eraan) toevoegen*** ⇒*bijvoegen* ◆ **1.1** ~ a postscript *een postscriptum toevoegen*.
sub·join·der [-'dʒɔɪndə‖-ər]⟨telb.zn.⟩⟨schr.⟩ **0.1** ***toevoeging*** ⇒*postscriptum*.
sub·joined [-'dʒɔɪnd]⟨bn.; bw.; volt. deelw. v. subjoin⟩⟨schr.⟩ **0.1** ***bijgaand*** ⇒*bijgevoegd, inliggend* ◆ **¶.1** ~ please find *wij zenden u bijgaand*.
sub·joint ['sʌbdʒɔɪnt]⟨telb.zn.⟩ **0.1** ***ondergeleding*** ⟨v. poot v. insekt e.d.⟩.
sub ju·di·ce ['sʌb 'dʒu:dɪsi‖-'ju:dɪkeɪ]⟨bn., pred.⟩ **0.1** ***sub judice*** ⇒*nog hangende, bij de rechter*.
sub·ju·ga·ble ['sʌbdʒəgəbl]⟨bn.⟩ **0.1** ***overwinbaar***.
sub·ju·gate ['sʌbdʒʊgeɪt‖-dʒə-]⟨ov.ww.⟩ **0.1** ***onderwerpen*** ⇒*overwinnen, onder het juk brengen*.
sub·ju·ga·tion ['sʌbdʒʊ'geɪʃn‖-dʒə-]⟨f1⟩⟨n.-telb.zn.⟩ **0.1** ***onderwerping*** ⇒*overwinning, overheersing*.
sub·ju·ga·tor ['sʌbdʒʊgeɪtə‖-dʒəgeɪṭər]⟨telb.zn.⟩ **0.1** ***overheerser*** ⇒*overwinnaar*.
sub·junc·tion [səb'dʒʌŋkʃn]⟨telb. en n.-telb.zn.⟩ **0.1** ***toevoeging*** ⇒*bijvoeging, bijvoegsel, postscriptum*.
sub·junc·tive[1] [səb'dʒʌŋktɪv]⟨telb.zn.⟩⟨taalk.⟩ **0.1** ***conjunctief*** ⇒*aanvoegende wijs, subjunctief* **0.2** ***conjunctieve (werkwoords) vorm*** ⇒*werkwoord in de conjunctief*.
subjunctive[2] ⟨bn.; -ly⟩⟨taalk.⟩ **0.1** ***subjunctief*** ⇒*aanvoegend* ◆ **1.1** ~ mood *aanvoegende wijs*.
sub·king·dom ['sʌbkɪŋdəm]⟨telb.zn.⟩⟨biol.⟩ **0.1** ***fylum*** ⇒*stam*.
sub·lan·guage ['sʌblæŋgwɪdʒ]⟨telb. en n.-telb.zn.⟩ **0.1** ***subtaal*** ⇒*taaltje*.
sub·lap·sar·i·an[1] [-læp'seərɪən‖-'ser-]⟨telb.zn.⟩⟨theol.⟩ **0.1** ***aanhanger v.h. infralapsarisme***.
sublapsarian[2] ⟨bn.⟩⟨theol.⟩ **0.1** ***infralapsarisch***.
sub·lap·sar·i·an·ism [-læp'seərɪənɪzm‖-'ser-]⟨n.-telb.zn.⟩⟨theol.⟩ **0.1** ***infralapsarisme***.
sub·lease[1] [-li:s]⟨telb.zn.⟩ **0.1** ***onderverhuring(scontract)***.
sublease[2] [-'li:s]⟨ov.ww.⟩ **0.1** ***onderverhuren***.
sub·les·see [-le'si:]⟨telb.zn.⟩ **0.1** ***onderhuurder/huurster***.
sub·les·sor [-le'sɔ:‖-le'sɔr]⟨telb.zn.⟩ **0.1** ***onderverhuurder/huurster***.
sub·let[1] [-let]⟨telb.zn.⟩ **0.1** ***onderverhuurd appartement/huis***.
sublet[2] [-'let]⟨f1⟩⟨ov.ww.; sublet; sublet⟩ **0.1** ***onderverhuren*** **0.2** ***onderaanbesteden***.

sub·lieu·ten·ant ['sʌblef'tenənt‖-lu:-]⟨telb.zn.⟩⟨BE⟩ **0.1** ***onderluitenant***.

sub·li·mate[1] ['sʌblɪ̣mət]⟨telb.zn.⟩⟨schei.⟩ **0.1** ***sublimaat***.

sublimate[2] ⟨bn.⟩ **0.1** ***sublimaat-*** ⇒*gesublimeerd*.

sublimate[3] ['sʌblɪ̣meɪt]⟨ww.⟩
 I ⟨onov. en ov.ww.⟩ **0.1** ⟨schei.⟩ ***(doen) sublimeren*** ⇒*(doen) vervluchtigen (en condenseren)* **0.2** ⟨fig.⟩ ***veredelen*** ⇒*verfijnen, veredeld/verfijnd worden, verheffen* ◆ **6.2** ~ **into** *veredelen tot;*
 II ⟨ov.ww.⟩ **0.1** ⟨psych.⟩ ***sublimeren***.

sub·li·ma·tion ['sʌblɪ̣'meɪʃn]⟨telb. en n.-telb.zn.⟩ **0.1** ⟨schei., psych.⟩ ***sublimatie*** ⇒*sublimering* **0.2** ⟨fig.⟩ ***veredeling*** ⇒*verheffing*.

sub·lime[1] [sə'blaɪm]⟨f1⟩⟨n.-telb.zn.; the⟩ **0.1** ***het verhevene*** ⇒*het sublieme* ◆ **6.1 from** the ~ **to** the ridiculous *van het sublieme tot het potsierlijke*.

sublime[2] ⟨f1⟩⟨bn.; -ly; -ness⟩⟨→sprw. 213⟩ **0.1** ***subliem*** ⇒*edel, hoog, verheven* **0.2** ⟨inf.; pej.⟩ ***subliem*** ⇒*ongehoord, ongelooflijk* ◆ **1.1** ~ heroism *edele heldhaftigheid;* ⟨gesch.⟩ the Sublime Porte *de Verheven Porte* **1.2** ~ impudence *ongehoorde schaamteloosheid*.

sublime[3] ⟨ww.⟩
 I ⟨onov. en ov.ww.⟩⟨schei.⟩ **0.1** ***(doen) sublimeren;***
 II ⟨ov.ww.⟩⟨fig.⟩ **0.1** ***veredelen*** ⇒*verfijnen, verheffen*.

sub·lim·i·nal [sʌb'lɪmɪ̣nəl]⟨bn.; -ly⟩⟨psych.⟩ **0.1** ***subliminaal*** ◆ **1.1** ~ advertising *subliminale reclame;* ~ self *het onderbewustzijn*.

sub·lim·i·ty [sə'blɪmət̬i]⟨telb. en n.-telb.zn.; →mv. 2⟩ **0.1** ***sublimiteit*** ⇒*verhevenheid, het edele* ◆ **1.1** the sublimities of religion *de verhevenheid v.d. godsdienst*.

sub·lin·gual [sʌb'lɪŋgwəl]⟨bn.; -ly⟩⟨med.⟩ **0.1** ***sublinguaal*** ⇒*onder de tong*.

sub·lit·to·ral [-'lɪtrəl‖-'lɪt̬ərəl]⟨bn.⟩ **0.1** ***in de kustwateren***.

Sub-Lt ⟨afk.⟩ Sub-Lieutenant ⟨BE⟩.

sub·lu·nar·y [sʌb'lu:nəri], **sub·lu·nar** [-'lu:nə‖-ər]⟨bn.⟩ **0.1** ***ondermaans*** ⇒*aards, sublunarisch*.

sub·ma·chine gun [sʌbmə'ʃi:n gʌn]⟨telb.zn.⟩ **0.1** ***machinepistool*** ⇒*lichte mitrailleur*.

sub·man ['sʌbmæn]⟨telb.zn.; submen [-men]; →mv. 3⟩ **0.1** ***inferieur mens*** ⇒*bruut, idioot*.

sub·man·ag·er [-'mænɪdʒə‖-ər]⟨telb.zn.⟩ **0.1** ***onderdirecteur***.

sub·ma·rine[1] ['sʌbməri:n]⟨f2⟩⟨telb.zn.⟩ **0.1** ***duikboot*** ⇒*onderzeeër* **0.2** ***zeemijn*** ⇒*onderzeese mijn* **0.3** ***zeedier*** **0.4** ***zeeplant*** **0.5** →submarine sandwich.

submarine[2] [sʌbmə'ri:n]⟨f2⟩⟨bn.⟩ **0.1** ***onderzees*** ⇒*submarien*.

submarine[3] ⟨ww.⟩
 I ⟨onov.ww.⟩ **0.1** ***onderzees leven/functioneren*** **0.2** ***een onderzeeër besturen;***
 II ⟨ov.ww.⟩ **0.1** ***aanvallen met onderzeeërs*** ⇒*torpederen*.

'submarine chaser ⟨telb.zn.⟩ **0.1** ***duikbootjager***.

'submarine pen ⟨telb.zn.⟩ **0.1** ***duikbootdok*** ⇒*schuilplaats voor duikboten*.

sub·mar·i·ner [sʌb'mærɪnə‖'sʌbmə'ri:nər]⟨f1⟩⟨telb.zn.⟩ **0.1** ***bemanningslid v.e. duikboot***.

'submarine sandwich ⟨telb.zn.⟩⟨AE; sl.⟩ **0.1** ***(grote) sandwich***.

sub·mas·ter ['sʌbmɑ:stə‖-mæstər]⟨telb.zn.⟩ **0.1** ***onderdirecteur*** ⟨v. school⟩.

sub·max·il·lar·y [sʌbmæk'sɪləri‖-'mæksɪ̣leri]⟨bn.⟩⟨med.⟩ **0.1** ***onder de kaak***.

sub·me·di·ant [-'mi:dɪənt]⟨telb.zn.⟩⟨BE; muz.⟩ **0.1** ***submediant*** ⇒*bovendominant*.

sub·men·tal [-'ment̬l]⟨bn.⟩⟨med.⟩ **0.1** ***onder de kin***.

sub·merge [səb'mɜ:dʒ‖-'mɜrdʒ]⟨f2⟩⟨onov. en ov.ww.⟩ **0.1** ***(doen) duiken*** ⟨v. duikboot⟩ ⇒*onderduiken* **0.2** ***(doen) zinken*** ⇒*(doen) ondergaan, onderdompelen, overstromen, onder water zetten* **0.3** ⟨fig.⟩ ***(doen) verdwijnen*** ⇒*verzwelgen, dompelen, verzinken* ◆ **1.2** ~d rocks *blinde klippen* **1.3** the ~d tenth *de in armoede gedompelde minderheid* **6.3** ~d in thought *in gepeins/gedachten verzonken*.

sub·mers·i·ble[1] [səb'mɜ:səbl‖-'mɜr-]⟨telb.zn.⟩ **0.1** ***duikboot***.

submersible[2], **sub·mer·gi·ble** [səb'mɜ:dʒəbl‖-'mɜr-]⟨bn.⟩ **0.1** ***met duikvermogen*** **0.2** ***onderdompelbaar*** ⇒*overstroombaar*.

sub·mer·sion [səb'mɜʃn‖-'mɜrʒn], **sub·mer·gence** [-'mɜ:dʒns‖-'mɜr-], **sub·merge·ment** [-'mɜ:dʒmənt‖-'mɜrdʒ-]⟨f1⟩⟨n.-telb.zn.⟩ **0.1** ***het duiken*** **0.2** ***onderdompeling*** ⇒*overstroming* **0.3** ⟨fig.⟩ ***verdwijning*** ⇒*verzwelging* **0.4** ⟨fig.⟩ ***diep gepeins***.

sub·mi·cro·scop·ic ['sʌbmaɪkrə'skɒpɪk‖-'skɑ-]⟨bn.⟩ **0.1** ***submicroscopisch (klein)***.

sub·min·i·a·ture [-'mɪnɪ(ə)tʃə‖-ər]⟨bn.⟩ **0.1** ***kleiner dan miniatuur*** ⇒*buitengewoon klein*.

sub·miss [səb'mɪs]⟨bn.⟩⟨vero.⟩ **0.1** ***onderdanig*** ⇒*nederig* **0.2** ***gedempt*** ⟨v. toon⟩.

sub·mis·sion [səb'mɪʃn]⟨f2⟩⟨zn.⟩
 I ⟨telb.zn.⟩⟨schr.⟩ **0.1** ***oordeel*** ⇒*suggestie* ◆ **4.1** my ~ is that *sta me toe op te merken dat* **6.1 in** my ~ *naar mijn bescheiden mening;*
 II ⟨n.-telb.zn.⟩ **0.1** ***onderwerping*** ⇒*submissie, overgave* **0.2** ***onderworpenheid*** ⇒*ootmoed, onderdanigheid, nederigheid, submissie* **0.3** ***voorlegging*** ◆ **3.1** crush into ~ *hardhandig onderwerpen;* starve the enemy into ~ *de vijand uithongeren* **6.2 with** all due ~ *in alle bescheidenheid*.

sub·mis·sive [səb'mɪsɪv]⟨f2⟩⟨bn.; -ly; -ness⟩ **0.1** ***onderdanig*** ⇒*onderworpen, nederig, ootmoedig* ◆ **6.1** ~ **to** advice *ontvankelijk voor goede raad*.

sub·mit [səb'mɪt]⟨f3⟩⟨ww.; →ww. 7⟩⟨→sprw. 636⟩
 I ⟨onov.ww.⟩ **0.1** ***toegeven*** ⇒*zwichten* ◆ **6.1** ~ **to** threats *onder dreiging toegeven;* ~ **to** s.o.'s wishes *iemands wensen inwilligen;*
 II ⟨onov. en ov.ww.⟩ **0.1** ***(zich) overgeven*** ⇒*(zich) onderwerpen* ◆ **6.1** ~ (o.s.) **to** *zich onderwerpen aan;* ~ **to** defeat *zich gewonnen geven, zich overgeven;* I will never ~ **to** being parted from you *ik zal nooit toestaan dat we van elkaar gescheiden worden;*
 III ⟨ov.ww.⟩ **0.1** ***voorleggen*** ⇒*voordragen, aan iemands oordeel onderwerpen* ◆ **1.1** ~ s.o.'s name for appointment *iem. ter benoeming voordragen* **6.1** ~ **to** *voorleggen aan;* ~ a case **to** court *een zaak voor het gerecht brengen* **8.1** I ~ that *ik meen te mogen beweren dat*.

sub·mul·ti·ple[1] [sʌb'mʌltɪ̣pl]⟨telb.zn.⟩ **0.1** ***factor*** ⇒*deelgetal*.

submultiple[2] ⟨bn.⟩ **0.1** ***factor-*** ⇒*factoren-*.

sub·nor·mal[1] [-'nɔ:ml‖-'nɔrml]⟨telb.zn.⟩ **0.1** ***achterlijk persoon***.

subnormal[2] ⟨bn.⟩ **0.1** ***subnormaal*** ⇒*achterlijk, beneden de norm*.

sub·nor·mal·i·ty [-nɔ:'mæləti‖-nɔr'mælət̬i]⟨n.-telb.zn.⟩ **0.1** ***subnormaliteit*** ⇒*achterlijkheid*.

sub·oc·u·lar [-'ɒkjʊlə‖-'ɑkjələr]⟨bn.⟩⟨med.⟩ **0.1** ***onder het oog***.

sub·oe·soph·a·ge·al [-i:sɒfə'dʒɪəl‖-i:sɑ-]⟨bn.⟩⟨med.⟩ **0.1** ***beneden de slokdarm***.

sub·or·bit·al [-'ɔ:bɪ̣tl‖-'ɔrbɪ̣t̬l]⟨bn.⟩ **0.1** ⟨med.⟩ ***onder de oogkas*** **0.2** ***geen volledige baan beschrijvend***.

sub·or·der [-ɔ:rdə‖-ɔrdər]⟨telb.zn.⟩ **0.1** ***suborde*** ⇒*onderorde*.

sub·or·di·nal [-'ɔ:dɪ̣nəl‖-'ɔrdn-]⟨bn.⟩ **0.1** ***suborde-*** ⇒*een suborde vormend, mbt. een suborde*.

sub·or·di·nate[1] [sə'bɔ:dɪ̣nət‖-'bɔrdn-]⟨f2⟩⟨telb.zn.⟩ **0.1** ***ondergeschikte*** ⇒*bediende*.

subordinate[2] ⟨f1⟩⟨bn.; -ly; -ness⟩ **0.1** ***ondergeschikt*** ⇒*onderworpen, afhankelijk* ◆ **1.1** ⟨taalk.⟩ ~ clause *bijzin, ondergeschikte zin;* ⟨taalk.⟩ ~ conjunction *onderschikkend voegwoord;* ~ position *ondergeschikte betrekking/plaats/post* **6.1** ~ **to** *ondergeschikt aan*.

subordinate[3] [sə'bɔ:dɪ̣neɪt‖-'bɔrdn-]⟨f1⟩⟨ov.ww.⟩ **0.1** ***ondergeschikt maken*** ⇒*onderschikken, subordineren, achterstellen* ◆ **1.1** subordinating conjunction *onderschikkend voegwoord, subordinator;* ~ one's quarrels and feuds *zijn twisten van ondergeschikt belang achten/op de achtergrond schuiven* **6.1** ~ **to** *ondergeschikt maken aan, achterstellen bij*.

sub·or·di·na·tion [sə'bɔ:dɪ̣'neɪʃn‖sə'bɔrdn'eɪʃn]⟨f1⟩⟨n.-telb.zn.⟩ **0.1** ***subordinatie*** ⇒*ondergeschiktheid* **0.2** ⟨taalk.⟩ ***onderschikking*** ⇒*subordinatie, hypotaxis*.

sub·or·di·na·tion·ism [sə'bɔ:dɪ̣'neɪʃənɪzm‖sə'bɔrdn'eɪʃənɪzm]⟨n.-telb.zn.⟩⟨theol.⟩ **0.1** ***subordinatianisme***.

sub·or·di·na·tive [sə'bɔ:dɪ̣nətɪv‖sə'bɔrdn·eɪt̬ɪv]⟨bn.⟩ **0.1** ***onderschikkend***.

sub·or·di·na·tor [sə'bɔ:dɪ̣neɪtə‖sə'bɔrdn·eɪt̬ər]⟨f1⟩⟨telb.zn.⟩ ⟨taalk.⟩ **0.1** ***subordinator*** ⇒*onderschikkend voegwoord*.

sub·orn [sə'bɔ:n‖-'bɔrn]⟨ov.ww.⟩ **0.1** ***omkopen*** ⟨vnl. tot meineed⟩ ⇒*aanstoken, verleiden, overhalen* **0.2** ***verkrijgen door omkoping***.

sub·or·na·tion ['sʌbɔ:'neɪʃn‖-ɔr-]⟨n.-telb.zn.⟩ **0.1** ***subornatie*** ⇒*omkoping* ⟨tot meineed⟩ ◆ **1.1** ~ of perjury *omkoping tot meineed*.

sub·orn·er [sə'bɔ:nə‖-'bɔrnər]⟨telb.zn.⟩ **0.1** ***omkoper***.

sub·ox·ide [sʌb'ɒksaɪd‖-'ɑk-]⟨telb.zn.⟩⟨schei.⟩ **0.1** ***suboxide***.

sub·par [-'pɑ:‖'-pɑr]⟨bn.⟩ **0.1** ***v. mindere kwaliteit*** ⇒*beneden het gemiddelde*.

sub·phy·lum [-'faɪləm]⟨telb.zn.; subphyla [-'faɪlə]; →mv. 5⟩⟨biol.⟩ **0.1** ***onderfylum***.

sub·plot [-plɒt‖-plɑt]⟨telb.zn.⟩⟨lit.⟩ **0.1** ***ondergeschikte intrige/plot*** ⟨in roman, film, toneelstuk e.d.⟩.

sub·poe·na[1], **sub·pe·na** [sə'pi:nə]⟨telb.zn.⟩⟨jur.⟩ **0.1** ***dagvaarding*** ◆ **1.1** writ of ~ *dagvaarding*.

subpoena[2], **subpena** ⟨ov.ww.; ook subp(o)ena'd⟩⟨jur.⟩ **0.1** ***dagvaarden***.

sub'poena money ⟨n.-telb.zn.⟩⟨jur.⟩ **0.1** ***getuigengeld***.

sub·prin·ci·pal [sʌb'prɪnsɪ̣pl]⟨telb.zn.⟩ **0.1** ***onderdirecteur*** ⟨v. school⟩.

sub·pri·or [-'praɪə‖-ər]⟨telb.zn.⟩ **0.1** ***onderprior*** ⇒*onderoverste*.

sub·re·gion [-ri:dʒən]⟨telb.zn.⟩ **0.1** ***onderdeel v. faunagebied***.

sub·re·gion·al [-'ri:dʒnəl]⟨bn.⟩ **0.1** ***mbt. een onderdeel v.e. faunagebied.***
sub·rep·tion [səb'repʃn]⟨telb. en n.-telb.zn.⟩ **0.1** ***subreptie*** ⇒*verkrijging door vervalsing* **0.2** ***gevolgtrekking op basis v. valse voorstelling.***
sub·rep·ti·tious ['sʌbrep'tɪʃəs]⟨bn.⟩ **0.1** ***subreptief*** ⇒*bij verrassing, via slinkse wegen (verkregen).*
sub·ro·gate ['sʌbrəgeɪt]⟨ov.ww.⟩⟨vnl. jur.⟩ **0.1** ***subrogeren*** ⇒*in de plaats stellen.*
sub·ro·ga·tion ['sʌbrə'geɪʃn]⟨n.-telb.zn.⟩⟨vnl. jur.⟩ **0.1** ***subrogatie*** ⇒*in-de-plaats-stelling/treding.*
sub ro·sa ['sʌb 'roʊzə]⟨bn., pred.; bw.⟩ **0.1** ***sub rosa*** ⇒*confidentieel, onder strikte geheimhouding.*
sub·rou·tine ['sʌbru:ti:n]⟨f1⟩⟨telb.zn.⟩⟨comp.⟩ **0.1** ***subroutine*** ⟨onderdeel v. routine⟩.
sub·sat·u·rat·ed [-'sætʃəreɪţɪd]⟨bn.⟩ **0.1** ***bijna verzadigd.***
sub·sat·u·ra·tion [-sætʃə'reɪʃn]⟨n.-telb.zn.⟩ **0.1** ***onvolledige verzadiging.***
sub·scap·u·lar[1] [-'skæpjʊlə‖-'skæpjələr]⟨telb.zn.⟩⟨med.⟩ **0.1** ***ader/zenuw*** ⟨enz.⟩ ***onder het schouderblad.***
subscapular[2] ⟨bn.⟩ **0.1** ***onder het schouderblad.***
sub·scribe [səb'skraɪb]⟨f2⟩⟨ww.⟩
I ⟨onov.ww.⟩ **0.1** ***intekenen*** ⇒*inschrijven, zich abonneren, subscriberen* **0.2** ***onderschrijven*** **0.3** ***(geldelijk) steunen*** ◆ **6.1** ~ **for** *(vooraf) bestellen;* ~ **to** a loan/shares *inschrijven op een lening/aandelen;* ~ **to** a paper *zich op een krant abonneren* **6.2** ~ **to** an opinion *een mening onderschrijven* **6.3** ~ **to** a cause *een (goed) doel steunen;*
II ⟨onov. en ov.ww.⟩ **0.1** ***(onder)tekenen*** ⇒*zijn handtekening zetten (onder)* **0.2** ***inschrijven (voor)*** **0.3** ***(af)nemen*** ◆ **1.1** ~ one's name (to sth.) *(iets) ondertekenen;* ~ a will *een testament ondertekenen* **1.2** ~ (for) fifty dollars *inschrijven voor vijftig dollar* **1.3** ~ (for) twenty copies *twintig exemplaren nemen* ⟨bv. v. boek⟩ **4.1** ~ o.s. *tekenen;*
III ⟨ov.ww.⟩ **0.1** ***geld bijeenbrengen voor*** **0.2** ***aanbieden*** ◆ **1.1** ~ a gold medal (for s.o.) *geld voor een gouden medaille bijeenbrengen (voor iem.)* **1.2** ~ a book to the trade *een boek aan de boekhandel aanbieden* ⟨door uitgever⟩ **1.¶** ⟨hand.⟩ ~d capital *geplaatst kapitaal;* a ~d loan *een voltekende lening.*
sub·scrib·er [səb'skraɪbə‖-ər]⟨f1⟩⟨telb.zn.⟩ **0.1** ***ondertekenaar*** **0.2** ***intekenaar*** ⇒*abonnee, subscribent.*
sub'scriber trunk 'dialling ⟨n.-telb.zn.⟩ **0.1** ***rechtstreeks (interlokaal) telefoneren*** ⇒*automatisch telefoneren.*
sub·script[1] ['sʌbskrɪpt]⟨telb.zn.⟩ **0.1** ***subscript*** ⇒⟨nat., schei., wisk.⟩ *index* ⟨teken of getal achter en half onder symbool⟩.
subscript[2] ⟨bn.⟩ **0.1** ***ondergeschreven.***
sub·scrip·tion [səb'skrɪpʃn]⟨f2⟩⟨telb.zn.⟩ **0.1** ***ondertekening*** ⇒*onderschrift* **0.2** ***abonnement*** ⇒*intekening, inschrijving, subscriptie* **0.3** ***contributie*** ⇒*bijdrage, steun* **0.4** ⟨AE⟩ ***colportage*** ⇒*huis-aan-huisverkoop* ◆ **1.2** ~ concert/dance *concert/bal voor abonnees* **3.2** take out a ~ to sth. *zich op iets abonneren.*
sub'scription library ⟨telb.zn.⟩ **0.1** ***uitleenbibliotheek*** ⟨voor leden⟩.
sub'scription rate ⟨f1⟩⟨telb.zn.⟩ **0.1** ***abonnementsprijs.***
sub'scription television ⟨n.-telb.zn.⟩ **0.1** ***abonneetelevisie*** ⇒*betaaltelevisie.*
sub·sec·tion ['sʌbsekʃn]⟨f2⟩⟨telb.zn.⟩ **0.1** ***onderafdeling.***
sub·sel·li·um [sʌb'seliəm]⟨telb.zn.; subsellia [-lɪə]; →mv. 5⟩ **0.1** ***misericordia*** ⟨steunstuk in koorbank⟩.
sub·se·quence[1] ['sʌbsɪkwəns]⟨zn.⟩
I ⟨telb.zn.⟩ **0.1** ***vervolg*** ⇒*wat volgt, volgende gebeurtenis;*
II ⟨n.-telb.zn.⟩ **0.1** ***het volgen*** ⇒*het later komen.*
sub·se·quence[2] ['sʌbsi:kwəns]⟨telb.zn.⟩ **0.1** ***deelsequentie.***
sub·se·quent ['sʌbsɪkwənt]⟨f2⟩⟨bn.; -ness⟩ **0.1** ***(erop) volgend*** ⇒*later, verder* ◆ **1.1** condition ~ *later/achteraf te vervullen voorwaarde;* ~ events *verdere gebeurtenissen* **6.1** ~(ly) **to** *na, later dan, volgend op.*
sub·se·quent·ly ['sʌbsɪkwəntli]⟨f2⟩⟨bw.⟩ **0.1** →subsequent **0.2** ***vervolgens*** ⇒*nadien, daarna.*
sub·serve [səb'sɜ:v‖-'sɜrv]⟨ov.ww.⟩ **0.1** ***bevorderen*** ⇒*dienen, begunstigen, in de hand werken, bevorderlijk zijn voor.*
sub·ser·vi·ence [səb'sɜ:vɪəns‖-'sɜr-], **sub·ser·vi·en·cy** [-si]⟨f1⟩⟨n.-telb.zn.⟩ **0.1** ***dienstigheid*** **0.2** ***ondergeschiktheid*** **0.3** ***kruiperigheid.***
sub·ser·vi·ent [səb'sɜ:vɪənt‖-'sɜr-]⟨f2⟩⟨bn.; -ly⟩ **0.1** ***bevorderlijk*** ⇒*dienstig, gunstig, nuttig* **0.2** ***ondergeschikt*** ⇒*dienend, dienstbaar* **0.3** ***kruiperig*** ⇒*onderdanig, overgedienstig* ◆ **6.1** ~ **to** *bevorderlijk voor.*
sub·set ['sʌbset]⟨f1⟩⟨telb.zn.⟩ **0.1** ***ondergroep*** ⇒⟨wisk.⟩ *deelverzameling.*
sub·shrub [-ʃrʌb]⟨telb.zn.⟩ **0.1** ***lage struik.***
sub·side [səb'saɪd]⟨f2⟩⟨onov.ww.⟩ **0.1** ***(be)zinken*** ⇒*(in)zakken, wegzakken, verzakken* **0.2** ***slinken*** ⇒*inkrimpen, afnemen* **0.3** ***luwen*** ⇒*bedaren, stiller/kalmer worden, tot rust komen* ◆ **6.1** ⟨scherts.⟩ ~ **into** an armchair *in een fauteuil wegzinken* **6.3** ~ **into** silence *ophouden met praten, zwijgen;* ~ **into** a slower pace *langzamer gaan lopen.*
sub·si·dence [səb'saɪdns, 'sʌbsɪdəns]⟨zn.⟩
I ⟨telb. en n.-telb.zn.⟩ **0.1** ***bezinksel;***
II ⟨n.-telb.zn.⟩ **0.1** ***verzakking*** ⇒*het wegzakken, instorting* **0.2** ***bezinking*** **0.3** ***slinking*** ⇒*inkrimping, afname* **0.4** ***bedaring*** ⇒*kalmering.*
sub·sid·i·ar·y[1] [səb'sɪdʒəri‖-dieri]⟨f1⟩⟨zn.; →mv. 2⟩
I ⟨telb.zn.⟩ **0.1** ***hulpmiddel*** **0.2** ***helper*** ⇒*assistent* **0.3** ***dochtermaatschappij*** ⇒*dochteronderneming;*
II ⟨mv.; subsidiaries⟩ **0.1** ***hulptroepen*** ⇒*huurtroepen.*
subsidiary[2] ⟨f2⟩⟨bn.; -ly; →bijw. 3⟩ **0.1** ***helpend*** ⇒*steunend, hulp-, aanvullings-, supplementair* **0.2** ***ondergeschikt*** ⇒*afhankelijk, bijkomstig, subsidiair* ◆ **1.1** ~ troops *hulptroepen, huurtroepen* **1.2** ~ company *dochtermaatschappij/onderneming;* ~ road *secundaire weg;* ~ stream *zijrivier;* ~ subject *bijvak* **6.2** ~ **to** *ondergeschikt aan, afhankelijk van.*
sub·si·di·za·tion, -sa·tion ['sʌbsɪdaɪ'zeɪʃn‖-də-]⟨f1⟩⟨n.-telb.zn.⟩ **0.1** ***subsidiëring.***
sub·si·dize, -dise ['sʌbsɪdaɪz]⟨f2⟩⟨ov.ww.⟩ **0.1** ***subsidiëren*** **0.2** ***huren*** ⟨troepen, e.d.⟩ **0.3** ⟨sl.⟩ ***omkopen.***
sub·si·dy ['sʌbsɪdi]⟨f2⟩⟨telb.zn.; →mv. 2⟩ **0.1** ***subsidie*** ⇒*ondersteuning, tegemoetkoming, toelage, bijdrage.*
sub·sist[1] [səb'sɪst]⟨telb.zn.⟩⟨BE⟩ **0.1** ***voorschot*** ⟨op loon of soldij⟩ **0.2** ***onderhoudstoelage.***
subsist[2] ⟨ww.⟩
I ⟨onov.ww.⟩ **0.1** ***(blijven) bestaan*** ⇒*leven, subsisteren* **0.2** ***van kracht blijven*** **0.3** ***inherent zijn*** **0.4** ⟨fil.⟩ ***(logisch) mogelijk zijn*** ◆ **6.1** ~ **on** *leven van* **6.3** ~ **in** *inherent zijn aan;*
II ⟨ov.ww.⟩ **0.1** ***onderhouden*** ⇒*provianderen.*
sub·sis·tence [səb'sɪstəns]⟨f1⟩⟨n.-telb.zn.⟩ **0.1** ***bestaan*** ⇒*leven* **0.2** ***onderhoud*** ⇒*bestaansmiddelen, kost, levensonderhoud, subsistentie* **0.3** ***bevoorrading*** ⇒*proviandering* **0.4** ⟨fil., theol.⟩ ***subsistentie*** **0.5** →subsistence allowance.
sub'sistence allowance ⟨telb.zn.⟩⟨vnl. BE⟩ **0.1** ***voorschot*** ⟨op loon of soldij⟩ **0.2** ***onderhoudstoelage.***
sub'sistence crop ⟨telb.zn.⟩ **0.1** ***oogst voor eigen gebruik.***
sub'sistence department ⟨telb.zn.⟩⟨AE; mil.⟩ **0.1** ***verplegingsdienst*** ⇒*intendance.*
sub'sistence diet ⟨telb.zn.⟩ **0.1** ***minimale hoeveelheid voedsel.***
sub'sistence farming, sub'sistence agriculture ⟨n.-telb.zn.⟩ **0.1** ***landbouw voor eigen gebruik.***
sub'sistence level ⟨telb. en n.-telb.zn.⟩ **0.1** ***bestaansminimum*** ◆ **3.1** live at ~ *nauwelijks rond komen.*
sub'sistence wage ⟨telb.zn.⟩ **0.1** ***minimumloon.***
sub·sis·tent [səb'sɪstənt]⟨bn.⟩ **0.1** ***bestaand*** **0.2** ***inherent*** ◆ **6.2** ~ **in** *inherent aan.*
sub·soil[1] ['sʌbsɔɪl]⟨f1⟩⟨n.-telb.zn.⟩ **0.1** ***ondergrond.***
subsoil[2] ⟨ov.ww.⟩ **0.1** ***diep omploegen.***
sub·soil·er [-sɔɪlə‖-ər], **'subsoil plough** ⟨telb.zn.⟩ **0.1** ***ondergrondsploeg*** ⇒*grondwoeler, diepploeg.*
sub·so·lar [-'soʊlə‖-ər]⟨bn.⟩ **0.1** ***recht onder de zon*** **0.2** ***equatoriaal.***
sub·son·ic [-'sɒnɪk‖-'sɑnɪk]⟨bn.; -ally; →bijw. 3⟩ **0.1** ***subsoon*** ⇒*subsonisch, onhoorbaar, langzamer dan het geluid* ◆ **1.1** ~ speed *subsone (vlieg)snelheid.*
sub·spe·cies [-spi:ʃi:z, -spi:si:z]⟨telb.zn.; →mv. 4⟩ **0.1** ***subspecies*** ⇒*ondersoort.*
sub·spe·cif·ic [-spə'sɪfɪk]⟨bn.⟩ **0.1** ***mbt. een subspecies*** ⇒*kenmerkend voor een ondersoort.*
subst ⟨afk.⟩ substantive, substitute.
sub·stance ['sʌbstəns]⟨f3⟩⟨telb. en n.-telb.zn.⟩⟨→sprw. 69⟩ **0.1** ***substantie*** ⇒*wezen, essentie, werkelijkheid, zelfstandigheid; stof, materie; kern, hoofdzaak, (hoofd)inhoud; vastheid, degelijkheid; vermogen, goederenkapitaal* ◆ **1.1** the ~ of his remarks *de kern v. zijn opmerkingen;* man of ~ *rijk/vermogend man* **3.1** sacrifice the ~ for the shadow *het wezen opofferen aan de schijn;* waste one's ~ *zijn vermogen verkwisten* **6.1** **in** ~ *in hoofdzaak, in substantie, in werkelijkheid;* **of** little ~ *met weinig substantie/inhoud.*
sub·stan·dard[1] [-'stændəd‖-dərd]⟨n.-telb.zn.⟩⟨taalk.⟩ **0.1** ***substandaard.***
substandard[2] ⟨bn.⟩ **0.1** ***beneden de maat*** **0.2** ⟨taalk.⟩ ***niet-/substandaard*** ⇒⟨pej.⟩ *slecht;* ⟨oneig.⟩ *dialectisch.*
sub·stan·tial [səb'stænʃl]⟨f3⟩⟨bn.; -ness⟩ **0.1** ***substantieel*** ⇒*wezenlijk, werkelijk; stoffelijk, materieel; hoofdzakelijk; vast, stevig, sterk, degelijk, solide; voedzaam, krachtig; aanzienlijk, aanmerkelijk, belangrijk; vermogend, welgesteld* ◆ **1.1** ~ argument *degelijk argument;* ~ concessions *belangrijke concessies;* ~ damage *aanzienlijke schade;* ~ desk *stevig bureau;* ~ firm *welvarende firma;* ~ meal *stevige maaltijd.*

sub·stan·tial·ism [səb'stænʃəlɪzm]⟨n.-telb.zn.⟩ **0.1** ***leer v.h. wezen der dingen***.

sub·stan·ti·al·i·ty [səb'stænʃi'ælət̬i]⟨zn.; →mv. 2⟩
I ⟨n.-telb.zn.⟩ **0.1** ***wezenlijkheid*** ⇒*wezenlijk bestaan, zelfstandigheid* **0.2** ***stoffelijkheid*** **0.3** ***soliditeit*** ⇒*stevigheid, vastheid* **0.4** ***belangrijkheid*** **0.5** ***welgesteldheid;***
II ⟨mv.; substantialities⟩ **0.1** ***substantieel voedsel***.

sub·stan·tial·ize, -ise [səb'stænʃəlaɪz]⟨onov. en ov.ww.⟩ **0.1** ***wezenlijk worden / maken***.

sub·stan·tial·ly [səb'stænʃəli]⟨f2⟩⟨bw.⟩ **0.1** →substantial **0.2** ***in wezen*** **0.3** ***in hoofdzaak***.

sub·stan·tials [səb'stænʃlz]⟨mv.⟩ **0.1** ⟨the⟩ ***hoofdzaken*** ⇒*het wezenlijke* **0.2** ***vaste voorwerpen / stoffen***.

sub·stan·ti·ate [səb'stænʃieɪt]⟨f1⟩⟨ov.ww.⟩ **0.1** ***substantiëren*** ⇒*van gronden voorzien, bewijzen, bevestigen; tot een substantie maken, stevig maken, belichamen, vaste vorm geven; verwezenlijken, effectief maken* ◆ **1.1** ~ a claim *een bewering staven*.

sub·stan·ti·a·tion [səb'stænʃi'eɪʃn]⟨n.-telb.zn.⟩ **0.1** ***substantiëring*** ⇒*staving, bewijs; belichaming; verwezenlijking*.

sub·stan·ti·val ['sʌbstən'taɪvl]⟨bn.; -ly⟩⟨taalk.⟩ **0.1** ***substantivisch*** ⇒*naamwoordelijk, zelfstandig*.

sub·stan·tive[1] ['sʌbstənt̬ɪv]⟨telb.zn.⟩⟨taalk.⟩ **0.1** ***substantief*** ⇒*zelfstandig naamwoord*.

substantive[2] ⟨f1⟩⟨bn.; -ly; -ness⟩ **0.1** ***substantief*** ⟨ook taalk.⟩ ⇒*zelfstandig, onafhankelijk; direct* **0.2** ***wezenlijk*** ⇒*werkelijk, essentieel* **0.3** ***aanzienlijk*** ⇒*belangrijk, substantieel, met substantie* **0.4** ⟨BE; mil.⟩ ***effectief*** ⇒*niet titulair* **0.5** ⟨taalk.⟩ ***existentie uitdrukkend*** ◆ **1.1** ~ dye *directe / substantieve kleurstof, zoutkleurstof* **1.4** ~ rank *effectieve rang* **1.5** the ~ verb *het existentiële werkwoord* ⟨bv. to be⟩ **1.¶** ⟨jur.⟩ ~ law *materieel recht;* a ~ motion *een motie waarover verder gediscussieerd wordt*.

sub·sta·tion ['sʌbsteɪʃn]⟨telb.zn.⟩ **0.1** ***hulpkantoor*** **0.2** ⟨elek.⟩ ***onderstation***.

sub·stit·u·ent[1] [sʌb'stɪtjʊənt]⟨telb.zn.⟩⟨schei.⟩ **0.1** ***substituent***.

substituent[2] ⟨bn.⟩⟨schei.⟩ **0.1** ***substituent***.

sub·sti·tut·a·bil·it·y ['sʌbstɪtju:tə'bɪləti‖-tu:t̬ə'bɪlət̬i]⟨n.-telb.zn.⟩ **0.1** ***vervangbaarheid***.

sub·sti·tut·a·ble ['sʌbstɪ'tju:təbl‖-'tu:t̬əbl]⟨f1⟩⟨bn.⟩ **0.1** ***vervangbaar***.

sub·sti·tute[1] ['sʌbstɪtju:t‖-tu:t]⟨f3⟩⟨telb.zn.⟩ **0.1** ***substituut*** ⇒*plaatsvervanger, plaatsvervuller, substituant, remplaçant;* ⟨sport⟩ *reserve(speler), invaller, wisselspeler; vervangmiddel, surrogaat*.

substitute[2] ⟨f1⟩⟨bn., attr.⟩ **0.1** ***substituerend*** ⇒*plaatsvervangend* ◆ **1.1** ⟨sport⟩ ~ goalkeeper *reservedoelman*.

substitute[3] ⟨f3⟩⟨onov. en ov.ww.⟩ **0.1** ***substitueren*** ⇒*in de plaats treden (voor), als plaatsvervanger optreden (voor), vervangen;* ⟨sport⟩ *invallen (voor), als reserve optreden (voor); in de plaats stellen;* ⟨jur.⟩ *onderschuiven* ◆ **1.1** ~ a child *een kind onderschuiven;* if they don't like lettuce, substitute peas *als ze geen sla lusten, geef dan erwten in de plaats* **6.1** ⟨inf.⟩ ~ **by/with** *vervangen door;* ~ **for** *in de plaats stellen / treden voor*.

sub·sti·tu·tion ['sʌbstɪ'tju:ʃn‖-'tu:-]⟨f2⟩⟨telb. en n.-telb.zn.⟩ **0.1** ***substitutie*** ⇒*(plaats)vervanging;* ⟨jur.⟩ *onderschuiving*.

sub·sti·tu·tion·al ['sʌbstɪ'tju:ʃnəl‖-'tu:-], **sub·sti·tu·tion·a·ry** [-ʃənri‖-ʃəneri], **sub·sti·tu·tive** [-tju:tɪv‖-tu:t̬ɪv]⟨bn.; -ly; →bijw. 3⟩ **0.1** ***(plaats)vervangend***.

substi'tution table ⟨telb.zn.⟩⟨taalk.⟩ **0.1** ***substitutietabel***.

sub·stra·tal [sʌb'streɪtl]⟨bn.⟩ **0.1** ***substraat-*** **0.2** ***fundamenteel***.

sub·strate ['sʌbstreɪt]⟨f1⟩⟨telb.zn.⟩ **0.1** ***(teken / schilder / druk)vlak*** **0.2** ***substraat*** ⇒*ondergrond;* ⟨biol.⟩ *voedingsbodem*.

sub·stra·tum [-'strɑ:təm‖-'streɪt̬əm,-'stræ-]⟨telb.zn.; substrata [-t̬ə]; →mv. 5⟩ **0.1** ***substraat*** ⟨ook taalk.⟩ ⇒*onderlaag, ondergrond, grondlaag;* ⟨biol.⟩ *voedingsbodem* **0.2** ⟨fig.⟩ ***grond*** ⇒*grondslag* ◆ **1.2** ~ of truth *grond v. waarheid*.

sub·struc·tion·al [-'strʌkʃnəl], **sub·struc·tur·al** [-'strʌktʃrəl]⟨bn.⟩ **0.1** ***funderings-***.

sub·struc·ture [-strʌktʃə‖-ər], **sub·struc·tion** [-'strʌkʃn]⟨telb.zn.⟩ **0.1** ***fundering*** ⇒*grondslag, fundament, onderbouw, substructuur* **0.2** ***spoordam***.

sub·sum·a·ble [səb'sju:məbl‖-'su:-]⟨bn.⟩ **0.1** ***subsumeerbaar***.

sub·sume [səb'sju:m‖-'su:m]⟨ov.ww.⟩⟨schr.⟩ **0.1** ***subsumeren*** ⇒*brengen onder, opnemen* ◆ **6.1** ~ **under** *onderbrengen bij*.

sub·sump·tion [səb'sʌmpʃn]⟨telb.zn.⟩ **0.1** ***subsumptie*** ⇒*onderbrenging, rangschikking* **0.2** ⟨logica⟩ ***subsumptie***.

sub·sys·tem ['sʌbsɪstɪm]⟨f1⟩⟨telb.zn.⟩ **0.1** ***subsysteem*** ⇒*ondergeschikt systeem*.

sub·ten·an·cy ['sʌb'tenənsi]⟨n.-telb.zn.⟩ **0.1** ***onderhuur*** ⇒*onderhuurderschap*.

sub·ten·ant [-tenənt]⟨telb.zn.⟩ **0.1** ***onderhuurder***.

sub·tend [səb'tend]⟨ov.ww.⟩ **0.1** ***liggen onder*** ⇒*insluiten* **0.2** ⟨meetkunde⟩ ***onderspannen***.

sub·ter·fuge ['sʌbtəfju:dʒ‖-tər-]⟨zn.⟩
I ⟨telb.zn.⟩ **0.1** ***uitvlucht*** ⇒*voorwendsel, drogreden* **0.2** ***trucje;***
II ⟨n.-telb.zn.⟩ **0.1** ***sofisterij*** **0.2** ***onderhandsheid***.

sub·ter·mi·nal ['sʌb'tɜ:mɪnəl‖-'tɜr-]⟨bn.⟩ **0.1** ***subterminaal*** ⇒*bijna aan het einde*.

sub·ter·ra·ne·an [-tə'reɪnɪən], **sub·ter·ra·ne·ous** [-nɪəs]⟨bn.; -ly⟩ **0.1** ***onderaards*** ⇒*ondergronds, subterrestrisch* **0.2** ***ondergronds*** ⟨fig.⟩ ⇒*heimelijk, in het geheim, clandestien*.

sub·ter·res·tri·al[1] [-tə'restrɪəl]⟨telb.zn.⟩ **0.1** ***subterrestrisch dier / wezen***.

subterrestrial[2] ⟨bn.; -ly⟩ **0.1** ***subterrestrisch*** ⇒*onderaards, ondergronds*.

sub·text ['sʌbtekst]⟨telb.zn.⟩⟨lit.⟩ **0.1** ***onderliggende tekst*** ⇒*tekstuele dieptestructuur*.

sub·til·i·ty [sʌb'tɪlət̬i], **sub·tle·ty** ['sʌt̬lti], ⟨vero.⟩ **sub·til·ty** ['sʌt̬ɪlti] ⟨f1⟩⟨telb. en n.-telb.zn.; →mv. 2⟩ **0.1** ***subtiliteit*** ⇒*fijnheid, teerheid, ijlheid; scherpzinnigheid, vernuftigheid; subtiel onderscheid, spitsvondigheid; haarkloverij*.

sub·til·i·za·tion, -sa·tion ['sʌt̬ɪlaɪ'zeɪʃn‖-lə-]⟨n.-telb.zn.⟩ **0.1** ***subtilisering*** ⇒*verdunning, verfijning; nuancering; haarkloverij*.

sub·til·ize, -ise ['sʌt̬ɪlaɪz]⟨ww.⟩
I ⟨onov.ww.⟩ **0.1** ***haarkloven*** ⇒*vitten* ◆ **6.1** ~ **upon** *vitten over, fijn uitspinnen;*
II ⟨ov.ww.⟩ **0.1** ***subtiliseren*** ⇒*verdunnen, vervluchtigen; verfijnen; scherpen; nuanceren, fijn uitspinnen* ◆ **1.1** ~ the senses *de zinnen scherpen*.

sub·ti·tle[1] ['sʌbtaɪt̬l]⟨f1⟩⟨telb.zn.⟩ **0.1** ***ondertitel*** ⇒*tweede titel* **0.2** ***tussentitel*** **0.3** ⟨vnl. mv.⟩ ***onderschrift*** ⇒*ondertitel*.

subtitle[2] ⟨f1⟩⟨ov.ww.⟩ **0.1** ***ondertitelen*** **0.2** ***van onderschriften voorzien***.

sub·tle, ⟨vero.⟩ **sub·tile** ['sʌt̬l]⟨f3⟩⟨bn.; -er; -ly; -ness; →bijw. 3⟩ **0.1** ***subtiel*** ⇒*fijn, ijl, teer; verfijnd, fijnbesnaard; nauwelijks merkbaar, onnaspeurbaar, mysterieus; scherp(zinnig), schrander, spitsvondig, vernuftig* **0.2** ***listig*** ⇒*sluw, geraffineerd* ◆ **1.1** ~ air *ijle lucht;* ~ charm *mysterieuze charme;* ~ distinction *subtiele onderscheiding;* ~ mind *scherpzinnige / spitsvondige geest;* ~ perfume *fijne / subtiele parfum;* ~ taste *verfijnde smaak* **1.2** ~ flattery *geraffineerde vleierij* **3.1** smile subtly *fijntjes lachen*.

'sub·tle-'wit·ted ⟨bn.⟩ **0.1** ***spitsvondig*** ⇒*scherpzinnig*.

sub·ton·ic ['sʌb'tɒnɪk‖-'tɑnɪk]⟨telb.zn.⟩⟨muz.⟩ **0.1** ***zevende toon*** ⟨v. diatonische toonladder⟩ ⇒*leidtoon*.

sub·to·pi·a [sʌb'toʊpɪə]⟨telb. en n.-telb.zn.; samentr. v. suburb-utopia⟩⟨BE; pej.⟩ **0.1** ***monotone voorstad***.

sub·tor·rid [-'tɒrɪd‖-'tɔrɪ,-'tɑrɪd]⟨bn.⟩ **0.1** ***subtropisch***.

sub·to·tal[1] [-toʊt̬l]⟨telb.zn.⟩ **0.1** ***subtotaal***.

subtotal[2] ⟨bn.⟩ **0.1** ***onvolledig*** ⇒*incompleet*.

subtotal[3] ⟨ww.; →ww. 7⟩
I ⟨onov.ww.⟩ **0.1** ***het subtotaal berekenen;***
II ⟨ov.ww.⟩ **0.1** ***gedeeltelijk optellen***.

sub·tract [səb'trækt]⟨f2⟩⟨onov. en ov.ww.⟩ **0.1** ***aftrekken*** ⇒*onttrekken* ◆ **6.1** ~ **from** *aftrekken van;* ⟨fig.⟩ this ~s nothing **from** his great merit *dit doet niets af v. zijn grote verdienste*.

sub·trac·tion [səb'trækʃn]⟨f2⟩⟨telb. en n.-telb.zn.⟩ **0.1** ***aftrekking*** ⇒*vermindering*.

sub·trac·tive [səb'træktɪv]⟨bn.⟩ **0.1** ***aftrekkend*** ⇒*negatief, af te trekken* **0.2** ⟨tech.⟩ ***subtractief***.

sub·tra·hend ['sʌbtrə'hend]⟨telb.zn.⟩⟨wisk.⟩ **0.1** ***aftrekker***.

sub·trop·i·cal ['sʌb'trɒpɪkl‖-'trɑ-], **sub·trop·ic** [-'trɒpɪk‖-'trɑ-]⟨f1⟩⟨bn.⟩ **0.1** ***subtropisch*** ◆ **1.1** ~ climate *subtropisch klimaat;* ~ fruit *subtropische vrucht(en), zuidvrucht(en)*.

sub·trop·ics [-'trɒpɪks‖-'trɑpɪks]⟨mv.⟩ **0.1** ***subtropen*** ⇒*subtropische gewesten*.

su·bu·late ['su:bjələt, -eɪt]⟨bn.⟩⟨biol.⟩ **0.1** ***priemvormig*** ⇒*elsvormig*.

sub·urb ['sʌbɜ:b‖-ərb]⟨f2⟩⟨telb.zn.⟩ **0.1** ***voorstad*** ⇒*buitenwijk, randgemeente, (niet in het centrum gelegen) stadswijk*.

sub·ur·ban[1] [sə'bɜ:bən‖sə'bɜrbən], **sub·ur·ban·ite** [-bənaɪt]⟨f2⟩⟨telb.zn.⟩ **0.1** ***bewoner v.e. / v.d. voorstad***.

suburban[2] ⟨f2⟩⟨bn.⟩ **0.1** ***van / in de voorstad*** ⇒*voorstedelijk;* ⟨pej.⟩ *bekrompen, provinciaal, kleinsteeds, kleinburgerlijk* ◆ **1.1** ~ life *het leven in de voorsteden;* ~ outlook *bekrompen kijk / mening*.

sub·ur·ban·i·za·tion, -sa·tion [sə'bɜ:bənaɪ'zeɪʃn‖sə'bɜrbənə'zeɪʃn]⟨n.-telb.zn.⟩ **0.1** ***suburbanisatie*** ⇒*vervoorstedelijking*.

sub·ur·ban·ize, -ise [sə'bɜ:bənaɪz‖-'bɜr-]⟨ov.ww.⟩ **0.1** ***suburbaniseren*** ⇒*tot voorstad maken*.

sub·ur·bi·a [sə'bɜ:bɪə‖-'bɜr-]⟨n.-telb.zn.; ook S-⟩ **0.1** ***suburbia*** ⇒*(gebied / bewoners v.d.) voorstad / voorsteden*.

sub·ven·tion[1] [səb'venʃn]⟨telb. en n.-telb.zn.⟩ **0.1** ***subsidiëring*** ⇒*subsidie, subventie, toelage, bijdrage, hulp, onderstand*.

subvention[2] ⟨ov.ww.⟩ **0.1** ***subsidiëren***.

sub·ver·sion [səb'vɜ:ʃn‖-'vɜrʒn]⟨n.-telb.zn.⟩ **0.1** ***ontwrichting*** ⇒*omverwerping* **0.2** ***subversie*** ⇒*ondermijning*.

sub·ver·sive[1] [səb'vɜ:sɪv‖-'vɜr-], **sub·vert·er** [-'vɜ:tə‖-'vɜrṭər] ⟨telb.zn.⟩ **0.1** ***subversief element***.

subversive[2] ⟨f1⟩⟨bn.; -ly; -ness⟩ **0.1** ***subversief*** ⇒*ontwrichtend, omverwerpend, revolutionair, ondergronds, ondermijnend* ◆ **1.1** ~ activities *subversieve activiteiten;* ~ ideas *revolutionaire ideeën* **6.1** ~ **of** all discipline *elke vorm v. discipline ondermijnend*.

sub·vert [səb'vɜ:t‖-'vɜrt]⟨f1⟩⟨ov.ww.⟩ **0.1** ***ontwrichten*** ⇒*omverwerpen* **0.2** ***ondermijnen*** **0.3** ***opstandig maken*** ⇒*opruien*.

sub·vert·i·ble [səb'vɜ:təbl‖-'vɜrṭəbl]⟨bn.⟩ **0.1** ***ontwrichtbaar*** ⇒*omver te werpen* **0.2** ***vatbaar voor subversieve ideeën***.

sub·way ['sʌbweɪ]⟨f2⟩⟨telb.zn.⟩ **0.1** ***(voetgangers)tunnel*** ⇒*ondergrondse (door)gang* **0.2** ⟨AE⟩ ***metro*** ⇒*ondergrondse (spoorweg)* **0.3** ⟨AE; inf.⟩ ***kleine fooi*** ◆ **¶.¶** ⟨AE; inf.⟩ ~! *Fooi, dank u!*.

sub·ze·ro ['sʌb'zɪəroʊ‖-'zi:roʊ,-'zɪroʊ]⟨bn.⟩ **0.1** ***onder nul*** ⇒*onder het vriespunt, vries-*.

suc·ce·da·ne·ous ['sʌksɪ'deɪnɪəs]⟨bn.⟩ **0.1** ***plaatsvervangend*** ⇒*vervang(ings)-*.

suc·ce·da·ne·um ['sʌksɪ'deɪnɪəm]⟨telb.zn.; succedanea [-'deɪnɪə]; →mv. 5⟩ **0.1** ***substituut*** ⇒*vervangmiddel, surrogaat; plaatsvervanger*.

suc·ce·dent ['sʌksɪdənt]⟨bn.⟩ **0.1** ***(op)volgend***.

suc·ceed [sək'si:d]⟨f3⟩⟨ww.⟩⟨→sprw. 311⟩
I ⟨onov.ww.⟩ **0.1** ⟨→bekwaamheid⟩ ***slagen*** ⇒*gelukken, succes hebben, goed uitvallen/aflopen* **0.2** ***gedijen*** ⟨v. plant⟩ ◆ **6.1** ~ **in** *slagen in, erin slagen om/te;* it does not ~ **with** him *(bij) hem lukt het niet;*
II ⟨onov. en ov.ww.⟩ **0.1** ***(op)volgen*** ⇒*komen na, succederen, (over)erven* ◆ **1.1** ~ing ages *het nageslacht* **6.1** ~ **to** *volgen op;* ~ **to** the property *de bezittingen overerven;* ~ **to** the throne *de kroon erven, als vorst opvolgen*.

suc·ceed·er [sək'si:də‖-ər]⟨telb.zn.⟩⟨vero.⟩ **0.1** ***opvolger***.

suc·cen·tor [sək'sentə‖-'senṭər]⟨telb.zn.⟩ **0.1** ***tweede cantor*** ⇒*tweede (voor)zanger*.

suc·cen·tor·ship [sək'sentəʃɪp‖-senṭər-]⟨n.-telb.zn.⟩ **0.1** ***functie v. tweede cantor***.

suc·cess [sək'ses]⟨f3⟩⟨telb. en n.-telb.zn.⟩⟨→sprw. 520⟩ **0.1** ***succes*** ⇒*goede afloop/uitkomst/uitslag, welslagen; bijval* **0.2** ⟨vero.⟩ ***uitslag*** ⇒*afloop* ◆ **2.1** military ~es *militaire overwinningen/successen;* be a social ~ *schitteren in gezelschap* **2.2** bad/ill ~ *slechte afloop, mislukking* **3.1** be a ~, meet with ~, have great ~ *succes boeken, met succes bekroond worden;* make a ~ of it *het er goed afbrengen* **6.1** be **without** ~ *zonder succes blijven, geen resultaat opleveren*.

suc·cess·ful [sək'sesfl]⟨f3⟩⟨bn.; -ly⟩ **0.1** ***succesrijk*** ⇒*succesvol, succes(sen) boekend, voorspoedig; geslaagd, goed aflopend* ◆ **1.1** ~ candidate *geslaagde kandidaat* **6.1** he is ~ **in** everything *hij slaagt in al zijn ondernemingen/brengt het er overal goed af*.

suc·ces·sion [sək'seʃn]⟨f2⟩⟨telb. en n.-telb.zn.⟩ **0.1** ***reeks*** ⇒*serie, opeenvolging* **0.2** ***opvolging*** ⇒*successie, erf/troonopvolging* ◆ **1.1** ~ of defeats *reeks nederlagen* **1.2** law of ~ *successiewet;* title by ~ *geërfde titel* **2.2** apostolic ~ *apostolische successie* **3.2** claim the ~ *het recht v. successie opeisen;* settle the ~ *een opvolger aanwijzen* **6.1** **in** ~ *achtereen(volgens), achter elkaar, na elkaar;* **in** quick ~ *met korte tussenpozen, vlak na elkaar* **6.2** **by** ~ *volgens erfrecht;* **in** ~ **to** *als opvolger van*.

suc·ces·sion·al [sək'seʃnəl]⟨bn.; -ly⟩ **0.1** ***erfelijk*** ⇒*geërfd, successie-, erf-* **0.2** ***successief*** ⇒*achtereen/opeenvolgend*.

suc'cession duty ⟨telb.zn.⟩ **0.1** ***successiebelasting*** ⇒*successierecht*.

Suc'cession State ⟨telb.zn.⟩ **0.1** ***erfland*** ◆ **2.1** the Austrian ~s *de Oostenrijkse erflanden*.

suc·ces·sive [sək'sesɪv]⟨f2⟩⟨bn.; -ly; -ness⟩ **0.1** ***successief*** ⇒*achtereen/opeenvolgend* ◆ **1.1** on five ~ days *vijf dagen na elkaar*.

suc·ces·sor [sək'sesə‖-ər]⟨f2⟩⟨telb.zn.⟩ **0.1** ***opvolger*** ◆ **6.1** ~ **of/to** *opvolger van;* ~ **to** the throne *troonopvolger*.

suc'cess story ⟨telb.zn.⟩ **0.1** ***spectaculaire/succesrijke loopbaan*** ⇒*snelle carrière*.

suc·cinct [sək'sɪŋkt]⟨f1⟩⟨bn.; -ly; -ness⟩ **0.1** ***beknopt*** ⇒*kort, bondig*.

suc·cin·ic [sək'sɪnɪk]⟨bn., attr.⟩ **0.1** ***barnsteen*** ⇒*ambersteen-* **0.2** ***barnsteenzuur-*** ◆ **1.1** ~ acid *barnsteenzuur, butaandizuur, ethaandicarbonzuur-1,2*.

suc·co·ry ['sʌkəri]⟨telb.zn.; →mv. 2⟩ **0.1** ***cichorei*** ⇒*suikerij*.

suc·co·tash ['sʌkətæʃ]⟨telb. en n.-telb.zn.⟩⟨AE⟩ **0.1** ***gerecht v. gekookte maïs en limabonen***.

suc·cour[1], ⟨AE sp.⟩ **suc·cor** ['sʌkə‖-ər]⟨f1⟩⟨zn.⟩⟨schr.⟩
I ⟨telb.zn.⟩ **0.1** ***helper*** ⇒*toevlucht* **0.2** ⟨gew.⟩ ***schuilplaats*** ⇒*toevluchtsoord;*
II ⟨n.-telb.zn.⟩ **0.1** ***hulp*** ⇒*steun, bijstand*.

succour[2], ⟨AE sp.⟩ **succor** ⟨f1⟩⟨ov.ww.⟩⟨schr.⟩ **0.1** ***te hulp snellen/komen*** ⇒*helpen, steunen, bijstaan, ontzetten*.

suc·cour·less, ⟨AE sp.⟩ **suc·cor·less** ['sʌkələs‖-kər-]⟨bn.⟩⟨schr.⟩ **0.1** ***aan zichzelf overgeleverd***.

suc·cu·ba ['sʌkjʊbə‖-kjə-], **suc·cu·bus** [-bəs]⟨telb.zn.; succubae [-bi:], succubi [-baɪ]; →mv. 5⟩ **0.1** ***succubus*** ⇒*boeleerduivelin, nachtmerrie, mare* **0.2** ***boze geest*** **0.3** ***hoer*** ⇒*slet*.

suc·cu·lence ['sʌkjʊləns‖-kjə-], **suc·cu·len·cy** [-si]⟨n.-telb.zn.⟩ **0.1** ***succulentie*** ⇒*sappigheid*.

suc·cu·lent[1] ['sʌkjʊlənt‖-kjə-]⟨telb.zn.⟩⟨plantk.⟩ **0.1** ***succulent*** ⇒*vetplant*.

succulent[2] ⟨bn.; -ly⟩ **0.1** ***succulent*** ⇒*sappig, vochtrijk*.

suc·cumb [sə'kʌm]⟨f2⟩⟨onov.ww.⟩ **0.1** ***bezwijken*** ⇒*succumberen* ◆ **6.1** ~ **to** *bezwijken aan/voor;* ~ **to** one's enemies *zwichten voor/zich overgeven aan zijn vijanden;* ~ **to** one's wounds *bezwijken aan zijn wonden*.

suc·cur·sal[1], **suc·cur·sale** [sə'kɜ:sl‖-'kɜrsl]⟨telb.zn.⟩ **0.1** ***succursale*** ⇒*filiaal, hulpkantoor, bijkantoor; hulpkerk, filiaalkerk*.

succursal[2] ⟨bn.⟩ **0.1** ***ondergeschikt*** ⇒*hulp-, bij-*.

suc·cus·sion [sə'kʌʃn]⟨telb.zn.⟩ **0.1** ***schok*** **0.2** ***het geschokt worden***.

such[1] [sʌtʃ]⟨f4⟩⟨bn.; predeterminator in combinatie met onbep. lidw.; →predeterminator⟩ **0.1** ⟨hoedanigheid⟩ ***zulk*** ⇒*zulke* **0.2** ⟨graad of hoeveelheid; →betrekkelijk voornaamwoord⟩ ***zodanig*** ⇒*zulk* **0.3** ⟨met aanwijzende of anaforische functie⟩ ***zo*** ⇒*zulk* **0.4** ⟨intensiverend⟩ **0.5** ⟨duidt identiteit of overeenkomst aan⟩ ***dergelijke*** ⇒*zulke, zo een, zo'n, gelijkaardige* **0.6** ⟨ongespecificeerd⟩ ***die en die*** ⇒*dat en dat* ◆ **1.1** you shall have ~ a bag *je krijgt zo'n tas* **1.2** his anger was ~ / ~ was his anger that he hit her *hij was zo woedend dat hij haar sloeg;* ~ clothes as he would need *zoveel kleren als hij/de kleren die hij nodig zou hebben;* it was ~ a disaster that he never tried again *het werd zo'n mislukking dat hij het nooit opnieuw probeerde;* ~ victuals as were available *wat er aan levensmiddelen beschikbaar was, het beetje levensmiddelen dat er was;* ~ lovely weather *zulk mooi weer* **1.3** did you ever see ~ colours? *heb je ooit zulke kleuren gezien?;* bring me ~ an instrument *breng mij zo'n instrument;* the work was brilliant but no-one recognized it as ~ *het werk was briljant maar niemand erkende het als zodanig* **1.4** ~ a day! *wat een dag!;* there was ~ a crowd! *er was een massa volk!;* music, and ~ music! *muziek, en wat voor muziek!;* ~ rubbish! *wat een onzin!;* it was ~ a success *het werd een overdonderend succes;* I've never seen ~ a thing *ik heb nog nooit zoiets gezien* **1.5** twenty ~ novels *twintig van dergelijke romans;* all ~ matters *al dergelijke zaken;* ⟨zonder onbep. lidw.⟩⟨schr. of jur.⟩ whosoever shall knowingly make ~ statement falsely *al wie wetens en willens een dergelijke valse verklaring aflegt* **1.6** at ~ (and ~) a place and at ~ (and ~) a time *op die en die plaats en op dat en dat uur/tijdstip;* ~ and ~ a thing *zoiets* **4.4** ~ a lot of fun *zoveel pret* **4.5** ~ another *nog zo een, net zo een;* give him Burgundy? I won't give him any ~ thing! *hem Bourgogne geven? Niets daarvan!;* there's no ~ thing *iets dergelijks bestaat niet* **8.1** ~ as *zoals;* a man ~ as John *een man als John* **8.2** I have accepted his help/soldiers, ~ as it is/they are *ik heb zijn hulp/soldaten aangenomen, ook al is/zijn die vrijwel niets waard/als je dat tenminste hulp/soldaten kunt noemen* **8.¶** a scream ~ as to/~ as would/~ that it would make your blood curdle *een gil die/zo'n gil dat hij je bloed zou doen stollen*.

such[2] ⟨f3⟩⟨aanw.vnw.⟩ **0.1** ***zulke(n)*** ⇒*zo iem./iets, dergelijke(n), zulks* **0.2** ⟨inf. of hand.⟩ ***derzelve*** ⇒*die/dat* ◆ **1.1** it was not a biography though he called it ~ *het was geen biografie hoewel hij het zo noemde;* ~ was not my intention *iets dergelijks/dat was niet mijn bedoeling* **1.¶** ~ being the case *nu het/de zaken er zo voorstaat/voorstaan* **3.2** people who leave parcels in the train cannot expect to recover ~ *reizigers die iets in de trein laten liggen kunnen er niet op rekenen dit weer terug te krijgen* **6.1** they are English; take them **as** ~ *het zijn Engelsen; je moet ze als dusdanig aanvaarden/nemen zoals ze zijn* **6.¶** ⟨inf.⟩ **as** ~ *dus* **7.1** all ~ *alle(n) v. dat slag/soort;* thieves? there may be some ~ but... *dieven? die zijn er wel, maar...* **8.1** peas, lentils, beans, and ~ *erwten, linzen, bonen, en dergelijke;* ⟨schr.⟩ ~ as say so err *zij die dit zeggen vergissen zich*.

such[3] ⟨f3⟩⟨bw.⟩ **0.1** ⟨hoedanigheid of graad⟩ ***zodanig*** ⇒*op zulke wijze* ◆ **2.1** not in ~ good health *niet in erg goede gezondheid* **8.1** built ~ that the walls sloped *zodanig gebouwd dat de muren helden*.

'such·like[1] ⟨f1⟩⟨bn.⟩⟨inf.⟩ **0.1** ***zo'n*** ⇒*zulk(e), dergelijke* ◆ **8.1** worms and ~ creatures *wormen en dergelijke beestjes*.

suchlike[2] ⟨f1⟩⟨aanw.vnw.⟩⟨inf.⟩ **0.1** ***dergelijke*** ◆ **8.1** clowns, jesters and ~ *clowns, narren en dergelijke*.

suck[1] [sʌk]⟨f1⟩⟨zn.⟩
I ⟨telb.zn.⟩ **0.1** ***slokje*** ⇒*teugje* **0.2** ⟨vnl. mv.⟩⟨sl.⟩ ***fiasco*** ⇒*mislukking, ontgoocheling* **0.3** ⟨vnl. mv.⟩⟨sl.⟩ ***bedriegerij*** ⇒*beetnemerij* **0.4** ⟨sl.⟩ ***speciale invloed*** ⇒*bijzondere gunst* ⟨door gevlei⟩ ◆ **1.1** ~ of liquor *slokje sterke drank* **3.1** take/have a ~ (at) *(eens) zuigen (aan)* **¶.2** what a ~!, ~s! *sliepuit!, lekker niet/mis!;*
II ⟨n.-telb.zn.⟩ **0.1** ***het zuigen*** ⇒*zuiging* ◆ **3.1** give ~ (to) *zogen;*
III ⟨mv.; ~s⟩ **0.1** ***lekkers*** ⇒*suikergoed, snoepgoed*.

suck[2] ⟨f3⟩ ⟨ww.⟩ →sucking
I ⟨onov.ww.⟩ **0.1** ***lens zijn*** ⟨v. pomp⟩ **0.2** ⟨sl.⟩ ***een mislukking zijn*** ⇒*v. slechte kwaliteit / onaangenaam zijn;*
II ⟨onov. en ov.ww.⟩ **0.1** ***zuigen (aan / op)*** ⇒*aan / in / op / uitzuigen, halen uit* **0.2** ⟨vulg.⟩ ***pijpen / beffen*** **0.3** ⟨sl.⟩ ***likken*** ⇒*vleien, pluimstrijken* ◆ **1.1** ~ sweets *snoepen, snoepjes opzuigen;* ⟨sl.⟩ ~ face *likken, kussen, zoenen* **2.1** ~ dry *leegzuigen* ⟨ook fig.⟩; *uitzuigen* **5.1** ~ **down / under** *omlaagzuigen;* ~ **in** *in / opzuigen, absorberen, in zich opnemen, aanzuigen;* ~ **in** knowledge *kennis vergaren;* ~ **up** *opzuigen, absorberen, opslorpen* **5.2** ⟨vulg.⟩ ~ **off** *pijpen; beffen* **5.3** ~ **around** *rondhangen* ⟨om te vleien⟩; ~ **off** *flikflooien, vleien;* ~ **up** (to) *iem. vleien / likken* **5.¶** ⟨sl.⟩ ~ **in** *likken, bedriegen, beetnemen* **6.1** ~ (away) **at** *zuigen op / aan;* ~ advantage **from / out of** *zijn voordeel doen met;* ~ strength **from / out of** *kracht putten uit.*
suck·er[1] ['sʌkə‖-ər] ⟨f1⟩ ⟨telb.zn.⟩ **0.1** ⟨ben. voor⟩ ***iets dat zuigt*** ⇒*zuiger; zuigeling; speenvarken(tje); walvisjong; uitloper, scheut, stek; zuigorgaan / nap / snuit; pompzuiger, zuigbuis, zuigleiding; zuigleer(tje)* **0.2** ⟨sl.⟩ ***onnozele hals*** ⇒*dupe, sukkel* **0.3** ⟨sl.⟩ ***fan*** ⇒*liefhebber* **0.4** ⟨AE; inf.⟩ ***lul*** ⇒*idioot, (kloot)zak* **0.5** ⟨AE; inf.⟩ ***lollie*** **0.6** ⟨S-⟩ ⟨AE; sl.⟩ ***inwoner v. Illinois*** **0.7** →suckerfish ◆ **¶.2** be a ~ for *zich altijd laten inpakken door* **¶.3** be a ~ for *gek zijn op, vallen op.*
sucker[2] ⟨ww.⟩
I ⟨onov.ww.⟩ **0.1** ***scheuten krijgen*** ⇒*uitlopers vormen;*
II ⟨ov.ww.⟩ **0.1** ***van uitlopers ontdoen*** **0.2** ***beetnemen*** ⇒*bedotten, in de luren leggen.*
'suck·er·fish, 'suck·fish, 'sucking fish ⟨telb.zn.⟩ ⟨dierk.⟩ **0.1** ***zuigvis*** ⟨fam. Echeneidae⟩.
'sucker list ⟨telb.zn.⟩ ⟨sl.⟩ **0.1** ***klantenlijst*** **0.2** ***namenlijst v. slachtoffers v. bedrog.***
'suck-in ⟨telb.zn.⟩ ⟨sl.⟩ **0.1** ***bedriegerij*** ⇒*beetnemerij.*
suck·ing ['sʌkɪŋ] ⟨f1⟩ ⟨bn.; oorspr. teg. deelw. v. suck⟩ **0.1** ***ongespeend*** ⇒⟨fig.⟩ *jong, onervaren* ◆ **1.1** ~ child *zuigeling, borstkindje;* ~ dove *onnozel / onschuldig duifje.*
'sucking cup, 'sucking disc ⟨telb.zn.⟩ **0.1** ***zuignapje.***
'sucking lamb ⟨telb.zn.⟩ **0.1** ***zuiglam.***
'sucking pig ⟨f1⟩ ⟨telb.zn.⟩ **0.1** ***speenvarken.***
suck·le ['sʌkl] ⟨f1⟩ ⟨ww.⟩ →suckling
I ⟨onov.ww.⟩ **0.1** ***zuigen*** ⇒*de borst krijgen;*
II ⟨ov.ww.⟩ **0.1** ***zogen*** **0.2** ⟨fig.⟩ ***(op)voeden*** ⇒*grootbrengen.*
suck·ler ['sʌklə‖-ər] ⟨telb.zn.⟩ **0.1** ***zuigeling*** **0.2** ***zoogdier.***
suck·ling ['sʌklɪŋ] ⟨f1⟩ ⟨telb.zn.; oorspr. teg. deelw. v. suckle⟩ **0.1** ***zuigeling*** **0.2** ***jong*** ⟨dat nog gezoogd wordt⟩.
'suck-off, 'suck-up ⟨telb.zn.⟩ ⟨sl.⟩ **0.1** ***vleier*** ⇒*flikflooier.*
su·crose ['su:kroʊz] ⟨n.-telb.zn.⟩ **0.1** ***sucrose*** ⇒*saccharose, rietsuiker.*
suc·tion ['sʌkʃn] ⟨f1⟩ ⟨n.-telb.zn.⟩ **0.1** ***het zuigen*** ⇒*zuigwerking, zuigkracht; zuiging, (kiel)zog* **0.2** ⟨sl.⟩ ***invloed*** ⇒*macht.*
'suction cleaner ⟨telb.zn.⟩ **0.1** ***stofzuiger.***
'suction gas ⟨telb. en n.-telb.zn.⟩ **0.1** ***zuiggas.***
'suction line ⟨telb.zn.⟩ **0.1** ***zuigleiding.***
'suction pad ⟨telb.zn.⟩ **0.1** ***zuignapje*** ⟨o.m. v. vlieg⟩.
'suction pipe ⟨telb.zn.⟩ **0.1** ***zuigpijp*** ⇒*haalpijp, zuigbuis.*
'suction pump ⟨telb.zn.⟩ **0.1** ***zuigpomp.***
'suction stop ⟨telb.zn.⟩ ⟨taalk.⟩ **0.1** ***klik*** ⇒*click, zuigklank.*
'suction valve ⟨telb.zn.⟩ **0.1** ***zuigklep*** ⇒*hartklep.*
suc·to·ri·al [sʌk'tɔ:rɪəl] ⟨bn.⟩ **0.1** ***zuig-*** ⇒*zuigend* ◆ **1.1** ~ organ *zuigorgaan.*
suc·to·ri·an [sʌk'tɔ:rɪən] ⟨telb.zn.⟩ ⟨dierk.⟩ **0.1** ***dier met zuigorganen.***
Su·dan ['su:'dɑ:n‖-'dæn] ⟨eig.n.; the⟩ **0.1** ***Soedan.***
Su·dan·ese[1] ['su:də'ni:z] ⟨f1⟩ ⟨telb.zn.; Sudanese; →mv. 4⟩ **0.1** ***Soedanees.***
Sudanese[2] ⟨f1⟩ ⟨bn.⟩ **0.1** ***Soedanees.***
su·dar·i·um [sju:'deərɪəm‖su:'der-] ⟨telb.zn.; sudaria [-rɪə]; →mv. 5⟩ **0.1** ⟨gesch.⟩ ***zweetdoek*** ⟨oude Rome⟩ ⇒⟨i.h.b.⟩ *zweetdoek v.d. H. Veronica* **0.2** ***Christuskop*** ⟨op doek⟩ **0.3** ⟨gesch.⟩ ***sudatorium*** ⇒*zweetbad* ⟨oude Rome⟩.
su·da·tion [sju:'deɪʃn‖su:-] ⟨telb. en n.-telb.zn.⟩ **0.1** ***zweting*** ⇒*het zweten.*
su·da·to·ri·um ['sju:də'tɔ:rɪəm‖'su:-] ⟨telb.zn.; sudatoria [-rɪə]; →mv. 5⟩ ⟨gesch.⟩ **0.1** ***sudatorium*** ⇒*zweetbad, heteluchtbad* ⟨oude Rome⟩.
su·da·to·ry[1] ['sju:dətri‖'su:dətɔri] ⟨telb.zn.; →mv. 2⟩ **0.1** ***sudatorium*** ⇒*zweetbad* **0.2** ***sudoriferum*** ⇒*zweetdrijvend middel.*
sudatory[2] ⟨bn.⟩ **0.1** ***zweetdrijvend.***
sudd [sʌd] ⟨n.-telb.zn.⟩ **0.1** ***drijvende planten(massa)*** ⟨vnl. op de Nijl⟩.
sud·den ['sʌdn] ⟨f4⟩ ⟨bn.; -ness⟩ **0.1** ***plotseling*** ⇒*onverhoeds, onverwacht; haastig, overijld; snel; scherp* ◆ **1.1** ~ bend *scherpe bocht;* ~ death *plotse dood;* ⟨sport⟩ ~ death (play-off) *beslissende verlenging* ⟨waarbij de eerste die een punt of goal scoort, wint⟩; *tiebreak, verlenging, beslissing door lottrekking;* ~ departure *onverwacht vertrek;* ~ infant death syndrome *wiegedood* **¶.1** all of a ~, ⟨vero.⟩ (all) on a ~ *plotseling, ineens.*
sud·den·ly ['sʌdnli] ⟨f4⟩ ⟨bw.⟩ **0.1** →sudden **0.2** ***plotseling*** ⇒*opeens, plots, ineens.*
su·dor·if·er·ous ['sju:də'rɪfrəs‖'su:-] ⟨bn.⟩ **0.1** ***zweetdrijvend*** ⇒*zweetgeleidend / verwekkend, zweet-.*
su·dor·if·ic[1] ['sju:də'rɪfɪk‖'su:-] ⟨telb.zn.⟩ **0.1** ***zweetmiddel*** ⇒*zweetdrijvend middel.*
sudorific[2] ⟨bn.⟩ **0.1** ***zweetdrijvend*** ⇒*zweetgeleidend, zweetverwekkend, zweet-.*
suds[1] [sʌdz] ⟨f1⟩ ⟨mv.; ww. ook enk.⟩ **0.1** ***(zeep)sop*** **0.2** ***schuim*** **0.3** ⟨AE; sl.⟩ ***bier.***
suds[2] ⟨ww.⟩
I ⟨onov.ww.⟩ **0.1** ***schuimen;***
II ⟨ov.ww.⟩ **0.1** ***(in zeepsop) wassen.***
suds·y ['sʌdzi] ⟨bn.; -er; →bijw. 3⟩ **0.1** ***schuimend*** ⇒*schuimig.*
sue [su:] ⟨f3⟩ ⟨ww.⟩
I ⟨onov.ww.⟩ **0.1** ***een eis instellen*** ◆ **6.1** ~ **for** *een eis instellen tot / wegens;* ~ **to** *een eis instellen bij;*
II ⟨onov. en ov.ww.⟩ **0.1** ***verzoeken*** ⇒*smeken, vragen* **0.2** ⟨vero.⟩ ***een aanzoek doen*** ⇒*het hof maken, dingen naar / vragen om de hand van* ◆ **6.1** ~ **(to)** s.o. **for** sth. *iem. om iets verzoeken;*
III ⟨ov.ww.⟩ **0.1** ***(gerechtelijk) vervolgen*** ⇒*dagvaarden, in rechte (n) aanspreken, voor het gerecht dagen* ◆ **5.¶** →sue out **6.1** ~ **at** law *voor het gerecht dagen.*
suede, suède [sweɪd] ⟨f1⟩ ⟨n.-telb.zn.⟩ **0.1** ***(peau de) suède*** **0.2** ***peau de pêche.***
'suede cloth ⟨n.-telb.zn.⟩ **0.1** ***peau de pêche.***
'suede·head ⟨telb.zn.⟩ **0.1** ***nozem.***
'suede 'shoe ⟨telb.zn.⟩ **0.1** ***suède schoen.***
'sue 'out ⟨ov.ww.⟩ **0.1** ***(gerechtelijk) verkrijgen*** ◆ **1.1** ~ a pardon *gratie verleend krijgen.*
su·et ['su:ɪt] ⟨f2⟩ ⟨n.-telb.zn.⟩ **0.1** ***niervet.***
'suet 'pudding ⟨telb. en n.-telb.zn.⟩ **0.1** ***niervetpudding.***
su·et·y ['su:ɪṭi] ⟨bn.⟩ **0.1** ***niervetachtig*** ⇒*niervet-.*
suf·fer ['sʌfə‖-ər] ⟨f3⟩ ⟨ww.⟩ →suffering
I ⟨onov.ww.⟩ **0.1** ***lijden*** ⇒*in ellende verkeren, schade lijden; beschadigd worden, in het nadeel zijn* **0.2** ***boeten*** **0.3** ***de marteldood sterven*** ⇒*martelingen ondergaan* **0.4** ***terechtgesteld worden*** ◆ **5.1** ~ severely *zwaar te lijden hebben* **6.1** ~ **by** *schade lijden door;* ~ **from** *lijden aan / door / onder;* ~ **with** *sukkelen met* **6.2** ~ **for** *boeten voor;*
II ⟨ov.ww.⟩ **0.1** ***lijden*** ⇒*ondergaan, ondervinden; souffreren, dulden, verdragen, verduren, uithouden;* ⟨schr.⟩ *toestaan, vergunnen, gedogen, (toe)laten* ◆ **1.1** ~ death *(de marteldood) sterven, terechtgesteld worden;* not ~ fools (gladly) *dwazen slecht kunnen uitstaan;* ~ a loss of face *gezichtsverlies lijden, zijn prestige verliezen* **3.1** ~ s.o. to come *iem. zijn toestemming geven om te komen.*
suf·fer·a·ble ['sʌfrəbl] ⟨bn.; -ly; →bijw. 3⟩ **0.1** ***draaglijk*** ⇒*uit te houden, te verdragen* **0.2** ***aanvaardbaar.***
suf·fer·ance ['sʌfrəns] ⟨zn.⟩
I ⟨telb.zn.⟩ **0.1** ***losvergunning*** ⟨vóór het betalen v.d. rechten⟩;
II ⟨n.-telb.zn.⟩ **0.1** ***uithoudingsvermogen*** ⇒*weerstandsvermogen* **0.2** ***(stilzwijgende) toestemming*** ⇒*het dulden, toelating* **0.3** ⟨vero.⟩ ***geduld*** ⇒*verdraagzaamheid, lankmoedigheid, lijdzaamheid* **0.4** ⟨vero.⟩ ***lijden*** ⇒*pijn, miserie* ◆ **6.1** **beyond** ~ *ondraaglijk* **6.2** be **at** the ~ of *gedoogd worden door;* be somewhere **on / by / through** ~ *ergens geduld worden.*
suf·fer·er ['sʌfrə‖-ər] ⟨f1⟩ ⟨telb.zn.⟩ **0.1** ***lijder*** ⇒*zieke, patiënt* **0.2** ***slachtoffer*** **0.3** ***martelaar.***
suf·fer·ing ['sʌfrɪŋ] ⟨f2⟩ ⟨telb. en n.-telb.zn.; (oorspr.) gerund v. suffer⟩ **0.1** ***pijn*** ⇒*lijden* ◆ **2.1** severe ~s *zware pijn(en).*
suf·fice [sə'faɪs] ⟨f1⟩ ⟨onov. en ov.ww.⟩ ⟨schr.⟩ **0.1** ***genoeg / voldoende zijn (voor)*** ⇒*volstaan, voldoen, tevreden stellen* ◆ **1.1** your word will ~ me *uw woord is me voldoende* **3.1** ~s to prove that *volstaat om te bewijzen dat;* ~ it to say that *het zij voldoende te zeggen dat* **6.1** ~ **for** *voldoende zijn voor.*
suf·fi·cien·cy [sə'fɪʃnsi] ⟨f1⟩ ⟨zn.⟩
I ⟨telb.zn.⟩ **0.1** ***voldoende voorraad*** ⇒*toereikend(e) hoeveelheid / inkomen* ◆ **6.1** a ~ **of** *een toereikende voorraad;*
II ⟨n.-telb.zn.⟩ **0.1** ***sufficiëntie*** ⇒*toereikendheid, voldoendheid, adequatie.*
suf·fi·cient[1] [sə'fɪʃnt] ⟨n.-telb.zn.⟩ **0.1** ***voldoende (hoeveelheid)*** ◆ **3.1** they ate till they had had ~ *ze aten tot ze genoeg hadden.*
sufficient[2] ⟨f3⟩ ⟨bn.; -ly⟩ ⟨→sprw. 637⟩ **0.1** ***voldoende*** ⇒*toereikend, genoeg, sufficiënt, adequaat* **0.2** ⟨vero.⟩ ***bekwaam*** ⇒*competent* ◆ **1.1** ~ in law *rechtsgeldig.*

suf·fix[1] ['sʌfɪks]⟨f1⟩⟨telb.zn.⟩⟨taalk.⟩ **0.1** ***suffix*** *⇒achtervoegsel.*
suffix[2] ⟨ov.ww.⟩⟨taalk.⟩ **0.1** ***suffigeren*** *⇒een suffix toevoegen aan, als suffix/achtervoegsel toevoegen/aanhechten.*
suf·fix·al ['sʌfɪksl]⟨bn.⟩⟨taalk.⟩ **0.1** ***suffigerend*** *⇒suffix-* **0.2** ***achtergevoegd*** *⇒gesuffigeerd.*
suf·fix·a·tion ['sʌfɪk'seɪʃn]⟨telb. en n.-telb.zn.⟩⟨taalk.⟩ **0.1** ***suffigering.***
suf·fo·cate ['sʌfəkeɪt]⟨f2⟩⟨onov. en ov.ww.⟩ →suffocating **0.1** ***(doen) stikken*** *⇒smoren, verstikken.*
suf·fo·ca·ting ['sʌfəkeɪṭɪŋ]⟨f1⟩⟨bn.; -ly; oorspr. teg. deelw. v. suffocate⟩ **0.1** ***stikkend*** *⇒om te stikken, stikheet.*
suf·fo·ca·tion ['sʌfə'keɪʃn]⟨f1⟩⟨n.-telb.zn.⟩ **0.1** ***(ver)stikking*** *⇒smoring, suffocatie* ◆ **3.1** crammed to ~ *stikvol, nokvol.*
suf·fo·ca·tive ['sʌfəkeɪṭɪv]⟨bn.⟩ **0.1** ***(ver)stikkend.***
Suf·folk ['sʌfək]⟨zn.⟩
I ⟨eig.n.⟩ **0.1** ***Suffolk*** ⟨Engels graafschap⟩;
II ⟨telb.zn.⟩ **0.1** ***Suffolkschaap*** **0.2** ***Suffolkpaard;***
III ⟨n.-telb.zn.⟩ **0.1** ***(schapen/paarden v.h.) Suffolkras.***
suf·fra·gan[1] ['sʌfrəgən]⟨telb.zn.⟩ **0.1** ***suffragaan(bisschop)*** *⇒hulpbisschop, wijbisschop.*
suffragan[2] ⟨bn.⟩ **0.1** ***suffragaan*** *⇒onderhorig, hulp-* ◆ **1.1** ~ bishop, bishop ~ *suffragaanbisschop, wijbisschop;* ~ church *suffragaankerk, wijkerk;* ~ see *hulpbisschopszetel.*
suf·fra·gan·ship ['sʌfrəgənʃɪp]⟨n.-telb.zn.⟩ **0.1** ***suffragaanschap*** *⇒ambt v. hulpbisschop.*
suf·frage ['sʌfrɪdʒ]⟨f1⟩⟨zn.⟩
I ⟨telb.zn.⟩ **0.1** ***stemming*** *⇒stemuitbrenging* **0.2** ***stembriefje*** *⇒stemballetje* **0.3** ***(algemene) opinie*** *⇒consensus* **0.4** ⟨schr.⟩ ***(goedkeurende) stem*** *⇒suffrage* **0.5** ⟨meestal mv.⟩⟨relig.⟩ ***smeekbede*** ⟨vnl. in litanie⟩;
II ⟨n.-telb.zn.⟩ **0.1** ***stemrecht*** *⇒kiesrecht* **0.2** ***bijval*** *⇒goedkeuring* ◆ **2.1** universal ~ *algemeen stemrecht.*
suf·fra·gette ['sʌfrə'dʒet]⟨telb.zn.⟩ **0.1** ***suffragette.***
suf·fra·get·tism ['sʌfrə'dʒeṭɪzm]⟨n.-telb.zn.⟩ **0.1** ***suffragettenbeweging.***
suf·fra·gist ['sʌfrədʒɪst]⟨telb.zn.⟩ **0.1** ***voorstand(st)er v. vrouwenstemrecht.***
suf·fuse [sə'fju:z]⟨ov.ww.⟩ **0.1** ***bedekken*** *⇒overgieten, overspreiden* ◆ **6.1** be ~d **with** *overgoten zijn met, vol staan van;* eyes ~d **with** tears *ogen vol tranen;* ~d **with** light *met licht overgoten.*
suf·fu·sion [sə'fju:ʒn]⟨n.-telb.zn.⟩ **0.1** ***overgieting*** **0.2** ***glans*** *⇒waas, blos* ◆ **1.1** ~ of blood *bloeding, bloedvlek* **1.2** ~ of light *lichtglans.*
suf·fu·sive [sə'fju:sɪv]⟨bn.⟩ **0.1** ***zich verspreidend*** *⇒overdekkend.*
su·fi ['su:fi]⟨telb.zn.; vaak S-⟩ **0.1** ***soefi*** *⇒aanhanger v.h. soefisme.*
su·fic ['su:fɪk], **su·fis·tic** [-'fɪstɪk]⟨bn.; vaak S-⟩ **0.1** ***soefistisch.***
su·fism ['su:fɪzm], **su·fi·ism** [-fiɪzm]⟨n.-telb.zn.; vaak S-⟩ **0.1** ***soefisme*** ⟨islamitische mystiek⟩.
su·gar[1] ['ʃʊgə‖-ər]⟨f3⟩⟨zn.⟩
I ⟨telb.zn.⟩ **0.1** ***suikertje*** *⇒suikerklontje* **0.2** ⟨vnl. als aanspreekvorm⟩⟨AE; inf.⟩ ***schat(je)*** *⇒liefje,* ⟨B.⟩ *zoetje* ◆ **3.1** ⟨AE⟩ spun ~ *suikerspin;*
II ⟨n.-telb.zn.⟩ **0.1** ***suiker*** *⇒sac(c)hrose* **0.2** ***zoete woordjes*** *⇒vleierij* **0.3** ⟨AE; sl.⟩ ***LSD*** **0.4** ⟨AE; sl.⟩ ***duiten*** *⇒ping(ping), poen* ◆ **1.1** ~ of lead *loodsuiker, loodacetaat;* ~ of milk *melksuiker, lactose;* ~ and water *suikerwater* **2.4** heavy ~ *een smak geld* **3.1** ⟨AE⟩ spun ~ *gesponnen suiker.*
sugar[2] ⟨f1⟩⟨ww.⟩
I ⟨onov.ww.⟩ **0.1** ***suiker vormen*** **0.2** ***korrelen*** *⇒granuleren* **0.3** ***suiker smeren*** *⇒motten vangen* **0.4** ⟨AE⟩ ***ahornsuiker bereiden*** **0.5** ⟨BE; sl.⟩ ***lijntrekken*** ⟨tijdens het roeien⟩ ◆ **5.4** ~ **off** *het ahornsuikersap afgieten, hornsuiker bereiden;*
II ⟨ov.ww.⟩ **0.1** ***zoeten*** *⇒(be)suikeren, suiker doen in, smakelijk maken* **0.2** ⟨fig.⟩ ***aangenamer maken*** *⇒verzoeten, verbloemen, verfraaien* **0.3** ***met suiker besmeren*** ⟨om motten te vangen⟩ ◆ **1.2** ~ the pill *de pil vergulden* **5.2** ~ **over** *verbloemen.*
'sugar apple ⟨telb.zn.⟩ **0.1** ***suikerappel.***
'sugar bean ⟨telb.zn.⟩⟨plantk.⟩ **0.1** ***suikerboon*** *⇒prinsessenboon* ⟨Phaseolus saccharatus/lunatus⟩.
'sugar beet ⟨f1⟩⟨telb.zn.⟩ **0.1** ***suikerbiet.***
'su·gar·bird ⟨telb.zn.⟩⟨dierk.⟩ **0.1** ***suikervogel*** ⟨fam. Coerebidae⟩.
'sugar bowl, ⟨BE ook⟩ **'sugar basin** ⟨f1⟩⟨telb.zn.⟩ **0.1** ***suikerpot.***
'sugar bush, 'sugar grove, 'sugar orchard ⟨telb.zn.⟩⟨AE⟩ **0.1** ***plantage v. suikerahornen.***
'sugar candy ⟨n.-telb.zn.⟩ **0.1** ***kandij(suiker).***
'su·gar·cane ⟨f1⟩⟨n.-telb.zn.⟩ **0.1** ***suikerriet.***
'sugar caster, 'sugar dredger, 'sugar shaker, 'sugar sifter ⟨telb.zn.⟩ **0.1** ***suikerstrooier*** *⇒strooibus.*
'su·gar·coat ⟨ov.ww.⟩ **0.1** ***met een suikerlaagje bedekken*** **0.2** ⟨fig.⟩ ***aangenamer maken*** *⇒verzoeten, verbloemen, verfraaien.*
'sugar corn ⟨n.-telb.zn.⟩ **0.1** ***suikermaïs.***
'sugar cube ⟨telb.zn.⟩ **0.1** ***suikerklontje.***
'su·gar-'cured ⟨bn.⟩ **0.1** ***met suiker, zout en nitraat verduurzaamd*** ⟨v. vlees(waren)⟩.
'sugar daddy, 'sugar papa ⟨telb.zn.; →mv. 2⟩⟨AE; inf.⟩ **0.1** ***rijke (oudere) mainteneur.***
su·gar·er ['ʃʊgərə‖-ər]⟨telb.zn.⟩⟨BE; sl.⟩ **0.1** ***lijntrekker*** ⟨bij het roeien⟩.
'sugar estate, 'sugar plantation ⟨telb.zn.⟩ **0.1** ***suikerplantage.***
'sugar gum ⟨telb.zn.⟩⟨plantk.⟩ **0.1** ***eucalyptus*** ⟨i.h.b. Eucalyptus corynocalyx⟩.
'su·gar·house ⟨telb.zn.⟩ **0.1** ***(ahorn)suikerraffinaderij.***
su·gar·ing off ['ʃʊgərɪŋ 'ɒf‖-'ɔf], ⟨in bet. I ook⟩ **'sugar eat, 'sugar lick, 'sugar party** ⟨zn.⟩⟨AE⟩
I ⟨telb.zn.⟩ **0.1** ***suikerfeest*** ⟨bij ahornsuikerbereiding⟩;
II ⟨n.-telb.zn.⟩ **0.1** ***ahornsuikerbereiding*** *⇒het afgieten v.h. ahornsuikersap.*
su·gar·less ['ʃʊgələs‖-gər-]⟨bn.⟩ **0.1** ***suikervrij.***
'sugar level ⟨telb.zn.⟩ **0.1** ***suikergehalte*** ◆ **1.1** ~ in blood *bloedsuikergehalte, (bloed)suikerspiegel.*
'su·gar loaf ⟨telb.zn.⟩ **0.1** ***suikerbrood*** **0.2** ⟨ben. voor⟩ ***kegelvormig iets*** *⇒kegelberg; kegelhoed.*
'su·gar-loaf, su·gar-loafed ['ʃʊgəlouft‖-gər-]⟨bn.⟩ **0.1** ***suikerbroodvormig*** *⇒kegelvormig* ◆ **1.1** ~ hat *kegelhoed.*
'sugar louse, 'sugar mite ⟨telb.zn.⟩⟨dierk.⟩ **0.1** ***suikergast.***
'sugar maple ⟨telb.zn.⟩ **0.1** ***suikerahorn.***
'sugar mill ⟨telb.zn.⟩ **0.1** ***suikermolen.***
'sugar pea ⟨telb.zn.⟩ **0.1** ***peultje*** *⇒suikererwt.*
'su·gar·plum ⟨telb.zn.⟩ **0.1** ***zoethoudertje*** ⟨fig.⟩ *⇒vleierij, lievigheidje; steekpenning* **0.2** ⟨vero.⟩ ***suikertje*** *⇒suikerboon, suikerpruim.*
'sugar refiner ⟨telb.zn.⟩ **0.1** ***suikerraffinadeur*** *⇒suikerfabrikant.*
'sugar refinery ⟨telb.zn.⟩ **0.1** ***suikerraffinaderij*** *⇒suikerfabriek.*
'sugar report ⟨telb.zn.⟩⟨AE; sl.⟩ **0.1** ***liefdesbrief.***
'sugar root ⟨telb.zn.⟩ **0.1** ***beetwortel.***
'sugar soap ⟨n.-telb.zn.⟩ **0.1** ***alkalisch afbijt/reinigingsmiddel.***
'sugar tongs ⟨f1⟩⟨mv.⟩ **0.1** ***suikertang(etje).***
su·gar·y ['ʃʊgəri]⟨f1⟩⟨bn.; -ness; →bijw. 3⟩ **0.1** ***suikerachtig*** *⇒suikerig, suiker-* **0.2** ***suikerzoet*** ⟨fig.⟩ *⇒verbloemd, vleierig, stroperig.*
sug·gest [sə'dʒest‖səg'dʒest]⟨f4⟩⟨ov.ww.⟩ **0.1** ***suggereren*** *⇒voor de geest roepen, oproepen, doen denken aan; duiden/wijzen op; influisteren, inblazen, ingeven; opperen, aanvoeren, te berde brengen, in overweging geven; voorstellen, aanraden* **0.2** ***vereisen*** ◆ **1.1** ~ fear *angst uitdrukken* **1.2** this crime ~s severe punishment *deze misdaad dient zwaar gestraft te worden/vraagt om een strenge straf* **3.1** ~ doing sth. *voorstellen iets te doen* **4.1** ~ itself/themselves *als vanzelf opkomen;* an idea ~ed itself *er ging mij een licht op* **6.1** ~ sth. **to** s.o. *iem. iets voorstellen* **8.1** I ~ that *ik meen te kunnen aannemen dat;* I ~ that he come/should come home now *ik stel voor dat hij nu thuis komt;* are you ~ing that I'm mad? *wil je daarmee zeggen/bedoel je daarmee dat ik gek ben?.*
sug·gest·i·bil·i·ty [sə'dʒestə'bɪləti‖səg'dʒestə'bɪləṭi]⟨f1⟩⟨n.-telb.zn.⟩ **0.1** ***suggestibiliteit*** *⇒beïnvloedbaarheid.*
sug·gest·i·ble [sə'dʒestəbl‖səg-]⟨bn.⟩ **0.1** ***suggestibel*** *⇒beïnvloedbaar.*
sug·ges·tion [sə'dʒestʃn‖səg-]⟨f3⟩⟨telb. en n.-telb.zn.⟩ **0.1** ***suggestie*** *⇒aanduiding, aanwijzing; inblazing, ingeving, wenk, zinspeling; mededeling; idee, overweging; voorstel, raad* **0.2** ***zweem*** *⇒tikje, spoor* ◆ **1.2** a ~ of anger *een zweem van woede* **2.1** hypnotic ~ *hypnotische suggestie* **3.2** have a ~ of *de indruk geven van* **6.1** **at** the ~ of *op aanraden/voorstel van;* **on** your ~ *op uw voorstel* ¶.**2** there was not a ~ of condescension about the prince *de prins deed helemaal niet uit de hoogte.*
sug'gestion book, sug·'ges·tions-book ⟨telb.zn.⟩ **0.1** ***ideeënboek.***
sug'gestion box, sug·'ges·tions-box ⟨f1⟩⟨telb.zn.⟩ **0.1** ***ideeënbus.***
sug·ges·tive [sə'dʒestɪv‖səg-]⟨f1⟩⟨bn.; -ly; -ness⟩ **0.1** ***suggestief*** *⇒suggererend, ideeën oproepend, veelbetekenend, te denken gevend* **0.2** ***gewaagd*** *⇒v. verdacht allooi* ◆ **1.1** ~ article *artikel dat tot nadenken stemt* **1.2** ~ joke *schuine mop* **6.1** ~ **of** *wijzend op, zwemend naar.*
su·i·ci·dal ['su:ɪ'saɪdl]⟨f1⟩⟨bn.; -ly⟩ **0.1** ***zelfmoord-*** *⇒zelfdodings-, zelfmoordend, zelfmoordenaars-* **0.2** ***met zelfmoordneigingen*** **0.3** ***waanzinnig*** ⟨fig.⟩ ◆ **1.3** ~ plan *plan dat gelijk staat met zelfmoord.*
su·i·cide[1] ['su:ɪsaɪd]⟨f3⟩⟨zn.⟩
I ⟨telb.zn.⟩ **0.1** ***zelfmoordenaar*** *⇒zelfmoordenares;*
II ⟨telb. en n.-telb.zn.⟩ **0.1** ***zelfmoord*** ⟨ook fig.⟩ *⇒suïcide, zelfdoding* ◆ **2.1** political ~ *politieke zelfmoord* **3.1** commit ~ *zelfmoord plegen.*
suicide[2] ⟨onov.ww.⟩ **0.1** ***zelfmoord plegen.***

'suicide attempt, 'suicide bid ⟨telb.zn.⟩ 0.1 ***zelfmoordpoging***.
'suicide pact ⟨telb.zn.⟩ **0.1 *zelfmoordpact*** ⟨afspraak om samen zelfmoord te plegen⟩.
'suicide pilot ⟨telb.zn.⟩ **0.1 *zelfmoordpiloot*** ⇒*kamikazepiloot*.
'suicide squad ⟨telb.zn.⟩ **0.1 *zelfmoordcommando***.
su·i gen·e·ris ['su:aɪ 'dʒenərɪs]⟨bn., pred., bn., post.⟩ **0.1 *sui generis*** ⇒*met een eigen/bijzondere aard*.
su·i ju·ris [- 'dʒʊərɪs‖-'dʒʊrɪs]⟨bn., pred., bn., post.⟩ **0.1 *sui juris*** ⇒*volwassen, onafhankelijk*.
su·il·line[1] ['su:ɪlaɪn]⟨telb.zn.⟩ **0.1 *varken***.
suilline[2] ⟨bn.⟩ **0.1 *varkens-***.
su·i·mate ['su:ɪmeɪt‖'su:aɪ-]⟨telb.zn.⟩⟨schaken⟩ **0.1 *zelfmat***.
su·int ['su:ɪnt, swɪnt]⟨n.-telb.zn.⟩ **0.1 *wolvet***.
suit[1] [su:t]⟨f3⟩⟨zn.⟩
I ⟨telb.zn.⟩ **0.1 *kostuum*** ⇒*pak*, ⟨vero.⟩ *uniform, livrei, habijt* **0.2** ⟨kaartspel⟩ ***kleur*** ⇒*kaarten v. één kleur* **0.3 *stel*** ⇒*uitrusting* **0.4 *(rechts)geding*** ⇒*proces, rechtszaak* **0.5** ⟨schr.⟩ ***verzoek*** ⇒*petitie* **0.6** ⟨vero.⟩ ***huwelijksaanzoek*** **0.7** ⟨gesch.⟩ ***hofdienst*** ⇒*ridderdienst, leendienst* ◆ **1.3** ~ of armour *wapenrusting*; ~ of sails *zeilage*; ~ of whiskers *bakkebaarden* **1.¶** ~ of hair *bos haar, kop met haar* **2.4** criminal/civil ~ *strafrechtelijke/civiele procedure* **3.1** bathing ~ *badpak* **3.2** follow ~ *kleur bekennen/houden*; ⟨fig.⟩ *iemands voorbeeld volgen* **3.4** bring a ~ against *een aanklacht indienen tegen* **3.5** grant s.o.'s ~ *iemands verzoek inwilligen*; make ~ *nederig verzoeken*; press one's ~ *met aandrang smeken* **3.6** pay ~ to, plead/press/push one's ~ with *ten huwelijk vragen, om de hand vragen van*; prosper in one's ~ *iemands hand en hart verwerven*;
II ⟨n.-telb.zn.⟩ **0.1 *overeenstemming*** ⇒*harmonie* ◆ **6.1 in ~ with** *in overeenstemming/harmonie met, overeenkomstig*.
suit[2] ⟨f3⟩⟨ww.⟩ →suited, suiting
I ⟨onov. en ov.ww.⟩ **0.1 *passen (bij)*** ⇒*geschikt zijn (voor), overeenkomen (met), staan (bij)* **0.2 *gelegen komen (voor)*** ⇒*uitkomen (voor), schikken* ◆ **1.1** this dress does not ~ you *deze jurk staat je niet*; mercy ~s a king *barmhartigheid siert een koning*; this colour ~s (with) her complexion *deze kleur past bij haar teint* **1.2** that date will ~ (me) *die datum komt (me) goed uit*; it does not ~ my convenience *het komt me niet gelegen*; it does not ~ his purpose *het komt niet in zijn kraam te pas* **6.1** ~ s.o. (down) **to** the ground *voor iem. geknipt zijn*; ~ **with** *passen bij*;
II ⟨ov.ww.⟩ **0.1 *aanpassen*** ⇒*geschikt maken* **0.2 *goed zijn voor*** ⇒*niet hinderen* **0.3 *voldoen*** ⇒*aanstaan, bevredigen* **0.4 *voorzien*** **0.5** ⟨vero.⟩ ***kleden*** ◆ **1.2** I know what ~s me best *ik weet wel wat voor mij het beste is* **1.3** ~ all tastes *aan alle smaken beantwoorden*; it ~s my book/me *het staat me wel aan*; ~ s.o.'s needs *aan iemands behoeften voldoen*; ~ the qualifications *aan de vereisten voldoen* **2.3** hard to ~ *moeilijk tevreden te stellen* **4.3** ~ yourself! *moet je zelf weten!, ga je gang maar!, doe wat je niet laten kunt!* **6.1** ~ **to** *aanpassen aan*; ~ one's style **to** one's audience *zijn stijl aan zijn publiek aanpassen* **6.4** ~ **with** *voorzien van*.
suit·a·bil·i·ty ['su:ṭə'bɪləṭi]⟨f1⟩⟨n.-telb.zn.⟩ **0.1 *geschiktheid*** ⇒*gepastheid*.
suit·a·ble ['su:ṭəbl]⟨f3⟩⟨bn.; -ly; -ness; →bijw. 3⟩ **0.1 *geschikt*** ⇒*gepast, passend, voegzaam* ◆ **6.1** ~ **to/for** *geschikt voor*.
'suit·case ⟨f3⟩⟨telb.zn.⟩ **0.1 *koffer*** ⇒⟨B.⟩ *valies*.
suite [swi:t]⟨f2⟩⟨telb.zn.⟩ **0.1 *stel*** ⇒*rij, reeks, serie; suite; ameublement* **0.2 *suite*** ⇒*gevolg* **0.3** ⟨muz.⟩ ***suite*** ◆ **1.1** ~ of furniture *ameublement*; ~ of rooms *suite, reeks vertrekken* **2.1** three-piece ~ *driedelige zitcombinatie*.
suit·ed ['su:ṭɪd]⟨f2⟩⟨bn.; volt. deelw. v. suit⟩ **0.1 *geschikt*** ⇒*(bij elkaar) passend* **0.2 *gericht (op)*** ⇒*aangepast (aan), beantwoordend (aan)* **0.3 *gekleed*** ◆ **1.3** velvet ~ *met een fluwelen pak* **3.1** ~ to be an engineer *geschikt om ingenieur te worden* **6.1** ~ **for** the job *geschikt/geknipt voor het karwei*; seem well ~ **to** one another *voor elkaar gemaakt lijken*.
suit·ing ['su:ṭɪŋ]⟨telb. en n.-telb.zn.; (oorspr.) gerund v. suit⟩ **0.1 *stof*** ⇒⟨i.h.b.⟩ *herenstof, stof voor herenkleding*.
suit·or ['su:tə‖'su:ṭər]⟨f1⟩⟨telb.zn.⟩⟨schr.⟩ **0.1 *verzoeker*** ⇒*rekwestrant, suppliant* **0.2** ⟨jur.⟩ ***aanklager*** ⇒*eiser* **0.3** ⟨vero.⟩ ***huwelijkskandidaat*** ⇒*vrijer, minnaar*.
suk, sukh →souk.
su·ki·ya·ki ['sʊki'ɑ:ki]⟨n.-telb.zn.⟩ **0.1 *sukiyaki*** ⟨Japans gerecht⟩.
sul·cate ['sʌlkeɪt], **sul·cat·ed** ['sʌlkeɪṭɪd]⟨bn.⟩⟨biol.⟩ **0.1 *gegroefd*** ⇒*gevoord, sulcatus*.
sul·cus ['sʌlkəs]⟨telb.zn.; sulci ['sʌlsaɪ]; →mv. 5⟩⟨biol.⟩ **0.1 *sulcus*** ⇒*groeve, spleet, gleuf*.
sulfur →sulphur.
sulk[1] [sʌlk]⟨telb.zn.; vnl. mv.⟩ **0.1 *kwade luim*** ⇒*boze bui; nuk, kuur*, ⟨B.⟩ *loet* ◆ **3.1** have a ~/(a fit of) the ~s *een chagrijnige bui hebben* **6.1** be **in** the ~s *koppen, mokken, nukken, pruilen*.
sulk[2] ⟨f2⟩⟨onov.ww.⟩ **0.1 *mokken*** ⇒*nukken, pruilen, chagrijnig zijn*.
sulk·y[1] ['sʌlki]⟨telb.zn.; →mv. 2⟩ **0.1 *sulky*** ⟨voor harddraverijen⟩.
sulky[2] ⟨f2⟩⟨bn.; -er; -ly; -ness; →bijw. 3⟩ **0.1 *nukkig*** ⇒*pruilerig, chagrijnig, knorrig, gemelijk, koppig* **0.2 *triest*** ⇒*akelig, somber* **0.3 *langzaam*** ⇒*traag* ◆ **1.1** as ~ as a bear *zo nors als de noordenwind, ongenietbaar* **1.2** ~ weather *somber weer* **1.3** ~ fire *smeulend vuurtje* **6.1** be/get ~ **with** s.o. **about** a trifle *nukkig zijn/worden op iem. om een kleinigheid*.
'sulky plow ⟨telb.zn.⟩ **0.1 *zitploeg***.
sul·lage ['sʌlɪdʒ]⟨n.-telb.zn.⟩ **0.1 *slib*** ⇒*slik* **0.2 *rioolwater*** **0.3 *(huis)vuil*** ⇒*afval*.
sul·len ['sʌlən]⟨f2⟩⟨bn.; -ly; -ness⟩ **0.1 *nors*** ⇒*stuurs, nukkig, knorrig, gemelijk* **0.2 *eigenzinnig*** ⇒*koppig, weerspannig* **0.3 *naargeestig*** ⇒*somber, akelig, triest* **0.4 *langzaam*** ⇒*traag* **0.5 *dof*** ⟨v. geluid⟩ ◆ **1.1** ~ looks *norse blik* **1.3** ~ sky *sombere/donkere hemel*.
sul·ly[1] ['sʌli]⟨telb.zn.; →mv. 2⟩⟨vero.⟩ **0.1 *vlek***.
sully[2] ⟨ov.ww.⟩ **0.1 *bevlekken*** ⟨ook fig.⟩ ⇒*vuilmaken, bezoedelen, bezwalken* ◆ **1.1** ~ s.o.'s reputation *iemands goede naam bezwalken, iem. bekladden/zwart maken*.
sul·pha, ⟨AE sp.⟩ **sul·fa** ['sʌlfə], **'sulpha drug,** ⟨AE sp.⟩ **'sulfa drug, sul·phon·a·mide,** ⟨AE sp.⟩ **sul·fon·a·mide** [sʌl'fɒnəmaɪd‖-'fɑ-]⟨telb. en n.-telb.zn.⟩ **0.1 *sulfa(preparaat)*** ⇒*sulfonamide, sulfamide*.
sul·pha·mic, ⟨AE sp.⟩ **sul·'fa·mic** [sʌl'fæmɪk], **sul·pha·mid·ic,** ⟨AE sp.⟩ **'sul·fa·mid·ic** ['sʌlfəmɪdɪk-]⟨bn.⟩ **0.1 *sulfamine-*** ◆ **1.1** ~ acid *sulfaminezuur*.
sul·pha·nil·a·mide, ⟨AE sp.⟩ **sul·fa·nil·a·mide** ['sʌlfə'nɪləmaɪd]⟨n.-telb.zn.⟩ **0.1 *sulfanilamide***.
sul·phate[1], ⟨AE sp.⟩ **sul·fate** ['sʌlfeɪt]⟨telb. en n.-telb.zn.⟩ **0.1 *sulfaat*** ⇒*natriumsulfaat, zwavelzuurzout* ◆ **1.1** ~ of ammonia *zwavelzure ammonia(k)*; ~ of copper *kopersulfaat*; ~ of magnesium *magnesiumsulfaat, bitterzout, Engels zout*.
sulphate[2], ⟨AE sp.⟩ **sulfate** ⟨ww.⟩
I ⟨onov.ww.⟩ **0.1 *gesulfateerd worden***;
II ⟨ov.ww.⟩ **0.1 *sulfateren***.
sul·phide, ⟨AE sp.⟩ **sul·fide** ['sʌlfaɪd]⟨telb. en n.-telb.zn.⟩ **0.1 *sulfide*** ⇒*sulfuur, zwavelverbinding* ◆ **1.1** ~ of iron *zwavelijzer*.
sul·phite, ⟨AE sp.⟩ **sul·fite** ['sʌlfaɪt]⟨telb. en n.-telb.zn.⟩ **0.1 *sulfiet*** ⇒*zwaveligzuur zout*.
sul·pho·nate[1], ⟨AE sp.⟩ **sul·fo·nate** ['sʌlfəneɪt]⟨telb. en n.-telb.zn.⟩ **0.1 *sulfonaat***.
sulphonate[2], ⟨AE sp.⟩ **sulfonate** ⟨ov.ww.⟩ **0.1 *sulfoneren***.
sul·pho·na·tion, ⟨AE sp.⟩ **sul·fo·na·tion** ['sʌlfə'neɪʃn]⟨n.-telb.zn.⟩ **0.1 *sulfonering***.
sul·phone, ⟨AE sp.⟩ **sul·fone** ['sʌlfoʊn]⟨telb. en n.-telb.zn.⟩ **0.1 *sulfon***.
sul·phon·ic, ⟨AE sp.⟩ **sul·fon·ic** [sʌl'fɒnɪk‖-'fɑ-]⟨bn.⟩ **0.1 *sulfon-*** ◆ **1.1** ~ acid *sulfonzuur*.
sul·phur[1], ⟨AE sp.⟩ **sul·fur** ['sʌlfə‖-ər]⟨f1⟩⟨zn.⟩
I ⟨telb.zn.⟩⟨dierk.⟩ **0.1 *witje*** ⟨fam. Pieridae⟩;
II ⟨n.-telb.zn.⟩⟨ook schei.⟩ **0.1 *zwavel*** ⇒*sulfer, solfer* ⟨element 16⟩.
sulphur[2], ⟨AE sp.⟩ **sulfur** ⟨f1⟩⟨bn.⟩ **0.1 *zwavelig*** ⇒*zwavel-, zwavelhoudend* **0.2 *zwavelkleurig***.
sulphur[3], ⟨AE sp.⟩ **sulfur, sul·phu·rate,** ⟨AE sp.⟩ **sul·fu·rate** ['sʌlfjʊreɪt], **sul·phur·ize, -ise,** ⟨AE sp.⟩ **sul·fur·ize** [-raɪz] ⟨ov.ww.⟩ **0.1 *zwavelen*** ⇒*met zwavel verbinden/bewerken, sulfideren, vulcaniseren*.
'sulphur bottom, ⟨AE sp.⟩ **'sulfur bottom, 'sulphur-bottom whale,** ⟨AE sp.⟩ **'sulfur-bottom whale** ⟨telb.zn.⟩⟨dierk.⟩ **0.1 *blauwe vinvis*** ⟨Balaenoptera musculus⟩.
'sulphur candle, ⟨AE sp.⟩ **'sulfur candle** ⟨telb.zn.⟩ **0.1 *zwavelkaars***.
sul·phu·re·ous, ⟨AE sp.⟩ **sul·fu·re·ous** [sʌl'fjʊərɪəs‖-'fjʊr-]⟨bn.⟩ **0.1 *zwavelachtig*** ⇒*zwavelhoudend, zwavelig, sulfureus* **0.2 *zwavelkleurig*** ⇒*groengeel*.
sul·phu·ret, ⟨AE sp.⟩ **sul·fu·ret** ['sʌlfjʊret‖-fjə-]⟨ov.ww.; →ww. 7⟩ **0.1 *zwavelen*** ◆ **1.1** ~(t)ed hydrogen *zwavelwaterstof*.
sul·phu·ric, ⟨AE sp.⟩ **sul·fu·ric** [sʌl'fjʊərɪk‖-'fjʊr-]⟨f1⟩⟨bn.⟩ **0.1 *zwavelachtig*** ⇒*zwavelhoudend, zwavelig* ◆ **1.1** ~ acid *zwavelzuur*.
sul·phur·ous, ⟨AE sp.⟩ **sul·fur·ous** ['sʌlf(ə)rəs], **sul·phur·y,** ⟨AE sp.⟩ **sul·fur·y** ['sʌlf(ə)ri]⟨bn.⟩ **0.1 *zwavelachtig*** ⇒*zwavelhoudend, zwavelig, sulfureus, gezwaveld* **0.2 *zwavelkleurig*** ⇒*groengeel* **0.3 *heftig*** ⇒*vurig, godslasterlijk, hels, duivels, satanisch* ◆ **1.1** sulphurous acid *zwaveligzuur* **1.3** ~ language *godslasterlijke taal*; ~ sermon *vurige preek*.
'sulphur spring, ⟨AE sp.⟩ **'sulfur spring** ⟨telb.zn.⟩ **0.1 *zwavelbron*** ⇒*zwavelwaterbron*.
'sulphur water, ⟨AE sp.⟩ **'sulfur water** ⟨n.-telb.zn.⟩ **0.1 *zwavelwater***.
'sul·phur·weed, ⟨AE sp.⟩ **'sul·fur·weed, 'sul·phur·wort,** ⟨AE sp.⟩ **'sul·fur·wort** ⟨telb. en n.-telb.zn.⟩⟨plantk.⟩ **0.1 *varkenskervel*** ⟨Peucedanum officinale⟩.

sul·tan ['sʌltən‖-tn]⟨f2⟩⟨telb.zn.⟩ **0.1** ***sultan*** **0.2** ⟨dierk.⟩ ***sultanshoen*** ⟨genus Porphyrio⟩ **0.3** ⟨plantk.⟩ ***muskuscentaurie*** ⟨Centaurea moschata/suaveolens⟩ ◆ **2.3** sweet ~ *muskuscentaurie* **7.1** the Sultan *de Sultan (v. Turkije)*.

sul·tan·a [sʌl'tɑ:nə‖-'tænə], ⟨in bet. 0.1 ook, vero.⟩ **sul·tan·ess** ['sʌltənɪs], ⟨in bet. 0.2 ook⟩ **sul'tana bird** ⟨telb.zn.⟩ **0.1** ***sultane*** **0.2** ⟨dierk.⟩ ***sultanshoen*** ⟨genus Porphyrio⟩ **0.3** ***(sultana)rozijn***.

sul·tan·ate ['sʌltəneɪt, -nət]⟨telb.zn.⟩ **0.1** ***sultanaat***.

sul·tan·ic [sʌl'tænɪk]⟨bn.⟩ **0.1** ***sultanisch*** ⇒*sultans-* ◆ **1.1** ~ splendour *vorstelijke pracht*.

sul·try ['sʌltri]⟨f1⟩⟨bn.; -er; -ly; -ness; →bijw. 3⟩ **0.1** ***zwoel*** ⇒*drukkend, benauwd, tropisch* **0.2** ***heet*** ⇒*gloeiend, verschroeiend, brandend* **0.3** ***wellustig*** ⇒*sensueel, wulps, hartstochtelijk, erotisch* **0.4** ***ongekuist*** ⇒*goddeloos, plat, scabreus, liederlijk*.

sum[1] [sʌm]⟨f3⟩⟨telb.zn.⟩ **0.1** ***som*** ⇒*totaal, geheel* **0.2** ***som*** ⇒*somma, bedrag, hoeveelheid* **0.3** ***(reken)som*** ⇒*berekening, optelling, optelsom* **0.4** ***samenvatting*** ⇒*hoofdinhoud, hoofdpunt, kern, strekking* **0.5** ***toppunt*** ⇒*hoogtepunt* ◆ **1.1** the ~ of our knowledge *de som v. onze kennis;* the ~ of one's life *zijn hele leven/bestaan* **1.4** the ~ (and substance) of his objections is that *zijn bezwaren komen hierop neer dat* **1.5** the ~ of folly *het toppunt v. waanzin* **2.2** considerable ~ *flinke som;* nice little ~ *mooi sommetje;* round ~ *ronde som* **2.3** do a rapid ~ *een vlugge berekening maken* **3.3** do ~s *sommen maken/uitrekenen;* do ~s in one's head *hoofdrekenen, uit het hoofd rekenen* **6.1 in** ~ *in totaal* **6.3** good **at** ~s *goed in rekenen* **6.4 in** ~ *in één woord*.

sum[2] ⟨f2⟩⟨ww.; →ww. 7⟩

I ⟨onov.ww.⟩ **0.1** ***sommen maken*** **0.2** ***oplopen*** ◆ **5.¶** →sum **up** **6.2** ~ **to/into** *oplopen tot, bedragen, belopen;*

II ⟨ov.ww.⟩ **0.1** ***optellen*** **0.2** ***samenvatten*** ⇒*resumeren, recapituleren, beschrijven* ◆ **1.1** ~ a column of figures *een kolom cijfers optellen* **1.2** ~ in one sentence *in één zin samenvatten* **5.¶** →sum **up**.

su·mac, su·mach ['su:mæk, 'ʃu:-]⟨telb.zn.⟩⟨plantk.⟩ **0.1** ***sumak*** ⇒*smak, looiersboom* ⟨genus Rhus⟩.

Su·me·ri·an[1] [su:'mɪərɪən‖-'merɪən]⟨zn.⟩

I ⟨eig.n.⟩ **0.1** ***Sumerisch*** ⟨taal⟩;

II ⟨telb.zn.⟩ **0.1** ***Sumeriër***.

Sumerian[2] ⟨bn.⟩ **0.1** ***Sumerisch***.

sum·ma ['sʊmə]⟨telb.zn.; summae [-mi:]; →mv. 5⟩ **0.1** ***summa*** ⇒⟨ong.⟩ *compendium*.

sum·ma cum lau·de ['sʊmə kʊm 'laʊdeɪ‖-'laʊdə]⟨bw.⟩ **0.1** ***summa cum laude*** ⇒*met de hoogste lof*.

sum·ma·ri·ly ['sʌm(ə)rɪli‖sə'mer-]⟨bw.⟩ **0.1** ***summier(lijk)*** ⇒*in het kort, in beknopte vorm* **0.2** ***terstond*** ⇒*zonder vorm v. proces, op staande voet* ◆ **3.1** deal ~ with *summier behandelen, korte metten maken met* **3.2** ~ arrested *op staande voet gearresteerd*.

sum·ma·rize, -rise ['sʌməraɪz]⟨f2⟩⟨onov. en ov.ww.⟩ **0.1** ***samenvatten*** ⇒*recaputuleren, resumeren*.

sum·ma·ry[1] ['sʌməri]⟨f2⟩⟨telb.zn.; →mv. 2⟩ **0.1** ***samenvatting*** ⇒*kort begrip, korte inhoud, resumé, uittreksel, summarium*.

summary[2] ⟨f2⟩⟨bn.⟩ **0.1** ***summier*** ⇒*beknopt, kort, bondig, samenvattend, snel* ◆ **1.1** ~ account *summier overzicht;* ~ conviction *veroordeling na korte procesgang* ⟨zonder jury⟩; ~ court-martial *krijgsraad voor kleine vergrijpen;* ~ execution *parate executie;* ~ jurisdiction/justice/proceedings *korte rechtspleging, korte procesgang, summiere procesorde, snelrecht;* ~ offence *kleine overtreding;* ~ punishment *tuchtmaatregel;* ~ statement *verzamelstaat, recapitulatie*.

sum·ma·tion [sə'meɪʃn]⟨f1⟩⟨zn.⟩

I ⟨telb.zn.⟩ **0.1** ***optelling*** **0.2** ***som*** ⇒*totaal* **0.3** ***samenvatting*** ⇒*resumé;* ⟨jur.⟩ *eindpleidooi;*

II ⟨n.-telb.zn.⟩ **0.1** ***het optellen***.

sum·ma·tion·al [sə'meɪʃnəl]⟨bn.⟩ **0.1** ***opgeteld*** ⇒*optellend* **0.2** ***samenvattend*** ⇒*resumerend*.

sum·mer[1] ['sʌmə‖-ər]⟨f4⟩⟨zn.⟩⟨→sprw. 543⟩

I ⟨telb.zn.⟩ **0.1** ⟨vnl. mv.⟩⟨schr.⟩ ***zomer*** ⇒*(levens)jaar* **0.2** ⟨benvoor⟩ ***draagsteen/balk*** ⇒*schoorbalk, kalf, bovendorpel; kraagsteen* **0.3** ***opteller*** ◆ **4.1** a girl of fifteen ~s *een meisje v. vijftien lentes;*

II ⟨telb. en n.-telb.zn.⟩ **0.1** ***zomer*** ⇒*zomerweer* ◆ **6.1 in** (the) ~ *in de zomer;*

III ⟨n.-telb.zn.; the⟩ **0.1** ***zomer*** ⟨fig.⟩ ⇒*bloeitijd* ◆ **1.1** the ~ of life *de zomer des levens*.

summer[2] ⟨ww.⟩

I ⟨onov.ww.⟩ **0.1** ***de zomer doorbrengen*** ◆ **6.1** ~ **at/in** *de zomer doorbrengen aan/in;*

II ⟨ov.ww.⟩ **0.1** ***gedurende de zomer weiden*** ⟨vee⟩.

'summer camp ⟨telb.zn.⟩ **0.1** ***zomerkamp***.

'summer 'cypress ⟨telb. en n.-telb.zn.⟩⟨plantk.⟩ **0.1** ***studentenkruid*** ⟨Kochia scoparia⟩.

'summer fallow ⟨n.-telb.zn.⟩ **0.1** ***zomerbraak*** ⇒*halve braak*.

'sum-mer-fal·low ⟨ov.ww.⟩ **0.1** ***in zomerbraak leggen***.

'summer house ⟨telb.zn.⟩ **0.1** ***zomerhuis(je)*** ⇒*prieel, tuinhuisje*.

sum·mer·ish ['sʌmərɪʃ], **sum·mer·like** ['sʌməlaɪk‖-mər-], **sum·mer·ly** ['sʌməli‖-mər-], **sum·mer·y** ['sʌməri]⟨f1⟩⟨bn.⟩ **0.1** ***zomers*** ⇒*zomerachtig*.

sum·mer·ite ['sʌmeraɪt]⟨telb.zn.⟩⟨AE⟩ **0.1** ***zomertoerist*** ⇒*vakantieganger, vakantiegast*.

sum·mer·less ['sʌmələs‖-mər-]⟨bn.⟩ **0.1** ***zomerloos*** ⇒*zonder zomer*.

'summer level ⟨telb.zn.⟩ **0.1** ***zomerpeil***.

'summer 'lightning ⟨n.-telb.zn.⟩ **0.1** ***weerlicht***.

'Summer O'lympics ⟨mv.⟩ **0.1** ***Olympische Zomerspelen***.

'summer 'pudding ⟨telb. en n.-telb.zn.⟩⟨BE⟩ **0.1** ***vruchtenkoek/cake*** ⇒*fruittaart*.

summer recess ['-'-]⟨n.-telb.zn.⟩ **0.1** ***zomerreces*** ⇒*zomervakantie*.

summersault, summerset →somersault.

'summer 'savory ⟨n.-telb.zn.⟩⟨plantk.⟩ **0.1** ***bonekruid*** ⟨Satureia hortensis⟩.

'summer school ⟨f1⟩⟨telb.zn.⟩ **0.1** ***zomercursus*** ⇒*vakantiecursus* ⟨vnl. aan universiteit⟩.

'summer 'solstice ⟨telb. en n.-telb.zn.; vnl. the⟩ **0.1** ***zomerzonnestilstand*** ⇒*zomerzonnewende*.

'summer 'squash ⟨telb.zn.⟩⟨plantk.⟩ **0.1** ***tulbandkalebas*** ⟨Cucurbita melopepo⟩.

'summer 'storm ⟨telb.zn.⟩ **0.1** ***zomerstorm*** ⇒*(zomers) onweer*.

'summer 'term ⟨telb.zn.⟩ **0.1** ***zomerkwartaal***.

'sum·mer·tide ⟨n.-telb.zn.⟩⟨schr.⟩ **0.1** ***zomerseizoen*** ⇒*zomer(tijd)*.

'sum·mer·time ⟨f1⟩⟨n.-telb.zn.⟩ **0.1** ***zomerseizoen*** ⇒*zomer(tijd)*.

'summer time ⟨f1⟩⟨n.-telb.zn.⟩ **0.1** ***zomertijd*** ⟨zomertijdregeling⟩.

'sum·mer·tree ⟨telb.zn.⟩ **0.1** ***draagbalk***.

'sum·mer-'up ⟨telb.zn.; summers-up; →mv. 6⟩ **0.1** ***opteller***.

'summer wear ⟨n.-telb.zn.⟩ **0.1** ***zomerkleding*** ⇒*zomerdracht*.

'sum·mer-weight ⟨bn., attr.⟩ **0.1** ***zomers*** ⇒*licht, lichtgewicht* ◆ **1.1** ~ clothes *zomerkleding*.

'sum·mer·wood ⟨n.-telb.zn.⟩ **0.1** ***zomerhout***.

summery →summerish.

sum·ming-up ['sʌmɪŋ 'ʌp]⟨f1⟩⟨telb.zn.; summings-up; →mv. 6⟩ **0.1** ***samenvatting*** ⇒*resumé, recapitulatie* ⟨vnl. door rechter⟩ **0.2** ***eindpleidooi*** ⇒*eindbetoog* **0.3** ***eindoordeel*** ◆ **6.3** ~ **of** s.o./sth. *eindoordeel over iem./iets*.

sum·mit ['sʌmɪt]⟨f2⟩⟨telb.zn.⟩ **0.1** ***top*** ⇒*kruin, hoogste punt* **0.2** ***toppunt*** ⇒*hoogtepunt, summum, zenit* **0.3** ***top(conferentie)*** ◆ **6.2** **at** the ~ *op het hoogste niveau*.

sum·mit·eer ['sʌmɪ'tɪə‖-'tɪr]⟨telb.zn.⟩ **0.1** ***aanwezige op/deelnemer aan topconferentie***.

sum·mit·less ['sʌmɪtləs]⟨bn.⟩ **0.1** ***zonder top***.

'summit meeting ⟨f1⟩⟨telb.zn.⟩ **0.1** ***topconferentie*** ⇒*topontmoeting*.

sum·mit·ry ['sʌmɪtri]⟨n.-telb.zn.⟩ **0.1** ***het houden v. topconferenties***.

'summit talks ⟨f1⟩⟨mv.⟩ **0.1** ***topconferentie***.

sum·mon ['sʌmən]⟨f2⟩⟨ov.ww.⟩ **0.1** ***bijeenroepen*** ⇒*oproepen, verzamelen, ontbieden, (erbij) halen* **0.2** ***sommeren*** ⇒*aanmanen, oproepen* **0.3** ***dagvaarden*** ◆ **3.2** ~ to pay *sommeren tot betaling;* ⟨mil.⟩ ~ to surrender *tot overgave oproepen* **5.¶** →summon **up**.

sum·mon·er ['sʌmənə‖-ər]⟨telb.zn.⟩ **0.1** ***deurwaarder***.

sum·mons[1] ['sʌmənz]⟨f1⟩⟨telb.zn.⟩ **0.1** ***oproep*** ⇒*ontbieding* **0.2** ***sommatie*** ⇒*sommering, aanmaning, opvordering* **0.3** ***dagvaarding*** ◆ **3.3** issue a ~ *een dagvaarding uitschrijven;* serve a ~ on s.o., serve s.o. with a ~ *iem. dagvaarden*.

summons[2] ⟨f1⟩⟨ov.ww.⟩ **0.1** ***sommeren*** **0.2** ***dagvaarden***.

'summon 'up ⟨f1⟩⟨ov.ww.⟩ **0.1** ***vergaren*** ⇒*verzamelen* ◆ **1.1** ~ one's courage (to do sth.) *zich vermannen (om iets te doen);* ~ all one's strength (for) *al zijn krachten verzamelen (voor/om)*.

sum·mum bo·num ['sʊməm 'boʊnəm, 'sʌməm-]⟨n.-telb.zn.⟩ **0.1** ***summum bonum*** ⇒*het hoogste goed*.

su·mo ['s(j)u:moʊ‖'su:-]⟨telb. en n.-telb.zn.⟩ **0.1** ***sumo*** ⟨(beoefenaar v.) Japanse worstelkunst⟩.

sump [sʌmp]⟨telb.zn.⟩ **0.1** ***moeras*** ⇒*ven, broek, drasland* **0.2** ⟨mijnw.⟩ ***schachtput*** ⇒*pompput* **0.3** ***zinkput*** ⇒*beerput* **0.4** ***(olie)carter*** ⇒*oliereservoir* ⟨v. auto⟩.

sump·ter ['sʌm(p)tə‖-ər]⟨telb.zn.⟩⟨vero.⟩ **0.1** ***pakdier*** ⇒*pakpaard, pakezel, lastdier*.

sump·tu·ar·y ['sʌm(p)tʃʊəri‖-tʃʊeri]⟨bn.⟩⟨jur.⟩ **0.1** ***de uitgaven betreffend/regelend*** ⇒*weelde-* **0.2** ***zedelijk*** ⇒*zeden-* ◆ **1.1** ~ law *weeldewet;* ~ tax *weeldebelasting* **1.2** ~ laws *zedelijke wetten, gedragsvoorschriften*.

sump·tu·os·i·ty ['sʌm(p)tʃʊ'ɒsəti‖-'ɑsəṭi]⟨n.-telb.zn.⟩ **0.1** ***weelderigheid*** ⇒*pracht (en praal), somptuositeit, luxe*.

sump·tu·ous ['sʌm(p)tʃʊəs]⟨f1⟩⟨bn.; -ly; -ness⟩ **0.1** ***weelderig***

⇒*kostbaar ingericht/uitgevoerd, luxueus, rijk(elijk), somptueus, prachtig.*

'sum 'total ⟨f1⟩⟨n.-telb.zn.; the⟩ **0.1** ***totaal*** ⇒*eindbedrag* **0.2** ***(eind) resultaat*** **0.3** ***strekking*** ⇒*hoofdinhoud, kern.*

'sum 'up ⟨f2⟩⟨ww.⟩
I ⟨onov.ww.⟩ **0.1** ***sommen maken*** ⇒*optellen* **0.2** ***een samenvatting/resumé geven/maken;***
II ⟨ov.ww.⟩ **0.1** ***optellen*** ⇒*becijferen, samentellen* **0.2** ***samenvatten*** ⇒*resumeren* **0.3** ***beoordelen*** ⇒*doorzien* ◆ **1.2** ~ the evidence *het aangevoerde bewijsmateriaal samenvatten* **1.3** I can't ~ that fellow *ik kan geen hoogte van die kerel krijgen;* sum s.o. up as a fool *iem. voor gek verslijten.*

sun[1] [sʌn]⟨f3⟩⟨telb. en n.-telb.zn.⟩⟨→sprw. 386, 395, 428, 638, 667, 742⟩ **0.1** ***zon*** ⟨ook fig.⟩ ⇒*zonlicht, zonneschijn;* ⟨schr.⟩ *jaar, dag* ◆ **1.1** a place in the ~ *een plaatsje in de zon;* ⟨fig.⟩ *een gunstige positie;* the Sun of Righteousness *de zon der gerechtigheid, Christus;* touch of the ~ *(lichte) zonnesteek* **1.¶** ⟨inf.; bel.⟩ think the ~ shines out of s.o.'s bum/behind/backside/bottom *iem. het einde/verrukkelijk vinden, weg van iem. zijn* **3.1** adore/hail the rising ~ *de rijzende zon aanbidden/begroeten;* catch the ~ *in de zon gaan zitten, door de zon verbrand worden;* go to bed with the ~ *met de kippen op stok gaan;* keep out/let in the ~ *de zon buiten houden/binnen laten, de gordijnen dicht/openschuiven;* rise with the ~ *opstaan bij het krieken v.d. dag;* see the ~ *leven;* ~ is set *het lekkere leventje is voorbij;* his ~ is set *zijn zon is ondergegaan, hij heeft zijn tijd gehad;* on which the ~ never sets *waar de zon nooit ondergaat;* take the ~ *in de zon gaan zitten, zonnen, zonnebaden;* ⟨scheep.⟩ take/⟨sl.⟩ shoot the ~ *de zon schieten/meten* **6.1** **against** the ~ *tegen de wijzers v.d. klok in, tegen de zon in;* **beneath/under** the ~ *onder de zon, op aarde;* **in** the ~ *in de zon;* ⟨fig.⟩ *op een gunstige plek, in gunstige omstandigheden;* **with** the ~ *met de klok mee, met de zon mee.*

sun[2] ⟨f1⟩⟨onov. en ov.ww.⟩ **0.1** ***(zich) zonnen*** ⇒*in de zon leggen/gaan liggen/warmen/drogen, zich koesteren in de zon* **0.2** ***(be) schijnen*** ⇒*(be/ver)lichten, zon/licht brengen in.*

Sun ⟨afk.⟩ Sunday **0.1** ***Zon.***.

'sun-and-'planet motion ⟨n.-telb.zn.⟩ **0.1** ***planetair tandwielstelsel.***

'sun·bak·ed ⟨f1⟩⟨bn.⟩ **0.1** ***in de zon gebakken/gedroogd*** ⇒⟨fig.⟩ *in de zon bradend* **0.2** ***zonovergoten*** ⇒*in zonlicht badend.*

'sun·bath ⟨telb.zn.⟩ **0.1** ***zonnebad.***

'sun·bathe ⟨f1⟩⟨onov.ww.⟩ **0.1** ***zonnebaden.***

'sun·bath·er ⟨telb.zn.⟩ **0.1** ***zonnebader.***

'sun·beam ⟨f1⟩⟨telb.zn.⟩ **0.1** ***zonnestraal.***

'sun bear ⟨telb.zn.⟩⟨dierk.⟩ **0.1** ***Maleise beer*** ⟨Helarctos/Ursus malayanus⟩.

'sun·bed ⟨f1⟩⟨telb.zn.⟩ **0.1** ***zonnebank*** **0.2** ***ligstoel.***

sun·belt ['sʌnbelt]⟨telb.zn.⟩⟨AE⟩ **0.1** ***gebied met veel zon*** ◆ **7.1** the Sunbelt *het zonnige zuiden, de zonstaten* ⟨bv. Florida, Californië⟩.

'sun·bird ⟨telb.zn.⟩⟨dierk.⟩ **0.1** ***honingvogel*** ⟨fam. Nectariniidae⟩ **0.2** ***zonneral*** ⟨Eurypyga helias⟩ **0.3** ***zonnevogel*** ⟨fam. Heliomitidae⟩.

'sun bittern ⟨telb.zn.⟩⟨dierk.⟩ **0.1** ***zonneral*** ⟨Eurypyga helias⟩.

'sun·blind ⟨telb.zn.⟩⟨BE⟩ **0.1** ***zonneblind*** ⇒*jaloezie, zonnescherm, markies.*

'sun-blind ⟨bn.⟩ **0.1** ***zonneblind.***

'sun·block ⟨telb.zn.⟩ **0.1** ***zonblok*** ⟨zonnebrandmiddel met hoge beschermingsfactor⟩ ⇒*sunblock.*

'sun·bon·net ⟨telb.zn.⟩ **0.1** ***zonnehoed.***

sun·bow ['sʌnbou]⟨telb.zn.⟩ **0.1** ***regenboog*** ⟨in waterval, enz.⟩.

'sun·burn[1] ⟨f1⟩⟨n.-telb.zn.⟩ **0.1** ***zonnebrand*** ⇒*roodverbrande huid* **0.2** ⟨BE⟩ ***gebronstheid*** ⇒*bruinverbrande huid.*

sunburn[2] ⟨onov. en ov.ww.⟩ →sunburnt **0.1** ***verbranden*** ⇒*bruin/rood (doen) worden.*

'sun·burnt, 'sun·burned ⟨f1⟩⟨bn.; volt. deelw. v. sunburn⟩ **0.1** ⟨BE⟩ ***gebruind*** ⇒*zonverbrand.*

'sun·burst ⟨telb.zn.⟩ **0.1** ***zonnebundel*** ⇒*zonnestraal, plotselinge zonneschijn* **0.2** ***zonnetje*** ⟨vuurwerk, juweel, enz.⟩.

'sun-care product ⟨telb.zn.⟩ **0.1** ***zonnebrandmiddel/produkt.***

'sun-clock, 'sun·di·al ⟨f1⟩⟨telb.zn.⟩ **0.1** ***zonnewijzer*** ⇒*zonneuurwerk.*

Sun·da ['sʌndə]⟨eig.n.⟩ **0.1** ***Soenda.***

sun·dae ['sʌndeɪ‖-di]⟨telb.zn.⟩ **0.1** ***ijscoupe*** ⇒*plombière.*

'sun dance ⟨telb.zn.⟩ **0.1** ***zonnedans.***

Sun·da·nese[1] ['sʌndə'ni:z]⟨zn.⟩
I ⟨eig.n.⟩ **0.1** ***Soendanees*** ⟨taal⟩;
II ⟨telb.zn.⟩ **0.1** ***Soendanees*** ⇒*Soendanese, West-Javaan(se).*

Sundanese[2] ⟨bn.⟩ **0.1** ***Soendanees.***

Sun·day[1] ['sʌndi, 'sʌndeɪ]⟨f3⟩⟨zn.⟩⟨→sprw. 84⟩
I ⟨eig.n., telb.zn.⟩ **0.1** ***zondag*** ⇒*feestdag, rustdag* ◆ **3.1** he arrives (on) ~ *hij komt (op/a.s.) zondag aan;* ⟨vnl. AE⟩ he works ~s *hij werkt zondags/op zondag/elke zondag* **3.¶** he was born on a ~ *hij is op een zondag geboren, hij is een zondagskind/gelukskind;* when two ~s come together *met sint-juttemis, als de kalveren op het ijs dansen* **6.1** **on** ~(s) *zondags, op zondag, de zondag(en), elke zondag* **7.1** ⟨BE⟩ he arrived on the ~ *hij kwam (de) zondag/op zondag aan;*
II ⟨telb.zn.⟩ **0.1** ***zondagskrant*** ⇒*zondagsblad, zondageditie* ⟨v. krant⟩.

Sunday[2] ⟨onov.ww.; ook s-⟩ **0.1** ***de zondag vieren*** ⇒*zondag houden.*

'Sunday 'best ⟨f1⟩⟨n.-telb.zn.⟩ **0.1** ***zondagse kleren*** ◆ **6.1** **in** one's ~ *op zijn zondags.*

'Sunday child, 'Sunday's child ⟨telb.zn.⟩ **0.1** ***zondagskind*** ⇒⟨fig.⟩ *gelukskind.*

'Sunday clothes ⟨f1⟩⟨mv.⟩ **0.1** ***zondagse kleren*** ◆ **6.1** **in** one's ~ *op zijn zondags.*

'Sunday 'driver ⟨telb.zn.⟩ **0.1** ***zondagsrijder.***

'Sunday edition ⟨telb.zn.⟩ **0.1** ***zondagseditie*** ⟨v. krant⟩.

'Sun·day-go-to-'meet·ing ⟨bn., attr.⟩⟨scherts.⟩ **0.1** ***zondags(-)*** ◆ **1.1** ~ clothes *zondagskleren;* ~ expression *plechtige uitdrukking.*

sun·day·ish ['sʌndiɪʃ]⟨bn.; vaak S-⟩ **0.1** ***zondags.***

'Sunday 'letter ⟨telb.zn.⟩ **0.1** ***zondagsletter.***

'Sunday 'manners ⟨mv.⟩ **0.1** ***zondagse manieren*** ⇒*nette/goede manieren.*

'Sunday ob'servance ⟨n.-telb.zn.⟩ **0.1** ***zondagsheiliging.***

'Sunday 'painter ⟨telb.zn.⟩ **0.1** ***zondagsschilder*** ⇒*amateurschilder.*

'Sunday 'paper ⟨telb.zn.⟩ **0.1** ***zondagskrant*** ⇒*zondagsblad.*

'Sunday 'punch ⟨telb.zn.⟩⟨AE; sl.⟩ **0.1** ***opstopper*** ⇒*harde vuistslag;* ⟨ook fig.⟩ *voltreffer.*

Sun·days ['sʌndiz]⟨f2⟩⟨bw.⟩⟨vnl. AE⟩ **0.1** ***'s zondags*** ⇒*op zondag.*

'Sunday school ⟨telb.zn.⟩ **0.1** ***zondagsschool.***

'Sunday suit ⟨f1⟩⟨telb.zn.⟩ **0.1** ***zondagse pak.***

'sun deck ⟨f1⟩⟨telb.zn.⟩ **0.1** ***bovendek*** ⇒*zonnedek, opperdek* ⟨v. schip⟩ **0.2** ***plat dak*** ⇒*(zonne)terras, balkon* ⟨waarop men kan zonnen⟩.

sun·der[1] ['sʌndə‖-ər]⟨n.-telb.zn.⟩⟨schr.⟩ **0.1** ***scheiding*** ◆ **6.¶** **in** ~ *in stukken, uit/van elkaar, vaneen, gescheiden.*

sunder[2] ⟨onov. en ov.ww.⟩⟨schr.⟩ **0.1** ***(zich)(af)scheiden*** ⇒*(zich) splitsen, verdelen, splijten, (doen) barsten.*

sun·der·ance ['sʌndrəns]⟨n.-telb.zn.⟩⟨schr.⟩ **0.1** ***scheiding*** ⇒*splitsing, splijting.*

'sun·dew ⟨n.-telb.zn.⟩ **0.1** ***zonnedauw.***

'sun disc, 'sun disk ⟨telb.zn.⟩ **0.1** ***(gevleugelde) zonneschijf*** ⟨embleem v.d. zonnegod⟩.

'sun dog ⟨telb.zn.⟩ **0.1** ***bijzon*** ⇒*parhelium* **0.2** ***valse zon.***

'sun·down ⟨f1⟩⟨zn.⟩
I ⟨telb.zn.⟩ **0.1** ***zonsondergang*** **0.2** ***(breedgerande) dameshoed*** ◆ **6.1** **at** ~ *bij zonsondergang;*
II ⟨n.-telb.zn.⟩ **0.1** ***geelbruin.***

sun·down·er ['sʌndaunə‖-ər]⟨telb.zn.⟩⟨sl.⟩ **0.1** ⟨vnl. BE⟩ ***borrel*** ⇒*drankje (aan het eind v.d. dag)* **0.2** ⟨Austr. E⟩ ***landloper*** **0.3** ⟨vnl. scheep.⟩ ***strenge officier*** ⇒*dienstklopper.*

'sun·drenched ⟨bn.⟩ **0.1** ***zonovergoten.***

'sun·dress ⟨telb.zn.⟩ **0.1** ***zonnejurk.***

'sun-dried ⟨f1⟩⟨bn.⟩ **0.1** ***zondroog*** ⇒*in de zon gedroogd.*

sun·dries·man ['sʌndrizmən]⟨telb.zn.; sundriesmen; →mv. 3⟩⟨BE⟩ **0.1** ***winkelier*** ⇒*handelaar* ⟨in allerlei kleine artikelen⟩.

'sun·drops ⟨mv.⟩⟨plantk.⟩ **0.1** ***teunisbloem*** ⟨genus Oenothera⟩.

sun·dry[1] ['sʌndri]⟨f1⟩⟨zn.; →mv. 2⟩
I ⟨telb.zn.⟩⟨Austr. E; cricket⟩ **0.1** ***extra run;***
II ⟨mv.; sundries⟩ **0.1** ***diversen*** ⇒*varia, allerlei zaken.*

sundry[2] ⟨f1⟩⟨bn., attr.⟩ **0.1** ***divers*** ⇒*allerlei, verschillend* ◆ **1.1** ~ articles *diverse artikelen;* on ~ occasions *bij verschillende gelegenheden* **4.¶** all and ~ *iedereen (zonder onderscheid), allemaal, jan en alleman.*

'sun·fast ⟨bn.⟩⟨AE⟩ **0.1** ***zonbestendig*** ⇒*kleurvast, kleurecht.*

SUNFED ⟨afk.⟩ Special United Nations Fund for Economic Development.

'sun·fish ⟨telb.zn.⟩⟨dierk.⟩ **0.1** ***maanvis*** ⟨Mola mola⟩ **0.2** ***zonnevis*** ⟨fam. Centrarchidae⟩.

'sun·flow·er ⟨f1⟩⟨telb.zn.⟩ **0.1** ***zonnebloem.***

'sunflower seed ⟨telb. en n.-telb.zn.⟩ **0.1** ***zonnebloemzaad*** ⇒*zonne(bloem)pit.*

sung [sʌŋ]⟨volt. deelw.⟩ →sing.

'sun gear ⟨telb.zn.⟩ **0.1** ***zonnewiel*** ⟨in stelsel v. planetaire tandwielen⟩.

'sun·glass ⟨f1⟩⟨zn.⟩
I ⟨telb.zn.⟩ **0.1** ***brandglas;***
II ⟨mv.; ~es⟩ **0.1** ***zonnebril.***

'sun·glow ⟨n.-telb.zn.⟩ **0.1** ***zonnegloed*** ⇒*zonnebrand.*

'sun god ⟨telb.zn.⟩ **0.1** ***zonnegod.***

'sun-grebe ⟨telb.zn.⟩ ⟨dierk.⟩ **0.1** ***zonnevogel*** ⟨fam. Heliornithidae⟩.
'sun hat ⟨telb.zn.⟩ **0.1** ***zonnehoed***.
'sun helmet ⟨telb.zn.⟩ **0.1** ***zonnehelm*** ⇒*tropenhelm*.
sunk [sʌŋk] ⟨f1⟩ ⟨bn.; oorspr. volt. deelw. v. sink⟩ **0.1** ***verzonken*** ⇒*ingelaten, verlaagd, verdiept* **0.2** ***reddeloos verloren*** ◆ **1.1** ~ fence *verzonken omheining, droge sloot* ⟨met omheining erin⟩; ~ garden *verdiepte tuin;* ~ key *ingelaten/verzonken spie, groefspie, sleufspie*.
sunk·en ['sʌŋkən] ⟨f1⟩ ⟨bn.; oorspr. volt. deelw. v. sink⟩ **0.1** ***gezonken*** ⇒*onder water, ondergegaan; ingezonken, ingevallen, diepliggend; hangend* **0.2** ***verzonken*** ⇒*ingegraven, ingelaten, verlaagd, verdiept* **0.3** ***vernederd*** ⇒*gekrenkt, gebroken* ◆ **1.1** ~ cheeks *ingevallen wangen;* ~ eyes *diepliggende ogen;* ~ head *hangend hoofd;* ~ meadow *lage wei;* ~ rock *blinde klip;* ~ ship *gezonken schip;* ~ sun *ondergegane zon* **1.2** ⟨mil.⟩ ~ battery *ingegraven batterij;* ~ garden *verdiepte tuin;* ~ road *holle weg*.
'sun lamp ⟨f1⟩ ⟨telb.zn.⟩ **0.1** ***hoogtezon(lamp)*** ⇒*kwartslamp, hoogtezon, zonlichtlamp* **0.2** ⟨film.⟩ ***zonlichtlamp***.
sun·less ['sʌnləs] ⟨bn.; -ness⟩ **0.1** ***zonloos*** ⇒*zonder zon, donker, somber*.
'sun·light ⟨f2⟩ ⟨n.-telb.zn.⟩ **0.1** ***zonlicht***.
'sun·like ⟨bn.⟩ **0.1** ***zonachtig*** ⇒*op de/een zon gelijkend*.
'sun·lit ⟨f1⟩ ⟨bn.⟩ **0.1** ***door de zon verlicht*** ⇒*in het zonlicht, zonovergoten*.
'sun lounge, 'sun room, ⟨AE⟩ **'sun parlor, 'sun porch, 'sun-room** ⟨telb.zn.⟩ **0.1** ***(glazen) veranda*** ⇒*serre*.
'sun myth ⟨telb.zn.⟩ **0.1** ***zonnemythe***.
sunn [sʌn], **'sun(n) hemp** ⟨n.-telb.zn.⟩ ⟨plantk.⟩ **0.1** ***Bengaalse hennep*** ⇒*Bombay hennep* ⟨Crotalaria juncea⟩.
Sun·na, Sun·nah ['sʌnə‖'sʊnə] ⟨eig.n.⟩ **0.1** ***Soenna*** ⟨uit overlevering stammende Islamitische leefregels⟩.
Sun·nite ['sʌnaɪt‖'sʊnaɪt] ⟨telb.zn.⟩ **0.1** ***Soenniet*** ⟨orthodoxe Mohammedaan die de Soenna erkent als v.d. Profeet afkomstig⟩.
sun·ny ['sʌni] ⟨f3⟩ ⟨bn.; -ly; -ness; →bijw. 3⟩ **0.1** ***zonnig*** ⇒*glanzend, prettig, vrolijk* ◆ **1.1** ~ room *zonnige kamer;* ~ side *zon(ne)kant;* ⟨fig.⟩ *goede/prettige kant;* the ~ side of life *de zonnige kant(en) v.h. leven;* on the ~ side of forty *nog geen veertig;* ~ sky *blauwe hemel;* ~ smile *zonnige glimlach*.
'sun·ny-side 'up ⟨bn., pred., bn., post.⟩ ⟨AE⟩ **0.1** ***aan één kant gebakken*** ⟨v. eieren⟩ ◆ **1.1** two eggs ~ *twee spiegeleieren*.
'sun·proof ⟨bn.⟩ **0.1** ***zonbestendig***.
'sun·ray ⟨zn.⟩
I ⟨telb.zn.⟩ **0.1** ***zonnestraal;***
II ⟨mv.; ~s⟩ **0.1** ***ultravioletstralen/straling***.
'sunray lamp ⟨telb.zn.⟩ **0.1** ***hoogtezon(lamp)***.
'sunray treatment ⟨telb.zn.⟩ **0.1** ***hoogtezonbehandeling***.
'sun·rise ⟨f2⟩ ⟨telb.zn.⟩ **0.1** ***zonsopgang*** ◆ **6.1** **at** ~ *bij zonsopgang, bij/met het krieken v.d. dag*.
'sunrise industry ⟨telb. en n.-telb.zn.⟩ **0.1** ***high-tech industrie (met toekomstperspectief)*** ⇒*speerpuntindustrie*.
'sun roof ⟨telb.zn.⟩ **0.1** ***plat dak*** ⟨om te zonnen⟩ **0.2** ***schuifdak*** ⟨v. auto⟩.
'sun·screen ⟨telb.zn.⟩ **0.1** ***zonnescherm*** **0.2** ***zonnefilter*** ⟨in zonnebrand e.d.⟩.
'sun·seek·er ⟨telb.zn.⟩ **0.1** ***vakantieganger*** ⇒⟨fig.⟩ *zonaanbidder* **0.2** ***zonnezoeker*** ⟨vnl. ruim.⟩.
'sun·set ⟨f2⟩ ⟨telb. en n.-telb.zn.⟩ **0.1** ***zonsondergang*** ⇒*avondrood* ◆ **1.1** ⟨fig.⟩ ~ of life *levensavond* **6.1** **at** ~ *bij zonsondergang, bij het vallen v.d. avond*.
'sunset 'glow ⟨n.-telb.zn.⟩ **0.1** ***avondrood***.
'sunset 'gun ⟨telb.zn.⟩ **0.1** ***avondschot***.
'sunset industry ⟨telb.zn.⟩ **0.1** ***verouder(en)de industrie***.
'sun·shade ⟨f1⟩ ⟨zn.⟩
I ⟨telb.zn.⟩ **0.1** ***zonnescherm*** ⇒*parasol, markies, zonneklep;*
II ⟨mv.; ~s⟩ ⟨inf.⟩ **0.1** ***zonnebril***.
'sun·shine[1] ⟨f3⟩ ⟨n.-telb.zn.⟩ **0.1** ***zonneschijn*** ⇒⟨fig.⟩ *vrolijkheid, opgewektheid; geluk, voorspoed; zonnetje* **0.2** ⟨BE; inf.⟩ ***schatje*** ⇒*lekker dier* ⟨als aanspreekvorm⟩ ◆ **1.1** a ray of ~ *wat vrolijkheid;* ⟨inf.⟩ *een zonnetje, het zonnetje in huis*.
sunshine[2] ⟨bn., attr.⟩ ⟨AE⟩ **0.1** ***mbt. de openbaarheid/toegankelijkheid*** ◆ **1.1** ~ laws *wetten die de openbaarheid garanderen* ⟨van politieke debatten e.d.⟩.
'sunshine recorder ⟨telb.zn.⟩ **0.1** ***zonneschijnmeter***.
'sunshine roof ⟨telb.zn.⟩ **0.1** ***schuifdak*** ⟨v. auto⟩.
'sun·shin·y ⟨bn.⟩ **0.1** ***zonnig***.
'sun-splashed ⟨bn.⟩ **0.1** ***met zonnige plekken***.
'sun·spot ⟨telb.zn.⟩ **0.1** ***zonnevlek*** **0.2** ⟨AE⟩ ***sproet*** **0.3** ⟨BE; inf.⟩ ***vakantieoord*** **0.4** ⟨film.⟩ ***zonlichtlamp***.
'sun star ⟨telb.zn.⟩ **0.1** ***zonnester***.
'sun·stone ⟨n.-telb.zn.⟩ **0.1** ***zonnesteen*** ⇒*aventurien*.
'sun·strick·en, 'sun·struck ⟨bn.⟩ **0.1** ***door een zonnesteek getroffen***.
'sun·stroke ⟨f1⟩ ⟨telb.zn.⟩ **0.1** ***zonnesteek*** ⇒⟨B.⟩ *zonneslag*.
'sun·suit ⟨telb.zn.⟩ **0.1** ***zonnepak(je)***.
'sun·tan ⟨f1⟩ ⟨telb.zn.⟩ **0.1** ***(bruine) kleur*** ⇒*zonnebrand*.
'suntan lotion, 'suntan oil ⟨f1⟩ ⟨telb. en n.-telb.zn.⟩ **0.1** ***zonnebrandolie*** ⇒*zonnebrandmiddel*.
'sun·tanned ⟨bn.⟩ **0.1** ***gebruind*** ⟨door de zon⟩ ⇒*bruin*.
'sun·tan·ning lamp →sunray lamp.
'sun-trap ⟨telb.zn.⟩ **0.1** ***zonnig hoekje***.
'sun-trap shelter ⟨telb.zn.⟩ **0.1** ***solarium*** ⇒*zonnebad*.
'sun umbrella ⟨telb.zn.⟩ **0.1** ***tuinparasol***.
'sun·up ⟨telb.zn.⟩ ⟨vnl. AE; inf.⟩ **0.1** ***zonsopgang***.
'sun visor ⟨telb.zn.⟩ **0.1** ***zonneklep*** ⟨v. auto⟩.
sun·ward ['sʌnwəd‖-wərd], **sun·wards** [-wədz‖-wərdz] ⟨bw.⟩ **0.1** ***zonwaarts*** ⇒*naar de zon*.
sun·ways ['sʌnweɪz], **sun·wise** ['sʌnwaɪz] ⟨bw.⟩ **0.1** ***met de zon/klok mee***.
'sun wheel ⟨telb.zn.⟩ **0.1** ***zonnewiel*** ⟨in stelsel v. planetaire tandwielen⟩.
'sun worship ⟨n.-telb.zn.⟩ **0.1** ***zonnedienst*** ⟨ook fig.⟩ ⇒*zonaanbidding*.
'sun worshipper ⟨telb.zn.⟩ **0.1** ***zonaanbidder*** ⟨ook fig.⟩.
sup[1] [sʌp] ⟨f1⟩ ⟨telb.zn.⟩ ⟨vnl. Sch. E⟩ **0.1** ***slok(je)*** ⇒*teug* ◆ **1.1** a ~ of ale *een slok bier;* neither bite nor ~ *niets te eten of te drinken*.
sup[2] ⟨f1⟩ ⟨ww.; →ww. 7⟩ ⟨→sprw. 266⟩
I ⟨onov.ww.⟩ ⟨vero.⟩ **0.1** ***souperen*** ⇒*zijn avondmaal/warme maaltijd gebruiken, dineren* ◆ **6.1** ~ **off/on/upon** bread and cheese *brood en kaas als avondmaal eten;*
II ⟨onov. en ov.ww.⟩ ⟨vnl. Sch. E⟩ **0.1** ***drinken*** ⇒*nippen, een teug nemen (van)* ◆ **1.1** ~ one's beer *van zijn bier nippen;* ⟨fig.⟩ ~ sorrow *verdriet hebben, spijt hebben;*
III ⟨ov.ww.⟩ **0.1** ⟨vero.⟩ ***een souper aanbieden (aan)*** **0.2** ***avondvoer geven (aan)*** ◆ **5.1** ~ **up** *een souper aanbieden*.
sup[3] ⟨afk.⟩ superior, superlative, supine, supplement, supply, supra.
supe [su:p] ⟨telb.zn.⟩ ⟨sl.⟩ **0.1** ***figurant*** **0.2** ***reserve*** ⇒*extra kracht, hulpkracht*.
su·per[1] ['su:pə‖-ər] ⟨f1⟩ ⟨zn.⟩
I ⟨telb.zn.⟩ **0.1** ***kanjer*** ⇒*baas, prachtexemplaar* **0.2** ⟨verk.⟩ ⟨superhive, superintendent, supermarket, supernumerary, supervisor⟩ ⟨inf.⟩;
II ⟨n.-telb.zn.⟩ **0.1** ***super*** ⟨benzine⟩ **0.2** ***boekbindersgaas*** **0.3** ⟨verk.⟩ ⟨superphosphate⟩ ⟨inf.⟩.
super[2] ⟨f3⟩ ⟨bn.⟩ **0.1** ⟨inf.⟩ ***super*** ⇒*fantastisch, prachtig, eersteklas* **0.2** ⟨verk.⟩ ⟨superficial⟩ ⟨v. maat⟩ ⟨superfine, superlative, superior⟩ ◆ **¶.1** ⟨als tussenw.⟩ ~! *geweldig!, mieters!*.
super[3] ⟨ww.⟩
I ⟨onov.ww.⟩ **0.1** ***uitblinken*** ⇒*schitteren;*
II ⟨ov.ww.⟩ **0.1** ***versterken met boekbindersgaas***.
su·per- ['su:pə‖-ər] **0.1** ***super-*** ⇒*boven-, opper-, over-, buitengewoon*.
su·per·a·ble ['su:prəbl] ⟨bn.; -ly; -ness; →bijw. 3⟩ **0.1** ***overkomelijk*** ⇒*te overkomen, uit de weg te ruimen*.
su·per·a·bound ['su:pərə'baʊnd] ⟨onov.ww.⟩ **0.1** ***(te) overvloedig aanwezig zijn*** ◆ **6.1** ~ **in/with** *overlopen van, rijk zijn aan, overvloed/meer dan genoeg hebben van, een teveel hebben aan*.
su·per·a·bun·dance ['su:pərə'bʌndəns] ⟨n.-telb.zn.⟩ **0.1** ***(al te) grote overvloed*** ⇒*rijkelijke voorraad* ◆ **1.1** a ~ of food, food in ~ *een overvloed aan/meer dan genoeg voedsel*.
su·per·a·bun·dant ['su:pərə'bʌndənt] ⟨bn.; -ly⟩ **0.1** ***(zeer/al te) overvloedig*** ⇒*meer dan genoeg, rijkelijk (aanwezig)*.
su·per·add ['su:pər'æd] ⟨ov.ww.⟩ **0.1** ***(er nog aan) toevoegen*** ⇒*(er) bijvoegen*.
su·per·ad·di·tion ['su:pərə'dɪʃn] ⟨telb. en n.-telb.zn.⟩ **0.1** ***(verdere) toevoeging*** ⇒*toevoegsel, bijvoeging*.
su·per·ad·di·tion·al ['su:pərə'dɪʃnəl] ⟨bn.⟩ **0.1** ***bijgevoegd*** ⇒*(verder) toegevoegd*.
su·per·al·tar ['su:pərɔ:ltə‖-ər] ⟨telb.zn.⟩ **0.1** ***(losse) altaarsteen***.
su·per·an·nu·a·ble ['su:pər'ænjʊəbl] ⟨bn.⟩ ⟨BE⟩ **0.1** ***pensioengerechtigd***.
su·per·an·nu·ate ['su:pər'ænjʊeɪt] ⟨f1⟩ ⟨ww.⟩ →superannuated
I ⟨onov.ww.⟩ **0.1** ***met pensioen gaan*** **0.2** ***de pensioengerechtigde leeftijd bereiken*** **0.3** ***van school gaan*** ⇒*te oud worden voor school;*
II ⟨ov.ww.⟩ **0.1** ***pensioneren*** ⇒*met pensioen sturen, op pensioen stellen* **0.2** ***afdanken*** ⇒*ontslaan, wegsturen* **0.3** ***afdanken*** ⇒*wegdoen, van de hand doen, niet langer gebruiken* ⟨wegens ouderdom⟩.
su·per·an·nu·at·ed ['su:pər'ænjʊeɪtɪd] ⟨f1⟩ ⟨bn.; volt. deelw. v. superannuate⟩ **0.1** ***gepensioneerd*** **0.2** ***afgedankt*** ⇒*aan de dijk gezet; buiten gebruik gesteld* **0.3** ***verouderd*** ⇒*ouderwets, te oud, versleten* ◆ **1.3** ~ ideas *ouderwetse ideeën* **1.¶** ~ spinster *oude vrijster*.

su·per·an·nu·a·tion ['su:pərænjʊ'eɪʃn]⟨f1⟩⟨telb. en n.-telb.zn.⟩ **0.1** ***pensionering*** ⇒*pensioen, emeritaat, leeftijdsontslag* **0.2** ***pensioen*** ⇒*lijfrente* **0.3** ***pensioenbijdrage***.
superannu'ation act ⟨telb.zn.⟩ **0.1** ***pensioenwet***.
superannu'ation allowance ⟨telb.zn.⟩ **0.1** ***pensioen*** ⇒*lijfrente*.
superannu'ation fund ⟨f1⟩⟨telb.zn.⟩ **0.1** ***pensioenfonds*** ⇒*pensioenkas*.
superannu'ation pay ⟨telb. en n.-telb.zn.⟩ **0.1** ***pensioen*** ⇒*lijfrente*.
superannu'ation scheme ⟨telb.zn.⟩ **0.1** ***pensioenregeling***.
su·per·a·que·ous ['su:pər'eɪkwɪəs]⟨bn.⟩ **0.1** ***boven water***.
su·perb ['su:'pɜ:b‖-'pɜrb]⟨f3⟩⟨bn.;-ly⟩ **0.1** ***groots*** ⇒*prachtig, verheven, majestueus, imposant, luisterrrijk, statig* **0.2** ***uitmuntend*** ⇒*voortreffelijk, uitnemend, buitengewoon* ◆ **1.1** ~ beauty *verheven schoonheid;* ~ contempt *suprème minachting;* ~ courage *buitengewone moed;* ~ display *prachtige tentoonstelling;* ~ impudence *ongehoorde schaamteloosheid;* ~ view *groots aanblik* **1.2** ~ meal *voortreffelijke maaltijd*.
'sup·er·bike ⟨telb.zn.⟩ **0.1** ⟨motorsport⟩ ***zware machine*** ⇒*superfiets, zware jongen* **0.2** ***super-de-luxefiets***.
'su·per'cal·en·der[1] ⟨telb.zn.⟩⟨ind.⟩ **0.1** ***satineerkalander*** ⟨papier⟩.
supercalender[2] ⟨ov.ww.⟩⟨ind.⟩ **0.1** ***satineren*** ⇒*extra glanzen* ◆ **1.1** ~ed paper *gesatineerd papier*.
'su·per'car·go ⟨telb.zn.⟩ **0.1** ***supercarga*** ⇒*supercargo*.
'su·per·ce'les·tial ⟨bn.⟩ **0.1** ***boven de hemel*** ⇒*voorbij het firmament* **0.2** ***meer dan hemels***.
'su·per·charge ⟨ov.ww.⟩ →supercharged **0.1** ***aanjagen*** ⟨verbrandingsmotor⟩ **0.2** ***overladen***.
'su·per·charged ⟨bn.; volt. deelw. v. supercharge⟩ **0.1** ***aangejaagd*** ⇒⟨fig.⟩ *energiek*.
'su·per·charg·er ⟨telb.zn.⟩ **0.1** ***aanjager*** ⇒*compressor* ⟨v. motor⟩.
su·per·cil·i·ar·y ['su:pə'sɪlɪəri‖'su:pər'sɪlieri]⟨bn.⟩ **0.1** ***wenkbrauw-*** ⇒*v.d. wenkbrauw, boven het oog*.
su·per·cil·i·ous ['su:pə'sɪlɪəs‖'su:pər-]⟨bn.;-ly;-ness⟩ **0.1** ***hooghartig*** ⇒*hautain, uit de hoogte, laatdunkend, verwaand*.
'su·per·cit·y ⟨telb.zn.⟩ **0.1** ***conglomeraat*** ⇒*aaneengroeiend stedencomplex* **0.2** ***megalopolis***.
'su·per·class ⟨telb.zn.⟩⟨biol.⟩ **0.1** ***superklasse***.
su·per·co·lum·nar ['su:pəkə'lʌmnə‖'su:pərkə'lʌmnər]⟨bn.⟩ ⟨bouwk.⟩ **0.1** ***met zuilenrijen boven elkaar*** **0.2** ***boven een zuil(enreeks)***.
su·per·co·lum·ni·a·tion ['su:pəkəlʌmni'eɪʃn‖'su:pər-]⟨n.-telb.zn.⟩ ⟨bouwk.⟩ **0.1** ***superpositie v. zuilen***.
'su·per·com'pu·ter ⟨telb.zn.⟩ **0.1** ***supercomputer***.
'su·per·con'duc·ting, 'su·per·con·'duc·tive ⟨bn.⟩ **0.1** ***supergeleidend***.
'su·per·con·duc'tiv·i·ty ⟨n.-telb.zn.⟩ **0.1** ***supergeleiding***.
'su·per·con'duc·tor ⟨telb.zn.⟩ **0.1** ***supergeleider***.
'su·per'con·scious ⟨bn.;-ly;-ness⟩ **0.1** ***bovenbewust*** ⇒*niet bereikbaar voor het bewustzijn*.
'su·per'cool ⟨onov. en ov.ww.⟩ →supercooling **0.1** ***onderkoelen*** ◆ **1.1** ~ed rain *onderkoelde regen*.
'su·per'cool·ing ⟨n.-telb.zn.; gerund v. supercool⟩ **0.1** ***onderkoeling***.
'su·per'crit·i·cal ⟨bn.⟩⟨nat.⟩ **0.1** ***superkritisch*** ⇒*overkritisch*.
'su·per·crook ⟨telb.zn.⟩ **0.1** ***meester-oplichter***.
'su·per'dom·i·nant ⟨telb.zn.⟩⟨AE; muz.⟩ **0.1** ***bovendominant*** ⇒*submediant*.
su·per·du·per ['su:pə'du:pə‖'su:pər'du:pər]⟨bn.⟩⟨sl.⟩ **0.1** ***super*** ⇒*je van het*.
su·per·e·go ['su:pəri:goʊ, -egoʊ]⟨telb.zn.⟩⟨psych.⟩ **0.1** ***über-Ich*** ⇒*superego, boven-ik*.
su·per·el·e·va·tion ['su:perelɪ'veɪʃn]⟨n.-telb.zn.⟩ **0.1** ***verkanting*** ⇒*dwarshelling* ⟨v. wegdek⟩.
su·per·em·i·nence ['su:pər'emɪnəns]⟨n.-telb.zn.⟩ **0.1** ***uitmuntendheid*** ⇒*voortreffelijkheid* **0.2** ***opvallendheid***.
su·per·em·i·nent ['su:pər'emɪnənt]⟨bn.;-ly⟩ **0.1** ***uitmuntend*** ⇒*alles overtreffend, meesterlijk, weergaloos, superieur* **0.2** ***opvallend*** ⇒*opzienbarend*.
su·per·er·o·gate ['su:pə'rerəgeɪt]⟨onov.ww.⟩ **0.1** ***meer doen dan nodig is***.
su·per·er·o·ga·tion ['su:pərerə'geɪʃn]⟨telb. en n.-telb.zn.⟩ **0.1** ***overdadigheid*** ⇒*het meer doen dan nodig is* ◆ **1.1** ⟨R.-K.⟩ works of ~ *overdadige goede werken, opera supererogationis*.
su·per·e·rog·a·to·ry ['su:pərɪ'rɒgətri‖-ɪ'rɑgətɔri], **su·per·e·rog·a·tive** [-ɪ'rɒgətɪv‖-ɪ'rɑgəṭɪv]⟨bn.;-ly;→bijw. 3⟩ **0.1** ***onverplicht*** ⇒*vrijwillig, ongevraagd, extra, overdadig, niet vereist* **0.2** ***overbodig*** ⇒*overtollig, onnodig*.
su·per·ex·cel·lence ['su:pər'ekslәns]⟨n.-telb.zn.⟩ **0.1** ***uitmuntendheid*** ⇒*voortreffelijkheid*.
su·per·ex·cel·lent ['su:pər'ekslənt]⟨bn.;-ly⟩ **0.1** ***onovertroffen*** ⇒*meesterlijk, buitengewoon*.
'su·per·fam·i·ly ⟨telb.zn.⟩⟨biol.⟩ **0.1** ***onderorde***.
'su·per'fat·ted ⟨bn.⟩ **0.1** ***overvet*** ⟨vnl. v. zeep⟩.
su·per·fe·ta·tion ['su:pəfi:'teɪʃn‖-pər-]⟨telb. en n.-telb.zn.⟩ **0.1** ***superfecundatie*** ⇒*overbevruchting, bevruchting tijdens zwangerschap* **0.2** ⟨plantk.⟩ ***bevruchting door verschillende soorten stuifmeel*** **0.3** ***opeenhoping*** ⇒*opstapeling*.
su·per·fi·cial[1] ['su:pə'fɪʃl‖-pər-]⟨telb.zn.⟩ **0.1** ***oppervlakkig mens*** **0.2** ⟨vnl. mv.⟩ ***oppervlakkig kenmerk***.
superficial[2] ⟨f3⟩⟨bn.;-ly;-ness⟩ **0.1** ***oppervlakkig*** ⇒*oppervlakte-, ondiep, niet diepgaand, vluchtig, superficieel, onbeduidend* **0.2** ***vlakte-*** ⇒*kwadraat(s)-, vierkant(s)-* **0.3** ⟨tech.⟩ ***werkzaam*** ◆ **1.1** ~ colour *oppervlaktekleur;* ~ knowledge *oppervlakkige/superficiële kennis;* ~ wound *ondiepe wonde* **1.2** ~ foot *vierkante voet;* ~ measure *vlaktemaat* **1.3** ~ velocity *werkzame snelheid*.
su·per·fi·ci·al·i·ty ['su:pəfɪʃi'æləti‖'su:pərfɪʃi'æləṭi]⟨n.-telb.zn.⟩ **0.1** ***oppervlakkigheid***.
'su·per'fine ⟨f1⟩⟨bn.;-ness⟩ **0.1** ***superfijn*** ⇒*allerfijnst, v. superkwaliteit* **0.2** ***zeer fijn*** ⇒*haarfijn;* ⟨ook fig.⟩ *subtiel, minuscuul* **0.3** ***oververfijnd*** ⇒*overbeschaafd* ◆ **1.2** ~ distinctions *haarfijne onderscheidingen, haarkloverijen;* ~ file *fijne zoetvijl, zoetzoetvijl;* ~ flour *bloem, extra fijn meel*.
su·per·flu·i·ty ['su:pə'flu:ɪti‖'su:pər'flu:ɪṭi]⟨f1⟩⟨telb. en n.-telb.zn.;→mv. 2⟩ **0.1** ***overtolligheid*** ⇒*overbodigheid, overvloed, overmaat, teveel, redundantie, superflu* ◆ **1.1** a ~ of good things *v.h. goede teveel;* the superfluities of life *de ontbeerlijke dingen* **3.1** indulge in superfluities *zich met allerlei overbodigheden omringen*.
su·per·flu·ous [su:'pɜ:fluəs‖-'pɜr-]⟨f1⟩⟨bn.;-ly;-ness⟩ **0.1** ***overtollig*** ⇒*overbodig, overmatig, overdadig, onnodig, redundant*.
'su·per·gi·ant, ⟨in bet. 0.2 ook⟩ **'supergiant 'star** ⟨telb.zn.⟩ **0.1** ***kolos*** **0.2** ***reuzester***.
'su·per·grass ⟨telb.zn.⟩⟨BE⟩ **0.1** ***verklikker*** ⇒*verrader, judas* ⟨in Noord-Ierland; ex-IRA-lid dat IRA-leden 'verklikt'⟩.
'su·per·group ⟨telb.zn.⟩ **0.1** ***supergroep*** ⇒*superformatie* ⟨popgroep met bekende namen⟩.
'su·per·heat[1] ⟨n.-telb.zn.⟩ **0.1** ***oververhitting***.
'super'heat[2] ⟨ov.ww.⟩ **0.1** ***oververhitten*** ◆ **1.1** ~ed steam *oververhitte stoom*.
'su·per·heat·er ⟨telb.zn.⟩ **0.1** ***oververhitter*** ⇒*superheater*.
'su·per'heav·y[1] ⟨telb.zn.⟩⟨schei.⟩ **0.1** ***superzwaar element***.
superheavy[2] ⟨bn.⟩⟨schei.⟩ **0.1** ***superzwaar*** ◆ **1.1** a ~ element *een superzwaar element*.
'su·per'het·er·o·dyne[1], ⟨inf.⟩ **su·per·het** ['su:pə'het‖-pər-]⟨telb.zn.⟩ ⟨radio⟩ **0.1** ***superheterodyne ontvanger*** ⇒*zwevingsontvanger*.
superheterodyne[2] ⟨bn.⟩⟨radio⟩ **0.1** ***superheterodyn*** ◆ **1.1** ~ receiver *superheterodyne ontvanger*.
'su·per'high ⟨bn.⟩ **0.1** ***extra hoog*** ⇒*allerhoogst* ◆ **1.1** ⟨radio⟩ ~ frequency *hoogste frequentie(gebied)* ⟨3000 tot 30000 megahertz⟩.
'su·per·high·way ⟨telb.zn.⟩⟨vnl. AE⟩ **0.1** ***(extra brede) autosnelweg***.
'su·per·hive ⟨telb.zn.⟩ **0.1** ***hoogsel*** ⇒*bovenste afdeling v. bijenkorf/kast*.
'su·per'hu·man ⟨f1⟩⟨bn.;-ly;-ness⟩ **0.1** ***bovenmenselijk*** ⇒*bovennatuurlijk, buitengewoon* ◆ **1.1** ~ effort *bovenmenselijke inspanning*.
'su·per·hu'man·i·ty ⟨n.-telb.zn.⟩ **0.1** ***bovenmenselijkheid***.
'su·per'humeral ⟨telb.zn.⟩ **0.1** ⟨R.-K.⟩ ***humeraal*** ⇒*humerale, amict, pallium* **0.2** ⟨jud.⟩ ***efod***.
su·per·im·pose ['su:pərɪm'poʊz]⟨f2⟩⟨ov.ww.⟩ **0.1** ***bovenop/overheen leggen*** ⇒*opleggen* **0.2** ***bevestigen (aan)*** ⇒*toevoegen, bijeenvoegen* ◆ **1.2** a culture superimposed on the previous one *een cultuur die zich aan de voorafgaande had toegevoegd* **6.1** ~ one photograph **(up)on** another *de ene foto over de andere heen maken*.
su·per·im·po·si·tion ['su:pərɪmpə'zɪʃn]⟨n.-telb.zn.⟩ **0.1** ***superpositie*** ⇒*het boven elkaar/over elkaar heen geplaatst zijn*.
su·per·in·cum·bent ['su:pərɪn'kʌmbənt]⟨bn.;-ly⟩ **0.1** ***(er)bovenop liggend*** ⇒⟨ook fig.⟩ *drukkend, bezwarend*.
su·per·in·duce ['su:pərɪn'dju:s‖-'du:s]⟨ov.ww.⟩ **0.1** ***erbij voegen*** ⇒*toevoegen, bijvoegen* **0.2** ***veroorzaken*** ⇒*teweegbrengen* ◆ **6.1** ~ **on/to/into** *toevoegen aan*.
su·per·in·tend ['su:pərɪn'tend]⟨f1⟩⟨onov. en ov.ww.⟩ **0.1** ***toezicht houden/hebben (op)*** ⇒*controleren, toezien (op), surveilleren*.
su·per·in·ten·dence ['su:pərɪn'tendəns]⟨f1⟩⟨n.-telb.zn.⟩ **0.1** ***(opper) toezicht*** ⇒*supervisie, superintendentie*.
su·per·in·tend·en·cy ['su:pərɪn'tendənsi]⟨n.-telb.zn.⟩ **0.1** ***toezicht*** ⇒*supervisie* **0.2** ***superintendentie*** ⇒*opzichterschap, functie v. supervisor/inspecteur* ⟨etc.⟩.
su·per·in·ten·dent[1] ['su:pərɪn'tendənt]⟨f2⟩⟨telb.zn.⟩ **0.1** ***supervisor*** ⇒*superintendent, (hoofd)opzichter,* ⟨B.⟩ *toezichter, inspecteur/trice, hoofd, directeur/trice* **0.2** ⟨vnl. BE⟩ ***hoofdinspecteur*** ⟨v. politie⟩ **0.3** ⟨vnl. AE⟩ ***politiecommissaris*** **0.4** ⟨vnl. AE⟩ ***conciërge*** ⇒*huisbewaarder, huisbewaarster* ◆ **2.1** medical ~ *geneesheer-directeur*.

superintendent[2] ⟨bn., attr.⟩ **0.1** ***toezichthoudend*** ⇒*toezichthebbend.*

su·pe·ri·or[1] [su:ˈpɪərɪə‖sʊˈpɪrɪər]⟨f2⟩⟨telb.zn.⟩ **0.1** ***meerdere*** ⇒*superieur(e), hogere in rang, chef* **0.2** ⟨vnl. S-⟩ ***Overste*** ⟨v. relig. orde⟩ ⇒*superieur(e), superior, kloostervoogd(es)* **0.3** ⟨boek.⟩ ***superieur*** ⇒*superscript* ◆ **1.2** Lady/Mother Superior *Moederoverste* **3.1** have no ~ *zijn eigen baas zijn;* have no ~ as/in *onovertroffen zijn als/in.*

superior[2] ⟨f3⟩⟨bn.; -ly⟩

I ⟨bn.⟩ **0.1** ***superieur*** ⇒*beter* **0.2** ***superieur*** ⇒*buitengewoon, onovertroffen, uitstekend, voortreffelijk* **0.3** ***superieur*** ⇒*superbe, hooghartig, arrogant, verwaand, uit de hoogte; eigenwijs, zelfgenoegzaam* **0.4** ⟨boek.⟩ ***superieur*** ⇒*superscript* ⟨letter⟩ **0.5** ⟨plantk.⟩ ***bovenstandig*** ◆ **1.1** ~ force/numbers/strength *overmacht;* ~ grades of coffee *betere kwaliteit (van) koffie* **1.2** ~ cunning *onovertroffen sluwheid;* ~ wine *uitgelezen wijn;* ~ wisdom *diepzinnige wijsheid* **1.3** ~ airs *aanmatigende houding;* ~ smile *hooghartig lachje* **1.4** ~ figures/letters *superieuren* **1.5** ~ ovary *bovenstandig vruchtbeginsel* **1.¶** Lake Superior *Bovenmeer* **6.1** ~ **in** numbers *talrijker;* ~ **in** speed *sneller dan;* ~ **to** *beter* ⟨v. kwaliteit⟩; *hoger* ⟨in rang⟩ **6.¶** be ~ **to** *verheven zijn boven, staan boven;* rise ~ **to** *bestand zijn tegen, zich niet laten beïnvloeden door;*

II ⟨bn., attr.⟩ **0.1** ***superieur*** ⇒*bovenst, opperst;* ⟨fig. ook⟩ *hoger, opper-, hoofd-* **0.2** ***hoger*** ⇒*voornaam, deftig* ◆ **1.1** the ~ limbs *de bovenste ledematen;* a ~ officer *een hoger (geplaatst) officier;* his ~ officer *zijn superieur/meerdere (in rang)* **1.2** ⟨ook scherts.⟩ ~ persons *de elite* **1.¶** ⟨ster.⟩ ~ conjunction *bovenconjunctie;* ~ court *hogere rechtbank;* ~ planet *buitenplaneet;* ~ road *primaire weg;* ~ seminary *groot-seminarie.*

su·pe·ri·or·i·ty [su:ˌpɪəriˈɒrəti‖səˌpɪriˈɔrəṭi, -ˈɑrəṭi]⟨f2⟩⟨n.-telb.zn.⟩ **0.1** ***superioriteit*** ⇒*grotere kracht/bekwaamheid, meerderheid, overmacht, hogere kwaliteit, hoger gezag, voorrang.*

superi'ority complex ⟨f1⟩⟨telb. en n.-telb.zn.⟩ **0.1** ***meerderwaardigheidscomplex*** ⇒*superioriteitswaan* **0.2** ⟨inf.⟩ ***arrogantie*** ⇒*dominant gedrag.*

su·per·ja·cent [ˈsu:pəˈdʒeɪsnt‖ˈsu:pər-]⟨bn.⟩ **0.1** ***bovenliggend*** ⇒*(er) bovenop liggend* ◆ **1.1** ~ rocks *erop liggende rotsen.*

'su·per·jet ⟨telb.zn.⟩ **0.1** ***superjet.***

superl ⟨afk.⟩ superlative.

su·per·la·tive[1] [su:ˈpɜ:lətɪv‖sʊˈpɜrləṭɪv]⟨f1⟩⟨telb.zn.⟩ **0.1** ⟨taalk.⟩ ***superlatief*** ⇒*overtreffende trap, superlativus* **0.2** ***hoogtepunt*** ⇒*summum, topprestatie* ◆ **3.1** speak in ~s *in superlatieven spreken* **5.1** his talk is all ~s *hij put zich uit in superlatieven.*

superlative[2] ⟨f1⟩⟨bn.; -ly; -ness⟩ **0.1** ***superlatief*** ⇒*alles overtreffend, ongeëvenaard, v.d. hoogste graad/beste soort, ongemeen, voortreffelijk, prachtig* **0.2** ***overdreven*** ⇒*overmatig, buitensporig* **0.3** ⟨taalk.⟩ ***in de superlatief*** ◆ **1.3** ~ adjective *adjectief in de superlatief;* ~ degree *superlatief, overtreffende trap.*

su·per·lu·mi·nal [ˈsu:pəˈlu:mɪnəl‖ˈsu:pər-]⟨bn.⟩ **0.1** ***sneller dan het licht.***

su·per·lu·nar [ˈsu:pəˈlu:nə‖ˈsu:pərˈlu:nər], **su·per·lu·na·ry** [-nəri] ⟨bn.⟩ **0.1** ***boven/voorbij de maan*** **0.2** ***bovenaards*** ⇒*hemels, hemel-.*

su·per·man [-mæn]⟨f1⟩⟨telb.zn.; supermen [-men]; →mv. 3⟩ **0.1** ***superman*** ⇒*supermens* **0.2** ***Übermensch.***

su·per·mar·ket [ˈsu:pəmɑ:kɪt‖ˈsu:pərmɑrkɪt]⟨f2⟩⟨telb.zn.⟩ **0.1** ***supermarkt*** ⇒*warenhuis, zelfbedieningszaak.*

su·per·mol·e·cule [-ˈmɒləkju:l‖-ˈmɑ-]⟨telb.zn.⟩ **0.1** ***macromolecule.***

su·per·mun·dane [-mʌnˈdeɪn]⟨bn.⟩ **0.1** ***bovenaards*** ⇒*hemels, goddelijk, bovennatuurlijk.*

su·per·na·cu·lum[1] [-ˈnækjʊləm‖-ˈnækjələm]⟨telb.zn.⟩ **0.1** ***drank v.d. hoogste kwaliteit.***

supernaculum[2] ⟨bw.⟩ **0.1** ***ad fundum*** ⇒*tot de laatste druppel.*

su·per·nal [ˈsu:pɜ:nl‖sʊˈpɜrnl]⟨bn.; -ly⟩⟨schr.⟩ **0.1** ***hemels*** ⇒*verheven, bovenaards, etherisch, goddelijk.*

su·per·na·tant[1] [ˈsu:pəˈneɪtənt‖ˈsu:pərneɪṭənt]⟨telb. en n.-telb.zn.⟩ **0.1** ***bovendrijvende substantie.***

supernatant[2] ⟨bn.⟩ **0.1** ***bovendrijvend*** ◆ **1.1** ~ layer/liquid *bovendrijvende (vloeistof)laag.*

su·per·nat·u·ral[1] [-nætʃrəl]⟨f1⟩⟨n.-telb.zn.; the⟩ **0.1** ***(het) bovennatuur(lijke).***

supernatural[2] ⟨f2⟩⟨bn.; -ly; -ness⟩ **0.1** ***bovennatuurlijk*** ⇒*wonderbaarlijk, goddelijk, magisch.*

su·per·nat·u·ral·ism [-ˈnætʃrəlɪzm]⟨n.-telb.zn.⟩ **0.1** ***supernaturalisme*** ⇒*geloof in het bovennatuurlijke* **0.2** ***bovennatuurlijkheid.***

su·per·nat·u·ral·ist [-ˈnætʃrəlɪst]⟨telb.zn.⟩ **0.1** ***supernaturalist*** ⇒*iem. die in het bovennatuurlijke gelooft.*

su·per·nat·u·ral·is·tic [-nætʃrəˈlɪstɪk]⟨bn.; -ally; →bijw. 3⟩ **0.1** ***supernaturalistisch*** ⇒*bovennatuurlijk.*

su·per·nat·u·ral·ize, -ise [-ˈnætʃrəlaɪz]⟨ov.ww.⟩ **0.1** ***bovennatuurlijk maken*** **0.2** ***als bovennatuurlijk beschouwen.***

su·per·nor·mal [-ˈnɔ:ml‖-ˈnɔrml]⟨bn.⟩ **0.1** ***supernormaal*** ⇒*bovennormaal, meer dan normaal, buitengewoon, ongewoon.*

su·per·no·va [-ˈnoʊvə]⟨telb.zn.; ook supernovae [-ˈnoʊvi:]; →mv. 5⟩⟨ster.⟩ **0.1** ***supernova.***

su·per·nu·mer·ar·y[1] [-ˈnju:mərəri‖-ˈnu:məreri]⟨telb.zn.; →mv. 2⟩ **0.1** ***extra*** ⇒*reserve* **0.2** ⟨dram.⟩ ***figurant.***

supernumerary[2] ⟨bn.⟩ **0.1** ***extra*** ⇒*meer dan normaal/noodzakelijk, reserve-* **0.2** ***overtollig*** ⇒*overbodig.*

su·per·or·der [ˈsu:pərɔ:də‖-ɔrdər]⟨telb.zn.⟩⟨biol.⟩ **0.1** ***onderklasse.***

su·per·or·di·nate [ˈsu:pərˈɔ:dɪnət‖-ˈɔrdɪnət]⟨bn.⟩ **0.1** ***superieur*** ⇒*beter.*

su·per·phos·phate [ˈsu:pəˈfɒsfeɪt‖ˈsu:pərˈfɑsfeɪt]⟨n.-telb.zn.⟩ **0.1** ***superfosfaat*** ⟨meststof⟩.

su·per·phys·i·cal [-ˈfɪzɪkl]⟨bn.⟩ **0.1** ***bovennatuurlijk*** ⇒*bovenzinnelijk.*

su·per·pose [-ˈpoʊz]⟨ov.ww.⟩ **0.1** ***opleggen*** ⇒*aanbrengen op, op elkaar/opeen/er bovenop plaatsen* ◆ **6.1** ~ **on** *plaatsen op.*

su·per·po·si·tion [-pəˈzɪʃn]⟨telb. en n.-telb.zn.⟩ **0.1** ***superpositie*** ⇒*het op elkaar plaatsen/geplaatst zijn.*

su·per·po·tent [-ˈpoʊtnt]⟨bn.⟩ **0.1** ***extra krachtig.***

su·per·pow·er [-paʊə‖-paʊər]⟨f1⟩⟨telb.zn.⟩ **0.1** ***grootmacht*** ⇒*supermacht, supermogendheid.*

su·per·roy·al [-ˈrɔɪəl]⟨n.-telb.zn.⟩ **0.1** ***superroyal*** ⟨papierformaat⟩.

su·per·sat·u·rate [-ˈsætʃʊreɪt‖-ˈsætʃəreɪt]⟨ov.ww.⟩⟨schei.⟩ **0.1** ***oververzadigen.***

su·per·sat·u·ra·tion [-sætʃʊˈreɪʃn‖-sætʃə-]⟨n.-telb.zn.⟩ **0.1** ***oververzadiging.***

su·per·scribe [-ˈskraɪb]⟨ov.ww.⟩ **0.1** ***van een opschrift/inscriptie voorzien*** ⇒*erop/erboven schrijven.*

su·per·script[1] [-skrɪpt]⟨telb.zn.⟩⟨boek.⟩ **0.1** ***superscript (teken/letter/cijfer).***

superscript[2] ⟨bn.⟩ **0.1** ***superscript*** ⇒*erboven geschreven.*

su·per·scrip·tion [-ˈskrɪpʃn]⟨telb.zn.⟩ **0.1** ***superscriptie*** ⇒*opschrift.*

su·per·sede [ˈsu:pəˈsi:d‖ˈsu:pər-]⟨f1⟩⟨ww.⟩

I ⟨onov.ww.⟩ **0.1** ***zich onthouden*** ⇒*(ervan) afzien;*

II ⟨ov.ww.⟩ **0.1** ***(doen) vervangen*** ⇒*de plaats (doen) innemen van, verdringen, opzij zetten/schuiven, voorbijgaan (aan)* **0.2** ***vernietigen*** ⇒*te niet doen, afschaffen* **0.3** ***volgen op*** **0.4** ***voorrang krijgen op*** ◆ **1.1** superseded methods *verouderde methodes* **6.1** superseded **in** the command *v.h. bevel ontheven.*

su·per·se·de·as [-ˈsi:dɪəs]⟨telb.zn.; supersedeas; →mv. 4⟩⟨jur.⟩ **0.1** ***bevel tot schorsing/opschorting.***

su·per·se·dure [-ˈsi:dʒə‖-ˈsi:dʒər], **su·per·ses·sion** [-ˈseʃn]⟨n.-telb.zn.⟩ **0.1** ***vervanging*** ⇒*afzetting, ontheffing, schorsing* **0.2** ***afschaffing*** ⇒*stopzetting* ◆ **6.1** **in** ~ **of** *ter vervanging van.*

su·per·sen·si·ble [-ˈsensəbl]⟨bn.; -ly; →bijw. 3⟩ **0.1** ***bovenzinnelijk*** ⇒*geestelijk, psychisch.*

su·per·sen·si·tive [-ˈsensəṭɪv]⟨bn.⟩ **0.1** ***overgevoelig*** ⇒*hypergevoelig.*

su·per·sen·su·al [-ˈsenʃʊəl], **su·per·sen·su·ous** [-ˈsenʃʊəs]⟨bn.⟩ **0.1** ***bovenzinnelijk.***

su·per·son·ic[1] [-ˈsɒnɪk‖-ˈsɑnɪk]⟨telb.zn.⟩ **0.1** ***ultrageluidsfrequentie.***

supersonic[2] ⟨f2⟩⟨bn.; -ally; →bijw. 3⟩ **0.1** ***supersonisch*** ⇒*supersoon, sneller dan het geluid* ◆ **1.1** ~ airliner *supersonisch verkeersvliegtuig;* ~ frequency *ultra-akoestische/ultrageluidsfrequentie;* ~ sounding *ultrasonoor onderzoek.*

su·per·star [-stɑ:‖-stɑr]⟨f1⟩⟨telb.zn.⟩ **0.1** ***superster*** ⇒*superstar.*

su·per·sti·tion [-ˈstɪʃn]⟨f2⟩⟨telb. en n.-telb.zn.⟩ **0.1** ***bijgeloof*** ⇒*superstitie, bijgelovigheid.*

su·per·sti·tious [-ˈstɪʃəs]⟨f2⟩⟨bn.; -ly; -ness⟩ **0.1** ***bijgelovig*** ⇒*superstitieus* ◆ **1.1** ~ beliefs *bijgeloof.*

su·per·store [-stɔ:‖-stɔr]⟨telb.zn.⟩ **0.1** ***(grote) supermarkt.***

su·per·stra·tum [-strɑ:təm‖-streɪṭəm, -stræṭəm]⟨telb.zn.; superstrata [-strɑ:tə‖-streɪṭə, -stræṭə]; →mv. 5⟩ **0.1** ***bovenlaag*** ⇒⟨taalk. ook⟩ *superstraat.*

su·per·struc·ture [-strʌktʃə‖-strʌktʃər]⟨telb.zn.⟩ **0.1** ***bovenbouw*** ⇒*superstructuur.*

su·per·sub·stan·tial [-səbˈstænʃl]⟨bn.⟩ **0.1** ***onstoffelijk.***

su·per·subtle [-ˈsʌṭl]⟨bn.⟩ **0.1** ***oversubtiel.***

su·per·subtle·ty [-ˈsʌṭlti]⟨n.-telb.zn.⟩ **0.1** ***oversubtiliteit.***

su·per·tanker [-tæŋkə‖-tæŋkər]⟨telb.zn.⟩ **0.1** ***supertanker/tankschip*** ⇒*mammoettanker.*

su·per·tax[1] [-tæks]⟨telb. en n.-telb.zn.⟩ **0.1** ***extra inkomstenbelasting.***

supertax[2] ⟨ov.ww.⟩ **0.1** ***extra belasten*** ⟨boven bep. inkomen⟩.

su·per·temporal [-ˈtemprəl]⟨bn.⟩ **0.1** ***boven de slapen*** ⇒*boventemporaal* **0.2** ***eeuwig*** ⇒*niet tijdelijk.*

su·per·ter·ra·nean [-təˈreɪnɪən], **su·per·ter·ra·ne·ous** [-təˈreɪnɪəs] ⟨bn.⟩ **0.1** ***bovengronds.***

su·per·ter·rene [-teˈri:n]⟨bn.⟩ **0.1** ***bovengronds*** **0.2** ***bovenaards.***

su·per·ter·res·tri·al [-tə'restrɪəl]⟨bn.⟩ **0.1** *bovenaards* **0.2** *bovengronds.*
su·per·ton·ic [-'tɒnɪk‖-'tɑnɪk]⟨telb.zn.⟩⟨muz.⟩ **0.1** *seconde* ⇒*tweede toon* ⟨v. diatonische ladder⟩.
su·per·vene [-'vi:n]⟨ww.⟩
I ⟨onov.ww.⟩ **0.1** *optreden* ⇒*zich voordoen, gebeuren, intreden;* ⟨i.h.b.⟩ *ertussen komen, hinderen, een obstakel vormen* **0.2** *volgen* ◆ **6.2** ~ **on/to** *volgen op;*
II ⟨ov.ww.⟩ **0.1** *verdringen.*
su·per·ven·ient [-'vi:nɪənt]⟨bn.⟩ **0.1** *bijkomend* ⇒*tussenkomend.*
su·per·ven·tion [-venʃn]⟨telb. en n.-telb.zn.⟩ **0.1** *tussenkomst* **0.2** *opvolging* ⇒*vervanging.*
su·per·vise [-vaɪz]⟨f2⟩⟨onov. en ov.ww.⟩ **0.1** *aan het hoofd staan (van)* ⇒*leiden* **0.2** *toezicht houden/toezien (op)* ⇒*controleren, surveilleren.*
su·per·vi·sion [-'vɪʃn]⟨f2⟩⟨n.-telb.zn.⟩ **0.1** *supervisie* ⇒*leiding, opzicht, toezicht* ◆ **1.1** ~ of construction *bouwtoezicht.*
su·per·vi·sor [-vaɪzə‖-vaɪzər]⟨f3⟩⟨telb.zn.⟩ **0.1** *supervisor* ⇒*opziener, opzichter, controleur, chef* **0.2** ⟨BE⟩ *promotor* ⟨v. promovendus⟩ **0.3** ⟨AE⟩ *schoolsupervisor* ⇒*coördinator* **0.4** ⟨AE⟩⟨ong.⟩ *(gemeente/stads)secretaris.*
su·per·vi·so·ry [-'vaɪzəri]⟨f1⟩⟨bn.⟩ **0.1** *toeziend* ⇒*toezicht uitoefenend, controle-* ◆ **1.1** ~ lamp *controlelamp;* ~ staff *lager leidinggevend personeel;* ~ relay *controlerelais.*
su·pi·nate ['su:pɪneɪt]⟨onov. en ov.ww.⟩ **0.1** *(doen) supineren* ⇒*kantelen, met de palm naar boven draaien* ⟨hand⟩, *buitenwaarts draaien* ⟨been⟩.
su·pi·na·tion ['su:pɪ'neɪʃn]⟨n.-telb.zn.⟩ **0.1** *supinatie* ⇒*kanteling.*
su·pi·na·tor ['su:pɪneɪtə‖-neɪtər]⟨telb.zn.⟩ **0.1** *supinator* ⟨spier⟩.
su·pine[1] ['su:paɪn]⟨telb.zn.⟩⟨taalk.⟩ **0.1** *supinum.*
supine[2] ⟨bn.; -ly; -ness⟩ **0.1** *achteroverliggend* ⇒*op de rug liggend, ruggelings, rug-* **0.2** *gekanteld* **0.3** *lethargisch* ⇒*traag, lusteloos, indolent.*
supp, suppl ⟨afk.⟩ supplement, supplementary.
sup·per[1] ['sʌpə‖'sʌpər]⟨f3⟩⟨telb. en n.-telb.zn.⟩⟨→sprw. 327⟩ **0.1** *(licht) avondmaal* ⇒*avondeten, souper* **0.2** *avondpartij* ⇒*soirée* ⟨met maal⟩ ◆ **1.1** the Lord's Supper *de eucharistie* **3.1** have ~ *het avondmaal gebruiken, avondeten, souperen* **3.¶** go to ~ with the devil *naar de hel gaan;* sing for one's ~ *niets voor niets krijgen, wat terug moeten doen.*
supper[2] ⟨ww.⟩
I ⟨onov.ww.⟩ **0.1** *souperen;*
II ⟨ov.ww.⟩ **0.1** *een avondmaal aanbieden* **0.2** *het avondvoer geven* ◆ **5.2** ~ **up** *het avondvoer geven.*
sup·per·less ['sʌpələs‖'sʌpər-]⟨bn.⟩ **0.1** *zonder avondeten* ◆ **3.1** go ~ *geen avondeten krijgen/gebruiken.*
'sup·per·time ⟨n.-telb.zn.⟩ **0.1** *etenstijd* ⇒*tijd voor het avondeten.*
sup·plant [sə'plɑ:nt‖sə'plænt]⟨f1⟩⟨ov.ww.⟩ **0.1** *verdringen* ⇒*onderkruipen, de voet lichten; vervangen.*
sup·plant·er [sə'plɑ:ntə‖sə'plæntər]⟨telb.zn.⟩ **0.1** *onderkruiper* ⇒*vervanger.*
sup·ple[1] ['sʌpl]⟨f1⟩⟨bn.; -er; supply, supplely; →bijw. 3⟩ **0.1** *soepel* ⟨ook fig.⟩ ⇒*buigzaam, lenig, elastisch, plooibaar* **0.2** *gedwee* ⇒*volgzaam, meegaand* **0.3** *kruiperig* ◆ **1.1** ~ mind *soepele geest.*
supple[2] ⟨onov. en ov.ww.⟩ **0.1** *versoepelen* ⇒*soepeler worden/maken.*
sup·ple·jack ['sʌpldʒæk]⟨telb.zn.⟩ **0.1** ⟨plantk.⟩⟨ben. voor⟩ *houtachtige klimplant* ⟨vnl. Berchemia scandens⟩ **0.2** *wandelstok* **0.3** *hansworst* ⟨pop⟩.
sup·ple·ment[1] ['sʌplɪmənt]⟨f2⟩⟨telb.zn.⟩ **0.1** *aanvulling* ⇒*bijvoegsel, supplement, toevoegsel, vervollediging* **0.2** *suppletie* ⇒*bijstorting, aanvulling* ◆ **1.1** ⟨wisk.⟩ ~ of an angle *supplement(shoek)* **3.2** pay a ~ *bijbetalen, bijstorten.*
supplement[2] ['sʌplɪment]⟨f2⟩⟨ov.ww.⟩ **0.1** *aanvullen* ⇒*vervolledigen;* ⟨i.h.b.⟩ *v.e. supplement voorzien* ◆ **6.1** ~ **by/with** *aanvullen met.*
sup·ple·men·ta·ry[1] ['sʌplɪ'mentri‖-'mentəri], **sup·ple·men·tal** [-'mentl]⟨telb.zn.; →mv. 2⟩ **0.1** *supplement* ⇒*aanvulling.*
supplementary[2], **supplemental** ⟨f2⟩⟨bn.⟩ **0.1** *aanvullend* ⇒*supplementair, toegevoegd, extra, suppletoir, suppletoor, suppletie-, supplements-, hulp-* ◆ **1.1** ⟨wisk.⟩ ~ angles *supplementaire hoeken;* ⟨BE⟩ ~ benefit *aanvullende uitkering;* ~ estimates *aanvullingsbegroting.*
sup·ple·ness ['sʌplnəs]⟨n.-telb.zn.⟩ **0.1** *soepelheid* ⇒*souplesse, buigzaamheid, elasticiteit* **0.2** *meegaand* **0.3** *kruiperigheid.*
sup·ple·tion [sə'pli:ʃn]⟨n.-telb.zn.⟩⟨i.h.b. taalk.⟩ **0.1** *suppletie.*
sup·ple·tive [sə'pli:tɪv]⟨bn.; -ly⟩⟨i.h.b. taalk.⟩ **0.1** *suppletief.*
sup·pli·ant[1] ['sʌplɪənt], **sup·pli·cant** ['sʌplɪkənt]⟨telb.zn.⟩⟨schr.⟩ **0.1** *smekeling(e)* ⇒*supplicant, suppliant, rekestrant.*
suppliant[2], **supplicant** ⟨bn.; suppliantly⟩⟨schr.⟩ **0.1** *smekend.*
sup·pli·cate ['sʌplɪkeɪt]⟨onov. en ov.ww.⟩⟨schr.⟩ **0.1** *smeken* ⇒*suppliëren, verzoeken, rekestreren* ◆ **1.1** ~ s.o.'s protection *iemands bescherming afsmeken* **6.1** ~ **to** s.o. **for** sth. *iem. om iets verzoeken;* ~ **for** pardon *vergeving afsmeken.*
sup·pli·ca·tion ['sʌplɪ'keɪʃn]⟨telb.zn.⟩ **0.1** *smeekbede* ⇒*supplicatie, rekest, verzoekschrift, suppliek.*
sup·pli·ca·tor ['sʌplɪkeɪtə‖-keɪtər]⟨telb.zn.⟩ **0.1** *smekeling.*
sup·pli·ca·tor·y ['sʌplɪkətri‖'sʌplɪkətɔri]⟨bn.⟩ **0.1** *suppliërend* ⇒*smekend, smeek-.*
sup·pli·er [sə'plaɪə‖-ər]⟨f1⟩⟨telb.zn.⟩ **0.1** *producent* **0.2** *leverancier* **0.3** *aanvoer* ⇒*toevoerapparaat.*
Supplies Day [sə'plaɪz deɪ]⟨eig.n.⟩ **0.1** *dag waarop in het Britse Lagerhuis goedkeuring van budgetten wordt gevraagd.*
sup·ply[1] [sə'plaɪ]⟨f3⟩⟨zn.; →mv. 2⟩
I ⟨telb.zn.⟩ **0.1** *voorraad* **0.2** *(plaats)vervanger* ⇒⟨i.h.b.⟩ *waarnemend predikant;* ⟨B.⟩ *interimaris* **0.3** *bron* ⇒*energiebron;* ⟨radio⟩ *voedingsbron* ◆ **1.1** ~ of food *voedselvoorraad* **6.2** be/go **on** ~ *als plaatsvervanger optreden;* ⟨B.⟩ *een interim waarnemen;*
II ⟨n.-telb.zn.⟩ **0.1** *bevoorrading* ⇒*aanvoer, toevoer, levering, voeding* **0.2** *aanbod* **0.3** *(plaats)vervanging* ⇒*waarneming* **0.4** ⟨mil.⟩ *verpleging* ⇒*intendance* ◆ **1.2** ⟨ec.⟩ ~ and demand, demand and ~ *vraag en aanbod;*
III ⟨mv.; supplies⟩ **0.1** *(mond)voorraad* ⇒*proviand, benodigdheden* **0.2** *zakgeld* ⇒*toelage* **0.3** *budget v. uitgaven* ⇒*toegestane/aangevraagde gelden* ◆ **2.1** medical supplies *geneesmiddelenvoorraad* **3.2** cut off supplies *toelage intrekken* **3.3** vote supplies *onkostenbudget goedkeuren, gelden toestaan.*
supply[2] ⟨f3⟩⟨ww.; →ww. 7⟩
I ⟨onov.ww.⟩ **0.1** *inspringen* ⇒*als plaatsvervanger optreden,* ⟨B.⟩ *een interim waarnemen* ◆ **6.1** ~ **at** a church *de dienst waarnemen;*
II ⟨ov.ww.⟩ **0.1** *leveren* ⇒*aanvoeren, toevoeren, verschaffen, bezorgen, voorzien van, voeden* **0.2** *voorzien in* ⇒*verhelpen, bevredigen, vervullen, voldoen aan* **0.3** *vullen* **0.4** *compenseren* ⇒*aanvullen, vergoeden, goedmaken* **0.5** *vervangen* ⇒*substitueren, waarnemen* ◆ **1.2** ~ a need/want *voorzien in een behoefte/nood, een behoefte vervullen;* ~ a demand *aan een verzoek voldoen* **1.3** ~ a vacancy *een vacante plaats vullen* **1.4** ~ a deficiency *een tekort compenseren;* ~ a loss *een verlies goedmaken* **1.5** ~ the place of s.o. *iemands plaats vervullen/innemen, iem. vervangen;* ~ a pulpit/clergyman/church *de dienst waarnemen (voor een predikant)* **6.1** ~ sth. **to** s.o., ~ s.o. **with** sth. *iem. iets bezorgen, iem. v. iets voorzien.*
sup'ply agreement ⟨telb.zn.⟩ **0.1** *leveringscontract* ⇒*leverantiecontract.*
sup'ply cable ⟨telb.zn.⟩ **0.1** *voedingskabel.*
sup'ply column ⟨telb.zn.⟩ **0.1** *verplegingskolonne.*
sup'ply department ⟨telb.zn.⟩ **0.1** *verplegingsdienst* ⇒*verplegingsafdeling.*
sup'ply depot ⟨telb.zn.⟩ **0.1** *bevoorradingspost.*
sup'ply line ⟨telb.zn.⟩ **0.1** *toevoerlijn* ⇒*toevoerlinie.*
sup'ply network ⟨telb.zn.⟩ **0.1** *verdeelnet.*
sup'ply officer ⟨telb.zn.⟩ **0.1** *verplegingsofficier* ⇒*intendance-officier, intendant.*
sup'ply pastor, sup'ply preacher ⟨telb.zn.⟩ **0.1** *waarnemend predikant.*
sup'ply pipe ⟨telb.zn.⟩ **0.1** *toevoerleiding* ⇒*aanvoerbuis.*
sup'ply service ⟨telb.zn.⟩ **0.1** *verplegingsdienst.*
sup'ply ship ⟨telb.zn.⟩ **0.1** *bevoorradingsschip.*
sup'ply-side economics ⟨n.-telb.zn.⟩ **0.1** *aanbodeconomie.*
sup'ply teacher ⟨telb.zn.⟩ **0.1** *vervanger* ⇒⟨B.⟩ *interimaris.*
sup'ply train ⟨telb.zn.⟩ **0.1** *verplegingstrein.*
sup'ply waiter ⟨telb.zn.⟩ **0.1** *hulpkelner.*
sup'ply wire ⟨telb.zn.⟩ **0.1** *voedingsdraad.*
sup·port[1] [sə'pɔ:t‖sə'pɔrt]⟨f3⟩⟨zn.⟩
I ⟨telb.zn.⟩ **0.1** *steun(stuk)* ⇒*stut, drager, draagbalk, schraag, schoor, steunsel, steunder, support, onderstel, voetstuk, statief, leunspaan* **0.2** *bewijsstuk* **0.3** *verdediger* ⇒*voorvechter* **0.4** *kostwinner;*
II ⟨n.-telb.zn.⟩ **0.1** *steun* ⇒*hulp, ondersteuning, onderstand, steunverlening, subsidie* **0.2** *onderhoud* ⇒*levensonderhoud, middelen v. bestaan* **0.3** *staving* **0.4** *begeleiding* ⇒*achtergrondmuziek* ◆ **1.1** troops (stationed) in ~ *ondersteuningstroepen, aanvullingstroepen* **1.2** a means of ~ *een bron v. inkomsten* **3.1** give ~ to *steun verlenen aan, kracht bijzetten;* need ~ *behoeftig zijn* **3.2** claim ~ *onderhoudsgeld (op)eisen* **6.1** **in** ~ *in reserve, klaar ter ondersteuning;* **in** ~ **of** *tot steun van* **6.3** **in** ~ **of** *tot staving van.*
support[2] ⟨f3⟩⟨ov.ww.⟩ **0.1** *(onder)steunen* ⇒*stutten, dragen, schragen, ophouden* **0.2** ⟨ben. voor⟩ *steunen* ⇒*helpen, bijstaan, assisteren; aansporen; verdedigen, bijtreden, bijspringen, bijvallen; subsidiëren* **0.3** *staven* ⇒*bekrachtigen, volhouden* **0.4** *onderhouden* ⇒*voorzien in de levensbehoeften van, in stand houden* **0.5**

ophouden ⇒*hoog houden, bewaren, handhaven* **0.6** ***(ver)dragen*** ⇒*doorstaan, verduren, uithouden, dulden* **0.7** ***spelen*** ⟨rol⟩ **0.8** ***seconderen*** ⇒*een bijrol spelen bij, ondergeschikt zijn aan* **0.9** ***begeleiden*** ⟨ook muz.⟩ ◆ **1.2** ~ a candidate *een kandidaat steunen;* ~ a policy *een beleid verdedigen* **1.3** ~ a theory *een theorie staven* **1.4** ~ o.s./one's family *zich/zijn familie onderhouden* **1.5** ~ one's honour *zijn eer ophouden* **1.7** ~ a part/role *een rol spelen* **1.8** ~ing actor/actress *bijfiguur;* ~ing film/picture/programme *bijfilm, voorfilm(pje);* ~ing part/role *bijrol* **4.5** ⟨hand.⟩ coffee ~s itself *de koffie blijft vast.*

sup·port·a·ble [sə'pɔ:təbl‖-'pɔrtəbl]⟨bn.;-ly;→bijw.3⟩ **0.1** ***houdbaar*** ⇒*verdedigbaar, te handhaven* **0.2** ***te onderhouden*** **0.3** ***draaglijk*** ⇒*duldbaar, te verdragen, supportabel.*

sup'port act ⟨telb.zn.⟩⟨muz.⟩ **0.1** ***voorprogramma*** **0.2** ***voorprogrammaband.***

sup·port·er [sə'pɔ:tə‖-'pɔrtər]⟨f2⟩⟨telb.zn.⟩ **0.1** ***steun(stuk)*** ⇒*stut, drager, draagbalk, schraag, schoor, steun(balk/beeld/beer/boog/punt enz.), steunsel, steunder, support, onderstel, voetstuk, statief, leunspaan* **0.2** ***suspensoir*** ⇒*draagverband* **0.3** ***suspensoir*** ⇒*toque, tok* **0.4** ***verdediger*** ⇒*aanhanger, voorvechter, voorstander, medestander* **0.5** ⟨sport⟩ ***supporter*** **0.6** ***donateur*** **0.7** ***begeleider*** ⇒*paranimf* **0.8** ⟨heraldiek⟩ ***schilddrager*** ⇒*schildhouder.*

sup·por·tive [sə'pɔ:tɪv‖-'pɔrtɪv]⟨f1⟩⟨bn.⟩ **0.1** ***steunend*** ⇒*helpend, aanmoedigend.*

sup'port line ⟨telb.zn.⟩ **0.1** ***ondersteuningslinie.***

sup'port price ⟨telb.zn.⟩ **0.1** ***garantieprijs*** ⇒*gesubsidiëerde prijs.*

sup'port trench ⟨telb.zn.⟩ **0.1** ***ondersteuningsloopgraaf.***

sup·pos·a·ble [sə'pouzəbl]⟨bn.;-ly;→bijw.3⟩ **0.1** ***denkbaar*** ⇒*te veronderstellen.*

sup·pose [spouz, sə'pouz]⟨f4⟩⟨ww.⟩ →supposed, supposing
I ⟨onov.ww.⟩ **0.1** ***gissen;***
II ⟨ov.ww.⟩ **0.1** ***(ver)onderstellen*** ⇒*menen, aannemen, stellen, vermoeden, geloven, denken, supponeren* **0.2** ***vooronderstellen*** ◆ **1.2** every effect ~s a cause *elk effect vooronderstelt/heeft een oorzaak* **3.1** and he's ~d to be a leader! *en zo iem. moet doorgaan voor een leider!;* he is ~d to be in London *hij zou in Londen moeten zijn;* not be ~d to do sth. *iets niet mogen doen* **5.1** I ~ so/not *ik neem aan van wel/niet, waarschijnlijk wel/niet* **8.1** you cannot ~/it is not to be ~d that *het valt niet te verwachten dat;* ~ we go/went for a walk *laten we een wandelingetje maken;* let us ~ that *aangenomen dat;* ~ it rains? *maar wat als het regent?.*

sup·posed [sə'pouzd]⟨f2⟩⟨bn., attr.; volt. deelw. v. suppose⟩ **0.1** ***vermeend*** ⇒*vermoedelijk, zogezegd, zogenaamd, gewaand* ◆ **1.1** his ~ wealth *zijn vermeende rijkdom.*

sup·pos·ed·ly [sə'pouzɪdli]⟨f2⟩⟨bw.⟩ **0.1** ***vermoedelijk*** ⇒*naar alle waarschijnlijkheid* **0.2** ***zogenaamd*** ⇒*schijnbaar, naar verluidt.*

sup·po·sing [spouzɪŋ, sə'pouzɪŋ]⟨f1⟩⟨ondersch.vw.; teg. deelw. v. suppose⟩ **0.1** ***indien*** ⇒*verondersteld/aangenomen dat* ◆ **3.1** ~ it rains, what then? *maar wat als het regent?.*

sup·po·si·tion ['sʌpə'zɪʃn]⟨f1⟩⟨telb. en n.-telb.zn.⟩ **0.1** ***(ver)onderstelling*** ⇒*vermoeden, gissing, suppositie, hypothese* ◆ **6.1 in/on** the ~ that *in de veronderstelling dat.*

sup·po·si·tion·al ['sʌpə'zɪʃnəl]⟨bn.;-ly⟩ **0.1** ***hypothetisch*** ⇒*op gissingen berustend, (ver)ondersteld, denkbeeldig.*

sup·po·si·tious ['sʌpə'zɪʃəs], **sup·pos·i·ti·tious** [sə'pɒzɪ'tɪʃəs‖-'pɑ-]⟨bn.;-ly;-ness⟩ **0.1** ***hypothetisch*** ⇒*op gissingen berustend, (ver) ondersteld* **0.2** ***imaginair*** ⇒*denkbeeldig, ingebeeld, vermeend* **0.3** ***vals*** ⇒*vervalst, nagemaakt* **0.4** ***ondergeschoven*** ⇒*onecht, onwettig* ⟨kind⟩.

sup·pos·i·tive[1] [sə'pɒzətɪv‖-'pɑzətɪv]⟨telb.zn.⟩⟨taalk.⟩ **0.1** ***voorwaardelijk voegwoord.***

suppositive[2] ⟨bn.;-ly⟩ **0.1** ***(ver)ondersteld*** **0.2** ***(ver)onderstellend.***

sup·pos·i·to·ry [sə'pɒzɪtri‖-'pɑzɪtɔri]⟨f1⟩⟨telb.zn.;→mv.2⟩ ⟨med.⟩ **0.1** ***zetpil*** ⇒*suppositorium.*

sup·press [sə'pres]⟨f3⟩⟨ov.ww.⟩ **0.1** ⟨ben. voor⟩ ***onderdrukken*** ⇒*supprimeren, bedwingen, beteugelen, smoren; weglaten, verzwijgen, achterwege laten; achter/binnen/tegenhouden, blokkeren; verbieden, censureren; afschaffen, opheffen* **0.2** ***stelpen*** ⇒*stillen, stoppen* **0.3** ⟨psych.⟩ ***verdringen*** **0.4** ⟨elek.⟩ ***ontstoren*** ⇒*storingvrij maken* ◆ **1.1** ~ agitators *opruiers in toom houden;* ~ a book *een boek van de markt houden;* ~ evidence/facts *bewijsstukken/feiten achterhouden;* ~ feelings *gevoelens onderdrukken;* ~ monasteries *kloosters opheffen;* ⟨jur.⟩ ~ the name of the accused *de naam v.d. verdachte niet voor publikatie vrijgeven;* ~ a newspaper *een verschijningsverbod opleggen aan een krant;* ~ a smile *een glimlach onderdrukken;* ~ the truth *de waarheid verzwijgen;* ~ a yawn *een geeuw onderdrukken* **1.2** ~ a haemorrhage *een bloeding stelpen.*

sup·pres·sant [sə'presnt]⟨telb.zn.⟩ **0.1** ⟨ben. voor⟩ ***brand beperkend middel*** ⟨bv. natmakers in bluswater⟩.

sup·press·er, sup·pres·sor [sə'presə‖-ər]⟨telb.zn.⟩ **0.1** ***onderdrukker*** ⇒*verdringer* **0.2** ⟨radio⟩ ***dichtdrukkende impulsie*** **0.3** ⟨tech.⟩ ***storing-eliminator*** ⇒*smoorschakeling, echo-onderdrukker* ⟨radar⟩.

sup·pres·si·ble [sə'presəbl]⟨bn.⟩ **0.1** ***onderdrukbaar.***

sup·pres·sion [sə'preʃn]⟨f1⟩⟨n.-telb.zn.⟩ **0.1** ⟨ben. voor⟩ ***onderdrukking*** ⇒*beteugeling; opheffing, afschaffing* **0.2** ⟨psych.⟩ ***verdringing.***

sup'pression order ⟨telb.zn.⟩⟨jur.⟩ **0.1** ***publikatieverbod*** ⟨v. naam v. verdachte⟩.

sup·pres·si·o ve·ri [sə'presiou 'veraɪ]⟨n.-telb.zn.⟩⟨jur.⟩ **0.1** ***verzwijging van de waarheid.***

sup·pres·sive [sə'presɪv]⟨bn.;-ness⟩ **0.1** ***onderdrukkend*** ⇒*suppressief, beteugelend, bedwingend, onderdrukkings-* ◆ **1.1** ~ cough medicine *hoeststillend middel.*

sup·pu·rate ['sʌpjureɪt‖-pjə-]⟨onov.ww.⟩ **0.1** ***etteren*** ⇒*etter afscheiden/dragen/vormen.*

sup·pu·ra·tion ['sʌpjʊ'reɪʃn‖-pjə-]⟨n.-telb.zn.⟩ **0.1** ***ettering*** ⇒*ettervorming, suppuratie* **0.2** ***etter*** ⇒*pus.*

sup·pu·ra·tive[1] ['sʌpjurətɪv‖'sʌpjəreɪtɪv]⟨telb.zn.⟩ **0.1** ***suppurans*** ⇒*ettering bevorderend middel.*

suppurative[2] ⟨bn.⟩ **0.1** ***etterend*** ⇒*suppuratief, etterig, rottend* **0.2** ***ettering bevorderend.***

supr ⟨afk.⟩ supreme.

su·pra ['su:prə]⟨bw.⟩ **0.1** ***supra*** ⇒*(hier)boven, hoger, eerder.*

su·pra- ['su:prə] **0.1** ***supra-*** ⇒*boven-* **0.2** ***super-*** ⇒*boven-* ◆ **¶.1** supracostal *supracostaal, boven de ribben* **¶.2** suprahuman *bovenmenselijk;* suprascript *superscript.*

su·pra·au·ric·u·lar [-ɔ:'rɪkjulə‖-ɔ'rɪkjələr]⟨bn.⟩ **0.1** ***supraauriculair*** ⇒*boven het oor.*

su·pra·ax·il·la·ry [-ək'sɪləri]⟨bn.⟩ **0.1** ***supraaxillair*** ⇒*boven de oksel.*

su·pra·cla·vic·u·lar [-klə'vɪkjulə‖-jələr]⟨bn.⟩ **0.1** ***supraclaviculair*** ⇒*boven het sleutelbeen.*

su·pra·con·duc·tiv·i·ty [-kɒndʌk'tɪvəti‖-kɑndʌk'tɪvəti]⟨n.-telb.zn.⟩ **0.1** ***suprageleiding*** ⇒*supergeleiding.*

su·pra·con·scious [-'kɒnʃəs‖-'kɑn-]⟨bn.⟩ **0.1** ***bovenbewust*** **0.2** ***supralogisch.***

su·pra·cos·tal [-'kɒstl‖-'kɑstl]⟨bn.⟩ **0.1** ***supracostaal*** ⇒*boven de ribben.*

su·pra·glot·tal [-'glɒtl‖-'glɑtl]⟨bn.⟩ **0.1** ***supraglottisch*** ⇒*boven het strottenhoofd.*

su·pra·hu·man [-'hju:mən‖-'(h)ju:mən]⟨bn.⟩ **0.1** ***bovenmenselijk*** ⇒*bovennatuurlijk, buitengewoon.*

su·pra·lap·sar·i·an[1] [-læp'seərɪən‖-'ser-]⟨telb.zn.⟩⟨theol.⟩ **0.1** ***supralapsariër.***

supralapsarian[2] ⟨bn.⟩⟨theol.⟩ **0.1** ***supralapsarisch.***

su·pra·lap·sar·i·an·ism [-læp'seərɪənɪzm‖-'ser-]⟨n.-telb.zn.⟩ ⟨theol.⟩ **0.1** ***supralapsarisme.***

su·pra·lim·i·nal [-'lɪmɪnəl]⟨bn.⟩ **0.1** ***bovenbewust.***

su·pra·max·il·la·ry[1] [-mæk'sɪləri‖-'mæksɪleri]⟨telb.zn.;→mv.2⟩ **0.1** ***bovenkaak.***

supramaxillary[2] ⟨bn.⟩ **0.1** ***supramaxillair*** ⇒*v.d. bovenkaak.*

su·pra·mo·lec·u·lar [-mə'lekjulə‖-jələr]⟨bn.⟩ **0.1** ***supramoleculair.***

su·pra·mun·dane [-mʌn'deɪn]⟨bn.⟩ **0.1** ***bovenaards.***

su·pra·na·tion·al [-'næʃnəl]⟨f1⟩⟨bn.⟩ **0.1** ***supranationaal*** ⇒*bovennationaal.*

su·pra·nat·u·ral [-'nætʃrəl]⟨bn.⟩ **0.1** ***bovennatuurlijk.***

su·pra·or·bi·tal [-'ɔ:bɪtl‖-'ɔrbɪtl]⟨bn.⟩ **0.1** ***boven de oogkas.***

su·pra·re·nal[1] [-'ri:nl]⟨telb.zn.⟩ **0.1** ***bijnier.***

suprarenal[2] ⟨bn.⟩ **0.1** ***boven de nier*** ⇒⟨i.h.b.⟩ *m.b.t. de bijnier* ◆ **1.1** ~ gland/capsule/body *bijnier.*

su·pra·ren·a·lin [-'ri:nəlɪn]⟨n.-telb.zn.⟩ **0.1** ***suprarenine*** ⇒*adrenaline.*

su·pra·scap·u·lar [-'skæpjulə‖-jələr]⟨bn.⟩ **0.1** ***boven het schouderblad.***

su·pra·script[1] [-skrɪpt]⟨telb.zn.⟩ **0.1** ***superieur(e) teken/letter/cijfer*** ⇒*superscript.*

suprascript[2] ⟨bn.⟩ **0.1** ***superscript*** ⇒*superieur, boven de regel geschreven.*

su·pra·seg·men·tal [-seg'mentl]⟨bn.⟩⟨taalk.⟩ **0.1** ***suprasegmenteel.***

su·pra·sen·su·ous [-'senʃuəs]⟨bn.⟩ **0.1** ***bovenzinnelijk.***

su·pra·ton·sil·lar [-'tɒnsɪlə‖-'tɑnsɪlər]⟨bn.⟩ **0.1** ***boven de keelamandel.***

su·prem·a·cist [sə'preməsɪst]⟨telb.zn.⟩ **0.1** ***chauvinist*** ⇒*racist, seksist* ◆ **2.1** male ~ *(mannelijke) seksist;* white ~ *blanke racist.*

su·prem·a·cy [sə'preməsi]⟨f2⟩⟨telb. en n.-telb.zn.;→mv.2⟩ **0.1** ***suprematie*** ⇒*oppergezag, oppermacht, overmacht, superioriteit* ◆ **1.1** Act of Supremacy *Akte v. Suprematie* ⟨1534, Hendrik VIII t.o.v. Engelse Kerk⟩ **3.1** gain ~ over *de suprematie verwerven over* **6.1** the ~ **of** sth. **over** sth. *het primaat v. iets boven iets.*

su·preme[1] [su:'pri:m, sə-], ⟨in bet. I en II 0.1 ook⟩ **su·prême**

·[sʊ'prem‖su:'pri:m]⟨f1⟩⟨zn.⟩
I ⟨telb.zn.⟩ **0.1** ***gerecht in roomsaus*** ◆ **1.1** ~ of sole *tong in roomsaus;*
II ⟨n.-telb.zn.⟩ **0.1** ***roomsaus*** ⇒*sauce suprême* **0.2** ⟨the⟩ ***het neusje v.d. zalm*** ⇒*het fijnste, het lekkerste* **0.3** ⟨the⟩ ***toppunt*** ⇒*summum* **0.4** ⟨S-; the⟩ ***de Allerhoogste*** ⇒*het Opperwezen.*
supreme[2] ⟨f2⟩⟨bn.; -ly; -ness⟩ **0.1** ⟨vaak S-⟩ ***opperst*** ⇒*opper-, oppermachtig, souverein; hoogst, verheven, voornaamst, belangrijkst* **0.2** ***uiterst*** ⇒*suprème, in de hoogste graad aanwezig; laatst, ultiem* **0.3** ***dood(s)-*** ◆ **1.1** Supreme Being *Opperwezen, Allerhoogste, God;* Supreme Command *opperbevel, oppercommando;* Supreme Commander *opperbevelhebber;* ⟨BE⟩ Supreme Court of Judicature *Hooggerechtshof* ⟨bestaat uit Court of Appeal en High Court of Justice⟩; ⟨AE⟩ Supreme Court *Hooggerechtshof, Hoge Raad;* ~ end/good *summum bonum, het hoogste goed;* ~ happiness *opperste geluk, suprème geluk, toppunt v. geluk;* Supreme Pontiff *Paus;* Supreme Soviet *Opperste Sovjet* **1.2** ~ disdain/scorn *suprème verachting/minachting;* the ~ hour *kritieke/beslissende uur;* ~ test *vuurproef, beslissende test* **1.3** ~ hour *doodsuur;* ~ penalty *doodstraf;* make the ~ sacrifice *zijn leven geven;* ⟨iron.⟩ *het ultieme offer brengen* ⟨zijn maagdelijkheid verliezen⟩ **3.1** rule ~ *het oppergezag/hoogste gezag voeren;* stand ~ *allen/alles overtreffen, zijns gelijke niet kennen.*
su·pre·mo [su:'pri:məʊ]⟨telb.zn.⟩ **0.1** ***hoogste gezagdrager*** ⇒*leider, opperbevelhebber.*
supt, Supt ⟨afk.⟩ superintendent.
suq →souk.
sur ⟨afk.⟩ surface, surplus.
sur- [sɜ:‖sɜr] **0.1** ***sur-*** ⇒*over-, opper-* ◆ **¶.1** surcharge *surtaks, overlading.*
su·rah, ⟨in bet. I ook⟩ **su·ra** ['sʊərə‖'sʊrə]⟨zn.⟩
I ⟨telb.zn.⟩ **0.1** ***sura(h)*** ⇒*soera, sure* ⟨(hoofd)stuk uit de Koran⟩;
II ⟨n.-telb.zn.⟩ **0.1** ***surah*** ⟨zijden weefsel⟩.
su·ral ['sjʊərəl‖'sʊrəl]⟨bn., attr.⟩ **0.1** ***kuit-.***
sur·base ['sɜ:beɪs‖'sɜr-]⟨telb.zn.⟩⟨bouwk.⟩ **0.1** ***lijst*** ⇒*rand, bovenrand v.e. sokkel.*
sur·based ['sɜ:beɪst‖'sɜr-]⟨bn.⟩⟨bouwk.⟩ **0.1** ***gedrukt*** ◆ **1.1** ~ arch *gedrukte boog, korfboog;* ~ vault *gedrukt gewelf, segmentgewelf.*
sur·cease[1] [sɜ:'si:s‖'sɜrsi:s]⟨telb.zn.⟩⟨vero.⟩ **0.1** ***einde*** ⇒*beëindiging, stopzetting, stilstand, opschorting, staking.*
surcease[2] ⟨ww.⟩
I ⟨onov.ww.⟩ **0.1** ***stoppen*** ⇒*ophouden, eindigen;*
II ⟨ov.ww.⟩ **0.1** ***doen ophouden/stoppen/eindigen*** ⇒*een eind maken aan, stopzetten.*
sur·charge[1] ['sɜ:tʃɑ:dʒ‖'sɜrtʃɑrdʒ]⟨f1⟩⟨telb.zn.⟩ **0.1** ***toeslag*** ⇒*strafport* **0.2** ***(postzegel met) opdruk(je)*** **0.3** ***surtaks*** ⇒*extra belasting, opcenten* **0.4** ***prijsverhoging*** ⇒*winstmarge, surplus* **0.5** ***overlading*** ⇒*overbelasting, oververhitting* **0.6** ***overvraging.***
surcharge[2] ⟨f1⟩⟨ov.ww.⟩ **0.1** ***overláden*** ⇒*overbelasten, oververzadigen, overstelpen, overvullen* **0.2** ***overvragen*** ⇒*te veel in rekening brengen/doen betalen, afzetten* **0.3** ***extra/een toeslag laten betalen*** **0.4** ***opdrukken*** ⇒*overdrukken* ⟨postzegel⟩ ◆ **1.1** ~d steam *oververhitte stoom* **1.4** ~d stamp *zegel met opdruk* **3.3** be ~d *toeslag moeten betalen.*
sur·cin·gle[1], **cir·cin·gle** ['sɜ:sɪŋgl‖'sɜr-]⟨telb.zn.⟩ **0.1** ***singel*** ⇒*gordel, buikriem.*
surcingle[2], **circingle** ⟨ov.ww.⟩ **0.1** ***singelen*** ⇒*aanriemen, omgorden.*
sur·coat, ⟨in bet. 0.1 ook⟩ **sur·cote** ['sɜ:koʊt‖'sɜr-]⟨telb.zn.⟩ **0.1** ***overmantel*** **0.2** ⟨gesch.⟩ ***opperkleed.***
sur·cu·lose ['sɜ:kjʊloʊs‖'sɜrkjə-]⟨bn.⟩⟨plantk.⟩ **0.1** ***scheuten vormend.***
surd[1] [sɜ:d‖sɜrd]⟨telb.zn.⟩ **0.1** ⟨wisk.⟩ ***irrationeel/onmeetbaar getal*** ⟨wortelvorm⟩ **0.2** ⟨taalk.⟩ ***stemloze medeklinker.***
surd[2] ⟨bn.⟩ **0.1** ⟨wisk.⟩ ***irrationeel*** ⇒*onmeetbaar* **0.2** ⟨taalk.⟩ ***stemloos.***
sure[1] [ʃʊə‖ʃʊr]⟨f4⟩⟨bn.; -er; →compar. 7⟩⟨→sprw. 51, 613, 644⟩
I ⟨bn.⟩ **0.1** ***zeker*** ⇒*waar, onbetwijfelbaar, onbetwistbaar* **0.2** ***zeker*** ⇒*veilig; betrouwbaar, onfeilbaar, vast* ◆ **1.2** ~ hand *vaste hand;* ~ place *veilige plaats;* ~ proof *waterdicht bewijs;* ~ shot *scherpschutter* **1.¶** ~ card *iem./iets waar men van op aan kan/men op kan bouwen; iets dat zeker lukt;* ⟨AE⟩ ~ thing *feit, zekerheid, vaststaand iets;* ⟨als uitroep⟩ *natuurlijk!, wel zeker!, ja zeker!, zonder twijfel!, gegarandeerd!, vast en zeker!, komt in orde!* **3.1** be ~ *zeker zijn, vast staan;* one thing is ~ *één ding staat vast;*
II ⟨bn., pred.⟩ **0.1** ***zeker*** ⇒*verzekerd, overtuigd* ◆ **3.1** I am ~ I do not know *ik weet het echt/heus niet;* I am ~ I did not mean it *ik heb het echt niet zo bedoeld;* I am not ~ *ik ben er niet zeker van, ik weet het niet zeker, ik durf het niet zeker (te) zeggen* **3.¶** be ~ to /and do it, be ~ you do it *zorg dat je het in elk geval doet;* be ~ to tell her *vergeet vooral niet het haar te vertellen;* to be ~ *wel zeker, natuurlijk, toegegeven;* to be ~! *wel wel!, waarachtig!;* to be ~ she is not rich *ze is weliswaar niet rijk;* well/so it is, to be ~! *wel allemachtig!, nu nog mooier!, nou nou!;* what a surprise, to be ~! *nou, wat een verrassing!;* well, I am ~! *wel allemachtig!, nu nog mooier!, nou nou!;* it is ~ to be a girl *het wordt vast een meisje;* he is ~ to come *hij komt zeker;* she is ~ to like it *het bevalt haar ongetwijfeld;* it is ~ to turn out well *het komt gegarandeerd in orde;* be/make ~ that *ervoor zorgen dat; zich ervan vergewissen dat;* you had better be/make ~ *je moest het maar even nakijken;* just to make ~ *voor alle zekerheid* **4.1** ~ of o.s. *zelfverzekerd, zelfbewust* **6.1** be/feel ~ **about** sth. *zeker/overtuigd zijn v. iets, iets zeker weten;* you can be ~ **of** it *daar kan je van op aan, je kan erop rekenen;* ~ **of** victory *zeker v.d. overwinning* **8.1** be ~ that *(er) zeker (van) zijn dat.*
sure[2] ⟨f4⟩⟨bw.⟩⟨vnl. AE⟩ **0.1** ***zeker*** ⇒*natuurlijk, ongetwijfeld, stellig, inderdaad* ◆ **2.1** ~ enough! *natuurlijk!, waarachtig!, ja zeker!, ga je gang!;* he will come ~ enough *hij komt zonder twijfel;* he promised to come and ~ enough he did *hij beloofde te komen en inderdaad, hij kwam ook* **3.1** ⟨vnl. AE; inf.⟩ it ~ was painful *en of het pijn deed, het deed inderdaad pijn;* ⟨vnl. AE; inf.⟩ he ~ is tall *hij is wel degelijk groot* **6.1** **for** ~! *vast en zeker!, zonder (enige) twijfel!;* I don't know **for** ~ *ik ben er niet (zo) zeker van;* that's **for** ~ *dat staat vast, daar valt niet aan te twijfelen, zoveel is zeker* **8.1** as ~ as fate/death/hell/my name is Bob/I am standing here/eggs is/are eggs *zo waar ik hier sta, zonder enige twijfel.*
'sure-'fire ⟨bn.⟩⟨vnl. AE; inf.⟩ **0.1** ***onfeilbaar*** ⇒*zeker, 100% betrouwbaar* ◆ **1.1** ~ winner *zekere winnaar.*
'sure-'foot·ed ⟨bn.; -ly; -ness⟩ **0.1** ***vast van voet/gang*** ⇒*stevig op de benen, met vaste tred;* ⟨fig.⟩ *betrouwbaar, onwankelbaar, standvastig.*
sure·ly ['ʃʊəli‖'ʃʊrli]⟨f3⟩⟨bw.⟩ **0.1** ***zeker*** ⇒*met zekerheid, ongetwijfeld, stellig, voorzeker, toch* **0.2** ⟨vnl. AE⟩ ***natuurlijk*** ⇒*ga je gang* ⟨als antwoord op verzoek⟩ ◆ **3.1** he will ~ fall *hij gaat gegarandeerd vallen;* plant one's feet ~ *zijn voeten stevig neerplanten* **5.1** slowly but ~ *langzaam maar zeker;* ~ not! *geen sprake van!* **¶.1** you ~ cannot be serious *dat kan je toch niet menen;* ~ you are not leaving me behind *je gaat me toch zeker niet achterlaten;* ~ I've met you before? *ik heb je zeker al eerder ontmoet?;* you know him ~! *je moet hem kennen!.*
sure·ty ['ʃʊərəti‖'ʃʊrəṭi]⟨f1⟩⟨zn.; →mv. 2⟩
I ⟨telb.zn.⟩ **0.1** ***borgsteller*** **0.2** ⟨vero.⟩ ***zekerheid*** ⇒*vaststaand iets* ◆ **6.2** **for/of** a ~ *zeker, natuurlijk;*
II ⟨telb. en n.-telb.zn.⟩ **0.1** ***borg*** ⇒*borgsom, (onder)pand, garantie, borgstelling* ◆ **3.1** stand ~ for s.o. *borg staan voor iem., zich borg stellen voor iem.;*
III ⟨n.-telb.zn.⟩ **0.1** ***zekerheid*** ⇒*beslistheid, zelfverzekerdheid.*
sure·ty·ship ['ʃʊərətiʃɪp‖'ʃʊrəṭi-]⟨n.-telb.zn.⟩ **0.1** ***borgstelling*** ⇒*borgspreking, borgtocht.*
surf[1] [sɜ:f‖sɜrf]⟨f2⟩⟨n.-telb.zn.⟩ **0.1** ***branding.***
surf[2], ⟨in bet. 0.1 ook⟩ **'surf-ride** ⟨f2⟩⟨onov.ww.⟩ →surfing **0.1** ***surfen*** **0.2** ***baden in de branding*** **0.3** ***branding vormen.***
surf·a·ble ['sɜ:fəbl‖'sɜrfəbl]⟨bn.⟩ **0.1** ***surfbaar*** ⇒*geschikt om te surfen* ⟨strand, golf⟩.
sur·face[1] ['sɜ:fɪs‖'sɜr-]⟨f3⟩⟨telb. en n.-telb.zn.⟩ **0.1** ***oppervlak(te)*** ⟨ook fig.⟩ ⇒*buitenzijde, vlak, mantelvlak, wegdek, bruggedek* ◆ **3.1** break ~ *bovenkomen* ⟨bv. v. duikboot⟩; get below the ~ *grondiger op iets ingaan, niet aan de oppervlakte blijven;* come to the ~ *aan de oppervlakte treden, te voorschijn komen, bovenkomen;* scratch the ~ *of aan de oppervlakte krassen v.;* ⟨fig.⟩ *oppervlakkig behandelen, aan de oppervlakte blijven v.* **6.1** **of/on** the ~ *aan de oppervlakte, oppervlakkig, op het eerste gezicht, aan de buitenkant.*
surface[2] ⟨f1⟩⟨ww.⟩ →-surfaced, surfacing
I ⟨onov.ww.⟩ **0.1** ***aan de oppervlakte komen/treden*** ⟨ook fig.⟩ ⇒*opduiken, bovenkomen, verschijnen, te voorschijn treden, de kop opsteken* **0.2** ***boven water komen*** ⇒*opstaan* **0.3** ⟨AE⟩ ***zichtbaar worden*** ⇒*bekend worden;*
II ⟨ov.ww.⟩ **0.1** ***vlakken*** ⇒*vlak/glad maken, polijsten, egaliseren* **0.2** ***bedekken*** ⇒*overlagen, bestraten, asfalteren* **0.3** ***aan de oppervlakte brengen.***
'sur·face-'ac·tive ⟨bn.⟩ **0.1** ***capillair-actief.***
'surface ac'tivity ⟨n.-telb.zn.⟩ **0.1** ***capillair-actief vermogen*** ⇒*capillair-actieve werking.*
'surface area ⟨telb.zn.⟩ **0.1** ***oppervlakte.***
'surface car ⟨telb.zn.⟩⟨AE⟩ **0.1** ***tram.***
'surface con'denser ⟨telb.zn.⟩⟨tech.⟩ **0.1** ***oppervlaktecondensor*** ⟨stoom⟩.
'surface 'contour, 'surface 'contour line ⟨telb.zn.⟩ **0.1** ***hoogtelijn*** ⇒*isohypse.*
'surface cooling ⟨n.-telb.zn.⟩ **0.1** ***oppervlaktekoeling.***

'surface craft, 'surface ship, 'surface vessel ⟨telb.zn.⟩ **0.1** *schip* ⟨tgo. duikboot⟩.

-sur·faced ['sɜ:fɪst||'sɜr-]⟨oorspr. volt. deelw. v. surface⟩ **0.1** *met een (bep. soort) oppervlak* ◆ ¶.1 smooth-surfaced *met een glad oppervlak*.

'surface 'density ⟨n.-telb.zn.⟩ **0.1** *oppervlaktedichtheid*.

'surface development ⟨n.-telb.zn.⟩ **0.1** *ontwikkeling aan de oppervlakte*.

'surface dose ⟨telb.zn.⟩ **0.1** *oppervlaktedosis*.

'sur·face-ef·fect ship ⟨telb.zn.⟩⟨AE⟩ **0.1** *luchtkussenboot* ⇒*hovercraft*.

'surface grinding machine ⟨telb.zn.⟩⟨tech.⟩ **0.1** *vlakslijpmachine*.

'surface hardness ⟨n.-telb.zn.⟩ **0.1** *oppervlaktehardheid*.

'surface haze ⟨n.-telb.zn.⟩ **0.1** *oppervlaktematheid*.

'surface integral ⟨telb.zn.⟩ **0.1** *oppervlakte-integraal*.

'surface 'knowledge ⟨n.-telb.zn.⟩ **0.1** *oppervlakkige kennis*.

'surface mail ⟨f1⟩⟨n.-telb.zn.⟩ **0.1** *land/zeepost* ⟨tgo. luchtpost⟩.

sur·face·man ['sɜ:fɪsmən||sɜr-]⟨telb.zn.; surfacemen [-mən];→mv. 3⟩ **0.1** *wegwerker* ⇒*kantonnier, stratemaker*.

'surface 'merriment ⟨n.-telb.zn.⟩ **0.1** *geveinsde vrolijkheid* ⇒*schijnvrolijkheid*.

'surface noise ⟨n.-telb.zn.⟩ **0.1** *naaldgeruis* ⇒*gekras, oppervlaktegeruis* ⟨v. grammofoonplaat⟩.

'surface po'liteness ⟨n.-telb.zn.⟩ **0.1** *uiterlijke beleefdheid*.

'surface printing ⟨n.-telb.zn.⟩ **0.1** *zet(sel)druk* **0.2** *planografie* ⇒*lithografie, offset*.

'surface protection ⟨n.-telb.zn.⟩ **0.1** *oppervlaktebescherming*.

'surface resistance ⟨n.-telb.zn.⟩ **0.1** *oppervlakteweerstand*.

'surface resistivity ⟨n.-telb.zn.⟩ **0.1** *specifieke oppervlakteweerstand*.

surface ship →surface craft.

'surface structure ⟨telb. en n.-telb.zn.⟩⟨taalk.⟩ **0.1** *oppervlaktestructuur*.

'surface 'tension ⟨n.-telb.zn.⟩ **0.1** *oppervlaktespanning*.

'sur·face-to-'air ⟨bn., attr.⟩ **0.1** *grond-lucht-* ◆ **1.1** ~ missile *grondluchtraket*.

'surface transport ⟨n.-telb.zn.⟩ **0.1** *verkeer over land* ⇒*trein- en busverbindingen*.

surface vessel →surface craft.

'surface water ⟨n.-telb.zn.⟩ **0.1** *oppervlaktewater* ⇒*bovenwater*.

'surface worker ⟨telb.zn.⟩ **0.1** *bovengronder*.

'surface wound ⟨telb.zn.⟩ **0.1** *oppervlakkige wonde*.

sur·fac·ing ['sɜ:fɪsɪŋ||'sɜr-]⟨n.-telb.zn.; gerund v. surface⟩ **0.1** *oppervlaktemateriaal* **0.2** *oppervlaktewerking* **0.3** ⟨AE; tech.⟩ *het oplassen* **0.4** ⟨wegenbouw⟩ *deklaag*.

sur·fac·tant [sɜ:'fæktənt||sɜr-]⟨telb.zn.⟩ **0.1** *surfactans* ⇒*capillair-actieve stof*.

surf-bath·ing ['sɜ:fbeɪðɪŋ||'sɜrf-]⟨n.-telb.zn.⟩ **0.1** *baden in de branding*.

'surf·bird ⟨telb.zn.⟩⟨dierk.⟩ **0.1** *steenloper* ⟨Aphriza virgata⟩.

'surf·board[1] ⟨f2⟩⟨telb.zn.⟩ **0.1** *surfplank*.

surfboard[2] ⟨onov.ww.⟩ **0.1** *surfen*.

'surf·boat ⟨telb.zn.⟩ **0.1** *lichte boot* ⟨voor gebruik in de branding⟩.

'surf duck, 'surf scoter ⟨telb.zn.⟩⟨dierk.⟩ **0.1** *bril/zeeëend* ⟨Melanitta perspicillata⟩.

sur·feit[1] ['sɜ:fɪt||'sɜr-]⟨f1⟩⟨telb.zn.; vnl. enk.⟩ **0.1** *overdaad* ⇒*overlading* ⟨v.d. maag⟩, *zatheid, oververzadiging, walging* ◆ **3.1** have a ~ of *zich ziek/een breuk eten aan* **6.1 to** (a) ~ *tot walgens toe*.

surfeit[2] ⟨f1⟩⟨ww.⟩

I ⟨onov.ww.⟩⟨vero.⟩ **0.1** *zich overeten* ⇒*zich een breuk/te barsten eten, zijn maag overladen* **0.2** *beu worden* ◆ **6.1** ~ **on/with** *overmatig eten/drinken van* **6.2** ~ed **of/with** pleasure *zat v. genot;*

II ⟨ov.ww.⟩ **0.1** *overvoeden* ⇒*zich doen overeten, volstoppen*.

sur·feit·er ['sɜ:fɪtə||'sɜrfɪtər]⟨telb.zn.⟩⟨vero.⟩ **0.1** *zwelger* ⇒*brasser*.

surf·er ['sɜ:fə||'sɜrfər], **'surf-rid·er** ⟨f2⟩⟨telb.zn.⟩ **0.1** *(branding) surfer*.

'surfer's 'knob ⟨telb.zn.⟩ **0.1** *surfknobbel* ⟨op wreef of knie⟩.

sur·fi·cial ['sɜ:'fɪʃl||'sɜr'fɪʃl]⟨bn.; -ly⟩⟨geol.⟩ **0.1** *aan/van het aardoppervlak*.

surf·ing ['sɜ:fɪŋ||'sɜr-], **'surf-rid·ing** ⟨f2⟩⟨n.-telb.zn.; gerund v. surf, surf-ride⟩ **0.1** *(het)(branding)surfen*.

surf·man ['sɜ:fmən||'sɜrf-]⟨telb.zn.; -men [-mən];→mv. 3⟩ **0.1** *brandingvaarder*.

surf·y ['sɜ:fi||'sɜrfi]⟨bn., attr.⟩ **0.1** *branding-*.

surg ⟨afk.⟩ surgeon, surgery, surgical.

surge[1] [sɜ:dʒ||sɜrdʒ]⟨f2⟩⟨telb.zn.; vnl. enk.⟩ **0.1** *(hoge) golf* ⇒*stortzee* **0.2** *golving* ⇒*golfslag* **0.3** *schommeling* ⇒*stijging, toeneming, daling, afneming* **0.4** *opwelling* ⇒*vlaag, golf* **0.5** ⟨scheep.⟩ *schrikrol* **0.6** ⟨atletiek⟩ *tempoverhoging* ⇒*tussensprint* ◆ **1.2** the ~ of the hills *het glooien/golven v.d. heuvels* **1.4** a ~ of interest *een vlaag v. interesse*.

surge[2] ⟨f2⟩⟨ww.⟩

I ⟨onov.ww.⟩ **0.1** *golven* ⇒*deinen, stromen, aanzwellen* **0.2** *schommelen* ⇒*(plots) stijgen, toenemen, dalen, afnemen* **0.3** *dringen* ⇒*duwen, stuwen, zich verdringen* **0.4** *opwellen* ⇒*opbruisen* ⟨v. gevoelens⟩ **0.5** ⟨scheep.⟩ *slippen* ⇒*doorschieten* ⟨v. touw⟩ **0.6** ⟨atletiek⟩ *(plotseling) het tempo verhogen* ⇒*(een) tussensprint plaatsen* ◆ **1.3** surging crowd *opdringende massa* **5.1** ~ **by** *voorbijstromen* **6.4** ~ **up** *opwellen;*

II ⟨ov.ww.⟩ **0.1** *doen golven* **0.2** ⟨scheep.⟩ *schrikken* ⇒*laten doorschieten* ⟨v. touw⟩.

'surge chamber, 'surge tank ⟨telb.zn.⟩ **0.1** *waterslagtoren*.

sur·gent ['sɜ:dʒənt||'sɜr-]⟨bn.⟩ **0.1** *sterk opkomend*.

sur·geon ['sɜ:dʒən||'sɜr-]⟨f3⟩⟨telb.zn.⟩ **0.1** *chirurg* ⇒*heelkundige, arts* **0.2** *scheepsdokter* **0.3** *legerdokter* ⇒*officier v. gezondheid* **0.4** ⟨verk.⟩ ⟨surgeonfish⟩.

'surgeon a'pothecary ⟨telb.zn.⟩⟨BE⟩ **0.1** *apotheekhoudend arts* ⇒*apotheker-geneesheer*.

sur·geon·cy ['sɜ:dʒənsi||'sɜr-]⟨telb.zn.;→mv. 2⟩ **0.1** *betrekking v. chirurg*.

'surgeon 'dentist ⟨telb.zn.⟩ **0.1** *kaakchirurg*.

'sur·geon·fish ⟨telb.zn.⟩ **0.1** *chirurgijnvis* ⇒*doktersvis, chirurgvis* ⟨genus Acanthurus⟩.

'surgeon 'general ⟨telb.zn.; surgeons general;→mv. 6⟩⟨AE⟩ **0.1** *generaal-majoor-arts* **0.2** ⟨ong.⟩ *directeur-generaal* ⟨v.d. nationale gezondheidsdienst⟩.

'surgeon's 'gown ⟨telb.zn.⟩ **0.1** *operatieschort* ⇒⟨bij uitbr.⟩ *doktersjas*.

'surgeon's 'knot ⟨telb.zn.⟩ **0.1** *chirurgische knoop*.

sur·ger·y ['sɜ:dʒəri||'sɜr-]⟨f3⟩⟨zn.;→mv. 2⟩

I ⟨telb.zn.⟩ **0.1** *behandelkamer* ⇒*operatiekamer* **0.2** ⟨vnl. BE⟩ *spreekkamer;*

II ⟨telb. en n.-telb.zn.⟩ **0.1** *spreekuur* ⇒*spreekuren;*

III ⟨n.-telb.zn.⟩ **0.1** *chirurgie* ⇒*heelkunde* ◆ **2.1** plastic ~ *plastische chirurgie* **3.1** be in/have/undergo ~ *geopereerd worden*.

'surgery hours, 'surgeon hours ⟨mv.⟩ **0.1** *spreekuur* ⇒*spreekuren*.

sur·gi·cal ['sɜ:dʒɪkl||'sɜr-]⟨f2⟩⟨bn.; -ly⟩ **0.1** *chirurgisch* ⇒*heelkundig, operatief* **0.2** *operatie-* ⇒*postoperatief* ◆ **1.1** ~ case *instrumentenkistje;* ~ knot *chirurgische knoop;* ⟨BE⟩ ~ spirit *ontsmettingsalcohol;* ~ treatment *chirurgische behandeling* **1.2** ~ fever *operatiekoorts, wondkoorts* **1.¶** ~ boot *orthopedische schoen;* ~ stocking *steunkous, elastische kous*.

su·ri·cate ['sjʊərɪkeɪt||'sʊr-], **su·ri·cat** [-kæt]⟨telb.zn.⟩⟨dierk.⟩ **0.1** *stokstaartje* ⟨Suricata suricatta⟩.

Su·ri·nam[1] ['sʊərɪ'næm||'sʊrənæm]⟨eig.n.⟩ **0.1** *Suriname*.

Surinam[2] ⟨bn.⟩ **0.1** *Surinaams* ◆ **1.1** ~ toad *pipa, Surinaamse pad*.

Su·ri·na·mese ['sʊərɪnəmi:z]⟨bn.⟩ **0.1** *Surinaams*.

sur·ly ['sɜ:li||'sɜrli]⟨f1⟩⟨bn.; -er; -ly; -ness;→bijw. 3⟩ **0.1** *knorrig* ⇒*kribbig, nors, bars, bokkig, korzelig, wrevelig* **0.2** ⟨vero.⟩ *bazig* ⇒*aanmatigend, arrogant*.

sur·mis·able [sə'maɪzəbl||sər-]⟨bn.⟩ **0.1** *veronderstelbaar* ⇒*te vermoeden*.

sur·mise[1] [sə'maɪz,'sɜ:maɪz||sər-,'sɜr-]⟨f1⟩⟨telb.zn.⟩ **0.1** *gissing* ⇒*vermoeden, conjectuur, onderstelling*.

surmise[2] [sə'maɪz||sər-]⟨f1⟩⟨onov. en ov.ww.⟩ **0.1** *gissen* ⇒*vermoeden, veronderstellen, raden*.

sur·mount [sə'maʊnt||sər-]⟨f2⟩⟨ov.ww.⟩ **0.1** *overklimmen* ⇒*beklimmen, overspringen* **0.2** *bedekken* ⇒*overdekken, staan/liggen op* **0.3** *uitsteken boven* **0.4** *overwinnen* ⇒*te boven komen, de baas worden* **0.5** ⟨vero.⟩ *overtreffen in aantal/kwantiteit* ◆ **1.2** peaks ~ed with snow *met sneeuw bedekte toppen;* a house ~ed by/with a weather-vane *een huis met een weerhaan erop* **1.3** ~ed arch *verhoogde boog* **1.4** ~ difficulties *moeilijkheden overwinnen*.

sur·mount·a·ble [sə'maʊntəbl||sər'maʊntəbl]⟨f1⟩⟨bn.⟩ **0.1** *overwinbaar* ⇒*overkomelijk*.

sur·mul·let [sə'mʌlɪt||sər-]⟨bn.; ook surmullet;→mv. 4⟩⟨dierk.⟩ **0.1** *zeebarbeel* ⟨Mullus surmuletus⟩.

sur·name[1] ['sɜ:neɪm||'sɜr-]⟨f1⟩⟨telb.zn.⟩ **0.1** *familienaam* ⇒*achternaam* **0.2** *bijnaam* ⇒*toenaam*.

surname[2] ⟨ov.ww.⟩ **0.1** *een (bij)naam geven* **0.2** *bij de achter/bijnaam noemen* ◆ **1.1** Charles, ~d the Bald *Karel, bijgenaamd de Kale*.

sur·pass [sə'pɑ:s||sər'pæs]⟨f2⟩⟨ov.ww.⟩ →surpassing **0.1** *overtreffen* ⇒*te boven/buiten gaan* ◆ **1.1** ~ all expectations *alle verwachtingen overtreffen* **6.1** ~ **in** strength/skill *sterker/vaardiger zijn dan*.

sur·pass·able [sə'pɑ:səbl||sər'pæsəbl]⟨bn.⟩ **0.1** *overtrefbaar*.

sur·pass·ing [sə'pɑ:sɪŋ||sər'pæsɪŋ]⟨bn.; teg. deelw. v. surpass; -ly⟩ **0.1** *ongeëvenaard* ⇒*weergaloos, buitengewoon* ◆ **1.1** ~ beauty *onvergetelijke schoonheid*.

sur·plice ['sɜ:plɪs||'sɜr-]⟨telb.zn.⟩⟨relig., vnl. r.-k.⟩ **0.1** *superpli(e)* ⇒*superpellicum, koorhemd*.

sur·pliced ['sɜ:plɪst‖'sɜr-]⟨bn.⟩ **0.1** ***in superplie.***
'surplice duty ⟨telb.zn.⟩⟨vnl. BE⟩ **0.1** ***priesterdienst*** ⟨bij doop enz.⟩.
'surplice fee ⟨telb.zn.⟩⟨vnl. BE⟩ **0.1** ***priesterhonorarium.***
sur·plus[1] ['sɜ:pləs‖'sɜrplʌs]⟨f1⟩⟨telb.zn.⟩ **0.1** ***surplus*** ⇒*overschot, teveel,* ⟨vnl. BE⟩ *rest(ant).*
surplus[2] ⟨f2⟩⟨bn., attr.⟩ **0.1** ***overtollig*** ⇒*extra, over-, surplus-* ◆ **1.1** ~ grain *graanoverschot;* ~ labour *arbeidsreserve;* ~ population *bevolkingsoverschot;* ~ stock *surplusvoorraad;* ~ value *meerwaarde, overwaarde;* ~ weight *overwicht.*
sur·plus·age ['sɜ:pləsɪdʒ‖'sɜr-]⟨n.-telb.zn.⟩ **0.1** ***surplus*** ⇒*overschot* **0.2** ***woordenvloed*** ⇒*omhaal v. woorden.*
sur·prise[1], ⟨zelden⟩ **sur·prize** [sə'praɪz‖sər-], **sur·pris·al** [-'praɪzl] ⟨f3⟩⟨telb. en n.-telb.zn.⟩ **0.1** ***verrassing*** ⇒*verbazing, verwondering; overrompeling; surprise* ◆ **2.1** full of ~ *vol verbazing* **3.1** come as a ~ (to s.o.) *totaal onverwacht komen (voor iem.);* his ~ did not last long *hij was snel v.d. verrassing bekomen;* look up in ~ *verrast opkijken;* stare in ~ *grote ogen opzetten;* take by ~ *overrompelen, bij verrassing (in)nemen* **4.1** what a ~! *wat een verrassing!* **6.1** **to** my great ~ *tot mijn grote verbazing* ¶.**1** ~! *kiekeboe!.*
surprise[2], ⟨zelden⟩ **surprize** ⟨f3⟩⟨ov.ww.⟩ →surprised, surprising **0.1** ***verrassen*** ⇒*verbazen, verwonderen; overrompelen, overvallen, betrappen* ◆ **4.1** you'd be ~ed! *daar zou je van opkijken!;* you ~ me! *dat had ik niet van je verwacht!, dat valt me tegen van je!, je gaat al mijn verwachtingen te boven!* **6.1** ~ s.o. **into** doing sth. *iem. onverhoeds ertoe brengen iets te doen;* she ~d him **into** an answer *voor hij het wist had ze hem een antwoord ontfutseld;* ~ s.o. **with** *iem. verrassen met* ¶.**1** ~ s.o. in the act *iem. op heterdaad betrappen.*
sur'prise attack ⟨telb.zn.⟩ **0.1** ***verrassingsaanval*** ⇒*overval.*
sur·prised [sə'praɪzd‖sər-]⟨f3⟩⟨bn.; volt. deelw. v. surprise; -ly⟩ **0.1** ***verrast*** ⇒*verbaasd, verwonderd, versteld* ◆ **6.1** be ~ **at** *zich verbazen over, versteld staan van;* I'm ~ **at** you *dat had ik niet van je verwacht, je valt me tegen.*
sur'prise package, sur'prise packet ⟨telb.zn.⟩ **0.1** ***surprise*** ⇒*verrassingspakket.*
sur'prise party ⟨f1⟩⟨telb.zn.⟩⟨vnl. AE⟩ **0.1** ***(onverwacht) feest(je)*** ⟨voor gastheer/vrouw⟩.
sur'prise visit ⟨telb.zn.⟩ **0.1** ***onverwacht bezoek.***
sur·pris·ing [sə'praɪzɪŋ‖sər-]⟨f3⟩⟨bn.; teg. deelw. v. surprise; -ly⟩ **0.1** ***verrassend*** ⇒*ongewoon, verbazend, verbazingwekkend.*
surr ⟨afk.⟩ surrender.
sur·ra, sur·rah ['sʊərə‖'sʊrə]⟨n.-telb.zn.⟩ **0.1** ***surra(ziekte)*** ⇒*(soort) slaapziekte* ⟨bij dieren⟩.
sur·re·al [sə'rɪəl]⟨bn.⟩ **0.1** ***surreëel*** ⇒*surrealistisch.*
sur·re·al·ism [sə'rɪəlɪzm]⟨f1⟩⟨n.-telb.zn.⟩ **0.1** ***surrealisme.***
sur·re·al·ist[1] [sə'rɪəlɪst]⟨f1⟩⟨telb.zn.⟩ **0.1** ***surrealist.***
surrealist[2], **sur·re·al·is·tic** [sə'rɪə'lɪstɪk]⟨f1⟩⟨bn.; surrealistically; →bijw. 3⟩ **0.1** ***surrealistisch*** ⇒*surreëel.*
sur·re·but ['sɜ:rɪ'bʌt]⟨onov.ww.⟩⟨jur.⟩ **0.1** ***voor de derde maal repliceren*** ⟨door aanklager⟩.
sur·re·but·ter ['sɜ:rɪ'bʌtə‖'sɜri'bʌṭər], **sur·re·but·tal** [-'bʌṭl] ⟨telb.zn.⟩⟨jur.⟩ **0.1** ***derde repliek*** ⟨v. aanklager⟩.
sur·re·join ['sɜ:rɪ'dʒɔɪn]⟨onov.ww.⟩⟨jur.⟩ **0.1** ***voor de tweede maal repliceren*** ⟨door aanklager⟩.
sur·re·join·der ['sɜ:rɪ'dʒɔɪndə‖-ər]⟨telb.zn.⟩⟨jur.⟩ **0.1** ***tripliek*** ⟨v. aanklager⟩.
sur·ren·der[1] [sə'rendə‖-ər]⟨f2⟩⟨n.-telb.zn.⟩ **0.1** ***overgave*** ⇒*uitlevering, afstand* **0.2** ***afkoop*** ⟨v. verzekering⟩.
surrender[2] ⟨f3⟩⟨ww.⟩
I ⟨onov.ww.⟩ **0.1** ***zich overgeven*** ⇒*capituleren, het opgeven, toegeven, zwichten* **0.2** ⟨jur.⟩ ***verschijnen*** ⇒*opkomen* ⟨v. tegen borgtocht vrijgelatene⟩ ◆ **1.2** ⟨BE⟩ ~ to one's bail *verschijnen, opkomen;*
II ⟨ov.ww.⟩ **0.1** ***overgeven*** ⇒*uitleveren, inleveren; afstaan, afstand doen van, afzien van* **0.2** ***afkopen*** ⟨verzekering⟩ ◆ **1.2** ~ a policy *een polis afkopen* **6.1** ~ **to** *zich overgeven aan.*
sur'render value ⟨telb. en n.-telb.zn.⟩ **0.1** ***afkoopwaarde*** ⟨v. verzekering⟩.
sur·rep·ti·tious ['sʌrəp'tɪʃəs]⟨f2⟩⟨bn.; -ly; -ness⟩ **0.1** ***clandestien*** ⇒*heimelijk, stiekem* **0.2** ***onecht*** ⇒*vervalst, bedrieglijk* ◆ **1.1** ~ edition *clandestiene editie;* ~ glance *steelse blik.*
sur·rey ['sʌri‖'sɜri]⟨telb.zn.⟩⟨AE⟩ **0.1** ***(licht) vierwielig plezierrijtuig.***
sur·rog·a·cy ['sʌrəgəsi]⟨n.-telb.zn.⟩ **0.1** ***leen/draagmoederschap.***
sur·ro·gate[1] ['sʌrəgət,-geɪt‖'sɜrə-]⟨telb.zn.⟩ **0.1** ***plaatsvervanger*** ⇒*substituut;* ⟨BE⟩ *bisschoppelijk afgevaardigde, vicaris* **0.2** ***vervangmiddel*** ⇒*substituut, surrogaat* **0.3** ***draagmoeder*** **0.4** ⟨AE⟩ ***rechter*** ⟨voor verificatie v. testamenten, aanstelling v. voogden e.d.⟩.
surrogate[2] ⟨bn., attr.⟩ **0.1** ***plaatsvervangend*** ⇒*substituut-, vice-, onder-* ◆ **1.1** ~ mother *leen/draagmoeder* ⟨vrouw⟩; ⟨bij dieren⟩ *surrogaatmoeder;* ~ motherhood *leen/draagmoederschap;* ~ gestational mother *draagmoeder* ⟨v. bevruchte eicel v. andere vrouw⟩.
surrogate[3] ['sʌrəgeɪt‖'sɜrə-]⟨ov.ww.⟩ **0.1** ***vervangen*** ⇒*in de plaats stellen, substitueren.*
sur·ro·gate·ship ['sʌrəgətʃɪp,-geɪt-‖'sɜrə-]⟨n.-telb.zn.⟩ **0.1** ***plaatsvervangerschap.***
sur·round[1] [sə'raʊnd]⟨telb.zn.⟩ **0.1** ⟨BE⟩ ***(sier)rand*** ⟨vnl. tussen tapijt en muur⟩ **0.2** ⟨AE⟩ ***omsingeling*** ⟨v. kudde dieren⟩.
surround[2] ⟨f3⟩⟨ov.ww.⟩ →surrounding **0.1** ***omringen*** ⇒*omsingelen, insluiten, omhullen, omsluiten* ◆ **6.1** ~ed **by/with** *omringd door, omgeven door.*
surrounding [sə'raʊndɪŋ]⟨f2⟩⟨bn., attr.; teg. deelw. v. surround⟩ **0.1** ***omliggend*** ⇒*omringend, omgevend, nabijgelegen* ◆ **1.1** ~ villages *omliggende dorpen.*
sur·round·ings [sə'raʊndɪŋz]⟨f2⟩⟨mv.⟩ **0.1** ***omgeving*** ⇒*buurt, streek, omtrek, omstreken.*
sur'round sound ⟨n.-telb.zn.; vaak attr.⟩⟨vnl. BE; muz.⟩ **0.1** ***(meerkanaals)stereofonie*** ⇒⟨oneig.⟩ *quadrafonie.*
sur·tax[1] ['sɜ:tæks‖'sɜr-]⟨f1⟩⟨n.-telb.zn.⟩ **0.1** ***extra belasting*** ⇒*surtaks.*
surtax[2] ⟨ov.ww.⟩ **0.1** ***extra belasten.***
sur·tout ['sɜ:tu:‖'sɜr'tu:]⟨telb.zn.⟩⟨gesch.⟩ **0.1** ***overjas*** **0.2** ***geklede jas.***
sur·veil·lance [sɜ:'veɪləns‖sər-]⟨f1⟩⟨n.-telb.zn.⟩ **0.1** ***toezicht*** ⇒*bewaking, surveillance* ◆ **6.1** **under** (close) ~ *onder (strenge) bewaking.*
sur'veillance airplane ⟨telb.zn.⟩ **0.1** ***verkenningsvliegtuig.***
sur·veil·lant[1] [sɜ:'veɪlənt‖sər-]⟨telb.zn.⟩ **0.1** ***toezichter*** ⇒*bewaker, opzichter, surveillant.*
surveillant[2] ⟨bn.⟩ **0.1** ***toezichthoudend*** ⇒*controlerend, bewakend, surveillerend.*
sur·veille [sɜ:'veɪl‖sər-]⟨ov.ww.⟩⟨AE⟩ **0.1** ***onder bewaking/toezicht houden*** ⇒*bewaken, controleren.*
sur·vey[1] ['sɜ:veɪ‖'sɜr-]⟨f3⟩⟨telb.zn.⟩ **0.1** ***overzicht*** ⇒*wijde blik* **0.2** ***overzicht*** ⇒*samenvatting* **0.3** ***(klasse)onderzoek*** ⇒*inspectie, survey* **0.4** ***raming*** ⇒*schatting, expertise, rapport;* ⟨i.h.b.⟩ *taxering, taxatierapport* ⟨v. huis⟩ **0.5** ***opmeting*** ⇒*opneming, topografische verkenning, triangulatie, opname, kartering* ⟨v. terrein⟩ **0.6** ⟨kernfysica⟩ ***stralingscontrole/meting*** **0.7** ⟨BE⟩⟨verk.⟩ ⟨ordnance survey⟩ ◆ **2.5** aerial ~ *fotografische topografie/opneming* **3.**¶ take a ~ of *onderzoeken, inspecteren, opnemen* **6.3** be **under** ~ *geïnspecteerd worden.*
survey[2] [sə'veɪ‖sər-]⟨f3⟩⟨ov.ww.⟩ →surveying **0.1** ***overzien*** ⇒*overschouwen, toezien op* **0.2** ***samenvatten*** ⇒*een overzicht geven van* **0.3** ***onderzoeken*** ⇒*inspecteren, bezichtigen* **0.4** ***ramen*** ⇒*schatten, taxeren* ⟨bv. huis⟩ **0.5** ***opnemen*** ⇒*opmeten, karteren.*
sur·vey·able [sə'veɪəbl‖sər-]⟨bn.⟩ **0.1** ***te overzien*** ⇒*overzienbaar.*
sur·vey·ance [sə'veɪəns‖sər-]⟨n.-telb.zn.⟩ **0.1** ***toezicht*** ⇒*bewaking, surveillance.*
'survey course ⟨telb.zn.⟩ **0.1** ***overzichtscursus*** ⇒*inleidende cursus.*
sur·vey·ing [sə'veɪɪŋ‖sər-]⟨n.-telb.zn.; gerund v. survey⟩ **0.1** ***landmeetkunde*** ⇒*het landmeten.*
sur'veying chain ⟨telb.zn.⟩ **0.1** ***meetketting.***
'survey instrument ⟨telb.zn.⟩⟨kernfysica⟩ **0.1** ***(draagbare) stralingsmeter.***
sur·vey·or [sə'veɪə‖sər'veɪər]⟨f2⟩⟨telb.zn.⟩ **0.1** ***opziener*** ⇒*opzichter, inspecteur* **0.2** ***landmeter*** **0.3** ***deskundige*** ⇒*expert, taxateur, schatter* **0.4** ***beschouwer*** ⇒*toeschouwer* **0.5** ⟨BE⟩ ***bouwmeester*** ⇒*architect (met toezicht)* **0.6** ⟨AE⟩ ***commies*** ⇒*douanebeambte.*
sur·vey·or·ship [sə'veɪəʃɪp‖sər'veɪər-]⟨n.-telb.zn.⟩ **0.1** ***opzichterschap*** **0.2** ***landmeterschap.***
sur'veyor's house ⟨telb.zn.⟩ **0.1** ***directiekeet.***
sur'veyor's 'level ⟨telb.zn.⟩ **0.1** ***landmeterswaterpas.***
sur'veyor's 'measure ⟨telb.zn.⟩ **0.1** ***landmetersmaat.***
sur·viv·al [sə'vaɪvl‖sər-], **sur·viv·ance** [-vəns]⟨f2⟩⟨zn.⟩
I ⟨telb.zn.⟩ **0.1** ***overblijfsel*** ⇒*relict, survival* **0.2** ***(laatst) overgeblevene;***
II ⟨n.-telb.zn.⟩ **0.1** ***overleving*** ⇒*het overleven, het voortbestaan* ◆ **1.1** ~ of the fittest *overleving v.d. sterksten, natuurlijke selectie.*
sur'vival curve ⟨telb.zn.⟩⟨kernfysica⟩ **0.1** ***overlevingskromme.***
sur'vival equipment ⟨n.-telb.zn.⟩ **0.1** ***overlevingsuitrusting*** ⇒*nooduitrusting.*
sur·viv·al·ist [sə'vaɪvəlɪst‖sər-]⟨telb.zn.; ook attr.⟩⟨AE⟩ **0.1** ***quasi-overlever*** ⟨die onder mom v. zelfbescherming zichzelf bewapent⟩.
sur'vival kit ⟨f1⟩⟨telb.zn.⟩ **0.1** ***overlevingsuitrusting*** ⇒*nooduitrusting, uitrusting voor noodgevallen.*

sur'vival rate ⟨telb.zn.⟩ **0.1** ***overlevingspercentage***.
sur'vival suit ⟨telb.zn.⟩ **0.1** ***overlevingspak*** ⇒*reddingspak*.
sur'vival trip ⟨telb.zn.⟩ **0.1** ***overlevingstocht***.
sur'vival value ⟨telb. en n.-telb.zn.⟩ **0.1** ***overlevingswaarde***.
sur·vive [sə'vaɪv‖sər-]⟨f3⟩⟨onov. en ov.ww.⟩ **0.1** ***overleven*** ⇒*voortbestaan, bewaard blijven, nog leven, blijven leven, langer leven dan;* ⟨fig.⟩ *zich (weten te) handhaven* ◆ **1.1** ~ an earthquake *een aardbeving overleven;* ~ one's children *zijn kinderen overleven;* ~ one's usefulness *zijn nut overleven* **6.1** ⟨jur.⟩ ~ **to** *overgaan op* ⟨overlevende⟩.
sur·vi·vor [sə'vaɪvə‖sər'vaɪvər]⟨f2⟩⟨telb.zn.⟩ **0.1** ***overlevende*** ⇒*geredde* **0.2** ⟨inf.⟩ ***doordouwer*** ⇒*iem. die niet kapot te krijgen is, iem. die zich weet te handhaven* **0.3** ⟨jur.⟩ ***langstlevende***.
sur·vi·vor·ship [sə'vaɪvəʃɪp‖sər'vaɪvərʃɪp]⟨n.-telb.zn.⟩ **0.1** ***overleving*** **0.2** ⟨jur.⟩ ***opvolgingsrecht*** ⟨bij overleven⟩.
sur'vivorship insurance ⟨telb. en n.-telb.zn.⟩ **0.1** ***overlevingsverzekering***.
sur'vivor syndrome ⟨telb.zn.⟩⟨psych.⟩ **0.1** ***overlevingssyndroom*** ⟨bv. v. overlevenden v. kampen⟩.
sus[1] [sʌs]⟨zn.⟩⟨inf.⟩
I ⟨telb.zn.⟩ **0.1** ***verdachte;***
II ⟨n.-telb.zn.⟩ **0.1** ***verdenking***.
sus[2] →suss.
Sus ⟨afk.⟩ Sussex.
susceptance [sə'septəns]⟨n.-telb.zn.⟩⟨elek.⟩ **0.1** ***susceptantie***.
sus·cep·ti·bil·i·ty [səseptə'bɪləṭi]⟨f1⟩⟨zn.;→mv. 2⟩
I ⟨telb.zn.⟩ **0.1** ***gevoeligheid*** ⇒*zwakke/tere plek* ◆ **3.1** wound s.o. in his susceptibilities *iem. op zijn zwakke plek raken, iemands gevoeligheid kwetsen;*
II ⟨n.-telb.zn.⟩ **0.1** ***gevoeligheid*** ⇒*vatbaarheid, ontvankelijkheid; susceptibiliteit; lichtgeraaktheid* **0.2** ⟨nat.⟩ ***susceptibiliteit***.
sus·cep·ti·ble [sə'septəbl]⟨f2⟩⟨bn.;-ly;-ness;→bijw. 3⟩
I ⟨bn.⟩ **0.1** ***ontvankelijk*** ⇒*gevoelig, lichtgeraakt, susceptibel, licht opgewonden* ◆ **1.1** a ~ girl *een licht ontvlambaar meisje;*
II ⟨bn., pred.⟩ **0.1** ***vatbaar*** ⇒*gevoelig, onderhevig, blootgesteld* ◆ **6.1** ~ **to** *vatbaar/gevoelig voor, onderhevig/blootgesteld aan*.
sus·cep·tive [sə'septɪv]⟨bn.;-ness⟩ **0.1** ***receptief*** ⇒*ontvankelijk, gevoelig, vatbaar* ◆ **6.1** ~ **of** *gevoelig/vatbaar voor*.
sus·cep·tiv·i·ty ['sʌsep'tɪvəṭi]⟨n.-telb.zn.⟩ **0.1** ***receptiviteit*** ⇒*ontvankelijkheid, vatbaarheid, opnemingsvermogen, gevoeligheid*.
su·shi ['su:ʃi]⟨n.-telb.zn.⟩ **0.1** ***sushi*** ⟨Japans gerecht⟩.
sus·lik ['sʌslɪk], **sous·lik** ['su:slɪk]⟨telb.zn.⟩⟨dierk.⟩ **0.1** ***soeslik*** ⇒*siesel* ⟨genus Citellus⟩.
sus·pect[1] ['sʌspekt]⟨f2⟩⟨telb.zn.⟩ **0.1** ***verdachte*** ⇒*vermoedelijke dader*.
suspect[2] ⟨f2⟩⟨bn.⟩ **0.1** ***verdacht*** ⇒*suspect, twijfelachtig, dubieus*.
suspect[3] [sə'spekt]⟨f3⟩⟨ww.⟩
I ⟨onov.ww.⟩ **0.1** ***argwaan koesteren*** ⇒*achterdochtig zijn;*
II ⟨ov.ww.⟩ **0.1** ***vermoeden*** ⇒*vrezen, geloven, menen, denken* **0.2** ***verdenken*** ⇒*wantrouwen* **0.3** ***betwijfelen*** ◆ **1.2** ~ed criminal *verdachte, vermoedelijke misdadiger* **6.2** ~ **of** *verdenken van*.
sus·pend [sə'spend]⟨f3⟩⟨ww.⟩
I ⟨onov.ww.⟩ **0.1** ***zijn activiteiten (tijdelijk) staken*** **0.2** ***in verzuim zijn*** ⇒*in gebreke blijven, niet voldoen aan verplichtingen, niet (meer) betalen;*
II ⟨ov.ww.⟩ **0.1** ***(op)hangen*** **0.2** ***uitstellen*** ⇒*opschorten, verdagen* **0.3** ***schorsen*** ⇒*(tijdelijk) intrekken/buiten werking stellen, onderbreken, staken, suspenderen* **0.4** ⟨schei.⟩ ***suspenderen*** ⇒*in suspensie doen overgaan* ◆ **1.1** ~ed pump *hangende pomp;* ~ed rail joint *zwevende las;* ~ed railway *hangbaan, luchtspoorweg;* ~ed scaffold *hangsteiger* **1.2** ~ one's judgment *zijn oordeel opschorten;* ~ed sentence *voorwaardelijke straf/veroordeling* **1.3** ~ hostilities *de vijandelijkheden staken;* ~ a licence *een vergunning intrekken;* ~ payment *zijn betalingen staken;* ~ a player *een speler schorsen* **6.1** ~ **from** *ophangen aan;* be ~ed **from/in** *hangen aan, zweven in* **6.3** be ~ed **from** school *(tijdelijk) van school gestuurd worden*.
sus·pend·er [sə'spendə‖-ər]⟨f1⟩⟨zn.⟩
I ⟨telb.zn.⟩⟨BE⟩ **0.1** ***jarretel(le)*** ⇒*(kous/sok)ophouder* ◆ **1.1** pair of ~s *jarretel(le)s;*
II ⟨mv.;~s⟩⟨AE⟩ **0.1** ***bretellen*** ⇒*bretels* ◆ **1.1** pair of ~s *bretellen*.
su'spender belt ⟨telb.zn.⟩⟨BE⟩ **0.1** ***jarretel(le)gordel***.
sus·pense [sə'spens]⟨f2⟩⟨n.-telb.zn.⟩ **0.1** ***spanning*** ⇒*onzekerheid, suspense* **0.2** ***opschorting*** ⇒*uitstel* ◆ **1.2** ~ of judgment *opschorting v. oordeel/uitspraak* **3.1** hold/keep in ~ *in onzekerheid laten* **6.1** **in** ~ *in spanning* **6.2** **in** ~ *(tijdelijk) opgeschort/buiten werking gesteld*.
su'spense account ⟨telb.zn.⟩ **0.1** ***hulprekening*** ⇒*voorlopige rekening*.
sus·pense·ful [sə'spensfl]⟨bn.⟩ **0.1** ***vol spanning/suspense*** ⇒*spannend*.
sus·pen·si·ble [sə'spensəbl]⟨bn.⟩ **0.1** ***ophangbaar***.
sus·pen·sion [sə'spenʃn]⟨f2⟩⟨zn.⟩
I ⟨telb.zn.⟩ **0.1** ***ophangpunt*** **0.2** ***iets hangends*** **0.3** ⟨schei.⟩ ***suspensie;***
II ⟨telb. en n.-telb.zn.⟩ **0.1** ***vering*** ⇒*ophanging;*
III ⟨n.-telb.zn.⟩ **0.1** ***suspensie*** ⇒*ophijsing, ophanging, hangende/zwevende toestand* **0.2** ***suspensie*** ⇒*opschorting* ⟨v.e. oordeel, vonnis e.d.⟩, *onderbreking, uitstel, staking* ⟨v. betaling⟩, *schorsing* ⟨v.e. geestelijke/wedstrijdspeler⟩ ◆ **1.1** point of ~ *ophangpunt* **1.2** ~ of arms *wapenstilstand;* ~ of disbelief *bereidheid iets te geloven;* ~ of payment *staking v. betaling* **6.1** be **in** ~ *zweven* ⟨in vloeistof⟩.
su'spension bridge ⟨telb.zn.⟩ **0.1** ***hangbrug*** ⇒*kettingbrug*.
sus'pension file ⟨telb.zn.⟩ **0.1** ***hangmap***.
su'spension lamp ⟨telb.zn.⟩ **0.1** ***hanglamp***.
su'spension periods, su'spension points ⟨f1⟩⟨mv.⟩ **0.1** ***weglatingspuntjes***.
sus·pen·sive [sə'spensɪv]⟨bn.;-ly;-ness⟩ **0.1** ***opschortend*** ⇒*suspensief, schorsend, uitstellend* **0.2** ***twijfelachtig*** ⇒*onzeker* ◆ **1.1** ~ veto *suspensief veto*.
sus·pen·sor [sə'spensə‖-ər]⟨telb.zn.⟩ **0.1** ⟨plantk.⟩ ***zaadstreng*** **0.2** →suspensory.
sus·pen·so·ry[1] [sə'spensəri]⟨telb.zn.;→mv. 2⟩ **0.1** ***suspensoir*** ⇒*draag(ver)band, suspensorium*.
suspensory[2] ⟨bn.⟩ **0.1** ***dragend*** ⇒*steunend* **0.2** ***opschortend*** ⇒*suspensief* ◆ **1.1** ~ bandage *draagverband;* ⟨anat.⟩ ~ ligament *sustentaculum*.
sus·pi·cion [sə'spɪʃn]⟨f3⟩⟨telb. en n.-telb.zn.⟩ **0.1** ***vermoeden*** ⇒*gissing, veronderstelling* **0.2** ***verdenking*** ⇒*achterdocht, argwaan, suspicie* **0.3** ***zweempje*** ⇒*schijntje, vleugje, ietsje* ◆ **1.3** a ~ of irony *een zweempje ironie* **3.1** have a ~ that *vermoeden dat* **3.2** have ~s of sth. *iets niet vertrouwen* **6.2** **above** ~ *boven alle verdenking verheven;* **on** (the) ~ of *onder verdenking van;* **under** ~ (of) *onder verdenking (van)*.
sus·pi·cion·less [sə'spɪʃnləs]⟨bn.⟩ **0.1** ***argeloos*** ⇒*zonder achterdocht, niets kwaads vermoedend*.
sus·pi·cious [sə'spɪʃəs]⟨f3⟩⟨bn.;-ly;-ness⟩ **0.1** ***verdacht*** **0.2** ***wantrouwig*** ⇒*achterdochtig, argwanend* ◆ **6.1** be/feel ~ **about/of** s.o./sth. *iem./iets verdacht vinden/wantrouwen, wantrouwig staan tegenover iem./iets*.
sus·pi·ra·tion ['sʌspɪ'reɪʃn]⟨telb.zn.⟩⟨schr.⟩ **0.1** ***verzuchting*** **0.2** ***zucht*** ⇒*(diepe) ademhaling*.
sus·pire [sə'spaɪə‖-ər]⟨onov.ww.⟩⟨schr.⟩ **0.1** ***verzuchten*** **0.2** ***ademen*** ⇒*zuchten* ◆ **6.1** ~ **after/for** sth. *smachten naar iets*.
suss, sus [sʌs]⟨ov.ww.⟩⟨inf.⟩ **0.1** ***ontdekken*** ⇒*erachter komen, beseffen* ◆ **5.¶** →sus(s) out **8.1** I soon ~ed that ... *ik had al gauw door dat ...*.
Sus·sex ['sʌsɪks]⟨zn.⟩
I ⟨eig.n.⟩ **0.1** ***Sussex*** ⟨Engels graafschap⟩;
II ⟨telb.zn.⟩ **0.1** ***Sussexrund*** **0.2** ***Sussexhoen*** **0.3** ***Sussexspaniel***.
'Sussex 'spaniel ⟨telb.zn.⟩ **0.1** ***Sussex spaniel***.
'suss 'out, 'sus 'out ⟨ov.ww.⟩⟨inf.⟩ **0.1** ***uitzoeken*** ⇒*uitkienen, uitvinden, proberen te weten te komen* **0.2** ***doorgronden*** ⇒*proberen te doorzien* ◆ **1.1** ~ an area *een gebied verkennen;* ~ a party *erachter proberen te komen wat voor feestje het is* **3.2** I can't suss him out *ik kan geen hoogte van hem krijgen;* I've got him sussed out *ik heb hem door/in de peiling, ik weet wat voor vlees ik met hem in de kuip heb*.
sus·tain [sə'steɪn]⟨f2⟩⟨ov.ww.⟩ →sustained **0.1** ***(onder)steunen*** ⇒*dragen, schragen, verstevigen; kracht bijzetten, bewijzen, staven, bevestigen; staande houden, ophouden, hooghouden; aanmoedigen* **0.2** ***volhouden*** ⇒*aanhouden, gaande houden, onderhouden* **0.3** ***doorstaan*** ⇒*niet bezwijken voor, verdragen* **0.4** ***ondergaan*** ⇒*lijden, oplopen* **0.5** ***aanvaarden*** ⇒*erkennen* **0.6** ***spelen*** ◆ **1.1** ~ one's authority *zijn gezag hooghouden;* ~ a claim *een bewering staven;* ~ing food *versterkend voedsel;* ~ing member *betalend lid;* ⟨AE; radio, t.v.⟩ ~ing program *programma zonder reclame* **1.2** ~ a conversation *een gesprek gaande houden;* ~ a correspondence *een briefwisseling onderhouden;* ~ an effort *een inspanning volhouden;* ~ a note *een noot aanhouden;* ~ one's part *zijn rol volhouden* **1.3** ~ an attack *een aanval afslaan/doorstaan;* ~ a comparison *een vergelijking doorstaan* **1.4** ~ a defeat/an injury *een nederlaag/letsel oplopen;* ~ a loss *een verlies lijden* **1.5** ~ s.o.'s claim/s.o. in his claim *iem. zijn eis toewijzen;* ~ an objection *een bezwaar aanvaarden* **1.6** ~ a character/part *een rol spelen*.
sus·tain·a·ble [sə'steɪnəbl]⟨bn.⟩ **0.1** ***houdbaar*** ⇒*verdedigbaar, vol te houden*.
sus·tained [sə'steɪnd]⟨f1⟩⟨bn.; volt. deelw. v. sustain⟩ **0.1** ***volgehouden*** ⇒*voortdurend, onafgebroken, aanhoudend, langdurig* ◆ **1.1** ~ argumentation *onafgebroken discussie;* ~ comedy *onverflauw-*

de komedie; ~ effort *volgehouden inspanning;* ~ flight *langdurige vlucht.*

sus·tain·er [sə'steɪnə‖-ər]⟨telb.zn.⟩ **0.1** ***steun*** **0.2** ***hoofdmotor*** ⟨v. raket⟩ **0.3** ***ondersteuningsmotor*** ⟨v. raket⟩ **0.4** ⟨AE; radio, t.v.⟩ ***programma zonder reclame.***

sus·tain·ment [sə'steɪnmənt]⟨n.-telb.zn.⟩ **0.1** ***ondersteuning*** **0.2** ***uithouding*** **0.3** ***(levens)onderhoud.***

sus·te·nance ['sʌstənəns]⟨f1⟩⟨n.-telb.zn.⟩ **0.1** ***steun*** *⇒(levens)onderhoud* **0.2** ***voedsel*** ⟨ook fig.⟩ **0.3** ***voeding(swaarde).***

sus·ten·tac·u·lar ['sʌstən'tækjʊlə‖-kjələr]⟨bn.⟩⟨anat.⟩ **0.1** ***sustentaculair.***

sus·ten·tac·u·lum ['sʌstən'tækjʊləm‖-kjə-]⟨telb.zn.; sustentacula [-lə]; →mv. 5⟩⟨anat.⟩ **0.1** ***sustentaculum.***

sus·ten·ta·tion ['sʌstən'teɪʃn]⟨n.-telb.zn.⟩ **0.1** ***(levens)onderhoud*** *⇒steun* **0.2** ***handhaving*** *⇒behoud* **0.3** ***voedsel.***

susten'tation fund ⟨telb.zn.⟩ **0.1** ***ondersteuningsfonds.***

su·sur·rant [sju:'sʌrənt‖sə'sʌrənt], **su·sur·rous** [-'sʌrəs]⟨bn.⟩⟨schr.⟩ **0.1** ***fluisterend*** *⇒murmelend, ruisend, ritselend.*

su·sur·ra·tion ['sju:sə'reɪʃn‖'su:], **su·sur·rus** [sju:'sʌrəs‖sə'sʌrəs]⟨n.-telb.zn.⟩⟨schr.⟩ **0.1** ***gefluister*** *⇒gemurmel, geruis, geritsel.*

sut·ler ['sʌtlə‖-ər]⟨telb.zn.⟩⟨gesch.⟩ **0.1** ***zoetelaar(ster)*** *⇒marketent(st)er.*

sut·tee ['sʌti:,sʌ'ti:], **sa·ti** ⟨zn.⟩⟨gesch.⟩
I ⟨telb.zn.⟩ **0.1** ***sutti*** ⟨Hindoeweduwe die zich liet verbranden met haar gestorven man⟩;
II ⟨n.-telb.zn.⟩ **0.1** ***suttiïsme*** *⇒weduwenverbranding.*

sut·tee·ism [sʌ'ti:ɪsm]⟨n.-telb.zn.⟩ **0.1** ***suttiïsme.***

su·tur·al ['su:tʃərəl]⟨bn.; -ly⟩ **0.1** ***sutuur-*** *⇒naad-, hechtend, gehecht.*

su·ture[1] ['su:tʃə‖-ər]⟨zn.⟩
I ⟨telb.zn.⟩ **0.1** ***sutuur*** *⇒sutura;* ⟨anat.⟩ *naad, pijlnaad, schedelnaad;* ⟨med.⟩ *wondnaad, hechting, steek;*
II ⟨telb. en n.-telb.zn.⟩ **0.1** ***hechtdraad.***

suture[2] ⟨ov.ww.⟩⟨med.⟩ **0.1** ***hechten.***

su·ze·rain[1] ['su:zəreɪn‖-rɪn]⟨telb.zn.⟩ **0.1** ***suzerein*** *⇒opperleenheer* **0.2** ***suzerein*** ⟨vorst, staat⟩ *⇒soeverein, vorst; soevereine staat.*

suzerain[2] ⟨bn., attr.⟩ **0.1** ***opperleen-*** **0.2** ***soeverein*** *⇒oppermachtig.*

su·ze·rain·ty ['su:zrənti]⟨n.-telb.zn.⟩ **0.1** ***suzereiniteit*** *⇒opperleenheerschap* **0.2** ***suzereiniteit*** *⇒soevereiniteit, heerschappij.*

sv ⟨afk.⟩ **0.1** ⟨sub verbo/voce⟩ ***s.v.*** **0.2** ⟨side valve⟩ **0.3** ⟨sailing vessel⟩.

svastika →swastika.

svelte, svelt [svelt]⟨bn.; -er; -ly; -ness; →bijw. 3⟩ **0.1** ***slank*** *⇒rank.*

sw ⟨afk.⟩ specific weight, short wave, short-wave, switch.

Sw ⟨afk.⟩ Sweden, Swedish.

SW ⟨afk.⟩ South-West(ern), Senior Warden.

swab[1], **swob** [swɒb‖swɑb]⟨f1⟩⟨telb.zn.⟩ **0.1** ***zwabber*** *⇒stokdweil, wisser, doek* **0.2** ***prop (watten)*** *⇒wattenstokje* **0.3** ***zwabbergast*** *⇒scheepsjongen* **0.4** ⟨med.⟩ ***uitstrijk(je)*** *⇒uitstrijking, uitstrijkpreparaat* **0.5** ⟨sl.⟩ ***lummel*** *⇒pummel* **0.6** ⟨BE; sl.⟩ ***epaulet*** ⟨v. zeemachtofficier⟩ **0.7** ⟨sl.⟩ ***koopvaardijmatroos*** ◆ **3.4** take a ~ *een uitstrijkje maken.*

swab[2], **swob** ⟨ov.ww.; →ww. 7⟩ **0.1** ***zwabberen*** *⇒(op)dweilen, opnemen* **0.2** ⟨med.⟩ ***uitstrijken*** ◆ **6.1** ~ **down/out** *(grondig) zwabberen/opdweilen* ⟨bv. dek⟩; ⟨sl.⟩ *een bad nemen, zich wassen;* ~ **up** *opnemen.*

swab·ber ['swɒbə‖'swɑbər]⟨telb.zn.⟩ **0.1** ***zwabber.***

swab·by ['swɒbi‖'swɑbi]⟨telb.zn.; →mv. 2⟩ **0.1** ***zwabbergast*** *⇒matroos.*

Swa·bi·a, Sua·bi·a ['sweɪbɪə]⟨eig.n.⟩ **0.1** ***Zwaben.***

Swa·bi·an[1], **Sua·bi·an** ['sweɪbɪən]⟨zn.⟩
I ⟨eig.n.⟩ **0.1** ***Zwabisch*** ⟨dialect⟩;
II ⟨telb.zn.⟩ **0.1** ***Zwaab.***

Swabian[2], **Suabian** ⟨bn.⟩ **0.1** ***Zwabisch.***

swacked [swækt]⟨bn.⟩⟨sl.⟩ **0.1** ***bezopen.***

swad [swɒd‖swɑd]⟨zn.⟩
I ⟨telb.zn.⟩⟨AE⟩ **0.1** ***soldaat;***
II ⟨verz.n.⟩⟨sl.⟩ **0.1** ***hoop*** *⇒troep, bos.*

swad·die, swad·dy ['swɒdi‖'swɑdi]⟨telb.zn.; 2e variant; →mv. 2⟩⟨BE; inf.⟩ **0.1** ***soldaat(je).***

swad·dle[1] ['swɒdl‖'swɑdl]⟨telb.zn.⟩⟨vnl. AE⟩ **0.1** ***windsel*** *⇒luier, wikkeldoek, zwachtel.*

swaddle[2] ⟨ov.ww.⟩ **0.1** ***omwikkelen*** *⇒inwikkelen, omwinden, inbakeren, zwachtelen* ◆ **5.1** ~ **up** *inbakeren.*

swad·dler ['swɒdlə‖'swɑdlər]⟨telb.zn.⟩⟨vnl. IE; bel.⟩ **0.1** ***protestant.***

'swaddling bands, 'swaddling clothes ⟨mv.⟩ **0.1** ***windsels*** *⇒doeken, zwachtels, luiers* **0.2** ⟨fig.⟩ ***keurslijf*** ◆ **6.¶** he is still **in** his ~ *hij is nog niet droog achter zijn oren.*

swag[1] [swæg]⟨zn.⟩
I ⟨telb.zn.⟩ **0.1** ***slingering*** *⇒zwaai* **0.2** ***plof*** **0.3** ***slinger*** *⇒festoen, guirlande* **0.4** ⟨Austr. E; inf.⟩ ***massa*** *⇒stapel, hoop* **0.5** ⟨Austr. E⟩ ***bundel*** *⇒pak* ◆ **3.5** ⟨inf.⟩ go on the ~ *gaan zwerven* **6.4** ~s **of** *... hopen/stapels ...;*
II ⟨n.-telb.zn.⟩⟨sl.⟩ **0.1** ***buit*** ⟨v. diefstal/smokkel⟩.

swag[2] ⟨ww.; →ww. 7⟩
I ⟨onov.ww.⟩ **0.1** ***slingeren*** **0.2** ***doorzakken/hangen*** **0.3** ⟨Austr. E⟩ ***rondtrekken/sjouwen met bundel*** *⇒zwerven;*
II ⟨ov.ww.⟩ **0.1** ***doen slingeren*** **0.2** ***doen doorzakken/hangen*** **0.3** ***met slingers versieren*** **0.4** ⟨Austr. E⟩ ***meesjouwen*** ⟨in bundel⟩.

'swag belly ⟨telb.zn.⟩ **0.1** ***hangbuik*** *⇒bierbuik, tonnetje.*

swage[1] [sweɪdʒ]⟨telb.zn.⟩ **0.1** ***(smeed)zadel*** *⇒stempel* **0.2** ***zadelblok.***

swage[2] ⟨ov.ww.⟩ **0.1** ***smeden in zadels.***

'swage anvil, 'swage block ⟨telb.zn.⟩ **0.1** ***zadelblok.***

'swage head ⟨telb.zn.⟩ **0.1** ***stuikkop*** *⇒zetkop.*

swag·ger[1] ['swægə‖-ər]⟨zn.⟩
I ⟨telb.zn.⟩ **0.1** ***ruime (dames)mantel*** *⇒swagger* **0.2** ⟨Nieuwzeelands E⟩ ***zwerver*** *⇒landloper;*
II ⟨n.-telb.zn.⟩ **0.1** ***geparadeer*** *⇒air, zwier(ige gang)* **0.2** ***pocherij*** *⇒gesnoef, fanfaronnade, grootsprekerij.*

swagger[2] ⟨bn., attr.⟩ **0.1** ⟨inf.⟩ ***chic*** *⇒modieus, fijn, verfijnd, elegant* **0.2** ***los*** *⇒ruim* ⟨v. jas⟩ ◆ **1.1** ~ clothes *modieuze kleren.*

swagger[3] ⟨f1⟩⟨ww.⟩
I ⟨onov.ww.⟩ **0.1** ***paraderen*** *⇒zich een air geven* **0.2** ***snoeven*** *⇒pochen, opsnijden, bluffen* ◆ **5.1** ~ **about/in/out** *rond/binnen/naar buiten lopen als een pauw* **6.2** ~ **about** *opscheppen over;*
II ⟨ov.ww.⟩ **0.1** ***overbluffen*** *⇒overdonderen.*

'swagger cane, 'swagger stick ⟨telb.zn.⟩⟨BE; mil.⟩ **0.1** ***rottinkje*** *⇒badine.*

'swagger coat ⟨telb.zn.⟩ **0.1** ***ruime (dames)mantel*** *⇒swagger.*

swag·ger·er ['swægərə‖-ər]⟨telb.zn.⟩ **0.1** ***snoever*** *⇒opschepper, praalhans, branie.*

swag·gie ['swægi]⟨telb.zn.⟩⟨Austr. E, Nieuwzeelands E⟩ **0.1** ***zwerver*** *⇒landloper.*

swag·man ['swægmən]⟨telb.zn.; swagmen [-mən]; →mv. 3⟩⟨Austr. E⟩ **0.1** ***landloper*** *⇒zwerver, marskramer.*

Swa·hi·li [swɒ'hɪli‖swɑ-]⟨zn.; ook Swahili; →mv. 4⟩
I ⟨eig.n.⟩ **0.1** ***Swahili*** ⟨taal⟩;
II ⟨telb.zn.⟩ **0.1** ***Swahili.***

swain [sweɪn]⟨telb.zn.⟩⟨schr.⟩ **0.1** ***boer(enknecht)*** *⇒boerenjongen, plattelander, herder(sjongen)* **0.2** ⟨scherts.⟩ ***vrijer*** *⇒minnaar* **0.3** ⟨vero.⟩ ***(jonge)man.***

swal·low[1] ['swɒloʊ‖'swɑ-]⟨f1⟩⟨telb.zn.⟩⟨→sprw. 543⟩ **0.1** ***zwaluw*** *⇒boerenzwaluw, gierzwaluw* **0.2** ***slok*** *⇒teug, gulp* **0.3** ***slokdarm*** *⇒keel(gat)* **0.4** ⟨scheep.⟩ ***schijfgat*** **0.5** ⟨vnl. BE⟩ ***holte*** ⟨in kalksteen⟩ **0.6** ⟨vero.⟩ ***kloof*** *⇒afgrond.*

swallow[2] ⟨f3⟩⟨ww.⟩⟨→sprw. 454⟩
I ⟨onov.ww.⟩ **0.1** ***slikken*** ◆ **5.¶** ~ hard *zich vermannen, moed vatten;*
II ⟨ov.ww.⟩ **0.1** ***(door/in)slikken*** *⇒binnenkrijgen* **0.2** ***opslokken*** *⇒verzwelgen, verslinden, doen verzwinden* **0.3** ⟨fig.⟩ ***slikken*** *⇒zich laten welgevallen, (voor waar) aannemen, geloven* **0.4** ***inslikken*** ⟨woorden of klanken⟩ **0.5** ***herroepen*** *⇒terugnemen, intrekken* **0.6** ***onderdrukken*** *⇒verbijten, opzij zetten, doorslikken* ◆ **1.3** ~ a camel *lichtgelovig zijn;* ~ an insult *een belediging incasseren;* ~ a story *een verhaal slikken* **1.5** ~ one's words *zijn woorden terugnemen* **1.6** ~ one's pride *zijn trots terzijde schuiven;* ~ one's tears *zijn tranen bedwingen* **5.2** ~ **down/in** *opslokken;* ~ **up** *doen verzwinden, opslokken, inlijven, in beslag nemen.*

swal·low·a·ble ['swɒloʊəbl‖'swɑ-]⟨bn.⟩ **0.1** ***(in)slikbaar*** **0.2** ***acceptabel.***

'swallow dive, ⟨AE⟩ **'swan dive** ⟨telb.zn.⟩⟨schoonspringen⟩ **0.1** ***zwaluwduik*** *⇒zweefduik/sprong.*

swal·low·er ['swɒloʊə‖'swɑloʊər]⟨telb.zn.⟩ **0.1** ***slikker*** **0.2** ***gulzigaard*** *⇒slokop, veelvraat, smulpaap.*

'swallow fish ⟨telb.zn.⟩⟨dierk.⟩ **0.1** ***rode poon*** ⟨Trigla hirundo⟩.

'swallow hawk ⟨telb.zn.⟩⟨dierk.⟩ **0.1** ***zwaluwstaartwouw*** ⟨Elanoides forficatus⟩.

'swallow hole, 'swallow pit ⟨telb.zn.⟩ **0.1** ***(trechtervormige) holte*** ⟨in kalksteen⟩.

'swallow's nest ⟨telb.zn.⟩ **0.1** ***zwaluwnest.***

'swal·low·tail ⟨telb.zn.⟩ **0.1** ***zwaluwstaart*** **0.2** ⟨dierk.⟩ ***page*** ⟨fam. Papilionidae⟩ **0.3** ⟨houtbewerking⟩ ***zwaluwstaartverbinding*** **0.4** ⟨ben. voor⟩ ***zwaluwstaartvormig voorwerp*** *⇒gevorkte pijlspits; gespleten wimpel;* ⟨vaak mv.; inf.⟩ *rok(jas).*

'swallowtail 'butterfly ⟨telb.zn.⟩⟨dierk.⟩ **0.1** ***page*** ⟨fam. Papilionidae⟩.

'swal·low·tailed ⟨bn.⟩ **0.1** ***zwaluwstaartvormig*** *⇒gevorkt* ◆ **1.1** ~ coat *rok(jas), zwaluwstaart;* ⟨dierk.⟩ ~ kite *zwaluwstaartwouw* ⟨Elanoides forficatus⟩.

swal·low·wort ['swɒloʊwɜ:t‖'swɑloʊwɜrt]⟨telb.zn.⟩⟨plantk.⟩ **0.1** ***zwaluwwortel*** *⇒engbloem, zijdeplant* ⟨fam. Asclepiadaceae⟩.

swam [swæm]⟨verl. t.⟩ →swim.
swa·mi, swa·my ['swɑ:mi]⟨telb.zn.; tweede variant; →mv. 2⟩ **0.1** *swami* ⟨Hindoese afgod/godsdienstonderwijzer⟩ **0.2** ***wijze*** ⇒*geleerde, ziener.*
swamp[1] [swɒmp‖swɑmp]⟨f2⟩⟨telb. en n.-telb.zn.⟩ **0.1** ***moeras (land)*** ⇒*broekland.*
swamp[2] ⟨f2⟩⟨ww.⟩
I ⟨onov.ww.⟩⟨radio⟩ **0.1** ***overstemd worden*** **0.2** ***vollopen*** **0.3** ***onderlopen*** ⇒*overstroomd worden* **0.4** ***zinken;***
II ⟨ov.ww.⟩ **0.1** ***doen vollopen*** **0.2** ***doen onderlopen*** ⇒*onder water doen lopen, overstromen* **0.3** ***doen zinken*** **0.4** ***doorweken*** ⇒*doornat maken* **0.5** ***overstelpen*** ⇒*bedelven, overweldigen, overspoelen* **0.6** ***verzwelgen*** ⇒*opslokken, opslorpen* **0.7** ⟨AE⟩ ***verslaan*** ⇒*onschadelijk maken* **0.8** ⟨radio⟩ ***overstemmen*** ◆ **3.1** be/get ~ed *vol water lopen* **6.5** ~ **with** work/letters *overstelpen met werk/brieven, bedelven onder het werk/de brieven;* be ~ed **with** *verdrinken in.*
'swamp angel ⟨telb.zn.⟩⟨sl.⟩ **0.1** ***plattelandsbewoner*** **0.2** ***moerasbewoner.***
'swamp boat ⟨telb.zn.⟩ **0.1** ***glijboot.***
swamp·er ['swɒmpə‖'swɑmpər]⟨telb.zn.⟩ **0.1** ***moerasbewoner*** **0.2** ***heideontginner*** **0.3** ⟨AE; inf.⟩ ***helper/ster*** ⇒*hulp* ⟨in bar enz.⟩; *bijrijder.*
'swamp fever ⟨n.-telb.zn.⟩ **0.1** ***malaria*** ⇒*moeraskoorts.*
'swamp·land ⟨n.-telb.zn.⟩ **0.1** ***moerasland.***
swamp law →lynch law.
'swamp ore ⟨n.-telb.zn.⟩ **0.1** ***moeraserts*** ⇒*weidenerts.*
swamp·y ['swɒmpi‖'swɑmpi]⟨bn.; -er; -ness; →compar. 7⟩ **0.1** ***moerassig*** ⇒*drassig, zompig, moeras-.*
swan[1] [swɒn‖swɑn]⟨f2⟩⟨zn.⟩
I ⟨eig.n.; S-⟩ **0.1** ***Zwaan*** ⟨sterrenbeeld⟩;
II ⟨telb.zn.⟩ **0.1** ***zwaan*** **0.2** ⟨vaak S-⟩ ***zwaan*** ⇒*dichter* ◆ **1.2** the Swan of Avon *Shakespeare.*
swan[2] ⟨f1⟩⟨onov.ww.; →ww. 7⟩⟨inf.⟩ **0.1** ***(rond)banjeren/lopen*** ⇒*zwalken* ◆ **5.1** ~ **around** *rondtrekken/zwerven* **5.¶** she just went ~ning **off** to the cinema while she should have been at school *ze is gewoon mooi naar de bioscoop gegaan terwijl ze op school had moeten zijn* **6.1** ~ **around** Canada *rondtrekken/zwerven in Canada.*
swan dive →swallow dive.
Swanee ['swɒni‖'swɑni]⟨eig.n.⟩ **0.1** ***Swanee*** ◆ **3.¶** ⟨inf.⟩ go down the ~ *naar de knoppen gaan.*
'swan·flow·er ⟨telb.zn.⟩⟨plantk.⟩ **0.1** ***(soort) orchidee*** ⟨genus Cycnoches⟩.
swang [swæŋ]⟨verl. t.⟩ →swing.
'swan·herd ⟨telb.zn.⟩ **0.1** ***zwanehoeder*** **0.2** ***zwanenmerker*** ◆ **2.2** royal ~ *koninklijke zwanenmerker.*
swan-hopper →swan-upper.
swan-hopping →swan-upping.
swank[1] [swæŋk]⟨zn.⟩⟨inf.⟩
I ⟨telb.zn.⟩ **0.1** ***opschepper;***
II ⟨n.-telb.zn.⟩ **0.1** ***opschepperij*** ⇒*bluf, opsnijderij, grootdoenerij* **0.2** ***elegantie*** ⇒*stijl.*
swank[2]**, swank·y** ['swæŋki]⟨bn.; -er; -ly; -ness; 2e variant; →bijw. 3⟩ ⟨inf.⟩ **0.1** ***opschepperig*** ⇒*blufferig, pretentieus* **0.2** ***chic*** ⇒*elegant, modieus.*
swank[3] ⟨onov.ww.⟩⟨inf.⟩ **0.1** ***opscheppen*** ⇒*bluffen, snoeven, zich aanstellen* ◆ **5.1** ~ **about** in a fur coat *rondparaderen in een bontmantel.*
swank·er ['swæŋkə‖-ər], **swank·pot** ['swæŋkpɒt‖-pɑt]⟨telb.zn.⟩ ⟨BE⟩ **0.1** ***opschepper*** ⇒*bluffer, aansteller.*
swank·y[1]**, swank·ey** ['swæŋki]⟨telb. en n.-telb.zn.; eerste variant; →mv. 2⟩⟨BE; gew.⟩ **0.1** ***slootwater*** ⇒*afwaswater* ⟨slecht bier⟩.
swanky[2] →swank.
swan·like ['swɒnlaɪk‖'swɑn-]⟨bn.⟩ **0.1** ***zwaanachtig*** ⇒*als (van) een zwaan.*
'swan maiden ⟨telb.zn.⟩ **0.1** ***zwanemaagd.***
'swan mark ⟨telb.zn.⟩ **0.1** ***zwanemerk*** ⟨op bek⟩.
'swan mussel ⟨telb.zn.⟩⟨dierk.⟩ **0.1** ***zwanemossel*** ⟨Anodonta cygnea⟩.
'swan neck ⟨telb.zn.⟩⟨ook fig.⟩ **0.1** ***zwanehals.***
swan·ner·y ['swɒnəri‖'swɑnəri]⟨telb.zn.; →mv. 2⟩ **0.1** ***zwanenkwekerij*** ⇒*zwanenfokkerij.*
swan·ny ['swɒni‖'swɑni]⟨bn.⟩ **0.1** ***vol zwanen.***
swans·down ['swɒnzdaʊn‖'swɑnz-]⟨n.-telb.zn.⟩ **0.1** ***zwanedons.***
'swan shot ⟨n.-telb.zn.⟩ **0.1** ***ganzenhagel.***
'swan·skin ⟨telb. en n.-telb.zn.⟩ **0.1** ***zwanenvel*** **0.2** ***zwanedons*** ⇒*flanel.*
'swan song ⟨telb.zn.⟩ **0.1** ***zwanezang.***
swan-up·per ['swɒnʌpə‖'swɑnʌpər], **swan-hop·per** [-hɒpə‖-hɑpər] ⟨telb.zn.⟩ **0.1** ***zwanenmerker.***
swan-up·ping ['swɒnʌpɪŋ‖'swɑn-], **swan-hop·ping** [-hɒpɪŋ‖-hɑpɪŋ] ⟨n.-telb.zn.⟩ **0.1** ***het merken der zwanen*** ⟨op de Theems⟩.
swap[1]**, swop** [swɒp‖swɑp]⟨f1⟩⟨telb.zn.⟩⟨inf.⟩ **0.1** ***ruil*** ⇒⟨geldw.⟩ *swap* ⟨ruil v. schulden⟩ **0.2** ***ruilmiddel*** ⇒*ruilobject* ◆ **3.1** do/make a ~ *ruilen.*
swap[2]**, swop** ⟨f1⟩⟨onov. en ov.ww.; →ww. 7⟩⟨inf.⟩⟨→sprw. 490⟩ **0.1** ***ruilen*** ⇒*ver/om/uitwisselen* ◆ **1.1** ~ jokes *moppen tappen onder elkaar;* ⟨fig.⟩ ~ notes *bevindingen uitwisselen;* ~ partners *aan partnerruil doen* **5.1** ~ **over/round** *van plaats verwisselen* **6.1** ~ **for** *(in)ruilen tegen;* ~ sth. **with** s.o. *iets met iem. ruilen.*
SWAPO [swɑ:poʊ]⟨eig.n.⟩⟨afk.⟩ South West African People's Organization **0.1** ***SWAPO*** ⟨bevrijdingsbeweging⟩.
swap·per, swop·per ['swɒpə‖'swɑpər]⟨telb.zn.⟩ **0.1** ***ruiler.***
swa·raj [swə'rɑ:dʒ]⟨n.-telb.zn.⟩⟨gesch.⟩ **0.1** ***onafhankelijkheid*** ⇒*zelfbestuur* ⟨voor India⟩.
swa·raj·ist [swə'rɑ:dʒɪst]⟨telb.zn.⟩⟨gesch.⟩ **0.1** ***lid v. onafhankelijkheidspartij*** ⟨in India⟩.
sward[1] [swɔ:d‖swɔrd], **swarth** [swɔ:ð‖swɔrð]⟨telb. en n.-telb.zn.⟩ **0.1** ⟨schr.⟩ ***grasveld*** ⇒*grastapijt.*
sward[2]**, swarth** ⟨ww.⟩
I ⟨onov.ww.⟩ **0.1** ***begroeien*** ⇒*met gras bedekt worden;*
II ⟨ov.ww.⟩ **0.1** ***doen begroeien*** ⇒*met gras bedekken.*
sware [sweə‖swer]⟨verl. t.⟩ →swear.
swarf [swɔ:f‖swɔrf]⟨n.-telb.zn.⟩ **0.1** ***slijpsel*** ⇒*vijlsel, spanen, krullen* **0.2** ***spaan*** ⟨v. grammofoonplaat⟩.
swarm[1] [swɔ:m‖swɔrm]⟨f1⟩⟨telb.zn.⟩ **0.1** ***zwerm*** ⇒*massa, menigte, drom, kolonie* ◆ **1.1** ~s of children *drommen kinderen.*
swarm[2] ⟨f1⟩⟨ww.⟩
I ⟨onov.ww.⟩ **0.1** ***zwermen*** ⇒*een zwerm vormen, samendrommen* **0.2** ***krioelen*** ⇒*wemelen* **0.3** ***klimmen*** ⇒*klauteren* ◆ **5.1** ~ **in/out** *naar binnen/buiten stromen* **6.1** ~ **about/round** *samendrommen rond;* ~ **over/through** *uitzwermen over;* ~ **up** a tree *in een boom klauteren* **6.2** ~ **with** *krioelen van;*
II ⟨ov.ww.⟩ **0.1** ***klimmen*** ⇒*klauteren.*
'swarm cell, 'swarm spore ⟨telb.zn.⟩⟨plantk.⟩ **0.1** ***zwermspoor*** ⇒*zoöspoor.*
swarm·er ['swɔ:mə‖'swɔrmər]⟨telb.zn.⟩ **0.1** ***zwermer*** **0.2** ***uitzwermende bijenkorf*** **0.3** ⟨plantk.⟩ ***zwermspoor*** ⇒*zoöspoor.*
swart·back ['swɔ:tbæk‖'swɔrt-]⟨telb.zn.⟩⟨dierk.⟩ **0.1** ***grote mantelmeeuw*** ⟨Larus marinus⟩.
swarth·y ['swɔ:ði‖'swɔrði], ⟨vero.⟩ **swart** [swɔ:t‖swɔrt], **swarth** [swɔ:ð‖swɔrð]⟨f1⟩⟨bn.; -er; -ly; -ness; →bijw. 3⟩ **0.1** ***donker*** ⇒*getaand, bruin, zwart(achtig)* **0.2** ⟨fig.⟩ ***duister*** ⇒*kwaadaardig.*
swash[1] [swɒʃ‖swɑʃ]⟨zn.⟩
I ⟨telb.zn.⟩ **0.1** ***(brekende) golf*** **0.2** ***drempel*** ⇒*zandbank, ondiepte* **0.3** ⟨verk.⟩ ⟨swash channel⟩ **0.4** ***varkensdraf*** ⇒*spoeling, afval* **0.5** ***slap goedje*** ⇒*slootwater,* ⟨B.⟩ *afwaswater* **0.6** ***kwak*** ⇒*plof* **0.7** ⟨vero.⟩ ***snoever*** ⇒*opschepper;*
II ⟨n.-telb.zn.⟩ **0.1** ***geruis*** ⇒*(golf)geklots* ⟨vnl. v.d. zee⟩ **0.2** ***dras (sigheid).***
swash[2] ⟨bn., attr.⟩ **0.1** ***hellend*** **0.2** ⟨druk.⟩ ***met krullen.***
swash[3] ⟨ww.⟩ →swashing
I ⟨onov.ww.⟩ **0.1** ***klotsen*** ⇒*plassen, opspatten* **0.2** ⟨vero.⟩ ***snoeven*** ⇒*bluffen, opscheppen, zwetsen;*
II ⟨ov.ww.⟩ **0.1** ***doen klotsen*** ⇒*doen plassen/opspatten* **0.2** ***bespatten.***
swash[4] ⟨tussenw.⟩ **0.1** ***kwak*** ⇒*smak, plof.*
swash·buck·ler ['swɒʃbʌklə‖'swɑʃbʌklər], **swash·er** ['swɒʃə‖'swɑʃər]⟨telb.zn.⟩ **0.1** ***stoere vent*** ⇒*durfal, avonturier* **0.2** ***melodramatische avonturenroman/film.***
swash·buck·ling[1] ['swɒʃbʌklɪŋ‖'swɑʃ-]⟨n.-telb.zn.⟩ **0.1** ***stoerheid*** ⇒*roekeloosheid, koenheid.*
swashbuckling[2]**, swash·ing** ⟨bn.; 2e variant teg. deelw. v. swash⟩ **0.1** ***stoer*** ⇒*roekeloos, koen* ◆ **2.1** ~ film/novel *melodramatische avonturenfilm/roman.*
'swash channel, 'swash·way ⟨telb.zn.⟩ **0.1** ***zeeëngte*** ⟨in zandbank/tussen zandbank en kust⟩.
swash·ing ['swɒʃɪŋ‖'swɑ-]⟨bn.; teg. deelw. v. swash⟩ **0.1** ***klotsend*** ⇒*spattend* **0.2** ***kletterend*** ⇒*klinkend* **0.3** ***beukend*** ⇒*verpletterend* **0.4** →swashbuckling ◆ **1.2** ~ blow *klinkende klap.*
'swash 'letter ⟨telb.zn.⟩⟨druk.⟩ **0.1** ***(cursieve) krulletter.***
'swash mark ⟨telb.zn.⟩ **0.1** ***vloedlijn.***
'swash plate ⟨telb.zn.⟩⟨tech.⟩ **0.1** ***schommelplaat.***
swash·y ['swɒʃi‖'swɑʃi]⟨bn.; -er; →compar. 7⟩ **0.1** ***nat*** ⇒*drassig, week, brijachtig, papperig* **0.2** ***slap*** ⇒*waterachtig* ⟨v. thee, enz.⟩.
swas·ti·ka, swas·ti·ca, svas·ti·ka ['swɒstɪkə‖'swɑ-]⟨telb.zn.⟩ **0.1** ***swastika*** ⇒*hakenkruis.*
'swastika banner, 'swastika flag ⟨telb.zn.⟩ **0.1** ***hakenkruisvlag.***
swat[1]**, swot** [swɒt‖swɑt]⟨f1⟩⟨zn.⟩
I ⟨telb.zn.⟩ **0.1** ***mep*** ⇒*slag, klap, opstopper* **0.2** ***(vliege)mepper*** **0.3** ⟨BE⟩ ***blokker*** ⇒⟨B.⟩ *blokbeest;*

II ⟨n.-telb.zn.⟩ ⟨BE⟩ **0.1** ***geblok*** **0.2** ***zwaar werk*** ⇒⟨B.⟩ *(hard) labeur;*
III ⟨mv.; ~s⟩ ⟨sl.⟩ **0.1** ***borstels*** ⟨v. drumstel⟩.

swat[2], **swot** ⟨f1⟩ ⟨ww.; →ww. 7⟩
I ⟨onov.ww.⟩ ⟨BE⟩ **0.1** ***blokken*** ⇒*vossen, hengsten;*
II ⟨ov.ww.⟩ **0.1** ***meppen*** ⇒*(dood)slaan* **0.2** ***een opstopper geven*** ⇒*een klap toedienen* ◆ **1.1** ~ a fly *een vlieg doodmeppen.*

swatch [swɒtʃ‖swɑtʃ] ⟨telb.zn.⟩ **0.1** ***monster(boek)*** ⇒*staal* ⟨vnl. v. textiel⟩.

swathe[1] [sweɪð‖swɑð], ⟨in bet. 0.1 en 0.2 ook⟩ **swath** [swɔ:θ‖swɑθ] ⟨telb.zn.⟩ **0.1** ***zwad(e)*** ⇒*snede* ⟨v. koren, gras enz.⟩ **0.2** ***(gemaaide) strook*** ⇒*baan* **0.3** ***zwachtel*** ⇒*verband, omhulsel, verpakking* ◆ **3.2** ⟨fig.⟩ cut a wide ~ through *zware sporen achterlaten in, flink verwoesten;* ⟨fig.⟩ cut a (wide) ~ *flink huishouden, tekeer gaan.*

swathe[2] ⟨ov.ww.⟩ **0.1** ***zwachtelen*** ⇒*bakeren, verbinden, omhullen, inpakken* ◆ **6.1** ⟨ook fig.⟩ ~d **in** *gehuld in.*

'swat-stick ⟨telb.zn.⟩ ⟨sl.⟩ **0.1** ***honkbalbat.***

swat·ter ['swɒtə‖'swɑṭər] ⟨telb.zn.⟩ **0.1** ***(vliege)mepper.***

sway[1] [sweɪ] ⟨f2⟩ ⟨n.-telb.zn.⟩ **0.1** ***slingering*** ⇒*zwaai, schommeling* **0.2** ***gratie*** ⇒*zwier* **0.3** ***neiging*** ⇒*voorkeur* **0.4** ***invloed*** ⇒*druk, overwicht, dwang* **0.5** ⟨schr.⟩ ***macht*** ⇒*heerschappij, regering* ◆ **1.1** the ~ of a ship *het wiegen v.e. schip* **1.4** under the ~ of his arguments *gedwongen door zijn argumenten* **1.5** under Caesar's ~ *onder het bewind v. Caesar* **3.5** bear/hold ~ *de heerschappij voeren, de scepter zwaaien.*

sway[2] ⟨f3⟩ ⟨ww.⟩ →swaying
I ⟨onov. en ov.ww.⟩ **0.1** ***slingeren*** ⇒*(doen) zwaaien/schommelen/wiegen/wankelen/overhellen;* ⟨fig. ook⟩ *(doen) weifelen* ◆ **6.1** ~ **between** two alternatives *weifelen tussen twee alternatieven;* ~ **to** the music *deinen/wiegen op de muziek;*
II ⟨ov.ww.⟩ **0.1** ***beïnvloeden*** ⇒*leiden; tot andere gedachten brengen* **0.2** ⟨schr.⟩ ***regeren*** ⇒*beheersen, macht uitoefenen over* **0.3** ⟨scheep.⟩ ***hijsen*** **0.4** ⟨vero.⟩ ***hanteren*** ⇒*zwaaien* ◆ **1.1** ~ votes *stemmen winnen* **1.2** ~ the world *de wereld regeren* **1.4** ~ the sword *het zwaard hanteren;* ~ the scepter *de scepter zwaaien* **3.1** be ~ed by *zich laten leiden door* **6.1** ~ s.o. **from** sth. *iem. v. iets afbrengen.*

'sway·back ⟨telb.zn.⟩ **0.1** ***holle rug*** ⟨v. paard⟩ ⇒*lordose.*

'sway·backed, sway·ed [sweɪd] ⟨bn.; tweede variant oorspr. volt. deelw. v. sway⟩ **0.1** ***met holle rug.***

sway·ing ['sweɪɪŋ] ⟨telb.zn.; oorspr. gerund v. sway⟩ **0.1** ***holling*** ⟨v.d. rug⟩.

swaz·zled ['swɒzld‖'swɑzld] ⟨bn.⟩ ⟨sl.⟩ **0.1** ***bezopen.***

SWbS ⟨afk.⟩ southwest by south.

SWbW ⟨afk.⟩ southwest by west.

swear[1] [sweə‖swer] ⟨telb.zn.⟩ **0.1** ***vloekpartij*** ⇒*gevloek* **0.2** ***vloek (woord)*** **0.3** ⟨inf.⟩ ***eed*** ◆ **3.1** have a good ~ *lekker vloeken.*

swear[2] ⟨f3⟩ ⟨ww.; swore [swɔ:‖swɔr]/⟨vero. ook⟩ sware [sweə‖swer], sworn [swɔ:n‖swɔrn]⟩
I ⟨onov.ww.⟩ **0.1** ***vloeken*** **0.2** ⟨inf.⟩ ***blazen*** ⟨v. kat⟩ ◆ **6.1** ~ **at** *vloeken op;* ⟨fig.⟩ *vloeken met;*
II ⟨onov. en ov.ww.⟩ **0.1** ***zweren*** ⇒*bezweren, een eed afleggen, onder ede bevestigen,* ⟨inf.⟩ *met kracht beweren, wedden* ◆ **1.1** ~ an information against *onder ede een beschuldiging inbrengen tegen;* ~ an oath *een eed afleggen;* ~ the peace against s.o. *iem. onder ede aanklagen wegens bedreiging met geweld* **3.1** ~ to do sth. *plechtig beloven iets te zullen doen* **5.1** ~ **away** *door een eed benemen* ⟨rechten, enz.⟩; ⟨inf.⟩ ~ **off** *afzweren* **6.1** ~ sth. **against** s.o. *iem. onder ede van iets beschuldigen;* ⟨inf.⟩ **be sworn against** *zich hardnekkig verzetten tegen;* ~ **at** *onder ede schatten op;* ~ **by** (all that is holy) *zweren bij (alles wat heilig is);* ⟨inf.; fig.⟩ ~ **by** s.o./sth. *bij iem./iets zweren, iem./iets vereren;* ~ **on** the Bible that *op de Bijbel zweren dat;* ~ **on** one's head that *zijn hoofd erom (durven) verwedden dat;* ~ **to** sth. *zweren dat iets het geval is, zweren/een eed doen op iets;* ~ **to** God that *zweren bij God dat;*
III ⟨ov.ww.⟩ **0.1** ***beëdigen*** ⇒*laten zweren, de eed afnemen* ◆ **1.1** ~ a jury/witness *een jury/getuige beëdigen;* ⟨fig.⟩ sworn friends/enemies *gezworen kameraden/vijanden;* sworn evidence *verklaring/getuigenis onder ede* **5.1** ~ **in** *beëdigen;* ⟨AE⟩ ~ (a warrant) **out** against s.o. *een arrestatiebevel voor iem. verkrijgen op een beëdigde aanklacht* **6.1** be sworn **of** *beëdigd worden als lid v.;* be sworn **of** the peace *beëdigd worden als politierechter;* ~ sth. **to** *iets onder ede toeschrijven aan;* ~ **to** secrecy/silence *een eed van geheimhouding afnemen v..*

swear·er ['sweərə‖'swerər] ⟨telb.zn.⟩ **0.1** ***iem. die een eed aflegt*** **0.2** ***vloeker/vloekster.***

'swear·er-'in ⟨telb.zn.; swearers-in; →mv. 6⟩ **0.1** ***eedafnemer.***

'swear·word ⟨telb.zn.⟩ **0.1** ***vloek(woord)*** ⇒*verwensing, krachtterm.*

sweat[1] [swet] ⟨f3⟩ ⟨zn.⟩
I ⟨telb.zn.⟩ **0.1** ***zweet*** **0.2** ⟨inf.⟩ ***inspanning*** ⇒*karwei* **0.3** ⟨inf.⟩ ***eng gevoel*** ⇒*benauwdheid, angst, spanning, ongeduld* **0.4** ***oefenloop*** ⟨v. paard⟩ **0.5** ***zweetkuur*** **0.6** ⟨BE; sl.⟩ ***(oude) rot*** ⇒*ervaren kerel* ◆ **2.1** he was in a cold ~ *het koude/klamme zweet brak hem uit* **2.2** a frightful ~ *een vreselijk karwei* **2.6** old ~ *oudgediende, oude rot* **3.2** a ~ will do him good *een inspanning zal hem geen kwaad doen* **6.1** **in** a ~, ⟨inf.⟩ all **of** a ~ *helemaal bezweet, nat v.h. zweet* **6.3** **in** a ~ *benauwd, bang;*
II ⟨n.-telb.zn.⟩ **0.1** ***zweet*** ⇒*transpiratie, perspiratie, uitgezweet vocht, (uit)zweting* **0.2** ⟨inf.⟩ ***angst*** ⇒*spanning, ongeduld* ◆ **1.1** by/in the ~ of one's brow/face *in het zweet des aanschijns* **6.1** running/dripping/wet **with** ~ *(drijf)nat v.h. zweet* **7.2** ⟨AE; inf.⟩ no ~ *geen probleem, maak je geen zorgen, zo gebeurd.*

sweat[2] ⟨f2⟩ ⟨ww.; AE ook sweat, sweat [swet]⟩ →sweated
I ⟨onov.ww.⟩ **0.1** ***zweten*** ⇒*transpireren, perspireren, uitslaan* **0.2** ***zich in het zweet werken*** ⇒*werken tegen een hongerloon, zich uitsloven* **0.3** ⟨inf.⟩ ***boeten*** ⇒*betalen,* ⟨B.⟩ *afzien* **0.4** ⟨inf.⟩ ***piekeren*** ⇒*tobben* ◆ **6.1** ~ **in** the heat *zweten v.d. hitte;* ~ **with** fear *zweten v. angst* **6.3** ~ **for** sth. *voor iets boeten/bloeden;*
II ⟨ov.ww.⟩ **0.1** ***doen (uit)zweten*** ⇒*doen transpireren/perspireren/uitslaan* **0.2** ***uitbuiten*** ⇒*doen zweten/werken tegen een hongerloon* **0.3** ***afrijden*** ⟨paard⟩ ⇒*trainen* ⟨atleet enz.⟩ **0.4** ⟨tech.⟩ ***solderen*** **0.5** ⟨sl.⟩ ***villen*** ⇒*afpersen, afzetten, beroven* **0.6** ⟨AE; sl.⟩ ***roosteren*** ⇒*ver/uithoren, laten zweten* ◆ **1.2** ~ed labour *uitgebuite arbeiders* **4.¶** ⟨sl.⟩ ~ it *een probleem maken van; bezorgd zijn over;* ~ it out *(tot het einde) vol/standhouden;* ⟨sl.⟩ *doodsangsten uitstaan* **5.1** ~ **away/off** *eraf zweten, door zweten verliezen* ⟨bv. gewicht⟩; ~ **out** a cold *een verkoudheid uitzweten* **5.6** ~ sth. **out** *iets eruit krijgen* ⟨door geweld/intimidatie⟩ **5.¶** ⟨sl.⟩ ~ sth. **out** *met angst en beven op iets wachten.*

'sweat·band ⟨telb.zn.⟩ **0.1** ***zweetband(je)*** ⟨in hoed, om hoofd enz.⟩.

'sweat·box ⟨telb.zn.⟩ **0.1** ***zweetkist*** **0.2** ⟨sl.⟩ ***zweetkamertje*** ⇒*kleine gevangeniscel, cel onder in schip,* ⟨AE⟩ *telefooncel,* ⟨AE⟩ *verhoorkamer* ⟨in politiekantoor⟩.

'sweat cloth ⟨telb.zn.⟩ **0.1** ***zweetdoek*** **0.2** ***zadeldeken.***

'sweat duct ⟨telb.zn.⟩ **0.1** ***zweetkanaaltje.***

sweat·ed ['sweṭɪd] ⟨bn., attr.; oorspr. volt. deelw. v. sweat⟩ **0.1** ***door uitbuiting verkregen*** ⇒*uitgebuit* ◆ **1.1** ~ clothes *tegen hongerloon vervaardigde kleren;* ~ labour *slavenarbeid, uitgebuite arbeidskrachten.*

sweat·er ['swetə‖'sweṭər] ⟨f3⟩ ⟨telb.zn.⟩ **0.1** ***zweter*** ⇒*zwoeger, wroeter* **0.2** ***zweetmiddel*** **0.3** ***sweater*** ⇒*sportvest, (wollen) trui* **0.4** ***uitbuiter*** ⇒⟨fig.⟩ *slavendrijver.*

'sweater girl ⟨telb.zn.⟩ **0.1** ***meisje met prachtborsten*** ⟨in strakzittend truitje/T-shirt⟩.

'sweat gland ⟨telb.zn.⟩ **0.1** ***zweetklier.***

'sweat·house, 'sweat·ing house, ⟨in bet. 0.1 ook⟩ **'sweat lodge** ⟨telb.zn.⟩ **0.1** ***stoombad*** ⟨bij Indianen⟩ **0.2** ***zweet/drooghuis*** ⟨bv. voor tabak⟩.

'sweating bath ⟨telb.zn.⟩ **0.1** ***zweetbad.***

'sweating fever ⟨telb. en n.-telb.zn.⟩ **0.1** ***zweetkoorts.***

'sweating iron, 'sweat scraper ⟨telb.zn.⟩ **0.1** ***zweetmes.***

'sweating room ⟨telb.zn.⟩ **0.1** ***zweetkamer*** ⟨vnl. v. Turks bad⟩ **0.2** ***zweethuis*** ⇒*drooghuis.*

'sweating sickness ⟨n.-telb.zn.⟩ **0.1** ***zweetziekte.***

'sweating system ⟨telb.zn.⟩ **0.1** ***uitbuiterij*** ⇒⟨fig.⟩ *slavendrijverij.*

'sweat joint ⟨telb.zn.⟩ ⟨tech.⟩ **0.1** ***soldeerverbinding.***

sweat·less ['swetləs] ⟨bn.⟩ **0.1** ***zonder zweet*** **0.2** ***moeiteloos.***

'sweat pants ⟨mv.⟩ **0.1** ***trainingsbroek*** ⇒*joggingbroek.*

'sweat shirt, 'sweating shirt ⟨f1⟩ ⟨telb.zn.⟩ **0.1** ***sweatshirt*** ⇒*sporttrui* ⟨v. katoen⟩.

'sweat·shop, 'sweating shop ⟨telb.zn.⟩ **0.1** ***slavenhok*** ⟨werkplaats v. uitbuiter⟩.

'sweat suit ⟨telb.zn.⟩ **0.1** ***trainingspak*** ⇒*joggingpak.*

sweat·y ['sweṭi] ⟨f2⟩ ⟨bn.; -er; -ly; -ness; →bijw. 3⟩ **0.1** ***zwetend*** ⇒*bezweet, zweterig* **0.2** ***zweetachtig*** **0.3** ***broeierig*** ⇒*heet* **0.4** ***zwaar*** ⇒*moeizaam.*

swede [swi:d], ⟨in bet. 0.2 ook⟩ **'swede turnip** ⟨f2⟩ ⟨telb.zn.⟩ **0.1** ⟨S-⟩ ***Zweed*** **0.2** ***koolraap*** ⇒*knolraap, koolrabi.*

Swe·den ['swi:dn] ⟨eig.n.⟩ **0.1** ***Zweden.***

Swe·den·bor·gi·an ['swi:dn'bɔ:dʒən‖-'bɔr-] ⟨telb.zn.⟩ **0.1** ***Swedenborgiaan*** ⟨volgeling v.d. Zweedse mysticus Swedenborg⟩.

swedge [swedʒ] ⟨telb.zn.⟩ ⟨paardesport⟩ **0.1** ***(gegroefd) wedstrijdhoefijzer*** ⟨om beter te kunnen afzetten⟩.

Swed·ish[1] ['swi:dɪʃ] ⟨eig.n.⟩ **0.1** ***Zweeds*** ⟨taal⟩.

Swedish[2] ⟨f2⟩ ⟨bn.⟩ **0.1** ***Zweeds*** ◆ **1.1** ~ bench/box *Zweedse bank* ⟨turntoestel⟩; ~ drill *Zweedse gymnastiek, heilgymnastiek;* ~ iron *Zweeds staal;* ~ mile *Zweedse mijl* ⟨10 km⟩ **1.¶** ~ turnip *knolraap, koolraap.*

swee·n(e)y ['swi:ni], **swin·ney** ['swɪni] ⟨f1⟩ ⟨telb. en n.-telb.zn.; 1e variant; →mv. 2⟩ ⟨AE⟩ **0.1** ***spieratrofie*** ⟨vnl. in schouder v. paard⟩.

sweep[1] [swi:p]⟨f2⟩⟨zn.⟩⟨→sprw. 493⟩
I ⟨telb.zn.⟩ **0.1** ***(schoonmaak)beurt*** ⇒*opruiming;* ⟨mil.⟩ *mijnenvegeroperatie* **0.2** ***veger*** ⇒*bezem, stoffer;* ⟨landb.⟩ *hooischuif* **0.3** ***veger*** ⇒⟨inf.⟩ *schoorsteen/straatveger* **0.4** ***veeg*** ⇒*haal (met een borstel), streek* **0.5** ***zwaai*** ⇒*slag, houw, riemslag; zwier, draai, bocht* **0.6** ⟨ben. voor⟩ ***gebogen traject/lijn*** ⇒*golflijn, omtrek; bocht; bochtig pad; gebogen oprijlaan* **0.7** ⟨ben. voor⟩ ***zwaaiend voorwerp*** ⇒*(lange) roeiriem; pompzwengel; molenwiek; putgalg;* ⟨gesch.⟩ *ballista* **0.8** ***rij*** ⟨v. gebouwen, kamers, winkels⟩ **0.9** ***stuk*** ⇒*eind* **0.10** ***voorwaartse beweging*** ⇒⟨mil.⟩ *uitval, sortie* **0.11** ***volledige overwinning*** ⇒⟨kaartspel⟩ *slem, slam* **0.12** ⟨inf.⟩ ***sweepstake*** **0.13** ***telescopische waarneming*** ⟨v. sterrenhemel⟩ **0.14** ⟨oscillografie⟩ ***tijdbasis*** ◆ **1.5** ~ of the eye *oogopslag, blik;* ~ of the sword *houw v. h. zwaard* **1.9** ~ of mountain country *stuk bergland, berglandschap* **2.1** clean ~ *grote opruiming* **2.5** wide ~ *wijde draai/bocht* **2.11** clean ~ *verpletterende overwinning* **3.1** give sth. a thorough ~ *iets flink aan/af/uitvegen;* make a clean ~ *schoon schip maken;* make a clean ~ of *flink opruiming houden in/onder* **3.5** make a ~ *een bocht maken, draaien* **3.11** make a clean ~ *alle prijzen binnenhalen* **6.5 at** one/a ~ *met één slag, in één klap;*
II ⟨n.-telb.zn.⟩ **0.1** ***het vegen*** **0.2** ⟨ben. voor⟩ ***bereik*** ⇒*domein, gebied; draagwijdte, portee; omvang, uitgestrektheid* **0.3** ***beweging*** ⇒*stroom, golving* ◆ **1.2** the ~ of his argument *de draagwijdte v. zijn argument* **1.3** the ~ of the tide *de getijdenbeweging* **6.2 beyond/within** the ~ of *buiten/binnen het bereik van;*
III ⟨mv.; ~s⟩ **0.1** ***veegsel*** **0.2** ⟨AE⟩ ***periode waarin reclametarieven aan kijkcijfers worden aangepast.***

sweep[2] ⟨f3⟩⟨ww.; swept, swept [swept]⟩ →sweeping ⟨→sprw. 312⟩
I ⟨onov.ww.⟩ **0.1** ***zich (snel/statig)(voort)bewegen*** ⇒*spoeden, vliegen, razen, galopperen* **0.2** ***zich uitstrekken*** ◆ **5.1** ~ **along** *voortsnellen;* ~ **by/past** *voorbijzweven/snellen/schieten, voorbijstevenen;* ~ **down** on *aanvallen;* ~ **in/out** *binnen/buitensnellen, statig binnen/buitengaan;* ~ **on** *voortijlen, voortstevenen;* ~ **round** *zich (met een zwaai) omdraaien* **5.2** ~ **down** to the sea *zich neerwaarts uitstrekken tot aan de zee;* ~ northward *zich noordwaarts uitstrekken* **6.1** ~ **from/out of** the room *de kamer uit stuiven/uitstevenen;* ~ **in(to)** *naar binnen snellen, statig naar binnen gaan;* ~ **into** power *aan de macht komen;* a wave swept **over** the ship *een golf sloeg over het schip;* ⟨fig.⟩ fear swept **over** him *hij werd bevangen door angst;* ~ **round** the hill *(met een wijde boog) om de heuvel heen lopen* ⟨ook v. weg⟩;
II ⟨onov. en ov.ww.⟩ **0.1** ***vegen*** ⇒*aan/af/op/weg/schoonvegen, opruimen* **0.2** ***(laten) slepen*** ⇒*slepen/strijken langs/over* **0.3** ***(af) dreggen*** ◆ **1.1** ~ the country of crime *het land v. misdaad zuiveren;* ~ the house clean/clear of dirt *het huis schoonvegen;* ~ the house of everything *het huis leegplunderen/leeghalen;* ⟨fig.⟩ ~ sth. from memory *iets uit zijn geheugen bannen;* ⟨fig.⟩ ~ everything into one's net *alles opstrijken/inpalmen, op alles beslag leggen;* ⟨fig.⟩ ~ with a wide net *proberen alles te vangen/meester te worden;* ⟨fig.⟩ ~ the seas *de zeeën schoonvegen/zuiveren v. piraten;* ⟨fig.⟩ be swept from sight *aan het gezicht onttrokken worden* **5.1** ~ the dirt **away** *het vuil wegvegen;* ⟨fig.⟩ ~ **away** *vernielen, verwoesten;* ~ **away/off** *wegvegen, opruimen;* ⟨fig.⟩ *doen vergaan, wegmaaien;* ~ **down** *aanvegen;* ~ **in** *opstrijken;* ⟨B.⟩ *binnenrijven;* ~ **out** *aan/uitvegen;* ~ **up** *(aan/op/uit/bijeen)vegen;* ⟨fig.⟩ *meeslepen/sleuren* **6.3** ~ **for** *dreggen naar;*
III ⟨ov.ww.⟩ **0.1** ***(toe)zwaaien*** ⇒*slaan* **0.2** ***mee/wegsleuren*** ⇒*meevoeren, afrukken, wegrukken, wegspoelen* **0.3** ***doorkruisen*** ⇒*teisteren, woeden boven, razen over* **0.4** ***afzoeken*** ⇒*aftasten/vissen* **0.5** ***bestrijken*** **0.6** ***bespelen*** **0.7** ***(volledig) winnen*** **0.8** ***(voort) roeien*** ◆ **1.1** ~ one's arm above one's head *zijn arm boven zijn hoofd zwaaien;* ~ s.o. a bow/curtsey *statig buigen voor iem.* **1.3** the storm swept the country *de storm raasde over het land;* the wind ~s the hillside *de wind geselt de heuvelflank;* a fashion ~ing America *een mode die Amerika verovert* **1.4** his eyes swept the distance *zijn ogen tastten de horizon af, hij liet zijn ogen weiden over/langs de horizon* **1.5** ~ the street with a machine gun *de straat bestrijken met een machinegeweer* **1.6** ~ the strings *een muziekinstrument bespelen* **1.7** ~ a constituency *een overweldigende meerderheid halen* **4.7** ~ all before one *eindeloze successen boeken* **5.1** ~ **aside** *(met een zwaai) opzij schuiven;* ⟨fig.⟩ *naast zich neerleggen;* ~ **off** *(met een zwaai) afnemen* ⟨hoed⟩ **5.2** ~ **along** *meesleuren/slepen;* ~ **away/off** *af/wegrukken, wegvoeren;* ⟨fig.⟩ *wegmaaien;* ~ **down** *omver/meesleuren* ⟨met stroming⟩; ⟨fig.⟩ *neerschieten* **6.2** be swept **off** one's feet *omvergelopen worden;* ⟨fig.⟩ *overdonderd/meegesleept worden; hals over kop verliefd worden;* be swept **out to** sea *in zee gesleurd worden.*

'sweep·back ⟨telb.zn.⟩⟨lucht.⟩ **0.1** ***pijlvorm*** ⇒*pijlstelling* ⟨v. vleugel⟩.

sweep·er ['swi:pə‖-ər]⟨f1⟩⟨telb.zn.⟩ **0.1** ***veger*** ⇒*straat/schoorsteenveger* **0.2** ***veger*** ⇒*bezem, tapijtenroller, (straat)veegmachine, grasborstel* **0.3** ⟨mil.⟩ ***mijnenveger*** **0.4** ⟨sport, i.h.b. voetbal⟩ ***vrije verdediger*** ⇒*libero, ausputzer, laatste man.*

sweep·ing[1] ['swi:pɪŋ]⟨f1⟩⟨zn.; (oorspr.) gerund v. sweep⟩
I ⟨telb.zn.⟩ **0.1** ***(schoonmaak)beurt*** ⇒*opruiming;*
II ⟨n.-telb.zn.⟩ **0.1** ***het vegen;***
III ⟨mv.; ~s⟩ **0.1** ***veegsel*** **0.2** ***uitvaagsel*** ⇒*uitschot, afval.*

sweeping[2] ⟨f1⟩⟨bn.; oorspr. teg. deelw. v. sweep; -ly; -ness⟩ **0.1** ***vegend*** **0.2** ***verreikend*** ⇒*veelomvattend, verstrekkend, ingrijpend, doortastend* **0.3** ***radicaal*** ⇒*veralgemenend, apodictisch* **0.4** ***geweldig*** ⇒*overweldigend* ◆ **1.2** ~ changes *ingrijpende veranderingen* **1.3** ~ condemnation *radicale veroordeling;* ~ statement *apodictische uitspraak* **1.4** ~ reductions *reusachtige prijsverminderingen;* ~ victory *totale overwinning.*

'sweep·ing-broom, -brush ⟨telb.zn.⟩ **0.1** ***veger*** ⇒*stoffer, borstel.*

'sweep net, 'sweep seine ⟨telb.zn.⟩ **0.1** ***sleepnet.***

'sweep-out, 'sweep-up ⟨telb.zn.⟩ **0.1** ***(schoonmaak)beurt*** ⇒*(grondige) opruiming.*

'sweep rake ⟨telb.zn.⟩⟨landb.⟩ **0.1** ***hooischuif.***

'sweep saw ⟨telb.zn.⟩ **0.1** ***boogzaag.***

'sweep-'sec·ond (hand) ⟨telb.zn.⟩ **0.1** ***(centrale) secondewijzer.***

'sweep·stake, sweep·stakes ['swi:psteɪks]⟨f1⟩⟨telb.zn.⟩ **0.1** ***sweepstake*** ⟨(wedren met) prijs bestaande uit de inleggelden v.d. deelnemers⟩.

sweet[1] [swi:t]⟨f2⟩⟨zn.⟩
I ⟨telb.zn.⟩ **0.1** ***lieveling*** ⇒*liefje, schatje, liefste* **0.2** ***bataat*** ⇒*zoete aardappel* **0.3** ⟨vnl. mv.⟩ ***het zoete*** ⇒*genoegens, geneugten, heerlijkheden, zaligheden, emolumenten* **0.4** ⟨vaak mv.⟩⟨BE⟩ ***snoepje*** ⇒*zoetigheid(je), bonbon, lekkers* **0.5** ⟨vnl. mv.⟩⟨vero.⟩ ***zoete geur*** ◆ **1.3** the ~(s) and the bitter(s) of life *'s levens zoet en zuur/wel en wee, lief en leed;* the ~s of success *de zaligheden v.h. succes;* the ~s of office *de emolumenten* **4.1** my ~ *mijn schatje;*
II ⟨telb. en n.-telb.zn.⟩⟨BE⟩ **0.1** ***(zoet) dessert*** ⇒*toetje;*
III ⟨n.-telb.zn.⟩ **0.1** ***zoet(ig)heid.***

sweet[2] ⟨f3⟩⟨bn.; -er; -ly; -ness⟩⟨→sprw. 26, 205, 593, 599, 632, 639⟩ **0.1** ⟨ben. voor⟩ ***zoet*** ⟨ook plantk.⟩ ⇒*lekker, heerlijk, geurig; melodieus, zacht; drinkbaar, eetbaar, fris, vers, goed; in goede conditie; lief, schattig, snoezig, charmant, lief(lijk), bekoorlijk, bevallig, beeldig, innemend* **0.2** ⟨sl.⟩ ***makkelijk en lucratief*** **0.3** ⟨sl.⟩ ***gastvrij*** ◆ **1.1** ~ almond *zoete amandel;* ~ cherry *zoete kers;* ~ face *lief gezicht, vriendelijk snuitje;* ~ girl *lief meisje;* ~ herb *zoet/geurig kruid;* ~ nature *zachte natuur, beminnelijk karakter;* as ~ as nut *zo zoet/lekker als wat;* ~ pickles *zoetzuur;* ~ scent *lekkere geur;* ~ seventeen *de/een lieve zeventienjarige;* ~ stuff/things *snoepgoed, lekkers, zoetigheid;* ~ temper *zacht temperament;* ~ voice *bevallige/aangename/zachte stem* **1.¶** ⟨plantk.⟩ ~ alyssum /alison *zeeschildzaad* ⟨Lobularia maritima⟩; ⟨plantk.⟩ ~ basil *bazielkruid, basiliekruid* ⟨Ocinum basilicum⟩; ⟨plantk.⟩ ~ birch *suikerberk* ⟨Betula lenta⟩; ⟨plantk.⟩ ~ chestnut *tamme kastanje* ⟨Castanea sativa⟩; ⟨plantk.⟩ ~ cicely *roomse kervel* ⟨vnl. Myrrhis odorata⟩; ~ cider *(ongegiste) appelwijn;* ⟨plantk.⟩ ~ clover *honingklaver* ⟨genus Melitotus⟩; ~ dreams! *slaap lekker!, welterusten!;* ⟨sl.⟩ ~ effay/F.A./Fanny Adams *geen donder, geen ene moer;* ⟨plantk.⟩ ~ flag *kalmoes* ⟨Acorus calamus⟩; ⟨plantk.⟩ ~ gale *gagel* ⟨Myrica gale⟩; ⟨plantk.⟩ ~ grass *vlotgras* ⟨genus Glyceria⟩; ⟨plantk.⟩ ~ gum *amberboom* ⟨Liquidambar styraciflua⟩; *styrax, storax;* ⟨sl.⟩ ~ mama *minnares;* ⟨sl.⟩ ~ man *minnaar;* ⟨plantk.⟩ ~ majoram *marjolein, majorein* ⟨Origanum vulgare⟩; ⟨inf.⟩ ~ nothings *lieve woordjes;* ~ oil *zoete/eetbare olie, olijf/sesamolie;* ⟨sl.⟩ ~ papa *rijke (oudere) minnaar, goudvink;* ⟨sl.⟩ ~ pea *liefje; sukkel;* ~ pepper *zoete peper, paprika;* ⟨plantk.⟩ ~ pepperbush *clethra* ⟨genus Clethra⟩; ⟨plantk.⟩ ~ potato *bataat* ⟨Ipomoea batatas⟩; ⟨inf.⟩ *ocarina;* ⟨plantk.⟩ ~ rocket *damastbloem* ⟨Hesperis matronalis⟩; ⟨plantk.⟩ ~ rush/sedge *kalmoes* ⟨Acorus calamus⟩; ⟨plantk.⟩ ~ sultan *muskuscentaurie* ⟨genus Centaurea⟩; ⟨AE⟩ ~ talk *vleierij, vleitaal, mooipraterij;* ~ tea *vieruurtje met zoetigheid;* have a ~ tooth *een zoetekauw zijn;* ⟨plantk.⟩ ~ violet *welriekend viooltje, maarts viooltje* ⟨Viola odorata⟩; at one's own ~ will *naar believen/eigen goeddunken;* of its own ~ will *zomaar vanzelf;* ⟨plantk.⟩ ~ William *duizendschoon, ruige anjer, mantelanjer* ⟨Dianthus barbatus⟩; ⟨plantk.⟩ ~ willow *gagel* ⟨Myrica gale⟩; ⟨plantk.⟩ ~ woodruff *lievevrouwebedstro* ⟨Asperula odorata⟩ **2.1** nice and ~ *lekker zoet* **3.1** keep ~ *goed blijven/houden;* keep s.o. ~ *iem. zoet/te vriend houden;* taste ~ *zoet smaken* **4.1** ~ one *schatje;* ⟨sl.⟩ a ~ one *een flinke opstopper* **5.1** how ~ of you *wat aardig van je* **6.1** be ~ **about** sth. *iets goed opnemen;* ⟨inf.⟩ be ~ **on** *gek/verkikkerd zijn op;* the garden is ~ **with** thyme *de tuin geurt naar thijm.*

'sweet-and-'sour ⟨bn.⟩ **0.1** ***zoetzuur.***

'sweet 'bay ⟨telb.zn.⟩⟨plantk.⟩ **0.1** ***(Am. soort) magnolia/tulpeboom*** ⟨Magnolia virginiana⟩.

'sweet-box ⟨telb.zn.⟩ **0.1** ***bonbonnière*** *⇒snoepdoos.*

'sweet·bread ⟨telb.zn.⟩ **0.1** ***zwezerik.***

'sweet'bri·er, 'sweet·'bri·ar ⟨telb.zn.⟩ ⟨plantk.⟩ **0.1** ***eg(e)lantier*** ⟨Rosa eglanteria⟩.

'sweet corn ⟨n.-telb.zn.⟩ ⟨vnl. BE⟩ **0.1** ***(zoete) maïs*** *⇒suikermaïs.*

'sweet-dish ⟨telb.zn.⟩ **0.1** ***snoepschotel.***

sweet·en ['swi:tn] ⟨f1⟩ ⟨ww.⟩ →sweetening
I ⟨onov. en ov.ww.⟩ **0.1** ***zoeten*** *⇒zoet(er) maken/worden, verzoeten;*
II ⟨ov.ww.⟩ **0.1** ***verzachten*** *⇒verlichten, milder maken* **0.2** ***veraangenamen*** *⇒opfleuren, opvrolijken* **0.3** ***verversen*** *⇒zuiveren, filteren, ventileren* **0.4** ⟨inf.⟩ ***sussen*** *⇒omkopen, gunstig stemmen, zoethouden* **0.5** ***verleiden*** *⇒lekker maken* **0.6** ***opvoeren*** *⇒verhogen* ⟨borg bij lening, inzet bij poker, enz.⟩ ◆ **5.¶** ⟨sl.⟩ ~ **up** *verzoeten, verbloemen; sussen, zoethouden.*

sweet·en·er ['swi:tnə‖-ər] ⟨telb.zn.⟩ **0.1** ***zoetmiddel*** *⇒zoetstof* **0.2** ⟨sl.⟩ ***zoethoudertje*** *⇒fooi, douceurtje* **0.3** ⟨sl.⟩ ***opjager*** ⟨bij verkoop⟩.

sweet·en·ing ['swi:tnɪŋ] ⟨zn.; (oorspr.) gerund v. sweeten⟩
I ⟨telb. en n.-telb.zn.⟩ **0.1** ***zoetmiddel;***
II ⟨n.-telb.zn.⟩ **0.1** ***het zoeten.***

'sweet·heart[1] ⟨f2⟩ ⟨telb.zn.⟩ **0.1** ***lief(je)*** *⇒vrijer, minnaar, minnares, vriend(in)* **0.2** ***lieverd*** **0.3** ⟨sl.⟩ ***iets uitstekends.***

sweetheart[2] ⟨ww.⟩
I ⟨onov.ww.⟩ **0.1** ***vrijen;***
II ⟨ov.ww.⟩ **0.1** ***vrijen (met)*** *⇒het hof maken.*

'sweetheart a'greement, 'sweetheart 'deal ⟨telb.zn.⟩ **0.1** ***buiten de vakbond om afgesloten arbeidsovereenkomst*** ⟨meestal ten gunste v.d. werkgever⟩ **0.2** ⟨Austr. E⟩ ***buiten de c.a.o. vallende arbeidsovereenkomst.***

swee·tie ['swi:ṭi], ⟨in bet. 0.1 ook⟩ **'sweetie pie** ⟨f1⟩ ⟨telb.zn.⟩ ⟨inf.⟩ **0.1** ***liefje*** *⇒schatje, snoezepoes* **0.2** ***snoesje*** *⇒dotje* **0.3** ⟨BE, Sch. E⟩ ***snoepje*** *⇒bonbon, suikertje, zoetje, koekje.*

sweet·ing ['swi:ṭɪŋ] ⟨telb.zn.⟩ **0.1** ***zoeteveentje*** *⇒sint-jansappel* **0.2** ⟨vero.⟩ ***lieveling.***

sweet·ish ['swi:ṭɪʃ] ⟨bn.⟩ **0.1** ***zoet(er)ig*** *⇒vrij zoet, zoetachtig.*

'sweet·meat ⟨telb.zn.⟩ **0.1** ***snoepje*** *⇒bonbon,* ⟨mv.⟩ *snoep/suikergoed.*

'sweet-'mouth·ed ⟨bn.⟩ **0.1** ***zoetsappig*** *⇒zouteloos.*

sweet·ness ['swi:tnəs] ⟨f2⟩ ⟨n.-telb.zn.⟩ **0.1** ***zoetheid*** ◆ **1.1** she's all ~ and light *zij is een en al beminnelijkheid.*

'sweet 'pea ⟨telb.zn.⟩ ⟨plantk.⟩ **0.1** ***lathyrus*** *⇒reukerwt* ⟨Lathyrus odoratus⟩.

'sweet·root ⟨n.-telb.zn.⟩ **0.1** ***zoethout.***

'sweet-'scent·ed, 'sweet-'smell·ing ⟨f1⟩ ⟨bn.⟩ **0.1** ***geurig*** *⇒welriekend.*

'sweet·shop ⟨telb.zn.⟩ ⟨vnl. BE⟩ **0.1** ***snoepwinkel*** *⇒snoepjeszaak.*

'sweet·sop ⟨telb.zn.⟩ ⟨plantk.⟩ **0.1** ***suikerappel(boom)*** ⟨Annona squamosa⟩.

'sweet spot ⟨telb.zn.⟩ ⟨tennis⟩ **0.1** ⟨ong.⟩ ***meest effectieve slagpunt*** ⟨v. racket⟩.

'sweet-talk ⟨onov. en ov.ww.⟩ ⟨vnl. AE⟩ **0.1** ***vleien.***

'sweet-'tem·pered ⟨bn.⟩ **0.1** ***lief*** *⇒aardig, zacht v. aard.*

sweety →sweetie.

swell[1] [swel] ⟨f1⟩ ⟨zn.⟩
I ⟨telb.zn.⟩ **0.1** ***zwelling*** *⇒gezwel, uitpuiling, hoogte, heuvel(tje); buikje* **0.2** ⟨muz.⟩ ***bovenwerk*** ⟨v. orgel⟩ **0.3** ⟨tech.⟩ ***askraag*** **0.4** ⟨ind.⟩ ***schietspoelklem*** **0.5** ⟨vero.; inf.⟩ ***dandy*** *⇒fat* **0.6** ⟨vero.; inf.⟩ ***grote meneer;***
II ⟨n.-telb.zn.⟩ **0.1** ***zwelling*** *⇒het zwellen, gezwollenheid, volheid* **0.2** ***deining*** **0.3** ⟨muz.⟩ ***crescendo(-diminuendo).***

swell[2] ⟨f2⟩ ⟨bn.⟩ **0.1** ⟨vnl. AE; inf.⟩ ***voortreffelijk*** *⇒patent* **0.2** ⟨vero.; sl.⟩ ***dandyachtig*** *⇒fatterig, modieus, chic, fijn, prachtig* ◆ **1.1** a ~ chance *een prachtkans;* a ~ teacher *een prima leraar.*

swell[3] ⟨f3⟩ ⟨ww.; ook swollen ['swoulən]⟩ →swelling
I ⟨onov.ww.⟩ **0.1** ***(op/aan)zwellen*** *⇒bol gaan staan, (zich) uitzetten/opblazen, buiken, (op)bollen* ◆ **1.1** ~ like a turkey cock *snoeven, trots zijn als een pauw* **5.1** ~ **out** *bollen;* ~ **up** *(op)zwellen* **6.1** ~ **into** *aangroeien/zwellen tot;* ~ **with** pride *zwellen v. trots, barsten v. pretentie;*
II ⟨ov.ww.⟩ **0.1** ***doen zwellen*** *⇒doen op/uitzetten/(op)bollen, bol doen staan, doen aangroeien/toenemen, verhogen, doen bonzen* ◆ **1.1** ~ one's funds/pocket *wat bijverdienen* **5.1** ~ **out** *doen bollen;* ~ **up** *doen (op)zwellen.*

swell[4] ⟨bw.⟩ ⟨inf.⟩ **0.1** ***uitstekend*** *⇒geweldig* **0.2** ***prettig*** *⇒aardig, heerlijk* **0.3** ***elegant*** *⇒stijlvol* **0.4** ***gastvrij.***

'swell·bel·ly, 'swell·fish ⟨telb.zn.⟩ ⟨dierk.⟩ **0.1** ***kogelvis*** ⟨genus Tetraodontidae⟩.

'swell box ⟨telb.zn.⟩ ⟨muz.⟩ **0.1** ***zwelkast*** ⟨v. orgel⟩.

swell·dom ['sweldəm] ⟨n.-telb.zn.⟩ ⟨inf.⟩ **0.1** ***high society*** *⇒chic.*

'swelled-'head·ed, swell·head·ed ⟨bn.; -ness⟩ **0.1** ***verwaand*** *⇒pretentieus.*

'swell·head ⟨zn.⟩
I ⟨telb.zn.⟩ ⟨inf.⟩ **0.1** ***verwaand ventje*** *⇒pedante kwast;*
II ⟨n.-telb.zn.⟩ **0.1** ***besmettelijke sinusitus*** ⟨bij kalkoen⟩ **0.2** ***(soort) oedeem*** ⟨bij schaap/geit⟩ **0.3** ⟨inf.⟩ ***verwaandheid*** *⇒pretentie, dunk, opgeblazenheid.*

swell·ing ['swelɪŋ] ⟨f1⟩ ⟨telb. en n.-telb.zn.; (oorspr.) gerund v. swell⟩ **0.1** ***zwelling*** *⇒het zwellen, gezwel, uitwas.*

'swell organ ⟨telb.zn.⟩ ⟨muz.⟩ **0.1** ***zwelkastregister*** ⟨v. orgel⟩.

swel·ter[1] ['sweltə‖-ər] ⟨telb. en n.-telb.zn.⟩ **0.1** ***smoorhitte*** *⇒drukkende hitte.*

swelter[2] ⟨f1⟩ ⟨ww.⟩ →sweltering
I ⟨onov.ww.⟩ **0.1** ***stikken (van de hitte)*** *⇒baden in het zweet, smoren* **0.2** ***liggen te broeien;***
II ⟨ov.ww.⟩ **0.1** ***doen stikken (van de hitte)*** *⇒doen baden in het zweet, blakeren, zengen* **0.2** ⟨vero.⟩ ***afscheiden*** *⇒uitzweten.*

swel·ter·ing ['sweltrɪŋ] ⟨f1⟩ ⟨bn.; teg. deelw. v. swelter⟩ **0.1** ***smoorheet*** *⇒drukkend, zengend, broeierig* ◆ **1.1** ~ (hot) day *drukkend hete dag.*

swel·try ['sweltri] ⟨bn.; -er; →compar. 7⟩ **0.1** ***drukkend*** *⇒broeierig.*

swept [swept] ⟨verl. t. en volt. deelw.⟩ →sweep.

'swept-'back ⟨bn.⟩ **0.1** ***pijlvormig*** ⟨vnl. v. vleugels v. vliegtuig⟩ **0.2** ***naar achteren (gekamd/geborsteld)*** ⟨v. haar⟩ ◆ **1.1** ~ wing *pijlvleugel.*

'swept-'up ⟨bn.⟩ **0.1** ***hoog opgestoken*** *⇒toren-* ⟨v. haar⟩.

swerve[1] [swɜ:v‖swɜrv] ⟨f1⟩ ⟨telb.zn.⟩ **0.1** ***zwenking*** *⇒wending, draai, zijbeweging.*

swerve[2] ⟨f1⟩ ⟨ww.⟩
I ⟨onov.ww.⟩ **0.1** ***zwerven*** *⇒dolen* **0.2** ***zwenken*** *⇒opzij gaan, plots uitwijken* **0.3** ***afwijken*** *⇒afdwalen* ◆ **6.2** ~ **from** the path *v.h. pad afdwalen* ⟨ook fig.⟩; ~ **from** one's purpose *zijn doel uit het oog verliezen;*
II ⟨ov.ww.⟩ **0.1** ***doen zwenken*** *⇒opzij doen gaan* **0.2** ***doen afwijken.***

swerve·less ['swɜ:vləs‖'swɜrv-] ⟨bn.⟩ **0.1** ***onomstotelijk*** *⇒onwankelbaar, standvastig.*

SWG ⟨afk.⟩ standard wire gauge.

swift[1] [swɪft] ⟨telb.zn.⟩ **0.1** ***gierzwaluw*** ⟨fam. Apodidae⟩ **0.2** ***boomgierzwaluw*** ⟨fam. Hemiprocnidae⟩ **0.3** ***stekelleguaan*** ⟨genus Sceloporus⟩ **0.4** ***wortelboorder*** ⟨fam. Hepialidae⟩ **0.5** ***kitvos*** ⟨Vulpes velox⟩ **0.6** ***haspel*** *⇒klos, spoel* **0.7** ***kaardtrommel*** **0.8** ⟨sl.⟩ ***snelheid.***

swift[2] ⟨f2⟩ ⟨bn.; -er; -ly; -ness⟩ ⟨→sprw. 394⟩ **0.1** ***vlug*** *⇒snel, rap, gezwind, schielijk* **0.2** ⟨sl.⟩ ***losbandig*** *⇒liederlijk* ◆ **1.1** ~ to anger *gauw kwaad, heetgebakerd;* ~ of foot *vlug ter been;* ~ runner *snelloper;* ~ response *prompt antwoord* **3.1** ~ to forgive *vergevensgezind.*

swift[3], ⟨AE vnl.⟩ **swift·er** ['swɪftə‖-ər] ⟨ov.ww.⟩ ⟨scheep.⟩ **0.1** ***zwichten.***

swift[4] ⟨f2⟩ ⟨bw.⟩ **0.1** ***snel*** *⇒vlug* ◆ **¶.1** swift-flowing *snelvlietend.*

'swift-'foot·ed ⟨bn.⟩ **0.1** ***snelvoetig*** *⇒vlug ter been,* ⟨B.⟩ *rap ter been.*

swift·let ['swɪf(t)lɪt] ⟨telb.zn.⟩ ⟨dierk.⟩ **0.1** ***salangaan*** ⟨zwaluw; genus Collocalia⟩.

swig[1] [swɪg] ⟨f1⟩ ⟨telb.zn.⟩ ⟨inf.⟩ **0.1** ***teug*** *⇒slok, gulp.*

swig[2] ⟨f1⟩ ⟨ww.; →ww. 7⟩ ⟨inf.⟩
I ⟨onov.ww.⟩ **0.1** ***met grote teugen drinken;***
II ⟨ov.ww.⟩ **0.1** ***naar binnen gieten*** *⇒leegzuipen.*

swill[1] [swɪl], ⟨in bet. I 0.1 ook⟩ **'swill-down, 'swill-out** ⟨f1⟩ ⟨zn.⟩
I ⟨telb.zn.⟩ **0.1** ***spoeling*** *⇒spoelbeurt* **0.2** ***teug sterke drank*** ◆ **3.1** give a ~ *uitspoelen;*
II ⟨n.-telb.zn.⟩ **0.1** ***spoelwater*** ⟨ook fig.⟩ *⇒vaatwater, afwaswater* **0.2** ***afval*** **0.3** ***spoeling*** *⇒varkensdraf.*

swill[2] ⟨f1⟩ ⟨ww.⟩
I ⟨onov.ww.⟩ **0.1** ***stromen*** **0.2** ⟨inf.⟩ ***zuipen*** *⇒gretig drinken* **0.3** ⟨inf.⟩ ***schrokken;***
II ⟨ov.ww.⟩ **0.1** ***af/door/uitspoelen*** **0.2** ***voederen*** ⟨met spoeling⟩ **0.3** ⟨inf.⟩ ***volgieten*** *⇒volop te drinken geven* **0.4** ⟨inf.⟩ ***opzuipen*** *⇒gretig opdrinken, leeggulpen* **0.5** ⟨inf.⟩ ***opschrokken*** *⇒opslokken* ◆ **5.1** ~ **down** *afspoelen;* ~ **out** *uitspoelen* **5.4** ~ **down** *opzuipen; verzuipen.*

'swill·bowl ⟨telb.zn.⟩ **0.1** ***zuiplap*** *⇒dronkaard.*

swill·er ['swɪlə‖-ər] ⟨telb.zn.⟩ **0.1** ***zuiplap*** **0.2** ***schrokker.***

swill·ings ['swɪlɪŋz] ⟨mv.⟩ **0.1** ***spoeling*** *⇒varkensdraf* **0.2** ***spoelwater*** ⟨ook fig.⟩ *⇒vaatwater, afwaswater.*

'swill tub ⟨telb.zn.⟩ **0.1** ***spoelingbak*** *⇒varkensbak.*

swim[1] [swɪm] ⟨f1⟩ ⟨zn.⟩
I ⟨telb.zn.⟩ **0.1** ***zwempartij*** **0.2** ***visrijke plek*** **0.3** ***duizeling*** *⇒bezwijming* ◆ **3.1** have/go for a ~ *gaan zwemmen, een duik (gaan) nemen* **6.3** my head was all **of** a ~ *het duizelde mij;*
II ⟨n.-telb.zn.; the⟩ **0.1** ***stroming*** *⇒actie* ◆ **6.¶** be **in/out of** the ~ *(niet) op de hoogte zijn, er (niet) bij zijn, (niet) meedoen;* **in** the ~ **with** *in het gezelschap van, in verstandhouding met.*

swim[2] ⟨f3⟩⟨ww.; swam [swæm]/⟨vero. ook⟩ swum, swum [swʌm]; →ww. 7⟩ →swimming ⟨→sprw. 43⟩
I ⟨onov.ww.⟩ **0.1** ***zwemmen*** ⟨ook fig.⟩ ⇒*baden* **0.2** ***vlotten*** ⇒*drijven* **0.3** ***zweven*** ⇒*glijden* **0.4** ***duizelen*** ⇒*draaien, draaierig worden* ◆ **1.4** my head ~s *het duizelt mij, het draait me voor de ogen* **6.1** ~ **across** the river *de rivier overzwemmen;* ~ **for** it *zich zwemmend trachten te redden* **6.2** ~ming **in** blood *badend in het bloed;* ~ming **with** tears *zwemmend in/vol tranen* **6.3** ~ **into** the house *het huis binnenzweven;*
II ⟨ov.ww.⟩ **0.1** ***overzwemmen*** **0.2** ***deelnemen aan*** ⟨zwemwedstrijd⟩ **0.3** ***om het snelst zwemmen met*** ⇒*uitkomen tegen* ⟨in zwemwedstrijd⟩ **0.4** ***doen/laten zwemmen/drijven*** **0.5** ***aan de waterproef onderwerpen*** **0.6** ***doen duizelen*** ◆ **1.1** ~ a river *een rivier overzwemmen* **1.2** ~ a race *aan een zwemwedstrijd deelnemen* **1.5** ~ a witch *een heks aan de waterproef onderwerpen* **5.4** ~ s.o. **across** *iem. overzwemmen, iem. zwemmend naar de andere zijde brengen* **6.4** ~ one's horse **across** the river *zijn paard de rivier laten overzwemmen.*

'swim bladder, 'swimming bladder ⟨telb.zn.⟩ **0.1** ***zwemblaas.***

swim·mer ['swɪmə‖-ər]⟨f2⟩⟨telb.zn.⟩ **0.1** ***zwemmer, zwemster*** **0.2** ***zwemvogel*** **0.3** ***waterspin*** **0.4** ***zwemblaas*** **0.5** ***zwemorgaan*** ⇒*zwemstaart* **0.6** ***dobber*** ⇒*drijver, zwemboei.*

swim·mer·et, swim·mer·ette ['swɪməret‖-'ret]⟨telb.zn.⟩ **0.1** ***roeipoot.***

swim·ming ['swɪmɪŋ]⟨f1⟩⟨zn.; (oorspr.) gerund v. swim⟩
I ⟨telb.zn.⟩ **0.1** ***duizeling*** ◆ **3.1** have a ~ in the head *duizelig zijn;*
II ⟨n.-telb.zn.⟩ **0.1** ***het zwemmen*** ⇒*de zwemsport.*

'swimming bath ⟨telb.zn.; vaak mv.⟩⟨BE⟩ **0.1** ***(overdekt) zwembad.***

'swimming bell ⟨telb.zn.⟩ **0.1** ***scherm*** ⟨v. kwal⟩.

'swimming belt ⟨telb.zn.⟩⟨zwemsport⟩ **0.1** ***zwemgordel.***

'swimming costume, 'swimming suit, 'swim·suit ⟨telb.zn.⟩ **0.1** ***zwempak*** ⇒*badpak, zwemkostuum.*

'swimming jacket ⟨telb.zn.⟩ **0.1** ***zwemvest*** ⇒*zwembuis.*

swim·ming·ly ['swɪmɪŋli]⟨bw.⟩ **0.1** ***vlot*** ⇒*moeiteloos, als van een leien dakje* ◆ **3.1** go on/off ~ *vlot van stapel/gesmeerd lopen.*

'swimming pool, 'swim·pool ⟨f1⟩⟨telb.zn.⟩ **0.1** ***zwembad*** ⇒*zwembassin.*

'swimming stone ⟨n.-telb.zn.⟩ **0.1** ***drijfsteen.***

'swimming trunks ⟨mv.⟩ **0.1** ***zwembroek.***

swim·my ['swɪmi]⟨bn.; -er; →compar. 7⟩ **0.1** ***draaierig*** ⇒*duizelig* **0.2** ***wazig*** ⇒*vaag, doezelig.*

'swim-up ⟨telb.zn.⟩⟨waterpolo⟩ **0.1** ***(het) uitzwemmen*** ⟨het zwemmen naar de middenlijn om in balbezit te komen bij aanvang of hervatting v. spel⟩.

'swim·wear ⟨n.-telb.zn.⟩ **0.1** ***badkleding/mode.***

swin·dle[1] ['swɪndl]⟨f1⟩⟨zn.⟩
I ⟨telb.zn.⟩ **0.1** ***zwendelzaak*** **0.2** ⟨inf.⟩ ***stuk bedrog*** **0.3** ⟨sl.⟩ ***transactie*** ⇒*zaak, affaire, deal* **0.4** ⟨sl.⟩ ***werk*** ⇒*baan, taak;*
II ⟨n.-telb.zn.⟩ **0.1** ***zwendel*** ⇒*zwendelarij, bedrog, oplichterij.*

swindle[2] ⟨f1⟩⟨ww.⟩
I ⟨onov.ww.⟩ **0.1** ***zwendelen;***
II ⟨ov.ww.⟩ **0.1** ***oplichten*** ⇒*afzetten, bedriegen* ◆ **6.1** ~ money **out of** s.o., ~ s.o. **out of** money *iem. geld ontfutselen/afhandig maken.*

swin·dler ['swɪndlə‖-ər]⟨f1⟩⟨telb.zn.⟩ **0.1** ***zwendelaar(ster)*** ⇒*oplichter, bedrieger.*

'swindle sheet ⟨telb.zn.⟩⟨sl.⟩ **0.1** ***onkostendeclaratie.***

'swindle stick ⟨telb.zn.⟩⟨sl.⟩ **0.1** ***rekenlineaal*** **0.2** ***loonschaal.***

swine [swaɪn]⟨telb.zn.; mv. swine; fig. mv. ook swines; →mv. 4⟩ ⟨ook fig.⟩ **0.1** ***zwijn*** ⇒*varken.*

'swine fever ⟨n.-telb.zn.⟩ **0.1** ***varkenskoorts*** ⇒*vlektyfus* ⟨bij varkens⟩.

'swine·herd ⟨telb.zn.⟩ **0.1** ***zwijnenhoeder/ster*** ⇒*varkenshoeder/ster.*

swine·man ['swaɪnmən]⟨telb.zn.; swinemen [-mən]; →mv. 3⟩ **0.1** ***varkensfokker*** **0.2** ***varkenshoeder.***

'swine plague ⟨n.-telb.zn.⟩ **0.1** ***varkenspest.***

swin·er·y ['swaɪnəri]⟨zn.; →mv. 2⟩
I ⟨telb.zn.⟩ **0.1** ***varkenshok*** ⇒*varkenskot, zwijnekot;*
II ⟨n.-telb.zn.⟩ **0.1** ***zwijnerij*** ⇒*zwijnetroep.*

'swine's-feath·er, -pike ⟨telb.zn.⟩ **0.1** ***zwijnsspriet*** ⇒*speer voor zwijnejacht.*

'swine's-grass ⟨telb. en n.-telb.zn.⟩⟨plantk.⟩ **0.1** ***varkensgras*** ⟨Polygonum aviculare⟩.

'swine's-snout ⟨telb.zn.⟩⟨plantk.⟩ **0.1** ***paardebloem*** ⟨Taraxacum officinale⟩.

'swine·stone ⟨n.-telb.zn.⟩ **0.1** ***stinksteen*** ⇒*stinkkalk.*

swing[1] [swɪŋ]⟨f2⟩⟨zn.⟩⟨→sprw. 734⟩
I ⟨telb.zn.⟩ **0.1** ***schommel*** **0.2** ***schommelpartijtje*** **0.3** ***slingerwijdte*** **0.4** ⟨AE⟩ ***tournee*** ⇒*rondreis* ◆ **1.4** ~ around the circle *rondreis, verkiezingscampagne* ⟨vnl. v. presidentiële kandidaten⟩ **3.1** be/go on a ~ *(gaan) schommelen* **3.2** have a ~ *schommelen;*
II ⟨telb. en n.-telb.zn.⟩ **0.1** ***schommeling*** ⇒*slingering, zwaai, slingerbeweging* **0.2** ***forse beweging*** **0.3** ***(fors) ritme*** ⇒⟨mbt. stap⟩ *veerkrachtige gang* **0.4** ***swing(muziek)*** **0.5** ⟨sl.⟩ ***pauze*** ◆ **1.1** ~ in public opinion *kentering in de publieke opinie;* the ~ of the pendulum *de wisseling(en) v.h. lot, de kentering in de publieke opinie;* ~ in prices *prijzenschommeling* **3.1** complete one's ~ *zich geheel omdraaien;* give full/free ~ to *botvieren, de vrije teugel laten;* have/take one's (full) ~ *zich uitleven/laten gaan* **3.3** go with a ~ *met veerkrachtige tred lopen, ritmisch bewegen;* ⟨fig.⟩ *van een leien dakje lopen;*
III ⟨n.-telb.zn.⟩ **0.1** ***actie*** ⇒*vaart, gang, schwung* **0.2** ***bezieling*** ⇒*vuur, inspiratie* **0.3** ⟨sl.⟩ ***swingliefhebbers*** ◆ **6.1** **in** full ~ *in volle actie/gang;* get **into** the ~ of things *op gang komen, op dreef komen;*
IV ⟨verz.n.⟩⟨sl.⟩ **0.1** ***ploeg tussen dag- en avondploeg.***

swing[2] ⟨f2⟩⟨ww.; swung [swʌŋ]/⟨soms⟩ swang [swæŋ], swung⟩ →swinging
I ⟨onov.ww.⟩ **0.1** ***met veerkrachtige tred gaan*** ⇒*met zwaaiende gang lopen* **0.2** ***springen*** **0.3** ***swingen*** **0.4** ⟨inf.⟩ ***opgehangen worden*** **0.5** ⟨sl.⟩ ***(goed) bij zijn*** ⇒*hip/op de hoogte zijn, (flink) meedoen* **0.6** ⟨sl.⟩ ***actief en opwindend zijn*** **0.7** ⟨sl.⟩ ***een swinger zijn*** **0.8** ⟨sl.⟩ ***aan groepsseks/partnerruil doen*** ◆ **5.1** ~ **along/by/past** *met veerkrachtige gang voorbijlopen, (heup)wiegend langs lopen, langs komen zeilen* **5.2** ~ **down** *naar beneden springen* **6.2** ~ **from** bough **to** bough *van tak tot tak springen* **6.4** ~ **for** it *ervoor gehangen worden;*
II ⟨onov. en ov.ww.⟩ **0.1** ***slingeren*** ⇒*schommelen, zwaaien* **0.2** ***draaien*** ⇒*(doen) zwenken/keren, (zich) omdraaien* **0.3** ***(op)hangen*** **0.4** ⟨scheep.⟩ ***zwaaien*** **0.5** ***spelen op swingritme*** **0.6** ⟨cricket⟩ ***(doen) afwijken/swingen*** ⟨bal⟩ ◆ **1.1** ⟨druk.⟩ swung dash *slangetje, tilde;* ~ a stick *met een stok zwaaien* **1.2** ~ a battle *de krijgskansen doen keren* **1.3** ~ a hammock *een hangmat ophangen* **5.1** ~ **to** and **fro** *heen en weer schommelen* **5.2** ~ **off** *afslaan;* ~ **round** *(zich) omdraaien, (doen) keren, omgooien;* ~ **to** *dichtslaan* **5.¶** ~ **in** (with) *zich aansluiten (bij)* **6.1** ~ (one's fist) **at** s.o. *met iem. op de vuist gaan;* ~ **behind** one's leaders *zich achter zijn leiders scharen/aaneensluiten;* ⟨fig.⟩ ~ **into** action *in actie komen;* ~ **into** line *zich bij de meerderheid aansluiten* **6.2** ~ **on** *draaien om;* ~ **round** the corner *de hoek omdraaien* **6.3** ~ **from** the ceiling *aan het plafond hangen;* ~ **on** sth. *aan iets hangen (te slingeren);*
III ⟨ov.ww.⟩ **0.1** ***beïnvloeden*** ⇒*bepalen, manipuleren,* ⟨AE⟩ *doen omslaan, in zijn zak hebben* ⟨jury⟩, *beheersen* **0.2** ***wijsmaken*** ◆ **1.1** ~ a deal *een profijtelijke koop sluiten, een goede slag slaan;* ~ the market *de markt beheersen;* ~ a seventy-percent vote *zeventig procent v.d. stemmen halen* **1.2** you can't ~ that sort of stuff to her *zoiets maak je haar niet wijs* **4.1** ~ it *het klaarspelen, het klaren;* what swung it was the money *wat de doorslag gaf, was het geld.*

'swing·back ⟨telb.zn.⟩ **0.1** ***terugkeer*** ⟨v. politieke partij, enz.⟩.

'swing·boat ⟨telb.zn.⟩ **0.1** ***schommelbootje.***

'swing('draw)bridge, ⟨AE ook⟩ **'swing span** ⟨telb.zn.⟩ **0.1** ***draaibrug.***

swinge [swɪndʒ]⟨ov.ww.⟩⟨vero.⟩ →swingeing **0.1** ***(hard) slaan*** ⇒*afranselen, afrossen.*

swing(e)·ing ['swɪndʒɪŋ]⟨bn., attr.; teg. deelw. v. swinge⟩⟨vnl. BE⟩ **0.1** ***geweldig*** ⇒*enorm, reusachtig* ◆ **1.1** ~ blow *geweldige klap;* ~ cuts *zeer drastische bezuinigingen;* ~ majority *overweldigende meerderheid.*

swing·er[1] ['swɪŋə‖-ər]⟨telb.zn.⟩⟨sl.⟩ **0.1** ***iem. die bij is*** ⇒*snelle jongen, hippe vogel* **0.2** ***iem. die aan partnerruil/groepsseks doet*** **0.3** ***biseksueel.***

swinger[2] ['swɪndʒə‖-ər]⟨telb.zn.⟩⟨vnl. BE⟩ **0.1** ***kanjer(d)*** **0.2** ***kolossale klap*** ⇒*slag van je welste, dreun, opdonder.*

'swing gate ⟨telb.zn.⟩ **0.1** ***draaihek*** ⇒*draaiboom.*

'swing-glass, 'swing-mir·ror ⟨telb.zn.⟩ **0.1** ***draaispiegel*** ⇒*psyché.*

swing·ing ['swɪŋɪŋ]⟨f1⟩⟨bn.; teg. deelw. v. swing; -ly⟩ **0.1** ***schommelend*** ⇒*slingerend, zwaaiend* **0.2** ***veerkrachtig*** ⇒*zwierig* **0.3** ***ritmisch*** ⇒*swingend, levendig* **0.4** ⟨sl.⟩ ***bij*** ⇒*hip, gedurfd, gewaagd* ◆ **1.2** ~ step *veerkrachtige tred.*

'swing(ing) 'door ⟨f1⟩⟨telb.zn.⟩ **0.1** ***klapdeur*** ⇒*tocht/klepdeur.*

'swinging ground/place ⟨telb.zn.⟩ **0.1** ***zwaaiplaats*** ⟨voor schip⟩.

swin·gle[1] ['swɪŋgl], **'swingle staff, 'swingl·ing staff** ⟨telb.zn.⟩ **0.1** ***zwingel*** ⇒*braakstok* ⟨voor vlas⟩ **0.2** ***zwengel*** ⟨v.e. dorsvlegel⟩.

swingle[2] ⟨ov.ww.⟩ **0.1** ***zwingelen.***

'swin·gle·bar, 'swin·gle·tree ⟨telb.zn.⟩ **0.1** ***zwenghout*** ⇒*zwengel.*

'swin·gle·tail, 'swingletail 'shark ⟨telb.zn.⟩⟨dierk.⟩ **0.1** ***voshaai*** ⟨Alopias vulpinus⟩.

'swingling tow ⟨n.-telb.zn.⟩ **0.1** ***he(d)e*** ⇒*vlasafval.*

'swing music ⟨n.-telb.zn.⟩ **0.1** ***swingmuziek.***

'swing-o·ver ⟨telb.zn.⟩ 0.1 *ommezwaai*.

'swing plough, 'swing plow ⟨telb.zn.⟩ 0.1 *balansploeg*.

'swing room ⟨telb.zn.⟩⟨sl.⟩ 0.1 *kantine* ⇒*schaftlokaal*.

'swing shift ⟨verz.n.⟩⟨sl.⟩ 0.1 *ploeg tussen dagploeg en avondploeg*.

'swing sign ⟨telb.zn.⟩ 0.1 *uithangbord*.

'swing 'wing ⟨telb.zn.⟩ 0.1 *zwenkvleugel* ⇒*verstelbare vleugel* ⟨v. vliegtuig⟩.

swin·ish ['swaɪnɪʃ]⟨bn.; -ly; -ness⟩ 0.1 *zwijnachtig* ⇒*beestachtig*.

swink[1] [swɪŋk]⟨n.-telb.zn.⟩⟨vero.⟩ 0.1 *(zware) arbeid* ⇒*inspanning*, ⟨B.⟩ *labeur*.

swink[2] ⟨onov.ww.⟩⟨vero.⟩ 0.1 *zwoegen* ⇒*hard werken*.

swinney →sweeny.

swipe[1] [swaɪp]⟨f1⟩⟨zn.⟩
I ⟨telb.zn.⟩ 0.1 ⟨inf.⟩ *mep* ⇒*(harde) slag* ⟨ook sport⟩ 0.2 ⟨inf.⟩ *veeg* ⇒*verwijt, schimpscheut* 0.3 ⟨vnl. BE⟩ *zwengel* ⇒*pompslinger, wip* 0.4 ⟨vnl. AE⟩ *stalknecht* ⟨op renbaan⟩ 0.5 ⟨sl.⟩ *mispunt* 0.6 ⟨sl.⟩ *goedkope zelfgemaakte whisky / wijn* ◆ 2.5 lousy ~ *gemene vent, gemeen loeder* 3.1 have / take a ~ at *uithalen naar* 6.1 ~ round the ear *oorveeg;*
II ⟨mv.; ~s⟩⟨BE; sl.⟩ 0.1 *dun bier* ⇒⟨B.⟩ *fluitjesbier*.

swipe[2] ⟨f1⟩⟨ww.⟩
I ⟨onov. en ov.ww.⟩ 0.1 *(hard) slaan* ⇒*meppen* ⟨ook sport⟩ 0.2 ⟨sl.⟩ *(leeg)zuipen* ◆ 6.1 ~ **at** *slaan / uithalen naar;* ⟨fig.⟩ *beschimpen;*
II ⟨ov.ww.⟩⟨sl.⟩ 0.1 *gappen* ⇒*stelen*.

swip·er ['swaɪpə‖-ər]⟨telb.zn.⟩ 0.1 *mep* 0.2 *mepper* 0.3 ⟨sl.⟩ *zuiplap* 0.4 ⟨sl.⟩ *dief*.

swi·ple, swip·ple ['swɪpl]⟨telb.zn.⟩ 0.1 *zwingel* ⇒*braakstok* ⟨voor vlas⟩ 0.2 *zwengel* ⟨v. dorsvlegel⟩.

swirl[1] [swɜːl‖swɜrl]⟨f1⟩⟨zn.⟩
I ⟨telb.zn.⟩ 0.1 *(draai)kolk* ⇒*maalstroom, wieling* 0.2 ⟨vnl. AE⟩ *krul* ⇒*draai* ◆ 1.1 ~ of dust *stofhoos* 1.2 ~ of lace *kanten krul;*
II ⟨n.-telb.zn.⟩ 0.1 *werveling* ⇒*wieling, kolking*.

swirl[2] ⟨f2⟩⟨ww.⟩
I ⟨onov.ww.⟩ 0.1 *wervelen* ⇒*dwarrelen* 0.2 *kolken* ⇒*draaien* ◆ 5.1 ~ **about** *rondwervelen, ronddwarrelen* 6.1 ~ **about** the street *door de straat tollen / dansen;*
II ⟨ov.ww.⟩ 0.1 *doen wervelen* ⇒*doen dwarrelen* 0.2 *doen kolken* ⇒*doen wielen / draaien* ◆ 5.¶ ~ **away / off** *wegdwarrelen, meeslepen, meevoeren, wegspoelen*.

swirl·y ['swɜːli‖'swɜrli]⟨bn.; -er; →compar. 7⟩ 0.1 *wervelend* ⇒*dwarrelend* 0.2 *kolkend* ⇒*wielend* 0.3 *krullig* ⇒*krullend*.

swish[1] [swɪʃ]⟨f1⟩⟨zn.⟩
I ⟨telb.zn.⟩ 0.1 *zwiep* ⇒*slag* 0.2 *rietje* ⇒*zweep* 0.3 ⟨sl.⟩ *homo;*
II ⟨telb. en n.-telb.zn.⟩ 0.1 *zoevend geluid* ⇒*gesuis, geruis, gefluit* ◆ 1.1 the ~ of a cane *het zoeven v.e. rietje;* the ~ of silk *het geruis v. zijde*.

swish[2] ⟨bn.⟩⟨sl.⟩ 0.1 ⟨vnl. BE⟩ *chic* ⇒*modieus, deftig* 0.2 *verwijfd*.

swish[3] ⟨f1⟩⟨ww.⟩
I ⟨onov.ww.⟩ 0.1 *zoeven* ⇒*suizen, ruisen, fluiten* 0.2 *zwiepen* 0.3 ⟨sl.⟩ *zich verwijfd aanstellen* ◆ 1.1 ~ing bullets *fluitende kogels;* ~ing silk *ruisende zijde* 5.1 ~ **past** *voorbijzoeven;*
II ⟨ov.ww.⟩ 0.1 *doen zwiepen* ⇒*slaan met* 0.2 *afranselen* ◆ 1.1 ~ing tail *zwiepende staart* 5.1 ~ **off** *afslaan, afhouwen*.

swish[4] ⟨tussenw.⟩ 0.1 *zoef* ⇒*zwiep*.

swish·y ['swɪʃi]⟨bn.; -er; →compar. 7⟩ 0.1 *zoevend* ⇒*ruisend, fluitend* 0.2 *zwiepend* 0.3 ⟨sl.⟩ *verwijfd*.

Swiss[1] [swɪs]⟨f2⟩⟨telb.zn.; Swiss; →mv. 4⟩ 0.1 *Zwitser(se)*.

Swiss[2] ⟨f2⟩⟨bn.⟩ 0.1 *Zwitsers* ◆ 1.1 ~ cheese *emmentaler;* ~ cottage *chalet;* ~ French *Zwitsers frans;* ~ guards *Zwitserse garde* ⟨in Vaticaan⟩; ~ German *Zwitserduits* 1.¶ ~ chard *snijbiet;* ~ milk *gecondenseerde zoete melk;* ⟨plantk.⟩ ~ mountain pine *bergden* ⟨Pinus mugo⟩; ⟨plantk.⟩ ~ pine *arve, alpden* ⟨Pinus cembra⟩; ~ roll *koninginnenbrood* ⟨opgerolde cake met jam⟩.

switch[1] [swɪtʃ]⟨f3⟩⟨telb.zn.⟩ 0.1 *twijgje* ⇒*teentje, loot* 0.2 *(rij)zweep* ⇒*roe(de)* 0.3 *mep* ⇒*zweepslag* 0.4 *(valse) haarlok* ⇒*(valse) haarvlecht* 0.5 ⟨comp., spoorwegen⟩ *wissel* 0.6 ⟨elek.⟩ *schakelaar* ⇒*stroomwisselaar, schakelbord* 0.7 *regulateur* ⟨v. gasbrander⟩ 0.8 *ontsteking* ⟨v. springlading⟩ 0.9 *omkeer* ⇒*ommezwaai, verandering, draai* 0.10 ⟨sl.⟩ *mes*.

switch[2] ⟨f3⟩⟨ww.⟩
I ⟨onov.ww.⟩ 0.1 ⟨bridge⟩ *een andere kleur naspelen* ⇒*switchen* 0.2 ⟨AE; sl.⟩ *(ver)klikken* ◆ 5.¶ ⟨sl.⟩ ~ **on** *drugs nemen, high worden* 6.1 ~ **to** diamonds *op (de) ruiten(s) overschakelen;*
II ⟨onov. en ov.ww.⟩ 0.1 *snoeien* 0.2 *meppen* ⇒*slaan, (af)ranselen* 0.3 *zwaaien* ⇒*(doen) zwiepen* 0.4 *draaien* ⇒*(doen) omzwaaien, rukken* 0.5 *(om)schakelen* ⟨ook elek.⟩ ⇒*veranderen (van), overgaan op* ◆ 1.3 the cow was ~ing its tail *de koe stond met haar staart te zwaaien* 1.5 ~ the conversation *een andere wending aan het gesprek geven;* ~ places *van plaats veranderen;* ⟨AE⟩ ~ sides *overlopen, van mening veranderen* 5.4 ~ **round** *omdraaien* 5.5 ~ **in / on** *inschakelen, aanzetten / knippen;* ~ **off** *uitschakelen, uitdraaien, afzetten;* ⟨inf.⟩ *versuffen, stil / levenloos maken / worden;* ~ **out** *uitschakelen;* ~ **over** *overschakelen, overlopen;* ⟨radio en t.v.⟩ *een ander kanaal kiezen;* ~ **through (to)** *doorverbinden* 5.¶ ⟨inf.⟩ ~ **on** *stimuleren, inspireren; doen opleven, geïnteresseerd doen raken;* ⟨sl.⟩ *geil maken, opwinden;* ⟨sl.⟩ ~ed **on** *high* 6.5 ~ **from** coal **to** oil *van kolen op olie overschakelen;* she ~ed it **out of** my hand *zij griste het uit mijn hand* ¶.¶ ⟨AE⟩ I'll be ~ed if *ik laat me hangen als;*
III ⟨ov.ww.⟩ 0.1 *verwisselen* 0.2 *regelen* 0.3 *ontsteken* 0.4 ⟨spoorwegen⟩ *rangeren* ⇒*wisselen* 0.5 ⟨fig.⟩ *afleiden* ⟨gedachten enz.⟩ ◆ 5.1 ~ **(a)round** *verwisselen*.

switch·a·ble ['swɪtʃəbl]⟨bn.⟩ 0.1 *verwisselbaar*.

'switch·back[1], ⟨in bet. 0.3 en 0.4 ook⟩ **'switchback 'railway**, ⟨in bet. 0.1 en 0.2 ook⟩ **'switchback 'road** ⟨telb.zn.⟩ 0.1 *bochtige weg* ⇒*weg met haarspeldbochten;* ⟨bij uitbr.⟩ *haarspeldbocht* 0.2 *heuvelige weg* 0.3 *zigzagspoorweg* ⟨op berghelling⟩ 0.4 ⟨BE⟩ *roetsjbaan* ⇒*achtbaan*.

switchback[2] ⟨onov.ww.⟩ 0.1 *zigzaggen* ⇒*kronkelen* 0.2 *op en neer gaan* ⇒*heuvelen*.

'switch·blade, 'switchblade knife, 'switch knife ⟨telb.zn.⟩⟨vnl. AE⟩ 0.1 *stiletto* ⇒*springmes*.

'switch·board ⟨f1⟩⟨telb.zn.⟩ 0.1 *schakelbord*.

'switched-'off ⟨bn.⟩⟨inf.⟩ 0.1 *suff(er)ig* ⇒*saai, levenloos*.

'switched-'on ⟨bn.⟩ 0.1 ⟨inf.⟩ *levendig* ⇒*alert* 0.2 ⟨inf.⟩ *bij (de tijd)* ⇒*vooruitstrevend* 0.3 ⟨sl.⟩ *high* ⇒*gedrogeerd*.

'switch engine, 'switch·ing engine ⟨telb.zn.⟩ 0.1 *rangeerlocomotief*.

switch·er·oo ['swɪtʃə'ruː]⟨telb.zn.⟩⟨AE; sl.⟩ 0.1 *(plotselinge) ommekeer* ⇒*draai, verandering* ◆ 3.1 pull a ~ *iets heel anders doen*.

'switch·gear ⟨n.-telb.zn.⟩⟨elek.⟩ 0.1 *schakel- en verdeeltoestellen*.

'switch hitter ⟨telb.zn.⟩ 0.1 ⟨honkbal⟩ *switch hitter* ⟨slagman die links- en rechtshandig slaat⟩ 0.2 ⟨sl.⟩ *veelzijdig persoon* 0.3 ⟨sl.⟩ *biseksueel*.

switch·man ['swɪtʃmən]⟨telb.zn.; switchmen [-mən]; →mv. 3⟩⟨vnl. AE⟩ 0.1 *wisselwachter*.

'switch·o·ver ⟨telb.zn.⟩ 0.1 *overschakeling* ⇒*omschakeling* 0.2 *overgang* ⇒*verandering, wisseling*.

'switch rail ⟨telb.zn.⟩ 0.1 *wissel*.

'switch selling ⟨n.-telb.zn.⟩⟨BE⟩ 0.1 *verkoop v. duurder artikel* ⟨dan het geadverteerde⟩.

'switch signal ⟨telb.zn.⟩ 0.1 *wisselsignaal*.

'switch tower ⟨telb.zn.⟩⟨AE⟩ 0.1 *seinhuis*.

'switch yard ⟨telb.zn.⟩⟨AE⟩ 0.1 *rangeerterrein*.

swith·er[1] ['swɪðə‖-ər]⟨n.-telb.zn.⟩⟨vnl. Sch. E⟩ 0.1 *aarzeling* 0.2 *paniek*.

swither[2] ⟨onov.ww.⟩⟨vnl. Sch. E⟩ 0.1 *aarzelen* ⇒*weifelen*.

Switz ⟨afk.⟩ Switzerland.

Swit·zer ['swɪtsə‖-ər]⟨telb.zn.⟩⟨in BE vero.⟩ 0.1 *Zwitser* 0.2 *Zwitserse gardist* ⟨in Vaticaan⟩.

Swit·zer·land ['swɪtsələnd‖-sər-]⟨eig.n.⟩ 0.1 *Zwitserland*.

swive [swaɪv]⟨ww.⟩⟨vero.⟩
I ⟨onov.ww.⟩ 0.1 *copuleren;*
II ⟨ov.ww.⟩ 0.1 *copuleren met*.

swiv·el[1] ['swɪvl]⟨f1⟩⟨telb.zn.⟩ 0.1 *wartel* ⇒*wervel, kettingwartel* ⟨ook hengelsport⟩ 0.2 *spoelkop* 0.3 *draaibas* 0.4 ⟨sl.⟩ *blik* ⇒*kijkje* 0.5 *draaiing v.h. hoofd*.

swivel[2] ⟨f1⟩⟨onov. en ov.ww.; →ww. 7⟩ 0.1 *draaien (als) om een pen / tap / spil* ◆ 5.1 ~ **round** in one's chair *ronddraaien in zijn stoel;* ~ one's chair **round** *zijn stoel doen ronddraaien*.

'swivel bend ⟨telb.zn.⟩ 0.1 *draaibare bocht*.

'swivel bridge ⟨telb.zn.⟩ 0.1 *draaibrug*.

'swivel caster ⟨telb.zn.⟩ 0.1 *zwenkwiel*.

'swivel chain ⟨telb.zn.⟩ 0.1 *wartelketting*.

'swivel chair ⟨telb.zn.⟩ 0.1 *draaistoel*.

'swiv·el-eye ⟨telb.zn.⟩⟨inf.⟩ 0.1 *scheel oog*.

'swiv·el-eyed ⟨bn.⟩ 0.1 *scheel*.

'swivel gun ⟨telb.zn.⟩ 0.1 *draaibas*.

'swivel hook ⟨telb.zn.⟩ 0.1 *wartelhaak*.

'swivel insulator ⟨telb.zn.⟩ 0.1 *scharnierende isolator*.

'swivel loader ⟨telb.zn.⟩ 0.1 *zwenklader*.

'swivel pin ⟨telb.zn.⟩ 0.1 *stuurgewrichtspen* ⇒*fuseepen*.

'swivel ring ⟨telb.zn.⟩ 0.1 *draaikom*.

'swivel seating ⟨telb.zn.⟩ 0.1 *scharnierverbinding*.

swiz(z) [swɪz]⟨telb.zn.; g. mv.⟩⟨BE; inf.⟩ 0.1 *bedrog* 0.2 *ontgoocheling*.

swiz·zle[1] ['swɪzl]⟨telb.zn.⟩ 0.1 ⟨inf.⟩ *cocktail* ⇒*borrel* 0.2 ⟨BE; sl.⟩ *bedrog* 0.3 ⟨BE; sl.⟩ *ontgoocheling*.

swizzle[2] ⟨ww.⟩⟨inf.⟩
I ⟨onov.ww.⟩ 0.1 *zuipen* ⇒*borrelen;*
II ⟨ov.ww.⟩ 0.1 *roeren* ⟨met roerstokje⟩ ⇒*mixen* ⟨cocktail⟩.

'swizzle stick ⟨telb.zn.⟩⟨inf.⟩ 0.1 *roerstokje*.

swob →swab.
'swol·len-'head·ed ⟨bn.⟩ **0.1** ***verwaand*** ⇒*arrogant* **0.2** ***overmoedig.***
swoon¹ [swu:n], ⟨vero. ook⟩ **swound** [swaʊnd]⟨f1⟩⟨telb.zn.⟩ **0.1** ⟨schr.⟩ ***(appel)flauwte*** ⇒*bezwijming* **0.2** ⟨sl.⟩ ***gefingeerde knock-out*** ◆ **3.1** go off in a ~ *flauwvallen, in zwijm vallen, een appelflauwte krijgen.*
swoon², ⟨vero. ook⟩ **swound** ⟨f1⟩⟨onov.ww.⟩⟨schr.⟩ **0.1** ***in vervoering geraken*** ⟨ook scherts.⟩ **0.2** ***bezwijmen*** ⇒*in onmacht vallen* **0.3** ***wegsterven*** ⟨v. geluid⟩ **0.4** ⟨fig.⟩ ***wegkwijnen.***
swoop¹ [swu:p]⟨telb.zn.⟩ **0.1** ***duik*** **0.2** ***veeg*** ⇒*haal* ◆ **6.2 at/in** one (fell) ~ *met één slag.*
swoop² ⟨f2⟩⟨ww.⟩
I ⟨onov.ww.⟩ **0.1** ***stoten*** ⟨v. roofvogel⟩ ⇒*(op een prooi) neerschieten, zich storten op, neervallen, duiken* ◆ **5.1** ~ **down** *stoten;* ~ **down** on *neerschieten op;* ~ **up** *omhoogschieten* ⟨v. vliegtuig⟩;
II ⟨ov.ww.⟩ **0.1** ***wegvegen*** ⇒*oprollen* ⟨bende⟩ ◆ **5.1** ~ **up** *opdoeken.*
swoosh¹ [swu:ʃ, swʊʃ]⟨telb.zn.⟩ **0.1** ***geruis*** ⇒*gesuis.*
swoosh² ⟨onov.ww.⟩ **0.1** ***ruisen*** ⇒*suizen.*
swop →swap.
sword¹ [sɔ:d‖sɔrd]⟨f3⟩⟨telb.zn.⟩⟨→sprw. 222, 557, 760⟩ **0.1** ***zwaard*** ⟨ook fig.⟩ ⇒*sabel, degen* ◆ **1.1** the ~ of Damocles *het zwaard v. Damocles;* the ~ of justice *het zwaard der gerechtigheid, de wrekende hand;* ⟨BE⟩ Sword of State *Rijkszwaard* **1.¶** throw one's ~ into the scale *zijn eisen met geweld/kracht bijzetten* **3.1** cross ~s (with), measure ~s (with/against) *de degens kruisen (met);* draw one's ~ *zijn zwaard trekken;* draw the ~ *naar het zwaard grijpen;* fall on one's ~ *zich op zijn zwaard storten;* put to the ~ *over de kling jagen;* sheathe the ~ *het zwaard in de schede steken;* ⟨fig.⟩ *de strijd staken;* wear the ~ *de wapens dragen* **7.1** the ~ *het zwaard, geweld, oorlog; krijgsmacht.*
sword² ⟨ov.ww.⟩ **0.1** ***bewapenen met een zwaard*** **0.2** ***doden met het zwaard.***
'sword arm ⟨telb.zn.⟩ **0.1** ***rechterarm.***
'sword bayonet ⟨telb.zn.⟩ **0.1** ***sabelbajonet.***
'sword bearer ⟨telb.zn.⟩⟨vnl. BE⟩ **0.1** ***zwaarddrager*** ⟨bij ceremoniën⟩ ⇒*zwaardbroeder/ridder.*
'sword belt ⟨telb.zn.⟩ **0.1** ***zwaard/sabel/degenkoppel.***
'sword·bill, 'sword bill 'hummingbird ⟨telb.zn.⟩⟨dierk.⟩ **0.1** ***zwaardkolibrie*** ⟨Ensifera ensifera⟩.
'sword blade ⟨telb.zn.⟩ **0.1** ***sabel/degenkling.***
'sword cane ⟨telb.zn.⟩ **0.1** ***degenstok.***
'sword cut ⟨telb.zn.⟩ **0.1** ***(sabel)houw.***
'sword dance ⟨telb.zn.⟩ **0.1** ***zwaarddans.***
'sword·fish ⟨telb.zn.⟩⟨dierk.⟩ **0.1** ***zwaardvis*** ⟨Xiphias gladius⟩.
'sword flag ⟨telb.zn.⟩⟨plantk.⟩ **0.1** ***gele lis*** ⟨Iris pseudocorus⟩.
'sword·grass ⟨n.-telb.zn.⟩⟨plantk.⟩ **0.1** ***zwaardlelie*** ⇒*zwaardbloem, gladiool* ⟨genus Gladiolus⟩ **0.2** ***rietgras*** ⟨o.m. Phalaris orundinacea⟩.
'sword guard ⟨telb.zn.⟩ **0.1** ***stootplaat.***
'sword hand ⟨telb.zn.⟩ **0.1** ***rechterhand.***
'sword hilt ⟨telb.zn.⟩ **0.1** ***gevest.***
'sword·knot ⟨telb.zn.⟩ **0.1** ***sabel/degenkwast*** ⇒*dragon.*
'sword law ⟨n.-telb.zn.⟩ **0.1** ***zwaardrecht*** ⇒*militaire overheersing.*
sword·less ['sɔ:dləs‖'sɔr-]⟨bn.⟩ **0.1** ***zwaardloos*** ⇒*zonder zwaard.*
sword·like ['sɔ:dlaɪk‖'sɔr-]⟨bn.⟩ **0.1** ***zwaard-*** ⇒*zwaardachtig/vormig.*
'sword lily ⟨telb.zn.⟩⟨plantk.⟩ **0.1** ***zwaardlelie*** ⇒*gladiool* ⟨genus Gladiolus⟩.
'sword·play ⟨n.-telb.zn.⟩ **0.1** ***het schermen*** ⇒⟨fig.⟩ *woordentwist.*
'sword point ⟨n.-telb.zn.⟩ **0.1** ***punt v.e. zwaard*** ◆ **6.1 at** ~ *met het mes op de keel.*
'sword·proof ⟨bn.⟩ **0.1** ***bestand tegen de houw v.e. zwaard.***
'sword-shaped ⟨bn.⟩ **0.1** ***zwaardvormig.***
swords·man ['sɔ:dzmən‖'sɔr-]⟨f1⟩⟨telb.zn.; swordsmen [-mən]; →mv. 3⟩ **0.1** ***zwaardvechter*** **0.2** ***schermer*** ⇒*schermmeester.*
swords·man·ship ['sɔ:dzmənʃɪp‖'sɔr-]⟨n.-telb.zn.⟩ **0.1** ***schermkunst.***
'sword stick ⟨telb.zn.⟩ **0.1** ***degenstok.***
'sword swallower ⟨telb.zn.⟩ **0.1** ***degenslikker.***
'swords·wom·an ⟨telb.zn.⟩ **0.1** ***schermster.***
'sword·tail ⟨telb.zn.⟩⟨dierk.⟩ **0.1** ***zwaarddragertje*** ⟨Xiphophorus helleri⟩ **0.2** ***degenkrab*** ⟨vnl. Limulus polyphemus⟩.
swore [swɔ:‖swɔr]⟨verl. t.⟩ →swear.
sworn [swɔ:n‖swɔrn]⟨f1⟩⟨bn., attr.; oorspr. volt. deelw. v. swear⟩ **0.1** ***gezworen*** **0.2** ***beëdigd*** ◆ **1.1** ~ enemies *gezworen vijanden* **1.2** ~ broker/statement *beëdigd(e) makelaar/verklaring.*
swot¹ [swɒt‖swɑt]⟨zn.⟩⟨BE; inf.⟩
I ⟨telb.zn.⟩ **0.1** ***blokker*** ⇒*vosser, zwoeger, wroeter* **0.2** ***karwei*** ⇒*kluif* ◆ **7.2** what a ~! *wat een klus!;*
II ⟨n.-telb.zn.⟩ **0.1** ***geblok*** ⇒*gewroet, gezwoeg.*
swot² ⟨ww.; →ww. 7⟩⟨BE; inf.⟩
I ⟨onov.ww.⟩ **0.1** ***blokken*** ⇒*vossen, hengsten, wroeten* **0.2** →swat ◆ **6.1** ~ **for** an exam *blokken voor een examen;*
II ⟨ov.ww.⟩ **0.1** ***blokken op*** **0.2** →swat ◆ **5.1** ~ sth. **up** *iets erin pompen/stampen; iets herhalen/nazien/repeteren.*
swot·ter ['swɒtə‖'swɑt̬ər]⟨telb.zn.⟩⟨BE; inf.⟩ **0.1** ***blokker*** ⇒*vosser.*
swound →swoon.
swum [swʌm]⟨volt. deelw.⟩ →swim.
swung [swʌŋ]⟨verl. t. en volt. deelw.⟩ →swing.
swy [swaɪ]⟨n.-telb.zn.⟩⟨Austr. E⟩ **0.1** ***(soort) gokspel*** ⟨met twee muntstukken⟩.
SY ⟨afk.⟩ steam yacht.
syb·a·rite ['sɪbəraɪt]⟨telb.zn.; vaak S-⟩⟨schr.⟩ **0.1** ***sybariet*** ⇒*wellusteling, levensgenieter.*
syb·a·rit·ic ['sɪbə'rɪt̬ɪk], **syb·a·rit·i·cal** [-ɪkl]⟨bn.; -(al)ly; →bijw. 3⟩ ⟨schr.⟩ **0.1** ***sybaritisch*** ⇒*wellustig, genotzuchtig.*
syb·a·rit·ism ['sɪbəraɪt̬ɪzm]⟨n.-telb.zn.⟩⟨schr.⟩ **0.1** ***sybaritisme*** ⇒*wellustigheid.*
sybil →sibyl.
syc·a·mine ['sɪkəmaɪn]⟨telb.zn.⟩⟨bijb.⟩ **0.1** ***zwarte moerbeiboom.***
syc·a·more ['sɪkəmɔ:‖-mɔr]⟨zn.⟩⟨plantk.⟩
I ⟨telb.zn.⟩ **0.1** ⟨verk.⟩ ⟨sycamore maple⟩ **0.2** ⟨vnl. AE⟩ ***plataan*** ⟨Platanus occidentalis⟩ **0.3** ⟨verk.⟩ ⟨sycamore fig⟩;
II ⟨n.-telb.zn.⟩ **0.1** ***sycomorehout.***
'sycamore fig ⟨telb.zn.⟩⟨bijb., plantk.⟩ **0.1** ***sycomoor*** ⇒*Egyptische/wilde vijgeboom* ⟨Ficus sycomorus⟩.
'sycamore 'maple ⟨telb.zn.⟩⟨plantk.⟩ **0.1** ***ahorn*** ⇒*esdoorn* ⟨Acer pseudoplatanus⟩.
syce →sice.
sy·cee ['saɪ'si:]⟨telb.zn.⟩⟨gesch.⟩ **0.1** ***zilverstaaf*** ⟨in China als geld gebruikt⟩.
sy·co·ni·um [saɪ'koʊnɪəm]⟨telb.zn.; syconia [-nɪə]; →mv. 5⟩ ⟨plantk.⟩ **0.1** ***syconium*** ⇒*schijnvrucht.*
syc·o·phan·cy ['sɪkəfænsi‖-fənsi]⟨n.-telb.zn.⟩ **0.1** ***pluimstrijkerij*** ⇒*hielenlikkerij, kruiperij, vleierij,* ⟨B.⟩ *mouwvegerij* **0.2** ***verklikkerij.***
syc·o·phant ['sɪkəfənt]⟨telb.zn.⟩ **0.1** ***pluimstrijker*** ⇒*vleier, stroopsmeerder, flikflooier,* ⟨B.⟩ *mouwveger* **0.2** ***sycofant*** ⇒*klikspaan, beroepsverklikker.*
syc·o·phan·tic ['sɪkə'fænt̬ɪk], **syc·o·phan·ti·cal** [-ɪkl]⟨bn.; -(al)ly; →bijw. 3⟩ **0.1** ***pluimstrijkend*** ⇒*kruiperig, vleierig, flikflooiend* **0.2** ***sycofantisch*** ⇒*lasterend, verklikkend, klik-.*
sy·co·sis [saɪ'koʊsɪs]⟨telb. en n.-telb.zn.; sycoses [-si:z]; →mv. 5⟩ **0.1** ***baardschurft*** ⇒*baardvin, sycosis.*
sy·e·nite ['saɪənaɪt]⟨n.-telb.zn.⟩⟨geol.⟩ **0.1** ***syeniet.***
sy·e·nit·ic ['saɪnə'nɪt̬ɪk]⟨bn.⟩⟨geol.⟩ **0.1** ***syeniet-*** ⇒*syeniethoudend.*
syl, syll ⟨afk.⟩ syllable, syllabus.
syl·la·bar·y ['sɪləbri‖-beri]⟨telb.zn.; →mv. 2⟩ **0.1** ***syllabenschrift*** ⇒*lettergreepschrift* **0.2** ***syllabenreeks.***
syl·lab·ic¹ [sɪ̩'læbɪk]⟨telb.zn.⟩ **0.1** ***syllabe*** ⇒*lettergreep.*
syllabic² ⟨f1⟩⟨bn.; -ally; →bijw. 3⟩ **0.1** ***syllabisch*** ⇒*lettergreep-, syllabair.*
syl·lab·i·cate [sɪ̩'læbɪ̩keɪt], **syl·lab·i·fy** [-bɪ̩faɪ], **syl·la·bize**, ⟨BE sp. ook⟩ **-bise** ['sɪləbaɪz]⟨ww.; tweede variant; →ww. 7⟩
I ⟨onov.ww.⟩ **0.1** ***lettergrepen vormen;***
II ⟨ov.ww.⟩ **0.1** ***in lettergrepen verdelen.***
syl·lab·i·ca·tion [sɪ̩'læbɪ̩'keɪʃn], **syl·lab·i·fi·ca·tion** [-bɪ̩fɪ̩'keɪʃn] ⟨telb. en n.-telb.zn.⟩ **0.1** ***syllabevorming*** **0.2** ***verdeling in lettergrepen.***
syl·lab·ic·i·ty ['sɪlə'bɪsət̬i]⟨n.-telb.zn.⟩ **0.1** ***syllabiciteit.***
syl·la·bism ['sɪləbɪzm]⟨n.-telb.zn.⟩ **0.1** ***syllabair schrift*** ⇒*syllabenschrift* **0.2** ***verdeling in lettergrepen.***
syl·la·bize, ⟨BE sp. ook⟩ **-bise** ['sɪləbaɪz]⟨ov.ww.⟩ **0.1** ***in lettergrepen verdelen/uitspreken.***
syl·la·ble¹ ['sɪləbl]⟨f2⟩⟨telb.zn.⟩ **0.1** ***syllabe*** ⇒*lettergreep, woorddeel* ◆ **3.1** ⟨taalk.⟩ closed ~ *gesloten lettergreep;* he didn't utter a ~ *hij gaf geen kik* **7.1** not a ~! *geen woord!, totaal niets!;* in words of one ~ *klaar en duidelijk.*
syllable² ⟨ov.ww.⟩ **0.1** ***syllabisch uitspreken*** ⇒*duidelijk articuleren* **0.2** ⟨schr.⟩ ***uiten.***
-syl·la·bled ['sɪləbld] **0.1** ***-lettergrepig*** ⇒*-syllabisch* ◆ **¶.1** poly-syllabled *meerlettergrepig, polysyllabisch;* three-syllabled *drielettergrepig.*
syllabub →sillabub.
syl·la·bus ['sɪləbəs]⟨f2⟩⟨telb.zn.; ook syllabi [-baɪ]; →mv. 5⟩ **0.1** ***syllabus*** ⇒*overzicht, samenvatting, programma, leerplan, lijst.*
syl·lep·sis [sɪ̩'lepsɪs]⟨telb.zn.; syllepses [-si:z]; →mv. 5⟩⟨taalk.⟩ **0.1** ***syllepsis*** ⟨stijlfiguur⟩ **0.2** ***zeugma.***
syl·lep·tic [sɪ̩'leptɪk], **syl·lep·ti·cal** [-ɪkl]⟨bn.; -(al)ly; →bijw. 3⟩ ⟨taalk.⟩ **0.1** ***sylleptisch.***
syl·lo·ge ['sɪlədʒi]⟨telb.zn.⟩ **0.1** ***compendium*** ⇒*kort begrip, samenvattend overzicht.*

syl·lo·gism ['sɪlədʒɪzm]⟨f1⟩⟨zn.⟩
I ⟨telb.zn.⟩ **0.1** ***syllogisme*** ⇒*sluitrede* **0.2** ***spitsvondigheid*** ◆ **2.1** false ~ *valse sluitrede, sofisme;*
II ⟨n.-telb.zn.⟩ **0.1** ***deductie***.
syl·lo·gis·tic[1] ['sɪlə'dʒɪstɪk]⟨n.-telb.zn.⟩ **0.1** ***syllogistiek*** **0.2** ***syllogistisch denken***.
syllogistic[2], **syl·lo·gis·ti·cal** ['sɪlə'dʒɪstɪkl]⟨bn.; -(al)ly; →bijw. 3⟩ **0.1** ***syllogistisch*** ⇒*in de vorm v.e. sluitrede*.
syl·lo·gis·tics ['sɪlə'dʒɪstɪks]⟨mv.; ww. soms enk.⟩ **0.1** ***syllogistiek*** **0.2** ***syllogistisch denken***.
syl·lo·gize, ⟨BE sp. ook⟩ **-gise** ['sɪlədʒaɪz]⟨ww.⟩
I ⟨onov.ww.⟩ **0.1** ***syllogistisch denken;***
II ⟨ov.ww.⟩ **0.1** ***als syllogisme formuleren*** **0.2** ***deduceren*** ⇒*(door sluitrede) afleiden, door syllogismen komen tot*.
sylph [sɪlf]⟨telb.zn.⟩ **0.1** ***sylfe*** ⇒*luchtgeest* **0.2** ***elegante dame*** **0.3** ***(soort) kolibrie*** ⟨Aglaiocercus kingi⟩.
sylph·id[1] ['sɪlfɪd]⟨telb.zn.⟩ **0.1** ***sylfide*** ⇒*jonge luchtgeest*.
sylphid[2], **sylph·ic** ['sɪlfɪk], **sylph·ish** [-ɪʃ], **sylph·like** [-laɪk]⟨bn.⟩ **0.1** ***sylf(e)achtig*** ⇒*sierlijk, bevallig, elegant*.
sylvan →silvan.
syl·van·ite ['sɪlvənaɪt]⟨n.-telb.zn.⟩⟨geol.⟩ **0.1** ***sylvaniet*** ⇒*schrifterts*.
Sylvester eve [sɪl'vestər 'i:v], **Syl'vester night** ⟨eig.n.⟩ **0.1** ***silvesteravond*** ⇒*oudejaarsavond*.
sylviculture →silviculture.
syl·vite ['sɪlvaɪt], **syl·vin** ['sɪlvɪn], **syl·vine** ['sɪlvi:n‖-vɪn], **syl·vin·ite** ['sɪlvɪnaɪt]⟨n.-telb.zn.⟩ **0.1** ***sylvien*** ⇒*sylviet*.
sym ⟨afk.⟩ symbol, symbolic, symmetrical, symphony.
sym- [sɪm] **0.1** ***sym-***.
sym·bi·ont ['sɪmbiɒnt‖-baɪɑnt], **sym·bi·ote** ['sɪmbioʊt‖-baɪ-]⟨telb.zn.⟩⟨biol.⟩ **0.1** ***symbiont***.
sym·bi·o·sis ['sɪmbi'oʊsɪs‖-baɪ-]⟨telb. en n.-telb.zn.; symbioses [-si:z]; →mv. 5⟩⟨biol.⟩ **0.1** ***symbiose***.
sym·bi·ot·ic ['sɪmbi'ɒtɪk‖-baɪ'ɑṭɪk], **sym·bi·ot·i·cal** [-ɪkl]⟨bn.; -(al)ly; →bijw. 3⟩⟨biol.⟩ **0.1** ***symbiotisch***.
sym·bol[1] ['sɪmbl]⟨f3⟩⟨telb.zn.⟩ **0.1** ***symbool*** ⇒*zinnebeeld, verzinnebeelding, (lees/onderscheidings)teken, embleem* **0.2** ⟨relig.⟩ ***symbolum*** ⇒*samenvatting v. geloofsbelijdenis*.
symbol[2] ⟨ww.; →ww. 7⟩
I ⟨onov.ww.⟩ **0.1** ***symbolen gebruiken;***
II ⟨ov.ww.⟩ **0.1** ***symboliseren*** ⇒*verzinnebeelden, symbool zijn van, symbolisch/zinnebeeldig voorstellen*.
sym·bol·ic[1] [sɪm'bɒlɪk‖-'bɑ-]⟨n.-telb.zn.; the⟩ **0.1** ***de symboliek*** ⇒*het symbolische*.
symbolic[2], **sym·bol·i·cal** [sɪm'bɒlɪkl‖-'bɑ-]⟨f3⟩⟨bn.; -(al)ly; -(al)ness; →bijw. 3⟩ **0.1** ***symbolisch*** ⇒*zinnebeeldig* ◆ **1.1** ⟨comp.⟩ ~ address *symbolisch adres;* ⟨comp.⟩ ~ addressing/coding *programmeren mbv. symbolische adressen;* ⟨relig.⟩ ~ books *symbolische boeken/geschriften;* ~ delivery *symbolische overhandiging;* ~ language *symbolentaal, symbolische taal;* ~ logic/method/theologie *symbolische logica/schrijfwijze/theologie* **3.1** be ~ of *voorstellen, het symbool/zinnebeeld zijn van*.
sym·bol·ics [sɪm'bɒlɪks‖-'bɑ-], **sym·bol·o·gy** [-'bɒlədʒi‖-'bɑ-], **sym·bol·ol·o·gy** ['sɪmbə'lɒlədʒi‖-'lɑ-]⟨n.-telb.zn.⟩ **0.1** ***symboliek*** ⇒*symbolenleer,* ⟨relig.⟩ *symbolisme*.
sym·bol·ism ['sɪmbəlɪzm]⟨f2⟩⟨telb. en n.-telb.zn.⟩ **0.1** ***symbolisme*** **0.2** ***symboliek*** ⇒*het symbolische, symbolische betekenis, symbolisatie*.
sym·bol·ist[1] ['sɪmbəlɪst]⟨telb.zn.⟩ **0.1** ***symbolist***.
symbolist[2], **sym·bol·is·tic** ['sɪmbə'lɪstɪk], **sym·bol·is·ti·cal** [-ɪkl]⟨bn.; symbolistically; →bijw. 3⟩ **0.1** ***symbolistisch*** ⇒*symbolisch*.
sym·bol·i·za·tion, -sa·tion ['sɪmbəlaɪ'zeɪʃn‖-bələ-]⟨telb. en n.-telb.zn.⟩ **0.1** ***symbolisatie*** ⇒*symbolisering, zinnebeeldige voorstelling*.
sym·bol·ize, -ise ['sɪmbəlaɪz]⟨f2⟩⟨ww.⟩
I ⟨onov.ww.⟩ **0.1** ***symbolen gebruiken;***
II ⟨ov.ww.⟩ **0.1** ***symboliseren*** ⇒*symbool zijn van, verzinnebeelden, symbolisch/zinnebeeldig voorstellen*.
sym·bol·ol·a·try ['sɪmbə'lɒlətri‖-'lɑ-], **sym·bol·a·try** [-'bɒlətri‖-'bɑ-]⟨n.-telb.zn.⟩ **0.1** ***(overdreven) symboolverering***.
'symbol string ⟨telb.zn.⟩ **0.1** ***symbolenrij*** ⇒*reeks tekens*.
sym·met·al·ism ['sɪm'meṭlɪzm]⟨n.-telb.zn.⟩ **0.1** ***bimetallisme*** ⇒*dubbele standaard*.
sym·met·ric [sɪ'metrɪk], **sym·met·ri·cal** [-ɪkl]⟨f2⟩⟨bn.; -(al)ly; -(al)ness; →bijw. 3⟩ **0.1** ***symmetrisch*** ⇒*symmetrie-* **0.2** ⟨plantk.⟩ ***(zijdelings) symmetrisch*** ◆ **1.1** ~ turnout/winding *symmetrische wissel/wikkeling*.
sym·me·trize ['sɪmətraɪz]⟨ov.ww.⟩ **0.1** ***symmetrisch maken***.
sym·me·try ['sɪmɪtri]⟨f2⟩⟨n.-telb.zn.⟩ **0.1** ***symmetrie***.
sym·pa·thec·to·my ['sɪmpə'θektəmi]⟨telb. en n.-telb.zn.; →mv. 2⟩⟨med.⟩ **0.1** ***sympathectomie*** ⟨verwijdering v. deel v. sympathicus⟩.
sym·pa·thet·ic[1] ['sɪmpə'θeṭɪk]⟨telb.zn.⟩⟨med.⟩ **0.1** ***sympathicus*** ⇒*sympatisch(e) zenuw(stelsel)*.
sympathetic[2], **sym·pa·thet·i·cal** ['sɪmpə'θeṭɪkl]⟨f3⟩⟨bn.; -(al)ly; -(al)ness; →bijw. 3⟩ **0.1** ***sympathiek*** ⇒*genegen, hartelijk, welwillend* **0.2** ***sympathetisch*** ⇒⟨med.⟩ *sympatisch* **0.3** ***meevoelend*** ⇒*deelnemend, deelneming/medelijden tonend* ◆ **1.1** ~ audience *welwillend publiek;* ~ strike *solidariteits/sympathiestaking* **1.2** ~ ganglion/nerve *sympatische zenuw;* ~ ink *sympathetische/onzichtbare inkt;* ~ magic *sympathetische magie;* ~ nervous system *sympathicus, sympatisch/vegetatief zenuwstelsel;* ~ pain *sympathetische pijn;* ~ powder *sympathetisch poeder* **6.1** be/feel ~ **to/toward(s)** s.o. *iem. genegen zijn/een warm hart toedragen; in overeenstemming zijn met iem.* **6.3** be ~ **with** *sympathiseren met*.
sym·pa·thize, -thise ['sɪmpəθaɪz]⟨f2⟩⟨onov.ww.⟩ **0.1** ***sympathiseren*** **0.2** ***meevoelen*** ⇒*medelijden hebben, deelneming gevoelen* **0.3** ⟨med.⟩ ***sympathisch reageren*** ◆ **6.1** ~ **with** *sympathiseren met, gunstig staan tegenover; meevoelen met, condoleren* **6.3** ~ **with** *sympathisch reageren op*.
sym·pa·thiz·er, -this·er ['sɪmpəθaɪzə‖-ər]⟨f1⟩⟨telb.zn.⟩ **0.1** ***sympathisant***.
sym·pa·tho·lyt·ic[1] ['sɪmpəθoʊ'lɪṭɪk]⟨telb.zn.⟩⟨med.⟩ **0.1** ***sympathicolyticum***.
sympatholytic[2] ⟨bn.⟩⟨med.⟩ **0.1** ***sympathicolytisch***.
sym·pa·tho·mi·met·ic[1] ['sɪmpəθoʊmɪ'meṭɪk]⟨telb.zn.⟩⟨med.⟩ **0.1** ***sympath(ic)omimeticum***.
sympathomimetic[2] ⟨bn.⟩⟨med.⟩ **0.1** ***sympath(ic)omimetisch***.
sym·pa·thy ['sɪmpəθi]⟨f3⟩⟨telb. en n.-telb.zn.; →mv. 2⟩ **0.1** ***sympathie*** ⇒*genegenheid, waardering, voorkeur; medegevoel, deelneming, medelijden, mededogen* **0.2** ***overeenstemming*** ◆ **1.1** letter of ~ *condoléancebrief* **2.1** a man of wide sympathies *een groothartig man* **3.1** accept my sympathies *aanvaard mijn innige deelneming;* come out in ~ (for sth.) *sympathie (voor iets) tonen; in solidariteitsstaking gaan;* feel ~ for *meeleven met;* our sympathies go with her *we voelen met haar mee;* you have my sympathies *mijn innige deelneming;* have no ~ with *niet voelen voor;* his sympathies lie with *hij sympathiseert met, zijn voorkeur gaat uit naar;* show ~ for/with *sympathiseren met;* strike in ~ with *staken uit solidariteit met* **3.2** go up in ~ *overeenkomstig stijgen* ⟨v. prijzen⟩ **6.1** be **in** ~ **with** *gunstig/welwillend staan tegenover, meegaan met, begrip hebben voor;* be **out of** ~ **with** *niet langer gesteld zijn op;* ~ **with** *sympathie voor* **6.2** be **in** ~ **with** *in overeenstemming zijn met* **6.¶ in** ~ **with** *onder de invloed van*.
'sympathy strike ⟨telb.zn.⟩ **0.1** ***solidariteitsstaking*** ⇒*sympathiestaking*.
sym·pet·al·ous [sɪm'peṭələs]⟨bn.⟩⟨plantk.⟩ **0.1** ***sympetaal***.
sym·phon·ic ['sɪm'fɒnɪk‖-'fɑ-]⟨f1⟩⟨bn.; -ally; →bijw. 3⟩⟨muz.⟩ **0.1** ***symfonisch*** ⇒*symfonie-* ◆ **1.1** ~ ballet/dance/poem *symfonisch(e) ballet/dans/gedicht*.
sym·pho·ni·ous [sɪm'foʊnɪəs]⟨bn.; -ly⟩⟨muz.; schr.⟩ **0.1** ***harmonisch***.
sym·pho·nist ['sɪmfənɪst]⟨telb.zn.⟩⟨muz.⟩ **0.1** ***componist v. symfonieën***.
sym·pho·ny ['sɪmf(ə)ni]⟨f3⟩⟨zn.; →mv. 2⟩⟨muz.⟩
I ⟨telb.zn.⟩ **0.1** ***symfonie;***
II ⟨verz.n.⟩⟨AE⟩ **0.1** ***symfonieorkest***.
'symphony orchestra ⟨f1⟩⟨telb.zn.⟩ **0.1** ***symfonieorkest***.
sym·phy·se·al, sym·phy·si·al [sɪmfɪ'zi:əl‖sɪm'fɪzɪəl]⟨bn.⟩⟨med.⟩ **0.1** ***v./mbt. de symfyse*** ⇒*symfyse-*.
sym·phy·sis ['sɪmfɪsɪs]⟨telb.zn.; symphyses [-si:z]; →mv. 5⟩⟨med.⟩ **0.1** ***symfyse*** ⇒⟨i.h.b.⟩ *schaamvoeg*.
sym·po·di·al [sɪm'poʊdɪəl]⟨bn.; -ly⟩⟨plantk.⟩ **0.1** ***sympodiaal***.
sym·po·di·um [sɪm'poʊdɪəm]⟨telb.zn.; sympodia [-dɪə]; →mv. 5⟩⟨plantk.⟩ **0.1** ***schijnas*** ⇒*sympodium*.
sym·po·si·ac [sɪm'poʊzɪæk], **sym·po·si·al** [-zɪəl]⟨bn.⟩ **0.1** ***v./mbt. een symposium***.
sym·po·si·arch [sɪm'poʊzɪɑ:k‖-ɑrk]⟨telb.zn.⟩ **0.1** ***voorzitter v. symposium/drinkgelag***.
sym·po·si·ast [sɪm'poʊzɪæst]⟨telb.zn.⟩ **0.1** ***deelnemer aan een symposium***.
sym·po·si·um [sɪm'poʊzɪəm]⟨f1⟩⟨telb.zn.; ook symposia [-zɪə]; →mv. 5⟩ **0.1** ***symposium*** ⇒*conferentie* **0.2** ***drinkgelag*** ⇒*feestmaal* **0.3** ***(wet.)(artikelen)bundel***.
symp·tom ['sɪm(p)təm]⟨f3⟩⟨telb.zn.⟩⟨ook med.⟩ **0.1** ***symptoom*** ⇒*(ziekte)verschijnsel, indicatie, teken* ◆ **2.1** objective ~ *objectief symptoom;* subjectieve ~ *subjectief symptoom*.
symp·to·mat·ic ['sɪm(p)tə'mæṭɪk]⟨f1⟩⟨bn.; -ally; →bijw. 3⟩ **0.1** ***symptomatisch*** ◆ **6.1** be ~ **of** *symptomatisch zijn voor, wijzen op*.
symp·tom·a·tol·o·gy ['sɪm(p)təmə'tɒlədʒi‖-'tɑ-]⟨n.-telb.zn.⟩⟨med.⟩ **0.1** ***symptomatologie*** ⇒*med. semiotiek, semiologie, leer der ziekteverschijnselen*.
syn ⟨afk.⟩ synonym, synonymous, synonymy.

syn- [sɪn] **0.1** ***syn-*** ⇒*samen-, mede-* **0.2** ***synthetisch*** ⇒*kunst-, kunstmatig* ◆ **¶.1** ⟨plantk.⟩ synantherous *synant(h)eer, saamhelmig;* ⟨plantk.⟩ syncarp *syncarpe/meerhokkige vrucht;* ⟨med.⟩ syndactyl(ous) *syndactyl;* ⟨med.⟩ syndactylism, syndactyly *syndactylie* ⟨vergroeiingen v. vingers/tenen⟩; ⟨med.⟩ syndesmosis *syndesmose* ⟨verbinding v. 2 beenstukken door bindweefsel⟩; synecology *synecologie* ⟨studie v. planten/dierengemeenschappen⟩; ⟨biol.⟩ syngamy *syngamie* ⟨het versmelten v. gameten bij de bevruchting⟩; syngenesis *syngenese, geslachtelijke voortplanting;* ⟨med.⟩ synostosis *synostose* ⟨verbinding v. twee beenstukken door beenweefsel⟩ **¶.2** synoil *synthetische olie*.

syn·aer·e·sis, ⟨AE sp. ook⟩ **syn·er·e·sis** [sɪ'nɪərəsɪs‖-'ner-, -'nɪr-] ⟨telb.zn.; syn(a)ereses [-si:z]; →mv. 5⟩ ⟨taalk.⟩ **0.1** ***synerese*** ⟨samentrekking v. twee klinkers in een lettergreep⟩.

syn·aes·the·sia, ⟨AE sp. ook⟩ **syn·es·the·sia** ['sɪni:s'θi:zɪə‖'sɪnɪ s'θi:ʒə] ⟨telb. en n.-telb.zn.⟩ ⟨med.⟩ **0.1** ***synesthesie***.

syn·aes·thet·ic, ⟨AE sp. ook⟩ **syn·es·thet·ic** ['sɪni:s'θetɪk‖'sɪnɪs'θeṭɪk] ⟨bn.⟩ **0.1** ***synesthetisch***.

syn·a·gog·i·cal ['sɪnə'gɒdʒɪkl‖-'gɑ-], **syn·a·gog·al** [-'gɒgl‖-'gɑgl] ⟨bn.⟩ **0.1** ***synagogaal***.

syn·a·gogue, ⟨AE sp. ook⟩ **syn·a·gog** ['sɪnəgɒg‖-gɑg] ⟨f2⟩ ⟨telb. en n.-telb.zn.⟩ **0.1** ***synagoge*** ⇒*sjoel*.

syn·apse ['saɪnæps‖'sɪnæps] ⟨telb.zn.⟩ ⟨biol.⟩ **0.1** ***synaps***.

syn·ap·sis [sɪ'næpsɪs] ⟨telb.zn.; synapses [-si:z]; →mv. 5⟩ **0.1** ***paring*** ⇒*synapsis* ⟨v. chromosomen⟩ **0.2** →synapse.

syn·ap·tic [sɪ'næptɪk] ⟨bn.; -ally; →bijw. 3⟩ **0.1** ***synaptisch***.

syn·ar·thro·sis ['sɪnɑ:'θroʊsɪs‖'sɪnɑr-] ⟨telb. en n.-telb.zn.; synarthroses [-si:z]; →mv. 5⟩ ⟨med.⟩ **0.1** ***synartrose*** ⟨onbeweegbare verbinding v. twee beenstukken⟩.

sync[1], **synch** [sɪŋk] ⟨f1⟩ ⟨n.-telb.zn.⟩ ⟨verk.⟩ synchronization ⟨inf.⟩ **0.1** ***synchronisatie*** ◆ **6.1 out of** ~ *niet synchroon, asynchroon, niet in fase, uit de pas*.

sync[2], **synch** ⟨onov. en ov.ww.⟩ ⟨verk.⟩ synchronize ⟨inf.⟩ **0.1** ***synchroniseren***.

syn·chon·dro·sis ['sɪŋkɒn'droʊsɪs‖-kɑn-] ⟨telb. en n.-telb.zn.; synchondroses [-si:z]; →mv. 5⟩ ⟨med.⟩ **0.1** ***synchondrose*** ⟨verbinding v. twee beenstukken d.m.v. kraakbeen⟩.

syn·chro- ['sɪŋkroʊ] **0.1** ***synchro-*** ◆ **¶.1** ⟨nat.⟩ synchrocyclotron *synchrocyclotron*.

syn·chro·mesh ['sɪŋkroʊmeʃ] ⟨n.-telb.zn.; ook attr.⟩ ⟨tech.⟩ **0.1** ***synchromesh*** ⟨synchronisatiering in versnellingsbak⟩.

syn·chron·ic [sɪŋ'krɒnɪk‖-'krɑ-] ⟨bn.; -ally; →bijw. 3⟩ **0.1** ***synchronisch*** ⟨ook taalk.⟩ ⇒*synchroon* ◆ **1.1** ~ language description *synchrone taalbeschrijving*.

syn·chro·nism ['sɪŋkrənɪzm] ⟨zn.⟩

  I ⟨telb.zn.⟩ **0.1** ***synchronistische tabel;***

  II ⟨n.-telb.zn.⟩ **0.1** ***synchronisme*** ⇒*gelijktijdigheid* **0.2** ***synchroniciteit***.

syn·chron·is·tic ['sɪŋkrə'nɪstɪk] ⟨bn.; -ally; →bijw. 3⟩ **0.1** ***synchronistisch*** ⇒*v./mbt. synchronisme*.

syn·chro·ni·za·tion, -sa·tion ['sɪŋkrənaɪ'zeɪʃn‖-krənə-] ⟨f1⟩ ⟨n.-telb.zn.⟩ **0.1** ***synchronisatie***.

syn·chro·nize, -nise ['sɪŋkrənaɪz] ⟨f1⟩ ⟨ww.⟩

  I ⟨onov.ww.⟩ **0.1** ***gelijktijdig gebeuren/plaatshebben*** **0.2** ***samenvallen*** **0.3** ***gelijk staan*** ⟨v. klok⟩;

  II ⟨onov. en ov.ww.⟩ **0.1** ***synchroniseren*** ⇒*(doen) samenvallen (in de tijd)* ◆ **1.1** ~ a clock *een klok gelijkzetten* **3.1** ~d swimming *synchroon zwemmen, kunstzwemmen* **6.1** ~ **with** *synchroniseren met*.

syn·chro·nous ['sɪŋkrənəs] ⟨f1⟩ ⟨bn.; -ly; -ness⟩ **0.1** ***synchroon*** ⇒*gelijktijdig, synchronistisch* ◆ **1.1** ~ motor *synchroonmotor* **6.1** ~ **with** *synchroon met*.

syn·chro·ny ['sɪŋkrəni] ⟨zn.; →mv. 2⟩

  I ⟨telb.zn.⟩ **0.1** ***synchrone behandeling*** ⟨v. taal⟩;

  II ⟨n.-telb.zn.⟩ **0.1** ***gelijktijdigheid***.

syn·chro·tron ['sɪŋkrətrɒn‖-trɑn] ⟨telb.zn.⟩ ⟨nat.⟩ **0.1** ***synchrotron***.

syn·cli·nal [sɪŋ'klaɪnl] ⟨bn.⟩ ⟨geol.⟩ **0.1** ***synclinaal***.

syn·cline ['sɪŋklaɪn] ⟨telb.zn.⟩ ⟨geol.⟩ **0.1** ***plooidal*** ⇒*synclin(al)e*.

syn·co·pal ['sɪŋkəpl] ⟨bn.⟩ ⟨med.⟩ **0.1** ***als/van een syncope*** ⇒*bewusteloosheids-*.

syn·co·pate ['sɪnkəpeɪt] ⟨f1⟩ ⟨ov.ww.⟩ **0.1** ⟨taalk.⟩ ***samentrekken*** ⇒*syncoperen* ⟨bv. weder tot weer⟩ **0.2** ⟨muz.⟩ ***syncoperen***.

syn·co·pa·tion ['sɪŋkə'peɪʃn] ⟨zn.⟩

  I ⟨telb. en n.-telb.zn.⟩ ⟨taalk.⟩ **0.1** ***syncope;***

  II ⟨n.-telb.zn.⟩ ⟨muz.⟩ **0.1** ***syncope*** ⇒*accentverschuiving*.

syn·cope ['sɪŋkəpi] ⟨telb. en n.-telb.zn.⟩ **0.1** ⟨taalk.⟩ ***syncope*** **0.2** ⟨med.⟩ ***syncope*** ⇒*onmacht, flauwte, bewusteloosheid*.

syn·cret·ic [sɪŋ'kreṭɪk], **syn·cre·tis·tic** ['sɪŋkrɪ'tɪstɪk] ⟨bn.⟩ ⟨fil., theol.⟩ **0.1** ***syncretisch***.

syn·cre·tism ['sɪŋkrətɪzm] ⟨n.-telb.zn.⟩ **0.1** ⟨fil., theol.⟩ ***syncretisme*** **0.2** ⟨taalk.⟩ ***syncretisme*** ⇒*versmelting v. verbuigings/vervoegingsvormen*.

syn·cre·tize ['sɪŋkrətaɪz] ⟨ww.⟩ ⟨theol.⟩

  I ⟨onov.ww.⟩ **0.1** ***syncretisme plegen;***

  II ⟨ov.ww.⟩ **0.1** ***syncretiseren*** ⇒*doen versmelten*.

syn·cy·ti·um [sɪn'sɪtɪəm‖-'sɪʃm] ⟨telb.zn.; syncytia [-tɪə‖-'sɪʃə]; →mv. 5⟩ ⟨biol.⟩ **0.1** ***syncytium***.

syn·des·mo·log·y ['sɪndes'mɒlədʒi‖-'mɑ-] ⟨n.-telb.zn.⟩ ⟨med.⟩ **0.1** ***leer der gewrichtsbanden***.

syn·det·ic [sɪn'detɪk], **syn·det·i·cal** [-ɪkl] ⟨bn.; -(al)ly; →bijw. 3⟩ ⟨taalk.⟩ **0.1** ***verbindend*** ⇒*syndetisch* **0.2** ***verbonden***.

syn·dic ['sɪndɪk] ⟨telb.zn.⟩ **0.1** ***gezagsdrager*** ⇒*bestuurder, magistraat, syndicus* **0.2** ***bewindvoerder*** ⇒*zaakwaarnemer* **0.3** ⟨BE⟩ ***syndicus*** ⇒*lid v. bijzondere senaatscommissie* ⟨Universiteit v. Cambridge⟩ ◆ **7.¶** The Syndics *de Staalmeesters*.

syn·di·cal·ism ['sɪndɪkəlɪzm] ⟨n.-telb.zn.⟩ ⟨pol.⟩ **0.1** ***syndicalisme***.

syn·di·cal·ist ['sɪndɪkəlɪst] ⟨telb.zn.⟩ ⟨pol.⟩ **0.1** ***syndicalist***.

syn·di·cate[1] ['sɪndɪkət] ⟨f1⟩ ⟨telb.zn.⟩ **0.1** ***syndicaat*** ⇒*groep, belangengroepering, vereniging* **0.2** ***magistratuur*** **0.3** ***perssyndicaat*** ⇒*persbureau, gemeenschappelijke persdienst*.

syndicate[2] ['sɪndɪkeɪt] ⟨ww.⟩

  I ⟨onov.ww.⟩ **0.1** ***een syndicaat vormen;***

  II ⟨ov.ww.⟩ **0.1** ***tot een syndicaat maken*** ⇒*in een syndicaat organiseren* **0.2** ***via een perssyndicaat publiceren*** ⇒*gelijktijdig in verschillende bladen laten verschijnen* **0.3** ⟨AE⟩ ***aan lokale stations verkopen*** ⟨t.v.-/radioprogramma's⟩.

syn·di·ca·tion ['sɪndɪ'keɪʃn] ⟨n.-telb.zn.⟩ **0.1** ***syndicaatvorming*** **0.2** ***publicatie in een aantal bladen tegelijk***.

syn·drome ['sɪndroʊm] ⟨f1⟩ ⟨telb.zn.⟩ **0.1** ***syndroom*** ⟨ook med.⟩.

syn·ec·do·che [sɪ'nekdəki] ⟨telb.zn.⟩ ⟨lit.⟩ **0.1** ***synecdoche***.

syneresis →synaeresis.

syn·er·gism ['sɪnədʒɪzm‖-nər-], ⟨in bet. 0.1 en 0.2 ook⟩ **syn·er·gy** [-dʒi] ⟨n.-telb.zn.⟩ **0.1** ⟨med., biol.⟩ ***synergisme*** ⇒*samenwerking v. organen of systemen* **0.2** ⟨far.⟩ ***synergisme*** ⇒*samenwerking v. geneesmiddelen* **0.3** ⟨theol.⟩ ***synergisme***.

syn·fu·el ['sɪnfjʊəl‖-fju:əl] ⟨telb. en n.-telb.zn.⟩ **0.1** ***synthetische brandstof***.

syn·noe·cious, sy·ne·cious [sɪ'ni:ʃəs] ⟨bn.⟩ ⟨plantk.⟩ **0.1** ***tweeslachtig***.

syn·od ['sɪnəd] ⟨telb.zn.⟩ ⟨relig.⟩ **0.1** ***synode***.

sy·nod·i·cal [sɪ'nɒdɪkl‖-'nɑ-], **sy·nod·ic** [-dɪk] ⟨bn.; -(al)ly; →bijw. 3⟩ **0.1** ⟨relig.⟩ ***van/als een synode*** ⇒*synodaal* **0.2** ⟨ster.⟩ ***synodisch***.

syn·o·nym ['sɪnənɪm] ⟨f1⟩ ⟨telb.zn.⟩ ⟨taalk., biol.⟩ **0.1** ***synoniem***.

syn·o·nym·ic ['sɪnə'nɪmɪk], **syn·o·nym·i·cal** [-ɪkl] ⟨bn.⟩ **0.1** ***synonymie-*** ⇒*met/door synoniemen*.

syn·o·nym·i·ty ['sɪnə'nɪməṭi] ⟨n.-telb.zn.⟩ **0.1** ***synonymie***.

syn·on·y·mous [sɪ'nɒnɪməs‖-'nɑ-] ⟨f1⟩ ⟨bn.; -ly⟩ **0.1** ***synoniem***.

syn·on·y·my [sɪ'nɒnɪmi‖-'nɑ-] ⟨zn.; →mv. 2⟩

  I ⟨telb.zn.⟩ **0.1** ***synoniemenlijst/verzameling*** **0.2** ***synoniemenstudie*** ⇒*verhandeling over synoniemen* **0.3** ⟨biol.⟩ ***synoniemenlijst;***

  II ⟨n.-telb.zn.⟩ **0.1** ***synonymie*** **0.2** ***synoniemenleer***.

syn·op·sis [sɪ'nɒpsɪs‖-'nɑ-] ⟨telb.zn.; synopses [-si:z]; →mv. 5⟩ **0.1** ***synopsis*** ⇒*samenvatting, overzicht*.

sy·nop·tic[1] [sɪ'nɒptɪk‖-'nɑp-] ⟨telb.zn.⟩ ⟨relig.⟩ **0.1** ***synopticus*** ⇒*een der synoptici* **0.2** ***synoptisch evangelie***.

synoptic[2], **sy·nop·ti·cal** [sɪ'nɒptɪkl‖-'nɑp-] ⟨bn.; -(al)ly; →bijw. 3⟩ **0.1** ***samenvattend*** ⇒*een overzicht gevend, synoptisch* ⟨ook meteo.⟩ **0.2** ⟨relig.⟩ ***synoptisch*** ◆ **1.2** Synoptic Gospels *synoptische evangeliën*.

syn·op·tist [sɪ'nɒptɪst‖-'nɑp-] ⟨telb.zn.⟩ ⟨relig.⟩ **0.1** ***synopticus***.

syn·o·vi·a [sɪ'noʊvɪə] ⟨n.-telb.zn.⟩ ⟨med.⟩ **0.1** ***synovia*** ⇒*gewrichtsvocht*.

syn·o·vi·al [sɪ'noʊvɪəl] ⟨bn.⟩ ⟨med.⟩ **0.1** ***synoviaal*** ◆ **1.1** ~ membrane *synoviaal vlies*.

syn·o·vi·tis ['sɪnoʊ'vaɪtɪs, 'saɪ-‖'sɪnə'vaɪṭɪs] ⟨telb. en n.-telb.zn.⟩ ⟨med.⟩ **0.1** ***synovitis*** ⇒*gewrichtsvliesontsteking*.

syn·tac·tic [sɪn'tæktɪk], **syn·tac·ti·cal** [-ɪkl] ⟨f2⟩ ⟨bn.; -(al)ly; →bijw. 3⟩ **0.1** ***syntactisch***.

syn·tac·tics [sɪn'tæktɪks] ⟨n.-telb.zn.⟩ **0.1** ***syntaxis***.

syn·tag·ma [sɪn'tægmə], **syn·tagm** ['sɪntæm‖'sɪntægm] ⟨telb.zn.; ook syntagmata [-mətə]; →mv. 5⟩ ⟨taalk.⟩ **0.1** ***syntagma***.

syn·tag·mat·ic [sɪntæg'mæṭɪk] ⟨bn.; -ally⟩ ⟨taalk.⟩ **0.1** ***syntagmatisch*** ⟨tgo. paradigmatisch⟩.

syn·tax ['sɪntæks] ⟨f2⟩ ⟨n.-telb.zn.⟩ **0.1** ⟨taalk.⟩ ***syntaxis*** ⇒*zinsleer* **0.2** ⟨taalk.⟩ ***syntaxis*** ⇒*zinsbouw* **0.3** ***ordening*** ⇒*systeem*.

synth [sɪnθ] ⟨telb.zn.⟩ ⟨verk.⟩ synthesizer ⟨muz.⟩.

syn·the·sis ['sɪnθəsɪs] ⟨f2⟩ ⟨telb.zn.; syntheses [-si:z]; →mv. 5⟩ **0.1** ***synthese*** ⟨ook fil., schei., taalk.⟩ **0.2** ⟨med.⟩ ***samenvoeging***.

syn·the·sist ['sɪnθəsɪst], **syn·the·tist** [-θəṭɪst] ⟨telb.zn.⟩ **0.1** ***wie synthetisch denkt/synthetische methoden hanteert***.

syn·the·size, -sise ['sɪnθəsaɪz] ⟨f1⟩ ⟨ov.ww.⟩ **0.1** ***maken*** ⇒*samenstellen, produceren* **0.2** ***bijeenvoegen*** ⇒*tot een geheel maken* **0.3** ***synthetisch bereiden*** ⇒*langs synthetische weg maken*.

syn·the·siz·er, -is·er ['sɪnθəsaɪzə‖-ər]⟨f1⟩⟨telb.zn.⟩ **0.1** ***wie een synthese/samenvoeging maakt*** **0.2** ⟨muz.⟩ ***synthesizer***.

syn·thet·ic[1] [sɪn'θeṭɪk]⟨telb.zn.⟩⟨schei.⟩ **0.1** ***synthetische stof***.

synthetic[2], **syn·thet·i·cal** [sɪn'θeṭɪkl]⟨f1⟩⟨bn.; -(al)ly; →bijw. 3⟩ **0.1** ***synthetisch*** ⇒*op synthese berustend* **0.2** ***synthetisch*** ⇒*kunstmatig vervaardigd* **0.3** ⟨taalk.⟩ ***synthetisch*** ◆ **1.1** ~ philosophy *de filosofie v. Spencer*.

syn·ton·ic [sɪn'tɒnɪk‖-'tɑ-]⟨bn.⟩⟨com.⟩ **0.1** ***afgestemd***.

syn·ton·ize ['sɪnṭənaɪz]⟨ov.ww.⟩⟨com.⟩ **0.1** ***afstemmen***.

syph·i·lis ['sɪfəlɪs]⟨f1⟩⟨n.-telb.zn.⟩⟨med.⟩ **0.1** ***syfilis***.

syph·i·lit·ic[1] ['sɪfə'lɪṭɪk]⟨telb.zn.⟩ **0.1** ***syfilislijder***.

syphilitic[2] ⟨bn.⟩ **0.1** ***syfilitisch***.

syphon →siphon.

syr ⟨afk.⟩ Syria, Syriac, Syrian.

syren →siren.

Syr·i·a ['sɪrɪə]⟨eig.n.⟩ **0.1** ***Syrië***.

Syr·i·ac ['sɪriæk]⟨eig.n.⟩ **0.1** ***Oudsyrisch*** ⇒*Aramees*.

Syr·i·an[1] ['sɪrɪən]⟨f1⟩⟨zn.⟩

I ⟨eig.n.⟩ **0.1** ***Syrisch*** ⇒*de Syrische taal;*

II ⟨telb.zn.⟩ **0.1** ***Syriër***.

Syrian[2] ⟨f1⟩⟨bn.⟩ **0.1** ***Syrisch*** ◆ **1.1** ⟨dierk.⟩ ~ woodpecker *Syrische bonte specht* ⟨Dendrocopos syriacus⟩.

sy·rin·ga [sɪ̣'rɪŋgə]⟨telb.zn.⟩⟨plantk.⟩ **0.1** ***boerenjasmijn*** ⟨Philadelphus coronarius⟩ **0.2** ***sering*** ⟨genus Syringa⟩.

syr·inge[1] [sɪ̣'rɪndʒ]⟨f1⟩⟨telb.zn.⟩ **0.1** ***spuit*** **0.2** ***injectiespuit***.

syringe[2] ⟨f1⟩⟨ov.ww.⟩ **0.1** ***inspuiten*** ⇒*een injectie geven* **0.2** ***bespuiten*** ⇒*besproeien* **0.3** ***uitspuiten*** ⇒*schoonspuiten*.

syr·inx ['sɪrɪŋks]⟨telb.zn.; ook syringes [sɪ'rɪndʒi:z]; →mv. 5⟩ **0.1** ***syrinx*** ⇒*panfluit* **0.2** ⟨gesch.⟩ ***syrinx*** ⇒*in rots uitgehouwen bovenbouw v. Egyptisch graf* **0.3** ⟨dierk.⟩ ***syrinx*** ⇒*zangorgaan v. vogels*.

syr·tes ['sɜ:ti:z‖'sɜrṭi:z]⟨telb.zn.⟩ **0.1** ***drijfzandgebied*** ⇒*drijfzand*.

syr·up, ⟨AE sp. ook⟩ **sir·up** ['sɪrəp]⟨f2⟩⟨n.-telb.zn.⟩ **0.1** ***siroop*** **0.2** ***stroop***.

syr·up·y ['sɪrəpi]⟨bn.⟩ **0.1** ***stroperig*** ⇒⟨fig.⟩ *zoetelijk, kleverig, weeïg*.

sys·tal·tic [sɪ'stæltɪk, -'stɔ:l-]⟨bn.⟩ **0.1** ***systaltisch*** ⇒*samentrekkend*.

sys·tem ['sɪstɪ̣m]⟨f4⟩⟨zn.⟩

I ⟨telb.zn.⟩ **0.1** ***stelsel*** ⇒*systeem* **0.2** ***geheel*** ⇒*samenstel* **0.3** ***gestel*** ⇒*lichaam(sgesteldheid), constitutie* **0.4** ***methode*** **0.5** ⟨nat., meteo.⟩ ***systeem*** **0.6** ⟨muz.⟩ ***systeem*** ⇒*bijeenbehorende notenbalken* **0.7** ⟨biol.⟩ ***stelsel*** **0.8** ⟨fil., relig.⟩ ***stelsel*** **0.9** ⟨geol.⟩ ***systeem*** ◆ **3.¶** get sth. out of one's ~ *iets verwerken;* get those unpleasant experiences out of your ~ *je moet met die nare gebeurtenissen afrekenen;* ⟨inf.⟩ all ~s go! *(laten we) beginnen!, klaar voor de start!;*

II ⟨telb. en n.-telb.zn.⟩ **0.1** ***ordening*** ⇒*systeem, systematiek*.

sys·tem·at·ic ['sɪstɪ̣'mæṭɪk]⟨f3⟩⟨bn.; -ally; →bijw. 3⟩ **0.1** ***systematisch*** ⇒*methodisch, stelselmatig*.

sys·tem·at·ics ['sɪstɪ̣'mæṭɪks]⟨n.-telb.zn.⟩⟨biol.⟩ **0.1** ***systematiek*** ⇒*taxonomie*.

sys·tem·a·tism ['sɪstɪ̣mətɪzm]⟨n.-telb.zn.⟩ **0.1** ***systematisering*** ⇒*het methodisch te werk gaan* **0.2** ***systeemdwang***.

sys·tem·a·tist ['sɪstɪ̣məṭɪst]⟨telb.zn.⟩ **0.1** ***systematicus*** ⇒*methodisch werker* **0.2** ***taxonoom***.

sys·tem·a·ti·za·tion, -sa·tion ['sɪstɪ̣mətaɪ'zeɪʃn‖-məṭə-]⟨n.-telb.zn.⟩ **0.1** ***systematisatie*** ⇒*het systematiseren*.

sys·tem·a·tize, -tise ['sɪstɪ̣mətaɪz]⟨f1⟩⟨ov.ww.⟩ **0.1** ***systematiseren*** ⇒*tot een systeem maken*.

sys·tem·ic [sɪ'sti:mɪk‖-'ste-]⟨bn.⟩ **0.1** ⟨med.⟩ ***systemisch*** ⇒*v.h. hele lichaam* **0.2** ⟨med.⟩ ***niet slagaderlijk*** **0.3** ⟨plantk.⟩ ***systemisch*** ⇒*via de wortels of uitlopers binnendringend* ⟨v. insekticide e.d.⟩ ◆ **1.¶** ⟨taalk.⟩ ~ grammar *systemic grammar*.

'systems analysis ⟨f1⟩⟨n.-telb.zn.⟩⟨comp.⟩ **0.1** ***systeemanalyse***.

'systems analyst ⟨f1⟩⟨telb.zn.⟩⟨comp.⟩ **0.1** ***systeemanalist(e)***.

sys·to·le ['sɪstəli]⟨telb.zn.⟩⟨med.⟩ **0.1** ***systole*** ⟨samentrekking v.d. hartspier⟩.

sys·tyle ['sɪstaɪl]⟨n.-telb.zn.⟩⟨bouwk.⟩ **0.1** ***systyle*** ⇒*(zuilengang met) zuilafstand v. twee maal de zuildikte*.

syz·y·gy ['sɪzɪ̣dʒi]⟨telb.zn.; →mv. 2⟩ **0.1** ***paar*** ⇒*koppel, stel* **0.2** ⟨ster.⟩ ***syzygie*** ⇒*samenstand* **0.3** ⟨lit.⟩ ***syzygie*** ⇒*dipodie*.

t[1], **T** [ti:]⟨telb.zn.; t's, T's, zelden ts, Ts⟩ **0.1** ***(de letter) t, T*** **0.2** ***T-vorm(ig iets/voorwerp)*** ⇒*T-vormige buis, T-stuk;* ⟨T⟩ *T-shirt* ◆ **3.¶** cross the/one's ~'s (and dot the/one's i's) *de puntjes op de i zetten, op de details letten* **6.¶ to** a T *precies, tot in de puntjes, volmaakt*.

t[2], **T** ⟨afk.⟩ **0.1** ⟨alleen T.⟩ ⟨tablespoon(ful)⟩ **0.2** ⟨tare⟩ ***t*** **0.3** ⟨alleen t.⟩ ⟨teaspoon(ful)⟩ **0.4** ⟨tempo⟩ ***t*** **0.5** ⟨tenor⟩ ***t*** **0.6** ⟨tense⟩ **0.7** ⟨terminal⟩ **0.8** ⟨territory⟩ **0.9** ⟨alleen T.⟩ ⟨Testament⟩ **0.10** ⟨time⟩ ***t*** **0.11** ⟨ton(ne)⟩ ***t*** **0.12** ⟨town(ship)⟩ **0.13** ⟨transit⟩ **0.14** ⟨transitive⟩ ***t.*** ⇒*o.* **0.15** ⟨troy⟩ **0.16** ⟨Tuesday⟩ ***d.*** ⇒*dins.*.

-t **0.1** ⟨onregelmatige uitgang volt. deelw.⟩ **0.2** ⟨vero.; uitgang tweede pers. enk.⟩ ◆ **¶.1** bought *gekocht* **¶.2** thou shalt *gij zult*.

't →it.

T ⟨afk.⟩ **0.1** ⟨surface tension⟩ **0.2** ⟨temperature⟩ ***T*** **0.3** ⟨tera⟩ ***T*** **0.4** ⟨tesla⟩ **0.5** ⟨time reversal⟩ **0.6** ⟨tritium⟩ ***T***.

ta [tɑ:]⟨f2⟩⟨tussenw.⟩⟨BE; inf./kind.⟩ **0.1** ***dank*** ⇒*dank je wel* ◆ **5.1** ⟨inf.⟩ ~ ever so *dank dank, dank je zeer, balleefd*.

TA ⟨afk.⟩ Territorial Army, telegraphic address.

taal [tɑ:l]⟨n.-telb.zn.; T-; the⟩⟨taalk., gesch.⟩ **0.1** ***Oud-afrikaans*** ⇒*vroeg Afrikaans*.

tab[1] [tæb]⟨f2⟩⟨telb.zn.⟩ **0.1** ***lus*** ⇒*lusje, ophanglusje* **0.2** ***etiketje*** ⇒*label* **0.3** ⟨ben. voor⟩ ***klepje*** ⇒*flapje, lipje, tong, tab* ⟨v. systeemkaart⟩; *uitsteeksel, handgreepje* **0.4** ***nestel*** ⟨v. veter⟩ **0.5** ***(ophaallus v.) toneelgordijn*** **0.6** ⟨BE; mil.⟩ ***(kraaginsigne v.) stafofficier*** **0.7** ⟨inf.⟩ ***lijst*** ⇒*optelling;* ⟨AE ook⟩ *rekening, cheque, prijs, kosten* **0.8** ⟨inf.⟩ ***tabulator*** **0.9** ⟨lucht.⟩ ***stel/stuurvlak*** **0.10** ⟨AE⟩ ***blad*** ⇒*krantje, nieuwsblaadje* **0.11** ⟨boogschieten⟩ ***vingerbeschermer*** ◆ **3.7** ⟨AE; inf.⟩ pick up the ~ *betalen, afrekenen* **3.¶** keep ~s/a ~ on *in de gaten houden, bijhouden, nauwlettend volgen*.

tab[2] ⟨ov.ww.; →ww. 7⟩ **0.1** ***van lussen/labels/tabs*** ⟨enz.⟩ ***voorzien*** **0.2** ⟨conf.⟩ ***in hoekjes/puntjes uitsnijden*** ⟨zoom, halslijn⟩.

TAB ⟨afk.⟩ **0.1** ⟨Typhoid-paratyphoid A and B vaccine⟩ ***T.A.B.*** **0.2** ⟨Totalizator Agency Board⟩.

tab·ard ['tæbəd‖-bərd]⟨telb.zn.⟩⟨gesch.⟩ **0.1** ***wapenkleed*** ⇒*riddermantel* **0.2** ***herautsmantel*** **0.3** ***tabberd*** ⇒*tabbaard, pij, mantel* **0.4** ***wapenkleed*** ⟨afhangend v. trompet⟩.

tab·a·ret ['tæbərɪ̣t]⟨n.-telb.zn.⟩ **0.1** ***tabaret*** ⟨meubelstof met satijnen moiréstrepen⟩.

ta·bas·co [tə'bæskoʊ]⟨n.-telb.zn.⟩ **0.1** ***tabascosaus***.

tab·by[1] ['tæbi]⟨zn.; →mv. 2⟩

I ⟨telb.zn.⟩ **0.1** ***cyperse kat*** ⇒*tabby, grijs/bruingestreepte kat* **0.2** ***poes*** ⇒*vrouwtjeskat* **0.3** ⟨BE; pej.⟩ ***oude vrijster*** ⇒*oude juffrouw*

0.4 ⟨pej.⟩ ***kletstante*** ⇒*roddeltante;*
II ⟨n.-telb.zn.⟩ **0.1** ***tabijn*** ⇒*gewaterd taf* **0.2** ⟨ind.⟩ ***echt weefsel*** **0.3** ⟨AE; gesch.⟩ ***schelpencement***.
tabby² ⟨ov.ww.⟩ **0.1** ***strepen*** ⇒*gestreept maken* **0.2** ***moireren*** ⟨textiel⟩.
tab·er·dar ['tæbədɑ:‖-dɑr]⟨telb.zn.⟩ **0.1** ***taberdar*** ⇒*(ex-)student v. Queen's College, Oxford.*
tab·er·na·cle¹ ['tæbənækl‖'tæbər-]⟨f1⟩⟨telb.zn.⟩⟨relig.⟩ **0.1** ⟨bijb.⟩ ***tabernakel*** ⇒*(veld)hut, tent* **0.2** ⟨vaak T-⟩ ⟨jud.⟩ ***tabernakel*** **0.3** ⟨R.-K.⟩ ***tabernakel*** **0.4** ⟨vaak T-⟩ ***tabernakel*** ⇒*gods/bedehuis, heiligdom; tempel* ⟨ook fig.⟩ **0.5** ⟨scheep.⟩ ***tabernakel*** ⇒*mastkoker* **0.6** ⟨bouwk.⟩ ***tabernakelnis*** ⇒*baldakijn.*
tabernacle² ⟨ww.⟩
I ⟨onov.ww.⟩ **0.1** ***tijdelijk verblijven*** ⇒*tabernakelen;*
II ⟨ov.ww.⟩ **0.1** ***in een tabernakel plaatsen***.
tab·er·na·cled ['tæbənækld‖'tæbər-]⟨bn.⟩⟨bouwk.⟩ **0.1** ***met gebeeldhouwde koepel*** ⇒*met baldakijn.*
'tab·er·na·cle-work ⟨n.-telb.zn.⟩⟨bouwk.⟩ **0.1** ***houtsnij/traceerwerk***.
ta·bes ['teɪbi:z]⟨telb. en n.-telb.zn.; tabes; →mv. 4⟩⟨med.⟩ **0.1** ***wegtering*** ⇒*verzwakking* **0.2** ***tabes*** ⇒*tabes dorsalis, motorische ataxie.*
ta·bet·ic [tə'betɪk]⟨bn.⟩⟨med.⟩ **0.1** ***lijdend aan tabes (dorsalis)***.
tab·i·net ['tæbɪnɪt‖'tæbənet]⟨n.-telb.zn.⟩ **0.1** ***tabinet*** ⇒*wol-zijdemoiré.*
tab·la ['tɑ:blə]⟨telb.zn.⟩⟨Ind. E; muz.⟩ **0.1** ***tabla*** ⇒*trommeltje.*
tab·la·ture ['tæblətʃə‖-ər]⟨n.-telb.zn.⟩ **0.1** ⟨muz., gesch.⟩ ***tablatuur*** **0.2** ***steen met inscriptie*** **0.3** ⟨vero.⟩ ***schilderij*** ⇒*prent, plaat.*
ta·ble¹ ['teɪbl]⟨f4⟩⟨zn.⟩
I ⟨telb.zn.⟩ **0.1** ***tafel*** **0.2** ***werkblad*** ⟨v. instrument/machine⟩ ⇒*tafel* **0.3** ***tafel*** ⇒*tablet, plaat, blad* **0.4** ***(edelsteen met) tafelfacet*** **0.5** ***tabel*** ⇒*lijst, tafel;* ⟨BE; sport⟩ *ranglijst, stand, klassement* **0.6** ⟨aardr.⟩ ***tafelland*** **0.7** ⟨geol.⟩ ***horizontale aardlaag*** **0.8** ⟨bouwk.⟩ ***kordonband/paneel*** **0.9** ⟨spel⟩ ***(speel)tafel*** ⇒⟨bridge⟩ *hand v.d. dummy;* ⟨backgammon⟩ *helft/kwadrant v.h. bord* ◆ **1.3** ⟨bijb.⟩ the ~s of the law *de tafelen der wet* **3.1** lay the ~ *de tafel dekken* **3.5** learn one's ~s *de tafels v. vermenigvuldiging leren* **3.9** sweep the ~ *de hele inzet/alle kaarten winnen;* ⟨fig.⟩ *iedereen v. tafel vegen, grote winsten boeken* **3.¶** lay on the ~ ⟨BE⟩ *ter tafel brengen, bespreken;* ⟨AE⟩ *uitstellen, opschorten;* lie on the ~ ⟨BE⟩ *ter tafel gebracht zijn, ter discussie staan;* ⟨AE⟩ *uitgesteld/opgeschort zijn;* turn the ~s (on s.o.) *de rollen omdraaien, zich op zijn beurt (tegen iem.) keren* **6.¶** ⟨inf.⟩ drink s.o. **under** the ~ *iem. onder de tafel drinken* **7.3** ⟨bijb.⟩ the two ~s *de stenen tafelen;* ⟨Rom. gesch.⟩ the Twelve Tables *de twaalf tafelen* ⟨codificatie v. Romeins recht⟩;
II ⟨telb. en n.-telb.zn.⟩ **0.1** ***tafel*** ⇒*maaltijd, voedsel* ◆ **3.1** they keep a good ~ *ze eten altijd lekker* **6.1** **at** ~ *aan tafel, tijdens de maaltijd;*
III ⟨verz.n.⟩ **0.1** ***(tafel)gezelschap***.
table² ⟨f1⟩⟨ww.⟩
I ⟨onov.ww.⟩ **0.1** ***eten*** ⇒*de maaltijd gebruiken, tafelen;*
II ⟨ov.ww.⟩ **0.1** ***(iem.) te eten geven*** **0.2** ***op tafel leggen/zetten*** **0.3** ⟨BE⟩ ***ter tafel brengen*** ⇒*ter bespreking voorstellen, indienen* **0.4** ⟨vnl. AE⟩ ***opschorten*** ⇒*uitstellen, opzijzetten* **0.5** ⟨scheep.⟩ ***versterken*** ⟨randen v.e. zeil⟩ **0.6** ⟨vero.⟩ ***in een tabel opnemen***.
tab·leau ['tæbloʊ‖tæ'bloʊ]⟨telb.zn.; ook tableaux [oʊ(z)]; →mv. 5⟩ **0.1** ***tableau*** ⇒*tafereel, voorstelling, verbeelding* **0.2** ***tableau*** ⇒*scène, tafereel(tje), merkwaardige aanblik, vertoning* **0.3** ***tableau vivant*** **0.4** ⟨dram.⟩ ***tableau*** ⇒*intermezzo waarbij de spelers in hun houding bevriezen.*
'tableau curtains ⟨mv.⟩ **0.1** ***toneelgordijnen***.
tableau vivant ['tæbloʊ 'vi:vã‖tæ'bloʊ vi:'vã]⟨telb.zn.; tableaux vivants [-ã]; →mv. 5⟩ **0.1** ***tableau vivant***.
'ta·ble-book ⟨telb.zn.⟩ **0.1** ***tabellenboek*** ⇒*boek met rekenkundige tafels* ⟨e.d.⟩ **0.2** ***salontafelboek***.
'ta·ble-cen·tre ⟨telb.zn.⟩ **0.1** ***kleedje*** ⇒*sierkleedje.*
'ta·ble-cloth ⟨f2⟩⟨telb.zn.⟩ **0.1** ***tafelkleed***.
'ta·ble-'cut ⟨bn.⟩ **0.1** ***met tafelfacet*** ⟨edelsteen⟩.
table d'hôte ['tɑ:bl 'doʊt]⟨telb.zn.; tables d'hôte ['tɑ:blz 'doʊt]; →mv. 5⟩ **0.1** ***table d'hôte*** ⇒*(vast) menu.*
'ta·ble-flap ⟨telb.zn.⟩ **0.1** ***klapdeel*** ⇒*uitklapbaar zijstuk v.e. tafel.*
'ta·ble-hop ⟨onov.ww.⟩ **0.1** ***de tafels langsgaan*** ⇒*iedereen gaan begroeten, van tafel naar tafel gaan* ⟨in restaurant enz.⟩.
'ta·ble·knife ⟨telb.zn.⟩ **0.1** ***tafelmes***.
'ta·ble-land ⟨telb.zn.⟩⟨aardr.⟩ **0.1** ***tafelland*** ⇒*plateau.*
'ta·ble-leaf ⟨telb.zn.⟩ **0.1** ***inlegblad*** ⇒*extra tafelblad.*
'ta·ble-li·cense ⟨telb.zn.⟩ **0.1** ***beperkte drankvergunning*** ⇒⟨ong.⟩ *verlof A., vergunning om alcoholische drank bij de maaltijden te serveren.*
'ta·ble-lift·ing, ta·ble-moving ⟨n.-telb.zn.⟩⟨spiritisme⟩ **0.1** ***tafeldans***.
'ta·ble-lin·en ⟨n.-telb.zn.⟩ **0.1** ***tafellinnen*** ⇒*tafellakens en servetten.*
'ta·ble-man·ners ⟨f1⟩⟨mv.⟩ **0.1** ***tafelmanieren***.
'ta·ble-mat ⟨telb.zn.⟩ **0.1** ***tafelmatje*** ⇒*onderzetter.*
'ta·ble-mo·ney ⟨n.-telb.zn.⟩⟨BE⟩ **0.1** ⟨mil.⟩ ***tafelgeld*** **0.2** ***tafelgeld*** ⇒*kosten voor het gebruik v.d. eetzaal* ⟨in club⟩.
'ta·ble-nap·kin ⟨telb.zn.⟩ **0.1** ***servet***.
'ta·ble-plate ⟨zn.⟩
I ⟨telb.zn.⟩ **0.1** ***bord;***
II ⟨n.-telb.zn.⟩ **0.1** ***bestek*** ⇒*tafelzilver, eetgerei.*
'ta·ble-rap·ping, ta·ble-tap·ping ⟨n.-telb.zn.⟩⟨spiritisme⟩ **0.1** ***tafelklopperij***.
'ta·ble-run·ner ⟨telb.zn.⟩ **0.1** ***tafelloper***.
'table salt ⟨n.-telb.zn.⟩ **0.1** ***tafel/keukenzout*** ⇒⟨schei.⟩ *natriumchloride.*
'ta·ble-ser·vice ⟨zn.⟩
I ⟨telb.zn.⟩ **0.1** ***tafelgerei*** ⇒*servies en bestek;*
II ⟨n.-telb.zn.⟩ **0.1** ***bediening*** ⇒*het tafeldienen.*
'ta·ble·spoon ⟨f1⟩⟨telb.zn.⟩ **0.1** ***opscheplepel*** **0.2** ***grote eetlepel***.
'ta·ble·spoon·ful ⟨telb.zn.⟩⟨cul.⟩ **0.1** ***grote eetlepel*** ⟨als inhoudsmaat vier fluid drams, 14,2 ml⟩.
tab·let ['tæblɪt]⟨f2⟩⟨telb.zn.⟩ **0.1** ***plaat*** ⇒*plaquette, gedenkplaat* **0.2** ***tablet*** ⇒*pil* **0.3** ***schrijfbloc*** **0.4** ***tabletje*** ⇒*plat stukje* **0.5** ⟨gesch.⟩ ***tablet*** ⇒*tafel, schrijftablet, kleitablet/wastafeltje* **0.6** ⟨gesch.⟩ ***bundeltje schrijftabletten*** **0.7** ⟨bouwk.⟩ ***paneel/kordonband***.
'ta·ble-talk ⟨n.-telb.zn.⟩ **0.1** ***tafelgesprekken***.
'table tennis ⟨f1⟩⟨n.-telb.zn.⟩ **0.1** ***tafeltennis***.
'ta·ble-tilt·ing, -tip·ping, -turn·ing ⟨n.-telb.zn.⟩⟨spiritisme⟩ **0.1** ***tafeldans***.
'ta·ble·top ⟨telb.zn.⟩ **0.1** ***tafelblad*** **0.2** ***bovenkant***.
ta·ble·ware ['teɪblweə‖-wer]⟨n.-telb.zn.⟩ **0.1** ***tafelgerei*** ⇒*servies en bestek.*
'ta·ble-wa·ter ⟨n.-telb.zn.⟩ **0.1** ***mineraalwater***.
'ta·ble-wine ⟨n.-telb.zn.⟩ **0.1** ***tafelwijn***.
tab·loid ['tæblɔɪd]⟨f1⟩⟨telb.zn.⟩ **0.1** ***krant(je)*** ⟨op kwart of half v. gewoon dagbladformaat⟩ ⇒*nieuws/sensatieblaadje* **0.2** ***concentraat*** ⇒*iets geconcentreerds* ⟨i.h.b. geneesmiddel⟩.
'tabloid journalism ⟨n.-telb.zn.⟩ **0.1** ***sensatiejournalistiek*** ⇒*sensatiepers.*
ta·boo¹, ta·bu [tə'bu:‖tæ'bu:]⟨f1⟩⟨telb. en n.-telb.zn.⟩ **0.1** ***taboe*** ◆ **6.1** put sth. **under** ~ *iets taboe verklaren.*
taboo², tabu ⟨f1⟩⟨bn.⟩ **0.1** ***taboe***.
taboo³, tabu ⟨ov.ww.⟩ **0.1** ***tot een taboe maken***.
ta·bour¹, ta·bor ['teɪbə‖-ər]⟨telb.zn.⟩⟨gesch.⟩ **0.1** ***tamboer*** ⇒*tamboerijn, handtrommel.*
tabour², tabor ⟨onov.ww.⟩ **0.1** ***tamboeren*** ⇒*trommelen.*
tab·ou·ret, ⟨AE sp.⟩ **tab·o·ret** ['tæbərɪt‖'tæbə'ret]⟨telb.zn.⟩ **0.1** ***taboeret*** ⇒*krukje* **0.2** ***borduurraam***.
tabu →taboo.
tab·u·la ['tæbjʊlə]⟨telb.zn.; tabulae [-li:]; →mv. 5⟩ **0.1** ⟨anat.⟩ ***tussenschotje*** ⟨in skeletbuisjes v. koralen, e.d.⟩ ⇒*scleroseptum* **0.2** ***wastafeltje*** ⇒*schrijftablet* **0.3** ***frontaal*** ⇒*antependium* ⟨v. altaar⟩ **0.4** ***schedelbeen***.
tab·u·lar ['tæbjʊlə‖-bjələr]⟨f1⟩⟨bn.; -ly⟩ **0.1** ***tabellarisch*** ⇒*in tabelvorm, getabellariseerd* **0.2** ***tafelvormig*** ⇒*plat, vlak* **0.3** ***met twee brede platte facetten*** ⟨v. kristal⟩ **0.4** ***in laagjes/plaatjes gemaakt*** ◆ **1.¶** ⟨geldw.⟩ ~ standard *conversatietabel waarmee schuld (v. importeur) aan variabele wisselkoers gekoppeld wordt.*
tab·u·la ra·sa ['tæbjʊlə 'rɑ:sə‖'tæbjələ 'rɑsə]⟨telb.zn.; tabulae rasae [-li: 'rɑsi:]; →mv. 5⟩ **0.1** ***tabula rasa*** ⇒*schone lei* ⟨ook fig.⟩.
tab·u·late ['tæbjʊleɪt‖-bjə-]⟨f1⟩⟨ov.ww.⟩ **0.1** ***tabelleren*** ⇒*tabellarisch rangschikken/classificeren, tabellariseren* **0.2** ***vlak maken***.
tab·u·la·tion ['tæbjʊ'leɪʃn‖-bjə-]⟨f1⟩⟨n.-telb.zn.⟩ **0.1** ***het tabelleren*** ⇒*tabulatie.*
tab·u·la·tor ['tæbjʊleɪtə‖'tæbjəleɪtər]⟨telb.zn.⟩ **0.1** ***tabellenmaker*** ⇒*tabelzetter* **0.2** ***tabulator*** ⟨v. schrijfmachine⟩ **0.3** ***tabelleermachine***.
tac·a·ma·hac ['tækəməhæk]⟨zn.⟩
I ⟨telb.zn.⟩⟨plantk.⟩ **0.1** ***balsempopulier*** ⟨Populus balsamifera⟩;
II ⟨n.-telb.zn.⟩ **0.1** ***hars v.d. balsempopulier***.
ta·can ['tækæn]⟨n.-telb.zn.⟩⟨afk.⟩ tactical air navigation **0.1** ***tacan*** ⟨elektronisch navigatiesysteem voor vliegtuigen⟩.
tac-au-tac ['tækoʊtæk]⟨telb.zn.⟩⟨schermsport⟩ **0.1** ***parade riposte***.
tace →tasse.
ta·cet ['teɪset‖'tɑket]⟨onov.ww.; geb. w.⟩⟨muz.⟩ **0.1** ***tacet*** ⟨zwijgt⟩.
tach [tæk]⟨telb.zn.⟩⟨verk.⟩ tachometer ⟨vnl. AE⟩ **0.1** ***tachometer***.
tache [tæʃ]⟨telb.zn.⟩ **0.1** ⟨vero.⟩ ***gesp*** **0.2** ⟨verk.⟩ ⟨moustache⟩ ⟨inf.⟩ ***snor(retje)***.
tach·ism(e) ['tæʃɪzm]⟨n.-telb.zn.⟩⟨beeld.k.⟩ **0.1** ***tachisme***.
ta·chis·to·scope [tə'kɪstəskoʊp]⟨telb.zn.⟩ **0.1** ***tachystoscoop*** ⟨gezichtsvermogentester⟩.

ta·chis·to·scop·ic [tə'kɪstə'skɒpɪk‖-'skɑ-]⟨bn.; -ally; →bijw. 3⟩ **0.1** ***mbt./v.e./met een tachystoscoop.***

tach·o ['tækoʊ]⟨telb.zn.⟩⟨verk.⟩ tachograph ⟨inf.⟩ **0.1** ***tachograaf*** ⇒*tachometer.*

tach·o·graph ['tækəgrɑ:f‖-græf]⟨telb.zn.⟩ **0.1** ***tachograaf.***

ta·chom·e·ter [tæ'kɒmɪtə‖tæ'kɑmɪţər]⟨telb.zn.⟩⟨tech.⟩ **0.1** ***snelheidsmeter*** ⇒*toerenteller* ⟨v. machine⟩, *tachometer.*

ta·chom·e·try [tæ'kɒmɪtri‖-'kɑ-]⟨n.-telb.zn.⟩ **0.1** ***tachometrie*** ⇒*snelheidsmeting.*

tach·y- ['tæki] **0.1** ***tachy-*** ⇒*snel(heids)-.*

tach·y·car·di·a ['tækɪ'kɑ:dɪə‖-'kɑrdɪə]⟨n.-telb.zn.⟩⟨med.⟩ **0.1** ***tachycardie*** ⟨te snelle hartwerking, meer dan 100 per minuut⟩ ⇒*hartkloppingen.*

ta·chyg·ra·phic ['tækɪ'græfɪk], **ta·chyg·ra·phic·al** [-ɪkl]⟨bn.⟩ **0.1** ***tachygrafisch.***

ta·chyg·ra·phy [tæ'kɪgrəfi]⟨n.-telb.zn.⟩ **0.1** ***tachygrafie*** ⇒*snelschrift, kortschrift* ⟨vnl. zoals bij Oude Grieken en Romeinen⟩.

tach·y·lyte, tach·y·lite ['tækɪlaɪt]⟨n.-telb.zn.⟩ **0.1** ***tachyliet*** ⟨zwart, glasachtig basaltgesteente⟩.

ta·chym·e·ter [tæ'kɪmɪtə‖-mɪţər]⟨telb.zn.⟩ **0.1** ***tachymeter*** ⟨soort theodoliet, landmetersinstrument⟩.

tach·y·on ['tækiɒn‖-ɑn]⟨telb.zn.⟩⟨nat.⟩ **0.1** ***tachyon.***

tach·y·on·ic ['tæki'ɒnɪk‖-ɑnɪk]⟨bn.⟩ **0.1** ***tachyonisch.***

tac·it ['tæsɪt]⟨f1⟩⟨bn.; -ly⟩ **0.1** ***stilzwijgend*** ⇒*geïmpliceerd* ◆ **1.1** ~ agreement *stilzwijgende overeenkomst;* ~ knowledge *onbewuste/impliciete kennis.*

tac·i·turn ['tæsɪtɜ:n‖-tɜrn]⟨bn.; -ly⟩⟨schr.⟩ **0.1** ***zwijgzaam*** ⇒*(stil) zwijgend, onmededeelzaam, gesloten, laconiek.*

tac·i·tur·ni·ty ['tæsɪ'tɜ:nəti‖-'tɜrnəţi]⟨n.-telb.zn.⟩ **0.1** ***zwijgzaamheid.***

tack[1] [tæk]⟨f2⟩⟨zn.⟩
I ⟨telb.zn.⟩ **0.1** ***kopspijker(tje)*** ⇒*nageltje* **0.2** ⟨scheep.⟩ ***hals(talie)*** ⟨v. zeil⟩ **0.3** ⟨scheep.⟩ ***koers*** ⟨t.o.v. de stand der zeilen en de windrichting⟩ ⇒*boeg* ⟨bij het laveren, in termen v.d. loef⟩ **0.4** ⟨scheep.⟩ ***het loeven*** ⇒*het overstag gaan* **0.5** ***koers(verandering)*** ⇒*strategie, politiek, aanpak* **0.6** ⟨BE⟩ ***rijgsteek*** ⇒⟨B.⟩ *driegsteek* **0.7** ⟨BE⟩ ***aanhangsel*** ⇒*bijgevoegde clausule* ⟨bij wetsontwerp⟩ **0.8** ***kleverigheid*** ⇒*plakkerigheid* ⟨v. pasgeverfd oppervlak⟩ **0.9** ***schooldecaan*** ◆ **1.3** change of ~ *koerswijziging* **3.5** change one's ~ *het over een andere boeg gooien/anders aanpakken;*
II ⟨n.-telb.zn.⟩ **0.1** ⟨sl.; scheep.⟩ ***vreten*** ⇒*voer, kost, scheepsbeschuit* **0.2** ⟨pej.⟩ ***rommel*** ⇒*rotzooi* **0.3** ***tuig*** ⟨v. paard⟩.

tack[2] ⟨f2⟩⟨ww.⟩
I ⟨onov.ww.⟩ **0.1** ⟨scheep.⟩ ***loeven*** ⇒*overstag gaan, laveren, wenden, over een andere boeg gaan* **0.2** ***v. koers veranderen*** ⇒*het over een andere boeg gooien, het anders aanpakken;*
II ⟨ov.ww.⟩ **0.1** ***vastspijkeren*** ⇒*met kopspijkertjes bevestigen/vastkloppen* **0.2** ⟨vnl. BE⟩ ***rijgen*** ⇒⟨B.⟩ *driegen* **0.3** ***aanhechten*** ⇒*vastmaken, toevoegen, vastknopen, verbinden* **0.4** ⟨scheep.⟩ ***door de wind doen gaan*** ⇒*over een andere boeg wenden, van koers doen veranderen* **0.5** ***losjes aaneenweven*** ⇒*losjes bevestigen, samenklutsen* ◆ **5.1** he ~ed **down** the lid *hij spijkerde het deksel dicht* **5.2** the ribbon has been ~ed **on** too loosely *het lint is te losjes geregen* **5.3** ~ it **on** *voeg het aan het eind toe, maak er een aanhangsel van* **6.3** she ~ed her name **onto** the list *zij voegde haar naam toe aan de lijst.*

'tack block ⟨telb.zn.⟩⟨scheep.⟩ **0.1** ***halsblok.***

'tack-driv·er ⟨telb.zn.⟩ **0.1** ***spijkerautomaat*** ⇒*spijkermachine.*

tack·et ['tækɪt]⟨telb.zn.⟩⟨Sch. E⟩ **0.1** ***schoenspijker met dikke kop*** ⇒*dikke spijker.*

tack·et·y ['tækɪţi]⟨bn.⟩ **0.1** ***met dikke/dikkoppige spijkers beslagen*** ◆ **1.1** ~ boots *bergschoenen.*

'tack hammer ⟨telb.zn.⟩ **0.1** ***(lichte) hamer*** ⟨meestal met spijkerklauw⟩ **0.2** ⟨sl.; scherts.⟩ ***grote voorhamer.***

tack·le[1] ['tækl]⟨f2⟩⟨zn.⟩
I ⟨telb.zn.⟩ **0.1** ***takel*** ⇒*talie, gijn, jijn* **0.2** ⟨sport⟩ ***tackle*** ⇒*aanval, het stoppen* ⟨v. tegenstander met bal⟩, *het neerleggen/onderuithalen* **0.3** ⟨Am. voetbal⟩ ***tackle*** ⇒*stopper;*
II ⟨n.-telb.zn.⟩ **0.1** ***uitrusting*** ⇒*gerei, (vis)gerief, benodigdheden, tuig* **0.2** ⟨scheep.⟩ ***takelage*** ⇒*takelwerk.*

tackle[2] ⟨f2⟩⟨ww.⟩ →tackling
I ⟨onov.ww.⟩⟨sport⟩ **0.1** ***tackelen*** ⇒*de tegenstander neerleggen/onderuithalen/de bal afpakken;*
II ⟨ov.ww.⟩ **0.1** ⟨sport⟩ ***tackelen*** ⇒*(met fysieke kracht) van de bal zetten, neerleggen* **0.2** ***aanpakken*** ⇒*zich zetten aan, onder de knie proberen te krijgen, aanvallen op* **0.3** ***aanpakken*** ⇒*aanspreken, een hartig woordje spreken met* **0.4** ⟨sl.⟩ ***pakken*** ⇒*grijpen, vloeren, bij het nekvel grijpen* **0.5** ***takelen*** **0.6** ***(op)tuigen*** ⟨paard⟩ ◆ **1.2** ~ a problem *een probleem aanpakken* **6.3** dad will have to ~ him **about/on/over** his bad conduct *papa zal hem eens flink onderhanden moeten nemen over zijn wangedrag.*

'tackle block ⟨telb.zn.⟩ **0.1** ***takelblok*** ⇒*gijnblok.*

'tackle fall ⟨telb.zn.⟩ **0.1** ***talieloper*** ⇒*takelloper.*

tack·ling ['tæklɪŋ]⟨f1⟩⟨n.-telb.zn.; oorspr. gerund v. tackle⟩ **0.1** ***tuig(age)*** ⇒*takelage, takeling* **0.2** ***gerei*** ⇒*uitrusting, tuig* **0.3** ***gareel*** ⇒*tuig* **0.4** ⟨sport⟩ ***(het) tackelen*** ⇒*het neerleggen v.e. tegenstander.*

'tack room ⟨telb.zn.⟩ **0.1** ***tuigkamer*** ⇒*zadelkamer.*

tacks·man ['tæksmən]⟨telb.zn.; tacksmen [-mən]; →mv. 3⟩⟨Sch. E⟩ **0.1** ***pachter*** ⟨i.h.b. die onderverhuurt⟩.

tack·y[1] ['tæki]⟨telb.zn.; →mv. 2⟩ **0.1** ⟨AE; gew.⟩ ***hit*** ⇒*oude knol* **0.2** ***schoft*** ⇒*schooier* **0.3** ⟨vnl. mv.⟩⟨vnl. BE⟩ ***tennisschoen*** ⇒*gymnastiekschoen, gympje.*

tacky[2] ⟨bn.; -er; -ness; →bijw. 3⟩ **0.1** ***plakkerig*** ⇒*kleverig, nog niet helemaal droog, pikkerig* **0.2** ⟨AE; inf.⟩ ***haveloos*** ⇒*sjofel, vervallen, slonzig, gehavend, verwaarloosd, verlopen* **0.3** ⟨AE; inf.⟩ ***smakeloos*** ⇒*prullig, goedkoop, opzichtig, ordinair, stijlloos.*

ta·co ['tɑ:koʊ]⟨telb.zn.⟩⟨AE; cul.⟩ **0.1** ***taco*** ⟨gevulde tortilla⟩.

tac·o·nite ['tækənaɪt]⟨n.-telb.zn.⟩⟨geol.⟩ **0.1** ***taconiet*** ⟨ijzerhoudend gesteente⟩.

tact [tækt]⟨f2⟩⟨n.-telb.zn.⟩ **0.1** ***tact*** ⇒*discretie, diplomatie, savoir-vivre* **0.2** ⟨vero.⟩ ***tastzin.***

tact·ful ['tæktfl]⟨f2⟩⟨bn.; -ly⟩ **0.1** ***tactvol*** ⇒*kies, discreet, attent.*

tac·tic[1] ['tæktɪk]⟨f1⟩⟨zn.⟩
I ⟨telb.zn.⟩ **0.1** ***tactische zet*** ⇒*tactiek, manoeuvre;*
II ⟨mv.; ~s⟩ **0.1** ⟨mil.⟩ ***tactiek*** ⇒*krijgskunst* **0.2** ***tactiek*** ⇒*strategie, werkwijze.*

tactic[2] ⟨bn.⟩ **0.1** ⟨schei.⟩ ***tactisch*** ⟨mbt. polymeren⟩ **0.2** ⟨biol.⟩ ***tactueel.***

tac·ti·cal ['tæktɪkl]⟨f1⟩⟨bn.; -ly⟩ **0.1** ⟨mil.⟩ ***tactisch*** **0.2** ***tactisch*** ⇒*handig, diplomatiek, met overleg, doordacht.*

tac·ti·cian [tæk'tɪʃn]⟨f1⟩⟨telb.zn.⟩ **0.1** ***tacticus.***

tac·tile ['tæktaɪl‖'tæktl]⟨bn.⟩ **0.1** ***tactiel*** ⇒*tast-, v./mbt. de tastzin, gevoels-* **0.2** ***tastbaar*** ⇒*voelbaar* ◆ **1.1** ~ organs *tastorganen.*

tac·til·i·ty [tæk'tɪləţi]⟨n.-telb.zn.⟩ **0.1** ***tastbaarheid*** **0.2** ***gevoeligheid.***

tac·tion ['tækʃn]⟨telb.zn.⟩ **0.1** ***aanraking*** ⇒*betasting, contact.*

tact·less ['tæktləs]⟨f1⟩⟨bn.; -ly; -ness⟩ **0.1** ***tactloos*** ⇒*onkies, ondelicaat, ondiplomatiek.*

tac·tu·al ['tæktʃʊəl]⟨bn.⟩ **0.1** ***tactiel*** ⇒*tast-, v./mbt. tastzin, gevoels-.*

TACV ⟨afk.⟩ tracked air cushion vehicle ⟨luchtkussentrein⟩.

tad [tæd]⟨telb.zn.⟩⟨vnl. AE; inf.⟩ **0.1** ***jochie*** **0.2** ***greintje*** ⇒*klein beetje, ietsje.*

tad·pole ['tædpoʊl]⟨f2⟩⟨telb.zn.⟩ **0.1** ***dikkop(je)*** ⇒*kikkervisje.*

tae·di·um vi·tae ['ti:dɪəm 'vaɪti:]⟨n.-telb.zn.⟩⟨med.⟩ **0.1** ***taedium vitae*** ⇒*levensmoeheid.*

taek·won·do [taɪ'kwɒndoʊ‖-'kwɑn-]⟨n.-telb.zn.⟩⟨vechtsport⟩ **0.1** ***taekwondo.***

tael [teɪl]⟨telb.zn.⟩ **0.1** ***taël*** ⟨oude Chinese gewichts- en munteenheid⟩.

ta'en [teɪn]⟨samentr. v. taken⟩.

tae·ni·a, ⟨AE sp. ook⟩ **te·ni·a** ['ti:nɪə]⟨telb.zn.; ook taeniae ['ti:nɪi:]; →mv. 5⟩ **0.1** ***hoofdband(je)*** ⇒*haarlint* **0.2** ⟨bouwk.⟩ ***lijst*** ⟨tussen Dorische fries en architraaf⟩ **0.3** ⟨biol.⟩ ***lintwormig weefsel*** ⟨i.h.b. uit hersens of dikke darm⟩ **0.4** ⟨dierk.⟩ ***taenia*** ⇒*lintworm* ⟨genus Taenia⟩.

tae·ni·a·cide, ⟨AE sp. ook⟩ **te·ni·a·cide** ['ti:nɪəsaɪd]⟨n.-telb.zn.⟩ **0.1** ***lintworm(bestrijdings)middel*** ⇒*lintwormagens.*

tae·ni·a·sis, ⟨AE sp. ook⟩ **te·ni·a·sis** [ti:'naɪəsɪs]⟨telb. en n.-telb.zn.⟩⟨med.⟩ **0.1** ***taeniasis*** ⇒*lintworminfectie.*

tae·ni·oid ['ti:nɪɔɪd]⟨bn.⟩ **0.1** ***lintwormvormig*** ⇒*verwant met de taeniae.*

taf·fe·ta ['tæfɪţə]⟨f1⟩⟨n.-telb.zn.⟩ **0.1** ***taf*** ⇒*taffetas, tafzijde.*

'taffeta weave ⟨telb.zn.⟩ **0.1** ***effen binding*** ⟨over-onder, enz.⟩ ⇒*tafbinding.*

taff·rail ['tæfreɪl], **taf·fer·el** ['tæfrəl]⟨telb.zn.⟩⟨scheep.⟩ **0.1** ***reling*** ⟨aan achterschip⟩ **0.2** ***hakkebord.***

'taffrail log ⟨telb.zn.⟩⟨scheep.⟩ **0.1** ***hakkebordlog*** ⟨snelheidsmeter⟩.

taf·fy ['tæfi]⟨f1⟩⟨zn.; →mv. 2⟩
I ⟨telb.zn.; vaak T-⟩⟨BE; sl.⟩ **0.1** ***taffy*** ⇒⟨bijnaam/roepnaam voor een⟩ *Welshman;*
II ⟨n.-telb.zn.⟩⟨AE⟩ **0.1** ***toffee*** ⇒*zoetigheid, karamel* **0.2** ⟨inf.⟩ ***stroop*** ⇒*mooipraterij, zoete broodjes, vleierij.*

'taffy pull ⟨telb.zn.⟩ **0.1** ***gezellige bijeenkomst*** ⟨waarbij karamel bereid wordt⟩.

taf·i·a, taf·fi·a ['tæfɪə]⟨n.-telb.zn.⟩ **0.1** ***tafia*** ⟨goedkope rum⟩.

tag[1] [tæg]⟨f2⟩⟨zn.⟩
I ⟨telb.zn.⟩ **0.1** ***etiket*** ⟨ook fig.⟩ ⇒*strookje, identificatieplaatje, insigne, label* **0.2** ***stiftje*** ⇒*malie* ⟨aan uiteinde v. veter e.d.⟩ **0.3** ***gemeenplaats*** ⇒*afgezaagde aanhaling, cliché, (te) vaak gehoorde*

uitspraak **0.4** ***aanhangsel*** ⇒*refrein, slotverzen, epiloog* ⟨v. toneelstuk⟩, *claus* **0.5** ***flard*** ⇒*rafel, vuile lap, los uiteinde* **0.6** ***lepeltje*** ⇒*glinsterend draadje* ⟨aan (vis)vlieg⟩ **0.7** ***klis haar*** ⇒*vlok gekliste wol* **0.8** ⟨taalk.⟩ ***vraagconstructie*** ⟨aan einde v. zin⟩ **0.9** ***tierelantijntje*** ⟨aan handtekening⟩ **0.10** ***laarzestrop*** ⇒*laarzetrekker* **0.11** ⟨AE⟩ ***nummerplaat*** ⟨v. voertuig⟩ **0.12** ***staart(eind)*** ⇒*staarttipje* **0.13** ⟨vnl. AE⟩ ***parkeerbon*** **0.14** ⟨sl.⟩ ***arrestatiebevel*** **0.15** ⟨sl.⟩ ***naam;***

II ⟨n.-telb.zn.⟩ **0.1** ⟨spel⟩ ***krijgertje*** ⇒*tikkertje* **0.2** ⟨sport⟩ ***het (aan/uit/af)tikken*** ⟨bv. speler bij honkbal⟩.

tag[2] ⟨f2⟩ ⟨ww.; →ww. 7⟩

I ⟨onov.ww.⟩ **0.1** ***dicht volgen*** ⇒*achternalopen, slaafs/ongevraagd nakomen, meelopen* ◆ **5.1** ⟨inf.⟩ ~ **around** with s.o. *iem. constant vergezellen* **5.¶** the reporters were ~ging **along/on** behind the moviestar *de reporters zaten de filmster achterna;* ⟨AE; honkbal⟩ ~ **up** *terugkeren naar een honk om het met een voet aan te tikken alvorens naar het volgende te rennen;*

II ⟨ov.ww.⟩ **0.1** ***van een etiket voorzien*** ⟨ook fig.⟩ ⇒*etiketteren, merken* **0.2** ***vastknopen*** ⇒*vast/aanhechten, toevoegen* **0.3** ***aaneenrijgen*** ⟨vnl. door rijmen⟩ ⇒*op rijm zetten* **0.4** ***(met clichés) doorspekken*** **0.5** ***radioactief merken*** **0.6** ***op de voet volgen*** ⇒*achternahollen, nalopen, vergezellen* **0.7** ⟨sport/spel⟩ ***tikken*** ⇒*uittikken* **0.8** ⟨vnl. AE⟩ ***beschuldigen*** ⇒*op de bon zetten, bekeuren, arresteren* **0.9** ***ontklitten*** ⇒*samengekliste wolvlokken afknippen van* ◆ **1.1** every item was nicely ~ged *elk artikel was keurig geëtiketteerd/v.e. prijskaartje voorzien/gemerkt* **1.6** they were ~ging the man *ze volgden de man op de voet* **2.1** ⟨fig.⟩ the book was ~ged provocative *het boek werd als provocerend bestempeld* **5.2** a label had been ~ged **on** *er was een kaartje aan vastgemaakt* **5.¶** ⟨honkbal⟩ ~ **out** *uittikken* **6.2** she ~ged an appeal for more understanding **to/onto** her speech *ze knoopte een oproep voor meer begrip aan haar toespraak vast* **6.4** he ~ged his letters **with** poetry *hij doorspekte zijn brieven met poëzie* **6.8** the cars were ~ged **for** unauthorized parking *de auto's kregen een bon (achter de ruitewisser gestoken) wegens verkeerd parkeren;* ~ged **for** murder *v. moord beschuldigd.*

TAG ⟨afk.⟩ the Adjutant General.

Ta·ga·log [tə'gɑ:lɒg‖-lɑg] ⟨zn.⟩

I ⟨eig.n.⟩ **0.1** ***Tagalog*** ⟨Filippijnse taal⟩;

II ⟨telb.zn.; ook Tagalog; →mv. 4⟩ **0.1** ***Tagalog*** ⟨lid v.h. Filippijnse Tagalogvolk⟩.

'tag day ⟨telb.zn.⟩ ⟨AE⟩ **0.1** ***speldjesdag.***

'tag end ⟨telb.zn.⟩ **0.1** ***restje*** ⇒*staart(stuk)je, overblijvend lapje.*

tage·tes [tə'dʒi:ti:z‖'tædʒəti:z] ⟨telb.zn.; tagetes [-ti:z]; →mv. 5⟩ ⟨plantk.⟩ **0.1** ***afrikaantje*** ⟨genus Tagetes⟩.

tag·ger ['tægə‖-ər] ⟨zn.⟩

I ⟨telb.zn.⟩ **0.1** ***naloper*** ⇒*pakker* ⟨i.h.b. bij krijgertje⟩;

II ⟨mv.; ~s⟩ **0.1** ***zeer dun vertind bladstaal.***

ta·glia·tel·le ['tæljə'teli] ⟨telb.zn.; tagliatelli [-li]; →mv. 5⟩ **0.1** ***tagliatelle*** ⇒*sliertnoedel.*

tag·meme ['tægmi:m] ⟨telb.zn.⟩ ⟨taalk.⟩ **0.1** ***tagmeem.***

tag·mem·ic [tæg'mi:mɪk] ⟨bn.⟩ ⟨taalk.⟩ **0.1** ***tagmemisch*** ◆ **1.1** ~ grammar *tagmemische grammatica.*

tag·mem·ics [tæg'mi:mɪks] ⟨mv.; ww. vnl. enk.⟩ ⟨taalk.⟩ **0.1** ***tagmemiek.***

'tag·rag ⟨n.-telb.zn.⟩ **0.1** ***janhagel*** ⇒*schorremorrie, schorem, uitschot, rapaille, gespuis* ◆ **1.1** ~ and bobtail *het uitschot.*

'tag sale ⟨telb.zn.⟩ **0.1** ***tweedehandsmarkt*** ⇒*(uit)verkoop, rommelverkoop* ⟨waarbij de waar v. prijskaartjes voorzien is⟩.

Ta·gus ['teɪgəs] ⟨eig.n.; the⟩ **0.1** ***Taag.***

Ta·hi·tian[1] [tə'hi:ʃn] ⟨zn.⟩

I ⟨eig.n.⟩ **0.1** ***Tahitiaans*** ⟨taal⟩;

II ⟨telb.zn.⟩ **0.1** ***Tahitiaan.***

Tahitian[2] ⟨bn.⟩ **0.1** ***Tahitiaans.***

tahr, thar [tɑ:‖tɑr] ⟨telb.zn.⟩ ⟨dierk.⟩ **0.1** ***thar*** ⟨wilde Himalayageit; genus Hemitragus⟩.

tah·sil [tɑ:'si:l] ⟨telb.zn.⟩ ⟨Ind. E⟩ **0.1** ***tahsil*** ⇒*tolgebied, cijnsdistrict.*

tah·sil·dar [tɑ:'si:ldɑ:‖'tɑsɪl'dɑr] ⟨telb.zn.⟩ ⟨Ind. E⟩ **0.1** ***tahsildar*** ⇒*tolbeambte, cijnsambtenaar.*

Tai [taɪ] ⟨eig.n.⟩ **0.1** ***Thai*** ⇒*Siamees* ⟨taal v.d. Taivolkeren⟩.

taig [teɪg] ⟨telb.zn.⟩ ⟨gew.; vnl. pej.⟩ **0.1** ***rooms-katholiek*** ⇒*paap* ⟨in Ulster⟩.

tai·ga ['taɪgə‖'taɪ'gɑ] ⟨telb.zn.⟩ **0.1** ***taiga.***

tail[1] [teɪl] ⟨f3⟩ ⟨zn.⟩ ⟨→sprw. 52, 629⟩

I ⟨telb.zn.⟩ **0.1** ***staart*** **0.2** ⟨ben. voor⟩ ***laatste/onderste/achterste deel*** ⇒*achterste, onderste, uiteinde; pand, slip, sleep* ⟨v. kleding⟩; *roede* ⟨v. komeet⟩; *staart* ⟨v. o.m. komeet, vliegtuig, vlieger; cijfer, letter, muzieknoot; leger, processie⟩; *(paarde)staart, haarvlecht; gevolg, sleep, slier, queue; aanhangsel; voetmarge, onderkant* ⟨v. blad⟩; *achterstok, stabilisatorstuk* ⟨v. raket⟩; *uitstekend stuk dakpan; in de muur ingewerkt stuk v. steen, inbalking; achterdeel* ⟨v. vlindervleugel⟩; *uitloper, staart* ⟨v. storm⟩; *kort slotvers, coda; (vlucht)spoor; achtersteven; munt/keerzijde* ⟨v. muntstuk⟩ **0.3** ⟨sl.⟩ ***achterwerk*** ⇒*kont* **0.4** ⟨inf.⟩ ***schaduwmannetje*** ⇒*spionerend agent* **0.5** ⟨jur.⟩ ***beperking v.h. bezit v. erfgoed tot bep. erfgenaam/erfgenamen*** **0.6** ⟨sl.⟩ ***spoor*** **0.7** ⟨vulg.⟩ ***kut*** ⇒*scheur, pruim* ◆ **1.¶** the ~ wags the dog, it's a case of ~ wagging the dog *het grut/de mindere goden zitten op de wip/hebben het voor het zeggen;* from the ~ of the eye *vanuit de (buiten)ooghoek, v. terzijde;* with one's ~ between one's legs *met de staart tussen de benen, met hangende pootjes* **3.1** the dog wagged its ~ *de hond kwispelstaartte* **3.¶** ⟨sl.⟩ drag one's ~ *balen, in de put zitten, kniezen; zich voortslepen;* have one's ~ down *met zijn staart tussen zijn benen lopen;* turn ~ and run *hard weglopen;* turn ~ on *weglopen/ervandoor gaan/op de vlucht slaan voor;* twist s.o.'s ~ *iem. op de kast krijgen, iem. kwaad maken, iem. ergeren* **5.¶** with ~s **up** *goedgeluimd, opgewekt, vol goede moed* **6.1** ⟨inf.; fig.⟩ have s.o./sth. **by** the ~ *iem./iets in zijn zak hebben, iem./iets in de hand hebben* **6.4** put a ~ **on** s.o. *iem. laten schaduwen, iem. zijn gangen laten nagaan* **6.5** **in** ~ *onder beperking van erfgerechtigde* **6.6** be **on** s.o.'s ~ *iem. op de hielen zitten;*

II ⟨n.-telb.zn.⟩ ⟨vulg.⟩ **0.1** ***kut*** ⇒*scheur* **0.2** ***het naaien*** ⇒*het neuken* ◆ **1.1** what a bit/piece of ~! *wat een scheur/spetter/stuk/stoot!;*

III ⟨mv.; ~s⟩ **0.1** ***munt(zijde)*** ⇒*keerzijde* ⟨v. muntstuk⟩ **0.2** ⟨inf.⟩ ***jacquet*** ⇒*rok, rokkostuum, zwaluwstaart.*

tail[2] ⟨bn., pred.⟩ ⟨jur.⟩ **0.1** ***beperkt tot bep. persoon (en zijn erfgenamen)*** ⟨v. erfgoed⟩ ⇒*beperkt overdraagbaar, onderhevig aan erfrechtelijke beperking* ◆ **1.1** fee ~ *beperkt overdraagbaar eigendom* ⟨bv. alleen aan oudste zoon⟩.

tail[3] ⟨f2⟩ ⟨ww.⟩ →tailing

I ⟨onov.ww.⟩ **0.1** ***uitzwermen*** ⇒*uitwaaieren, de rijen verbreken, zich verspreiden* **0.2** ⟨inf.⟩ ***achteraankomen*** ⇒*volgen, aansluiten* **0.3** ⟨bouwk.⟩ ***aan één kant ingebalkt zijn*** **0.4** ⟨scheep.⟩ ***aan de grond lopen*** ⟨met de achtersteven eerst⟩ ⇒*met de achtersteven in een bep. richting liggen* **0.5** ***de staart vormen*** ◆ **5.1** the demonstrators ~ed **out** in small groups *de betogers gingen in groepjes uit elkaar* **5.¶** ~ **off/away** *geleidelijk afnemen, slinken, wegsterven; verstommen; uiteenvallen, verspreid achterblijven* **6.4** the vessel ~ed **toward** the shore *het schip lag met de achtersteven naar de kust voor anker* **6.¶** ~ **after** s.o. *iem. op de voet volgen, iem. dicht op de hielen zitten;*

II ⟨ov.ww.⟩ **0.1** ⟨inf.⟩ ***schaduwen*** ⇒*volgen, in het oog houden* **0.2** ***ontstelen*** ⇒*de steeltjes afdoen van* **0.3** ***van een staart voorzien*** ⇒*een staart maken aan* **0.4** ***kortstaarten*** ⇒*de staart kappen/wegnemen van* **0.5** ***(met de staartjes/eindjes) aaneenknopen*** ⇒*aaneenhechten, bijvoegen* **0.6** ***als sluitstuk fungeren van*** ⇒*de achterhoede vormen van, meegesleurd worden achter* **0.7** ⟨bouwk.⟩ ***in een muur inlaten/inbalken*** **0.8** ***bij de staart trekken/grijpen*** ◆ **5.¶** ~ **in** *inbalken.*

'tail·back ⟨telb.zn.⟩ **0.1** ⟨BE⟩ ***file*** ⇒*verkeersopstopping* **0.2** ⟨Am. voetbal⟩ ***tailback*** ⟨speler die het verst v.d. scrimmagelijn staat⟩.

'tail·bay ⟨telb.zn.⟩ **0.1** ***laag sluishoofd*** ⇒*benedensluis.*

'tail beam ⟨telb.zn.⟩ ⟨bouwk.⟩ **0.1** ***staartbalk.***

'tail·board ⟨telb.zn.⟩ ⟨vnl. BE⟩ **0.1** ***laadklep*** ⇒*achterklep* ⟨v. kar, e.d.⟩.

'tail bone ⟨telb.zn.⟩ ⟨sl.⟩ **0.1** ***krent*** ⇒*kont, reet.*

'tail·coat ⟨telb.zn.⟩ **0.1** ***jacquet*** ⇒*rok, zwaluwstaart.*

'tail covert ⟨telb.zn.⟩ **0.1** ***dekveertje*** ⟨aan basis v. staartveren⟩.

-tail·ed [teɪld] **0.1** ***-gestaart*** ⇒*met een... staart.*

'tail 'end ⟨telb.zn.⟩ **0.1** ***(uit)einde*** ⇒*laatste loodje, sluitstuk, staart (je), uitloper.*

'tail'end·er ⟨telb.zn.⟩ **0.1** ***laatste*** ⇒*rode lantaarn.*

'tail fin ⟨telb.zn.⟩ **0.1** ***staartvin*** ⟨v. vis/wagen⟩ ⇒*kielvlak.*

'tail·gate[1] ⟨f1⟩ ⟨telb.zn.⟩ **0.1** ⟨vnl. AE⟩ ***achterklep*** ⇒*laadklep* ⟨v. vrachtwagen enz.⟩; *vijfde deur* ⟨v. stationcar⟩ **0.2** ***ebdeur*** ⇒*benedensluisdeur.*

tailgate[2] ⟨ww.⟩ ⟨vnl. AE⟩

I ⟨onov.ww.⟩ **0.1** ***te dicht achter een ander voertuig rijden*** ⇒*op iemands lip rijden/bumper zitten, geen afstand houden;*

II ⟨ov.ww.⟩ **0.1** ***te dicht rijden achter.***

tail·gat·ing ['teɪlgeɪtɪŋ] ⟨telb.zn.⟩ ⟨AE⟩ **0.1** ***(smul)partijtje*** ⇒*picknick* ⟨waarbij het eten achter uit een auto wordt gehaald⟩.

'tail-'heav·y ⟨bn.⟩ ⟨lucht.⟩ **0.1** ***staartlastig.***

tail·ing ['teɪlɪŋ] ⟨zn.; oorspr. gerund v. tail⟩

I ⟨telb.zn.⟩ ⟨bouwk.⟩ **0.1** ***inbalking;***

II ⟨mv.; ~s⟩ **0.1** ***afval*** ⇒*restanten, kaf, draf, afvalslik.*

taille [taɪ] ⟨telb. en n.-telb.zn.⟩ ⟨gesch.⟩ **0.1** ***taille*** ⟨directe belasting in Frankrijk vóór 1789⟩.

tail·less ['teɪlləs] ⟨bn.⟩ **0.1** ***staartloos*** ⇒*zonder staart.*

'tail·light, 'tail lamp ⟨telb.zn.⟩ **0.1** ***(rood) achterlicht*** ⇒*sluitlicht* ⟨v. trein⟩, *staartlicht.*

tai·lor[1] ['teɪlə||-ər]⟨f2⟩⟨telb.zn.⟩⟨→sprw. 640⟩ **0.1** ***kleermaker*** *⇒tailleur.*
tailor[2] ⟨f2⟩⟨ww.⟩ →tailored, tailoring
 I ⟨onov.ww.⟩ **0.1** ***kleermaker zijn*** *⇒(maat)kleren maken;*
 II ⟨ov.ww.⟩ **0.1** ***op maat maken*** ⟨kleren⟩ **0.2** ***kleden*** *⇒kleren maken voor* **0.3** ***aanpassen*** *⇒op maat knippen, bijwerken, afstemmen* ◆ **6.3** service ~ed **to** the needs of ... *dienstverlening gericht op de behoeften v.....*
'tai·lor·bird ⟨telb.zn.⟩⟨dierk.⟩ **0.1** ***snijdervogel*** ⟨genus Orthotomus⟩ ⇒⟨i.h.b.⟩ *Indische snijdervogel, langstaartsnijdervogel* ⟨O. sutorius⟩.
tai·lor·ed ['teɪləd||-ərd]⟨bn.; oorspr. volt. deelw. v. tailor⟩ **0.1** ***sober*** *⇒eenvoudig, gedistingeerd van snit.*
tai·lor·ess ['teɪlərɪs]⟨telb.zn.⟩ **0.1** ***kleermaakster*** *⇒tailleuse.*
tai·lor·ing ['teɪlərɪŋ]⟨n.-telb.zn.; gerund v. tailor⟩ **0.1** ***kleermakerswerk*** *⇒kleermakersbedrijf* **0.2** ***snit*** *⇒stijl* **0.3** ***het aanpassen.***
'tai·lor-'made[1] ⟨telb.zn.⟩ **0.1** ***maatkostuum*** **0.2** ⟨sl.⟩ ***confectiekostuum*** **0.3** ⟨sl.⟩ ***(voorgerolde) peuk/sigaret.***
tailor-made[2] ⟨f1⟩⟨bn.⟩ **0.1** ***(op maat) gemaakt*** *⇒aangemeten, getailleerd, in mantelpakjesstijl* ⟨v. vrouwenkleren die een mannelijke indruk geven⟩, *tailormade* **0.2** ***geknipt*** *⇒perfect aangepast, geschikt, pasklaar* **0.3** ⟨sl.⟩ ***confectie-*** ◆ **1.1** a ~ suit *een maatkostuum* **6.2** she's ~ **for** him *zij past uitstekend bij hem.*
'tailor's chair ⟨telb.zn.⟩ **0.1** ***kleermakersstoel*** ⟨zonder poten⟩.
'tailor's 'twist ⟨n.-telb.zn.⟩ **0.1** ***naaigaren*** ⟨door kleermakers gebruikt⟩.
'tail·piece ⟨telb.zn.⟩ **0.1** ⟨graf.⟩ ***vignet*** *⇒cul de lampe* **0.2** ***staartstuk*** *⇒verlengstuk, sluitstuk, completerend aanhangsel, postscriptum* **0.3** ***staartstuk*** ⟨v. viool⟩ **0.4** ⟨bouwk.⟩ ***inbalking*** *⇒ingelaten balk.*
'tail pipe ⟨telb.zn.⟩ **0.1** ***zuigbuis*** ⟨v. pomp⟩ **0.2** ***uitlaat(pijp).***
'tail·plane ⟨f1⟩⟨telb.zn.⟩ **0.1** ***staartvlak*** *⇒stabilisatievlak* ⟨v. vliegtuig⟩.
'tail·race ⟨telb.zn.⟩ **0.1** ***afvoerkanaal*** *⇒afvoertrog.*
'tail·skid ⟨telb.zn.⟩ **0.1** ***staartsteun*** *⇒staartslof* ⟨v. vliegtuig⟩.
'tail·spin ⟨telb.zn.⟩ **0.1** ***staartspin*** ⟨tolvlucht v. vliegtuig⟩ *⇒vrille* **0.2** ***paniek*** *⇒verwarring, verlies v. zelfbeheersing.*
'tail·stock ⟨telb.zn.⟩ **0.1** ***losse kop*** ⟨v. draaibank⟩.
tail·ward ['teɪlwəd||-wərd], **tail·wards** [-wədz||-wərdz]⟨bw.⟩ **0.1** ***naar achteren (gericht)*** *⇒achteruit.*
'tail wind ⟨telb.zn.⟩ **0.1** ***rugwind*** *⇒staartwind, wind v. achteren.*
tail·wise ['teɪlwaɪz]⟨bw.⟩ **0.1** ***bij wijze v. staart*** **0.2** ***achteruit.***
tail·zie [teɪli||'teɪl(j)i]⟨telb.zn.⟩⟨Sch. E; jur.⟩ **0.1** ***beperking in de overdracht v. erfgoed tot bep. persoon.***
tain ['teɪn]⟨n.-telb.zn.⟩ **0.1** ***bladtin*** *⇒foelie* ⟨ook op spiegelrug⟩.
taint[1] [teɪnt]⟨f1⟩⟨telb.zn.⟩ **0.1** ***smet(je)*** *⇒spoor, vlekje, spatje, rot plekje, stipje, kanker;* ⟨fig.⟩ *gebrek, ontaarding, bederf, zweem.*
taint[2] ⟨f1⟩⟨ww.⟩
 I ⟨onov.ww.⟩ **0.1** ***bederven*** *⇒rotten, ontaarden;*
 II ⟨ov.ww.⟩ **0.1** ***besmetten*** *⇒aansteken, bezoedelen, infecteren, bederven, corrumperen, bezwalken, aantasten, bevlekken.*
'tain't [teɪnt]⟨tussenw.⟩⟨samentr. v. it is not; inf.⟩ **0.1** ***nietes.***
taint·less ['teɪntləs]⟨f1⟩⟨bn.⟩ **0.1** ***smetteloos*** *⇒puur, onbedorven, vlekkeloos, onaangetast.*
tai·pan ['taɪpæn]⟨telb.zn.⟩ **0.1** ***taipan*** ⟨hoofd v. buitenlands handelshuis in China⟩ **0.2** ⟨dierk.⟩ ***taipan*** ⟨Oxyuranus scutellatus⟩.
taj [tɑ:dʒ||tɑʒ, tɑdʒ]⟨telb.zn.⟩ **0.1** ***taj*** ⟨kegelvormige hoed v. moslims/derwisjen⟩.
ta·ka·he ['tɑ:kəhi:||tə'kaɪ]⟨telb.zn.⟩⟨dierk.⟩ **0.1** ***takahe*** ⟨praktisch uitgestorven Nieuw-Zeelandse loopvogel; Notornis mantelli⟩.
take[1] [teɪk]⟨f1⟩⟨telb.zn.⟩ **0.1** ***vangst*** ⇒⟨vis.⟩ ***trek*** **0.2** ***opbrengst*** *⇒recette, ontvangst(en);* ⟨sl.⟩ *grote winst* **0.3** ⟨druk.⟩ ***hoeveelheid kopij voor één keer zetten*** **0.4** ⟨film.⟩ ***opname*** ◆ **6.¶** ⟨inf.⟩ be **on** the ~ *corrupt/omkoopbaar zijn, steekpenningen aannemen.*
take[2] ⟨f4⟩⟨ww.; took [tʊk]; taken ['teɪkən]⟩ →taking ⟨→sprw. 220, 473, 554, 641, 642⟩
 I ⟨onov.ww.⟩ **0.1** ***pakken*** *⇒aanslaan, wortel schieten* **0.2** ***effect sorteren*** *⇒inslaan, slagen, een succes zijn* **0.3** ***bijten*** ⟨v. vis⟩ **0.4** ***worden*** **0.5** ***gaan*** *⇒lopen* **0.6** ***vlam vatten*** **0.7** ***op de foto komen/staan*** ◆ **2.4** he took cold/ill *hij werd verkouden/ziek* **5.¶** →take **away**; →take **off**; →take **on**; →take **over**; →take **up** **6.¶** ~ **after** *aarden naar, lijken op;* I took **against** him at first sight *ik vond hem al direct niet aardig;* →take **to**;
 II ⟨ov.ww.⟩ **0.1** ***nemen*** *⇒(aan)vatten, grijpen, (beet)pakken* **0.2** ***veroveren*** *⇒in/afnemen, vangen;* ⟨schaken, dammen⟩ ***slaan*** **0.3** ***winnen*** *⇒(be)halen* **0.4** ***(in)nemen*** *⇒zich verschaffen/bedienen v., gebruiken, (op)eten/drinken* **0.5** ***vergen*** *⇒vereisen, in beslag nemen;* ⟨taalk.⟩ *regeren, krijgen* **0.6** ***meenemen*** *⇒brengen, voeren* **0.7** ***weghalen*** *⇒wegnemen, aftrekken, uit het leven wegrukken* **0.8** ***krijgen*** *⇒(op)vatten, voelen* **0.9** ***opnemen*** *⇒noteren, meten* **0.10** ***begrijpen*** *⇒snappen, opvatten/nemen, aannemen, beschouwen* **0.11** ***aanvaarden*** *⇒accepteren, (aan)nemen, ontvangen, incasseren, dulden* **0.12** ***maken*** *⇒doen, nemen, geven* ⟨vak⟩; *leiden* ⟨religieuze dienst⟩ **0.13** ***fotograferen*** *⇒nemen* **0.14** ***raken*** *⇒treffen* **0.15** ***behandelen*** ⟨probleem enz.⟩ **0.16** ⟨sl.⟩ ***beroven*** *⇒belazeren, afzetten* **0.17** ⟨sl.⟩ ***in elkaar timmeren*** *⇒vechten met, ruw behandelen* ◆ **1.1** ⟨fig.⟩ ~ my father, he's still working *neem nou mijn vader, die werkt nog steeds* **1.2** ~ s.o. in the act *iem. op heterdaad betrappen;* ⟨fig.⟩ ~ the law into one's own hands *het recht in eigen hand nemen;* she was ~n by a sudden need to sleep *zij werd overweldigd door een plotselinge behoefte aan slaap* **1.3** ~ the last trick *de laatste slag halen* **1.4** I'll have to ~ the bus *ik zal de bus moeten nemen;* they took a cottage for the summer *zij hebben voor de zomer een huisje gehuurd;* ~ a degree *een graad/titel behalen;* when will you ~ your holidays? *wanneer neem jij vakantie?;* the governess had to ~ her meals upstairs *de gouvernante moest haar maaltijden boven gebruiken;* ~ the opportunity *de gelegenheid te baat nemen;* this seat is taken *deze stoel is bezet;* do you ~ sugar in your tea? *gebruikt u suiker in de thee?;* we ~ the Times *we zijn geabonneerd op de Times* **1.5** it will ~ a lot of doing *het zal niet meevallen;* she ~s a size twelve *zij heeft maat twaalf;* it won't ~ too much time *het zal niet al te veel tijd kosten;* it took him all his time *het vergde heel wat v. hem* **1.6** that bus will ~ you to the station *met die bus kom je bij het station* **1.7** he could not ~ his eyes off her *hij kon zijn ogen niet v. haar afhouden;* it took her mind off things *het bezorgde haar wat afleiding* **1.8** ~ comfort *troost putten;* she took an immediate dislike to him *zij kreeg onmiddellijk een hekel aan hem;* ~ fire *vlam vatten;* she is quick to ~ offence *zij is/voelt zich gauw beledigd;* we took pity on him *wij kregen medelijden met hem* **1.9** the policeman took my name *de politieagent noteerde mijn naam;* let me ~ your temperature *laat mij even je temperatuur opnemen* **1.10** she took his meaning *zij begreep wat hij bedoelde;* taking one thing with another *alles bij elkaar genomen* **1.11** ~ a beating *een pak ransel krijgen, ervan langs krijgen;* he can't ~ a joke in good part *hij kan niet tegen een grapje;* she won't ~ no for an answer *zij wil v. geen nee horen;* ~ sides *partij kiezen;* I ~ a different view *ik ben een andere mening toegedaan;* ~ my word for it *neem het nou maar v. mij aan* **1.12** he took the corner too fast *hij nam de bocht te snel;* ~ a decision *een besluit nemen;* ~ an exam *een examen afleggen;* she took French that year *dat jaar deed zij Frans;* ~ a look around *kijk maar (eens) rond;* ~ a trip *een reisje/uitstapje maken;* ~ a vow *een gelofte/eed afleggen, zweren* **1.13** ~ s.o.'s likeness *iem. portretteren* **2.10** ~ it easy! *kalm aan!, maak je niet druk!* **2.11** ⟨sl.⟩ ~ it big *het zwaar opnemen* **3.5** have what it ~s *aan de eisen voldoen, precies goed zijn, uit het goede hout gesneden zijn* **3.10** she took him to be a fool *zij hield hem voor een dwaas;* ~ for granted *als vanzelfsprekend aannemen;* ~ as read *voor gelezen houden* **3.11** ~ s.o./sth. as one finds him/her/it *iem./iets nemen zoals hij is* **3.¶** ~ it or leave it *graag of niet;* she took it lying down *zij liet het maar over zich heen komen, zij verzette zich niet* **4.4** the man took her by force *de man nam haar met geweld* **4.10** ~n all in all *alles bij elkaar genomen, goed beschouwd;* I ~ it that he'll be back soon *ik neem aan dat hij gauw terugkomt;* how am I to ~ that? *hoe moet ik dat opvatten?* **4.11** you may ~ it from me *je kunt v. mij aannemen;* I can ~ it *ik kan er wel tegen, ik kan het wel hebben;* ~ that! *daar dan!, pak aan!;* you (can) ~ it from there *daar neem jij het wel (weer) over, verder kun jij het wel alleen aan, dan is het aan jou;* we'll ~ it from there *dan beschouwen we dat maar als het begin* **4.¶** you can't ~ it with you *je kunt het niet mee het graf innemen* **5.2** ⟨schaken⟩ ~ en passant *en passant slaan;* →take **in**; he took me unawares *hij verraste mij* **5.6** ~ **about** *rondleiden, escorteren;* his business often took him abroad *voor zijn werk moest hij vaak naar het buitenland;* ~ **across** *naar de overkant meenemen; helpen oversteken;* ~ s.o. **around** *iem. rondleiden, iem. meenemen;* ~ s.o. **aside** *iem. apart nemen* **5.10** don't ~ it amiss *vat het niet verkeerd op, begrijp me niet verkeerd;* ~ it badly *het zich erg aantrekken;* ~ it ill *ontstemd zijn, het slecht opvatten;* ~ it well *iets goed opvatten* **5.¶** ~ aback *verrassen, in verwarring/v. zijn stuk brengen, overdonderen;* ⟨scheep.⟩ ~n aback *met teruggeslagen/tegen de mast geslagen zeilen;* →take **apart**; →take **away**; →take **back**; →take **down**; →take **in**; →take **off**; →take **on**; →take **out**; →take **up** **6.4** he took it **from** the Bible *hij ontleende het aan de bijbel* **6.6** I'll ~ you **through** it once again *ik zal het nog een keer met je doornemen* **6.7** ~ five **from** twelve *trek vijf v. twaalf af;* it ~s sth. **from** it *het doet er een beetje afbreuk aan, het doet er iets aan af* **6.8** ~ it **into** one's head *het in zijn hoofd krijgen* **6.10** ~ **for** *houden voor, beschouwen als;* what do you ~ me **for**? *waar zie je me voor aan?* **6.11** I've ~n more than enough **from** her *ik heb meer dan genoeg v. haar geslikt;* ~ s.o. **into** one's confidence *iem. in vertrouwen nemen* **6.12** she took a long time **over** it *zij deed er lang over* **6.¶** she was rather ~n **by/with** it *zij was er nogal mee in haar schik;*

~ it **(up)on** o.s. *het op zich nemen, het wagen, zich aanmatigen* **7.4** ~ five/ten *even pauzeren/rusten*.

'take a'part ⟨f1⟩ ⟨ov.ww.⟩ **0.1** ***uit elkaar halen/nemen*** ⇒*demonteren* **0.2** ***geen spaan heel laten v.*** ⇒⟨fig.⟩ *een vreselijke uitbrander geven*.

'take·a·way[1] ⟨f1⟩ ⟨telb.zn.⟩ ⟨BE⟩ **0.1** ***afhaalrestaurant*** **0.2** ***afhaalmaaltijd*** ⇒*meeneemmaaltijd*.

takeaway[2] ⟨f1⟩ ⟨bn., attr.⟩ ⟨BE⟩ **0.1** ***afhaal-*** ⇒*meeneem-*.

'take a'way ⟨f1⟩ ⟨ww.⟩

I ⟨onov.ww.⟩ **0.1** ***afbreuk doen*** ⇒*verkleinen* ◆ **6.1** ~ **from** *afbreuk doen aan;*

II ⟨ov.ww.⟩ **0.1** ***aftrekken*** **0.2** ***weghalen*** **0.3** ⟨BE⟩ ***meenemen*** ⟨maaltijd⟩ **0.4** ***verminderen*** ⇒*verkleinen, afbreuk doen aan* ◆ **6.4** take sth. away **from** *een beetje afbreuk doen aan*.

'take 'back ⟨f1⟩ ⟨ov.ww.⟩ **0.1** ***terugbrengen*** ⇒⟨fig.⟩ *terugvoeren, doen denken aan* **0.2** ***terugnemen*** **0.3** ***intrekken*** ⇒*terugnemen* **0.4** ⟨druk.⟩ ***op de vorige regel zetten*** ◆ **6.1** it took me back **to** my childhood *het deed me denken aan mijn jeugd*.

'take 'down ⟨f1⟩ ⟨ov.ww.⟩ **0.1** ***afhalen*** ⇒*afnemen, naar beneden halen* **0.2** ***opschrijven*** ⇒*noteren* **0.3** ***vernederen*** ⇒*kleineren, op zijn nummer zetten* **0.4** ***uit elkaar nemen/halen*** ⇒*demonteren, slopen, afbreken* **0.5** ***slikken*** **0.6** ***naar tafel leiden***.

'take-down ⟨zn.⟩

I ⟨telb.zn.⟩ ⟨inf.⟩ **0.1** ***vernedering*** ⇒*kleinering;*

II ⟨n.-telb.zn.⟩ **0.1** ***het demonteren*** ⇒*demontage*.

take-'home ⟨bn., attr.⟩ **0.1** ***afhaal-*** ⇒*meeneem-* ◆ **1.1** ~ dinners *meeneemmaaltijden;* ~ exam *examen dat je thuis maakt;* ~ foods *meeneemeetwaren*.

'take-home 'pay ⟨n.-telb.zn.⟩ **0.1** ***nettoloon*** ⇒*nettosalaris*.

'take 'in ⟨f1⟩ ⟨ov.ww.⟩ **0.1** ***in huis nemen*** ⇒*kamers verhuren aan* **0.2** ***naar binnen halen/brengen*** ⇒*meenemen* **0.3** ***aannemen*** ⟨thuiswerk⟩ **0.4** ***omvatten*** ⇒*beslaan, betreffen* **0.5** ⟨inf.⟩ ***aandoen*** ⟨plaats⟩ ⇒*bezoeken* **0.6** ***innemen*** ⟨kleding⟩ ⇒⟨scheep.⟩ *oprollen, inkorten, innemen, bergen* ⟨zeilen⟩ **0.7** ***begrijpen*** ⇒*doorzien, beseffen, in zich opnemen* **0.8** ***(in zich) opnemen*** ⟨omgeving e.d.⟩ ⇒*bekijken, nota nemen v.* **0.9** ***bedotten*** ⇒*bedriegen, in de luren leggen* **0.10** ⟨vnl. BE⟩ ***geabonneerd zijn op*** **0.11** ***beuren*** ⇒*opbrengen, in het laatje brengen* **0.12** ***in bezit nemen*** ⟨land⟩ ⇒*herwinnen, veroveren, omheinen* **0.13** ***opbrengen*** ⇒*naar het politiebureau brengen* **0.14** ⟨AE⟩ ***gaan zien*** ⇒*bijwonen* **0.15** ⟨scheep.⟩ ***maken*** ⟨water⟩ ◆ **3.3** she takes in sewing *zij doet thuis naaiwerk*.

'take-in ⟨telb.zn.⟩ **0.1** ***bedriegerij*** ⇒*beetnemerij* **0.2** ***bedrieger*** ⇒*zwendelaar*.

taken ⟨volt. deelw.⟩ →take.

'take 'off ⟨f2⟩ ⟨ww.⟩

I ⟨onov.ww.⟩ **0.1** ***zich afzetten*** **0.2** ***vertrekken*** ⇒*weggaan, zich afscheiden* ⟨v. zijrivier⟩ **0.3** ***opstijgen*** ⇒*starten, v. start gaan, opvliegen;* ⟨fig.⟩ *een vliegende start hebben* **0.4** ⟨inf.⟩ ***(snel) populair worden*** ⇒*een snelle groei/populariteit kennen, succes hebben* **0.5** ***afbreuk doen*** **0.6** ***afnemen*** ⟨v. wind⟩ ⇒*gaan liggen* ◆ **6.2** they took off ~ **for** Paris *ze vertrokken naar Parijs* **6.5** ~ **from** *afbreuk doen aan;*

II ⟨ov.ww.⟩ **0.1** ***uittrekken*** ⇒*uitdoen* **0.2** ***meenemen*** ⇒*wegleiden/voeren* **0.3** ***afhalen*** ⇒*weghalen, verwijderen; amputeren; uit het repertoire schrappen; uit dienst nemen* **0.4** ***afdoen*** ⟨v.d. prijs⟩ **0.5** ***parodiëren*** ⇒*nadoen, imiteren* **0.6** ***vrij nemen*** **0.7** ***ten grave slepen*** ⇒*uit het leven wegrukken* **0.8** ***afdrukken*** ⇒*een afdruk maken v.* **0.9** ***uitdrinken*** ◆ **1.2** she took the children off to bed *zij bracht de kinderen naar bed* **4.¶** take o.s. off *er vandoor gaan, weggaan, zich uit de voeten maken*.

'take-off ⟨f1⟩ ⟨zn.⟩

I ⟨telb.zn.⟩ **0.1** ***parodie*** ⇒*imitatie* **0.2** ***afzetbalk*** **0.3** ⟨sl.⟩ ***diefstal;***

II ⟨telb. en n.-telb.zn.⟩ **0.1** ***start*** ⇒*het opstijgen, vertrek, afzet* **0.2** ***begin*** ⇒*vertrekpunt*.

'take-off artist ⟨telb.zn.⟩ ⟨AE; inf.⟩ **0.1** ***dief*** ⇒*oplichter*.

'take-off 'board ⟨telb.zn.⟩ ⟨atletiek⟩ **0.1** ***afzetbalk***.

'take-off 'leg ⟨telb.zn.⟩ ⟨atletiek⟩ **0.1** ***afzetbeen*** ⇒*sprongbeen*.

'take 'on ⟨f1⟩ ⟨ww.⟩

I ⟨onov.ww.⟩ **0.1** ***te keer gaan*** ⇒*drukte maken, zich aanstellen* **0.2** ***aanslaan*** ⇒*populair worden* ◆ **6.¶** ~ **with** *het aanleggen met;*

II ⟨ov.ww.⟩ **0.1** ***op zich nemen*** ⇒*als uitdaging accepteren* **0.2** ***krijgen*** ⇒*aannemen* ⟨kleur⟩; *overnemen* **0.3** ***aannemen*** ⇒*in dienst nemen* **0.4** ***het opnemen tegen*** ⇒*vechten tegen* **0.5** ***aan boord nemen***.

'take 'out ⟨f1⟩ ⟨ov.ww.⟩ **0.1** ***mee naar buiten nemen/brengen*** ⇒*mee (uit) nemen* **0.2** ***verwijderen*** ⇒*uithalen* **0.3** ***te voorschijn halen*** **0.4** ***nemen*** ⇒*aanschaffen* **0.5** ⟨inf.⟩ ***buiten gevecht stellen*** ⟨tegenstander⟩ ⇒*uitschakelen* **0.6** ⟨bridge⟩ ***uitnemen*** ⟨bod⟩ ◆ **1.1** ⟨AE⟩ ~ food *eten afhalen* **1.2** the responsibility was taken out of her hands *zij werd v.d. verantwoordelijkheid ontheven* **1.4** ~ insurance/an insurance (policy) *een verzekering afsluiten;* ~ a patent *een patent nemen;* ⟨jur.⟩ ~ a summons against s.o. *iem. een dagvaarding sturen* **6.1** take s.o. out **for** a walk/meal *iem. meenemen uit wandelen, iem. mee uit eten nemen* **6.¶** take it out **in** goods *betalen met goederen, er goederen voor in de plaats geven* ⟨voor geldschuld⟩; take it out **of** s.o. *veel v. iemands krachten vergen; iem. erg aanpakken;* the book took him out **of** himself *het boek bezorgde hem wat afleiding;* don't take it out **on** him *reageer het niet op hem af*.

'take-out ⟨telb. en n.-telb.zn.; ook attr.⟩ ⟨inf.⟩ **0.1** ⟨AE⟩ ***meeneemvoedsel*** ⇒*afhaalmaaltijd* **0.2** ⟨AE⟩ ***afhaalrestaurant*** **0.3** ***aandeel in de buit/winst*** **0.4** ⟨bridge⟩ ***bod in nieuwe kleur***.

'take-out 'double ⟨telb.zn.⟩ ⟨bridge⟩ **0.1** ***informatiedoublet***.

'take 'over ⟨f2⟩ ⟨ww.⟩

I ⟨onov. en ov.ww.⟩ **0.1** ***overnemen*** ⇒*het heft in handen nemen;* ⟨pol.⟩ *aantreden* ⟨v. kabinet⟩;

II ⟨ov.ww.⟩ **0.1** ***navolgen*** ⇒*overnemen* **0.2** ***overbrengen*** ⇒*overzetten*.

'take-over ⟨f2⟩ ⟨telb.zn.; ook attr.⟩ **0.1** ***overname*** ◆ **1.1** ~ bid *overnamebod*.

'take-over zone ⟨telb.zn.⟩ ⟨atletiek⟩ **0.1** ***wisselvak*** ⟨bij estafette⟩.

tak·er ['teɪkə‖-ər] ⟨telb.zn.⟩ **0.1** ***(op/in/weg)nemer/neemster*** **0.2** ***afnemer/neemster*** ⇒*koper, koopster* **0.3** ***wedder/ster*** ◆ **7.2** no ~s *geen liefhebbers*.

'take to ⟨onov.ww.⟩ **0.1** ***beginnen te*** ⇒*de gewoonte aannemen om, gaan doen aan, zich toeleggen op* **0.2** ⟨inf.⟩ ***aardig vinden*** ⇒*mogen* **0.3** ***de wijk nemen naar*** ⇒*vluchten/gaan naar* ◆ **1.3** ~ one's bed *het bed houden* **5.2** he did not take kindly to it *hij moest er niet veel v. hebben, hij had er niet veel mee op*.

'take 'up ⟨f2⟩ ⟨ww.⟩

I ⟨onov.ww.⟩ **0.1** ***verdergaan*** ⟨v. verhaal, verteller⟩ **0.2** ***opklaren*** ⇒*beter worden* ◆ **6.¶** ⟨AE⟩ ~ **for** *het opnemen voor;* ~ **with** *bevriend raken met, omgaan met;*

II ⟨ov.ww.⟩ **0.1** ***oplichten*** ⇒*optillen/pakken/rapen; opbreken* ⟨straat⟩ **0.2** ***absorberen*** ⟨ook fig.⟩ ⇒*opnemen; in beslag nemen* **0.3** ***oppikken*** ⟨reizigers⟩ ⇒*onderweg opnemen* **0.4** ***protegeren*** ⇒*onder zijn hoede nemen* **0.5** ***ter hand nemen*** ⇒*gaan doen aan, zich gaan interesseren voor* **0.6** ***in de rede vallen*** ⇒*onderbreken, corrigeren* **0.7** ***vervolgen*** ⇒*hervatten, weer opnemen* **0.8** ***korter maken*** ⟨kleding⟩ ⇒*opwinden, innemen* **0.9** ***aannemen*** ⇒*aanvaarden, ingaan op* **0.10** ***innemen*** ⟨positie⟩ ⇒*aannemen* ⟨houding⟩ **0.11** ⟨muz.⟩ ***invallen*** ⇒*mee gaan zingen* **0.12** ***accepteren*** ⟨wissel⟩ **0.13** ***inschrijven op*** ⟨aandelen⟩ **0.14** ***innen*** ⟨contributie⟩ ⇒*houden* ⟨collecte⟩ **0.15** ***afbinden*** ⟨slagader⟩ **0.16** ***arresteren*** ⇒*inrekenen, oppakken* ◆ **1.1** ~ arms *de wapens opnemen* **1.2** it took up all his attention *het nam al zijn aandacht in beslag* **1.5** ~ a cause *een zaak omhelzen;* after her husband's death she took up gardening *na het overlijden v. haar man is zij gaan tuinieren;* ~ a matter *een zaak aansnijden* **6.2** completely taken up **with** his new book *volkomen in beslag genomen door zijn nieuwe boek* **6.9** he took me up **on** my offer *hij nam mijn aanbod aan* **6.¶** I'll take you up **on** that *daar zal ik je aan houden;* I'll take things up **with** your superior *ik zal de zaak aan je chef voorleggen*.

'take-up ⟨zn.⟩

I ⟨telb.zn.⟩ **0.1** ***plooi;***

II ⟨telb. en n.-telb.zn.⟩ **0.1** ***gebruikmaking*** ⇒*benutting* ◆ **6.1** there wasn't much ~ **of** … *er werd weinig gebruik gemaakt van …, er werd weinig aanspraak gemaakt op …*.

'take-up spool ⟨telb.zn.⟩ **0.1** ***spoel*** ⟨waar band enz. omheen gewonden wordt⟩.

ta·kin ['tɑ:kɪn‖tə'ki:n] ⟨telb.zn.⟩ ⟨dierk.⟩ **0.1** ***rundergems*** ⟨Budorcas taxicolor⟩.

tak·ing[1] ['teɪkɪŋ] ⟨f3⟩ ⟨zn.; (oorspr.) gerund v. take⟩

I ⟨n.-telb.zn.⟩ **0.1** ***het nemen*** ◆ **6.1** **for** the ~ *voor het grijpen/oprapen;*

II ⟨mv.; ~s⟩ **0.1** ***verdiensten*** ⇒*recette, ontvangsten*.

taking[2] ⟨bn.; teg. deelw. v. take; -ly; -ness⟩ **0.1** ***innemend*** **0.2** ***boeiend*** ⇒*pakkend* **0.3** ***aantrekkelijk*** **0.4** ***besmettelijk***.

ta·la ['tɑ:lə] ⟨telb.zn.⟩ **0.1** ***tala*** ⟨ritmisch patroon in Indische muziek⟩.

tal·a·poin ['tæləpɔɪn] ⟨telb.zn.⟩ **0.1** ***boeddhistische monnik*** **0.2** ⟨dierk.⟩ ***dwergmeerkat*** ⟨aap; Cercopitheus talapoin⟩.

ta·lar·i·a [tə'leərɪə‖tə'lærɪə] ⟨mv.⟩ ⟨mythologie⟩ **0.1** ***vleugelschoenen***.

tal·bot ['tɔ:lbət] ⟨telb.zn.⟩ **0.1** ***talbot*** ⟨uitgestorven jachthond⟩.

talc[1] [tælk], **tal·cum** ['tælkəm] ⟨n.-telb.zn.⟩ **0.1** ***talk(aarde)*** **0.2** ***talkpoeder*** **0.3** ***glimmer*** ⇒*mica*.

talc[2] ⟨ov.ww.; ook talcked, talcking; →ww. 7⟩ **0.1** ***talken*** ⇒*met talk behandelen*.

tal·cite ['tælkaɪt] ⟨n.-telb.zn.⟩ **0.1** ***talkaarde***.

talck·y ['tælki], **talc·ose** ['tælkous], **talc·ous** ['tælkəs] ⟨bn.⟩ **0.1** ***v. talk*** **0.2** ***talk bevattend*** **0.3** ***talkachtig***.

'talcum powder ⟨f1⟩⟨n.-telb.zn.⟩ **0.1** ***talkpoeder***.

tale [teɪl]⟨f3⟩⟨telb.zn.⟩⟨→sprw. 98, 238, 643⟩ **0.1** ***verhaal(tje)*** **0.2** ***sprookje*** ⇒*legende* **0.3** ***leugen*** ⇒*smoes(je)* **0.4** ***gerucht*** ⇒*roddel, praatje* **0.5** ***opsomming*** **0.6** ⟨vero.⟩ ***(aan)tal*** ⇒*totaal* ◆ **1.1** ~ of a tub *bakerpraatje, praatje voor de vaak* **2.4** if all ~s be true *als alles waar was wat gezegd wordt* **3.1** bear/carry/tell ~s *kletsen, roddelen;* thereby hangs a ~ *daar zit een (heel) verhaal aan vast;* tell a ~ *een verhaaltje vertellen;* ⟨fig.⟩ it tells a ~ on him *het zegt (wel) iets over hem;* tell its own ~ *voor zichzelf spreken;* tell one's own ~ *zijn eigen versie geven* **3.4** tell ~s out of school *uit de school klappen, praatjes rondstrooien, kletsen;* ⟨sl.⟩ tell the ~ *een meelijwekkend verhaal opdissen/op de mouw spelden* **3.6** the shepherd tells his ~ (of sheep) *de herder telt het getal zijner schapen*.

'tale·bear·er ⟨telb.zn.⟩ **0.1** ***roddelaar(ster)*** **0.2** ***kwaadspreker/spreekster***.

'tale·bear·ing[1], **-car·ry·ing** ⟨n.-telb.zn.⟩ **0.1** ***kwaadsprekerij*** **0.2** ***roddel***.

talebearing[2] ⟨bn.⟩ **0.1** ***roddelend*** **0.2** ***kwaadsprekend***.

tal·ent ['tælənt]⟨f3⟩⟨zn.⟩

I ⟨telb.zn.⟩ **0.1** ***talent*** ⟨Oudgriekse munt, bep. gewicht in zilver⟩;

II ⟨telb. en n.-telb.zn.⟩ **0.1** ***talent*** ⇒*(natuurlijke) begaafdheid, gave* **0.2** ***talent*** ⇒*begaafd(e) persoon/personen* ◆ **2.2** local ~ *plaatselijk talent;* a young ~ *een jong talent* **6.1** ~ **for** music *talent voor muziek;*

III ⟨n.-telb.zn.; the⟩⟨sport⟩ **0.1** ***wedders*** ⇒*wedrenspelers* ⟨tgo. bookmakers⟩;

IV ⟨verz.n.⟩⟨sl.⟩ **0.1** ***stukken*** ⇒*stoten, spetters, mooie meiden*.

tal·ent·ed ['tæləntɪd]⟨f2⟩⟨bn.⟩ **0.1** ***getalenteerd*** ⇒*talentrijk, begaafd*.

tal·ent·less ['tæləntləs]⟨bn.⟩ **0.1** ***talentloos*** ⇒*zonder talent*.

'talent money ⟨n.-telb.zn.⟩ **0.1** ***(overwinnings)premie*** ⇒*bonus* ⟨in beroepssport⟩.

'tal·ent-scout, 'tal·ent-spot·ter ⟨telb.zn.⟩ **0.1** ***talentenjager*** ⇒*talentscout*.

ta·les ['teɪli:z]⟨telb.zn.; tales; →mv. 5⟩⟨jur.⟩ **0.1** ***lijst v. aanvullende juryleden*** **0.2** ***oproeping v. aanvullende juryleden*** ◆ **3.2** pray a ~ *een aanvullend jurylid oproepen*.

ta·les·man ['teɪli:zmən‖'teɪlz-]⟨telb.zn.; talesmen [-mən]; →mv. 3⟩⟨jur.⟩ **0.1** ***aanvullend jurylid***.

'tale·tel·ler ⟨telb.zn.⟩ **0.1** ***kwaadspreker/spreekster*** **0.2** ***roddelaar (ster)*** **0.3** ***verteller/ster*** ⇒*verklikker*.

ta·li ⟨mv.⟩ →talus.

tal·i·on ['tælɪən]⟨telb. en n.-telb.zn.⟩⟨jur.⟩ **0.1** ***talio*** ⟨wedervergelding, straf gelijk aan het misdrijf⟩.

tal·i·ped ['tælɪped]⟨telb.zn.⟩ **0.1** ***(iem. met een) horrelvoet***.

tal·i·pes ['tælɪpi:z]⟨zn.⟩

I ⟨telb.zn.⟩ **0.1** ***horrelvoet*** ⇒*klompvoet, misvormde voet;*

II ⟨n.-telb.zn.⟩ **0.1** ***het hebben v.e. horrelvoet***.

tal·i·pot ['tælɪpɒt‖-pɑt]⟨telb.zn.⟩⟨plantk.⟩ **0.1** ***talipot*** ⟨Corypha umbraculifera; soort palm⟩.

tal·is·man ['tælɪzmən]⟨f1⟩⟨telb.zn.; ook talismen; →mv. 3⟩ **0.1** ***talisman*** ⇒*amulet*.

tal·is·man·ic [tælɪz'mænɪk], **tal·is·man·i·cal** [-ɪkl]⟨bn.; -(al)ly; →bijw. 3⟩ **0.1** ***mbt./v.e. talisman*** **0.2** ***gelukbrengend***.

talk[1] [tɔ:k]⟨f3⟩⟨zn.⟩

I ⟨telb.zn.⟩ **0.1** ***praatje*** ⇒*lezing, causerie* **0.2** ***gesprek*** ⇒*conversatie, onderhoud* **0.3** ⟨vaak mv.⟩ ***bespreking*** ⇒*onderhandeling* ◆ **3.2** have a ~ (to/with s.o.) *(met iem.) spreken* **6.1** a ~ **on/about** sth. *een praatje over iets;*

II ⟨n.-telb.zn.⟩ **0.1** ***gepraat*** **0.2** ***manier v. spreken*** ⇒*taal(tje)* **0.3** ⟨the⟩ ***(onderwerp v.) gesprek*** **0.4** ***gerucht*** ⇒*praatjes* **0.5** ***holle frasen*** ⇒*geklets, praats* ◆ **1.3** the ~ of the town *hèt onderwerp v. gesprek* **1.5** a lot of ~ *veel praats* **1.¶** all ~ and no trousers *veel geschreeuw en weinig wol* **3.¶** end in ~ *tot niets (concreets) leiden* **5.5** be all ~ *praats hebben* ⟨maar niets presteren⟩ **6.4** there is ~ **of** *er is sprake van, het gerucht gaat dat*.

talk[2] ⟨f4⟩⟨ww.⟩ →talking ⟨→sprw. 467, 644⟩

I ⟨onov.ww.⟩ **0.1** ***spreken*** ⇒*praten, zich uiten* **0.2** ***roddelen*** ⇒*praten* ◆ **1.1** teach a parrot to ~ *een papegaai leren spreken* **1.2** people will ~ *er wordt nu eenmaal geroddeld* **3.1** ⟨inf.⟩ now you're ~ing *zo mag ik het horen;* ⟨inf.⟩ you can/can't ~ *moet je horen wie het zegt;* do the ~ing *het woord voeren;* make s.o. ~ *iem. aan het praten krijgen* **5.1** ~ **away** for hours *urenlang praten;* →talk **back;** ~ big/large/tall *een grote mond hebben; pochen, opscheppen, snoeven;* →talk **down;** →talk **up** **6.1** →talk **about;** ⟨fig.⟩ ~ **above/over** the heads of one's audience *over de hoofden v. zijn gehoor heen praten;* →talk **at;** →talk **of;** →talk **to;** ~ **round** sth. *ergens omheen draaien/praten;* ~ **with** the hands *met zijn handen praten;* ~ **with** s.o. *een gesprek/onderhoud hebben met iem.;*

II ⟨ov.ww.⟩ **0.1** ***spreken over*** ⇒*discussiëren over, bespreken, praten (over)* **0.2** ***zeggen*** ⇒*uiten* **0.3** ***(kunnen) spreken*** ⟨een taal⟩ ◆ **1.1** ~ s.o. into his grave *iem. het graf in praten;* ⟨inf.⟩ ~ s.o.'s head/⟨AE; sl.⟩ ear off *iem. de oren v.h. hoofd praten;* ~ one's way out of sth. *zich ergens uitpraten* **1.3** ~ Spanish *Spaans spreken* **2.1** ~ o.s. hoarse *praten tot men hees is* **5.¶** ~ away the time *de tijd verpraten;* →talk **down;** →talk **out;** →talk **over;** ~ s.o. **round** (to sth.) *iem. ompraten/overhalen (tot iets);* →talk **through;** →talk **up** **6.¶** ~ s.o. **into** (doing) sth. *iem. overhalen iets te doen;* ~ o.s. **into** a job *door overredingskracht een baan krijgen;* ~ s.o. **out of** (doing) sth. *iem. iets uit het hoofd praten, iem. overhalen iets niet te doen;* ~ o.s. **out of** a difficult situation *zich uit een moeilijke situatie praten*.

'talk about ⟨onov.ww.⟩ **0.1** ***spreken over*** ⇒*bespreken, het hebben over* **0.2** ***roddelen over*** **0.3** ***spreken van*** ⇒*het hebben over, zijn voornemen uiten (om)* ◆ **1.1** ⟨inf.⟩ ~ problems! *over problemen gesproken!* **3.1** know what one is talking about *zijn zaakjes kennen, weten waar men het over heeft* **3.2** be talked about *in opspraak zijn, over de tong gaan;* get talked about *in opspraak raken* **3.3** they're talking about emigrating to Australia *zij overwegen emigratie naar Australië*.

'talk at ⟨onov.ww.⟩ **0.1** ***spreken tot*** ⇒*zich richten tot, toespreken* **0.2** ***spreken over*** ⇒*opmerkingen maken over* ⟨iem., binnen gehoorsafstand, tegen anderen⟩ ◆ **4.1** don't ~ me, but to me! *spreek niet tot mij, maar tegen/met mij!* **4.2** he rather talked at me than to his wife *zijn woorden waren eerder voor mij bedoeld dan voor zijn vrouw*.

talk·a·thon ['tɔ:kəθɒn‖'tɔkəθɑn]⟨telb.zn.⟩ **0.1** ***marathondiscussie*** **0.2** ⟨pol.⟩ ***filibuster***.

talk·a·tive ['tɔ:kətɪv]⟨f1⟩⟨bn.; -ly; -ness⟩ **0.1** ***praatgraag/ziek*** ⇒*praterig*.

'talk 'back ⟨onov.ww.⟩ **0.1** ***(brutaal) reageren*** ⇒*v. repliek dienen* **0.2** ⟨radio, t.v.⟩ ***spreken via een radioverbinding*** ⇒⟨i.h.b.⟩ *reageren* ⟨op een radioprogramma⟩ ◆ **6.1** ~ **to** s.o. *iem. v. repliek dienen*.

'talk-back ⟨telb.zn.⟩ **0.1** ***tweezijdige radioverbinding*** ⇒*zend-ontvanginstallatie*.

'talk 'down ⟨f1⟩⟨ww.⟩

I ⟨onov.ww.⟩ **0.1** ***neerbuigend praten*** ◆ **6.1** ~ **to** one's audience *afdalen tot het niveau v. zijn gehoor, zijn gehoor neerbuigend toespreken;*

II ⟨ov.ww.⟩ **0.1** ***overstemmen*** **0.2** ***onder de tafel praten*** **0.3** ***binnenpraten*** ⟨vliegtuig⟩.

talk·ee-talk·ee ['tɔ:ki'tɔ:ki]⟨n.-telb.zn.⟩ **0.1** ***(onophoudelijk) geklets*** ⇒*gekwek* **0.2** ***koeterwaals***.

talk·er ['tɔ:kə‖-ər]⟨f1⟩⟨telb.zn.⟩ **0.1** ***prater*** **0.2** ***sprekende vogel***.

talk·fest ['tɔ:kfest]⟨telb.zn.⟩ **0.1** ***marathondiscussie*** **0.2** ***informele discussie(bijeenkomst)***.

talk·ie ['tɔ:ki]⟨telb.zn.⟩⟨inf.⟩ **0.1** →walkie-talkie **0.2** ⟨vero.⟩ ***sprekende film*** ⇒*geluidsfilm*.

'talk-in ⟨telb.zn.⟩ **0.1** ***talk-in*** ⇒*protestvergadering* ⟨met veel sprekers⟩ **0.2** ***causerie*** **0.3** ***discussie(vergadering)***.

talk·ing ['tɔ:kɪŋ]⟨f2⟩⟨bn.⟩⟨teg. deelw. v. talk⟩ **0.1** ***sprekend*** ⟨ook fig.⟩ ⇒*expressief* ◆ **1.1** ~ bird *sprekende vogel;* ~ book *gesproken boek;* ~ film/picture *sprekende film;* ⟨vnl. pej.⟩ ~ head(s) *(t.v.-beeld(en) met alleen maar) hoofd v. spreker*.

'talking point ⟨telb.zn.⟩ **0.1** ***onderwerp v. discussie*** ⇒*discussiepunt*.

'talk·ing-to ⟨telb.zn.⟩⟨inf.⟩ **0.1** ***reprimande*** ⇒*terechtwijzing* ◆ **2.1** (give s.o.) a good ~ *een hartig woordje (met iem. spreken)*.

'talk of ⟨onov.ww.⟩ **0.1** ***spreken over*** ⇒*bespreken, spreken van* **0.2** ***spreken van*** ⇒*het hebben over, zijn voornemen uiten (om)* ◆ **1.1** ⟨aan begin v.d. zin⟩ talking of plants *over planten gesproken* **3.2** ~ doing sth. *het erover hebben/v. plan zijn/voornemens zijn iets te doen*.

'talk 'out ⟨f1⟩⟨ov.ww.⟩ **0.1** ***uitvoerig spreken over*** ⇒*doodpraten* **0.2** ***uitpraten*** ◆ **1.1** ~ a bill *door lange redevoeringen het aannemen v.e. wet verhinderen*.

'talk 'over ⟨f1⟩⟨ov.ww.⟩ **0.1** ***(uitvoerig) spreken over*** ⇒*uitvoerig bespreken* **0.2** ***ompraten*** ⇒*overhalen* ◆ **6.1** talk things over **with** s.o. *de zaak (uitvoerig) met iem. bespreken* **6.2** talk s.o. over **to** sth. *iem. ompraten, iem. overhalen tot iets*.

'talk show ⟨f1⟩⟨telb.zn.⟩ **0.1** ***praatprogramma*** ⟨op t.v.⟩.

'talk-talk ⟨n.-telb.zn.⟩⟨AE; sl.⟩ **0.1** ***geklets*** ⇒*geroddel*.

'talk 'through ⟨ov.ww.⟩⟨dram.⟩ **0.1** ***doorpraten*** ⇒*doornemen* ◆ **1.1** talk s.o. through a scene *een scène met iem. doornemen*.

'talk to ⟨onov.ww.⟩ **0.1** ***spreken tegen/met*** **0.2** ⟨inf.⟩ ***ernstig praten met*** ⇒*ernstig toespreken* ◆ **4.1** ~ o.s. *een monoloog houden, tegen zichzelf praten, het tegen zichzelf hebben*.

'talk 'up ⟨ww.⟩

I ⟨onov.ww.⟩ **0.1** ***luid (en duidelijk) spreken*** **0.2** ***een grote mond hebben*** ◆ **6.2** ~ **to** the boss *een grote mond opzetten tegen de*

baas;
II ⟨ov.ww.⟩ ⟨AE⟩ 0.1 ***ophemelen*** ⇒*campagne voeren voor* ◆ 1.1 ~ s.o.'s candidacy *voor iemands kandidatuur campagne voeren* 4.¶ he was talking it up with the girls *hij was druk aan het babbelen met de meisjes.*
talk·y ['tɔ:ki]⟨bn.; -er; →bijw. 3⟩ 0.1 ***praatziek*** 0.2 ***langdradig.***
'talk·y-talk ⟨n.-telb.zn.⟩ 0.1 ***geklets*** ⇒*gezwets, kletspraat, geouwehoer.*
tall[1] [tɔ:l]⟨f3⟩⟨bn.; -er; -ness⟩ 0.1 ***lang*** ⟨v. pers.⟩ ⇒*groot* 0.2 ***hoog*** ⟨v. boom, mast enz.⟩ 0.3 ⟨inf.⟩ ***exorbitant*** ⇒*overdreven, te groot* 0.4 ⟨sl.⟩ ***'te gek'*** ⇒*prima, uitstekend* ◆ 1.1 6 feet ~ *1.80 m (lang)* 1.2 10 feet ~ *3 m hoog;* ~ hat *hoge zijden hoed* 1.3 ~ order *onredelijke eis;* ~ story *sterk verhaal* 1.¶ ~ drink *longdrink;* ⟨Austr. E; inf.⟩ ~ poppy *hoge ome;* ~ ship *vierkant getuigd schip;* ⟨inf.⟩ ~ talk *opschepperij, gesnoef.*
tall[2] ⟨bw.⟩ ⟨inf.⟩ 0.1 ***overdreven*** ⇒*op exorbitante wijze* 0.2 ***rechtop.***
tal·lage ['tælɪdʒ]⟨n.-telb.zn.⟩ ⟨gesch.⟩ 0.1 ***(gemeente)belasting*** ⇒*tol* 0.2 ***feodale belasting.***
'tall·boy ⟨telb.zn.⟩ ⟨BE⟩ 0.1 ***hoge ladenkast*** 0.2 ***hoge schoorsteenmantel.***
tal·li·er ['tæliə‖-ər]⟨telb.zn.⟩ 0.1 ***ladingcontroleur*** ⇒*ladingschrijver, tallyklerk* 0.2 ***pers. die op afbetaling levert.***
tall·ish ['tɔ:lɪʃ]⟨bn.⟩ 0.1 ***vrij groot*** ⇒*vrij lang* 0.2 ***vrij hoog.***
tal·lith ['tælɪθ]⟨telb.zn.; tallithim [tælɪ'θi:m]; →mv. 5⟩ ⟨jud.⟩ 0.1 ***talli(e)t(h)*** ⟨gebedsmantel⟩.
'tall oil ⟨n.-telb.zn.⟩ 0.1 ***tallolie*** ⇒*denneolie.*
tal·low[1] ['tæloʊ]⟨n.-telb.zn.⟩ 0.1 ***talg*** ⇒*talk* ◆ 2.1 vegetable ~ *plantaardige talk.*
tallow[2] ⟨ov.ww.⟩ 0.1 ***besmeren (met talk)*** 0.2 ***mesten*** ⟨dieren, om talk te verkrijgen⟩.
'tal·low-drop ⟨n.-telb.zn.⟩ 0.1 ***slijpwijze v. edelstenen waarbij 1 of 2 kanten rond geslepen worden.***
tal·low·ish ['tæloʊɪʃ]⟨bn.⟩ 0.1 ***talkachtig.***
'tal·low-tree ⟨telb.zn.⟩ ⟨plantk.⟩ 0.1 ***talkboom*** ⟨genus Stillingia⟩.
tal·low·y ['tæloʊi]⟨bn.⟩ 0.1 ***v. talk*** ⇒*talk-* 0.2 ***talkachtig.***
tal·ly[1] ['tæli]⟨f1⟩⟨zn.; →mv. 2⟩
I ⟨telb.zn.⟩ 0.1 ***rekening*** 0.2 ***inkeping*** 0.3 ***label*** ⇒*etiket, merk* 0.4 ***overeenkomstig deel*** ⇒*duplicaat, tegenhanger, kopie* 0.5 ***score*** ⇒*stand* 0.6 ***scorebord*** 0.7 ***bep. hoeveelheid*** ⇒*(aan)tal* ⟨waren⟩ 0.8 ⟨gesch.⟩ ***kerfstok*** ⇒*lat* ◆ 6.4 ~ **of** sth. *duplicaat van iets* 6.7 buy **by** the ~ *bij het tal kopen;*
II ⟨telb. en n.-telb.zn.⟩ 0.1 ***aantekening*** ◆ 3.1 keep (a) ~ (of) *aantekening houden (van).*
tally[2] ⟨f1⟩⟨ww.; →ww. 7⟩
I ⟨onov.ww.⟩ 0.1 ***(in)kerven*** ⇒*aanstrepen* 0.2 ***overeenkomen*** ⇒*gelijk zijn, kloppen, stroken* 0.3 ***de stand bijhouden*** ◆ 6.2 ~ **with** *overeenkomen met, gelijk zijn aan;*
II ⟨ov.ww.⟩ 0.1 ***berekenen*** 0.2 ***tellen*** 0.3 ***aantekenen*** ⇒*aanstrepen* 0.4 ***labelen*** 0.5 ⟨scheep.⟩ ***tallyen*** ⇒*controleren, tellen* ◆ 5.2 ~ **up** *optellen, berekenen.*
'tally clerk ⟨telb.zn.⟩ 0.1 ***ladingschrijver*** ⇒*tallyklerk, tallyman.*
tal·ly·ho[1] ['tæli'hoʊ]⟨telb.zn.⟩ ⟨jacht⟩ 0.1 ***hal(l)ali*** ◆ ¶.1 ~! *hal(l)ali!.*
tallyho[2] ⟨ww.⟩ ⟨jacht⟩
I ⟨onov.ww.⟩ 0.1 ***hal(l)ali roepen;***
II ⟨ov.ww.⟩ 0.1 ***opjagen*** ⟨honden, door roepen v. hallali⟩.
tal·ly·man ['tælimən]⟨telb.zn.; tallymen [-mən]; →mv. 3⟩ ⟨BE⟩ 0.1 ⟨ong.⟩ ***eigenaar v. / verkoper in afbetalingsmagazijn*** 0.2 ***afbetalingscolporteur*** 0.3 →tally clerk.
'tal·ly-sheet ⟨telb.zn.⟩ 0.1 ***tallyboekje*** ⇒*ladingboek.*
'tal·ly-shop ⟨telb.zn.⟩ ⟨BE⟩ 0.1 ⟨ong.⟩ ***afbetalingsmagazijn.***
'tally system, 'tally trade ⟨telb.zn.; the⟩ ⟨BE⟩ 0.1 ***afbetalingsstelsel*** 0.2 ***huurkoopsysteem.***
Tal·mud ['tælmʊd]⟨eig.n.; the⟩ ⟨jud.⟩ 0.1 ***talmoed.***
Tal·mu·dic [tæl'mʊdɪk], **Tal·mu·di·cal** [-ɪkl]⟨bn.⟩ ⟨jud.⟩ 0.1 ***talmoedisch.***
Tal·mu·dist ['tælmʊdɪst]⟨telb.zn.⟩ ⟨jud.⟩ 0.1 ***talmoedist.***
tal·on ['tælən]⟨telb.zn.⟩ 0.1 ***klauw*** ⟨i.h.b. v.e. roofvogel⟩ 0.2 ⟨kaartspel⟩ ***talon*** ⇒*stok, koopkaarten, pot* 0.3 ⟨geldw.⟩ ***talon*** 0.4 ⟨bouwk.⟩ ***talaan*** ⇒*talon* 0.5 ⟨tech.⟩ ***schieter*** ⟨v.e. slot⟩ 0.6 ⟨bouwk.⟩ ***ojief.***
tal·on·ed ['tælənd]⟨bn.⟩ 0.1 ***met klauwen.***
ta·lus[1] ['teɪləs]⟨telb.zn.⟩ 0.1 ***talu(u)d*** ⇒*helling* 0.2 ***puinkegel.***
talus[2] ⟨telb.zn.; tali ['teɪlaɪ]; →mv. 5⟩ ⟨anat.⟩ 0.1 ***enkel(bot).***
tam [tæm]⟨telb.zn.⟩ ⟨verk.⟩ tam-o'-shanter 0.1 ***(Schotse) baret.***
TAM ⟨afk.⟩ television audience measurement.
tamability →tameability.
tamable →tameable.
ta·ma·le [tə'mɑ:li]⟨n.-telb.zn.⟩ 0.1 ***tamale*** ⟨Mexicaans maïsgerecht⟩.
ta·man·dua [tæ'mændʊə]⟨telb.zn.⟩ ⟨dierk.⟩ 0.1 ***tamandoea*** ⇒*boommiereneter* ⟨Tamandua tetradactyla⟩.
tam·a·noir ['tæmənwɑ:‖-'wɑr]⟨telb.zn.⟩ ⟨dierk.⟩ 0.1 ***miereneter*** ⟨Myrmecophaga jubata⟩.
tam·a·rack ['tæməræk]⟨zn.⟩
I ⟨telb.zn.⟩ ⟨plantk.⟩ 0.1 ***Amerikaanse lariks / lork*** ⟨i.h.b. Larix laricina⟩;
II ⟨n.-telb.zn.⟩ 0.1 ***lorkehout.***
tam·a·rin ['tæmərɪn]⟨telb.zn.⟩ ⟨dierk.⟩ 0.1 ***tamarin*** ⟨Z. Am. zijdeaapje; genus Saguinus⟩.
tam·a·rind ['tæmərɪnd]⟨telb.zn.⟩ 0.1 ⟨plantk.⟩ ***tamarinde(boom)*** ⟨Tamarindus indica⟩ 0.2 ***tamarindevrucht.***
tam·a·risk ['tæmərɪsk]⟨telb.zn.⟩ ⟨plantk.⟩ 0.1 ***tamarisk*** ⟨genus Tamarix⟩ ◆ 2.1 common / French ~ *Franse tamarisk* ⟨Tamarix gallica⟩.
tam·bour[1] ['tæmbʊə‖-bʊr]⟨telb.zn.⟩ 0.1 ***trom(mel)*** ⇒*tamboer* 0.2 ***tamboereerraam*** 0.3 ***tamboereerwerk*** 0.4 ***tochtportaal*** 0.5 ***schuifklep*** ⟨v.e. bureau⟩ 0.6 ***palissade*** ⇒*tamboer* 0.7 ⟨bouwk.⟩ ***tamboer*** 0.8 ⟨dierk.⟩ ***trommelvis*** ⟨Pogonias chromis⟩.
tambour[2] ⟨ov.ww.⟩ 0.1 ***borduren op een tamboereerraam*** ⇒*tamboereren.*
tam·b(o)u·ra [tæm'bʊərə‖-'bʊrə]⟨telb.zn.⟩ 0.1 ***tamboera*** ⟨Indiase langhalsluit⟩.
tam·bou·rin ['tæmbərɪn]⟨telb.zn.⟩ 0.1 ***tambourin*** ⟨lange smalle Provençaalse trommel⟩ 0.2 ***(dans op) tambourinmuziek.***
tam·bou·rine [tæmbə'ri:n]⟨f1⟩⟨telb.zn.⟩ 0.1 ***tamboerijn*** ⇒*rinkelbom* 0.2 ⟨dierk.⟩ ***trommelduif*** ⟨Columba tympanistria⟩.
tame[1] [teɪm]⟨f2⟩⟨bn.; -er; -ly; -ness; →compar. 7⟩ 0.1 ***tam*** ⇒*getemd, mak* 0.2 ***gedwee*** ⇒*meegaand* 0.3 ⟨AE⟩ ***gekweekt*** ⇒*tam, veredeld* ⟨v. planten⟩ 0.4 ⟨inf.⟩ ***oninteressant*** ⇒*saai, kleurloos, tam* ◆ 1.¶ ~ cat *lobbes, goedbloed.*
tame[2] ⟨f1⟩⟨ov.ww.⟩ 0.1 ***temmen*** ⇒⟨fig.⟩ *bedwingen, beteugelen, intomen* 0.2 ***temperen*** ⇒*verzachten* ◆ 1.1 man ~s nature *de mens bedwingt de natuur* 1.2 time will ~ his passion *de tijd zal zijn passie temperen.*
tame·a·bil·i·ty, tam·a·bil·i·ty [teɪmə'bɪləṭi]⟨n.-telb.zn.⟩ 0.1 ***tembaarheid.***
tam(e)·a·ble ['teɪməbl]⟨bn.; -ly; -ness⟩ 0.1 ***tembaar*** ⇒*te temmen.*
tame·less ['teɪmləs]⟨bn.⟩ ⟨schr.⟩ 0.1 ***ontembaar.***
tam·er ['teɪmə‖-ər]⟨telb.zn.⟩ 0.1 ***temmer.***
Tam·il[1] ['tæmɪl]⟨zn.; ook Tamil; →mv. 4⟩
I ⟨eig.n.⟩ 0.1 ***Tamil*** ⟨Drawidische taal⟩;
II ⟨telb.zn.⟩ 0.1 ***Tamil*** ⟨bewoner v. Z.-India⟩.
Tamil[2] ⟨bn.⟩ 0.1 ***Tamil-.***
Ta·mil·ian [tə'mɪlɪən]⟨bn.⟩ 0.1 ***mbt. het Tamil*** 0.2 ***mbt. de Tamils*** 0.3 ***Drawidisch.***
tam·is ['tæmi, 'tæmɪs]⟨telb.zn.⟩ 0.1 ***teems*** ⟨zeef v. kamgaren⟩.
Tam·ma·ny[1] ['tæməni], **'Tammany 'Hall** ⟨eig.n.⟩ ⟨AE; gesch.⟩ 0.1 ***Tammany*** ⟨organisatie v.d. Democratische Partij in New York City⟩.
Tammany[2] ⟨bn.⟩ ⟨AE⟩ 0.1 ***(politiek) corrupt.***
Tam·ma·ny·ism ['tæmənɪzm]⟨n.-telb.zn.⟩ ⟨AE⟩ 0.1 ***corrupte politiek.***
tam·my ['tæmi]⟨zn.; →mv. 2⟩
I ⟨telb.zn.⟩ 0.1 ***teems*** ⇒*zeef* 0.2 ⟨verk.⟩ ⟨tam-o'-shanter⟩;
II ⟨n.-telb.zn.⟩ 0.1 ***stamijn*** ⇒*zeefdoek.*
tam-o'-shan·ter ['tæmə'ʃæntə‖-'ʃænṭər]⟨telb.zn.⟩ 0.1 ***(Schotse) baret.***
tamp ['tæmp]⟨ov.ww.⟩ →tamping 0.1 ***opvullen*** ⟨gat v. springlading⟩ 0.2 ***aandrukken*** ⟨bv. tabak in pijp⟩ 0.3 ***aanstampen*** ◆ 5.2 ~ sth. **down** *iets aandrukken* 5.3 ~ sth. **down** *iets aanstampen.*
tam·pan ['tæmpæn]⟨telb.zn.⟩ 0.1 ***tampan*** ⟨Z. Afr. giftige teek⟩.
tamp·er ['tæmpə‖-ər]⟨telb.zn.⟩ 0.1 ***(pneumatische) stamper*** 0.2 ***iem. die (aan)stampt*** 0.3 ⟨tech.⟩ ***reflector*** ⟨v. atoombom⟩.
tam·per·er ['tæmpərə‖-ər]⟨telb.zn.⟩ 0.1 ***knoeier*** 0.2 ***bemoeial*** 0.3 ***intrigant.***
'tam·per-proof ⟨bn.⟩ 0.1 ***bestand tegen knoeierij*** ⇒*niet te vervalsen* 0.2 ***onomkoopbaar.***
'tam·per with ⟨f1⟩⟨onov.ww.⟩ 0.1 ***knoeien met*** ⇒*verknoeien* 0.2 ***zich bemoeien met*** 0.3 ***komen aan*** ⇒*zitten aan* 0.4 ***heulen met*** ⟨de vijand⟩ 0.5 ***omkopen*** ◆ 1.1 ~ documents *documenten vervalsen.*
tamp·ing ['tæmpɪŋ]⟨n.-telb.zn.⟩ ⟨gerund v. tamp⟩ 0.1 ***opvulmateriaal*** ⇒*opvulsel, prop* 0.2 ***het opvullen.***
tam·pi·on ['tæmpɪən], **tom·pi·on** ['tɒm-‖'tɑm-]⟨telb.zn.⟩ 0.1 ***prop*** ⟨voor een kanon⟩ 0.2 ***plug.***
tam·pon[1] ['tæmpɒn‖-pɑn]⟨telb.zn.⟩ 0.1 ***tampon.***
tampon[2] ⟨ov.ww.⟩ 0.1 ***tamponneren.***
tam·pon·ade [tæmpə'neɪd], **tam·pon·age** [-pənɪdʒ], **tam·pon·ment** [-pənmənt]⟨n.-telb.zn.⟩ ⟨med.⟩ 0.1 ***tamponade.***
tam-tam ['tæmtæm]⟨telb.zn.⟩ 0.1 ***gong*** 0.2 ***tamtam*** ⇒*trommel.*
tan[1] [tæn]⟨f2⟩⟨zn.⟩
I ⟨telb.zn.⟩ 0.1 ***(geel)bruine kleur*** ⟨i.h.b. v. zongebrande huid⟩;
II ⟨n.-telb.zn.⟩ 0.1 ***taan*** ⇒*looi* 0.2 ***run*** ⟨fijngemalen eikeschors

of hout⟩ **0.3** ⟨the⟩⟨sl.⟩ ***circus*** ⇒*piste* **0.4** ⟨the⟩⟨sl.⟩ ***manege*** ◆ **3.2** spent ~ *run*.

tan[2] ⟨f1⟩⟨bn.⟩ **0.1** ***run/taankleurig*** **0.2** ***geelbruin*** **0.3** ***zongebruind***.

tan[3] ⟨f2⟩⟨ww.;→ww.7⟩ →tanning
 I ⟨onov.ww.⟩ **0.1** ***bruin worden*** ⟨door de zon⟩ **0.2** ***gelooid worden*** ⟨v. huiden⟩;
 II ⟨ov.ww.⟩ **0.1** ***bruinen*** ⟨zon⟩ **0.2** ***looien*** ⇒*tanen* **0.3** ⟨sl.⟩ ***afranselen*** ◆ **1.3** ⟨fig.⟩ ~ s.o.'s hide/the hide off s.o. *iem. afranselen*.

tan[4] ⟨afk.⟩ tangent **0.1** ***tg.***.

tan·a·ger ['tænədʒə‖-ər]⟨telb.zn.⟩⟨dierk.⟩ **0.1** ***tanager*** ⟨Am. vogel; Thraupis episcopus⟩.

Tan·a·gra figurine ['tænəgr -, tə'nægrə -], **Tanagra statuette** ⟨telb.zn.⟩ **0.1** ***tanagra beeldje*** ⟨oudgrieks terracotta⟩.

'tan-bark ⟨n.-telb.zn.⟩ **0.1** ***run*** ⟨fijngemalen eikeschors of hout⟩.

tan·dem[1] ['tændəm]⟨f1⟩⟨telb.zn.⟩ **0.1** ***tandem*** ⇒*tweezitsfiets* **0.2** ***tandem(bespanning)*** ⟨met twee of meer paarden achter elkaar⟩ **0.3** ***paardentandem*** ⟨soort rijtuig⟩ ◆ **6.2 in** ~ *achter elkaar*.

tandem[2] ⟨bw.⟩ **0.1** ***achter elkaar*** ◆ **3.1** drive ~ *met twee of meer paarden achter elkaar rijden*.

tan·door·i [tæn'dʊəri]⟨n.-telb.zn.; ook attr.⟩ **0.1** ***tandoori*** ⟨boven houtskool in kleioven bereid(e) vlees/groenten⟩.

tang[1] [tæŋ]⟨f1⟩⟨telb.zn.⟩ **0.1** ***scherpe (karakteristieke) lucht*** ⇒*indringende geur* **0.2** ***scherpe smaak*** **0.3** ***smaakje*** ⟨fig.⟩ ⇒*zweem, tikje* **0.4** ⟨ben. voor⟩ ***scherp uitsteeksel*** ⇒*angel, arend, staart* ⟨v. mes, beitel e.d.⟩; *doorn* ⟨v. mes⟩; *tand* ⟨v. vork⟩ **0.5** ⟨ben. voor⟩ ***scherpe (onaangename) klank*** ⇒*gerinkel; gekletter; geschetter* **0.6** ⟨plantk.⟩ ***zeewier*** ⟨genus Fucus⟩ ◆ **6.3** a ~ **of** sth. *een zweem van iets*.

tang[2] ⟨ww.⟩
 I ⟨onov.ww.⟩ **0.1** ⟨ben. voor⟩ ***(scherp) klinken*** ⇒*rinkelen; kletteren; schetteren;*
 II ⟨ov.ww.⟩ **0.1** ***v.e. angel/arend/staart/doorn/tand voorzien*** **0.2** ***(scherp) doen klinken*** **0.3** ***een smaak(je) geven***.

tan·ga ['tæŋgə]⟨telb.zn.⟩⟨mode⟩ **0.1** ***tanga(slipje)***.

tan·ge·lo ['tændʒəlou]⟨telb.zn.⟩ **0.1** ***tangelo*** ⟨kruising v.e. mandarijn en een grapefruit⟩.

tan·gen·cy ['tændʒənsi]⟨n.-telb.zn.⟩ **0.1** ***het raken***.

tan·gent[1] ['tændʒənt]⟨f2⟩⟨telb.zn.⟩ **0.1** ***raaklijn*** ⇒*tangente* **0.2** ***tangens*** **0.3** ***invalshoek*** ⇒*golflengte* **0.4** ***tangent*** ⟨v.e. clavichord⟩ ⇒*hamertje* ◆ **1.2** ⟨wisk.⟩ ~ of an angle *tangens v.e. hoek* **3.¶** ⟨inf.⟩ fly/go off at a ~ *een gedachtensprong maken, plotseling v. koers veranderen*.

tangent[2] ⟨bn.⟩⟨wisk.⟩ **0.1** ***raak-*** ⟨v.e. lijn, oppervlak enz.⟩ ◆ **6.1** ~ **to** *rakend aan*.

'tangent compass, 'tangent galva'nometer ⟨telb.zn.⟩⟨elek.⟩ **0.1** ***tangentenboussole***.

tan·gen·tial ['tæn'dʒenʃl]⟨bn.; -ly⟩ **0.1** ***rakend*** **0.2** ***tangentieel*** **0.3** ⟨schr.⟩ ***divergerend*** **0.4** ***oppervlakkig*** ⟨fig.⟩.

'tangent sight ⟨telb.zn.⟩ **0.1** ***opzet*** ⟨v.e. vuurwapen⟩.

tan·ger·ine ['tændʒə'ri:n‖'tændʒəri:n], ⟨in bet. II en III ook⟩ **'tangerine 'orange** ⟨f1⟩⟨zn.⟩
 I ⟨telb.zn.; T-⟩ **0.1** ***inwoner v. Tanger;***
 II ⟨telb. en n.-telb.zn.⟩⟨plantk.⟩ **0.1** ***mandarijn(tje)*** ⟨Citrus nobilis deliciosa⟩;
 III ⟨n.-telb.zn.⟩ **0.1** ***feloranje***.

Tangerine ⟨bn.⟩ **0.1** ***v. Tanger***.

tan·gi·bil·i·ty ['tændʒə'bɪləṭi]⟨n.-telb.zn.⟩ **0.1** ***tastbaar/voelbaarheid***.

tan·gi·ble ['tændʒəbl]⟨f2⟩⟨bn.; -ly; -ness; →bijw. 3⟩ **0.1** ***tastbaar*** ⟨ook fig.⟩ ⇒*voelbaar, concreet* ◆ **1.1** ⟨jur.⟩ ~ assets *activa*.

tan·gle[1] [tæŋgl]⟨f2⟩⟨zn.⟩
 I ⟨telb.zn.⟩ **0.1** ***knoop*** ⟨ook fig.⟩ ⇒*klit* ⟨in haar, wol e.d.⟩; ⟨fig.⟩ *verwikkeling, probleem* **0.2** ***verwarring*** ⇒*wirwar, kluwen* **0.3** ⟨inf.⟩ ***conflict*** ⇒*onenigheid, moeilijkheden* ◆ **3.3** get into a ~ with s.o. *met iem. in conflict raken* **6.1 in** a ~ *in de war, in de knoop;*
 II ⟨n.-telb.zn.⟩⟨plantk.⟩ **0.1** ***soort zeewier*** ⟨genus Laminaria⟩.

tangle[2] ⟨f2⟩⟨ww.⟩
 I ⟨onov.ww.⟩ **0.1** ***in de knoop raken*** ⇒*klitten* **0.2** ***in de war raken*** ⇒*in verwarring raken* ◆ **6.2** ⟨inf.; fig.⟩ ~ **with** s.o. *verwikkeld raken in een handgemeen/ruzie met iem.;*
 II ⟨ov.ww.⟩ **0.1** ***verwarren*** **0.2** ***compliceren*** ◆ **1.2** a ~d matter *een ingewikkelde zaak*.

tang·ly ['tæŋgli]⟨bw.⟩ **0.1** ***verward*** ⇒*ingewikkeld* **0.2** ***met zeewier bedekt***.

tan·go[1] ['tæŋgou]⟨f1⟩⟨zn.⟩
 I ⟨telb.zn.⟩ **0.1** ***tango(dans);***
 II ⟨telb. en n.-telb.zn.⟩ **0.1** ***tango(muziek)***.

tango[2] ⟨onov.ww.⟩ **0.1** ***de tango dansen***.

tan·gram ['tæŋgræm‖-grəm]⟨telb.zn.⟩ **0.1** ***tangram*** ⟨Chinese legpuzzel v. 7 stukken⟩.

tang·y ['tæŋi]⟨bn.; -er; →compar. 7⟩ **0.1** ***scherp*** ⇒*pittig*.

tanh ⟨afk.⟩ hyperbolic tangent.

tan·ist ['tænɪst]⟨telb.zn.⟩⟨gesch.⟩ **0.1** ***gekozen opvolger v.d. leider*** ⟨bij de Kelten⟩.

tan·ist·ry ['tænɪstri]⟨n.-telb.zn.⟩⟨gesch.⟩ **0.1** ***opvolging v.d. leider d.m.v. verkiezingen*** ⟨bij de Kelten⟩.

tank[1] [tæŋk]⟨f3⟩⟨telb.zn.⟩ **0.1** ***tank*** ⇒*voorraadtank, reservoir* **0.2** ⟨mil.⟩ ***tank*** ⇒*pantserwagen* **0.3** ⟨Ind. E⟩ ***(gegraven) waterreservoir*** ⇒*waterbassin* **0.4** ⟨AE; gew.⟩ ***poel*** ⇒*plas* **0.5** ⟨AE; sl.⟩ ***cel*** ⇒*lik, bajes*.

tank[2], ⟨in bet. I ook⟩ **'tank 'up** ⟨f1⟩⟨ww.⟩
 I ⟨onov.ww.⟩ **0.1** ***tanken*** ⇒*laden, (bij)vullen* **0.2** ⟨sl.⟩ ***zich volgieten*** ⇒*hijsen, zuipen* ◆ **3.2** get ~ed (up) *zich vol laten lopen;*
 II ⟨ov.ww.⟩ **0.1** ***in een tank laden/opslaan/behandelen***.

tan·ka ['tæŋkə‖'tɑŋkə]⟨telb.zn.⟩ **0.1** ***tanka*** ⟨Japans gedicht v. 31 lettergrepen⟩.

'tank act, 'tank fight, 'tank job ⟨telb.zn.⟩⟨AE; sl.⟩ **0.1** ***verkochte bokswedstrijd*** ⟨waarbij een v.d. deelnemers is betaald om te verliezen⟩.

tank·age ['tæŋkɪdʒ]⟨n.-telb.zn.⟩ **0.1** ***tankopslag*** **0.2** ***opslagkosten*** **0.3** ***tankruimte*** ⇒*tankinhoud* **0.4** ***soort kunstmest*** ⟨ong. als beendermeel⟩.

tank·ard ['tæŋkəd‖-kərd]⟨f1⟩⟨telb.zn.⟩ **0.1** ***drinkkan*** ⇒*(bier) kroes*.

'tank-car ⟨telb.zn.⟩ **0.1** ***tankwagon***.

'tank drama ⟨telb.zn.⟩ **0.1** ***melodrama*** ⟨met 'verdrinking' als climax⟩.

'tank-en·gine, 'tank locomotive ⟨telb.zn.⟩ **0.1** ***tenderlocomotief***.

tank·er ['tæŋkə‖-ər]⟨f2⟩⟨telb.zn.⟩ **0.1** ***tanker*** **0.2** ***tankauto***.

'tank(er)·ship, 'tanker steamer ⟨telb.zn.⟩ **0.1** ***tanker*** ⇒*tankschip*.

'tank farm ⟨telb.zn.⟩ **0.1** ***opslagterrein v. olietanks***.

'tank-farm·ing ⟨n.-telb.zn.⟩ **0.1** ***watercultuur*** ⇒*hydrocultuur*.

tank·ful ['tæŋkfʊl]⟨telb.zn.⟩ **0.1** ***tanklading***.

'tank suit ⟨telb.zn.⟩⟨AE⟩ **0.1** ***(onaantrekkelijk) eendelig badpak***.

'tank top ⟨f1⟩⟨telb.zn.⟩ **0.1** ***(mouwloos) T-shirt*** ⇒*topje*.

'tank town ⟨telb.zn.⟩⟨AE; sl.⟩ **0.1** ***gat*** ⇒*gehucht*.

'tank-trap ⟨telb.zn.⟩⟨mil.⟩ **0.1** ***tankval***.

'tan-liq·uor, 'tan-ooze, 'tan-pick·le ⟨n.-telb.zn.⟩ **0.1** ***looistof***.

tan·na·ble ['tænəbl]⟨bn.⟩ **0.1** ***looibaar*** ⇒*te looien*.

tan·nage ['tænɪdʒ]⟨n.-telb.zn.⟩ **0.1** ***het looien*** **0.2** ***looiprodukten***.

tan·ner ['tænə‖-ər]⟨f1⟩⟨telb.zn.⟩ **0.1** ***looier*** ⇒*leerbereider* **0.2** ⟨vero.; BE; sl.⟩ ***zesstuiverstuk***.

tan·ner·y ['tænəri]⟨zn.; →mv. 2⟩
 I ⟨telb.zn.⟩ **0.1** ***looierij;***
 II ⟨n.-telb.zn.⟩ **0.1** ***het looien***.

tan·nic ['tænɪk]⟨bn.⟩ **0.1** ***mbt. tannine*** ⇒*looi-* ◆ **1.1** ~ acid *tannine, looizuur*.

tan·nin ['tænɪn], **tan·nate** ['tæneɪt]⟨n.-telb.zn.⟩ **0.1** ***looizuur*** ⇒*tannine*.

tan·ning ['tænɪŋ]⟨zn.; (oorspr.) gerund v. tan⟩
 I ⟨telb.zn.⟩⟨sl.⟩ **0.1** ***pak slaag;***
 II ⟨n.-telb.zn.⟩ **0.1** ***looiing*** ⇒*het looien*.

tan·noy ['tænɔɪ]⟨telb.zn.⟩⟨BE⟩ **0.1** ***intercom*** ⟨oorspr. merknaam⟩.

'tan-pit, 'tan-vat ⟨telb.zn.⟩ **0.1** ***looi(ers)kuip***.

tanrec →tenrec.

tan·sy ['tænzi]⟨telb. en n.-telb.zn.⟩⟨plantk.⟩ **0.1** ***wormkruid*** ⟨genus Tanacetum⟩ ⇒⟨i.h.b.⟩ *boerenwormkruid* ⟨T. vulgare⟩.

tan·tal·ic [tæn'tælɪk]⟨bn.⟩⟨schei.⟩ **0.1** ***mbt. tantalium***.

tan·ta·lite ['tænṭəlaɪt]⟨n.-telb.zn.⟩⟨schei.⟩ **0.1** ***tantaliet***.

tan·ta·li·za·tion, -sa·tion ['tæntəlaɪ'zeɪʃn‖'tænṭələ'zeɪʃn]⟨telb. en n.-telb.zn.⟩ **0.1** ***tantaluskwelling*** ⇒*tantalisering, tandenterging*.

tan·ta·lize, -lise ['tænṭəlaɪz]⟨f1⟩⟨ov.ww.⟩ →tantalizing **0.1** ***doen watertanden*** ⇒*tantaliseren, kwellen* **0.2** ***verwachtingen wekken***.

tan·ta·liz·ing, -lis·ing ['tænṭəlaɪzɪŋ]⟨bn.; (oorspr.) teg. deelw. v. tantalize; -ly⟩ **0.1** ***aanlokkelijk*** ⇒*verleidelijk, aantrekkelijk, verlokkend* ◆ **1.1** ~ blouse *verleidelijke/opwindende bloes* **3.1** it is ~ to think that ... *het is verleidelijk om te denken dat ...* **¶.1** we were ~ly close *we waren er ontzettend dicht bij*.

tan·ta·lum ['tænṭələm]⟨n.-telb.zn.⟩⟨schei.⟩ **0.1** ***tantaal*** ⇒*tantalium* ⟨element 73⟩.

tan·ta·lus ['tænṭələs]⟨telb.zn.⟩ **0.1** ***afsluitbaar drankenkastje*** **0.2** ⟨dierk.⟩ ***nimmerzat*** ⟨Ibis ibis⟩ **0.3** ⟨dierk.⟩ ***schimmelkopooievaar*** ⟨Mycteria americana⟩.

tan·ta·mount ['tænṭəmaʊnt]⟨f1⟩⟨bn., pred.⟩ **0.1** ***gelijk(waardig)*** ◆ **6.1** ~ **to** *gelijk(waardig) aan;* be ~ **to** *neerkomen op*.

tantara →taratantara.

tan·tiv·y[1] [tæn'tɪvi]⟨telb.zn.; →mv. 2⟩⟨vero.⟩ **0.1** ***bep. jachtkreet***.

tantivy[2] ⟨bn.⟩ **0.1** ***snel***.

tantivy[3] ⟨bw.⟩ **0.1** ***in galop*** **0.2** ***met topsnelheid***.

tant pis ['tɑ̃'pi:]⟨tussenw.⟩ **0.1** ***des te erger*** ⇒*tant pis*.

tan·tra ['tæntrə‖'tʌntrə]⟨telb.zn.⟩ **0.1** ***tantra*** ⟨ritueel voorschrift in hindoeïsme en boeddhisme⟩.

tan·tric ['tæntrɪk‖'tʌn-]⟨bn.⟩ **0.1** ***tantristisch***.

tan·trism ['tæntrɪzm‖'tʌn-]⟨n.-telb.zn.⟩ **0.1** ***tantrisme*** *⇒leer der tantra's*.

tan·trist ['tæntrɪst‖'tʌn-]⟨telb.zn.⟩ **0.1** ***tantrist***.

tan·trum ['tæntrəm]⟨f2⟩⟨telb.zn.⟩ **0.1** ***woedeuitbarsting*** *⇒slechte bui, woedeaanval, vlaag v. razernij, kwade luim* ◆ **3.1** throw a ~ *een woedeaanval krijgen* **6.1** he's **in** one of his ~s *hij heeft weer eens een boze bui;* get **into** a ~ *een woedeaanval krijgen*.

'tan-yard ⟨telb.zn.⟩ **0.1** ***looierij***.

Tao·ism ['taʊɪzm]⟨n.-telb.zn.⟩⟨relig., fil.⟩ **0.1** ***taoïsme***.

Tao·ist[1] ['taʊɪst]⟨telb.zn.⟩⟨relig., fil.⟩ **0.1** ***taoïst***.

Taoist[2], **Tao·is·tic** [taʊ'ɪstɪk]⟨bn.⟩⟨relig., fil.⟩ **0.1** ***taoïstisch***.

tap[1] [tæp]⟨f2⟩⟨zn.⟩

I ⟨telb.zn.⟩ **0.1** ***kraan*** *⇒tap(kraan), spon, stop, zwik, bom* ⟨v. vat⟩ **0.2** ***tik(je)*** *⇒klopje, klik* **0.3** ***aftakking*** ⟨v. elektriciteit⟩ **0.4** ***(tap)drank*** *⇒bier/wijn/cider uit het vat, drankje v.d. tap* **0.5** ***tapperij*** *⇒gelagkamer* **0.6** ⟨AE⟩ ***(leren) lap*** *⇒stuk leer* ⟨voor schoenreparatie⟩ **0.7** ⟨tech.⟩ ***(draad)snijtap*** **0.8** ⟨med.⟩ ***aftapping*** *⇒punctie* **0.9** ⟨AE; inf.⟩ ***afluisterapparatuur*** ◆ **1.2** the ~ of a pen *de klik v.e. pen;* a ~ on a shoulder *een schouderklopje* **2.8** spinal ~ *lumbaalpunctie* **3.1** the ~ is leaking *de kraan lekt;* turn the ~ on/off *doe de kraan open/dicht* **6.1** **on** ~ *uit het vat, v.d. tap;* ⟨fig.⟩ *meteen voorradig, zo voorhanden;* beer **on** ~ *tapbier;* have jokes **on** ~ *moppen voorhanden hebben;* she has money **on** ~ *ze heeft het geld voor het opscheppen/als water;*

II ⟨mv.; ~s; ww. vnl. enk.⟩⟨AE; mil.⟩ **0.1** ***(trommel/hoorn)signaal*** ⟨voor lichten uit; ook op mil. begrafenis⟩.

tap[2] ⟨f3⟩⟨ww.; →ww. 7⟩

I ⟨onov.ww.⟩ **0.1** ***tikken*** *⇒kloppen, zachtjes slaan* **0.2** ***trippelen*** *⇒tippelen* ◆ **5.¶** ⟨AE; sl.⟩ ~ **out** *al z'n geld kwijtraken, blut worden* **6.1** ~ **at/on** the door *op de deur tikken;*

II ⟨ov.ww.⟩ **0.1** ***doen tikken/kloppen*** **0.2** ***(af)tappen*** *⇒afnemen* **0.3** ***onttrekken*** *⇒ontfutselen (aan);* ⟨fig.⟩ *afluisteren, onderscheppen* **0.4** ***openen*** *⇒aanspreken, aanbreken* ⟨ook fig.⟩; *aanboren, aansnijden;* ⟨fig. ook⟩ *gebruiken, gebruik maken van* **0.5** ***v.e. tap/kraan/zwik voorzien*** *⇒met een kraan uitrusten* **0.6** ⟨inf.⟩ ***(om geld) vragen/bedelen*** *⇒(proberen) los (te) krijgen van* **0.7** ⟨AE⟩ ***lappen*** ⟨schoen⟩ **0.8** ⟨tech.⟩ ***schroefdraad tappen*** **0.9** ⟨med.⟩ ***laten ontsnappen*** ⟨vloeistof uit lichaam⟩ *⇒laten weglopen, wegnemen* **0.10** ***(ver)kiezen*** ◆ **1.1** ~ a pen *met een pen zitten tikken;* ~ s.o. on the shoulder *iem. op de schouder kloppen* **1.2** ⟨fig.⟩ ~ s.o.'s brains *iem. uithoren;* ~ a power line *(heimelijk) een aftakking in een elektriciteitsleiding maken, energie aftappen;* ~ a rubber-tree *een rubberboom aftappen;* her telephone was ~ped *haar telefoon werd afgetapt/afgeluisterd* **1.4** ~ a bottle *een fles aanspreken/aanbreken;* ~ a new market *een nieuwe markt openleggen/toegankelijk maken;* ~ one's last money *zijn laatste geld aanspreken;* ~ new sources of energy *nieuwe energiebronnen aanboren;* ~ a subject *een onderwerp aansnijden/aanroeren* **1.5** ~ a cask *een vat met een tap/kraan uitrusten* **1.6** I ~ped an old aunt *ik vroeg om geld aan een oude tante* **5.1** the signaller ~s **out** a message *de seiner zendt een boodschap uit* **5.2** ~ **off** wine from a cask *wijn tappen uit een vat* **5.6** ⟨AE; sl.⟩ ~ped **out** *blut* **6.2** ~ s.o. **for** blood *iem. bloed afnemen;* ⟨fig.⟩ ~ a person **for** information *informatie aan iem. ontfutselen* **6.6** he managed to ~ his father **for** 200 pounds *het lukte hem 200 pond v. zijn vader los te krijgen*.

ta·pa ['tɑ:pə]⟨n.-telb.zn.⟩ **0.1** ***bast v. papiermoerbei*** ⟨gebruikt voor papierfabricage⟩.

'tap bolt ⟨telb.zn.⟩ **0.1** ***tapbout***.

'tap borer ⟨telb.zn.⟩ **0.1** ***zwikboor*** *⇒avegaar*.

'tap dance ⟨telb.zn.⟩ **0.1** ***tapdans***.

'tap dancing ⟨f1⟩⟨n.-telb.zn.⟩ **0.1** ***het tapdansen***.

tape[1] [teɪp]⟨f3⟩⟨telb. en n.-telb.zn.⟩ **0.1** ***lint*** *⇒band, koord, draad* **0.2** ***finishdraad/lint*** **0.3** ***meetlint*** *⇒centimeter* **0.4** ***(magneet)band*** *⇒geluids/muziekband(je), videotape; bandopname* **0.5** ***(plak/kleef)band*** *⇒tape* **0.6** ***(papier)strook*** ⟨v. telegraaftoestel⟩ **0.7** ⟨tennis, volleybal⟩ ***netband*** ◆ **1.1** a parcel tied up with ~ *een pakketje ingepakt met touw/koord* **1.4** a lot of ~ was wasted *veel (geluids)band werd verspild* **2.4** magnetic ~ *magnetische band* **2.5** adhesive ~ *plak/kleefband* **3.1** insulating ~ *isolatieband* **3.2** breast the ~ *het finishlint doorbreken, winnen, als eerste finishen* **3.4** borrow a ~ *een band(opname) lenen*.

tape[2] ⟨f2⟩⟨ww.⟩

I ⟨onov.ww.⟩ **0.1** ***meten*** *⇒de maat opnemen;*

II ⟨onov. en ov.ww.⟩ **0.1** ***opnemen*** *⇒een (band)opname maken (van), op de band opnemen* ◆ **1.1** ~ a song *een liedje op de band vastleggen;*

III ⟨ov.ww.⟩ **0.1** ***(vast)binden*** *⇒inpakken, omwikkelen (met lint), inbinden, samenbinden, (met plakband) vastmaken* **0.2** ⟨vnl. pass.⟩⟨AE⟩ ***verbinden*** *⇒met verband omwikkelen* ◆ **1.1** ~ a book *een boek (bijeen)binden, delen v.e. boek samenbinden;* ~ a card on the wall *een kaart met plakband aan de muur bevestigen;* ~ a present *een geschenk inpakken (met touw/koord)* **3.¶** ⟨inf.⟩ have/get s.o. ~d *iem. helemaal doorhebben, iem. doorzien* **5.2** his knee was ~d **up** *zijn knie zat in het verband* **5.¶** ~ sth. **off** *iets afplakken*.

'tape deck ⟨f1⟩⟨telb.zn.⟩ **0.1** ***tapedeck***.

'tape line ⟨telb.zn.⟩ **0.1** ***meetlint*** *⇒centimeter, meetband*.

'tape machine ⟨telb.zn.⟩ **0.1** ***telegraaftoestel*** *⇒telegrafeerapparaat*.

'tape measure ⟨f1⟩⟨telb.zn.⟩ **0.1** ***meetlint*** *⇒centimeter, meetband*.

ta·per[1] ['teɪpə‖-ər]⟨f2⟩⟨telb.zn.⟩ **0.1** ***(dunne) kaars*** **0.2** ***(was)pit*** *⇒lontje* **0.3** ***(zwak/flauw) lichtje*** **0.4** ***(geleidelijke) versmalling*** ⟨bv. v. lang voorwerp⟩ *⇒spits, spits/taps toelopend voorwerp*.

taper[2] ⟨bn., attr.⟩⟨vnl. schr.⟩ **0.1** ***taps (toelopend)*** *⇒spits, (geleidelijk) afnemend* ◆ **1.1** her ~ fingers *haar spitse vingers*.

taper[3] ⟨f2⟩⟨ww.⟩

I ⟨onov.ww.⟩ **0.1** ***taps/spits toelopen*** *⇒geleidelijk smaller worden* **0.2** ***(geleidelijk) kleiner worden*** *⇒verminderen, af/teruglopen, tot een eind komen, afnemen, verzanden* ◆ **5.1** this stick ~s **off** to a point *deze stok loopt scherp toe in een punt* **5.2** the organization ~ed **off** very soon *al heel gauw brokkelde de organisatie af;* their wonderful scheme ~ed **off** *hun geweldige plan ging als een nachtkaars uit;*

II ⟨ov.ww.⟩ **0.1** ***smal(ler) maken*** *⇒taps/spits doen toelopen, punten* **0.2** ***verkleinen*** *⇒langzamerhand doen verminderen, doen afnemen* ◆ **5.1** ~ a pole *een paal punten* **5.2** ~ **off** unemployment *de werkloosheid verminderen/terugbrengen*.

'tape recorder ⟨f2⟩⟨telb.zn.⟩ **0.1** ***bandrecorder*** *⇒bandopnametoestel*.

'tape recording ⟨f1⟩⟨telb. en n.-telb.zn.⟩ **0.1** ***bandopname*** *⇒het opnemen op (geluids)band, weergave op band*.

'ta·per·stick ⟨telb.zn.⟩ **0.1** ***kaarshouder***.

'tape·script ⟨telb.zn.⟩ **0.1** ***transcriptie v. tekst op band*** *⇒tapescript*.

'tape·stream·er ⟨telb.zn.⟩⟨comp.⟩ **0.1** ***tapestreamer***.

tap·es·tried ['tæpɪstrid]⟨bn.⟩ **0.1** ***met wandkleden versierd*** *⇒met tapisserieën behangen/gestoffeerd* **0.2** ***in een wandkleed afgebeeld/verwerkt/voorgesteld*** ◆ **1.1** a ~ wall *een met een wandtapijt beklede muur* **1.2** a ~ battle *een in een wandtapijt geweven voorstelling v.e. veldslag*.

tap·es·try ['tæpɪstri]⟨f2⟩⟨zn.; →mv. 2⟩

I ⟨telb.zn.⟩ **0.1** ***tapisserie*** *⇒(hand)geweven wandtapijt, wandkleed, tapijtwerk;*

II ⟨n.-telb.zn.⟩ **0.1** ***tapestry*** ⟨bekledingsstof v. meubelen, muren⟩.

ta·pe·tum [tə'pi:təm]⟨telb.zn.⟩⟨biol.⟩ **0.1** ***tapetum***.

'tape·worm ⟨f1⟩⟨telb.zn.⟩⟨med., biol.⟩ **0.1** ***lintworm*** ⟨subklasse Cestoda⟩.

'tape·writ·er ⟨telb.zn.⟩ **0.1** ***lettertang***.

tap·i·o·ca ['tæpi'oʊkə]⟨n.-telb.zn.⟩ **0.1** ***tapioca*** ⟨zetmeel⟩.

ta·pir ['teɪpə‖-ər]⟨telb.zn.; ook tapir; →mv. 4⟩⟨dierk.⟩ **0.1** ***tapir*** ⟨fam. Tapiridae⟩.

tap·is ['tæpi:]⟨telb.zn.⟩ ◆ **6.¶** **on** the ~ *in overweging/discussie, ter tafel, in bespreking;* a subject **on** the ~ *een onderwerp dat ter discussie staat;* bring sth. **on** the ~ *iets op het tapijt/ter sprake/te berde brengen, iets aan de orde stellen*.

ta·pote·ment [tə'poutmənt]⟨telb. en n.-telb.zn.⟩ **0.1** ***beklopping*** ⟨bij massage⟩.

tap·pet ['tæpɪt]⟨f1⟩⟨telb.zn.⟩⟨tech.⟩ **0.1** ***arm*** ⟨v. machine⟩ *⇒nok, kam, klepstoter*.

tap·pit-hen ['tæpɪthen]⟨telb.zn.⟩⟨Sch. E⟩ **0.1** ***kip/hen (met kam)*** **0.2** ***drinkkan met (knop)deksel***.

'tap·room ⟨telb.zn.⟩ **0.1** ***tapperij*** *⇒taphuis, gelagkamer*.

'tap root ⟨telb.zn.⟩⟨plantk.⟩ **0.1** ***pen/hoofdwortel***.

tap·ster ['tæpstə‖-ər]⟨telb.zn.⟩ **0.1** ***tapper/ster*** *⇒schenk(st)er, barman/meisje*.

'tap water ⟨n.-telb.zn.⟩ **0.1** ***leidingwater***.

tar[1] [tɑ:‖tɑr]⟨f2⟩⟨zn.⟩

I ⟨telb.zn.⟩⟨vero.; inf.⟩ **0.1** ***pik/pekbroek*** *⇒zeeman, janmaat;*

II ⟨telb. en n.-telb.zn.⟩ **0.1** ***teer*** ◆ **1.1** how much ~ does this cigarette contain? *hoeveel teer bevat deze sigaret?* **3.¶** ⟨AE; inf.⟩ beat the ~ out of s.o. *iem. een flink pak rammel geven/in elkaar slaan;*

III ⟨n.-telb.zn.⟩⟨sl.⟩ **0.1** ***opium***.

tar[2] ⟨f1⟩⟨onov. en ov.ww.; →ww. 7⟩ **0.1** ***teren*** *⇒met teer bedekken/insmeren;* ⟨fig.⟩ *zwartmaken* ◆ **1.1** ~ a road *een weg met een laag teer bedekken* **3.1** ~ and feather s.o. *iem. met teer en veren bedekken* ⟨als straf⟩.

tar·a·did·dle, tar·ra·did·dle ['tærədɪdl]⟨telb.zn.⟩⟨inf.⟩ **0.1** ***leugentje*** *⇒onwaarheid* **0.2** ***gezwets (in de ruimte)***.

tar·a·ma·sa·la·ta ['tærəməsə'lɑ:tə]⟨telb.zn.⟩⟨cul.⟩ **0.1** ***taramasalata*** ⟨roze vispâté⟩.

tar·an·tel·la ['tærən'telə], **tar·an·telle** [-'tel]⟨telb.zn.⟩⟨dansk., muz.⟩ **0.1** ***tarantella(muziek)***.
tar·an·tism ['tærəntɪzm]⟨n.-telb.zn.⟩ **0.1** ***tarantisme*** ⇒*danswoede.*
ta·ran·tu·la [tə'ræntjʊlə‖-tʃələ]⟨telb.zn.; ook tarantulae [-li:]; →mv. 5⟩⟨dierk.⟩ **0.1** ***vogelspin*** ⟨fam. Theraphosidae⟩ **0.2** ***tarantula*** ⟨wolfspin; Lycosa tarentula⟩.
tar·a·tan·ta·ra ['tærə'tæntərə,-tæn'tɑ:rə], **tar·an·ta·ra** [tæ'ræntərə,-'tærən'tɑ:rə], **tan·ta·ra** ['tæntərə,tæn'tɑ:rə]⟨telb. en n.-telb.zn.⟩ **0.1** ***teterete*** ⇒*tatereta, taratarantara* ⟨trompet/hoorngeluid⟩ **0.2** ***fanfare***.
ta·rax·a·cum [tə'ræksəkəm]⟨zn.⟩
I ⟨telb. en n.-telb.zn.⟩⟨plantk.⟩ **0.1** ***paardebloem*** ⟨genus Taraxacum⟩;
II ⟨n.-telb.zn.⟩ **0.1** ***(aftreksel v.) paardebloemwortel*** ⟨geneesmiddel⟩.
tar·boosh, -bush [tɑ:'bu:ʃ‖tɑr-]⟨telb.zn.⟩ **0.1** ***(moslim)hoed*** ⇒*(rode) fez.*
'tar·brush ⟨telb.zn.⟩ **0.1** ***teerkwast***.
tar·di·grade[1] ['tɑ:dɪgreɪd‖'tɑr-]⟨telb.zn.⟩⟨dierk.⟩ **0.1** ***beerdiertje*** ⟨orde Tardigrada⟩.
tardigrade[2] ⟨bn.⟩⟨dierk.⟩ **0.1** ***traag(bewegend)*** ⇒*langzaamkruipend* ⟨dier⟩ **0.2** ***v./mbt./behorend tot de beerdiertjes***.
tar·dy ['tɑ:di‖'tɑrdi]⟨bn.; -er; -ly; -ness; →bijw. 3⟩ **0.1** ***traag*** ⇒*sloom, achterblijvend, nalatig* **0.2** ⟨AE⟩ ***(te) laat*** ⇒*met oponthoud, vertraagd, verlaat, laatkomend* **0.3** ***weifelend*** ⇒*onzeker, onwillig, aarzelend, dralend* ◆ **1.1** ~ progress *langzame vooruitgang* **1.2** be ~ for work *te laat op je werk komen* **1.3** his ~ acceptance of the situation *zijn aarzelende aanvaarding v.d. situatie* **3.1** he is ~ in paying *hij is langzaam/slecht v. betalen.*
tare[1] [teə‖ter]⟨f1⟩⟨telb.zn.⟩ **0.1** ⟨vnl. mv.⟩⟨bijb.⟩ ***stuk onkruid*** ⇒*onkruidplant* **0.2** ⟨plantk.⟩ ***voederwikke*** ⟨Vicia sativa⟩ **0.3** ***tarra(gewicht)*** **0.4** ***tarra*** ⇒*aftrekking v. emballagegewicht, aftrek* **0.5** ***dood/leeg gewicht*** ⟨v. motorvoertuig, zonder lading/brandstof⟩ **0.6** ***tegenwicht*** ◆ **1.1** ~s in the cornfield *het onkruid in het korenveld;* separate the ~s from the wheat *het kaf v.h. koren scheiden* **2.3** actual/real ~ *nettotarra, reële tarra;* average ~ *gemiddelde tarra, doorsneetarra;* customary ~ *uso/gewone tarra;* super ~ *extra tarra* **3.3** estimated ~ *geschatte tarra.*
tare[2] ⟨ov.ww.⟩ **0.1** ***tarreren*** ⇒*het tarragewicht bepalen v., de tarra aangeven v.* ◆ **1.1** ~ tea *thee tarreren.*
tare[3] ⟨verl.t.⟩ →tear.
targe [tɑ:dʒ‖tɑrdʒ]⟨telb.zn.⟩⟨vero.⟩ **0.1** ***(klein rond) schild*** ⇒*beukelaar, rondschild.*
tar·get[1] ['tɑ:gɪt‖'tɑr-]⟨f3⟩⟨telb.zn.⟩ **0.1** ***doel*** ⇒*roos, schietschijf;* ⟨fig.⟩ *streven, doeleinde, doelstelling* **0.2** ***doelwit*** ⟨v. spot/kritiek⟩ ⇒*mikpunt* **0.3** ***(klein rond) schild*** ⇒*beukelaar, rondschild* **0.4** ***hals- en borststuk v. lam*** **0.5** ⟨AE; spoorwegen⟩ ***signaalschijf*** ⟨bij wissel enz.⟩ **0.6** ⟨tech.⟩ ***trefplaat(je)*** ⟨voor stralen⟩ ◆ **6.1 on** ~ *op de goede weg, in de goede richting.*
target[2] ⟨ov.ww.⟩ **0.1** ***mikken op*** **0.2** ***richten*** ◆ **1.1** he ~s his audiences carefully *hij neemt zijn publiek zorgvuldig op de korrel* **6.2** missiles ~ed **on** Europe *raketten op Europa gericht.*
'target archery ⟨n.-telb.zn.⟩⟨sport⟩ **0.1** ***(het)(boog)schieten v.d. plaats***.
'tar·get-card ⟨telb.zn.⟩⟨boogschieten⟩ **0.1** ***aantekenschijf*** ⇒*scorekaart.*
'target cross ⟨telb.zn.⟩⟨parachutespringen⟩ **0.1** ***doelkruis*** ⟨bij precisiesprong⟩.
'target date ⟨f1⟩⟨telb.zn.⟩ **0.1** ***streefdatum***.
'target jumper ⟨telb.zn.⟩⟨parachutespringen⟩ **0.1** ***precisiespringer***.
'target language ⟨telb.zn.⟩ **0.1** ***doeltaal***.
'target practice ⟨n.-telb.zn.⟩ **0.1** ***het schijfschieten***.
'target 'seat ⟨telb.zn.⟩⟨BE; pol.⟩ **0.1** ***parlementszetel die de andere partij (dan de zittende) denkt te kunnen winnen***.
Tar·gum ['tɑ:gəm‖'tɑrgʊm]⟨telb.zn.⟩ **0.1** ***targoem*** ⟨Aramese vertaling v. O. T.⟩.
'tar·heel ⟨telb.zn.; vaak T-⟩⟨AE; scherts.⟩ **0.1** ⟨bijnaam voor⟩ ***inwoner v. North Carolina*** ⇒*iem. afkomstig uit North Carolina.*
tar·iff[1] ['tærɪf]⟨f2⟩⟨telb.zn.⟩ **0.1** ***tarief*** ⇒*toltarief, invoer/uitvoerrechten* **0.2** ***prijslijst*** ⇒*tarievenlijst, tariefkaart* **0.3** ⟨sport, i.h.b. schoonspringen⟩ ***moeilijkheidsfactor*** ◆ **2.1** postal ~s *posttarieven;* preferential ~ on goods from a certain country *voorkeurstarief voor goederen uit een bep. land;* retaliatory ~ *retorsierechten.*
tariff[2] ⟨ov.ww.⟩ **0.1** ***tariferen*** ⇒*in/uitvoerrechten vaststellen voor, belasten* **0.2** ***de prijs/het tarief bepalen van***.
'tariff duty ⟨telb.zn.; vaak mv.⟩ **0.1** ***invoer/uitvoerrecht(en)***.
'tariff reform ⟨telb.zn.⟩⟨gesch.⟩ **0.1** ***hervorming v. tarievenpolitiek*** ⟨BE: verhoging v. invoerrechten; AE: verlaging v. invoerrechten⟩.
'tariff wall ⟨telb.zn.⟩⟨hand.⟩ **0.1** ***tariefmuur*** ⇒*tolmuur* ◆ **1.1** ~ against foreign products *tariefmuur/invoerbarrière tegen buitenlandse produkten.*
tar·la·tan, tar·le·tan ['tɑ:lətən‖'tɑr-]⟨n.-telb.zn.⟩ **0.1** ***tarlatan*** ⟨soort dunne, opengeweven mousseline⟩.
tar·mac[1] ['tɑ:mæk‖'tɑr-], **tar·mac·ad·am** ['tɑ:mə'kædəm‖'tɑr-]⟨f1⟩⟨zn.⟩
I ⟨telb.zn.⟩ **0.1** ***teermacadamweg(dek)*** ⇒*tarmac, teermacadambaan* ⟨bv. als landingsbaan⟩, *teermacadampad;*
II ⟨n.-telb.zn.⟩ **0.1** ***teermacadam*** ⇒*teersteenslag.*
tarmac[2], **tarmacadam** ⟨ov.ww.; →ww. 7⟩ **0.1** ***met teermacadam bedekken*** ⇒*verharden met teermacadam/teersteenslag.*
tarn [tɑ:n‖tɑrn]⟨telb.zn.⟩ **0.1** ***bergmeertje***.
tar·nal ['tɑ:nl‖'tɑrnl]⟨bn.; bw.; -ly⟩⟨AE; gew.⟩ **0.1** ***vervloekt*** ⇒*verdomd, verdraaid* ◆ **1.1** his ~ pride *zijn verdomde trots.*
tar·na·tion ['tɑ:'neɪʃn‖'tɑr-]⟨telb. en n.-telb.zn.⟩⟨AE; gew.⟩ **0.1** ***vervloeking*** ⇒*verdoemenis* ◆ **6.1** what **in** ~ are you talking about? *waar heb je het verdorie/verdomme over?.*
tar·nish[1] ['tɑ:nɪʃ‖'tɑr-]⟨zn.⟩
I ⟨telb.zn.⟩ **0.1** ***aangelopen/aangeslagen oppervlak*** ⟨v. metaal⟩;
II ⟨telb. en n.-telb.zn.⟩ **0.1** ***glansverlies*** ⇒*kleurverlies, dofheid;* ⟨fig.⟩ *smet, bezoedeling, bevlekking.*
tarnish[2] ⟨f1⟩⟨ww.⟩
I ⟨onov.ww.⟩ **0.1** ***dof/mat worden*** ⇒*aanlopen, aanslaan* ⟨v. metaal⟩; ⟨fig.⟩ *aangetast/bezoedeld worden* ◆ **1.1** this bracelet ~es *deze armband verkleurt/verliest zijn glans;* ~ing fame *tanende roem;*
II ⟨ov.ww.⟩ **0.1** ***dof/mat maken*** ⇒*doen aanslaan/aanlopen/verkleuren;* ⟨fig.⟩ *aantasten, bezoedelen* ◆ **1.1** his ~ed honour *zijn aangetaste eer;* a ~ed reputation *een bezoedelde naam.*
tar·nish·a·ble ['tɑ:nɪʃəbl‖'tɑr-]⟨bn.⟩ **0.1** ***besmettelijk*** ⇒*(snel) aanslaand/aanlopend, gauw dof/mat wordend, verkleurend.*
ta·ro ['tɑ:roʊ], **ta·ra** ['tɑ:rə]⟨telb.zn.⟩⟨cul., plantk.⟩ **0.1** ***taro*** ⟨Colocasia esculenta⟩.
tar·ot ['tæroʊ‖tæ'roʊ], **tar·oc, tar·ok** ['tærɒk‖tə'rɑk]⟨telb. en n.-telb.zn.⟩⟨kaartspel⟩ **0.1** ***tarot*** ⇒*tarok.*
tar·pan ['tɑ:pæn‖tɑr'pæn]⟨telb.zn.⟩⟨dierk.⟩ **0.1** ***tarpan*** ⟨klein paardesoort; Equus ferus gmelini⟩.
'tar·pa·per ⟨n.-telb.zn.⟩ **0.1** ***teerpapier***.
tar·pau·lin [tɑ:'pɔ:lɪn‖tɑr-], ⟨AE, Austr. E; inf.⟩ **tarp** [tɑ:p‖tɑrp]⟨f1⟩⟨zn.⟩
I ⟨telb.zn.⟩ **0.1** ***matrozenpet*** ⟨bv. v. gewaste taf⟩ **0.2** ⟨vero.; inf.⟩ ***pik/pekbroek*** ⇒*matroos, zeeman;*
II ⟨telb. en n.-telb.zn.⟩ **0.1** ***tarpaulin*** ⇒*teerkleed, presenning, geteerd zeildoek, waterdicht(e) jute(kleed).*
tar·pon ['tɑ:pɒn‖'tɑrpɑn]⟨telb.zn.; ook tarpon; →mv. 4⟩⟨dierk.⟩ **0.1** ***tarpon*** ⟨vis; Megalops atlanticus⟩.
tarradiddle →taradiddle.
tar·ra·gon ['tærəgən‖-gɑn]⟨n.-telb.zn.⟩⟨cul., plantk.⟩ **0.1** ***dragon*** ⇒*slangekruid* ⟨Artemisia dracunculus⟩.
'tarragon 'vinegar ⟨n.-telb.zn.⟩ **0.1** ***dragonazijn***.
tar·ras [tə'ræs]⟨n.-telb.zn.⟩ **0.1** ***tras*** ⟨fijngemalen tufsteen⟩.
tar·ri·er ['tærɪə‖-ər]⟨telb.zn.⟩ **0.1** ***talmer*** ⇒*draler, treuzelaar.*
tar·ry[1] ['tæri]⟨telb.zn.; →mv. 2⟩⟨vnl. AE; schr.⟩ **0.1** ***(tijdelijk) verblijf*** ⇒*oponthoud, séjour.*
tarry[2] ['tɑ:ri]⟨bn.; -er; →compar. 7⟩ **0.1** ***teerachtig*** ⇒*v./mbt./als teer, geteerd, met teer (ingesmeerd), teer-.*
tarry[3] ['tæri]⟨ww.; →ww. 7⟩⟨schr.⟩
I ⟨onov.ww.⟩ **0.1** ***talmen*** ⇒*dralen, treuzelen, op zich laten wachten, langzaamaan doen, (te) laat zijn/komen, toeven* **0.2** ***(ver)blijven*** ⇒*vertoeven, zich ophouden* ◆ **3.1** ~ in taking a decision *talmen bij het nemen v.e. beslissing, er lang over doen een besluit te vormen* **5.2** we'll ~ longer in this town *we zullen langer in deze stad verblijven;*
II ⟨ov.ww.⟩⟨vero.⟩ **0.1** ***wachten op*** ⇒*opwachten, afwachten* ◆ **1.1** don't ~ the nearing danger *wacht het naderende gevaar niet af.*
tar·sal[1] ['tɑ:sl‖'tɑrsl]⟨telb.zn.⟩⟨anat.⟩ **0.1** ***voet(wortel)beentje***.
tarsal[2] ⟨bn.⟩⟨anat.⟩ **0.1** ***v./mbt. de voetwortel*** ⇒*voetwortel-, tarsaal* **0.2** ***v./mbt. het ooglidbindweefsel***.
'tar·seal[1] ⟨telb.zn.⟩⟨Austr. E⟩ **0.1** ***teermacadamweg*** ⇒*tarmac.*
tar·seal[2] ⟨ov.ww.⟩⟨Austr. E⟩ **0.1** ***met teermacadam/steenslag verharden***.
tar·sia ['tɑ:sɪə‖'tɑr-]⟨telb. en n.-telb.zn.⟩ **0.1** ***intarsia*** ⇒*(houten) inlegwerk.*
tar·si·er ['tɑ:sɪə‖'tɑrsɪər]⟨telb.zn.⟩⟨dierk.⟩ **0.1** ***spookdier(tje)*** ⟨halfaap; genus Tarsius⟩.
tar·sus ['tɑ:səs‖'tɑr-]⟨telb.zn.; tarsi [-saɪ]; →mv. 5⟩⟨anat.⟩ **0.1** ***voetwortel*** **0.2** ***tars*** ⟨laatste gelede pootlid v. insekt⟩ **0.3** ***loopbeen*** ⇒*tarsus* ⟨v. vogel⟩ **0.4** ***ooglidbindweefsel***.
tart[1] [tɑ:t‖tɑrt]⟨f2⟩⟨zn.⟩
I ⟨telb.zn.⟩⟨inf.⟩ **0.1** ***slet*** ⇒*del, sloerie, hoer;*
II ⟨telb. en n.-telb.zn.⟩⟨vnl. BE⟩ **0.1** ***(vruchten)taart(je)***.
tart[2] ⟨f2⟩⟨bn.; -er; -ly; -ness⟩ **0.1** ***scherp(smakend)*** ⇒*zuur, wrang,*

doordringend **0.2** ***scherp*** ⇒*sarcastisch, bijtend, bits, stekelig, vinnig* ◆ **1.1** a ~ taste *een zure/wrange smaak* **1.2** a ~ character *een vinnig/bits karakter;* a ~ remark *een wrange/sarcastische opmerking.*

tar·tan ['tɑ:tn‖'tɑrtn]⟨f1⟩⟨zn.⟩
I ⟨telb.zn.⟩ **0.1** ***Schots ruitpatroon*** ⇒*(bep.) Schotse ruit* **0.2** ***doek/deken in Schotse ruit*** ⇒*tartan plaid* **0.3** ⟨scheep.⟩ ***tartaan*** ⟨vaartuig⟩ ◆ **3.1** all Scottish clans have their own ~s *alle Schotse clans hebben hun eigen ruitpatroon/tartan;*
II ⟨n.-telb.zn.⟩ **0.1** ***tartan*** ⇒*(geruite) Schotse wollen stof.*

Tartan turf ['tɑ:tən 'tɜ:f‖'tɑrtən 'tɜrf]⟨n.-telb.zn.⟩⟨merknaam⟩ **0.1** ***(Tartan) kunstgras.***

tar·tar ['tɑ:tə‖'tɑrtər]⟨f1⟩⟨zn.⟩
I ⟨eig.n.; T-⟩ **0.1** ***Ta(r)taars*** ⇒*de Ta(r)taarse taal;*
II ⟨telb.zn.⟩ **0.1** ⟨T-⟩ ***Ta(r)taar*** **0.2** ⟨ook T-⟩ ***woesteling*** ⇒*bruut, wildeman, heethoofd* ◆ **3.¶** catch a ~ *een onverwacht sterke tegenstander/te sterke tegenpartij treffen;*
III ⟨n.-telb.zn.⟩ **0.1** ***wijnsteen*** ⇒*tartar(us)* **0.2** ***tandsteen.***

Tar·tar ['tɑ:tə‖'tɑrtər]⟨bn.⟩ **0.1** ***Ta(r)taars.***

Tar·tar·ean [tɑ:'teəriən‖tɑr'teriən]⟨bn.⟩ **0.1** ***v./mbt. de Tartarus*** ⇒*onderwereld-, v./mbt. het schimmen/dodenrijk* **0.2** ***hels.***

'tartar e'metic ⟨n.-telb.zn.⟩ **0.1** ***braakwijnsteen.***

'tar·tar(e) 'sauce ⟨f1⟩⟨telb. en n.-telb.zn.⟩ **0.1** ***tartaarsaus.***

'tartar 'fox ⟨telb.zn.⟩⟨dierk.⟩ **0.1** ***steppenvos*** ⟨Alopex corsac⟩.

Tar·tar·i·an[1] [tɑ:'teəriən‖tɑr'teriən]⟨telb.zn.⟩⟨vero.⟩ **0.1** ***Ta(r)taar.***

Tartarian[2] ⟨bn.⟩ **0.1** ***Ta(r)taars.***

tar·tar·ic [tɑ:'tærɪk‖tɑr-]⟨bn.⟩ **0.1** ***wijnsteen-*** ◆ **1.1** ~ acid *wijnsteenzuur.*

Tar·ta·rus ['tɑ:tərəs‖'tɑrtərəs]⟨eig.n., telb.zn.⟩ **0.1** ***Tartarus*** ⇒*onderwereld, schimmen/dodenrijk;* ⟨fig.⟩ *hel.*

tart·ish ['tɑ:tɪʃ‖'tɑrtɪʃ]⟨bn.; -ly⟩ **0.1** ***wrangachtig*** ⇒*enigzins scherp/zuur, zurig* ◆ **1.1** a ~ taste *een enigszins zure smaak.*

tart·let ['tɑ:tlɪt‖'tɑrt-]⟨telb.zn.⟩ **0.1** ***taartje.***

tar·trate ['tɑ:treɪt‖'tɑr-]⟨n.-telb.zn.⟩⟨schei.⟩ **0.1** ***tartraat*** ⟨zout v. wijnsteenzuur⟩.

Tar·tuf(f)e [tɑ:'tʊf‖tɑr-]⟨eig.n., telb.zn.; ook t-⟩ **0.1** ***Tartuffe*** ⇒*huichelaar, schijnheilige.*

'tart 'up ⟨f1⟩⟨ov.ww.⟩⟨inf.⟩ **0.1** ***opdirken*** ⇒*(ordinair) optutten, opdoffen, overdreven/smakeloos aankleden* ◆ **1.1** ~ a house *een huis kitscherig inrichten* **4.1** she tarted herself up *ze dirkte zich op.*

'tar·wa·ter ⟨n.-telb.zn.⟩ **0.1** ***teerwater.***

Tar·zan ['tɑ:zn,-zæn‖'tɑr-]⟨f1⟩⟨eig.n., telb.zn.⟩ **0.1** ***Tarzan.***

Tas ⟨afk.⟩ Tasmania, Tasmanian.

task[1] [tɑ:sk‖tæsk]⟨f3⟩⟨telb.zn.⟩ **0.1** ***taak*** ⇒*karwei, opdracht, plicht, (portie)huiswerk* ◆ **3.1** he gave us ~s *hij gaf ons opdrachten/taken;* that's quite a ~ *dat is een hele opgave/heel karwei* **3.¶** take s.o. to ~ (for) *iem. onderhanden nemen (vanwege), iem. flink aanpakken (om).*

task[2] ⟨ov.ww.⟩ **0.1** ***belasten*** ⇒*bezwaren, eisen stellen aan, veel vergen van, zwaar drukken op* **0.2** ***een taak opgeven*** ⇒*werk opdragen aan* ◆ **1.1** that man is ~ed too much *die man wordt te zwaar belast;* don't ~ your powers too much *eis niet te veel v. je krachten, stel je krachten niet te veel op de proef;* financial problems ~ him extremely *financiële problemen drukken enorm op hem.*

'task force, 'task group ⟨f1⟩⟨telb.zn.⟩ **0.1** ***speciale eenheid*** ⟨vnl. v. leger, politie⟩ ⇒*gevechtsgroep, eenheid met speciale opdracht, taakgroep.*

'task·mas·ter ⟨f1⟩⟨telb.zn.⟩ **0.1** ***taakgever*** ⇒*opdrachtgever, opzichter, opziener* ◆ **2.1** a hard ~ *een harde leermeester.*

'task·mis·tress ⟨f1⟩⟨telb.zn.⟩ **0.1** ***taakgeefster*** ⇒*opdrachtgeefster, opzichteres, opzienster.*

'task·work ⟨n.-telb.zn.⟩ **0.1** ***stukwerk*** **0.2** ***zwaar werk/karwei*** **0.3** ***opgegeven werk.***

Tas·ma·ni·an[1] ['tæz'meɪniən]⟨zn.⟩
I ⟨eig.n.⟩ **0.1** ***Tasmaans*** ⇒*de Tasmaanse taal;*
II ⟨telb.zn.⟩ **0.1** ***Tasmaniër.***

Tasmanian[2] ⟨bn.⟩ **0.1** ***Tasmaans*** ◆ **1.1** ⟨dierk.⟩ ~ devil *Tasmaanse duivel, buidelduivel* ⟨marter; Sarcophilus harrisii⟩; ⟨dierk.⟩ ~ tiger/wolf *buidelwolf* ⟨Thylacinus cynocephalus⟩.

tass [tæs]⟨telb.zn.⟩⟨Sch. E⟩ **0.1** ***slokje*** ⇒*teugje* **0.2** ***borreltje*** **0.3** ***bekertje*** ⇒*kroesje* ◆ **1.1** have a ~ of whisky *aan de whisky nippen, een klein slokje whisky nemen.*

Tass [tæs]⟨afk.⟩ Telegrafnoye agenstvo Sovetskovo Soyuza **0.1** ***TASS.***

TASS [tæs]⟨afk.⟩ Technical, Administrative, and Supervisory Section (of the AUEW).

tasse, tace [tæs], **tas·set** ['tæsɪt]⟨telb.zn.⟩⟨gesch.⟩ **0.1** ***strip dijharnas*** ⇒*harnasstuk, harnasplaat* ⟨over dijbenen⟩ ◆ **3.1** he wore shining ~s *hij droeg een blinkend(e) dijharnas/harnasrok.*

tas·sel[1] ['tæsl]⟨telb.zn.⟩ **0.1** ***kwastje*** ⟨v. gordijn enz.⟩ **0.2** ***leeswijzer*** ⇒*lintje* ⟨in boek⟩ **0.3** ⟨plantk.⟩ ***pluim*** ⟨bloeiwijze⟩ **0.4** ***houten/stenen/ijzeren steun*** ⇒*stut* ⟨v. balk⟩.

tassel[2] ⟨ww.; →ww. 7⟩
I ⟨onov.ww.⟩⟨AE⟩ **0.1** ***pluimen vormen*** ⟨v. mais⟩;
II ⟨ov.ww.⟩ **0.1** ***v. kwastjes voorzien*** ⇒*versieren met kwasten* ◆ **1.1** a ~led cushion *een kussen met kwasten.*

tassie ['tæsi]⟨telb.zn.⟩⟨schr.; Sch. E⟩ **0.1** ***kopje*** ⇒*bekertje, klein kopje.*

Tas·sie, Tas·sy ['tæzi]⟨zn.; →mv. 2⟩⟨Austr. E; inf.⟩
I ⟨eig.n.⟩ **0.1** ***Tasmanië;***
II ⟨telb.zn.⟩ **0.1** ***Tasmaniër.***

tast·a·ble, taste·a·ble ['teɪstəbl]⟨bn.⟩ **0.1** ***te proeven*** ⇒*voor proeven vatbaar.*

taste[1] [teɪst]⟨f3⟩⟨zn.⟩⟨→sprw. 168, 645⟩
I ⟨telb.zn.⟩ **0.1** ***kleine hoeveelheid*** ⇒*hapje, slokje; beetje, ietsje, tikkeltje* **0.2** ***ervaring*** ⇒*ondervinding* **0.3** ⟨sl.⟩ ***neukpartij*** ◆ **1.1** have a ~ of this cake/wine *proef eens een hapje/slokje van deze cake/wijn;* ⟨fig.⟩ give s.o. a ~ of his own medicine *iem. met gelijke munt (terug) betalen, iem. een koekje v. eigen deeg geven* **1.2** give s.o. a ~ of the whip *iem. de zweep laten voelen* **2.1** it is a ~ better than before *het is een tikkeltje beter dan voorheen;*
II ⟨telb. en n.-telb.zn.⟩ **0.1** ***smaak*** ⇒*smaakje* **0.2** ***smaak*** ⇒*voorkeur, genoegen* ◆ **2.1** leave a bad/nasty/unpleasant ~ in the mouth *een bittere/onaangename nasmaak hebben* ⟨ook fig.⟩ **2.2** expensive ~(s) *dure smaak/smaken* **3.2** there is no accounting for/disputing about ~s *over smaak valt niet te twisten* **4.2** everyone to his ~ *ieder zijn meug;* it is not to my ~ *het is niet mijn smaak/is niet naar mijn zin* **6.2** have (a) ~ **for** music *genoegen scheppen in muziek;* add sugar **to** ~ *suiker toevoegen naar smaak/wens* **7.1** cigarettes with more ~ and less tar *sigaretten met meer smaak en minder teer;*
III ⟨n.-telb.zn.⟩ **0.1** ***smaak(zin)*** **0.2** ***smaak*** ⇒*schoonheidszin; gevoel* ⟨voor gepast gedrag e.d.⟩ **0.3** ***smaak*** ⇒*mode, trant, stijl* ◆ **2.2** that is good/bad ~ *dat getuigt v. goede/slechte smaak;* in good ~ *smaakvol; behoorlijk* **2.3** in the mediaeval ~ *in de middeleeuwse trant/stijl* **3.1** my ~ is gone *ik proef niets meer, mijn smaakzin is verdwenen* **6.1** sweet **to** the ~ *zoet v. smaak* **6.2** the remark was **in** bad ~ *de opmerking was onbehoorlijk/onkies/getuigde v. slechte smaak;* furnished **with** ~ *met smaak ingericht.*

taste[2] ⟨f3⟩⟨ww.⟩
I ⟨onov.ww.⟩ **0.1** ***smaken*** **0.2** ⟨schr.⟩ ***de ervaring hebben*** ◆ **1.1** the soup ~s good *de soep smaakt lekker* **6.1** the apples ~ **like** melon *de appels smaken naar meloen;* the pudding ~d **of** garlic *de pudding smaakte naar knoflook* **6.2** the valiant ~ **of** death but once *de moedigen leren de dood slechts éénmaal kennen/gaan de dood niet uit de weg;*
II ⟨ov.ww.⟩ **0.1** ***proeven*** ⇒*keuren* **0.2** ***smaken*** ⇒*proeven, aanraken* ⟨voedsel e.d.⟩ **0.3** ***ervaren*** ⇒*ondervinden* **0.4** ***een smaak(je) geven*** ◆ **1.1** ~ cheese/wine *kaas/wijn proeven/keuren* **1.2** ⟨fig.⟩ ~ blood *genoegen scheppen in de nederlaag v.e. tegenstander;* he has not ~d food or drink for days *hij heeft dagenlang geen voedsel of drank aangeraakt* **1.3** ~ defeat *het onderspit delven;* ~ the pleasures of life *van de genoegens v.h. leven genieten* **6.4** a cake ~ed **with** maraschino *een cake met een marasquinsmaakje.*

tasteable →tastable.

'taste bud ⟨telb.zn.⟩ **0.1** ***smaakknop*** ⇒*smaakpapil.*

taste·ful ['teɪstfl]⟨f1⟩⟨bn.; -ly; -ness⟩ **0.1** ***smaakvol*** ⇒*v. goede smaak getuigend.*

taste·less ['teɪstləs]⟨f1⟩⟨bn.; -ly; -ness⟩ **0.1** ***smaakloos*** ⇒*geen smaak hebbend* **0.2** ***smakeloos*** ⇒*v. slechte smaak getuigend.*

'taste·mak·er ⟨f1⟩⟨telb.zn.⟩ **0.1** ***smaakmaker.***

tast·er ['teɪstə‖-ər]⟨f1⟩⟨telb.zn.⟩ **0.1** ***(kaas/wijn)proever*** ⇒⟨gesch.⟩ *voorproever* **0.2** ***proefje*** ⟨v. voedsel e.d.⟩ ⇒*monster* **0.3** ***taste-vin*** ⇒*proefbekertje* **0.4** ***kaasboor*** **0.5** ⟨BE⟩ ***portie ijs in een schaaltje.***

tast·y ['teɪsti]⟨f2⟩⟨bn.; -er; -ly; -ness; →bijw. 3⟩ **0.1** ***smakelijk*** **0.2** ***hartig.***

tat[1] [tæt]⟨f1⟩⟨zn.⟩
I ⟨telb.zn.⟩ **0.1** ***klap;***
II ⟨n.-telb.zn.⟩⟨BE; inf.⟩ **0.1** ***ruwe stof*** ⇒*vodden* **0.2** ***troep*** ⇒*rommel.*

tat[2], **tatt** ⟨onov. en ov.ww.⟩ **0.1** ***frivolité maken*** ⇒*frivolité knopen/klossen* ◆ **5.1** ~ **up** *opknappen, bijwerken.*

ta·ta [tæ'tɑ:]⟨tussenw.⟩⟨BE; kind.⟩ **0.1** ***dada*** ⇒*da-ag.*

ta·ta·mi [tə'tɑ:mi]⟨telb.zn.; ook tatami; →mv. 5⟩ **0.1** ***Japanse stromat*** ⇒⟨vechtsport⟩ *tatami, wedstrijdmat.*

Tatar →tartar, Tartar.

tat·as ['tætɑ:z]⟨n.-telb.zn.⟩⟨kind.⟩ **0.1** ***dada*** ⇒*wandeling* ◆ **3.1** go ~ *dada gaan, stap-stap gaan doen.*

ta·ter ['teɪtə‖'teɪtər]⟨f1⟩⟨telb.zn.⟩⟨gew.; inf.⟩ **0.1** ***aardappel*** ⇒*pieper,* ⟨B.⟩ *patat.*

tat·ter[1] ['tætə‖'tæṭər]⟨telb.zn.⟩ **0.1** ***flard*** ⇒*lomp, vod, lap* **0.2** ***klosser*** ⟨v. frivolité⟩ **0.3** ⟨BE; gew.⟩ ***haast*** ◆ **6.1** dressed **in** ~s *in lompen gekleed;* tear **to** ~s *aan flarden scheuren, kapotmaken* ⟨ook fig.⟩; go **to** ~s *kapot gaan* ⟨vnl. fig.⟩ **6.3 in** a ~ *gehaast.*
tatter[2] ⟨ww.⟩ →tattered
  I ⟨onov.ww.⟩ **0.1** ***aan flarden gaan*** ⇒*aftakelen;*
  II ⟨ov.ww.⟩ **0.1** ***aan flarden scheuren.***
tat·ter·de·ma·lion ['tætədə'meɪlɪən‖'tæṭər-]⟨telb.zn.⟩ **0.1** ***in lompen gekleed persoon*** ⇒*vogelverschrikker, voddenpop.*
tat·ter·ed ['tætəd‖'tæṭərd]⟨f2⟩⟨bn.; volt. deelw. v. tatter⟩ **0.1** ***haveloos*** ⇒*aan flarden* ⟨kleren⟩ **0.2** ***in lompen gekleed*** ⟨persoon⟩.
Tat·ter·sall ['tætəsɔ:l‖'tæṭərsɔl], ⟨in bet. I ook⟩ **'tattersall 'check** ⟨zn.⟩
  I ⟨telb. en n.-telb.zn.⟩ **0.1** ***ruitenpatroon met donkere ruiten op lichtere achtergrond;***
  II ⟨n.-telb.zn.⟩ **0.1** ***Schotse stof met donkere ruiten op lichtere achtergrond.***
tat·tie ['tæṭi]⟨telb.zn.⟩⟨Sch. E⟩⟨inf.⟩ **0.1** ***aardappel.***
tat·ting ['tæṭɪŋ]⟨n.-telb.zn.⟩ **0.1** ***frivolité*** ⇒*kantwerk met lussen en bogen* **0.2** ***het knopen v. frivolité.***
tat·tle[1] ['tæṭl]⟨n.-telb.zn.⟩ **0.1** ***gebabbel*** ⇒*geklets, geroddel* **0.2** ***geklik.***
tat·tle[2] ⟨ww.⟩
  I ⟨onov.ww.⟩ **0.1** ***babbelen*** ⇒*kletsen, roddelen* **0.2** ***klikken*** ◆ **6.¶** ~ **on** s.o. *over iem. klikken/roddelen;*
  II ⟨ov.ww.⟩ **0.1** ***verklikken.***
tat·tler ['tætlə‖-ə]⟨f1⟩⟨telb.zn.⟩ **0.1** ***kletskous*** ⇒*kletsmeier* **0.2** ***klikspaan*** **0.3** ⟨dierk.⟩⟨ben. voor⟩ ***ruiter*** ⟨vogel; vnl. genus Totanus/ Heterosalus⟩ **0.4** ⟨sl.⟩ ***nachtwaker*** **0.5** ⟨sl.⟩ ***wekker.***
'tat·tle·tale ⟨telb.zn.⟩⟨AE⟩ **0.1** ***klikspaan.***
tat·too[1] [tæ'tu:]⟨f1⟩⟨telb.zn.⟩ **0.1** ***taptoe*** ⟨trommel/klaroensignaal⟩ **0.2** ***taptoe*** ⇒*militaire avondparade* **0.3** ***tromgeroffel*** **0.4** ***tatoeëring*** ⇒⟨in mv. ook⟩ *tatoeage* **0.5** ⟨Ind. E⟩ ***in Indië gefokte pony*** ◆ **1.3** devil's ~ *zenuwachtig getrommel met de vingers* **3.1** beat/sound the ~ *taptoe slaan/blazen.*
tattoo[2] ⟨f1⟩⟨ww.⟩
  I ⟨onov.ww.⟩ **0.1** ***trommelen*** ⟨op trommel, met vingers e.d.⟩;
  II ⟨ov.ww.⟩ **0.1** ***tatoeëren.***
tat·ty ['tæṭi]⟨bn.; -er; -ly; →bijw. 3⟩ **0.1** ***slordig*** ⇒*slonzig, sjofel, aftands; verward* ⟨v. haar⟩ **0.2** ***kitscherig*** ⇒*druk, goedkoop, inferieur* ◆ **1.1** ~ clothes *sjofele kleren* **1.2** a ~ Christmas tree *een drukke/overversierde/kitscherige kerstboom.*
tau [taʊ, tɔ:]⟨telb.zn.⟩ **0.1** ***tau*** ⟨19e letter v.h. Griekse alfabet⟩.
'tau cross ⟨telb.zn.⟩ **0.1** ***taukruis*** ⇒*krukkruis, Sint-Antoniuskruis.*
taught [tɔ:t]⟨verl.t. en volt. deelw.⟩ →teach.
taunt[1] [tɔ:nt‖tɔnt, tɑnt]⟨f1⟩⟨telb.zn.; vaak mv.⟩ **0.1** ***schimpscheut*** ⇒*beschimping, bespotting;* ⟨in mv.⟩ *spot, hoon.*
taunt[2] ⟨bn.⟩ **0.1** ⟨scheep.⟩ ***buitengewoon hoog*** ⟨v. mast⟩.
taunt[3] ⟨f2⟩⟨ov.ww.⟩ **0.1** ***honen*** ⇒*beschimpen, hekelen, tergen* ◆ **6.1** they ~ed him **into** losing his temper *ze tergden hem tot hij in woede uitbarstte;* the boys ~ed her **with** her red hair *de jongens scholden haar uit vanwege haar rode haar.*
taunt·ing·ly ['tɔ:ntɪŋli‖'tɔnṭɪŋli, 'tɑ-]⟨f1⟩⟨bw.⟩ **0.1** ***honend*** ⇒*op schimpende/tergende toon/wijze.*
Taun·ton turkey ['tɔ:ntən 'tɜ:ki‖'tɑntn 'tɜrki]⟨telb.zn.⟩⟨dierk.⟩ **0.1** ***haringachtige Am. zeevis*** ⟨Pomolobus pseudoharengus⟩.
taupe [toʊp]⟨n.-telb.zn.; ook attr.⟩ **0.1** ***donkergrijs met een vleugje bruin*** ⇒*taupe(kleurig).*
tau·rine ['tɔ:raɪn]⟨bn.⟩ **0.1** ***runder-*** ⇒*stiere(n)-, runderachtig.*
tau·rom·a·chy [tɔ:'rɒməki‖tɔ'rɑ-]⟨zn.; →mv. 2⟩
  I ⟨telb.zn.⟩ **0.1** ⟨vero.⟩ ***stieregevecht*** ⇒*tauromachie, corrida;*
  II ⟨n.-telb.zn.⟩ **0.1** ***het vechten tegen een stier*** ⇒*stierevechterskunst.*
Tau·rus ['tɔ:rəs]⟨zn.⟩
  I ⟨eig.n.⟩⟨astr., ster.⟩ **0.1** ***(de) Stier*** ⇒*Taurus;*
  II ⟨telb.zn.⟩⟨astr.⟩ **0.1** ***stier*** ⟨iem. geboren onder I⟩.
taut [tɔ:t]⟨f2⟩⟨bn.; -er; -ly; -ness⟩ **0.1** ***strak*** ⇒*gespannen* **0.2** ***keurig*** ⇒*netjes, in orde* **0.3** ***strikt*** ⇒*streng, nauwgezet* ◆ **1.1** a ~ expression *een gespannen uitdrukking;* ~ nerves/muscles *gespannen zenuwen/spieren* **3.1** haul/pull a rope ~ *een koord strak aantrekken/spannen.*
taut·en ['tɔ:tn]⟨ww.⟩
  I ⟨onov.ww.⟩ **0.1** ***zich spannen*** ⇒*strak/gespannen worden* ◆ **6.1** all his muscles ~ed **under** the effort *al zijn spieren spanden zich v.d. inspanning;*
  II ⟨ov.ww.⟩ **0.1** ***spannen*** ⇒*aanhalen, aantrekken.*
tau·to- ['tɔ:ṭoʊ] **0.1** ***tauto-*** ⇒*v./met/behorend tot de/hetzelfde* ◆ **¶.1** tautochronic *tautochroon;* ⟨biol.⟩ tautonym *dubbele naam* ⟨bv. Carduelis carduelis⟩.
tau·tog, tau·taug ['tɔ:tɒg‖tɔ'tɔg, -'tɑg]⟨telb.zn.⟩⟨dierk.⟩ **0.1** ***donkere Am. zeevis*** ⟨Tautoga onitis⟩.
tau·to·log·ic [tɔ:tə'lɒdʒɪk‖'tɔṭl'ɑdʒɪk], **-ic·al** [-ɪkl]⟨f1⟩⟨bn.; -(al)ly; →bijw. 3⟩ **0.1** ***tautologisch.***
tau·tol·o·gism [tɔ:'tɒlədʒɪzm‖tɔ'tɑ-]⟨telb. en n.-telb.zn.⟩ **0.1** ***tautologie.***
tau·tol·o·gize, -gise [tɔ:'tɒlədʒaɪz‖tɔ'tɑ-]⟨onov.ww.⟩ **0.1** ***hetzelfde zeggen met andere woorden*** ⇒*tautologieën gebruiken.*
tau·tol·o·gous [tɔ:'tɒləgəs‖tɔ'tɑ-]⟨bn.⟩ **0.1** ***tautologisch.***
tau·tol·o·gy [tɔ:'tɒlədʒi‖tɔ'tɑ-]⟨f1⟩⟨telb. en n.-telb.zn.; →mv. 2⟩ **0.1** ***tautologie*** ⇒*(onnodige) herhaling* **0.2** ⟨logica⟩ ***tautologie*** ⇒*noodzakelijk ware uitspraak.*
tau·to·mer ['tɔ:təmə‖'tɔṭəmər]⟨telb.zn.⟩⟨schei.⟩ **0.1** ***tautomeer.***
tau·to·mer·ic ['tɔ:ṭə'merɪk]⟨bn.⟩⟨schei.⟩ **0.1** ***tautomeer.***
tau·tom·er·ism [tɔ:'tɒmərɪzm‖tɔ'tɑ-]⟨n.-telb.zn.⟩⟨schei.⟩ **0.1** ***tautomerie.***
tav·ern ['tævən‖-vərn]⟨f2⟩⟨telb.zn.⟩ **0.1** ***taveerne*** ⇒*herberg; kroeg, tapperij, bar.*
T & AVR ⟨afk.⟩⟨BE⟩ Territorial and Army Volunteer Reserve.
taw[1] [tɔ:]⟨zn.⟩
  I ⟨telb.zn.⟩ **0.1** ***grote knikker;***
  II ⟨n.-telb.zn.⟩ **0.1** ***(soort) knikkerspel*** **0.2** ***streep bij het knikkerspel.***
taw[2] ⟨onov. en ov.ww.⟩⟨lederbewerking⟩ **0.1** ***witlooien.***
taw·dry[1] ['tɔ:dri]⟨n.-telb.zn.⟩ **0.1** ***smakeloze opschik.***
tawdry[2] ⟨bn.; -er; -ly; -ness; →bijw. 3⟩ **0.1** ***opzichtig*** ⇒*smakeloos, opgedirkt, opgetakeld, (kakel)bont.*
taw·er ['tɔ:ə‖'tɔər]⟨telb.zn.⟩ **0.1** ***witlooier.***
taw·ny, taw·ney ['tɔ:ni]⟨f1⟩⟨bn.⟩ **0.1** ***getaand*** ⇒*taankleurig, geelbruin* ◆ **1.¶** ⟨dierk.⟩ ~ eagle *steppenarend* ⟨Aquila (nipalensis) rapax⟩; ⟨dierk.⟩ ~ owl *bosuil* ⟨Strix aluco⟩; ⟨dierk.⟩ ~ pipit *duinpieper* ⟨Anthus campestris⟩.
taws(e) [tɔ:z]⟨telb.zn.; ook mv.⟩⟨Sch. E⟩ **0.1** ***knoet/riem*** ⟨vnl. om kinderen te slaan⟩.
tax[1] [tæks]⟨f3⟩⟨zn.⟩
  I ⟨telb.zn.; geen mv.⟩ **0.1** ***last*** ⇒*druk, gewicht* ◆ **6.1** lay/be a ~ **on** *veel vergen van;*
  II ⟨telb. en n.-telb.zn.⟩ **0.1** ***belasting*** ⇒*rijksbelasting, schatting* **0.2** ⟨AE⟩ ***lokale belasting*** **0.3** ⟨AE⟩ ***contributie*** ⟨v. leden v. organisatie⟩ ◆ **2.1** direct ~ *directe belasting;* indirect ~ *indirecte belasting;* value-added ~ *belasting op de toegevoegde waarde, BTW.*
tax[2] ⟨f2⟩⟨ov.ww.⟩ **0.1** ***belasten*** ⇒*belastingen opleggen* **0.2** ***veel vergen van*** ⇒*hoge eisen stellen aan, zwaar op de proef stellen, belasten* **0.3** ⟨jur.⟩ ***schatten*** ⇒*vaststellen* ⟨kosten⟩ ◆ **1.2** ~ your memory *denk eens goed na* **6.¶** →tax **with.**
taxa ⟨mv.⟩ →taxon.
tax·a·bil·i·ty ['tæksə'bɪləṭi]⟨n.-telb.zn.⟩ **0.1** ***belastbaarheid.***
tax·a·ble[1] ['tæksəbl]⟨telb.zn.⟩ **0.1** ***belastbare zaak/persoon.***
taxable[2] ⟨f1⟩⟨bn.; -ness⟩ **0.1** ***belastbaar.***
'tax agent ⟨telb.zn.⟩ **0.1** ***belastingconsulent/adviseur.***
'tax assessment ⟨telb. en n.-telb.zn.⟩ **0.1** ***belastingaanslag.***
'tax assessor ⟨telb.zn.⟩⟨AE⟩ **0.1** ***inspecteur der belastingen.***
tax·a·tion [tæk'seɪʃn]⟨f2⟩⟨n.-telb.zn.⟩ **0.1** ***het belasten*** ⇒*het belast worden* **0.2** ***belasting(gelden)*** **0.3** ***belastingsysteem.***
'tax avoidance ⟨n.-telb.zn.⟩ **0.1** ***belastingontwijking.***
'tax burden ⟨telb.zn.⟩ **0.1** ***belastingdruk.***
'tax collector ⟨f1⟩⟨telb.zn.⟩ **0.1** ***ontvanger*** ⟨v. belastingen⟩.
'tax cut ⟨telb.zn.⟩ **0.1** ***belastingverlaging.***
'tax-cut·ting ⟨bn.⟩ **0.1** ***belastingverlagend*** ◆ **1.1** a ~ proposal *een voorstel tot belastingverlaging.*
'tax-de'duct·i·ble ⟨bn.⟩ **0.1** ***aftrekbaar v.d. belastingen.***
'tax device ⟨telb.zn.⟩ **0.1** ***belastingtruc.***
'tax disc ⟨telb.zn.⟩⟨BE⟩ **0.1** ***belastingplaatje*** ⟨op voorruit v. auto aan te brengen⟩ ⇒⟨ong.⟩ *deel III* ⟨v.h. kentekenbewijs⟩.
'tax dodge ⟨f1⟩⟨telb.zn.⟩⟨inf.⟩ **0.1** ***belasting(ontduikings)truc.***
'tax-dodg·er ⟨telb.zn.⟩⟨inf.⟩ **0.1** ***belastingontduiker.***
'tax environment ⟨telb.zn.⟩ **0.1** ***belastingklimaat.***
tax·er ['tæksə‖-ər]⟨telb.zn.⟩ **0.1** ***zetter*** ⟨bij belastingen⟩.
'tax evader ⟨telb.zn.⟩ **0.1** ***belastingontduiker.***
'tax evasion ⟨n.-telb.zn.⟩ **0.1** ***belastingontduiking.***
'tax exemption ⟨telb. en n.-telb.zn.⟩ **0.1** ***belastingvrijstelling.***
'tax exile, 'tax expatriate ⟨telb.zn.⟩ **0.1** ***belastingemigrant.***
'tax-farm·er ⟨telb.zn.⟩ **0.1** ***belastingpachter.***
'tax form ⟨telb.zn.⟩ **0.1** ***belastingformulier.***
'tax-'free ⟨f1⟩⟨bn.⟩ **0.1** ***belastingvrij*** **0.2** ***na belasting*** ⟨bv. dividend⟩.
'tax haven ⟨telb.zn.⟩ **0.1** ***belastingparadijs.***
'tax hike ⟨telb.zn.⟩⟨vnl. AE⟩ **0.1** ***belastingverhoging*** ◆ **6.1** a ~ **on** petroleum products *een verhoging v.d. belasting op aardolieprodukten.*
tax·i[1] ['tæksi]⟨f3⟩⟨telb.zn.; ook -es⟩ **0.1** ***taxi*** ⇒*huurauto, huurboot, huurvliegtuig.*
taxi[2] ⟨f1⟩⟨onov. en ov.ww.; teg. deelw. ook taxying; derde pers.

teg. t. ook taxies⟩ **0.1** ***(doen) taxiën*** **0.2** ***in een taxi rijden / vervoeren.***
'tax·i·cab ⟨telb.zn.⟩ **0.1** ***taxi*** ⇒*huurauto.*
'Tax·i·card ⟨telb.zn.⟩ ⟨BE⟩ **0.1** ***taxireductiekaart*** ⟨voor mindervaliden in Londen⟩.
'taxi dancer ⟨telb.zn.⟩ **0.1** ***gehuurde danspartner.***
tax·i·der·mal ['tæksɪ'dɜ:ml‖-'dɜr-], **tax·i·der·mic** [-mɪk] ⟨bn.⟩ **0.1** ***taxidermisch.***
tax·i·der·mist ['tæksɪdɜ:mɪst‖-dɜr-] ⟨telb.zn.⟩ **0.1** ***taxidermist*** ⇒*opzetter v. dieren, preparateur.*
tax·i·der·my ['tæksɪdɜ:mi‖-dɜr-] ⟨n.-telb.zn.⟩ **0.1** ***taxidermie*** ⟨opzetten v. dieren⟩.
'taxi driver ⟨f1⟩ ⟨telb.zn.⟩ **0.1** ***taxichauffeur.***
tax·i·man ['tæksimən] ⟨telb.zn.; taximen [-mən]; →mv. 3⟩ ⟨vnl. BE⟩ **0.1** ***taxichauffeur.***
tax·i·me·ter ['tæksimi:tə‖-mi:ţər] ⟨f1⟩ ⟨telb.zn.⟩ **0.1** ***taxa / taximeter.***
'tax·i·plane ⟨telb.zn.⟩ **0.1** ***taxivliegtuig*** ⇒*huurvliegtuig, luchttaxi.*
'taxi rank, ⟨vnl. AE⟩ **'taxi stand** ⟨telb.zn.⟩ **0.1** ***taxistandplaats.***
tax·is ['tæksɪs] ⟨telb. en n.-telb.zn.; taxes [-si:z]; →mv. 5⟩ **0.1** ⟨biol.⟩ ***taxis*** ⟨beweging v. organismen gericht door een prikkel⟩ **0.2** ⟨med.⟩ ***taxis*** ⟨het op zijn plaats brengen v.e. verschoven wervel enz.⟩.
-tax·is ['tæksɪs], **-tax·y** ['tæksi] **0.1** ***-taxis*** ⇒*-taxie* ⟨ordening, schikking⟩ ◆ **¶.1** ⟨biol.⟩ chemotaxis *chemotaxis;* ⟨plantk.⟩ phyllotaxy *phyllotaxis, bladstand.*
'taxi strip, 'tax·i·way ⟨telb.zn.⟩ **0.1** ***taxibaan*** ⟨voor vliegtuigen⟩.
'tax law ⟨telb.zn.⟩ **0.1** ***belastingwet.***
'tax lawyer ⟨telb.zn.⟩ ⟨AE⟩ **0.1** ***fiscaal jurist.***
'tax·man ⟨f1⟩ ⟨zn.⟩
I ⟨telb.zn.⟩ **0.1** ***belastingontvanger;***
II ⟨n.-telb.zn.; the⟩ ⟨inf.⟩ **0.1** ***belastingen*** ⇒*fiscus.*
tax·on ['tæksɒn‖'tæksɑn] ⟨telb.zn.; taxa [-sə]; →mv. 5⟩ ⟨biol.⟩ **0.1** ***taxon*** ⇒*taxonomische groep.*
tax·o·nom·ic ['tæksə'nɒmɪk‖-'nɑmɪk], **tax·o·nom·i·cal** [-ɪkl] ⟨bn.⟩ **0.1** ***taxonomisch.***
tax·on·o·mist [tæk'sɒnəmɪst‖-'sɑ-] ⟨telb.zn.⟩ **0.1** ***taxonoom.***
tax·on·o·my [tæk'sɒnəmi‖-'sɑ-] ⟨telb. en n.-telb.zn.; →mv. 2⟩ ⟨vnl. biol., taalk.⟩ **0.1** ***taxonomie.***
'tax·pay·er ⟨f2⟩ ⟨telb.zn.⟩ **0.1** ***belastingbetaler.***
'tax policy ⟨telb.zn.⟩ **0.1** ***belastingpolitiek.***
'tax rate ⟨telb.zn.⟩ **0.1** ***belastingtarief.***
'tax rebate ⟨telb.zn.⟩ **0.1** ***belastingteruggave.***
'tax reform ⟨telb. en n.-telb.zn.⟩ **0.1** ***belastinghervorming.***
'tax rejection ⟨n.-telb.zn.⟩ **0.1** ***weigering belasting te betalen.***
'tax relief ⟨n.-telb.zn.⟩ ⟨BE⟩ **0.1** ***belastingvermindering / verlaging.***
'tax return ⟨telb.zn.⟩ **0.1** ***belastingaangifte*** ⇒*aangiftebiljet.*
'tax revenues ⟨mv.⟩ **0.1** ***belastinginkomsten.***
'tax shelter ⟨telb.zn.⟩ ⟨hand.⟩ **0.1** ***constructie ter ontduiking v. belasting.***
'tax stamp ⟨telb.zn.⟩ **0.1** ***belastingzegel.***
'tax take ⟨telb. en n.-telb.zn.⟩ ⟨AE; inf.⟩ **0.1** ***belastinggelden*** ⇒*belastingopbrengst.*
'tax with ⟨onov.ww.⟩ **0.1** ***beschuldigen van*** ⇒*ten laste leggen, betichten van* **0.2** ***rekenschap vragen voor*** ⇒*op het matje roepen wegens.*
'tax year ⟨telb.zn.⟩ **0.1** ***belastingjaar*** ⇒*fiscaal jaar.*
tb, TB ⟨afk.⟩ **0.1** ⟨torpedo boat⟩ **0.2** ⟨trial balance⟩ **0.3** ⟨tubercle bacillus, tuberculosis⟩ *t.b.(c.).*
'T-bar ⟨telb.zn.⟩ **0.1** ***T-balk.***
'T-bone('steak) ⟨f1⟩ ⟨telb.zn.⟩ **0.1** ***T-bone steak*** ⇒*biefstuk v.d. rib.*
tbs(p) ⟨afk.⟩ tablespoon(ful).
TC ⟨afk.⟩ tank corps.
TCD ⟨afk.⟩ Trinity College, Dublin.
td, TD ⟨afk.⟩ touchdown.
TD ⟨afk.⟩ Territorial (Officer's) Decoration; Teachta Dala ⟨IE⟩ ⟨parlementslid⟩.
'T-dress ⟨telb.zn.⟩ **0.1** ***lang T-shirt*** ⟨als jurk te dragen⟩.
tea[1] [ti:] ⟨f3⟩ ⟨zn.⟩
I ⟨telb.zn.⟩ **0.1** ***(kopje) thee*** **0.2** →tea rose;
II ⟨telb. en n.-telb.zn.⟩ ⟨vnl. BE⟩ **0.1** ***thee*** ⟨lichte maaltijd, om 5 uur 's middags⟩ ⇒*theevisite / kransje, het theedrinken* ◆ **3.1** what are we having for tea? *wat eten we vanavond?* **6.1** they were **at** ~ *ze waren aan het theedrinken;*
III ⟨n.-telb.zn.⟩ **0.1** ***thee*** **0.2** ⟨plantk.⟩ ***thee*** ⇒*theeplant / struik* ⟨Thea sinensis⟩ **0.3** ***thee(bladeren / bloemen)*** **0.4** ***(kruiden / vlees) aftreksel*** **0.5** ⟨sl.⟩ ***shit*** ⇒*marihuana* **0.6** ***theeroos*** ◆ **1.¶** ⟨inf.; scherts.⟩ not for all the ~ in China *voor geen goud, voor niets ter wereld;* ⟨inf.⟩ ~ and sympathy *troost, schouderklopje* **3.1** have ~ *theedrinken;* make ~ *thee zetten.*
tea[2] ⟨ww.⟩
I ⟨onov.ww.⟩ **0.1** ***theedrinken;***
II ⟨ov.ww.⟩ **0.1** ***op thee onthalen.***
'tea bag ⟨f1⟩ ⟨telb.zn.⟩ **0.1** ***theezakje*** ⇒*theebuiltje.*
'tea ball ⟨telb.zn.⟩ **0.1** ***theeëi.***
'tea basket ⟨telb.zn.⟩ ⟨BE⟩ **0.1** ***picknickmandje.***
'tea-break ⟨f1⟩ ⟨telb.zn.⟩ **0.1** ***thee / koffiepauze.***
'tea-cad·dy ⟨telb.zn.⟩ **0.1** ***theebus*** ⇒*theedoosje, theetrommel, theeblik.*
'tea·cake ⟨telb.zn.⟩ **0.1** ⟨BE⟩ ***krenten / theebroodje*** **0.2** ⟨AE⟩ ***koekje.***
teach[1] [ti:tʃ] ⟨telb.zn.⟩ ⟨verk.⟩ teacher ⟨AE; inf.; aanspreekvorm⟩ **0.1** ***mevrouw / mijnheer*** ⟨tegen leraar / lerares⟩.
teach[2] ⟨ww.; taught, taught [tɔ:t]⟩ ⟨→sprw. 771⟩
I ⟨onov. en ov.ww.⟩ **0.1** ***onderwijzen*** ⇒*leren, lesgeven, doceren, onderrichten, bijbrengen, voor de klas staan* ◆ **1.1** ~ s.o. chess, ~ chess to s.o. *iem. leren schaken;* ⟨AE⟩ ~ school *onderwijzer(es) / docent(e) zijn* **3.1** be taught (how) to swim *zwemmen leren* **6.1** ~ **at** a school *in / op een school lesgeven;*
II ⟨ov.ww.⟩ **0.1** ***(af)leren*** **0.2** ***doen inzien*** ⇒*leren* ◆ **1.2** the bible ~es us that … *uit de bijbel leren wij dat …, de bijbel leert ons dat …;* experience taught him that … *bij ondervinding wist hij dat …* **3.1** I will ~ him to betray our plans *ik zal hem leren onze plannen te verraden.*
teach·a·bil·i·ty ['ti:tʃə'bɪləţi] ⟨n.-telb.zn.⟩ **0.1** ***overdraagbaarheid*** **0.2** ***ontvankelijkheid voor onderwijs.***
teach·a·ble ['ti:tʃəbl] ⟨bn.; -ly; -ness; →bijw. 3⟩ **0.1** ***onderwijsbaar*** ⇒*overdraagbaar* **0.2** ***ontvankelijk voor onderwijs*** ⇒*leergierig, dociel.*
teach·er ['ti:tʃə‖-ər] ⟨f4⟩ ⟨telb.zn.⟩ ⟨→sprw. 178⟩ **0.1** ***leraar / lerares*** ⇒*lesgever / geefster, docent(e)* **0.2** ***onderwijzer(es).***
'teachers(') college ⟨f1⟩ ⟨telb.zn.⟩ ⟨AE⟩ **0.1** ***onderwijsopleiding*** ⟨die meestal de graad van bachelor toekent⟩ ⇒*lerarenopleiding.*
teach·er·ship ['ti:tʃəʃɪp‖-tʃər-] ⟨zn.⟩
I ⟨telb.zn.⟩ **0.1** ***leraarsbetrekking*** ⇒*leraarsambt;*
II ⟨n.-telb.zn.⟩ **0.1** ***leraarschap.***
'tea-chest ⟨telb.zn.⟩ **0.1** ***theekist.***
'teach-in ⟨f1⟩ ⟨telb.zn.⟩ ⟨inf.⟩ **0.1** ***teach-in*** ⇒*(politiek) debat in universiteit.*
teach·ing ['ti:tʃɪŋ] ⟨f2⟩ ⟨zn.; (oorspr.) gerund v. teach⟩
I ⟨telb.zn.⟩ **0.1** ***leerstelling*** ◆ **1.1** the ~s of Jesus *de leer v. Jezus;*
II ⟨n.-telb.zn.⟩ **0.1** ***het lesgeven*** ⇒*onderwijs* **0.2** ***leer.***
'teaching aids ⟨mv.⟩ **0.1** ***leermiddelen*** ⇒⟨B.⟩ *didactisch materiaal.*
'teaching assistant ⟨telb.zn.⟩ ⟨AE⟩ **0.1** ⟨ong.⟩ ***assistent in opleiding*** ⇒*aio* ⟨promovendus belast met leeropdracht o.l.v. een professor⟩.
'teaching fellow ⟨telb.zn.⟩ ⟨vnl. BE⟩ **0.1** ⟨ong.⟩ ***student / kandidaat-assistent.***
'teaching hospital ⟨telb.zn.⟩ ⟨BE⟩ **0.1** ***academisch ziekenhuis.***
'teaching load ⟨telb.zn.⟩ **0.1** ***onderwijslast*** ⇒*aantal te geven lesuren / colleges.*
'teaching machine ⟨telb.zn.⟩ **0.1** ***onderwijsmachine / computer.***
'tea circle ⟨telb.zn.⟩ **0.1** ***theekrans(je).***
'tea-cloth, ⟨in bet. 0.2 ook⟩ **tea-towel** ⟨telb.zn.⟩ **0.1** ***theekleed*** ⇒*tafelkleedje* **0.2** ***theedoek*** ⇒*droogdoek.*
'tea-co·sy ⟨f1⟩ ⟨telb.zn.⟩ **0.1** ***theemuts*** ⇒*theebeurs, teacosy.*
'tea·cup ⟨f1⟩ ⟨telb.zn.⟩ **0.1** ***theekopje*** ⟨ook als maat⟩.
'tea·cup·ful ⟨telb.zn.; ook teacupsful; →mv. 6⟩ **0.1** ***theekopje*** ⟨als maat⟩.
'tea dance ⟨telb.zn.⟩ **0.1** ***thé dansant.***
'tea-fight ⟨telb.zn.⟩ ⟨inf.⟩ **0.1** ***thee*** ⇒*theevisite / maaltijd / slurperij.*
'tea·gar·den ⟨telb.zn.⟩ **0.1** ***theetuin*** ⇒*theeschenkerij, terras* **0.2** ***theeplantage.***
'tea·gown ⟨telb.zn.⟩ **0.1** ***middagjapon*** ⇒*middaggewaad, huisgewaad.*
'tea-grow·er ⟨telb.zn.⟩ **0.1** ***theeplanter.***
'tea·house ⟨telb.zn.⟩ **0.1** ***theehuis.***
teak [ti:k] ⟨f1⟩ ⟨zn.⟩
I ⟨telb.zn.⟩ ⟨plantk.⟩ **0.1** ***teak(boom)*** ⟨Tectona grandis⟩;
II ⟨n.-telb.zn.⟩ **0.1** ***teakhout*** ⇒*djatihout.*
'tea·ket·tle ⟨telb.zn.⟩ **0.1** ***waterketel*** ⇒*theeketel.*
teal [ti:l] ⟨telb.zn.; ook teal; →mv. 4⟩ ⟨dierk.⟩ **0.1** ***taling*** ⟨kleine wilde eend; genus Anas⟩ ⇒⟨i.h.b.⟩ *wintertaling* ⟨A. crecca⟩ ◆ **3.1** marbled ~ *marmereend* ⟨Marmaronetta angustirostris⟩.
tea-lead ['ti:led] ⟨n.-telb.zn.⟩ **0.1** ***theelood.***
'tea leaf ⟨telb.zn.⟩ **0.1** ***theeblad*** ⟨blad v. theeplant⟩ **0.2** ⟨BE; sl.⟩ ***jatter*** ⇒*gapper, dief, pikker* ◆ **3.¶** read the tea leaves *de toekomst voorspellen.*
team[1] [ti:m] ⟨f3⟩ ⟨telb.zn.⟩ **0.1** ***span*** ⟨v. trekdieren⟩ **0.2** ***combinatie v. trekdier(en) en voertuig*** **0.3** ***team*** ⇒*(sport)ploeg, elftal, equipe* **0.4** ***vlucht*** ⟨vogels⟩ **0.5** ⟨AE⟩ ***wagen*** ⇒*kar* **0.6** ⟨gew.⟩ ***toom*** ⇒*broedsel, nest.*
team[2] ⟨f1⟩ ⟨ww.⟩

I ⟨onov.ww.⟩ **0.1** ***een team vormen*** ◆ **5.1** ⟨inf.⟩ ~ **up** together *samen een team vormen, de handen in elkaar slaan;* ⟨inf.⟩ ~ **up** with *(gaan) samenwerken/spelen met;*
II ⟨ov.ww.⟩ **0.1** ***inspannen*** ⇒*aanspannen* **0.2** ⟨AE⟩ ***door een ploeg laten verrichten*** ⇒*aanbesteden* ⟨werk⟩ ◆ **5.1** ⟨inf.⟩ ~ **up** *laten samenwerken/samenspelen.*
'team bench ⟨telb.zn.⟩⟨sport⟩ **0.1** ***spelersbank.***
'team·mate ⟨f1⟩⟨telb.zn.⟩ **0.1** ***teamgenoot.***
'team player ⟨telb.zn.⟩⟨sport⟩ **0.1** ***teamspeler.***
'team spirit ⟨f1⟩⟨n.-telb.zn.⟩ **0.1** ***teamgeest*** ⇒*ploeggeest.*
team·ster ['ti:mstə||-ər], **team·er** ['ti:mə||-ər]⟨telb.zn.⟩ **0.1** ***voerman*** ⇒*menner* **0.2** ⟨AE⟩ ***truckchauffeur*** ⇒*vrachtwagenchauffeur.*
'team·work ⟨f1⟩⟨n.-telb.zn.⟩ **0.1** ***teamwork*** ⇒*groepsarbeid, door een span/ploeg verrichte arbeid* **0.2** ***samenwerking*** ⇒*samenspel.*
'tea-par·ty ⟨telb.zn.⟩ **0.1** ***theekransje*** ⇒*theevisite, theepartij.*
'tea·pot ⟨f2⟩⟨telb.zn.⟩ **0.1** ***theepot*** ⇒*trekpot* **0.2** ⟨(rol)schaatsen⟩ ***theepotje*** ⇒*pistooltje* ⟨op standbeen gehurkt met vrije voet recht naar voren⟩.
tea·poy ['ti:pɔɪ]⟨telb.zn.⟩ **0.1** ***theetafeltje*** ⟨meestal met drie poten⟩.
tear[1] [tɪə||tɪr]⟨f3⟩⟨telb.zn.⟩ **0.1** ***traan*** **0.2** ***drup(pel)*** ⇒*drop(pel)* **0.3** ⟨AE;sl.⟩ ***parel*** ◆ **3.1** break into ~s *in tranen uitbarsten;* move s.o. to ~s *iemand aan het huilen brengen/tot tranen bewegen;* shed ~s over sth. *tranen storten over, betreuren* ⟨i.h.b. iets/iem. dat/die het niet waard is⟩; ⟨fig.⟩ be bored to ~s *zich dood vervelen* **6.1** she was **in** ~s when I left *zij was in tranen toen ik wegging;* learn French **without** ~s! *leer Frans zonder moeite!.*
tear[2] [teə||ter]⟨f3⟩⟨telb.zn.⟩ **0.1** ***scheur*** **0.2** ***flard*** **0.3** ***(sneltrein)vaart*** ⇒*wilde ren;* ⟨fig.⟩ *haast, gejaagdheid* **0.4** ⟨AE;sl.⟩ ***fuif*** ⇒*braspartij* ◆ **6.3** he passed by **at** a ~ *hij kwam in een sneltreinvaart voorbij;* be **in** a ~ *reuze haast hebben* **6.4** be **on** a ~ *boemelen, aan de rol/zwier zijn* **6.¶** ⟨AE;sl.⟩ be **on** a ~ *woest/woedend zijn.*
tear[3] [tɪə||tɪr]⟨ww.⟩
I ⟨onov.ww.⟩ **0.1** ***tranen*** ⟨v.oog⟩;
II ⟨ov.ww.⟩ **0.1** ***doen tranen*** ⇒*met tranen vullen.*
tear[4] [teə||ter]⟨f3⟩⟨ww.; tore [tɔ:||tɔr]/⟨vero.⟩ tare [teə||ter], torn [tɔ:n||tɔrn]⟩
I ⟨onov.ww.⟩ **0.1** ***rennen*** ⇒⟨fig.⟩ *stormen, vliegen, razen* **0.2** ***scheuren*** ⇒*stuk gaan* **0.3** ***rukken*** ⇒*trekken* ◆ **1.1** ~ing hurry *vliegende haast;* be in a ~ing rage *razend zijn* **1.2** silk ~s easily *zijde scheurt makkelijk* **6.1** the boy tore **across** the street *de jongen vloog de straat over;* the car tore **down** the hill *de auto raasde de heuvel af;* ~ **in(to)** a room *een kamer binnenstormen;* ~ **up** the stairs *de trap opstormen* **6.3** ~ **at** sth. *aan iets rukken/trekken* **6.¶** →tear **into;**
II ⟨ov.ww.⟩ **0.1** ***(ver)scheuren*** ⇒*(open)rijten* **0.2** ***(uit)rukken*** ⇒*(uit)trekken* ◆ **1.1** ~ one's arm on barbed wire *zich de arm aan prikkeldraad openrijten;* ⟨fig.⟩ the country was torn by opposed interests *het land werd door tegengestelde belangen verscheurd;* the girl tore a hole in her coat *het meisje scheurde haar jas;* ~ to pieces/shreds *in stukken/snippers scheuren, aan flarden scheuren* **4.¶** ⟨inf.⟩ that has torn it *dat heeft alles bedorven/doet de deur dicht* **5.1** ~ **across** *doorscheuren, doormidden scheuren;* ~ out *uitscheuren;* ~ **up** *verscheuren;* ⟨fig.⟩ *te niet doen;* he wanted to ~ **up** the agreement *hij wou het akkoord te niet doen* **5.2** ~ down *afrukken/trekken;* he tore **up** the flowers *hij rukte de bloemen uit de grond* **5.¶** →tear **apart;** →tear **away;** →tear **off;** ~ **down** a building *een gebouw afbreken* **6.1** ⟨fig.⟩ be torn **between** love and hate *tussen liefde en haat in tweestrijd staan;* ~ **in** half/two *in tweeën scheuren;* ~ a picture **out of** a magazine *een foto uit een tijdschrift scheuren.*
tear·a·ble ['teərəbl||'terəbl]⟨bn.⟩ **0.1** ***te scheuren*** ◆ **1.1** this material is very ~ *deze stof scheurt snel.*
'tear a'part ⟨f1⟩⟨ov.ww.⟩ **0.1** ***verscheuren*** ⟨vnl. fig.⟩ **0.2** ***overhoop halen*** **0.3** ⟨inf.⟩ ***zich vernietigend uitlaten over*** **0.4** ⟨inf.⟩ ***uitschelden*** ◆ **1.1** the country was torn apart by religious contradictions *het land werd door godsdienstige tegenstellingen verscheurd* **1.2** my flat was torn apart during my absence *mijn flat werd tijdens mijn afwezigheid overhoopgehaald* **1.3** the critics tore his latest novel apart *de critici velden een vernietigend oordeel over zijn laatste roman.*
'tear·a·way[1] ⟨telb.zn.⟩⟨BE;inf.⟩ **0.1** ***herrieschopper*** ⇒*rellenschopper.*
tearaway[2] ⟨bn., attr.⟩ **0.1** ***ontstuimig*** ⇒*wild.*
'tear a'way ⟨ov.ww.⟩ **0.1** ***afrukken*** ⇒*af/wegtrekken/scheuren;* ⟨fig.⟩ *wegnemen, verwijderen* ◆ **1.1** ~ the elaborate rhetoric and you keep very little substance *neem de ingewikkelde retoriek weg en je houdt heel weinig substantie over;* ~ the wallpaper *het behang aftrekken* **4.1** ⟨fig.⟩ tear o.s. away from the party *het feest met tegenzin verlaten.*
tear-bag ['tɪəbæg||'tɪr-], **tear-pit** [-pɪt]⟨telb.zn.⟩⟨anat.⟩ **0.1** ***traanzakje.***
tear bomb ['tɪə bɒm||'tɪr bɑm]⟨telb.zn.⟩ **0.1** ***traangasbom.***
tear·drop ['tɪədrɒp||'tɪrdrɑp]⟨telb.zn.⟩ **0.1** ***traan.***
tear·er ['teərə||'terər]⟨telb.zn.⟩ **0.1** ***iem. die scheurt*** ⇒*scheurder.*
tear·ful ['tɪəfʊl||'tɪr-]⟨f2⟩⟨bn.; -ly; -ness⟩ **0.1** ***huilend*** ⇒*schreiend, betraand, vol tranen* **0.2** ***huilerig.***
'tear·gas ⟨ov.ww.⟩ **0.1** ***traangas gebruiken tegen.***
tear gas ['tɪə gæs||'tɪr-]⟨f1⟩⟨n.-telb.zn.⟩ **0.1** ***traangas.***
'tear into ⟨onov.ww.⟩ **0.1** ***inslaan*** ⟨bv. v. granaatscherf⟩ **0.2** ***in alle hevigheid aanvallen*** ⟨ook fig.⟩ ⇒*heftig tekeer gaan tegen.*
tear-jerk·er ['tɪəˌdʒɜ:kə||'tɪrˌdʒɜrkər]⟨telb.zn.⟩⟨inf.⟩ **0.1** ***tranentrekker*** ⇒*smartlap, sentimenteel verhaal/liedje/t.v.-programma* ⟨enz.⟩.
tear-jerk·ing ['tɪəˌdʒɜ:kɪŋ||'tɪrˌdʒɜrkɪŋ]⟨bn.⟩ **0.1** ***sentimenteel*** ⇒*pathetisch, aandoenlijk, ontroerend.*
tear·less ['tɪələs||'tɪr-]⟨bn.; -ly; -ness⟩ **0.1** ***zonder tranen.***
'tear 'off ⟨f1⟩⟨ov.ww.⟩ **0.1** ***afrukken*** ⇒*aftrekken, afscheuren;* ⟨fig.⟩ *wegnemen, verwijderen* **0.2** ⟨inf.⟩ ***snel doen*** ⇒*in elkaar flansen* ◆ **1.1** he tore off my coat *hij rukte mijn jas af;* ~ the plaster from the wall *het pleister v.d. muur afhalen;* ~ the veil of secrecy *de sluier v.d. geheimhouding oplichten* **1.2** ~ a letter *een brief in elkaar flansen;* ⟨AE;sl.⟩ ~ a piece (of ass) *een snel nummertje maken;* ⟨AE⟩ ~ some sleep *proberen tussendoor wat te slapen.*
tear-off ['teərɒf||'terɔf]⟨bn., attr.⟩ **0.1** ***scheur-*** ◆ **1.1** ~ calendar *scheurkalender.*
'tea·room ⟨f1⟩⟨telb.zn.⟩ **0.1** ***tearoom*** ⇒*theesalon* **0.2** ⟨AE;sl.⟩ ***herentoilet*** ⇒*urinoir* ⟨gebruikt door homo's⟩.
'tea rose ⟨telb.zn.⟩⟨plantk.⟩ **0.1** ***theeroos*** ⟨Rosa odorata⟩.
tear-sheet ['teəʃi:t||'ter-]⟨telb.zn.⟩ **0.1** ***uitgescheurde bladzij*** **0.2** ⟨druk.⟩ ***overdruk.***
tear·strip ['teəstrɪp||'ter-]⟨telb.zn.⟩ **0.1** ***scheurstrook.***
tease[1] [ti:z]⟨f2⟩⟨zn.⟩
I ⟨telb.zn.⟩ **0.1** ***plaaggeest*** ⇒*kwelgeest* **0.2** ***flirt*** ⇒*droogverleidster* **0.3** ⟨hand.⟩ ***teaser-advertentie*** ⟨die informatie achterhoudt om nieuwsgierig te maken⟩;
II ⟨telb. en n.-telb.zn.⟩ **0.1** ***plagerij*** ⇒*geplaag.*
tease[2] ⟨f3⟩⟨ov.ww.⟩ **0.1** ***plagen*** ⇒*lastig vallen, pesten, sarren, kwellen* **0.2** ***opgewonden doen raken*** ⇒*opvallend flirten met, opgeilen* **0.3** ***afvleien*** ⇒*ontlokken* **0.4** ***touperen*** ⟨haar⟩ **0.5** ***kammen*** ⇒*kaarden* ⟨bv. wol⟩ **0.6** ***ruwen*** ⇒*rouwen, kaarden, opborstelen* ⟨stof, om die pluizig te maken⟩ **0.7** ***aan stukjes scheuren*** ⟨i.h.b. stof, voor onderzoek⟩ ◆ **3.1** ~ s.o. to do sth. *iem. aanzetten/pressen iets te doen, iem. iets afdwingen* **5.1** ~ s.o. **for** sth. *iemand lastig vallen om* **5.¶** ~ **out** *ontwarren* ⟨ook fig.⟩.
tea·sel[1], **tea·zel**, **tea·zle** ['ti:zl]⟨telb.zn.⟩ **0.1** ⟨plantk.⟩ ***kaarde(bol)*** ⇒*kaardedistel, kaardekruid* ⟨genus Dipsacus⟩; ⟨i.h.b.⟩ *weverskaarde(bol)* ⟨D. fullonum⟩ **0.2** ***kaardmachine.***
teasel[2], **teazel**, **teazle** ⟨ov.ww.⟩ **0.1** ***kaarden*** ⟨bv. wol⟩.
teas·er ['ti:zə||-ər]⟨f1⟩⟨telb.zn.⟩ **0.1** ***plaaggeest*** ⇒*plager, kwelgeest* **0.2** ⟨inf.⟩ ***moeilijke vraag*** ⇒*probleemgeval* **0.3** ***lokmiddel*** ⇒*lokaas* **0.4** ***kaarder*** **0.5** ***kaardmachine*** **0.6** ⟨AE;sl.⟩ ***droogverleidster.***
'tea service, 'tea set ⟨f1⟩⟨telb.zn.⟩ **0.1** ***theestel*** ⇒*theeservies.*
'tea·shop ⟨telb.zn.⟩ **0.1** ***tearoom*** ⇒*theesalon* **0.2** ***theewinkel.***
'tea·spoon ⟨f2⟩⟨telb.zn.⟩ **0.1** ***theelepeltje*** ⇒*koffielepeltje* ⟨ook als maat⟩.
'tea·spoon·ful ⟨f1⟩⟨telb.zn.; ook teaspoonsful; →mv. 6⟩ **0.1** ***theelepeltje*** ⟨als maat⟩.
'tea·strain·er ⟨telb.zn.⟩ **0.1** ***theezeefje.***
teat [ti:t]⟨f1⟩⟨telb.zn.⟩ **0.1** ***tepel*** **0.2** ***speen.***
'tea-ta·ble ⟨telb.zn.; vaak attr.⟩ **0.1** ***theetafel*** ◆ **1.1** ~ conversation *babbeltje.*
'tea-things ⟨mv.⟩ **0.1** ***theeboel*** ⇒*theegoed, theegerei.*
'tea-time ⟨f1⟩⟨n.-telb.zn.⟩ **0.1** ***theetijd*** ⇒*thee-uur.*
'tea towel ⟨telb.zn.⟩ **0.1** ***theedoek*** ⇒*droogdoek.*
'tea-tray ⟨telb.zn.⟩ **0.1** ***theeblad*** ⇒*schenkblad.*
'tea-trol·ley ⟨telb.zn.⟩⟨vnl. BE⟩ **0.1** ***theewagen*** ⇒*theeboy.*
'tea-urn ⟨telb.zn.⟩ **0.1** ***theeketel*** ⇒*schenkketel, bouilloire.*
'tea wagon ⟨telb.zn.⟩ **0.1** ***theewagen.***
tec [tek]⟨telb.zn.⟩⟨verk.⟩ detective (novel) ⟨inf.⟩ **0.1** ***detective.***
tech [tek]⟨telb.zn.⟩⟨verk.⟩ technical college/school, polytechnic, technician ⟨BE;inf.⟩.
tech- [tek], **tech·no-** ['teknoʊ] **0.1** ***techn-*** ⇒*techno-* ◆ **¶.1** technical *technisch;* technology *technologie.*
tech·ne·ti·um [tek'ni:ʃəm||-ʃɪəm]⟨n.-telb.zn.⟩⟨schei.⟩ **0.1** ***technetium*** ⟨element 43⟩.
tech·ne·tron·ic ['teknɪ'trɒnɪk||-'trɑ-]⟨bn., attr.⟩ **0.1** ***technisch-elektronisch*** ◆ **1.1** our ~ era *ons technisch-elektronisch tijdperk.*
tech·nic[1] ['teknɪk]⟨zn.⟩
I ⟨telb.zn.⟩ **0.1** ***techniek*** ⇒*bedrevenheid, vaardigheid, handigheid;*
II ⟨mv.; ~s; ww. ook enk.⟩ **0.1** ***technische bijzonderheden*** ⇒*techniek* **0.2** ***vaktermen.***

technic[2] ⟨bn.⟩ **0.1** ***technisch*** **0.2** ***wettelijk*** *⇒formeel.*

tech·ni·cal ['teknɪkl]⟨f3⟩⟨bn.; -ly; -ness⟩ **0.1** ***technisch*** **0.2** ***wettelijk*** *⇒formeel, volgens de letter der wet* ◆ **1.1** ~ college *hogere technische school;* ~ difficulties *technische problemen;* ~ hitch *technische storing;* ⟨boksport⟩ ~ knockout *technisch knock-out;* ~ school *lagere technische school;* ~ term *technische term, vakterm* **1.2** a ~ defeat for the politicians *een formele nederlaag voor de politici.*

tech·ni·cal·i·ty ['teknɪ'kæləti]⟨f1⟩⟨zn.; →mv. 2⟩
I ⟨telb.zn.⟩ **0.1** ***technische term*** **0.2** ***technisch detail*** *⇒(klein) formeel punt* ◆ **6.2** he lost the case **on** a ~ *hij verloor de zaak op / door een formeel foutje;*
II ⟨n.-telb.zn.⟩ **0.1** ***technisch karakter.***

tech·ni·cal·ly ['teknɪkli]⟨bw.⟩ **0.1** →technical **0.2** ***technisch gezien.***

tech·ni·cals ['teknɪkls]⟨mv.⟩ **0.1** ***vaktermen*** **0.2** ***technische bijzonderheden*** *⇒techniek.*

tech·ni·cian [tek'nɪʃn]⟨f2⟩⟨telb.zn.⟩ **0.1** ***technicus*** *⇒specialist, deskundige* ◆ **2.1** dental ~ *tandtechnicus;* linguistic ~ *taalspecialist.*

Tech·ni·col·or ['teknɪkʌlə||-ər]⟨f1⟩⟨eig.n., n.-telb.zn.⟩ **0.1** ***Technicolor*** *⇒⟨fig.⟩ levendige, helle kleuren* ⟨oorspr. merknaam voor kleurenfilmprocédé⟩.

tech·ni·kon ['teknɪkən||-kɑn]⟨telb.zn.⟩ **0.1** ***technische school.***

tech·nique [tek'ni:k]⟨f3⟩⟨zn.⟩
I ⟨telb.zn.⟩⟨kunst, sport⟩ **0.1** ***techniek*** *⇒procédé;*
II ⟨n.-telb.zn.⟩ **0.1** ***techniek*** *⇒bedreven / vaardig / handigheid.*

tech·noc·ra·cy [tek'nɒkrəsi||-'nɑ-]⟨telb. en n.-telb.zn.; →mv. 2⟩ **0.1** ***technocratie.***

tech·no·crat ['teknəkræt]⟨telb.zn.⟩ **0.1** ***technocraat.***

tech·no·crat·ic ['teknə'krætɪk]⟨bn.⟩ **0.1** ***technocratisch.***

tech·no·log·i·cal ['teknə'lɒdʒɪkl||-'lɑ-]⟨f2⟩⟨bn.; -ly⟩ **0.1** ***technologisch*** ◆ **1.1** ⟨BE⟩ ~ university *technische hogeschool.*

tech·nol·o·gist [tek'nɒlədʒɪst||-'nɑ-]⟨f1⟩⟨telb.zn.⟩ **0.1** ***technoloog.***

tech·nol·o·gy [tek'nɒlədʒi||-'nɑ-]⟨f2⟩⟨telb. en n.-telb.zn.; →mv. 2⟩ **0.1** ***technologie*** **0.2** ⟨antr.⟩ ***(studie v.d.) technologie.***

tech'nology as'sessment ⟨n.-telb.zn.⟩⟨pol.⟩ **0.1** ***aspectenonderzoek*** ⟨naar sociale gevolgen van technologische vernieuwing⟩.

tech·no·pho·bi·a [teknoʊ'foʊbɪə]⟨n.-telb.zn.⟩ **0.1** ***technofobie*** *⇒vrees voor techniek / technologie, computervrees, knoppenvrees.*

tech·no-pop ['teknoʊ pɒp||-pɑp]⟨n.-telb.zn.⟩⟨muz.⟩ **0.1** ***technopop.***

techy →tetchy.

tec·ton·ic [tek'tɒnɪk||-'tɑnɪk]⟨bn., attr.; -ally; →bijw. 3⟩ **0.1** ⟨bouwk.⟩ ***tektonisch*** *⇒bouwkundig, architectonisch* **0.2** ⟨geol.⟩ ***tektonisch.***

tec·ton·ics [tek'tɒnɪks||-'tɑ-]⟨n.-telb.zn.⟩ **0.1** ⟨bouwk.⟩ ***tektoniek*** *⇒bouwkunde* **0.2** ⟨geol.⟩ ***tektoniek.***

tec·to·ri·al [tek'tɔ:rɪəl]⟨bn., attr.⟩⟨anat.⟩ **0.1** ***dek-*** ◆ **1.1** ~ membrane *dekvlies in het slakkehuis v.h. binnenoor* ⟨Membrana tectoria⟩.

tec·trix ['tektrɪks]⟨telb.zn.; tectrices ['tektrɪsi:z]; →mv. 5⟩⟨dierk.⟩ **0.1** ***dekveer.***

ted[1] [ted]⟨zn.⟩
I ⟨eig.n.; T-⟩⟨verk.⟩ Edward, Theodore ⟨inf.⟩ **0.1** ***Ted;***
II ⟨telb.zn.; soms T-⟩⟨verk.⟩ Teddy boy ⟨BE; inf.⟩.

ted[2] ⟨ov.ww.; →ww. 7⟩ **0.1** ***keren*** *⇒uitspreiden* ⟨gras, hooi⟩.

ted·der ['tedə||-ər]⟨telb.zn.⟩ **0.1** ***(hooi)keerder*** **0.2** ***(hooi)keermachine.***

ted·dy ['tedi]⟨zn.; →mv. 2⟩
I ⟨eig.n.; T-; verkleinwoord v.⟩ →ted;
II ⟨telb.zn.⟩ **0.1** ***teddy*** ⟨dameslingerie⟩ **0.2** ⟨soms T-; verk.⟩ ⟨teddy bear⟩ **0.3** ⟨ook T-; verk.⟩ ⟨Teddy boy⟩ ⟨BE; inf.⟩.

'teddy bear ⟨f1⟩⟨telb.zn.; soms T-⟩ **0.1** ***teddy(beer).***

'Teddy boy ⟨telb.zn.; ook t-⟩⟨BE⟩ **0.1** ***teddy(boy)*** *⇒nozem* ⟨omstreeks 1950-60⟩.

'Teddy girl ⟨telb.zn.; ook t-⟩⟨BE⟩ **0.1** ***teddygirl*** *⇒nozemmeisje.*

Te De·um ['ti:'di:əm]⟨telb.zn.⟩ **0.1** ***Te-Deum*** ⟨R.-K. lofzang⟩.

te·di·ous ['ti:dɪəs]⟨f2⟩⟨bn.; -ly; -ness⟩ **0.1** ***vervelend*** *⇒eentonig, langdradig, saai.*

te·di·um ['ti:dɪəm]⟨f2⟩⟨n.-telb.zn.⟩ **0.1** ***verveling*** **0.2** ***vervelendheid*** *⇒saaiheid, eentonigheid, langdradigheid.*

tee[1] [ti:]⟨telb.zn.⟩ **0.1** ***(letter) t*** **0.2** ***T-stuk*** **0.3** ⟨curling⟩ ***tee*** ⟨midden v.d. cirkel⟩ **0.4** ⟨ringwerpen⟩ ***(werp)paaltje*** **0.5** ⟨golf⟩ ***tee*** ⟨houten / plastic afslagpaaltje⟩ **0.6** ⟨bouwk.⟩ ***parapluvormig ornament boven stoepa / pagode*** ◆ **6.¶** to a ~ *precies, tot in de puntjes, volmaakt, haarfijn.*

tee[2] ⟨f1⟩⟨ww.⟩⟨golf⟩
I ⟨onov.ww.⟩ **0.1** ***de bal op de tee leggen*** ◆ **5.1** ~ **off** *de bal v.d. tee afslaan, het spel inzetten;* ⟨fig.; inf.⟩ *starten, beginnen;* ⟨bokssport⟩ *(steeds) voluit raken;* ⟨fig.⟩ *streng de les lezen, v. katoen geven;* ~ **up** *de bal op de tee leggen;* ⟨fig.; inf.⟩ *opzetten, organiseren;*
II ⟨ov.ww.⟩ **0.1** ***op de tee leggen*** ⟨bal⟩ ◆ **5.1** ~ **off** *afslaan (voor een round).*

tee'd off, teed off, t'd off ['ti:d 'ɒf||-'ɔf]⟨bn.⟩⟨sl.⟩ **0.1** ***kwaad*** *⇒pissig, nijdig.*

'teed 'up ⟨bn.⟩⟨sl.⟩ **0.1** ***dronken.***

'teeing ground ⟨telb.zn.⟩⟨golf⟩ **0.1** ***afslagplaats.***

teem [ti:m]⟨f2⟩⟨ww.⟩ →teeming
I ⟨onov.ww.⟩ **0.1** ***wemelen*** *⇒krioelen, tieren* **0.2** ***stortregenen*** *⇒gieten* ◆ **5.2** the rain was ~ing **down** *het stortregende / goot* **6.1** fish ~ **in** that lake *dat meer wemelt v.d. vis;* his head ~s **with** new ideas *zijn geest zit vol nieuwe ideeën* **6.2** it is ~ing **with** rain *het stortregent;*
II ⟨ov.ww.⟩⟨gew., beh. tech.⟩ **0.1** ***uitgieten*** *⇒storten, lossen* ◆ **1.1** ~ molten iron *gesmolten ijzer storten.*

teem·ing ['ti:mɪŋ]⟨bn.; oorspr. teg. deelw. v. teem⟩⟨schr.⟩ **0.1** ***wemelend*** *⇒krioelend, (over)vol* **0.2** ***prolifiek*** *⇒vruchtbaar* ⟨ook fig.⟩ ◆ **1.2** mice are very ~ *muizen planten zich snel voort* **6.1** forests ~ **with** snakes *wouden die krioelen v.d slangen.*

teen [ti:n]⟨f2⟩⟨zn.⟩
I ⟨telb.zn.⟩⟨AE⟩ **0.1** ***tiener;***
II ⟨n.-telb.zn.⟩⟨vero.⟩ **0.1** ***smart*** *⇒pijn;*
III ⟨mv.; ~s⟩ **0.1** ***jaren / getallen dertien t / m negentien*** ⟨die op -teen eindigen⟩ **0.2** ***tienerjaren / tijd*** ◆ **6.2** boy / girl in his / her ~s *tiener.*

'teen-age, teen-ag·ed ['ti:neɪdʒd]⟨f2⟩⟨bn., attr.⟩ **0.1** ***tiener-*** ◆ **1.1** ~ boy *tiener;* teen-age dreams *tienerdromen;* ~ girl *tiener, bakvis.*

teen-ag·er ['ti:neɪdʒə||-ər]⟨f3⟩⟨telb.zn.⟩ **0.1** ***tiener.***

tee·ny[1] ['ti:ni]⟨telb.zn.⟩⟨inf.⟩ **0.1** ***tiener.***

teeny[2], **tee·ny-wee·ny** ['ti:ni'wi:ni], **teen·sy** ['ti:nsi], **teen·sy-ween·sy** ['ti:nsi'wi:nsi]⟨f1⟩⟨bn.⟩⟨inf., kind.⟩ **0.1** ***piepklein.***

teen·y·bop·per ['ti:nibɒpə||-bɑpər]⟨telb.zn.⟩⟨sl.⟩ **0.1** ***(dweperig) jong tienermeisje.***

'tee·ny-'ti·ny[1] ⟨telb.zn.⟩⟨sl.⟩ **0.1** ***jong tienermeisje*** *⇒bakvis.*

'teeny-'tiny[2] ⟨bn.⟩⟨sl.⟩ **0.1** ***heel klein.***

teepee →tepee.

'tee peg ⟨telb.zn.⟩⟨golf⟩ **0.1** ***tee(paaltje).***

tee shirt →T-shirt.

'tee shot ⟨telb.zn.⟩⟨golf⟩ **0.1** ***lange slag (vanaf de tee).***

tee·ter[1] ['ti:tə||ti:tər]⟨telb.zn.⟩ **0.1** ***wankeling*** **0.2** ⟨AE⟩ ***wip(plank)*** **0.3** ⟨AE⟩ ***wip*** *⇒wippende / op-en-neergaande beweging.*

teeter[2] ⟨f1⟩⟨ww.⟩
I ⟨onov.ww.⟩ **0.1** ***wankelen*** *⇒waggelen* **0.2** ⟨AE⟩ ***wippen*** *⇒op de wipplank spelen* ◆ **6.1** ⟨fig.⟩ ~ **on** the edge of collapse *op de rand v.d. ineenstorting staan;*
II ⟨ov.ww.⟩ **0.1** ***doen wankelen*** **0.2** ⟨AE⟩ ***(doen) wippen.***

teeth ⟨mv.⟩ →tooth.

teethe [ti:ð]⟨f1⟩⟨onov.ww.⟩ **0.1** ***tandjes krijgen*** ⟨vnl. melktanden⟩.

teeth·ing ring ['ti:ðɪŋrɪŋ]⟨telb.zn.⟩ **0.1** ***bijtring.***

'teething troubles ⟨mv.⟩ **0.1** ***kinderziekten*** ⟨vnl. fig.⟩.

tee·to·tal ['ti:'toʊtl]⟨bn.; -ly⟩ **0.1** ***alcoholvrij*** *⇒geheelonthouders-* **0.2** ⟨AE⟩ ***totaal*** *⇒geheel, volledig.*

tee·to·tal·ism ['ti:'toʊtlɪzm]⟨n.-telb.zn.⟩ **0.1** ***geheelonthouding.***

tee·to·tal·ler, ⟨AE sp.⟩ **tee·to·tal·er** ['ti:'toutələ||'ti:'toʊtlər]⟨f1⟩⟨telb.zn.⟩ **0.1** ***geheelonthouder.***

tee·to·tum ['ti:'toʊtəm]⟨telb.zn.⟩⟨vero.⟩ **0.1** ***a-al-tolletje*** ⟨met letters op de zijvlakken⟩ ◆ **6.1 like** a ~ *tollend, suizend.*

TEFL ⟨afk.⟩ (the) Teaching (of) English as a Foreign Language.

Tef·lon ['teflɒn||'telfɑn]⟨n.-telb.zn.⟩ **0.1** ***Teflon.***

teg[1] [teg]⟨telb.zn.⟩ **0.1** ***schaap in zijn tweede jaar*** **0.2** ***vacht v. schaap.***

teg[2] ⟨afk.⟩ top edges gilt ⟨boek.⟩.

teg·u·lar ['tegjʊlə||-gjələr]⟨bn.; -ly⟩ **0.1** ***(dak)panachtig.***

teg·u·ment ['tegjʊmənt||-gjə-]⟨telb.zn.⟩ **0.1** ⟨dierk.⟩ ***bedekking*** *⇒omhulsel, bescherming, integument* **0.2** ⟨plantk.⟩ ***zaadhulsel*** *⇒zaadvlies.*

teg·u·men·ta·ry ['tegjʊ'mentri||-jəmentəri], **teg·u·men·tal** [-'mentl]⟨bn., attr.⟩⟨biol.⟩ **0.1** ***bedekkend*** *⇒beschermend, dek-.*

te·hee[1] ['ti:'hi:]⟨telb. en n.-telb.zn.⟩ **0.1** ***gegiechel.***

tehee[2] ⟨onov.ww.⟩ **0.1** ***giechelen.***

tehee[3] ⟨tussenw.⟩ **0.1** ***hi-hi.***

tehr ⟨afk.⟩ teacher.

teind [ti:nd]⟨telb.zn.⟩⟨Sch. E⟩ **0.1** ***tiende*** **0.2** ⟨vnl. mv.⟩⟨gesch.⟩ ***tiend*** ⟨voor bezoldiging v.d. clerus⟩.

tek·tite ['tektaɪt]⟨telb.zn.⟩ **0.1** ***tektiet*** ⟨glasachtige (meteoriet) steen⟩.

tel, Tel ⟨afk.⟩ **0.1** ⟨telegram⟩ **0.2** ⟨telegraph(ic)⟩ **0.3** ⟨telephone⟩ ***tel...***

tel·aes·the·sia, ⟨AE sp.⟩ **tel·es·the·sia** ['teləs'θi:zɪə||'teles-]⟨n.-telb.zn.⟩ **0.1** ***helderziendheid*** *⇒clairvoyance.*

tel·aes·thet·ic, ⟨AE sp.⟩ **tel·es·thet·ic** ['teli:s'θetɪk||'teləs'tetɪk]⟨bn.⟩ **0.1** ***helderziend.***

tel·a·mon ['teləmən‖-mɑn]⟨telb.zn.; telamones [-mouni:z]; →mv. 5⟩ **0.1** ***telamon*** ⟨mannenfiguur als zuil⟩.
Tel·au·to·graph, Tel·Au·to·graph [te'lɔ:təgrɑ:f‖te'lɔṭəgræf]⟨eig.n., telb.zn.⟩ **0.1** ***tele-autograaf*** ⟨oorspr. merknaam⟩.
tel·e ['teli]⟨f1⟩⟨telb. en n.-telb.zn.⟩⟨AE; inf.⟩ **0.1** ***teevee*** ⇒*t.v.*
tel·e- ['teli] **0.1** ***tele-*** **0.2** ***t.v.-*** ◆ ¶.1 telegraph *telegraaf;* telemarketer *telefonisch verkoper/verkoopster* ¶.2 telefilm *t.v.-film.*
tel·e·bank·ing ['telɪbæŋkɪŋ]⟨n.-telb.zn.⟩ **0.1** ***(het) telebankieren.***
tel·e·cam·er·a ['telɪkæmrə]⟨telb.zn.⟩ **0.1** ***t.v.-camera.***
tel·e·cast[1] ['telɪkɑ:st‖-kæst]⟨telb.zn.⟩ **0.1** ***t.v.-uitzending.***
telecast[2] ⟨onov. en ov.ww.⟩ **0.1** ***op t.v. uitzenden.***
tel·e·cast·er ['telɪkɑ:stə‖-kæstər]⟨telb.zn.⟩ **0.1** ***t.v.-presentator.***
tel·e·cine ['telɪsɪni], **tel·e·film** ['telɪfɪlm]⟨telb.zn.; ook vaak attr.⟩ **0.1** ***t.v.-film.***
tel·e·com ['telɪkɒm‖-kɑm]⟨telb. en n.-telb.zn.⟩⟨verk.⟩ telecommunication.
tel·e·com·mu·ni·ca·tion ['telɪkəmju:nɪ'keɪʃn]⟨f1⟩⟨zn.⟩
I ⟨telb.zn.⟩ **0.1** ***telecommunicatie*** ⇒*telecommunicatieverbinding;*
II ⟨mv.; ~s; ww. vnl. enk.⟩ **0.1** ***telecommunicatietechniek/wetenschap.***
tel·e·con·fer·ence ['telɪ'kɒnfərəns‖-'kɑn-]⟨telb.zn.⟩ **0.1** ***conferentie per telefoon*** ⇒*telefonische conferentie.*
tel·e·cop·i·er ['telɪkɒpiə‖-kɑpiər]⟨telb.zn.⟩⟨com.⟩ **0.1** ***telecopier.***
tel·e·di·ag·no·sis ['telɪdaɪəg'nousɪs]⟨telb.zn.; telediagnoses [-si:z]; →mv. 5⟩⟨med.⟩ **0.1** ***telediagnose.***
tel·e·du ['telɪdu:]⟨telb.zn.⟩⟨dierk.⟩ **0.1** ***(Maleise) stinkdas*** ⟨Mydaus javanensis⟩.
tel·e·fac·sim·i·le ['telɪfæk'sɪmɪli]⟨telb.zn.⟩ **0.1** ***telekopie.***
tel·e·fax ['telɪfæks]⟨telb.zn.⟩ **0.1** ***telefax.***
teleferic →telpher.
tel·e·ge·nic ['telɪ'dʒenɪk]⟨bn.; -ally; →bijw. 3⟩ **0.1** ***telegeniek.***
tel·e·gon·ic ['telɪ'gɒnɪk‖-'gɑnɪk], **te·leg·o·nous** [tɪ'legənəs]⟨bn., attr.⟩⟨biol.⟩ **0.1** ***telegonisch.***
te·leg·o·ny [tɪ'legəni]⟨n.-telb.zn.⟩⟨biol.⟩ **0.1** ***telegonie*** ⇒*impregnatie* ⟨erfelijke invloed v. mannelijk dier op nageslacht v. vrouwelijk dier⟩.
tel·e·gram ['telɪgræm]⟨f2⟩⟨telb. en n.-telb.zn.⟩ **0.1** ***telegram*** ◆ **3.1** singing ~ *gezongen gelukstelegram* **6.1 by** ~ *per telegram, telegrafisch.*
tel·e·graph[1] ['telɪgrɑ:f‖-græf], ⟨in bet. I 0.5 ook⟩ **'telegraph-board** ⟨f2⟩⟨zn.⟩
I ⟨telb.zn.⟩ **0.1** ***telegraaf*** ⇒*seintoestel* **0.2** ***semafoor*** **0.3** ***telegram*** **0.4** ***nieuwsblad*** ⟨vnl. in namen v. dagbladen⟩;
II ⟨n.-telb.zn.⟩ **0.1** ***telegraaf*** ⇒*telegrafie* ◆ **6.1 by** ~ *per telegraaf.*
telegraph[2] ⟨f1⟩⟨onov. en ov.ww.⟩ **0.1** ***telegraferen*** ⇒*een teken/sein geven* ⟨ook fig.⟩; *aanduiden, laten vermoeden* ◆ **1.1** ~ her this message *telegrafeer haar deze boodschap* **3.1** ~ him to come *telegrafeer hem dat hij moet komen* **6.1** I shall ~ **to** your parents *ik zal (aan/naar) je ouders telegraferen* **8.1** ~ them that we cannot come *telegrafeer hem dat we niet kunnen komen.*
te·leg·ra·pher [tɪ'legrəfə‖-ər], **te·leg·ra·phist** [-grəfɪst], **'telegraph operator** ⟨telb.zn.⟩ **0.1** ***telegrafist(e)*** ⇒*telegraafbeambte.*
tel·e·graph·ese ['telɪgrə'fi:z]⟨n.-telb.zn.⟩⟨inf.⟩ **0.1** ***telegramstijl.***
tel·e·graph·ic ['telɪ'græfɪk]⟨f1⟩⟨bn.; -ally; →bijw. 3⟩ **0.1** ***telegrafisch*** ⇒*telegram-* **0.2** ***beknopt*** ⇒*telegram-* ◆ **1.1** ~ address *telegramadres;* ~ transfer *telegrafische remise/transfer* **1.2** a ~ message *een beknopte boodschap.*
'tel·e·graph-key ⟨telb.zn.⟩ **0.1** ***seinsleutel.***
'tel·e·graph-line, -wire ⟨telb.zn.⟩ **0.1** ***telegraaflijn*** ⇒*telegraafdraad.*
'telegraph plant ⟨telb.zn.⟩⟨plantk.⟩ **0.1** ***telegraafplantje*** ⟨Desmodium gyrans⟩.
'tel·e·graph-pole, 'tel·e·graph-post ⟨telb.zn.⟩ **0.1** ***telegraafpaal.***
te·leg·ra·phy [tɪ'legrəfi]⟨n.-telb.zn.⟩ **0.1** ***telegrafie.***
tel·e·ki·ne·sis ['telɪkɪ'ni:sɪs]⟨n.-telb.zn.⟩ **0.1** ***telekinese*** ⇒*telekinesie.*
tel·e·ki·net·ic ['telɪkɪ'neṭɪk]⟨bn.⟩ **0.1** ***telekinetisch.***
tel·e·mark[1] ['telɪmɑ:k‖-mɑrk]⟨telb.zn.⟩⟨skiën⟩ **0.1** ***telemark.***
telemark[2] ⟨onov.ww.⟩ **0.1** ***stoppen met een telemark.***
tel·e·mar·ket·ing [telɪ'mɑ:kətɪŋ‖-'mɑrkəṭɪŋ], **tel·e·sel·ling** [telɪ'selɪŋ]⟨n.-telb.zn.⟩ **0.1** ***handel/verkoop via telefoon.***
tel·e·mat·ics ['telɪ'mæṭɪks]⟨n.-telb.zn.⟩⟨com.⟩ **0.1** ***telematica.***
te·lem·e·ter[1] [tɪ'lemɪtə‖'telɪmi:ṭər]⟨telb.zn.⟩ **0.1** ***telemeter*** ⇒*afstandsmeter.*
telemeter[2] ⟨onov. en ov.ww.⟩ **0.1** ***op afstand meten*** ⇒*telemetrie toepassen (op).*
te·lem·e·try [tɪ'lemɪtri]⟨n.-telb.zn.⟩ **0.1** ***telemetrie.***
tel·e·o·log·ic ['telɪə'lɒdʒɪk‖-'lɑdʒɪk], **tel·e·o·log·i·cal** [-ɪkl]⟨bn.; -(al) ly; →bijw. 3⟩ **0.1** ***teleologisch.***
tel·e·ol·o·gist [teli'ɒlədʒɪst‖-'ɑlə-]⟨telb.zn.⟩ **0.1** ***teleoloog.***
tel·e·ol·o·gy ['teli'ɒlədʒi‖-'ɑlədʒi]⟨n.-telb.zn.⟩⟨fil.⟩ **0.1** ***teleologie*** ⇒*doelmatigheidsleer.*
tel·e·ost ['teliɒst‖-ɑst], **tel·e·os·te·an** [-'ɒstɪən‖-'ɑstɪən]⟨telb.zn.⟩⟨dierk.⟩ **0.1** ***beenvis*** ⟨orde Teleostei⟩.
tel·e·path·ic ['telɪ'pæθɪk]⟨f1⟩⟨bn.; -ally; →bijw. 3⟩ **0.1** ***telepathisch.***
te·lep·a·thist [tɪ'lepəθɪst], **tel·e·path** ['telɪpæθ]⟨telb.zn.⟩ **0.1** ***telepaat*** ⇒*gedachtenlezer.*
te·lep·a·thy [tɪ'lepəθi]⟨f1⟩⟨n.-telb.zn.⟩ **0.1** ***telepathie.***
tel·e·phone[1] ['telɪfoun]⟨f3⟩⟨telb. en n.-telb.zn.⟩ **0.1** ***telefoon*** ⇒*(telefoon)toestel* ◆ **3.1** pick up the ~ *de telefoon opnemen* **6.1 by** ~ *per telefoon, telefonisch;* be **on** the ~ *telefoon hebben; aan de telefoon zijn;* **on/over** the ~ *per telefoon, telefonisch.*
telephone[2] ⟨f3⟩⟨onov. en ov.ww.⟩ **0.1** ***telefoneren*** ⇒*(op)bellen* ◆ **1.1** you can ~ New York directly *je kunt rechtstreeks naar New York bellen* **5.1** he has just ~d **through** from Beirut *hij heeft zojuist uit Beiroet opgebeld* **6.1** I ~d **to** my friend *ik heb mijn vriend opgebeld.*
'telephone 'answering ma'chine ⟨telb.zn.⟩ **0.1** ***(telefoon)antwoordapparaat*** ⇒*telefoonbeantwoorder.*
'telephone booth, 'telephone kiosk, ⟨BE ook⟩ **'telephone box** ⟨f1⟩⟨telb.zn.⟩ **0.1** ***telefooncel.***
'telephone call ⟨telb.zn.⟩ **0.1** ***telefoongesprek*** ◆ **3.1** place a ~ *een gesprek aanvragen.*
'telephone conversation ⟨telb.zn.⟩ **0.1** ***telefoongesprek.***
'telephone directory, 'telephone book ⟨f1⟩⟨telb.zn.⟩ **0.1** ***telefoongids*** ⇒*telefoonboek.*
'telephone exchange ⟨f1⟩⟨telb.zn.⟩ **0.1** ***telefooncentrale.***
tel·e·phon·ic ['telɪ'fɒnɪk‖-'fɑ-]⟨bn.; -ally; →bijw. 3⟩ **0.1** ***telefonisch.***
te·leph·o·nist [tɪ'lefənɪst], **'telephone operator** ⟨telb.zn.⟩ **0.1** ***telefonist(e)*** ⇒*telefoonbeambte.*
te·leph·o·ny [tɪ'lefəni]⟨n.-telb.zn.⟩ **0.1** ***telefonie.***
tel·e·pho·to ['telɪfouṭou]⟨verk.⟩ →telephotograph.
tel·e·pho·to·graph[1] ['telɪ'foutəgrɑ:f‖-'fouṭəgræf]⟨telb.zn.⟩ **0.1** ***telelensfoto*** **0.2** ***telefoto*** ⟨telegrafisch doorgeseind⟩.
telephotograph[2] ⟨ov.ww.⟩ **0.1** ***met een telelens fotograferen*** **0.2** ***(radio)telegrafisch doorseinen*** ⟨foto's⟩.
tel·e·pho·to·graph·ic ['telɪfouṭə'græfɪk]⟨bn., attr.⟩ **0.1** ***telefotografisch*** ⇒*telefoto-* **0.2** ***beeldtelegrafisch.***
tel·e·pho·tog·ra·phy ['telɪfə'tɒgrəfi‖-'tɑ-]⟨n.-telb.zn.⟩ **0.1** ***telefotografie*** ⟨d.m.v. telelenzen⟩ **0.2** ***beeldtelegrafie.***
'telephoto lens ⟨telb.zn.⟩ **0.1** ***telelens*** ⇒*tele-objectief.*
tel·e·play ['telɪpleɪ]⟨telb.zn.⟩ **0.1** ***t.v.-spel.***
tel·e·print·er ['telɪprɪntə‖-prɪnṭər]⟨f1⟩⟨telb. en n.-telb.zn.⟩⟨BE⟩ **0.1** ***telex*** ⇒*telexapparaat/toestel* ◆ **6.1 by** ~ *per telex.*
tel·e·pro·cess·ing [telɪ'prousesɪŋ‖-'prɑ-]⟨n.-telb.zn.⟩⟨comp.⟩ **0.1** ***verwerking op afstand.***
Tel·e·promp·ter ['telɪprɒm(p)tə‖-prɑm(p)tər]⟨telb.zn.⟩⟨AE⟩ **0.1** ***afleesapparaat voor t.v.-omroepers*** ⟨merknaam⟩.
tel·e·scope[1] ['telɪskoup]⟨f2⟩⟨telb.zn.⟩ **0.1** ***telescoop*** ⇒*(astronomische) verrekijker.*
telescope[2] ⟨f2⟩⟨ww.⟩
I ⟨onov.ww.⟩ **0.1** ***telescoperen*** ⇒*in elkaar schuiven* **0.2** ***ineengedrukt worden*** ◆ **5.2** two cars ~d **together** in the accident *twee auto's werden bij het ongeval ineengedrukt;*
II ⟨ov.ww.⟩ **0.1** ***in elkaar schuiven*** ⇒*ineen/samendrukken* **0.2** ***be/ver/inkorten*** ◆ **6.2** the encyclopaedia was ~d **into** four volumes *de encyclopedie werd tot vier delen ingekort.*
'telescope table ⟨telb.zn.⟩ **0.1** ***uitschuiftafel*** ⇒*uittrek/klaptafel.*
tel·e·scop·ic ['telɪ'skɒpɪk‖-'skɑ-]⟨f1⟩⟨bn.; -ally; →bijw. 3⟩ **0.1** ***telescopisch*** **0.2** ***telescopisch*** ⇒*ineen/uitschuifbaar* **0.3** ***vérziend*** ◆ **1.1** ~ lens *telelens;* ~ sight *vizierkijker;* ~ stars *telescopische sterren* **1.2** ~ rod *telescoophengel;* ~ umbrella *opvouwbare paraplu.*
teleselling →telemarketing.
tel·e·shop·ping ['telɪʃɒpɪŋ‖-ʃɑpɪŋ]⟨n.-telb.zn.⟩ **0.1** ***(het) telewinkelen*** ⇒*(het) teleshoppen.*
telesthesia →telaesthesia.
telesthetic →telaesthetic.
tel·e·text ['telɪtekst]⟨n.-telb.zn.⟩⟨com.⟩ **0.1** ***teletekst.***
tel·e·thon ['telɪθɒn‖-θɑn]⟨telb.zn.⟩⟨AE⟩ **0.1** ***t.v.-marathon.***
Tel·e·type[1] ['telɪtaɪp]⟨f1⟩⟨telb. en n.-telb.zn.; ook t-⟩⟨oorspr. merknaam⟩ **0.1** ***telex*** ⇒*telexapparaat/toestel* ◆ **6.1 by** ~ *per telex.*
Teletype[2] ⟨f1⟩⟨onov. en ov.ww.; ook t-⟩ **0.1** ***telexen.***
tel·e·type·writ·er ['telɪ'taɪp,raɪtə‖-raɪṭər]⟨f1⟩⟨telb.zn.⟩⟨AE⟩ **0.1** ***telex(apparaat/toestel)*** ⇒*verreschrijfmachine, verreschrijver.*
tel·e·van·gel·ist [telɪ'vændʒɪlɪst]⟨telb.zn.⟩ **0.1** ***t.v.-dominee*** ⇒*televisiepredikant.*
tel·e·view ['telɪvju:]⟨ww.⟩
I ⟨onov.ww.⟩ **0.1** ***(naar de) televisie/t.v. kijken;***
II ⟨ov.ww.⟩ **0.1** ***op de televisie/t.v. zien/bekijken.***
tel·e·view·er ['telɪvju:ə‖-ər]⟨telb.zn.⟩ **0.1** ***televisie/t.v.-kijker.***
tel·e·vise ['telɪvaɪz]⟨f1⟩⟨ww.⟩
I ⟨onov.ww.⟩ **0.1** ***op de televisie/t.v. uitgezonden worden*** **0.2** ***voor***

de televisie/t.v. geschikt zijn ◆ **1.2** tennis ~s well *tennis is goed geschikt voor de televisie/t.v.;*
II ⟨ov.ww.⟩ **0.1** ***op de televisie/t.v. uitzenden*** ⇒*op televisie/t.v. geven.*

tel·e·vi·sion ['telɪvɪʒn, 'telɪ'vɪʒn] ⟨f3⟩ ⟨zn.⟩
I ⟨telb.zn.⟩ **0.1** ***televisie(apparaat/ontvanger/toestel)*** ⇒*t.v. (-toestel);*
II ⟨n.-telb.zn.⟩ **0.1** ***televisie*** ⇒*t.v.* ◆ **3.1** watch ~ *t.v. kijken* **6.1 on** (the) ~ *op de televisie.*

'television ad(vertisement), T'V ad(vertisement) ⟨telb.zn.⟩ **0.1** ***reclamespot.***

'television audience, T'V audience ⟨verz.n.⟩ **0.1** ***televisiepubliek*** ⇒*televisie/t.v.-kijkers* **0.2** ***publiek bij een t.v.-opname.***

'television audience measurement ⟨n.-telb.zn.⟩ **0.1** ⟨ong.⟩ ***kijkcijfers.***

'television broadcast, T'V broadcast ⟨f1⟩ ⟨telb.zn.⟩ **0.1** ***televisie/t.v.-uitzending.***

'television camera, T'V camera ⟨telb.zn.⟩ **0.1** ***televisie/t.v.-camera.***

'television commentator, T'V commentator ⟨telb.zn.⟩ **0.1** ***televisie/t.v.-commentator.***

'television commercial, T'V commercial ⟨telb.zn.⟩ **0.1** ***reclamespot.***

'television crew, T'V crew ⟨verz.n.⟩ **0.1** ***televisie/t.v.-ploeg.***

'television film, T'V film ⟨telb.zn.⟩ **0.1** ***televisie/t.v.-film.***

'television greeting, T'V greeting ⟨telb.zn.⟩ **0.1** ***televisieboodschap.***

'television interview, T'V interview ⟨telb.zn.⟩ **0.1** ***televisie/t.v.-interview.***

'television junkie, T'V junkie ⟨telb.zn.⟩ **0.1** ***televisieverslaafde.***

'television programme, T'V programme ⟨f1⟩ ⟨telb.zn.⟩ **0.1** ***televisie/t.v.-programma.***

'television screen, T'V screen ⟨f1⟩ ⟨telb.zn.⟩ **0.1** ***televisie/t.v.-scherm.***

'television serial, T'V serial ⟨f1⟩ ⟨telb.zn.⟩ **0.1** ***televisie/t.v.-serie*** ⇒*t.v.-reeks* ⟨vnl. vervolgserie⟩.

'television series, T'V series ⟨f1⟩ ⟨telb.zn.⟩ **0.1** ***televisieserie*** ⇒*t.v.-serie/reeks.*

'television set, T'V set ⟨f1⟩ ⟨telb.zn.⟩ **0.1** ***televisietoestel/apparaat/ontvanger*** ⇒*t.v. (-toestel).*

'television tube, T'V tube ⟨telb.zn.⟩ **0.1** ***beeldbuis.***

'television viewer, T'V viewer ⟨f1⟩ ⟨telb.zn.⟩ **0.1** ***televisie/t.v.-kijker.***

tel·e·vi·sor ['telɪvaɪzə‖-ər] ⟨telb.zn.⟩ **0.1** ***televisietoestel/apparaat/ontvanger*** ⇒*t.v. (-toestel).*

tel·e·vis·u·al ['telɪ'vɪʒʊəl] ⟨bn.⟩ ⟨BE⟩ **0.1** ***v./mbt. de televisie*** ⇒*televisie-* **0.2** ***telegeniek*** ⇒*geschikt voor de televisie.*

tel·ex[1], ⟨in bet. II 0.1 ook⟩ **Tel·ex** ['teleks] ⟨f1⟩ ⟨zn.⟩
I ⟨telb.zn.⟩ **0.1** ***telex*** ⇒*telexbericht;*
II ⟨n.-telb.zn.⟩ **0.1** ***telex*** ⇒*telexsysteem/dienst* ◆ **6.1 by** ~ *per telex.*

telex[2] ⟨f1⟩ ⟨ov.ww.⟩ **0.1** ***telexen.***

'telex machine ⟨telb.zn.⟩ ⟨com.⟩ **0.1** ***telex(apparaat).***

telfer →telpher.

tel·ic ['telɪk] ⟨bn.⟩ **0.1** ***doelgericht*** ⇒*doelbewust.*

tell[1] [tel] ⟨telb.zn.⟩ **0.1** ***tell*** ⟨heuvel in Israël⟩.

tell[2] ⟨f4⟩ ⟨ww.; told, told [tould]⟩ →telling ⟨→sprw. 28, 98, 238, 391, 491, 643⟩
I ⟨onov.ww.⟩ **0.1** ***spreken*** ⇒*zeggen, vertellen; getuigen* ⟨fig.⟩ **0.2** ***het/iets verklappen*** ⇒*het/iets verraden* **0.3** ***(mee)tellen*** ⇒*meespelen, v. belang zijn, wegen* **0.4** ⟨BE; gew.⟩ ***babbelen*** ◆ **1.1** time will ~ *dat zal de tijd leren* **1.3** every penny ~s *elke penny telt mee* **3.2** don't ~! *verklap het niet!;* ⟨inf.⟩ that would be ~ing *zeg ik lekker niet;* that would be ~ing! *niet verklappen (hoor)!* **5.1** as far as we can ~ *voor zover we weten;* you can never ~/never can ~ *je weet maar nooit* **6.1** ~ **about/of** sth. *over iets vertellen/berichten;* his blush told **of** his embarrassment *zijn blos getuigde v. zijn verlegenheid* **6.2** ⟨inf.; kind.⟩ ~ **on** s.o. *iem. verraden/verklikken* **6.3** his age will ~ **against** him *zijn leeftijd zal in zijn nadeel pleiten;* his enthusiasm ~s **in favour of** him *zijn enthousiasme pleit in zijn voordeel;* the long drive began to ~ **(up)on** us *de lange rit begon op ons te wegen;*
II ⟨ov.ww.⟩ **0.1** ***vertellen*** ⇒*zeggen, spreken* **0.2** ***weten*** ⇒*kennen, zeggen, uitmaken* **0.3** ***onderscheiden*** ⇒*uit elkaar houden, onderkennen* **0.4** ***zeggen*** ⇒*bevelen, de opdracht geven* **0.5** ***zeggen*** ⇒*waarschuwen* **0.6** ⟨vero.⟩ ***tellen*** ◆ **1.1** ⟨AE⟩ ~ goodbye *afscheid nemen, vaarwel zeggen;* don't ~ my mother *vertel het niet aan mijn moeder;* ~ a secret *een geheim verklappen;* ~ tales about s.o. *verhaaltjes over iem. rondstrooien;* ~ the truth *de waarheid spreken/zeggen* **1.2** can you ~ the difference between a Belgian and a Dutchman? *ken je het verschil tussen een Belg en een Nederlander?;* can she ~ the time yet? *kan ze al klok kijken?* **1.6** ~ the votes *de stemmen tellen* ⟨vnl. in het Lagerhuis⟩ **3.1** ⟨sl.⟩ ~ s.o. what to do with sth./where to put/shove/stick sth. *iem. vertellen dat hij ergens mee kan barsten/doodvallen;* ⟨inf.⟩ ~ s.o. where he gets off/to get off *iem. op zijn plaats/nummer zetten* **3.4** I told you to stay away *ik had je gezegd weg te blijven* **4.1** ⟨AE; sl.⟩ ~ it like it is/how it is/was *zeggen waar het op staat, het (iem.) recht voor zijn raap zeggen;* ~ me! *zeg het me!;* ⟨inf.⟩ ~ me another! *maak dat een ander/de kat wijs!, loop naar je grootje!;* I (can) ~ you! *neem het v. me aan!, ik verzeker het je!;* ⟨inf.⟩ I'll ~ you what *ik doe je een voorstel;* ⟨inf.⟩ you're ~ing me! *wat je (me) zegt!; vertel mij wat!, ik weet het maar al te goed!* **4.6** all told *in het geheel; na telling* **4.¶** all told *alles samen, alles bij elkaar (genomen); in alle opzichten, over het geheel;* sth. ~s me that ... *ik heb zo het idee dat ...;* I'll ~ you what: let's stop *weet je wat? laten we ermee ophouden* **5.3** can you ~ these twins apart? *kun jij deze tweeling uit elkaar houden?* **5.5** I told you so! *ik had het je nog gezegd!, ik had je gewaarschuwd!* **5.6** ⟨vero.⟩ ~ **over** *natellen* **5.¶** ⟨inf.⟩ ~ s.o. **off** (for sth.) *iem. (om iets) berispen/op zijn plaats/nummer zetten; iem. (ergens voor) waarschuwen;* ⟨mil.⟩ ~ **off** s.o. for a task *iem. voor een taak aanwijzen* **6.1** ~ **about/of** sth. *over iets vertellen/berichten;* do not ~ that **to** the director *zeg dat niet aan de directeur* **6.2** I could ~ **by/from** his look that he was honest *ik kon aan zijn oogopslag zien dat hij eerlijk was* **6.3** ~ truth **from** lies *de waarheid v. leugens onderscheiden* **7.2** there is no ~ing what will happen *je weet maar nooit wat er gebeurt* **8.2** how can I ~ if/whether it is true or not? *hoe kan ik weten of het waar is of niet?.*

tell·er ['telə‖-ər] ⟨f2⟩ ⟨telb.zn.⟩ **0.1** ***verteller*** **0.2** ***(stemmen)teller*** ⟨bv. in Lagerhuis⟩ **0.3** ⟨AE⟩ ***kasbediende.***

tell·er·ship ['teləʃɪp‖-lər-] ⟨telb. en n.-telb.zn.⟩ **0.1** ***functie v. (stemmen)teller*** **0.2** ⟨AE⟩ ***functie v. kasbediende.***

tell·ing ['telɪŋ] ⟨f2⟩ ⟨bn.; oorspr. teg. deelw. v. tell; -ly⟩ **0.1** ***treffend*** ⇒*raak, indrukwekkend* **0.2** ***veelbetekenend*** ⇒*veelzeggend, revelerend* ◆ **1.1** a ~ argument *een raak argument;* a ~ blow *een rake klap* **1.2** a ~ gesture *een veelbetekenend gebaar.*

'tell·ing-'off ⟨telb.zn.; tellings-off; →mv. 6⟩ **0.1** ***uitbrander*** ⇒*reprimande.*

'tell·tale ⟨f1⟩ ⟨telb.zn.⟩ **0.1** ***roddelaar(ster)*** ⇒*babbelkous* **0.2** ***klikspaan*** ⇒*verklikker/ster* **0.3** ⟨ook attr.⟩ ***teken*** ⇒*aanduiding* **0.4** ⟨ben. voor⟩ ***verklikker(inrichting)*** ⇒*verklikkerlamp/signaal; tijdklok;* ⟨scheep.⟩ *roerverklikker, axiometer* ◆ **1.3** the ~ clay on her boots *de klei aan/op haar laarzen die haar verraadde;* ⟨fig.⟩ a ~ nod *een veelbetekenend knikje.*

tel·lu·ri·an[1] [tə'lʊərɪən‖-'lʊr-] ⟨telb.zn.⟩ **0.1** ***aardbewoner*** **0.2** →tellurion.

tellurian[2] ⟨bn., attr.⟩ **0.1** ***tellurisch*** ⇒*terrestrisch, aards, aard-.*

tel·lu·ric [te'lʊərɪk‖-'lʊr-] ⟨bn., attr.⟩ **0.1** ***tellurisch*** ⇒*terrestrisch, aards, aard-, grond-* **0.2** ⟨schei.⟩ ***tellurium-*** ⇒*telluur-* ⟨met valentie 6⟩ ◆ **1.2** ~ acid *tellurig zuur.*

tel·lu·ride ['teljʊraɪd‖-jə-] ⟨telb. en n.-telb.zn.⟩ ⟨schei.⟩ **0.1** ***telluride.***

tel·lu·ri·on [te'lʊərɪən‖-'lʊr-] ⟨telb.zn.⟩ **0.1** ***tellurium*** ⟨toestel om aardbewegingen voor te stellen⟩.

tel·lu·ri·um [te'lʊərɪəm‖-'lʊr-] ⟨n.-telb.zn.⟩ ⟨schei.⟩ **0.1** ***telluur*** ⇒*tellurium* ⟨element 52⟩.

tel·lu·rous ['teljʊrəs‖-jə-] ⟨bn., attr.⟩ ⟨schei.⟩ **0.1** ***tellurisch*** ⇒*telluur-* ⟨met valentie 4⟩.

tel·ly ['teli] ⟨f2⟩ ⟨telb. en n.-telb.zn.; →mv. 2⟩ ⟨BE; inf.⟩ **0.1** ***teevee*** ⇒*t.v..*

tel·pher, tel·fer ['telfə‖-ər], **tel·e·fer·ic,** ⟨in bet. II ook⟩ **tel·pher·age** ['telfərɪdʒ] ⟨zn.⟩
I ⟨telb.zn.⟩ **0.1** ***luchtkabelcontainer;***
II ⟨telb. en n.-telb.zn.⟩ **0.1** ***luchtkabeltransport(systeem).***

tel·son ['telsn] ⟨telb.zn.⟩ **0.1** ***staartwaaier*** ⟨bij schaaldieren⟩.

tem·blor ['temblə‖-ər] ⟨telb.zn.⟩ ⟨AE; gew.⟩ **0.1** ***aardbeving.***

tem·er·ar·i·ous ['temə'reərɪəs‖-'ræ-] ⟨bn.; -ly; -ness⟩ ⟨schr.⟩ **0.1** ***roekeloos*** ⇒*vermetel, onbezonnen.*

tem·er·i·ty [tɪ'merəṭi] ⟨n.-telb.zn.⟩ **0.1** ***roekeloosheid*** ⇒*vermetelheid, onbezonnenheid.*

Tem·minck's stint ['temɪŋks 'stɪnt] ⟨telb.zn.⟩ ⟨dierk.⟩ **0.1** ***Temmincks strandloper*** ⟨Calibris temminckii⟩.

temp[1] [temp] ⟨f1⟩ ⟨telb.zn.⟩ ⟨verk.⟩ temporary employee ⟨inf.⟩ **0.1** ***tijdelijke medewerker(ster)*** ⇒ ⟨i.h.b.⟩ *uitzendkracht, interimkracht.*

temp[2] ⟨onov.ww.⟩ **0.1** ***als uitzendkracht werken*** ⇒*werken bij/via een uitzendbureau.*

temp[3] ⟨afk.⟩ temperance, temperature, temporary.

'temp agency ⟨telb.zn.⟩ **0.1** ***uitzendbureau.***

tem·per[1] ['tempə‖-ər] ⟨f3⟩ ⟨zn.⟩
I ⟨telb.zn.⟩ **0.1** ***humeur*** ⇒*stemming, luim* **0.2** ***kwade/slechte bui*** **0.3** ***driftbui*** ⇒*woedeaanval* **0.4** ***bijmengsel*** ⇒*toevoegsel* ◆ **2.1** be in a bad ~ *in een slecht humeur zijn, de pest in hebben* **3.3** fly/get into a ~ *een woedeaanval krijgen;*
II ⟨telb. en n.-telb.zn.⟩ **0.1** ***temperament*** ⇒*geaardheid, natuur,*

inborst **0.2** ***opvliegendheid*** ⇒*opvliegend karakter, oplopendheid, drift(igheid)* ◆ **1.1** the ~ of the times *de tijdgeest* **2.1** a person of (a) sweet ~ *een zachtaardig mens* **3.2** have a ~ *opvliegend zijn;* do not mind his ~ *let niet op zijn opvliegend karakter;* show ~ *opvliegend/lastig/prikkelbaar zijn;*
III ⟨n.-telb.zn.⟩ **0.1** ***kalmte*** ⇒*beheersing* **0.2** ***irritatie*** ⇒*woede* **0.3** ***tempering*** ⇒*harding* ⟨v. metaal⟩ **0.4** ***(juiste) mengverhouding*** ◆ **1.2** get a fit of ~ *een woedeaanval krijgen* **3.1** control/keep one's ~ *zijn kalmte bewaren;* lose one's ~ *zijn kalmte verliezen, boos worden* **6.1** ⟨schr.⟩ **out of** ~ **with** *boos/woedend op.*

temper[2] ⟨f2⟩ ⟨ww.⟩ ⟨→sprw. 228, 455⟩
I ⟨onov.ww.⟩ **0.1** ***getemperd worden*** ⟨metaal⟩;
II ⟨ov.ww.⟩ **0.1** ***aanmaken*** ⇒*toebereiden* ⟨mortel e.d.⟩ **0.2** ***temperen*** ⇒*mengen* ⟨olie, kleuren⟩ **0.3** ***temperen*** ⇒*ontlaten* ⟨vnl. staal⟩ **0.4** ***temperen*** ⇒*matigen, verzachten, intomen* **0.5** ⟨muz.⟩ ***stemmen*** ◆ **6.4** ⟨schr.⟩ ~ rigour **with** compassion *gestrengheid met mededogen temperen.*

tem·per·a ['tempərə] ⟨n.-telb.zn.⟩ **0.1** ***tempera(techniek)*** **0.2** ***tempera(verf).***

tem·per·a·ble ['temprəbl] ⟨bn.⟩ **0.1** ***te temperen.***

tem·per·a·ment ['temprəmənt] ⟨f2⟩ ⟨telb. en n.-telb.zn.⟩ **0.1** ***temperament*** ⟨ook fig.⟩ ⇒*aard, gestel, constitutie; vurigheid* **0.2** ***humeurigheid*** ⇒*prikkelbaarheid* **0.3** ⟨muz.⟩ ***temperatuur*** ⇒*stemming* ⟨v. instrument⟩ ◆ **2.1** sanguine ~ *sanguïnisch/vurig temperament.*

tem·per·a·men·tal [temprə'mentl] ⟨f1⟩ ⟨bn.; -ly⟩ **0.1** ***natuurlijk*** ⇒*aan/ingeboren* **0.2** ***grillig*** ⇒*humeurig, onberekenbaar, vol nukken/kuren, nukkig* **0.3** ⟨zelden⟩ ***temperamentvol*** ⇒*vurig* ◆ **3.1** ~ly, he is a fighter *hij is v. nature/aard een vechter.*

tem·per·ance ['temprəns] ⟨f1⟩ ⟨n.-telb.zn.⟩ **0.1** ***gematigdheid*** ⇒*matigheid* **0.2** ***zelfbeheersing*** **0.3** ***geheelonthouding.***

'temperance hotel ⟨telb.zn.⟩ **0.1** ***geheelonthoudershotel.***

'temperance society ⟨telb.zn.; →mv. 2⟩ **0.1** ***geheelonthoudersgenootschap*** ⇒⟨ong.⟩ *de blauwe knoop.*

tem·per·ate ['tempərət] ⟨f2⟩ ⟨bn.; -ly; -ness⟩ **0.1** ***matig*** ⇒*gematigd* **0.2** ***met zelfbeheersing*** ◆ **1.1** ~ zone *gematigde luchtstreek.*

tem·per·a·ture ['temp(r)ətʃə‖'tempərtʃər] ⟨f3⟩ ⟨zn.⟩
I ⟨telb. en n.-telb.zn.⟩ **0.1** ***temperatuur*** ◆ **1.1** a change in ~ *een temperatuurverandering/schommeling* **3.1** take s.o.'s ~ *iemands temperatuur opnemen;*
II ⟨n.-telb.zn.⟩ **0.1** ***verhoging*** ⇒*koorts* ◆ **3.1** have/run a ~ *verhoging hebben.*

tem·pered ['tempəd‖-pərd] ⟨bn.; volt. deelw. v. temper⟩ **0.1** ***getemperd*** ⟨bv. v. licht⟩ **0.2** ⟨muz.⟩ ***gestemd naar een temperatuur.***

-tem·pered ['tempəd‖-pərd] **0.1** ***-gehumeurd*** ⇒*-geluimd, -geaard* ◆ **¶.1** bad-tempered *slechtgehumeurd;* he waved his hand good-temperedly *hij zwaaide goedgehumeurd.*

tem·per·some ['tempəsəm‖-pər-] ⟨bn.; -ness⟩ **0.1** ***opvliegend.***

tem·pest ['tempɪst] ⟨f2⟩ ⟨telb.zn.⟩ **0.1** ***(hevige) storm*** ⟨ook fig.⟩ **0.2** ***oproer*** ⇒*tumult, lawaai* ◆ **1.1** ⟨AE⟩ ~ in a teapot *storm in een glas water* **1.2** a ~ of laughter *een bulderend gelach.*

'tem·pest-beat·en ⟨bn.⟩ ⟨schr.⟩ **0.1** ***door de storm(en) gebeukt.***

'tem·pest-swept, 'tem·pest-tossed ⟨bn.⟩ ⟨schr.⟩ **0.1** ***door de storm(en) geteisterd/heen en weer geslingerd.***

tem·pes·tu·ous [tem'pestʃʊəs] ⟨bn.; -ly; -ness⟩ **0.1** ***stormachtig*** ⟨ook fig.⟩ ⇒*onstuimig, hartstochtelijk* ◆ **1.1** a ~ confrontation *een stormachtige confrontatie.*

Tem·plar ['templə‖-ər] ⟨telb.zn.⟩ **0.1** ⟨gesch.⟩ ***tempelier*** ⇒*tempelridder* **0.2** ***lid van (Amerikaanse) vrijmetselaarsorde*** **0.3** ⟨t-⟩ ***jurist of juridisch student met kamers in de Temple in Londen*** **0.4** ⟨ook t-⟩ ***Goede Tempelier*** ⟨lid v. Am. genootschap v. geheelonthouders⟩ ◆ **2.4** Good ~ *Goede Tempelier.*

tem·plate, tem·plet ['templɪt] ⟨f1⟩ ⟨telb.zn.⟩ **0.1** ***mal(plaatje)*** ⇒*vormplaat, sjabloon, template* **0.2** ⟨bouwk.⟩ ***latei.***

tem·ple ['templ] ⟨f3⟩ ⟨telb.zn.⟩ **0.1** ***tempel*** ⇒*kerk* **0.2** ⟨AE⟩ ***synagoge*** **0.3** ***slaap*** ⇒*zijkant van hoofd* **0.4** ***brillearm*** **0.5** ⟨weverij⟩ ***tempel*** ⇒*breedhouder* ◆ **1.1** ⟨BE⟩ the Inner/Middle Temple *ben. voor twee Inns of Court.*

tem·po ['tempoʊ] ⟨f2⟩ ⟨telb.zn.; ook tempi [-pi:]; →mv. 5⟩ **0.1** ***tempo*** ⇒*vaart, snelheid* ⟨i.h.b. v. muziek⟩.

tem·po·ral[1] ['temprəl] ⟨zn.⟩
I ⟨telb.zn.⟩ ⟨anat.⟩ **0.1** ***slaap*** ⇒*slaapbeen* **0.2** ***slaapader*** **0.3** ***slaapspier;***
II ⟨mv.; ~s⟩ **0.1** ***wereldse aangelegenheden*** **0.2** ***tijdelijke aangelegenheden.***

temporal[2] ⟨f2⟩ ⟨bn.; -ly⟩ **0.1** ***tijdelijk*** **0.2** ***wereldlijk*** ⇒*tijdelijk, seculier, seculair* **0.3** ⟨anat.⟩ ***slaap-*** ⇒*v.d. slaap* ◆ **1.1** ⟨taalk.⟩ ~ conjunction *voegwoord v. tijd* **1.2** Temporal Lords/Lords Temporal *wereldlijke leden v.h. Hogerhuis* **1.3** ~ bone *slaapbeen;* ~ lobe *slaapkwab.*

tem·po·ral·i·ty ['tempə'ræləti] ⟨zn.; →mv. 2⟩
I ⟨telb.zn.⟩ **0.1** ***wereldse bezitting;***
II ⟨n.-telb.zn.⟩ **0.1** ***tijdelijkheid*** **0.2** ***wereldlijkheid*** ⇒*tijdelijkheid;*
III ⟨mv.; temporalities⟩ **0.1** ***temporalia*** ⇒*temporaliën, wereldlijk inkomen* ⟨v. geestelijken⟩.

tem·po·rar·y[1] ['temp(r)əri‖-pəreri] ⟨f1⟩ ⟨telb.zn.; →mv. 2⟩ **0.1** ***tijdelijke werkkracht*** ⇒*los werkman.*

temporary[2] ⟨f3⟩ ⟨bn.; -ly; -ness; →bijw. 3⟩ **0.1** ***tijdelijk*** ⇒*voorlopig* ◆ **1.1** ~ buildings *noodgebouwen;* ~ employment agency *uitzendbureau;* ~ officer *reserveofficier.*

tem·po·ri·za·tion, -sa·tion ['tempəraɪ'zeɪʃn‖-rə'zeɪʃn] ⟨n.-telb.zn.⟩ **0.1** ***uitstel*** ⇒*temporisatie* **0.2** ***het temporiseren*** ⇒*het proberen tijd te winnen* **0.3** ***het zich naar de omstandigheden schikken*** ⇒*opportunisme* **0.4** ***het zoeken naar een vergelijk.***

tem·po·rize, -rise ['tempəraɪz] ⟨onov.ww.⟩ **0.1** ***temporiseren*** ⇒*proberen tijd te winnen, een slag om de arm houden* **0.2** ***zich naar de omstandigheden schikken*** ⇒*de huik naar de wind hangen* **0.3** ***een vergelijk zoeken.***

tem·po·riz·er, -ris·er ['tempəraɪzə‖-ər] ⟨telb.zn.⟩ **0.1** ***tijdrekker*** **0.2** ***opportunist*** **0.3** ***iem. die naar een vergelijk zoekt.***

tempt [tem(p)t] ⟨f2⟩ ⟨ov.ww.⟩ →tempting **0.1** ***verleiden*** ⇒*in verleiding brengen, (ver)lokken* **0.2** ***verzoeken*** ⇒*in verzoeking brengen, tempteren* **0.3** ***tarten*** ⇒*tergen, tempteren* ◆ **3.1** I am ~ed not to believe that *ik ben geneigd dat niet te geloven* **6.1** he ~ed me **into** taking the wrong decision *hij verleidde mij ertoe de verkeerde beslissing te nemen.*

tempt·a·ble ['tem(p)təbl] ⟨bn.⟩ **0.1** ***te verleiden*** ⇒*te (ver)lokken, te verzoeken.*

temp·ta·tion [tem(p)'teɪʃn] ⟨f3⟩ ⟨zn.⟩
I ⟨telb.zn.⟩ **0.1** ***aanlokkelijkheid*** ⇒*verleidelijkheid, aanlokkelijke/verleidelijke kant;*
II ⟨n.-telb.zn.⟩ **0.1** ***het verleiden*** ⇒*het (ver)lokken, het verzoeken* **0.2** ***verleiding*** ⇒*verlokking, verzoeking, temptatie* ◆ **3.2** ⟨bijb.⟩ lead us not into ~ *leid ons niet in bekoring/verzoeking.*

tempt·er ['tem(p)tə‖-ər] ⟨f1⟩ ⟨zn.⟩
I ⟨eig.n.; the T-⟩ **0.1** ***Satan*** ⇒*Duivel;*
II ⟨telb.zn.⟩ **0.1** ***verleider.***

tempt·ing ['tem(p)tɪŋ] ⟨f2⟩ ⟨bn.; teg. deelw. v. tempt; -ly; -ness⟩ **0.1** ***verleidelijk*** ⇒*aanlokkelijk, verlokkelijk.*

tempt·ress ['tem(p)trɪs] ⟨f1⟩ ⟨telb.zn.⟩ **0.1** ***verleidster.***

tem·pu·ra ['tempʊrɑ:‖'tempə'rɑ] ⟨telb. en n.-telb.zn.⟩ **0.1** ***tempura*** ⟨Japans visgerecht⟩.

ten[1] [ten] ⟨f4⟩ ⟨telw.⟩ **0.1** ***tien*** ⟨ook voorwerp/groep ter waarde/grootte v. tien⟩ ◆ **3.1** ⟨sport⟩ formed a ~ *vormden een tiental;* give me a ~ *geef me een briefje van tien;* have a ~ *een pauze (v. tien minuten) nemen;* he wears a ~ *hij draagt maat tien* **4.1** I bet you ~ to one *ik wed tien tegen één* **6.1** a mistake **in** the ~s *een fout in de tientallen.*

ten[2] ⟨afk.⟩ tenor, tenuto.

ten·a·bil·i·ty ['tenə'bɪləti] ⟨n.-telb.zn.⟩ **0.1** ***verdedigbaarheid*** ⇒*houdbaarheid* ⟨ook fig.⟩.

ten·a·ble ['tenəbl] ⟨f1⟩ ⟨bn.; -ly; -ness; →bijw. 3⟩ **0.1** ***verdedigbaar*** ⇒*houdbaar* ⟨ook fig.⟩ ◆ **1.1** a ~ theory *een houdbare theorie;* a ~ fortification *een houdbare versterking* **6.1** the job is ~ **for** a year *de baan geldt voor een jaar.*

ten·ace ['teneɪs, 'tenɪs] ⟨telb.zn.⟩ **0.1** ***vork*** ⟨combinatie v. twee hoge kaarten, bv. aas-vrouw, heer-boer⟩.

te·na·cious [tɪ'neɪʃəs] ⟨f1⟩ ⟨bn.; -ly; -ness⟩ **0.1** ***vasthoudend*** ⇒*standvastig, volhardend, hardnekkig, koppig* **0.2** ***krachtig*** ⇒*goed* ⟨v. geheugen⟩ **0.3** ***kleverig*** ⇒*plakkerig, klevend, plakkend* **0.4** ***samenhangend*** ◆ **1.2** he has a ~ memory *hij heeft een uitstekend geheugen* **6.1** he is ~ **of** his rights *hij houdt vast aan zijn rechten, hij staat op zijn recht(en).*

te·nac·i·ty [tɪ'næsəti] ⟨f1⟩ ⟨n.-telb.zn.⟩ **0.1** ***vasthoudendheid*** ⇒*standvastig/volhardend/hardnekkig/koppigheid* **0.2** ***kracht*** ⟨v. geheugen⟩ **0.3** ***kleverigheid*** ⇒*plakkerigheid* **0.4** ***logisch geheel*** ⇒*orde.*

te·nac·u·lum [tɪ'nækjʊləm‖-kjə-] ⟨telb.zn.; tenacula [-lə]; →mv. 5⟩ ⟨med.⟩ **0.1** ***tenaculum*** ⇒*wondhaak.*

ten·an·cy ['tenənsi] ⟨f1⟩ ⟨zn.; →mv. 2⟩
I ⟨telb.zn.⟩ **0.1** ***huurtermijn*** ⇒*pachttermijn, pachttijd* **0.2** ***huur*** ⇒*pacht* **0.3** ***bekleding*** ⟨v. ambt/functie⟩ ◆ **1.3** the ~ of a teaching position *het aangesteld zijn als docent;*
II ⟨n.-telb.zn.⟩ **0.1** ***bewoning*** **0.2** ***gebruik*** ⇒*genot.*

ten·ant[1] ['tenənt] ⟨f3⟩ ⟨telb.zn.⟩ **0.1** ***huurder*** ⇒*pachter* **0.2** ***bewoner*** **0.3** ⟨jur.⟩ ***eigenaar*** ◆ **¶.1** sorry no ~s *alleen voor bezitters v.e. eigen huis.*

tenant[2] ⟨ov.ww.⟩ **0.1** ***huren*** ⇒*pachten* **0.2** ***bewonen*** ⇒*innemen.*

ten·ant·able ['tenəntəbl] ⟨bn.⟩ **0.1** ***verhuur/verpachtbaar*** **0.2** ***bewoonbaar.***

'tenant 'farmer ⟨telb.zn.⟩ **0.1** ***pachtboer*** ⇒*pachter.*

'tenant in 'chief ⟨telb.zn.; tenants in chief; →mv. 6⟩ **0.1** ***hoofdleenman.***

'tenant right ⟨telb.zn.⟩⟨BE⟩ **0.1** ***recht v. pachter om pacht voort te zetten.***
ten·ant·ry ['tenəntri]⟨zn.;→mv. 2⟩
I ⟨telb.zn.⟩ **0.1** ***huur*** ⇒*pacht;*
II ⟨verz.n.⟩ **0.1** ***(gezamenlijke) pachters.***
'tenants association ⟨verz.n.⟩ **0.1** ***huurdersvereniging.***
tench [tentʃ]⟨telb.zn.; ook tench;→mv. 4⟩⟨dierk.⟩ **0.1** ***zeelt*** ⟨Tinca tinca⟩.
tend [tend]⟨f3⟩⟨ww.⟩
I ⟨onov.ww.⟩ **0.1** ***gaan*** ⟨in zekere richting⟩ ⇒*zich richten/uitstrekken* **0.2** ***neigen*** ⇒*geneigd zijn* **0.3** ***strekken tot*** ⇒*bijdragen/leiden tot, gericht zijn op* **0.4** ⟨scheep.⟩ ***om zijn anker draaien*** ◆ **3.2** this book ~s to corrupt morals *dit boek heeft een zedenbedervende invloed;* John ~s to get angry when he's criticized *John wordt gauw boos als hij bekritiseerd wordt;* the President ~ed to veto Congress *de president sprak dikwijls/gewoonlijk zijn veto uit over de voorstellen van het Congres* **5.1** prices are ~ing **downwards** *de prijzen dalen* **6.2** Jones's lectures ~ **to** dullness *de colleges van Jones zijn vaak nogal saai;* he ~s **towards** sarcasm *hij is geneigd sarcastisch te zijn* **6.3** his words ~ed **to** action *zijn woorden spoorden aan tot handelen* **6.¶** ~ **to** *zwemen naar;* ⟨vnl. AE⟩ *aandacht besteden aan;* dark hair ~ing **to** black *donker haar zwemend naar zwart;* ~ **(up)on** *bedienen;*
II ⟨ov.ww.⟩ **0.1** ***verzorgen*** ⇒*zorgen voor, passen op, letten op* **0.2** ⟨AE⟩ ***bedienen*** ◆ **1.1** ~ing sheep *schapen hoeden* **1.2** who's ~ing bar? *wie staat er achter de bar?;* who's ~ing store? *wie bedient er in de winkel?, wie staat er achter de toonbank?.*
ten·dance ['tendəns]⟨telb.zn.⟩ **0.1** ***verzorging.***
ten·den·cy ['tendənsi]⟨f3⟩⟨telb.zn.;→mv. 2⟩ **0.1** ***neiging*** ⇒*tendens, tendentie, trend* **0.2** ***aanleg*** **0.3** ⟨geldw.⟩ ***stemming*** ◆ **3.2** he has a ~ to grow fat *hij heeft een aanleg tot dik worden* **6.1** he has a ~ **to** fear *hij is gauw bang;* there is a ~ **towards** moderation in government circles *er bestaat in regeringskringen een tendens tot gematigdheid.*
ten·den·tious [ten'denʃəs]⟨f1⟩⟨bn.;-ly;-ness⟩ **0.1** ***tendentieus*** ⇒*partijdig, vooringenomen.*
ten·der[1] ['tendə‖-ər]⟨f1⟩⟨telb.zn.⟩ **0.1** ***verzorger*** ⇒*oppasser* **0.2** ***operator*** ⇒*operateur* ⟨v. machines⟩ **0.3** ***tender*** ⇒*hulpschip, bevoorradingsschip* **0.4** ***tender*** ⟨v. locomotief⟩ **0.5** ***slangenwagen*** ⟨brandweerwagen⟩ **0.6** ***offerte*** ⇒*inschrijving, tender* ◆ **3.6** put out to ~ *aanbesteden (voor inschrijving).*
tender[2] ⟨f3⟩⟨bn.;-ly;-ness⟩⟨→sprw. 287⟩
I ⟨bn.⟩ **0.1** ***mals*** ⟨v. vlees⟩ **0.2** ***gevoelig*** ⇒*delicaat* **0.3** ***zacht*** ⇒*mild, voorzichtig* **0.4** ***broos*** ⇒*breekbaar, fragiel, teer* **0.5** ***liefhebbend*** ⇒*toegenegen, lief, teder, teergevoelig* **0.6** ***pijnlijk*** ⇒*zeer, gevoelig* **0.7** ⟨scheep.⟩ ***rank*** ◆ **1.2** ⟨fig.⟩ ~ spot *gevoelige plek* **1.6** ~ place *gevoelige plek* **1.¶** left to the ~ mercies of *overgeleverd aan de genade v.* **6.¶** he was ~ **of** his reputation *hij was beducht voor zijn reputatie;*
II ⟨bn., attr.⟩ **0.1** ***jong*** ⇒*onbedorven, onervaren* ◆ **1.1** of ~ age *van prille leeftijd.*
tender[3] ⟨f1⟩⟨ww.⟩
I ⟨onov.ww.⟩ **0.1** ***inschrijven*** ◆ **6.1** ~ **for** the building of a new road *inschrijven op de aanleg van een nieuwe weg;*
II ⟨ov.ww.⟩ **0.1** ***aanbieden*** ◆ **1.1** please ~ the exact change *verzoeke met gepast geld te betalen;* ~ one's resignation *zijn ontslag indienen.*
ten·der·er ['tendrə‖-ər]⟨telb.zn.⟩ **0.1** ***inschrijver.***
'ten·der-'eyed ⟨bn.⟩ **0.1** ***met vriendelijke blik*** **0.2** ***slechtziend.***
'ten·der·foot ⟨telb.zn.; ook tenderfeet;→mv. 3⟩ **0.1** ***groentje*** ⇒*nieuwkomer, nieuweling.*
'ten·der'heart·ed ⟨telb.zn.;-ly;-ness⟩ **0.1** ***teerhartig.***
ten·der·ize, -ise ['tendəraɪz]⟨ov.ww.⟩ **0.1** ***mals maken*** ⟨vlees⟩.
'ten·der·loin ⟨f1⟩⟨zn.⟩
I ⟨telb.zn.⟩⟨AE⟩⟨vaak T-⟩ **0.1** ***rosse buurt;***
II ⟨telb. en n.-telb.zn.⟩ **0.1** ***haasbiefstuk*** **0.2** ***varkenshaas.***
ten·di·nous ['tendɪnəs]⟨bn.⟩ **0.1** ***pees-*** **0.2** ***pezig.***
ten·don ['tendən]⟨f2⟩⟨telb.zn.⟩ **0.1** ***(spier)pees*** ◆ **1.1** ~ of Achilles *achillespees.*
ten·dril ['tendrɪl]⟨telb.zn.⟩ **0.1** ***(hecht)rank*** ⇒⟨fig.⟩ *streng, sliert, tentakel* ◆ **1.1** ~ of hair *streng(el)/lok haar, haarvlecht;* ~s of mist *mistflarden.*
ten·dril·(l)ed ['tendrɪld]⟨bn.⟩ **0.1** ***rankerig*** ⇒*met (hecht)ranken;* ⟨fig.⟩ *sliertachtig, in strengen.*
Ten·e·brae ['tenɪbri:]⟨mv.⟩⟨R.-K.⟩ **0.1** ***donkere metten.***
ten·e·bros·i·ty ['tenɪ'brɒsəti‖-'brɑsəti]⟨telb. en n.-telb.zn.;→mv. 2⟩⟨vero.⟩ **0.1** ***duisternis*** ⇒*donker(te).*
ten·e·brous ['tenɪbrəs], **te·neb·ri·ous** [tɪ'nebrɪəs]⟨bn.⟩⟨vero.⟩ **0.1** ***duister*** ⇒*donker;* ⟨ook fig.⟩ *obscuur, ondoorzichtig, geheimzinnig; somber, zwaarmoedig, droefgeestig.*
ten·e·ment ['tenɪmənt]⟨f2⟩⟨telb.zn.⟩ **0.1** ***(particulier) eigendom*** ⟨stuk grond⟩ ⇒*vast goed, vrij goed, grond* **0.2** ⟨jur.⟩ ***pachtgoed*** ⇒*pachtgrond, pachthoeve, pachtbezit; huurgrond, huurhuis* **0.3** ***woonplaats*** ⇒*woning, (woon)huis* ⟨i.h.b. Sch. E: gebouw bewoond door verschillende huurders⟩, *verblijf(plaats)* **0.4** ***(huur) kamer*** ⇒*appartement, (huur)flat, etagewoning,* ⟨B.⟩ *kwartier* **0.5** →tenement house.
ten·e·men·tal ['tenɪ'mentl], **ten·e·men·ta·ry** ['tenɪ'mentri‖-'mentəri]⟨bn.⟩ **0.1** ***verpacht/verhuurd*** ⇒*pacht-, huur-, flat-.*
'tenement house ⟨f1⟩⟨telb.zn.⟩ **0.1** ***huurkazerne*** ⇒*kazernewoning, etagewoning, flat(gebouw)* ⟨in verpauperde wijk⟩.
te·nes·mus [tɪ'nezməs]⟨telb.zn.⟩⟨med.⟩ **0.1** ***tenesmus*** ⟨krampachtige samentrekking v.d. anus en/of sluitspier v.d. blaas⟩ ⇒*tenesme, (pijnlijke) stoelaandrang.*
ten·et ['tenɪt]⟨f1⟩⟨telb.zn.⟩⟨schr.⟩ **0.1** ***(basis)principe*** ⇒*(grond) beginsel, (leer)stelling, geloofspunt, leerstuk, dogma, norm.*
ten·fold[1] ['tenfoʊld]⟨f1⟩⟨telb.zn.⟩ **0.1** ***tienvoud*** ⇒*vertienvoudiging.*
tenfold[2] ⟨bn.⟩ **0.1** ***tienvoudig*** ⇒*tiendubbel, tienmaal zo groot/zoveel (zijnde)* **0.2** ***tienvoudig*** ⇒*tien(delig/ledig), met/van tien.*
tenfold[3] ⟨ov.ww.⟩ **0.1** ***vertienvoudigen.***
tenfold[4] ⟨f1⟩⟨bw.⟩ **0.1** ***tienvoudig*** ⇒*tiendubbel, tienmaal (zo groot/zoveel), met (factor) tien* ◆ **3.1** increase sth. ~ *iets vertienvoudigen.*
'ten-foot-'pole ⟨telb.zn.⟩⟨AE;inf.⟩ ◆ **3.¶** I wouldn't touch it/him with a ~ *ik zou het/hem met geen tang (willen) aanraken, ik mijd het/hem als de pest, ik loop er met een wijde boog om heen.*
ten-'gal·lon hat ⟨telb.zn.⟩ **0.1** ***cowboyhoed (met brede rand).***
Teng·malm's owl ['teŋməlmz 'aʊl]⟨telb.zn.⟩⟨dierk.⟩ **0.1** ***ruigpootuil*** ⟨Aegolius funereus⟩.
tenia →taenia.
ten-'mil·er ⟨telb.zn.⟩⟨atletiek⟩ **0.1** ***(wedstrijd)loop v. tien Engelse mijlen*** **0.2** ***tienmijlloper.***
Tenn ⟨afk.⟩ Tennessee.
ten·né, ten·ne ['teni]⟨n.-telb.zn.⟩ **0.1** ⟨heraldiek⟩ ***oranje-bruine kleur*** **0.2** ***taan(kleur)*** ⇒*bruingeel, vaalgeel.*
ten·ner ['tenə‖-ər]⟨f1⟩⟨telb.zn.⟩ **0.1** ⟨inf.⟩ ***tientje*** ⇒*briefje v. tien pond/dollar* **0.2** ⟨sl.⟩ ***tien jaar*** ⟨gevangenisstraf⟩.
ten·nis ['tenɪs]⟨f3⟩⟨n.-telb.zn.⟩ **0.1** ***tennis(spel)*** ◆ **3.1** play ~ *tennissen, tennis spelen.*
'tennis 'arm ⟨telb.zn.⟩ **0.1** ***tennisarm*** ⟨spierverrekking in de arm⟩.
'tennis ball ⟨f1⟩⟨telb.zn.⟩ **0.1** ***tennisbal.***
'tennis court ⟨f1⟩⟨telb.zn.⟩ **0.1** ***tennisbaan*** ⇒*tennisveld.*
'tennis 'elbow ⟨f1⟩⟨telb.zn.⟩ **0.1** ***tenniselleboog*** ⟨ontsteking⟩.
'tennis match ⟨f1⟩⟨telb.zn.⟩ **0.1** ***tennismatch*** ⇒*tenniswedstrijd.*
'tennis racket ⟨telb.zn.⟩ **0.1** ***tennisracket.***
'tennis shoe ⟨telb.zn.⟩ **0.1** ***tennisschoen.***
ten·nist ['tenɪst]⟨telb.zn.⟩⟨sl.; tennis⟩ **0.1** ***tennisser.***
Ten·no ['tenoʊ]⟨telb.zn.; ook Tenno;→mv. 4⟩ **0.1** ***Tenno*** ⇒*keizer v. Japan* ⟨als religieus leider en belichaming v.h. goddelijke⟩.
Ten·ny·so·nian ['tenɪ'soʊnɪən]⟨bn.⟩ **0.1** ***Tennysoniaans*** ⟨mbt. de Eng. dichter Alfred Tennyson⟩.
ten·o- ['ti:noʊ, 'te-]⟨med.⟩ **0.1** ***teno-*** ⇒*van/mbt. een pees, pees-* ◆ **¶.1** tenotomy *tenotomie* ⟨het chirurgisch doorsnijden v.e. pees⟩.
ten·on[1] ['tenən]⟨telb.zn.⟩ **0.1** ***tap*** ⇒*houten (verbindings)pen* ◆ **1.1** the ~ doesn't fit into the mortise *de pen past niet in het tapgat* **2.1** female ~ *pengat, tapgat* **3.1** dovetailed ~ *zwaluwstaartpen.*
tenon[2] ⟨ov.ww.⟩ **0.1** ***voorzien v.e. tap/(verbindings)pen*** ⇒*een pen maken/slaan/frezen aan* **0.2** ***verbinden met een tap/pen*** ⇒*(aan elkaar) lassen/in elkaar zetten/op zijn/hun plaats houden met een tap/pen/pen-en-gatverbinding* **0.3** ***tot een tap/pen snijden/frezen.***
'tenon-and-'mortise 'joint ⟨telb.zn.⟩ **0.1** ***pen-en-gat-verbinding.***
ten·on·er ['tenənə‖-ər]⟨telb.zn.⟩ **0.1** ***pennenfrezer*** ⇒*pennenschaver, pennensnijder* **0.2** ***pennen(frees)bank*** ⇒*pennenfreesmachine.*
'tenon saw ⟨telb.zn.⟩ **0.1** ***tapzaag*** ⟨fijne handzaag⟩ ⇒*verstekzaag.*
ten·or ['tenə‖-ər]⟨f2⟩⟨zn.⟩
I ⟨telb.zn.⟩ **0.1** ***tenor(zanger)*** **0.2** ***tenorpartij*** **0.3** ⟨vaak attr.⟩ ***tenorstem*** **0.4** ***tenor(instrument)*** ⇒*instrument voor de tenorpartij,* ⟨i.h.b.⟩ *altviool* **0.5** ⟨jur.⟩ ***(gelijkluidend/eensluidend) afschrift;***
II ⟨n.-telb.zn.; the⟩ **0.1** ***gang*** ⟨i.h.b. v. iemands leven⟩ ⇒*(ver)loop, (algemene) richting* **0.2** ***teneur*** ⟨v. tekst, gesprek⟩ ⇒*strekking, (algemene) betekenis/tendentie, (globale) inhoud, bedoeling, draad* ⟨v. verhaal⟩ **0.3** ⟨jur.⟩ ***(officiële) tekst*** ⟨v. wetsartikel, contract, document enz.⟩ ⇒*juiste bewoordingen, origineel* ◆ **1.1** the ~ of s.o.'s life/way *iemands (vaste/normale) levenswijze/levensstijl/levensweg* **2.3** copies of the same ~ *eensluidende exemplaren* **3.1** life has resumed its quiet ~ *het leven gaat weer zijn gewone, rustige gang* **3.2** get the ~ of what is being said *in grote lijnen begrijpen wat er wordt gezegd.*
'tenor bell ⟨telb.zn.⟩ **0.1** ***grootste klok v. klokkenspel.***
'tenor clef ⟨telb.zn.⟩ **0.1** ***tenorsleutel.***
'tenor voice ⟨telb.zn.⟩ **0.1** ***tenorstem.***

ten·pence ['tenpəns]⟨zn.; ook tenpence; →mv. 4⟩
I ⟨telb.zn.⟩ **0.1** ***tien pence(stuk);***
II ⟨n.-telb.zn.⟩ **0.1** ***(bedrag/som v.) tien pence/stuivers*** ◆ **6.1** (sell) **at** ~ a hundred *(verkopen) tegen tien pence per honderd.*
ten·pen·ny ['tenpəni]⟨bn., attr.⟩ **0.1** ***tien pence/stuiver waard/bedragend/kostend*** ◆ **1.¶** ~ nail *grote spijker* ⟨oorspr. tien pence per honderd⟩.
ten·pin ⟨f1⟩⟨zn.⟩
I ⟨telb.zn.⟩ **0.1** ***kegel*** ⟨een v.d. tien kegels v.h. bowlingspel⟩;
II ⟨mv.; ~s; ww. vnl. enk.⟩ **0.1** ***kegelspel*** ⟨met tien kegels⟩ ⇒*bowling.*
'tenpin alley ⟨telb.zn.⟩ **0.1** ***kegelbaan*** ⇒*bowlingbaan.*
'tenpin ball ⟨telb.zn.⟩ **0.1** ***kegelbal*** ⇒*bowlingbal.*
'tenpin 'bowling ⟨n.-telb.zn.⟩ **0.1** ***kegelspel*** ⟨met tien kegels⟩ ⇒*bowling.*
ten·rec ['tenrek], **tan·rec** ['tænrek]⟨telb.zn.⟩⟨dierk.⟩ **0.1** ***tenrek*** ⟨borstelegel; fam. Tenrecidae⟩.
tense[1] [tens]⟨f2⟩⟨telb. en n.-telb.zn.⟩⟨taalk.⟩ **0.1** ***tijd*** ⇒*tempus, tijdsvorm.*
tense[2] ⟨f3⟩⟨bn.; -er; -ly; -ness; →compar. 7⟩ **0.1** ***gespannen*** ⟨ook v. spraakklank⟩ ⇒*strak/stijf (gespannen); zenuwachtig, nerveus, angstig; in/van/vol spanning; spannend, zenuwslopend, moeilijk; ingespannen, intens* ◆ **1.1** a moment of ~ excitement *een ogenblik v. grote opwinding;* a ~ moment *een ogenblik v. grote spanning;* the situation is ~ *de toestand is gespannen* **5.1** wait ~ly *gespannen wachten, in/met (angstige) spanning (zitten) wachten* **6.1** a face ~ **with** anxiety *een v. angst vertrokken gezicht;* ~ **with** expectancy *in gespannen verwachting.*
tense[3] ⟨f2⟩⟨ww.⟩
I ⟨onov.ww.⟩ **0.1** ***gespannen worden*** ⇒*zich (op)spannen, verstrakken; in spanning komen; zenuwachtig/spannend worden* ◆ **5.1** ~ **up** *gespannen/zenuwachtig/nerveus worden, zich zenuwachtig maken; stijf/stram worden/verstijven* ⟨v. spieren⟩; *zich klaar maken/schrap zetten;* prevent one's muscles from tensing **up** *zijn spieren soepel/warm houden;*
II ⟨ov.ww.⟩ **0.1** ***gespannen maken*** ⇒*(op)spannen; in spanning brengen; zenuwachtig/spannend maken* ◆ **1.1** ~ one's muscles *zijn spieren spannen* **4.1** ~ o.s. against *zich schrap zetten tegen* **5.1** ~ s.o. **up** *iem. zenuwachtig/nerveus maken;* be ~d **up** *(erg) gespannen/zenuwachtig/nerveus zijn, in spanning verkeren/zitten;* get ~d **up** *gespannen/zenuwachtig/nerveus worden.*
tense·less ['tensləs]⟨bn.⟩⟨taalk.⟩ **0.1** ***tempusloos.***
ten-shun ['ten'ʃʌn]⟨tussenw.⟩ **0.1** ***opgelet*** ⟨variant v. (at)tention⟩.
ten·si·bil·i·ty ['tensə'bɪləṭi]⟨n.-telb.zn.⟩ **0.1** ***rekbaarheid.***
ten·si·ble ['tensəbl]⟨bn.; -ly; -ness; →bijw. 3⟩ **0.1** ***(uit)rekbaar.***
ten·sile ['tensaɪl‖'tensl]⟨f1⟩⟨bn.; -ly; -ness⟩
I ⟨bn.⟩ **0.1** ***(uit)rekbaar*** ⇒*elastisch;*
II ⟨bn., attr.⟩ **0.1** ***trek-*** ⇒*span-* ◆ **1.1** ~ force *spankracht, trekkracht;* ~ load on a wire *trekbelasting aan een draad;* ~ strength *treksterkte, trekvastheid, breukvastheid;* ~ stress *trekspanning, spanning tegen trek.*
ten·sil·i·ty [ten'sɪləṭi]⟨n.-telb.zn.⟩ **0.1** ***rekbaarheid.***
ten·sim·e·ter [ten'sɪmɪtə‖-'sɪmɪṭər]⟨telb.zn.⟩ **0.1** ***damp(spannings)meter*** **0.2** ***manometer.***
ten·si·om·e·try ['tensi'ɒmɪtri‖-'ɑmɪtri]⟨n.-telb.zn.⟩⟨nat.⟩ **0.1** ***tensiometrie.***
ten·sion[1] ['tenʃn]⟨f3⟩⟨zn.⟩
I ⟨telb.zn.⟩ **0.1** ***spannings/strakheidsregelaar*** ⇒⟨i.h.b.⟩ *draadspanningsregelaar* ⟨v. naaimachine⟩;
II ⟨telb. en n.-telb.zn.; vnl. mv.⟩ **0.1** ***spanning*** ⇒*gespannen verhouding/toestand* ◆ **2.1** racial ~s *rassenonlusten;*
III ⟨n.-telb.zn.⟩ **0.1** ***spanning*** ⇒*(graad/toestand v.) gespannenheid, strakheid* ⟨bv. v. touw⟩ **0.2** ***spanning*** ⇒*gespannenheid, zenuwachtigheid, nervositeit, drukte, opwinding* **0.3** ***(trek)spanning*** ⟨v. vaste stof⟩ ⇒*trek(king/kracht), spankracht, uitzettingskracht* **0.4** ***spanning*** ⟨v. gas/damp⟩ ⇒*spankracht, uitzettingsvermogen, expansieve kracht, druk* **0.5** ***(elektrische) spanning*** ⇒*voltage, potentiaal* ◆ **2.2** suffer from nervous ~ *overspannen zijn, last v. zenuwen hebben* **2.5** low ~ *laagspanning* **3.1** increase the ~ of *(sterker/strakker) aanspannen;* keep under ~ *gespannen houden, op spanning houden* **6.3** **in/under** ~ *gespannen, aan een trekbelasting onderworpen.*
tension[2] ⟨ov.ww.⟩ **0.1** ***(aan)spannen*** ⇒*(constant) gespannen houden, op spanning houden* ◆ **3.1** ~ed cord *treksnoer.*
ten·sion·al ['tenʃnəl]⟨bn.⟩ **0.1** ***van/door/mbt. (trek)spanning*** ⇒*getrokken, gespannen/spannings-* ⟨ook fig.⟩.
'tension rod ⟨telb.zn.⟩ **0.1** ***trekstaaf.***
'tension rope ⟨telb.zn.⟩ **0.1** ***spankabel*** ⟨v. kabelbaan⟩.
ten·si·ty ['tensəṭi]⟨n.-telb.zn.⟩ **0.1** ***spanning*** ⇒*gespannenheid.*
ten·sive ['tensɪv]⟨bn.⟩ **0.1** ***van/mbt. spanning*** ⇒*spannend, span-.*
ten·son ['tensn], **ten·zon** ['tenzn]⟨telb.zn.⟩⟨lit.⟩ **0.1** ***tenzone*** ⟨dispuutgedicht v.d. troubadours⟩.
ten·sor ['tensə‖-ər]⟨telb.zn.⟩ **0.1** ⟨anat.⟩ ***strekspier*** ⇒*spanspier, strekker* **0.2** ⟨wisk.⟩ ***tensor.***
ten·so·ri·al [ten'sɔ:rɪəl]⟨bn.⟩⟨wisk.⟩ **0.1** ***tensorieel*** ⇒*tensor-.*
'ten-speed[1] ⟨telb.zn.⟩⟨wielrennen⟩ **0.1** ***racefiets met tien versnellingen.***
ten-speed[2] ⟨bn., attr.⟩⟨wielrennen⟩ **0.1** ***met tien versnellingen.***
'ten-strike ⟨telb.zn.⟩⟨AE; inf.⟩ **0.1** ***treffer*** ⇒*full strike* ⟨het met een bal omverwerpen v. alle kegels bij tenpins⟩; ⟨fig.⟩ *prachtschot, geweldige prestatie, geslaagde actie, meesterwerk, (kas)succes.*
tent[1] [tent]⟨f3⟩⟨zn.⟩
I ⟨telb.zn.⟩ **0.1** ***tent*** ⇒*kampeertent;* ⟨med.⟩ *zuurstoftent* **0.2** ⟨med.⟩ ***wiek*** ⇒*prop watten/(wond)gaas, tampon* ⟨om wonde/lichaamsopening open te houden⟩ **0.3** ⟨vero.; med.⟩ ***wondijzer*** ⇒*sonde, peilstift* ◆ **3.1** pitch a ~ *een tent opslaan/opzetten;* ⟨fig.⟩ pitch one's ~ *zijn tenten opslaan;* strike a ~ *een tent afbreken;*
II ⟨telb. en n.-telb.zn.⟩⟨vero.⟩ **0.1** ***tint(wijn)*** ⇒*tinto* ⟨donkerrode Spaanse wijn⟩.
tent[2] ⟨ww.⟩ →tented
I ⟨onov.ww.⟩ **0.1** ***(in een tent/tenten) kamperen*** ⇒*zijn tent(en) opslaan, zich legeren, (tijdelijk) verblijven;*
II ⟨ov.ww.⟩ **0.1** ***(als/met een tent) bedekken/overdekken*** **0.2** ***legeren*** ⇒*in een tent/tenten onderbrengen* **0.3** ⟨vero.; med.⟩ ***met een wiek openhouden*** ⟨(snij)wond⟩ **0.4** ⟨vero.; med.⟩ ***tenten*** ⇒*sonderen, peilen* **0.5** ⟨vnl. Sch. E⟩ ***letten op*** ⇒*aandacht besteden aan* **0.6** ⟨vnl. Sch. E⟩ ***zorgen voor*** ⇒*passen op, bedienen.*
ten·ta·cle ['tenṭəkl]⟨f1⟩⟨telb.zn.⟩ **0.1** ⟨dierk.; ook fig.⟩⟨ben. voor⟩ ***tentakel*** ⇒*tastorgaan/draad, taster; voelhoorn/spriet/draad, voeler; vang/grijparm, vangdraad, grijporgaan;* ⟨fig. ook⟩ *klauw* **0.2** ⟨plantk.⟩ ***tentakel*** ⟨bv. v. zonnedauw⟩ ⇒*klierhaar* ◆ **1.1** the ~s of a polyp *de armen/voelers v.e. poliep.*
ten·ta·cled ['tenṭəkld], **ten·tac·u·late** [ten'tækjʊlət‖-kjə-], **ten·tac·u·lat·ed** [-leɪṭɪd]⟨bn.⟩ **0.1** ***met/voorzien v. tentakels*** ⟨ook fig.⟩.
ten·tac·u·lar [ten'tækjʊlər‖-kjə-]⟨bn.⟩ **0.1** ***van/mbt./gelijkend op tentakels*** ⟨ook fig.⟩ ⇒*tentakelachtig, tast-, voel-* **0.2** ***uitgerust met tentakels*** ⇒*(rond/af)tastend.*
tent·age ['tenṭɪdʒ]⟨n.-telb.zn.⟩ **0.1** ***tenten(kamp)*** **0.2** ***(voorraad) tenten*** **0.3** ***kampeermateriaal*** ⇒*kampeeruitrusting.*
ten·ta·tive[1] ['tenṭəṭɪv]⟨telb.zn.⟩ **0.1** ***proef(neming)*** ⇒*experiment, hypothese, poging, probeersel, voorlopig aanbod.*
tentative[2] ⟨f3⟩⟨bn.; -ly; -ness⟩ **0.1** ***tentatief*** ⇒*experimenteel, hypothetisch, proef-, voorlopig* **0.2** ***aarzelend*** ⇒*weifelachtig, onzeker, onduidelijk* ◆ **1.1** a ~ conclusion *een voorzichtige conclusie;* make a ~ suggestion *een proefballon oplaten, een balletje opgooien;* ~ talks *besprekingen om het terrein te verkennen, voorbespreking(en)* **¶.1** ~ly *bij wijze v. proef(ballon).*
'tent bed ⟨telb.zn.⟩ **0.1** ***(soort) hemelbed*** ⟨ledikant met tentvormige overkapping⟩ **0.2** ***veldbed.***
tent·ed ['tenṭɪd]⟨bn.; volt. deelw. v. tent⟩ **0.1** ***vol tenten*** **0.2** ***in een tent/tenten ondergebracht*** ⇒*v.e. tent/tenten voorzien, gelegerd* **0.3** ***tentvormig*** ◆ **1.3** ~ wagon *huifkar, huifwagen.*
ten·ter[1] ['tentə‖'tenṭər]⟨telb.zn.⟩ **0.1** ***lakenraam*** ⇒*spanraam/machine, droograam.*
ten·ter[2] ⟨ov.ww.⟩ **0.1** ***opspannen (op een lakenraam).***
'ten·ter·hook ⟨f1⟩⟨telb.zn.⟩ **0.1** ***spanhaak*** ⟨v.e. lakenraam⟩ ⇒*klem, knijper* ◆ **6.¶** **on** ~s *ongerust, nerveus, niks op zijn gemak, in gespannen verwachting;* be **on** ~s *in de knijp(erd/ers)/rats/op hete kolen zitten, in spanning verkeren/zijn/zitten.*
tenth [tenθ]⟨f3⟩⟨telw.; -ly⟩ **0.1** ***tiende*** ⇒⟨muz.⟩ *decime;* ⟨gesch.⟩ *tiend(e)* ⟨belasting⟩ ◆ **1.1** the ~ time *de tiende keer* **2.1** the ~ fastest car *op negen na de snelste auto* **¶.1** ~ly *ten tiende, op de tiende plaats.*
'tenth-'rate ⟨bn.⟩ **0.1** ***tiendeklas*** ⟨vnl. fig.⟩ ⇒*van inferieure kwaliteit.*
ten·tion ['ten'ʃʌn]⟨tussenw.⟩⟨verk.⟩ attention **0.1** ***opgelet.***
'tent peg, 'tent pin ⟨telb.zn.⟩ **0.1** ***(tent)haring*** ⇒*tentpin, piket(paal).*
'tent peg·ging ⟨n.-telb.zn.⟩ **0.1** ***haringrijden*** ⟨cavaleriesport waarbij ruiter in galop met een lans een haring uit de grond haalt⟩.
'tent pole ⟨telb.zn.⟩ **0.1** ***tentpaal*** ⇒*tentstok.*
'tent trailer ⟨telb.zn.⟩ **0.1** ***vouw(kampeer)wagen*** ⇒*Alpenkreuzer, vouwcaravan.*
ten·u·is ['tenjʊɪs]⟨telb.zn.; tenues [-jʊi:z]; →mv. 5⟩⟨taalk.⟩ **0.1** ***tenuis*** ⇒*stemloze occlusief* ⟨zoals p, t, k⟩.
te·nu·i·ty [tɪ'nju:əti‖tɪ'nu:əṭi]⟨n.-telb.zn.⟩ **0.1** ***dunheid*** ⇒*fijnheid, ijlheid, kleinheid, slankheid, broosheid, breekbaarheid* **0.2** ***onbeduidendheid*** ⇒*oppervlakkigheid, beperktheid, schraalheid* **0.3** ***slapheid*** ⇒*krachteloosheid, zwakheid, futloosheid.*
ten·u·ous ['tenjʊəs]⟨f1⟩⟨bn.; -ly; -ness⟩ **0.1** ***dun*** ⇒*(rag)fijn, ijl, klein, slank, schraal* **0.2** ***(te) subtiel*** ⇒*(te) fijn, geraffineerd* **0.3** ***onbeduidend*** ⇒*oppervlakkig, slap, zwak* ◆ **1.2** ~ distinctions *ragfijne onderscheidingen* **1.3** a ~ argument *een zwak argument;* a ~ grasp of grammar *een geringe kennis v.d. grammatica.*

ten·ure ['tenjə||-ər]⟨f2⟩⟨zn.⟩
I ⟨telb.zn.⟩ **0.1** ***leen(goed)*** ⇒*pachtgoed, bezitting;*
II ⟨telb. en n.-telb.zn.⟩ **0.1** ***pachtregeling*** ⇒*pachtstelsel/voorwaarde, leenverhouding, voorwaarde(n)/wijze v. leenbezit* **0.2** ***ambtstermijn*** ⇒*ambtsperiode, mandaat* **0.3** ***greep*** ⇒*houvast, vat, gezag, invloed, macht* ◆ **1.2** ~ of office *ambtsperiode* **1.3** a feeble ~ of life *een zwakke gezondheid* **3.3** have ~ over *macht hebben over;*
III ⟨n.-telb.zn.⟩ **0.1** ***beschikkingsrecht*** ⇒*eigendomsrecht, rechten op een ambt* **0.2** ***ambtsbekleding*** ⇒*ambtsvervulling* **0.3** ***vaste aanstelling/benoeming*** ◆ **1.2** ~ of office *ambtsbekleding* **2.1** feudal ~ *leenbezit/recht* **3.1** have ~ of *bezitten, houden, genieten/het genot /(vrucht)gebruik hebben van* **3.3** have ~ *vast benoemd zijn.*

ten·u·ri·al [tɪ'njʊərɪəl||tɪ'njʊrɪəl]⟨bn.;-ly⟩ **0.1** ***van/mbt. eigendom (srecht)/(pacht)/(leen)bezit*** ⇒*pacht-, leen-, eigendoms-.*

te·nu·to [tɪ'nju:toʊ||tə'nu:ţoʊ]⟨bw.⟩⟨muz.⟩ **0.1** ***tenuto.***

'ten-week 'stock ⟨telb.zn.⟩⟨plantk.⟩ **0.1** ***violier*** ⟨Matthiola incana⟩.

tenzon →tenson.

te·pee, tee·pee, ti·pi ['ti:pi:]⟨telb.zn.⟩ **0.1** ***tipi*** ⟨kegelvormige indianentent uit N.-Am.⟩.

tep·e·fy ['tepɪfaɪ]⟨onov. en ov.ww.⟩ **0.1** ***lauwen*** ⇒*lauw worden/maken.*

tep·id ['tepɪd]⟨f1⟩⟨bn.;-ly;-ness⟩ **0.1** ***lauw*** ⇒*halfwarm;* ⟨fig.⟩ *koel, halfslachtig, mat, sloom, futloos.*

te·pid·i·ty [te'pɪdəţi]⟨n.-telb.zn.⟩⟨ook fig.⟩ **0.1** ***lauwheid.***

te·qui·la [tɪ'ki:lə]⟨n.-telb.zn.⟩ **0.1** ***tequila*** ⟨sterke drank uit Mexico⟩.

ter- [tɜ:||tɜr] **0.1** ***tri-*** ⇒*ter-, drie-* ◆ **¶.1** ⟨schei.⟩ tervalent *trivalent.*

ter·a- ['terə] **0.1** ***tera-*** ⇒*een biljoen.*

te·rai [tə'raɪ]⟨telb.zn.⟩ **0.1** ***(breedgerande vilten) zonnehoed.***

ter·aph ['terəf], **ter·a·phim** ['terəfɪm]⟨telb.zn.; teraphim;→mv. 5⟩ **0.1** ***terafim*** ⇒*huisgod* ⟨v.d. oude Semitische volkeren⟩.

terat- ['terət], **terato-** ['terəţoʊ] **0.1** ***terat(o)-*** ⇒*van/mbt. monsters/misvormingen* ◆ **¶.1** teratogenic *teratogeen, misvormingen verwekkend;* teratoid *monsterlijk, monsterachtig, abnormaal.*

ter·a·to·log·i·cal ['terətə'lɒdʒɪkl||'terəţə'lɑdʒɪkl]⟨bn.⟩ **0.1** ***teratologisch*** ⇒*van/mbt. de teratologie/studie v. misvormingen.*

ter·a·tol·o·gist ['terə'tɒlədʒɪst||-'tɑlə-]⟨telb.zn.⟩ **0.1** ***teratoloog.***

ter·a·tol·o·gy ['terə'tɒlədʒi||-'tɑlə-]⟨zn.;→mv. 2⟩
I ⟨telb.zn.⟩ **0.1** ***wonderverhaal*** ⇒*wonderbaarlijke/fantastische geschiedenis/vertelling* **0.2** ***reeks/verzameling wonderverhalen;***
II ⟨n.-telb.zn.⟩⟨biol.⟩ **0.1** ***teratologie*** ⇒*studie v. misvormingen.*

ter·a·to·ma ['terə'toʊmə]⟨telb.zn.; ook teratomata [-məţə];→mv. 5⟩⟨med.⟩ **0.1** ***teratoom*** ⇒*goedaardig gezwel.*

ter·bi·um ['tɜ:bɪəm||'tɜr-]⟨n.-telb.zn.⟩⟨schei.⟩ **0.1** ***terbium*** ⟨element 65⟩.

terce [tɜ:s||tɜrs], **tierce** [tɪəs||tɪrs]⟨n.-telb.zn.⟩⟨R.-K.⟩ **0.1** ***terts.***

ter·cel ['tɜ:sl||'tɜrsl], **terce·let** ['tɜ:slɪt||'tɜr-], **tier·cel** ['tɪəsl||'tɪrsl]⟨telb.zn.⟩⟨valkejacht⟩ **0.1** ***tersel*** ⇒*tarsel, mannetjesvalk,* ⟨i.h.b.⟩ *slechtvalk, havik.*

'ter·cel-'gen·tle ⟨telb.zn.; tercels-gentle;→mv. 6⟩ **0.1** ***(afgerichte) mannetjesvalk.***

ter·cen·te·nar·y[1] ['tɜ:sen'ti:nri||tɜr'sentn·eri], **ter·cen·ten·ni·al** ['tɜ:sen'tenɪəl||'tɜr-]⟨telb.zn.;→mv. 2⟩ **0.1** ***(viering v.) driehonderdste verjaardag*** ⇒*driehonderdjarig bestaan, derde eeuwfeest.*

tercentenary[2], **tercentennial** ⟨bn.⟩ **0.1** ***driehonderdjarig*** ⇒*van/mbt. (viering v.) driehonderdste verjaardag, driehonderdste* ⟨v. verjaardag/gedenkdag⟩, *om de driehonderd jaar (voorkomend).*

ter·cet ['tɜ:sɪt||'tɜr-], **tier·cet** ['tɪəsɪt||'tɪrsɪt]⟨telb.zn.⟩ **0.1** ⟨lit.⟩ ⟨ben. voor⟩ ***drieregelige strofe*** ⇒*triplet, terzet* **0.2** ⟨muz.⟩ ***triool.***

ter·e·bene ['terəbi:n]⟨n.-telb.zn.⟩⟨schei.⟩ **0.1** ⟨ben. voor⟩ ***mengsel v. terpenen*** ⟨vnl. gebruikt als slijmoplossend/antiseptisch middel⟩.

ter·e·binth ['terəbɪnθ]⟨telb.zn.⟩⟨plantk.⟩ **0.1** ***terebint*** ⇒*terpentijnboom* ⟨Pistacia terebinthus⟩.

ter·e·bin·thine ['terə'bɪnθaɪn||-'bɪnθən]⟨bn.⟩ **0.1** ***van/mbt. de terebint*** **0.2** ***van/mbt. terpentijn*** ⇒*terpentijn-, terpentijnachtig.*

ter·e·bra ['terɪbrə||tə'ri:brə]⟨telb.zn.; ook terebrae [-bri:];→mv. 5⟩⟨dierk.⟩ **0.1** ***legboor*** ⟨v. insekten⟩.

ter·e·brant ['terəbrənt||tə'ri:-]⟨bn.⟩⟨dierk.⟩ **0.1** ***met een legboor.***

te·re·do [tə'ri:doʊ]⟨telb.zn.; ook teredines [tə'redɪni:z];→mv. 5⟩⟨dierk.⟩ **0.1** ***paalworm*** ⟨genus Teredo⟩.

'Ter·ek 'sandpiper ['terək]⟨telb.zn.⟩⟨dierk.⟩ **0.1** ***Terek strandloper*** ⟨Xenus cinereus⟩.

te·rete [tə'ri:t]⟨bn.⟩⟨biol.⟩ **0.1** ***glad en rond.***

ter·gal ['tɜ:gl||'tɜrgl]⟨bn.⟩⟨biol.⟩ **0.1** ***van/mbt. rug(gedeelte/plaat/schild)*** ⇒*rug(ge)-, dorsaal.*

ter·gi·ver·sate ['tɜ:dʒɪvəseɪt||'tɜrdʒɪvər-]⟨onov.ww.⟩⟨schr.⟩ **0.1** ***afvallig worden/zijn*** ⇒*apostaseren* ⟨ook fig.⟩, *overlopen, van idee/mening/partij veranderen, (als een blad aan een boom) omdraaien, omslaan, het roer omgooien, een andere koers (gaan) varen* **0.2** ***tergiverseren*** ⇒*uitvluchten hebben/zoeken, eromheen praten/draaien, ontwijkend/dubbelzinnig antwoorden, schipperen, zichzelf tegenspreken.*

ter·gi·ver·sa·tion ['tɜ:dʒɪvə'seɪʃn||'tɜrdʒɪvər-]⟨telb. en n.-telb.zn.⟩⟨schr.⟩ **0.1** ***verandering (v. idee/mening/partij/politiek)*** ⇒*afval (ligheid), desertie* ⟨alleen fig.⟩, *verzaking, om(me)keer/zwaai, (volledige) koerswijziging* **0.2** ***tergiversatie*** ⇒*uitvlucht, het eromheen praten, draaierij, dubbelzinnigheid, geschipper, afleidingsmanoeuvre.*

ter·gi·ver·sa·tor ['tɜ:dʒɪvəseɪtə||'tɜrdʒɪvərseɪţər]⟨telb.zn.⟩⟨schr.⟩ **0.1** ***afvallige*** ⇒*renegaat, overloper, (geloofs)verzaker* **0.2** ***uitvluchtenzoeker*** ⇒*draaier, veinzer, schipperaar.*

ter·gum ['tɜ:gəm||'tɜr-]⟨telb.zn.; terga ['tɜ:gə||'tɜr-];→mv. 5⟩⟨biol.⟩ **0.1** ***rug(gedeelte/plaat/schild).***

-te·ri·a ['tɪərɪə||'tɪrɪə] **0.1** ⟨ong.⟩ ***met zelfbediening*** ⇒*zelfbedienings-* ◆ **¶.1** groceteria *kruidenier(swinkel) met zelfbediening, zelfbediening.*

term[1] [tɜ:m||tɜrm]⟨f4⟩⟨zn.⟩
I ⟨telb.zn.⟩ **0.1** ⟨ben. voor⟩ ***termijn*** ⇒*periode, term; duur, tijd; ambtsperiode/termijn, mandaat; zittingsperiode/tijd* ⟨v. rechtbank, parlement⟩; *straftijd, gevangenisstraf; huur/pachttermijn; aflossings/(af)betalingstermijn* **0.2** ⟨jur.⟩ ***eigendom in vruchtgebruik*** **0.3** ***grenszuil*** ⇒*grenssteen,* ⟨i.h.b.⟩ *grensbeeld* ⟨oorspr. v.d. grensgod Terminus⟩ **0.4** ⟨wisk.⟩ ***term*** ⟨v. verhouding, reeks, vergelijking⟩ ⇒*lid* **0.5** ⟨logica⟩ ***term*** ⟨v. propositie, relatie, syllogisme⟩ ⇒⟨i.h.b.⟩ *subjectsterm, predikaatsterm* **0.6** ***(vak)term*** ⇒*woord, uitdrukking, begrip* **0.7** ⟨vero.⟩ ***grens*** ⟨ook fig.⟩ ⇒*(tijds)limiet, einde* ◆ **1.1** a long ~ of imprisonment/in prison *een lange gevangenisstraf;* ~ of notice *opzeggingstermijn;* ~ of office *ambtsperiode/termijn;* her ~ of office as president *haar voorzitterschap;* elected for a ~ of two years *verkozen voor een periode v. twee jaar* **1.2** ~ of/for years *pand/grond in vruchtgebruik* **1.4** ~ of an equation *lid v.e. vergelijking;* the expression ax^2+bx-c has three ~s *de uitdrukking ax^2+bx-c bestaat uit drie termen;* the four ~s of a geometrical proportion *de vier termen v.e. meetkundige evenredigheid* **1.6** ~ of abuse *scheldwoord* **2.1** in the short/medium/long ~ *op korte/middellange/lange termijn* **2.6** in plain ~s *klaar en duidelijk, onverbloemd, ronduit* **3.1** extend a ~ *een termijn verlengen* **3.6** in set ~s *in duidelijke/precieze bewoordingen* **3.7** reach one's ~ *ten einde lopen, aflopen* ⟨bv. v. tijdperk⟩; set a ~ to *een eind maken/paal en perk stellen aan* **3.¶** ⟨BE⟩ eat one's ~s *(in de) rechten/voor de balie studeren* ⟨oorspr. verplicht een aantal keren gaan dineren in een v.d. vier Inns of Court⟩ **6.1** **for** a ~ *een tijdlang/tijdje;* **for** a ~ of years *een aantal jaren (lang)* **6.¶** **in** ~s **of** *in termen van, op het punt/stuk van, met betrekking tot, in verband met, ten opzichte van, vergeleken met, uitgaande van; uitgedrukt in* ⟨v. munteenheid, maateenheid⟩; **in** ~s **of** money *financieel gezien;* think of everything **in** ~s **of** money *alles v.d. financiële kant bekijken;* think **in** ~s **of** moving to the south *van plan zijn/plannen/eraan denken/overwegen naar het zuiden te verhuizen;*
II ⟨telb. en n.-telb.zn.⟩ **0.1** ***onderwijsperiode*** ⇒*trimester, kwartaal, semester; lessen, colleges* **0.2** ⟨ben. voor⟩ ***(vast/overeengekomen) begin/eindpunt v. periode/termijn*** ⇒*begin/einde v. huur/pachttermijn; ingang(sdatum); afloopdag/datum, het aflopen* ⟨v. huur, contract enz.⟩; *betaal/kwartaaldag, aflossingsdatum; einde v. (normale) zwangerschap/drachttijd, (tijd v.) bevalling* ◆ **1.1** examinations at the end of ~ *trimestriële/semestriële examens* **3.1** ~ has started *het schooljaar is/de lessen/colleges zijn begonnen* **6.1** **during** ~ *tijdens het schooljaar* **6.2** **at** ~ *op het einde v.d. periode/termijn, als de termijn verstreken/afgelopen is;* our contract is getting **near** its ~ *ons contract loopt binnenkort af;* she is **near** her ~ *ze moet bijna bevallen;*
III ⟨mv.; ~s⟩ **0.1** ***termen*** ⇒*bewoordingen, taal, toon, manier v. spreken* **0.2** ***voorwaarden*** ⟨v. overeenkomst, verdrag enz.⟩ ⇒*condities, bepalingen, modaliteiten,* ⟨i.h.b.⟩ *(af)betalingsvoorwaarden, prijzen, prijs, honorarium* **0.3** ***overeenkomst*** ⇒*vergelijk, akkoord* **0.4** ***relatie*** ⇒*verhouding, verstandhouding, voet* ⟨alleen fig.⟩ ◆ **1.2** her ~s are ten dollar a lesson *ze vraagt/rekent tien dollar per les(uur);* ~s of reference *(omschrijving/bepaling v.) onderzoeksopdracht/taak/bevoegdheid* ⟨bv. v. commissie⟩; liberal ~s of repayment *soepele terugbetalingscondities;* ⟨ec.⟩ ~s of trade *(handels)ruilvoet* ⟨verhouding tussen de prijzen v. twee landen⟩; the ~s of a will *de testamentaire bepalingen* **1.¶** ~s of reference *agenda, punten/stukken die moeten worden behandeld /besproken* ⟨door ambtenaar, commissie enz.⟩ **3.1** speak in the most flattering ~s of *zich erg lovend/in zeer lovende bewoordingen uitlaten over* **3.2** make/impose one's *(zijn eigen) voorwaarden stellen/dicteren;* stand on ~s *aan gestelde voorwaarden vasthouden, eisen dat de voorwaarden worden nageleefd* **3.3** bring s.o. to ~s *iem. (weten te) overtuigen/bepraten/doen bijdraaien;*

come to ~s / make ~s with *tot een vergelijk komen / een overeenkomst sluiten / treffen / het op een akkoordje gooien met* **3.4** be on visiting ~s *bij elkaar aan huis komen* **3.¶** come to ~s *zwichten, opgeven, toegeven, toestemmen, er zich bij neerleggen, eieren voor zijn geld kiezen;* come to ~s with sth. *zich neerleggen bij iets, iets (leren) aanvaarden / onder ogen durven zien, leren leven met iets;* keep ~s with *omgaan / contact houden / (regelmatig) afspreken met, raadplegen* **6.1 in** ~s *(over)duidelijk, ondubbelzinnig, expliciet, uitdrukkelijk, zonder omhaal (v. woorden)* **6.2** sell **at** very reasonable ~s *verkopen tegen erg schappelijke prijzen / op zeer billijke voorwaarden;* surrender **on** ~s *zich onder bep. voorwaarden / niet onvoorwaardelijk overgeven;* **on** easy ~s *met / onder gunstige (betalings)voorwaarden;* **on** his own ~s *op zijn (eigen) voorwaarden, zoals hij het wil / ziet;* **on** these ~s *op deze voorwaarden* **6.4** they are **on** very good ~s *ze kunnen goed met elkaar opschieten, ze zijn dikke / goede vrienden, het is koek en ei tussen hen;* be **on** bad ~s **with** *op gespannen voet staan / ruzie hebben met iem., iem. niet kunnen luchten;* **(up)on** ~s *op dezelfde / gelijke / vriendschappelijke voet* **6.¶ to** ⟨cricket⟩ **on** ~s *gelijk* ⟨v. stand⟩.

term² ⟨f3⟩ ⟨ov.ww.⟩ **0.1** ***noemen*** *⇒met een term aanduiden, aanduiden als, een term gebruiken voor.*

ter·ma·gan·cy [ˈtɜːməgənsi‖ˈtɜr-] ⟨n.-telb.zn.⟩ **0.1** ***kijfachtigheid*** *⇒boosaardigheid, geruzie, bedilzucht, humeurigheid.*

termagant¹ ⟨telb.zn.⟩ **0.1** ***feeks*** *⇒helleveeg, bazig / kwaadaardig / nurks mens, heks, (man / vis)wijf, ruziezoekster, zeurkous.*

ter·ma·gant² [ˈtɜːməgənt‖ˈtɜr-] ⟨bn.; -ly⟩ **0.1** ***kijfachtig*** *⇒ruzieachtig, krakeelachtig, lawaaierig, bazig, bemoeiziek, korzelig, nors.*

ˈterm day ⟨telb.zn.⟩ **0.1** ⟨ben. voor⟩ ***vastgestelde dag*** *⇒termijndag; zittingsdag* ⟨v. rechtbank e.d.⟩; *betaal / kwartaaldag, aflossingsdatum.*

ter·mi·na·bil·i·ty [ˈtɜːmɪnəˈbɪləti‖ˈtɜrmɪnəˈbɪləṭi] ⟨n.-telb.zn.⟩ **0.1** ***beëindigbaarheid*** *⇒begrensbaarheid, opzegbaarheid, aflosbaarheid* **0.2** ***eindigheid*** *⇒beperktheid.*

ter·mi·na·ble [ˈtɜːmɪnəbl‖ˈtɜr-] ⟨bn.; -ly; -ness; →bijw. 3⟩ **0.1** ***beëindigbaar*** *⇒begrens / opzeg / aflos / inlosbaar* **0.2** ***eindig*** *⇒aflopend, verstrijkend, beperkt* ◆ **1.1** ~ bonds *aflosbare obligaties* **1.2** ~ annuity *aflopende annuïteit.*

ter·mi·nal¹ [ˈtɜːmɪnl‖ˈtɜr-] ⟨f2⟩ ⟨telb.zn.⟩ **0.1** ***(uit)einde*** *⇒eindpunt, grens, limiet, uiterste;* ⟨i.h.b.⟩ *eindletter(greep), eind / slotklank, slotwoord* **0.2** ⟨tech.⟩ ***(contact / (aan)sluit / pool)klem*** **0.3** ⟨ben. voor⟩ ***eindpunt*** ⟨v. buslijn, spoorweglijn enz.⟩ *⇒eindhalte,* ⟨B.⟩ *terminus; eind / kopstation; terminal, luchthaven(gebouw), (aankomst / vertrek)hal;* ⟨i.h.b.⟩ *vertrekplaats v. busdienst tussen stadscentrum en luchthaven* **0.4** ⟨vnl. bouwk.⟩ ***(top)bekroning*** *⇒topversiering / stuk / sieraad, finale* **0.5** ⟨comp.⟩ ***(computer)terminal*** *⇒eindstation; loketmachine.*

terminal² ⟨f2⟩ ⟨bn.; -ly⟩ **0.1** ***eind-*** *⇒grens-, slot-, terminaal, uiterste, laatste* **0.2** ⟨med.⟩ ***terminaal*** *⇒in de eindfase, ongeneeslijk, hopeloos, fataal* **0.3** ***van / mbt. (elke) termijn / (onderwijs)periode*** *⇒termijn-, periodiek, trimester-, kwartaal-, semester-* **0.4** ⟨plantk.⟩ ***eindstandig*** ⟨v. bloem / bloeiwijze bv.⟩ **0.5** ⟨dierk.⟩ ***terminaal*** ◆ **1.1** have a ~ curriculum *een afgesloten / volledig leerplan bieden* ⟨leidend tot een einddiploma⟩; ~ figure / statue *grensbeeld;* ~ pillar *grenszuil / paal;* ~ point *eindpunt / station / halte;* ~ problem *eind / kernprobleem;* ~ station *eind / kopstation;* ~ syllable *eindlettergreep;* ⟨nat.⟩ ~ velocity *eindsnelheid (bij vrije val)* ⟨als luchtweerstand en zwaartekracht gelijk zijn⟩ **1.2** the ~ stage of cancer *het terminale stadium v. kanker;* the ~ ward *de afdeling (v.) terminale patiënten;* ⟨mil.⟩ ~ leave ⟨ong.⟩ *verlof zonder wedde* **1.3** ~ examinations *trimester / semesterexamens;* ~ market *termijnmarkt;* ~ payments *periodieke betalingen.*

ˈterminal ˈvoltage ⟨n.-telb.zn.⟩ ⟨elek.⟩ **0.1** ***klemspanning.***

ter·mi·nate¹ [ˈtɜːmɪnət‖ˈtɜr-] ⟨bn.⟩ **0.1** ***eindig(end)*** *⇒beperkt, begrensbaar* **0.2** ⟨wisk.⟩ ***eindig*** *⇒schrijfbaar als eindig getal,* ⟨i.h.b.⟩ *opgaand, zonder rest* ◆ **1.2** ~ decimal fraction *opgaande tiendelige breuk.*

terminate² [ˈtɜːmɪneɪt‖ˈtɜr-] ⟨f2⟩ ⟨ww.⟩

I ⟨onov.ww.⟩ **0.1** ***eindigen*** *⇒ten einde lopen, een einde nemen, aflopen, verstrijken, ophouden* ◆ **1.1** the meeting ~d at two o'clock *de vergadering was om twee uur afgelopen* **6.1** ~ **in** *eindigen met / in, resulteren in, leiden tot;* ⟨taalk.⟩ *eindigen / uitgaan op;*

II ⟨ov.ww.⟩ **0.1** ***begrenzen*** *⇒in / afsluiten, indelen, omgeven* **0.2** ***(be)eindigen*** *⇒een eind maken aan, termineren, het einde / eindpunt betekenen / zijn van, opzeggen, (af)sluiten* ◆ **1.2** ~ a contract *een contract opzeggen / vernietigen;* ~ a pregnancy *een zwangerschap onderbreken.*

ter·mi·na·tion [ˈtɜːmɪˈneɪʃn‖ˈtɜr-] ⟨f1⟩ ⟨zn.⟩

I ⟨telb.zn.⟩ ⟨taalk.⟩ **0.1** ***woordeinde*** *⇒(woord)uitgang, eindletter (s / greep),* ⟨i.h.b.⟩ *verbuigings / vervoegingsuitgang;*

II ⟨telb. en n.-telb.zn.⟩ **0.1** ⟨ben. voor⟩ ***(be)eindiging*** *⇒einde, eindpunt, grens, uiteinde; slot, besluit, afloop, resultaat; terminatie; begrenzing, insluiting; opzegging, vernietiging* ⟨v. contract⟩ ◆ **1.1** the ~ of hostilities *het beëindigen / staken v.d. vijandelijkheden;* ~ of pregnancy *zwangerschapsonderbreking, abortus (provocatus)* **3.1** bring to a ~ *tot een eind brengen, een eind maken aan, afsluiten; beëindigen, bijleggen* ⟨ruzie, geschil⟩; draw to a ~ *ten einde lopen, bijna afgelopen zijn, op zijn laatste benen lopen;* put a ~ to *beëindigen, een eind maken aan.*

ter·mi·na·tion·al [ˈtɜːmɪˈneɪʃnəl‖ˈtɜr-] ⟨bn.⟩ **0.1** ***eind-*** *⇒slot-.*

ter·mi·na·tive [ˈtɜːmɪnətɪv‖ˈtɜrmɪneɪṭɪv] ⟨bn.; -ly⟩ **0.1** ***eind-*** *⇒begrenzend, slot-, grens-* **0.2** ***afdoend*** *⇒beslissend, definitief.*

ter·mi·na·tor [ˈtɜːmɪneɪtə‖ˈtɜrmɪneɪṭər] ⟨telb.zn.⟩ **0.1** ⟨ben. voor⟩ ***iem. die / iets dat (be)eindigt / begrenst*** **0.2** ⟨ster.⟩ ***terminator*** *⇒schaduwgrens, scheidingslijn tussen licht en donker* ⟨op planeet⟩.

terminer →oyer.

ter·mi·nism [ˈtɜːmɪnɪzm‖ˈtɜrmɪ-] ⟨n.-telb.zn.⟩ **0.1** ⟨fil.⟩ ***terminisme*** *⇒nominalisme* **0.2** ⟨theol.⟩ ***terminisme*** *⇒leer v.d. termijn.*

ter·mi·no·log·i·cal [ˈtɜːmɪnəˈlɒdʒɪkl‖ˈtɜrmɪnəˈlɑ-] ⟨bn.; -ly⟩ **0.1** ***terminologisch*** *⇒van / mbt. terminologie* ◆ **1.1** ~ inexactitude *terminologische onnauwkeurigheid;* ⟨scherts.⟩ *leugen, onwaarheid.*

ter·mi·nol·o·gist [ˈtɜmɪˈnɒlədʒɪst‖ˈtɜrmɪˈnɑ-] ⟨telb.zn.⟩ **0.1** ***terminoloog*** *⇒terminologiedeskundige.*

ter·mi·nol·o·gy [ˈtɜːmɪˈnɒlədʒi‖ˈtɜrmɪˈnɑ-] ⟨f1⟩ ⟨zn.; →mv. 2⟩

I ⟨telb. en n.-telb.zn.⟩ **0.1** ***(vak)terminologie*** *⇒(systeem v.) vaktermen;*

II ⟨n.-telb.zn.⟩ **0.1** ***leer v.d. terminologie.***

ˈterm insurance ⟨telb. en n.-telb.zn.⟩ **0.1** ***verzekering op termijn*** *⇒tijdelijke verzekering.*

ter·mi·nus [ˈtɜːmɪnəs‖ˈtɜr-] ⟨f1⟩ ⟨telb.zn.; ook termini [-naɪ]; →mv. 5⟩ **0.1** ***(uit)einde*** *⇒eindpunt* ⟨ook v. vector⟩, *uiterste punt, top (punt), (eind)bestemming / doel* **0.2** ***vertrekpunt*** *⇒begin / uitgangspunt* **0.3** ***eindpunt*** ⟨v. buslijn, kanaal, pijpleiding enz.⟩ *⇒eind / kopstation; eindhalte; laatste station / halte / stopplaats* **0.4** ***grens(steen / paal)*** *⇒*⟨i.h.b.⟩ *grensbeeld.*

terminus ad quem [ˈtɜːmɪnəs æd ˈkwem‖ˈtɜr-] ⟨telb.zn.⟩ **0.1** ***terminus ad quem*** *⇒einde, eindpunt, (eind)bestemming / doel, (uiteindelijke) bedoeling.*

terminus a quo [- ɑː ˈkwoʊ] ⟨telb.zn.⟩ **0.1** ***terminus a quo*** *⇒begin (punt), vertrekpunt, uitgangspunt, oorsprong.*

ter·mi·tar·i·um [ˈtɜːmɪˈteərɪəm‖ˈtɜrmɪˈterɪəm], **ter·mi·tary** [ˈtɜːmɪtri‖ˈtɜrmɪteri] ⟨telb.zn.; termitaria [-ˈteərɪə‖-ˈterɪə]; →mv. 2, 5⟩ **0.1** ***termietennest*** *⇒termietenheuvel.*

ter·mite [ˈtɜːmaɪt‖ˈtɜr-] ⟨telb.zn.⟩ ⟨dierk.⟩ **0.1** ***termiet*** ⟨orde Isoptera⟩.

term·less [ˈtɜːmləs‖ˈtɜrm-] ⟨bn.⟩ **0.1** ***grenzeloos*** *⇒onbegrensd, eindeloos, oneindig, onmetelijk* **0.2** ***onvoorwaardelijk*** *⇒onbeperkt.*

term·ly [ˈtɜːmli‖ˈtɜrm-] ⟨bw.⟩ ⟨vero.⟩ **0.1** ***periodiek*** *⇒trimester-, semester-, in / bij termijnen.*

term·or, term·er [ˈtɜːmə‖ˈtɜrmər] ⟨telb.zn.⟩ ⟨jur.⟩ **0.1** ***pachter*** *⇒huurder, pachtboer, vruchtgebruiker.*

ˈterm paper ⟨f1⟩ ⟨telb.zn.⟩ ⟨school.⟩ **0.1** ***(trimester / semester)scriptie.***

tern¹ [tɜːn‖tɜrn] ⟨f1⟩ ⟨telb.zn.⟩ **0.1** ⟨dierk.⟩ ***stern*** ⟨genus Sterna⟩ **0.2** ***drietal*** *⇒groep v. drie, trio* **0.3** ⟨lottospel⟩ ***terne*** ⟨(prijs gewonnen bij) drie bij één trekking uitgekomen winnende nummers⟩ **0.4** ⟨scheep.⟩ ***driemaster*** ◆ **2.1** common ~ *visdiefje* ⟨Sterna hirundo⟩; little ~ *dwergstern* ⟨Sterna albifrons⟩.

tern² →ternate.

ter·na·ry¹ [ˈtɜːnəri‖ˈtɜr-] ⟨telb.zn.; →mv. 2⟩ **0.1** ***drietal*** *⇒groep v. drie, trio.*

ternary² ⟨bn.⟩ **0.1** ***ternair*** *⇒driedelig* ⟨ook wisk.⟩, *drievoudig, drieledig, drietallig, met / v. drie* **0.2** →ternate ◆ **1.1** ~ alloy *ternaire legering;* ~ scale *driedelig (tal)stelsel;* ⟨schei.⟩ ~ system *ternair systeem / stelsel.*

ter·nate [ˈtɜːneɪt‖ˈtɜr-], **tern** [tɜːn‖tɜrn], **ternary** ⟨bn.; -ly⟩ **0.1** ***driedelig*** *⇒drieledig, drie bij drie geplaatst;* ⟨plantk.⟩ *drietallig, uit drie blaadjes bestaande* ◆ **1.1** a compound ~ leaf *een drietallig samengesteld blad.*

terne [tɜːn‖tɜrn], **ˈterne·plate** ⟨n.-telb.zn.⟩ **0.1** ***loodhoudend blik.***

ter·pene [ˈtɜːpiːn‖ˈtɜr-] ⟨telb.zn.⟩ ⟨schei.⟩ **0.1** ***terpeen.***

terp·si·cho·re·an [ˈtɜːpsɪkəˈrɪən‖ˈtɜrpsɪˈkɔrɪən] ⟨bn.⟩ ⟨schr.⟩ **0.1** ***v. / mbt. de dans / Terpsichore*** *⇒dans-* ◆ **1.1** the ~ art *de danskunst.*

terr ⟨afk.⟩ terrace, territorial, territory.

ter·ra al·ba [ˈterə ˈælbə] ⟨n.-telb.zn.⟩ **0.1** ⟨ben. voor⟩ ***witte minerale stof*** *⇒gipspoeder; pijpaarde; kaolien, porseleinaarde; watervrij aluin, aluinpoeder; magnesia, talkaarde, bitteraarde; zwaarspaat, bariet.*

ter·race¹ [ˈterɪs] ⟨f3⟩ ⟨telb.zn.⟩ **0.1** ⟨ben. voor⟩ ***(verhoogd) vlak oppervlak*** *⇒(dak / wandel)terras; terrasland; balkon; verhoging,* *berm,* ⟨AE⟩ *middenberm;* ⟨vnl. AE⟩ *(open) veranda, patio, portiek, galerij* **0.2** ⟨aardr.⟩ ***(kust/strand/rivier)terras*** **0.3** ⟨ben. voor⟩ ***reeks brede trappen*** *⇒trappen(vlucht), bordes; (open) tribune, staanplaatsen; (water/wal)stoep* ⟨trappen langs rivieroever⟩ **0.4** ***rij huizen*** ⟨op terras/helling/heuvelkam⟩ *⇒(aaneengesloten) huizenrij, huizenblok,* ⟨T-⟩ *Terrace* ⟨in straatnaam⟩.

terrace[2] ⟨f2⟩ ⟨ov.ww.⟩ **0.1** ***terrasseren*** *⇒tot terras(sen) omvormen, in terrassen verdelen* **0.2** ***van terras(sen) voorzien*** *⇒een terras/terrassen aanleggen bij/in/op/voor* ◆ **1.1** ~d garden *terrastuin;* ~d lawn *terras, terrasgewijs aangelegd grasperk, grasperk met verschillende terrassen* **1.2** ~d roof *terrasdak, plat dak* ⟨i.h.b. van oosters huis⟩ **1.¶** ~d house *rijtjeshuis;* ~d houses *aaneengesloten huizenrij.*

'terrace house ⟨f1⟩ ⟨telb.zn.⟩ **0.1** ***rijtjeshuis.***

ter·ra cot·ta ['terə 'kɒtə‖-'kɑṭə] ⟨zn.⟩
I ⟨telb. en n.-telb.zn.⟩ **0.1** ***(voorwerp(en)/aardewerk in) terracotta*** *⇒terracotta beeldje/kom/vaas/tegel/versiering* ⟨enz.⟩;
II ⟨n.-telb.zn.; vaak attr.⟩ **0.1** ***terracotta*** ⟨onverglaasde gebrande pottenbakkersklei⟩ **0.2** ***terracotta(kleur)*** *⇒licht bruinrood.*

ter·rae fil·i·us ['teri: 'fɪlɪəs] ⟨telb.zn.; terrae filii [-'fɪliaɪ]; →mv. 5⟩ ⟨gesch.⟩ **0.1** ***terrae filius*** ⟨Oxford-student aangewezen om satirische rede te houden⟩.

ter·ra fir·ma ['terə 'fɜ:mə‖-'fɜrmə] ⟨n.-telb.zn.⟩ **0.1** ***terra firma*** *⇒vaste grond, veilige bodem, (het) droge, land* ◆ **6.1** glad to be **on** ~ again *blij weer vaste grond onder de voeten te hebben.*

ter·rain [tə'reɪn] ⟨f2⟩ ⟨zn.⟩
I ⟨telb. en n.-telb.zn.⟩ **0.1** ***terrein*** *⇒(stuk) grond, streek, gebied* ⟨ook fig.⟩ ◆ **2.1** difficult ~ for heavy armoured vehicles *moeilijk terrein voor zware pantservoertuigen;*
II ⟨n.-telb.zn.⟩ **0.1** ***terreingesteldheid*** *⇒terreinbijzonderheden, topografie.*

ter·ra in·cog·ni·ta ['terə ɪn'kɒgnɪtə‖-ɪnkɑg'ni:ṭə] ⟨telb.zn.; terrae incognitae ['teri: ɪn'kɒgnɪti:‖'teraɪ ɪnkɑg'ni:taɪ]; →mv. 5⟩ **0.1** ***terra incognita*** *⇒onbekend land/terrein, nog niet geëxploreerd/in kaart gebracht/onderzocht gebied, witte plek* ⟨op landkaart⟩.

Ter·ra·my·cin ['terə'maɪsɪn] ⟨eig.n., n.-telb.zn.⟩ **0.1** ***terramycine*** ⟨sterk antibioticum⟩.

ter·ra·pin ['terəpɪn] ⟨telb.zn.; ook terrapin; →mv. 4⟩ ⟨dierk.⟩ **0.1** ***moerasschildpad*** ⟨fam. Emydidae⟩ *⇒*⟨i.h.b.⟩ *doosschildpad* ⟨genus Terrapene⟩.

ter·ra·que·ous [tə'reɪkwɪəs] ⟨bn.⟩ **0.1** ***uit land en water bestaande*** *⇒land- en water-* ◆ **1.1** the ~ globe *de aarde/aardbol, het totale aardoppervlak.*

ter·rar·i·um [tə'reərɪəm‖tə'rerɪəm] ⟨telb.zn.; ook terraria [-rɪə]; →mv. 5⟩ **0.1** ***terrarium.***

terra sig·il·la·ta ['terə sɪdʒɪ'lɑ:tə‖- sɪgə'lɑṭə] ⟨n.-telb.zn.⟩ **0.1** ***terra sigillata*** *⇒Arretijns aardewerk.*

ter·raz·zo [tə'rætsoʊ‖-'rɑt-] ⟨telb. en n.-telb.zn.⟩ **0.1** ***terrazzo(werk/vloer)*** ⟨vorm v. sierbeton⟩.

ter·rene ['te'ri:n] ⟨bn.⟩ **0.1** ***van/mbt. de aarde*** *⇒aards, terrestrisch, aard-, grond-, land-.*

terre·plein ['teəpleɪn‖'terəpleɪn] ⟨telb.zn.⟩ **0.1** ***terreplein*** ⟨platform achter borstwering⟩ *⇒banket.*

ter·res·tri·al[1] [tɪ'restrɪəl] ⟨f1⟩ ⟨telb.zn.⟩ **0.1** ⟨ben. voor⟩ ***op de aarde/het land voorkomend/levend iem./iets*** *⇒aardbewoner; landdier.*

terrestrial[2] ⟨f2⟩ ⟨bn.; -ly; -ness⟩ **0.1** ***van/mbt. de aarde/het land*** *⇒aards, terrestrisch, aard-, land-, ondermaans;* ⟨biol.⟩ *op de aarde/het land voorkomend/levend/groeiend* **0.2** ***aards(gezind)*** *⇒werelds(gezind), wereldlijk* ◆ **1.1** ~ birds *vogels die op het land leven;* a ~ globe *een aardglobe/wereldbol;* the ~ globe *de aarde/aardbol;* ~ life *het ondermaanse leven;* ~ magnetism *aardmagnetisme;* the ~ parts of the earth's surface *het aardoppervlak* ⟨tgo. wateroppervlak⟩; the ~ planets *de eerste vier planeten v.h. zonnestelsel* ⟨Mercurius, Venus, Mars, de aarde⟩; ~ telescope *aardse/terrestrische kijker* ⟨tgo. astronomische kijker⟩; ~ transportation *landtransport, vervoer over land.*

ter·ret, ter·rit ['terɪt] ⟨telb.zn.⟩ **0.1** ***lus*** ⟨v. zadeltuig⟩ *⇒(zadel)ring, teugelring, halsterring.*

terre-verte ['teə'veət‖'ter'vert] ⟨n.-telb.zn.⟩ **0.1** ***groenaarde*** *⇒(olijf)groene verfaarde, groensel.*

ter·ri·ble ['terəbl] ⟨f3⟩ ⟨bn.; -ness⟩ **0.1** ***verschrikkelijk*** *⇒schrikwekkend, vreselijk, gruwelijk, afschuwelijk* **0.2** ***ontzagwekkend*** *⇒vreselijk, geweldig, enorm, geducht, formidabel* **0.3** ⟨inf.⟩ ***(verschrikkelijk/afschuwelijk/erg/ontzettend) moeilijk/groot/slecht*** ◆ **1.2** a ~ responsibility *een erg zware verantwoordelijkheid* **1.3** he is a ~ bore *het is een erg vervelende/saaie vent;* the heat is ~ *de hitte is ondraaglijk/niet te harden;* a ~ job *een echte rotbaan/klus;* we had a ~ time at that party *dat feest is ons dik tegengevallen* **6.3** be ~ **at** *verschrikkelijk slecht zijn in;* he is ~ **at** tennis *hij speelt afschuwelijk/abominabel slecht tennis.*

ter·ri·bly ['terəbli] ⟨f3⟩ ⟨bw.⟩ **0.1** →terrible **0.2** ⟨inf.⟩ ***vreselijk*** *⇒zeer, uiterst; verschrikkelijk, afschuwelijk, geweldig, erg; ontstellend, ontzaglijk, ontzettend; buitengewoon, buitensporig.*

ter·ric·o·lous [tə'rɪkələs] ⟨bn.⟩ ⟨biol.⟩ **0.1** ***in/op de grond levend*** *⇒aard-, grond-, land-, terrestrisch.*

ter·ri·er ['terɪə‖-ər] ⟨f2⟩ ⟨telb.zn.⟩ **0.1** ***terriër*** *⇒aardhond* **0.2** ⟨vaak T-⟩ ⟨BE; inf.⟩ ***soldaat v. Territorial Army*** *⇒landweerman, vrijwilliger* **0.3** ⟨jur.⟩ ***grondboek*** *⇒kadaster, kadastraal boek,* ⟨i.h.b.⟩ *pachtboek, pachtregister* **0.4** ⟨gesch.⟩ ***verzameling leendiensten*** ⟨v. leenmannen⟩.

ter·ri·fic [tə'rɪfɪk] ⟨f3⟩ ⟨bn.⟩ **0.1** ***verschrikkelijk*** *⇒angstaanjagend, schrikwekkend, afschuwelijk, vreselijk* **0.2** ⟨inf.⟩ ***geweldig*** *⇒fantastisch, prachtig, knap, enorm, buitengewoon (goed)* **0.3** ⟨inf.⟩ ***(verschrikkelijk/erg/ontzettend) groot/hoog/veel*** *⇒geweldig, krachtig, zwaar, hard* ◆ **1.2** a ~ chap *een reusachtige kerel* **1.3** have a ~ headache *een razende hoofdpijn hebben;* make a ~ noise *afschuwelijk veel/een hels lawaai maken;* at a ~ speed *razend snel.*

ter·rif·i·cal·ly [tə'rɪfɪkli] ⟨bw.⟩ ⟨inf.⟩ **0.1** ***verschrikkelijk*** *⇒zeer, uiterst; vreselijk, afschuwelijk, geweldig, erg; ontstellend, ontzaglijk, ontzettend; buitengewoon, buitensporig.*

ter·ri·fied ['terɪfaɪd] ⟨f2⟩ ⟨bn.; volt. deelw. v. terrify⟩ **0.1** ***(doods) bang*** *⇒doodsbenauwd, met schrik vervuld, door angst bevangen* **0.2** ***verontrust*** *⇒ongerust, verschrikt, ontsteld* ◆ **6.1** be ~ **of** *(doods)bang/doodsbenauwd zijn voor, als de dood zijn van/voor* **6.2** ~ **at** *verschrikt/ontsteld over, bevreesd voor.*

ter·ri·fy ['terɪfaɪ] ⟨f3⟩ ⟨ov.ww.; →ww. 7⟩ →terrified, terrifying **0.1** ***schrik/angst aanjagen*** *⇒bang/aan het schrikken maken, beangstigen, benauwen, afschrikken* ◆ **1.1** be terrified out of one's wits *zich dood/een aap schrikken, buiten zichzelf v. angst/schrik zijn* **6.1** ~ s.o. **into** doing sth. *iem. zo bang maken/schrik aanjagen dat hij iets doet, iem. er met bedreigingen toe brengen iets te doen;* ~ s.o. **into** submission *iem. onderdanigheid afdwingen/tot gehoorzaamheid dwingen;* ~ s.o. **to** death *iem. de dood(schrik)/stuipen op het lijf jagen.*

ter·ri·fy·ing ['terɪfaɪɪŋ] ⟨f2⟩ ⟨bn.; oorspr. teg. deelw. v. terrify; -ly⟩ **0.1** ***angstaanjagend*** *⇒beangstigend, schrikwekkend, afschuwelijk* **0.2** ⟨inf.⟩ ***geweldig*** *⇒indrukwekkend, formidabel, reusachtig, enorm, ontzaglijk* ◆ **1.1** what a ~ experience! *om je dood te schrikken!.*

ter·rig·e·nous [tɪ'rɪdʒənəs] ⟨bn.⟩ ⟨geol.⟩ **0.1** ***terrigeen*** ⟨v.h. land afkomstig en door erosie ontstaan/gevormd⟩.

ter·rine [tə'ri:n] ⟨telb.zn.⟩ **0.1** ***terrine*** *⇒kom, potje (v. aardewerk).*

ter·ri·to·ri·al[1] ['terɪ'tɔ:rɪəl] ⟨telb.zn.⟩ **0.1** ***soldaat v.d. vrijwillige landweer*** *⇒landweerman;* ⟨vaak T-⟩ *soldaat v.h. Territorial Army.*

territorial[2] ⟨f2⟩ ⟨bn.; -ly⟩
I ⟨bn.⟩ **0.1** ***territoriaal*** *⇒territoir-, territorium-* ⟨ook biol.⟩, *grondgebied-, land-, grond-* **0.2** ***regionaal*** *⇒lokaal, plaatselijk* ◆ **1.1** ~ claims *territoriale aanspraken;* ~ commander *territoriaal bevelhebber;* ~ waters *territoriale wateren, driemijlszone;*
II ⟨bn., attr.; vaak T-⟩ **0.1** ***territoriaal*** *⇒van/mbt. (het) territorium(s)* ⟨i.h.b. v. U.S.A.⟩ **0.2** ***territoriaal*** *⇒van/mbt. territoriale troepen/nationale reserve/vrijwillige landweer* ⟨i.h.b. v. Engeland⟩ ◆ **1.2** the Territorial Army *het territoriale (vrijwilligers)leger/nationale reserveleger, de vrijwillige landweer* ⟨v. Engeland, 1908-1967⟩.

ter·ri·to·ri·al·ism ['terɪ'tɔ:rɪəlɪzm] ⟨n.-telb.zn.⟩ **0.1** ***pachtstelsel*** *⇒pachtsysteem* **0.2** ⟨kerkrecht⟩ ***territoriaal stelsel/systeem.***

ter·ri·to·ri·al·i·ty ['terɪtɔ:ri'æləṭi] ⟨n.-telb.zn.⟩ **0.1** ***territorialiteit*** *⇒statuut v. territorium* **0.2** ***territoriuminstinct/drift*** *⇒sterke gebondenheid aan bep. territorium.*

ter·ri·to·ri·al·ize ['terɪ'tɔ:rɪəlaɪz] ⟨ov.ww.⟩ **0.1** ***(verworven territorium/grondgebied) inlijven*** **0.2** ***tot de status v. territorium terugbrengen*** *⇒op territoriale basis inrichten/organiseren* **0.3** ***verdelen/verspreiden over de territoriums.***

ter·ri·to·ry ['terɪtri‖-tɔri] ⟨f3⟩ ⟨zn.; →mv. 2⟩
I ⟨telb.zn.; vaak T-⟩ **0.1** ***territory*** *⇒territorium* ⟨gebied met beperkte vorm v. zelfbestuur, bv. in associatie met de U.S.A.⟩ ◆ **1.1** Minnesota became a ~ in 1849 *Minnesota kreeg in 1849 de status v. territorium;*
II ⟨telb. en n.-telb.zn.⟩ **0.1** ***territorium*** *⇒territoir, (stuk) grondgebied/staatsgebied* **0.2** ⟨biol.⟩ ***territorium*** *⇒(eigen) woongebied/(grond)gebied* **0.3** ⟨ben. voor⟩ ***(stuk) land*** *⇒grond, (land)streek; gebied, terrein, domein* ⟨ook fig.⟩; *district, rechtsgebied, machtsgebied; werkterrein;* ⟨hand.⟩ *rayon, handelsgebied;* ⟨sport⟩ *(eigen) helft v.h. veld/terrein, speelhelft* **0.4** ***(belangen/invloeds/machts)sfeer*** ◆ **2.1** Portuguese ~ in Africa *Portugese gebiedsdelen in Afrika* **2.3** unknown ~ *onbekend gebied/terrein* **3.¶** scheduled territories *sterlingzone/gebied, sterlingbloklanden;* take in too much ~ *te veel beweren/zeggen, te ver gaan* **7.3** much ~ *heel wat land, een flinke lap grond/groot stuk terrein.*

ter·ror ['terə‖-ər]⟨f3⟩⟨zn.⟩
I ⟨telb.zn.⟩ **0.1** ***verschrikking*** ⇒*schrik, plaag, bedreiging, gruwel, monster(achtigheid)* **0.2** ⟨inf.⟩⟨ben. voor⟩ ***lastig/angstaanjagend iem.*** ⇒*lastpost, herrieschopper, ruziezoeker; enfant terrible; pestmeid, spook, tang; pestjoch, rakker, bengel* ◆ **1.1** the king of ~s *de vorst der verschrikking* ⟨de pest; Job 18:14⟩ **1.2** the ~ of the neighbourhood *de schrik v.d. buurt* **2.2** a holy ~ *een echte plaaggeest/lastpost/pestkop;*
II ⟨telb. en n.-telb.zn.⟩ **0.1** ***(gevoel v.) schrik*** ⇒*(hevige/panische) angst, angstgevoel, paniek, vrees, ontzetting* ◆ **3.1** strike ~ into s.o. *iem. schrik/angst/vrees aanjagen, iem. (doods)bang maken/erg doen schrikken* **6.1** it has no ~s **for** me *het boezemt mij geen angst in, het schrikt mij niet af;* run away **in** ~ *in paniek wegvluchten;* be **in** ~ **of** one's life *voor zijn leven vrezen;* have a ~ **of** *(panische) angst hebben/doodsbang zijn voor, als de dood zijn voor, gruwen van;*
III ⟨n.-telb.zn.⟩ **0.1** ***verschrikking*** ⇒*afschuwelijkheid, vreselijkheid, het gruwelijke/griezelige* **0.2** ***terreur(acties)*** ⇒⟨vaak T-⟩ *schrikbewind* ◆ **1.2** the Reign of Terror *het schrikbewind* ⟨tijdens Franse revolutie, 1793-4⟩ **2.2** the Red Terror *de rode terreur* ⟨tijdens Franse revolutie⟩; the White Terror *de witte terreur* ⟨reactionaire terreur v.d. Bourbons in 1814-5⟩.

ter·ror·ism ['terərɪzm]⟨f1⟩⟨n.-telb.zn.⟩ **0.1** ***terrorisme*** ⇒*terreur (daden/politiek), schrikbewind, (politiek) geweld.*

ter·ror·ist[1] ['terərɪst]⟨f1⟩⟨telb.zn.⟩ **0.1** ***terrorist.***

terrorist[2], **ter·ror·is·tic** ['terə'rɪstɪk]⟨f1⟩⟨bn.⟩ **0.1** ***terroristisch*** ⇒*terreur-, v. terroristen, ondermijnend.*

ter·ror·i·za·tion, -sa·tion ['terəraɪ'zeɪʃn‖-rə'zaɪʃn]⟨n.-telb.zn.⟩ **0.1** ***terrorisatie*** ⇒*het terroriseren, het uitoefenen v. terreur, terrorisme.*

ter·ror·ize, -ise ['terəraɪz]⟨f1⟩⟨onov. en ov.ww.⟩ **0.1** ***terroriseren*** ⇒*schrik/angst aanjagen, een schrikbewind voeren/met de knoet regeren (over), terreur uitoefenen (over/onder), tiranniseren* ◆ **6.1** ~ s.o. **into** *iem. er met geweld/bedreigingen toe dwingen om;* ~ **over** *tiranniseren.*

'ter·ror-strick·en, 'ter·ror-struck ⟨f1⟩⟨bn.⟩ **0.1** ***doodsbang*** ⇒*door (panische) angst/schrik bevangen, volledig door vrees overmand, sidderend/ineengekrompen v. angst, in duizend angsten, in paniek.*

ter·ry ['teri], ⟨in bet. II ook⟩ **'terry cloth** ⟨zn.; →mv. 2⟩
I ⟨telb.zn.⟩ **0.1** ***kettingdraad(je)*** ⇒*(niet doorgesneden) lus/lusvormig gareneindje;*
II ⟨n.-telb.zn.; vaak attr.⟩ **0.1** ***badstof*** ⟨weefsel met niet doorgesneden lussen⟩.

terse [tɜ:s‖tɜrs]⟨f2⟩⟨bn.; -er; -ly; -ness; →compar. 7⟩ **0.1** ***beknopt*** ⇒*bondig, kort, zakelijk, gebald* ⟨v. stijl⟩ ◆ **3.1** speak ~ly *het zonder omhaal (v. woorden)/kortaf/kort en bondig/in een paar woorden zeggen.*

ter·tian[1] ['tɜ:ʃn‖'tɜrʃn]⟨telb.zn.⟩ **0.1** ***anderdaagse/derdendaagse koorts.***

tertian[2] ⟨bn.⟩ **0.1** ***anderdaags*** ⇒*derdendaags* ◆ **1.1** ~ ague/fever *anderdaagse/derdendaagse koorts;* ⟨i.h.b.⟩ *goedaardige derdendaagse koorts* ⟨veroorzaakt door malariaparasiet Plasmodium vivax⟩.

ter·ti·ar·y[1] ['tɜ:ʃəri‖'tɜrʃieri], ⟨in bet. I 0.1 ook⟩ **ter·tial** ['tɜ:ʃl‖'tɜrʃl]⟨zn.; →mv. 2⟩
I ⟨telb.zn.⟩ **0.1** ***armpen*** ⟨kleine slagpen aan binnenzijde v.d. vleugel⟩ **0.2** ⟨vaak T-⟩⟨R.-K.⟩ ***tertiaris*** ⇒*derde-ordeling, lid v.e. derde orde;*
II ⟨n.-telb.zn.; T-; the⟩⟨geol.⟩ **0.1** ***Tertiair*** ⇒*tertiaire periode.*

tertiary[2], ⟨in bet. 0.2 ook⟩ **tertial** ⟨bn.⟩ **0.1** ***tertiair*** ⟨ook schei.⟩ ⇒*v.d. derde orde/graad/rang, van/mbt. de tertiaire sector/tertiair onderwijs* **0.2** ***van/mbt. armpennen*** **0.3** ⟨R.-K.⟩ ***van/mbt. een derde orde*** ⇒*derde-orde-* **0.4** ⟨T-⟩⟨geol.⟩ ***tertiair*** ⇒*van/mbt. het Tertiair* ◆ **1.1** a ~ burn *derdegraadsverbranding;* ~ colour *tertiaire kleur* **1.3** ~ order *derde orde.*

ter·ti·um quid ['tɜ:ʃəm 'kwɪd‖'tɜrʃəm -]⟨n.-telb.zn.⟩ **0.1** ***tertium quid*** ⇒*derde mogelijkheid, tussenvorm, (tussen)schakel, overgangsvorm.*

ter·ti·us ['tɜ:ʃəs‖'tɜr-]⟨telb.zn.⟩ **0.1** ***de derde*** ⟨jongste v. drie met dezelfde naam⟩.

ter·va·lent ['tɜ:'veɪlənt‖'tɜr-]⟨bn.⟩⟨schei.⟩ **0.1** ***trivalent*** ⇒*driewaardig, met valentie(getal) drie.*

te·ry·lene ['terəli:n]⟨n.-telb.zn.; ook T-; vaak attr.⟩⟨BE⟩ **0.1** ***teryleen(stof)*** ⇒*terylene* ⟨synthetische textielvezel; naar merknaam⟩.

ter·za ri·ma ['tɜ:tsə 'ri:mə, 'teə-‖'tɜr-]⟨telb. en n.-telb.zn.; terze rime [-'ri:meɪ]; →mv. 5⟩⟨lit.⟩ **0.1** ***terza rima*** ⇒*terzine.*

ter·zet·to [tɜ:t'setoʊ, teə-‖tɜrt'seṭoʊ]⟨telb.zn.; ook terzetti [-'seṭi]; →mv. 5⟩⟨muz.⟩ **0.1** ***terzet*** ⇒*trio.*

TESL ⟨afk.⟩ Teaching English as a Second Language.

tes·la ['teslə]⟨telb.zn.⟩⟨elek., nat.⟩ **0.1** ***tesla*** ⟨eenheid v. magnetische inductie⟩.

'tesla coil ⟨telb.zn.; ook T-⟩⟨tech.⟩ **0.1** ***teslatransformator*** ⇒*teslaklos.*

TESOL ⟨afk.⟩ Teachers of English to Speakers of Other Languages.

tes·sel·late ['tesɪleɪt]⟨ov.ww.⟩ →tessellated **0.1** ***met mozaïek bekleden*** ⇒*met mozaïek(en)/mozaïekblokjes beleggen/versieren.*

tes·sel·lat·ed ['tesɪleɪṭɪd], ⟨in bet. 0.1 ook⟩ **tes·sel·lar** ['tesɪlə‖-ər] ⟨bn.; (oorspr.) volt. deelw. v. tessellate⟩ **0.1** ***met mozaïek(en)/mozaïekblokjes bekleed/belegd/versierd*** ⇒*mozaïek-, mozaïekachtig, met ruiten ingelegd* **0.2** ⟨biol.⟩ ***(regelmatig) geruit*** ⇒*ruitvormig, gevlekt, gestippeld* ◆ **1.1** a ~ pavement *een mozaïekvloer.*

tes·sel·la·tion ['tesɪ'leɪʃn]⟨telb. en n.-telb.zn.⟩ **0.1** ***mozaïek(patroon/versiering/werk)*** ⇒*het met mozaïek(en)/mozaïekblokjes bekleden/bekleed zijn, ruitwerk, ruitpatroon, inlegwerk;* ⟨fig.⟩ *harmonisch/coherent geheel, patroon.*

tes·ser·a ['tesərə], ⟨in bet. 0.1 ook⟩ **tes·sel·la** [tə'selə]⟨telb.zn.; tesserae ['tesəri:]; tessellae [tə'seli:]; →mv. 5⟩ **0.1** ***(mozaïek)blokje*** ⟨v. steen/gekleurd glas⟩ ⇒*(mozaïek)steentje* **0.2** ⟨Romeinse en Griekse gesch.⟩ ***tessera*** ⟨vierkant bordje/plaatje of dobbelsteen gebruikt als teken/bewijs⟩ ⇒*kenteken, (herkennings)teken, betalingsbewijs,* ⟨i.h.b.⟩ *(houten bordje met) wachtwoord.*

tes·si·tu·ra ['tesɪ'tʊərə‖-'tʊrə]⟨telb.zn.⟩⟨muz.⟩ **0.1** ***tessituur.***

test[1] [test]⟨f3⟩⟨telb.zn.⟩ **0.1** ⟨ben. voor⟩ ***test*** ⇒*toets(ing), onderzoek, proef; keuring; testmethode; schooltoets, proefwerk, overhoring;* ⟨schei.⟩ *reactie* **0.2** ***toets(steen)*** ⟨alleen fig.⟩ ⇒*criterium, standaard, norm, maat(staf), vergelijkingsbasis* **0.3** ⟨schei.⟩ ***reagens*** ⇒*reageermiddel* **0.4** ⟨vnl. BE⟩ ***cupel*** ⇒*smelt/essaaikroes, drijfhaard* **0.5** ⟨inf.; cricket⟩ ***testmatch*** **0.6** ⟨vnl. BE; gesch.⟩ ***eed v. getrouwheid/trouw*** ⟨i.h.b. aan staatsambtenaren opgelegde eed v. trouw aan de Anglicaanse Kerk⟩ **0.7** ***schelp*** ⇒*schaal* ⟨v. ongewervelde dieren⟩ ◆ **1.1** stand/withstand the ~ of time *de tand des tijds weerstaan, de tijd trotseren* **2.1** apply a severe ~ to *aan een zware proef/nauwlettende toets onderwerpen;* statistical ~ *(statistische) toets* **2.6** religious ~ *geloofseed, geloofsbelijdenis* **3.1** pass a ~ *slagen voor een toets, een proef(werk) afleggen;* put sth. to the ~ *iets op de proef stellen/aan een toets onderwerpen, iets toetsen/(uit)testen/onderzoeken;* stand the ~ *de proef/toets doorstaan* **3.2** be the ~ of *de toetssteen zijn van, als toetssteen gelden voor;* it is excluded by our ~ *het voldoet niet aan onze toelatingsvoorwaarden* **3.6** take the ~ *de eed v. getrouwheid/trouw afleggen, trouw zweren* **6.1** be a difficult ~ **for/of** *zwaar op de proef stellen/beproeven, hoge eisen stellen aan, een uitdaging zijn voor.*

test[2] ⟨f3⟩⟨ww.⟩
I ⟨onov.ww.⟩ **0.1** ***getoetst worden*** ⇒*getest/beproefd/onderzocht worden, een toets/test afleggen* **0.2** ***een (test)resultaat) hebben/geven*** ⇒*(een testresultaat) behalen, scoren* ◆ **6.2** ~ **to** *als (test)resultaat hebben/geven, een (test)score/resultaat behalen van;*
II ⟨onov. en ov.ww.⟩ **0.1** ***(d.m.v. een test) onderzoeken*** ◆ **6.1** ~ **for** *onderzoeken (op), het gehalte bepalen aan;* ~ **for** acid content *het zuurgehalte bepalen/nagaan (van);* ~ **for** calcium *nagaan of er calcium aanwezig is (in);*
III ⟨ov.ww.⟩ **0.1** ⟨ben. voor⟩ ***toetsen*** ⇒*testen, aan een toets/test/proef onderwerpen, beproeven; nagaan, nakijken, onderzoeken; keuren; examineren, overhoren* **0.2** ***(zwaar) op de proef stellen*** ⇒*veel vergen van, hoge eisen stellen aan, beproeven* **0.3** ⟨vnl. BE⟩ ***essaaieren*** ⇒*cupelleren, toetsen, keuren* ◆ **1.2** ~ s.o.'s patience *veel v. iemands geduld vergen, iemands geduld zwaar op de proef stellen* **3.1** have one's eyesight ~ed *zijn ogen laten onderzoeken, een oogonderzoek ondergaan* **3.2** ~ing times *zware/moeilijke tijden, tijden v. beproeving* **5.1** ~ **out** sth. *iets (uit)testen/proberen;* ~ **out** a theory *een theorie toepassen/in praktijk brengen/aan de werkelijkheid toetsen* **6.1** ~ **by** practical experience *aan de praktijk/ervaring toetsen.*

tes·ta ['testə]⟨telb.zn.; testae ['testi:]; →mv. 5⟩⟨plantk.⟩ **0.1** ***zaadhuid*** ⇒*testa.*

tes·ta·bil·i·ty ['testə'bɪləṭi]⟨n.-telb.zn.⟩ **0.1** ***toetsbaarheid*** ⇒*testbaarheid.*

tes·ta·ble ['testəbl]⟨bn.⟩ **0.1** ***toetsbaar*** ⇒*test/beproefbaar, uit te testen.*

tes·ta·cea [te'steɪʃə]⟨mv.⟩⟨dierk.⟩ **0.1** ***schaalamoeben*** ⟨orde Testacea⟩.

tes·ta·cean[1] [te'steɪʃn]⟨telb.zn.⟩⟨dierk.⟩ **0.1** ***schaalamoebe*** ⟨orde Testacea⟩.

testacean[2] ⟨bn.⟩⟨dierk.⟩ **0.1** ***van/mbt. schaalamoeben.***

tes·ta·ceous [te'steɪʃəs]⟨bn.⟩ **0.1** ⟨dierk.⟩ ***van/mbt. met schelpen/schelpdieren*** ⇒*schelp-, schaal-, schelpachtig, kalkachtig* **0.2** ⟨biol.⟩ ***steenrood*** ⇒*baksteenkleurig, roodbruin, bruingeel.*

'Test Act ⟨telb.zn.⟩⟨gesch.⟩ **0.1** ***Test Act*** ⟨Eng. wet, 1672-1828, eiste van ambtenaren eed v. trouw aan Anglicaanse Kerk⟩.

tes·ta·cy ['testəsi]⟨n.-telb.zn.⟩⟨jur.⟩ **0.1** ***het nalaten/bestaan v.e. rechtsgeldig testament*** ⇒*het testateur/trice zijn.*

tes·ta·ment ['testəmənt]⟨f2⟩⟨telb.zn.⟩ **0.1** ⟨jur.⟩ ***testament*** ⇒*uiterste wil(sbeschikking), testamentaire beschikking* **0.2** ⟨vnl. T-⟩⟨relig.⟩ ***testament*** ⇒*verbond* ⟨tussen God en mensheid⟩; ⟨i.h.b.⟩ *(het) Nieuwe Testament* **0.3** ⟨inf.⟩ ***testament*** ⇒*verklaring, getuigenis, credo, geloofsbelijdenis* **0.4** ***bewijs*** ⇒*bewijsstuk, eerbewijs* ◆ **1.1** last will and ~ *uiterste wil(sbeschikking), testament* **6.4** a ~ **to** *een bewijs/blijk van, een (blijk v.) hulde aan.*

tes·ta·men·ta·ry ['testə'mentri‖-'menṭəri]⟨bn.⟩⟨jur.⟩ **0.1** ***testamentair*** ⇒*(geregeld) bij testament.*

tes·ta·mur [te'steɪmə‖-ər]⟨telb.zn.⟩⟨BE⟩ **0.1** ***testimonium*** ⇒*getuigschrift* ⟨v. afgelegd examen, i.h.b. aan de universiteit⟩.

tes·tate[1] ['testeɪt]⟨telb.zn.⟩⟨jur.⟩ **0.1** ***erflater*** ⇒*testateur.*

testate[2] ⟨bn.⟩⟨jur.⟩ **0.1** ***een rechtsgeldig testament nalatend.***

tes·ta·tion [te'steɪʃn]⟨n.-telb.zn.⟩⟨jur.⟩ **0.1** ***erflating*** ⇒*het bij testament nalaten/toewijzen, vermaking.*

tes·ta·tor [te'steɪtə‖'testeɪṭər]⟨telb.zn.⟩⟨jur.⟩ **0.1** ***testateur*** ⇒*erflater.*

tes·ta·trix [te'steɪtrɪks]⟨telb.zn.; testatrices [-trɪsi:z]; →mv. 5⟩⟨jur.⟩ **0.1** ***testatrice*** ⇒*erflaatster.*

'test ban (treaty) ⟨telb.zn.⟩ **0.1** ***kernstopverdrag.***

'test bed ⟨telb.zn.⟩ **0.1** ***proefbank*** ⇒*proefstelling* ⟨i.h.b. voor vliegtuigmotoren⟩.

'test bore ⟨telb.zn.⟩ **0.1** ***proefboring.***

'test card ⟨telb.zn.⟩⟨t.v.⟩ **0.1** ***testbeeld.***

'test case ⟨f1⟩⟨telb.zn.⟩⟨jur.⟩ **0.1** ***test case*** ⇒*proefproces.*

'test cock ⟨telb.zn.⟩ **0.1** ***proefkraan*** ⇒*waterpeilkraan, aftapkraantje* ⟨v. stoomketel⟩.

'test drive ⟨f1⟩⟨telb.zn.⟩ **0.1** ***proefrit*** ⇒*het proefrijden.*

'test-drive ⟨f1⟩⟨ww.⟩
I ⟨onov.ww.⟩ **0.1** ***een proefrit maken;***
II ⟨ov.ww.⟩ **0.1** ***een proefrit maken met/in*** ⇒*testen.*

test·ee ['te'sti:]⟨telb.zn.⟩ **0.1** ***persoon die wordt getest*** ⇒*proefpersoon, ondervraagde, examinandus.*

tes·ter[1] ['testə‖-ər]⟨telb.zn.⟩ **0.1** ⟨ben. voor⟩ ***overkapping*** ⇒*hemel* ⟨v. ledikant, boven preekstoel⟩, *baldakijn; troonhemel; altaarhemel, ciborium; draaghemel; galmbord* ⟨boven preekstoel⟩ **0.2** ⟨BE; gesch.⟩ ***tester*** ⇒*shilling v. Hendrik VIII* ⟨oorspr. twaalf, later zes stuiver waard⟩, *zesstuiverstuk.*

test·er[2] ⟨telb.zn.⟩ **0.1** ⟨ben. voor⟩ ***iem. die/iets dat toetst/test*** ⇒*toetser, essayeur; keurder; proefnemer, (kwaliteits)analyst; examinator; test/meetapparaat* **0.2** ⟨wielrennen⟩ ***tijdrijder.***

tes·tes ⟨mv.⟩ →testis.

'test flight ⟨f1⟩⟨telb.zn.⟩ **0.1** ***proefvlucht.***

'test-fly ⟨f1⟩⟨ww.⟩
I ⟨onov.ww.⟩ **0.1** ***(een) proefvlucht(en) maken*** ⇒*invliegen;*
II ⟨ov.ww.⟩ **0.1** ***(een) proefvlucht(en) maken met/in*** ⇒*invliegen.*

'test glass ⟨telb.zn.⟩ **0.1** ***reageerbuis(je).***

tes·ti·cle ['testɪkl]⟨f1⟩⟨telb.zn.⟩ **0.1** ***testis*** ⇒*(teel/zaad)bal, testikel.*

tes·tic·u·lar [te'stɪkjʊlə‖-'stɪkjələr], ⟨in bet. 0.2 en 0.3 ook⟩
tes·tic·u·late [-lət]⟨bn.⟩ **0.1** ***van/mbt./voortgebracht door de testes*** **0.2** ***testikelvormig*** **0.3** ⟨plantk.⟩ ***met twee testikelvormige knollen*** ⟨i.h.b. van orchidee⟩.

tes·ti·fi·ca·tion ['testɪfɪ'keɪʃn]⟨telb. en n.-telb.zn.⟩ **0.1** ***getuigenis*** ⇒*bevestiging, verklaring; staving; bewijs, (ken)teken, blijk.*

tes·ti·fi·er ['testɪfaɪə‖-ər]⟨telb.zn.⟩ **0.1** ***getuige*** ⇒⟨i.h.b. relig.⟩ *nieuwbekeerde, proseliet.*

tes·ti·fy ['testɪfaɪ]⟨f2⟩⟨ww.; →ww. 7⟩
I ⟨onov.ww.⟩ **0.1** ***getuigen*** ⇒*getuigenis afleggen; (als getuige/onder ede) een verklaring afleggen* ◆ **6.1** ~ **against** *getuigen tegen/in het nadeel van, in het nadeel spreken van;* ~ **for** *getuigen voor/in het voordeel van;* ~ **to** *bevestigen, verklaren, staven, instaan voor; getuigen/getuigenis afleggen van; blijk geven/een teken/bewijs zijn/spreken van, wijzen op;*
II ⟨ov.ww.⟩ **0.1** ***getuigen van*** ⇒*getuigenis afleggen van; bevestigen, (onder ede/openlijk) verklaren; staven; betuigen, belijden; blijk geven/een teken/bewijs zijn/spreken van, wijzen op* ◆ **1.1** ~ one's regret *zijn spijt/leedwezen betuigen* **3.1** be testified by *blijken uit, bewezen/aangetoond worden door* **8.1** ~ that *getuigen/bevestigen/verklaren dat.*

tes·ti·mo·ni·al ['testɪ'moʊnɪəl]⟨f1⟩⟨telb.zn.; ook attr.⟩ **0.1** ***testimonium*** ⇒*getuigschrift, getuigenis, certificaat, attest(atie), (schriftelijke) verklaring, aanbevelingsbrief* **0.2** ***huldeblijk*** ⇒*eerbewijs, geschenk, dankbetuiging* **0.3** ⟨sport⟩⟨ong.⟩ ***benefietwedstrijd.***

tes·ti·mo·ny ['testɪməni‖-moʊni]⟨f2⟩⟨zn.; →mv. 2⟩
I ⟨telb.zn.⟩ **0.1** ⟨vnl. mv.⟩ ***Heilige Schrift;***
II ⟨telb. en n.-telb.zn.⟩ **0.1** ***getuigenis*** ⇒*(getuigen)verklaring, bevestiging; staving; bewijs, (ken)teken, blijk; belijdenis, geloofsgetuigenis* ◆ **1.1** the witness's ~ *de getuigenverklaring* **6.1** bear ~ **against** *getuigen tegen;* call s.o. **in** ~ *iem. tot getuige nemen/roepen/als getuige oproepen;* **in** ~ whereof *ten getuige waarvan, als bewijs waarvan/voor;* bear ~ **to** *getuigen/getuigenis afleggen van; bevestigen, staven; blijk geven/een teken zijn van, wijzen op;*
III ⟨n.-telb.zn.; the⟩ **0.1** ***verklaringen*** ⇒*constateringen, bevindingen, beweringen, vermeldingen, rapport* **0.2** ⟨bijb.⟩ ***decalogus*** ⇒*tien geboden, Mozaïsche wet, verbondswet* **0.3** ⟨vaak T-⟩⟨bijb.⟩ ***ark(e) des verbonds*** ⇒*verbondsark, verbondskist* ◆ **1.2** the tables of the ~ *de twee tafelen der getuigenis/v.h. verbond* ⟨Exod. 31:18⟩ **6.1** **according to** the ~ of *volgens (de verklaringen van).*

tes·tis ['testɪs]⟨telb.zn.; testes ['testi:z]; →mv. 5⟩ **0.1** ***testis*** ⇒*(teel/zaad)bal, testikel.*

'test-mar·ket ⟨ov.ww.⟩ **0.1** ***op de markt testen.***

'test match ⟨f1⟩⟨telb.zn.⟩⟨cricket⟩ **0.1** ***testmatch*** ⟨wedstrijd tussen landenteams⟩.

'test meal ⟨telb.zn.⟩⟨med.⟩ **0.1** ***proefmaaltijd.***

tes·tos·ter·one [te'stɒstəroʊn‖-'stɑ-]⟨n.-telb.zn.⟩ **0.1** ***testosteron.***

'test paper ⟨zn.⟩
I ⟨telb.zn.⟩ **0.1** ***proefwerk*** ⇒*schriftelijke toets/opgave* **0.2** ⟨AE⟩ ***handschrift/geschreven tekst*** ⟨als bewijsstuk, vergelijkingsbasis⟩;
II ⟨n.-telb.zn.⟩⟨schei.⟩ **0.1** ***reageerpapier*** ⟨bv. lakmoespapier⟩ ⇒*testpapier.*

'test pilot ⟨f1⟩⟨telb.zn.⟩ **0.1** ***testpiloot*** ⇒*proefvlieger, invlieger.*

'test strip ⟨telb.zn.⟩ **0.1** ***proefvak*** ⇒*proefstrook.*

'test tube ⟨f1⟩⟨telb.zn.⟩ **0.1** ***reageerbuisje*** ⇒*proefbuisje.*

'test-tube baby ⟨f1⟩⟨telb.zn.⟩ **0.1** ***reageerbuisbaby.***

'test-tube fertilization ⟨n.-telb.zn.⟩ **0.1** ***bevruchting in een reageerbuis.***

'test type ⟨telb.zn.⟩ **0.1** ***proefletter*** ⟨voor bepalen v. gezichtsscherpte⟩.

tes·tu·di·nal [te'stju:dnəl‖-'stu:d-], **tes·tu·di·nar·i·ous** ['testju:dɪ'neərɪəs‖'testu:dn'erɪəs]⟨bn.⟩ **0.1** ***van/mbt. schildpad*** ⇒*schildpadachtig, schildpadkleurig, schildpad-.*

tes·tu·do [te'stju:doʊ‖-'stu:-]⟨telb.zn.; ook testudines [-dɪni:z]; →mv. 5⟩⟨Romeinse gesch., mil.⟩ **0.1** ***testudo*** ⇒*schilddak.*

tes·ty ['testi]⟨f1⟩⟨bn.; -er; -ly; -ness; →bijw. 3⟩ **0.1** ***prikkelbaar*** ⇒*lichtgeraakt, opvliegend, korzelig, kregelig* **0.2** ***ergerlijk*** ⇒*vervelend, hinderlijk* ◆ **1.1** a ~ person *een kregelig iemand* **1.2** a ~ remark *een knorrige opmerking.*

te·tan·ic[1] [te'tænɪk]⟨telb.zn.⟩⟨med.⟩ **0.1** ***krampveroorzakend middel.***

tetanic[2] ⟨bn.; -ally⟩ **0.1** ***tetanusachtig*** ⇒*tetanus-, tetanie-.*

tet·a·nize ['tetənaɪz‖'tetn·aɪz]⟨ov.ww.⟩ **0.1** ***in kramp doen trekken*** ⇒*tetanus veroorzaken bij.*

tet·a·nus ['tetənəs‖'tetn·əs]⟨f1⟩⟨telb. en n.-telb.zn.⟩ **0.1** ***tetanus*** ⇒*klem, wondkramp, stijfkramp* ◆ **1.1** ~ of the lower jaw *mondklem.*

tet·a·ny ['tetəni‖tetn·i]⟨telb. en n.-telb.zn.; →mv. 2⟩ **0.1** ***tetanie*** ⟨soort stijfkramp⟩.

tetch·y, tech·y ['tetʃi]⟨bn.; -er; -ly; -ness; →bijw. 3⟩ **0.1** ***prikkelbaar*** ⟨pers.⟩ ⇒*lichtgeraakt, snel gepikeerd, overgevoelig, opvliegend, slechtgemutst* **0.2** ***vervelend*** ⟨iets⟩ ⇒*lastig, ergerlijk, hachelijk* **0.3** ***gevoelig*** ⇒*zwak, teer, delicaat* ◆ **1.2** a ~ question *een netelige vraag;* a ~ situation *een gespannen toestand* **1.3** a ~ back *een zwakke rug.*

tête-à-tête[1] ['teɪt ə 'teɪt]⟨telb.zn.⟩ **0.1** ***tête-à-tête*** ⇒*onderhoud onder vier ogen, privé-gesprek, onderonsje* **0.2** ***tête-à-tête*** ⟨canapé voor twee⟩.

tête-à-tête[2] ⟨bn.; bw.⟩ **0.1** ***tête-à-tête*** ⇒*met z'n tweeën, onder vier ogen, vertrouwelijk, tegenover elkaar* ◆ **3.1** talk ~ *elkaar onder vier ogen spreken* **6.1** ~ **with** *(recht/vlak) tegenover, van aangezicht tot aangezicht met.*

teth·er[1] ['teðə‖-ər]⟨f1⟩⟨zn.⟩
I ⟨telb.zn.⟩ **0.1** ***tuier (touw/ketting)*** ⟨waarmee grazend dier wordt vastgelegd⟩ ⇒⟨fig.⟩ *kluister, boei, band;*
II ⟨n.-telb.zn.⟩ **0.1** ⟨ben. voor⟩ ***bereik*** ⇒*grenzen, omvang* ⟨v. kennis, macht, kracht, middelen enz.⟩ ◆ **1.1** at the end of one's ~ *uitgeput, uitgeteld, uitgepraat, aan het eind v. zijn geduld/krachten/zenuwen/Latijn, ten einde raad, van de kaart, op.*

tether[2] ⟨f1⟩⟨ov.ww.⟩ **0.1** ***vastmaken*** ⇒⟨i.h.b.⟩ *tui(er)en, (met een tuier) vastleggen; (vast)binden/kluisteren;* ⟨fig.⟩ *aan banden leggen, be/inperken* ◆ **6.1** ~ a horse **to** a fence *een paard aan een hek tuien.*

tet·ra- ['tetrə], **tetr-** [tetr] **0.1** ***tetr(a)-*** ⇒*vier-* ◆ **¶.1** tetracycline *tetracycline* ⟨antibioticum⟩; tetramerous *vierdelig, uit vier (gelijke) delen/stukken bestaande;* ⟨plantk.⟩ *viertallig.*

tet·ra·chord ['tetrəkɔ:d‖-kɔrd]⟨telb.zn.⟩⟨muz.⟩ **0.1** ***tetrachord*** ⟨opeenvolging v. vier tonen⟩ **0.2** ***viersnarig instrument.***

tet·rad ['tetræd]⟨telb.zn.⟩ **0.1** ***tetrade*** ⇒*groep/verzameling/set v. vier, vier(tal)* **0.2** ⟨schei.⟩ ***vierwaardig atoom/radicaal/element.***

tet·ra·dac·tyl[1] ['tetrə'dæktɪl‖-tl]⟨telb.zn.⟩ **0.1** ***viertenig/viervingerig dier.***

tetradactyl², **tet·ra·dac·ty·lous** ['tetrə'dæktɪləs]⟨bn.⟩ **0.1** ***viertenig/vingerig.***

tet·ra·eth·yl lead ['tetrə·eθl 'led]⟨n.-telb.zn.⟩ **0.1** ***tetra-ethyllood*** ⇒*ethyl* ⟨anti-klopmiddel⟩.

tet·ra·gon ['tetrəgən‖-gɑn]⟨telb.zn.⟩ **0.1** ***vierhoek*** ⇒*vierzijdige veelhoek.*

te·trag·o·nal [te'trægənl]⟨bn.;-ly⟩ **0.1** ***tetragonaal*** ⇒*vierhoekig, vierzijdig, quadrangulair* **0.2** ⟨geol.⟩ ***tetragonaal*** ⇒*van/mbt. het tetragonaal (kristal)stelsel.*

tet·ra·gram ['tetrəgræm]⟨telb.zn.⟩ **0.1** ***tetragram*** ⇒*woord v. vier letters,* ⟨i.h.b.⟩ *tetragrammaton.*

Tet·ra·gram·ma·ton ['tetrə'græmətən]⟨telb.zn.; Tetragrammata; →mv. 5⟩ **0.1** ***tetragrammaton*** ⟨Hebreeuwse naam v. God: JHWH⟩.

tet·ra·he·dral ['tetrə'hi:drəl, -'he-]⟨bn.;-ly⟩ **0.1** ***tetraëdrisch*** ⇒*tetraëdraal, viervlakkig, vierzijdig.*

tet·ra·he·dron ['tetrə'hi:drən, -'he-]⟨telb.zn.; ook tetrahedra [-drə]; →mv. 5⟩ **0.1** ***tetraëder*** ⇒*viervlak, driezijdige piramide.*

te·tral·o·gy [te'trælədʒi‖-'trɑ-]⟨telb.zn.;→mv. 2⟩⟨vnl. lit.⟩ **0.1** ***tetralogie.***

te·tram·e·ter [te'træmɪtə‖-mɪtər]⟨telb.zn.⟩⟨lit.⟩ **0.1** ***tetrameter*** ⇒*viervoetig vers, viervoeter, vers v. vier voeten/maten.*

tet·ra·pod¹ ['tetrəpɒd‖-pɑd]⟨telb.zn.⟩ **0.1** ***viervoetig/vierpotig dier*** ⇒*viervoet(er)* **0.2** ***vierpoot(je)*** ⇒*voetstuk/standaard met vier poten.*

tetrapod², **te·trap·o·dous** [te'træpədəs]⟨bn.⟩ **0.1** ***viervoetig*** ⇒*vierbenig, vierpotig, met vier benen/poten.*

te·trap·ter·ous [te'træptərəs]⟨bn.⟩ **0.1** ***viervleugelig.***

tet·rarch ['tetrɑ:k‖-trɑrk]⟨telb.zn.⟩ **0.1** ***tetrarch*** ⇒*viervorst; onderkoning, ondergouverneur* **0.2** ***vierman*** ⇒*lid v.e. quadrumviraat.*

te·trar·chi·cal [te'trɑ:kɪkl‖-'trɑrkɪkl], **te·trar·chic** [-kɪk]⟨bn.⟩ **0.1** ***van/mbt. tetrarch(ie).***

tet·rar·chy ['tetrɑ:ki‖-trɑr-], **tet·rar·chate** [-keɪt]⟨telb.zn.;→mv. 2⟩ **0.1** ***tetrarchie*** ⇒*viervorstendom, gebied v.e. tetrarch/viervorst* **0.2** ***tetrarchie*** ⇒*viermanschap.*

tet·ra·stich ['tetrəstɪk]⟨telb.zn.⟩⟨lit.⟩ **0.1** ***vierregelig vers*** ⇒*stanza/strofe v. vier regels, kwatrijn.*

tet·ra·syl·lab·ic ['tetrə'sɪlæbɪk]⟨bn.⟩ **0.1** ***vierlettergrepig.***

tet·ra·syl·la·ble ['tetrə'sɪləbl]⟨telb.zn.⟩ **0.1** ***vierlettergrepig woord.***

tet·ra·va·lent ['tetrə'veɪlənt]⟨bn.⟩⟨schei.⟩ **0.1** ***tetravalent*** ⇒*vierwaardig, met valentie(getal) vier.*

tet·ter ['tetə‖'tetər]⟨telb. en n.-telb.zn.⟩ **0.1** ***huidziekte*** ⇒*huiduitslag, jeukziekte,* ⟨i.h.b.⟩ *eczema, eczeem.*

Teut ⟨afk.⟩ Teuton, Teutonic.

Teu·to- ['tju:toʊ‖'tu:toʊ] **0.1** ***germano-*** ⇒*duits-, van/mbt. de Germanen/Duitsers* ◆ **¶.1** Teutomania *germanomanie, manie voor alles wat Duits is.*

Teu·ton ['tju:tn‖'tu:tn]⟨telb.zn.⟩ **0.1** ⟨ben. voor⟩ ***iem. die een Germaanse taal spreekt*** ⇒*Teutoon, Germaan,* ⟨i.h.b.⟩ *Duitser* **0.2** ⟨gesch.⟩ ***Teutoon*** ⟨lid v.d. volksstam der Teutonen⟩.

Teu·ton·ic¹ [tju:'tɒnɪk‖tu:'tɑ-]⟨eig.n.⟩ **0.1** ***Teutoon*** ⇒*Germaan;* ⟨i.h.b.⟩ *Duitser.*

Teutonic² ⟨f1⟩⟨bn.⟩ **0.1** ***Teutoons*** ⇒*Germaans;* ⟨i.h.b.⟩ *Duits* ◆ **1.1** ~ Knight *ridder v.d. Duitse Orde* ⟨in 1190 gestichte geestelijke ridderorde⟩; ~ in its thoroughness *v.e. typisch Duitse degelijkheid getuigend.*

Teu·ton·i·cism [tju:'tɒnɪsɪzm‖tu:'tɑ-], **Teu·ton·ism** ['tju:tənɪzm‖'tu:tn·ɪzm]⟨zn.⟩

I ⟨telb.zn.⟩ **0.1** ***germanisme;***

II ⟨n.-telb.zn.⟩ **0.1** ***Germaans/Duits karakter*** ⇒*Duitse aard/natuur.*

Teu·ton·i·za·tion ['tju:tənaɪ'zeɪʃn‖'tu:tn·ə'zeɪʃn]⟨telb. en n.-telb.zn.⟩ **0.1** ***verduitsing*** ⇒*germanisatie.*

Teu·ton·ize ['tju:tənaɪz‖'tu:tn·aɪz]⟨ov.ww.⟩ **0.1** ***verduitsen*** ⇒*germaniseren.*

Tex ⟨afk.⟩ Texas.

Tex·an¹ ['teksn]⟨f1⟩⟨telb.zn.⟩ **0.1** ***Texaan*** ⇒*inwoner v. Texas.*

Texan² ⟨f1⟩⟨bn.⟩ **0.1** ***Texaans*** ⇒*van/mbt. Texas/de Texanen, uit Texas.*

Tex·as fever ['teksəs fi:və‖-ər], **'Texas 'cattle fever** ⟨n.-telb.zn.⟩ **0.1** ***texaskoorts*** ⟨runderziekte⟩.

Tex-Mex ['teks'meks]⟨bn.⟩⟨AE⟩ **0.1** ***Texaans-Mexicaans*** ◆ **1.1** the ~ cooking *Tex-Mex, de Texaans-Mexicaanse keuken.*

text [tekst]⟨f3⟩⟨zn.⟩

I ⟨telb.zn.⟩ **0.1** ***tekst*** ⟨als basis v. discussie, essay enz.⟩ ⇒*onderwerp, thema, bron;* ⟨i.h.b.⟩ *bijbeltekst/passage* ⟨als onderwerp v. preek⟩ **0.2** ***(tekst)uitgave/editie*** ⇒*exemplaar, tekst, publikatie* **0.3** ⟨AE⟩ →textbook ◆ **2.2** the original ~ *de basistekst/eerste uitgave* **3.2** autographed ~ *gesigneerd exemplaar;* revised ~ *herziene uitgave/druk* **3.¶** stick to one's ~ *bij de tekst blijven, voet bij stuk houden, niet loslaten/wijken;*

II ⟨telb. en n.-telb.zn.⟩ **0.1** ***tekst*** ⇒*grondtekst, oorspronkelijke bewoordingen* **0.2** ***tekst(gedeelte)*** ⇒*gedrukte tekst, inhoud* ◆ **2.1** a corrupt ~ *een vervalste tekst* **7.2** too much ~ *te veel tekst;*

III ⟨n.-telb.zn.⟩ **0.1** →text hand;

IV ⟨mv.; ~s⟩ **0.1** ***opgelegde lectuur*** ⇒*studieboeken, studiemateriaal, leerboeken, teksten* ◆ **1.1** list of ~s *lectuurlijst, literatuurlijst, lijst v. verplichte boeken, lijst v. basisteksten/basisartikelen.*

text·book¹ ['teks(t)bʊk]⟨f3⟩⟨telb.zn.⟩ **0.1** ***handboek*** ⇒*studie/leer/schoolboek, overzicht, compilatie* **0.2** ***(primaire) tekst*** ◆ **3.2** one of the ~s was a novel by Fielding *één v.d. opgegeven werken was een roman v. Fielding* **6.1** a comprehensive ~ **on** linguistics *een algemene inleiding tot de taalkunde.*

textbook² ⟨bn., attr.⟩ **0.1** ***model-*** ⇒*volgens het boekje, nauwgezet, voorbeeldig* ◆ **1.1** ~ example *schoolvoorbeeld, typisch voorbeeld, perfecte uitvoering, model.*

'text editing ⟨n.-telb.zn.⟩⟨comp.⟩ **0.1** ***tekstverwerking.***

'text editor ⟨telb.zn.⟩⟨comp.⟩ **0.1** ***tekst-editor*** ⟨zorgt voor invoer en wijzigen v. tekst⟩.

'text file ⟨telb.zn.⟩⟨comp.⟩ **0.1** ***tekstbestand.***

'text hand ⟨n.-telb.zn.⟩ **0.1** ***grootschrift.***

tex·tile¹ ['tekstaɪl]⟨f2⟩⟨telb.zn.⟩ **0.1** ***weefsel*** ⇒*weefgoed, textielprodukt, (geweven/gebreide) stof* **0.2** ***weefmateriaal*** ⇒*textielvezel, textielgaren, weefgaren* ◆ **¶.1** ~s *textiel, weefgoederen, weefstoffen.*

textile² ⟨f1⟩⟨bn., attr.⟩ **0.1** ***textiel-*** ⇒*van textiel, weef-, weefbaar, geweven* ◆ **1.1** the ~ art *de textiele kunst/weefkunst;* ~ fabrics *weefsels, textielprodukten;* the ~ industry *de textiel(industrie)/weefnijverheid;* ~ materials *textiel(produkten/stoffen/waren);* ~ tissue *textiline, papiergaren.*

'text·lin·guis·tics ⟨n.-telb.zn.⟩⟨taalk.⟩ **0.1** ***tekstlinguïstiek/wetenschap.***

tex·tu·al ['tekstʃʊəl]⟨f1⟩⟨bn.;-ly⟩ **0.1** ***tekstueel*** ⇒*tekst-* **0.2** ***letterlijk*** ⇒*woordelijk* ◆ **1.1** ~ criticism *tekstkritiek, tekstanalyse;* ~ error *tekstbederf, fout in de (overgeleverde) tekst* **5.2** reproduce ~ly *tekstueel/woord voor woord overnemen.*

tex·tu·al·ism ['tekstʃʊəlɪzm]⟨n.-telb.zn.⟩ **0.1** ***het zich strikt aan de tekst (v.d. bijbel) houden*** **0.2** ***tekstkritiek*** ⇒⟨i.h.b.⟩ *bijbelkritiek.*

tex·tu·al·ist ['tekstʃʊəlɪst]⟨telb.zn.⟩ **0.1** ***iem. die zich strikt aan de tekst (v.d. bijbel) houdt*** **0.2** ***tekstcriticus*** ⇒⟨i.h.b.⟩ *bijbelgeleerde/kenner.*

tex·tur·al ['tekstʃərəl]⟨bn.;-ly⟩ **0.1** ***weef(sel)-*** **0.2** ***textuur-*** ⇒*structureel, compositioneel* ◆ **1.1** ~ art *textiele kunst.*

tex·ture¹ ['tekstʃə‖-ər]⟨f2⟩⟨telb. en n.-telb.zn.⟩ **0.1** ***textuur*** ⇒*weefselstructuur, weefwijze/patroon;* ⟨bij uitbr.⟩ *structuur, bouw, compositie; voorkomen, uitzicht;* ⟨muz.⟩ *klankstructuur, textuur* **0.2** ***substantie*** ⇒*wezen, essentie, karakter, aard* ◆ **1.1** the ~ of a mineral *de textuur v.e. mineraal* **2.1** skin of coarse ~ *ruwe/ruw aanvoelende huid;* cotton of a loose ~ *los katoen;* the smooth ~ of ivory *de glad/effenheid v. ivoor* **3.1** give (a) ~ to *substantie geven/een ruimtelijke dimensie toevoegen aan, afwisseling/reliëf brengen in, de effenheid/eentonigheid breken van; indelen, structureren* **6.1** rough **in** ~ *ruw/grof/hard v. samenstelling/oppervlak.*

texture² ⟨f1⟩⟨ov.ww.⟩ **0.1** ***(samen)weven*** ⇒*(ineen/dooreen/samen)vlechten* **0.2** ***samenstellen*** ⇒*structureren, substantie/reliëf/structuur geven* ◆ **6.1** a carpet ~d **with** geometrical patterns *een tapijt met geometrische patronen.*

-tex·tured ['tekstʃəd‖-tʃərd] **0.1** ***geweven*** ⇒*aanvoelend, gestructureerd, v. samenstelling/textuur/oppervlak* ◆ **¶.1** coarse-textured *ruw (aanvoelend), grof(dradig).*

'texture paint ⟨n.-telb.zn.⟩ **0.1** ***structuurverf.***

TF ⟨afk.⟩ Territorial Force ⟨BE⟩.

TG ⟨taalk.⟩⟨afk.⟩ **0.1** ⟨transformational grammar⟩ ***TG(G)*** **0.2** ⟨transformational-generative⟩.

'T-group ⟨telb.zn.⟩ **0.1** ***sensitivity(training)groep*** ⇒*ontmoetingsgroep.*

TGWU ⟨afk.⟩ Transport & General Workers' Union ⟨BE⟩.

-th [θ], (in bet. 0.3 ook) **-eth** [ɪθ] **0.1** ⟨vormt abstr. nw. uit ww.⟩ ⟨ong.⟩ ***-ing*** **0.2** ⟨vormt abstr. nw. uit bn.⟩ ⟨ong.⟩ ***-te*** ⇒***-heid*** **0.3** ⟨vormt rangtelwoord uit de hoofdtelwoorden vanaf 4⟩ ***-de/ste*** ◆ **¶.1** birth *baring, geboorte;* growth *groei, aangroei(ing);* spilth *verspilling* **¶.2** width *wijdte, breedte, uitgestrektheid* **¶.3** a fourth *een vierde;* twentieth *twintigste.*

Thai¹ [taɪ]⟨f1⟩⟨zn.; Thai; →mv. 4⟩

I ⟨eig.n.⟩ **0.1** ***Thai*** ⇒*de Thaise taal, Siamees;*

II ⟨telb.zn.⟩ **0.1** ***Thailander*** ⇒*inwoner v. Thailand, Siamees.*

Thai² ⟨f1⟩⟨bn.⟩ **0.1** ***Thai(land)s*** ⇒*Siamees.*

'Thai-box·er ⟨telb.zn.⟩⟨vechtsport⟩ **0.1** ***Thaise bokser.***

'Thai-box·ing ⟨n.-telb.zn.⟩⟨vechtsport⟩ **0.1** ***(het) Thais boksen.***

thal·a·mus ['θæləməs]⟨telb.zn.; thalami [-maɪ]; →mv. 5⟩ **0.1** ⟨gesch.⟩ ***(binnen)kamer/vertrek*** ⇒⟨i.h.b.⟩ *vrouwenverblijf,* *vrouwenvertrek, boudoir* **0.2** ⟨anat.⟩ ***thalamus*** ⟨grijze materie v.d. tussenhersenen⟩ **0.3** ⟨plantk.⟩ ***bloembodem*** *⇒vruchtbodem, vruchtdrager.*

tha·las·sic [θəˈlæsɪk]⟨bn.⟩ **0.1** ***zee-*** *⇒binnenzee-, oceaan-, oceanisch, pelagisch.*

thal·as·soc·ra·cy [ˈθæləˈsɒkrəsi‖-ˈsɑ-]⟨telb.zn.; →mv. 2⟩ **0.1** ***thalassocratie*** *⇒zeeheerschappij, macht op zee.*

thal·as·so·ther·a·py [θəˈlæsoʊˈθerəpi]⟨n.-telb.zn.⟩ **0.1** ***zeewatertherapie*** *⇒thalassotherapie.*

tha·ler, ⟨AE sp. ook⟩ **ta·ler** [ˈtɑːlə‖-ər]⟨telb.zn.⟩⟨gesch.⟩ **0.1** ***t(h)aler*** ⟨Duitse/Oostenrijkse 15e - 19e eeuwse zilveren munt⟩.

Tha·li·an [θəˈlaɪən]⟨bn.⟩ **0.1** ***blijspel-*** *⇒komisch, (k)luchtig* ⟨naar Thalia, muze v.h. blijspel⟩.

tha·lid·o·mide [θəˈlɪdəmaɪd]⟨n.-telb.zn.⟩⟨med.⟩ **0.1** ***thalidomide*** *⇒softenon.*

thaˈlidomide baby ⟨telb.zn.⟩ **0.1** ***softenonbaby*** *⇒misvormd geboren kind.*

thal·lic [ˈθælɪk], **thallous** [ˈθæləs]⟨bn.⟩⟨schei.⟩ **0.1** ***thalli-.***

thal·li·um [ˈθælɪəm]⟨n.-telb.zn.⟩⟨schei.⟩ **0.1** ***thallium*** ⟨element 81⟩.

thal·lo·gen [ˈθælədʒɪn], **thal·lo·phyte** [-faɪt]⟨telb.zn.⟩⟨plantk.⟩ **0.1** ***thallofyt*** *⇒thallusplant.*

thal·lus [ˈθæləs]⟨telb.zn.; ook thalli [ˈθælaɪ]; →mv. 5⟩⟨plantk.⟩ **0.1** ***thallus*** ⟨plant zonder duidelijk verschil tussen wortel, stengel en blad⟩.

Thames [temz]⟨eig.n.; the⟩ **0.1** ***Theems*** ◆ **1.¶** ⟨BE; inf.⟩ set the ~ on fire *iets opmerkelijks doen, furore/epoque/grote opgang maken, de wereld met verstomming slaan, van zich doen spreken;* she won't/is not the kind to set the ~ on fire *ze heeft het buskruit niet uitgevonden.*

than¹ [ðən⟨sterk⟩ðæn]⟨f4⟩⟨vz.; schr. voegwoord; →naamval 4, c; na vergrotende trap en woorden die verschil uitdrukken⟩ **0.1** ***dan*** *⇒als* ◆ **1.1** John's fatter ~ Bill *John is dikker dan Bill;* none other ~ Joe *niemand anders dan Joe* **2.1** ⟨AE; inf.⟩ different ~ *verschillend v.* **4.1** they were older ~ her/⟨schr.⟩ she *ze waren ouder dan zij;* civil servants, ~ whom none have less cause to complain *ambtenaren, en niemand heeft minder reden tot klagen* **5.1** nowhere else ~ here could such a thing happen *alleen hier kan zoiets gebeuren.*

than² ⟨f4⟩⟨ondersch.vw.⟩ **0.1** ⟨→naamval 4, c; na vergrotende trap en woorden die verschil uitdrukken⟩ ***dan*** *⇒als* **0.2** ⟨na een negatieve constructie; gelijktijdigheid of onmiddellijke opeenvolging in de tijd⟩ ***of*** *⇒dan, en, toen* ◆ **¶.1** she's better ~ I am *zij is beter dan ik;* preferred to join in ~ be left out *deed liever mee dan uitgesloten te worden;* easier said ~ done *gemakkelijker gezegd dan gedaan;* he would sooner die ~ give in *hij zou eerder sterven dan toegeven;* better ~ if he had come late as well *beter dan dat hij ook nog te laat was gekomen;* he cries more ~ (is) necessary *hij huilt meer dan nodig (is);* rather ~ leave early she decided to stay the night *ze besloot liever te overnachten dan vroeg te vertrekken;* you know better ~ to tease her *plaag haar niet, je weet toch beter;* not other ~ we are used to at home *niet anders dan we thuis gewend zijn;* could you have solved it otherwise ~ you did? *had je het anders kunnen oplossen dan je gedaan hebt?;* we have no choice ~ to leave *we hebben geen andere keuze dan te vertrekken* **¶.2** she had barely left the room ~ John began to cry *ze was nauwelijks de kamer uit of John begon te huilen;* she had scarcely learnt to read ~ she bought Shakespeare *ze had amper leren lezen toen ze Shakespeare kocht;* hardly had she finished ~ the bell rang *ze was nauwelijks klaar of de bel ging.*

than·age [ˈθeɪnɪdʒ], **thane·dom** [-dəm], **thane·ship** [-ʃɪp]⟨telb. en n.-telb.zn.⟩⟨gesch.⟩ **0.1** ***rang v.e. thane*** ⇒⟨ong.⟩ *leenmanschap* **0.2** ***land/grond v.e. thane*** ⇒⟨ong.⟩ *leen(bezit).*

than·a·to- [ˈθænət̬oʊ], **than·at-** [ˈθænət] **0.1** ***thanat(o)-*** *⇒doods-* ◆ **¶.1** thanatoid *doods, dodelijk;* thanatology *thanatologie* ⟨wetenschap v.d. dood⟩; thanatophobia *doodsangst, stervensangst.*

than·a·tol·o·gy [ˈθænəˈtɒlədʒi‖-ˈtɑl-]⟨n.-telb.zn.⟩ **0.1** ***t(h)anatologie*** ⟨leer v.h. sterven/de stervensbegeleiding⟩.

Than·a·tos [ˈθænətɒs‖-tɑs]⟨zn.⟩
I ⟨eig.n.⟩ **0.1** ***Thanatos*** *⇒de Dood;*
II ⟨n.-telb.zn.; ook t-⟩ **0.1** ***Thanatos*** *⇒doodsdrift, drang naar zelfvernietiging, doodsverlangen.*

thane, thegn [θeɪn]⟨telb.zn.⟩⟨gesch.⟩ **0.1** ***thane*** *⇒leenman* ⟨tussen erfadel en gewone vrijen in Engeland⟩; *leenheer, vrijheer, clanhoofd* ⟨in Schotland⟩.

thank [θæŋk]⟨f3⟩⟨ov.ww.⟩ **0.1** ***(be)danken*** *⇒dank brengen/betuigen, dankbaar zijn* **0.2** ***danken*** *⇒(ver)wijten, verantwoordelijk stellen* ◆ **1.1** ~ God/goodness/heaven(s) *God(e)/de hemel zij dank, goddank, gelukkig* **1.2** he has his own stupidity to ~ for it *hij heeft het aan zijn eigen domheid te danken/wijten* **4.1** ⟨iron.⟩ ~ you for nothing *dank je feestelijk;* ~/⟨inf.⟩ ~ing you *dank u/je (wel), je bent/wordt bedankt, (ja) graag; alstublieft* ⟨bij het aanvaarden, aanreiken v. iets⟩; ~ you, my dear *erg vriendelijk/attent v. je, lieveling;* no, ~ you *(nee) dank u/je (wel)* ⟨bij weigering⟩ **4.2** she may ~ herself/has only got herself to ~ for that *dat heeft ze (alleen/volledig) aan zichzelf te danken/wijten, het is haar eigen fout/schuld* **6.1** ~ s.o. **for** sth. *iem. voor iets (be)danken/dankbaar/erkentelijk zijn/dank brengen/betuigen/weten/zeggen;* ~ you **for** your letter of October 9 *hartelijk dank voor je brief v. 9 oktober;* (I'll) ~ you **for** that book *mag ik dat boek even?* **6.2** have s.o. to ~ **for** sth. *iets (aan) iem. te danken hebben* **¶.1** I will ~ you to be a little more polite *wat/een beetje beleefder kan ook wel;* I'll ~ you to open the window *mag het raam misschien open, alsjeblieft?;* I'll ~ you to wipe your shoes *voeten vegen, alsjeblieft/graag!.*

thank·ee, thank·y [ˈθæŋkiː], **thank·ye** [ˈθæŋkjə]⟨tussenw.⟩⟨inf.⟩ **0.1** ***dankjewel*** *⇒bedankt, merci.*

thank·ful [ˈθæŋkfl]⟨f2⟩⟨bn.; -ly; -ness⟩ **0.1** ***dankbaar*** *⇒erkentelijk, blij* ◆ **6.1** be ~ **for** *dankbaar zijn voor, appreciëren, op prijs stellen, tevreden zijn met;* we don't have much to be ~ **for** *erg veel reden tot dankbaarheid hebben we niet* **8.1** you should be ~ that *je zou blij moeten zijn/je gelukkig moeten prijzen dat.*

thank·ful·ly [ˈθæŋkfəli]⟨bw.⟩ **0.1** ***gelukkig.***

thank·less [ˈθæŋkləs]⟨bn.; -ly; -ness⟩ **0.1** ***ondankbaar*** *⇒onerkentelijk, niet lonend* ◆ **1.1** a ~ task *een ondankbare taak.*

ˈthank-of·fer·ing ⟨telb.zn.⟩ **0.1** ***dankoffer.***

thanks [θæŋks]⟨f3⟩⟨mv.⟩ **0.1** ***dank(baarheid/betuiging)*** ⇒⟨i.h.b.⟩ *(kort) dankgebed* ◆ **1.1** a letter of ~ *een schriftelijke dankbetuiging/bedankje* **2.1** small/⟨iron.⟩ much ~ I got for it *stank voor dank kreeg ik, ik kreeg nauwelijks een bedankje* **3.1** declined with ~ *onder dankzegging geweigerd;* express one's ~ *zijn dank betuigen;* give ~ *danken, bidden* ⟨i.h.b. voor of na maaltijd⟩; give ~ to God *God danken;* he smiled his ~ *hij bedankte met een glimlach;* received with ~ *in dank ontvangen* **5.¶** ~ awfully/ever so much *(je bent) vreselijk/ontzettend bedankt, duizendmaal dank* **6.1** ~ **to** *dank zij, ter wille van, wegens, door (toedoen van), met behulp van;* ⟨iron.⟩ **small/no** ~ **to** you *maar aan jou is het niet te danken, maar niet bepaald dank zij jouw hulp/door jouw toedoen/door jou* **¶.1** ⟨inf.⟩ ~! *dank je (wel)!, bedankt!;* no, ~ *(nee) dank je (wel), laat maar (zitten), doe geen moeite* ⟨bij weigering⟩.

thanks·giv·er [ˈθæŋksgɪvə‖-ər]⟨telb.zn.⟩ **0.1** ***dankzegger.***

thanks·giv·ing [ˈθæŋksˈgɪvɪŋ]⟨f2⟩⟨zn.⟩
I ⟨eig.n.; T-⟩ →Thanksgiving Day;
II ⟨telb. en n.-telb.zn.⟩ **0.1** ***dankbetuiging*** *⇒dankbetoon, dankzegging, dankfeest, dankgebed, dankviering* ◆ **2.1** ⟨Anglicaanse liturgie⟩ General Thanksgiving *het grote dankgebed.*

Thanksˈgiving Day ⟨zn.⟩
I ⟨eig.n.⟩ **0.1** ***Thanksgiving Day*** ⟨nationale dankdag; 4e donderdag v. november (U.S.A.), 2e maandag v. oktober (Canada)⟩;
II ⟨telb.zn.; ook t- d-⟩ **0.1** ***dankdag*** *⇒biddag.*

ˈthank·wor·thy ⟨bn.⟩ **0.1** ***dankenswaardig*** *⇒een bedankje waard, verdienstelijk.*

ˈthank-you ⟨telb.zn.; ook attr.⟩ **0.1** ***bedankje*** *⇒woord v. dank, dankbetuiging* ◆ **1.1** a ~ letter/note *een bedankbriefje.*

ˈthank-you-ma'am ⟨telb.zn.⟩⟨AE; inf.⟩ **0.1** ***knik*** ⟨in weg⟩ *⇒kuil, put, hobbel,* ⟨i.h.b.⟩ *greppel/afvoergeul* ⟨dwars over weg, voor afwatering⟩.

that¹ [ðæt⟨in bet. II⟩ðət⟨sterk⟩ðæt]⟨f4⟩⟨vnw.⟩
I ⟨aanw.vnw.; mv. those [ðoʊz]; →aanwijzend woord en aanwijzing⟩ **0.1** ***die/dat*** **0.2** ⟨gevolgd door latere definitie⟩ ***die/datgene*** *⇒hij, zij, dat* ◆ **1.1** ~'s Alice *dat is Alice;* those were the days *dat was een tijd;* ~'s women all over *zo zijn vrouwen nu eenmaal, typisch vrouwelijk* **1.¶** ⟨inf.⟩ eat your food, ~'s a good boy *wees een brave jongen en eet je eten op;* ⟨inf.⟩ ~'s a dear *je bent een schat* **2.2** those unfit for consumption *diegene die niet eetbaar zijn* **3.1** ~ is (to say) *dat wil zeggen, te weten* **3.¶** he's tall, tall, ~ is, for a Japanese *hij is groot, tenminste (wel te verstaan), voor een Japanner* **4.1** ~'s all *dat is alles/het, anders niet;* this is heavier than ~ *dit is zwaarder dan dat;* who's ~ crying? *wie huilt daar (zo)?;* ⟨aan telefoon⟩⟨BE⟩ who's ~? *met wie spreek ik?* **4.2** hold fast to ~ which is good *houdt het bij wat goed is;* those who say so *zij die dat zeggen;* there are those who think so *er zijn er die dat denken* **4.¶** we'll have to leave, ~'s all *we moeten weg, er zit niets anders op;* ⟨inf.⟩ ~'s it *dat is 't hem nu juist, dat is (nu juist) het probleem; dat is wat we nodig hebben/de oplossing/het; dit/dat is het einde, 't is ermee gedaan, 't is uit met de pret* **5.¶** ⟨cricket⟩ how's ~, umpire? *(is hij) uit of niet, scheidsrechter?* **6.1** six o'clock? no, the train is due **before** ~ *zes uur? nee, de trein komt vroeger aan;* the best linen is ~ **from** Flanders *het beste linnen is dat uit Vlaanderen;* just **like** ~ *zo maar (even);* don't yell **like** ~ *schreeuw niet zo;* I'm more resourceful **than** ~ *ik ben te handig om dat niet aan te kunnen, daar ben ik te handig voor* **6.2** there

was ~ **in** his manner that made me wonder *er was iets in zijn manier v. doen dat me aan het denken zette* **6.¶** it's practical and beautiful **at** ~ *het is praktisch, en bovendien nog mooi ook;* we left it **at** ~ *we lieten het daarbij/maar zo;* it was hard but I got it done **at** ~ *het was moeilijk, maar ik kreeg het toch voor mekaar;* ⟨inf.⟩ he solved the problem (just) **like** ~ *hij loste het probleem op alsof het niks was;* **with** ~ *(onmiddellijk) daarna* **7.1** he's into Zen and all ~ *hij interesseert zich voor Zen en dat soort dingen;* did it really cost all ~ *kostte het werkelijk zo veel?;* the Third World isn't as backward as all ~ *de Derde Wereld is niet zo achterlijk* **8.1** he did the cooking, and ~ extremely well *hij kookte, en heel goed ook/en hij deed dat heel goed;* ⟨BE; substandaard⟩ he's into hard rock and ~ *hij interesseert zich voor hard rock en dat soort dingen* **¶.1** ~'s ~ *dat was het dan, zo, klaar is kees, voor mekaar, dat zit erop;* ⟨als bevel⟩ *en daarmee uit, en nou is 't uit;*
II ⟨betr.vnw.⟩ **0.1** ***die/dat*** ⇒*wat, welke* **0.2** ⟨ook als betr. bw. te beschouwen⟩ ***dat*** ⇒*waarop/in/mee/*⟨enz.⟩ ◆ **1.1** the chair(s) ~ I bought *de stoel(en) die ik gekocht heb;* the sculptor(s) ~ I know *de beeldhouwer(s) die ik ken;* ⟨niet-beperkend⟩ ⟨schr.⟩ my uterus, ~ I loathed *mijn baarmoeder, die ik verafschuwde* **1.2** the day ~ he arrived *de dag dat/waarop hij aankwam;* the house ~ he lives in *het huis waarin hij woont* **1.¶** Mrs Jones, Miss Smith ~ was *Mevr. Jones, geboren/met haar meisjesnaam Smith.*

that[2] [ðæt] ⟨f2⟩ ⟨bw.⟩ ⟨inf.⟩ **0.1** ⟨graadaanduiding⟩ ***zo(danig)*** **0.2** ⟨als intensivering⟩ ***heel*** ⇒*heel erg, zo* ◆ **2.1** it was ~ hot you couldn't breathe *het was zo heet dat je niet kon ademen;* she's about ~ tall *ze is ongeveer zo groot* **2.2** she'll be ~ pleased *ze zal toch zo blij zijn* **5.2** its not all ~ expensive *het is niet zo verschrikkelijk duur.*

that[3] [ðæt] ⟨f4⟩ ⟨aanw.det.; mv. those; →aanwijzend woord en aanwijzing⟩ **0.1** ***die/dat*** **0.2** ⟨gevolgd door latere definitie⟩ ***dat/die*** ⇒*de/het* **0.3** ⟨vero. of inf.⟩ ***zo'n*** ◆ **1.1** ah, those days *ha, die tijd toch;* ⟨pej.⟩ one of those hooligans *een v. die herrieschoppers, nog zo'n herrieschopper;* ~ way *op die wijze, in die toestand* **1.2** ~ smile of his *die glimlach van hem;* ~ time of day when the children come home *dat ogenblik van de dag waarop de kinderen thuiskomen* **1.3** in ~ state that he could not think clearly *in zo'n toestand dat hij niet meer helder kon denken* **1.¶** just one of those things *één v. die dingen die kunnen gebeuren* **7.1** do you want this hat or ~ one *wil je deze hoed of die;* we went this way and ~ way *we gingen in alle richtingen/alle kanten op.*

that[4] [ðət ⟨sterk⟩ ðæt] ⟨f4⟩ ⟨vw.⟩
I ⟨ondersch.vw.⟩ **0.1** ⟨met afhankelijke nominale zin⟩ ***dat*** ⇒*het feit dat* **0.2** ⟨doel⟩ ***op/zodat*** **0.3** ⟨reden of oorzaak⟩ ***om/doordat*** ⇒*(om het feit) dat* **0.4** ⟨gevolg en graadaanduidend gevolg⟩ ***(zo) dat*** **0.5** ⟨leidt een bijzin in die afhangt v.e. bijwoordelijke bepaling⟩ ***dat*** ⇒*waar, wanneer, hoe* **0.6** ⟨in verbinding met een vz., dat daardoor een equivalent voegw. wordt⟩ **0.7** ⟨na ander onderschikkend voegw.; onvertaald⟩ ⟨vnl. vero. of gew.⟩ **0.8** ⟨ter vervanging v.e. ander onderschikkend voegw. in parallelle constructies⟩ ⟨vero.⟩ ◆ **1.1** the fact ~ he had left her *het feit dat hij haar verlaten had* **1.2** in order ~ *opdat;* to the end ~ *met het doel te* **6.6** ⟨gew. of vero.⟩ **after** ~ *nadat;* ⟨gew. of vero.⟩ **before** ~ *voordat;* but ~ *behalve dat/ware het niet dat;* considering ~ *in acht genomen dat;* **except** ~ *tenzij/behalve dat;* ⟨gew. of vero.⟩ **for** ~ *omdat;* clauses of purpose and consequence are similar **in** ~ they are often translated in the same way, but different **in** ~ they mean different things *doel- en gevolgzinnen lijken op elkaar in de zin dat ze vaak op dezelfde manier vertaald worden, maar ze verschillen doordat/omdat ze verschillende betekenissen hebben;* notwithstanding ~ *niettegenstaande dat;* provided ~ *op voorwaarde dat;* save ~ *behalve dat;* **so** ~ *zodat;* ⟨gew. of vero.⟩ **till** ~ *totdat;* ⟨gew. of vero.⟩ **until** ~ *totdat* **8.7** if ~ you be honest *als je eerlijk bent;* when ~ he left *toen hij wegging* **¶.1** it was only then ~ I found out that ... *pas toen ontdekte ik dat ...;* she groaned ~ she had had enough *ze zei kreunend dat het nu wel genoeg was;* ⟨schr.⟩ ~ he refused surprised her *dat hij weigerde verbaasde haar;* it was in jest ~ I said ... *al schertsend zei ik ...* **¶.2** she held it up ~ all might see *ze hield het omhoog zodat iedereen het zou kunnen zien* **¶.4** she's not a fool ~ you can do all this unnoticed *ze is niet zo dom dat je dit alles ongemerkt kan doen;* so high ~ one cannot see the top *zo hoog dat men de top niet kan zien;* I didn't go, ~ he would not follow me *ik ben niet gegaan, zodat hij me niet zou volgen* **¶.5** for all ~ she tried hard *ondanks dat zij zich erg inspande, hoe zeer zij zich ook inspande;* for all ~ she is pretty *hoewel zij mooi is;* now ~ she has gone *nu ze weg is;* in whichever manner ~ you do it *op welke wijze je het ook doet;* the more often ~ he told her the less she believed him *hoe vaker (dat) hij het haar zei hoe minder ze hem geloofde;* anywhere ~ you would like to go *waar je ook naar toe zou willen* **¶.8** when we returned and ~ we found our castle in danger *toen wij terugkeerden en vonden dat ons kasteel in gevaar verkeerde;*
II ⟨nevensch.vw.; in uitroep⟩ **0.1** ***dat*** ◆ **¶.1** ~ it should come to this! *dat het zover moest komen!;* ~ ever I should have been born! *was ik maar nooit geboren!;* oh ~ I could be there now! *och was ik nu maar daar!.*

thatch[1] [θætʃ] ⟨zn.⟩
I ⟨telb.zn.⟩ **0.1** ***strodak*** ⇒*rieten dak* **0.2** ⟨scherts.⟩ ***haarbos*** ⇒*(ruige) haardos;*
II ⟨n.-telb.zn.⟩ **0.1** ***(dak)stro*** ⇒*(dak)riet/bedekking, dekstro/riet* **0.2** ***gazonvilt.***

thatch[2] ⟨f1⟩ ⟨ww.⟩
I ⟨onov.ww.⟩ **0.1** ***een dak (met stro) bedekken;***
II ⟨ov.ww.⟩ **0.1** ***met riet/stro bedekken*** ⇒*met een dak bedekken, een dak maken op, bekappen* ◆ **1.1** ~ed roof *strodak.*

thatch·er ['θætʃə‖-ər] ⟨telb.zn.⟩ **0.1** ***rietdekker.***

Thatch·er·ite ['θætʃəraɪt] ⟨bn.⟩ ⟨vaak pej.⟩ **0.1** ***Thatcheriaans*** ⟨mbt. het no-nonsense beleid v. Margaret Thatcher⟩.

thatch·ing ['θætʃɪŋ] ⟨n.-telb.zn.; gerund v. thatch⟩ **0.1** ***het daken dekken*** **0.2** ***(dak)stro*** ⇒*(dak)riet, dekstro, dekriet, dakbedekking.*

thau·ma·turge ['θɔ:mətɜ:dʒ‖-tɜrdʒ], **thau·ma·tur·gist** [-ɪst] ⟨telb.zn.⟩ **0.1** ***thaumaturg*** ⇒*wonderdoener.*

thau·ma·tur·gic ['θɔ:mə'tɜ:dʒɪk‖-'tɜr-], **thau·ma·tur·gi·cal** [-ɪkl] ⟨bn.⟩ **0.1** ***thaumaturgisch*** ⇒*miraculeus, wonderdoend, wonderdadig.*

thau·ma·tur·gy ['θɔ:mətɜ:dʒi‖-tɜrdʒi] ⟨n.-telb.zn.⟩ **0.1** ***wonderdoenerij*** ⇒*wonderdadigheid.*

thaw[1] [θɔ:] ⟨f1⟩ ⟨telb. en n.-telb.zn.⟩ **0.1** ***dooi*** ⇒*dooiweer;* ⟨fig. ook⟩ *het ontdooien* ◆ **3.1** a ~ has set in *het begint te dooien.*

thaw[2] ⟨f2⟩ ⟨ww.⟩
I ⟨onov.ww.⟩ **0.1** ***(ont)dooien*** ⇒*smelten;* ⟨fig.⟩ *ontdooien, zich thuis gaan voelen, zich ontspannen* ◆ **1.1** the snow ~s *de sneeuw smelt* **4.1** it ~s *het dooit* **5.1** the ground is ~ing **out** *de grond is aan het ontdooien;* our guest has finally ~ed **out** *onze gast voelt zich eindelijk thuis;*
II ⟨ov.ww.⟩ **0.1** ***ontdooien*** ⟨ook fig.⟩ ⇒*zich thuis doen voelen, vriendelijker/losser maken, opwekken, stimuleren* ◆ **5.1** ~ **out** the vegetables *de groenten ontdooien.*

thaw·y ['θɔ:i] ⟨bn.⟩ **0.1** ***dooiend*** ◆ **3.1** it looks ~ *het ziet er naar uit dat het gaat dooien.*

Th D ⟨afk.⟩ Doctor of Theology.

the[1] [ðə ⟨voor klinkers⟩ ði‖ðə ⟨voor klinkers⟩ ðə, ði] ⟨f3⟩ ⟨bw.⟩ **0.1** ⟨met vergr. trap⟩ ***hoe*** ⇒*des te* **0.2** ⟨met overtr. trap⟩ ***de/het*** ◆ **2.1** so much ~ better *zoveel/des te beter;* I'm none ~ wiser for all your information *met al je inlichtingen ben ik er toch helemaal niet wijzer door geworden* **5.1** they gathered close, ~ better to see what was going on *ze kwamen er dichter bij staan, om des te beter te kunnen zien wat er zich afspeelde;* ~ more so as *temeer daar;* all ~ more *des te meer;* ~ sooner ~ better *hoe eerder hoe beter* **5.2** he finished ~ fastest *hij was als eerste klaar;* he resented her interfering ~ most *het meest van al had hij een hekel aan het feit dat zij zich ermee bemoeide* **¶.1** ~ more you eat ~ fatter you'll get *hoe meer je eet hoe dikker je wordt.*

the[2] [ðə ⟨voor klinkers⟩ ði ⟨sterk⟩ ði:‖ðə ⟨voor klinkers⟩ ði, ðə ⟨sterk⟩ ði:] ⟨f4⟩ ⟨lidw.⟩ **0.1** ⟨met specifieke of unieke referent; ook in eigennamen en titels⟩ ***de/het*** **0.2** ⟨generisch enk. en voor abstract zn.⟩ ***de/het*** **0.3** ⟨generisch mv.⟩ ***de*** **0.4** ⟨alleen beklemtoond; graadaanduidend⟩ ***de/het (enige/echte/grote/enz.)*** **0.5** ⟨bij onvervreemdbaar eigendom, i.h.b. lichaamsdelen⟩ ***mijn/jouw/enz.*** **0.6** ⟨distributief⟩ ***per*** ⇒*voor elk* **0.7** ⟨tijd⟩ ⟨vnl. Sch. E⟩ ***deze*** **0.8** ⟨Sch. E, IE⟩ ***het hoofd v.*** ⟨een clan⟩ ◆ **1.1** ~ Alps *de Alpen;* she looks after ~ children *zij zorgt voor de kinderen;* Edward ~ Confessor *Edward de Belijder;* ~ earth *de aarde;* ~ story he told them *het verhaal dat hij hun vertelde* **1.2** ~ aardvark is a nocturnal mammal *het aardvarken is een nachtzoogdier;* history of ~ cinema *geschiedenis v.d. film;* ~ flu *de griep;* play ~ piano *piano spelen;* on ~ run *op de vlucht;* I have ~ toothache *ik heb kiespijn;* perish by ~ sword *door het zwaard vergaan* **1.3** ~ Italians love spaghetti *(de) Italianen zijn dol op spaghetti* **1.4** ah, this is ~ life! *ah, dit is pas leven!;* a McDonald but not ~ McDonald *een McDonald maar niet de beroemde McDonald* **1.5** he went to visit ~ family *hij ging zijn familie bezoeken;* he took her by ~ hand *hij nam haar bij de hand;* I've got a pain in ~ leg *ik heb pijn in mijn been;* ⟨BE; inf.⟩ how's ~ wife? *hoe gaat het met je vrouw?* **1.6** four books to ~ child *vier boeken voor elk kind;* a shilling ~ dozen *een shilling per dozijn* **1.7** he's leaving ~ day *hij vertrekt vandaag;* I'll be six ~ year *ik word dit jaar zes jaar oud* **1.8** ~ Macnab *het hoofd v.d. Macnabs* **2.2** ~ evil that men do *het boze dat de mensen doen* **2.3** help ~ blind *help de blinden* **3.1** ~ hazing of our students *het ontgroenen v. onze studenten* **3.2** recognize ~ untainted *het reine herkennen;* it shrinks in ~ washing *het krimpt bij het wassen* **4.1** ~ four I saw *de vier die ik gezien heb.*

the- →theo-.
the·an·dric [θi'ændrɪk]⟨bn.⟩ **0.1** ***godmenselijk***.
the·an·throp·ic [θɪən'θrɒpɪk‖-'θrɑ-], **the·an·throp·i·cal** [-ɪkl]⟨bn.⟩ **0.1** ***godmenselijk*** ⇒*goddelijk en menselijk*.
the·an·thro·pism [θi'ænθrəpɪzm]⟨n.-telb.zn.⟩ **0.1** ***het godmens-zijn*** ⟨vnl. v. Christus⟩ **0.2** ***antropomorfisme*** ⟨vermenselijking v. god⟩.
the·ar·chy ['θi:ɑki‖'θi:ɑrki]⟨telb.zn.;→mv. 2⟩ **0.1** ***theocratie*** **0.2** ***godenwereld*** ⇒*goden(dom)*.
the·a·tre, ⟨AE sp.⟩ **the·a·ter** ['θɪətə,θi'etə‖'θɪəṭər]⟨f3⟩⟨zn.⟩
I ⟨telb.zn.⟩ **0.1** ***theater*** ⇒*schouwburg, bioscoop, opera* **0.2** ***aula*** ⇒*gehoorzaal, auditorium* **0.3** ⟨BE⟩ ***o.k.*** ⇒*operatiekamer* **0.4** ***toneel*** ⇒*(actie)terrein, operatieterrein* **0.5** ***terraslandschap*** **0.6** ***(theater)publiek*** ⇒*toeschouwers* **0.7** ***toneelgezelschap*** ◆ **1.4** ~ of operations *operatieterrein;* the Viet Nam ~ *het Vietnamese oorlogsterrein;* ~ of war *oorlogstoneel* **6.3** **in** ~ *op/in o.k., in de operatiekamer;*
II ⟨n.-telb.zn.⟩ **0.1** ***toneel*** ⇒*drama, toneelstukken, theater* **0.2** ***toneelmilieu*** ◆ **1.1** ~ of the absurd *absurd toneel;* Miller's ~ *Millers toneelstukken* **2.1** contemporary French ~ *hedendaags Frans toneel;* this play makes good ~ *dit stuk leent zich goed voor een opvoering*.
'the·a·tre·go·er ⟨telb.zn.⟩ **0.1** ***schouwburgbezoeker*** ⇒*toneelliefhebber*.
'the·a·tre·go·ing ⟨n.-telb.zn.⟩ **0.1** ***schouwburgbezoek*** ⇒*theaterbezoek*.
'the·a·tre-in-the-'round ⟨telb.zn.; theatres-in-the-round;→mv. 6⟩ **0.1** ***arenatoneel*** ⇒*arenatheater* **0.2** ***stuk voor arenatoneel***.
'theatre nuclear 'forces ⟨mv.⟩ **0.1** ***taktische atoomstrijdkrachten***.
'the·a·tre-seat ⟨telb.zn.⟩ **0.1** ***klapstoel*** ⟨in schouwburg⟩.
'theatre sister ⟨telb.zn.⟩⟨BE⟩ **0.1** ***operatiezuster*** ⇒*o.k. verpleegkundige*.
the·at·ri·cal[1] [θi'ætrɪkl]⟨f1⟩⟨zn.⟩
I ⟨telb.zn.⟩ **0.1** ***acteur*** ⇒*toneelspeler;*
II ⟨mv.; ~s⟩ **0.1** ***toneelvoorstelling(en)*** ⇒⟨i.h.b.⟩ *amateurtoneel* **0.2** ***theatraal gedoe*** ⇒*theater, aanstellerij, vertoon, komedie* **0.3** ***dramaturgie*** ⇒*toneelkunst* **0.4** ***rekwisieten***.
theatrical[2], ⟨zelden⟩ **the·at·ric** [θi'ætrɪk]⟨f2⟩⟨bn.;-(al)ly;-ness; →bijw. 3⟩ **0.1** ***toneel-*** ⇒*theater-, theatraal* **0.2** ***theatraal*** ⇒*overdreven, onnatuurlijk, dramatisch, aanstellerig* ◆ **1.1** ~ company *toneelgezelschap, acteurs;* ~ performance *toneelopvoering;* ~ scenery *decor*.
the·at·ri·cal·ism [θi'ætrɪkəlɪzm]⟨n.-telb.zn.⟩ **0.1** ***theatra(a)l(e) stijl/gedoe/optreden*** ⇒*theater, aanstellerij, opzichtigheid, exhibitionisme*.
the·at·ri·cal·i·ty [θi'ætrɪ'kæləṭi]⟨n.-telb.zn.⟩ **0.1** ***theatraliteit*** ⇒*vertoon*.
the·at·ri·cal·ize [θi'ætrɪkəlaɪz]⟨ov.ww.⟩ **0.1** ***dramatiseren*** **0.2** ***te koop lopen met*** ⇒*schitteren met, (opzichtig) pronken met*.
the·at·rics [θi'ætrɪks]⟨zn.⟩
I ⟨n.-telb.zn.⟩ **0.1** ***dramaturgie*** ⇒*toneelkunst;*
II ⟨mv.⟩ **0.1** ***toneelopvoeringen*** ⇒*toneelvoorstellingen* **0.2** ***(theater)effecten*** ⇒*toneeleffecten, effectbejag, gemaaktheid, theatraal gedoe*.
The·ban[1] ['θi:bən]⟨telb.zn.⟩ **0.1** ***Thebaan*** ⟨inwoner v. Thebe⟩.
Theban[2] ⟨bn.⟩ **0.1** ***Thebaans***.
the·ca ['θi:kə]⟨telb.zn.; thecae ['θi:si:,-ki:];→mv. 5⟩⟨biol.⟩ **0.1** ⟨ben. voor⟩ ***omhulsel*** ⇒*huls, capsule, zak; sporenbeurs/houder; cocon; schede, koker*.
thé dan·sant ['teɪ dɑ̃'sɑ̃]⟨telb.zn.⟩ **0.1** ***thé dansant***.
thee[1] [ði:]⟨ov.ww.⟩⟨vero. of relig.⟩ **0.1** ***met u/gij aanspreken***.
thee[2] ⟨f2⟩⟨vnw.⟩⟨vero., relig. of gew.⟩ →thou, thyself
I ⟨p.vnw.⟩ **0.1** ***u*** ⇒*gij;* ⟨gew. vnl.⟩ *jou* **0.2** ⟨als nominatief gebruikt, ww. in 3e pers. enk.⟩ ⟨vnl. Quakers⟩ ***gij*** ◆ **3.1** I shall give ~ gold and silver *ik zal u goud en zilver geven;* I shall see ~ on the morrow *ik zal u morgen zien* **3.2** ~ is a fool *gij zijt een gek* **6.1** sweet Laura, **of** ~ I sing *lieve Laura, van u zing ik;*
II ⟨wdk.vnw.⟩ **0.1** ***jezelf*** ⇒*uzelf* ◆ **3.1** find ~ a wife *zoek u een vrouw;* thee shows ~ an evil man *gij toont u een slecht mens*.
theft [θeft]⟨f2⟩⟨telb. en n.-telb.zn.⟩ **0.1** ***diefstal***.
thegn →thane.
the·ine ['θi:i:n, 'θi:ɪn]⟨n.-telb.zn.⟩ **0.1** ***theïne*** ⇒*cafeïne*.
their [ðeə⟨voor klinkers⟩ðər‖ðer⟨voor klinkers⟩ðər]⟨f4⟩ ⟨bez.det.⟩ **0.1** ***hun*** ⇒*haar* **0.2** ⟨verwijst naar 3e pers. enk.⟩ ***zijn/haar*** **0.3** ⟨referent v.d. bepaling die op het naamwoord volgt⟩ ⟨vero.⟩ ***van hen*** ◆ **1.1** ~ coats *hun mantels;* it's ~ day today *het is vandaag hun geluksdag/grote dag;* ~ destruction by the enemy *hun vernietiging door de vijand;* ~ determination *hun vastberadenheid;* they studied ~ French *ze leerden hun Frans;* ~ noise *het lawaai dat zij maken* **1.2** no-one gave ~ address *niemand gaf zijn adres;* who would deny ~ father? *wie zou zijn vader verloochenen?;* the boy or girl who lost ~ shoe *de jongen of het meisje die zijn schoen verloren heeft* **1.3** sad was ~ fate who stayed *droevig was het lot van hen die bleven* **3.1** ~ eating biscuits surprised her *(het feit) dat zij koekjes aten verbaasde haar*.
theirs [ðeəz‖ðerz]⟨f3⟩⟨bez.vnw.⟩ **0.1** ***de/het hunne*** **0.2** ⟨predikatief gebruikt⟩ ***van hen*** ⇒*de/het hunne* **0.3** ⟨verwijst naar de 3e pers. enk.⟩ ***de/het zijne, de/het hare*** **0.4** ⟨verwijst naar 3e pers. enk.; predikatief gebruikt⟩ ***van hem/haar*** ⇒*de/het zijne, de/het hare* ◆ **2.1** our gardens are prettier than ~ *onze tuinen zijn mooier dan die van hen* **3.1** they shall have ~ *zij zullen krijgen wat hen toekomt* **3.2** they claimed it was ~ *ze beweerden dat het die v. hen was* **3.3** will somebody lend me ~ *wil iemand mij het zijne lenen* **3.4** the person who said this was ~ *de persoon die beweerde dat dit van hem was* **6.1** a friend **of** ~ *één van hun vrienden, een vriend van hen* **8.3** did anyone claim the watch as ~? *heeft iemand het horloge opgeëist?*.
the·ism ['θi:ɪzm]⟨n.-telb.zn.⟩ **0.1** ***theïsme***.
the·ist ['θi:ɪst]⟨telb.zn.⟩ **0.1** ***theïst***.
the·is·tic [θi'ɪstɪk], **the·is·ti·cal** [-ɪkl]⟨bn.; -(al)ly;→bijw. 3⟩ **0.1** ***theïstisch***.
'Thek·la 'lark ['θeklə]⟨telb.zn.⟩⟨dierk.⟩ **0.1** ***Thekla leeuwerik*** ⟨Galerida theklae⟩.
them[1] [ðəm⟨sterk⟩ðem], ⟨inf.⟩ **'em** [əm]⟨f4⟩⟨vnw.;→they, themselves⟩
I ⟨p.vnw.;→naamval⟩ **0.1** ***hen/hun*** ⇒*aan/voor hen, ze* **0.2** ⟨in nominatieffuncties⟩⟨vnl. inf.⟩ ***zij/ze*** ◆ **1.2** ~ being my friends, I wondered if they'd do me a favour *omdat ze mijn vrienden waren, vroeg ik me af of ze mij een dienst wilden bewijzen* **3.1** I gave ~ presents *ik gaf hun/ze geschenken;* he saw ~ *hij heeft hen/ze gezien* **3.2** ⟨substandaard⟩ ~ that don't like it can leave *hun die 't niet motten kennen ophoepelen;* I hate ~ worrying like that *ik vind het vreselijk dat/als ze zich zo'n zorgen maken* **4.1** ⟨voor betrekkelijk vnw., i.p.v. those⟩ ⟨schr.⟩ do not fear ~ that are of women born *vrees niet hen die uit een vrouw geboren zijn* **4.2** it is ~ *zij zijn het* **6.1** ⟨inf.⟩ we are as good **as** ~ *wij zijn net zo goed als zij;* depend **on** ~ *reken op hen;* ⟨inf.⟩ you can do it better **than** ~ *jullie kunnen het beter doen dan zij;*
II ⟨wdk.vnw.⟩⟨inf. of gew.⟩ **0.1** ***(voor/aan) henzelf*** ⇒*(voor/aan) zich(zelf)* ◆ **3.1** they built ~ a house *ze bouwden (voor) zich een huis*.
them[2] [ðem]⟨aanw.det.⟩⟨substandaard⟩ **0.1** ***deze/die*** ◆ **1.1** I don't like ~ fellows *ik mot die kerels niet* **5.1** ~ there horses *die paarden daar*.
the·mat·ic [θɪ'mæṭɪk]⟨f1⟩⟨bn.; -ally;→bijw. 3⟩ **0.1** ***thematisch*** ◆ **1.1** ~ analysis *thematische analyse;* ⟨muz.⟩ ~ catalogue *thematische catalogus;* ⟨muz.⟩ ~ manipulation *thematische bewerking;* ⟨taalk.⟩ ~ verb *thematisch werkwoord;* ⟨taalk.⟩ ~ vowel *themavocaal*.
theme [θi:m]⟨f3⟩⟨telb.zn.⟩ **0.1** ***thema*** ⇒*onderwerp, gegeven* **0.2** ⟨AE⟩ ***(school)opstel*** ⇒*essay, verhandeling, opgave/thema (voor een verhandeling)* **0.3** ⟨taalk.⟩ ***thema*** ⟨tgo. rhema⟩ **0.4** ⟨taalk.⟩ ***stam*** ⇒*thema* **0.5** ⟨muz.⟩ ***thema*** ⇒*hoofd/herkenningsmelodie* **0.6** ⟨kunst⟩ ***thema*** ⇒*motief, beeld, kenmerkende idee* **0.7** ⟨gesch.⟩ ***provincie*** ⟨in Byzantijnse rijk⟩ ◆ **1.1** a daily ~ in the newspapers *een dagelijks terugkerend onderwerp in de kranten* **1.5** ~ and variations *thema met variaties*.
'theme park ⟨telb.zn.⟩ **0.1** ***themapark*** ⟨met bep. theme, zoals sprookjes, ruimtevaart enz.⟩ ⇒⟨oneig.⟩ *pretpark*.
'theme song, ⟨in bet. 0.2 ook⟩ **'theme tune** ⟨telb.zn.⟩ **0.1** ***thema*** ⇒*karakteristieke melodie, hoofdmelodie, titelmelodie* **0.2** ***herkenningsmelodie*** ⇒*jingle* **0.3** ***leus***.
themselves [ðəm'selvz]⟨f4⟩⟨wdk.vnw.⟩ →they, them **0.1** ***zich*** ⇒*zichzelf* **0.2** ⟨→-self/-selves als nadrukwoord⟩ ***zelf*** ⇒*zij/hen zelf* **0.3** ⟨verwijst naar 3de pers. enk.⟩ ***zich*** ⇒*zichzelf* ◆ **1.2** ~ amateurs they sought advice *omdat zij zelf amateurs waren, zochten zij raad* **3.1** they allowed ~ nothing *ze gunden zichzelf niets;* they hated ~ *ze haatten zichzelf* **3.2** ~ and their neighbours disapproved *zij zelf en hun buren keurden het af* **3.3** anyone can lock ~ in *iedereen kan zichzelf opsluiten* **4.2** they ~ started, they started ~ *zij zelf zijn ermee begonnen* **6.1** they bought it **for** ~ *ze kochten het voor zichzelf;* they came **to** ~ *ze kwamen bij, ze kwamen tot zichzelf;* they kept it **to** ~ *ze hielden het voor zich* **8.2** their children were as talented as ~ *hun kinderen waren zo begaafd als zij zelf*.
then[1] [ðen]⟨f4⟩⟨n.-telb.zn.⟩ **0.1** ***dan*** ⇒*dat tijdstip, dat (bepaalde) ogenblik* ◆ **6.1** **before** ~ *voor die tijd;* **by** ~ *dan, toen, voor het zover is/was, ondertussen, op dat ogenblik;* **till** ~ *tot dan, tot zover, voor het zover is;* not **till** ~ *eerst dan, pas van dan af*.
then[2] ⟨bn., attr.;→bijw. 1⟩⟨schr.⟩ **0.1** ***toenmalig*** ⇒*v. toen* ◆ **1.1** the ~ king *de toenmalige koning*.
then[3] ⟨f4⟩⟨bw.⟩ **0.1** ***dan*** ⇒*op dat ogenblik/moment, toen, destijds* **0.2** ***dan*** ⇒*(onmiddellijk) daarna, daarop, bovendien, verder* **0.3**

dan (toch) ⇒*in dat geval, bijgevolg, dus, daarom* ◆ **4.1** ~ this, ~ that *nu dit, dan weer dat* **5.¶** ~ and there *onmiddellijk, dadelijk* **8.¶** but ~ *(maar) anderzijds/per slot van rekening/dan toch/dan ook;* it's true, but ~ *het is waar, maar anderzijds;* but ~, why did you do it? *maar waarom heb je het dan toch gedaan?* **9.¶** well ~ *nou dan, nu goed (dan)* **¶.1** he was still king ~ *hij was in die tijd nog steeds koning;* ~ starts the problem *(pas) dan begint het probleem* **¶.2** ~ they went home *daarna zijn ze naar huis gegaan;* ~ there are the children *verder zijn er nog de kinderen* **¶.3** take it ~ *neem het dan toch;* why did you go ~? *waarom ben je dan gegaan?;* the causes of the crash, ~, are unknown *de oorzaken van het ongeval zijn dus onbekend;* if he is a bachelor, ~ he is unmarried *als hij een vrijgezel is, (dan) is hij niet getrouwd.*

the·nar ['θi:nɑ:‖-nɑr]⟨telb.zn.; ook attr.⟩ **0.1** ***handpalm*** ⇒*voetzool* **0.2** ***duimmuis.***

'thenar eminence ⟨telb.zn.⟩ **0.1** ***duimmuis.***

thence [ðens]⟨f1⟩⟨bw.⟩⟨schr.⟩ **0.1** ***vandaar*** ⇒*van daaruit* **0.2** ***daarom*** ⇒*dus, bijgevolg, op die grond, uit dat feit, daaruit, daardoor* **0.3** →thenceforth ◆ **6.1 from** ~, he flew to London *vandaar vloog hij naar Londen* **¶.2** ~, we conclude that *op grond daarvan concluderen wij dat.*

thence·forth ['ðens'fɔ:θ‖-'fɔrθ], **thence·for·ward** [-'fɔ:wəd‖-'fɔrwərd]⟨bw.⟩⟨schr.⟩ **0.1** ***vanaf dat ogenblik*** ⇒*van die tijd af, daarna* ◆ **1.1** a year (from) ~ *een jaar later.*

the·o- ['θioʊ], **the-** [θi] **0.1** ***theo-*** ⇒*God(s)-, god(s)-* ◆ **¶.1** theism *theïsme;* theomancy *theomantie;* theophany *godsverschijning.*

the·o·bro·mine ['θi:oʊ'broʊmɪn, -maɪn]⟨n.-telb.zn.⟩⟨schei.⟩ **0.1** ***theobromine.***

the·o·cen·tric ['θɪə'sentrɪk]⟨bn.⟩ **0.1** ***theocentrisch.***

the·oc·ra·cy [θi'ɒkrəsi‖θi'ɑ-]⟨telb. en n.-telb.zn.; →mv. 2⟩ **0.1** ***theocratie*** ◆ **7.1** the Theocracy *de Godsregering* ⟨in Israël⟩.

the·oc·ra·sy [θi'ɒkrəzi‖θi'ɑ-], **the·o·cra·sia, the·o·kra·sia** ['θɪə'kreɪʒə]⟨telb. en n.-telb.zn.; →mv. 2⟩ **0.1** ***vermenging v. goden*** ⟨in een persoon⟩ **0.2** ***zielsvereniging met God*** ⇒*godsaanschouwing* ⟨in mystiek⟩.

the·o·crat ['θɪəkræt]⟨telb.zn.⟩ **0.1** ***theocraat.***

the·o·crat·ic ['θɪə'krætɪk], **the·o·crat·i·cal** [-ɪkl]⟨bn.; -(al)ly; →bijw. 3⟩ **0.1** ***theocratisch.***

the·od·i·cy [θi'ɒdəsi‖θi'ɑ-]⟨zn.; →mv. 2⟩

I ⟨telb.zn.⟩ **0.1** ***theodicee*** ⟨rechtvaardiging v. God⟩;

II ⟨n.-telb.zn.⟩ **0.1** ***theodicee*** ⇒*natuurlijke theologie.*

the·od·o·lite [θi'ɒdəlaɪt‖θi'ɑdl-]⟨telb.zn.⟩⟨wwb.⟩ **0.1** ***theodoliet.***

the·od·o·lit·ic [θi'ɒdə'lɪtɪk‖θi'ɑdl'ɪtɪk]⟨bn.⟩⟨wwb.⟩ **0.1** ***theodolitisch.***

the·o·gon·ic ['θɪə'gɒnɪk‖-'gɑnɪk]⟨bn.⟩ **0.1** ***theogonisch.***

the·og·o·nist [θi'ɒgənɪst‖θi'ɑ-]⟨telb.zn.⟩ **0.1** ***theogoniekenner.***

the·og·o·ny [θi'ɒgəni‖θi'ɑ-]⟨telb. en n.-telb.zn.; →mv. 2⟩ **0.1** ***theogonie*** ⟨(verklaring/leer v.) de afstamming der goden⟩.

theol ⟨afk.⟩ theologian, theological, theology.

the·ol·a·try [θi'ɒlətri‖θi'ɑ-]⟨n.-telb.zn.⟩ **0.1** ***godsverering*** ⇒*godendienst.*

the·o·lo·gi·an [θɪə'loʊdʒən], **the·ol·o·ger** [θi'ɒlədʒə‖θi'ɑlədʒər], ⟨in bet. 0.1 ook⟩ **the·ol·o·gist** [θi'ɒlədʒɪst‖θi'ɑ-]⟨f1⟩⟨telb.zn.⟩ **0.1** ***theoloog*** ⇒*godgeleerde* **0.2** ***seminarist.***

the·o·log·i·cal ['θɪə'lɒdʒɪkl‖-'lɑ-], **the·o·log·ic** [-dʒɪk]⟨f1⟩⟨bn.; -(al)ly; →bijw. 3⟩ **0.1** ***theologisch*** ⇒*godgeleerd* ◆ **1.1** ~ doctrine *theologische leer;* ~ student *theologiestudent* **1.¶** ⟨R.-K.⟩ ~ virtues *goddelijke deugden.*

the·ol·o·gize, -gise [θi'ɒlədʒaɪz‖θi'ɑ-]⟨ww.⟩

I ⟨onov.ww.⟩ **0.1** ***theologiseren*** ⇒*theologische discussies voeren;*

II ⟨ov.ww.⟩ **0.1** ***theologisch maken*** ⇒*theologisch behandelen* ⟨probleem⟩; *een religieuze betekenis geven aan.*

the·o·logue, ⟨in bet. 0.1 ook⟩ **the·o·log** ['θiəlɒg‖-lɔg, lɑg]⟨telb.zn.⟩ **0.1** ***theologiestudent*** **0.2** →theologian.

the·ol·o·gy [θi'ɒlədʒi‖θi'ɑ-]⟨f2⟩⟨zn.; →mv. 2⟩

I ⟨telb. en n.-telb.zn.⟩ **0.1** ***theologie*** ⇒*theologische doctrine/leer, theologisch systeem, geloofsovertuiging* ◆ **1.1** the average man's ~ *de geloofsovertuiging v.d. gewone man* **2.1** protestant ~ *protestantse leer;*

II ⟨n.-telb.zn.⟩ **0.1** ***theologie*** ⇒*godgeleerdheid* ◆ **2.1** dogmatic ~ *dogmatiek;* natural ~ *natuurlijke theologie;* practical ~ *praktische /pastorale theologie;* systematic ~ *systematische theologie.*

the·om·a·chy [θi'ɒməki‖θi'ɑ-]⟨telb.zn.; →mv. 2⟩ **0.1** ***godenstrijd*** **0.2** ***strijd tegen god(en).***

the·o·ma·ni·a ['θɪə'meɪnɪə]⟨n.-telb.zn.⟩ **0.1** ***godsdienstwaanzin.***

the·o·ma·ni·ac ['θɪə'meɪnɪæk]⟨telb.zn.⟩ **0.1** ***godsdienstwaanzinnige.***

the·o·mor·phic ['θɪə'mɔ:fɪk‖-'mɔr-]⟨bn.⟩ **0.1** ***theomorfisch*** ⇒*god(e) gelijk* ◆ **1.1** ~ creation of man *de mens geschapen naar Gods gelijkenis.*

the·o·mor·phism ['θɪə'mɔ:fɪzm‖-'mɔr-]⟨n.-telb.zn.⟩ **0.1** ***voorstelling dat de mens geschapen is naar Gods gelijkenis.***

the·oph·a·ny [θi'ɒfəni‖θi'ɑ-]⟨telb.zn.; →mv. 2⟩ **0.1** ***theofanie*** ⇒*godsverschijning.*

the·oph·o·ric ['θɪə'fɒrɪk‖-'fɔr-, -'fɑ-]⟨bn.⟩ **0.1** ***de naam v.e. god dragend.***

the·o·phyl·line ['θɪə'fɪlɪn, -li:n]⟨n.-telb.zn.⟩⟨schei.⟩ **0.1** ***theofylline.***

the·o·pneust ['θɪəpnju:st‖-nu:st]⟨bn.⟩ **0.1** ***goddelijk geïnspireerd.***

the·or·bist [θi'ɔ:bɪst‖-'ɔr-]⟨telb.zn.⟩⟨muz.⟩ **0.1** ***teorbespeler.***

the·or·bo [θi'ɔ:boʊ‖-'ɔr-]⟨telb.zn.⟩⟨muz.⟩ **0.1** ***teorbe.***

the·o·rem ['θɪərəm]⟨f2⟩⟨telb.zn.⟩ **0.1** ***(grond)stelling*** ⇒*principe, theorie, idee, bewering* **0.2** ⟨wisk.; fil.⟩ ***theorema*** ⇒*(grond)stelling, formule* **0.3** ***stencil*** ◆ **1.1** the ~ of the president's economic program *het grondprincipe v.h. economisch programma v.d. president* **1.2** ~ of Pythagoras *stelling v. Pythagoras.*

the·o·ret·ic ['θɪə'retɪk]⟨zn.⟩

I ⟨n.-telb.zn.⟩ **0.1** ***theorie;***

II ⟨mv.; ~s; ww. vnl. enk.⟩ **0.1** ***theorie*** ⇒*theoretisch deel, (grond) principes.*

the·o·ret·i·cal ['θɪə'retɪkl], **the·o·ret·ic** ⟨f2⟩⟨bn.⟩ **0.1** ***theoretisch*** ⇒*beschouwend, bespiegelend, theoretisch aangelegd, contemplatief, intellectueel* **0.2** ***theoretisch*** ⇒*hypothetisch, fictief, speculatief, onzeker* ◆ **1.1** ~ linguistics versus applied linguistics *theoretische versus toegepaste taalkunde* **1.2** ~ amount *fictief bedrag.*

the·o·ret·i·cal·ly ['θɪə'retɪkli]⟨f2⟩⟨bw.⟩ **0.1** ***theoretisch*** ⇒*in theorie, in abstracto, hypothetisch, idealiter* ◆ **¶.1** ~ you shouldn't have any problem *theoretisch gezien/eigenlijk zou je geen problemen mogen hebben;* ~ we need ten more people *idealiter hebben we nog tien mensen meer nodig.*

the·o·re·ti·cian ['θɪərə'tɪʃn], **the·o·rist** ['θɪərɪst], **the·o·ri·cian** [-'rɪʃn]⟨f1⟩⟨telb.zn.⟩ **0.1** ***theoreticus.***

the·o·ri·za·tion, -sa·tion ['θɪəraɪ'zeɪʃn‖'θɪərə'zeɪʃn]⟨n.-telb.zn.⟩ **0.1** ***getheoretiseer*** ⇒*speculatie.*

the·o·rize, -rise ['θɪəraɪz]⟨f1⟩⟨onov.ww.⟩ **0.1** ***theoretiseren*** ⇒*theorieën opbouwen, theoretisch analyseren;* ⟨bij uitbr.⟩ *speculeren* ◆ **6.1** ~ **about/on** *theoretiseren over.*

the·o·riz·er, -ris·er ['θɪəraɪzə‖-ər]⟨telb.zn.⟩ **0.1** ***theoreticus.***

the·o·ry ['θɪəri‖'θɪri, 'θi:ri]⟨f3⟩⟨zn.; →mv. 2⟩

I ⟨telb.zn.⟩ **0.1** ***theorie*** ⇒*leer* **0.2** ***theorie*** ⇒*hypothese, veronderstelling, speculatie, vermoeden* **0.3** ***theorie*** ⇒*principe, stelling, opvatting* ◆ **1.1** ~ of evolution *evolutietheorie;* ~ of gravitation *gravitatietheorie;* ~ of relativity *relativiteitstheorie* **8.3** the ~ that inflation beats recession *het principe dat de recessie door inflatie bestreden wordt;*

II ⟨n.-telb.zn.⟩ **0.1** ***theorie*** ⇒*grondprincipes, theoretisch deel* ◆ **1.1** ⟨wisk.⟩ ~ of chances/probability *kansrekening, waarschijnlijkheidsrekening;* ⟨wisk.⟩ ~ of combinations *combinatieleer, combinatierekening;* ⟨wisk.⟩ ~ of equations *theorie der vergelijkingen;* the importance of ~ *het belang v.e. theoretische basis;* ~ of music *muziektheorie;* change from ~ to practice *overgang van theorie naar praktijk* **6.1 in** ~ *in theorie, theoretisch, op papier.*

the·o·soph·i·cal ['θɪə'sɒfɪkl‖-sɑ-], **the·o·soph·ic** ['θɪə'sɒfɪk‖-sɑ-], **the·os·o·phist·ic** ['θɪəsə'fɪstɪk‖θi'ɑsə'fɪstɪk], **the·o·so·phis·ti·cal** [-ɪkl]⟨bn.⟩ **0.1** ***theosofisch.***

the·os·o·phist [θi'ɒsəfɪst‖θi'ɑ-], **the·o·soph** ['θɪəsɒf‖-sɑf], **the·os·opher** [θi'ɒsəfə‖θi'ɑsəfər]⟨telb.zn.⟩ **0.1** ***theosoof.***

the·os·o·phize, -phise [θi'ɒsəfaɪz‖θi'ɑ-]⟨onov.ww.⟩ **0.1** ***theosofische beschouwingen houden.***

the·os·o·phy [θi'ɒsəfi‖θi'ɑ-]⟨n.-telb.zn.⟩ **0.1** ***theosofie.***

therap ⟨afk.⟩ therapeutic(s).

ther·a·peu·tic ['θerə'pju:tɪk], **ther·a·peu·ti·cal** [-ɪkl]⟨f2⟩⟨bn.; -(al) ly; →bijw. 3⟩ **0.1** ***therapeutisch*** ⇒*genezend, geneeskrachtig/kundig, verbeterend* ◆ **1.1** ~ community *therapeutische gemeenschap* ⟨voor groepspsychotherapie⟩; ~ dose *geneeskrachtige dosis;* ~ index *therapeutische index/waarde* ⟨v.e. geneesmiddel⟩; ~ shock *schoktherapie.*

ther·a·peu·tics ['θerə'pju:tɪks]⟨mv.; ww. vnl. enk.⟩ **0.1** ***therapie*** ⇒*therapeutiek, geneeskunst.*

ther·a·peut·ist ['θerə'pju:tɪst], **ther·a·pist** ['θerəpɪst]⟨f2⟩⟨telb.zn.⟩ **0.1** ***therapeut*** ⇒*(behandelend) geneeskundige.*

ther·a·py ['θerəpi]⟨f3⟩⟨zn.; →mv. 2⟩

I ⟨telb. en n.-telb.zn.⟩ **0.1** ***therapie*** ⇒*geneeskunst, geneeswijze, behandeling;*

II ⟨n.-telb.zn.⟩ **0.1** ***geneeskracht*** **0.2** ***psychotherapie.***

Ther·a·va·da ['θerə'vɑ:də]⟨eig.n.⟩ **0.1** ***Hinayana*** ⟨conservatieve tak v.h. boeddhisme⟩.

there[1] [ðeə⟨in bet. 0.3 ook⟩ðə‖ðer⟨in bet. 0.3 ook⟩ðər]⟨f4⟩⟨bw.⟩ **0.1** ***daar*** ⇒*er, ginds;* ⟨fig.⟩ *op dat punt, wat dat betreft* **0.2** ***daar (heen)*** ⇒*daar naartoe* **0.3** ⟨ook als pro-form⟩ ***er*** ⇒*daar* ⟨expletief⟩ ◆ **1.1** that house ~ *dat huis daar* **3.1** ~ I don't agree with you *op dat punt/in dat opzicht ben ik het niet met je eens;* ~ they come *daar komen/zijn ze;* what are you doing ~? *wat ben je daar aan het uitspoken?;* ~ goes the bell *daar gaat de bel;* he left

~ *hij is (van)daar weggegaan;* move along ~! *opschieten/vooruit daar!; doorlopen alstublieft!;* he stopped ~ *daar/op dat punt stopte hij* **3.2** he goes ~ every day *hij gaat er elke dag heen* **3.3** ~'s no rush, is ~? *er is toch geen haast bij, hè?;* ~ was no stopping him *hij was niet tegen te houden;* ~'s no getting a word out of him *je krijgt er geen woord uit;* ~'s no standing it *het is onverdraaglijk* **3.¶** ~ you are *alstublieft, asjeblieft, hier/daar heb je het, pak aan; maar ja; klaar is kees; zie je wel, wat heb ik je gezegd;* ~ it is *het is nu eenmaal zo, het is toch zo, dat is het probleem* **4.1** you ~! *jij/hé daar!* **5.1** he lives **over** ~ *hij woont daarginds* **5.2** ~ and **back** *heen en terug* **5.¶** ⟨sl.⟩ I have been ~ **before** *ik weet er alles van;* ~ and **then** *onmiddellijk, dadelijk;* ~ or **thereabouts** *daar ongeveer/in de buurt, daaromtrent; zo ongeveer; rond die tijd* **6.1** **by** ~ *daarlangs;* put it **in** ~ *leg het daar maar in;* he lives **near** ~ *hij woont daar in de buurt* **6.¶** ⟨ook iron.⟩ ~'s courage **for** you! *dat noem ik nou eens moed!* **9.1** hello ~! *hallo!* ⟨als begroeting; om aandacht te trekken⟩.

there² [ðeə‖ðer]⟨f4⟩⟨tussenw.⟩ **0.1** ***daar*** ⇒*ziedaar, zie je, nou* ◆ **¶.1** ~ (now), what did I tell you *zie je wel, wat heb ik je gezegd;* ~, ~, never mind *kom, kom, trek het je zo niet aan;* but ~ *maar ja;* ~, you've made me cry *zie je nu, je hebt me aan het huilen gebracht.*

'there·a'bout, there·a·bouts ['ðeərə'baʊts‖'ðer-]⟨f2⟩⟨bw.⟩ **0.1** ***daar ergens*** ⇒*(daar) in de buurt, daaromtrent;* ⟨fig.⟩ *rond die tijd, (daar/zo) ongeveer* ◆ **1.1** 20 years or ~ *zo ongeveer 20 jaar.*

'there'af·ter ⟨f2⟩⟨bw.⟩⟨schr.⟩ **0.1** ***daarna*** ⇒*hierna, naderhand, later, sindsdien.*

'there·a'gainst ⟨bw.⟩ **0.1** ***daartegen*** ⇒*(er)tegen, in strijd met.*

'there'at ⟨bw.⟩⟨vero.⟩ **0.1** ***daar(op)*** ⇒*op die plaats* **0.2** ***bij die gelegenheid*** **0.3** ***om die reden*** ⇒*op die grond, daarom.*

'there'by ⟨f2⟩⟨bw.⟩ **0.1** ⟨schr.⟩ ***daardoor*** ⇒*daarmee, door middel daarvan* **0.2** ⟨schr.⟩ ***daardoor*** ⇒*daarom, als gevolg daarvan, dus, bijgevolg* **0.3** ⟨schr.⟩ ***in verband daarmee*** ⇒*daarmee verbonden, daaraan* **0.4** ⟨vero.⟩ ***daar ongeveer*** ⇒*daar in de buurt, dicht daarbij* ◆ **3.2** he was born in Boston and ~ obtained U.S. nationality *hij is in Boston geboren en verwierf daardoor de Am. nationaliteit* **3.¶** how did you come ~? *hoe heb je dat kunnen bemachtigen?, hoe ben je daaraan gekomen?.*

'there'for ⟨bw.⟩⟨vero.⟩ **0.1** ***daarvoor*** ⇒*daartoe, hiervoor* **0.2** → therefore.

'there·fore ⟨f4⟩⟨bw.⟩ **0.1** ***daarom*** ⇒*bijgevolg, om die reden, vandaar, dus, op grond daarvan, zodoende, derhalve.*

'there'from ⟨bw.⟩⟨vero.⟩ **0.1** ***daarvan*** ⇒*daaruit, daarvandaan.*

'there'in ⟨f1⟩⟨bw.⟩⟨schr.⟩ **0.1** ***daarin*** ⇒*daarbinnen, hierin* **0.2** ***wat dat betreft*** ⇒*in dat opzicht, daar.*

'there·in'af·ter ⟨bw.⟩ **0.1** ***verder(op)*** ⇒*later, daaronder* ⟨in boek, document⟩.

'there·in·be'fore ⟨bw.⟩ **0.1** ***eerder (vermeld)*** ⇒*daarboven, vroeger* ⟨in boek, document⟩.

'there'in·to ⟨bw.⟩⟨vero.⟩ **0.1** ***daarin*** ⇒*daar naar binnen.*

'there'of ⟨f2⟩⟨bw.⟩⟨schr.⟩ **0.1** ***daarvan*** ⇒*ervan, hiervan, daaruit* ◆ **1.1** the subject and the position ~ in the sentence *het onderwerp en de plaats ervan in de zin.*

'there'on ⟨bw.⟩ **0.1** ⟨schr.⟩ ***daarop*** ⇒*daarover, erop, over die kwestie/zaak* **0.2** ⟨vero.⟩ ***daarop*** ⇒*(onmiddellijk) daarna, vervolgens, bijgevolg, op grond daarvan* **0.3** ⟨vero.⟩ ***daarop*** ⇒*erop* ⟨plaatsaanduidend⟩ ◆ **1.1** his comments ~ *zijn commentaar erop.*

'there'to ⟨f1⟩⟨bw.⟩ **0.1** ⟨schr.⟩ ***daaraan*** ⇒*daarbij/toe, ertoe, daar/ervoor* **0.2** ⟨vero.⟩ ***bovendien*** ⇒*daarnaast, ook, op de koop toe.*

'there·to'fore ⟨bw.⟩⟨schr.⟩ **0.1** ***daarvoor*** ⇒*tot dan, tot op dat ogenblik, tevoren, voor die tijd.*

'there'un·der ⟨bw.⟩⟨schr.⟩ **0.1** ***daaronder*** ⇒*eronder.*

'there·up'on ⟨f2⟩⟨bw.⟩ **0.1** ⟨schr.⟩ ***daarom*** ⇒*bijgevolg, op grond daarvan* **0.2** ⟨schr.⟩ ***daarop*** ⇒*(onmiddellijk) daarna, dan, vervolgens* **0.3** ⟨schr.⟩ ***daarop*** ⇒*daarover, erop, over die kwestie* **0.4** ⟨vero.⟩⟨plaatsaanduidend⟩ ***daarop*** ⇒*erop.*

'there'with ⟨bw.⟩⟨vero.⟩ **0.1** ***daarmee*** ⇒*daarbij* **0.2** ***bovendien*** **0.3** → thereupon 0.1, 0.2.

'there·with'al ⟨bw.⟩⟨vero.⟩ **0.1** ***daarenboven*** ⇒*bovendien, daarnaast* **0.2** ***daarmee*** ⇒*daarbij, tegelijkertijd* **0.3** ***daarop*** ⇒*(onmiddellijk) daarna.*

the·ri·an·throp·ic ['θɪərɪən'θrɒpɪk‖'θɪriæn'θrɑpɪk]⟨bn.⟩ **0.1** ***theriantropisch*** ⟨half als dier, half als mens voorgesteld⟩.

the·ri·o·mor·phic ['θɪərioʊ'mɔ:fɪk‖'θɪrɪə'mɔrfɪk], **the·ri·o·mor·phous** [-fəs]⟨bn.⟩ **0.1** ***theriomorf*** ⟨met een dierlijke gedaante⟩ ◆ **1.1** ~ gods *theriomorfe goden.*

therm, therme [θɜ:m‖θɜrm]⟨telb.zn.⟩ **0.1** ⟨ben. voor⟩ ***warmte-eenheid*** ⇒*grote calorie; kleine calorie; 1000 kilocalorieën; 100.000 Britse warmte-eenheden* ⟨bij gaslevering⟩.

ther·mae ['θɜ:mi:‖'θɜrmi:]⟨mv.⟩⟨gesch.⟩ **0.1** ***thermen.***

ther·mal¹ ['θɜ:ml‖'θɜrml]⟨telb.zn.⟩⟨lucht.⟩ **0.1** ***thermiekbel.***

ther·mal², ⟨in bet. 0.1 ook⟩ **ther·mic** ['θɜ:mɪk‖'θɜrmɪk]⟨f2⟩⟨bn.; -(al)ly; →bijw. 3⟩ **0.1** ***thermisch*** ⇒*warmte-, hitte-* **0.2** ***thermaal*** ◆ **1.1** ~ barrier *hittebarrière;* ~ capacity *warmtecapaciteit;* ~ efficiency *warmterendement;* ~ equator *thermische evenaar;* ~ neutron *thermische neutron;* ~ pollution *thermische verontreiniging;* ~ power station *thermische centrale;* ~ reactor/breeder *thermische reactor;* ~ unit *warmte-eenheid* **1.2** ~ springs *warmwaterbronnen.*

Ther·mi·dor ['θɜ:mɪdɔ:‖'θɜrmɪdɔr]⟨eig.n.⟩ **0.1** ***thermidor*** ⇒*warmtemaand* ⟨elfde maand v.d. Franse revolutionaire kalender⟩.

therm·i·on ['θɜ:mɪən‖'θɜr-]⟨telb.zn.⟩⟨nat.⟩ **0.1** ***thermion*** ⟨door verhit metaal uitgezonden ion⟩.

therm·i·on·ic ['θɜ:mi'ɒnɪk‖'θɜrmi'ɑ-]⟨bn.; -ally; →bijw. 3⟩⟨nat.⟩ **0.1** ***thermionisch*** ◆ **1.1** ~ current *thermionenstroom;* ~ emission *elektronenemissie, thermische emissie;* ⟨BE⟩ ~ valve, ⟨AE⟩ ~ tube *elektronenbuis, gloeikathodebuis.*

therm·i·on·ics ['θɜ:mi'ɒnɪks‖'θɜrmi'ɑ-]⟨mv.; ww. vnl. enk.⟩⟨nat.⟩ **0.1** ***thermionenfysica.***

therm·is·tor ['θɜ:mɪstə‖'θɜr'mɪstər]⟨telb.zn.⟩⟨elek.⟩ **0.1** ***thermistor.***

ther·mit(e) ['θɜ:mɪt, -maɪt]⟨n.-telb.zn.; ook attr.; ook T-⟩⟨tech.⟩ **0.1** ***thermiet*** ⟨lasmengsel⟩ ◆ **3.1** ~ welding *(het) thermietlassen.*

ther·mo- ['θɜ:moʊ‖'θɜr-], **therm-** [θɜ:m‖θɜrm] **0.1** ***thermo-*** ⇒*warmte-.*

ther·mo·chem·i·cal ['θɜ:moʊ'kemɪkl‖'θɜrmoʊ-]⟨bn.; -ly⟩ **0.1** ***thermochemisch*** ◆ **1.1** ~ calorie *calorie.*

ther·mo·chem·is·try [-'kemɪstri]⟨n.-telb.zn.⟩ **0.1** ***thermochemie.***

'ther·mo·cline [-klaɪn]⟨telb.zn.⟩⟨hydrologie⟩ **0.1** ***thermocline*** ⟨temperatuur-spronglaag⟩.

ther·mo·cou·ple [-kʌpl]⟨telb.zn.⟩ **0.1** ***thermo-element*** ⇒*thermo-elektrisch element.*

ther·mo·dy·nam·ic [-daɪ'næmɪk], **ther·mo·dy·nam·i·cal** [-ɪkl]⟨bn.; -(al)ly; →bijw. 3⟩ **0.1** ***thermodynamisch*** ◆ **1.1** ~ equilibrium *thermodynamisch evenwicht.*

ther·mo·dy·nam·ics [-daɪ'næmɪks]⟨f1⟩⟨mv.; ww. vnl. enk.⟩ **0.1** ***thermodynamica.***

ther·mo·e·lec·tric [-ɪ'lektrɪk], **ther·mo·e·lec·tri·cal** [-ɪkl]⟨bn.; -(al)ly; →bijw. 3⟩ **0.1** ***thermo-elektrisch.***

ther·mo·e·lec·tric·i·ty [-ɪlek'trɪsəṭi]⟨n.-telb.zn.⟩ **0.1** ***thermo-elektriciteit.***

ther·mo·form¹ [-fɔ:m‖-fɔrm]⟨n.-telb.zn.⟩⟨tech.⟩ **0.1** ***vormgeving door hitte*** ⟨v. plastic⟩.

thermoform² ⟨ww.⟩⟨tech.⟩
I ⟨onov.ww.⟩ **0.1** ***plastic vormen door hitte;***
II ⟨ov.ww.⟩ **0.1** ***door hitte vormen*** ⟨v. plastic⟩.

ther·mo·gen·e·sis [-'dʒenɪsɪs]⟨n.-telb.zn.⟩ **0.1** ***warmteverwekking*** ⇒*warmteproduktie* ⟨in (menselijk) lichaam⟩.

ther·mo·gen·ic [-'dʒenɪk]⟨bn.⟩ **0.1** ***thermogeen*** ⇒*warmtegevend.*

ther·mo·gram [-græm]⟨telb.zn.⟩ **0.1** ***thermogram.***

ther·mo·graph [-grɑ:f‖-græf]⟨telb.zn.⟩ **0.1** ***thermograaf.***

ther·mog·ra·phy [θɜ:'mɒgrəfi‖θər'mɑgrəfi]⟨n.-telb.zn.⟩ **0.1** ***thermografie.***

ther·mo·junc·tion ['θɜ:moʊ'dʒʌŋkʃn‖'θɜrmoʊ-]⟨telb.zn.⟩⟨nat.⟩ **0.1** ***soldeerplaats*** ⟨in thermo-elektrisch element⟩.

ther·mo·la·bile [-'leɪbaɪl, -'leɪbɪl]⟨bn.⟩ **0.1** ***thermolabiel*** ⟨niet bestand tegen warmte⟩.

ther·mo·lu·mi·nes·cence [-lu:mɪ'nesns]⟨n.-telb.zn.⟩⟨nat.⟩ **0.1** ***thermoluminescentie*** ⟨oplichten bij warmte⟩.

ther·mo·lu·mi·nes·cent [-lu:mɪ'nesnt]⟨bn.⟩⟨nat.⟩ **0.1** ***thermoluminescent.***

ther·mol·y·sis [θɜ:'mɒlɪsɪs‖θər'mɑlɪsɪs]⟨n.-telb.zn.⟩ **0.1** ⟨scheik.⟩ ***ontbinding door warmte*** **0.2** ⟨med.⟩ ***warmteverlies*** ⟨uit lichaam⟩.

ther·mom·e·ter [θə'mɒmɪtə‖θər'mɑmɪṭər]⟨f2⟩⟨telb.zn.⟩ **0.1** ***thermometer.***

ther·mo·met·ri·cal ['θɜ:moʊ'metrɪkl‖'θɜr-], **ther·mo·met·ric** [-trɪk]⟨bn.; -(al)ly; →bijw. 3⟩ **0.1** ***thermometrisch.***

ther·mom·e·try [θə'mɒmɪtri‖θər'mɑmɪtri]⟨n.-telb.zn.⟩ **0.1** ***thermometrie.***

ther·mo·mo·tor ['θɜ:moʊ'moʊtə‖'θɜrmoʊ'moʊṭər]⟨telb.zn.⟩⟨tech.⟩ **0.1** ***heteluchtmotor.***

ther·mo·nu·cle·ar [-'nju:klɪə‖'nu:klɪər]⟨bn.⟩ **0.1** ***thermonucleair*** ◆ **1.1** ~ bomb *waterstofbom.*

ther·mo·phil¹ ['θɜ:məfɪl‖'θɜr-], **ther·mo·phile** [-faɪl]⟨telb.zn.⟩ **0.1** ***thermofiele bacterie.***

thermophil², thermophile, ther·mo·phil·ic [-'fɪlɪk], **ther·mo·phil·ous** [θɜ:'mɒfɪləs‖θər'mɑ-]⟨bn.⟩ **0.1** ***thermofiel*** ⟨van warmte houdend⟩ ◆ **1.1** ~ bacteria *thermofiele bacterieën.*

ther·mo·pile ['θɜ:məpaɪl‖'θɜrmə-]⟨telb.zn.⟩⟨nat.⟩ **0.1** ***thermozuil*** ⇒*thermo-elektrische zuil, thermobatterij.*

ther·mo·plas·tic¹ [-'plæstɪk]⟨telb. en n.-telb.zn.⟩⟨tech.⟩ **0.1** ***thermoplast*** ⇒*thermoplastische stof.*

thermoplastic[2] ⟨bn.⟩ **0.1** ***thermoplastisch*** ⟨door verwarming vervormbaar⟩.
ther·mos ['θɜ:məs‖'θɜrməs], **'thermos flask,** ⟨AE⟩ **'thermos bottle** ⟨f1⟩⟨telb.zn.⟩ **0.1** ***thermosfles*** *⇒thermoskan.*
ther·mo·scope ['θɜ:məskoʊp‖'θɜrmə-]⟨telb.zn.⟩⟨nat.⟩ **0.1** ***thermoscoop.***
ther·mo·set·ting ['θɜ:məsetɪŋ‖'θɜrməseṭɪŋ]⟨bn.⟩⟨tech.⟩ **0.1** ***thermohardend.***
ther·mo·sphere [-sfɪə‖-sfɪr]⟨telb.zn.⟩ **0.1** ***thermosfeer*** *⇒ionosfeer.*
ther·mo·sta·ble, ther·mo·sta·bile ['θɜ:moʊ'steɪbl‖'θɜrmoʊ-]⟨bn.⟩ ⟨tech.⟩ **0.1** ***thermostabiel*** ⟨bestand tegen hitte⟩.
ther·mo·stat ['θɜ:məstæt‖'θɜrmə-]⟨f1⟩⟨telb.zn.⟩ **0.1** ***thermostaat*** *⇒thermoregulator* **0.2** ***thermostaat*** *⇒broedstoof, droogoven.*
ther·mo·stat·ic [-'stæṭɪk]⟨bn.; -ally; →bijw. 3⟩ **0.1** ***thermostatisch.***
ther·mo·tac·tic ['θɜ:moʊ'tæktɪk‖'θɜrmoʊ-], **ther·mo·tax·ic** [-'tæksɪk] ⟨bn.⟩⟨biol.⟩ **0.1** ***thermotaxisch*** *⇒thermotroop, thermotropisch.*
ther·mo·tax·is [-'tæksɪs]⟨n.-telb.zn.⟩⟨biol.⟩ **0.1** ***thermotaxie*** *⇒thermotropie, thermotropisme.*
ther·mo·ther·a·py [-'θerəpi]⟨n.-telb.zn.⟩⟨med.⟩ **0.1** ***thermotherapie*** *⇒warmtebehandeling.*
ther·mo·trop·ic [-'trɒpɪk‖-'trɑ-]⟨bn.⟩⟨biol.⟩ **0.1** ***thermotroop*** *⇒thermotropisch, thermotaxisch.*
ther·mot·ro·pism [θɜ:'mɒtrəpɪzm‖θɜr'mɑ-]⟨n.-telb.zn.⟩⟨biol.⟩ **0.1** ***thermotropie*** *⇒thermotropisme, thermotaxie.*
-ther·my [θɜ:mi‖θɜrmi] **0.1** ***-thermie*** ◆ **¶.1** ⟨med.⟩ diathermy *diathermie.*
the·sau·rus [θɪ'sɔ:rəs]⟨telb.zn.; ook thesauri [-raɪ]; →mv. 5⟩ **0.1** ***thesaurus*** *⇒(vak)woordenboek/encyclopedie; lexicon; schatkamer* ⟨alleen fig.⟩; ⟨i.h.b.⟩ *woordenboek v. synoniemen.*
these ⟨mv.⟩ →this.
the·sis ['θi:sɪs]⟨f3⟩⟨telb.zn.; theses [-si:z]; →mv. 5⟩ **0.1** ***thesis*** *⇒(hypo)these, (onder)stelling, standpunt* **0.2** ***thesis*** *⇒(academisch) proefschrift, (eind)verhandeling, dissertatie, scriptie* **0.3** ⟨lit.⟩ ***thesis*** *⇒(toon)daling* **0.4** ⟨muz.⟩ ***thesis*** *⇒neerslag, daling.*
Thes·pi·an[1] ['θespɪən]⟨telb.zn.⟩ **0.1** ***treurspelacteur/trice*** *⇒toneelspeler/speelster.*
Thespian[2] ⟨bn.⟩⟨lit.⟩ **0.1** ***van/mbt. Thespis*** ⟨Grieks dichter en grondlegger v.h. drama⟩ **0.2** ⟨ook t-⟩ ***dramatisch*** *⇒toneel-,* ⟨i.h.b.⟩ *van/mbt. het treurspel, tragisch* ◆ **1.2** the ~ art *de dramatische kunst/toneel(speel)kunst, het toneel.*
Thess ⟨afk.⟩ Thessalonians **0.1** ***Thess..***
Thes·sa·li·an[1] [θe'seɪlɪən]⟨telb.zn.⟩ **0.1** ***Thessaliër.***
Thessalian[2] ⟨bn.⟩ **0.1** ***Thessalisch*** *⇒van/mbt. Thessalië/de Thessaliërs.*
Thes·sa·lo·ni·an[1] ['θesə'loʊnɪən]⟨zn.⟩
I ⟨telb.zn.⟩ **0.1** ***inwoner v. Thessalonica/Saloniki*** ◆ **7.1** the ~s *de Thessalonicenzen;*
II ⟨n.-telb.zn.; ~s⟩⟨bijb.⟩ **0.1** ***Thessalonicenzen*** *⇒brief/brieven (v. Paulus) aan de christenen v. Thessalonica.*
Thessalonian[2] ⟨bn.⟩ **0.1** ***van/mbt. Thessalonica/Saloniki/de Thessalonicenzen.***
the·ta ['θi:ṭə]⟨telb.zn.⟩ **0.1** ***theta*** ⟨8e letter v.h. Griekse alfabet⟩.
the·ur·gic [θi'ɜ:dʒɪk‖-'ɜr-], **the·ur·gi·cal** [-ɪkl]⟨bn.; -(al)ly; →bijw. 3⟩ **0.1** ***theurgisch*** *⇒magisch, bezwerend, bovennatuurlijk.*
the·ur·gist ['θi:ɜ:dʒɪst‖-ɜr-]⟨telb.zn.⟩ **0.1** ***(geesten)bezweerder*** *⇒magiër, wonderdoener, tovenaar.*
the·ur·gy ['θi:ɜ:dʒi‖-ɜr-]⟨zn.; →mv. 2⟩
I ⟨telb. en n.-telb.zn.⟩ **0.1** ***bovennatuurlijke/goddelijke ingreep/inmenging/tussenkomst*** *⇒mirakel, wonder;*
II ⟨n.-telb.zn.⟩ **0.1** ***theürgie*** *⇒(geesten)bezwering, het gunstig stemmen v.d. goden, magie, het doen v. wonderen.*
thew [θju:‖θu:]⟨zn.⟩⟨schr.⟩
I ⟨telb.zn.⟩ **0.1** ***pees*** *⇒spier;*
II ⟨mv.; ~s⟩ **0.1** ***(lichaams/spier)kracht*** *⇒spieren, gespierdheid;* ⟨fig.⟩ *sterkte, vitaliteit, pit* ◆ **1.1** ~s and sinews *(fysieke) kracht, lichaamskracht.*
thewed [θju:d‖θu:d], **thew·y** ['θju:i‖'θu:i]⟨bn.⟩ **0.1** ***gespierd*** *⇒krachtig, pezig, sterk, stevig.*
they [ðeɪ]⟨f4⟩⟨p.vnw.; →naamval⟩ →them, themselves **0.1** ***zij*** *⇒ze* **0.2** ⟨verwijst naar onbep. persoon of personen in het alg.⟩ ***zij*** *⇒ze, de mensen, men* **0.3** ⟨gebruikt als 3de pers. enk. wanneer het geslacht er niet toe doet⟩ ***hij*** *⇒hij of zij* ◆ **1.1** ⟨schr. of substandaard⟩ and the wenches, ~ hid behind the trees *en de meisjes, zij verstopten zich achter de bomen* **3.1** the police know that ~ are not popular *de politie weet dat zij niet populair zijn;* ~ chased each other *ze zaten elkaar achterna* **3.2** she's as lazy as ~ come *ze is zo lui als maar kan zijn;* ~ never consult the women *de vrouwen worden nooit geraadpleegd;* so ~ say *dat zeggen ze/de mensen toch, dat wordt verteld;* ~ won't let me *ik mag niet* **3.3** everyone is proud of the work ~ do themselves *iedereen is trots op het werk dat hij zelf doet;* someone told me the other day that ~ had read about a new Woody Allen film *iem. vertelde me van de week dat hij over een nieuwe Woody Allen film had gelezen.*
thi·a·mine ['θaɪəmi:n], **thi·a·min** [-mɪn]⟨n.-telb.zn.⟩ **0.1** ***thiamine*** *⇒aneurine, vitamine* B_1.
thick[1] [θɪk]⟨f2⟩⟨n.-telb.zn.⟩ **0.1** ⟨vnl. the⟩ ***dichtste/drukste/actiefste gedeelte*** *⇒drukte, midden, centrum* **0.2** ⟨the⟩ ***het dikste/dikke gedeelte/stuk*** *⇒dik(te)* ◆ **1.1** in the ~ of the battle/fight(ing) *in het heetst v.d. strijd/hevigste v.h. gevecht;* in the ~ of the mob *midden in de massa;* be in the ~ of things *er midden in zitten* **1.2** the ~ of the thumb *het dik v.d. duim* **4.1** be in the ~ of it *er midden in zitten* **¶.¶** through ~ and thin *door dik en dun, wat er ook gebeurt.*
thick[2] ⟨f3⟩⟨bn.; -er; -ly⟩⟨→sprw. 59⟩
I ⟨bn.⟩ **0.1** ***dik*** *⇒breed* ⟨lijn⟩; *vet* ⟨lettertype⟩; *zwaar(gebouwd), gedrongen; (op)gezwollen; onduidelijk, moeilijk verstaanbaar, schor, hees, zwaar/dubbel* ⟨tong⟩ **0.2** ***dik/dicht*** *⇒dicht bezet/bezaaid/opeengepakt, dichtbegroeid, druk; dik gezaaid, talrijk, frequent; vol, overladen, overvloedig; weinig vloeibaar/doorzichtig; troebel, drabbig, modderig; mistig, bewolkt, betrokken* ⟨weer⟩ **0.3** ***zwaar*** ⟨accent⟩ *⇒duidelijk, hoorbaar* **0.4** ***dom*** *⇒stom(pzinnig), bot, suf, traag v. begrip, saai* **0.5** ⟨inf.⟩ ***intiem*** *⇒dik bevriend* ◆ **1.1** a ~ board *een dikke plank;* two inches ~ *twee inch dik, met een dikte/diameter v. twee inch;* ~ of speech *zwaar v. tong;* with a ~ tongue *met (een) dikke/dubbele/zware tong;* ~ type *vette letter* **1.2** ~ in the air/on the ground *dik gezaaid, zeer talrijk/frequent, veel voorkomend, overal te vinden/zien;* a ~ concentration *een grote concentratie;* ~ darkness *dichte/diepe duisternis;* they are as ~ as flies *het wemelt ervan/zit er vol van/tiert er welig;* ~ fog *dichte mist;* a ~ forest *een dicht bos;* a ~ head *een zwaar/suf hoofd/houten kop;* ~ soup *dikke soep* **1.4** ⟨sl.⟩ be as ~ as two short planks *zo dom als het achtereind v.e. varken/oliedom zijn* **1.5** be as ~ as thieves *gezworen kameraden/de beste maatjes met elkaar zijn* **1.¶** give s.o. a ~ ear *iem. een oorveeg/klap om de oren geven, iem. een bloemkooloor meppen;* get the ~ end of the stick *aan het kortste eind trekken, er bekaaid afkomen;* have a ~ skin *een olifantshuid hebben;* he has a ~ skull *hij heeft een harde schedel, hij is traag v. begrip* **3.2** cut too ~ *te dik afgesneden;* the crowd grew ~er *er kwam voortdurend meer volk bij, de massa groeide aan;* spread the butter ~ *er een dikke laag boter op smeren* **6.1** a voice ~ **with** sleep *een slaperige stem* **6.2** be ~ **with** *dicht bezet/begroeid/volledig bedekt/overdekt zijn met; overvloeien/wemelen/bol staan van, vol staan/zitten met/van, rijk zijn aan;* the furniture was ~ **with** dust *het stof lag dik op de meubels, de meubels zaten flink onder het stof;* the sky was ~ **with** planes *de lucht zag zwart v. vliegtuigen;* a room ~ **with** smoke *een kamer vol rook, een rokerige kamer;* the air was ~ **with** snow *de sneeuw viel in dichte vlokken uit de lucht;* ~ **with** trees *boomrijk* **6.5** they are very ~ **with** each other *het is koek en ei tussen hen;*
II ⟨bn., pred.⟩⟨inf.⟩ **0.1** ***kras*** *⇒grof, bar, sterk (overdreven), onredelijk* ◆ **1.1** two weeks of heavy rain is a little too ~ *twee weken stortregen is me wel een beetje te grof/veel/vind ik wel wat overdreven* **3.1** lay it on ~ *het er dik op leggen, flink overdrijven* **5.1** a bit/rather ~ *nogal/al te kras, toch wel sterk/grof.*
thick[3] ⟨f2⟩⟨bw.⟩ **0.1** ***dik*** *⇒breed; vet; met een dikke/dubbele/zware tong, onduidelijk* **0.2** ***dik/dicht*** *⇒dicht opeengepakt/op elkaar; dik gezaaid; talrijk, overvloedig, met hopen, bij bosjes; snel na elkaar* ◆ **3.1** speak ~ *met dubbele/zware tong spreken* **3.2** the snow lay ~ everywhere *er lag overal een dik pak sneeuw* **5.2** blows came ~ and fast *het regende slagen;* misfortunes came ~ and fast *de ene tegenslag volgde op de andere, er kwam tegenslag op tegenslag.*
'thick-and-'thin ⟨bn., attr.⟩ **0.1** ***extreem loyaal*** *⇒door dik en dun meegaand, blindelings volgend.*
'thick-'billed ⟨bn.⟩ **0.1** ***diksnavelig.***
'thick-'blood·ed ⟨bn.⟩ **0.1** ***dikbloedig.***
thick·en ['θɪkən]⟨f2⟩⟨ww.⟩ →thickening
I ⟨onov.ww.⟩ **0.1** ***dik(ker)/dicht(er) worden*** *⇒aan/verdikken, verdichten; gebonden/geconcentreerder worden, stollen* ⟨v. vloeistof⟩; *zich groeperen/concentreren/verzamelen, samenkomen; toenemen (in dikte/aantal); vertroebelen, troebel/mistig/donker worden, betrekken* ⟨v. weer⟩; *onduidelijk(er) worden* **0.2** ***ingewikkeld(er)/moeilijk(er)/verward(er) worden*** ◆ **1.1** the mist ~ed *de mist werd dichter* **1.2** the plot ~s *de plot/intrige wordt ingewikkelder, de verwikkelingen nemen toe;*
II ⟨ov.ww.⟩ **0.1** ***dik(ker)/dicht(er) maken*** *⇒aan/verdikken, verdichten; indikken; binden* ⟨vloeistof⟩; *dichter bij elkaar brengen, (nauwer) aaneensluiten, samenbrengen, opvullen; doen toenemen (in dikte/aantal), verbreden; onduidelijk/onverstaanbaar maken* **0.2** ***ingewikkeld(er)/moeilijk(er)/verward(er) maken*** *⇒meer substantie/inhoud/diepgang/spanning brengen in.*
thick·en·er ['θɪkənə‖-ər]⟨zn.⟩

I ⟨telb.zn.⟩ 0.1 *bezinkingsinstallatie* ⇒*bezinkbak;*
II ⟨telb. en n.-telb.zn.⟩ 0.1 *verdikkingsmiddel* ⇒*bindmiddel.*

thick·en·ing ['θɪkənɪŋ]⟨telb. en n.-telb.zn.; (oorspr.) gerund v. thicken⟩ 0.1 ***verdikking*** ⇒*aandikking, indikking, binding* **0.2** ***verdikkingsmiddel*** ⇒*bindmiddel* **0.3** ⟨med.⟩ ***sclerose*** ⟨i.h.b. v. bloedvaten⟩ ◆ **1.3** ~ of the arteries *arteriosclerose;* ⟨oneig.⟩ *slagaderverkalking.*

thick·et ['θɪkɪt]⟨f1⟩⟨telb.zn.⟩ **0.1** ***(heester/kreupel)bosje*** ⇒*struikgewas, kreupelhout, heg, ondergroei;* ⟨fig.⟩ *kluwen.*

'thick-'faced ⟨bn.⟩⟨druk.⟩ **0.1** ***vet.***

'thick-'grow·ing ⟨bn.⟩ **0.1** ***dicht (opeen groeiend)*** ⇒*welig tierend.*

'thick·head ⟨telb.zn.⟩ **0.1** ***domkop*** ⇒*dommerik, sufkop, sufferd, oen, stommeling, uilskuiken* **0.2** ⟨dierk.⟩⟨ben. voor⟩ ***dikkoppige vogel*** ⟨uit Australië en Polynesië; genus Pachycephala e.a.⟩.

'thick'head·ed ⟨bn.; -ly; -ness⟩ **0.1** ***dikkoppig*** **0.2** ***dom*** ⇒*bot (v. verstand), stom(pzinnig), suf.*

thick·ish ['θɪkɪʃ]⟨bn.⟩ **0.1** ***dikachtig*** ⇒*dikkig, vrij dik/dicht.*

'thick-knee ⟨telb.zn.⟩⟨dierk.⟩ **0.1** ***griel*** ⟨plevierachtige vogel; i.h.b. genus Burhinus⟩.

'thick-'leaved ⟨bn.⟩ **0.1** ***dicht bebladerd*** ⇒*met dicht gebladerte* **0.2** ***dikblad(er)ig*** ⇒*met dikke blad(er)en.*

'thick-'lipped ⟨bn.⟩ **0.1** ***diklippig*** ⇒*met dikke lippen.*

thick·ness ['θɪknəs]⟨f2⟩⟨zn.⟩
I ⟨telb.zn.⟩ **0.1** ***laag*** ◆ **1.1** two ~es of felt *twee lagen vilt/viltlagen;*
II ⟨telb. en n.-telb.zn.⟩ **0.1** ⟨ben. voor⟩ ***dikte*** ⇒*het dik zijn; afmeting in de dikte; dik gedeelte/stuk;* ⟨druk.⟩ *vetheid; zwaarte, dichtheid, consistentie, lijvigheid, concentratie* ⟨v. vloeistoffen⟩; *het dicht bezet/bezaaid/opeengepakt zijn; troebelheid; mistigheid, bewolktheid, betrokkenheid* ◆ **1.1** length, width, and ~ *lengte, breedte en dikte;* a ~ of five inches *een dikte/diameter/breedte v. vijf inch;* ~ of population *bevolkingsdichtheid;* in the ~ of the wall *in het dikke gedeelte v.d. muur* **6.1** be eight inches **in** ~ *acht inch dik zijn;*
III ⟨n.-telb.zn.⟩ **0.1** ***dom(mig)heid*** ⇒*stompzinnigheid, botheid, suf(fig)heid* **0.2** ***schorheid*** ⇒*heesheid, onverstaanbaarheid.*

'thick-'ribbed ⟨bn.⟩ **0.1** ***dik/zwaar geribd*** ⇒*met dikke ribben/ribbels.*

'thick·set[1] ⟨zn.⟩
I ⟨telb.zn.⟩ **0.1** ***(heester/kreupel)bosje*** ⇒*(dicht/ondoordringbaar) struikgewas, kreupelhout, heg, ondergroei;*
II ⟨n.-telb.zn.; vaak attr.⟩ **0.1** ***bombazijn*** ⇒⟨i.h.b.⟩ *(koord)manchester.*

'thick'set[2] ⟨bn.⟩ **0.1** ***dicht*** ⇒*dicht beplant/bezaaid/bezet, dicht opeengepakt/bijeen geplaatst/gezet/groeiend* **0.2** ***sterk/stevig/zwaar (gebouwd)*** ⇒*dik, gedrongen, gezet.*

'thick-'skinned ⟨bn.⟩ **0.1** ***dikhuidig*** ⇒*dik v. huid/schil;* ⟨fig.⟩ *ongevoelig, onbeschaamd, onverstoorbaar, met een brede rug, lomp, bot.*

'thick·skull ⟨telb.zn.⟩ **0.1** ***domkop*** ⇒*dikkop, domoor, sufferd, oen.*

'thick-'skulled ⟨bn.⟩ **0.1** ***dikschedelig*** ⇒*met een dikke schedel* **0.2** ***dom*** ⇒*traag v. begrip, onbevattelijk, bot.*

'thick-'sown ⟨bn.⟩ **0.1** ***dik gezaaid*** ⟨ook fig.⟩ ⇒*dicht bezaaid/op elkaar gezaaid.*

'thick-'wit·ted ⟨bn.; -ly; -ness⟩ **0.1** ***dom*** ⇒*traag v. begrip, bot (v. verstand), stom, stompzinnig, suf.*

thief [θi:f]⟨f3⟩⟨telb.zn.; thieves [θi:vz]; →mv. 3⟩⟨→sprw. 11, 218, 525, 547, 577, 588, 608, 655, 745⟩ **0.1** ***dief/dievegge*** **0.2** ***dief*** ⟨pit v. kaars⟩ ◆ **1.1** pack of thieves *dievengespuis, dievenbende, boevenpak* **3.1** set a ~ to catch a ~ *dieven met dieven vangen.*

'thief-proof ⟨bn.⟩ **0.1** ***inbraakvrij*** ⇒*tegen inbraak bestand.*

'thief-tak·er ⟨telb.zn.⟩⟨BE; gesch.⟩ **0.1** ***lid v.d. Dievenwacht.***

thieve [θi:v]⟨f2⟩⟨ww.⟩ →thieving
I ⟨onov.ww.⟩ **0.1** ***stelen*** ⇒*een dief zijn, diefstallen begaan* ◆ **3.1** you thieving boys! *boefjes! dieven v. jongens!;*
II ⟨ov.ww.⟩ **0.1** ***dieven*** ⇒*(ont)stelen, ontvreemden, verdonkeremanen.*

thiev·er·y ['θi:vəri]⟨telb. en n.-telb.zn.; →mv. 2⟩⟨schr.⟩ **0.1** ***dieverij*** ⇒*diefstal, het stelen.*

'thieves' 'Latin ⟨n.-telb.zn.⟩ **0.1** ***dieventaal*** ⇒*boeventaal, Bargoens.*

thiev·ing ['θi:vɪŋ]⟨n.-telb.zn.; gerund v. thieve⟩ **0.1** ***het stelen*** ⇒*dieverij, diefstal.*

thiev·ish ['θi:vɪʃ]⟨bn.; -ly; -ness⟩ **0.1** ***diefachtig*** ⇒*geneigd tot stelen, pikkerig* **0.2** ***steels*** ⇒*dieven-, heimelijk, diefachtig, slinks* ◆ **1.2** ~ trick *dievenstreek, stiekeme streek* **5.2** ~ly *als een dief (in de nacht), in het geheim/geniep, stilletjes, tersluiks, steelsgewijs.*

thigh [θaɪ]⟨f2⟩⟨telb.zn.⟩ **0.1** ***dij.***

'thigh·bone ⟨telb.zn.⟩ **0.1** ***dijbeen.***

'thigh·boot ⟨telb.zn.⟩ **0.1** ***lieslaars.***

thill [θɪl]⟨zn.⟩
I ⟨telb.zn.⟩ **0.1** ***lamoenstok*** ⇒*(lamoen)boom;*
II ⟨mv.; ~s⟩ **0.1** ***lamoen.***

thill·er ['θɪlə‖-ər], **'thill horse** ⟨telb.zn.⟩ **0.1** ***lamoenpaard*** ⇒*trekpaard.*

thim·ble ['θɪmbl]⟨f1⟩⟨telb.zn.⟩ **0.1** ***vingerhoed(je)*** **0.2** ⟨tech.⟩⟨ben. voor⟩ ***vingerhoedvormig/buisvormig metalen element*** ⇒*dop(je); ring, buis, bus, koker; sok; (verbindings)mof/huls/pijpje; afstandsstuk* **0.3** ⟨scheep.⟩ ***(kabel)kous*** **0.4** ⟨sl.⟩ ***horloge.***

thim·ble·ful ['θɪmblfʊl]⟨f1⟩⟨telb.zn.⟩ **0.1** ⟨ben. voor⟩ ***zeer kleine hoeveelheid*** ⟨i.h.b. drank⟩ ⇒*vingerhoed(je); klein beetje; druppel, bodempje; slok, teugje.*

thim·ble·rig[1] ['θɪmblrɪg]⟨zn.⟩
I ⟨telb.zn.⟩ →thimblerigger;
II ⟨n.-telb.zn.⟩ **0.1** ***het dopjesspel*** ⟨gokspel met drie bekertjes en een erwt⟩ ⇒*zwendel(arij), oplichterij, bedrog, goochelarij, goocheltoer.*

thimblerig[2] ⟨ww.; →ww. 7⟩
I ⟨onov.ww.⟩ **0.1** ***dopjesspel spelen*** ⇒*(met het dopjesspel) zwendelen;*
II ⟨ov.ww.⟩ **0.1** ***(met het dopjesspel) oplichten*** ⇒*bedriegen, beetnemen, een rad voor de ogen draaien, erin doen tuinen.*

thim·ble·rig·ger ['θɪmblrɪgə‖-ər]⟨telb.zn.⟩ **0.1** ***iem. die (met het dopjesspel) zwendelt*** ⇒*zwendelaar, oplichter, bedrieger.*

thin[1] [θɪn]⟨f3⟩⟨bn.; thinner; -ly; -ness; →compar. 7⟩⟨→sprw. 677⟩ **0.1** ***dun*** ⇒*smal, fijn; ijl, schraal; mager, slank* **0.2** ***dun (bezet/gezaaid)*** ⇒*dunbevolkt, schaars, schraal, karig* **0.3** ***dun(vloeibaar)*** ⇒*slap, waterig* **0.4** ***zwak*** ⇒*armzalig, flauw, mager, pover, slap, bleek* **0.5** ⟨foto.⟩ ***dun*** ⟨v. negatief⟩ ◆ **1.1** ~ air *dunne/ijle lucht;* a ~ layer of paint *een dun laagje verf;* ~ mist *dunne nevel;* ~ script *fijn schrift* **1.2** a ~ attendance *een schrale opkomst;* a ~ audience *een lege zaal, een klein/gering publiek, anderhalve man en een paardekop;* ⟨inf.⟩ ~ on top *kalend* **1.3** ~ beer *dun/klein/schraal bier;* ~ blood *dun/waterachtig bloed;* ~ paste *dunne pap, brij;* ~ wine *slappe wijn* **1.4** a ~ attempt *een zwakke poging;* a ~ colour *een bleke/vale kleur;* a ~ disguise *een doorzichtige/niet erg geslaagde vermomming;* a ~ excuse *een mager excuus/doorzichtige smoes/armzalige uitvlucht;* a ~ joke *een flauwe grap;* ~ light *zwak/mat/dof licht;* ~ soil *schrale/onvruchtbare grond;* a ~ sound *een dun/schraal/zwak/blikkerig/schril geluid;* a ~ voice *een dun/schraal/zwak stemmetje* **1.¶** appear out of ~ air *uit de lucht komen vallen, uit het niets te voorschijn komen;* disappear/melt/vanish into ~ air *in rook opgaan, spoorloos verdwijnen, (als/in rook) vervliegen, als sneeuw voor de zon smelten;* the ~ end of the wedge *de eerste (ogenschijnlijk onbelangrijke) stap/maatregel/verandering, het (aller)eerste/pas het begin, een voorproefje/smaakje;* she does not skate on ~ ice *ze gaat niet over één nacht ijs/neemt het zekere voor het onzekere;* skate/walk/venture on ~ ice *zich op glad ijs begeven/wagen;* as ~ as a lath/rake/stick *mager als een lat, broodmager;* the/a ~ red line *de voorvechters, de harde kern;* have a ~ skin *erg gevoelig zijn;* ⟨inf.⟩ have a ~ time *zijn plezier wel opkunnen, zich ellendig/beroerd/rot voelen, een moeilijke tijd doormaken;* ⟨i.h.b.⟩ *weinig succes boeken, geen vooruitgang maken* **3.1** look ~ *er mager uitzien* **3.2** his hair is getting pretty ~ on top *zijn haar begint al aardig te dunnen* **3.4** ~ly clad *schaars gekleed;* wear ~ *op raken* ⟨v. geduld⟩ **3.¶** ⟨inf.⟩ be ~ on the ground *dun gezaaid/schaars/weinig talrijk zijn, moeilijk te vinden zijn.*

thin[2] ⟨f2⟩⟨onov. en ov.ww.; →ww. 7⟩ **0.1** ⟨ben. voor⟩ ***(ver)dunnen*** ⇒*ijl(er) worden/maken; uitdunnen, versmallen, vermageren, verschralen; aanlengen; snoeien; verminderen, (doen) afnemen (in dikte/dichtheid/aantal); teruglopen, leeglopen* ⟨v. ruimte⟩ **0.2** ***af/verzwakken*** ⇒*verslappen, verwateren, (doen) afnemen (in belangrijkheid/bruikbaarheid enz.)* ◆ **1.1** the mist ~ned *de mist dunde/begon op te trekken;* ~ the seedlings *de zaadplantjes uitdunnen;* ~ wine with water *wijn verdunnen/aanlengen met water* **5.1** ~ **down/off/out** *(uit/ver)dunnen, dunner (en dunner) worden/maken, (geleidelijk) verminderen/(doen) afnemen, minder druk worden* ⟨v. verkeer⟩; ~ **out** hair *haar (uit)dunnen/bijknippen;* the houses began to ~ **out** *het aantal huizen nam langzaam af, de bebouwing werd minder en minder dicht;* the limestone layer was ~ning **out** *de laag kalksteen brokkelde geleidelijk af.*

thin[3] ⟨f1⟩⟨bw.⟩ **0.1** ***dun(netjes)*** ⇒*karig, schaars;* ⟨fig. ook⟩ *zwak, armzalig, slap(jes), onvoldoende, magertjes* ◆ **3.1** ~-clad *schaars gekleed;* ~-worn *versleten.*

thine[1] [ðaɪn]⟨f1⟩⟨bez.vnw.⟩⟨vero. of relig.⟩ **0.1** ⟨predikatief gebruikt⟩ ***van u*** ⇒*de/het uwe* **0.2** ***de/het uwe*** ◆ **3.1** take what is ~ *neem wat het uwe is* **3.2** not my will but ~ be done *niet mijn wil maar de Uwe geschiede* **6.2** no child **of** ~ shall remember this day *geen kind van u zal zich deze dag herinneren;* those eyes **of** ~ *die ogen van u.*

thine[2] ⟨f1⟩⟨bez.det.; vnl. vóór woord beginnend met klinker of h⟩⟨vero. of relig.⟩ **0.1** ***uw*** ◆ **1.1** ~ eyes *uw ogen;* ~ house *uw huis.*

thing [θɪŋ]⟨f4⟩⟨zn.⟩⟨→sprw. 13, 21, 282, 310, 328, 367, 407, 410,

461, 591, 678, 679, 680, 681, 696, 762, 763⟩
I ⟨telb.zn.⟩ **0.1** ⟨ben. voor⟩ ***iets concreets*** *⇒ding(etje), zaak(je), voorwerp, spul; kledingstuk; werkje, stuk* **0.2** ⟨ben. voor⟩ ***iets abstracts*** *⇒ding, iets; zaak; handeling, zet, streek; feit, gebeurtenis, voorval; omstandigheid; kwestie, onderwerp; idee, inval; middel, toevlucht* **0.3** ***schepsel*** *⇒wezen, ding* **0.4** ***(favoriete) bezigheid*** *⇒liefhebberij, belangstelling* ◆ **1.2** be all ~s to all men *alles zijn voor iedereen;* ~s of the mind *het geestelijke* **1.¶** ⟨scherts.⟩ ~s that go bump in the night *geluiden in het donker / de nacht* **2.1** a costly ~ *een kostbaar ding / iets, iets kostbaars* **2.2** she always did the correct / decent ~ by him *ze deed altijd wat correct is, zij gedroeg zich altijd correct jegens hem;* not the same ~ *niet hetzelfde, iets anders* **2.3** dumb ~s *stommelingen;* a spiteful ~ *een hatelijk / boosaardig mens, een tang v.e. wijf, één stuk venijn;* she's a sweet little ~ *ze is een lief ding / schepsel* **3.1** not a ~ to wear *niks om aan te doen / trekken* **3.2** achieve / do great ~s *grote dingen doen, grote daden verrichten;* get a ~ done *iets gedaan krijgen, iets bereiken;* make a ~ of *een kwestie / punt / zaak maken van, zich dik / druk maken over;* don't let's make a ~ of it! *laten we er geen ruzie om maken / de zaak nu niet op de spits drijven!;* it didn't mean a ~ to me *het zei me totaal niets / liet me volledig koud;* take ~s too seriously *de dingen / alles te ernstig opnemen;* taking one ~ with another *alles bij elkaar genomen;* think ~s over *alles eens rustig overdenken, er nog eens goed over nadenken;* be an understood ~ *vanzelf spreken, aanvaard zijn* **3.3** not a living ~ to be seen *er was geen schepsel / levend wezen te zien, het was uitgestorven* **3.¶** do ~s to s.o. *iem. iets doen / beïnvloeden / pakken / raken, op iem. veel invloed hebben;* ⟨inf.⟩ have a / this ~ about *geobsedeerd zijn door, een idee-fixe / waanidee hebben over; een sterke voorliefde hebben voor, dol zijn op; vooringenomen zijn / bevooroordeeld zijn / iets hebben tegen, niets moeten / een sterke afkeer hebben van;* hear ~s *vreemde dingen / geluiden horen; hallucinaties hebben;* know a ~ or two *niet v. gisteren zijn, een pienter / slim / schrander / uitgeslapen iem. zijn;* know a ~ or two about *(wel) wat / het een en ander weten over / afweten van;* let ~s rip / slide *de boel maar laten waaien / de boel laten, de boel op zijn beloop laten;* be seeing / see ~s *spoken zien, hallucinaties hebben;* ~s seen *de zichtbare / werkelijke dingen* ⟨tgo. verbeelde dingen⟩ **4.3** he is a ~ of nothing *hij is een vent v. niks / een grote nul* **5.¶** ⟨inf.⟩ now there's a ~! *dat is nog eens iets / wat!, asjemenou!, hé, zeg!* **6.3** you are a rare ~ **in** lawyers *je bent me nogal een advocaat, een vreemd soort / mooi stuk advocaat ben je;* a ~ like you *zo iem. als jij, iem. v. jouw slag / soort* **7.2** (and) for another ~ *in de tweede plaats, ten tweede, anderzijds;* and another ~ *bovendien, verder, meer nog, daarbij;* there is another ~ I want to discuss with you *er is nog iets (anders) / een punt / kwestie waarover ik het met jullie hebben wil;* have a few ~s to attend to *nog een aantal dingen / zaken / het een en ander te regelen hebben;* the first ~ that comes into her head *het eerste (het beste) dat haar te binnen schiet;* for one ~ *in de eerste plaats, ten eerste, enerzijds, om te beginnen; immers* **7.4** ⟨inf.⟩ do one's (own) ~ *doen waar men zin in heeft / goed in is / wat men graag doet; zichzelf zijn, zich uitleven / amuseren* **7.¶** of all ~s *vreemd genoeg, hoe gek ook, stel je voor, notabene;* well, of all ~s! *wel heb ik ooit!, nee maar!, nee, nou nog mooier!, stel je voor!, je doet maar!;* I'll do it first ~ in the morning *ik doe het morgenochtend meteen, het is het eerste wat ik doe morgen;* the first ~ I knew she had hit him *voor ik wist wat er gebeurde had ze hem een mep gegeven;* first ~s first *wat het zwaarst is moet het zwaarst wegen;* neither one ~ nor the other *vis noch vlees, mossel noch vis;* it is (just) one of those ~s *(zo) v. die dingen, dat gebeurt nu eenmaal, zo iets kan je moeilijk vermijden / heb je nu eenmaal, daar helpt geen lievemoederen aan* **8.¶** ⟨inf.⟩ and ~s *en (zo meer) v. die dingen, en dergelijke, en zo (meer);*
II ⟨n.-telb.zn.; the⟩ **0.1** ***(dat) wat gepast / de mode is*** *⇒gewoonte, (laatste / nieuwste) mode, zoals het hoort / past / moet* **0.2** ***(dat) wat nodig is*** *⇒het gewenste / gezochte / gevraagde* **0.3** ***het belangrijkste (punt / kenmerk)*** *⇒kwestie, vraag, (hoofd)zaak, (streef)doel* **0.4** ***zaak in kwestie*** ◆ **1.4** just for the fun of the ~ *gewoon voor de grap / lol* **1.¶** and that sort of ~ *en (zo meer) v. die dingen, en dergelijke, en zo (meer)* **2.2** the very ~ for you *echt iets voor jou* **3.1** be not (quite) the ~ *niet passen / horen, niet gebruikelijk / de gewoonte / comme il faut / bon ton / netjes / beleefd zijn* **3.3** the ~ is to do sth. *de hoofdzaak / ons streven is iets te doen* **3.¶** ⟨vnl. BE⟩ he was not feeling quite the ~ *hij voelde zich niet erg / al te lekker / zo best;* not know the first ~ about *niet het minste verstand hebben van* **5.1** quite the ~ *erg in (de mode / trek) / trendy, de (laatste / nieuwste) mode, het (aller)laatste snufje, het helemaal* **5.2** just the ~ I need *juist / precies wat ik nodig heb;* be just the ~ *volledig v. pas komen, je ware zijn* **6.1** the latest ~ **in** ties *een das naar de laatste mode, het laatste snufje / de laatste nieuwigheid op dassengebied* **6.3** the ~ **about** Stephen *wat Steven zo typeert* **7.¶** that's the last ~ I'd do *dat is wel het allerlaatste wat ik zou doen, dat zou ik het minst v. al / het allerminst doen* **8.3** the ~ is that *het is zaak / het belangrijkste is / de (hoofd)zaak is / vraag is / het komt erop aan (om / of / dat);*
III ⟨mv.; ~s⟩ **0.1** ⟨ben. voor⟩ ***spullen*** *⇒zaken, bullen, boel(tje), rommel; kleren, goed, uitrusting; gerei, benodigdheden; van alles* **0.2** ***(algemene) toestand*** *⇒(stand v.) zaken, dingen, omstandigheden* **0.3** ⟨jur.⟩ ***goed(eren)*** *⇒eigendom(men), bezit(tingen)* **0.4** ⟨gevolgd door bn.⟩ ***al(les)(wat ... is)*** ⟨vaak scherts.⟩ ◆ **2.4** all ~s American *al(les) wat Amerikaans is / uit Amerika komt;* ~s political *de politiek / politieke wereld, het wereldje v.d. politici* **3.1** pack one's ~s *zijn boeltje bijeenpakken;* ~s for sewing *naaigerei / gerief* **3.2** ~s are changing for the worse *de toestand gaat achteruit, het gaat slechter en slechter;* that would only make ~s worse *dat zou het allemaal alleen maar verergeren* **5.2** how are ~s, ⟨inf.⟩ how's ~s? *hoe gaat / staat het (met de zaken / ermee)?, alles kits?.*

thing·a·ma·jig, thing·um·a·jig ['θɪŋəmɪdʒɪg], **thing·a·ma·bob, thing·um·(a)·bob** [-bɒb‖-bɑb], **thing·a·my, thing·um·my** ['θɪŋəmi] ⟨f1⟩ ⟨telb. en n.-telb.zn.; →mv. 2⟩ **0.1** ***dinges*** ⟨ook mbt. persoon⟩ *⇒dingsigheidje* ⟨waarvan men de naam niet (meer) kent⟩.

'thing-in-it'self ⟨telb.zn.; things-in-themselves; →mv. 6⟩ **0.1** ***ding op zich(zelf)(beschouwd)*** *⇒metafysische realiteit, noumenon, Ding an sich.*

think[1] [θɪŋk] ⟨f1⟩ ⟨telb.zn.⟩ ⟨inf.⟩ **0.1** ***gedachte*** *⇒idee, mening, opvatting* **0.2** ⟨geen mv.⟩ ***bedenking*** *⇒beraad, overweging* ◆ **2.2** have a hard ~ *diep / hard nadenken, de hersens inspannen* **3.1** exchange ~s *v. gedachten wisselen* **3.2** have a ~ about *eens (na)denken over, in overweging nemen* **3.¶** ⟨inf.⟩ have got another ~ coming *het lelijk mis hebben, de bal misslaan, ernaast zitten, het bij het verkeerde eind hebben.*

think[2] ⟨f4⟩ ⟨ww.; thought, thought [θɔ:t]⟩ →thinking ⟨→sprw. 157, 173, 268, 270, 621, 682⟩
I ⟨onov.ww.⟩ **0.1** ***denken*** *⇒*⟨i.h.b.⟩ *(erover) nadenken, zich (goed) bedenken* **0.2** ***het verwachten*** *⇒het vermoeden / in de gaten hebben* ◆ **1.1** ~ a moment *denk eens even na, bezin je eens even;* the power to ~ *het denkvermogen* **3.1** let me ~ *wacht eens (even), laat eens (effen) kijken* **4.1** ~ for o.s. *zelfstandig denken / oordelen, een eigen mening vormen;* ~ to o.s. *bij zichzelf denken* **5.1** ~ again *er nog eens over (na)denken, tot andere gedachten komen, v. idee / gedachten veranderen;* ~ **ahead** (to) *vooruitdenken (aan), zich voorbereiden (op), plannen;* ~ aloud *hardop denken, zeggen wat men denkt;* ~ **back** a few years *een paar jaar terugdenken;* ~ **back** to *terugdenken aan, zich in gedachten verplaatsen naar, (zich) weer voor de geest roepen;* ~ deeply / hard *diep / hard / ingespannen nadenken;* yes, I ~ so *ja, ik denk / geloof v. wel / denk het;* I don't ~ so, I ~ not *ik denk / geloof v. niet / denk het niet;* ~ twice *er (nog eens) goed over nadenken, het nog eens goed overwegen, zich nog eens bezinnen* **5.2** she usually strikes when you least ~ *ze slaat meestal toe als je er het minst om denkt / op bedacht bent;* I thought as much *heb ik het niet gedacht?, dat was te verwachten, ik vermoedde al zo iets / had het al wel zo half en half verwacht, precies wat ik dacht / verwachtte* **5.¶** ~ big *het groots aanpakken, ambitieus / eerzuchtig zijn, ambitieuze plannen hebben / koesteren;* ⟨sl.⟩ I don't ~ *maar niet heus;* ⟨sl.; iron.⟩ you did a nice piece of work, I don't ~ *dat heb je (werkelijk) fantastisch gedaan (maar niet heus);* ~ rich *denken / redeneren (zo) als iem. die geld heeft* **6.1** ~ **about** *denken aan, nadenken over; overdenken, overwegen, onderzoeken* ⟨idee, voorstel, plan⟩; *(terug)denken aan* ⟨schooljaren, vakantie⟩; ~ **about** moving *er ernstig over denken om te verhuizen;* ~ (alike) **with** *het eens zijn / instemmen met, zich aansluiten bij, er hetzelfde over / van denken als* **6.2** ~ **for** *denken, verwachten, vermoeden* **6.¶** →think **of;**
II ⟨ov.ww.⟩ **0.1** ***denken*** *⇒aanzien, achten, beschouwen, vinden, geloven* **0.2** ***(na)denken over*** *⇒be / overdenken, zijn gedachten laten gaan over* **0.3** ***overwegen*** *⇒(eraan / erover) denken, (half) v. plan zijn, willen, de bedoeling hebben* **0.4** ***denken aan*** *⇒zich herinneren, niet vergeten* **0.5** ***(in)zien*** *⇒zich (in)denken / voorstellen, voor de geest halen, begrijpen, denken* **0.6** ***verwachten*** *⇒vermoeden, denken om, bedacht zijn op* ◆ **1.2** ~ business all day *de hele dag door met zaken bezig zijn;* ~ computers *enkel en alleen maar aan computers denken;* ~ hard things *hard / streng oordelen;* ~ great thoughts *grootse ideeën / plannen hebben* **1.5** one cannot easily ~ infinity *het oneindige laat zich niet makkelijk denken / vatten* **2.1** ~ s.o. pretty *iem. knap / mooi vinden;* it is not thought proper *het hoort niet* **3.3** we thought to return early *we waren niet v. plan lang te blijven* **3.4** he didn't ~ to switch off the headlights *hij vergat / had er niet aan gedacht de koplampen uit te doen* **3.5** you can't ~ *je kan onmogelijk begrijpen / (het) je niet voorstellen / hebt er geen idee van* **3.6** he thought to fool her *hij dacht /*

hoopte haar te kunnen beetnemen; she never thought to see us here ze had nooit gedacht/verwacht ons hier te treffen 4.1 rather awkward, I'm ~ing nogal vervelend, denk ik/zou ik (zo) denken/zeggen/mag ik wel zeggen; he ~s himself quite a personage hij vindt zichzelf een hele piet; I thought it only fair ik vond het alleen maar eerlijk 4.2 ~ o.s. silly zich suf denken 4.¶ ~ nothing of s.o. niet veel met iem. ophebben, de neus voor iem. ophalen; ~ nothing of sth. iets niets bijzonders/ongewoons/verdachts vinden, iets maar niks/een peuleschilletje vinden, niet zwaar aan iets tillen, zijn hand voor iets niet omdraaien; ~ nothing of it dat is niets/helemaal niet erg/geen probleem, hoor; geen dank, graag gedaan; het mag geen naam hebben; she ~s nothing of cramming all night ze kan de hele nacht doorhengsten (of het niets is) 5.2 ~ **away** wegdenken, uit zijn hoofd zetten, wegcijferen, negeren ⟨bv. pijn⟩; she thought **away** the whole afternoon ze heeft de hele middag zitten (na)denken; ~ **out** overdenken, goed (na)denken over, overwegen, onderzoeken; uit/bedenken, ontwerpen, zorgvuldig plannen, uitkienen, (uit)vinden; that needs ~ing **out** dat moeten we nog eens goed bekijken; ~ **over** overdenken, (goed/ernstig/verder) nadenken over, in bedenking/overweging houden; one day to ~ the matter **over** één dag bedenktijd; ~ **through** doordenken, overdenken, (goed) nadenken over, overwegen, (tot in de puntjes) onderzoeken; ~ **up** bedenken, uitdenken, ontwerpen, verzinnen, beramen; ~ **up** ideas of one's own met eigen ideeën komen aandraven 5.3 yes, I thought so ja, dat was de bedoeling/het plan 6.1 ~ **about/of** vinden/denken van, staan tegenover, een mening hebben over ⟨verklaring, beslissing, aanbod⟩; what do you ~ **about** that? hoe/wat denk je erover? wat vind je daarvan?; ~ **out for** o.s. voor/met zichzelf uitmaken, voor zichzelf beslissen/bepalen 6.2 ~ sth. **into** existence iets uitdenken/in het leven roepen 8.2 she was ~ing when to leave ze vroeg zich af wanneer ze zou vertrekken ¶.1 do you ~ it will snow? denk je dat het gaat sneeuwen? ¶.2 and to ~ (that) en dan te moeten bedenken dat; ~ what you're doing bedenk wat je doet ¶.3 I ~ I'll have a bath ik denk dat ik een bad neem ¶.4 I can't ~ now what her name was ik kan me nu niet herinneren hoe ze heette, haar naam wil me nu niet te binnen schieten ¶.5 she couldn't ~ how he did it ze begreep niet/kon (het) zich niet voorstellen hoe hij het voor elkaar had gekregen.

think·a·ble ['θɪŋkəbl] ⟨bn.; -ly; -ness; →bijw. 3⟩ **0.1** ***denkbaar*** ⇒voorstelbaar, ⟨bij uitbr.⟩ mogelijk.

'think-box ⟨telb.zn.⟩ ⟨sl.⟩ **0.1** ***hersens***.

think·er ['θɪŋkə‖-ər] ⟨f2⟩ ⟨telb.zn.⟩ **0.1** ***denker*** ⇒geleerde, filosoof **0.2** ⟨sl.⟩ ***hersens*** ◆ **2.1** be a careful ~ altijd zorgvuldig nadenken.

'think-in ⟨telb.zn.⟩ ⟨inf.⟩ **0.1** ***conferentie*** ⇒symposium.

think·ing¹ ['θɪŋkɪŋ] ⟨f2⟩ ⟨zn.; gerund v. think⟩

I ⟨n.-telb.zn.⟩ **0.1** ***(het) (na)denken*** **0.2** ***mening*** ⇒gedachte, oordeel, idee, opinie **0.3** ***denkwijze*** ⇒denk/gedachtenwereld ◆ **1.1** way of ~ denkwijze, zienswijze, gedachtengang; be of s.o.'s way of ~ (erover) denken zoals/v. dezelfde gedachte zijn als iem. **2.3** in modern ~ in het moderne denken **3.1** he did some hard ~ hij dacht er (eens) diep over na **6.2** what is your ~ **on** this? wat denk je hierover?, hoe denk jij erover?; **to** my ~ volgens mij, naar/volgens mijn idee, naar mijn mening/oordeel/gedachte(n), mijns inziens;

II ⟨mv.; ~s⟩ **0.1** ***gedachten*** ⇒gepeins.

thinking² ⟨f1⟩ ⟨bn., attr.; teg. deelw. v. think; -ly; -ness⟩ **0.1** ***(na) denkend*** ⇒redelijk, verstandig, intelligent, bewust ◆ **1.1** the ~ public het denkend deel v.h. volk, iedereen die nadenkt/op de hoogte is.

'thinking cap ⟨telb.zn.⟩ ◆ **3.¶** put on one's ~ zijn hersens laten kraken, diep nadenken, prakkezeren.

'think of ⟨onov.ww.⟩ **0.1** ***denken aan*** ⇒(zich) bedenken, rekening houden met, zich rekenschap geven van, voor ogen houden **0.2** ***(erover) denken om*** ⇒overwegen, onderzoeken, v. plan zijn, willen **0.3** ⟨vnl. na can/could not, en na try, want e.d.⟩ ***zich herinneren*** ⇒zich te binnen brengen, voor de geest halen **0.4** ***bedenken*** ⇒voorstellen, uitdenken, ontwerpen, verzinnen, (uit)vinden **0.5** ***aanzien*** ⇒aanslaan, een mening/opinie/dunk/gedachte hebben van ◆ **1.4** ~ a number neem/kies een getal **3.2** be thinking of doing sth. (juist) overwegen/erover denken/v. plan zijn/zich voorgenomen hebben iets te doen; I must be thinking of going ik moest maar eens gaan **3.3** she couldn't ~ my name ze kon niet op mijn naam komen **4.1** I never ~ anyone but myself ik denk alleen maar aan mezelf; (just/to) ~ it! stel je voor!, alleen al de gedachte!, je kan het je niet voorstellen!; now that I come to ~ it nu, als ik me goed bedenk **4.4** we'll ~ sth. we vinden er wel iets op **5.2** he would never ~ (doing) such a thing zo iets zou nooit bij hem opkomen; I won't/wouldn't/can't/couldn't ~ it! ik denk er niet aan!, geen denken aan!, ik peins er niet over!, geen sprake van! **5.5** think better of s.o. een betere opinie v. iem. hebben/krijgen; think highly of veel ophebben/weglopen met, hoog aanslaan, een hoge dunk hebben van; think little/not much of weinig ophebben/niet weglopen met, niet veel moeten/een lage dunk hebben van, helemaal niet aardig vinden; heel gewoon/niets bijzonders vinden; be well thought of hoog aangeslagen worden **5.¶** think better of it zich bedenken, ervan afzien, ervan/erop terugkomen, het maar laten varen/opgeven; she thought better of interfering ze besloot zich er maar niet mee te bemoeien.

'think piece ⟨telb.zn.⟩ **0.1** ***opiniërend krantenartikel*** ⇒⟨ong.⟩ hoofdartikel.

'think tank ⟨f1⟩ ⟨verz.n.⟩ **0.1** ***denktank*** ⇒researchinstituut, studiecentrum, (interdisciplinair) onderzoeksteam, (algemene) adviescommissie, groep specialisten.

'thin-'lipped ⟨bn.⟩ **0.1** ***dunlippig*** ⇒met dunne lippen.

thin·ner ['θɪnə‖-ər] ⟨f1⟩ ⟨telb. en n.-telb.zn.⟩ **0.1** ***verdunner*** ⇒verdunningsmiddel, thinner.

thin·nish ['θɪnɪʃ] ⟨bn.⟩ **0.1** ***tamelijk/vrij dun*** ⇒nogal smal/ijl/mager/slap/zwak.

'thin-'skinned ⟨bn.; -ness⟩ **0.1** ***dun v. huid/schil*** **0.2** ***overgevoelig*** ⇒⟨pej.⟩ lichtgeraakt, prikkelbaar, kregel(ig).

thio- ['θaɪoʊ], **thi-** [θaɪ-] ⟨schei.⟩ **0.1** ***thi(o)-*** ⇒zwavel- ◆ **¶.1** thiosulphate thiosulfaat; thiourea thioureum.

'thio alcohol ⟨n.-telb.zn.⟩ ⟨schei.⟩ **0.1** ***thioalcohol***.

'thio ether ⟨n.-telb.zn.⟩ ⟨schei.⟩ **0.1** ***thioëther***.

third¹ [θɜːd‖θɜrd] ⟨ov.ww.⟩ **0.1** ***in drie delen verdelen*** **0.2** ***als derde persoon ondersteunen*** ⟨motie⟩.

third² ⟨f4⟩ ⟨telw.⟩ **0.1** ***derde*** ⇒⟨tech.⟩ derde versnelling; ⟨muz.⟩ terts; ⟨ec.⟩ tertiawissel; ⟨school., bij examen⟩ derde rang, ⟨ong.⟩ voldoende; ⟨in mv.⟩ ⟨gesch.⟩ derde deel v. erfenis voorbehouden voor weduwe; ⟨in mv.⟩ ⟨hand.⟩ derde kwaliteit/keus ◆ **1.1** ~ class derde klas; ~ day dinsdag; ⟨jur.⟩ ~ party/person derden; I am the ~ in the row ik ben de derde in de rij **2.1** ~ best op twee na de beste **6.1** **in** ~ (gear) in zijn drie/derde versnelling; ⟨muz.⟩ an interval **of** a ~ een interval van een terts **¶.1** ~(ly) ten derde, in/op de derde plaats, tertio.

'third-'class ⟨f1⟩ ⟨bn.; bw.⟩ **0.1** ***derderangs-*** ⇒derdeklas(se)-, v.d. derde rang/klasse ⟨mbt. kwaliteit; in BE ook mbt. examenresultaten; in U.S.A. en Canada ook mbt. niet-afgestempeld drukwerk⟩ ◆ **3.1** dictionary-copy shouldn't be mailed ~ kopij voor een woordenboek mag niet als gewoon drukwerk verzonden worden.

'third-de·gree ⟨f1⟩ ⟨bn., attr.⟩ **0.1** ***derdegraads-*** ⇒in de derde graad **0.2** ⟨AE; jur.⟩ ***in de derde graad*** ⇒eenvoudig ◆ **1.1** ~ burns derdegraadsverbranding **1.2** ~ arson eenvoudige brandstichting.

'third-grade ⟨f1⟩ ⟨bn., attr.⟩ ⟨AE; school.⟩ **0.1** ***derdeklas-*** ⇒v./mbt. de derde klas ⟨v. lagere school⟩.

'third-par·ty ⟨bn., attr.⟩ ⟨verz.⟩ **0.1** ***tegenover derden*** ⇒(wettelijke/burgerlijke) aansprakelijkheids- ◆ **1.1** ~ insurance verzekering tegenover derden, aansprakelijkheidsverzekering.

'third-'rate ⟨f1⟩ ⟨bn.⟩ **0.1** ***derderangs*** ⇒v. slechte kwaliteit.

'Third 'World ⟨n.-telb.zn.; the; ook attr.⟩ **0.1** ***derde wereld*** ◆ **1.1** ~ countries derde-wereldlanden.

thirl¹ [θɜːl‖θɜrl] ⟨telb.zn.⟩ ⟨BE; gew.⟩ **0.1** ***gat*** ⇒gaatje, opening, hol, doorboring **0.2** →thrill.

thirl² ⟨ov.ww.⟩ ⟨BE; gew.⟩ **0.1** ***doorboren*** **0.2** →thrill.

thirst¹ [θɜːst‖θɜrst] ⟨f2⟩ ⟨telb. en n.-telb.zn.; geen mv.⟩ **0.1** ***dorst*** ⟨ook fig.⟩ ⇒sterk/vurig verlangen, begeerte, lust ◆ **3.1** die of ~ omkomen/sterven v.d. dorst; it gives me a ~ ik krijg er dorst van; have a ~ dorst hebben, een droge keel hebben; wel een borrel/glaasje lusten; satisfy one's ~ zijn dorst lessen **6.1** ~ **after/for/of** dorst naar ⟨ook fig.⟩; ~ **for** blood bloeddorst; ~ **for** knowledge dorst/zucht naar kennis.

thirst² ⟨f1⟩ ⟨onov.ww.⟩ **0.1** ***dorsten*** ⟨ook fig.⟩ ⇒dorst hebben, sterk/vurig verlangen ◆ **6.1** ~ **after/for** dorsten/verlangen/hunkeren/snakken/smachten naar; ⟨bijb.⟩ ~ **after** revenge naar wraak dorsten; be ~ing **for** adventure uit zijn op avontuur, het avontuur zoeken.

thirst·er ['θɜːstə‖-ər] ⟨telb.zn.⟩ **0.1** ***dorstig persoon***.

thirst·y ['θɜːsti‖'θɜrsti] ⟨f2⟩ ⟨bn.; -er; -ly; -ness; →bijw. 3⟩

I ⟨bn.⟩ **0.1** ***dorstig*** ⇒dorst hebbend **0.2** ***droog*** ⇒dor, uitgedroogd, dorstig ⟨seizoen, land⟩ **0.3** ***dorstverwekkend*** ⇒dorstig makend ◆ **1.3** a ~ game een spel waar je dorst v. krijgt **3.1** be/feel ~ dorst hebben;

II ⟨bn., pred.⟩ **0.1** ***dorstend*** ⇒verlangend, begerig, tuk ◆ **6.1** be ~ **for** dorsten/hunkeren/snakken/verlangend uitkijken naar.

thir·teen ['θɜː'tiːn‖'θɜr-] ⟨f3⟩ ⟨telw.⟩ **0.1** ***dertien*** ⟨ook voorwerp/groep ter waarde/grootte v. dertien⟩.

thir·teenth ['θɜː'tiːnθ‖'θɜr-] ⟨f2⟩ ⟨telw.⟩ **0.1** ***dertiende***.

thir·ti·eth ['θɜːtiɪθ‖'θɜrtiɪθ] ⟨f1⟩ ⟨telw.⟩ **0.1** ***dertigste***.

thir·ty [θɜːti‖θɜrti] ⟨f3⟩ ⟨telw.⟩ **0.1** ***dertig*** ⟨ook voorwerp/groep ter waarde/grootte v. dertig⟩ **0.2** ***XXX*** ⟨slotformule v. telegram⟩

⇒*slot, einde, besluit, goedendag* ◆ **3.2** he wrote ~ on the project *hij sloot het project af;* the ~ indicating the end of het interview *de slotformule die het interview afrondde* **6.1** a man **in** his thirties *een man van in de dertig;* **in** the late thirties *in de late dertiger jaren.*

thir·ty·ish ['θɜ:tiɪʃ‖'θɜrt̬iɪʃ]⟨bn.⟩ **0.1** ***tegen de/ongeveer dertig jaar (oud).***

'thir·ty-'sec·ond ⟨telw.⟩ **0.1** ***tweeëndertigste*** ◆ **1.1** ⟨AE; muz.⟩ ~ note *tweeëndertigste noot.*

'thir·ty-'three ⟨telb.zn.⟩⟨sl.⟩ **0.1** ***drieëndertig toeren plaat.***

this[1] [ðɪs]⟨f4⟩⟨aanw.vnw.; mv. these; →aanwijzend woord en aanwijzing⟩ **0.1** ***dit/deze*** ⇒*die/dat* **0.2** ***nu*** ⇒*dit* **0.3** ***hier*** ◆ **1.1** these are my daughters *dit zijn mijn dochters;* a fine mess, ~ *dit is me toch een rommel;* the points at issue are these: housing, employment, ... *de punten waarover het gaat zijn de volgende: huisvesting, tewerkstelling, ...* **1.2** ~ is the fifth of June *dit is de vijfde juni* **4.1** a scholar and a jester, ~ an old man, that a young lad *een geleerde en een nar, de laatste/laatstgenoemde een oude man en de eerste/eerstgenoemde een jongen;* ~ is a rose and that a lily *dit is een roos en dat een lelie;* what's all ~? *wat is hier (allemaal) aan de hand?;* ~ is where I live *hier woon ik;* ⟨AE⟩⟨aan telefoon⟩ who is ~? *met wie spreek ik?* **4.¶** ~ is it! *dit is het einde/geweldig!; nu heb ik er genoeg van!;* he considered ~ and that *hij overwoog een en ander;* they talked about ~, that and the other/ about ~ and that *ze praatten over ditjes en datjes/over koetjes en kalfjes/over van alles en nog wat;* it was Mr Smith ~ and Mr Smith that *het was Mr. Smith voor en na* **6.1** do it **like** ~ *doe het zo;* it's/things are **like** ~ *'t zit zo, de zaken liggen zo* **6.2 after** ~ *hierna;* **at** ~ *op dit/dat ogenblik, hierop, hierna;* such disasters have happened **before** ~ *zulke rampen zijn al eerder/vroeger ook nog gebeurd;* he'll have arrived **by** ~ *hij zal nu wel aangekomen zijn;* **from** ~ **till** midnight *van nu tot middernacht* **6.3 from** ~ **to** London *v. hier naar/tot Londen;* get **out of** ~ *maak dat je hier wegkomt* **6.¶ for** all ~ *niettegenstaande dit alles, toch, niettemin* **¶.1** he won the competition and ~ entirely by his own effort *hij won de wedstrijd en dit (deed hij) volledig door eigen inzet.*

this[2] ⟨f1⟩⟨bw.⟩ **0.1** ***zo*** ◆ **2.1** I'm surprised it's ~ bad *het verbaast mij dat het zo slecht is* **4.1** I know ~ much, that the idea's crazy *ik weet in elk geval dat het een krankzinnig idee is* **5.1** I didn't know it would take ~ long *ik wist niet dat het zo lang zou duren.*

this[3] ⟨f4⟩⟨det.; mv. these⟩

I ⟨aanw.det.; →aanwijzend woord en aanwijzing⟩ **0.1** ***dit/deze*** ⇒*die/dat* **0.2** ⟨temporele nabijheid⟩ ***laatste/voorbije*** ⇒*komende* ◆ **1.1** ~ accident you mentioned *dat ongeval waarover je het had;* ~ author *deze schrijver;* ~ message he sent: that he would always remember you *deze boodschap stuurde hij: hij zou je nooit vergeten;* ~ very moment *op ditzelfde ogenblik;* these theories, however, all seem plausible *voormelde theorieën, echter, lijken allemaal aanvaardbaar* **1.2** ~ day *(de dag v.) vandaag/heden;* these days *tegenwoordig;* I've been calling ~ past hour *ik ben al een uur aan het roepen;* do it ~ minute *doe het nu meteen;* ~ morning *vanmorgen;* where are you travelling ~ summer? *waar reis je de komende zomer naartoe?;* ~ week *deze week;* hope you enjoy these next six weeks *geniet v.d. volgende zes weken;* I'm leaving ~ Wednesday *ik vertrek (aanstaande) woensdag;* after all these years *na al die jaren* **5.1** ~ girl here, ⟨substandaard⟩ ~ here girl *dit meisje (hier)* **7.1** ⟨schr.⟩ ~ our home *dit ons huis;* do you want ~ suit or that one? *wil je dit pak of dat?;*

II ⟨onb.det.⟩⟨inf.⟩ **0.1** ***een (zekere)*** ◆ **1.1** there was ~ beautiful cupboard *er stond daar zo'n prachtige kast;* ~ fellow came cycling along *er kwam een kerel aangefietst.*

this·ness ['ðɪsnəs]⟨n.-telb.zn.⟩⟨fil.⟩ **0.1** ***haecceitas*** ⇒*het-dit-zijn.*

this·tle ['θɪsl]⟨f1⟩⟨telb.zn.⟩⟨plantk.⟩ **0.1** ***distel*** ⟨ook nationaal embleem v. Schotland; genus Carduus⟩ ◆ **1.1** Order of the Thistle *orde v.d. distel* ⟨Schotse ridderorde⟩ **2.1** Scotch ~ *wegdistel* ⟨Onopordum acanthium⟩ **3.1** creeping ~ *akkerdistel* ⟨Cirsium arvense⟩.

'thistle butterfly ⟨telb.zn.⟩⟨dierk.⟩ **0.1** ***distelvlinder*** ⟨Vanessa cardui⟩.

'this·tle·down ⟨n.-telb.zn.⟩ **0.1** ***distelpluis.***

this·tly ['θɪsli]⟨bn.⟩ **0.1** ***distel(acht)ig*** ⇒*vol distels* **0.2** ***netelig*** ⇒*moeilijk, lastig.*

thith·er ['ðɪðə‖'θɪðər]⟨bn.; bw.⟩⟨vero.⟩ **0.1** ***derwaarts*** ⇒*daar(heen/henen), ginds* ◆ **1.1** on the ~ side *aan gene/gindse zijde, aan de overkant* **5.1** hither and ~ *her en der, hier- en daarheen, naar alle kanten.*

thith·er·to ['ðɪðə'tu:‖'θɪðər'tu:]⟨bw.⟩⟨vero.⟩ **0.1** ***tot die tijd/dan toe.***

thith·er·ward ['ðɪðəwəd‖'θɪðərwərd], **thith·er·wards** [-wədz‖-wərdz]⟨bw.⟩⟨vero.⟩ **0.1** ***derwaarts*** ⇒*daarhe(n)en, in die richting.*

thix·o·trop·ic ['θɪksə'trɒpɪk‖-'trɑpɪk]⟨bn.⟩⟨schei.⟩ **0.1** ***thixotroop.***

thix·ot·ro·py [θɪk'sɒtrəpi‖-'sɑ-]⟨n.-telb.zn.⟩⟨schei.⟩ **0.1** ***thixotropie*** ⟨omkeerbare, isotherme gel-sol overgang⟩.

tho', tho →though.

thole[1] [θoʊl], **'thole pin** ⟨telb.zn.⟩ **0.1** ***dol(pen)*** ⇒*riempin, roeidol/pen.*

thole[2] ⟨onov. en ov.ww.⟩⟨vero. of Sch. E⟩ **0.1** ***lijden*** ⇒*eronder lijden, (lijdzaam) ondergaan, dulden, verdragen, uithouden, gedogen.*

Thom·as ['tɒməs‖'tɑ-]⟨zn.⟩

I ⟨eig.n.⟩ **0.1** ***Thomas*** ◆ **1.¶** ~ Atkins *tommy, gewoon (Brits) soldaat* **3.1** a doubting ~ *een ongelovige Thomas* ⟨naar Joh. 20:24-29⟩;

II ⟨telb.zn.⟩ **0.1** ***tommy*** ⇒*gewoon (Brits) soldaat, Jan Fuselier* ⟨blanke soldaat v.h. Britse leger⟩.

Tho·mism ['toʊmɪzm]⟨n.-telb.zn.⟩ **0.1** ***thomisme.***

Tho·mist[1] ['toʊmɪst]⟨telb.zn.⟩ **0.1** ***thomist*** ⇒*aanhanger/volgeling v. Thomas v. Aquino/het thomisme.*

Thomist[2], Tho·mis·tic [toʊ'mɪstɪk], **Tho·mis·ti·cal** [-ɪkl]⟨bn.⟩ **0.1** ***thomistisch*** ⇒*van/mbt./volgens het thomisme.*

thong[1] [θɒŋ‖θɔŋ]⟨f1⟩⟨telb.zn.⟩ **0.1** ⟨ben. voor⟩ ***(leren) riem(pje)*** ⇒*band, bindriem, reep, snoer; zweep(koord/touw); teugel(riem/reep)* **0.2** ⟨vnl. mv.⟩⟨AE⟩ ***(teen)slipper*** ⇒*sandaal.*

thong[2] ⟨ov.ww.⟩ **0.1** ***een riem(pje) vastmaken aan*** **0.2** ***riemen*** ⇒*(met een riem) (vast)binden/vastmaken* **0.3** ***met een riem slaan*** ⇒*zwepen, de zweep geven, afranselen.*

tho·rac·ic [θɔ:'ræsɪk]⟨bn.⟩⟨anat.⟩ **0.1** ***thoracaal*** ⇒*v./mbt./in/bij de thorax/borst(kas), borst-* ◆ **1.1** ~ cavity *borstholte;* ~ duct *borstbuis.*

tho·rax ['θɔ:ræks]⟨telb.zn.; ook thoraces ['θɔ:rəsi:z]; →mv. 5⟩ **0.1** ⟨anat.⟩ ***thorax*** ⇒*borst(kas)* ⟨v. mens, dier⟩, *borststuk* ⟨v. geleedpotige⟩ **0.2** ⟨gesch.⟩ ***borstplaat*** ⇒*kuras, (borst)harnas* ⟨vnl. bij Grieken⟩.

tho·ri·a ['θɔ:rɪə]⟨n.-telb.zn.⟩⟨schei.⟩ **0.1** ***thorium(di)oxide.***

tho·ri·um ['θɔ:rɪəm]⟨n.-telb.zn.⟩⟨schei.⟩ **0.1** ***thorium*** ⟨element 90⟩.

thorn [θɔ:n‖θɔrn]⟨f2⟩⟨zn.⟩⟨→sprw. 512⟩

I ⟨telb.zn.⟩ **0.1** ***doorn*** ⇒*stekel, prikkel, puntig/doornvormig uitsteeksel* **0.2** ***runeteken voor th*** ⟨ɵ, Oud- en Middelengels ook ð⟩ ◆ **1.¶** a ~ in one's flesh/side *een doorn in het vlees/oog, een voortdurende bron v. ergernis* **3.¶** be/sit on ~s *op hete kolen staan/zitten, zich niks op zijn gemak voelen, in de rats zitten, 'em knijpen;*

II ⟨telb. en n.-telb.zn.⟩ **0.1** ***doorn(boom/plant/struik).***

'thorn apple ⟨telb.zn.⟩⟨plantk.⟩ **0.1** ***doornappel*** ⟨vrucht en plant; Datura stramonium⟩.

'thorn·back ⟨telb.zn.⟩⟨dierk.⟩ **0.1** ***spinkrab*** ⟨Maja squinado⟩ **0.2** ***driedoornige stekelbaars*** ⟨Gasterosteus aculeatus⟩ **0.3** →thornback ray.

'thornback ray ⟨telb.zn.⟩⟨dierk.⟩ **0.1** ***stekelrog*** ⟨Raja clavata⟩.

'thorn·bill ⟨telb.zn.⟩⟨dierk.⟩ **0.1** ***doornsnavelkolibrie*** ⟨genus Chalcostigma⟩.

'thorn·bush ⟨telb.zn.⟩ **0.1** ***doorn(struik)*** ⇒⟨i.h.b.⟩ *meidoorn, (witte) hagedoorn* **0.2** ***doornbos(je).***

'thorn hedge ⟨telb.zn.⟩ **0.1** ***(mei)doornhaag*** ⇒*doornheg.*

'thorn lizard ⟨telb.zn.⟩⟨dierk.⟩ **0.1** ***moloch*** ⟨Moloch horridus⟩.

'thorn·tail ⟨telb.zn.⟩⟨dierk.⟩ **0.1** ***draadkolibrie*** ⟨genus Popelairia⟩.

'thorn tree ⟨telb.zn.⟩ **0.1** ***doornboom*** ⇒⟨i.h.b.⟩ *meidoorn.*

thorn·y ['θɔ:ni‖'θɔrni]⟨f1⟩⟨bn.; -er; -ly; -ness; →bijw. 3⟩ **0.1** ***doorn(acht)ig*** ⇒*vol doornen, doorn-, stekelig;* ⟨fig.⟩ *lastig, moeilijk, netelig; ergerlijk, verontrustend.*

thor·ough[1] ['θʌrə‖'θɜroʊ]⟨telb.zn.⟩ **0.1** ***doortastend beleid/optreden*** ⟨vnl. pol., gesch.⟩ ⇒*politieke tirannie, meedogenloze/harde politiek, wanbestuur* ⟨in Engeland in de 17de eeuw⟩.

thorough[2] ⟨f3⟩⟨bn.; -ly; -ness⟩

I ⟨bn.⟩ **0.1** ***grondig*** ⇒*degelijk, diepgaand, volledig, volkomen, gedetailleerd, nauwkeurig, nauwgezet* ◆ **1.1** a ~ change *een ingrijpende verandering* **1.¶** ⟨muz.⟩ ~ bass *generale/becijferde bas, basso continuo; bas(partij), continuopartij* **3.1** know s.o. ~ly *iem. door en door kennen;* ~ly tired *doodmoe, hondsmoe;*

II ⟨bn., attr.⟩ **0.1** ***echt*** ⇒*waar, volmaakt, typisch, onvervalst, aarts-, in hart en nieren* ◆ **1.1** ~ fool *volslagen idioot/echte hansworst;* a ~ lady *op-en-top een dame, een echte dame;* ~ scoundrel *doortrapte schurk.*

thorough[3] ⟨bw.⟩ **0.1** ⟨vero.⟩ ***erdoor(heen)*** **0.2** ⟨gew.; vnl. BE⟩ ***door en door*** ◆ **2.2** a ~ good lad *een door en door goede jongen* **3.1** cut ~ *doorgesneden.*

thorough[4] ⟨vz.⟩⟨vero.⟩ **0.1** ***door*** ⇒*doorheen* ◆ **1.1** saw ~ the smoke *zag door de rook heen.*

'thorough brace ⟨telb.zn.⟩⟨AE; gesch.⟩ **0.1** ***koetsriem*** ⟨draagt onderstel v. rijtuig⟩ **0.2** ***koets*** ⇒*rijtuig* ⟨met koetsriemen⟩.

thor·ough·bred[1] ['θʌrəbred||'θɜrou-]⟨f1⟩⟨zn.⟩
I ⟨telb.zn.⟩ 0.1 *rasdier* ⇒*stamboekdier;* ⟨i.h.b.⟩ *raspaard, volbloed* 0.2 *ervaren/bekwaam persoon* ⇒*kenner, vakman, deskundige* 0.3 *enthousiast* 0.4 *welopgevoed/beschaafd iem.* ⇒*(echte) heer/dame* 0.5 *eersteklas auto/voertuig;*
II ⟨telb. en n.-telb.zn.; T-⟩ 0.1 *Thoroughbred* ⟨(paard v.) gekruist Eng.-Arabisch ras v. renpaarden⟩ ⇒*Engels(e) volbloed (ras).*
thoroughbred[2] ⟨f1⟩⟨bn.; -ness⟩ 0.1 *volbloed* ⇒*v. onvermengd/zuiver ras, rasecht, ras-* ⟨ook fig.⟩; *vurig, vinnig; echt, onvervalst; eersteklas, klasse* ⟨(sport)auto⟩ 0.2 *welopgevoed* ⇒*beschaafd, elegant, fijn, gedistingeerd, stijlvol.*
thor·ough·fare ['θʌrəfeə||'θɜroufer]⟨f2⟩⟨zn.⟩
I ⟨telb.zn.⟩ 0.1 ⟨ben. voor⟩ *(drukke) verkeersweg* ⇒*hoofdstraat, hoofdweg; verkeersader; snelweg; verbindingsweg; belangrijke waterweg/zeestraat;*
II ⟨telb. en n.-telb.zn.⟩ 0.1 *doorgang* ⇒*doorsteek/loop/tocht/reis, het doorgaan/reizen/trekken* ◆ 6.1 the streetcar clanged **for** ~ *de tram belde om door te kunnen/mogen/de weg vrij te maken* 7.1 no ~ *geen doorgang/doorgaand verkeer, verboden toegang, doodlopende weg, privé-weg* ⟨verbodsteken⟩.
'thor·ough'go·ing ⟨f1⟩⟨bn.; -ly; -ness⟩
I ⟨bn.⟩ 0.1 *zeer grondig* ⇒*volledig, drastisch, radicaal, extreem, doortastend* ◆ 1.1 ~ cooperation *intense/verregaande samenwerking;*
II ⟨bn., attr.⟩ 0.1 *echt* ⇒*volmaakt, onvervalst, doortrapt, volslagen, in hart en nieren.*
'thor·ough'paced ⟨bn.⟩
I ⟨bn.⟩ 0.1 *volleerd* ⇒*volledig geschoold, grondig getraind, geoefend; goed bereden* ⟨paard⟩ 0.2 *grondig* ⇒*diepgaand, doortastend;*
II ⟨bn., attr.⟩ 0.1 *volmaakt* ⇒*onvervalst, echt, door de wol geverfd, aarts-* ◆ 1.1 a ~ optimist *een onverbeterlijke optimist.*
'thor·ough·pin ⟨telb. en n.-telb.zn.⟩ 0.1 *hakgezwel* ⟨paardeziekte⟩.
'thor·ough·wax ⟨n.-telb.zn.⟩⟨plantk.⟩ 0.1 *doorwas* ⟨Bupleurum rotundifolium⟩.
thorp(e) [θɔ:p||θɔrp]⟨telb.zn.⟩⟨vero.⟩ 0.1 *dorp* ⇒*gehucht.*
Thos ⟨afk.⟩ Thomas.
those ⟨mv.⟩ →that.
thou[1] [θaʊ]⟨telb.zn.; ook thou; →mv. 4⟩⟨inf.⟩ 0.1 *duizend(ste)* ⇒⟨i.h.b.⟩ *duizend pond/dollar.*
thou[2] [ðaʊ]⟨ov.ww.⟩⟨vero. of relig.⟩ 0.1 *met gij aanspreken.*
thou[3] ⟨f2⟩⟨p.vnw.⟩⟨vero. of relig.⟩ →thee, thyself 0.1 *gij* ◆ 3.1 be ~ my guide *wees gij mijn gids;* ~ shalt not kill *gij zult niet doden.*
though[1], ⟨inf.⟩ **tho'**, ⟨AE sp.⟩ **tho** [ðou]⟨f2⟩⟨bw.⟩ 0.1 *niettemin* ⇒*desondanks, toch wel* ◆ 3.1 I never really liked it, ~ *toch heb ik het nooit echt leuk gevonden.*
though[2], **tho'**, **tho**, ⟨meer schr. en niet in combinatie met even, as, what⟩ **al·though** [ɔ:l'ðou]⟨f4⟩⟨ondersch.vw.⟩ 0.1 *(al)hoewel* ⇒*niettegenstaande dat, ondanks (het feit) dat, zij het (dat), ofschoon, al* ◆ 5.¶ as ~ *alsof;* even ~ he has refused, he'll end up giving in *zelfs al heeft hij geweigerd, hij zal uiteindelijk wel toegeven* ¶.1 ~ he smiles I do not trust him *hoewel hij glimlacht vertrouw ik hem toch niet;* ⟨elliptisch⟩ ~ only six, he is a bright lad *hoewel hij nog maar zes jaar is, is hij een slim jongetje;* bad ~ it may be, it's not a catastrophe *ook al is het erg/hoe erg het ook mag zijn, het is geen catastrofe.*
thought[1] [θɔ:t]⟨f4⟩⟨zn.⟩⟨→sprw. 602, 753⟩
I ⟨telb.zn.⟩ 0.1 *gedachte* 0.2 *gedachte* ⇒*bedoeling, plan* 0.3 ⟨vaak mv.⟩ *idee* ⇒*opinie, gedachte, mening* 0.4 *beetje* ⇒*ietwat, tikje, snufje* ◆ 3.¶ perish the ~! *de gedachte alleen al!, ik moet er niet aan denken!* 6.1 be **in** s.o.'s ~s *in iemands gedachten zijn* 6.3 I don't know his ~s **on** those matters *ik weet niet hoe hij over die zaken denkt* 7.2 I am sure she had no ~ of hurting *ik weet zeker dat het niet haar bedoeling was om te kwetsen* 7.¶ on second ~(s) *bij nader inzien, als ik er nog eens over nadenk;* have second ~s *zich bedenken, v. idee veranderen;*
II ⟨n.-telb.zn.⟩ 0.1 *het denken* ⇒*de gedachte* 0.2 *het denken* ⇒*denkwijze* 0.3 *het denken* ⇒*de rede, het denkvermogen* 0.4 *het nadenken* ⇒*de aandacht* 0.5 *hoop* ⇒*verwachting* ◆ 3.4 he was always full of ~ *hij was altijd even zorgzaam;* give ~ to *in overweging nemen;* take ~ *nadenken* 3.5 I had given up all ~ of ever getting away from there *ik had alle hoop opgegeven er nog ooit vandaan te komen* 5.¶ quick as ~ *bliksemsnel, snel als de gedachte* 6.1 **in** ~ *in gedachten verzonken* 6.4 **after** serious ~ *na ernstig nadenken, na rijp beraad;* have/take no ~ **for** *geen aandacht besteden aan, niet letten op;* act **without** ~ *handelen zonder na te denken, overijld te werk gaan.*
thought[2] ⟨verl. t., volt. deelw.⟩ →think.
thought·ful ['θɔ:tfl]⟨f3⟩⟨bn.; -ly; -ness⟩ 0.1 *nadenkend* ⇒*peinzend* 0.2 *diepzinnig* ⇒*oorspronkelijk, wijs* 0.3 *attent* ⇒*zorgzaam, oplettend.*
thought·less ['θɔ:tləs]⟨f2⟩⟨bn.⟩ 0.1 *gedachteloos* 0.2 *onnadenkend* ⇒*achteloos, zorgeloos* 0.3 *roekeloos* ⇒*onbezonnen* 0.4 *onattent* ⇒*zelfzuchtig.*
'thought-'out ⟨bn.⟩ 0.1 *doordacht* ⇒*doorwrocht.*
'thought-pro·vok·ing ⟨bn.⟩ 0.1 *tot nadenken stemmend* ⇒*stimulerend, diepzinnig.*
'thought-read·er ⟨telb.zn.⟩ 0.1 *gedachtenlezer.*
'thought-read·ing ⟨n.-telb.zn.⟩ 0.1 *het gedachtenlezen.*
'thought-trans·fer·ence ⟨n.-telb.zn.⟩ 0.1 *telepathie.*
'thought-wave ⟨telb.zn.⟩ 0.1 *telepathische gedachtengolf.*
thou·sand ['θaʊznd]⟨f4⟩⟨telw.⟩ 0.1 *duizend* ⟨ook voorwerp/groep ter waarde/grootte v. duizend⟩ ⇒⟨fig.⟩ *talloos* ◆ 1.1 it's a ~ pities *het is verschrikkelijk jammer/eeuwig zonde;* she asked a ~ (and one) questions *ze stelde een massa/duizend en één vragen;* ⟨inf.⟩ a ~ thanks *duizendmaal bedankt* 4.1 he's one in a ~ *hij is er een uit duizend, zo zijn er niet veel* 6.1 they came **by** the/**in** their ~s *ze kwamen met/bij duizenden;* a mistake **in** the ~s *een fout in de duizendtallen/duizenden;* I've got ~s **of** jobs to finish *ik moet nog een heleboel karweitjes afmaken;* ~s **upon** ~s *duizenden en (nog eens) duizenden;* ~ **to** one (chance) *een kans v. een op duizend* 7.1 thousand-and-one *duizend-en-een, ontelbaar veel.*
thou·sand·fold[1] ['θaʊzndfould]⟨f1⟩⟨bn.⟩ 0.1 *duizendvoudig* ⇒*duizendmaal zo veel/groot.*
'thousand'fold[2] ⟨f1⟩⟨bw.⟩ 0.1 *duizendmaal* ⇒*duizendvoudig.*
thou·sandth ['θaʊzndθ]⟨f1⟩⟨telw.⟩ 0.1 *duizendste.*
thral·dom, ⟨AE sp.⟩ **thrall·dom** ['θrɔ:ldəm]⟨n.-telb.zn.⟩ 0.1 *slavernij.*
thrall[1] [θrɔ:l]⟨zn.⟩
I ⟨telb.zn.⟩ 0.1 *slaaf* ⟨ook fig.⟩ ⇒*verslaafde, onderworpene;*
II ⟨n.-telb.zn.⟩ 0.1 *slavernij* ⇒*verslaafdheid* ⟨ook fig.⟩ ◆ 6.1 **in** ~ **to** *onderworpen aan, beheerst door, de slaaf van.*
thrall[2] ⟨ov.ww.⟩⟨vnl. vero.⟩ 0.1 *tot slaaf maken* ⇒*knechten.*
thrash[1] [θræʃ]⟨telb. en n.-telb.zn.⟩ 0.1 *slag* ⇒*zwiep, zwaai, dreun* 0.2 *beenslag* ⟨bij crawlzwemmen⟩ 0.3 ⟨inf.⟩ *wild feestje* ⇒*swingfeest, knalfuif.*
thrash[2] ⟨f2⟩⟨ww.⟩ →thrashing
I ⟨onov.ww.⟩ 0.1 *te keer gaan* ⇒*woelen, rollen* 0.2 *beuken* ⇒*slaan, stampen* 0.3 *uithalen* ⇒*zwiepen, slaan* 0.4 ⟨scheep.⟩ *tegen de wind/het getij in zeilen* ◆ 5.1 →thrash about;
II ⟨onov. en ov.ww.⟩ 0.1 *dorsen;*
III ⟨ov.ww.⟩ 0.1 *geselen* ⇒*slaan, aframmelen, meppen* 0.2 *verslaan* ⇒*overwinnen, in de grond boren, niets heel laten van* ◆ 5.¶ ~ **out** a problem *een probleem uitpluizen/ontrafelen/grondig bestuderen;* ~ **out** a solution *tot een oplossing komen.*
'thrash a'bout ⟨f1⟩⟨onov.ww.⟩ 0.1 *te keer gaan* ⇒*rollen, woelen, spartelen* 0.2 *ploeteren* ⇒*naarstig zwoegen, wanhopig zoeken, zweten, zich het hoofd breken* ◆ 5.1 the sick child thrashed about feverishly *het zieke kind lag koortsig te woelen.*
thrash·er ['θræʃə||-ər]⟨telb.zn.⟩ 0.1 *dorser* 0.2 *dorsmachine* 0.3 *iem. die slaat/mept/een aframmeling geeft* 0.4 ⟨dierk.⟩ *krombekspotlijster* ⟨Toxostoma⟩ 0.5 ⟨dierk.⟩ *voshaai* ⟨Alopias vulpes⟩.
'thrash·er-fish, 'thrash·er-shark ⟨telb.zn.⟩⟨dierk.⟩ 0.1 *voshaai* ⟨Alopias vulpes⟩.
thrash·ing ['θræʃɪŋ]⟨f1⟩⟨telb.zn.; oorspr. gerund v. thrash⟩ 0.1 *pak rammel* 0.2 *nederlaag.*
thra·son·i·cal [θrə'sɒnɪkl||θreɪ'sa-]⟨bn.; -ly⟩⟨schr.⟩ 0.1 *blufferig* ⇒*pocherig, thrasonisch* ⟨naar Thraso, figuur bij Terentius⟩.
thrawn [θrɔ:n||θran]⟨bn.⟩⟨Sch. E⟩ 0.1 *tegendraads* ⇒*koppig, verlend* 0.2 *misvormd.*
thread[1] [θred]⟨f3⟩⟨zn.⟩
I ⟨telb.zn.⟩ 0.1 *draad* ⇒⟨fig. ook⟩ *lijn, verloop, volgorde* 0.2 *schroefdraad* 0.3 *draadje* ⇒*glimpje, straaltje, streepje* 0.4 *dunne goudader* ◆ 1.1 the ~ of life *de levensdraad* 1.3 a ~ of light *een streepje licht* 1.¶ ~ and thrum *alles bij elkaar, helemaal, goed en slecht* 3.1 gather up the ~s *samenhang aanbrengen, de afzonderlijke delen met elkaar in verband brengen;* lose/miss the ~ of one's story *de draad v. zijn verhaal kwijtraken;* resume/take up/pick up the ~s *de draad weer opnemen* 3.¶ hang by a (single) ~ *aan een zijden draad hangen, in een beslissend stadium verkeren;*
II ⟨n.-telb.zn.⟩ 0.1 *garen;*
III ⟨mv.; ~s⟩⟨AE; sl.⟩ 0.1 *kleren.*
thread[2] ⟨f2⟩⟨ww.⟩
I ⟨onov.ww.⟩ 0.1 *moeizaam zijn weg vinden* ⇒*zich een weg zoeken;* ⟨fig. ook⟩ *zich heenworstelen door* 0.2 ⟨cul.⟩ *draden trekken* ⇒*draden vormen* ◆ 6.1 I ~ed slowly **through** the tedious novel *ik werkte me moeizaam door de langdradige roman heen;*
II ⟨ov.ww.⟩ 0.1 *een draad steken in* ⟨een naald⟩ 0.2 *rijgen* 0.3 *inpassen* ⇒*inleggen, invoegen, op zijn plaats brengen* ⟨film, geluidband, reep papier, enz.⟩ 0.4 *zich een weg banen door* ⇒⟨fig.⟩ *zich heenworstelen door* 0.5 *banen* ⇒*zoeken, vinden* ⟨pad, weg⟩

0.6 ***doorschieten*** ⇒*draden trekken door* **0.7** ***doordringen*** ⇒*doorboren* **0.8** ***van schroefdraad voorzien*** ◆ **1.2** ~ beads/a chain of beads *kralen/een ketting rijgen* **1.5** ~ one's way through the crowd *zich een weg banen door de menigte* **6.6** hair ~ed **with** gray *haar met grijs doorschoten.*

thread·bare ['θredbeə‖-ber]⟨f1⟩⟨bn.⟩ **0.1** ***versleten*** ⇒*kaal, dun, rafelig* **0.2** ***armoedig*** ⇒*lorrig, voddig* **0.3** ***versleten*** ⇒*afgezaagd* ◆ **1.3** a ~ joke *een afgezaagde grap, een mop met een baard.*

'thread-fin, 'thread-fish ⟨telb.zn.⟩⟨dierk.⟩ **0.1** ***draadvis*** ⟨Polynemidae⟩.

'thread lace ⟨n.-telb.zn.⟩ **0.1** ***linnen/katoenen kant.***

thread·like ['θredlaɪk]⟨bn.⟩ **0.1** ***lang en dun.***

'thread-mark ⟨telb.zn.⟩ **0.1** ***zijdemerk*** ⇒*vezelmerk* ⟨in bankbiljetten⟩.

'thread-nee·dle, 'thread-the-'nee·dle ⟨n.-telb.zn.⟩ **0.1** ***kruipdoorsluipdoor*** ⟨spel⟩.

Thread'nee·dle Street ⟨eig.n.⟩ **0.1** ***Threadneedle Street*** ⟨waar de Bank v. Engeland is gevestigd, in Londen⟩.

'thread-pa·per ⟨telb. en n.-telb.zn.⟩ **0.1** ***garenpapier*** ⟨gevouwen reep papier waarin garenklosjes werden bewaard⟩ **0.2** ***lange slungel.***

'thread·worm ⟨telb.zn.⟩ **0.1** ***spoelworm.***

thread·y ['θredi]⟨bn.;-er;-ness;→bijw. 3⟩ **0.1** ***vezelig*** ⇒*draderig* **0.2** ***draadachtig*** ⇒*lang en dun* **0.3** ***draderig*** ⇒*stroperig, draden trekkend* **0.4** ***zwak*** ⇒*nauwelijks voelbaar* ⟨v. polsslag⟩ **0.5** ***dun*** ⇒*ijl, iel* ⟨v. klank⟩.

threat [θret]⟨f3⟩⟨zn.⟩
 I ⟨telb.zn.⟩ **0.1** ***dreigement*** ⇒*bedreiging* **0.2** ***gevaar*** ⇒*bedreiging* ◆ **6.2** there was a ~ **of** snow *het dreigde te gaan sneeuwen;* they are a ~ **to** our society *ze vormen een gevaar voor de maatschappij;*
 II ⟨telb. en n.-telb.zn.⟩ **0.1** ⟨ook jur.⟩ ***bedreiging*** ◆ **6.1 under** ~ **of** *onder bedreiging met.*

threat·en ['θretn]⟨f3⟩⟨ww.⟩
 I ⟨onov.ww.⟩ **0.1** ***dreigen*** ⇒*dreigementen uiten* **0.2** ***dreigen (te gebeuren)*** ⇒*op handen zijn* **0.3** ***dreigen*** ⇒*er dreigend uitzien* ◆ **1.2** danger ~ed *er dreigde gevaar* **1.3** the weather ~s *de lucht ziet er dreigend uit;*
 II ⟨ov.ww.⟩ **0.1** ***bedreigen*** ⇒*een dreigement uiten tegen* **0.2** ***bedreigen*** ⇒*een gevaar vormen voor* **0.3** ***dreigen met*** ◆ **1.2** peace is ~ed *de vrede is in gevaar* **1.3** ~ punishment *dreigen met straf* **3.3** they ~ed to kill him *ze dreigden hem te doden* **6.1** the boys were ~ed **with** punishment *de jongens werden met straffen bedreigd.*

threat·en·ing·ly ['θretnɪŋli]⟨f1⟩⟨bw.⟩ **0.1** ***dreigend.***

three [θri:]⟨f4⟩⟨telw.⟩ **0.1** ***drie*** ⟨ook voorwerp/groep ter waarde/grootte v. drie⟩ ⇒*drietje; maat drie; drie uur, drieën;* ⟨mv.⟩ ⟨geldw.⟩ *drie procents aandelen* **0.2** ⟨verk.⟩ ⟨three quarter (back)⟩ ⟨rugby⟩ ***driekwart*** ◆ **1.1** ~ cheers *hiep, hiep, hoera;* ~ parts *drievierde, driekwart;* ~ and ~ *drie shilling en drie pence;* ~ years old *drie jaar oud* **3.1** I have ~ *ik heb er drie* **4.1** ⟨relig.⟩ Three in One *drieëenheid, drievuldigheid* **6.1 by/in** ~s *per drie, drie aan drie, met drie tegelijk.*

'three-act 'play ⟨telb.zn.⟩⟨dram.⟩ **0.1** ***toneelstuk in drie bedrijven.***

'three-bag·ger ⟨telb.zn.⟩⟨honkbal⟩ **0.1** ***driehonkslag.***

'three-base 'hit ⟨telb.zn.⟩⟨honkbal⟩ **0.1** ***driehonkslag.***

'three-card 'trick, 'three-card 'monte ⟨n.-telb.zn.⟩ **0.1** ***driekaartenspel*** ⇒*gokspel met drie blinde kaarten.*

'three-'cor·nered ⟨f1⟩⟨bn.⟩ **0.1** ***driehoekig*** **0.2** ***driehoeks-*** ⇒*tussen drie partijen/tegenstanders* **0.3** ***schonkig*** ⇒*bonkig, slecht gebouwd* ⟨v. paard⟩ **0.4** ***onhandelbaar*** ⇒*nurks* ◆ **1.1** ~ hat *driekant, steek* **1.2** ~ election *driehoeksverkiezing.*

'three-course ⟨bn.⟩ **0.1** ***v. drie gangen*** ⟨diner⟩ **0.2** ⟨landb.⟩ ***drieslag-*** ⟨stelsel⟩.

'three-cush·ion 'billiards ⟨n.-telb.zn.⟩ **0.1** ***driebandenspel.***

'three-'D[1]**, 3-D** ⟨telb.zn.⟩ **0.1** ***driedimensionale film*** **0.2** ***driedimensionale vorm/weergave.***

three-D[2]**, 3-D** ⟨bn.⟩ **0.1** ***driedimensionaal.***

'three-day e'vent ⟨n.-telb.zn.;the⟩⟨paardesport⟩ **0.1** ***(de) military*** ⇒*(de) samengestelde wedstrijd(en).*

'three-'deck·er ⟨telb.zn.⟩ **0.1** ***trilogie*** ⇒*roman in drie delen* **0.2** ***driedekker*** ⇒*sandwich v. drie sneetjes brood* **0.3** ***rok met drie stroken*** **0.4** ⟨gesch.⟩ ***driedekker*** ⇒*oorlogsschip met drie geschutdekken* **0.5** ⟨inf.⟩ ***kansel met drie verdiepingen.***

'three-di'men·sion·al ⟨f2⟩⟨bn.⟩ **0.1** ***driedimensionaal*** **0.2** ***stereoscopisch.***

three·fold[1] ['θri:foʊld]⟨f1⟩⟨telb.zn.⟩ **0.1** ***drievoud.***

threefold[2] ⟨f1⟩⟨bn.;bw.⟩ **0.1** ***drievoudig*** ⇒*driemaal zo veel/groot* **0.2** ***drieledig*** ⇒*driedelig.*

'three-'four ⟨bn.⟩⟨muz.⟩ **0.1** ***driekwarts-.***

'three-'halfpence ⟨telb. en n.-telb.zn.⟩⟨BE;geldw.,gesch.⟩ **0.1** ***anderhalve penny*** **0.2** ***anderhalve pence.***

'three-'half·pen·ny ⟨bn.⟩⟨BE;geldw.,gesch.⟩ **0.1** ***van/voor anderhalve penny*** **0.2** ***van een paar stuivers*** ⇒*weinig waard.*

'three-'hand·ed ⟨bn.⟩ **0.1** ***driehandig*** **0.2** ***voor drie personen*** ⟨v. spel⟩.

'Three-in-'One ⟨n.-telb.zn.⟩⟨relig.⟩ **0.1** ***Drieëenheid.***

'three-lane ⟨bn.⟩ **0.1** ***driebaans-.***

'three-'leg·ged ⟨bn.⟩ **0.1** ***met drie poten*** ◆ **1.¶** ~ race *driebeenswedloop* ⟨waarbij de deelnemers met een been aan dat v.d. ander zijn vastgebonden⟩.

'three-line 'whip ⟨telb.zn.⟩⟨BE;pol.⟩ **0.1** ***dringende oproep*** ⟨v. partijleider aan parlementsleden⟩.

'three-'mas·ter ⟨telb.zn.⟩⟨scheep.⟩ **0.1** ***driemaster.***

'three-mile 'limit ⟨n.-telb.zn.;the⟩⟨jur.⟩ **0.1** ***(de) driemijlsgrens*** ⟨v. territoriale wateren⟩ ◆ **6.1 within** the ~ *in de driemijlszone.*

'three-pair ⟨bn.,attr.⟩⟨BE⟩ **0.1** ***op de derde verdieping*** ⇒*driehoog* ◆ **1.1** in the ~ back of the house *driehoog aan de achterkant/achter.*

'three-'part ⟨f1⟩⟨bn.⟩ **0.1** ***driedelig*** ⇒⟨i.h.b. muz.⟩ *driestemmig.*

three·pen·ce ['θrepəns, 'θrʌ-]⟨zn.⟩⟨BE;geldw.,gesch.⟩
 I ⟨telb.zn.⟩ **0.1** ***muntje v. drie pence*** ⇒*driestuiverstukje;*
 II ⟨n.-telb.zn.⟩ **0.1** ***drie pence.***

three·pen·ny ['θrepni, 'θrʌ-]⟨bn.⟩⟨BE;geldw.,gesch.⟩ **0.1** ***van/voor drie pence*** ⇒*drie stuiver-* **0.2** ***waardeloos*** ⇒*nietig* ◆ **1.1** ~ bit *muntje v. drie pence, driestuiverstukje;* ⟨fig.⟩ *kleintje, heel klein dingetje.*

'three'pen·ny·worth ⟨bn.⟩ **0.1** ***voor drie pence.***

'three-per'cents ⟨mv.⟩⟨BE;geldw.,gesch.⟩ **0.1** ***drieprocents(staats) obligaties.***

'three-'phase ⟨bn.⟩⟨elek.⟩ **0.1** ***driefasen-*** ⇒*driefasig.*

'three-piece ⟨bn.⟩ **0.1** ***driedelig*** ◆ **1.1** ~ suit *driedelig pak.*

'three-'pile ⟨bn.⟩ **0.1** ***met driedubbele pool*** ⟨v. fluweel e.d.⟩.

'three-ply ⟨bn.⟩ **0.1** ***driedraads*** ⟨v. garen⟩ **0.2** ***driedik*** ⇒*in drie lagen.*

'three-point 'belt ⟨telb.zn.⟩ **0.1** ***driepuntsgordel.***

'three-point 'landing ⟨telb.zn.⟩⟨lucht.⟩ **0.1** ***driepuntslanding.***

'three-point 'turn ⟨telb.zn.⟩⟨vnl. BE;verkeer⟩ **0.1** ***straatje keren*** ⟨keren op de weg⟩.

'three-'quar·ter[1] ⟨telb.zn.⟩⟨rugby⟩ **0.1** ***driekwart.***

three-quarter[2] ⟨f1⟩⟨bn.⟩ **0.1** ***driekwart*** ⇒*voor drievierde deel* ◆ **1.1** ⟨rugby⟩ ~ back *driekwart* ⟨een v.d. drie of vier spelers achter de half-back⟩; ~ length coat *driekwart jas.*

'three-ring 'circus ⟨telb.zn.⟩ **0.1** ***circus met drie pistes*** **0.2** ***spektakel*** ⇒*ongelooflijke vertoning.*

'three·score ⟨n.-telb.zn.⟩ **0.1** ***zestig*** ◆ **4.1** ~ and ten *zeventig; de zeventigjarige leeftijd.*

'three-shift 'system ⟨telb.zn.⟩ **0.1** ***drieploegenstelsel.***

three·some[1] ['θri:sm]⟨telb.zn.⟩ **0.1** ***drietal*** ⇒*driemanschap, drie mensen* **0.2** ⟨sport⟩ ***threesome*** ⇒*partij golf met drie spelers* ⟨één tegen twee⟩.

threesome[2] ⟨bn.⟩ **0.1** ***drievoudig.***

'three-speed 'gear ⟨telb.zn.⟩ **0.1** ***drieversnellingsnaaf.***

'three-'square ⟨bn.⟩ **0.1** ***driekantig*** ⇒*driezijdig, met drie gelijke zijden* ◆ **1.1** ~ file *driekante vijl.*

'three-stage 'rocket ⟨telb.zn.⟩⟨ruim.⟩ **0.1** ***drietrapsraket.***

'three-'sto·rey, 'three-'sto·reyed ⟨bn.⟩ **0.1** ***met drie verdiepingen.***

'three-'tier, 'three-'tiered ⟨bn.⟩ **0.1** ***v. drie rijen/lagen.***

'three-'tined ⟨bn.⟩ **0.1** ***drietandig.***

'three-'toed ⟨bn.⟩⟨dierk.⟩ ◆ **1.¶** ~ woodpecker *drieteenspecht* ⟨Picoides tridactylus⟩.

'three-way ⟨bn.⟩ **0.1** ***met drie deelnemers*** **0.2** ⟨vnl. tech.⟩ ***met drie richtingen*** ⇒*driestanden-, drieweg-.*

'three-'wheeled ⟨bn.⟩ **0.1** ***met drie wielen.***

thren·ode ['θrenoʊd]⟨telb.zn.⟩ **0.1** ***klaagzang.***

thre·no·di·al [θrɪ'noʊdɪəl], **thre·nod·ic** [-'nɒdɪk‖-'nɑ-]⟨bn.⟩ **0.1** ***elegisch*** ⇒*klagend, als een klaagzang.*

thren·o·dist ['θrenədɪst]⟨telb.zn.⟩ **0.1** ***dichter v. klaagzangen.***

thren·o·dy ['θrenədi]⟨telb.zn.;→mv. 2⟩ **0.1** ***klaagzang*** ⇒*elegie, lamentatie;* ⟨i.h.b.⟩ *lijkzang, rouwdicht.*

thresh [θreʃ]⟨f1⟩⟨ww.⟩
 I ⟨onov.ww.⟩ **0.1** ***te keer gaan*** ⇒*woelen, rollen* **0.2** ***beuken*** ⇒*slaan, stampen* **0.3** ***uithalen*** ⇒*zwiepen, slaan* **0.4** ⟨scheep.⟩ ***tegen de wind/het getij in zeilen;***
 II ⟨onov. en ov.ww.⟩ **0.1** ***dorsen*** ⇒*uitdorsen* **0.2** ⟨vero.⟩ ***afranselen*** ◆ **5.¶** ~ **out** a difficulty *een probleem uitpluizen/grondig bestuderen, erin slagen een probleem op te lossen.*

thresh·er ['θreʃə‖-ər]⟨telb.zn.⟩ **0.1** ***dorser*** **0.2** ***dorsmachine*** **0.3** ⟨dierk.⟩ ***voshaai*** ⟨Alopias vulpes⟩.

'thresh·ing floor ⟨telb.zn.⟩ **0.1** ***dorsvloer.***

'thresh·ing machine ⟨telb.zn.⟩ **0.1** ***dorsmachine.***

thresh·old ['θreʃ(h)oʊld]⟨f2⟩⟨telb.zn.⟩ **0.1** ***drempel*** ⟨ook fig.⟩ ⇒*aanvang, begin* **0.2** ***ingang*** **0.3** ⟨med., psych., nat.⟩ ***drempel*** ◆ **1.3** ~ of pain *pijndrempel.*

threw [θru:]⟨verl. t.⟩ →throw.

thrice [θraɪs]⟨bw.⟩⟨schr.⟩ **0.1** ***driemaal*** ⇒*driewerf* **0.2** ***hoogst*** ⇒*zeer* ◆ **4.1** ~ six makes eighteen *drie maal zes is achttien* **5.1** ~ daily *drie keer per dag;* scrubbed it ~ **over** *schrobde het drie keer.*

thrift [θrɪft]⟨f1⟩⟨n.-telb.zn.⟩ **0.1** ***zuinigheid*** ⇒*spaarzaamheid, zorgvuldig beleid* **0.2** ⟨AE; geldw.⟩ ***spaarbank*** **0.3** ⟨plantk.⟩ ***standkruid*** ⇒⟨i.h.b.⟩ *Engels gras* ⟨Armeria maritima⟩ **0.4** ⟨vero.⟩ ***voorspoedigheid*** ⇒*bloei, het gedijen.*

'thrift account ⟨telb.zn.⟩⟨AE; geldw.⟩ **0.1** ***spaarrekening.***

thrift·less ['θrɪftləs]⟨bn.; -ly; -ness⟩ **0.1** ***verkwistend*** ⇒*verspillend, niet zuinig.*

'thrift shop ⟨telb.zn.⟩ **0.1** ***uitdragerij*** ⇒*winkel in tweedehandsgoederen.*

thrift·y ['θrɪfti]⟨f1⟩⟨bn.; -er; -ly; -ness; →bijw. 3⟩ **0.1** ***zuinig*** ⇒*spaarzaam, economisch* **0.2** ***goed gedijend*** ⇒*welvarend, bloeiend.*

thrill[1] [θrɪl]⟨f2⟩⟨telb.zn.⟩ **0.1** ***beving*** ⇒*golf v. ontroering/opwinding* **0.2** ***huivering*** ⇒*siddering, golf v. angst/afschuw* **0.3** ***aangrijpende/opwindende gebeurtenis*** ⇒*sensatie* **0.4** ***trilling*** ⇒*beving, klopping* **0.5** ⟨med.⟩ ***siddering*** ⇒*het fibrilleren* ⟨v. hart⟩ ◆ **1.1** it gave me a ~ of joy *mijn hart sprong op van blijdschap* **1.2** he felt a ~ of horror *hij huiverde van afgrijzen* **1.3** ⟨inf.⟩ ~s and spills *spanning en sensatie* **5.3** it was **quite** a ~ *het was heel opwindend.*

thrill[2] ⟨f2⟩⟨ww.⟩ →thrilling

I ⟨onov.ww.⟩ **0.1** ***beven*** ⇒*ontroerd worden, worden aangegrepen* **0.2** ***huiveren*** ⇒*sidderen* **0.3** ***beven*** ⇒*doortrillen, aangrijpen, zich meester maken van* ◆ **6.2** he ~ed **to** the howling of the wind *het gehuil van de wind deed hem huiveren;* we ~ed **with** horror *we huiverden van afgrijzen* **6.3** fear ~ed **through** his veins *hij werd door angst bevangen;*

II ⟨ov.ww.⟩ **0.1** ***doen beven*** ⇒*aangrijpen, opwinden, in vervoering brengen, ontroeren* **0.2** ***doen huiveren*** ⇒*doen sidderen, angst aanjagen* ◆ **1.1** a ~ing story *een spannend verhaal* **1.2** ~ing horror-stories *angstaanjagende griezelverhalen* **6.1** be ~ed (to bits) **with** sth. *ontzettend gelukkig zijn met iets.*

thrill·er ['θrɪlə‖-ər]⟨f1⟩⟨telb.zn.⟩ **0.1** ***iets opwindends*** ⇒⟨i.h.b.⟩ *thriller, griezelfilm/boek, spannend misdaadverhaal.*

thrill·ing ['θrɪlɪŋ]⟨f1⟩⟨bn.; teg. deelw. v. thrill; -ly⟩ **0.1** ***spannend*** ⇒*opwindend, aangrijpend.*

thrips [θrɪps]⟨mv.⟩⟨dierk.⟩ **0.1** ***trips*** ⟨Thysanoptera⟩.

thrive [θraɪv]⟨f3⟩⟨onov.ww.;,/1ook/2 throve [θroʊv],/1ook/2 thriven ['θrɪvn]⟩⟨→sprw. 197⟩ **0.1** ***gedijen*** ⇒*welvaren, bloeien, voorspoedig zijn* **0.2** ***voorspoedig groeien*** ⇒*groeien als kool, welig tieren, het goed doen* ⟨v. planten, dieren⟩ ◆ **6.1** he seems to ~ **on** hard work *hard werken schijnt hem goed te doen.*

thro', thro →through.

throat[1] [θroʊt]⟨f3⟩⟨telb.zn.⟩ **0.1** ***hals*** ⟨ook fig.⟩ ⇒*smal gedeelte* **0.2** ***keel*** ⇒*strot* **0.3** ⟨plantk.⟩ ***keel*** **0.4** ⟨schr.⟩ ***keel*** ⇒*stem v. zangvogel* **0.5** ⟨scheep.⟩ ***hals*** ◆ **3.2** clear one's ~ *zijn keel schrapen;* cut s.o.'s ~ *iem. de keel afsnijden;* take s.o. by the ~ *iem. bij de keel/strot grijpen, iem. naar de strot vliegen* **3.¶** be at each other's ~s *elkaar in de haren vliegen;* cram/force/ram/stuff/shove/thrust sth. down s.o.'s ~ *iem. dwingen iets te accepteren, iem. iets opdringen, iem. tot vervelens toe doorzagen over iets;* cut/slit one's (own) ~ *zijn eigen glazen ingooien, zichzelf een nederlaag toebrengen;* cut one another's ~ *elkaar naar het leven staan;* jump down s.o.'s ~ *iem. ineens aanvliegen, tegen iem. uitvaren, iem. ineens toesnauwen;* his remark sticks in my ~ *ik vind zijn opmerking onverteerbaar;* the words stuck in my ~ *de woorden bleven me in de keel steken.*

throat[2] ⟨onov.ww.⟩ **0.1** ***binnensmonds mompelen*** **0.2** ***met een keelstem uitspreken*** **0.3** ***groeven*** ⇒*een groef aanbrengen in.*

'throat-band ⟨telb.zn.⟩ **0.1** ***halsband*** **0.2** ***boord*** **0.3** ***keelriem*** ⟨v. paard⟩.

-throat·ed ['θroʊṭɪd] **0.1** ***-gekeeld*** ⇒*met een ... keel* ◆ **¶.1** ⟨dierk.⟩ red-throated loon *roodkeelduiker* ⟨Gavia stellata⟩.

'throat-flap ⟨telb.zn.⟩⟨med.⟩ **0.1** ***keelklepje.***

'throat-lash ⟨telb.zn.⟩ **0.1** ***keelriem*** ⟨v. paard⟩.

throat·let ['θroʊtlɪt]⟨telb.zn.⟩ **0.1** ***halsketting*** **0.2** ***bontje.***

'throat-loz·enge ⟨telb.zn.⟩ **0.1** ***keeltabletje*** ⇒*zuigtabletje.*

'throat-mi·cro·phone ⟨telb.zn.⟩ **0.1** ***halsmicrofoon.***

throat·y ['θroʊṭi]⟨bn.; -ly; -ness; →bijw. 3⟩ **0.1** ***kelig*** ⇒*gutturaal* **0.2** ***hees*** ⇒*schor* **0.3** ***met vooruitspringende/afhangende keel*** ⟨v. dieren⟩.

throb[1] [θrɒb‖θrɑb]⟨telb.zn.⟩ **0.1** ***klop*** ⇒*geklop, gebons.*

throb[2] ⟨f2⟩⟨onov.ww.; →ww. 7⟩ **0.1** ***kloppen*** **0.2** ***bonzen*** ⇒*luid kloppen, bonken* ⟨v. hart⟩ **0.3** ***aangedaan/geroerd zijn*** ⇒*hevige emoties ondergaan.*

throe[1] [θroʊ]⟨telb.zn.; vaak mv.⟩ **0.1** ***heftige pijn*** ⇒*stuiptrekking, kramp;* ⟨i.h.b.⟩ *barenswee, doodsstuip* ◆ **6.¶** ⟨fig.⟩ **in** the ~s **of** *worstelend met, kampend met.*

throe[2] ⟨onov.ww.⟩ **0.1** ***hevige pijnen lijden*** ⇒*stuiptrekken;* ⟨i.h.b.⟩ *in barensnood/doodsnood verkeren.*

Throg·mor·ton Street [θrɒg'mɔ:tn stri:t‖θrɑg'mɔrtn-]⟨eig.n.⟩ **0.1** ***Throgmorton Street*** ⇒*de Londense Effectenbeurs.*

throm·bin ['θrɒmbɪn‖'θrɑm-]⟨n.-telb.zn.⟩⟨biol.⟩ **0.1** ***trombase.***

throm·bo·cyte ['θrɒmbəsaɪt‖'θrɑm-]⟨telb.zn.⟩⟨biol.⟩ **0.1** ***bloedplaatje*** ⇒*trombocyt.*

throm·bo·sis [θrɒm'boʊsɪs‖θrɑm-]⟨f1⟩⟨telb. en n.-telb.zn.; thromboses [-si:z]; →mv. 5⟩ **0.1** ***trombose.***

throm·bot·ic [θrɒm'bɒtɪk‖θrɑm'bɑṭɪk]⟨bn.⟩ **0.1** ***trombose-.***

throm·bus ['θrɒmbəs‖'θrɑm-]⟨telb.zn.; thrombi [-baɪ]; →mv. 5⟩ **0.1** ***trombus*** ⇒*bloedprop.*

throne[1] [θroʊn]⟨f2⟩⟨zn.⟩

I ⟨telb.zn.⟩ **0.1** ***troon*** ⇒*zetel;*

II ⟨n.-telb.zn.⟩ **0.1** ***troon*** ⇒*macht, heerschappij* ◆ **3.1** come to the ~ *op de troon komen, aan de macht komen;*

III ⟨mv.; ~s; ook T-⟩⟨bijb.⟩ **0.1** ***Tronen*** ⟨derde der negen engelenkoren⟩.

throne[2] ⟨ww.⟩

I ⟨onov.ww.⟩ **0.1** ***tronen*** ⇒*op de troon zitten, regeren;*

II ⟨ov.ww.⟩ **0.1** ***op de troon zetten*** ⇒*kronen, de macht geven.*

'throne-name ⟨telb.zn.⟩ **0.1** ***koningsnaam*** ⟨bij troonsbestijging aangenomen⟩.

'throne-room ⟨telb.zn.⟩ **0.1** ***troonzaal.***

throng[1] [θrɒŋ‖θrɔŋ, θrɑŋ]⟨f1⟩⟨telb.zn.⟩ **0.1** ***menigte*** ⇒*gedrang, mensenmassa* **0.2** ***menigte*** ⇒*grote hoeveelheid, massa, berg, stapel, hoop.*

throng[2] ⟨bn.⟩ **0.1** ***druk bezig.***

throng[3] ⟨f1⟩⟨ww.⟩

I ⟨onov.ww.⟩ **0.1** ***zich verdringen*** ⇒*toestromen, te hoop lopen;*

II ⟨ov.ww.⟩ **0.1** ***vullen*** ⇒*overstromen/stelpen, overvol maken* **0.2** ***vullen*** ⇒*volstoppen* **0.3** ⟨vero.⟩ ***zich verdringen om*** ⇒*omstuwen* ◆ **1.1** people ~ed the streets *in de straten waren drommen mensen.*

thros·tle ['θrɒsl‖'θrɑsl]⟨telb.zn.⟩ **0.1** ⟨schr.⟩ ***lijster*** **0.2** ⟨ind.⟩ ***spinmachine.***

'throstle frame ⟨telb.zn.⟩⟨ind.⟩ **0.1** ***spinmachine.***

throt·tle[1] ['θrɒtl‖θrɑṭl]⟨f1⟩⟨telb.zn.⟩ **0.1** ⟨tech.⟩ ***smoorklep*** **0.2** ⟨tech.⟩ ***regelklep*** **0.3** ⟨tech.⟩ ***gaspedaal/handel*** **0.4** ⟨vero.⟩ ***keel*** ⇒*strot, luchtpijp.*

throttle[2] ⟨f1⟩⟨ov.ww.⟩ **0.1** ***doen stikken*** ⇒*versmoren, smoren;* ⟨fig. ook⟩ *onderdrukken* **0.2** ***wurgen*** ⇒*de keel dichtknijpen* **0.3** ⟨tech.⟩ ***smoren*** ⇒*knijpen* **0.4** ***gas minderen*** ⟨auto⟩ ◆ **5.4** →throttle **back;** →throttle **down.**

'throttle 'back, 'throttle 'down ⟨ww.⟩

I ⟨onov.ww.⟩ **0.1** ***(vaart) minderen*** ⟨ook fig.⟩ ⇒*afremmen, (zich) inhouden;*

II ⟨ov.ww.⟩ **0.1** ***afremmen*** ⟨ook fig.⟩ ⇒*tegenhouden.*

'throttle lever ⟨telb.zn.⟩⟨tech.⟩ **0.1** ***gaspedaal/handel.***

'throttle valve ⟨telb.zn.⟩⟨tech.⟩ **0.1** ***smoorklep*** ⇒*regelklep.*

through[1], **thro', thro,** ⟨AE sp.; inf. ook⟩ **thru** [θru:]⟨f2⟩⟨bn.⟩ **0.1** ***doorgaand*** ⇒*doorlopend, ononderbroken* ◆ **1.1** ~ beam *doorlopende balk;* ~ carriage *doorgaand rijtuig;* ~ passengers *passagiers op doorreis;* ~ ticket *doorreisbiljet;* ~ train *doorgaande trein;* ~ traffic *doorgaand verkeer* **1.¶** ⟨hand.⟩ ~ bill of lading *doorvoerconnossement* **5.1** no ~ road *geen doorgaand verkeer.*

through[2], **thro', thro,** ⟨AE sp.; inf. ook⟩ **thru** ⟨f3⟩⟨bw.⟩ **0.1** ***door*** ⇒*verder* **0.2** ***door*** ⇒*doorheen* **0.3** ***klaar*** ⇒*er doorheen* **0.4** ***door*** ⇒*doorgesleten, kapot* **0.5** ***helemaal*** ⇒*volkomen, v. begin tot eind* ◆ **1.2** five meters ~ *vijf meter doorsnee* **1.4** my sweater is ~ at the elbows *mijn trui is door aan de ellebogen* **2.5** wet ~ *doornat* **3.1** go ~ with *doorgaan met, volhouden* **3.2** they must let us ~ *ze moeten ons doorlaten;* read sth. ~ *iets doorlezen, iets doornemen; iets uitlezen;* the floorboards were mouldered, and we went ~ *de vloer was vermolmd en we zakten er doorheen* **3.¶** Ralph and I are ~ *het is uit tussen Ralph en mij;* ⟨telefoon⟩ are you ~? *heeft u verbinding?;* ⟨AE⟩ *bent u klaar?* **5.5** all ~ *overal; de hele tijd;* ~ and ~ *door en door; in hart en nieren* **6.1** we drove right ~ **to** Amsterdam *we reden meteen door naar Amsterdam* **6.3** I'm ~ **with** my work *ik ben klaar met mijn werk;* I am ~ **with** teaching *ik schei uit met lesgeven.*

through[3], **thro', thro,** ⟨AE sp.; inf. ook⟩ **thru** ⟨f4⟩⟨vz.⟩ **0.1** ⟨richting, weg of medium; ook fig.; vaak met voltooidheidsaspect⟩ ***door*** ⇒*helemaal door, via, langs, over, gedurende* **0.2** ⟨wijze⟩ ***door middel van*** ⇒*met behulp van, via, langs* **0.3** ⟨oorzaak⟩ ***door*** ⇒*wegens, uit* **0.4** ⟨AE⟩ ***tot en met*** ◆ **1.1** it flew ~ the air *het vloog door de lucht;* he went ~ six beers in an hour *hij goot in een uur zes biertjes naar binnen;* the seconds hand moved ~ 180 degrees *de secondenwijzer legde 180 graden af;* it has gone ~ his hands *het is door zijn handen gegaan;* seen ~ a child's eyes *gezien met de ogen van een kind;* walk ~ the fields *door de velden wandelen;*

he went ~ a fortune *hij heeft een fortuin erdoor gejaagd;* he peered ~ his glasses *hij tuurde door zijn bril;* descended ~ generations of royalty *afstammend uit generaties van koninklijke(n) bloede;* get ~ one's exams *slagen voor zijn examen;* had to travel ~ the heat *moesten in de hitte reizen;* she put him ~ hell *ze heeft hem het vuur na aan de schenen gelegd;* all ~ his life *gedurende heel zijn leven;* drove ~ a red light *reed door het rode licht;* could not speak ~ the noise *kon het lawaai niet overstemmen;* talk ~ one's nose *door zijn neus spreken, nasaal spreken;* scattered ~ the room *verspreid door de kamer;* have been ~ much suffering *hebben veel leed doorstaan;* stayed ~ the summer *bleef tot het einde van de zomer* **1.2** we are related ~ an old aunt *we zijn via een oude tante familie v. elkaar;* we get our information ~ papers and television *we ontvangen onze informatie via de kranten en de televisie;* he taught us ~ parabels *hij onderrichtte ons door middel v. parabels;* illustrated ~ pictures *geïllustreerd aan de hand van foto's;* he spoke ~ his representative *hij sprak via zijn vertegenwoordiger* **1.3** she did nothing ~ fear of hurting him *ze deed niets uit angst hem pijn te doen;* he could not travel ~ illness *hij kon wegens ziekte niet reizen* **1.4** Monday ~ Thursday *v. maandag tot en met donderdag* **4.4** numbers 7 ~ 12 *de nummers 7 tot en met 12* **8.1** ~ and ~ *helemaal door(heen)* ⟨ook fig.⟩; he took her ~ and ~ the sequence *hij nam met haar de volgorde door tot op het einde.*

'through ball ⟨telb.zn.⟩ ⟨voetbal⟩ **0.1** ***through-pass*** ⇒⟨B.⟩ *doorsteekpass.*

through·ly ['θru:li] ⟨bw.⟩ ⟨vero.⟩ **0.1** ***geheel en al*** ⇒*volkomen.*

'through'out[1] ⟨f2⟩ ⟨bw.⟩ **0.1** ***helemaal*** ⇒*door en door, in alle opzichten, overal, steeds, volledig, van het begin tot het einde* ◆ **2.1** apples should be juicy ~ *appelen moeten door en door sappig zijn* **3.1** our aim has been ~ ... *ons doel is steeds geweest...;* she had been deceived ~ *ze was de hele tijd bedrogen geweest.*

throughout[2] ⟨f3⟩ ⟨vz.⟩ **0.1** ***door*** ⇒*helemaal door, door heel* ◆ **1.1** ~ the country *door/in/over heel het land;* ~ his life *heel zijn leven door.*

'through·put ⟨telb.zn.⟩ **0.1** ***verwerkte hoeveelheid*** ⇒*resultaat, verwerking, produktie* **0.2** ⟨ook comp.⟩ ***verwerkingscapaciteit.***

'through-stone ⟨telb.zn.⟩ ⟨bouwk.⟩ **0.1** ***bindsteen.***

'through·way, ⟨AE sp. ook⟩ **'thru·way** ⟨telb.zn.⟩ **0.1** ***snelweg.***

throve [θrouv] ⟨verl. t.⟩ →thrive.

throw[1] [θrou] ⟨f3⟩ ⟨telb.zn.⟩ ⟨→sprw. 683⟩ **0.1** ***worp*** ⇒*gooi, het werpen* **0.2** ***sprong*** ⇒*waagstuk, risico* **0.3** ⟨geol.⟩ ***spronghoogte*** ⟨mate v. verticale verplaatsing aan weerszijden v.e. breuk⟩ **0.4** ⟨tech.⟩ ***uitslag*** ⟨v. wijzer⟩ **0.5** ⟨tech.⟩ ***slag*** ⟨v. kruk e.d.⟩ **0.6** ⟨tech.⟩ ***draaibank/schijf*** ⟨met de hand aangedreven⟩ **0.7** ⟨AE⟩ ***doek*** ⇒*sprei, sjaal* **0.8** ⟨AE⟩ ***kleedje*** ⇒*tapijtje* **0.9** ⟨cricket⟩ ***throw*** ⇒*gooi* ⟨onreglementaire worp/bowl⟩ ◆ **2.1** a high/low ~ *een hoge/lage gooi* ⟨met dobbelstenen⟩ **6.1** a ~ **of** fifty metres *een worp v. vijftig meter* **7.1** at £ x a ~ *tegen £ x per keer/stuk.*

throw[2] ⟨f4⟩ ⟨ww.; threw [θru:], thrown [θroun]⟩ ⟨→sprw. 683⟩

I ⟨onov.ww.⟩ **0.1** ***met iets gooien*** ⇒*werpen* ◆ **3.1** don't ~! *niet gooien!* **5.1** ⟨sport⟩ you threw very well *dat was een goede worp/(aan)gooi* **5.¶** →throw **down;** →throw **in;** →throw **off;** →throw **up;**

II ⟨ov.ww.⟩ **0.1** ***werpen*** ⇒*gooien;* ⟨fig. ook⟩ *doen belanden, terecht doen komen* **0.2** ***richten*** ⇒*werpen, toewerpen, toezenden* **0.3** ***werpen*** ⇒*baren, krijgen* ⟨jongen⟩ **0.4** ***(af)schieten*** ⟨projectiel⟩ **0.5** ***omzetten*** ⇒*veranderen in, bewerken tot* **0.6** ***draaien*** ⇒*vormen* ⟨hout, aardewerk⟩ **0.7** ⟨ben. voor⟩ ***snel op zijn plaats brengen*** ⇒*werpen, leggen, maken, construeren, sturen, brengen* **0.8** ***verslaan*** ⇒*overwinnen* **0.9** ***maken*** ⇒*hebben, doen* **0.10** ⟨inf.⟩ ***verwarren*** ⇒*van de wijs brengen* **0.11** ⟨cricket⟩ ***onreglementair gooien/bowlen*** **0.12** ⟨ind.⟩ ***twisten*** ⇒*twijnen* **0.13** ⟨AE; bokssport⟩ ***opzettelijk verliezen*** ⇒*weggeven* ◆ **1.1** ~ a card *een kaart spelen/ecarteren;* ~ deposit *bezinksel/depot afzetten;* ~ dice *dobbelstenen gooien, dobbelen;* ~ eleven *elf gooien* ⟨met dobbelstenen⟩; the horse threw him *het paard wierp hem af;* she threw herself on her knees *ze wierp zich op haar knieën;* ~ its feathers *ruien, in de rui zijn;* ⟨sport⟩ ~ing the hammer *het kogelslingeren,* ⟨B.⟩ *hamerslingeren;* ⟨vis.⟩ ~ the lines/nets *de lijnen/netten uitwerpen;* the horse had thrown a shoe *het paard had een hoefijzer verloren;* snakes ~ their skins *slangen werpen hun huid af* **1.2** ~ s.o. a blow/a right on the chin *iem. een opstopper verkopen/een rechtse op zijn kaak geven;* he threw us a sarcastic look *hij wierp ons een sarcastische blik toe;* ~ one's voice *zijn stem luid laten weerklinken* **1.8** ~ one's opponent *zijn tegenstander vellen* ⟨ook sport⟩ **1.9** ~ a fit/a tantrum/a scene *een woedeaanval krijgen, een scène maken;* ⟨sl.⟩ ~ a party *een fuif geven* **4.1** ~ o.s. at s.o. *zich op iem. storten/werpen; zich aan iem. opdringen;* ~ o.s. into sth. *zich enthousiast ergens op werpen/in storten;* ~ o.s. (up)on (s.o./sth.) *aanvallen/zich overleveren aan, zich in handen geven van (iem./iets)* **5.1** ~ **about/around** *rondsmijten, om zich heen gooien;* ~ **by** *terzijde/van zich af werpen, wegwerpen;* ~ overboard *overboord gooien;* ⟨fig. ook⟩ *zich niet meer storen aan, laten varen, afstappen v.* ⟨principes⟩ **5.¶** →throw **away;** →throw **back;** →throw **down;** →throw **in;** →throw **out;** ~ **over** ⟨zelden⟩ *overboord gooien* ⟨ook fig.⟩; ⟨inf.⟩ he threw her **over** after a couple of weeks *na een paar weken heeft hij haar laten zitten/in de steek gelaten;* →throw **together;** →throw **up** **6.1** ~ a stone **at** s.o. *met een steen naar iem. gooien;* he was thrown **into** prison *hij werd in de gevangenis geworpen;* the candles throw shadows **on** the wall *de kaarsen werpen schaduwen op de muur;* ~ a cape **over** one's shoulders *zich een cape over de schouders gooien;* be thrown **upon** one's own resources *op zichzelf worden teruggeworpen;* our ship was thrown **upon** the rocks *ons schip werd op de rotsen gesmeten* **6.7** ~ a dam/a bridge **across** the river *een dam bouwen in/een brug slaan over de rivier;* ~ a cordon **(a)round** an area *een kordon trekken om een gebied;* ~ an army **into** the battle *een leger in de strijd werpen;* ~ the switch **to** 'off' *de schakelaar op uit zetten* **6.¶** ~ s.o. **into** confusion/**into** a fit *iem. in verwarring brengen/een stuip bezorgen;* they were thrown **out of** work *ze waren ineens zonder werk;* thrown **upon** each other *op elkaar aangewezen.*

'throw·a·way ⟨telb.zn.⟩ **0.1** ***strooibiljet*** **0.2** ***wegwerpding.***

'throw a'way ⟨f2⟩ ⟨ov.ww.⟩ **0.1** ***weggooien*** **0.2** ***verspelen*** ⇒*verspillen, missen* **0.3** ***vergooien*** ⇒*weggooien, verspillen* **0.4** ⟨dram.⟩ ***zonder nadruk uitspreken*** ⇒*quasi-nonchalant brengen* **0.5** ⟨bridge⟩ ***afgooien*** ⇒*ecarteren* ◆ **1.2** ~ an advantage/a chance *een voorsprong/een kans verspelen* **6.3** throw one's money away **on** *zijn geld weggooien aan;* your advice is thrown away **on** him *je raadgevingen zijn niet aan hem besteed, hij luistert toch niet naar je raad;* you are thrown away **on** that sort of work *je bent veel te goed voor dat soort werk;* she has thrown herself away **on** an unworthy man *ze heeft zich vergooid aan een waardeloze vent.*

'throw-away ⟨f1⟩ ⟨bn., attr.⟩ **0.1** ***wegwerp-*** **0.2** ***zonder nadruk*** ◆ **1.2** a ~ remark *een quasi-nonchalante opmerking.*

'throw 'back ⟨f1⟩ ⟨ov.ww.⟩ **0.1** ***teruggooien*** ⇒*terugwerpen* **0.2** ***openslaan*** ⇒*terugslaan, opzijwerpen* **0.3** ***terugslaan*** ⇒*terugdringen/drijven, verjagen* **0.4** ***teruggaan tot het verleden/tot zijn voorouders*** ⇒⟨i.h.b.⟩ *atavismen vertonen* **0.5** ***in het nauw brengen*** ⇒*dwingen zijn toevlucht te nemen (tot)* **0.6** ***belemmeren*** ⇒*achterop doen raken* ◆ **1.2** ~ the blankets *de dekens terugslaan* **1.3** the army was thrown back *het leger werd teruggeslagen* **1.6** my illness has thrown me back a year *door mijn ziekte ben ik een jaar achterop geraakt* **6.¶** don't throw his faults back **at** him *je moet hem zijn fouten niet voor de voeten gooien;* be thrown back **on** *moeten teruggrijpen naar, weer aangewezen zijn op.*

'throw-back ⟨telb.zn.⟩ **0.1** ***terugslag*** ⇒*atavisme* **0.2** ***terugkeer*** ⇒*het teruggrijpen op* ◆ **6.2** it is a ~ **to** fin de siècle design *het grijpt terug naar fin de siècle ontwerpen.*

'throw 'down ⟨ww.⟩

I ⟨onov.ww.⟩ ⟨AE; sl.⟩ **0.1** ***rotzooi schoppen*** ◆ **6.¶** ~ **on** s.o. *iem. de schuld geven;*

II ⟨ov.ww.⟩ **0.1** ***neergooien*** ⇒*neerwerpen, op de grond gooien* **0.2** ***neerhalen*** ⇒*omverhalen, afbreken, slopen* **0.3** ***neerslaan*** ⇒*doen bezinken* **0.4** ***vernederen*** ⇒*omlaag halen* **0.5** ⟨sl.⟩ ***teveel zijn voor*** ⇒*de baas zijn, het winnen van* ◆ **4.1** throw o.s. down *languit gaan liggen.*

throw·er ['θrouə‖-ər], ⟨in bet. 0.2 ook⟩ **throw·ster** [-stə‖-ər] ⟨telb.zn.⟩ **0.1** ***pottendraaier*** ⇒*pottenbakker* **0.2** ***twijner.***

'throw 'in ⟨f1⟩ ⟨ww.⟩

I ⟨onov.ww.⟩ **0.1** ***zich toevoegen*** ◆ **6.1** ~ **with** *meedoen met, samenwerken met, omgaan met;*

II ⟨ov.ww.⟩ **0.1** ***erin gooien*** ⇒*inwerpen, naar binnen werpen* **0.2** ***gratis toevoegen*** ⇒*erbij doen, op de koop toe geven* **0.3** ***terloops opmerken*** ⇒*terloops toevoegen* **0.4** ⟨sport⟩ ***ingooien*** **0.5** ⟨bridge⟩ ***ingooien*** ⇒*placen* **0.6** ⟨jacht⟩ ***op het spoor zetten*** ⟨honden⟩ **0.7** ⟨tech.⟩ ***koppelen*** ⇒*doen ineengrijpen* ◆ **1.7** ~ the clutch *koppelen* ⟨auto⟩.

'throw-in ⟨f1⟩ ⟨telb. en n.-telb.zn.⟩ **0.1** ***inworp*** ⇒*het ingooien.*

'throwing arm ⟨telb.zn.⟩ ⟨atletiek⟩ **0.1** ***werparm.***

'throwing cage ⟨telb.zn.⟩ ⟨atletiek⟩ **0.1** ***(werp)kooi*** ⟨bij discuswerpen en kogelslingeren⟩.

'throwing circle ⟨telb.zn.⟩ ⟨atletiek⟩ **0.1** ***werpcirkel.***

'throwing event ⟨telb.zn.⟩ ⟨atletiek⟩ **0.1** ***werpnummer.***

'throwing sector ⟨telb.zn.⟩ ⟨atletiek⟩ **0.1** ***werpsector*** ⇒*werpveld.*

'throw 'off ⟨f1⟩ ⟨ww.⟩

I ⟨onov.ww.⟩ **0.1** ***de jacht beginnen*** ⇒*de honden loslaten* **0.2** ***een begin maken*** ⇒*van start gaan;*

II ⟨ov.ww.⟩ **0.1** ***zich bevrijden van*** ⇒*van zich af schudden, wegwerken, zien kwijt te raken* **0.2** ***uitgooien*** ⇒*haastig uittrekken, afwerpen, afdoen, afzetten* **0.3** ***uitstoten*** ⇒*afgeven, spuien;* ⟨ook fig.⟩ *produceren* **0.4** ⟨jacht⟩ ***loslaten*** ⟨de honden⟩ ◆ **1.1** ~ a cold *van zijn verkoudheid afraken;* ~ a persecutor *een achtervolger van zich afschudden* **1.2** ~ one's mask *zijn masker afwerpen* ⟨ook fig.⟩ **1.3** ~ a poem *een gedicht uit zijn mouw schudden.*

'throw-off ⟨telb.zn.⟩ **0.1** ⟨sport, jacht⟩ ***start*** ⇒*aanvang, begin* **0.2** ***voortbrengsel*** ⇒*resultaat.*

'throw 'out ⟨f1⟩ ⟨ov.ww.⟩ **0.1** ***weggooien*** ⇒*wegdoen* **0.2** ***verwerpen*** ⇒*afwijzen* **0.3** ***uiten*** ⇒*suggereren, opmerken, vagelijk aanduiden* **0.4** ***geven*** ⇒*uitzenden/stralen, afgeven* **0.5** ***in de war brengen*** ⇒*een fout veroorzaken* **0.6** ***wegsturen*** ⇒*eruit gooien* **0.7** ***tevoorschijn brengen*** **0.8** ***uitbouwen*** ⇒*aanbouwen, uitbreiden* **0.9** ***aftekenen*** ⇒*doen uitkomen, benadrukken* **0.10** ***uitzetten*** ⇒*uitzenden/sturen* **0.11** ***ten toon spreiden*** **0.12** ⟨vnl. sport⟩ ***achter zich laten*** ⇒*achterop doen raken* **0.13** ⟨sport⟩ ***uitgooien*** ◆ **1.3** ~ a warning *of zich waarschuwend uitlaten over;* ~ a suggestion *een suggestie doen, een aanwijzing geven* **1.4** ~ heat *warmte uitstralen* **1.5** now all our calculations are thrown out *nu zijn al onze berekeningen fout* **1.7** the trees are already throwing out young leaves *de bomen zijn al aan het uitlopen/botten* **4.5** you have thrown me out *je hebt me van de wijs gebracht.*

'throw-out ⟨zn.⟩
I ⟨telb.zn.⟩ **0.1** ***weggestuurde*** ⇒*ontslagene, iem. die eruit gezet is;*
II ⟨mv.; ~s⟩ **0.1** ***rommel*** ⇒*vuilnis, afgedankte spullen.*

'throw-over ⟨telb.zn.⟩ **0.1** ***verlating*** ⇒*het in de steek laten* **0.2** ***verwerping*** ⇒*afwijzing* **0.3** ***omslagdoek*** ⇒*stola, sjaal.*

'throw-over switch ⟨telb.zn.⟩ ⟨elek.⟩ **0.1** ***omschakelaar.***

'throw-rug ⟨telb.zn.⟩ ⟨AE⟩ **0.1** ***doek*** ⇒*sprei, sjaal* **0.2** ***kleedje*** ⇒*tapijtje.*

'throw-stick, ⟨in bet. 0.2 ook⟩ **'throw·ing-stick** ⟨telb.zn.⟩ **0.1** ***werphout*** ⇒*boemerang* **0.2** ***werphout*** ⟨voor handpijl⟩ ⇒*woomera.*

'throw to'gether ⟨ov.ww.⟩ **0.1** ***bij elkaar vegen*** ⇒*bij elkaar rapen, in elkaar flansen* **0.2** ***bij elkaar brengen*** ⇒*samenbrengen* ◆ **1.1** throw a book/meal together *een boek/maaltijd in elkaar flansen* **1.2** throw people together *mensen met elkaar in contact brengen.*

'throw 'up ⟨f1⟩ ⟨ww.⟩
I ⟨onov. en ov.ww.⟩ **0.1** ⟨inf.⟩ ***overgeven*** ⇒*braken, kotsen, over z'n nek gaan;*
II ⟨ov.ww.⟩ **0.1** ***opheffen*** ⇒*optillen, oplichten, omhoog tillen/schuiven* **0.2** ***voortbrengen*** **0.3** ***optrekken*** ⇒*opbouwen, opwerpen* **0.4** ***opgeven*** ⇒*verlaten, opzeggen, ermee ophouden* **0.5** ***doen afsteken*** ⇒*doen uitkomen, benadrukken* ◆ **1.1** ~ one's arms/hands *de armen opheffen, een wanhoopsgebaar maken;* ~ your hands *handen omhoog, geef je over;* ~ one's eyes *de ogen ten hemel slaan* **1.2** your country has thrown up many celebrities *uw land heeft veel beroemde persoonlijkheden voortgebracht* **1.3** ~ barricades *barricaden opwerpen* **1.4** ~ one's job *zijn baan vaarwel zeggen.*

'throw-up ⟨telb.zn.⟩ ⟨netbal⟩ **0.1** ***opgooi*** ⟨als spelhervatting⟩.

thru →through.

thrum[1] [θrʌm] ⟨zn.⟩
I ⟨telb.zn.⟩ **0.1** ***draad(je)*** ⇒*losse draad, los eindje* **0.2** ***kwastje*** **0.3** ***gepingel*** ⇒*getokkel* **0.4** ***geklop*** ⇒*geroffel* **0.5** ***gebrom*** ⇒*gedreun;*
II ⟨n.-telb.zn.⟩ **0.1** ***rafels*** ⇒*franje, loshangende draden, rafelrand* **0.2** ⟨textiel⟩ ***dreum*** ⇒*drom.*

thrum[2] ⟨ww.; →ww. 7⟩
I ⟨onov.ww.⟩ **0.1** ***tokkelen*** ⇒*pingelen* **0.2** ***neuzelen*** ⇒*brommen, eentonig spreken* **0.3** ***ronken*** ⇒*brommen, dreunen* **0.4** ***roffelen*** **0.5** ***zoemen*** ⇒*gonzen;*
II ⟨ov.ww.⟩ **0.1** ***tokkelen op*** ⇒*pingelen op* **0.2** ***opdreunen*** ⇒*eentonig uitspreken* **0.3** ***van franje voorzien*** **0.4** ⟨textiel⟩ ***van pool voorzien*** ⇒*pool inweven/ruwen* **0.5** ⟨scheep.⟩ ***ruwen*** ⇒*ruw maken* ⟨zeildoek; door het invlechten v. touwvezels⟩.

thrupence →threepence.

thrush [θrʌʃ] ⟨f1⟩ ⟨zn.⟩
I ⟨telb.zn.⟩ **0.1** ***lijster;***
II ⟨n.-telb.zn.⟩ ⟨med.⟩ **0.1** ***spruw*** **0.2** ⟨dierk.⟩ ***rotstraal*** **0.3** ⟨inf.⟩ ***vaginale infectie.***

'thrush 'nightingale ⟨telb.zn.⟩ ⟨dierk.⟩ **0.1** ***noordse nachtegaal*** ⟨Luscinia luscinia⟩.

thrust[1] [θrʌst] ⟨f2⟩ ⟨zn.⟩
I ⟨telb.zn.⟩ **0.1** ***stoot*** ⇒*duw, zet* **0.2** ***steek*** ⇒⟨fig. ook⟩ *hatelijkheid, rotopmerking* **0.3** ⟨mil.; sport⟩ ***uitval*** **0.4** ⟨schermen⟩ ***steek rechtuit*** **0.5** →thrust fault;
II ⟨telb. en n.-telb.zn.⟩ **0.1** ***druk*** ⇒*(drijf/stuw)kracht* **0.2** ***beweging*** ⇒*streven, richting* **0.3** ⟨bouwk.⟩ ***horizontale druk*** ◆ **1.¶** ~ and parry *houw en tegenhouw; schermutseling, duel;* ⟨fig.⟩ *woord en wederwoord, woordenwisseling, twist, vinnig debat.*

thrust[2] ⟨f3⟩ ⟨ww.; thrust, thrust⟩
I ⟨onov.ww.⟩ **0.1** ***uitvallen*** ⇒*toestoten* **0.2** ***dringen*** ⇒*duwen, worstelen* ◆ **5.2** ~ **in** *zich een weg banen naar binnen, zich naar binnen worstelen* **6.1** she thrust **at** him with a knife *ze stak naar hem met een mes;*
II ⟨ov.ww.⟩ **0.1** ***stoten*** ⇒*stompen, duwen* **0.2** ***duwen*** ⇒*stoppen, steken* **0.3** ***duwen*** ⇒*dringen* ◆ **5.1** she ~ the books **away** from her *ze schoof met een ruk de boeken van zich af* **6.1** she ~ her knife **at** him *ze stak naar hem met een mes;* she ~ a parcel **at** me *ze schoof me bruusk een pakje toe;* he ~ a knife **into** his victim's heart *hij stak zijn slachtoffer een mes in het hart;* he ~ his knee **into** my stomach *hij gaf me een kniestoot in mijn maag* **6.2** he ~ his hands **into** his pockets *hij stopte zijn handen in zijn zak* **6.3** she ~ her way **through** the crowd *ze worstelde zich door de menigte heen* **6.¶** ~ o.s. **in** sth. *zich ergens mee bemoeien, ergens zijn neus insteken;* ~ o.s. **upon** s.o. *zich aan iem. opdringen;* ~ sth. **upon** s.o. *iem. ergens mee opschepen.*

thrust·er, thrust·or ['θrʌstə‖-ər] ⟨telb.zn.⟩ **0.1** ⟨BE⟩ ***voordringer*** ⇒⟨i.h.b.⟩ *jager die te dicht achter de honden rijdt* **0.2** ***ellebogenwerker*** ⇒*streber, iem. die zichzelf op de voorgrond dringt* **0.3** ⟨ruim.⟩ ***thruster*** ⇒*stuwraket.*

'thrust fault ⟨telb.zn.⟩ ⟨geol.⟩ **0.1** ***overschuiving*** ⟨breuk met lage hellingshoek⟩.

'thrust-hoe ⟨telb.zn.⟩ **0.1** ***schoffel*** ⇒*duwschoffel.*

'thrust punch ⟨telb.zn.⟩ ⟨vechtsport⟩ **0.1** ***stootslag.***

'thrust-stage ⟨telb.zn.⟩ **0.1** ***vooruitspringend podium.***

thruway →throughway.

thud[1] [θʌd] ⟨f2⟩ ⟨telb.zn.⟩ **0.1** ***plof*** ⇒*slag, bons.*

thud[2] ⟨f1⟩ ⟨onov.ww.; →ww. 7⟩ **0.1** ***ploffen*** ⇒*bonzen, neerploffen* ◆ **6.1** the stones thudded **into** the soft clay *de stenen ploften neer in de zachte klei.*

thug [θʌg] ⟨f2⟩ ⟨telb.zn.⟩ **0.1** ⟨gewelddadige/brutale⟩ ***misdadiger*** ⇒*moordenaar, schurk* **0.2** ⟨T-⟩ ⟨gesch.⟩ ***Thug*** ⟨lid v.e. misdadigersbende in India⟩.

thug·gee ['θʌgi] ⟨n.-telb.zn.⟩ ⟨gesch.⟩ **0.1** ***thuggee*** ⟨gewelddadigheid v.d. Thugs in India⟩.

thug·ger·y ['θʌgəri] ⟨n.-telb.zn.⟩ **0.1** ***gewelddadigheid.***

thu·ja ['θu:dʒə, 'θu:jə], **thu·ya** ['θu:jə] ⟨telb.zn.⟩ ⟨plantk.⟩ **0.1** ***levensboom*** ⇒*thuja* ⟨genus Thuja⟩.

thu·li·um ['θu:lɪəm] ⟨n.-telb.zn.⟩ ⟨schei.⟩ **0.1** ***t(h)ulium*** ⟨element 69⟩.

thumb[1] [θʌm] ⟨f3⟩ ⟨telb.zn.⟩ **0.1** ***duim*** ⇒*eerste vinger v. hand/voorpoot* **0.2** ***handschoenduim*** ◆ **3.¶** give the ~s up/down *goedkeuren/afkeuren;* twiddle one's ~s *duimendraaien, luilakken, niksen* **5.¶** ~s **down** *afgewezen, niks, onder de maat;* turn ~s **down** on sth. *iets afwijzen, iets verbieden;* ~s **up!** *het was zó!, prima!, uitstekend; kop op!, hou je taai* **6.¶** be **under** s.o.'s ~ *bij iem. onder de plak zitten* **7.¶** he has ten ~s *hij heeft twee linkerhanden.*

thumb[2] ⟨f2⟩ ⟨ww.⟩
I ⟨onov.ww.⟩ **0.1** ***liften*** ⇒*de duim opsteken* **0.2** ***bladeren*** ⇒*doorbladeren, doorkijken* ◆ **6.2** ~ **through** a book *een boek doorbladeren;*
II ⟨ov.ww.⟩ **0.1** ***beduimelen*** ⇒*vette vingers zetten in, vuile vingerafdrukken achterlaten in/op* **0.2** ***vragen*** ⟨een lift⟩ ⇒*liften* ◆ **1.2** ~ a ride *liften, een lift vragen/krijgen.*

'thumb-in·dex ⟨telb.zn.⟩ ⟨boek.⟩ **0.1** ***duimindex*** ⇒*duimgrepen.*

thumb·less ['θʌmləs] ⟨bn.⟩ **0.1** ***duimloos*** ⇒*zonder duim* **0.2** ***onhandig.***

'thumb-lock ⟨telb.zn.⟩ **0.1** ***drukslot.***

'thumb-mark ⟨telb.zn.⟩ **0.1** ***vuile vinger*** ⇒*vette/vieze vinger(afdruk).*

'thumb-nail ⟨telb.zn.⟩ **0.1** ***duimnagel.***

'thumb-nail 'sketch ⟨telb.zn.⟩ **0.1** ***schetsje*** ⇒*krabbeltje, tekeningetje, portretje;* ⟨fig.⟩ *korte beschrijving.*

'thumb-nut ⟨telb.zn.⟩ **0.1** ***vleugelmoer.***

'thumb-pin, ⟨AE⟩ **'thumb-tack** ⟨f1⟩ ⟨telb.zn.⟩ **0.1** ***punaise.***

'thumb-print ⟨telb.zn.⟩ **0.1** ***duimafdruk.***

'thumb-screw ⟨telb.zn.⟩ **0.1** ***duimschroef*** **0.2** ***vleugelschroef.***

'thumb-stall ⟨telb.zn.⟩ **0.1** ***duim*** ⇒*duimleer, duimeling.*

'thumb-suck·ing ⟨f1⟩ ⟨n.-telb.zn.⟩ **0.1** ***het duimzuigen.***

'thumb-through ⟨telb.zn.⟩ **0.1** ***vluchtige blik*** ⇒*het vluchtig doorbladeren.*

thump[1] [θʌmp] ⟨f1⟩ ⟨telb.zn.⟩ **0.1** ***dreun*** ⇒*klap, smak, bons, bonk.*

thump[2] ⟨f2⟩ ⟨ww.⟩ →thumping
I ⟨onov.ww.⟩ **0.1** ***dreunen*** ⇒*bonzen, stompen, bonken* **0.2** ***bonken*** ⇒*met dreunende stap lopen* **0.3** ***luid snikken*** ◆ **6.1** they ~ed **on** the floor to warn me *ze bonkten op de vloer om me te waarschuwen;*
II ⟨ov.ww.⟩ **0.1** ***dreunen op*** ⇒*timmeren op, beuken, bonzen* **0.2** ***stompen*** **0.3** ⟨inf.⟩ ***een pak slaag geven*** ⇒*mores leren* ◆ **1.1** they ~ed the floor *ze bonkten op de vloer* **5.1** he was ~ing **out** a well-known song *timmerend op de toetsen speelde hij een bekend liedje.*

thump[3] ⟨f1⟩ ⟨bw.⟩ ⟨inf.⟩ **0.1** ***met een dreun*** ⇒*beng, bonk* ◆ **3.1** the boy ran ~ with his head against the bookcase *de jongen liep bam met zijn hoofd tegen de boekenkast.*

thump·er ['θʌmpə‖-ər]⟨telb.zn.⟩ **0.1** ***bonker*** ⇒*dreuner* **0.2** ***gigant*** ⇒*kanjer, joekel, indrukwekkend persoon/ding;* ⟨i.h.b.⟩ *enorme leugen.*

thump·ing[1] ['θʌmpɪŋ]⟨bn.; -ly; oorspr. teg. deelw. v. thump⟩ **0.1** ***bonzend*** ⇒*bonkend, dreunend* **0.2** ⟨inf.⟩ ***geweldig*** ⇒*gigantisch* **0.3** ⟨inf.⟩ ***machtig*** ⇒*enig, verrukkelijk* ◆ **1.1** a ~ headache *een barstende hoofdpijn* **1.2** a ~ boat *een joekel van een boot.*

thumping[2] ⟨bw.⟩⟨inf.⟩ **0.1** ***vreselijk*** ⇒*geweldig, kapitaal.*

thun·der[1] ['θʌndə‖-ər]⟨f2⟩⟨zn.⟩

I ⟨telb.zn.⟩ **0.1** ***gedonder*** ⇒*donderend geluid* **0.2** ⟨schr./fig.⟩ ***bliksem*** ⇒*bliksemstraal* ◆ **1.1** ~s of applause *een donderend applaus* **1.2** the ~ of the waves against the cliffs *het beuken v.d. golven tegen de rotsen* **3.¶** steal s.o.'s ~ *met de eer gaan strijken, iem. het gras voor de voeten wegmaaien;*

II ⟨n.-telb.zn.⟩ **0.1** ***donder*** ⇒*het donderen, onweer* ◆ **4.¶** what the ~/what in ~ is he doing *wat is hij in vredesnaam aan het doen?* **6.¶** ⟨inf.⟩ **by** ~! *voor de drommel, waarachtig;* **like** ~ *razend, nijdig.*

thunder[2] ⟨f2⟩⟨ww.⟩

I ⟨onov.ww.⟩ **0.1** ***donderen*** ⇒*onweren* **0.2** ***donderen*** ⇒*denderen, dreunen* **0.3** ***donderen*** ⇒*razen, tieren, tekeer gaan* ◆ **5.2** ~ past *voorbij denderen* **6.2** trains ~ **across** the bridge *treinen denderen over de brug* **6.3** ~ **against** *fulmineren tegen;*

II ⟨ov.ww.⟩ **0.1** ***uitbulderen*** ⇒*brullen, bulken, donderen* ◆ **5.1** ~ **out** curses *verwensingen uitschreeuwen* **6.1** ~ threats **at** s.o. *iem. dreigementen toebulderen.*

thun·der·a·tion ['θʌndə'reɪʃn]⟨tussenw.⟩ **0.1** ***drommels*** ⇒*verdorie.*

'thun·der·bolt ⟨f1⟩⟨telb.zn.⟩ **0.1** ⟨meteo.⟩ ***bliksemflits*** **0.2** ***bliksemschicht*** **0.3** ***vervloeking*** ⇒*dreiging, banbliksem/vloek* **0.4** ***vuur/ijzervreter*** ⇒*geweldenaar, woesteling, niets ontziend mens* **0.5** ***donderslag*** ⇒*schok, klap* **0.6** ***dondersteen*** ⟨lett.⟩.

'thun·der·clap ⟨f1⟩⟨telb.zn.⟩ **0.1** ***donderslag*** ⟨ook fig.⟩ ⇒*schok, klap.*

'thun·der·cloud ⟨telb.zn.⟩ **0.1** ***onweerswolk.***

thun·der·er ['θʌndrə‖-ər]⟨zn.⟩

I ⟨eig.n.; the; T-⟩ **0.1** ***Donderaar*** ⇒*Jupiter* **0.2** ⟨vero./scherts.; BE⟩ ***de Donderaar*** ⇒*de Times;*

II ⟨telb.zn.⟩ **0.1** ***donderaar*** **0.2** ***hor*** ⇒*gonzer, snor(rebot)* ⟨speelgoed⟩.

'thun·der·head ⟨telb.zn.⟩ **0.1** ***donderkop.***

thun·der·ing ['θʌndrɪŋ]⟨bn.; -ly; oorspr. gerund v. thunder⟩ **0.1** ***donderend*** ⇒*met veel geraas* **0.2** ⟨inf.⟩ ***buitengewoon*** ⇒*erg, kolossaal, machtig.*

thun·der·ous, thun·drous ['θʌndrəs]⟨f2⟩⟨bn.; -ly⟩ **0.1** ***donderend.***

'thun·der·show·er ⟨telb.zn.⟩ **0.1** ***onweersbui*** ⇒*regenbui met onweer.*

'thun·der·stone ⟨telb.zn.⟩ **0.1** ***dondersteen*** **0.2** ⟨vero.⟩ ***bliksemschicht.***

'thun·der·storm ⟨f1⟩⟨telb.zn.⟩ **0.1** ***onweersbui.***

'thun·der·struck, 'thun·der·strick·en ⟨f1⟩⟨bn.⟩ **0.1** ***(als) door de bliksem getroffen.***

thun·der·y ['θʌndri]⟨bn.⟩ **0.1** ***onweersachtig*** **0.2** ***dreigend*** ⇒*onheilspellend.*

thu·ri·ble ['θjʊərəbl‖'θʊr-]⟨telb.zn.⟩ **0.1** ***wierookvat.***

thu·ri·fer ['θjʊərɪfə‖'θʊrɪfər]⟨telb.zn.⟩ **0.1** ***wierookdrager.***

thu·rif·er·ous [θjʊə'rɪfərəs‖θə'rɪ-]⟨bn.⟩ **0.1** ***wierook voortbrengend.***

thu·ri·fi·ca·tion ['θjʊərɪfɪ'keɪʃn‖'θʊr-]⟨zn.⟩

I ⟨telb.zn.⟩ **0.1** ***bewieroking;***

II ⟨n.-telb.zn.⟩ **0.1** ***het branden v. wierook.***

Thur(s) ⟨afk.⟩ Thursday.

Thurs·day ['θɜːzdi, -deɪ‖'θɜrz-]⟨f3⟩⟨eig.n., telb.zn.⟩ **0.1** ***donderdag*** ◆ **2.1** Holy ~ *Witte Donderdag* **3.1** he arrives (on) ~ *hij komt (op/a.s.) donderdag aan;* ⟨vnl. AE⟩ he works ~s *hij werkt donderdags/op donderdag/elke donderdag* **6.1** **on** ~(s) *donderdags, op donderdag, de donderdag(en), elke donderdag* **7.1** ⟨BE⟩ he arrived on the ~ *hij kwam (de) donderdag/op donderdag aan.*

thus[1] [θʌs]⟨n.-telb.zn.⟩ **0.1** ***wierook.***

thus[2] [ðʌs]⟨f3⟩⟨bw.⟩⟨schr.⟩ **0.1** ***aldus*** ⇒*zo, dus, bijgevolg* ◆ **5.¶** ~ far *tot hier toe, tot zover, tot nu toe;* ~ much *zo veel;* I told you ~ much *dat heb/had ik je (toch/al) verteld/gezegd;* ~ and ~/so *zus en zo, dit en dat.*

thus·ly ['ðʌsli]⟨bw.⟩⟨inf.⟩ **0.1** ***aldus*** ⇒*zo, dus.*

thus·ness ['ðʌsnəs]⟨n.-telb.zn.⟩⟨inf.⟩ **0.1** ***het aldus-zijn.***

thus·wise ['ðʌswaɪz]⟨bw.⟩⟨inf.⟩ **0.1** ***aldus*** ⇒*zo, dus.*

thuya →thuja.

thwack →whack.

thwaite [θweɪt]⟨telb.zn.⟩⟨BE, gew.⟩ **0.1** ***weide*** **0.2** ***gecultiveerd land*** ⇒*bouwland.*

thwart[1] [θwɔːt‖θwɔrt]⟨telb.zn.⟩ **0.1** ⟨scheep.⟩ ***doft*** ⇒*roeibank* **0.2** ***tegenwerking*** ⇒*belemmering, hindernis.*

thwart[2] ⟨bn.; -ly⟩⟨vero.⟩ **0.1** ***dwars(liggend)*** **0.2** ***koppig*** ⇒*onhandelbaar, dwars.*

thwart[3] ⟨f2⟩⟨ov.ww.⟩ **0.1** ***verijdelen*** ⇒*dwarsbomen, hinderen* **0.2** ***tegenwerken*** ⇒*tegenhouden, blokkeren, doorkruisen* **0.3** ***tarten*** ⇒*tegen zich in het harnas jagen.*

thwart[4] ⟨bw.⟩⟨vero.⟩ **0.1** ***dwars door/over/op*** ⇒*(over)dwars.*

thwart·ed·ly ['θwɔːtɪdli‖'θwɔrtɪdli]⟨bw.⟩ **0.1** ***met tegenwerking.***

thwart·er ['θwɔːtə‖'θwɔrtər]⟨telb.zn.⟩ **0.1** ***dwarsligger*** ⇒*spelbreker, dwarsdrijver.*

thwart·ship ['θwɔːtʃɪp‖'θwɔrt-]⟨bn.⟩⟨scheep.⟩ **0.1** ***dwarsscheeps.***

thwart·ships ['θwɔːtʃɪps‖'θwɔrt-]⟨bw.⟩⟨scheep.⟩ **0.1** ***dwarsscheeps.***

thy [ðaɪ]⟨f2⟩⟨bez.det.⟩⟨vero. of relig.⟩ →thou, thee **0.1** ***uw*** ◆ **1.1** cast sin out of ~ heart *verwijder de zonde uit uw hart.*

thy·la·cine ['θaɪləsaɪn, -sɪn]⟨telb.zn.⟩⟨dierk.⟩ **0.1** ***Tasmaanse buidelwolf*** ⟨Thylacinus cynocephalus⟩.

thyme [taɪm]⟨f1⟩⟨n.-telb.zn.⟩⟨plantk.⟩ **0.1** ***tijm*** ⟨genus Thymus⟩ ⇒⟨i.h.b.⟩ *gemene tijm* ⟨T. vulgaris⟩ ◆ **2.1** wild ~ *wilde tijm* ⟨T. serpyllum⟩.

-thy·mi·a ['θaɪmɪə]⟨psych.⟩ **0.1** ***-thymie*** ◆ **¶.1** schizothymia *schizothymie.*

thym·ic[1] ['taɪmɪk]⟨bn.⟩ **0.1** ***tijmachtig*** **0.2** ***van tijm.***

thy·mic[2] ⟨bn.⟩⟨anat.⟩ **0.1** ***v.d. thymus*** ⇒*v.d. zwezerik.*

thy·mine ['taɪmiːn]⟨n.-telb.zn.⟩⟨schei.⟩ **0.1** ***thymine*** ⟨aminozuur⟩.

thy·mol ['θaɪmɒl‖-mɔl]⟨n.-telb.zn.⟩⟨schei.⟩ **0.1** ***t(h)ymol.***

thy·mus ['θaɪməs], **'thymus gland** ⟨telb.zn.; 1e variant ook thymi [-maɪ]; →mv. 5⟩ **0.1** ***thymus*** ⇒*zwezerik.*

thym·y ['taɪmi]⟨bn.; -er; →compar. 7⟩ **0.1** ***tijmachtig*** **0.2** ***geurend als tijm*** **0.3** ***vol tijm.***

thy·re·o- ['θaɪrɪoʊ], **thy·ro-** ['θaɪroʊ] **0.1** ***schildklier-*** ⇒*thyreo-* ◆ **¶.1** thyrotoxicosis *thyreotoxicose, schildkliervergiftiging.*

thy·roid[1] ['θaɪrɔɪd], ⟨in bet. I 0.1 ook⟩ **'thyroid gland,** ⟨in bet. I 0.2 ook⟩ **'thyroid cartilage** ⟨f1⟩⟨zn.⟩

I ⟨telb.zn.⟩⟨anat.⟩ **0.1** ***schildklier*** **0.2** ***schildvormig kraakbeen;***

II ⟨n.-telb.zn.⟩⟨med.⟩ **0.1** ***schildklierextract.***

thyroid[2] ⟨f1⟩⟨bn., attr.⟩ **0.1** ***schildklier-*** **0.2** ***v./mbt. het schildvormig kraakbeen.***

thy·roid·ec·to·my ['θaɪrɔɪ'dektəmi]⟨telb. en n.-telb.zn.; →mv. 2⟩ ⟨med.⟩ **0.1** ***thyreodectomie*** ⟨verwijdering v.d. schildklier⟩.

thy·roid·i·tis ['θaɪrɔɪ'daɪtɪs]⟨telb. en n.-telb.zn.⟩⟨med.⟩ **0.1** ***thyreoditis*** ⇒*schildklierontsteking, ziekte v. Hashimoto.*

thy·rot·ro·pin ['θaɪroʊ'troʊpɪn‖θaɪ'rɑtrəpɪn], **thy·rot·ro·phin** [-fɪn] ⟨n.-telb.zn.⟩⟨med.⟩ **0.1** ***thyreotropine.***

thy·rox·in [θaɪ'rɒksɪn‖-'rɑk-], **thy·rox·ine** [-siːn, -sɪn]⟨n.-telb.zn.⟩ ⟨biol.⟩ **0.1** ***thyroxine*** ⟨schildklierhormoon⟩.

thyrse [θɜːs‖θɜrs]⟨telb.zn.⟩⟨plantk.⟩ **0.1** ***t(h)yrsus*** ⟨bloeiwijze⟩.

thyr·soid ['θɜːsɔɪd‖'θɜr-], **thyr·soi·dal** [-'sɔɪdl]⟨bn.⟩⟨plantk.⟩ **0.1** ***thyrsusvormig*** ⇒*t(h)yrsusachtig.*

thyr·sus ['θɜːsəs‖'θɜr-]⟨telb.zn.; thyrsi [-saɪ]; →mv. 5⟩ **0.1** ***Bacchusstaf*** ⇒*t(h)yrsus* **0.2** ⟨plantk.⟩ ***t(h)yrsus*** ⟨bloeiwijze⟩.

thyself [ðaɪ'self]⟨f1⟩⟨wdk.vnw.⟩⟨vero. of relig.⟩ **0.1** ***uzelf*** **0.2** ⟨→ -self/-selves als nadrukwoord⟩ ***gij zelf*** ◆ **1.2** ~ a scholar thou canst help me *zelf een onderzoeker (zijnde) kunt gij mij helpen* **3.1** observe ~ *let op uzelf* **3.2** ~ and thy children shall suffer *gij (zelf) en uw kinderen zullen boeten* **4.2** thou ~ hast killed him *gij zelf hebt hem gedood* **6.1** others more fortunate **than** ~ *anderen gelukkiger dan gij zelf.*

ti, ⟨in bet. II ook⟩ **te** [tiː]⟨zn.⟩

I ⟨telb.zn.⟩⟨plantk.⟩ **0.1** ***Australische koolpalm*** ⟨genus Cordyline⟩;

II ⟨telb. en n.-telb.zn.⟩⟨muz.⟩ **0.1** ***b*** ⇒*si* ⟨toon⟩.

ti·ar·a [ti'ɑːrə]⟨f1⟩⟨telb.zn.⟩ **0.1** ***tiara*** **0.2** ***diadeem.***

tib·i·a ['tɪbɪə]⟨telb.zn.; ook tibiae ['tɪbiiː]; →mv. 5⟩ **0.1** ⟨anat.⟩ ***scheenbeen*** ⇒*tibia* **0.2** ***segment v. insektenpoot*** **0.3** ⟨muz.⟩ ***aulos*** ⇒*tibia* ⟨soort fluit⟩.

tib·i·al ['tɪbɪəl]⟨bn., attr.⟩ **0.1** ***scheenbeen-*** ⇒*v./mbt. het scheenbeen.*

tib·i·o·tar·sus ['tɪbɪoʊ'tɑːsəs‖-'tɑr-]⟨telb.zn.; tibiotarsi [-saɪ]; →mv. 5⟩ **0.1** ***scheenbeen van vogel.***

tic [tɪk]⟨f1⟩⟨telb. en n.-telb.zn.⟩ **0.1** ***tic*** ⇒*zenuwtrekje.*

tic dou·lou·reux [- duːlə'ruː]⟨n.-telb.zn.⟩⟨med.⟩ **0.1** ***trigeminusneuralgie*** ⇒*aangezichtspijnen.*

tick[1] [tɪk]⟨f2⟩⟨zn.⟩

I ⟨telb.zn.⟩ **0.1** ***teek*** ⇒⟨BE; inf.; fig.⟩ *lastpost, klier, lammeling, lamzak* **0.2** ***tik*** ⇒*getik* ⟨i.h.b. v. klok⟩; ⟨vnl. BE; inf.⟩ *momentje, ogenblik* **0.3** ***vink(je)*** ⇒*(merk)teken(tje), streepje* ⟨bij controle v. lijst⟩ **0.4** ***(bedde)tijk*** ⇒*overtrek* ◆ **6.2** **in** a ~ *in een wip;* **in** two ~s *in een, twee, drie, in een paar tellen, in een mum v. tijd;* **on/to** the ~ *exact op tijd;*

II ⟨n.-telb.zn.⟩ **0.1** ⟨inf.⟩ ***tijk*** ⟨stof⟩ **0.2** ⟨BE; inf.⟩ ***krediet*** ⇒*pof* ◆ **6.2** **on** ~ *op de pof, op krediet.*

tick[2] ⟨f2⟩⟨ww.⟩ →ticking

I ⟨onov.ww.⟩ **0.1** ***tikken*** ◆ **3.¶** what makes s.o./sth. ~ *wat het*

geheim is v. iem. / iets, wat iem. drijft / wat iets in beweging houdt **5.1** ~ **away** *tikken; voorbijgaan* ⟨v. tijd⟩ **5.¶** ~ **by** *voorbijgaan* ⟨v. tijd⟩; ⟨BE⟩ ~ **over** *stationair draaien* ⟨v. motor⟩; ⟨inf.⟩ *zijn gangetje gaan, rustig gaan;*
II ⟨onov. en ov.ww.⟩ **0.1** ***poffen*** ⇒*op de pof / krediet (ver)kopen;*
III ⟨ov.ww.⟩ **0.1** ***aanstrepen*** ⇒*aankruisen* ⟨op lijst⟩ ◆ **5.1** ~ **off** *afvinken, aanstrepen, aankruisen* ⟨op lijst⟩ **5.¶** ⟨inf.⟩ ~ **off** *een uitbrander geven.*

'tick·bean ⟨telb.zn.⟩⟨plantk.⟩ **0.1** ***paardeboon*** ⇒*veldboon* ⟨Vicia faba⟩.

ticked [tɪkt]⟨bn.⟩ **0.1** ***gespikkeld*** **0.2** ⟨AE; inf.⟩ ***woest*** ⇒*kwaad.*

tick·er ['tɪkə‖-ər]⟨telb.zn.⟩ **0.1** ***iem. die / iets dat tikt*** **0.2** ***tikker*** ⟨telegraaf⟩ **0.3** ⟨sl.⟩ ***horloge*** ⇒*klok* **0.4** ⟨sl.⟩ ***hart*** ⇒*rikketik.*

'tick·er-tape ⟨f1⟩⟨zn.⟩
I ⟨telb.zn.⟩ **0.1** ***serpentine;***
II ⟨n.-telb.zn.⟩ **0.1** ***tikker-band*** ⇒*tikker-tape.*

'tick·er-tape pa'rade ⟨f1⟩⟨telb.zn.⟩⟨AE⟩ **0.1** ***ticker-tape parade*** ⇒*serpentineoptocht* ⟨i.h.b. in New York⟩.

tick·et[1] ['tɪkɪt]⟨f3⟩⟨telb.zn.⟩ **0.1** ***kaart(je)*** ⇒*toegangsbewijs, vervoersbewijs, plaatsbewijs* **0.2** ***prijskaartje*** ⇒*etiket* **0.3** ***brevet*** ⇒*diploma* **0.4** ***lot*** ⇒*loterijbriefje* **0.5** ***lommerdbriefje*** **0.6** ⟨mil.⟩ ***ontslagbriefje*** ⇒*paspoort* **0.7** ⟨inf.⟩ ***bon*** ⇒*bekeuring* **0.8** ⟨AE⟩ ***kandidatenlijst*** ⇒*stembriefje* **0.9** ⟨AE⟩ ***partijprogramma*** ◆ **1.1** ⟨BE; gesch.⟩ ~ of leave *bewijs v. voorwaardelijke invrijheidsstelling* **3.1** work one's ~ *werken voor de overtocht* ⟨v. migrant⟩ **3.6** ⟨inf.⟩ get one's ~ *uit militaire dienst ontslagen worden, zijn paspoort krijgen* **3.8** ⟨fig.⟩ split the ~ *voor kandidaten van verschillende lijsten stemmen* **7.¶** ⟨inf.⟩ that's just the ~ *dát is het (precies), da's je ware.*

ticket[2] ⟨ov.ww.⟩ **0.1** ***etiketteren*** ⇒*van een etiket voorzien, prijzen* **0.2** ***bestemmen*** ⇒*aanduiden* **0.3** ⟨AE⟩ ***toegangsbewijs / spoorkaartje geven*** **0.4** ⟨AE⟩⟨inf.⟩ ***een bon / bekeuring geven.***

'ticket agent ⟨telb.zn.⟩⟨AE⟩ **0.1** ***burelist*** ⇒*bureaulist, kaartverkoper.*

'ticket collector ⟨f1⟩⟨telb.zn.⟩ **0.1** ***(kaartjes)controleur*** ⇒*conducteur.*

'ticket day ⟨telb.zn.⟩⟨BE⟩ **0.1** ***tweede rescontredag*** ⟨op de Beurs⟩.

'ticket gate ⟨telb.zn.⟩⟨BE⟩ **0.1** ***in- / uitgang*** ⇒*controle.*

'ticket holder ⟨telb.zn.⟩ **0.1** ***iem. met toegangsbewijs / kaartje*** ⟨tot theater e.d.⟩ ⇒*kaarthouder.*

'ticket office ⟨f1⟩⟨telb.zn.⟩ **0.1** ***loket*** ⇒*plaatskaartenbureau.*

'tick·et-of-'leave man ⟨telb.zn.⟩⟨BE; gesch.⟩ **0.1** ***voorwaardelijk vrijgelatene.***

'ticket porter ⟨telb.zn.⟩⟨gesch.⟩ **0.1** ***kruier met vergunning*** ⟨i.h.b. in Londen⟩.

'ticket punch ⟨telb.zn.⟩ **0.1** ***conducteurstang.***

'ticket scalper ⟨telb.zn.⟩⟨AE⟩ **0.1** ***kaartjeszwendelaar*** ⇒*zwarthandelaar in toegangskaartjes.*

'ticket tout ⟨telb.zn.⟩ **0.1** ***zwarte-kaartjesverkoper.***

tick·e·ty-boo ['tɪkəti'bu:]⟨bn.⟩⟨BE; sl.⟩ **0.1** ***best*** ⇒*prima.*

'tick fever ⟨telb. en n.-telb.zn.⟩ **0.1** ***tekenkoorts.***

tick·ing ['tɪkɪŋ]⟨n.-telb.zn.; in bet. 0.1 gerund van tick⟩ **0.1** ***getik*** ⇒*het tikken* **0.2** ***(bedde)tijk*** ⟨stof⟩.

'tick·ing-'off ⟨telb.zn.; oorspr. gerund v. tick off⟩⟨inf.⟩ **0.1** ***uitbrander*** ⇒*schrobbering, reprimande.*

tick·le[1] ['tɪkl]⟨f1⟩⟨telb.zn.⟩ **0.1** ***gekietel*** **0.2** ***kietelend gevoel.***

tickle[2] ⟨f2⟩⟨ww.⟩
I ⟨onov.ww.⟩ **0.1** ***kietelen*** ⇒*kriebelen, jeuken;* ⟨vnl. fig.⟩ *kittelen* ◆ **6.1** it ~s **on** my tongue *het kittelt op mijn tong;*
II ⟨ov.ww.⟩ **0.1** ***kietelen*** ⇒*kriebelen, kittelen;* ⟨fig.⟩ *strelen, (aangenaam) prikkelen* **0.2** ***amuseren*** ⇒*aan het lachen maken, op de lachspieren werken* **0.3** ⟨iron.⟩ ***kastijden*** ⇒*ranselen, slaan* ◆ **1.1** it ~s the senses *het prikkelt de zinnen* **5.¶** ~ **up** *aansporen, opporren.*

tick·ler ['tɪklə‖-ər]⟨telb.zn.⟩ **0.1** ***iem. die / iets dat kietelt*** ⇒⟨i.h.b.⟩ *veer, pluim;* ⟨iron.⟩ *roede, rietje, stok* **0.2** ***netelig(e) vraag / probleem*** **0.3** ⟨AE⟩ ***notitieboekje.***

tick·lish ['tɪklɪʃ]⟨f1⟩⟨bn.; -ly; -ness⟩ **0.1** ***kittelig*** ⇒*kittelachtig* **0.2** ***lichtgeraakt*** **0.3** ***netelig*** ⇒*delicaat, pijnlijk, lastig, teer* **0.4** ***onvast*** ⇒*wankel, labiel, onbestendig, wisselvallig* ◆ **3.1** be ~ *niet / slecht tegen kietelen kunnen.*

tick·ly ['tɪkli]⟨-er; →compar. 7⟩ →ticklish.

'tick·seed ⟨n.-telb.zn.⟩⟨plantk.⟩ **0.1** ***meisjesogen*** ⟨genus Coreopsis⟩.

tick-tack[1], **tic-tac** ['tɪktæk]⟨zn.⟩
I ⟨telb. en n.-telb.zn.⟩ **0.1** ***getik*** ⟨i.h.b. v. hart⟩;
II ⟨n.-telb.zn.⟩⟨BE⟩ **0.1** ***het (geheim) seinen v. beroepswedders*** ⟨op renbaan⟩.

tick-tack[2] ⟨onov.ww.⟩ **0.1** ***tikken*** **0.2** ⟨BE⟩ ***seinen*** ⟨door beroepswedders, op renbaan⟩.

tick-tack-toe, tic-tac-toe ['tɪktæk'toʊ]⟨n.-telb.zn.⟩⟨AE⟩ **0.1** ***boter-kaas-en-eieren*** ⟨spel⟩ ⇒*boter-melk-kaas, kruisje-nulletje.*

tick-tick ['tɪktɪk], **tick-tock** ['tɪktɒk‖-tɑk]⟨telb. en n.-telb.zn.⟩ **0.1** ***getik*** ⇒*gerikketik, tik-tak* ⟨v. klok⟩.

tid·al ['taɪdl]⟨f1⟩⟨bn.; -ly⟩ **0.1** ***getij(de)-*** ◆ **1.1** ~ basin *getijdebassin;* ~ dock *getijdok;* ~ flow *getij / spitsverkeer;* ~ friction *getijwrijving;* ~ pool *getijdepoel(tje);* ~ river *getijde-rivier* **1.¶** ~ air *hoeveelheid lucht gebruikt bij één ademhaling.*

'tidal wave ⟨telb.zn.⟩ **0.1** ***getijgolf*** ⇒*vloedgolf;* ⟨fig.⟩ *golf v. emotie / woede / enthousiasme* ⟨enz.⟩.

tid·bit →titbit.

tid·dler ['tɪdlə‖-ər]⟨telb.zn.⟩⟨BE; inf.⟩ **0.1** ***visje*** ⟨i.h.b. stekelbaarsje⟩ **0.2** ***klein kind*** ⇒⟨fig.⟩ *klein(e) broertje / garnaal* **0.3** ***munt v.e. halve penny*** ⇒*halfpenny munt.*

tid·dly[1], **tid·dley** ['tɪdli]⟨telb.zn.; →mv. 2⟩⟨BE⟩ **0.1** ***borreltje.***

tiddly[2], **tiddley** ⟨bn.⟩⟨BE⟩⟨inf.⟩ **0.1** ***aangeschoten*** ⇒*een beetje teut* **0.2** ***nietig*** ⇒*klein.*

tid·dly·wink, tid·dley·wink ['tɪdliwɪŋk], **tid·dle·dy·wink** ['tɪdldi-]⟨zn.⟩
I ⟨telb.zn.⟩ **0.1** ***vlo*** ⇒*fiche* ⟨v. vlooienspel⟩;
II ⟨mv.; ~s; ww. vnl. enk.⟩ **0.1** ***vlooienspel.***

tid·dy ['tɪdi]⟨bn.; -er; →compar. 7⟩⟨inf.⟩ **0.1** ***klein*** ⇒*nietig, onbeduidend.*

tide[1] [taɪd]⟨f3⟩⟨telb.zn.⟩⟨→sprw. 685⟩ **0.1** ***getij(de)*** ⇒*tij* **0.2** ***vloed*** ⇒⟨fig.⟩ *hoogtepunt* **0.3** ***stroom*** ⇒*stroming* ⟨ook fig.⟩ **0.4** ⟨vero.⟩ ***gelegenheid*** ⇒*kans* **0.5** ⟨vero., beh. in samenstellingen⟩ ***tijd*** ⇒*seizoen, (kerkelijk) feest* ◆ **1.1** ⟨fig.⟩ turn of the ~ *kentering* **1.2** ⟨fig.⟩ ~ of events *loop der gebeurtenissen* **3.1** ⟨scheep.⟩ save the ~ *met het getij uit / binnenvaren;* ⟨fig.⟩ the ~ turned *het getij keerde, er trad een kentering in;* ⟨fig.⟩ turn the ~ *het getij doen keren* **3.3** ⟨inf.; fig.⟩ swim / go with / against the ~ *ergens in mee / tegenin gaan, met de stroom mee / tegen de stroom in gaan* **5.1** the ~ is **in / out** *het is hoog / laag water.*

tide[2] ⟨ww.⟩
I ⟨onov.ww.⟩ **0.1** ***met het tij meedrijven*** ⇒*op de stroom meedrijven* **0.2** ***op en neer / heen en weer stromen*** ⇒*op en neer vloeien* **0.3** ***werken afhankelijk v.h. getij*** ⇒*getijwerk doen* ⟨bv. in haven⟩;
II ⟨ov.ww.⟩ **0.1** ***meevoeren / wegvoeren door het getij / met de stroom*** ◆ **5.¶** ~ s.o. **over** *iem. verder / voorthelpen* ⟨i.h.b. financieel⟩ **6.¶** ~ s.o. **over** sth. *iem. over iets heen helpen.*

'tide gate ⟨telb.zn.⟩ **0.1** ***getijsluis.***

'tide gauge ⟨telb.zn.⟩ **0.1** ***vloedmeter*** ⇒*peilschaal.*

'tide land ⟨n.-telb.zn.⟩ **0.1** ***droogvallend land.***

'tide lock ⟨telb.zn.⟩ **0.1** ***getijsluis.***

'tide mark ⟨telb.zn.⟩ **0.1** ***hoogwaterlijn*** **0.2** ⟨inf.⟩ ***waterlijn*** ⇒*streep tot waar men zich gewassen heeft, vuile zone / streep in bad.*

'tide mill ⟨telb.zn.⟩ **0.1** ***getijmolen.***

'tide pool ⟨telb.zn.⟩ **0.1** ***getijdepoel(tje).***

'tide rip ⟨telb.zn.⟩ **0.1** ***vloedgolf*** **0.2** ***stroomrafeling*** ⇒*het kolken, onrustig water waar twee getijden / stromingen samenkomen.*

tides·man ['taɪdzmən], **'tide·wait·er** ⟨telb.zn.; tidesmen [-mən]; →mv. 3⟩ **0.1** ***commies te water*** **0.2** ⟨BE⟩ ***havenarbeider*** ⟨die bij vloed werkt⟩.

'tide·sur·vey·or ⟨telb.zn.⟩ **0.1** ***opzichter v. commiezen te water.***

'tide table ⟨telb.zn.⟩ **0.1** ***getijtafel.***

'tide·wa·ter ⟨n.-telb.zn.⟩ **0.1** ***vloedwater*** **0.2** ⟨vaak attr.⟩⟨AE⟩ ***laagliggend kustgebied.***

'tide·wave ⟨telb.zn.⟩ **0.1** ***vloedgolf.***

'tide·way ⟨zn.⟩
I ⟨telb.zn.⟩ **0.1** ***stroombed*** ⇒*stroomgeul;*
II ⟨n.-telb.zn.⟩ **0.1** ***eb / vloed in stroombed.***

tid·ings ['taɪdɪŋz]⟨mv.; ww. ook enk.⟩⟨vero.⟩ **0.1** ***tijding(en)*** ⇒*nieuws, bericht(en).*

ti·dy[1] ['taɪdi]⟨f1⟩⟨telb.zn.; →mv. 2⟩ **0.1** ***antimakassar*** ⇒*kleedje* **0.2** ***opbergdoosje voor prulletjes*** **0.3** ***prullebakje*** ⇒*prullemandje* **0.4** ***gootsteenbakje*** **0.5** ***werkmandje.***

tidy[2] ⟨f2⟩⟨bn.; -er; -ly; -ness; →bijw. 3⟩ **0.1** ***netjes*** ⇒*keurig, aan kant, op orde* **0.2** ***proper*** ⇒*zindelijk* **0.3** ***redelijk (goed)*** **0.4** ***knap*** ⇒*goed / gezond uitziend* **0.5** ***aardig (groot)*** ◆ **1.1** ~ mind *ordelijke geest, heldere kop* **1.3** ~ effort *redelijke poging* **1.5** ~ income *aardig inkomen* **7.5** a ~ few people *aardig wat mensen.*

tidy[3] ⟨f3⟩⟨onov. en ov.ww.; →ww. 7⟩ **0.1** ***opruimen*** ⇒*schoonmaken, aan kant maken, opknappen* ◆ **5.1** ~ **away** *opruimen, op / wegbergen;* ~ **out** *uitruimen* ⟨bv. bureau⟩; ~ **up** *opruimen, in orde brengen.*

'ti·dy·tips ⟨mv.⟩⟨plantk.⟩ **0.1** ***Layia elegans*** ⟨Californische madeliefjesachtige bloem met witte tippen⟩.

tie[1] [taɪ]⟨f3⟩⟨telb.zn.⟩ **0.1** ***touw(tje)*** ⇒*koord, band, lint* **0.2** ***das(je)*** ⇒*sjaal(tje)* **0.3** ***band*** ⇒*verbondenheid* **0.4** ***handenbinder*** ⟨bv. lastig kind⟩ **0.5** ***verbindingsbalk*** **0.6** ⟨muz.⟩ ***boogje*** ⟨verbindt noten v. zelfde toonhoogte⟩ **0.7** ⟨sport, spel⟩ ***gelijk spel*** ⇒*gelijke stand, remise;* ⟨fig.⟩ *staking van stemmen* **0.8** ⟨sport⟩ ***(afval)wedstrijd*** ⇒*voorronde* **0.9** ⟨AE⟩ ***dwarsligger*** ⇒*dwarsbalk, biel(s)* **0.10**

⟨AE⟩ ***veterschoen*** ◆ **3.7** play/shoot/⟨enz.⟩ off a ~ *beslissende wedstrijd spelen.*

tie[2] ⟨f3⟩ ⟨ww.⟩ →tied

I ⟨onov.ww.⟩ **0.1** ***vastgemaakt worden*** **0.2** ***een knoop leggen*** **0.3** ⟨vnl. sport, pol.⟩ ***gelijk eindigen*** ⇒*gelijk spelen/staan, met hetzelfde aantal stemmen/punten eindigen* ◆ **5.1** that ~s easily *dat kun je makkelijk vastmaken* **5.¶** ~ **in** (with) *verband houden (met);* ⟨fig.⟩ *kloppen (met);* ~ **together** *nauw verbonden zijn;* →tie **up 6.3** they ~d **for** second place *ze deelden de tweede plaats;* ~ **with** s.o. **(for)** *met iem. gelijk spelen/staan (voor);* ⟨fig.⟩ *even goed zijn als, kunnen wedijveren met;*

II ⟨ov.ww.⟩ **0.1** ***(vast)binden*** ⇒*(vast)knopen, strikken, (vast) hechten, vastmaken* **0.2** ***(ver)binden*** ⟨ook muz.⟩ **0.3** ***binden*** ⇒*beperken, kluisteren* **0.4** ⟨med.⟩ ***afbinden*** **0.5** ⟨bouwk.⟩ ***verankeren*** ⇒*door dwarsbalk(en) verbinden* **0.6** ⟨AE⟩ ***van dwarsliggers/biels voorzien*** **0.7** ⟨vnl. sport, pol.⟩ ***gelijk eindigen/spelen/staan met*** ⇒*met hetzelfde aantal punten/stemmen eindigen als* ◆ **1.1** his hands are ~d *zijn handen zijn gebonden* ⟨vnl. fig.⟩; ~ a knot *een knoop leggen* **1.7** ~d game *gelijkspel* **3.¶** ~ and dye *knoopverven* **4.¶** ⟨AE; inf.⟩ ~ one on *dronken worden* **5.1** ~ **back** *opbinden, bijeen binden, vastmaken/steken;* ~ **on** *vastmaken/knopen;* ~ **down** a dog *een hond vastleggen;* ~ **together** *ver/samenbinden* **5.3** ~ **down** *de handen binden, bezig houden;* ~ o.s. **down** *zich(zelf) beperkingen opleggen;* ~ s.o. **down** to *iem. binden aan, iem. zich laten houden aan* **5.¶** ~ **in** (with) *coördineren (met), afstemmen (op)* ⟨bv. plannen⟩; *aansluiten (op)* ⟨machine op groter systeem⟩; ⟨AE⟩ *samen verkopen (met)* ⟨artikelen, om het minder gangbare aan de man te brengen⟩; →tie **up**.

'tie bar ⟨telb.zn.⟩ **0.1** ***verbindingsstang.***

'tie beam ⟨telb.zn.⟩ **0.1** ***bint(balk).***

'tie·break, 'tie·break·er ⟨f1⟩ ⟨telb.zn.⟩ **0.1** ***beslissingswedstrijd*** ⇒⟨tennis⟩ *tie-break(er)* ⟨game om set te beslissen⟩.

'tie-clasp, 'tie-clip ⟨telb.zn.⟩ **0.1** ***dasspeld.***

tied [taɪd] ⟨f1⟩ ⟨bn.; volt. deelw. v. tie⟩ ⟨BE⟩ **0.1** ***(vast)gebonden*** ⇒*vastgelegd* ◆ **1.1** ~ cottage *niet-vrije arbeiderswoning* ⟨waarvan de huurder moet werken voor de eigenaar⟩; ~ house *gebonden café* ⟨waar alleen bier van een bep. brouwerij mag worden verkocht⟩.

'tie-dye[1], **'tie and 'dye** ⟨n.-telb.zn.⟩ **0.1** ***tie and dye-methode*** ⇒*het knoopverven, het met touwtjes samenknopen v. stof en zo verven.*

tie-dye[2], **tie and dye** ⟨ov.ww.⟩ **0.1** ***met de tie and dye-techniek verven*** ⇒*knoopverven.*

'tie-in ⟨telb.zn.⟩ **0.1** ***verband*** ⇒*connectie, relatie* **0.2** ***derivaat*** ⟨boek, plaat enz. gemaakt naar radio-, t.v.-serie/uitzending⟩ **0.3** ⟨AE⟩ ***verkoop v. twee of meer artikelen om de minder gangbare aan de man te brengen.***

'tie-on ⟨bn., attr.⟩ **0.1** ***hang-*** ◆ **1.1** ~ label *hangetiket.*

'tie·pin ⟨telb.zn.⟩ **0.1** ***dasspeld.***

ti·er[1] ['taɪə‖-ər] ⟨f1⟩ ⟨telb.zn.⟩ **0.1** ***binder*** **0.2** ***iem. die gelijk speelt*** **0.3** ⟨AE, gew.⟩ ***boezelaar*** ⇒*voorschoot* **0.4** ⟨scheep.⟩ ***opgeschoten touw.***

tier[2] [tɪə‖tɪr] ⟨telb.zn.⟩ **0.1** ***rij*** ⇒*verdieping, rang, reeks* ⟨bv. in theater⟩.

tier[3] [tɪə‖tɪr] ⟨ww.⟩

I ⟨onov.ww.⟩ **0.1** ***oprijzen*** ⇒*laag na laag opgestapeld zijn, torenen;*

II ⟨ov.ww.⟩ **0.1** ***in rijen boven elkaar rangschikken*** ⇒*boven elkaar plaatsen, stapelen.*

-tier [tɪə‖tɪr], **-tiered** [tɪəd‖tɪrd] **0.1** ***met... verdiepingen/lagen*** ◆ **¶.1** four-tier weddingcake *bruidstaart met vier verdiepingen;* two-tier bed *twee bedden boven elkaar, stapelbed.*

tierce [tɪəs‖tɪrs], ⟨in bet. II ook⟩ **terce** [tɜːs‖tɜrs] ⟨zn.⟩

I ⟨telb.zn.⟩ **0.1** ***vat*** ⇒*ton* **0.2** ⟨muz.⟩ ***terts*** **0.3** ⟨schermen⟩ ***derde positie*** ⇒*de wering drie* **0.4** ⟨spel⟩ ***driekaart*** **0.5** ⟨vero.⟩ ***tierce*** ⟨(wijn)maat v. ong. 190 l⟩;

II ⟨n.-telb.zn.⟩ ⟨relig.⟩ **0.1** ***terts*** ⇒*officie v.h. derde uur.*

tiercel →tercel.

tiercet →tercet.

'tie-rod ⟨telb.zn.⟩ **0.1** ***trekstang.***

'tier table ⟨telb.zn.⟩ **0.1** ***etagetafel*** ⇒*tafel met meerdere bladen boven elkaar.*

'tie tack ⟨telb.zn.⟩ ⟨AE⟩ **0.1** ***dasspeld.***

'tie 'up ⟨f2⟩ ⟨ww.⟩

I ⟨onov.ww.⟩ **0.1** ⟨scheep.⟩ ***afgemeerd worden*** **0.2** ⟨inf.⟩ ***zich verbinden*** ⇒*connecties aanknopen, zich aansluiten* **0.3** ***verband houden*** **0.4** ***kloppen*** ◆ **6.¶** ~ **with** *zich verbinden met, zich aansluiten bij; verband houden met; kloppen met;*

II ⟨ov.ww.⟩ **0.1** ***vastbinden*** ⇒*ver/dichtbinden* **0.2** ⟨scheep.⟩ ***afmeren*** **0.3** ***(druk) bezig houden*** ⇒*ophouden; blokkeren, stopzetten* **0.4** ***vastzetten/leggen*** ⟨geld⟩ **0.5** ***vastleggen*** ⟨overeenkomst⟩ ◆ **1.1** ~ a dog *een hond vastleggen* **3.3** be tied up *bezet/druk bezig zijn* **4.1** ⟨inf.; fig.⟩ tie o.s. up *zichzelf in de knoei werken, zich vastpraten* **6.1** ⟨fig.⟩ be tied up **with** *verband houden met, verbonden zijn met* **6.¶** be tied up **with** *kloppen met.*

'tie-up ⟨telb.zn.⟩ **0.1** ***touwtje*** ⇒*lint, band* **0.2** ***(ver)band*** ⇒*relatie, connectie* **0.3** ⟨AE⟩ ***stilstand*** ⟨i.h.b. v. werk⟩ ⇒*staking* **0.4** ⟨AE⟩ ***(verkeers)opstopping*** ⇒*oponthoud.*

'tie·wig ⟨telb.zn.⟩ **0.1** ***pruik met strik/staartje.***

tiff[1] [tɪf] ⟨f1⟩ ⟨telb.zn.⟩ **0.1** ***knorrige bui*** **0.2** ***kibbelpartij.***

tiff[2] ⟨onov.ww.⟩ **0.1** ***kibbelen*** **0.2** ***in een boze bui zijn*** **0.3** ⟨Ind. E⟩ ***lunchen.***

tif·fa·ny ['tɪfəni] ⟨telb. en n.-telb.zn.; →mv. 2⟩ **0.1** ***dunne (zijden) stof*** ⇒*mousseline.*

tif·fin[1] ['tɪfɪn] ⟨n.-telb.zn.⟩ ⟨Ind. E⟩ **0.1** ***lunch*** **0.2** ***(soort) rijsttafel.***

tiffin[2] ⟨onov.ww.⟩ ⟨Ind. E⟩ **0.1** ***lunchen*** **0.2** ***(Indiaas) rijsttafelen.***

tig[1] [tɪg] ⟨n.-telb.zn.⟩ **0.1** ⟨spel⟩ ***krijgertje*** ⇒*tikkertje* **0.2** ⟨sport⟩ ***het (aan/uit/af)tikken*** ⟨bv. speler bij honkbal⟩.

tig[2] ⟨onov.ww.; →ww. 7⟩ ⟨sport, spel⟩ **0.1** ***(uit)tikken.***

tige [tiːʒ] ⟨telb.zn.⟩ **0.1** ***schacht*** **0.2** ***stang*** ⇒*pin* **0.3** ***stengel.***

ti·ger ['taɪgə‖-ər] ⟨f2⟩ ⟨telb.zn.⟩ ⟨→sprw. 292⟩ **0.1** ⟨dierk.⟩ ***tijger*** ⟨Panthera/Felis tigris; niet-wet. ook voor o.a. panter, luipaard, jaguar⟩ ⇒⟨fig.⟩ *vechtersbaas* **0.2** ⟨inf.⟩ ***geducht tegenstander*** **0.3** ⟨vero.; BE⟩ ***palfrenier*** **0.4** ⟨AE; inf.⟩ ***geschreeuw na driewerf hoerageroep*** ◆ **3.¶** ⟨inf.⟩ ride the ~ *een onzeker bestaan leiden.*

'tiger beetle ⟨telb.zn.⟩ ⟨dierk.⟩ **0.1** ***zandloopkever*** ⟨fam. Cicindelidae⟩.

'tiger cat ⟨telb.zn.⟩ ⟨dierk.⟩ **0.1** ***tijgerkat*** ⟨o.a. ocelot, serval, margay⟩ **0.2** ⟨Austr. E⟩ ***gevlekte buidelmarter*** ⟨genus Dasyurus⟩.

'tig·er- eye, 'tig·er's-eye ⟨telb.zn.⟩ ⟨geol.⟩ **0.1** ***tijgeroog*** ⟨mineraal⟩.

ti·ger·ish ['taɪgrɪʃ] ⟨bn.; -ly; -ness⟩ **0.1** ***tijgerachtig*** ⇒*wreed(aardig).*

'tiger lily ⟨telb.zn.⟩ ⟨plantk.⟩ **0.1** ***tijgerlelie*** ⟨Lilium tigrinum⟩.

'tiger moth ⟨telb.zn.⟩ ⟨dierk.⟩ **0.1** ***beervlinder*** ⟨fam. Arctidiae⟩.

'tiger shark ⟨telb.zn.⟩ ⟨dierk.⟩ **0.1** ***tijgerhaai*** ⟨Galeocerdo cuvieri⟩.

'tiger wood ⟨n.-telb.zn.⟩ **0.1** ***tijgerhout.***

tight[1] [taɪt] ⟨f3⟩ ⟨bn.; -er; -ly; -ness⟩ **0.1** ***strak*** ⇒*nauw(sluitend), (strak)gespannen* **0.2** ***propvol*** **0.3** ***potdicht*** **0.4** ***beklemmend*** ⇒*benauwd* **0.5** ***schaars*** ⇒*krap* **0.6** ***gierig*** ⇒*krenterig, vrekkig* **0.7** ***stevig*** ⇒*vast* **0.8** ***streng*** ⇒*stringent, bindend* **0.9** ⟨inf.⟩ ***dronken*** ◆ **1.1** it's a ~ fit *het zit krap, ik/het/⟨enz.⟩ kan er nauwelijks in;* ~ shoes *te kleine/nauwe schoenen* **1.2** a ~ schedule *een overladen programma;* ⟨fig.⟩ ~ argument *waterdicht argument, argument waar geen speld tussen te krijgen is;* ~ soil *bodem die geen water doorlaat;* it was a ~ squeeze *het was propvol; we zaten erg opeengepakt;* ⟨fig.⟩ be as ~ as wax *niet loslaten, een slotje op zijn mond hebben* **1.4** be in a ~ corner/place/⟨inf.⟩ spot *in de klem/een moeilijke/penibele situatie/een lastig parket zitten, het hard te verduren hebben* **1.5** ⟨inf.⟩ it will be a ~ match/race *het zal erom spannen, de deelnemers zijn aan elkaar gewaagd* **1.7** ⟨elek.⟩ ~ coupling *vaste koppeling;* ~ knot *ferme/stevige knoop;* a ~ team *een hecht/harmonieus team* **1.8** keep a ~ grip/hold on s.o. *iem. goed in de hand houden, iem. streng aanpakken;* he needs a ~ hand *hij moet met vaste hand geleid worden/stevig in de hand gehouden worden;* ⟨muz.⟩ ~ playing *strak/rigoreus/uiterst verzorgd spelen;* keep a ~ rein on s.o. *iem. kort houden, bij iem. de teugels stevig aanhalen* **1.¶** ⟨Am. voetbal⟩ ~ end *tight end;* a ~ squeeze *een hele toer/opgave.*

tight[2] ⟨f2⟩ ⟨bw.⟩ **0.1** ***vast*** ⇒*stevig, goed/stevig vast* ◆ **3.1** hold me ~ *hou me goed/stevig vast;* sleep ~ *wel te rusten.*

tight·en ['taɪtn] ⟨f3⟩ ⟨ww.⟩

I ⟨onov.ww.⟩ **0.1** ***zich spannen*** ⇒*strakker worden* **0.2** ***krap worden*** ◆ **6.1** ⟨fig.⟩ ~ **with** *ineenkrimpen van;*

II ⟨ov.ww.⟩ **0.1** ***aanhalen*** ⇒*strak trekken, spannen, vastsnoeren* **0.2** ***vastklemmen*** ⇒*vastdraaien* **0.3** ***verscherpen*** ⟨maatregelen⟩ ◆ **1.1** ~ one's belt *de buikriem aanhalen* ⟨vnl. fig.⟩ **5.3** ~ **up** *verscherpen.*

'tight'fist·ed ⟨bn.; -ness⟩ ⟨inf.⟩ **0.1** ***krenterig*** ⇒*gierig, vrekkig.*

'tight-'fit·ting ⟨bn.⟩ **0.1** ***nauwsluitend*** ⇒*strak.*

'tight-'jawed ⟨bn.⟩ ⟨inf.⟩ **0.1** ***sluitend*** ◆ **1.1** a ~ argument *een sluitend argument.*

'tight'knit ⟨bn.⟩ **0.1** ***hecht*** ◆ **1.1** a ~ society *een hechte maatschappij.*

'tight-'lipped ⟨bn.⟩ **0.1** ***met opeengeklemde lippen*** **0.2** ***gesloten*** ⇒*stil* ◆ **1.2** a ~ fellow *een vent waar je geen woord uitkrijgt.*

'tight·rope ⟨telb.zn.⟩ **0.1** ***strakke koord*** ◆ **3.1** be on/walk a ~ *koorddansen* ⟨ook fig.⟩.

'tightrope act ⟨telb.zn.⟩ **0.1** ***een nummertje koorddansen*** ⟨ook fig.⟩.

'tightrope walker ⟨telb.zn.⟩ **0.1** ***koorddanser(es)*** ⟨ook fig.⟩.

tights [taɪts] ⟨f1⟩ ⟨mv.⟩ **0.1** ***maillot*** ⇒*tricot* **0.2** ⟨vnl. BE⟩ ***panty*** ⇒*panties,* ⟨B.⟩ *kousebroek* ◆ **1.2** two pairs of ~ *twee panties.*

'tight·wad ⟨telb.zn.⟩ ⟨inf.⟩ **0.1** ***vrek*** ⇒*gierigaard, krent.*

tig·lic acid ['tɪglɪk 'æsɪd] ⟨n.-telb.zn.⟩ **0.1** ***tiglinezuur.***

ti·gon ['taɪgən], **ti·glon** ['tɪglɒn‖'taɪglən] ⟨telb.zn.⟩ **0.1** ***welp v. tijger en leeuwin.***

ti·gress ['taɪgrɪs]⟨f1⟩⟨telb.zn.⟩ **0.1** ***tijgerin*** ⟨ook fig.⟩.

tike →tyke.

ti·ki ['ti:ki]⟨telb.zn.⟩ **0.1** ***beeld(je) v. schepper/voorvader in hout/groensteen*** ⟨Polynesië⟩ **0.2** ***beeld v.e. Polynesische god.***

til [tɪl]⟨telb.zn.⟩⟨Ind. E; plantk.⟩ **0.1** ***sesam*** ⟨Sesamum indicum⟩.

ti·la·pi·a [tɪ'leɪpɪə]⟨telb.zn.; cul. ook n.-telb.zn.⟩⟨dierk.⟩ **0.1** ***tilapia*** ⟨Afrikaanse vis; genus Tilapia⟩.

til·bur·y ['tɪlbri‖-beri]⟨telb.zn.; →mv. 2⟩ **0.1** ***tilbury*** ⟨tweewielig koetsje⟩.

til·de ['tɪldə]⟨telb.zn.⟩⟨taalk.⟩ **0.1** ***tilde.***

tile[1] [taɪl]⟨f2⟩⟨zn.⟩

I ⟨telb.zn.⟩ **0.1** ***tegel*** ⇒*(dak)pan* **0.2** ***draineerbuis*** ⇒*goot* **0.3** ***steen*** ⟨in spelen, bv. mahjong⟩ **0.4** ⟨inf.⟩ ***(hoge) hoed*** ◆ **6.¶** ⟨inf.⟩ be (out) **on** the ~s *aan de rol/zwier zijn.*

tile[2] ⟨f1⟩⟨ov.ww.⟩ →tiling **0.1** ***betegelen*** ⇒*plaveien* **0.2** ***met pannen dekken*** **0.3** ***draineren*** **0.4** ***dekken*** ⇒*niet toelaten* ⟨oningewijden, bv. in vrijmetselaarsloge⟩ **0.5** ***geheimhouding opleggen.***

'tile·fish ⟨telb.zn.⟩⟨dierk.⟩ **0.1** ***tegelvis*** ⟨Lopholatilus chamaeleonticeps⟩.

til·er ['taɪlə‖-ər]⟨telb.zn.⟩ **0.1** ***pannendekker*** **0.2** ***tegelzetter*** **0.3** ***dekker v.d. loge*** ⟨vrijmetselaarsloge⟩.

til·er·y ['taɪləri]⟨zn.; →mv. 2⟩

I ⟨telb.zn.⟩ **0.1** ***pannen/tegelbakkerij;***

II ⟨n.-telb.zn.⟩⟨bouwk.⟩ **0.1** ***tegelwerk.***

'tile stone ⟨n.-telb.zn.⟩⟨geol.⟩ **0.1** ***soort splijtbare zandsteen.***

til·ing ['taɪlɪŋ]⟨zn.; (oorspr.) gerund v. tile⟩

I ⟨telb.zn.⟩ **0.1** ***pannendak;***

II ⟨n.-telb.zn.⟩ **0.1** ***het (be)tegelen*** **0.2** ***het leggen v. dakpannen*** **0.3** ***tegelwerk*** ⇒*tegels, pannen.*

till[1] [tɪl]⟨f1⟩⟨zn.⟩

I ⟨telb.zn.⟩ **0.1** ***geldlade*** ⇒*kassa;*

II ⟨n.-telb.zn.⟩⟨geol.⟩ **0.1** ***kleisoort met stenen*** ⇒*keileem.*

till[2] ⟨f1⟩⟨ov.ww.⟩ **0.1** ***bewerken*** ⇒*bebouwen* ⟨grond⟩.

till[3] [t(ə)l⟨sterk⟩tɪl]⟨f3⟩⟨vz.⟩ **0.1** ⟨tijd⟩ ***tot*** ⇒*tot aan, voor* **0.2** ⟨richting en doel⟩⟨Sch. E⟩ ***tot*** ⇒*naar, voor, aan, ten opzichte van* ◆ **1.1** he lived ~ a hundred(years) *hij werd honderd jaar oud;* it's ten ~ six *het is tien vóór zes;* ~ tomorrow *tot morgen* **1.2** the village had changed ~ a city *het dorp was in een stad veranderd;* worked ~ an end *werkte voor een doel;* give it ~ Johnny *geef het aan Johnny;* be kind ~ Sheila *wees lief voor Sheila* **6.1** not ~ **after** dinner *niet vóór/pas na het middageten.*

till[4] [t(ə)l⟨sterk⟩tɪl]⟨f3⟩⟨ondersch.vw.⟩ **0.1** ⟨tijd⟩ ***tot*** ⇒*tot/voordat* **0.2** ⟨vnl. gew.⟩ ***toen*** ⇒*of* **0.3** ⟨vnl. gew.⟩ ***terwijl*** ⇒*zo lang als* **0.4** ⟨vergelijking⟩⟨gew.⟩ ***dan*** **0.5** ⟨doel⟩⟨gew.⟩ ***zodat*** ⇒*opdat* ◆ **¶.1** he read ~ Harry arrived *hij las tot Harry aankwam;* it was a long time ~ she emerged *het duurde lang voor zij verscheen;* it was ages ~ he gave up *het duurde een eeuwigheid voor hij opgaf;* wait ~ I get you *wacht maar, ik krijg je nog wel (kereltje)!* **¶.2** she had scarcely sat down ~ the baby began to cry *ze was nauwelijks gaan zitten of de baby begon te huilen* **¶.3** get a good rest ~ you are here *rust goed uit zolang je hier bent* **¶.4** she was better at golf ~ John *ze speelde beter golf dan John* **¶.5** let me draw it ~ you can see what I mean *ik zal het eens tekenen zodat je kunt zien wat ik bedoel.*

till·able ['tɪləbl]⟨bn.⟩ **0.1** ***te bewerken/bebouwen.***

till·age ['tɪlɪdʒ]⟨n.-telb.zn.⟩ **0.1** ***het bebouwen/bewerken*** **0.2** ***bewerkte/bebouwde grond.***

til·land·si·a [tɪ'lændzɪə]⟨telb.zn.⟩⟨plantk.⟩ **0.1** ***Tillandsia*** ⟨plantengenus v.d. epilyten⟩.

till·er[1] ['tɪlə‖-ər]⟨f1⟩⟨telb.zn.⟩ **0.1** ***akkerman*** ⇒*landbouwer, boer, landman* **0.2** ***roer*** ⇒*roerpen, helmstok* **0.3** ⟨plantk.⟩ ***uitloper*** ⇒*scheut.*

tiller[2] ⟨onov.ww.⟩⟨plantk.⟩ **0.1** ***uitlopen*** ⇒*uitbotten, uitspruiten.*

'tiller chain ⟨telb.zn.⟩⟨scheep.⟩ **0.1** ***roerketting*** ⇒*stuurketting.*

'tiller rope ⟨telb.zn.⟩⟨scheep.⟩ **0.1** ***stuurreep*** ⇒*roertouw.*

'till money ⟨n.-telb.zn.⟩ **0.1** ***kasgeld.***

tilt[1] [tɪlt]⟨f1⟩⟨telb.zn.⟩ **0.1** ***schuine stand*** ⇒*schuinte, overhelling, het scheef houden* **0.2** ***steekspel*** ⇒*toernooi* **0.3** ***aanval*** ⇒*woordenwisseling, steekspel* **0.4** ⟨AE⟩ ***neiging*** ⇒*voorkeur, tendens, vooringenomenheid* **0.5** ***huif*** ⇒*dekzeil, zonnetent* **0.6** →tilt hammer ◆ **6.1** he wore his hat **at** a ~ *hij had zijn hoed schuin op* **6.3** make a ~ **at** s.o. *iem. onder vuur nemen.*

tilt[2] ⟨f2⟩⟨ww.⟩

I ⟨onov.ww.⟩ **0.1** ***scheef/schuin/op zijn kant staan*** ⇒*(over)hellen* **0.2** ***deelnemen aan steekspel/toernooi*** **0.3** ⟨AE⟩ ***neigen*** ⇒*een voorkeur hebben* **0.4** ***op en neer gaan*** ⇒*wiegelen, schommelen* ◆ **5.1** ~ **over** *wippen, kantelen* **6.3** ~ **against** *vooringenomen zijn tegen;* ~ **toward** *neigen tot, een voorkeur hebben voor* **6.¶** →tilt **at;** ~ with *een lans breken met, in het strijdperk treden met;*

II ⟨ov.ww.⟩ **0.1** ***scheef/schuin/op zijn kant houden/zetten*** ⇒*doen (over)hellen, kantelen* **0.2** ***vellen*** ⟨lans⟩ **0.3** ***smeden*** ⟨met staarthamer⟩ **0.4** ***met huif/zeil bespannen*** ⇒*huif/zeil spannen over.*

'tilt at ⟨f1⟩⟨onov.ww.⟩ **0.1** ***aanstormen op*** **0.2** ***steken/stoten naar*** ⟨met wapen⟩ **0.3** ***aanvallen*** ⇒*een aanval doen op* ◆ **1.3** ~ drinking and swearing *het drinken en vloeken bestrijden.*

'tilt boat ⟨telb.zn.⟩ **0.1** ***tentboot.***

'tilt cart ⟨telb.zn.⟩ **0.1** ***kipkar*** ⇒*stortkar.*

tilth [tɪlθ]⟨zn.⟩

I ⟨telb.zn.⟩ **0.1** ***afspitting*** ⇒*afsteking* ◆ **2.1** we raked the garden to a good ~ *we harkten de tuin aan tot de grond goed los was;*

II ⟨n.-telb.zn.⟩ **0.1** ***akkerland*** ⇒*bouwland* **0.2** ***het bebouwen*** ⇒*het in cultuur brengen, ontginning;* ⟨ook fig.⟩ *het cultiveren.*

'tilt hammer ⟨telb.zn.⟩ **0.1** ***staarthamer.***

'tilt·yard, 'tilt·ing yard ⟨telb.zn.⟩ **0.1** ***toernooiveld.***

Tim ⟨afk.⟩ Timothy ⟨bijb.⟩ **0.1** ***Tim.*** ⟨(Brief aan) Timotheus⟩.

tim·bal, tym·bal ['tɪmbl]⟨telb.zn.⟩ **0.1** ***keteltrom*** ⇒*pauk.*

tim·bale [tæm'bɑ:l‖'tɪmbl]⟨telb.zn.⟩⟨cul.⟩ **0.1** ***vlees/vispasteitje*** **0.2** ***timbaal(tje)*** ⟨voor bereiding v. pasteitjes⟩.

tim·ber[1] ['tɪmbə‖-ər⟨in bet. ¶.¶⟩-'bɜr]⟨f2⟩⟨zn.⟩

I ⟨telb.zn.⟩ **0.1** ***balk*** **0.2** ⟨scheep.⟩ ***spant*** **0.3** ⟨sl.⟩ ***been*** ⇒⟨i.h.b.⟩ *rib* ◆ **3.¶** ⟨vero.; inf.⟩ shiver me/my ~s *duizend bommen en granaten, de duvel hale me* ⟨vloek/bezwering v. zeelui in komische literatuur⟩;

II ⟨n.-telb.zn.⟩ **0.1** ***(timmer)hout*** **0.2** ***opgaand hout*** ⇒*boomstam(men), bomen, bos, woud* **0.3** ***kenmerken*** ⇒*eigenschappen, karakter, kwaliteiten* **0.4** ***(houten) hindernissen*** ⇒*hekken* ⟨bij vossejacht⟩ ◆ **2.3** a man of professorial ~ *iem. met hoogleraarskwaliteiten, iem. die alles heeft om hoogleraar te worden* **3.1** sawn ~ *tot planken gezaagd timmerhout* **¶.¶** ~! *van onderen!* ⟨waarschuwingsroep bij het vellen v. bomen⟩; *gelukt!;* ⟨sl.⟩ *jammer!.*

timber[2] ⟨ov.ww.⟩ →timbered, timbering **0.1** ***(met hout) beschieten*** **0.2** ***beschoeien*** **0.3** ***stutten*** ⇒*schoren.*

'timber cart ⟨telb.zn.⟩ **0.1** ***houtkar.***

tim·bered ['tɪmbəd‖-bərd]⟨f1⟩⟨bn.; volt. deelw. v. timber⟩ **0.1** ***in vakwerk uitgevoerd*** **0.2** ***houten*** ⇒*van hout* **0.3** ***bebost*** ⇒*met opgaand hout begroeid* ◆ **1.1** a ~ house *een huis in vakwerk.*

'timber forest ⟨telb.zn.⟩ **0.1** ***hoogstammig woud.***

'tim·ber·head ⟨telb.zn.⟩⟨scheep.⟩ **0.1** ***bolder.***

'timber hitch ⟨telb.zn.⟩⟨scheep.⟩ **0.1** ***mastworp.***

tim·ber·ing ['tɪmb(ə)rɪŋ]⟨telb.zn.; gerund v. timber⟩ **0.1** ***beschoeiing*** **0.2** ***stutwerk*** ⇒*stutsel, schoring.*

'tim·ber·land ⟨n.-telb.zn.⟩⟨AE⟩ **0.1** ***houtbos*** ⇒*bosland.*

'tim·ber·line, 'timber line ⟨f1⟩⟨telb.zn.⟩ **0.1** ***boomgrens.***

'timber toe ⟨telb.zn.⟩ **0.1** ***houten been/poot*** **0.2** ⟨soms mv. met enk. bet.⟩ ***(iem. met een) houten been/poot.***

'timber tree ⟨telb.zn.⟩ **0.1** ***boom die timmerhout oplevert.***

'timber wolf ⟨telb.zn.⟩⟨dierk.⟩ **0.1** ***wolf*** ⟨Canis lupus lycaon⟩.

'tim·ber·work ⟨n.-telb.zn.⟩ **0.1** ***houtwerk*** ⇒*timmerwerk, balken.*

'timber yard ⟨f1⟩⟨telb.zn.⟩ **0.1** ***stapelplaats/terrein*** ⟨v. hout⟩.

tim·bre ['tæmbə‖-ər]⟨f1⟩⟨telb.zn.⟩ **0.1** ***timbre*** ⇒*klankkleur.*

tim·brel ['tɪmbrəl]⟨telb.zn.⟩ **0.1** ***tamboerijn.***

time[1] [taɪm]⟨f4⟩⟨zn.⟩⟨→sprw. 65, 90, 394, 577, 631, 654, 670, 685-689, 732⟩

I ⟨telb. en n.-telb.zn.⟩ **0.1** ***tijd*** ⇒*tijdsduur/spanne* **0.2** ***tijd(stip)*** **0.3** ⟨vaak mv.⟩ ***tijd(perk)*** ⇒*periode* **0.4** ***gelegenheid*** ⇒*moment, ogenblik, tijd(stip)* **0.5** ***keer*** ⇒*maal* ◆ **1.2** the ~ of day *de juiste tijd* **1.4** have ~ on one's hands *genoeg/te veel vrije tijd hebben;* there's a ~ and place for everything *alles op zijn tijd, alles heeft zijn tijd* **1.¶** pass the ~ of day with s.o. *iem. goedendag zeggen; even met iem. staan praten, met iem. over koetjes en kalfjes praten;* ⟨sl.⟩ he did not give him the ~ of day *hij negeerde hem volkomen;* ⟨sl.⟩ so that's the ~ of day! *dus dat zit erachter!, dus zo staat het ervoor!, dus zo staan de zaken!;* know the ~ of day *weten hoe de zaken ervoor staan, goed op de hoogte zijn;* take ~ by the forelock *de gelegenheid/kans aangrijpen/bij de haren grijpen;* get ~ and a half for working on Saturdays *anderhalf keer betaald krijgen/een overwerktoeslag van vijftig procent krijgen voor werken op zaterdag;* give s.o. the ~ of his life *het iem. lastig maken, iem. het leven zuur maken; iem. flink uitkafferen, tegen iem. tekeergaan;* I had the ~ of my life *ik heb vreselijk genoten;* since ~ out of mind *sinds onheuglijke tijden;* ~s out of/without number *keer op keer, telkens weer/opnieuw* **3.1** gain ~ *tijd winnen;* kill ~ *de tijd doden;* find (the) ~ to *(de) tijd vinden om;* lose ~ *tijd verliezen; achterlopen* ⟨v. uurwerk⟩; lose no ~ *geen tijd verliezen;* I lost no ~ in notifying him *ik stelde hem meteen op de hoogte;* he lost no ~ on repairs *hij heeft geen tijd besteed aan reparaties;* make ~ for sth. *ergens tijd voor vrijmaken;* take one's ~ *er de tijd voor nemen, er lang over doen* **3.2** do you have the ~? *weet u hoe laat het is?;* keep (good) ~ *goed lopen* ⟨v. klok⟩ **3.3** move with the ~s *met zijn tijd meegaan;* ~ was when Britain ruled the world *er was een tijd dat Engeland over de wereld heerste, eens heerste Engeland over de wereld* **3.4** bide one's ~ *zijn tijd beiden, afwachten* **3.¶** do ~ *(een gevangenisstraf uit)zitten;*

your ~ is drawing near *jouw tijd is nabij/bijna gekomen;* ⟨sl.⟩ have (o.s.) a ~ *genieten;* have a ~ (of it) *het lastig/moeilijk hebben;* I have no ~ for him *ik mag hem niet, ik heb een hekel aan hem;* last one's ~ *zijn tijd wel duren;* make ~ with a girl *iets met een meisje hebben, een meisje versieren;* make up for lost ~ *verloren tijd inhalen;* mark ~ ⟨mil.⟩ *pas op de plaats maken;* ⟨fig.⟩ *een afwachtende houding aannemen, betere tijden afwachten;* play for ~ *tijd rekken;* serve one's ~ *in de leer zijn; een gevangenisstraf uitzitten;* ⟨Austr. E; inf.⟩ snatch one's ~ *zijn (reeds verdiende) loon incasseren en wegwezen* ⟨voor de afgesproken werkperiode om is⟩; that task took all his ~ *hij moest al zijn tijd besteden aan die taak; die taak kostte hem (grote) moeite/inspanning;* (only) ~ can/will tell *de tijd zal het uitwijzen* **5.1** in next to no ~ *in een ommezien/een mum v. tijd;* let's take some ~ **off**/⟨AE⟩ **out** *laten we er even tussenuit gaan, laten we een tijdje/een paar dagen vrijaf nemen;* ~ and (~) again *steeds weer/opnieuw* **5.¶** ~'s **up!** *het is de hoogste tijd!* **6.1** I'm working **against** ~ to get the book finished *ik moet me (vreselijk) haasten/het is een race tegen de klok om het boek op tijd af te krijgen;* **for** a ~ *een tijdje, even;* **in** (less than) no ~ (at all) *in minder dan geen tijd* **6.2** he arrived **ahead of** ~ *hij kwam (te) vroeg;* **at** the ~ *toen, indertijd;* **behind** ~ *te laat;* she is often **behind** ~ with her payments *ze is vaak te laat/achter met haar betalingen;* **by** the ~ the police arrived, ... *tegen de tijd dat/toen de politie arriveerde, ...* **6.3** be **ahead of** one's ~ *zijn tijd vooruit zijn;* **at** one ~ *vroeger, eens;* (born) **before** (one's) ~ *zijn tijd vooruit zijn;* be **behind** the ~s *achterlopen, niet meer van deze tijd zijn;* **in** his ~ he was a great athlete *vroeger/indertijd was hij een groot sportman;* **out of** ~ *ontijdig; te laat;* once **upon** a ~ there was *er was eens* **6.4 at** other ~s *bij andere gelegenheden, andere keren* **6.¶** (and) **about** ~ too! *(en) het werd ook tijd!, eindelijk!;* ~ **after** ~ *keer op keer, steeds weer/opnieuw;* **at** all ~s *altijd, te allen tijde;* one **at a** ~ *één tegelijk;* **at** one ~ *tegelijk(ertijd);* **at** the same ~ *tegelijkertijd, terzelfder tijd; toch, desalniettemin;* **at** this ~ of day *in dit late stadium;* **at** ~s *soms;* **at** your ~ of life *op uw leeftijd;* he is old **before** his ~ *hij is oud vóór zijn tijd;* **between** ~s *soms, nu en dan, tussendoor;* **for** the ~ being *voorlopig;* **from** ~ **to** ~ *van tijd tot tijd, soms, nu en dan;* **in** ~ *op tijd; te zijner tijd, na verloop van tijd, ten slotte;* she's **near** her ~ *de (barens)weeën kunnen elk moment beginnen;* **on** ~ *op tijd;* ⟨AE⟩ *op afbetaling* **7.1** all the ~ *de hele tijd, voortdurend; altijd;* ⟨inf.⟩ it was no ~ before he was back *hij was zo/in een wip weer terug* **7.2** what's the ~?, what ~ is it? *hoe laat is het?* **7.3** the ~(s) *de tijd(en)* **7.4** ⟨inf.⟩ any ~ *altijd, om 't even wanneer, te allen tijde;* every ~ *elke keer, altijd; steeds/telkens (weer);* many a ~ *menigmaal, menige keer;* many ~s *vaak, dikwijls* **7.5** nine ~s out of ten *negen (kansen) op de tien, bijna altijd* **7.¶** ⟨inf.⟩ every ~ *in ieder geval, hoe dan ook zonder uitzondering;* give me NYC every ~ *geef mij dan maar NYC, ik hou het toch maar op NYC;* half the ~ *de helft van de tijd;* give s.o. three ~s three *hiep hiep hoera roepen voor iem.* **¶.¶** ~, gentlemen, please! *het is de hoogste tijd!* ⟨bij sluiting van café⟩;

II ⟨n.-telb.zn.⟩ ⟨muz.⟩ **0.1** ***maat*** **0.2** ***tempo*** ◆ **3.1** beat ~ *de maat slaan;* keep ~ *in de maat blijven, de maat houden* **6.1 in** ~ *in de maat;* **out of** ~ *uit de maat.*

time² ⟨f2⟩ ⟨ww.⟩ →timing

I ⟨onov.ww.⟩ →time with;

II ⟨ov.ww.⟩ **0.1** ***vaststellen*** ⇒*berekenen, regelen* ⟨tijdstip, tijdsduur⟩ **0.2** ***het juiste moment kiezen voor/om te*** **0.3** ⟨vnl. sport⟩ ***timen*** ⇒*klokken, de tijd(sduur) opmeten/nemen* ◆ **1.1** he ~d his journey so that he arrived early *hij had zijn reis zo geregeld, dat hij vroeg aankwam;* the train is ~d to leave at 4 o'clock *de trein moet om vier uur vertrekken* **5.2** well ~d *precies op het juiste moment;* ill ~d *ongelegen* **6.¶** when dancing he ~s his steps **to** the music *als hij danst, doet hij dat op de maat van de muziek.*

'time-and-'mo·tion study, 'time-'mo·tion study, 'time study ⟨telb.zn.⟩ **0.1** ***arbeidsanalyse*** ⇒*tijdstudie.*

'time ball ⟨telb.zn.⟩ **0.1** ***tijdbal.***

'time bargain ⟨telb.zn.⟩ ⟨ec.⟩ **0.1** ***termijnaffaire*** ⇒*tijdaffaire.*

'time bill ⟨telb.zn.⟩ ⟨AE⟩ **0.1** ***dienstregeling.***

'time bomb ⟨f1⟩ ⟨telb.zn.⟩ **0.1** ***tijdbom*** ⟨ook fig.⟩.

'time book ⟨telb.zn.⟩ **0.1** ***werkboekje.***

'time capsule ⟨telb.zn.⟩ **0.1** ***tijdcapsule.***

'time·card, 'time sheet ⟨telb.zn.⟩ **0.1** ***tijdkaart*** ⇒*rooster* ⟨v. werkuren⟩.

'time charter ⟨telb.zn.⟩ **0.1** ***tijdbevrachting(scontract)*** ⇒*tijdcharter.*

'time clock, 'time recorder ⟨telb.zn.⟩ **0.1** ***prikklok.***

'time-con·sum·ing ⟨f1⟩ ⟨bn.⟩ **0.1** ***tijdrovend.***

'time deposit ⟨telb.zn.⟩ ⟨ec.⟩ **0.1** ***termijndeposito.***

'time-ex·pired ⟨bn.⟩ **0.1** ***uitgediend*** ⇒*zijn (militaire) diensttijd volbracht hebbend.*

'time exposure ⟨telb. en n.-telb.zn.⟩ ⟨foto.⟩ **0.1** ***tijdopname.***

'time factor ⟨telb.zn.⟩ **0.1** ***tijdfactor.***

'time fault ⟨telb.zn.⟩ ⟨paardesport⟩ **0.1** ***tijdfout*** ⇒*strafseconden.*

'time frame ⟨telb.zn.⟩ ⟨comp., ruim.⟩ **0.1** ***tijd(sbestek)*** ⇒⟨alg., pompeus⟩ *tijdsgewricht/gebeuren, datum.*

'time fuse ⟨telb.zn.⟩ **0.1** ***tijdontsteker*** ⇒*tijdontsteking.*

'time-hon·oured ⟨f1⟩ ⟨bn.⟩ **0.1** ***traditioneel*** ⇒*sinds lang bestaand, aloud.*

'time-in ⟨telb.zn.⟩ ⟨basketbal⟩ **0.1** ***spelhervatting*** ⟨na time-out⟩.

'time·keep·er ⟨f1⟩ ⟨telb.zn.⟩ **0.1** ***uurwerk*** **0.2** ***tijdschrijver*** **0.3** ***tijdwaarnemer*** ⇒*tijdopnemer* ◆ **1.1** my watch is a good ~ *mijn horloge loopt altijd op tijd.*

'time lag ⟨f1⟩ ⟨telb.zn.⟩ **0.1** ***pauze*** ⟨tussen twee opeenvolgende verschijnselen⟩ ⇒*tijdsverloop, vertraging, tijdsinterval* ◆ **6.1** there is often a ~ **between** a new discovery and its application *het duurt vaak geruime tijd voor een nieuwe ontdekking in de praktijk wordt toegepast.*

'time-lapse ⟨bn., attr.⟩ ⟨film.⟩ **0.1** ***time lapse*** ⟨met tussenpozen hetzelfde object fotograferen⟩.

time·less ['taɪmləs] ⟨f1⟩ ⟨bn.; -ly; -ness⟩ **0.1** ***oneindig*** ⇒*eeuwig* **0.2** ***tijdeloos*** **0.3** ⟨vero.⟩ ***ontijdig.***

'time limit ⟨f1⟩ ⟨telb.zn.⟩ **0.1** ***tijdslimiet.***

'time lock ⟨telb.zn.⟩ **0.1** ***tijdslot.***

time·ly ['taɪmli] ⟨f1⟩ ⟨bn.; -er; -ness; →bijw. 3⟩ **0.1** ***tijdig*** **0.2** ***van pas komend*** ⇒*geschikt, gelegen* **0.3** ⟨vero.⟩ ***vroegtijdig*** ◆ **1.2** yours was a ~ remark *uw opmerking kwam precies op het juiste moment.*

time-'on ⟨telb.zn.⟩ ⟨Austr. voetbal⟩ **0.1** ***verlenging*** ⟨voor verloren tijd⟩.

time·ous, tim·ous ['taɪməs] ⟨bn.; -ly⟩ ⟨Sch. E⟩ **0.1** ***tijdig*** **0.2** ***van pas komend*** ⇒*geschikt, gelegen.*

'time-out ⟨f1⟩ ⟨telb.zn.⟩ ⟨AE⟩ ⟨sport⟩ **0.1** ***time-out*** ⇒*onderbreking.*

'time payment ⟨n.-telb.zn.⟩ ⟨AE; ec.⟩ **0.1** ***betaling in termijnen.***

'time penalty ⟨telb.zn.⟩ ⟨sport⟩ **0.1** ***tijdstraf*** ⟨wegens overschrijding tijdslimiet⟩.

'time·piece ⟨telb.zn.⟩ **0.1** ***uurwerk*** ⇒*klok, horloge.*

tim·er ['taɪmə‖-ər] ⟨f1⟩ ⟨telb.zn.⟩ **0.1** ***tijdopnemer*** **0.2** ***tijdwaarnemer*** **0.3** ***tijdmechanisme*** ⇒*tijdontsteker* ⟨bij bommen⟩.

'time·sav·ing ⟨f1⟩ ⟨bn.⟩ **0.1** ***tijdbesparend.***

'time scale ⟨telb.zn.⟩ **0.1** ***tijdschaal.***

'time·serv·er ⟨telb.zn.⟩ **0.1** ***opportunist.***

'time·serv·ing¹ ⟨n.-telb.zn.⟩ **0.1** ***opportunisme.***

timeserving² ⟨bn.⟩ **0.1** ***opportunistisch.***

'time-share ⟨telb.zn.; ook attr.⟩ **0.1** ***deeltijdeigenaarschap*** ⟨v. vakantiewoning/flat⟩.

'time-shar·ing ⟨n.-telb.zn.⟩ **0.1** ⟨comp.⟩ ***time-sharing*** ⟨simultaanbediening v. interactieve gebruikers⟩ **0.2** ⟨vaak attr.⟩ ***time-sharing*** ⇒*deeltijdseigenaarschap* ⟨v. vakantiewoning/flat⟩.

time sheet →timecard.

'time signal ⟨telb.zn.⟩ **0.1** ***tijdsein*** ⇒*tijdsignaal.*

'time signature ⟨telb.zn.⟩ ⟨muz.⟩ **0.1** ***maatteken*** ⇒*maataanduiding/breuk.*

'time·slot ⟨telb. en n.-telb.zn.⟩ **0.1** ***zenduur*** ⟨v. radio/t.v.-programma's⟩.

time study →time-and-motion study.

'time switch ⟨telb.zn.⟩ **0.1** ***tijdschakelaar*** ⇒*schakelklok.*

'time·ta·ble ⟨f2⟩ ⟨telb.zn.⟩ **0.1** ***dienstregeling*** **0.2** ***(les/college)rooster.***

'time-test·ed ⟨bn., attr.⟩ **0.1** ***beproefd.***

'time travel ⟨n.-telb.zn.⟩ **0.1** ***het reizen in de tijd.***

'time trial ⟨telb.zn.⟩ ⟨vnl. wielrennen⟩ **0.1** ***tijdrit.***

time tri·al·(l)ist ['taɪm traɪəlɪst] ⟨telb.zn.⟩ ⟨sport, i.h.b. wielrennen⟩ **0.1** ***tijdrijder.***

'time warp ⟨telb. en n.-telb.zn.⟩ **0.1** ***vervorming v./onderbreking/gat/deviatie in de tijd*** ⇒*tijdsvervorming.*

'time-wast·ing ⟨n.-telb.zn.⟩ ⟨sport⟩ **0.1** ***(het) tijdrekken*** ⇒*(het) tijdwinnen.*

'time with ⟨onov.ww.⟩ **0.1** ***de maat houden/aangeven/slaan*** ⇒*in de maat zijn/lopen met, harmoniëren.*

'time·work ⟨n.-telb.zn.⟩ **0.1** ***per uur/dag betaald werk*** ◆ **6.1** he's not on piecework but **on** ~ *hij krijgt geen stukloon, maar uurloon/tijdloon.*

'time·work·er ⟨telb.zn.⟩ **0.1** ***uurloonwerker.***

'time·worn ⟨bn.⟩ **0.1** ***versleten*** ⇒*oud* **0.2** ***afgezaagd.***

'time zone ⟨telb.zn.⟩ **0.1** ***tijdzone.***

tim·id ['tɪmɪ̣d] ⟨f2⟩ ⟨bn.; -ly; -ness⟩ **0.1** ***bang*** ⇒*beangst, angstig* **0.2** ***timide*** ⇒*bedeesd, beschroomd, schuchter, verlegen.*

ti·mid·i·ty [tɪ̣'mɪdəṭi] ⟨f1⟩ ⟨n.-telb.zn.⟩ **0.1** ***angst*** **0.2** ***bedeesdheid*** ⇒*beschroomdheid, schuchterheid, verlegenheid.*

tim·ing ['taɪmɪŋ] ⟨f1⟩ ⟨n.-telb.zn.; gerund v. time⟩ **0.1** ***timing*** ◆ **2.1** the ~ is crucial *de keuze van het juiste tijdstip is van groot belang.*

'timing system ⟨telb.zn.⟩ ⟨sport, i.h.b. zwemsport⟩ **0.1** ***elektronische tijdwaarneming*** ⇒*gatsometer.*

ti·moc·ra·cy [taɪ'mɒkrəsi‖-'mɑ-]⟨telb.zn.;→mv. 2⟩ **0.1** ***timocratie***.
ti·mo·crat·ic ['taɪmə'krætɪk]⟨bn.⟩ **0.1** ***timocratisch***.
tim·or·ous ['tɪmrəs]⟨f1⟩⟨bn.; -ly; -ness⟩ **0.1** ***bang*** ⇒*beangst, angstig* **0.2** ***timide*** ⇒*bedeesd, beschroomd, schuchter, verlegen*.
tim·o·thy ['tɪməθi], **'timothy grass** ⟨n.-telb.zn.⟩⟨plantk.⟩ **0.1** ***timotee*** ⇒*timoteegras, voedergras* ⟨Phleum pratense⟩.
tim·pa·ni, tym·pa·ni ['tɪmpəni]⟨mv.⟩ **0.1** ***pauk(en)***.
tim·pa·nist ['tɪmpənɪst]⟨telb.zn.⟩ **0.1** ***paukenist***.
tin[1] [tɪn]⟨f2⟩⟨zn.⟩
I ⟨telb.zn.⟩ **0.1** ⟨BE⟩ ***blik(je)*** ⇒*conservenblik* **0.2** ***bus*** ⇒*trommel, blik* **0.3** ⟨sl.⟩ ***politiepenning;***
II ⟨n.-telb.zn.⟩ **0.1** ⟨ook schei.⟩ ***tin*** ⟨element 50⟩ **0.2** ***blik*** **0.3** ⟨BE; sl.⟩ ***poen*** ⇒*duiten, geld*.
tin[2] ⟨f2⟩⟨bn., attr.⟩ **0.1** ***tinnen*** **0.2** ***blikken*** **0.3** ***prullerig*** ⇒*ordinair, onbenullig* ◆ **1.1** ~ foil *tinfoelie;* ⟨bij uitbr.⟩ *zilverpapier, aluminiumfolie;* ~ soldier *tinnen soldaatje* **1.2** ~ can *(leeg) blikje;* ~ plate *blik;* ⟨fig.⟩ *namaak/pseudo-soldaat;* ~ whistle *blikken fluitje* **1.¶** ⟨AE; sl.⟩ ~ can *oude torpedojager; auto;* ⟨i.h.b.⟩ *Ford (model) T;* ⟨sl.; marine⟩ ~ fish *torpedo;* (little) ~ god *(vals) idool, afgod, godje;* ⟨sl.; mil.⟩ ~ hat *helm;* put the ~ hat on sth. *ergens een eind aan maken;* put the ~ lid on *het toppunt zijn v.; een eind maken aan;* ⟨sl.⟩ ~ lizzie/Lizzie *stuk blik, (ouwe) kar, rammelkar;* ⟨i.h.b.⟩ *Ford (model) T;* ⟨AE; sl.⟩ ~ star *detective*.
tin[3] ⟨f2⟩⟨ov.ww.;→ww. 7⟩ **0.1** ***vertinnen*** **0.2** ⟨BE⟩ ***inblikken*** ⇒*conserveren*.
tin·a·mou ['tɪnəmu:]⟨telb.zn.⟩⟨dierk.⟩ **0.1** ***tinamoe*** ⟨vogel; fam. Tinamidae⟩.
tin·cal ['tɪŋkl]⟨n.-telb.zn.⟩ **0.1** ***tinkal*** ⟨ruwe natuurlijke borax⟩.
tinct[1] [tɪŋ(k)t]⟨telb.zn.⟩⟨vero.⟩ **0.1** ***tint*** ⇒*kleur*.
tinct[2] ⟨bn.⟩ **0.1** ***getint*** ⇒*gekleurd*.
tinc·to·ri·al [tɪŋ(k)'tɔ:rɪəl]⟨bn.⟩ **0.1** ***kleur-*** ⇒*verf-, kleurend, tintend*.
tinc·ture[1] ['tɪŋ(k)tʃə‖-ər]⟨telb. en n.-telb.zn.⟩ **0.1** ***tinctuur*** **0.2** ⟨schr.⟩ ***vleugje*** ⇒*zweempje, tintje, smaakje, suggestie, ondertoon* **0.3** ***tint*** ⇒*kleur, schakering* **0.4** ⟨vero.⟩ ***kleurstof*** ⇒*pigment* **0.5** ⟨heraldiek⟩⟨vaak mv.⟩ ***email(s)*** ⟨algemene term voor kleuren, metalen, pelswerken⟩.
tincture[2] ⟨ov.ww.⟩⟨schr.⟩ **0.1** ***tinten*** ⇒*lichtjes kleuren* **0.2** ***doordringen*** ⇒*doortrekken, lichtjes beïnvloeden*.
tin·dal ['tɪndl]⟨telb.zn.⟩⟨Ind. E⟩ **0.1** ***tindal*** ⟨onderofficier der Laskaren⟩ ⇒*inlands opzichter*.
tin·der ['tɪndə‖-ər]⟨n.-telb.zn.⟩ **0.1** ***tondel*** ⇒*tonder, licht ontvlambaar spul, tintel* **0.2** ***olie op het vuur***.
'tin·der·box ⟨telb.zn.⟩ **0.1** ***tondeldoos*** ⇒*tinteldoos* **0.2** ***kruitvat*** ⇒*explosieve situatie/plaats/persoon, heethoofd*.
tin·der·y ['tɪndəri]⟨bn.⟩ **0.1** ***licht ontvlambaar*** ⇒*explosief, tondelachtig*.
tine [taɪn]⟨telb.zn.⟩ **0.1** ***scherpe punt*** ⇒*tand* ⟨v. (hooi)vork⟩ **0.2** ***geweitak***.
tin·e·a ['tɪnɪə]⟨telb.zn.⟩ **0.1** ⟨med.⟩ ***huidschimmel*** ⇒*tinea, ringworm* **0.2** ⟨dierk.⟩ ***mot*** ⟨fam. Tineidae⟩.
-tined [taɪnd] **0.1** ***-tandig*** **0.2** ***-takkig*** ◆ **¶.1** three-tined fork *vork met drie tanden* **¶.2** twelve-tined antlers *gewei met twaalf takken*.
'tin·foil ⟨f1⟩⟨n.-telb.zn.⟩ **0.1** ***tinfoelie*** ⇒*bladtin, stanniool, zilverpapier, aluminiumfolie*.
ting[1] [tɪŋ]⟨telb.zn.⟩ **0.1** ***ting*** ⇒*tingelend geluid, tink*.
ting[2] ⟨ww.⟩
I ⟨onov.ww.⟩ **0.1** ***tingelen*** ⇒*rinkelen, tinkelen;*
II ⟨ov.ww.⟩ **0.1** ***doen tingelen*** ⇒*laten rinkelen/tinkelen*.
tinge[1] [tɪndʒ]⟨f1⟩⟨telb.zn.⟩ **0.1** ***tint(je)*** ⟨ook fig.⟩ ⇒*schakering, smaakje, zweempje, ondertoon*.
tinge[2] ⟨f1⟩⟨ov.ww.⟩ **0.1** ***tinten*** ⇒*lichtjes kleuren* **0.2** ***doortrekken*** ⇒*schakeren, doorspekken, mengen* ◆ **6.2** comedy ~d with tragedy *tragikomedie, een lach en een traan*.
tin·gle[1] ['tɪŋgl]⟨f1⟩⟨telb.zn.⟩ **0.1** ***tinteling*** ⇒*prikkeling*.
tingle[2] ⟨f2⟩⟨ww.⟩
I ⟨onov.ww.⟩ **0.1** ***tintelen*** ⇒*steken, zinderen, suizen* ⟨v. oren⟩ **0.2** ***opgewonden zijn*** ⇒*popelen, sidderen;*
II ⟨ov.ww.⟩ **0.1** ***laten tintelen*** ⇒*prikkelen, doen suizen* ⟨v. oren⟩, *opwinden*.
ting ware ['tɪŋ weə‖-wer], **ting yao** [-'jaʊ]⟨n.-telb.zn.⟩ **0.1** ***ting porselein*** ⟨melkwit Chinees kunstporselein⟩.
'tin·horn ⟨telb.zn.; ook attr.⟩⟨vnl. AE; sl.⟩ **0.1** ***pretentieus kereltje*** ⇒*pochhans, bluffer, grootspreker, opschepper, patser* ⟨i.h.b. gokker die zich rijker voordoet dan hij is⟩.
tink·er[1] ['tɪŋkə‖-ər]⟨f1⟩⟨telb.zn.⟩⟨→sprw. 313⟩ **0.1** ***ketellapper*** ⇒*blikslager* **0.2** ***prutser*** ⇒*broddelaar, knoeier, klungelaar* **0.3** ***gelap*** ⇒*geknoei, gepruts, geklungel* **0.4** ⟨inf.⟩ ***rotjong*** ⇒*bengel, rekel, stout kind* **0.5** ⟨IE⟩ ***zwerver*** ⇒*landloper* **0.6** ⟨AE⟩ ***makreeltje***.
tinker[2] ⟨f1⟩⟨ww.⟩
I ⟨onov.ww.⟩ **0.1** ***ketellappen*** **0.2** ***prutsen*** ⇒*broddelen, klungelen, knoeien, liefhebberen* **0.3** ***zijn tijd verbeuzelen*** ⇒*klungelen, leeglopen, rondlummelen* ◆ **5.3** ~ **about** *(nietsdoend) rondlummelen* **6.2** ~ **at/with** an engine *aan een motor prutsen;*
II ⟨ov.ww.⟩ **0.1** ***(op)lappen*** ⇒*(voorlopig) herstellen/repareren*.
tink·er·er ['tɪŋkrə‖-ər]⟨telb.zn.⟩ **0.1** ***prutser*** ⇒*broddelaar, klungelaar, knoeier*.
'tinker's 'damn 'cuss ⟨telb.zn.⟩ ◆ **3.¶** not care a ~ *er geen snars/sikkepit om geven*.
tin·ket·tling ['tɪn 'keṭlɪŋ]⟨telb.zn.⟩⟨BE⟩ **0.1** ***ketelmuziek*** ⇒*nepserenade*.
tin·kle[1] ['tɪŋkl]⟨f1⟩⟨telb.zn.⟩ **0.1** ***gerinkel*** ⇒*getinkel* **0.2** ⟨BE; inf.; euf.⟩ ***plasje*** ⇒*pipi* **0.3** ⟨BE; inf.⟩ ***belletje*** ⇒*telefoontje* ◆ **3.3** give s.o. a ~ *iem. opbellen*.
tinkle[2] ⟨f2⟩⟨ww.⟩
I ⟨onov.ww.⟩ **0.1** ***rinkelen*** ⇒*tinkelen, klingelen, tingelen* **0.2** ⟨BE; inf.; euf.⟩ ***pipi doen*** ⇒*plassen;*
II ⟨ov.ww.⟩ **0.1** ***laten rinkelen*** **0.2** ***aankondigen*** ⇒*oproepen* ⟨met belgerinkel⟩.
tin·kly ['tɪŋkli]⟨bn.⟩ **0.1** ***rinkelend*** ⇒*tingelend*.
'tin 'liquor ⟨n.-telb.zn.⟩ **0.1** ***tinoplossing*** ⇒*tinchloride*.
tin·man ['tɪnmən]⟨telb.zn.; tinmen [-mən];→mv. 3⟩ **0.1** ***tinnegieter*** **0.2** ***blikslager*** **0.3** ***opzichter bij het verzwaren*** ⟨v. textiel⟩.
tin·ner ['tɪnə‖-ər]⟨telb.zn.⟩ **0.1** ***tinmijnwerker*** **0.2** ***tingieter*** ⇒*blikslager*.
tin·ni·tus [tɪ'naɪṭəs]⟨telb.zn.⟩⟨med.⟩ **0.1** ***oorsuizing*** ⇒*oorgeruis*.
tin·ny ['tɪni]⟨bn.; -ly; -ness;→bijw. 3⟩ **0.1** ***tin-*** ⇒*blikachtig, tinhoudend, vertind, blikkerig, licht, glanzend* **0.2** ***metaalachtig*** ⇒*schril, snerpend* ⟨v. klank⟩ **0.3** ⟨sl.⟩ ***waardeloos*** ⇒*v. slechte kwaliteit, goedkoop, prullerig, ordinair* **0.4** ***naar (het) blik smakend/ruikend*** ⇒*met een blikreukje/smaakje*.
'tin opener ⟨f1⟩⟨telb.zn.⟩⟨vnl. BE⟩ **0.1** ***blikopener***.
'tin 'ore ⟨n.-telb.zn.⟩ **0.1** ***tinerts*** ⇒*cassiteriet, tinsteen*.
'tin-'pan, tin-pan·ny ['tɪn'pæni]⟨bn.⟩ **0.1** ***lawaaierig*** ⇒*snerpend, krijsend*.
'tin-pan 'alley ⟨n.-telb.zn.; vaak T- P- A-⟩ **0.1** ⟨ong.⟩ ***het popmuziekcircuit*** ⇒*de platenbisnis, het wereldje (v.d. populaire muziek);* ⟨eig.⟩ *stadsdeel waar popmusici zich ophouden* ⟨district in New York⟩.
'tin'plate ⟨n.-telb.zn.⟩ **0.1** ***blik*** ⇒*vertinde staalplaat, tinnen plaat*.
tin-plate ⟨ov.ww.⟩ **0.1** ***vertinnen***.
'tin-plat·er ⟨telb.zn.⟩ **0.1** ***blikslager*** ⇒*blikwerker*.
'tin-pot ⟨bn., attr.⟩⟨BE; inf.⟩ **0.1** ***prullig*** ⇒*uit minderwaardig materiaal vervaardigd, ordinair, waardeloos, nietig, armzalig*.
'tin py'rites ⟨n.-telb.zn.⟩ **0.1** ***stannien*** ⟨mineraal⟩.
tin·sel[1] ['tɪnsl]⟨n.-telb.zn.⟩ **0.1** ***klatergoud*** ⇒*brokaat(papier), glinsterfoelie, engelenhaar, tinsel* **0.2** ***klatergoud*** ⇒*opzichtigheid, oppervlakkige schittering*.
tinsel[2], **tin·sel·ly** ['tɪnsəli]⟨bn.⟩ **0.1** ***van klatergoud*** ⇒*vals, opzichtig* **0.2** ***met klatergoud versierd***.
tinsel[3] ⟨ov.ww.;→ww. 7⟩ **0.1** ***met klatergoud versieren*** **0.2** ***optutten*** ⇒*een valse glans geven aan* ◆ **5.2** ~ **over** *verdoezelen*.
'tin·smith ⟨telb.zn.⟩ **0.1** ***tinnegieter*** **0.2** ***blikslager***.
'tin·stone ⟨n.-telb.zn.⟩ **0.1** ***tinsteen*** ⇒*tindyoxide, cassiteriet*.
tint[1] [tɪnt]⟨f1⟩⟨zn.⟩
I ⟨telb.zn.⟩ **0.1** ***(pastel)tint*** ⇒*kleurschakering, met wit verzachte kleur* **0.2** ***ondertoon*** ⇒*nauwelijks waarneembaar spoor, zweempje* **0.3** ⟨graf.⟩ ***tint*** ⇒*vlak/lichtgetinte achtergrond* **0.4** ***arcering;***
II ⟨telb. en n.-telb.zn.⟩ **0.1** ***kleurshampoo*** ⇒*het verven* ⟨v. haar⟩, *verdunde haarverf*.
tint[2] ⟨f1⟩⟨ww.⟩
I ⟨onov.ww.⟩ **0.1** ***kleuren*** ⇒*een tintje krijgen;*
II ⟨ov.ww.⟩ **0.1** ***kleuren*** ⇒*schakeren, tinten, verven* **0.2** ***lichtjes beïnvloeden*** ⇒*doortrekken, kleuren*.
'tin-tack ⟨telb.zn.⟩ **0.1** ***vertind kopspijkertje***.
'tint block ⟨telb.zn.⟩⟨graf.⟩ **0.1** ***tintcliché/plaat*** ⟨met achtergrondtint⟩.
tint·er ['tɪntə‖'tɪnṭər]⟨telb.zn.⟩ **0.1** ***verver*** ⇒*kleurenmenger*.
tin·tin·nab·u·lar ['tɪntɪ'næbjʊlə‖-bjələr], **tin·tin·nab·u·lar·y** [-bjʊləri‖-bjəleri], **tin·tin·nab·u·lous** [-bjʊləs‖-bjələs]⟨bn.⟩ **0.1** ***met klokken(gelui) te maken hebbend*** ⇒*klingelend, luidend* ◆ **1.1** he enjoyed a ~ fame *hij was alom beroemd*.
tin·tin·nab·u·la·tion ['tɪntɪnæbjʊ'leɪʃn‖-bjə-]⟨telb. en n.-telb.zn.⟩ **0.1** ***geklingel*** ⇒*gerinkel, gelui*.
tin·tin·nab·u·lum ['tɪntɪ'næbjʊləm‖-bjə-]⟨telb.zn.; tintinnabula [-lə];→mv. 5⟩ **0.1** ***schel*** ⇒*belletje, klokje, tintinnabulum*.
tint·om·e·ter [tɪn'tɒmɪtə‖tɪn'tɑmɪṭər]⟨telb.zn.⟩ **0.1** ***colori/kleurmeter***.
tint·y ['tɪnti]⟨bn.; -ness;→bijw. 3⟩ **0.1** ***onharmonisch getint*** ⇒*met schreeuwende kleuren, slecht gekleurd*.
'tin·type ⟨telb.zn.⟩⟨foto.⟩ **0.1** ***ferrotypie*** ⟨foto op bladmetaal⟩.

'tin·ware ⟨n.-telb.zn.⟩ 0.1 ***tinwerk*** ⇒*tinwaar* 0.2 ***blikwerk/goed*** ⇒*blikwaren*.

'tin·work ⟨zn.⟩
I ⟨telb. en n.-telb.zn.⟩ 0.1 ***tinnen voorwerp(en)*** ⇒*tin(werk/waar);*
II ⟨mv.; ~s; ww. ook enk.⟩ 0.1 ***tinsmelterij*** ⇒*tin(ne)gieterij*.

ti·ny[1] ['taɪni]⟨telb.zn.; →mv. 2⟩⟨vnl. BE⟩ 0.1 ***zuigeling*** ⇒*kleintje, baby*.

tiny[2] ⟨f3⟩⟨bn.; -er; -ly; -ness; →bijw. 3⟩ 0.1 ***uiterst klein*** ⇒*nietig, minuscuul, petieterig, miezerig, mini-*.

-tion [ʃn]⟨vormt nw.⟩ 0.1 ⟨ong.⟩ ***-tie*** ⇒*-ing* ◆ ¶.1 action *actie*.

Ti·o Ta·co ['tioʊ 'tɑ:koʊ]⟨eig.n., telb.zn.⟩⟨AE; sl.; bel.⟩ 0.1 ***Oom Taco*** ⟨Mexicaanse Amerikaan die de blanke Amerikanen naäapt/wil behagen⟩.

tip[1] [tɪp]⟨f3⟩⟨telb.zn.⟩ 0.1 ⟨ben. voor⟩ ***tip(je)*** ⇒*top(je), punt, uiteinde, spits, neusje, dopje, filter(stuk)* ⟨v. sigaret⟩, *pomerans* ⟨v. biljartkeu⟩ 0.2 ***bladknop*** ⟨v. thee⟩ 0.3 ⟨BE⟩ ***stort(plaats)*** ⇒*vuilnis/asbelt* 0.4 ⟨BE⟩ ***kolentip*** ⇒*wagonkipper* 0.5 ***fooi*** ⇒*drink/zakgeld* 0.6 ***tip*** ⇒*wenk, raad, aanrader, (vertrouwelijke) inlichting, voorspelling* 0.7 ***verguldpenseel*** 0.8 ***tik(je)*** ⇒*duwtje* 0.9 ***overhelling*** ⇒*schuine stand* 0.10 ⟨sl.⟩ ***het neuken*** ◆ 1.1 the ~ of the iceberg *het topje v.d. ijsberg* 1.¶ have sth. on the ~ of one's tongue *iets op de tong hebben liggen* 3.3 ⟨inf.⟩ he lives in a ~ *hij woont in een zwijnestal* 3.¶ miss one's ~ *in zijn opzet mislukken, het niet halen* 6.1 the eagle measured five feet **from** ~ **to** ~ *de arend mat een meter vijftig van de ene tot de andere vleugelpunt/had een vleugelwijdte v. een meter vijftig* 6.6 she gave me a ~ **on** how to remove the spots *zij gaf me een tip over hoe ik de vlekjes kon verwijderen* ¶.6 a ~ (on) how to bet *een tip over hoe je moet wedden*.

tip[2] ⟨f2⟩⟨ww.; →ww. 7⟩
I ⟨onov.ww.⟩ 0.1 ***kiep(er)en*** ⇒*kantelen, (over)hellen* 0.2 ***omkantelen*** ⇒*omslaan, omvervallen* 0.3 ***fooien uitdelen*** ◆ 5.1 these bunks ~ **up** *deze slaapbanken klappen omhoog* 5.2 the bottle ~ped **over** *de fles viel om* 5.¶ ⟨basketbal⟩ ~ **off** *de bal opgooien;*
II ⟨ov.ww.⟩ 0.1 ***van een tip/uiteinde voorzien*** ⟨enz., zie tip[1]⟩ 0.2 ***doen overhellen*** ⇒*doen kantelen, schuin zetten* 0.3 ***doen omslaan*** ⇒*omvergooien, omkiep(er)en, tippen* 0.4 ⟨vnl. BE⟩ ***wegkieperen*** ⇒*dumpen, weggieten, uitwerpen, ledigen* 0.5 ***overgieten*** 0.6 ***aantikken*** ⇒*eventjes aanraken, (aans)tippen* 0.7 ⟨honkbal⟩ ***(aan)tippen*** ⇒*laten afschampen, met de zijkant v.h. slaghout aanslaan* 0.8 ***tippen*** ⇒*(als fooi) geven* 0.9 ***tippen*** ⇒*een wenk geven, als kanshebber aanwijzen, (vertrouwelijke) inlichtingen verstrekken aan/omtrent* 0.10 ***inplakken*** ⇒*aan de bindrand vastlijmen, invoegen* ⟨blad bij boekbinden⟩ 0.11 ⟨sl.⟩ ***doorspelen*** ⇒*toesteken* 0.12 ***de punt/het uiteinde bedekken/versieren/verwijderen van*** 0.13 ***met verf aanstippen*** ⟨haren v. vacht⟩ 0.14 ⟨sl.⟩ ***bedriegen*** ⇒*besodemieteren, ontrouw zijn* 0.15 ⟨sl.⟩ ***neuken (met)*** ◆ 1.4 no ~ping *verboden afval te storten* 1.8 she ~ped the cabby £ 1 *zij gaf de taxichauffeur één pond fooi* 1.9 I'm ~ping Andrew as the next president *ik denk dat Andrew kans heeft de volgende voorzitter te worden* 3.¶ ⟨BE; cricket⟩ ~ and run *vorm v. cricket waarbij de batsman telkens als hij de bal met zijn bat aanraakt een run moet maken* 5.2 ~ sth. **up** *iets aan één kant opheffen/opkippen/omkieperen* 5.3 ~ **over** *laten omkantelen, omgooien* 5.4 ~ sth. **out** *iets uitgieten* 5.¶ ⟨inf.⟩ ~ s.o. **off** *iem. waarschuwen/een tip geven* 6.4 he was ~ped **out of** his racing car *hij werd uit zijn racewagen geslingerd*.

'tip-and-'run ⟨bn., attr.⟩⟨BE⟩ 0.1 ***blitz-*** ◆ 1.1 ~ raid *blitzaanval, bliksemaanval*.

'tip·cart ⟨telb.zn.⟩ 0.1 ***kiepkar*** ⇒*stortkar*.

'tip·cat ⟨n.-telb.zn.⟩⟨spel⟩ 0.1 ***tip*** ⇒*timp, pinkel/tiepel(spel), pinker*.

tip·ee [tɪ'pi:]⟨telb.zn.⟩ 0.1 ***ingewijde*** ⟨iem. die vertrouwelijke informatie over beursnoteringen krijgt⟩.

tipi →tepee.

'tip-in ⟨telb.zn.⟩⟨basketbal⟩ 0.1 ***tip-in*** ⟨intikken v. bal na rebound⟩.

'tip-off ⟨telb.zn.⟩⟨inf.⟩ 0.1 ***waarschuwing*** ⇒*hint, wenk, confidentie* 0.2 ⟨basketbal⟩ ***springbal*** ⇒*opgooi* ⟨spelbegin/hervatting⟩.

tip·per ['tɪpə‖-ər]⟨telb.zn.⟩ 0.1 ***fooiengever*** 0.2 ***kieper*** ⇒*kiepauto/kar*.

tip·pet ['tɪpɪt]⟨telb.zn.⟩ 0.1 ***stola*** ⇒*lange pelskraag, schoudermanteltje, pelerine, bouffante, stool* ⟨v. anglicaans priester⟩ 0.2 ⟨gesch.⟩ ***lang lint*** ⟨aan kap, e.d.⟩.

tip·ple[1] ['tɪpl]⟨f1⟩⟨telb.zn.⟩⟨inf.⟩ 0.1 ***(sterke) drank*** ⇒*drankje* 0.2 ***tip*** ⇒*losplaats, kiepinstallatie, overlaadinrichting* ◆ 7.1 what's your ~? *wat drink jij (altijd)?*.

tipple[2] ⟨f1⟩⟨ww.⟩⟨inf.⟩
I ⟨onov.ww.⟩ 0.1 ***aan de drank zijn*** ⇒*pimpelen;*
II ⟨ov.ww.⟩ 0.1 ***(herhaaldelijk) nippen aan*** ⇒*drinken*.

tip·pler ['tɪplə‖-ər]⟨telb.zn.⟩ 0.1 ***(gewoonte)drinker*** ⇒*pimpelaar* 0.2 ***sierduif***.

tip·py ['tɪpi]⟨bn.⟩ 0.1 ⟨BE⟩ ***uitstekend*** ⇒*vernuftig, knap, chic, stijlvol* 0.2 ⟨BE⟩ ***vol tipjes/eindjes*** ⇒*veel bladknoppen bevattend* ⟨v. thee⟩ 0.3 ***onvast*** ⇒*schommelig, woelig, wankel*.

tip·si·fy ['tɪpsɪfaɪ]⟨ov.ww.; →ww. 7⟩ 0.1 ***dronken maken***.

'tip·staff ⟨telb.zn.⟩⟨vnl. BE⟩ 0.1 ***gerechtsdienaar*** ⟨die orde in rechtszaal handhaaft⟩ ⇒*deurwaarder* 0.2 ⟨gesch.⟩ ***staf met metalen beslag*** ⟨ambtsteken v. o.1⟩.

tip·ster ['tɪpstə‖-ər]⟨f1⟩⟨telb.zn.⟩ 0.1 ***tipgever*** ⇒*informant* ⟨v. gokkers/speculanten⟩.

tip·sy ['tɪpsi]⟨f1⟩⟨bn.; -ly; -ness; →bijw. 3⟩⟨vnl. BE⟩ 0.1 ***aangeschoten*** ⇒*lichtjes dronken, boven zijn theewater, onder invloed, tipsy* 0.2 ***wankel*** ⇒*hellend, scheef, schuin*.

'tip·sy-cake ⟨telb.zn.⟩⟨BE⟩ 0.1 ***tipsycake*** ⟨gebak met kirschcrème⟩.

'tip-tap[1] ⟨telb.zn.⟩ 0.1 ***klik-klak*** ⇒*klop-klop, getik, geklop*.

tip-tap[2] ⟨onov.ww.⟩ 0.1 ***klikklakken*** ⇒*kloppen, tikken*.

'tip-'tilt·ed ⟨bn.⟩ 0.1 ***aan het uiteinde omhooggaand*** ◆ 1.1 ~ nose *wipneus*.

tip·toe[1] ['tɪptoʊ]⟨f1⟩⟨telb.zn.⟩ 0.1 ***teentop*** ◆ 6.¶ on ~ *op de topjes v. zijn tenen; vol verwachting, halsreikend, opgewonden; stilletjes, steels*.

tiptoe[2] ⟨f2⟩⟨bn.; bw.⟩ 0.1 ***op de topjes v. zijn tenen staand/lopend*** 0.2 ***steels*** ⇒*behoedzaam, stilletjes, heimelijk* 0.3 ***opgewonden*** ⇒*halsreikend*.

tiptoe[3] ⟨onov.ww.⟩ 0.1 ***op zijn tenen lopen*** ⇒*behoedzaam stappen, trippelen*.

'tip-'top[1] ⟨zn.⟩
I ⟨n.-telb.zn.; the⟩ 0.1 ***top(punt)*** ⟨ook fig.⟩ ⇒*(aller)beste, uiterste, piek;*
II ⟨verz.n.; the⟩⟨BE⟩ 0.1 ***chic*** ⇒*hoge kringen;*
III ⟨mv.; ~s; the⟩⟨BE⟩ 0.1 ***chic*** ⇒*hoge kringen*.

tip-top[2] ⟨f1⟩⟨bn.⟩⟨inf.⟩ 0.1 ***tiptop*** ⇒*piekfijn, uitstekend, v.d. bovenste plank, bovenstebeste, prima* 0.2 ***chic***.

tip-top[3] ⟨f1⟩⟨bw.⟩⟨inf.⟩ 0.1 ***tiptop*** ⇒*uitstekend, prima, zonder weerga*.

'tip-up ⟨bn., attr.⟩ 0.1 ***opklapbaar*** ◆ 1.1 a ~ seat *een klapstoeltje, klapzitting*.

TIR ⟨afk.⟩ Transport International Routier 0.1 ***T.I.R.***.

ti·rade [taɪ'reɪd‖'taɪreɪd]⟨f1⟩⟨telb.zn.⟩ 0.1 ***tirade*** ⇒*scheldkanonnade, schimprede* 0.2 ⟨lit.⟩ ***lange rede***.

tir·aill·eur ['tɪrə'lɜ:‖-'lɜr]⟨telb.zn.⟩ 0.1 ***tirailleur*** ⇒*scherpschutter*.

tire[1] ['taɪə‖-ər]⟨f2⟩⟨telb.zn.⟩ 0.1 ***hoepel*** ⇒*ringband, wielband* 0.2 ⟨vero.⟩ ***tooi*** ⇒*dos, kleding* 0.3 ⟨AE⟩ ***(kinder)schort*** 0.4 ⟨AE⟩ →tyre.

tire[2] ⟨f3⟩⟨ww.⟩ →tired
I ⟨onov.ww.⟩ 0.1 ***moe worden*** 0.2 ***(het) beu worden*** ⇒*er de buik van vol krijgen* ◆ 6.2 I never ~ **of** listening to their music *ik kan niet genoeg krijgen v. hun muziek;*
II ⟨ov.ww.⟩ 0.1 ***met een ijzeren hoepel beslaan*** 0.2 ***afmatten*** ⇒*vermoeien, uitputten* 0.3 ***vervelen*** 0.4 ⟨vero.⟩ ***tooien*** ⇒*uitdossen, opsmukken* ◆ 5.2 ~ **out** *afmatten, uitputten*.

tir·ed ['taɪəd‖'taɪərd]⟨f3⟩⟨bn.; oorspr. volt. deelw. v. tire; -ly; -ness; →compar. 2⟩
I ⟨bn.⟩ 0.1 ***moe*** ⇒*vermoeid, doodop, uitgeput* 0.2 ***afgezaagd*** ⇒*fantasieloos* 0.3 ***oud*** ⇒*verpieterd* ⟨eten bv.⟩ ◆ 5.1 ~ **out** *doodop;*
II ⟨bn., pred.⟩ 0.1 ***beu*** ⇒*verveeld* ◆ 6.1 be ~ **of** sth. *de buik vol hebben v. iets, genoeg hebben van iets, iets beu zijn*.

tire·less ['taɪələs‖'taɪər-]⟨f1⟩⟨bn.; -ly; -ness⟩ 0.1 ***onvermoeibaar*** 0.2 ***onophoudelijk*** ⇒*onuitputtelijk, aanhoudend*.

tire·some ['taɪəsəm‖'taɪər-]⟨f2⟩⟨bn.; -ly; -ness⟩ 0.1 ***vermoeiend*** ⇒*afmattend* 0.2 ***vervelend*** ⇒*saai, langdradig, ergerlijk, irritant*.

'tire·wom·an ⟨telb.zn.⟩ 0.1 ***kleedster*** ⟨bv. in theater⟩ 0.2 ⟨vero.⟩ ***kamenier*** ⇒*toiletdame, kamerjuffer*.

'tir·ing-room, 'tir·ing house ⟨telb.zn.⟩⟨vero.⟩ 0.1 ***kleedkamer*** ⟨in theater⟩.

ti·ro, ty·ro ['taɪroʊ]⟨telb.zn.⟩ 0.1 ***beginneling*** ⇒*onervaren nieuweling, groentje*.

'tis [tɪz]⟨samentr. v. it is⟩.

ti·sane [tɪ'zæn]⟨telb.zn.⟩ 0.1 ***kruidenthee*** ⇒*infusie, aftreksel, tisane*.

Tish·ri ['tɪʃri]⟨eig.n.⟩ 0.1 ***tishri*** ⟨1ste maand v. joodse kalender⟩.

tis·sue[1] ['tɪʃu:, -sju:‖-ʃu:]⟨f3⟩⟨zn.⟩
I ⟨telb.zn.⟩ 0.1 ***doekje*** ⇒*tissu, gaasje, doorschijnende stof* 0.2 ⟨gesch.⟩ ***goud/zilverlaken*** 0.3 ***papieren (zak)doekje*** ⇒*velletje vloeipapier* 0.4 ***web*** ⇒*netwerk* 0.5 ⟨sl.⟩ ***kopie*** ⇒*vel doorslagpapier* 0.6 ⟨sl.⟩ ***dun briefpapier*** ◆ 1.4 ~ of lies *aaneenschakeling v. leugens;*
II ⟨n.-telb.zn.⟩ 0.1 ⟨biol.⟩ ***(cel)weefsel*** 0.2 →tissue paper ◆ 2.1 muscular ~ *spierweefsel*.

tissue[2] ⟨ov.ww.⟩ 0.1 ***(door)weven*** 0.2 ***met absorberend papier verwijderen*** 0.3 ***met goudlaken/zijdepapier versieren/bekleden***.

'tissue culture ⟨telb. en n.-telb.zn.⟩⟨med.⟩ **0.1** ***weefselkweek/cultuur.***
'tissue paper ⟨f1⟩⟨n.-telb.zn.⟩ **0.1** ***zijdepapier*** ⇒*vloeipapier.*
tis·su·lar ['tɪʃʊlə, -sjʊlə‖'tɪʃələr]⟨bn.⟩⟨biol.⟩ **0.1** ***weefsel-*** ⇒*mbt. organisch weefsel* ◆ **1.1** ~ lesions *weefsellaesies.*
tit[1] [tɪt]⟨f2⟩⟨zn.⟩
I ⟨telb.zn.⟩ **0.1** ⟨dierk.⟩ ***mees*** ⟨fam. Paridae, i.h.b. genus Parus⟩ **0.2** ⟨vulg.⟩ ***tiet*** ⇒*tit, mem, tepel* **0.3** ⟨pej.⟩ ***griet*** ⇒*meid, wijf* **0.4** ⟨sl.⟩ ***knoppie*** **0.5** ⟨BE; sl.⟩ ***stumperd*** ⇒*slapjanus, zwakkeling, klier, klerelijer* **0.6** ⟨vero.; gew.⟩ ***knol*** ⇒*hit* ◆ **2.1** great ~ *koolmees* ⟨Parus major⟩ **3.¶** she got on my ~ *zij hing mij de keel uit, zij werkte me op de zenuwen;*
II ⟨n.-telb.zn.⟩⟨inf.⟩ ◆ **1.¶** ~ for tat *leer om leer, vergelding, het met gelijke munt betaald zetten; woordentwist.*
tit[2] ⟨afk.⟩ title **0.1** ***tit.***.
Tit ⟨afk.⟩ Titus.
ti·tan[1] ['taɪtn]⟨f1⟩⟨zn.⟩
I ⟨eig.n.; T-⟩ **0.1** ⟨Griekse mythologie⟩ ***Titan*** **0.2** ⟨ster.⟩ ***Titan*** ⟨grootste maan v. Saturnus⟩;
II ⟨telb.zn.⟩ **0.1** ⟨Griekse mythologie⟩ ***titan*** **0.2** ***kolos*** ⇒*(geweldige) reus, superman, gigant.*
titan[2] ⟨bn.⟩ **0.1** ***titanisch*** ⇒*gigantisch.*
ti·tan·ate ['taɪtn·eɪt]⟨n.-telb.zn.⟩⟨schei.⟩ **0.1** ***titanaat.***
ti·tan·ess ['taɪtn·ɪs]⟨telb.zn.⟩⟨Griekse mythologie⟩ **0.1** ***vrouwelijke titan.***
ti·ta·ni·a [taɪ'teɪnɪə]⟨n.-telb.zn.⟩⟨schei.⟩ **0.1** ***titaan(di)oxide*** ⇒*titaanwit* ⟨kleurstof⟩.
ti·tan·ic [taɪ'tænɪk]⟨f1⟩⟨bn.; -ally; →bijw. 3⟩ **0.1** ***titanisch*** ⇒*reusachtig, immens, gigantisch, kolossaal* **0.2** ⟨schei.⟩ ***van/met titanium*** ⟨in tetravalente vorm⟩ ◆ **1.2** ~ acid *titaanzuur.*
ti·tan·if·er·ous ['taɪtn'ɪfrəs]⟨bn.⟩ **0.1** ***titanium bevattend/opleverend.***
ti·tan·ism ['taɪtn·ɪzm]⟨n.-telb.zn.; vaak T-⟩ **0.1** ***opstandigheid*** ⇒*anarchie, revolte.*
ti·tan·ite ['taɪtn·aɪt]⟨n.-telb.zn.⟩ **0.1** ***titaniet*** ⟨calciumtitaansilicaatmineraal⟩.
ti·ta·ni·um [taɪ'teɪnɪəm]⟨n.-telb.zn.⟩⟨schei.⟩ **0.1** ***titaan*** ⇒*titanium* ⟨element 22⟩.
ti'tanium di'oxide, ti'tanium 'oxide ⟨n.-telb.zn.⟩⟨schei.⟩ **0.1** ***titaan (di)oxide*** ⇒*titaanwit* ⟨kleurstof⟩.
ti'tanium 'white ⟨n.-telb.zn.⟩ **0.1** ***titaanwit*** ⇒*titaniumdioxide* ⟨als kleurstof⟩, *titaanoxydewit.*
ti·tan·o·there [taɪ'tænəθɪə‖-θɪr]⟨telb.zn.⟩⟨dierk.⟩ **0.1** ***titanotherium*** ⟨uitgestorven neushoornachtige, genus Brontotherium⟩.
ti·tan·ous [taɪ'tænəs]⟨bn.⟩⟨schei.⟩ **0.1** ***titaan-*** ⇒*titanium,* ⟨in trivalente vorm⟩ *bevattend.*
tit·bit ['tɪtbɪt], ⟨AE sp.⟩ **tid·bit** ['tɪdbɪt]⟨f1⟩⟨telb.zn.⟩ **0.1** ***lekker hapje*** ⇒*lekkernij, delicatesse, iets om je vingers bij af te likken, uitgelezen versnapering* **0.2** ***interessant nieuwtje*** ⇒*pareltje, roddeltje.*
titer →titre.
tit·fer ['tɪtfə‖-ər]⟨telb.zn.⟩⟨BE; sl.⟩ **0.1** ***hoed.***
'tit-for-tat ⟨bn., attr.⟩ **0.1** ***vergeldings-*** ⇒*uit wraak.*
tith·a·ble[1] ['taɪðəbl]⟨telb.zn.⟩ **0.1** ***tiendplichtige.***
tithable[2] ⟨bn.⟩ **0.1** ***tiendplichtig*** **0.2** ***tiendbaar*** ⇒*aan het betalen v. tienden onderworpen.*
tithe[1] [taɪð]⟨f1⟩⟨telb.zn.; meestal mv.⟩ **0.1** ⟨gesch.⟩ ***tiend*** **0.2** ⟨schr.⟩ ***tiende deel*** ⟨ook fig.⟩ ⇒*erg klein deel, fractie.*
tithe[2] ⟨bn., attr.⟩ **0.1** ***tiende*** **0.2** ***tiend-*** ◆ **1.1** a ~ part *één tiende deel.*
tithe[3] ⟨ov.ww.⟩ →tithing **0.1** ***tienden*** ⇒*tienden heffen op* **0.2** ***(een) tiend(e) betalen van.***
'tithe barn ⟨telb.zn.⟩ **0.1** ***tiendschuur.***
'tithe man, 'tithe proctor ⟨telb.zn.⟩ **0.1** ***tiendgaarder*** ⇒*tiender.*
tith·ing ['taɪðɪŋ]⟨telb.zn.; oorspr. gerund v. tithe⟩⟨gesch.⟩ **0.1** ***heffing/betaling v. tienden*** **0.2** ***tiend*** **0.3** ***(district v.) tienmanschap*** ⟨bond v. tien gezinshoofden die zich tot vrede verbonden in feodaal Engeland⟩.
tith·ing·man ['taɪðɪŋmən]⟨telb.zn.; tithingmen [-mən]; →mv. 3⟩ ⟨gesch.⟩ **0.1** ***tiendgaarder*** ⇒*tiender* **0.2** ***hoofd v.e. tienmanschap*** **0.3** ⟨BE⟩ ***plaatselijk ordehandhaver*** **0.4** ***ordebewaarder*** ⟨in kerken in New England, 19de eeuw⟩.
ti·ti ['ti:ti:‖tɪ'ti: ⟨in bet. 0.2.⟩'taɪtaɪ]⟨telb.zn.⟩ **0.1** ⟨dierk.⟩ ***springaapje*** ⟨genus Callicebus⟩ **0.2** ⟨AE; plantk.⟩ ***moerasheester*** ⟨genus Cyrilla, i.h.b. Cyrilla racemiflora⟩.
ti·tian ['tɪʃn]⟨n.-telb.zn.; ook attr.⟩ **0.1** ***titiaan*** ⟨licht kastanjebruin⟩.
tit·il·late ['tɪtɪleɪt‖'tɪtlleɪt]⟨ov.ww.⟩ **0.1** ***prikkelen*** ⇒*kittelen, aangenaam opwinden, strelen, opwekken, stimuleren.*
tit·il·la·tion ['tɪtɪ'leɪʃn‖'tɪtl'eɪʃn]⟨telb. en n.-telb.zn.⟩ **0.1** ***prikkeling*** ⇒*aangename gewaarwording, kitteling.*
tit·i·vate, tit·ti·vate ['tɪtɪveɪt]⟨ov.ww.⟩⟨inf.⟩ **0.1** ***mooi maken*** ⇒*opdirken, verfraaien, de laatste hand leggen aan, opknappen.*
'tit·lark ⟨telb.zn.⟩⟨dierk.⟩ **0.1** ***pieper*** ⟨genus Anthus⟩ **0.2** ⟨BE⟩ ***graspieper*** ⟨Anthus pratensis⟩.
ti·tle[1] [taɪtl]⟨f3⟩⟨telb.zn.⟩ **0.1** ⟨ben. voor⟩ ***titel*** ⇒*titelblad, naam, opschrift; (ere)benaming, kwalificatie;* ⟨sport⟩ *kampioen(schap);* ⟨jur.⟩ *eigendomsrecht, aanspraak, recht(sgrond); hoofding/onderdeel v. wettekst/statuut; ondertitel, aftiteling* ⟨v. film⟩; ⟨relig.⟩ *titel* ⟨verklaring v. voorziening in levensonderhoud als voorwaarde voor wijding⟩ **0.2** ***titelkerk*** **0.3** ***gehalte*** ⟨v. goud e.d.⟩.
'title[2] ⟨f1⟩⟨ov.ww.⟩ →titled, titling **0.1** ***betitelen*** ⇒*noemen, een titel verlenen aan.*
'ti·tle-chas·er ⟨telb.zn.⟩⟨sport⟩ **0.1** ***titelkandidaat.***
'title cut ⟨telb.zn.⟩ **0.1** ***titelnummer.***
ti·tled ['taɪtld]⟨f1⟩⟨bn.; volt. deelw. v. title⟩ **0.1** ***met een (adellijke) titel*** ⇒*getiteld.*
'title deed ⟨telb.zn.⟩⟨jur.⟩ **0.1** ***eigendomsakte*** ⇒*titelbewijs, eigendomscertificaat.*
'title fight ⟨telb.zn.⟩ **0.1** ***titelgevecht.***
'ti·tle-hold·er ⟨f1⟩⟨telb.zn.⟩⟨sport⟩ **0.1** ***titelhouder/houdster*** ⇒*titelverdediger/verdedigster.*
'title page ⟨f1⟩⟨telb.zn.⟩ **0.1** ***titelpagina*** ⇒*titelblad* ◆ **1.1** from ~ to colophon *van de eerste tot de laatste bladzijde, van voor naar achter, van begin tot eind.*
'title part, 'title role ⟨f1⟩⟨telb.zn.⟩ **0.1** ***titelrol.***
'title piece ⟨telb.zn.⟩ **0.1** ***titelstuk*** ⟨bv. v. essaybundel⟩.
'title song, 'title track ⟨telb.zn.⟩ **0.1** ***titelsong.***
tit·ling[1] ['tɪtlɪŋ]⟨telb.zn.⟩⟨dierk.⟩ **0.1** ***pieper*** ⟨genus Anthus⟩ ⇒⟨i.h.b.⟩ *graspieper* ⟨Anthus protensis⟩ **0.2** ***mees*** ⟨genus Parus⟩.
ti·tling[2] ['taɪtlɪŋ]⟨n.-telb.zn.; gerund v. title⟩ **0.1** ***titelopdruk*** ⟨in goudblad, op kaft v. boek⟩.
tit·man ['tɪtmən]⟨telb.zn.; titmen [-mən]; →mv. 3⟩ **0.1** ***achterblijvertje*** ⟨in biggennest⟩ **0.2** ***dwerg*** ⇒*achterlijke man.*
'tit·mouse ⟨telb.zn.⟩⟨schr.; dierk.⟩ **0.1** ***mees*** ⟨genus Parus⟩.
Ti·to·ism ['ti:toʊɪzm]⟨n.-telb.zn.⟩⟨pol.⟩ **0.1** ***Titoïsme*** ⟨niet-gebonden politiek⟩.
ti·trate ['taɪtreɪt]⟨onov. en ov.ww.⟩⟨schei.⟩ **0.1** ***titreren.***
ti·tra·tion [taɪ'treɪʃn]⟨telb. en n.-telb.zn.⟩⟨schei.⟩ **0.1** ***titratie.***
ti·tre, ⟨AE sp.⟩ **ti·ter** ['taɪtə‖'taɪtər]⟨f1⟩⟨telb.zn.⟩⟨schei.⟩ **0.1** ***titer.***
'tits-and-'bums, ⟨AE⟩ **'tits-and-'ass** ⟨bn., attr.⟩⟨sl.⟩ **0.1** ***porno-*** ⇒*bloot(-).*
tit·ter[1] ['tɪtə‖'tɪtər]⟨f1⟩⟨telb.zn.⟩ **0.1** ***(onderdrukt/nerveus) gegiechel*** ◆ **6.1** the whole class was **in** a ~ *de hele klas was aan het giechelen.*
titter[2] ⟨f1⟩⟨onov.ww.⟩ **0.1** ***(onderdrukt/nerveus) giechelen.***
tittivate →titivate.
tit·tle ['tɪtl]⟨f3⟩⟨telb.zn.⟩ **0.1** ***tittel*** ⇒*puntje, stipje, streepje;* ⟨fig.⟩ *het allergeringste deel* ◆ **1.1** not one/a jot or ~ *geen tittel of jota, totaal niets* ⟨naar Matth. 5:18⟩ **6.1 to** a ~ *precies.*
tit·tle·bat ['tɪtlbæt]⟨telb.zn.⟩⟨BE⟩ **0.1** ***stekelbaars.***
tit·tle-tat·tle[1] ['tɪtltætl]⟨n.-telb.zn.⟩⟨inf.⟩ **0.1** ***kletspraat*** ⇒*roddelpraat.*
'tittle-'tattle[2] ⟨onov.ww.⟩⟨inf.⟩ **0.1** ***kletsen*** ⇒*kwebbelen, roddelen.*
tit·tup[1] ['tɪtəp]⟨telb.zn.⟩ **0.1** ***handgalop*** **0.2** ***sprongetje*** ⇒*gehuppel, getrippel v. hoge hakjes* **0.3** ***capriool*** ⇒*bokkesprong.*
tittup[2] ⟨onov.ww.; →ww. 7⟩ **0.1** ***huppelen*** ⇒*trippelen* **0.2** ***zich in handgalop voortbewegen*** **0.3** ***bokkesprongen maken.***
tit·tup·y, tit·tup·py ['tɪtəpi]⟨bn.⟩ **0.1** ***vrolijk huppelend*** **0.2** ⟨inf.⟩ ***wankel*** ⇒*onvast, wiebelig.*
tit·ty ['tɪti]⟨f1⟩⟨telb.zn.; →mv. 2⟩ **0.1** ⟨inf.⟩ ***tiet*** **0.2** ⟨kind.⟩ ***borst*** ⇒*tepel* **0.3** ⟨kind.⟩ ***speen.***
tit·ty-boo ['tɪtibu:]⟨telb.zn.⟩⟨sl.⟩ **0.1** ***wildebras*** ⇒*wilde meid* **0.2** ***jonge vrouwelijke delinquent/gevangene.***
tit·u·ba·tion ['tɪtʃʊ'beɪʃn‖-tʃə-]⟨telb. en n.-telb.zn.⟩⟨med.⟩ **0.1** ***waggeling*** ⇒*onzekere gang.*
tit·u·lar[1] ['tɪtʃʊlə‖-tʃələr], ⟨vero.⟩ **tit·u·lar·y**[1] ['tɪtʃʊləri‖-tʃəleri] ⟨telb.zn.; →mv. 2⟩ **0.1** ***titularis*** **0.2** ***patroonheilige v.e. kerk.***
titular[2], ⟨vero.⟩ **titulary** ⟨bn.⟩
I ⟨bn.⟩ **0.1** ***aan een titel verbonden*** **0.2** ***titulair*** ⇒*in naam* ◆ **1.1** ~ possessions *bezittingen die bij een bep. titel horen* **1.2** ~ bishop *titulair bisschop;* ~ saint *patroonheilige v.e. kerk;*
II ⟨bn., attr.⟩ **0.1** ***titel-*** ◆ **1.1** the ~ hero *de titelheld.*
tiz·zy ['tɪzi]⟨telb.zn.; vnl. enk.; →mv. 2⟩⟨sl.⟩ **0.1** ***opwinding*** ⇒*agitatie* ◆ **6.1** be **in/all of** a ~ *in alle staten zijn, over zijn toeren zijn.*
'T-junc·tion ⟨f1⟩⟨telb.zn.⟩ **0.1** ***T-verbindingspunt*** ⇒*T-knooppunt, T-kruising* **0.2** ***T-stuk.***
TKO ⟨afk.⟩ technical knock-out.
TLS ⟨afk.⟩ Times Literary Supplement.
TM ⟨telb.zn.⟩⟨afk.⟩ transcendental meditation **0.1** ***T.M.***
tme·sis ['tmi:sɪs]⟨telb.zn.; tmeses [-si:z]; →mv. 5⟩⟨taalk.⟩ **0.1** ***tmesis*** ⇒*snijding* ⟨scheiding v.e. samengesteld woord door een ertussen geplaatst woord⟩.

TMO ⟨afk.⟩ telegraph money order.
tn ⟨afk.⟩ **0.1** ⟨town⟩ **0.2** ⟨AE⟩ ⟨ton(s)⟩ *t* **0.3** ⟨train⟩.
TN ⟨afk.⟩ Tennessee ⟨postcode⟩.
TNF ⟨afk.⟩ theater nuclear force(s).
tnpk ⟨afk.⟩ turnpike ⟨AE⟩.
TNT ⟨n.-telb.zn.⟩ ⟨afk.⟩ trinitrotoluene **0.1** *TNT*.
to[1] [tu:] ⟨f1⟩ ⟨bw.⟩ **0.1** ⟨richting⟩ ***heen*** *⇒erheen* **0.2** ⟨plaats; ook fig.⟩ ***tegen*** *⇒bij, eraan, erop* ◆ **3.1** the ship heaved ~ *het schip draaide bij* **3.2** they were very close ~ *ze waren heel vlakbij;* the door stood ~ *de deur stond aan* **5.1** ~ and fro *heen en weer, op en neer;* pace ~ and fro *ijsberen.*
to[2] [tə, tʊ⟨sterk⟩tʊ, tu:], ⟨vero.⟩ **un·to** ['ʌn-] ⟨f4⟩ ⟨vz.⟩ **0.1** ⟨meewerkend voorwerp; richting, afstand en doel; ook fig.⟩ ***naar*** *⇒naar ... toe, tot, voor, jegens* **0.2** ⟨plaats; ook fig.⟩ ***tegen*** *⇒op, in, aan* **0.3** ⟨vergelijkend⟩ ***met*** *⇒ten opzichte van, voor, tot, vergeleken bij, volgens, overeenkomstig* **0.4** ⟨tijd⟩ ***tot*** *⇒tot op, op, voor* **0.5** ⟨duidt inherente verbondenheid aan⟩ ***bij*** *⇒aan, van, behorende bij* **0.6** ⟨vero.⟩ ***tot*** *⇒als* ◆ **1.1** he came ~ our aid *hij kwam ons ter hulp;* she lied ~ Bill *ze heeft Bill voorgelogen;* pale ~ clear blue *bleek tot hel blauw;* refer ~ the book *verwijs naar het boek;* give sweets ~ the children *de kinderen snoep geven;* covered up ~ his chin *tot de kin bedekt;* hurry ~ church *zich naar de kerk haasten;* burnt ~ a cinder *helemaal opgebrand;* his money went ~ clothes for the children *zijn geld besteedde hij aan kleren voor de kinderen;* curses ~ the culprit *de schuldige zij vervloekt;* sentenced ~ death *ter dood veroordeeld;* he worked himself ~ death *hij werkte zich dood;* study ~ a master's degree *studeren met het oog op een master's diploma;* argue ~ the same effect *dezelfde zaak bepleiten;* ~ that end *voor dat doel;* destined ~ failure *voorbestemd om te falen;* sing hymns ~ God *hymnen zingen voor God;* drink ~ her health *op haar gezondheid drinken;* laid a claim ~ the house *aanspraak maken op het huis;* it seemed strange ~ John *het kwam John vreemd voor;* she held the letter ~ the light *ze hield de brief tegen het licht;* loyal ~ a man *stuk voor stuk trouw, trouw tot de laatste man;* increased ~ the maximum *tot het maximum vermeerderd;* ⟨vnl. BE⟩ go ~ Mrs. Cartwright *op visite gaan bij Mrs. Cartwright;* a tendency ~ pessimism *een neiging tot pessimisme;* fell ~ pieces *viel aan stukken;* speak ~ another problem *over een ander probleem spreken;* danced ~ the queen *danste voor de koningin;* travel ~ Rome *naar Rome reizen;* it was clear ~ Sheila *het was Sheila duidelijk;* soaked ~ the skin *nat tot op de huid;* the house ~ the south *het huis aan de zuidkant;* look up ~ the stars *opkijken naar de sterren;* a pretender ~ the throne *een troonpretendent;* it's a long way ~ Tipperary *het is ver naar Tipperary;* everything from pins ~ wardrobes *alles van spelden tot kleerkasten;* plant the land ~ wheat *het land met tarwe beplanten* **1.2** stand ~ attention *in de houding staan;* I've been ~ my aunt's *ik ben bij mijn tante gaan logeren;* she's out ~ a concert *ze is naar een concert;* she kept her hands ~ her ears *ze hield haar handen op haar oren;* I'll tell him ~ his face *ik zal het hem in zijn gezicht/rechtuit/ronduit zeggen;* apply cream ~ one's face *crème op zijn gelaat aanbrengen;* stick ~ one's job *bij zijn werk blijven;* ⟨vnl. inf.⟩ I was staying ~ Nora's at the time *ik logeerde toen bij Nora* **1.3** use 50 lbs. ~ the acre *gebruik 50 pond per acre;* ~ all appearances *het ziet ernaar uit;* ~ the applause of the multitude *onder de toejuichingen v.d. menigte;* identical ~ my book *identiek aan mijn boek;* this is nothing ~ the capital *dit is niets vergeleken bij de hoofdstad;* measured ~ the drum *op de maat van de trom;* ~ his sharp ears there were sounds everywhere *zijn scherpe oren ontwaarden overal geluiden;* superior ~ synthetic fabric *beter dan synthetische stof;* Jack had eight marbles ~ Bill's forty *Jack had slechts acht knikkers tegenover Bill, die er veertig had;* she lost him ~ a more beautiful girl *ze verloor hem aan een mooier meisje;* her attitude ~ immigrants *haar houding tegenover immigranten;* compared ~ Jack *vergeleken bij Jack;* unknown ~ Jack *buiten (mede)weten v. Jack;* he wrote music ~ his lyrics *hij schreef muziek bij zijn teksten;* a disaster ~ the nation *een ramp voor het volk;* true ~ nature *natuurgetrouw;* different ~ Philip's *verschillend van die van Philip;* I'm new ~ the place *ik ben hier nieuw;* twenty shillings ~ the pound *twintig shillingen in een pond;* he was slave ~ his colleagues *hij was de slaaf van zijn collega's;* made ~ size *op maat gemaakt;* sweeten ~ taste *zoeten naar smaak;* it is cold ~ the touch *het voelt koud aan;* at right angles/perpendicular ~ the wall *loodrecht op de muur;* the dog came ~ his whistle *de hond kwam op zijn gefluit* **1.4** dated back ~ the second century *daterend van de tweede eeuw;* three years ago ~ the day *precies drie jaar geleden;* the only one found ~ the present day *de enige die tot op heden werd gevonden;* paid ~ the day *stipt betaald;* stay ~ the end *tot het einde blijven;* ⟨vnl. BE⟩ the train is running ~ schedule *de trein rijdt precies volgens het tijdsschema;* from week ~ week *van week tot week* **1.5** son ~ Mr. Boswell *de zoon van Mr. Boswell;* partner ~ an Indian businessman *de partner van een Indische zakenman;* the key ~ the house *de sleutel van het huis;* there's more ~ the story *het verhaal is nog niet af;* heir ~ the throne *troonopvolger* **1.6** he has a duchess ~ his aunt *hij heeft een hertogin als tante;* he took her ~ wife *hij nam haar tot vrouw* **2.1** from bad ~ worse *v. kwaad tot erger* **4.1** he'll come ~ nothing *er zal van hem niets terechtkomen* **4.2** he kept it ~ himself *hij hield het voor zich;* he thought ~ himself *hij dacht bij zichzelf;* we had it ~ ourselves *we hadden het voor ons alleen;* we beat them eleven ~ seven *we hebben ze met elf tegen zeven verslagen* **4.3** what can I say ~ that? *wat kan ik daarop zeggen?* **4.4** ⟨vnl. gew.⟩ arrive ~ six o'clock *om zes uur aankomen;* ⟨vnl. BE⟩ five (minutes) ~ three *vijf (minuten) voor drie* **4.5** there's more ~ it *er zit meer achter;* a painting with Picasso's name ~ it *een schilderij met de naam van Picasso erop;* the incident had a sequel ~ it *er kwam een vervolg op het voorval;* a motorbike with a sidecar ~ it *een motorfiets met een zijspan eraan;* the room had a smell ~ it *er hing een luchtje in de kamer* **5.1** where shall we go ~? *waar zullen we heen gaan?;* where has it gone ~? *waar is het gebleven?.*
to[3] [tə, tʊ⟨sterk⟩tʊ, tu:] ⟨f4⟩ ⟨partikel⟩ **0.1** ⟨voor →onbep. wijs; vaak onvertaald⟩ ***te*** **0.2** ⟨als pro-vorm v.e. onbep. wijs; vaak onvertaald⟩ ***dat/het*** ◆ **3.1** ~ accept is ~ approve *aanvaarden is goedkeuren;* I don't want ~ apologize *ik wil mij niet verontschuldigen;* I don't know how ~ apologize *ik weet niet hoe ik mij moet verontschuldigen;* the plane took off ~ crash in flames two minutes later *het vliegtuig startte en/maar stortte twee minuten later brandend neer/* ⟨substandaard ook⟩ *om twee minuten later brandend neer te storten;* stay ~ see the last act *blijven om het laatste bedrijf te zien;* ~ see him act like that, you wouldn't think he's so mean *als je hem zo bezig ziet, zou je niet denken dat hij zo gemeen is* **3.2** go home already? I don't want ~ *nu al naar huis gaan? dat wil ik niet/daar heb ik geen zin in;* I'd like to apologize, but I don't know how ~ *ik zou graag mijn verontschuldigingen aanbieden, maar ik weet niet hoe.*
TO ⟨afk.⟩ **0.1** ⟨technical order⟩ **0.2** ⟨telegraph office⟩ **0.3** ⟨telephone office⟩ **0.4** ⟨tincture of opium⟩ **0.5** ⟨transport officer⟩ **0.6** ⟨turn over⟩ *z.o.z.*
toad [toʊd] ⟨f2⟩ ⟨telb.zn.⟩ **0.1** ⟨dierk.⟩ ***pad*** ⟨genus Bufo⟩ **0.2** ***ellendeling*** *⇒beroerling, kwal* ◆ **3.¶** eat s.o.'s ~s *voor iem. kruipen, iem. likken.*
'toad·eat·er ⟨telb.zn.⟩ **0.1** ***pluimstrijker*** *⇒vleier, kruiper, slaafse volgeling.*
'toad·eat·ing[1] ⟨n.-telb.zn.⟩ **0.1** ***pluimstrijkerij.***
toadeating[2] ⟨bn.⟩ **0.1** ***vleiend*** *⇒kruiperig.*
'toad·fish ⟨telb.zn.⟩ ⟨dierk.⟩ **0.1** ***paddevis*** ⟨fam. der Batrachoididae⟩.
'toad·flax ⟨telb.zn.⟩ ⟨plantk.⟩ **0.1** ***vlasleeuwebek*** ⟨genus Linaria, i.h.b. L. vulgaris⟩ ◆ **¶.1** ivy-leaved ~ *muurleeuwebek* ⟨L. cymbalaria⟩.
'toad-in-the-'hole ⟨telb. en n.-telb.zn.⟩ ⟨BE; cul.⟩ **0.1** ***in beslag gebakken saucijsjes/rundvlees.***
'toad spit, 'toad spittle ⟨n.-telb.zn.⟩ ⟨dierk.⟩ **0.1** ***koekoeksspog.***
'toad·stone ⟨zn.⟩
I ⟨telb.zn.⟩ **0.1** ***paddesteen;***
II ⟨n.-telb.zn.⟩ ⟨geol.⟩ **0.1** ***vulkanisch gesteente in kalksteenlaag.***
'toad·stool ⟨f1⟩ ⟨telb.zn.⟩ **0.1** ***paddestoel*** ⟨i.h.b. giftig⟩.
toad·y[1] ['toʊdi] ⟨telb.zn.; →mv. 2⟩ **0.1** ***pluimstrijker*** *⇒vleier, kruiper, slaafse volgeling.*
toady[2] ⟨bn.⟩ **0.1** ***afzichtelijk*** *⇒lelijk* **0.2** ***vol padden.***
toady[3] ⟨onov. en ov.ww.; →ww. 7⟩ **0.1** ***pluimstrijken*** *⇒vleien, likken* ◆ **6.1** ~ **to** s.o. *iem. vleien.*
toad·y·ism ['toʊdiɪzm] ⟨n.-telb.zn.⟩ **0.1** ***pluimstrijkerij*** *⇒gevlei, kruiperij.*
to-and-fro[1] ['tu:ən'froʊ] ⟨f1⟩ ⟨zn.⟩
I ⟨telb.zn.⟩ **0.1** ***schommeling*** *⇒* ⟨fig.⟩ *weifeling, aarzeling* **0.2** ***levendige discussie*** *⇒spel v. woord en wederwoord;*
II ⟨telb. en n.-telb.zn.⟩ **0.1** ***heen en weer geloop*** *⇒komen en gaan.*
to-and-fro[2] ⟨f1⟩ ⟨bn., attr.⟩ **0.1** ***heen en weer (gaand)*** *⇒schommelend, over en weer.*
toast[1] [toʊst] ⟨f3⟩ ⟨zn.⟩
I ⟨telb.zn.⟩ **0.1** ***(heil)dronk*** *⇒toost* **0.2** ***iem./iets waarop getoost wordt*** *⇒* ⟨i.h.b. gesch.⟩ *gevierde schoonheid* **0.3** ***geroosterde boterham*** ◆ **1.2** the ~ was the Queen *men bracht een toast uit op de koningin* **3.1** drink a ~ to s.o. *een dronk uitbrengen op iem.;* propose a ~ to s.o. *een toost instellen op iem.;*
II ⟨n.-telb.zn.⟩ **0.1** ***toost*** *⇒geroosterd brood* ◆ **3.¶** have s.o. on ~ *iem. helemaal in zijn macht hebben* **6.1** sardines **on** ~ *sardientjes op toost.*
toast[2] ⟨f2⟩ ⟨ov.ww.⟩ **0.1** ***roosteren*** *⇒toost maken van,* ⟨fig.⟩ *war-*

men **0.2** ***toosten op*** ⇒*een dronk uitbrengen op* ◆ **4.1** ~ o.s. at the fire *zich warmen bij het vuur*.
toast·er ['toustə‖-ər]⟨f1⟩⟨telb.zn.⟩ **0.1** ***broodrooster*** **0.2** ***iem. die een toost uitbrengt***.
'toast·ing·fork, 'toast·ing·i·ron ⟨telb.zn.⟩ **0.1** ***roostervork***.
'toast·list ⟨telb.zn.⟩ **0.1** ***lijst v. heildronken***.
'toast·mas·ter ⟨telb.zn.⟩ **0.1** ***ceremoniemeester*** ⟨bij een diner⟩.
'toast rack ⟨telb.zn.⟩ **0.1** ***toastrekje*** ⇒*rekje voor geroosterde boterhammen*.
to·bac·co [tə'bækou]⟨f2⟩⟨zn.⟩
I ⟨telb.zn.⟩ **0.1** ***tabaksoort*** ⇒*tabak;*
II ⟨n.-telb.zn.⟩ **0.1** ***tabak*** ⇒*tabaksplant, tabaksblad*.
to'bacco 'heart ⟨telb.zn.⟩⟨med.⟩ **0.1** ***hartziekte veroorzaakt door te veel roken***.
to'bacco juice ⟨n.-telb.zn.⟩ **0.1** ***tabakssap***.
to'bacco mo'saic virus ⟨telb.zn.⟩⟨landb.⟩ **0.1** ***mozaïekziekte***.
to·bac·co·nist [tə'bækənɪst]⟨f1⟩⟨telb.zn.⟩ **0.1** ***tabakshandelaar*** ⇒*sigarenwinkel* **0.2** ***tabaksfabrikant***.
to'bacco pipe ⟨telb.zn.⟩ **0.1** ***tabakspijp***.
to'bacco plant ⟨telb.zn.⟩ **0.1** ***tabaksplant***.
to'bacco pouch ⟨telb.zn.⟩ **0.1** ***tabakszak***.
to'bacco stopper ⟨telb.zn.⟩ **0.1** ***pijpestopper***.
to·bog·gan[1] [tə'bɒgən‖-'bɑ-]⟨f1⟩⟨telb.zn.⟩ **0.1** ***tobogan***.
toboggan[2] ⟨f1⟩⟨onov.ww.⟩ **0.1** ***met een tobogan sleeën*** ⇒*rodelen*.
to·bog·gan·er [tə'bɒgənə‖tə'bɑgənər], **to·bog·gan·ist** [-nɪst] ⟨telb.zn.⟩ **0.1** ***iem. die met een tobogan sleet*** ⇒*iem. die rodelt*.
to'boggan slide, to'boggan chute ⟨telb.zn.⟩ **0.1** ***rodelbaan***.
to·by ['toubi], ⟨in bet. 0.1 ook⟩ **'toby jug** ⟨telb.zn.;→mv. 2⟩ **0.1** ***beker/kan in de vorm v.e. oude man met een steek*** **0.2** ⟨AE; sl.⟩ ***stinkstok*** ⟨lange dunne slechte sigaar⟩.
'toby collar ⟨telb.zn.⟩⟨BE⟩ **0.1** ***brede platte geplooide kraag*** ⟨zoals v. Toby, de hond van Punch⟩.
toc·ca·ta [tə'kɑ:t̬ə]⟨telb.zn.⟩⟨muz.⟩ **0.1** ***toccata***.
Toc H ['tɒk 'eɪtʃ‖'tɑk-]⟨eig.n.⟩⟨BE⟩ **0.1** ***Toc H*** ⟨vereniging voor kameraadschap en hulpbetoon, oorspr. v. oudstrijders 1914-1918⟩.
To·char·i·an[1] [tɒ'keəriən‖tou'keriən]⟨eig.n.⟩⟨gesch., taalk.⟩ **0.1** ***Tochaars*** ⟨Indo-Europese taal⟩.
Tocharian[2] ⟨bn.⟩⟨gesch., taalk.⟩ **0.1** ***Tochaars***.
toch·er ['tɒxə‖-ər]⟨telb. en n.-telb.zn.⟩⟨Sch. E⟩ **0.1** ***bruidsschat***.
to·co, to·ko ['toukou]⟨zn.⟩⟨BE; sl.⟩
I ⟨telb.zn.⟩ **0.1** ***pak slaag*** ⇒*aframmeling;*
II ⟨n.-telb.zn.⟩ **0.1** ***slaag***.
to-come [tə'kʌm]⟨n.-telb.zn.; the⟩ **0.1** ***de toekomst***.
to·coph·er·ol [tə'kɒfərɒl‖-'kɑfərɔl]⟨telb. en n.-telb.zn.⟩ **0.1** ***tocoferol*** ⟨vetachtige vitamine⟩.
toc·sin ['tɒksɪn‖'tɑk-]⟨telb.zn.⟩ **0.1** ***alarmbel*** ⇒*noodklok;* ⟨fig.⟩ *alarmsignaal*.
tod [tɒd‖tɑd]⟨zn.⟩
I ⟨telb.zn.⟩ **0.1** ⟨vnl. BE; gesch.⟩ ***tod*** ⟨gewichtsmaat, vnl. v. wol, gewoonlijk 28 lbs = 12,7 kg⟩ **0.2** ⟨Sch. E⟩ ***vos*** ⇒⟨fig.⟩ *slimmerik* **0.3** ⟨AE; inf.⟩ ***groc*** ◆ **6.¶ on** one's ~ *op zijn eentje, in zijn uppie;*
II ⟨n.-telb.zn.⟩⟨AE; inf.⟩ **0.1** ***palmwijn***.
to'd ['ti:'oud]⟨afk.⟩ tee'd off.
to·day[1] [tə'deɪ]⟨f1⟩⟨n.-telb.zn.⟩ **0.1** ***vandaag*** ⇒*heden, tegenwoordig* ◆ **1.1** ~ is my birthday *vandaag is het mijn verjaardag;* ~'s paper *de krant v. vandaag*.
today[2] ⟨f4⟩⟨bw.⟩ ⟨→sprw. 47, 265, 365, 487⟩ **0.1** ***vandaag*** ⇒*heden (ten dage), vandaag de dag, tegenwoordig*.
tod·dle[1] ['tɒdl‖'tɑdl]⟨telb.zn.⟩ **0.1** ***onvaste gang*** ⇒*waggelende gang* **0.2** ⟨inf.⟩ ***kuier*** ⇒*wandelingetje*.
toddle[2] ⟨f1⟩⟨onov.ww.⟩ **0.1** ***met kleine onvaste stapjes lopen*** ⟨v. kind⟩ ⇒*waggelen* **0.2** ⟨inf.⟩ ***kuieren*** ⇒*lopen, wandelen* **0.3** ⟨inf.⟩ ***opstappen*** ⇒*weggaan* ◆ **5.2** ~ **round/over** *even aanlopen* **5.3** time to ~ **along** *tijd om op te stappen*.
tod·dler ['tɒdlə‖'tɑdlər]⟨f1⟩⟨telb.zn.⟩ **0.1** ***dreumes*** ⇒*peuter, hummel*.
tod·dy ['tɒdi‖'tɑdi]⟨zn.;→mv. 2⟩
I ⟨telb. en n.-telb.zn.⟩ **0.1** ***grog*** ⇒*grokje, toddy;*
II ⟨n.-telb.zn.⟩ **0.1** ***palmwijn*** ⇒*toddy*.
to-do [tə'du:]⟨f1⟩⟨telb.zn.; vnl. enk.⟩ **0.1** ***drukte*** ⇒*gedoe, ophef, soesa*.
to·dy ['toudi]⟨telb.zn.;→mv. 2⟩⟨dierk.⟩ **0.1** ***tody*** ⟨Caraïbische vogel, genus Todus, orde Scharrelaarachtigen⟩.
toe[1] [tou]⟨f3⟩⟨telb.zn.⟩ **0.1** ***teen*** ⇒*teenstuk, neus, punt* **0.2** ***toon*** ⟨voorste deel v. hoef(ijzer)⟩ **0.3** ⟨ben. voor⟩ ***iets in de vorm v.e. teen*** ⇒*uitsteeksel; eind v.e. hamer; golfclub* ◆ **3.¶** step/tread on s.o.'s ~s *iem. op de tenen trappen* ⟨vnl. fig.⟩; ⟨inf.⟩ turn up one's ~s *de pijp uitgaan* **5.¶** he is ~s **up** *hij ligt onder de groene zoden, hij is de pijp uit* **6.¶ on** one's ~s *alert, klaar voor actie;* keep **on** one's ~s *altijd bij de pinken zijn;* keep s.o. **on** his ~s *iem. achter de broek zitten/achternarijden*.
toe[2] ⟨f1⟩⟨ww.⟩
I ⟨onov.ww.⟩ ◆ **5.¶** ~ **in/out** *de voeten naar binnen/buiten draaien* ⟨bij het lopen⟩; ⟨tech.; fig.⟩ *naar binnen/buiten staan* ⟨v. wielen⟩;
II ⟨ov.ww.⟩ **0.1** ***van een teen(stuk) voorzien*** ⇒*een teen breien aan, een neus aanzetten, de teen maken van* **0.2** ***met de tenen aanraken*** **0.3** ***schuin (in)slaan*** ⟨spijker e.d.⟩ **0.4** ⟨golf⟩ ***met het uiteinde raken***.
'toe-and-'heel ⟨onov.ww.⟩ **0.1** ***dansen*** ⇒*tapdansen* ◆ **4.1** ~ it *dansen*.
'toe-and-'heel-walk·ing ⟨n.-telb.zn.⟩ **0.1** ***snelwandelen***.
'toe·cap ⟨telb.zn.⟩ **0.1** ***neus*** ⟨v. schoen⟩.
'toe·clip ⟨telb.zn.⟩⟨wielrennen⟩ **0.1** ***toeclip*** ⟨beugel aan pedaal v. fiets⟩.
-toed [toud] **0.1** ***-tenig*** ◆ **¶.1** two-toed *met twee tenen, tweetenig*.
'toe dance ⟨telb.zn.⟩ **0.1** ***dans op de spitzen***.
TOEFL ['toufl]⟨afk.⟩ Test Of English as a Foreign Language.
'toe·hold ⟨telb.zn.⟩ **0.1** ***steunpuntje*** ⇒⟨fig.⟩ *houvast, greep, opstapje*.
'toe-in ⟨telb.zn.⟩⟨tech.⟩ **0.1** ***toespoor*** ⟨afstand die/positie waarbij de voorwielen vooraan dichter bij elkaar staan dan achteraan⟩.
'toe kick ⟨telb.zn.⟩⟨voetbal⟩ **0.1** ***puntertje*** ⟨als mislukte trap⟩.
'toe-kick ⟨ov.ww.⟩⟨voetbal⟩ **0.1** ***punteren*** ⟨als mistrap⟩.
'toe line ⟨telb.zn.⟩⟨darts⟩ **0.1** ***teenlijn*** ⇒*werplijn*.
'toe·nail ⟨f1⟩⟨telb.zn.⟩ **0.1** ***teennagel*** **0.2** ***schuin ingeslagen spijker***.
'toe-out ⟨telb.zn.⟩⟨tech.⟩ **0.1** ***uitspoor*** ⟨tgo. toe-in⟩.
'toe poke ⟨telb.zn.⟩⟨voetbal⟩ **0.1** ***punter(tje)***.
'toe-poke ⟨ov.ww.⟩⟨voetbal⟩ **0.1** ***punteren***.
'toe-rag ⟨telb.zn.⟩⟨BE; sl.; pej.⟩ **0.1** ***schooier***.
'toe rake ⟨telb.zn.⟩⟨schaatssport⟩ **0.1** ***zaag*** ⇒*schaatspunt, tanden*.
'toe re'lease ⟨n.-telb.zn.⟩⟨waterskiën⟩ **0.1** ***voetveiligheid***.
'toe stop ⟨telb.zn.⟩⟨rolschaatsen⟩ **0.1** ***stopper*** ⟨rubberdop aan voorkant v. rolschaats⟩.
'toe strap ⟨telb.zn.⟩⟨sport⟩ **0.1** ***teenband*** ⇒*wreefband*.
'toe unit ⟨telb.zn.⟩⟨skiën⟩ **0.1** ***teenstuk*** ⟨v. skibinding⟩.
'to-fall ⟨zn.⟩⟨Sch. E⟩
I ⟨telb.zn.⟩ **0.1** ***aangebouwd stuk*** ⇒*afdak;*
II ⟨n.-telb.zn.⟩ **0.1** ***het vallen v.d. avond***.
toff[1] [tɒf‖tɑf]⟨telb.zn.⟩⟨BE; sl.⟩ **0.1** ***fijne meneer*** ◆ **7.1** the ~s *de rijkelui, de chic*.
toff[2] ⟨ov.ww.⟩ **0.1** ***opdirken*** ⇒*opdoffen, opsmukken* ◆ **5.1** ~ **up** *opdoffen*.
tof·fee, tof·fy ['tɒfi‖'tɑfi]⟨f1⟩⟨telb. en n.-telb.zn., AE alleen n.-telb. zn.; tweede variant;→mv. 2⟩ **0.1** ***toffee*** ⇒*karamelbrok* ◆ **6.¶** ⟨sl.⟩ he can't drive **for** ~ *hij kan absoluut niet autorijden;* ⟨sl.⟩ I won't do it **for** ~ *ik doe dat om de dooie dood niet/voor geen goud/voor geen geld ter wereld*.
'toffee apple ⟨telb.zn.⟩ **0.1** ***met caramel overgoten appel op een stokje***.
'tof·fee-nose ⟨telb.zn.⟩⟨vnl. BE; sl.⟩ **0.1** ***snob*** ⇒*opschepper*.
'tof·fee-nosed ⟨bn.⟩⟨vnl. BE; sl.⟩ **0.1** ***snobistisch*** ⇒*bekakt, verwaand*.
toff·ish ['tɒfɪʃ‖'tɑ-]⟨bn.⟩ **0.1** ***opgedirkt*** ⇒*als een fijne meneer*.
toft [tɒft‖tɑft]⟨zn.⟩⟨BE⟩
I ⟨telb.zn.⟩ **0.1** ***hofstede*** ⇒*boerderij;*
II ⟨n.-telb.zn.⟩ **0.1** ***grond bij een hofstede***.
toft·man ['tɒftmən‖'tɑft-]⟨telb.zn.; toftmen [-mən];→mv. 3⟩⟨BE⟩ **0.1** ***kleine boer*** ⇒*kleine pachter*.
to·fu ['toufu:]⟨n.-telb.zn.⟩ **0.1** ***tahoe*** ⇒*tofu*.
tog[1] [tɒg‖tɑg]⟨telb.zn.; vnl. mv.⟩⟨inf.⟩ **0.1** ***kloffie*** ⇒*plunje, kleding* ◆ **3.1** put on one's best ~s *zich piekfijn uitdossen*.
tog[2] ⟨ov.ww.;→ww. 7⟩ **0.1** ***uitdossen*** ⇒*kleden* ◆ **5.1** ~ o.s. **out/up** *zich uitdossen, zich opdoffen*.
to·ga ['tougə]⟨telb.zn.⟩ **0.1** ***toga*** ⇒*tabbaard*.
to·geth·er [tə'geðə‖-ər]⟨f4⟩⟨bw.⟩ **0.1** ***samen*** ⇒*bijeen, bij/met elkaar, gezamenlijk, onderling* **0.2** ***tegelijk(ertijd)*** **0.3** ***aaneen*** ⇒*aan elkaar, bij elkaar, tegen elkaar* **0.4** ⟨inf.⟩ ***voor elkaar*** ⇒*geregeld, in orde* **0.5** ***achtereen*** ⇒*aaneen, zonder tussenpozen* ◆ **1.5** talk for hours ~ *uren aan een stuk kletsen* **3.1** come ~ *samenkomen* **3.3** tie ~ *aan elkaar binden* **3.4** get things ~ *de boel regelen* **4.2** all ~ now *nu allemaal tegelijk* **6.¶** ~ **with** *met, alsmede, alsook, benevens*.
to·geth·er·ness [tə'geðənəs‖-ðər-]⟨n.-telb.zn.⟩ **0.1** ***(gevoel v.) saamhorigheid*** ⇒*kameraadschap*.
tog·ger·y ['tɒgəri‖'tɑ-]⟨zn.;→mv. 2⟩⟨inf.⟩
I ⟨telb.zn.⟩ **0.1** ***modewinkel*** ⇒*fourniturenwinkel;*
II ⟨telb. en n.-telb.zn.⟩ **0.1** ***kloffie*** ⇒*uitrusting, plunje, kledingstuk* **0.2** ***paardetuig***.
tog·gle[1] ['tɒgl‖'tɑgl], ⟨in bet. 0.3 ook⟩ **'toggle joint** ⟨telb.zn.⟩ **0.1** ***knevel*** ⇒*staafje, stokje, pin, houtje* ⟨v. houtje-touwtje sluiting⟩ **0.2** ***beweeglijk dwarsstuk v. harpoen*** **0.3** ***knieverbinding*** **0.4** ⟨parachutespringen⟩ ***stuurklosje***.

toggle[2] ⟨ov.ww.⟩ **0.1** ***van een knevel voorzien*** ⇒*van een staafje/stokje/pin/houtje voorzien* **0.2** ***met een knevel vastmaken*** ⇒*met een staafje/stokje/pin/houtje vastmaken.*

'toggle iron, 'toggle harpoon ⟨telb.zn.⟩ **0.1** ***harpoen met een beweeglijk dwarsstuk.***

'toggle rope ⟨telb.zn.⟩ **0.1** ***koord met lus en houten handvat.***

'toggle switch ⟨telb.zn.⟩⟨elek.⟩ **0.1** ***tuimelschakelaar.***

toil[1] [tɔɪl]⟨f2⟩⟨zn.⟩
I ⟨telb. en n.-telb.zn.⟩ **0.1** ***hard werk*** ⇒*gezwoeg, gesloof, geploeter, (zware) arbeid, inspanning* ◆ **1.1** ~ and moil *gezwoeg;*
II ⟨mv.; ~s⟩ **0.1** ***listen en lagen*** ⇒*valstrik.*

toil[2] ⟨f1⟩⟨onov.ww.⟩ **0.1** ***hard werken*** ⇒*zwoegen, sloven, ploeteren, arbeiden* **0.2** ***moeizaam vooruitkomen*** ⇒*zich voortslepen* ◆ **3.1** ~ and moil *zwoegen en slaven* **5.1** ~ **away** *ploeteren* **6.1** ~ **at/on** *hard werken aan* **6.2** ~ **up** the mountain *de berg op zwoegen.*

toile [twɑ:l]⟨zn.⟩
I ⟨telb.zn.⟩ **0.1** ***patroon in mousseline*** ⟨v.e. kledingsstuk⟩;
II ⟨n.-telb.zn.⟩ **0.1** ***linnen.***

toile de Jouy [- də'ʒwi:]⟨telb. en n.-telb.zn.; toiles de Jouy ['twɑ:l-]; →mv. 5⟩ **0.1** ***bedrukte katoenen of linnen stof met een lichte achtergrond.***

toil·er ['tɔɪlə||-ər]⟨telb.zn.⟩ **0.1** ***zwoeger*** ⇒*ploeteraar, harde werker, loonarbeider.*

toi·let ['tɔɪlɨt]⟨f3⟩⟨zn.⟩
I ⟨telb.zn.⟩ **0.1** ***w.c.*** ⇒*toilet; closetpot* **0.2** ***gewaad*** ⇒*toilet* **0.3** ***toilet/kaptafel;***
II ⟨n.-telb.zn.⟩ **0.1** ***toilet*** ⇒*het aankleden* **0.2** ⟨med.⟩ ***het schoonmaken v.e. lichaamsholte*** ⟨enz.⟩ ***na een operatie*** ◆ **3.1** make one's ~ *toilet maken.*

'toilet cover ⟨telb.zn.⟩ **0.1** ***kleedje voor toilettafel.***

'toilet glass ⟨telb.zn.⟩ **0.1** ***toiletspiegel.***

'toilet paper, 'toilet tissue ⟨f1⟩⟨n.-telb.zn.⟩ **0.1** ***toiletpapier*** ⇒*closet/w.c.-papier.*

'toilet powder ⟨n.-telb.zn.⟩ **0.1** ***toiletpoeder.***

'toilet roll ⟨f1⟩⟨telb.zn.⟩ **0.1** ***closetrol*** ⇒*rol w.c.-papier.*

toi·let·ry ['tɔɪlɨtri]⟨f1⟩⟨zn.; →mv. 2⟩
I ⟨telb.zn.⟩ **0.1** ***toiletartikel;***
II ⟨n.-telb.zn.⟩ **0.1** ***toiletgerei*** ⇒*toiletbenodigdheden.*

'toilet set ⟨telb.zn.⟩ **0.1** ***toiletgarnituur*** **0.2** ***toiletstel.***

'toilet soap ⟨n.-telb.zn.⟩ **0.1** ***toiletzeep.***

'toilet table ⟨telb.zn.⟩ **0.1** ***toilettafel*** ⇒*kaptafel.*

toi·lette [tɔɪ'let, twɑ'let]⟨zn.⟩
I ⟨telb.zn.⟩ **0.1** ***gewaad*** ⇒*toilet;*
II ⟨n.-telb.zn.⟩ **0.1** ***toilet*** ⇒*het aankleden.*

'toilet train ⟨ov.ww.; vnl. als gerund⟩ **0.1** ***zindelijk maken*** ⟨kind⟩.

'toilet water ⟨telb. en n.-telb.zn.⟩ **0.1** ***eau de toilette.***

toil·ful ['tɔɪlfl]⟨bn.⟩ **0.1** ***zwaar*** ⇒*moeizaam, afmattend* **0.2** ***hard werkend.***

toil·some ['tɔɪlsəm]⟨bn.⟩ **0.1** ***zwaar*** ⇒*afmattend, vermoeiend, moeizaam.*

'toil-worn ⟨bn.⟩ **0.1** ***afgemat*** ⇒*uitgeput.*

to·ing ['tu:ɪŋ]⟨telb. en n.-telb.zn.⟩ ◆ **1.¶** ~ and froing *heen en weer gaande beweging; heen en weer geloop; over en weer gepraat.*

To·kay [toʊ'keɪ]⟨telb. en n.-telb.zn.⟩ **0.1** ***tokayer*** ⇒*tokayer wijn* **0.2** ***tokayer druif.***

toke[1] [toʊk]⟨telb.zn.⟩⟨sl.⟩ **0.1** ***trek*** ⇒*haal* ⟨vaak aan stickie⟩.

toke[2] ⟨onov.ww.⟩⟨sl.⟩ **0.1** ***een trek/haal doen*** ⟨vaak aan stickie⟩.

to·ken[1] ['toʊkən]⟨f2⟩⟨telb.zn.⟩ **0.1** ***teken*** ⇒*blijk, bewijs, symbool* **0.2** ***herinnering*** ⇒*aandenken, souvenir* **0.3** ***bon*** ⇒*cadeaubon, tegoedbon* **0.4** ***munt*** ⇒*fiche, penning* **0.5** ⟨gesch.⟩ ***geldmunt*** ⟨onofficieel betaalmiddel⟩ **0.6** ***tekenmunt*** ⇒*tekengeld* **0.7** ***symbolische medewerker/werknemer*** ⟨i.h.b. om indruk v. discriminatie te vermijden⟩ ◆ **6.1** **in** ~ **of** *ten teken van, ten bewijze van* **6.¶** **by** this/the same ~ *evenzo, evenzeer; bovendien, tevens, voorts; dus, ergo, weshalve.*

token[2] ⟨f1⟩⟨bn., attr.⟩ **0.1** ***symbolisch*** ◆ **1.1** ~ black *obligate neger;* ~ payment *symbolische betaling; kleine betaling ter erkenning v.e. schuld;* ~ resistance *symbolisch verzet;* ~ strike *symbolische staking, prikactie;* ~ woman *excuus-Truus, alibi-Jet* **1.¶** ~ money *tekengeld, tekenmunt;* ~ vote *stemming over een pro-memoriepost.*

token[3] ⟨ov.ww.⟩ **0.1** ***betekenen*** ⇒*beduiden, duiden op* **0.2** ***symboliseren*** ⇒*voorstellen.*

to·ken·ism ['toʊkənɪzm]⟨n.-telb.zn.⟩⟨pol.⟩ **0.1** ***het maken v.e. loos/symbolisch gebaar*** ⟨i.h.b. om pressiegroep te sussen⟩.

toko →toco.

told [toʊld]⟨verl. t. en volt. deelw.⟩ →tell.

To·le·do [tə'leɪdoʊ||tə'li:doʊ]⟨telb.zn.; ook t-⟩ **0.1** ***toledozwaard.***

tol·er·a·bil·i·ty ['tɒlrə'bɪləti||'tɑlrə'bɪləṭi]⟨n.-telb.zn.⟩ **0.1** ***(ver)draaglijkheid*** **0.2** ***toelaatbaarheid*** ⇒*duldbaarheid* **0.3** ***redelijkheid.***

tol·er·a·ble ['tɒlrəbl||'tɑl-]⟨f2⟩⟨bn.; -ness⟩ **0.1** ***verdraaglijk*** ⇒*draaglijk, tolerabel, te verdragen* **0.2** ***toelaatbaar*** ⇒*duldbaar* **0.3** ***redelijk.***

tol·er·a·bly ['tɒlrəbli||'tɑl-]⟨f1⟩⟨bw.⟩ **0.1** →tolerable **0.2** ***redelijk*** ⇒*tamelijk, vrij* **0.3** ***enigszins*** ⇒*in zekere mate* ◆ **2.2** ~ sure *vrij zeker.*

tol·er·ance ['tɒlərəns||'tɑlə-], ⟨in bet. II ook⟩ **tol·er·a·tion** [-'reɪʃn]⟨f2⟩⟨zn.⟩
I ⟨telb. en n.-telb.zn.⟩ **0.1** ***verdraagzaamheid*** ⇒*het verdragen* **0.2** ⟨med.⟩ ***tolerantie*** ⇒*(te verdragen) maximum-dosis* **0.3** ⟨tech.⟩ ***tolerantie*** ⇒*toegestane afwijking, speling* **0.4** ⟨geldw.⟩ ***remedie*** ⇒*speelruimte* ⟨voor munten toegestane speling in gehalte en gewicht⟩ ◆ **6.1** ~ **of/to** hardship *het verdragen van ontberingen* **6.2** ~ **of/to** certain drugs *het verdragen van bep. medicijnen;*
II ⟨n.-telb.zn.⟩ **0.1** ***tolerantie*** ⇒*verdraagzaamheid.*

tol·er·ant ['tɒlərənt||'tɑ-]⟨f2⟩⟨bn.; -ly⟩ **0.1** ***verdraagzaam*** ⇒*inschikkelijk, tolerant* ◆ **6.1** be ~ **of** opposition *tegen tegenstand kunnen, tegenstand (kunnen) verdragen.*

tol·er·ate ['tɒləreɪt||'tɑ-]⟨f3⟩⟨ov.ww.⟩ **0.1** ***tolereren*** ⇒*verdragen, toelaten, gedogen, dulden* **0.2** ***(kunnen) verdragen*** ⟨ook med.⟩ ◆ **3.1** I cannot ~ your doing a thing like that *ik kan niet dulden dat je zoiets doet.*

toll[1] [toʊl]⟨f1⟩⟨zn.⟩
I ⟨telb.zn.⟩ **0.1** ***tol(geld)*** ⇒*doortochtgeld* **0.2** ***staangeld*** ⇒*marktgeld* **0.3** ***schatting*** ⇒*belasting* **0.4** ⟨gesch.⟩ ***maalloon*** **0.5** ⟨AE⟩ ***kosten v.e. interlokaal telefoongesprek*** ◆ **3.1** take ~ *tol heffen;*
II ⟨telb. en n.-telb.zn.; meestal enk.⟩ **0.1** ***tol*** ⟨fig.⟩ ⇒*prijs* ◆ **1.1** ~ on/of the road *verkeersslachtoffers* **3.1** take its ~ *zijn tol eisen;* take ~ of sth. *een gedeelte v. iets wegnemen;* take ~ of s.o. *iem. erg aanpakken;*
III ⟨n.-telb.zn.; the⟩ **0.1** ***(klok)gelui.***

toll[2] ⟨f2⟩⟨ww.⟩
I ⟨onov.ww.⟩ **0.1** ***luiden*** ⟨v. klok; i.h.b. v. doodsklok⟩;
II ⟨ov.ww.⟩ **0.1** ***luiden*** ⟨klok, bel⟩ **0.2** ***slaan*** ⟨v. klok; het uur⟩.

toll·age ['toʊlɪdʒ]⟨telb. en n.-telb.zn.⟩ **0.1** ***tol(geld).***

'toll bar, 'toll·gate ⟨telb.zn.⟩ **0.1** ***tolboom*** ⇒*tolhek.*

'tol(l)·booth ⟨telb.zn.⟩⟨vero.; Sch. E⟩ **0.1** ***tolhuis*** **0.2** ***gemeentehuis*** ⇒*stadhuis, raadhuis* **0.3** ***(stads)gevangenis.***

'toll bridge ⟨telb.zn.⟩ **0.1** ***tolbrug.***

'toll call ⟨f1⟩⟨telb.zn.⟩⟨AE⟩ **0.1** ***interlokaal telefoongesprek.***

'toll corn ⟨n.-telb.zn.⟩ **0.1** ***maalloon*** ⟨in de vorm van koren⟩.

toll·er ['toʊlə||-ər]⟨telb.zn.⟩ **0.1** ***tolbaas*** ⇒*tollenaar* **0.2** ***klokkeluider.***

toll-'free ⟨bn.; bw.⟩⟨AE⟩ **0.1** ***gratis*** ⇒*zonder kosten* ⟨v. telefoongesprek, bv. 06-nummer⟩ ◆ **1.1** ~ 800 service ⟨in Ned.⟩ *gratis 06-nummer;* ⟨in België⟩ *groen (telefoon)nummer.*

'toll·house ⟨telb.zn.⟩ **0.1** ***tolhuis.***

'toll line ⟨telb.zn.⟩ **0.1** ***(telefoon)lijn voor interlokale gesprekken.***

'toll road ⟨telb.zn.⟩ **0.1** ***tolweg.***

'toll 'thorough ⟨telb.zn.⟩⟨BE; jur.⟩ **0.1** ***tolheffing*** ⇒*doorgangsrecht.*

'toll tra'verse ⟨telb.zn.⟩⟨BE; jur.⟩ **0.1** ***doortochtsrecht*** ⇒*tol.*

Tol·tec ['tɒltek||'tɑl-]⟨telb.zn.⟩⟨gesch.⟩ **0.1** ***Tolteek*** ⟨lid v.e. stam in Centraal-Mexico⟩.

Tol·tec·an ['tɒltekən||'tɑl'tekən]⟨bn.⟩⟨gesch.⟩ **0.1** ***Tolteeks*** ⇒*v.d. Tolteken.*

to·lu [tɒ'lu:||tə'lu:]⟨n.-telb.zn.⟩ **0.1** ***tolubalsem*** ⟨uit Z. Am. boom Myroxylon balsamum/toluiferum⟩.

tol·u·ene ['tɒljʊi:n||'tɑl-]⟨n.-telb.zn.⟩⟨schei.⟩ **0.1** ***tolueen*** ⇒*methylbenzeen.*

to·lu·ic ['tɒljʊɪk||tə'lu:ɪk]⟨bn.⟩⟨schei.⟩ **0.1** ***tolu(een)-*** ◆ **1.1** ~ acid *toluylzuur.*

tol·u·ol ['tɒljʊɒl||-ɔl]⟨n.-telb.zn.⟩⟨schei.⟩ **0.1** ***toluol*** ⇒*tolueen.*

tom [tɒm||tɑm]⟨f3⟩⟨zn.⟩⟨→sprw. 469⟩
I ⟨eig.n., telb.zn.; T-⟩ **0.1** ***Tom*** ⇒*Thomas* **0.2** ⟨verk. v. Uncle Tom⟩⟨AE; sl.⟩ ***onderdanige neger*** ◆ **1.¶** ⟨gesch.⟩ Tom o'Bedlam *krankzinnige, gek* ⟨uit St. Mary's hospital⟩; Tom Collins *Tom Collins* ⟨longdrink: gin, citroen, suiker en soda⟩; (every) Tom, Dick and Harry *Jan, Piet en Klaas, (zomaar iedereen);* Tom and Jerry *rumgrog* ⟨met geklutste eieren⟩ **3.¶** ⟨ook P- T-⟩ peeping Tom *gluurder, voyeur; loerder, bespieder;*
II ⟨telb.zn.⟩ **0.1** ***mannetje(sdier)*** ⇒⟨i.h.b.⟩ *kater* **0.2** ***kalkoense haan*** **0.3** ⟨sl.⟩ ***vrouwenjager.***

tom·a·hawk[1] ['tɒməhɔ:k||'tɑməhɔk]⟨f1⟩⟨telb.zn.⟩ **0.1** ***strijdbijl*** ⟨v. Indianen in Noord-Amerika⟩ ⇒*tomahawk* **0.2** ⟨Austr. E⟩ ***(kleine) bijl*** ⇒*handbijl* ◆ **3.1** ⟨AE⟩ bury the ~ *de strijdbijl begraven.*

tomahawk[2] ⟨ov.ww.⟩ **0.1** ***slaan/verwonden/doden met een tomahawk*** **0.2** ***afmaken*** ⟨boek, met kritiek⟩ ⇒*de grond in boren.*

tom·al·ley [tə'mæli||'tɑmæli]⟨telb. en n.-telb.zn.⟩⟨cul.⟩ **0.1** ***kreeftelever.***

to·ma·to [tə'mɑ:toʊ||tə'meɪṭoʊ]⟨f3⟩⟨zn.; -es; →mv. 2⟩
I ⟨telb.zn.⟩ **0.1** ⟨plantk.⟩ ***tomaat(plant)*** ⟨Lycopersicon lycopersi-

cum/esculentum⟩ 0.2 ⟨sl.⟩ *lekker stuk;*
II ⟨telb. en n.-telb.zn.⟩ 0.1 *tomaat.*
to'mato juice ⟨f1⟩ ⟨telb. en n.-telb.zn.⟩ 0.1 *tomatesap.*
to'mato 'sauce ⟨telb. en n.-telb.zn.⟩ 0.1 *tomatensaus.*
tomb[1] [tu:m] ⟨f3⟩ ⟨zn.⟩
I ⟨telb.zn.⟩ 0.1 *(praal)graf* 0.2 *(graf)tombe* ⇒*grafgewelf* 0.3 *grafmonument;*
II ⟨n.-telb.zn.; the⟩ 0.1 *het dood-zijn;*
III ⟨mv.; Tombs; the⟩ 0.1 *staatsgevangenis v. New York.*
tomb[2] ⟨ov.ww.⟩ ⟨zelden⟩ 0.1 *begraven* ⇒*bijzetten.*
tom·bac(k), tom·bak ['tɒmbæk‖'tɑm-] ⟨n.-telb.zn.⟩ 0.1 *tombak* ⇒*rood messing, gilding metal, roodkoper.*
tomb·less ['tu:mləs] ⟨bn.⟩ 0.1 *zonder graf(steen).*
tom·bo·la ['tɒm'boʊlə‖'tɑmbələ] ⟨f1⟩ ⟨n.-telb.zn.⟩ ⟨vnl. BE⟩ 0.1 *tombola* ⟨loterijspel⟩.
'tom·boy, ⟨sl.⟩ 'tom·girl ⟨f1⟩ ⟨telb.zn.⟩ 0.1 *wilde meid* ⇒*robbedoes, wildebras, wildzang.*
'tomb·stone ⟨f1⟩ ⟨telb.zn.⟩ 0.1 *grafsteen.*
'tom·cat ⟨telb.zn.⟩ 0.1 *kater.*
'tom·cod ⟨telb.zn.; ook tomcod; →mv. 4⟩ ⟨AE⟩ 0.1 *tomcod* ⟨schelvisachtige; Microgadus tomcod⟩.
tome [toʊm] ⟨telb.zn.⟩ 0.1 *(dik) boekdeel.*
-tome [toʊm] 0.1 *-toom* ⟨deel/sectie aangevend⟩ 0.2 *-toom* ⟨snijinstrument aanduidend, i.h.b. chirurgisch⟩ ◆ ¶.2 microtome *microtoom.*
to·men·tose [tə'mentoʊs], **to·men·tous** [tə'menṭəs] ⟨bn.⟩ 0.1 *donzig.*
to·men·tum [tə'menṭəm] ⟨telb.zn.; tomenta [tə'menṭə]; →mv. 5⟩ 0.1 ⟨anat.⟩ *bloedvaten aan binnenzijde v.h. zachte hersenvlies* 0.2 ⟨biol.⟩ *dons.*
'tom'fool[1] ⟨f1⟩ ⟨telb.zn.⟩ 0.1 *dwaas* ⇒*idioot, zot, domkop, uilskuiken* 0.2 *clown* ⇒*harlekijn, hansworst, potsenmaker, kwast.*
tomfool[2] ⟨bn.⟩ 0.1 *stom* ⇒*dwaas, dom, onnozel.*
tomfool[3] ⟨onov.ww.⟩ 0.1 *zich dwaas gedragen* ⇒*gekheid maken.*
'tom'fool·er·y ⟨zn.; →mv. 2⟩
I ⟨telb.zn.; vaak mv.⟩ 0.1 *dwaasheid* ⇒*malligheid, gekke streek* 0.2 *kleinigheid;*
II ⟨n.-telb.zn.⟩ 0.1 *flauw gedrag/gedoe* 0.2 *onzin.*
tom·my ['tɒmi‖'tɑmi] ⟨f3⟩ ⟨zn.; →mv. 2⟩
I ⟨eig.n., telb.zn.; T-⟩ 0.1 *Tommy* ⇒⟨BE; inf.⟩ *(gewoon) soldaat* ◆ 1.1 Tommy Atkins *tommy, (gewoon) soldaat;*
II ⟨telb.zn.⟩ 0.1 ⟨tech.⟩ *moersleutel* 0.2 ⟨inf.⟩ ⟨ook T-⟩ *tommygun* ⇒*pistoolmitrailleur* 0.3 ⟨inf.⟩ ⟨ook T-⟩ *schutter met tommygun* 0.4 ⟨BE⟩ *brood* 0.5 ⟨inf.⟩ →tommy bar 0.6 ⟨sl.⟩ →tomboy;
III ⟨n.-telb.zn.⟩ 0.1 ⟨BE; inf.⟩ *kuch* ⇒*kommies(brood)* 0.2 ⟨BE; inf.⟩ *goederen* ⟨als betaling i.p.v. loon⟩ 0.3 *truckstelsel* ⇒*gedwongen winkelnering* 0.4 *tinsoldeer* ◆ 2.1 ⟨marine⟩ soft ~ *witbrood* ⟨tgo. scheepsbeschuit⟩ 2.4 soft ~ *tinsoldeer.*
'tommy bar ⟨telb.zn.⟩ ⟨tech.⟩ 0.1 *draaipen* ⟨v. pijpsleutel⟩.
'tommy gun ⟨telb.zn.; ook T-⟩ ⟨inf.⟩ 0.1 *tommygun* ⇒*pistoolmitrailleur.*
'tom·my·rot ⟨n.-telb.zn.⟩ ⟨inf.⟩ 0.1 *volslagen onzin* ⇒*dwaasheid.*
tom·nod·dy ['tɒm'nɒdi‖'tɑm'nɑdi] ⟨telb.zn.; →mv. 2⟩ 0.1 *idioot* ⇒*dwaas, onnozele hals, uilskuiken.*
to·mog·ra·phy [tə'mɒgrəfi‖-'mɑ-] ⟨n.-telb.zn.⟩ 0.1 *tomografie* ⟨gedetailleerde röntgenopnamen⟩ ⇒*planigrafie.*
to·mor·row[1], **to-mor·row** [tə'mɒroʊ‖-'mɔ-, -'mɑ-] ⟨f3⟩ ⟨telb. en n.-telb.zn.⟩ 0.1 *morgen* 0.2 *(nabije) toekomst* ◆ 1.1 ~'s newspaper *de krant v. morgen* 7.2 ⟨sl.⟩ like there's no ~ *met een houding van 'het zal mijn tijd wel duren'.*
tomorrow[2], **to-morrow** ⟨f3⟩ ⟨bw.⟩ ⟨→sprw. 47, 265, 266, 365, 487, 691, 692⟩ 0.1 *morgen* ◆ 1.1 ~ week *morgen over een week.*
tompion →tampion.
Tom Thumb ['tɒm 'θʌm‖'tɑm -] ⟨zn.⟩
I ⟨eig.n.⟩ 0.1 ⟨ong.⟩ *Kleinduimpje;*
II ⟨telb.zn.⟩ 0.1 *dwerg* 0.2 *kleine soort* ⟨v. planten⟩ ⇒*dwergvariant.*
Tom Tiddler's ground ['tɒm 'tɪdləz graʊnd‖'tɑm 'tɪdlərz -] ⟨n.-telb.zn.⟩ 0.1 ⟨ong.⟩ *landveroveraartje* ⟨kinderspel⟩ 0.2 *luilekkerland* ⇒*eldorado* 0.3 *niemandsland* ⟨fig.⟩ ⇒*betwist land.*
'tom·tit ⟨f1⟩ ⟨telb.zn.⟩ ⟨inf.; dierk.⟩ 0.1 *mees* ⟨genus Parus⟩ ⇒⟨i.h.b.⟩ *pimpelmees* ⟨P. caeruleus⟩.
'tom·tom[1] ⟨telb.zn.⟩ 0.1 *tamtam* 0.2 *tomtom* ⇒*trommel* ⟨v.e. drumstel⟩.
tomtom[2] ⟨onov.ww.; →ww. 7⟩ 0.1 *de tamtam slaan.*
-to·my [təmi] ⟨med.⟩ 0.1 *-tomie* ◆ ¶.1 dichotomy *dichotomie, tweedeling.*
ton[1] [tɔ̃] ⟨n.-telb.zn.⟩ 0.1 *bon ton* 0.2 *mode.*
ton[2], ⟨in bet. 0.1 ook⟩ **tonne** [tʌn] ⟨f3⟩ ⟨telb.zn.; ook ton; →mv. 4⟩ 0.1 *(metrische) ton* ⟨1000 kg⟩ 0.2 *(Eng.) ton* ⟨1016 kg; →t1⟩ 0.3 *(Am.) ton* ⟨907,18 kg; →t1⟩ 0.4 *(scheeps)ton* ⇒*vrachtton* ⟨1 ton, 40 kub. voet, 1 m³⟩ 0.5 *(maat)ton* ⟨40 kub. voet; ook voor hout⟩ 0.6 *ton waterverplaatsing* ⟨35 kub. voet zeewater⟩ 0.7 *(register) ton* ⟨100 kub. voet⟩ 0.8 *ton* ⟨koelvermogen⟩ 0.9 *tonnage* 0.10 ⟨vaak mv.⟩ ⟨inf.⟩ *grote hoeveelheid* ⇒*hopen, massa's* 0.11 ⟨BE; sl.⟩ *honderd pond* 0.12 ⟨vaak the⟩ ⟨BE; sl.⟩ *honderd (mijl per uur)* ◆ 1.¶ (come down) like a ~ of bricks *duchtig (tekeergaan)* 3.1 it weighs (half) a ~ *het weegt een ton, het is loodzwaar* 3.12 do the ~ *honderd mijl per uur rijden* 6.10 have ~s **of** money *zwemmen in het geld.*
to·nal [toʊnl] ⟨f2⟩ ⟨bn.; -ly⟩ ⟨muz.⟩ 0.1 *tonaal* ⇒*toon-.*
to·nal·i·ty [toʊ'næləṭi] ⟨zn.; →mv. 2⟩ ⟨muz.⟩
I ⟨telb.zn.⟩ 0.1 *toonaard* ⇒*toonsoort, toongeslacht, toonzetting;*
II ⟨telb. en n.-telb.zn.⟩ 0.1 *tonaliteit* ⟨ook schilderkunst⟩.
'to-name ⟨telb.zn.⟩ ⟨Sch. E⟩ 0.1 *bijnaam.*
ton·do ['tɒndoʊ‖'tɑn-] ⟨telb.zn.; tondi [-di]; →mv. 5⟩ ⟨beeld. k.⟩ 0.1 *tondo.*
tone[1] [toʊn] ⟨f3⟩ ⟨zn.⟩
I ⟨telb.zn.⟩ 0.1 *toon* ⟨ook muz., ook v. toontaal⟩ ⇒*klank, toonhoogte* 0.2 ⟨taalk.⟩ *klem(toon)* ⇒*nadruk* 0.3 *stem(buiging)* ⇒*toon* 0.4 *intonatie* ⇒*accent, tongval* 0.5 *tint* ⇒*schakering, toon, koloriet* 0.6 ⟨foto.⟩ *toon* ⇒*tint* 0.7 ⟨muz.⟩ *(hele) toon* ⇒*grote seconde* ◆ 2.1 fundamental ~ *grondtoon* 2.3 take a high ~ (with s.o.) *een hoge toon aanslaan (tegen iem.)* 2.5 warm ~s *warme tinten* 3.1 falling/rising ~ *dalende/stijgende toon* 6.3 speak **in** an angry ~ *op boze toon spreken;*
II ⟨telb. en n.-telb.zn.⟩ 0.1 ⟨alleen enk.⟩ *geest* ⇒*stemming* ⟨ook v. markt⟩, *sfeer, houding* 0.2 *gemoedstoestand* ⇒*moreel* ◆ 3.1 set the ~ *de toon aangeven;*
III ⟨n.-telb.zn.⟩ 0.1 *cachet* ⟨fig.⟩ 0.2 *toon* ⟨v. schilderij⟩ 0.3 ⟨med.⟩ *tonus* ⇒*spanning* ⟨i.h.b. v.d. spieren⟩, *spankracht* 0.4 *(veer)kracht* ⇒*energie.*
tone[2] ⟨f1⟩ ⟨ww.⟩
I ⟨onov.ww.⟩ 0.1 *harmoniëren* ⇒*kleuren, overeenstemmen* 0.2 *kleur/tint aannemen* ◆ 5.¶ →tone up 6.1 ~ (in) **with** *kleuren bij, harmoniëren met;*
II ⟨ov.ww.⟩ 0.1 *(bep.) toon geven aan* ⇒*stemmen* 0.2 *op bep. toon uitspreken* ⇒⟨i.h.b.⟩ *voordragen* 0.3 *tinten* ⇒⟨foto.⟩ *kleuren* 0.4 *doen harmoniëren* ◆ 1.3 ~d paper *(licht) gekleurd papier* 5.¶ →tone **down**; →tone **up** 6.4 ~ (in) **with** *doen harmoniëren/kleuren met, laten passen bij.*
'tone arm ⟨telb.zn.⟩ 0.1 *(pick-up)arm* ⇒*opneemarm, toonarm.*
'tone control ⟨n.-telb.zn.⟩ 0.1 *toonregeling* ⟨bij opname⟩.
-toned [toʊnd] 0.1 *-klinkend* ⇒*met ... toon/klank.*
'tone-'deaf ⟨bn.⟩ 0.1 *geen (muzikaal) gehoor hebbend.*
'tone 'down ⟨f1⟩ ⟨ov.ww.⟩ 0.1 *afzwakken* ⟨ook fig.⟩ ⇒*temperen, verflauwen, verzwakken* 0.2 *verzachten* ◆ 1.1 ~ one's language *op zijn woorden passen.*
'tone language ⟨telb.zn.⟩ ⟨taalk.⟩ 0.1 *toontaal* ⟨bv. Japans⟩.
tone·less ['toʊnləs] ⟨bn.; -ly; -ness⟩ 0.1 *toonloos* 0.2 *kleurloos* 0.3 *monotoon* ⇒*saai* 0.4 *levenloos* ⇒*slap.*
to·neme ['toʊni:m] ⟨telb.zn.⟩ ⟨taalk.⟩ 0.1 *toneem.*
to·ne·mic [tə'ni:mɪk] ⟨bn.⟩ ⟨taalk.⟩ 0.1 *tonemisch.*
'tone poem ⟨telb.zn.⟩ 0.1 ⟨muz.⟩ *symfonisch gedicht* ⇒*toondicht* 0.2 ⟨ong.⟩ *kleurcompositie.*
'tone poet ⟨telb.zn.⟩ ⟨muz.⟩ 0.1 *componist* ⇒*toondichter,* ⟨i.h.b.⟩ *componist v. programmamuziek.*
ton·er ['toʊnə‖-ər] ⟨telb.zn.⟩ 0.1 *(organische) kleurstof.*
'tone-row ['toʊnroʊ] ⟨telb.zn.⟩ ⟨muz.⟩ 0.1 *toonreeks* ⇒⟨i.h.b.⟩ *(twaalf tonen v.d.) chromatische toonladder.*
'tone syllable ⟨telb.zn.⟩ ⟨taalk.⟩ 0.1 *beklemtoonde lettergreep.*
'tone 'up ⟨f1⟩ ⟨ww.⟩
I ⟨onov.ww.⟩ 0.1 *krachtig(er) worden* ⇒*energie krijgen, bezield worden;*
II ⟨ov.ww.⟩ 0.1 *(nieuwe) energie geven aan* ⇒*oppeppen, kracht geven aan, bezielen.*
toney →tony.
tong [tɒŋ‖tɑŋ] ⟨zn.⟩
I ⟨verz.n.⟩ 0.1 *tong* ⟨Chinese geheime organisatie⟩;
II ⟨mv.; ~s⟩ 0.1 *tang* ◆ 1.1 pair of ~s *tang* 3.1 not touch sth. with a pair of ~s *iets nog niet met een tang aanraken.*
ton·ga ['tɒŋgə‖'tɑŋgə] ⟨telb.zn.⟩ 0.1 *tweewielig karretje* ⟨Indië⟩.
tong·er ['tɒŋə‖'tɑŋər] ⟨telb.zn.⟩ ⟨AE⟩ 0.1 *oestervisser.*
tong·kang ['tɒŋ'kæŋ‖'tɑŋ-] ⟨telb.zn.⟩ 0.1 *Maleise jonk.*
tongue[1] [tʌŋ] ⟨f3⟩ ⟨zn.⟩ ⟨→sprw. 260, 627, 693, 694⟩
I ⟨telb.zn.⟩ 0.1 *tong* 0.2 *taal* 0.3 ⟨ben. voor⟩ *tongvormig iets* ⇒*lipje* ⟨v. schoen⟩; *landtong; naald, evenaar* ⟨v. balans⟩; *klepel* ⟨v. klok⟩; *tong* ⟨v. wissel, gesp, vlam, blaasinstrument⟩; *geer* ⟨v. stof⟩; *messing* ⟨v. plank⟩ 0.4 *dissel(boom)* 0.5 ⟨sl.⟩ *advokaat* ⇒*spreekbuis* ◆ 1.1 ~ and groove *messing en groef* 1.¶ (speak) with (one's) ~ in (one's) cheek *ironisch/spottend (spreken)* 3.1 put out one's ~ *zijn tong uitsteken* 3.¶ ⟨inf.⟩ bite one's ~ off *zijn tong (wel) af (kunnen) bijten* ⟨v. spijt⟩; with one's ~ hanging out

met de tong aan het gehemelte gekleefd ⟨v.d. dorst⟩; *vol verwachting;*

II ⟨telb. en n.-telb.zn.⟩ **0.1** ***spraak*** ⇒*tong* **0.2** ***tong*** ⟨als spijs⟩ ◆ **2.1** have a ready ~ *goed v.d. tongriem gesneden zijn* **3.¶** find one's ~ *zijn spraak hervinden;* get one's ~ around a difficult word *erin slagen een moeilijk woord uit te spreken;* give ~ *zijn stem verheffen;* give ~ to *uiting geven aan;* hold your ~! *houd je mond!;* have lost one's ~ *zijn tong verloren hebben;* oil one's ~ *mooi praten, met fluwelen tong praten, vleien, flemen;* set ~s wagging *de tongen in beweging brengen;* wag one's ~ *(veel) kletsen, doordraven;*

III ⟨n.-telb.zn.⟩ **0.1** ***gepraat*** ⇒*holle frasen* **0.2** ***geblaf*** ⟨v. jachthonden bij het ruiken v. wild⟩ ◆ **3.2** give/throw ~ *aanslaan, hals geven.*

tongue[2] ⟨ww.⟩

I ⟨onov.ww.⟩ **0.1** ***staccato produceren*** ⟨door tongbewegingen; op blaasinstrument⟩ **0.2** ***in een tong uitlopen*** **0.3** ⟨jacht⟩ ***aanslaan*** ⇒*hals geven;*

II ⟨ov.ww.⟩ **0.1** ***staccato spelen*** ⟨noten op blaasinstrument⟩ ⇒*aanzetten* **0.2** ***met de tong aanraken*** ⇒*likken* **0.3** ⟨tech.⟩ ***v.e. messing voorzien*** ⟨hout⟩ **0.4** ⟨vero.⟩ ***uitschelden*** ◆ **4.¶** ~ it *kletsen, praten.*

'tongue bit ⟨telb.zn.⟩ **0.1** ***bit*** ⟨v.e. paard⟩.

'tongue bone ⟨telb.zn.⟩ **0.1** ***tongbeen.***

-tongued [tʌŋd] **0.1** ***met een ... tong*** **0.2** ***-sprekend*** ◆ **¶.1** fork-tongued *met gespleten tong* **¶.2** sharp-tongued *met scherpe tong.*

'tongue depressor ⟨telb.zn.⟩ ⟨AE⟩ **0.1** ***tongspatel*** ⟨med. instrument⟩.

'tongue·fish ⟨telb.zn.; ook tonguefish; →mv. 4⟩ ⟨dierk.⟩ **0.1** ***hondstong*** ⟨fam. Cynoglossidae⟩.

'tongue-in-cheek ⟨bn., attr.⟩ **0.1** ***ironisch*** ⇒*spottend.*

'tongue-lash·ing ⟨telb.zn.⟩ ⟨inf.⟩ **0.1** ***zware berisping.***

tongue·less ['tʌŋləs] ⟨bn.⟩ **0.1** ***zonder tong*** **0.2** ***sprakeloos*** ⇒*stom.*

tongue·let ['tʌŋlɪt] ⟨telb.zn.⟩ **0.1** ***tongetje.***

tongue·ster ['tʌŋstə‖-ər] ⟨telb.zn.⟩ **0.1** ***babbelaar(ster).***

'tongue-tie ⟨telb. en n.-telb.zn.⟩ **0.1** ***spraakgebrek*** ⟨door te korte tongriem⟩.

'tongue-tied ⟨bn.⟩ **0.1** ***met te korte tongriem*** **0.2** ***met de mond vol tanden.***

'tongue twister ⟨f1⟩ ⟨telb.zn.⟩ **0.1** ***moeilijk uit te spreken woord/zin.***

tongu(e)·y ['tʌŋi] ⟨bn.⟩ **0.1** ***mbt. de tong*** ⇒*tong-* **0.2** ***goed v.d. tongriem gesneden*** ⇒*welbespraakt.*

ton·ic[1] ['tɒnɪk‖'tɑ-] ⟨f2⟩ ⟨zn.⟩

I ⟨telb.zn.⟩ **0.1** ***tonicum*** ⇒*tonisch/versterkend middel* ⟨ook fig.⟩ **0.2** ⟨muz.⟩ ***grondtoon*** ⇒*tonica;*

II ⟨n.-telb.zn.⟩ **0.1** →tonic water.

tonic[2] ⟨bn.; -ally; →bijw. 3⟩ **0.1** ***tonisch*** ⇒*spanning vertonend* ⟨vnl. v. spier⟩ **0.2** ***versterkend*** ⇒*opwekkend, veerkracht gevend* ⟨aan spieren, ook fig.⟩ **0.3** ⟨muz.⟩ ***mbt. (grond)toon*** ◆ **1.1** ⟨med.⟩ ~ spasm *tonische kramp* **1.3** ~ accent *tonisch accent;* ~ major *grotetertstoonschaal;* ~ minor *kleinetertstoonschaal;* ~ sol-fa *solmisatie.*

to·nic·i·ty [tə'nɪsəti‖toʊ'nɪsət̬i] ⟨n.-telb.zn.⟩ **0.1** ***het tonisch-zijn*** ⇒*tonus, spankracht* ⟨v. spieren⟩ **0.2** ***(veer)kracht*** ⇒*gezondheid.*

'tonic water ⟨n.-telb.zn.⟩ **0.1** ***tonic.***

to·night[1], **to-night** [tə'naɪt] ⟨f3⟩ ⟨telb. en n.-telb.zn.⟩ **0.1** ***vanavond*** ⇒*de komende avond* **0.2** ***vannacht*** ⇒*de komende nacht.*

tonight[2], **to-night** ⟨f3⟩ ⟨bw.⟩ **0.1** ***vanavond*** **0.2** ***vannacht.***

ton·ish ['toʊnɪʃ] ⟨bn.; -ly; -ness⟩ **0.1** ***modieus*** **0.2** ***stijlvol.***

tonk [tɒŋk‖tɑŋk] ⟨telb.zn.⟩ ⟨AE; sl.⟩ **0.1** ***ballentent*** ⇒*goktent, danstent.*

ton·ka bean ['tɒŋkə bi:n‖'tɑŋkə -] ⟨telb.zn.⟩ **0.1** ***tonka(boon).***

ton·nage ['tʌnɪdʒ] ⟨f1⟩ ⟨telb. en n.-telb.zn.⟩ **0.1** ***(netto) tonnage*** ⇒*scheepsruimte, tonnenmaat* **0.2** ***waterverplaatsing*** ⇒*bruto tonnage* **0.3** ***tonnage*** ⟨totaal aan schepen v. land, haven enz.⟩ **0.4** ***tonnegeld*** ◆ **1.4** ⟨gesch.⟩ ~ and poundage *douanerechten, accijnzen* ⟨op elke ton wijn en handelswaar ter waarde v. een pond, t.b.v. de kroon⟩.

'tonnage deck ⟨telb.zn.⟩ **0.1** ***meetdek*** ⇒*tonnagedek.*

tonne [tʌn] ⟨f3⟩ ⟨telb.zn.; ook tonne; →mv. 4⟩ **0.1** ***(metrische) ton*** ⟨1000 kg⟩.

ton·neau ['tɒnoʊ‖tʌ'noʊ] ⟨telb.zn.⟩ **0.1** ***achterbankgedeelte v.e. auto.***

to·nom·e·ter [toʊ'nɒmɪtə‖-'nɑmɪtər] ⟨telb.zn.⟩ **0.1** ***toonmeter*** ⇒*stemvork* **0.2** ***drukmeter*** ⟨voor vloeistof⟩ ⇒⟨i.h.b.⟩ *bloeddrukmeter.*

ton·sil ['tɒnsl‖'tɑnsl] ⟨f1⟩ ⟨telb.zn.⟩ **0.1** ***(keel)amandel*** ⇒*tonsil* ◆ **3.1** have one's ~s out *zijn amandelen laten wegnemen.*

ton·sil·lar ['tɒnsɪlə‖'tɑnsɪlər] ⟨bn.⟩ **0.1** ***mbt./v.d. (keel)amandelen.***

ton·sil·lec·to·my ['tɒnsɪ'lektəmi‖'tɑn-] ⟨telb. en n.-telb.zn.; →mv. 2⟩ ⟨med.⟩ **0.1** ***tonsillectomie*** ⟨het pellen v.d. amandel(en)⟩.

ton·sil·(l)i·tis ['tɒnsɪ'laɪtɪs‖'tɑnsɪ'laɪt̬ɪs] ⟨telb. en n.-telb.zn.⟩ **0.1** ***amandelontsteking*** ⇒*angina, tonsillitis.*

ton·so·ri·al [tɒn'sɔ:rɪəl‖tɑn'sɔ-] ⟨bn.⟩ ⟨scherts.⟩ **0.1** ***mbt./v.e. barbier*** ⇒*haarsnijders-.*

ton·sure[1] ['tɒnʃə‖'tɑnʃər] ⟨zn.⟩

I ⟨telb.zn.⟩ **0.1** ***tonsuur*** ⇒*geschoren priesterkruin* ◆ **3.1** give the ~ to *tonsureren;*

II ⟨n.-telb.zn.⟩ **0.1** ***het tonsureren*** ⇒*kruinschering.*

tonsure[2] ⟨ov.ww.⟩ **0.1** ***het hoofd scheren v.*** **0.2** ***tonsureren*** ⇒*de kruin scheren v..*

ton·tine ['tɒnti:n, tɒn'ti:n‖tɑn'ti:n] ⟨telb.zn.⟩ ⟨verz.⟩ **0.1** ***tontine.***

'ton-up ⟨bn., attr.⟩ ⟨BE; inf.⟩ **0.1** ***hardrijdend*** ⟨op motor; honderd mijl per uur of meer⟩ ◆ **1.1** ~ boys ⟨ong.⟩ *snelheidsduivels* ⟨i.h.b. mbt. Hell's Angels⟩.

to·ny[1] ['toʊni] ⟨verz.n.⟩ ⟨vnl. AE; inf.⟩ **0.1** ***chic*** ⇒*beau-monde, grote wereld.*

tony[2], **toney** ⟨bn.; -er; →compar. 7⟩ ⟨vnl. AE; inf.⟩ **0.1** ***chic*** ⇒*elegant, volgens de laatste mode, stijlvol, modieus.*

To·ny ['toʊni] ⟨telb.zn.; →mv. 2⟩ **0.1** ***Tony*** ⟨Am. toneelprijs⟩.

too [tu:] ⟨f4⟩ ⟨bw.⟩ **0.1** ***te (zeer)*** **0.2** ⟨inf.⟩ ***erg*** ⇒*al te* **0.3** ⟨niet aan begin v.e. zin⟩ ***ook*** ⇒*eveneens* **0.4** ***bovendien*** **0.5** ⟨AE; inf.⟩ ***en of*** ◆ **2.1** ~ good to be true *te mooi om waar te zijn* **2.2** it's ~ bad *(het is) erg jammer;* it was all ~ true *het was maar al te waar* **2.4** conceited, ~! *en nog verwaand ook!* **3.5** 'He won't go.' 'He will ~.' *'Hij wil niet gaan.' 'Hij moet'/'En of hij gaat.'* **5.¶** ⟨vnl. Austr. E⟩ ~ right *gelijk heb je, inderdaad, dat is zo* **¶.3** he, ~, went to Rome *hìj ging ook naar Rome;* he went to Rome, ~ *hij ging ook naar Róme* **¶.4** they did it; on Sunday ~! *zij hebben het gedaan; en nog wel op zondag!.*

too·dle-oo ['tu:dl'u:] ⟨f1⟩ ⟨tussenw.⟩ ⟨inf.⟩ **0.1** ***tot ziens.***

took [tʊk] ⟨verl. t.⟩ →take.

tool[1] [tu:l] ⟨f3⟩ ⟨zn.⟩ ⟨→sprw. 33⟩

I ⟨telb.zn.⟩ **0.1** ***handwerktuig*** ⇒*(stuk) gereedschap, instrument* **0.2** ***werktuig*** ⟨alleen fig.⟩ ⇒*(hulp)middel, instrument, marionet* **0.3** ***draaibank*** ⇒*gereedschapswerktuig,* ⟨uitbr.⟩ *draaibeitel* **0.4** ***stempel(versiering/afdruk)*** ⟨v. boekbinder⟩ **0.5** ***penseel*** ⇒*kwast* **0.6** ⟨sl.⟩ ***lul*** ⇒*pik* **0.7** ⟨sl.⟩ ***stommeling*** ◆ **1.1** the ~s of one's trade *iemands materiaal* **1.2** he was a ~ in the rich man's hands *hij was een werktuig in de handen v.d. rijke man;* numbers are the ~s of his trade *hij werkt met getallen* **3.1** down ~s *het werk neerleggen* ⟨uit protest⟩;

II ⟨mv.; ~s⟩ ⟨sl.⟩ **0.1** ***bestek.***

tool[2] ⟨f1⟩ ⟨ww.⟩ →tooling

I ⟨onov.ww.⟩ **0.1** ***een werktuig hanteren*** **0.2** ⟨inf.⟩ ***toeren*** ⇒*rijden, (voort)rollen* ◆ **5.2** ~ **along** *rondtoeren, voortsnorren* **5.¶** ~ **up** *(opnieuw) geoutilleerd/uitgerust worden, v.e. (nieuw) machinepark voorzien worden* ⟨v. fabriek⟩;

II ⟨ov.ww.⟩ **0.1** ***bewerken*** **0.2** ***stempelversiering maken op*** **0.3** ***outilleren*** ⇒*uitrusten* ⟨fabriek, met machines, enz.⟩ **0.4** ⟨inf.⟩ ***rijden*** ⟨auto⟩ ⇒*doen (voort)rollen* **0.5** ⟨inf.⟩ ***brengen*** ⟨in auto⟩ ◆ **1.5** she ~ed her children everywhere *zij reed/bracht haar kinderen overal heen* **5.3** ~ **up** *outilleren, v. (d. nodige) machines voorzien.*

'tool·bag ⟨telb.zn.⟩ **0.1** ***gereedschapstas.***

'tool·box ⟨f1⟩ ⟨telb.zn.⟩ **0.1** ***gereedschapskist.***

tool·er ['tu:lə‖-ər] ⟨telb.zn.⟩ **0.1** ***bewerker*** **0.2** ***beitel.***

'tool·hold·er ⟨telb.zn.⟩ ⟨tech.⟩ **0.1** ***beitelhouder*** ⟨v. draaibank⟩ ⇒*gereedschaphouder* **0.2** ***handgreep*** ⟨voor gereedschap⟩ ⇒*hecht.*

tool·ing ['tu:lɪŋ] ⟨zn.; oorspr. gerund v. tool⟩

I ⟨telb.zn.⟩ **0.1** ⟨boek.⟩ ***(ingeperste) sierdruk*** **0.2** ***gereedschap*** ⇒*uitrusting;*

II ⟨telb. en n.-telb.zn.⟩ **0.1** ***bewerking*** ⇒*het bewerken* **0.2** ***outillering*** ⇒*uitrusting, (het voorzien v.e.) machinepark* ⟨v. fabriek⟩.

'tool·kit ⟨telb.zn.⟩ **0.1** ***(set) gereedschappen.***

'tool-post, 'tool-rest ⟨telb.zn.⟩ ⟨tech.⟩ **0.1** ***beitelhouder*** ⟨v. draaibank⟩ ⇒*gereedschaphouder.*

'tool-push·er ⟨telb.zn.⟩ **0.1** ***boorder*** ⟨op booreiland⟩.

'tool-shed ⟨f1⟩ ⟨telb.zn.⟩ **0.1** ***gereedschapsschuurtje.***

toon [tu:n] ⟨zn.⟩ ⟨plantk.⟩

I ⟨telb.zn.⟩ **0.1** ***toona*** ⟨Cedrela toona⟩ **0.2** ***Siamceder*** ⇒*Aziatische ceder* ⟨Toona ciliata⟩;

II ⟨n.-telb.zn.⟩ **0.1** ***cedro*** ⇒*cedrela, ceder* ⟨hout⟩.

toot[1] [tu:t] ⟨zn.⟩

I ⟨telb.zn.⟩ **0.1** ***(hoorn)stoot*** **0.2** ⟨AE⟩ ***braspartij*** ⇒*zuippartij* **0.3** ⟨gew.⟩ ***dwaas*** ⇒*gek, stommerd* **0.4** ⟨Sch. E⟩ ***teug*** ⇒*slok* ◆ **6.2** (go) **on** a/the ~ *aan de zwier/rol (gaan);*

II ⟨n.-telb.zn.⟩ **0.1** ***getoeter*** **0.2** ⟨sl.⟩ ***snuifdrug(s)*** ⇒⟨i.h.b.⟩ *sneeuw, cocaïne.*

toot[2] ⟨f1⟩ ⟨ww.⟩

I ⟨onov.ww.⟩ **0.1** ***tetteren*** ⇒*schreeuwen* **0.2** ⟨AE⟩ ***zuipen*** ⇒*drin-*

ken, aan de rol zijn;
II ⟨onov. en ov.ww.⟩ **0.1** ***toeteren*** ⇒*blazen (op).*
toot·er ['tu:tə‖'tu:ṭər]⟨telb.zn.⟩ **0.1** ***blazer*** **0.2** ***toeter*** ⇒*trompet.*
tooth[1] [tu:θ]⟨f3⟩⟨zn.; teeth [ti:θ]; →mv. 3⟩ ⟨→sprw. 180, 324, 693⟩
I ⟨telb.zn.⟩ **0.1** ***tand*** ⇒*kies* **0.2** ***tand(je)*** ⟨v. kam, blad, zaag enz.⟩ **0.3** ***smaak*** ⇒*voorkeur* ◆ **1.1** ⟨fig.⟩ (fight) ~ and nail *met hand en tand / uit alle macht / tot het uiterste (vechten);* ⟨fig.⟩ ~ of time *tand des tijds* **1.2** ~ of a comb *tand v.e. kam* **1.¶** in the teeth of the wind *tegen de wind in* **3.1** ⟨fig.⟩ armed to the teeth *tot de tanden gewapend;* cut one's teeth *zijn tanden krijgen;* ⟨fig.⟩ cut one's teeth on sth. *ervaring opdoen in / met iets;* draw teeth *tanden trekken;* ⟨fig.⟩ draw s.o.'s teeth *iem. onschadelijk maken;* ⟨fig.⟩ get one's teeth into sth. *ergens zijn tanden in zetten, serieus aan iets beginnen, zich ergens voor inzetten;* set one's teeth *zijn tanden / kiezen op elkaar zetten* ⟨ook fig.⟩; ⟨fig.⟩ show one's teeth *zijn tanden laten zien* **3.¶** cast / fling / throw sth. in s.o.'s teeth *iem. iets voor de voeten werpen;* ⟨sl.⟩ be fed up to the (back) teeth *er schoon genoeg v. hebben, het zat zijn;* kick in the teeth *voor het hoofd stoten;* lie in one's teeth *liegen of het gedrukt staat;* the sound set his teeth on edge *het geluid ging hem door merg en been;* that sets my teeth on edge *dat doet mij griezelen, dat maakt mij nijdig* **5.1** have a ~ (pulled) **out** *een tand / kies laten trekken* **6.1** **between** one's teeth *binnensmonds;* fly **in** the teeth of *trotseren, ingaan tegen;* the wind was right **in** their teeth *ze hadden de wind pal tegen* **6.3** have a ~ **for** meat *v. vlees houden* **6.¶** **in** the teeth of ... *ondanks ..., niettegenstaande ..., tegen ... in;* **to** the teeth *helemaal, met alles erop en eraan* **7.1** second teeth *blijvend gebit;*
II ⟨mv.; teeth⟩ ⟨inf.⟩ **0.1** ***kracht*** ⇒*effect* ◆ **2.1** not have the necessary teeth to *niet de nodige kracht hebben om* **3.1** put teeth into a law *een wet bekrachtigen;* put new teeth into a law *een wet verscherpen.*
tooth[2] [tu:θ‖tu:ð]⟨ww.⟩ →toothed, toothing
I ⟨onov.ww.⟩ **0.1** ***in elkaar grijpen*** ⟨v. tandwieltjes⟩;
II ⟨ov.ww.⟩ **0.1** ***tanden*** ⇒*v. tanden voorzien* **0.2** ***ruig / ruw / oneffen maken*** ⟨oppervlak⟩ **0.3** ***in elkaar doen grijpen*** ⟨tandwieltjes⟩ **0.4** ***kauwen (op)*** ⇒*bijten (op / in).*
'tooth·ache ⟨f2⟩ ⟨telb. en n.-telb.zn.⟩ **0.1** ***tandpijn*** ⇒*kiespijn.*
'tooth-billed ⟨bn.⟩ **0.1** ***tandsnavelig*** ⟨v. vogel⟩.
'tooth·brush ⟨f2⟩ ⟨telb.zn.⟩ **0.1** ***tandenborstel.***
'toothbrush mous'tache ⟨telb.zn.⟩ **0.1** ***kort geknipte snor.***
'tooth·comb ⟨telb.zn.⟩ ⟨BE⟩ **0.1** ***stofkam*** ⇒*luizenkam.*
toothed [tu:θt]⟨bn.; volt. deelw. v. tooth⟩ **0.1** ***getand*** ⇒*tandig* **0.2** ***met tanden*** ◆ **1.1** ~ gearing *tandwieloverbrenging.*
-toothed [tu:θt]⟨volt. deelw. v. tooth⟩ **0.1** ***getand*** **0.2** ***met ... tanden*** ◆ **¶.2** saw-toothed *met zaagtanden;* six-toothed *met zes tanden.*
tooth·ful ['tu:θfʊl]⟨telb.zn.⟩ **0.1** ***(muize)hapje*** **0.2** ***slokje*** ⇒*druppeltje, scheutje.*
'tooth-glass ⟨telb.zn.⟩ **0.1** ***wastafelglas.***
tooth·ing ['tu:θɪŋ‖-ðɪŋ]⟨zn.; in bet. II gerund v. tooth⟩
I ⟨telb.zn.⟩ ⟨bouwk.⟩ **0.1** ***getande rand*** ⇒*tanding, staande tand;*
II ⟨n.-telb.zn.⟩ **0.1** ***het getand maken*** ⇒*het voorzien v. tanden.*
'tooth·ing-plane ⟨telb.zn.⟩ ⟨tech.⟩ **0.1** ***tandschaaf*** ⟨voor hout⟩.
tooth·less ['tu:θləs]⟨bn.; -ly; -ness⟩ **0.1** ***tandeloos*** **0.2** ***krachteloos*** ⇒*zonder uitwerking.*
tooth·let ['tu:θlɪt]⟨telb.zn.⟩ **0.1** ***tandje.***
'tooth-mug ⟨telb.zn.⟩ **0.1** ***wastafelbeker.***
'tooth·paste ⟨f2⟩ ⟨n.-telb.zn.⟩ **0.1** ***tandpasta.***
'tooth·pick ⟨f1⟩ ⟨telb.zn.⟩ **0.1** ***tandenstoker*** **0.2** ***houder voor tandenstoker*** **0.3** ⟨AE; sl.⟩ ***slakkesteker*** ⇒*bajonet, bowiemes.*
'tooth·pow·der ⟨n.-telb.zn.⟩ **0.1** ***tandpoeder.***
'tooth shell ⟨telb.zn.⟩ ⟨dierk.⟩ **0.1** ***tandhoornslak*** ⟨Scaphopoda⟩.
tooth·some ['tu:θsəm]⟨bn.; -ly; -ness⟩ **0.1** ***smakelijk*** ⟨v. voedsel⟩ ⇒*lekker* **0.2** ***aanlokkelijk*** ⇒*aantrekkelijk* **0.3** ***sexy*** ⇒*lekker, wellustig, aantrekkelijk* ◆ **1.2** ~ offer *aanlokkelijk aanbod.*
'tooth·wash ⟨n.-telb.zn.⟩ **0.1** ***mondwater.***
tooth·wort ['tu:θwɜ:t‖-wɜrt]⟨telb.zn.⟩ ⟨plantk.⟩ **0.1** ***grote schubwortel*** ⟨Lathraea squamaria⟩ **0.2** ⟨ben. voor plant v. genus⟩ ***Dentaria.***
tooth·y ['tu:θi]⟨bn.; -er; -ly; →bijw. 3⟩ **0.1** ***met veel / grote / vooruitstekende tanden*** **0.2** ***getand*** ⇒*tandig.*
too·tle[1] ['tu:ṭl]⟨n.-telb.zn.⟩ **0.1** ***getoeter*** ⇒*geblaas.*
tootle[2] ⟨ww.⟩
I ⟨onov.ww.⟩ **0.1** ***blazen*** ⇒*toeteren* ⟨op instrument⟩ **0.2** ⟨inf.⟩ ***(rond)toeren*** **0.3** ⟨sl.⟩ ***onzin schrijven*** ⇒*bazelen* ◆ **5.2** ~ **along** *toeren;* ~ **around** *rondtoeren / karren;* ~ **down to** *afzakken naar* **6.1** ~ **on** *toeteren / blazen op;*
II ⟨ov.ww.⟩ **0.1** ***blazen op*** ⟨instrument⟩ ⇒*toeteren op* ◆ **1.1** ~ one's horn *toeteren.*
'too-'too[1] ⟨bn.⟩ **0.1** ***extreem*** **0.2** ⟨inf.⟩ ***te (beleefd / gestyleerd / geaffecteerd).***
too-too[2] ⟨bw.⟩ **0.1** ***al te zeer*** ⇒*overdreven.*
toots [tu:ts‖tʊts], **toot·sy** ['tu:tsi‖'tʊtsi]⟨telb.zn.; g.mv.⟩ ⟨vnl. AE⟩ **0.1** ***schatje.***
toot·sy, toot·sie ['tʊtsi], **toot·sy-woot·sy** ['tʊtsi'wʊtsi]⟨telb.zn.; →mv. 2⟩ ⟨scherts., kind.⟩ **0.1** ***voet(je)*** ⇒*pootje.*
top[1] [tɒp‖tɑp]⟨f4⟩⟨zn.⟩
I ⟨telb.zn.⟩ **0.1** ⟨ben. voor⟩ ***bovenstuk / kant*** ⇒*dekblad, (boven) blad, tafelblad; bergtop; boomtop; kap* ⟨v. kinderwagen, rijtuig, auto, laars enz.⟩; *dop, stop* ⟨v. fles⟩; *top(je), bovenstuk(je)* ⟨kledingstuk⟩; *omslag* ⟨v. kous e.d.⟩; *bovenleer* ⟨v. schoen⟩; *deksel* ⟨v. pan⟩; *room* ⟨op melk⟩; *bovenrand* ⟨v. bladzijde⟩ **0.2** ⟨vnl. mv.⟩ ***groen*** ⇒*loof* ⟨v. knol / wortelgewassen⟩ **0.3** ***tol*** ⟨speelgoed⟩ **0.4** ⟨scheep.⟩ ***mars*** **0.5** ⟨sport⟩ ***(slag met) topspin*** **0.6** ***bol lont / voorgaren*** ⟨voor spinnen⟩ ◆ **1.1** ~ of the car *autokap, autodak;* ~ of a desk *bureaublad* **2.1** you've got a nice ~ *je hebt een leuk topje / truitje aan* **3.¶** sleep like a ~ *slapen als een roos / os;*
II ⟨n.-telb.zn.⟩ **0.1** ⟨ben. voor⟩ ***top*** ⇒*hoogste punt, piek, spits, toppunt, hoogste plaats, hoofd(einde), toppositie, topfunctie;* ⟨bridge⟩ *top(score)* **0.2** ***beste / belangrijkste*** ⟨v. klas / organisatie⟩ ⇒*hoofd, top, topfiguur, baas* **0.3** ***oppervlakte*** **0.4** ***hoogste versnelling*** **0.5** ***beste*** ⇒*puikje, elite, crème de la crème* ◆ **1.1** from ~ to bottom *v. onder tot boven, volledig;* the ~ and bottom of it is ... *het komt kortweg neer op ...;* at the ~ of his career *op het hoogtepunt v. zijn carrière;* at the ~ of one's speed *op topsnelheid;* from ~ to toe *v. top tot teen, helemaal, geheel;* ⟨inf.⟩ at the ~ of the ladder / tree *bovenaan de (maatschappelijke) ladder;* at the ~ of one's voice *luidkeels / uit alle macht* **1.5** the ~ of our team *de besten van onze ploeg* **1.¶** to the ~ of one's bent *naar hartelust;* off the ~ of one's head *onvoorbereid, voor de vuist weg* ⟨spreken⟩; talk out of the ~ of one's head *zwammen, uit de nek(haren) kletsen;* ~ of the heap *winnaar;* ⟨IE⟩ the ~ of the morning (to you) *goeiemorgen;* (feel) on ~ of the world *(zich) heel gelukkig (voelen), dolblij / uitgelaten (zijn)* **3.1** come to / reach the ~ *de top bereiken* **3.2** be / come out (at the) ~ of the form / school *de beste v.d. klas / school zijn* **3.3** come to the ~ *aan de oppervlakte komen* **3.¶** ⟨inf.⟩ blow one's ~ *in woede uitbarsten, (uit elkaar) barsten* ⟨v. woede⟩; *gek worden, zijn verstand verliezen;* his son's death, coming on ~ of his own illness, was too much for the old man *de dood van zijn zoon, vlak na zijn eigen ziekte, werd de oude man teveel;* come out on ~ *overwinnen;* get on ~ of sth. *iets de baas worden;* the problems got on ~ of him *de problemen werden hem te veel;* go over the ~ *uit de loopgraven komen; de beslissende stap nemen, de knoop doorhakken; te ver gaan; uit zijn bol gaan, (wild) tekeergaan;* keep on ~ of *de baas blijven;* ⟨inf.⟩ take it from the ~ *bij het begin / van voren af aan beginnen* **5.¶** ⟨inf.⟩ **up** ~ *in het hoofd* **6.1** **at** the ~ (of the table) *aan het hoofd (v.d. tafel);* **on** ~ *boven(aan), bovenop, aan / op de top;* ice with strawberries **on** ~ *ijs met aardbeien erop* **6.4** **in** ~ *in de hoogste versnelling* **6.¶** **on** (the) ~ **of** *onder controle hebbend; direkt volgend op, meteen erna; afgezien v., boven op; volledig op de hoogte v.;* **on** ~ **of** his salary *boven op / afgezien v. zijn salaris;* he's **on** ~ **of** the situation *hij heeft de situatie onder controle;* **on** ~ **of** that *daar komt nog bij, bovendien;* **over** the ~ *te gek;* ⟨dram.⟩ *overacterend, schmierend, overdreven doend;* as **over** the ~ as possible *zo extreem mogelijk;*
III ⟨mv.; ~s⟩ **0.1** ***de beste*** ⇒*het neusje v.d. zalm* **0.2** ⟨bridge⟩ ***tophonneurs*** ⇒*toppers* **0.3** ⟨BE; inf.⟩ ***aristocraten*** ⇒*vooraanstaanden.*
top[2] ⟨f3⟩⟨bn., attr.⟩ ⟨ook fig.⟩ **0.1** ***hoogste*** ⇒*top-, bovenste, mbt. de top* ◆ **1.1** ~ drawer *bovenste la;* ⟨fig.⟩ out of the ~ drawer *v. goede komaf;* ~ floor *bovenste verdieping;* ~ leader *topleider;* the ~ notch of ambition *het toppunt v. ambitie;* ~ note *hoogste noot;* ~ people *notabelen, vooraanstaanden;* ~ player *top / sterspeler;* ~ prices *hoogste prijzen, topprijzen;* ⟨fig.⟩ on the ~ rung (of the ladder) *boven aan de ladder;* at ~ speed *op topsnelheid* **1.¶** on ~ line *optimaal functionerend.*
top[3] ⟨f3⟩⟨ww.; →ww. 7⟩ →topping
I ⟨onov.ww.⟩ **0.1** ***zich verheffen*** ◆ **5.¶** ~ **out** *de laatste steen / dakpan leggen, het pannebier drinken;*
II ⟨ov.ww.⟩ **0.1** ***v. top voorzien*** ⇒*bedekken, bekronen* **0.2** ***de top bereiken v.*** ⟨ook fig.⟩ **0.3** ***aan / op de top staan*** ⟨ook fig.⟩ ⇒*aanvoeren* **0.4** ***overtreffen*** ⇒*hoger / beter / groter zijn dan* **0.5** ***toppen*** ⟨plant⟩ ⇒*v.d. top ontdoen* **0.6** ⟨scheep.⟩ ***toppen*** **0.7** ***springen over*** ⇒*nemen* ⟨hindernis⟩ **0.8** ⟨sport, i.h.b. tennis⟩ ***topspin geven*** **0.9** ⟨sport; i.h.b. tennis⟩ ***topspin slaan*** **0.10** ⟨sl.⟩ ***ophangen*** ◆ **1.2** ~ the mountain *de top v.d. berg bereiken* **1.3** ~ the list *bovenaan de lijst staan;* ~ the school team *het schoolelftal aanvoeren* **1.4** that even ~s your story *dat is zelfs nog sterker dan jouw verhaal* **3.5** ~ and tail *afhalen, schoonmaken, schillen, doppen* **4.4** to ~ it all *tenslotte, tot overmaat v. ramp* **5.1** ⟨fig.⟩ ~ **off / up** sth. *iets afmaken / voltooien / bekronen / afronden;* let's ~ **off** our talk with a

drink *laten we ter afronding/tot besluit v. ons gesprek een borrel nemen;* ~ **out/(off)** a building *het hoogste punt v.e. gebouw bereiken, de laatste dakpan leggen (en het pannebier drinken)* **5.¶** ~ **up** a glass/drink *een glas bijvullen;* ~ **up** (with) oil *(met) olie bijvullen* **6.1** ~ped **off with** *met bovenop; met tot besluit/ter afronding;* ~ped **with** *met een top v.;* ~ped **with** chocolate *afgemaakt met chocola, met een laagje chocola erop.*

'top 'aide ⟨telb.zn.⟩ **0.1** ***topadviseur*** **0.2** ***hoofdassistent.***

to·paz ['toʊpæz]⟨zn.⟩
I ⟨telb.zn.⟩⟨dierk.⟩ **0.1** ***topaaskolibrie*** ⟨Topaza pella⟩;
II ⟨telb. en n.-telb.zn.⟩⟨geol.⟩ **0.1** ***topaas*** ◆ **2.1** oriental ~ *oosterse topaas.*

to·paz·o·lite [toʊ'pæzəlaɪt‖-'peɪ-]⟨telb.zn.⟩⟨geol.⟩ **0.1** ***topasoliet*** ⇒*gele granaat.*

'top boot ⟨telb.zn.⟩ **0.1** ***kaplaars*** ⇒*rijlaars.*

'top'brass ⟨verz.n.; (the)⟩⟨inf.; vnl. mil.⟩ **0.1** ***hoge omes.***

'top·coat ⟨zn.⟩
I ⟨telb.zn.⟩ **0.1** ***overjas;***
II ⟨telb. en n.-telb.zn.⟩ **0.1** ***bovenste verflaag*** ⇒*deklaag, laatste laklaag.*

'top copy ⟨telb.zn.⟩ **0.1** ***origineel*** ⟨tgo. doorslag⟩.

'top'dog ⟨telb.zn.⟩⟨sl.⟩ **0.1** ***heer en meester*** ⇒*overwinnaar, sterkste* ◆ **3.1** be ~ *de overhand hebben, het voor het zeggen hebben.*

'top-down ⟨bn., attr.; bw.⟩ **0.1** ***van boven af*** ⇒*van boven naar beneden* ⟨mbt. bedrijfsstructuur⟩.

'top-'draw·er ⟨bn.⟩ **0.1** ⟨inf.⟩ ***v. goede komaf*** **0.2** ⟨sl.; mil.⟩ ***belangrijkst*** ⇒*meest geheim.*

'top-dress ⟨ov.ww.⟩ **0.1** ***bestrooien*** ⟨met zand, mest enz.⟩ ◆ **6.1** ~ manure **on** a field/a field **with** manure *een veld bemesten, mest uitstrooien op een veld.*

'top dressing ⟨zn.⟩
I ⟨telb.zn.⟩ **0.1** ***mest*** ⟨op land uitgestrooid⟩ **0.2** ***losse gravellaag*** ⟨op weg⟩ **0.3** ***vernisje*** ⟨fig.⟩;
II ⟨n.-telb.zn.⟩ **0.1** ***het bestrooien*** ⟨met zand, mest enz.⟩ ⇒*bemesting aan de oppervlakte.*

tope[1] [toʊp]⟨telb.zn.⟩ **0.1** ***stoepa*** ⟨boeddhistisch heiligdom in Indië⟩ **0.2** ⟨Ind. E⟩ ***bos(je)*** ⟨vnl. v. mangobomen⟩ **0.3** ⟨dierk.⟩ ***ruwe haai*** ⟨Galeorhinus galeus⟩.

tope[2] ⟨onov. en ov.ww.⟩⟨vero.⟩ **0.1** ***(overmatig) drinken*** ⇒*drinken als een tempelier/spons, zuipen.*

top·er ['toʊpə‖-ər]⟨telb.zn.⟩ **0.1** ***drinkeboer*** ⇒*dronkaard, zuiplap.*

'top'flight, 'top·'notch ⟨bn.⟩⟨inf.⟩ **0.1** ***eerste klas*** ⇒*uitstekend, v.d. bovenste plank* **0.2** ***best mogelijk.***

'top 'flight ⟨n.-telb.zn.⟩ **0.1** ***top*** ⇒*hoogste regionen* ⟨v. maatschappij⟩.

'topfruit ⟨n.-telb.zn.⟩⟨BE⟩ **0.1** ***boomfruit.***

'top'ful(l) ⟨bn.⟩ **0.1** ***boordevol.***

'top'gal·lant[1] [tə'gælənt]⟨telb.zn.⟩⟨scheep.⟩ **0.1** ***bramra/steng/want/zeil.***

top·gallant[2] ⟨bn.⟩⟨scheep.⟩ **0.1** ***bram-*** ◆ **1.1** ~ mast *bramsteng;* ~ sail *bramzeil.*

'top-'gear ⟨f1⟩⟨n.-telb.zn.⟩⟨BE⟩ **0.1** ***hoogste versnelling*** **0.2** ***top conditie*** ◆ **6.1 in(to)** ~ *in de hoogste versnelling* **6.2** he's back **into** ~ *hij draait weer op volle toeren.*

'top-ham·per ⟨telb.zn.⟩ **0.1** ⟨scheep.⟩ ***bovenzeilen en want*** **0.2** ***overdaad*** ⇒*onnodige belasting, overbodige last.*

'top 'hat ⟨telb.zn.⟩ **0.1** ***hoge zijden*** ⇒*hoge hoed.*

'top-hat ⟨bn., attr.⟩ **0.1** ***voor topfunctionarissen*** ⇒*voor de hoogstbetaalden* ⟨in zakenleven⟩.

'top-'heav·y ⟨f1⟩⟨bn., pred.; -er; -ness; →bijw. 3⟩⟨ook fig.⟩ **0.1** ***topzwaar.***

To·phet ['toʊfɪt]⟨zn.⟩
I ⟨eig.n.⟩ **0.1** ***Tofet*** ⟨bijbelse plaats; Jer. 7:31⟩;
II ⟨eig.n., telb.zn.⟩ **0.1** ***Gehenna*** ⇒*(de) hel, helse poel.*

'top-'hole ⟨bn.⟩⟨vero.; BE; sl.⟩ **0.1** ***uitstekend*** ⇒*eersteklas, prima.*

to·phus ['toʊfəs]⟨zn.; tophi [-faɪ]; →mv. 5⟩
I ⟨telb. en n.-telb.zn.⟩⟨med.⟩ **0.1** ***jichtknobbel*** ⇒*tofus;*
II ⟨n.-telb.zn.⟩ **0.1** ***tandsteen*** **0.2** ***tuf(steen)*** ⇒*du(i)fsteen.*

to·pi, to·pee ['toʊpi:‖toʊ'pi:]⟨telb.zn.⟩⟨Ind. E⟩ **0.1** ***tropenhelm.***

to·pi·a·rist ['toʊpɪərɪst]⟨telb.zn.⟩ **0.1** ***vakman die bomen/struiken in figuren snoeit.***

to·pi·ar·y[1] ['toʊpɪəri‖-pieri]⟨zn.; →mv. 2⟩
I ⟨telb.zn.⟩ **0.1** ***vormboom*** ⟨in een figuur gesnoeide boom/struik⟩ **0.2** ***tuin met in figuren gesnoeide bomen en struiken;***
II ⟨n.-telb.zn.⟩ **0.1** ***vormsnoei*** ⇒*(figuur)snoeiwerk/kunst.*

topiary[2], **to·pi·ar·i·an** ['toʊpi'eərɪən‖-'erɪən]⟨bn.⟩ **0.1** ***mbt./v. vormsnoei*** ⟨v. bomen, struiken⟩ ⇒*mbt./v.d. snoeikunst* **0.2** ***vorm-*** ◆ **1.1** ~ art *vormsnoei(kunst)* **1.2** ~ tree *vormboom.*

top·ic ['tɒpɪk‖'tɑpɪk]⟨f3⟩⟨telb.zn.⟩ **0.1** ***onderwerp (v. gesprek)*** ⟨ook taalk.⟩ ⇒*thema, topic* ◆ **1.1** ~ of conversation *gespreksthema.*

top·i·cal ['tɒpɪkl‖'tɑpɪkl]⟨f1⟩⟨bn.; -ly⟩ **0.1** ***actueel*** **0.2** ***plaatselijk*** ⟨ook med.⟩ ⇒*lokaal* **0.3** ***naar onderwerp gerangschikt*** ⇒*in thema's verdeeld* **0.4** ***thematisch*** ⇒*mbt. een thema/onderwerp* ◆ **1.1** ~ film *actuele film* **1.2** ~ anaesthesia *plaatselijke verdoving.*

top·i·cal·i·ty ['tɒpɪ'kæləti‖'tɑpɪ'kæləṭi]⟨zn.⟩
I ⟨telb.zn.; →mv. 2; meestal mv.⟩ **0.1** ***actualiteit*** ⇒*actueel onderwerp;*
II ⟨n.-telb.zn.⟩ **0.1** ***het actueel zijn*** ⇒*actualiteit* **0.2** ***het plaatselijk zijn.***

'top 'job ⟨telb.zn.⟩ **0.1** ***topfunctie.***

'top 'kick ⟨telb.zn.; ook T- K-⟩⟨AE; sl.; mil.⟩ **0.1** ***eerste sergeant.***

'top·knot ⟨telb.zn.⟩ **0.1** ***(haar)knotje*** **0.2** ***strik*** ⟨in haar⟩ **0.3** ***kam*** ⟨v. haan⟩ ⇒*kuif* **0.4** ⟨dierk.⟩ ***gevlekte griet*** ⟨Zeugopterus punctatus⟩.

top·less ['tɒpləs‖'tɑp-]⟨f1⟩⟨bn.⟩ **0.1** ***topless*** ⇒*met ontblote borsten* ⟨v. vrouw⟩; *zonder bovenstuk(je)* ⟨v. kleding⟩ **0.2** ***met topless bediening*** **0.3** ***zonder top(je).***

'top-light ⟨telb.zn.⟩⟨scheep.⟩ **0.1** ***toplicht.***

'top-'lin·er ⟨telb.zn.⟩⟨vnl. BE; inf.⟩ **0.1** ***attractie*** ⟨v.e. show⟩ ⇒*ster.*

top·man ['tɒpmən‖'tɑp-]⟨telb.zn.; topmen [-mən]; →mv. 3⟩ **0.1** ***eerste zager*** **0.2** ⟨scheep.⟩ ***marsgast.***

'top'marks·man ⟨telb.zn.; -men; →mv. 3⟩⟨sport⟩ **0.1** ***topschutter.***

'top·mast ['-məst]⟨telb.zn.⟩⟨scheep.⟩ **0.1** ***(mars)steng.***

'top·most ⟨f1⟩⟨bn.⟩ **0.1** ***(aller)hoogst.***

topnotch →topflight.

top-notch·er ['tɒp'nɒtʃə‖'tɑp'nɑtʃər]⟨telb.zn.⟩⟨inf.⟩ **0.1** ***eerste klas persoon*** ⇒*iem. v.d. bovenste plank, uitstekend iem..*

'top-of-the-'bill ⟨bn.⟩ **0.1** ***bekendst*** ⇒*belangrijkst.*

to·pog·ra·pher [tə'pɒgrəfə‖tə'pɑgrəfər]⟨telb.zn.⟩ **0.1** ***topograaf.***

top·o·graph·i·cal ['tɒpə'græfɪkl], **top·o·graph·ic** [-fɪk]⟨bn.; -(al)ly; →bijw. 3⟩ **0.1** ***topografisch*** ◆ **1.1** ~ anatomy *topografische anatomie.*

to·pog·ra·phy [tə'pɒgrəfi‖-'pɑ-]⟨f1⟩⟨n.-telb.zn.⟩ **0.1** ***topografie*** ⇒*plaatsbeschrijving* **0.2** ***topografische situatie*** ⇒*bijzonderheden v.e. landstreek/plaats* **0.3** ***topografische anatomie.***

top·o·log·ic ['tɒpə'lɒdʒɪk‖'tɑpə'lɑdʒɪk], **top·o·log·i·cal** [-ɪkl]⟨bn.; -(al)ly; →bijw. 3⟩⟨psych., wisk.⟩ **0.1** ***topologisch*** ◆ **1.1** ⟨psych.⟩ topological psychology *topologische psychologie* **2.1** ⟨wisk.⟩ topologically equivalent *topologisch equivalent.*

to·pol·o·gist [tə'pɒlədʒɪst‖-'pɑ-]⟨telb.zn.⟩⟨wisk.⟩ **0.1** ***topoloog.***

to·pol·o·gy [tə'pɒlədʒi‖-'pɑ-]⟨n.-telb.zn.⟩ **0.1** ⟨wisk.⟩ ***topologie*** **0.2** ***topologische psychologie*** **0.3** ***topografische anatomie.***

top·o·nym ['tɒpənɪm‖'tɑ-]⟨telb.zn.⟩⟨taalk.⟩ **0.1** ***toponiem*** ⇒*plaatsnaam.*

top·o·nym·ic ['tɒpə'nɪmɪk‖'tɑpə-], **top·o·nym·i·cal** [-ɪkl]⟨bn.⟩⟨taalk.⟩ **0.1** ***toponomisch*** ⇒*v./mbt. (de) toponomie/toponiemen.*

to·pon·y·my [tə'pɒnɪmi‖tə'pɑ-]⟨n.-telb.zn.⟩ **0.1** ⟨taalk.⟩ ***toponymie*** ⇒*plaatsnaamkunde* **0.2** ***nomenclatuur v.d. topografische anatomie.***

top·os ['tɒpɒs‖'tɑpɑs]⟨telb.zn.; topoi [-pɔɪ]; →mv. 5⟩⟨lit.⟩ **0.1** ***topos*** ⇒*gemeenplaats, vaste uitdrukking.*

top·per ['tɒpə‖'tɑpər]⟨telb.zn.⟩ **0.1** ⟨inf.⟩ ***kachelpijp*** ⇒*hoge hoed, cilinderhoed* **0.2** ⟨inf.⟩ ***topper*** ⇒*een v.d. bovenste plank, bovenste beste* **0.3** ⟨inf.⟩ ***klap op de vuurpijl*** ⇒*knaller, uitsmijter* **0.4** ⟨inf.⟩ ***moord kerel/meid*** ⇒*zo'n kerel/meid* **0.5** ***topper*** ⟨korte damesmantel⟩ ◆ **1.2** of all ideas his was the absolute ~ *v. alle ideeën was het zijne zonder twijfel het beste* **1.3** after all their obscene jokes, his came as a ~ *na al hun schuine moppen, kwam de zijne als klap op de vuurpijl* **3.2** that (song) is a ~ *dat (liedje) is een topper;* that is the ~ *dat spant de kroon.*

top·ping[1] ['tɒpɪŋ‖'tɑ-]⟨f1⟩⟨zn.; (oorspr.) gerund v. top⟩
I ⟨telb. en n.-telb.zn.⟩⟨vnl. cul.⟩ **0.1** ***toplaag(je)*** ⇒*bovenste laagje, sierlaagje, saus* ◆ **1.1** a frosted ~ on the cake *een glazuurlaagje op de taart;* ~ of whipped cream and nuts *bovenlaagje v. slagroom en nootjes;*
II ⟨mv.; ~s⟩ **0.1** ***snoeisel*** ⇒*haksel* ◆ **1.1** the ~s of this tree *de snoeitakken v. deze boom.*

topping[2] ⟨bn.; oorspr. teg. deelw. v. top; -ly⟩ **0.1** ***vooraanstaand*** ⇒*uitmuntend/nemend, prominent, voornaam, hoog* **0.2** ⟨vero.; BE; inf.⟩ ***mieters*** ⇒*uitstekend, formidabel, uit de kunst, denderend, buitengewoon goed* **0.3** ⟨AE; gew.⟩ ***hooghartig*** ⇒*trots, uit de hoogte, arrogant, aanmatigend* ◆ **1.1** the ~ people *de hoge heren, de grote lui, de prominenten, de chic* **1.2** have a ~ time *het geweldig naar je zin hebben.*

top·ple ['tɒpl‖'tɑpl]⟨f1⟩⟨ww.⟩
I ⟨onov.ww.⟩ **0.1** ***(bijna) omvallen*** ⇒*tuimelen, kantelen, omkieperen, omgestoten worden* **0.2** ***sterk dalen*** ⇒*kelderden* ⟨v. koers enz.⟩ ◆ **1.1** the boat ~d *de boot hing dreigend naar een kant;* the tree ~d *de boom kantelde* **1.2** shares ~d *de aandelen zakten snel/kelderden* **5.1** ~ **down/over** *neergaan, omvergaan, omtuimelen* **6.1** ~ **from** power *ten val komen/gebracht worden;*

II ⟨ov.ww.⟩ **0.1** ***(bijna) doen omvallen*** ⇒*doen tuimelen/kantelen, omkieperen, omstoten* **0.2** ***omverwerpen*** ⇒*ten val brengen* ◆ **5.2** his regime will be ~d **down/over** *zijn bewind zal ten val gebracht worden, zijn regime zal omvergeworpen worden.*

'top-rank·ing ⟨f1⟩⟨bn.⟩ **0.1** ***v.d. hoogste rang*** ⇒*hoogste in rang, hoogstgeplaatst.*

tops [tɒps‖tɑps]⟨n.-telb.zn.; vaak in predikatieve positie⟩⟨inf.⟩ **0.1** ***je van het*** ⇒*uit de kunst, uitstekend, prima* ◆ **3.1** come out ~ *als de beste uit de bus komen* **7.1** the ~ *het neusje v.d. zalm, het einde, de allerbeste;* she thinks she is the ~ *ze denkt dat ze het helemaal is.*

'top·sail ['tɒpsl‖'tɑpsl]⟨telb.zn.⟩⟨scheep.⟩ **0.1** ***marszeil.***

'top 'sawyer, 'top·man ⟨telb.zn.⟩ **0.1** ***eerste zager*** **0.2** ⟨BE; inf.⟩ ***hoge piet*** ⇒*hoge ome, topfiguur.*

'top 'scorer ⟨f1⟩⟨telb.zn.⟩⟨sport⟩ **0.1** ***topscorer.***

'top-'se·cret ⟨f2⟩⟨bn.⟩ **0.1** ***uiterst geheim*** ⇒*strikt geheim.*

'top seed ⟨telb.zn.⟩⟨tennis⟩ **0.1** ***als eerste geplaatste speler.***

'top shell ⟨telb.zn.⟩⟨dierk.⟩ **0.1** ***tolhoorn*** ⟨fam. Trochidae⟩.

'top·side[1] ⟨f1⟩⟨zn.⟩
I ⟨telb.zn.⟩ **0.1** ***bovenkant*** ⇒*bovenzijde* **0.2** ⟨vnl. mv.⟩⟨scheep.⟩ ***scheepszij boven waterlijn;***
II ⟨telb. en n.-telb.zn.⟩⟨vnl. BE⟩ **0.1** ⟨ong.⟩ ***biefstuk.***

topside[2] ⟨bw.⟩ **0.1** ***bovenaan*** ⟨ook fig.⟩ ⇒*aan de top* **0.2** ⟨scheep.⟩ ***aan dek.***

top·sid·er ['tɒpsaɪdə‖'tɑpsaɪdər]⟨telb.zn.⟩ **0.1** ***topfiguur.***

tops·man ['tɒpsmən‖'tɑps-]⟨telb.zn.; topsmen [-mən]; →mv. 6⟩⟨vnl. BE⟩ **0.1** ***beul.***

'top·soil ⟨f1⟩⟨n.-telb.zn.⟩ **0.1** ***bovenste laag losse (teel)aarde*** ⇒*bovengrond.*

'top·spin ⟨n.-telb.zn.⟩⟨sport⟩ **0.1** ***topspin*** ⟨bv. bij tennis⟩ ◆ **1.1** a ball with ~ *een bal met topspin(effect).*

'top·stone ⟨telb.zn.⟩⟨bouwk.⟩ **0.1** ***topsteen*** ⇒*deksteen, sluitsteen.*

top·sy-tur·vy[1] ['tɒpsi'tɜ:vi‖'tɑpsi'tɜrvi]⟨telb. en n.-telb.zn.; →mv. 2⟩ **0.1** ***chaos*** ⇒*grote verwarring, omgekeerde wereld, wanorde, warboel, ongerijmdheid* ◆ **3.1** the ~ caused by their escape *de chaotische toestand veroorzaakt door hun ontsnapping.*

topsy-turvy[2] ⟨f1⟩⟨bn.; ook -er; -ly; -ness; →bijw. 3⟩ **0.1** ***ondersteboven gekeerd*** ⇒*chaotisch, ongerijmd, wanordelijk, op zijn kop gezet* ◆ **1.1** the ~ course of things *de chaotische gang v. zaken* **3.1** the world is going ~ *de wereld wordt op zijn kop gezet/raakt in grote verwarring;* turn everything ~ *de hele zaak op zijn kop zetten, alles door de war gooien, alles ondersteboven keren.*

topsy-turvy[3] ⟨f1⟩⟨bw.⟩ **0.1** ***ondersteboven*** ⇒*op zijn kop, door elkaar, in grote verwarring, omgekeerd.*

top·sy-tur·vy·dom ['tɒpsi'tɜ:vidəm‖'tɑpsi'tɜr-]⟨n.-telb.zn.⟩ **0.1** ***chaos*** ⇒*grote verwarring, omgekeerde wereld, wanorde, warboel* ◆ **1.1** the ~ of modern ethics *de ongerijmdheid v.d. moderne ethiek.*

'top-up ⟨telb.zn.; ook attr.⟩ **0.1** ***aanvulling*** ◆ **1.1** ~ spending *aanvullende/extra uitgave* **7.1** another ~? *nog eens bijvullen?.*

toque [toʊk]⟨telb.zn.⟩ **0.1** ***toque*** ⟨ronde randloze dameshoed⟩ **0.2** ⟨gesch.⟩ ***toque*** ⇒*stijve baret* **0.3** ⟨dierk.⟩ ***kroonaap*** ⟨Macaca radiata⟩.

tor [tɔ:‖tɔr]⟨telb.zn.⟩ **0.1** ***rotspunt*** ⇒*(rots)piek, steile rots.*

to·ra(h) ['tɔ:rə‖'toʊrə]⟨telb.zn.; ook T-⟩ **0.1** ***t(h)ora*** ⇒*Mozaïsch(e) wet(boek), Pentateuch.*

torc →torque.

torch[1] [tɔ:tʃ‖tɔrtʃ]⟨telb.zn.⟩ **0.1** ***toorts*** ⇒*fakkel, flambouw* ⟨ook fig.⟩ **0.2** ⟨BE⟩ ***zaklamp*** ⇒*zaklantaarn* **0.3** ⟨AE⟩ ***blaaslamp*** ⇒*soldeerlamp, lasbrander* **0.4** ⟨AE; inf.⟩ ***sigaar*** **0.5** ⟨AE; inf.⟩ ***brandstichter*** **0.6** ⟨AE; inf.⟩ ***smartlap*** ◆ **1.1** the ~ of knowledge *de fakkel der wetenschap* **2.2** an electric ~ *een zaklantaarn* **3.1** the house burned like a ~ *het huis brandde als een fakkel;* hand on the ~ (of knowledge/learning) *de fakkel der kennis/wetenschap doorgeven* **3.¶** ⟨inf.⟩ carry a/the ~ for s.o. *(onbeantwoorde) liefde koesteren voor iem., hopeloos verliefd zijn op iem., liefdesverdriet hebben om iem..*

torch[2] ⟨f2⟩⟨ww.⟩⟨AE⟩
I ⟨onov.ww.⟩ **0.1** ***een smartlap zingen*** ⇒*kwelen;*
II ⟨ov.ww.⟩ **0.1** ***vangen bij fakkellicht/lamplicht*** ⟨vis⟩ **0.2** ***met een fakkel verlichten/aansteken.***

'torch·bear·er ⟨telb.zn.⟩ **0.1** ***fakkeldrager*** ⟨ook fig.⟩ ⇒*kennisoverdrager, inspirator.*

'torch dance ⟨telb.zn.⟩ **0.1** ***fakkeldans.***

'torch-fish·ing ⟨n.-telb.zn.⟩ **0.1** ***het vissen bij lamplicht*** ⇒*nachtvisserij.*

'torch·light ⟨f1⟩⟨zn.⟩
I ⟨telb.zn.⟩ **0.1** ***fakkel*** ⇒*toorts* **0.2** ⟨BE⟩ ***zaklantaarn;***
II ⟨n.-telb.zn.⟩ **0.1** ***fakkel/toortslicht*** **0.2** ⟨BE⟩ ***licht v.e. zaklantaarn.***

'torchlight pro'cession ⟨f1⟩⟨telb.zn.⟩ **0.1** ***fakkeloptocht.***

'torch lily ⟨telb.zn.⟩⟨plantk.⟩ **0.1** ***vuurpijl*** ⟨Kniphofia uvaria⟩.

tor·chon ['tɔ:ʃɒn‖'tɔrʃɑn], **'torchon 'lace** ⟨n.-telb.zn.⟩ **0.1** ***grove kloskant.***

'torch race ⟨telb.zn.⟩ **0.1** ***fakkel(wed)loop*** ⟨als in Griekse oudheid⟩.

'torch singer ⟨telb.zn.⟩⟨vnl. AE⟩ **0.1** ***smartlappenzangeres*** ⇒*zangeres v. sentimentele liedjes/het levenslied.*

'torch song ⟨telb.zn.⟩⟨vnl. AE⟩ **0.1** ***smartlap*** ⇒*zeer sentimenteel lied, levenslied.*

'torch thistle ⟨telb.zn.⟩⟨plantk.⟩ **0.1** ***toortsdistel*** ⇒*toortscactus* ⟨genus Cereus⟩.

torch·y ['tɔ:tʃi‖'tɔrtʃi]⟨bn.⟩⟨inf.⟩ **0.1** ***hopeloos verliefd.***

tore[1] [tɔ:‖tɔr]⟨telb.zn.⟩⟨bouwk.⟩ **0.1** ***torus.***

tore[2] ⟨verl. t.⟩ →tear.

tor·e·a·dor ['tɒrɪədɔ:‖'tɔ-, 'tɑ-]⟨f1⟩⟨telb.zn.⟩ **0.1** ***toreador*** ⇒*stierenvechter* ⟨vnl. te paard⟩.

to·re·ro [tə'reəroʊ‖-'reroʊ]⟨telb.zn.⟩ **0.1** ***torero*** ⇒*stierenvechter.*

to·reu·tics [tə'ru:tɪks]⟨n.-telb.zn.⟩ **0.1** ***toreutiek*** ⇒*drijfwerk v. goud/zilver/brons.*

tor·goch ['tɔ:gɒx‖'tɔrgoʊx]⟨telb.zn.⟩⟨dierk.⟩ **0.1** ***beekridder*** ⟨vis; Salvelinus alpinus⟩.

tor·ic ['tɒrɪk‖'tɔrɪk]⟨bn.⟩⟨optica⟩ **0.1** ***torisch.***

to·ri·i ['tɔ:rii:]⟨telb.zn.; torii; →mv. 5⟩ **0.1** ***torii*** ⇒*toegangspoort (v. sjintoheiligdom).*

tor·ment[1] ['tɔ:ment‖'tɔr-]⟨f2⟩⟨telb. en n.-telb.zn.⟩ **0.1** ***kwelling*** ⇒*(bron v.) ergernis, plaag, pijn(iging), to(u)rment, marteling, foltering* ◆ **3.1** be a ~ to s.o. *een bron v. ergernis zijn voor iem., een kwelling vormen voor iem.* **6.1** he was **in** ~ *hij werd gekweld/gepijnigd.*

torment[2] [tɔ:'ment‖tɔr-]⟨f2⟩⟨ov.ww.⟩ **0.1** ***kwellen*** ⇒*folteren, pijnigen, martelen, treiteren, plagen, hinderen* **0.2** ***verdraaien*** ⟨tekst⟩ ◆ **1.1** he was ~ed by jealousy *hij werd gekweld door jaloezie;* I was ~ed by mosquitoes *ik werd geplaagd/bestookt door muggen;* she ~s him with all her questions *ze valt hem lastig met al haar vragen.*

tor·men·til ['tɔ:məntɪl‖'tɔr-]⟨telb. en n.-telb.zn.⟩⟨plantk.⟩ **0.1** ***tormentil*** ⇒*meerwortel* ⟨Potentilla tormentilla/erecta⟩.

tor·men·tor, tor·ment·er [tɔ:'mentə‖tɔr'mentər]⟨f1⟩⟨telb.zn.⟩ **0.1** ***kweller*** ⇒*plaaggeest, treiteraar, pestkop, beul, pijniger* **0.2** ⟨scheep.⟩ ***lange (ijzeren) vleesvork.***

tor·men·tress [tɔ:'mentrɪs‖tɔr-]⟨telb.zn.⟩ **0.1** ***kwelster*** ⇒*treiteraarster, pijnigster, beulin.*

torn [tɔ:n‖tɔrn]⟨volt. deelw.⟩ →tear.

tor·na·dic [tɔ:'neɪdɪk‖tɔr-]⟨bn.⟩ **0.1** ***mbt. een tornado*** ⇒*tornadoachtig, als een tornado,* ⟨fig.⟩ *stormachtig.*

tor·na·do [tɔ:'neɪdoʊ‖tɔr-]⟨f1⟩⟨telb.zn.; ook -es; →mv. 2⟩ **0.1** ***tornado*** ⇒*wervelwind, wervelstorm,* ⟨fig.⟩ *stortvloed* ◆ **1.1** a ~ of protest *een storm v. protest;* a ~ of words *een stortvloed v. woorden.*

to·roid ['tɔ:rɔɪd]⟨telb.zn.⟩ **0.1** ⟨elek.⟩ ***toroïde*** **0.2** ⟨meetk.⟩ ***torus.***

to·roi·dal [tɔ:'rɔɪdl]⟨bn.; -ly⟩ **0.1** ⟨elek.⟩ ***mbt. een toroïde*** ⇒*toroïdeachtig/vormig* **0.2** ⟨wisk.⟩ ***mbt. een torus*** ⇒*torusvormig/achtig.*

to·rose ['tɔ:roʊs], **to·rous** [-rəs]⟨bn.⟩⟨biol.⟩ **0.1** ***knobbelig*** ⇒*bobbelig* **0.2** ⟨plantk.⟩ ***met insnoeringen*** ⇒*langwerpig met verdikkingen.*

tor·pe·do[1] [tɔ:'pi:doʊ‖tɔr-]⟨f1⟩⟨telb.zn.; -es; →mv. 2⟩ **0.1** ***torpedo*** **0.2** ⟨AE⟩ ***knalpatroon*** ⟨v. trein⟩ ⇒*knalsein/signaal* **0.3** ⟨dierk.⟩ ***sidderrog*** ⟨genus Torpedo⟩ ◆ **2.1** aerial ~ *luchttorpedo.*

torpedo[2] ⟨f1⟩⟨ov.ww.⟩ **0.1** ***torpederen*** ⇒*aanvallen/vernietigen met torpedo's,* ⟨fig.⟩ *doen mislukken, schipbreuk doen lijden.*

tor'pe·do-boat ⟨telb.zn.⟩ **0.1** ***torpedoboot.***

tor'pedo-boat destroyer ⟨telb.zn.⟩ **0.1** ***torpedo(boot)jager*** ⇒*jager.*

tor·pe·do·ist [tɔ:'pi:doʊɪst‖tɔr-]⟨telb.zn.⟩ **0.1** ***torpedist*** ⇒*marinesoldaat v.d. torpedodienst.*

tor'pedo net ⟨telb.zn.⟩ **0.1** ***torpedonet*** ⇒*vangnet (v. staaldraad) voor torpedo's.*

tor'pedo netting →torpedo net.

tor'pedo tube ⟨telb.zn.⟩ **0.1** ***torpedobuis*** ⟨lanceerbuis v. torpedo's⟩.

tor·pe·fy, tor·pi·fy ['tɔ:pɪfaɪ‖'tɔr-]⟨ov.ww.; →ww. 7⟩ **0.1** ***verdoven*** ⇒*gevoelloos maken.*

tor·pid[1] ['tɔ:pɪd‖'tɔr-]⟨zn.⟩⟨BE; inf.⟩
I ⟨telb.zn.⟩ **0.1** ***Torpids-boot;***
II ⟨verz.n.⟩ **0.1** ***Torpids-ploeg*** ⟨acht roeiers⟩;
III ⟨mv.; ~s; T-⟩ **0.1** ***Torpids*** ⟨studentenroeiwedstrijd in Oxford, 2e trimester⟩.

torpid[2] ['tɔ:pɪd‖'tɔr-]⟨f1⟩⟨bn.; -ly; -ness⟩ **0.1** ***gevoelloos*** ⇒*torpide, verdoofd, verstijfd* **0.2** ***traag*** ⇒*lethargisch, sloom, apathisch, inactief, lui* **0.3** ***in winterslaap*** ⇒*in slaap overwinterend* ⟨v. dieren⟩.

tor·pid·i·ty [tɔ:'pɪdəti‖tɔr'pɪdəti]⟨telb. en n.-telb.zn.; →mv. 2⟩ **0.1**

torpiditeit ⇒*traagheid, gevoelloosheid, apathie, sloomheid, verdoving.*

tor·por ['tɔ:pə||'tɔrpər]⟨telb. en n.-telb.zn.⟩ **0.1** ***gevoelloosheid*** ⇒*verdoving, torpiditeit, apathie, traagheid, luiheid.*

tor·po·rif·ic ['tɔ:pə'rɪfɪk||'tɔr-]⟨bn.⟩ **0.1** ***verdovend*** ⇒*apathisch/lethargisch makend, traag/sloom makend,* ⟨fig.⟩ *verlammend.*

tor·quate ['tɔ:kweɪt||'tɔr-]⟨bn.⟩⟨dierk.⟩ **0.1** ***gekraagd*** ⇒*met kraag v. (gekleurde) halsveren.*

torque [tɔ:k||tɔrk]⟨f1⟩⟨zn.⟩

I ⟨telb.zn.⟩ **0.1** ***torque*** ⟨gedraaide metalen halsring, bv. v. Galliërs⟩;

II ⟨n.-telb.zn.⟩ **0.1** ***torsie*** ⇒*wringing, wringkracht, draaimoment, torsiekoppel.*

'torque converter ⟨telb.zn.⟩ **0.1** ***koppelomvormer*** ⟨v. auto⟩.

'torque tube ⟨telb.zn.⟩ **0.1** ***cardanbuis*** ⟨v. auto⟩.

torr [tɔ:||tɔr]⟨telb.zn.; torr; →mv. 4⟩⟨nat.⟩ **0.1** ***torr*** ⟨drukeenheid, 1/760 v.d. normale atmosfeer⟩.

tor·re·fac·tion ['tɒrɪ'fækʃn||'tɔrɪ-]⟨telb. en n.-telb.zn.⟩ **0.1** ***roostering*** ⇒*roosting, het branden* ⟨bv. v. koffie⟩, *het gebrand/geroosterd worden* **0.2** ***droging*** ⇒*het drogen, het gedroogd worden.*

tor·re·fy, tor·ri·fy ['tɒrɪfaɪ||'tɔrɪ-]⟨ov.ww.; →ww. 7⟩ **0.1** ***roosteren*** ⇒*roosten, branden* ⟨bv. koffie⟩, *verzengen* **0.2** ***drogen*** ⟨bv. kruiden⟩.

tor·rent ['tɒrənt||'tɔ-, 'tɑ-]⟨f2⟩⟨telb.zn.⟩ **0.1** ***stortvloed*** ⟨ook fig.⟩ ⇒*woelige/krachtige stroom, stortbui, krachtige uitbarsting* ◆ **6.1** the rain fell in ~s *het stortregende, er vielen slagregens, de regen stroomde neer;* a ~ **of** abuse *een stortvloed v. scheldwoorden.*

tor·ren·tial [tə'renʃl]⟨f1⟩⟨bn.; -ly⟩ **0.1** ***mbt./als een stortvloed*** ⟨ook fig.⟩ ⇒*als een (woeste) stroom, onstuimig* ◆ **1.1** ~ applause *overweldigend applaus;* ~ rains *stortregens.*

tor·rid ['tɒrɪd||'tɔ-, 'tɑ-]⟨f1⟩⟨bn.; -ly; -ness⟩ **0.1** ***zeer heet*** ⇒*tropisch, verzeng(en)d, uitdrogend, uitgedroogd, brandend* **0.2** ***intens*** ⇒*gepassioneerd, onbeteugelbaar, hevig* ◆ **1.1** the ~ heat *de verzengende hitte;* the ~ zone *de tropen, de tropische zone/gordel* **1.2** a ~ desire *een vurig verlangen;* a ~ story of love and passion *een hartstochtelijk verhaal over liefde en passie.*

tor·rid·i·ty [tə'rɪdət̬i]⟨f1⟩⟨telb. en n.-telb.zn.; →mv. 2⟩ **0.1** ***extreme hitte*** ⇒*verzengende/tropische/brandende hitte* **0.2** ***dorheid*** ⇒*droogte* **0.3** ***heftigheid*** ⇒*hartstocht, vurigheid, gepassioneerdheid.*

torse [tɔ:s||tɔrs]⟨telb.zn.⟩ **0.1** ⟨wapenkunde⟩ ***(hoofd)wrong*** ⇒*(helm)krans* **0.2** ***tors*** ⇒*romp* ⟨v. mens of beeld⟩.

tor·sel [tɔ:sl||tɔrsl]⟨telb.zn.⟩ **0.1** ***houten/stenen/ijzeren steun*** ⇒*stut* ⟨v. balk⟩.

tor·sion ['tɔ:ʃn||'tɔrʃn]⟨f1⟩⟨telb. en n.-telb.zn.⟩ **0.1** ⟨mechanica⟩ ***torsie*** ⇒*wringing, verdraaiing* **0.2** ⟨wisk.⟩ ***torsie*** ⇒*gewrongen/gedraaide vorm* **0.3** ⟨med.⟩ ***torsie*** ⇒*draaiing om de lengteas* ⟨bv. v.d. testis⟩ **0.4** ⟨plantk.⟩ ***spiraalvormige draaiing.***

tor·sion·al, tor·tion·al ['tɔ:ʃnəl||'tɔr-]⟨bn.; -ly⟩ **0.1** ***mbt. torsie*** ⇒*gewrongen, door ineendraaiing, wringing veroorzakend.*

'torsion balance ⟨telb.zn.⟩ **0.1** ***torsiebalans*** ⇒*wringbalans.*

'torsion pendulum ⟨telb.zn.⟩ **0.1** ***torsieslinger*** ⇒*roterende slinger.*

torsk [tɔ:sk||tɔrsk]⟨telb.zn.; ook torsk; →mv. 4⟩⟨dierk.⟩ **0.1** ***lom*** ⟨een dorsvis; Brosmius brosme⟩.

tor·so ['tɔ:soʊ||'tɔr-]⟨f2⟩⟨telb.zn.; ook -es; ook torsi [-saɪ]; →mv. 2, 5⟩ **0.1** ***torso*** ⇒*romp* ⟨ook v. beeld⟩, *tors, mensenromp;* ⟨schr.; fig.⟩ *onvoltooid/verminkt werkstuk.*

tort [tɔ:t||tɔrt]⟨telb.zn.⟩⟨jur.⟩ **0.1** ***onrechtmatige daad*** ⇒*onrecht, (gerechtelijk vervolgbare) benadeling,* ⟨B.⟩ *tort.*

tor·te ['tɔ:tə||'tɔrt̬ə]⟨telb.zn.; ook torten [-tən||-tn]; →mv. 5⟩ **0.1** ***taart(je)*** ⟨oorspr. Duits, bestaand uit lagen, met chocolade⟩.

tort-fea·sor ['tɔ:tfi:zə||'tɔrtfi:zər]⟨telb.zn.⟩⟨jur.⟩ **0.1** ***overtreder*** ⇒*boosdoener, onrechtpleger, benadeler.*

tor·ti·col·lis ['tɔ:tɪ'kɒlɪs||'tɔrt̬ɪ'kɑlɪs]⟨n.-telb.zn.⟩⟨med.⟩ **0.1** ***torticollis*** ⟨scheve hals door nek/halskramp⟩.

tor·til·la [tɔ:'ti:jə||tɔr-]⟨telb. en n.-telb.zn.⟩⟨cul.⟩ **0.1** ***tortilla*** ⟨Mexicaanse dunne platte (vnl. mais)koek⟩.

tor·tious ['tɔ:ʃəs||'tɔr-]⟨bn.; -ly⟩⟨jur.⟩ **0.1** ***onrechtmatig*** ⇒*onrechtvaardig, benadelend, overtredend, oneerlijk, onwettelijk.*

tor·toise ['tɔ:təs||'tɔrt̬əs]⟨f2⟩⟨zn.⟩

I ⟨telb.zn.⟩ **0.1** ⟨dierk.⟩ ***landschildpad*** ⟨fam. Testudinidae⟩ **0.2** ⟨vnl. BE⟩ ***schildpad*** **0.3** ***traag iem.*** ⇒*slak* **0.4** ⟨gesch.⟩ ***schild(dak)*** ⇒*testudo;*

II ⟨n.-telb.zn.⟩ **0.1** ***schildpad*** ⟨stof⟩.

'tor·toise·shell, ⟨in bet. I 0.1 ook⟩ **'tortoiseshell 'cat,** ⟨in bet. I 0.2 ook⟩ **'tortoiseshell 'butterfly** ⟨zn.⟩

I ⟨telb.zn.⟩ **0.1** ***lapjeskat*** ⇒*schildpadkat, gevlekte/driekleurige kat* **0.2** ⟨dierk.⟩ ***schoenlapper*** ⟨Nymphalidae⟩;

II ⟨n.-telb.zn.⟩ **0.1** ***schildpad*** ⟨als stof⟩.

tor·trix ['tɔ:trɪks||'tɔr-]⟨telb.zn.; tortrices [-trɪsi:z]; →mv. 5⟩ ⟨dierk.⟩ **0.1** ***bladroller*** ⟨mot; fam. Tortricidae⟩.

tor·tu·os·i·ty ['tɔ:tʃʊ'ɒsəti||'tɔrtʃʊ'ɑsət̬i]⟨zn.; →mv. 2⟩

I ⟨telb.zn.⟩ **0.1** ***kronkeling*** ⇒*bocht, draai, slinger, kromming* **0.2** ***bedrieglijke daad;***

II ⟨n.-telb.zn.⟩ **0.1** ***kronkeligheid*** **0.2** ***omslachtigheid*** ⇒*gecompliceerdheid; misleiding, bedrieglijkheid.*

tor·tu·ous ['tɔ:tʃʊəs||'tɔr-]⟨f2⟩⟨bn.; -ly; -ness⟩ **0.1** ***kronkelend*** ⇒*slingerend, bochtig, gebogen, tortueus, kronkelig* **0.2** ***omslachtig*** ⇒*gecompliceerd; misleidend, bedrieglijk* ◆ **1.1** a ~ road *een kronkelige weg* **1.2** a ~ politician *een bedrieglijk politicus;* ~ words *misleidende/slinkse woorden.*

tor·ture[1] ['tɔ:tʃə||'tɔrtʃər]⟨f2⟩⟨telb. en n.-telb.zn.⟩ **0.1** ***marteling*** ⇒*zware (lichamelijke/geestelijke) kwelling, pijniging, foltering* ◆ **1.1** instrument of ~ *martelwerktuig;* the ~ of uncertainty *de marteling/kwelling v.d. onzekerheid* **3.1** put s.o. to the ~ *iem. op de pijnbank leggen, iem. de duimschroeven aandraaien/zetten.*

torture[2] ⟨f2⟩⟨ov.ww.⟩ **0.1** ***martelen*** ⇒*folteren, pijnigen* **0.2** ***verdraaien*** ⇒*uit het verband rukken, (oneerlijk) veranderen* ⟨bv. woorden⟩ ◆ **1.1** ~d by doubt/jealousy *gekweld door twijfels/jaloezie;* ~d style *verkrampte stijl.*

'torture chamber ⟨f1⟩⟨telb.zn.⟩ **0.1** ***martelkamer*** ⇒*folterkamer.*

tor·tur·er ['tɔ:tʃərə||'tɔrtʃərər]⟨f1⟩⟨telb.zn.⟩ **0.1** ***folteraar*** ⇒*beul, kweller, wreedaard* **0.2** ***verdraaier*** ⟨bv. v. woorden⟩.

tor·tur·ous ['tɔ:tʃrəs||'tɔr-]⟨bn.; -ly⟩ **0.1** ***martelend*** ⇒*kwellend, pijnigend, folterend.*

to·rus ['tɔ:rəs]⟨telb.zn.; tori [-raɪ]; →mv. 5⟩ **0.1** ⟨bouwk.⟩ ***torus*** ⇒*halfcirkelvormig profiel* **0.2** ⟨wisk.⟩ ***torus*** ⇒*ringoppervlak* **0.3** ⟨plantk.⟩ ***torus*** ⇒*bloembodem* ⟨v. bloem⟩, *verdikking* ⟨in middenlamel bij hofstippel v. naaldbomen⟩ **0.4** ⟨med.⟩ ***ronde zwelling*** ⇒*torus, bobbel, opzwelling, verhevenheid, verhoging.*

To·ry[1] ['tɔ:ri]⟨f3⟩⟨telb.zn.; →mv. 2⟩⟨pol.⟩ **0.1** ⟨BE; inf.⟩ ***Tory*** ⇒*conservatief, lid v.d. Eng. conservatieve partij* **0.2** ⟨AE; gesch.⟩ ***Brits-gezinde (Amerikaan)*** ⇒*loyalistisch kolonist* ⟨tijdens Am. vrijheidsoorlog⟩.

Tory[2] ⟨f3⟩⟨bn.⟩ **0.1** ***v.d. Eng. conservatieve partij*** ◆ **1.1** a ~ government *een conservatieve regering;* ~ principles *conservatieve principes.*

To·ry·ism ['tɔ:riɪzm]⟨n.-telb.zn.⟩⟨pol.⟩ **0.1** ***conservatisme*** ⟨in Groot-Brittannië⟩ ⇒*conservatieve politiek, conservatieve pol. stroming.*

tosh [tɒʃ||tɑʃ]⟨n.-telb.zn.⟩⟨inf.⟩ **0.1** ***onzin*** ⇒*nonsens, kletskoek, gezeur.*

toss[1] [tɒs||tɔs]⟨f2⟩⟨zn.⟩

I ⟨telb.zn.⟩ **0.1** ***worp*** ⇒*werpafstand* **0.2** ⟨vnl. enk.⟩⟨ben. voor⟩ ***beweging*** ⇒*hoofdbeweging, knik; schudbeweging; slinger; zwaai (door de lucht); val* **0.3** ⟨vnl. enk.⟩ ***kans v. vijftig procent*** ⇒*kans v. een op twee, (kwestie v.) kruis of munt* **0.4** ⟨badminton⟩ ***clear*** ⇒*lob* ◆ **1.2** a haughty ~ of the head *een hooghartige hoofdbeweging, een trotse hoofdknik* **3.2** take a ~ *v.h. paard geslingerd worden, zandruiter worden, in het zand bijten;* ⟨fig.⟩ the cabinet has taken a ~ *het kabinet is gevallen* **8.3** it's a ~ now whether he'll emigrate or not *de kansen zijn nu gelijk of hij wel of niet gaat emigreren;*

II ⟨n.-telb.zn.⟩ **0.1** ***opgooi*** ⟨vnl. bij sport⟩ ⇒*toss, kruis-of-munt worp, tossbeweging* **0.2** ***geschud*** ⇒*het slingeren, deining* ◆ **1.1** the ~ before kick-off *het tossen voor de aftrap* **1.2** the ~ of the sea *de deining v.d. zee* **3.1** argue the ~ *een definitieve beslissing aanvechten, een onherroepelijk besluit bestrijden;* lose/win the ~ *verliezen/winnen bij het tossen* **6.1** choose s.o. **by/on** the ~ of a coin *het lot laten beslissen wie er wordt verkozen.*

toss[2] ⟨f3⟩⟨ww.⟩

I ⟨onov.ww.⟩ **0.1** ***tossen*** ⇒*een munt opgooien, loten* **0.2** ***gegooid worden*** ⇒*(door de lucht) vliegen, opvliegen* **0.3** ***vliegen*** ⇒*stuiven* ◆ **5.¶** →toss off; →toss up **6.1** we'll have to ~ **for** it *we zullen erom moeten tossen, we zullen kruis of munt doen* **6.3** he ~ed **out of** the building *hij stoof het gebouw uit* **¶.1** ~ who is to queue *erom tossen wie in de rij moet gaan staan;*

II ⟨onov. en ov.ww.⟩ **0.1** ***slingeren*** ⇒*(doen) dobberen/woelen/draaien, (doen) schommelen* **0.2** ***schudden*** ⇒*(doen) zwaaien, afwerpen* ◆ **1.1** the boat (was) ~ed (about) over the waves *de boot slingerde heen en weer over de golven* **1.2** she ~ed her head (back) *ze wierp haar hoofd in haar nek;* the horse ~es its rider *het paard werpt zijn berijder af* **5.1** he was ~ing **about** on his bed *hij lag in zijn bed te woelen/draaien* **5.¶** →toss off;

III ⟨ov.ww.⟩ **0.1** ***gooien*** ⇒*aan/op/toegooien, in de lucht werpen* **0.2** ***(grondig) overwegen*** ⇒*goed beschouwen, discussiëren over, v. alle kanten bekijken* **0.3** ***een munt opgooien met*** **0.4** ⟨cul.⟩ ***fatigeren*** ⇒*husselen, (met (sla)saus/boter ver)mengen, ((sla)saus/boter) mengen/werken door* ⟨bv. sla⟩ **0.5** ⟨AE; sl.⟩ ***fouilleren*** ⟨i.h.b. op drugs⟩ ◆ **1.1** ~ the ball to each other *elkaar de bal toewerpen;* ~ s.o. in a blanket *iem. (in een deken/kleed) jonassen;* be ~ed and gored by a bull *omhoog gegooid en doorboord worden* *door een stier, op de horens genomen worden;* ~ a coin to a musician *een muzikant een geldstuk toewerpen;* ~ hay *hooi keren;* ~ a pan cake *een pannekoek in de lucht keren;* ~ed salad *gemengd slaatje (met slasaus)* **5.1** ~ that dangerous thing **aside/away** *gooi dat gevaarlijke ding opzij/weg* **5.2** ~ **about/around** a matter *een zaak goed doorpraten/overwegen* **5.¶** ~ **down** *achterover slaan, in één teug opdrinken, naar binnen gieten* **6.3** I'll ~ you **for** (who has) the clock *we loten om de klok.*

toss·er ['tɒsə‖'tɔsər]⟨telb.zn.⟩ **0.1** ***tosser*** ⇒*opgooier, opwerper, aangooier* **0.2** ***slingeraar*** ⇒*dobberaar, woeler, schommelaar.*

'toss 'off ⟨f1⟩⟨ww.⟩

I ⟨onov. en ov.ww.; wederk. ww.⟩ **0.1** ⟨vulg.⟩ ***zich aftrekken*** ⇒*trekken, rukken* ⟨masturberen⟩ ◆ **4.1** ~ o.s. *vetten, zich afrukken;*

II ⟨ov.ww.⟩ **0.1** ***achteroverslaan*** ⟨drank⟩ ⇒*achterover gooien, naar binnen gieten, in één teug opdrinken* **0.2** ***razendsnel produceren*** ⇒*uit zijn mouw schudden, tevoorschijn toveren, eruit gooien, moeiteloos verzinnen, afraffelen* **0.3** ***(v. zich) afschudden*** ⇒*afwerpen, afgooien* ◆ **1.2** ~ one's homework *zijn huiswerk snel maken;* ~ jokes *grappen uit zijn mouw schudden;* ~ limericks *achter elkaar limericks maken;* ~ a good speech *voor de vuist weg een goede toespraak houden* **1.3** ~ a rabid dog *een dolle hond v. zich afschudden.*

'toss-off ⟨telb.zn.⟩⟨inf.⟩ **0.1** ***vluggertje*** ◆ **¶.1** his new novel is a ~ *zijn nieuwe roman heeft hij vlug in elkaar geknutseld.*

'toss·pot ⟨telb.zn.⟩⟨vero.⟩ **0.1** ***zuip/dronkelap*** ⇒*pimpelaar, dranknеus.*

'toss 'up ⟨onov.ww.⟩ **0.1** ***tossen*** ⇒*kruis of munt gooien, (munt) opgooien, loten door muntworp.*

'toss-up ⟨f1⟩⟨telb.zn.⟩ **0.1** ⟨vnl. enk.⟩ ***toss*** ⇒*opgooi* **0.2** ⟨inf.⟩ ***twijfelachtige zaak*** ⇒*onbesliste keuze/vraag, vraagteken, dubbeltje op zijn kant* ◆ **3.1** now the ~ is being carried out *nu wordt er getost* **8.2** it's a complete ~ whether he'll pass his exam or not *het is een grote gok/nog maar zeer de vraag/volkomen onduidelijk of hij zal slagen voor zijn examen of niet.*

tot [tɒt‖tɑt]⟨f1⟩⟨telb.zn.⟩ **0.1** ***dreumes*** ⇒*peuter, klein kind, hummel* **0.2** ⟨inf.⟩ ***neutje*** ⇒*borreltje, scheutje, slokje, bekje* ⟨v. sterke drank⟩ **0.3** ⟨vnl. BE; inf.⟩ ***stuk vullis*** ⇒*vuilnisbakartikel, bot/lomp/vod v. vuilnishoop* **0.4** ⟨vnl. BE; inf.⟩ ***(optel)som*** ⇒*optelling* ◆ **1.2** a ~ of whisky *een scheutje whisky* **2.1** a tiny ~ *een kleine hummel, een peutertje.*

to·tal¹ ['toʊtl]⟨f2⟩⟨telb.zn.⟩ **0.1** ***totaal*** ⇒*compleet aantal, volledige hoeveelheid, totaalbedrag, som* ◆ **1.1** the ~ of human experience *het geheel v.d./de gehele menselijke ervaring* **6.1 in** ~ *alles bij elkaar, in totaal, opgeteld.*

total² ⟨f3⟩⟨bn.; -ly⟩ **0.1** ***totaal*** ⇒*geheel, compleet, volledig, absoluut* ◆ **1.1** ~ abstainer *geheelonthouder;* ~ abstinence *geheelonthouding;* ~ agreement *volledige overeenstemming;* in ~ amazement *in complete verbazing, stomverbaasd;* ~ amount *som, eindbedrag, totaal;* ~ blindness *volledige blindheid;* a ~ eclipse of the sun *een totale zonsverduistering;* the ~ extinction of a species *de volledige uitsterving v.e. soort;* in ~ ignorance *in absolute onwetendheid;* ~ loss *volledig/definitief verlies;* ⟨verz.⟩ *total loss;* the ~ annual production *de totale jaarlijkse produktie;* ⟨psych.⟩ ~ recall *absoluut geheugen;* ~ reflection *totale weerkaatsing;* ~ silence *uiterste/absolute stilte;* sum ~ *totaalbedrag, eindbedrag;* ~ war *totale oorlog.*

total³ ⟨f2⟩⟨ww.; →ww. 7⟩

I ⟨onov.ww.⟩ **0.1** ***oplopen*** ⇒*in totaal zijn, bedragen* ◆ **5.1** these percentages ~ **up** to ninety percent of the population *deze percentages komen bij elkaar op negentig percent v.d. bevolking* **6.1** the dinner ~led **to** sixty dollars *het diner kwam in totaal op zestig dollar;*

II ⟨ov.ww.⟩ **0.1** ***bedragen*** ⇒*tot een bedrag komen van, belopen, oplopen tot* **0.2** ***het totaal vaststellen van*** ⇒*(bij elkaar) optellen* **0.3** ⟨vnl. AE; inf.⟩ ***total loss rijden*** ⇒*volledig in de vernieling/soep/kreukels/puin rijden* ◆ **5.2** ~ **up** expenditures *de uitgaven optellen.*

to·tal·i·tar·i·an [toʊ'tælɪ'teərɪən‖-'ter-]⟨f1⟩⟨bn.⟩⟨pol.⟩ **0.1** ***totalitair*** ◆ **1.1** a ~ government/state *een totalitaire regering/staat.*

to·tal·i·tar·i·an·ism [toʊ'tælɪ'teərɪənɪzm‖-'ter-]⟨n.-telb.zn.⟩⟨pol.⟩ **0.1** ***totalitarisme*** ⇒*totalitair(e) systeem/regime.*

to·tal·i·ty [toʊ'tæləti]⟨f1⟩⟨zn.; →mv. 2⟩

I ⟨telb.zn.⟩ **0.1** ***(periode v.) totale zonsverduistering;***

II ⟨telb. en n.-telb.zn.⟩ **0.1** ***totaal*** ⇒*geheel, som, eindbedrag* **0.2** ***totaliteit*** ⇒*volledigheid, compleetheid.*

to·tal·i·za·tion, -sa·tion ['toʊtl·aɪ'zeɪʃn‖'toʊtlə'zeɪʃn]⟨telb. en n.-telb.zn.⟩ **0.1** ***totalisatie*** ⇒*het totaliseren/bijeenvoegen, optelling.*

to·tal·i·za·tor, -sa·tor ['toʊtl·aɪ'zeɪtə‖'toʊtlə'zeɪtər]⟨telb.zn.⟩ **0.1** ***totalisator*** ⟨vnl. sport⟩ ⇒*registratiemachine* ⟨die totaal en verdeling v. inzet bij wedrennen aangeeft⟩ **0.2** ***totalisatorsysteem.***

to·tal·ize, -ise ['toʊtlaɪz]⟨ov.ww.⟩ **0.1** ***totaliseren*** ⇒*het totaal opmaken van, optellen, bijeenvoegen.*

to·tal·iz·er, is·er ['toʊtl·aɪzə‖'toʊtlaɪzər]⟨telb.zn.⟩ **0.1** ***totalisator*** ⇒*registratiemachine* ⟨bij wedrennen⟩ **0.2** ***optelmachine.***

tote¹ [toʊt]⟨f1⟩⟨telb.zn.⟩⟨inf.⟩ **0.1** ⟨verk.⟩ ⟨totalizator⟩ ⟨vnl. sport⟩ ***toto*** ⇒*totalisator, wed(ren)machine, wedsysteem* **0.2** ⟨AE⟩ ***vracht*** ⇒*lading* **0.3** →tote bag.

tote² ⟨f1⟩⟨ov.ww.⟩⟨inf.⟩ **0.1** ***(bij zich) dragen*** ⟨bv. geweer⟩ ⇒*meevoeren, vervoeren, meeslepen, sjouwen, transporteren* ◆ **1.1** ~ a heavy load *een zware vracht meesjouwen.*

'tote bag ⟨telb.zn.⟩ **0.1** ***(grote) draagtas*** ⇒*boodschappentas.*

'tote box ⟨telb.zn.⟩⟨AE⟩ **0.1** ***kleine container/laadkist.***

to·tem ['toʊtəm]⟨f1⟩⟨zn.⟩

I ⟨telb.zn.⟩ **0.1** ***totem*** ⇒*(afbeelding v.) mythisch beschermsymbool, (Indiaans) familieteken/stamembleem;*

II ⟨verz.n.⟩ **0.1** ***totemgroep*** ⇒*totemclan.*

to·tem·ic [toʊ'temɪk], **to·tem·is·tic** ['toʊtə'mɪstɪk]⟨bn.⟩ **0.1** ***totemistisch*** **0.2** ***mbt. een totem*** ⇒*totemachtig* ◆ **1.2** ~ animal *totemdier.*

to·tem·ism ['toʊtəmɪzm]⟨n.-telb.zn.⟩ **0.1** ***totemisme.***

to·tem·ist ['toʊtəmɪst], **to·tem·ite** [-maɪt]⟨telb.zn.⟩ **0.1** ***totemist.***

'to·tem·pole ⟨telb.zn.⟩ **0.1** ***totempaal*** **0.2** ⟨inf.⟩ ***hiërarchie*** ◆ **2.2** high up on the social ~ *hoog op de maatschappelijke ladder.*

'tote road ⟨telb.zn.⟩⟨vnl. AE⟩ **0.1** ***(tijdelijk(e)) aanvoerweg/pad*** ⟨bv. in bos⟩ ⇒*hulppad, noodpad.*

tother¹, t'other ['tʌðə‖-ər]⟨onb.vnw.⟩⟨vnl. gew.⟩ **0.1** ***de/het andere*** ◆ **3.1** ~ will be better *het andere zal beter zijn* **6.1** ⟨scherts.⟩ you can't tell one **from** ~/~ **from** which *je kunt ze niet uit elkaar houden.*

tother², t'other ⟨onb.det.⟩⟨vnl. gew.⟩ **0.1** ***de/het andere*** ◆ **1.1** ~ day *gisteren;* ~ night *vorige nacht* **4.1** ~ one is faster *de andere is sneller.*

tot·ter¹ ['tɒtə‖'tɑtər]⟨telb.zn.⟩ **0.1** ***gewankel*** ⇒*onzekere loopwijze, wankelende gang, onvaste stap, het wiebelen.*

totter² ⟨f2⟩⟨onov.ww.⟩ **0.1** ***wankelen*** ⟨ook fig.⟩ ⇒*heen en weer zwenken/zwaaiend lopen, onzeker lopen* **0.2** ***wankelend overeind komen*** ◆ **1.1** the child ~ed while taking its first steps *het kind waggelde toen het zijn eerste pasjes deed;* the dictator's regime ~ed at last *het regime v.d. dictator wankelde tenslotte;* the drunkard ~ed in the streets *de dronkaard waggelde op straat* **6.1** she ~ed **towards** suicide *ze verkeerde op de rand v.d. zelfmoord* **6.2** ~ to one's feet *wankelend/wiebelend opstaan.*

tot·ter·er ['tɒtərə‖'tɑtərər]⟨telb.zn.⟩ **0.1** ***wiebelaar*** ⇒*iem. die wankelt/waggelt, heen en weer zwaaiend pers..*

tot·ter·y ['tɒtri‖'tɑtəri]⟨bn.⟩ **0.1** ***wankel(end)*** ⇒*zwenkend, heen en weer zwaaiend, wiebelend, waggelend, overhellend* ◆ **1.1** a ~ basis *een wankele basis;* a drunkard's ~ gait *de waggelende loop v.e. dronkaard.*

'tot 'up ⟨f1⟩⟨ww.; →ww. 7⟩

I ⟨onov.ww.⟩ **0.1** ***oplopen*** ⇒*bedragen, bij elkaar komen, tot een bedrag komen, opgeteld worden* ◆ **6.1** all these costs ~ **to** a considerable amount *al deze kosten lopen bij elkaar op tot een aanzienlijk bedrag;*

II ⟨ov.ww.⟩ **0.1** ***optellen*** ⇒*bij elkaar rekenen* ◆ **1.1** ~ a whole list of articles *een hele lijst artikelen bij elkaar optellen.*

'tot-up ⟨telb.zn.⟩⟨vnl. BE⟩ **0.1** ***(optel)som*** ⇒*optelling.*

tou·can ['tu:kən‖-kæn]⟨telb.zn.⟩⟨dierk.⟩ **0.1** ***toekan*** ⟨tropische Am. vogel; fam. Ramphastidae⟩.

touch¹ [tʌtʃ]⟨f3⟩⟨zn.⟩

I ⟨telb.zn.⟩ **0.1** ***aanraking*** ⇒*betasting, tik(je), contact;* ⟨fig.⟩ *spoor, stempel* ⟨v. aanraking⟩ **0.2** ***gevoel bij aanraking*** **0.3** ***vleugje*** ⇒*tikje, snufje, ietsje; lichte aanval* ⟨v. ziekte⟩ **0.4** ***toets*** ⇒*(penseel)streek, trek(je), hand, stijl, manier* **0.5** ***aanslag*** ⟨o.m. muz.⟩ ⇒*toucher* **0.6** ⟨sl.⟩ ***lener*** **0.7** ⟨sl.⟩ ***het lenen*** ⟨v. geld⟩ **0.8** ⟨sl.⟩ ***omkoopgeld*** ◆ **1.1** a ~ of the sun *een lichte zonnesteek;* ⟨fig.⟩ *een klap v.d. molen* **1.3** have a ~ of the tarbrush *enig neger/indianebloed hebben* **1.4** the ~ of a master *meesterhand;* have the Nelson ~ *een situatie op de manier/met het talent van Nelson in handen nemen;* ~ of nature *natuurlijke trek;* ⟨oneig.; volks.⟩ *gevoelsuiting waarmee iedereen meevoelt* **2.2** the silky ~ of her skin/hair *het zijdeachtig gevoel v. haar huid/haar* **2.4** there is an Oriental ~ about the place *de plaats heeft iets Oosters/een Oosterse sfeer* **2.5** light ~ *lichte aanslag* ⟨ook bv. v. schrijfmachine⟩ **3.1** I felt a ~ on my shoulder *ik voelde een tikje op mijn schouder* **3.4** give/put the finishing ~(es) to sth. *de laatste hand leggen aan iets;* lose one's ~ *achteruitgaan, het verleren* **6.1** it will break **at** a ~ *het breekt zodra men het aanraakt;* soft **to** the ~ *zacht bij het aanraken* **6.3** a ~ **of** colour/frost *een vleugje kleur/vorst;* a ~ **of** the flu *een lichte griepaanval;* a ~ **of** salt *een snufje zout;* a ~ **of** irony/sarcasm *een tikje ironie/sarcasme* **7.3** he felt a ~ annoyed *hij voelde zich iets/enigszins verveeld;*

II ⟨n.-telb.zn.⟩ **0.1** ***tastzin*** ⇒*gevoel;* ⟨sport⟩ *gevoel voor de bal,* *techniek* **0.2** ***voeling*** ⇒*contact* **0.3** ***tikkertje*** ⇒*krijgertje* **0.4** ⟨sport⟩ ***(deel v.h. veld) buiten de zijlijn(en)*** ⟨vnl. in voetbal, rugby⟩ **0.5** ⟨the⟩ ⟨vero.⟩ ***toetsing*** ⟨goud⟩ ⇒⟨fig.⟩ *proef* ◆ **3.5** put to the ~ *op de proef stellen;* stand the ~ *de proef doorstaan* **6.2** be/keep **in** ~ **with** *contact/voeling hebben/onderhouden met;* be **out of** ~ **with** *geen contact/voeling (meer) hebben met;* be **out of** ~ **with** the world/reality *de werkelijkheid niet (meer) onder ogen zien, in een droomwereld verkeren;* lose ~ **with** *uit het oog verliezen;* **within** ~ **of** *binnen bereik v.* **6.3** play **at** ~ *krijgertje/tikkertje spelen* **6.4** the ball is **in** ~ *de bal is buiten de zijlijn;* kick the ball **into** ~ *de bal over de zijlijn trappen* **6.¶ out of** ~ *verkalkt, vastgeroest, ingeslapen.*

touch² ⟨f3⟩ ⟨ww.⟩ →touched, touching ⟨→sprw. 276⟩
I ⟨onov.ww.⟩ **0.1** ***raken*** ⇒*elkaar raken, tegen elkaar komen, aan elkaar grenzen* **0.2** ***aanlanden*** ◆ **1.1** they stood so close that their faces ~ed *ze stonden zo dicht bij elkaar dat hun gezichten elkaar raakten* **5.¶** →touch **down** **6.¶** ~ **at** *aandoen, aanlanden te, onderweg bezoeken* ⟨vnl. v. schip⟩; ~ **(up)on** *aanroeren/stippen, terloops behandelen, oppervlakkig bespreken;*
II ⟨ov.ww.⟩ **0.1** ***raken*** ⟨ook fig.⟩ ⇒*aanraken, beroeren, betasten;* ⟨muz.⟩ *aanslaan, bespelen* **0.2** ***een tikje geven*** ⇒*aantasten, licht beschadigen;* ⟨fig.⟩ *aanvatten, aankunnen* **0.3** ***doen raken*** ⇒*tegen elkaar tikken* **0.4** ***raken*** ⇒*treffen, ontroeren* **0.5** ***treffen*** ⇒*betreffen, iets te doen/maken hebben met* **0.6** ***benaderen*** ⇒*bereiken, halen;* ⟨fig.⟩ *tippen aan, het halen bij, evenaren* **0.7** ***toetsen*** ⇒*merken* ⟨metaal⟩; *aanzetten, aanstippen, een toets geven* ⟨schilderij⟩ **0.8** ⟨gesch.⟩ ***handen opleggen*** ⟨door koning, tegen scrofulose⟩ ◆ **1.1** I dare not ~ liquor *ik durf geen sterke drank aan te raken/te gebruiken;* you haven't ~ed your plate/meal *je hebt nog geen hap gegeten;* ~ a topic *een onderwerp aanroeren* **1.2** ~ the bell *de bel een tikje geven, aanbellen;* he ~ed his cap *hij gaf een tikje aan zijn pet/tikte zijn pet aan;* blossom ~ed by the frost *door de vorst aangetaste bloesem;* this weedkiller will not ~ the grass *deze onkruidverdelger kan geen kwaad voor het gras;* nothing will ~ those stains *niets kan deze vlekken wegkrijgen;* he could not ~ the task *hij kon de opgave niet aan* **1.4** a ~ing scene *een roerend tafereel;* he has ~ed my self-esteem *hij heeft me in mijn eigenwaarde geraakt* **1.5** the matter ~es my future *de zaak betreft mijn toekomst;* he does not want to ~ politics *hij wil zich niet met politiek inlaten;* the course does not ~ contemporary literature *de cursus behandelt de hedendaagse literatuur niet* **1.6** ~ a port *een haven aandoen;* the thermometer ~ed 50° *de thermometer liep tot 50° op;* the plane almost ~ed the sound barrier *het vliegtuig haalde/bereikte bijna de geluidsbarrière;* nothing can ~ his talent *niets kan zijn talent evenaren* **5.5** the matter ~es him closely *de zaak is v. groot belang voor hem* **5.7** ~ **in** *toetsen aanbrengen, bijtekenen/schilderen;* ~ **up** *retoucheren, bijwerken/schaven; een tikje/werk geven;* ⟨fig.⟩ *opfrissen* ⟨geheugen⟩ **5.¶** →touch **down;** →touch **off;** ⟨BE; inf.⟩ ~ **up** *vluchtig aaien* ⟨i.h.b. borst⟩, *betasten, lastig vallen,* ⟨B.⟩ *bepotelen; opvrijen, opgeilen* **6.2** generosity ~ed **with** self-interest *vrijgevigheid met een baatzuchtig tintje* **6.4** I am ~ed **by** his frankness *zijn openhartigheid raakt mij/maakt indruk op me;* ~ed **with** pity *door medelijden bewogen* **6.6** ~ s.o. **for** a fiver *iem. vijf pond aftroggelen;* no one can ~ him **in** accuracy *niemand kan aan zijn nauwgezetheid tippen.*

touch·a·ble ['tʌtʃəbl] ⟨bn.; -ness⟩ **0.1** ***raakbaar*** ⇒*voor (aan)raking vatbaar, gemakkelijk te raken/treffen/benaderen* **0.2** ***tastbaar*** ⇒*concreet.*

'touch and 'go ⟨f1⟩ ⟨zn.⟩
I ⟨telb.zn.⟩ ⟨lucht.⟩ **0.1** ***doorstartlanding;***
II ⟨n.-telb.zn.⟩ **0.1** ***een precaire situatie*** ⇒*een dubbeltje op zijn kant* **0.2** ***ongeregeldheid*** ⇒*veranderlijkheid* ◆ **6.2** the ~ **of** casual conversation *het voortdurend v. onderwerp veranderen in een gesprek over koetjes en kalfjes.*

'touch-and-'go ⟨f1⟩ ⟨bn.⟩ **0.1** ***precair*** ⇒*onzeker* **0.2** ⟨lucht.⟩ ***doorstart-*** ◆ **1.1** it's a ~ state of affairs *het is een dubbeltje op zijn kant* **1.2** ~ landing *doorstartlanding* **6.1** it was ~ **with** the victims *het was kantje boord/een dubbeltje op zijn kant voor de slachtoffers.*

'touch·back ⟨telb.zn.⟩ ⟨Am. voetbal⟩ **0.1** ***spelhervatting.***

'touch-bod·y, -cor·pus·cle ⟨telb.zn.⟩ **0.1** ***tastlichaampje*** ⇒*tastknopje/orgaantje.*

'touch control ⟨n.-telb.zn.⟩ **0.1** ***drukknopbediening.***

'touch dancing ⟨n.-telb.zn.⟩ ⟨sl.⟩ **0.1** ***stijldansen*** ⟨waarbij de partners elkaar vasthouden⟩.

'touch·down ⟨f1⟩ ⟨telb.zn.⟩ **0.1** ***landing*** ⟨v. vlieg/ruimtevaartuig⟩ **0.2** ⟨Am. voetbal, rugby⟩ ***touchdown*** ⟨zie touch down⟩.

'touch 'down ⟨f1⟩ ⟨ww.⟩
I ⟨onov.ww.⟩ **0.1** ***landen*** ⇒*aan de grond komen; aan wal gaan* ◆ **1.1** the plane touched down and bounced back up *het vliegtuig raakte de grond en veerde/stuitte weer omhoog;* the assault division touched down on the beach *de stoottroepen landden op het strand;*
II ⟨ov.ww.⟩ **0.1** ⟨Am. voetbal⟩ ***aan de grond brengen achter de doellijn*** ⟨bal; score v. 6 punten⟩ **0.2** ⟨rugby⟩ ***neerdrukken in eigen doelgebied*** ⟨bal; door verdediger⟩.

tou·ché ['tu:ʃeɪ‖tu:'ʃeɪ] ⟨tussenw.⟩ **0.1** ***touché*** ⇒*raak, juist, goed gezegd!.*

touched [tʌtʃt] ⟨f1⟩ ⟨bn., pred.; volt. deelw. v. touch⟩ **0.1** ***ontroerd*** ⇒*geroerd, geraakt* **0.2** ***getikt*** ⇒*geschift, maf, leip, gek.*

touch·er ['tʌtʃə‖-ər] ⟨telb.zn.⟩ **0.1** ***aanraker*** **0.2** ⟨bowls⟩ ***treffer*** **0.3** ⟨bowls⟩ ***toucher*** ⟨bowl die de jack raakt en met krijt gemerkt wordt⟩.

'touch football ⟨n.-telb.zn.⟩ **0.1** ***Am. voetbal waar tegenspeler aangeraakt wordt, niet omvergegooid.***

'touch-hole ⟨telb.zn.⟩ **0.1** ***zundgat.***

touch·ing ['tʌtʃɪŋ] ⟨f1⟩ ⟨bn.; teg. deelw. v. touch; -ly; -ness⟩ **0.1** ***(ont)roerend*** ⇒*aandoenlijk.*

'touch judge ⟨f1⟩ ⟨telb.zn.⟩ ⟨sport⟩ **0.1** ***grensrechter.***

'touch·line ⟨f1⟩ ⟨telb.zn.⟩ ⟨sport⟩ **0.1** ***zijlijn.***

'touch-me-not ⟨telb. en n.-telb.zn.⟩ **0.1** ⟨plantk.⟩ ***springzaad*** ⟨genus Impatiens⟩ ⇒⟨i.h.b.⟩ *kruidje-roer-mij-niet, groot springzaad* ⟨I. noli-tangere⟩ **0.2** ⟨zelden⟩ ⟨med.⟩ ***lupus*** ⇒*wolf.*

'touch needle ⟨telb.zn.⟩ **0.1** ***toetsnaald*** ⇒*proefnaald.*

'touch 'off ⟨f1⟩ ⟨ov.ww.⟩ **0.1** ***afvuren*** ⇒*doen ontploffen, tot ontploffing brengen* **0.2** ***de stoot geven tot*** ⇒*in beweging brengen, aanleiding geven tot* ◆ **1.1** ~ a charge of dynamite *een lading dynamiet doen ontploffen* **1.2** the intervention of the police touched off three days of riots *de tussenkomst v.d. politie gaf aanleiding tot drie dagen rellen.*

'touch-pad ⟨telb.zn.⟩ ⟨zwemsport⟩ **0.1** ***aftikplaat*** ⟨in bassinwand⟩.

'touch·pan ⟨telb.zn.⟩ **0.1** ***(kruit/vuur)pan.***

'touch-paper ⟨n.-telb.zn.⟩ **0.1** ***salpeterpapier*** ⇒*lont.*

'touch player ⟨telb.zn.⟩ ⟨sport, i.h.b. tennis⟩ **0.1** ***technische speler.***

'touch·screen ⟨telb.zn.⟩ ⟨comp.⟩ **0.1** ***aanraakscherm.***

'touch·stone ⟨f1⟩ ⟨telb.zn.⟩ **0.1** ***toetssteen*** ⟨ook fig.⟩ ⇒*criterium, norm, maatstaf.*

'touch-tone ⟨bn., attr.⟩ **0.1** ***drukknop-*** ⇒*druktoets-* ◆ **1.1** ~ phone *drukknoptelefoon.*

'touch-type ⟨onov.ww.⟩ **0.1** ***blind typen/tikken.***

'touch·up ⟨telb.zn.⟩ **0.1** ***verbetering*** ⇒*opknapbeurt, opknappertje, retouche, restauratie* **0.2** ***tik(je)*** ⇒⟨fig.⟩ *wenk; opfrissing* ⟨v. geheugen⟩.

'touch·wood ⟨n.-telb.zn.⟩ **0.1** ***vermolmd hout.***

touch·y ['tʌtʃi] ⟨f1⟩ ⟨bn.; -er; -ly; -ness; →bijw. 3⟩ **0.1** ***overgevoelig*** ⇒*prikkelbaar, snel geraakt* **0.2** ***netelig*** ⇒*lastig, delicaat, precair, hachelijk.*

tough¹ [tʌf] ⟨f1⟩ ⟨telb.zn.⟩ ⟨inf.⟩ **0.1** ***woesteling*** ⇒*gangster, crimineel, zware jongen, misdadiger, bandiet, rabauw.*

tough² ⟨f3⟩ ⟨bn.; -er; -ness⟩ **0.1** ***taai*** ⟨ook fig.⟩ ⇒*stoer, ruig, gehard, sterk* **0.2** ***moeilijk*** ⇒*lastig* **0.3** ***onbuigzaam*** ⇒*onverzettelijk, hard* **0.4** ***ruw*** ⇒*agressief, gemeen, geweld/misdadig, crimineel* **0.5** ⟨inf.⟩ ***tegenvallend*** ⇒*ongelukkig* **0.6** ⟨sl.⟩ ***fantastisch*** ⇒*super, te gek, prima* ◆ **1.1** as ~ as old boots *vreselijk taai; keihard* ⟨ook fig.⟩ **1.2** a ~ job *een lastig karwei* **1.3** ⟨sl.⟩ he/she is a ~ cookie *hij/zij is een taaie (rakker); hij/zij is geen doetje;* he's a ~ customer *hij is geen gemakkelijke;* a ~ guy *een keiharde* **1.5** ~ (luck)! *(da's) pech!, jammer!* **1.¶** ~ as nails *spijkerhard;* ⟨sl.⟩ ~ shit/tit *lik mijn reet; zo gaat het nu eenmaal* **3.3** ⟨AE; inf.⟩ hang ~ *doorbijten, volhouden* **6.3** get ~ **with** *hard optreden tegen* **6.5** it's ~ **on** him *het is een erge tegenvaller/erg jammer voor hem* **¶.5** it's your ~ luck *het is je eigen stomme schuld.*

tough³ ⟨bw.⟩ **0.1** ***hard*** ⇒*onbuigzaam, onverzettelijk* ◆ **3.1** play ~ *het hard spelen;* talk ~ *zich keihard opstellen* ⟨bij onderhandelen⟩ **3.¶** ⟨AE; sl.⟩ hang ~ *zich hard opstellen, z'n poot stijfhouden, het niet opgeven.*

tough·en ['tʌfn] ⟨f1⟩ ⟨ww.⟩
I ⟨onov.ww.⟩ **0.1** ***taai/hard/onbuigzaam worden*** ◆ **5.1** by training he had toughened **up** *door te trainen was hij harder/sterker geworden;*
II ⟨ov.ww.⟩ **0.1** ***taai/hard/onbuigzaam doen worden*** ◆ **5.1** a good diet toughened him **up** *een goed dieet maakte hem harder/sterker.*

tough·ie, tough·y ['tʌfi] ⟨telb.zn.⟩ **0.1** ***rouwdouw*** **0.2** ***lastig probleem*** ⇒*harde noot.*

tough·ish ['tʌfɪʃ] ⟨bn.⟩ **0.1** ***(iet)wat taai.***

'tough-'mind·ed ⟨bn.; -ly; -ness⟩ **0.1** ***realistisch*** ⇒*onsentimenteel, nuchter, praktisch.*

tou·pee ['tu:peɪ‖tu:'peɪ] ⟨f1⟩ ⟨telb.zn.⟩ **0.1** ***haarstukje*** ⇒*toupet, pruik.*

tour¹ [tʊə‖tʊr] ⟨f3⟩ ⟨telb.zn.⟩ **0.1** ***reis*** ⇒*rondreis, tochtje, trip, toer,* *uitstapje* **0.2** ***(kort) bezoek*** ⇒*bezichtiging* **0.3** ***tournee*** **0.4** ***verblijf*** ⇒*standplaats, detachering* **0.5** ⟨sl.⟩ ***werkdag*** ◆ **1.2** a ~ of our overseas branches *een bezoek aan onze buitenlandse afdelingen* **1.4** ~ of duty *detachering;* he did a ~ of six months lecturing abroad *hij heeft een half jaar in het buitenland gedoceerd;* the ambassador did a four-year ~ in Washington *de ambassadeur heeft vier jaar Washington als standplaats gehad / is vier jaar in Washington gestationeerd geweest* **3.2** a guided ~ round the castle *een rondleiding door het kasteel* **6.1** a ~ **round** Italy *een rondreis door Italië* **6.3** **on** ~ *op tournee.*

tour[2] ⟨f2⟩ ⟨ww.⟩
I ⟨onov.ww.⟩ **0.1** ***reizen*** ⇒*rondreizen, een tochtje / trip / toer / uitstapje maken* ◆ **6.1** ~ **round** Italy *een rondreis door Italië maken;*
II ⟨ov.ww.⟩ **0.1** ***bereizen*** **0.2** ***op tournee gaan / door / in.***

tou·ra·co, tu·ra·co(u), tu·ra·ko ['tʊərəkoʊ‖'tʊr-] ⟨telb.zn.⟩ ⟨dierk.⟩ **0.1** ***toerako*** ⟨Musophagidae⟩.

tour·bil·l(i)on [tʊə'bɪl(ɪ)ən‖tʊr-] ⟨telb.zn.⟩ **0.1** ***(ronddraaiende) vuurpijl.***

'tour de 'force ⟨telb.zn.; tours de force ['tʊədə-‖'tʊrdə-]; →mv. 5⟩ **0.1** ***krachttoer.***

'touring car, tour·er ['tʊərə‖'tʊrər] ⟨f1⟩ ⟨telb.zn.⟩ **0.1** ***touringcar*** ⇒*reisauto / wagen, toerauto / wagen.*

'touring party ⟨f1⟩ ⟨telb.zn.⟩ **0.1** ***reisgezelschap.***

tour·ism ['tʊərɪzm‖'tʊr-] ⟨f2⟩ ⟨n.-telb.zn.⟩ **0.1** ***toerisme.***

tour·ist ['tʊərɪst‖'tʊr-] ⟨f3⟩ ⟨telb.zn.⟩ **0.1** ***toerist*** **0.2** ⟨sl.⟩ ***(gemakkelijk) slachtoffer*** **0.3** ⟨sl.⟩ ***luie werker*** ◆ **7.¶** the ~s *de gasten, het bezoekende team* ⟨bv. Austr. cricketteam op tournee in GB⟩.

t(o)ur·is·tas [tʊə'ri:stəs‖tʊ'ri:-] ⟨n.-telb.zn.; the⟩ ⟨AE; sl.⟩ **0.1** ***racekak*** ⇒*diarree,* ⟨B.⟩ *turista.*

'tourist class ⟨f1⟩ ⟨n.-telb.zn.⟩ **0.1** ***toeristenklasse.***

tour·is·tic [tʊə'rɪstɪk‖tʊ'rɪ-] ⟨f1⟩ ⟨bn.; -ally; →bijw. 3⟩ **0.1** ***toeristisch.***

'tourist office, 'tourism office ⟨f1⟩ ⟨telb.zn.⟩ **0.1** ***VVV-kantoor.***

'tourist official ⟨telb.zn.⟩ **0.1** ***VVV-beambte.***

'tourist traffic ⟨n.-telb.zn.⟩ **0.1** ***vreemdelingenverkeer.***

'tourist trap ⟨telb.zn.⟩ **0.1** ***gelegenheid waar toeristen worden afgezet*** ◆ **1.1** that restaurant is a ~ *in dat restaurant word je als toerist afgezet.*

tour·ist·y ['tʊərɪsti‖'tʊr-] ⟨bn.⟩ ⟨inf.; vnl. pej.⟩ **0.1** ***toeristisch*** ⇒*overspoeld door toeristen, te veel op toeristen afgestemd.*

tour·ma·line ['tʊəməlɪn‖'tʊr-] ⟨telb. en n.-telb.zn.⟩ **0.1** ***toermalijn*** ⟨mineraal⟩.

tour·na·ment ['tʊənəmənt, 'tɔ:-‖'tɜr-, 'tʊr-] ⟨f2⟩ ⟨telb.zn.⟩ **0.1** ***to(e)rnooi*** **0.2** ⟨gesch.⟩ ***steekspel*** ⇒*to(e)rnooi.*

tour·ne·dos ['tʊənədoʊ‖'tʊrnə'doʊ] ⟨telb. en n.-telb.zn.; tournedos; →mv. 4⟩ **0.1** ***tournedos.***

tour·ney ['tʊəni‖'tɜr-] ⟨telb.zn.⟩ **0.1** ⟨gesch.⟩ ***steekspel*** ⇒*to(e)rnooi* **0.2** ***to(e)rnooi.***

tour·ni·quet ['tʊənɪkeɪ‖'tɜrnɪkɪt] ⟨telb.zn.⟩ ⟨med.⟩ **0.1** ***tourniquet.***

'tour operator ⟨f1⟩ ⟨telb.zn.⟩ **0.1** ***reisorganisator*** ⇒*toeroperator.*

tou·sle, tou·zle, tow·sle ['taʊzl] ⟨f1⟩ ⟨ov.ww.⟩ **0.1** ***in de war maken*** ⟨haar⟩ ⇒*verfomfaaien.*

tout[1] [taʊt], **tout·er** ['taʊtə‖'taʊtər] ⟨f1⟩ ⟨telb.zn.⟩ **0.1** ***klantenlokker*** **0.2** ***scharrelaar*** ⇒*sjacheraar, handelaar* ⟨vooral in zwarte kaartjes en informatie over renpaarden⟩ **0.3** ***tipgever*** ⟨i.h.b. in Noord-Ierland⟩ ⇒*verklikker, aanbrenger, verrader.*

tout[2] ⟨f1⟩ ⟨ww.⟩
I ⟨onov.ww.⟩ **0.1** ***klanten lokken*** ⇒*werven* **0.2** ***sjacheren*** ⇒*handelen* ⟨in informatie over renpaarden⟩ ◆ **6.1** ~ing **for** nightclubs *klanten lokken voor nachtclubs;* ~ing **for** orders *orders zien binnen te halen;*
II ⟨ov.ww.⟩ **0.1** ***werven*** **0.2** ***verhandelen*** ⇒*sjacheren* ⟨in informatie over renpaarden⟩ **0.3** ***op de zwarte markt verkopen*** ⟨kaartjes⟩ **0.4** ***(aan)prijzen*** ⇒*omhoogschrijven* ◆ **6.¶** →tout **about / around.**

'tout a'bout, tout a'round ⟨ov.ww.⟩ **0.1** ***(heimelijk) aanbieden / verhandelen*** ⇒*op de zwarte markt verkopen* **0.2** ***(heimelijk) voorstellen*** ◆ **1.2** ~ unsavoury ideas *onverkwikkelijke ideeën opperen / rondstrooien.*

tout ensemble ['tu:t ɑ̃'sɑ:mbl] ⟨telb.zn.⟩ **0.1** ***ensemble*** ⇒*geheel.*

touter →tout[1].

tow[1] [toʊ] ⟨f2⟩ ⟨zn.⟩
I ⟨telb.zn.⟩ **0.1** ***sleep*** **0.2** ***sleper;***
II ⟨n.-telb.zn.⟩ **0.1** ***het (mee)slepen*** **0.2** ***werk*** ⟨vlas- of hennepdraden⟩ ◆ **6.1** have / take a car **in** ~ *een auto (gaan) slepen;* have / take s.o. **in** ~ *iem. op sleeptouw hebben / nemen;* she had her children **in** ~ *ze had haar kinderen bij zich;* **on** ~ *sleep* ⟨opschrift⟩.

tow[2] ⟨f2⟩ ⟨ov.ww.⟩ **0.1** ***slepen*** ⇒*op sleeptouw nemen, (weg)trekken* ◆ **1.1** my car had to be ~ed *mijn auto moest gesleept worden.*

tow·age ['toʊɪdʒ] ⟨zn.⟩
I ⟨telb.zn.⟩ **0.1** ***sleeploon;***
II ⟨n.-telb.zn.⟩ **0.1** ***het slepen.***

to·ward[1] ['toʊəd‖-ərd], **to·ward·ly** [-li] ⟨bn.; ɪe variant -ly; toward(li)ness⟩ ⟨vero.⟩ **0.1** ***gewillig*** ⇒*gedwee, meegaand* **0.2** ***veelbelovend*** ⇒*gunstig* **0.3** ***aanstaande*** ⇒*ophanden, op til* **0.4** ***bezig*** ⇒*gaande.*

toward[2] [tə'wɔ:d‖tɔrd], **towards** [tə'wɔ:dz‖tɔrdz] ⟨f4⟩ ⟨vz.⟩ **0.1** ⟨doel of richting; ook fig.⟩ ***naar*** ⇒*naar … toe, tot, voor* **0.2** ⟨relatie⟩ ***ten opzichte van*** ⇒*met betrekking tot, betreffende, aangaande, jegens* **0.3** ⟨tijd⟩ ***voor*** ⇒*vlak voor, naar … toe* **0.4** ⟨vnl. towards⟩ ***nagenoeg*** ⇒*bijna, ongeveer, bij benadering* ◆ **1.1** drawn ~ Bill *tot Bill aangetrokken;* she lives out ~ the convent *ze woont op de weg naar het klooster;* he worked ~s a degree *hij werkte om een diploma te behalen;* a collection ~ food for Poland *een geldinzameling om voedsel voor Polen te bekostigen;* he pointed the knife ~ the girl *hij richtte het mes op het meisje;* aim ~ a goal *streven naar een doel;* she turned ~ Mary *ze keerde zich naar Mary toe;* her window faced ~ the sea *haar venster keek uit op de zee;* heading ~ self-extinction *op weg naar zelfvernietiging;* he walked ~ the signpost *hij ging op de wegwijzer af;* money ~ a new suit *geld voor een nieuw pak;* a tendency ~ suspicion *een neiging tot wantrouwen* **1.2** she's very sensitive ~ cigarsmoke *ze is gevoelig voor sigarenrook;* her attitude ~ the problem *haar houding ten opzichte van het probleem;* this is nothing ~ the records she made before *dit is niets vergeleken bij de records die ze vroeger heeft behaald;* insolence ~ her teachers *onbeschaamdheid t.o.v. haar leerkrachten* **1.3** ~ six o'clock *tegen zessen* **1.4** ~ six thousand people *bijna zesduizend toeschouwers* **3.1** we're saving ~ buying a house *we sparen met het oog op de aankoop v.e. huis;* his efforts contributed mightily ~ defeating the Republicans *zijn inspanningen droegen er veel toe bij de Republikeinen te verslaan;* he did all he could ~ helping her *hij deed alles wat hij kon om haar te helpen.*

'tow·a·way ⟨telb. en n.-telb.zn.⟩ ⟨AE⟩ **0.1** ***wegsleping*** ⇒*het wegslepen* ⟨van fout geparkeerde auto's⟩.

'towaway zone ⟨telb.zn.⟩ ⟨AE⟩ **0.1** ***wegsleepzone.***

'tow·bar ⟨telb.zn.⟩ **0.1** ***trekhaak*** **0.2** ⟨skiën⟩ ***sleepbeugel*** ⟨v. skilift⟩ ⇒*anker.*

'tow·boat ⟨telb.zn.⟩ **0.1** ***sleepboot.***

'tow-col·oured ⟨bn.⟩ **0.1** ***vlasblond*** ⇒*vlaskleurig.*

tow·el[1] ['taʊəl] ⟨f3⟩ ⟨telb.zn.⟩ **0.1** ***handdoek*** ◆ **3.1** ⟨bokssport⟩ throw in the ~ *de handdoek in de ring gooien;* ⟨fig.⟩ *zich gewonnen geven, het opgeven.*

towel[2] ⟨ov.ww.; →ww. 7⟩ →towel(l)ing **0.1** ⟨meestal towel down⟩ ***(zich) afdrogen*** ⇒*afwrijven* **0.2** ⟨BE; sl.⟩ ***afranselen*** ⇒*een pak slaag geven.*

'towel horse, 'towel rack, 'towel rail ⟨telb.zn.⟩ **0.1** ***handdoekrekje.***

tow·el·ling, ⟨AE sp.⟩ **tow·el·ing** ['taʊəlɪŋ] ⟨zn.; (oorspr.) gerund v. towel⟩
I ⟨telb.zn.⟩ ⟨BE; sl.⟩ **0.1** ***afranseling*** ⇒*aframmeling, pak slaag;*
II ⟨n.-telb.zn.⟩ **0.1** ***badstof*** ⇒*handdoekenstof* **0.2** ***afdroging*** ⇒*het droogwrijven.*

tow·er[1] ['taʊə‖-ər] ⟨f3⟩ ⟨telb.zn.⟩ **0.1** ***toren*** **0.2** ***torengebouw*** ⇒*torenflat, kantoorflat* **0.3** ***torenvesting*** ◆ **1.1** ~ of Babel *toren v. Babel;* ~ of silence *dachma, toren der stilte* **1.¶** ~ of strength *toeverlaat, toevlucht, reddende engel, rots in de branding* **7.1** the Tower (of London) *de Tower (van Londen).*

tower[2] ⟨f3⟩ ⟨onov.ww.⟩ →towering **0.1** ***uittorenen*** ⇒*(hoog) uitsteken, oprijzen, uitrijzen, (zich) hoog verheffen* **0.2** ***bidden*** ⟨van vogel⟩ **0.3** ***loodrecht opvliegen*** ⟨van gewonde vogel⟩ ◆ **6.1** ~ **above / over** *uitsteken boven.*

'tower block ⟨f1⟩ ⟨telb.zn.⟩ ⟨BE⟩ **0.1** ***torengebouw*** ⇒*torenflat, kantoorflat.*

'tower crane ⟨telb.zn.⟩ **0.1** ***torenkraan.***

tow·ered ['taʊəd‖-ərd] ⟨bn.⟩ **0.1** ***getorend*** ⇒*met torens.*

tow·er·ing ['taʊərɪŋ] ⟨f1⟩ ⟨bn., attr.; teg. deelw. v. tower⟩ **0.1** ***torenhoog*** ⇒*verheven, hoog oprijzend* **0.2** ***enorm*** ⇒*hevig* ◆ **1.2** he's in a ~ rage *hij is razend.*

'tower waggon, ⟨AE sp.⟩ **'tower wagon** ⟨telb.zn.⟩ **0.1** ***hoogwerker.***

tow·er·y ['taʊəri] ⟨bn.; ook -er; →compar. 7⟩ **0.1** ***getorend*** ⇒*met torens* **0.2** ***torenhoog*** ⇒*verheven, hoog oprijzend.*

'tow·head ⟨bn.⟩ **0.1** ***vlaskop.***

'tow·head·ed ⟨bn.⟩ **0.1** ***vlasblond*** ⇒*vlasharig.*

'towing line, 'tow·line, 'towing rope, 'tow·rope ⟨f1⟩ ⟨telb.zn.⟩ **0.1** ***sleeptouw / kabel*** ⇒*jaaglijn* **0.2** ⟨waterskiën⟩ ***skilijn.***

'towing net, 'tow·net ⟨telb.zn.⟩ **0.1** ***sleepnet.***

'towing path, 'tow·path ⟨telb.zn.⟩ **0.1** ***jaagpad.***

'towing zone ⟨telb.zn.⟩ **0.1** ***wegsleepzone.***

town [taʊn] ⟨f4⟩ ⟨telb. en n.-telb.zn.⟩ ⟨→sprw. 225⟩ **0.1** ***stad*** **0.2** ⟨AE⟩ ***gemeente*** **0.3** ⟨Sch. E⟩ ***boerderij met bijgebouwen*** ◆ **1.¶** ~ and gown *burgerij en studenten, niet-leden en leden v.d. universiteit* ⟨i.h.b. Oxbridge⟩ **3.¶** ⟨AE; sl.⟩ blow ~ *met de noorderzon vertrekken, een stad ontvluchten;* go to ~ *zich inzetten, zich uit-*

sloven; ⟨inf.⟩ *uitspatten, zich uitleven;* ⟨sl.⟩ *succes hebben;* he has really gone to ~ on redecorating his room *hij is flink te keer gegaan bij het opnieuw inrichten v. zijn kamer;* ⟨AE⟩ paint the ~ (red) *de bloemetjes buiten zetten, aan de boemel gaan / zijn* **6.1** the best restaurant **in** ~ *het beste restaurant in de stad;* he is **out of** ~ *hij is de stad uit* **6.¶** be (out) **on** the ~ *(aan het) stappen, (een avondje) uit / aan de boemel zijn;* ⟨sl.⟩ be **on** the ~ *een sociale uitkering krijgen;* he went **up to** ~ from Nottingham *hij is vanuit Nottingham naar Londen gegaan.*

'town 'clerk ⟨telb.zn.⟩ **0.1** ***gemeentesecretaris.***

'town 'council ⟨fɪ⟩ ⟨telb.zn.⟩ ⟨BE⟩ **0.1** ***gemeenteraad.***

'town 'councillor ⟨fɪ⟩ ⟨telb.zn.⟩ ⟨BE⟩ **0.1** ***(gemeente)raadslid.***

'town 'crier ⟨telb.zn.⟩ **0.1** ***(stads)omroeper.***

town·ee, ⟨AE sp.⟩ **town·ie, town·y** ['taʊ'ni:‖'taʊni] ⟨telb.zn.; townies; →mv. 2⟩ **0.1** ⟨sl.; studenten⟩ ***ploert*** **0.2** ⟨pej.⟩ ***stadsmeneer*** *⇒stedeling, stadsbewoner.*

'town 'gas ⟨n.-telb.zn.⟩ **0.1** ***stadsgas*** *⇒lichtgas.*

'town 'hall ⟨fɪ⟩ ⟨telb.zn.⟩ **0.1** ***stadhuis*** *⇒raadhuis.*

'town house ⟨telb.zn.⟩ **0.1** ***huis in de stad*** *⇒herenhuis* **0.2** ***huis in stadswijk*** **0.3** ***rijtjeshuis*** **0.4** ⟨BE⟩ ***stadhuis*** *⇒raadhuis.*

town·ish ['taʊnɪʃ] ⟨bn.⟩ **0.1** ***steeds.***

town·let ['taʊnlɪt] ⟨telb.zn.⟩ **0.1** ***stadje*** *⇒vlek.*

'town 'major ⟨telb.zn.⟩ ⟨gesch.⟩ **0.1** ***bevelhebber*** ⟨v. garnizoensstad of vesting⟩ *⇒plaatselijke commandant.*

'town 'mayor ⟨telb.zn.⟩ ⟨BE⟩ **0.1** ***burgemeester.***

'town 'meeting ⟨telb.zn.⟩ ⟨AE⟩ **0.1** ***gemeentevergadering*** ⟨waaraan alle kiesgerechtigde ingezetenen kunnen deelnemen⟩.

'town 'plan ⟨telb.zn.⟩ **0.1** ***(stads)plattegrond*** *⇒stadsplan* **0.2** ***stadsontwikkelingsplan.***

'town 'planning ⟨n.-telb.zn.⟩ **0.1** ***stadsplanning.***

'town 'refuse ⟨n.-telb.zn.⟩ **0.1** ***stadsvuil*** *⇒huisafval, huisvuil.*

town·scape ['taʊnskeɪp] ⟨telb.zn.⟩ **0.1** ***stadsgezicht.***

towns·folk ['taʊnzfoʊk] ⟨verz.n.⟩ **0.1** ***stedelingen*** *⇒ingezetenen* **0.2** ***stadsbewoners.***

town·ship ['taʊnʃɪp] ⟨telb.zn.⟩ **0.1** ⟨AE⟩ ***gemeente*** **0.2** ⟨Austr. E⟩ ***stadje*** *⇒dorp, vlek* **0.3** ⟨Austr. E; gesch.⟩ ***stadsgebied*** **0.4** ⟨Z. Afr. E⟩ ***kleurlingenwijk*** *⇒woonstad* **0.5** ⟨gesch.⟩ ***kerspel*** *⇒plattelandsgemeente* **0.6** ⟨landmeterij⟩ ***township*** ⟨93,24 km^2; →tɪ⟩.

towns·man ['taʊnzmən] ⟨fɪ⟩ ⟨telb.zn.; townsmen [-mən]; →mv. 3⟩ **0.1** ***stedeling*** **0.2** ***stad(s)genoot.***

towns·peo·ple ['taʊnzpi:pl] ⟨fɪ⟩ ⟨verz.n.⟩ **0.1** ***stedelingen*** *⇒ingezetenen* **0.2** ***stadsbewoners.***

towns·wom·an ['taʊnzwʊmən] ⟨telb.zn.⟩ **0.1** ***stedelinge*** **0.2** ***stadsgenote.***

town·ward(s) ['taʊnwəd(z)‖-wərd(z)] ⟨bw.⟩ **0.1** ***stadwaarts.***

town·y ['taʊni] ⟨bn.; -er; →compar. 7⟩ **0.1** ***steeds*** *⇒stads-.*

'towrope →towing line.

tow-row ['taʊ'raʊ] ⟨telb.zn.⟩ **0.1** ***herrie*** *⇒rumoer, kabaal.*

towsle →tousle.

tox·(a)e·mi·a [tɒk'si:mɪə‖tɑk-] ⟨n.-telb.zn.⟩ **0.1** ***toxemie*** *⇒bloedvergiftiging.*

tox·ic ['tɒksɪk‖'tɑk-] ⟨fɪ⟩ ⟨bn.; -ally; →bijw. 3⟩ **0.1** ***toxisch*** *⇒giftig, vergiftigings-.*

tox·i·cant[1] ['tɒksɪkənt‖'tɑk-] ⟨telb.zn.⟩ **0.1** ***vergif.***

toxicant[2] ⟨bn.⟩ **0.1** ***(ver)giftig.***

tox·ic·i·ty [tɒk'sɪsəti‖tɑk'sɪsəṭi] ⟨n.-telb.zn.⟩ **0.1** ***toxiciteit*** *⇒giftigheid.*

tox·i·co·log·i·cal ['tɒksɪkə'lɒdʒɪkl‖'tɑksɪkə'lɑdʒɪkəl] ⟨bn.; -ly⟩ **0.1** ***toxicologisch.***

tox·i·col·o·gist ['tɒksɪ'kɒlədʒɪst‖tɑksɪ'kɑ-] ⟨telb.zn.⟩ **0.1** ***toxicoloog.***

tox·i·col·o·gy ['tɒksɪ'kɒlədʒi‖tɑksɪ'kɑ-] ⟨n.-telb.zn.⟩ **0.1** ***toxicologie*** *⇒vergiftenleer.*

tox·in ['tɒksɪn‖'tɑk-], **tox·ine** [-si:n] ⟨telb.zn.⟩ **0.1** ***toxine*** *⇒giftige stof.*

tox·oph·i·lite[1] [tɒk'sɒfɪlaɪt‖tɑk'sɑ-] ⟨telb.zn.⟩ **0.1** ***liefhebber v. / meester in boogschieten.***

toxophilite[2] ⟨bn.⟩ **0.1** ***houdend v. boogschieten.***

tox·o·plas·mo·sis ['tɑksoʊ'plæzmoʊsɪs‖'tɒk-] ⟨n.-telb.zn.⟩ ⟨med.⟩ **0.1** ***toxoplasmose.***

toy[1] [tɔɪ] ⟨f3⟩ ⟨telb.zn.⟩ **0.1** ***speeltje*** *⇒speelgoed, speeltuig;* ⟨fig.⟩ *speelbal* **0.2** ***niemendal*** *⇒prul, snuisterij;* ⟨lit., muz.⟩ *niemendalletje* **0.3** ***spelletje*** ⟨fig.⟩ *⇒grapje, tijdverdrijf* **0.4** ***schoothondje*** *⇒miniatuurhondje.*

toy[2] ⟨f2⟩ ⟨ww.⟩

I ⟨onov.ww.⟩ **0.1** ***spelen*** *⇒zich amuseren, flirten, liefhebberen* ◆ **6.1** ~ **with** *spelen met* ⟨ook fig.⟩;

II ⟨ov.ww.⟩ **0.1** ***verbeuzelen*** *⇒verdoen* ◆ **5.1** ~ **away** time *tijd verbeuzelen.*

'toy·box ⟨telb.zn.⟩ **0.1** ***speelgoeddoos*** *⇒speelgoedkist.*

'toy 'dog ⟨telb.zn.⟩ **0.1** ***speelgoedhond*** **0.2** ***schoothondje*** *⇒miniatuurhondje, dwerghondje.*

'toy 'house ⟨telb.zn.⟩ **0.1** ***speelgoedhuis*** *⇒poppenhuis* ⟨ook fig.⟩.

'toy library ⟨telb.zn.⟩ **0.1** ***speel-o-theek.***

'toy·shop ⟨fɪ⟩ ⟨telb.zn.⟩ **0.1** ***speelgoedwinkel.***

'toy 'soldier ⟨fɪ⟩ ⟨telb.zn.⟩ **0.1** ***speelgoedsoldaatje*** *⇒tinnen soldaatje* **0.2** ***paradesoldaat.***

'toy 'spaniel ⟨telb.zn.⟩ **0.1** ***toyspaniel*** *⇒dwergspaniel.*

tpa ⟨afk.⟩ tonnes per annum.

tr ⟨afk.⟩ **0.1** ⟨transaction⟩ **0.2** ⟨transitive⟩ ***overg.*** **0.3** ⟨translated⟩ **0.4** ⟨translater, translation⟩ ***vert.*** **0.5** ⟨transpose⟩ **0.6** ⟨treasurer⟩ ***penningm.*** **0.7** ⟨trust⟩ **0.8** ⟨trustee⟩.

TR ⟨afk.⟩ tons registered.

tra·be·ate ['treɪbieɪt], **tra·be·at·ed** [-eɪṭɪd] ⟨bn.⟩ ⟨bouwk.⟩ **0.1** ***met architraven*** *⇒met bovendorpels, met / v. horizontale balken* ⟨i.t.t. gewelfd⟩.

tra·bec·u·la [trə'bekjʊlə‖-kjələ] ⟨telb.zn.; trabeculae [-li:]; →mv. 5⟩ ⟨anat.⟩ **0.1** ***trabecula*** *⇒spierbundel, bindweefselbundel.*

trace[1] [treɪs] ⟨f3⟩ ⟨zn.⟩

I ⟨telb.zn.⟩ **0.1** ***streep*** ⟨op beeldbuis⟩ *⇒inktlijn, spoor* ⟨op radarscherm⟩ **0.2** ***tracé*** ⟨grondtekening v.e. vestingwerk enz.⟩ **0.3** ***streng*** ⟨touw of ketting waarmee een paard ingespannen wordt⟩ **0.4** ⟨wisk.⟩ ***snijpunt*** *⇒doorgangspunt, spoor* ⟨v.e. matrix⟩ **0.5** ***engram*** ⟨chemische verandering in de hersenen t.g.v. het leerproces⟩ ◆ **3.¶** kick over the ~s *uit de band springen, het bit tussen de tanden nemen, de kont tegen de krib gooien;*

II ⟨telb. en n.-telb.zn.⟩ **0.1** ***spoor*** *⇒voetspoor, prent;* ⟨ook fig.⟩ *overblijfsel, vleugje* ◆ **1.1** ~s of an old civilization *sporen v.e. oude beschaving;* not a ~ of humour *geen greintje humor;* ~s of magnesium *sporen magnesium* **3.1** lose ~ of *uit het oog verliezen* **6.1** gone **without** ~ *spoorloos verdwenen.*

trace[2] ⟨f3⟩ ⟨ww.⟩ →tracing

I ⟨onov.ww.⟩ ◆ **5.¶** it ~s **back** to Roman times *het vindt zijn oorsprong in de Romeinse tijd;*

II ⟨ov.ww.⟩ **0.1** ***tekenen*** *⇒schetsen, traceren, trekken* ⟨lijn⟩ **0.2** ***(moeizaam) schrijven*** **0.3** ***overtrekken*** *⇒calqueren, overtekenen* **0.4** ***volgen*** *⇒nagaan* **0.5** ***nagaan*** *⇒nasporen, het spoor volgen v., traceren, na / opsporen* **0.6** ***vinden*** *⇒ontdekken, op het spoor komen* ◆ **1.6** I can't ~ that book *ik heb dat boek niet kunnen vinden;* her disappointment can be clearly ~d in her poems *haar teleurstelling spreekt duidelijk uit haar gedichten* **5.1** ~ **out** *(uit)tekenen, schetsen, traceren* **5.3** ~ **over** *overtrekken / tekenen, calqueren* **5.5** he can ~ **back** his family to William the Conqueror *hij kan zijn geslacht terugvoeren tot Willem de Veroveraar;* the rumour was ~d **back** to a fellow student *men kwam erachter dat het gerucht afkomstig was v.e. medestudent.*

trace·a·bil·i·ty ['treɪsə'bɪləṭi] ⟨n.-telb.zn.⟩ **0.1** ***opspoorbaarheid*** *⇒naspeurbaarheid, vindbaarheid, mogelijkheid om iets terug te voeren.*

trace·a·ble ['treɪsəbl] ⟨fɪ⟩ ⟨bn.⟩ **0.1** ***opspoorbaar*** *⇒naspeurbaar, vindbaar na te gaan* ◆ **6.1** ~ **to** *terug te voeren op, toe te schrijven aan.*

'trace element ⟨telb.zn.⟩ **0.1** ***spoorelement*** *⇒bio- / micro- / oligo-element* ⟨chemisch element dat slechts in zeer kleine hoeveelheden aanwezig is in (vnl.) levende organismen, bv. fluor, zink⟩.

'trace horse ⟨telb.zn.⟩ **0.1** ***(extra) trekpaard*** ⟨dat er bij gespannen wordt om een wagen de heuvel op te krijgen⟩.

trace·less ['treɪsləs] ⟨bn.⟩ **0.1** ***spoorloos.***

trac·er ['treɪsə‖-ər] ⟨fɪ⟩ ⟨zn.⟩

I ⟨telb.zn.⟩ **0.1** ***speurder*** ⟨die vermiste pers. / goederen opspoort⟩ **0.2** ***opsporingsonderzoek*** **0.3** ***traceur*** *⇒afschrijver* **0.4** ⟨tech.⟩ ***stift*** *⇒traceerijzer* **0.5** ⟨mil.⟩ ***lichtspoorkogel*** *⇒tracer* **0.6** ⟨schei., med.⟩ ***tracer*** *⇒merkstof, speurdosis* **0.7** →trace horse;

II ⟨n.-telb.zn.⟩ ⟨mil.⟩ **0.1** ***lichtspoorammunitie / kogels.***

'tracer bullet, 'tracer shell ⟨telb.zn.⟩ **0.1** ***lichtspoorkogel*** *⇒tracer.*

'tracer element ⟨telb.zn.⟩ ⟨med., schei.⟩ **0.1** ***tracer*** *⇒merkstof.*

trac·er·ied ['treɪs(ə)rid] ⟨bn.⟩ **0.1** ***met tracering versierd.***

trac·e·ry ['treɪs(ə)ri] ⟨telb. en n.-telb.zn.; →mv. 2⟩ **0.1** ⟨bouwk.⟩ ***tracering*** *⇒traceer / maaswerk* **0.2** ***netwerk*** ⟨op de vleugels v.e. insekt⟩ ◆ **2.1** geometric ~ *geometrisch maaswerk.*

tra·che·a [trə'kɪə‖'treɪkɪə] ⟨fɪ⟩ ⟨telb.zn.; ook tracheae [-'kɪi:‖-kɪi:]; →mv. 5⟩ **0.1** ⟨anat.⟩ ***trachea*** *⇒luchtpijp* **0.2** ⟨dierk.⟩ ***trachee*** *⇒luchtbuis / vat* ⟨v. gelede dieren⟩ **0.3** ⟨plantk.⟩ ***trachee*** *⇒luchtvat, houtvat.*

tra·che·al [trə'kɪəl‖'treɪkɪəl] ⟨bn.⟩ **0.1** ***tracheaal.***

tra·che·i·tis ['treɪki'aɪṭɪs] ⟨telb. en n.-telb.zn.⟩ ⟨med.⟩ **0.1** ***tracheïtis*** *⇒luchtpijpontsteking.*

tra·che·ot·o·my ['træki'ɒtəmi‖'treɪki'ɑṭəmi] ⟨telb. en n.-telb.zn.; →mv. 2⟩ ⟨med.⟩ **0.1** ***tracheotomie*** *⇒luchtpijpsnede.*

tra·cho·ma [trə'koʊmə] ⟨telb. en n.-telb.zn.⟩ ⟨med.⟩ **0.1** ***trachoom*** *⇒oogbindvliesontsteking.*

tra·cho·ma·tous [trə'kɒmətəs‖-'kɑməṭəs] ⟨bn.⟩ ⟨med.⟩ **0.1** ***trachoom-.***

tra·chyte ['trækaɪt, 'treɪ-]⟨n.-telb.zn.⟩⟨geol.⟩ **0.1** ***trachiet***.
tra·chyt·ic [trə'kɪtɪk]⟨bn.⟩⟨geol.⟩ **0.1** ***trachietachtig***.
trac·ing ['treɪsɪŋ]⟨f1⟩⟨zn.; (oorspr.) gerund v. trace⟩
I ⟨telb.zn.⟩ **0.1** ***doordruk*** ⇒*overgetrokken tekening* **0.2** ⟨ben. voor⟩ ***registratie v. instrument*** ⇒*cardiogram, ergogram* ⟨enz.⟩;
II ⟨n.-telb.zn.⟩ **0.1** ***het overtrekken*** ⇒*het overtekenen, het calqueren* **0.2** ***opsporing***.
'tracing foot ⟨telb.zn.⟩⟨schaatssport⟩ **0.1** ***standbeen***.
'tracing paper ⟨n.-telb.zn.⟩ **0.1** ***calqueerpapier*** ⇒*overtrekpapier*.
track[1] [træk]⟨f3⟩⟨zn.⟩
I ⟨telb.zn.⟩ **0.1** ⟨vnl. mv.⟩ ***voetspoor*** ⇒*(voet)afdruk; prent* ⟨v. dieren⟩ **0.2** ***spoor*** ⇒*pad, bos/landweg;* ⟨fig. ook⟩ *weg, baan* **0.3** ***ren/racebaan*** ⇒*wielerbaan, sintelbaan, piste, parcours* **0.4** ***rupsband*** **0.5** ***spoor*** ⇒*spoorbreedte/wijdte* **0.6** ***sound-track*** ⇒*klankstrook* ⟨v. film⟩ **0.7** ***track*** ⇒*nummer* ⟨v. plaat, CD⟩ **0.8** ***track*** ⇒*(opname)spoor* ⟨op tape/computerdiskette⟩ ◆ **2.2** on the downward ~ *aan 't achteruitgaan/aftakelen* **3.1** ⟨fig.⟩ cover (up) one's ~s *zijn sporen uitwissen;* follow in s.o.'s ~s *iemands spoor volgen, iemands voetstappen drukken, in iemands voetstappen treden* ⟨ook fig.⟩;
II ⟨telb. en n.-telb.zn.⟩ **0.1** ***spoor*** ⟨ook fig.⟩ **0.2** ***(trein)spoor*** ⇒*spoor(weg)lijn* ◆ **1.1** the ~ of a torpedo *de bellenbaan v.e. torpedo* **1.¶** ⟨AE⟩ on/from the wrong side of the (railroad) ~s *in/uit de achterbuurten* **2.2** double/single ~ *dubbel/enkelspoor* **3.1** beaten ~ *begaan pad, gebaande weg* ⟨ook fig.⟩; go off the beaten ~ *ongebaande wegen gaan/bewandelen* ⟨vnl. fig.⟩; go/keep to the beaten ~ *gebaande wegen gaan/bewandelen* ⟨vnl. fig.⟩; ⟨fig.⟩ throw s.o. off the ~ *iem. op een dwaalspoor brengen* **3.2** leave the ~ *ontsporen, derailleren* **3.¶** freeze in one's ~s *als aan de grond genageld staan;* keep ~ of *contact houden met; volgen, op de hoogte blijven van, de ontwikkeling bijhouden v.;* lose ~ of *het contact verliezen met, uit het oog verliezen; niet meer op de hoogte blijven van;* ⟨sl.⟩ make ~s *'m smeren, zich uit de voeten maken;* ⟨sl.⟩ make ~ for *achternagaan/zitten, afgaan op* **6.1** be (hot) **on** s.o.'s ~ *iem. (dicht) op de hielen zitten/op het spoor zijn* **6.¶** ⟨AE⟩ **across** the ~s *in de achterbuurten;* ⟨inf.⟩ **in** one's ~s *ter plaatse, ter plekke;* **off** the ~ *naast de kwestie; op het verkeerde pad;*
III ⟨n.-telb.zn.⟩ **0.1** ***loopnummers*** ⟨atletiek⟩ **0.2** ***(lichte) atletiek*** ◆ **1.1** ~ and field (athletics) *(lichte) atletiek*.
track[2] ⟨f2⟩⟨ww.⟩ →tracked
I ⟨onov.ww.⟩ **0.1** ***sporen*** ⇒*in hetzelfde spoor lopen* ⟨v. wielen⟩ **0.2** ***in de (platen)groef lopen*** ⟨v. grammofoonnaald⟩ **0.3** ***zich ontwikkelen zoals voorzien*** **0.4** ***bewegen en filmen*** ⟨v. camera⟩ **0.5** ⟨gesch.; scheep.⟩ ***getrokken/gejaagd worden*** ⟨v. schuit⟩;
II ⟨ov.ww.⟩ **0.1** ***het spoor volgen van*** ⇒*sporen, volgen* **0.2** ***nasporen*** ⇒*traceren, naspeuren* **0.3** ***van een spoor/sporen voorzien*** **0.4** ***afbakenen*** ⇒*plat treden* ⟨pad⟩ **0.5** ***doorkruisen*** ⇒*doorreizen* **0.6** ⟨gesch.; scheep.⟩ ***trekken*** ⇒*jagen* ⟨schuit⟩ **0.7** ⟨AE⟩ ***sporen nalaten van/op*** ◆ **1.5** ~ a desert *een woestijn doorkruisen* **1.7** ~ mud on the floor *een spoor v. modder achterlaten op de vloer;* ~ the snow *sporen nalaten in de sneeuw* **5.1** ~ **down** *opsporen, ontdekken, achterhalen* **5.2** ~ **out** *nasporen, traceren* **5.7** ~ **up** the floor *(modder)sporen achterlaten op de vloer*.
track·age ['trækɪdʒ]⟨n.-telb.zn.⟩ **0.1** ⟨gesch.; scheep.⟩ ***het trekken/jagen*** ⟨v. schuiten⟩ **0.2** ⟨AE⟩ ***spoorwegnet*** **0.3** ⟨AE⟩ ***(vergoeding voor) recht op gebruik v. spoorlijnen v.e. andere maatschappij***.
tracked [trækt]⟨bn.; volt. deelw. v. track⟩ **0.1** ***met rupsbanden*** ◆ **1.1** ~ vehicle *rupsvoertuig*.
track·er ['trækə||-ər], ⟨in bet. 0.3 ook⟩ **'tracker dog** ⟨telb.zn.⟩ **0.1** ***spoorvolger*** ⟨bij jacht⟩ **0.2** ***padvinder*** ⟨lett.⟩ **0.3** ***speurhond*** **0.4** ⟨gesch.; scheep.⟩ ***trekker*** ⟨v. schuit⟩.
'track events ⟨mv.⟩⟨atletiek⟩ **0.1** ***baannummers*** ⇒*loopnummers*.
'track·ing ⟨n.-telb.zn.⟩⟨AE⟩ **0.1** ***groepering v. leerlingen/studenten volgens bekwaamheid/aanleg***.
'track(ing) error ⟨telb.zn.⟩ **0.1** ***fouthoek*** ⟨mbt. pick-up naald⟩.
'tracking station ⟨telb.zn.⟩ **0.1** ***volgstation*** ⟨v. satellieten e.d.⟩.
track·less ['trækləs]⟨bn.⟩ **0.1** ***ongebaand*** **0.2** ***niet op rails lopend*** **0.3** ***spoorloos*** ◆ **1.1** ~ forests *ongebaande wouden* **1.2** ⟨AE⟩ ~ trolley *trolleybus*.
track·man ['trækmən]⟨telb.zn.; trackmen [-mən]; →mv. 3⟩⟨AE⟩ **0.1** ***spoorwachter*** ⇒*onderhoudsman voor sporen*.
'track meet ⟨telb.zn.⟩⟨AE⟩ **0.1** ***atletiekontmoeting/wedstrijd***.
'track record ⟨telb.zn.⟩ **0.1** ***(beschrijving v.) levensloop*** ⇒*lijst v. prestaties/ervaringen,* ⟨ong.⟩ *curriculum vitae*.
'track·road ⟨telb.zn.⟩⟨gesch.; scheep.⟩ **0.1** ***trekweg*** ⇒*trek/jaagpad*.
'track shoe ⟨telb.zn.⟩ **0.1** ***spikes***.
'track·suit ⟨telb.zn.⟩ **0.1** ***trainingspak***.
'track system →tracking.
'track·walk·er ⟨telb.zn.⟩ **0.1** ***wegopzichter*** ⟨v. spoorlijn⟩.
'track·way ⟨telb.zn.⟩ **0.1** ***gebaande weg*** ⇒*(oude) rijweg* **0.2** ***spoorbaan*** **0.3** ⟨gesch.; scheep.⟩ ***trekweg*** ⇒*trek/jaagpad*.
tract [trækt]⟨f2⟩⟨telb.zn.⟩ **0.1** ***uitgestrekt gebied*** ⇒*uitgestrektheid, landstreek* **0.2** ***traktaat(je)*** ⟨vnl. relig., moraal⟩ **0.3** ⟨anat.⟩ ***kanaal*** **0.4** ⟨R.-K.⟩ ***tractus*** **0.5** ⟨vero.⟩ ***tijdsspanne*** ⇒*tijdperk, periode* ◆ **1.1** ~s of desert *woestijngebieden* **2.3** digestive ~ *spijsverteringskanaal;* respiratory ~ *ademhalingskanaal*.
tract·a·bil·i·ty ['træktə'bɪləṭi]⟨n.-telb.zn.⟩ **0.1** ***handelbaarheid*** ⇒*buigzaamheid, gewilligheid, meegaandheid*.
tract·a·ble ['træktəbl]⟨bn.; -ly; -ness; →bijw. 3⟩ **0.1** ***handelbaar*** ⇒*goed te bewerken, buigzaam* ⟨materiaal⟩ **0.2** ***handelbaar*** ⇒*gewillig, meegaand, plooibaar, dociel*.
Trac·tar·i·an[1] [træk'teərɪən||-'terɪən]⟨telb.zn.⟩ **0.1** ***aanhanger v.h. Tractarianisme***.
Tractarian[2] ⟨bn.⟩ **0.1** ***mbt. het Tractarianisme***.
Trac·tar·i·an·ism [træk'teərɪənɪzm||-'ter-]⟨eig.n.⟩ **0.1** ***Tractarianisme*** ⇒*Oxfordbeweging* ⟨19e-eeuwse beweging in Engelse Kerk⟩.
trac·tate ['trækteɪt]⟨telb.zn.⟩ **0.1** ***verhandeling*** ⇒*essay*.
trac·tion ['trækʃn]⟨f1⟩⟨n.-telb.zn.⟩ **0.1** ***tractie*** ⇒*trekking, het (voort)trekken* **0.2** ***het (voort)getrokken worden*** **0.3** ***aantrekking*** **0.4** ***trekkracht*** ⟨v. locomotief⟩ **0.5** ***samentrekking*** ⟨bv. v. spieren⟩ **0.6** ***grip*** ⇒*greep* ⟨v. band/wiel⟩ **0.7** ⟨med.⟩ ***rekking*** ⇒*strekking* **0.8** ⟨AE⟩ ***openbaar vervoer*** ◆ **6.7** a leg **in** ~ *een been in een rekverband*.
trac·tion·al ['trækʃnəl], **trac·tive** ['træktɪv]⟨bn., attr.⟩ **0.1** ***tractie-*** ⇒*trek-*.
'traction engine ⟨telb.zn.⟩ **0.1** ***trekker*** ⇒*tractor*.
'traction wheel ⟨telb.zn.⟩ **0.1** ***drijfrad*** ⇒*trekwiel*.
trac·tor ['træktə||-ər]⟨f2⟩⟨telb.zn.⟩ **0.1** ***trekker*** ⇒*landbouwtrekker, tractor* **0.2** ***trekker*** ⇒*truck* **0.3** ***vliegtuig met trekschroef***.
trad [træd]⟨telb. en n.-telb.zn.⟩⟨verk.⟩ traditional ⟨inf.⟩ **0.1** ***traditional (jazz)***.
trade[1] [treɪd]⟨f3⟩⟨zn.⟩⟨→sprw. 166, 650, 705⟩
I ⟨telb.zn.⟩ **0.1** ⟨vaak mv.⟩ ***passaat(wind)*** **0.2** ⟨AE⟩ ***(handels) transactie*** ⇒*uitwisseling* **0.3** ⟨sl.⟩ ***(homoseksuele) partner*** ⟨vaak i.v.m. prositutie⟩;
II ⟨telb. en n.-telb.zn.⟩ **0.1** ***vak*** ⇒*beroep;* ⟨i.h.b.⟩ *ambacht, handwerk* **0.2** ***handel*** ⇒*zaken* **0.3** ***bedrijfstak*** ⇒*branche* ◆ **1.1** the ~ of a baker *het bakkersberoep;* the tricks of the ~ *de knepen v.h. vak* **1.2** balance of ~ *handels/goederenbalans;* ⟨BE; gesch.⟩ Board of Trade *Ministerie v. Handel;* ⟨AE⟩ board of ~ *kamer v. koophandel;* ⟨B.⟩ *handelskamer;* ⟨BE⟩ Department of Trade and Industry ⟨ong.⟩ *Ministerie v. Economische zaken;* terms of ~ *(handels)ruilvoet* **1.3** the wool ~ *de wolbranche* **2.2** bad/good for ~ *nadelig/bevorderlijk voor de handel* **3.1** learn a ~ *een vak leren* **3.2** do a good ~ *goede zaken doen* **6.1** a butcher **by** ~ *slager v. beroep* **6.2** be **in** ~ *een zaak/winkel hebben;*
III ⟨n.-telb.zn.⟩ **0.1** ***ruilgoederen*** **0.2** ⟨the⟩⟨BE; sl.; scheep.⟩ ***duikbotendienst;***
IV ⟨verz.n.⟩ **0.1** ⟨the⟩ ***(mensen van) het vak*** ⟨producenten, handelaars, soms ook klanten⟩ **0.2** ⟨the⟩⟨BE; inf.⟩ ***tappers*** **0.3** ⟨sl.⟩ ***(homoseksuele) partners*** ⟨vaak i.v.m. prostitutie⟩.
trade[2] ⟨f2⟩⟨ww.⟩
I ⟨onov.ww.⟩ **0.1** ***handel drijven*** ⇒*handelen, zaken doen* **0.2** ***uitwisselen*** ⇒*(om)ruilen* **0.3** ⟨AE⟩ ***klant zijn*** ◆ **5.2** ~ **down** *iets voor iets goedkopers inruilen;* ~ **up** *iets voor iets duurders inruilen* **6.1** ~ **in** silverware *zilverwerk verhandelen;* ~ **to** a country *handel drijven op/zaken doen met een land;* ~ **with** s.o. *met iem. zaken doen* **6.2** ~ **with** s.o. **for** sth. *iets met iem. uitwisselen/ruilen* **6.3** ~ **at/with** a shop *klant zijn van/in een winkel* **6.¶** ~ **(up)on** one's fame *zijn goede naam exploiteren;* she ~s **(up)on** her parents' generosity *ze maakt misbruik van/speculeert op de goedgeefsheid van haar ouders;*
II ⟨ov.ww.⟩ **0.1** ***verhandelen*** ⇒*uitwisselen, (om)ruilen* ◆ **5.1** ~ **in** an old car for a new one *een oude auto voor een nieuwe inruilen;* ~ **off** *inruilen* ⟨als compromis⟩; shares were ~d **down/up** to 690 p. *de aandelen werden goedkoper/duurder verhandeld tegen 690 p.*.
'trade association ⟨telb.zn.⟩ **0.1** ***beroepsvereniging***.
'trade bill ⟨telb.zn.⟩ **0.1** ***handelswissel***.
'trade book ⟨telb.zn.⟩ **0.1** ***algemeen boek*** **0.2** ***handelseditie***.
'trade card ⟨telb.zn.⟩⟨BE⟩ **0.1** ***naamkaartje*** ⟨v. handelaar, handelsreiziger⟩ ⇒*visitekaartje*.
'trade commissioner ⟨telb.zn.⟩ **0.1** ***handelsattaché***.
'trade cycle ⟨telb.zn.⟩⟨BE⟩ **0.1** ***conjunctuur***.
'trade deficit ⟨telb.zn.⟩ **0.1** ***handelstekort***.
'trade 'discount ⟨telb. en n.-telb.zn.⟩ **0.1** ***handelskorting*** ⇒*rabat*.
'trade embargo ⟨telb.zn.⟩ **0.1** ***handelsembargo***.
'trade gap ⟨telb.zn.⟩ **0.1** ***tekort op de handelsbalans***.
'trade guild ⟨telb.zn.⟩ **0.1** ***ambachtsgild(e)***.

'trade-in ⟨zn.⟩
I ⟨telb.zn.⟩ **0.1** ***inruilobject;***
II ⟨telb. en n.-telb.zn.⟩ **0.1** ***inruil.***
'trade journal ⟨telb.zn.⟩ **0.1** ***vakblad.***
'trade-last ⟨telb.zn.⟩⟨inf.⟩ **0.1** ***ruilcompliment*** ⟨compliment van een derde dat doorgegeven wordt in ruil voor een aan de overbrenger⟩.
'trade·mark ⟨f1⟩⟨telb.zn.⟩ **0.1** ***handelsmerk*** ⇒⟨fig.⟩ *typisch kenmerk* ⟨v. persoon⟩.
'trade mission ⟨telb.zn.⟩ **0.1** ***handelsmissie.***
'trade name ⟨telb.zn.⟩ **0.1** ***handelsnaam*** ⇒*handelsbenaming* **0.2** ***firmanaam.***
'trade-off ⟨telb. en n.-telb.zn.⟩ **0.1** ***inruil*** ⟨als compromis⟩ **0.2** ***(evenwichtige) wisselwerking.***
'trade price ⟨telb.zn.⟩ **0.1** ***(groot)handelsprijs.***
trad·er ['treɪdə||-ər]⟨f2⟩⟨telb.zn.⟩ **0.1** ***handelaar*** ⇒*koopman* **0.2** ***handelsvaartuig*** ⇒*koopvaardijschip* **0.3** ***eigenhandelaar*** ⟨op beurs⟩.
'trade relations ⟨mv.⟩ **0.1** ***handelsbetrekkingen.***
'trade relationship ⟨telb. en n.-telb.zn.⟩ **0.1** ***handelsbetrekking.***
'trade school ⟨telb.zn.⟩ **0.1** ***vakschool.***
'trade(s) 'council ⟨telb.zn.⟩ **0.1** ***vakbondscentrale.***
'trade 'secret ⟨telb.zn.⟩ **0.1** ***vakgeheim*** ⇒*handelsgeheim.*
trades·man ['treɪdzmən]⟨f2⟩⟨telb.zn.; tradesmen [-mən]; →mv. 3⟩ **0.1** ***kleinhandelaar*** ⇒*winkelier, neringdoende* **0.2** ***vakman*** ⇒*ambachts/handwerksman.*
'trades·peo·ple, 'trades·folk ⟨mv.⟩ **0.1** ***kleinhandelaars*** ⇒*winkeliers, neringdoenden* ⟨als groep⟩.
trade(s) union ['treɪd(z) 'ju:nɪən]⟨f1⟩⟨telb.zn.⟩ **0.1** ***(vak)bond*** ⇒*vakvereniging,* ⟨B.⟩ *syndicaat.*
'Trades Union 'Congress ⟨eig.n.; the⟩ **0.1** ***Britse vakcentrale.***
'trades·wom·an ⟨telb.zn.⟩ **0.1** ***winkelierster.***
'trade ties ⟨mv.⟩ **0.1** ***handelsbetrekkingen.***
'trade 'unionism ⟨n.-telb.zn.⟩ **0.1** ***vakverenigingswezen.***
'trade 'unionist ⟨telb.zn.⟩ **0.1** ***vakbondslid*** ⇒*aanhanger v.e. vakbond.*
'trade 'union movement ⟨f1⟩⟨verz.n.⟩ **0.1** ***vakbeweging.***
'trade war ⟨telb.zn.⟩ **0.1** ***handelsoorlog.***
'trade wind ⟨telb.zn.⟩ **0.1** ***passaatwind.***
'trading estate ⟨telb.zn.⟩ **0.1** ***industriegebied/terrein.***
'trading partner ⟨telb.zn.⟩ **0.1** ***handelspartner.***
'trading post ⟨telb.zn.⟩ **0.1** ***handelsnederzetting*** ⇒*factorij.*
'trading stamp ⟨telb.zn.⟩ **0.1** ***spaarzegel.***
tra·di·tion [trə'dɪʃn]⟨f3⟩⟨telb. en n.-telb.zn.⟩ **0.1** ***traditie*** ⇒*overlevering* **0.2** ⟨jur.⟩ ***traditie*** ⇒*terhandstelling.*
tra·di·tion·al[1] [trə'dɪʃnəl]⟨telb.zn.⟩ **0.1** ***volkswijs/melodie/liedje.***
traditional[2], ⟨soms⟩ **tra·di·tion·ar·y** [trə'dɪʃənri||-ʃəneri]⟨f3⟩⟨bn.⟩ **0.1** ***traditioneel*** ⇒*overgeleverd, vanouds gebruikelijk* ◆ **1.1** ~ jazz *traditional jazz.*
tra·di·tion·al·ism [trə'dɪʃnəlɪzm]⟨n.-telb.zn.⟩ **0.1** ***traditionalisme.***
tra·di·tion·al·ist [trə'dɪʃnəlɪst]⟨telb.zn.⟩ **0.1** ***traditionalist.***
tra·di·tion·al·ly [trə'dɪʃnəli]⟨f3⟩⟨bw.⟩ **0.1** ***traditiegetrouw*** ⇒*vanouds, van oudsher.*
tra'di·tion·bound ⟨bn.⟩ **0.1** ***traditiegebonden.***
trad·i·tor ['trædɪtər||-dɪṭer]⟨telb.zn.; ook traditores [-'tɔ:ri:z]; →mv. 5⟩⟨relig.⟩ **0.1** ***traditor*** ⇒*verrader, overleveraar* ⟨afvallig vroeg christen die heilige boeken aan vervolgers overleverde⟩.
tra·duce [trə'dju:s||-'du:s]⟨ov.ww.⟩⟨schr.⟩ **0.1** ***kwaadspreken van*** ⇒*belasteren.*
tra·duce·ment [trə'dju:smənt||-'du:s-]⟨n.-telb.zn.⟩⟨schr.⟩ **0.1** ***kwaadsprekerij*** ⇒*laster.*
tra·duc·er [trə'dju:sə||-'du:sər]⟨telb.zn.⟩⟨schr.⟩ **0.1** ***kwaadspreker*** ⇒*lasteraar.*
tra·du·cian·ism [trə'dju:ʃənɪzm||-'du:-]⟨n.-telb.zn.⟩⟨relig.⟩ **0.1** ***traducianisme*** ⟨leer v.d. overdracht v.d. ziel v. ouders op kinderen⟩.
traf·fic[1] ['træfɪk]⟨f3⟩⟨zn.⟩
I ⟨telb. en n.-telb.zn.⟩ **0.1** ***handel*** ⇒*koophandel* **0.2** ***zwarte handel*** ◆ **6.1** ~ **in** wood *handel in hout* **6.2** ~ **in** drugs *drughandel;*
II ⟨n.-telb.zn.⟩ **0.1** ***verkeer*** ⇒*vervoer, transport* **0.2** ⟨vero.⟩ ***verkeer*** ⇒*omgang, contact(en).*
traffic[2] ⟨f1⟩⟨ww.; →ww. 7⟩
I ⟨onov.ww.⟩ **0.1** ***handel drijven*** ⇒*handelen, zaken doen* **0.2** ***zwarte handel drijven*** ⇒*sjacheren* ◆ **6.¶** ~ **in** arms **with** s.o. *met iem. wapenhandel drijven;*
II ⟨ov.ww.⟩ **0.1** ***handel drijven in*** ⇒*verhandelen, handelen in, ruilen* **0.2** ***zwart verhandelen*** ⇒*sjacheren met* ◆ **5.¶** ~ **away** *verkwanselen.*
traf·fi·ca·tor ['træfɪkeɪtə||-keɪṭər]⟨f1⟩⟨telb.zn.⟩⟨vnl. BE⟩ **0.1** ***richtingaanwijzer.***
'traffic block ⟨telb.zn.⟩⟨BE⟩ **0.1** ***(verkeers)opstopping.***
'traffic bollard ⟨telb.zn.⟩ **0.1** ***verkeerspaaltje*** ⟨op vluchtheuvel⟩.
'traffic circle ⟨f1⟩⟨telb.zn.⟩⟨AE⟩ **0.1** ***rotonde*** ⇒*(rond) verkeersplein.*
'traffic cop ⟨telb.zn.⟩⟨BE; inf.⟩ **0.1** ***verkeersagent(e).***
'traffic diversion ⟨telb.zn.⟩ **0.1** ***(weg)omlegging.***
'traffic island ⟨f1⟩⟨telb.zn.⟩ **0.1** ***vluchtheuvel*** ⇒*eilandje.*
'traffic jam ⟨f1⟩⟨telb.zn.⟩ **0.1** ***(verkeers)opstopping.***
traf·fick·er ['træfɪkə||-ər]⟨f1⟩⟨telb.zn.⟩ **0.1** ***handelaar*** ⇒*trafikant* **0.2** ***zwartehandelaar*** ⇒*sjacheraar.*
'traffic lane ⟨f1⟩⟨telb.zn.⟩ **0.1** ***rijstrook.***
'traffic light, 'traffic signal ⟨f1⟩⟨telb.zn.; vaak mv.⟩ **0.1** ***verkeerslicht*** ⇒*stoplicht* ◆ **3.1** ⟨inf.⟩ shoot the traffic lights *door rood rijden.*
'traffic manager ⟨telb.zn.⟩ **0.1** ***exploitatiechef v. vervoerbedrijf.***
'traffic policeman ⟨telb.zn.⟩ **0.1** ***verkeersagent.***
'traffic regulation ⟨telb. en n.-telb.zn.⟩ **0.1** ***verkeersregel(ing)*** ⇒*het regelen v.h. verkeer;* ⟨in mv.⟩ *verkeersreglement/voorschriften.*
'traffic sign ⟨f1⟩⟨telb.zn.⟩ **0.1** ***verkeersteken*** ⇒*verkeersbord.*
'traffic warden ⟨f1⟩⟨telb.zn.⟩⟨BE⟩ **0.1** ***parkeercontroleur/controleuse*** **0.2** ***verkeersagent(e).***
trag·a·canth ['trægəkænθ||'trædʒəkænθ]⟨zn.⟩⟨plantk.⟩
I ⟨telb.zn.⟩ **0.1** ***hokjespeul*** ⟨genus Astragalus⟩ ⇒⟨i.h.b.⟩ *traga(ca)ntstruik* ⟨A. gummifer⟩;
II ⟨n.-telb.zn.⟩ **0.1** ***dragant*** ⇒*tragant(gom)* ⟨uit A. gummifer⟩.
tra·ge·di·an [trə'dʒi:dɪən]⟨f1⟩⟨telb.zn.⟩ **0.1** ***tragicus*** ⇒*treurspeldichter(es), treurspeler/speelster* **0.2** ***treur(spel)speler/speelster*** ⇒*tragédienne.*
tra·ge·di·enne [trə'dʒi:di'en]⟨telb.zn.⟩ **0.1** ***tragédienne.***
trag·e·dy ['trædʒɪdi]⟨f3⟩⟨telb. en n.-telb.zn.; →mv. 2⟩ **0.1** ***tragedie*** ⇒*drama, treurspel* **0.2** ***tragedie*** ⇒*tragiek, het tragische.*
trag·ic[1] ['trædʒɪk]⟨telb.zn.⟩ **0.1** ***tragicus*** ⇒*treurspeldichter(es), treurspeler/speelster.*
tragic[2], **trag·i·cal** ['trædʒɪkl]⟨f3⟩⟨bn.; -(al)ly; →bijw. 3⟩
I ⟨bn.⟩ **0.1** ***tragisch*** ⇒*treurig, droevig* ◆ **1.1** a ~ event *een tragische/droevige gebeurtenis;*
II ⟨bn., attr.⟩ **0.1** ***tragisch*** ⇒*tragedie-, treurspel-* ◆ **1.1** a ~ actor *een treur(spel)speler;* ~ drama *de tragedie* ⟨als genre⟩; ~ irony *tragische ironie;* a ~ poet *een tragisch(e) dichter(es)/treurspeldichter(es).*
trag·i·com·e·dy ['trædʒi'kɒmɪdi||-'kɑ-]⟨telb. en n.-telb.zn.; →mv. 2⟩ **0.1** ***tragikomedie.***
trag·i·com·ic ['trædʒi'kɒmɪk||-'kɑ-], **trag·i·com·i·cal** [-ɪkl]⟨bn.; -(al)ly; →bijw. 3⟩ **0.1** ***tragikomisch.***
trag·o·pan ['trægəpæn]⟨telb.zn.⟩⟨dierk.⟩ **0.1** ***saterhoen*** ⟨genus Tragopan⟩.
tra·hi·son des clercs [traɪ'zɔ̃ deɪ 'kleə||-'kler]⟨telb.zn.; trahisons des clercs [-zɔ̃-]; →mv. 5⟩ **0.1** ***verraad der intellectuelen.***
trail[1] [treɪl]⟨f3⟩⟨telb.zn.⟩ **0.1** ⟨ben. voor⟩ ***iets dat (na)sleept*** ⇒*sleep; staart* ⟨v. affuit, meteoor⟩ **0.2** ***sleep*** ⇒*gesleep, getrek, sleepbeweging* **0.3** ***slier(t)*** ⇒*stroom, rij, rist* **0.4** ***rank*** ⟨v. plant, als siermotief⟩ **0.5** ***spoor*** ⇒*pad* **0.6** ***spoor*** ⇒*prent* ⟨v. dier⟩; *geur (vlag)* ⟨als spoor⟩ ◆ **1.3** ~s of smoke *rookslierten;* ~s of people *rijen/stromen mensen* **1.5** a ~ of blood *een bloedspoor;* a ~ of destruction *een spoor v. vernieling* **2.6** be hard/hot on s.o.'s ~ *iem. op de hielen/dicht achterna zitten* **3.5** blaze a ~ *een pad markeren (door ontschorsing);* ⟨fig.⟩ *de weg banen, baanbrekend/pionierswerk verrichten* **3.¶** ⟨vnl. AE; inf.⟩ hit the ~ *gaan reizen/trekken* **6.5** **on** the ~ of *op het spoor van;* **off** the ~ *het spoor bijster.*
trail[2] ⟨f3⟩⟨ww.⟩
I ⟨onov.ww.⟩ **0.1** ***slepen*** ⇒*slieren, loshangen* **0.2** ***zich slepen*** ⇒*zich voortsleuren, strompelen* **0.3** ***drijven*** ⇒*stromen* ⟨vnl. v. rook⟩ **0.4** ***kruipen*** ⟨v. planten⟩ **0.5** ⟨sport⟩ ***achterliggen*** ⇒*achterstaan, achteraankomen* ◆ **5.1** her gown was ~ing **along** on the ground *haar japon sleepte over de grond* **5.¶** his voice ~ed **away/off** *zijn stem stierf weg;* he ~ed **off** *hij droop af;*
II ⟨ov.ww.⟩ **0.1** ***slepen*** ⇒*sleuren, slieren* **0.2** ***nasporen*** ⇒*volgen, schaduwen* **0.3** ***banen*** ⇒*effenen* ⟨pad, weg⟩ **0.4** ***een pad/weg banen door*** **0.5** ***met rankwerk versieren*** ⟨aardewerk⟩ **0.6** ***(uit)rekken*** ⟨bv. toespraak⟩ **0.7** ⟨sport⟩ ***achterliggen op*** ⇒*achterstaan op, komen achter* ◆ **1.1** ~ one's limbs *zijn ledematen meeslepen, zich voortslepen* **1.3** ~ a path *een pad effenen* **1.4** ~ the grass *het gras platlopen* **4.1** ~ o.s. *zich (voort)slepen, strompelen.*
'trail bike ⟨telb.zn.⟩⟨AE⟩ **0.1** ***crossmotor.***
'trail·blaz·er ⟨telb.zn.⟩ **0.1** ***iem. die een pad baant*** **0.2** ***wegbereider*** ⇒*pionier.*
trail·er ['treɪlə||-ər], ⟨in bet. 0.8 ook⟩ **'trail·ing wheel** ⟨f2⟩⟨telb.zn.⟩ **0.1** ***sleper*** **0.2** ***speurder*** **0.3** ***speurhond*** **0.4** ***kruipplant*** **0.5** ***trailer*** ⇒*aanhangwagen, oplegger* **0.6** ⟨vnl. AE⟩ ***trailer*** ⇒*caravan* **0.7** ⟨film.⟩ ***trailer*** **0.8** ⟨tech.⟩ ***sleepwiel*** ⟨niet aangedreven wiel⟩.
'trailer park ⟨telb.zn.⟩⟨AE⟩ **0.1** ***camper/caravanterrein.***

'trailing arm ⟨telb.zn.⟩⟨atletiek⟩ **0.1** ***achterste arm*** ⟨bij hordenloop⟩.
'trailing edge ⟨telb.zn.⟩⟨tech.⟩ **0.1** ***achterrand v. vliegtuigvleugel.***
'trailing leg ⟨telb.zn.⟩⟨atletiek⟩ **0.1** ***achterste been*** ⇒*afzetbeen, sprongbeen.*
'trail net ⟨telb.zn.⟩ **0.1** ***sleepnet.***
train[1] [treɪn]⟨f3⟩⟨telb.zn.⟩ **0.1** ***trein*** **0.2** ***sleep*** ⟨vnl. v. japon⟩ ⇒⟨fig.⟩ *nasleep* **0.3** ***gevolg*** ⇒*stoet, sleep* **0.4** ***rij*** ⇒*reeks, rist, opeenvolging;* ⟨fig.⟩ *aaneenschakeling, keten, gang, loop* **0.5** ⟨mil.⟩ ***trein*** ⇒*tros, artillerie/belegeringstrein* **0.6** ⟨tech.⟩ ***tandwieltrein*** ⇒*raderwerk, drijfwerk* **0.7** ⟨Can. E⟩ ***slede*** ⟨i.h.b. voor vracht⟩ **0.8** ***loopvuur*** ⟨om explosieven te ontsteken⟩ **0.9** ***pronkstaart*** ⟨bv. v. pauw⟩ **0.10** ***staart*** ⟨v. komeet/affuit⟩ ◆ **1.4** a ~ of events *een aaneenschakeling v. gebeurtenissen;* a ~ of thoughts *een gedachtengang* **6.1** **by** ~ *per/met de trein;* **on** the ~ *in de trein;* get **on** a ~ *(op een trein) opstappen;* get **off** the ~ *(uit de trein) uitstappen* **6.2** **in** the ~ **of** *als nasleep van* **6.4** preparations are **in** ~ *de voorbereidingen zijn aan de gang/en train.*
train[2] ⟨f4⟩⟨ww.⟩ →trained, training
I ⟨onov.ww.⟩ **0.1** ***(zich) trainen*** ⇒*(zich) oefenen* **0.2** ***een opleiding volgen*** ⇒*studeren* **0.3** ⟨inf.⟩ ***sporen*** ⇒*met de trein gaan* **0.4** ⟨AE; inf.⟩ ***meedoen*** ⇒*zich aansluiten* ◆ **3.2** he is ~ing to be a lawyer *hij volgt een opleiding/studeert voor advocaat* **5.1** ~ **down** *zich trainen om gewicht te verliezen* **6.2** he is ~ing **as** a priest/**for** the priesthood *hij volgt de priesteropleiding/studeert voor priester* **6.4** ~ **with** *zich aansluiten bij, meedoen/omgaan met;*
II ⟨ov.ww.⟩ **0.1** ***trainen*** ⇒*oefenen* **0.2** ***trainen*** ⇒*africhten, drillen, dresseren* ⟨dier⟩ **0.3** ***opleiden*** ⇒*scholen, opvoeden* **0.4** ***leiden*** ⟨plant⟩ **0.5** ***richten*** ⇒*mikken* ◆ **5.1** ~ s.o. **down** *iem. door training gewicht doen verliezen* **5.3** their soldiers were ~ed **up** to a high level *hun soldaten werden tot een hoog niveau opgeleid* **6.3** ~ s.o. **for/to** *iem. opleiden voor* **6.5** the guns are ~ed **(up)on** the camp *de kanonnen zijn op het kamp gericht.*
train·a·ble ['treɪnəbl]⟨bn.⟩ **0.1** ***te trainen*** ⇒*op te leiden, opvoedbaar.*
'train·band ⟨verz.n.⟩⟨gesch.⟩ **0.1** ***afdeling v. Eng./Am. burgermilitie*** ⟨16e-18e eeuw⟩.
'train·bear·er ⟨telb.zn.⟩ **0.1** ***sleepdrager/draagster*** **0.2** ⟨dierk.⟩ ***sylf*** ⟨Z.-Am. kolibrie; Lesbia victoriae⟩.
trained [treɪnd]⟨f1⟩⟨bn.; volt. deelw. v. train⟩ **0.1** ***getraind*** ⇒*geoefend, ervaren, met ervaring, geschoold* **0.2** ***met sleep*** **0.3** ***geleid*** ⇒*lei-* ⟨v. planten⟩ ◆ **1.1** ~ nurse *geschoold/gediplomeerd verpleegster* **1.2** ~ gown *sleepjapon* **1.3** ~ tree *leiboom.*
train·ee ['treɪ'ni:]⟨f1⟩⟨telb.zn.⟩ **0.1** ***stagiair(e)*** **0.2** ***rekruut.***
train·er ['treɪnə‖-ər]⟨f1⟩⟨telb.zn.⟩ **0.1** ***trainer*** ⇒*oefenmeester* **0.2** ***trainer*** ⇒*opleider* **0.3** ⟨vnl. mv.⟩ ***trainingsschoen*** ⇒*sportschoen* **0.4** ***trainer*** ⇒*africhter* **0.5** ⟨ben. voor⟩ ***oefentoestel*** ⇒*oefenvliegtuig; vluchtsimulator* **0.6** ⟨AE; mil.⟩ ***marinier die kanon horizontaal richt.***
'train ferry ⟨telb.zn.⟩ **0.1** ***(trein)ferry.***
train·ing ['treɪnɪŋ]⟨f2⟩⟨telb. en n.-telb.zn.; (oorspr.) gerund v. train⟩ **0.1** ***training*** ⇒*oefening, opleiding, scholing, instructie, exercitie* ◆ **2.1** physical ~ *conditietraining* **6.1** **in** ~ *in training; in conditie/vorm;* go **into** ~ *op training gaan, gaan trainen;* **out of** ~ *niet in conditie/vorm.*
'training board ⟨telb.zn.⟩⟨BE⟩ **0.1** ***officiële raad voor vakopleiding*** ⟨één per industrietak⟩.
'training college ⟨telb. en n.-telb.zn.⟩ **0.1** ***kweekschool*** ⟨i.h.b. voor leraren⟩.
'training school ⟨telb. en n.-telb.zn.⟩ **0.1** ***opleidingsschool*** **0.2** ⟨AE⟩ ***tuchtschool*** ⇒⟨in België⟩ *instelling.*
'train·ing-ship ⟨telb.zn.⟩ **0.1** ***opleidingsvaartuig.***
'training shoes ⟨mv.⟩ **0.1** ***trainingsschoenen.***
'train·load ⟨telb.zn.⟩ **0.1** ***treinlading.***
train·man ['treɪnmən]⟨telb.zn.; trainmen [-mən]; →mv. 3⟩⟨AE⟩ **0.1** ***treinbeambte*** ⟨vnl. die voor de remmen zorgt⟩.
'train oil ⟨n.-telb.zn.⟩ **0.1** ***walvistraan*** ⇒*levertraan.*
'train robbery ⟨telb. en n.-telb.zn.⟩ **0.1** ***treinroof.***
'train·sick ⟨bn.⟩ **0.1** ***treinziek.***
'train spotter ⟨telb.zn.⟩ **0.1** ***treinenspotter*** ⇒*treinnummerverzamelaar.*
'train station ⟨f1⟩⟨telb.zn.⟩ **0.1** ***(spoorweg)station.***
traipse[1], **trapse, trapes** [treɪps]⟨telb.zn.⟩⟨inf.⟩ **0.1** ***slons*** **0.2** ***afmattende voettocht*** ⇒*vermoeiende wandeling, gesleep.*
traipse[2], **trapse, trapes** ⟨f1⟩⟨ww.⟩⟨inf.⟩
I ⟨onov.ww.⟩ **0.1** ***sjouwen*** ⇒*slepen, moeizaam lopen, trekken* **0.2** ***slenteren*** ⇒*rondlopen/hangen, rondneuzen* ◆ **5.1** ~ **along** *voortsjouwen;* ~ **away** *wegtrekken* **5.2** ~ **about** *rondslenteren;*
II ⟨ov.ww.⟩ **0.1** ***slenteren langs*** ⇒*aflopen* ◆ **1.1** ~ the street *de straat af/doorslenteren.*
trait [treɪt]⟨f2⟩⟨telb.zn.⟩ **0.1** ***trek*** ⇒*gelaatslijn/trek* **0.2** ***trek(je)*** ⇒*karaktertrek/eigenschap, neiging, gewoonte* **0.3** ***trek*** ⇒*toets, haal, (penseel)streek.*
trai·tor ['treɪtə‖'treɪt̬ər]⟨f2⟩⟨telb.zn.⟩ **0.1** ***verrader*** ⇒*overloper* ◆ **3.1** turn ~ *een/tot verrader worden* **6.1** a ~ **to** his country *een landverrader.*
trai·tor·ous ['treɪt̬ərəs]⟨bn.; -ly; -ness⟩ **0.1** ***verraderlijk.***
trai·tress ['treɪtrɪs]⟨telb.zn.⟩ **0.1** ***verraadster*** ⇒*overloopster.*
tra·jec·to·ry [trə'dʒektri]⟨f1⟩⟨telb.zn.; →mv. 2⟩ **0.1** ***baan*** ⟨v. projectiel⟩ **0.2** ⟨wisk.⟩ ***trajectorie.***
tra·la [trə'lɑ:]⟨tussenw.⟩ **0.1** ***tralala.***
tram[1] [træm], ⟨in bet. I 0.1 ook⟩ **'tram·car,** ⟨in bet. II 0.1 ook⟩ **'tram silk** ⟨f1⟩⟨zn.⟩
I ⟨telb.zn.⟩ **0.1** ⟨vnl. BE⟩ ***tram*** ⇒*trem, tram/tremwagen* **0.2** ⟨vnl. BE⟩ ***tramrail*** **0.3** ⟨AE⟩ ***kabelwagen*** **0.4** ⟨mijnw.⟩ ***(ijzeren) hond*** ⇒*kolenwagen* ⟨in mijn⟩ **0.5** ⟨tech.⟩ ***justeerapparaat*** ⇒*regeltoestel* ◆ **6.1** **by** ~ *met de tram;*
II ⟨n.-telb.zn.⟩ **0.1** ***inslaggaren*** ⇒*inslagzijde* **0.2** ⟨tech.⟩ ***justering*** ⇒*in/afstelling.*
tram[2] ⟨ww.⟩
I ⟨onov.ww.⟩ **0.1** ***trammen*** ⇒*tremmen;*
II ⟨ov.ww.⟩⟨mijnw.⟩ **0.1** ***met de (ijzeren) hond/kolenwagen vervoeren.***
'tram·line ⟨f1⟩⟨zn.⟩⟨BE⟩
I ⟨telb.zn.⟩ **0.1** ⟨vnl. mv.⟩ ***tramrail*** ⇒*tramspoor* **0.2** ***tramlijn;***
II ⟨mv.; ~s⟩ **0.1** ***grondregels*** ⇒*principes* **0.2** ⟨inf.; tennis⟩ ***tramrails*** ⇒*'fietspad'* ⟨dubbele zijlijnen⟩.
tram·mel[1], **tram·el, tram·ell** ['træml]⟨zn.⟩
I ⟨telb.zn.⟩ **0.1** ***schakelnet*** **0.2** ***vogelnet*** **0.3** ***ellipspasser*** **0.4** ***stokpasser*** **0.5** ***beenkluister*** ⟨om paard telgang aan te leren⟩ **0.6** ⟨tech.⟩ ***justeerapparaat*** ⇒*regeltoestel* **0.7** ⟨AE⟩ ***haal*** ⇒*heugel* ⟨in open haard⟩;
II ⟨mv.; ~s⟩ **0.1** ***kluisters*** ⟨alleen fig.⟩ ⇒*keurslijf, belemmering* ◆ **1.1** the ~s of etiquette *het keurslijf v.d. etiquette.*
trammel[2], **tramel, tramell** ⟨ov.ww.; →ww. 7⟩ **0.1** ***kluisteren*** ⟨ook fig.⟩ ⇒*belemmeren, (ver)hinderen, tegenhouden* **0.2** ***vangen*** ⇒*verstrikken* ◆ **5.2** ~ **up** *verstrikken.*
'trammel net ⟨telb.zn.⟩ **0.1** ***schakelnet*** **0.2** ***vogelnet.***
tra·mon·tane[1] [trə'mɒnteɪn‖-'mɑn-], ⟨in bet. 0.4 ook⟩ **tra·mon·ta·na** ['træmɒn'tɑ:nə‖-moʊn-]⟨telb.zn.⟩ **0.1** ***iem. die aan de overzijde v.d. bergen woont*** ⟨i.h.b. ten noorden v.d. Alpen⟩ **0.2** ***vreemdeling*** ⇒*buitenlander* **0.3** ***onbeschaafd mens*** ⇒*barbaar* **0.4** ***tramontane*** ⟨koude Adriatische noordenwind⟩.
tramontane[2] ⟨bn.⟩ **0.1** ***van over de bergen*** ⟨i.h.b. v.d. noordkant v.d. Alpen⟩ **0.2** ***vreemd*** ⇒*buitenlands* **0.3** ***onbeschaafd*** ⇒*barbaars* **0.4** ***noordelijk*** ⇒*noorden-* ⟨mbt. wind, i.h.b. de tramontane⟩.
tramp[1] [træmp], ⟨in bet. I 0.5 ook⟩ **'tramp steamer** ⟨f1⟩⟨zn.⟩
I ⟨telb.zn.⟩ **0.1** ***tred*** ⇒*zware stap, stamp* **0.2** ***voettocht*** ⇒*trektocht, mars* **0.3** ***zoolbeslag*** **0.4** ***tramp*** ⇒*vagebond, zwerver, landloper* **0.5** ***tramp(boot)*** ⇒*vrachtzoeker, wilde boot* **0.6** ⟨sl.⟩ ***slet*** ⇒*lichtekooi* ◆ **6.2** **on** the ~ *op de dool, de boer op;*
II ⟨n.-telb.zn.⟩ **0.1** ***getrappel*** ⇒*gestamp, geloop.*
tramp[2] ⟨f2⟩⟨ww.⟩
I ⟨onov.ww.⟩ **0.1** ***stappen*** ⇒*marcheren, benen, stampen* **0.2** ***lopen*** ⇒*trekken, wandelen, een voettocht maken* **0.3** ***rondzwerven*** ⇒*rondtrekken/dolen;*
II ⟨ov.ww.⟩ **0.1** ***aflopen*** ⇒*afzwerven, doorlopen* **0.2** ***trappen op*** ⇒*stampen op, vertrappelen, vertreden* ◆ **4.¶** ⟨inf.⟩ ~ it *lopen, trekken, te voet gaan* **5.2** ~ **down** *vertreden, vertrappen, plattrappen.*
tram·ple[1] ['træmpl]⟨telb.zn.⟩ **0.1** ***getrappel.***
trample[2] ⟨f1⟩⟨ww.⟩
I ⟨onov.ww.⟩ **0.1** ***trappe(le)n*** ⇒*stappen, treden* ◆ **5.1** ~ **about** *rondstappen/marcheren* **6.1** ~ **(up)on** *trappen op, vertrapp(el)en;* ⟨fig.⟩ *met voeten treden;* ~ **on** s.o.'s feelings *iemands gevoelens kwetsen;*
II ⟨ov.ww.⟩ **0.1** ***vertrapp(el)en*** ⇒*trappen op, vertreden* ◆ **1.1** ~ to death *doodtrappen/stampen;* ~ under foot *onder de voet lopen;* ⟨fig.⟩ *met voeten treden.*
tram·pler ['træmplə‖-ər]⟨telb.zn.⟩ **0.1** ***trapper*** ⇒*trappelaar.*
tram·po·line[1] ['træmpəli:n‖'træmpə'li:n]⟨f1⟩⟨telb.zn.⟩ **0.1** ***trampoline.***
trampoline[2] ⟨onov.ww.⟩ →trampolining **0.1** ***(op de) trampoline springen.***
tram·po·lin·ing ['træmpəli:nɪŋ]⟨n.-telb.zn.; gerund v. trampoline⟩ **0.1** ***(het) trampolinespringen.***
'tram·way ⟨telb.zn.⟩⟨BE⟩ **0.1** ***tramweg*** **0.2** ***tramspoor.***
trance[1] [trɑ:ns‖træns]⟨f1⟩⟨telb. en n.-telb.zn.⟩ **0.1** ***trance*** ⇒*bedwelming, verlaagd/gewijzigd bewustzijn, droomtoestand, hypnose, extase, geestvervoering/verrukking* **0.2** ***catalepsie*** ⇒*schijndood* ◆ **3.1** fall/go into a ~ *in trance geraken;* send s.o. into a ~ *iem. in trance brengen* **6.1** be **in** a ~ *in trance zijn.*

trance[2] ⟨ov.ww.⟩⟨schr.⟩ **0.1** ***in trance/extase brengen***.
tranche [trɑ:nʃ||trɑnʃ]⟨telb.zn.⟩ **0.1** ***tranche*** ⇒*deel* ⟨v.e. lening⟩.
tran·ny ['træni]⟨telb.zn.⟩⟨vnl. BE; inf.⟩ **0.1** ***transistor(radio)***.
tran·quil ['træŋkwɪl]⟨f2⟩⟨bn.; -ly; -ness⟩ **0.1** ***kalm*** ⇒*gerust, rustig, bedaard, tranquil* **0.2** ***sereen*** ⇒*vredig* ◆ **1.2** ~ waters *vredige/rimpelloze waters*.
tran·quil·li·ty, ⟨AE sp. soms⟩ **tran·quil·i·ty** [træŋ'kwɪləṭi]⟨f1⟩⟨n.-telb.zn.⟩ **0.1** ***kalmte*** ⇒*rust(igheid), gerustheid, tranquilliteit*.
tran·quil·li·za·tion, -sa·tion ['træŋkwɪlaɪ'zeɪʃn||-lə-]⟨telb. en n.-telb.zn.⟩ **0.1** ***kalmering*** ⇒*bedaring*.
tran·quil·lize, -lise ['træŋkwɪlaɪz]⟨onov. en ov.ww.⟩ **0.1** ***kalmeren*** ⇒*(doen) bedaren, tot bedaren/rust brengen/komen*.
tran·quil·liz·er, -lis·er ['træŋkwɪlaɪzə||-ər]⟨f1⟩⟨telb.zn.⟩ **0.1** ***tranquillizer*** ⇒*kalmerend middel*.
trans ⟨afk.⟩ transaction, transitive, translated, translation, translator, transportation, transpose, transposition, transverse.
trans- [træns, trænz] **0.1** ***trans-*** ⇒*over-, ver-, door-, -om* ◆ **¶.1** transcribe *transcriberen, overschrijven;* transform *transformeren, omzetten;* transpose *verplaatsen;* translucid *doorschijnend*.
trans·act [træn'zækt]⟨f1⟩⟨ww.⟩
I ⟨onov.ww.⟩ **0.1** ***zaken doen/afhandelen/afwikkelen*** ⇒*onderhandelen* **0.2** ***transigeren*** ⇒*een vergelijk treffen, een compromis sluiten;*
II ⟨ov.ww.⟩ **0.1** ***verrichten*** ⇒*doen, afhandelen, afwikkelen* ◆ **1.1** ~ business with s.o. *met iem. zaken doen/afhandelen*.
trans·ac·tion [træn'zækʃn]⟨f2⟩⟨zn.⟩
I ⟨telb.zn.⟩ **0.1** ***transactie*** ⇒*zaak, verrichting, handelsovereenkomst* ◆ **2.1** commercial ~s *handelsverkeer;*
II ⟨telb. en n.-telb.zn.⟩ **0.1** ***afhandeling*** ⇒*afwikkeling, uitvoering* **0.2** ⟨jur.⟩ ***transactie*** ⇒*schikking, vergelijk;*
III ⟨mv.; ~s⟩ **0.1** ***handelingen*** ⇒*rapport, verslagen* ◆ **1.1** the Transactions of the Philological Society *de Handelingen v.h. Filologisch Genootschap*.
trans·ac·tor [træn'zæktə||-ər]⟨telb.zn.⟩ **0.1** ***uitvoerder*** ⇒*afhandelaar, afwikkelaar* **0.2** ***onderhandelaar***.
trans·al·pine ['trænz'ælpaɪn]⟨bn., attr.⟩ **0.1** ***transalpijns*** ⟨vnl. gezien vanuit Italië⟩.
trans·at·lan·tic ['trænzət'lænṭɪk]⟨f1⟩⟨bn.⟩ **0.1** ***transatlantisch*** ⟨Amerikaans voor Europa; Europees voor Amerika⟩ **0.2** ***transatlantisch*** ⟨over de Atlantische Oceaan⟩ ◆ **1.2** ~ flights *transatlantische vluchten*.
trans·ceiv·er [træn'si:və||-ər]⟨telb.zn.⟩⟨radio⟩ **0.1** ***zendontvanger*** ⇒*zend-ontvangapparaat*.
tran·scend [træn'send]⟨f2⟩⟨ww.⟩
I ⟨onov.ww.⟩⟨vero.⟩ **0.1** ***uitmunten*** ⇒*uitblinken;*
II ⟨ov.ww.⟩ **0.1** ***te boven gaan*** ⇒*uitreiken boven, transcenderen* **0.2** ***overtreffen*** ◆ **1.1** it ~s the human mind *het gaat het menselijke verstand te boven* **4.2** he ~s himself *hij overtreft zichzelf*.
tran·scen·dence [træn'sendəns], **tran·scen·den·cy** [-si]⟨f1⟩⟨n.-telb.zn.⟩ **0.1** ***superioriteit*** ⇒*voortreffelijkheid* **0.2** ⟨fil., relig.⟩ ***transcendentie***.
tran·scen·dent [træn'sendənt]⟨f1⟩⟨bn.; -ly; -ness⟩ **0.1** ***superieur*** ⇒*alles/allen overtreffend, buitengewoon, excellent, voortreffelijk* **0.2** ⟨fil., relig.⟩ ***transcendent*** ⇒*buiten/bovenaards, boven/buitenzintuiglijk, onkenbaar, onvatbaar* **0.3** ⟨wisk.⟩ ***transcendent (aal)*** ◆ **1.3** pi is a ~ number *pi is een transcendent getal*.
tran·scen·den·tal ['trænsen'denṭl]⟨bn.; -ly⟩ **0.1** ⟨fil.⟩ ***transcendentaal*** ⇒⟨i.h.b. bij Kant⟩ *apriorisch, a priori, reëel* **0.2** ***transcendentaal*** ⇒*bovenzinnelijk/zintuiglijk* **0.3** ***geëxalteerd*** ⇒*mystisch, visionair* **0.4** ***abstract*** ⇒*duister, vaag* **0.5** ⟨wisk.⟩ ***transcendent(aal)*** ◆ **1.1** ~ cognition *transcendentale/a priori kennis;* ~ object *reëel object;* ~ unity *transcendentale eenheid* **1.2** ~ meditation *transcendente meditatie* **1.5** ~ function *transcendentale functie;* ~ number *transcendent getal*.
tran·scen·den·tal·ism ['trænsen'denṭlɪzm]⟨n.-telb.zn.⟩⟨fil.⟩ **0.1** ***transcendentalisme*** ⇒*transcendentale filosofie*.
tran·scen·den·tal·ist ['trænsen'denṭlɪst]⟨telb.zn.⟩⟨fil.⟩ **0.1** ***transcendentaal filosoof***.
trans·con·ti·nen·tal ['trænskɒntɪ'nentl||-kɑntn'enṭl]⟨bn.⟩ **0.1** ***transcontinentaal***.
tran·scribe [træn'skraɪb]⟨f2⟩⟨ov.ww.⟩ **0.1** ***transcriberen*** ⇒*voluit schrijven* ⟨stenogram⟩, *over/afschrijven, (in een andere spelling/tekens) overbrengen, in fonetisch schrift omzetten,* ⟨muz.⟩ *bewerken, in een andere zetting overbrengen* **0.2** ⟨radio⟩ ***opnemen*** ⟨voor latere uitzending⟩ ◆ **6.1** ~ the music **for** organ *de muziek voor orgel bewerken;* ~ books **into** braille *boeken in brailleschrift transcriberen*.
tran·scrib·er [træn'skraɪbə||-ər]⟨telb.zn.⟩ **0.1** ***overschrijver*** ⇒*afschrijver, kopiist* **0.2** ***transcribeerder***.
tran·script ['trænskrɪpt]⟨f1⟩⟨telb.zn.⟩ **0.1** ***afschrift*** ⇒*kopie*.
tran·scrip·tion [træn'skrɪpʃn]⟨f2⟩⟨telb. en n.-telb.zn.⟩ **0.1** ***transcriptie*** ⇒*afschrift, het over/afschrijven,* ⟨muz.⟩ *bewerking, omzetting, arrangement* **0.2** ⟨radio⟩ ***opname*** ⟨voor latere uitzending⟩.
tran·scrip·tion·al [træn'skrɪpʃnəl]⟨bn., attr.; -ly⟩ **0.1** ***transcriptie-*** ⇒*afschrijf-, overschrijf-*.
tran·scrip·tive [træn'skrɪptɪv]⟨bn.; -ly⟩ **0.1** ***overschrijvend*** ⇒*imitatief, nabootsend*.
trans·duc·er [trænz'dju:sə, træns-||-'du:sər]⟨telb.zn.⟩⟨tech.⟩ **0.1** ***transductor*** ⇒*omvormer, omzetter*.
trans·duc·tion [trænz'dʌkʃn, træns-]⟨telb. en n.-telb.zn.⟩⟨genetica⟩ **0.1** ***transductie***.
trans·earth ['trænz'ɜ:θ||-'ɜrθ]⟨bn., attr.⟩⟨ruim.⟩ **0.1** ***voorbij de aarde*** ⇒*om de aarde heen;* ⟨oneig.⟩ *naar de aarde (toe)* ⟨v. baan⟩.
tran·sect [træn'sekt]⟨ov.ww.⟩ **0.1** ***dwars doorsnijden***.
tran·sec·tion [træn'sekʃn]⟨zn.⟩
I ⟨telb.zn.⟩ **0.1** ***dwarsdoorsne(d)e;***
II ⟨n.-telb.zn.⟩ **0.1** ***het dwars doorsnijden***.
tran·sept ['trænsept]⟨telb.zn.⟩⟨bouwk.⟩ **0.1** ***transept*** ⇒*kruis/dwarsbeuk, dwarsschip*.
trans·fer[1] ['trænsfɜ:||-fər], ⟨in bet. I 0.1, 0.4, II 0.1, 0.2, 0.3 ook⟩ **trans·fer·(r)al** [trænz'fɜ:rəl]⟨f3⟩⟨zn.⟩
I ⟨telb.zn.⟩ **0.1** ⟨ben. voor⟩ ***overgeplaatste*** ⇒*overgeplaatste militair; nieuwe leerling/student;* ⟨sport⟩ *transfer(speler)* **0.2** ***overschrijvingsbiljet/formulier*** **0.3** ⟨jur.⟩ ***overdrachtsakte/brief*** **0.4** ***overdruk*** ⇒*afdruk* **0.5** ***overdrukplaatje*** ⇒*calqueer/decalcomanieplaatje, transfer* **0.6** ⟨vnl. AE⟩ ***overstapkaartje*** **0.7** ***overstapstation*** **0.8** ***overzetplaats/boot*** ⟨vnl. voor trein⟩ **0.9** ***verbindingsspoor;***
II ⟨telb. en n.-telb.zn.⟩ **0.1** ***overmaking*** ⇒*overhandiging* **0.2** ***overplaatsing*** ⇒*overdracht, verplaatsing, overbrenging;* ⟨sport⟩ *transfer* **0.3** ⟨geldw.⟩ ***overdracht*** ⇒*overschrijving, overboeking, remise, transfer* **0.4** ⟨psych.⟩ ***transfer*** ⇒*overdracht* ◆ **1.3** ~ of shares *overdracht v. aandelen*.
transfer[2] [træns'fɜ:||-'fɜr]⟨f3⟩⟨ww.; →ww. 7⟩
I ⟨onov.ww.⟩ **0.1** ***overstappen*** **0.2** ***overgaan*** ⇒*overgeplaatst/gemuteerd worden, veranderen* ⟨van plaats, werk, school⟩ ◆ **6.1** ~ **from** the train **to** the subway *van de trein naar de metro overstappen* **6.2** he wanted to ~ **to** another club *hij hoopte naar een andere club over te gaan/van club te veranderen;*
II ⟨ov.ww.⟩ **0.1** ***overmaken*** ⇒*overhandigen* **0.2** ***overplaatsen*** ⇒*verplaatsen, overbrengen* **0.3** ***overdragen*** ⇒*overboeken, transfereren* **0.4** ***overdrukken*** ⇒*(de)calqueren* **0.5** ⟨sport⟩ ***transfereren*** ⟨speler⟩ **0.6** ⟨taalk.⟩ ***overdrachtelijk/figuurlijk gebruiken*** ⟨woord, uitdrukking⟩ ◆ **1.6** ~red meaning *overdrachtelijke betekenis* **6.2** ~ an office **from** one place **to** another *een kantoor van een plaats naar een andere overbrengen* **6.3** ~ one's rights **to** s.o. *zijn rechten aan iem. (anders) overdragen*.
trans·fer·a·bil·i·ty [træns'fɜ:rə'bɪləṭi]⟨n.-telb.zn.⟩ **0.1** ***verplaatsbaarheid*** **0.2** ***overdraagbaarheid*** **0.3** ⟨geldw.⟩ ***transferabiliteit*** ⇒*inwisselbaarheid, verhandelbaarheid* ⟨v. cheque e.d.⟩.
trans·fer·a·ble [træns'fɜ:rəbl]⟨f1⟩⟨bn.⟩ **0.1** ***verplaatsbaar*** **0.2** ***overdraagbaar*** **0.3** ⟨geldw.⟩ ***transferabel*** ⇒*inwisselbaar, verhandelbaar* ⟨cheque e.d.⟩ ◆ **1.2** a ~ vote *een overdraagbare stem* **5.2** not ~ *persoonlijk*.
'transfer book ⟨telb.zn.⟩ **0.1** ***overdrachtsregister***.
'transfer deal ⟨telb.zn.⟩⟨sport⟩ **0.1** ***transferovereenkomst***.
'transfer demand ⟨telb.zn.⟩⟨sport⟩ **0.1** ***transferaanvraag***.
trans·fer·ee ['trænsfə'ri:]⟨telb.zn.⟩ **0.1** ***overgeplaatste*** **0.2** ⟨jur.⟩ ***cessionaris*** ⇒*verkrijger, begunstigde*.
trans·fer·ence ['trænsfrəns||træns'fɜr-], **transfer(r)al** ⟨f2⟩⟨telb. en n.-telb.zn.⟩ **0.1** ***overmaking*** ⇒*overhandiging* **0.2** ***overplaatsing*** ⇒*verplaatsing, overbrenging* **0.3** ***overdracht*** ⇒*overboeking/schrijving, remise, transfer* **0.4** ⟨psych.⟩ ***het overbrengen*** ⇒*overbrenging* ⟨van gevoelens, naar een ander object⟩.
'transfer fee ⟨f1⟩⟨telb.zn.⟩⟨sport⟩ **0.1** ***transfersom/bedrag*** ⟨voor speler⟩.
'transfer list ⟨f1⟩⟨telb.zn.⟩⟨sport⟩ **0.1** ***transferlijst***.
'transfer market ⟨telb.zn.⟩⟨sport⟩ **0.1** ***transfermarkt***.
'transfer paper ⟨n.-telb.zn.⟩ **0.1** ***afdrukpapier*** ⇒*decalcomanie*.
'transfer payment ⟨telb.zn.; vaak mv.⟩ **0.1** ***overdrachtsuitgave*** ⇒*transfer payment*.
'transfer picture ⟨telb.zn.⟩ **0.1** ***overdrukplaatje*** ⇒*calqueerplaatje, decalcomanie*.
trans·fer·rer [træns'fɜ:rə||-'fɜrər], ⟨in bet. 0.2 vnl.⟩ **trans·fer·or** [-'fɜ:rə||-'fɜrər]⟨telb.zn.⟩ **0.1** ***overdrager*** ⇒*overmaker, overbrenger* **0.2** ⟨jur.⟩ ***cedent*** ⇒*overdrager*.
trans·fer·rin [træns'fɜ:rɪn]⟨n.-telb.zn.⟩⟨bioch.⟩ **0.1** ***transferrine***.
'transfer RN'A ⟨n.-telb.zn.⟩⟨bioch.⟩ **0.1** ***transfer-RNA*** ⇒*overdrachts-/transport-RNA*.
'transfer table ⟨telb.zn.⟩⟨AE; tech.⟩ **0.1** ***schuifbrug*** ⟨voor locomotieven⟩.
trans·fig·u·ra·tion ['trænsfɪgjʊ'reɪʃn||-gjə-]⟨zn.⟩

I ⟨eig.n.; T-⟩ **0.1** ⟨the⟩ ***Transfiguratie*** ⇒*Verheerlijking* ⟨v. Christus; Mat. 17:2⟩ **0.2** ***feest v.d. Transfiguratie*** ⟨6 augustus⟩;
II ⟨telb. en n.-telb.zn.⟩ **0.1** ***transfiguratie*** ⇒*gedaanteverandering / wisseling, metamorfose.*

trans·fig·ure [træns'fɪgə‖-'fɪgjər]⟨ov.ww.⟩ **0.1** ***transfigureren*** ⇒*herscheppen, een andere gedaante geven* **0.2** ***transfigureren*** ⇒*verheerlijken.*

trans·fi·nite [træns'faɪnaɪt]⟨bn.⟩⟨ook wisk.⟩ **0.1** ***oneindig*** ◆ **1.1** ~ number *oneindig getal.*

trans·fix [træns'fɪks]⟨f1⟩⟨ov.ww.⟩ **0.1** ***doorboren*** ⇒*doorsteken* ⟨bv. met lans⟩ **0.2** ***(vast)spietsen*** **0.3** ***als aan de grond nagelen*** ⇒*verlammen* ◆ **6.3** he stood ~ed **with** horror *hij stond als aan de grond genageld van afgrijzen.*

trans·form[1] ['trænsfɔ:m‖-fɔrm]⟨telb.zn.⟩⟨taalk., wisk.⟩ **0.1** ***(produkt v.) transformatie.***

transform[2] [træns'fɔ:m‖-'fɔrm]⟨f3⟩⟨ww.⟩
I ⟨onov.ww.⟩ **0.1** ***(van vorm / gedaante / karakter) veranderen*** ⇒*een gedaanteverwisseling ondergaan* **0.2** ⟨taalk., wisk.⟩ ***getransformeerd worden;***
II ⟨ov.ww.⟩ **0.1** ***(van vorm / gedaante / karakter doen) veranderen*** ⇒*transformeren, herscheppen, her / omvormen* **0.2** ⟨ook elek.⟩ ***omzetten*** ⇒*transformeren* **0.3** ⟨taalk., wisk.⟩ ***transformeren*** ⇒*herleiden* **0.4** ⟨genetica⟩ ***transformatie laten ondergaan*** ◆ **6.1** stress ~ed him **into** an aggressive man *de stress veranderde hem in een agressief man* **6.2** ~ sugar **into** energy *suiker in / tot energie omzetten.*

trans·form·a·ble [træns'fɔ:məbl‖-'fɔr-]⟨bn.⟩ **0.1** ***transformeerbaar*** ⇒*veranderbaar, omvormbaar* **0.2** ⟨taalk., wisk.⟩ ***transformeerbaar*** ⇒*herleidbaar.*

trans·for·ma·tion ['trænsfə'meɪʃn‖-fər-]⟨f2⟩⟨zn.⟩
I ⟨telb.zn.⟩ **0.1** ***pruik*** ⇒*haarstukje* ⟨voor vrouwen⟩;
II ⟨telb. en n.-telb.zn.⟩ **0.1** ***transformatie*** ⇒*vervorming, (gedaante)verandering, metamorfose, omzetting* **0.2** ⟨taalk., wisk.⟩ ***transformatie*** ⇒*herleiding* **0.3** ⟨nat.⟩ ***transformatie*** ⇒*transmutatie* **0.4** ⟨genetica⟩ ***transformatie.***

trans·for·ma·tion·al ['trænsfə'meɪʃnəl‖-fər-]⟨bn.⟩ **0.1** ***transformationeel*** ◆ **1.1** ⟨taalk.⟩ ~ grammar *transformationele grammatica.*

trans·for·ma·tion·al·ism ['trænsfə'meɪʃnəlɪzm‖-fər-]⟨n.-telb.zn.⟩ ⟨taalk.⟩ **0.1** ***transformationalisme*** ⇒*transformationele taalkunde.*

trans·for·ma·tion·al·ist ['trænsfə'meɪʃnəlɪst‖-fər-]⟨telb.zn.⟩ ⟨taalk.⟩ **0.1** ***transformationalist.***

transfor'mation scene ⟨telb.zn.⟩ **0.1** ***toneelwisseling*** ⟨bij open gordijn⟩ ⇒⟨i.h.b.⟩ *begin v.d. harlequinade.*

trans·for·ma·tive [træns'fɔ:mətɪv‖-'fɔrməṭɪv]⟨bn.⟩ **0.1** ***transformerend*** ⇒*herscheppend, hervormend, veranderend.*

trans·form·er [træns'fɔ:mə‖-'fɔrmər]⟨f1⟩⟨telb.zn.⟩ **0.1** ***hervormer*** ⇒*veranderaar, omzetter* **0.2** ⟨elek.⟩ ***transformator.***

trans·form·ism [træns'fɔ:mɪzm‖-fɔr-]⟨n.-telb.zn.⟩⟨biol.⟩ **0.1** ***transformisme*** ⇒*evolutietheorie.*

trans·fuse [træns'fju:z]⟨f1⟩⟨ov.ww.⟩ **0.1** ***overgieten*** ⇒*overstorten* **0.2** ***doordringen*** ⇒*infiltreren, doorsijpelen;* ⟨fig. ook⟩ *inprenten, overdragen* **0.3** ***een transfusie / infusie geven (van)*** ◆ **1.3** ~ blood *een bloedtransfusie geven;* ~ a patient *een patiënt een (bloed) transfusie geven* **6.2** he ~d his enthusiasm **into** his pupils / his pupils **with** his enthusiasm *hij doordrong zijn leerlingen van zijn enthousiasme / droeg zijn enthousiasme op zijn leerlingen over.*

trans·fus·i·ble [træns'fju:zəbl]⟨bn.⟩ **0.1** ***geschikt voor transfusie.***

trans·fu·sion [træns'fju:ʒn]⟨f1⟩⟨telb. en n.-telb.zn.⟩ **0.1** ***transfusie*** ⇒*overgieting,* ⟨med.⟩ *(bloed)transfusie.*

trans·fu·sion·al [træns'fju:ʒnəl]⟨bn., attr.⟩⟨med.⟩ **0.1** ***transfusie-*** ◆ **1.1** ~ shock *transfusieshock.*

trans·gress [trænz'gres]⟨ww.⟩⟨schr.⟩
I ⟨onov.ww.⟩ **0.1** ***een overtreding begaan*** **0.2** ***zondigen;***
II ⟨ov.ww.⟩ **0.1** ***overtreden*** ⇒*inbreuk maken op, schenden, zondigen tegen* **0.2** ***overschrijden*** ⇒*passeren* ◆ **1.1** ~ a commandment *een gebod overtreden.*

trans·gres·sion [trænz'greʃn]⟨telb. en n.-telb.zn.⟩⟨schr.⟩ **0.1** ***overtreding*** ⇒*schending, zonde* **0.2** ⟨ook geldw.⟩ ***overschrijding*** ⇒*transgressie.*

trans·gres·sive [trænz'gresɪv]⟨bn.; -ly⟩⟨schr.⟩ **0.1** ***overtredend*** ⇒*strijdig, zondig* **0.2** ***overschrijdend*** ◆ **6.1** ~ **of** the prescriptions *strijdig met de voorschriften.*

trans·gres·sor [trænz'gresə‖-ər]⟨telb.zn.⟩⟨schr.⟩ **0.1** ***overtreder*** ⇒*schender, zondaar* **0.2** ***overschrijder.***

tranship(ment) →transship(ment).

trans·hu·mance [træns'hju:məns‖-(h)ju:-]⟨telb. en n.-telb.zn.⟩ **0.1** ***verweiding*** ⇒*het overbrengen v.d. kudde* ⟨naar andere weidegrond⟩.

tran·sience ['trænzɪəns‖'trænʃns], **tran·sien·cy** [-si]⟨n.-telb.zn.⟩ **0.1** ***vluchtigheid*** ⇒*kortstondigheid, vergankelijkheid.*

tran·sient[1] ['trænzɪənt‖'trænʃnt]⟨telb.zn.⟩ **0.1** ⟨ben. voor⟩ ***tijdelijk aanwezig persoon*** ⇒*tijdelijke werkkracht;* ⟨vnl. AE⟩ *passant, iem. op doorreis* **0.2** ⟨tech.⟩⟨ben. voor⟩ ***vluchtig fenomeen*** ⇒⟨i.h.b.⟩ *stroomstoot.*

transient[2] ⟨f1⟩⟨bn.; -ly; -ness⟩ **0.1** ***voorbijgaand*** ⇒*vluchtig, kortstondig, vergankelijk, tijdelijk* **0.2** ***doorreizend*** ⇒*doortrekkend* **0.3** ⟨muz.⟩ ***transitie-*** ⇒*overgangs-, verbindings-* ◆ **1.3** ~ chord *verbindingsakkoord.*

trans·il·lu·mi·nate ['trænsɪ'lu:mɪneɪt]⟨ov.ww.⟩⟨vnl. med.⟩ **0.1** ***doorlichten.***

trans·i·re [træn'saɪəri]⟨telb.zn.⟩⟨BE; hand.⟩ **0.1** ***geleidebiljet.***

tran·sis·tor [træn'zɪstə, -'sɪ-‖-ər], ⟨in bet. 0.2 ook⟩ **tran'sistor 'radio** ⟨f2⟩⟨telb.zn.⟩ **0.1** ***transistor*** ⟨halfgeleider⟩ **0.2** ***transistor(radio).***

tran·sis·tor·ize, -ise [træn'zɪstəraɪz, -'sɪ-]⟨ov.ww.⟩ **0.1** ***transistoriseren*** ⇒*met transistors uitrusten.*

tran·sit[1] ['trænsɪt, -zɪt]⟨f2⟩⟨zn.⟩
I ⟨telb.zn.⟩⟨ster.⟩ **0.1** ***transietinstrument;***
II ⟨telb. en n.-telb.zn.⟩ **0.1** ***overgang*** ⇒*voorbijgang, doorgang, passage* ⟨v. hemellichaam⟩;
III ⟨n.-telb.zn.⟩ **0.1** ***doorgang*** ⇒*doortocht, passage* **0.2** ***transit*** ⇒*doorvoer, vervoer* **0.3** ⟨AE⟩ ***lokaal transport*** ⟨v. pers., goederen⟩ ◆ **6.2 in** ~ *tijdens het vervoer, onderweg.*

transit[2] ⟨onov. en ov.ww.⟩ **0.1** ***voorbijgaan*** ⇒*passeren, doorgaan, trekken door, gaan over.*

'transit camp ⟨telb.zn.⟩ **0.1** ***doorgangskamp.***

'transit circle, ⟨in bet. 0.2 ook⟩ **'transit instrument** ⟨telb.zn.⟩ ⟨ster.⟩ **0.1** ***meridiaan / uurcirkel*** **0.2** ***meridiaankijker*** ⇒*meridiaancirkel, transiet / doorgangs / passage-instrument.*

'transit compass, 'transit the'odolite ⟨telb.zn.⟩⟨landmeetk.⟩ **0.1** ***transietinstrument*** ⟨voor het meten v. horizontale hoeken⟩.

'transit duty ⟨telb.zn.; →mv. 2⟩ **0.1** ***transitorecht*** ⇒*doorvoerrecht.*

tran·si·tion [træn'zɪʃn]⟨f2⟩⟨telb. en n.-telb.zn.⟩ **0.1** ***overgang*** ⇒*transitie* **0.2** ⟨muz.⟩ ***transitie*** ⇒*modulatie, overgang* ◆ **1.1** period of ~ *overgangsperiode.*

tran·si·tion·al [træn'zɪʃnəl]⟨f1⟩⟨bn.; -ly⟩ **0.1** ***tussenliggend*** ⇒*overgangs-, tussen-.*

tran·si·tion·a·ry [træn'zɪʃənri‖-neri]⟨bn., attr.⟩ **0.1** ***overgangs-*** ⇒*tussen-.*

tran'sition period ⟨f1⟩⟨telb.zn.⟩ **0.1** ***overgangsperiode.***

tran·si·tive[1] ['trænsɪṭɪv, -zɪṭɪv]⟨telb.zn.⟩⟨taalk.⟩ **0.1** ***transitief (werkwoord)*** ⇒*onvergankelijk werkwoord, transitieve vorm.*

transitive[2] ⟨bn.; -ly; -ness⟩ **0.1** ⟨taalk.⟩ ***transitief*** ⇒*overgankelijk* **0.2** ⟨wisk., logica⟩ ***transitief*** ⇒*overdraagbaar.*

tran·si·tiv·i·ty ['trænsɪ'tɪvɪṭi, -zɪ-]⟨n.-telb.zn.⟩⟨taalk., wisk., logica⟩ **0.1** ***transitiviteit*** ⇒⟨taalk. ook⟩ *overgankelijkheid.*

tran·si·to·ry ['trænsɪtri, -zɪ-‖'-tɔri]⟨f1⟩⟨bn.; -ly; -ness; →bijw. 3⟩ **0.1** ***voorbijgaand*** ⇒*vluchtig, kortstondig, vergankelijk, tijdelijk* ◆ **1.1** ⟨jur.⟩ ~ action *niet aan rechtsgebied v.h. aangeklaagde feit gebonden actie.*

'transit trade ⟨n.-telb.zn.⟩ **0.1** ***transitohandel*** ⇒*doorvoerhandel.*

Trans-Jor·dan ['trænz'dʒɔ:dn‖-'dʒɔrdn]⟨eig.n.⟩⟨gesch.⟩ **0.1** ***Transjordanië*** ⟨vroegere naam v. Jordanië; 1922-49⟩.

trans·lat·a·bil·i·ty ['trænzleɪtə'bɪlɪṭi, 'træns-]⟨n.-telb.zn.⟩ **0.1** ***vertaalbaarheid.***

trans·lat·a·ble [trænz'leɪṭəbl, træns-]⟨f1⟩⟨bn.; -ness⟩ **0.1** ***vertaalbaar.***

trans·late ['trænz'leɪt, 'træns-]⟨f3⟩⟨onov. en ov.ww.⟩ **0.1** ***vertalen*** ⇒*overzetten, overbrengen* **0.2** ***interpreteren*** ⇒*uitleggen, vertolken* **0.3** ***omzetten*** ⇒*omvormen* ⟨ook bioch.⟩ **0.4** ***doorseinen*** ⟨telegram⟩ **0.5** ⟨schr.; relig.⟩ ***overplaatsen*** ⇒*overbrengen* **0.6** ⟨relig.⟩ ***(ten hemel) opnemen*** ⇒*wegnemen* **0.7** ⟨nat., wisk.⟩ ***(parallel)verschuiven*** ◆ **1.1** this expression does not ~ *deze uitdrukking is niet te vertalen* **1.2** I ~d his gestures wrongly *ik interpreteerde zijn gebaren verkeerd* **1.3** ~ ideas into actions *ideeën in daden omzetten* **1.5** the bishop was ~d to another see *de bisschop werd naar een andere residentie overgeplaatst;* the saint's relics were ~d to the cathedral *de relieken v.d. heilige werden naar de kathedraal overgebracht* **1.6** ⟨bijb.⟩ by faith Enoch was ~d *door het geloof is Henoch weggenomen* ⟨Heb. 11:5⟩ **6.1** ~ a sentence **from** English **into** Dutch *een zin uit het Engels in het Nederlands vertalen;* ~ literary language **to** everyday language *literaire in alledaagse taal overzetten.*

trans·la·tion ['trænz'leɪʃn, 'træns-]⟨f3⟩⟨telb. en n.-telb.zn.⟩ **0.1** ***vertaling*** **0.2** ***omzetting*** ⇒*omvorming* **0.3** ⟨schr.; relig.⟩ ***translatie*** ⇒*overplaatsing, overbrenging* **0.4** ⟨com.⟩ ***omzetting*** ⟨v. signaal⟩ **0.5** ⟨nat., wisk.⟩ ***translatie*** ⟨verplaatsing zonder rotatie⟩ **0.6** ⟨bioch.⟩ ***translatie*** ⟨v. genetische code in eiwitstructuur⟩ **0.7** ⟨jur.⟩ ***overdracht*** ⟨vnl. v. inbaar tegoed⟩ ◆ **2.1** simultaneous ~ *simultaanvertaling.*

trans·la·tion·al ['trænz'leɪʃnəl, 'træns-]⟨bn.⟩ **0.1** ***vertalend*** ⇒*vertalings-, vertaal-* **0.2** ⟨nat.⟩ ***translatorisch.***

translation dictionary ⟨telb.zn.⟩ **0.1** ***vertaalwoordenboek***.

trans·la·tor [trænz'leɪtə, 'træns-‖-'leɪt̬ər]⟨f1⟩⟨telb.zn.⟩ **0.1** ***vertaler/vertaalster*** **0.2** ***tolk*** **0.3** ⟨com.⟩ ***omzetter*** ⇒*vertolker* ⟨v. signaal⟩ **0.4** ⟨comp.⟩ ***vertaler*** ⇒*vertaalprogramma*.

trans·la·tor·ese [trænz'leɪtə'ri:z, træns-]⟨n.-telb.zn.⟩ **0.1** ***armzalige vertaling*** ⇒*vertalersjargon*.

trans·lit·er·ate [trænz'lɪt̬əreɪt, træns-]⟨ov.ww.⟩ **0.1** ***transcriberen*** ⇒*omspellen* ◆ **6.1** ~ a Russian name **into** Roman script *een Russische naam in Romeins schrift overzetten*.

trans·lit·er·a·tion ['trænzlɪt̬ə'reɪʃn, 'træns-]⟨telb. en n.-telb.zn.⟩ **0.1** ***transliteratie*** ⇒*transcriptie*.

trans·lo·ca·tion ['trænzloʊ'keɪʃn, 'træns-]⟨telb. en n.-telb.zn.⟩ **0.1** ***translocatie*** ⇒*ver/overplaatsing* **0.2** ⟨plantk.⟩ ***stofverplaatsing*** **0.3** ⟨bioch.⟩ ***translocatie*** ⟨omwisseling v. niet homogene chromosomen⟩.

trans·lu·cence [trænz'lu:sns, træns-], **trans·lu·cen·cy** [-si]⟨n.-telb.zn.⟩ **0.1** ***doorschijnendheid***.

trans·lu·cent [trænz'lu:snt, træns-], **trans·lu·cid** [-'lu:sɪd]⟨f1⟩⟨bn.; -ly⟩ **0.1** ***doorschijnend*** **0.2** ***doorzichtig***.

trans·lu·nar ['trænz'lu:nə‖-ər]⟨bn.⟩⟨ruim.⟩ **0.1** ***voorbij de maan*** ⇒*om de maan heen;* ⟨oneig.⟩ *naar de maan (toe)* ⟨v. baan⟩.

trans·lu·nar·y ['trænz'lu:nəri]⟨bn.⟩ **0.1** ***voorbij de maan liggend*** **0.2** ***etherisch*** ⇒*fantastisch*.

trans·mi·grant ['trænz'maɪgrənt]⟨telb.zn.⟩ **0.1** ***transmigrant*** ⇒*landverhuizer op doortocht* **0.2** ***immigrant***.

trans·mi·grate ['trænzmaɪ'greɪt‖-'maɪgreɪt]⟨onov.ww.⟩ **0.1** ***transmigreren*** ⇒*verhuizen* ⟨v.d. ziel⟩ **0.2** ***migreren*** ⇒*trekken, verhuizen*.

trans·mi·gra·tion ['trænzmaɪ'greɪʃn]⟨n.-telb.zn.⟩ **0.1** ***transmigratie*** ⇒*zielsverhuizing* **0.2** ***transmigratie*** ⇒*migratie, het trekken/verhuizen*.

trans·mi·gra·tor ['trænzmaɪ'greɪtə‖-'maɪgreɪt̬ər]⟨telb.zn.⟩ **0.1** ***transmigrant***.

trans·mi·gra·to·ry [trænz'maɪgrətri‖-təri]⟨bn., attr.⟩ **0.1** ***transmigratie-*** ⇒*transmigrerend*.

trans·mis·si·ble [trænz'mɪsəbl, træns-]⟨bn.⟩ **0.1** ***overdraagbaar*** **0.2** ***overleverbaar*** **0.3** ***overerfelijk***.

trans·mis·sion [trænz'mɪʃn, træns-]⟨f2⟩⟨zn.⟩
I ⟨telb.zn.⟩ **0.1** ***uitzending*** ⇒*programma* **0.2** ⟨tech.⟩ ***transmissie*** ⇒*overbrenging, versnellingsbak* **0.3** ⟨tech.⟩ ***drijfwerk*** ⟨bv. v. horloge⟩ ⇒*aandrijving;*
II ⟨n.-telb.zn.⟩ **0.1** ***overbrenging*** ⇒*overdracht* ⟨ook mbt. ziekte, erfelijkheid⟩; *transmissie* **0.2** ***overlevering*** ⇒*het doorgeven* **0.3** ⟨com.⟩ ***uitzending*** ⇒*het over/doorseinen* **0.4** ⟨nat.⟩ ***het doorlaten*** ⇒*doorlating, geleiding*.

trans'mission line ⟨telb.zn.⟩⟨elek.⟩ **0.1** ***transmissielijn*** ⇒*hoogspanningsleiding*.

trans·mis·sive [trænz'mɪsɪv, træns-]⟨bn.⟩ **0.1** ***overbrengend*** ⇒*overdragend* **0.2** ***overdraagbaar***.

trans·mit [trænz'mɪt, træns-]⟨f3⟩⟨onov. en ov.ww.; →ww. 7⟩ **0.1** ***overbrengen*** ⇒*overdragen* ⟨ook mbt. ziekte, erfelijkheid⟩; *overmaken, transmitteren* **0.2** ***overleveren*** ⇒*doorgeven, voortplanten* ⟨tradities, e.d.⟩ **0.3** ⟨com.⟩ ***overseinen*** ⇒*doorseinen, uitzenden* **0.4** ⟨nat.⟩ ***doorlaten*** ⇒*geleiden* ◆ **1.1** ~ a disease to children *een ziekte op kinderen overbrengen/dragen;* ~ a message *een boodschap overbrengen;* ~ power from the engine to the weels *kracht v.d. motor naar de wielen overbrengen* **1.4** ~ed light *doorvallend licht;* metals ~ electricity *metalen geleiden elektriciteit* **6.3** ~ a message **by** radio **to** another continent *een bericht via de radio naar een ander continent uitzenden*.

trans·mit·ta·ble [trænz'mɪt̬əbl, træns-]⟨bn.⟩ **0.1** ***overdraagbaar***.

trans·mit·tal [trænz'mɪt̬l, træns-]⟨telb.zn.⟩ **0.1** ***overbrenging*** ⇒*overmaking* **0.2** ***het doorgeven***.

trans·mit·ter [trænz'mɪtə, træns-‖-'mɪt̬ər]⟨f1⟩⟨telb.zn.⟩ **0.1** ***overbrenger*** ⇒*overdrager* **0.2** ***overleveraar*** **0.3** ⟨com.⟩ ***seintoestel*** ⇒*seingever* **0.4** ⟨com.⟩ ***microfoon*** ⟨v. telefoon⟩ **0.5** ⟨com.⟩ ***zender*** ⟨radio, t.v.⟩.

trans·mog·ri·fi·ca·tion ['trænzmɒgrɪfɪ'keɪʃn‖-'mɑ-]⟨telb. en n.-telb.zn.⟩⟨scherts.⟩ **0.1** ***omtovering*** ⇒*gedaanteverandering, metamorfose*.

trans·mog·ri·fy [trænz'mɒgrɪfaɪ‖-'mɑ-]⟨ov.ww.; →ww. 7⟩ ⟨scherts.⟩ **0.1** ***omtoveren*** ⇒*metamorfoseren*.

trans·mon·tane ['trænzmɒn'teɪn‖træns'mɑn-]⟨bn.⟩ **0.1** ***(v.) over de bergen*** ⟨vnl. noordelijk v.d. Alpen⟩ **0.2** ***vreemd*** **0.3** ***barbaars***.

trans·mut·a·bil·i·ty ['trænzmju:t̬ə'bɪlət̬i]⟨n.-telb.zn.⟩ **0.1** ***transmutabiliteit***.

trans·mut·a·ble [trænz'mju:t̬əbl]⟨bn.; -ly, -ness; →bijw. 3⟩ **0.1** ***transmutabel***.

trans·mu·ta·tion ['trænzmju:'teɪʃn]⟨telb. en n.-telb.zn.⟩⟨alchemie, kernfysica, geometrie, biol.⟩ **0.1** ***transmutatie*** ⇒*omzetting, overgang, verandering*.

trans·mut·a·tive [trænz'mju:t̬ət̬ɪv]⟨bn.⟩ **0.1** ***transmuterend*** ⇒*transmutatie-*.

trans·mute [trænz'mju:t, træns-]⟨f1⟩⟨ov.ww.⟩ **0.1** ***transmuteren*** ⇒*omzetten, omvormen, veranderen, doen overgaan* ◆ **6.1** ~ copper **into** gold *koper in goud doen veranderen*.

trans·mut·er [trænz'mju:tə, træns-‖-'mju:t̬ər]⟨telb.zn.⟩ **0.1** ***transmutator*** ⇒*omzetter*.

trans·o·ce·an·ic ['trænzoʊʃi'ænɪk, træns-]⟨f1⟩⟨bn.⟩ **0.1** ***overzees*** **0.2** ***over de oceaan (gaand)*** ◆ **1.2** ~ flights *oceaanvluchten*.

tran·som ['trænsm], ⟨in bet. 0.3, 0.4 ook⟩ **'transom window** ⟨f1⟩ ⟨telb.zn.⟩ **0.1** ***dwarsbalk*** ⟨i.h.b. in raam⟩ ⇒*glashout, (midden) kalf* **0.2** ***bovendorpel*** ⟨v. deur⟩ **0.3** ***raam met dwarsbalk*** **0.4** ⟨AE⟩ ***bovenlicht*** ⇒*bovenraam* **0.5** ⟨scheep.⟩ ***hekbalk*** **0.6** ⟨scheep.⟩ ***hek*** ⇒*spiegel*.

tran·somed ['trænsəmd]⟨bn.⟩ **0.1** ***met (een) dwarsbalk(en)***.

'transom hitch ⟨telb.zn.⟩⟨waterskiën⟩ **0.1** ***spiegelbevestiging*** ⟨skilijnbevestiging aan achterkant boot⟩.

tran·son·ic, trans·son·ic ['træn'sɒnɪk‖-'sɑnɪk]⟨bn.⟩ **0.1** ***transsoon***.

trans·pa·cif·ic ['trænzpə'sɪfɪk, 'træns-]⟨bn.⟩ **0.1** ***over de Stille Zuidzee (gaand)***.

Trans·pa·dane ['trænspə'deɪn]⟨bn., attr.⟩ **0.1** ***Transpadaans*** ⇒*over /,* ⟨i.h.b.⟩ *noordelijk v.d. Po gelegen/wonend*.

trans·par·en·cy [træn'spærənsi‖-'sper-], **trans·par·ence** [-rəns]⟨f1⟩ ⟨zn.; →mv. 2⟩
I ⟨telb.zn.⟩⟨foto.⟩ **0.1** ***dia(positief)*** ⇒*projectieplaatje;*
II ⟨n.-telb.zn.⟩ **0.1** ***doorzichtigheid*** ⇒*transparantie*.

trans·par·ent [træn'spærənt‖-'sperənt]⟨f2⟩⟨bn.; -ly; -ness⟩ **0.1** ***doorzichtig*** ⟨ook fig.⟩ ⇒*transparant* **0.2** ***open*** ⇒*oprecht, eerlijk, argeloos* **0.3** ***eenvoudig*** ⇒*gemakkelijk te begrijpen* **0.4** ⟨tech.⟩ ***doorlatend*** ⟨straling⟩ ◆ **1.1** a ~ plan *een doorzichtig plan*.

trans·pierce [træns'pɪəs‖-'pɪrs]⟨ov.ww.⟩ **0.1** ***doorstéken***.

tran·spir·a·ble [træn'spaɪərəbl]⟨bn.⟩ **0.1** ***uitzweetbaar*** **0.2** ***transpiratie/uitzweting doorlatend*** ⇒*permeabel*.

tran·spi·ra·tion ['trænspɪ'reɪʃn]⟨n.-telb.zn.⟩ **0.1** ***transpiratie*** ⇒*(uit) waseming; zweet, het zweten*.

tran·spire [træns'paɪə‖-ər]⟨f2⟩⟨ww.⟩
I ⟨onov.ww.⟩ **0.1** ***transpireren*** ⇒*zweten* ⟨v. mens, dier⟩ **0.2** ***transpireren*** ⇒*(uit)zweten, (uit)wasemen, waterdamp afgeven* ⟨bv. planten⟩ **0.3** ***uitlekken*** ⇒*aan het licht komen, bekend worden* **0.4** ***plaatsvinden*** ⇒*zich voordoen* ◆ **4.3** it ~d that *het lekte uit dat;*
II ⟨ov.ww.⟩ **0.1** ***uitwasemen*** ⇒*uitzweten, afgeven, afscheiden*.

trans·plant[1] ['trænsplɑ:nt‖-plænt]⟨f1⟩⟨zn.⟩
I ⟨telb.zn.⟩ **0.1** ***getransplanteerd orgaan/weefsel*** ⇒*transplantaat;*
II ⟨telb. en n.-telb.zn.⟩ **0.1** ***transplantatie*** ⇒*het transplanteren*.

transplant[2] [træns'plɑ:nt‖-'plænt]⟨f1⟩⟨onov. en ov.ww.⟩ **0.1** ***verplanten*** ⇒*overplanten* **0.2** ***overbrengen*** ⇒*doen verhuizen* **0.3** ⟨med.⟩ ***transplanteren*** ⇒*overplanten* ◆ **6.2** ~ **to** another area *naar een ander gebied overbrengen*.

trans·plant·er [træns'plɑ:ntə‖-'plænt̬ər]⟨telb.zn.⟩ **0.1** ⟨ben. voor⟩ ***wie/wat (ver)plant*** ⇒*planter; plantmachine* **0.2** ⟨med.⟩ ***transplanteerder*** ⇒*overplanter*.

trans·po·lar ['trænz'poʊlə, 'træns-‖-'poʊlər]⟨bn., attr.⟩ **0.1** ***transpolair*** ⇒*over de pool (gaand)* ◆ **1.1** ~ flights *poolvluchten*.

tran·spond·er [træn'spɒndə‖-'spɑndər]⟨telb.zn.⟩⟨com.⟩ **0.1** ***antwoordzender*** ⇒*transponder*.

trans·pon·tine [trænz'pɒntaɪn‖-'pɑn-]⟨bn., attr.⟩ **0.1** ***aan de andere kant v.d./over de brug*** ⇒⟨i.h.b.⟩ *aan de zuidkant v.d. Thames* **0.2** ⟨BE⟩ ***melodramatisch*** ⇒*drakerig* ⟨v. toneel⟩.

trans·port[1] ['trænspɔ:t‖-spɔrt]⟨f3⟩⟨zn.⟩
I ⟨telb.zn.⟩ **0.1** ⟨ben. voor⟩ ***vervoers/transportmiddel*** ⇒*vrachtwagen, verkeers/transportvliegtuig* ⟨enz.⟩; ⟨i.h.b. mil.⟩ *legertruck, troepentransportschip/vliegtuig; transportmechanisme* ⟨bv. voor tape⟩ **0.2** ⟨gesch.⟩ ***gedeporteerde*** ⇒*banneling;*
II ⟨telb. en n.-telb.zn.⟩ **0.1** ***extase*** ⇒*(vlaag v.) vervoering/verrukking* ◆ **6.1** **in** a ~ of anger *in een vlaag v. woede;* she was **in** ~s of joy *zij was in vervoering v. vreugde;*
III ⟨n.-telb.zn.⟩ **0.1** ***transport*** ⇒*vervoer; overbrenging*.

transport[2] [træn'spɔ:t‖-'spɔrt]⟨f2⟩⟨ov.ww.⟩ **0.1** ***vervoeren*** ⇒*transporteren, overbrengen* **0.2** ⟨gesch.⟩ ***deporteren*** ⇒*verbannen, transporteren* **0.3** ⟨schr.; vnl. pass.⟩ ***in vervoering brengen*** ◆ **6.3** ~ed **with** joy *in de wolken v. vreugde*.

trans·port·a·bil·i·ty ['trænspɔ:tə'bɪləti‖-spɔrt̬ə'bɪlət̬i]⟨n.-telb.zn.⟩ **0.1** ***vervoerbaarheid***.

trans·port·a·ble[1] [træn'spɔ:təbl‖-'spɔrt̬əbl]⟨telb.zn.⟩⟨inf.⟩ **0.1** ⟨ben. voor⟩ ***verplaatsbaar/draagbaar voorwerp*** ⇒⟨bv.⟩ *draagbare schrijfmachine*.

transportable[2] ⟨f1⟩⟨bn.⟩ **0.1** ***vervoerbaar*** ⇒*transporteerbaar, draagbaar* **0.2** ⟨gesch.⟩ ***met deportatie strafbaar***.

'transport aircraft ⟨telb.zn.⟩ **0.1** ***transportvliegtuig***.

trans·por·ta·tion ['trænspɔ:'teɪʃn‖-spər-]⟨f2⟩⟨zn.⟩
I ⟨telb.zn.⟩⟨AE⟩ **0.1** ***vervoer/transportmiddel*** **0.2** ***vervoer/trans-***

portkost(en)* 0.3 *(reis)kaartje;
II ⟨n.-telb.zn.⟩ **0.1** ***vervoer*** *⇒transport, overbrenging* **0.2** ⟨gesch.⟩ ***deportatie*** *⇒verbanning, transportatie* **0.3** ⟨gesch.⟩ ***deportatietijd*** *⇒ballingschap.*

'transport cafe ⟨telb.zn.⟩ **0.1** ***wegrestaurant*** ⟨i.h.b. voor vrachtwagenchauffeurs⟩.

trans·port·er [træn'spɔ:tə‖-'spɔrṭər]⟨f1⟩⟨telb.zn.⟩ **0.1** ***transporteur*** *⇒vervoerder* **0.2** ***transportmiddel*** *⇒autotransportwagen; transportkraan, rijdende hefkraan; transportband.*

tran'sporter bridge ⟨telb.zn.⟩ **0.1** ***brug met hangend overzetplatform.***

tran'sporter crane ⟨telb.zn.⟩ **0.1** ***transportkraan*** *⇒rijdende hefkraan.*

trans·pos·a·ble [træn'spouzəbl]⟨bn.⟩ **0.1** ***transponeerbaar*** *⇒omzetbaar, om te zetten.*

trans·pose [træn'spouz]⟨f1⟩⟨ov.ww.⟩ **0.1** ***anders schikken*** *⇒ver/herschikken, verwisselen, verplaatsen, omzetten* **0.2** ⟨wisk.⟩ ***transponeren*** *⇒overbrengen* ⟨v.h. ene lid v.e. vergelijking naar het andere⟩ **0.3** ⟨muz.⟩ ***transponeren*** *⇒omzetten.*

trans·pos·er [træn'spouzə|-ər]⟨telb.zn.⟩⟨vnl. muz.⟩ **0.1** ***transponeerder*** *⇒omzetter.*

trans·po·si·tion ['trænspə'zɪʃn], **trans·pos·al** [træn'spouzl]⟨f1⟩⟨telb. en n.-telb.zn.⟩ **0.1** ***ver/herschikking*** *⇒verwisseling, omzetting, verplaatsing* **0.2** ⟨wisk.⟩ ***transpositie*** *⇒overbrenging* **0.3** ⟨muz.⟩ ***transpositie*** *⇒omzetting.*

trans·pu·ter [trænz'pju:tə‖-'pju:ṭər]⟨telb.zn.⟩⟨comp.⟩ **0.1** ***transputer*** ⟨krachtige microchip⟩.

trans·sex·u·al[1] [trænz'sekʃuəl]⟨telb.zn.⟩ **0.1** ***transseksueel.***

transsexual[2] ⟨bn.⟩ **0.1** ***transseksueel.***

trans·sex·u·al·ism [trænz'sekʃuəlɪzm]⟨n.-telb.zn.⟩ **0.1** ***transseks(ual)isme.***

trans·ship ['træns'ʃɪp]⟨ww.⟩
I ⟨onov.ww.⟩ **0.1** ***op ander transport overgaan*** ⟨vnl. boot⟩;
II ⟨ov.ww.⟩ **0.1** ***overschepen*** *⇒overladen.*

trans·ship·ment [træns'ʃɪpmənt]⟨n.-telb.zn.⟩ **0.1** ***overscheping*** *⇒overlading.*

Trans-Si·be·ri·an ['trænsaɪ'bɪərɪən‖-'bɪr-]⟨bn., attr.⟩ **0.1** ***Trans-Siberisch.***

trans-sonic ['træns'sɒnɪk‖-'sɑnɪk] →transonic.

tran·sub·stan·ti·ate ['trænsəb'stænʃieɪt]⟨ov.ww.⟩ **0.1** ***transsubstantiëren*** ⟨vnl. relig.⟩ *⇒transmuteren, transformeren, omzetten.*

tran·sub·stan·ti·a·tion ['trænsəbstænʃi'eɪʃn]⟨n.-telb.zn.⟩ **0.1** ***transsubstantiatie*** ⟨vnl. relig.⟩ *⇒transmutatie, transformatie, omzetting.*

tran·su·date ['trænsudeɪt‖-sə-]⟨telb.zn.⟩ **0.1** ***doorsijpelend vocht*** **0.2** ⟨med.⟩ ***transsudaat.***

tran·su·da·tion ['trænsju'deɪʃn‖-sə-]⟨zn.⟩
I ⟨telb.zn.⟩ **0.1** ***doorsijpelend vocht*** **0.2** ⟨med.⟩ ***transsudaat;***
II ⟨telb. en n.-telb.zn.⟩ **0.1** ⟨med.⟩ ***transsudatie;***
III ⟨n.-telb.zn.⟩ **0.1** ***doorsijpeling.***

tran·su·da·to·ry [trænsju:dətri‖-'su:dətɔri]⟨bn., attr.⟩ **0.1** ***transsuderend*** *⇒doorsijpelend, doorzwetend.*

tran·sude [træn'sju:d‖-'su:d]⟨ww.⟩
I ⟨onov.ww.⟩ **0.1** ***doorzweten*** *⇒doorsijpelen* **0.2** ⟨med.⟩ ***transsuderen;***
II ⟨ov.ww.⟩ **0.1** ***zweten door*** *⇒sijpelen door.*

trans·u·ran·ic ['trænzjʊ'rænɪk, 'træns-]⟨bn.⟩⟨schei.⟩ **0.1** ***transuranisch*** ◆ **1.1** ~element *transuraanelement.*

Trans'vaal 'dai·sy ⟨telb.zn.; →mv. 2⟩⟨plantk.⟩ **0.1** ***Barberton daisy*** ⟨Gerbera jamesoni⟩.

Trans·vaal·er [trænz'vɑ:lə, træns-‖-ər]⟨telb.zn.⟩ **0.1** ***Transvaler.***

Trans·vaal·i·an [trænz'vɑ:lɪən, træns-]⟨bn.⟩ **0.1** ***Transvaals.***

trans·val·u·a·tion ['trænzvæljʊ'eɪʃn, 'træns-]⟨n.-telb.zn.⟩ **0.1** ***herwaardering.***

trans·val·ue [trænz'vælju:, træns-]⟨ov.ww.⟩ **0.1** ***herwaarderen*** *⇒een andere waarde toekennen aan.*

trans·ver·sal[1] [trænz'vɜ:sl, træns-‖-'vɜrsl]⟨telb.zn.⟩⟨geometrie⟩ **0.1** ***transversaal*** *⇒transversaal/dwarslijn.*

transversal[2] ⟨bn.; -ly⟩ **0.1** ***transversaal*** *⇒dwars, kruiselings.*

trans·verse[1] [trænz'vɜ:s, træns-‖-'vɜrs]⟨telb.zn.⟩ **0.1** ⟨ben. voor⟩ ***iets dwars liggends*** *⇒dwarsbalk; transept, dwarsbeuk.*

transverse[2] ⟨f1⟩⟨bn.; -ly; -ness⟩ **0.1** ***transvers*** *⇒dwars, kruiselings, transversaal* ◆ **1.1** ⟨nat.⟩ ~wave *transversale golf.*

trans·vest [trænz'vest, træns-]⟨ov.ww.⟩ **0.1** ***travesteren*** ◆ **4.1** ~o.s. *zich travesteren.*

trans·ves·tism [trænz'vestɪzm, træns-], **trans·ves·ti·tism** [-'vestɪṭɪzm]⟨f1⟩⟨n.-telb.zn.⟩ **0.1** ***transvestitisme*** *⇒travestie.*

trans·ves·tite [trænz'vestaɪt, træns-]⟨f1⟩⟨telb.zn.⟩ **0.1** ***tra(ns)vestiet.***

Tran·syl·va·ni·a ['trænsɪl'veɪnɪə]⟨eig.n.⟩ **0.1** ***Transsylvanië*** *⇒Zevenburgen.*

Tran·syl·va·ni·an[1] ['trænsɪl'veɪnɪən]⟨telb.zn.⟩ **0.1** ***bewoner v. Transsylvanië.***

Transylvanian[2] ⟨bn.⟩ **0.1** ***Transsylvanisch.***

trant·er ['træntə‖'træṇṭər]⟨telb.zn.⟩⟨gew.⟩ **0.1** ***voerman*** **0.2** ***venter*** *⇒marskramer.*

trap[1] [træp]⟨f3⟩⟨zn.⟩
I ⟨telb.zn.⟩ **0.1** ⟨ben. voor⟩ ***val*** *⇒(val)strik, klem, net, lus, strop; til; voetangel, voetijzer; valkuil; autoval* ⟨bij snelheidscontrole⟩; *visfuik* **0.2** ***valstrik*** *⇒truc(je), hinderlaag, strikvraag* **0.3** ***sifon*** *⇒hevel, stankafsluiter* **0.4** ***(op)vangapparaat*** *⇒(afvoer)filter; vetvanger; afvalfilter; zandfilter, zandzeef* **0.5** ***stoomafsluiter*** **0.6** ***katapult*** ⟨bv. bij kleiduifschieten, slagbal⟩ *⇒werpmachine* **0.7** ***starthok*** ⟨bij honderaces⟩ **0.8** ***tweewielige koets/kar*** *⇒wagentje, hondekar* **0.9** ***valluik*** *⇒valdeur* **0.10** ⟨golf⟩ ***bunker*** *⇒zandhindernis* **0.11** ⟨sl.⟩ ***smoel*** *⇒wafel, snater, klep, ratel, mond* **0.12** ⟨BE; sl.⟩ ***smeris*** **0.13** ⟨sl.⟩ ***tent*** *⇒nachtclub* ◆ **1.2** this question is a~ *deze vraag is een strikvraag* **3.1** lay/set a~ *een val (op)zetten, een strik spannen;* walk/fall into a~ *in de val lopen* **3.11** shut your~ *hou je wafel, kop dicht;* shut s.o.'s~ *iem. tot zwijgen brengen;*
II ⟨n.-telb.zn.⟩ **0.1** ⟨geol.⟩ ***trapgesteente*** **0.2** ⟨geol.⟩ ***val*** ⟨structuur waarin zich gas/olie kan ophopen⟩ **0.3** ⟨sl.⟩ ***bedrog*** *⇒oplichterij, sluwheid, leepheid* ◆ **1.3** up to all sorts of~ *in staat tot allerlei bedrog;*
III ⟨mv.; ~s⟩ **0.1** ***slaginstrumenten*** *⇒slagwerk* **0.2** ⟨inf.⟩ ***spullen*** *⇒boeltje, hebben en houden, bullen, bagage.*

trap[2] ⟨f3⟩⟨ww.; →ww. 7⟩
I ⟨onov.ww.⟩ **0.1** ***vallen zetten*** *⇒strikken spannen, vallenzetter/trapper zijn;*
II ⟨ov.ww.⟩ **0.1** ***(ver)strikken*** *⇒(in een val) vangen;* ⟨fig.⟩ *in de val laten lopen, bedotten, bedriegen* **0.2** ***opsluiten*** *⇒insluiten, verstrikken* **0.3** ***van vallen voorzien*** *⇒vallen zetten in, strikken spannen in;* ⟨golf⟩ *met bunkers omzomen* **0.4** ***opvangen*** *⇒stoppen* ⟨ook voetbal⟩, *ophouden* **0.5** ***een sifon plaatsen in*** *⇒v.e. (stank) afsluiter voorzien, afsluiten* **0.6** ***opsmukken*** *⇒tooien, versieren, optuigen* ⟨paard⟩ ◆ **1.1** ~the criminal *de dief in de val laten lopen* **1.2** ~ped in the wreck *opgesloten in het wrak* **1.4** mountains ~the rain *bergen vangen de regen op* **3.2** be ~ped *opgesloten zitten, in de val zitten, vast zitten* **6.1** ~s.o. **into** a confession *iem. door een list tot een bekentenis dwingen.*

trapan →trepan.

'trap·ball ⟨telb. en n.-telb.zn.⟩ **0.1** ***slagbal.***

'trap block ⟨telb.zn.⟩⟨Am. voetbal⟩ **0.1** ***muizeval*** ⟨taktische zet waarbij verdediger naar voren gelokt en dan geblokkeerd wordt⟩.

'trap-block ⟨ov.ww.⟩⟨Am. voetbal⟩ **0.1** ***in de muizeval doen lopen*** ⟨zie trap block⟩.

'trap·door ⟨f2⟩⟨telb.zn.⟩ **0.1** ***valdeur*** *⇒val, (val)luik.*

'trap-door spider ⟨telb.zn.⟩⟨dierk.⟩ **0.1** ***valdeurspin*** ⟨fam. Ctenizidae⟩.

trapes →traipse.

tra·peze [trə'pi:z]⟨f1⟩⟨telb.zn.⟩ **0.1** ***trapeze*** *⇒zweefrek.*

tra·pe·zi·form [trə'pi:zɪfɔ:m‖-fɔrm]⟨bn.⟩ **0.1** ***trapeziumvormig.***

tra·pez·ist [trə'pi:zɪst]⟨telb.zn.⟩ **0.1** ***trapezist*** *⇒trapezeacrobaat/werker.*

tra·pe·zi·um [trə'pi:zɪəm]⟨f1⟩⟨telb.zn.; ook trapezia [-zɪə]; →mv. 5⟩ **0.1** ⟨BE⟩ ***trapezium*** **0.2** ⟨AE⟩ ***trapezoïde*** *⇒onregelmatige vierhoek* **0.3** ⟨anat.⟩ ***handwortelbeentje*** *⇒trapezium.*

tra·pe·zi·us [trə'pi:zɪəs]⟨telb.zn.⟩⟨anat.⟩ **0.1** ***monnikskapspier.***

trap·e·zoid[1] ['træpɪzɔɪd]⟨telb.zn.⟩ **0.1** ⟨BE⟩ ***trapezoïde*** *⇒onregelmatige vierhoek* **0.2** ⟨AE⟩ ***trapezium*** **0.3** ⟨anat.⟩ ***handwortelbeentje*** *⇒trapezoïde.*

trapezoid[2], **trap·e·zoi·dal** ['træpɪ'zɔɪdl]⟨bn.⟩ **0.1** ***trapezoïdaal.***

'trap·fall ⟨telb.zn.⟩ **0.1** ***valkuil*** *⇒val(strik).*

trap·pe·an ['træpɪən], **trap·pous** [-pəs], **trap·pose** [-pous]⟨bn.⟩ ⟨geol.⟩ **0.1** ***mbt./v. trapgesteente*** *⇒*⟨i.h.b.⟩ *basalt-, basalthoudend.*

trap·per ['træpə‖-ər]⟨f1⟩⟨telb.zn.⟩ **0.1** ***vallenzetter*** *⇒strikkenzetter, pelsjager, trapper* **0.2** ***luchtdeurwachter*** ⟨in mijn⟩ **0.3** ***katapultbediener*** ⟨bij kleiduifschieten⟩ **0.4** ***koetspaard.***

trap·pings ['træpɪŋz]⟨f1⟩⟨mv.⟩ **0.1** ***(uiterlijke) sieraden*** *⇒ornamenten, attributen, pracht, praal, vertoon* **0.2** ***staatsietuig*** ⟨v. paard⟩ *⇒*⟨i.h.b.⟩ *sjabrak, versierd zadelkleed.*

Trap·pist ['træpɪst]⟨telb.zn.; ook attr.⟩ **0.1** ***trappist*** ⟨monnik⟩.

Trap·pist·ine ['træpɪsti:n]⟨telb.zn.⟩ **0.1** ***trappistin.***

trap·py ['træpi]⟨bn.⟩⟨inf.⟩ **0.1** ***verraderlijk*** *⇒bedrieglijk* ◆ **1.1** you don't walk many miles on this~ground *je loopt niet veel kilometers op deze verraderlijke grond.*

'trap·rock ⟨n.-telb.zn.⟩⟨geol.⟩ **0.1** ***trapgesteente*** **0.2** ***val*** ⟨structuur waarin zich gas/olie kan ophopen⟩.

trapse →traipse.

'trap·shoot·ing ⟨n.-telb.zn.⟩ **0.1** ***het kleiduifschieten.***

trash[1] [træʃ]⟨f2⟩⟨zn.⟩
I ⟨telb.zn.⟩⟨AE⟩ **0.1** ***vernieling*** *⇒verwoesting;*

II ⟨n.-telb.zn.⟩ 0.1 ***rotzooi*** ⇒*(oude) rommel, troep, prullen* ⟨ook fig. v. kunst enz.⟩ 0.2 ***onzin*** ⇒*geklets, geleuter* 0.3 ⟨vnl. AE⟩ ***afval*** ⇒*vuil(nis)* 0.4 ⟨vnl. AE⟩ ***nietsnut(ten)*** ⇒*gepeupel, uitschot* 0.5 ***snoeisel*** ⇒*snoeihout* 0.6 ***ampas*** ⟨uitgeperst suikerriet⟩ ◆ 3.1 stop reading that ~ *hou op met die troep/rommel te lezen.*

trash[2] ⟨ww.⟩ →trashing

I ⟨onov.ww.⟩ ⟨AE⟩ 0.1 ***de boel in elkaar slaan*** ⇒*alles vernielen* 0.2 ⟨sl.⟩ ***meubels bij het grofvuil weghalen/v.d. straat halen;***

II ⟨ov.ww.⟩ 0.1 ***(af)snoeien*** ⇒*afhakken, van de buitenste blaren ontdoen* ⟨vnl. jong suikerriet⟩ 0.2 ⟨AE⟩ ***vernielen*** ⇒*verwoesten;* ⟨fig.⟩ *kleineren, afgeven op;* ⟨sl.⟩ *in elkaar slaan* 0.3 ***(als rommel/afval) wegwerpen*** ⇒*verwerpen, in de vuilnismand gooien, afdanken* 0.4 ***vuilnis/rotzooi gooien op*** ◆ 1.2 I don't understand why he's always ~ing his sister *ik begrijp niet waarom hij altijd zo afgeeft op zijn zuster.*

'trash can ⟨telb.zn.⟩ ⟨AE⟩ 0.1 ***vuilnisemmer.***

trash·er ['træʃə‖-ər] ⟨telb.zn.⟩ ⟨AE⟩ 0.1 ***vernieler*** ⇒*verwoester, vandaal* 0.2 ⟨sl.⟩ ***verzamelaar v. op straat gezette meubels.***

trash·er·y ['træʃəri] ⟨n.-telb.zn.⟩ 0.1 ***rommel*** ⇒*afval, bocht, uitschot, prullen, rotzooi.*

'trash·ice ⟨n.-telb.zn.⟩ 0.1 ***stukjes ijs met water*** ⇒*ijswater.*

trash·ing ['træʃɪŋ] ⟨n.-telb.zn.; gerund v. trash⟩ ⟨AE; sl.⟩ 0.1 ***vandalisme.***

trash·y ['træʃi] ⟨f1⟩ ⟨bn.; -er; -ly; -ness; →bijw. 3⟩ 0.1 ***waardeloos*** ⇒*flut-, kitscherig, prullerig* ◆ 1.1 ~ novel *flutroman.*

trass ['træs], **tar·ras** [tə'ræs] ⟨n.-telb.zn.⟩ ⟨bouwk.⟩ 0.1 ***tras*** ⇒*tufsteen.*

trat·to·ri·a ['trætə'rɪə‖'trɑṭə'rɪə] ⟨telb.zn.⟩ 0.1 ***(Italiaans) eethuisje*** ⇒*(Italiaans) restaurant.*

trau·ma ['trɔ:mə‖'traʊmə] ⟨f1⟩ ⟨telb.zn.; ook traumata [-məṭə]; →mv. 5⟩ 0.1 ***verwonding*** ⇒*trauma, letsel, wond* 0.2 ⟨psych.⟩ ***trauma.***

trau·mat·ic [trɔ:'mætɪk‖traʊ'mæṭɪk] ⟨f1⟩ ⟨bn.; -ally; →bijw. 3⟩ 0.1 ***traumatisch*** ⇒*wond-* 0.2 ***onaangenaam*** ⇒*beangstigend, traumatisch* 0.3 ***traumatologisch*** ⟨mbt. behandeling v. letsels⟩ ◆ 1.1 ~ fever *wondkoorts;* ~ neurosis *traumatische neurose* 1.2 ~ experience *traumatische ervaring.*

trau·ma·tism ['trɔ:mətɪzm‖'traʊ-] ⟨telb.zn.⟩ 0.1 ***traumatisme*** ⇒*traumatische toestand* 0.2 ***verwonding*** ⇒*trauma, letsel, wonde.*

trau·ma·tize, -tise ['trɔ:mətaɪz‖'traʊ-] ⟨ov.ww.⟩ 0.1 ***(ver)wonden*** ⇒*kwetsen, traumatiseren* 0.2 ⟨psych.⟩ ***traumatiseren.***

trav ⟨afk.⟩ travel(s), travel(l)er.

tra·vail[1] ['træveɪl‖trə'veɪl] ⟨zn.⟩

I ⟨telb.zn.⟩ →travois;

II ⟨n.-telb.zn.⟩ 0.1 ⟨schr.⟩ ***zware arbeid*** ⇒*(krachtige) inspanning, gezwoeg* 0.2 ⟨schr.⟩ ***(ziels)kwelling*** ⇒*zielestrijd, beproeving, smart* 0.3 ⟨vero.⟩ ***barensweeën*** ◆ 1.3 woman in ~ *vrouw in barensnood.*

travail[2] ⟨onov.ww.⟩ ⟨vero. of schr.⟩ 0.1 ***in barensnood verkeren*** ⇒*barensweeën hebben* 0.2 ***zwoegen*** ⇒*zich inspannen, zich afsloven, arbeiden, slaven.*

trave [treɪv] ⟨telb.zn.⟩ 0.1 ***hoefstal*** ⇒*noodstal, travalje* 0.2 ⟨bouwk.⟩ ***dwarsbalk*** ⇒*kruisbalk, trabes.*

trav·el[1] ['trævl] ⟨f3⟩ ⟨zn.⟩

I ⟨telb.zn.; vaak mv.⟩ 0.1 ***(lange) reis*** ⇒*rondreis, tour, trip* ◆ 1.1 our ~s out west *onze reizen in het verre westen;*

II ⟨n.-telb.zn.⟩ 0.1 ***(het) reizen*** 0.2 ***verkeer*** 0.3 ***beweging*** ⇒*loop, slag* ⟨v. zuiger⟩ ◆ 1.1 book of ~ *reisverhaal, reisbeschrijving* 2.2 heavy ~ *druk verkeer;*

III ⟨mv.; ~s⟩ 0.1 ***reisverhaal*** ⇒*reisbeschrijving* ◆ 1.1 Gulliver's Travels *Gullivers Reizen.*

travel[2] ⟨f3⟩ ⟨ww.; →ww. 7⟩ →travelled, travelling ⟨→sprw. 31, 280⟩

I ⟨onov.ww.⟩ 0.1 ***reizen*** ⇒*een reis maken* 0.2 ***vertegenwoordiger/handelsreiziger zijn*** ⇒*reizen* 0.3 ***dwalen*** ⇒*gaan* ⟨v. blik, gedachten⟩ 0.4 ***zich (voort)bewegen*** ⇒*zich voortplanten, gaan* 0.5 ***vertoeven*** ⇒*zich bewegen, omgaan* 0.6 ⟨inf.⟩ ***transport verdragen*** 0.7 ⟨inf.⟩ ***vliegen*** ⇒*rennen, hollen, snelgaan* 0.8 ⟨sport, basketbal⟩ ***lopen (met de bal)*** ⟨overtreding⟩ 0.9 ⟨tech.⟩ ***lopen*** ⇒*verschuiven, (zich) bewegen, heen en weer lopen/gaan* ◆ 1.1 ~ling circus *rondreizend circus;* ~ by train *met de trein reizen* 1.4 light ~s faster than sound *het licht plant zich sneller voort dan het geluid;* news ~s fast *nieuws verspreidt zich snel;* the storm ~s west *de storm trekt naar het westen* 1.5 ~ in wealthy circles *zich in rijke kringen bewegen* 1.6 flowers ~ badly *bloemen kunnen slecht tegen vervoer* 1.9 the wheels ~ in a groove *de wieltjes lopen in een gleuf* 5.1 ~ **about** *rondreizen;* ~ light *lichtgepakt reizen* 6.1 ~ **through** Europe *door Europa reizen* 6.2 ~ **for** a publishing company *voor een uitgeverij reizen;* ~ **in** electrical appliances *vertegenwoordiger in huishoudelijke apparaten zijn* 6.3 his eyes ~ **about** the room *hij laat zijn ogen in de kamer ronddwalen;* his mind ~led back **to** *zijn gedachten gingen terug naar;* ~ **over** *dwalen over, gaan over, kijken naar, opnemen;* his eyes ~ **over** the scene *hij laat zijn ogen over het tafereel dwalen;* his mind/thoughts ~led **over** the past events *hij liet zijn gedachten over de voorbije gebeurtenissen gaan* 6.4 we have ~led far **from** those days *die dagen liggen ver achter ons;*

II ⟨ov.ww.⟩ 0.1 ***doorreizen*** ⇒*bereizen, doortrekken, doorkruisen, afreizen* ⟨ook als handelsreiziger⟩ 0.2 ***afleggen*** 0.3 ***volgen*** ⟨pad, weg⟩ ⇒*begaan, bewandelen* 0.4 ***vervoeren*** ⇒*verschepen* ◆ 1.1 the circus ~s Europe *het circus reist heel Europa af* 1.2 ~ 500 miles a day *500 mijl per dag afleggen* 1.3 ~ the same path *hetzelfde pad bewandelen, dezelfde koers volgen* 1.4 ~ cattle *vee vervoeren.*

'travel agency, 'travel bureau ⟨f2⟩ ⟨telb.zn.⟩ 0.1 ***reisbureau*** ⇒*reisagentschap.*

'travel agent ⟨f2⟩ ⟨telb.zn.⟩ 0.1 ***reisagent.***

travel(l)ator →travolator.

trav·elled, ⟨AE sp.⟩ **trav·eled** ['trævəld] ⟨f2⟩ ⟨bn.; volt. deelw. v. travel⟩ 0.1 ***bereisd*** 0.2 ***druk bereden*** ⇒*veel bereisd, veel bezocht* 0.3 ⟨geol.⟩ ***zwerf-*** ◆ 1.1 ~ person *bereisd man* 1.2 ~ country *veel bezocht land* 1.3 ~ stones *zwerfstenen.*

trav·el·ler, ⟨AE sp.⟩ **trav·el·er** ['trævlə‖-ər] ⟨f2⟩ ⟨telb.zn.⟩ 0.1 ***reiziger*** ⇒*bereisd man* 0.2 ***handelsreiziger*** ⇒*vertegenwoordiger* 0.3 ⟨ben. voor⟩ ***bewegend mechanisme*** ⇒*loopkat, loopkraan;* ⟨scheep.⟩ *traveller,* ⟨bij uitbr.⟩ *rondhout, (ge)leider* ⟨waarop traveller beweegt⟩.

'traveller's cheque ⟨f1⟩ ⟨telb.zn.⟩ 0.1 ***reischeque.***

'trav·el·ler's-'joy ⟨n.-telb.zn.⟩ ⟨plantk.⟩ 0.1 ***bosrank*** ⟨Clematis vitalba⟩.

'traveller's tale ⟨telb.zn.⟩ 0.1 ***fabelachtig/onwaarschijnlijk verhaal*** ⇒*fabeltje, sterk verhaal.*

trav·el·ling, ⟨AE sp.⟩ **trav·el·ing** ['trævlɪŋ] ⟨n.-telb.zn.; gerund v. travel⟩ 0.1 ***het reizen.***

'travelling allowance ⟨telb.zn.⟩ 0.1 ***reistoelage*** ⇒*reiskostenvergoeding.*

'travelling bag ⟨telb.zn.⟩ 0.1 ***reistas.***

'trav·el·ling-cap ⟨telb.zn.⟩ 0.1 ***reispet.***

'travelling case ⟨telb.zn.⟩ 0.1 ***reiskoffer.***

'travelling charges, 'travelling expenses ⟨f1⟩ ⟨mv.⟩ 0.1 ***reiskosten.***

'travelling clock ⟨telb.zn.⟩ 0.1 ***reiswekker.***

'travelling companion ⟨telb.zn.⟩ 0.1 ***reisgezel/lin.***

'travelling 'fellowship, 'travelling 'scholarship ⟨f1⟩ ⟨telb.zn.⟩ 0.1 ***reisbeurs.***

trav·e·log(ue) ['trævəlɒg‖-lɔg, -lɑg] ⟨telb.zn.⟩ 0.1 ***(geïllustreerd) reisverhaal*** ⇒*reisfilm.*

'travel pay ⟨n.-telb.zn.⟩ 0.1 ***reiskostenvergoeding.***

'travel permit ⟨f1⟩ ⟨telb.zn.⟩ 0.1 ***reisvergunning.***

'trav·el-sick ⟨bn.⟩ 0.1 ***reisziek*** ⇒*wagenziek, luchtziek, zeeziek.*

'travel sickness ⟨n.-telb.zn.⟩ 0.1 ***reisziekte*** ⇒*wagenziekte, luchtziekte, zeeziekte.*

'trav·el-soiled, 'trav·el-stained ⟨bn.⟩ 0.1 ***vuil van de reis.***

'travel trailer ⟨telb.zn.⟩ 0.1 ***kampeerwagen*** ⇒*camper, caravan.*

'trav·el-worn ⟨bn.⟩ 0.1 ***verreisd.***

'travel writer ⟨telb.zn.⟩ 0.1 ***schrijver/schrijfster v. reisverhalen.***

trav·ers·a·ble [trə'vɜ:səbl‖-'vɜr-] ⟨bn.⟩ 0.1 ***doorkruisbaar*** ⇒*te doorkruisen, doortrekbaar, passabel* 0.2 ***(zijwaarts) draaibaar*** 0.3 ⟨jur.⟩ ***loochenbaar.***

tra·vers·al [trə'vɜ:sl‖-'vɜrsl] ⟨telb. en n.-telb.zn.⟩ 0.1 ***doortocht*** ⇒*overtocht, doorvaart, passage.*

trav·erse[1] ['trævɜ:s‖-vɜrs] ⟨f1⟩ ⟨zn.⟩

I ⟨telb.zn.⟩ 0.1 ***dwarsstuk*** ⇒*dwarsbalk, bovendrempel, dwarshout, dwarsboom, slagboom* 0.2 ***galerij*** 0.3 ***tussenschot*** ⇒*(kamer)scherm, gordijn, hek* 0.4 ***doorgang*** ⇒*passage, weg, passagegeld* 0.5 ***meetlijn*** ⟨bij landmeten⟩ ⇒*opgemeten stuk land* 0.6 ⟨ben. voor⟩ ***zijwaartse beweging*** ⇒⟨tech.⟩ *verplaatsing, verschuiving, beweging* ⟨v. machine⟩; *traverse, horizontale passage* ⟨v. bergwand⟩; *traverse* ⟨wending bij paardendressuur⟩ 0.7 ⟨nat., wisk.⟩ ***transversaal*** ⇒*snijlijn* 0.8 ⟨mil.⟩ ***traverse*** ⇒*dwarswal, zijweer* 0.9 ⟨mil.⟩ ***draaiinrichting*** ⟨v. vast kanon⟩ 0.10 ⟨jur.⟩ ***ontkenning*** ⇒*verloochening, protest, verzet, bezwaar, exceptie* 0.11 ⟨vero.⟩ ***obstructie*** ⇒*hinderpaal, belemmering, tegenspoed;*

II ⟨telb. en n.-telb.zn.⟩ 0.1 ***doortocht*** ⇒*overtocht, doorvaart, doorreis, passage.*

traverse[2] ⟨bn.; -ly⟩ 0.1 ***dwars(-)*** ⇒*dwarsliggend, kruisend, transvers(aal)* ◆ 1.1 ~ lines *snijdende rechten.*

traverse[3] ['trævɜ:s, trə'vɜ:s‖trə'vɜrs] ⟨f2⟩ ⟨ww.⟩

I ⟨onov.ww.⟩ 0.1 ***heen en weer lopen/gaan/rijden*** ⇒*patrouilleren* 0.2 ***(zich) draaien*** ⇒*zwenken, zijwaarts draaien* 0.3 ***traverseren*** ⇒*schuins klimmen/afdalen; dwarssprongen maken* ⟨v. paard⟩ 0.4 ⟨schermen⟩ ***traverseren*** ⇒*zijdelings uitvallen* ◆ 1.1 cars traversing along the freeway *over de snelweg rijdende auto's*

1.2 traversing compass needle *draaiende kompasnaald;*
II ⟨ov.ww.⟩ **0.1** ***(door)kruisen*** ⇒*oversteken, doorreizen, (dwars) trekken door, doorsnijden, doorgaan* **0.2** ***overspannen*** ⇒*liggen over* **0.3** ***heen en weer lopen/gaan in*** **0.4** ***onderzoeken*** ⇒*zorgvuldig bestuderen* **0.5** ***(zijwaarts) draaien*** ⇒*doen zwenken* ⟨kanon⟩ **0.6** ***dwarsbomen*** ⇒*tegenwerken, betwisten, verijdelen, zich verzetten tegen* **0.7** ***dwars beklimmen*** ⟨helling⟩ **0.8** ⟨jur.⟩ ***tegenwerpingen maken op*** ⇒*ontkennen, loochenen, betwisten, aanvechten, excepties opwerpen tegen* **0.9** ⟨scheep.⟩ ***langsscheeps brassen*** ⟨ra⟩ ◆ **1.1** ~ the jungle *door de jungle trekken;* land ~d by canals *met kanalen doorsneden land;* search lights ~ the sky *zoeklichten doorklieven de lucht* **1.4** well ~d field *veel bestudeerd gebied/terrein.*

trav·ers·er ['trævɜ:sə‖trə'vɜrsər]⟨telb.zn.⟩ **0.1** ***draaischijf*** ⟨v. spoorweg⟩ **0.2** ***doorkruiser*** ⇒*doortrekker* **0.3** ⟨jur.⟩ ***protesteerder*** ⇒*loochenaar.*

'traverse sailing ⟨telb.zn.⟩⟨scheep.⟩ **0.1** ***koppelkoers.***

'traverse table ⟨telb.zn.⟩ **0.1** ***draaischijf*** ⟨v. spoorweg⟩.

trav·er·tine ['trævətɪn‖-vərti:n]⟨n.-telb.zn.⟩⟨geol.⟩ **0.1** ***travertijn*** ⟨soort kalktufsteen⟩.

trav·es·ty[1] ['trævɪ̣sti]⟨f1⟩⟨telb. en n.-telb.zn.; →mv. 2⟩ **0.1** ***travestie*** ⇒*karikatuur, parodie, vertekening, bespotting* **0.2** ***vermomming*** ⇒*verkleding, travestie* ◆ **1.1** ~ of justice *karikatuur v. rechtvaardigheid.*

travesty[2] ⟨ov.ww.; →ww. 7⟩ **0.1** ***travesteren*** ⇒*parodiëren, belachelijk maken, ridiculiseren, vertekenen* **0.2** ***vermommen*** ⇒*verkleden.*

tra·vois [trə'vɔɪ‖'trævɔɪ], **tra·voise** [trə'vɔɪz‖'trævɔɪz], **tra·voy** [trə'vɔɪ‖'trævɔɪ], **tra·vail** [trə'veɪl]⟨telb.zn.; 1e variant ook travois; →mv. 4⟩ **0.1** ***(soort) slee*** ⟨vervoermiddel v. Am. Indianen⟩.

trav·ol·a·tor, trav·el·(l)a·tor ['trævəleɪtə‖-leɪṭər]⟨telb.zn.⟩ **0.1** ***rollend trottoir.***

trawl[1] [trɔ:l]⟨f1⟩⟨zn.⟩
I ⟨telb.zn.⟩ **0.1** ***treilnet*** ⇒*sleepnet, trawl, kor(re), kornet* **0.2** ***zoek/speurtocht*** ⇒*jacht, (het) opvissen* ⟨bv. naar talent⟩ **0.3** ⟨AE⟩ ***zetlijn;***
II ⟨n.-telb.zn.⟩ **0.1** ***het treilen.***

trawl[2] ⟨ww.⟩
I ⟨onov.ww.⟩ **0.1** ***met een sleepnet vissen*** **0.2** ***met een sleephengel vissen*** **0.3** ⟨AE⟩ ***met een zetlijn vissen*** ◆ **6.1** ⟨fig.⟩ ~ **for** *uitkammen, zorgvuldig doorzoeken;*
II ⟨ov.ww.⟩ **0.1** ***met een sleepnet vangen*** **0.2** ***met een sleephengel vissen naar*** ⇒ ⟨fig.⟩ *uitkammen/pluizen, zorgvuldig doorzoeken, (op)vissen uit* **0.3** ***slepen*** ⟨sleepnet⟩ **0.4** ***ophangen*** ⟨zetlijn⟩ **0.5** ⟨AE⟩ ***met een zetlijn vangen.***

trawl·er ['trɔ:lə‖'trɔlər]⟨f1⟩⟨telb.zn.⟩ **0.1** ***treiler*** ⇒*trawler* **0.2** ***trawlvisser.***

'trawl line ⟨telb.zn.⟩⟨AE⟩ **0.1** ***zetlijn.***

'trawl net ⟨telb.zn.⟩ **0.1** ***treilnet*** ⇒*sleepnet, trawl.*

tray [treɪ]⟨f3⟩⟨telb.zn.⟩ **0.1** ***plateau*** ⇒*(presenteer)blad, dienblad* **0.2** ***schaal*** **0.3** ⟨ben. voor⟩ ***bak(je)*** ⇒*brievenbak(je), opbergbakje; (schuif)bakje* ⟨in koffer⟩; *schuiflade* ⟨in kast⟩ **0.4** ***baanschuiver*** ⇒*baanruimer* ⟨bij tram⟩.

tray·ful ['treɪfʊl]⟨telb.zn.⟩ **0.1** ***plateau/schaal (vol)*** ◆ **1.1** ~ of glasses *(schenk)blad vol glazen.*

treach·er·ous ['tretʃərəs]⟨f2⟩⟨bn.; -ly; -ness⟩ **0.1** ***verraderlijk*** ⇒*vals, perfide, bedrieglijk, trouweloos, onbetrouwbaar, gevaarlijk, misleidend, geniepig* ◆ **1.1** ~ ice *verraderlijk ijs;* ~ memory *onbetrouwbaar geheugen.*

treach·er·y ['tretʃəri]⟨f1⟩⟨zn.; →mv. 2⟩
I ⟨telb.zn.⟩ **0.1** ***daad van ontrouw/verraad;***
II ⟨n.-telb.zn.⟩ **0.1** ***verraad*** ⇒*ontrouw, trouweloosheid, trouwbreuk, woordbreuk, gemeenheid.*

trea·cle[1] ['tri:kl]⟨f1⟩⟨n.-telb.zn.⟩ **0.1** ⟨BE⟩ ***(suiker)stroop*** ⇒*blanke stroop;* ⟨fig.⟩ *(overladen) zoetigheid, stroop, (wederzijdse) vleierij* **0.2** ⟨med.⟩ ***triakel*** ⇒*teriakel;* ⟨fig.⟩ *doelmatig medicijn* ◆ **1.1** a voice like ~ *een suikerzoete stem.*

treacle[2] ⟨ov.ww.⟩ **0.1** ***met stroop insmeren/besmeren*** ⇒*met stroop zoeten.*

trea·cly ['tri:kli]⟨bn.⟩ **0.1** ***stroperig*** ⇒*kleverig;* ⟨fig.⟩ *zoet(erig), vleiend, honi(n)gzoet.*

tread[1] [tred]⟨f2⟩⟨zn.⟩
I ⟨telb.zn.⟩ **0.1** ***trede*** ⇒*opstapje* **0.2** ***loopvlak*** ⟨v. band⟩ ⇒*rupsband* **0.3** ***(voet)zool*** **0.4** ***wielbasis*** **0.5** ***(voet)afdruk*** ⇒*(voet)spoor* **0.6** ⟨dierk.⟩ ***hanetred*** **0.7** ⟨dierk.⟩ ***hagelsnoer;***
II ⟨telb. en n.-telb.zn.⟩ **0.1** ***tred*** ⇒*pas, stap, gang, schrede* **0.2** ***profiel*** ⟨v. band⟩ ◆ **1.1** incessant ~ of feet *onophoudelijke voetstappen* **2.1** with cautious ~ *met zachte tred;* a heavy ~ *een zware stap;*
III ⟨n.-telb.zn.⟩⟨vero.⟩ **0.1** ***het treden*** ⇒*paring, coïtus, het bespringen* ⟨v. mannelijke vogel⟩.

tread[2] ⟨f2⟩⟨ww.; trod [trɒd‖trɑd]/⟨vero.⟩ trode [troʊd], trodden ['trɒdn‖'trɑdn]/trod [trɒd‖trɑd]⟩⟨→sprw. 204⟩
I ⟨onov.ww.⟩ **0.1** ***treden*** ⇒*stappen, wandelen, gaan, trappen* **0.2** ***paren*** ⇒*copuleren* ⟨v. mannelijke vogel⟩ ◆ **1.1** the island where no foot has trod *het eiland waar nog niemand een voet heeft gezet* **5.¶** ~ lightly *omzichtig/voorzichtig te werk gaan, omzichtig behandelen* **6.1** ~ **in** *treden/stappen/trappen in;* ~ **in** the mud *in de modder trappen;* ~ **on** *trappen/stappen op;* don't ~ **on** the grass *niet op het gras lopen;*
II ⟨ov.ww.⟩ **0.1** ***betreden*** ⇒*bewandelen, begaan, wandelen op, (ver)volgen* **0.2** ***trappen*** ⇒*(ver)trappe(le)n, trappen op, vasttrappen;* ⟨fig.⟩ *ver/onderdrukken, onderwerpen* **0.3** ***heen en weer lopen in*** ⇒*lopen door* **0.4** ***treden*** ⇒*bespringen, copuleren met* ⟨v. mannelijke vogel⟩ **0.5** ***(zich) banen*** ⇒*trappen, platlopen* **0.6** ***maken*** ⇒*uitvoeren* ◆ **1.1** ~ a nice path to school *een mooie weg naar school nemen* **1.2** ~ grain *graan dorsen* ⟨met de voeten⟩; ~ grapes *druiven treden, (met de voeten) druiven persen;* ~ one's inferiors *zijn ondergeschikten verdrukken;* ~ the pedals *op de pedalen trappen;* ~ the soil *de aarde vaststampen* **1.3** ~ the room *de kamer op en neer lopen* **1.5** ~ a path *(zich) een weg banen* **1.6** ~ a few steps *enkele stappen zetten* **5.2** ~ **in** *intrappen, instampen* **5.¶** →tread **down;** →tread **out** **6.2** ~ mud **into** the carpet *modder in het tapijt vastlopen.*

'tread 'down ⟨ov.ww.⟩ **0.1** ***vertrappe(le)n*** ⇒*neertrappen, vernietigen, platlopen;* ⟨fig.⟩ *verdrukken* ◆ **1.1** ~ one's shoes *zijn schoenen aftrappen.*

tread·le[1] ['tredl]⟨telb.zn.⟩ **0.1** ***trapper*** ⇒*pedaal, trede, treeplank* **0.2** ⟨dierk.⟩ ***hanetred*** **0.3** ⟨dierk.⟩ ***hagelsnoer.***

treadle[2] ⟨onov.ww.⟩ **0.1** ***de trapper/het pedaal bedienen*** ⇒*trappen.*

'treadle machine ⟨telb.zn.⟩ **0.1** ***trapmachine*** **0.2** ⟨druk.⟩ ***trapdrukmachine.***

tread·ler ['tredlə‖-ər]⟨telb.zn.⟩ **0.1** ***trapper.***

'tread·mill ⟨f1⟩⟨telb.zn.⟩ **0.1** ***tredmolen*** ⟨ook fig.⟩.

'tread 'out ⟨ov.ww.⟩ **0.1** ***(zich) banen*** **0.2** ***treden*** ⇒*persen* ⟨druiven⟩ **0.3** ***dorsen*** ⟨graan⟩ **0.4** ***uitstampen*** ⇒*uittrappen* **0.5** ***dempen*** ⟨bv. opstand⟩ ◆ **1.4** ~ the fire *het vuur uittrappen/doven.*

'tread·wheel ⟨telb.zn.⟩⟨vero.⟩ **0.1** ***tredmolen.***

treas ⟨afk.⟩ treasurer, treasury.

trea·son ['tri:zn]⟨f2⟩⟨n.-telb.zn.⟩ **0.1** ***hoogverraad*** ⇒*landverraad* **0.2** ***verraad*** ⇒*trouwbreuk, trouweloosheid* **0.3** ⟨gesch.⟩ ***klein verraad*** ⟨vnl. tgo. leenheer of meester⟩.

trea·son·a·ble ['tri:znəbl], **trea·son·ous** ['tri:znəs]⟨bn.; -ly; treasonableness; →bijw. 3⟩ **0.1** ***verraderlijk*** ⇒*schuldig aan verraad, trouweloos.*

'treason felony ⟨n.-telb.zn.⟩⟨BE⟩ **0.1** ***landverraad*** ⇒*opruiing.*

treas·ure[1] ['treʒə‖-ər]⟨f3⟩⟨zn.⟩
I ⟨telb.zn.⟩ **0.1** ***schat*** ⇒*kostbaarheid, kostbaar stuk,* ⟨inf.⟩ *schatje, lieveling, parel* ◆ **1.1** my secretary is a ~ *ik heb een juweeltje v.e. secretaresse;*
II ⟨telb. en n.-telb.zn.⟩ **0.1** ***schat*** ⇒*rijkdom, schatten* ◆ **1.1** ~ of ideas *schat aan ideeën* **3.1** dig up buried ~ *begraven schatten opgraven.*

treasure[2] ⟨f2⟩⟨ov.ww.⟩ **0.1** ***verzamelen*** ⇒*bewaren, ophopen* **0.2** ***waarderen*** ⇒*op prijs stellen, (als een schat) bewaren, koesteren, in ere houden* ◆ **5.1** ~ **up** *vergaren, verzamelen, bewaren, opstapelen, oppotten* **5.2** ~ **up** *waarderen, (als een schat) bewaren, koesteren.*

'treas·ure-house ⟨telb.zn.⟩ **0.1** ***schatkamer*** ⟨ook fig.⟩ ⇒*schathuis* ◆ **1.1** the museum is a ~ of paintings *dit museum heeft een schat aan schilderijen.*

'treasure hunt ⟨telb.zn.⟩ **0.1** ***schatgraverij*** **0.2** ⟨spel⟩ ***vossejacht.***

treas·ur·er ['treʒrə‖-ər]⟨f2⟩⟨telb.zn.⟩ **0.1** ***schatmeester*** ⇒*thesaurier, penningmeester* **0.2** ***ambtenaar v. financiën*** **0.3** ***conservator*** ◆ **1.¶** ⟨BE⟩ Treasurer of the Household *financieel ambtenaar v.h. koningshuis.*

treas·ur·er·ship ['treʒrəʃɪp‖-rər-]⟨telb. en n.-telb.zn.⟩ **0.1** ***schatmeesterschap*** ⇒*penningmeesterschap.*

treas·ur·ess ['treʒərɪ̣s]⟨telb.zn.⟩ **0.1** ***penningmeesteres.***

'treas·ure-trove ⟨telb.zn.⟩ **0.1** ***gevonden schat*** **0.2** ***schat*** ⇒*vondst, kostbare ontdekking, rijke bron* ◆ **1.2** a ~ to anthropologists *een rijke (informatie)bron voor antropologen.*

treas·ur·y ['treʒri]⟨f2⟩⟨zn.; →mv. 2⟩
I ⟨telb.zn.⟩ **0.1** ***schatkamer*** ⇒*schatkist;* ⟨fig.⟩ *bron* **0.2** ***ministerie v. financiën*** ⟨gebouw⟩ ◆ **2.1** the ~ is nearly empty *de bodem v.d. schatkist wordt zichtbaar* **6.1** that book is a ~ **of** interesting facts *dat boek bevat een schat aan interessante informatie;*
II ⟨verz.n.; T-; the⟩ **0.1** ***Ministerie v. Financiën*** ◆ **1.1** First Lord of the Treasury *Eerste Minister* ⟨v. Engeland⟩; Lords of the Treasury *Treasury Board.*

'Treasury Bench ⟨eig.n.; the⟩ **0.1** ***ministersbank*** ⟨in Eng. Lagerhuis⟩.

'Treasury bill ⟨telb.zn.⟩ **0.1** ***schatkistpromesse*** ⟨in Groot-Brittannië en U.S.A., met korte looptijd⟩.
'Treasury Board ⟨eig.n.; the⟩ **0.1** ***Treasury Board*** ⟨de aan het hoofd v.d. Eng. financiën staande personen, de eerste minister, de minister v. Financiën, en vijf junior Lords⟩.
'Treasury bond ⟨telb.zn.⟩ ⟨vnl. AE⟩ **0.1** ***schatkistcertificaat*** ⟨met lange looptijd⟩.
'Treasury certificate ⟨telb.zn.⟩ ⟨AE⟩ **0.1** ***schatkistbon/certificaat*** ⟨met looptijd v. 1 jaar⟩.
'Treasury note ⟨telb.zn.⟩ **0.1** ⟨AE⟩ ***schatkistbiljet*** ⟨met looptijd v. 1 tot 5 jaar⟩ **0.2** ⟨BE; gesch.⟩ ***bankbiljet*** ⟨1914-1928⟩ ⇒*muntbiljet.*
'treasury secretary ⟨telb.zn.⟩ **0.1** ***minister v. financiën.***
treat[1] [tri:t] ⟨f2⟩ ⟨telb.zn.⟩ **0.1** ***traktatie*** ⇒*(feestelijk) onthaal, feest* ◆ **3.1** ⟨fig.⟩ it's a ~ to hear Paul play *'t is een feest/genot om Paul te horen spelen;* stand ~ *trakteren, betalen* **7.1** it's my ~ *ik trakteer.*
treat[2] ⟨f3⟩ ⟨ww.⟩
I ⟨onov.ww.⟩ **0.1** ***trakteren*** ⇒*fuiven, uitpakken* **0.2** ***onderhandelen*** ⇒*(vredes)besprekingen voeren, zaken doen* ◆ **6.2** ~ **with** *onderhandelingen voeren met* **6.¶** ~ **of** *behandelen;*
II ⟨ov.ww.⟩ **0.1** ***bejegenen*** ⇒*behandelen, tegemoet treden, omgaan met* **0.2** ⟨med.⟩ ***behandelen*** ⇒*een behandeling geven* **0.3** ***beschouwen*** ⇒*afdoen* **0.4** ***aan de orde stellen*** ⇒*presenteren, behandelen, beschrijven* ⟨onderwerp⟩ **0.5** ⟨tech.⟩ ***bewerken*** ⇒*behandelen* **0.6** ***trakteren*** ⇒*onthalen* ◆ **1.2** ~ a sprained ankle *een verstuikte enkel behandelen* **1.4** ~ a problem from different angles *een probleem van verschillende zijden belichten* **5.1** ~ s.o. kindly *iem. vriendelijk behandelen* **6.2** ~ s.o. **for** shingles *iem. voor gordelroos behandelen* **6.3** ~ sth. **as** a joke *iets als een grapje opvatten* **6.5** ~ a stain **with** acid *een vlek met zuur behandelen* **6.6** ~ s.o. **to** a dinner *iem. op een etentje trakteren.*
treat·a·ble ['tri:ṭəbl] ⟨bn.⟩ **0.1** ***te behandelen*** **0.2** ⟨vero.⟩ ***handelbaar.***
treat·er ['tri:tə‖'tri:ṭər] ⟨telb.zn.⟩ **0.1** ***behandelaar.***
treat·ise ['tri:tɪs] ⟨f1⟩ ⟨telb.zn.⟩ **0.1** ***verhandeling*** ⇒*beschouwing, monografie, traktaat* ◆ **6.1** a ~ **on** unemployment *een verhandeling over werkloosheid.*
treat·ment ['tri:tmənt] ⟨f3⟩ ⟨telb. en n.-telb.zn.⟩ **0.1** ***behandeling*** ⇒*bejegening, verzorging, procédé* ◆ **3.1** follow the prescribed ~ *de voorgeschreven behandeling volgen;* receive unfair ~ from s.o. *onbillijk behandeld worden door iem.* **6.1** several ~s **for** acne *verscheidene kuren tegen acne;* be **under** ~ *onder behandeling staan/zijn* **7.1** ⟨inf.⟩ the (full) ~ *de gebruikelijke behandeling, de standaardprocedure.*
trea·ty ['tri:ṭi] ⟨f3⟩ ⟨zn.; →mv. 2⟩
I ⟨telb.zn.⟩ **0.1** ***verdrag*** ⇒*overeenkomst, contract, traktaat* ◆ **1.1** ~ of commerce *handelsverdrag;*
II ⟨n.-telb.zn.⟩ **0.1** ***contract*** ⇒*afspraak* ◆ **2.1** by private ~ *ondershands, zonder makelaar* ⟨v. huizenverkoop⟩ **6.1** be **in** ~ **with** *in onderhandeling zijn met.*
'treaty port ⟨telb.zn.⟩ **0.1** ***verdragshaven.***
treb·le[1] ['trebl] ⟨f1⟩ ⟨zn.⟩
I ⟨telb.zn.⟩ ⟨muz.⟩ **0.1** ***sopraan*** ⇒⟨BE i.h.b.⟩ *jongenssopraan* **0.2** ***sopraanpartij*** **0.3** ***sopraanstem*** ⇒*hoge (schelle) stem* **0.4** ***hogetonenregelaar*** ⟨op versterker e.d.⟩;
II ⟨n.-telb.zn.⟩ **0.1** ***drievoud*** ⇒*drievoudige* **0.2** ⟨the⟩ ⟨muz.⟩ ***discant*** ⇒*bovenstem* **0.3** ***hoge tonen*** ⟨mbt. versterker e.d.⟩.
treble[2] ⟨f1⟩ ⟨bn.; -ly; →bijw. 3⟩ **0.1** ***driemaal*** ⇒*drievoudig/dubbel* **0.2** ***hoog*** ⇒*schril;* ⟨muz. vaak⟩ *sopraan-* ◆ **1.1** ~ the amount *driemaal het aantal* **1.2** ~ clef *g-sleutel;* ~ pitch *sopraanligging;* ~ recorder *altblokfluit* **1.¶** the ~ chance *het voorspellen v. gelijk spel en de gewonnen uit- en thuiswedstrijden* ⟨in Engeland⟩; ~ rhyme *glijdend rijm.*
treble[3] ⟨f1⟩ ⟨onov. en ov.ww.⟩ **0.1** ***verdrievoudigen*** ⇒*met drie vermenigvuldigen.*
'trebles ring ⟨telb.zn.⟩ ⟨darts⟩ **0.1** ***driedubbelring*** ⟨op werpschijf, met een waarde v. 3 maal sectorpuntenaantal⟩.
treb·u·chet ['trebjʊʃet‖-bjə-], **treb·uc·ket** ['tri:bʌkɪt] ⟨telb.zn.⟩ ⟨gesch.⟩ **0.1** ***blijde*** ⇒*ballista, katapult* ⟨in middeleeuwen⟩.
tre·cen·tist ['treɪ'tʃentɪst] ⟨telb.zn.⟩ **0.1** ***kunstenaar uit het (Italiaanse) trecento.***
tre·cen·to [treɪ'tʃentoʊ] ⟨n.-telb.zn.; the⟩ **0.1** ***trecento*** ⇒*veertiende eeuw* ⟨in Italiaanse kunst⟩.
tree[1] [tri:] ⟨f4⟩ ⟨telb.zn.⟩ ⟨→sprw. 25, 239, 697⟩ **0.1** ***boom*** **0.2** ***paal*** ⇒*balk, staak* ⟨in constructie⟩ **0.3** ***kapstok*** **0.4** ***leest*** **0.5** ⟨vero.; schr.⟩ ***galg*** **0.6** ⟨vero.; schr.⟩ ***kruis(hout)*** **0.7** ***boomdiagram*** ⇒*stamboom;* ⟨t[illegible]⟩ *boom(diagram)* ◆ **1.1** ⟨plantk.⟩ ~ of Heaven *hemelboo[illegible]* ⟨Ailanthus glandulosa⟩; ~ of knowledge *boom der kennis (van goed en kwaad);* ~ of liberty *vrijheidsboom;* ~ of life *boom des levens, levensboom* **3.1** grow on ~s *welig tieren, voor het oprapen liggen* **6.1** be **up** a ~ *in het nauw zitten.*
tree[2] ⟨ww.⟩
I ⟨onov.ww.⟩ **0.1** ***de boom in vluchten;***
II ⟨ov.ww.⟩ **0.1** ***de boom in jagen*** **0.2** ***in het nauw drijven*** ⇒*klem zetten, in een hoek drijven* **0.3** ***op de leest zetten*** **0.4** ***met bomen beplanten*** ◆ **1.1** the cat was ~d by the sound of the fire alarm *het brandalarm joeg de kat de boom in* **1.¶** ⟨boek.⟩ ~d calf *leren boekband met boomschorsachtig reliëf.*
'tree agate ⟨telb.zn.⟩ **0.1** ***boomagaat.***
'tree 'calf, treed calf ['tri:d 'kɑ:f‖-'kæf] ⟨n.-telb.zn.⟩ ⟨boek.⟩ **0.1** ***leren boekband met boomschorsachtig reliëf.***
'tree-creep·er ⟨telb.zn.⟩ ⟨dierk.⟩ **0.1** ***taigaboomkruiper*** ⟨klimvogel v.d. fam. Certhiidae⟩.
'tree-doz·er ⟨telb.zn.⟩ ⟨tech.⟩ **0.1** ***boomruimer.***
'tree fern ⟨telb.zn.⟩ **0.1** ***boomvaren.***
'tree frog, 'tree toad ⟨telb.zn.⟩ ⟨dierk.⟩ **0.1** ***boomkikker/kikvors*** ⟨genus Hyla⟩.
'tree goose ⟨telb.zn.; tree geese; →mv. 3⟩ ⟨dierk.⟩ **0.1** ***brandgans*** ⇒*dondergans* ⟨Branta leucopsis⟩.
'tree·hop·per ⟨telb.zn.⟩ ⟨dierk.⟩ **0.1** ***helmcicade*** ⟨fam. Membracidae⟩.
'tree-house ⟨telb.zn.⟩ **0.1** ***boomhut.***
tree lark →tree pipit.
tree·less ['tri:ləs] ⟨bn.⟩ **0.1** ***boomloos*** ⇒*zonder bomen.*
'tree line ⟨n.-telb.zn.⟩ **0.1** ***boomgrens.***
'tree milk ⟨n.-telb.zn.⟩ **0.1** ***melksap.***
treen ['tri:n] ⟨bn.⟩ **0.1** ***van hout.***
tree·nail, tre·nail ['tri:neɪl, 'trenl] ⟨telb.zn.⟩ **0.1** ***houten pen.***
'tree nymph ⟨telb.zn.⟩ **0.1** ***boomnimf*** ⇒*bosnimf.*
'tree onion ⟨telb.zn.⟩ ⟨plantk.⟩ **0.1** ***boomui*** ⟨Allium proliferum⟩.
'tree pipit ⟨telb.zn.⟩ ⟨dierk.⟩ **0.1** ***boompieper*** ⟨Anthus trivialis⟩.
'tree ring ⟨telb.zn.⟩ **0.1** ***jaarring.***
'tree shrew ⟨telb.zn.⟩ ⟨dierk.⟩ **0.1** ***toepaja*** ⟨fam. Tupaiidae⟩.
'tree sparrow ⟨telb.zn.⟩ ⟨BE; dierk.⟩ **0.1** ***ringmus*** ⟨Passer montanus⟩.
'tree surgeon ⟨telb.zn.⟩ **0.1** ***boomchirurg.***
'tree surgery ⟨n.-telb.zn.⟩ **0.1** ***boomchirurgie.***
tree toad →tree frog.
'tree tomato ⟨telb.zn.; →mv. 2⟩ **0.1** ***Zuidamerikaanse tomatenstruik*** ⟨fam. Solanaceae⟩.
'tree·top ⟨telb.zn.⟩ **0.1** ***boomtop.***
'tree wax ⟨telb.zn.⟩ **0.1** ***boomwas.***
tre·fa ['treɪfə], **tref** [treɪf] ⟨bn.⟩ **0.1** ***treife*** ⇒*niet kosher.*
tre·foil ['tri:fɔɪl, 'tre-] ⟨f1⟩ ⟨zn.⟩
I ⟨telb.zn.⟩ **0.1** ⟨plantk.⟩ ***klaverblad*** ⇒*drieblad* ⟨genus Trifolium⟩ **0.2** ⟨bouwk.⟩ ***driepas;***
II ⟨telb. en n.-telb.zn.⟩ **0.1** ***klaver.***
tre·foiled ['tri:fɔɪld, 'tre-] ⟨bn.⟩ **0.1** ***driebladig*** **0.2** ***klaverbladvormig.***
tre·ha·la [trɪ'hɑ:lə] ⟨n.-telb.zn.⟩ **0.1** ⟨ong.⟩ ***turks manna.***
trek[1] [trek] ⟨f1⟩ ⟨telb.zn.⟩ **0.1** ***tocht*** ⇒*lange reis, trek, uittocht, exodus* ⟨oorspr. Zuidafrikaanse gesch.⟩ **0.2** ***etappe*** ⟨v. reis⟩.
trek[2] ⟨f1⟩ ⟨ww.; →ww. 7⟩
I ⟨onov.ww.⟩ **0.1** ***trekken*** ⇒*in dichte drommen/v. heinde en verre komen;* ⟨i.h.b. Zuidafrikaanse gesch.⟩ *met de ossewagen trekken* **0.2** ***(land)verhuizen*** **0.3** ⟨sl.⟩ ***opkrassen;***
II ⟨ov.ww.⟩ **0.1** ***trekken*** ⟨bv. ossewagen⟩.
trek·ker ['trekə‖-ər] ⟨telb.zn.⟩ **0.1** ***trekker*** ⟨oorspr. Z. Afr.⟩ **0.2** ***landverhuizer.***
'trek-ox ⟨telb.zn.⟩ ⟨Z. Afr. E⟩ **0.1** ***trekos.***
'trek-tow ⟨telb.zn.⟩ ⟨Z. Afr. E⟩ **0.1** ***trektouw*** ⟨voor ossewagen⟩.
trel·lis[1] ['trelɪs] ⟨f1⟩ ⟨telb.zn.⟩ **0.1** ***latwerk*** ⇒*traliewerk, lattenframe.*
trellis[2] ⟨ov.ww.⟩ **0.1** ***langs een latwerk leiden*** **0.2** ***voorzien van een latwerk.***
'trel·lis·work ⟨n.-telb.zn.⟩ **0.1** ***latwerk.***
trem·a·tode ['tremətoʊd] ⟨telb.zn.⟩ **0.1** ***platworm*** ⇒*trematode, ingewandsworm;* ⟨i.h.b.⟩ *zuigworm.*
trem·ble[1] ['trembl] ⟨f1⟩ ⟨zn.⟩
I ⟨telb.zn.; alleen enk.⟩ **0.1** ***trilling*** ⇒*huivering, sidder, rilling* ◆ **4.1** ⟨inf.⟩ be all of a ~ *over zijn hele lichaam beven* **6.1** there was a ~ **in** Vic's voice *Vic's stem beefde/was onvast;*
II ⟨mv.; ~s; ww. vnl. enk.⟩ ⟨med.⟩ **0.1** ⟨ben. voor⟩ ***ziekte waarbij beving/trilling optreedt*** ⇒⟨i.h.b.⟩ *hersenontsteking* ⟨bij vee⟩.
tremble[2] ⟨f3⟩ ⟨onov.ww.⟩ →trembling **0.1** ***beven*** ⇒*sidderen, rillen, bibberen, trillen* **0.2** ***schudden*** **0.3** ***huiveren*** ⇒*in angst zitten, bezorgd zijn* ◆ **1.1** ~ in the balance *aan een zijden draadje hangen;* in fear and trembling *met angst en beven* **1.2** the house ~d every time a bus drove past *iedere keer als er een bus langs reed, stond het huis te schudden* **3.3** I ~ to think what may happen *ik moet er niet aan denken wat er zou kunnen gebeuren* **6.1** ~ **with** fear *beven van angst* **6.3** I ~ **at** the idea *ik huiver bij de gedachte;* ~ **for** s.o.'s safety *zijn hart voor iem. vasthouden.*
trem·bler ['tremblə‖-ər] ⟨telb.zn.⟩ **0.1** ***bibberaar*** ⇒*bangerd* **0.2** ***sidderaal*** **0.3** ⟨elek.⟩ ***zelfonderbreker.***

trem·bling ['tremblɪŋ]⟨bn.; teg. deelw. v. tremble⟩ **0.1** ***bevend*** ⇒*trillend* ◆ **1.¶** ~ bog *trilveen;* ⟨plantk.⟩ ~ poplar *ratel/trilpopulier* ⟨Populus tremula⟩.
trem·bling·ly ['tremblɪŋli]⟨f1⟩⟨bw.⟩ **0.1** ***bevend*** ⇒*bibberig*.
trem·bly ['trembli]⟨bn.; -er; →compar. 7⟩ **0.1** ***bevend*** ⇒*bibberig, rillend*.
trem·el·lose ['tremələʊs]⟨bn.⟩⟨plantk.⟩ **0.1** ***geleiachtig***.
tre·men·dous [trɪ'mendəs]⟨f3⟩⟨bn.; -ly; -ness⟩ **0.1** ***enorm*** ⇒*ontzagwekkend, overweldigend, geweldig* **0.2** ⟨inf.⟩ ***fantastisch*** ⇒*reusachtig, enorm* ◆ **1.1** a ~ drinker *een enorme drinker;* ~ personality *geduchte persoonlijkheid* **1.2** ~ voice *schitterende stem*.
trem·o·lo ['tremələʊ]⟨telb.zn.⟩⟨muz.⟩ **0.1** ***tremolo*** **0.2** ***vibrato*** **0.3** ***tremulant*** ⇒*tremolo* ⟨orgelregister⟩ **0.4** ⟨oneig.⟩ ***triller***.
trem·or ['tremə‖-ər]⟨f1⟩⟨telb.zn.⟩ **0.1** ***beving*** ⇒*trilling* **0.2** ***aardschok*** ⇒*lichte aardbeving* **0.3** ***huivering*** ⇒*siddering* ◆ **1.3** ~ of fear *rilling van angst* **2.1** nervous ~ *zenuwtrekking, tic* **4.3** all in a ~ *bibberend van de zenuwen*.
trem·u·lous ['tremjʊləs‖-mjələs], **trem·u·lant** [-lənt]⟨bn.; 1e variant -ly; -ness⟩ **0.1** ***trillend*** ⇒*sidderend, bevend* **0.2** ***weifelig*** ⇒*aarzelend, beschroomd, schroomvallig* ◆ **1.1** ~ voice *onvaste stem*.
tre·nail →treenail.
trench[1] [trentʃ]⟨f2⟩⟨telb.zn.⟩ **0.1** ***geul*** ⇒*sleuf, voor, greppel, sloot* **0.2** ⟨mil.⟩ ***loopgraaf*** **0.3** ⟨geol.⟩ ***trog*** ◆ **3.1** dig ~es for draining *geulen graven voor de afwatering*.
trench[2] ⟨ww.⟩
I ⟨onov.ww.⟩ **0.1** ***inbreuk maken*** **0.2** ***naderen*** ⇒*in de buurt komen* ◆ **6.1** ~ **(up)on** one's capital *zijn kapitaal aanspreken;* ~ **(up)on** s.o.'s privacy/rights *inbreuk op iemands privacy/rechten maken;* ~ **(up)on** s.o.'s time *beslag op iemands tijd leggen* **6.2** ~ **(up)on** blasphemy *bij het godslasterlijke af zijn;*
II ⟨ov.ww.⟩ **0.1** ***loopgraven/greppels/geulen graven in*** **0.2** ***omspitten*** **0.3** ***voorzien van geulen*** ⇒*versterken met loopgraven* **0.4** ***(door)snijden*** ◆ **1.3** ~ed fort *met geulen omringd fort*.
trench·an·cy ['trentʃnsi]⟨n.-telb.zn.⟩ **0.1** ***scherpzinnigheid*** ⇒*doorzicht* **0.2** ***kracht*** ⇒*effectiviteit*.
trench·ant ['trentʃnt]⟨bn.; -ly⟩ **0.1** ***scherp*** ⇒*spits, scherpzinnig* **0.2** ***krachtig*** ⇒*effectief, doeltreffend* ◆ **1.1** ~ remark *spitse opmerking*.
'trench-cart ⟨telb.zn.⟩⟨mil.⟩ **0.1** ***munitiewagentje***.
'trench coat ⟨f1⟩⟨telb.zn.⟩ **0.1** ***regenjas*** ⇒*trenchcoat*.
trench·er ['trentʃə‖-ər]⟨telb.zn.⟩ **0.1** ***sleuvengraver*** ⇒⟨bij uitbr.⟩ *greppelploeg* **0.2** ***loopgraafmachine*** **0.3** ***broodplank*** ⇒*snijplank* **0.4** ***(vierkante) baret*** ⟨bij hoogleraarstoga⟩ **0.5** ⟨vero.⟩ ***voorsnijplank*** ⇒*houten dienbord*.
'trencher cap ⟨telb.zn.⟩ **0.1** ***(vierkante) baret*** ⟨bij hoogleraarstoga⟩.
'trencher companion ⟨telb.zn.⟩ **0.1** ***disgenoot*** ⇒*tafelgenoot*.
'trench·er-'fed ⟨bn.⟩⟨BE⟩ **0.1** ***thuis gehouden*** ⟨v. jachthond, niet in de clubkennel maar bij een v.d. leden v.d. jachtclub⟩.
trench·er·man ['trentʃəmən‖-tʃər-]⟨telb.zn.; -men [-mən]; →mv. 3⟩ **0.1** ***eter*** **0.2** ⟨vero.⟩ ***klaploper*** ◆ **2.1** good/poor ~ *flinke/slechte eter*.
'trench fever ⟨telb. en n.-telb.zn.⟩⟨med.⟩ **0.1** ***loopgravenkoorts***.
'trench fight ⟨telb.zn.⟩ **0.1** ***loopgravengevecht***.
'trench foot, 'trench feet ⟨n.-telb.zn.⟩⟨med.⟩ **0.1** ***loopgraafvoet***.
'trench mortar ⟨telb.zn.⟩⟨mil.⟩ **0.1** ***loopgraafmortier***.
'trench-plough[1] ⟨telb.zn.⟩⟨tech.⟩ **0.1** ***greppelploeg***.
trench-plough[2] ⟨onov.ww.⟩ **0.1** ***diep ploegen***.
'trench shooting ⟨n.-telb.zn.⟩⟨sport⟩ **0.1** ***(het) trapschieten***.
'trench warfare ⟨n.-telb.zn.⟩ **0.1** ***loopgravenoorlog***.
trend[1] [trend]⟨f3⟩⟨telb.zn.⟩ **0.1** ***tendens*** ⇒*neiging, trend, richting* **0.2** ***stroming*** ⇒*richting* ◆ **1.1** the ~ of the wind is towards the north *de wind trekt naar het noorden* **3.1** set the ~ *de toon aangeven, voorop lopen, de mode dicteren* **3.¶** ⟨geldw.⟩ sliding ~ *ineenstorting v.d. (aandelen)markt* **6.2** there's a ~ **away from** the punk movement *er is een stroming die zich afkeert van de punkbeweging*.
trend[2] ⟨f1⟩⟨onov.ww.⟩ **0.1** ***(af)buigen*** ⇒*(weg)draaien, lopen* **0.2** ***neigen*** ⇒*overhellen, geneigd zijn* ◆ **5.2** prices are ~ing **downwards** *de prijzen lijken te gaan zakken*.
'trend·set·ter ⟨f1⟩⟨telb.zn.⟩⟨inf.⟩ **0.1** ***voorloper*** ⇒*koploper, trendsetter*.
'trend-set·ting ⟨f1⟩⟨bn.⟩ **0.1** ***toonaangevend*** ⇒*trend-zettend, modebepalend, voorop lopend*.
trend·y[1] ['trendi]⟨telb.zn.⟩⟨BE; inf.⟩ **0.1** ***hip figuur*** ⇒*snelle/blitse jongen, trendsetter*.
trend·y[2] ⟨f1⟩⟨bn.; -er; -ly; -ness; →bijw. 3⟩⟨BE; inf.⟩ **0.1** ***in*** ⇒*modieus*.
tren·tal ['trentl]⟨telb.zn.⟩⟨R.-K.⟩ **0.1** ***serie v. dertig ziel(e)missen***.
trente et qua·rante ['trɑ:nt eɪ kə'rɑ:nt]⟨n.-telb.zn.⟩⟨spel⟩ **0.1** ***rouge-et-noir*** ⇒*trente et quarante*.

tre·pan[1] [trɪ'pæn]⟨telb.zn.⟩ **0.1** ⟨med.⟩ ***schedelboor*** ⇒*trepaan* **0.2** ⟨mijnw.⟩ ***schachtboor***.
trepan[2], **tra·pan** [trə'pæn]⟨ov.ww.; →ww. 7⟩ **0.1** ⟨med.⟩ ***doorboren*** ⇒*lichten, trepaneren* ⟨schedel⟩ **0.2** ⟨mijnw.⟩ ***boren*** ⟨schacht⟩ **0.3** ⟨vero.⟩ ***in een val lokken*** ⇒*strikken*.
trep·a·na·tion ['trepə'neɪʃn]⟨telb.zn.⟩⟨med.⟩ **0.1** ***trepanatie*** ⇒*schedellichting*.
tre·pang [trɪ'pæŋ]⟨telb.zn.⟩⟨dierk.⟩ **0.1** ***tripang*** ⟨zeekomkommer; genus Holothuria⟩.
treph·i·na·tion ['trefɪ'neɪʃn]⟨telb.zn.⟩⟨med.⟩ **0.1** ***trepanatie***.
tre·phine[1] [trɪ'fi:n‖-'faɪn]⟨telb.zn.⟩⟨med.⟩ **0.1** ***(verbeterde) schedelboor*** ⇒*trepaan*.
trephine[2] ⟨ov.ww.⟩⟨med.⟩ **0.1** ***trepaneren*** ⇒*lichten, doorboren* ⟨schedel⟩.
trep·i·da·tion ['trepɪ'deɪʃn]⟨zn.⟩
I ⟨telb. en n.-telb.zn.⟩ **0.1** ***siddering*** ⇒*beving, trilling* ⟨i.h.b. v. ledematen⟩;
II ⟨n.-telb.zn.⟩ **0.1** ***onrust*** ⇒*agitatie, verwarring, ongerustheid* **0.2** ***schroom*** ⇒*angst, beverigheid* ◆ **6.¶** view sth. **with** ~ *iets met angst en beven tegemoet zien*.
tres·pass[1] ['trespəs]⟨telb.zn.⟩ **0.1** ***overtreding*** ⟨ook jur.⟩ ⇒*inbreuk, schending* **0.2** ⟨vero.; bijb.⟩ ***zonde*** ⇒*schuld*.
trespass[2] ⟨f1⟩⟨onov.ww.⟩ **0.1** ***op verboden terrein komen*** ⟨ook fig.⟩ **0.2** ⟨schr.⟩ ***een overtreding begaan*** ⇒⟨i.h.b.⟩ *zondigen* ◆ **6.1** →trespass **(up)on** **6.2** ~ **against** *overtreden, zondigen tegen*.
tres·pass·er ['trespəsə‖-ər]⟨f1⟩⟨telb.zn.⟩ **0.1** ***overtreder*** ⇒⟨i.h.b.⟩ *indringer* ◆ **3.1** ~s will be prosecuted *verboden toegang voor onbevoegden*.
'trespass offering ⟨telb.zn.⟩ **0.1** ***zoenoffer***.
'trespass (up)on ⟨onov.ww.⟩ **0.1** ***wederrechtelijk betreden*** ⟨terrein⟩ ⇒⟨fig.⟩ *schenden* **0.2** ***beslag leggen op*** ⇒*inbreuk maken op, misbruik maken van* ⟨tijd, gastvrijheid⟩ ◆ **1.1** ~ s.o.'s preserves *onder iemands duiven schieten;* ~ s.o.'s rights *iemands rechten met voeten treden*.
tress[1] [tres]⟨zn.⟩
I ⟨telb.zn.⟩ **0.1** ***haarlok*** ⇒*tres* **0.2** ***vlecht*** ⇒*streng, tres;*
II ⟨mv.; ~es⟩⟨schr.⟩ **0.1** ***lokken*** ⇒*haar* ⟨i.h.b. v. vrouw⟩.
tress[2] ⟨ov.ww.⟩⟨schr.⟩ →tressed **0.1** ***vlechten***.
tressed [trest]⟨bn., attr.; volt. deelw. v. tress⟩ **0.1** ***gevlochten*** ⇒*met vlechten, in strengen verdeeld*.
tress·y ['tresi]⟨bn.⟩ **0.1** ***gelokt*** **0.2** ***met vlechten*** ⇒*gevlochten, in strengen verdeeld* **0.3** ***op vlechten/strengen lijkend***.
tres·tle ['tresl]⟨f1⟩⟨telb.zn.⟩ **0.1** ***schraag*** ⇒*juk, bok, onderstel* **0.2** →trestle-bridge.
'tres·tle-'bridge ⟨telb.zn.⟩ **0.1** ***schraagbrug***.
'tres·tle-'ta·ble ⟨telb.zn.⟩ **0.1** ***schragentafel***.
'tres·tle·tree ⟨telb.zn.⟩⟨scheep.⟩ **0.1** ***langszaling***.
'tres·tle·work ⟨telb.zn.⟩ **0.1** ***steigerwerk*** ⟨v. brug/viaduct⟩.
tret [tret]⟨telb.zn.⟩⟨gesch.⟩ **0.1** ***overwicht*** ⇒*doorslag*.
trews [tru:z]⟨mv.; ww. steeds enkelv.⟩⟨Sch. E⟩ **0.1** ***(Schots geruite) broek*** ◆ **1.1** two pairs of ~ *twee broeken*.
trey [treɪ]⟨telb.zn.⟩ **0.1** ***drie*** ⟨op dobbel- of dominosteen, of kaart⟩.
trf ⟨afk.⟩ tuned radio frequency.
TRH ⟨afk.⟩ Their Royal Highnesses.
tri [traɪ]⟨telb.zn.⟩⟨verk.⟩ trimaran ⟨scheep.⟩ **0.1** ***trimaran***.
tri- [traɪ] **0.1** ***drie-*** ⇒*drievoudig, tri-* ◆ **¶.1** triaxial *drieassig;* tridimensional *driedimensionaal*.
tri·a·ble ['traɪəbl]⟨bn.; -ness⟩ **0.1** ***te proberen*** **0.2** ***te behandelen*** ⟨in rechtszaak⟩ ⇒*te berechten*.
tri·ad ['traɪæd]⟨f1⟩⟨zn.⟩
I ⟨telb.zn.⟩ **0.1** ***triad*** ⟨Welse aforistische literaire vorm⟩ **0.2** ***triad*** ⟨Chinese bende⟩ **0.3** ⟨muz.⟩ ***drieklank;***
II ⟨verz.n.⟩ **0.1** ***drie*** ⇒*drietal, trits, drieëenheid, triade*.
tri·ad·ic ['traɪ'ædɪk]⟨bn.; -ally; →bijw. 3⟩ **0.1** ***drie-*** ⇒*triadisch, drietallig* **0.2** ⟨muz.⟩ ***drieklanks-***.
tri·age ['tri:ɑ:ʒ]⟨n.-telb.zn.⟩ **0.1** ***sortering*** ⇒*schifting, het uitzoeken* **0.2** ***triage*** ⟨v. slachtoffers⟩ **0.3** ***uitschot*** ⟨v. koffie⟩ ⇒*triage*.
tri·al[1] ['traɪəl]⟨f3⟩⟨zn.⟩
I ⟨telb.zn.⟩ **0.1** ***poging*** **0.2** ***beproeving*** ⟨ook fig.⟩ ⇒*bezoeking, zorg, last, probleem* **0.3** ***oefenwedstrijd*** **0.4** ⟨auto/motorsport⟩ ***trial*** ⇒*behendigheidsrit* ◆ **1.2** the ~s of old age *de ongemakken v.d. ouderdom;* ~s and tribulations *wederwaardigheden, zorgen en problemen;*
II ⟨telb. en n.-telb.zn.⟩ **0.1** ***(gerechtelijk) onderzoek*** ⇒*proces, openbare behandeling, rechtszaak, terechtzitting, verhoor* **0.2** ⟨ook attr.⟩ ***proef(neming)*** ⇒*test, het uitproberen, experiment, onderzoek* ◆ **1.2** ~ and error *vallen en opstaan, pogen en falen;* ~ of strength *krachtmeting* **1.¶** ⟨BE⟩ ~ of the pyx *jaarlijkse essaai* ⟨muntkeuring⟩ **2.2** put a motor to further ~ *een motor nog uitgebreider testen* **3.1** go on ~ for *terechtstaan voor/wegens;* bring

s.o. to ~, bring s.o. up for ~, put s.o. on ~ *iem. voor het gerecht / de rechter brengen, iem. voorbrengen, iem. laten voorkomen;* put s.o. to ~ *iem. verhoren;* send s.o. for ~ *iem. naar de terechtzitting verwijzen, iem. voorleiden;* stand (one's) ~ *terechtstaan* **3.2** give s.o. a ~ *het met iem. proberen, iem. op proef nemen, iem. voor een proefperiode aannemen;* give sth. a ~ *iets testen;* make (a) ~ of sth. *iets proberen / beproeven;* put to ~ *op de proef stellen* **6.1 on** ~ *voor het gerecht;* be **on** ~ *terechtstaan* **6.2 on** ~ *op proef; na / bij onderzoek, na / bij het uitproberen;* take sth. **on** ~ *iets op proef nemen.*

trial[2] ⟨ov.ww.; →ww. 7⟩ **0.1** ***testen*** ⟨apparatuur⟩.

'tri·al-and-'er·ror ⟨f1⟩ ⟨bn., attr.⟩ **0.1** ***proefondervindelijk*** ⇒*met vallen en opstaan* ◆ **1.1** ~ method *proefondervindelijke methode.*

'trial 'balance ⟨telb.zn.⟩ ⟨boekhouden⟩ **0.1** ***proefbalans.***

'trial balloon ⟨telb.zn.⟩ **0.1** ***proefballon(netje).***

'trial court ⟨telb.zn.⟩ ⟨jur.⟩ **0.1** ***rechtbank.***

'trial heat ⟨telb.zn.⟩ ⟨sport⟩ **0.1** ***serie*** ⇒*voorronde, kwalificatieronde* ⟨voor finale⟩, *halve finale.*

'trial jury ⟨verz.n.⟩ ⟨jur.⟩ **0.1** ***jury*** ⇒*twaalf gezworenen, leden v.d. jury.*

'trial 'marriage ⟨telb. en n.-telb.zn.⟩ **0.1** ***proefhuwelijk.***

'trial match ⟨telb.zn.⟩ **0.1** ***oefenwedstrijd.***

'trial period ⟨telb.zn.⟩ **0.1** ***proeftijd*** ◆ **6.1** appoint s.o. **for** a ~ *iem. op proef (aan)nemen.*

'trial 'run, 'trial 'trip ⟨f1⟩ ⟨telb.zn.⟩ **0.1** ***proeftocht*** ⇒*proefrit; proefvlucht; proefvaart, het proefstomen; het proefdraaien* ⟨ook fig.⟩.

tri·an·gle ['traɪæŋgl] ⟨f2⟩ ⟨zn.⟩
I ⟨eig.n.; T-⟩ ⟨ster.⟩ **0.1** ***Driehoek*** ⟨Triangulum⟩;
II ⟨telb.zn.⟩ **0.1** ***driehoek*** ⇒*triangel* **0.2** ***drietal*** **0.3** ***drievoet*** ⇒*driepotige schraag* **0.4** ***driehoeksverhouding*** **0.5** ⟨AE⟩ ***tekendriehoek*** **0.6** ⟨vaak mv. met ww. in enk.⟩ ⟨gesch., mil.⟩ ***geselpaal*** **0.7** ⟨muz.⟩ ***triangel*** **0.8** ⟨scheep.⟩ ***takel(gestel)*** ◆ **1.1** ⟨nat., mechanica⟩ ~ of forces *krachtendriehoek;* ~s of forests *driehoekige stukken bos.*

'triangle flight ⟨telb.zn.⟩ ⟨zweefvliegen⟩ **0.1** ***driehoeksvlucht.***

tri·an·gu·lar [traɪ'æŋgjʊlə‖-gjələr] ⟨f2⟩ ⟨bn.; -ly⟩ **0.1** ***driehoekig*** ⇒*driezijdig, triangulair, trigonaal* **0.2** ***driezijdig*** ⇒*trilateraal, tussen drie personen / zaken* ◆ **1.1** ~ compasses *driebenige passer;* ~ numbers *triangulaire / trigonale getallen;* ~ pyramid *driezijdige piramide* **1.2** ~ contest *driehoeksverkiezing;* ~ relationship *driehoeksverhouding;* ~ treaty *trilateraal verdrag.*

tri·an·gu·lar·i·ty [traɪ'æŋgjʊ'lærət̬i‖-gjə-] ⟨zn.; →mv. 2⟩
I ⟨telb.zn.⟩ **0.1** ***driehoekige vorm*** ⇒*driehoek;*
II ⟨n.-telb.zn.⟩ **0.1** ***driehoekigheid*** ⇒*driezijdigheid.*

tri·an·gu·late[1] [traɪ'æŋgjʊleɪt‖-gjə-] ⟨bn.; -ly⟩ **0.1** ***driehoeks-*** ⇒*driehoekig* **0.2** ⟨dierk.⟩ ***met driehoekstekening(en)*** ⇒*uit driehoeken bestaand.*

triangulate[2] ⟨ov.ww.⟩ **0.1** ***in driehoeken verdelen*** **0.2** ***driehoekig maken*** **0.3** ⟨landmeetk.⟩ ***trianguleren*** **0.4** ⟨wisk.⟩ ***gonometrisch berekenen.***

Tri·as ['traɪəs] ⟨eig.n.⟩ ⟨geol.⟩ **0.1** ***Trias.***

Tri·as·sic[1] [traɪ'æsɪk] ⟨eig.n.; the⟩ ⟨geol.⟩ **0.1** ***Trias.***

Triassic[2] ⟨bn.⟩ ⟨geol.⟩ **0.1** ***triassisch*** ⇒*v. / mbt. het Trias.*

tri·a·tom·ic ['traɪə'tɒmɪk‖-'tɑmɪk] ⟨bn.⟩ ⟨schei.⟩ **0.1** ***drieatomig*** ⟨v. molecule⟩.

trib·ade ['trɪbəd] ⟨telb.zn.⟩ **0.1** ***lesbienne.***

trib·a·dism ['trɪbədɪzm] ⟨telb. en n.-telb.zn.⟩ **0.1** ***lesbische liefde.***

trib·al[1] ['traɪbl] ⟨telb.zn.⟩ ⟨vnl. Ind. E⟩ **0.1** ***in stamverband levend mens.***

tribal[2] ⟨f2⟩ ⟨bn.; -ly⟩ **0.1** ***stam(men)-*** ⇒*v.e. stam, v. stammen.*

trib·al·ism ['traɪbəlɪzm] ⟨n.-telb.zn.⟩ **0.1** ***stamverband*** **0.2** ***stamtradities*** ⇒*stamoverleveringen, stamcultuur* **0.3** ***stamgevoel.***

tri·ba·sic [traɪ'beɪsɪk] ⟨bn.⟩ ⟨schei.⟩ **0.1** ***driebasisch.***

tribe [traɪb] ⟨f3⟩ ⟨zn.⟩
I ⟨telb.zn.⟩ ⟨gesch.⟩ **0.1** ***phyle*** ⟨Grieks stamverband⟩;
II ⟨telb., verz.n.⟩ **0.1** ***stam*** ⇒*volksstam* **0.2** ***groep*** ⇒*geslacht* ⟨verwante dingen; niet specifiek⟩; ⟨vaak scherts.⟩ *horde, bende, kliek, club, troep* **0.3** ⟨biol.⟩ ***tribus*** **0.4** ⟨gesch.⟩ ***tribus*** ⟨Rome⟩ ⇒⟨bij uitbr.⟩ *wijk, volksafdeling, kiesdistrict* **0.5** ⟨gesch.⟩ ***stam*** ⟨v. Israël⟩ ◆ **1.2** the ~ of film critics *de heren / kliek filmcritici* **3.5** the Lost Tribes *de verdoolde stammen* **6.2** they're coming **in** ~s *zij komen met hordes tegelijk* **7.5** the Ten / Twelve Tribes *de tien / twaalf stammen v. Israël.*

tribes·man ['traɪbzmən] ⟨f2⟩ ⟨telb.zn.; tribesmen [-mən]; →mv. 3⟩ **0.1** ***stamlid*** **0.2** ***stamgenoot.***

'tribes·peo·ple ⟨verz.n.⟩ **0.1** ***leden v.e. stam.***

tri·bo- ['traɪbou] **0.1** ***wrijvings-*** ⇒*tribo-* ◆ **¶.1** triboluminescence *triboluminescentie.*

tri·bol·o·gy [traɪ'bɒlədʒi‖-'bɑ-] ⟨n.-telb.zn.⟩ **0.1** ***wrijvingsleer / kunde*** ⇒*tribologie.*

tri·brach[1] ['trɪbræk, 'traɪbræk] ⟨telb.zn.⟩ ⟨lit.⟩ **0.1** ***tribrachys*** ⟨versmaat met 3 korte lettergrepen⟩.

tribrach[2] ⟨telb.zn.⟩ ⟨gesch.⟩ **0.1** ***driearmig object*** ⇒⟨i.h.b.⟩ *driearmig vuurstenen werktuig.*

trib·u·la·tion ['trɪbjʊ'leɪʃn‖-bjə-] ⟨zn.⟩
I ⟨telb.zn.⟩ **0.1** ***bron v. onheil / ellende / rampspoed;***
II ⟨telb. en n.-telb.zn.⟩ **0.1** ***beproeving*** ⇒*rampspoed, ellende.*

tri·bu·nal [traɪ'bju:nl] ⟨f2⟩ ⟨zn.⟩
I ⟨telb.zn.⟩ **0.1** ***rechterstoel*** ◆ **1.1** appear before the ~ of God *voor de rechterstoel v. God verschijnen;*
II ⟨verz.n.⟩ **0.1** ***rechtbank*** ⇒*gerecht, tribunaal; vierschaar* ⟨fig.⟩ **0.2** ⟨ong.⟩ ***commissie*** ⇒*raad;* ⟨i.h.b.⟩ *huuradviescommissie; raad v. onderzoek* ◆ **6.1** ⟨fig.⟩ **before** the ~ of public opinion *voor het gerecht v.d. publieke opinie.*

trib·u·nate ['trɪbjʊnət] ⟨telb. en n.-telb.zn.⟩ **0.1** ***tribunaat*** ⇒*ambt. v. tribuun.*

trib·une ['trɪbju:n] ⟨f1⟩ ⟨telb.zn.⟩ **0.1** ***volkstribuun*** ⇒*volksvriend, voorvechter v.h. volk* **0.2** ***volksleider*** ⇒*volksmenner, demagoog* **0.3** ***spreekgestoelte*** ⇒*sprekersplatform, podium, tribune* **0.4** ***tribune*** ⟨oorspr. in absis v. basiliek⟩ **0.5** ***bisschopstroon*** **0.6** ⟨gesch.⟩ ***(volks)tribuun*** **0.7** ⟨gesch.⟩ ***krijgstribuun*** ⟨in Romeins leger⟩ ⇒*overste, hoofdofficier.*

trib·u·tar·y[1] ['trɪbjʊtri‖-bjəteri] ⟨f1⟩ ⟨telb.zn.; →mv. 2⟩ **0.1** ***schatplichtige*** ⟨staat, pers.⟩ **0.2** ***zijrivier*** ⇒*bijrivier.*

tributary[2] ⟨f1⟩ ⟨bn.; -ly; -ness; →bijw. 3⟩ **0.1** ***schatplichtig*** ⇒*tribuutplichtig, cijnsplichtig* **0.2** ***schatting betalend*** **0.3** ***bijdragend*** ⇒*helpend, ondersteunend, hulp-* **0.4** ***zij-*** ⇒*bij-* ⟨v. rivier⟩ ◆ **6.1** ~ **to** *schatplichtig aan.*

trib·ute ['trɪbju:t] ⟨f2⟩ ⟨zn.⟩
I ⟨telb.zn.⟩ ⟨mijnw.⟩ **0.1** ***stukloon*** ⟨ook in natura⟩ ⇒*akkoordwerk* **0.2** ***mijnhuur*** ⟨evenredig aan de opbrengst⟩;
II ⟨telb. en n.-telb.zn.⟩ **0.1** ***schatting*** ⇒*bijdrage, belasting, cijns, tribuut* **0.2** ***hulde(blijk)*** ⇒*eerbetoon, blijk v. waardering* ◆ **3.1** lay s.o. under ~ *iem. schatting opleggen, iem schatplichtig maken* **3.2** pay (a) ~ to s.o. *iem. eer bewijzen, iem. hulde brengen, respect betonen aan iem.* **6.¶** a ~ **to** *(een) blijk v.;* the rejection of the plan is a ~ **to** their common sense *de verwerping v.h. plan getuigt v. hun gezond verstand.*

tri·car ['traɪkɑ:‖-kɑr] ⟨telb.zn.⟩ ⟨BE⟩ **0.1** ***driewieler*** ⟨auto⟩.

trice[1] [traɪs] ⟨f1⟩ ⟨telb.zn.⟩ **0.1** ***ogenblik*** ⇒*moment, minuutje* ◆ **6.1** **in** a ~ *in een wip, direct, zo.*

trice[2], **'trice 'up** ⟨ov.ww.⟩ ⟨scheep.⟩ **0.1** ***ophalen (en sjorren)*** ⇒*(op) hijsen (en vastsjorren)* **0.2** ***vastsjorren*** ⇒*vastbinden, vastmaken.*

tri·cen·te·nar·y →tercentenary.

tri·ceps[1] ['traɪseps] ⟨telb.zn.; ook triceps; →mv. 4⟩ ⟨anat.⟩ **0.1** ***driehoofdige strekspier*** ⟨v. bovenarm⟩ ⇒*triceps.*

triceps[2] ⟨bn., attr.⟩ ⟨anat.⟩ **0.1** ***driehoofdig*** ⟨v. spier⟩.

trich- [trɪk], **trich-o** [trɪkou] **0.1** ***haar-*** ◆ **¶.1** trichoid *haarachtig.*

tri·chi·a·sis [trɪ'kaɪəsɪs] ⟨telb. en n.-telb.zn.; trichiases; →mv. 5⟩ ⟨med.⟩ **0.1** ***trichiasis*** ⟨inwaartse groei v.d. wimpers⟩.

tri·chi·na [trɪ'kaɪnə] ⟨telb.zn.; ook trichinae [-ni:]; →mv. 5⟩ ⟨dierk.⟩ **0.1** ***haarworm*** ⟨parasiet; Trichinella spiralis⟩.

trich·i·nize, -nise ['trɪkɪnaɪz] ⟨ov.ww.⟩ **0.1** ***met trichinen besmetten.***

trich·i·no·sis ['trɪkɪ'nousɪs] ⟨telb. en n.-telb.zn.; trichinoses [-si:z]; →mv. 5⟩ ⟨med.⟩ **0.1** ***trichinenziekte*** ⇒*trichinose* ⟨ontsteking door trichinen⟩.

tri·chi·nous ['trɪkɪnəs, trɪ'kaɪnəs] ⟨bn.⟩ ⟨med.⟩ **0.1** ***trichineus*** ⇒*met trichinen, trichinen bevattende* **0.2** ***mbt. trichinose*** ◆ **1.1** ~ pork *trichineus varkensvlees.*

tri·chlo·ride [traɪ'klɔ:raɪd], **tri·chlo·rid** [-rɪd] ⟨telb.zn.⟩ ⟨schei.⟩ **0.1** ***trichloride.***

tri·chol·o·gy [trɪ'kɒlədʒi‖-'kɑ-] ⟨n.-telb.zn.⟩ **0.1** ***haarkunde.***

trich·ome ['trɪkoum, 'traɪ-] ⟨telb.zn.⟩ ⟨plantk.⟩ **0.1** ***trichoom*** ⇒*plantehaar* ⟨op opperhuid⟩.

trich·o·mon·ad ['trɪkou'mɒnæd‖-'mɑ-] ⟨telb.zn.⟩ ⟨dierk., med.⟩ **0.1** ***trichomonas*** ⟨genus v. parasitaire Flagellata / Zweepdiertjes⟩.

trich·o·mo·ni·a·sis ['trɪkəmə'naɪəsɪs] ⟨telb. en n.-telb.zn.; trichomoniases [-si:z]; →mv. 5⟩ ⟨med.⟩ **0.1** ***trichomoniasis*** ⇒⟨i.h.b.⟩ *witte vloed.*

tri·chord[1] ['traɪkɔ:d‖-kɔrd] ⟨telb.zn.⟩ ⟨muz.⟩ **0.1** ***driesnarig instrument.***

trichord[2] ⟨bn.⟩ ⟨muz.⟩ **0.1** ***driesnarig*** **0.2** ***met drie snaren per toon.***

trich·o·tom·ic ['trɪkə'tɒmɪk‖-'tɑmɪk], **tri·chot·o·mous** [trɪ'kɒtəməs‖'traɪ'kɑt̬əməs] ⟨bn.; trichotomously⟩ **0.1** ***in drieën gesplitst*** ⇒*driedelig, drieledig.*

tri·chot·o·my [trɪ'kɒtəmi‖traɪ'kɑt̬əmi] ⟨telb.zn.; →mv. 2⟩ **0.1** ***driedeling*** ⇒*drieledigheid;* ⟨i.h.b. theol.⟩ *trichotomie* ⟨lichaam, ziel, geest⟩.

tri·chro·ic [traɪ'krouɪk] ⟨bn.⟩ **0.1** ***driekleurig*** ⟨v. kristal⟩.

tri·chro·ism ['traɪkrouɪzm] ⟨telb. en n.-telb.zn.⟩ **0.1** ***driekleurigheid*** ⟨v. kristallen⟩ ⇒*trichroïsme.*

tri·chro·ma·tic ['traɪkrou'mæt̬ɪk] ⟨bn.⟩ **0.1** ***driekleurig*** ⇒*driekleuren-* ◆ **1.1** ~ photography *driekleurendruk;* ~ vision *trichromasie.*

tri·chro·ma·tism [traɪ'kroʊmətɪzm]⟨n.-telb.zn.⟩ **0.1** ***trichromasie*** ⇒*driekleurigheid.*

trick[1] [trɪk]⟨f3⟩⟨zn.; in bet. I 0.1 t/m 0.3 vaak attr.⟩⟨→sprw. 650, 771⟩

I ⟨telb.zn.⟩ **0.1** ***truc*** ⟨ook fig.⟩ ⇒*kunstje, foefje, kunstgreep; list, smoesje, bedrog, kneep* **0.2** ***handigheid*** ⇒*slag, kunstje* **0.3** ***streek*** ⇒*grap, geintje, poets, kattekwaad* **0.4** ***aanwensel*** ⇒*hebbelijkheid, tic, (hinderlijke) gewoonte, maniertje* **0.5** ***stommiteit*** ⇒*domme zet* **0.6** ***werktijd*** ⇒*(werk)beurt, dienst;* ⟨i.h.b. scheep.⟩ *torn, stuurbeurt* **0.7** ⟨inf.⟩⟨ben. voor⟩ ***mooi meisje*** ⇒*brok, stoot, lekker stuk* **0.8** ⟨kaartspel⟩ ***slag*** ⇒*trek* **0.9** ⟨AE; sl.⟩ ***hoerenloper*** ⇒*klant* **0.10** ⟨AE; sl.⟩ ***losse homo-partner*** ⇒*los/wisselend contact* ◆ **1.1** ⟨fig.⟩ the ~s of the trade *de knepen v.h. vak;* ⟨fig.⟩ know the ~s of the trade *het klappen v.d. zweep kennen, het fijne ervan weten;* ~ of vision *gezichtsbedrog* **1.¶** ⟨AE; Halloweenspel⟩ ~ or treat! ⟨ong.⟩ *een snoepje of ik schiet!* **2.1** magic ~s *goocheltrucs* **2.3** she's full of ~s *zij zit vol kattekwaad/streken* **3.2** (soon) get/learn the ~ of it *(snel) de slag te pakken krijgen, het (snel) onder de knie hebben, (snel) de kneep vatten* **3.3** play a ~ (up)on s.o., play s.o. a ~ *iem. een streek leveren, iem. een kunstje flikken;* play ~s *kattekwaad uithalen* **3.¶** ⟨inf.⟩ do/turn the ~ *werken, het hem doen, het gewenste resultaat geven;* ⟨inf.⟩ this poison should do the ~ *dit vergif moet het hem doen;* ⟨AE; euf.⟩ this lady does ~s in the afternoon *deze dame zit/werkt/ontvangt 's middags, deze dame verdient er 's middags wat bij* ⟨als prostituée⟩; ⟨inf.⟩ not/never miss a ~ *overal v. op de hoogte zijn, alles precies weten;* ⟨inf.⟩ play ~s *de hoer uithangen* **6.4** you have the ~ **of** pulling your hair while reading *je hebt de vreemde gewoonte om aan je haren te trekken terwijl je leest* **6.¶** be up **to** ~s *kattekwaad uithalen;* be up **to** s.o.'s ~s *iem. doorhebben, iem. doorzien* **¶.¶** how's ~s? *hoe staat het ermee?, hoe gaat ie?, hoe is het?;*

II ⟨mv.; ~s⟩⟨AE; gew.⟩ **0.1** ***snuisterijen*** ⇒*prulletjes, prullaria* **0.2** ***boeltje*** ⇒*spullen.*

trick[2] ⟨f2⟩⟨ww.⟩

I ⟨onov.ww.⟩ **0.1** ***bedrog plegen*** **0.2** ***kattekwaad uithalen*** ⇒*streken leveren, kunstjes flikken* **0.3** ⟨ook trick out⟩⟨AE; sl.⟩ ***neuken;***

II ⟨ov.ww.⟩ **0.1** ***bedriegen*** ⇒*beduvelen, beetnemen, misleiden, bij de neus nemen* **0.2** ***oplichten*** ⇒*afzetten* **0.3** ***v.d. wijs brengen*** ⇒*verbijsteren, verrassen* **0.4** ***niet voldoen aan*** ⟨v. ding⟩ ⇒*teleurstellen* **0.5** ⟨AE; sl.⟩ ***als klant ontvangen*** ⟨v. prostituées⟩ ◆ **5.¶** ~ **out/up** *op/versieren;* ~ed **out/up** in blue silk *getooid in blauwe zijde* **6.1** ~ s.o. **into** sth. *iem. iets aanpraten, iem. ergens inluizen, iem. door list/met een smoesje ergens toe krijgen;* she was ~ed **into** marrying *zij werd in een huwelijk gelokt;* ~ s.o. **out of** sth. *iem. iets met een trucje/smoesje afhandig maken* **6.2** ~ s.o. **out of** his money *iem. zijn geld afhandig maken, iem. oplichten, iem. afzetten.*

'trick 'cyclist ⟨telb.zn.⟩ **0.1** ***kunstfietser*** ⇒*kunstwielrijder* **0.2** ⟨BE; sl.⟩ ***zieleknijper*** ⇒*spychiater.*

'trick dog ⟨telb.zn.⟩ **0.1** ***gedresseerde hond*** ⇒*circushond.*

trick·er ['trɪkə‖-ər]⟨telb.zn.⟩ **0.1** ***bedrieger*** ⇒*oplichter.*

trick·er·y ['trɪkəri]⟨f1⟩⟨telb. en n.-telb.zn.; →mv. 2⟩ **0.1** ***bedrog*** ⇒*bedriegerij, bedotterij, beduvelarij.*

'trick flying ⟨n.-telb.zn.⟩ **0.1** ***kunstvliegen*** ⇒*stuntvliegen.*

'trick 'knee ⟨telb.zn.⟩ **0.1** ***zwakke knie*** ⇒*gammele knie.*

trick·le[1] ['trɪkl]⟨f1⟩⟨zn.⟩

I ⟨telb.zn.⟩ **0.1** ***stroompje*** ⇒*straaltje;*

II ⟨n.-telb.zn.⟩ **0.1** ***het druppelen*** ⇒*het sijpelen.*

trickle[2] ⟨f2⟩⟨ww.⟩

I ⟨onov.ww.⟩ **0.1** ***druppelen*** ⇒*sijpelen, druipen, biggelen* **0.2** ⟨ben. voor⟩ ***druppelsgewijs komen/gaan*** ⇒*binnendruppelen, bij stukjes en beetjes binnenkomen; langzaam rollen* ⟨v. bal⟩; *uitlekken; één voor één/in kleine groepjes naar buiten komen* ◆ **5.1** milk was trickling **out** over the table *er sijpelde melk over de tafel;* ~ **through** *doorsijpelen* **5.2** the crowd started to ~ **away** after the speech *na de toespraak begon de menigte zich op te lossen;* the first guests ~d **in** at ten o'clock *om tien uur druppelden de eerste gasten binnen;* rumours had ~d **out** *er waren geruchten uitgelekt* **6.1** water ~d **out of** the crack in the rock *er sijpelde water uit de rotsspleet* **6.2** the ball ~d **into** the goal *de bal rolde langzaam het doel in;*

II ⟨ov.ww.⟩ **0.1** ***(laten) druppelen*** ⇒*druppelsgewijs laten neervallen* ◆ **1.1** the man ~d the golddust through his fingers *de man liet het stofgoud door zijn vingers glijden;* she ~d the eyedrops into his right eye *zij druppelde de oogdruppels in zijn rechteroog.*

'trickle charger ⟨telb.zn.⟩⟨tech.⟩ **0.1** ***acculader.***

'trick·le-down ⟨bn., attr.⟩⟨ec.⟩ **0.1** ***doordruppel-*** ⇒*trickle-down.*

'trick·le-'ir·ri·gate ⟨ov.ww.⟩ **0.1** ***druppelbevloeien.***

trickle irrigation →drip irrigation.

trick·let ['trɪklɪt]⟨telb.zn.⟩ **0.1** ***stroompje*** ⇒*beekje.*

'trick 'photograph ⟨telb.zn.⟩ **0.1** ***trucfoto.***

'trick question ⟨telb.zn.⟩ **0.1** ***strikvraag.***

'trick scene ⟨telb.zn.⟩⟨dram.⟩ **0.1** ***changement à vue*** ⟨decorwisseling bij open doek⟩.

'trick ski ⟨telb.zn.⟩⟨waterskiën⟩ **0.1** ***figuurski.***

'trick 'spider ⟨telb.zn.⟩ **0.1** ***fopspin.***

trick·ster ['trɪkstə‖-ər]⟨f1⟩⟨telb.zn.⟩ **0.1** ***oplichter*** ⇒*bedrieger.*

trick·sy ['trɪksi]⟨bn.; -er; -ly; -ness; →bijw. 3⟩ **0.1** ***speels*** ⇒*guitig, schalks* **0.2** ***sluw*** ⇒*doortrapt, listig, verraderlijk* **0.3** ***moeilijk*** ⇒*lastig* **0.4** ⟨vero.⟩ ***goed gekleed.***

tric(k)·trac(k) ['trɪktræk]⟨n.-telb.zn.⟩⟨spel⟩ **0.1** ***triktrak.***

'trick 'wig ⟨telb.zn.⟩ **0.1** ***foppruik.***

trick·y ['trɪki], **trick·ish** [-ɪʃ]⟨f2⟩⟨bn.; trickier; -ly; -ness; →bijw. 3⟩ **0.1** ***sluw*** ⇒*listig, geraffineerd, geslepen* **0.2** ***lastig*** ⇒*moeilijk, gecompliceerd* **0.3** ***netelig*** ⇒*lastig, delicaat* **0.4** ***vindingrijk*** ⇒*handig, vernuftig* ◆ **1.1** a ~ salesman *een geslepen verkoper* **1.2** a ~ job *een moeilijk karwei, een precisiewerkje* **1.3** ~ question *netelige/delicate zaak; lastige vraag.*

tri·clin·ic ['traɪ'klɪnɪk]⟨bn.⟩⟨geol.⟩ **0.1** ***triclien*** ⟨v. kristalstelsel⟩.

tri·clin·i·um ['traɪ'klɪnɪəm]⟨telb.zn.; triclinia [-nɪə]; →mv. 5⟩⟨Romeinse gesch.⟩ **0.1** ***triclinium*** ⟨tafel met drie aanligbanken⟩ **0.2** ***eetzaal*** ⇒*triclinium.*

tri·col·our[1], ⟨AE sp.⟩ **tri·col·or** ['traɪkʌlə‖-ər]⟨telb.zn.⟩ **0.1** ***driekleur*** ⇒*tricolore* **0.2** ⟨ook T-; the⟩ ***tricolore*** ⇒*Franse vlag.*

tricolour[2], ⟨AE sp.⟩ **tricolor, tri·col·our·ed,** ⟨AE sp.⟩ **tri·col·or·ed** ⟨bn.⟩ **0.1** ***driekleurig.***

tri·corn(e)[1] ['traɪkɔ:n‖-kɔrn]⟨telb.zn.⟩ **0.1** ***driehoorn*** **0.2** ***driekantige hoed/steek*** ⇒*tricorne.*

tricorn(e)[2] ⟨bn.⟩ **0.1** ***driekantig*** ⇒*driehoekig* **0.2** ***driehoornig.***

tri·cot ['tri:koʊ]⟨n.-telb.zn.⟩ **0.1** ***tricot*** **0.2** ***ribtricot.***

tri·crot·ic [traɪ'krɒtɪk‖-'krɑtɪk]⟨bn.⟩⟨med.⟩ **0.1** ***met drievoudige slag*** ⟨pols⟩.

tri·cus·pid [traɪ'kʌspɪd]⟨bn.⟩⟨biol.⟩ **0.1** ***driepuntig*** ⟨tand⟩ **0.2** ***driedelig*** ⟨hartklep⟩.

tri·cy·cle[1] ['traɪsɪkl]⟨f2⟩⟨telb.zn.⟩ **0.1** ***driewieler*** ⇒⟨i.h.b.⟩ *driewielige invalidewagen.*

tricycle[2] ⟨onov.ww.⟩ **0.1** ***in/op een driewieler rijden.***

tri·cy·clist ['traɪsɪklɪst]⟨telb.zn.⟩ **0.1** ***rijder op een driewieler.***

tri·dac·tyl [traɪ'dæktɪl], **tri·dac·ty·lous** [-tɪləs]⟨bn.⟩ **0.1** ***drievingerig*** **0.2** ***drietenig.***

tri·dent ['traɪdnt]⟨f1⟩⟨telb.zn.⟩ **0.1** ***drietand.***

tri·den·tate [traɪ'denteɪt]⟨bn.⟩ **0.1** ***drietandig.***

Tri·den·tine[1] [trɪ'dentaɪn‖traɪ'dentn]⟨telb.zn.⟩ **0.1** ***rooms-katholiek.***

Tridentine[2] ⟨bn.⟩ **0.1** ***Trents*** ⇒*Tridentijns, v.h. Trents concilie.*

tri·di·men·sion·al ['traɪdɪ'menʃnəl, -daɪ-]⟨bn.⟩ **0.1** ***driedimensionaal.***

trid·u·um ['trɪdjʊəm], **tri·duo** [-djʊoʊ]⟨telb.zn.⟩⟨R.-K.⟩ **0.1** ***driedaagse kerkelijke viering*** ⇒*triduüm.*

tri·ed[1] [traɪd]⟨bn.; (oorspr.) volt. deelw. v. try⟩ **0.1** ***beproefd*** ⇒*betrouwbaar.*

tried[2] ⟨verl. t.⟩ →try.

tri·en·ni·al[1] ['traɪ'enɪəl]⟨telb.zn.⟩ **0.1** ***derde verjaardag*** **0.2** ***driejaarlijkse gebeurtenis/ceremonie*** ⇒⟨i.h.b. in anglicaanse Kerk⟩ *driejaarlijks bisschoppelijk bezoek aan dekenaat* **0.3** ***driejarige periode*** **0.4** ***driejarige plant.***

triennial[2] ⟨f1⟩⟨bn.; -ly⟩ **0.1** ***driejaarlijks*** ⇒*om de drie jaar terugkomend, triënnaal* **0.2** ***driejarig*** ⇒*drie jaar durend.*

tri·en·ni·um ['traɪ'enɪəm]⟨telb.zn.; ook triennia [-'enɪə]; →mv. 5⟩ **0.1** ***tijdperk v. drie jaar.***

tri·er, ⟨in bet. 0.8 ook⟩ **tri·or** ['traɪə‖-ər]⟨f1⟩⟨telb.zn.⟩ **0.1** ***iem. die probeert/poogt*** **0.2** ***volhouder*** ⇒*doorzetter, doorbijter* **0.3** ***proever*** ⇒*keurmeester* ⟨v. levensmiddelen⟩ **0.4** ***onderzoeker*** **0.5** ***rechter*** **0.6** ***proef*** ⇒*toets(steen)* **0.7** ***beproeving*** ⟨v. iemands geduld⟩ **0.8** ⟨jur.⟩ ***persoon aangesteld om wraking v. jurylid op grondigheid te onderzoeken.***

tri·er·ar·chy ['traɪərɑ:ki‖-ɑrki]⟨zn.; →mv. 2⟩⟨gesch.⟩

I ⟨telb.zn.⟩ **0.1** ***commando over triëre*** ⇒*ambt v. triërarch, triërarchie* **0.2** ⟨in Athene⟩ ***triërarchie*** ⟨bekostiging v.e. triëre door burgers⟩;

II ⟨verz.n.⟩ **0.1** ***triërarchen.***

trifacial →trigeminal.

tri·fid ['traɪfɪd]⟨bn.⟩⟨biol.⟩ **0.1** ***in drieën gesplitst*** ⇒*driedelig, in drie lobben/kwabben verdeeld.*

tri·fle[1] [traɪfl]⟨f2⟩⟨zn.⟩

I ⟨telb.zn.⟩ **0.1** ***kleinigheid*** ⇒*bagatel, wissewasje* **0.2** ***prul(letje)*** ⇒*snuisterij* **0.3** ***kleine som*** ⇒*habbekrats, prikje, schijntje, kleinigheid* **0.4** ***beetje*** ⇒*wat, (p)ietsje* ◆ **3.1** not stick at ~s *niet blijven steken in onbelangrijke details* **3.2** give a ~ to s.o. *iem. een kleinigheid geven* **6.3** buy sth. **for** a ~ *iets voor een habbekrats kopen*

7.4 a ~ *een beetje, ietsje, enigszins;* he's a ~ slow *hij is ietwat langzaam;*
II ⟨telb. en n.-telb.zn.⟩ ⟨BE⟩ **0.1** ***trifle*** ⟨custardtoetje met fruit, room, v. sherry doordrenkte cake enz.⟩;
III ⟨n.-telb.zn.⟩ **0.1** ***middelharde siertin/peauter*** ⟨tin en antimoon⟩;
IV ⟨mv.; ~s⟩ **0.1** ***siertinnen gebruiksvoorwerpen.***
trifle² ⟨f1⟩ ⟨ww.⟩ →trifling
I ⟨onov.ww.⟩ **0.1** ***lichtvaardig handelen/spreken*** **0.2** ***grappen*** ⇒*dollen* ◆ **6.¶** →trifle **with;**
II ⟨ov.ww.⟩ **0.1** ***verspillen*** ⇒*verdoen, verknoeien, verlummelen* ◆ **5.1** ~ **away** money *geld verspillen/verkwanselen.*
tri·fler ['traɪflə‖-ər] ⟨telb.zn.⟩ **0.1** ***futselaar*** ⇒*beuzelaar* **0.2** ***lichtzinnig iem..***
'trifle with ⟨onov.ww.⟩ **0.1** ***niet serieus nemen*** ⇒*achteloos behandelen* **0.2** ***lichtzinnig omspringen met*** ⇒*licht opnemen, spelen met* **0.3** ***spelen met*** ⇒*friemelen met/aan* ◆ **1.1** she is not a woman to be trifled with *zij is geen vrouw die met zich laat spotten* **1.2** don't ~ your health *speel niet met je gezondheid* **1.3** stop trifling with your hair *stop met dat gefriemel aan je haar.*
tri·fling ['traɪflɪŋ] ⟨f1⟩ ⟨bn.; oorspr. teg. deelw. v. trifle; -ly⟩ **0.1** ***onbelangrijk*** ⇒*te verwaarlozen, onbeduidend* **0.2** ***waardeloos*** ⇒*nutteloos* **0.3** ***lichtzinnig*** ⇒*frivool, lichtvaardig* ◆ **1.1** of ~ importance *v. weinig belang.*
tri·fo·cal [traɪ'foʊkl] ⟨bn.⟩ **0.1** ***trifocaal*** ⟨v. brilleglazen⟩.
tri·fo·li·ate [traɪ'foʊlɪət], **tri·fo·li·at·ed** [-'foʊlieɪt̬ɪd] ⟨bn.⟩ ⟨plantk.⟩ **0.1** ***driebladig.***
tri·fo·li·um [traɪ'foʊlɪəm] ⟨telb.zn.⟩ ⟨plantk.⟩ **0.1** ***klaver*** ⟨genus Trifolium⟩.
tri·fo·ri·um [traɪ'fɔ:rɪəm] ⟨telb.zn.; triforia [-rɪə]; →mv. 5⟩ ⟨bouwk.⟩ **0.1** ***triforium.***
tri·form ['traɪ'fɔ:m‖-'fɔrm], **tri·formed** [-'fɔ:md‖-'fɔrmd] ⟨bn.⟩ **0.1** ***drievoudig*** ⇒*driedelig* **0.2** ***drievormig.***
tri·fur·cate ['traɪfɜ:keɪt‖-fɜr-], **tri·fur·cat·ed** [-keɪt̬ɪd] ⟨bn.⟩ **0.1** ***met drie takken*** **0.2** ***in drieën gevorkt.***
trig¹ [trɪg] ⟨telb.zn.⟩ **0.1** ***wig*** ⇒*keg, remblok.*
trig² ⟨bn.; soms trigger; →compar. 7⟩ **0.1** ***net(jes)*** ⇒*keurig, voorbeeldig* **0.2** ***sterk*** ⇒*stevig, gezond.*
trig³ ⟨ww.; →ww. 7⟩
I ⟨onov.ww.⟩ ⟨vero., beh. gew.⟩ **0.1** ***zich mooi maken*** ⇒*zich opknappen, zich opdoffen;*
II ⟨ov.ww.⟩ **0.1** ***remmen*** ⇒*stoppen, vastzetten, blokkeren* **0.2** ***(onder)steunen*** ⇒*stutten, schragen* **0.3** ⟨vero., beh. gew.⟩ ***mooi maken*** ◆ **5.3** ~ged **out/up** in her best dress *keurig gekleed in haar mooiste jurk.*
trig⁴ ⟨afk.⟩ trigonometric, trigonometry.
tri·gem·i·nal¹ ['traɪ'dʒemɪnl] ⟨telb.zn.⟩ ⟨med.⟩ **0.1** ***driehoekszenuw*** ⇒*drielingszenuw, (nervus) trigeminus.*
trigeminal², tri·fa·cial [-'feɪʃl] ⟨bn.⟩ ⟨med.⟩ **0.1** ***trigeminus-*** ⇒*driehoekszenuw-* ◆ **1.1** ~ neuralgia *trigeminusneuralgie, tic douloureux, aangezichtspijn.*
tri·gem·i·nus ['traɪ'dʒemɪnəs] ⟨telb.zn.; trigemini [-naɪ‖-ni]; →mv. 5⟩ ⟨med.⟩ **0.1** ***driehoekszenuw*** ⇒*drielingszenuw, (nervus) trigeminus.*
trig·ger¹ ['trɪgə‖-ər] ⟨f2⟩ ⟨telb.zn.⟩ **0.1** ***trekker*** ⇒*pal* ⟨v. pistool, veermechanisme, e.d.⟩ **0.2** ⟨schei.⟩ ***reactiestarter*** ⇒*reactieinitiator/aanzetter* ⟨v. kettingreactie⟩ ◆ **3.1** pull the ~ *de trekker overhalen;* ⟨fig.⟩ *het startschot geven, iets teweegbrengen, iets op gang brengen.*
trigger² ⟨ov.ww.⟩ **0.1** ***teweegbrengen*** ⇒*veroorzaken, de stoot geven tot/aan, starten* **0.2** ***afvuren*** ⇒*de trekker overhalen v.* **0.3** ⟨sl.⟩ ***plegen*** ⇒*meedoen aan* ⟨roofoverval⟩ ◆ **5.1** ~ **off** *op gang brengen, het startschot geven voor; aanleiding geven tot; ten gevolge hebben;* ⟨schei.⟩ *starten, initiëren* ⟨reactie⟩; his remark ~ed **off** a discussion *zijn opmerking had een discussie tot gevolg;* this poem was ~ed **off** by my father *ik werd geïnspireerd tot dit gedicht door mijn vader.*
'trig·ger·fish ⟨telb.zn.⟩ ⟨dierk.⟩ **0.1** ***trekkervis*** ⟨fam. Balistidae⟩.
'trigger guard ⟨telb.zn.⟩ **0.1** ***trekkerbeugel.***
'trig·ger-hap·py ⟨f1⟩ ⟨bn.⟩ **0.1** ***schietgraag*** ⇒*snel schietend;* ⟨bij uitbr.⟩ *heethoofdig, strijdlustig* **0.2** ***onbesuisd*** ⇒*onbezonnen* **0.3** ***gewelddadig*** ◆ **5.1** that man is a bit too ~ *die man trekt zijn pistool wat al te snel; die man heeft zijn handen wat te los aan zijn lijf zitten.*
tri·glyph ['traɪglɪf] ⟨telb.zn.⟩ ⟨bouwk.⟩ **0.1** ***triglief*** ⇒*driespleet* ⟨in Dorische fries⟩.
tri·glyph·ic ['traɪ'glɪfɪk], **tri·glyph·i·cal** [-ɪkl] ⟨bn.⟩ **0.1** ***triglifisch*** ⇒*versierd met trigliefen, uit trigliefen bestaand.*
tri·gon ['traɪgɒn‖-gɑn] ⟨zn.⟩
I ⟨telb.zn.⟩ **0.1** ***snij/kauwvlak*** ⟨v. bovenkies⟩ **0.2** ⟨astr.⟩ ***drietal dierenriemtekens*** ⟨120° v. elkaar⟩ **0.3** ⟨gesch.⟩ ***hoekharp*** **0.4** ⟨vero.⟩ ***driehoek;***
II ⟨n.-telb.zn.⟩ ⟨astr.⟩ **0.1** ***driehoekig aspect*** ⟨hoek v. 120°⟩.
trig·o·nal ['trɪgənl] ⟨bn.; -ly⟩ **0.1** ***driehoekig*** ⇒*trigonaal* **0.2** ⟨geol.⟩ ***trigonaal*** ⟨v. kristalstelsel⟩ **0.3** ⟨plantk.⟩ ***driekantig.***
trig·o·no·met·ric ['trɪgənə'metrɪk‖-noʊ-], **trig·o·no·met·ri·cal** [-ɪkl] ⟨bn.; -(al)ly; →bijw. 3⟩ **0.1** ***trigonometrisch.***
trig·o·nom·e·try ['trɪgə'nɒmɪtri‖-'nɑ-] ⟨n.-telb.zn.⟩ **0.1** ***trigonometrie*** ⇒*driehoeksmeting.*
tri·graph ['traɪgrɑ:f‖-græf] ⟨bn.⟩ ⟨taalk.⟩ **0.1** ***drie letters als één klank uitgesproken.***
tri·he·dral ['traɪ'hi:drəl, -'he-] ⟨bn.⟩ ⟨wisk.⟩ **0.1** ***drievlakkig.***
tri·he·dron [traɪ'hi:drən, 'he-] ⟨telb.zn.; ook trihedra [-drə]; →mv. 5⟩ ⟨wisk.⟩ **0.1** ***drievlak.***
tri·jet ['traɪdʒet] ⟨telb.zn.⟩ **0.1** ***driemotorig straalvliegtuig.***
trike¹ [traɪk] ⟨telb.zn.⟩ ⟨verk.⟩ tricycle ⟨BE; inf.⟩ **0.1** ***driewieler.***
trike² ⟨onov.ww.⟩ ⟨BE; inf.⟩ **0.1** ***op een driewieler rijden.***
tri·lat·er·al¹ ['traɪ'lætrəl‖-'læt̬ərəl] ⟨telb.zn.⟩ ⟨wisk.⟩ **0.1** ***driezijdige figuur.***
trilateral² ⟨bn.; -ly⟩ **0.1** ***driezijdig*** ⇒*trilateraal.*
tril·by ['trɪlbi], ⟨in bet. I ook⟩ **'trilby 'hat** ⟨zn.; →mv. 2⟩
I ⟨telb.zn.⟩ ⟨vnl. BE⟩ **0.1** ***slappe vilthoed*** ⇒*slappe deukhoed;*
II ⟨mv.; trilbies⟩ ⟨sl.⟩ **0.1** ***voeten.***
tri·lin·e·ar ['traɪ'lɪnɪə‖-ər] ⟨bn.⟩ **0.1** ***drielijnig*** ⇒*drielijn-, met/van drie lijnen.*
tri·lin·gual ['traɪ'lɪŋgwəl] ⟨bn.⟩ **0.1** ***drietalig.***
tri·lit·er·al¹ [traɪ'lɪtrəl‖-'lɪt̬ərəl] ⟨telb.zn.⟩ **0.1** ***woord(deel) van drie letters.***
triliteral² ⟨bn.⟩ **0.1** ***drieletterig*** ⇒*drieletter-* ⟨i.h.b. bij Semitische talen⟩.
tri·lith ['traɪlɪθ], **tri·lith·on** ['traɪlɪθɒn‖-θɑn] ⟨telb.zn.⟩ **0.1** ***trilithon*** ⇒*trilith, triliet* ⟨prehistorisch monument⟩.
trill¹ [trɪl] ⟨f1⟩ ⟨telb.zn.⟩ **0.1** ***roller*** ⇒*triller, rollende slag* ⟨v. vogels⟩ **0.2** ***trilling*** ⟨v. spraakorganen⟩ **0.3** ***met trilling geproduceerde klank*** ⇒*rollende medeklinker* ⟨bv. gerolde r⟩ **0.4** ⟨muz.⟩ ***triller.***
trill² ⟨f1⟩ ⟨ww.⟩
I ⟨onov.ww.⟩ ⟨vero.⟩ **0.1** ***druppelen*** ⇒*sijpelen, vloeien;*
II ⟨onov. en ov.ww.⟩ **0.1** ⟨ben. voor⟩ ***trillen*** ⇒*rollen, kwinkeleren; trillers zingen, een triller slaan/uitvoeren, vibreren; tremolo spelen;*
III ⟨ov.ww.⟩ **0.1** ***met trilling produceren*** ⇒*rollen* ◆ **1.1** ~ the r *een rollende r maken.*
tril·lion ['trɪlɪən] ⟨telw.⟩ **0.1** ⟨BE⟩ ***triljoen*** ⟨10^{18}⟩ ⇒⟨fig.⟩ *talloos* **0.2** ⟨AE⟩ ***biljoen*** ⟨10^{12}⟩ ⇒*miljoen maal miljoen;* ⟨fig.⟩ *talloos.*
tri·lo·bate [traɪ'loʊbeɪt] ⟨bn.⟩ ⟨plantk.⟩ **0.1** ***drielobbig*** ⇒*met 3 lobben.*
tri·lo·bite ['traɪləbaɪt] ⟨telb.zn.⟩ ⟨dierk.⟩ **0.1** ***trilobiet*** ⟨Trilobita; uitgestorven⟩.
tri·loc·u·lar [traɪ'lɒkjələ‖-'lɑkjələr] ⟨bn.⟩ ⟨biol.⟩ **0.1** ***driehokkig*** ⟨v. vrucht⟩ **0.2** ***driecellig.***
tril·o·gy ['trɪlədʒi] ⟨f1⟩ ⟨telb.zn.; →mv. 2⟩ **0.1** ***trilogie.***
trim¹ [trɪm] ⟨f2⟩ ⟨zn.⟩
I ⟨telb.zn.⟩ **0.1** ⟨ben. voor⟩ ***versiering*** ⇒*garneersel, belegsel, opschik; sierstrip(pen)* ⟨op auto⟩; *sierlijst(en)* **0.2** ⟨geen mv.⟩ ***het bijpunten*** ⇒*het bijknippen;*
II ⟨telb. en n.-telb.zn.⟩ ⟨lucht., scheep.⟩ **0.1** ***trim*** ⇒*evenwicht, stabiliteit* ⟨i.h.b. bij duikboot⟩;
III ⟨n.-telb.zn.⟩ **0.1** ***staat (v. gereedheid)*** ⇒*toestand, orde, conditie* **0.2** ***kostuum*** ⇒*kledij, uitrusting* **0.3** ***lijstwerk*** ⇒*houtwerk* ⟨v. huis⟩ **0.4** ***afknipsel*** **0.5** ⟨AE⟩ ***etalagemateriaal*** **0.6** ⟨film.⟩ ***uitgeknipt materiaal*** ⇒*afgekeurd materiaal* **0.7** ⟨scheep.⟩ ***stuwage*** ⇒*verdeling* **0.8** ⟨scheep.⟩ ***stand der zeilen*** ◆ **6.1 in** ~ *op/in orde, voor elkaar; in vorm, in conditie; klaar, gereed;* the players were **in** (good) ~ *de spelers waren in (goede) vorm;* **in** proper ~ *netjes in orde, in nette staat;* **in** sailing ~ *zeilklaar, gereed om uit te varen;* **out of** ~ *uit vorm, niet in vorm* **6.2 in** ~ *netjes/keurig gekleed;* **in** hunting ~ *in jachtkostuum, in jagersuitrusting.*
trim² ⟨f1⟩ ⟨bn.; trimmer; -ly; -ness; →compar. 7⟩ **0.1** ***net(jes)*** ⇒*goed verzorgd, in orde, keurig* **0.2** ***goed zittend*** ⇒*goed passend* ⟨v. kleding⟩ **0.3** ***in vorm*** ⇒*in goede conditie* ◆ **1.1** a ~ figure *een goed verzorgd figuur;* a ~ garden *een keurig onderhouden tuin.*
trim³ ⟨f2⟩ ⟨ww.; →ww. 7⟩ →trimming
I ⟨onov.ww.⟩ **0.1** ***zich in het midden houden*** ⇒*tussen de partijen doorzeilen, geen partij kiezen* **0.2** ***laveren*** ⟨fig.⟩ ⇒*schipperen, de huik naar de wind hangen* **0.3** ⟨scheep.⟩ ***stabiel liggen*** ⇒*in evenwicht zijn/liggen* **0.4** ⟨scheep.⟩ ***alles zeilklaar maken*** ⇒*het schip optuigen* **0.5** ⟨scheep.⟩ ***naar de juiste plaats draaien;***
II ⟨ov.ww.⟩ **0.1** ⟨ben. voor⟩ ***in orde brengen*** ⇒*opknappen, net(jes) maken; (bij)knippen, bijsnijden, trimmen* ⟨hond⟩; *snuiten* ⟨kaars⟩; *afknippen* ⟨lampekousje⟩; *bijschaven, bij/afwerken,* ⟨i.h.b.⟩ *behouwen* ⟨hout⟩ **0.2** ***afknippen*** ⇒*weg/afhalen, ontdoen v.;* ⟨fig.⟩ *besnoeien, beknotten* **0.3** ⟨ben. voor⟩ ***versieren*** ⇒*opsie-*

ren, garneren, beleggen ⟨stof⟩; optuigen ⟨kerstboom⟩; opmaken ⟨etalage⟩ **0.4** ***naar de wind zetten*** ⇒*brassen, trimmen* ⟨zeil⟩; ⟨fig.⟩ *aanpassen, schikken* **0.5** ⟨inf.⟩ ***verpletterend verslaan*** ⇒*onder de voet lopen* **0.6** ⟨inf.⟩ ***bedriegen*** ⇒*benadelen, tillen, plukken* **0.7** ⟨inf.⟩ ***een pak slaag geven*** ⇒*een flinke uitbrander geven, uitfoeteren* **0.8** ⟨lucht., scheep.⟩ ***trimmen*** **0.9** ⟨scheep.⟩ ***trimmen*** ⇒*st(o)uwen, verdelen* ⟨lading⟩; *tremmen* ⟨kolen⟩ ◆ **1.1** ~ s.o.'s hair *iemands haar bijpunten / bijknippen* **1.2** ~ (down) the expenditure *het mes zetten / kappen in de uitgaven, de uitgaven beperken* **1.5** I ~med my friend at checkers *ik heb mijn vriend met dammen in de pan gehakt* **4.3** ~ o.s. (up) *zich opdoffen* **5.1** ~ **in** *invoegen, inpassen* **5.2** ~ **away / off** the branches *de takken afsnoeien;* I have to ~ **down** my figure a little *ik moet wat afslanken* **6.2** millions ~med **off / out of** welfare programs *miljoenen besnoeid op welzijnswerk* **6.3** a coat ~med **with** fur *een jas afgezet met bont;* ~ (up) a dress **with** lace *een jurk garneren met kant* **6.4** he ~s his opinions **to** the political circumstances *hij past zijn meningen aan de politieke omstandigheden aan.*

tri·ma·ran ['traɪməræn]⟨telb.zn.⟩ **0.1** ***trimaran.***

tri·mer ['traɪmə‖-ər]⟨telb.zn.⟩⟨schei.⟩ **0.1** ***trimeer.***

tri·mer·ic [traɪ'merɪk]⟨bn.⟩⟨schei.⟩ **0.1** ***trimeer-*** ⇒*v.e. trimeer.*

trim·er·ous ['trɪmərəs]⟨bn.⟩ **0.1** ***driedelig*** ⇒*drieledig, uit drie delen bestaand.*

tri·mes·ter [trɪ'mestə‖'traɪmestər]⟨telb.zn.⟩ **0.1** ***trimester*** ⇒*kwartaal* **0.2** ⟨AE⟩ ***(school)trimester*** ⟨v. studiejaar⟩.

tri·mes·tral [trɪ'mestrəl‖traɪ-], **tri·mes·tri·al** [-strɪəl]⟨bn.⟩ **0.1** ***driemaandelijks*** ⇒*kwartaal-.*

trim·e·ter ['trɪmɪ̣tə‖-mɪ̣ṭər]⟨telb.zn.⟩ **0.1** ***trimeter*** ⟨drievoetige versregel⟩.

tri·met·ric ['traɪ'metrɪk], **tri·met·ri·cal** [-ɪkl]⟨bn.⟩ **0.1** ***trimetrisch.***

trim·mer ['trɪmə‖-ər]⟨f1⟩⟨telb.zn.⟩ **0.1** ***snoeier*** ⇒*snoeimes / schaar / tang / zaag, tuinschaar; tondeuse* **0.2** ***weerhaan*** ⟨fig.⟩ ⇒*opportunist* **0.3** ***opmaakster*** ⟨v. hoeden, enz.⟩ **0.4** ⟨bouwk.⟩ ***raveelbalk*** ⇒*raveling* **0.5** ⟨scheep.⟩ ***trimmer*** ⇒*kolentremmer* **0.6** ⟨scheep.⟩ ***stuwadoor*** **0.7** ⟨elek.⟩ ***trimmer*** ⟨ontvanger⟩.

trim·ming ['trɪmɪŋ]⟨f1⟩⟨zn.; oorspr. gerund v. trim⟩

I ⟨telb.zn.⟩ **0.1** ***garneersel*** ⇒*belegsel, oplegsel, boordsel* **0.2** ⟨inf.⟩ ***pak rammel*** ⇒*aframmeling, uitbrander* **0.3** ⟨inf.⟩ ***nederlaag*** ⇒*verlies* ◆ **3.2** give s.o. a sound ~ *iem. flink op zijn kop geven* **3.3** take a ~ *een nederlaag lijden;*

II ⟨mv.; ~s⟩ **0.1** ***garnituur*** ⇒*toebehoren* **0.2** ***(af)snoeisel*** ⇒*afknipsel* **0.3** ***opsmuk*** ⇒*franje* ◆ **7.1** a piece of meat with all the ~s *een gegarneerd stuk vlees, een stuk vlees met garnituur* **7.3** tell us the story without the ~s *vertel ons het verhaal zonder opsmuk.*

tri·mor·phic ['traɪ'mɔ:fɪk‖-'mɔr-], **tri·mor·phous** [-fəs]⟨bn.⟩⟨biol.; geol.⟩ **0.1** ***trimorf*** ⇒*in drie vormen voorkomend.*

tri·mor·phism [traɪ'mɔ:fɪzm‖-'mɔr-]⟨telb.zn.; alleen enk.⟩⟨biol.; geol.⟩ **0.1** ***trimorfie.***

Trin ⟨afk.⟩ Trinity.

tri·nal ['traɪnl]⟨bn.⟩ **0.1** ***driedelig*** ⇒*drievoudig.*

trine[1] [traɪn]⟨zn.⟩

I ⟨eig.n.; T-⟩ **0.1** ***Drieëenheid;***

II ⟨telb.zn.⟩ **0.1** ***drietal;***

III ⟨n.-telb.zn.⟩⟨astr.⟩ **0.1** ***driehoekig aspect*** ◆ **6.1 in** ~ **to** *in driehoekig aspect t.o.v.;*

IV ⟨mv.; ~s⟩ **0.1** ***drieling.***

trine[2] ⟨bn.⟩ **0.1** ***drievoudig*** ⇒*driedelig, driedubbel* **0.2** ⟨astr.⟩ ***in driehoekig aspect*** **0.3** ⟨astr.⟩ ***mbt. driehoekig aspect*** ◆ **1.1** ~ aspersion *drievoudige / driemalige besprenkeling* ⟨bij doop⟩; ~ immersion *drievoudige / driemalige onderdompeling* ⟨bij doop⟩.

trin·gle ['trɪŋgl]⟨telb.zn.⟩ **0.1** ***gordijnstang*** ⇒*gordijnroede* **0.2** ⟨bouwk.⟩ ***lijstje.***

trin·i·tar·i·an ['trɪnɪ̣'teərɪən‖-'ter-]⟨bn.⟩ **0.1** ***drievoudig*** ⇒*driedelig.*

Trin·i·tar·i·an[1] ['trɪnɪ̣'teərɪən‖-'ter-]⟨telb.zn.⟩ **0.1** ***trinitariër*** ⟨belijder der Drieëenheid⟩ **0.2** ***trinitaris*** ⇒*trinitariër* **0.3** ⟨BE; inf.; stud.⟩ ***student v. Trinity College.***

Trinitarian[2] ⟨bn.⟩ **0.1** ***trinitair*** ⇒*trinitarisch, triniteits-, mbt. (de leer v.d.) Drieëenheid* **0.2** ***v.d. trinitarissen.***

Trin·i·tar·i·an·ism ['trɪnɪ̣'teərɪənɪsm‖-'ter-]⟨n.-telb.zn.⟩⟨theol.⟩ **0.1** ***triniteitsleer*** ⇒*leer v.d. Drieëenheid.*

tri·ni·tro·tol·u·ene ['traɪnaɪtroʊ'tɒljʊi:n‖-'tɑl-], **tri·ni·tro·tol·u·ol** [-tɒljʊɒl‖-'tɑljʊɔl]⟨n.-telb.zn.⟩ **0.1** ***trinitrotolueen*** ⇒*trinitrotoluol, trotyl, TNT.*

trin·i·ty ['trɪnəṭi], ⟨in bet. I 0.2 ook⟩ **'Trinity 'Sunday** ⟨f2⟩⟨zn.; →mv. 2⟩

I ⟨eig.n.; T-⟩ **0.1** ⟨the⟩⟨theol.⟩ ***Drieëenheid*** ⇒*Drievuldigheid, Triniteit* **0.2** ⟨relig.⟩ ***Drievuldigheids(zon)dag*** ⇒*Trinitatis, Triniteitszondag* **0.3** ***trinitariërs*** ⇒*trinitarissen* ⟨kloosterorde⟩ **0.4** ⟨BE; stud.⟩ ***Trinity College*** ⟨in Cambridge en Oxford⟩ ◆ **2.1** the Holy ~ *de heilige Drieëenheid;*

II ⟨n.-telb.zn.⟩ **0.1** ***drieëenheid*** ⇒*drievuldigheid;*

III ⟨verz.n.⟩ **0.1** ***drietal*** ⇒*trio, drie.*

'Trinity 'Brethren ⟨mv.⟩⟨BE⟩ **0.1** ⟨ong.⟩ ***werknemers v.h. loodswezen.***

'Trinity 'House ⟨n.-telb.zn.⟩⟨BE⟩ **0.1** ⟨ong.⟩ ***loodswezen.***

'Trinity sitting ⟨n.-telb.zn.⟩⟨BE; jur.⟩ **0.1** ***zomerzitting*** ⟨v.h. Hooggerechtshof; v. Pinksterdrie tot 12 augustus⟩.

'Trinity term ⟨telb. en n.-telb.zn.⟩⟨BE⟩ **0.1** ***derde trimester*** ⇒*laatste trimester, paastrimester* ⟨v. studiejaar⟩.

trin·ket ['trɪŋkɪ̣t]⟨f2⟩⟨telb.zn.⟩ **0.1** ***kleinood*** ⇒*bijou* **0.2** ***snuisterij*** ⇒*prulletje.*

trin·ket·ry ['trɪŋkɪ̣tri]⟨n.-telb.zn.⟩ **0.1** ***kleinodiën*** ⇒*bijouterie; bedeltjes* **0.2** ***snuisterijen*** ⇒*prullaria.*

tri·no·mi·al[1] ['traɪ'noʊmɪəl]⟨telb.zn.⟩ **0.1** ***drietermige naam*** **0.2** ⟨wisk.⟩ ***drieterm.***

trinomial[2] ⟨bn.⟩ **0.1** ***drietermig*** ⇒*uit drie termen bestaand* ⟨ook wisk.⟩.

tri·o ['tri:oʊ]⟨f2⟩⟨zn.⟩

I ⟨telb.zn.⟩ **0.1** ⟨muz.⟩ ***trio*** ⟨voor drie partijen⟩ **0.2** ⟨muz.⟩ ***trio*** ⟨middendeel v. klassieke dans⟩ **0.3** ⟨spel; piket⟩ ***trits*** ⇒*drie azen / heren / vrouwen / boeren;*

II ⟨verz.n.⟩ **0.1** ***drietal*** ⇒*groep v. drie, trio* **0.2** ⟨muz.⟩ ***trio*** ⟨ensemble⟩.

tri·ode ['traɪoʊd]⟨telb.zn.⟩⟨elek.⟩ **0.1** ***triode*** ⇒*drie-elektrodenbuis.*

tri·oe·cious [traɪ'i:ʃəs]⟨bn.⟩⟨plantk.⟩ **0.1** ***trioecisch (polygaam).***

tri·ole ['tri:oʊl]⟨telb.zn.⟩⟨muz.⟩ **0.1** ***triool.***

tri·o·let ['traɪəlɪ̣t‖'tri:-]⟨telb.zn.⟩ **0.1** ***triolet*** ⟨dichtvorm⟩.

trior →trier.

tri·ox·ide [traɪ'ɒksaɪd‖-'ɑk-]⟨n.-telb.zn.⟩⟨schei.⟩ **0.1** ***trioxide.***

trip[1] [trɪp]⟨f3⟩⟨zn.⟩

I ⟨telb.zn.⟩ **0.1** ***tocht*** ⇒*reis* **0.2** ***uitstapje*** ⇒*reisje, tochtje* **0.3** ***misstap*** ⟨ook fig.⟩ ⇒*val, fout, vergissing, verspreking* **0.4** ***het beentje lichten*** **0.5** ***pal*** ⇒*schakelaar, ontkoppelingsmechanisme;* ⟨i.h.b. mil.⟩ *ontstekingsmechanisme* **0.6** ***trippelpasje*** ⇒*getrippel, gehuppel* **0.7** ⟨scheep.⟩ ***gang*** ⟨bij laveren⟩ **0.8** ⟨sl.⟩ ***trip*** ⟨op drug; ook fig.⟩ ⇒*reuze ervaring, iets geweldigs, te gek iets* **0.9** ⟨sl.⟩ ***toer*** **0.10** ⟨sl.⟩ ***levenswijze*** ◆ **1.3** a ~ of the tongue *een verspreking* **2.2** the annual ~ to Brighton *het jaarlijkse uitje naar Brighton* **2.8** you'll find life here a perfect ~ *je zult helemaal te gek gaan op het leven hier* **3.1** make a ~ to the G.P. *een bezoek aan de huisarts afleggen;* take a ~ *een tocht maken* **6.9** they are **on** the vegetarian ~ *zij zijn op de vegetarische toer;*

II ⟨n.-telb.zn.⟩ **0.1** ***het overgaan / afgaan*** ⇒*ontsteking, ontkoppeling* ⟨d.m.v. pal, schakelaar⟩.

trip[2] ⟨f3⟩⟨ww.; →ww. 7⟩ →tripping ⟨→sprw. 255⟩

I ⟨onov.ww.⟩ **0.1** ***struikelen*** ⇒*uitglijden* ⟨ook fig.⟩ **0.2** ***huppelen*** ⇒*trippelen, trippen, dansen* **0.3** ***een fout begaan*** ⇒*in de fout gaan, zich vergissen, zich verspreken, een misstap doen* **0.4** ***losschieten*** ⇒*losspringen, vrijkomen* ⟨v. pal e.d.⟩ **0.5** ⟨sl.⟩ ***trippen*** ⇒*een trip maken* ⟨op drug⟩ **0.6** ⟨zelden⟩ ***een uitstapje maken*** ⇒*erop uitgaan* ◆ **1.2** ~ping rhythm *springend / huppelend ritme* **5.1** he was ~ping **up** all the time *hij struikelde steeds* **5.3** the man ~ped **up** after a few questions *de man versprak zich na een paar vragen* **5.5** ~ **out** *trippen;* ~ped **out** high, *onder invloed v. drugs* **6.1** ⟨fig.⟩ ~ **on / over** a long word *zich verslikken in / struikelen over een lang woord* **6.2** the girl ~ped **across / down** the meadow *het meisje huppelde / danste over het veld;*

II ⟨ov.ww.⟩ **0.1** ***laten struikelen*** ⇒*doen vallen, beentje lichten* **0.2** ***op een fout betrappen*** ⇒*op een blunder pakken* **0.3** ***erin laten lopen*** ⇒*strikken, zich laten verspreken / tegenspreken, erin luizen* **0.4** ***losgooien*** ⟨pal v. machine⟩ ⇒*losstoten* ⟨bv. draad v. alarm⟩; ⟨bij uitbr.⟩ *overhalen* ⟨pal, schakelaar⟩ **0.5** ⟨scheep.⟩ ***lichten*** ⟨anker⟩ **0.6** ⟨scheep.⟩ ***kaaien*** ⇒*toppen, verticaal draaien, overeind zetten* ⟨ra⟩ **0.7** ⟨scheep.⟩ ***ophalen*** ⟨marssteng⟩ ◆ **1.4** ~ the fuses *de zekeringen doen doorslaan;* ~ a switch *(de stroom) uitschakelen* ⟨door schakelaar over te halen⟩; John ~ped the wire, but the bucket of water missed him by an inch *John stootte het draadje los, maar de emmer water miste hem op het nippertje* **5.1** ~ s.o. **up** *iem. beentje lichten, iem. laten struikelen* **5.2** the journalist tried to ~ the general **up** *de verslaggever probeerde de generaal zichzelf te laten tegenspreken / zich te laten verspreken.*

tri·par·tite ['traɪ'pɑ:taɪt‖-'pɑr-]⟨bn.; -ly⟩ **0.1** ***drieledig*** ⇒*driedelig, drievoudig* **0.2** ***driezijdig*** ⇒*trilateraal, v. drie partijen, tripartiet* **0.3** ⟨plantk.⟩ ***driedelig*** ⇒*driebladig* ⟨v. blad⟩ ◆ **1.1** ~ indenture *drievoudig contract, contract in triplo.*

tri·par·ti·tion ['traɪpɑ:'tɪʃn‖-pɑr-]⟨telb. en n.-telb.zn.⟩ **0.1** ***driedeling.***

tripe [traɪp]⟨f1⟩⟨zn.⟩

I ⟨telb.zn.⟩⟨sl.⟩ **0.1** ***prul*** ⇒*waardeloos iets, ding v. niks* **0.2** ***drievoet;***

II ⟨n.-telb.zn.⟩ **0.1** ***pens*** ⇒*trijp* **0.2** ⟨inf.⟩ ***onzin*** ⇒*troep, rommel* ◆ **3.2** don't talk ~ *verkoop geen onzin;* I don't write such ~ *ik schrijf dergelijke rommel niet;*

III ⟨mv.; ~s⟩⟨vulg.⟩ **0.1** ***pens*** ⇒*buik* **0.2** ***ingewanden*** ⇒*darmen.*

tri·pet·al·ous [traɪ'peṭləs] ⟨bn.⟩ ⟨plantk.⟩ **0.1** ***driebladig.***
'trip-ham·mer ⟨telb.zn.⟩ ⟨tech.⟩ **0.1** ***staarthamer.***
tri·phib·i·ous ['traɪ'fɪbɪəs] ⟨bn.⟩ ⟨mil.⟩ **0.1** ***te land, ter zee en in de lucht*** ⇒*v. leger, vloot en luchtmacht* ⟨bv. v. operatie⟩.
triph·thong ['trɪfθɒŋ, 'trɪp-‖-θɔŋ, -θɑŋ] ⟨telb.zn.⟩ ⟨taalk.⟩ **0.1** ***drieklank.***
triph·thong·al [trɪf'θɒŋgl, trɪp-‖-'θɔŋgl, -'θɑŋgl] ⟨bn.⟩ ⟨taalk.⟩ **0.1** ***drieklank-.***
tri·pin·nate ['traɪ'pɪneɪt] ⟨bn.⟩ ⟨plantk.⟩ **0.1** ***drievoudig geveerd*** ⟨blad⟩.
tri·plane ['traɪpleɪn] ⟨telb.zn.⟩ ⟨lucht.⟩ **0.1** ***driedekker.***
trip·le[1] [trɪpl] ⟨f1⟩ ⟨zn.⟩
I ⟨telb.zn.⟩ **0.1** ***drievoud*** **0.2** ***drietal*** ⇒*drie* **0.3** ⟨honkbal⟩ ***driehonkslag;***
II ⟨mv.; ~s⟩ **0.1** ***klokkenspel*** ⟨op zeven klokken⟩.
triple[2] ⟨f2⟩ ⟨bn.; -ly; →bijw. 3⟩ **0.1** ***drievoudig*** ⇒*driedubbel, drieledig, driedelig* **0.2** ***driemalig*** **0.3** ***driedubbel*** ⇒*verdrievoudigd* ◆ **1.1** ~ acrostic *driedubbele acrostichon* ⟨begin-, midden- en eindletters⟩; ⟨gesch.⟩ Triple Alliance *Triple Alliantie, drievoudig verbond;* ⟨gesch.⟩ Triple Entente *Triple Entente, Drievoudige Overeenkomst;* ⟨muz.⟩ ~ fugue *tripelfuga;* ~ rhyme *glijdend rijm* **1.¶** ~ crown *driedubbele kroon, driekroon, pauselijke kroon, tiara;* ⟨rugby⟩ *overwinning in vierlandenwedstrijd; het winnen v.d. drie belangrijkste wedstrijden, paardenraces* ⟨enz.⟩; ⟨sport⟩ ~ play *triple spel* ⟨uitschakeling v. drie honklopers⟩.
triple[3] ⟨f1⟩ ⟨ww.⟩
I ⟨onov.ww.⟩ ⟨sport⟩ **0.1** ***driehonkslag slaan;***
II ⟨onov. en ov.ww.⟩ **0.1** ***verdrievoudigen.***
'triple-digit in'flation ⟨telb.zn.⟩ **0.1** ***inflatiepercentage v. drie cijfers*** ⇒*inflatie v. meer dan 100%.*
'trip·le-'head·ed ⟨bn.⟩ **0.1** ***driehoofdig*** ⇒*driekoppig.*
'triple jump ⟨f1⟩ ⟨telb. en n.-telb.zn.; the; geen mv.⟩ ⟨atletiek⟩ **0.1** ***driesprong*** ⇒⟨vnl. B.⟩ *hinkstapsprong.*
'triple jumper ⟨telb.zn.⟩ ⟨atletiek⟩ **0.1** ***hinkstapspringer.***
trip·let ['trɪplɨt] ⟨f1⟩ ⟨zn.⟩
I ⟨telb.zn.⟩ **0.1** ***één v.e. drieling*** **0.2** ***triplet*** ⟨drieregelige strofe⟩ **0.3** ⟨muz.⟩ ***triool*** **0.4** ⟨schei.⟩ ***triplet(toestand);***
II ⟨verz.n.⟩ **0.1** ***drietal*** ⇒*drie, trio, triplet;*
III ⟨mv.; ~s⟩ **0.1** ***drieling*** ◆ **7.1** one of the ~s has survived *één v.d. drieling is nog in leven.*
'triple time ⟨n.-telb.zn.⟩ ⟨muz.⟩ **0.1** ***drieslagsmaat.***
trip·lex[1] ['trɪpleks‖'traɪ-], ⟨in bet. II ook⟩ **triplex glass** ⟨zn.⟩
I ⟨telb.zn.⟩ **0.1** ***driedelig iets*** **0.2** ⟨AE⟩ ***woning/appartement met drie verdiepingen;***
II ⟨n.-telb.zn.; vaak T- (G-)⟩ **0.1** ***triplexglas;***
III ⟨verz.n.⟩ **0.1** ***drietal*** ⇒*trio, triplet.*
triplex[2] ⟨bn.⟩ **0.1** ***driedelig*** ⇒*drievoudig.*
trip·li·cate[1] ['trɪplɨkət] ⟨zn.⟩
I ⟨telb.zn.⟩ **0.1** ⟨vnl. mv.⟩ ***één v. drie (gelijke) exemplaren*** **0.2** ***triplicaat*** ⇒*derde exemplaar;*
II ⟨n.-telb.zn.⟩ **0.1** ***triplo*** ⇒*drievoud* ◆ **6.1 in** ~ *in triplo/drievoud.*
triplicate[2] ⟨f1⟩ ⟨bn.; -ly⟩ **0.1** ***drievoudig*** ⇒*in triplo* **0.2** ***derde.***
triplicate[3] ['trɪplɨkeɪt] ⟨ov.ww.⟩ **0.1** ***in triplo schrijven/typen/maken*** ⇒*driemaal copiëren* **0.2** ***verdrievoudigen.***
trip·li·ca·tion ['trɪplɨ'keɪʃn] ⟨telb. en n.-telb.zn.⟩ **0.1** ***drievoud*** **0.2** ***verdrievoudiging.***
tri·plic·i·ty [trɪ'plɪsəṭi] ⟨zn.; →mv. 2⟩
I ⟨telb.zn.⟩ **0.1** ***drietal*** ⇒*(groep v.) drie* **0.2** ⟨astr.⟩ ***drietal dierenriemtekens;***
II ⟨n.-telb.zn.⟩ **0.1** ***drievoudigheid*** ⇒*tripliciteit.*
trip·loid[1] ['trɪplɔɪd] ⟨telb.zn.⟩ ⟨biol.⟩ **0.1** ***triploïde cel/organisme.***
triploid[2] ⟨bn.⟩ ⟨biol.⟩ **0.1** ***triploïde.***
trip·loi·dy ['trɪplɔɪdi] ⟨n.-telb.zn.⟩ ⟨biol.⟩ **0.1** ***triploïdie.***
tri·pod ['traɪpɒd‖-pɑd] ⟨f1⟩ ⟨telb.zn.⟩ **0.1** ***drievoet*** ⇒*driepoot* **0.2** ⟨ben. voor⟩ ***drievoetig iets*** ⇒*driepoot, statief, schraag; treeft; drievoetaffuit; tafel(tje).*
trip·o·dal ['trɪpədl] ⟨bn.⟩ **0.1** ***drievoetig*** ⇒*driepotig.*
trip·o·li ['trɪpəli] ⟨n.-telb.zn.⟩ **0.1** ***tripel*** ⟨polijstaarde⟩.
Tri·pol·i·tan[1] [trɪ'pɒlɨtən‖-'pɑlɨtn] ⟨telb.zn.⟩ **0.1** ***Tripolitaan.***
Tripolitan[2] ⟨bn.⟩ **0.1** ***Tripolitaans*** ⇒*uit Tripolis, v.d. Tripolitanen.*
tri·pos ['traɪpɒs‖-pɑs] ⟨f1⟩ ⟨telb.zn.⟩ ⟨BE; Cambridge; stud.⟩ **0.1** ⟨ong.⟩ ***kandidaatsstudie/examen*** ⟨met specialisatie⟩ ⇒*kantjes* **0.2** ***lijst v. geslaagde kandidaten.***
trip·per ['trɪpə‖-ər] ⟨f1⟩ ⟨telb.zn.⟩ **0.1** ⟨BE; vaak pej.⟩ ***dagjesmens*** **0.2** ⟨sl.⟩ ***tripper*** ⟨op LSD⟩.
trip·ping ['trɪpɪŋ] ⟨bn.; oorspr. teg. deelw. v. trip; -ly⟩ **0.1** ***lichtvoetig*** ⟨ook fig.⟩ ⇒*luchtig, licht.*
trip·tych ['trɪptɪk] ⟨telb.zn.⟩ **0.1** ***drieluik*** ⇒*triptiek* **0.2** ***driebladig schrijftablet/wastafeltje*** ◆ **3.1** ⟨fig.⟩ he is writing a ~ *hij is een drieluik aan het schrijven.*
trip·tyque ['trɪp'ti:k] ⟨telb.zn.⟩ **0.1** ***triptiek*** ⟨voor auto⟩.
'trip wire ⟨telb.zn.⟩ **0.1** ***struikeldraad*** ⟨als alarm/ontstekingsmechanisme⟩ ⇒*valstrik.*
tri·reme ['traɪri:m] ⟨telb.zn.⟩ ⟨gesch.⟩ **0.1** ***trireem*** ⇒*triëre* ◆ **6.1 by** ~ *per trireem, met de triëre.*
tri·sect ['traɪ'sekt] ⟨ov.ww.⟩ **0.1** ***in drie (gelijke) delen verdelen.***
tri·sec·tion [traɪ'sekʃn] ⟨telb. en n.-telb.zn.⟩ **0.1** ***verdeling in drie (gelijke) delen*** ⇒*trisectie.*
tri·sec·tor [traɪ'sektə‖-ər] ⟨telb.zn.⟩ **0.1** ***iem. die iets in drie (gelijke) delen verdeelt.***
tri·skel·i·on [trɪ'skelɪən‖traɪ-], **tri·skele, tri·scele** ['trɪski:l‖'traɪ-] ⟨telb.zn.; 1e variant ook triskelia [trɪ'skelɪə‖traɪ-]; →mv. 5⟩ **0.1** ***driearmig/benig symbool.***
tris·mus ['trɪzməs] ⟨telb. en n.-telb.zn.⟩ ⟨med.⟩ **0.1** ***kaakklem*** ⇒*kaakkramp, trismus.*
tri·sper·mous ['traɪ'spɜ:məs‖-'spɜr-] ⟨bn.⟩ ⟨plantk.⟩ **0.1** ***driezadig.***
triste [tri:st] ⟨bn.⟩ **0.1** ***droevig*** ⇒*treurig, triest, somber.*
trist·ful ['tri:stfʊl] ⟨bn.; -ly; -ness⟩ ⟨vero.⟩ **0.1** ***droevig*** ⇒*treurig, triest, somber.*
tri·syl·lab·ic ['traɪsɨ'læbɪk], **tri·syl·lab·i·cal** [-ɪkl] ⟨bn.; -(al)ly; →bijw. 3⟩ **0.1** ***drielettergrepig.***
tri·syl·la·ble ['traɪ'sɪləbl] ⟨telb.zn.⟩ **0.1** ***drielettergrepig woord*** **0.2** ***drielettergrepige versvoet.***
trite [traɪt] ⟨f1⟩ ⟨bn.; -er; -ly; -ness; →compar. 7⟩ **0.1** ***afgezaagd*** ⇒*cliché, versleten, banaal* **0.2** ⟨vero.⟩ ***afgedragen*** ⇒*versleten.*
tri·the·ism ['traɪθiɪzm] ⟨n.-telb.zn.⟩ **0.1** ***trit(h)eïsme*** ⇒*driegodendom.*
tri·the·ist ['traɪθiɪst] ⟨telb.zn.⟩ **0.1** ***trit(h)eïst*** ⇒*aanhanger v.h. trit(h)eïsme.*
tri·the·is·tic ['traɪθi'ɪstɪk], **tri·the·is·ti·cal** [-ɪkl] ⟨bn.⟩ **0.1** ***trit(h)eïstisch.***
trit·i·um ['trɪṭɪəm] ⟨n.-telb.zn.⟩ ⟨schei.⟩ **0.1** ***tritium*** ⟨waterstofisotoop⟩.
tri·ton[1] ['traɪtɒn‖'traɪtɑn] ⟨telb.zn.⟩ ⟨schei.⟩ **0.1** ***triton.***
triton[2] ['traɪtn], ⟨in bet. II 0.3 en 0.4 ook⟩ **'triton shell** ⟨zn.⟩
I ⟨eig.n.; T-⟩ **0.1** ***Triton;***
II ⟨telb.zn.⟩ **0.1** ***triton*** ⇒*lagere zeegod* **0.2** ***watersalamander*** ⇒*triton* **0.3** ***triton(shoorn)*** ⟨Tritoniidae⟩ **0.4** ***tritonshoorn*** ⇒*trompetschelp* ◆ **1.¶** a Triton among the minnows *een reus onder de dwergen, éénoog in het land der blinden.*
tri·tone ['traɪtoʊn] ⟨telb.zn.⟩ ⟨muz.⟩ **0.1** ***overmatige kwart*** ⇒*tritonus.*
trit·u·ra·ble ['trɪtjʊrəbl‖-tʃər-] ⟨bn.⟩ **0.1** ***verpulverbaar*** ⇒*vermaalbaar.*
trit·u·rate[1] ['trɪtjʊreɪt‖-tʃə-] ⟨telb.zn.⟩ **0.1** ⟨ben. voor⟩ ***fijngemalen iets*** ⇒*poeder; pulver; pulp.*
triturate[2] ⟨ov.ww.⟩ **0.1** ***verpulveren*** ⇒*verpoederen, fijnmaken, fijnstampen, fijnwrijven* **0.2** ***vermalen*** ⇒*fijnmalen, fijnkauwen* ⟨voedsel⟩.
trit·u·ra·tion ['trɪtjʊ'reɪʃn‖-tʃə-] ⟨zn.⟩
I ⟨telb.zn.⟩ ⟨med.⟩ **0.1** ***poeder(mengsel);***
II ⟨telb. en n.-telb.zn.⟩ **0.1** ***verpulvering*** ⇒*verpoedering, vermaling;* ⟨i.h.b.⟩ *plombeerselbereiding.*
trit·u·ra·tor ['trɪtjʊreɪtə‖-tʃəreɪṭər] ⟨telb.zn.⟩ **0.1** ***stamper*** ⟨voor poeders⟩.
tri·umph[1] ['traɪəmf] ⟨f3⟩ ⟨zn.⟩
I ⟨telb.zn.⟩ ⟨gesch.⟩ **0.1** ***triomf(tocht)*** ⇒*zegetocht* ⟨i.h.b. in oude Rome⟩;
II ⟨telb. en n.-telb.zn.⟩ **0.1** ***triomf*** ⟨ook fig.⟩ ⇒*overwinning, zegepraal; groot succes* ◆ **1.1** the ~s of science *de triomfen v.d. natuurwetenschap;* shouts of ~ *triomfgeschreeuw, jubelkreten* **6.1 in** ~ *in triomf, triomfantelijk;* the warriors returned home **in** ~ *zegevierend keerden de krijgers huiswaarts.*
triumph[2] ⟨f2⟩ ⟨onov.ww.⟩ **0.1** ***zegevieren*** ⇒*overwinnen, de overwinning behalen/behaald hebben, triomferen* **0.2** ***jubelen*** ⇒*juichen, victorie roepen* **0.3** ⟨gesch.⟩ ***een triomftocht houden*** ⇒*triomferen* ◆ **6.1** at last he ~ed **over** his enemies *uiteindelijk zegevierde hij over zijn vijanden;* ~ **over** difficulties *moeilijkheden overwinnen, moeilijkheden te boven komen* **6.2** ~ **over** a dead opponent *jubelen over/om een dode tegenstander.*
tri·um·phal [traɪ'ʌmfl] ⟨f1⟩ ⟨bn.⟩ **0.1** ***triomf-*** ⇒*triomfaal, zege-* ◆ **1.1** ~ arch *triomfboog, erepoort;* ~ car *triomfwagen, zegekar/wagen;* ~ progress *triomftocht, zegetocht.*
tri·um·phant [traɪ'ʌmfənt] ⟨f3⟩ ⟨bn.; -ly⟩ **0.1** ***zegevierend*** ⇒*overwinnend, triomferend, zegepralend* **0.2** ***triomfantelijk*** ⇒*jubelend, juichend* ◆ **1.2** ~ look *triomfantelijke blik* **1.¶** ⟨theol.⟩ the Church Triumphant, the Triumphant Church *de Triomferende Kerk, de zegevierende Kerk, de Zegepralende Kerk, ecclesia triumphans.*
tri·um·vir [traɪ'ʌmvə‖-ər] ⟨telb.zn.; ook triumviri [-vəraɪ]; →mv. 5⟩ ⟨gesch.⟩ **0.1** ***drieman*** ⇒*triumvir, lid v.e. triumviraat.*

tri·um·vi·ral [traɪ'ʌmvərəl]⟨bn.⟩ **0.1** ***triumvir(aat)-*** ⇒*v.e. drieman (schap).*

tri·um·vi·rate [traɪ'ʌmvɪ̣rət]⟨zn.⟩
I ⟨telb.zn.⟩⟨gesch.⟩ **0.1** ***ambt v. drieman*** ⇒*triumviraat, driemanschap;*
II ⟨verz.n.⟩ **0.1** ***driemanschap*** ⇒*triumviraat, triarchie* **0.2** ***(groep v.) drie*** ⇒*drietal, trio, driemanschap* ◆ **7.1** ⟨gesch.⟩ first ~ *het eerste driemanschap* ⟨60 v. Chr.: Pompejus, Caesar, Crassus⟩; second ~ *het tweede driemanschap* ⟨43 v. Chr.: Octavianus, Antonius, Lepidus⟩.

tri·une[1] ['traɪju:n]⟨telb.zn.⟩ **0.1** ***drieënigheid*** ⇒*drieëenheid.*

triune[2] ⟨bn.⟩ **0.1** ***drieënig*** ⟨v. god⟩.

tri·u·ni·ty ['traɪ'ju:nəṭi]⟨telb.zn.;→mv. 2⟩ **0.1** ***drieëenheid*** ⇒*drieënigheid.*

tri·va·lent ['traɪ'veɪlənt, 'trɪvələnt], **ter·va·lent** [tɜ:'veɪlənt‖tɜr-]⟨bn.⟩⟨schei.⟩ **0.1** ***trivalent*** ⇒*driewaardig.*

tri·val·vu·lar ['traɪ'vælvjʊlə‖-vjələr]⟨bn.⟩⟨biol.⟩ **0.1** ***driekleppig.***

triv·et ['trɪvɪ̣t]⟨telb.zn.⟩ **0.1** ***treeft*** ⇒*drievoet* **0.2** ⟨vnl. AE⟩ ***onderzet (je)*** ⇒*onderzetter, treeft* ⟨voor pannen e.d.⟩.

triv·i·a[1] ['trɪvɪə]⟨f1⟩⟨mv.⟩ **0.1** ***onbelangrijke dingen*** ⇒*onbeduidende zaken, bagatellen.*

trivia[2] ⟨mv.⟩ →trivium.

triv·i·al ['trɪvɪəl]⟨f2⟩⟨bn.; -ly; -ness⟩ **0.1** ***onbelangrijk*** ⇒*onbeduidend, onbetekenend* **0.2** ***gewoon*** ⇒*alledaags, banaal, triviaal* **0.3** ***oppervlakkig*** ⇒*op kleinigheden gericht* **0.4** ⟨biol.⟩ ***soort-*** **0.5** ⟨wisk.⟩ ***triviaal*** ◆ **1.1** ~ loss *onbetekend verlies* **1.2** ~ life *alledaags leven, gewoon leventje;* ~ name *gewone naam;* ⟨biol.⟩ *volksnaam;* ⟨schei.⟩ *triviale naam* ⟨niets zeggend over structuur enz.⟩ **1.3** ~ scientist *oppervlakkig wetenschapper* **1.4** ~ name *soortaanduiding, soortnaam, epitheton* ⟨in nomenclatuur v. plant en dier⟩.

triv·i·al·i·ty ['trɪvi'æləṭi]⟨f1⟩⟨zn.;→mv. 2⟩
I ⟨telb.zn.⟩ **0.1** ***idee/zaak/gebeurtenis v. weinig belang*** **0.2** ***gemeenplaats*** ⇒*banaliteit, nietszeggende opmerking;*
II ⟨n.-telb.zn.⟩ **0.1** ***onbeduidendheid*** ⇒*onbelangrijkheid* **0.2** ***alledaagsheid*** ⇒*banaliteit, trivialiteit.*

triv·i·al·ize, -ise ['trɪvɪəlaɪz]⟨ov.ww.⟩ **0.1** ***minder belangrijk/onbelangrijk maken*** ⇒*onbetekenend doen lijken, bagatelliseren* ◆ **1.1** ~ the losses *de verliezen als onbelangrijk voorstellen.*

triv·i·um ['trɪvɪəm]⟨telb.zn.; trivia [-vɪə];→mv. 5⟩⟨gesch.⟩ **0.1** ***trivium*** ⟨drie artes liberales: grammatica, dialectica, retorica⟩.

tri·week·ly ['traɪ'wi:kli]⟨bn.⟩ **0.1** ***driewekelijks*** **0.2** ***drie maal per week plaatshebbend.***

-trix [trɪks] **0.1** ⟨vormt vr. nw.⟩ ***-trice*** ⇒*-trix* **0.2** ⟨wisk.⟩ ***-trix*** ◆ **¶.1** aviatrix *aviatrice* **¶.2** directrix *directrix* ⟨richtlijn voor kegelsnede⟩.

t-RNA ⟨afk.⟩ transfer RNA/ribonucleic acid ⟨bioch.⟩.

troat[1] [troʊt]⟨telb.zn.⟩ **0.1** ***het burlen*** ⟨v. bronstig hert⟩.

troat[2] ⟨onov.ww.⟩ **0.1** ***burlen*** ⇒*bronstig loeien* ⟨v. hert⟩.

tro·car ['troʊkɑ:‖-kɑr]⟨telb.zn.⟩⟨med.⟩ **0.1** ***trocar*** ⇒*troicart* ⟨instrument⟩.

tro·cha·ic[1] ['troʊ'keɪɪk]⟨telb.zn.; vnl. mv.⟩ **0.1** ***trocheïsch(e) versvoet /regel/vers*** ⇒*trochee.*

trochaic[2] ⟨bn.; -ally;→bijw. 3⟩ **0.1** ***trocheïsch.***

tro·chal ['troʊkl]⟨bn.⟩⟨dierk.⟩ **0.1** ***wielvormig*** ⇒*schijfachtig* ◆ **1.1** ~ disc *trochus* ⟨v. raderdiertjes/Rotifera⟩.

tro·chan·ter [troʊ'kæntə‖-'kæṇtər]⟨telb.zn.⟩ **0.1** ⟨dierk.⟩ ***trochanter*** ⟨2e segment v. insektenpoot⟩ **0.2** ⟨med.⟩ ***trochanter*** ⟨beenuitsteeksel v.h. femur voor spieraanhechting⟩.

tro·che ['troʊki]⟨telb.zn.⟩ **0.1** ***pilletje*** ⇒*tabletje, pastille.*

tro·chee ['troʊki:]⟨telb.zn.⟩ **0.1** ***trochee*** ⇒*trocheus* ⟨bep. versvoet⟩.

troch·i·lus ['trɒkɪ̣ləs‖'trɑ-]⟨telb.zn.⟩⟨dierk.⟩ **0.1** ***kolibrie*** ⟨Trochilidae⟩ **0.2** ***zanger*** ⟨Silviidae⟩ ⇒⟨i.h.b.⟩ *fitis* ⟨Phylloscopus trochilus⟩ **0.3** ***krokodilwachter*** ⟨Pluvianus aegyptius⟩.

troch·le·a ['trɒklɪə‖'trɑ-]⟨telb.zn.; trochleae [-lɪi:];→mv. 5⟩⟨med.⟩ **0.1** ***katrol*** ⇒*trochlea* ⟨bovenste deel v. sprongbeen⟩.

troch·le·ar ['trɒklɪə‖'trɑklɪər]⟨bn.⟩ **0.1** ⟨med.⟩ ***trochlea-*** ⇒*v.d. trochlea* **0.2** ⟨med.⟩ ***v.d./mbt. de nervus trochlaris*** ⟨vierde hersenzenuw⟩ **0.3** ⟨plantk.⟩ ***schijfvormig*** ⇒*wielvormig, katrolvormig.*

tro·choid[1] ['troʊkɔɪd]⟨telb.zn.⟩ **0.1** ***hoorn*** ⇒*kinkhoorn* ⟨soort schelp⟩ **0.2** ⟨biol.⟩ ***draaigewricht*** **0.3** ⟨ster.⟩ ***trochoïde.***

trochoid[2], **tro·choi·dal** [troʊ'kɔɪdl]⟨bn.; trochoidally⟩ **0.1** ***gewonden*** ⇒*spiraalvormig, gedraaid* ⟨v. hoorn⟩ **0.2** ⟨biol.⟩ ***om een/de as draaiend*** **0.3** ⟨ster.⟩ ***trochoïdisch*** ⇒*trochoïdaal.*

trod [trɒd‖trɑd]⟨verl. t. en volt. deelw.⟩ →tread.

trod·den ['trɒdn‖'trɑdn]⟨volt. deelw.⟩ →tread.

trode [troʊd]⟨verl. t.⟩ →tread.

trog [trɒg]⟨onov.ww.;→ww. 7⟩⟨BE; inf.⟩ **0.1** ***slenteren.***

trog·lo·dyte ['trɒglədaɪt‖'trɑ-]⟨telb.zn.⟩ **0.1** ***holbewoner*** ⇒*troglodiet* **0.2** ***primitieveling*** ⇒*bruut, aap* **0.3** ***kluizenaar*** **0.4** ***mensaap.***

trog·lo·dyt·ic ['trɒglə'dɪṭɪk], **trog·lo·dyt·i·cal** [-ɪkl]⟨bn.⟩ **0.1** ***troglodiet(en)-*** ⇒*v.d. troglodiet(en)* **0.2** ***primitief*** ⇒*bruut.*

tro·gon ['troʊgɒn‖-gɑn]⟨telb.zn.⟩⟨dierk.⟩ **0.1** ***trogon*** ⟨tropische vogel; fam. Trogonidae⟩.

troi·ka ['trɔɪkə]⟨zn.⟩
I ⟨telb.zn.⟩ **0.1** ***trojka*** ⟨Russische slee/wagen⟩ **0.2** ***driespan;***
II ⟨verz.n.⟩ **0.1** ***driemanschap*** ⇒*trojka, triumviraat.*

Tro·jan[1] ['troʊdʒən]⟨f1⟩⟨telb.zn.⟩ **0.1** ***Trojaan*** **0.2** ***harde werker*** ⇒*noeste werker, werkpaard* **0.3** ***dapper strijder*** ⇒*held* **0.4** ***vrolijke makker*** ⇒*losbol* ◆ **3.2** work like a ~ *werken als een paard* **3.3** fight like a ~ *vechten als een leeuw.*

Trojan[2] ⟨f1⟩⟨bn.⟩ **0.1** ***Trojaans*** ◆ **1.1** ~ War *Trojaanse oorlog;* ~ Horse *paard v. Troje, houten paard* ⟨ook fig.⟩; *ondergang.*

troll[1] [troʊl]⟨zn.⟩
I ⟨telb.zn.⟩ **0.1** ***sleeplijn*** ⟨vistuig⟩ **0.2** ***aas*** ⟨aan sleeplijn⟩ ⇒*blinkerd, snoeklepeltje* **0.3** ⟨zelden⟩ ***reel*** ⇒*molentje* ⟨v. hengel⟩ **0.4** ***trol*** ⟨in mythen⟩;
II ⟨n.-telb.zn.⟩ **0.1** ***het vissen met sleeplijn/sleephengel.***

troll[2] ⟨f1⟩⟨ww.⟩
I ⟨onov.ww.⟩ **0.1** ***met sleeplijn/sleephengel vissen*** **0.2** ***een canon zingen*** **0.3** ⟨vnl. BE; inf.⟩ ***slenteren*** ⇒*wandelen, drentelen* ◆ **6.1** ~ for *met een sleeplijn vissen op;*
II ⟨onov. en ov.ww.⟩ **0.1** ***galmen*** ⇒*uit volle borst zingen/gezongen worden* **0.2** ***rollen*** ⇒*ronddraaien* ◆ **1.1** ~ the refrain *het refrein galmen;* a ~ing song *een galmend lied;*
III ⟨ov.ww.⟩ **0.1** ***met sleeplijn/sleephengel vissen op*** **0.2** ***slepen*** ⇒*trekken* ⟨sleeplijn⟩ **0.3** ***bevissen*** ⇒*afvissen, vissen in* ⟨een water⟩ **0.4** ***zingen*** ⟨canon⟩ **0.5** ***als canon zingen.***

trol·ley, trol·ly ['trɒli‖'trɑli]⟨f2⟩⟨telb.zn.; trolleys, trollies;→mv. 2⟩ **0.1** ⟨BE⟩⟨ben. voor⟩ ***twee/vierwielig karretje*** ⇒*kar; steekkar/wagen; bagagewagen; winkelwagen; rolwagentje* **0.2** ⟨ind., mijnw, spoorwegen⟩ ***lorrie*** **0.3** →trolley wheel **0.4** ***trolley*** ⇒*wagentje, bak* ⟨v. intern transportsysteem⟩ **0.5** →trolley car **0.6** ⟨BE⟩ ***theeboy*** ⇒*theewagen* ◆ **3.¶** ⟨sl.⟩ slip (one's) ~ *onredelijk/gek worden* **6.5** by ~ *per tram, met de tram.*

'trolley bus ⟨f1⟩⟨telb.zn.⟩ **0.1** ***trolleybus*** ◆ **6.1** by ~ *per trolleybus.*

'trolley car ⟨telb.zn.⟩⟨AE⟩ **0.1** ***tram.***

'trolley line ⟨telb.zn.⟩ **0.1** ***trolleybusnet*** **0.2** ⟨AE⟩ ***tramnet.***

'trolley pole ⟨telb.zn.⟩ **0.1** ***trolleystang*** ⟨op tram, bus⟩.

'trolley wheel ⟨telb.zn.⟩ **0.1** ***trolley*** ⇒*(rol)stroomafnemer, contactrol.*

trol·lop ['trɒləp‖'trɑ-]⟨f1⟩⟨telb.zn.⟩ **0.1** ***slons*** ⇒*sloddervos* **0.2** ***slet*** ⇒*sloerie, hoer.*

trol·lop·ish ['trɒləpɪʃ‖'trɑ-], **trol·lopy** ['trɒləpi‖'trɑ-]⟨bn.⟩ **0.1** ***slonzig*** **0.2** ***hoerig.***

trom·bone [trɒm'boʊn‖'trɑm-], ⟨sl.⟩ **trom** [trɒm‖trɑm]⟨f1⟩⟨telb.zn.⟩ **0.1** ***trombone*** ⇒*schuiftrompet; bazuin* ⟨orgelregister⟩.

trom·bon·ist [trɒm'boʊnɪst‖trɑm-]⟨telb.zn.⟩ **0.1** ***trombonist*** ⇒*schuiftrompettist.*

trom·mel ['trɒml‖'trɑml]⟨telb.zn.⟩ **0.1** ***zeeftrommel*** ⇒*trommelzeef* ⟨voor erts⟩.

trompe [trɒmp‖trɑmp]⟨telb.zn.⟩ **0.1** ***blaaspijp*** ⟨voor oren via waterverplaatsing⟩.

trompe l'oeil ['trɒmp 'lɜ:i‖'trɔ̃'p 'lʌi]⟨telb.zn.⟩ **0.1** ***gezichtsbedrog*** ⇒*optisch bedrog* **0.2** ***trompe l'oeil*** ⟨schilderij met gezichtsbedrog⟩.

-tron [trɒn‖trɑn]⟨vnl. nat., schei.⟩ **0.1** ***-tron*** ◆ **¶.1** magnetron *magnetron;* synchrotron *synchrotron.*

troop[1] [tru:p]⟨f3⟩⟨zn.⟩
I ⟨telb.zn.⟩ **0.1** ***troep*** ⇒*menigte, hoop, massa* **0.2** ***troep*** ⟨verkenners⟩ **0.3** ⟨mil.⟩ ***troep*** ⇒⟨i.h.b.⟩ *peloton* ⟨cavalerie/artillerie⟩ **0.4** ⟨mil.⟩ ***ritmeesterschap*** **0.5** ⟨mil.⟩ ***marssignaal*** ◆ **1.1** she always comes home with ~s of friends *zij komt altijd met hordes vriendinnen thuis* **3.4** get one's ~ *tot ritmeester bevorderd worden;*
II ⟨mv.; ~s⟩ **0.1** ***troepen(macht)*** ⇒*strijdmachten, manschappen.*

troop[2] ⟨f1⟩⟨ww.⟩
I ⟨onov.ww.⟩ **0.1** ***als groep gaan*** ⇒*en masse gaan, marcheren (in een rij)* **0.2** ***zich scharen*** ⇒*zich verzamelen, samenscholen* **0.3** ***gaan*** ⇒*vertrekken* ◆ **5.1** ~ **along** *in troepen rondtrekken;* ~ **away /off** *als groep vertrekken, afmarcheren;* his children ~ed **in** *zijn kinderen marcheerden naar binnen* **5.2** ~ **together/up** *samenscholen* **5.3** ~ **away/off** *weggaan, vertrekken;* ~ home *naar huis gaan* **6.¶** ~ **with** *(om)gaan met, zich ophouden met, huizen met;*
II ⟨ov.ww.⟩ **0.1** ***in troepen formeren/opstellen.***

'troop carrier ⟨f1⟩⟨telb.zn.⟩⟨mil.⟩ **0.1** ***troepentransportmiddel*** ⇒*transportvliegtuig/vaartuig/schip/wagen/voertuig/tank.*

troop·er ['tru:pə‖-ər]⟨f2⟩⟨telb.zn.⟩ **0.1** ***cavalerist*** **0.2** ***gewoon soldaat*** ⟨in artillerie/cavalerie⟩ **0.3** ***cavaleriepaard*** **0.4** ***troepentransportschip*** ⇒*transportvaartuig* **0.5** ⟨vnl. AE⟩ ***bereden politieagent*** **0.6** ⟨vnl. AE⟩ ***motorpolitieagent*** ⇒*staatspolitieagent* ⟨op motor⟩ ◆ **3.¶** swear like a ~ *vloeken als een dragonder/ketter.*

'troop-horse ⟨telb.zn.⟩ **0.1** ***cavaleriepaard.***
'troop·ship ⟨telb.zn.⟩⟨mil.⟩ **0.1** ***(troepen)transportschip*** ⇒*transportvaartuig.*
tro·pae·o·lum [troʊ'pi:ələm]⟨telb.zn.⟩⟨plantk.⟩ **0.1** ***klimkers*** ⟨genus Tropaeolum⟩.
trope [troʊp]⟨telb.zn.⟩ **0.1** ***stijlfiguur*** ⇒*trope, figuurlijke uitdrukking* **0.2** ⟨muz.⟩ ***trope*** ⟨inlas in liturgisch gezang⟩.
troph·ic ['trɒfɪk‖'trɑ-]⟨bn.; -ally; →bijw. 3⟩⟨med.⟩ **0.1** ***trofisch.***
tro·phied ['troʊfid]⟨bn.⟩ **0.1** ***met trofeeën/tropeeën behangen.***
troph·o ['troʊfoʊ‖'trɑfoʊ]⟨med.⟩ **0.1** ***trofo-*** ⟨mbt. voeding⟩ ◆ **¶.1** trophoblast *trofoblast* ⟨eivlies v.d. bastula⟩.
tro·phy ['troʊfi]⟨f2⟩⟨telb.zn.; →mv. 2⟩ **0.1** ***prijs*** ⇒*trofee, beker* **0.2** ***trofee*** ⟨ook fig.⟩ ⇒*tropee, overwinningsteken, zegeteken* **0.3** ***aandenken*** ⇒*trofee, gedenkteken* ◆ **6.3** he took the snake home **as** a ~ *hij nam de slang als trofee/aandenken mee naar huis.*
trop·ic ['trɒpɪk‖'trɑ-]⟨f2⟩⟨zn.⟩
I ⟨telb.zn.⟩⟨ster.⟩ **0.1** ***keerkring*** ◆ **1.1** ~ of Cancer *Kreeftskeerkring;* ~ of Capricorn *Steenbokskeerkring;*
II ⟨mv.; ~s; the⟩ **0.1** ***tropen*** ⟨als streek⟩.
-trop·ic ['trɒpɪk‖'trɑ-] **0.1** ***-tropisch*** ⇒*-troop* ◆ **¶.1** geotropic *geotropisch;* isotropic *isotroop.*
trop·i·cal ['trɒpɪkl‖'trɑ-], ⟨in bet. 0.2 ook⟩ **tropic** ⟨f2⟩⟨bn.; -(al)ly; →bijw. 3⟩ **0.1** ***tropisch*** ⇒⟨fig.⟩ *heet, zwoel, drukkend; welig, weelderig* **0.2** ***tropisch*** ⇒*beeldsprakig, oneigenlijk* ◆ **1.1** ⟨ster.⟩ ~ year *tropisch jaar, zonnejaar.*
trop·ic·al·ize, -ise ['trɒpɪkəlaɪz‖'trɑ-]⟨ov.ww.⟩ **0.1** ***aan de tropen aanpassen*** ◆ **1.1** ~d machinery *machines in tropenuitvoering.*
'trop·ic·bird ⟨telb.zn.⟩⟨dierk.⟩ **0.1** ***keerkringsvogel*** ⟨genus Phaëthontidae⟩.
tro·pism ['troʊpɪzm]⟨n.-telb.zn.⟩⟨biol.⟩ **0.1** ***tropisme.***
tro·po·log·ic [trɒpə'lɒdʒɪk‖trɑpə'lɑdʒɪk], **tro·po·log·i·cal** [-ɪkl] ⟨bn.; -(al)ly; →bijw. 3⟩ **0.1** ***tropologisch.***
tro·pol·o·gy [trɒ'pɒlədʒi‖troʊ'pɑ-]⟨telb.zn.⟩ **0.1** ***tropologie*** ⇒*leer v.d. beeldspraak* ⟨vnl. mbt. de Bijbel⟩.
tro·po·pause ['trɒpəpɔ:z‖'trɑ-]⟨n.-telb.zn.; the⟩⟨meteo.⟩ **0.1** ***tropopauze*** ⟨dampkring tussen troposfeer en stratosfeer⟩.
tro·po·sphere ['trɒpəsfɪə‖'trɑpəsfɪr]⟨n.-telb.zn.; the⟩⟨meteo.⟩ **0.1** ***troposfeer*** ⟨onderste laag v. dampkring⟩.
trop·po ['trɒpoʊ‖trɑ-]⟨bn.⟩⟨Austr. E; inf.⟩ **0.1** ***geschift*** ⇒*gek.*
trot[1] [trɒt‖trɑt]⟨f2⟩⟨zn.⟩
I ⟨telb.zn.⟩ **0.1** ***draf(je)*** ⇒*tippel; haastige beweging/bezigheid* **0.2** ⟨BE⟩ ***hummel(tje)*** ⇒*dreumes(je)* **0.3** ⟨AE⟩ ***spiekpapiertje*** ⟨vnl. met vertaling⟩ ◆ **6.1** **at** a ~ *op een drafje;* ⟨inf.⟩ be **on** the ~ *ronddraven/schieten, niet stilzitten;* ⟨sl.⟩ *op de loop/voortvluchtig zijn;* keep s.o. **on** the ~ *iem. laten ronddraven/niet stil laten zitten* **6.¶** ⟨inf.⟩ be **on** the ~ *diarree hebben;* ⟨inf.⟩ five times **on** the ~ *vijf opeenvolgende keren;*
II ⟨mv.; ~s⟩ **0.1** ⟨Austr. E; inf.⟩ ***draverijevenement*** ⇒*draverijen* **0.2** ⟨sl.⟩ ***diarree*** ⇒*loop* ◆ **3.2** have the ~s *aan de dunne zijn.*
trot[2] ⟨f3⟩⟨ww.; →ww. 7⟩
I ⟨onov.ww.⟩ **0.1** ***draven*** ⟨ook v. pers.⟩ **0.2** ***tippelen*** ⇒*trippelen* **0.3** ⟨inf.⟩ ***lopen*** ⇒*(weg)gaan* ◆ **5.2** ~ **along** *meetrippelen* **5.3** ~ **along!** *ga weg!, maak dat je wegkomt!;*
II ⟨ov.ww.⟩ **0.1** ***doen draven*** ⟨ook pers.⟩ **0.2** ***afdraven*** ⇒*aflopen* ⟨afstand⟩ ◆ **5.1** ~ **out** *afdraven, laten (voor)draven* ⟨paard⟩ **5.¶** ⟨inf.⟩ ~ **out** *uitpakken/voor de dag komen met, ten beste geven, ten toon spreiden;* ~ **out** old stuff *oude kost weer opwarmen.*
Trot [trɒt‖trɑt]⟨telb.zn.⟩⟨verk.⟩ Trotskyist, Trotskyite ⟨inf.; bel.⟩ **0.1** ***trotskist.***
troth [troʊθ‖trɔθ]⟨n.-telb.zn.⟩⟨vero.⟩ **0.1** ***waarheid*** **0.2** ***(goede) trouw*** ⇒*betrouwbaarheid* **0.3** ***trouwbelofte*** ◆ **3.3** plight one's ~ *trouw beloven, een trouwbelofte doen* **6.1** **in** ~ *voorwaar, waarlijk* **6.2** **by** my ~ *op mijn woord* **¶.¶** ~ *voorwaar, waarlijk.*
'trot·line ⟨telb.zn.⟩⟨vis.⟩ **0.1** ***zetlijn*** ⇒*beug.*
Trots·ky·ism ['trɒtskiɪzm‖'trɑt-]⟨n.-telb.zn.⟩ **0.1** ***trotskisme.***
Trots·ky·ist ['trɒtskiɪst‖'trɑt-], **Trots·ky·ite** [-aɪt]⟨telb.zn.⟩ **0.1** ***trotskist.***
trot·ter ['trɒtə‖'trɑṭər]⟨f1⟩⟨zn.⟩
I ⟨telb.zn.⟩ **0.1** ***draver*** ⟨vnl. paard⟩ **0.2** ⟨scherts.⟩ ***voet;***
II ⟨telb. en n.-telb.zn.⟩ **0.1** ⟨ben. voor⟩ ***poot*** ⇒*varkens/schapepoot.*
trot·toir ['trɒtwa:‖'trɑ'twar]⟨telb.zn.⟩ **0.1** ***trottoir*** ⇒*stoep.*
tro·tyl ['troʊtɪl, -ti:l‖'troʊṭl]⟨n.-telb.zn.⟩⟨schei.⟩ **0.1** ***trotyl*** ⟨TNT⟩.
trou·ba·dour ['tru:bədɔ:, -dʊə‖-dɔr, -dʊr]⟨telb.zn.⟩ **0.1** ⟨gesch.⟩ ***troubadour*** ⇒*minnezanger, minstreel, speelman* **0.2** ***straatzanger*** ⇒*liedjeszanger.*
troub·le[1] ['trʌbl]⟨f4⟩⟨zn.⟩⟨→sprw. 120, 492⟩
I ⟨telb. en n.-telb.zn.⟩ **0.1** ***zorg*** ⇒*bezorgdheid, angst, kommer, verdriet* **0.2** ***tegenslag*** ⇒*tegenspoed, beproeving, narigheid, sores; probleem, moeilijkheid* **0.3** ***ongemak*** ⇒*ongerief, overlast, last (post)* **0.4** ***moeite*** ⇒*inspanning* **0.5** ***kwaal*** ⇒*ziekte, ongemak* **0.6** ⟨vaak mv.⟩ ***onlust*** ⇒*onrust, troebelen* ◆ **1.3** ⟨inf.; scherts.⟩ be more ~ than a cartload of monkeys to s.o. *iem. veel last bezorgen* **1.5** children's ~s *kinderziekten* **2.4** it is a great ~ to get up early *het is een grote moeite om vroeg op te staan* **2.5** he suffers from mental ~ *hij lijdt aan een geestesziekte* **2.6** social ~(s) *sociale onrust* **3.1** she is making ~ for him *zij maakt zich zorgen over hem;* meet ~ halfway *zich zorgen maken voor zijn tijd* **3.2** ⟨inf.⟩ ask/look for ~ *moeilijkheden zoeken/uitlokken;* get into ~ *in de problemen/moeilijkheden raken/brengen;* ⟨inf.⟩ get a girl into ~ *een meisje zwanger maken;* have ~ with *problemen hebben met;* make ~ *in de problemen/moeilijkheden brengen* **3.3** put s.o. to ~ *iem. last bezorgen;* I want to spare you ~ *ik wil je last besparen* **3.4** his ~s are over now *hij is nu uit zijn lijden;* give o.s./rake (the) ~ *zich de moeite getroosten;* go to the/some ~ *zich de/enige moeite getroosten;* save o.s. the ~ *zich de moeite besparen* **3.6** make ~ *onrust stoken, herrie schoppen* **4.1** that is the least of my ~s! *dat is mij een zorg!* **4.2** what is the ~ now? *wat is er nu (weer) aan de hand?* **6.2** ⟨inf.; fig.⟩ be **in** ~ *(ongehuwd) zwanger zijn;* be **in** ~ **with** the police *met de politie overhoop liggen;* he has been **through** much ~ *hij heeft veel tegenslag gekend* **6.3** the child is a ~ **to** them *het kind is voor hen een last* **7.1** that is your ~! *dat is jouw probleem!* **7.2** have one ~ after another *de ene tegenslag na de andere hebben;* the ~ with him is ... *het probleem met hem/zijn zwakke punt is ...* **7.3** I do not want to be any ~ *ik wil (u) niet tot last zijn* **7.4** it will be no ~ *het zal geen moeite kosten;* no ~ at all! *het is de moeite niet!, graag gedaan!;*
II ⟨n.-telb.zn.⟩ **0.1** ***pech*** ⇒*mankement* **0.2** ***gevaar*** ⇒*nood* ◆ **3.1** the car has got engine ~ *de wagen heeft motorpech* **6.2** be **in** ~ *in gevaar/nood zijn.*
trouble[2] ⟨f3⟩⟨ww.⟩
I ⟨onov.ww.⟩ **0.1** ***zich zorgen maken*** ⇒*ongerust zijn, piekeren* **0.2** ***moeite doen*** ◆ **3.2** do not ~ to explain *doe de moeite niet om het uit te leggen;* do not ~, thanks! *doe geen moeite, dank u!* **6.1** ~ **about/over** sth. *over iets piekeren/inzitten;*
II ⟨ov.ww.⟩ **0.1** ***verontrusten*** ⇒*beroeren, in beroering brengen, verstoren, verwarren* **0.2** ***lastig vallen*** ⇒*storen, last bezorgen* **0.3** ***kwellen*** ⇒*ongemak/pijn bezorgen* ◆ **3.1** you look ~d *je ziet er bezorgd uit* **4.1** what ~s me is ... *wat me dwars zit is ...* **4.2** can/may I ~ you to be quiet? *mag ik u vragen stil te zijn?;* may I ~ you for the salt? *mag ik u even het zout vragen?;* I'll/must ~ you to be quiet *mag ik u dringend verzoeken stil te zijn?* **6.1** he has been ~d **about/with** family problems *hij heeft met gezinsproblemen te kampen* **6.3** she has been ~d **with** headaches for years *zij heeft al jarenlang last v. hoofdpijn.*
'troub·le-free ⟨bn.⟩ **0.1** ***probleemloos*** ◆ **1.1** a ~ trip *een uitstapje zonder problemen.*
troub·le·mak·er ['trʌblmeɪkə‖-ər]⟨f1⟩⟨telb.zn.⟩ **0.1** ***onruststoker*** ⇒*herrieschopper.*
troub·le·shoot·er ['trʌblʃu:tə‖-ʃu:ṭər]⟨f1⟩⟨telb.zn.⟩ **0.1** ***probleemoplosser*** ⇒*troubleshooter;* ⟨ong.⟩ *puinruimer;* ⟨tech.⟩ *storingzoeker.*
troub·le·some ['trʌblsəm]⟨f2⟩⟨bn.; -ly; -ness⟩ **0.1** ***lastig*** ⇒*storend, vervelend, moeilijk* ◆ **1.1** ~ child *lastig kind;* ~ situation *moeilijke situatie.*
'troub·le-spot ⟨telb.zn.⟩ **0.1** ***haard v. onrust.***
troub·lous ['trʌbləs]⟨bn.⟩⟨vero.⟩ **0.1** ***beroerd*** ⇒*benard, onrustig, woelig, moeilijk* ◆ **1.1** ~ times *benarde tijden.*
trough [trɒf‖trɔf]⟨f2⟩⟨telb.zn.⟩ **0.1** ***trog*** ⇒*kneedbak* **0.2** ***trog*** ⇒*drink/eetbak* **0.3** ***goot*** **0.4** ***golfdal*** **0.5** ***laagte(punt)*** ⇒*diepte (punt)* ⟨op meetapparaat, stat. e.d.⟩ **0.6** ⟨meteo.⟩ ***trog*** ⟨uitloper v. lagedrukgebied⟩.
trounce [traʊns]⟨ov.ww.⟩ →trouncing **0.1** ***afrossen*** ⇒*afranselen, afstraffen;* ⟨vnl. sport; fig.⟩ *inmaken.*
trounc·ing ['traʊnsɪŋ]⟨telb. en n.-telb.zn.; (oorspr.) gerund v. trounce⟩ **0.1** ***afrossing*** ⇒*pak slaag/ransel,* ⟨vnl. sport; fig.⟩ *zware nederlaag.*
troupe [tru:p]⟨f1⟩⟨telb.zn.⟩ **0.1** ***troep*** ⇒*groep* ⟨vnl. acteurs, artiesten⟩ **0.2** ⟨sl.⟩ ***bende*** ⟨bv. zakkenrollers⟩.
troup·er ['tru:pə‖-ər]⟨f1⟩⟨telb.zn.⟩ **0.1** ***lid v.e. troep/groep*** ⇒⟨fig.⟩ *goede/betrouwbare collega/medewerker* **0.2** ⟨AE⟩ ***ervaren acteur/artiest*** ◆ **2.1** ⟨fig.⟩ a good ~ *een goede/betrouwbare collega/medewerker.*
trou·ser ['traʊzə‖-ər]⟨bn., attr.⟩ **0.1** ***broek(s)-*** **0.2** ⟨inf.⟩ ***mannen-*** ⇒*mans-* ◆ **1.1** ~ buttons *broeksknopen* **1.2** a ~ character *een mannenrol die door een vrouw gespeeld wordt.*
'trou·ser-clip ⟨telb.zn.⟩ **0.1** ***broekveer*** ⇒⟨B.⟩ *fietsspeld.*
trou·sered ['traʊzəd‖-zərd]⟨bn.⟩ **0.1** ***met een broek aan.***
trou·ser·ing ['traʊz(ə)rɪŋ]⟨telb. en n.-telb.zn.⟩ **0.1** ***broek(en)stof.***
'trou·ser-leg ⟨f1⟩⟨telb.zn.⟩ **0.1** ***broekspijp.***
'trouser press ⟨telb.zn.⟩ **0.1** ***broekpers.***
trou·sers ['traʊzəz‖-zərz]⟨f3⟩⟨mv.⟩ **0.1** ***(lange) broek*** ◆ **1.1** a pair

of ~ *een (lange) broek* **3.1** wear the ~ *de broek aan hebben* / ⟨B.⟩ *dragen, het voor het zeggen hebben* **3.¶** ⟨AE; inf.⟩ dust a child's ~ *een kind een pak slaag / billekoek geven.*

'trouser(s) pocket ⟨f1⟩ ⟨telb.zn.⟩ **0.1** ***broekzak.***

'trou·ser-strap ⟨telb.zn.⟩ **0.1** ***souspied.***

'trouser suit ⟨f1⟩ ⟨telb.zn.⟩ ⟨BE⟩ **0.1** ***broekpak.***

trous·seau ['tru:soʊ‖tru:'soʊ] ⟨telb.zn.; ook trousseaux [-soʊz]; →mv. 5⟩ **0.1** ***uitzet.***

trout[1] [traʊt] ⟨f2⟩ ⟨telb.zn.⟩ ⟨BE; sl.; bel.⟩ **0.1** ⟨ben. voor⟩ ***oude, lastige vrouw*** **0.2** ⟨sl.⟩ ***kouwe kikker*** ⇒*saaie reet* ◆ **2.1** old ~ *oude tang / trut.*

trout[2] ⟨telb. en n.-telb.zn.; ook trout; →mv. 4⟩ ⟨dierk.⟩ **0.1** ***forel*** ⟨genus Salmo, vnl. Salmo fario⟩ **0.2** ***zeeforel*** ⟨Salmo trutta⟩.

'trout-col·oured, ⟨AE sp.⟩ **'trout-col·ored** ⟨bn.⟩ **0.1** ***forelkleurig*** ◆ **1.1** ~ horse *forelschimmel.*

trou·vère [tru:'veə‖-'ver], **trou·veur** [-'vɜ:‖-'vɜr] ⟨telb.zn.⟩ ⟨gesch.⟩ **0.1** ***trouvère*** ⇒*dichter, minnezanger* ⟨Noordfrans, 12e, 13e eeuw⟩.

trove →treasure-trove.

tro·ver ['troʊvə‖-ər] ⟨telb.zn.⟩ ⟨jur.⟩ **0.1** ***onrechtmatige toeëigening v. gevonden bezit*** **0.2** ***actie om de waarde v. ontvreemd bezit terug te winnen.***

trow [troʊ] ⟨ov.ww.⟩ ⟨vero.⟩ **0.1** ***denken*** ⇒*geloven, menen* ◆ **¶.¶** ⟨vero.⟩ what is the matter, ~? *wat is er toch?.*

trow·el[1] ['traʊəl] ⟨f1⟩ ⟨telb.zn.⟩ **0.1** ***troffel*** ⇒*truweel* **0.2** ***plantschopje / troffeltje*** ◆ **3.¶** lay it on with a ~ *het er dik op leggen, overdrijven, aandikken.*

trowel[2] ⟨ov.ww.⟩ **0.1** ***bepleisteren (met de troffel).***

troy [trɔɪ], **'troy weight** ⟨n.-telb.zn.⟩ **0.1** ***troysysteem.***

Troy [trɔɪ] ⟨eig.n.⟩ **0.1** ***Troje.***

trp ⟨afk.⟩ troop.

trs ⟨afk.⟩ transpose.

tru·an·cy ['tru:ənsi], **tru·ant·ry** [-tri] ⟨zn.; →mv. 2⟩

I ⟨telb.zn.⟩ **0.1** ***keer dat men spijbelt;***

II ⟨n.-telb.zn.⟩ **0.1** ***het spijbelen.***

tru·ant[1] ['tru:ənt] ⟨f1⟩ ⟨telb.zn.⟩ **0.1** ***spijbelaar*** **0.2** ⟨pej.⟩ ***lijntrekker*** ◆ **3.1** play ~ *spijbelen.*

truant[2] ⟨bn.⟩ **0.1** ***spijbelend*** **0.2** ***nietsdoend*** ⇒*rondhangend, doelloos, lui.*

truant[3] ⟨onov.ww.⟩ **0.1** ***spijbelen*** ⇒*rondhangen.*

'truant officer ⟨telb.zn.⟩ ⟨AE⟩ **0.1** ***spijbelambtenaar.***

truce [tru:s] ⟨f1⟩ ⟨telb. en n.-telb.zn.⟩ **0.1** ***(tijdelijk) bestand*** ⇒*(tijdelijke) wapenstilstand* **0.2** ***respijt*** ⇒*verpozing, verademing* ◆ **1.1** ⟨gesch.⟩ ~ of God *godsvrede.*

truce·less ['tru:sləs] ⟨bn.⟩ **0.1** ***ononderbroken*** ⇒*onafgebroken* ⟨vnl. v. vijandelijkheden⟩.

tru·cial ['tru:ʃl] ⟨bn., attr.⟩ ⟨gesch.⟩ **0.1** ***mbt. de wapenstilstand v. 1835 tussen Groot-Brittannië en de drie Arabische golfstaten*** ◆ **1.1** Trucial States *Verdragsstaten, Trucial states.*

truck[1] [trʌk] ⟨f3⟩ ⟨zn.⟩

I ⟨telb.zn.⟩ **0.1** ⟨vnl. AE⟩ ***vrachtwagen*** ⇒*vrachtauto, truck* **0.2** ***handkar*** ⇒*bagagekar* ⟨vnl. spoorwegen⟩ **0.3** ***rolwagen*** **0.4** ⟨spoorwegen⟩ ***truck*** ⇒*bogie, draaistel* **0.5** ***rolwiel*** **0.6** ⟨BE⟩ ***open goederenwagen*** **0.7** ⟨scheep.⟩ ***vlaggegaffel;***

II ⟨n.-telb.zn.⟩ **0.1** ***ruil*** ⇒*uitwisseling* **0.2** ***ruilhandel*** ⇒*ruilverkeer* **0.3** ***handelsgoederen*** ⇒*handelswaar* **0.4** ***kleingoed*** **0.5** ⟨inf.⟩ ***zaken*** ⟨ook fig.⟩ ⇒*transacties; omgang* **0.6** ⟨inf.⟩ ***flauwekul*** ⇒*onzin, nonsens* **0.7** ⟨AE⟩ ***produkten v. marktkwekers*** ⇒*groenten, warmoezerijgewas* **0.8** ⟨verk.⟩ ⟨truck system⟩ ◆ **3.5** have / want no ~ with *geen zaken doen / omgang hebben met, weigeren iets te maken te hebben met.*

truck[2] ⟨f1⟩ ⟨ww.⟩

I ⟨onov.ww.⟩ **0.1** ***handel drijven*** ⇒*zaken doen* **0.2** ⟨AE⟩ ***met een vrachtwagen / truck rijden*** **0.3** ⟨AE; inf.⟩ ***doorgaan*** ⇒*voort / verdergaan, verder sjokken;*

II ⟨ov.ww.⟩ **0.1** ***ruilen*** ⇒*uitwisselen* **0.2** ***per vrachtwagen vervoeren*** **0.3** ⟨AE; sl.⟩ ***optillen*** ⇒*dragen* **0.4** ⟨AE; sl.⟩ ***(de jitterbug) dansen.***

truck·age ['trʌkɪdʒ] ⟨zn.⟩

I ⟨telb.zn.⟩ **0.1** ***(vracht)wagen / docklading*** **0.2** ***vrachtwagen / trucktarief;***

II ⟨n.-telb.zn.⟩ **0.1** ***goederenvervoer per vrachtwagen / truck.***

truck·er ['trʌkə‖-ər] ⟨f1⟩ ⟨telb.zn.⟩ ⟨AE⟩ **0.1** ***vrachtwagen / truckchauffeur*** **0.2** ***vrachtwagen / truckbedrijf*** **0.3** ***marktkweker*** ⇒*groentekweker.*

'truck farm, 'truck garden ⟨telb.zn.⟩ ⟨AE⟩ **0.1** ***marktkwekerij*** ⇒*groentekwekerij.*

'truck farmer, 'truck gardener ⟨telb.zn.⟩ ⟨AE⟩ **0.1** ***marktkweker*** ⇒*groentekweker.*

truck·ing ['trʌkɪŋ] ⟨n.-telb.zn.⟩ **0.1** ***vervoer per vrachtwagen*** **0.2** ⟨AE⟩ ***marktkwekerij*** ⇒*het kweken voor de markthandel.*

truck·le[1] ['trʌkl], ⟨BE in bet. 0.2 ook⟩ **'truckle bed** ⟨telb.zn.⟩ **0.1** ***wieltje*** ⇒*rolwieltje* **0.2** ***(laag) rolbed.***

truckle[2] ⟨onov.ww.⟩ **0.1** ***kruipen*** ⇒*kruiperig doen, zich slaafs onderwerpen; al te lankmoedig zijn* ◆ **6.1** ~ **to** s.o. *voor iem. kruipen / (al te) lankmoedig zijn.*

truck·ler ['trʌklə‖-ər] ⟨telb.zn.⟩ **0.1** ***kruiper / kruipster*** ⇒*kruiperig mens.*

'truck·load ⟨telb.zn.⟩ **0.1** ***(vracht)wagen / docklading.***

truck·man ['trʌkmən] ⟨telb.zn.; truckmen [-mən]; →mv. 3⟩ **0.1** ***vrachtwagen / truckchauffeur*** **0.2** ***ruilhandelaar.***

'truck shop ⟨telb.zn.⟩ ⟨gesch.⟩ **0.1** ***winkel v.h. truckstelsel.***

'truck stop ⟨telb.zn.⟩ ⟨AE⟩ **0.1** ***chauffeurscafé.***

'truck system ⟨n.-telb.zn.⟩ ⟨gesch.⟩ **0.1** ***truckstelsel / systeem*** ⇒*gedwongen winkelnering* **0.2** ***betaling in natura.***

truc·u·lence ['trʌkjʊləns‖-kjə-], **truc·u·len·cy** [-lənsi] ⟨n.-telb.zn.⟩ **0.1** ***wreedheid*** ⇒*gewelddadigheid* **0.2** ***onbarmhartigheid*** **0.3** ***vechtlust*** ⇒*strijdlust, agressiviteit.*

truc·u·lent ['trʌkjʊlənt‖-kjə-] ⟨bn.; -ly⟩ **0.1** ***wreed*** ⇒*woest, wild, gewelddadig* **0.2** ***vernietigend*** ⟨fig.⟩ ⇒*onbarmhartig* **0.3** ***vechtlustig*** ⇒*strijdlustig, agressief, uitdagend* ◆ **1.2** ~ criticism *vernietigende kritiek.*

trudge[1] [trʌdʒ] ⟨f1⟩ ⟨telb.zn.⟩ **0.1** ***(trek)tocht*** ⇒*mars.*

trudge[2] ⟨f2⟩ ⟨ww.⟩

I ⟨onov.ww.⟩ **0.1** ***sjokken*** ⇒*slepen, sukkelen, ploeteren* ◆ **5.1** ~ **along** *zich voortslepen* **6.1** ~ **through** the mud *door de modder ploeteren;*

II ⟨ov.ww.⟩ **0.1** ***afsjokken*** ⇒*afsukkelen* ⟨afstand⟩.

trudg·en, ⟨AE sp. ook⟩ **trudg·eon** ['trʌdʒən], **'trudgen stroke,** ⟨AE sp. ook⟩ **'trudgeon stroke** ⟨telb. en n.-telb.zn.⟩ ⟨zwemsport⟩ **0.1** ***crawlslag met schaarbeweging v.d. benen.***

true[1] [tru:] ⟨f4⟩ ⟨bn.; -er; -ness; →compar. 7⟩ ⟨→sprw. 438⟩ **0.1** ***waar*** ⇒*waarachtig, juist* **0.2** ***echt*** ⇒*waar, (waarheids)getrouw, in overeenstemming, eensluidend* **0.3** ***trouw*** ⇒*getrouw, betrouwbaar, loyaal* **0.4** ⟨tech.⟩ ***in de juiste positie*** ⇒*recht, niet slingerend, zuiver rond* ◆ **1.1** in its ~ colours *in zijn ware gedaante; in werkelijkheid;* the ~ reason *de ware reden;* a ~ story *een waar (gebeurd) verhaal* **1.2** a ~ copy *een eensluidende kopie;* ~ gold *echt goud;* the ~ heir *de rechtmatige erfgenaam;* ⟨ster.⟩ ~ horizon *waar / astronomisch horizon;* ~ love *ware liefde;* ⟨aardr.⟩ ~ north *geografisch noorden;* sing a ~ note *een zuivere noot zingen;* in the ~st sense of the word *in de ware betekenis v.h. woord;* ⟨anat.⟩ ~ skin *lederhuid* **1.3** a ~ friend *een trouwe vriend;* a ~ instrument *een betrouwbaar instrument;* a ~ sign *een zeker teken* **1.4** that door is not ~ *die deur is niet juist geplaatst* **1.¶** ⟨AE; gesch.⟩ ~ bill *door 'grand jury' waarachtig bevonden akte v. beschuldiging;* ⟨bij uitbr.⟩ *waarachtige verklaring;* ⟨jur.⟩ bring in / find a ~ bill *rechtsingang verlenen;* as ~ as a die *eerlijk als goud, door en door betrouwbaar;* ~ rib *ware / lange rib* **3.1** come ~ *uitkomen, werkelijkheid worden* **5.¶** ⟨inf.⟩ he's got so much money, it's not ~ *het is gewoon niet normaal zoveel geld als hij heeft;* ⟨inf.⟩ too ~! *inderdaad!* **6.1** this is also ~ **of** him *dat klopt in zijn geval ook* **6.2** be ~ **for / of** *gelden voor;* that description is not ~ **to** the facts *die beschrijving is niet in overeenstemming met de feiten;* ~ **to** life *levensecht, (getrouw) naar het leven;* he answered ~ **to** type *hij antwoordde precies zoals v. hem te verwachten viel;* that dog is not ~ **to** type *die hond is niet raszuiver / rasecht* **6.3** be ~ **to** one's word *zijn woord gestand doen;* remain ~ **to** one's friends *zijn vrienden trouw blijven* **6.4** **in** (the) ~ *in de juiste positie* ⟨v. balk, deur, wiel e.d.⟩; **out of** (the) ~ *niet in de juiste positie* ⟨v. balk, deur, wiel e.d.⟩ **7.2** the ~ *het ware / onvervalste* **¶.¶** (it is) ~, he is a little hot-tempered *weliswaar is hij wat opvliegend; inderdaad, hij is wat opvliegend.*

true[2] ⟨ov.ww.⟩ ⟨tech.⟩ **0.1** ***in de juiste stand brengen*** ⇒*zuiver maken, richten* ◆ **5.1** ~ **up** *in de juiste stand brengen.*

true[3] ⟨f1⟩ ⟨bw.⟩ ⟨→sprw. 130⟩ **0.1** ***waarheidsgetrouw*** **0.2** ***juist*** **0.3** ***rasecht / zuiver*** ◆ **3.1** answer ~ *waarheidsgetrouw antwoorden;* ring ~ *echt klinken* ⟨v. munten; ook fig.⟩; tell ~ *de waarheid vertellen* **3.2** aim ~ *juist mikken* **3.3** breed ~ *zich raszuiver voortplanten.*

'true'blue[1] ⟨telb.zn.⟩ **0.1** ***loyaal persoon*** **0.2** ⟨BE⟩ ***onwrikbaar conservatief*** **0.3** ⟨BE⟩ ***orthodox / rechtzinnig presbyteriaan.***

'true'blue[2] ⟨bn.⟩ **0.1** ***betrouwbaar*** ⇒*eerlijk, loyaal* **0.2** ⟨BE⟩ ***onwrikbaar*** ⇒*aarts-* ⟨mbt. conservatief politicus⟩ **0.3** ⟨BE⟩ ***orthodox*** ⇒*rechtzinnig* ⟨mbt. presbyteriaan⟩.

'true'born ⟨f1⟩ ⟨bn.⟩ **0.1** ***(ras)echt*** ⇒*geboren* ◆ **1.1** a ~ Londoner *een geboren Londenaar.*

'true-'bred ⟨bn.⟩ **0.1** ***rasecht / zuiver*** **0.2** ***welopgevoed*** ⇒*beschaafd.*

'true-'heart·ed ⟨bn.; -ness⟩ **0.1** ***trouwhartig*** ⇒*eerlijk, loyaal.*

'true·love ⟨f1⟩ ⟨telb.zn.⟩ **0.1** ***lief(ste)*** **0.2** ⟨plantk.⟩ ***eenbes*** ⟨Paris quadrifolia⟩.

'true-love 'knot, 'true-lov·er's 'knot ⟨telb.zn.⟩ **0.1** ***liefdeknoop.***

truf·fle ['trʌfl]⟨telb.zn.⟩ **0.1** ⟨plantk.⟩ ***truffel*** ⟨Tuber⟩ **0.2** ***truffel*** ⟨bonbon⟩.
truf·fled ['trʌfld]⟨bn.⟩⟨cul.⟩ **0.1** ***getruffeerd.***
trug [trʌg‖trʌg, trʊg]⟨telb.zn.⟩⟨BE⟩ **0.1** ***houten melkpan*** **0.2** ***ondiep tuinmandje v. houtstroken.***
tru·ism ['tru:ɪzm]⟨f1⟩⟨telb.zn.⟩ **0.1** ***truïsme*** ⇒*waarheid als een koe* **0.2** ***gemeenplaats*** ⇒*afgezaagd gezegde.*
tru·is·tic [tru:'ɪstɪk], **tru·is·ti·cal** [-ɪkl]⟨bn.⟩ **0.1** ***voor de hand liggend*** ⇒*vanzelfsprekend.*
trull [trʌl]⟨telb.zn.⟩⟨vero.⟩ **0.1** ***slet.***
tru·ly ['tru:li]⟨f3⟩⟨bw.⟩ **0.1** ***oprecht*** ⇒*waarlijk* **0.2** ***echt*** ⇒*werkelijk, voorwaar, eerlijk* **0.3** ***(ge)trouw*** ⇒*toegewijd, loyaal* **0.4** ***terecht*** ⇒*juist* ◆ **2.1** I am ~ grateful to you *ik ben u oprecht dankbaar* **2.2** a ~ beautiful sight *een echt mooi uitzicht;* a ~ brave soldier *voorwaar een moedig soldaat* **3.1** speak ~ *oprecht spreken, de waarheid zeggen* **3.3** he had served them ~ for years *hij had hen jaren trouw gediend* **3.4** it has been ~ said *er is terecht gezegd;* he cannot ~ be considered a tyrant *hij kan niet terecht als een tiran beschouwd worden* **4.¶** yours ~ *hoogachtend* ⟨slotformule v. brieven⟩; ⟨scherts.⟩ *ondergetekende, uw dienaar, ik* **¶.2** ~, I do not know that man *voorwaar/eerlijk, ik ken die man niet.*
trump[1] [trʌmp]⟨f1⟩⟨zn.⟩⟨→sprw. 82⟩
 I ⟨telb.zn.⟩ **0.1** ***troef*** ⟨ook fig.⟩ ⇒*troefkaart* **0.2** ⟨inf.⟩ ***fijne kerel*** **0.3** ⟨vero.⟩ ***tromp*** ⇒*blaashoorn, bazuin, trompet* ◆ **1.1** spades are ~s *schoppen is troef* **3.¶** put s.o. to his ~s *iem. tot het uiterste dwingen;* ⟨BE; inf.⟩ come/turn up ~s *voor een meevaller zorgen, meevallen; geluk hebben met* **7.1** ⟨bridge⟩ no ~(s) *sans (atout), zonder troef;*
 II ⟨n.-telb.zn.⟩⟨vero.⟩ **0.1** ***bazuin/trompetgeschal*** ◆ **1.1** ⟨bijb.⟩ the ~ of doom *het laatste bazuingeschal* ⟨v.d. laatste dag⟩ **7.1** the last ~ *het laatste bazuingeschal* ⟨v.d. laatste dag⟩ ⟨I Kor. 15:52⟩.
trump[2] ⟨f1⟩⟨onov. en ov.ww.⟩ **0.1** ***(in)troeven*** ⇒*troef (uit)spelen; met een troefkaart nemen/slaan* ◆ **5.¶** ~ **up** *verzinnen, fabriceren, improviseren;* the charge was clearly ~ed **up** *de beschuldiging was duidelijk verzonnen.*
'trump card ⟨f1⟩⟨telb.zn.⟩ **0.1** ***troefkaart*** ⟨ook fig.⟩ ◆ **3.1** ⟨fig.⟩ play one's ~ *een hoge/zijn laatste troef uitspelen* **¶.1** that was my ~ *dat was mijn kans/laatste redmiddel/troef.*
trump·er·y[1] ['trʌmpəri]⟨n.-telb.zn.⟩⟨schr.⟩ **0.1** ***protserige opschik*** **0.2** ***prullen*** ⇒*rommel* **0.3** ***onzin*** ⇒*nonsens* **0.4** ***schone schijn*** ⇒*bedrog.*
trumpery[2] ⟨bn., attr.⟩ **0.1** ***prots(er)ig*** ⇒*prull(er)ig, waardeloos, nep-* **0.2** ***schijnschoon*** ⇒*misleidend, bedrieglijk* ◆ **1.1** ~ jewels *nepjuwelen* **1.2** ~ arguments *schijnschone/misleidende argumenten.*
trum·pet[1] ['trʌmpɪt]⟨f2⟩⟨telb.zn.⟩ **0.1** ***trompet*** **0.2** ***trompet(register)*** ⟨v. orgel⟩ **0.3** ***trompetblazer*** ⇒*trompetter* ⟨vnl. gesch.; ben. voor gezant⟩ **0.4** ⟨ben. voor⟩ ***trompetgeluid*** ⇒*trompetgeschal/geschetter/signaal/stoot; trompetschreeuw* ⟨v. olifant⟩ **0.5** ⟨ben. voor⟩ ***trompetvormig voorwerp*** ⇒*spreektrompet/hoorn/horen; trompetvormige bloemkroon* ◆ **1.1** Feast of Trumpets *sjofar* ⟨joodse nieuwjaarsviering⟩; ⟨muz.⟩ flourish of ~s *(trompet)fanfare;* ⟨fig.⟩ *tamtam* **3.1** ⟨fig.⟩ blow one's own ~ *zijn eigen loftrompet steken/lof zingen/verkondigen.*
trumpet[2] ⟨f2⟩⟨ww.⟩
 I ⟨onov.ww.⟩ **0.1** ***trompet spelen*** **0.2** ***trompetten*** ⇒*trompen* ⟨v. olifant⟩;
 II ⟨ov.ww.⟩ **0.1** ***trompetten*** ⟨ook fig.⟩ ⇒*uitbazuinen* ◆ **1.1** ⟨fig.⟩ ~ (forth) s.o.'s praise *de loftrompet steken over iem., iemands lof zingen/verkondigen/uitbazuinen.*
'trum·pet-call ⟨telb.zn.⟩ **0.1** ***trompetsignaal*** **0.2** ***dringende oproep.***
'trumpet creeper, 'trumpet vine ⟨telb.zn.⟩⟨plantk.⟩ **0.1** ***trompetbloem*** ⟨Campsis radicans⟩.
trum·pet·er ['trʌmpɪtə‖-pɪṭər], ⟨in bet. 0.4 ook⟩ **'trumpeter 'swan** ⟨f1⟩⟨telb.zn.⟩ **0.1** ***trompetter*** ⇒*trompetblazer, trompettist* **0.2** ***omroeper*** ⇒*heraut* **0.3** ⟨dierk.⟩ ***trompettervogel*** ⟨genus Psophia⟩ **0.4** ⟨dierk.⟩ ***trompetzwaan*** ⟨Olor buccinator⟩ ◆ **7.1** ⟨fig.⟩ be one's own ~ *zijn eigen loftrompet steken.*
'trumpeter 'finch ⟨telb.zn.⟩⟨dierk.⟩ **0.1** ***woestijnvink*** ⟨Rhodospechys githaginea⟩.
'trum·pet-fish ⟨telb.zn.; ook trumpet-fish; →mv. 4⟩⟨dierk.⟩ **0.1** ***trompetvis*** ⟨genus Macrorhamphosidae⟩.
'trumpet flower ⟨telb.zn.⟩⟨plantk.⟩ **0.1** ***trompetbloem*** ⇒*bignonia* ⟨fam. Bignoniaceae⟩; *datura* ⟨fam. Solanaceae⟩; *doornappel* ⟨Datura stramonium⟩.
'trum·pet-fly ⟨telb.zn.⟩⟨dierk.⟩ **0.1** ***horzel*** ⟨genus Oestroidae⟩.
'trum·pet-'ma·jor ⟨telb.zn.⟩⟨mil.⟩ **0.1** ***trompetter-majoor.***
trum·pet·ry ['trʌmpɪtri]⟨n.-telb.zn.⟩ **0.1** ***trompetgeschal*** ⇒*het trompetten.*
'trum·pet-shell ⟨telb.zn.⟩⟨dierk.⟩ **0.1** ***trompetschelp*** ⟨Triton variegatum⟩.

trun·cal ['trʌŋkl]⟨bn., attr.⟩ **0.1** ⟨anat.⟩ ***romp-*** **0.2** ⟨plantk.⟩ ***stam-.***
trun·cate[1] ['trʌŋkeɪt]⟨bn.; -ly⟩ **0.1** ***afgeknot*** ◆ **1.1** ⟨wisk.⟩ a ~ cone *een afgeknotte kegel;* ⟨plantk.⟩ a ~ leaf *een afgeknot blad.*
truncate[2] [trʌŋ'keɪt‖'trʌŋkeɪt]⟨ov.ww.⟩ **0.1** ***beknotten*** ⟨ook fig.⟩ ⇒*(af)knotten, aftoppen; inkorten, besnoeien* **0.2** ⟨tech.⟩ ***afvlakken*** ⇒*afsteken, afslijpen* ◆ **1.1** ~ a story *een verhaal inkorten;* ~ a tree *een boom afknotten* **1.2** ~ a crystal *een kristal afslijpen.*
trun·ca·tion [trʌŋ'keɪʃn]⟨telb. en n.-telb.zn.⟩ **0.1** ***beknotting*** ⇒*aftopping, afknotting, inkorting* ⟨ook fig.⟩ **0.2** ⟨tech.⟩ ***het afvlakken*** ⇒*het afsteken, afslijping.*
trun·cheon ['trʌntʃn]⟨telb.zn.⟩ **0.1** ***staf*** ⇒*maarschalks/commandostaf* **0.2** ⟨vnl. BE⟩ ***wapenstok*** **0.3** ⟨vero.⟩ ***knuppel.***
trun·dle[1] ['trʌndl], ⟨AE in bet. 0.3 ook⟩ **'trundle bed** ⟨telb.zn.⟩ **0.1** ***rolwieltje*** **0.2** ***lantaarnrad*** ⇒*schijfloop* **0.3** ***onderschuifbed*** **0.4** ***rolwagentje*** ⇒*dolly* **0.5** ⟨ben. voor⟩ ***rolbeweging/geluid.***
trundle[2] ⟨onov. en ov.ww.⟩ **0.1** ***(voort)rollen*** ◆ **1.1** ~ a hoop *hoepelen.*
trunk [trʌŋk]⟨f3⟩⟨zn.⟩
 I ⟨telb.zn.⟩ **0.1** ***(boom)stam*** **0.2** ***romp*** ⇒*tors(o)* **0.3** ***thorax*** ⇒*borststuk* ⟨v. insekten⟩ **0.4** ***(grote) koffer*** ⟨vaak ook meubel⟩ ⇒*hutkoffer* **0.5** ***koker*** ⇒*leiding* **0.6** ***snuit*** ⇒*slurf* ⟨i.h.b. v. olifant⟩ **0.7** ⟨ben. voor⟩ ***hoofddeel v. structuur*** ⇒⟨anat.⟩ *stam, hoofdader; zenuwstreng;* ⟨bouwk.⟩ *(zuil)schacht; hoofdlijn* ⟨v. spoor/waterweg, telefoon⟩ **0.8** ⟨AE⟩ ***koffer(ruimte/bak)*** ⇒*achterbak* ⟨v. auto⟩ **0.9** ⟨scheep.⟩⟨ben. voor⟩ ***koker als onderdeel v. schip*** ⇒*verbindingskoker tussen dekken; behuizing v.h. kielzwaard* **0.10** ⟨scheep.⟩⟨ben. voor⟩ ***uitstekende structuur op scheepsdek*** ⇒*luikgathoofd; expansievat op tanker; scheepshut;*
 II ⟨mv.; ~s⟩ **0.1** ⟨ben. voor⟩ ***korte broek*** ⇒*sportbroekje; zwembroek; (korte) onderbroek* ⟨voor heren⟩.
'trunk breeches ⟨mv.⟩⟨gesch.⟩ **0.1** ***korte pofbroek*** ⟨16e, 17e eeuw⟩.
'trunk call ⟨f1⟩⟨telb.zn.⟩⟨BE⟩ **0.1** ***interlokaal (telefoon)gesprek.***
'trunk·fish ⟨telb.zn.⟩⟨dierk.⟩ **0.1** ***koffervis*** ⟨fam. Ostraciidae⟩.
'trunk hose ⟨telb.zn.⟩⟨gesch.⟩ **0.1** ***korte pofbroek*** ⟨16e, 17e eeuw⟩.
'trunk line ⟨telb.zn.⟩ **0.1** ***hoofdlijn*** ⟨v. spoor/waterweg, telefoon⟩.
'trunk road ⟨telb.zn.⟩ **0.1** ***hoofdweg.***
trun·nion ['trʌnɪən]⟨telb.zn.⟩⟨tech.⟩ **0.1** ***tap*** ⇒*taats* ⟨vnl. aan weerszijden v.e. kanonloop⟩.
truss[1] [trʌs]⟨f1⟩⟨telb.zn.⟩ **0.1** ***gebint(e)*** ⇒*dakstoel, bint, dakkap/spant, kap(gebint)* **0.2** ***bruggebint*** **0.3** ***tros*** ⟨bloemen, vruchten⟩ **0.4** ⟨bouwk.⟩ ***spant*** ⇒*ligger, balk, draagsteen, console* **0.5** ⟨med.⟩ ***breukband*** **0.6** ⟨scheep.⟩ ***rak*** **0.7** ⟨BE⟩⟨ben. voor⟩ ***bundel*** ⇒*bos, pak;* ⟨i.h.b.⟩ *56 pond oud of 60 pond vers hooi; 36 pond stro.*
truss[2] ⟨f1⟩⟨ov.ww.⟩ **0.1** ***verankeren*** ⇒*versterken, ondersteunen* ⟨dak, brug⟩ **0.2** ***(stevig) inbinden*** ⇒*opmaken* ⟨bv. kip, voor het koken⟩; *knevelen* ⟨armen langs het lichaam⟩; ⟨vero.⟩ *aanhalen, aansnoeren* ⟨kleren⟩ ◆ **5.2** ~ **up** *inbinden, opmaken* ⟨kip⟩; *knevelen.*
'truss bridge ⟨telb.zn.⟩ **0.1** ***vakwerkbrug.***
trust[1] [trʌst]⟨f3⟩⟨zn.⟩
 I ⟨telb.zn.⟩ **0.1** ***trust*** ⇒*kartel* **0.2** ***opdracht*** ⇒*plicht, verplichting, taak, verantwoordelijkheid* **0.3** ⟨ben. voor⟩ ***aan iemands hoede toevertrouwd vermogen/persoon*** ⇒⟨i.h.b. jur.⟩ *vermogen onder beheer v. trustee* ◆ **3.2** fulfill one's ~ *zijn opdracht/plicht vervullen/uitvoeren;*
 II ⟨n.-telb.zn.⟩ **0.1** ***vertrouwen*** ⇒*geloof* **0.2** ***(goede) hoop*** ⇒*verwachting* ⟨fig. ook mbt. persoon, onderneming⟩ **0.3** ***(handels) krediet*** **0.4** ***zorg*** ⇒*hoede, bewaring* **0.5** ⟨jur.⟩ ***trust*** ⇒*machtiging tot beheer v. goederen voor een begunstigde* **0.6** ⟨jur.⟩ ***recht v. begunstigde op door trustee beheerde goederen*** ◆ **1.1** a position of ~ *een vertrouwenspositie* **3.1** stay one's ~ on God *zijn vertrouwen op God stellen* **6.1** place/put one's ~ **in** s.o./sth. *zijn vertrouwen in iem./iets stellen;* take one's explanation **on** ~ *iemands verklaring te goeder trouw aanvaarden* **6.3** supply goods **on** ~ *goederen op krediet leveren* **6.4** leave one's dog **in** ~ with a neighbour *zijn hond aan de zorg v.e. buurman overlaten;* put children **in** a guardian's ~ *kinderen aan de hoede v.e. voogd toevertrouwen;* commit a child **to** s.o.'s ~ *een kind aan iemands zorgen toevertrouwen* **6.5** hold property **in/under** ~ *eigendom in bewaring in/onder trust hebben, over eigendom het beheer voeren.*
trust[2] ⟨f3⟩⟨ww.⟩ →trusting
 I ⟨onov.ww.⟩ **0.1** ***vertrouwen*** ⇒*zijn vertrouwen/hoop stellen* **0.2** ***vertrouwen hebben*** ⇒*hopen* **0.3** ***krediet geven*** ⇒*op krediet leveren* ◆ **6.1** you should not ~ **in** him *je mag hem niet vertrouwen;* never just ~ **to** chance! *vertrouw nooit enkel op het toeval!;*
 II ⟨ov.ww.⟩ **0.1** ***vertrouwen op*** ⇒*vertrouwen hebben/stellen in, geloven in, rekenen op; aannemen, (oprecht) hopen* **0.2** ***toevertrouwen*** ⇒*aan de hoede/zorgen toevertrouwen, in bewaring geven* **0.3** ***krediet geven*** ◆ **3.1** do not ~ him to do it! *reken er maar niet op dat hij dat doet!* **6.1** ⟨inf.⟩ he will arrange that too, ~ him

for that! *hij speelt dat ook wel klaar, reken maar!* **6.2** he ~ed his car **to** a friend *hij gaf zijn auto bij een vriend in bewaring;* he cannot be ~ed **with** a lot of money *je kunt hem geen hoop geld toevertrouwen* **6.3** he ~ed his customer **for** yet another delivery *hij gaf zijn klant krediet voor nog een levering* **¶.1** I ~ everything is all right with him *ik hoop maar dat alles met hem in orde is;* ⟨inf.⟩ I wouldn't ~ him an inch, I wouldn't ~ him as far as I could throw him *ik zou hem voor geen cent vertrouwen.*

trust·a·ble ['trʌstəbl]⟨bn.⟩ **0.1** ***te vertrouwen.***

'trust·bust·er ⟨f1⟩⟨telb.zn.⟩⟨AE; inf.⟩ **0.1** ***ambtenaar belast met opsporing v. trustvorming.***

'trust company, 'trust corporation ⟨f1⟩⟨telb.zn.⟩ **0.1** ***trust*** ⇒*kartel* ⟨i.h.b. als bank⟩.

'trust-deed ⟨telb.zn.⟩ **0.1** ***trustakte.***

trus·tee[1] ['trʌ'sti:]⟨f2⟩⟨telb.zn.⟩⟨vnl. jur.⟩ **0.1** ⟨ben. voor⟩ ***beheerder*** ⇒*trustee, gevolmachtigde, lasthebber, bewindvoerder* ⟨v. vermogen/boedel⟩, *bestuurder, regent, commissaris* ⟨v. inrichting/school⟩, *executeur, curator, uitvoerder* ⟨bij schuldzaken⟩; *mandataris, beheerder v. mandaatgebied;* ⟨fig.⟩ *behoeder* **0.2** ***derde*** ⟨bij conservatoir beslag⟩ **0.3** →trusty ◆ **3.1** ⟨fig.⟩ stand ~(s) for *waken over/voor.*

trustee[2] ⟨ov.ww.⟩ **0.1** ***laten beheren*** ⇒*toevertrouwen* **0.2** ***(conservatoir) beslag leggen op.***

tru'stee estate, 'trust estate ⟨telb. en n.-telb.zn.⟩ **0.1** ***door gevolmachtigde(n) beheerd goed.***

tru'stee process ⟨telb.zn.⟩⟨jur.⟩ **0.1** ***inbeslagneming*** ⟨bij conservatoir beslag⟩.

trus·tee·ship [trʌ'sti:ʃɪp]⟨zn.⟩

I ⟨telb.zn.⟩ **0.1** ***trustgebied*** ⇒*mandaatgebied;*

II ⟨telb. en n.-telb.zn.⟩ **0.1** ***beheerderschap;***

III ⟨n.-telb.zn.⟩ **0.1** ***beheer*** ⇒*trustschap, trusteeship* **0.2** ***mandaat.***

trust·ful ['trʌstfl]⟨f2⟩⟨bn.; -ly; -ness⟩ **0.1** ***vertrouwend*** ⇒*goed van/vol vertrouwen.*

'trust fund ⟨telb.zn.; vaak mv.⟩ **0.1** ***toevertrouwde gelden*** ⇒*beheerd fonds.*

trust·i·fi·ca·tion ['trʌstɪfɪ'keɪʃn]⟨telb. en n.-telb.zn.⟩ **0.1** ***trust/kartelvorming.***

trust·i·fy ['trʌstɪfaɪ]⟨ww.; →ww. 7⟩

I ⟨onov.ww.⟩ **0.1** ***een trust/kartel vormen/oprichten;***

II ⟨ov.ww.⟩ **0.1** ***tot een trust/kartel omvormen.***

trust·ing ['trʌstɪŋ]⟨bn.; (oorspr.) teg. deelw. v. trust; -ly⟩ **0.1** ***vertrouwend*** ⇒*vriendelijk.*

trust·less ['trʌstləs]⟨bn.; -ly; -ness⟩ **0.1** ***niet te vertrouwen*** ⇒*onbetrouwbaar* **0.2** ***wantrouwig.***

'trust money ⟨n.-telb.zn.⟩ **0.1** ***toevertrouwde gelden*** ⇒*in bewaring gegeven geld.*

'trust receipt ⟨telb.zn.⟩⟨hand.⟩ **0.1** ***trustcertificaat*** ⟨voor handelskrediet⟩.

'trust territory ⟨telb.zn.⟩ **0.1** ***trustgebied*** ⇒*mandaatgebied.*

trust·wor·thy ['trʌstwɜ:ði‖-wɜrði]⟨f2⟩⟨bn.; -ly; -ness; →bijw. 3⟩ **0.1** ***betrouwbaar*** ⇒*te vertrouwen.*

trust·y[1] ['trʌsti]⟨telb.zn.; →mv. 2⟩ **0.1** ***vertrouweling*** ⇒⟨i.h.b.⟩ *brave gevangene* ⟨met speciale privileges⟩.

trusty[2] ⟨bn.; -er; →compar. 7⟩⟨vero.⟩ **0.1** ***betrouwbaar*** ⇒*trouw, beproefd* **0.2** ***vertrouwend*** ⇒*vol vertrouwen* ◆ **2.1** ⟨BE⟩ ~ and well-beloved *trouwe en dierbare onderdanen.*

truth [tru:θ]⟨f3⟩⟨zn.; ook truths [tru:ðz, tru:θs]; →mv. 3⟩⟨→sprw. 130, 391, 622, 630, 699, 700⟩

I ⟨telb. en n.-telb.zn.⟩ **0.1** ***waarheid*** ◆ **2.1** fundamental ~s *fundamentele waarheden* **3.1** stretch the ~ *de waarheid geweld aandoen;* tell/say/speak the ~ *de waarheid spreken;* to tell the ~, ~ to tell *om de waarheid te zeggen, om eerlijk te zijn* **6.1** ⟨schr.⟩ **in** ~, ⟨vero.⟩ **of** a ~ *in waarheid/werkelijkheid, inderdaad* **¶.1** there is (some) ~ in it *er is wel wat van waar/wat waars in;* there is no ~/not a word of ~ in it *er is geen woord van waar;*

II ⟨n.-telb.zn.⟩ **0.1** ***nauwkeurigheid*** ⇒*natuurgetrouwheid, precisie* **0.2** ***echtheid*** **0.3** ***oprechtheid*** ⇒*eerlijkheid, waarheidsliefde* **0.4** ⟨vero.⟩ ***trouw*** ◆ **6.1** this wheel is **out of** ~ *dit wiel loopt scheef* **¶.3** there is no ~ in his expressions of friendship *zijn vriendschap is totaal geveinsd.*

'truth drug ⟨telb.zn.⟩ **0.1** ***waarheidsserum.***

truth·ful ['tru:θfl]⟨f2⟩⟨bn.; -ness⟩ **0.1** ***waarheidlievend*** ⇒*eerlijk, oprecht* **0.2** ***waar*** ⇒*(waarheids)getrouw, nauwkeurig* ◆ **1.2** ~ account of what happened *getrouwe weergave v.d. feiten;* ~ portrait *levensecht portret.*

truth·ful·ly ['tru:θfli]⟨bw.⟩ **0.1** ***waarheidsgetrouw*** ⇒*naar waarheid, oprecht.*

truth·less ['tru:θləs]⟨bn.; -ness⟩ **0.1** ***oneerlijk*** ⇒*onoprecht* **0.2** ***onwaar.***

'truth table ⟨telb.zn.⟩⟨logica⟩ **0.1** ***waarheidstabel.***

'truth-val·ue ⟨telb.zn.⟩⟨logica⟩ **0.1** ***waarheidswaarde.***

try[1] [traɪ]⟨f2⟩⟨telb.zn.; →mv. 2⟩ **0.1** ***poging*** **0.2** ⟨rugby, Am. voetbal⟩ ***try*** ⟨poging om conversie te maken⟩ ◆ **3.1** give it a ~ *het eens proberen, een poging wagen;* have a ~ at sth./to do sth. *iets (eens) proberen (te doen);* make a good ~ *een goede poging doen* **6.1** have a ~ **for** sth. *iets te pakken proberen te krijgen;* **at** the first ~ *bij de eerste poging;* **in** three tries *bij de derde poging.*

try[2] ⟨f4⟩⟨ww.; →ww. 7⟩ →tried, trying ⟨→sprw. 311⟩

I ⟨onov. en ov.ww.⟩ **0.1** ***proberen*** ⇒*zich inspannen, trachten, pogen, wagen, beproeven, uitproberen, testen, op de proef stellen;* ⟨ook fig.⟩ *veel vergen van, vermoeien, schaden* ◆ **1.1** ~ the back door *de achterdeur proberen;* ~ s.o.'s courage/patience *iemands moed/geduld op de proef stellen;* be tried by disasters *door rampen bezocht worden;* ~ the doors and windows *nakijken of de deuren en vensters dicht zijn;* ~ one's eyes *zijn ogen al te zeer inspannen/vermoeien;* ~ one's hand (at sth.) *uitproberen wat men van iets terechtbrengt;* ~ a jump *een sprong wagen;* ~ one's skill/strength *zijn vaardigheid/krachten beproeven;* ~ soap and water *het met zeep en water proberen* **2.1** ~ one's best/hardest *zijn best doen* **3.1** ~ to be on time *proberen op tijd te komen;* tried and found wanting *gewogen en te licht bevonden;* no use ~ing to persuade him *overtuigd krijg je hem toch niet;* ~ to swim *proberen te zwemmen;* ~ swimming *het met zwemmen proberen* **5.1** ~ harder next time! *doe volgende keer wat beter je best!;* ~ **on** *aanpassen* ⟨kleren⟩; have a suit tried **on** *zich een kostuum laten aanpassen;* ⟨BE⟩ ~ it/one'a games/tricks **on** with s.o. *zijn spelletje met iem. proberen te spelen;* ⟨BE⟩ no use ~ing it **on** with me! *met mij moet je dat niet proberen!;* ~ **out** *testen, op de proef stellen, proberen, doen bij wijze v. proef;* ⟨dram., muz.⟩ *auditeren;* ⟨AE⟩ ~ **out** for *trachten te verwerven/bereiken, solliciteren/dingen naar; auditeren voor;* ~ sth. **out** on s.o. *iets op iem. uitproberen;* ~ it **over** first *probeer het eerst eens* **5.¶** →try back **6.1** ~ **for** *trachten te verwerven/bereiken, streven naar, solliciteren/dingen naar;* ~ sth. **on** s.o. *iets op iem. uitproberen* **8.1** ~ and get some rest *probeer wat rust te nemen;* just ~ and stop me! *probeer me maar eens tegen te houden!;* ~ whether it will break *proberen of het breekt;*

II ⟨ov.ww.⟩ **0.1** ⟨jur.⟩ ***onderzoeken*** **0.2** ⟨jur.⟩ ***verhoren*** ⇒*berechten* **0.3** ⟨vero.; jur.⟩ ***beslechten*** **0.4** ⟨AE; jur.⟩ ***voor de rechter brengen*** ⟨zaak, door advocaat⟩ ⇒*aanhangig maken* **0.5** ***uitkoken*** ⇒*zuiveren* **0.6** ***smelten*** ⇒*koken* **0.7** ***glad schaven*** ◆ **1.5** ⟨vero.⟩ ~ ore *erts zuiveren* **5.3** ~ the matter **out** *de zaak uitvechten, beslechten* **5.5** ~ **out** *uitkoken* ⟨olie uit vet enz.⟩ **5.6** ~ **out** *smelten* ⟨vet enz.⟩ **5.7** ~ **up** *glad schaven* **6.2** ~ s.o. **for** murder/**for** his life *iem. voor moord berechten;* be tried **for** murder/**for** one's life *wegens moord terechtstaan;* be tried **on** a charge of *terechtstaan wegens.*

'try 'back ⟨onov.ww.⟩ **0.1** ***terugkeren om het spoor te vinden*** ⟨v. jachthonden⟩ ⇒⟨fig.⟩ *teruggaan, overdoen, herhalen, nogmaals bestuderen* ◆ **6.1** ~ **to** *terugkomen op* ⟨onderwerp⟩.

try·ing ['traɪɪŋ]⟨f1⟩⟨bn.; teg. deelw. v. try; -ly⟩ **0.1** ***moeilijk*** ⇒*zwaar, hard, moeizaam, lastig* ◆ **1.1** ~ climate *afmattend klimaat;* ~ day *lastige dag;* ~ journey *vermoeiende tocht;* ~ person to deal with *lastige klant;* ~ situation *benarde situatie;* ~ times *harde/benarde tijden* **6.1** ~ **to** *vermoeiend voor.*

'try·ing-'on room ⟨telb.zn.⟩ **0.1** ***paskamer.***

'trying plane, 'try plane ⟨telb.zn.⟩ **0.1** ***glad/zoetschaaf.***

'trying square, 'try square ⟨telb.zn.⟩ **0.1** ***winkelhaak.***

'try-on ⟨telb.zn.⟩ **0.1** ***pasbeurt*** **0.2** ⟨BE; inf.⟩ ***streek*** ⇒*poging tot bedotterij.*

'try-out ⟨f1⟩⟨telb.zn.⟩ **0.1** ***test*** ⇒*proef, oefentocht, oefenwedstrijd;* ⟨dram., muz.⟩ *auditie;* ⟨dram.⟩ *proefopvoering* ◆ **3.1** give s.o. a ~ *het met iem. proberen, iem. een kans geven.*

try·pan·o·some ['trɪpənəsoum‖trɪ'pænə-]⟨telb.zn.⟩ **0.1** ***trypanosoom*** ⟨bloedparasiet⟩.

try·pan·o·so·mi·a·sis ['trɪpənəsou'maɪəsɪs‖trɪ'pænə-]⟨telb. en n.-telb.zn.; trypanosomiases; →mv. 5⟩⟨med.⟩ **0.1** ***trypanosomiasis.***

try-pot ['traɪpɒt‖-pɑt]⟨telb.zn.⟩ **0.1** ***traanketel.***

tryp·sin ['trɪpsɪn]⟨telb. en n.-telb.zn.⟩⟨biol.⟩ **0.1** ***trypsine*** ⇒*trypsase.*

tryp·sin·o·gen [trɪp'sɪnədʒən]⟨telb. en n.-telb.zn.⟩⟨biol.⟩ **0.1** ***trypsinogeen.***

tryp·to·phan ['trɪptəfæn], **tryp·to·phane** [-feɪn]⟨telb. en n.-telb.zn.⟩⟨biol.⟩ **0.1** ***tryptofaan.***

'try·sail ⟨telb.zn.⟩ **0.1** ***gaffelzeil.***

'try square ⟨telb.zn.⟩ **0.1** ***blokhaak.***

tryst[1] [trɪst, traɪst]⟨telb.zn.⟩ **0.1** ⟨scherts.⟩ ***rendez-vous*** ⇒*afspraakje;* ⟨vero.⟩ *afspraak* **0.2** ⟨Sch. E⟩ ***(vee)markt*** ⇒*jaarmarkt* ◆ **3.1** break (one's) ~ (with s.o.) *niet op het rendez-vous verschijnen, verstek laten gaan;* keep (one's) ~ (with s.o.) *zich aan zijn afspraak houden;* hold ~ with *een afspraak(je) hebben met.*

tryst[2] ⟨ww.⟩

I ⟨onov.ww.⟩ 0.1 ⟨scherts.⟩ *een afspraakje hebben/maken* ⇒⟨vero.⟩ *een afspraak hebben/maken* ◆ 6.1 ~ with *een afspraak(je) hebben/maken met;*
II ⟨ov.ww.⟩ 0.1 ⟨scherts.⟩ ***een afspraakje hebben/maken met*** ⇒⟨vero.⟩ *een afspraak hebben/maken met* 0.2 ⟨vnl. Sch. E⟩ ***afspreken*** ⇒*vastleggen/stellen* ⟨tijd of plaats⟩.
tryst·er ['trɪstə,'traɪ-‖-ər]⟨telb.zn.⟩⟨vero.⟩ 0.1 ***iem. die afspraakjes maakt*** ⇒*iem. op vrijersvoeten.*
try·works ['traɪwɜ:ks‖-wɜrks]⟨telb.zn., mv.⟩ 0.1 ***traankokerij.***
TS ⟨afk.⟩ tensile strength.
tsar, czar [zɑ:‖zɑr]⟨telb.zn.⟩⟨gesch.⟩ 0.1 ***tsaar*** ⟨ook fig.⟩ ⇒*despoot.*
tsar·dom, czar·dom [-dəm]⟨telb. en n.-telb.zn.⟩⟨gesch.⟩ 0.1 ***tsarendom*** ⇒*tsarenrijk, heerschappij v.d. tsaar/tsaren.*
tsar·e·vi(t)ch, czar·e·vi(t)ch ['zɑ:rəvɪtʃ]⟨telb.zn.⟩⟨gesch.⟩ 0.1 ***tsarewitsj*** ⇒*kroonprins.*
tsa·rev·na, cza·rev·na [zɑ:'revnə]⟨telb.zn.⟩⟨gesch.⟩ 0.1 ***tsarevna*** ⟨dochter v.d. tsaar⟩.
tsa·ri·na, cza·ri·na [zɑ:'ri:nə]⟨telb.zn.⟩⟨gesch.⟩ 0.1 ***tsarina*** ⇒*keizerin.*
tsar·ism, czar·ism [zɑ:'rɪzm]⟨n.-telb.zn.⟩⟨gesch.⟩ 0.1 ***tsarisme.***
tsar·ist, czar·ist ['zɑ:rɪst]⟨telb.zn.⟩⟨gesch.⟩ 0.1 ***tsarist*** ⇒*aanhanger v.d. tsaar.*
tset·se ['tsetsi,'se-,'te-], **'tsetse fly, 'tzet·ze, 'tzetze fly** ⟨f1⟩⟨telb.zn.; ook tsetse; →mv. 4⟩⟨dierk.⟩ 0.1 ***tseetseevlieg*** ⟨genus Glossina, i.h.b. G. morsitans⟩.
'tsetse disease ⟨n.-telb.zn.⟩ 0.1 ***n(a)gana.***
TSH ⟨afk.⟩ Their Serene Highnesses, thyroid-stimulating hormone.
'T-shirt, 'tee shirt ⟨f2⟩⟨telb.zn.⟩ 0.1 ***T-shirt*** ⇒*t-shirt.*
tsim·mes, tzim·mes ['tsɪməs]⟨zn.⟩
I ⟨telb.zn.⟩ 0.1 ***toestand*** ⇒*heisa;*
II ⟨n.-telb.zn.⟩⟨cul.⟩ 0.1 ***simmes*** ⇒*groente/fruitstoofsel.*
tsp ⟨afk.⟩ teaspoon.
'T-square ⟨telb.zn.⟩ 0.1 ***(T-vormige) tekenhaak.***
tsu·na·mi [tsʊ'nɑ:mi]⟨telb.zn.; ook tsunami; →mv. 4⟩ 0.1 ***vloedgolf.***
tsu·ris, tzu·ris ['tsʊərɪs‖'tsʊrɪs]⟨n.-telb.zn.⟩ 0.1 ***sores*** ⇒*problemen.*
TT ⟨afk.⟩ teetotal(ler), telegraphic transfer, torpedo tube, Tourist Trophy, tuberculin-tested.
Tu ⟨afk.⟩ Tuesday.
TU ⟨afk.⟩ Trade Union.
tu·a·ta·ra [tʊə'tɑ:rə]⟨telb.zn.⟩⟨dierk.⟩ 0.1 ***brughagedis*** ⟨Sphenodon punctatus⟩.
tub[1] [tʌb]⟨f2⟩⟨telb.zn.⟩ 0.1 ***tobbe*** ⇒***(was)kuip****, ton, vat, (bloem) bak, pot,* ⟨scheep.⟩ *balie* 0.2 ***ton*** ⟨inhoudsmaat⟩ 0.3 ⟨inf.⟩ ***bad (kuip)*** ⇒⟨BE⟩ *bad, het baden* 0.4 ⟨mijnw.⟩ ***mijnwagen(tje)*** 0.5 ⟨sl.⟩ ***dikkerd*** ⇒*dikzak* 0.6 ***oefenboot*** ⇒*tubboot,* ⟨pej. of scherts.⟩ *(trage) schuit* 0.7 ⟨pej. of scherts.⟩ ***kar*** ⇒⟨B.⟩ *bak* ⟨auto⟩ 0.8 ⟨scherts.⟩ ***kuip*** ⟨preekstoel⟩ ◆ 1.2 a ~ of butter *een ton boter* 3.3 jump into one's/have a ~ *een bad nemen* 3.¶ thump a ~ *(met zijn vuist) op tafel slaan.*
tub[2] ⟨ww.⟩ →tubbing
I ⟨onov.ww.⟩ 0.1 ***roeien*** ⟨in oefenboot⟩ 0.2 ***een bad nemen;***
II ⟨ov.ww.⟩ 0.1 ***kuipen*** ⇒*tonnen, in vaten doen* 0.2 ***potten*** ⇒*planten* ⟨in kuip⟩ 0.3 ***wassen*** ⇒*een bad geven* ⟨in kuip⟩ 0.4 ***trainen*** ⟨roeiers⟩ 0.5 ⟨mijnw.⟩ ***beschieten*** ⇒*bekleden, betimmeren* ⟨schacht⟩.
tu·ba ['tju:bə‖'tu:bə]⟨f1⟩⟨telb.zn.; ook tubae [-bi:]; →mv. 5⟩ 0.1 ***tuba*** 0.2 ***tubaspeler*** 0.3 ⟨gesch.⟩ ***tuba*** ⇒*Romeinse trompet* 0.4 ***trompet/bazuinregister*** ⟨v. orgel⟩.
tu·bage ['tju:bɪdʒ‖'tu:-]⟨n.-telb.zn.⟩ 0.1 ***buizen(stel)*** ⇒*pijpen* 0.2 ***buis/pijpaanleg*** 0.3 ***het aan/inbrengen v.e. buis.***
tu·bal ['tju:bl‖'tu:bl]⟨bn.⟩⟨vnl. biol., med.⟩ 0.1 ***buis-*** ⇒*v.d. buis/buizen* ◆ 1.1 ~ pregnancy *buitenbaarmoederlijke zwangerschap.*
tu·bate ['tju:beɪt‖'tu:-]⟨bn.⟩ 0.1 ***buisvormig*** ⇒*met een buis, op een buis eindigend.*
tub·ba·ble ['tʌbəbl]⟨bn.⟩ 0.1 ***wasbaar.***
tub·ber ['tʌbə‖-ər]⟨telb.zn.⟩ 0.1 ***kuiper*** ⇒*tonnenmaker* 0.2 ***bader.***
tub·bing ['tʌbɪŋ]⟨n.-telb.zn.; gerund v. tub⟩⟨mijnw.⟩ 0.1 ***beschotwerk*** ⇒*schachtbetimmering/bekleding.*
tub·bish ['tʌbɪʃ]⟨bn.⟩ 0.1 ***tonvormig.***
tub·by ['tʌbi]⟨f1⟩⟨bn.; -er; -ness; →compar. 7⟩ 0.1 ***tonvormig*** ⇒*rond, lijvig* 0.2 ***dofklinkend*** ⇒*mat, klankloos* ⟨i.h.b. v. viool⟩.
'tub chair ⟨telb.zn.⟩ 0.1 ***crapaud*** ⇒*kuipstoel.*
tube[1] [tju:b‖tu:b]⟨f3⟩⟨zn.⟩
I ⟨telb.zn.⟩ 0.1 ⟨ben. voor⟩ ***buis(je)*** ⇒*pijp, slang; huls, bus, koker; tube;* ⟨anat.⟩ *tubus, tubulus; luchtdrukbuis; vlampijp;* ⟨AE⟩ *electronenbuis, radiobuis, beeldbuis* 0.2 ***binnenband*** 0.3 ⟨inf.⟩ ***metrotunnel*** ⇒*metro* ◆ 2.2 inner ~ *binnenband;*
II ⟨n.-telb.zn.⟩ 0.1 ⟨inf.⟩ ***metro*** ⇒*ondergrondse* 0.2 ⟨the⟩⟨AE; inf.⟩ ***televisie*** ⇒*de (beeld)buis* ◆ 6.1 travel by ~ *de ondergrondse nemen* 6.2 on the ~ *op de beeldbuis, op het scherm.*
tube[2] ⟨f2⟩⟨ww.⟩ →tubing
I ⟨onov.ww.⟩⟨vnl. BE; inf.⟩ 0.1 ***de ondergrondse nemen*** ◆ 1.1 ~ to work *met de metro naar het werk gaan* 4.1 ~ it *de metro nemen;*
II ⟨ov.ww.⟩ 0.1 ***van een buis/buizen*** ⟨enz.⟩ ***voorzien*** 0.2 ***in een buis/koker doen*** ◆ 1.1 ~ a tyre *een binnenband opleggen;* ~d horse *paard met een tracheotube in de luchtpijp.*
'tube colour ⟨n.-telb.zn.⟩ 0.1 ***tubeverf.***
tu·bec·to·my [tju:'bektəmi‖tu:-]⟨telb. en n.-telb.zn.; →mv. 2⟩ ⟨med.⟩ 0.1 ***tubectomie*** ⟨verwijdering v. Fallopische buis/buizen⟩.
'tube-feed ⟨ov.ww.⟩ 0.1 ***door een buisje voeden.***
'tube foot ⟨telb.zn.⟩⟨dierk.⟩ 0.1 ***arm*** ⟨bv. v. zeester⟩.
tube·less ['tju:bləs‖'tu:b-]⟨bn.⟩ 0.1 ***zonder binnenband*** ⇒*enkelwandig* ◆ 1.1 ~ tyre *(lucht)band zonder binnenband, tubeless.*
tu·ber ['tju:bə‖'tu:-]⟨f1⟩⟨telb.zn.⟩ 0.1 ⟨plantk.⟩ ***knol*** 0.2 ⟨med.⟩ ***knobbel*** ⇒*gezwel.*
tu·ber·cle ['tju:bəkl‖'tu:bərkl]⟨telb.zn.⟩ 0.1 ***knobbeltje*** ⇒*verdikking, uitsteeksel* 0.2 ⟨med.⟩ ***knobbeltje*** ⇒*gezwelletje;* ⟨i.h.b.⟩ *tuberkel* 0.3 ⟨plantk.⟩ ***knolletje.***
'tubercle bacillus ⟨telb.zn.⟩⟨dierk., med.⟩ 0.1 ***tuberkelbacil*** ⟨Mycobacterium tuberculosis⟩.
tu·ber·cled ['tju:bəkld‖'tu:bərkld]⟨bn.⟩ 0.1 ***met knobbeltjes*** 0.2 ***met knolletjes.***
tubercular[1] [tjʊ'bɜ:kjʊlə‖tʊ'bɜrkjələr]⟨telb.zn.⟩ 0.1 ***tuberculoselijder*** ⇒*t.b.c.-patiënt.*
tu·ber·cu·lar[2], **tu·ber·cu·late** [-lət], **tu·ber·cu·lose** [-loʊs], **tu·ber·cu·lous** [-ləs]⟨bn.; -ly⟩ 0.1 ***tuberculeus*** ⇒*vol tuberkels* ◆ 1.1 ~ consumption *longtering, t.b.c..*
tu·ber·cu·la·tion [tjʊ'bɜ:kjʊ'leɪʃn‖tʊ'bɜrkjə-]⟨n.-telb.zn.⟩ 0.1 ***het tuberculeus maken/worden.***
tu·ber·cu·lin [tjʊ'bɜ:kjʊlɪn‖tʊ'bɜrkjə-]⟨n.-telb.zn.⟩ 0.1 ***tuberculine.***
tu'berculin test ⟨telb.zn.⟩ 0.1 ***tuberculinetest.***
tu'ber·cu·lin-'test·ed ⟨bn.⟩ 0.1 ***met tuberculine onderzocht*** ⇒*v. met tuberculine onderzochte koeien, t.b.c.-vrij* ⟨v. melk⟩.
tu·ber·cu·lize [tjʊ'bɜ:kjʊlaɪz‖tʊ'bɜrkjə-]⟨ww.⟩
I ⟨onov. en ov.ww.⟩ 0.1 ***tuberculeus worden;***
II ⟨ov.ww.⟩ 0.1 ***tuberculeus maken.***
tu·ber·cu·loid [tjʊ'bɜ:kjʊlɔɪd‖tʊ'bɜrkjə-]⟨bn.⟩ 0.1 ***tuberculeus.***
tu·ber·cu·lo·sis [tjʊ'bɜ:kjʊ'loʊsɪs‖tʊ'bɜrkjə-]⟨f1⟩⟨n.-telb.zn.⟩ 0.1 ***tuberculose.***
tu·ber·if·er·ous ['tju:bə'rɪfrəs‖'tu:-]⟨bn.⟩ 0.1 ***knoldragend.***
tu·ber·i·form [tjʊ'berɪfɔ:m‖tʊ'berɪfɔrm]⟨bn.⟩ 0.1 ***knolvormig.***
tu·ber·ose[1] ['tju:bəroʊz‖'tu:broʊz]⟨telb.zn.⟩⟨plantk.⟩ 0.1 ***tuberoos*** ⟨Polianthes tuberosa⟩.
tuberose[2] ['tju:broʊs‖'tu:-], **tu·ber·ous** [-brəs]⟨bn.⟩ 0.1 ***knolachtig*** 0.2 ***knoldragend*** 0.3 ***knobbelig*** ⇒*met tuberkels, tubereus.*
tu·ber·os·i·ty ['tju:bə'rɒsəti‖'tu:bə'rɑsəti]⟨telb.zn.; →mv. 2⟩ 0.1 ***knobbel*** ⇒*uitwas, gezwel, tuberositeit.*
'tube shell ⟨telb.zn.⟩ 0.1 ***buisvormige schelp.***
'tube skirt ⟨telb.zn.⟩ 0.1 ***kokerrok.***
'tube station ⟨f1⟩⟨telb.zn.⟩ 0.1 ***metrostation.***
'tube well ⟨telb.zn.⟩ 0.1 ***welpijp*** ⇒*welput.*
'tub·fish ⟨telb.zn.⟩⟨BE; dierk.⟩ 0.1 ***grote poon*** ⟨Trigla hirundo⟩.
tub·ful ['tʌbfʊl]⟨telb.zn.⟩ 0.1 ***vat*** ⇒*ton, kuip.*
tu·bi·corn[1] ['tju:bɪkɔ:n‖'tu:bɪkɔrn]⟨telb.zn.⟩⟨dierk.⟩ 0.1 ***holhoornige*** ⟨fam. Bovidae⟩.
tubicorn[2] ⟨bn.⟩ 0.1 ***holhoornig.***
tu·bi·fex ['tju:bɪfeks‖'tu:-]⟨telb.zn.; ook tubifex; →mv. 4⟩⟨dierk.⟩ 0.1 ***tubifex*** ⟨borstelworm; genus Tubifex⟩.
tu·bi·flo·rous ['tju:bɪ'flɔ:rəs‖'tu:bɪ'flɔrəs]⟨bn.⟩ 0.1 ***buisbloemig.***
tu·bi·form ['tju:bɪfɔ:m‖'tu:bɪfɔrm]⟨bn.⟩ 0.1 ***buisvormig.***
tu·bi·lin·gual ['tju:bɪ'lɪŋgwəl‖'tu:-]⟨bn.⟩ 0.1 ***tubilinguaal*** ⇒*met buisvormige tong* ⟨v. vogels⟩.
tub·ing ['tju:bɪŋ‖'tu:-]⟨f1⟩⟨zn.; (oorspr.) gerund v. tube⟩
I ⟨telb.zn.⟩ 0.1 ***(gummi)slang*** ⇒*stuk buis/pijp;*
II ⟨n.-telb.zn.⟩ 0.1 ***buizen(stel)*** ⇒*pijpen* 0.2 ***buis/pijpaanleg.***
'tub orator, 'tub preacher, 'tub-thump·er ⟨telb.zn.⟩ 0.1 ***donderaar*** ⇒*bulderende redenaar;* ⟨i.h.b.⟩ *donderpredikant.*
'tub·thump·ing ⟨n.-telb.zn.⟩ 0.1 ***gebulder*** ⇒*gebral, bombastisch georeer.*
tu·bu·lar ['tju:bjʊlə‖'tu:bjələr], **tu·bu·lous** [-ləs]⟨f2⟩⟨bn.⟩ 0.1 ***buisvormig*** ⇒*pijp/kokervormig, buis-, koker-, tubulair* ◆ 1.1 ~ bells *klokkenspel;* ~ boiler *tubulaire ketel, vlampijpketel;* ~ bridge *tubulaire brug, kokerbrug;* ~ cooler *buizenkoeler;* ~ furniture *buismeubelen;* ~ lamp *buislamp;* ~ post *buispost, buizenpost, luchtdrukpost;* ~ railway *metro, ondergrondse spoorweg.*
tu·bu·late ['tju:bjʊleɪt‖'tu:bjə-], **tu·bu·lat·ed** [-leɪtɪd]⟨bn.⟩ 0.1 ***tubulair*** ⇒*buisvormig* 0.2 ***met/voorzien van een buis/tubus.***

tu·bule ['tju:bju:l||'tu:-]⟨telb.zn.⟩ **0.1** ***buisje*** ⇒*kokertje, pijpje*.
tu·bu·lif·er·ous ['tju:bjʊ'lɪfrəs||'tu:bjə-]⟨bn.⟩ **0.1** ***met buisjes***.
TUC ⟨afk.⟩ Trades Union Congress ⟨BE⟩.
tuck[1] [tʌk]⟨f1⟩⟨zn.⟩
I ⟨telb.zn.⟩ **0.1** ⟨conf.⟩ ***plooi*** ⇒*gestikt plooitje, plissé* **0.2** ***(klein) visnet*** **0.3** ***naad*** ⟨onder achtersteven v. schip⟩ **0.4** ***handeling v.h. in/onderstoppen*** **0.5** ⟨BE; sl.⟩ ***smulpartij*** **0.6** ⟨vero.; Sch. E⟩ ***(trommel)slag*** **0.7** ⟨sport, i.h.b. gymnastiek⟩ ***gehurkte houding*** **0.8** ⟨vero.⟩ ***rapier*** ⇒*degen* ◆ **3.4** give the blanket a few extra ~s *de deken nog een paar keer extra instoppen;*
II ⟨n.-telb.zn.⟩⟨BE; sl.⟩ **0.1** ***zoetigheid*** ⇒*snoep, lekkers*.
tuck[2] ⟨f3⟩⟨ww.⟩ →tucked
I ⟨onov.ww.⟩ **0.1** ***plooien maken*** ◆ **6.¶** ⟨BE; sl.⟩ ~ **into** *zich te goed doen aan, flink smullen van;*
II ⟨ov.ww.⟩ **0.1** ***plooien*** ⇒*plisseren* **0.2** ***inkorten*** ⇒*innemen, opnemen* **0.3** ***opstropen*** ⇒*optrekken* **0.4** ***intrekken*** ⇒*op/samentrekken* **0.5** ***(ver)stoppen*** ⇒*wegstoppen, opbergen, verbergen* **0.6** ***instoppen*** ⇒*wegstoppen, opvouwen* **0.7** ***legen*** ⟨visnet, met kleiner net⟩ ◆ **5.3** ~ **up** one's sleeves *zijn mouwen opstropen* **5.4** with his legs ~ed **up** under him *in kleermakerszit* **5.5** ~ **away** *wegstoppen, verbergen;* a house ~ed **away** among the trees *een huis verscholen tussen de bomen;* ⟨BE; inf.⟩ ~ **away/in** *verorberen, gretig naar binnen werken* **5.6** ~ **in** the blankets *de dekens instoppen;* ~ s.o. **in/up** *iem. (lekker/warm) instoppen* ⟨in bed⟩ **5.¶** ⟨sl.⟩ ~ed **up** *uitgemergeld, doodop* **6.5** ~ sth. **in** a corner *iets in een hoekje wegstoppen;* ~ sth. **out of** sight *iets verstoppen;* he ~d his wife's arm **under** his own *hij nam zijn vrouw bij de arm* **6.6** ~ one's shirt **into** one's trousers *zijn hemd in zijn broek stoppen;* ~ a shawl **round** s.o. *een sjaal om iem. heen wikkelen*.
'tuck·a·way ⟨bn., attr.⟩ **0.1** ***opklapbaar*** ⇒*opvouwbaar*.
tucked [tʌkt]⟨bn., bn., attr.; volt. deelw. v. tuck⟩⟨sport⟩ **0.1** ***gehurkt*** ⟨v. (af)sprong⟩.
tuck·er[1] ['tʌkə||-ər]⟨zn.⟩
I ⟨telb.zn.⟩ **0.1** ***plooi(st)er*** **0.2** ***plooivoet*** ⟨v. naaimachine⟩ **0.3** ⟨gesch.⟩ ***chemisette*** ⇒*kraaghemdje, jabot, (kanten) kraagje* **0.4** ⟨vero.⟩ ***voller;***
II ⟨n.-telb.zn.⟩⟨Austr. E; inf.⟩ **0.1** ***kost*** ⇒*eten*.
tucker[2] ⟨ov.ww.⟩⟨AE; inf.⟩ **0.1** ***afmatten*** ⇒*uitputten, vermoeien* ◆ **5.1** ~ **out** *afmatten*.
'tuck·er·bag ⟨telb.zn.⟩⟨Austr. E; inf.⟩ **0.1** ***knapzak***.
tuck·et ['tʌkɪt]⟨telb.zn.⟩⟨vero.⟩ **0.1** ***fanfare*** ⇒*trompetgeschal*.
'tuck-in ⟨telb.zn.⟩ **0.1** ⟨BE; inf.⟩ ***smulpartij*** ⇒*(feest)maal* **0.2** ***slip*** ⟨v. hemd enz.⟩.
'tuck jump ⟨telb.zn.⟩⟨gymnastiek⟩ **0.1** ***hurksprong***.
'tuck-mon·ey ⟨n.-telb.zn.⟩⟨BE⟩ **0.1** ***snoepcenten***.
'tuck net, 'tuck seine ⟨telb.zn.⟩ **0.1** ***(klein) visnet*** ⟨om vis uit groter net te scheppen⟩.
'tuck-shop ⟨telb.zn.⟩⟨BE⟩ **0.1** ***snoepwinkeltje*** ⟨vnl. v. school⟩.
tu·cum ['tu:kəm||tʊ'ku:m], **tu·cu·ma** [tʊ'ku:mə], ⟨in bet. 0.1 ook⟩ **tucum palm** ['- -]⟨zn.⟩
I ⟨telb.zn.⟩⟨plantk.⟩ **0.1** ***(soort) palm*** ⟨vnl. Astrocaryum tucuma⟩;
II ⟨telb. en n.-telb.zn.⟩ **0.1** ***palmvezel*** ⟨v. I. 0.1⟩.
Tu·dor ['tju:də||'tu:dər]⟨f2⟩⟨eig.n., telb.zn.⟩ **0.1** ***Tudor*** ⇒*(lid v.h.) Tudor(vorsten)huis*.
'Tudor 'arch ⟨telb.zn.⟩ **0.1** ***tudorboog***.
Tu·dor·esque ['tju:də'resk||'tu:-]⟨bn.⟩ **0.1** ***in tudorstijl*** ⇒*tudor-*.
'Tudor 'flower ⟨telb.zn.⟩⟨beeld. k.⟩ **0.1** ***tudorbloem*** ⟨driebladige versiering in tudorstijl⟩.
'Tudor 'rose ⟨telb.zn.⟩⟨beeld. k., wapenk.⟩ **0.1** ***tudorroos*** ⟨combinatie v. rode en witte roos⟩.
'Tudor 'style ⟨n.-telb.zn.⟩ **0.1** ***tudorstijl***.
Tue, Tues ⟨afk.⟩ Tuesday.
Tues·day ['tju:zdi, -deɪ||'tu:z-]⟨f3⟩⟨eig.n., telb.zn.⟩ **0.1** ***dinsdag*** ◆ **3.1** he arrives (on) ~ *hij komt (op/a.s.) dinsdag aan;* ⟨vnl. AE⟩ he works ~s *hij werkt dinsdags/op dinsdag/elke dinsdag* **6.1** **on** ~(s) *dinsdags, op dinsdag, de dinsdag(en), elke dinsdag* **7.1** ⟨BE⟩ he arrived on the ~ *hij kwam (de) dinsdag/op dinsdag aan*.
tu·fa ['tju:fə||'tu:-]⟨n.-telb.zn.⟩ **0.1** ***sedimentgesteente*** **0.2** ***tuf(steen)***.
tu·fa·ceous [tjʊ'feɪʃəs||tʊ-]⟨bn.⟩ **0.1** ***sedimentair*** **0.2** ***tuf(steen)achtig*** ⇒*tufsteen-*.
tuff [tʌf]⟨n.-telb.zn.⟩ **0.1** ***tuf(steen)***.
tuff·a·ceous [tʌ'feɪʃəs]⟨bn.⟩ **0.1** ***tuf(steen)achtig*** ⇒*tufsteen-*.
tuf·fet ['tʌfɪt]⟨telb.zn.⟩ **0.1** ***bosje (gras/haar)*** ⇒*bundeltje, tuiltje* **0.2** ***hobbel*** ⇒*bobbel, oneffenheid* ⟨vnl. in grasveld⟩ **0.3** ***krukje*** ⇒*taboeret, voetbankje/kussen, poef*.
tuft[1] [tʌft]⟨f1⟩⟨telb.zn.⟩ **0.1** ***bosje*** ⇒*trosje; kwastje; kuif(je); groepje bomen/struiken* **0.2** ⟨biol.⟩ ***bundeltje bloedvaten*** **0.3** ⟨vero.; BE⟩ ***(gouden kwast v.) adellijk student*** ⟨in Oxford en Cambridge⟩.
tuft[2] ⟨f1⟩⟨ww.⟩ →tufted
I ⟨onov.ww.⟩ **0.1** ***in bosjes groeien;***
II ⟨ov.ww.⟩ **0.1** ***versieren met tuiltjes*** **0.2** ***in bosjes opsplitsen*** **0.3** ***doornaaien*** ⟨matras⟩ **0.4** ***opjagen*** ⟨bij klopjacht⟩.
tuft·ed ['tʌftɪd]⟨f1⟩⟨bn.; volt. deelw. v. tuft⟩ **0.1** ***in bosjes groeiend*** **0.2** ***met/vol bosjes*** **0.3** ⟨vnl. dierk.⟩ ***gekuifd*** ◆ **1.1** ⟨plantk.⟩ ~ hair grass *smele* ⟨Deschampsia caespitosa⟩; ⟨plantk.⟩ ~ loosestrife *(soort) moeraswederik* ⟨Lysimachia/Naumburgia thyrsiflora⟩ **1.3** ~ coquette *gekuifde koketkolibrie* ⟨Lophornis ornatus⟩; ~ deer *dwergmuntjak, kuifhert* ⟨genus Elaphodus⟩; ~ duck /pochard *kuifeend* ⟨Aythya fuligula⟩; ⟨plantk.⟩ ~ pansy *hoornviooltje* ⟨Viola cornuta⟩; ~ puffin *gekuifde papegaaiduiker, pluimenkopduiker* ⟨Lunda cirrhata⟩; ~ titmouse *(soort) kuifmees* ⟨Parus bicolor⟩; ⟨plantk.⟩ ~ vetch *vogelwikke* ⟨Vicia cracca⟩.
tuft·er ['tʌftə||-ər]⟨telb.zn.⟩ **0.1** ***jachthond*** ⟨afgericht om wild uit hun schuilplaats te jagen⟩ **0.2** ***doornaaier*** ⟨v. matrassen⟩.
'tuft-hunt·er ⟨telb.zn.⟩ **0.1** ***snob*** ⟨die gezelschap v. voorname lui zoekt⟩.
'tuft-hunt·ing[1] ⟨n.-telb.zn.⟩ **0.1** ***snobisme***.
tuft-hunting[2] ⟨bn.⟩ **0.1** ***snobistisch***.
tuft·y ['tʌfti]⟨bn.; -er⟩ **0.1** ***in bosjes groeiend*** **0.2** ***met/vol bosjes***.
tug[1] [tʌg]⟨f2⟩⟨telb.zn.⟩ **0.1** ***ruk*** ⇒*haal,* ⟨B.⟩ *snok* **0.2** ***(felle) strijd*** ⇒*inspanning, conflict* **0.3** ***sleepboot*** **0.4** ***sleepvliegtuig*** **0.5** ***streng*** ⟨v. trekdier⟩ **0.6** ⟨BE⟩ ***rabauw*** **0.7** ⟨BE; sl.⟩ ***beursleerling*** ⟨vnl. te Eton⟩ ◆ **1.2** ⟨inf.⟩ ~ of love *touwtrekkerij om (de voogdij over) een kind* ⟨tussen gescheiden ouders⟩; ~ between loyalty and desire *conflict tussen trouw en verlangen* **3.1** give a ~ at *(heftig) rukken aan* **3.2** parting was a ~ (at his heart-strings) *het vertrek deed hem pijn (aan het hart)*.
tug[2] ⟨f2⟩⟨ww.⟩
I ⟨onov.ww.⟩ **0.1** ***rukken*** ⇒*trekken,* ⟨B.⟩ *snokken* **0.2** ***zich inspannen*** ⇒*zwoegen, zich voortslepen* **0.3** ***wedijveren*** ◆ **5.2** ~ **away** at *zich met volledige overgave toeleggen op* **6.1** ~ **at** *rukken aan;*
II ⟨ov.ww.⟩ **0.1** ***rukken aan*** ⇒*trekken aan,* ⟨B.⟩ *snokken aan* **0.2** ***sleuren*** **0.3** ***slepen*** ⟨sleepboot⟩ ◆ **6.2** ~ s.o. **out of** bed *iem. uit zijn bed sleuren*.
'tug·boat ⟨f1⟩⟨telb.zn.⟩ **0.1** ***sleepboot***.
'tug-of-'war ⟨f1⟩⟨zn.; tugs-of-war; →mv. 6⟩⟨→sprw. 737⟩
I ⟨telb.zn.⟩ **0.1** ***touwtrekwedstrijd*** **0.2** ***krachtproef*** ⇒*krachtmeting, beslissende strijd, kritiek moment* ◆ **2.2** the real ~ *de grote moeilijkheid;*
II ⟨n.-telb.zn.⟩ **0.1** ***touwtrekken***.
tu·i ['tu:i]⟨telb.zn.⟩⟨dierk.⟩ **0.1** ***tui*** ⟨Nieuwzeelandse vogel; Prosthemadera novaeseelandiae⟩.
tuille [twi:l]⟨telb.zn.⟩⟨gesch.⟩ **0.1** ***dijplaat***.
tu·i·tion [tjʊ'ɪʃn||tʊ-]⟨f2⟩⟨n.-telb.zn.⟩ **0.1** ***schoolgeld*** ⇒*lesgeld* **0.2** ***onderwijs***.
tu·i·tion·al [tjʊ'ɪʃnəl||tʊ-], **tu·i·tion·ar·y** [-'ɪʃənri||-'ɪʃəneri]⟨bn.⟩ **0.1** ***onderwijs-*** ⇒*les-*.
tu·la ['tu:lə], **'tula metal** ⟨n.-telb.zn.⟩ **0.1** ***niëllo***.
tu·la·rae·mi·a, ⟨AE sp.⟩ **tu·la·re·mi·a** ['tu:lə'ri:mɪə]⟨n.-telb.zn.⟩ **0.1** ***tularemie*** ⟨infectieziekte, vnl. bij knaagdieren⟩.
tu·la·rae·mic, ⟨AE sp.⟩ **tu·la·re·mic** ['tu:lə'ri:mɪk]⟨bn.⟩ **0.1** ***tularemisch***.
tul·chan ['tʌlxən]⟨telb.zn.⟩⟨Sch. E⟩ **0.1** ***namaakkalf*** ⇒*(opgevuld) kalfsvel*.
'tulchan 'bishop ⟨telb.zn.⟩⟨Sch. E; gesch.⟩ **0.1** ***titulair bisschop***.
tu·le ['tu:li]⟨n.-telb.zn.⟩⟨plantk.⟩ **0.1** ***mattenbies*** ⟨Scirpus lacustris/acutus⟩.
tu·lip ['tju:lɪp||'tu:-]⟨f2⟩⟨telb.zn.⟩ **0.1** ***tulp***.
'tulip tree ⟨telb.zn.⟩⟨plantk.⟩ **0.1** ***tulpeboom*** ⟨Liriodendron tulipifera⟩.
'tu·lip·wood ⟨n.-telb.zn.⟩ **0.1** ***tulpeboomhout***.
tulle [tju:l||tu:l]⟨n.-telb.zn.⟩ **0.1** ***tule***.
tul·war, tul·waur ['tʌlwɑ:||-wɑr]⟨telb.zn.⟩ **0.1** ***(kromme) sabel*** ⟨vnl. in Noord-Indië⟩.
tum[1] [tʌm]⟨telb.zn.⟩ **0.1** ***getjingel*** ⇒*getokkel* **0.2** ***trommelslag*** ⇒*roffel* **0.3** ⟨kind.; scherts.⟩ ***buik(je)***.
tum[2] ⟨onov.ww.; →ww. 7⟩ **0.1** ***tjingelen*** ⇒*tokkelen* **0.2** ***roffelen***.
tum·ble[1] ['tʌmbl]⟨f1⟩⟨telb.zn.⟩ **0.1** ***val(partij)*** ⇒*tuimel(ing)* **0.2** ***salto (mortale)*** ⇒*duikeling, (gewaagde) sprong* **0.3** ***warboel*** **0.4** ⟨inf.⟩ ***teken v. herkenning/aanmoediging*** ◆ **3.1** have a nasty ~ *lelijk vallen* **6.3** things were all **in** a ~ *alles lag overhoop, alles liep in het honderd*.
tumble[2] ⟨f2⟩⟨ww.⟩
I ⟨onov.ww.⟩ **0.1** ***vallen*** ⇒*tuimelen, struikelen, neerploffen, (in/neer)storten* **0.2** ***rollen*** ⇒*tollen, wielen, woelen* **0.3** ***stormen*** ⇒*lopen, zich haasten* **0.4** ***(snel) zakken*** ⇒*dalen, kelderen* **0.5** ***tuimelen*** ⇒*zich ruggelings omdraaien* ⟨v. duif⟩ **0.6** ***duikelen*** ⇒*buitelen, (gewaagde) sprongen maken* ◆ **1.4** tumbling prices *dalende prij-*

zen **5.1** ~ **down** *neerploffen, omvallen;* ~ **in** *binnenvallen, instorten;* ⟨inf.⟩ *te kooi gaan;* ~ **over** *in het zand bijten, omtuimelen* **5.2** ~ **about** *rondtollen, woelen;* ~ **over** *rollen, woelen* **5.3** ~ **along** *voorthollen* **5.6** ~ **about** *buitelen, luchtsprongen maken, de acrobaat uithangen* **5.¶** ⟨scheep.⟩ ~ **home/in** *binnenwaarts buigen* ⟨v. wanden v. schip⟩; ⟨scheep.⟩ ~ **up** *(gevechts)positie(s) innemen* ⟨bij alarm op schip⟩ **6.1** ~ **down** the stairs *van de trap rollen;* ~ **into** the room *de kamer binnenvallen;* ~ **off** a horse *van een paard rollen;* ~ **on** s.o. *iem. tegen het lijf lopen;* ~ **out of** a window *door/uit een raam vallen;* ~ **over** a root *over een wortel struikelen;* ~ **to** pieces *instorten* ⟨v. huis⟩; *kapot vallen* **6.2** ~ **in** one's bed *in zijn bed liggen woelen* **6.3** ~ **into** one's clothes *in zijn kleren schieten;* ~ **into/out of** bed *in zijn bed ploffen/uit zijn bed springen;* ~ **up** the stairs *de trappen opstormen* **6.¶** ~ **to** *snappen, doorhebben;* ~ **upon** *(toevallig) vinden;*
II ⟨ov.ww.⟩ **0.1** ***doen vallen*** ⇒*doen tuimelen, omgooien; kelderen; neerschieten* **0.2** ***in de war brengen*** ⇒*kreuken, verfrommelen, ruw aanpakken* **0.3** ***drogen*** ⟨in droogtrommel⟩ **0.4** ***trommelpolijsten*** ◆ **5.1** ~ **down** *omvergooien/duwen, doen instorten;* ~ **in** *naar binnen gooien;* ~ **over** *in het zand doen bijten, omverlopen/duwen;* ~ **together/up** *(op een hoop) bijeengooien.*

'tum·ble·bug, 'tum·ble·dung ⟨telb.zn.⟩ ⟨dierk.⟩ **0.1** ***mestkever*** ⟨fam. Scarabaeidae⟩.

'tum·ble-down ⟨bn., attr.⟩ **0.1** ***bouwvallig*** ⇒*krottig.*

'tumble 'drier, 'tumbler 'drier ⟨telb.zn.⟩ **0.1** ***droogtrommel.***

'tum·ble-home ⟨n.-telb.zn.⟩ ⟨scheep.⟩ **0.1** ***binnenwaartse buiging*** ⟨v. wanden v. schip⟩.

'tumble mustard ⟨telb.zn.⟩ ⟨plantk.⟩ **0.1** ***Hongaarse raket*** ⟨Sisymbrium altissimum⟩.

tum·bler ['tʌmblə‖-ər] ⟨f2⟩ ⟨telb.zn.⟩ **0.1** ***duikelaar*** ⟨ook kinderspeelgoed⟩ **0.2** ***acrobaat*** **0.3** ***tumbler*** ⇒*tuimelglas, (groot) bekerglas* ⟨zonder voet⟩ **0.4** ***tuimelaar*** ⇒*tumbler* ⟨soort duif⟩ **0.5** ***tuimelschakelaar*** **0.6** ***tuimelaar*** ⟨v. slot of geweerslot; v. baggermolen enz.⟩ **0.7** ***polijsttrommel*** **0.8** ***droogtrommel.***

'tum·ble·weed ⟨n.-telb.zn.⟩ ⟨vnl. AE; plantk.⟩ **0.1** ***amarant*** ⟨genus Amaranthus⟩ ⇒⟨i.h.b.⟩ *witte amarant* ⟨A. albus⟩.

'tumbling barrel, 'tumbling box ⟨telb.zn.⟩ **0.1** ***polijsttrommel.***

'tumbling bay ⟨telb.zn.⟩ **0.1** ***waterkering*** ⇒*overlaat* **0.2** ***reservoir.***

tum·bly ['tʌmbli] ⟨bn.⟩ **0.1** ***bouwvallig.***

tum·brel, tum·bril ['tʌmbrɪl] ⟨telb.zn.⟩ **0.1** ***stortkar*** ⇒*tuimelkar, mestkar* **0.2** ⟨gesch.⟩ ***munitiewagen*** **0.3** ⟨gesch.⟩ ***gevangenkar*** **0.4** ⟨gesch.⟩ ***dompelstoel.***

tu·me·fa·cient ['tju:mɪ'feɪʃnt‖'tu:-] ⟨bn.⟩ **0.1** ***zwelling veroorzakend.***

tu·me·fac·tion ['tju:mɪ'fækʃn‖'tu:-] ⟨telb. en n.-telb.zn.⟩ **0.1** ***(op)zwelling*** ⇒*gezwel.*

tu·me·fy ['tju:mɪfaɪ‖'tu:-] ⟨ww.; →ww. 7⟩
I ⟨onov.ww.⟩ **0.1** ***opzwellen;***
II ⟨ov.ww.⟩ **0.1** ***doen opzwellen.***

tu·mes·cence [tju:'mesns‖tu:-] ⟨telb. en n.-telb.zn.⟩ **0.1** ***(op)zwelling*** ⇒*gezwel.*

tu·mes·cent [tju:'mesnt‖tu:-] ⟨bn.⟩ **0.1** ***(op)zwellend*** ⇒*gezwollen.*

tu·mid ['tju:mɪd‖'tu:-] ⟨bn.; -ly; -ness⟩ **0.1** ***gezwollen*** ⇒⟨fig.⟩ *bombastisch.*

tu·mid·i·ty [tju:'mɪdəti‖tu:'mɪdət̬i] ⟨n.-telb.zn.⟩ **0.1** ***gezwollenheid*** ⇒⟨fig.⟩ *bombast.*

tum·my ['tʌmi] ⟨f1⟩ ⟨telb.zn.; →mv. 2⟩ ⟨inf.; kind.⟩ **0.1** ***buik(je)*** ⇒*maag.*

'tummy button ⟨telb.zn.⟩ ⟨inf.; kind.⟩ **0.1** ***navel*** ⇒⟨B.⟩ *(buik)putje.*

tu·mor·ous ['tju:mərəs], **tu·mor·al** ['tju:mərəl] ⟨bn.⟩ **0.1** ***mbt./v.e. tumor*** ⇒*tumorachtig.*

tu·mour, ⟨AE sp.⟩ **tu·mor** ['tju:mə‖'tu:mər] ⟨f2⟩ ⟨telb.zn.⟩ **0.1** ***tumor*** ⇒*(kwaadaardig) gezwel.*

tu·mour·i·gen·ic, ⟨AE sp.⟩ **tu·mor·i·gen·ic** ['tju:mərɪ'dʒenɪk‖'tu:-], **tu·mour·gen·ic,** ⟨AE sp.⟩ **tu·mor·gen·ic** ['tju:mə-‖'tu:mər-] ⟨bn.⟩ **0.1** ***tumor/gezwelverwekkend.***

tump[1] [tʌmp] ⟨telb.zn.⟩ ⟨gew.⟩ **0.1** ***heuveltje*** ⇒*(mols)hoop* **0.2** ***bosje*** ⟨vnl. in moerasgebied⟩.

tump[2] ⟨ov.ww.⟩ ⟨gew.⟩ **0.1** ***aanaarden.***

tum-tum[1] ['tʌmtʌm] ⟨zn.⟩
I ⟨telb.zn.⟩ ⟨Ind. E⟩ **0.1** ***(honden)karretje;***
II ⟨n.-telb.zn.⟩ **0.1** ***getjingel*** **0.2** ***geroffel*** **0.3** ⟨kindertaal of scherts.⟩ ***buik(je).***

tum-tum[2] ⟨onov.ww.; →ww. 7⟩ **0.1** ***tjingelen*** **0.2** ***roffelen.***

tu·mu·lar ['tju:mjʊlə‖'tu:mjələr], **tu·mu·lar·y** [-jʊlri‖-jəleri] ⟨bn.⟩ **0.1** ***tumulus-*** ⇒*tumulusachtig/vormig.*

tu·mu·lose ['tju:mjʊloʊs‖'tu:mjəloʊs], **tu·mu·lous** [-jʊləs‖-jələs] ⟨bn.⟩ **0.1** ***vol heuveltjes*** ⇒*heuvelig.*

tu·mult ['tju:mʌlt‖'tu:-] ⟨f1⟩ ⟨telb. en n.-telb.zn.⟩ **0.1** ***tumult*** ⇒*opschudding, ongeregeldheid, volksoploop, beroering, oproer; rumoer, lawaai; ophef; verwarring* ◆ **6.1** **in a** ~ *totaal verward.*

tu·mul·tu·ar·y [tju:'mʌltʃʊəri‖tu:'mʌltʃʊeri] ⟨bn.⟩ **0.1** ***wanordelijk*** ⇒*ongedisciplineerd, lukraak, verward.*

tu·mul·tu·ous [tju:'mʌltʃʊəs‖tu:-] ⟨bn.; -ly; -ness⟩ **0.1** ***tumultueus*** ⇒*rumoerig, lawaaierig; oproerig, woelig; wanordelijk.*

tu·mu·lus ['tju:mjʊləs‖'tu:mjə-] ⟨telb.zn.; tumuli [-laɪ]; →mv. 5⟩ **0.1** ***tumulus*** ⇒*(graf)heuvel.*

tun[1] [tʌn] ⟨telb.zn.⟩ **0.1** ***vat*** ⇒*biervat, wijnvat, (gist)kuip, ton.*

tun[2] ⟨ov.ww.; →ww. 7⟩ **0.1** ***vaten*** ⇒*tonnen, in een vat doen* ⟨drank⟩ ◆ **5.1** ~ **up** *vaten.*

tu·na[1] ['tju:nə‖'tu:nə] ⟨f1⟩ ⟨telb. en n.-telb.zn.; ook tuna; →mv. 4⟩ ⟨dierk., cul.⟩ **0.1** ***tonijn*** ⟨genus Thunnus⟩.

tuna[2] ⟨telb.zn.⟩ ⟨plantk.⟩ **0.1** ***vijgecactus*** ⟨genus Opuntia⟩ **0.2** ***vrucht v.d. vijgecactus.***

tun·a·ble, tune·a·ble ['tju:nəbl‖'tu:-] ⟨bn.⟩ **0.1** ***te stemmen*** **0.2** ***melodieus*** ⇒*welluidend.*

'tuna fish ⟨n.-telb.zn.⟩ ⟨cul.⟩ **0.1** ***tonijn.***

tun·dish ['tʌndɪʃ] ⟨telb.zn.⟩ ⟨BE; gew.⟩ **0.1** ***houten trechter.***

tun·dra ['tʌndrə] ⟨telb. en n.-telb.zn.⟩ **0.1** ***toendra*** ⇒*mossteppe.*

tune[1] [tju:n‖tu:n] ⟨f3⟩ ⟨zn.⟩ ⟨→sprw. 290, 656⟩
I ⟨telb.zn.⟩ **0.1** ***wijsje*** ⇒*melodie, liedje, deuntje;* ⟨fig.⟩ *toon* ◆ **3.1** ⟨inf.⟩ give us a ~ *speel/zing eens wat (voor ons)* **3.¶** call the ~ *de toon aangeven, de lakens uitdelen;* change one's ~, sing another/a different ~, dance to another ~ *een andere toon aanslaan;* ⟨i.h.b.⟩ *een toontje lager gaan zingen;* make s.o. change his ~ *iem. een toontje lager doen zingen* **6.1** **to** the ~ **of** *op de wijs v.;* **to** the ~ **of** loud jeers *onder luid boe-geroep;*
II ⟨n.-telb.zn.⟩ **0.1** ***juiste toonhoogte*** ⇒*stemming* **0.2** ***overeenstemming*** ⇒*harmonie* **0.3** ***welluidendheid*** ⇒*melodieusheid* **0.4** ⟨vero.⟩ ***stemming*** ⇒*luim* ◆ **3.3** this music has little ~ in it *deze muziek is niet erg melodieus* **6.1** be **in** good ~ *goed gestemd zijn, zuiver zijn;* sing **in** ~ *zuiver zingen, wijs houden;* that violin is **out of** ~ *die viool is ontstemd;* sing **out of** ~ *vals zingen, geen wijs houden* **6.2** it is **in** ~ **with** the spirit of the time *het is in overeenstemming met de tijdgeest;* the building is **out of** ~ **with** its surroundings *het gebouw detoneert met de omgeving;* that was **out of** ~ **with** his usual manner *dat was niet in overeenstemming met zijn gewone wijze v. doen* **6.4** **in** ~ **for** *in de stemming voor* **6.¶** **out of** ~ *niet in goede conditie;* **to** the ~ **of** £1000 *voor het lieve sommetje/bedrag v. £1000;* **to** some ~ *in hoge mate.*

tune[2] ⟨f2⟩ ⟨ww.⟩ →tuning
I ⟨onov.ww.⟩ **0.1** ***harmoniëren*** ⟨ook fig.⟩ ⇒*overeenstemmen* **0.2** ***zingen*** ◆ **5.¶** →tune in; →tune out; →tune up **6.1** ~ **with** *harmoniëren met, overeenstemmen met;*
II ⟨ov.ww.⟩ **0.1** ***stemmen*** ⇒*intoneren* **0.2** ***afstemmen*** ⟨ook fig.⟩ ⇒*instellen, aanpassen, adapteren* **0.3** ***afstellen*** ⟨motor⟩ ⇒*goed instellen, in orde brengen* **0.4** ⟨vero.⟩ ***voortbrengen*** ⟨klanken⟩ ⇒*zingen, spelen, aanheffen* ◆ **4.2** ~ o.s. to *zich aanpassen aan* **5.1** →tune up **5.2** →tune in; →tune out **5.3** →tune up **6.2** ~d **to** *afgestemd op.*

tune·ful ['tju:nfl‖'tu:nfl] ⟨bn.; -ly; -ness⟩ **0.1** ***welluidend*** ⇒*melodieus.*

'tune 'in ⟨f1⟩ ⟨ww.⟩
I ⟨onov.ww.⟩ ⟨sl.⟩ **0.1** ***gaan meedoen;***
II ⟨onov. en ov.ww.⟩ **0.1** ***afstemmen*** ⇒*de radio/televisie aanzetten* ◆ **6.1** ~ **to** *afstemmen op;* ⟨fig.⟩ be tuned in **to** *voeling hebben met, ontvankelijk zijn voor.*

tune·less ['tju:nləs‖'tu:n-] ⟨bn.; -ly⟩ **0.1** ***onwelluidend*** ⇒*niet melodieus* **0.2** ***geen muziek makend*** ⇒*stom, stil.*

'tune 'out ⟨f1⟩ ⟨ww.⟩
I ⟨onov.ww.⟩ **0.1** ***een zender wegdraaien;***
II ⟨ov.ww.⟩ **0.1** ***wegdraaien*** ⟨zender⟩ **0.2** ⟨sl.⟩ ***zich afwenden v..***

tun·er ['tju:nə‖'tu:nər] ⟨f1⟩ ⟨telb.zn.⟩ **0.1** ⟨muz.⟩ ***stemmer*** **0.2** ***tuner*** ⇒*radio-/televisie-ontvanger, ontvangtoestel.*

'tune·smith ⟨telb.zn.⟩ **0.1** ***liedjesschrijver.***

'tune 'up ⟨f1⟩ ⟨ww.⟩
I ⟨onov.ww.⟩ **0.1** ***stemmen*** ⟨v. orkest⟩ **0.2** ***zich in gereedheid brengen*** ⇒*zich opwarmen, warmdraaien* **0.3** ⟨muz.⟩ ***inzetten*** ⇒*beginnen te spelen/zingen;*
II ⟨ov.ww.⟩ **0.1** ***stemmen*** **0.2** ***in gereedheid brengen*** ⇒*prepareren, afstellen, opvoeren* ⟨motor⟩.

'tune-up ⟨f1⟩ ⟨telb.zn.⟩ **0.1** ***beurt*** ⟨v. auto⟩ ⇒*het afstellen* **0.2** ***opwarming*** ⇒*het warmdraaien, warming-up.*

tung [tʌŋ], **'tung tree** ⟨telb.zn.⟩ ⟨plantk.⟩ **0.1** ***tungboom*** ⟨Aleuritis fordii⟩.

'tung·oil ⟨n.-telb.zn.⟩ **0.1** ***tungolie*** ⇒*Chinese houtolie.*

tung·sten ['tʌŋstən] ⟨n.-telb.zn.⟩ ⟨schei.⟩ **0.1** ***wolfra(a)m*** ⟨element 74⟩.

tu·nic ['tju:nɪk‖'tu:-] ⟨f1⟩ ⟨telb.zn.⟩ **0.1** ***tunica*** ⟨ook v. bisschop enz.⟩ ⇒*onderkleed* **0.2** ⟨biol.⟩ ***tunica*** ⇒*omhullend vlies, bekleedsel, rok* **0.3** ***tuniek*** ⇒*lange blouse, gympakje, (korte) uniformjas* **0.4** ⟨dierk.⟩ ***schede.***

tu·ni·ca ['tju:nɪkə‖'tu:-] ⟨telb.zn.; tunicae [-ki:]; →mv. 5⟩ ⟨biol.⟩ **0.1** ***tunica*** ⇒*omhullend vlies, bekleedsel, rok.*

tu·ni·cate[1] ['tju:nɪ̣kət‖'tu:-]⟨telb.zn.⟩⟨dierk.⟩ **0.1** ***manteldiertje*** ⟨klasse Tunicata⟩.
tunicate[2] ⟨bn.⟩ **0.1** ⟨dierk.⟩ ***mbt./v.d. manteldieren*** ⇒*tot de manteldieren horend* **0.2** ⟨biol.⟩ ***met een tunica*** ⇒*met een omhullend vlies/bekleedsel/rok, gerokt*.
tu·ni·cle ['tju:nɪkl‖'tu:-]⟨telb.zn.⟩ **0.1** ***tunica*** ⟨gewaad v. bisschoppen en subdiakens⟩.
tun·ing ['tju:nɪŋ‖'tu:-]⟨f1⟩⟨zn.; gerund v. tune⟩
I ⟨telb. en n.-telb.zn.⟩ **0.1** ***aanpassing*** **0.2** ***afstemming*** ⟨v. radio enz.⟩;
II ⟨n.-telb.zn.⟩⟨muz.⟩ **0.1** ***het stemmen*** **0.2** ***het gestemd zijn***.
'tuning coil ⟨telb.zn.⟩⟨radio⟩ **0.1** ***afstemspoel***.
'tuning condensator ⟨telb.zn.⟩⟨radio⟩ **0.1** ***afstemcondensator***.
'tuning cone, 'tuning horn ⟨telb.zn.⟩⟨muz.⟩ **0.1** ***stemhoorn***.
'tuning fork ⟨f1⟩⟨telb.zn.⟩⟨muz.⟩ **0.1** ***stemvork***.
'tuning hammer ⟨telb.zn.⟩⟨muz.⟩ **0.1** ***stemhamer***.
'tuning peg, 'tuning pin ⟨telb.zn.⟩⟨muz.⟩ **0.1** ***schroef*** ⟨v. piano enz.⟩.
Tu·ni·sian[1] [tjʊ'nɪzɪən‖tʊ'ni:ʒn]⟨f1⟩⟨telb.zn.⟩ **0.1** ***Tunesiër***.
Tunisian[2] ⟨f1⟩⟨bn.⟩ **0.1** ***Tunesisch*** ⇒*uit Tunesië* **0.2** ***Tunisch*** ⇒*uit Tunis*.
tun·nel[1] ['tʌnl]⟨f2⟩⟨telb.zn.⟩ **0.1** ***tunnel*** **0.2** ***onderaardse gang*** ⟨v. mol⟩ **0.3** ⟨tech.⟩ ***tunnel*** ⇒*schroefaskoker* **0.4** ⟨AE; gew.⟩ ***trechter*** ◆ **1.1** ⟨fig.⟩ the end of the ~ *het einde v.d. ellende, licht in de duisternis*.
tunnel[2] ⟨f1⟩⟨ww.; →ww. 7⟩
I ⟨onov.ww.⟩ **0.1** ***een tunnel graven*** **0.2** ⟨elek., nat.⟩ ***door een potentiaal-drempel/barrière heengaan*** ⟨tunneleffect⟩ **0.3** ⟨sl.⟩ ***zich verschuilen*** ◆ **6.1** ~ **into** *een tunnel maken in, zich een weg boren in;* ~ **through** the mountain *de berg doorgraven;*
II ⟨ov.ww.⟩ **0.1** ***een tunnel graven in/door/onder*** **0.2** ***graven*** ⇒*boren, banen* ◆ **1.1** ~ the Channel *een tunnel graven onder het Kanaal* **6.1** ~ one's passage **through** the snow *zich een doorgang graven door de sneeuw*.
tun·nel·ler, ⟨AE sp.⟩ **tun·nel·er** ['tʌnl·ə‖-ər]⟨telb.zn.⟩ **0.1** ***tunnelgraver***.
'tunnel net ⟨telb.zn.⟩ **0.1** ***fuik***.
'tunnel vision ⟨telb. en n.-telb.zn.⟩ **0.1** ***tunnelvisie*** ⇒*het slechts oog hebben voor één zaak, kortzichtigheid, bekrompen kijk, beperkte blik* **0.2** ⟨med.⟩ ***tunnelvisus/zicht***.
tun·ny ['tʌni], **'tun·ny·fish** ⟨telb. en n.-telb.zn.; ook tunny; →mv. 2, 4⟩⟨dierk.⟩ **0.1** ***tonijn*** ⟨genus Thunnus⟩.
tun·y ['tju:ni‖'tu:ni]⟨bn.⟩⟨inf.⟩ **0.1** ***melodieus*** ⇒*vlot, lekker in het gehoor liggend* ◆ **1.1** ~ song *meezinger*.
tup[1] [tʌp]⟨telb.zn.⟩ **0.1** ***ram*** ⟨mannelijk schaap⟩ **0.2** ⟨tech.⟩ ***heiblok*** ⇒*valblok*.
tup[2] ⟨onov. en ov.ww.; →ww. 7⟩ **0.1** ***dekken*** ⇒*bespringen* ⟨v. ram⟩.
tu·pe·lo ['tju:pɪ̣loʊ‖'tu:-]⟨zn.⟩
I ⟨telb.zn.⟩⟨plantk.⟩ **0.1** ***tupelo*** ⟨genus Nyssa, i.h.b. N. aquatica⟩;
II ⟨n.-telb.zn.⟩ **0.1** ***tupelohout***.
Tu·pi ['tu:pi]⟨zn.; ook Tupi; →mv. 4; ook attr.⟩
I ⟨eig.n.⟩ **0.1** ***Tupi*** ⇒*de Tupi taal;*
II ⟨telb.zn.⟩ **0.1** ***Tupi*** ⇒*Tupi-indiaan*.
tuppence →twopence.
tuppenny →twopenny.
tuque [tju:k‖tu:k]⟨telb.zn.⟩⟨Can. E⟩ **0.1** ***wollen puntmuts***.
tu quo·que ['tju: 'kwoʊkwi‖'tu:-]⟨tussenw.⟩⟨schr.⟩ **0.1** ***jij ook (trouwens)*** ⇒*net zoals jij* ⟨om aanklager v. hetzelfde te beschuldigen⟩.
turaco(u), turako →touraco.
Tu·ra·ni·an[1] [tjʊ'reɪnɪən‖tʊ-]⟨zn.⟩
I ⟨eig.n.⟩⟨taalk.⟩ **0.1** ***Oeral-Altaïsch*** ⇒*de Oeral-Altaïsche taalgroep, Toeranisch;*
II ⟨telb.zn.⟩ **0.1** ***lid v.e. Toeranisch sprekend volk***.
Turanian[2] ⟨bn.⟩⟨taalk.⟩ **0.1** ***Oeral-Altaïsch*** ⇒*Toeranisch*.
tur·ban ['tɜ:bən‖'tɜr-]⟨f1⟩⟨telb.zn.⟩ **0.1** ***tulband*** **0.2** ***turban*** ⇒*tulband(hoed)je*.
tur·baned ['tɜ:bənd‖'tɜr-]⟨bn.⟩ **0.1** ***met een tulband***.
tur·bar·y ['tɜ:bri‖'tɜrbəri]⟨zn.; →mv. 2⟩
I ⟨telb.zn.⟩ **0.1** ***stuk veenland*** ⇒*stuk turfgrond, turfgraverij;*
II ⟨n.-telb.zn.⟩ **0.1** ***veenland*** ⇒*turfgrond* **0.2** ⟨BE; jur.⟩ ***recht v. turfsteken/trekken*** ⟨op andermans/publieke grond⟩.
tur·bel·lar·i·an[1] ['tɜ:bɪ̣'leərɪən‖'tɜrbɪ̣'lerɪən]⟨telb.zn.⟩⟨dierk.⟩ **0.1** ***trilhaarworm*** ⟨klasse der Turbellaria⟩.
turbellarian[2] ⟨bn.⟩⟨dierk.⟩ **0.1** ***v.d. trilhaarwormen***.
tur·bid ['tɜ:bɪ̣d‖'tɜr-]⟨bn.; -ly; -ness⟩ **0.1** ***troebel*** ⇒*drabbig, modderig* **0.2** ***verward*** ⇒*warrig* **0.3** ***dicht*** ⇒*zwaar, dik* ◆ **1.2** ~ emotions *verwarde emoties* **1.3** ~ fog *zware mist, dichte mist*.
tur·bid·i·ty [tɜ:'bɪdəti‖tɜr'bɪdət̬i]⟨n.-telb.zn.⟩ **0.1** ***troebelheid*** ⇒*drabbigheid* **0.2** ***verwarring*** ⇒*warrigheid* **0.3** ***dichtheid*** ⇒*dikheid*.
tur·bi·nal[1] ['tɜ:bɪ̣nl‖'tɜrbɪ̣nl]⟨telb.zn.⟩⟨med.⟩ **0.1** ***neusschelp***.
turbinal[2] ⟨bn.⟩ **0.1** ***tolvormig***.
tur·bi·nate ['tɜ:bɪ̣neɪt‖-'tɜrbɪ̣nət], **tur·bi·nat·ed** [-neɪt̬ɪ̣d]⟨bn.⟩ **0.1** ***tolvormig*** **0.2** ***tollend*** **0.3** ***spiraalvormig*** ⟨v. schelp⟩ **0.4** ⟨med.⟩ ***mbt. de neusschelp*** ◆ **1.4** ~ bone *neusschelp*.
tur·bi·na·tion ['tɜ:bɪ̣'neɪʃn‖'tɜr-]⟨telb. en n.-telb.zn.⟩ **0.1** ***tolvorm*** ⇒*omgekeerde kegel* **0.2** ***spiraalvorm*** ⟨v. schelp⟩.
tur·bine ['tɜ:baɪn‖'tɜrbɪ̣n]⟨f1⟩⟨telb.zn.⟩ **0.1** ***turbine*** ⇒*schoepenrad*.
'turbine boat ⟨telb.zn.⟩ **0.1** ***turbineschip***.
tur·bit ['tɜ:bɪ̣t‖tɜr-]⟨telb.zn.⟩ **0.1** ***meeuwduif*** ⇒*meeuwtje, turbit* ⟨Eng. sierduivenras⟩.
tur·bo- ['tɜ:boʊ‖'tɜrboʊ]⟨tech.⟩ **0.1** ***turbo-*** ◆ **¶.1** turbogenerator *turbogenerator*.
tur·bo·e·lec·tric [-ɪ'lektrɪk]⟨bn.⟩ **0.1** ***turbo-elektrisch***.
tur·bo·fan [-fæn]⟨telb.zn.⟩⟨lucht.⟩ **0.1** ***turbofan*** ⇒*omloopmotor*.
tur·bo·jet [-dʒet], ⟨in bet. 0.1 ook⟩ **'turbojet engine** ⟨telb.zn.⟩⟨lucht.⟩ **0.1** ***turbojet*** ⇒*turbinestraalmotor* **0.2** ***turbojet-vliegtuig*** ⇒*turbojet-machine*.
tur·bo·prop [-prɒp‖-prɑp], ⟨in bet. 0.1 ook⟩ **'turboprop engine** ⟨telb.zn.⟩⟨lucht.⟩ **0.1** ***turboprop*** ⇒*schroefturbine* **0.2** ***turbopropmachine*** ⇒*turboprop-vliegtuig*.
tur·bo·pump [-pʌmp]⟨telb.zn.⟩ **0.1** ***turbinepomp***.
tur·bo·(su·per)·charg·er [-ˌsu:pətʃɑ:dʒə‖-ˌsu:pərtʃɑrdʒər]⟨telb.zn.⟩⟨tech.⟩ **0.1** ***turbocompressor***.
tur·bot ['tɜ:bət‖'tɜrbət]⟨f1⟩⟨telb. en n.-telb.zn.⟩ **0.1** ⟨dierk.⟩ ***tarbot*** ⟨Scophthalmus maximus⟩ **0.2** ***platvis***.
tur·bo·train ['tɜ:boʊtreɪn‖'tɜrboʊ-]⟨telb.zn.⟩ **0.1** ***turbotrein***.
tur·bu·lence ['tɜ:bjʊləns‖'tɜrbjə-], **tur·bu·len·cy** [-si]⟨f1⟩⟨n.-telb.zn.⟩ **0.1** ***wildheid*** ⇒*woestheid, onstuimigheid* **0.2** ***beroering*** ⇒*onrust, woeligheid* **0.3** ***oproer(igheid)*** **0.4** ⟨meteo., nat.⟩ ***turbulentie***.
tur·bu·lent ['tɜ:bjʊlənt‖'tɜrbjə-]⟨f1⟩⟨bn.; -ly⟩ **0.1** ***wild*** ⇒*woest, heftig, onstuimig* **0.2** ***woelig*** ⇒*roerig, onrustig* **0.3** ***oproerig*** **0.4** ⟨meteo., nat.⟩ ***turbulent*** ◆ **1.1** ~ streams *woeste stromen* **1.2** ~ times *woelige tijden, roerige tijden* **1.3** ~ crowd *oproerige menigte* **1.4** ⟨nat.⟩ ~ flow *turbulente stroming*.
Tur·co, Tur·ko ['tɜ:koʊ‖'tɜr-]⟨telb.zn.⟩⟨mil.⟩ **0.1** ***turco***.
Tur·co-, Tur·ko- ['tɜ:koʊ‖'tɜr-] **0.1** ***Turks-*** ⇒*Turk(en)-* ◆ **¶.1** Turcophile *Turkenvriend; Turksgezind, pro-Turks;* Turcophobe *Turkenhater; anti-Turks*.
Turcoman →Turkoman.
turd [tɜ:d‖tɜrd]⟨telb.zn.⟩⟨vulg.⟩ **0.1** ***drol*** ⇒*keutel* **0.2** ***verachtelijk persoon*** ⇒*misbaksel, lul, sul*.
tu·reen [tjʊ'ri:n‖tʊ'ri:n]⟨telb.zn.⟩⟨cul.⟩ **0.1** ***terrine***.
turf[1] [tɜ:f‖tɜrf]⟨f2⟩⟨zn.; ook turves [tɜ:vz‖tɜrvz]; →mv. 3⟩
I ⟨telb.zn.⟩ **0.1** ***graszode*** ⇒*plag* **0.2** ⟨vnl. Iers E⟩ ***turf*** **0.3** ⟨sl.⟩ ***stek(kie)*** ⇒*wijk, buurt, gebied, grond* ⟨v. jeugdbende⟩ ◆ **6.¶** ⟨sl.⟩ on the ~ *aan de tippel; op zwart zaad;*
II ⟨n.-telb.zn.⟩ **0.1** ***gras(veld)*** ⇒*grasmat, zode* **0.2** ⟨the⟩ ***renbaan*** ⇒*racebaan, turf* **0.3** ⟨the⟩ ***het paardenrennen*** ⇒*rensport* ◆ **3.¶** be on the ~ *in de rensport zitten; renpaarden houden; gokken*.
turf[2] ⟨f1⟩⟨ov.ww.⟩ **0.1** ***bezoden*** ⇒*met zoden bekleden* **0.2** ***begraven*** ⇒*onder de zoden leggen* **0.3** ***plaggen/zoden steken in/op*** ⟨stuk land⟩ ⇒⟨vnl. Iers E⟩ *turf steken in/op* ◆ **5.3** this moor has been ~ed **out** *alle turf is uit dit veen gehaald* **5.¶** ⟨vnl. BE; inf.⟩ ~ s.o. **out** *iem. eruit gooien/knikkeren* **6.¶** ⟨vnl. BE; inf.⟩ ~ s.o. **out of** a discotheque *iem. uit een disco smijten*.
'turf accountant, 'turf com'mission agent ⟨telb.zn.⟩⟨vnl. BE⟩ **0.1** ***bookmaker***.
'turf drain ⟨telb.zn.⟩ **0.1** ***met zoden overdekte afvoer/riool***.
turf·ite ['tɜ:faɪt‖'tɜr-]⟨telb.zn.⟩ **0.1** ***rensportliefhebber***.
turf·man ['tɜ:fmən‖'tɜrf-]⟨telb.zn.; turfmen [-mən]; →mv. 3⟩ **0.1** ***rensportliefhebber***.
'turf toe ⟨telb.zn.⟩⟨AE; Am. voetbal⟩ **0.1** ***(grote-)teenfractuur*** ⇒*stressfractuur* ⟨v. grote teen⟩.
turf·y ['tɜ:fi‖'tɜrfi]⟨bn.; -er; -ness; →compar. 7⟩ **0.1** ***gras-*** ⇒*begraasd, v. gras* **0.2** ***paardenren-*** ⇒*rensport-* **0.3** ⟨vnl. Iers E⟩ ***veen-*** ⇒*turf-, veenachtig, turfachtig* ◆ **1.2** ~ talk *paardenrenpraat, geklets over paardenrensport*.
tur·ges·cence [tɜ:'dʒesns‖tɜr-], **tur·ges·cen·cy** [-si]⟨n.-telb.zn.⟩ **0.1** ⟨vnl. med.⟩ ***(op)zwelling*** **0.2** ⟨vnl. med.⟩ ***opgezwollenheid*** ⇒*opgeblazenheid* **0.3** ***bombast*** ⇒*hoogdravendheid* **0.4** ***zelfingenomenheid*** ⇒*eigendunk* **0.5** ⟨plantk.⟩ ***turgescentie***.
tur·ges·cent [tɜ:'dʒesnt‖tɜr-]⟨bn.⟩⟨vnl. med.⟩ **0.1** ***(op)zwellend*** **0.2** ***(op)gezwollen*** ⇒*opgeblazen*.
tur·gid ['tɜ:dʒɪ̣d‖'tɜr-]⟨bn.; -ly; -ness⟩ **0.1** ⟨vnl. med.⟩ ***(op)gezwollen*** ⇒*opgeblazen* **0.2** ***bombastisch*** ⇒*gezwollen, hoogdravend*.
tur·gid·i·ty [tɜ:'dʒɪdəti‖tɜr'dʒɪdət̬i]⟨n.-telb.zn.⟩ **0.1** ⟨vnl. med.⟩

opgezwollenheid ⇒*opgeblazenheid* **0.2** ***bombast*** ⇒*hoogdravendheid, gezwollenheid.*

tur·gor ['tɜ:gə||'tɜrgər], ⟨in bet. 0.4 ook⟩ **'turgor pressure** ⟨n.-telb.zn.⟩ **0.1** ⟨vnl. med.⟩ ***(op)gezwollenheid*** ⇒*opgeblazenheid* **0.2** ⟨biol.⟩ ***turgescentie*** **0.3** ⟨med.⟩ ***turgor*** ⇒*spanning, zwelling* **0.4** ⟨plantk.⟩ ***turgor.***

Tu·ring machine ['tjʊərɪŋ mə,ʃi:n||'tʊrɪŋ-]⟨telb.zn.⟩⟨wisk.⟩ **0.1** ***turingmachine*** ⟨abstracte automaat⟩.

turistas →touristas.

Turk [tɜ:k||tɜrk]⟨f2⟩⟨zn.⟩

I ⟨eig.n.⟩⟨taalk.⟩ **0.1** ***Turks*** ⇒*de Turkse taal/talen;*

II ⟨telb.zn.⟩ **0.1** ***Turk(se)*** **0.2** ***mohammedaan*** ⇒*moslim* **0.3** ***Osmaan*** ⇒*Ottomaan* **0.4** ***Turks paard*** **0.5** ***wildeman*** ⇒*woesteling, bruut, barbaar* **0.6** ***Turkstalige*** ◆ **2.5** ⟨scherts.⟩ our child is still a little ~ *ons kind is nog steeds een kleine wildebras.*

tur·key ['tɜ:ki||'tɜrki]⟨f2⟩⟨zn.⟩

I ⟨telb.zn.⟩⟨AE; sl.⟩ **0.1** ***flop*** ⇒*fiasco, mislukking* **0.2** ***(stomme) idioot*** ⇒*lul, mislukkeling* **0.3** ⟨bowling⟩ ***drie strikes achter elkaar;***

II ⟨telb. en n.-telb.zn.⟩ **0.1** ⟨dierk.⟩ ***kalkoen*** ⟨Meleagris gallopavo⟩ **0.2** ⟨dierk.⟩ ***pauwkalkoen*** ⟨Agriocharis ocellata⟩ **0.3** ⟨sl.; scherts.⟩ ***goedkoop vlees*** ⇒⟨bij uitbr.⟩ *waardeloos iets* ◆ **3.¶** ⟨inf.⟩ talk ~ *geen blad voor de mond nemen, duidelijke taal spreken* ⟨in zakengesprek⟩.

Turkey ['tɜ:ki||'tɜr-]⟨eig.n.⟩ **0.1** ***Turkije.***

'turkey buzzard, 'turkey vulture ⟨telb.zn.⟩⟨dierk.⟩ **0.1** ***kalkoengier*** ⟨Cathartes aura⟩.

'Turkey 'carpet ⟨telb.zn.⟩ **0.1** ***Turks tapijt*** ⇒*smyrnatapijt.*

'turkey cock ⟨telb.zn.⟩ **0.1** ***kalkoense haan*** **0.2** ***banjer*** ⇒*grote (mijn) heer, protser.*

'Turkey 'leather ⟨n.-telb.zn.⟩⟨BE⟩ **0.1** ***Turks leer*** ⇒*marokijn.*

'turkey poult ⟨telb.zn.⟩ **0.1** ***jonge kalkoen*** ⇒*kalkoenkuiken.*

'Turkey 'red ⟨n.-telb.zn.⟩ **0.1** ⟨ook attr.⟩ ***Turks rood*** **0.2** ***Turks rood textiel.***

'Turkey stone ⟨zn.⟩

I ⟨telb.zn.⟩ **0.1** ***Turkse oliesteen*** ⟨slijpsteen⟩;

II ⟨telb. en n.-telb.zn.⟩ **0.1** ***turkoois.***

Tur·ki[1] ['tɜ:ki||'tɜr-]⟨zn.⟩

I ⟨eig.n.⟩⟨taalk.⟩ **0.1** ***Turks*** ⟨onderdeel v.d. Altaïsche talen⟩ ⇒*de Turkse talen,* ⟨i.h.b.⟩ *Oostturks;*

II ⟨telb.zn.⟩ **0.1** ***Turk.***

Turki[2] ⟨bn.⟩ **0.1** ***mbt. de Turkse talen*** ⇒*Turks,* ⟨i.h.b.⟩ *Oostturks* **0.2** ***Turks*** ⇒*v.d. Turken,* ⟨i.h.b.⟩ *v.d. Oostturken, Oostturks.*

Tur·kic[1] ['tɜ:kɪk||'tɜr-]⟨eig.n.⟩⟨taalk.⟩ **0.1** ***Turks*** ⇒*de Turkse talen.*

Turkic[2] ⟨bn.⟩ **0.1** ***Turks*** ⇒*v.d. Turken* **0.2** ***mbt. de Turkse talen*** ⇒*Turks.*

Tur·kish[1] ['tɜ:kɪʃ||'tɜr-]⟨eig.n.⟩ **0.1** ***Turks*** ⇒*de Turkse taal* ⟨v. Turkije⟩.

Turkish[2] ⟨f2⟩⟨bn.⟩ **0.1** ***Turks*** ⇒*v.d. Turken, uit Turkije* ◆ **1.1** ~ carpet *Turks tapijt;* ~ coffee *Turkse koffie;* ~ tobacco *Turkse tabak* **1.¶** ~ bath *Turks bad;* ~ delight *Turks fruit;* ~ towel *ruwe badhanddoek.*

Turko →Turco.

Tur·ko·man, Tur·co·man ['tɜ:kəmən||tɜr-], ⟨in bet. I ook⟩ **Turk·men** ['tɜ:kmən||'tɜrk-], ⟨in bet. II ook⟩ **Turk·man** ⟨zn.; ook attr.; mv. v. laatste variant Turkmen [-mən]; →mv. 3⟩

I ⟨eig.n.⟩ **0.1** ***Turkmeens*** ⇒*de Turkmeense taal;*

II ⟨telb.zn.⟩ **0.1** ***Turkmeen*** ⇒*Turkoman.*

'Turkoman 'carpet ⟨telb.zn.⟩ **0.1** ***Turkmeens tapijt*** ⟨handgeknoopt⟩.

Turk's-cap ['tɜ:kskæp||'tɜrkskæp], ⟨in bet. 0.1 en 0.2 ook⟩ **'Turk's-cap 'lily** ⟨telb.zn.⟩⟨plantk.⟩ **0.1** ***Turkse lelie*** ⟨Lilium martagon⟩ **0.2** ***Lilium superbum*** ⟨Noordamerikaanse lelie⟩ **0.3** ***meloencactus*** ⟨genus Melocactus⟩.

Turk's-head ['tɜ:kshed||'tɜrks-]⟨telb.zn.⟩ **0.1** ***ragebol*** **0.2** ⟨scheep.⟩ ***Turkse knoop.***

tur·mer·ic ['tɜ:mərɪk||'tɜr-]⟨n.-telb.zn.⟩ **0.1** ***kurkuma*** ⇒*geelwortel, koenjit* ⟨specerij⟩ **0.2** ***curcumien*** ⟨kleurstof⟩ **0.3** ⟨plantk.⟩ ***kurkuma*** ⟨Curcuma longa⟩.

'turmeric paper ⟨n.-telb.zn.⟩⟨schei.⟩ **0.1** ***kurkumapapier.***

tur·moil[1] ['tɜ:mɔɪl||'tɜr-]⟨f2⟩⟨telb. en n.-telb.zn.; geen mv.⟩ **0.1** ***beroering*** ⇒*opschudding, verwarring, tumult* ◆ **6.1** the whole country was **in** (a) ~ *het gehele land was in een staat v. beroering.*

turmoil[2] ⟨ov.ww.; vnl. volt. deelw.⟩⟨vero.⟩ **0.1** ***verontrusten*** ⇒*kwellen, plagen.*

turn[1] [tɜ:n||tɜrn]⟨f4⟩⟨zn.⟩ (→sprw. 240)

I ⟨telb.zn.⟩ **0.1** ***draai*** ⇒*draaiing, slag, omwenteling;* ⟨fig.⟩ *ommekeer, ommezwaai, keerpunt, kentering* ⟨v. getij⟩, *wisseling* **0.2** ***bocht*** ⇒*draai, kromming, wending, zwenking;* ⟨bij uitbr.⟩ *afslag* **0.3** ***wending*** ⇒*keer, draai, (verandering v.) richting* **0.4** ***beurt*** ⇒*tijd* **0.5** ***dienst*** ⇒*daad* **0.6** ⟨ben. voor⟩ ***wijze waarop iem./iets gevormd is*** ⇒*aard, soort, slag; neiging, aanleg; vorm, gestalte; zinswending, formulering* **0.7** ⟨ben. voor⟩ ***korte bezigheid*** ⇒*wandelingetje, ommetje; tourtje, ritje, tochtje, rondje; fietstochtje; nummer(tje)* ⟨in circus, show⟩; ⟨bij uitbr.⟩ *artiest* ⟨in show⟩ **0.8** ***(korte) tijd*** ⟨v. deelname, werk⟩ ⇒*poos,* ⟨i.h.b.⟩ *werktijd, dienst* **0.9** ***slag*** ⇒*winding* ⟨in touw, veer⟩ **0.10** ***verdraaiing*** ⇒*vervorming, draai* **0.11** ⟨inf.⟩ ***schok*** ⇒*draai, schrik* **0.12** ⟨inf.⟩ ***aanval*** ⇒*vlaag* ⟨v. woede, ziekte⟩ **0.13** ⟨druk.⟩ ***omgekeerde letter*** ⟨als blokkade⟩ **0.14** ⟨ec.⟩ ***effectentransactie*** ⟨met koop èn verkoop⟩ ⇒⟨bij uitbr.⟩ *transactie* **0.15** ⟨ec.⟩ ***verschil tussen koop- en verkoopprijzen*** **0.16** ⟨muz.⟩ ***dubbelslag*** ◆ **1.1** ~ of events *(onverwachte) wending/loop der gebeurtenissen;* ⟨fig.⟩ add a ~ of the screw *de duimschroeven aandraaien, pressie uitoefenen;* a few ~s of the screwdriver *een paar slagen met de schroevedraaier;* ~ of the tide *getijwisseling, kentering* ⟨ook fig.⟩; ~ of Fortune's wheel *lotswisseling* **1.2** take the ~ on the right *neem de afslag rechts;* take a ~ to the right *rechts afslaan; naar rechts zwenken* **1.3** take a ~ for the worse *een ongunstige wending nemen, verslechteren* **1.6** ~ of a knee *vorm v.e. knie;* have a ~ for mathematics *een wiskundeknobbel hebben;* ~ of phrase *formulering;* ~ of a sentence *zinswending;* have a ~ of speed *zeer snel kunnen gaan* **1.7** a ~ on a bike *een fietstochtje* **1.15** ~ of the market *makelaarswinstmarge* **2.2** the next right ~ *de volgende afslag rechts* **2.3** a favourable ~ *een goede keer, een wending ten goede;* the discussion took an interesting ~ *de discussie nam een interessante wending* **2.5** do s.o. a bad/ill ~ *iem. een slechte dienst bewijzen;* a good ~ *een goede dienst/daad* **2.6** be of a humorous ~ *gevoel voor humor hebben;* be of a musical ~ (of mind) *muzikaal (aangelegd) zijn* **3.3** ⟨fig.⟩ he gave the story a ~ quite different from the one by the other students *hij gaf het verhaal een uitleg/betekenis die volkomen verschilde v. die v.d. andere studenten* **3.4** my ~ will come *mijn tijd komt nog wel;* is it my ~ to cook tonight? *ben ik vanavond aan de beurt om te koken?;* take ~s (about) *elkaar aflossen;* take ~s at sth. *iets om beurten doen, elkaar aflossen met iets;* we took ~s at carrying the suitcases *om beurten droegen we de koffers;* wait one's ~ *zijn beurt afwachten* **3.7** take a ~ *een ommetje maken, een blokje om gaan* **3.8** take a ~ at sth. *iets een tijdje doen;* take a ~ at the wheel *het stuur een tijdje overnemen* **3.11** she gave him quite a ~ when she fell *zij joeg hem flink de stuipen op het lijf toen zij viel* **3.¶** serve one's ~ *voldoen, aan zijn doel beantwoorden, dienst doen, in de behoefte voorzien* **5.4** ~ and ~ **about** *bij beurten, afwisselend, om en om, om de beurt* **6.1** **on** the ~ *aan het veranderen, op het keerpunt;* be **on** the ~ *op het keerpunt zijn; omslaan; keren, kenteren;* the tide is **on** the ~ *het tij keert* **6.4** **by** ~s *bij beurten, afwisselend, om en om, om de beurt;* **in** ~ *om de beurt, achtereenvolgens, beurtelings; op zijn beurt;* take it **in** ~(s) to do sth. *iets om beurten doen;* **in** one's ~ *op zijn beurt;* **out of** ~ *vóór zijn beurt; niet op zijn beurt; op een ongeschikt moment;* talk **out of** ~ *zijn mond voorbij praten, zich verpraten; vóór zijn beurt spreken* **6.¶** **at** every ~ *bij elke stap/gelegenheid, overal, altijd, telkens weer;* **on** the ~ *tegen het zure aan* ⟨v. melk⟩; *tegen het ranzige aan* ⟨v. boter⟩; cooked/done **to** a ~ *perfect klaargemaakt/bereid, precies gaar (gekookt)* **7.4** your ~ *jij bent, jouw beurt;*

II ⟨n.-telb.zn.⟩ **0.1** ***wisseling*** **0.2** ***effect*** ⇒*draaiing* ◆ **1.1** ~ of the century *eeuwwisseling;* ~ of the year *jaarwisseling* **1.2** there's a lot of ~ in this bat *dit bat geeft veel effect, er zit veel effect in dit bat.*

turn[2] ⟨f4⟩⟨ww.⟩ →turning (→sprw. 147, 615, 693)

I ⟨onov.ww.⟩ **0.1** ***woelen*** ⇒*draaien* **0.2** ***zich richten*** ⇒*zich wenden* **0.3** ⟨ben. voor⟩ ***v. richting veranderen*** ⇒*afslaan, draaien, een bocht/draai maken; (zich) omkeren, (zich) omdraaien; omkijken; een keer nemen, keren, kenteren* ⟨v. getij⟩; *tweede helft beginnen* ⟨op golfbaan⟩ **0.4** ***draaien*** ⟨v. hoofd, maag⟩ ⇒*tollen, duizelen, v. streek zijn* **0.5** ***gisten*** ⇒*bederven* **0.6** ***verkopen*** ⇒*lopen* ⟨v. koopwaar⟩ **0.7** ***stomp worden*** ⟨v. mes⟩ ◆ **1.1** toss and ~ all night *de hele nacht (liggen te) woelen en draaien* **1.2** the conversation ~ed to sex *het gesprek kwam op seks;* the girl ~ed to her aunt for help *het meisje wendde zich tot haar tante om hulp;* his thoughts ~ed to the essay he still had to write *zijn gedachten richtten zich op het opstel dat hij nog moest schrijven* **1.3** the aeroplane ~ed sharply *het vliegtuig maakte een scherpe bocht;* Bob ~ed and threw a last glance at the city *Bob keek achterom en wierp een laatste blik op de stad;* the car ~ed left, right, and then ~ed into Bond street *de auto sloeg linksaf, rechtsaf, en draaide toen Bond street in;* the tide ~s *het tij keert* ⟨ook fig.⟩ **1.4** my head is ~ing *het duizelt mij* **1.6** these shirts ~ well *deze overhemden verkopen goed/lopen goed* **3.3** ~ and rend s.o. *iem. plotseling beginnen uit te foeteren, iem. plotseling voor alles en nog wat uitmaken* **5.2** ~ **aside** *zich afwenden, opzij gaan;* ~ **away** *zich afwenden, zich afkeren; vertrekken, weggaan;* they ~ed **away** from the mess *zij wendden het hoofd af van de puinhoop; zij gin-*

gen weg van de rotzooi **5.3** ~ **about** *zich omkeren;* **about** ~! *rechtsom(keert)!* ⟨bevel aan troepen⟩; ~ **again** *terugkeren, terugkomen, teruggaan, zich omkeren;* ~ **(a)round** *zich omdraaien, zich omkeren; een ommekeer maken, omzwaaien, omkeren; v. gedachten/mening/houding veranderen, zich bedenken;* our economy will not ~ **(a)round** before next year *er zal geen ommekeer in onze economie komen voor volgend jaar;* ~ **back** *terugkeren, omkeren, teruggaan;* then she ~ed **round** and said I couldn't use her car after all *toen zei ze zomaar dat ik haar auto toch niet kon gebruiken, toen bedacht ze zich en zei dat ik haar auto toch niet kon gebruiken* **5.¶** →turn **down;**→turn **in;**→turn **off;**→turn **on;**→turn **out;**→turn **over;** ~ to *aan het werk gaan;*→turn **up 6.2** ~ **from** a life full of misery *een leven vol ellende achter zich laten/verlaten;* ~ **to** *zich richten tot, zich wenden tot; beginnen;* ~ **to** a book *een boek raadplegen;* ~ **to** drink *beginnen te drinken, aan de drank raken;* ~ **to** s.o. *zich tot iem. wenden, naar iem. toegaan* ⟨om hulp⟩ **6.3** ~ **down** a side street *een zijstraat ingaan/inslaan;* we ~ed **off** the M I at Hatfield *we gingen van de M I af bij Hatfield;* after having failed in business, he ~ed **to** teaching *na mislukt te zijn in zaken, switchte hij naar onderwijs* **6.¶** ~ **into** *veranderen in, worden;* the little girl had ~ed **into** a grown woman *het kleine meisje was een volwassen vrouw geworden;* ~ **on** *draaien om, afhangen van, volgen uit; gaan over* ⟨v. gesprek⟩; ~ **(up)on** *zich keren tegen, aanvallen;* the conversation ~ed **on** the children's education *het gesprek ging over de opvoeding v.d. kinderen;* they ~ed **on** the leader when everything went wrong *zij keerden zich tegen de leider toen alles fout ging;* the success of a film ~s **on** many factors *het succes v.e. film hangt van vele factoren af;* ~ **to** *veranderen in, worden;* water ~s **to** ice *water wordt ijs;*

II ⟨onov. en ov.ww.⟩ **0.1** ***(rond)draaien*** ⇒*(doen) draaien* **0.2** ⟨ben. voor⟩ ***omdraaien*** ⇒*(doen) omkeren, (doen) keren; omploegen, omspitten; omslaan, keren* ⟨kraag⟩; *omvouwen* **0.3** ***draaien*** ⟨aan draaibank, bij pottenbakkerij e.d.⟩ ⇒*gedraaid worden, zich laten draaien;* ⟨fig.⟩ *vormen, maken, formuleren, uitdrukken* **0.4** ***verzuren*** ⇒*zuur worden/maken, (doen) schiften* **0.5** ***verkleuren*** ⇒*v. kleur (doen) veranderen, verschieten* ◆ **1.1** this machine ~s the wheels *deze machine laat de wielen draaien;* the wheels ~ fast *de wielen draaien snel* **1.2** the car ~ed *de auto keerde;* she ~ed the car *zij keerde de auto;* she ~ed my old coat *zij keerde mijn oude jas (binnenstebuiten);* ~ the collar *de kraag omslaan;* ~ the enemy *de vijand op de vlucht jagen;* ~ the field *het veld (om)ploegen;* ~ the page *de bladzijde omslaan;* the tap ~s with difficultly *de kraan gaat moeilijk/draait zwaar* **1.3** he can ~ a compliment *hij weet hoe hij een complimentje moet maken;* ⟨fig.⟩ finely ~ed legs *fraai gevormde benen;* ~ a phrase *iets mooi zeggen;* ~ a poem *een gedicht maken;* she ~ed a vase *zij draaide een vaas;* wood ~s beautifully *hout draait mooi* **1.4** the milk ~s *de melk verzuurt;* the warm weather ~ed the milk *door het warme weer verzuurde de melk* **1.5** his hair ~ed *zijn haar verkleurde/veranderde v. kleur* **5.2** ~ **about** *omkeren, omdraaien;* ⟨mil.⟩ *rechtsomkeert (laten) maken;* ~ **(a)round** *ronddraaien; omkeren, omdraaien;* the aircraft ~ed **(a)round** *het vliegtuig keerde;* ~ your bikes **(a)round** and go back about four miles *keer de fietsen en ga ongeveer vier mijl terug;* ~ your face **(a)round** to the wall *draai je gezicht naar de muur;* the room ~ed **(a)round** *de kamer draaide in het rond, de kamer tolde;* ~ **back** *omvouwen, omslaan;* ~ **back** the corner of the page *de hoek v.d. bladzijde omvouwen;* ~ **back** the sheets *de lakens omslaan/open slaan;* ~ sth. **back to front** *iets achterstevoren keren;* ~ sth. **inside out** *iets binnenstebuiten keren;* ⟨fig.⟩ *grondig doorzoeken, overhoophalen;* the bag ~ed **inside out** in the strong wind *de zak keerde binnenstebuiten in de sterke wind;* ~ the room **inside out** *de kamer overhoophalen, de kamer v. onder tot boven doorzoeken;* ~ topsy-turvy *ondersteboven keren, door elkaar gooien; in de war/door elkaar raken;* it seemed as if the world had ~ed topsy-turvy *het leek wel de omgekeerde wereld;* ~ **upside down** *ondersteboven keren* **6.2** ~ **to** page seven *sla bladzijde zeven op;*

III ⟨ov.ww.⟩ **0.1** ***maken*** ⇒*draaien, beschrijven* ⟨cirkel enz.⟩ **0.2** ***overdenken*** ⇒*overwegen* **0.3** ***omgaan*** ⟨hoek⟩ ⇒*omdraaien, omzeilen* ⟨kaap⟩, *omtrekken* **0.4** ***(doen) veranderen (van)*** ⇒*omzetten, verzetten; (ver)maken; een wending geven aan* ⟨gesprek⟩; *bocht/draai laten maken, draaien; afwenden, ombuigen, omleiden, doen afbuigen* **0.5** ***richten*** ⇒*wenden* **0.6** ***doen worden*** ⇒*maken* **0.7** ***verdraaien*** ⇒*verzwikken* ⟨enkel enz.⟩ **0.8** ***misselijk/duizelig/v. streek maken*** ⇒*doen draaien, doen duizelen* **0.9** ***worden*** ⟨tijd, leeftijd⟩ ⇒⟨bij uitbr.⟩ *passeren, voorbij zijn, geweest zijn* **0.10** ***(weg)sturen*** ⇒*(weg)zenden* **0.11** ⟨ben. voor⟩ ***in bep. toestand brengen*** ⇒*doen, brengen, zetten, laten gaan* **0.12** ***doen gisten*** **0.13** ***stomp maken*** ⇒*afstompen;* ⟨fig.⟩ *afzwakken, verzachten* **0.14** ***omzetten*** ⇒*draaien, een omzet hebben v.; maken* ⟨winst⟩ **0.15** ⟨druk.⟩ ***omkeren*** ⟨letter als blokkade⟩ ◆ **1.1** ~ a circle *een cirkel maken/beschrijven* **1.3** ~ the position of an army *een leger(stelling) omtrekken* **1.4** ~ the bull's attack *de aanval v.d. stier afwenden;* ~ the car into the garage *de auto de garage indraaien;* ~ the conversation *een andere wending aan het gesprek geven;* ~ a stream *een stroom omleiden;* ~ the subject *v. onderwerp veranderen;* ~ the switch *de wissel omzetten/verzetten* **1.5** ~ your attention to the subject *richt je aandacht op het onderwerp;* ~ a gun on s.o. *een geweer op iem. richten;* you have to ~ your thoughts to less serious matters now and then *zo nu en dan moet je je bezighouden met minder belangrijke zaken* **1.6** the sun ~ed the papers yellow *de zon maakte de kranten geel* **1.7** ~ one's ankle *je enkel verzwikken* **1.8** Chinese food ~s my stomach *Chinees eten maakt mijn maag v. streek* **1.9** the boy ~s 150 pounds *de jongen weegt meer dan 68 kilo;* Nancy is just ~ing twenty-one *Nancy is net eenentwintig geworden;* my wife is/has ~ed fifty *mijn vrouw is de vijftig gepasseerd/is vijftig geworden* **1.11** ~ the cattle into the field *het vee in de wei zetten;* ~ the dog loose at night *de hond 's avonds loslaten;* ~ the water into a bottle *het water in een fles doen* **1.13** ~ the edge of a knife *een mes stomp maken;* ~ the edge of a report *de scherpe kantjes v.e. rapport afhalen, een rapport afzwakken* **1.14** ~ a lot at Christmas *een hoop omzetten met de Kerst;* ~ a profit *winst maken, met winst draaien;* ⟨sl.⟩ ~ a tip *fooien verdienen* **1.15** ~ed letters *omgekeerde letters* **2.6** ⟨AE⟩ ~ loose *los/vrijlaten; lossen, afvuren* ⟨schot⟩ **4.9** it is/has ~ed six o'clock *het is zes uur geweest, het is over zessen* **5.2** ~ **about** *overdenken, overwegen* **5.4** ⟨sl.⟩ ~ s.o. **around** *iem. v. mening doen veranderen* **5.5** ~ **away/aside** *afwenden, afkeren;* she ~ed her face **away** from the corpses *zij wendde haar hoofd af van de lijken* **5.10** ~ s.o. **adrift** *iem. aan zijn lot overlaten;* ~ **away** *wegsturen/jagen, de deur wijzen, de laan uitsturen, ontslaan;* ⟨fig.⟩ *verwerpen, afwijzen;* she ~ed the hungry boy **away** *zij joeg het hongerige knaapje weg;* we were ~ed **back** at the entrance *bij de ingang werden we teruggestuurd* **5.¶** →turn **down;**→turn **in;** →turn **off;**→turn **on;**→turn **out;**→turn **over;** ⟨scheep.⟩ ~ **round** *lossen, laden en laten vertrekken;*→turn **up 6.4** ~ **into** *veranderen in, (ver)maken tot; omzetten in, vertalen in;* she can ~ a simple dress **into** an expensive looking one *zij kan een eenvoudige jurk vermaken tot eentje die er duur uitziet;* ~ a prince **into** a frog *een prins in een kikker veranderen;* could you ~ this story **into** Spanish? *kun je dit verhaal in het Spaans vertalen?;* ⟨fig.⟩ the terrible hangover ~ed him **off** drink *de geweldige kater genas hem van de drank;* ~ the conversation **to** sth. different *het gesprek op iets anders brengen* **6.5** ~ **against** *opstoken/ophitsen tegen;* ~ a child **against** his parents *een kind tegen zijn ouders opstoken* **6.11** ~ s.o. **into** the street *iem. op straat zetten;*

IV ⟨kww.⟩ **0.1** ***worden*** ◆ **1.1** ~ traitor *verrader worden* **2.1** ⟨sl.; fig.⟩ ~ blue/green *doodvallen, geschokt/verbaasd/woedend zijn;* her skin ~ed brown *haar vel werd bruin;* his wife ~ed Catholic *zijn vrouw werd katholiek;* ⟨AE⟩ ~ loose *loskomen, loslippig worden;* ⟨fig.⟩ *het vuur openen;* the milk ~s sour *de melk wordt zuur.*

'turn·a·bout ⟨telb.zn.⟩ **0.1** ***ommekeer*** ⇒*omzwaai, radicale verandering* **0.2** ⟨AE⟩ ***draaimolen*** ⇒*carrousel* ◆ **1.1** the chance of a ~ is dim *de kans op een ommekeer is klein.*

'turn-and-'slip indicator ⟨telb.zn.⟩⟨zweefvliegen⟩ **0.1** ***bochtaanwijzer.***

turnaround →turnround.

'turn·back[1] ⟨telb.zn.⟩ **0.1** ***lafaard*** **0.2** ***omgeslagen rand/mouw.***

turnback[2], **'turned-back** ⟨bn.⟩ **0.1** ***omgeslagen*** ⇒*omgevouwen.*

'turn bench ⟨telb.zn.⟩ **0.1** ***draaibank*** ⟨v. horlogemaker⟩.

'turn bridge ⟨telb.zn.⟩ **0.1** ***draaibrug.***

'turn·buck·le ⟨telb.zn.⟩ **0.1** ***spanschroef.***

'turn·cap ⟨telb.zn.⟩ **0.1** ***gek*** ⟨op schoorsteen⟩.

'turn·coat ⟨telb.zn.⟩ **0.1** ***overloper*** ⇒*afvallige, deserteur, renegaat.*

'turn·cock ⟨telb.zn.⟩ **0.1** ***afsluiter*** **0.2** ***afsluitkraan.***

'turn·down ⟨bn.⟩ **0.1** ***omgeslagen*** ⟨v. kraag⟩.

'turn 'down ⟨f2⟩ ⟨ww.⟩

I ⟨onov.ww.⟩ **0.1** ***zich laten vouwen/buigen*** **0.2** ⟨ec.⟩ ***achteruitgaan*** ⇒*neergaan, een recessie meemaken, dalen, minder worden* ◆ **1.2** our economy is turning down *onze economie gaat achteruit;*

II ⟨ov.ww.⟩ **0.1** ***omvouwen*** ⇒*omslaan, ombuigen* **0.2** ***(om)keren*** ⇒*omdraaien* ⟨kaart⟩ **0.3** ***afwijzen*** ⟨plan, persoon⟩ ⇒*v.d. hand wijzen, weigeren, verwerpen* **0.4** ***lager zetten/draaien*** ⟨gas, licht⟩ ⇒*minderen* **0.5** ***zachter zetten/draaien*** ◆ **1.1** I don't like turned down corners in my books *ik houd niet v. ezelsoren in mijn boeken;* ~ the sheets *de lakens omslaan/openslaan* **1.3** seven applicants were turned down at once *zeven sollicitanten werden meteen afgewezen;* they turned your suggestion down *ze wezen je voorstel v.d. hand;* ~ a suitor *een huwelijkskandidaat afwijzen* **1.5** ~ the radio/volume *de radio/het geluid zachter zetten.*

turn·dun ['tɜ:ndʌn||'tɜrn-]⟨telb.zn.⟩ **0.1** ⟨ong.⟩ ***ratel*** ⇒*snorrebot*.
'turned-'off ⟨bn.; oorspr. volt. deelw. v. turn off⟩ ⟨sl.⟩ **0.1** ***ongeïnteresseerd*** **0.2** ***beu*** ⇒*zat*.
'turned-'on ⟨bn.; oorspr. volt. deelw. v. turn on⟩ ⟨sl.⟩ **0.1** ***op de hoogte*** **0.2** ***opgewonden***.
turn·er ['tɜ:nə||'tɜrnər]⟨f2⟩ ⟨telb.zn.⟩ **0.1** →turn **0.2** ***draaier*** ⟨aan draaibank⟩ **0.3** ⟨BE⟩ ***tuimelaar*** ⟨tamme duif⟩ **0.4** ⟨AE⟩ ***turner/ster*** ⇒*gymnast* **0.5** ⟨T-⟩ ⟨sl.⟩ ***Duitser*** ⇒*mof*.
Tur·ner·esque [tɜ:nə'resk||'tɜr-]⟨bn.⟩ **0.1** ***in de stijl v. Turner*** ⟨Eng. schilder, 1775-1851⟩.
turn·er·y ['tɜ:nəri||'tɜr-]⟨zn.; →mv. 2⟩
I ⟨telb.zn.⟩ **0.1** ***draaierij;***
II ⟨n.-telb.zn.⟩ **0.1** ***draaiwerk***.
'turn 'in ⟨f1⟩ ⟨ww.⟩
I ⟨onov.ww.⟩ **0.1** ***binnengaan*** ⇒*binnendraaien, indraaien* **0.2** ***naar binnen staan*** ⇒*inwaarts gebogen zijn* **0.3** ⟨inf.⟩ ***onder de wol kruipen*** ⇒*erin gaan, het bed in rollen, erin duiken* ◆ **1.2** his feet ~ *zijn voeten staan naar binnen toe* **1.3** I think it's a fine time to ~ *ik denk dat het een mooie tijd is om mijn bed op te zoeken* **6.¶** ~ **(up)on** o.s. *in zichzelf keren, zich op zichzelf terugtrekken;*
II ⟨ov.ww.⟩ **0.1** ***naar binnen vouwen*** ⇒*naar binnen buigen/omslaan/draaien, naar binnen zetten* **0.2** ***overleveren*** ⇒*overgeven, uitleveren* ⟨aan politie⟩ **0.3** ***teruggeven*** ⇒*weer inleveren* **0.4** ***inleveren*** ⇒*geven* **0.5** ***neerzetten*** ⟨tijd enz.⟩ ⇒*bereiken, halen* **0.6** ⟨inf.⟩ ***opgeven*** ⇒*ophouden/kappen/stoppen met* ◆ **1.1** he turned his knees in *hij draaide zijn knieën naar binnen* **1.2** ~ a suspect *een verdachte overleveren* **1.3** please, ~ your sheet sleeping bag when you leave *lever a.u.b. uw lakenzak in wanneer u weg gaat* **1.4** you've turned in an excellent piece of work this time *deze keer heb je een uitstekend stukje werk ingeleverd* **1.5** ~ one's best times at the Olympics *zijn beste tijden neerzetten/realiseren op de Olympische spelen* **1.6** the doctor said he had to ~ drinking *de dokter zei dat hij moest kappen met drinken* **4.¶** turn it in *kap er mee, hou er mee op, genoeg* **6.¶** turn s.o. in **(up)on** o.s. *iem. in zichzelf gekeerd maken*.
turn·ing ['tɜ:nɪŋ||'tɜr-]⟨f2⟩ ⟨zn.; gerund v. turn⟩
I ⟨telb.zn.⟩ **0.1** ⟨ben. voor⟩ ***afsplitsing/takking*** ⇒*zijstraat; afslag; zijpad; zijrivier* **0.2** ***bocht*** ⇒*draai, kronkeling* **0.3** ***gedraaid voorwerp*** **0.4** ***draaierij*** **0.5** ***omgeslagen zoom*** ⇒*omgeslagen rand* ◆ **2.1** the next ~ on/to the right *de volgende straat rechts;*
II ⟨n.-telb.zn.⟩ **0.1** →turn **0.2** ***het draaien*** ⟨aan draaibank⟩;
III ⟨mv.; ~s⟩ **0.1** ***draaispanen***.
'turning circle ⟨telb.zn.⟩ **0.1** ***draaicirkel*** ⟨v. auto⟩.
'turning judge ⟨telb.zn.⟩ ⟨zwemsport⟩ **0.1** ***keerpuntcommissaris*** ⇒*keerpuntrechter*.
'turning lathe ['tɜ:nɪŋ leɪð]⟨telb.zn.⟩ **0.1** ***draaibank***.
'turning point ⟨f1⟩ ⟨telb.zn.⟩ **0.1** ***keerpunt*** ⟨ook fig.⟩ **0.2** ⟨wisk.⟩ ***maximum/minimum*** ⟨v.e. kromme⟩ ◆ **6.1** ~ **in/of** s.o.'s life *keerpunt in iemands leven*.
tur·nip ['tɜ:nɪp||'tɜr-]⟨f2⟩ ⟨zn.⟩
I ⟨telb.zn.⟩ **0.1** ⟨plantk.⟩ ***raap*** ⇒*knol, voederknol* ⟨voor vee⟩, *stoppelknol* ⟨Brassica rapa⟩ **0.2** ***raap*** ⇒*knol* ⟨dik, ouderwets horloge⟩;
II ⟨n.-telb.zn.⟩ **0.1** ***rapen*** ◆ **3.1** eat ~ *rapen eten*.
'turnip 'cabbage ⟨telb. en n.-telb.zn.⟩ **0.1** ***koolrabi*** ⇒*bovengrondse koolraap*.
'turnip 'radish ⟨telb. en n.-telb.zn.⟩ **0.1** ***knolradijs***.
'turnip tops ⟨mv.⟩ **0.1** ***raapstelen***.
tur·nip·y ['tɜ:nɪpi||'tɜr-]⟨bn.⟩ **0.1** ***knolachtig*** ⇒*raapachtig* **0.2** ***met raapsmaak***.
'turn·key[1] ⟨telb.zn.⟩ ⟨vero.⟩ **0.1** ***gevangenisbewaarder*** ⇒*cipier*.
'turnkey[2] ⟨bn., attr.⟩ **0.1** ⟨ong.⟩ ***alles inbegrepen*** ⇒*kant en klaar, klaar voor gebruik* ◆ **1.1** a ~ contract *een alles inbegrepen contract;* a ~ project *een project dat kant en klaar wordt opgeleverd*.
'turn·off ⟨telb.zn.⟩ **0.1** ***afslag*** ⇒*zijweg* **0.2** ⟨inf.⟩ ***afknapper*** ⇒*antipathiek iem./iets* **0.3** ***produkt*** **0.4** ***produktie***.
'turn 'off ⟨f2⟩ ⟨ww.⟩ →turned-off
I ⟨onov.ww.⟩ **0.1** ***afslaan*** ⇒*een zijweg inslaan, een afslag nemen* **0.2** ⟨sl.⟩ ***afhaken*** ⇒*ongeïnteresseerd raken, interesse verliezen* ◆ **1.1** that car turned off at the previous exit *die auto sloeg bij de vorige afslag af;*
II ⟨ov.ww.⟩ **0.1** ***afsluiten*** ⇒*dichtdraaien* ⟨gas, water⟩ **0.2** ***uit/afzetten*** ⇒*uitdoen, uitdraaien, uitdrukken* **0.3** ***af/omleiden*** ⇒*afwenden, afweren* **0.4** ***ontslaan*** ⇒*de laan uitsturen* **0.5** ***produceren*** ⇒*maken, neerkalken* **0.6** ⟨inf.⟩ ***weerzin opwekken bij*** ⇒*doen walgen, totaal niet aanslaan bij, doen afknappen* ⟨ook seksueel⟩ **0.7** ⟨sl.⟩ ***opknopen*** ⇒*ophangen* **0.8** ⟨sl.⟩ ***trouwen*** ◆ **1.1** ~ the gas *draai het gas dicht, sluit het gas af* **1.2** ~ the telly and the lights *de t.v. en het licht uit doen* **1.3** ~ hard questions *zich v. moeilijke vragen afmaken/moeilijke vragen ontwijken* **1.5** he used to ~ ten poems a week last year *verleden jaar pende hij gewoonlijk tien gedichten per week neer* **1.6** his new book turns me off *ik vind zijn nieuwe boek waardeloos;* it really turns me off *ik krijg er een punthoofd van, ik word er niet goed van*.
'turn-of-the-cen·tu·ry ⟨bn., attr.⟩ **0.1** ***v. rond de eeuwwisseling***.
'turn 'on ⟨f2⟩ ⟨ww.⟩ →turned-on
I ⟨onov.ww.⟩ **0.1** ***enthousiast/opgewonden/geïnteresseerd raken*** **0.2** ⟨sl.⟩ ***drugs gebruiken*** ⇒*high worden, onder invloed raken* **0.3** ⟨sl.⟩ ***seksueel aantrekkelijk zijn*** ◆ **1.1** some people ~ quickly *sommige mensen raken snel enthousiast/opgewonden;*
II ⟨ov.ww.⟩ **0.1** ***aanzetten*** ⇒*aandoen* ⟨radio e.d.⟩; ⟨fig.⟩ *laten werken, laten komen* **0.2** ***opendraaien*** ⇒*openzetten* ⟨water, gas⟩ **0.3** ⟨inf.⟩ ***enthousiast maken*** ⇒*inspireren, stimuleren, aanslaan bij;* ⟨i.h.b.⟩ *(seksueel) opwinden, een kick geven* **0.4** ⟨inf.⟩ ***leren kennen/appreciëren*** **0.5** ⟨sl.⟩ ***werken (bij/op)*** ⟨v. drugs⟩ ⇒*high maken, invloed hebben op* **0.6** ⟨sl.⟩ ***aan de drugs helpen*** ⇒*inwijden in de drugs* **0.7** ⟨sl.⟩ ***voorstellen*** **0.8** ⟨sl.⟩ ***voorzien van*** ◆ **1.1** ~ your charms *je charmes laten werken;* ~ the waterworks *de waterlanders laten komen* **1.3** the new Bellow turns her on *de nieuwe Bellow slaat bij haar aan/doet haar wat;* does leather turn you on? *windt leer je op?, geeft leer je een kick?* **1.5** does LSD turn you on quickly? *werkt LSD snel (bij jou)?, heeft LSD een snelle uitwerking op je?* **6.4** turn s.o. on **to** classical music *iem. klassieke muziek leren appreciëren/waarderen*.
'turn-on ⟨telb.zn.⟩ ⟨inf.⟩ **0.1** ⟨ben. voor⟩ ***interessant/opwindend/stimulerend persoon/iets*** **0.2** ***opwinding*** ⇒*rage, euforie*.
'turn·out ⟨f1⟩ ⟨telb.zn.⟩ **0.1** ***opkomst*** ⟨bij vergadering enz.⟩ ⇒*publiek, menigte, groep, aantal aanwezigen* **0.2** ***het uitrukken*** ⇒*het aantreden* **0.3** ***kleding*** ⇒*kleren, uitdossing,* ⟨bij uitbr.⟩ *uitrusting, equipage* ⟨paard, knecht enz.⟩ **0.4** ***opruimbeurt*** ⇒*schoonmaakbeurt* **0.5** ⟨g.mv.⟩ ***produktie*** **0.6** ⟨BE⟩ ***(werknemers)staking*** ⇒*arbeidersstaking* **0.7** ⟨BE⟩ ***staker*** **0.8** ⟨AE⟩ ⟨ben. voor⟩ ***uitwijkplaats/spoor*** ⇒*inhaalstrook; stopplaats, parkeerplaats/haven; wisselspoor* ◆ **2.1** we regret the poor ~ *we betreuren de armzalige opkomst* **2.2** ready for a nightly ~ *klaar om 's nachts uit te rukken* **2.3** she had a bizarre ~ *ze had bizarre kleren aan* **2.4** your kitchen needs a good ~ *jouw keuken heeft een flinke schoonmaakbeurt nodig* **2.5** a yearly ~ of hundred cars *een jaarlijkse produktie v. honderd auto's*.
'turn 'out ⟨f3⟩ ⟨ww.⟩
I ⟨onov.ww.⟩ **0.1** ***(op)komen*** ⇒*verschijnen, opdraven, uitlopen, de deur uitgaan* **0.2** ***zich ontwikkelen*** ⇒*aflopen, uitvallen, gaan* **0.3** ***naar buiten staan*** ⟨v. tenen e.d.⟩ **0.4** ⟨inf.⟩ ***uit bed rollen*** ⇒*opstaan, er uit stappen* **0.5** ⟨mil.⟩ ***aantreden*** ⇒*in het geweer komen* ⟨v.d. wacht⟩ ◆ **1.1** she was glad her husband didn't have to ~ in this rainy weather *zij was blij dat haar man niet de deur uit moest in dit natte weer;* the whole village turned out to welcome the long distance runner *het hele dorp liep uit om de lange afstandsloper te verwelkomen* **1.2** how are your pupils turning out? *hoe staat het met je leerlingen?;* things will ~ all right *het zal goed aflopen/gaan* **1.5** the guard turns out *de wacht treedt aan;*
II ⟨ov.ww.⟩ **0.1** ***uitdoen*** ⇒*uitdraaien* ⟨licht, kachel e.d.⟩ **0.2** ***eruitgooien*** ⇒*eruit zetten, wegsturen* **0.3** ***produceren*** ⇒*maken, afleveren* **0.4** ***leegmaken*** ⇒*ledigen, omkeren;* ⟨bij uitbr.⟩ *opruimen, uitmesten, een beurt geven, doen* **0.5** ***uitrusten*** ⇒⟨i.h.b.⟩ *kleden, in de kleren steken, uitdossen* **0.6** ***naar buiten draaien/keren/zetten*** ⟨tenen⟩ **0.7** ***de wei indrijven*** ⇒*in de wei zetten* ⟨vee⟩ **0.8** ***optrommelen*** ⇒*doen opkomen, bijeenroepen* ⟨mensen⟩ **0.9** ⟨mil.⟩ ***laten aantreden*** ⇒*in het geweer doen komen* ◆ **1.2** the owner himself had turned out the squatters *de eigenaar zelf had de krakers eruit gezet* **1.3** this school will ~ at least six qualified people *deze school zal op zijn minst zes geschikte mensen afleveren;* ~ thirty new titles a year *dertig nieuwe titels per jaar uitbrengen/produceren* **1.4** I guess I have to ~ that drawer to find my papers *ik denk dat ik die la moet uitmesten om mijn papieren te vinden;* ~ your handbag *je handtas omkeren/leegmaken/binnenstebuiten keren* **1.5** she always turned her daughter out well *zij stak haar dochter altijd goed in de kleren;* a beautifully turned out lady *een prachtig/chic geklede dame* **6.2** they were turned out **of** the country *zij werden het land uitgezet;* be turned out **of** a job *ontslagen worden;*
III ⟨kww.⟩ **0.1** ***blijken (te zijn)*** ⇒*uiteindelijk zijn* ◆ **1.1** our party turned out a failure *ons feestje bleek een mislukking;* she has turned out an attractive woman *zij is een aantrekkelijke vrouw geworden* **2.1** the day's turned out wet *het is een natte dag geworden* **3.1** this machine turns out not to work as well as we thought *deze machine blijkt niet zo goed te werken als wij dachten;* the man turned out to be my son *de man bleek mijn zoon te zijn* **8.1** as it turns out/as things ~ *zoals blijkt;* it turned out that he didn't come at all *het bleek/het werd duidelijk dat hij helemaal niet kwam*.
'turn·o·ver[1] ⟨f1⟩ ⟨zn.⟩

I ⟨telb.zn.⟩ 0.1 ***omkanteling*** ⇒*omverwerping, omkering* **0.2** ***omwenteling*** ⇒*ommezwaai, verandering, kentering* **0.3** ⟨g.mv.⟩ ***omzetsnelheid*** ⟨v. artikelen⟩ **0.4** ⟨g.mv.⟩ ***omzet*** ⇒⟨B.⟩ *zakencijfer* **0.5** ⟨g.mv.⟩ ***verloop*** ⟨v. personeel⟩ **0.6** ⟨ben. voor⟩ ***omgeslagen/omgevouwen iets*** ⇒*flap* ⟨v. boek⟩; *omslag* ⟨v. mouw e.d.⟩; *omgeslagen boord/hals; klep, overslag* ⟨v. envelop⟩ **0.7** ⟨BE⟩ ***kranteartikel dat op volgende bladzij wordt vervolgd*** **0.8** ⟨sl.⟩ ***nacht voor vrijlating*** ⟨uit gevangenis⟩;
II ⟨telb. en n.-telb.zn.⟩ **0.1** ***(appel)flap***.

turnover[2] ⟨bn.⟩ **0.1** ***omgeslagen*** ⇒*omgevouwen* ⟨v. kraag⟩.

'turn 'over ⟨f1⟩ ⟨ww.⟩
I ⟨onov.ww.⟩ **0.1** ***zich omkeren*** ⇒*zich omdraaien* **0.2** ***kantelen*** ⇒*omvallen, omslaan, omdraaien* **0.3** ***aanslaan*** ⇒*gaan lopen, starten* ⟨v. (auto)motor⟩ ◆ **1.1** Sheila turned over once more and fell asleep *Sheila draaide zich nog eens om en viel in slaap* **1.2** the canoe turned over *de kano sloeg om;*
II ⟨ov.ww.⟩ **0.1** ***omkeren*** ⇒*omdraaien, op zijn kop zetten, kantelen, laten omslaan* **0.2** ***omslaan*** ⟨bladzij⟩ ⇒*doorbladeren, doorlopen, doorkijken* **0.3** ***starten*** ⟨auto, motor⟩ **0.4** ***overwegen*** ⇒*overdenken, beschouwen* **0.5** ***overgeven*** ⇒*overdoen, overmaken, overdragen;* ⟨i.h.b.⟩ *uit/overleveren* ⟨aan politie⟩ **0.6** ***omzetten*** ⇒*draaien* **0.7** ⟨sl.⟩ ***beroven*** ⇒*kaalplukken, uitkleden* ◆ **1.1** the nurse turned the old man over *de zuster legde de oude man op zijn andere zijde;* the skinheads turned over a few cars *de skinheads zetten een paar auto's op hun kop* **1.2** ~ a script *een script doorbladeren/lopen/kijken* **1.4** turn sth. over in one's mind *iets (goed) overdenken/overwegen/bekijken* **1.5** ~ the captive *de gevangene uitleveren* **1.6** this shop should ~ £100,000 *deze winkel zou £100.000 moeten draaien/omzetten* **6.5** the burglar was turned over **to** the police *de inbreker werd aan de politie overgeleverd/overgedragen;* father Gale turned his business over **to** his only son *vader Gale deed zijn zaak over aan zijn enige zoon* ¶.2 please ~ *zie ommezijde*.

turn'over rate ⟨telb.zn.⟩ **0.1** ***omzetsnelheid***.

'turn·pike, ⟨in bet. 0.1 ook⟩ **'turnpike road** ⟨f2⟩ ⟨telb.zn.⟩ **0.1** ⟨AE⟩ ***tolweg*** ⇒*snelweg* ⟨met tollen⟩ **0.2** ⟨gesch.⟩ ***tolweg*** **0.3** ⟨gesch.⟩ ***tolhek*** ⇒*draai/slagboom, tolboom* **0.4** ⟨gesch.⟩ ***Spaanse/Friese ruiter*** **0.5** ⟨Sch. E⟩ ***wenteltrap***.

'turnpike man ⟨telb.zn.⟩ **0.1** ***tolgaarder*** ⇒*tolwachter*.

'turn·round, ⟨AE vnl.⟩ **'turn·a·round** ⟨zn.⟩
I ⟨telb.zn.; meestal enk.; the⟩ **0.1** ***(succesvolle) ommekeer*** ⇒*verbetering;*
II ⟨n.-telb.zn.⟩ **0.1** ***(tijd nodig voor) aankomst, lossing, lading en vertrek*** ⟨i.h.b. v. schip of vliegtuig⟩ **0.2** ***tijd nodig voor een retour/reis heen en terug*** ◆ **6.1** the ~ (time) **on** a task *de tijd nodig om een taak van A tot Z uit te voeren/volledig af te werken*.

'turn·screw ⟨telb.zn.⟩ **0.1** ***schroevedraaier***.

'turn slot ⟨telb.zn.⟩ ⟨parachutespringen⟩ **0.1** ***stuurgat***.

turn·sole ['tɜ:nsoʊl‖'tɜrn-] ⟨telb.zn.⟩ ⟨plantk.⟩ **0.1** ***zonnewende (bloem)*** ⇒*heliotroop* ⟨Heliotropium⟩ **0.2** ***zonnebloem*** ⟨Helianthus annuus⟩.

'turn·spit ⟨telb.zn.⟩ **0.1** ***spitdraaier*** **0.2** ***hondje als spitdraaier*** **0.3** ***draaispit*** ⇒*braadspit*.

'turn·stile ⟨f1⟩ ⟨telb.zn.⟩ **0.1** ***tourniquet*** ⇒*draaihek*.

'turn·stone ⟨telb.zn.⟩ ⟨dierk.⟩ **0.1** ***steenloper*** ⟨Arenaria interpres⟩ **0.2** ***zwartkopsteenloper*** ⟨Arenaria melanocephala⟩.

'turn·ta·ble ⟨telb.zn.⟩ **0.1** ***draaischijf*** ⟨voor locomotieven⟩ **0.2** ***draaischijf*** ⟨v. platenspeler⟩ **0.3** ***platenspeler*** ⇒*pick-up, grammofoon, draaitafel*.

'turn·tail ⟨telb.zn.⟩ **0.1** ***overloper*** ⇒*afvallige, deserteur* **0.2** ***lafaard***.

'turn·up[1] ⟨f1⟩ ⟨telb.zn.⟩ **0.1** ***opstaand iets*** ⇒*op/omgeslagen iets;* ⟨i.h.b.⟩ *opslag, overslag* **0.2** ⟨inf.⟩ ***ophef*** ⇒*kabaal, drukte, stennis, commotie* **0.3** ⟨inf.⟩ ***verrassing*** ⇒*toeval* **0.4** ⟨inf.⟩ ***gevecht*** ⇒*knokpartij* **0.5** ⟨vnl. BE⟩ ***omslag*** ⇒*omgeslagen rand* ⟨v. broekspijp⟩ **0.6** ⟨sport⟩ ***uitgekomen kaart*** ◆ **7.3** what a ~ (for the book)! *wat een verrassing!, dat is nog eens iets (om over naar huis te schrijven)!*.

turnup[2] ⟨bn.⟩ **0.1** ***opstaand*** ⇒*opslaand, opgeslagen* **0.2** ***opklapbaar*** ⇒*opvouwbaar* ◆ **1.2** ~ bed *opklapbed*.

'turn 'up ⟨f2⟩ ⟨ww.⟩ ⟨→sprw. 32⟩
I ⟨onov.ww.⟩ **0.1** ***verschijnen*** ⇒*komen (opdagen)* **0.2** ***te voorschijn komen*** ⇒*voor de dag komen, terechtkomen, boven water komen, opduiken* **0.3** ***zich voordoen*** ⇒*zich aanmelden, gebeuren, komen* **0.4** ***naar boven gedraaid/gebogen zijn*** ⇒*naar boven krullen* **0.5** ⟨ec.⟩ ***aantrekken*** ⇒*verbeteren, omhooggaan, stijgen* **0.6** ⟨scheep.⟩ ***overstag gaan*** ⇒*wenden* ◆ **1.1** that couple always turns up late *dat paar komt altijd laat;* your sister always turns up at the wrong time *je zus verschijnt altijd op het verkeerde moment* **1.2** your brooch has turned up *je broche is terecht;* after so many years nobody expected the spy would ~ in London *na zoveel jaar had niemand verwacht dat de spion in Londen zou opduiken* **1.3** sooner or later the opportunity will ~ *vroeg of laat doet de gelegenheid zich voor;* something has to ~, you've waited so long *er moet iets komen, je hebt zo lang gewacht;*
II ⟨ov.ww.⟩ **0.1** ***vinden*** **0.2** ***blootleggen*** ⇒*aan de oppervlakte brengen, opgraven* **0.3** ⟨ben. voor⟩ ***naar boven draaien/keren/zetten*** ⇒*opzetten* ⟨kraag⟩; *omkeren, omslaan* ⟨mouw, pijp⟩; *omhoogslaan, om(hoog)vouwen; opslaan* ⟨ogen⟩ **0.4** ***opslaan*** ⇒*opzoeken* ⟨bladzij⟩; ⟨bij uitbr.⟩ *naslaan, raadplegen* **0.5** ***hoger draaien*** ⟨d.m.v. knop⟩ ⇒*harder zetten* ⟨radio⟩; *opdraaien* ⟨(olie)lamp⟩ **0.6** ⟨BE; inf.⟩ ***misselijk maken*** ⇒*doen walgen/kotsen* **0.7** ⟨scheep.⟩ ***aan dek roepen*** **0.8** ⟨sl.⟩ ***overdragen*** ⟨aan politie⟩ **0.9** ⟨sl.⟩ ***verklikken*** ⟨aan politie⟩ ◆ **1.1** I turned up your letter under the table *ik vond je brief onder de tafel* **1.2** an old mine was turned up by some playing children *een oude mijn werd door een paar spelende kinderen opgegraven;* ~ precious pottery *kostbaar aardewerk opgraven* **1.3** he turned his collar up and went outside *hij zette zijn kraag op en ging naar buiten* **1.4** ~ an address *een adres opzoeken;* ~ a dictionary *een woordenboek raadplegen* **1.5** ~ the gas *het gas hoger draaien;* ~ the telly *det.v. harder zetten* **4.¶** turn it up *de brui eraan/ervan geven, ermee kappen, uitscheiden, stoppen;* I'd like to turn it all up and go to Sweden for a year *ik zou graag alles laten voor wat het is en een jaar naar Zweden gaan;* turn it up! *stop er mee!, schei uit!*.

tur·pen·tine[1] ['tɜ:pəntaɪn‖'tɜr-] ⟨f2⟩ ⟨n.-telb.zn.⟩ **0.1** ***terpentijnolie*** **0.2** ***terpentijn*** ⟨hars⟩.

turpentine[2] ⟨ov.ww.⟩ **0.1** ***met terpentijnolie behandelen*** **0.2** ***met terpentijnolie vermengen*** **0.3** ***terpentijn winnen uit*** ⟨bomen⟩.

'turpentine tree ⟨telb.zn.⟩ ⟨plantk.⟩ **0.1** ***terpentijnboom*** ⟨Pistacia terbinthus⟩.

tur·peth ['tɜ:pɪθ‖'tɜr-] ⟨zn.⟩
I ⟨telb.zn.⟩ ⟨plantk.⟩ **0.1** ***Oostindische jalappe*** ⟨Ipomoea turpethum/Operculina turpethum⟩;
II ⟨n.-telb.zn.⟩ **0.1** ***Oostindische jalappe(wortel)*** ⇒⟨oneig.⟩ *jalappe* ⟨als laxeermiddel⟩.

tur·pi·tude ['tɜ:pɪtju:d‖'tɜrpɪtu:d] ⟨zn.⟩
I ⟨telb.zn.⟩ **0.1** ***schandelijke daad*** ⇒*minne streek* **0.2** ***verdorven persoon;***
II ⟨n.-telb.zn.⟩ **0.1** ***verdorvenheid*** ⇒*laagheid, slechtheid*.

turps [tɜ:ps‖tɜrps] ⟨n.-telb.zn.⟩ **0.1** ⟨verk.⟩ ⟨turpentine⟩ ⟨inf.⟩ ***terpentijnolie*** **0.2** ⟨Austr. E; sl.⟩ ***alcohol*** ⇒⟨i.h.b.⟩ *bier*.

tur·quoise ['tɜ:kwɔɪz‖'tɜr-] ⟨f1⟩ ⟨telb. en n.-telb.zn.; vaak attr.⟩ **0.1** ***turkoois*** ⇒*turquoise*.

'turquoise 'blue ⟨n.-telb.zn.; vaak attr.⟩ **0.1** ***turkooisblauw***.

'turquoise 'green ⟨n.-telb.zn.; vaak attr.⟩ **0.1** ***turkooisgroen***.

tur·ret ['tʌrɪt‖'tɜrɪt] ⟨f2⟩ ⟨telb.zn.⟩ **0.1** ***torentje*** **0.2** ***geschutkoepel*** ⇒*geschuttoren, pantserkoepel* **0.3** ***belegeringstoren*** **0.4** ⟨tech.⟩ ***revolverkop*** ⟨op draaibank⟩.

tur·ret·ed ['tʌrɪtɪd‖'tɜrɪtɪd] ⟨bn.⟩ **0.1** ***met torentje(s)*** **0.2** ***spits*** ⇒*torenvormig* ◆ **1.2** ~ shell *torentje, hoorntje*.

'turret lathe ⟨telb.zn.⟩ ⟨tech.⟩ **0.1** ***revolverdraaibank***.

tur·ric·u·late [tə'rɪkjʊlət‖-kjə-], **tur·ric·u·lat·ed** [-leɪtɪd] ⟨bn.⟩ **0.1** ***met torentje(s)*** **0.2** ***spits*** ⇒*torenvormig*.

tur·tle[1] ['tɜ:tl‖'tɜrtl] ⟨f2⟩ ⟨zn.⟩
I ⟨telb.zn.⟩ **0.1** ***schildpad*** **0.2** ⟨vnl. BE⟩ ***zeeschildpad*** **0.3** ⟨vnl. AE⟩ ***zoetwaterschildpad*** **0.4** ⟨vero.⟩ ***tortelduif*** ◆ **3.¶** turn ~ *kapseizen, omslaan/kantelen;*
II ⟨n.-telb.zn.⟩ **0.1** ***schildpad(vlees)***.

turtle[2] ⟨onov.ww.⟩ **0.1** ***schildpadden vangen/jagen***.

'tur·tle·dove ⟨f1⟩ ⟨zn.⟩
I ⟨telb.zn.⟩ ⟨dierk.⟩ **0.1** ***tortelduif*** ⟨Streptopelia turtur⟩;
II ⟨mv.; ~s⟩ **0.1** ***tortelduifjes*** ⇒*verliefd stel*.

'tur·tle·neck ⟨telb.zn.⟩ **0.1** ***col*** **0.2** ***coltrui***.

'tur·tle·necked ⟨bn.⟩ **0.1** ***met col*** ⇒*col-*.

'turtle shell ⟨zn.⟩
I ⟨telb.zn.⟩ ⟨dierk.⟩ **0.1** ***grote kaurie*** ⟨Cypraea testudinaria⟩;
II ⟨n.-telb.zn.⟩ **0.1** ***schildpad*** ⟨stof⟩.

turves ⟨mv.⟩ →turf.

Tus·can[1] ['tʌskən] ⟨zn.⟩
I ⟨eig.n.⟩ **0.1** ***Toscaans*** ⇒*Toscaans dialect,* ⟨i.h.b.⟩ *Florentijns;*
II ⟨telb.zn.⟩ **0.1** ***Toscaan*** ⇒*bewoner v. Toscane*.

Tuscan[2] ⟨bn.⟩ **0.1** ***Toscaans*** ⇒*v./uit Toscane* **0.2** ***mbt. de Toscaanse bouworde*** ⇒*Toscaans* ◆ **1.1** ~ straw *Italiaans stro* ⟨zeer fijn; voor strohoeden⟩ **1.2** ~ order *Toscaanse bouworde*.

tush[1] [tʌʃ] ⟨zn.⟩
I ⟨telb.zn.⟩ **0.1** ***puntige tand*** ⇒⟨i.h.b.⟩ *hoektand* ⟨v. paard⟩ **0.2** ***slagtand*** **0.3** ⟨sl.⟩ ***tooches*** ⇒*kont, achterste;*
II ⟨telb. en n.-telb.zn.⟩ **0.1** ***'kom, kom' geroep*** ⇒*'och, och' geluid*.

tush[2] ⟨bn.⟩ ⟨sl.⟩ **0.1** ***krijgszuchtig*** ⇒*boosaardig, gevaarlijk*.

tush[3] ⟨ww.⟩
I ⟨onov.ww.⟩ **0.1** ***zich geringschattend uitlaten*** ⇒*'och, och' zeg-*

gen;
II ⟨ov.ww.⟩ 0.1 →tusk.
tush[4] ⟨tussenw.⟩ ⟨vero.⟩ **0.1** ***och*** ⇒*kom nou toch, wat nou.*
tush·er·y ['tʌʃəri] ⟨n.-telb.zn.⟩ **0.1** ***geaffecteerd archaïsch taalgebruik.***
tush·y, tush·ie ['tʌʃi] ⟨telb.zn.; →mv. 2⟩ ⟨sl.⟩ **0.1** ***tooches*** ⇒*kont, achterste.*
tusk[1] [tʌsk] ⟨f1⟩ ⟨telb.zn.⟩ **0.1** ***slagtand*** ⇒*stoottand* **0.2** ***scherp uitsteeksel*** ⇒*uitstekende tand.*
tusk[2] ⟨ov.ww.⟩ **0.1** ***opgraven / doorwroeten (met de slagtanden)*** **0.2** ***openrijten / doorboren (met de slagtanden).***
tusked [tʌskt] ⟨bn.⟩ **0.1** ***met slagtanden.***
tusk·er ['tʌskə‖-ər] ⟨telb.zn.⟩ **0.1** ⟨ben. voor⟩ ***dier met slagtanden*** ⇒*olifant; wild zwijn.*
tusk·y ['tʌski] ⟨bn.; -er; →compar. 7⟩ **0.1** ***met slagtanden.***
tusser →tussore.
tus·sive ['tʌsɪv] ⟨bn.⟩ ⟨med.⟩ **0.1** ***hoest-.***
tus·sle[1] ['tʌsl] ⟨f1⟩ ⟨telb.zn.⟩ **0.1** ***vechtpartij*** ⇒*worsteling, strijd.*
tussle[2] ⟨f1⟩ ⟨onov.ww.⟩ **0.1** ***vechten*** ⇒*strijden, worstelen, bakkeleien* ◆ **6.1** the firm was tussling **with** the bank *de firma lag in de clinch met de bank;* ~ **with** problems *met problemen worstelen.*
tus·sock, ⟨AE sp. ook⟩ **tus·suck** ['tʌsək] ⟨telb.zn.⟩ **0.1** ***pol*** ⟨gras, e.d.⟩ **0.2** ***bosje*** ⇒*dot* ⟨haar, veren⟩ **0.3** →tussock moth.
'tussock grass ⟨n.-telb.zn.⟩ ⟨plantk.⟩ **0.1** ***beemdgras*** ⟨genus Poa⟩.
'tussock moth ⟨telb.zn.⟩ ⟨dierk.⟩ **0.1** ***donsvlinder*** ⟨fam. Lymantriidae⟩.
tus·sock·y ['tʌsəki] ⟨bn.⟩ **0.1** ***polvormig*** ⇒*in pollen, in bosjes* **0.2** ***met pollen bedekt*** ⇒*vol pollen.*
tus·sore ['tʌsɔ:‖'tʌsər], ⟨BE ook⟩ **tus·ser** ['tʌsə‖'tʌsər], ⟨AE vnl.⟩ **tus·sah** ['tʌsə], ⟨in bet. II ook⟩ **'tussore 'silk, 'tusser 'silk, 'tussah 'silk** ⟨zn.⟩
I ⟨telb.zn.⟩ ⟨dierk.⟩ **0.1** ***rups v.d. tussahvlinder*** ⟨Antheraea paphia⟩;
II ⟨n.-telb.zn.⟩ **0.1** ***wilde zijde*** ⇒*tussahzijde, shantoeng.*
tut[1] [tʌt], ⟨in bet. 0.1 ook⟩ **'tut 'tut** ⟨telb. en n.-telb.zn.⟩ **0.1** ***'ts ts' geluid*** ⇒*'nou nou' gemompel, 'kom kom' geroep* **0.2** ⟨BE; mijnw.⟩ ***karwei*** ⇒*klus, werk, akkoord* ◆ **6.2** **by** (the) ~ *per karwei, op stukloon.*
tut[2], **tut tut** ⟨ww.; →ww. 7⟩
I ⟨onov.ww.⟩ **0.1** ***afkeurend 'ts ts' / 'jeetje' mompelen;***
II ⟨ov.ww.⟩ **0.1** ***met 'ts ts' / 'nou nou' begroeten*** ⟨idee⟩ ⇒*afkeurend 'jeetje' mompelen bij / tegen.*
tut[3], **tut tut** ⟨f1⟩ ⟨tussenw.⟩ **0.1** ***ts (ts)*** ⇒*jeetje, nou (nou), ach kom, ach jee* ◆ **¶.1** ~! I spilled some wine *ach jee! / jeetje! ik heb wijn gemorst.*
tu·te·lage ['tju:tḷɪdʒ‖'tu:ṭḷ-] ⟨zn.⟩
I ⟨telb. en n.-telb.zn.; geen mv.⟩ **0.1** ***voogdij(schap)*** ◆ **6.1** **in** ~ *onder voogdij;*
II ⟨n.-telb.zn.⟩ **0.1** ***onderricht*** ⇒*onderwijs, begeleiding* **0.2** ***onmondigheid.***
tu·te·lar·y ['tju:tɪləri‖'tu:ṭleri], **tu·te·lar** ['tju:tɪlə‖'tu:ṭlər] ⟨bn.⟩ **0.1** ***bescherm-*** ⇒*beschermend* **0.2** ***voogd-*** ⇒*voogdij-, tutelair, v. voogd* ◆ **1.1** ~ goddess *schutsgodin, beschermgodin.*
tu·te·nag ['tju:tɪnæg‖'tu:tn·æg] ⟨n.-telb.zn.⟩ **0.1** ***zink*** ⟨uit China en Oost-Indië⟩ **0.2** ***nieuwzilver*** ⇒*nikkelmessing, hotelzilver, berlijns-zilver, alpaca.*
tu·tor[1] ['tju:tə‖'tu:ṭər] ⟨f2⟩ ⟨telb.zn.⟩ **0.1** ***privé-leraar*** ⇒*gouverneur, huisonderwijzer* **0.2** ⟨BE⟩ ***leerboek*** ⇒*handleiding* **0.3** ⟨BE; stud.⟩ ***studieleider*** ⇒⟨ong.⟩ *mentor* **0.4** ⟨AE; stud.⟩ ***docent*** ⟨rang volgend op assistent⟩ **0.5** ⟨jur.⟩ ***voogd*** ⇒*tuteur.*
tutor[2] ⟨f2⟩ ⟨ww.⟩
I ⟨onov.ww.⟩ **0.1** ***als privé-leraar / gouverneur werken*** ⇒*huisonderwijzer zijn* **0.2** ⟨AE⟩ ***college krijgen v.e. docent*** ⇒*studeren bij een docent;*
II ⟨ov.ww.⟩ **0.1** ***(privé-)les geven*** ⇒*onderwijzen* **0.2** ***bedwingen*** ⇒*beteugelen, in toom houden* **0.3** ***africhten*** ⟨paard⟩ ⇒*dresseren* **0.4** ***(heimelijk) instructie(s) / informatie geven aan*** ⇒*bewerken* ⟨bv. getuige⟩ **0.5** ***de voogdij hebben over*** ⇒*moeten zorgen voor* ◆ **1.2** ~ one's feelings *zijn gevoelens in toom houden* **4.2** ~ o.s. *zichzelf beheersen* **6.1** she's ~ing me **in** French *zij geeft mij (privé-)les in Frans.*
tu·to·ress ['tju:tərɪs‖'tu:ṭərɪs] ⟨telb.zn.⟩ **0.1** ***privé-lerares*** ⇒*gouvernante, huisonderwijzeres* **0.2** ⟨BE; stud.⟩ ***studieleidster*** ⇒⟨ong.⟩ *mentrix* **0.3** ⟨AE; stud.⟩ ***docente*** ⟨rang volgend op assistent⟩ **0.4** ⟨jur.⟩ ***voogdes.***
tu·to·ri·al[1] [tju:'tɔ:rɪəl‖tu:'tɔ-] ⟨f2⟩ ⟨telb.zn.⟩ **0.1** ⟨vnl. BE⟩ ***college / werkgroep (v. studieleider)*** **0.2** ⟨AE; vnl. tech.⟩ ***(korte) handleiding.***
tutorial[2] ⟨f1⟩ ⟨bn.; -ly⟩ **0.1** ***v.e. privé-leraar*** ⇒*huisonderwijzer-* **0.2** ⟨BE⟩ ***v.e. studieleider*** ⇒*studieleider-* **0.3** ⟨AE⟩ ***v.e. docent*** ⇒*docent(en)-, met een docent* **0.4** ⟨jur.⟩ ***voogd(ij)-*** ⇒*tutelair.*
tu·tor·ship ['tju:təʃɪp‖'tu:ṭər-], **tu·tor·age** ['tju:tərɪdʒ‖'tu:ṭərɪdʒ] ⟨telb. en n.-telb.zn.⟩ **0.1** ***privé-leraarschap*** ⇒*functie v. gouverneur* **0.2** ⟨BE⟩ ***functie v. studieleider*** ⇒⟨ong.⟩ *mentorschap* **0.3** ⟨AE⟩ ***docentschap*** **0.4** ⟨jur.⟩ ***voogdij(schap).***
tut·san ['tʌtsn] ⟨telb.zn.⟩ ⟨plantk.⟩ **0.1** ***hertshooi*** ⇒*mansbloed* ⟨Hypericum androsaemum⟩.
tut·ti[1] ['tʊti‖'tu:ṭi] ⟨telb.zn.⟩ ⟨muz.⟩ **0.1** ***muziekstuk / passage door allen uitgevoerd.***
tutti[2] ⟨bw.⟩ ⟨muz.⟩ **0.1** ***allen tegelijk*** ⇒*tutti.*
tut·ti-frut·ti ['tu:ṭi 'fru:ṭi] ⟨n.-telb.zn.⟩ **0.1** ***tuttifrutti*** ⇒⟨i.h.b.⟩ *tuttifrutti-ijs* **0.2** ***tuttifrutti smaakstof.***
tut tut →tut.
tut·ty ['tʌṭi] ⟨n.-telb.zn.⟩ **0.1** ***onzuivere zinkoxyde.***
tu·tu ['tu:tu:] ⟨telb.zn.⟩ **0.1** ***tutu*** ⟨kort balletrokje⟩.
'tut·work ⟨n.-telb.zn.⟩ ⟨BE; mijnw.⟩ **0.1** ***stukwerk*** ⇒*akkoordwerk.*
tu-whit tu-whoo[1] [tə'wɪt tə'wu:], **tu-whit, tu-whoo** ⟨telb. en n.-telb.zn.⟩ **0.1** ***oehoe(geroep)*** ⇒*gekras, geschreeuw* ⟨v. uil⟩.
tu-whit tu-whoo[2], **tu-whit, tu-whoo** ⟨onov.ww.; →ww. 7⟩ **0.1** ***oehoeën*** ⇒*krassen, schreeuwen* ⟨v. uil⟩.
tux·e·do [tʌk'si:doʊ], ⟨inf.⟩ **tux** [tʌks] ⟨f1⟩ ⟨telb.zn.⟩ ⟨AE⟩ **0.1** ***smoking*** ⟨kort zwart herenjasje⟩ **0.2** ***smoking(kostuum)*** **0.3** ⟨sl.⟩ ***dwangbuis.***
'tux 'up ⟨ov.ww.; altijd met wederk.vnw. als lijdend voorwerp⟩ **0.1** ***zijn smoking aantrekken*** ◆ **4.1** they had tuxed themselves up for the occasion *voor de gelegenheid hadden zij hun smoking aangetrokken.*
tu·yère, tu·yere ['twi:eə‖tu:'jer] ⟨telb.zn.⟩ ⟨tech.⟩ **0.1** ***blaaspijp*** ⇒*blaasmond(stuk).*
TV ⟨f3⟩ ⟨telb. en n.-telb.zn.⟩ ⟨afk.⟩ television **0.1** ***t.v.***.
TV(-) →television(-).
TVA ⟨afk.⟩ Tennessee Valley Authority.
'TV 'dinner ⟨telb.zn.⟩ **0.1** ***diepvriesmaal(tijd).***
'TV-sup'pressed ⟨bn.⟩ **0.1** ***t.v.-ontstoord.***
T'V 'tie-in ⟨telb.zn.⟩ **0.1** ***boek dat naar aanleiding v.e. t.v.-reeks wordt uitgegeven.***
twad·dle[1] ['twɒdl‖'twɑdl], **twat·tle** ['twɒtl‖'twɑṭl] ⟨f1⟩ ⟨n.-telb.zn.⟩ **0.1** ***gewauwel*** ⇒*gebazel, gebeuzel, gezwets, geleuter.*
twaddle[2], **twattle** ⟨onov.ww.⟩ **0.1** ***leuteren*** ⇒*zwammen, wauwelen, zwetsen.*
twad·dler ['twɒdlə‖'twɑdlər] ⟨telb.zn.⟩ **0.1** ***wauwelaar(ster)*** ⇒*kletskous / tante, zwamneus.*
twad·dly ['twɒdli‖'twɑdli] ⟨bn.⟩ **0.1** ***zwammend*** ⇒*leuterend, kletsend* **0.2** ***wauwelachtig*** ⇒*uit geleuter / gezwets bestaand, leuter-, klets-.*
twain [tweɪn] ⟨telb.zn.⟩ ⟨vero.⟩ **0.1** ***twee(tal)*** ⇒*paar, koppel* ◆ **6.¶** **in** ~ *in tweeën, doormidden.*
twaite [tweɪt], **'twaite shad** ⟨telb.zn.⟩ ⟨dierk.⟩ **0.1** ***fint*** ⟨vis; Alosa finta⟩.
twang[1] [twæŋ], **twan·gle** ['twæŋgl] ⟨f1⟩ ⟨telb.zn.⟩ **0.1** ***tjing*** ⇒*ploink* ⟨v. snaar⟩ **0.2** ***neusgeluid*** ⇒*nasaal geluid, neusklank* ◆ **6.2** speak **with** a ~ *door de neus praten.*
twang[2], **twangle** ⟨f1⟩ ⟨ww.⟩
I ⟨onov.ww.⟩ **0.1** ***tjinken*** ⇒*ploinken, geplukt worden* ⟨v. snaar⟩ **0.2** ***snorren*** ⇒*zoeven* ⟨v. pijl⟩ **0.3** ***neuzelen*** ⇒*door de neus praten* **0.4** ⟨bel.⟩ ***spelen*** ⟨op instrument⟩ ⇒*plukken, rammen, jengelen; krassen, zagen, raspen* ◆ **6.4** ~ **on** a fiddle *op een viool zagen;* ~ing **on** a guitar *plukkend aan een gitaar, jengelend op een gitaar;*
II ⟨ov.ww.⟩ **0.1** ***scherp laten weerklinken*** ⇒*doen tjinken, laten ploinken* **0.2** ***nasaal uitspreken*** ⇒*nasaleren* **0.3** ***afschieten*** **0.4** ⟨bel.⟩ ***bespelen*** ⇒*plukken aan, jengelen op; krassen op, zagen op* ◆ **5.3** ~ **off** an arrow *een pijl afschieten.*
twang·y ['twæŋi] ⟨bn.⟩ **0.1** ***scherp (weerklinkend)*** **0.2** ***nasaal*** ⇒*met een neusgeluid.*
twan·kay ['twæŋkeɪ], **'twankay 'tea** ⟨n.-telb.zn.⟩ **0.1** ***Chinese groene thee.***
'twas [twəz, ⟨sterk⟩ twɒz‖twɑz, twʌz] ⟨samentr. v. it was⟩.
twat [twɒt, twæt‖twɑt] ⟨telb.zn.⟩ **0.1** ⟨sl.; bel.⟩ ***trut*** ⇒*kutwijf* **0.2** ⟨sl.; bel.⟩ ***lul*** ⇒*zak, kloothommel* **0.3** ⟨vulg.⟩ ***kut*** ⇒*pruim, trut, doos.*
twattle →twaddle.
tway·blade ['tweɪbleɪd] ⟨telb.zn.⟩ ⟨plantk.⟩ **0.1** ***keverorchis*** ⟨genus Listera⟩ ⇒⟨i.h.b.⟩ *grote keverorchis* ⟨L. ovata⟩ **0.2** ***Liparis*** ⟨genus v. kleine orchideeën⟩.
tweak[1] [twi:k] ⟨f1⟩ ⟨telb.zn.⟩ **0.1** ***ruk*** ⟨aan oor, neus⟩ ⇒*kneep.*
tweak[2] ⟨f1⟩ ⟨ov.ww.⟩ **0.1** ***beetpakken (en omdraaien)*** ⇒*knijpen in, trekken aan* ◆ **1.1** ~ s.o.'s ears *iem. aan / bij zijn oren trekken;* ~ s.o.'s nose *iemands neus pakken en omdraaien, in iemands neus knijpen.*
tweak·er ['twi:kə‖-ər] ⟨telb.zn.⟩ **0.1** ***iem. die knijpt / beetpakt*** **0.2** ⟨BE; sl.⟩ ***kattepul*** ⇒*slinger, katapult.*

twee [twi:]⟨bn.; tweer, tweest; →compar. 7⟩⟨BE⟩ **0.1** ***fijntjes*** *⇒popp(er)ig* **0.2** ***zoetelijk*** *⇒(te) sentimenteel.*

tweed [twi:d]⟨f1⟩⟨zn.⟩

I ⟨n.-telb.zn.; vaak attr.⟩ **0.1** ***tweed;***

II ⟨mv.; ~s⟩ **0.1** ***tweed pak*** **0.2** ***tweed kleding.***

twee·dle[1] ['twi:dl]⟨telb. en n.-telb.zn.⟩ **0.1** ***gefiedel*** **0.2** ***gedoedel*** *⇒het doedelen.*

tweedle[2] ⟨onov.ww.⟩ **0.1** ⟨ben. voor⟩ ***klungelen*** ⟨op instrument⟩ *⇒fiedelen; doedelen* **0.2** ***tjirpen*** *⇒zingen, tierelieren* ⟨v. vogels⟩.

twee·dle·dum and twee·dle·dee [twi:dl'dʌm ən twi:dl'di:]⟨zn.⟩

I ⟨eig.n.; T- and T-⟩ **0.1** ***Tweedledum en Tweedledee*** ⟨naar Lewis Carroll⟩;

II ⟨n.-telb.zn.⟩ **0.1** ***één pot nat*** *⇒lood om oud ijzer.*

tweed·y ['twi:di]⟨bn.; -er; -ness; →bijw. 3⟩ **0.1** ***tweed-*** *⇒v. tweed* **0.2** ***(vaak) in tweed gekleed*** *⇒tweed dragend* **0.3** ***eenvoudig*** *⇒gewoon, landelijk.*

'tween [twi:n]⟨vz.⟩⟨verk.⟩ between **0.1** ***tussen*** ◆ **1.1** caught ~ two evils *tussen twee soorten kwaad gevangen.*

''tween-'deck ⟨bn.⟩⟨scheep.⟩ **0.1** ***tussendeks-.***

'tween·decks ⟨bw.⟩⟨scheep.⟩ **0.1** ***tussendeks.***

''tween deck(s) ⟨telb.zn.; mv. alleen 'tweendecks⟩⟨scheep.⟩ **0.1** ***tussendek.***

tween·y ['twi:ni]⟨telb.zn.; →mv. 2⟩⟨BE⟩ **0.1** ***dienstmeisje*** *⇒hulpje* ⟨in huishouden/keuken⟩.

tweet[1] [twi:t]⟨telb.zn.⟩ **0.1** ***tjiep*** *⇒piep, (ge)tjilp* ⟨v. vogeltje⟩.

tweet[2] ⟨onov.ww.⟩ **0.1** ***tjilpen*** *⇒tjirpen, piepen, tjiepen.*

tweet·er ['twi:tə‖'twi:ţer]⟨telb.zn.⟩ **0.1** ***hogetonenluidspreker*** *⇒tweeter.*

tweeze [twi:z]⟨ov.ww.⟩⟨vnl. AE⟩ **0.1** ***met een pincet grijpen/uittrekken.***

tweez·er ['twi:zə‖-ər]⟨ov.ww.⟩ **0.1** ***met een pincet uittrekken*** *⇒epileren.*

tweez·ers ['twi:zəz‖-zərz]⟨f1⟩⟨mv.⟩ **0.1** ***pincet*** *⇒epileertangetje* ◆ **1.1** two pairs of ~ *twee pincetten.*

'tweezer work ⟨n.-telb.zn.⟩ **0.1** ***precisiewerk.***

twelfth [twelfθ]⟨f2⟩⟨telw.⟩ **0.1** ***twaalfde*** ◆ **1.1** ~ man *twaalfde man;* ⟨cricket⟩ *reservespeler* ⟨die niet mag bowlen of batten⟩ **6.1** ⟨muz.⟩ an interval **of** a ~ *een interval van twaalf tonen* **7.¶** ⟨BE; jacht⟩ the (glorious) ~ *12 augustus* ⟨opening v.d. jacht op korhoenders⟩.

'Twelfth-cake ⟨telb.zn.⟩ **0.1** ***driekoningenbrood/koek.***

'Twelfth-'day ⟨eig.n.⟩ **0.1** ***Driekoningen*** *⇒Epifanie.*

'Twelfth-'night ⟨eig.n.⟩ **0.1** ***Driekoningenavond.***

twelve [twelv]⟨f3⟩⟨telw.⟩ **0.1** ***twaalf*** ⟨ook voorwerp/groep ter waarde/grootte v. twaalf⟩ ◆ **6.1 in** ~s *in groepen van twaalf;* ⟨boek.⟩ *in duodecimo* **7.¶** the T~ *de twaalf Apostelen.*

'twelve·fold ⟨bn.; bw.⟩ **0.1** ***twaalfvoudig.***

'twelve-inch ⟨telb.zn.⟩⟨muz.⟩ **0.1** ***maxi-single*** ⟨tgo. 'gewone' seven-inch⟩ *⇒disco-single, twelve-inch.*

twelve·mo ['twelvmoʊ]⟨telb.zn.⟩⟨boek.⟩ **0.1** ***duodecimo*** *⇒12°* ⟨vierentwintig bladzijden in een vel⟩ **0.2** ***boekje in 12°*** *⇒duodecimootje.*

'twelve·month[1] ⟨telb.zn.; geen mv.⟩ **0.1** ***jaar*** *⇒twaalf maanden.*

twelvemonth[2] ⟨bw.⟩ **0.1** ***een jaar geleden*** **0.2** ***over een jaar*** ◆ **1.1** this week ~ *deze week een jaar terug* **1.2** this day ~ *vandaag over een jaar.*

'twelve-note, 'twelve-tone ⟨bn.⟩⟨muz.⟩ **0.1** ***twaalftonig*** *⇒dodecafonisch.*

twen·ti·eth ['twentiɪθ‖'twenţiɪθ⟨inf.⟩'twʌniɪθ]⟨f3⟩⟨telw.⟩ **0.1** ***twintigste.***

twen·ty ['twenti‖'twenţi⟨inf.⟩'twʌni]⟨f3⟩⟨telw.⟩ **0.1** ***twintig*** ⟨ook voorwerp/groep ter grootte/waarde van twintig⟩ ◆ **1.1** he found a ~ *hij vond een briefje van twintig* **3.1** he takes a (size) ~ *hij draagt maat twintig* **6.1** a man **in** his twenties *een man van in de twintig;* **in** the twenties *in de jaren twintig;* they sold **in** the twenties *ze werden verkocht voor meer dan twintig pond/dollar* ⟨enz.⟩; temperatures **in** the twenties *temperaturen boven de twintig (graden).*

'twen·ty·fold ⟨bn.; bw.⟩ **0.1** ***twintigvoudig.***

twen·ty-four·mo ['twenti'fɔ:moʊ‖'twenţi'fɔrmoʊ]⟨telb.zn.⟩ ⟨boek.⟩ **0.1** ***vierentwintiger formaat*** *⇒24°* ⟨achtenveertig bladzijden in een vel⟩.

twen·ty·mo ['twenţimoʊ]⟨telb.zn.⟩⟨boek.⟩ **0.1** ***twintiger formaat*** *⇒20°* ⟨veertig bladzijden in een vel⟩.

twen·ty-'twen·ty ⟨bn.⟩ **0.1** ***normaal*** ⟨v. gezichtsscherpte⟩.

'twere [twɜ:‖twɜr]⟨vero.; schr.⟩⟨samentr. v. it were⟩.

twerp, twirp [twɜ:p‖twɜrp]⟨telb.zn.⟩⟨sl.⟩ **0.1** ***sul*** *⇒domkop, sufferd,* ⟨B.⟩ *snul* **0.2** ***vervelende klier.***

twi·bil(l) ['twaɪbɪl‖-bl]⟨telb.zn.⟩ **0.1** ***dubbele bijl*** **0.2** ***hellebaard.***

twice [twaɪs]⟨f3⟩⟨bw.⟩ **0.1** ***tweemaal*** *⇒twee keer, dubbel* ◆ **1.1** ~ a day *tweemaal per dag;* ~ the man he was *weer helemaal de oude, en nog beter* **2.1** ~ as good/much *tweemaal/dubbel zo goed/veel* **3.1** I asked/told him ~ *ik heb het hem tweemaal gevraagd/gezegd;* think ~! *denk er goed over na!, handel niet onbezonnen!* **5.1** once or ~ *een keer of twee;* ~ daily *tweemaal daags/per dag* **6.1** ⟨inf.⟩ **at/in** ~ *in twee keer.*

'twice-'born ⟨bn.⟩⟨relig.⟩ **0.1** ***wedergeboren*** ⟨fig.⟩ *⇒bekeerd.*

'twice-'laid ⟨bn.⟩ **0.1** ***van strengen oud touw/koord gedraaid*** ⟨touw⟩.

twic·er ['twaɪsə‖-ər]⟨telb.zn.⟩ **0.1** ***iem. die iets tweemaal doet*** ⟨vnl. 's zondags twee kerkdiensten bijwoont⟩ **0.2** ⟨BE⟩ ***drukker-letterzetter*** **0.3** ⟨vnl. BE; sl.⟩ ***bedrieger*** *⇒valsspeler.*

'twice-'told ⟨bn.⟩ **0.1** ***tweemaal verteld*** **0.2** ***reeds verteld*** *⇒welbekend, niet origineel, afgezaagd* ◆ **1.2** a ~ tale/joke *een oudbakken verhaal/mop met een baard.*

twid·dle[1] ['twɪdl]⟨telb.zn.⟩ **0.1** ***draai(tje)*** **0.2** ***krul*** *⇒kronkel* ◆ **3.1** give a ~ *een draaitje geven.*

twiddle[2] ⟨f1⟩⟨ww.⟩

I ⟨onov.ww.⟩ **0.1** ***zitten te draaien*** *⇒spelen, friemelen* ◆ **6.1** ~ **with** one's ring *met zijn ring zitten draaien;*

II ⟨ov.ww.⟩ **0.1** ***draaien met*** *⇒zitten te spelen/friemelen met, zitten te draaien aan.*

'twid·dle-twad·dle ⟨n.-telb.zn.⟩ **0.1** ***kletspraat*** *⇒geklets.*

twid·dly ['twɪdli]⟨bn.⟩ **0.1** ***kronkelend*** *⇒draaiend.*

twi·formed ['twaɪ'fɔ:md‖-'fɔrmd]⟨bn.⟩ **0.1** ***tweevormig.***

twig[1] [twɪg]⟨f2⟩⟨telb.zn.⟩ **0.1** ***twijg*** *⇒takje* **0.2** ⟨anat.⟩ ***tak(je)*** ⟨v. bloedvat, zenuw e.d.⟩ **0.3** ***wichelroede*** **0.4** ⟨sl.⟩ ***boom*** ◆ **3.3** work the ~ *met de wichelroede werken* **3.¶** hop the ~ *het hoekje omgaan.*

twig[2] ⟨f2⟩⟨ww.; →ww. 7⟩

I ⟨onov.ww.⟩⟨BE; sl.⟩ **0.1** ***(het) snappen*** *⇒(het) begrijpen;*

II ⟨ov.ww.⟩ **0.1** ***zwiepend slaan*** **0.2** ***rukken*** *⇒trekken* **0.3** ⟨BE; sl.⟩ ***bemerken*** *⇒bekijken* **0.4** ⟨BE; sl.⟩ ***snappen*** *⇒begrijpen.*

twig·gy ['twɪgi]⟨bn.; -er; →compar. 7⟩ **0.1** ***twijgachtig*** *⇒rank, slank* **0.2** ***rijk aan twijgen.***

twi·light[1] ['twaɪlaɪt]⟨f2⟩⟨n.-telb.zn.⟩ **0.1** ***schemering*** ⟨ook fig.⟩ *⇒*⟨fig.⟩ *vage voorstelling, vaag begrip* **0.2** ***schemerlicht*** *⇒schemerdonker* ◆ **1.1** ⟨fig.⟩ ~ of the gods *godenschemering, Götterdämmerung.*

twilight[2] ⟨ov.ww.; volt. deelw. ook twilit⟩ **0.1** ***zwak verlichten.***

'twilight sleep ⟨n.-telb.zn.⟩ **0.1** ***gedeeltelijke narcose*** ⟨m.n. tijdens bevalling⟩.

'twilight zone ⟨f1⟩⟨telb.zn.⟩ **0.1** ***overgangsgebied*** *⇒schemerzone* **0.2** ***vervallend stadsgedeelte.***

twill[1] [twɪl]⟨n.-telb.zn.⟩ **0.1** ***keper(stof)*** **0.2** ***keper*** ⟨weefpatroon⟩.

twill[2] ⟨ov.ww.⟩ **0.1** ***keperen*** *⇒met een keper weven.*

'twill [twɪl]⟨hww.⟩⟨vero.; schr.⟩⟨samentr. v. it will⟩.

twin[1] [twɪn]⟨f2⟩⟨zn.⟩

I ⟨eig.n.; Twins; the; steeds mv.⟩⟨astr., ster.⟩ **0.1** ***(de) Tweelingen*** *⇒Gemini;*

II ⟨telb.zn.⟩ **0.1** ***(één van een) tweeling*** *⇒tweelingbroer/zuster* **0.2** ***bijbehorende*** *⇒tegenhanger;*

III ⟨mv.; ~s⟩ **0.1** ***tweeling*** *⇒tweelingpaar.*

twin[2] ⟨f1⟩⟨bn., attr.⟩ **0.1** ***tweeling-*** *⇒dubbel, gepaard, bij elkaar horend* ◆ **1.1** ~ beds *lits jumeaux;* ~ brother/sister *tweelingbroer/zuster;* (the) Twin Cities *Minneapolis en St. Paul* ⟨Minnesota⟩; ⟨AE; sl.; tech.⟩ ~ pots *(auto met) dubbele carburateur;* ~ towers *twee identieke torens naast elkaar;* ~ set *bij elkaar horend truitje en vest, twinset.*

twin[3] ⟨f1⟩⟨ww.; →ww. 7⟩

I ⟨onov.ww.⟩ **0.1** ***een tweeling krijgen*** **0.2** ***een tweeling(kristal) vormen;***

II ⟨ov.ww.⟩ **0.1** ***samenbrengen*** *⇒samenkoppelen tot een paar, jumelage aangaan* ⟨steden⟩ ◆ **1.1** our two towns are ~ned *onze twee steden zijn een jumelage aangegaan.*

'twin-'bed·ded ⟨bn.⟩ **0.1** ***met twee bedden*** *⇒met een lits-jumeaux.*

twine[1] [twaɪn]⟨zn.⟩

I ⟨telb.zn.⟩ **0.1** ***streng*** *⇒vlecht, tres* **0.2** ***draai*** *⇒kronkeling* **0.3** ***wirwar*** *⇒knoop, klit* **0.4** ***ineenstrengeling;***

II ⟨n.-telb.zn.⟩ **0.1** ***twijn*** *⇒twijndraad/garen.*

twine[2] ⟨f1⟩⟨ww.⟩

I ⟨onov.ww.⟩ **0.1** ***zich ineenstrengelen*** *⇒zich dooreenvlechten* **0.2** ***kronkelen*** *⇒zich (al) kronkelend voortbewegen* ◆ **6.2** the river ~s **through** the valley *de rivier kronkelt/meandert door de vallei;*

II ⟨onov. en ov.ww.⟩ **0.1** ***zich wikkelen*** *⇒zich slingeren/winden* ◆ **6.1** the vines ~d (themselves) **round** the tree *de ranken slingerden/wikkelden zich om de boom;*

III ⟨ov.ww.⟩ **0.1** ***twijnen*** *⇒tweernen, twee draden ineendraaien* **0.2** ***wikkelen*** *⇒winden, vlechten* **0.3** ***omwikkelen*** *⇒bekransen* ◆ **6.2** she ~d her arms **(a)round** my neck *zij sloeg haar armen rond mijn nek;* he ~d a piece of string **round** his finger *hij draaide een stukje touw om zijn vinger.*

'twin-'en·gined ⟨bn.⟩ **0.1** ***tweemotorig.***
'twin·flow·er ⟨telb.zn.⟩ ⟨plantk.⟩ **0.1** ***linnaeusklokje*** ⟨Linnaea borealis⟩.
twinge[1] [twɪndʒ] ⟨f1⟩ ⟨telb.zn.⟩ **0.1** ***scheut*** ⇒*steek, plotselinge pijn* **0.2** ⟨fig.⟩ ***knaging*** ⟨v. geweten⟩ ⇒*kwelling, wroeging* ◆ **1.1** a sudden ~ of pain *een plotselinge pijnscheut* **1.2** ~s of conscience *gewetenswroeging.*
twinge[2] ⟨ww.⟩
I ⟨onov.ww.⟩ **0.1** ***pijn doen*** ⇒*steken* ◆ **1.1** my side ~s *ik heb een steek in mijn zij;*
II ⟨ov.ww.⟩ **0.1** ***kwellen*** ⇒*pijn veroorzaken, prikken, steken* ⟨v. geweten⟩, *knagen* ◆ **1.1** ~ed by fear *gekweld door angst.*
'twin·jet ⟨telb.zn.⟩ **0.1** ***tweemotorig straalvliegtuig.***
twink[1] [twɪŋk] ⟨telb.zn.⟩ **0.1** ***oogwenk*** ⇒*ogenblik* **0.2** ⟨sl.⟩ ***verwijfde homo*** ◆ **6.1 in** a ~ *in een ogenblik.*
twink[2] ⟨onov.ww.⟩ **0.1** ***schitteren*** ⇒*fonkelen.*
twin·kle[1] ['twɪŋkl] ⟨f1⟩ ⟨zn.⟩
I ⟨telb.zn.⟩ **0.1** ***schittering*** ⇒*fonkeling* **0.2** ***knip*** ⇒*knipoog, trekje* **0.3** ***trilling*** ⇒*vlugge, korte beweging* ⟨vnl. v. voet, in dans⟩ ◆ **1.1** a ~ of delight in her eyes *een schittering v. verrukking in haar ogen* **1.¶** ⟨inf.; scherts.⟩ when you were just a ~ in your father's eye *lang voor jouw tijd* **2.1** a mischievous ~ *een guitige flikkering* **6.2 in** a ~ *in een oogwenk;*
II ⟨n.-telb.zn.; the⟩ **0.1** ***het schitteren*** ⇒*schittering, fonkeling* ◆ **1.1** the ~ of the stars/the city lights *het fonkelen/schitteren v.d. sterren/de lichtjes v.d. stad.*
twinkle[2] ⟨f2⟩ ⟨ww.⟩ →twinkling
I ⟨onov.ww.⟩ **0.1** ***schitteren*** ⇒*fonkelen* **0.2** ***knipperen*** ⇒*knipogen* **0.3** ***trillen*** ◆ **2.2** the ~ing stars *de fonkelende sterren* **6.1** his eyes ~d **with** amusement *zijn ogen schitterden van plezier* **6.2** my eyes ~d **at** the light *ik knipperde met mijn ogen tegen het licht;*
II ⟨ov.ww.⟩ **0.1** ***knipperen met*** ◆ **1.1** ~ one's eyes *met de ogen knipperen.*
twin·kling ['twɪŋklɪŋ] ⟨f1⟩ ⟨telb.zn.; geen mv.; gerund v. twinkle⟩ **0.1** ***schittering*** ⇒*fonkeling* **0.2** ***knippering*** **0.3** ***ogenblik*** ◆ **6.3 in** the/a ~ of an eye/a teacup *in een ogenblik/mum v. tijd.*
'twin-lens 'reflex ⟨telb.zn.⟩ **0.1** ***tweelenzige reflexcamera.***
'twin-screw[1] ⟨telb.zn.⟩ ⟨scheep.⟩ **0.1** ***stoomboot met dubbele schroef.***
'twin-'screw[2] ⟨bn., attr.⟩ ⟨scheep.⟩ **0.1** ***met dubbele schroef.***
twin-'track decision ⟨telb.zn.⟩ **0.1** ***dubbelbesluit.***
twirl[1] [twɜ:l‖twɜrl] ⟨f1⟩ ⟨telb.zn.⟩ **0.1** ***draai(beweging)*** ⇒*pirouette* **0.2** ***krul*** ⇒*kronkel, spiraal; winding* ⟨v. schelp⟩ ◆ **3.1** give one's top a ~ *zijn tol opzetten.*
twirl[2] ⟨f2⟩ ⟨ww.⟩
I ⟨onov.ww.⟩ **0.1** ***snel draaien*** ⇒*tollen, wervelen* **0.2** ⟨sl.⟩ ***werpen*** ⟨honkbal⟩ ◆ **5.1** ~ round *ronddraaien/tollen;*
II ⟨ov.ww.⟩ **0.1** ***doen draaien*** ⇒*laten tollen, een snelle draaibeweging geven aan* **0.2** ***krullen*** ⇒*doen krullen* **0.3** ⟨inf.; honkbal⟩ ***werpen*** ◆ **1.1** ~ one's thumbs *duimen, met zijn duimen draaien* **6.2** ~ one's hair **around** one's fingers *zijn haar rond zijn vingers draaien/krullen.*
twirl·er ['twɜ:lə‖'twɜrlər] ⟨telb.zn.⟩ **0.1** ***tol*** **0.2** ***majorette die staf doet draaien.***
twirl·y ['twɜ:li‖'twɜrli] ⟨bn.⟩ **0.1** ***gedraaid*** ⇒*bochtig, kronkelig* **0.2** ***spiraalvormig*** ◆ **5.1** ~-whirly *kronkelig.*
twirp →twerp.
twist[1] [twɪst] ⟨f3⟩ ⟨zn.⟩
I ⟨telb.zn.⟩ **0.1** ***draai*** ⇒*draaiing, draaibeweging* **0.2** ***draai*** ⇒*bocht, kromming, kronkel, kink;* ⟨fig.⟩ *wending* **0.3** ***verdraaiing*** ⇒*misvorming, verrekking, vertrekking* ⟨v. gelaat⟩ **0.4** ***kneep*** ⇒*truc* **0.5** ***afwijking*** ⇒⟨v. karakter⟩ *gril, trek* **0.6** ⟨v. vuurwapen⟩ ***trek*** ⇒*helling der trekken* **0.7** ***peperhuisje*** **0.8** ***schilletje*** ⟨v. citrusvrucht e.d.⟩ **0.9** ⟨sl.⟩ ***meid*** ⇒*deern, wicht* **0.10** ***spiraalbeweging*** ◆ **1.2** a road full of ~s and turns *een weg vol draaien en bochten* **1.4** all the old ~s of bakery *al de oude kneepjes v.h. bakkersvak* **1.5** a ~ of tongue *een (vreemde) tongval/onverwacht accent;* a funny ~ of mind *een rare gril* **1.7** a ~ of paper *een peperhuisje, puntzakje (v. in elkaar gedraaid papier)* **1.8** serve chilled with a ~ of lemon *koud opdienen met een citroenschilletje* **2.2** a strange ~ of events *een vreemde wending der gebeurtenissen;* give an unintended ~ to s.o.'s words *iemands woorden onopzettelijk een andere wending geven* **3.1** give s.o.'s arm a ~ *iemands arm omdraaien;* it has a ~ *het staat scheef* **3.2** give the story a ~ *het verhaal een andere wending geven;* give the truth a ~ *de waarheid een beetje verdraaien* **6.5** ⟨sl.⟩ **round** the ~ *stapelgek* **6.10** the kite came down **in** a ~ *de vlieger kwam met een spiraalbeweging naar beneden;*
II ⟨telb. en n.-telb.zn.⟩ **0.1** ***twist*** ⇒*katoengaren/koord/snoer* **0.2** ***gedraaid deeg*** ⇒*gedraaid broodje, strik(je)* **0.3** ***roltabak*** **0.4** ⟨vnl. AE, Can. E; honkbal⟩ ***effect*** ⇒*draaibal;*
III ⟨n.-telb.zn.⟩ **0.1** ***twist*** ⇒*cocktail met twee dranksoorten* **0.2** ⟨the⟩ ***twist*** ⟨dans uit de jaren zestig⟩ **0.3** ⟨sl.⟩ ***eetlust*** **0.4** ⟨sl.⟩ ***bedriegerij*** ⇒*bedrog, omkoperij.*
twist[2] ⟨f3⟩ ⟨ww.⟩ →twisted
I ⟨onov.ww.⟩ **0.1** ***draaien*** ⇒*trekken, zich krommen* **0.2** ***draaien*** ⇒*zich wentelen, ronddraaien* **0.3** ***kronkelen*** ⇒*meanderen, zich winden; een kromme baan volgen* ⟨v. bal⟩ **0.4** ***zich wringen*** ⇒*krimpen* **0.5** ***de twist dansen*** ◆ **3.2** ~ and turn *(liggen te) woelen* **3.3** ~ and turn *(zich) kronkelen* **5.1** the corners of his mouth ~ed **down** *zijn mondhoeken trokken naar beneden* **5.4** the poor man ~ed **about** in pain *de arme vent lag te krimpen v.d. pijn* **6.3** the road ~s **through** the mountains *de weg kronkelt zich door de bergen* **6.4** the criminal ~ed **out of** the policeman's grip *de boosdoener wrong zich uit de handen van de agent;*
II ⟨ov.ww.⟩ **0.1** ***samendraaien*** ⇒*samenstrengelen, twisten, tot garen ineendraaien;* ⟨tabak⟩ *spinnen* **0.2** ***vlechten*** ⇒*door twisten maken* **0.3** ***winden*** ⇒*draaien om* **0.4** ⟨ben. voor⟩ ***verdraaien*** ⇒*verwringen;* ⟨gezicht⟩ *vertrekken;* ⟨spier⟩ *verrekken;* ⟨voet⟩ *verstuiken;* ⟨sleutel⟩ *forceren, verbuigen;* ⟨arm⟩ *omdraaien* **0.5** ⟨fig.⟩ ***verdraaien*** ⇒*een verkeerde voorstelling geven v.* **0.6** ***wringen*** ⇒*af/uitwringen* **0.7** ***spiraalvorm geven*** **0.8** ⟨vnl. AE, Can. E; honkbal⟩ ***effect geven*** **0.9** ⟨sl.⟩ ***bedriegen*** ◆ **1.1** ~ flowers into a garland *bloemen tot een krans samenvlechten* **1.2** ~ a rope *een touw twisten/vlechten* **1.5** ~ s.o.'s arm *iemands arm omdraaien;* ⟨fig.⟩ *forceren, het mes op de keel zetten;* a ~ed mind *een verwrongen geest;* ⟨fig.⟩ ~ the lion's tail *Groot-Brittannië tergen* **1.6** ~ a cloth *een doek uitwringen* **1.7** ~ed columns *spiraalzuilen* **5.6** ~ **off** a piece of wire *een stuk draad afwringen;* he is all ~ed **up** with pain *hij is helemaal verwrongen v.d. pijn* **6.3** ~ the lid **off** a jar *het deksel v.e. jampot afdraaien* **6.4** his features were ~ed **with** pain *zijn gezicht was vertrokken/verwrongen v.d. pijn* **6.5** the press ~ed his words **into** a confession *de pers verwrong zijn woorden tot een bekentenis.*
twist·a·ble ['twɪstəbl] ⟨bn.⟩ **0.1** ***vlechtbaar*** ⇒*spinbaar* **0.2** ***wringbaar*** ⇒*(ver)draaibaar* **0.3** ***wentelbaar.***
'twist dive ⟨telb.zn.⟩ ⟨schoonspringen⟩ **0.1** ***schroefsprong.***
'twist drill ⟨telb.zn.⟩ **0.1** ***spiraalboor.***
twist·ed ['twɪstɪd] ⟨bn.; oorspr. volt. deelw. v. twist⟩ ⟨sl.⟩ **0.1** ***getikt*** **0.2** ***dronken.***
twist·er ['twɪstə‖-ər] ⟨f1⟩ ⟨telb.zn.⟩ **0.1** ***twister*** ⇒*spinner, touwdraaier* **0.2** ***bedrieger*** **0.3** ***moeilijk karweitje*** **0.4** ***twistdanser*** ⇒*twister* **0.5** ⟨vnl. AE, Can. E; honkbal⟩ ***effectbal*** ⇒*draaibal* **0.6** ⟨AE⟩ ***wervelwind*** **0.7** ⟨sl.⟩ ***politie-overval.***
twist·y ['twɪsti] ⟨bn.; -ier⟩ **0.1** ***kronkelig*** **0.2** ***oneerlijk*** ⇒*niet recht door zee.*
twit[1] [twɪt] ⟨f1⟩ ⟨telb.zn.⟩ **0.1** ***verwijt*** **0.2** ***plagerij(tje)*** **0.3** ⟨BE; sl.⟩ ***sufferd.***
twit[2] ⟨f1⟩ ⟨ov.ww.⟩ ⟨inf.⟩ **0.1** ***bespotten*** ⇒*(spottend) plagen* **0.2** ***verwijten*** ⇒*berispen* ◆ **6.2** ~ s.o. **with/about/on** his clumsiness *iem. zijn onhandigheid verwijten.*
twitch[1] [twɪtʃ] ⟨f1⟩ ⟨zn.⟩
I ⟨telb.zn.⟩ **0.1** ***trek*** ⇒*kramp, zenuwtrek, stuiptrekking* **0.2** ***steek*** ⇒*scheut* ⟨v. pijn e.d.⟩ **0.3** ***ruk*** **0.4** ***zenuwachtige toestand*** ◆ **4.1** ⟨inf.⟩ be all of a ~ *over zijn hele lichaam beven;*
II ⟨n.-telb.zn.⟩ **0.1** →twitch-grass.
twitch[2] ⟨f2⟩ ⟨ww.⟩
I ⟨onov.ww.⟩ **0.1** ***trekken*** ⇒*trillen, zenuwachtig/krampachtig bewegen* **0.2** ***steken*** ⇒*schieten, plotseling pijn doen* **0.3** ***rukken*** ⇒*herhaaldelijk trekken* **0.4** ⟨vrijwel steeds in gerund⟩ ⟨inf.⟩ ***vogelen*** ⇒*vogels observeren* ◆ **1.1** a ~ing muscle *een trillende spier* **6.1** her face ~ed **with** terror *haar gezicht vertrok/beefde/trilde v. angst* **6.3** I felt s.o. ~ing **at** my sleeve *ik voelde iem. aan mijn mouw trekken/rukken;*
II ⟨ov.ww.⟩ **0.1** ***vertrekken*** ⇒*krampachtig (doen) bewegen, trekken met* **0.2** ***trekken aan*** ⇒*rukken aan* **0.3** ⟨inf.⟩ ***waarnemen*** ⇒*observeren* ⟨vogels⟩ ◆ **1.1** ⟨fig.⟩ he didn't ~ an eyelid *hij vertrok geen spier* **1.2** he kept ~ing my coat *hij bleef aan mijn jas rukken;* the wind ~ed the paper out of my hands *de wind rukte het papier uit mijn handen.*
twitch·er ['twɪtʃə‖-ər] ⟨telb.zn.⟩ **0.1** ***iem. die trekt/rukt*** ⇒*trekker, rukker* **0.2** ⟨inf.⟩ ***vogelaar*** ⇒*vogelfreak/waarnemer.*
'twitch-grass ⟨n.-telb.zn.⟩ ⟨plantk.⟩ **0.1** ***kweek*** ⇒*kweekgras, tarwegras* ⟨Agropyron repens⟩ **0.2** ***duist*** ⟨Alopercus myosuroides⟩.
twitch·y ['twɪtʃi] ⟨bn.⟩ **0.1** ***zenuwachtig*** ⇒*prikkelbaar.*
twite [twaɪt] ⟨telb.zn.⟩ **0.1** ⟨dierk.⟩ ***frater*** ⟨Carduelis flavirostris⟩.
twit·ter[1] ['twɪtə‖'twɪṭər] ⟨f1⟩ ⟨zn.⟩
I ⟨telb. en n.-telb.zn.⟩ **0.1** ***zenuwachtigheid*** ⇒*opgewondenheid* ◆ **7.1** all of a ~ *opgewonden, zenuwachtig;*
II ⟨n.-telb.zn.⟩ **0.1** ***getjilp*** ⇒*gesjilp, gekwetter, geschetter* ◆ **1.1** the ~ of sparrows *het gekwetter v. mussen.*
twitter[2] ⟨f2⟩ ⟨onov.ww.⟩ **0.1** ***tjilpen*** ⇒*sjilpen, schetteren, kwetteren*

◆ **5.1** teenage girls ~ing **on** about trifles *schoolmeisjes die niet ophouden met kwetteren over onbenulligheden.*
twit·ter·y ['twɪṭəri]⟨bn.⟩ **0.1** ***zenuwachtig*** ⇒*opgewonden.*
twit-twat ['twɪt, twɒt‖-twɑt]⟨telb.zn.⟩ **0.1** ***(huis)mus.***
'twixt →betwixt.
two [tu:]⟨f4⟩⟨telw.⟩ **0.1** ***twee*** ⟨ook voorwerp/groep ter waarde/grootte v. twee⟩ ⇒*tweetal* ◆ **1.1** ~ years old *twee jaar oud* **3.1** give me a ~ *geef me een briefje v. twee* **4.1** ~ or three *twee of drie, een paar, enkele(n), een stuk of wat* **6.1** ~ **by** ~ *twee aan twee;* ~ **by** three *twee maal drie; twee op drie;* arranged **in** ~s *per twee gerangschikt;* cut **in** ~ *in tweeën gesneden;* ⟨muz.⟩ play it **in** ~ *speel het in (een/de maat v.) twee* **6.¶** ⟨BE; inf.⟩ **in** ~ ~s *in één, twee, drie, in een paar tellen, in een mum v. tijd* **8.1** an apple or ~ *een paar/enkele/een stuk of wat appelen;* ~ and ~ *twee aan twee.*
'two-bag·ger ⟨telb.zn.⟩⟨honkbal⟩ **0.1** ***tweehonkslag.***
'two-'barred ⟨bn.⟩⟨dierk.⟩ ◆ **1.¶** ~ crossbill *witbandkruisbek* ⟨Loxia leucoptera⟩.
'two-bit ⟨bn., attr.⟩⟨AE; sl.⟩ **0.1** ***klein*** ⇒*waardeloos, goedkoop.*
'two-by-'four[1] ⟨telb.zn.⟩ **0.1** ***balkje van twee bij vier duim doorsnee.***
'two-by-four[2] ⟨bn., attr.⟩ **0.1** ***van twee bij vier duim*** **0.2** ***klein*** ⇒*mini-, zakformaat, piepklein.*
'two-col·our ⟨bn., attr.⟩ **0.1** ***tweekleuren-*** ◆ **1.1** ~ illustrations *illustraties in twee kleuren.*
'two-'deck·er[1] ⟨telb.zn.⟩ **0.1** ***dubbeldekker.***
'two-decker[2] ⟨bn., attr.⟩ **0.1** ***met twee verdiepingen/dekken.***
'two-di'men·sion·al ⟨f1⟩⟨bn.; -ly⟩ **0.1** ***tweedimensionaal.***
'two-earn·er ⟨bn., attr.⟩ **0.1** ***tweeverdiener(s)-*** ◆ **1.1** ~ couple, ~ family *tweeverdieners;* ~ household *tweeverdienershuishouding.*
'two-'edged ⟨f1⟩⟨bn.⟩⟨ook fig.⟩ **0.1** ***tweesnijdend*** ⇒*in twee richtingen werkend.*
'two-'faced ⟨bn.; -ly; ook ['tu:'feɪsɪdli]; -ness⟩ **0.1** ***met twee aangezichten*** ⇒⟨fig.⟩ *onoprecht, hypocriet, schijnheilig.*
two·fer ['tu:fə‖-ər]⟨telb.zn.⟩⟨AE; inf.⟩ **0.1** ***kaart*** ⟨voor schouwburg, e.d.⟩ ***tegen half tarief*** **0.2** ⟨sl.⟩ ***goedkope sigaar.***
'two-'fist·ed ⟨bn.⟩ **0.1** ⟨BE⟩ ***onhandig*** **0.2** ⟨AE⟩ ***krachtig*** ⇒*sterk, energiek.*
two·fold ['tu:foʊld]⟨f2⟩⟨bn.; bw.⟩ **0.1** ***tweevoudig*** ⇒*dubbel, tweeledig* **0.2** ***tweedraads*** ⟨v. garen⟩.
'two-'foot·ed ⟨bn.⟩⟨voetbal⟩ **0.1** ***tweebenig.***
'two-'four ⟨bn., attr.⟩⟨muz.⟩ **0.1** ***tweekwarts*** ⟨v. maat⟩.
'two-'hand·ed ⟨bn.⟩ **0.1** ***voor twee handen*** **0.2** ***voor twee personen*** **0.3** ***zowel links- als rechtshandig*** **0.4** ***tweehandig*** ⇒*met twee handen* ◆ **1.1** ~ sword *tweehandig zwaard* **1.2** ~ saw *trekzaag.*
'two-horse ⟨bn., attr.⟩ **0.1** ***voor twee paarden.***
'two-income 'family ⟨telb.zn.⟩ **0.1** ***tweeverdienersgezin.***
two·ness ['tu:nəs]⟨n.-telb.zn.⟩ **0.1** ***tweeheid*** ⇒*dualiteit.*
'two-pair ⟨bn., attr.⟩ **0.1** ***op de tweede verdieping*** ⇒*tweehoog* ◆ **2.1** a ~ room *kamer tweehoog.*
'two-pair 'pack ⟨telb.zn.⟩ **0.1** ***dubbelverpakking*** ⇒*twee-in-een.*
'two 'part ⟨n.-telb.zn.⟩⟨Sch. E⟩ **0.1** ***tweederde.***
'two-part ⟨f1⟩⟨bn., attr.⟩ **0.1** ***in twee delen*** **0.2** ⟨muz.⟩ ***tweestemmig*** **0.3** ***dubbel*** ◆ **1.1** ~ code *codeboek in twee delen* **1.2** ~ form *tweestemmig zangstuk* **1.3** ⟨muz.⟩ ~ time/measure *dubbele maat;* ~ tariff *dubbel tarief.*
two·pence, ⟨BE ook⟩ **tup·pence** ['tʌpəns]⟨f1⟩⟨zn.⟩
I ⟨telb.zn.⟩ **0.1** ***(Brits) muntstuk v. twee pence;***
II ⟨n.-telb.zn.⟩ **0.1** ***twee pence*** ◆ **¶.1** I don't care ~ *ik geef er geen zier/sikkepit om, 't kan me geen bal schelen.*
two·pen·ny[1], ⟨BE ook⟩ **tup·pen·ny** ['tʌpni]⟨zn.⟩
I ⟨telb.zn.; in bet. 0.1 ook twopenny; →mv. 4⟩ **0.1** ***Brits muntstuk v. twee pence*** **0.2** ⟨BE; inf.⟩ ***kop*** ⇒*bol* ◆ **3.2** mind/tuck in your ~ *pas op je kop!* **3.¶** I don't care a ~ *ik geef er geen barst om;*
II ⟨n.-telb.zn.⟩ **0.1** ***zwak bier.***
two·penny[2], ⟨BE ook⟩ **tup·penny** ⟨bn., attr.⟩ **0.1** ***twee pence kostend/waard*** ◆ **1.1** ~ piece *(Brits) muntstuk ter waarde v. twee new pence;* half a pound of ~ rice *een half pond rijst voor twee pence* **3.¶** don't care/give a tuppenny damn *het kan me geen barst schelen.*
two·pen·ny-half·pen·ny ['tʌpni'heɪpni]⟨bn., attr.⟩ **0.1** ***goedkoop*** ⇒*waardeloos, rot-, snert-* **0.2** ⟨vero.⟩ ***twee-en-een-halve pence kostend*** ⇒*een halve stuiver waard.*
'two-'phase ⟨bn.⟩⟨elek.⟩ **0.1** ***tweefasig.***
'two-piece[1] ⟨f1⟩⟨telb.zn.⟩ **0.1** ***deux-pièces*** ⇒*tweedelig pakje* **0.2** ***bikini*** ⇒*tweedelig badpak.*
'two-'piece[2] ⟨f1⟩⟨bn.⟩ **0.1** ***tweedelig*** ⇒*in twee bij elkaar passende delen* ◆ **1.1** ~ suit *tweedelig pak (jasje en broek).*
'two-ply[1] ⟨n.-telb.zn.⟩ **0.1** ***tweedraads (touw)*** ⇒*tweedraadse wol, tweedraads garen* **0.2** ***duplex hout*** ⇒*hout/karton bestaande uit twee lagen.*
'two-'ply[2] ⟨bn.⟩ **0.1** ***tweedraads*** **0.2** ***duplex-*** ⇒*tweelagig.*
'two'seat·er ⟨telb.zn.⟩ **0.1** ***two-seater*** ⟨auto/vliegtuig met twee zitplaatsen⟩.
'two-shift 'system ⟨telb.zn.⟩ **0.1** ***tweeploegenstelsel.***
'two-'sid·ed ⟨bn.⟩ **0.1** ***tweezijdig*** ⇒*bilateraal* **0.2** ***tweezijdig*** ⇒*met twee kanten.*
two·some ['tu:sm]⟨telb.zn.⟩⟨inf.⟩ **0.1** ***tweetal*** ⇒*koppel* **0.2** ***spel voor twee.***
'two-spot ⟨telb.zn.⟩⟨AE⟩ **0.1** ⟨kaartspel⟩ ***twee*** **0.2** ⟨sl.⟩ ***bankbiljet v. twee dollar.***
'two-'stage ⟨bn., attr.⟩ **0.1** ***tweetraps-*** ◆ **1.1** ~ rocket *tweetrapsraket.*
'two-step ⟨telb.zn.⟩ **0.1** ***two-step*** ⟨dans⟩.
'two-stroke ⟨bn., attr.⟩ **0.1** ***tweetakt-*** ◆ **1.1** ~ engine *tweetaktmotor.*
'two-tier ⟨bn., attr.⟩ **0.1** ***met twee verdiepingen/lagen*** ◆ **1.1** ~ cake *cake met twee verdiepingen;* ~ bed *stapelbed;* ~ post code *postcodesysteem met twee opeenvolgende selecties.*
'two-time[1] ⟨bn., attr.⟩ **0.1** ***tweevoudig*** ⇒*dubbel, tweemalig* ◆ **1.1** a ~ loser *iem. die tweemaal veroordeeld/gescheiden is.*
two-time[2] ⟨ww.⟩⟨inf.⟩
I ⟨onov.ww.⟩ **0.1** ***dubbel spel spelen*** ⇒*twee partijen bedriegen;*
II ⟨ov.ww.⟩ **0.1** ***bedriegen*** ⇒*ontrouw zijn.*
'two-tim·er ⟨telb.zn.⟩⟨inf.⟩ **0.1** ***iem. die dubbel spel speelt*** ⇒*bedrieger, ontrouwe minnaar.*
'two-tim·ing ⟨bn.⟩⟨sl.⟩ **0.1** ***bedrieglijk*** **0.2** ***dubbel spel spelend.***
'two-tone ⟨bn., attr.⟩ **0.1** ***tweekleurig*** **0.2** ***tweetonig*** ⟨bv. toeter⟩.
'twould [twʊd]⟨hww.⟩⟨schr.⟩⟨samentr. v. it would⟩.
two-'up ⟨n.-telb.zn.⟩⟨Austr. E⟩ **0.1** ***gokspelletje waarbij gewed wordt of de twee (getoste) muntstukken met dezelfde kant naar boven zullen vallen*** ⇒*tijdsvervorming.*
'two-way ⟨f1⟩⟨bn., attr.⟩ **0.1** ***tweerichtings-*** ⇒*tweewegs-* **0.2** ***wederzijds*** ⇒*wederkerig* **0.3** ***tweezijdig*** ◆ **1.1** ~ cock *tweewegskraan;* ~ radio *radio met zend- en ontvangstinstallatie;* ~ street *straat voor tweerichtingsverkeer;* ⟨fig.⟩ *zaak v. geven en nemen;* ⟨stat.⟩ ~ table *tabel met twee ingangen;* ~ traffic *tweerichtingsverkeer* **1.2** ⟨fig.⟩ ~ communication *wederzijdse verstandhouding;* ~ relationship *wederzijdse verhouding, wederkerigheid* **1.3** ~ agreement *tweezijdige overeenkomst.*
TX ⟨afk.⟩ Texas.
-ty [ti] **0.1** ***-heid*** ⇒*-teit* **0.2** ***-tig*** ◆ **¶.1** cruelty *wreedheid;* safety *veiligheid;* faculty *faculteit;* puberty *puberteit* **¶.2** twenty *twintig;* seventy *zeventig;* haughty *hooghartig.*
ty·coon ['taɪ'ku:n]⟨f1⟩⟨telb.zn.⟩ **0.1** ***magnaat*** **0.2** ⟨gesch.⟩ ***shogun*** ◆ **1.1** oil ~ *petroleummagnaat.*
tying ⟨onvolt. deelw.⟩ →tie.
tyke, tike [taɪk]⟨telb.zn.⟩ **0.1** ***bastaardhond*** ⇒*straathond, mormel* **0.2** ⟨BE; gew.⟩ ***rekel*** ⇒*boef* **0.3** ⟨BE⟩⟨vaak T-⟩ ***iem. uit Yorkshire*** **0.4** ⟨inf.⟩ ***dreumes*** ⇒*hummeltje* **0.5** ⟨inf.⟩ ***dondersteentje*** ⇒*boefje, rakkertje.*
tyler →tiler.
tym·bal, tim·bal ['tɪmbl]⟨telb.zn.⟩ **0.1** ***pauk*** ⇒*keteltrom.*
tym·pan ['tɪmpən]⟨telb.zn.⟩ **0.1** ⟨druk.⟩ ***timpaan*** ⇒*persraam* **0.2** ⟨bouwk.⟩ ***timpaan*** ⇒*fronton.*
tym·pan·ic [tɪm'pænɪk]⟨bn.⟩ **0.1** ***trommel-*** ⇒*trommelvormig* **0.2** ***v./mbt. het trommelvlies*** ◆ **1.2** ~ membrane *trommelvlies.*
tym·pan·ist ['tɪmpənɪst]⟨telb.zn.⟩ **0.1** ***paukenist.***
tym·pa·ni·tes ['tɪmpə'naɪṭi:z]⟨n.-telb.zn.⟩⟨med.⟩ **0.1** ***trommelzucht*** ⇒*gasvorming in de buik* **0.2** ***trommelvliesontsteking.***
tym·pa·num ['tɪmpənəm]⟨telb.zn.; ook tympana [-nə]; →mv. 5⟩ **0.1** ***trommelvlies*** **0.2** ***trommelholte*** ⇒*middenoor* **0.3** ⟨bouwk.⟩ ***timpaan*** ⇒*fronton.*
tym·pa·ny ['tɪmpəni]⟨n.-telb.zn.⟩⟨vero.⟩ **0.1** ***bombast.***
typ ⟨afk.⟩ typographer, typographical, typography.
typ·al ['taɪpl]⟨bn.⟩ **0.1** ***typisch*** **0.2** ***symbolisch*** **0.3** ***typografisch.***
type[1] [taɪp]⟨f4⟩⟨zn.⟩
I ⟨telb.zn.⟩ **0.1** ***type*** ⇒*model, voorbeeld, toonbeeld* **0.2** ***type*** ⇒*grondvorm/beeld, prototype* **0.3** ***symbool*** ⇒*zinnebeeld* **0.4** ***type*** ⇒*soort; model, vorm* **0.5** ***afdeling*** ⟨in systematiek⟩ **0.6** ⟨inf.⟩ ***typ (e)*** ⇒*soort mens* **0.7** ⟨bijb.⟩ ***voorafbeelding*** ⇒*prefiguratie, voorafschaduwing* **0.8** ⟨druk.⟩ ***type*** ⇒*letter/gietvorm, (gegoten) drukletter* **0.9** ***beeldenaar*** ⇒*muntstempel/merk* ◆ **1.4** a car of an old ~ *een wagen van een oud model* **1.5** ⟨dierk.⟩ the vertebrate ~ *de afdeling der gewervelde dieren;*
II ⟨n.-telb.zn.⟩ **0.1** ⟨druk.⟩ ***zetsel*** ⇒*gezet werk, lood* **0.2** ⟨biol.⟩ ***(zuiver) ras*** ⇒*grondvorm* ◆ **3.2** revert to ~ *tot het oorspr. ras terugkeren;* ⟨fig.⟩ *zijn oude gewoonten weer opnemen;* ⟨biol.⟩ *verwilderen* **6.1** **in** ~ *gezet;* **in** italic ~ *in cursief (schrift).*
type[2] ⟨f3⟩⟨ww.⟩
I ⟨onov. en ov.ww.⟩ **0.1** ***typen*** ⇒*tikken* ◆ **5.1** ~ **in** *intikken, (met schrijfmachine) invullen;* ~ **out** *uittikken;* ~ **up** *in definitieve vorm uittikken;*
II ⟨ov.ww.⟩ **0.1** ***typeren*** ⇒*karakteriseren* **0.2** ***bepalen*** ⇒*vaststellen, typeren* ⟨bv. bloedgroep, ziekte⟩ **0.3** ***symboliseren*** ⇒*een zinnebeeld zijn van* **0.4** ⟨bijb.⟩ ***prefigureren*** ⇒*van te voren beduiden* **0.5** ⟨dram.⟩ ***een geschikte rol geven*** ⟨acteur/actrice⟩ ◆ **6.1** he

was ~d **as** an unreliable person *hij werd als een onbetrouwbaar persoon getypeerd.*
-type [taɪp] **0.1** ⟨vormt nw.⟩ ***-type*** **0.2** ⟨vormt bijv.nw.⟩ ***gemaakt van*** **0.3** ⟨vormt bijv.nw.⟩ ***-achtig*** ⇒*gelijkend op* ◆ **¶.1** archetype *archetype;* Linotype *linotype* **¶.2** ceramic-type materials *ceramische stoffen* **¶.3** claret-type wine *bordeaux-achtige wijn.*
'type area ⟨telb.zn.⟩⟨druk.⟩ **0.1** ***zetspiegel.***
'type·bar ⟨telb.zn.⟩ **0.1** ***typearm*** ⟨v. schrijfmachine⟩ **0.2** ⟨druk.⟩ ***gezette regel.***
'type basket ⟨telb.zn.⟩ **0.1** ***typekorf*** ⟨v. schrijfmachine⟩.
'type case ⟨telb.zn.⟩⟨druk.⟩ **0.1** ***letter/zetkast.***
'type·cast ⟨ov.ww.⟩ **0.1** ⟨dram.⟩ ***steeds een zelfde soort rol geven*** ⟨acteur⟩ **0.2** ⟨vnl. pej.⟩ ***typeren*** ⇒*noemen, beschrijven als* ◆ **6.1** be ~ **as** a villain *altijd maar weer de schurk spelen.*
'type cutter ⟨telb.zn.⟩⟨druk.⟩ **0.1** ***lettersnijder.***
'type·face ⟨telb.zn.⟩⟨druk.⟩ **0.1** ***letterbeeld*** **0.2** ***lettertype/soort.***
'type·found·er ⟨telb.zn.⟩⟨druk.⟩ **0.1** ***lettergieter.***
'type·found·ry ⟨telb.zn.; →mv. 2⟩⟨druk.⟩ **0.1** ***lettergieterij.***
'type genus ⟨telb.zn.⟩⟨biol.⟩ **0.1** ***belangrijkste geslacht*** ⟨bv. Canis voor fam. Canidae⟩.
'type-'high ⟨bn.; bw.⟩⟨druk.⟩ **0.1** ***op letterhoogte.***
'type metal ⟨telb. en n.-telb.zn.⟩⟨druk.⟩ **0.1** ***lettermetaal/specie*** ⇒*lood.*
'type page ⟨telb.zn.⟩⟨boek.⟩ **0.1** ***bladspiegel.***
'type·script ⟨f1⟩⟨telb. en n.-telb.zn.⟩ **0.1** ***getypte kopij*** ⇒*typoscript.*
'type·set ⟨bn.⟩⟨druk.⟩ **0.1** ***gezet*** ⇒*in het lood.*
'type·set·ter, ⟨in bet. 0.2 ook⟩ **'type·set·ting machine** ⟨telb.zn.⟩ ⟨druk.⟩ **0.1** ***(letter)zetter*** ⇒*typograaf* **0.2** ***(letter)zetmachine.***
'type·set·ting ⟨n.-telb.zn.⟩⟨druk.⟩ **0.1** ***het (letter)zetten*** ⇒*typografie.*
'type·site ⟨telb.zn.⟩⟨gesch.⟩ **0.1** ***belangrijkste/hoofdvindplaats.***
'type species ⟨telb.zn.⟩⟨biol.⟩ **0.1** ***belangrijkste soort*** ⟨bv. Panthera pardus voor genus Panthera⟩.
'type·write ⟨f1⟩⟨onov. en ov.ww.⟩ →typewriting, typewritten **0.1** ***typen*** ⇒*tikken, met de machine schrijven.*
'type·writ·er ⟨f3⟩⟨telb.zn.⟩ **0.1** ***schrijfmachine.***
'type·writ·ing ⟨f1⟩⟨zn.; (oorspr.) gerund v. typewrite⟩
  I ⟨telb. en n.-telb.zn.⟩ **0.1** ***getypte kopij*** ⇒*typoscript;*
  II ⟨n.-telb.zn.⟩ **0.1** ***(het) machineschrijven*** ⇒*dactylografie.*
'type·written ⟨f1⟩⟨bn.; volt. deelw. v. typewrite⟩ **0.1** ***in machineschrift*** ⇒*getypt.*
typh·li·tis [tɪf'laɪt̬ɪs]⟨telb. en n.-telb.zn.⟩⟨med.⟩ **0.1** ***ontsteking v.h. caecum*** ⇒⟨i.h.b., vero.⟩ *appendicitis.*
ty·phoid[1] ['taɪfɔɪd], **'typhoid 'fever** ⟨f1⟩⟨n.-telb.zn.⟩⟨med.⟩ **0.1** ***tyfus*** ⇒*tyfeuze koorts.*
typhoid[2], **ty·phoi·dal** [taɪ'fɔɪdl]⟨bn., attr.⟩ **0.1** ***tyfeus*** ⇒*tyfoïde* ◆ **1.1** ~ condition/state *tyfeuze conditie/toestand.*
ty·phon·ic [taɪ'fɒnɪk‖-'fɑ-]⟨bn.⟩ **0.1** ***tyfoonachtig.***
ty·phoon ['taɪ'fu:n]⟨f1⟩⟨telb.zn.⟩ **0.1** ***tyfoon.***
ty·phous ['taɪfəs]⟨bn.⟩ **0.1** ***tyfeus.***
ty·phus ['taɪfəs]⟨f1⟩⟨n.-telb.zn.⟩⟨med.⟩ **0.1** ***vlektyfus.***
typ·i·cal ['tɪpɪkl], ⟨schr.⟩ **typ·ic** ['tɪpɪk]⟨f3⟩⟨bn.; typically; typicalness⟩ **0.1** ***typisch*** ⇒*typerend, karakteristiek, kenmerkend* **0.2** ***symbolisch*** ⇒*zinnebeeldig, emblematisch* ◆ **6.1** be ~ **of** *typisch zijn voor, typeren, karakteriseren* **6.2** be ~ **of** *symbolisch zijn voor, symboliseren.*
typ·i·cal·i·ty ['tɪpɪ'kælət̬i]⟨n.-telb.zn.⟩ **0.1** ***het typische*** ⇒*typisch karakter* **0.2** ***het symbolische*** ⇒*symboliek.*
typ·i·fi·ca·tion ['tɪpɪfɪ'keɪʃn]⟨zn.⟩
  I ⟨telb.zn.⟩ **0.1** ***typisch geval*** **0.2** ***symbolische voorstelling;***
  II ⟨telb. en n.-telb.zn.⟩ **0.1** ***typering*** ⇒*karakterisering* **0.2** ***symbolisering*** **0.3** ⟨bijb.⟩ ***prefiguratie.***
typ·i·fy ['tɪpɪfaɪ]⟨f1⟩⟨ov.ww.; →ww. 7⟩ **0.1** ***typeren*** ⇒*karakteriseren* **0.2** ***symboliseren*** **0.3** ⟨bijb.⟩ ***prefigureren.***
'typing pool ⟨verz.n.⟩ **0.1** ***alle typisten v.e. bedrijf*** ⇒*typekamer.*
typ·ist ['taɪpɪst]⟨f1⟩⟨telb.zn.⟩ **0.1** ***typist(e)*** ⇒*tikjuffrouw.*
ty·po[1] ['taɪpoʊ]⟨f1⟩⟨telb.zn.⟩ **0.1** ⟨inf.⟩ ***typo*** ⇒*typograaf, drukker, (letter)zetter* **0.2** ⟨AE; inf.⟩ ***druk/tikfout.***
typo[2], **typog** ⟨afk.⟩ typographer, typographical, typography.
ty·pog·ra·pher [taɪ'pɒgrəfə‖-'pɑgrəfər]⟨telb.zn.⟩ **0.1** ***typograaf*** ⇒*(boek)drukker* **0.2** ***typograaf*** ⇒*(letter)zetter.*
ty·po·graph·ic ['taɪpə'græfɪk], **ty·po·graph·i·cal** [-ɪkl]⟨f1⟩⟨bn.; -(al) ly; →bijw. 3⟩ **0.1** ***typografisch*** ⇒*(boek)druk-, (letter)zet-* ◆ **1.1** ~ error *druk/zet/tik/schrijffout.*
ty·pog·ra·phy [taɪ'pɒgrəfi‖-'pɑ-]⟨f1⟩⟨zn.; →mv. 2⟩
  I ⟨telb.zn.⟩ **0.1** ***typografie*** ⇒*typografische verzorging* ⟨bv. v. boek⟩;
  II ⟨n.-telb.zn.⟩ **0.1** ***typografie*** ⇒*(boek)drukkunst* **0.2** ***typografie*** ⇒*(het) (letter)zetten.*
ty·po·log·i·cal ['taɪpə'lɒdʒɪkl‖'lɑ-]⟨bn.⟩ **0.1** ***typologisch.***
ty·pol·o·gy [taɪ'pɒlədʒi‖-'pɑ-]⟨telb. en n.-telb.zn.; →mv. 2⟩ **0.1** ***typologie*** ⟨vnl. bijb.⟩.
typw ⟨afk.⟩ typewriter, typewritten.
ty·ran·ni·cal [tɪ'rænɪkl], **ty·ran·nic** [tɪ'rænɪk]⟨f1⟩⟨bn.; -(al)ly; -(al) ness; →bijw. 3⟩ **0.1** ***tiranniek.***
ty·ran·ni·cide [tɪ'rænɪsaɪd]⟨zn.⟩
  I ⟨telb.zn.⟩ **0.1** ***tirannenmoordenaar;***
  II ⟨telb. en n.-telb.zn.⟩ **0.1** ***tirannenmoord.***
tyr·an·nize, -nise ['tɪrənaɪz]⟨f1⟩⟨ww.⟩
  I ⟨onov.ww.⟩ **0.1** ***als een tiran regeren*** ⇒⟨fig.⟩ *de tiran spelen* ◆ **6.1** he ~d **over** the people *hij regeerde als een tiran over/tiranniseerde het volk;*
  II ⟨ov.ww.⟩ **0.1** ***tiranniseren.***
ty·ran·no·saur [tɪ'rænəsɔ:‖-sɔr], **ty·ran·no·saur·us** [tɪ'rænə'sɔ:rəs] ⟨telb.zn.⟩ **0.1** ***tyrannosaurus*** ⟨grote dinosaurus⟩.
tyr·an·nous ['tɪrənəs]⟨f1⟩⟨bn.; -ly⟩ **0.1** ***tiranniek.***
tyr·an·ny ['tɪrəni]⟨f2⟩⟨zn.; →mv. 2⟩
  I ⟨telb.zn.⟩ **0.1** ***tirannieke daad;***
  II ⟨telb. en n.-telb.zn.⟩ **0.1** ***tirannie*** ⇒*dwingelandij;* ⟨fig.⟩ *wreedheid, hardvochtigheid* **0.2** ⟨gesch.⟩ ***tirannie*** ⇒*alleenheerschappij, despotisme.*
ty·rant ['taɪərənt]⟨f2⟩⟨telb.zn.⟩ **0.1** ***tiran*** ⇒*dwingeland* **0.2** ⟨gesch.⟩ ***tiran*** ⇒*alleenheerser, despoot.*
'tyrant bird, 'tyrant 'flycatcher ⟨telb.zn.⟩⟨dierk.⟩ **0.1** ***tiran*** ⟨vogel; genus Tyrannus⟩.
tyre, ⟨AE sp.⟩ **tire** ['taɪə‖-ər]⟨f2⟩⟨telb.zn.⟩ **0.1** ***band*** ⇒⟨i.h.b.⟩ *autoband* **0.2** ***band*** ⇒*wielband* ⟨om karrewiel⟩.
Tyre ['taɪə‖-ər]⟨eig.n.⟩ **0.1** ***Tyrus*** ⟨in Fenicië⟩.
'tyre-chain ⟨telb.zn.⟩ **0.1** ***(sneeuw)ketting.***
'tyre cover ⟨telb.zn.⟩ **0.1** ***(loopvlak v.) buitenband.***
'tyre-gauge ⟨telb.zn.⟩ **0.1** ***(band)spanningsmeter.***
Tyr·i·an[1] ['tɪrɪən]⟨telb.zn.⟩ **0.1** ***Tyriër.***
Tyrian[2] ⟨bn.⟩ **0.1** ***Tyrisch*** ◆ **1.¶** ~ purple *klassiek purper, karmozijn(rood).*
ty·ro, ti·ro ['taɪroʊ]⟨telb.zn.⟩ **0.1** ***beginner*** ⇒*beginneling, nieuweling.*
Ty·rol, Ti·rol [tɪ'roʊl]⟨eig.n.; vaak the⟩ **0.1** ***Tirol.***
Ty·ro·le·an[1] [tɪ'roʊlɪən]⟨telb.zn.⟩ **0.1** ***Tiroler.***
Tyrolean[2] ⟨bn.⟩ **0.1** ***Tirools.***
Tyr·o·lese[1] ['tɪrə'li:z]⟨telb.zn.; Tyrolese; →mv. 4⟩ **0.1** ***Tiroler.***
Tyrolese[2] ⟨bn.⟩ **0.1** ***Tirools.***
Ty·ro·li·enne [tɪ'roʊli'en]⟨telb.zn.⟩ **0.1** ***tyrolienne*** ⟨dans, lied⟩.
ty·ro·sine ['taɪrəsi:n]⟨n.-telb.zn.⟩⟨schei.⟩ **0.1** ***tyrosine.***
Tyr·rhe·ni·an[1] [tɪ'ri:nɪən], **Tyr·rhene** ['tɪri:n]⟨telb.zn.⟩ **0.1** ***Etruriër*** ⇒*Etrusk.*
Tyrrhenian[2], **Tyrrhene** ⟨bn.⟩ **0.1** ***Tyrrheens*** ⇒*Etrurisch, Etruskisch* ◆ **1.1** Tyrrhenian Sea *Tyrrheense Zee.*
tzar, tzardom ⟨etc.⟩ →tsar, tsardom.
tzetze, tzetze fly →tsetse, tsetse fly.
tzi·gane [tsɪ'gɑ:n]⟨telb.zn.; ook T-; ook attr.⟩ **0.1** ***tsigaan*** ⇒*(Hongaarse) zigeuner.*
tzimmes →tsimmes.
tzuris →tsuris.

u¹, U [ju:]⟨telb.zn.; u's, U's, zelden us, Us⟩ **0.1** ***(de letter) u, U* 0.2** ***U-vorm(ig iets/voorwerp)***.
u² ⟨afk.⟩ unit.
u³, U ⟨afk.⟩ uncle, upper.
U¹ [u:]⟨eig.n.⟩ **0.1** ***Oe*** ⟨Birmaanse beleefdheidsvorm vóór persoonsnaam⟩.
U² [ju:]⟨f1⟩⟨bn., attr.⟩⟨BE; inf.⟩ **0.1** ***(typisch) upper-class*** ⟨vnl. mbt. taalgebruik⟩.
U³, U ⟨afk.⟩ **0.1** ⟨universal⟩ ⟨BE; film.⟩ ***AL*** ⟨voor alle leeftijden⟩ **0.2** ⟨university⟩ **0.3** ⟨union⟩ ⟨wisk.⟩ ***U***.
UAE ⟨afk.⟩ United Arab Emirates.
UAW ⟨afk.⟩ United Auto, Aircraft and Agricultural Implements Workers; United Automobile Workers.
UB-40 ['ju:bi:'fɔ:ti‖-'fɔrṭi]⟨telb.zn.⟩⟨BE⟩ **0.1** ***bewijs v. inschrijving*** ⟨bij arbeidsbureau⟩ ⇒*stempelkaart,* ⟨B.⟩ *dopkaart* **0.2** ⟨inf.⟩ ***stempelaar*** ⇒*werkloze,* ⟨B.⟩ *dopper*.
ub·ble-gub·ble ['ʌblgʌbl]⟨n.-telb.zn.⟩⟨sl.⟩ **0.1** ***gelul*** ⇒*zinloos geklets*.
u·bi·e·ty [ju:'baɪəṭi]⟨n.-telb.zn.⟩ **0.1** ***het ergens zijn***.
-u·bil·i·ty [jʊ'bɪləṭi] **0.1** ***-ubiliteit*** ⇒*-baarheid* ◆ **¶.1** dissolubility *oplosbaarheid;* volubility *volubiliteit*.
u·bi·qui·tar·i·an¹ [ju:'bɪkwɪ'teərɪən‖-'ter-]⟨telb.zn.⟩⟨relig.⟩ **0.1** ***ubiquitist*** ⟨iem. die gelooft in de alomtegenwoordigheid v. Christus⟩.
ubiquitarian² ⟨bn., attr.⟩⟨relig.⟩ **0.1** ***ubiquiteit(s)-*** ⇒*alomtegenwoordigheid(s)-*.
u·biq·ui·tous [ju:'bɪkwɪṭəs]⟨bn.; -ly; -ness⟩ **0.1** ***alomtegenwoordig*** ⟨ook fig.⟩ ⇒*ubiquitair*.
u·biq·ui·ty [ju:'bɪkwəṭi]⟨n.-telb.zn.⟩ **0.1** ***alomtegenwoordigheid*** ⟨ook fig.⟩ ⇒*ubiquiteit* ◆ **1.1** ⟨BE; jur.⟩ the ~ of the King *de ubiquiteit v.d. koning* ⟨in rechtbank, in de persoon v.d. rechters⟩.
u·bi su·pra ['u:bi 'su:prɑ:]⟨bw.⟩ **0.1** ***waar boven vermeld***.
-u·ble [jʊbl‖jəbl] **0.1** ***-baar*** ◆ **¶.1** soluble *oplosbaar*.
'U-boat ⟨telb.zn.⟩ **0.1** ***U-boot*** ⇒*onderzeeër* ⟨Duitse⟩.
'U-bolt ⟨telb.zn.⟩ **0.1** ***U-bout***.
uc ⟨afk.⟩ upper case ⟨druk.⟩.
UC ⟨afk.⟩ University College.
UCATT ⟨afk.⟩ Union of Construction, Allied Trades, and Technicians ⟨BE⟩.
UCCA ['ʌkə]⟨eig.n.⟩⟨afk.⟩ Universities Central Council on Admissions ⟨BE⟩ **0.1** ***UCCA*** ⟨toelatingscommissie v.d. Britse Universiteiten⟩.
UCMJ ⟨afk.⟩ Uniform Code of Military Justice ⟨AE⟩.
u·dal ['ju:dl]⟨n.-telb.zn.⟩⟨BE; jur.⟩ **0.1** ⟨ben. voor⟩ ***oude rechtsregels mbt. grondbezit*** ⟨nog op Shetland en Orkney⟩.
u·dal·ler ['ju:dələ‖-ər], **u·dal·man** ['ju:dlmən]⟨telb.zn.; udalmen [-mən]; →mv. 3⟩ **0.1** ⟨BE⟩⟨ben. voor⟩ ***eigenaar v. grond volgens het 'udal'-recht***.
UDC ⟨afk.⟩ **0.1** ⟨Universal Decimal Classification⟩ ***U.D.C.*** ⟨universele decimale classificatie⟩ **0.2** ⟨Urban District Council⟩ ⟨BE; gesch.⟩.
ud·der ['ʌdə‖-ər]⟨f1⟩⟨telb.zn.⟩ **0.1** ***uier***.
ud·dered ['ʌdəd‖'ʌdərd]⟨bn.⟩ **0.1** ***met uier(s)***.
UDI ⟨afk.⟩ Unilateral Declaration of Independence.
UDM ⟨afk.⟩ Union of Democratic Mineworkers.
u·dom·e·ter [ju:'dɒmɪtə‖ju:'dɑmɪṭər]⟨telb.zn.⟩ **0.1** ***udometer*** ⇒*regenmeter*.
UDR ⟨afk.⟩ Ulster Defence Regiment.
UEFA ['ju:fə, jʊ'eɪfə]⟨afk.⟩ Union of European Football Associations.
UEL ⟨afk.⟩ United Empire Loyalists.
UFO, ufo ['ju:foʊ, 'ju:ef'oʊ]⟨telb.zn.⟩⟨afk.⟩ unidentified flying object **0.1** ***UFO*** ⇒*ufo, vliegende schotel*.
u·fo·log·i·cal ['ju:fə'lɒdʒɪk‖-'lɑ-]⟨bn.⟩ **0.1** ***ufologisch***.
u·fol·o·gist [ju:'fɒlədʒɪst‖-'fɑ-]⟨telb.zn.⟩ **0.1** ***ufoloog*** ⇒*UFO-deskundige*.
u·fol·o·gy [ju:'fɒlədʒi‖-'fɑ-]⟨n.-telb.zn.⟩ **0.1** ***ufologie*** ⇒*UFO-wetenschap*.
U·gan·da [ju:'gændə]⟨eig.n.⟩ **0.1** ***Oeganda***.
U·gan·dan¹ [ju:'gændən]⟨telb.zn.⟩ **0.1** ***Ogandees***.
Ugandan² ⟨bn.⟩ **0.1** ***Oegandees***.
U·ga·rit·ic¹ ['u:gə'rɪṭɪk]⟨eig.n.⟩ **0.1** ***Oegaritisch*** ⇒*de Oegaritische taal*.
Ugaritic² ⟨bn.⟩ **0.1** ***Oegaritisch***.
UGC ⟨afk.⟩ University Grants Committee ⟨BE⟩.
ugh [ʊx, ʌg]⟨f3⟩⟨tussenw.⟩ **0.1** ***ba(h)***.
ug·li ['ʌgli]⟨telb.zn.; ook uglies⟩ **0.1** ***ugli*** ⟨kruising v. grapefruit en mandarijn⟩.
ug·li·fi·ca·tion ['ʌglɪfɪ'keɪʃn]⟨n.-telb.zn.⟩ **0.1** ***verlelijking***.
ug·li·fy ['ʌglɪfaɪ]⟨ov.ww.; →ww. 7⟩ **0.1** ***lelijk maken***.
ug·ly¹ ['ʌgli]⟨telb.zn.; →mv. 2⟩ **0.1** ***lelijkerd*** ⇒⟨B.⟩ *lelijkaard;* ⟨fig.⟩ *akelig mens*.
ugly² ⟨f3⟩⟨bn.; -er; -ly; -ness; →bijw. 3⟩ **0.1** ***lelijk*** ⇒*afschuwelijk, afstotend* **0.2** ***verfoeilijk*** ⇒*laakbaar, bedenkelijk, gemeen* **0.3** ***dreigend*** ⇒*akelig* **0.4** ⟨inf.⟩ ***vervelend*** ⇒*lastig, akelig, nijdig* ◆ **1.1** ⟨fig.⟩ ~ duckling *lelijk eendje;* ⟨inf.⟩ (as) ~ as sin *(zo) lelijk als de hel/nacht* **1.2** ~ American *verfoeilijke Amerikaan* ⟨type v.d. Am. die zich in het buitenland onbeschoft gedraagt; oorspr. titel v. boek⟩; ~ behaviour *laakbaar/gemeen gedrag* **1.3** an ~ look *een dreigende blik;* an ~ sky *een dreigende lucht* **1.4** an ~ customer *een lastig mens, een vervelend heerschap*.
U·gri·an¹ ['u:grɪən]⟨zn.⟩
I ⟨eig.n.⟩ **0.1** ***Oegrisch*** ⇒*de Oegrische taalgroep;*
II ⟨telb.zn.⟩ **0.1** ***Oegriër***.
Ugrian² ⟨bn.⟩ **0.1** ***Oegrisch***.
U·gric¹ ['u:grɪk]⟨eig.n.⟩ **0.1** ***Oegrisch*** ⇒*de Oegrische taalgroep*.
Ugric² ⟨bn.⟩ **0.1** ***Oegrisch***.
UGT ⟨afk.⟩ urgent ⟨telegram⟩.
uh [ɜ:, ɑ:]⟨f3⟩⟨tussenw.⟩ **0.1** ***eh*** ⟨duidt o.m. aarzeling bij het spreken aan⟩.
UHF, uhf ['ju:eɪtʃ'ef]⟨afk.⟩ ultrahigh frequency **0.1** ***UHF***.
uh·lan, u·lan ['u:lɑ:n, 'ju:lən]⟨telb.zn.⟩⟨gesch.⟩ **0.1** ***ulaan*** ⟨lansier in Poolse, Duitse legers⟩.
UHT ⟨afk.⟩ ultra heat treated, ultrahigh temperature.
uit·land·er ['eɪtlændə‖-ər]⟨telb.zn.⟩⟨Z. Afr. E⟩ **0.1** ***vreemdeling*** ⇒*buitenlander* **0.2** ⟨U-⟩⟨gesch.⟩ ***Uitlander*** ⟨niet-Boer in Transvaal, Oranje-Vrijstaat⟩.
UK ⟨afk.⟩ United Kingdom **0.1** ***U.K.***.
u·kase [ju:'keɪz‖-'keɪs]⟨bn.⟩ **0.1** ***oekaze*** ⟨ook fig.⟩ ⇒*edict, decreet, verordening*.
U·kraine ['ju:'kreɪn]⟨eig.n.; the⟩ **0.1** ***Oekraïne***.
U·krain·i·an¹ [ju:'kreɪnɪən]⟨zn.⟩
I ⟨eig.n.⟩ **0.1** ***Oekraïens*** ⇒*de Oekraïense taal;*
II ⟨telb.zn.⟩ **0.1** ***Oekraïener***.
Ukrainian² ⟨bn.⟩ **0.1** ***Oekraïens***.
u·ku·le·le ['ju:kə'leɪli], **uke** [ju:k]⟨telb.zn.⟩ **0.1** ***ukelele***.
-u·lar [jʊlə‖-ər] **0.1** ***-ulair*** ◆ **¶.1** cellular *cellulair;* tubular *tubulair*.
ul·cer ['ʌlsə‖-ər]⟨f2⟩⟨telb.zn.⟩ **0.1** ***(open) zweer*** ⇒*etterwond, ulcus;* ⟨i.h.b.⟩ *maagzweer;* ⟨fig.⟩ *kanker, rotte toestand*.
ul·cer·ate ['ʌlsəreɪt]⟨ww.⟩
I ⟨onov.ww.⟩ **0.1** ***zweren*** ⇒*verzweren, (ver)etteren;* ⟨fig.⟩ *te gronde/ten onder gaan;*
II ⟨ov.ww.⟩ **0.1** ***doen zweren/etteren*** ⇒⟨fig.⟩ *verderven, bederven, te gronde richten*.

ul·cer·a·tion ['ʌlsə'reɪʃn]⟨telb. en n.-telb.zn.⟩ **0.1** ***verzwering*** ⇒*zwering, zweer, (ver)ettering.*
ul·cer·a·tive ['ʌlsəreɪt̬ɪv]⟨bn.⟩ **0.1** ***zwerend*** ⇒*etterend.*
ul·cered ['ʌlsəd‖-ərd]⟨bn.⟩ **0.1** ***zwerend*** ⇒*etterend.*
ul·cer·ous ['ʌlsrəs]⟨bn.⟩ **0.1** ***zwerend*** ⇒*etterend; vol zweren;* ⟨fig.⟩ *verderfelijk, funest.*
-ule [ju:l]⟨vormt vaak diminutiva⟩ **0.1** ***-ule*** ⇒*-je, -tje, -etje* ◆ ¶**.1** capsule *capsule;* globule *bolletje;* granule *korreltje;* pustule *puistje.*
u·le·ma, u·la·ma ['u:ləmə‖-'mɑ]⟨telb.zn.; ook ulema, ulama; →mv. 4⟩ **0.1** ***oelema*** ⇒*oelama, ulema* ⟨Arabische geleerde⟩.
-u·lent [jʊlənt] **0.1** ***-ulent*** ⇒*-uleus, -erig* ◆ ¶**.1** flatulent *winderig, opgeblazen;* fraudulent *frauduleus;* turbulent *turbulent.*
u·lig·i·nose [ju:'lɪdʒɪnoʊs], **u·lig·i·nous** [-nəs]⟨bn., attr.⟩⟨plantk.⟩ **0.1** ***moeras-.***
ul·lage ['ʌlɪdʒ]⟨n.-telb.zn.⟩ **0.1** ***wan*** ⇒*ullage* ⟨lege ruimte in gevuld(e) fles, vat e.d.⟩.
ul·na ['ʌlnə]⟨telb.zn.; ulnae [-ni:]; →mv. 5⟩ **0.1** ***ellepijp*** ⟨ook bij dieren⟩.
ul·nar ['ʌlnə‖-ər]⟨bn., attr.⟩ **0.1** ***ellepijp-.***
u·lot·ri·chan [ju:'lɒtrɪkən‖-'lɑ-]⟨telb.zn.⟩⟨antr.⟩ **0.1** ***wolharige.***
u·lot·ri·chous [ju:'lɒtrɪkəs‖-'lɑ-], **ulotrichan** ⟨bn.⟩⟨antr.⟩ **0.1** ***wolharig.***
-u·lous [jʊləs‖jələs] **0.1** ***-uleus*** ⇒*-achtig* ◆ ¶**.1** fabulous *fabuleus, fabelachtig.*
ul·ster ['ʌlstə‖-ər]⟨telb.zn.⟩ **0.1** ***ulster*** ⟨lange, dikke overjas⟩.
'Ulster 'custom ⟨n.-telb.zn.⟩⟨jur.⟩ **0.1** ***Ulsters huurrecht.***
Ul·ster·man ['ʌlstəmən‖-stər-]⟨telb.zn.; Ulstermen [-mən]; →mv. 3⟩ **0.1** ***(mannelijke) inwoner v. Ulster*** ⇒*man v. Ulsterse afkomst.*
'Ul·ster·wo·man ⟨telb.zn.⟩ **0.1** ***inwoonster v. Ulster*** ⇒*vrouw v. Ulsterse afkomst.*
ul·te·ri·or [ʌl'tɪərɪə‖ʌl'tɪrɪər]⟨f1⟩⟨bn., attr.; -ly⟩ **0.1** ***aan gene zijde*** ⇒*aan de overkant; verderop gelegen, verder;* ⟨fig.⟩ *marginaal, secundair* **0.2** ***later*** ⇒*ulterieur* **0.3** ⟨inf.⟩ ***verborgen*** ⇒*heimelijk* ◆ **1.3** an ~ motive *een heimelijk motief, een bijbedoeling.*
ul·ti·ma ['ʌltɪmə]⟨telb.zn.⟩ **0.1** ***laatste lettergreep v.e. woord.***
ultima ratio [- 'reɪʃioʊ]⟨n.-telb.zn.⟩ **0.1** ***ultima ratio*** ⇒*laatste/uiterste middel.*
ul·ti·mate[1] ['ʌltɪmət]⟨telb.zn.⟩ **0.1** ***basisprincipe*** ⇒*grondregel* **0.2** ***uitkomst*** ⇒*(uiteindelijk) resultaat* **0.3** ***slot*** ⇒*laatste* **0.4** ***maximum*** ⇒*uiterste;* ⟨fig.⟩ *toppunt, (het) einde.*
ultimate[2] ⟨f3⟩⟨bn., attr.; -ness⟩ **0.1** ***ultiem*** ⇒*finaal, uiteindelijk, laatst* **0.2** ***fundamenteel*** ⇒*elementair, primair, essentieel* **0.3** ***uiterst*** ⇒*maximaal* **0.4** ***verst*** ⇒*meest afgelegen* ◆ **1.1** ~ cause *uiteindelijke oorzaak* **1.2** the ~ facts of nature *de elementen/onherleidbare bouwstenen v.d. natuur* **1.3** the ~ chic *het toppunt v. chic.*
ul·ti·mate·ly ['ʌltɪmətli]⟨f2⟩⟨bw.⟩ **0.1** ***uiteindelijk*** ⇒*eindelijk, ten slotte.*
ultima Thule ['ʌltɪmə 'θu:li]⟨eig.n.⟩ **0.1** ***Ultima Thule*** ⇒*einde v.d. wereld;* ⟨fig.⟩ *iets onbereikbaars.*
ul·ti·ma·tism ['ʌltɪ'meɪt̬ɪzm]⟨n.-telb.zn.⟩ **0.1** ***extremisme*** ⇒*radicalisme.*
ul·ti·ma·tis·tic ['ʌltɪmə'tɪstɪk]⟨bn.⟩ **0.1** ***extremistisch*** ⇒*radicaal.*
ul·ti·ma·tum ['ʌltɪ'meɪt̬əm]⟨f1⟩⟨telb.zn.; ook ultimata [-'meɪt̬ə]; →mv. 5⟩ **0.1** ***ultimatum*** **0.2** ***uiterste punt*** ⇒⟨fig.⟩ *einddoel* **0.3** ***basisprincipe.***
ul·ti·mo ['ʌltɪmoʊ]⟨bn., post.⟩⟨schr., hand.⟩ **0.1** ***v.d. vorige maand*** ⇒*passato* ◆ **1.1** your letter of the 3rd ~ *uw brief v.d. derde v. vorige maand.*
ul·ti·mo·gen·i·ture ['ʌltɪmoʊ'dʒenɪtʃə‖-ər]⟨n.-telb.zn.⟩⟨jur.⟩ **0.1** ***opvolgingsrecht v.d. jongste.***
ul·tra[1] ['ʌltrə]⟨f1⟩⟨telb.zn.⟩ **0.1** ***ultra*** ⇒*extremist, radicaal.*
ultra[2] ⟨f1⟩⟨bn., attr.⟩ **0.1** ***extremistisch*** ⇒*radicaal.*
ultra- ['ʌltrə] **0.1** ***ultra-*** ⇒*hyper-, aarts-, oer-* ◆ ¶**.1** ultraconservative *oerconservatief;* ultramodern *hypermodern;* ultraviolet *ultraviolet.*
ul·tra·cen·tri·fuge ['ʌltrə'sentrɪfju:dʒ]⟨telb.zn.⟩⟨tech.⟩ **0.1** ***ultracentrifuge.***
ul·tra·clean [-'kli:n]⟨bn.⟩⟨tech.⟩ **0.1** ***ultraschoon*** ⇒*kiemvrij.*
ul·tra-con·ser·va·tive[1] [- kən'sɜ:vətɪv‖- kən'sɜrvət̬ɪv]⟨telb.zn.⟩ **0.1** ***oerconservatief (mens).***
ul·tra-con·ser·va·tive[2] ⟨bn.⟩ **0.1** ***oerconservatief*** ⇒*ultra-conservatief.*
ul·tra·high [-'haɪ]⟨bn.⟩⟨tech.⟩ **0.1** ***ultrahoog*** ◆ ¶**.1** ~ frequency *ultrahoge frequentie.*
ul·tra·ism ['ʌltrəɪzm]⟨n.-telb.zn.⟩ **0.1** ***extremisme*** ⇒*radicalisme.*
ul·tra·ist ['ʌltrəɪst]⟨telb.zn.⟩ **0.1** ***extremist*** ⇒*radicaal.*
ul·tra·left ['ʌltrə'left]⟨f1⟩⟨bn.⟩⟨pol.⟩ **0.1** ***extreem links.***
ul·tra·left·ist [-'leftɪst]⟨f1⟩⟨telb.zn.⟩⟨pol.⟩ **0.1** ***extreem links politicus/persoon.***
ul·tra·ma·rine[1] [-mə'ri:n]⟨n.-telb.zn.⟩ **0.1** ***ultramarijn*** ⇒*lazuur (blauw).*
ultramarine[2] ⟨bn.⟩ **0.1** ***ultramarijn*** ⇒*lazuren, lazuurblauw* **0.2** ***overzees.***
ul·tra·mi·cro·scope ['ʌltrə'maɪkrəskoʊp]⟨telb.zn.⟩ **0.1** ***ultramicroscoop.***
ul·tra·mi·cro·scop·ic [-maɪkrə'skɒpɪk‖-'skɑ-]⟨bn.⟩ **0.1** ***ultramicroscopisch.***
ul·tra·mod·ern [-'mɒdn‖-'mɑdərn]⟨f1⟩⟨bn.⟩ **0.1** ***hypermodern.***
ul·tra·mod·ern·ism [-'mɒdn·ɪzm‖-'mɑdərnɪzm]⟨bn.⟩ **0.1** ***hypermodernisme.***
ul·tra·mod·ern·ist [-'mɒdn·ɪst‖-'mɑdərnɪst]⟨telb.zn.⟩ **0.1** ***hypermodernist.***
ul·tra·mod·ern·is·tic [-mɒdn'ɪstɪk‖-'mɑdər'nɪ-]⟨bn.⟩ **0.1** ***hypermodernistisch.***
ul·tra·mon·tane[1] [-mɒn'teɪn‖-mɑn'teɪn], ⟨in bet. 0.2 ook⟩ **ul·tra·mon·ta·nist** [-'mɒntɪnɪst‖-'mɑnt̬ɪnɪst]⟨telb.zn.⟩ **0.1** ***persoon die over de bergen woont*** ⟨i.h.b. ten zuiden v.d. Alpen⟩ ⇒*Italiaan* **0.2** ⟨vaak U-⟩ ⟨R.-K.; pol.⟩ *ultramontaan.*
ultramontane[2] ⟨bn.⟩ **0.1** ***ten zuiden v.d. Alpen*** ⇒*Italiaans* **0.2** ⟨R.-K.; pol.⟩ *ultramontaans.*
ul·tra·mon·ta·nism [-'mɒntənɪzm‖-'mɑnt̬ə-]⟨n.-telb.zn.; vaak U-⟩ ⟨R.-K.; pol.⟩ **0.1** ***ultramontanisme.***
ul·tra·mun·dane [-mʌn'deɪn]⟨bn.⟩ **0.1** ***buitenwerelds*** **0.2** ***extragalactisch.***
ul·tra·red [-'red]⟨bn.⟩ **0.1** ***infrarood.***
ul·tra-right [-'raɪt]⟨bn.⟩⟨pol.⟩ **0.1** ***uiterst rechts*** ⇒*ultrarechts.*
ul·tra·right·ist [-'raɪt̬ɪst]⟨telb.zn.⟩ **0.1** ***uiterst rechtse*** ⇒*ultra/extreem rechtse.*
ul·tra·short [-'ʃɔ:t‖-'ʃɔrt]⟨bn.⟩ **0.1** ***ultrakort.***
ul·tra·son·ic [-'sɒnɪk‖-'sɑnɪk]⟨f1⟩⟨bn.; -ally; →bijw. 3⟩⟨nat.⟩ **0.1** ***ultrasoon*** ⇒*ultrasonoor.*
ul·tra·son·ics [-'sɒnɪks‖-'sɑnɪks]⟨n.-telb.zn.⟩⟨nat.⟩ **0.1** ***ultrasone acoustica/geluidsleer*** **0.2** ***ultrasone technologie.***
ul·tra·sound [-saʊnd]⟨zn.⟩
I ⟨telb.zn.⟩ **0.1** ***ultrasone klank;***
II ⟨n.-telb.zn.; ook attr.⟩ **0.1** ***ultrasone golven.***
'ultrasound scan ⟨telb.zn.⟩⟨med.⟩ **0.1** ***echoscopie.***
ul·tra·vi·o·let [-'vaɪəlɪt]⟨f2⟩⟨n.-telb.zn.⟩ **0.1** ***ultraviolet.***
ultra vi·res [- 'vaɪri:z]⟨bn., pred.; bw.⟩ **0.1** ***ultra vires*** ⇒*buiten de bevoegdheid* ⟨v. iem.⟩.
ul·u·lant ['ju:ljʊlənt‖-ljə-]⟨bn.⟩ **0.1** ***huilend*** ⇒*schreeuwend; jammerend, weeklagend; juichend, joelend.*
ul·u·late ['ju:ljʊleɪt‖-ljə-]⟨onov.ww.⟩ **0.1** ***huilen*** ⇒*schreeuwen, roepen; jammeren, weeklagen; juichen, joelen.*
ul·u·la·tion ['ju:ljʊ'leɪʃn‖-ljə-]⟨n.-telb.zn.⟩ **0.1** ***gehuil*** ⇒*geschreeuw; gejammer, geweeklaag; gejuich, gejoel.*
U·lys·se·an [ju:'lɪsɪən]⟨bn., attr.⟩ **0.1** ***van/als Ulysses/Odysseus.***
Ulysses [ju:'lɪsi:z]⟨eig.n.⟩ **0.1** ***Odysseus*** ⇒*Ulysses.*
um[1] [ʌm, mmm]⟨f3⟩⟨tussenw.⟩ **0.1** ***hm*** ⇒*hum.*
um[2] ⟨onov.ww.⟩⟨inf.⟩ ◆ **3.¶** ~ and aah *geen ja en geen nee zeggen, er omheen draaien.*
-um →-ium.
um·bay ['ʌmbi]⟨telb.zn.⟩⟨sl.⟩ **0.1** ***schooier.***
um·bel ['ʌmbl]⟨telb.zn.⟩⟨plantk.⟩ **0.1** ***scherm*** ⇒*umbella* ⟨bloeiwijze⟩.
um·bel·lar [ʌm'belə‖-ər], **um·bel·late** [-'belət, 'ʌmbəleɪt], **um·bel·lat·ed** ['ʌmbɪleɪt̬ɪd]⟨bn.⟩⟨plantk.⟩ **0.1** ***schermbloemig.***
um·bel·lif·er·ous ['ʌmbɪ'lɪfrəs]⟨bn.⟩⟨plantk.⟩ **0.1** ***schermdragend*** ⇒*schermbloemig.*
um·bel·lule [ʌm'belju:l], **um·bel·let** ['ʌmbəlɪt]⟨telb.zn.⟩⟨plantk.⟩ **0.1** ***schermpje.***
um·ber[1] ['ʌmbə‖-ər]⟨zn.⟩
I ⟨telb.zn.⟩⟨dierk.⟩ **0.1** ***vlagzalm*** ⟨Thymallus thymallus⟩ **0.2** →umber bird;
II ⟨n.-telb.zn.⟩ **0.1** ***omber*** ⟨bruine aarden kleurstof⟩ **0.2** ***omberkleur*** ⇒*donkerbruin* ◆ **2.1** raw ~ *ruwe/ongebrande omber* **3.1** burnt ~ *gebrande omber* ⟨rood getint⟩.
umber[2] ⟨bn., attr.⟩ **0.1** ***omberkleurig*** ⇒*donkerbruin* **0.2** ***donker*** ⇒*duister.*
umber[3] ⟨ov.ww.⟩ **0.1** ***met omber kleuren*** ⇒⟨fig.⟩ *in het omberbruin kleuren.*
'umber bird, um·brette [ʌm'bret]⟨telb.zn.⟩⟨dierk.⟩ **0.1** ***ombervogel*** ⟨Scopus umbretta⟩.
um·bil·i·cal[1] [ʌm'bɪlɪkl]⟨telb.zn.⟩⟨ruim., tech.⟩ **0.1** ***navelstreng*** ⇒*voedingslijn/leiding;* ⟨fig.⟩ *(ver)binding.*
umbilical[2] ⟨bn., attr.⟩ **0.1** ***navel-*** ◆ **1.1** ~ cord *navelstreng;* ⟨ruim.; tech.⟩ ~ cord/cable *navelstreng; voedingslijn/leiding;* ~ hernia *navelbreuk.*
um·bil·i·cate [ʌm'bɪlɪkət], **um·bil·i·cat·ed** [-keɪt̬ɪd]⟨bn.⟩ **0.1** ***navelvormig*** **0.2** ***met een navel.***

um·bil·i·cus [ʌm'bɪlɪkəs]⟨telb.zn.; umbilici [-lɪsaɪ]; →mv. 5⟩ **0.1** ⟨biol.⟩ ***navel*** **0.2** ⟨geometrie⟩ ***navelpunt*** ⇒*umbilicaalpunt*.
um·bles ['ʌmblz]⟨mv.⟩ **0.1** ***eetbare ingewanden*** ⟨bv. v. hert⟩.
um·bo ['ʌmbou]⟨telb.zn.; ook umbones [ʌm'bouni:z]; →mv. 5⟩ **0.1** ***schildknop*** **0.2** ⟨biol.⟩ ***knobbel*** ⇒*uitsteeksel*.
um·bo·nal ['ʌmbənəl], **um·bo·nate** [-nət, -neɪt], **um·bon·ic** [ʌm'bɒnɪk‖-'bɑ-]⟨bn.⟩ **0.1** ***knobbelig*** ⇒*knobbelvormig*.
um·bra ['ʌmbrə]⟨telb.zn.; ook umbrae [-bri:]; →mv. 5⟩ ⟨ster.⟩ **0.1** ***kernschaduw*** ⇒*slagschaduw, volle schaduw, umbra* **0.2** ***umbra*** ⟨v. zonnevlek⟩ **0.3** ⟨gesch.⟩ ***door gast meegebrachte gast*** ⟨bij Romeinen⟩.
um·brage ['ʌmbrɪdʒ]⟨f1⟩⟨n.-telb.zn.⟩ **0.1** ***ergernis*** ⇒*aanstoot* **0.2** ⟨vero., schr.⟩ ***lommer*** ⇒*schaduw* ◆ **3.1** give ~ *aanstoot geven, ergeren;* take ~ at/over *aanstoot nemen aan, zich ergeren aan/over*.
um·bra·geous [ʌm'breɪdʒəs]⟨bn.; -ly; -ness⟩ **0.1** ***schaduwrijk*** ⇒*lommerrijk* **0.2** ***lichtgeraakt*** ⇒*kittelorig, prikkelbaar*.
um·brel·la[1] [ʌm'brelə]⟨f3⟩⟨telb.zn.⟩ **0.1** ***paraplu*** ⇒⟨fig.⟩ *bescherming, beschutting* ⟨ook mil.⟩; *overkoepelende organisatie* **0.2** ***parasol*** ⇒*tuinparasol, zonnescherm* **0.3** ***umbrella*** ⇒*draaghemel, baldakijn* **0.4** ***open parachute*** **0.5** ⟨dierk.⟩ ***paraplu/schermvormig lichaam*** ⟨v. kwal⟩ ◆ **1.1** under the ~ of the EC *onder de bescherming v.d. EG;* under an ~ of gunfire *onder de bescherming v. geschutvuur*.
umbrella[2] ⟨f1⟩⟨bn., attr.⟩ **0.1** ***algemeen*** ⇒*verzamel-, overkoepelend* ◆ **1.1** ~ term *overkoepelende term*.
um'brella bird ⟨telb.zn.⟩⟨dierk.⟩ **0.1** ***parasolvogel*** ⟨Cephalopterus ornatus⟩.
um·brel·laed [ʌm'breləd]⟨bn.⟩ **0.1** ***onder een paraplu*** ⇒⟨fig.⟩ *onder bescherming*.
um'brella pine ⟨telb.zn.⟩⟨plantk.⟩ **0.1** ***parasolden*** ⟨Pinus pinea⟩ **0.2** ***parasolden*** ⇒*parasolspar* ⟨Sciadopitys verticillata; Japanse sierden⟩.
um'brella stand ⟨telb.zn.⟩ **0.1** ***paraplubak*** ⇒*paraplustandaard*.
um'brella tree ⟨telb.zn.⟩⟨plantk.⟩ **0.1** ***magnoliaboom*** ⟨Magnolia, i.h.b. M. trepetala⟩.
umbrette →umber bird.
Um·bri·an[1] ['ʌmbrɪən]⟨zn.⟩
I ⟨eig.n.⟩ **0.1** ***Umbrisch*** ⇒*de Umbrische taal;*
II ⟨telb.zn.⟩ **0.1** ***Umbriër***.
Umbrian[2] ⟨bn.⟩ **0.1** ***Umbrisch***.
um·brous ['ʌmbrəs]⟨bn.⟩ **0.1** ***duister*** ⇒*verdacht*.
u·mi·ak, oo·mi·ak ['u:miæk]⟨telb.zn.⟩ **0.1** ***umiak*** ⇒*amiak* ⟨open paddelboot v.d. Eskimo's⟩.
um·laut[1] ['ʊmlaʊt]⟨telb. en n.-telb.zn.⟩⟨taalk.⟩ **0.1** ***umlaut*** ⇒*umlautsteken*.
umlaut[2] ⟨ov.ww.⟩⟨taalk.⟩ **0.1** ***umlaut doen ondergaan*** ⟨klank⟩ **0.2** ***met umlaut schrijven***.
ump[1] [ʌmp]⟨telb.zn.⟩⟨verk.⟩ umpire ⟨inf.; sport⟩ **0.1** ***scheidsrechter*** ⇒*ref., scheids.*.
ump[2] ⟨onov. en ov.ww.⟩⟨inf.; sport⟩ **0.1** ***als scheids(rechter) optreden (bij)*** ⇒*fluiten*.
umph [mmm]⟨tussenw.⟩ **0.1** ***hum*** ⇒*hm* ⟨bij scepsis, afkeer⟩.
um·pir·age ['ʌmpaɪərɪdʒ]⟨zn.⟩
I ⟨telb.zn.⟩ **0.1** ***scheidsrechterlijke beslissing;***
II ⟨n.-telb.zn.⟩ **0.1** ***scheidsrechterschap*** ⇒*umpireschap*.
um·pire[1] ['ʌmpaɪə‖-ər]⟨f1⟩⟨telb.zn.⟩ **0.1** ⟨jur., sport⟩ ***scheidsrechter*** ⇒*umpire* ⟨vnl. bij tennis, honkbal, hockey, cricket, netbal⟩; ⟨Am. voetbal⟩ *tweede scheidsrechter* **0.2** ⟨jur.⟩ ***superarbiter*** ⇒*opperscheidsman* **0.3** ⟨inf.⟩ ***bemiddelaar***.
umpire[2] ⟨f1⟩⟨onov. en ov.ww.⟩ **0.1** ***als scheidsrechter/umpire optreden (in)*** ⇒*als scheidsrechter/umpire beslissen (over)*.
um·pire·ship ['ʌmpaɪəʃɪp‖-ər-]⟨n.-telb.zn.⟩ **0.1** ***scheidsrechterschap*** ⇒*umpireschap*.
ump·teen ['ʌmp'ti:n], **um·teen** ['ʌm'ti:n]⟨f1⟩⟨onb.det.⟩⟨inf.⟩ **0.1** ***een hoop*** ⇒*een massa, heel wat*.
ump·teenth ['ʌmp'ti:nθ], **um·teenth** ['ʌm'tiɑnθ], **ump·ti·eth** ['ʌmptiɪθ]⟨f1⟩⟨telw.⟩⟨inf.⟩ **0.1** ***zoveelste***.
ump·ty ['ʌmpti]⟨f1⟩⟨onb.det.⟩⟨inf.⟩ **0.1** ***zoveel*** ⇒*tig, zo- en zoveel* ◆ **1.1** he owns ~ houses *hij is eigenaar van zo- en zoveel huizen*.
umpty-umpth ['ʌmptiʌmpθ]⟨telw.⟩⟨AE; inf.⟩ **0.1** ***zoveelste*** ⟨in lange reeks⟩.
un- [ʌn] **0.1** ⟨vormt nw. met negatieve bet.⟩ ***on-*** **0.2** ⟨vormt bijv. nw. met negatieve bet.⟩ ***on-*** ⇒*niet-* **0.3** ⟨vormt ww. met privatieve bet.⟩ ***ont-*** ⇒*uit-, af-, los-, open-* **0.4** ⟨vormt bijw. met negatieve bet.⟩ ***on-*** ◆ **¶.1** uncertainty *onzekerheid* **¶.2** unwanted *ongewenst* **¶.3** uncage *uit de kooi laten;* unroll *af/ontrollen;* unscrew *losschroeven* **¶.4** unfortunately *ongelukkigerwijs, helaas*.
'un →one.
UN ⟨eig.n.; the; ww. mv.⟩⟨afk.⟩ United Nations **0.1** ***V.N.*** ⇒*U.N.O.*.
UNA ⟨afk.⟩ United Nations Association ⟨BE⟩.
un·a·bashed ['ʌnə'bæʃt]⟨bn.; -ly⟩ **0.1** ***niet verlegen*** ⇒*ongegeneerd*.
un·a·bat·ed ['ʌnə'beɪtɪd]⟨bn.; -ly⟩ **0.1** ***onverminderd*** ⇒*onverzwakt, onverflauwd*.
un·ab·bre·vi·a·ted ['ʌnə'bri:vieɪtɪd]⟨bn.⟩ **0.1** ***onverkort***.
un·a·ble ['ʌn'eɪbl]⟨f3⟩⟨bn.⟩
I ⟨bn.⟩⟨vero.⟩ **0.1** ***onbekwaam*** ⇒*ongeschikt, incompetent;*
II ⟨bn., pred.; →bekwaamheid⟩ **0.1** ***niet in staat*** ◆ **3.1** he was ~ to come *hij was verhinderd/kon niet komen*.
un·a·bridged ['ʌnə'brɪdʒd]⟨f1⟩⟨bn.⟩ **0.1** ***onverkort***.
un·ac·cent·ed ['ʌnək'sentɪd]⟨f1⟩⟨bn.⟩⟨taalk.⟩ **0.1** ***onbeklemtoond*** ⇒*toonloos, zonder (hoofd)accent, zwak beklemtoond*.
un·ac·cept·a·ble ['ʌnək'septəbl]⟨f1⟩⟨bn.; -ness⟩ **0.1** ***onaanvaardbaar*** ⇒*onaannemelijk* **0.2** ***onaangenaam*** ⇒*onwelkom*.
un·ac·com·mo·dat·ed ['ʌnə'kɒmədeɪtɪd‖-'kɑmədeɪtɪd]⟨bn.⟩ **0.1** ***niet aangepast*** **0.2** ***niet uitgerust*** ⇒*zonder accommodatie*.
un·ac·com·mo·dat·ing ['ʌnə'kɒmədeɪtɪŋ‖-'kɑmədeɪtɪŋ]⟨bn.; -ly⟩ **0.1** ***niet inschikkelijk*** ⇒*onbuigzaam*.
un·ac·com·pa·nied ['ʌnə'kʌmpnid]⟨bn.⟩ **0.1** ***onvergezeld*** **0.2** ⟨muz.⟩ ***zonder begeleiding*** ⇒*a capella*.
un·ac·com·plished ['ʌnə'kʌmplɪʃt‖-'kɑm-]⟨f1⟩⟨bn.⟩ **0.1** ***onvoltooid*** ⇒*onafgewerkt* **0.2** ***onopgevoed*** ⇒*onbeschaafd, ongeschoold*.
un·ac·count·a·bil·i·ty ['ʌnəkaʊntə'bɪləti]⟨n.-telb.zn.⟩ **0.1** ***onverklaarbaarheid*** **0.2** ***onberekenbaarheid*** ⇒*onvastheid* ⟨v. karakter⟩ **0.3** ***onaansprakelijkheid*** ⇒*onverantwoordelijkheid*.
un·ac·count·a·ble ['ʌnə'kaʊntəbl]⟨f1⟩⟨bn.; -ly; -ness; →bijw. 3⟩ **0.1** ***onverklaarbaar*** ⇒*verrassend* **0.2** ***onberekenbaar*** ⇒*onvast* ⟨v. karakter⟩ **0.3** ***niet aansprakelijk*** ⇒*onverantwoordelijk, onaansprakelijk*.
un·ac·count·ed ['ʌnə'kaʊntɪd]⟨bn.⟩ **0.1** ***onverklaard*** ⇒*onverantwoord* ◆ **6.1** **~-for** expenses *onverantwoorde uitgaven;* **~-for** phenomena *onverklaarde verschijnselen*.
un·ac·cus·tomed ['ʌnə'kʌstəmd]⟨f1⟩⟨bn.⟩
I ⟨bn., attr.⟩ **0.1** ***ongewoon*** ⇒*ongebruikelijk;*
II ⟨bn., pred.⟩ **0.1** ***niet gewend*** ◆ **6.1** he is ~ **to** writing letters *hij is niet gewend brieven te schrijven*.
un·ac·knowl·edged ['ʌnək'nɒlɪdʒd‖-'nɑ-]⟨bn.⟩ **0.1** ***niet erkend***.
un·ac·quaint·ed ['ʌnə'kweɪntɪd]⟨f1⟩⟨bn.; -ness⟩
I ⟨bn.⟩ **0.1** ***elkaar niet kennend*** ⇒*vreemd voor elkaar;*
II ⟨bn., pred.⟩ **0.1** ***onbekend*** ⇒*niet op de hoogte* **0.2** ***niet kennend*** ⇒*niet bekend* ◆ **6.1** he is ~ **with** the facts *hij is niet v.d. feiten op de hoogte* **6.2** I was ~ **with** him *hij was mij niet bekend*.
un·ac·quired ['ʌnə'kwaɪəd‖-ərd]⟨bn.⟩ **0.1** ***niet verworven*** ⇒⟨fig.⟩ *niet aangeleerd; aangeboren, natuurlijk*.
un·act·a·ble ['ʌn'æktəbl]⟨bn.⟩ **0.1** ***onspeelbaar*** ⟨toneelstuk⟩.
un·act·ed ['ʌn'æktɪd]⟨bn.⟩ **0.1** ***onuitgevoerd*** ⇒*(nog) niet opgevoerd, ongespeeld*.
un·ad·just·ed ['ʌnə'dʒʌstɪd]⟨f1⟩⟨bn.⟩ **0.1** ***niet geregeld*** ⇒*niet in orde gebracht* **0.2** ***niet ingesteld*** ⇒*niet gejusteerd* **0.3** ***niet aangepast*** ⇒*niet in overeenstemming gebracht*.
un·a·dopt·ed ['ʌnə'dɒptɪd‖-'dɑp-]⟨bn.⟩ **0.1** ***niet aangenomen*** **0.2** ***niet geadopteerd*** ⟨kind⟩ **0.3** ⟨BE; jur.⟩ ***niet door plaatselijk bestuur in beheer genomen*** ⟨mbt. weg⟩.
un·a·dorned ['ʌnə'dɔ:nd‖-'dɔrnd]⟨bn.; -ness⟩ **0.1** ***onversierd*** ⇒*onopgesmukt*.
un·a·dul·ter·at·ed ['ʌnə'dʌltəreɪtɪd], **un·a·dul·ter·ate** ['ʌnə'dʌltrət]⟨bn.; unadulteratedly⟩ **0.1** ***onvervalst*** ⇒*zuiver, echt*.
un·ad·vis·a·ble ['ʌnəd'vaɪzəbl]⟨bn.; -ly; -ness; →bijw. 3⟩ **0.1** ***niet open voor advies/(goede) raad*** **0.2** ***niet aan te raden***.
un·ad·vised ['ʌnəd'vaɪzd]⟨bn.; -ly [-'vaɪzɪdli]; -ness [-'vaɪzɪdnəs]⟩ **0.1** ***ondoordacht*** ⇒*onbedachtzaam, onverstandig* **0.2** ***niet geadviseerd*** ⇒*zonder advies*.
un·af·fect·ed ['ʌnə'fektɪd]⟨f1⟩⟨bn.; -ly; -ness⟩ **0.1** ***ongekunsteld*** ⇒*ongedwongen, ongemaakt, natuurlijk, oprecht* **0.2** ***onaangetast*** ⇒⟨fig.⟩ *niet beïnvloed, ongewijzigd, onveranderd* ◆ **6.1** ~ **by** *niet aangetast/beïnvloed door*.
un·af·ford·a·ble ['ʌnə'fɔ:dəbl‖-'fɔr-]⟨bn.⟩ **0.1** ***onbetaalbaar***.
un·a·fraid ['ʌnə'freɪd]⟨f2⟩⟨bn., pred.⟩ **0.1** ***niet bang*** ⇒*onbevreesd* ◆ **6.1** ~ **of** *niet bang voor*.
un·aid·ed ['ʌn'eɪdɪd]⟨f1⟩⟨bn.; -ly⟩ **0.1** ***zonder hulp***.
un·aimed ['ʌn'eɪmd]⟨bn.⟩ **0.1** ***niet gericht*** ⟨schot⟩ ⇒⟨fig.⟩ *zonder doel, doelloos*.
un·al·ien·a·ble ['ʌn'eɪlɪənəbl]⟨bn.; -ly; →bijw. 3⟩ **0.1** ***onvervreemdbaar***.
un·a·live ['ʌnə'laɪv]⟨bn., pred.⟩ **0.1** ***ongevoelig*** ⇒*ontoegankelijk* ◆ **6.1** he is ~ **to** music *hij is ongevoelig voor muziek*.
un·al·lied ['ʌnə'laɪd]⟨bn.⟩ **0.1** ***ongebonden*** ⇒*zonder banden* **0.2** ***niet verwant*** ⟨vnl. biol.⟩.
un·al·loyed ['ʌnə'lɔɪd]⟨f1⟩⟨bn.⟩ **0.1** ***onvermengd*** ⟨ook fig.⟩ ⇒*zuiver, puur* ◆ **1.1** ~ metal *niet gelegeerd/zuiver metaal;* ~ joy *pure vreugde*.

un·al·ter·a·ble ['ʌn'ɔ:ltrəbl]⟨bn.; -ly; -ness; →bijw. 3⟩ **0.1** ***onveranderlijk*** ⇒*onverwrikbaar*.

un·al·tered ['ʌn'ɔ:ltəd‖-tərd]⟨bn.⟩ **0.1** ***onveranderd*** ⇒*ongewijzigd*.

un·am·big·u·ous ['ʌnæm'bɪgjʊəs]⟨f1⟩⟨bn.; -ly⟩ **0.1** ***ondubbelzinnig***.

un·a·me·na·ble ['ʌnə'mi:nəbl‖-'me-]⟨bn.; -ly; →bijw. 3⟩ **0.1** ***onhandelbaar*** ⇒*eigenzinning* **0.2** ***onverantwoordelijk*** ⇒*onaansprakelijk* **0.3** ***onvatbaar*** ⇒*onontvankelijk, ontoegankelijk* ◆ **6.3** ~ **to** criticism *onontvankelijk voor kritiek*.

un-A·mer·i·can ['ʌnə'merɪkən]⟨f1⟩⟨bn.⟩ **0.1** ***on-Amerikaans*** ⇒*tegen de Amerikaanse gewoonten/belangen*.

un·an·chor ['ʌn'æŋkə‖-ər]⟨onov. en ov.ww.⟩ **0.1** ***het anker losgooien (van)*** ⇒⟨fig.⟩ *losslaan*.

un·a·neled ['ʌnə'ni:ld]⟨bn.⟩⟨vero.; R.-K.⟩ **0.1** ***zonder het H. Oliesel (ontvangen te hebben)***.

un·an·i·mat·ed ['ʌn'ænɪmeɪtɪd]⟨bn.⟩ **0.1** ***onbezield*** ⇒*ongeanimeerd, saai* **0.2** ***onbezield*** ⇒*levenloos*.

u·na·nim·i·ty ['ju:nə'nɪməṭi]⟨f1⟩⟨n.-telb.zn.⟩ **0.1** ***eenstemmigheid*** ⇒*eenparigheid, unanimiteit* **0.2** ***eensgezindheid***.

u·nan·i·mous [ju:'nænɪməs]⟨f2⟩⟨bn.; -ly; -ness⟩ **0.1** ***eenstemmig*** ⇒*eenparig, unaniem* **0.2** ***eensgezind***.

un·an·nealed ['ʌnə'ni:ld]⟨bn.⟩⟨tech.⟩ **0.1** ***ongegloeid*** ⇒*niet getemperd/ontlaten* ⟨mbt. glas, metaal⟩.

un·an·nounced ['ʌnə'naʊnst]⟨bn.⟩ **0.1** ***onaangekondigd*** ⇒*onaangemeld*.

un·an·swer·a·ble ['ʌn'ɑ:nsrəbl‖-'æn-]⟨bn.; -ly; -ness; →bijw. 3⟩ **0.1** ***onweerlegbaar*** ⇒*onbetwistbaar* **0.2** ***niet te beantwoorden***.

un·an·swered ['ʌn'ɑ:nsəd‖-'ænsərd]⟨f1⟩⟨bn.⟩ **0.1** ***onbeantwoord*** **0.2** ***niet weerlegd***.

un·ap·peal·a·ble ['ʌnə'pi:ləbl]⟨bn.; -ly; -ness; →bijw. 3⟩⟨jur.⟩ **0.1** ***niet voor beroep vatbaar*** ⇒*geen beroep toelatend*.

un·ap·plied ['ʌnə'plaɪd]⟨bn.⟩ **0.1** ***niet aangewend*** ⇒*niet toegepast;* ⟨geldw.⟩ *dood* ⟨kapitaal⟩.

un·ap·proach·a·ble ['ʌnə'proʊtʃəbl]⟨bn.; -ly; -ness; →bijw. 3⟩ **0.1** ***ontoegankelijk*** ⇒*onbenaderbaar;* ⟨fig.⟩ *ongenaakbaar*.

un·ap·pro·pri·at·ed ['ʌnə'proʊprieɪtɪd]⟨bn.⟩ **0.1** ***niet voor een bep. doel aangewezen*** **0.2** ***niet toegewezen*** ⟨bv. goederen⟩ **0.3** ***niet toegeëigend*** ⇒*onbeheerd* **0.4** ⟨hand.⟩ ***onverdeeld*** ⟨mbt. winst⟩.

un·apt ['ʌn'æpt]⟨bn.; -ly; -ness⟩ **0.1** ***ongeschikt*** **0.2** ***niet geneigd*** ⇒*ongeneigd* **0.3** ***ongepast*** **0.4** ***achterlijk*** ⇒*traag* ◆ **3.2** ~ to do sth. *niet geneigd iets te doen* **6.1** ~ **for** sth. *ongeschikt voor iets*.

un·ar·gu·a·ble ['ʌn'ɑ:gjʊəbl‖-'ɑr-]⟨bn.; -ly; →bijw. 3⟩ **0.1** ***ontegenzeggelijk*** ⇒*ontegensprekelijk*.

un·arm ['ʌn'ɑ:m‖-'ɑrm]⟨onov. en ov.ww.⟩⟨vero.⟩ →unarmed **0.1** ***ontwapenen*** ⇒*(zich) van de wapenrusting ontdoen*.

un·armed ['ʌn'ɑ:md‖-'ɑrmd]⟨f2⟩⟨bn.; ook volt. deelw. v. unarm⟩ **0.1** →unarm **0.2** ***ongewapend*** ⇒⟨fig.⟩ *weerloos* **0.3** ⟨plantk.⟩ ***ongewapend*** ⟨zonder stekels e.d.⟩.

u·na·ry ['ju:nəri]⟨bn.⟩ **0.1** ***monadisch*** ⇒*eendelig; eencellig*.

un·a·shamed ['ʌnə'ʃeɪmd]⟨bn.; -ly ['ʃeɪmɪdli]; -ness⟩ **0.1** ***zich niet schamend*** ⇒*zonder schaamte* **0.2** ***onbeschaamd*** ⇒*schaamteloos*.

un·asked ['ʌn'ɑ:s(k)t‖-'æs(k)t]⟨f1⟩⟨bn.⟩ **0.1** ***ongevraagd*** ◆ **3.1** he came in ~ *hij kwam ongevraagd binnen* **6.1** my opinion was ~ **for** *er werd niet naar mijn mening gevraagd*.

un·as·pir·ing ['ʌnə'spaɪərɪŋ]⟨bn.; -ness⟩ **0.1** ***oneerzuchtig*** ⇒*zonder ambitie, bescheiden, tevreden*.

un·as·sail·a·ble ['ʌnə'seɪləbl]⟨bn.; -ly; -ness; →bijw. 3⟩ **0.1** ***onbetwistbaar*** **0.2** ***onneembaar***.

un·as·sail·ed ['ʌnə'seɪld]⟨bn.⟩ **0.1** ***onbetwist*** **0.2** ***niet aangevallen*** ⇒⟨fig.⟩ *onaangetast*.

un·as·ser·tive ['ʌnə'sɜ:tɪv‖-'sɜrṭɪv]⟨bn.⟩ **0.1** ***bescheiden*** ⇒*teruggetrokken*.

un·as·sign·a·ble ['ʌnə'saɪnəbl]⟨bn.⟩ **0.1** ***onoverdraagbaar*** ⇒*niet toe te wijzen*.

un·as·sist·ed ['ʌnə'sɪstɪd]⟨bn.⟩ **0.1** ***niet geholpen*** ⇒*zonder hulp*.

un·as·so·ci·at·ed ['ʌnə'soʊʃieɪtɪd, -'soʊsi-]⟨bn.⟩ **0.1** ***niet verenigd*** ⇒*niet geassocieerd;* ⟨fig.⟩ *niet verwant* ⟨mbt. verschijnselen⟩.

un·as·sum·ing ['ʌnə'sju:mɪŋ‖-'su:-]⟨f1⟩⟨bn.; -ly; -ness⟩ **0.1** ***pretentieloos*** ⇒*bescheiden*.

un·at·tached ['ʌnə'tætʃt]⟨bn.⟩ **0.1** ***los*** **0.2** ***niet gebonden*** ⇒*onafhankelijk* ⟨van kerk, partij e.d.⟩ **0.3** ***alleenstaand*** ⇒*ongetrouwd* **0.4** ⟨jur.⟩ ***onbezwaard*** ⇒*vrij v. lasten* ⟨bv. hypotheek⟩ ◆ **1.2** ⟨mil.⟩ ~ officer *officier à la suite, gedetacheerd officier*.

un·at·tend·ed ['ʌnə'tendɪd]⟨f1⟩⟨bn.⟩ **0.1** ***niet begeleid*** ⇒*zonder begeleiding/gevolg* **0.2** ***onbeheerd*** ⇒*zonder toezicht/bewaking, alleen* **0.3** ***verwaarloosd*** ◆ **3.2** leave sth. ~ *iets onbeheerd laten (staan)* **6.3** the road was ~ **to** *de weg werd verwaarloosd*.

un·at·trac·tive ['ʌnə'træktɪv]⟨f2⟩⟨bn.; -ly; -ness⟩ **0.1** ***onaantrekkelijk***.

unau ['ju:naʊ]⟨telb.zn.⟩⟨dierk.⟩ **0.1** ***oenau*** ⇒*tweevingerige luiaard* ⟨Choloepus didactylus⟩.

un·au·then·tic ['ʌnɔ:'θenṭɪk]⟨bn.⟩ **0.1** ***niet authentiek*** ⇒*niet echt*.

un·au·then·ti·cat·ed ['ʌnɔ:'θenṭɪkeɪṭɪd]⟨bn.⟩ **0.1** ***niet bekrachtigd*** ⇒*niet bevestigd/gewaarborgd*.

un·au·thor·iz·ed, -is·ed ['ʌn'ɔ:θəraɪzd]⟨f1⟩⟨bn.⟩ **0.1** ***onbevoegd*** ⇒*zonder bevoegdheid/machtiging, niet gemachtigd/geautoriseerd* **0.2** ***ongeoorloofd*** ⇒*onrechtmatig, clandestien, onwettig*.

un·a·vail·a·ble ['ʌnə'veɪləbl]⟨f1⟩⟨bn.⟩ **0.1** ***niet beschikbaar*** ⇒*niet voorhanden* **0.2** ***onbruikbaar*** **0.3** ***nutteloos***.

un·a·vail·ing ['ʌnə'veɪlɪŋ]⟨f1⟩⟨bn.; -ly⟩ **0.1** ***vergeefs*** ⇒*nutteloos, vruchteloos*.

un·a·void·a·ble ['ʌnə'vɔɪdəbl]⟨f2⟩⟨bn.; -ly; -ness; →bijw. 3⟩ **0.1** ***onvermijdelijk*** ⇒*onontkoombaar*.

un·a·ware ['ʌnə'weə‖-'wer]⟨f2⟩⟨bn.⟩

I ⟨bn.⟩ **0.1** ***wereldvreemd*** ⇒*zweverig;*

II ⟨bn., pred.⟩ **0.1** ***zich niet bewust*** ⇒*niet op de hoogte, niets vermoedend* ◆ **6.1** be ~ **of** sth. *zich niet bewust zijn van iets, niet op de hoogte zijn van iets* **8.1** be ~ that *niet weten dat*.

un·a·wares ['ʌnə'weəz‖-'werz], **unaware** ⟨f1⟩⟨bw.⟩ **0.1** ***onverwacht (s)*** ⇒*plotseling, onverhoeds, bij vergissing, per ongeluk* **0.2** ***onbewust*** ⇒*ongemerkt, onopzettelijk, zonder het te merken/erbij na te denken* ◆ **3.1** catch/take s.o. ~ *iem. verrassen/overvallen/overrompelen* **6.1** **at** ~ *onverwacht(s), onverhoeds*.

un·backed ['ʌn'bækt]⟨bn.⟩ **0.1** ***zonder steun*** ⇒*niet gesteund, zonder hulp* **0.2** ***zonder (rug)leuning*** **0.3** ***onbereden*** ⇒*nog nooit bereden* ⟨paard⟩ ◆ **1.¶** ⟨paardenrennen⟩ ~ horse *paard waarop niet gewed is*.

un·bag ['ʌn'bæg]⟨ov.ww.; →ww. 7⟩ **0.1** ***uit de zak halen/laten***.

un·bal·ance[1] ['ʌn'bæləns]⟨n.-telb.zn.⟩ **0.1** ***gebrek aan evenwicht*** ⇒*het niet in evenwicht zijn* **0.2** ***onevenwichtigheid*** ⇒*verwarring, gestoordheid*.

unbalance[2] ⟨ov.ww.⟩ →unbalanced **0.1** ***uit zijn evenwicht brengen*** ⟨ook fig.⟩ ⇒*in verwarring brengen*.

un·bal·anced ['ʌn'bælənst]⟨f1⟩⟨bn.; volt. deelw. v. unbalance⟩ **0.1** ***niet in evenwicht*** **0.2** ***uit zijn evenwicht gebracht*** ⇒*in de war, gestoord* **0.3** ***onevenwichtig*** **0.4** ***niet sluitend*** ⇒*niet vereffend* ⟨begroting, rekening⟩.

un·bal·last·ed ['ʌn'bæləstɪd]⟨bn.⟩ **0.1** ***zonder ballast*** ⇒*onvast, onstabiel* **0.2** ***leeghoofdig*** ⇒*met weinig geestelijke bagage, niet gehinderd door kennis*.

un·bar ['ʌn'bɑ:‖'ʌn'bɑr]⟨ov.ww.; →ww. 7⟩ **0.1** ***ontsluiten*** ⇒*ontgrendelen, open doen;* ⟨fig.⟩ *openstellen, vrij maken*.

un·bear·a·ble ['ʌn'beərəbl‖-'ber-]⟨f2⟩⟨bn.; -ly; →bijw. 3⟩ **0.1** ***ondraaglijk*** ⇒*niet te verdragen* **0.2** ***onuitstaanbaar*** ⇒*onverdraaglijk*.

un·beat·a·ble ['ʌn'bi:ṭəbl]⟨bn.; -ly; →bijw. 3⟩ **0.1** ***onovertrefbaar*** ⇒*onoverwin(ne)lijk, onverslaanbaar*.

un·beat·en ['ʌn'bi:tn]⟨bn.⟩ **0.1** ***niet verslagen*** ⇒*ongeslagen* ⟨vnl. sport⟩ **0.2** ***onovertroffen*** ⇒*ongebroken* ⟨record⟩ **0.3** ***onbetreden*** ⇒*ongebaand* **0.4** ***niet geslagen***.

un·be·com·ing ['ʌnbɪ'kʌmɪŋ]⟨bn.; -ly⟩ **0.1** ***niet (goed) staand*** **0.2** ***ongepast*** ⇒*onbetamelijk, onbehoorlijk* ◆ **6.1** this dress is ~ **to** her *deze jurk staat haar niet* **6.2** your conduct is ~ **for/to** a gentleman! *zo gedraagt een heer zich niet!*.

un·be·friend·ed ['ʌnbɪ'frendɪd]⟨bn.⟩ **0.1** ***zonder vriend(en)*** **0.2** ***zonder hulp*** ⇒*niet geholpen*.

un·be·got·ten ['ʌnbɪ'gɒtn‖-'gɑtn]⟨bn.⟩ **0.1** ***(nog) ongeboren*** ⇒*(nog) niet voortgebracht* **0.2** ***niet verwekt/voortgebracht*** ⇒*uit zichzelf zijnd, eeuwig*.

un·be·known ['ʌnbɪ'noʊn], **un·be·knownst** [-'noʊnst]⟨bn., pred.; bw.⟩⟨inf.⟩ **0.1** ***onbekend*** ◆ **6.1** ~ **to** anyone *bij niemand bekend;* she did it ~ **to** me *ze deed het buiten mijn medeweten/zonder dat ik het wist/zonder mijn voorkennis*.

un·be·lief ['ʌnbɪ'li:f]⟨n.-telb.zn.⟩ **0.1** ⟨relig.⟩ ***ongeloof*** ⇒*ongelovigheid* **0.2** ***ongeloof*** ⇒*twijfel, scepsis*.

un·be·liev·a·ble ['ʌnbɪ'li:vəbl]⟨f2⟩⟨bn.; -ly; →bijw. 3⟩ **0.1** ***ongelooflijk***.

un·be·liev·er ['ʌnbɪ'li:və‖-ər]⟨f1⟩⟨telb.zn.⟩ **0.1** ⟨relig.⟩ ***ongelovige*** ⇒*atheïst* **0.2** ***ongelovige*** ⇒*twijfelaar*.

un·be·liev·ing ['ʌnbɪ'li:vɪŋ]⟨f1⟩⟨bn.; -ly⟩ **0.1** ⟨relig.⟩ ***ongelovig*** ⇒*niet gelovig* **0.2** ***ongelovig*** ⇒*twijfelend, sceptisch, wantrouwig*.

un·bend ['ʌn'bend]⟨ww.⟩ →unbending, unbent

I ⟨onov.ww.⟩ **0.1** ***(zich) ontspannen*** ⇒*los komen, zich laten gaan, ontdooien, uit de plooi komen* **0.2** ***ontspannen*** ⇒*(weer) slap(per)/minder strak worden, verslappen* **0.3** ***recht worden/trekken;***

II ⟨ov.ww.⟩ **0.1** ***ontspannen*** ⇒*tot rust doen komen* **0.2** ***ontspannen*** ⇒*(weer) slap(per) maken* **0.3** ***recht maken/buigen*** ⇒*strekken* **0.4** ⟨scheep.⟩ ***losmaken*** ⟨touw⟩ ⇒*losgooien; afslaan* ⟨zeil⟩ ◆ **1.1** ~ one's mind *zich/zijn geest ontspannen* **1.2** ~ a bow *een boog ontspannen*.

un·bend·ing ['ʌn'bendɪŋ]⟨bn.; (oorspr.) teg. deelw. v. unbend; -ly; -ness⟩ **0.1** ***(zich) ontspannend*** ⇒*tot rust/los komend* **0.2** ***onbuigzaam*** ⇒*resoluut, onverzettelijk, halsstarrig, star* **0.3** ***gereserveerd*** ⇒*koel*.

un·bent ['ʌn'bent]⟨bn.; (oorspr.) volt. deelw.⟩ **0.1** *ongebogen* **0.2** *ongebroken* ⟨fig.⟩ ⇒*niet onderworpen*.
un·be·seem·ing ['ʌnbɪ'si:mɪŋ]⟨bn.⟩⟨vero.⟩ **0.1** *ongepast* ⇒*onbetamelijk* ◆ **1.1** ~ conduct *onwelvoegelijk gedrag*.
un·bi·as(s)ed ['ʌn'baɪəst]⟨bn.; -ly; -ness⟩ **0.1** *onbevooroordeeld* ⇒*onpartijdig* **0.2** ⟨stat.⟩ *zuiver* ⇒*onvertekend* ⟨bv. v. steekproef⟩.
un·bid·da·ble ['ʌn'bɪdəbl]⟨bn.⟩⟨BE⟩ **0.1** *onhandelbaar* ⇒*ongehoorzaam, ongezeglijk*.
un·bid·den ['ʌn'bɪdn], **un·bid** ['ʌn'bɪd]⟨bn.⟩⟨schr.⟩ **0.1** *ongenood* ⇒*niet (uit)genodigd* **0.2** *ongevraagd* ◆ **1.1** ~ guests *ongenode gasten*.
un·bind ['ʌn'baɪnd]⟨ov.ww.; unbound, unbound⟩ **0.1** *losbinden* ⇒*losmaken, loskrijgen* **0.2** *bevrijden* ⇒*vrijlaten*.
un·blenched ['ʌn'blentʃt], **un·blench·ing** [-tʃɪŋ]⟨bn.⟩ **0.1** *niet (terug) wijkend* ⇒*onwrikbaar, onversaagd, onverschrokken*.
un·blessed, un·blest ['ʌn'blest]⟨bn.⟩ **0.1** *ongezegend* ⇒*ongewijd* **0.2** *vervloekt* ⇒*ellendig, ongelukkig* **0.3** *niet gezegend met* ⇒*niet voorzien van*.
un·block ['ʌn'blɒk‖'ʌn'blɑk]⟨ov.ww.⟩ **0.1** *deblokkeren* ⇒*de blokkade opheffen* **0.2** *vrijgeven* ⟨gelden⟩.
un·blood·ed ['ʌn'blʌdɪd], ⟨in bet. 0.1 ook⟩ **un·blood·ied** [-did]⟨bn.⟩ **0.1** *niet bebloed* **0.2** *niet rasecht*.
un·blood·y ['ʌn'blʌdi]⟨bn.⟩ **0.1** *niet bloed(er)ig* **0.2** *niet bloeddorstig* **0.3** *onbloedig* ⇒*zonder bloedvergieten, vreedzaam*.
un·blown ['ʌn'bloʊn]⟨bn.⟩ **0.1** *niet geblazen* **0.2** *(nog) in de knop* ⇒*(nog) niet in bloei, onontloken*.
un·blush·ing ['ʌn'blʌʃɪŋ]⟨bn.⟩ **0.1** *schaamteloos* ⇒*zonder blikken of blozen* **0.2** *niet blozend*.
un·bod·ied ['ʌn'bɒdid‖-'bɑ-]⟨bn.⟩ **0.1** *zonder lichaam* ⇒*onstoffelijk, immaterieel, vormloos*.
un·bolt ['ʌn'boʊlt]⟨ov.ww.⟩ →unbolted **0.1** *ontgrendelen* ⇒*ontsluiten, openen, losmaken*.
un·bolt·ed ['ʌn'boʊltɪd]⟨bn.; in 0.2 volt. deelw. v. unbolt⟩ **0.1** *ongebuild* ⇒*ongezift* ⟨meel⟩; ⟨fig.⟩ *grof* **0.2** *niet (af)gegrendeld* ⇒*niet (af)gesloten*.
un·born ['ʌn'bɔ:n‖'ʌn'bɔrn]⟨f2⟩⟨bn.⟩ **0.1** *(nog) ongeboren* **0.2** *toekomstig* ⇒*nog niet bestaand*.
un·bos·om ['ʌn'bʊzəm]⟨ww.⟩
I ⟨onov.ww.⟩ **0.1** *zijn hart uitstorten* ⇒*zeggen wat je op je hart hebt, zijn hart luchten*;
II ⟨ov.ww.⟩ **0.1** *ontboezemen* ⇒*uiten, onthullen, toevertrouwen* ◆ **4.1** ~ o.s. (to) *zijn hart uitstorten (bij)*.
un·bound·ed ['ʌn'baʊndɪd]⟨f1⟩⟨bn.; -ly; -ness⟩ **0.1** *grenzeloos* ⇒*onbegrensd, onbeperkt* **0.2** *teugelloos* ⇒*niet ingehouden, mateloos*.
un·bowed ['ʌn'baʊd]⟨bn.⟩ **0.1** *ongebogen* **0.2** *ongebroken* ⟨fig.⟩ ⇒*niet verslagen/onderworpen*.
un·brace ['ʌn'breɪs]⟨ov.ww.⟩ **0.1** *losmaken* ⟨band, riem⟩ **0.2** *ontspannen* ⟨ook fig.⟩ ⇒*tot rust doen komen, (weer) slap(per) maken* **0.3** *verzwakken*.
un·bred ['ʌn'bred]⟨bn.⟩ **0.1** *onopgevoed* ⇒*onbeleefd, lomp* **0.2** *ongeschoold* ⇒*onervaren*.
un·bri·dle ['ʌn'braɪdl]⟨ov.ww.⟩ →unbridled **0.1** *aftomen* ⟨paard⟩ **0.2** *losmaken/laten* ⇒*de vrije loop laten*.
un·bri·dled ['ʌn'braɪdld]⟨f1⟩⟨bn.; volt. deelw. v. unbridle; -ly⟩ **0.1** *afgetoomd* ⇒*zonder toom* ⟨paard⟩ **0.2** *ongebreideld* ⇒*teugelloos, tomeloos* ◆ **1.2** ~ tongue *losse tong*.
un·bro·ken ['ʌn'broʊkən]⟨f1⟩⟨bn.; -ly; -ness⟩ **0.1** *ongebroken* ⇒*ongeschonden, heel* **0.2** *ongetemd* ⇒*niet onderworpen, ongedresseerd* ⟨ook fig.⟩ **0.3** *ononderbroken* ⇒*onafgebroken, aan één stuk door* **0.4** *onovertroffen* ⇒*ongebroken* ⟨record⟩ **0.5** *ongeploegd* ⟨land⟩.
un·buck·le ['ʌn'bʌkl]⟨ov.ww.⟩ **0.1** *losgespen* ⇒*losmaken*.
un·build ['ʌn'bɪld]⟨ov.ww.; unbuilt, unbuilt⟩ →unbuilt **0.1** *slopen* ⇒*afbreken, neerhalen, vernietigen* ⟨ook fig.⟩.
un·built ['ʌn'bɪlt]⟨bn.⟩ **0.1** *(nog) onbebouwd* **0.2** *(nog) ongebouwd* ◆ **6.1** (ground) ~ **on** *onbebouwd (terrein)*.
un·bur·den ['ʌn'bɜ:dn‖-'bɜr-], ⟨vero.⟩ **un·bur·then** ['ʌn'bɜ:ðn‖-'bɜr-]⟨ov.ww.⟩ **0.1** *ontlasten* ⇒*verlichten, van een last bevrijden/verlossen* **0.2** *zich bevrijden van* ⇒*opbiechten, bekennen, kwijtraken, toevertrouwen* ◆ **1.1** ~ one's conscience *zijn geweten ontlasten*; ~ one's heart *zijn hart uitstorten* **1.2** ~ one's troubles/a secret to s.o. *iem. zijn zorgen/een geheim toevertrouwen* **4.1** ~ o.s. (to) *zijn hart uitstorten (bij)* **6.1** ~ o.s. **of** sth. *iets opbiechten*; ~ s.o. **of** a load *iem. een last afnemen*.
un·bur·y ['ʌn'beri]⟨ov.ww.; →ww. 7⟩ **0.1** *opgraven* **0.2** *onthullen* ⇒*aan het licht brengen, oprakelen*.
un·but·ton ['ʌn'bʌtn]⟨f1⟩⟨ov.ww.⟩ →unbuttoned **0.1** *losknopen* ⇒*losmaken, openen, opendoen* **0.2** *de jas openmaken van* **0.3** *uiten* ⇒*onthullen, bekennen* **0.4** *ontcijferen* ⇒*breken* ⟨code⟩ ◆ **1.3** ~ one's heart *zijn hart uitstorten*.
un·but·toned ['ʌn'bʌtnd]⟨bn.; volt. deelw. v. unbutton⟩ **0.1** *met de knopen los* ⇒*niet (dicht)geknoopt* **0.2** *zonder knopen* **0.3** *informeel* ⇒*los, vrij, ongedwongen*.
un·cage ['ʌn'keɪdʒ]⟨ov.ww.⟩ **0.1** *uit de kooi halen/laten* ⇒*vrijlaten, bevrijden* ⟨ook fig.⟩.
un·called ['ʌn'kɔ:ld]⟨bn.⟩ **0.1** *ongeroepen* ⇒*ongevraagd* **0.2** ⟨ec.⟩ *onopgevraagd* ⇒*ongestort* ⟨kapitaal⟩.
un·called-for [- fɔ:‖- fɔr]⟨f1⟩⟨bn.⟩ **0.1** *ongewenst* ⇒*ongepast, niet op zijn plaats* **0.2** *onnodig* ⇒*overbodig, nergens voor nodig/goed voor* **0.3** *ongegrond* ⇒*ongemotiveerd, zonder aanleiding* ◆ **1.2** that remark was ~ *die opmerking was nergens voor nodig*.
un·can·ny [ʌn'kæni]⟨f2⟩⟨bn.; -er; -ly; -ness; →bijw. 3⟩ **0.1** *geheimzinnig* ⇒*mysterieus, griezelig, eng* **0.2** *bovennatuurlijk* ⇒*abnormaal, buitengewoon* **0.3** ⟨vnl. Sch. E⟩ *gevaarlijk* ⇒*onvoorzichtig*.
un·cap ['ʌn'kæp]⟨ww.; →ww. 7⟩
I ⟨onov.ww.⟩ **0.1** *zijn hoofddeksel afzetten/afnemen*;
II ⟨ov.ww.⟩ **0.1** *de pet/muts afnemen van* **0.2** *de sluiting verwijderen van* ⇒*openen* ⟨fles⟩ **0.3** *onthullen* ⇒*openbaar/bekendmaken*.
un·cared-for ['ʌn'keəd fɔ:‖'ʌn'kerdfɔr]⟨bn.⟩ **0.1** *onverzorgd* ⇒*verwaarloosd*.
un·car·ing [ʌn'keərɪŋ‖-'kerɪŋ]⟨bn.⟩ **0.1** *gevoelloos* ⇒*onverschillig, ongevoelig*.
un·case ['ʌn'keɪs]⟨ov.ww.⟩ **0.1** *uitpakken* ⇒*uit de verpakking/bus/kist/kast/het etui halen/nemen* **0.2** *ontvouwen* ⇒*ontplooien* ⟨vlag⟩.
un·caused ['ʌn'kɔ:zd]⟨bn.⟩ **0.1** *zonder oorzaak* ⇒*spontaan, uit zichzelf* **0.2** *zonder begin* ⇒*uit zichzelf zijnd*.
un·ceas·ing ['ʌn'si:sɪŋ]⟨bn.; -ly⟩ **0.1** *onophoudelijk* ⇒*voortdurend, onafgebroken* ◆ **1.1** ~ warfare *voortdurende strijd*.
un·cer·e·mo·ni·ous ['ʌnserɪ'moʊnɪəs]⟨bn.; -ly; -ness⟩ **0.1** *informeel* ⇒*ongedwongen* **0.2** *zonder plichtplegingen* ⇒*onhoffelijk, bot*.
un·cer·tain ['ʌn'sɜ:tn‖-'sɜr-]⟨f3⟩⟨bn.; -ly; -ness⟩ **0.1** *onzeker* ⇒*twijfelachtig, ongewis, dubbelzinnig* **0.2** *onbepaald* ⇒*vaag, onduidelijk, onbeslist* **0.3** *veranderlijk* ⇒*onvast, onbestendig, wispelturig, onbetrouwbaar* ◆ **1.1** speak in no ~ terms *in niet mis te verstane bewoordingen/duidelijk(e taal)/ondubbelzinnig spreken, klare wijn schenken*; tell s.o. in no ~ terms that *iem. (over)duidelijk te verstaan/kennen geven dat* **1.2** ⟨vnl. scherts.⟩ of ~ age *van onbepaalde leeftijd*; ~ plans *vage plannen* **1.3** a woman with an ~ temper *een wispelturige vrouw* **3.1** I am/feel ~ (about) what to do *ik weet niet zeker/helemaal wat ik moet doen* **6.1** be ~ **of/about** s.o.'s intentions *twijfelen aan iemands bedoelingen*.
un·cer·tain·ty [ʌn'sɜ:tnti‖-'sɜr-]⟨f3⟩⟨telb. en n.-telb.zn.; →mv. 2⟩ **0.1** *onzekerheid* ⇒*twijfel(achtigheid)* **0.2** *onduidelijkheid* ⇒*vaagheid* **0.3** *veranderlijkheid* ⇒*onbetrouwbaarheid* ◆ **3.1** whether Peter is coming is still an ~ *het is nog onzeker of Peter komt*.
un'certainty principle ⟨telb.zn.⟩⟨nat.⟩ **0.1** *onzekerheidsbeginsel* ⇒*onbepaaldheidsrelatie*.
un·chain ['ʌn'tʃeɪn]⟨ov.ww.⟩ **0.1** *ontketenen* ⇒*(van zijn ketenen) bevrijden, losmaken/laten, vrijlaten*; ⟨fig.⟩ *de vrije loop laten*.
un·chal·lenged ['ʌn'tʃælɪndʒd]⟨f2⟩⟨bn.⟩ **0.1** *onbetwist* ⇒*zonder tegenspraak/protest* ◆ **3.1** we cannot let this pass ~ *we kunnen dit niet over onze kant laten gaan/zo maar laten gebeuren*.
un·chan·cy [ʌn'tʃɑ:nsi‖-'tʃæn-]⟨bn.⟩⟨vnl. Sch. E⟩ **0.1** *ongelukkig* ⇒*ongelukbrengend, onheilspellend, noodlottig* **0.2** *gevaarlijk* **0.3** *lastig* ⇒*ongelegen*.
un·changed ['ʌn'tʃeɪndʒd]⟨f2⟩⟨bn.⟩ **0.1** *onveranderd* ⇒*ongewijzigd*.
un·chang·ing ['ʌn'tʃeɪndʒɪŋ]⟨f1⟩⟨bn.⟩ **0.1** *niet veranderend* ⇒*standvastig, onveranderlijk*.
un·char·i·ta·ble ['ʌn'tʃærɪtəbl]⟨f1⟩⟨bn.; -ly; -ness; →bijw. 3⟩ **0.1** *harteloos* ⇒*hard(vochtig), onbarmhartig, liefdeloos*.
un·chart·ed ['ʌn'tʃɑ:tɪd‖'ʌn'tʃɑrtɪd]⟨bn.⟩ **0.1** *niet in kaart gebracht* ⟨gebied⟩ ⇒*niet verkend/onderzocht, onbekend*.
un·char·tered ['ʌn'tʃɑ:təd‖'ʌn'tʃɑrtərd]⟨bn.⟩ **0.1** *ongeregeld* ⇒*wetteloos, onregelmatig*.
un·checked ['ʌn'tʃekt]⟨bn.⟩ **0.1** *ongehinderd* ⇒*onbelemmerd, onbeteugeld* **0.2** *ongecontroleerd*.
un·chis·tened ['ʌn'krɪsnd]⟨bn.⟩ **0.1** *ontkerstend*.
un·chris·tian ['ʌn'krɪstʃən]⟨bn.; -ly⟩ **0.1** *onchristelijk* ⇒*niet christelijk, heidens* **0.2** *onchristelijk* ⇒*onbarmhartig, onbeschaafd* **0.3** ⟨inf.⟩ *onchristelijk* ⇒*schandelijk, barbaars* ⟨tijdstip, prijs⟩.
un·church ['ʌn'tʃɜ:tʃ‖'ʌn'tʃɜrtʃ]⟨ov.ww.⟩ →unchurched **0.1** *uit de kerk stoten* ⇒*excommuniceren, in de (kerk)ban doen* **0.2** *de status v. kerk ontnemen* ⟨sekte⟩.
un·churched ['ʌn'tʃɜ:tʃt‖'ʌn'tʃɜrtʃt]⟨bn.; oorspr. volt. deelw. v. unchurch⟩ **0.1** *niet kerkelijk (gebonden)* ⇒*niet tot een kerk behorend*.
un·cial ['ʌnsɪəl, 'ʌnʃl]⟨zn.; ook U-⟩

I ⟨telb.zn.⟩ **0.1** ***manuscript in unciaalschrift;***
II ⟨telb. en n.-telb.zn.⟩ **0.1** ***unciaal(letter);***
III ⟨n.-telb.zn.⟩ **0.1** ***unciaalschrift.***

'uncial letter ⟨telb. en n.-telb.zn.; ook U-⟩ **0.1** ***unciaal(letter).***

'uncial script ⟨n.-telb.zn.; ook U-⟩ **0.1** ***unciaalschrift.***

un·ci·form ['ʌnsɪfɔ:m‖-fɔrm], **un·ci·nate** ['ʌnsɪnət]⟨bn.⟩ **0.1** ***haakvormig*** ⇒*gekromd* ⟨vnl. anat.⟩.

un·cir·cum·cised ['ʌn'sɜ:kəmsaɪzd‖-'sɜr-]⟨bn.⟩ **0.1** ***onbesneden*** **0.2** ***niet-joods*** **0.3** ***onrein*** ⇒*heidens.*

un·cir·cum·ci·sion ['ʌnsɜ:kəm'sɪʒn‖-sɜr-]⟨n.-telb.zn.⟩ **0.1** ***onbesnedenheid*** ◆ **7.1** ⟨N.T.⟩ the ~ *de onbesnedenen, de heidenen.*

un·civ·il ['ʌn'sɪvl]⟨bn.; -ly⟩ **0.1** ***onbeleefd*** ⇒*ongemanierd, lomp* **0.2** ***onbeschaafd*** ⇒*barbaars.*

un·civ·i·lized, -lised ['ʌn'sɪvɪlaɪzd]⟨f1⟩⟨bn.⟩ **0.1** ***onbeschaafd*** ⇒*barbaars.*

un·clad ['ʌn'klæd]⟨bn.; volt. deelw. v. unclothe⟩⟨schr. of scherts.⟩ **0.1** ***ongekleed*** ⇒*naakt, in adamskostuum.*

un·claimed ['ʌn'kleɪmd]⟨bn.⟩ **0.1** ***niet opgeëist*** **0.2** ***niet afgehaald*** ⟨brief, bagage⟩.

un·clasp ['ʌn'klɑ:sp‖'ʌn'klæsp]⟨ww.⟩
I ⟨onov.ww.⟩ **0.1** ***losraken*** **0.2** ***loslaten;***
II ⟨ov.ww.⟩ **0.1** ***loshaken*** ⇒*losgespen, openen* **0.2** ***loslaten.***

un·class·i·fied ['ʌn'klæsɪfaɪd]⟨f1⟩⟨bn.⟩ **0.1** ***niet geclassificeerd*** ⇒*ongeordend, niet ingedeeld* **0.2** ***niet geheim/vertrouwelijk.***

un·cle ['ʌŋkl]⟨f3⟩⟨telb.zn.⟩ **0.1** ***oom*** **0.2** ⟨sl.⟩ ***ome Jan*** ⇒*pandjesbaas, lommerd* **0.3** ⟨AE; sl.⟩ ***heler*** **0.4** ⟨AE; sl.⟩ ***rechercheur v.d. narcoticabrigade*** ◆ **1.¶** ⟨inf.⟩ Uncle Sam *Uncle Sam, de Am. regering, het Am. volk* ⟨naar de afk. U.S.⟩ **3.¶** ⟨AE; inf., kind.⟩ cry /say ~ *zich overgeven.*

un·clean ['ʌn'kli:n]⟨f1⟩⟨bn.; -er; -ly; -ness⟩ **0.1** ***vuil*** ⇒*smerig, goor* **0.2** ***bevuild*** ⟨fig.⟩ ⇒*bevlekt, gebruikt* **0.3** ***onkuis*** ⇒*obsceen* **0.4** ***onrein*** ⟨vnl. relig.⟩ **0.5** ***rommelig*** ⇒*warrig, onduidelijk* ⟨plan⟩ ◆ **1.4** ~ meat *onrein vlees;* ~ spirit *onreine/boze geest.*

un·clean·ly ['ʌn'klenli]⟨bn.; -er; -ness; →bijw. 3⟩ **0.1** ***vuil*** ⇒*smerig, onrein;* ⟨fig.⟩ *obsceen.*

un·clear ['ʌn'klɪə‖'ʌn'klɪr]⟨f1⟩⟨bn.; -er; -ly; -ness⟩ **0.1** ***onduidelijk.***

un·clench ['ʌn'klentʃ], **un·clinch** ['ʌn'klɪntʃ]⟨ww.⟩
I ⟨onov.ww.⟩ **0.1** ***zich openen*** ⟨v. hand⟩ ⇒*(zich) ontspannen;*
II ⟨ov.ww.⟩ **0.1** ***openen*** ⟨hand⟩ ⇒*ontspannen* **0.2** ***loslaten.***

Uncle Tom ['ʌŋkl 'tɒm‖-'tɑm]⟨telb.zn.⟩⟨pej.⟩ **0.1** ***onderdanige/ slaafse neger*** ⇒*kruiper* ⟨naar de roman Uncle Tom's Cabin⟩.

'Un·cle-'Tom ⟨onov.ww.; ook u- t-; →ww. 7⟩⟨pej.⟩ **0.1** ***onderdanig zijn*** ⇒*slaafs/nederig/dienstwillig/kruiperig/onderworpen zijn.*

Uncle Tom·ish ['ʌnkl 'tɒmɪʃ‖-'tɑ-]⟨bn.⟩⟨pej.⟩ **0.1** ***onderdanig*** ⇒*slaafs, nederig, kruiperig.*

Uncle Tom·ism ['ʌnkl 'tɒmɪzm‖-'tɑ-]⟨n.-telb.zn.⟩⟨pej.⟩ **0.1** ***onderdanigheid*** ⇒*slaafsheid.*

un·cloak ['ʌn'kloʊk]⟨ov.ww.⟩ **0.1** ***de mantel afnemen*** **0.2** ***ontmaskeren*** ⇒*onthullen, blootleggen.*

un·clog ['ʌn'klɒg‖'ʌn'klɑg]⟨ov.ww.; →ww. 7⟩ **0.1** ***vrijmaken*** ⇒*een belemmering verwijderen uit, ontstoppen.*

un·close ['ʌn'kloʊz]⟨ww.⟩
I ⟨onov.ww.⟩ **0.1** ***opengaan*** ⇒*zich openen;*
II ⟨ov.ww.⟩ **0.1** ***openen*** ⇒*openmaken* **0.2** ***onthullen*** ⇒*openbaar/ bekend maken.*

un·clothe ['ʌn'kloʊð]⟨ov.ww.; ook unclad, unclad⟩ →unclad **0.1** ***ontkleden*** ⇒*ontbloten* **0.2** ***onthullen*** ⇒*openbaar/bekend maken.*

un·cloud·ed ['ʌn'klaʊdɪd]⟨f1⟩⟨bn.⟩ **0.1** ***helder*** ⇒*scherp, duidelijk* **0.2** ***zorgeloos*** ⇒*onbekommerd, opgeruimd.*

un·co[1] ['ʌŋkoʊ]⟨zn.⟩⟨vero; Sch. E⟩
I ⟨telb.zn.⟩ **0.1** ***vreemd/wonderbaarlijk persoon/iets*** **0.2** ***vreemdeling;***
II ⟨mv.; ~s⟩ **0.1** ***nieuws*** ⇒*berichten, geruchten.*

unco[2] ⟨bn.⟩⟨Sch. E⟩ **0.1** ***vreemd*** ⇒*ongewoon, onbekend, eigenaardig* **0.2** ***bijzonder*** ⇒*buitengewoon, opmerkelijk.*

unco[3] ⟨bw.⟩⟨Sch. E⟩ **0.1** ***bijzonder*** ⇒*buitengewoon, zeer, hoogst* ◆ **2.1** the ~ guid/good *de (zeer) vromen/deugdzamen, de fijnen;* ⟨pej.⟩ *de zedenpredikers.*

un·coil ['ʌn'kɔɪl]⟨ww.⟩
I ⟨onov.ww.⟩ **0.1** ***zich ontrollen;***
II ⟨ov.ww.⟩ **0.1** ***ontrollen*** ⇒*afrollen, afwikkelen, afhalen, loshalen.*

un·col·lect·ed ['ʌnkə'lektɪd]⟨bn.⟩ **0.1** ***niet verzameld*** **0.2** ***niet geïnd*** **0.3** ***niet tot rust gekomen*** ⇒*verward.*

un·col·oured, ⟨AE sp.⟩ **un·col·ored** ['ʌn'kʌləd‖-lərd]⟨bn.⟩ **0.1** ***ongekleurd*** ⟨ook fig.⟩ ⇒*zakelijk, objectief, helder* ◆ **6.1** ~ **by** *niet gekleurd/beïnvloed door.*

un·come·at·a·ble ['ʌnkʌm'ætəbl]⟨bn.⟩⟨inf.⟩ **0.1** ***ontoegankelijk*** ⇒*ongenaakbaar* **0.2** ***onbereikbaar.***

un·come·ly ['ʌn'kʌmli]⟨bn.⟩ **0.1** ***ongepast*** ⇒*onjuist* **0.2** ***onaantrekkelijk.***

un·com·fort·a·ble ['ʌn'kʌm(p)ftəbl]⟨f3⟩⟨bn.; -ly; -ness; →bijw. 3⟩ **0.1** ***ongemakkelijk*** ⇒*oncomfortabel, onaangenaam, vervelend* **0.2** ***niet op zijn gemak*** ⇒*verlegen* ◆ **1.1** ~ situation *pijnlijke situatie* **3.1** I'm ~ in this chair *ik zit niet lekker in deze stoel* **3.2** feel ~ *zich niet op zijn gemak voelen.*

un·com·mer·cial ['ʌnkə'mɜ:ʃl‖-'mɜr-]⟨bn.⟩ **0.1** ***niet-commercieel*** ⟨project, muziek⟩ ⇒*niet zakelijk* **0.2** ***niet handeldrijvend*** ⇒*zonder handel.*

un·com·mit·ted ['ʌnkə'mɪtɪd]⟨f1⟩⟨bn.⟩ **0.1** ***niet-gebonden*** ⇒*zelfstandig, vrij, neutraal* **0.2** ***niet verplicht*** ⇒*zonder verplichting(en)* ◆ **1.1** ~ countries *niet-gebonden landen* **3.1** he wants to remain ~ *hij wil zich niet vastleggen;* stay ~ *neutraal blijven.*

un·com·mon[1] ['ʌn'kɒmən‖-'kɑ-]⟨f2⟩⟨bn.; -er; -ly; -ness⟩ **0.1** ***ongewoon*** ⇒*buitengewoon, bijzonder, opmerkelijk, zeldzaam* ◆ **2.1** ~ly handsome *bijzonder knap;* ~ly rude *uitermate/hoogst onbeleefd.*

uncommon[2] ⟨bw.⟩⟨vero., gew., inf.⟩ **0.1** ***ongewoon.***

un·com·mu·ni·ca·tive ['ʌnkə'mju:nɪkətɪv‖-keɪtɪv]⟨bn.; -ly; -ness⟩ **0.1** ***niet (bijzonder) mededeelzaam*** ⇒*zwijgzaam, gesloten, gereserveerd.*

un·com·pan·ion·a·ble ['ʌnkəm'pænjənəbl]⟨bn.⟩ **0.1** ***ongezellig.***

un·com·plain·ing ['ʌnkəm'pleɪnɪŋ]⟨bn.⟩ **0.1** ***gelaten*** ⇒*zonder morren, geduldig.*

un·com·pli·men·ta·ry ['ʌnkɒmplɪ'mentri‖'ʌnkɑmplɪ'mentəri]⟨bn.⟩ **0.1** ***niet (bijzonder) complimenteus*** ⇒*beledigend.*

un·com·pro·mis·ing [ʌn'kɒmprəmaɪzɪŋ‖-'kɑm-]⟨f1⟩⟨bn.; -ly⟩ **0.1** ***onbuigzaam*** ⇒*onverzettelijk, niet toegeeflijk/inschikkelijk, halsstarrig* **0.2** ***vastberaden*** ⇒*standvastig, onwrikbaar* ◆ **1.1** have ~ opinions about sth. *ergens een besliste mening over hebben.*

un·con·cealed ['ʌnkən'si:ld]⟨bn.⟩ **0.1** ***onverholen*** ⇒*openlijk.*

un·con·cern ['ʌnkən'sɜ:n‖-'sɜrn]⟨n.-telb.zn.⟩ **0.1** ***onverschilligheid*** ⇒*gelatenheid, apathie* **0.2** ***onbezorgdheid*** ⇒*onbekommerdheid.*

un·con·cerned ['ʌnkən'sɜ:nd‖-'sɜrnd]⟨f2⟩⟨bn.; -ly; -ness⟩
I ⟨bn.⟩ **0.1** ***onbezorgd*** ⇒*onbekommerd, kalm* ◆ **6.1** be ~ **about** *zich geen zorgen/niet druk maken over;*
II ⟨bn., pred.⟩ **0.1** ***onverschillig*** ⇒*ongeïnteresseerd* **0.2** ***niet betrokken*** ◆ **3.1** he is ~ if we come *het laat hem koud of we komen* **6.2** be ~ **in/with** *niet betrokken zijn bij, zich niet bezighouden/ bemoeien met.*

un·con·di·tion·al ['ʌnkən'dɪʃnəl]⟨f1⟩⟨bn.; -ly⟩ **0.1** ***onvoorwaardelijk*** ⇒*absoluut, zonder voorbehoud* ◆ **1.1** ~ surrender *onvoorwaardelijke overgave.*

un·con·di·tioned ['ʌnkən'dɪʃnd]⟨f1⟩⟨bn.⟩ **0.1** ***onvoorwaardelijk*** ⇒*absoluut* **0.2** ⟨psych.⟩ ***onvoorwaardelijk*** ⇒*niet geconditioneerd, natuurlijk, aangeboren* ◆ **1.2** ~ reflex/response *niet geconditioneerde/aangeboren reflex.*

un·con·firmed ['ʌnkən'fɜ:md‖-'fɜrmd]⟨bn.⟩ **0.1** ***niet bevestigd/bekrachtigd*** **0.2** ⟨relig.⟩ ***niet geconfirmeerd*** ⇒⟨R.-K.⟩ *niet gevormd* ◆ **1.¶** ⟨geldw.⟩ ~ letter of credit *ongeconfirmeerd(e)/niet-geconfirmeerd(e) kredietbrief/accreditief.*

un·con·form·a·ble ['ʌnkən'fɔ:məbl‖-'fɔr-]⟨bn.; -ly; -ness; →bijw. 3⟩ **0.1** ***niet overeenstemmend*** ⇒*onverenigbaar* **0.2** ***niet conformistisch*** ⇒*zich niet conformerend/aanpassend;* ⟨i.h.b.; gesch.⟩ *nonconformistisch* ⟨t.a.v. de anglicaanse kerk⟩ ◆ **6.1** ~ **to** *strijdig met.*

un·con·gen·ial ['ʌnkən'dʒi:nɪəl]⟨bn.; -ly⟩ **0.1** ***onsympathiek*** **0.2** ***niet verenigbaar*** ⇒*niet passend, ongelijksoortig* **0.3** ***ongeschikt*** **0.4** ***onaangenaam.***

un·con·nect·ed ['ʌnkə'nektɪd]⟨f1⟩⟨bn.; -ly; -ness⟩ **0.1** ***niet verbonden*** ⇒*afzonderlijk* **0.2** ***onsamenhangend*** ⇒*verward* **0.3** ***alleenstaand*** ⇒*zonder familie.*

un·con·scion·a·ble [ʌn'kɒnʃnəbl‖-'kɑn-]⟨bn.; -ly; -ness; →bijw. 3⟩ **0.1** ***gewetenloos*** ⇒*zonder scrupules* **0.2** ***onredelijk*** **0.3** ***overdreven*** ⇒*exorbitant, onmogelijk* **0.4** ***schandalig*** ⇒*ontstellend, ten hemel schreiend* ◆ **1.3** we had to wait an ~ time *we moesten onmenselijk lang wachten.*

un·con·scious[1] [ʌn'kɒnʃəs‖-'kɑn-]⟨f1⟩⟨n.-telb.zn.; the⟩⟨psych.⟩ **0.1** ***het onbewuste*** ⇒*het onderbewuste.*

unconscious[2] ⟨f3⟩⟨bn.; -ly; -ness⟩ **0.1** ***onbewust*** ⇒*niet wetend* **0.2** ***onbewust*** ⇒*onwillekeurig, onopzettelijk* **0.3** ***bewusteloos*** ⇒*buiten bewustzijn/kennis* ◆ **1.2** ~ cerebration *onbewuste hersenwerking* **6.1** be ~ **of** sth. *zich ergens niet bewust van zijn, ergens geen besef van hebben, iets niet weten/merken.*

un·con·sid·ered ['ʌnkən'sɪdəd‖-dərd]⟨bn.⟩ **0.1** ***onbezonnen*** ⇒*ondoordacht, overhaast* **0.2** ***veronachtzaamd*** ⇒*buiten beschouwing gelaten, niet in aanmerking genomen.*

un·con·sti·tu·tion·al ['ʌnkɒnstɪ'tju:ʃnəl‖'ʌnkɑnstɪ'tu:ʃnəl]⟨bn.; -ly⟩ **0.1** ***ongrondwettig*** ⇒*in strijd met de grondwet.*

un·con·strained ['ʌnkən'streɪnd]⟨bn.; -ly⟩ **0.1** ***ongedwongen*** ⇒*natuurlijk, vrij* **0.2** ***ongedwongen*** ⇒*zonder dwang, vrijwillig.*

un·con·straint ['ʌnkən'streɪnt]⟨n.-telb.zn.⟩ **0.1** ***ongedwongenheid.***

un·con·test·ed ['ʌnkən'testɪd]⟨bn.⟩ 0.1 onbetwist ◆ 1.1 ~ election verkiezing met slechts één kandidaat / zonder tegenkandidaten.

un·con·trol·la·ble ['ʌnkən'troʊləbl]⟨f2⟩⟨bn.; -ly; -ness; →bijw. 3⟩ 0.1 niet te beheersen ⇒niet in de hand te houden, onbedwingbaar, onhandelbaar 0.2 onbeheerst ⇒teugelloos ◆ 1.2 ~ laughter onbedaard gelach.

un·con·trolled ['ʌnkən'troʊld]⟨f2⟩⟨bn.⟩ 0.1 niet onder controle ⟨ook fig.⟩ ⇒onbeheerst, teugelloos.

un·con·ven·tion·al ['ʌnkən'venʃnəl]⟨f1⟩⟨bn.; -ly⟩ 0.1 onconventioneel ⇒ongebruikelijk 0.2 onconventioneel ⇒niet conformistisch, vrij, natuurlijk 0.3 niet-conventioneel ⇒nucleair, atoom- ⟨wapens, energie⟩.

un·con·vinc·ing ['ʌnkən'vɪnsɪŋ]⟨f1⟩⟨bn.; -ly; -ness⟩ 0.1 niet overtuigend.

un·cool ['ʌn'ku:l]⟨bn.⟩⟨sl.⟩ 0.1 onaangenaam ⇒niet relaxed, onbehaaglijk, vervelend 0.2 ongepast ⇒overdreven, aanstellerig.

un·cork ['ʌn'kɔ:k||'ʌn'kɔrk]⟨f1⟩⟨ov.ww.⟩ 0.1 ontkurken ⇒opentrekken 0.2 onthullen ⇒uiten, lucht geven aan, de vrije loop laten, eruit gooien.

un·cor·rect·a·ble ['ʌnkə'rektəbl]⟨bn.; -ly; →bijw. 3⟩ 0.1 onherstelbaar ⇒hopeloos ◆ 2.1 an uncorrectably dismal place een in-en-in-naargeestige plaats.

un·cor·rob·o·rat·ed ['ʌnkə'rɒbəreɪtɪd||-'rɑbəreɪṭɪd]⟨bn.⟩ 0.1 niet bevestigd.

un·count·a·ble ['ʌn'kaʊnṭəbl]⟨bn.⟩ 0.1 ontelbaar ⇒niet te tellen 0.2 ⟨taalk.⟩ niet-telbaar.

un·count·ed ['ʌn'kaʊnṭɪd]⟨bn.⟩ 0.1 ongeteld 0.2 ontelbaar ⇒talloos.

un·couple ['ʌn'kʌpl]⟨ov.ww.⟩ 0.1 ontkoppelen ⇒af/loskoppelen, af/loshaken, losmaken, loslaten.

un·couth ['ʌn'ku:θ]⟨bn.; -ly; -ness⟩ 0.1 onhandig ⇒lomp, ongemanierd, grof, raar, vreemd.

un·cov·e·nant·ed ['ʌn'kʌvnənṭɪd]⟨bn.⟩ 0.1 niet (contractueel) gebonden 0.2 niet vastgelegd / toegezegd / gewaarborgd (in een contract / verdrag) 0.3 ⟨relig.⟩ niet voortvloeiend uit het verbond (der genade).

un·cov·er ['ʌn'kʌvə||-ər]⟨f2⟩⟨ww.⟩ →uncovered
I ⟨onov.ww.⟩ 0.1 zijn hoofddeksel afnemen ⇒het hoofd ontbloten;
II ⟨ov.ww.⟩ 0.1 ⟨ben. voor⟩ de bedekking wegnemen van ⇒het deksel afnemen van; de pet / hoed / muts afnemen van; ontsluieren; blootleggen, opgraven; openleggen; ontbloten; uit zijn schuilplaats drijven, opjagen; ⟨mil.⟩ de dekking wegnemen van, zonder dekking laten 0.2 aan het licht brengen ⇒onthullen, bekend / openbaar maken.

un·cov·ered ['ʌn'kʌvəd||-vərd]⟨f2⟩⟨bn.; (oorspr.) volt. deelw. v. uncover⟩ 0.1 onbedekt 0.2 onbeschermd 0.3 blootshoofds 0.4 ongedekt ⟨door verzekering⟩.

un·cre·ate ['ʌnkri'eɪt]⟨ov.ww.⟩ →uncreated 0.1 (geheel) vernietigen.

un·cre·at·ed ['ʌnkri'eɪṭɪd]⟨bn.⟩ 0.1 nog niet geschapen / bestaand 0.2 niet geschapen ⇒zonder begin, uit zichzelf zijnd, eeuwig.

un·crit·i·cal ['ʌn'krɪṭɪkl]⟨f1⟩⟨bn.; -ly⟩ 0.1 onkritisch ⇒zonder onderscheidingsvermogen 0.2 kritiekloos 0.3 niet onderzocht ⇒ongefundeerd ◆ 3.2 accept sth. ~ly iets domweg aanvaarden.

un·cross ['ʌn'krɒs||'ʌn'krɔs]⟨ov.ww.⟩ →uncrossed 0.1 uit een gekruiste positie halen ⟨armen, benen⟩ ⇒van elkaar doen, naast elkaar leggen.

un·crossed ['ʌn'krɒst||'ʌn'krɔst]⟨bn.; in bet. 0.1 volt. deelw. v. uncross⟩ 0.1 niet over elkaar ⇒ongekruist ⟨armen, benen⟩ 0.2 zonder kruis 0.3 ongehinderd ⇒niet doorkruist / gedwarsboomd 0.4 ⟨BE⟩ ongekruist ⟨cheque⟩.

un·crown ['ʌn'kraʊn]⟨ov.ww.⟩ →uncrowned 0.1 ontkronen ⇒onttronen, afzetten ⟨ook fig.⟩.

un·crowned ['ʌn'kraʊnd]⟨f1⟩⟨bn.; volt. deelw. v. uncrown⟩ 0.1 ongekroond 0.2 nog niet gekroond ◆ 1.1 the ~ king / queen de ongekroonde koning / koningin ⟨ook fig.⟩.

un·crush·a·ble ['ʌn'krʌʃəbl]⟨bn.⟩ 0.1 kreukvrij 0.2 onverzettelijk ⇒standvastig, onbedwingbaar ◆ 3.2 be ~ zich niet uit het veld laten slaan / gewonnen geven.

UNCTAD ['ʌŋktæd]⟨eig.n.⟩⟨afk.⟩ United Nations Conference on Trade and Development 0.1 UNCTAD.

unc·tion ['ʌŋkʃən]⟨zn.⟩
I ⟨telb.zn.⟩ 0.1 zalf ⇒olie, balsem ⟨ook fig.⟩;
II ⟨n.-telb.zn.⟩ 0.1 zalving ⟨ook fig.⟩ 0.2 vuur ⇒gloed, enthousiasme 0.3 (overdreven) zwaarwichtigheid ⇒bombast ◆ 3.1 speak with much ~ met veel zalving spreken.

unc·tu·os·i·ty ['ʌŋ(k)tʃʊ'ɒsəti||-'ɑsəṭi]⟨n.-telb.zn.⟩ 0.1 olie-achtige eigenschap 0.2 zalvende eigenschap ⇒⟨fig.⟩ zalving.

unc·tu·ous ['ʌŋktʃʊəs]⟨bn.; -ly; -ness⟩ 0.1 zalvend ⇒vleierig, glibberig 0.2 vettig ⇒vet, olieachtig, glibberig.

un·cul·ti·vat·ed ['ʌn'kʌltɪveɪṭɪd]⟨bn.⟩ 0.1 onbeschaafd ⇒cultuurloos, weinig ontwikkeld 0.2 onbebouwd ⟨land⟩ 0.3 niet gecultiveerd ⇒natuurlijk.

un·cul·tured ['ʌn'kʌltʃəd||-tʃərd]⟨bn.⟩ 0.1 onbebouwd ⟨land⟩ 0.2 weinig ontwikkeld ⇒onbeschaafd.

un·curbed ['ʌn'kɜ:bd||'ʌn'kɜrbd]⟨bn.⟩ 0.1 tomeloos ⇒teugelloos, ongetemd.

un·curl ['ʌn'kɜ:l||'ʌn'kɜrl]⟨ww.⟩
I ⟨onov.ww.⟩ 0.1 zich ontkrullen ⇒zich ontrollen, glad / recht worden;
II ⟨ov.ww.⟩ 0.1 ontkrullen ⇒ontrollen, glad / recht maken.

un·cur·tain ['ʌn'kɜ:tn||'ʌn'kɜrtn]⟨ov.ww.⟩ →uncurtained 0.1 het gordijn wegtrekken van ⇒⟨fig.⟩ onthullen.

un·cur·tained ['ʌn'kɜ:tnd||-'kɜr-]⟨bn.; volt. deelw. v. uncurtain⟩ 0.1 zonder gordijn(en).

un·cus·tomed ['ʌn'kʌstəmd]⟨bn.⟩ 0.1 vrij van (invoer)rechten ⇒accijnsvrij, belastingvrij 0.2 onveraccijnsd.

un·cut ['ʌn'kʌt]⟨bn.⟩ 0.1 ongesneden ⇒ongemaaid, ongesnoeid 0.2 onopengesneden ⇒onafgesneden ⟨bladzijden v. boek⟩ 0.3 onverkort ⇒ongecensureerd ⟨boek, film⟩ 0.4 ongeslepen ⟨diamant⟩.

un·dat·ed ['ʌn'deɪṭɪd]⟨bn.⟩ 0.1 ongedateerd ⇒zonder (afloop)datum.

un·daunt·ed ['ʌn'dɔ:nṭɪd]⟨bn.; -ly; -ness⟩ 0.1 onverschrokken ⇒onbevreesd, onversaagd ◆ 6.1 ~ by niet ontmoedigd / uit het veld geslagen door.

un·dec·a·gon ['ʌn'dekəgɒn||-gɑn]⟨telb.zn.⟩ 0.1 elfhoek.

un·de·ceive ['ʌndɪ'si:v]⟨ov.ww.⟩ 0.1 uit de droom helpen ⇒de ogen openen, zijn illusies ontnemen, ontgoochelen.

un·de·cid·ed ['ʌndɪ'saɪdɪd]⟨f1⟩⟨bn.; -ly; -ness⟩ 0.1 onbeslist 0.2 weifelend ⇒aarzelend, besluiteloos ◆ 1.1 the match was left ~ de wedstrijd bleef / eindigde onbeslist 6.2 be ~ about in dubio / tweestrijd staan omtrent 8.2 he was ~ whether to go or not hij aarzelde of hij nu wel of niet zou gaan.

un·dec·i·mal ['ʌn'desɪml]⟨bn.⟩ 0.1 elftallig.

un·decked ['ʌn'dekt]⟨bn.⟩ 0.1 onversierd ⇒onopgesmukt 0.2 zonder dek(ken) ⟨vaartuig⟩ ◆ 1.2 an ~ rowboat een open roeiboot.

un·de·clared ['ʌndɪ'kleəd||-'klerd]⟨bn.⟩ 0.1 niet aangegeven ⟨bij douane⟩ 0.2 niet (openlijk) verklaard ⇒niet bekend gemaakt, geheim gehouden, verzwegen.

un·de·fend·ed ['ʌndɪ'fendɪd]⟨bn.⟩ 0.1 onverdedigd ⇒onbeschermd, open 0.2 ⟨jur.⟩ zonder verdediging / verdediger.

un·de·filed ['ʌndɪ'faɪld]⟨bn.⟩⟨vnl. schr.⟩ 0.1 onbezoedeld ⇒zuiver ◆ 1.¶ well of English ~ Chaucer.

un·de·fin·a·ble ['ʌndɪ'faɪnəbl]⟨bn.⟩ 0.1 ondefinieerbaar ⇒niet (nader) te bepalen.

un·de·mon·stra·tive ['ʌndɪ'mɒnstrətɪv||-'mɑnstrəṭɪv]⟨bn.; -ly; -ness⟩ 0.1 gereserveerd ⇒gesloten, afstandelijk, koel, zich niet gemakkelijk uitend / gevend.

un·de·ni·a·ble ['ʌndɪ'naɪəbl]⟨f2⟩⟨bn.; -ly; -ness; →bijw. 3⟩ 0.1 onbetwistbaar ⇒onaanvechtbaar, onweerlegbaar, onloochenbaar, onomstotelijk 0.2 voortreffelijk ⇒uitstekend, onbesproken, onberispelijk ◆ 2.1 that is undeniably true dat is ontegenzeglijk waar.

un·de·nom·i·na·tion·al ['ʌndɪnɒmɪ'neɪʃnəl||-nɑ-]⟨bn.⟩ 0.1 niet-confessioneel ⇒neutraal, openbaar, ⟨B.⟩ officieel ⟨onderwijs, school⟩ 0.2 niet van / behorend tot een sekte.

un·der¹ ['ʌndə||-ər]⟨f2⟩⟨bn., attr.; vaak met volgend zn. versmolten, en dan niet te scheiden v. under-⟩ 0.1 onder(ste) ⇒beneden (-), lager (gelegen) 0.2 ondergeschikt ⇒tweede, lager ◆ 1.1 ~ jaw onderkaak; ~ layers onderste lagen 1.2 ~ classes lagere klassen.

under² ⟨f3⟩⟨bw.⟩ 0.1 (er / hier / daar)onder ⇒(naar) beneden, omlaag ⟨ook fig.⟩ 0.2 in bedwang ⇒onder controle 0.3 bewusteloos ⇒buiten kennis ◆ 3.1 this is where they were buried ~ hier werden ze bedolven; he forced his opponents ~ hij kreeg zijn tegenstanders eronder; when does the sun go ~? wanneer gaat de zon onder?; see ~ for details voor nadere toelichting zie onderaan / hieronder / verderop; I'm wearing a flannel petticoat ~ ik heb onder mijn kleren een flanellen onderrok aan 3.2 she kept her anger ~ ze hield haar woede in bedwang; they kept the peasants ~ ze hielden de boeren klein; they kept their voices ~ zij spraken op gedempte toon 3.3 the drug put her ~ for the evening door het verdovingsmiddel raakte zij buiten bewustzijn die avond 4.1 groups of nine and ~ groepen v. negen en minder 5.1 he is down ~ hij is beneden.

under³ ⟨f4⟩⟨vz.⟩ 0.1 ⟨plaats, ook fig.⟩ onder ⇒verborgen onder, onder de beschutting v., ter ondersteuning v., onder het gezag v., onderworpen aan, onder toezicht v. 0.2 ⟨omstandigheid⟩ onder ⇒in, onderhevig aan, in een toestand v., volgens, krachtens, bij, tijdens 0.3 ⟨graad of hoeveelheid⟩ minder dan ◆ 1.1 it's listed ~ Biology het staat (geklasseerd) onder Biologie; ~ the cliffs aan de voet van de klippen; a wedge ~ the door een wig onder de deur; ~ the dyke achter de dijk; hidden ~ the grass verborgen onder het gras; lived ~ Queen Mary *leefde tijdens het bewind van Queen Mary;* serve ~ a strict master *dienen onder een strenge heer;* the town ~ the mountain *het stadje aan de voet van de berg;* went ~ the name of *was bekend onder de naam van;* listed ~ the names of his comrades *genoteerd onder de naam van zijn kameraden;* ⟨Sch. E⟩ ~ night *bij nacht, in het donker;* spoke to her ~ the pretext of asking the way *sprak haar aan onder het mom de weg te vragen;* live ~ the same roof *onder hetzelfde dak wonen;* be ~ full sail *met volle zeilen varen;* a letter sent ~ his seal *een brief onder zijn zegel verstuurd;* set out ~ a cloudy sky *vertrok bij bewolkt weer;* marched ~ the tricolour *marcheerden op met de driekleur;* ducked ~ water *dook onder water* **1.2** ~ construction *in aanbouw;* I am ~ contract to stay *ik ben contractueel verplicht om te blijven;* the issue ~ discussion *het probleem dat ter discussie staat;* he had all his land ~ fence *al zijn landerijen waren omheind;* ~ fire *onder vuur;* land ~ forest *land met bossen beplant;* placed ~ guard *onder bewaking gesteld;* ~ a bad influence *onder een slechte invloed;* ~ the law *volgens/krachtens de wet;* swear ~ oath *onder ede zweren;* I am ~ an obligation to him *ik ben hem iets verschuldigd;* ~ penalty of death *op straffe des doods;* ~ severe pressure *onder zware druk;* ~ quarantine *in quarantaine;* collapse ~ the strain *het onder de spanning begeven;* worked ~ a system of shifts *werkte in ploegendienst* **1.3** ~ age *te jong, minderjarig;* ⟨landbouw⟩ ~ ditch *lager dan de waterstand in de sloten;* knew no-one ~ a lady *kende iemand die v. lagere stand was dan een lady;* just ~ a mile *net iets minder dan een mijl;* she's ~ weight *ze weegt te weinig;* ~ an hour *minder dan een uur, binnen het uur* **3.2** he gave in ~ her nagging *hij gaf toe door haar aanhoudend gezeur* **4.1** he felt safe with his best horse ~ him *hij voelde zich veilig op zijn beste paard* **4.3** children ~ six *kinderen beneden de zes jaar* **6.1** **from** ~ the cupboard *(van) onder de kast vandaan* **7.3** marks ~ seventy percent *punten die lager liggen dan 70%*.

un·der- [ˈʌndə‖ˈʌndər] **0.1** ***onder*** *⇒beneden-* **0.2** ***onder-*** *⇒ondergeschikt, tweede* **0.3** ***onder-*** *⇒onvoldoende* ◆ **¶.1** underdeck *benedendek* **¶.2** undersecretary *ondersecretaris, tweede secretaris* **¶.3** underfed *ondervoed*.

ˈun·der·aˈchieve ⟨onov.ww.⟩ **0.1** ***onvoldoende presteren*** *⇒beter kunnen, achterblijven bij de verwachtingen, teleurstellen* ⟨vnl. v. leerling op school⟩.

ˈun·derˈact ⟨onov. en ov.ww.⟩ ⟨dram.⟩ **0.1** ***zwak spelen*** *⇒slecht/slap spelen* **0.2** ***ingehouden/bewust on-emotioneel spelen***.

un·der·age [ˈʌndərˈeɪdʒ] ⟨bn.⟩ **0.1** ***minderjarig*** *⇒beneden de wettelijke leeftijd, onmondig, onvolwassen*.

ˈun·der·apˈpre·ci·ate ⟨ov.ww.⟩ **0.1** ***onderwaarderen***.

un·der·arm[1] [ˈʌndərɑːm‖-ɑrm] ⟨telb.zn.⟩ ⟨euf.⟩ **0.1** ***oksel***.

underarm[2] ⟨bn.; bw.⟩ **0.1** ***onderhands*** *⇒met de hand onder schouderhoogte* ⟨vnl. sport⟩ **0.2** ***onder de arm gelegen/geplaatst***.

un·der·bel·ly [-beli] ⟨telb.zn.⟩ **0.1** ***buik*** ⟨v. dier⟩ *⇒onderkant* **0.2** ***kwetsbare plaats*** *⇒zwak punt, achilleshiel*.

ˈun·der·bid[1] ⟨telb. en n.-telb.zn.⟩ **0.1** ***onderbieding*** *⇒het onderbieden*.

ˈunderˈbid[2] ⟨ww.⟩
I ⟨onov.ww.⟩ **0.1** ***te laag/weinig bieden;***
II ⟨ov.ww.⟩ **0.1** ***onderbieden*** *⇒lager/minder bieden dan, een lager bod doen dan*.

un·der·bid·der [-ˈbɪdə‖-ˈbɪdər] ⟨telb.zn.⟩ **0.1** ***op een na hoogste bieder***.

un·der·bod·ice [-bɒdɪs‖-bɑdɪs] ⟨telb.zn.⟩ **0.1** ***onderlijfje***.

un·der·bod·y [-bɒdi‖-bɑdi] ⟨telb.zn.; →mv. 2⟩ **0.1** ***buik*** ⟨v. dier⟩ *⇒onderkant*.

ˈun·derˈbred ⟨bn.⟩ **0.1** ***onopgevoed*** *⇒ongemanierd* **0.2** ***niet rasecht/raszuiver*** *⇒v. gemengd ras*.

un·der·brush [-brʌʃ] ⟨n.-telb.zn.⟩ ⟨vnl. AE⟩ **0.1** ***kreupelhout*** *⇒ondergroei*.

un·der·build [-ˈbɪld] ⟨ov.ww.⟩ **0.1** ***(v. onderen) stutten/schragen/steunen*** **0.2** ***slecht bouwen***.

ˈun·der·cap·i·tal·iˈza·tion, -ˈsa·tion ⟨telb. en n.-telb.zn.⟩ **0.1** ***onderkapitalisatie***.

ˈun·derˈcap·i·tal·ize, -ise ⟨ov.ww.⟩ **0.1** ***onderkapitaliseren***.

un·der·car·riage [-kærɪdʒ] ⟨telb.zn.⟩ **0.1** ***onderstel*** ⟨v. wagen⟩ *⇒chassis* **0.2** ***landingsgestel***.

un·der·cart [-kɑːt‖kɑrt] ⟨telb.zn.⟩ ⟨BE; inf.⟩ **0.1** ***landingsgestel***.

ˈun·der·char·ac·ter·iˈza·tion, -sa·tion ⟨telb. en n.-telb.zn.⟩ **0.1** ***te geringe ontwikkeling v.d. personen*** *⇒te vlakke beschrijving v.d. personen* ⟨in roman, toneelstuk⟩.

ˈun·der·charge[1] ⟨telb.zn.⟩ **0.1** ***te lage prijs***.

ˈunderˈcharge[2] ⟨f1⟩ ⟨ww.⟩
I ⟨onov. en ov.ww.⟩ **0.1** ***te weinig berekenen;***
II ⟨ov.ww.⟩ **0.1** ***te weinig (be)rekenen voor*** **0.2** ***onvoldoende laden***.

un·der·class [-klɑːs‖-klæs] ⟨n.-telb.zn.⟩ **0.1** ***laagste klasse*** *⇒zwaksten in de samenleving, onderkant v.d. samenleving, paria's* **0.2** ⟨vaak mv.⟩ ***eerste/tweedejaars studenten*** ⟨aan universiteit of middelbare school⟩.

un·der·class·man [-ˈklɑːsmən‖-ˈklæsmən] ⟨telb.zn.; underclassmen [-mən]; →mv. 3⟩ ⟨AE⟩ **0.1** ***eerste/tweedejaars student*** **0.2** ***leerling in de onderbouw***.

un·der·clay [-kleɪ] ⟨telb.zn.⟩ ⟨mijnw.⟩ **0.1** ***kleilaag onder een steenkolenlaag***.

ˈun·derˈclothed ⟨bn.⟩ **0.1** ***onvoldoende gekleed***.

un·der·clothes [-kloʊðz] ⟨f1⟩ ⟨mv.⟩ **0.1** ***ondergoed*** *⇒onderkleding*.

un·der·cloth·ing [-kloʊðɪŋ] ⟨n.-telb.zn.⟩ **0.1** ***ondergoed*** *⇒onderkleding*.

un·der·coat [-koʊt] ⟨zn.⟩
I ⟨telb.zn.⟩ **0.1** ***onderjas*** **0.2** ***(vacht v.) onderhaar*** *⇒(vacht v.) wolhaar* **0.3** ***grond(verf)laag*** **0.4** ⟨AE⟩ ***roestwerende laag*** ⟨onder auto⟩ *⇒tectyllaag;*
II ⟨telb. en n.-telb.zn.⟩ **0.1** ***grondverf*** **0.2** ⟨AE⟩ ***roestwerend middel*** *⇒tectyl*.

un·der·coat·ing [-koʊṭɪŋ] ⟨zn.⟩
I ⟨telb.zn.⟩ **0.1** ***grond(verf)laag*** **0.2** ⟨AE⟩ ***roestwerende laag*** ⟨onder auto⟩ *⇒tectyllaag;*
II ⟨telb. en n.-telb.zn.⟩ **0.1** ***grondverf*** **0.2** ⟨AE⟩ ***roestwerend middel*** *⇒tectyl*.

ˈun·der·conˈsump·tion ⟨n.-telb.zn.⟩ ⟨ec.⟩ **0.1** ***onderconsumptie***.

un·der·cov·er [-ˈkʌvə‖-ˈkʌvər] ⟨bn.⟩ **0.1** ***geheim*** ◆ **1.1** ~ agent *geheim agent, spion;* ~ man *spion* ⟨ook in bedrijf⟩; *stille, detective*.

un·der·croft [-krɒft‖-krɔft] ⟨telb.zn.⟩ **0.1** ***crypt(e)*** *⇒krocht, onderaardse kapel*.

un·der·cur·rent [-kʌrənt‖-kɛrənt] ⟨f1⟩ ⟨telb. en n.-telb.zn.⟩ **0.1** ***onderstroom*** ⟨ook fig.⟩ *⇒verborgen/onderdrukte (stroom v.) gevoelens, verborgen/onderdrukte gedachten(stroom)*.

un·der·cut[1] [-kʌt] ⟨zn.⟩
I ⟨telb.zn.⟩ **0.1** ⟨AE⟩ ***valkerf*** *⇒kapsnede* ⟨in boom, aan de kant waar hij heen moet vallen⟩ **0.2** ⟨sport⟩ ***(slag met) tegeneffect*** **0.3** ***onderstuk;***
II ⟨telb. en n.-telb.zn.⟩ ⟨vnl. BE⟩ **0.1** ***filet*** *⇒(osse)haas*.

undercut[2] [-ˈkʌt] ⟨f1⟩ ⟨ov.ww.⟩ **0.1** ***het onderstuk wegsnijden van*** **0.2** ***van onderen in/weg/uitsnijden*** **0.3** ***ondergraven*** *⇒ondermijnen* **0.4** ***onderkruipen*** *⇒voor een lager loon werken dan, een lagere prijs vragen dan, onderbieden, beunhazen* **0.5** ⟨sport⟩ ***tegeneffect geven*** *⇒met tegeneffect slaan* ⟨bal⟩.

ˈun·der·deˈvel·op ⟨ww.⟩ →underdeveloped
I ⟨onov.ww.⟩ **0.1** ***economisch achteruitgaan*** ⟨v. land⟩ *⇒verarmen;*
II ⟨ov.ww.⟩ **0.1** ***economisch achteruit doen gaan*** *⇒ruïneren*.

ˈun·der·deˈvel·oped ⟨f2⟩ ⟨bn.⟩ **0.1** ***onderontwikkeld*** ⟨ook ec., fot.⟩ *⇒(nog) onvoldoende ontwikkeld, achtergebleven* ◆ **1.1** ~ country/nation *onderontwikkeld land, ontwikkelingsland;* ~ negative *onderontwikkeld negatief*.

un·der·ditch [-ˈdɪtʃ] ⟨ov.ww.⟩ **0.1** ***draineren***.

ˈun·derˈdo ⟨ov.ww.⟩ →underdone **0.1** ***onvoldoende doen*** *⇒te kort/weinig doen;* ⟨i.h.b.⟩ *niet lang (genoeg) koken/bakken, niet gaar koken*.

un·der·dog [-dɒg‖-dɔg] ⟨f1⟩ ⟨telb.zn.⟩ **0.1** ***underdog*** *⇒(zekere) verliezer, verdrukte, schlemiel*.

ˈun·derˈdone ⟨f1⟩ ⟨bn.; volt. deelw. v. underdo⟩ **0.1** ***niet (helemaal) gaar*** *⇒niet doorbakken, rauw*.

un·der·drain[1] [-dreɪn] ⟨telb.zn.⟩ **0.1** ***draineerbuis/leiding***.

underdrain[2] [-ˈdreɪn] ⟨ov.ww.⟩ **0.1** ***draineren***.

ˈun·derˈdraw ⟨ov.ww.⟩ **0.1** ***onderstrepen*** **0.2** ***onvoldoende/onnauwkeurig tekenen*** *⇒onnauwkeurig voorstellen* **0.3** ***beschieten*** *⇒met planken bekleden* ⟨dak⟩ **0.4** ***niet alles opnemen van*** ⟨rekening⟩.

ˈun·derˈdress ⟨ww.⟩
I ⟨onov.ww.⟩ **0.1** ***zich te dun/eenvoudig kleden;***
II ⟨ov.ww.⟩ **0.1** ***te dun/eenvoudig kleden***.

ˈun·der·emˈployed ⟨bn.⟩ **0.1** ***geen volledige baan hebbend*** **0.2** ***geen passend werk hebbend***.

ˈun·der·emˈploy·ment ⟨n.-telb.zn.⟩ **0.1** ***niet voldoende/onvolledige werkgelegenheid***.

ˈun·derˈes·ti·mate[1], **ˈun·der·es·ti·ˈma·tion** ⟨f1⟩ ⟨telb. en n.-telb.zn.⟩ **0.1** ***te lage schatting*** ⟨v. kosten e.d.⟩ **0.2** ***onderschatting*** ⟨bv. v. tegenstander⟩.

ˈunderˈestimate[2] ⟨f2⟩ ⟨ww.⟩
I ⟨onov. en ov.ww.⟩ **0.1** ***te laag schatten;***
II ⟨ov.ww.⟩ **0.1** ***onderschatten***.

ˈun·derˈex·er·cise ⟨onov.ww.⟩ **0.1** ***te weinig bewegen/lichaamsbeweging hebben***.

ˈun·der·exˈpose ⟨ov.ww.⟩ ⟨foto.⟩ **0.1** ***onderbelichten***.

ˈun·der·exˈpo·sure ⟨n.-telb.zn.⟩ ⟨foto.⟩ **0.1** ***onderbelichting***.

ˈun·derˈfeed ⟨ov.ww.⟩ **0.1** ***onvoldoende voeden/te eten geven*** ◆ **1.1** underfed children *ondervoede kinderen*.

un·der·felt [-felt]⟨n.-telb.zn.⟩ **0.1** ***viltpapier*** ⇒*ondertapijt*.
un·der·floor [-flɔ:‖-flɔr]⟨f1⟩⟨bn.⟩ **0.1** ***onder de vloer*** ◆ **1.1** ~ heating *vloerverwarming*.
un·der·flow [-floʊ]⟨telb. en n.-telb.zn.⟩ **0.1** ***onderstroom*** ⟨ook fig.⟩ ⇒*verborgen/onderdrukte (stroom v.) gevoelens, verborgen/onderdrukte gedachten(stroom)*.
un·der·foot [-'fʊt]⟨f1⟩⟨bw.⟩ **0.1** ***onder de voet(en)*** ⇒*op de grond;* ⟨fig.⟩ *vertrapt, onderdrukt* **0.2** ***ondergronds*** **0.3** ***in de weg*** ⇒*voor de voeten* ◆ **3.1** crush/trample sth. ~ *iets vertrappen*.
un·der·frame [-freɪm]⟨telb.zn.⟩ **0.1** ***onderstel***.
un·der·fur [-fɜ:‖-fɜr]⟨n.-telb.zn.⟩ **0.1** ***onderhaar*** ⇒*onderwol* ⟨in dierenvacht⟩.
un·der·gar·ment [-gɑ:mənt‖-gɑrmənt]⟨telb.zn.⟩ **0.1** ***onderkledingstuk***.
un·der·gird [-'gɜ:d‖-'gɜrd]⟨ov.ww.⟩ **0.1** ***ondergorden*** ⇒*met een gordel steunen* **0.2** ***ondersteunen*** ⇒*schragen*.
un·der·go [-'goʊ]⟨f2⟩⟨ov.ww.⟩ **0.1** ***ondergaan*** ⇒*verduren, doorstaan, lijden*.
un·der·grad [-'græd]⟨telb.zn.⟩⟨verk.⟩ undergraduate ⟨inf.⟩ **0.1** ***student(e)*** ⇒*niet-gegradueerde* **0.2** ***college voor niet-gegradueerden***.
un·der·grad·u·ate [-'grædʒʊət]⟨f2⟩⟨telb.zn.⟩ **0.1** ***student(e)*** ⇒*niet-gegradueerde*.
un·der·grad·u·ette [-grædjʊ'et]⟨telb.zn.⟩⟨scherts.⟩ **0.1** ***studente***.
un·der·ground[1] [-graʊnd]⟨f2⟩⟨telb.zn.⟩ **0.1** ⟨BE⟩ ***metro*** ⇒*ondergrondse* **0.2** ***ondergrondse*** ⇒*verzetsbeweging, illegaliteit* **0.3** ***subversieve beweging*** ⇒*ondergrondse revolutionaire beweging/groep* **0.4** ***underground*** ⇒*alternatieve (jongeren)beweging, hippiebeweging, subcultuur* **0.5** ***onderaardse ruimte/gang*** ◆ **6.1** by ~ *met de metro* **7.2** the ~ during the Second World War *het verzet tijdens de 2e Wereldoorlog*.
underground[2] ⟨f1⟩⟨bn.⟩
I ⟨bn.⟩ **0.1** ***ondergronds*** ⇒*(zich) onder de grond (bevindend)* **0.2** ***ondergronds*** ⇒*verborgen, heimelijk, clandestien, illegaal* ◆ **1.1** ~ water *grondwater* **1.2** ~ activities *clandestiene activiteiten;* ⟨AE; gesch.⟩ ~ railroad *underground railroad* ⟨geheime organisatie die slaven hielp ontsnappen uit de slavenstaten voor de burgeroorlog⟩ **3.2** go ~ *onderduiken, ondergronds gaan werken;* the organisation went ~ *de organisatie werkte ondergronds verder;*
II ⟨bn., attr.⟩ **0.1** ***underground*** ⇒*alternatief, experimenteel, avant-garde* ◆ **1.1** ~ church *undergroundkerk* ⟨met radicale opvattingen⟩; ~ movie *experimentele/avant-gardefilm;* ~ press *undergroundpers* ⟨experimentele/radicale/onregelmatig verschijnende kranten/bladen⟩.
underground[3] ⟨ov.ww.⟩ **0.1** ***onder de grond plaatsen/leggen*** ⟨elektriciteitskabels e.d.⟩.
underground[4] [-'graʊnd]⟨f1⟩⟨bw.⟩ **0.1** ***ondergronds*** ⇒*onder de grond* **0.2** ***ondergronds*** ⇒*in het geheim, heimelijk, clandestien, illegaal*.
un·der·grown [-'groʊn]⟨bn.⟩ **0.1** ***niet volgroeid*** ⇒*klein, zwak* **0.2** ***geheel begroeid (met kreupelhout)*** ⇒*overwoekerd*.
un·der·growth [-groʊθ]⟨f1⟩⟨n.-telb.zn.⟩ **0.1** ***kreupelhout*** ⇒*ondergroei* **0.2** ***onvolgroeidheid***.
un·der·hand[1] [-hænd]⟨telb.zn.⟩⟨sport⟩ **0.1** ***onderhandse worp/bal***.
'under'hand[2] ⟨f1⟩⟨bn.; bw.⟩ **0.1** ***onderhands*** ⇒*geheim, heimelijk, clandestien* **0.2** ***achterbaks*** ⇒*slinks, bedrieglijk, geniepig* **0.3** ***onopvallend*** ⇒*subtiel* **0.4** ***onderhands*** ⇒*met de hand onder schouderhoogte* ⟨vnl. sport⟩.
'un·der'hand·ed ⟨bn.; bw.; -ly; -ness⟩ **0.1** →underhand[2] **0.2** ***onderbezet*** ⇒*met te weinig personeel* ◆ **1.1** ~ methods *achterbakse methoden*.
un·der·hung [-'hʌŋ]⟨bn.⟩ **0.1** ***vooruitstekend*** ⟨onderkaak⟩ **0.2** ***met vooruitstekende onderkaak***.
'un·der·in'sur·ance ⟨n.-telb.zn.⟩⟨verz.⟩ **0.1** ***onderverzekering***.
un·de·rived ['ʌndɪ'raɪvd]⟨bn.⟩ **0.1** ***niet afgeleid*** ⇒*primair, oorspronkelijk, elementair*.
un·der·jaw ['ʌndədʒɔ:‖'ʌndərdʒɔ]⟨telb.zn.⟩ **0.1** ***onderkaak***.
'un·der·kill ⟨telb. en n.-telb.zn.⟩ **0.1** ***onvoldoende vernietigingskracht*** **0.2** ***gematigd optreden*** ⇒*gematigde bestraffing, terughoudendheid*.
un·der·lay[1] [-leɪ]⟨telb. en n.-telb.zn.⟩ **0.1** ***onderlegger*** **0.2** ***ondertapijt*** **0.3** ***ondermatras*** **0.4** ⟨druk.⟩ ***onderlegsel*** **0.5** ***onderstroom*** ⟨fig.⟩.
underlay[2] [-'leɪ]⟨ov.ww.⟩ **0.1** ***onderleggen*** ⟨ook druk.⟩ ⇒*(onder) steunen, ophogen*.
underlay[3] ⟨verl. t.⟩ →underlie.
un·der·leaf [-li:f]⟨telb.zn.⟩ **0.1** ***onderkant v.e. blad*** **0.2** ⟨plantk.⟩ ***amfigaster***.
un·der·lease[1] [-li:s]⟨telb. en n.-telb.zn.⟩ **0.1** ***onderverhuur***.
underlease[2] [-'li:s]⟨ov.ww.⟩ **0.1** ***onderverhuren***.
un·der·let [-'let]⟨ov.ww.⟩ **0.1** ***onderverhuren*** **0.2** ***onder de waarde verhuren*** **0.3** ***onderaanbesteden*** ⇒*uitbesteden*.
un·der·lie [-'laɪ]⟨f3⟩⟨ov.ww.⟩ **0.1** ***liggen onder*** ⇒*zich bevinden onder* **0.2** ***ten grondslag liggen aan*** ⇒*de oorzaak zijn van, verklaren* **0.3** ***schuil gaan achter*** **0.4** ⟨taalk.⟩ ***de stam/het grondwoord zijn van*** **0.5** ⟨taalk.⟩ ***de onderliggende structuur zijn van*** **0.6** ⟨ec.⟩ ***voorrang hebben boven*** ⇒*gaan/komen voor* ◆ **1.2** underlying principles *grondprincipes* **1.3** underlying meaning *werkelijke betekenis* **1.5** underlying structure *onderliggende structuur, dieptestructuur*.
un·der·line[1] [-laɪn]⟨telb.zn.⟩ **0.1** ***onderstreping*** ⇒*streep* **0.2** ***onderschrift*** ⇒*tekst* ⟨onder illustratie⟩.
underline[2] [-'laɪn]⟨f2⟩⟨ov.ww.⟩ **0.1** ***onderstrepen*** ⟨ook fig.⟩ ⇒*benadrukken*.
un·der·lin·en [-lɪnɪn]⟨n.-telb.zn.⟩ **0.1** ***onderlinnen*** ⇒*ondergoed*.
un·der·ling ['ʌndəlɪŋ‖-dər-]⟨telb.zn.⟩ **0.1** ***ondergeschikte*** ⟨vnl. pej.⟩ ⇒*loopjongen*.
un·der·lip ['ʌndəlɪp‖-dər-]⟨telb.zn.⟩ **0.1** ***onderlip***.
'un·der'manned ⟨bn.⟩ **0.1** ***onvoldoende bemand*** ⇒*met te kleine bemanning* ⟨schip⟩ **0.2** ***onderbezet*** ⇒*met te weinig personeel*.
un·der·men·tioned [-'menʃnd]⟨bn., attr.⟩⟨BE⟩ **0.1** ***onderstaand*** ⇒*volgend, (hier)onder genoemd*.
un·der·mine [-'maɪn]⟨f2⟩⟨ov.ww.⟩ **0.1** ***ondermijnen*** ⇒*ondergraven* ⟨ook fig.⟩; *verzwakken, aan het wankelen brengen*.
un·der·most[1] [-moʊst]⟨f1⟩⟨bn.⟩ **0.1** ***onderste*** ⇒*laagste*.
undermost[2] ⟨f1⟩⟨bw.⟩ **0.1** ***op de onderste plaats*** ⇒*(helemaal) onderop, het laagst*.
un·der·named [-'neɪmd]⟨bn.⟩ **0.1** ***(hier)onder genoemd/vermeld***.
un·der·neath[1] [-nɪ:θ]⟨telb.zn.⟩ **0.1** ***onderkant***.
underneath[2] ⟨f2⟩⟨bn.⟩ **0.1** ***onder(liggend)*** ⇒*zich onderaan/in/op bevindend, lager(gelegen), beneden* **0.2** ***onder de oppervlakte liggend*** ⇒*verborgen* **0.3** ⟨gew.⟩ ***heimelijk*** ◆ **1.2** the ~ meaning *de diepere betekenis* **7.1** the ~ *de onderkant*.
underneath[3] ⟨f2⟩⟨bw.⟩ **0.1** ⟨plaats; ook fig.⟩ ***onderaan*** ⇒*eronder, aan de onderkant* **0.2** ***in de grond*** ◆ **1.1** they could no longer see the earth ~ *ze konden de aarde onder hen niet meer zien;* long paragraphs with lots of footnotes ~ *lange paragrafen met vele voetnoten onderaan;* she moved the carpet to reveal a hatch ~ *ze verlegde het tapijt en toonde een luik dat eronder verscholen lag* ¶**.2** he seemed aloof, but ~ he was kindhearted *hij scheen ongenaakbaar, maar in de grond had hij een goed hart*.
underneath[4] ⟨f2⟩⟨vz.⟩ **0.1** ⟨plaats; ook fig.⟩ ***beneden*** ⇒*(vlak) onder, bedekt onder* ◆ **1.1** she sensed hatred ~ his flattery *ze voelde dat er haat schuilde onder zijn gevlei;* scribbled ~ the line *vlak onder de regel gekrabbeld;* ~ a cruel master *onder een wrede meester;* hidden ~ the surface *onder het oppervlak verborgen*.
un·der·note [-noʊt]⟨telb.zn.⟩ **0.1** ***ondertoon***.
'un·der'nour·ish ⟨ov.ww.⟩ **0.1** ***onvoldoende te eten geven*** ◆ **1.1** ~ed children *ondervoede kinderen*.
'un·der'nour·ish·ment ⟨n.-telb.zn.⟩ **0.1** ***ondervoeding***.
'un·der'oc·cu·pied ⟨bn.⟩ **0.1** ***met weinig bewoners*** ⇒*(bijna) leegstaand* **0.2** ***weinig om handen hebbend*** ⇒*weinig werk hebbend* ◆ **1.1** ~ large houses *grote huizen met weinig bewoners* **1.2** ~ people *mensen met te weinig werk*.
un·der·paint [-'peɪnt]⟨ov.ww.⟩ **0.1** ***voorbewerken*** ⟨schilderij⟩ ⇒*een ruwe schets maken van* ⟨ook fig.⟩.
un·der·pants [-pænts]⟨f2⟩⟨mv.⟩ **0.1** ***onderbroek***.
un·der·part [-pɑ:t‖-pɑrt]⟨telb.zn.⟩ **0.1** ***onderkant*** ⇒*onderste deel, onderdeel* **0.2** ⟨dram.⟩ ***bijrol*** ⇒*ondergeschikte rol*.
un·der·pass [-pɑ:s‖-pæs]⟨telb.zn.⟩ **0.1** ***onderdoorgang*** ⇒*tunnel* ⟨onder (spoor)weg⟩.
'un·der'pay ⟨f1⟩⟨ov.ww.⟩ **0.1** ***onderbetalen*** ⇒*te weinig betalen*.
'un·der'pay·ment ⟨n.-telb.zn.⟩ **0.1** ***onderbetaling***.
'un·der'peo·pled ⟨bn.⟩ **0.1** ***te schaars bevolkt*** ⇒*onderbevolkt*.
un·der·pin [-'pɪn]⟨f1⟩⟨ov.ww.⟩ →underpinning **0.1** ***onderstoppen*** ⇒*de fundamenten verstevigen van;* ⟨fig.⟩ *ondersteunen, onderbouwen, schragen*.
un·der·pin·ning [-pɪnɪŋ]⟨zn.; oorspr. gerund v. underpin⟩
I ⟨n.-telb.zn.⟩ **0.1** ***versteviging v.d. fundamenten*** **0.2** ***fundering*** ⟨ook fig.⟩ ⇒*ondersteuning;*
II ⟨mv.; ~s⟩ **0.1** ***ondergoed*** **0.2** ⟨inf.⟩ ***onderstel*** ⇒*benen*.
'un·der'play ⟨ov.ww.⟩ **0.1** ***bagatelliseren*** ⇒*afzwakken* **0.2** ⟨dram.⟩ ***ingehouden spelen*** **0.3** ⟨kaartspel⟩ ***laten houden*** ⇒*duiken*.
un·der·plot [-plɒt‖-plɑt]⟨telb.zn.⟩ **0.1** ⟨lit.⟩ ***ondergeschikt(e) intrige/handeling*** **0.2** ***geheim plan*** ⇒*intrige, kuiperij*.
'un·der'pop·u·lat·ed ⟨bn.⟩ **0.1** ***onderbevolkt*** ⇒*te dun bevolkt*.
'un·der'price ⟨ov.ww.⟩ **0.1** ***een lagere prijs vragen dan*** ⟨concurrent⟩ ⇒*onderbieden* **0.2** ***te laag prijzen*** ⟨artikel⟩.
'un·der'priv·i·leged ⟨f1⟩⟨bn.⟩ **0.1** ***kansarm*** ⇒*achtergesteld, sociaal zwak, arm*.
'un·der'prize ⟨ov.ww.⟩ **0.1** ***onderwaarderen***.
'un·der·pro'duce ⟨ov.ww.⟩ **0.1** ***minder produceren (dan normaal)*** ◆ **1.1** steel was ~d by 20% *er werd 20% minder staal geproduceerd*.

'un·der·pro'duc·tion ⟨n.-telb.zn.⟩ **0.1** *onderproduktie*.
'un·der·pro·duc'tiv·i·ty ⟨n.-telb.zn.⟩ **0.1** ***onvoldoende produktiviteit***.
'un·der'proof ⟨bn.⟩ **0.1** ***onder het standaard alcoholgehalte*** *⇒onder de normale sterkte*.
un·der·prop [-'prɒp‖-'prɑp]⟨ov.ww.⟩ **0.1** ***ondersteunen*** *⇒stutten, schragen* ⟨ook fig.⟩ ◆ **1.1** ~ one's reputation *zijn reputatie hoog houden*.
'un·der'quote ⟨ov.ww.⟩ **0.1** ***een lagere prijs opgeven/vragen dan*** ⟨concurrent⟩ *⇒onderbieden* **0.2** ***een lagere prijs opgeven/vragen voor*** ⟨artikel⟩.
'un·der'rate ⟨f1⟩ ⟨ov.ww.⟩ **0.1** ***te laag schatten*** ⟨kosten⟩ **0.2** ***onderschatten*** ⟨tegenstander⟩.
'un·der·re'act ⟨onov.ww.⟩ **0.1** ***onvoldoende reageren*** *⇒niet afdoende/hard genoeg optreden*.
'un·der·re'port ⟨ov.ww.⟩ **0.1** ***te weinig aangifte doen van*** ◆ **1.1** rape was ~ed *er werd te weinig aangifte gedaan van verkrachting*.
'un·der'ripe ⟨bn.⟩ **0.1** ***niet geheel rijp***.
un·der·run ['ʌndə'rʌn]⟨ov.ww.⟩ **0.1** ***lopen/stromen onder*** **0.2** ⟨scheep.⟩ ***binnenboord halen en inspecteren/repareren*** ⟨kabel, net⟩.
un·der·score[1] ['ʌndəskɔ:‖'ʌndərskɔr]⟨telb.zn.⟩ **0.1** ***onderstreping*** *⇒streep*.
underscore[2] [-'skɔ:‖-'skɔr]⟨ov.ww.⟩ **0.1** ***onderstrepen*** ⟨ook fig.⟩ *⇒benadrukken*.
un·der·sea[1] [-si:]⟨f1⟩⟨bn.⟩ **0.1** ***onderzees*** *⇒onderzee-, onderwater-*.
undersea[2], **un·der·seas** [-'si:z]⟨f1⟩⟨bw.⟩ **0.1** ***onderzees*** *⇒onder het zeeoppervlak/de zeespiegel, onder water*.
un·der·seal [-si:l]⟨ov.ww.⟩⟨BE⟩ **0.1** ***voorzien v.e. roestwerende laag*** ⟨onderkant v. auto⟩ *⇒tectyleren*.
un·der·sec·re·tar·y [-'sek(r)ətri‖-'sek(r)əteri]⟨f1⟩⟨telb.zn.⟩ **0.1** ***ondersecretaris*** *⇒tweede secretaris* **0.2** ***staatssecretaris*** ◆ **2.2** parliamentary ~ ⟨ong.⟩ *staatssecretaris;* permanent ~ ⟨ong.⟩ *secretaris-generaal* ⟨v. ministerie⟩.
'un·der'sell ⟨ov.ww.⟩ **0.1** ***tegen een lagere prijs verkopen dan*** *⇒goedkoper zijn dan* ⟨concurrent⟩ **0.2** ***onder de prijs/waarde verkopen*** *⇒verkwanselen*.
un·der·set[1] [-set]⟨telb.zn.⟩ **0.1** ***onderstroom***.
underset[2] [-'set]⟨ov.ww.⟩ **0.1** ***ondersteunen*** *⇒stutten, schragen*.
'un·der'sexed ⟨bn.⟩ **0.1** ***weinig seksueel aangelegd*** *⇒weinig hartstochtelijk/erotisch, weinig geïnteresseerd in seks, koel, frigide*.
un·der·shirt [-ʃɜ:t‖-ʃɜrt]⟨telb.zn.⟩⟨vnl. AE⟩ **0.1** ***(onder)hemd***.
'un·der'shoot ⟨ww.⟩
I ⟨onov.ww.⟩ **0.1** ***te vroeg landen/aan de grond komen*** ⟨voor landingsbaan⟩ **0.2** ***niet ver genoeg schieten;***
II ⟨ov.ww.⟩ **0.1** ***landen/aan de grond komen voor*** ⟨landingsbaan⟩ **0.2** ***niet halen*** *⇒schieten voor/onder, missen* ⟨doel⟩.
un·der·shorts [-ʃɔ:ts‖-ʃɔrts]⟨mv.⟩⟨AE⟩ **0.1** ***onderbroek***.
un·der·shot [-ʃɒt‖-ʃɑt]⟨bn.⟩ **0.1** ***onderslachtig*** *⇒door onderslag bewogen* ⟨watermolen⟩ **0.2** ***(van onderen) vooruitstekend*** **0.3** ***met vooruitstekende onderkaak*** ◆ **1.1** ~ wheel *onderslachtig rad, onderslagrad*.
un·der·shrub [-ʃrʌb]⟨telb.zn.⟩ **0.1** ***lage/kleine struik***.
un·der·side [-saɪd]⟨f2⟩⟨telb.zn.⟩ **0.1** ***onderkant/zijde***.
un·der·sign [-'saɪn]⟨ov.ww.⟩ →undersigned **0.1** ***ondertekenen***.
un·der·signed [-'saɪnd]⟨f1⟩ ⟨bn.; volt. deelw. v. undersign⟩
I ⟨bn.⟩ **0.1** ***ondertekend;***
II ⟨bn., attr.⟩ **0.1** ***ondertekend hebbend*** ◆ **7.1** the ~ *(de) ondergetekende(n);* I/we, the ~ *ik/wij, ondergetekende(n)*.
'un·der'sized, 'un·der·'size ⟨f1⟩ ⟨bn.⟩ **0.1** ***te klein*** *⇒onder de normale grootte, ondermaats, dwerg-, iel uitgevallen*.
un·der·skirt [-skɜ:t‖-skɜrt]⟨telb.zn.⟩ **0.1** ***onderrok*** ⇒⟨i.h.b.⟩ *petticoat*.
un·der·slip [-slɪp]⟨telb.zn.⟩ **0.1** ***onderjurk/rok***.
un·der·slung [-'slʌŋ]⟨bn.⟩ **0.1** ***(met veren) van onderen aan de assen bevestigd*** ⟨chassis⟩.
un·der·soil [-sɔɪl]⟨n.-telb.zn.⟩ **0.1** ***ondergrond***.
'un·der'staffed ⟨bn.⟩ **0.1** ***onderbezet*** *⇒met te weinig personeel, met personeelstekort*.
un·der·stand ['ʌndə'stænd‖'ʌndər-]⟨f4⟩⟨ww.⟩ →understanding
I ⟨onov.ww.⟩ **0.1** ***(het) begrijpen*** *⇒het snappen* **0.2** ***het begrijpen*** *⇒er begrip voor hebben* **0.3** ***(goed) op de hoogte zijn*** *⇒(goed) geïnformeerd zijn* **0.4** ***verstand hebben*** ◆ **3.2** he begged her to ~ *hij smeekte haar begrip voor de situatie te hebben* **4.1** I simply don't ~ *ik snap het gewoon niet* **6.3** ~ **about** *verstand hebben van;*
II ⟨onov. en ov.ww.⟩ **0.1** ***begrijpen*** *⇒(er)uit opmaken/afleiden, aannemen, vernemen* ◆ **4.1** they had a very pleasant time, or so I ~ *ze hebben het erg naar hun zin gehad, tenminste dat heb ik begrepen* **8.1** I understood that you knew him *ik had begrepen dat je hem kende;* do I ~/am I to ~ that you are in favour of this plan? *moet ik daaruit opmaken dat je voor dit plan bent?;* it is understood that they will arrive tomorrow, they are understood to arrive tomorrow *naar verluidt komen zij morgen aan;*
III ⟨ov.ww.⟩ **0.1** ***begrijpen*** *⇒(be)vatten, inzien, snappen, verstaan, verstand hebben van* **0.2** ***begrijpen*** *⇒begrip hebben voor* **0.3** ***verstaan*** ⟨taal⟩ **0.4** ***opvatten*** **0.5** ⟨vnl. pass.⟩ ***erbij denken*** *⇒(in gedachte) aanvullen, niet (openlijk/met zoveel woorden) noemen* ⟨vnl. taalk.⟩ **0.6** ⟨vnl. pass.⟩ ***als vanzelfsprekend/feit aannemen*** *⇒als afgesproken beschouwen* ◆ **1.1** he ~s children *hij weet hoe je met kinderen moet omgaan* **1.4** ~ a remark literally *een opmerking letterlijk opvatten* **1.5** in this construction the object is understood *in deze constructie moet het voorwerp erbij gedacht worden* **3.1** give s.o. to ~ that *iem. te verstaan/kennen geven dat;* make o.s. understood *zich verstaanbaar maken, duidelijk maken wat men bedoelt* **4.1** ~ each other/one another *elkaar begrijpen, op dezelfde golflengte/een lijn zitten;* (now,) ~ me *nu moet je me goed begrijpen, begrijp me goed* **4.6** that is understood! *(dat spreekt) vanzelf!* **6.1** what do you ~ **by** that? *wat versta je daaronder?*.
un·der·stand·a·ble ['ʌndə'stændəbl‖'ʌndər-]⟨f2⟩⟨bn.; -ly; →bijw. 3⟩ **0.1** ***begrijpelijk*** *⇒te begrijpen, verstaanbaar*.
un·der·stand·ing[1] ['ʌndə'stændɪŋ‖'ʌndər-]⟨f3⟩⟨zn.; (oorspr.) gerund v. understand⟩
I ⟨telb.zn.; vnl. enk.⟩ **0.1** ***afspraak*** *⇒overeenkomst, schikking* ◆ **3.1** come to/reach an ~ *het eens worden, elkaar vinden, tot een schikking komen* **6.1** **on** the ~ that *op voorwaarde dat, met dien verstande dat;* **on** the distinct ~ *onder uitdrukkelijke voorwaarde;*
II ⟨telb. en n.-telb.zn.⟩ **0.1** ***(onderling) begrip*** *⇒verstandhouding* ◆ **6.1** there is not much ~ **between** them *ze hebben weinig begrip voor elkaar, hun verstandhouding laat te wensen over;*
III ⟨n.-telb.zn.⟩ **0.1** ***verstand*** *⇒intelligentie, begrip, inzicht* **0.2** ***interpretatie*** *⇒beoordeling, opvatting, mening, idee* ◆ **6.1** matters **beyond** a child's ~ *zaken die het verstand v.e. kind te boven gaan* **6.2** a wrong ~ **of** the situation *een verkeerde beoordeling/inschatting v.d. situatie*.
understanding[2] ⟨f2⟩ ⟨bn.; oorspr. teg. deelw. v. understand; -ly⟩ **0.1** ***verstandig*** *⇒intelligent* **0.2** ***begripvol*** *⇒begrip tonend, begrijpend, welwillend, vol begrip*.
'un·der'state ⟨f1⟩ ⟨ov.ww.⟩ **0.1** ***te laag opgeven*** ⟨leeftijd, inkomen enz.⟩ *⇒afzwakken* **0.2** ***(te) zwak/ingehouden/gematigd uitdrukken*** *⇒niet (bepaald) overdrijven*.
'un·der'state·ment ⟨f1⟩ ⟨telb. en n.-telb.zn.⟩ **0.1** ***understatement*** *⇒(te) zwakke aanduiding/weergave* **0.2** ***te lage opgave***.
'un·der·steer ⟨n.-telb.zn.⟩ **0.1** ***onderstuuring*** ⟨v. auto⟩.
'un·der'stock ⟨ov.ww.⟩ **0.1** ***onvoldoende bevoorraden*** ⟨winkel⟩ **0.2** ***onvoldoende van vee voorzien*** ⟨boerderij⟩.
un·der·strap·per [-stræpə‖-stræpər]⟨telb.zn.⟩ **0.1** ***ondergeschikte*** ⟨vnl. pej.⟩ *⇒loopjongen*.
un·der·stud·y[1] [-stʌdi]⟨telb.zn.; →mv. 2⟩ **0.1** ⟨dram.⟩ ***doublure*** **0.2** ***vervanger*** *⇒invaller*.
understudy[2] ⟨ov.ww.⟩⟨dram.⟩ **0.1** ***als doublure optreden voor*** *⇒vervangen* **0.2** ***als doublure instuderen*** ⟨rol⟩.
un·der·take ['ʌndə'teɪk‖'ʌndər-]⟨f3⟩⟨ov.ww.⟩ **0.1** ***ondernemen*** *⇒ter hand nemen, voor zijn rekening nemen, aannemen* **0.2** ***op zich nemen*** *⇒aanvaarden, aangaan* **0.3** ***beloven*** *⇒zich verplichten tot, zich verbinden tot* **0.4** ***garanderen*** *⇒instaan voor* ◆ **8.4** I can't ~ that you will succeed *ik kan niet garanderen dat je zult slagen*.
un·der·tak·er[1] [-'teɪkə‖-'teɪkər]⟨f1⟩⟨telb.zn.⟩ **0.1** ***ondernemer*** **0.2** ***(onder)aannemer*** **0.3** ⟨vnl. U-⟩ ⟨gesch.⟩ ***politiek leider die zijn invloed aanwendt ten gunste v.d. koning*** ⟨in het Eng. parlement, 17e eeuw⟩.
undertaker[2] ['ʌndəteɪkə‖'ʌndərteɪkər]⟨f1⟩⟨telb.zn.⟩ **0.1** ***begrafenisondernemer***.
un·der·tak·ing[1] [-'teɪkɪŋ]⟨f2⟩⟨telb.zn.⟩ **0.1** ***onderneming*** **0.2** ***(plechtige) belofte*** *⇒garantie*.
undertaking[2] [-teɪkɪŋ]⟨f2⟩⟨n.-telb.zn.⟩ **0.1** ***het verzorgen v. begrafenissen*** *⇒lijkbezorging*.
'un·der'tax ⟨onov. en ov.ww.⟩ **0.1** ***onvoldoende belasten*** *⇒te weinig belasting heffen*.
un·der·ten·an·cy [-tenənsi]⟨n.-telb.zn.⟩ **0.1** ***onderhuur*** *⇒onderpacht*.
un·der·ten·ant [-tenənt]⟨telb.zn.⟩ **0.1** ***onderhuurder*** *⇒onderpachter*.
'un·der-the-'count·er, 'un·der-the-'ta·ble ⟨bn.⟩ **0.1** ***onder de toonbank*** *⇒clandestien*.
un·der·things [-θɪŋz]⟨mv.⟩ **0.1** ***(dames)ondergoed***.
'un·der'time ⟨ov.ww.⟩⟨foto.⟩ **0.1** ***onderbelichten***.
un·der·tint [-tɪnt]⟨telb.zn.⟩ **0.1** ***zachte tint*** *⇒pasteltint*.
un·der·tone [-toʊn]⟨f1⟩⟨telb.zn.⟩ **0.1** ***gedempte toon*** **0.2** ***ondertoon*** ⟨fig.⟩ *⇒onderstroom* **0.3** ***lichte tint*** *⇒zweem* ◆ **1.3** red with a slight ~ of yellow *rood met een klein beetje geel erin* **3.1** speak in ~s/an ~ *met gedempte stem spreken*.

un·der·tow [-toʊ]⟨telb.zn.⟩ **0.1** ***onderstroom*** ⟨in branding⟩.
'un·der·val·u'a·tion ⟨zn.⟩
I ⟨telb.zn.⟩ **0.1** ***te lage prijs/waarde;***
II ⟨n.-telb.zn.⟩ **0.1** ***onderwaardering*** **0.2** ***onderschatting.***
'un·der·val·ue[1] ⟨telb.zn.⟩ **0.1** ***te lage prijs/waarde.***
'under'value[2] ⟨ov.ww.⟩ **0.1** ***onderwaarderen*** ⟨ook ec.⟩ ⇒*te laag waarderen, niet op zijn juiste waarde schatten, geringschatten* **0.2** ***onderschatten*** ◆ **1.1** an ~d currency *een ondergewaardeerde valuta.*
un·der·vest [-vest]⟨telb.zn.⟩⟨BE⟩ **0.1** ***(onder)hemd.***
un·der·wa·ter [-'wɔ:tə‖-'wɔṭər,-'wɑṭər]⟨f2⟩⟨bn.;bw.⟩ **0.1** ***onder water*** ⇒*onderwater-, onderzees, onder het wateroppervlak/de zeespiegel* **0.2** ⟨scheep.⟩ ***onder de waterlijn*** ⇒*onderwater-* ◆ **1.1** ~camera *onderwatercamera* **1.2** ~body *onderwatergedeelte* ⟨v. schip⟩.
un·der·way [-'weɪ]⟨f1⟩⟨bn., attr.⟩ **0.1** ***onderweg plaatsvindend*** **0.2** ***reis-*** ⇒*voor onderweg.*
un·der·wear [-weə‖-wer]⟨f2⟩⟨n.-telb.zn.⟩ **0.1** ***ondergoed*** ⇒*onderkleding.*
'un·der·weight[1] ⟨zn.⟩
I ⟨telb.zn.⟩ **0.1** ***lichtgewicht*** ⇒*(te) licht persoon, veertje;*
II ⟨n.-telb.zn.⟩ **0.1** ***ondergewicht.***
'under'weight[2] ⟨bn.⟩ **0.1** ***te licht*** ⇒*onder zijn (normale) gewicht.*
un·der·whelm [-'welm‖-'hwelm]⟨ov.ww.⟩ **0.1** ***niet (bepaald) in vervoering brengen*** ⇒*koud laten.*
un·der·wing [-wɪŋ]⟨telb.zn.⟩⟨dierk.⟩ **0.1** ***ondervleugel*** ⇒*achtervleugel* ⟨v. insekt⟩ **0.2** ***ondervleugel*** ⇒*onderkant v.e. vleugel* **0.3** ⟨dierk.⟩ ***weeskind*** ⟨vlinder; genus Catocala⟩ ◆ **2.3** red ~ *rood/gewoon weeskind* ⟨Catocala nupta⟩.
un·der·wood [-wʊd]⟨n.-telb.zn.⟩ **0.1** ***kreupelhout*** ⇒*onderhout.*
'un·der'work ⟨ww.⟩
I ⟨onov.ww.⟩ **0.1** ***te weinig werken*** **0.2** ***onder de markt werken*** ⇒*goedkoper werken, beunhazen;*
II ⟨ov.ww.⟩ **0.1** ***te weinig laten werken*** ⇒*niet genoeg te doen geven* **0.2** ***te weinig werk besteden aan*** ⇒*zich makkelijk afmaken van* **0.3** ***goedkoper werken dan*** ⇒*onderkruipen.*
un·der·world [-wɜ:ld‖-wərld]⟨f2⟩⟨telb.zn.⟩ **0.1** ***onderwereld*** ⇒*rijk der schimmen, onderaards rijk, Hades* **0.2** ***onderwereld*** ⇒*misdadigerswereld, penoze* **0.3** ***tegenovergelegen deel v.d. aarde*** ⇒*antipoden* **0.4** ***onderaards gebied.***
un·der·write ['ʌndəraɪt]⟨f1⟩⟨ww.⟩ →underwriting
I ⟨onov.ww.⟩ **0.1** ***verzekeringszaken doen*** ⇒*assureren, verzekeringen afsluiten, verzekeraar zijn;*
II ⟨ov.ww.⟩ **0.1** ***ondertekenen*** ⟨polis⟩ ⇒*afsluiten* ⟨verzekering⟩ **0.2** ***(door ondertekening) op zich nemen/aanvaarden*** ⟨risico, aansprakelijkheid⟩ **0.3** ***verzekeren*** ⇒*assureren, een verzekering afsluiten voor* ⟨vnl. scheep.⟩ **0.4** ⟨ec.⟩ ***zich verplichten tot het kopen v.*** ⟨niet geplaatste aandelen⟩ ⇒*de verkoop garanderen van* **0.5** ***zich garant stellen voor*** ⇒*borg staan voor, waarborgen, (financieel) steunen* **0.6** ***onderschrijven*** ⇒*goedvinden, zich verenigen met* **0.7** ***eronder schrijven*** ◆ **1.4** ~ an issue *een emissie waarborgen/garanderen.*
un·der·writ·er ['ʌndəraɪtə‖-raɪṭər]⟨f1⟩⟨telb.zn.⟩ **0.1** ***verzekeraar*** ⇒⟨i.h.b.⟩ *zeeverzekeraar/assuradeur* **0.2** ***lid v.e. garantiesyndicaat*** ⟨v. emissie⟩ **0.3** ***borg*** ◆ **7.2** the ~s *het garantiesyndicaat.*
un·der·writ·ing ['ʌndəraɪṭɪŋ]⟨n.-telb.zn.; gerund v. underwrite⟩ **0.1** ***het verzekeren*** ⇒*verzekering;* ⟨i.h.b.⟩ *zeeverzekering/assurantie* **0.2** ***garantie*** ⟨v. emissie⟩.
'underwriting syndicate ⟨telb.zn.⟩ **0.1** ***garantiesyndicaat*** ⟨v. emissie⟩.
un·de·scend·ed ['ʌndɪ'sendɪd]⟨bn.⟩ **0.1** ***niet afgedaald*** ⟨bv. testikel⟩.
un·de·served ['ʌndɪ'zɜ:vd‖-'zɜrvd]⟨bn.; -ly; -ness⟩ **0.1** ***onverdiend*** ⇒*onterecht.*
un·de·serv·ing ['ʌndɪ'zɜ:vɪŋ‖-'zɜr-]⟨bn.⟩ **0.1** ***onwaardig*** ⇒*niet verdienend* ◆ **6.1** be ~ **of** sth. *iets niet waard zijn/verdienen.*
un·de·signed ['ʌndɪ'zaɪnd]⟨bn.; undesignedly⟩ **0.1** ***onopzettelijk*** ⇒*per ongeluk.*
un·de·sign·ing ['ʌndɪ'zaɪnɪŋ]⟨bn.⟩ **0.1** ***oprecht*** ⇒*eerlijk.*
un·de·sir·a·ble[1] ['ʌndɪ'zaɪərəbl]⟨telb.zn.⟩ **0.1** ***ongewenst persoon*** ⇒*ongewenst element, persona non grata.*
undesirable[2] ⟨f2⟩⟨bn.; -ly; -ness; →bijw. 3⟩ **0.1** ***ongewenst*** ⇒*onwenselijk* ◆ **1.1** ~ aliens *ongewenste vreemdelingen;* ~ discharge *oneervol ontslag.*
un·de·sired ['ʌndɪ'zaɪəd‖-'zaɪərd]⟨bn.⟩ **0.1** ***ongewenst*** ⇒*ongewild.*
un·de·sir·ing ['ʌndɪ'zaɪərɪŋ], **un·de·sir·ous** [-rəs]⟨bn.⟩ **0.1** ***niet verlangend/begerig*** ◆ **6.1** be ~ **of** sth. *iets niet wensen/nastreven.*
un·de·ter·mined ['ʌndɪ'tɜ:mɪnd‖-'tɜr-]⟨bn.⟩ **0.1** ***onbeslist*** **0.2** ***onbepaald*** ⇒*onzeker, onduidelijk, onbestemd* **0.3** ***besluiteloos*** ⇒*weifelachtig.*
un·de·terred ['ʌndɪ'tɜ:d‖-'tɜrd]⟨bn.⟩ **0.1** ***niet afgeschrikt*** ⇒*niet ontmoedigd, onverschrokken, niet uit het veld geslagen.*
un·de·vel·oped ['ʌndɪ'veləpt]⟨bn.⟩ **0.1** ***onontwikkeld*** **0.2** ***onontgonnen.***
un·dies ['ʌndiz]⟨f1⟩⟨mv.⟩⟨inf.⟩ **0.1** ***(dames)ondergoed.***
un·di·gest·ed ['ʌndaɪ'dʒestɪd, 'ʌndɪ-]⟨bn.⟩ **0.1** ***onverteerd*** **0.2** ***onverwerkt*** ⇒*ongeordend, verward.*
un·dig·ni·fied [ʌn'dɪgnɪfaɪd]⟨f1⟩⟨bn.⟩ **0.1** ***niet (achtens/eerbied) waardig*** **0.2** ***niet in overeenstemming met zijn waardigheid.***
un·di·lut·ed ['ʌndaɪ'lu:ṭɪd]⟨bn.⟩ **0.1** ***onverdund*** ⇒*onvermengd;* ⟨fig.⟩ *zuiver, onvervalst* ◆ **1.1** ~ pleasure *puur plezier.*
un·dine ['ʌndi:n]⟨telb.zn.⟩ **0.1** ***undine*** ⇒*vrouwelijke watergeest.*
un·di·rect·ed ['ʌndɪ'rektɪd, 'ʌndaɪ-]⟨bn.⟩ **0.1** ***niet geleid*** **0.2** ***ongericht*** ⇒*doelloos* **0.3** ***ongeadresseerd.***
un·dis·charged ['ʌndɪs'tʃɑ:dʒd‖-'tʃɑrdʒd]⟨bn.⟩ **0.1** ***onbetaald*** ⇒*niet afgedaan* ⟨schuld⟩ **0.2** ***niet afgeschoten*** ⟨geweer⟩ **0.3** ***niet gelost*** ⇒*niet uitgeladen* ⟨goederen⟩ **0.4** ⟨jur.⟩ ***niet gerehabiliteerd*** ⟨gefailleerde⟩.
un·dis·ci·pline [ʌn'dɪsɪplɪn]⟨n.-telb.zn.⟩ **0.1** ***gebrek aan discipline*** ⇒*ongedisciplineerdheid.*
un·dis·ci·plined ['ʌn'dɪsɪplɪnd]⟨f1⟩⟨bn.⟩ **0.1** ***ongedisciplineerd*** **0.2** ***ongeschoold*** ⇒*ongeoefend, ongetraind.*
un·dis·closed ['ʌndɪ'skloʊzd]⟨bn.⟩ **0.1** ***niet bekendgemaakt*** ⇒*niet (nader) genoemd, geheim (gehouden)* ◆ **1.1** ~ reserves *geheime reserves.*
un·dis·crim·i·nat·ing ['ʌndɪ'skrɪmɪneɪṭɪŋ]⟨bn.⟩ **0.1** ***geen onderscheid makend*** ⇒*zonder onderscheid, ongenuanceerd* **0.2** ***onkritisch.***
un·dis·guised ['ʌndɪs'gaɪzd]⟨bn.⟩ **0.1** ***niet vermomd/verborgen*** ⇒⟨fig.⟩ *onverholen, onverbloemd, openlijk.*
un·dis·mayed ['ʌndɪs'meɪd]⟨bn.⟩ **0.1** ***niet ontmoedigd*** ⇒*niet afgeschrikt, niet uit het veld geslagen.*
un·dis·posed ['ʌndɪs'poʊzd]⟨bn.⟩ **0.1** ***niet geneigd*** ⇒*onwillig, weerspannig* ◆ **6.¶** →undisposed of.
undi'sposed of ⟨bn.⟩ **0.1** ***niet geregeld*** ⇒*niet opgelost* **0.2** ***niet weggedaan*** ⇒*niet verkocht, niet van de hand gedaan.*
un·dis·put·ed ['ʌndɪ'spju:ṭɪd]⟨f1⟩⟨bn.⟩ **0.1** ***onbetwist*** ⇒*onbestreden, algemeen erkend.*
un·dis·tin·guished ['ʌndɪ'stɪŋgwɪʃt]⟨f1⟩⟨bn.⟩ **0.1** ***(zich) niet onderscheiden(d)*** **0.2** ***onduidelijk*** ⇒*moeilijk te onderscheiden* **0.3** ***niet bijzonder*** ⇒*alledaags, onbetekenend, gewoon, niet om over naar huis te schrijven.*
un·dis·turbed ['ʌndɪ'stɜ:bd‖-'stɜrbd]⟨f2⟩⟨bn.⟩ **0.1** ***ongestoord*** ⇒⟨B.⟩ *onverstoord.*
un·di·vid·ed ['ʌndɪ'vaɪdɪd]⟨f1⟩⟨bn.⟩ **0.1** ***onverdeeld*** ⇒*volkomen, totaal, geheel en al.*
un·do ['ʌn'du:]⟨f2⟩⟨ww.; undid, undone⟩ →undoing, undone ⟨→sprw. 729⟩
I ⟨onov.ww.⟩ **0.1** ***losgaan*** ⇒*los raken, opengaan, loslaten;*
II ⟨ov.ww.⟩ **0.1** ***losmaken*** ⇒*losknopen, openmaken* **0.2** ***uitkleden*** **0.3** ***tenietdoen*** ⇒*ongedaan maken, uitwissen* **0.4** ***verleiden*** ⇒*van streek maken* **0.5** ⟨vero.⟩ ***ruïneren*** ⇒*in het verderf storten, te gronde richten, vernietigen* **0.6** ⟨vero.⟩ ***oplossen*** ⇒*verklaren, ontrafelen* ◆ **1.3** this mistake can never be undone *deze fout kan nooit goedgemaakt worden.*
un·dock ['ʌn'dɒk‖-'dɑk]⟨ov.ww.⟩⟨ruim.⟩ **0.1** ***loskoppelen*** ⇒*ontkoppelen.*
un·do·er ['ʌn'du:ə‖-ər]⟨telb.zn.⟩ **0.1** ***verwoester*** **0.2** ***iem. die iets ongedaan maakt*** **0.3** ***verleider.***
un·do·ing ['ʌn'du:ɪŋ]⟨f1⟩⟨zn.; (oorspr.) gerund v. undo⟩
I ⟨telb.zn.⟩ **0.1** ***ondergang*** ⇒*val, verderf, ongeluk;*
II ⟨n.-telb.zn.⟩ **0.1** ***het ongedaan maken*** **0.2** ***het losmaken*** **0.3** ***het ruïneren*** ⇒*het te gronde richten.*
un·do·mes·ti·cat·ed ['ʌndə'mestɪkeɪṭɪd]⟨bn.⟩ **0.1** ***ongetemd*** ⇒*wild* **0.2** ***niet huishoudelijk (aangelegd).***
un·done ['ʌn'dʌn]⟨f1⟩⟨bn.; volt. deelw. v. undo⟩ **0.1** ***ongedaan*** ⇒*onafgemaakt* **0.2** ***los(gegaan)*** ⇒*losgeraakt, losgemaakt* **0.3** ***geruïneerd*** ⇒*verloren* ◆ **3.2** come ~ *losgaan/raken.*
un·doubt·ed [ʌn'daʊṭɪd]⟨f3⟩⟨bn.; -ly⟩ **0.1** ***ongetwijfeld*** ⇒*zonder twijfel* **0.2** ***ontwijfelbaar.***
un·draw ['ʌn'drɔ:]⟨ov.ww.; undrew, undrawn⟩ **0.1** ***opentrekken*** ⇒*opzij trekken* ◆ **1.¶** ~n beer *niet getapt bier;* ~n milk *ongemolken melk;* the designer left his plans ~n *de ontwerper zette zijn plannen niet op papier/tekende zijn plannen niet uit.*
un·dreamed ['ʌn'dri:md], **un·dreamt** ['ʌn'dremt]⟨f1⟩⟨bn.⟩ **0.1** ***onvoorstelbaar*** ⇒*ondenkbaar, fantastisch* ◆ **6.1** ~ **of** *onvoorstelbaar.*
un·dress[1] ['ʌn'dres]⟨zn.⟩
I ⟨telb.zn.⟩ **0.1** ***negligé*** ⇒*huisgewaad, informele kledij;*
II ⟨n.-telb.zn.⟩ **0.1** ***naaktheid*** **0.2** ⟨mil.⟩ ***klein tenue.***
undress[2] ['ʌndres]⟨bn., attr.⟩ **0.1** ⟨mil.⟩ ***behorend tot het klein tenue*** **0.2** ***mbt./met informele kledij*** **0.3** ***alledaags*** ⇒*gewoon, eenvoudig.*
un·dress[3] ['ʌn'dres]⟨f2⟩⟨ww.⟩ →undressed

I ⟨onov.ww.⟩ **0.1** ***zich uitkleden;***
II ⟨ov.ww.⟩ **0.1** ***uitkleden*** ⇒*ontkleden* **0.2** ⟨med.⟩ ***ontzwachtelen*** ⇒*verband verwijderen van* **0.3** ***blootleggen.***

un·dressed ['ʌn'drest]⟨f2⟩⟨bn.; volt. deelw. v. undress⟩ **0.1** ***ongekleed*** ⇒*naakt, bloot* **0.2** ***zonder saus*** **0.3** ***niet bereid*** ⟨v. voedsel⟩ **0.4** ***niet geprepareerd*** ⟨v. huid⟩ **0.5** ***niet verbonden*** ⟨v. wond⟩ ◆ **3.1** get ~ *zich uitkleden.*

undress rehearsal ⟨telb.zn.⟩ **0.1** ***gewone repetitie*** ⟨in werkkleding⟩.

un·due ['ʌn'dju:‖-'du:]⟨f2⟩⟨bn., attr.⟩ **0.1** ***overmatig*** ⇒*overdadig, buitensporig* **0.2** ***onbehoorlijk*** ⇒*ongepast, onbescheiden* **0.3** ***niet verschuldigd*** ◆ **1.1** exercise ~ influence upon s.o. *te grote invloed op iem. uitoefenen.*

un·du·lant ['ʌndjʊlənt‖-dʒə-]⟨bn.⟩ **0.1** ***golvend*** ◆ **1.¶** ⟨med.⟩ ~ fever *golvende koorts, maltakoorts.*

un·du·late[1] ['ʌn'djʊlət]⟨bn.; -ly⟩ **0.1** ***golvend*** ⇒*gegolfd.*

undulate[2] ['ʌndjʊleɪt‖-dʒə-]⟨ww.⟩
I ⟨onov.ww.⟩ **0.1** ***golven*** ⇒*rimpelen, pulseren, trillen* ◆ **1.1** undulating wheat *golvend graan;*
II ⟨ov.ww.⟩ **0.1** ***doen golven*** ⇒*doen rimpelen/trillen.*

un·du·la·tion ['ʌndjʊ'leɪʃn‖-dʒə-]⟨zn.⟩
I ⟨telb.zn.; vaak mv.⟩ **0.1** ***golving*** ⇒*rimpeling, trilling, vibratie;*
II ⟨n.-telb.zn.⟩ **0.1** ***het golven*** ⇒*het rimpelen/trillen, golfslag, deining.*

un·du·la·to·ry ['ʌndjʊlətri‖'ʌndʒələtɔri]⟨bn.⟩ **0.1** ***golvend*** **0.2** ***mbt. golving*** ⇒*golfvormig* ◆ **1.¶** ⟨nat.⟩ ~ theory *golftheorie.*

un·du·lous ['ʌndjʊləs‖-dʒə-]⟨bn.⟩ **0.1** ***golvend.***

un·du·ly ['ʌn'dju:li‖-'du:-]⟨f2⟩⟨bw.⟩ **0.1** →undue **0.2** ***uitermate*** ⇒*zeer, buitengewoon, overmatig* **0.3** ***onbehoorlijk*** ⇒*ongepast* **0.4** ***onrechtmatig.***

un·dust ['ʌn'dʌst]⟨ov.ww.⟩ **0.1** ***onder het stof vandaan halen*** ⇒*opnieuw bovenhalen.*

un·du·te·ous ['ʌn'dju:tɪəs‖-'du:ṭɪəs], **un·du·ti·ful** [-ṭɪfl]⟨bn.⟩ **0.1** ***zonder plichtsbesef*** ⇒*plichtvergeten* **0.2** ***ongehoorzaam.***

un·dy·ing ['ʌn'daɪɪŋ]⟨bn.; vnl. attr.⟩ **0.1** ***onsterfelijk*** ⇒*eeuwig, onvergankelijk.*

un·earned ['ʌn'ɜ:nd‖-'ɜrnd]⟨bn.⟩ **0.1** ***onverdiend*** ◆ **1.1** ~ income *inkomen uit vermogen;* ~ increment *toevallige waardevermeerdering.*

un·earth ['ʌn'ɜ:θ‖-'ɜrθ]⟨f1⟩⟨ov.ww.⟩ **0.1** ***opgraven*** ⇒*opdelven, rooien;* ⟨fig.⟩ *opdiepen, opsnorren* **0.2** ***onthullen*** ⇒*aan het licht brengen, blootleggen* **0.3** ***uit zijn hol jagen*** ⟨dier⟩.

un·earth·ly ['ʌn'ɜ:θli‖-'ɜrθ-]⟨f1⟩⟨bn.; -er; -ness; →bijw. 3⟩ **0.1** ***bovenaards*** **0.2** ***bovennatuurlijk*** ⇒*mysterieus, spookachtig* **0.3** ***geheimzinnig*** ⇒*griezelig, angstaanjagend, eng* **0.4** ⟨inf.⟩ ***onmogelijk*** ⟨tijd⟩ ◆ **1.4** wake s.o. up at an ~ hour *iem. op een belachelijk vroeg uur wakker maken.*

un·eas·i·ness ['ʌn'i:zɪnəs], ⟨schr.⟩ **un·ease** ['ʌn'i:z]⟨f2⟩⟨n.-telb.zn.⟩ **0.1** ***onbehaaglijkheid*** ⇒*ongemak(kelijkheid), onlust* **0.2** ***bezorgdheid*** ⇒*onzekerheid, angstig (voor)gevoel* **0.3** ***onrustigheid*** **0.4** ***verontrusting*** ◆ **3.2** cause s.o. ~ over sth. *iem. over iets ongerust maken.*

un·eas·y ['ʌn'i:zi]⟨f3⟩⟨bn.; -er; -ly; →bijw. 3⟩⟨→sprw. 707⟩ **0.1** ***onbehaaglijk*** ⇒*ongemakkelijk, stroef* **0.2** ***bezorgd*** ⇒*ongerust, angstig* **0.3** ***onrustig*** ⟨bv. in slaap⟩ **0.4** ***verontrustend*** ◆ **1.1** ~ conscience *bezwaard geweten* **6.1** be ~ **with** *zich niet op zijn gemak voelen met* **6.2** be ~ **about,** grow ~ **at** *zich zorgen maken over.*

un·eat·en ['ʌn'i:tn]⟨bn.⟩ **0.1** ***niet gegeten/genuttigd.***

un·ec·o·nom·ic ['ʌni:kə'nɒmɪk, 'ʌnekə-‖-'nɑmɪk], **un·ec·o·nom·i·cal** [-ɪkl]⟨f1⟩⟨bn.; -(al)ly; →bijw. 3⟩ **0.1** ***oneconomisch*** ⇒*onrendabel, onvoordelig, niet lonend* **0.2** ***verkwistend*** ⇒*spilziek.*

un·ed·u·cat·ed ['ʌn'edʒʊkeɪṭɪd‖-dʒə-]⟨f2⟩⟨bn.⟩ **0.1** ***ongeschoold*** ⇒*onontwikkeld, ongeletterd.*

UNEF ⟨eig.n.⟩⟨afk.⟩ United Nations Emergency Force.

un·em·bar·rassed ['ʌnɪm'bærəst]⟨bn.⟩ **0.1** ***vrij(moedig)*** ⇒*open, niet verlegen* **0.2** ***onbelemmerd*** ⇒*ongedwongen* **0.3** ***vrij v. hypotheek*** ⇒*onbezwaard.*

un·em·broi·dered ['ʌnɪm'brɔɪdəd‖-dərd]⟨bn.⟩ **0.1** ***ongeborduurd*** **0.2** ***onversierd*** ⇒*onopgesmukt, eenvoudig.*

un·e·mo·tion·al ['ʌnɪ'moʊʃnəl]⟨f1⟩⟨bn.; -ly⟩ **0.1** ***niet emotioneel*** ⇒*zonder emotie, niet ontroerd.*

un·em·ploy·a·ble[1] ['ʌnɪm'plɔɪəbl]⟨telb.zn.⟩ **0.1** ***persoon die niet tewerkgesteld kan worden.***

unemployable[2] ⟨bn.⟩ **0.1** ***ongeschikt voor een betrekking.***

un·em·ployed ['ʌnɪm'plɔɪd]⟨f2⟩⟨bn.⟩ **0.1** ***ongebruikt*** **0.2** ***werkloos*** ⇒*zonder werk/betrekking* **0.3** ***niet geïnvesteerd*** ◆ **7.2** the ~ *de werklozen.*

un·em·ploy·ment ['ʌnɪm'plɔɪmənt]⟨f2⟩⟨n.-telb.zn.⟩ **0.1** ***werkloosheid.***

unem'ployment benefit, unem'ployment pay ⟨f1⟩⟨telb. en n.-telb.zn.⟩ **0.1** ***werkloosheidsuitkering.***

unem'ployment figures ⟨mv.⟩ **0.1** ***werkloosheidscijfers.***

unem'ployment insurance ⟨n.-telb.zn.⟩ **0.1** ***werkloosheidsverzekering.***

unem'ployment rate ⟨telb.zn.⟩ **0.1** ***werkloosheidspercentage/cijfer.***

un·en·closed ['ʌnɪŋ'kloʊzd]⟨bn.⟩ **0.1** ***niet omheind.***

un·en·cum·bered ['ʌnɪŋ'kʌmbəd‖-bərd]⟨bn.⟩ **0.1** ***onbelast*** ⇒*onbezwaard* ⟨i.h.b. met hypotheek⟩ **0.2** ***vrij*** ⇒*alleenstaand, geen vrouw/man enz. hebbend.*

un·end·ing ['ʌn'endɪŋ]⟨f1⟩⟨bn.; -ly; -ness⟩ **0.1** ***oneindig*** ⇒*eindeloos, eeuwig* **0.2** ***onophoudelijk*** **0.3** ⟨inf.⟩ ***kolossaal*** ⇒*ongehoord.*

un·en·dowed ['ʌnɪn'daʊd]⟨bn.⟩ **0.1** ***onbegaafd*** ⇒*niet begiftigd* **0.2** ***niet gesubsidieerd*** ◆ **6.1** ~ **with** *niet begiftigd met.*

un·en·dur·a·ble ['ʌnɪn'djʊərəbl‖-'dʊrəbl]⟨bn.⟩ **0.1** ***onverdraaglijk*** ⇒*niet uit te houden.*

un·en·fran·chised ['ʌnɪn'fræntʃaɪzd]⟨bn.⟩ **0.1** ***onvrij*** ⇒⟨i.h.b.⟩ *zonder stemrecht/kiesrecht.*

un·en·gaged ['ʌnɪŋ'geɪdʒd]⟨bn.⟩ **0.1** ***vrij*** ⇒*niet gebonden/bezet/verloofd* **0.2** ***niet bezig*** ⇒*met niets om handen, werkeloos* **0.3** ⟨mil.⟩ ***niet in gevecht.***

un·en·gag·ing ['ʌnɪŋ'geɪdʒɪŋ]⟨bn.⟩ **0.1** ***onsympathiek*** ⇒*onaantrekkelijk.*

un-Eng·lish ['ʌn'ɪŋglɪʃ]⟨f1⟩⟨bn.⟩ **0.1** ***onengels*** ⇒*niet (typisch) Engels.*

un·en·light·ened ['ʌnɪn'laɪtnd]⟨bn.⟩ **0.1** ***onwetend*** ⇒*ongeïnformeerd, niet op de hoogte/ingelicht* **0.2** ***onontwikkeld*** **0.3** ***bevooroordeeld*** ⇒*niet verlicht* **0.4** ***bijgelovig.***

un·en·tailed ['ʌnɪn'teɪld]⟨bn.⟩ **0.1** ***vervreemdbaar*** ⟨bv. v. recht⟩ ⇒*vrij.*

un·en·tered ['ʌn'entəd‖'ʌn'enṭərd]⟨bn.⟩ **0.1** ***niet ingeschreven*** ⟨bv. als lid⟩ ⇒*niet geregistreerd* **0.2** ***onbetreden*** ⇒*maagdelijk.*

un·en·vi·a·ble ['ʌn'envɪəbl]⟨bn.⟩ **0.1** ***niet benijdenswaard(ig)*** ⇒*onplezierig.*

un·e·qual[1] ['ʌn'i:kwəl]⟨telb.zn.⟩ **0.1** ***persoon van andere stand*** **0.2** ***ongelijk ding.***

unequal[2] ⟨f1⟩⟨bn.; -ly; -ness⟩
I ⟨bn.⟩ **0.1** ***ongelijk*** ⇒*oneerlijk* **0.2** ***oneffen*** **0.3** ***onregelmatig*** ◆ **6.1** ~ **in** size *ongelijk in maat;* ~ **to** the other *ongelijk aan de ander;*
II ⟨bn., pred.⟩ **0.1** ***niet opgewassen tegen*** ⇒*niet berekend voor* ◆ **6.1** be ~ **to** one's work *zijn werk niet aankunnen.*

un·e·qualled, ⟨AE sp.⟩ **un·e·qualed** ['ʌn'i:kwəld]⟨bn.⟩ **0.1** ***ongeëvenaard*** ⇒*zonder weerga.*

un·e·quiv·o·cal ['ʌnɪ'kwɪvəkl]⟨f2⟩⟨bn.; -ly⟩ **0.1** ***duidelijk*** ⇒*onmiskenbaar, ondubbelzinnig.*

un·err·ing ['ʌn'ɜ:rɪŋ]⟨f1⟩⟨bn.; -ly; -ness⟩ **0.1** ***onfeilbaar*** ⇒*nooit falend, feilloos* ◆ **1.1** ~ devotion *nimmer/niet aflatende toewijding.*

un·es·cap·a·ble ['ʌnɪ'skeɪpəbl]⟨bn.; -ly; →bijw. 3⟩ **0.1** ***onontkoombaar*** ⇒*onvermijdelijk, niet te ontvluchten.*

UNESCO [ju:'neskoʊ]⟨eig.n.⟩⟨afk.⟩ United Nations Educational, Scientific, and Cultural Organization **0.1** ***Unesco.***

un·es·sen·tial[1] ['ʌnɪ'senʃl]⟨telb.zn.⟩ **0.1** ***bijzaak.***

unessential[2] ⟨bn.⟩ **0.1** ***niet essentieel*** ⇒*onbelangrijk, niet wezenlijk.*

un·es·tab·lished ['ʌnɪ'stæblɪʃt]⟨bn.⟩ **0.1** ***niet gevestigd*** ⟨bv. v. reputatie⟩ **0.2** ***niet in vaste dienst*** **0.3** ***niet tot staatskerk gemaakt*** ◆ **1.1** ~ writers *schrijvers die nog geen naam hebben gemaakt/* ⟨i.h.b.⟩ *niet gepubliceerd hebben.*

un·e·ven ['ʌn'i:vn]⟨f2⟩⟨bn.; -ly; -ness⟩ **0.1** ***ongelijk*** ⇒*oneffen* **0.2** ***onregelmatig*** ⇒*ongelijkmatig* **0.3** ***van ongelijke kwaliteit*** ⇒⟨euf.⟩ *middelmatig, slecht* ◆ **1.1** ~ bars *brug met ongelijke leggers;* the surface of that road is ~ *het oppervlak v. die weg is oneffen* **1.2** he ran at a rather ~ speed *hij liep met een onregelmatige snelheid* **1.3** he writes poems of ~ quality *hij schrijft gedichten v. ongelijke /middelmatige kwaliteit.*

un·e·vent·ful ['ʌnɪ'ventfl]⟨bn.; -ly; -ness⟩ **0.1** ***onbewogen*** ⇒*kalm, rustig, saai* ◆ **1.1** ~ day *dag zonder belangrijke gebeurtenissen.*

un·ex·am·pled ['ʌnɪg'zɑ:mpld‖-'zæm-]⟨bn.⟩⟨schr.⟩ **0.1** ***weergaloos*** ⇒*zonder weerga, voorbeeldeloos, uitzonderlijk.*

un·ex·cep·tion·a·ble ['ʌnɪk'sepʃnəbl]⟨bn.; -ly; →bijw. 3⟩ **0.1** ***onberispelijk*** ⇒*voortreffelijk.*

un·ex·cep·tion·al ['ʌnɪk'sepʃnəl]⟨bn.; -ly⟩ **0.1** ***gewoon*** ⇒*normaal, geen uitzondering toelatend.*

un·ex·pect·ed ['ʌnɪk'spektɪd]⟨f3⟩⟨bn.; -ly; -ness⟩⟨→sprw. 516⟩ **0.1** ***onverwacht*** ⇒*onvoorzien.*

un·ex·plained ['ʌnɪk'spleɪnd]⟨f1⟩⟨bn.⟩ **0.1** ***onverklaard.***

un·ex·plored ['ʌnɪk'splɔ:d‖-'splɔrd]⟨f1⟩⟨bn.⟩ **0.1** ***onverkend*** ⇒*niet geëxploreerd.*

un·ex·tend·ed ['ʌnɪk'stendɪd]⟨bn.⟩ **0.1** ***niet uitgestrekt*** **0.2** ***zonder uitgestrektheid.***

un·fad·ing ['ʌn'feɪdɪŋ]⟨bn.⟩ **0.1** ***onverwelkelijk*** **0.2** ***vast*** ⟨i.h.b. v. kleuren⟩.

un·fail·ing ['ʌn'feɪlɪŋ]⟨f1⟩⟨bn.; -ly; -ness⟩ **0.1** ***onfeilbaar*** ⇒*niet falend, zeker* **0.2** ***onuitputtelijk*** ⇒*eindeloos, onophoudelijk* **0.3** ***onverflauwd*** ◆ **2.3** ~ly polite *altijd en eeuwig beleefd.*

un·fair ['ʌn'feə‖'ʌn'fer]⟨f3⟩⟨bn.; -er; -ly; -ness⟩ **0.1** ***oneerlijk*** ⇒*onrechtvaardig, onjuist, onbillijk, onredelijk, partijdig* ◆ **1.1** ~ competition *oneerlijke concurrentie* **1.¶** ~ wind *ongunstige wind*.

un·faith·ful ['ʌn'feɪθfl]⟨f2⟩⟨bn.; -ly; -ness⟩ **0.1** ***ontrouw*** ⇒*niet loyaal;* ⟨i.h.b.⟩ *overspelig* **0.2** ***onnauwkeurig*** ⇒*niet woordelijk* **0.3** ⟨vero.⟩ ***ongelovig*** ◆ **6.1** be ~ **with** *overspel plegen met*.

un·fal·ter·ing ['ʌn'fɔ:ltrɪŋ]⟨bn.; -ly⟩ **0.1** ***zonder te aarzelen*** ⇒*zonder te struikelen/wankelen* **0.2** ***zonder te stotteren/stamelen*** **0.3** ***onwankelbaar*** ⇒*vast, onwrikbaar, standvastig* ◆ **1.3** ~ love *onwankelbare liefde;* ~ steps *vaste tred*.

un·fa·mil·iar ['ʌnfə'mɪljə‖-ər]⟨f3⟩⟨bn.; -ly⟩ **0.1** ***onbekend*** ⇒*niet vertrouwd* **0.2** ***ongewoon*** ⇒*vreemd* ◆ **6.1** the girl was not ~ **to** him *het meisje was hem niet onbekend;* ~ **with** their customs *niet vertrouwd met hun gewoonten*.

un·fa·mil·i·ar·i·ty ['ʌnfəmɪli'ærət$hw]⟨n.-telb.zn.⟩ **0.1** ***onbekendheid*** **0.2** ***ongewoonheid***.

un·fash·ion·a·ble ['ʌn'fæʃnəbl]⟨f1⟩⟨bn.; -ly; -ness; →bijw. 3⟩ **0.1** ***niet modieus*** **0.2** ***niet chic*** **0.3** ***ondeftig*** ⇒*niet deftig*.

un·fas·ten ['ʌn'fɑ:sn‖'ʌn'fæsn]⟨f1⟩⟨ww.⟩

I ⟨onov.ww.⟩ **0.1** ***los raken*** ⇒*loslaten, losgaan;*

II ⟨ov.ww.⟩ **0.1** ***losmaken*** ⇒*losknopen, openmaken*.

un·fa·thered ['ʌn'fɑ:ðəd‖-ðərd]⟨bn.⟩ **0.1** ***vaderloos*** **0.2** ***buitenechtelijk*** ⇒*onwettig, bastaard-;* ⟨fig.⟩ *v. onbekende oorsprong*.

un·fath·om·a·ble ['ʌn'fæðəməbl]⟨bn.; -ly; →bijw. 3⟩ **0.1** ***onpeilbaar*** ⇒*ondoorgrondelijk, raadselachtig* **0.2** ***ondoordringbaar*** ⇒*onmetelijk*.

un·fath·om·ed ['ʌn'fæðəmd]⟨bn.⟩ **0.1** ***ongepeild*** ⟨diepte⟩ **0.2** ***onopgelost*** ⇒*ondoorgrondelijk, raadselachtig* **0.3** ***onmetelijk***.

un·fa·vour·a·ble, ⟨AE sp.⟩ **un·fa·vor·a·ble** ['ʌn'feɪvrəbl]⟨f1⟩⟨bn.; -ly; -ness; →bijw. 3⟩ **0.1** ***ongunstig*** ⇒*onvoordelig* ◆ **1.1** ⟨ec.⟩ ~ balance (of trade) *passieve handelsbalans* **6.1** ~ **for** a trip/**to** our plans *ongunstig voor een uitstapje/voor onze plannen*.

un·feath·er ['ʌn'feðə‖-ər]⟨ov.ww.⟩ →unfeathered **0.1** ***v. veren ontdoen*** ⇒*plukken*.

un·feath·ered ['ʌn'feðəd‖-ðərd]⟨bn.; volt. deelw. v. unfeather⟩ **0.1** ***ongeplukt*** ⇒*niet v. veren ontdaan* **0.2** ***niet gevederd***.

un·fea·tured ['ʌn'fi:tʃəd‖-tʃərd]⟨bn.⟩ **0.1** ***zonder gelaatstrekken*** **0.2** ***misvormd*** **0.3** ***niet voorzien (in het programma)*** ⇒*niet aangekondigd*.

un·feel·ing ['ʌn'fi:lɪŋ]⟨f2⟩⟨bn.; -ly⟩ **0.1** ***gevoelloos*** ⟨ook fig.⟩ ⇒*hardvochtig, meedogenloos, wreed*.

un·feigned ['ʌn'feɪnd]⟨bn.; unfeignedly [-nɪ̣dli]⟩ **0.1** ***ongeveinsd*** ⇒*oprecht, onvervalst*.

un·fenced ['ʌn'fenst]⟨bn.⟩ **0.1** ***onbeschermd*** ⇒*onbeschut, weerloos* **0.2** ***niet omheind***.

un·fet·ter ['ʌn'fetə‖'ʌn'feţər]⟨ov.ww.⟩ →unfettered **0.1** ***ontketenen*** ⟨ook fig.⟩ ⇒*bevrijden, losmaken*.

un·fet·tered ['ʌn'fetəd‖'ʌn'feţərd]⟨f1⟩⟨bn.; volt. deelw. v. unfetter⟩ **0.1** ***ontketend*** ⟨ook fig.⟩ ⇒*bevrijd, vrij, ongebonden*.

un·fin·ished ['ʌn'fɪnɪʃt]⟨f2⟩⟨bn.⟩ **0.1** ***onbeëindigd*** ⇒*onvolledig, onaf, onvoltooid* **0.2** ***onbewerkt*** ⟨bv. v. hout⟩ ⇒*naturel* ◆ **1.1** ~ business *onafgedane kwestie(s)*.

un·fit[1] ['ʌn'fɪt]⟨telb.zn.⟩ **0.1** ***minderwaardig persoon***.

unfit[2] ⟨f1⟩⟨bn.; -ly; -ness⟩ **0.1** ***ongeschikt*** ⇒*niet capabel, onbekwaam* **0.2** ***ongezond*** ⇒*in slechte conditie* ◆ **3.1** ~ to be a marine *ongeschikt voor marinier* **6.1** ~ **for** duty *ongeschikt voor de dienst*.

unfit[3] ⟨f1⟩⟨ov.ww.; →ww. 7⟩ →unfitted, unfitting **0.1** ***ongeschikt maken*** ◆ **6.1** ~ s.o. **for** sth. *iem. ongeschikt maken voor iets*.

un·fit·ted ['ʌn'fɪţɪ̣d]⟨bn.; volt. deelw. v. unfit⟩ **0.1** ***ongeschikt*** ⇒*onbekwaam* **0.2** ***niet uitgerust/ingericht***.

un·fit·ting ['ʌn'fɪţɪŋ]⟨bn.; teg. deelw. v. unfit⟩ **0.1** ***ongeschikt*** **0.2** ***ongepast***.

un·fix ['ʌn'fɪks]⟨ov.ww.⟩ →unfix·ed **0.1** ***losmaken*** **0.2** ***verwarren*** ⇒*aan het wankelen brengen, schokken*.

un·fixed ['ʌn'fɪkst]⟨bn.; volt. deelw. v. unfix⟩ **0.1** ***los(gemaakt)*** ⇒*onvast* **0.2** ***verward*** ⇒*onzeker, weifelend, vaag* **0.3** ***niet vastgesteld*** ⟨datum⟩.

un·flag·ging ['ʌn'flægɪŋ]⟨bn.; -ly⟩ **0.1** ***onvermoeibaar*** ⇒*onverflauwd, ononderbroken*.

un·flap·pa·bil·i·ty ['ʌnflæpə'bɪləţi]⟨n.-telb.zn.⟩ **0.1** ***onverstoorbaarheid***.

un·flap·pa·ble ['ʌn'flæpəbl]⟨bn.; -ly; →bijw. 3⟩⟨inf.⟩ **0.1** ***onverstoorbaar*** ⇒*niet van zijn stuk te brengen, ijskoud*.

un·flat·ter·ing ['ʌn'flætrɪŋ‖'ʌn'flæţərɪŋ]⟨bn.⟩ **0.1** ***niet (erg) vleiend*** ⇒*niet geflatteerd*.

un·fledged ['ʌn'fledʒd]⟨bn.⟩ **0.1** ***nog niet kunnende vliegen*** ⇒*nog zonder veren, kaal* **0.2** ***onrijp*** ⇒*onervaren, groen*.

un·fleshed ['ʌn'fleʃt]⟨bn.⟩ **0.1** ***nog niet aan bloed gewend*** ⟨bv. jachthond⟩ **0.2** ***onervaren*** **0.3** ***zonder vlees*** ⇒*niet met vlees bedekt*.

un·flinch·ing ['ʌn'flɪntʃɪŋ]⟨bn.; -ly⟩ **0.1** ***onbevreesd*** ⇒*onversaagd, onverschrokken, niet (terug)wijkend/terugdeinzend* **0.2** ***ferm*** ⇒*vastberaden, resoluut*.

un·fold ['ʌn'fould]⟨f2⟩⟨ww.⟩

I ⟨onov.ww.⟩ **0.1** ***zich openvouwen*** ⇒*opengaan* **0.2** ***zich uitspreiden*** **0.3** ***zich ontvouwen;***

II ⟨ov.ww.⟩ **0.1** ***openvouwen*** ⇒*loswikkelen, openen, uitpakken, ontplooien* **0.2** ***uitspreiden*** **0.3** ***openbaren*** ⇒*bekendmaken, blootleggen, ontvouwen, openleggen* **0.4** ***uit de schaapskooi laten*** ◆ **1.1** ~ a newspaper *een krant openslaan* **1.2** ~ the arms *de armen spreiden*.

un·for·bear·ing ['ʌnfɔ:'beərɪŋ‖'ʌnfɔr'berɪŋ]⟨bn.⟩ **0.1** ***onverdraagzaam***.

un·fore·see·a·ble ['ʌnfɔ:'si:əbl‖-fɔr-]⟨bn.⟩ **0.1** ***onvoorspelbaar*** ◆ **1.1** ~ changes *onvoorspelbare veranderingen*.

un·fore·seen ['ʌnfɔ:'si:n‖-fɔr-]⟨f1⟩⟨bn.⟩ **0.1** ***onvoorzien*** ⇒*onverwacht*.

un·for·get·ta·ble ['ʌnfə'getəbl‖'ʌnfər'geţəbl]⟨f1⟩⟨bn.; -ly; →bijw. 3⟩ **0.1** ***onvergetelijk***.

un·for·giv·a·ble ['ʌnfə'gɪvəbl‖-fər-]⟨f1⟩⟨bn.⟩ **0.1** ***onvergeeflijk***.

un·formed ['ʌn'fɔ:md‖-'fɔrmd]⟨bn.⟩ **0.1** ***vormeloos*** ⇒*ongeorganiseerd* **0.2** ***onontwikkeld*** ⇒*onrijp*.

un·for·tu·nate[1] [ʌn'fɔ:tʃnət‖ʌn'fɔrtʃənət]⟨f1⟩⟨telb.zn.⟩ **0.1** ***ongelukkige*** **0.2** ***verstoteling*** ⇒*verworpeling*.

unfortunate[2] ⟨f3⟩⟨bn.; -ly; -ness⟩ **0.1** ***ongelukkig*** ⇒*onzalig, betreurenswaardig, jammerlijk* ◆ **1.1** ~ place for trade *ongunstige plek voor handel;* ~ term *ongelukkige term*.

un·found·ed ['ʌn'faundɪ̣d]⟨f1⟩⟨bn.; -ly; -ness⟩ **0.1** ***ongegrond*** ⇒*ongefundeerd* **0.2** ***niet opgericht*** ⇒*niet gesticht*.

un·frame ['ʌn'freɪm]⟨ov.ww.⟩ **0.1** ***verwoesten***.

un·freeze ['ʌn'fri:z]⟨onov. en ov.ww.⟩ **0.1** ***ontdooien***.

un·fre·quent ['ʌn'fri:kwənt]⟨bn.⟩ **0.1** ***zeldzaam***.

un·fre·quent·ed ['ʌnfrɪ'kwenţɪ̣d]⟨bn.⟩ **0.1** ***niet veel bezocht***.

un·friend·ed ['ʌn'frendɪ̣d]⟨bn.⟩ **0.1** ***zonder vrienden***.

un·friend·ly ['ʌn'frendli]⟨f2⟩⟨bn.; -er; -ness; →bijw. 3⟩ **0.1** ***onvriendelijk*** ⇒*vijandig, slecht gezind* **0.2** ***ongunstig*** ⇒*onvoordelig* ⟨bv. v. wind, weer⟩ ◆ **1.1** ~ area *ongastvrij/onherbergzaam gebied;* ~ welcome *koele ontvangst*.

un·frock ['ʌn'frɒk‖'ʌn'frɑk]⟨ov.ww.⟩ **0.1** ***uit de orde stoten*** ⇒*uit het ambt (ontzetten)* ⟨i.h.b. v. priester⟩.

un·fruit·ful ['ʌn'fru:tfl]⟨bn.; -ly; -ness⟩ **0.1** ***onvruchtbaar*** ⟨ook fig.⟩ ⇒*vruchteloos, geen vrucht dragend* **0.2** ***niet winstgevend*** ⇒*niets opbrengend, nutteloos*.

un·ful·filled ['ʌnfʊl'fɪld]⟨f1⟩⟨bn.⟩ **0.1** ***onvervuld*** ⇒*niet gerealiseerd, niet verwezenlijkt*.

un·fund·ed ['ʌn'fʌndɪ̣d]⟨bn.⟩⟨geldw.⟩ **0.1** ***ongefundeerd*** ⇒*niet geconsolideerd* ⟨bv. v. schuld⟩ ◆ **1.1** ~ debt *vlottende schuld*.

un·fun·ny ['ʌn'fʌni]⟨bn.⟩ **0.1** ***flauw*** ⇒*zouteloos*.

un·furl ['ʌn'fɜ:l‖'ʌn'fɜrl]⟨ww.⟩

I ⟨onov.ww.⟩ **0.1** ***zich ontrollen*** ⇒*zich ontvouwen, zich ontplooien* ⟨bv. v. vlag⟩;

II ⟨ov.ww.⟩ **0.1** ***ontrollen*** ⇒*ontvouwen, ontplooien* ⟨bv. vlag⟩.

un·fur·nished ['ʌn'fɜ:nɪʃt‖-'fɜr-]⟨f1⟩⟨bn.⟩ **0.1** ***ongemeubileerd*** ◆ **6.¶** ~ **with** *niet voorzien van, zonder*.

un·fused ['ʌn'fju:zd]⟨bn.⟩ **0.1** ***ongesmolten*** **0.2** ***zonder lont*** ⇒*zonder (ontstekings)buis* ⟨v. granaat⟩.

un·gain·ly ['ʌn'geɪnli]⟨f1⟩⟨bn.; -er; -ness; →bijw. 3⟩ **0.1** ***lomp*** ⇒*onbevallig, onhandig, links, boers*.

un·gain·say·a·ble ['ʌngeɪn'seɪəbl]⟨bn.⟩ **0.1** ***onweerlegbaar*** ⇒*onweerspreekbaar*.

un·gar·nished ['ʌn'gɑ:nɪʃt‖-'gɑr-]⟨bn.⟩ **0.1** ***onversierd*** ⇒*onopgemaakt, ongegarneerd, onopgesmukt*.

un·gat·ed ['ʌn'geɪţɪ̣d]⟨bn.⟩ **0.1** ***zonder hek(ken)*** ◆ **1.1** ~ level crossing *onbewaakte overweg*.

un·gear ['ʌn'gɪə‖'ʌn'gɪr]⟨ov.ww.⟩ **0.1** ***ontkoppelen*** ⇒*losmaken*.

un·gen·er·ous ['ʌn'dʒenrəs]⟨bn.; -ly⟩ **0.1** ***hard(vochtig)*** ⇒*streng, onvriendelijk* **0.2** ***gierig*** ⇒*vrekkig, egoïstisch*.

un·ge·ni·al ['ʌn'dʒi:nɪəl]⟨bn.⟩ **0.1** ***onvriendelijk*** ⇒*onprettig, onaangenaam; ongunstig, guur* ⟨v. weer⟩.

un·gen·tle ['ʌn'dʒenţl]⟨bn.⟩ **0.1** ***v. lage afkomst*** ⇒*onbeschaafd; onopgevoed* **0.2** ***ruw*** ⇒*grof*.

un·gen·tle·man·ly [ʌn'dʒenţlmənli]⟨bn.⟩⟨vnl. sport⟩ **0.1** ***onsportief*** ◆ **1.1** ~ conduct *onsportief gedrag*.

un·ge·potch ['ʌŋgɪpɒtʃ‖-pɑtʃ], **un·ge·potched** [-pɒtʃt‖-pɑtʃt], **un·ge·potch·ket** [-pɒtʃkɪt‖-pɑtʃkɪt]⟨bn.⟩⟨sl.⟩ **0.1** ***geïmproviseerd*** ⇒*amateuristisch* **0.2** ***(toch) gelapt***.

un·get·at·a·ble ['ʌngeţ'æţəbl]⟨bn.⟩⟨inf.⟩ **0.1** ***onbereikbaar*** ⇒*ongenaakbaar*.

un·gird ['ʌn'gɜ:d‖'ʌn'gɜrd]⟨ov.ww.⟩ **0.1** ***losgorden*** ⇒*ontgordelen*.

un·giv·ing ['ʌn'gɪvɪŋ]⟨bn.⟩ **0.1** ***onbuigzaam*** ⇒*stijf, niet meegevend* **0.2** ***zuinig*** ⇒*krenterig*.

un·glazed ['ʌn'gleɪzd]⟨bn.⟩ **0.1** ***onverglaasd*** ⇒*ongeglazuurd* **0.2** ***zonder glas/ruiten***.

un·glove ['ʌn'glʌv]⟨ww.⟩ →ungloved
I ⟨onov.ww.⟩ **0.1** ***zijn / haar handschoen(en) uittrekken;***
II ⟨ov.ww.⟩ **0.1** ***de handschoen(en) uittrekken v..***

un·gloved ['ʌn'glʌvd]⟨bn.; volt. deelw. v. unglove⟩ **0.1** ***zonder handschoen(en).***

un·glue ['ʌn'glu:]⟨ov.ww.⟩ →unglued **0.1** ***losweken*** ⇒*losmaken.*

un·glued ['ʌn'glu:d]⟨bn.; oorspr. volt. deelw. v. unglue⟩⟨sl.⟩ **0.1** ***woest*** ⇒*onbeheerst* **0.2** ***krankzinnig.***

un·god·ly ['ʌn'gɒdli‖-'gɑd-]⟨f1⟩⟨bn.; -er; -ness; →bijw. 3⟩ **0.1** ***goddeloos*** ⇒*zondig, profaan, onheilig* **0.2** ⟨inf.⟩ ***afgrijselijk*** ⇒*schandalig, verschrikkelijk* ◆ **1.2** he rang me at an ~ hour *hij belde me op een onchristelijk uur.*

un·got·ten ['ʌn'gɒtn‖'ʌn'gɑtn]⟨bn.⟩⟨vero.⟩ **0.1** ***onverkregen*** ⇒*onverworven.*

un·gov·ern·a·ble ['ʌn'gʌvnəbl‖-vərnəbl]⟨bn.; -ly; -ness; →bijw. 3⟩ **0.1** ***onbedwingbaar*** ⇒*ontembaar, onhandelbaar, onbestuurbaar.*

un·grace·ful ['ʌn'greɪsfl]⟨bn.⟩ **0.1** ***onbevallig*** ⇒*lomp, onsierlijk.*

un·gra·cious ['ʌn'greɪʃəs]⟨f1⟩⟨bn.; -ly; -ness⟩ **0.1** ***onhoffelijk*** ⇒*onbeleefd, grof, lomp* **0.2** ***onaangenaam*** ⇒*onplezierig, onbevallig, afstotend, afstotelijk* ◆ **1.2** ~ task *ondankbare taak.*

un·gram·mat·i·cal ['ʌngrə'mæṭɪkl]⟨f1⟩⟨bn.⟩ **0.1** ***ongrammaticaal*** ⇒*agrammaticaal.*

un·grate·ful ['ʌn'greɪtfl]⟨f2⟩⟨bn.; -ly; -ness⟩ **0.1** ***ondankbaar*** **0.2** ***onplezierig*** ⇒*ondankbaar* ⟨bv. v. taak⟩.

un·grudg·ing ['ʌn'grʌdʒɪŋ]⟨bn.; -ly⟩ **0.1** ***gul*** ⇒*royaal, zeer welwillend* ◆ **3.1** he was ~ in helping *hij hielp zonder morren.*

un·gual ['ʌŋgwəl]⟨bn.⟩⟨dierk.⟩ **0.1** ***nagel-*** ⇒*klauw-, hoef-* **0.2** ***nagelachtig*** ⇒*klauw / hoefachtig* **0.3** ***met nagels*** ⇒*met klauwen, gehoefd.*

un·guard·ed ['ʌn'gɑ:dɪd‖-'gɑr-]⟨f2⟩⟨bn.; -ly; -ness⟩ **0.1** ***onbewaakt*** **0.2** ***onbedachtzaam*** ⇒*onvoorzichtig, onbehoedzaam, niet op zijn / haar hoede* **0.3** ***achteloos*** ⇒*nonchalant, zorgeloos* ◆ **1.1** in an ~ moment *op een onbewaakt ogenblik.*

un·guent ['ʌŋgwənt]⟨telb. en n.-telb.zn.⟩ **0.1** ***zalf*** ⇒*smeersel.*

un·guic·u·late [ʌŋ'gwɪkjʊlət‖-kjə-]⟨bn.⟩⟨dierk.⟩ **0.1** ***met klauwen*** ⇒*met nagels, gehoefd* **0.2** ***klauwvormig*** ⇒*hoefvormig.*

un·guis ['ʌŋgwɪs]⟨telb.zn.; ungues ['ʌŋgwi:z]; →mv. 5⟩⟨dierk.⟩ **0.1** ***nagel*** ⇒*klauw, hoef.*

un·gu·late[1] ['ʌŋgjʊleɪt, -lət‖-gjə-]⟨telb.zn.⟩⟨dierk.⟩ **0.1** ***gehoefd dier.***

ungulate[2], **un·gu·lat·ed** ['ʌŋgjʊleɪṭɪd‖'ʌŋgjəleɪṭɪd]⟨bn.⟩⟨dierk.⟩ **0.1** ***gehoefd*** **0.2** ***hoefvormig.***

un·gum ['ʌn'gʌm]⟨ov.ww.⟩ **0.1** ***ontgommen*** ◆ **3.¶** come ~med *de mist ingaan, mislukken.*

un·hair ['ʌn'heə‖'ʌn'her]⟨ov.ww.⟩ **0.1** ***ontharen*** ⇒*afharen.*

un·hal·lowed ['ʌn'hæloʊd]⟨bn.⟩ **0.1** ***ongewijd*** ⇒*profaan, niet geheiligd* **0.2** ***goddeloos*** ⇒*zondig, verdorven.*

un·hand ['ʌn'hænd]⟨ov.ww.⟩⟨vero.⟩ **0.1** ***loslaten*** ⇒*de handen v. iem. afnemen.*

un·hand·some ['ʌn'hæn(t)səm]⟨bn.; -ly; -ness⟩ **0.1** ***onaantrekkelijk*** ⇒*lelijk, alledaags* **0.2** ***onhoffelijk*** ⇒*onbeleefd.*

un·hand·y ['ʌn'hændi]⟨bn.; -er; -ly; -ness; →bijw. 3⟩ **0.1** ***moeilijk te hanteren*** ⇒*log, plomp* **0.2** ***onhandig*** ⇒*lelijk.*

un·hang ['ʌn'hæŋ]⟨ov.ww.⟩ →unhanged **0.1** ***afnemen*** ⇒*afhalen* ◆ **1.1** ~ a painting *een schilderij v.d. muur halen.*

un·hanged ['ʌn'hæŋd]⟨bn.; volt. deelw. v. unhang⟩ **0.1** ***(nog) niet opgehangen.***

un·hap·py ['ʌn'hæpi]⟨f3⟩⟨bn.; -er; -ly; -ness; →bijw. 3⟩ **0.1** ***ongelukkig*** ⇒*bedroefd, ellendig* **0.2** ***noodlottig*** ⇒*rampspoedig* **0.3** ***ongepast*** ⇒*ongelukkig, tactloos* ◆ **¶.2** unhappily, I lost my passport *ongelukkigerwijs verloor ik mijn paspoort.*

un·har·bour ['ʌn'hɑ:bə‖'ʌn'hɑrbər]⟨ov.ww.⟩⟨BE⟩ **0.1** ***uit zijn schuilplaats verjagen*** ⟨dier⟩.

un·harm·ed ['ʌn'hɑ:md‖-hɑrmd]⟨bn.⟩ **0.1** ***ongedeerd*** ⇒*onbeschadigd.*

un·har·ness ['ʌn'hɑ:nɪs‖-'hɑr-]⟨ov.ww.⟩ **0.1** ***uitspannen*** ⟨paard⟩ **0.2** ⟨vero.⟩ ***v.h. harnas ontdoen.***

un·health·y ['ʌn'helθi]⟨f2⟩⟨bn.; -er; -ly; -ness; →bijw. 3⟩ **0.1** ***ongezond*** ⟨ook fig.⟩ ⇒*ziekelijk, zwak* **0.2** ⟨inf.⟩ ***link*** ⇒*ongezond, gevaarlijk, onveilig.*

un·heard ['ʌn'hɜ:d‖'ʌn'hɜrd]⟨f2⟩⟨bn.⟩ **0.1** ***niet gehoord*** ⇒*ongehoord, onverhoord* **0.2** ⟨vero.⟩ ***ongekend*** ⇒*ongehoord, onbekend* ◆ **3.1** his advice went ~ *naar zijn advies werd niet geluisterd* **6.1** ~ **of** *onbekend.*

un·heard-of [ʌn'hɜ:dɒv‖-'hɜrdɑv, -ʌv]⟨f1⟩⟨bn.; -ness⟩ **0.1** ***ongekend*** ⇒*buitengewoon, ongehoord, onbekend.*

un·heed·ed ['ʌn'hi:dɪd]⟨f1⟩⟨bn.⟩ **0.1** ***genegeerd*** ⇒*in de wind geslagen.*

un·heed·ful ['ʌn'hi:dfl]⟨bn.⟩ **0.1** ***achteloos*** ⇒*onoplettend.*

un·heed·ing ['ʌn'hi:dɪŋ]⟨bn.⟩ **0.1** ***onoplettend*** ⇒*achteloos, zorgeloos* **0.2** ***afwezig*** ⇒*zonder op te letten / het te merken* ◆ **6.1** ~ **of** *zich niet bekommerend om, niet lettend op.*

un·helm ['ʌn'helm]⟨ov.ww.⟩⟨vero.⟩ **0.1** ***v.d. helm ontdoen.***

un·help·ful ['ʌn'helpfl]⟨f1⟩⟨bn.⟩ **0.1** ***niet behulpzaam*** ⇒*niet hulpvaardig* **0.2** ***nutteloos*** ◆ **1.2** ~ manual *handleiding waar men niets aan heeft.*

un·hes·i·tat·ing ['ʌn'hezɪteɪṭɪŋ]⟨f1⟩⟨bn.; -ly⟩ **0.1** ***prompt*** ⇒*zonder te aarzelen* **0.2** ***vastberaden*** ⇒*standvastig, onwrikbaar.*

un·hewn ['ʌn'hju:n]⟨bn.⟩ **0.1** ***ruw*** ⇒*ongepolijst, ongehouwen* ⟨steen⟩; *onbehouwen* ⟨ook fig.⟩.

un·hinge ['ʌn'hɪndʒ]⟨ov.ww.⟩ **0.1** ***uit de scharnieren tillen*** ⇒*uit de hengsels lichten* ⟨deur⟩ **0.2** ⟨inf.⟩ ***uit zijn evenwicht brengen*** ⇒*verwarren* ◆ **1.2** his mind is ~d *hij is v.d. kaart / de kluts kwijt.*

un·hitch ['ʌn'hɪtʃ]⟨ov.ww.⟩ **0.1** ***loshaken*** ⇒*losmaken.*

un·ho·ly ['ʌn'hoʊli]⟨bn.; -er; -ly; -ness; →bijw. 3⟩ **0.1** ***onheilig*** ⇒*goddeloos, slecht, verdorven* **0.2** ⟨inf.⟩ ***verschrikkelijk*** ⇒*schandelijk, gruwelijk* ◆ **1.2** ~ glee *(gemeen / duivels) leedvermaak;* ⟨inf.⟩ at an ~ hour *op een onchristelijk tijdstip;* ~ noise *heidens lawaai, goddeloos leven.*

un·hon·oured ['ʌn'ɒnəd‖-'ɑnərd]⟨bn.⟩ **0.1** ***ongeëerd.***

un·hook ['ʌn'hʊk]⟨ov.ww.⟩ **0.1** ***loshaken*** ⇒*afhaken, losmaken.*

un·hoped-for ['ʌn'hoʊp(t)fɔ:‖-fɔr], ⟨vero.⟩ **un·hoped** ['ʌn'hoʊpt]⟨bn.⟩ **0.1** ***ongehoopt*** ⇒*onverwacht, onverhoopt.*

un·hope·ful ['ʌn'hoʊpfl]⟨bn.⟩ **0.1** ***niet hoopvol*** ⇒*hopeloos, moedeloos.*

un·horse ['ʌn'hɔ:s‖-'hɔrs]⟨ov.ww.⟩ **0.1** ***v.h. paard werpen*** ⇒*uit het zadel lichten; ten val brengen, omverwerpen* ⟨ook fig.⟩ **0.2** ⟨zelden⟩ ***uitspannen*** ⟨paard⟩.

un·house ['ʌn'haʊz]⟨ov.ww.⟩ **0.1** ***uit zijn huis zetten*** ⇒*dakloos maken* ◆ **1.1** ~d refugees *dakloze vluchtelingen.*

un·hou·seled ['ʌn'haʊzld]⟨bn.⟩⟨vero.⟩ **0.1** ***onbediend*** ⇒*zonder het Heilige Sacrament (ontvangen te hebben).*

un·hu·man ['ʌn'hju:mən‖-'(h)ju:-]⟨f1⟩⟨bn.⟩ **0.1** ***onmenselijk*** ⇒*barbaars* **0.2** ***bovenmenselijk*** **0.3** ***niet-menselijk.***

un·hur·ried ['ʌn'hʌrid‖'ʌn'hɜrid]⟨f1⟩⟨bn.; -ly⟩ **0.1** ***niet gehaast*** ⇒*niet overijld, rustig.*

un·husk ['ʌn'hʌsk]⟨ov.ww.⟩ **0.1** ***pellen*** ⇒*doppen* **0.2** ***ontbloten*** ⇒*ontdoen.*

u·ni- ['ju:ni] **0.1** ***één-*** ⇒*uni-, enkel-* ◆ **¶.1** unipolar *éénpolig.*

U·ni·at[1] ['ju:niæt], **U·ni·ate** [-nɪət, -nieɪt]⟨telb.zn.⟩⟨kerk.⟩ **0.1** ***lid v.e. geünieerde kerk*** ⟨oosterse kerk die suprematie v.d. paus erkent⟩.

Uniat[2], **Uniate** ⟨bn.⟩⟨kerk.⟩ **0.1** ***geünieerd.***

u·ni·ax·i·al ['ju:ni'æksɪəl]⟨bn.⟩ **0.1** ***éénassig.***

u·ni·cam·er·al ['ju:nɪ'kæmrəl]⟨bn.⟩⟨pol.⟩ **0.1** ***met één (wetgevende) kamer.***

UNICEF ['ju:nɪsef]⟨eig.n.; afk.⟩ United Nations International Children's Emergency Fund **0.1** ***Unicef.***

u·ni·cel·lu·lar [-'seljʊlə‖-'seljələr]⟨bn.⟩ **0.1** ***eencellig.***

u·ni·col·our, ⟨AE sp.⟩ **u·ni·col·or** [-'kʌlə‖-ər], **u·ni·col·oured,** ⟨AE sp.⟩ **u·ni·col·ored** [-'kʌləd‖-'kʌlərd]⟨bn.⟩ **0.1** ***eenkleurig*** ⇒*monochroom.*

u·ni·corn [-kɔ:n‖-kɔrn]⟨f1⟩⟨telb.zn.⟩ **0.1** ***eenhoorn*** ⟨ook heraldiek⟩ **0.2** ⟨U-⟩⟨ster.⟩ ***Eenhoorn*** ⇒*monoceros* **0.3** ***eenhoornvis*** ⇒*narwal* **0.4** ***soort driespan.***

'unicorn fish, 'unicorn whale ⟨telb.zn.⟩ **0.1** ***eenhoornvis*** ⇒*narwal.*

'unicorn moth ⟨telb.zn.⟩⟨dierk.⟩ **0.1** ***windepijlstaart*** ⟨Herse Convolvuli⟩.

u·ni·cy·cle [-saɪkl]⟨telb.zn.⟩ **0.1** ***éénwieler.***

un·i·den·ti·fi·ed ['ʌnaɪ'dentɪfaɪd]⟨f1⟩⟨bn.⟩ **0.1** ***niet geïdentificeerd*** ◆ **1.1** ~ flying object *onbekend vliegend voorwerp, vliegende schotel, UFO.*

u·ni·di·men·sion·al ['ju:nɪdaɪ'menʃnəl, -dɪ-]⟨bn.⟩ **0.1** ***eendimensionaal.***

u·ni·di·rec·tion·al [-dɪ'rekʃnəl, -daɪ-]⟨bn.⟩ **0.1** ***in één richting*** ⇒*eenrichtings-, eenzijdig.*

UNIDO [ju:'nidoʊ]⟨afk.⟩ United Nations Industrial Development Organization **0.1** ***UNIDO.***

u·ni·fic [ju:'nɪfɪk]⟨bn.⟩ **0.1** ***eenmakend*** ⇒*unificerend.*

u·ni·fi·ca·tion ['ju:nɪfɪ'keɪʃn]⟨f1⟩⟨n.-telb.zn.⟩ **0.1** ***unificatie*** ⇒*eenmaking, het éénmaken, het gelijkvormig maken.*

u·ni·flo·rous ['ju:nɪ'flɔ:rəs]⟨bn.⟩⟨plantk.⟩ **0.1** ***éénbloemig.***

u·ni·form[1] ['ju:nɪfɔ:m‖-fɔrm]⟨f3⟩⟨telb. en n.-telb.zn.⟩ **0.1** ***uniform*** ⇒*dienstkleding* ◆ **1.1** the ~ of a postman *de dienstkleding v.e. postbode* **6.1** be **in** ~ *in uniform zijn, geüniformeerd gaan, in het leger / de marine / bij de strijdkrachten dienen.*

uniform[2] ⟨f2⟩⟨bn.; -ly; -ness⟩ **0.1** ***uniform*** ⇒*(gelijk)vormig, eenvormig, eensluidend* **0.2** ***gelijkmatig*** ⇒*onveranderlijk, eenparig* ⟨bv. v. temperatuur⟩.

uniform[3] ⟨f1⟩⟨ov.ww.⟩ →uniformed **0.1** ***uniformeren*** ⇒*gelijk(vormig) maken, eensluidend maken* **0.2** ***v.e. uniform voorzien*** ⇒*in uniform kleden / steken.*

u·ni·formed ['ju:nɪfɔ:md‖-fɔrmd]⟨f1⟩⟨bn.; volt. deelw. v. uniform⟩ **0.1** ***geüniformeerd*** ⇒*in uniform.*

u·ni·for·mi·tar·i·an[1] ['ju:nɪfɔ:mɪ'teəriən‖-fɔrmɪ'teriən]⟨telb.zn.⟩ ⟨geol.⟩ **0.1** ***aanhanger v.h. uniformitarianisme.***

uniformitarian[2] ⟨bn.⟩⟨geol.⟩ **0.1** ***uniformitarianistisch.***

u·ni·form·i·tar·i·an·ism ['ju:nɪfɔ:mɪ'teəriənɪzm‖-fɔrmɪ'ter-]⟨n.-telb.zn.⟩⟨geol.⟩ **0.1** ***uniformitarianisme.***

u·ni·for·mi·ty ['ju:nɪ'fɔ:məti‖-'fɔrməṭi]⟨f2⟩⟨n.-telb.zn.⟩ **0.1** ***uniformiteit*** ⇒*gelijk(vormig)heid, eenvormigheid, eensluidendheid* **0.2** ***gelijkmatigheid*** ⇒*onveranderlijkheid, eenparigheid.*

u·ni·form·ize, -ise ['ju:nɪfɔ:maɪz‖-fɔr-]⟨ov.ww.⟩ **0.1** ***uniformeren*** ⇒*gelijk(vormig)/eensluidend maken.*

u·ni·fy ['ju:nɪfaɪ]⟨f2⟩⟨ww.;→ww. 7⟩

I ⟨onov.ww.⟩ **0.1** ***zich verenigen;***

II ⟨ov.ww.⟩ **0.1** ***verenigen*** ⇒*tot één maken, samenbundelen, gelijkschakelen.*

u·ni·lat·er·al ['ju:nɪ'lætrəl‖-'læṭərəl]⟨f1⟩⟨bn.;-ly⟩ **0.1** ***eenzijdig*** ⇒*unilateraal, v. één kant* ◆ **1.1** ⟨jur.⟩ a ~ contract ⟨ong.⟩ *een eenzijdige overeenkomst;* ~ disarmament *eenzijdige ontwapening.*

u·ni·lin·gual [-'lɪŋgwəl]⟨bn.⟩ **0.1** ***eentalig.***

u·ni·lit·er·al [-'lɪtrəl‖-'lɪṭərəl]⟨bn.⟩ **0.1** ***uit één letter bestaand.***

u·ni·loc·u·lar [-'lɒkjʊlə‖-'lɑkjələr]⟨bn.⟩⟨plantk.⟩ **0.1** ***eenhokkig.***

un·im·ag·i·na·ble ['ʌnɪ'mædʒɪnəbl]⟨bn.⟩ **0.1** ***onvoorstelbaar*** ⇒*ondenkbaar, onbegrijpelijk.*

un·im·ag·i·na·tive ['ʌnɪ'mædʒɪnətɪv‖-neɪṭɪv]⟨bn.⟩ **0.1** ***fantasieloos*** ⇒*zonder verbeeldingskracht, zonder fantasie, nuchter.*

un·im·ag·ined ['ʌnɪ'mædʒɪnd]⟨bn.⟩ **0.1** ***ongedacht*** ⇒*niet voor te stellen, onbegrijpelijk.*

un·im·paired ['ʌnɪm'peəd‖-'perd]⟨f1⟩⟨bn.⟩ **0.1** ***ongeschonden*** ⇒*ongekrenkt, onverzwakt.*

un·im·pas·sioned ['ʌnɪm'pæʃnd]⟨bn.⟩ **0.1** ***nuchter*** ⇒*koel, onhartstochtelijk.*

un·im·peach·a·ble ['ʌnɪm'pi:tʃəbl]⟨bn.;-ly;→bijw. 3⟩ **0.1** ***onbetwistbaar*** ⇒*ontwijfelbaar, onweerlegbaar, onwraakbaar* **0.2** ***onberispelijk.***

un·im·por·tant ['ʌnɪm'pɔ:tnt‖-'pɔrtnt]⟨f2⟩⟨bn.;-ly⟩ **0.1** ***onbelangrijk.***

un·im·pressed ['ʌnɪm'prest]⟨f1⟩⟨bn.⟩ **0.1** ***niet onder de indruk.***

un·im·proved ['ʌnɪm'pru:vd]⟨bn.⟩ **0.1** ***onverbeterd*** **0.2** ***ongebruikt*** ⇒*onbenut* **0.3** ***onbebouwd*** ⟨v. land⟩.

un·in·cor·po·rat·ed ['ʌnɪn'kɔ:pəreɪtɪd‖-'kɔ:rpəreɪṭɪd]⟨bn.⟩ **0.1** ***zonder rechtspersoonlijkheid.***

un·in·formed ['ʌnɪn'fɔ:md‖-'fɔrmd]⟨bn.⟩ **0.1** ***niet/slecht ingelicht*** ⇒*onwetend, niet op de hoogte.*

un·in·hab·i·ta·ble ['ʌnɪn'hæbɪṭəbl]⟨bn.⟩ **0.1** ***onbewoonbaar.***

un·in·hib·i·ted ['ʌnɪn'hɪbɪṭɪd]⟨f2⟩⟨bn.;-ly⟩ **0.1** ***ongeremd*** ⇒*open, vrijuit.*

un·in·i·ti·a·ted ['ʌnɪ'nɪʃieɪṭɪd]⟨f1⟩⟨bn.⟩ **0.1** ***oningewijd*** **0.2** ***niet begonnen*** ⇒*onbegonnen.*

un·in·spired ['ʌnɪn'spaɪəd‖-spaɪərd]⟨bn.⟩ **0.1** ***ongeïnspireerd*** ⇒*saai, niet opwindend.*

un·in·spir·ing ['ʌnɪn'spaɪərɪŋ]⟨bn.;-ly⟩ **0.1** ***niet inspirerend*** ⇒*niet opwekkend, saai.*

un·in·struct·ed ['ʌnɪn'strʌktɪd]⟨bn.⟩ **0.1** ***onwetend.***

un·in·tel·li·gent ['ʌnɪn'telɪdʒənt]⟨bn.;-ly⟩ **0.1** ***dom*** ⇒*niet intelligent* **0.2** ***onwetend.***

un·in·tel·li·gi·ble ['ʌnɪn'telɪdʒəbl]⟨bn.;-ly;-ness;→bijw. 3⟩ **0.1** ***onbegrijpelijk*** ⇒*niet te bevatten, niet te volgen, onverstaanbaar.*

un·in·ten·tion·al ['ʌnɪn'tenʃnəl]⟨f1⟩⟨bn.;-ly⟩ **0.1** ***onbedoeld*** ⇒*ongewild, per ongeluk.*

un·in·ter·est·ed ['ʌn'ɪntrɪstɪd‖-'ɪnṭərestɪd]⟨f1⟩⟨bn.;-ly;-ness⟩ **0.1** ***ongeïnteresseerd*** ⇒*onverschillig* **0.2** ***zonder belangen*** ⇒*niet belanghebbend.*

un·in·ter·est·ing ['ʌn'ɪntrɪstɪŋ‖-'ɪnṭərestɪŋ]⟨f1⟩⟨bn.;-ly;-ness⟩ **0.1** ***oninteressant*** ⇒*niet boeiend.*

un·in·ter·rupt·ed ['ʌnɪnṭə'rʌptɪd]⟨f1⟩⟨bn.⟩ **0.1** ***ononderbroken*** ⇒*doorlopend, onafgebroken.*

u·ni·nu·cle·ate ['ju:nɪ'nju:kliət‖-'nu:-]⟨bn.⟩ **0.1** ***eenkernig.***

un·in·vent·ive ['ʌnɪn'venṭɪv]⟨bn.;-ly⟩ **0.1** ***fantasieloos*** ⇒*niet oorspronkelijk, ongeïnspireerd.*

un·in·vit·ed ['ʌnɪn'vaɪṭɪd]⟨f1⟩⟨bn.;-ly⟩ **0.1** ***ongenood*** ⇒*ongewenst.*

un·in·vit·ing ['ʌnɪn'vaɪṭɪŋ]⟨bn.;-ly⟩ **0.1** ***onaantrekkelijk*** ⇒*niet uitnodigend/aanlokkelijk, afstotelijk.*

u·ni·o ['ju:nioʊ]⟨telb.zn.⟩⟨dierk.⟩ **0.1** ***stroommossel*** ⟨genus Unio⟩.

un·ion ['ju:nɪən]⟨f3⟩⟨zn.⟩

I ⟨telb.zn.⟩ **0.1** ⟨vaak U-⟩ ***verbond*** ⇒*unie* **0.2** ***huwelijk*** ⇒*verbintenis* **0.3** ***uniesymbool*** ⟨deel v. vlag⟩ **0.4** ⟨BE; gesch.⟩ ***bestuurlijke eenheid v.e. aantal parochies*** ⟨t.b.v. armenzorg⟩ **0.5** ⟨BE; gesch.⟩ ***arm(en)huis*** **0.6** ⟨BE; relig.⟩ ***samenwerkingsverband v. kerken*** **0.7** ⟨tech.⟩ ***verbindingsstuk*** ⇒*koppelstuk* **0.8** ⟨textiel⟩ ***mengvezel*** **0.9** ⟨wisk.⟩ ***vereniging*** ⟨v. twee of meer verzamelingen⟩ ◆ **5.3** ~ **down** *met het uniesymbool naar beneden* ⟨als teken van rouw⟩; ⟨ong.⟩ *halfstok* **7.1** the Union *de Unie v. Engeland en Schotland (in 1603 of 1707); de Unie v. Groot-Brittannië en Ierland (in 1801); de Verenigde Staten; de Unie v. Zuid-Afrika; het Verenigd Koninkrijk; de Sovjetunie;*

II ⟨n.-telb.zn.⟩ **0.1** ***harmonie*** ⇒*eendracht, verbond* **0.2** ***het verenigen*** ⇒*verbinding* **0.3** ***het aan elkaar verbinden*** ⇒*koppeling, verbinding;* ⟨i.h.b. med.⟩ *het aaneengroeien, het helen* **0.4** ⟨vero.⟩ ***geslachtsgemeenschap*** ◆ **1.3** ⟨med.⟩ ~ by first intention *heling zonder granulatie;* ~ by second intention *heling met granulatie* **6.1** live **in** perfect ~ *in volmaakte harmonie leven;*

III ⟨verz.n.⟩ **0.1** ***(vak)bond*** ⇒*vakvereniging/centrale* **0.2** ⟨ook U-⟩ ***studentenvereniging/sociëteit*** ⟨ook gebouw⟩ ◆ **3.2** join the Union *lid worden v.d. sociëteit.*

'union baron ⟨telb.zn.⟩ **0.1** ***vakbondsleider/bonze.***

'union branch ⟨telb.zn.⟩ **0.1** ***vakbondsafdeling.***

'union card ⟨telb.zn.⟩ **0.1** ***lidmaatschapskaart v. vakbond.***

'union 'catalogue ⟨telb.zn.⟩ **0.1** ***centrale catalogus*** ⟨v. bibliotheken⟩.

un·ion·ism ['ju:nɪənɪzm]⟨n.-telb.zn.⟩ **0.1** ⟨ook U-⟩ ***unionisme*** ⇒*het streven naar een unie, unionistische principes;* ⟨i.h.b.⟩⟨BE⟩ *het streven naar de vereniging v. Groot-Brittannië en Ierland;* ⟨AE⟩ *steun aan de federale regering* ⟨i.h.b. tijdens Am. burgeroorlog⟩ **0.2** ***vakbondssysteem/wezen*** ⇒*vakbeweging.*

un·ion·ist ['ju:nɪənɪst]⟨f2⟩⟨telb.zn.⟩ **0.1** ***vakbondslid*** **0.2** ***aanhanger/voorstander v.d. vakbeweging*** **0.3** ⟨ook U-⟩ ***unionist*** ⇒⟨i.h.b.⟩ ⟨BE⟩ *voorstander v. vereniging v. Groot-Brittannië en (Noord-) Ierland;* ⟨AE⟩ *aanhanger v.d. federale regering* ⟨tijdens Am. burgeroorlog⟩ **0.4** ⟨kerk.⟩ ***unionist*** ⇒*voorstander v.e. unie v. kerken.*

un·ion·is·tic ['ju:nɪə'nɪstɪk]⟨bn.⟩ **0.1** ***unionistisch*** ⇒*naar een unie strevend.*

un·ion·ize, -ise ['ju:nɪənaɪz]⟨ww.⟩

I ⟨onov.ww.⟩ **0.1** ***een vakbond organiseren/vormen*** **0.2** ***lid worden v.e. vakbond;***

II ⟨ov.ww.⟩ **0.1** ***tot een vakbond maken*** **0.2** ***(tot) vakbondslid maken*** **0.3** ***onderwerpen aan vakbondsregels.***

'union 'jack, ⟨in bet. 0.1 ook⟩ **'Union 'flag** ⟨f1⟩⟨telb.zn.⟩ **0.1** ⟨U-J-⟩ ***Union Jack*** ⇒*Britse vlag, vlag v.h. Verenigd Koninkrijk* **0.2** ⟨AE⟩ ***unievlag.***

'union leader ⟨f1⟩⟨telb.zn.⟩ **0.1** ***vakbondsleider.***

'union shop ⟨telb.zn.⟩⟨AE⟩ **0.1** ***vakbondsbedrijf*** ⇒*bedrijf dat zijn werknemers verplicht lid te worden v.d. vakbond.*

'union station ⟨telb.zn.⟩⟨AE⟩ **0.1** ***door een aantal maatschappijen gebruikt station.***

'union suit ⟨telb.zn.⟩⟨AE⟩ **0.1** ***hemdbroek*** ⇒*combinaison, combination.*

'union 'workhouse ⟨telb.zn.⟩⟨BE; gesch.⟩ **0.1** ***arm(en)huis.***

u·nip·a·rous [ju:'nɪpərəs]⟨bn.⟩ **0.1** ***maar één jong barend*** ⟨in één worp⟩.

u·ni·par·tite ['ju:nɪ'pɑ:taɪt‖-'pɑr-]⟨bn.⟩ **0.1** ***ondeelbaar*** **0.2** ***ongedeeld*** ⇒*niet verdeeld.*

u·ni·ped [-ped]⟨bn.⟩ **0.1** ***eenvoetig*** ⇒*met één voet/poot.*

u·ni·per·son·al [-'pɜ:snəl‖-'pɜrs-]⟨bn.⟩ **0.1** ***maar één persoon omvattend*** ⟨v. godheid⟩ **0.2** ⟨taalk.⟩ ***onpersoonlijk*** ⟨v. ww; bv. regenen⟩.

u·ni·pla·nar [-'pleɪnə‖-ər]⟨bn.⟩ **0.1** ***in één vlak liggend.***

u·ni·pod ['ju:nɪpɒd‖-pɑd]⟨telb.zn.⟩ **0.1** ***eenbenig statief.***

u·ni·po·lar [-'poʊlə‖-ər]⟨bn.⟩ **0.1** ***eenpolig*** ⇒*unipolair.*

u·nique[1] [ju:'ni:k]⟨telb.zn.⟩ **0.1** ***unicum*** ⇒*uniek exemplaar.*

unique[2] ⟨f3⟩⟨bn.;-ly;-ness⟩ **0.1** ***uniek*** ⇒*enig in zijn soort; ongeëvenaard;* ⟨inf.⟩ *opmerkelijk, bijzonder, apart, uitzonderlijk.*

u·ni·sex[1] ['ju:nɪseks]⟨f1⟩⟨n.-telb.zn.⟩ **0.1** ***unisex*** ⟨bv. kleding⟩.

unisex[2] ⟨f1⟩⟨bn.⟩ **0.1** ***unisex-*** **0.2** ***onzijdig*** ⇒*geslachtloos, ongeslachtelijk.*

u·ni·sex·u·al ['ju:nɪ'sekʃʊəl]⟨bn.⟩⟨biol.⟩ **0.1** ***eenslachtig.***

u·ni·son ['ju:nɪsn, -zn]⟨f2⟩⟨n.-telb.zn.⟩ **0.1** ⟨muz.⟩ ***unisono*** **0.2** ***koor*** ⇒*gelijktijdigheid, het tegelijk spreken* **0.3** ***harmonie*** ⇒*overeenstemming* ◆ **6.1** play **in** ~ *unisono spelen* **6.2** speak **in** ~ *in koor spreken* **6.3** work **in** ~ *eendrachtig samenwerken.*

u·nis·o·nous [ju:'nɪsənəs], **u·nis·o·nal** [-nəl], **u·nis·o·nant** [-nənt] ⟨bn.⟩ **0.1** ⟨muz.⟩ ***gelijkluidend*** ⇒*één v. klank* **0.2** ***eenstemmig*** ⇒*gelijkgestemd.*

u·nit ['ju:nɪt]⟨f3⟩⟨zn.⟩

I ⟨telb.zn.⟩ **0.1** ⟨ben. voor⟩ ***eenheid*** ⇒*(zelfstandig) onderdeel, afdeling, unit; meetgrootheid; grondeenheid, basis, kern, cel;* ⟨tech.⟩ *apparaat, toestel, module;* ⟨wisk.⟩ *(maat)eenheid, één eenheid* ⟨in een getallenstelsel⟩; ⟨med.⟩ *dosis* **0.2** ***combineerbaar onderdeel*** ⟨v. meubilair⟩ ⇒*unit, blok, aanbouwkast* **0.3** ⟨AE⟩ ***studie-uur*** ⇒*studiepunt, studieëenheid* **0.4** ⟨BE; geldw.⟩ ***aandeel in een beleggingsmaatschappij*** ⇒*depotbewijs* **0.5** ⟨Austr. E⟩ ***appartement*** ⇒*wooneenheid* ◆ **1.1** ~ of account *rekeneenheid;* ~ of

output/production *produktieëenheid;* ~ of time *tijdseenheid* **6.1 per** ~ area *per eenheid v. oppervlakte;* **per** ~ force *per eenheid v. kracht;* **per** ~ time *per eenheid v. tijd;*
II ⟨verz.n.⟩ **0.1** ***ploeg*** *⇒afdeling, unit.*

u·ni·tard ['ju:nɪ̩tɑ:d‖-tɑrd]⟨telb.zn.⟩ **0.1** ***tricot*** ⟨v. dansers⟩.

u·ni·tar·i·an[1] ['ju:nɪ'teərɪən‖-'ter-]⟨f1⟩⟨telb.zn.⟩ **0.1** ⟨U-⟩⟨relig.⟩ ***unitariër*** ⟨verwerpt Drieëenheid⟩ **0.2** ⟨relig.⟩ ***voorstander v. geloofsvrijheid*** **0.3** ⟨pol.⟩ ***unitariër*** *⇒voorstander van centralisatie, monist.*

unitarian[2] ⟨f1⟩⟨bn.⟩ **0.1** ⟨U-⟩⟨relig.⟩ ***unitariërs-*** *⇒unitaristisch* **0.2** ⟨pol.⟩ ***unitaristisch*** *⇒mbt. / v. / strevend naar centralisatie* ◆ **1.1** Unitarian church *Unitariërskerk.*

U·ni·tar·i·an·ism ['ju:nɪ'teərɪənɪzm‖-'ter-]⟨n.-telb.zn.⟩ **0.1** ⟨relig.⟩ ***unitarisme*** **0.2** ⟨ook u-⟩ ***gecentraliseerd bestuur / systeem.***

u·ni·tar·y ['ju:nɪ̩tri‖'ju:nɪ̩teri]⟨bn.⟩ **0.1** ***eenheids-*** *⇒een eenheid vormend, een geheel vormend* **0.2** ***eenheids-*** *⇒v.e. eenheid, uit eenheden bestaand* **0.3** ⟨pol.⟩ ***gecentraliseerd.***

'unit cost ⟨telb.zn.⟩⟨ec.⟩ **0.1** ***gemiddelde kostprijs.***

u·nite [ju:'naɪt]⟨f3⟩⟨ww.⟩ →united ⟨→sprw. 708⟩
I ⟨onov.ww.⟩ **0.1** ***zich verenigen*** *⇒samenwerken, zich samen aan iets wijden, samengaan, zich bij elkaar aansluiten, een geheel / unie vormen, fuseren* **0.2** ***zich verbinden*** *⇒zich vastzetten, aaneengroeien / kleven* **0.3** ***zich mengen*** ◆ **3.1** the children ~d to buy a real nice present *de kinderen deden samen om een echt mooi cadeau te kopen* **6.1** all medical books ~ **in** advising against ... *alle medische boeken raden ... af;* they ~d **in** fighting the oppressive hierarchy *te zamen bestreden zij de tirannieke hiërarchie;* our company has ~d **with** Dodgson's *ons bedrijf is met Dodgson samengegaan;*
II ⟨ov.ww.⟩ **0.1** ***verbinden*** *⇒vastzetten, aan elkaar vastmaken* **0.2** ***verenigen*** *⇒tot een geheel maken, samenbrengen, doen vermengen, doen versmelten* **0.3** ***in de echt verbinden*** *⇒trouwen.*

u·nit·ed [ju:'naɪt̬ɪd]⟨f2⟩⟨bn.; volt. deelw. v. unite; -ly⟩ **0.1** ⟨vaak U-⟩ ***verenigd*** **0.2** ***saamhorig*** *⇒hecht, harmonieus, eendrachtig* **0.3** ***gezamenlijk*** *⇒onverdeeld* ◆ **1.1** United Arab Emirates *Perzische golfstaten, Verenigde Arabische Emiraten;* United Kingdom *Verenigd Koninkrijk;* United Nations *Verenigde Naties; geallieerden* ⟨in 2e Wereldoorlog⟩; United Nations Emergency Force *Noodleger v.d. Verenigde Naties;* ⟨gesch.⟩ United Provinces *(Zeven) Verenigde Provinciën, de Republiek der Verenigde Nederlanden; Verenigde Provincies* ⟨India⟩; United States *Verenigde Staten* **1.3** with their ~ powers *met vereende krachten* **1.¶** United Brethren *Hernhutters, Moravische Broeders.*

'unit furniture ⟨n.-telb.zn.⟩ **0.1** ***combinatie / aanbouwmeubilair.***

'unit holder ⟨telb.zn.⟩⟨BE; geldw.⟩ **0.1** ***aandeelhouder in beleggingsmaatschappij.***

u·ni·tive ['ju:nət̬ɪv]⟨bn.⟩ **0.1** ***bindend*** *⇒samenbrengend, verenigend.*

'unit price ⟨telb.zn.⟩ **0.1** ***eenheidsprijs*** *⇒prijs per eenheid.*

'unit 'trust ⟨telb.zn.⟩⟨BE; geldw.⟩ **0.1** ***beleggingsfonds.***

u·ni·ty ['ju:nət̬i]⟨f2⟩⟨zn.; →mv. 2⟩
I ⟨telb.zn.⟩ **0.1** ***geheel*** *⇒eenheid, samenstel* **0.2** ***samenwerking*** *⇒samenvoeging, combinatie* **0.3** ⟨dram.⟩ ***eenheid*** ◆ **1.3** the (dramatic) unities, the unities of time, place and action *de drie eenheden, eenheid v. tijd, plaats en handeling;*
II ⟨n.-telb.zn.⟩ **0.1** ***het één zijn*** *⇒eenheid, samenhang* **0.2** ***harmonie*** *⇒overeenstemming, solidariteit* **0.3** ***continuïteit*** *⇒bestendigheid* **0.4** ⟨wisk.⟩ ***één*** *⇒eenheid* ◆ **6.2 at / in** ~ *eendrachtig, eensgezind.*

Univ, univ ⟨afk.⟩ Universalist, universal, university.

u·ni·va·lent ['ju:nɪ'veɪlənt]⟨bn.⟩⟨schei.⟩ **0.1** ***eenwaardig*** *⇒monovalent.*

u·ni·valve [-vælv]⟨bn.⟩⟨biol.⟩ **0.1** ***eenschalig*** ⟨v. schelp⟩ **0.2** ***eenkleppig*** ⟨v. doosvrucht⟩.

u·ni·ver·sal[1] ['ju:nɪ'vɜ:sl‖-'vɜrsl]⟨f1⟩⟨telb.zn.⟩ **0.1** ***algeme(e)n(e) begrip / principe / eigenschap*** **0.2** ⟨logica⟩ ***universele propositie*** **0.3** ⟨vaak mv.⟩⟨logica, fil., taalk.⟩ ***universale*** / ⟨mv.⟩ ***universalia.***

universal[2] ⟨f3⟩⟨bn.; -ness⟩ **0.1** ***universeel*** *⇒algemeen, overal geldend, over de hele wereld hetzelfde, wereldomvattend, wereld-* **0.2** ***universeel*** *⇒alzijdig, veelzijdig, voor alle mogelijke doeleinden / gevallen* **0.3** ***algeheel*** *⇒algemeen, totaal, alomvattend* **0.4** ***kosmisch*** *⇒v.h. heelal, v.d. kosmos* ◆ **1.1** Universal Declaration of Human Rights *universele verklaring v.d. rechten v.d. mens;* ~ language *wereldtaal;* ~ product code *universele produktencode, streepjescode;* ⟨logica⟩ ~ proposition *universele propositie;* ~ rule *algemeen geldende regel;* ~ time *universele tijd, wereldtijd* **1.2** ~ agent *algemeen agent, agent met volledig mandaat;* ~ decimal classification *universele decimale classificatie;* ~ compass *universeel kompas;* ⟨tech.⟩ ~ coupling / joint *kruiskoppeling;* ~ donor *donor met bloedgroep O;* ~ motor *universele motor;* ~ scientist *universeel geleerde* **1.3** ~ agreement *algemene instemming;* it was received with ~ enthousiasm *het werd met algemene geestdrift ontvangen;* ~ legatee *universeel erfgenaam;* ~ suffrage *algemeen kiesrecht.*

u·ni·ver·sal·ism ['ju:nɪ'vɜ:səlɪzm‖-'vɜr-]⟨n.-telb.zn.⟩ **0.1** ⟨ook U-⟩ ⟨theol.⟩ ***universalisme*** ⟨opvatting dat Gods genade universeel is⟩ **0.2** ***universalisme*** *⇒universaliteit, algemeenheid, alomvattendheid.*

u·ni·ver·sal·ist[1] ['ju:nɪ'vɜ:səlɪst‖-'vɜr-]⟨telb.zn.; ook U-⟩⟨theol.⟩ **0.1** ***universalist*** ⟨aanhanger v. universalisme⟩.

universalist[2], **u·ni·ver·sal·is·tic** ['ju:nɪvɜ:sə'lɪstɪk‖-vɜrsə-]⟨bn.⟩ **0.1** ⟨ook U-⟩⟨theol.⟩ ***universalistisch*** *⇒v. / mbt. het universalisme / de universalisten* **0.2** ***universeel.***

u·ni·ver·sal·i·ty ['ju:nɪvɜ:'sæləti‖-vɜr'sælət̬i]⟨f1⟩⟨telb. en n.-telb.zn.; →mv. 2⟩ **0.1** ***universaliteit*** *⇒algemeenheid, alzijdigheid, alomvattendheid.*

u·ni·ver·sal·ize, -ise ['ju:nɪ'vɜ:səlaɪz‖-'vɜr-]⟨ov.ww.⟩ **0.1** ***algemeen maken.***

u·ni·ver·sal·ly ['ju:nɪ'vɜ:səli‖-'vɜr-]⟨f2⟩⟨bw.⟩ **0.1** →universal **0.2** ***overal*** *⇒door iedereen, algemeen* ◆ **2.2** ~ present *alomtegenwoordig.*

u·ni·verse ['ju:nɪvɜ:s‖-vɜrs]⟨f3⟩⟨telb.zn.⟩ **0.1** ⟨vnl. the; ook U-⟩ ***heelal*** *⇒universum, kosmos* **0.2** ⟨vnl. the; ook U-⟩ ***wereld*** *⇒schepping, mensheid* **0.3** ***wereld*** *⇒gebied, sfeer, terrein* **0.4** ⟨stat.⟩ ***universum*** *⇒populatie* **0.5** ⟨logica⟩ ***verzameling*** *⇒domein.*

u·ni·ver·si·ty ['ju:nɪ'vɜ:səti‖-'vɜrsət̬i]⟨f3⟩⟨telb. en n.-telb.zn., verz.n.; →mv. 2⟩ **0.1** ***universiteit*** *⇒hogeschool* ◆ **6.1 be at** ~, **go to a** ~, ⟨alleen BE⟩ **go to** ~ *(aan de universiteit) studeren, student zijn.*

'university ex'tension ⟨telb. en n.-telb.zn.⟩ **0.1** ⟨ong.⟩ ***volksuniversiteit*** *⇒universitair(e) onderwijs / cursus voor niet-studenten.*

'u·ni·ver·si·ty-'trained ⟨bn.⟩ **0.1** ***academisch gevormd.***

u·niv·o·cal ['ju:nɪ'voʊkl]⟨bn.⟩ **0.1** ***maar één betekenis hebbend*** *⇒ondubbelzinnig, eenduidig.*

un·join ['ʌn'dʒɔɪn]⟨ov.ww.⟩ **0.1** ***losmaken*** *⇒scheiden.*

un·joint ['ʌn'dʒɔɪnt]⟨ov.ww.⟩ →unjointed **0.1** ***uit elkaar halen*** *⇒losmaken* **0.2** ***ontwrichten.***

un·joint·ed ['ʌn'dʒɔɪnt̬ɪd]⟨bn.; ook volt. deelw. v. unjoint⟩ **0.1** →unjoint **0.2** ***zonder gewrichten*** **0.3** ***onsamenhangend.***

un·just ['ʌn'dʒʌst]⟨f2⟩⟨bn.; -ly; -ness⟩ **0.1** ***onrechtvaardig*** *⇒onbillijk.*

un·jus·ti·fi·a·ble ['ʌndʒʌst̬ɪ'faɪəbl]⟨f1⟩⟨bn.; -ly; -ness; →bijw. 3⟩ **0.1** ***niet te verantwoorden*** *⇒onverdedigbaar.*

un·jus·ti·fied ['ʌn'dʒʌst̬ɪfaɪd]⟨f1⟩⟨bn.⟩ **0.1** ***ongerechtvaardigd*** *⇒onverantwoord, ongewettigd.*

un·kempt ['ʌn'kempt]⟨bn.⟩ **0.1** ***ongekamd*** *⇒warrig* **0.2** ***slonzig*** *⇒onverzorgd, verwaarloosd* **0.3** ⟨vero.⟩ ***ruw*** *⇒onbeschaafd.*

un·ken·nel ['ʌn'kenl]⟨ov.ww.; →ww. 7⟩ **0.1** ⟨jacht⟩ ***opjagen*** *⇒uit het hol drijven* **0.2** ***uit de kennel laten*** ⟨honden⟩ **0.3** ***aan het licht brengen*** *⇒onthullen, ontmaskeren.*

un·kind ['ʌn'kaɪnd]⟨f2⟩⟨bn.; -er; -ly; -ness⟩ **0.1** ***onaardig*** *⇒onvriendelijk, onsympathiek* **0.2** ***ruw*** *⇒grof, wreed.*

un·king ['ʌn'kɪŋ]⟨ov.ww.⟩ **0.1** ***onttronen*** **0.2** ***zijn koning ontnemen.***

un·king·ly ['ʌn'kɪŋli]⟨bn.⟩ **0.1** ***niet betamelijk voor een koning*** *⇒ongepast voor een koning, onkoninklijk.*

unk·jay ['ʌŋkdʒeɪ]⟨telb.zn.⟩⟨sl.⟩ **0.1** ***junkie.***

un·knight·ly ['ʌn'naɪtli]⟨bn.⟩ **0.1** ***niet ridderlijk.***

un·knit ['ʌn'nɪt]⟨ww.; →ww. 7; ook unknit, unknit⟩
I ⟨onov.ww.⟩ **0.1** ***rafelen*** *⇒kapotgaan, los gaan;*
II ⟨ov.ww.⟩ **0.1** ***uitrafelen*** *⇒uittrekken* ⟨breiwerk⟩ **0.2** ***gladstrijken.***

un·knot ['ʌn'nɒt‖'ʌn'nɑt]⟨ov.ww.; →ww. 7⟩ **0.1** ***losknopen*** *⇒losmaken.*

un·know ['ʌn'noʊ]⟨onov. en ov.ww.⟩ **0.1** ***niet weten*** *⇒zich niet bewust zijn (v.).*

un·know·a·ble ['ʌn'noʊəbl]⟨bn.⟩ **0.1** ***onkenbaar*** *⇒niet te bevatten, het (menselijk) begrip te boven gaand* ◆ **7.1** the Unknowable *het Onkenbare.*

un·know·ing ['ʌn'noʊɪŋ]⟨f1⟩⟨bn.; -ly⟩ **0.1** ***niet wetend*** *⇒onbewust* **0.2** ***onwetend*** *⇒onkundig, onontwikkeld* ◆ **6.1** ~ **of** *onkundig v., zich niet bewust v..*

un·known[1] ['ʌn'noʊn]⟨f2⟩⟨telb.zn.⟩ **0.1** ***onbekende*** ⟨ook wisk.⟩.

unknown[2] ⟨f3⟩⟨bn.⟩ **0.1** ***onbekend*** *⇒niet bekend, niet geweten, niet vastgesteld* **0.2** ***onbekend*** *⇒vreemd, niet vertrouwd* ◆ **1.1** ~ country *terra incognita; onbekend terrein* ⟨ook fig.⟩; ~ quantity *onbekende grootheid;* ⟨fig.⟩ *onzekere factor;* the Unknown Soldier / Warrior *de Onbekende Soldaat* **6.1** what they are up to is ~ **to** me *het is mij niet bekend wat ze van plan zijn.*

unknown[3] ⟨bw.⟩ **0.1** ***niet bekend*** *⇒ongeweten* ◆ **6.1** it all happened ~ **to** us *het is allemaal buiten ons medeweten gebeurd.*

un·la·belled, ⟨AE sp.⟩ **un·la·beled** ['ʌn'leɪbld]⟨bn.⟩ **0.1** ***zonder etiket / label.***

un·la·boured, ⟨AE sp.⟩ **un·la·bored** [ˈʌnˈleɪbəd‖-bərd]⟨bn.⟩ **0.1** ***moeiteloos*** ⇒*gemakkelijk* **0.2** ***onbewerkt*** ⇒*niet gecultiveerd* **0.3** ***natuurlijk*** ⇒*spontaan.*

un·lace [ˈʌnˈleɪs]⟨ov.ww.⟩ **0.1** ***losmaken*** ⇒*losstrikken, de veters losmaken v.* **0.2** ***de kleren losmaken v.*.**

un·lade [ˈʌnˈleɪd]⟨onov. en ov.ww.⟩⟨scheep.⟩ **0.1** ***lossen.***

un·lad·en [ˈʌnˈleɪdn]⟨bn.⟩ **0.1** ***ongeladen*** ◆ **1.1** ~ weight *leeggewicht.*

un·la·dy·like [ˈʌnˈleɪdilaɪk]⟨bn.⟩ **0.1** ***ongemanierd*** ⇒*onbetamelijk, niet netjes, niet gepast voor een dame.*

un·laid [ˈʌnˈleɪd]⟨bn.; ook volt. deelw. v. unlay⟩ **0.1** →unlay **0.2** ***niet vastgelegd*** ⇒*niet geplaatst* **0.3** ***niet bezworen*** ⇒*niet bedwongen* **0.4** ***ongedraaid*** ⟨v. touw⟩.

un·lash [ˈʌnˈlæʃ]⟨ov.ww.⟩ **0.1** ***losmaken*** ⇒*losgooien.*

un·latch [ˈʌnˈlætʃ]⟨ww.⟩

I ⟨onov.ww.⟩ **0.1** ***opengaan*** ⇒*losgaan/laten;*

II ⟨ov.ww.⟩ **0.1** ***openen*** ⇒*ontsluiten, ontgrendelen, v.h. slot doen.*

un·law·ful [ˈʌnˈlɔ:fl]⟨bn.; -ly; -ness⟩ **0.1** ***onwettig*** ⇒*illegaal, wederrechtelijk* **0.2** ***onwettig*** ⇒*buitenechtelijk* ⟨v. kind⟩.

un·lay [ˈʌnˈleɪ]⟨ov.ww.; unlaid, unlaid⟩⟨scheepv.⟩ →unlaid **0.1** ***uiteendraaien*** ⟨v. touw⟩.

un·lead·ed [ˈʌnˈledɪd]⟨bn.⟩ **0.1** ***loodvrij*** ⟨benzine⟩ **0.2** ***zonder lood*** ⇒*niet verzwaard* **0.3** ⟨druk.⟩ ***kompres gezet.***

un·learn [ˈʌnˈlɜ:n‖-ˈlɜrn]⟨ov.ww.; ook unlearnt, unlearnt⟩ →unlearned (unlearnt) **0.1** ***afleren*** ⇒*verleren.*

un·learn·ed[1] [ˈʌnˈlɜ:nɪd‖-ˈlɜr-]⟨bn.; -ly⟩ **0.1** ***onwetend*** ⇒*onontwikkeld, ongeletterd* **0.2** ***zonder opleiding*** ⇒*ongeschoold* **0.3** ***onbedreven*** ⇒*onervaren.*

un·learned[2] [ˈʌnˈlɜ:nd‖-ˈlɜrnd], **un·learnt** [-ˈlɜ:nt‖-ˈlɜrnt]⟨bn.; ook volt. deelw. v. unlearn⟩ **0.1** →unlearn **0.2** ***onaangeleerd*** ⇒*natuurlijk* **0.3** ***niet geleerd*** ⟨v. les⟩.

un·leash [ˈʌnˈli:ʃ]⟨f1⟩⟨ov.ww.⟩ **0.1** ***losmaken v.d. riem*** ⟨hond⟩ ⇒*loslaten, laten aanvallen;* ⟨ook fig.⟩ *ontketenen, de vrije loop laten* ◆ **6.1** ~ a dog **on** s.o. *een hond op iem. loslaten;* ~ an army **upon** a country *een leger op een land afsturen;* ~ one's rage **upon** s.o. *woedend uitvallen tegen iem., zijn woede op iem. koelen.*

un·leav·ened [ˈʌnˈlevnd]⟨bn.⟩ **0.1** ***ongedesemd*** ⇒*zonder zuurdesem* ◆ **6.1** ⟨fig.⟩ ~ **by** *niet vermengd met, ontbloot/verstoken v.*.

un·less[1] [ənˈles⟨sterk⟩ˈʌnˈles]⟨vz.⟩ **0.1** ***behalve*** ⇒*tenzij (misschien)* ◆ **1.1** no-one ~ her closest friends *niemand behalve haar intiemste vrienden.*

unless[2] ⟨f4⟩⟨ondersch.vw.⟩ **0.1** ⟨→voorwaarde⟩ ***tenzij*** ⇒*behalve, zonder dat* ◆ **¶.1** she won't be admitted ~ she passes *ze zal niet toegelaten worden tenzij ze slaagt;* not a week goes by ~ some unexpected visitor turns up *er gaat geen week voorbij zonder dat een onverwachte bezoeker opdaagt.*

un·let·tered [ˈʌnˈletəd‖-ˈleṭərd]⟨bn.⟩ **0.1** ***ongeletterd*** ⇒*onontwikkeld* **0.2** ***analfabeet*** **0.3** ***zonder letters*** ⇒*zonder opschrift.*

un·lev·el[1] [ˈʌnˈlevl]⟨bn.⟩ **0.1** ***ongelijkmatig*** ⇒*oneffen, hobbelig, niet vlak, scheef.*

unlevel[2] ⟨ov.ww.; →ww. 7⟩ **0.1** ***ongelijk(matig) maken.***

un·li·censed [ˈʌnˈlaɪsnst]⟨bn.⟩ **0.1** ***zonder vergunning*** **0.2** ***zonder goedkeuring*** ⇒*zonder toestemming, niet geoorloofd* **0.3** ***bandeloos*** ⇒*wetteloos, ongebreideld* **0.4** ⟨druk.⟩ ***vrij*** ⇒*geen vergunning vereisend.*

un·licked [ˈʌnˈlɪkt]⟨bn.⟩ **0.1** ***ongelikt*** ⇒*grof, ruw, onbehouwen* **0.2** ***niet (schoon) gelikt*** ⟨v. jong.⟩.

un·like[1] [ˈʌnˈlaɪk]⟨f1⟩⟨bn.; bw.⟩ **0.1** ***verschillend*** ⇒*niet gelijkend, niet op elkaar lijkend* **0.2** ***ongelijkwaardig*** **0.3** ⟨wisk.⟩ ***tegengesteld*** **0.4** ⟨vero.⟩ ***onwaarschijnlijk*** ◆ **1.1** the photograph is ~ *de foto lijkt niet* **1.3** ~ signs *tegengestelde tekens* ⟨+ en −⟩.

unlike[2] ⟨vz.⟩ **0.1** ***anders dan*** ⇒*in tegenstelling tot* **0.2** ***niet typisch voor*** ◆ **1.1** ~ most men *in tegenstelling tot de meeste mannen* **1.2** that's ~ John *dat is niets voor John, daar is John de man niet naar.*

un·like·li·hood [ˈʌnˈlaɪklihʊd]⟨telb. en n.-telb.zn.⟩ **0.1** ***onwaarschijnlijkheid.***

un·like·ly [ˈʌnˈlaɪkli]⟨f3⟩⟨bn.; ook -er; -ness; →bijw. 3⟩⟨→sprw. 561⟩ **0.1** ***onwaarschijnlijk*** **0.2** ***weinig belovend*** ⇒*met weinig kans v. slagen, niet hoopgevend, uitzichtloos* ◆ **1.1** you'll find them in the most ~ places *je vindt ze op de gekste plaatsen* **3.2** he is ~ to succeed *hij heeft weinig kans v. slagen.*

un·lim·ber [ˈʌnˈlɪmbə‖-ər]⟨ww.⟩

I ⟨onov.ww.⟩ **0.1** ⟨mil.⟩ ***het geschut afleggen*** **0.2** ***zich gereedmaken*** ⇒*de voorbereidende werkzaamheden verrichten;*

II ⟨ov.ww.⟩ **0.1** ⟨mil.⟩ ***afleggen*** ⟨geschut/affuit⟩ **0.2** ***gereedmaken/klaar leggen (voor gebruik).***

un·lim·it·ed [ˈʌnˈlɪmɪṭɪd]⟨f2⟩⟨bn.; -ly; -ness⟩ **0.1** ***onbeperkt*** ⇒*onbegrensd, ongelimiteerd.*

un·line [ˈʌnˈlaɪn]⟨ov.ww.⟩ →unlined **0.1** ***de voering halen uit.***

un·lined [ˈʌnˈlaɪnd]⟨bn.; ook volt. deelw. v. unline⟩ **0.1** →unline **0.2** ***ongevoerd*** **0.3** ***zonder rimpels*** ⇒*zonder lijnen.*

un·link [ˈʌnˈlɪŋk]⟨ov.ww.⟩ **0.1** ***losmaken*** ⇒*loskoppelen.*

un·list·ed [ˈʌnˈlɪstɪd]⟨f1⟩⟨bn.⟩ **0.1** ***niet geregistreerd*** ⇒*niet in de lijsten opgenomen* **0.2** ⟨geldw.⟩ ***incourant*** ⇒*niet officieel* ⟨fonds⟩ ◆ **1.1** ~ number *geheim telefoonnummer.*

un·live [ˈʌnˈlɪv]⟨ov.ww.⟩ **0.1** ***ongedaan maken*** ◆ **1.1** history cannot be ~d *gedane zaken nemen geen keer.*

un·load [ˈʌnˈloʊd]⟨f3⟩⟨ww.⟩

I ⟨onov. en ov.ww.⟩ **0.1** ***lossen*** ⇒*uitladen;*

II ⟨ov.ww.⟩ **0.1** ***leegmaken*** **0.2** ***wegdoen*** ⇒*zich ontdoen v., dumpen, lozen, kwijtraken* **0.3** ***ontladen*** ⟨vuurwapen; ook fig.⟩ ⇒*afreageren, lucht geven aan, spuien, koelen* **0.4** ***de film halen uit*** ⟨camera⟩ **0.5** ⟨geldw.⟩ ***spuien*** ⟨effecten⟩ ◆ **6.2** she is always ~ing responsibilities **onto** him *ze schuift altijd alle verantwoordelijkheid op hem af* **6.5** ~ shares **onto** s.o. *(grote hoeveelheden) aandelen aan iem. overdoen.*

un·lock [ˈʌnˈlɒk‖ˈʌnˈlɑk]⟨f2⟩⟨ww.⟩

I ⟨onov.ww.⟩ **0.1** ***opengaan*** **0.2** ***losgaan*** ⇒*losraken;*

II ⟨ov.ww.⟩ **0.1** ***openmaken*** ⇒*opendoen, v.h. slot doen;* ⟨ook fig.⟩ *openen, ontsluiten, tonen, ontsluieren, decoderen* **0.2** ***losmaken*** ⇒*bevrijden* ⟨ook fig.⟩; *de vrije loop laten* ◆ **1.1** ~ one's heart *zijn hart uitstorten;* ~ a mystery *een raadsel ontsluieren;* ~ the truth *de waarheid onthullen* **1.2** ~ emotions *emoties losmaken;* the wine has ~ed his tongue *de wijn heeft zijn tong losgemaakt.*

un·looked-for [ˈʌnˈlʊkt fɔ:‖-fɔr]⟨bn.⟩ **0.1** ***onverwacht*** ⇒*onvoorzien, verrassend.*

un·loose [ˈʌnˈlu:s], **un·loos·en** [ˈʌnˈlu:sn]⟨ov.ww.⟩ **0.1** ***losmaken*** ⇒*losknopen, loslaten, bevrijden, vrijlaten* ⟨ook fig.⟩ **0.2** ***ontspannen*** ⇒*losser maken, minder strak maken* ◆ **1.1** old memories were unloose(ne)d *oude herinneringen kwamen boven* **1.2** she unloosened her grip round my wrist *haar hand om mijn pols ontspande zich.*

un·love·ly [ˈʌnˈlʌvli]⟨bn.; -er; -ness; →bijw. 3⟩ **0.1** ***lelijk*** ⇒*onaantrekkelijk* **0.2** ***akelig*** ⇒*afstotelijk.*

un·luck·y [ˈʌnˈlʌki]⟨f2⟩⟨bn.; -er; -ly; -ness; →bijw. 3⟩⟨→sprw. 426⟩ **0.1** ***ongelukkig*** ⇒*onfortuinlijk, vruchteloos, zonder succes; miserabel; betreurenswaardig, onverstandig* ◆ **1.1** ~ fellow *pechvogel* **3.1** be ~ *pech hebben.*

un·made [ˈʌnˈmeɪd]⟨bn.⟩ **0.1** ***onopgemaakt*** ⟨v. bed⟩.

un·make [ˈʌnˈmeɪk]⟨ov.ww.⟩ **0.1** ***vernietigen*** ⇒*kapotmaken, ruïneren* **0.2** ***ongedaan maken*** ⇒*herroepen, teniet doen, annuleren* **0.3** ***afzetten*** ⇒*uit zijn functie ontheffen* **0.4** ***veranderen*** ⇒*v. bep. kenmerken ontdoen/beroven* ◆ **1.4** ~ one's mind *v. gedachten veranderen.*

un·man [ˈʌnˈmæn]⟨ov.ww.; →ww. 7⟩ →unmanned **0.1** ***de moed ontnemen/doen verliezen*** **0.2** ***zwak/slap maken*** **0.3** ***v. mannen/manschappen beroven*** **0.4** ***ontmannen*** ⇒*castreren.*

un·man·age·a·ble [ˈʌnˈmænɪdʒəbl]⟨f1⟩⟨bn.; -ly; -ness; →bijw. 3⟩ **0.1** ***onhandelbaar*** ⇒*weerspannig* **0.2** ***onhanteerbaar*** ⇒*niet te beheersen/besturen.*

un·man·ly [ˈʌnˈmænli]⟨bn.; -er; -ness; →bijw. 3⟩ **0.1** ***eerloos*** **0.2** ***onmenselijk*** **0.3** ***slap*** ⇒*laf* **0.4** ***verwijfd.***

un·manned [ˈʌnˈmænd]⟨bn.; ook volt. deelw. v. unman⟩ **0.1** →unman **0.2** ***onbemand*** ⇒*zonder bemanning.*

un·man·nered [ˈʌnˈmænəd‖-nərd], ⟨in bet. 0.1 ook⟩ **un·man·ner·ly** [ʌnˈmænəli‖-ərli]⟨bn.⟩ **0.1** ***ongemanierd*** ⇒*slecht gemanierd, ruw, onbeschaafd, lomp* **0.2** ***ongekunsteld*** ⇒*natuurlijk, echt, eerlijk.*

un·marked [ˈʌnˈmɑ:kt‖-ˈmɑrkt]⟨f1⟩⟨bn.⟩ **0.1** ***onopgemerkt*** **0.2** ***ongemerkt*** ⇒*zonder merk(teken);* ⟨taalk.⟩ *ongemarkeerd* **0.3** ***zonder cijfer*** ⇒*onbeoordeeld* ◆ **6.¶** a novel ~ **by** psychological insight *een roman die niet uitblinkt door psychologisch inzicht.*

un·mar·ket·a·ble [ˈʌnˈmɑ:kɪṭəbl‖-ˈmɑrkɪṭəbl]⟨bn.⟩ **0.1** ***onverkoopbaar*** ⇒*incourant.*

un·mar·ried [ˈʌnˈmærid]⟨f2⟩⟨bn.⟩ **0.1** ***ongetrouwd*** ⇒*ongehuwd.*

un·mask [ˈʌnˈmɑ:sk‖ˈʌnˈmæsk]⟨ww.⟩ →unmasking

I ⟨onov.ww.⟩ **0.1** ***zijn masker afnemen;***

II ⟨ov.ww.⟩ **0.1** ***het masker afnemen*** ⟨ook fig.⟩ ⇒*ontmaskeren, onthullen, de ware gedaante/toedracht tonen v., blootgeven;* ⟨mil.⟩ *door te vuren verraden* ⟨geschut, stelling⟩.

un·mask·ing [ʌnˈmɑ:skɪŋ‖-ˈmæsk-]⟨telb.zn.; gerund v. unmask⟩ **0.1** ***demasqué*** ⟨ook fig.⟩ ⇒*ontmaskering, onthulling.*

un·mast [ˈʌnˈmɑ:st‖-ˈmæst]⟨ov.ww.⟩⟨scheep.⟩ **0.1** ***ontmasten.***

un·mas·tered [ˈʌnˈmɑ:stəd‖-ˈmæstərd]⟨bn.⟩ **0.1** ***ongebreideld*** ⇒*onbestuurd, onbeheerst.*

un·match·a·ble [ˈʌnˈmætʃəbl]⟨bn.⟩ **0.1** ***niet te evenaren*** ⇒*niet te vergelijken/overtreffen.*

un·matched [ˈʌnˈmætʃt]⟨f1⟩⟨bn.⟩ **0.1** ***ongeëvenaard*** ⇒*onvergelijkelijk, onovertroffen* **0.2** ***niet bij elkaar passend.***

un·mean·ing [ˈʌnˈmi:nɪŋ]⟨bn.; -ly; -ness⟩ **0.1** ***betekenisloos*** ⇒*zon-*

der betekenis **0.2** ***zinloos*** ⇒*doelloos* **0.3** ***zonder uitdrukking*** ⇒*leeg, wezenloos*.

un·meant [ˈʌnˈment]⟨bn.⟩ **0.1** ***onbedoeld*** ⇒*onopzettelijk*.

un·meas·ur·a·ble [ˈʌnˈmeʒ(ə)rəbl]⟨bn.⟩ **0.1** ***onmetelijk*** ⟨ook fig.⟩ ⇒*onbeperkt, grenzeloos*.

un·meas·ured [ˈʌnˈmeʒəd‖-ʒərd]⟨bn.⟩ **0.1** ***ongemeten*** **0.2** ***onmetelijk*** ⇒*onbegrensd* **0.3** ***ongebreideld*** ⇒*onbeheerst* **0.4** ⟨lit.⟩ ***niet metrisch*** ⇒*vrij* ⟨vers⟩.

un·med·i·tat·ed [ˈʌnˈmedɪteɪţɪd]⟨bn.⟩ **0.1** ***spontaan*** ⇒*onoverdacht, zonder nadenken gedaan/eruit geflapt*.

un·meet [ˈʌnˈmi:t]⟨bn.; -ly; -ness⟩⟨vero.⟩ **0.1** ***ongepast*** ⇒*niet juist, onbehoorlijk*.

un·mem·o·ra·ble [ˈʌnˈmemrəbl]⟨bn.; -ly; →bijw. 3⟩ **0.1** ***niet te onthouden*** **0.2** ***om zo te vergeten*** ⇒*het onthouden niet waard*.

un·men·tion·a·ble [ˈʌnˈmenʃnəbl]⟨f1⟩⟨bn.⟩ **0.1** ***taboe*** ⇒*verboden (om over te spreken)* **0.2** ***niet (nader) te noemen*** ⇒*onnoembaar* **0.3** ***niet te beschrijven*** ⇒*onuitsprekelijk*.

un·men·tion·a·bles [ʌnˈmenʃnəblz]⟨mv.⟩⟨vero.; scherts.⟩ **0.1** ***ondergoed***.

un·mer·ci·ful [ˈʌnˈmɜ:sɪfl‖-ˈmɜr-]⟨bn.; -ly; -ness⟩ **0.1** ***genadeloos*** ⇒*onbarmhartig, meedogenloos* ◆ **2.1** ~ly hot *ongenadig/abnormaal heet*.

un·mind·ful [ˈʌnˈmaɪndfl]⟨bn., attr.⟩ **0.1** ***zorgeloos*** ⇒*vergeetachtig, achteloos* ◆ **6.1** ~ **of** *zonder acht te slaan op, zich niet bekommerend om*.

un·mis·tak·a·ble [ˈʌnmɪ̥ˈsteɪkəbl]⟨f2⟩⟨bn.; -ly; →bijw. 3⟩ **0.1** ***onmiskenbaar*** ⇒*ondubbelzinnig, niet mis te verstaan* **0.2** ***overbekend***.

un·mit·i·ga·ble [ˈʌnˈmɪţɪgəbl]⟨bn.⟩ **0.1** ***niet te verzachten*** ⇒*niet te verminderen*.

un·mit·i·gat·ed [ʌnˈmɪţɪgeɪţɪd]⟨f1⟩⟨bn.; -ly⟩ **0.1** ***onverminderd*** ⇒*onverzacht* **0.2** ***absoluut*** ⇒*volkomen, volslagen, puur, door en door, aarts-, onvervalst* ◆ **1.2** ~ disaster *regelrechte ramp*; ~ scoundrel *(drie)dubbel overgehaalde schelm*.

un·mixed [ˈʌnˈmɪkst]⟨bn.⟩ **0.1** ***onvermengd*** ⇒*zuiver, puur, onverdeeld*.

un·moor [ˈʌnˈmʊə‖-ˈmʊr]⟨ww.⟩⟨scheep.⟩
I ⟨onov.ww.⟩ **0.1** ***een schip ontmeren*** ⇒*de ankers lichten, de trossen losgooien;*
II ⟨ov.ww.⟩ **0.1** ***ontmeren*** ⇒*losmaken (v.d. wal)* **0.2** ***onttuien*** ⇒*de ankers op één na lichten v.* ⟨schip⟩.

un·mor·al [ˈʌnˈmɒrəl‖-ˈmɔ-, -ˈmɑ-]⟨bn.⟩ **0.1** ***niet moreel*** **0.2** ***amoreel***.

un·mount·ed [ˈʌnˈmaʊnţɪd]⟨bn.⟩ **0.1** ***onbereden*** ⇒*niet bereden* ⟨politie⟩ **0.2** ***niet gemonteerd*** **0.3** ***niet ingelijst/ingeraamd*** **0.4** ***afgelegd*** ⟨kanon⟩.

un·moved [ˈʌnˈmu:vd]⟨f1⟩⟨bn.⟩ **0.1** ***onbewogen*** ⇒*onaangedaan* **0.2** ***onveranderd*** ⇒*ongestoord, niet verstoord*.

un·mov·ing [ˈʌnˈmu:vɪŋ]⟨bn.⟩ **0.1** ***bewegingloos*** **0.2** ***onaandoenlijk*** ⇒*onbewogen*.

un·muf·fle [ˈʌnˈmʌfl]⟨ov.ww.⟩ **0.1** ***ontbloten*** ⟨gezicht⟩ ⇒*v. omhulsels ontdoen*.

un·mur·mur·ing [ˈʌnˈmɜ:mərɪŋ‖-ˈmɜr-]⟨bn.; -ly⟩ **0.1** ***zonder morren*** ⇒*niet klagen, zonder een kik te geven*.

un·mu·si·cal [ˈʌnˈmju:zɪkl]⟨bn.⟩ **0.1** ***onmuzikaal*** ⇒*onwelluidend* **0.2** ***onmuzikaal*** ⇒*zonder muzikaal gevoel*.

un·muz·zle [ˈʌnˈmʌzl]⟨ov.ww.⟩ **0.1** ***de muilband afdoen*** ⇒⟨fig.⟩ *v.d. zwijgplicht ontheffen, het spreekverbod/de censuur opheffen v., bevrijden*.

un·nail [ˈʌnˈneɪl]⟨ov.ww.⟩ **0.1** ***v. spijkers ontdoen*** ⇒*losmaken, uit elkaar halen* **0.2** ***ontnagelen*** ⟨geschut⟩.

un·name·a·ble [ˈʌnˈneɪməbl]⟨bn.⟩ **0.1** ***onnoembaar*** ⇒*onzegbaar;* ⟨i.h.b.⟩ *onuitsprekelijk (erg), onbeschrijfelijk* **0.2** ***niet te zeggen*** ⇒*onduidelijk, ondefinieerbaar*.

un·named [ˈʌnˈneɪmd]⟨f1⟩⟨bn.⟩ **0.1** ***naamloos*** **0.2** ***onbekend*** ⇒*niet genoemd/bekend gemaakt/geïdentificeerd*.

un·nat·u·ral [ˈʌnˈnætʃrəl]⟨f2⟩⟨bn.; -ly; -ness⟩ **0.1** ***onnatuurlijk*** ⇒*tegennatuurlijk, abnormaal; ongewoon, vreemd; onmenselijk; pervers; homoseksueel; niet natuurlijk, gemaakt, gekunsteld, onecht* ◆ **5.1** not ~ly *vanzelfsprekend, uit de aard der zaak*.

un·nat·u·ral·ize, -ise [ˈʌnˈnætʃrəlaɪz]⟨ov.ww.⟩ **0.1** ***denaturaliseren*** ⇒*het staatsburgerschap ontnemen*.

un·na·vi·ga·ble [ˈʌnˈnævɪgəbl]⟨bn.⟩ **0.1** ***onbevaarbaar***.

un·nec·es·sar·ies [ʌnˈnesəsriz‖-seriz]⟨mv.⟩ **0.1** ***onnodige zaken*** ⇒*overbodigheden, snuisterijen, rommel*.

un·nec·es·sar·y [ˈʌnˈnesəsri‖-seri]⟨f3⟩⟨bn.; -ly; -ness; →bijw. 3⟩ **0.1** ***onnodig*** ⇒*niet noodzakelijk, nodeloos, zonder noodzaak* **0.2** ***overbodig***.

un·need·ed [ˈʌnˈni:dɪd]⟨bn.⟩ **0.1** ***onnodig*** ⇒*niet noodzakelijk, overbodig*.

un·need·ful [ˈʌnˈni:dfl]⟨bn.⟩ **0.1** ***onnodig***.

un·neigh·bour·ly [ˈʌnˈneɪbəli‖-bər-]⟨bn.⟩ **0.1** ***als een slechte buur*** ⇒*zich niet als goede buur gedragend*.

un·nerve [ˈʌnˈnɜ:v‖-ˈnɜrv]⟨f1⟩⟨ov.ww.⟩ **0.1** ***v. zijn stuk brengen*** ⇒*afschrikken, bang/nerveus maken, zijn kracht ontnemen* ◆ **1.1** with unnerving certainty *met zenuwslopende/ontmoedigende zekerheid*.

un·ni·tize, -tise [ˈju:nɪtaɪz]⟨ov.ww.⟩ **0.1** ***tot een eenheid omvormen/samenvoegen*** **0.2** ***in eenheden splitsen*** ◆ **1.1** ⟨hand.⟩ ~d handling *containertransport*.

un·not·ed [ˈʌnˈnoʊţɪd]⟨bn.⟩ **0.1** ***onopgemerkt*** ⇒*ongezien* **0.2** ***niet opmerkelijk*** ⇒*onbekend, onbelangrijk*.

un·no·tice·a·ble [ˈʌnˈnoʊţɪsəbl]⟨bn.⟩ **0.1** ***onzichtbaar*** ⇒*niet bespeurbaar, onmerkbaar*.

un·no·ticed [ˈʌnˈnoʊţɪst]⟨f2⟩⟨bn.⟩ **0.1** ***ongemerkt*** ⇒*ongezien, zonder er aandacht aan te schenken*.

un·no·tic·ing [ˈʌnˈnoʊţɪsɪŋ]⟨bn.⟩ **0.1** ***zonder te zien*** ⇒*zonder op te merken* ◆ **3.1** it is impossible that you have passed her ~ *het is onmogelijk dat je haar voorbij bent gelopen zonder haar te zien*.

un·num·bered [ˈʌnˈnʌmbəd‖-bərd]⟨bn.⟩ **0.1** ***ongenummerd*** **0.2** ***ongeteld*** **0.3** ***ontelbaar*** ⇒*talloos*.

UNO [ˈju:noʊ]⟨eig.n.⟩⟨afk.⟩ United Nations Organisation **0.1** ***VN***.

un·ob·jec·tion·a·ble [ˈʌnəbˈdʒekʃnəbl]⟨bn.⟩ **0.1** ***onberispelijk*** ⇒*onaanvechtbaar, onaanstotelijk*.

un·ob·serv·a·ble [ˈʌnəbˈzɜ:vəbl‖-ˈzɜr-]⟨bn.⟩ **0.1** ***onwaarneembaar*** ⇒*onzichtbaar*.

un·ob·ser·vant [ˈʌnəbˈzɜ:vənt|-ˈzɜr-]⟨bn.⟩ **0.1** ***onopmerkzaam*** ◆ **6.1** ~ **of** her angry looks *zonder haar boze blikken op te merken*.

un·ob·tain·a·ble [ˈʌnəbˈteɪnəbl]⟨f1⟩⟨bn.⟩ **0.1** ***onverkrijgbaar*** ⇒*niet te krijgen* **0.2** ***niet te bereiken*** ⟨bv. telefonisch⟩.

un·ob·tru·sive [ˈʌnəbˈtru:sɪv]⟨f1⟩⟨bn.; -ly; -ness⟩ **0.1** ***onopvallend*** ⇒*niet opmerkelijk* **0.2** ***discreet*** ⇒*tactvol, voorzichtig*.

un·oc·cu·pied [ˈʌnˈɒkjʊpaɪd‖-ˈɑkjə-]⟨f1⟩⟨bn.⟩ **0.1** ***leeg*** ⇒*onbezet, vrij* **0.2** ⟨mil.⟩ ***onbezet*** ⇒*vrij, niet ingenomen* **0.3** ***niet bezig*** ⇒*werkeloos*.

un·of·fend·ing [ˈʌnəˈfendɪŋ]⟨bn.⟩ **0.1** ***onschuldig*** **0.2** ***niet aanstootgevend*** ⇒*niet beledigend*.

un·of·fi·cial [ˈʌnəˈfɪʃl]⟨f1⟩⟨bn.; -ly⟩ **0.1** ***onofficieel*** ⇒*niet vormelijk, niet in vol ornaat* **0.2** ***onofficieel*** ⇒*officieus, niet bevestigd* ◆ **1.¶** ~ strike *wilde staking*.

un·of·ten [ˈʌnˈɒfn‖ˈʌnˈɔfn]⟨bw.; alleen in negatieve verbindingen⟩ **0.1** ***zelden*** ⇒*niet vaak* ◆ **5.1** not ~ *geregeld, niet zelden*.

un·o·pened [ˈʌnˈoʊpənd]⟨bn.⟩ **0.1** ***ongeopend*** ⇒⟨i.h.b.⟩ *niet opengesneden* ⟨v. boek⟩.

un·op·posed [ˈʌnəˈpoʊzd]⟨bn.⟩ **0.1** ***niet tegen*** ⇒*niet afkerig, zonder bezwaren* **0.2** ***ongehinderd*** **0.3** ***zonder tegenstander*** ◆ **6.1** ~ **to** *niet afkerig v., geen bezwaar hebbend tegen*.

un·or·gan·ized, -ised [ˈʌnˈɔ:gənaɪzd‖-ˈɔr-]⟨f1⟩⟨bn.⟩ **0.1** ***ongeorganiseerd*** ⇒*onsamenhangend, rommelig* **0.2** ***ongeorganiseerd*** ⇒*niet tot een vakbond behorend* **0.3** ***niet organisch*** ⇒*niet levend*.

un·o·rig·i·nal [ˈʌnəˈrɪdʒənl]⟨bn.⟩ **0.1** ***niet oorspronkelijk*** ⇒*niet origineel, afgeleid*.

un·or·tho·dox [ˈʌnˈɔ:θədɒks‖-ˈɔrθədɑks]⟨f1⟩⟨bn.; -ly⟩ **0.1** ⟨relig.⟩ ***onorthodox*** ⇒*niet orthodox* **0.2** ***onorthodox*** ⇒*onconventioneel, niet traditioneel*.

un·os·ten·ta·tious [ˈʌnɒstenˈteɪʃəs‖-ɑstən-]⟨bn.; -ly⟩ **0.1** ***beheerst*** ⇒*rustig, zonder veel vertoon, niet schreeuwerig*.

un·owned [ˈʌnˈoʊnd]⟨bn.⟩ **0.1** ***zonder eigenaar*** **0.2** ***niet erkend***.

un·pack [ˈʌnˈpæk]⟨f2⟩⟨ww.⟩
I ⟨onov. en ov.ww.⟩ **0.1** ***uitpakken*** ◆ **1.1** ~ one's suitcase/clothes *zijn koffer/kleren uitpakken;*
II ⟨ov.ww.⟩ **0.1** ***ontladen*** ⇒*v.e. last ontdoen;* ⟨fig.⟩ *ontlasten, uitstorten*.

un·paged [ˈʌnˈpeɪdʒd]⟨bn.⟩⟨druk.⟩ **0.1** ***ongepagineerd*** ⇒*met ongenummerde pagina's*.

un·paid [ˈʌnˈpeɪd]⟨f2⟩⟨bn.⟩ **0.1** ***onbetaald*** **0.2** ***onbezoldigd*** ⇒*onbetaald* **0.3** ***ongefrankeerd*** ◆ **1.1** ~ bills *onbetaalde rekeningen* **6.1** ~ **for** *onbetaald*.

un·paired [ˈʌnˈpeəd‖-ˈperd]⟨bn.⟩ **0.1** ***ongepaard*** ⇒*onpaar*.

un·pa·lat·a·ble [ˈʌnˈpæləţəbl]⟨bn.⟩ **0.1** ***niet te eten*** ⇒*onsmakelijk, niet lekker* **0.2** ***niet te verteren*** ⇒*onaangenaam, akelig, niet te verdragen, onverkwikkelijk*.

un·par·al·leled [ˈʌnˈpærəleld]⟨f1⟩⟨bn.⟩ **0.1** ***zonder weerga*** ⇒*onvergelijkelijk, weergaloos, ongeëvenaard, ongekend*.

un·par·don·a·ble [ˈʌnˈpɑ:dnəbl‖-ˈpɑr-]⟨bn.⟩ **0.1** ***onvergeeflijk***.

un·par·lia·men·ta·ry [ˈʌnpɑ:ləˈmentri‖-pɑrləˈmenţəri]⟨bn.⟩ **0.1** ***onparlementair*** ⇒*ongepast* ◆ **1.1** ~ language *onparlementair(e)/onbeschaafd(e) taal(gebruik)*.

un·pass·a·ble [ˈʌnˈpɑ:səbl‖-ˈpæs-]⟨bn.⟩ **0.1** ***onovertrefbaar*** **0.2** ⟨geldw.⟩ ***ongangbaar*** **0.3** ⟨gew.⟩ ***onbegaanbaar***.

un·pave [ˈʌnˈpeɪv]⟨ov.ww.⟩ →unpaved **0.1** ***opbreken*** ⟨straat⟩.

un·paved [ˈʌnˈpeɪvd]⟨bn.; ook volt. deelw. v. unpave⟩ **0.1** →unpave **0.2** ***onbestraat*** ⇒*ongeplaveid, onverhard*.

un·peg [ˈʌnˈpeg]⟨ov.ww.;→ww. 7⟩ **0.1** ***de pennen halen uit*** **0.2** ***losmaken*** ⇒*vrijmaken* **0.3** ⟨geldw.⟩ ***destabiliseren*** ⇒*de stabilisatie opheffen v.*.
un·pen [ˈʌnˈpen]⟨ov.ww.;→ww. 7⟩ **0.1** ***vrijlaten*** ⇒*uit de ren/de kooi laten*.
un·peo·ple [ˈʌnˈpi:pl]⟨ov.ww.⟩ **0.1** ***ontvolken***.
un·peo·pled [ˈʌnˈpi:pld]⟨bn.⟩ **0.1** ***ontvolkt*** **0.2** ***onbewoond***.
un·per·ceived [ˈʌnpəˈsi:vd‖-pər-]⟨bn.⟩ **0.1** ***onbemerkt*** ⇒*ongemerkt*.
un·per·plexed [ˈʌnpəˈplekst‖-pər]⟨bn.⟩ **0.1** ***eenvoudig*** ⇒*duidelijk* **0.2** ***zonder verbijstering*** ⇒*kalm, niet verward*.
un·per·son [ˈʌnˈpɜ:sn‖-pɜrsn]⟨telb.zn.⟩ **0.1** ***niemand*** ⇒*iem. wiens bestaan genegeerd wordt/die doodgezwegen wordt*.
un·pick [ˈʌnˈpɪk]⟨ov.ww.⟩ **0.1** ***lostornen*** ◆ **1.1** ~ a seam/stitches *een naad/steken lostornen*.
un·picked [ˈʌnˈpɪkt]⟨bn.⟩ **0.1** ***ongesorteerd*** **0.2** ***ongeplukt***.
un·pile [ˈʌnˈpaɪl]⟨ov.ww.⟩ **0.1** ***v.e. stapel afnemen*** ⇒*afstapelen*.
un·pin [ˈʌnˈpɪn]⟨ov.ww.;→ww. 7⟩ **0.1** ***losspelden*** ⇒*losmaken* **0.2** ⟨schaken⟩ ***ontpennen*** ⇒*uit de penning halen*.
un·placed [ˈʌnˈpleɪst]⟨bn.⟩ **0.1** ***niet geplaatst*** ⇒*zonder vaste plaats/positie* **0.2** ⟨paardesport⟩ ***niet geplaatst*** ⇒*niet bij de eerste drie (behorend)*.
un·plait [ˈʌnˈplæt‖-ˈpleɪt]⟨ov.ww.⟩ **0.1** ***de vouwen/plooien halen uit*** ⇒*gladmaken/strijken* **0.2** ***ontvlechten*** ⇒*losmaken/kammen* ⟨haar⟩.
un·play·a·ble [ˈʌnˈpleɪəbl]⟨bn.⟩ **0.1** ***niet afspeelbaar*** ⇒*niet te draaien* ⟨plaat⟩ **0.2** ⟨sport⟩ ***onbespeelbaar*** ⟨veld⟩ **0.3** ⟨sport⟩ ***niet (terug) te spelen*** ⇒*onspeelbaar* ⟨bal⟩ **0.4** ⟨muziek⟩ ***onspeelbaar*** ⇒*niet te spelen* ◆ **1.3** ⟨golf⟩ ~ lie *onspeelbare/onmogelijke positie v.d. bal*.
un·pleas·ant [ʌnˈpleznt]⟨f3⟩⟨bn.; -ly⟩ **0.1** ***onaangenaam*** ⇒*onplezierig, naar, akelig, vervelend*.
un·pleas·ant·ness [ʌnˈplezntnəs]⟨f1⟩⟨zn.⟩
I ⟨telb.zn.⟩ **0.1** ***onaangenaam voorval*** **0.2** ***wrijving*** ⇒*woorden, ruzie* **0.3** ⟨euf.⟩ ***oorlog;***
II ⟨n.-telb.zn.⟩ **0.1** ***onaangenaamheid***.
un·plumbed [ˈʌnˈplʌmd]⟨bn.⟩ **0.1** ***ongepeild*** ⟨ook fig.⟩ ⇒*ongemeten, ononderzocht*.
un·point·ed [ˈʌnˈpɔɪnṱɪd]⟨bn.⟩ **0.1** ***ongepunt*** ⇒*zonder punt* **0.2** ⟨taalk.⟩ ***zonder interpunctie*** **0.3** ⟨taalk.⟩ ***zonder vocalisatie*** ⇒*niet gepuncteerd* **0.4** ⟨bouwk.⟩ ***niet gevoegd***.
un·polished [ˈʌnˈpɒlɪʃt‖-ˈpɑlɪʃt]⟨bn.⟩ **0.1** ***ongepolijst*** ⟨ook stijl⟩ ⇒*ongepeld* ⟨rijst⟩ **0.2** ***ruw, onbeschaafd*** ⟨manieren⟩.
un·polled [ˈʌnˈpoʊld]⟨bn.⟩ **0.1** ***niet ondervraagd*** ⟨in opiniepeiling⟩ **0.2** ***niet gestemd hebbend*** **0.3** ***niet (mee)geteld*** ⟨stem⟩ ◆ **1.2** ~ voter *niet-stemmer, thuisblijver*.
un·pop·u·lar [ˈʌnˈpɒpjʊlə‖-ˈpɑpjələr]⟨f2⟩⟨bn.⟩ **0.1** ***impopulair*** ⇒*niet populair*.
un·pos·sessed [ˈʌnpəˈzest]⟨bn.⟩ **0.1** ***zonder eigenaar*** ⇒*onbeheerd, vrij, onbezet, niet gebruikt* **0.2** ***niet bezeten*** ◆ **6.¶** ~ **of** *niet in het bezit v., zonder*.
un·prac·ti·cal [ˈʌnˈpræktɪkl]⟨bn.⟩ **0.1** ***onpraktisch*** **0.2** ***onhandig***.
un·prac·tised, ⟨AE sp.⟩ **un·prac·ticed** [ˈʌnˈpræktɪst]⟨bn.⟩ **0.1** ***onervaren*** ⇒*ongeoefend, niet geroutineerd* **0.2** ***niet in praktijk gebracht*** ⇒*niet uitgeoefend, niet gebruikt*.
un·prec·e·dent·ed [ʌnˈpresɪdenṱɪd]⟨f2⟩⟨bn.; -ly⟩ **0.1** ***ongekend*** ⇒*ongehoord, nooit eerder voorgekomen, zonder weerga*.
un·pre·dict·a·ble [ˈʌnprɪˈdɪktəbl]⟨f1⟩⟨bn.; -ly⟩ **0.1** ***onvoorspelbaar***.
un·prej·u·diced [ʌnˈpredʒədɪst]⟨f1⟩⟨bn.⟩ **0.1** ***onbevooroordeeld*** ⇒*onpartijdig*.
un·pre·med·i·tat·ed [ˈʌnpri:ˈmedɪteɪṱɪd]⟨bn.; -ly⟩ **0.1** ***onvoorbereid*** ⇒*niet te voren beraamd, niet opzettelijk, spontaan*.
un·pre·pared [ˈʌnprɪˈpeəd‖-ˈperd]⟨f1⟩⟨bn.; -ly; -ness⟩ **0.1** ***niet klaar/gereed*** **0.2** ***onvoorbereid*** ⇒*geïmproviseerd* **0.3** ***onverhoeds*** ⇒*onverwacht*.
un·pre·pos·sess·ing [ˈʌnpri:pəˈzesɪŋ]⟨bn.; -ly⟩ **0.1** ***onaantrekkelijk*** ⇒*geen gunstige indruk makend, niet innemend* **0.2** ⟨pej.⟩ ***onduidelijk*** ⇒*onopvallend*.
un·pre·sum·ing [ˈʌnprɪˈzju:mɪŋ‖-ˈzu:-]⟨bn.⟩ **0.1** ***bescheiden*** ⇒*eenvoudig, niet arrogant*.
un·pre·tend·ing [ˈʌnprɪˈtendɪŋ], **un·pre·ten·tious** [-ˈtenʃəs]⟨bn.; -ly⟩ **0.1** ***bescheiden*** ⇒*zonder pretenties, gewoon, eenvoudig*.
un·pre·vail·ing [ˈʌnprɪˈveɪlɪŋ]⟨bn.⟩ **0.1** ***zonder succes*** ⇒*zonder baat, vruchteloos* **0.2** ***niet gangbaar*** ⇒*ongebruikelijk*.
un·priced [ˈʌnˈpraɪst]⟨bn.⟩ **0.1** ***ongeprijsd*** **0.2** ⟨schr.⟩ ***onbetaalbaar*** ⇒*onschatbaar*.
un·priest [ˈʌnˈpri:st]⟨ov.ww.⟩ **0.1** ***het priesterschap ontnemen*** ⇒*uit het priesterambt zetten*.
un·prin·ci·pled [ˈʌnˈprɪnsɪpld]⟨bn.⟩ **0.1** ***zonder scrupules*** ⇒*gewetenloos, immoreel, eerloos, laag*.
un·print·a·ble [ˈʌnˈprɪnṱəbl]⟨bn.⟩ **0.1** ***niet geschikt voor publikatie*** ⇒*te godslasterlijke/obsceen/grof enz. om te publiceren*.
un·print·ed [ˈʌnˈprɪnṱɪd]⟨bn.⟩ **0.1** ***ongedrukt*** **0.2** ***onbedrukt***.
un·pris·on [ˈʌnˈprɪzn]⟨ov.ww.⟩ **0.1** ***bevrijden*** ⇒*uit de gevangenis halen, vrijlaten*.
un·priv·i·leged [ˈʌnˈprɪv(ɪ)lɪdʒd]⟨bn.⟩ **0.1** ***onbevoorrecht*** ⇒⟨i.h.b.⟩ *kansarm* ⟨v. bevolkingsgroep⟩.
un·pro·duc·tive [ˈʌnprəˈdʌktɪv]⟨f1⟩⟨bn.⟩ **0.1** ***niet/weinig vruchtbaar*** ⇒*zonder (veel) succes/effect/resultaat, niets/weinig opleverend, onproduktief* ⟨ook ec.⟩ ◆ **1.¶** ⟨ec.⟩ ~ assets/capital *dood kapitaal;* ⟨ec.⟩ ~ credit *consumptief crediet*.
un·pro·fes·sion·al [ˈʌnprəˈfeʃnəl]⟨bn.⟩ **0.1** ***niet professioneel*** ⇒*niet beroeps, niet v. professie, amateur-* **0.2** ***voor leken (begrijpelijk)*** ⇒*onofficieel, leken-* **0.3** ***niet zoals het hoort*** ⇒*amateuristisch*.
un·prof·it·a·ble [ˈʌnˈprɒfɪtəbl‖-ˈprɑfɪṱəbl]⟨f1⟩⟨bn.⟩ **0.1** ***onvruchtbaar*** ⇒*nutteloos, vergeefs, zonder resultaat*.
un·prompt·ed [ˈʌnˈprɒm(p)tɪd‖-ˈprɑm(p)-]⟨bn.⟩ **0.1** ***spontaan*** ⇒*vanzelf, uit zichzelf*.
un·pro·nounce·a·ble [ˈʌnprəˈnaʊnsəbl]⟨bn.⟩ **0.1** ***onuitspreekbaar*** ⇒*moeilijk uit te spreken, niet om uit te spreken* **0.2** ***onuitspreekbaar*** ⇒*onnoembaar, onuitsprekelijk*.
un·pro·por·tion·ate [ˈʌnprəˈpɔ:ʃnət‖-ˈpɔr-], **un·pro·por·tion·ed** [-ˈpɔ:ʃnd‖-ˈpɔrʃnd]⟨bn.⟩ **0.1** ***onevenredig*** ⇒*niet in verhouding*.
un·pro·tec·ted [ˈʌnprəˈtektɪd]⟨f1⟩⟨bn.⟩ **0.1** ***onbeschermd*** ⇒*onbeschut*.
un·proved [ˈʌnˈpru:vd], **un·prov·en** [ˈʌnˈpru:vn, -ˈproʊ-]⟨bn.⟩ **0.1** ***niet bewezen***.
un·pro·vid·ed [ˈʌnprəˈvaɪdɪd]⟨bn.; -ly⟩ **0.1** ***onvoorzien*** ⇒*niet voorzien* **0.2** ***onvoorzien*** ⇒*onverwacht* ◆ **6.1** he left his family ~ **for** *hij liet zijn gezin onverzorgd achter;* the cabin was ~ **with** kitchen utensils *in de hut was geen keukengerei aanwezig*.
un·pro·voked [ˈʌnprəˈvoʊkt]⟨bn.⟩ **0.1** ***niet uitgelokt*** ⇒*zonder aanleiding*.
un·pub·lished [ˈʌnˈpʌblɪʃt]⟨f1⟩⟨bn.⟩ **0.1** ***ongepubliceerd*** ⇒*onuitgegeven*.
un·put·down·a·ble [ˈʌnpʊtˈdaʊnəbl]⟨bn.⟩⟨inf.⟩ **0.1** ***niet weg te leggen*** ◆ **1.1** an ~ book *een boek dat je in één adem uit leest*.
un·qual·i·fied [ˈʌnˈkwɒlɪfaɪd‖-ˈkwɑ-]⟨f1⟩⟨bn.⟩ **0.1** ***niet gekwalificeerd*** ⇒*ongerechtigd, onbevoegd* **0.2** ***ongeschikt*** ⇒*incompetent, niet bij machte* **0.3** ***zonder voorbehoud*** ⇒*onvoorwaardelijk, onbeperkt, ondubbelzinnig, onverdeeld* ◆ **1.3** ~ success *volledig succes*.
un·queen [ˈʌnˈkwi:n]⟨ov.ww.⟩ **0.1** ***onttronen*** ⇒*als koningin afzetten* **0.2** ***de koningin verwijderen uit*** ⟨bijenkorf⟩.
un·ques·tion·a·ble [ˈʌnˈkwestʃənəbl]⟨f1⟩⟨bn.⟩ **0.1** ***onbetwistbaar*** ⇒*niet aan twijfel onderhevig, onomstotelijk, zeker, onaanvechtbaar*.
un·ques·tion·a·bly [ˈʌnˈkwestʃənəbli]⟨f2⟩⟨bw.⟩ **0.1** →unquestionable **0.2** ***ongetwijfeld*** ⇒*zonder twijfel, zonder meer* ◆ **3.2** they are ~ the best team *dat ze het beste team zijn, staat buiten kijf*.
un·ques·tioned [ˈʌnˈkwestʃənd]⟨bn.⟩ **0.1** ***niet ondervraagd*** **0.2** ***onbetwistbaar*** ⇒*onaanvechtbaar* **0.3** ***onbetwist*** ⇒*onaangevochten, niet tegengesproken*.
un·ques·tion·ing [ˈʌnˈkwestʃənɪŋ]⟨bn.; -ly⟩ **0.1** ***onvoorwaardelijk*** ⇒*zonder vragen te stellen, zonder te twijfelen, klakkeloos, voetstoots*.
un·qui·et [ˈʌnˈkwaɪɪt]⟨bn.⟩⟨vnl. schr.⟩ **0.1** ***rusteloos*** ⇒*opgewonden, nerveus* **0.2** ***onrustig*** ⇒*roerig, woelig, vol beroering* **0.3** ***lawaaierig***.
un·quot·a·ble [ˈʌnˈkwoʊṱəbl]⟨bn.⟩ **0.1** ***niet aan te halen*** ⇒*te lang/schokkend enz. om te citeren, niet voor herhaling vatbaar*.
un·quote [ˈʌnˈkwoʊt]⟨f1⟩⟨onov.ww.; vnl. in geb. wijs⟩ **0.1** ***een citaat beëindigen*** ⇒*aanhalingstekens sluiten* ◆ **¶.1** he said (quote) '...' (~) *hij zei (begin citaat/aanhalingstekens openen) '...' (einde citaat/aanhalingstekens sluiten)*.
un·quot·ed [ˈʌnˈkwoʊṱɪd]⟨bn.⟩ **0.1** ***niet geciteerd*** **0.2** ⟨geldw.⟩ ***niet genoteerd*** ⟨op de beurs⟩.
un·rav·el [ˈʌnˈrævl]⟨f1⟩⟨ww.;→ww. 7⟩
I ⟨onov.ww.⟩ **0.1** ***rafelen*** ⇒*rafelig worden;*
II ⟨ov.ww.⟩ **0.1** ***ontrafelen*** ⟨ook fig.⟩ ⇒*(uit)rafelen, uithalen;* ⟨fig. ook⟩ *uit elkaar halen, uitzoeken, oplossen, ontwarren*.
un·rav·el·ment [ʌnˈrævlmənt]⟨telb. en n.-telb.zn.⟩ **0.1** ***(uit)rafeling*** **0.2** ***ontwarring*** ⇒*afwikkeling, ontknoping*.
un·read [ˈʌnˈred]⟨bn.⟩ **0.1** ***ongelezen*** **0.2** ***onbelezen*** ⇒*onontwikkeld*.
un·read·a·ble [ˈʌnˈri:dəbl]⟨bn.; -ly;→bijw. 3⟩ **0.1** ***onleesbaar*** ⇒*niet te ontcijferen, onbegrijpelijk* **0.2** ***onleesbaar*** ⇒*vervelend, slecht*.
un·read·y [ˈʌnˈredi]⟨bn.; -er; -ly;→bijw. 3⟩ **0.1** ***niet klaar/gereed*** **0.2** ***traag*** ⇒*langzaam reagerend, sloom, besluiteloos* ◆ **7.¶** ⟨gesch.⟩ the Unready *de Onberadene* ⟨bijnaam v. koning Aethelred v. Engeland⟩.
un·real [ˈʌnˈrɪəl‖-ˈri:l]⟨f2⟩⟨bn.⟩ **0.1** ***onwerkelijk*** ⇒*imaginair, denkbeeldig* **0.2** ***onecht*** ⇒*kunstmatig* **0.3** ***onecht*** ⇒*onwaar, vals, onwaarachtig*.

un·re·al·is·tic ['ʌnrɪə'lɪstɪk]⟨f2⟩⟨bn.; -ally; →bijw. 3⟩ **0.1** ***niet realistisch*** *⇒onrealistisch.*
un·re·al·i·ty ['ʌnri'æləṭi]⟨f1⟩⟨telb. en n.-telb.zn.; →mv. 2⟩ **0.1** ***onwerkelijkheid.***
un·rea·son ['ʌn'ri:zn]⟨n.-telb.zn.⟩⟨schr.⟩ **0.1** ***redeloosheid*** **0.2** ***onzin*** **0.3** ***chaos.***
un·rea·son·a·ble ['ʌn'ri:znəbl]⟨f3⟩⟨bn.; -ly; -ness; →bijw. 3⟩ **0.1** ***redeloos*** *⇒verstandeloos* **0.2** ***onredelijk*** **0.3** ***buitensporig*** *⇒exorbitant.*
un·rea·soned ['ʌn'ri:znd]⟨bn.⟩ **0.1** ***redeloos*** **0.2** ***onberedeneerd*** *⇒ondoordacht.*
un·rea·son·ing ['ʌn'ri:znɪŋ]⟨bn.; -ly⟩ **0.1** ***redeloos*** *⇒blind, irrationeel* ⟨v. emotie⟩ **0.2** ***niet redenerend*** *⇒emotioneel, impulsief, onnadenkend.*
un·re·claimed ['ʌnrɪ'kleɪmd]⟨bn.⟩ **0.1** ***onopgeëist*** *⇒niet teruggevraagd* **0.2** ***onontgonnen*** **0.3** ***ongetemd*** **0.4** ***onverbeterd*** *⇒onveranderd.*
un·rec·og·nized, -nised ['ʌn'rekəgnaɪzd]⟨f1⟩⟨bn.; -ly⟩ **0.1** ***onherkend*** *⇒niet herkend* **0.2** ***niet erkend*** *⇒onaanvaard.*
un·re·con·struct·ed ['ʌnri:kən'strʌktɪd]⟨bn.⟩ **0.1** ***niet herbouwd*** **0.2** ***niet gereconstrueerd*** **0.3** ***niet aangepast*** *⇒uit de tijd.*
un·re·deemed ['ʌnrɪ'di:md]⟨bn.⟩ **0.1** ⟨relig.⟩ ***niet verlost*** **0.2** ***niet ingelost/afgelost*** *⇒niet nagekomen, niet vervuld* **0.3** ***niet vrijgekocht*** *⇒niet bevrijd* **0.4** ***niet hersteld*** *⇒niet goedgemaakt.*
un·reel ['ʌn'ri:l]⟨ww.⟩
I ⟨onov.ww.⟩ **0.1** ***zich afrollen*** *⇒zich uitrollen, zich afwikkelen;*
II ⟨ov.ww.⟩ **0.1** ***afrollen*** *⇒uitrollen, afwikkelen, afwinden, afhaspelen.*
un·re·fined ['ʌnrɪ'faɪnd]⟨bn.⟩ **0.1** ***onbeschaafd*** *⇒grof, lomp, ongecultiveerd* **0.2** ***ongeraffineerd*** *⇒ongezuiverd.*
un·re·gard·ed ['ʌnrɪ'gɑ:dɪd‖-'gɑr-]⟨bn.⟩ **0.1** ***veronachtzaamd*** *⇒nagelaten, verwaarloosd.*
un·re·gard·ful ['ʌnrɪ'gɑ:dfl‖-'gɑrd-]⟨bn.⟩ **0.1** ***onoplettend*** *⇒achteloos* ◆ **6.1** ~ **of** *zonder rekening te houden met, zonder te letten op.*
un·re·gen·er·ate ['ʌnrɪ'dʒenərət]⟨bn.⟩ **0.1** ***onverbeterd*** *⇒niet hervormd, niet herboren, onbekeerd, verdorven* **0.2** ***koppig*** *⇒halsstarrig, niet te bekeren.*
un·re·hearsed ['ʌnrɪ'hɜ:st‖-'hɜrst]⟨bn.⟩ **0.1** ***onverteld*** *⇒onverhaald* **0.2** ***onvoorbereid*** *⇒spontaan.*
un·re·lat·ed ['ʌnrɪ'leɪṭɪd]⟨f1⟩⟨bn.; -ness⟩ **0.1** ***niet verwant*** **0.2** ***geen verband (met elkaar) houdend*** ◆ **6.2** he explained that the cold winter was ~ **to** the production of exhaust gases *hij legde uit dat de koude winter geen verband hield/niets te maken had met het produceren v. uitlaatgassen.*
un·re·lent·ing ['ʌnrɪ'lenṭɪŋ]⟨bn.; -ly⟩ **0.1** ***onverminderd*** *⇒niet aflatend, voortdurend, constant* **0.2** ***meedogenloos*** *⇒onverbiddelijk.*
un·re·li·a·ble ['ʌnrɪ'laɪəbl]⟨f2⟩⟨bn.; -ly; -ness; →bijw. 3⟩ **0.1** ***onbetrouwbaar*** *⇒niet te vertrouwen.*
un·re·lieved ['ʌnrɪ'li:vd]⟨f1⟩⟨bn.; -ly⟩ **0.1** ***onverzacht*** *⇒onverminderd* **0.2** ***eentonig*** *⇒zonder enige afwisseling, vlak, saai* **0.3** ***hevig*** *⇒sterk, intens* **0.4** ⟨mil.⟩ ***niet afgelost*** ◆ **6.2** ~ **by** *niet afgewisseld met, niet onderbroken door.*
un·re·li·gious ['ʌnrɪ'lɪdʒəs]⟨bn.⟩ **0.1** ***niet religieus*** *⇒areligieus* **0.2** ***ongodsdienstig*** *⇒zonder godsdienst, zonder geloof.*
un·re·mit·ted ['ʌnrɪ'mɪṭɪd]⟨bn.⟩ **0.1** ***ononderbroken*** *⇒aanhoudend, onverminderd* **0.2** ***onvergeven*** *⇒niet kwijtgescholden.*
un·re·mit·ting ['ʌnrɪ'mɪṭɪŋ]⟨f1⟩⟨bn.; -ly; -ness⟩ **0.1** ***constant*** *⇒niet aflatend, onverminderd.*
un·re·pair ['ʌnrɪ'peə‖-'per]⟨n.-telb.zn.⟩ **0.1** ***verwaarlozing*** *⇒verval, slechte staat.*
un·re·peat·a·ble ['ʌnrɪ'pi:ṭəbl]⟨bn.⟩ **0.1** ***niet voor herhaling vatbaar*** *⇒te erg om te herhalen* **0.2** ***uniek.***
un·re·quit·ed ['ʌnrɪ'kwaɪṭɪd]⟨bn.⟩ **0.1** ***onbeantwoord*** *⇒niet beloond* ◆ **1.1** ~ love *onbeantwoorde liefde.*
un·re·serve ['ʌnrɪ'zɜ:v‖-'zɜrv]⟨n.-telb.zn.⟩ **0.1** ***eerlijkheid*** *⇒openheid, openhartigheid.*
un·re·served ['ʌnrɪ'zɜ:vd‖-'zɜrvd]⟨bn.; -ly [-'zɜ:vɪdli‖-'zɜr-]⟩ **0.1** ***onverdeeld*** *⇒geheel, volledig, onvoorwaardelijk* **0.2** ***openhartig*** *⇒eerlijk* **0.3** ***niet gereserveerd*** *⇒niet besproken.*
un·re·solved ['ʌnrɪ'zɒlvd‖-'zɑlvd]⟨bn.⟩ **0.1** ***onopgelost*** *⇒onbeantwoord* **0.2** ***besluiteloos*** *⇒weifelend.*
un·re·spon·sive ['ʌnrɪ'spɒnsɪv‖-'spɑn-]⟨bn.; -ly; -ness⟩ **0.1** ***koel*** *⇒koud, hard* **0.2** ***niet reagerend.***
un·rest ['ʌn'rest]⟨f1⟩⟨n.-telb.zn.⟩ **0.1** ***onrust*** *⇒beroering, opstandigheid.*
un·re·strained ['ʌnrɪ'streɪnd]⟨bn.; -ly⟩ **0.1** ***ongebreideld*** *⇒onbeteugeld, heftig, wild* **0.2** ***ongeremd*** *⇒spontaan, ongedwongen.*
un·re·strict·ed ['ʌnrɪ'strɪktɪd]⟨f1⟩⟨bn.⟩ **0.1** ***onbeperkt*** *⇒onbelemmerd;* ⟨i.h.b.⟩ *zonder snelheidsbeperking.*
un·re·ten·tive ['ʌnrɪ'tenṭɪv]⟨bn.⟩ **0.1** ***niet vasthoudend*** ◆ **1.1** ~ memory *slecht geheugen.*
un·re·ward·ing ['ʌnrɪ'wɔ:dɪŋ‖-'wɔr-]⟨f1⟩⟨bn.⟩ **0.1** ***niet lonend*** *⇒niet de moeite waard;* ⟨fig.⟩ *ondankbaar* ◆ **1.1** it was a very ~ job *het was zeer ondankbaar werk.*
un·rid·dle ['ʌn'rɪdl]⟨ov.ww.⟩ **0.1** ***ontraadselen*** *⇒oplossen, ontsluieren.*
un·ri·fled ['ʌn'raɪfld]⟨bn.⟩ **0.1** ***gladloops*** ⟨v. geweer⟩ **0.2** ***niet beroofd*** *⇒niet geplunderd.*
un·rig ['ʌn'rɪg]⟨ov.ww.; →ww. 7⟩ **0.1** ⟨scheep.⟩ ***onttakelen*** *⇒aftakelen, v.d. takeling ontdoen* **0.2** ***uitkleden*** *⇒ontkleden.*
un·right·eous ['ʌn'raɪtʃəs]⟨bn.; -ly; -ness⟩ **0.1** ***slecht*** *⇒zondig, kwaadaardig* **0.2** ***onrechtvaardig*** *⇒onverdiend.*
un·rip ['ʌn'rɪp]⟨ov.ww.; →ww. 7⟩ **0.1** ***openscheuren*** **0.2** ***lostornen.***
un·ripe ['ʌn'raɪp]⟨bn.; -er; →compar. 7⟩ **0.1** ***onrijp*** ⟨ook fig.⟩ *⇒onvolwassen, onvolgroeid* **0.2** ***niet rijp*** *⇒niet gereed, niet voorbereid* ◆ **1.2** the time is ~ *de tijd is nog niet rijp.*
un·ri·valled, ⟨AE sp.⟩ **un·ri·valed** ['ʌn'raɪvld]⟨f1⟩⟨bn.⟩ **0.1** ***ongeëvenaard*** *⇒niet te evenaren, ongekend, onvergelijkelijk, weergaloos.*
un·robe ['ʌn'roʊb]⟨ww.⟩
I ⟨onov.ww.⟩ **0.1** ***zich ontkleden*** *⇒zijn mantel/jas uit doen;*
II ⟨ov.ww.⟩ **0.1** ***ontkleden*** *⇒de mantel/jas afnemen* **0.2** ***ontdoen v..***
un·roll ['ʌn'roʊl]⟨ww.⟩
I ⟨onov.ww.⟩ **0.1** ***zich uitrollen*** *⇒zich ontrollen;* ⟨ook fig.⟩ *zich tonen, zich onthullen;*
II ⟨ov.ww.⟩ **0.1** ***uitrollen*** *⇒ontrollen;* ⟨ook fig.⟩ *tonen, onthullen.*
un·roof ['ʌn'ru:f]⟨ov.ww.⟩ **0.1** ***het dak/de bedekking afrukken/afhalen v..***
un·root ['ʌn'ru:t]⟨ov.ww.⟩ **0.1** ***ontwortelen*** *⇒uit de grond trekken* **0.2** ***(met wortel en tak/al) uitroeien*** *⇒vernietigen, verdelgen.*
un·round ['ʌn'raʊnd]⟨ov.ww.⟩⟨taalk.⟩ **0.1** ***ontronden*** *⇒delabialiseren* ⟨klinker⟩ ◆ **1.1** ~ed vowel *ongeronde klinker.*
UNRRA ⟨afk.⟩ United Nations Relief and Rehabilitation Administration.
un·ruf·fled ['ʌn'rʌfld]⟨f1⟩⟨bn.⟩ **0.1** ***kalm*** *⇒onverstoord, bedaard, rustig.*
un·ruled ['ʌn'ru:ld]⟨bn.⟩ **0.1** ***zonder leiding*** *⇒niet geregeerd* **0.2** ***ongelinieerd.***
un·ru·ly ['ʌn'ru:li]⟨f1⟩⟨bn.; -er; -ness; →bijw. 3⟩ **0.1** ***onhandelbaar*** *⇒tegendraads, niet te regeren, weerspannig, ongezeglijk.*
UNRWA ['ʌnrə]⟨afk.⟩ United Nations Relief and Works Agency.
un·sad·dle ['ʌn'sædl]⟨ww.⟩
I ⟨onov. en ov.ww.⟩ **0.1** ***afzadelen*** *⇒(een paard) ontzadelen;*
II ⟨ov.ww.⟩ **0.1** ***ontzadelen*** *⇒uit het zadel werpen.*
un·safe ['ʌn'seɪf]⟨f1⟩⟨bn.; -ly; -ness⟩ **0.1** ***onveilig*** *⇒onzeker.*
un·said ['ʌn'sed]⟨bn.; volt. deelw. v. unsay⟩ **0.1** ***ongezegd*** *⇒onuitgesproken, verzwegen.*
un·sat·is·fac·to·ry ['ʌnsæṭɪs'fæktri]⟨f2⟩⟨bn.; -ly; -ness; →bijw. 3⟩ **0.1** ***onbevredigend.***
un·sat·u·rat·ed ['ʌn'sætʃəreɪṭɪd]⟨f1⟩⟨bn.⟩⟨schei.⟩ **0.1** ***onverzadigd.***
un·sa·vour·y, ⟨AE sp.⟩ **un·sa·vor·y** ['ʌn'seɪvri]⟨f1⟩⟨bn.; -ly; -ness; →bijw. 3⟩ **0.1** ***onsmakelijk*** *⇒vies, onappetijtelijk;* ⟨ook fig.⟩ *weerzinwekkend, onverkwikkelijk, laag-bij-de-gronds, goor, onfris* **0.2** ***smakeloos*** *⇒flauw, niet smakelijk.*
un·say ['ʌn'seɪ]⟨ov.ww.⟩⟨schr.⟩ →unsaid **0.1** ***terugnemen*** *⇒herroepen* ⟨woorden⟩.
un·say·a·ble ['ʌn'seɪəbl]⟨bn.⟩ **0.1** ***onzegbaar.***
un·scathed ['ʌn'skeɪðd]⟨f1⟩⟨bn.⟩ **0.1** ***ongedeerd*** *⇒onbeschadigd* ◆ **3.1** get through ~ *er zonder kleerscheuren doorheen komen;* return ~ *heelhuids terugkeren.*
un·schooled ['ʌn'sku:ld]⟨bn.⟩ **0.1** ***ongeoefend*** *⇒ongetraind, onervaren* **0.2** ***natuurlijk*** *⇒onaangeleerd* ◆ **1.2** ~ talent *natuurtalent.*
un·sci·en·tif·ic ['ʌnsaɪən'tɪfɪk]⟨f1⟩⟨bn.; -ally; →bijw. 3⟩ **0.1** ***onwetenschappelijk*** **0.2** ***zonder wetenschappelijke kennis.***
un·scram·ble ['ʌn'skræmbl]⟨ov.ww.⟩ **0.1** ***ontcijferen*** *⇒decoderen* **0.2** ***ontwarren*** *⇒uit elkaar halen.*
un·screened ['ʌn'skri:nd]⟨bn.⟩ **0.1** ***onbeschermd*** *⇒niet afgeschermd, onbeschut* **0.2** ***ongezeefd*** **0.3** ***zonder scherm*** **0.4** ***zonder beeld*** *⇒niet op het scherm getoond* **0.5** ***niet doorgelicht*** *⇒niet gescreened/onderzocht.*
un·screw ['ʌn'skru:]⟨f2⟩⟨ww.⟩ →unscrewed
I ⟨onov.ww.⟩ **0.1** ***losraken*** **0.2** ***losgeschroefd worden;***
II ⟨ov.ww.⟩ **0.1** ***losschroeven*** **0.2** ***losdraaien*** *⇒opendraaien, eraf draaien* ◆ **1.2** can you ~ this bottle *krijg jij deze fles open?.*
un·screwed ['ʌn'skru:d]⟨bn.; oorspr. volt. deelw. v. unscrew⟩⟨sl.⟩ **0.1** →unscrew **0.2** ***woest*** *⇒wild* **0.3** ***idioot.***
un·script·ed ['ʌn'skrɪptɪd]⟨bn.⟩ **0.1** ***zonder papiertje*** *⇒uit het hoofd, voor de vuist (weg), onvoorbereid.*
un·scrip·tur·al ['ʌn'skrɪptʃrəl]⟨bn.⟩ **0.1** ***onbijbels*** *⇒niet volgens de Schrift.*

un·scru·pu·lous ['ʌn'skru:pjʊləs||-pjə-]⟨f1⟩⟨bn.;-ly;-ness⟩ **0.1** ***onscrupuleus*** ⇒*zonder scrupules, immoreel, gewetenloos.*

un·seal ['ʌn'si:l]⟨ov.ww.⟩ →unsealed **0.1** ***openen*** ⇒*het zegel verbreken v., ontzegelen* **0.2** ***losmaken*** ⇒*ontsluiten* ◆ **1.2** ~ one's lips *het zwijgen verbreken.*

un·sealed ['ʌn'si:ld]⟨bn.; ook volt. deelw. v. unseal⟩ **0.1** ***open*** ⇒*onverzegeld* **0.2** ***niet bezegeld*** ⟨ook fig.⟩ ⇒*niet bekrachtigd* **0.3** ***zonder zegel*** **0.4** ***losgemaakt*** ⇒*ontsloten.*

un·seam ['ʌn'si:m]⟨ov.ww.⟩ →unseamed **0.1** ***lostornen*** ⇒*uit elkaar halen* **0.2** ***openscheuren*** ⇒*openrijten.*

un·seamed ['ʌn'si:md]⟨bn.; ook volt. deelw. v. unseam⟩ **0.1** ***losgetornd*** **0.2** ***opengescheurd*** **0.3** ***naadloos.***

un·search·a·ble ['ʌn'sɜ:tʃəbl||'ʌn'sɜr-]⟨bn.⟩ **0.1** ***onnaspeurlijk*** ⇒*onbegrijpelijk, niet te bevatten, ondoorgrondelijk.*

un·sea·son·a·ble ['ʌn'si:znəbl]⟨bn.;-ly;-ness;→bijw. 3⟩ **0.1** ***ontijdig*** ⇒*ongelegen, ongeschikt, verkeerd, ongepast* **0.2** ***abnormaal voor het seizoen*** ⇒*buiten het seizoen, onverwacht* ◆ **1.2** an ~ summer *een slechte zomer.*

un·sea·soned ['ʌn'si:znd]⟨f1⟩⟨bn.⟩ **0.1** ***ongekruid*** **0.2** ***onvolgroeid*** ⇒*onrijp, groen* **0.3** ***onervaren.***

un·seat ['ʌn'si:t]⟨ov.ww.⟩ →unseated **0.1** ***afwerpen*** ⇒*uit het zadel werpen* **0.2** ***doen vallen*** ⇒*doen ontzadelen* **0.3** ***zijn positie afnemen*** ⇒⟨i.h.b. pol.⟩ *zijn zetel doen verliezen, wippen, ten val brengen.*

un·seat·ed ['ʌn'si:t̬ɪd]⟨bn.; ook volt. deelw. v. unseat⟩ **0.1** ***niet gezeten*** ⇒*niet zittend* **0.2** ***uit het zadel (geworpen)*** **0.3** ***weggewerkt*** ⇒*gewipt.*

un·sea·wor·thy ['ʌn'si:wɜ:ði||-wɜrði]⟨bn.⟩⟨scheep.⟩ **0.1** ***onzeewaardig.***

un·se·cured ['ʌnsɪ'kjʊəd||-'kjʊrd]⟨bn.⟩ **0.1** ***onbeveiligd*** **0.2** ⟨geldw.⟩ ***ongedekt*** ⟨schuld⟩ ◆ **1.2** ~ loan *fiduciaire / ongedekte lening* **1.¶** ⟨geldw.⟩ ~ creditor *concurrente crediteur.*

un·seed·ed ['ʌn'si:dɪd]⟨bn.⟩⟨sport⟩ **0.1** ***niet-geplaatst*** ⟨mbt. speler⟩.

un·see·ing ['ʌn'si:ɪŋ]⟨f1⟩⟨bn.;-ly;-ness⟩ **0.1** ***niet(s) ziend*** ⇒*wezenloos, niets opnemend* ◆ **1.1** look at sth. with ~ eyes *met (een) wezenloze blik naar iets kijken / staren;* look ahead with ~ eyes *voor zich heen in het niets staren;* John looked, ~, at the scenery *John keek naar het landschap zonder iets te zien / zonder te beseffen wat hij zag.*

un·seem·ly [ʌn'si:mli]⟨f1⟩⟨bn.; ook -er;-ness;→bijw. 3⟩ **0.1** ***onbetamelijk*** ⇒*onbehoorlijk, ongepast* **0.2** ***ongelegen*** ⇒*ongeschikt* **0.3** ***onaantrekkelijk*** ⇒*lelijk* ◆ **1.2** at the most ~ hours *op de meest onmogelijke uren.*

un·seen[1] ['ʌn'si:n]⟨f1⟩⟨zn.⟩
I ⟨telb.zn.⟩⟨vnl. BE⟩ **0.1** ***ongeziene tekst*** ◆ **2.1** Latin ~s *ongeziene Latijnse teksten;*
II ⟨n.-telb.zn.; the⟩ **0.1** ***(de wereld v.)h. onzichtbare*** ⇒*de wereld v.d. geest.*

un·seen[2] ⟨f1⟩⟨bn.⟩ **0.1** ***onzichtbaar*** **0.2** ***onvoorbereid*** ◆ **1.2** do an ~ translation *een onvoorbereide vertaling maken, een vertaling op zicht maken, een tekst à l'improviste vertalen.*

un·seg·re·gat·ed ['ʌn'segrəgeɪt̬ɪd]⟨bn.⟩ **0.1** ***zonder (rassen)scheiding*** ⇒*zonder afzondering, zonder onderscheid, zonder apartheid* ◆ **1.1** negroes will be admitted on an ~ basis *negers zullen op basis v. gelijkwaardigheid toegelaten worden.*

un·self ['ʌn'self]⟨ov.ww.⟩ **0.1** ***onzelfzuchtig maken*** ⇒*v. zelfzucht bevrijden, tot altruïsme brengen* ◆ **4.1** ~ o.s. *zich v. zijn zelfzucht bevrijden, zijn zelfzucht opzij zetten.*

un·self·con·scious ['ʌnself'kɒnʃəs||-'kɑn-]⟨bn.;-ly;-ness⟩ **0.1** ***ongedwongen*** ⇒*ongekunsteld, natuurlijk.*

un·sel·fish ['ʌn'selfɪʃ]⟨f1⟩⟨bn.;-ly;-ness⟩ **0.1** ***onbaatzuchtig*** ⇒*onzelfzuchtig, belangeloos.*

un·sent ['ʌn'sent]⟨bn.⟩ **0.1** ***niet verzonden*** ◆ **6.¶** ~ **for** *ongenood, ongevraagd.*

un·serv·ice·a·ble ['ʌn'sɜ:vɪsəbl||-'sɜr-]⟨bn.;-ly;-ness;→bijw. 3⟩ **0.1** ***onbruikbaar*** **0.2** ***nutteloos.***

un·set ['ʌn'set]⟨bn.⟩ **0.1** ***nog vloeibaar*** ⇒*ongezet, nog niet opgedroogd* **0.2** ***ongezet*** ⇒*ongeplaatst* ◆ **1.1** ~ concrete *ongezette beton* **1.2** an ~ diamond *een ongezette diamant.*

un·set·tle ['ʌn'set̬l]⟨f1⟩⟨ww.⟩ →unsettled
I ⟨onov.ww.⟩ **0.1** ***onvast worden*** ⇒*loskomen, wankelen* **0.2** ***(aan het) wankelen (slaan)*** ⟨fig.⟩ ⇒*op losse schroeven komen te staan, onzeker worden* **0.3** ***van streek raken*** ⇒*in de war raken, van zijn stuk gebracht zijn* **0.4** ***wisselvallig worden*** ⇒*veranderlijk / onbestendig worden* ⟨v. weer⟩;
II ⟨ov.ww.⟩ **0.1** ***doen loskomen*** ⇒*los maken, onvast maken, doen wankelen* **0.2** ***doen wankelen*** ⟨fig.⟩ ⇒*op losse schroeven zetten, onzeker maken* **0.3** ***uiteenrukken*** **0.4** ***van streek maken*** ⇒*in de war brengen, verwarren, van zijn stuk brengen* ◆ **1.2** these facts ~ my belief in him *deze feiten brengen mijn geloof in hem aan het wankelen;* unsettling changes *veranderingen die alles op losse schroeven zetten* **1.4** this kind of food always ~s my stomach *dit soort voedsel maakt mijn maag altijd van streek.*

un·set·tled ['ʌn'set̬ld]⟨f2⟩⟨bn.; volt. deelw. v. unsettle;-ness⟩ **0.1** →unsettle **0.2** ***onzeker*** ⇒*onvast, verwar(ren)d* **0.3** ***wisselvallig*** ⇒*veranderlijk, onbestendig, onstandvastig* **0.4** ***onbeslist*** ⇒*onafgedaan, (nog) niet uitgemaakt, onzeker, weifelend* **0.5** ***onbetaald*** ⇒*(nog) niet afbetaald, onafgedaan* **0.6** ***onbewoond*** ⇒*(nog) niet gekoloniseerd* **0.7** ***(rond)trekkend*** ⇒*nomadisch, (rond)zwervend, zonder vaste woonplaats* **0.8** ***onstandvastig*** ⇒*onstabiel, ongeregeld, ontregeld, ongeordend* **0.9** ***in de war (gebracht)*** ⇒*v. streek (gebracht), verward, niet goed wijs, niet goed bij het hoofd* ◆ **1.2** ~ times *onzekere tijden* **1.3** ~ weather *wisselvallig / veranderlijk weer* **1.4** this issue is still ~ *deze kwestie is nog niet afgedaan* **1.5** an ~ bill *een nog niet betaalde rekening* **1.8** live an ~ life *een ongeregeld leven leiden.*

un·sew ['ʌn'soʊ]⟨ov.ww.; volt. deelw. ook unsewn ['ʌn'soʊn]⟩ **0.1** ***(los)tornen*** ⇒*los / uittrekken, losscheuren, losmaken* ◆ **1.1** ~ a hem *een zoom lostornen.*

un·sex ['ʌn'seks]⟨ov.ww.⟩ →unsexed **0.1** ***impotent maken*** **0.2** ***castreren*** ⇒*ontmannen* **0.3** ***aseksueel maken*** ⟨i.h.b. een vrouw⟩ ⇒*v. haar / zijn typische vrouwelijke / mannelijke eigenschappen beroven, onvrouwelijk / onmannelijk maken.*

un·sexed ['ʌn'sekst]⟨bn.; ook volt. deelw. v. unsex⟩ **0.1** →unsex **0.2** ***nog niet gesekst*** ⟨v. kuikens⟩ **0.3** ***geslachtloos*** ⇒*aseksueel* ◆ **1.2** ~ chicks *ééndagskuikens.*

un·shack·le ['ʌn'ʃækl]⟨ov.ww.⟩ **0.1** ***ontboeien*** ⇒*losmaken* **0.2** ***bevrijden*** ⇒*vrijmaken* ◆ **6.2** ~ **from** *bevrijden / vrijmaken van.*

un·shad·ed ['ʌn'ʃeɪdɪd]⟨bn.⟩ **0.1** ***onbeschaduwd*** ⇒*zonder schaduw, open* **0.2** ***ongenuanceerd*** ⇒*zonder nuances / schakeringen* **0.3** ***zonder kap / scherm*** ◆ **1.1** an ~ path *een onbeschaduwd / open pad* **1.2** ~ colours *kleuren zonder schakeringen* **1.3** an ~ lamp *een lamp zonder kap.*

un·shad·owed ['ʌn'ʃædoʊd]⟨bn.⟩ **0.1** ***onbeschaduwd*** ⇒*zonder schaduw, onverduisterd* **0.2** ***onverstoord*** ⇒*zonder schaduwzijde(n)* ◆ **1.2** ~ happiness *onverstoord geluk.*

un·shake·a·ble, un·shak·a·ble [ʌn'ʃeɪkəbl]⟨f1⟩⟨bn.;-ly;-ness;→bijw. 3⟩ **0.1** ***onwrikbaar*** ⇒*onwankelbaar* ◆ **1.1** an ~ belief *een onwrikbaar geloof.*

un·shamed ['ʌn'ʃeɪmd]⟨bn.⟩ **0.1** ***onbeschaamd*** ⇒*niet beschaamd, schaamteloos* **0.2** ***niet beschaamd gemaakt.***

un·shape·ly ['ʌn'ʃeɪpli]⟨bn.;-ness;→bijw. 3⟩ **0.1** ***slecht gevormd*** ⇒*(nog) ongevormd, lelijk.*

un·shap·en ['ʌn'ʃeɪpən], **un·shaped** ['ʌn'ʃeɪpt]⟨bn.⟩ **0.1** ***ongevormd*** ⇒*vorm(e)loos* **0.2** ***misvormd*** ⇒*mismaakt, lelijk, slecht gevormd, wanstaltig.*

un·sheathe ['ʌn'ʃi:ð]⟨ov.ww.⟩ **0.1** ***uit de schede nemen*** ◆ **1.1** ~ one's sword *zijn zwaard trekken.*

un·ship ['ʌn'ʃɪp]⟨ww.;→ww. 7⟩⟨scheep.⟩ →unshipped
I ⟨onov.ww.⟩ **0.1** ***ontscheept worden*** ⇒*gelost / uitgeladen worden* **0.2** ***weggenomen worden*** ⇒*afgenomen / verplaatst / uitgenomen worden* **0.3** ***buiten boord gebracht worden*** **0.4** ***verplaatsbaar zijn*** ⇒*wegneembaar zijn;*
II ⟨ov.ww.⟩ **0.1** ***ontschepen*** ⇒*lossen, uitladen* **0.2** ***wegnemen*** ⇒*afnemen, verplaatsen, uitnemen* ⟨onderdeel v. vaartuig⟩ **0.3** ***buiten boord brengen*** ◆ **1.3** ~ the oars *de roeispanen buiten boord brengen.*

un·shipped ['ʌn'ʃɪpt]⟨bn.; volt. deelw. v. unship⟩⟨scheep.⟩ **0.1** ***onverscheept*** ⇒*niet ingeladen* **0.2** ***onverscheept*** ⇒*onverzonden* **0.3** ***zonder schip*** **0.4** ***weggenomen*** ⇒*afgenomen, verplaatst, uitgenomen* ⟨mbt. onderdelen v. vaartuig⟩ **0.5** ***buiten boord gebracht.***

un·shod ['ʌn'ʃɒd||'ʌn'ʃɑd]⟨bn.; (oorspr.) volt. deelw. v. unshoe⟩ **0.1** ⟨schr.⟩ ***ongeschoeid*** ⇒*blootsvoets* **0.2** ⟨paardenfokkerij⟩ ***onbeslagen.***

un·shoe ['ʌn'ʃu:]⟨ov.ww.; unshod, unshod; volt. deelw. ook unshodden⟩ →unshod **0.1** ***ontschoeien*** **0.2** ⟨paardenfokkerij⟩ ***v. hoefijzers / het hoefijzer ontdoen*** ⇒*de hoefijzers / het hoefijzer wegnemen van.*

un·shorn ['ʌn'ʃɔ:n||'ʌn'ʃɔrn]⟨bn.⟩ **0.1** ***ongeschoren*** ⟨mbt. vee⟩ **0.2** ***ongeknipt*** **0.3** ***ongeoogst*** ⇒*(nog) niet binnengehaald* ◆ **1.2** an ~ beard *een ongeknipte / ruige baard.*

un·shot ['ʌn'ʃɒt||'ʌn'ʃɑt]⟨bn.⟩ **0.1** ***onafgeschoten*** ⇒*(nog) niet afgeschoten* **0.2** ***ongeraakt*** ⇒*niet getroffen* **0.3** ***ongevarieerd*** ⇒*ongemengd, onvermengd.*

un·shrink·a·ble ['ʌn'ʃrɪnkəbl]⟨bn.⟩ **0.1** ***krimpvrij.***

un·shrink·ing [ʌn'ʃrɪnkɪŋ]⟨bn.;-ly⟩ **0.1** ***niet (ineen)krimpend*** **0.2** ***onvervaard*** ⇒*onbevreesd.*

un·shroud [ʌn'ʃraʊd]⟨ov.ww.⟩ →unshrouded **0.1** ***ontsluieren*** ⇒*ontbloten, onthullen.*

un·shroud·ed ['ʌn'ʃraʊdɪd]⟨bn.; volt. deelw. v. unshroud⟩ **0.1** ***ontsluierd*** ⇒*onbedekt, ontbloot, onbeschut.*

un·shut·ter ['ʌn'ʃʌtə‖'ʌn'ʃʌṭər]⟨ov.ww.⟩ **0.1** ***de luiken openen van*** **0.2** ***de luiken wegnemen van.***
un·sift·ed ['ʌn'sɪftɪd]⟨bn.⟩ **0.1** ***ongezift*** **0.2** ***ongecontroleerd*** ⇒*niet onderzocht, niet nagegaan.*
un·sight·ed ['ʌn'saɪṭɪd]⟨bn.; -ly⟩ **0.1** ***ongezien*** ⇒*onbekeken* **0.2** ***niet in het zicht*** ⇒*uit het gezicht* **0.3** ***in zijn uitzicht belemmerd*** **0.4** ***zonder vizier (afgevuurd).***
un·sight·ly [ʌn'saɪtli]⟨f1⟩⟨bn.; -er; -ness; →bijw. 3⟩ **0.1** ***onooglijk*** ⇒*afzichtelijk, lelijk, afstotelijk.*
un·sink·a·ble ['ʌn'sɪŋkəbl]⟨bn.⟩ **0.1** ***onzinkbaar.***
un·sized ['ʌn'saɪzd]⟨bn.⟩ **0.1** ***niet op maat (gemaakt)*** **0.2** ***niet volgens grootte gerangschikt*** **0.3** ⟨papierproduktie⟩ ***ongelijmd*** ⇒*ongeplaneerd.*
un·skil·ful, ⟨AE sp.⟩ **un·skill·ful** ['ʌn'skɪlfl]⟨bn.; -ly; -ness; →bijw. 3⟩ **0.1** ***ondeskundig*** ⇒*onbedreven, onervaren* **0.2** ***onhandig*** ⇒*lomp* **0.3** ⟨vero.⟩ ***onwetend*** ◆ **6.3** ~ **in** *onwetend van.*
un·skilled ['ʌn'skɪld]⟨f1⟩⟨bn.⟩ **0.1** ***ongeschoold*** **0.2** ***onervaren*** ⇒*ongeoefend, onbedreven, ondeskundig* **0.3** ***onafgewerkt*** ⇒*ruw, niet v. vakmanschap getuigend* ◆ **1.1** ~ labour *ongeschoolde arbeid;* an ~ labourer *een ongeschoolde arbeider.*
un·skimmed ['ʌn'skɪmd]⟨bn.⟩ **0.1** ***vol*** ⇒*niet afgeroomd* ◆ **1.1** ~ milk *volle melk.*
un·slaked ['ʌn'sleɪkt], ⟨in bet. 0.1 en 0.2 ook⟩ **un·slacked** ['ʌn'slækt]⟨bn.⟩ **0.1** ***onverminderd*** ⇒*onverslapt* **0.2** ***ongeblust*** **0.3** ***onverzadigd*** ⇒*ongelest* ◆ **1.1** ~ angriness *onverminderde woede* **1.2** ~ lime *ongebluste kalk* **1.3** ~ thirst *ongeleste dorst.*
un·sleep·ing ['ʌn'sli:pɪŋ]⟨bn.⟩ **0.1** ***nooit/niet slapend*** **0.2** ***(altijd) actief*** ⇒*(altijd) waakzaam/wakker/alert.*
un·slept ['ʌn'slept]⟨bn., pred.⟩ **0.1** ***onbeslapen*** ⇒*ongebruikt* **0.2** ***zonder geslapen te hebben*** ◆ **6.1** ~ **in** *onbeslapen.*
un·sling ['ʌn'slɪŋ]⟨ov.ww.; unslung, unslung ['ʌn'slʌŋ]⟩ **0.1** ***losmaken*** ⇒*loshaken* **0.2** ***afnemen*** ⇒*afzetten, afleggen* **0.3** ⟨scheep.⟩ ***v.d. leng ontdoen*** ⇒*de leng (weg)nemen van.*
un·slough ['ʌn'slaʊ]⟨ov.ww.⟩⟨sl.⟩ **0.1** ***jatten.***
un·smil·ing ['ʌn'maɪlɪŋ]⟨f1⟩⟨bn.; -ly; -ness⟩ **0.1** ***zonder een glimlach*** ⇒*met een strak gezicht.*
un·smoked ['ʌn'smoʊkt]⟨bn.⟩ **0.1** ***onberookt*** **0.2** ***onopgerookt*** **0.3** ***ongerookt*** ◆ **1.2** an ~ cigarette *een onopgerookte sigaret* **1.3** ~ bacon *ongerookt spek.*
un·snap ['ʌn'snæp]⟨ov.ww.; →ww. 7⟩ **0.1** ***de knip losmaken van*** ⇒*openknippen* **0.2** ***open klappen.***
un·snarl ['ʌn'snɑ:l‖ʌn'snɑrl]⟨ov.ww.⟩ **0.1** ***ontwarren*** ⇒*losmaken* **0.2** ***losmaken*** ⇒*bevrijden.*
un·so·cia·bil·i·ty ['ʌnsoʊʃə'bɪləṭi]⟨n.-telb.zn.⟩ **0.1** ***terughoudendheid*** ⇒*eenzelvigheid, gereserveerdheid, teruggetrokkenheid* **0.2** ***het asociaal zijn*** ⇒*ongezelligheid* **0.3** ⟨vero.⟩ ***onverenigbaarheid*** ⇒*onverzoenbaarheid, incompatibiliteit.*
un·so·cia·ble ['ʌn'soʊʃəbl]⟨bn.; -ly; -ness; →bijw. 3⟩ **0.1** ***terughoudend*** ⇒*eenzelvig, gereserveerd; teruggetrokken* **0.2** ***asociaal*** ⇒*ongezellig* **0.3** ⟨vero.⟩ ***onverenigbaar*** ⇒*onverzoenbaar, incompatibel, niet bij elkaar passend* ◆ **1.2** an ~ atmosphere *een ongezellige sfeer.*
un·so·cial ['ʌn'soʊʃl]⟨bn.; -ly⟩ **0.1** ***asociaal*** ⇒*onmaatschappelijk* ◆ **1.1** ~ hours *onmogelijke/ongebruikelijke (werk)tijden/uren.*
un·sock·et ['ʌn'sɒkɪt‖-'sɑ-]⟨ov.ww.⟩ **0.1** ***uit de kas/(gewrichts)holte losmaken*** ⇒*uit de kas/(gewrichts)holte nemen.*
un·sol·der ['ʌn'sɒldə, -'soʊl-‖-'sɑdər]⟨ov.ww.⟩ **0.1** ***(de soldering) losmaken*** **0.2** ***ontbinden*** ◆ **1.2** our friendship will never be ~ed *onze vriendschap zal altijd blijven bestaan.*
un·solds [ʌn'soʊldz]⟨mv.⟩⟨hand.⟩ **0.1** ***onverkochte goederen.***
un·solv·a·ble ['ʌn'sɒlvəbl‖-'sɑl-]⟨bn.⟩ **0.1** ***onoplosbaar.***
un·solved ['ʌn'sɒlvd‖-'sɑlvd]⟨bn.⟩ **0.1** ***onopgelost.***
un·so·phis·ti·cat·ed ['ʌnsə'fɪstɪkeɪṭɪd]⟨f1⟩⟨bn.; -ly; -ness⟩ **0.1** ***onbedorven*** ⇒*echt, oprecht, eerlijk, onvervalst* **0.2** ***onervaren*** ⇒*naïef, eenvoudig, onschuldig* **0.3** ***ongekunsteld*** ⇒*natuurlijk, ongedwongen* **0.4** ***ongecompliceerd*** ⇒*eenvoudig.*
un·sought ['ʌn'sɔ:t]⟨bn.⟩ **0.1** ***ongezocht.***
un·sound ['ʌn'saʊnd]⟨f1⟩⟨bn.; -er; -ly; -ness⟩ **0.1** ***ongezond*** ⇒*ziek(elijk)* **0.2** ***ongaaf*** **0.3** ***onstevig*** ⇒*ondegelijk, onvast, zwak, wrak* **0.4** ***ondeugdelijk*** ⇒*gebrekkig, onjuist, vals* **0.5** ***ongegrond*** ⇒*ongeldig* **0.6** ***onbetrouwbaar*** ⇒*bedrieglijk, vals* **0.7** ***onvast*** ⇒*licht, oppervlakkig, sluimerend* ◆ **1.1** of ~ mind *krankzinnig, ontoerekeningsvatbaar* **1.7** an ~ sleep *een onvaste slaap.*
un·spar·ing [ʌn'speərɪŋ‖-'sper-]⟨bn.; -ly; -ness⟩ **0.1** ***kwistig*** ⇒*gul, mild, vrijgevig, royaal* **0.2** ***overvloedig*** **0.3** ***meedogenloos*** ⇒*onmeedogend, ongenadig, onbarmhartig, niets ontziend* ◆ **6.1** ~ **of** *kwistig met.*
un·speak ['ʌn'spi:k]⟨ov.ww.; unspoke ['ʌn'spoʊk], unspoken ['ʌn'spoʊkən]⟩⟨vero.⟩ →unspoken **0.1** ***intrekken*** ⇒*terugnemen/trekken, herroepen* ⟨beweringen⟩.
un·speak·a·ble [ʌn'spi:kəbl]⟨f1⟩⟨bn.; -ly; -ness; →bijw. 3⟩ **0.1** ***onuitsprekelijk*** ⇒*onuitspreekbaar, onbeschrijf(e)lijk, onzegbaar* **0.2** ***abominabel (slecht)*** ⇒*afschuwelijk, vreselijk (slecht), verfoeilijk* **0.3** ***onuitspreekbaar*** ⇒*niet uit te spreken* ◆ **1.1** an ~ happiness *een onbeschrijflijk geluk* **1.3** an ~ word *een onuitspreekbaar woord.*
un·spe·cial·ized, -ised ['ʌn'speʃ(ə)laɪzd]⟨bn.⟩ **0.1** ***ongespecialiseerd.***
un·spec·i·fied ['ʌn'spesɪfaɪd]⟨f2⟩⟨bn.⟩ **0.1** ***ongespecificeerd*** ⇒*niet nader om/beschreven.*
un·spent ['ʌn'spent]⟨bn.⟩ **0.1** ***onuitgegeven*** ⇒*on(op)gebruikt, onverteerd* **0.2** ***onuitgeput.***
un·sphere [ʌn'sfɪə‖ʌn'sfɪr]⟨ov.ww.⟩ **0.1** ***uit de/zijn sfeer halen*** ◆ **1.1** ~ a satellite *een satelliet uit zijn sfeer halen.*
un·spilled ['ʌn'spɪld], **un·spilt** ['ʌn'spɪlt]⟨bn.⟩ **0.1** ***ongestort*** **0.2** ***onvergoten*** ◆ **1.2** ~ blood *onvergoten bloed.*
un·spoiled ['ʌn'spɔɪld], **un·spoilt** ['ʌn'spɔɪlt]⟨f1⟩⟨bn.⟩ **0.1** ***onbeschadigd*** ⇒*niet getroffen* **0.2** ***onbedorven.***
un·spo·ken ['ʌn'spoʊkən]⟨f2⟩⟨bn.; (oorspr.) volt. deelw. v. unspeak⟩
I ⟨bn.⟩ **0.1** →unspeak **0.2** ***stil(zwijgend)*** ⇒*onuitgesproken, niet onder woorden gebracht;*
II ⟨bn., post.⟩ **0.1** ***onaangesproken*** ⇒*zonder aangesproken te worden* ◆ **6.1** ~ **to** *zonder aangesproken te worden.*
un·sport·ing ['ʌn'spɔ:tɪŋ‖'ʌn'spɔrṭɪŋ], **un·sports·man·like** ['ʌn'spɔ:tsmənlaɪk‖'ʌn'spɔrts-]⟨bn.⟩ **0.1** ***onsportief*** ⇒*unfair, oneerlijk.*
un·spot·ted ['ʌn'spɒtɪd‖'ʌn'spɑṭɪd]⟨bn.; -ness⟩ **0.1** ***ongevlekt*** ⇒*onbevlekt, onbezoedeld, vlekkeloos, zuiver* ⟨ook fig.⟩ **0.2** ***on(op)gemerkt*** ⇒*ongezien* ◆ **1.1** ~ conscience *zuiver geweten.*
un·sprayed ['ʌn'spreɪd]⟨bn.⟩ **0.1** ***onbespoten.***
un·sprung ['ʌn'sprʌŋ]⟨bn.⟩ **0.1** ***zonder vering*** ⇒*zonder veren.*
un·sta·ble ['ʌn'steɪbl]⟨f2⟩⟨bn.; -er; -ly; -ness; →bijw. 3⟩ **0.1** ***veranderlijk*** ⇒*onstandvastig, onbestendig, wisselvallig* **0.2** ***onevenwichtig*** ⇒*wispelturig, veranderlijk, onstandvastig, wankelmoedig* **0.3** ***onstabiel*** ⟨ook nat., schei.⟩ ⇒*labiel, wankel(baar), onvast* **0.4** ***onvast*** ⇒*los, onsolide, week, verplaatsbaar* **0.5** ⟨nat.⟩ ***radioactief*** **0.6** ⟨schei.⟩ ***instabiel*** ◆ **1.3** ⟨schei.⟩ ~ compound *onstabiele verbinding;* ~ equilibrium *wankel/instabiel evenwicht.*
un·stamped ['ʌn'stæmpt]⟨bn.⟩ **0.1** ***onbezegeld*** **0.2** ***on(af)gestempeld*** **0.3** ***ongefrankeerd*** ⇒*ongezegeld.*
un·starched ['ʌn'stɑ:tʃt‖-'stɑrtʃt]⟨bn.⟩ **0.1** ***v.(h.) stijfsel ontdaan*** **0.2** ***minder stijf gemaakt*** **0.3** ***ongesteven.***
un·stat·u·ta·ble ['ʌn'stætjʊtəbl‖-tʃəṭəbl]⟨bn.; -ly; -ness; →bijw. 3⟩ **0.1** ***niet statu(t)air*** ⇒*niet volgens/in overeenstemming met de statuten, onwettig.*
un·stead·y[1] ['ʌn'stedi]⟨f1⟩⟨bn.; -er; -ly; -ness; →bijw. 3⟩ **0.1** ***onvast*** ⇒*wankel* **0.2** ***onstandvastig*** ⇒*onbestendig, veranderlijk, wisselvallig, wispelturig* **0.3** ***onregelmatig*** ◆ **1.1** ~ light *flikkerlicht;* ~ steps *wankele stappen;* her voice was ~ *haar stem was onvast* **1.3** an ~ rhythm *een onregelmatig ritme.*
unsteady[2] ⟨ov.ww.; →ww. 7⟩ **0.1** ***onvast maken*** ⇒*aan het wankelen brengen, doen beven* **0.2** ***onstandvastig maken*** ⇒*veranderlijk/wisselvallig/wispelturig maken* **0.3** ***onregelmatig maken.***
un·steel ['ʌn'sti:l]⟨ov.ww.⟩ **0.1** ***ontwapenen*** ⇒*(doen) ontdooien* ⟨fig.⟩.
un·step ['ʌn'step]⟨ov.ww.; →ww. 7⟩⟨scheep.⟩ **0.1** ***uit het spoor nemen*** ◆ **1.1** ~ the mast *de mast uit het spoor nemen.*
un·stick ['ʌn'stɪk]⟨ov.ww.; unstuck, unstuck⟩ →unstuck **0.1** ***losmaken*** ⇒*losweken* **0.2** ⟨lucht.; inf.⟩ ***doen loskomen*** ⇒*v.d. grond doen komen.*
un·stitch ['ʌn'stɪtʃ]⟨ov.ww.⟩ **0.1** ***(los)tornen*** ⇒*los/uittrekken, losmaken.*
un·stocked ['ʌn'stɒkt‖-'stɑkt]⟨bn.⟩ **0.1** ***zonder lade*** **0.2** ***zonder dieren/vissen/vee*** ◆ **1.1** ~ rifle *geweer zonder lade* **1.2** ~ wood *bos zonder dieren.*
un·stop ['ʌn'stɒp‖-'stɑp], ⟨in bet. 0.1 ook⟩ **un·stop·per** [-'stɒpə‖-'stɑpər]⟨ov.ww.; →ww. 7⟩ →unstopped **0.1** ***ontstoppen*** ⇒*openen, openmaken, vrijmaken, ontkurken* **0.2** ***uittrekken*** ⟨orgelregister⟩ ◆ **1.1** ~ a bottle *een fles ontkurken;* ~ a drain *een afvoerbuis ontstoppen.*
un·stop·pa·ble ['ʌn'stɒpəbl‖-'stɑp-]⟨bn.; -ly; →bijw. 3⟩ **0.1** ***onweerhoudbaar*** ⇒*onstuitbaar, niet te stoppen/stuiten.*
un·stopped ['ʌn'stɒpt‖-'stɑpt]⟨bn.; ook volt. deelw. v. unstop⟩
I ⟨bn.⟩ **0.1** ***zonder stop*** **0.2** ***niet verstopt*** ⇒*zonder verstopping* **0.3** ***doorlopend*** ⇒*met enjambement(en)* **0.4** ⟨taalk.⟩ ***open*** ◆ **1.3** ~ lines *doorlopende versregels* **1.4** an ~ consonant *een open medeklinker;*
II ⟨bn., pred.⟩ **0.1** ***ongehinderd*** ⇒*onbelemmerd, ongestoord, ononderbroken.*
un·strap ['ʌn'stræp]⟨ov.ww.; →ww. 7⟩ **0.1** ***(de riemen) losgespen (van)*** ⇒*losmaken.*
un·strat·i·fied ['ʌn'stræṭɪfaɪd]⟨bn.⟩⟨geol.⟩ **0.1** ***niet gelaagd.***

un·streamed ['ʌn'stri:md]⟨bn.⟩⟨BE; school.⟩ 0.1 ***niet uitgesplitst naar begaafdheid.***

un·stressed ['ʌn'strest]⟨f1⟩⟨bn.⟩ 0.1 ***niet benadrukt*** 0.2 ⟨taalk.⟩ ***zwak/niet beklemtoond*** ⇒*zonder (hoofd)accent, onbeklemtoond, toonloos.*

un·stri·at·ed ['ʌn'straɪeɪṭɪd]⟨bn.⟩ 0.1 ***niet gestreept*** 0.2 ***niet gegroefd*** ⇒*niet geribbeld* 0.3 ***effen*** ⇒*vlak, glad* 0.4 ⟨med.⟩ ***glad*** ◆ 1.4 striated and ~ muscles *dwarsgestreepte en gladde spieren.*

un·strike·a·ble ['ʌn'straɪkəbl]⟨bn.⟩ 0.1 ***zonder stakingsmogelijkheid/recht*** ⇒*onderhevig aan een stakingsverbod.*

un·string ['ʌn'strɪŋ]⟨ov.ww.; unstrung, unstrung ['ʌn'strʌŋ]⟩ →unstrung 0.1 ***v.d. snaren ontdoen*** ⇒*de snaren (weg)nemen v.* 0.2 ***de snaren losser spannen v.*** 0.3 ***de touwen/tjes losmaken v.*** 0.4 ***afrijgen*** 0.5 ***verzwakken*** ⇒*verslappen, ontzenuwen* 0.6 ***overstuur maken*** ◆ 1.2 ~ a harp *de snaren v.e. harp losser spannen* 1.4 ~ beads *kralen afrijgen* 1.6 the accident unstrung him *het ongeval maakte hem helemaal van streek.*

un·striped ['ʌn'straɪpt]⟨bn.⟩ 0.1 ***niet gestreept.***

un·struc·tured ['ʌn'strʌktʃəd‖-tʃərd]⟨f1⟩⟨bn.⟩ 0.1 ***niet gestructureerd*** ⇒*ongestructureerd, zonder hiërarchie, onsystematisch* 0.2 ***niet vastgelegd*** ⇒*onbepaald, niet in regels gevat* 0.3 ***informeel*** 0.4 ⟨psych.⟩ ***zonder referentiekader.***

un·strung ['ʌn'strʌŋ]⟨bn.; volt. deelw. v. unstring⟩ 0.1 ***zonder snaren*** 0.2 ***met ontspannen snaren*** 0.3 ***verzwakt*** ⇒*verslapt, krachteloos* 0.4 ***overstuur*** ⇒*v. streek, in de war.*

un·stuck ['ʌn'stʌk]⟨bn.; volt. deelw. v. unstick⟩ 0.1 ***los*** ◆ 3.1 come ~ *loskomen/gaan* 3.¶ ⟨inf.⟩ come (badly) ~ *in het honderd/de soep lopen, in de war raken, mislukken.*

un·stud·ied ['ʌn'stʌdid]⟨bn.⟩ 0.1 ***ongekunsteld*** ⇒*natuurlijk, spontaan* 0.2 ***ongestudeerd*** ⇒*ongeschoold, onkundig, onwetend* ◆ 6.2 ~ **in** *onwetend v., niet bekend met.*

un·stuff·y ['ʌn'stʌfi]⟨bn.; -er; →compar. 7⟩ 0.1 ***niet benauwd*** ⇒*niet bedompt* 0.2 ***informeel*** ⇒*los, niet gepland.*

un·sub·stan·tial ['ʌnsəb'stænʃl]⟨f1⟩⟨bn.; -ly⟩ 0.1 ***onvast*** ⇒*week, slap, onstevig, onstabiel* 0.2 ***onwezenlijk*** ⇒*ijl, onwerkelijk, onlichamelijk, onstoffelijk* 0.3 ***ongefundeerd*** ⇒*ongegrond, ongerechtvaardigd* ◆ 1.3 ~ arguments *ongefundeerde argumenten.*

un·sub·stan·ti·at·ed ['ʌnsəb'stænʃieɪṭɪd]⟨bn.⟩ 0.1 ***onbewezen*** ⇒*onbevestigd, niet gestaafd, ongefundeerd.*

un·suc·cess ['ʌnsək'ses]⟨telb. en n.-telb.zn.⟩ 0.1 ***mislukking*** ⇒*fiasco, echec.*

un·suc·cess·ful ['ʌn'sək'sesfl]⟨f2⟩⟨bn.; -ly; -ness⟩ 0.1 ***niet succesvol*** ⇒*zonder succes/resultaat* 0.2 ***niet geslaagd*** ⇒*afgewezen* ◆ 3.2 be ~ *niet slagen.*

un·suit·a·bil·i·ty ['ʌnsu:ṭə'bɪləṭi]⟨n.-telb.zn.⟩ 0.1 ***ongeschiktheid*** ⇒*ongepast/ongelegenheid.*

un·suit·a·ble ['ʌn'su:ṭəbl]⟨f2⟩⟨bn.; -ly; -ness; →bijw. 3⟩ 0.1 ***ongeschikt*** ⇒*ongepast, ongelegen, niet passend.*

un·suit·ed ['ʌn'su:ṭɪd]⟨f1⟩⟨bn.⟩ 0.1 ***ongeschikt*** ⇒*ongepast, niet passend* ◆ 6.1 ~ **for** *ongeschikt voor;* ~ **to** *niet passend bij.*

un·sul·lied ['ʌn'sʌlid]⟨bn.; -ness⟩⟨schr.⟩ 0.1 ***onverdorven*** 0.2 ***zuiver*** ⇒*rein, vlekkeloos, zonder smet, blaamloos.*

un·sung ['ʌn'sʌŋ]⟨f1⟩⟨bn.⟩ 0.1 ***niet gezongen*** 0.2 ***niet bezongen*** ⇒*onbezongen* 0.3 ***miskend*** ◆ 1.3 an ~ hero *een miskende held.*

un·sunned ['ʌn'sʌnd]⟨bn.⟩ 0.1 ***niet door de zon beschenen*** ⇒*zonder zon, onbeschenen* 0.2 ***bleek*** ⇒*ongebruind* 0.3 ***niet aan de openbaarheid prijsgegeven*** ⇒*verborgen (gehouden).*

un·sup·port·a·ble ['ʌnsə'pɔ:təbl‖-'pɔrṭəbl]⟨bn.⟩ 0.1 ***ondraagbaar*** ⇒*ondraaglijk* 0.2 ***onverdedigbaar*** ⇒*niet te verdedigen* ◆ 1.2 ~ deeds *onverdedigbare daden.*

un·sup·port·ed ['ʌnsə'pɔ:tɪd‖-'pɔrṭɪd]⟨bn.; -ly; -ness⟩ 0.1 ***niet gestaafd*** ⇒*onbewezen, onbevestigd* 0.2 ***niet ondersteund*** ⇒*niet geschraagd/gesteund* 0.3 ***onverdedigd*** ⇒*niet geruggesteund, niet aangeleund.*

un·sure ['ʌn'ʃʊə‖'ʌn'ʃʊr]⟨f2⟩⟨bn.; -ness⟩ 0.1 ***onzeker*** ⇒*onvast* 0.2 ***onbetrouwbaar*** ⇒*onzeker, twijfelachtig* 0.3 ***onveilig*** ⇒*gevaarlijk* 0.4 ***onzeker*** ⇒*onbestendig, wisselvallig* ◆ 6.1 ~ **of** *onzeker v..*

un·sur·pass·a·ble ['ʌnsə'pɑ:səbl‖'ʌnsər'pæsəbl]⟨bn.; -ly; →bijw. 3⟩ 0.1 ***onovertrefbaar*** ⇒*weergaloos.*

un·sur·passed ['ʌnsə'pɑ:st‖'ʌnsər'pæst]⟨bn.⟩ 0.1 ***onovertroffen*** ⇒*uitstekend, schitterend, uitmuntend.*

un·sus·pect·ed ['ʌnsə'spektɪd]⟨f1⟩⟨bn.; -ly; -ness⟩ 0.1 ***onverdacht*** 0.2 ***on(op)gemerkt*** ⇒*ongezien* 0.3 ***onbekend*** ⇒*ongekend* 0.4 ***onverwacht*** ⇒*onvermoed.*

un·sus·pect·ing ['ʌnsə'spektɪŋ], **un·sus·pi·cious** ['ʌnsə'spɪʃəs]⟨f1⟩⟨bn.; -ly⟩ 0.1 ***niets vermoedend*** 0.2 ***niet achterdochtig*** ⇒*niet wantrouwig, argeloos* ◆ 1.1 the ~ public *het niets vermoedende publiek.*

un·swathe [ʌn'sweɪð]⟨ov.ww.⟩ 0.1 ***ontzwachtelen*** ⇒*loswinden/wikkelen.*

un·swear ['ʌn'sweə‖'ʌn'swer]⟨ww.; unswore, unsworn⟩ →unsworn
I ⟨onov.ww.⟩ 0.1 ***het gezworene/een eed herroepen*** ⇒*het gezworene/een eed intrekken;*
II ⟨ov.ww.⟩ 0.1 ***herroepen*** ⇒*intrekken* ◆ 1.1 ~ an oath *een eed herroepen.*

un·swerv·ing ['ʌn'swɜ:vɪŋ‖-'swɜr-]⟨bn.; -ly; -ness⟩ 0.1 ***recht*** ⇒*niet afwijkend, constant, rechtdoor/aan* 0.2 ***onwankelbaar*** ⇒*onwrikbaar.*

un·sworn ['ʌn'swɔ:n‖'ʌn'swɔrn]⟨bn.; ook volt. deelw. v. unswear⟩ 0.1 →unswear 0.2 ***onbeëdigd.***

un·syl·lab·ic ['ʌnsɪ'læbɪk]⟨bn.⟩⟨taalk.⟩ 0.1 ***niet syllabisch.***

un·sym·met·ri·cal ['ʌnsɪ'metrɪkl]⟨bn.; -ly⟩ 0.1 ***asymmetrisch.***

un·sym·pa·thet·ic ['ʌnsɪmpə'θeṭɪk]⟨f1⟩⟨bn.⟩ 0.1 ***ontoeschietelijk*** ⇒*onwelwillend* 0.2 ***geen medeleven tonend*** ⇒*geen deelneming tonend* 0.3 ***onbelangwekkend*** ◆ 6.¶ this is ~ **to** me *dit ligt me niet.*

un·tack ['ʌn'tæk]⟨ov.ww.⟩ 0.1 ***de rijgdraad halen uit*** 0.2 ***losmaken/rijgen.***

un·tack·le ['ʌn'tækl]⟨ov.ww.⟩ 0.1 ***uitspannen.***

un·tan·gle ['ʌn'tæŋgl]⟨ov.ww.⟩ 0.1 ***ontwarren*** 0.2 ***ophelderen*** ⇒*oplossen.*

un·tanned ['ʌn'tænd]⟨bn.⟩ 0.1 ***ongelooid*** 0.2 ***bleek*** ⇒*ongebruind* ◆ 1.1 ~ leather *ongelooid leer* 1.2 ~ skin *bleke huid.*

un·tapped ['ʌn'tæpt]⟨f1⟩⟨bn.⟩ 0.1 ***onaangesproken*** ⇒*(nog) niet gebruikt, onaangeboord* 0.2 ***niet (af)getapt*** 0.3 ***(nog) niet aangestoken*** ◆ 1.1 ~ sources *onaangeboorde bronnen* 1.3 ~ keg *nog niet aangestoken vaatje.*

un·tast·ed ['ʌn'teɪstɪd]⟨bn.⟩ 0.1 ***niet geproefd*** ⇒*onaangeroerd* 0.2 ***onbeproefd*** ⇒*niet uitgeprobeerd.*

un·taught ['ʌn'tɔ:t]⟨bn.; ook volt. deelw. v. unteach; -ness⟩ 0.1 →unteach 0.2 ***ongeschoold*** ⇒*niet onderwezen, niet geleerd* 0.3 ***onwetend*** ⇒*ongeletterd* 0.4 ***ongekunsteld*** ⇒*spontaan, natuurlijk, niet aangeleerd.*

un·taxed ['ʌn'tækst]⟨bn.⟩ 0.1 ***onbelast*** ⇒*belastingvrij.*

un·teach ['ʌn'ti:tʃ]⟨ov.ww.; untaught, untaught⟩ →untaught 0.1 ***afleren*** ⇒*doen vergeten.*

un·teach·a·ble ['ʌn'ti:tʃəbl]⟨bn.; -ness⟩ 0.1 ***niet te onderwijzen*** ⇒*niet te leren* 0.2 ***hardleers.***

un·tear·a·ble ['ʌn'teərəbl‖-'ter-]⟨bn.⟩ 0.1 ***niet te (ver)scheuren*** ⇒ *on(ver)scheurbaar.*

un·tech·ni·cal ['ʌn'teknɪkl]⟨bn.⟩ 0.1 ***atechnisch*** ⇒*ontechnisch* 0.2 ***niet technisch*** ⟨taal, stijl⟩.

un·tem·pered ['ʌn'tempəd‖-pərd]⟨bn.⟩ 0.1 ***ongematigd*** ⇒*onverbiddelijk* 0.2 ⟨tech.⟩ ***ongegloeid*** ⇒*niet getemperd/ontlaten* ⟨v. staal⟩ 0.3 ⟨bouwk.⟩ ***slecht gemengd*** ⟨v. metselspecie⟩.

un·ten·a·ble ['ʌn'tenəbl]⟨f1⟩⟨bn.; -ly; -ness; →bijw. 3⟩ 0.1 ***onhoudbaar*** ⟨ook fig.⟩ ⇒*niet te verdedigen* 0.2 ***onbewoonbaar*** ◆ 1.1 ~ proposition *onhoudbare stelling.*

un·ten·ant·a·ble ['ʌn'tenənṭəbl]⟨bn.⟩ 0.1 ***onverhuurbaar*** 0.2 ***onbewoonbaar.***

un·ten·ant·ed ['ʌn'tenənṭɪd]⟨bn.⟩ 0.1 ***onverhuurd*** 0.2 ***onbewoond*** ⇒*leeg(staand).*

un·tend·ed ['ʌn'tendɪd]⟨bn.⟩ 0.1 ***onverzorgd*** ⇒*verwaarloosd.*

un·test·ed ['ʌn'testɪd]⟨bn.⟩ 0.1 ***niet getest*** ⇒*onbeproefd.*

un·teth·er ['ʌn'teðə‖-ər]⟨ov.ww.⟩ →untethered 0.1 ***losmaken*** ⇒*los laten lopen* ⟨vnl. dier⟩.

un·teth·ered ['ʌn'teðəd‖-ðərd]⟨bn.; ook volt. deelw. v. untether⟩ 0.1 ***niet vastgebonden*** ⟨v. dier⟩ ⇒*loslopend, niet aangelijnd* 0.2 ***ongebonden*** ⇒*vrij.*

un·thanked ['ʌn'θæŋkt]⟨bn.⟩ 0.1 ***ondankbaar*** ⇒*niet gewaardeerd* ◆ 1.1 ~ job *ondankbaar werk.*

un·thank·ful ['ʌn'θæŋkfl]⟨bn.; -ly; -ness⟩ 0.1 ***ondankbaar*** ⇒*niet erkentelijk* 0.2 ***onaangenaam*** ⇒*onplezierig* ◆ 1.1 ~ person *ondankbaar iem..*

un·thatched ['ʌn'θætʃt]⟨bn.⟩ 0.1 ***niet met riet(en dak) bedekt*** ◆ 1.1 ~ farm *boerderij zonder rieten dak.*

un·think ['ʌn'θɪŋk]⟨ov.ww.; unthought; unthought⟩ →unthought 0.1 ***uit zijn hoofd zetten*** ⇒*niet meer denken aan* 0.2 ***v. mening veranderen over.***

un·think·a·ble ['ʌn'θɪŋkəbl]⟨f1⟩⟨bn.; -ly; -ness; →bijw. 3⟩ 0.1 ***ondenkbaar*** ⇒*onvoorstelbaar, ongelofelijk* 0.2 ***onaanvaardbaar*** 0.3 ***onwaarschijnlijk*** ◆ 4.2 it's ~! *geen sprake v.!, daar komt niets v. in!.*

un·think·ing ['ʌn'θɪŋkɪŋ]⟨bn.; -ly; -ness⟩ 0.1 ***onnadenkend*** ⇒*onbezonnen, gedachteloos* 0.2 ***onbewust*** ⇒*onbedoeld, onopzettelijk, niet expres* ◆ 1.1 ~ moment *onbewaakt ogenblik.*

un·thought ['ʌn'θɔ:t], **un·thought-of** [ʌn'θɔ:tɒv‖ʌn'θɔṭɑv, -ʌv]⟨bn.; 1e variant ook volt. deelw. v. unthink⟩ 0.1 →unthink 0.2 ***ondenkbaar*** ⇒*onverwacht, ongedacht, onvermoed, onvoorzien* 0.3 ***ondenkbaar*** ⇒*onvoorstelbaar;* ⟨bij uitbr.⟩ *onaanvaardbaar* ◆ 6.3 in some circles it is still unthought of **for** a girl to choose her own husband *in sommige kringen is het nog ondenkbaar dat een meisje haar eigen man kiest.*

un·thought·ful ['ʌn'θɔ:tfl]⟨bn.; -ly; -ness⟩ **0.1** ***gedachteloos*** ⇒*automatisch*.

un·thread ['ʌn'θred]⟨ov.ww.⟩ **0.1** ***de draad halen uit*** ⟨naald⟩ **0.2** ***de weg vinden in*** ⟨doolhof⟩ **0.3** ***ontrafelen*** ⇒*ontwarren*.

un·threshed ['ʌn'θreʃt]⟨bn.⟩ **0.1** ***ongedorst*** ⇒*nog niet gedorst*.

un·thrift·y ['ʌn'θrɪfti]⟨bn.; -ly; -ness; →bijw. 3⟩ **0.1** ***verkwistend*** ⇒*verspillend* **0.2** ***oneconomisch*** ⇒*niet winstgevend* **0.3** ***niet gedijend*** ⟨v. boom, vee⟩.

un·throne ['ʌn'θroʊn]⟨ov.ww.⟩ **0.1** ***onttronen***.

un·ti·dy ['ʌn'taɪdi]⟨f2⟩⟨bn.; -er; -ly; -ness; →bijw. 3⟩ **0.1** ***onordelijk*** ⇒*slordig, rommelig*.

un·tie ['ʌn'taɪ]⟨f2⟩⟨ww.; →ww. 7⟩ →untied
I ⟨onov.ww.⟩ **0.1** ***losgaan*** ⇒*losraken;*
II ⟨ov.ww.⟩ **0.1** ***losknopen*** ⇒*losmaken* **0.2** ***bevrijden*** ⟨vastgebonden pers.⟩ ⇒*vrijlaten, losbinden, losmaken* **0.3** ***ontwarren*** ⇒*oplossen* ⟨vraagstuk⟩.

un·tied ['ʌn'taɪd]⟨bn.; volt. deelw. v. untie⟩ **0.1** ***los(geknoopt)*** ⇒*bevrijd* **0.2** ***ontward*** ⇒*opgelost* ⟨vraagstuk⟩ **0.3** ***ongebonden*** ⇒*zonder beperkingen* ◆ **6.1** ~ **to** *vrij v., los v., niet gebonden aan*.

un·til[1] [ən'tɪl, ⟨sterk⟩ 'ʌn'tɪl]⟨f4⟩⟨vz.⟩ **0.1** ⟨tijd; vaak na neg. constructies⟩ ***tot*** ⇒*niet voor, voor* **0.2** ⟨richting en doel⟩ ⟨vnl. Sch. E⟩ ***tot aan*** ⇒*naar toe* ◆ **1.1** I had barely noticed her ~ our collision *ik had haar nauwelijks opgemerkt totdat wij botsten;* she waited ~ midnight *ze wachtte tot middernacht;* I cannot leave ~ Sunday *ik kan niet vertrekken voor zondag* **1.2** they walked ~ the hotel *ze liepen tot aan het hotel;* they left ~ the sea *ze vertrokken naar de zee* **5.1** I did not know about it ~ now *ik wist er niets van tot nu*.

until[2] ⟨f4⟩ ⟨ondersch.vw.⟩ ⟨tijd⟩ **0.1** ***totdat*** ⇒*tot, voor* ◆ **¶.1** she cried ~ she fell asleep *ze huilde tot ze in slaap viel;* I was very lonely ~ I met Mary *ik was erg eenzaam voor ik Mary ontmoette*.

un·tile ['ʌn'taɪl]⟨ov.ww.⟩ →untiled **0.1** ***de (dak)pannen nemen v.*** ⇒*v. pannen ontdoen*.

un·tiled ['ʌn'taɪld]⟨bn.; volt. deelw. v. untile⟩ **0.1** ***v. pannen ontdaan*** **0.2** ***zonder pannen***.

un·till·a·ble ['ʌn'tɪləbl]⟨bn.⟩ **0.1** ***onproduktief*** ⇒*onvruchtbaar* ◆ **1.1** ~ land *onvruchtbaar land*.

un·tilled ['ʌn'tɪld]⟨bn.⟩ **0.1** ***ongecultiveerd*** ⇒*onbebouwd, braakliggend*.

un·tim·bered ['ʌn'tɪmbəd‖-ərd]⟨bn.⟩ **0.1** ***zonder bomen*** **0.2** ***zonder (timmer)hout***.

un·time·ly[1] ['ʌn'taɪmli], ⟨Sch. E⟩ **un·tim(e)·ous** [-'taɪməs]⟨f1⟩⟨bn.; -er; -ness; →bijw. 3⟩ **0.1** ***ongelegen*** ⇒*ontijdig, ongeschikt, ongepast* **0.2** ***voortijdig*** ⇒*vroegtijdig, te vroeg* ◆ **1.2** ~ death *te vroege dood;* come to an ~ end *te vroeg sterven;* don't call me again at such an ~ hour *bel me niet nog eens op zo'n onchristelijk uur*.

untimely[2] ⟨bw.⟩ **0.1** ***ongelegen*** ⇒*op een verkeerd moment* **0.2** ***voortijdig*** ⇒*te vroeg, vroegtijdig*.

un·tinged ['ʌn'tɪndʒd]⟨bn.⟩ **0.1** ***ongekleurd*** ⇒*niet beïnvloed, zonder tekenen* ◆ **6.1** ~ **by** grief *zonder enig teken v. verdriet*.

un·tir·ing ['ʌn'taɪərɪŋ]⟨bn.; -ly⟩ **0.1** ***onvermoeibaar*** **0.2** ***onvermoeid***.

un·ti·tled ['ʌn'taɪtld]⟨bn.⟩ **0.1** ***zonder titel*** ⟨v. boek, edelman enz.⟩ **0.2** ***zonder recht/aanspraak*** ⟨op troon e.d.⟩.

unto →to.

un·to·geth·er ['ʌntə'geðə‖-ər]⟨bn.⟩⟨sl.⟩ **0.1** ***slecht functionerend*** ⟨emotioneel of intellectueel⟩ **0.2** ***asociaal***.

un·told ['ʌn'toʊld]⟨f2⟩⟨bn.⟩ **0.1** ***niet verteld*** **0.2** ***onnoemelijk*** ⇒*onmetelijk, mateloos, onuitsprekelijk* ◆ **1.1** ~ history *niet geopenbaarde/vertelde geschiedenis* **1.2** ~ wealth *onmetelijke rijkdom*.

un·tomb ['ʌn'tu:m]⟨ov.ww.⟩ **0.1** ***opgraven*** ⟨uit het graf⟩ ⇒*uitgraven*.

un·touch·a·ble[1] ['ʌn'tʌtʃəbl]⟨telb.zn.; ook U-⟩ **0.1** ***onaanraakbare*** ⟨laagste Hindoekaste⟩ ⇒*paria, onreine*.

untouchable[2] ⟨f1⟩⟨bn.⟩ **0.1** ***onaanraakbaar*** ⇒*onrein* **0.2** ***on(aan)tastbaar*** ⇒*ongrijpbaar, onbereikbaar* **0.3** ***niet aan te raken***.

un·touched ['ʌn'tʌtʃt]⟨f2⟩⟨bn.⟩ **0.1** ***onaangeraakt*** ⇒*onaangeroerd, onberoerd, onaangetast*.

un·to·ward ['ʌntə'wɔ:d‖'ʌn'tɔrd]⟨f1⟩⟨bn.; -ly; -ness⟩ **0.1** ***ongelegen*** ⇒*ongunstig, ongewenst, ongelukkig* **0.2** ***ongepast*** ⇒*onwelvoeglijk, onbetamelijk* **0.3** ***onhandelbaar*** ⇒*eigenzinnig, weerbarstig* ◆ **1.3** ~ circumstances *ongunstige omstandigheden*.

un·trace·a·ble ['ʌn'treɪsəbl]⟨bn.; -ly; -ness; →bijw. 3⟩ **0.1** ***onvindbaar*** ⇒*niet te vinden/op te sporen*.

un·traced ['ʌn'treɪst]⟨bn.⟩ **0.1** ***(spoorloos) verdwenen***.

un·trained ['ʌn'treɪnd]⟨f1⟩⟨bn.⟩ **0.1** ***ongeoefend*** ⇒*ongeschoold, onervaren*.

un·tram·melled, ⟨AE sp.⟩ **un·tram·meled** ['ʌn'træmld]⟨bn.; -ness⟩ **0.1** ***ongeremd*** ⇒*onbeperkt, ongebonden, ongehinderd*.

un·trans·lat·a·ble ['ʌntræn'sleɪṭəbl]⟨f1⟩⟨bn.; -ly; -ness; →bijw. 3⟩ **0.1** ***onvertaalbaar*** ⇒*niet te vertalen*.

un·trans·port·a·ble ['ʌn'træn'spɔ:təbl‖-'spɔrṭəbl]⟨bn.⟩ **0.1** ***niet te vervoeren*** ⇒*onvervoerbaar*.

un·trav·elled, ⟨AE sp.⟩ **un·trav·eled** ['ʌn'trævld]⟨bn.⟩ **0.1** ***onbereisd*** ⟨v. pers.⟩ ⇒*provinciaal, bekrompen* **0.2** ***niet bezocht*** ⇒*onbereisd, onbezocht*.

un·tried ['ʌn'traɪd]⟨bn.⟩ **0.1** ***niet geprobeerd*** ⇒*onbeproefd* **0.2** ***niet getest*** **0.3** ***onervaren*** **0.4** ***(nog) niet berecht*** ⟨v. gevangene⟩ ⇒*(nog) onberecht* **0.5** ***(nog) niet voorgeleid*** ⟨v. arrestant⟩ ⇒*(nog) niet verhoord* **0.6** ***(nog) niet behandeld*** ⟨v. zaak voor gerecht⟩.

un·trimmed ['ʌn'trɪmd]⟨bn.; -ness⟩ **0.1** ***niet (bij)geknipt*** ⇒*ongeknipt* **0.2** ***zonder garneersel*** ⟨v. kleding e.d.⟩ ◆ **1.1** ~ beard *onverzorgde baard*.

un·trod·den ['ʌn'trɒdn‖-'trɑdn]⟨bn.⟩ **0.1** ***onbetreden*** ⇒*onbegaan*.

un·troub·led ['ʌn'trʌbld]⟨bn.; -ness⟩ **0.1** ***ongestoord*** **0.2** ***kalm*** ⇒*rustig*.

un·true ['ʌn'tru:]⟨f2⟩⟨bn.; -er; -ly; -ness; →bijw. 3⟩ **0.1** ***onwaar*** ⇒*niet waar* **0.2** ***ontrouw*** ⇒*niet loyaal* **0.3** ***afwijkend*** ⟨v. norm⟩ ⇒*onzuiver; scheef, ongelijk, niet waterpas* ◆ **2.3** ~ tone *onzuivere toon/klank* **6.2** ~ **to** *niet trouw aan*.

un·truss ['ʌn'trʌs]⟨ww.⟩⟨vero.⟩
I ⟨onov.ww.⟩ **0.1** ***zich uitkleden*** ⇒⟨i.h.b.⟩ *zijn broek uittrekken;*
II ⟨ov.ww.⟩ **0.1** ***losmaken*** ⟨kleding, i.h.b. broek⟩ **0.2** ***uittrekken*** ⟨kleding⟩.

un·trust·wor·thy ['ʌn'trʌstwɜ:ði‖-wɜrði]⟨bn.; -ness; →bijw. 3⟩ **0.1** ***onbetrouwbaar***.

un·truth ['ʌn'tru:θ]⟨zn.⟩
I ⟨telb.zn.⟩ **0.1** ***onwaarheid*** ⇒*leugen;*
II ⟨n.-telb.zn.⟩ **0.1** ***onwaarheid*** ⇒*het onwaar zijn* **0.2** ⟨vero.⟩ ***ontrouw***.

un·truth·ful ['ʌn'tru:θfl]⟨bn.; -ly; -ness⟩ **0.1** ***leugenachtig*** ⇒*oneerlijk, onoprecht* **0.2** ***onwaar*** ⇒*onjuist*.

un·tuck ['ʌn'tʌk]⟨ov.ww.⟩ **0.1** ***losmaken*** ⟨dekens e.d.⟩.

un·tune ['ʌn'tju:n‖-'tu:n]⟨ov.ww.⟩ →untuned **0.1** ***ontstemmen*** ⟨ook fig.⟩ ⇒*v. slag brengen, uit zijn humeur brengen*.

un·tuned ['ʌn'tju:nd‖-'tu:nd]⟨bn.; in bet. 0.3 volt. deelw. v. untune⟩ **0.1** ***ongestemd*** **0.2** ***niet (juist) afgestemd*** ⟨v. radio⟩ **0.3** ***ontstemd*** ⟨ook fig.⟩ ◆ **1.3** ~ father *ontstemde/boze vader;* ~ piano *ontstemde piano*.

un·tune·ful ['ʌn'tju:nfl‖-'tu:nfl]⟨bn.; -ly; -ness⟩ **0.1** ***niet harmonieus*** ⇒*scherp, krassend*.

un·turned ['ʌn'tɜ:nd‖-'tɜrnd]⟨bn.⟩ **0.1** ***niet omgedraaid***.

un·tu·tored ['ʌn'tju:təd‖-'tu:ṭərd]⟨f1⟩⟨bn.⟩ **0.1** ***ongeschoold*** ⇒*niet onderwezen* **0.2** ***ongeletterd*** ⇒*onwetend* **0.3** ***naïef*** ⇒*ongekunsteld, eenvoudig* **0.4** ***onbeschaafd*** ⇒*niet verfijnd, ruw*.

un·twine ['ʌn'twaɪn]⟨ww.⟩
I ⟨onov.ww.⟩ **0.1** ***ontward raken*** ⇒*losgaan;*
II ⟨ov.ww.⟩ **0.1** ***ontwarren*** ⇒*uit elkaar halen, uit de war halen*.

un·twist ['ʌn'twɪst]⟨ww.⟩
I ⟨onov.ww.⟩ **0.1** ***ontward maken*** ⇒*losgaan, loskomen;*
II ⟨ov.ww.⟩ **0.1** ***loswinden*** ⇒*losdraaien* **0.2** ***ontwarren*** ⇒*uit de war halen*.

un·typ·i·cal ['ʌn'tɪpɪkl]⟨bn.; -ly⟩ **0.1** ***atypisch***.

un·urged ['ʌn'ɜ:dʒd‖'ʌn'ɜrdʒd]⟨bn.⟩ **0.1** ***onaangespoord*** ⇒*vrijwillig*.

un·us·a·ble ['ʌn'ju:zəbl]⟨bn.; -ly; →bijw. 3⟩ **0.1** ***onbruikbaar*** ⇒*nutteloos*.

un·used[1] ['ʌn'ju:zd]⟨f2⟩⟨bn.⟩ **0.1** ***ongebruikt*** ⇒*onbenut* ◆ **1.1** ~ glasses *ongebruikte glazen;* ~ opportunity *onbenutte gelegenheid*.

unused[2] ['ʌn'ju:st]⟨bn., pred.⟩ **0.1** ***niet gewend*** ◆ **6.1** ~ **to** hard work /working hard *er niet aan gewend hard te (moeten) werken*.

un·u·su·al ['ʌn'ju:ʒ(ʊ)əl]⟨f3⟩⟨bn.; -ness⟩ **0.1** ***ongebruikelijk*** ⇒*uitzonderlijk, ongewoon* **0.2** ***opmerkelijk*** ⇒*opvallend, buitengewoon*.

un·u·su·al·ly ['ʌn'ju:ʒ(ʊ)əli]⟨f3⟩⟨bw.⟩ **0.1** →unusual **0.2** ***bijzonder*** ⇒*erg* ◆ **2.2** the children were ~ quiet today *de kinderen waren vandaag wel erg rustig*.

un·ut·ter·a·ble ['ʌn'ʌtrəbl‖-'ʌṭərəbl]⟨bn.; -ly; -ness; →bijw. 3⟩ **0.1** ***onuitsprekelijk*** ⟨ook fig.⟩ ⇒*onbeschrijf(e)lijk, vreselijk, afschuwelijk* **0.2** ***onuitspreekbaar*** ◆ **1.1** ~ beauty *onbeschrijf(e)lijke schoonheid;* ~ idiot *volslagen idioot*.

un·ut·tered ['ʌn'ʌtəd‖'ʌn'ʌṭərd]⟨bn.⟩ **0.1** ***onuitgesproken*** ⇒*ongeuit*.

un·vac·ci·nat·ed ['ʌn'væksɪneɪṭɪd]⟨bn.⟩ **0.1** ***oningeënt***.

un·val·ued ['ʌn'vælju:d]⟨bn.⟩ **0.1** ***ongewaardeerd*** **0.2** ***ongetaxeerd*** ⇒*ongeschat*.

un·var·ied ['ʌn'veərid‖-'ver-]⟨bn.⟩ **0.1** ***ongevarieerd*** ⇒*eentonig*.

un·var·nished ['ʌn'vɑ:nɪʃt‖-'vɑr-]⟨f1⟩⟨bn.⟩ **0.1** ***ongevernist*** **0.2** ***onverbloemd*** ⇒*onopgesmukt* **0.3** ***recht-door-zee*** ⇒*oprecht* ◆ **1.2** ~ truth *onverbloemde waarheid*.

un·var·y·ing ['ʌn'veəriɪŋ‖-'ver-]⟨bn.; -ly⟩ **0.1** ***onveranderlijk*** ⇒*constant*.

un·veil ['ʌn'veɪl]⟨ww.⟩ →unveiled
I ⟨onov.ww.⟩ **0.1** ***de sluier afdoen*** ⇒*de sluier laten vallen, zich onthullen;*
II ⟨ov.ww.⟩ **0.1** ***onthullen*** ⇒*ontsluieren;* ⟨fig.⟩ *openbaren, aan het licht brengen, ontmaskeren* ◆ **1.1** ~ a secret *een geheim onthullen;* ~ a statue *een standbeeld onthullen.*

un·veiled ['ʌn'veɪld]⟨bn.; volt. deelw. v. unveil⟩ **0.1** ***ongesluierd*** ⇒*zonder sluier.*

un·ven·ti·lat·ed ['ʌn'venţɪleɪţɪd]⟨bn.⟩ **0.1** ***ongeventileerd*** ⇒*zonder ventilatie* **0.2** ***onbesproken*** ⇒*niet ter sprake gebracht, ongeuit.*

un·ver·i·fi·a·ble ['ʌn'verɪfaɪəbl]⟨bn.; -ly; →bijw. 3⟩ **0.1** ***niet te verifiëren*** ⇒*onverifieerbaar.*

un·ver·i·fied ['ʌn'verɪfaɪd]⟨bn.⟩ **0.1** ***ongeverifieerd*** ⇒*onbewezen.*

un·versed ['ʌn'vɜ:st‖-'vɜrst]⟨bn., pred.⟩⟨schr.⟩ **0.1** ***onervaren*** ⇒*ongeschoold, onbedreven, ongeletterd* ◆ **6.1** ~ **in** *niet ervaren in.*

un·vi·o·lat·ed ['ʌn'vaɪəleɪţɪd]⟨bn.⟩ **0.1** ***ongeschonden*** ⇒*ongerept.*

un·vis·it·ed ['ʌn'vɪzɪţɪd]⟨bn.⟩ **0.1** ***onbezocht*** ⇒*vergeten, gepasseerd.*

un·voice ['ʌn'vɔɪs]⟨ov.ww.⟩⟨taalk.⟩ →unvoiced **0.1** ***stemloos maken*** **0.2** ***stemloos uitspreken.***

un·voiced ['ʌn'vɔɪst]⟨bn.; in bet. 0.2 volt. deelw. v. unvoice⟩ **0.1** ***onuitgesproken*** ⇒*ongeuit, stil* **0.2** ⟨taalk.⟩ ***stemloos*** ◆ **1.1** ~ protest *stil protest.*

un·vote ['ʌn'voʊt]⟨ov.ww.⟩ **0.1** ***bij stemming intrekken.***

un·vouched ['ʌn'vaʊtʃt], **un·vouched-for** [-fɔ:‖-fɔr]⟨bn.⟩ **0.1** ***niet gegarandeerd*** ⇒*onbewezen, onbevestigd.*

un·waked ['ʌn'weɪkt], **un·wa·kened** [-kənd]⟨bn.⟩ **0.1** ***niet gewekt*** **0.2** ***niet wakker.***

un·want·ed ['ʌn'wɒntɪd‖-'wɑnţɪd]⟨f2⟩⟨bn.⟩ **0.1** ***ongewenst*** **0.2** ***onnodig.***

un·war·like ['ʌn'wɔ:laɪk‖-'wɔr-]⟨bn.⟩ **0.1** ***vredelievend*** ⇒*niet oorlogszuchtig.*

un·warmed ['ʌn'wɔ:md‖-'wɔrmd]⟨bn.⟩ **0.1** ***onverwarmd*** ⇒*onverhit.*

un·warped ['ʌn'wɔ:pt‖-'wɔrpt]⟨bn.⟩ **0.1** ***niet vervormd*** ⇒*ongetrokken* ⟨v. hout⟩ **0.2** ***onbevooroordeeld*** ⇒*onbevangen.*

un·war·rant·a·ble ['ʌn'wɒrəntəbl‖-'wɔrənţəbl, -'wɑ-]⟨bn.; -ly; -ness; →bijw. 3⟩ **0.1** ***niet te rechtvaardigen*** ⇒*niet te verdedigen, onverantwoordelijk, onvergeeflijk.*

un·war·rant·ed ['ʌn'wɒrəntɪd‖-'wɔrənţɪd, -'wɑ-]⟨f1⟩⟨bn.⟩ **0.1** ***ongerechtvaardigd*** ⇒*ongewettigd, ongegrond* **0.2** ***zonder waarborg/garantie.***

un·war·y ['ʌn'weəri‖-'weri]⟨bn.; -er; -ly; -ness; →bijw. 3⟩ **0.1** ***onoplettend*** ⇒*onvoorzichtig.*

un·washed ['ʌn'wɒʃt‖-'wɔʃt, -'wɑʃt]⟨bn.⟩ **0.1** ***ongewassen*** ⇒*vuil* ◆ **7.¶** the ~ *het langharig tuig, het plebs, de meute.*

un·watched ['ʌn'wɒtʃt‖'ʌn'wɑtʃt]⟨bn.⟩ **0.1** ***onbewaakt*** ⇒*zonder toezicht* **0.2** ***ongezien*** **0.3** ***verwaarloosd.***

un·watch·ful ['ʌn'wɒtʃfl‖-'wɑtʃ-]⟨bn.; -ly⟩ **0.1** ***onoplettend*** ⇒*niet op zijn hoede.*

un·wa·tered ['ʌn'wɔ:təd‖-'wɔţərd, -'wɑ-]⟨bn.⟩ **0.1** ***onbesproeid*** ⇒*uitgedroogd* **0.2** ***zonder water*** ⇒*droog, dor* **0.3** ***onverdund*** ◆ **1.2** ~ plains *dorre vlaktes* **1.3** ~ wine *wijn zonder water, onverdunde wijn.*

un·wa·ver·ing [ʌn'weɪvrɪŋ]⟨bn.; -ly⟩ **0.1** ***standvastig*** ⇒*onwrikbaar, vast* ◆ **1.1** ~ faith *vast geloof.*

un·weaned ['ʌn'wi:nd]⟨bn.⟩ **0.1** ***niet ontwend*** ⇒⟨i.h.b.⟩ *de borst (nog) niet afgewend, (nog) niet gespeend.*

un·wear·a·ble ['ʌn'weərəbl‖-'wer-]⟨bn.⟩ **0.1** ***ondraagbaar*** ⟨v. kleding⟩ ⇒*niet flatteus; afgedragen, versleten.*

un·wea·ri·a·ble ['ʌn'wɪərɪəbl‖-'wɪr-]⟨bn.; -ly; →bijw. 3⟩ **0.1** ***onvermoeibaar.***

un·wea·ried ['ʌn'wɪərid‖-'wɪr-]⟨bn.; -ly; -ness⟩ **0.1** ***onvermoeid*** **0.2** ***onvermoeibaar*** **0.3** ***niet moe*** ⇒*fris.*

un·wea·ry ['ʌn'wɪəri‖-'wɪri]⟨bn.⟩ **0.1** ***onvermoeid.***

un·wea·ry·ing ['ʌn'wɪəriɪŋ‖-'wɪr-]⟨bn.; -ly⟩ **0.1** ***onvermoeibaar*** **0.2** ***niet vermoeiend/vervelend.***

un·weave ['ʌn'wi:v]⟨ov.ww.⟩⟨ook fig.⟩ **0.1** ***uitrafelen*** ⇒*uittrekken, ontrafelen.*

un·wed ['ʌn'wed], **un·wed·ded** ['ʌn'wedɪd]⟨bn.⟩ **0.1** ***ongehuwd*** ⟨vnl. v. vrouw⟩ ⇒*ongetrouwd.*

un·weed·ed ['ʌn'wi:dɪd]⟨bn.⟩ **0.1** ***ongewied.***

un·weighed ['ʌn'weɪd]⟨bn.⟩ **0.1** ***ongewogen*** **0.2** ***onoverwogen*** ⇒*onoverdacht, zonder overleg.*

un·wel·come ['ʌn'welkəm]⟨f1⟩⟨bn.; -ly; -ness⟩ **0.1** ***niet welkom*** ⇒*ongewenst, onwelkom.*

un·well [ʌn'wel]⟨f1⟩⟨bn., pred.; -ness⟩ **0.1** ***onwel*** ⇒*ziek, onpasselijk* **0.2** ⟨euf.⟩ ***ongesteld*** ⇒*onwel.*

un·wept ['ʌn'wept]⟨bn.⟩ **0.1** ***onbeweend*** ⟨v. dode⟩ ⇒*niet betreurd* **0.2** ***onvergoten*** ⟨v. tranen⟩.

un·wet·ted ['ʌn'weţɪd]⟨bn.⟩ **0.1** ***droog (gebleven)*** ◆ **1.1** ~ eyes *droge ogen.*

un·whipped ['ʌn'wɪpt‖-'hwɪpt]⟨bn.⟩ **0.1** ***onbestraft.***

un·whit·ened ['ʌn'waɪtnd‖-'hwaɪtnd]⟨bn.⟩ **0.1** ***ongebleekt.***

un·whole·some ['ʌn'hoʊlsəm]⟨f1⟩⟨bn.; -ly; -ness⟩ **0.1** ***ongezond*** ⟨ook fig.⟩ ◆ **1.1** ~ book *verderfelijk boek;* ~ food *ongezond voedsel;* ~ girl *ongezond/slecht uitziend meisje.*

un·wield·y [ʌn'wi:ldi], **un·wield·ly** [-'wi:ldli]⟨f1⟩⟨bn.; -er; -ly; -ness; →bijw. 3⟩ **0.1** ***onhandelbaar*** ⇒*onhandig, onpraktisch* **0.2** ***onbehouwen*** ⇒*lomp, onbeholpen* **0.3** ***log.***

un·wife·ly [ʌn'waɪfli]⟨bn.⟩ **0.1** ***niet zoals het een echtgenote betaamt.***

un·will ['ʌn'wɪl]⟨ov.ww.⟩ →unwilled, unwilling **0.1** ***het tegendeel willen v.*** **0.2** ***willoos maken.***

un·willed ['ʌn'wɪld]⟨bn.; ook volt. deelw. v. unwill⟩ **0.1** →unwill **0.2** ***ongewild*** ⇒*onbedoeld.*

un·will·ing ['ʌn'wɪlɪŋ]⟨f2⟩⟨bn.; -ly; -ness⟩ **0.1** ***onwillig*** ⇒*niet genegen* **0.2** ***met tegenzin gegeven/gedaan*** ◆ **1.2** ~ advice *met tegenzin gegeven advies* **3.1** ~ to do sth. *iets ongaarne doen, er niets voor voelen om iets te doen;* he's ~ to go out of the way *hij is niet v. plan uit de weg te gaan* **6.1** ~ **for** sth. *iets niet willend;* ~ **for** sth. to be done *iets ongaarne gedaan zien* **8.1** ~ that *niet willend dat.*

un·wind ['ʌn'waɪnd]⟨f2⟩⟨ww.; unwound, unwound⟩ →unwound
I ⟨onov.ww.⟩ **0.1** ***zich afwikkelen*** ⟨ook fig.⟩ ⇒*zich ontrollen* **0.2** ⟨inf.⟩ ***zich ontspannen*** ◆ **1.1** the river unwound before his eyes *de rivier ontrolde zich voor zijn oog;*
II ⟨ov.ww.⟩ **0.1** ***afwikkelen*** ⇒*afwinden, ontrollen, loswinden* **0.2** ***ontwarren.***

un·wink·ing ['ʌn'wɪŋkɪŋ]⟨bn.; -ly⟩ **0.1** ***zonder knipperen*** ⇒*vast* **0.2** ***oppassend*** ⇒*waakzaam* ◆ **1.1** ~ stare *vaste/starre blik.*

un·win·na·ble [ʌn'wɪnəbl]⟨bn.⟩ **0.1** ***niet te winnen*** ⟨wedstrijd bv.⟩ **0.2** ***oninneembaar*** ⟨fort bv.⟩.

un·wis·dom ['ʌn'wɪzdəm]⟨n.-telb.zn.⟩ **0.1** ***dwaasheid.***

un·wise ['ʌn'waɪz]⟨f1⟩⟨bn.; -er; -ly; -ness; →compar. 7⟩ **0.1** ***onverstandig*** ⇒*dwaas, dom.*

un·wish ['ʌn'wɪʃ]⟨ov.ww.⟩ →unwished **0.1** ***niet meer wensen*** ⇒*intrekken, herroepen* ⟨wens⟩ **0.2** ***wegwensen.***

un·wished ['ʌn'wɪʃt], **un·'wished-for** [-fɔ:‖-fɔr]⟨bn.; 1e variant (oorspr.) volt. deelw. v. unwish⟩ **0.1** ***ongewenst*** ⇒*onbegeerd, niet welkom.*

un·with·ered ['ʌn'wɪðəd‖-ðərd]⟨bn.⟩ **0.1** ***onverwelkt*** ⇒*onverdord, levenskrachtig, fris.*

un·wit·nessed ['ʌn'wɪtnɪst]⟨bn.⟩ **0.1** ***niet door een getuige ondertekend*** ⇒*ongestaafd* **0.2** ***ongezien*** ⇒*nooit gezien.*

un·wit·ting ['ʌn'wɪţɪŋ]⟨f2⟩⟨bn., attr.; -ly; -ness⟩ **0.1** ***onwetend*** ⇒*onbewust* **0.2** ***onopzettelijk*** ⇒*ongewild.*

un·wom·an·ly ['ʌn'wʊmənli]⟨bn.⟩ **0.1** ***onvrouwelijk*** ⇒*ongepast voor een vrouw.*

un·wont·ed [ʌn'woʊnţɪd]⟨bn.; -ly; -ness⟩⟨schr.⟩ **0.1** ***ongewoon*** ⇒*ongebruikelijk* **0.2** ⟨vero.⟩ ***onvertrouwd*** ⇒*ongewend.*

un·wood·ed ['ʌn'wʊdɪd]⟨bn.⟩ **0.1** ***onbebost*** ⇒*boomloos.*

un·wooed [ʌn'wu:d]⟨bn.⟩ **0.1** ***onopgevrijd*** ⇒*door niemand het hof gemaakt.*

un·work·a·ble ['ʌn'wɜ:kəbl‖-'wɜrk-]⟨f1⟩⟨bn.⟩ **0.1** ***(bijna) onuitvoerbaar*** ⇒*onhandzaam, onpraktisch.*

un·worked ['ʌn'wɜ:kt‖-'wɜrkt]⟨bn.⟩ **0.1** ***onbewerkt*** ⇒*ruw* **0.2** ***onontgonnen*** ⇒*ongebruikt, onaangeboord.*

un·work·man·like ['ʌn'wɜ:kmənlaɪk‖-'wɜrk-]⟨bn.⟩ **0.1** ***dilettanterig*** ⇒*amateuristisch, incompetent.*

un·world·ly ['ʌn'wɜ:ldli‖-'wɜrldli]⟨bn.; -ness; →bijw. 3⟩ **0.1** ***onaards*** ⇒*onwerelds, spiritueel* **0.2** ***wereldvreemd*** ⇒*naïef, ongecompliceerd, onverfijnd.*

un·worn ['ʌn'wɔ:n‖-'wɔrn]⟨bn.⟩ **0.1** ***ongedragen*** ⇒*onversleten, nieuw, origineel.*

un·wor·shipped, ⟨AE sp.⟩ **un·wor·shiped** [ʌn'wɜ:ʃɪpt‖-'wɜr-]⟨bn.⟩ **0.1** ***onvereerd.***

un·wor·thy ['ʌn'wɜ:ði‖-'wɜrði]⟨f2⟩⟨bn.; -er; -ly; -ness; →bijw. 3⟩ **0.1** ***onwaardig*** **0.2** ***onbetamelijk*** ⇒*ongepast, schandelijk, beneden peil* **0.3** ***waardeloos*** ⇒*laag (aangeschreven), verachtelijk* **0.4** ***onverdiend*** ⇒*ongerechtvaardigd* ◆ **6.2** that attitude is ~ **of** you *die houding siert je niet.*

un·wound ['ʌn'waʊnd]⟨bn.; volt. deelw. v. unwind⟩ **0.1** ***niet (op)gewonden*** ⇒*afgewonden.*

un·wound·ed ['ʌn'wu:ndɪd]⟨bn.⟩ **0.1** ***niet gewond*** ⇒*intact, heel (huids).*

un·wo·ven ['ʌn'woʊvn]⟨bn.⟩ **0.1** ***ongeweven.***

un·wrap ['ʌn'ræp]⟨f1⟩⟨ov.ww.; →ww. 7⟩ **0.1** ***openmaken*** ⇒*uitpakken, onthullen, loswikkelen.*

un·wrin·kle ['ʌn'rɪŋkl]⟨ov.ww.⟩ →unwrinkled **0.1** ***ontrimpelen*** ⇒*gladstrijken.*

un·wrin·kled ['ʌn'rɪŋkld]⟨bn.; volt. deelw. v. unwrinkle⟩ **0.1** ***ongerimpeld*** ⇒*glad(gestreken).*

un·writ·a·ble ['ʌn'raɪtəbl]⟨bn.⟩ **0.1** ***onbeschrijfbaar*** ⇒*onbeschrijf(e)lijk.*

un·writ·ten ['ʌn'rɪtn]⟨f1⟩⟨bn.⟩ **0.1** ***ongeschreven*** ⇒*niet opgetekend, niet geboekstaafd* **0.2** ***mondeling overgeleverd*** ⇒*traditioneel* **0.3** ***onbeschreven*** ◆ **1.¶** ~ law *ongeschreven wet, gewoonterecht;* the ~ law *de bloedwraak* ⟨vnl. na aanranding v.d. eerbaarheid v.e. familielid⟩.

un·wrought ['ʌn'rɔ:t]⟨bn.⟩ **0.1** ***onafgewerkt*** ⇒*onbewerkt, ruw* **0.2** ***ongebruikt*** ⇒*onontwikkeld, onaangeboord, onontgonnen.*

un·wrung ['ʌn'rʌŋ]⟨bn.⟩ **0.1** ***on(uit)gewrongen*** **0.2** ***ongekweld*** ⇒*onverkrampt.*

un·yield·ing ['ʌn'ji:ldɪŋ]⟨f1⟩⟨bn.; -ly; -ness⟩ **0.1** ***onbuigzaam*** ⇒*onverzettelijk, stijf(koppig), koppig, halsstarrig, bikkelhard.*

un·yoke ['ʌn'jouk]⟨ww.⟩

I ⟨onov.ww.⟩⟨vero.⟩ **0.1** ***een trekdier het juk afnemen*** **0.2** ***het werk staken*** ⇒*ophouden met werken;*

II ⟨ov.ww.⟩ **0.1** ***van het juk bevrijden*** ⇒*uitspannen* **0.2** ***afkoppelen*** ⇒*losmaken, loshaken, afhangen* ⟨bv. ploeg⟩.

un·zip ['ʌn'zɪp]⟨f1⟩⟨ww.; →ww. 7⟩

I ⟨onov.ww.⟩ **0.1** ***los/opengaan*** ⇒*openritsen* ◆ **1.1** her dress ~ped *de rits v. haar japon ging open;*

II ⟨ov.ww.⟩ **0.1** ***openritsen*** ⇒*openmaken, losmaken* ⟨door de rits open te trekken⟩ **0.2** ⟨sl.⟩ ***de weerstand breken van*** **0.3** ⟨sl.⟩ ***oplossen*** ⇒*iets vinden op* **0.4** ⟨sl.⟩ ***op poten zetten.***

un·zoned ['ʌn'zound]⟨bn.⟩ **0.1** ***niet in zones opgedeeld.***

up[1] ⟨f2⟩⟨zn.⟩

I ⟨telb.zn.⟩ **0.1** ***(opgaande) helling*** **0.2** ***opwaartse beweging*** **0.3** ***hoog(te)punt*** ⇒*goede/aangename periode* **0.4** ⟨vnl. AE; sl.⟩ ***pepmiddel*** ⇒*stimulerend/opwekkend middel* ◆ **1.¶** ~s and downs *op en af, golvend terrein, hoog en laag, wisselvalligheden, ups en downs, voor- en tegenspoed* ⟨afwisselend⟩ **6.¶** ⟨inf.⟩ **on** the ~(-) and(-) ~ ⟨vnl. BE⟩ *aan de beterende hand, gestadig stijgend/vooruitgaand;* ⟨vnl. AE⟩ *eerlijk, recht door zee, openhartig;*

II ⟨n.-telb.zn.; the⟩⟨tennis⟩ **0.1** ***het (op)stuiten*** ⇒*het opspringen* ⟨v.e. de grond rakende bal⟩.

up[2] ⟨f2⟩⟨bn.⟩

I ⟨bn., attr.⟩ **0.1** ***omhoog-*** ⇒*op-, opgaand, opwaarts gericht, tegengeplaatst* **0.2** ⟨vnl. BE⟩ ***naar een belangrijker/hoger gelegen plaats gaand*** ⟨v. trein⟩ **0.3** ⟨vnl. AE; sl.⟩ ***opgewekt*** ⇒*uitgelaten, vrolijk* **0.4** ⟨inf.⟩ ***aan een kant gebakken*** ⟨v. ei⟩ ◆ **1.1** the ~ stairs/elevator *de omhooggaande trap/lift;* an ~ stroke *opwaartse uithaal* ⟨met pen⟩ **1.2** the ~ line *de Londen-lijn;* the ~ platform *het perron voor de trein naar Londen;* the ~ train *de trein naar Londen* ⟨de stad⟩ **1.3** Sue prefers ballads to ~ tunes *Sue hoort liever ballades dan vrolijke deuntjes* **1.¶** ⟨nat.⟩ ~ quark *U quark* ⟨met een $+ {}^{2}/_{3}$ lading en een spin van $+ {}^{1}/_{2}$⟩;

II ⟨bn., pred.⟩ **0.1** ***(om)hoog*** ⇒*hoger(geplaatst), op, rechtstaand* **0.2** ***op*** ⇒*uit bed, wakker* **0.3** ***actief*** ⇒*gezond* **0.4** ***stijgend*** ⟨naar vloedpeil⟩ **0.5** ⟨schr.⟩ ***tot de strijd bereid*** ⇒*gevechtsklaar, gemobiliseerd* **0.6** ***in beweging*** ⇒*versnellend* **0.7** ***gestegen*** **0.8** ⟨inf.⟩ ***bezig*** ⇒*aan de gang, gebeurend, gaande* **0.9** ***onder consideratie*** ⇒*ter studie,* ⟨bv. ter discussie⟩ *voorgedragen, voorgelegd, in aanmerking komend* **0.10** ***verkiesbaar gesteld*** ⇒*gegadigd, kandidaat* **0.11** ***in beschuldiging gesteld*** ⇒*voor de rechtbank gedaagd, terechtstaand, verhoord* **0.12** ***om*** ⇒*op, voorbij, beëindigd, verstreken* **0.13** ⟨inf.⟩ ***welingelicht*** ⇒*onderlegd, goed op de hoogte* **0.14** ***met voorsprong*** ⇒*vóór op tegenstrever* **0.15** ⟨sport, honkbal⟩ ***aan slag*** **0.16** ***ingezet*** ⇒*op het spel (staand)* **0.17** ⟨v. weg⟩ ***opgebroken*** **0.18** ⟨v. jockey⟩ ***erop*** ⇒*in het zadel* **0.19** ***met een bep. bestemming voor ogen*** **0.20** ***duurder (geworden)*** ⇒*in prijs gestegen* **0.21** ⟨inf.⟩ ***klaar*** ⟨v. voedsel, drank⟩ **0.22** ⟨AE; sl.⟩ ***high*** ◆ **1.1** the flag is ~ *de vlag is gehesen;* that new skyscraper hasn't been ~ long *die nieuwe wolkenkrabber staat er nog niet zo lang;* the sun is ~ *de zon is op* **1.4** the tide is ~ *het is vloed/hoogwater* **1.6** the winds are ~ *de wind is in kracht toegenomen, het waait flink* **1.7** the temperature is ~ eight degrees *de temperatuur ligt acht graden hoger;* sales are ~ *de verkoop is gestegen* **1.9** that contract is ~ for renewal *dat contract moet vernieuwd worden;* the house is ~ for sale *het huis staat te koop;* that matter is ~ for discussion *die zaak staat open voor discussie/is voor discussie vatbaar* **1.10** Senator Smith is ~ for re-election *senator Smith stelt zich herkiesbaar* **1.11** he'll be ~ before the judge soon *hij zal weldra voor de rechter moeten komen* **1.12** when is your leave ~? *wanneer is je verlof om?;* time's ~ *de/je tijd is om* **1.14** ⟨golf⟩ I was ~ two holes *ik lag twee holes voor* **1.17** road ~ *werk in uitvoering* ⟨waarschuwingsbord⟩ **1.20** coffee is ~ again *de koffie is weer eens duurder geworden* **1.21** coffee is ~! *de koffie is klaar!* **3.8** what's ~? *wat gebeurt er (hier)?* **3.¶** be ~ and doing *flink aanpakken, bezig/in de weer zijn;* be ~ and running *in vol bedrijf zijn* **4.12** it's all ~ with that fraud now *nu kan die oplichter het wel vergeten* **5.8** ~ and **about/around** *weer op de been, (druk) in de weer* **6.13** be well ~ **in/on** *veel afweten van, goed op de hoogte zijn van, goed (thuis) zijn in;* I'm not ~ **on** this subject *ik weet geen snars v. dit onderwerp af* **7.¶** ⟨tennis⟩ not ~ *tweemaal gestuit alvorens geslagen te worden* ⟨mbt. bal; resulterend in puntenverlies⟩;

III ⟨bn., post.⟩ **0.1** ***naar boven lopend*** ⇒*omhooggericht* ◆ **1.1** the road ~ *de naar boven leidende weg, de weg omhoog.*

up[3] ⟨f2⟩⟨ww.; →ww. 7⟩

I ⟨onov.ww.⟩ **0.1** ⟨met: and + ww.⟩⟨inf.⟩ ***plotseling/onverwachts doen/beginnen*** **0.2** ⟨AE; sl.⟩ ***(peppillen) slikken*** ◆ **3.1** she ~ped and left *zij vertrok plotseling/zomaar* **6.¶** he ~ped **with** his fist *hij stak zijn vuist omhoog;*

II ⟨ov.ww.⟩⟨inf.⟩ **0.1** ***(plotseling) de hoogte in jagen*** ⇒*verhogen, (abrupt) doen stijgen* ◆ **1.1** he ~ped the offer *hij deed een hoger bod.*

up[4] [ʌp]⟨f4⟩⟨bw.; vaak pred.⟩ **0.1** ⟨plaats of richting; ook fig.⟩ ***omhoog*** ⇒*op, naar boven, op/noordwaarts, sterker, hoger, meer, verder* ⟨enz.⟩*, op-, uit-* **0.2** ***te voorschijn*** ⇒*zichtbaar, voor, tot stand, uit-, over-* **0.3** ⟨finaliteit of volledigheid⟩ ***helemaal*** ⇒*op, door-, af-, uit-* **0.4** ⟨plaats of richting mbt. een centraal of sociaal belangrijk punt⟩ ***in/naar*** ⇒⟨BE i.h.b⟩ *in/naar de universiteit (sstad)/Londen;* ⟨dram.⟩ *op het achtertoneel* **0.5** ⟨vero.⟩ ***open*** ◆ **1.1** six floors ~ *zes hoog;* heads ~ *met het hoofd omhoog;* face ~ *met de bovenkant naar omhoog gekeerd;* ~ the republic *leve de republiek;* ⟨paardesport⟩ Moonshaft, Smith ~ *Moonshaft, bereden door Smith* **2.3** full ~ *(helemaal) vol* **3.1** was braced ~ by the news *had nieuwe moed gekregen door het nieuws;* come ~ for air *aan de oppervlakte komen om lucht te happen;* dug ~ a bone *groef een been op;* face ~ *naar boven gekeerd zijn;* help her ~ *help haar opstaan;* keep your spirits ~ *hou moed;* lift ~ the child *til het kind op;* live ~ in the clouds *met zijn hoofd in de wolken leven;* live ~ in the hills *boven in de bergen wonen;* move ~ and down *op en neer bewegen;* he is on his way ~ to the top *hij klimt omhoog;* puffed ~ *opgeblazen;* row ~ *stroomopwaarts roeien;* sail ~ against the wind *tegen de wind in zeilen;* speed ~ *versnellen;* stand ~ *sta recht;* ⟨muz.⟩ transposed ~ a third *een terts hoger getransponeerd;* turn the card ~ *keer de kaart met de voorkant naar omhoog;* went ~ north *ging naar het noorden* **3.2** build ~ a career *een carriere opbouwen;* come ~ for election *uitkomen in de verkiezingen;* gave himself ~ *gaf zichzelf over;* held it ~ to him *hield het hem voor;* the flowers opened ~ *de bloemen gingen open;* he turned ~ in Hong Kong *hij dook in Hong Kong op* **3.3** block ~ *versperren;* bought ~ the entire stock *kocht de volledige voorraad op;* break ~ a road *een weg opbreken;* clean it ~ *maak het schoon;* drink ~ *drink je glas uit;* I give ~ *ik geef het op;* she prettied it ~ *zij maakte het mooi;* rip ~ *kapotscheuren;* sew it ~ *naai het dicht;* all sold ~ *helemaal uitverkocht;* sum it ~ *vat het samen;* swallowed ~ in the bog *verzwonden in het moeras;* woke her ~ *maakte haar wakker;* all wrapped ~ *helemaal ingeduffeld/ingepakt* **3.4** they came ~ to see us *ze kwamen ons bezoeken;* come ~ first *als eerste uitkomen;* go ~ to London *naar Londen gaan;* ⟨golf⟩ hit the ball ~ *speel de bal naar de hole toe;* it led ~ to the school *het leidde naar de school;* ⟨dram.⟩ strolls ~ *kuiert naar achteren (op het toneel);* went ~ to Cambridge *ging in Cambridge studeren;* went ~ to the cottage for the weekend *ging het weekeinde in het buitenhuisje doorbrengen;* ⟨naar de gevangenis⟩ went ~ for three years *ging drie jaar zitten/brommen* **3.5** he ripped the bag ~ *hij scheurde de zak open* **3.¶** →be up; →be up to **4.¶** ⟨sport⟩ with a hundred ~ *met honderd punten (voor);* ⟨BE; sport⟩ be two (goals/points) ~ *twee goals/punten voorstaan;* ⟨AE; sport⟩ two ~ *twee gelijk* **5.1** ~ and **down** *op en neer, heen en weer;* ~ **till** now *tot nu toe, totnogtoe* **5.¶** ~ and **down** *overal, in alle hoeken en gaatjes* **6.1** ~ **to** and including *tot en met;* sums of ~ **to** sixty pounds *bedragen v. hoogstens/maximaal zestig pond;* ~ **with** you! *sta op!* **6.¶** I don't feel ~ **to** it *ik voel er mij niet tegen opgewassen/toe in staat, ik durf het niet aan;* live ~ **to** one's religion *volgens/overeenkomstig zijn godsdienst leven;* ~ **with** the revolution! *hoera voor/leve de revolutie!* **¶.1** from £4 ~ *vanaf vier pond;* from then on ~ *van dan af aan;* children from six years ~ *kinderen van zes jaar en ouder;* from youth ~ *van zijn jeugd af;* ~ through history *door heel de geschiedenis heen;* ~ to now *tot dusver* **¶.4** riots ~ in the suburbs *rellen in de randgemeenten.*

up[5] ⟨f4⟩⟨vz.⟩ **0.1** ⟨plaats of richting; ook fig.⟩ ***op*** ⇒*boven in, boven op, omhoog naar/in het noorden* **0.2** ⟨richting naar een centraal punt toe⟩ ***naar*** ⇒*in* ◆ **1.1** escaped ~ the chimney *ontsnapte langs de schoorsteen;* ~ the coast to Edinburgh *langs de kust omhoog naar Edinburgh;* it's ~ the coast from here *het is hier vandaan verder langs de kust;* walked ~ the hill *liep de heuvel op;* lived ~ the mountain *woonde boven in de bergen;* ⟨dram.⟩ ~ stage *achter op de scène;* went ~ the wind *gingen tegen de windrichting in* **1.2** walked ~ the avenue *liep de laan door;* travelled ~

the country *reisde het land in;* went ~ a cul-de-sac *sloeg een doodlopende weg in;* lives ~ the street *woont verderop in de straat;* walked ~ the street *liep de straat door;* ~ the valley *(verder) het dal in* **6.¶** ~ and **down** the country *door/in het gehele land*.

up[6] ⟨afk.⟩ upper.

up- [ʌp] **0.1** ⟨vormt nw., bijv. nw. of ww. van ww.⟩ ***op-*** ⇒*omhoog-* **0.2** ⟨vormt bijv. nw. of bijw. van nw.⟩ ***op(waarts)-*** **0.3** ⟨vormt ww. van nw. of ww.⟩ ***om-*** ⇒*omver-, ont-* **0.4** ⟨vormt nw., bijv. nw. of bijw. van nw.⟩ ***boven-*** ◆ **¶.1** uphold *ophouden, hooghouden;* uprise *opkomst;* upstanding *overeind staand* **¶.2** upstairs *de trap op, (naar) boven* **¶.3** uproot *ontwortelen;* upturn *omgooien* **¶.4** upland *hoogland;* uptown *van/in/naar de bovenstad*.

UP ⟨afk.⟩ **0.1** ⟨up⟩ ⟨sl.⟩ **0.2** ⟨Uttar Pradesh⟩ ◆ **4.1** it's all U.P. with him *zijn geval is hopeloos, hij kan het nu wel helemaal vergeten, hij is er gloeiend bij*.

'up-and-'com·ing ⟨bn.⟩ ⟨inf.⟩ **0.1** ***veelbelovend*** ⇒*aankomend, met de voet op de ladder, succesbelovend, ondernemend, pienter*.

'up-and-'down[1] ⟨telb.zn.⟩ ⟨inf.⟩ **0.1** ***blik*** ⇒*inspectie* ⟨v. boven naar beneden⟩.

up-and-down[2] ⟨bn.⟩ **0.1** ***op- en neergaand*** ⇒*golvend* **0.2** ***verticaal***.

up-and-down·er ['ʌpən'daʊnə‖-ər] ⟨telb.zn.⟩ ⟨BE; inf.⟩ **0.1** ***ruzie*** ⇒*herrie, rel*.

'up-and-'o·ver ⟨bn., attr.⟩ **0.1** ***wentel-*** ⇒*klap-* ◆ **1.1** ~ door *wentel/klapdeur* ⟨die tot horizontale positie opengeklapt wordt⟩.

'up-and-'un·der ⟨telb.zn.⟩ ⟨rugby⟩ **0.1** ***up-en-under*** ⟨hoge, verre bal naar voren⟩.

'up-and-'up ⟨n.-telb.zn.; alleen in uitdr.⟩ ⟨sl.⟩ **0.1** ⟨BE⟩ ***succes*** **0.2** ⟨AE⟩ ***eerlijkheid*** ◆ **6.1** the plan is **on** the ~ *het plannetje werkt/begint vruchten af te werpen/loopt goed* **6.2** he is **on** the ~ *hem kun je vertrouwen, met hem zit het wel snor*.

U·pan·i·shad [u:'pæniʃæd] ⟨telb.zn.⟩ **0.1** ***Upanishad*** ⟨filosofische opstellen in het Sanskriet bij de oude Veda's⟩.

u·pas ['ju:pəs], ⟨in bet. I 0.1 ook⟩ **'upas tree** ⟨zn.⟩
I ⟨telb.zn.⟩ **0.1** ⟨plantk.⟩ ***oepasboom*** ⟨Antiaris toxicaria⟩;
II ⟨n.-telb.zn.⟩ **0.1** ***giftig melksap v.d. oepas*** ⟨gebruikt als pijlgif⟩ **0.2** ***verderfelijke invloed*** ⇒*vernietigende invloed*.

'up·beat[1] ⟨n.-telb.zn.; the⟩ ⟨muz.⟩ **0.1** ***opslag*** ⇒*opmaat* **0.2** ⟨sl.⟩ ***bekende passage***.

upbeat[2] ⟨bn.⟩ ⟨inf.⟩ **0.1** ***vrolijk*** ⇒*optimistisch, uitgelaten*.

up-bow ['ʌpboʊ] ⟨telb.zn.⟩ ⟨muz.⟩ **0.1** ***opstreek*** ⟨op viool⟩.

up·braid [ʌp'breɪd] ⟨ov.ww.⟩ ⟨schr.⟩ **0.1** ***verwijten*** ⇒*bekijven, berispen, een (fikse) uitbrander geven, de mantel uitvegen* ◆ **6.1** ~ s.o. **for** doing sth. / **with** sth. *iem. iets verwijten*.

up·bring·ing ['ʌpbrɪŋɪŋ] ⟨f2⟩ ⟨telb.zn.⟩ **0.1** ***opvoeding*** ⇒*het grootbrengen*.

'up'build ⟨ov.ww.⟩ **0.1** ***opbouwen*** ⇒*uitbreiden, vermeerderen*.

UPC ⟨afk.⟩ Universal Product Code ⟨AE⟩.

'up·cast[1] ⟨telb.zn.⟩ **0.1** ***opgooi*** ⇒*opwaartse worp, opgeworpene* **0.2** ⟨mijnw.⟩ ***(afvoer)ventilatieschacht*** ⇒*luchtkoker, uitstromingsschacht* **0.3** ⟨geol.⟩ ***bovenwaartse dislocatie v. strata***.

'upcast[2] ⟨bn.⟩ **0.1** ***omhooggeworpen*** ⇒*opwaarts gericht, opgeslagen*.

'up'cast[3] ⟨ov.ww.⟩ **0.1** ***omhoog werpen*** ⇒*opgooien*.

'up·chuck ⟨onov. en ov.ww.⟩ ⟨vnl. AE; sl.⟩ **0.1** ***(uit)kotsen***.

'up·com·ing ⟨bn., attr.⟩ ⟨vnl. AE⟩ **0.1** ***voor de deur staand*** ⇒*aanstaande, (weldra) verwacht, komend*.

'up'coun·try[1] ⟨n.-telb.zn.⟩ **0.1** ***binnenland***.

upcountry[2] ⟨bn.⟩ **0.1** ***in/naar/uit het binnenland*** ⟨i.h.b. mbt. dunbevolkt land⟩ **0.2** ***achtergebleven*** ⇒*naïef, onwetend*.

upcountry[3] ⟨bw.⟩ **0.1** ***naar/in/van het binnenland*** ⇒*landinwaarts* ◆ **3.1** travel ~ *de boer op trekken*.

'up·date[1] ⟨telb. en n.-telb.zn.⟩ **0.1** ***het herzien*** **0.2** ***meest recente gegevens*** **0.3** ***meest recente versie*** ⇒*bijdetijdse versie*.

'up'date[2] ⟨f1⟩ ⟨ov.ww.⟩ **0.1** ***moderniseren*** ⇒*bijwerken, aanvullen, herzien, van recente informatie voorzien, bij de tijd brengen, up-to-date maken*.

'up·draft ⟨telb.zn.⟩ **0.1** ***opwaartse luchtstroom***.

'up'end ⟨ww.⟩
I ⟨onov.ww.⟩ **0.1** ***aan het uiteinde omhoogkomen*** ⇒*op zijn kop staan;*
II ⟨ov.ww.⟩ **0.1** ***op zijn kop zetten*** ⇒*op zijn kant/ondersteboven zetten* **0.2** ***omverslaan***.

'up'field ⟨bn.⟩ ⟨sport⟩ **0.1** ***op de andere speelhelft***.

'up-'front[1] ⟨bn., attr.⟩ ⟨AE; inf.⟩ **0.1** ***onverbloemd*** ⇒*rondborstig, recht-toe recht-aan, recht voor zijn raap* **0.2** ***belangrijk(st)*** **0.3** ***tot het kader(personeel) behorend*** **0.4** ***op voorhand gemaakt/komend*** ⇒*vooraf-*.

up-front[2] ⟨bw.⟩ ⟨inf.⟩ **0.1** ***vooruit*** ⇒*bij voorbaat*.

'up·grade[1] ⟨f1⟩ ⟨telb.zn.⟩ **0.1** ***(oplopende) helling*** ◆ **6.¶ on** the ~ *oplopend, stijgend, toenemend; aan de beterende hand, vooruitgang boekend*.

'upgrade[2] ⟨bn.⟩ ⟨vnl. AE⟩ **0.1** ***bergop(waarts)*** **0.2** ***moeilijk***.

'up'grade[3] ⟨f1⟩ ⟨ov.ww.⟩ **0.1** ***bevorderen*** ⇒*promotie geven* **0.2** ***veredelen*** ⟨veerassen⟩ **0.3** ***opvijzelen*** ⇒*opwaarderen* **0.4** ***hoger prijzen*** **0.5** ***verbeteren***.

'up'grade[4] ⟨bw.⟩ **0.1** ***bergop*** ⇒*opwaarts*.

'up·growth ⟨zn.⟩
I ⟨telb.zn.⟩ **0.1** ***uitwas*** ⇒*aanwas, aangroeisel;*
II ⟨n.-telb.zn.⟩ **0.1** ***het opgroeien*** ⇒*opwaartse ontwikkeling*.

'up'heaped ⟨bn.⟩ **0.1** ***opgehoopt***.

up·heav·al [ʌp'hi:vl] ⟨f2⟩ ⟨telb.zn.⟩ **0.1** ***opheffing*** **0.2** ***omwenteling*** ⇒*aardverschuiving, plotselinge onderbreking/verandering, ontreddering, opschudding* **0.3** ⟨geol.⟩ ***bodemopheffing/verheffing*** ◆ **2.2** social ~ *sociale beroering*.

up·heave ['ʌp'hi:v] ⟨ww.⟩
I ⟨onov.ww.⟩ **0.1** ***zich verheffen;***
II ⟨ov.ww.⟩ **0.1** ***opheffen*** ⇒*omhoogtillen*.

upheld ⟨verl. t., volt. deelw.⟩ →uphold.

'up·hill[1] ⟨telb.zn.⟩ **0.1** ***(opwaartse) helling***.

'uphill[2] ⟨f1⟩ ⟨bn.⟩ **0.1** ***hellend*** ⇒*oplopend, (berg)opwaarts* **0.2** ***(aarts)moeilijk*** ⇒*zwaar, inspannend, veeleisend* ◆ **1.1** ~ task *hels karwei*.

'up'hill[3] ⟨f1⟩ ⟨bw.⟩ **0.1** ***bergop*** ⇒*naar boven/de heuveltop, omhoog* **0.2** ***moeizaam*** ⇒*tegen de stroom in*.

up·hold ['ʌp'hoʊld] ⟨f2⟩ ⟨ov.ww.⟩ **0.1** ***op/rechthouden*** ⇒*(onder) steunen, schragen, hooghouden, handhaven* **0.2** ***(moreel) steunen*** ⇒*aanmoedigen, goedkeuren* **0.3** ***(her)bevestigen*** ⇒*blijven bij* **0.4** ⟨vnl. Sch. E⟩ ***verklaren*** ⇒*staande houden*.

up·hold·er [ʌp'hoʊldə‖-ər] ⟨telb.zn.⟩ **0.1** ***handhaver*** ⇒*steun* **0.2** ⟨amb.⟩ ***stoffeerder***.

up·hol·ster [ʌp'hoʊlstə‖-ər] ⟨ov.ww.⟩ →upholstered **0.1** ***stofferen*** ⟨vertrek, zetels⟩ ⇒*bekleden*.

up·hol·stered [ʌp'hoʊlstəd‖-stərd] ⟨f1⟩ ⟨bn.; volt. deelw. v. upholster⟩ **0.1** ***gestoffeerd*** ◆ **5.¶** ⟨inf.; scherts.⟩ well ~ *gezet, flink in het vlees zittend*.

up·hol·ster·er [ʌp'hoʊlstrə‖-ər] ⟨telb.zn.⟩ ⟨amb.⟩ **0.1** ***stoffeerder***.

up'hol·ster·er-bee ⟨telb.zn.⟩ ⟨dierk.⟩ **0.1** ***behangersbij*** ⟨genus Megachile⟩.

up·hol·ster·y [ʌp'hoʊlstri] ⟨f1⟩ ⟨n.-telb.zn.⟩ **0.1** ***het stofferen*** ⇒*stoffeerderij* **0.2** ***stoffering*** ⇒*bekleding*.

u·phroe, eu·phroe ['ju:froʊ] ⟨telb.zn.⟩ ⟨scheep.⟩ **0.1** ***juffer*** ⇒*jufferblok*.

UPI ⟨afk.⟩ United Press International.

'up·keep ⟨f1⟩ ⟨n.-telb.zn.⟩ **0.1** ***onderhoud(skosten)***.

up·land[1] ['ʌplənd] ⟨f1⟩ ⟨telb.zn.; vaak mv.⟩ **0.1** ***hoogland*** ⇒*plateau* **0.2** ***binnenland***.

upland[2] ⟨f1⟩ ⟨bn.⟩ **0.1** ***van/uit/in het hoogland*** ⇒*bovenlands*.

'upland cotton ⟨telb.zn.⟩ ⟨plantk.⟩ **0.1** ***hooglandkatoen*** ⟨Gossypium hirsutum⟩.

up·land·er ['ʌpləndə‖-ər] ⟨telb.zn.⟩ **0.1** ***hooglander*** ⇒*bovenlander*.

'upland plover ⟨telb.zn.⟩ ⟨dierk.⟩ **0.1** ***bartramruiter*** ⟨soort kievit; Bartramia longicauda⟩.

'up·lift[1] ⟨f1⟩ ⟨telb. en n.-telb.zn.; vaak attr.⟩ **0.1** ***ondersteuning*** ⇒*opheffing, opwaartse kracht* **0.2** ***opbeuring*** ⇒*verheffende invloed, lotsverbetering, morele prikkel* **0.3** ⟨geol.⟩ ***bodemopheffing/verheffing*** **0.4** ⟨inf.⟩ ***steungevende beha***.

'up'lift[2] ⟨ov.ww.⟩ **0.1** ⟨schr.⟩ ***omhoogsteken*** ⇒*optillen, opheffen, in de hoogte houden* **0.2** ***(geestelijk) verheffen*** ⇒*stichten, in vervoering brengen, aanmoedigen, bevorderen, verbeteren* **0.3** ⟨Sch. E⟩ ***ophalen*** ⟨geld⟩.

'uplift 'bra ⟨telb.zn.⟩ **0.1** ***steungevende beha***.

'up·link[1] ⟨telb.zn.⟩ ⟨ruim.⟩ **0.1** ***(data)transmissie*** ⟨v. grond naar ruimtevaartuig⟩.

uplink[2] ⟨ov.ww.⟩ ⟨ruim.⟩ **0.1** ***overseinen*** ⟨naar ruimtevaartuig⟩.

'up·load ⟨ov.ww.⟩ ⟨comp.⟩ **0.1** ***van klein systeem naar groot systeem zenden***.

up·man·ship ['ʌpmənʃɪp] ⟨n.-telb.zn.⟩ **0.1** ***het voorblijven*** ⇒*het voorsprong hebben, het voorafgaan*.

'up-'mar·ket ⟨bn.; bw.⟩ **0.1** ***voor de betere inkomensklasse*** ⇒*duurder, uit de duurdere prijsklasse, v. betere kwaliteit* ◆ **1.1** that shop has moved ~ *die winkel richt zich nu op de wat betere klant;* an ~ women's clothing store *een exclusieve boetiek in dameskleding*.

upmost →uppermost.

upon →on.

up·per[1] ['ʌpə‖-ər] ⟨f1⟩ ⟨telb.zn.⟩ **0.1** ***bovenle(d)er*** ⟨v. schoeisel⟩ **0.2** ⟨vnl. AE; inf.⟩ ***pepmiddel*** ⇒*stimulans, opwekkend middel* ⟨i.h.b. amfetaminetablet⟩; ⟨fig.⟩ *stimulans, leuke ervaring* **0.3** ⟨inf.⟩ ***boventand*** **0.4** ⟨inf.⟩ ***bovenkooi*** ⇒*bovenste slaapplaats* ◆ **6.¶** ⟨inf.⟩ be (down) **on** one's ~s *gaten in de zolen hebben;* ⟨fig.⟩ *berooid/straatarm zijn, op zwart zaad zitten*.

upper[2] ⟨f3⟩ ⟨bn., attr.⟩ **0.1** ***hoger*** ⇒*boven-, opper-* **0.2** ***meer noordelijk/landinwaarts/stroomopwaarts (gesitueerd)*** ⇒*hoger gelegen*

0.3 ***belangrijker*** ⇒*hoger geplaatst, superieur, met hogere rang/ graad* **0.4** ⟨aardr., archeologie, geol.⟩ ⟨U-⟩ ***Opper-*** ⇒*Boven-, Laat-* ◆ **1.1** ~ arm *bovenarm;* ⟨meteo.⟩ ~ atmosphere *hogere atmosfeer* ⟨boven troposfeer⟩; ⟨wisk.⟩ ~ bound *bovenwaarde, hoogste getal v. verzameling;* ~ circle *balkon tweede rang, engelenbak;* ~ lip *bovenlip;* ⟨muz.⟩ ~ partials *boventonen;* ~ storey *bovenhuis/verdieping* **1.2** ~ reaches of the Nile *bovenloop v.d. Nijl* **1.3** ~ servants *het hogere huispersoneel* **1.4** Upper Egypt *Boven-Egypte;* Upper Palaeolithic *Boven-Paleolithicum;* Upper Volta *Boven-Volta* **1.¶** ⟨gesch.⟩ Upper Bench *(afdeling v.h.) Hooggerechtshof* ⟨in Engeland⟩; ⟨druk.⟩ ~ case *bovenkast, kapitaal, hoofdletters(chrift);* Upper Chamber *Hogerhuis;* the ~ class *de hogere stand, de toplaag* ⟨v.d. maatschappij⟩; *de aristocratie;* ⟨inf.⟩ the ~ crust *de toplaag* ⟨v.d. maatschappij⟩; *de betere kringen, de aristocratie;* the ~ dog *de overwinnaar;* have/get/ gain the ~ hand of *de overhand hebben/krijgen/nemen op, onder controle hebben/krijgen, een voorsprong hebben/behalen op;* the Upper House *het Hogerhuis; Senaat, Eerste Kamer* ⟨buiten Groot-Brittannië; minst invloedrijke tak v.h. Parlement⟩; between ~ and nether millstone *onder druk, op de pijnbank, platgewalst;* ⟨vnl. schr.⟩ the ~ regions *de hogere regionen, de lucht, het zwerk;* ⟨vero.; inf.⟩ he is weak/wrong in the ~ storey *hij is niet goed bij zijn hoofd, het mankeert hem in zijn bovenkamer, hij is geschift;* ⟨inf.⟩ the ~ ten (thousand) *de hoogste kringen, de chic, de bovenlaag;* ⟨scheep.⟩ ~ works *bovenschip, doodwerk.*

'up·per-'case[1] ⟨bn.⟩ **0.1** ***mbt./in hoofdletters/kapitalen.***

upper-case[2] ⟨ov.ww.⟩ **0.1** ***in bovenkastletters drukken*** ⇒*in hoofdletters/kapitalen schrijven.*

'up·per-'class ⟨f1⟩ ⟨bn.⟩ **0.1** ***mbt./uit/v.d. hogere stand*** ⇒*aristocratisch, uit de betere kringen* **0.2** ⟨AE⟩ ***mbt./van/eigen aan de junior- en seniorklassen v.e. hogeschool*** ⇒⟨ong.⟩ *op doctoraal niveau,* ⟨B.⟩ *licentieniveau.*

up·per·class·man [ˈʌpəˈklɑːsmən‖ˈʌpərˈklæsmən] ⟨telb.zn.; upperclassmen; →mv. 3⟩ ⟨AE⟩ **0.1** ***student uit de junior/seniorklassen.***

'up·per-'crust ⟨bn.⟩ ⟨sl.⟩ **0.1** ***chic*** ⇒*uit de betere kringen, v.d. (maatschappelijke) bovenlaag, aristocratisch.*

'up·per·cut[1] ⟨telb.zn.⟩ ⟨bokssport⟩ **0.1** ***opstoot*** ⇒*uppercut.*

uppercut[2] ⟨onov. en ov.ww.⟩ **0.1** ***een uppercut toebrengen.***

up·per·most[1] [ˈʌpəmoʊst‖ˈʌpər-], **up·most** [ˈʌpmoʊst] ⟨f1⟩ ⟨bn.⟩ **0.1** ***hoogst*** ⇒*bovenst, dominerend, belangrijkst.*

uppermost[2] ⟨f1⟩ ⟨bw.⟩ **0.1** ***in/op de eerste plaats*** ⇒*in de hoogste/ sterkste positie, op de voorgrond* ◆ **3.1** say what comes ~ *zeg maar wat je het eerst (en het duidelijkst) voor de geest komt.*

'up·per-'up ⟨telb.zn.⟩ ⟨sl.⟩ **0.1** ***aangename/opwindende ervaring.***

up·pish [ˈʌpɪʃ] ⟨bn.; -ly; -ness⟩ ⟨BE⟩ **0.1** ⟨inf.⟩ ***verwaand*** ⇒*arrogant, pretentieus, aanmatigend, onbeschaamd.*

up·pi·ty [ˈʌpəṭi] ⟨bn.⟩ ⟨inf.⟩ **0.1** ***verwaand*** ⇒*arrogant, onbeschaamd* **0.2** ***weerbarstig*** ⇒*stijfhoofdig.*

'up'raise ⟨ov.ww.⟩ ⟨vnl. schr.⟩ **0.1** ***opheffen*** ⇒*opsteken, verheffen.*

'up'rate ⟨ov.ww.⟩ **0.1** ***opwaarderen*** ⇒*vooruitschuiven, verbeteren.*

'up'rear ⟨ww.⟩
I ⟨onov.ww.⟩ **0.1** ***zich verheffen*** ⇒*opstaan, opgetild worden;*
II ⟨ov.ww.⟩ **0.1** ***optillen*** ⇒*opheffen, verheffen.*

'up·right[1] ⟨f1⟩ ⟨telb.zn.⟩ **0.1** ***stijl*** ⇒*(verticale) schraagbalk, staander, post, stut;* ⟨sport ook⟩ *(doel)paal* **0.2** ***pianino*** ⇒*gewone piano, buffetpiano* **0.3** ***verticaliteit*** ⇒*loodrechte positie.*

upright[2] ⟨f3⟩ ⟨bn.; -ly; -ness⟩ **0.1** ***recht(opstaand)*** ⇒*loodrecht staand, verticaal geplaatst, rechtstandig, kaarsrecht* **0.2** ***oprecht*** ⇒*recht door zee, rechtschapen, rechtvaardig, eerlijk* **0.3** ***langwerpig*** ◆ **1.¶** ~ piano *pianino, gewone piano, buffetpiano.*

upright[3] ⟨f1⟩ ⟨bw.⟩ ⟨→sprw. 138⟩ **0.1** ***rechtop*** ⇒*verticaal.*

'up·rise[1] ⟨zn.⟩
I ⟨telb.zn.⟩ **0.1** ***(opgaande) helling;***
II ⟨telb. en n.-telb.zn.⟩ **0.1** ***opgang*** ⇒*stijging, het opstaan.*

'up'rise[2] ⟨onov.ww.⟩ →uprising **0.1** ***opstaan*** ⇒*oprijzen, opgaan, opstijgen* **0.2** ***in zicht komen*** ⟨van achter de horizon⟩ **0.3** ***opzwellen*** ⇒*in omvang toenemen.*

up·ris·ing [ˈʌpraɪzɪŋ] ⟨f1⟩ ⟨telb.zn.; oorspr. gerund v. uprise⟩ **0.1** ***opstand*** ⇒*revolte* **0.2** ⟨vero.⟩ ***(opgaande) helling.***

'up'riv·er[1] ⟨telb.zn.⟩ **0.1** ***bovenstroomse streek*** ⇒*gebied aan de bovenloop.*

upriver[2] ⟨bn.⟩ **0.1** ***stroomopwaarts (gelegen).***

upriver[3] ⟨bw.⟩ **0.1** ***stroomopwaarts*** ⇒*tegen de stroom in.*

up·roar [ˈʌprɔː‖-rɔr] ⟨f2⟩ ⟨telb. en n.-telb.zn.⟩ **0.1** ***tumult*** ⇒*verwarring, rumoer, herrie, opschudding* **0.2** ***verhitte discussie(s).***

up·roar·i·ous [ʌpˈrɔːrɪəs] ⟨f1⟩ ⟨bn.; -ly; -ness⟩ **0.1** ***luidruchtig*** ⇒*tumultueus, lawaaierig, uitgelaten, rumoerig* **0.2** ***lachwekkend*** ⇒*uitermate amusant.*

'up'root ⟨ov.ww.⟩ **0.1** ***ontwortelen*** ⇒*met wortel(s) en al uitrukken* **0.2** ***ontwortelen*** ⇒*uit zijn vertrouwde omgeving wegrukken* ⟨personen⟩ **0.3** ***uitroeien*** ⇒*radicaal verwijderen/vernietigen.*

'up·rush ⟨telb.zn.⟩ **0.1** ***opwelling*** ⇒*(plotselinge) aandrang, bevlieging, vloed.*

ups-a-daisy →upsy-daisy.

'up-'sad·dle ⟨onov.ww.⟩ **0.1** ***(een paard/muildier) opzadelen.***

'up·scale ⟨bn., attr.⟩ ⟨AE⟩ **0.1** ***van/uit de betere kringen.***

up·set[1] [ˈʌpset] ⟨f1⟩ ⟨telb.zn.⟩ **0.1** ***omverwerping*** ⇒*verstoring, totale ommekeer, verwarring* **0.2** ***ontsteltenis*** ⇒*ergernis, (bron v.) ellende, (emotionele) schok* **0.3** ⟨inf.⟩ ***ruzie*** **0.4** ***ongesteldheid*** ⟨i.h.b. v.d. maag⟩ ⇒*lichte maagstoornis* **0.5** ⟨sport⟩ ***verrassende nederlaag/wending*** **0.6** ⟨tech.⟩ ***smeedzadel*** ⇒*(op)gestuikt stuk* **0.7** ⟨tech.⟩ ***onvolkomenheid*** ⟨in timmerhout⟩ ◆ **1.1** his sudden death was a complete ~ of all their plans *zijn plotselinge dood stuurde al hun plannen in het honderd* **2.2** Sheila has had a terrible ~ *Sheila heeft een flinke opdoffer gekregen* **6.1** an ~ **to** the liver function *een verstoring v.d. leverfunctie.*

upset[2] [ʌpˈset] ⟨f3⟩ ⟨bn.; oorspr. volt. deelw. v. upset⟩
I ⟨bn.⟩ **0.1** ***ongesteld*** ⇒*lichtjes ziek* **0.2** ***omvergeworpen*** ⇒*omgekanteld* **0.3** ***verstoord*** ⇒*verward* **0.4** ***verslagen;***
II ⟨bn., pred.⟩ **0.1** ***angstig*** ⇒*verdrietig, bedroefd, geërgerd, geschokt.*

upset[3] [ʌpˈset] ⟨f3⟩ ⟨ww.⟩ →upset[2]
I ⟨onov.ww.⟩ **0.1** ***omkantelen*** ⇒*omslaan, kapseizen, omvallen* **0.2** ***overlopen*** **0.3** ***verstoord worden*** ⇒*in de war raken;*
II ⟨ov.ww.⟩ **0.1** ***omstoten*** ⇒*omverwerpen, omgooien, doen kapseizen* **0.2** ***doen overlopen*** **0.3** ***in de war sturen*** ⇒*verstoren, verontrusten, van zijn stuk brengen, overstuur maken* **0.4** ***ziek maken*** ⇒*van streek maken* ⟨maag⟩ **0.5** ***(onverwacht) verslaan*** **0.6** ***(op) stuiken*** ⇒*in zadels smeden* **0.7** ***ongedaan maken*** ⇒*vernietigen* ◆ **1.1** ~ an opponent *een tegenstander op de grond werpen/vloeren* **1.3** a very ~ting experience *een heel nare/onplezierige ervaring* **1.4** the mussels ~ me *de mosselen zijn me niet goed bekomen* **4.3** don't ~ yourself *erger je niet, trek het je niet aan, maak je niet dik* **5.3** it ~ me greatly *ik ben er erg van geschrokken.*

up·shot [ˈʌpʃɒt‖-ʃɑt] ⟨f1⟩ ⟨n.-telb.zn.; the⟩ **0.1** ***(eind)resultaat*** ⇒*uitkomst, algemeen besluit, essentie* **0.2** ⟨boogschieten⟩ ***laatste schot.***

up·side [ˈʌpsaɪd] ⟨f2⟩ ⟨telb.zn.⟩ **0.1** ***bovenkant*** ⇒*oppervlak, bovenzijde.*

'up·side-'down[1] ⟨f1⟩ ⟨bn.; -ness⟩ **0.1** ***omgekeerd*** ⇒*ondersteboven (staand)* **0.2** ⟨inf.⟩ ***totaal in de war*** ⇒*overhoop liggend, op zijn kop (staand)* ◆ **1.¶** ~ cake *Moskovisch gebak.*

upside-down[2], **upside down** ⟨bw.⟩ **0.1** ***ondersteboven*** ⇒*omgekeerd, op zijn kop* **0.2** ***compleet in de war*** ⇒*op een chaotische manier, overhoop.*

up·sides [ʌpˈsaɪdz] ⟨bw.⟩ ⟨vnl. BE; inf.⟩ **0.1** ***quitte*** ⇒*gelijk* ⟨na vergelding⟩ ◆ **6.1** be ~ **with** *quitte zijn met, opnieuw gelijk staan met.*

up·si·lon [ˈʌpsɪlɒn‖ˈjuːpsɪlɑn] ⟨telb.zn.⟩ **0.1** ***ypsilon*** ⟨20e letter v.h. Griekse alfabet; ook nat.⟩.

'up·spring[1] ⟨telb.zn.⟩ ⟨vero.⟩ **0.1** ***sprong omhoog*** ⇒*sprong voorwaarts* **0.2** ***totstandkoming.***

'up'spring[2] ⟨onov.ww.⟩ **0.1** ***opspringen*** **0.2** ***ontspringen*** ⇒*tot stand komen, opduiken.*

'up'stage[1] ⟨f1⟩ ⟨bn.⟩ **0.1** ⟨dram.⟩ ***mbt./v.h. achtertoneel*** **0.2** ⟨inf.⟩ ***hooghartig*** ⇒*uit de hoogte, verwaand* ◆ **2.¶** ⟨BE; inf.⟩ be ~ and county *zich als zeer voornaam voordoen, snobistisch zijn.*

upstage[2] ⟨ov.ww.⟩ **0.1** ⟨dram.⟩ ***de aandacht v.h. publiek wegtrekken van*** ⟨andere acteur, door hem met de rug naar het publiek te manoeuvreren⟩ **0.2** ⟨inf.⟩ ***meer aandacht trekken dan*** ⇒*de show stelen van, uit het voetlicht manoeuvreren, in de schaduw stellen, het gras voor de voeten wegmaaien* **0.3** ⟨inf.⟩ ***uit de hoogte behandelen.***

upstage[3] ⟨f1⟩ ⟨bw.⟩ **0.1** ⟨dram.⟩ ***achteraan op het toneel*** ⇒*weg v.d. voetlichten, naar het tweede plan* **0.2** ***op hooghartige wijze.***

'up'stairs[1] ⟨f1⟩ ⟨mv.⟩ **0.1** ***bovenverdieping(en)*** **0.2** ⟨BE; inf.⟩ ***mijnheer en mevrouw*** ⟨ten opzichte v.h. huispersoneel⟩ **0.3** ⟨inf.⟩ ***bovenkamer*** ⇒*hoofd.*

'upstairs[2], **'up·stair** ⟨bn., attr.⟩ **0.1** ***mbt./liggend op de bovenverdieping(en)*** ⇒*boven-.*

'up'stairs[3] ⟨f3⟩ ⟨bw.⟩ **0.1** ***naar/op de bovenverdieping(en)*** ⇒*de trap op, naar boven, op een hogere verdieping* **0.2** ⟨inf.⟩ ***naar een hogere graad/functie*** **0.3** ⟨inf.⟩ ***in de bovenkamer*** ⇒*in het hoofd.*

'up'stand·ing ⟨bn.⟩ **0.1** ***recht overeind (staand)*** **0.2** ***flink uit de kluiten gewassen*** ⇒*struis, rijzig, flinkgebouwd* **0.3** ***eerlijk*** ⇒*recht door zee, oprecht, goed* ◆ **3.¶** be ~! *sta op!* ⟨verzoek op te staan wanneer de rechter het hof betreedt/verlaat⟩.

up·start[1] [ˈʌpstɑːt‖-stɑrt] ⟨f1⟩ ⟨telb.zn.⟩ ⟨pej.⟩ **0.1** ***parvenu*** ⇒*omhooggevallen arrivist, nouveau riche;* ⟨bij uitbr. ook⟩ *nieuwkomer, pas beginnend (te) succesvol bedrijf.*

upstart[2] ⟨bn.⟩ **0.1** ***omhooggevallen*** ⇒*aanmatigend.*

upstart[3] [ʌpˈstɑːt‖-ˈstɑrt] ⟨onov.ww.⟩ ⟨vero.⟩ **0.1** ***opspringen*** ⇒*(verrast) opveren.*

'up·state[1] ⟨f1⟩ ⟨telb.zn.⟩ ⟨AE⟩ **0.1** ***provincie*** ⟨afgelegener, i.h.b. noordelijke delen v.e. staat⟩.
upstate[2] ⟨f1⟩ ⟨bn.⟩ ⟨AE⟩ **0.1** ***meer naar het binnenland/noorden gelegen*** ⇒*provinciaal, provincie-, afgelegen*.
upstate[3] ⟨f1⟩ ⟨bw.⟩ ⟨AE⟩ **0.1** ***uit/naar/in de provincie*** ⇒*de boer op, noordelijk*.
'up'stream[1] ⟨f1⟩ ⟨bn.⟩ **0.1** ***tegen de stroom ingaand*** ⇒*stroomopwaarts gelegen*.
upstream[2] ⟨f1⟩ ⟨bw.⟩ **0.1** ***stroomopwaarts*** ⇒*tegen de stroom in, naar de bron toe*.
'up'stretched ⟨bn.⟩ **0.1** ***opgestoken*** ⇒*gestrekt* ⟨i.h.b. v. armen⟩.
up·stroke ['ʌpstroʊk] ⟨telb.zn.⟩ **0.1** ***opwaartse slag/beweging*** ⇒*ophaal, opstreek* ⟨bv. v. pen/borstel⟩ **0.2** ⟨tech.⟩ ***opgaande slag*** ⟨v. motorzuiger⟩.
up·surge ['ʌpsɜːdʒ‖-sɜrdʒ] ⟨f1⟩ ⟨telb.zn.⟩ **0.1** ***opwelling*** ⇒*vlaag* **0.2** ***plotselinge toename*** ⇒*toeneming, vermeerdering, vergroting, opleving*.
'up·sweep ⟨telb.zn.⟩ **0.1** ⟨sl.⟩ ***omhooggeborsteld/gekamd kapsel*** **0.2** ⟨atletiek⟩ ***onderhandse wissel*** ⟨v. estafettestokje⟩.
'up'swept ⟨bn.⟩ **0.1** ***opgestoken*** ⟨haar⟩ ⇒*omhooggeborsteld/gekamd* **0.2** ***naar boven gebogen***.
'up·swing ⟨telb.zn.⟩ **0.1** ***toename*** ⇒*toeneming, vermeerdering, vergroting, opleving*.
up·sy-dai·sy ['ʌpsi ˌdeɪzi], **ups-a-daisy** ⟨tussenw.⟩ **0.1** ***hupsakee!***.
up·take ['ʌpteɪk] ⟨f1⟩ ⟨n.-telb.zn.⟩ **0.1** ***het optillen*** ⇒*het opheffen* **0.2** ⟨the⟩ ***het begrijpen*** ⇒*het vatten* ◆ **2.2** quick in/on the ~ *vlug v. begrip;* slow in/on the ~ *niet zo vlug v. begrip*.
'up·throw ⟨zn.⟩
  I ⟨telb.zn.⟩ ⟨geol.⟩ **0.1** ***bovenwaartse dislocatie v. strata*** ⟨gevolg v.e. opschuiving⟩;
  II ⟨n.-telb.zn.⟩ **0.1** ***het omhoog gooien***.
'up·thrust ⟨telb.zn.⟩ **0.1** ⟨nat.⟩ ***opwaartse druk*** **0.2** ⟨geol.⟩ ***bovenwaartse dislocatie v. strata*** ⟨gevolg v.e. opschuiving⟩.
'up·tick ⟨telb.zn.⟩ ⟨sl.⟩ **0.1** ***stijging*** **0.2** ***verbetering***.
'up'tight ⟨f1⟩ ⟨bn.⟩ ⟨inf.⟩ **0.1** ***zenuwachtig*** ⇒*gespannen* **0.2** ***nijdig*** ⇒*kwaad, boos*.
up·tilt [ʌp'tɪlt] ⟨ov.ww.⟩ **0.1** ***optillen*** ⇒*omhoogtillen*.
'up time ⟨n.-telb.zn.⟩ **0.1** ***produktieve tijd*** ⟨v. computer⟩.
'up-to-'date ⟨f2⟩ ⟨bn.⟩ **0.1** ***bijgewerkt*** **0.2** ***modern*** ⇒*bij(detijds), hedendaags, up to date* ◆ **3.1** bring s.o. ~ *iem. v.h. laatste nieuws op de hoogte stellen;* bring sth. ~ *iets bijwerken, iets moderniseren*.
'up-to-the-'min·ute ⟨f1⟩ ⟨bn.⟩ **0.1** ***zeer modern*** ⇒*allerlaatst, allernieuwst* ◆ **1.1** this model is ~ *dit model heeft de nieuwste snufjes*.
'up'town[1] ⟨n.-telb.zn.⟩ **0.1** ***bovenstad*** **0.2** ⟨AE⟩ ***betere woonwijk***.
uptown[2] ⟨f1⟩ ⟨bn.⟩ **0.1** ***v.d. bovenstad*** **0.2** ⟨AE⟩ ***van/mbt. de betere woonwijk(en)***.
uptown[3] ⟨f1⟩ ⟨bw.⟩ **0.1** ***in/naar de bovenstad*** **0.2** ⟨AE⟩ ***in/naar de betere woonwijk(en)***.
'up-train ⟨f1⟩ ⟨telb.zn.⟩ ⟨BE⟩ **0.1** ***trein naar Londen/de stad***.
'up·trend ⟨telb.zn.⟩ ⟨ec.⟩ **0.1** ***opleving***.
'up'turn[1] ⟨f1⟩ ⟨telb.zn.⟩ **0.1** ***ontreddering*** ⇒*beroering* **0.2** ***verbetering*** ⇒*ommekeer;* ⟨ec.⟩ *opleving*.
'up'turn[2] ⟨ov.ww.⟩ →upturned **0.1** ***omdraaien*** ⇒*omkeren, naar boven draaien* **0.2** ***omploegen*** ⇒*omwoelen, omspitten* **0.3** ***omverwerpen*** ⇒*overhoop halen*.
'up'turned ⟨bn.⟩
  I ⟨bn.⟩ **0.1** ***omhoog gedraaid*** ◆ **1.1** with ~ eyes *met opgeslagen ogen;* an ~ nose *een wipneus;*
  II ⟨bn., attr.⟩ **0.1** ***ondersteboven gekeerd***.
UPU ⟨afk.⟩ Universal Postal Union.
'up·val·u'a·tion ⟨n.-telb.zn.⟩ **0.1** ***opwaardering***.
up·ward[1] ['ʌpwəd‖-wərd] ⟨f1⟩ ⟨bn.⟩ **0.1** ***stijgend*** ⇒*oplopend, omhooggaand, opwaarts, toenemend* ◆ **1.1** an ~ tendency *een stijgende lijn*.
upward[2], **up·wards** ['ʌpwədz‖-wərdz] ⟨f3⟩ ⟨bw.⟩ **0.1** ***(naar) omhoog*** ⇒*naar boven, opwaarts, in stijgende lijn* ◆ **6.1** **from** the knees ~ *vanaf de knieën, boven de knieën;* ~ **of** ten years old *boven de tien jaar;* ~ **of** twenty people *meer dan twintig mensen*.
'up·well ⟨onov.ww.⟩ **0.1** ***opwellen*** ⇒*opborrelen*.
'up'whirl ⟨ww.⟩
  I ⟨onov.ww.⟩ **0.1** ***opdwarrelen*** ⇒*opstuiven;*
  II ⟨ov.ww.⟩ **0.1** ***doen opdwarrelen*** ⇒*doen opstuiven*.
'up'wind ⟨bn.; bw.⟩ **0.1** ***tegen de wind in***.
u·ra·cil ['jʊərəsɪl‖'jʊrə-] ⟨telb.zn.⟩ ⟨schei.⟩ **0.1** ***uracil*** ⟨base⟩.
u·rae·mi·a, ⟨AE sp.⟩ **u·re·mi·a** [jʊ'riːmɪə] ⟨telb. en n.-telb.zn.⟩ ⟨med.⟩ **0.1** ***uremie*** ⟨bloedvergiftiging⟩.
u·rae·us [jʊ'riːəs] ⟨telb.zn.⟩ **0.1** ***uraeus*** ⟨brilslang, symbool v. macht v.d. Egyptische farao's⟩.
U·ral ['jʊərəl‖'jʊrəl] ⟨zn.⟩
  I ⟨eig.n.; the⟩ **0.1** ***Oeral*** ⟨rivier in Rusland⟩;
  II ⟨mv.; ~s; the⟩ **0.1** ***Oeralgebergte***.
U·ral-Al·ta·ic[1] ['jʊərəl æl'teɪɪk‖'jʊrəl-] ⟨eig.n.⟩ **0.1** ***Oeral-Altaïsch*** ⟨groep v. Fins-Oegrische talen⟩.
Ural-Altaic[2] ⟨bn.⟩ **0.1** ***Oeral-Altaïsch***.
U·ral·i·an [jʊ'reɪlɪən] ⟨bn.⟩ **0.1** ***Oeraals*** ⇒*van/mbt. de Oeral*.
U·ral Mountains ['jʊərəl 'maʊntɪnz‖'jʊrəl 'maʊntnz] ⟨mv.⟩ **0.1** ***Oeral***.
'Ural 'owl ⟨telb.zn.⟩ ⟨dierk.⟩ **0.1** ***Oeraluil*** ⟨Strix uralensis⟩.
u·ran·ic [jʊ'rænɪk] ⟨bn.⟩ **0.1** ***hemels*** **0.2** ⟨schei.⟩ ***uraniumhoudend*** ⇒*uraan-*.
u·ra·ni·um [jʊ'reɪnɪəm] ⟨f1⟩ ⟨n.-telb.zn.⟩ ⟨schei.⟩ **0.1** ***uranium*** ⟨element 92⟩.
u'ranium 'fuel ⟨n.-telb.zn.⟩ **0.1** ***uraniumsplijtstof***.
u·ra·nog·ra·phy ['jʊərə'nɒgrəfi‖'jʊrə'nɑ-] ⟨n.-telb.zn.⟩ **0.1** ***uranografie*** ⟨beschrijving v.d. sterrenhemel⟩.
u·ra·nol·o·gy ['jʊərə'nɒlədʒi‖'jʊrə'nɑ-] ⟨n.-telb.zn.⟩ **0.1** ***uranologie*** ⇒*hemel/sterrenkunde*.
u·ra·nom·e·try ['jʊərə'nɒmɪtri‖'jʊrə'nɑ-] ⟨n.-telb.zn.⟩ **0.1** ***uranometrie*** ⇒*hemelmeting*.
u·ra·nous ['jʊərənəs‖'jʊrə-] ⟨bn.⟩ ⟨schei.⟩ **0.1** ***uraniumhoudend*** ⇒*uraan-*.
U·ra·nus [jʊ'reɪnəs‖'jʊrənəs] ⟨eig.n.⟩ **0.1** ***Uranus*** ⟨Romeinse god⟩ **0.2** ⟨ster.⟩ ***Uranus*** ⟨planeet⟩.
u·rate ['jʊəreɪt‖'jʊreɪt] ⟨telb.zn.⟩ ⟨schei.⟩ **0.1** ***uraat*** ⇒*zout v. urinezuur*.
ur·ban ['ɜːbən‖'ɜr-] ⟨f2⟩ ⟨bn., bn., attr.⟩ **0.1** ***stedelijk*** ⇒*urbain, stads-* ◆ **1.1** ⟨BE; gesch.⟩ ~ district *stedelijk district* ⟨onderafdeling v.e. graafschap⟩; ~ guerrilla *stadsguerrilla;* ⟨AE⟩ ~ renewal *stadsvernieuwing;* ~ sprawl *suburbanisatie*.
Ur·ban ['ɜːbən‖'ɜr-] ⟨eig.n.⟩ **0.1** ***Urbanus*** ⇒*Urbaan, Urbain*.
ur·bane [ɜː'beɪn‖ɜr-] ⟨bn.; -ly⟩ **0.1** ***urbaan*** ⇒*hoffelijk, wellevend*.
ur·ban·ism ['ɜːbənɪzm‖'ɜr-] ⟨n.-telb.zn.⟩ **0.1** ***urbanisme*** ⇒*stadscultuur; studie v.d. stad* **0.2** ***urbanisatie***.
ur·ban·ite ['ɜːbənaɪt‖'ɜr-] ⟨telb.zn.⟩ **0.1** ***stedeling*** ⇒*stadsbewoner/bewoonster*.
ur·ban·i·ty [ɜː'bænəti‖ɜr'bænəṭi] ⟨zn.; →mv. 2⟩
  I ⟨n.-telb.zn.⟩ **0.1** ***urbaniteit*** ⇒*hoffelijkheid, wellevendheid* **0.2** ***stadsleven;***
  II ⟨mv.; urbanities⟩ **0.1** ***beleefdheden***.
ur·ban·i·za·tion, -sa·tion ['ɜːbənaɪ'zeɪʃn‖'ɜrbənə-] ⟨f1⟩ ⟨n.-telb.zn.⟩ **0.1** ***urbanisatie*** ⇒*verstedelijking*.
ur·ban·ize, -ise ['ɜːbənaɪz‖'ɜr-] ⟨f1⟩ ⟨ov.ww.⟩ **0.1** ***verstedelijken*** ⇒*versteedsen*.
ur·ce·o·late ['ɜːsɪələt‖'ɜr-] ⟨bn.⟩ ⟨plantk.⟩ **0.1** ***urnvormig***.
ur·chin ['ɜːtʃɪn‖'ɜr-] ⟨f1⟩ ⟨telb.zn.⟩ **0.1** ***rakker*** ⇒*deugniet, boefje* **0.2** ***jongen*** ⇒*jongeman* **0.3** ***zeeëgel*** **0.4** ⟨vero.⟩ ***egel*** **0.5** ⟨vero.⟩ ***kabouter***.
'urchin cut ⟨telb.zn.⟩ **0.1** ***rattekop*** ⟨haarstijl⟩.
Ur·du ['ɜːduː, 'ʊəduː‖'ʊrduː, 'ɜr-] ⟨eig.n.⟩ **0.1** ***Oerdoe*** ⟨officiële taal v. Pakistan⟩.
-ure **0.1** ⟨vormt nw.⟩ ◆ **¶.1** legislature *wetgevende macht;* pleasure *plezier, genoegen;* prefecture *prefectuur;* pressure *druk*.
u·re·a ['jʊərɪə‖jə'riːə] ⟨n.-telb.zn.⟩ ⟨schei.⟩ **0.1** ***ureum*** ⇒*pisstof*.
u·re·ter [jʊ'riːtə‖jə'riːṭər] ⟨telb.zn.⟩ ⟨anat.⟩ **0.1** ***ureter*** ⇒*urineleider*.
u·re·ter·ic ['jʊərɪ'terɪk‖'jʊr-] ⟨bn., attr.⟩ ⟨biol.⟩ **0.1** ***ureter-***.
u·re·te·rot·o·my [jʊ'riːtə'rɒtəmi‖jə'riːṭə'rɑṭəmi] ⟨telb.zn.; →mv. 2⟩ ⟨med.⟩ **0.1** ***verwijdering v.d. ureter***.
u·re·thane ['jʊərəθeɪn‖'jʊr-] ⟨n.-telb.zn.⟩ ⟨schei.⟩ **0.1** ***urethaan***.
u·re·thra [jʊ'riːθrə] ⟨telb.zn.; ook urethrae [-θriː]; →mv. 5⟩ ⟨anat.⟩ **0.1** ***urethra*** ⇒*urinekanaal, urinebuis, pisbuis*.
u·re·thro·scope [jʊ'riːθrəskoʊp] ⟨telb.zn.⟩ ⟨med.⟩ **0.1** ***uretroscoop***.
u·re·throt·o·my ['jʊərə'θrɒtəmi‖'jʊrə'θrɑṭəmi] ⟨telb.zn.; →mv. 2⟩ ⟨med.⟩ **0.1** ***verwijdering v.d. urethra***.
u·ret·ic [jʊ'retɪk‖jə'reṭɪk] ⟨bn., attr.⟩ **0.1** ***urine-*** **0.2** ***diuretisch***.
urge[1] [ɜːdʒ‖ɜrdʒ] ⟨f3⟩ ⟨telb.zn.⟩ **0.1** ***drang*** ⇒*drift, impuls, neiging, behoefte*.
urge[2] ⟨f3⟩ ⟨ov.ww.⟩ **0.1** ***drijven*** ⇒*aansporen, voortdrijven, bespoedigen, aanzetten* **0.2** ***dringend verzoeken*** ⇒*bidden, smeken* **0.3** ***bepleiten*** ⇒*aandringen op* **0.4** ***trachten te overtuigen*** **0.5** ***aanvoeren*** ⇒*naar voren brengen, benadrukken, met klem betogen* ◆ **5.1** ~ **on** *voortdrijven* **6.4** she ~d **(up)on** us the need for secrecy *zij drukte ons de noodzaak v. geheimhouding op het hart*.
ur·gen·cy ['ɜːdʒənsi‖'ɜr-] ⟨f2⟩ ⟨telb. en n.-telb.zn.; →mv. 2⟩ **0.1** ***drang*** ⇒*aandrang, pressie* **0.2** ***urgentie*** ⇒*dringende noodzaak*.
ur·gent ['ɜːdʒənt‖'ɜr-] ⟨f3⟩ ⟨bn.; -ly⟩ **0.1** ***urgent*** ⇒*dringend, spoedeisend* **0.2** ***aanhoudend*** ⇒*volhardend, hardnekkig, persistent*.
-u·ri·a ['jʊərɪə‖'jʊrɪə] ⟨med.⟩ **0.1** ***-urie*** ⟨aanwezigheid v.e. bep. stof in de urine⟩ ◆ **¶.1** pyuria *pyurie, het aanwezig zijn v. etter in de urine*.
u·ric ['jʊərɪk‖'jʊrɪk] ⟨bn., attr.⟩ **0.1** ***urine-*** ◆ **1.1** ~ acid *urinezuur*.
u·rim and thum·mim ['jʊrɪm ən θʌmɪm] ⟨n.-telb.zn.⟩ ⟨bijb.⟩ **0.1**

urim en tummim ⟨voorwerpen gebruikt bij het orakelspreken; Exodus 28:30⟩.

u·ri·nal ['jʊərɪnl, jə'raɪnl‖'jʊr-]⟨telb.zn.⟩ **0.1** ***urinaal*** ⇒*(pis)fles* **0.2** ***urinoir*** ⇒*pisbak, openbare waterplaats*.

u·ri·nal·y·sis ['jʊərɪ'nælɪsɪs‖'jʊr-]⟨telb.zn.; urinalyses [-si:z]; →mv. 5⟩ **0.1** ***urineonderzoek***.

u·ri·nar·y[1] ['jʊərɪnri‖'jʊrəneri]⟨telb.zn.; →mv. 2⟩⟨vero.⟩ **0.1** ***urinoir*** ⇒*openbare waterplaats*.

urinary[2] ⟨bn.⟩ **0.1** ***urine-***.

u·ri·nate ['jʊərɪneɪt‖'jʊr-]⟨onov.ww.⟩ **0.1** ***urineren*** ⇒*wateren*.

u·ri·na·tion ['jʊərɪ'neɪʃn‖'jʊr-]⟨n.-telb.zn.⟩ **0.1** ***urinelozing***.

u·rine ['jʊərɪn‖'jʊrɪn]⟨f2⟩⟨n.-telb.zn.⟩ **0.1** ***urine*** ⇒*plas*.

'urine sample ⟨telb.zn.⟩ **0.1** ***urinemonster***.

u·ri·nol·o·gy ['jʊərɪ'nɒlədʒi‖'jʊrɪ'nɑ-]⟨n.-telb.zn.⟩ **0.1** ***urologie***.

urn[1] [3:n‖3rn]⟨f2⟩⟨telb.zn.⟩ **0.1** ***urn*** ⇒*lijkbus* **0.2** ***koffieketel*** ⇒*theeketel* **0.3** ⟨zelden⟩ ***graf***.

urn[2] ⟨ov.ww.⟩ **0.1** ***in een urn doen***.

'urn flower ⟨telb.zn.⟩⟨plantk.⟩ **0.1** ***(soort) lelie*** ⟨Urceolina⟩.

urn·ing ['3:nɪŋ‖'3r-]⟨telb.zn.⟩ **0.1** ***urning*** ⇒*homoseksuele man*.

u·ro- ['jʊərou‖'jʊrou] **0.1** ***uro-*** ⇒*urine-* **0.2** ***staart-*** ◆ **¶.1** urolagnia *urolagnie;* urocyst *urineblaas* **¶.2** uropod *staartpoot* ⟨v. kreeften⟩.

u·ro·chord ['jʊəroukɔ:d‖'jʊrəkɔrd]⟨telb.zn.⟩⟨dierk.⟩ **0.1** ***rudimentaire ruggegraat v.e. manteldiertje***.

u·ro·dele ['jʊərədi:l‖'jʊrə-]⟨telb.zn.⟩⟨dierk.⟩ **0.1** ***salamanderachtige*** ⟨Urodela⟩.

u·ro·gen·i·tal ['jʊərou'dʒenɪtl‖'jʊrə'dʒenɪtl]⟨bn.⟩ **0.1** ***urogenitaal***.

u·rol·o·gist [jʊə'rɒlədʒɪst‖jə'rɑ-]⟨telb.zn.⟩ **0.1** ***uroloog***.

u·rol·o·gy [jʊə'rɒlədʒi‖jə'rɑ-]⟨n.-telb.zn.⟩ **0.1** ***urologie***.

u·ro·pyg·i·um ['jʊərou'pɪdʒɪəm‖'jʊrə-]⟨n.-telb.zn.⟩⟨dierk.⟩ **0.1** ***romp v.e. vogel***.

u·ros·co·py [jʊə'rɒskəpi‖jʊ'rɑ-]⟨telb.zn.; →mv. 2⟩⟨med.⟩ **0.1** ***uroscopie*** ⇒*urineonderzoek*.

Ur·sa Major ['3:sə 'meɪdʒə‖'3rsə 'meɪdʒər]⟨eig.n.⟩⟨ster.⟩ **0.1** ***Grote Beer*** ⇒*Wagen*.

Ur·sa Minor ['3:sə 'maɪnə‖'3rsə 'maɪnər]⟨eig.n.⟩⟨ster.⟩ **0.1** ***Kleine Beer***.

ur·si·form ['3:sɪfɔ:m‖'3rsɪfɔrm]⟨bn.⟩ **0.1** ***met de vorm v.e. beer***.

ur·sine ['3:saɪn‖'3r-]⟨bn.⟩ **0.1** ***van/als een beer*** ⇒*beer-, bere-*.

Ur·su·line[1] ['3:sjʊlaɪn‖'3rsə-]⟨telb.zn.⟩ **0.1** ***ursuline*** ⟨R.-K. non⟩.

Ursuline[2] ⟨bn.⟩ **0.1** ***ursulinen-*** ⇒*v.d. ursulinen*.

ur·ti·car·i·a ['3:tɪ'keərɪə‖'3rtɪ'kærɪə]⟨n.-telb.zn.⟩⟨med.⟩ **0.1** ***urticaria*** ⇒*netelroos*.

ur·ti·cate ['3:tɪkeɪt‖'3rtɪ-]⟨ov.ww.⟩ **0.1** ***steken als een brandnetel***.

u·ru·bu ['ʊrəbu:]⟨telb.zn.⟩⟨dierk.⟩ **0.1** ***zwarte gier*** ⟨Am. vogel; Coragyps atratus⟩.

ur·us ['jʊərəs‖'jʊrəs]⟨telb.zn.⟩ **0.1** ***oeros***.

us [əs, ⟨sterk⟩ʌs], ⟨verk.⟩ **'s** [s]⟨f4⟩⟨vnw.⟩ →we, ourselves
I ⟨p.vnw.; →naamval⟩ **0.1** ***(voor/aan) ons*** **0.2** ⟨in nominatieffuncties⟩⟨vnl. inf.⟩ ***wij*** ⇒*ons* **0.3** ⟨verwijst naar 1e pers. enk.⟩ ***mij*** ⇒*ons* ◆ **1.2** ~ girls refused to join in *wij meisjes weigerden mee te doen* **3.1** he couldn't believe ~ stealing bicycles *hij kon niet geloven dat wij fietsen stalen;* he brought ~ flowers *hij bracht ons bloemen;* he's going to hit ~ *hij gaat ons aanrijden* **3.2** ~ and our friends heard you *wij en onze vrienden hebben je gehoord;* ~ being educated people ought to have known *daar wij ontwikkelde mensen zijn, hadden wij het moeten weten* **3.3** give ~ a kiss now *geef me eens een kusje;* let ~ hear it again *laat het nog eens horen;* they have served ~, their sovereign, well *zij hebben ons, hun soeverein, goed gediend* **4.2** who, ~? *wie, wij?* **6.1** all **of** ~ enjoyed it *wij genoten er allen van;* he helps them more **than** ~ *hij helpt hen meer dan ons* **6.2** they are as bad **as** ~ *ze zijn niet beter dan wij;* they are stronger **than** ~ *ze zijn sterker dan wij* **8.2** ~ and our worries *wij met onze zorgen* **¶.2** 'who did she say did it?' '~' *'Wie zei ze had het gedaan?' 'Wij';*
II ⟨wdk.vnw.⟩⟨inf. of gew.⟩ **0.1** ***ons(zelf)*** ◆ **3.1** we built ~ a house *we bouwden ons een huis* **6.1** we looked **at** ~ closely *we bekeken onszelf goed*.

US ⟨afk.⟩ **0.1** ⟨United States⟩ ***V.S.*** **0.2** ⟨inf.⟩ ⟨Uncle Sam⟩ **0.3** ⟨unserviceable⟩.

USA ⟨afk.⟩ **0.1** ⟨United States Army⟩ **0.2** ⟨United States of America⟩ ***V.S.***.

us·a·ble ['ju:zəbl]⟨f1⟩⟨bn.; -ly; -ness⟩ **0.1** ***bruikbaar*** ⇒*handig, (goed) te gebruiken*.

USAF ⟨afk.⟩ United States Air Force.

us·age ['ju:zɪdʒ, -sɪdʒ]⟨f2⟩⟨telb. en n.-telb.zn.⟩ **0.1** ***gebruik*** ⇒*behandeling, gewoonte;* ⟨hand.⟩ *usance, usantie;* ⟨taalk.⟩ *taalgebruik*.

us·ance ['ju:zns]⟨n.-telb.zn.⟩⟨hand.⟩ **0.1** ***uso*** ⇒*gewone betalingstermijn*.

use[1] [ju:s]⟨f4⟩⟨zn.⟩⟨→sprw. 367, 639⟩
I ⟨telb. en n.-telb.zn.⟩ **0.1** ***gebruik*** ⇒*aanwending, toepassing, beschikking, gewoonte, regel* ◆ **1.1** ~ and wont *vaste gewoonte, usance* **2.1** she has the free ~ of the kitchen *zij heeft het vrije gebruik v.d. keuken* **3.1** lose the ~ of one's legs *het gebruik v. zijn benen verliezen;* make a good ~ of *goed gebruik maken van;* put to a better ~ *een beter gebruik maken van;* this can be put to various ~s *dit kan op verschillende manieren gebruikt worden* **6.1** **for** ~ in factories *voor industrieel gebruik;* **for** the ~ **of** *ten gebruike van;* **in** ~ *in gebruik;* come **into** ~ *in gebruik raken;* bring/put/take **into** ~ *in gebruik nemen/stellen;* **out of** ~ *in onbruik;*
II ⟨n.-telb.zn.⟩ **0.1** ***nut*** ⇒*bruikbaarheid, utiliteit* **0.2** ***liturgie*** ⇒*ritueel* **0.3** ⟨jur.⟩ ***baten*** ⇒*opbrengst, vruchten* ◆ **3.1** insects also have their ~ *insekten hebben ook hun nut;* have no ~ for *niet kunnen gebruiken; niets moeten hebben van* **6.1** this will be **of** ~ *dit zal goed van pas komen* **7.1** do you have any ~ for this? *kun je dit nog gebruiken?;* there is not much ~ for that in winter *'s winters heb je daar niet zoveel aan;* it is (of) no ~ arguing/to argue *tegenspreken heeft geen zin;* it's no ~ crying over spilt milk *gedane zaken hebben/nemen geen keer;* what is the ~ of it? *wat heeft het voor zin?*.

use[2] [ju:z]⟨f4⟩⟨ww.⟩ →used, used to
I ⟨onov.ww.⟩⟨sl.⟩ **0.1** ***(drugs) gebruiken*** ⇒*verslaafd zijn;*
II ⟨ov.ww.⟩ **0.1** ***gebruiken*** ⟨ook drugs⟩ ⇒*aanwenden, gebruik maken van, zich bedienen van, in acht nemen, verbruiken* **0.2** ***behandelen*** ⇒*bejegenen* ◆ **1.1** ⟨sl.⟩ use one's bean/head *je hoofd gebruiken, nadenken;* ~ clothes *kleren dragen;* ~ your own judgment *ga op je eigen oordeel af;* she could have ~d some moderation *zij had enige gematigdheid kunnen betrachten;* she only ~s her maiden name *zij gebruikt alleen haar meisjesnaam;* ~ s.o.'s name *iem. als referentie opgeven;* ⟨sl.⟩ ~ the needle *gebruiken, verslaafd zijn* ⟨aan drugs⟩ **5.1** ~ **up** *opmaken, opgebruiken, uitputten;* ⟨inf.⟩ he was ~d **up** *hij zat er volledig door, hij zat helemaal kapot* **5.2** he was ill ~d *hij werd slecht behandeld*.

used [ju:zd]⟨f2⟩⟨bn.; (oorspr.) volt. deelw. v. use⟩ **0.1** ***gebruikt*** ⇒*tweedehands*.

used to[1] ['ju:st tə, -tʊ]⟨f3⟩⟨bn., pred.⟩ **0.1** ***gewend aan*** ⇒*gewoon aan* ◆ **1.1** she is ~ noise *ze is lawaai gewoon* **3.1** he is ~ driving *hij is het rijden gewend*.

used to[2] ['ju:stə, -stʊ]⟨f3⟩⟨34; ontkenning didn't use(d) to, of vnl. BE, use(d)n't to; vragend did I use(d) to, of vnl. BE, used I to; vragend ontkennend didn't I use(d) to, of vnl. BE, use(d)n't I to/used I not to; →do-operator 3.2, gewoonte/herhaling, modaal hulpwerkwoord, ww. 3; elliptisch gebruikt met of zonder to; vnl. te vertalen met bijw.⟩ **0.1** ***had(den) de gewoonte te*** ⇒⟨elliptisch⟩ *deed, deden* ◆ **3.1** she ~ do her shopping on Wednesday *ze ging altijd 's woensdags winkelen;* let's sit around the fire like we ~ (do) *laten we rond het vuur gaan zitten zoals we vroeger deden*.

used-to-be ['ju:stəbi:]⟨telb.zn.⟩⟨sl.⟩ **0.1** ***iem. die zijn tijd gehad heeft***.

use·ful [ju:sfl]⟨f3⟩⟨bn.; -ly; -ness⟩ **0.1** ***bruikbaar*** ⇒*nuttig, dienstig* **0.2** ⟨sl.⟩ ***verdienstelijk*** ⇒*prijzenswaardig* ◆ **1.1** he is a ~ fellow *je hebt wat aan hem;* ~ load *nuttige lading* **3.1** come in ~ *goed van pas komen;* make o.s. ~ *zich verdienstelijk maken* **6.1** that will be ~ **for** cooking in *dat kun je gebruiken om in te koken;* be ~ **to** *van nut zijn voor*.

use·less ['ju:sləs]⟨f3⟩⟨bn.; -ly; -ness⟩ **0.1** ***nutteloos*** ⇒*vergeefs, vruchteloos, onnut* **0.2** ***onbruikbaar*** ⇒*waardeloos* **0.3** ⟨inf.⟩ ***in de put*** ⇒*akelig*.

us·er ['ju:zə‖-ər]⟨f2⟩⟨telb.zn.⟩ **0.1** ***gebruiker*** ⇒*verbruiker* **0.2** ***gebruiker*** ⇒*verslaafde* ⟨alcohol, drugs⟩ **0.3** ⟨jur.⟩ ***gebruiksrecht*** ◆ **1.3** right of ~ *gebruiksrecht, recht v. gebruik*.

'us·er-'friend·ly ⟨f1⟩⟨bn.⟩ **0.1** ***gebruikersvriendelijk***.

'us·er-'un'friend·ly ⟨bn.⟩ **0.1** ***gebruikersonvriendelijk***.

ush [ʌʃ]⟨onov. en ov.ww.⟩⟨sl.⟩ **0.1** ***als portier/plaatsaanwijzer/ceremoniemeester/paranimf optreden voor***.

ush·er[1] ['ʌʃə‖-ər]⟨f1⟩⟨telb.zn.⟩ **0.1** ***portier*** ⇒*zaalwachter, deurwachter* **0.2** ***plaatsaanwijzer*** **0.3** ***ceremoniemeester*** **0.4** ***paranimf*** **0.5** ***bruidsjonker*** **0.6** ⟨vero.; scherts.⟩ ***ondermeester*** ◆ **1.3** gentleman ~ of the Black Rod *ceremoniemeester v.h. Britse Hogerhuis*.

usher[2] ⟨f2⟩⟨ov.ww.⟩ **0.1** ***als portier/plaatsaanwijzer/ceremoniemeester/paranimf optreden voor*** **0.2** ***voorgaan*** ⇒*precederen* **0.3** ***begeleiden naar*** ⇒*brengen naar* **0.4** ***aankondigen*** ⇒⟨fig.⟩ *inluiden, de voorbode zijn van* ◆ **5.4** ~ **in** *inluiden;* ~ **out** *uitlaten, naar buiten geleiden* **6.3** ~ **into** *binnenleiden in; de (eerste) beginselen bijbrengen van*.

ush·er·ette ['ʌʃə'ret]⟨telb.zn.⟩ **0.1** ***ouvreuse***.

ush·er·ship ['ʌʃəʃɪp‖'ʌʃər-]⟨telb.zn.⟩ **0.1** ***ambt v. portier/zaalwachter/deurwacht*** **0.2** ***functie v. ceremoniemeester/bruidsjonker/paranimf***.

USIA ⟨afk.⟩ United States Information Agency.

USM ⟨afk.⟩ Underwater-to-Surface Missile, United States Mail, Unlisted Securities Market.

USMA ⟨afk.⟩ United States Military Academy.

USN ⟨afk.⟩ United States Navy.

USO ⟨afk.⟩ United Service Organizations ⟨AE⟩.

us·que·baugh ['ʌskwɪbɔ:]⟨n.-telb.zn.⟩ **0.1** ⟨Sch. E, IE⟩ ***whisk(e)y*** **0.2** ***soort Ierse brandewijn***.

USS ⟨afk.⟩ United States Ship; Universities Superannuation Scheme ⟨BE⟩.

USSR ⟨eig.n.⟩⟨afk.⟩ Union of Soviet Socialist Republics **0.1** ***U.S.S.R.***.

usu ⟨afk.⟩ usually.

u·su·al ['ju:ʒʊəl, 'ju:ʒl]⟨f4⟩⟨bn.⟩ **0.1** ***gebruikelijk*** ⇒*gewoon* ◆ **1.1** business as ~ *alles gaat zijn gangetje* **4.1** my ~ *mijn gewone drankje, hetzelfde als altijd* **6.1** ⟨scherts.⟩ as **per** ~ *zoals gewoonlijk* **7.1** the ~ *hetzelfde (drankje) als altijd* **8.1** as ~ *zoals gebruikelijk;* it is ~ to *het is de gewoonte om*.

u·su·al·ly ['ju:ʒ(ʊ)əli]⟨f4⟩⟨bw.⟩ **0.1** ***gewoonlijk*** ⇒*doorgaans, in de regel*.

u·su·cap·i·on ['ju:zjʊ'keɪpɪən‖'ju:zə'keɪpiɑn], **u·su·cap·tion** [-kæpʃn]⟨n.-telb.zn.⟩⟨jur.⟩ **0.1** ***usucapio*** ⟨verkrijgende verjaring⟩.

u·su·fruct[1] ['ju:zjʊfrʌkt‖'ju:zə-]⟨n.-telb.zn.⟩⟨jur.⟩ **0.1** ***usufructus*** ⇒*vruchtgebruik*.

usufruct[2] ⟨ov.ww.⟩⟨jur.⟩ **0.1** ***in vruchtgebruik hebben*** ⇒*het vruchtgebruik hebben van*.

u·su·fruc·tu·ar·y[1] ['ju:zjʊ'frʌktʃʊəri‖'ju:zə'frʌktʃʊeri]⟨telb.zn.; →mv. 2⟩⟨jur.⟩ **0.1** ***usufructuarius*** ⇒*vruchtgebruiker/ster*.

usufructuary[2] ⟨bn.⟩ **0.1** ***van/mbt. vruchtgebruik***.

u·su·rer ['ju:ʒərə‖-ər]⟨f1⟩⟨telb.zn.⟩ **0.1** ***woekeraar***.

u·su·ri·ous [ju:'zjʊərɪəs‖-'ʒʊr-]⟨bn.; -ly; -ness⟩ **0.1** ***woekerachtig*** ⇒*woekerend, woeker-* ◆ **1.1** ~ prices *woekerprijzen*.

u·surp [ju:'zɜ:p‖-'zɜrp]⟨f1⟩⟨ov.ww.⟩ **0.1** ***usurperen*** ⇒*onrechtmatig in bezit nemen, zich toeëigenen, overweldigen, zich aanmatigen* ◆ **6.¶** →usurp **(up)on**.

u·sur·pa·tion ['ju:zɜ:'peɪʃn‖-zɜr-]⟨n.-telb.zn.⟩ **0.1** ***usurpatie*** ⇒*wederrechtelijke inbezitneming, overweldiging, aanmatiging*.

u·surp·er [ju:'zɜ:pə‖-'zɜrpər]⟨telb.zn.⟩ **0.1** ***usurpator*** ⇒*overweldiger*.

u'surp (up)on ⟨onov.ww.⟩ **0.1** ***inbreuk maken op*** ⇒*schenden*.

u·su·ry ['ju:ʒəri]⟨f1⟩⟨n.-telb.zn.⟩ **0.1** ***woeker*** **0.2** ***woekerrente*** ⇒*woeker* **0.3** ***rente*** ⇒*interest*.

USW ⟨afk.⟩ ultrashort wave **0.1** ***UHF***.

ut [ʌt, u:t]⟨telb.zn.⟩⟨muz.⟩ **0.1** ***ut*** ⇒*do*.

UT ⟨afk.⟩ Utah ⟨Zipcode⟩.

ute [ju:t]⟨telb.zn.⟩⟨AE, Austr. E; inf.⟩ **0.1** ***(kleine) open bestelwagen*** ⇒*pick-up*.

u·ten·sil [ju:'tensl]⟨f2⟩⟨telb.zn.⟩ **0.1** ***gebruiksvoorwerp*** ⇒*pot, pan, gerei* **0.2** ⟨mv.⟩ ***werktuigen*** ⟨ook fig.⟩ ⇒*gereedschap* ◆ **3.1** cooking ~s *keukengerei*.

u·ter·ine ['ju:t̬ərɪn, -raɪn]⟨bn.⟩ **0.1** ***van/mbt. de baarmoeder*** ⇒*uterus-, baarmoeder-* **0.2** ***met/van dezelfde moeder*** ◆ **1.2** ~ sister *halfzuster met dezelfde moeder*.

u·ter·us ['ju:t̬ərəs]⟨telb.zn.; ook uteri [-raɪ]; →mv. 5⟩ **0.1** ***uterus*** ⇒*baarmoeder*.

u·tile ['ju:taɪl‖'ju:t̬l]⟨bn.⟩ **0.1** ***nuttig*** ⇒*bruikbaar*.

u·til·i·tar·i·an[1] [ju:'tɪlɪ'teərɪən‖-'ter-]⟨telb.zn.⟩ **0.1** ***utilist*** ⇒*utilitarist*.

utilitarian[2] ⟨f1⟩⟨bn.⟩ **0.1** ***utilitair*** ⇒*nuttigheids-* **0.2** ***utilitaristisch***.

u·til·i·tar·i·an·ism [ju:'tɪlɪ'teərɪənɪzm‖-'ter-]⟨n.-telb.zn.⟩ **0.1** ***utilisme*** ⇒*utilitarisme, nuttigheidssysteem*.

u·til·i·ty [ju:'tɪlət̬i]⟨f2⟩⟨zn.; →mv. 2⟩

I ⟨telb.zn.⟩ **0.1** ***(openbare) voorziening*** ⇒⟨i.h.b.⟩ *nutsbedrijf, waterleidings/gas/elektriciteitsbedrijf* **0.2** ***nuttig iets*** ⇒*voorwerp v. nut;*

II ⟨n.-telb.zn.⟩ **0.1** ***(praktisch) nut*** ⇒*nuttigheid, utiliteit* **0.2** ***bruikbaarheid***.

u'tility actor ⟨telb.zn.⟩⟨vero.; dram.⟩ **0.1** ***utiliteit*** ⟨acteur voor kleine rollen⟩.

u'tility 'bill ⟨telb.zn.⟩⟨AE⟩ **0.1** ***gas/water/elektriciteitsrekening***.

u'tility 'company ⟨telb.zn.⟩ **0.1** ***(openbaar) nutsbedrijf*** ⇒*waterleidings/gas/elektriciteitsbedrijf*.

u'tility livestock ⟨n.-telb.zn.⟩ **0.1** ***gebruiksvee***.

u'tility man ⟨telb.zn.⟩ **0.1** ⟨vero.; dram.⟩ ***utiliteit*** ⟨acteur voor kleine rollen⟩ **0.2** ⟨sport⟩ ***overal inzetbare speler*** **0.3** ⟨AE⟩ ***manusje-van-alles*** ⇒*factotum*.

u'tility room ⟨telb.zn.⟩ **0.1** ⟨ong.⟩ ***bijkeuken***.

u'tility truck, u'tility vehicle ⟨telb.zn.⟩ **0.1** ***(kleine) open bestelwagen*** ⇒*pick-up*.

u'tility value ⟨telb. en n.-telb.zn.⟩ **0.1** ***gebruikswaarde***.

u·til·iz·a·ble, u·til·is·a·ble ['ju:t̬ɪlaɪzəbl‖'ju:t̬l-]⟨bn.⟩ **0.1** ***bruikbaar*** ⇒*toepasbaar, aanwendbaar*.

u·til·i·za·tion, -sa·tion ['ju:t̬ɪlaɪ'zeɪʃn‖'ju:t̬lə-]⟨telb. en n.-telb.zn.⟩ **0.1** ***(nuttig) gebruik*** ⇒*nuttige toepassing*.

u·til·ize, -ise ['ju:t̬ɪlaɪz‖'ju:t̬laɪz]⟨f2⟩⟨ov.ww.⟩ **0.1** ***gebruik maken van*** ⇒*gebruiken, benutten, toepassen, aanwenden*.

-u·tion [u:ʃn]⟨vormt zelfst. nw.⟩ **0.1** ⟨geeft handeling/proces aan⟩ **0.2** ⟨geeft resultaat v.e. handeling/proces aan⟩ ◆ **¶.1** evolution *ontwikkeling* **¶.2** solution *oplossing*.

u·ti pos·si·de·tis ['ju:taɪ pɒsɪ'di:tɪs‖-pɑsɪ'di:t̬ɪs]⟨n.-telb.zn.⟩⟨jur.⟩ **0.1** ***uti possidetis-beginsel*** ⟨als onderdeel v.e. verdrag; elke partij behoudt wat hij (veroverd) heeft⟩.

ut·most[1] ['ʌtmoʊst], ⟨schr.⟩ **ut·ter·most** ['ʌtəmoʊst‖'ʌt̬ər-]⟨f2⟩⟨n.-telb.zn.⟩ **0.1** ***uiterste*** ⇒*uiterste grens* **0.2** ***uiterste best*** ⇒*al het mogelijke* ◆ **3.1** enjoy o.s. to the ~ *buitengewoon genieten* **3.2** do one's ~ *zijn uiterste best doen*.

utmost[2], ⟨schr.⟩ **uttermost** ⟨f2⟩⟨bn., attr.⟩ **0.1** ***uiterst*** ⇒*hoogst* ◆ **1.1** of the ~ importance *v.h. (aller)grootste belang*.

U·to·pi·a [ju:'toʊpɪə]⟨f1⟩⟨zn.⟩

I ⟨eig.n.⟩ **0.1** ***Utopia;***

II ⟨telb. en n.-telb.zn.⟩ **0.1** ***utopie*** ⇒*hersenschim, droombeeld*.

u·to·pi·an[1] [ju:'toʊpɪən]⟨telb.zn.⟩ **0.1** ⟨ook U-⟩ ***bewoner v. Utopia*** **0.2** ***utopist***.

utopian[2] ⟨f1⟩⟨bn.⟩ **0.1** ⟨ook U-⟩ ***utopisch*** ⇒*utopiaans, onverwezenlijkbaar, hersenschimmig* **0.2** ***utopistisch*** ◆ **1.1** ~ scheme *utopie, utopisch plan*.

u·to·pi·an·ism [ju:'toʊpɪənɪzm]⟨n.-telb.zn.⟩ **0.1** ***utopisme*** **0.2** ***utopie***.

'U-trap ⟨telb.zn.⟩⟨tech.⟩ **0.1** ***zwanehals*** ⇒*stankafsluiter*.

U·trecht velvet ['ju:trekt 'velvet]⟨n.-telb.zn.⟩ **0.1** ***(wollen) pluche***.

u·tri·cle ['ju:trɪkl]⟨telb.zn.⟩⟨biol.⟩ **0.1** ***celblaasje*** **0.2** ***kleine lichaamsholte*** ⇒⟨i.h.b.⟩ *utriculus* ⟨in middenoor⟩.

u·tric·u·lar [ju:'trɪkjʊlə‖-kjələr]⟨bn.⟩ **0.1** ***blaasvormig*** ⇒*blaasjes-*.

ut·ter[1] ['ʌtə‖'ʌt̬ər]⟨f1⟩⟨bn., attr.; -ness⟩ **0.1** ***uiterst*** ⇒*absoluut* **0.2** ***compleet*** ⇒*volledig, totaal, volslagen* ◆ **1.¶** ⟨BE⟩ ~ barrister *advocaat die buiten de balie pleit* ⟨i.t.t. Queen's Counsel⟩.

utter[2] ⟨f3⟩⟨ov.ww.⟩ **0.1** ***uiten*** ⇒*slaken* ⟨bv. zucht, kreet⟩ **0.2** ***uitdrukken*** ⇒*zeggen, uitspreken* **0.3** ***in omloop brengen*** ⟨vals geld⟩ ⇒*uitgeven, uitzetten*.

ut·ter·a·ble ['ʌtrəbl‖'ʌt̬ərəbl]⟨bn.⟩ **0.1** ***uit te drukken***.

ut·ter·ance ['ʌtrəns‖'ʌt̬ərəns]⟨f2⟩⟨zn.⟩

I ⟨telb.zn.⟩ **0.1** ***uiting*** ⟨ook taalk.⟩ **0.2** ***manier v. uitdrukken*** ⇒*wijze v. spreken, voordracht, uitspraak;*

II ⟨n.-telb.zn.⟩ **0.1** ***het uiten*** ⇒*het uitdrukken* **0.2** ***spraakvermogen*** **0.3** ⟨the⟩⟨schr.⟩ ***het uiterste*** ◆ **3.1** give ~ to *uiting geven aan, uitdrukking geven aan* **6.3** (fight) to the ~ *tot het bittere eind (doorvechten)*.

ut·ter·ly ['ʌtəli‖'ʌt̬ərli]⟨f3⟩⟨bw.⟩ **0.1** →utter **0.2** ***volkomen*** ⇒*volslagen, absoluut* ◆ **2.2** ~ mad *volslagen krankzinnig*.

uttermost →utmost.

'U-tube ⟨telb.zn.⟩ **0.1** ***U-buis***.

'U-turn ⟨f1⟩⟨telb.zn.⟩ **0.1** ***draai/ommezwaai v. 180°*** ⇒⟨fig.⟩ *totale om(me)zwaai/om(me)keer* ◆ **2.1** a political ~ *een politieke om(me)zwaai* **7.1** ⟨verkeer⟩ no ~s *keren verboden*.

UV ⟨afk.⟩ ultraviolet.

u·vu·la ['ju:vjʊlə‖-vjə-]⟨telb.zn.; ook uvulae [-li:]; →mv. 5⟩ **0.1** ***huig*** **0.2** ***aanhangsel***.

u·vu·lar ['ju:vjʊlə‖-vjələr]⟨bn.; -ly⟩ **0.1** ***v.d. huig*** ⇒*huig-, uvulaar, uvulair* ◆ **1.1** ⟨taalk.⟩ ~ r *huig-r, uvulaire r*.

ux·o·ri·cide [ʌk'sɔ:rɪsaɪd]⟨zn.⟩

I ⟨telb.zn.⟩ **0.1** ***moordenaar v. echtgenote;***

II ⟨n.-telb.zn.⟩ **0.1** ***moord op echtgenote***.

ux·o·ri·ous [ʌk'sɔ:rɪəs]⟨bn.; -ly; -ness⟩ **0.1** ***dol op zijn echtgenote*** **0.2** ***slaafs*** ⟨tgo. echtgenote⟩ **0.3** ***blijk gevend v. liefde voor zijn vrouw***.

Uz·bek ['ʊzbek, 'ʌz-], **Uz·beg** [-beg]⟨zn.; ook Uzbek, Uzbeg; →mv. 4⟩

I ⟨eig.n.⟩ **0.1** ***Uzbeeks*** ⇒*Oesbeeks, de Uzbeekse taal;*

II ⟨telb.zn.⟩ **0.1** ***Uzbeker*** ⇒*Oesbeek*.

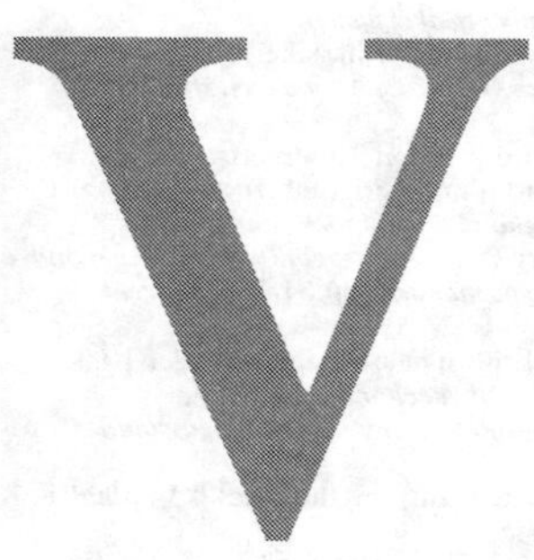

v[1], **V** [vi:]⟨telb.zn.; v's, V's, zelden vs, Vs⟩ **0.1** ***(de letter) v, V*** **0.2** ***V-vorm(ig iets/voorwerp)*** ⇒*V-formatie* ⟨v. vliegtuigen⟩, *V-hals* **0.3** *V* ⟨Romeins cijfer 5⟩ **0.4** ⟨AE; inf.⟩ ***vijfdollarbiljet***.

v[2] ⟨afk.⟩ **0.1** ⟨velocity⟩ ⟨nat.⟩ ***v*** **0.2** ⟨verb⟩ ***ww.*** **0.3** ⟨verse⟩ ***v.*** **0.4** ⟨verso⟩ **0.5** ⟨versus⟩ ***v.*** **0.6** ⟨very⟩ **0.7** ⟨vide⟩ ***v.*** **0.8** ⟨volume⟩ ***vol.***.

V ⟨afk.⟩ **0.1** ⟨Vice⟩ ⟨in titels⟩ **0.2** ⟨victory⟩ ***V*** **0.3** ⟨viscount⟩ **0.4** ⟨volt(s)⟩ ***V*** **0.5** ⟨volunteer⟩.

V-1 ⟨telb.zn.⟩ **0.1** ***V***[1] ⇒*vliegende bom*.

V-2 ⟨telb.zn.⟩ **0.1** ***V***[2] ⟨raket⟩.

V8 ⟨telb.zn.⟩ **0.1** ***achtcilindermotor***.

Va ⟨afk.⟩ Virginia.

VA ⟨afk.⟩ Veterans' Administration ⟨AE⟩; Vicar Apostolic, Vice-Admiral; Order of Victoria and Albert ⟨BE⟩; Virginia ⟨AE⟩.

V & A ⟨afk.⟩ Victoria & Albert Museum ⟨BE⟩.

vac [væk]⟨f1⟩⟨telb.zn.⟩⟨verk.⟩ vacation, vacuum cleaner ⟨BE; inf.⟩.

va·can·cy ['veɪkənsi]⟨f2⟩⟨zn.; →mv. 2⟩
I ⟨telb.zn.⟩ **0.1** ***vacature*** ⇒*open(gevallen) plaats, openstaande betrekking* **0.2** ***lege plaats*** ⇒⟨i.h.b.⟩ *onbezette kamer* ◆ **7.2** no vacancies in this hotel *dit hotel is vol;*
II ⟨telb. en n.-telb.zn.⟩ **0.1** ***lege ruimte*** ⇒*leegte, ruimte* ◆ **3.1** stare into ~ *voor zich uit staren;*
III ⟨n.-telb.zn.⟩ **0.1** ***vacatie*** ⇒*vacant/open/leeg/onbezet zijn* **0.2** ***leegte*** ⇒*ledigheid, leemte* **0.3** ***afwezigheid*** ⇒*wezenloosheid*.

va·cant ['veɪkənt]⟨f2⟩⟨bn.; -ly; -ness⟩ **0.1** ***leeg*** ⇒*ledig* **0.2** ***leeg (staand)*** ⟨v. huis⟩ ⇒*onbewoond* **0.3** ***vacant*** ⟨v. baan⟩ ⇒*onbezet, open(staand)* **0.4** ***afwezig*** ⟨v. geest⟩ ⇒*leeg, wezenloos* **0.5** ***dwaas*** ◆ **1.1** a ~ seat *een onbezette stoel* **1.2** ⟨BE; jur.⟩ ~ possession *leeg te aanvaarden* **1.4** a ~ stare *een lege/wezenloze blik* **6.1** ~ **of** *zonder, ontbloot van*.

va·cat·able [və'keɪtəbl‖'veɪkeɪṭəbl]⟨bn.⟩ **0.1** ***vacant/vrij te maken***.

va·cate [və'keɪt, veɪ-‖'veɪkeɪt]⟨f1⟩⟨ww.⟩
I ⟨onov.ww.⟩⟨AE⟩ **0.1** ***vakantie nemen;***
II ⟨ov.ww.⟩ **0.1** ***doen vrijkomen*** ⇒*vacant/vrij maken* **0.2** ***ontruimen*** ⟨huis⟩ **0.3** ***opgeven*** ⟨positie⟩ ⇒*neerleggen* ⟨ambt⟩, *afstand doen van* ⟨troon⟩ **0.4** ⟨jur.⟩ ***nietig verklaren*** ⇒*vernietigen, annuleren*.

va·ca·tion[1] [və'keɪʃn‖veɪ-]⟨f3⟩⟨telb. en n.-telb.zn.⟩ **0.1** ***vakantie*** ⟨BE vnl. v. rechtbank en universiteiten⟩ **0.2** ***rusttijd*** **0.3** ***ontruiming*** ⟨v. huis⟩ **0.4** ***afstand*** ⟨v.d. troon⟩ **0.5** ⟨jur.⟩ ***vernietiging*** ⇒*annulering* **0.6** ⟨sl.⟩ ***gevangenisstraf*** ◆ **2.1** long ~ *grote vakantie, zomervakantie* **3.1** have a ~ *vakantie houden* **6.1 on** ~ *met/op vakantie*.

vacation[2] ⟨onov.ww.⟩⟨AE⟩ **0.1** ***vakantie nemen*** **0.2** ***vakantie hebben*** ◆ **6.2** ~ **at/in** *vakantie houden in*.

va·ca·tion·ist [və'keɪʃənɪst‖veɪ-], **va·ca·tion·er** [-ʃənə‖-ʃənər] ⟨telb.zn.⟩⟨AE⟩ **0.1** ***vakantieganger***.

va'cation land ⟨telb.zn.⟩⟨AE⟩ **0.1** ***pretpark***.

vac·ci·nal ['væksɪnl]⟨bn.⟩ **0.1** ***vaccinaal***.

vac·ci·nate ['væksɪneɪt]⟨f1⟩⟨ov.ww.⟩ **0.1** ***vaccineren*** ⇒*inenten* ◆ **6.1** ~ s.o. **against** smallpox *iem. inenten tegen pokken*.

vac·ci·na·tion ['væksɪ'neɪʃn]⟨f1⟩⟨telb. en n.-telb.zn.⟩ **0.1** ***(koepok) inenting*** ⇒*vaccinatie, vaccinering* ◆ **6.1** ~ **against** smallpox *inenting tegen pokken*.

vac·ci·na·tor ['væksɪneɪtə‖-neɪṭər]⟨telb.zn.⟩ **0.1** ***inent(st)er*** ⇒*vaccinator, vaccinatrice, vaccinateur*.

vac·cine[1] ['væksɪn, -si:n‖væk'si:n]⟨f1⟩⟨telb. en n.-telb.zn.⟩ **0.1** ***vaccin(estof)*** ⇒⟨i.h.b.⟩ *koepokstof, entstof*.

vaccine[2] ⟨bn.⟩ **0.1** ***mbt. vaccine*** ⇒⟨i.h.b.⟩ *koe(pok)-* **0.2** ***mbt. vaccinatie*** ◆ **1.1** ~ lymph *vaccine, (koe)pokstof, inentsel, lymfe;* ~ therapy *vaccinotherapie* **1.2** a ~ pustule *een pok, een pokpuist*.

vac·ci·nee ['væksɪ'ni:]⟨telb.zn.⟩ **0.1** ***ingeënt persoon***.

vac·cin·i·a [væk'sɪnɪə]⟨telb. en n.-telb.zn.⟩⟨med.⟩ **0.1** ***koepokken*** ⇒*vaccine, vaccin(i)a*.

vac·il·late ['væsɪleɪt]⟨f1⟩⟨onov.ww.⟩ **0.1** ***aarzelen*** ⇒*schromen, weifelen* **0.2** ***onzeker zijn*** ⇒*besluiteloos zijn* **0.3** ***wankelen*** ◆ **6.1** ~ **between** *aarzelen tussen*.

vac·il·la·tion ['væsɪ'leɪʃn]⟨telb. en n.-telb.zn.⟩ **0.1** ***aarzeling*** ⇒*weifeling*.

vac·il·la·tor ['væsɪleɪtə‖-leɪṭər]⟨telb.zn.⟩ **0.1** ***weifelaar***.

vac·il·la·to·ry ['væsɪlətri‖-tɔri]⟨bn.⟩ **0.1** ***weifelend*** **0.2** ***besluiteloos***.

vacua ⟨mv.⟩ →vacuum.

vac·u·i·ty [və'kju:əṭi]⟨zn.; →mv. 2⟩
I ⟨telb.zn.; vaak mv.⟩ **0.1** ***dwaasheid*** ⇒*onbelangrijkheid, dwaas idee;*
II ⟨telb. en n.-telb.zn.; vaak mv.⟩ **0.1** ***leegheid*** ⇒*vacuüm, leemte;*
III ⟨n.-telb.zn.⟩ **0.1** ***saaiheid*** ⇒*wezenloosheid*.

vac·u·o·lar ['vækjʊ'oʊlə‖-ər]⟨bn.⟩⟨biol.⟩ **0.1** ***vacuolair***.

vac·u·o·la·tion ['vækjʊə'leɪʃn]⟨n.-telb.zn.⟩ **0.1** ***vacuolenvorming***.

vac·u·ole ['vækjʊoʊl]⟨telb.zn.⟩⟨biol.⟩ **0.1** ***vacuole*** ⟨celblaasje in protoplasma⟩.

vac·u·ous ['vækjʊəs]⟨bn.; -ly; -ness⟩⟨schr.⟩ **0.1** ***leeg*** **0.2** ***(lucht)ledig*** **0.3** ***wezenloos*** ⇒*leeg, leeghoofdig, dom* ⟨bv. blik⟩ **0.4** ***doelloos*** ⟨bv. leven⟩ **0.5** ***zonder betekenis/inhoud*** ⇒*dwaas*.

vac·u·um[1] ['vækjʊəm]⟨f1⟩⟨telb.zn.; tech. ook vacua ['vækjʊə]; →mv. 5⟩⟨→sprw. 479⟩ **0.1** ***vacuüm*** **0.2** ***leegte*** **0.3** ⟨verk.⟩ ⟨vacuum cleaner⟩ ◆ **3.2** leave a ~ *een leegte achterlaten*.

vacuum[2] ⟨f1⟩⟨onov. en ov.ww.⟩⟨inf.⟩ **0.1** ***(stof)zuigen*** ◆ **5.1** ~ **out** the house *het huis stofzuigen*.

'vacuum bottle, ⟨BE⟩ **'vacuum flask** ⟨f1⟩⟨telb.zn.⟩ **0.1** ***thermosfles***.

'vacuum brake ⟨telb.zn.⟩⟨tech.⟩ **0.1** ***vacuümrem***.

'vac·u·um-clean ⟨onov. en ov.ww.⟩ **0.1** ***(stof)zuigen***.

'vacuum cleaner, ⟨inf. ook⟩ **vacuum** ⟨f1⟩⟨telb.zn.⟩ **0.1** ***stofzuiger***.

'vacuum gauge ⟨telb.zn.⟩⟨tech.⟩ **0.1** ***vacuüm(druk)meter*** ⇒*onderdrukmeter*.

'vac·u·um-'packed ⟨bn.⟩ **0.1** ***vacuümverpakt***.

'vacuum pump ⟨telb.zn.⟩ **0.1** ***vacuümpomp***.

'vacuum tube ⟨telb.zn.⟩⟨nat.⟩ **0.1** ***vacuümbuis*** ⇒*elektronenbuis, luchtledige buis*.

'vacuum valve ⟨telb.zn.⟩ **0.1** ***vacuümafsluiter*** ⇒*luchtklep* **0.2** ***elektronenbuis***.

VAD ⟨afk.⟩ (Member of) Voluntary Aid Detachment.

va·de·me·cum ['vɑ:di'meɪkəm‖'veɪdi 'mi:kəm]⟨telb.zn.⟩ **0.1** ***handleiding*** ⇒*vademecum*.

vag[1] [væg]⟨zn.⟩⟨sl.⟩
I ⟨telb.zn.⟩ **0.1** ***landloper*** ⇒*zwerver;*
II ⟨n.-telb.zn.⟩ **0.1** ***landloperij***.

vag[2] ⟨ov.ww.⟩⟨sl.⟩ **0.1** ***arresteren wegens landloperij*** **0.2** ***veroordelen wegens landloperij***.

vag·a·bond[1] ['vægəbɒnd‖-bɑnd]⟨f1⟩⟨telb.zn.⟩ **0.1** ***zwerver*** ⇒*vagebond, landloper* **0.2** ⟨inf.⟩ ***schooier*** ⇒*schelm, schurk*.

vagabond[2] ⟨bn.⟩ **0.1** ***(rond)zwervend*** ⇒*vagebonderend, (rond) dolend* **0.2** ***liederlijk***.

vagabond[3] ⟨onov.ww.⟩ **0.1** ***(rond)zwerven*** ⇒*vagebonderen, ronddolen*.

vag·a·bond·age ['vægəbɒndɪdʒ‖-bɑn-], **vag·a·bond·ism** [-ɪzm]⟨n.-telb.zn.⟩ **0.1** ***landloperij*** ⇒*vagebondage, het landlopen/zwerven* **0.2** ***landlopers*** ⇒*zwervers*.

vag·a·bond·ish ['vægəbɒndɪʃ‖-bɑn-]⟨bn.⟩ **0.1** ***zwerverachtig***.

vag·a·bond·ize ['vægəbɒndaɪz‖-bɑn-]⟨onov.ww.⟩ **0.1** ***(rond)zwerven*** ⇒*vagebonderen*.

va·gal [veɪgl]⟨bn.⟩⟨med.⟩ **0.1** ***mbt. nervus vagus*** ⟨zwervende zenuw⟩.

va·gar·i·ous [və'geərɪəs‖-'ger-]⟨bn.⟩ **0.1** ***grillig*** ⇒*nukkig*.

va·gar·y ['veɪgəri‖və'geri]⟨telb.zn.;→mv. 2; vaak mv.⟩ **0.1** ***gril*** ⇒*nuk, kuur, luim, caprice*.

va·gi·na [və'dʒaɪnə]⟨f1⟩⟨telb.zn.; ook vaginae [-ni:];→mv. 5⟩ **0.1** ***vagina*** ⇒*schede* **0.2** ⟨plantk.⟩ ***(blad)schede***.

vag·i·nal [və'dʒaɪnl‖'vædʒɪnl]⟨bn.⟩ **0.1** ***vaginaal*** ⇒*schede-* **0.2** ***schedeachtig***.

vag·i·nis·mus ['vædʒɪ'nɪzməs]⟨n.-telb.zn.⟩ **0.1** ***vaginisme***.

vag·i·ni·tis ['vædʒɪ'naɪtɪs]⟨telb. en n.-telb.zn.⟩⟨med.⟩ **0.1** ***schedeontsteking*** ⇒*vaginitis, colpitis*.

va·gran·cy ['veɪgrənsi]⟨zn.;→mv. 2⟩
I ⟨telb.zn.; vaak mv.⟩ **0.1** ***afdwaling*** ⇒*uitweiding;*
II ⟨n.-telb.zn.⟩ **0.1** ***landloperij*** ⇒*vagebondage*.

va·grant[1] ['veɪgrənt]⟨f1⟩⟨telb.zn.⟩ **0.1** ***landloper*** ⇒*vagebond, zwerver* **0.2** ***dakloze*** **0.3** ***prostituée***.

vagrant[2], ⟨zelden⟩ **va·grom** ['veɪgrəm]⟨f1⟩⟨bn.; vagrantly; vagrantness⟩ **0.1** ***(rond)zwervend*** ⇒*(rond)dolend, rondtrekkend, rondreizend* **0.2** ***wild groeiend*** ⇒*woekerend* **0.3** ***afdwalend*** ⟨v. aandacht⟩ ⇒*ongestadig*.

vague[1] [veɪg]⟨f1⟩⟨telb.zn.⟩ **0.1** ***vaagheid*** ◆ **6.1 in** the ~ *in het vage, onduidelijk, niet scherp omlijnd/definitief, zonder vaste vorm*.

vague[2] ⟨f3⟩⟨bn.; -er; -ly; -ness;→bijw. 3⟩
I ⟨bn.⟩ **0.1** ***vaag*** ⇒*onduidelijk, onbepaald* **0.2** ***onzeker*** ⇒*vaag* **0.3** ***onscherp*** ⇒*vaag* ◆ **1.1** ~ questions *onduidelijke vragen* **6.1** be ~ **about** sth. *vaag zijn over/omtrent iets;*
II ⟨bn., attr.; meestal overtr. trap⟩ **0.1** ***gering*** ◆ **1.1** I haven't the ~st idea what you're talking about *ik heb geen flauw idee waar je het over hebt*.

vagu·ish ['veɪgɪʃ]⟨bn.⟩ **0.1** ***vagelijk***.

va·gus ['veɪgəs]⟨telb.zn.; vagi ['veɪgaɪ];→mv. 5⟩⟨med.⟩ **0.1** ***(nervus) vagus*** ⟨tiende hersenzenuw⟩ ⇒*zwervende/dwalende zenuw*.

vail [veɪl]⟨ww.⟩⟨schr.⟩
I ⟨onov.ww.⟩ **0.1** ***zich onderwerpen*** **0.2** ***hulde brengen*** ⇒⟨i.h.b.⟩ *het hoofd ontbloten;*
II ⟨ov.ww.⟩ **0.1** ***neerlaten*** ⇒*strijken* **0.2** ***eerbied bewijzen aan*** ⇒⟨i.h.b.⟩ *afnemen* ⟨hoed⟩ **0.3** ***geven*** ⇒*onderwerpen*.

vain [veɪn]⟨f2⟩⟨bn.; -er; -ness⟩ **0.1** ***verwaand*** ⇒*ijdel, zelfingenomen* **0.2** ***zinloos*** ⇒*nutteloos, vruchteloos* **0.3** ***triviaal*** ⇒*leeg* ◆ **1.¶** ⟨bijb.⟩ take God's name in ~ *Gods naam ijdel gebruiken;* take s.o.'s name in ~ *iemands naam ijdel gebruiken* **6.1** ~ **of** *trots/prat op* **6.2 in** ~ *tevergeefs*.

vain·glo·ri·ous ['veɪn'glɔ:rɪəs]⟨bn.; -ly; -ness⟩⟨schr.⟩ **0.1** ***verwaand*** ⇒*ijdel* **0.2** ***snoevend*** ⇒*opschepperig, pochend*.

vain·glo·ry [veɪn'glɔ:ri‖'veɪnglɔri]⟨n.-telb.zn.⟩⟨schr.⟩ **0.1** ***verwaandheid*** **0.2** ***grootspraak*** ⇒*snoeverij, opschepperij*.

vain·ly ['veɪnli]⟨f1⟩⟨bw.⟩ **0.1** →vain **0.2** ***tevergeefs*** ⇒*ijdel(lijk)* **0.3** ***(op) verwaand(e wijze)*** ◆ **3.3** ~ they tried, ~ did they try *zij deden vergeefse pogingen*.

vair [veə‖ver]⟨n.-telb.zn.⟩ **0.1** ***eekhoornvel*** ⟨wit met grijs⟩ **0.2** ⟨heraldiek⟩ ***vaar*** ⟨voering v. beurtelings zilveren en azuren vakjes⟩ ⇒*vair*.

Vais·ya ['vaɪsjə]⟨zn.⟩
I ⟨telb.zn.⟩ **0.1** ***lid v.d. Vaisjja*** ⟨derde hoofdkaste⟩;
II ⟨n.-telb.zn.⟩ **0.1** ***Vaisjja*** ⟨derde hoofdkaste bij Hindoes⟩.

val·ance, va·lence ['væləns]⟨telb.zn.⟩ **0.1** ***valletje*** ⇒*(af)hangende rand* **0.2** ***(meubel)damast*** **0.3** ⟨AE⟩ ***gordijnkap***.

val·anced, val·enced ['vælənst]⟨bn.⟩ **0.1** ***met een valletje*** **0.2** ***met (meubel)damast*** **0.3** ⟨AE⟩ ***met een gordijnkap***.

vale [veɪl]⟨f2⟩⟨telb.zn.⟩⟨schr.⟩ **0.1** ***vallei*** ⇒*dal* **0.2** ***vaarwel*** ◆ **1.¶** this ~ of tears *dit tranendal;* ~ of years *levensavond, oude dag* **¶.2** ~! *Vaarwel!, vale!*.

val·e·dic·tion ['vælɪ'dɪkʃn]⟨zn.⟩⟨schr.⟩
I ⟨telb.zn.⟩ **0.1** ***afscheidswoord/rede;***
II ⟨n.-telb.zn.⟩ **0.1** ***afscheid*** ⇒*vaarwel*.

val·e·dic·to·ri·an ['vælɪdɪk'tɔ:rɪən]⟨telb.zn.⟩⟨AE⟩ **0.1** ***student die afscheidsrede houdt*** ⟨namens mede-afstuderenden⟩.

val·e·dic·to·ry[1] ['vælɪ'dɪktri]⟨telb.zn.;→mv. 2⟩⟨AE⟩ **0.1** ***afscheidsrede***.

valedictory[2] ⟨bn.⟩ **0.1** ***ten afscheid*** ⇒*afscheids-* ◆ **1.1** ⟨vnl. AE⟩ ~ speech *afscheidsrede*.

valence ['veɪləns], ⟨BE ook⟩ **va·len·cy** [-si]⟨telb. en n.-telb.zn.;→mv. 2⟩ **0.1** ***valentie*** ⇒*waardigheid* **0.2** ***valentiekracht*** ⇒*bindingskracht* ⟨ook biol., v. genen⟩.

'valence electron ⟨telb.zn.⟩⟨schei.⟩ **0.1** ***valentie-elektron***.

Va·len·ci·ennes ['vælənsi'en‖və'len-]⟨n.-telb.zn.⟩ **0.1** ***Valenciennes kant*** ⇒*valenciennes*.

val·en·tine ['væləntaɪn]⟨f1⟩⟨telb.zn.; ook V-⟩ **0.1** ***liefje*** ⟨gekozen op Valentijnsdag, 14 febr.⟩ **0.2** ***valentijnskaart*** **0.3** ⟨sl.⟩ ***ontslagbrief***.

val·er·ate ['væləreɪt]⟨telb.zn.⟩⟨schei.⟩ **0.1** ***valeriaanester***.

va·le·ri·an [və'lɪərɪən‖-'lɪr-]⟨zn.⟩
I ⟨telb.zn.⟩⟨plantk.⟩ **0.1** ***valeriaan*** ⟨genus Valeriana⟩ ⇒⟨i.h.b.⟩ *echte valeriaan* ⟨V. officinalis⟩;
II ⟨n.-telb.zn.⟩ **0.1** ***valeriaan(wortel)*** **0.2** ***valeriaan(tinctuur)***.

va·le·ric [və'lɪərɪk‖-'lɪr-]⟨bn.⟩⟨schei.⟩ **0.1** ***uit valeriaan*** ◆ **1.1** ~ acid *valeriaanzuur, pentaanzuur*.

val·et[1] ['vælɪt, 'væleɪ]⟨telb.zn.⟩⟨→sprw. 501⟩ **0.1** ***lijfknecht*** ⇒*(persoonlijke) bediende, lakei* **0.2** ***hotelbediende***.

valet[2] ⟨ww.⟩
I ⟨onov.ww.⟩ **0.1** ***als lijfknecht/lakei dienen;***
II ⟨ov.ww.⟩ **0.1** ***verzorgen*** ⟨als lijfknecht/lakei⟩.

'valet service, 'valeting service ⟨telb.zn.⟩ **0.1** ***was- en strijkservice*** ⟨bv. in hotel⟩.

val·e·tu·di·nar·i·an[1] ['vælɪtju:dɪ'neərɪən‖-tu:dn·erɪən], **val·e·tu·di·nar·y** [-'tju:dɪnri‖-'tu:dn·eri]⟨telb.zn.;→mv. 2⟩ **0.1** ***ziekelijk persoon*** **0.2** ***hypochonder*** ⇒*hypochondrist*.

valetudinarian[2], **valetudinary** ⟨bn.⟩ **0.1** ***ziekelijk*** ⇒*zwak v. gezondheid, chronisch ziek* **0.2** ***hypochondrisch*** **0.3** ***reconvalescent*** ⇒*herstellend*.

val·e·tu·di·nar·i·an·ism ['vælɪtju:dɪ'neərɪənɪzm‖-tu:dn'er-]⟨n.-telb.zn.⟩ **0.1** ***ziekelijkheid*** **0.2** ***hypochondrie***.

val·gus ['vælgəs]⟨telb. en n.-telb.zn.⟩⟨med.⟩ **0.1** ***valgusstand*** ⟨voetafwijking⟩.

Val·hal·la ['væl'hælə]⟨eig.n., telb.zn.⟩⟨mythologie⟩ **0.1** ***walhalla*** ⟨ook fig.⟩.

val·iance ['vælɪəns], **val·ian·cy** [-si]⟨n.-telb.zn.⟩ **0.1** ***moed*** ⇒*dapperheid, durf*.

val·iant ['vælɪənt]⟨f2⟩⟨bn.; -ly; -ness⟩ **0.1** ***moedig*** ⇒*dapper, heldhaftig, heroïsch* **0.2** ***waardevol*** ⇒*uitstekend*.

val·id ['vælɪd]⟨f3⟩⟨bn.; -ly; -ness⟩ **0.1** ***redelijk*** ⟨v. argumenten e.d.⟩ ⇒*verdedigbaar, steekhoudend, gegrond* **0.2** ***geldig*** ⟨v. kaartje⟩ **0.3** ⟨jur.⟩ ***(rechts)geldig*** ⇒*wettig, v. kracht* **0.4** ⟨vero.⟩ ***gezond*** ⇒*sterk, krachtig, goed functionerend* ◆ **1.2** your ticket is ~ for three weeks *je kaartje is drie weken geldig*.

val·i·date ['vælɪdeɪt]⟨f1⟩⟨ov.ww.⟩ **0.1** ***bevestigen*** ⇒*ratificeren, geldig verklaren, valideren, legaliseren, bekrachtigen*.

val·i·da·tion ['vælɪ'deɪʃn]⟨telb. en n.-telb.zn.⟩ **0.1** ***bevestiging*** ⇒*geldigverklaring, ratificatie, validatie*.

va·lid·i·ty [və'lɪdəti]⟨f2⟩⟨n.-telb.zn.⟩ **0.1** ***(rechts)geldigheid*** ⇒*het van kracht zijn* **0.2** ***redelijkheid*** **0.3** ⟨empirische wetenschappen⟩ ***validiteit*** ⇒*geldigheid* ⟨v.e. test⟩ ◆ **6.2** ~ **of** an argument *redelijkheid v.e. argument*.

val·ine ['veɪli:n‖'væ-]⟨n.-telb.zn.⟩⟨schei.⟩ **0.1** ***valine***.

va·lise [və'li:z‖və'li:s]⟨telb.zn.⟩ **0.1** ⟨AE⟩ ***valies*** ⇒*reistas* **0.2** ***plunjezak***.

Va·li·um ['vælɪəm]⟨telb. en n.-telb.zn.⟩ **0.1** ***valium***.

Val·kyr ['vælkɪə‖-kər]⟨telb.zn.⟩⟨verk.⟩ Valkyrie **0.1** ***walkure***.

Val·kyri·an ['væl'kɪərɪən‖-'kɪr-]⟨bn.⟩⟨mythologie⟩ **0.1** ***mbt. de walkuren***.

Val·kyr·ie ['væl'kɪəri‖-'kɪri]⟨telb.zn.⟩⟨mythologie⟩ **0.1** ***walkure***.

val·lec·u·la [və'lekjʊlə‖-kjə-]⟨telb.zn.; valleculae [-li:];→mv. 5⟩⟨biol.⟩ **0.1** ***plooi*** ⇒*groef, rimpel*.

val·lec·u·lar [və'lekjʊlə‖-kjələr]⟨bn.⟩⟨biol.⟩ **0.1** ***mbt. plooien/groeven***.

val·lec·u·late [və'lekjʊlət‖-kjə-]⟨bn.⟩⟨biol.⟩ **0.1** ***met plooien/groeven***.

val·ley ['væli]⟨f3⟩⟨telb.zn.⟩ **0.1** ***vallei*** ⇒*dal* **0.2** ***stroomgebied*** **0.3** ⟨bouwk.⟩ ***kiel*** ⟨inspringende hoek tussen dakvlakken⟩ ◆ **1.1** ~ of the shadow of death *dal v.d. schaduw des doods, dal v. diepe duisternis* ⟨Ps. 23:4⟩ **3.1** drowned ~ *verdronken vallei;* ⟨aardr.⟩ hanging ~ *hangend/zwevend zijdal*.

val·lum ['væləm]⟨telb.zn.; ook valla ['vælə];→mv. 5⟩ **0.1** ***wal met palissaden*** ⇒*bolwerk*.

va·lo·ni·a [və'loʊnɪə]⟨n.-telb.zn.⟩ **0.1** ***valonea*** ⟨looistof⟩.

va'lonia 'oak ⟨telb.zn.⟩⟨plantk.⟩ **0.1** ***valonea*** ⟨altijdgroene eik; Quercus aegilops⟩.

val·or·i·za·tion, -sa·tion ['vælərаɪ'zeɪʃn‖-rə-]⟨telb. en n.-telb.zn.⟩⟨geldw.⟩ **0.1** ***valorisatie***.

val·or·ize, -ise ['væləraɪz]⟨ov.ww.⟩⟨geldw.⟩ **0.1** ***valoriseren*** ⇒*vaststellen* ⟨waarde⟩.

val·or·ous ['vælərəs]⟨bn.; -ly; -ness⟩ **0.1** ***moedig*** ⇒*dapper, koen, heroïsch*.

val·our, ⟨AE sp.⟩ **val·or** ['vælə‖-ər]⟨n.-telb.zn.⟩⟨→sprw. 112⟩⟨schr.⟩ **0.1** ***(helden)moed*** ⇒*heldhaftigheid* ⟨ook scherts.⟩.

valse [væls‖vɑls]⟨telb.zn.⟩⟨dansk., muz.⟩ **0.1** ***wals***.

val·u·able[1] ['væljəbl]⟨f2⟩⟨telb.zn.; vaak mv.⟩ **0.1** ***kostbaarheid*** ⇒*kleinood, voorwerp v. waarde*.

valuable[2] ⟨f3⟩⟨bn.; -ly; -ness;→bijw. 3⟩ **0.1** ***waardevol*** ⇒*v. betekenis, nuttig* **0.2** ***kostbaar*** ◆ **1.1** not ~ in money *v. onschatbare waarde, onbetaalbaar* **6.1** ~ **for/to** *v. waarde voor*.

val·u·a·tion ['væljʊ'eɪʃn]⟨f2⟩⟨zn.⟩
I ⟨telb.zn.⟩ **0.1** ***taxatieprijs*** ⇒*vastgestelde waarde* **0.2** ***waarde***

⇒*beoordeling* ◆ **3.2** set too high a ~ on s.o./sth. *iem./iets te hoog aanslaan/schatten* **6.1 at** a ~ *tegen taxatieprijs;*
II ⟨telb. en n.-telb.zn.⟩ **0.1** ***taxatie*** ⇒*schatting, waardebepaling, waardering.*
val·u·a·tor ['væljueɪtə‖-eɪṭər]⟨telb.zn.⟩ **0.1** ***taxateur*** ⇒*schatter.*
val·ue[1] ['vælju:]⟨f3⟩⟨zn.⟩
I ⟨telb.zn.⟩ **0.1** ***(gevoels)waarde*** ⇒*betekenis* **0.2** ⟨vaak mv.⟩ ***maatstaf*** ⇒*waarde* **0.3** ⟨muz.⟩ ***waarde*** ⇒*(tijds)duur* **0.4** ⟨tech., wetenschap⟩ ***waarde;***
II ⟨telb. en n.-telb.zn.⟩ **0.1** ***(gelds)waarde*** ⇒*valuta, prijs* **0.2** ***nut*** ⇒*waarde* **0.3** ***lichtverdeling*** ⟨op schilderij⟩ ◆ **1.1** ~ in account *waarde in rekening;* ~ same day *valuta per dezelfde dag;* ~ in exchange *ruilwaarde;* (get) ~ for money *waar voor zijn geld (krijgen)* **2.1** be good ~ *zijn geld waard zijn, waar voor zijn geld zijn* **2.2** of great ~ in doing sth. *erg nuttig/waardevol bij het doen v. iets* **3.1** ~ added *toegevoegde waarde;* decline/rise in ~ *in waarde verminderen/vermeerderen;* get ~ for money *waar voor zijn geld krijgen;* raise/reduce the *de waarde verhogen/verminderen;* ~ received *waarde genoten* ⟨op wissel⟩; set (a high) ~ on sth. *(veel) waarde aan iets hechten* **6.1 to** the ~ **of** *ter waarde van* **6.3 out of** ~ *te licht/donker.*
value[2] ⟨f3⟩⟨ov.ww.; in bet. 0.3 wederk. ww.⟩ **0.1** ***taxeren*** ⇒*schatten, begroten* **0.2** ***waarderen*** ⇒*appreciëren, achten, op prijs stellen* **0.3** ***zich beroemen*** ⇒*trots zijn, prat gaan* ◆ **1.1** ~d policy *getaxeerde polis* **1.2** ~d friend *gewaardeerde vriend* **4.3** ~ o.s. on/for *zich beroemen/laten voorstaan op* **6.1** ~ **at** *taxeren op.*
'val·ue-'ad·ded tax ⟨f2⟩⟨telb.zn.⟩ **0.1** ***belasting op de toegevoegde waarde*** ⇒*BTW.*
'val·ue-free ⟨bn.⟩ **0.1** ***waardevrij.***
'value judgement ⟨f1⟩⟨telb.zn.⟩ **0.1** ***waardeoordeel.***
val·ue·less ['væljuləs]⟨bn.; -ness⟩ **0.1** ***waardeloos*** ⇒*zonder waarde.*
val·u·er ['væljuə‖-ər]⟨telb.zn.⟩ **0.1** ***taxateur.***
va·lu·ta [və'lu:ṭə]⟨n.-telb.zn.⟩ **0.1** ***wisselwaarde*** ⇒*koers* **0.2** ***munteenheid*** ⇒*geldstelsel, valuta.*
val·vate ['vælveɪt], **valved** [vælvd]⟨bn.; 2e variant volt. deelw. v. valve⟩ **0.1** ***met kleppen.***
valve[1] [vælv]⟨f2⟩⟨telb.zn.⟩ **0.1** ***klep*** ⇒*afsluiter, deksel, ventiel* ⟨ook muz.⟩, *schuif* **0.2** ***klep(vlies)*** ⟨v. hart, bloedvaten⟩ **0.3** ⟨BE; tech.⟩ ***(elektronen)buis*** **0.4** ⟨BE; tech.⟩ ***gloeikathodebuis*** **0.5** ***klep*** ⟨v. doosvrucht⟩ **0.6** ***schaal*** ⇒*schelp* **0.7** ⟨vero.⟩ ***vleugel(deur).***
valve[2] ⟨ov.ww.⟩ →valved **0.1** ***v. kleppen voorzien*** **0.2** ***ventileren*** ⟨met kleppen⟩.
valve·less ['vælvləs]⟨bn.⟩ **0.1** ***zonder kleppen.***
'valve trombone ⟨telb.zn.⟩ **0.1** ***ventieltrombone.***
val·vu·lar ['vælvjulə‖-vjələr]⟨bn.⟩ **0.1** ***klepvormig*** **0.2** ***met klep(pen)*** **0.3** ***mbt. kleppen*** ⟨i.h.b. v.h. hart⟩ ⇒*klep-, valvulair* ◆ **1.3** ~ disease *ziekte v.d. (hart)kleppen.*
val·vule ['vælvju:l]⟨telb.zn.⟩ **0.1** ***klepje*** **0.2** ⟨biol.⟩ ***valvula.***
val·vu·li·tis ['vælvju'laɪtɪs‖-vjə'laɪṭɪs]⟨telb. en n.-telb.zn.⟩⟨med.⟩ **0.1** ***ontsteking v.d. (hart)kleppen.***
vam·brace ['væmbreɪs]⟨telb.zn.⟩⟨gesch.⟩ **0.1** ***onderarmstuk*** ⟨v. harnas⟩.
va·moose [və'mu:s], **va·mose** [və'mous]⟨ww.⟩⟨AE; inf.⟩
I ⟨onov.ww.⟩ **0.1** ***'m smeren*** ⇒*er vandoor gaan;*
II ⟨ov.ww.⟩ **0.1** ***gehaast verlaten*** ⇒*'m smeren uit.*
vamp[1] [væmp], ⟨in bet. 0.1 ook⟩ **vam·pire** ['væmpaɪə‖-ər]⟨f1⟩⟨telb.zn.⟩ **0.1** ⟨inf.⟩ ***verleidster*** ⇒*flirt, vamp, femme fatale* **0.2** ***bovenleer*** **0.3** ***voorschoen*** **0.4** ***lap(werk)*** **0.5** ⟨muz.⟩ ***geïmproviseerd accompagnement*** **0.6** ⟨muz.⟩ ***intro*** **0.7** ⟨muz.⟩ ***tussenspel.***
vamp[2] ⟨ww.⟩
I ⟨onov.ww.⟩ **0.1** ***zich gedragen als vamp*** **0.2** ⟨muz.⟩ ***accompagnement improviseren;***
II ⟨ov.ww.⟩ **0.1** ***verleiden*** ⇒*verlokken, inpalmen* **0.2** ***uitzuigen*** ⇒*uitbuiten* **0.3** ***nieuwe voorschoen geven aan*** **0.4** ***accompagneren*** ⇒*improviseren bij* **0.5** ⟨inf.⟩ ***in elkaar draaien*** **0.6** ⟨gew.⟩ ***stappen*** ⇒*lopen* ◆ **5.¶** ~ **up** *in elkaar draaien, samenflansen; verzinnen* ⟨smoesjes⟩; *improviseren; oplappen.*
vamp·er ['væmpə‖-ər]⟨telb.zn.⟩ **0.1** ***(schoen)lapper*** ⇒*(schoen)hersteller* **0.2** ⟨muz.⟩ ***improvisator v. accompagnement.***
vam·pire ['væmpaɪə‖-ər]⟨f1⟩⟨telb.zn.⟩ **0.1** ***vampier*** **0.2** ***uitzuiger*** ⟨fig.⟩ **0.3** ***verleidster*** ⇒*flirt, vamp, femme fatale* **0.4** ***valdeur*** ⟨op toneel⟩ **0.5** →vampire bat.
'vampire bat ⟨telb.zn.⟩⟨dierk.⟩ **0.1** ***vampier*** ⇒⟨i.h.b.⟩ *gewone vampier* ⟨Oesmodus rotundus⟩.
vam·pir·ic [væm'pɪrɪk], **vam·pir·ish** ['væmpaɪərɪʃ]⟨bn.⟩ **0.1** ***vampierachtig.***
vam·pir·ism ['væmpaɪərɪzm]⟨n.-telb.zn.⟩ **0.1** ***vampirisme*** ⇒*geloof in vampiers* **0.2** ***uitzuigerij*** ⟨ook fig.⟩.
vam·plate ['væmpleɪt]⟨telb.zn.⟩⟨gesch.⟩ **0.1** ***ijzeren handbeschermer*** ⟨v. lans⟩.
van[1] [væn]⟨f3⟩⟨zn.⟩
I ⟨telb.zn.⟩ **0.1** ***bestelwagen*** ⇒*bus(je),* ⟨in samenst. vaak⟩ *wagen,* ⟨i.h.b.⟩ *meubelwagen, conducteurswagen* **0.2** ⟨BE⟩ ***(goederen) wagon*** **0.3** ⟨BE⟩ ***woonwagen*** ⟨v. zigeuners⟩ **0.4** ⟨schr.⟩ ***vleugel*** **0.5** ⟨vero.⟩ ***wan*** ⟨voor kaf⟩ **0.6** ⟨vero.⟩ ***(molen)wiek;***
II ⟨n.-telb.zn.⟩ **0.1** ⟨the⟩⟨schr.⟩ ***voorhoede*** ⟨ook fig.⟩ ⇒*spits, pioniers* **0.2** ⟨verk.⟩ ⟨advantage⟩ ⟨BE; inf.; tennis⟩ ***voordeel*** ◆ **3.1** lead the ~ *pionier(s) zijn, aan de spits staan* **6.1 in** the ~ **of** *in de voorhoede van, aan de spits van.*
van[2] ⟨onov.ww.⟩ **0.1** ***in een bestelwagen vervoeren.***
van·a·date ['vænədeɪt]⟨telb. en n.-telb.zn.⟩⟨schei.⟩ **0.1** ***vanadaat.***
va·nad·ic [və'nædɪk]⟨bn.⟩⟨schei.⟩ **0.1** ***met vanadium*** ⇒*vanadi-* ◆ **1.1** ~ acid *vanadiumzuur.*
va·na·di·um [və'neɪdɪəm]⟨n.-telb.zn.⟩⟨schei.⟩ **0.1** ***vanadium*** ⟨element 23⟩.
va·na·dous ['vænədəs‖və'neɪdəs]⟨bn., attr.⟩⟨schei.⟩ **0.1** ***met vanadium*** ⇒*vanado-.*
Van Al·len radiation belt [væn 'ælən reɪdi'eɪʃn belt], **Van 'Allen radi'ation layer, Van 'Allen belt, Van 'Allen layer** ⟨telb.zn.⟩ **0.1** ***vanallengordel*** ⇒*stralingsgordel.*
van·dal[1] ['vændl]⟨f1⟩⟨telb.zn.⟩ **0.1** ⟨V-⟩ ***Vandaal*** ⟨lid v. Germaans volk⟩ **0.2** ***vandaal*** ⇒*vernielzuchtige.*
vandal[2] ⟨bn.⟩ **0.1** ***vandalistisch*** ⇒*vernielzuchtig* **0.2** ⟨V-⟩ ***mbt. de Vandalen*** ⇒*als/van een Vandaal.*
van·dal·ic ['væn'dælɪk]⟨bn.⟩ **0.1** ***vandalistisch*** ⇒*vernielzuchtig.*
van·dal·ism ['vændəlɪzm]⟨f1⟩⟨n.-telb.zn.⟩ **0.1** ***vandalisme*** ⇒*vernielzucht.*
van·dal·ize, -ise ['vændəlaɪz]⟨ov.ww.⟩ **0.1** ***plunderen*** ⇒*vernielen, schenden.*
van·dyke[1] ['væn'daɪk]⟨telb.zn.⟩ **0.1** ***punt*** ⟨v. kant e.d.⟩ **0.2** ***(diep ingesneden) puntkraag.***
vandyke[2] ⟨ov.ww.⟩ **0.1** ***diep uitsnijden*** ⟨met punten⟩.
Van·dyke ['væn'daɪk]⟨bn.⟩ **0.1** ***als op de schilderijen v. Van Dijck*** ⇒*Van Dijck-* ◆ **1.¶** ~ beard *puntbaardje;* ~ brown *grijsbruin.*
vane [veɪn]⟨f1⟩⟨telb.zn.⟩ **0.1** ***vin*** ⇒*blad, schoep* ⟨v. schroef⟩, *vleugel* **0.2** ***molenwiek*** **0.3** ***wimpel*** ⇒*vaan(tje)* **0.4** ***windwijzer*** ⇒*weerhaantje, (wind)vaan* **0.5** ***vizier*** ⇒*korrel, diopter* **0.6** ***vlag*** ⟨v. veer⟩ ⇒*baard.*
vaned [veɪnd]⟨bn.⟩ **0.1** ***met bladen/vinnen/schoepen.***
vane·less ['veɪnləs]⟨bn.⟩ **0.1** ***zonder bladen/vinnen.***
va·nes·sa [və'nesə]⟨telb.zn.⟩⟨dierk.⟩ **0.1** ***schoenlapper*** ⟨vlinder; fam. Nymphalidae⟩ **0.2** ***admiraal*** ⟨Vanessa atalanta⟩ **0.3** ***distelvlinder*** ⟨Vanessa cardui⟩.
vang [væŋ]⟨telb.zn.⟩⟨scheep.⟩ **0.1** ***pardoen*** ⇒*topreep.*
van·guard ['væŋgɑ:d‖-gɑrd]⟨f1⟩⟨zn.⟩
I ⟨n.-telb.zn.; the⟩ **0.1** ***voorhoede*** ⟨ook fig.⟩ ⇒*spits, avant-garde* ◆ **6.1** be **in** the ~ *in de voorhoede/voorop zijn, pionier(s)/leider(s) zijn;*
II ⟨verz.n.⟩ **0.1** ***vooruitgeschoven troep(en).***
va·nil·la [və'nɪlə], **va·nille** [və'ni:l]⟨f1⟩⟨zn.⟩
I ⟨telb.zn.⟩ **0.1** ⟨plantk.⟩ ***vanille(plant)*** ⟨genus Vanilla⟩ **0.2** →vanilla bean;
II ⟨n.-telb.zn.⟩ **0.1** ***vanille*** ⇒*vanille-extract.*
va'nilla bean, va'nilla pod ⟨telb.zn.⟩ **0.1** ***vanille(vrucht)*** ⇒*vanillepeul.*
va'nilla 'fudge ⟨n.-telb.zn.⟩ **0.1** ⟨ong.⟩ ***vanilleborstplaat.***
va·nil·lin [və'nɪlɪn, 'vænɪlɪn]⟨n.-telb.zn.⟩⟨schei.⟩ **0.1** ***vanilline*** ⇒*vanillien.*
van·ish ['vænɪʃ]⟨f3⟩⟨ww.⟩
I ⟨onov.ww.⟩ **0.1** ***(plotseling) verdwijnen*** **0.2** ***(langzaam) vervagen*** ⇒*wegsterven* **0.3** ***ophouden te bestaan*** **0.4** ⟨wisk.⟩ ***naar nul naderen*** ⇒*nul worden* ◆ **6.1** ~ **from** sight *uit het gezicht/oog verdwijnen;*
II ⟨ov.ww.⟩ **0.1** ***doen verdwijnen.***
'vanishing act, 'vanishing trick ⟨telb.zn.⟩ **0.1** ***grote verdwijntruc*** ◆ **3.¶** do a ~ with sth. *iets wegtoveren/snel wegmoffelen.*
'van·ish·ing cream ⟨n.-telb.zn.⟩ **0.1** ⟨ong.⟩ ***dagcrème*** ⟨die goed intrekt⟩.
'van·ish·ing point ⟨telb. en n.-telb.zn.; vaak enk.⟩ **0.1** ***verdwijnpunt*** ⇒*vluchtpunt* **0.2** ***punt waarop iets ophoudt (te bestaan)*** ⇒*einde* ◆ **3.2** cut down a disease to the ~ *ervoor zorgen dat een ziekte vrijwel niet meer voorkomt.*
van·i·ty ['vænəṭi]⟨f2⟩⟨zn.; →mv. 2⟩
I ⟨telb.zn.⟩ **0.1** ***futiliteit*** ⇒*bagatel* **0.2** ***prul*** ⇒*snuisterij* **0.3** ⟨AE⟩ ***kaptafel*** ⇒*toilettafel;*
II ⟨telb. en n.-telb.zn.⟩ **0.1** ***ijdelheid*** ⇒*pronkzucht, verbeelding, verwaandheid* **0.2** ***leegheid*** ⇒*vruchteloosheid* ◆ **3.1** injured ~ *gekrenkte ijdelheid;* tickle s.o.'s ~ *iemands eigenliefde strelen.*
'vanity bag, 'vanity case ⟨telb.zn.⟩ **0.1** ***damestasje*** ⟨met make-up spullen⟩ ⇒*beauty-case, make-up koffertje, toilettas.*
'Vanity 'Fair ⟨n.-telb.zn.⟩ **0.1** ***kermis der ijdelheid*** ⟨naar Bunyans Pilgrim's Progress⟩.

'vanity press ⟨n.-telb.zn.⟩ **0.1** ***uitgeverij die boeken uitgeeft op kosten v.d. auteurs.***

'vanity table ⟨telb.zn.⟩ ⟨AE⟩ **0.1** ***kaptafel*** ⇒*toilettafel.*

'vanity unit, 'Van·i·to·ry unit ['vænıtri] ⟨telb.zn.⟩ **0.1** ***ingebouwde wastafel.***

van·man ['vænmən], **van·ner** [vænə‖-ər] ⟨telb.zn.; vanmen [-mən]; →mv. 3⟩ **0.1** ***bestelwagenchauffeur.***

van·quish ['væŋkwıʃ] ⟨ov.ww.⟩ ⟨schr.⟩ **0.1** ***overwinnen*** ⟨ook fig.⟩ ⇒*verslaan, bedwingen.*

van·quish·a·ble ['væŋkwıʃəbl] ⟨bn.⟩ ⟨schr.⟩ **0.1** ***te verslaan*** ⇒*te overwinnen.*

van·quish·er ['væŋkwıʃə‖-ər] ⟨telb.zn.⟩ ⟨schr.⟩ **0.1** ***overwinnaar*** ⇒*veroveraar.*

van·tage ['vɑ:ntıdʒ‖'væn̩tıdʒ] ⟨f2⟩ ⟨n.-telb.zn.⟩ **0.1** ***voordeel*** ⟨i.h.b. tennis⟩ ⇒*voorsprong.*

'vantage point, 'vantage ground ⟨telb. en n.-telb.zn.⟩ **0.1** ***voordeel (positie)*** ⇒*gunstige ligging / waarnemingspost, geschikt (uitkijk) punt, voorsprong.*

vap·id ['væpıd] ⟨bn.; -ly; -ness⟩ **0.1** ***smakeloos*** ⇒*verschaald,* ⟨bier⟩ *laf* **0.2** ***geesteloos*** ⇒*saai, duf, flauw.*

va·pid·i·ty [və'pıdəṭi] ⟨zn.; →mv. 2⟩

I ⟨telb.zn.; vaak mv.⟩ **0.1** ***geesteloze opmerking;***

II ⟨n.-telb.zn.⟩ **0.1** ***smakeloosheid*** **0.2** ***geesteloosheid.***

vapor →vapour.

va·por·a·bil·i·ty ['veıprə'bıləṭi] ⟨n.-telb.zn.⟩ **0.1** ***verdampingsvermogen.***

va·por·a·ble ['veıprəbl], **va·por·iz·a·ble, -is·a·ble** ['veıpəraızəbl] ⟨bn.⟩ **0.1** ***vluchtig.***

va·por·if·ic ['veıpə'rıfık] ⟨bn.⟩ **0.1** ***dampend*** ⇒*dampvormig* **0.2** ***dampachtig.***

va·por·i·form ['veıpr̩fɔ:m‖-fɔrm] ⟨bn.⟩ **0.1** ***dampvormig.***

va·por·im·e·ter ['veıpə'rımıṭə‖-mıṭər] ⟨telb.zn.⟩ **0.1** ***verdampingsmeter*** ⇒*evaporimeter, atmometer.*

va·por·ish ['veıpərıʃ] ⟨bn.⟩ **0.1** ***damp(acht)ig*** ⇒*nevelig.*

va·por·i·za·tion, -sa·tion ['veıpəraı'zeıʃn‖-pərə-] ⟨telb. en n.-telb.zn.⟩ **0.1** ***verdamping*** ⇒*vaporisatie.*

va·por·ize, -ise ['veıpəraız] ⟨ww.⟩

I ⟨onov.ww.⟩ **0.1** ***verdampen;***

II ⟨ov.ww.⟩ **0.1** ***laten verdampen*** ⇒*vaporiseren* **0.2** ***verstuiven*** ⇒*besproeien.*

va·por·iz·er, -is·er ['veıpəraızə‖-ər] ⟨telb.zn.⟩ **0.1** ***verstuiver*** ⇒*vaporisator.*

va·por·os·i·ty ['veıpə'rɒsəti‖-'rɑsəṭi] ⟨n.-telb.zn.⟩ **0.1** ***dampigheid*** **0.2** ***hoogdravendheid*** ⇒*opgeblazenheid.*

va·por·ous, ⟨BE sp. ook⟩ **va·pour·ous** ['veıp(ə)rəs], **va·por·y,** ⟨BE sp. ook⟩ **va·pour·y** ['veıp(ə)ri] ⟨bn.; vapo(u)rously; vapo(u)rousness; →bijw. 3⟩ **0.1** ***dampig*** ⇒*vluchtig* **0.2** ***dampvormig*** ⇒*mistig* **0.3** ***hoogdravend*** ⇒*opgeblazen* **0.4** ⟨vero.⟩ ***vaag*** ⇒*ijl, etherisch.*

va·pour[1], ⟨AE sp.⟩ **va·por** ['veıpə‖-ər] ⟨zn.⟩

I ⟨telb.zn.⟩ ⟨zelden⟩ **0.1** ***fantasie(gedachte)*** ⇒*waanidee;*

II ⟨telb. en n.-telb.zn.⟩ **0.1** ***(geneeskrachtige) damp;***

III ⟨n.-telb.zn.⟩ ⟨nat., tech.⟩ **0.1** ***stoom*** ⇒*damp, wasem, mist;*

IV ⟨mv.; ~s; the⟩ ⟨vero.⟩ **0.1** ***vapeurs*** ⟨ook scherts.⟩ ⇒*opvliegers* **0.2** ***zwaarmoedigheid*** ⇒*depressie.*

vapour[2], ⟨AE sp.⟩ **vapor** ⟨ww.⟩ →vapouring

I ⟨onov.ww.⟩ **0.1** ***verdampen*** **0.2** ***bluffen*** ⇒*opsnijden;*

II ⟨ov.ww.⟩ **0.1** ***doen verdampen*** ◆ **5.1** ~ **away** *verdampen.*

'vapour bath ⟨telb.zn.⟩ **0.1** ***dampbad*** ⇒*stoombad.*

'vapour burner ⟨telb.zn.⟩ **0.1** ***verdampingsbrander.***

'vapour density ⟨telb. en n.-telb.zn.⟩ ⟨nat.⟩ **0.1** ***dampdichtheid.***

'vapour engine ⟨telb.zn.⟩ **0.1** ***gasmotor.***

va·pour·er, ⟨AE sp.⟩ **va·por·er** ['veıp(ə)rə‖-ər] ⟨telb.zn.⟩ **0.1** ***pocher*** ⇒*snoever, grootspreker.*

'vapourer moth ⟨telb.zn.⟩ ⟨dierk.⟩ **0.1** ***witvlakvlinder*** ⟨Orgyia antiqua⟩.

va·pour·ing[1], ⟨AE sp.⟩ **va·por·ing** ['veıp(ə)rıŋ] ⟨telb.zn.; oorspr. gerund v. vapo(u)r⟩ **0.1** ***opsnijderij*** ⇒*holle frasen.*

vapouring[2], ⟨AE sp.⟩ **vaporing** ⟨bn.; teg. deelw. v. vapo(u)r; -ly⟩ **0.1** ***blufferig*** ⇒*opsnijdend.*

'vapour lock ⟨telb.zn.⟩ ⟨tech.⟩ **0.1** ***gasslot*** ⇒*dampverstopping.*

'vapour pressure ⟨telb. en n.-telb.zn.⟩ ⟨nat.⟩ **0.1** ***dampspanning.***

'vapour trail ⟨telb.zn.⟩ **0.1** ***condensatiestreep / spoor.***

va·que·ro [væ'keərou‖vɑ'kerou] ⟨telb.zn.⟩ **0.1** ***(Mexicaanse) cowboy*** ⇒*veedrijver, vaquero.*

var ⟨afk.⟩ variant, variety.

va·rac·tor [və'ræktə‖-ər] ⟨telb.zn.⟩ ⟨elek., nat.⟩ **0.1** ***diode met variabele capaciteit.***

va·ran ['værən] ⟨telb.zn.⟩ ⟨dierk.⟩ **0.1** ***varaan*** ⟨soort hagedis; genus Varanus⟩.

Va·rang·i·an [və'rændʒən] ⟨telb.zn.⟩ **0.1** ***Warang*** ⇒*Varang.*

Va'rangian 'guard ⟨telb.zn.⟩ **0.1** ***lijfwacht*** ⟨v.d. Byzantijnse keizer⟩.

var·ec ['værek] ⟨n.-telb.zn.⟩ **0.1** ***kelp*** ⇒*varec(h), kelpsoda, wiersoda.*

var·i·a·bil·i·ty ['veərıə'bıləṭi‖'verıə'bıləṭi] ⟨f1⟩ ⟨n.-telb.zn.⟩ **0.1** ***veranderlijkheid*** ⇒*variabelheid, variabiliteit* **0.2** ***onbestendigheid*** ⇒*ongedurigheid.*

var·i·a·ble[1] ['veərıəbl‖'ver-] ⟨f2⟩ ⟨zn.⟩

I ⟨telb.zn.⟩ **0.1** ***variabele (grootheid)*** **0.2** ***variabele waarde*** **0.3** ***veranderlijke ster*** ⇒*variabele* **0.4** ⟨scheep.⟩ ***veranderlijke / wisselende wind;***

II ⟨mv.; ~s⟩ **0.1** ***streek der variabele winden.***

variable[2] ⟨f2⟩ ⟨bn.; -ly; -ness; →bijw. 3⟩ **0.1** ***veranderlijk*** ⇒*variabel, wisselend, schommelend, onbestendig, regelbaar* ◆ **1.1** ~ cost *variabele kosten.*

var·i·ance ['veərıəns‖'ver-] ⟨f2⟩ ⟨telb. en n.-telb.zn.⟩ **0.1** ***onenigheid*** ⇒*verschil v. mening, geschil* **0.2** ***verschil*** ⇒*afwijking* **0.3** ⟨jur.⟩ ***tegenspraak*** ⇒*geschil* **0.4** ⟨stat.⟩ ***variantie*** **0.5** ⟨AE⟩ ***toegestane afwijking*** ⟨v. regels⟩ ◆ **3.1** set (people) at ~ *(mensen) tegen elkaar opzetten, een breuk veroorzaken tussen (mensen)* **6.1** **be at** ~ *het oneens zijn; gebrouilleerd zijn* **6.2** **at** ~ **with** *in strijd met; in tegenspraak met.*

var·i·ant[1] ['veərıənt‖'ver-] ⟨f2⟩ ⟨telb.zn.⟩ **0.1** ***variant*** ⇒*afwijkende vorm / spelling / lezing.*

variant[2] ⟨f1⟩ ⟨bn.⟩ **0.1** ***verschillend*** ⇒*afwijkend, alternatief* **0.2** ***wisselend*** ⇒*veranderlijk.*

var·i·ate ['veərıeıt‖'veri-] ⟨f1⟩ ⟨telb.zn.⟩ **0.1** ⟨stat.⟩ ***(waarde v.) kansvariabele*** **0.2** ***variabele.***

var·i·a·tion ['veəri'eıʃn‖'veri-] ⟨f3⟩ ⟨zn.⟩

I ⟨telb.zn.⟩ **0.1** ⟨ballet⟩ ***solodans*** **0.2** ⟨muz.⟩ ***variatie*** ◆ **1.2** ~s on a theme *variaties op een thema;*

II ⟨telb. en n.-telb.zn.⟩ **0.1** ***variatie*** ⇒*(af)wisseling, verandering, afwijking, verscheidenheid* **0.2** ***miswijzing*** ⟨v. kompasnaald⟩ ◆ **1.1** a survey of ~ in voting behaviour *een onderzoek naar het variëren v.h. stemgedrag;* a five per cent ~ of the budget *een afwijking v. vijf procent v.d. begroting;* ⟨wisk.⟩ calculus of ~ *variatierekening;* (a) ~ in intelligence / kindness *(een) verscheidenheid in intelligentie / vriendelijkheid;* the ~ of the landscape *de afwisseling v.h. landschap;* ⟨biol.⟩ this is a ~ of the same vulture *dit is een afwijking / variant v. dezelfde gier;* ~ is very common among this sort of monkey *afwijking (v.d. soortkarakteristieken) is heel gewoon onder dit soort apen;* ~ is an interesting phenomenon *organismenverandering is een interessant verschijnsel* **2.1** ⟨biol.⟩ anatomical ~(s) *anatomische verandering(en);* ⟨ster.⟩ periodic ~ *periodieke afwijking v.d. omloop(tijd);* secular ~ *seculaire variatie, variatie v.d. omloop op zeer lange termijn, lange periodeafwijking (v. omloopsnelheid).*

var·i·a·tion·al ['veəri'eıʃnəl‖'veri-] ⟨bn.⟩ **0.1** ***mbt. variatie*** ⇒*met verandering / afwisseling, afwijkend.*

var·i·cel·la ['vær̩'selə] ⟨telb. en n.-telb.zn.⟩ ⟨med.⟩ **0.1** ***waterpokken*** ⇒*valse pokken, pseudovariola, varicellen.*

var·i·cel·lar ['vær̩'selə‖-ər] ⟨bn.⟩ ⟨med.⟩ **0.1** ***mbt. waterpokken*** ⇒*varicellen-, met / door waterpokken.*

varices ['vær̩si:z] ⟨mv.⟩ →varix.

var·i·co·cele ['vær̩kəsi:l] ⟨telb. en n.-telb.zn.⟩ ⟨med.⟩ **0.1** ***spataderbreuk*** ⇒*zakaderbreuk, gezwel aan zaadstrengaderen, varicocele.*

var·i·col·oured, ⟨AE sp.⟩ **var·i·col·ored** ['veərıkʌləd‖'verıkʌlərd] ⟨bn.⟩ **0.1** ***veelkleurig*** ⇒*met een variatie aan kleuren, bont(gekleurd).*

var·i·cose ['vær̩kous] ⟨f1⟩ ⟨bn.⟩ **0.1** ***varikeus*** ⇒*mbt. spataderen, gezwollen, spataderig.*

'varicose 'vein ⟨f1⟩ ⟨telb.zn.; vnl. mv.⟩ **0.1** ***spatader.***

var·i·cos·i·ty ['vær̩'kɒsəti‖-'kɑsəṭi] ⟨zn.; →mv. 2⟩

I ⟨telb.zn.⟩ **0.1** ***spatader*** ⇒*varix, blauwscheut;*

II ⟨telb. en n.-telb.zn.⟩ ⟨med.⟩ **0.1** ***spataderziekte;***

III ⟨n.-telb.zn.⟩ ⟨med.⟩ **0.1** ***varicose*** ⇒*aanwezigheid v. spataderen.*

var·ied ['veərid‖'verid] ⟨f2⟩ ⟨bn.; volt. deelw. v. vary; -ly⟩ **0.1** ***gevarieerd*** ⇒*variatie vertonend, uiteenlopend, afwisselend, veelsoortig, (snel) veranderend, verscheiden* **0.2** ***veelkleurig*** ⇒*bont* ◆ **1.1** ~ conclusions about this information *uiteenlopende conclusies over deze inlichtingen;* a ~ job *een afwisselende baan;* her style of dressing is ~ *zij kleedt zich gevarieerd.*

var·i·e·gate ['veərıəgeıt‖'ver-] ⟨ov.ww.⟩ →variegated **0.1** ***(bont) schakeren*** ⇒*kleurverschillen aanbrengen op, fel kleuren, kleurige vlekken / strepen maken op* **0.2** ***doen variëren*** ⇒*variatie aanbrengen in, verschillend maken, doen uiteenlopen / afwisselen.*

var·i·e·gat·ed ['veərıəgeıṭıd‖'verıəgeıṭıd] ⟨bn.; volt. deelw. v. variegate⟩ **0.1** ***(onregelmatig) gekleurd*** ⇒*met bont kleurpatroon, gespikkeld, druk gestreept / gevlekt, bont geschakeerd* **0.2** ***gevarieerd*** ⇒*uiteenlopend* ◆ **1.1** a ~ flower *een gevlekte / meerkleurige bloem;* a ~ leaf *een meerkleurig blad.*

var·i·e·ga·tion ['veərıə'geıʃn‖'ver-] ⟨n.-telb.zn.⟩ **0.1** ***(kleur)schake-***

ring ⟨bv. v. plant⟩ ⇒*(onregelmatig) kleurpatroon, felle kleuring* **0.2** ***gevarieerdheid*** ⇒*verscheidenheid*.

var·i·e·tal[1] [və'raɪətl]⟨telb.zn.⟩ **0.1** ***variëteit*** ⇒*soort*.

varietal[2] ⟨bn.; -ly⟩ **0.1** ***mbt. biologische variatie / variëteit*** ⇒*variëteits-*.

va·ri·e·ty [və'raɪəti]⟨f3⟩⟨zn.; →mv. 2⟩⟨→sprw. 709⟩
I ⟨telb.zn.⟩ **0.1** ⟨enk.⟩ ***verscheidenheid*** ⇒*uiteenlopende reeks, assortiment, te onderscheiden veelheid, variatie* **0.2** ⟨ben. voor⟩ ***variëteit*** ⟨vnl. biol.⟩ ⇒*verscheidenheid; ras, (onder)soort* **0.3** ***verschillend exemplaar (in grote groep)*** ⇒*soort* ◆ **1.1** they gave a ~ of details in their description *ze gaven allerlei details in hun beschrijving* **1.2** try to cultivate a new ~ of freesia *een nieuw fresiaras proberen te kweken* **1.3** newly discovered varieties of Gothic manuscripts *pas ontdekte variëteiten v. Gothische manuscripten;* some varieties of racket sports *enkele soorten racketsporten;*
II ⟨n.-telb.zn.⟩ **0.1** ***afwisseling*** ⇒*variatie, verscheidenheid, (snelle) verandering, veelzijdigheid* **0.2** ***variété*** ⇒*music-hall, vaudeville* ◆ **1.1** our conversation was full of ~ *ons gesprek was zeer afwisselend;* the food doesn't show much ~ *het eten is niet erg gevarieerd;* man needs some ~ now and then *de mens heeft af en toe wat afwisseling nodig*.

va'riety artist ⟨telb.zn.⟩ **0.1** ***variété-artiest***.

va'riety entertainment ⟨telb. en n.-telb.zn.⟩ **0.1** ***variété*** ⇒*variétéprogramma / voorstelling*.

va'riety meat ⟨n.-telb.zn.⟩⟨AE⟩ **0.1** ***afvalvlees*** ⇒*worstvlees, industrievlees* **0.2** ***orgaanvlees***.

va'riety show ⟨telb.zn.⟩ **0.1** ***(variété)programma / voorstelling***.

va'riety store, va'riety shop ⟨telb.zn.⟩⟨AE⟩ **0.1** ***bazar*** ⇒*winkel voor allerlei (kleine) artikelen*.

va'riety theatre ⟨telb.zn.⟩ **0.1** ***variététheater*** ⇒*schouwburg met variétéprogramma*.

var·i·form ['veərɪfɔ:m‖'verɪfɔrm]⟨bn.⟩⟨schr.⟩ **0.1** ***veelvormig*** ⇒*met verscheidene / uiteenlopende vormen, v. verschillende vorm* ◆ **1.1** ~ trees *bomen v. uiteenlopende vormen*.

va·ri·o·la [və'raɪələ]⟨telb. en n.-telb.zn.⟩⟨med.⟩ **0.1** ***pokken*** ⇒*pokziekte, variola*.

var·i·o·lar [və'raɪələ‖-ər], **var·i·o·lous** [-ləs]⟨bn.⟩⟨med.⟩ **0.1** ***pokken-*** ⇒*v. / mbt. / door pokken, met variola*.

va·ri·o·late ['veərɪəleɪt‖'verɪə-]⟨ov.ww.⟩⟨med.⟩ **0.1** ***(tegen de pokken) inenten***.

va·ri·o·la·tion ['veərɪə'leɪʃn‖'verɪə-], **va·ri·o·li·za·tion, -sa·tion** [-laɪ'zeɪʃn‖-lə'zeɪʃn]⟨telb. en n.-telb.zn.⟩⟨med.⟩ **0.1** ***inenting (tegen de pokken)***.

var·i·o·lite ['veərɪəlaɪt‖'ver-]⟨n.-telb.zn.⟩ **0.1** ***varioliet*** ⟨steensoort⟩.

var·i·o·loid ['veərɪəlɔɪd‖'ver-]⟨telb. en n.-telb.zn.⟩⟨med.⟩ **0.1** ***varioloïs*** ⟨lichte vorm v. pokken⟩.

var·i·om·e·ter ['veəri'ɒmɪtə‖'veri'ɑmɪtər]⟨telb.zn.⟩⟨lucht.⟩ **0.1** ***variometer*** ⇒*stijgsnelheidsmeter*.

var·i·o·rum ['veəri'ɔ:rəm‖'veri'ɔrəm], **vari'orum edition** ⟨telb.zn.⟩ **0.1** ***geannoteerde uitgave*** ⇒*uitgave met uitleg / commentaar* **0.2** ***variantenuitgave*** ⇒*uitgave v. verschillende versies v.e. tekst*.

var·i·ous ['veərɪəs‖'ver-]⟨f4⟩⟨bn., attr., bn., pred.; -ly; -ness⟩ **0.1** ***gevarieerd*** ⇒*veelsoortig, uiteenlopend, verschillend (v. soort), veelzijdig* **0.2** ***verscheiden*** ⇒*meer dan een, talrijk, divers* ◆ **1.1** their ~ social backgrounds *hun uiteenlopende / verschillende sociale achtergrond;* ~ rolls *allerlei broodjes* **1.2** he mentioned ~ reasons *hij noemde diverse redenen*.

var·ix ['veərɪks‖'væ-]⟨telb.zn.; varices ['værɪsi:z]; →mv. 5⟩ **0.1** ⟨med.⟩ ***spatader*** **0.2** ***spiraalrichel*** ⟨op schelp⟩.

var·let ['vɑ:lɪt‖'vɑr-]⟨telb.zn.⟩ **0.1** ⟨gesch.⟩ ***page*** ⇒*ridderdienaar* **0.2** ⟨vero.⟩ ***bediende*** ⇒*lakei, huisknecht* **0.3** ⟨vero.⟩ ***schurk*** ⇒*boef*.

var·let·ry ['vɑ:lɪtri‖'vɑr-]⟨n.-telb.zn.⟩⟨vero.⟩ **0.1** ***(ongeregeld) bediendenpersoneel*** **0.2** ***gespuis*** ⇒*gepeupel, geboefte, canaille, ongeregeld(e) goed / troep*.

var·mint, var·ment ['vɑ:mɪnt‖'vɑr-]⟨telb.zn.; ook varmint; →mv. 4⟩⟨gew. of inf.⟩ **0.1** ***(stuk) ongedierte*** ⇒*schadelijk dier* **0.2** ⟨scherts.⟩ ***rekel*** ⇒*schelm* ◆ **3.1** the fox is sometimes called ~ *de vos wordt soms ongedierte genoemd*.

var·na ['vɑ:nə‖'vɑrnə]⟨telb.zn.⟩ **0.1** ***varna*** ⟨Hindoe kaste⟩.

var·nish[1] ['vɑ:nɪʃ‖'vɑr-]⟨f2⟩⟨telb. en n.-telb.zn.⟩ **0.1** ***vernis*** ⇒*lak, vernis / laklaag(je);* ⟨fig.⟩ *buitenkant, uiterlijk vertoon, schone schijn; glans* **0.2** ⟨vnl. BE⟩ ***nagellak*** **0.3** ⟨sl.⟩ ***sneltrein*** ◆ **1.1** a ~ of civilization *een vernisje / dun laagje beschaving;* under a ~ of conventionality *onder een masker / uiterlijk v. conventionaliteit*.

varnish[2] ⟨f1⟩⟨ov.ww.⟩ **0.1** ***vernissen*** ⇒*lakken, met een vernislaagje bedekken, een laklaagje aanbrengen op;* ⟨fig.⟩ *mooier voorstellen, verbloemen* ◆ **1.1** ~ your nails *je nagels lakken;* ~ed paper *gelakt papier* **5.1** you must ~ **over** the table *je moet de tafel vernissen;* she tried to ~ **over** his misbehaviour *ze probeerde zijn wangedrag te verbloemen;* he tried to ~ **over** the role he played in the war *hij probeerde de rol die hij in de oorlog speelde mooier voor te stellen*.

'var·nish·ing day ⟨telb.zn.⟩ **0.1** ***vernissage*** ⟨bezoekdag voor opening v. schilderijententoonstelling⟩.

'varnish remover ⟨telb.zn.⟩⟨sl.⟩ **0.1** ***bocht*** ⇒*slechte whisky* **0.2** ***sterke koffie***.

'varnish tree ⟨telb.zn.⟩ **0.1** ***vernisboom / plant***.

var·si·ty ['vɑ:səti‖'vɑrsəti]⟨f1⟩⟨zn.⟩
I ⟨telb.zn.; →mv. 2⟩ **0.1** ⟨vero.; vnl. BE; inf.⟩ ***universiteit*** ⟨vnl. Oxford en Cambridge⟩ **0.2** ⟨verk.⟩ ⟨Varsity match⟩;
II ⟨verz.n.⟩⟨AE; vnl. sport⟩ **0.1** ⟨AE⟩ ***universiteitsteam*** ⇒*studentenploeg*.

'varsity match ⟨telb.zn.; vaak V-⟩⟨BE⟩ **0.1** ***wedstrijd tussen de universiteiten v. Oxford en Cambridge***.

var·so·vienne ['vɑ:souvi'en‖'vɑr-], **var·so·via·na** [-vi'ɑ:nə]⟨telb.zn.⟩⟨dansk.⟩ **0.1** ***varsovienne*** ⟨soort polka⟩.

var·us ['veərəs‖'værəs]⟨telb. en n.-telb.zn.⟩⟨med.⟩ **0.1** ***horrelvoet*** ⇒*klompvoet, varusstand (v.d. voet)*.

varve ['vɑ:v‖'vɑrv]⟨telb.zn.⟩⟨geol.⟩ **0.1** ***varve*** ⇒*fluvio-glaciaal jaarlaagje, (jaarlijks afgezette) bezinksellaag*.

var·y ['veəri‖'veri]⟨f3⟩⟨onov. en ov.ww.; →ww. 7⟩ **0.1** ***variëren*** ⇒*(doen) veranderen / afwisselen, variatie (aan)brengen (in), variaties maken op, (zich) wijzigen, v. elkaar (doen) verschillen, uiteenlopen(d maken), afwijken* ◆ **1.1** he hardly ever varies his eating habits *hij varieert zijn eetgewoonten bijna nooit;* their expectations of the marriage varied too much *hun verwachtingen v.h. huwelijk liepen te zeer uiteen;* his moods ~ incredibly *zijn stemmingen zijn ongelooflijk veranderlijk;* ~ing society *veranderende maatschappij;* you must ~ your style of writing a little bit *je moet een beetje afwisseling in je schrijfstijl aanbrengen;* with ~ing success *met afwisselend succes* **5.¶** ~ (directly) as *recht evenredig zijn met;* ~ inversely as *omgekeerd evenredig zijn met* **6.1** you may ~ your expenses **between** £ 20 and £ 50 a day *je mag tussen de 20 en 50 pond uitgeven / onkosten maken per dag;* his trips ~ in duration **between** 3 and 7 days *zijn uitstapjes duren tussen de 3 en 7 dagen;* temperatures ~ **from** 12° **to** 20° *de temperatuur varieert v. 12 tot 20 graden;* ~ **from** the mean *afwijken v.h. gemiddelde;* opinions ~ **on** this *de meningen hierover lopen uiteen / zijn verdeeld*.

vas [væs]⟨telb.zn.; vasa ['veɪsə]; →mv. 5⟩⟨anat.⟩ **0.1** ***vat*** ⇒*vas, (afvoer)leiding, kanaal, buis* ⟨in dierlijk / plantaardig lichaam⟩.

vas·cu·lar ['væskjʊlə‖-kjələr]⟨bn.; -ly⟩ **0.1** ⟨biol.⟩ ***vasculair*** ⇒*v. / met / door (bloed)vaten, met kanalen, vaatrijk* **0.2** ***bezield*** ⇒*energiek, vurig, hartstochtelijk* ◆ **1.1** ~ bundle *vaatbundel* ⟨v. plant⟩; ~ plant *vaatplant;* ~ system *vaatstelsel;* ~ tissue *vaatweefsel*.

vas·cu·lar·i·ty ['væskjʊ'lærəti‖-kjələrəti]⟨n.-telb.zn.⟩⟨biol.⟩ **0.1** ***vatenrijkdom*** ⇒*het vasculair zijn*.

vas·cu·lum ['væskjʊləm‖-kjə-]⟨telb.zn.; vascula [-lə]; →mv. 5⟩ **0.1** ***botaniseerbus*** ⇒*botaniseertrommel*.

vas def·er·ens ['væs 'defərenz]⟨telb.zn.; vasa deferentia ['veɪsə defə'renʃə]; →mv. 5⟩⟨anat.⟩ **0.1** ***vas deferens*** ⇒*zaadleider, zaadbalbuis*.

vase [vɑ:z‖veɪs]⟨f2⟩⟨telb.zn.⟩ **0.1** ***vaas***.

va·sec·to·my [və'sektəmi]⟨telb. en n.-telb.zn.; →mv. 2⟩⟨med.⟩ **0.1** ***vasectomie*** ⟨(operatieve) verwijdering v. zaadleider⟩.

vas·e·line[1] ['væsɪli:n, -lɪn]⟨f1⟩⟨n.-telb.zn.; ook V-⟩ **0.1** ***vaseline***.

vaseline[2] ⟨ov.ww.⟩ **0.1** ***met vaseline insmeren*** ⇒*vaseline aanbrengen op*.

vas·i·form ['veɪzɪfɔ:m‖'veɪsɪfɔrm]⟨bn.⟩ **0.1** ***buisvormig*** **0.2** ***vaasvormig***.

vas·o- ['veɪzou, 'veɪsou], **vas-** [væs] **0.1** ***vaso-*** ⇒*vaat-, (bloed)vat-* ◆ **¶.1** vasoconstriction *vasoconstrictie*.

vas·o·con·stric·tion ['veɪzoukən'strɪkʃn, 'veɪsou-]⟨telb. en n.-telb.zn.⟩ **0.1** ***vasoconstrictie*** ⇒*vaatvernauwing*.

vas·o·con·stric·tor [-kən'strɪktə‖-ər]⟨telb.zn.⟩⟨med.⟩ **0.1** ***vasoconstrictor*** ⟨zenuw of stof met vaatvernauwende werking⟩.

vas·o·dil·a·ta·tion [-daɪlə'teɪʃn]⟨telb. en n.-telb.zn.⟩ **0.1** ***vasodilatatie*** ⇒*vaatverwijding*.

vas·o·di·la·tor [-daɪ'leɪtə‖-'leɪtər]⟨telb.zn.⟩⟨med.⟩ **0.1** ***vasodilator*** ⟨zenuw of stof met vaatverwijdende werking⟩.

vas·o·mo·tor [-'moutə‖-'moutər]⟨bn.⟩ **0.1** ***vasomotorisch*** ⇒*v. / mbt. vaatverwijding / vaatvernauwing* ◆ **1.1** ~ nerve *vasomotor, vasomotorische zenuw*.

vas·o·pres·sin [-'presɪn]⟨telb. en n.-telb.zn.⟩ **0.1** ***vasopressine*** ⇒*antidiuretisch hormoon*.

vas·sal ['væsl]⟨f1⟩⟨telb.zn.⟩ **0.1** ***vazal*** ⇒*leenman, (feodale) onderdaan;* ⟨fig.⟩ *ondergeschikte, afhankelijke, slaaf*.

vas·sal·age ['væsl-ɪdʒ]⟨n.-telb.zn.⟩ **0.1** ***vazalliteit*** ⇒*vazallenplicht / trouw, verhouding v. vazal tot heer* **0.2** ***leenmanschap*** **0.3** ***ondergeschiktheid*** ⇒*onderdanigheid, afhankelijkheid* **0.4** ***vazallenstand*** ⇒*de vazallen* **0.5** ***leen***.

'vassal state ⟨telb.zn.⟩ **0.1** ***vazalstaat*** ⇒*leenstaat, afhankelijke staat, satellietstaat.*
vast[1] [vɑ:st‖væst]⟨telb.zn.⟩⟨schr.⟩ **0.1** ***(enorme) vlakte*** ⇒*uitgestrekte ruimte, immense oppervlakte* ◆ **1.1** the ~s of the sky *de onmetelijke luchten, de uitgestrektheid v.d. hemel.*
vast[2] ⟨f3⟩⟨bn.; -er; -ly; -ness⟩ **0.1** ***enorm (groot)*** ⇒*geweldig, onmetelijk, zeer uitgestrekt, groots, reusachtig* ◆ **1.1** a ~ auditorium *een kolossale aula;* a ~ country *een immens land;* his ~ expenses *zijn geweldig grote uitgaven;* her ~ pride *haar enorme trots;* a ~ task *een veelomvattende taak, een reusachtig karwei* **2.1** to be ~ly grateful *geweldig/bijzonder dankbaar zijn* **3.1** ~ly exaggerated *verschrikkelijk overdreven;* prices have ~ly increased since last year *de prijzen zijn ontzettend gestegen sinds vorig jaar.*
vast·y ['vɑ:sti‖'væsti]⟨bn.; -er; →compar. 7⟩⟨vero.⟩ **0.1** ***immens*** ⇒*uitgestrekt, kolossaal, oneindig, groots.*
vat[1] [væt]⟨f1⟩⟨telb.zn.⟩ **0.1** ***vat*** ⇒*ton, kuip, fust* **0.2** ***verfkuip*** **0.3** ***looikuip*** **0.4** ***kuipkleurstof*** ⇒*indigo.*
vat[2] ⟨ov.ww.; →ww. 7⟩ **0.1** ***in een vat stoppen*** **0.2** ***in een kuip bewerken.***
VAT ['vi:eɪ'ti:, væt]⟨n.-telb.zn.⟩⟨afk.⟩ value-added tax **0.1** ***BTW.***
vat·ic ['vætɪk], **vat·i·cal** [-ɪkl]⟨bn.⟩ **0.1** ***profetisch*** ⇒*voorspellend.*
Vat·i·can[1] ['vætɪkən]⟨f1⟩⟨eig.n., verz.n.; the⟩ **0.1** ***Vaticaan*** ⇒*pauselijke stoel/autoriteit/regering.*
Vatican[2] ⟨f1⟩⟨bn.⟩ **0.1** ***Vaticaans*** ⇒*v./mbt./in het Vaticaan, pauselijk* ◆ **1.1** the ~ Council *het Vaticaans Concilie;* a ~ decree *een Vaticaans/pauselijk besluit.*
'Vatican 'City ⟨eig.n.⟩ **0.1** ***Vaticaanstad.***
Vat·i·can·ism ['vætɪkənɪzm]⟨n.-telb.zn.⟩⟨vaak pej.⟩ **0.1** ***pauselijk gezag*** ⇒*pauselijk beleid.*
va·tic·i·nate [və'tɪsɪneɪt]⟨onov. en ov.ww.⟩ **0.1** ***profeteren*** ⇒*voorspellen, voorzeggen.*
va·tic·i·na·tion [və'tɪsɪ'neɪʃn]⟨telb. en n.-telb.zn.⟩ **0.1** ***profetie*** ⇒*voorspelling, het profeteren/voorspellen.*
va·tic·i·na·tor [və'tɪsɪneɪtə‖-neɪtər]⟨telb.zn.⟩ **0.1** ***profeet*** ⇒*ziener, voorspeller.*
vaude·ville ['vɔ:dəvɪl], ⟨inf.⟩ **vaude** [vɔ:d]⟨f1⟩⟨telb. en n.-telb.zn.⟩ **0.1** ***vaudeville*** ⟨muzikaal blijspel⟩ **0.2** ***vaudeville*** ⟨gezang met refrein⟩ **0.3** ⟨vnl. AE⟩ ***variété(voorstelling).***
Vau·dois[1] ['voʊ'dwɑ:]⟨zn.; Vaudois [-dwɑ:z]; →mv. 4⟩
I ⟨eig.n.⟩ **0.1** ***dialect v. Vaud*** ⟨Zwitsers kanton⟩;
II ⟨telb.zn.⟩ **0.1** ***inwoner v. Vaud;***
III ⟨mv.⟩ **0.1** ***Waldenzen*** ⟨godsdienstige sekte⟩.
Vaudois[2] ⟨bn.⟩ **0.1** ***v./mbt. Vaud*** **0.2** ***Waldenzisch*** ⇒*v./mbt. de Waldenzen.*
vault[1] [vɔ:lt]⟨f2⟩⟨telb.zn.⟩ **0.1** ***gewelf*** ⇒*overwelfsel, verwelf(sel), verwulf(sel), boog* **0.2** ***gewelf*** ⇒*(gewelfde) grafkelder/wijnkelder/opslagplaats/kerker* **0.3** ***welving*** ⟨v. voet enz.⟩ **0.4** ***(bank)kluis*** ⇒*(ondergrondse) bewaarplaats, opbergplaats, safe* **0.5** ***sprong*** ⟨met stok/handensteun⟩ ⇒⟨atletiek⟩ *polsstok(hoog)sprong* ◆ **1.1** the ~ of the church *het gewelf v.d. kerk;* ⟨schr.⟩ the ~s of heaven *het hemelgewelf, de lucht* **3.4** the ~s were not even locked *de kluizen zaten niet eens op slot* **6.5** a ~ **into** the saddle *een sprong in het zadel;* a ~ **onto** a horse *een sprong te paard.*
vault[2] ⟨f2⟩⟨ww.⟩ →vaulted, vaulting
I ⟨onov.ww.⟩⟨ook fig.⟩ **0.1** ***springen*** ⇒*een sprong maken* ⟨met stok/handensteun⟩; ⟨atletiek⟩ *polsstokhoogsprong maken* ◆ **6.1** ~ **onto** a horse *te paard springen;* ~ **over** a hedge *over een heg springen (met een stok);*
II ⟨ov.ww.⟩ **0.1** ***springen over*** **0.2** ***(over)welven*** ⇒*overkluizen, overspannen, v. bogen voorzien, in de vorm v.e. gewelf bouwen.*
vault·ed ['vɔ:ltɪd]⟨bn.; volt. deelw. v. vault⟩ **0.1** ***boog-*** ⇒*gewelfd* ◆ **1.1** ~ bridge *boogbrug.*
vault·er ['vɔ:ltə‖-ər]⟨telb.zn.⟩⟨atletiek⟩ **0.1** ***(polsstokhoog)springer.***
vault·ing[1] ['vɔ:ltɪŋ]⟨n.-telb.zn.; gerund v. vault⟩ **0.1** ***gewelven*** ⇒*overwelfsel, gewelf* **0.2** ***het welven*** ⇒*het bouwen v. gewelven* **0.3** ⟨gymnastiek⟩ ***(het paard)springen.***
vaulting[2] ⟨bn.; oorspr. teg. deelw. v. vault⟩⟨vnl. schr.⟩ **0.1** ***zeer hoog gegrepen*** ⇒*zeer groot, overdreven* ◆ **1.1** his ~ ambition *zijn grenzeloze ambitie.*
'vaulting box ⟨telb.zn.⟩⟨gymnastiek⟩ **0.1** ***springkast.***
'vaulting horse ⟨telb.zn.⟩⟨gymnastiek⟩ **0.1** ***springpaard*** ⇒*lange springbok.*
vaunt[1] [vɔ:nt]⟨telb.zn.⟩⟨schr.⟩ **0.1** ***snoeverij*** ⇒*opschepperij, grootdoenerij, grootspraak, gebluf* ◆ **3.1** do not listen to his ~s *luister niet naar zijn opschepperij.*
vaunt[2] ⟨ww.⟩⟨schr.⟩
I ⟨onov.ww.⟩ **0.1** ***opscheppen*** ⇒*bluffen, pochen, snoeven* ◆ **6.1** ~ **of/about** one's job *opscheppen over zijn baan, hoog opgeven v. zijn baan;*
II ⟨ov.ww.⟩ **0.1** ***opscheppen over*** ⇒*zich beroemen/snoeven op.*
'vaunt-cour·i·er ⟨telb.zn.⟩⟨vero.⟩ **0.1** ***voorbode*** ⇒*(vooruitgestuurde) boodschapper* **0.2** ***verkenner*** ⟨in leger⟩.
vaunt·er ['vɔ:ntə‖'vɔ:ntər]⟨telb.zn.⟩⟨schr.⟩ **0.1** ***opschepper*** ⇒*bluffer, grootspreker, pocher.*
vaunt·ing·ly ['vɔ:ntɪŋli]⟨bw.⟩⟨schr.⟩ **0.1** ***snoevend*** ⇒*pochend, opscheppend.*
vav·a·sour, ⟨AE sp. ook⟩ **vav·a·sor, vav·as·sor** ['vævə'sʊə‖-sɔr]⟨telb.zn.⟩⟨gesch.⟩ **0.1** ***leenman (v. baron/pair).***
VC ⟨afk.⟩ Vice-Chairman, Vice-Chancellor, Vice-Consul, Victoria Cross, Viet Cong.
VCR[1] ⟨telb.zn.⟩⟨afk.⟩ video cassette recorder **0.1** ***video(recorder).***
VCR[2] ⟨afk.⟩ visual control room.
VD ⟨afk.⟩ venereal disease, Volunteer (Officer's) Decoration.
VDT ⟨afk.⟩ visual display terminal ⟨comp.⟩.
VDU ⟨telb.zn.⟩⟨afk.⟩ visual display unit ⟨comp.⟩ **0.1** ***VDU*** ⇒*beeldscherm, terminal.*
VD'U-screen ⟨telb.zn.⟩⟨comp.⟩ **0.1** ***beeldscherm.***
've [v]⟨hww.; →t2⟩⟨samentr. v. have⟩.
veal [vi:l]⟨f1⟩⟨zn.⟩
I ⟨telb.zn.⟩ **0.1** ***(slacht)kalf;***
II ⟨n.-telb.zn.⟩ **0.1** ***kalfsvlees.***
veal·er ['vi:lə‖-ər]⟨telb.zn.⟩⟨AE⟩ **0.1** ***(slacht)kalf.***
'veal·skin ⟨telb. en n.-telb.zn.⟩ **0.1** ***kalfshuid*** ⇒*kalfsvel.*
vec·tor[1] ['vektə‖-ər]⟨f1⟩⟨telb.zn.⟩ **0.1** ⟨wisk.⟩ ***vector*** **0.2** ⟨med.⟩ ***vector*** ⇒*bacillendrager, ziekte/infectie-overbrenger* ⟨bv. insekt⟩ **0.3** ⟨lucht.⟩ ***(vliegtuig)koers*** **0.4** ***(drijf)kracht/veer.***
vector[2] ⟨ov.ww.⟩⟨lucht.⟩ **0.1** ***de koers aangeven voor*** ⇒*koers doen zetten naar, een bep. richting uitsturen.*
vec·to·ri·al [vek'tɔ:rɪəl]⟨bn.⟩ **0.1** ⟨wisk.⟩ ***vectorieel*** **0.2** ***koers-*** ⇒*v./mbt. de (vliegtuig)koers.*
'vector product, 'vector 'cross product ⟨telb.zn.⟩⟨wisk.⟩ **0.1** ***vectorprodukt*** ⇒*uitwendig produkt.*
Ve·da ['veɪdə, 'vi:də]⟨eig.n., telb.zn.⟩⟨relig.⟩ **0.1** ***veda*** ⟨heilige geschriften v.h. hindoeïsme⟩.
Ve·dan·ta [və'dɑ:ntə‖veɪ'dæntə]⟨eig.n.⟩ **0.1** ***vedanta*** ⟨hindoefilosofie⟩.
Ve·dan·tic [və'dɑ:ntɪk‖veɪ'dæntɪk]⟨bn.⟩ **0.1** ***v./mbt. de veda*** ⇒*veda-* **0.2** ***v./mbt. de vedanta.***
Ve·dan·tist [və'dɑ:ntɪst‖veɪ'dæntɪst]⟨telb.zn.⟩ **0.1** ***aanhanger v.d. vedanta.***
V-'E Day ⟨afk.⟩ Victory in Europe Day ⟨8 mei 1945⟩.
ve·dette, vi·dette [vɪ'det]⟨telb.zn.⟩⟨mil.⟩ **0.1** ***vedette*** ⇒*ruiterwacht.*
Ve·dic[1] ['veɪdɪk, 'vi:dɪk]⟨eig.n.⟩ **0.1** ***Vedisch-Sanskriet*** ⟨taal v.d. veda's⟩.
Vedic[2] ⟨bn.⟩ **0.1** ***vedisch*** ⇒*v./mbt. de veda, veda-* ◆ **1.1** the ~ period *de vedische periode.*
vee, ve [vi:]⟨telb.zn.⟩ **0.1** ***(de letter) v*** ⇒*V-vorm, V-formatie.*
vee·no ['vi:noʊ]⟨n.-telb.zn.⟩⟨sl.⟩ **0.1** ***(goedkope rode) wijn*** ⇒*tafelwijn.*
Veep [vi:p]⟨telb.zn.⟩⟨AE; inf.⟩ **0.1** ***(Amerikaanse) vice-president.***
veer[1] [vɪə‖vɪr]⟨telb.zn.⟩ **0.1** ***draai*** ⇒*koerswijziging, verandering v. richting, wending.*
veer[2] ⟨f2⟩⟨ww.⟩
I ⟨onov.ww.⟩ **0.1** ***v. richting/koers veranderen*** ⇒*omlopen, (met de klok mee)draaien* ⟨v. wind⟩; ⟨fig.⟩ *zich wijzigen, omslaan, een andere kant opgaan* **0.2** ⟨scheep.⟩ ***halzen*** ◆ **3.1** the wind can back or ~ *de wind kan tegen de klok in of met de klok meedraaien* **5.1** my thoughts ~ **away** from this subject *mijn gedachten dwalen af v. dit onderwerp;* our conversation ~ed **round** to sports *ons gesprek nam een wending en ging over op sport;* his plans ~ed **round** *zijn plannen namen een keer, zijn plannen wijzigden zich;* the wind ~ed **round** to the east *de wind draaide/liep om naar het oosten* **6.1** his mood ~ed **into** pessimism *zijn stemming sloeg om in pessimisme;* the car ~ed **off/across** the road *de auto schoot (plotseling) van de weg af/(dwars) over de weg;*
II ⟨ov.ww.⟩ **0.1** ***v. richting/koers doen veranderen*** ⇒*doen draaien/wenden, een andere kant op doen gaan* ⟨ook fig.⟩ **0.2** ⟨scheep.⟩ ***vieren*** ⇒*laten slippen/vieren* ◆ **1.2** ~ a rope *een touw laten vieren* **3.2** ~ and haul the ropes *de touwen beurtelings laten vieren en strak aantrekken* **5.2** ~ **away/out** a cable *een kabel uitschieten/naar buiten werpen.*
veg [vedʒ]⟨telb.zn.; veg; →mv. 4⟩⟨verk.⟩ vegetable ⟨vnl. BE; inf.⟩ **0.1** ***groente*** ◆ **3.1** order ~ and meat *(aardappelen,) groente(n) en vlees bestellen.*
ve·gan[1] ['vi:gən‖'vedʒɪn]⟨telb.zn.⟩ **0.1** ***veganist*** ⇒*strikte vegetariër.*
vegan[2] ⟨bn.⟩ **0.1** ***veganistisch.***
veg·e·ta·ble[1] ['vedʒtəbl]⟨f3⟩⟨telb.zn.⟩ **0.1** ***plant*** ⇒*gewas, plantaardig organisme;* ⟨fig.⟩ *vegeterend mens* **0.2** ***groente*** ⇒*eetbaar gewas* ◆ **1.1** she didn't die but lived on as a ~ *ze stierf niet maar leefde voort als een plant* **1.2** in Britain potatoes are also called

~s *in Groot-Brittannië worden aardappels ook groente genoemd* **2.2** fresh ~s *verse groenten.*

vegetable[2] ⟨f2⟩⟨bn.; -ly; →bijw. 3⟩ **0.1** ***plante(n)-*** *⇒v. / mbt. / uit (een) plant(en), plantaardig, als een plant, v. / mbt. groente(n), groente(n)-* ◆ **1.1** ~ butter *plantaardige margarine;* ~ diet *plantaardig voedsel;* ~ (horse)hair *plantehaar, plantevezels* ⟨v. dwergpalm; wordt gebruikt als kussenvulling⟩; ~ ivory *plante-ivoor, plantaardig ivoor* ⟨hard kiemwit v. ivoorpalm⟩; ~ oil *plante-olie, plantaardige olie;* ~ sponge *plantaardige spons, luffaspons;* ~ tallow *plantetalk, plantevet;* ~ wax *plantewas* **1.¶** ⟨vnl. BE⟩ ~ marrow *pompoen* ⟨vrucht v. Cucurbita pepo⟩; ⟨plantk.⟩ ~ oyster *morgenster, haverwortel* ⟨Tragopogon porrifolius⟩; ~ parchment *perkament papier;* ⟨bij uitbr.⟩ *vetvrij papier* **3.1** live vegetably *vegeteren, als een plant leven.*

'vegetable garden ⟨f1⟩⟨telb.zn.⟩ **0.1** ***moestuin*** *⇒groentetuin.*

'vegetable kingdom ⟨n.-telb.zn.; the⟩ **0.1** ***plantenrijk.***

'vegetable 'soup ⟨f1⟩⟨telb. en n.-telb.zn.⟩ **0.1** ***groentesoep.***

veg·e·tal ['vedʒɪtl]⟨bn.⟩ **0.1** ***vegetaal*** *⇒plantaardig, plante(n)-* **0.2** ***vegetatief*** *⇒groeikracht bezittend / betreffend, ongeslachtelijk* ◆ **1.2** ~ functions *vegetatieve functies.*

veg·e·tar·i·an[1] ['vedʒɪ'teərɪən‖-'ter-]⟨f1⟩⟨telb.zn.⟩ **0.1** ***vegetariër*** *⇒planteneter.*

vegetarian[2] ⟨f1⟩⟨bn.⟩ **0.1** ***vegetarisch*** *⇒v. / mbt. / voor vegetariërs, plantaardig, plantenetend* ◆ **1.1** a ~ diet *een vegetarisch dieet, vegetarisch / plantaardig voedsel;* a ~ restaurant *een vegetarisch restaurant.*

veg·e·tar·i·an·ism ['vedʒɪ'teərɪənɪzm‖-'ter-]⟨n.-telb.zn.⟩ **0.1** ***vegetarisme*** *⇒leer / leefwijze v. vegetariërs.*

veg·e·tate ['vedʒɪteɪt]⟨f1⟩⟨onov.ww.⟩ **0.1** ***groeien*** *⇒spruiten* ⟨(als) v. plant⟩ **0.2** ***vegeteren*** ⟨fig.⟩ *⇒een planteleven leiden.*

veg·e·ta·tion ['vedʒɪ'teɪʃn]⟨f2⟩⟨telb. en n.-telb.zn.⟩ **0.1** ***vegetatie*** *⇒(plante)groei, plantenleven / wereld, plantendek* **0.2** ⟨med.⟩ ***vegetatie*** *⇒woekering* **0.3** ***het vegeteren*** *⇒het leven als een plant.*

veg·e·ta·tion·al [vedʒɪ'teɪʃnəl], **veg·e·ta·tious** [-'teɪʃəs]⟨bn.⟩ **0.1** ***vegetaal*** *⇒plantaardig, plante(n)-, vegetatief.*

veg·e·ta·tive ['vedʒɪtətɪv‖-teɪtɪv], **veg·e·tive** ['vedʒɪtɪv]⟨bn.; -ly; -ness⟩ **0.1** ***vegetatief*** *⇒plante(n)-, plantaardig, vegetaal* **0.2** ***vegetatief*** *⇒groeikracht bezittend / betreffend, groeiend, groei-* **0.3** ***vegetatief*** *⇒ongeslachtelijk* ◆ **1.3** ~ reproduction *ongeslachtelijke voortplanting.*

veg·gie ['vedʒi]⟨bn.⟩⟨verk.⟩ vegetarian ⟨inf.⟩ **0.1** ***vegetarisch.***

veg·(g)ies ['vedʒi:z]⟨mv.⟩⟨inf.⟩ **0.1** ***(aardappelen en) groenten.***

ve·he·mence ['vɪəməns]⟨f1⟩⟨n.-telb.zn.⟩ **0.1** ***felheid*** *⇒hevigheid, vurigheid, hartstocht(elijkheid), onstuimigheid* ◆ **1.1** the ~ of his behaviour *de onstuimigheid v. zijn gedrag;* the ~ of his character *de heftigheid / vurigheid v. zijn karakter.*

ve·he·ment ['vɪəmənt]⟨f2⟩⟨bn.; -ly⟩ **0.1** ***fel*** *⇒hevig, vurig, heftig, hartstochtelijk* **0.2** ***krachtig*** *⇒fel, sterk* ◆ **1.1** a ~ aversion *een sterke afkeer;* a ~ desire *een vurig verlangen;* a ~ love *een hartstochtelijke / onstuimige liefde;* ~ protests *felle / hevige protesten;* a ~ remark *een felle opmerking* **1.2** a ~ wind *een krachtige wind.*

ve·hi·cle ['vi:ɪkl]⟨f3⟩⟨telb.zn.⟩ **0.1** ***voertuig*** *⇒vervoermiddel, wagen* **0.2** ***middel*** *⇒voertuig, medium, verbreidingsmiddel, uitdrukkingsmogelijkheid* **0.3** ***oplosmiddel*** *⇒bindmiddel, medium, geleidingsstof* **0.4** ***drager*** *⇒overbrenger, vehikel* **0.5** ⟨inf.⟩ ***raket*** ◆ **1.2** language is the ~ of thought *taal is het voertuig v.d. gedachte;* a ~ to set off her performance *een (hulp)middel om haar optreden goed te doen uitkomen;* this play is a ~ for this actress *dit toneelstuk is bedoeld om deze actrice volledig tot haar recht te doen komen / deze actrice op het lijf geschreven;* a sonnet as a ~ of the expression of feelings *een sonnet als een uitdrukkingsvorm v. gevoelens;* television is a powerful ~ *televisie is een machtig medium* **1.4** the ~ of this culture *de overbrenger v. deze cultuur;* insects as ~s of diseases *insekten als dragers / overbrengers v. ziekten.*

ve·hic·u·lar [vi:'hɪkjʊlə‖-kjələr]⟨bn.⟩ **0.1** ***v. / mbt. voertuigen*** *⇒vervoermiddelen-, wagen-* **0.2** ***als voertuig / middel fungerend*** ◆ **1.1** ~ traffic *rijdend verkeer, verkeer op wielen, verkeer per as* **1.2** ~ language *voertaal.*

vehm·ge·richt ['feɪmgərɪxt]⟨telb. en n.-telb.zn.⟩⟨gesch.⟩ **0.1** ***veemgericht*** ⟨geheime volksrechtbank⟩.

vehm·ic ['feɪmɪk]⟨bn.⟩⟨gesch.⟩ **0.1** ***veem-*** *⇒mbt. / v.h. veemgericht.*

veil[1] [veɪl]⟨f2⟩⟨telb.zn.⟩ **0.1** ***sluier*** ⟨ook foto.⟩ *⇒voile;* ⟨fig.⟩ *dekmantel, mom, voorwendsel* **0.2** ***gordijn*** ⟨bv. in joodse tempel⟩ *⇒voorhang(sel), bedekking* **0.3** ***dofheid*** ⟨v. stem⟩ *⇒heesheid, schorheid, gevoileerdheid* **0.4** ⟨anat.⟩ ***zacht verhemelte*** *⇒velum* **0.5** ⟨plantk.⟩ ***velum*** ⟨v. paddestoel⟩ ◆ **1.1** ~ of cloud *wolkensluier;* a ~ of mist on the fields *een sluier v. nevel op de velden* **2.1** a bridal ~ *een bruidssluier* **3.1** cast / draw / throw a ~ over sth. *een sluier over iets trekken;* ⟨ook fig.⟩ *iets met de mantel der liefde bedekken;* she dropped / lowered her ~ *ze liet haar sluier vallen / sloeg haar sluier neer;* to raise the ~ *de sluier opslaan / terugslaan;* take the ~ *de sluier aannemen, in een klooster gaan, non worden* **6.1** **under** the ~ of kindness *onder het mom v. vriendelijkheid* **6.¶** **beyond** the ~ *aan de andere kant v.h. graf.*

veil[2] ⟨f2⟩⟨ov.ww.⟩ **0.1** ***(ver)sluieren*** *⇒(als) met een sluier bedekken, verdoezelen, maskeren, vermommen* ◆ **1.1** a ~ed bride *een gesluierde bruid;* mist ~ed the fields *een sluier v. nevel bedekte de velden;* a ~ed threat *een verholen dreigement;* don't try to ~ the truth *probeer niet de waarheid te verbloemen;* her voice was ~ed *haar stem was gesluierd.*

veil·ing ['veɪlɪŋ]⟨zn.⟩

I ⟨telb.zn.⟩ **0.1** ***sluier*** *⇒voile, bedekking;*

II ⟨n.-telb.zn.⟩ **0.1** ***voile(stof).***

vein[1] [veɪn]⟨f3⟩⟨telb.zn.⟩ **0.1** ⟨ben. voor⟩ ***ader*** *⇒bloedvat; (erts) gang, (erts)ader; nerf* **0.2** ***vleugje*** *⇒klein beetje* **0.3** ***stemming*** *⇒bui, luim, gemoedstoestand* **0.4** ***geest*** *⇒gedachtengang, teneur, karaktertrek* ◆ **1.1** ~s and arteries *aderen en slagaderen;* the blood in his ~s *het bloed in zijn aderen;* through ~s in the earth's crust flows water *door aderen in de aardkorst stroomt water;* ~s of gold in the rock *goudaderen in de rots;* several patterns of ~s in leaves *verscheidene aderpatronen in bladeren;* ~s run through marble and other kinds of stone *er lopen aderen door marmer en andere soorten steen;* ~s in the wings of insects *aderen in insektenvleugels;* the ~s in this wood *de nerven in dit hout* **1.2** a ~ of humour *een tikkeltje humor;* a ~ of irony *een vleugje ironie* **1.4** the general ~ of this generation of poets *de algemene geest v. deze generatie dichters* **2.3** he spoke in a dejected ~ *hij sprak in een teneergeslagen gemoedstoestand;* he was in a jolly ~ *hij had een jolige bui* **2.4** he spoke in the same ~ *hij sprak in dezelfde geest* **3.3** sorry, I'm not in the (right) ~ for this *sorry, ik ben hiervoor niet in de (juiste) stemming.*

vein[2] ⟨f1⟩⟨ov.ww.⟩ →veining **0.1** ***aderen*** **0.2** ***marmeren.***

vein·ing ['veɪnɪŋ]⟨n.-telb.zn.; gerund v. vein⟩ **0.1** ***aderpatroon*** *⇒adertekening, nervatuur* ⟨vnl. v. insektenvleugels, gesteenten⟩.

vein·let ['veɪnlɪt]⟨telb.zn.⟩ **0.1** ***adertje*** *⇒kleine ader.*

vein·ous ['veɪnəs]⟨bn.⟩ **0.1** ***v. / mbt. / als / met aderen*** *⇒vol aderen, aderrijk, geaderd.*

'vein·stone ⟨n.-telb.zn.⟩⟨mijnw.⟩ **0.1** ***adergesteente*** ⟨waardeloos gesteente dat erts / mineralen bevat⟩.

vein·y ['veɪni]⟨bn.; -er; →compar. 7⟩ **0.1** ***aderig*** *⇒geaderd.*

vela ['vi:lə]⟨mv.⟩ →velum.

ve·la·men [və'leɪmən‖-mən]⟨telb.zn.; velamina [və'læmɪnə]; →mv. 5⟩ **0.1** ⟨anat.; plantk.⟩ ***velum*** *⇒vlies, membraan* **0.2** ⟨anat.⟩ ***velum*** *⇒zacht gehemelte.*

ve·lar[1] ['vi:lə‖-ər]⟨telb.zn.⟩⟨taalk.⟩ **0.1** ***velaar*** *⇒velare klank* ◆ **1.1** g and k are ~s *g en k zijn velaren.*

velar[2] ⟨bn.⟩⟨taalk.⟩ **0.1** ***velaar*** ◆ **1.1** ~ consonant *velare medeklinker.*

ve·lar·ize, -ise ['vi:ləraɪz]⟨onov. en ov.ww.⟩⟨taalk.⟩ **0.1** ***velariseren*** *⇒een velaar karakter geven.*

Vel·cro ['velkroʊ]⟨n.-telb.zn.⟩⟨(oorspr.) merknaam⟩ **0.1** ***klittenband*** *⇒velcrostrip.*

veld·schoen, veldt·schoen, vel·skoon ['fel(t)sku:n, 'vel(t)-]⟨telb.zn.⟩⟨Z. Afr. E⟩ **0.1** ***veldschoen*** *⇒schoen v. ongelooid leer.*

veld(t) [felt, velt]⟨telb. en n.-telb.zn.; vaak the⟩⟨Z. Afr. E⟩ **0.1** ***open vlakte*** *⇒grasvlakte.*

vel·le·i·ty [ve'li:əṭi]⟨zn.⟩

I ⟨telb.zn.⟩ **0.1** ***neiging*** *⇒onbeduidende wens* ◆ **7.1** every wish, every ~ of his was satisfied *aan al zijn wensen, ook de minste, werd voldaan;*

II ⟨n.-telb.zn.⟩ **0.1** ***zwakke wil*** *⇒vage begeerte.*

vel·li·cate ['velɪkeɪt]⟨ww.⟩⟨vero.⟩

I ⟨onov.ww.⟩ **0.1** ***trekken*** *⇒zich samentrekken, trillen* ⟨v. spier e.d.⟩;

II ⟨ov.ww.⟩ **0.1** ***steken*** *⇒prikken, prikkelen* **0.2** ***krampachtig doen samentrekken*** **0.3** ***kietelen.***

vel·lum ['veləm]⟨zn.⟩

I ⟨telb.zn.⟩ **0.1** ***op velijn geschreven manuscript;***

II ⟨n.-telb.zn.⟩ **0.1** ***velijn*** *⇒kalfsperkament* **0.2** ***velijnpapier.***

vel·o·cim·e·ter ['velə'sɪmɪtə‖-mɪṭər]⟨telb.zn.⟩ **0.1** ***snelheidsmeter.***

ve·loc·i·pede [vɪ'lɒsɪpi:d‖vɪ'lɑ-]⟨telb.zn.⟩ **0.1** ***vélocipède*** **0.2** ***loopfiets*** **0.3** ⟨AE⟩ ***driewieler(tje)*** ⟨voor kinderen⟩.

ve·loc·i·ty [vɪ'lɒsəti‖vɪ'lɑsəṭi]⟨f2⟩⟨telb. en n.-telb.zn.; →mv. 2⟩ **0.1** ***snelheid*** ◆ **1.1** ⟨ec.⟩ ~ of circulation *omloopsnelheid* ⟨v. geld⟩; ~ of escape *ontsnappingssnelheid* ⟨ruim.⟩; ~ of light *lichtsnelheid.*

ve·lo·drome ['vi:lədroʊm, 've-]⟨telb.zn.⟩ **0.1** ***velodroom*** *⇒wielerbaan.*

ve·lour(s) [və'lʊə‖və'lʊr]⟨zn.; velours; →mv. 4⟩

I ⟨telb.zn.⟩ **0.1** ***velours / fluwelen hoed;***

II ⟨n.-telb.zn.⟩ **0.1** ***velours*** *⇒fluweel.*

ve·lou·té [vəˈlu:teɪ‖vəˈlu:ˈteɪ]⟨telb. en n.-telb.zn.⟩ **0.1** ***veloutésaus*** **0.2** ***veloutésoep***.

ve·lum [ˈvi:ləm]⟨telb.zn.; vela [ˈvi:lə]; →mv. 5⟩ **0.1** ⟨anat.⟩ ***velum*** ⇒*zachte gehemelte* **0.2** ⟨biol.⟩ ***velum*** ⇒*vlies, membraan*.

ve·lu·ti·nous [vəˈlu:tɪnəs‖vəˈlu:tn·əs]⟨bn.⟩ **0.1** ***fluweelachtig***.

vel·vet[1] [ˈvelvɪt]⟨f2⟩⟨n.-telb.zn.⟩ **0.1** ***fluweel*** **0.2** ***bast*** ⟨zacht vel om geweitak⟩ **0.3** ⟨fig.⟩ ***voordeel*** ⇒*winst*, ⟨sl.⟩ ***poen*** ◆ **3.3** ⟨vero.⟩ be/stand on ~ ⟨fig.⟩ *op fluweel zitten; het financieel goed hebben;* gamble on ~ *met reeds gewonnen geld spelen*.

velvet[2] ⟨f2⟩⟨bn., attr.⟩ **0.1** ***fluwelen*** ⟨ook fig.⟩ ◆ **1.¶** ⟨dierk.⟩ ~ scoter *grote zeeëend* ⟨Melanitta fusca⟩; walk with a ~ tread *met een zachte/onhoorbare pas lopen*.

vel·ve·teen [ˈvelvɪˈti:n]⟨zn.⟩
I ⟨n.-telb.zn.⟩ **0.1** ***katoenfluweel*** ⇒*velveteen;*
II ⟨mv.; ~s⟩ **0.1** ***broek v. katoenfluweel***.

vel·vet·y [ˈvelvəti]⟨f1⟩⟨bn.⟩ **0.1** ***fluweelachtig*** ⇒⟨fig.⟩ *zacht, diep* ◆ **1.1** ~ eyes *een diepe, zachte blik;* a ~ voice *een fluwelen/zachte, volle stem;* wine with a ~ taste *wijn met een zachte, fluwelen smaak*.

Ven ⟨afk.⟩ Venerable **0.1** ***Eerw.***.

ve·na [ˈvi:nə]⟨telb.zn.; venae [ˈvi:ni:]; →mv. 5⟩ **0.1** ***ader*** ⇒*vena, vene*.

ve·na ca·va [ˈvi:nə ˈkeɪvə‖-ˈkɑvə]⟨telb.zn.; venae cavae [ˈvi:ni: ˈkeɪvi:‖-ˈkɑvi:]; →mv. 5⟩ ⟨anat.⟩ **0.1** ***holle ader***.

ve·nal [ˈvi:nl]⟨bn.; -ly⟩⟨schr.⟩ **0.1** ***corrupt*** ⇒*(om)koopbaar, veil* ◆ **1.1** ~ judge *corrupte rechter;* ~ practices *corrupte praktijken*.

ve·nal·i·ty [vi:ˈnæləti]⟨telb. en n.-telb.zn.; →mv. 2⟩ **0.1** ***corruptheid*** ⇒*(om)koopbaarheid* **0.2** ***corruptie*** ⇒*omkoping*.

ve·nat·ic [vi:ˈnætɪk]⟨bn., attr.⟩ **0.1** ***jacht-*** ⇒*jagers-*.

ve·na·tion [vi:ˈneɪʃn]⟨telb. en n.-telb.zn.⟩ **0.1** ***nervatuur*** ⟨v. blad e.d.⟩.

vend[1] [vend]⟨telb.zn.⟩⟨BE; jur.⟩ **0.1** ***verkoop***.

vend[2] ⟨ov.ww.⟩ **0.1** ***verkopen*** ⟨ook jur.⟩ **0.2** ***venten*** ⇒*aan de man brengen* **0.3** ***in het openbaar uiten*** ⇒*luchten* ◆ **1.1** ~ property *eigendom verkopen* **1.2** ~ shoestrings and matches *schoenveters en lucifers venten*.

ven·dace [ˈvendeɪs‖-dɪs]⟨telb.zn.; ook vendace; →mv. 4⟩ ⟨dierk.⟩ **0.1** ***kleine marene*** ⟨Coregonus albula; Britse zoetwatervis⟩.

ven·dage [ˈvendɪdʒ]⟨n.-telb.zn.⟩ **0.1** ***wijnoogst***.

Ven·de·an[1] [ˈvenˈdi:ən]⟨telb.zn.⟩ **0.1** ***inwoner v.d. Vendée***.

Vendean[2] ⟨bn.⟩ **0.1** ***mbt. de Vendée***.

vend·ee [ˈvenˈdi:]⟨telb.zn.⟩ ⟨jur.⟩ **0.1** ***koper***.

ven·det·ta [venˈdetə]⟨f1⟩⟨telb. en n.-telb.zn.⟩ **0.1** ***bloedwraak*** ⇒*vendetta*.

ven·deuse [vɑ:nˈdɜ:z‖vɑnˈdʌz]⟨telb.zn.⟩ **0.1** ***verkoopster*** ⟨i.h.b. in modehuis⟩.

vend·i·bil·i·ty [ˈvendəˈbɪləti]⟨n.-telb.zn.⟩ **0.1** ***verkoopbaarheid***.

vend·i·ble[1] [ˈvendəbl]⟨telb.zn.; vaak mv.⟩ **0.1** ***koopwaar***.

vendible[2] ⟨bn.⟩ **0.1** ***verkoopbaar***.

ˈvend·ing machine ⟨f1⟩⟨telb.zn.⟩ **0.1** ***(verkoop)automaat*** ⟨voor sigaretten e.d.⟩.

ven·di·tion [venˈdɪʃn]⟨n.-telb.zn.⟩ **0.1** ***verkoop***.

vend·or, vend·er [ˈvendə‖-ər]⟨f1⟩⟨telb.zn.⟩ **0.1** ***verkoper*** **0.2** ***verkoopautomaat***.

ˈvendor's ˈlien ⟨n.-telb.zn.⟩ **0.1** ***grondpandrecht v.d. verkoper***.

ˈvendor's share ⟨telb.zn.⟩ **0.1** ***inbrengaandeel***.

ven·due [ˈvendju:‖venˈdu:]⟨telb.zn.⟩⟨AE⟩ **0.1** ***openbare verkoping/*** ⟨B.⟩ ***verkoop*** ⇒*vendu(tie)*.

ve·neer[1] [vɪˈnɪə‖vɪˈnɪr]⟨f1⟩⟨zn.⟩
I ⟨telb.zn.⟩⟨fig.⟩ **0.1** ***vernisje*** ⇒*dun laagje vernis* ◆ **6.1** an impudent churl **under** a ~ **of** good manners *een onbeschofte lomperik onder een dun laagje/vernisje van goede manieren;*
II ⟨telb. en n.-telb.zn.⟩ **0.1** ***fineer*** ⇒*fineerblad/hout*.

veneer[2] ⟨f1⟩⟨ov.ww.⟩ →veneering **0.1** ***fineren*** ⇒*fourneren, met een dun houtlaagje bedekken/beplakken* **0.2** ⟨fig.⟩ ***een vernisje geven*** ⇒*aangenaam voorstellen, verbergen* ◆ **6.1** ~ **with** *fineren met*.

ve·neer·ing [vɪˈnɪərɪŋ‖-ˈnɪr-]⟨n.-telb.zn.; gerund v. veneer⟩ **0.1** ***fineerhout*** ⇒*fineerbladen* **0.2** ***fineerwerk***.

ven·e·punc·ture, ven·i·punc·ture [ˈvenɪpʌŋktʃə‖-ər]⟨n.-telb.zn.⟩ ⟨med.⟩ **0.1** ***venapunctie*** ⟨het aanprikken v.e. ader⟩.

ven·er·a·bil·i·ty [ˈvenrəˈbɪləti]⟨n.-telb.zn.⟩ **0.1** ***eerbiedwaardigheid*** ⇒*eerwaardigheid, achtbaarheid*.

ven·er·a·ble [ˈvenrəbl]⟨f1⟩⟨bn.; -ly; -ness; →bijw. 3⟩ **0.1** ***eerbiedwaardig*** ⇒*achtbaar, venerabel* **0.2** ⟨kerk.⟩ ***hoogeerwaard*** ⟨titel v. aartsdiaken⟩ **0.3** ⟨R.-K.⟩ ***eerwaardig*** ⟨eerste graad v. heiligheid⟩ ◆ **1.1** a ~ beard *een eerbied inboezemende baard;* ~ relics *venerabele reliekwieën* **1.2** the ~ Archdeacon *de Hoogeerwaarde Heer (Aartsdiaken)* **1.¶** the Venerable Bede *Beda Venerabilis*.

ven·er·ate [ˈvenəreɪt]⟨ov.ww.⟩ **0.1** ***vereren*** ⇒*aanbidden*.

ven·er·a·tion [ˈvenəˈreɪʃn]⟨f1⟩⟨n.-telb.zn.⟩ **0.1** ***verering*** ⇒*diepe eerbied* ◆ **3.1** hold s.o. in ~ *iem. vereren, iem. diepe eerbied toedragen*.

ven·er·a·tor [ˈvenəreɪtə‖-reɪtər]⟨telb.zn.⟩ **0.1** ***vereerder*** ⇒*aanbidder*.

ve·ne·re·al [vɪˈnɪərɪəl‖-ˈnɪr-]⟨f1⟩⟨bn., attr.; -ly⟩ **0.1** ***venerisch*** ⇒*geslachts-, mbt. geslachtsziekten* ◆ **1.1** ~ disease *venerische ziekte, geslachtsziekte;* the ~ rate in this town *het aantal gevallen v. geslachtsziekten in deze stad*.

ve·ne·re·ol·o·gist [vɪˈnɪəriˈɒlədʒɪst‖-ˈnɪriˈɑ-]⟨telb.zn.⟩ **0.1** ***vener(e)oloog*** ⇒*specialist voor geslachtsziekten*.

ve·ne·re·ol·o·gy [vɪˈnɪəriˈɒlədʒi‖-ˈnɪriˈɑ-]⟨n.-telb.zn.⟩ **0.1** ⟨med.⟩ ***vener(e)ologie*** ⇒*leer/kennis v.d. geslachtsziekten*.

ven·er·y [ˈvenəri]⟨n.-telb.zn.⟩⟨vero.⟩ **0.1** ***jacht(vermaak)*** **0.2** ***wellust***.

ven·e·sec·tion, ven·i·sec·tion [ˈvenɪˈsekʃn]⟨telb. en n.-telb.zn.⟩ ⟨med.⟩ **0.1** ***venesectie*** ⇒*(ader)lating, flebotomie*.

Ve·ne·tian[1] [vɪˈni:ʃn]⟨f1⟩⟨telb.zn.⟩ **0.1** ***Venetiaan(se)*** **0.2** ⟨v-⟩ ***jaloezie***.

Venetian[2] ⟨f1⟩⟨bn.⟩ **0.1** ***Venetiaans*** ◆ **1.1** ~ chalk *Venetiaans krijt, kleermakerskrijt;* ~ glass *Venetiaans glas;* ~ point *Venetiaanse kant;* ~ red *Venetiaans rood, dodekop* **1.¶** ~ blind *jaloezie, zonneblind;* ~ carpet *kamgaren loper;* ~ pearl *(glazen) namaakparel;* ⟨plantk.⟩ ~ sumac *pruikeboom* ⟨Cotinus coggygria⟩; ~ window *Palladiaans venster*.

ve·ne·tianed [vɪˈni:ʃnd]⟨bn.⟩ **0.1** ***met jaloezieën***.

venge [vendʒ]⟨ov.ww.⟩⟨vero.⟩ **0.1** ***wreken***.

ven·geance [ˈvendʒəns]⟨f2⟩⟨telb. en n.-telb.zn.⟩ **0.1** ***wraak*** ◆ **1.1** call down the ~ of heaven on s.o.'s head *de hemelse wraak/straf tegen iem. aanroepen* **3.1** take ~ for s.o. *iem. wreken;* swear a ~ on s.o. *zweren dat men zich op iem. zal wreken;* take ~ (up)on s.o. *zich op iem. wreken* **5.¶** ⟨inf.⟩ **with** a ~ *duchtig, van jewelste; dat het een aard had/heeft, in het kwadraat; en hoe!; overdreven;* the wind blew **with** a ~ *de wind waaide er duchtig op los;* work **with** a ~ *werken dat de stukken eraf vliegen*.

venge·ful [ˈvendʒfl]⟨f1⟩⟨bn.; -ly; -ness⟩ **0.1** ***wraakzuchtig*** ⇒*wraakgierig, wraak-*.

ve·ni·al [ˈvi:nɪəl]⟨f1⟩⟨bn.; -ly; -ness⟩ **0.1** ***vergeeflijk*** ⇒*te vergeven, onbetekenend* ◆ **1.1** ~ fault *klein foutje;* ⟨relig.⟩ ~ sin *dagelijkse zonde, pekelzonde*.

ve·ni·al·i·ty [ˈvi:niˈæləti]⟨n.-telb.zn.⟩ **0.1** ***vergeeflijkheid***.

Ven·ice[1] [ˈvenɪs]⟨eig.n.⟩ **0.1** ***Venetië***.

Venice[2] ⟨bn., attr.⟩ **0.1** ***Venetiaans*** ◆ **1.1** ~ glass *Venetiaans glas*.

venipuncture →venepuncture.

ve·ni·re [vəˈnaɪəri], ⟨in bet. 0.1 en 0.3 ook⟩ **ve·ni·re fa·ci·as** [-ˈfeɪʃiæs]⟨telb.zn.⟩⟨jur.⟩ **0.1** ⟨BE⟩ ***dagvaarding*** **0.2** ⟨AE⟩ ***groep opgeroepen juryleden*** **0.3** ⟨AE of gesch.⟩ ***bevel juryleden op te roepen*** ⟨aan sheriff⟩.

ve·ni·re-man [vəˈnaɪərimən]⟨telb.zn.; venire-men [-mən]; →mv. 6⟩ ⟨AE of gesch.⟩ **0.1** ***opgeroepen jurylid***.

venisection →venesection.

ven·i·son [ˈvenɪsn, ˈvenɪzn]⟨n.-telb.zn.⟩ **0.1** ***hertevlees*** **0.2** ⟨vero.⟩ ***wild*** ⇒*wildbraad*.

Venn diagram [ˈven daɪəgræm]⟨telb.zn.⟩⟨wisk.⟩ **0.1** ***Venndiagram***.

ven·nel [ˈvenl]⟨telb.zn.⟩⟨Sch. E⟩ **0.1** ***weggetje*** ⇒*laantje* **0.2** ***steeg***.

ven·om[1] [ˈvenəm]⟨f1⟩⟨zn.⟩
I ⟨telb.zn.⟩⟨vero.⟩ **0.1** ***vergif(t);***
II ⟨n.-telb.zn.⟩ **0.1** ***vergif(t)*** ⟨v. slang, schorpioen enz.⟩ **0.2** ***venijn*** ⇒*boosaardigheid*.

venom[2] ⟨ov.ww.⟩ →venomed **0.1** ***vergiftigen***.

ven·omed [ˈvenəmd]⟨bn.; in bet. 0.2 volt. deelw. v. venom⟩ **0.1** ***giftig*** ⇒*venijnig, hatelijk* **0.2** ***vergiftigd*** ◆ **1.1** ~ words *woorden vol haat, giftige woorden*.

ven·om·ous [ˈvenəməs]⟨f1⟩⟨bn.; -ly; -ness⟩ **0.1** ***(ver)giftig*** **0.2** ***venijnig*** ⇒*boosaardig, nijdig, giftig, dodelijk* ◆ **1.1** ⟨scherts.⟩ what a ~ drink! *wat een bocht!;* ~ snake *gifslang, giftige slang* **1.2** ~ answer *giftig/nijdig antwoord;* ~ look *giftige/dodelijke blik*.

ve·nose [ˈvi:nous‖ˈvenoʊs]⟨bn.⟩⟨biol., med.⟩ **0.1** ***geaderd*** ⇒*met veel/dikke aderen* **0.2** →venous.

ve·nos·i·ty [vɪˈnɒsəti‖vi:ˈnɑsəti]⟨n.-telb.zn.⟩ **0.1** ⟨med.⟩ ***aderlijk karakter*** ⟨v. bloed⟩ **0.2** ⟨med.; plantk.⟩ ***geaderdheid***.

ve·nous [ˈvi:nəs]⟨bn.; -ly; -ness⟩ **0.1** ⟨med.⟩ ***mbt. (de) ader(en)*** ⇒*aderlijk, veneus* **0.2** ⟨plantk.⟩ ***geaderd*** ⇒*generfd* ◆ **1.1** ~ blood *aderlijk bloed*.

vent[1] [vent], ⟨in bet. I 0.1 ook⟩ **ˈvent-hole** ⟨f2⟩⟨zn.⟩
I ⟨telb.zn.⟩ **0.1** ⟨ben. voor⟩ ***(lucht)opening*** ⇒*(ventilatie)gat, luchtgat, spleet; spongat, zwikgat* ⟨v. vat⟩; *vingergat* ⟨v. blaasinstrument⟩ **0.2** ***vulkaanmonding/krater/opening*** ⇒*fumarole, spleet* **0.3** ***zundgat*** ⟨v. geweer e.d.⟩ **0.4** ***split*** ⟨in jas e.d.⟩ **0.5** ⟨dierk.⟩ ***anus*** ⟨v. lagere dieren⟩ **0.6** ⟨Sch. E⟩ ***schoorsteen(kanaal);***
II ⟨telb. en n.-telb.zn.; g.mv.⟩⟨ook fig.⟩ **0.1** ***uitlaat*** ⇒*uitweg* ◆

3.1 find (a) ~ (to) *een uitweg vinden (voor);* give ~ to one's feelings *zijn gevoelens de vrije loop laten, lucht geven aan zijn gevoelens, zijn hart luchten;*
III ⟨n.-telb.zn.⟩ **0.1** ***ontsnapping*** ⟨v. lucht⟩ **0.2** ***het luchthappen*** ⟨v. otter, bever e.d.⟩.
vent[2] ⟨f1⟩ ⟨ww.⟩
I ⟨onov.ww.⟩ **0.1** ***adem/lucht happen*** ⟨v. otter, bever e.d.⟩;
II ⟨ov.ww.⟩ **0.1** ***uiten*** ⟨gevoelens⟩ ⇒*lucht geven aan, luchten* **0.2** ***afreageren*** **0.3** ⟨tech.⟩ ***ontluchten*** ⇒*afblazen, aftappen* **0.4** ***split maken in*** ⟨jas⟩ **0.5** ***(door opening) laten wegstromen/trekken*** ⟨stoom, water⟩ ⇒*wegwerken, uitstoten* **0.6** ***verbreiden*** ⇒*verkondigen* ◆ **1.6** ~ strange stories *vreemde verhalen verkondigen* **6.2** ~ sth. **on** s.o./sth. *iets afreageren op iem./iets;* ~ one's fury **on** *zijn woede koelen op.*
vent·age ['ventɪdʒ] ⟨telb.zn.⟩ **0.1** ***(lucht)gaatje*** **0.2** ***vingergaatje*** ⟨v. blaasinstrumenten⟩.
ven·ter ['ventə‖'ventər] ⟨telb.zn.⟩ **0.1** ⟨med.⟩ ***buik*** ⇒*abdomen* **0.2** ⟨med.⟩ ***buik*** ⟨v. spier⟩ ⇒*dikste gedeelte, venter* **0.3** ⟨jur.⟩ ***baarmoeder*** ⇒*moeder, vrouw* ◆ **7.3** he had two sons by one ~ and a daughter bij another *hij had twee zoons v. een vrouw en een dochter v.e. ander;* of one ~ *v. dezelfde moeder.*
ven·ti·duct ['ventɪdʌkt] ⟨telb.zn.⟩ ⟨bouwk.⟩ **0.1** ***luchtkanaal/koker.***
ven·til ['ventl] ⟨telb.zn.⟩ ⟨muz.⟩ **0.1** ***klep*** ⇒*ventiel.*
ven·ti·late ['ventɪleɪt‖'ventleɪt] ⟨f1⟩ ⟨ov.ww.⟩ **0.1** ***ventileren*** ⇒*luchten* **0.2** ***(in het openbaar) bespreken*** ⇒*bediscussiëren, ventileren* **0.3** ***naar buiten brengen*** ⇒*in het openbaar brengen, luchten, ventileren* **0.4** ***wannen*** ⟨graan⟩ **0.5** ***v. ventilatie voorzien*** **0.6** ⟨med.⟩ ***v. zuurstof voorzien*** ⟨bloed⟩ ⇒*zuurstof toevoeren aan* ◆ **1.1** ~ hay *hooi luchten;* ~ the room *de kamer luchten* **1.2** ~ a plan *een plan ventileren* **1.3** ~ one's opinion *zijn mening ventileren/naar buiten brengen.*
ven·ti·la·tion ['ventɪ'leɪʃn‖'ventl'eɪʃn] ⟨f2⟩ ⟨n.-telb.zn.⟩ **0.1** ***het ventileren*** ⇒*ventilatie* **0.2** ***ventilatie(systeem)*** ⇒*luchtverversing, airconditioning* **0.3** ***openbare discussie*** ⇒*ventilatie* **0.4** ***uiting*** ⇒*het naar buiten brengen* ⟨v. mening e.d.⟩.
ven·ti·la·tive ['ventɪleɪtɪv‖'ventleɪtɪv], **ven·ti·la·to·ry** [ventɪ'leɪt(ə)ri‖'ventlə'tɔri] ⟨bn.⟩ **0.1** ***mbt. de ventilatie*** ⇒*ventilatie-.*
ven·ti·la·tor ['ventɪleɪtə‖'ventleɪtər] ⟨telb.zn.⟩ **0.1** ***ventilator*** **0.2** ***ventilatiegat/rooster.***
vent·less ['ventləs] ⟨bn.⟩ **0.1** ***zonder luchtgat.***
'vent-peg, 'vent-plug, 'vent-fau·cet ⟨telb.zn.⟩ **0.1** ***zwik*** ⇒*spon* ⟨v. vat⟩.
ven·tral[1] ['ventrəl], **'ventral 'fin** ⟨telb.zn.⟩ ⟨dierk.⟩ **0.1** ***buikvin.***
ventral[2] ⟨bn.; -ly⟩ **0.1** ⟨dierk.; med.⟩ ***mbt. de buik*** ⇒*buik-, ventraal* **0.2** ⟨plantk.⟩ ***axiel*** ◆ **1.1** ~ fin *buikvin.*
ven·tre à terre ['vɑːntrə 'teə‖-'ter] ⟨bw.⟩ **0.1** ***in vliegende vaart.***
ven·tri·cle ['ventrɪkl] ⟨telb.zn.⟩ ⟨med.⟩ **0.1** ⟨ben. voor⟩ ***(orgaan) holte*** ⇒*ventrikel; hartkamer; hersenholte.*
ven·tri·cose ['ventrɪkous], **ven·tri·cous** [-kəs] ⟨bn.⟩ **0.1** ***buikig*** ⇒*zwaarlijvig, corpulent* **0.2** ⟨biol., med.⟩ ***opgezwollen*** ⇒*uitgezet.*
ven·tric·u·lar [ven'trɪkjʊlə‖-kjələr] ⟨bn.⟩ ⟨med.⟩ **0.1** ***mbt. de buik*** ⇒*buik-, ventraal* **0.2** ***mbt. een ventrikel*** ⇒*ventriculair.*
ven·tril·o·qui·al ['ventrɪ'loukwɪəl], **ven·tril·o·quis·tic** [ven'trɪlə'kwɪstɪk], **ven·tril·o·quous** [ven'trɪləkwəs] ⟨bn.; ventriloqually⟩ **0.1** ***buiksprekend*** **0.2** ***mbt. het buikspreken.***
ven·tril·o·quism [ven'trɪləkwɪzm], **ven·tril·o·quy** [ven'trɪləkwi] ⟨telb. en n.-telb.zn.; ventriloquies; →mv. 2⟩ **0.1** ***het buikspreken.***
ven·tril·o·quist [ven'trɪləkwɪst] ⟨telb.zn.⟩ **0.1** ***buikspreker*** ⇒*ventriloquist.*
ven·tril·o·quize [ven'trɪləkwaɪz] ⟨onov.ww.⟩ **0.1** ***buikspreken.***
ven·trip·o·tent [ven'trɪpətənt] ⟨bn.⟩ ⟨schr.⟩ **0.1** ***dikbuikig*** ⇒*corpulent* **0.2** ***gulzig*** ⇒*vraatzuchtig.*
ven·ture[1] ['ventʃə‖-ər] ⟨f2⟩ ⟨telb. en n.-telb.zn.⟩ **0.1** ***(gevaarlijke) onderneming*** ⇒*waagstuk, gok, risico,* ⟨i.h.b.⟩ *speculatie* **0.2** ***inzet*** ⟨bij onderneming, speculatie⟩ ⇒*op het spel gezet(te) eigendom/goederen* ◆ **2.1** lucky ~ *goede gok, geslaagde speculatie* **3.1** take a ~ in sth. *iets ondernemen, iets proberen; in iets speculeren* **3.2** lose one's ~ *zijn inzet verliezen* **6.¶** at a ~ *op de gok, op goed geluk.*
venture[2] ⟨f2⟩ ⟨ww.⟩ ⟨→sprw. 522⟩
I ⟨onov.ww.⟩ **0.1** ***zich wagen*** ◆ **5.1** ~ **out** *zich buiten wagen* **6.1** ~ **out of** doors *zich op straat wagen;*
II ⟨onov. en ov.ww.⟩ **0.1** ***(aan)durven*** ⇒*wagen (iets te doen), durven (te beweren)* ◆ **1.1** ~ some criticism *het wagen/durven wat kritiek te uiten* **3.1** he ~d to refuse *hij durfde te weigeren;* ~ to say *zo vrij zijn te zeggen;* she ~d to touch my pet snake *zij durfde mijn lievelingsslang aan te raken* **6.1** ~ **(up)on** sth. *iets aandurven/wagen, iets durven te ondernemen;* will you ~ **on** one of these green cocktails? *ga je je aan een v.d. groene cocktails wagen?* **8.1** ~ that *durven te beweren dat;*
III ⟨ov.ww.⟩ **0.1** ***wagen*** ⇒*riskeren, in de waagschaal stellen, op het spel zetten* **0.2** ***inzetten*** ⇒*wagen* **0.3** ***trotseren*** **0.4** ⟨ec.⟩ ***op speculatie verzenden*** ◆ **1.1** ~ one's life *zijn leven op het spel zetten* **1.2** ~ a small bet *een gokje wagen;* he ~d fifty pounds on horse racing *hij vergokte vijftig pond aan paardenrennen* **1.3** ~ the stormy weather *het stormachtige weer trotseren.*
'venture capital ⟨n.-telb.zn.⟩ ⟨ec.⟩ **0.1** ***risicodragend kapitaal*** ⟨om nieuwe onderneming te financiëren⟩.
'venture capital firm ⟨telb.zn.⟩ **0.1** ***participatiemaatschappij.***
ven·tur·er ['ventʃərə‖-ər] ⟨f1⟩ ⟨telb.zn.⟩ **0.1** ***waaghals*** ⇒*avonturier* **0.2** ⟨gesch.⟩ ***koopman die overzee handel drijft.***
'Venture Scout ⟨telb.zn.⟩ ⟨padvinderij⟩ **0.1** ***voortrekker.***
ven·ture·some ['ventʃəsəm‖-tʃər-], **ven·tur·ous** ['ventʃrəs] ⟨f1⟩ ⟨bn.; -ly; -ness⟩ **0.1** ***riskant*** ⇒*gevaarlijk, gewaagd* **0.2** ***(stout)moedig*** ⇒*avontuurlijk, dapper* ◆ **1.1** ~ undertaking *gewaagde onderneming.*
ven·tu·ri [ven'tjʊəri‖-'tʊri], **ven'turi tube** ⟨telb.zn.⟩ ⟨nat.⟩ **0.1** ***venturibuis*** ⇒*venturimeter.*
ven·ue ['venjuː] ⟨f1⟩ ⟨telb.zn.⟩ **0.1** ***plaats v. samenkomst*** ⇒*ontmoetingsplaats, trefpunt, rendezvous* **0.2** ***plaats v. handeling*** ⇒*terrein, toneel;* ⟨i.h.b.⟩ *plaats v.h. misdrijf* **0.3** ⟨jur.⟩ ***arrondissement*** ⇒*rechtsgebied* ◆ **1.1** the ~ of the match is the centre court of Wimbledon *de plaats voor de wedstrijd is de hoofdbaan v. Wimbledon* **1.3** change of ~ *verwijzing naar een ander gerecht* **3.3** change the ~ *behandeling v.e. zaak naar een ander arrondissement overbrengen* **6.1** tickets **from** the ~ *kaarten aan de kassa verkrijgbaar.*
Ve·nus ['viːnəs] ⟨f2⟩ ⟨zn.⟩
I ⟨eig.n.⟩ **0.1** ***Venus*** ⟨Romeinse liefdesgodin⟩ ⇒⟨schr.⟩ *de liefde/minne* **0.2** ⟨ster.⟩ ***Venus*** ⟨planeet⟩;
II ⟨telb.zn.⟩ **0.1** ***Venus*** ⇒*schoonheid, mooie/verleidelijke vrouw.*
Ve·nu·sian[1] [vɪ'njuːzɪən‖vɪ'nuːʃən] ⟨telb.zn.⟩ **0.1** ***bewoner v. Venus.***
Venusian[2] ⟨bn.⟩ **0.1** ***mbt. (de planeet) Venus.***
Ve·nus's-comb ['viːnəs(ɪz) 'koum] ⟨telb.zn.⟩ ⟨plantk.⟩ **0.1** ***naaldekervel*** ⟨Scandix pecten-veneris⟩.
'Venus's 'flower basket ⟨telb.zn.⟩ ⟨dierk.⟩ **0.1** ***venusmandje*** ⟨Euplectella aspergillum⟩.
'Ve·nus's-'fly-trap ⟨telb.zn.⟩ ⟨plantk.⟩ **0.1** ***venusvliegenvanger*** ⇒*vliegenvangertje, Venus' vliegenval* ⟨Dionaea muscipula⟩.
'Venus's 'gir·dle ⟨telb.zn.⟩ ⟨dierk.⟩ **0.1** ***venusgordel*** ⟨Cestum veneris⟩.
'Ve·nus's-'hair ⟨telb.zn.⟩ ⟨plantk.⟩ **0.1** ***venushaar*** ⟨Adiantum capillus-veneris⟩.
'Ve·nus's-'look·ing-glass ⟨telb.zn.⟩ ⟨plantk.⟩ **0.1** ***venusspiegel*** ⇒*spiegelklokje* ⟨Specularia speculum⟩ **0.2** ***kleine venusspiegel*** ⇒*klein spiegelklokje* ⟨Specularia hybrida⟩.
'Ve·nus's-'shell ⟨telb.zn.⟩ ⟨dierk.⟩ **0.1** ***venusschelp*** ⟨Venus gallina/striatula⟩.
'Ve·nus's-'slip·per ⟨telb.zn.⟩ ⟨plantk.⟩ **0.1** ***venusschoentje*** ⟨genus Cypripedium⟩ ⇒*vrouwenschoentje.*
ve·ra·cious [və'reɪʃəs] ⟨bn.; -ly; -ness⟩ ⟨schr.⟩ **0.1** ***oprecht*** ⇒*waarheidlievend, eerlijk* **0.2** ***waar(heidsgetrouw).***
ve·rac·i·ty [və'ræsəti] ⟨f1⟩ ⟨zn.; →mv. 2⟩
I ⟨telb.zn.⟩ **0.1** ***waarheid;***
II ⟨n.-telb.zn.⟩ **0.1** ***waarheidsgetrouwheid*** **0.2** ***waarheidsliefde*** ⇒*oprechtheid, eerlijkheid* **0.3** ***geloofwaardigheid.***
ve·ran·da(h) [və'rændə] ⟨f2⟩ ⟨telb.zn.⟩ **0.1** ***veranda.***
ve·ran·da(h)ed [və'rændəd] ⟨bn.⟩ **0.1** ***met veranda('s).***
ver·a·trine ['verətriːn, -trɪn] ⟨telb.zn.⟩ ⟨med.⟩ **0.1** ***veratrine*** ⟨giftig alkaloïd uit nieswortel⟩.
ve·ra·trum [və'reɪtrəm] ⟨telb.zn.⟩ ⟨plantk.⟩ **0.1** ***nieskruid*** ⟨genus Helleborus⟩.
verb [vɜːb‖vɜrb] ⟨f3⟩ ⟨telb.zn.⟩ ⟨taalk.⟩ **0.1** ***werkwoord*** ⇒*verbum.*
ver·bal[1] ['vɜːbl‖'vɜrbl] ⟨f3⟩ ⟨telb.zn.⟩ **0.1** ⟨taalk.⟩ ***verbaal substantief*** **0.2** ⟨inf.⟩ ***(mondelinge) verklaring*** ⟨i.h.b. tgo. de politie⟩ **0.3** ⟨scherts.⟩ ***woordenwisseling*** ⇒*ruzie.*
verbal[2] ⟨bn.; -ly⟩ **0.1** ***mondeling*** ⇒*gesproken, verbaal* **0.2** ***mbt. woorden*** ⇒*woord(en)-* **0.3** ***woordelijk*** ⇒*woord-voor-woord* **0.4** ⟨taalk.⟩ ***werkwoordelijk*** ⇒*mbt. een werkwoord, verbaal* ◆ **1.1** ~ agreement *mondeling overeenkomst* **1.2** ~ criticism *tekstkritiek, woordkritiek;* ⟨inf.⟩ ~ diarrhea *gezwets, spraakwaterval;* ~ flasher *woordkunstenaar* **1.3** his essay is a ~ copy of yours *zijn opstel is woord-voor-woord hetzelfde als dat van jou;* ⟨theol.⟩ ~ inspiration *mechanische inspiratie* ⟨dicteert woord voor woord⟩; ~ translation *letterlijke vertaling* **1.4** ~ noun *gerundium; infinitief;* ~ senses *werkwoordelijke betekenissen.*
ver·bal·ism ['vɜːbəlɪzm‖'vɜr-] ⟨zn.⟩
I ⟨telb.zn.⟩ **0.1** ***uitdrukking*** ⇒*term, woord* **0.2** ***(holle) frase*** ⇒*cliché;*

II ⟨n.-telb.zn.⟩ **0.1** ***verbalisme*** ⇒*woordenkraam* **0.2** ***letterzifterij*** **0.3** ***wijze v. uitdrukken***.

ver·bal·ist ['vɜ:bəlɪst‖'vɜr-]⟨telb.zn.⟩ **0.1** ***woordenkenner*** **0.2** ***letterzifter***.

ver·bal·is·tic ['vɜ:bə'lɪstɪk‖'vɜr-]⟨bn.⟩ **0.1** ***welbespraakt*** ⇒*met een goed woordgebruik*.

ver·bal·i·ty [vɜ:'bæləti‖vɜr'bæləṱi]⟨n.-telb.zn.⟩ **0.1** ***woordenkraam*** ⇒*verbalisme*.

ver·bal·i·za·tion, -sa·tion ['vɜ:bəlaɪ'zeɪʃn‖'vɜrbələ-]⟨telb. en n.-telb.zn.⟩ **0.1** ***formulering*** **0.2** ⟨taalk.⟩ ***verbalisatie*** ⇒*het tot werkwoord maken; verbalisering*.

ver·bal·ize, -ise ['vɜ:bəlaɪz‖'vɜr-]⟨f1⟩⟨ww.⟩

I ⟨onov.ww.⟩ **0.1** ***zich uitdrukken in woorden*** **0.2** ***veel woorden gebruiken;***

II ⟨ov.ww.⟩ **0.1** ***onder woorden brengen*** ⇒*verwoorden, formuleren* **0.2** ⟨taalk.⟩ ***verbaliseren*** ⇒*verbaal/tot werkwoord maken*.

ver·ba·tim [vɜ:'beɪtɪm‖vɜr'beɪṱɪm]⟨f1⟩⟨bn.; bw.⟩ **0.1** ***woordelijk*** ⇒*woord-voor-woord, verbatim*.

ver·be·na [vɜ:'bi:nə‖vɜr-]⟨telb.zn.⟩⟨plantk.⟩ **0.1** ***ijzerhard*** ⟨genus Verbena⟩ ⇒*ridderblad, ijzerkruid, verbena*.

ver·bi·age ['vɜ:biɪdʒ‖'vɜr-]⟨n.-telb.zn.⟩ **0.1** ***woordenstroom*** ⇒*stortvloed/omhaal v. woorden, breedsprakigheid* **0.2** ***bewoordingen*** ⇒*woordkeus, dictie* ◆ **2.2** use scientific ~ *wetenschappelijke bewoordingen/dictie gebruiken*.

ver·bi·cide ['vɜ:bɪsaɪd‖'vɜr-]⟨zn.⟩⟨scherts.⟩

I ⟨telb.zn.⟩ **0.1** ***verkrachter v. woorden*** **0.2** ***woordverdraaier;***

II ⟨n.-telb.zn.⟩ **0.1** ***verkrachting v. woorden*** **0.2** ***woordverdraaiing***.

ver·bose [vɜ:'boʊs‖vɜr-]⟨f1⟩⟨bn.; -ly; -ness⟩ **0.1** ***breedsprakig*** ⇒*wijdlopig, langdradig, woordenrijk*.

ver·bos·i·ty [vɜ:'bɒsəti‖vɜr'bɑsəṱi]⟨f1⟩⟨n.-telb.zn.⟩ **0.1** ***breedsprakigheid*** ⇒*wijdlopigheid, langdradigheid, woordenrijkheid*.

ver·bo·ten [feə'boʊtn‖vər-]⟨bn.⟩ **0.1** ***(streng) verboden***.

'verb phrase ⟨telb.zn.⟩⟨taalk.⟩ **0.1** ***verbale constituent***.

verb sap ⟨tussenw.⟩⟨afk.⟩ verbum sapienti sat est **0.1** ***verb. sap.*** ⇒*verb. sat.*.

ver·dan·cy ['vɜ:dnsi‖'vɜr-]⟨n.-telb.zn.⟩ **0.1** ***het groen-zijn*** ⟨ook fig.⟩ ⇒*groenheid*.

ver·dant ['vɜ:dnt‖'vɜr-]⟨bn.; -ly⟩ **0.1** ***groen(gekleurd)*** ⇒*grasgroen* **0.2** ***met groen bedekt*** ⇒*met gras bedekt* **0.3** ***groen*** ⟨alleen fig.⟩ ⇒*onervaren*.

verd(e) an·tique ['vɜ:d æn'ti:k‖'vɜrd-]⟨telb.zn.⟩ **0.1** ***serpentijn(marmer)*** ⇒*vert antique* **0.2** ***patina*** ⟨oxydatielaag op koper, brons e.d.⟩ ⇒*kopergroen*.

ver·der·er, ver·de·ror ['vɜ:dərə‖'vɜrdərər]⟨telb.zn.⟩⟨BE⟩ **0.1** ***houtvester*** ⇒*jachtopziener*.

ver·dict ['vɜ:dɪkt‖'vɜr-]⟨f3⟩⟨telb.zn.⟩ **0.1** ***oordeel*** ⇒*mening, vonnis, beslissing* **0.2** ⟨jur.⟩ ***(jury)uitspraak*** ◆ **3.2** bring in a ~ *uitspraak doen* **3.¶** ⟨jur.⟩ sealed ~ *schriftelijke uitspraak* **6.1** ~ **on** *oordeel over;* what's the general ~ **on** her behaviour of last night? *wat is de algemene mening over haar gedrag v. gisteravond?* **6.2** ~ **of** not guilty *juryvrijspraak*.

ver·di·gris ['vɜ:dɪgri:s‖'vɜr-]⟨n.-telb.zn.⟩ **0.1** ***patina*** ⟨oxydatielaag op koper, brons e.d.⟩ ⇒*kopergroen* **0.2** ***Spaans groen*** ⇒*groenspaan, kopergroen*.

ver·di·ter ['vɜ:dɪtə‖'vɜrdɪṱər]⟨n.-telb.zn.⟩⟨schei.⟩ **0.1** ***basisch carbonaat*** ⇒*kopergroen*.

ver·dure ['vɜ:dʒə‖'vɜrdʒər]⟨n.-telb.zn.⟩⟨schr.⟩ **0.1** ***groen*** ⇒*loof, gebladerte, groenheid;* ⟨fig.⟩ *frisheid*.

ver·dured ['vɜ:dʒəd‖'vɜrdʒərd]⟨bn.⟩ **0.1** ***groen***.

ver·dur·ous ['vɜ:dʒərəs‖'vɜr-]⟨bn.; -ness⟩ **0.1** ***groen***.

Verey light →Very light.

Verey pistol →Very pistol.

verge[1] [vɜ:dʒ‖vɜrdʒ]⟨f2⟩⟨telb.zn.⟩ **0.1** ***rand*** ⇒*zoom, kant, boord* ⟨vnl. fig.⟩ **0.2** ***roede*** ⇒*staf* **0.3** ***grens*** ⇒*omlijsting, vatting* **0.4** ***gebied*** **0.5** ***horizon*** **0.6** ***spil*** ⟨v. onrust in uurwerk⟩ **0.7** ***roede*** ⇒*mannelijk lid* ⟨bij ongewervelde dieren⟩ **0.8** ⟨BE⟩ ***berm*** **0.9** ⟨bouwk.⟩ ***overstekende dakrand*** **0.10** ⟨bouwk.⟩ ***schacht*** ⟨v. klassieke zuil⟩ **0.11** ⟨BE; gesch.⟩ ***rechtsgebied*** ◆ **6.1** **on** the ~ **of** 80 *tegen de tachtig;* be **on** the ~ **of** leaving *op het punt staan te vertrekken;* bring s.o. **to** the ~ **of** despair *iem. op de rand v.d. wanhoop brengen*.

verge[2] ⟨f1⟩⟨onov.ww.⟩ **0.1** ***neigen*** ⇒*hellen, zich uitstrekken* **0.2** ***grenzen*** ◆ **6.1** hills verging **to** the south *heuvels die op het zuiden liggen;* he's verging **towards** eighty *hij loopt tegen de tachtig* **6.2** ~ **(up)on** *grenzen aan;* verging **on** the tragic *op het randje v.h. tragische*.

'verge-board ⟨telb.zn.⟩⟨bouwk.⟩ **0.1** ***gevellijst*** ⇒*windveer*.

verg·er ['vɜ:dʒə‖'vɜrdʒər]⟨telb.zn.⟩ **0.1** ⟨vnl. BE⟩ ***kerkedienaar*** ⇒*koster* **0.2** ⟨BE⟩ ***stafdrager*** ⇒*pedel*.

Vergil →Virgil.

ver·glas ['veəglɑ:‖ver'glɑ]⟨n.-telb.zn.⟩ **0.1** ***ijzel***.

ve·rid·i·cal [və'rɪdɪkl], **ve·rid·ic** [-dɪk]⟨telb.zn.; -(al)ly; →bijw. 3⟩ **0.1** ***waarheidlievend*** ⇒*waar, nauwkeurig* **0.2** ⟨psych.⟩ ***geloofwaardig*** ⇒*waarachtig, in overeenstemming met de realiteit, echt*.

ve·rid·i·cal·i·ty ['verɪdɪ'kæləṱi]⟨n.-telb.zn.⟩ **0.1** ***waarheidsliefde*** **0.2** ⟨psych.⟩ ***geloofwaardigheid*** ⇒*waarachtigheid*.

ver·i·est ['verɪɪst]⟨overtr. trap v. very⟩ →very.

ver·i·fi·a·ble ['verɪfaɪəbl, -'faɪəbl]⟨f1⟩⟨bn.⟩ **0.1** ***verifieerbaar*** ⇒*te verifiëren*.

ver·i·fi·ca·tion ['verɪfɪ'keɪʃn]⟨f1⟩⟨telb. en n.-telb.zn.⟩ **0.1** ***verificatie*** ⇒*onderzoek, controle, vergelijking* **0.2** ***staving*** ⇒*bevestiging, bekrachtiging, bewijs; volbrenging, uitvoering, bevestiging, vervulling* ⟨v. voorspelling, belofte⟩ **0.3** ***ratificatie***.

ver·i·fi·er ['verɪfaɪə‖-ər]⟨telb.zn.⟩ **0.1** ***verificateur***.

ver·i·fy ['verɪfaɪ]⟨f2⟩⟨ov.ww.; →ww. 7⟩ **0.1** ***verifiëren*** ⇒*de waarheid/juistheid onderzoeken/nagaan v., onderzoeken, controleren, checken* **0.2** ***waarmaken*** ⇒*staven, bevestigen, bekrachtigen, deugdelijk verklaren; bewaarheiden; vervullen* ⟨belofte⟩.

ver·i·ly ['verɪli]⟨bw.⟩⟨vero., beh. bijb.⟩ **0.1** ***waarlijk*** ⇒*voorwaar*.

ver·i·sim·i·lar ['verɪ'sɪmɪlə‖-ər]⟨bn.; -ly⟩ **0.1** ***waarschijnlijk*** ⇒*blijkbaar waar/echt*.

ver·i·si·mil·i·tude ['verɪsɪ'mɪlɪtju:d‖-tu:d]⟨zn.⟩

I ⟨telb.zn.⟩ **0.1** ***schijnwaarheid;***

II ⟨n.-telb.zn.⟩ **0.1** ***waarschijnlijkheid*** ⇒*aannemelijkheid*.

ver·ism ['vɪərɪzm‖'vɪrɪzm]⟨n.-telb.zn.⟩⟨kunst⟩ **0.1** ***verisme***.

ver·is·mo [ve'rɪzmoʊ]⟨telb. en n.-telb.zn.⟩⟨kunst⟩ **0.1** ***verisme*** ⟨in opera⟩.

ver·ist ['vɪərɪst‖'vɪrɪst]⟨telb.zn.⟩⟨kunst⟩ **0.1** ***verist*** ⟨aanhanger v.h. verisme⟩.

ve·ris·tic [vɪə'rɪstɪk‖və-]⟨bn.⟩⟨kunst⟩ **0.1** ***veristisch***.

ver·i·ta·ble ['verɪṱəbl]⟨f1⟩⟨bn.; -ly; -ness; →bijw. 3⟩ **0.1** ***waar*** ⇒*echt, werkelijk, onbetwistbaar;* ⟨scherts.⟩ *hoogstwaarachtig*.

ver·i·tas ['verɪṱæs]⟨n.-telb.zn.⟩ **0.1** ***waarheid***.

ver·i·ty ['verəṱi]⟨zn.; →mv. 2⟩

I ⟨telb.zn.; vnl. mv.⟩⟨schr.⟩ **0.1** ***(algemeen aanvaarde) waarheid;***

II ⟨n.-telb.zn.⟩⟨vero.⟩ **0.1** ***waarheid*** ⇒*echtheid*.

ver·juice[1] ['vɜ:dʒu:s‖'vɜr-]⟨zn.⟩

I ⟨telb.zn.⟩ **0.1** ***sap v. onrijp/zuur fruit;***

II ⟨n.-telb.zn.⟩⟨ook fig.⟩ **0.1** ***bitterheid*** ⇒*wrangheid*.

verjuice[2] ⟨ov.ww.⟩⟨ook fig.⟩ **0.1** ***verzuren***.

ver·kramp·te[1] [fə'kræm(p)tə‖fər'krɑm(p)tə]⟨telb.zn.⟩⟨Z. Afr. E⟩ **0.1** ***verkrampte*** ⟨reactionair; lid v.d. Nationale Partij die een rigide politiek voorstaat t.o.v. kleurlingen⟩.

verkrampte[2] ⟨bn.⟩⟨Z. Afr. E⟩ **0.1** ***reactionair***.

ver·lig·te[1] [fə'lɪxtə‖fər-]⟨telb.zn.⟩⟨Z. Afr. E⟩ **0.1** ***verligte*** ⟨progressist; lid v.d. Nationale Partij die een gematigde politiek voorstaat t.o.v. kleurlingen⟩.

verligte[2] ⟨bn.⟩⟨Z. Afr. E⟩ **0.1** ***progressief*** ⟨vnl. t.o.v. kleurlingen⟩.

ver·meil ['vɜ:meɪl‖'vɜrmɪl]⟨n.-telb.zn.⟩ **0.1** ***vermeil*** ⇒*verguld zilver/brons/koper* **0.2** ***oranjerood granaat*** **0.3** ⟨schr.⟩ ***vermiljoen***.

ver·mi- ['vɜ:mi‖'vɜrmi] **0.1** ***vermi-*** ⇒*worm-* ◆ **¶.1** vermicide *vermicide, wormmiddel;* vermiform *wormvormig*.

ver·mi·an ['vɜ:mɪən‖'vɜr-]⟨bn.⟩ **0.1** ***wormachtig*** ⇒*worm-*.

ver·mi·cel·li ['vɜ:mɪ'seli‖'vɜrmɪ'tʃeli]⟨n.-telb.zn.⟩ **0.1** ***vermicelli***.

ver·mi·cide ['vɜ:mɪsaɪd‖'vɜr-]⟨telb.zn.⟩ **0.1** ***vermicide*** ⇒*wormmiddel*.

ver·mic·u·lar [vɜ:'mɪkjʊlə‖vɜr'mɪkjələr]⟨bn.; -ly⟩ **0.1** ***wormachtig*** ⇒*wormvormig* **0.2** ***worm-*** **0.3** ***wormstrepig*** ◆ **1.2** ~ disease *wormziekte* **1.3** ~ pottery *wormstrepig aardewerk*.

ver·mic·u·late [vɜ:'mɪkjʊleɪt‖vɜr-]⟨bn.⟩ **0.1** ***wormachtig*** ⇒*wormvormig* **0.2** ***worm-*** **0.3** ***kronkelend*** ⇒*kronkelig* **0.4** ***wormstrepig*** **0.5** ***wormstekig*** ◆ **1.4** ~ pottery *wormstrepig aardewerk*.

ver·mic·u·la·tion [vɜ:'mɪkjʊ'leɪʃn‖vɜr'mɪkjə-]⟨telb. en n.-telb.zn.⟩ **0.1** ***wormsgewijze/peristaltische beweging*** ⇒*peristaltiek* ⟨i.h.b. v.d. ingewanden⟩ **0.2** ***wormvormige strepen*** ⟨als ornament, i.h.b. bouwk.⟩ **0.3** ***wormstekigheid***.

ver·mi·cule ['vɜ:mɪkju:l‖'vɜr-]⟨telb.zn.⟩ **0.1** ***wormpje***.

ver·mic·u·lite [vɜ:'mɪkjʊlaɪt‖vɜr'mɪkjə-]⟨telb.zn.⟩ **0.1** ***vermiculiet*** ⟨mineraal⟩.

ver·mi·form ['vɜ:mɪfɔ:m‖'vɜrmɪfɔrm]⟨bn.⟩ **0.1** ***wormvormig*** ◆ **1.1** ⟨anat.⟩ ~ appendix *wormvormig aanhangsel (v.d. blindedarm)*.

ver·mi·fug·al ['vɜ:mɪ'fju:gl‖vɜr'mɪfjəgl]⟨bn.⟩ **0.1** ***wormverdrijvend***.

ver·mi·fuge ['vɜ:mɪfju:dʒ‖'vɜr-]⟨telb.zn.⟩ **0.1** ***wormmiddel***.

ver·mil·ion[1], **ver·mil·lion** [və'mɪlɪən‖vər-]⟨telb. en n.-telb.zn.⟩ **0.1** ***cinnaber*** ⇒*mercurisulfide, vermiljoen* ⟨grondstof voor pigment⟩ **0.2** ***vermiljoen*** ⟨pigment, kleur⟩.

vermilion[2], **vermillion** ⟨bn.⟩ **0.1** ***vermiljoen*** ⇒*vermiljoenkleurig*.

vermilion[3], **vermillion** ⟨ov.ww.⟩ **0.1** ***vermiljoenen*** ⇒*met vermiljoen kleuren*.

ver·min ['vɜ:mɪn‖'vɜr-]⟨f1⟩⟨verz.n.; ww. vnl. mv.⟩ **0.1** ***ongedierte*** ⇒*schadelijk gedierte* **0.2** ***gespuis*** ⇒*gepeupel, canaille*.

ver·mi·nate ['vɜ:mɪneɪt‖'vɜr-]⟨onov.ww.⟩ **0.1** ***ongedierte broeien/krijgen*** ⇒*van ongedierte krioelen.*
ver·mi·na·tion ['vɜ:mɪ'neɪʃn‖vɜr-]⟨n.-telb.zn.⟩ **0.1** ***het door ongedierte geplaagd worden*** **0.2** ***het broeien/krioelen v. ongedierte.***
ver·min·ous ['vɜ:mɪnəs‖'vɜr-]⟨f1⟩⟨bn.;-ly⟩ **0.1** ***vol (met) ongedierte*** **0.2** ***door ongedierte overgebracht*** ⟨ziekte⟩ **0.3** ⟨pej.⟩ ***vies*** ⇒*afstotelijk.*
ver·miv·o·rous [vɜ:'mɪvərəs‖vɜr-]⟨bn.⟩ **0.1** ***wormetend.***
ver·mouth ['vɜ:məθ‖vər'mu:θ]⟨f1⟩⟨telb. en n.-telb.zn.⟩ **0.1** ***vermout*** ◆ **2.1** French ~ *droge vermout;* Italian ~ *zoete vermout.*
ver·nac·u·lar[1] [və'nækjʊlə‖vər'nækjələr]⟨f2⟩⟨telb.zn.;(the)⟩ **0.1** ***streektaal*** ⇒*landstaal; dialect* **0.2** ***gemeenzame taal*** ⇒*dagelijkse spreektaal* **0.3** ***sociolect*** ⇒*groepstaal* **0.4** ***vaktaal/jargon*** **0.5** ***idioom*** **0.6** ***volkse/populaire/niet wetenschappelijke naam*** ⟨v. dier/plant⟩.
vernacular[2] ⟨bn.;-ly⟩ **0.1** ***in de lands/streektaal*** **0.2** ***de lands/streektaal gebruikend*** **0.3** ***lokaal*** ⇒*van het land/de streek* ⟨taal⟩; *in lokale stijl* ⟨bouwk., decoratie⟩ **0.4** ***niet wetenschappelijk*** ⇒*volks, populair* ⟨mbt. naam v. dier/plant⟩.
ver·nac·u·lar·ism [və'nækjʊlərɪzm‖vər'nækjə-]⟨zn.⟩
I ⟨telb.zn.⟩ **0.1** ***lokale uitdrukking;***
II ⟨n.-telb.zn.⟩ **0.1** ***gebruik v.d. lands/streektaal.***
ver·nac·u·lar·i·ty [və'nækjʊ'lærəti‖vər'nækjə'lærəṭi]⟨zn.;→mv. 2⟩
I ⟨telb.zn.⟩ **0.1** ***lokale uitdrukking;***
II ⟨n.-telb.zn.⟩ **0.1** ***gebruik v.d. lands/streektaal.***
ver·nac·u·lar·ize, -ise [və'nækjʊləraɪz‖vər'nækjə-]⟨ov.ww.⟩ **0.1** ***in de lands/streektaal overbrengen*** ⇒*aan de lands/streektaal aanpassen.*
ver·nal ['vɜ:nl‖'vɜrnl]⟨bn., attr.;-ly⟩⟨schr.⟩ **0.1** ***lente-*** ⇒*voorjaars-* **0.2** ***jeugdig*** ⇒*jong, fris* ◆ **1.¶** ⟨ster.⟩ ~ equinox *lentepunt; lente(nacht)evening, voorjaarsequinox;* ⟨plantk.⟩ ~ grass *reukgras* ⟨Anthoxanthum odoratum⟩.
ver·nal·i·za·tion, -sa·tion ['vɜ:rnəlaɪ'zeɪʃn‖'vɜrnələ-]⟨n.-telb.zn.⟩ ⟨landb.⟩ **0.1** ***vernalisatie*** ⇒*jarovisatie, verzomering.*
ver·na·tion [vɜ:'neɪʃn‖vɜr-]⟨n.-telb.zn.⟩⟨plantk.⟩ **0.1** ***knopligging*** ⇒*vernatio* ⟨mbt. blad in knop⟩.
ver·ni·cle ['vɜ:nɪkl‖'vɜr-]⟨eig.n., telb.zn.⟩⟨bijb.⟩ **0.1** ***zweetdoek*** ⇒*Veronicadoek* ⟨waarmee Veronica Christus' gelaat afwiste⟩; ⟨bij uitbr.⟩ *afbeelding van Christus' gelaat op doek.*
ver·ni·er ['vɜ:nɪə‖'vɜrnɪər]⟨telb.zn.⟩ **0.1** ***vernier*** ⇒*hulpschaalverdeling* ⟨verbeterde nonius⟩.
'vernier engine, 'vernier rocket ⟨telb.zn.⟩⟨ruim.⟩ **0.1** ***correctiemotor/raket.***
Ver·o·nal ['verənl‖-nɔl]⟨eig.n., n.-telb.zn.; ook v-⟩ **0.1** ***veronal*** ⟨oorspr. merknaam voor slaapmiddel barbital⟩.
Ver·o·nese[1] ['verə'ni:z]⟨telb.zn.; Veronese;→mv. 4⟩ **0.1** ***Veronees*** ⟨inwoner v. Verona⟩.
Veronese[2] ⟨bn.⟩ **0.1** ***Veronees*** ⇒*van/mbt. Verona.*
ve·ron·i·ca [və'rɒnɪkə‖və'rɑ-]⟨zn.⟩
I ⟨telb.zn.⟩ **0.1** ***zweetdoek*** ⇒*Veronicadoek;* ⟨bij uitbr.⟩ *afbeelding v. Christus' gelaat op doek* **0.2** ⟨stieregevecht⟩ ***manoeuvre waarbij stierevechter doek voor stier houdt en terugtrekt*** ⇒*grondpas;*
II ⟨telb. en n.-telb.zn.⟩⟨plantk.⟩ **0.1** ***veronica*** ⇒*ereprijs* ⟨genus Veronica⟩.
ver·ru·ca [və'ru:kə]⟨telb.zn.; ook verrucae [-ki:];→mv. 5⟩⟨biol.⟩ **0.1** ***wrat.***
ver·ru·cose ['verəkoʊs], **ver·ru·cous** [-kəs, və'ru:kəs]⟨bn.⟩ **0.1** ***wrattig*** ⇒*wratachtig, vol wratten.*
ver·sant ['vɜ:snt‖'vɜr-]⟨telb.zn.⟩ **0.1** ***(berg)helling.***
ver·sa·tile ['vɜ:sətaɪl‖'vɜrsəṭl]⟨f2⟩⟨bn.;-ly;-ness⟩ **0.1** ***veelzijdig*** ⇒*beweeglijk, versatiel* ⟨v. geest⟩ **0.2** ***ruim toepasbaar/toepasselijk*** ⇒*veelzijdig bruikbaar* **0.3** ***(licht) wendbaar*** ⇒*draaibaar, versatiel* **0.4** ***veranderlijk*** ⇒*onstabiel, wispelturig* ◆ **1.2** a ~ material *een materiaal met veel toepassingsmogelijkheden* **1.3** ~ antennae of an insect *wendbare voelhorens v.e. insekt;* ~ anthers of a flower *wendbare helmknoppen v.e. bloem* **1.4** a ~ character *een veranderlijk karakter.*
ver·sa·til·i·ty ['vɜ:sə'tɪləti‖'vɜrsə'tɪləṭi]⟨f1⟩⟨n.-telb.zn.⟩ **0.1** ***veelzijdigheid*** ⇒*beweeglijkheid* ⟨v. geest⟩ **0.2** ***ruime toepasbaarheid/toepasselijkheid*** **0.3** ***veranderlijkheid*** ⇒*onstabiliteit* **0.4** ***wendbaarheid.***
verse[1] [vɜ:s‖vɜrs]⟨f3⟩⟨zn.⟩
I ⟨telb.zn.⟩ **0.1** ***vers*** ⇒*versregel, dichtregel* **0.2** ***(bijbel)vers*** **0.3** ***vers*** ⇒*couplet, strofe* ◆ **3.¶** cap ~s *voortgaan met een vers waarvan de eerste letter dezelfde is als de laatste v.h. vorige;*
II ⟨n.-telb.zn.⟩ **0.1** ***versvorm*** ⇒*dichtvorm, verzen* **0.2** ***verzen*** ⇒*dichtwerk, gedichten* **0.3** ***verzenmakerij*** ⇒*rijmelarij* ◆ **2.1** blank ~ *blanke/onberijmde verzen;* free ~ *vrije verzen* ⟨zonder vormbeperking⟩ **2.2** occasional ~ *gelegenheidspoëzie* **3.1** write in ~ *in verzen schrijven.*
verse[2] ⟨ww.⟩
I ⟨onov.ww.⟩ **0.1** ***rijmen*** ⇒*verzen maken, dichten;*
II ⟨ov.ww.⟩ **0.1** ***berijmen*** ⇒*in/op rijm zetten, in verzen overbrengen* **0.2** ***berijmen*** ⇒*in verzen maken.*
versed [vɜ:st‖vɜrst]⟨f2⟩⟨bn.⟩ **0.1** ***bedreven*** ⇒*ervaren, getraind, geverseerd* ◆ **1.¶** ⟨driehoeksmeting⟩ ~ cosine *cosinus versus* ⟨1 -sin⟩; ~ sine *sinus versus* ⟨1 - cos⟩ **6.1** well ~ **in** *bedreven/ervaren in.*
verse·man ['vɜ:smən‖'vɜrs-]⟨telb.zn.; versemen [-mən];→mv. 3⟩ **0.1** ***verzenschrijver/maker*** ⇒*rijmelaar.*
verse·mon·ger ['vɜ:smʌŋgə‖'vɜrsmɑŋgər]⟨telb.zn.⟩ **0.1** ***verzenlijmer*** ⇒*rijmelaar.*
ver·set ['vɜ:sɪt‖'vɜr-]⟨telb.zn.⟩ **0.1** ***(bijbel)vers*** **0.2** ⟨muz.⟩ ***kort pre/interludium voor orgel.***
ver·si·cle ['vɜ:sɪkl‖'vɜr-]⟨telb.zn.⟩ **0.1** ***versje*** ⇒*korte versregel* **0.2** ⟨liturgie⟩ ***beurt(ge)zang/gebed.***
ver·si·col·oured, ⟨AE sp.⟩ **ver·si·col·ored** ['vɜ:sɪkʌləd‖'vɜrsɪkʌlərd] ⟨bn.⟩ **0.1** ***bontgekleurd*** ⇒*veelkleurig* **0.2** ***met wisselende kleuren*** **0.3** ***iriserend*** ⇒*geïriseerd.*
ver·sic·u·lar [vɜ:'sɪkjʊlə‖vɜr'sɪkjələr]⟨bn., attr.⟩ **0.1** ***(bijbel)vers-*** ⇒*(bijbel)verzen-.*
ver·si·fi·ca·tion ['vɜ:sɪfɪ'keɪʃn‖'vɜr-]⟨n.-telb.zn.⟩ **0.1** ***verskunst*** ⇒*rijmkunst* **0.2** ***versbouw*** ⇒*versmaat, metrum.*
ver·si·fi·er ['vɜ:sɪfaɪə‖'vɜrsɪfaɪər], **ver·si·fi·ca·tor** ['vɜ:sɪfɪkeɪtə‖'vɜrsɪfɪkeɪṭər]⟨telb.zn.⟩ **0.1** ***verzenschrijver*** ⇒*verzenmaker, dichter* **0.2** ***rijmelaar*** ⇒*verzenlijmer.*
ver·si·fy ['vɜ:sɪfaɪ‖'vɜr-]⟨ww.;→ww. 7⟩
I ⟨onov.ww.⟩ **0.1** ***rijmen*** ⇒*verzen maken, dichten* **0.2** ***rijmelen*** ⇒*verzen lijmen;*
II ⟨ov.ww.⟩ **0.1** ***berijmen*** ⇒*in/op rijm zetten, in verzen overbrengen* **0.2** ***berijmen*** ⇒*in verzen maken.*
ver·sine ['vɜ:saɪn‖'vɜr-]⟨telb.zn.⟩⟨driehoeksmeting⟩ **0.1** ***sinus versus*** ⟨1 - cos⟩.
ver·sion ['vɜ:ʃn‖'vɜrʒn]⟨f3⟩⟨telb.zn.⟩ **0.1** ***vertaling*** ⇒*versie* **0.2** ***versie*** ⇒*lezing, voorstellingswijze* **0.3** ***versie*** ⇒*variant, variatie; interpretatie, uitvoering; bewerking* **0.4** ⟨med.⟩ ***versie*** ⟨het keren v.h. kind in de baarmoeder⟩ **0.5** ⟨V-⟩ ***bijbelvertaling*** ◆ **2.1** an English ~ of Faust *een Engelse vertaling v. Faust* **2.3** an improved ~ of an engine *een verbeterde versie v.e. motor;* a local ~ of a game *een lokale variant v.e. spel;* a filmed ~ of a play *een filmadaptatie v.e. toneelstuk;* a convincing ~ of a symphony *een overtuigende interpretatie v.e. symfonie* **3.5** Authorized Version *officiële Engelse bijbelvertaling* ⟨1611⟩; Revised Version *herziene Engelse bijbelvertaling* ⟨1870 - '84⟩; Revised Standard Version *herziene Amerikaanse bijbelvertaling* ⟨1946 - '57⟩.
ver·sion·al ['vɜ:ʃnəl‖'vɜrʒnəl]⟨bn., attr.⟩ **0.1** ***mbt. (een) versie*** ⟨vnl. v.d. bijbel⟩.
vers li·bre ['veə 'li:br(ə)‖'ver-]⟨n.-telb.zn.⟩ **0.1** ***vrije verzen.***
vers·li·brist ['veə 'li:brɪst‖'ver-]⟨telb.zn.⟩ **0.1** ***schrijver v. vrije verzen*** ⇒*verslibrist.*
ver·so ['vɜ:soʊ‖'vɜr-]⟨telb.zn.⟩ **0.1** ***versozijde*** ⇒*ommezijde* ⟨v. blad⟩; *linkerpagina* ⟨in open boek⟩ **0.2** ***keerzijde*** ⟨v. munt, medaille⟩.
verst [vɜ:st‖vɜrst]⟨telb.zn.⟩ **0.1** ***werst*** ⟨oude Russische afstandsmaat, 1011,78 m⟩.
ver·sus ['vɜ:səs‖'vɜr-]⟨f2⟩⟨vz.⟩ **0.1** ⟨tegenstelling⟩⟨vnl. jur. of sport⟩ ***contra*** ⇒*versus, tegen(over)* **0.2** ⟨vergelijkend⟩ ***vergeleken met*** ⇒*tegenover, (te) onderscheiden van* ◆ **1.1** John's team ~ Bill's *de ploeg van John tegen die van Bill;* Brown vs. Board of Education of Topeka *Brown contra de Onderwijscommissie v. Topeka* **1.2** religion ~ superstition *de godsdienst tegenover het bijgeloof.*
vert [vɜ:t‖vɜrt]⟨n.-telb.zn.⟩ **0.1** ⟨gesch., jur.⟩ ***groen (hout)*** **0.2** ⟨gesch., jur.⟩ ***recht om groen hout te kappen*** **0.3** ⟨heraldiek⟩ ***sinopel*** ⇒*groene kleur.*
ver·te·bra ['vɜ:tɪbrə‖'vɜrṭɪ-]⟨f1⟩⟨telb.zn.; ook vertebrae [-bri:]; →mv. 5⟩ **0.1** ***(rugge)wervel*** ◆ **7.1** the ~e *de wervelkolom, ruggegraat.*
ver·te·bral ['vɜ:tɪbrəl‖'vɜrṭɪ-]⟨bn., attr.⟩ **0.1** ***gewerveld*** **0.2** ***vertebraal*** ⇒*wervel-* ◆ **1.2** ⟨anat.⟩ ~ canal *wervelkanaal;* ~ column *wervelkolom, ruggegraat.*
ver·te·brate[1] ['vɜ:tɪbrət, -breɪt‖'vɜrṭɪ-]⟨f1⟩⟨telb.zn.⟩ **0.1** ***gewerveld dier*** ⇒*vertebraat.*
vertebrate[2], **ver·te·bra·ted** ['vɜ:tɪbreɪtɪd‖'vɜrtɪbreɪṭɪd]⟨bn., attr.⟩ **0.1** ***gewerveld.***
ver·te·bra·tion ['vɜ:tɪ'breɪʃn‖'vɜrṭɪ-]⟨n.-telb.zn.⟩ **0.1** ***gewervelde structuur*** **0.2** ***ruggegraat*** ⟨fig.⟩ ⇒*pit.*
ver·tex ['vɜ:teks‖'vɜr-]⟨f2⟩⟨telb.zn.; ook vertices [-ṭɪsi:z];→mv. 5⟩ **0.1** ***top*** ⇒*toppunt* **0.2** ⟨anat.⟩ ***kruin*** ⇒*schedelkap* **0.3** ⟨meetkunde⟩ ***hoekpunt*** ⇒⟨i.h.b.⟩ *top(punt)* ⟨v. driehoek, piramide enz.⟩ **0.4** ⟨ster.⟩ ***vertex*** ⇒*toppunt, zenit* ⟨v. baan v. hemellichaam⟩.

ver·ti·cal[1] ['vɜ:tɪkl‖'vɜrṭɪkl]⟨f2⟩⟨zn.⟩
I ⟨telb.zn.⟩ **0.1** ***loodlijn*** ⇒*verticaal* **0.2** ***loodrecht/verticaal vlak*** **0.3** ***loodrechte/verticale cirkel;***
II ⟨n.-telb.zn.;the⟩ **0.1** ***loodrechte/verticale stand*** ◆ **6.1 out of** the ~ *niet loodrecht/verticaal, uit het lood.*
vertical[2] ⟨bn.;-ly⟩ **0.1** ***verticaal*** ⇒*loodrecht, rechtstandig* **0.2** ***verticaal*** ⇒*mbt. het toppunt/zenit* **0.3** ⟨anat.⟩ ***kruin-*** ⇒*schedelkap-* ◆ **1.1** ⟨dierk.⟩ ~ fin *verticale/rechtstandige vin;* ~ integration *verticale integratie* ⟨waarbij alle produktiefasen/trappen v. hiërarchie op elkaar afgestemd zijn⟩; ~ plane *verticaal/loodrecht vlak;* ~ section *verticale doorsnede;* ~ take-off *verticale start* ⟨v. vliegtuig⟩ **1.2** ⟨ster.⟩ ~ circle *verticaalcirkel* **1.¶** ~ angles *tegenoverstaande hoeken;* ~ file *dossierkast; knipselarchief.*
ver·ti·cal·i·ty ['vɜ:tɪ'kæləti‖'vɜrṭɪkæləṭi]⟨n.-telb.zn.⟩ **0.1** ***het loodrecht zijn*** ⇒*rechtstandigheid.*
vertices ⟨mv.⟩ →vertex.
ver·ti·cil ['vɜ:tɪsɪl‖'vɜrṭɪ-]⟨telb.zn.⟩⟨plantk.⟩ **0.1** ***krans*** ⟨als bloei/groeiwijze⟩.
ver·ti·cil·late [vɜ:'tɪsəleɪt‖'vɜrṭɪ'sɪleɪt]⟨bn.;-ly⟩⟨plantk.⟩ **0.1** ***kransstandig.***
ver·tig·i·nous [vɜ:'tɪdʒɪnəs‖vɜr-]⟨bn.;-ly;-ness⟩ **0.1** ***draaiend*** ⇒*wervelend* **0.2** ***duizelig*** ⇒*draaierig* **0.3** ***duizelingwekkend*** **0.4** ***veranderlijk*** ⇒*onstabiel, wispelturig.*
ver·ti·go ['vɜ:tɪgoʊ‖'vɜrṭɪ-]⟨f1⟩⟨telb. en n.-telb.zn.; ook -es, vertigines [vɜ:'tɪdʒɪni:z‖vɜr-];→mv. 2,5⟩ **0.1** ***duizeligheid*** ⇒*draaierigheid, duizeling* **0.2** ***verbijstering*** ⇒*desoriëntatie* **0.3** ***kolder*** ⇒*draaiziekte* ⟨bij paarden enz.⟩.
vertu →virtu.
Ver·u·la·mi·an [verə'leɪmɪən]⟨bn.,attr.⟩ **0.1** ***mbt. Francis Bacon*** ⟨Lord Verulam⟩.
ver·vain ['vɜ:veɪn‖'vɜr-]⟨n.-telb.zn.⟩⟨plantk.⟩ **0.1** ***verbena*** ⇒*ijzerhard* ⟨genus Verbena⟩.
verve [vɜ:v‖vɜrv]⟨f1⟩⟨n.-telb.zn.⟩ **0.1** ***gloed*** ⇒*vuur, geestdrift, bezieling, verve.*
ver·vet ['vɜ:vɪt‖'vɜr-]⟨telb.zn.⟩⟨dierk.⟩ **0.1** ***groene meerkat*** ⟨Cercopithecus aethiops⟩.
ver·y[1] ['veri]⟨f4⟩⟨bn.,attr.;in bet. 0.5 -er;→compar. 7⟩⟨emf.;niet altijd vertaalbaar⟩ **0.1** ***absoluut*** ⇒*uiterst, strikt* **0.2** ⟨→-self/-selves als nadrukwoord⟩ ***zelf*** ⇒*zelfde, juist, precies, eigenlijk* **0.3** ***zelfs*** **0.4** ***enkel*** ⇒*alleen (al), bloot* **0.5** ⟨schr.⟩ ***waar*** ⇒*waarachtig, echt; gemeend, oprecht* ◆ **1.1** from the ~ beginning till the ~ end *vanaf het allereerste begin tot het allerlaatste einde;* do one's ~ best *zijn uiterste best doen;* at the ~ height of his career *op het absolute hoogtepunt v. zijn carrière;* this is the ~ minimum *dit is het uiterste minimum* **1.2** under my ~ eyes *uitgerekend/vlak onder mijn ogen;* the ~ man he needed *precies de man die hij nodig had;* come this ~ minute *kom meteen;* he is the ~ picture/spit of his father *hij is het evenbeeld van zijn vader;* he died in this ~ room *hij stierf in deze zelfde kamer;* his ~ self *hijzelf, hemzelf, hij in eigen persoon;* this is the ~ thing for me *dat is net iets voor mij;* his ~ wastefulness ruined him *uitgerekend, zijn verspilzucht ruïneerde hem;* these were his ~ words *dit waren letterlijk zijn woorden* **1.3** the ~ trees might hear it *zelfs de bomen zouden het kunnen horen* **1.4** the ~ fact that... *het blote feit/alleen al het feit dat...* **1.5** the veriest child knows it *het kleinste kind weet het;* ~ God of ~ God *ware God v.d. ware God* ⟨in gebeden⟩; speak in ~ truth *in alle oprechtheid spreken;* there was no verier tyrant *er was geen groter/wreder tiran;* he gave sth. for ~ pity *uit oprecht medelijden gaf hij iets* **1.¶** the ~ idea! *wat een idee!.*
very[2] ⟨f4⟩⟨bw.⟩ **0.1** ***heel*** ⇒*erg, zeer, uiterst; aller-* **0.2** ***helemaal*** **0.3** ***precies*** ◆ **2.1** that is ~ difficult *dat is heel erg moeilijk;* ⟨tech.⟩ ~ high frequency, Very High Frequency *VHF* ⟨hoogfrequente radiogolven v. 30-300 MHz⟩; the ~ last day *de allerlaatste dag;* ⟨tech.⟩ ~ low frequency, Very Low Frequency *VLF* ⟨laagfrequente radiogolven v. 3-30 kHz⟩; Very Reverend *Zeereerwaarde* ⟨titel v. deken⟩ **2.3** in the ~ same hotel *in precies hetzelfde hotel* **3.1** he looked ~ tired *hij zag er heel moe uit;* it was ~ tiring *het was erg vermoeiend* **5.1** ~ good, Sir! *heel goed/zeker, meneer!;* thanks ~ much *heel erg bedankt;* he is ~ much better today *hij is heel wat beter vandaag;* he looked ~ much confused *hij zag er erg verward uit;* not ~ *niet erg, niet al te;* ⟨euf.⟩ *hoegenaamd niets, geenszins;* he ~ often comes *hij komt heel vaak;* not so ~ difficult *niet zo (erg)/(al) te moeilijk;* oh, ~ well then! *oh, goed dan (, als het moet)!* **¶.2** keep this for your ~ own *houd dit helemaal voor jezelf.*
Ver·y light, Ver·ey light ['vɪəri laɪt‖'veri-]⟨telb.zn.⟩ **0.1** ***lichtkogel*** ⇒*lichtgranaat.*
'Very pistol, Verey pistol ⟨telb.zn.⟩ **0.1** ***lichtpistool.***
ve·si·ca ['vesɪkə‖və'si:kə], ⟨in bet. 0.2 ook⟩ **vesica pis·cis** [-'pɪskɪs]⟨telb.zn.; vesicae (piscium)['vesɪsi:‖və'si:ki:];→mv. 5⟩ **0.1** ⟨anat.⟩ ***blaas*** ⇒⟨i.h.b.⟩ *urineblaas; galblaas* **0.2** ⟨gotiek⟩ ***visblaas(motief)*** ⟨in beeldhouw/schilderkunst⟩.
ves·i·cal ['vesɪkl]⟨bn.,attr.⟩ **0.1** ***blaas-.***
ves·i·cant[1] ['vesɪkənt], **ves·i·ca·to·ry** [-kətri‖-kətɔri]⟨telb.zn.;→mv. 2⟩ **0.1** ***blaartrekkend middel*** ⟨i.h.b. bij chemische oorlogvoering⟩.
vesicant[2], **vesicatory** ⟨bn.⟩ **0.1** ***blaartrekkend.***
ves·i·cate ['vesɪkeɪt]⟨ww.⟩
I ⟨onov.ww.⟩ **0.1** ***blaren krijgen;***
II ⟨ov.ww.⟩ **0.1** ***blaren doen krijgen.***
ves·i·cle ['vesɪkl]⟨telb.zn.⟩ **0.1** ⟨anat.⟩ ***blaasje*** ⇒*zakje* ⟨met vocht⟩ **0.2** ⟨med.⟩ ***blaar*** **0.3** ⟨geol.⟩ ***lucht/gasbel*** ⇒*holte* ⟨in vulkanisch gesteente⟩.
ve·sic·u·lar [vɪ'sɪkjʊlə‖-kjələr]⟨bn.;-ly⟩ **0.1** ***blaasjes/blaarachtig*** ⇒*vol blaasjes/blaren, blaasjes-, blaren-* **0.2** ***blaasjes/blaren vormend*** ◆ **1.2** ~ disease *blaasjes/blaren vormende ziekte.*
ve·sic·u·late [vɪ'sɪkjʊleɪt‖-kjə-], **ve·sic·u·lose** [-loʊs]⟨bn.,attr.⟩ **0.1** ***blaasjes/blaarachtig*** ⇒*vol blaasjes/blaren, blaasjes-, blaren-.*
ve·sic·u·la·tion [vɪ'sɪkjʊ'leɪʃn‖-kjə-]⟨n.-telb.zn.⟩ **0.1** ***vorming v. blaasjes/blaren.***
ves·per ['vespə‖-ər]⟨zn.⟩
I ⟨eig.n.;V-⟩⟨vero.⟩ **0.1** ***Vesper*** ⇒*Venus, de avondster;*
II ⟨telb.zn.⟩ **0.1** →vesper bell **0.2** ⟨vero.⟩ ***avond;***
III ⟨mv.;~s;ww. soms enk.⟩ **0.1** ***vesper(s)*** ⇒*vespergetijde.*
'vesper bell ⟨telb.zn.⟩ **0.1** ***vesper(klok).***
ves·per·tine ['vespətaɪn‖-pər-], **ves·per·ti·nal** [-'taɪnl]⟨bn.,attr.⟩ **0.1** ***avond-*** ⇒*avondlijk* ◆ **1.1** ~ flower *avondbloem.*
ves·pi·ar·y ['vespɪəri‖'vespieri]⟨telb.zn.;→mv. 2⟩ **0.1** ***wespennest.***
ves·pine ['vespaɪn]⟨bn.,attr.⟩ **0.1** ***wespen-.***
ves·sel ['vesl]⟨f3⟩⟨telb.zn.⟩⟨→sprw. 139⟩⟨schr.⟩ **0.1** ***vat*** ⟨voor vloeistof⟩ **0.2** ⟨anat., plantk.⟩ ***vat*** ⇒*kanaal, buis* ⟨voor bloed, vocht, sappen⟩ **0.3** ***vaartuig*** ⇒*schip* **0.4** ⟨bijb., scherts.⟩ ***vat*** ⟨persoon als instrument v. eigenschap⟩ ◆ **1.4** ⟨bijb.⟩ the ~s of wrath *de voorwerpen des toorns* **2.4** weak ~ *onbetrouwbaar persoon, zwak vat;* ⟨bijb.⟩ the weaker ~ *brozer vaatwerk, de vrouw* ⟨1 Petrus 3:7⟩ **3.4** ⟨bijb.⟩ a chosen ~ *een uitverkoren werktuig* ⟨Hand. 9:15⟩.
vest[1] [vest]⟨f2⟩⟨telb.zn.⟩ **0.1** ⟨BE⟩ ***flanel(letje)*** ⇒*(onder)hemd* **0.2** ⟨AE; BE hand.⟩ ***vest*** **0.3** ***plastron*** ⟨in japon⟩ **0.4** ⟨vero.⟩ ***kleed*** ⇒*gewaad.*
vest[2] ⟨f2⟩⟨ww.⟩
I ⟨onov.ww.⟩ **0.1** ⟨schr.⟩ ***zich (aan)kleden*** ⟨ook mbt. misgewaden e.d.⟩ ◆ **6.¶** that authority ~s **in** the Crown *die bevoegdheid berust bij de Kroon;* the estate ~ed **in** him *het landgoed kwam in zijn bezit;*
II ⟨ov.ww.⟩ **0.1** ***toekennen*** ⇒*bekleden* ◆ **1.1** ~ed interests *gevestigde belangen; belangengroep;* ⟨jur.⟩ ~ed right *onvervreemdbaar recht* **6.1** ~ power **in** s.o. *iem. met macht bekleden;* the power is ~ed **in** the people *de macht ligt bij het volk;* ~ one's property **in** s.o. *iem. met zijn bezittingen begiftigen;* ~ s.o. **with** power *iem. met macht bekleden;* the parliament is ~ed **with** the legislative power *de wetgevende macht berust bij het parlement.*
ves·ta ['vestə]⟨telb.zn.⟩ **0.1** ***lucifertje.***
ves·tal[1] ['vestl]⟨telb.zn.⟩ **0.1** ***Vestaalse maagd*** ⇒⟨fig.⟩ *kuise vrouw; non.*
vestal[2] ⟨bn.,attr.⟩ **0.1** ***Vestaals*** ⇒⟨fig.⟩ *maagdelijk, kuis* ◆ **1.1** ~ virgin *Vestaalse maagd.*
vest·ee [ve'sti:]⟨telb.zn.⟩ **0.1** ***plastron*** ⟨in japon⟩.
ves·ti·ar·y[1] ['vestɪəri‖'vestieri]⟨telb.zn.;→mv. 2⟩ **0.1** ***kleedkamer*** **0.2** ***vestiaire*** ⇒*garderobe* **0.3** ⟨vero.⟩ ***sacristie.***
vestiary[2] ⟨bn.,attr.⟩ **0.1** ***kleding-*** ⇒*kleer-, kleren-.*
ves·tib·u·lar [ve'stɪbjʊlə‖-bjələr]⟨bn.⟩⟨vnl. anat.⟩ **0.1** ***vestibulair*** ◆ **1.1** ~ nerve *vestibulaire/voorhofszenuw* ⟨in het oor⟩.
ves·ti·bule ['vestɪbju:l]⟨f1⟩⟨telb.zn.⟩ **0.1** ***vestibule*** ⇒*hal, (voor)portaal, voorhuis* **0.2** ***kerkportaal*** **0.3** ⟨AE⟩ ***(trein)balkon*** **0.4** ⟨anat.⟩ ***voorhof*** ⇒*vestibulum* ⟨bv. v. oor⟩ **0.5** ⟨inf.; scherts.⟩ ***achterwerk*** ⇒*koffer, kont.*
'vestibule school ⟨telb.zn.⟩⟨AE⟩ **0.1** ***bedrijfsschool voor opleiding v. nieuwe werkkrachten.***
'vestibule train ⟨telb.zn.⟩⟨AE⟩ **0.1** ***harmonikatrein.***
ves·tige ['vestɪdʒ]⟨f1⟩⟨telb.zn.⟩ **0.1** ***spoor*** ⇒*teken, overblijfsel, rest(je)* **0.2** ⟨biol.⟩ ***rudiment*** ⟨onfunctioneel geworden orgaan⟩ ◆ **1.1** ~s of an old civilization *sporen v.e. oude beschaving;* not a ~ of regret *geen spoor/zweem van spijt.*
ves·tig·i·al [ve'stɪdʒl]⟨bn.,attr.;-ly⟩ **0.1** ***overblijvend*** ⇒*resterend* **0.2** ⟨biol.⟩ ***rudimentair*** ⟨mbt. orgaan⟩.
'vest·ing day ⟨telb.zn.⟩ **0.1** ***dag v. overname*** ⟨v. bezit, macht, recht⟩.
ves·ti·ture ['vestɪtʃə‖-ər]⟨telb.zn.⟩ **0.1** ***investituur*** **0.2** ***(be)kleding*** **0.3** ⟨biol.⟩ ***begroeiing*** ⇒*bedekking* ⟨bv. haar⟩.
vest·less ['ves(t)ləs]⟨bn.⟩ **0.1** ***kaal*** ⇒*onbedekt.*
vest·ment ['ves(t)mənt]⟨f1⟩⟨telb.zn.⟩⟨schr.⟩ **0.1** ***(ambts)kleed*** ⇒*(ambts)gewaad* **0.2** ⟨kerk.⟩ ***liturgisch gewaad*** ⇒⟨i.h.b.⟩ *misgewaad.*

'vest-pock·et[1] ⟨telb.zn.⟩ **0.1** ***vestzak.***
vest-pocket[2] ⟨bn., attr.⟩ **0.1** ***vestzak-*** ⇒*miniatuur-, in (vest)zakformaat.*
ves·try ['vestri]⟨f1⟩⟨telb.zn.; →mv. 2⟩ **0.1** ***sacristie*** **0.2** ***consistoriekamer*** **0.3** ***vergadering v. leden v.e. parochie/kerkgemeente*** ⇒⟨i.h.b.⟩ *consistorie, kerkeraad* ⟨vnl. in Anglicaanse kerk⟩.
'ves·try-clerk ⟨telb.zn.⟩ **0.1** ***penningmeester v. consistorie*** ⟨vnl. in Anglicaanse kerk⟩.
ves·try·man ['vestrimən]⟨telb.zn.; vestrymen [-mən]; →mv. 3⟩ **0.1** ***kerkeraadslid*** ⟨vnl. in Anglicaanse kerk⟩.
ves·ture[1] ['vestʃə‖-ər]⟨n.-telb.zn.⟩⟨vero.⟩ **0.1** ***kleding*** **0.2** ***bedekking*** ⇒*begroeiing* ⟨v. land met groen, beh. bomen⟩.
vesture[2] ⟨ov.ww.⟩⟨vero.⟩ **0.1** ***(be)kleden.***
ves·tur·er ['vestʃərə‖-ər]⟨telb.zn.⟩ **0.1** ***sacristein.***
ve·su·vi·an [vɪ'su:vɪən], **ve·su·vi·an·ite** [-naɪt]⟨n.-telb.zn.⟩ **0.1** ***vesuviaan*** ⇒*idocraas* ⟨mineraal⟩.
Ve·su·vi·an [vɪ'su:vɪən]⟨bn.⟩ **0.1** ***Vesuviaans.***
vet[1] [vet]⟨f2⟩⟨telb.zn.⟩⟨verk.⟩ **0.1** ⟨veterinary surgeon, veterinarian⟩ ⟨inf.⟩ ***dierenarts*** ⇒*veearts* **0.2** ⟨veteran⟩ ⟨AE; inf.⟩ ***veteraan.***
vet[2] ⟨f1⟩⟨ww.; →ww. 7⟩
I ⟨onov.ww.⟩ **0.1** ***veearts zijn/worden;***
II ⟨ov.ww.⟩ **0.1** ***medisch behandelen*** ⟨dier⟩ **0.2** ⟨vnl. BE; inf.⟩ ***grondig onderzoeken*** ⇒*(medisch) keuren;* ⟨fig.⟩ *doorlichten, natrekken.*
vet[3] ⟨afk.⟩ veteran, veterinarian, veterinary.
vetch [vetʃ]⟨telb. en n.-telb.zn.⟩⟨plantk.⟩ **0.1** ***wikke*** ⟨genus Vicia⟩ ◆ **2.1** common ~ *voederwikke* ⟨Vicia sativa⟩.
vetch·ling ['vetʃlɪŋ]⟨telb. en n.-telb.zn.⟩⟨plantk.⟩ **0.1** ***lathyrus*** ⟨genus Lathyrus⟩ ⇒⟨i.h.b.⟩ *veldlathyrus* ⟨L. pratensis⟩.
vetch·y ['vetʃi]⟨bn.⟩ **0.1** ***vol wikke.***
vet·er·an[1] ['vetrən‖'veṭərən]⟨f2⟩⟨telb.zn.⟩ **0.1** ***veteraan*** ⇒*oudgediende* ⟨ook fig.⟩; *oud-soldaat* ⟨met lange ervaring⟩ **0.2** ***oldtimer*** ⇒*oud model auto* ⟨v. voor 1916 of 1905⟩ **0.3** ⟨AE⟩ ***gewezen militair.***
veteran[2] ⟨f2⟩⟨bn., attr.⟩ **0.1** ***vergrijsd in het vak*** ⇒*door en door ervaren, volleerd, doorkneed* **0.2** ***veteranen-*** ◆ **1.¶** ⟨BE⟩ ~ car *oldtimer, oud model auto* ⟨v. voor 1916 of 1905⟩.
vet·er·an·ize, -ise ['vetrɪnaɪz‖'veṭərə-]⟨ww.⟩⟨AE⟩
I ⟨onov.ww.⟩ **0.1** ***opnieuw dienst nemen;***
II ⟨ov.ww.⟩ **0.1** ***tot veteraan maken*** ⇒*ervaring laten opdoen.*
'Veterans Day ⟨eig.n.⟩⟨AE⟩ **0.1** ***11 november*** ⟨herdenking v.d. wapenstilstand in 1918⟩.
vet·er·i·nar·i·an [vetrɪ'neərɪən‖veṭərə'nerɪən]⟨telb.zn.⟩ ⟨vnl. AE⟩ **0.1** ***dierenarts*** ⇒*veearts.*
vet·er·i·nar·y ['vet(rɪ)nri‖'veṭərəneri]⟨f2⟩⟨bn., attr.⟩ **0.1** ***veeartsenij-*** ⇒*veeartsenijkundig, veterinair* ◆ **1.1** ~ medicine *veeartsenijkunde;* ~ surgeon *dierenarts, veearts;* ~ surgery *dieren/veeartsenpraktijk.*
vet·i·ver ['vetɪvə‖'veṭɪvər]⟨telb. en n.-telb.zn.⟩⟨plantk.⟩ **0.1** ***Vetiveria zizanioides*** ⟨grassoort uit tropisch Azië; vnl. de aromatische wortels ervan⟩.
ve·to[1] ['vi:tou]⟨f2⟩⟨telb. en n.-telb.zn.; →mv. 2⟩ **0.1** ***veto*** ⇒*recht v. veto, vetorecht* ◆ **2.1** suspensive ~ *opschortend veto* **3.1** exercise the ~ *zijn vetorecht uitoefenen, v. zijn recht v. veto gebruik maken;* put a/one's ~ on sth. *zijn veto over iets uitspreken, het veto op iets plaatsen, zijn toestemming voor iets weigeren.*
veto[2] ⟨f1⟩⟨ov.ww.⟩ **0.1** ***zijn veto uitspreken over*** ⇒*het veto plaatsen op, zijn toestemming weigeren.*
ve·to·er ['vi:touə‖'vi:ṭouər], **ve·to·ist** ['vi:ṭouɪst]⟨telb.zn.⟩ **0.1** ***voorstander/gebruiker v.h. recht v. veto.***
'veto power ⟨f1⟩⟨telb. en n.-telb.zn.⟩ **0.1** ***vetorecht.***
vex [veks]⟨f2⟩⟨ov.ww.⟩ →vexed, vexing ⟨→sprw. 291⟩ **0.1** ***ergeren*** ⇒*plagen, irriteren, treiteren* **0.2** ***in de war/verlegenheid brengen*** ⇒*van zijn stuk brengen, verbijsteren* **0.3** ***(voortdurend) ter sprake brengen*** ⇒*(voortdurend) oprakelen* ⟨probleem⟩ **0.4** ⟨schr.⟩ ***deining verwekken*** ⟨lett., bv. op zee⟩ **0.5** ⟨vero.⟩ ***kwellen*** ⇒*bedroeven* ◆ **1.1** that noise would ~ a saint *dat lawaai zou een heilige zijn geduld doen verliezen* **8.1** how ~ing! *wat vervelend!.*
vex·a·tion [vek'seɪʃn]⟨f1⟩⟨zn.⟩
I ⟨telb.zn.⟩ **0.1** ***plagerij*** ⇒*plaag, kwelling* **0.2** ***bron v. ergernis;***
II ⟨n.-telb.zn.⟩ **0.1** ***ergernis*** ⇒*irritatie* **0.2** ***plagerij*** ⇒*getreiter.*
vex·a·tious [vek'seɪʃəs]⟨bn.; -ly; -ness⟩ **0.1** ***plagerig*** ⇒*lastig, hinderlijk, ergerlijk* **0.2** ***geërgerd*** ⇒*geïrriteerd* **0.3** ⟨jur.⟩ ***vexatoir*** ⟨mbt. tergende gerechtelijke actie⟩.
vexed [vekst]⟨f1⟩⟨bn.; volt. deelw. v. vex; -ly⟩ **0.1** ***geërgerd*** ⇒*geïrriteerd* **0.2** ***in de war*** ⇒*van zijn stuk, verbijsterd* **0.3** ***veelbesproken*** ⇒*netelig* ◆ **1.3** a ~ question *een veelbesproken/netelige kwestie* **6.2** be ~ **at** sth. *door iets van zijn stuk gebracht zijn.*
vex·er ['veksə‖-ər]⟨telb.zn.⟩ **0.1** ***plager*** ⇒*treiteraar.*
vex·il·lol·o·gy ['veksɪ'lɒlədʒi‖-'lɑ-]⟨n.-telb.zn.⟩ **0.1** ***vexillogie*** ⇒*banistiek, vlaggenkunde.*
vex·il·lum [vek'sɪləm]⟨telb.zn.; vexilla [-lə]; →mv. 5⟩ **0.1** ⟨biol.⟩ ***vlag*** ⟨v. vlinderbloem, veer⟩ **0.2** ⟨kerk.⟩⟨ben. voor⟩ ***vaan*** ⇒*processievaandel, banier; bisschopswimpel* **0.3** ⟨gesch.⟩ ***vaandel*** ⇒*vendel* ⟨vnl. bij Romeinse cavalerie⟩.
vex·ing ['veksɪŋ]⟨bn.; teg. deelw. v. vex; -ly⟩ **0.1** ***ergerlijk*** ⇒*vervelend, irriterend.*
VF ⟨afk.⟩ very fair, vicar forane, video frequency, visual field.
VFW ⟨afk.⟩ Veterans of Foreign Wars.
VG ⟨afk.⟩ very good, Vicar General.
vhf, VHF ⟨n.-telb.zn.⟩⟨afk.⟩ very high frequency **0.1** ***FM*** ⇒*VHF.*
vi ⟨afk.⟩ vide infra.
VI ⟨afk.⟩ Virgin Islands, volume indicator.
vi·a ['vaɪə‖vɪə]⟨f2⟩⟨vz.⟩ **0.1** ⟨plaats en richting; ook fig.⟩ ***via*** ⇒*door, langs, over* **0.2** ⟨middel⟩ ***door middel v.*** ⇒*door het gebruik v.* ◆ **1.1** left ~ the garden *vertrok door de tuin;* ~ Moscow *via Moskou;* communicated ~ the radio *praatten met elkaar over de radio* **1.2** he won her ~ much patience *hij won haar door veel geduld uit te oefenen;* spread dissatisfaction ~ a fuel shortage *zaaiden ontevredenheid door een tekort aan brandstof.*
vi·a·bil·i·ty [vaɪə'bɪləṭi]⟨f1⟩⟨n.-telb.zn.⟩ **0.1** ***levensvatbaarheid*** ⇒⟨B.⟩ *leefbaarheid* **0.2** ***doenlijkheid*** ⇒*uitvoerbaarheid.*
vi·a·ble ['vaɪəbl]⟨f1⟩⟨bn.; -ly; →bijw. 3⟩ **0.1** ***levensvatbaar*** ⟨ook fig.⟩ ⇒⟨B.⟩ *leefbaar* **0.2** ***doenlijk*** ⇒*uitvoerbaar, te verwezenlijken.*
vi·a·duct ['vaɪədʌkt]⟨telb.zn.⟩ **0.1** ***viaduct.***
vi·al[1] ['vaɪəl]⟨telb.zn.⟩ **0.1** ***fiool*** ⇒⟨i.h.b.⟩ *medicijnflesje* ◆ **1.1** ⟨bijb.⟩ pour out ~s of wrath *de schalen v.d. gramschap leeggieten, de fiolen v.d. toorn uitgieten* ⟨Openb. 15:7⟩; ⟨fig.⟩ *wraak nemen;* ⟨inf.⟩ *zijn woede koelen.*
vial[2] ⟨ov.ww.⟩ **0.1** ***in een flesje doen*** **0.2** ***in een flesje bewaren.***
via me·di·a ['vaɪə 'mi:dɪə]⟨telb.zn.; enk.⟩ **0.1** ***middenweg*** ⇒*via media.*
vi·and ['vaɪənd]⟨telb.zn.; vaak mv.⟩⟨schr.⟩ **0.1** ***eetwaar*** ⇒*spijs; levensmiddelen.*
vi·at·i·cum [vaɪ'ætɪkəm]⟨telb.zn.; ook viatica [-kə]; →mv. 5⟩ **0.1** ***(reis- en) teerkost*** **0.2** ⟨gesch.⟩ ***viaticum*** ⇒*reis/teerpenning, reis/teergeld* **0.3** ⟨R.-K.⟩ ***viaticum*** ⇒*Heilige Teerspijze, laatste sacrament.*
vi·a·tor [vaɪ'eɪtɔ:‖-'eɪṭər]⟨telb.zn.; viatores ['vaɪə'tɔ:ri:z]; →mv. 5⟩ **0.1** ***(voet)reiziger.***
vibes [vaɪbz]⟨verz.n.⟩⟨verk.⟩ **0.1** ⟨vibraphone⟩ ⟨inf.⟩ ***vibrafoon*** **0.2** ⟨vibrations⟩ ⟨inf.⟩ ***vibraties*** ⇒*uitstralende gedachten/gevoelens.*
vi·brac·u·lar [vaɪ'brækjulə‖-kjələr]⟨bn., attr.⟩ **0.1** ***tentakelachtig.***
vi·brac·u·lum [vaɪ'brækjuləm‖-jə-]⟨telb.zn.; vibracula [-lə]; →mv. 5⟩⟨dierk.⟩ **0.1** ***tentakel*** ⟨v. mosdiertjes; Bryozoa⟩.
vi·bran·cy ['vaɪbrənsi]⟨n.-telb.zn.⟩ **0.1** ***trilling*** **0.2** ***levendigheid.***
vi·brant[1] ['vaɪbrənt]⟨telb.zn.⟩⟨taalk.⟩ **0.1** ***stemhebbende klank.***
vibrant[2] ⟨f1⟩⟨bn.; -ly⟩ **0.1** ***trillend*** ⇒*vibrerend, bevend* **0.2** ***helder*** ⟨v. kleur⟩ ⇒*sterk* ⟨v. licht⟩; *weerklinkend* ⟨v. klank⟩ **0.3** ***levendig*** ⇒*krachtig* ⟨v. stem⟩; *opwindend* **0.4** ⟨taalk.⟩ ***stemhebbend.***
vi·bra·phone ['vaɪbrəfoun]⟨telb.zn.⟩ **0.1** ***vibrafoon.***
vi·bra·phon·ist ['vaɪbrəfounɪst]⟨telb.zn.⟩ **0.1** ***vibrafonist.***
vi·brate [vaɪ'breɪt‖'vaɪbreɪt]⟨f2⟩⟨ww.⟩
I ⟨onov.ww.⟩ **0.1** ***trillen*** ⟨ook fig.⟩ ⇒*vibreren, beven, sidderen* **0.2** ***slingeren*** ⇒*schommelen, oscilleren, pulseren* **0.3** ***weifelen*** **0.4** ***weerklinken;***
II ⟨ov.ww.⟩ **0.1** ***doen trillen*** ⟨ook fig.⟩ ⇒*doen vibreren/beven/sidderen* **0.2** ***doen slingeren*** ⇒*doen schommelen/oscilleren* **0.3** ***door slingering meten/aangeven*** ⟨seconden⟩ **0.4** ***doen weerklinken*** ⇒*uitstoten* ⟨klanken⟩ ◆ **1.¶** ~d concrete *trilbeton, schokbeton, getrild beton.*
vi·bra·tile ['vaɪbrətaɪl‖'vaɪbrəṭl]⟨bn.⟩ **0.1** ***trillend*** ⇒*vibrerend, oscillerend* **0.2** ***tril-*** ⇒*trillings-.*
vi·bra·til·i·ty ['vaɪbrə'tɪləṭi]⟨n.-telb.zn.⟩ **0.1** ***trilbaarheid.***
vi·bra·tion [vaɪ'breɪʃn]⟨f2⟩⟨zn.⟩
I ⟨telb.zn.; vnl. mv.⟩⟨inf.⟩ **0.1** ***geestelijke invloed*** ⇒*(atmo)sfeer, ambiance, stemming;*
II ⟨telb. en n.-telb.zn.⟩ **0.1** ***trilling*** ⇒*beving, oscillatie, vibratie, pulsering.*
vi·bra·tion·al [vaɪ'breɪʃnəl]⟨bn.⟩ **0.1** ***v.d./e. vibratie*** ⇒*vibratie-, trillings-.*
vi'bration damper ⟨telb.zn.⟩⟨tech.⟩ **0.1** ***trillingsdemper.***
vi·bra·to [vɪ'brɑ:ṭou]⟨telb.zn.⟩⟨muz.⟩ **0.1** ***vibrato*** ⟨het doen trillen v.d. stem/v. instrumenten⟩.
vi·bra·tor [vaɪ'breɪtə‖'vaɪbreɪṭər]⟨telb.zn.⟩ **0.1** ***triller*** ⟨ook muz.⟩ ⇒*trilapparaat, zoemer* **0.2** ***vibrator.***
vi·bra·to·ry ['vaɪbrətri‖-tɔri], **vi·bra·tive** [vaɪ'breɪtɪv‖'vaɪbrəṭɪv] ⟨bn.⟩ **0.1** ***trillend*** **0.2** ***trillings-*** ⇒*vibratie-, tril-.*
vib·ri·o ['vɪbrioʊ], **vi·bri·on** ['vɪbrɪɒn‖-ɑn]⟨telb.zn.; voor 2e variant vibriones ['vɪbri'ouni:z]; →mv. 5⟩⟨med.⟩ **0.1** ***vibrio*** ⟨bacterie⟩.

vi·bris·sa [vaɪ'brɪsə]⟨telb.zn.; vibrissae [-si:]; →mv. 5⟩ **0.1** ***neus-haartje*** ⇒*trilhaar, snorhaar, tasthaar*.
vi·bro- ['vaɪbroʊ]⟨vnl. med.⟩ **0.1** ***tril-*** ⇒*trillings-, vibratie-* ◆ **¶.1** vibromassage *vibromassage, vibratiemassage*.
vi·bro·graph ['vaɪbrəgrɑ:f‖-græf]⟨telb.zn.⟩⟨nat.⟩ **0.1** ***vibrograaf***.
vi·bron·ic [vaɪ'brɒnɪk‖-'brɑ-]⟨bn.⟩⟨nat.⟩ **0.1** ***trillend***.
vi·bro·scope ['vaɪbrəskoʊp]⟨telb.zn.⟩ **0.1** ***trillingsmeter***.
vi·bur·num [vaɪ'bɜ:nəm‖-'bɜr-]⟨telb.zn.⟩⟨plantk.⟩ **0.1** ***sneeuwbal*** ⟨Viburnum opulus roseum⟩.
vic ⟨afk.⟩ vicar, vicinity.
Vic[1] [vɪk]⟨telb.zn.⟩⟨verk.⟩ Victoria **0.1** ***Victoria*** ◆ **2.1** the old ~ *theater(gezelschap)* ⟨Old Victoria Hall; in Londen⟩.
Vic[2] ⟨afk.⟩ Victoria.
vic·ar ['vɪkə‖-ər]⟨f2⟩⟨telb.zn.⟩ **0.1** ***predikant*** ⇒*dominee* ⟨anglicaanse Kerk⟩ **0.2** ⟨R.-K.⟩ ***plaatsvervanger*** ⇒*vicaris* **0.3** ***koorzanger*** ⟨die delen v.d. kerkdienst zingt⟩ ◆ **1.2** the Vicar of (Jesus) Christ *de Stedehouder v. Christus, de Paus* **1.¶** ~ of Bray *(systematische) weerhaan* ⟨vnl. in de politiek⟩ **2.2** ~ apostolic *apostolisch vicaris;* cardinal ~ *bisschop v. Rome;* ~ forane *deken belast met jurisdictie* **2.3** ⟨BE⟩ ~ choral *koorzanger;* lay ~ *lekezanger*.
vic·ar·age ['vɪkərɪdʒ]⟨f1⟩⟨telb.zn.⟩ **0.1** ***predikantsplaats*** ⇒*predikantsresidentie* **0.2** ***pastorie*** **0.3** ***vicariaat***.
vic·ar·ess ['vɪkərɪs]⟨telb.zn.⟩ **0.1** ***plaatsvervangend abdis*** **0.2** ***plaatsvervangster*** **0.3** ***domineesvrouw***.
'vic·ar-'gen·e·ral ⟨telb.zn.; vicars-general; →mv. 6⟩ **0.1** ***vicaris-generaal***.
vi·car·i·al [vɪ'keərɪəl‖-'ker-]⟨bn.⟩ **0.1** ***vicariërend*** ⇒*vicaris-, v.e. vicaris* **0.2** ***plaatsvervangend*** ⇒*gedelegeerd*.
vi·car·i·ate [vɪ'keərɪət‖-'ker-], **vic·ar·ate** ['vɪkərət]⟨n.-telb.zn.⟩ **0.1** ***plaatsvervanging*** **0.2** ***vicariaat*** ⟨ambt, gebied of woning v.e. vicaris⟩ **0.3** ***predikantschap***.
vi·car·i·ous [vɪ'keərɪəs‖vaɪ'ker-]⟨bn.; -ly; -ness⟩ **0.1** ***overgedragen*** ⇒*gedelegeerd, afgevaardigd* **0.2** ***indirect*** ⇒*ersatz-* **0.3** ⟨schr.; vnl. vero.⟩ ***plaatsvervangend*** **0.4** ⟨schr.; vnl. vero.⟩ ***voor anderen gedaan/geleden/ondergaan*** ◆ **3.4** ~ suffering *lijden (v. Christus) in onze plaats*.
vic·ar·ship ['vɪkəʃɪp‖-kər-]⟨n.-telb.zn.⟩ **0.1** ***vicariaat*** ⇒*ambt v. vicaris*.
vice[1] [vaɪs], ⟨AE in bet. I 0.3 ook⟩ **vise** [vaɪs]⟨f3⟩⟨zn.⟩
I ⟨telb.zn.⟩ **0.1** ***gebrek*** ⇒*onvolkomenheid, onvolmaaktheid, tekort;* ⟨inf.; scherts.⟩ *slechte gewoonte/eigenschap, zwak punt* **0.2** ***kuur*** ⇒*gril* ⟨v. paard, hond e.d.⟩ **0.3** ⟨vnl. BE⟩ ***handschroef*** ⇒*bankschroef* **0.4** ⟨inf.⟩ ***plaatsvervanger*** ⇒*vice-* **0.5** ⟨gesch.⟩ ***ondeugd*** ⟨personage in moraliteit⟩ ⇒*hansworst, paljas;*
II ⟨telb. en n.-telb.zn.⟩ **0.1** ***ondeugd*** ⇒*verdorvenheid, onzedelijkheid, slechtheid, corruptie;*
III ⟨n.-telb.zn.⟩ **0.1** ***ontucht*** ⇒*prostitutie, zedeloosheid, losbandigheid; slechtheid* ⟨v. karakter⟩.
vice[2], ⟨AE ook⟩ **vise** ⟨ov.ww.⟩ **0.1** ***vastzetten (in een bankschroef)*** ⇒*vastnemen/vastgrijpen (als) in een bankschroef)*.
vice[3] ['vaɪsi]⟨vz.⟩ **0.1** ***in de plaats van*** ⇒*in opvolging v.* ◆ **1.1** he became mayor ~ Mr Simmons *hij volgde meneer Simmons op als burgemeester*.
vice- [vaɪs] **0.1** ***vice-*** ⇒*waarnemend, onder-, plaatsvervangend, adjunct-* ◆ **¶.1** vice-president *vice-president, vice-voorzitter, ondervoorzitter*.
'vice-'ad·mi·ral ⟨f1⟩⟨telb.zn.⟩ **0.1** ***vice-admiraal***.
'vice-'ad·mi·ral·ty ⟨n.-telb.zn.⟩ **0.1** ***vice-admiraalschap*** ◆ **1.1** ⟨BE⟩ ~ courts *tribunalen met de bevoegdheid v.e. admiraal in de kolonies*.
'vice-'chair ⟨telb.zn.⟩ **0.1** ***vice-presidentschap***.
'vice-'chair·man ⟨f1⟩⟨telb.zn.⟩ **0.1** ***vice-president*** ⇒*ondervoorzitter, vice-voorzitter*.
'vice-'chair·man·ship ⟨n.-telb.zn.⟩ **0.1** ***vice-presidentschap*** ⇒*vice-voorzitterschap*.
'vice-'cham·ber·lain ⟨telb.zn.⟩⟨BE⟩ **0.1** ***waarnemend hofdignitaris***.
'vice-'chan·cel·lor ⟨f1⟩⟨telb.zn.⟩ **0.1** ***vice-kanselier*** ⟨v. gerecht⟩ ⇒*onderkanselier* **0.2** ⟨BE; ong.⟩ ***rector magnificus*** ⟨v. universiteit⟩.
'vice-'chan·cel·lor·ship ⟨n.-telb.zn.⟩ **0.1** ***ambt/functie v. vice-kanselier*** ⇒*ambt/functie v. onderkanselier*.
'vice-'con·sul ⟨telb.zn.⟩ **0.1** ***vice-consul***.
'vice-'con·su·lar ⟨bn.⟩ **0.1** ***v.d./e. vice-consul***.
'vice-'con·su·late ⟨telb.zn.⟩ **0.1** ***vice-consulaat*** ⟨residentie⟩.
'vice-'con·sul·ship ⟨n.-telb.zn.⟩ **0.1** ***vice-consulaat*** ⟨ambt⟩.
vice·ge·ren·cy ['vaɪs'dʒerənsi‖-'dʒɪ-]⟨zn.⟩
I ⟨telb.zn.⟩ **0.1** ***gebied/district onder de jurisdictie v.e. stadhouder;***
II ⟨n.-telb.zn.⟩ **0.1** ***plaatsvervangerschap*** **0.2** ***vice-regentschap***.
vice·ge·rent[1] ['vaɪs'dʒerənt‖-'dʒɪ-]⟨telb.zn.⟩ **0.1** ***vice-regent*** ⇒*waarnemend regent* **0.2** ***stadhouder***.
vicegerent[2] ⟨bn.⟩ **0.1** ***plaatsvervangend***.
'vice-'king ⟨telb.zn.⟩ **0.1** ***onderkoning***.
vice·like, ⟨AE sp. ook⟩ **vise·like** ['vaɪslaɪk]⟨bn.⟩ **0.1** ***als in een schroef*** ⇒*stevig vast* ◆ **1.1** a ~ grip *een ijzeren greep*.
vic·e·nar·y ['vɪsɪnri‖-neri]⟨bn.⟩ **0.1** ***twintigtallig***.
vi·cen·ni·al [vɪ'senɪəl‖'vaɪ-]⟨bn.⟩ **0.1** ***om de twintig jaar voorkomend/gebeurend*** **0.2** ***twintigjarig***.
'vice-'pres·i·den·cy ⟨n.-telb.zn.⟩ **0.1** ***vice-presidentschap*** ⇒*vice-voorzitterschap*.
'vice-'pres·i·dent ⟨f1⟩⟨telb.zn.⟩ **0.1** ***vice-president*** ⇒*vice-voorzitter, ondervoorzitter*.
'vice-pres·i'den·tial ⟨bn.⟩ **0.1** ***vice-presidentieel*** ⇒*vice-voorzitters-*.
'vice'queen, vice·reine ['vaɪsreɪn‖'vaɪsreɪn]⟨telb.zn.⟩ **0.1** ***vrouw v.d. onderkoning*** **0.2** ⟨zelden⟩ ***onderkoningin***.
'vice're·gal, 'vice·'roy·al ⟨bn.; -ly⟩ **0.1** ***v.d. onderkoning*** ⇒*onderkoninklijk*.
vice·roy ['vaɪsrɔɪ]⟨f1⟩⟨telb.zn.⟩ **0.1** ***onderkoning*** **0.2** ⟨dierk.⟩⟨bep. Am.⟩ ***vlinder*** ⟨Limenitis archippus⟩.
'vice'roy·al·ty, 'vice·'roy·ship ⟨zn.⟩
I ⟨telb.zn.⟩ **0.1** ***gebied/district/provincie v.d. onderkoning;***
II ⟨n.-telb.zn.⟩ **0.1** ***onderkoningschap***.
'vice squad ⟨verz.n.⟩ **0.1** ***zedenpolitie***.
vi·ce ver·sa ['vaɪs 'vɜ:sə, 'vaɪsi-‖-'vɜr-]⟨f1⟩⟨bw.⟩ **0.1** ***vice versa*** ⇒*omgekeerd*.
Vi·chy ['vi:ʃi:]⟨eig.n., telb.zn.⟩ **0.1** ***Vichy*** ⇒*Vichywater* ◆ **1.1** ~ water *Vichywater*.
vi·chy·ssoise ['vɪʃi'swɑ:z]⟨n.-telb.zn.⟩⟨cul.⟩ **0.1** ***crème Vichyssoise*** ⇒*soort dikke aardappelsoep*.
vic·i·nage ['vɪsɪnɪdʒ‖'vɪsn·ɪdʒ]⟨n.-telb.zn.⟩ **0.1** ***nabijheid*** ⇒*buurt, omgeving, streek, omtrek* **0.2** ***nabuurschap*** ⇒*buurschap* **0.3** ***buren***.
vic·i·nal ['vɪsɪnl‖'vɪsn·əl]⟨bn.⟩ **0.1** ***naburig*** ⇒*aangrenzend, belendend* **0.2** ***lokaal*** ⇒*buurt-* ◆ **1.2** ~ road *lokale weg,* ⟨B.⟩ *buurtweg*.
vi·cin·i·ty [vɪ'sɪnəti]⟨f1⟩⟨zn.; →mv. 2⟩
I ⟨telb.zn.⟩ **0.1** ***buurt*** ⇒*wijk;*
II ⟨n.-telb.zn.⟩ **0.1** ***nabijheid*** ⇒*buurt, omgeving, streek, omtrek* **0.2** ***nabuurschap*** ⇒*buurschap* ◆ **6.1** ⟨schr.⟩ **in** the ~ **of** *om en bij, ongeveer, in de buurt v.;* **in** close ~ **to** *in de onmiddellijke omgeving v.*.
vi·cious ['vɪʃəs]⟨f3⟩⟨bn.; -ly; -ness⟩ **0.1** ***wreed*** ⇒*kwaadaardig, boosaardig, gemeen, hatelijk* **0.2** ***gevaarlijk*** **0.3** ***weerspannig*** ⟨v. dieren⟩ ⇒*nukkig, vol kuren* ⟨paard⟩; *vals, gemeen* ⟨hond⟩ **0.4** ***gebrekkig*** ⇒*met fouten, incorrect, ondeugdelijk, vicieus* **0.5** ⟨inf.⟩ ***hevig*** ⟨v. weer, hoofdpijn⟩ ⇒*gemeen* **0.6** ***gewelddadig*** ⇒*destructief* **0.7** ⟨schr.⟩ ***verdorven*** ⇒*slecht, met ondeugden behept, verderfelijk, immoreel, ontaard* **0.8** ⟨vero.⟩ ***schadelijk*** ⟨v. lucht, wond⟩ ⇒*verderfelijk* ◆ **1.1** ~ blow *gemene mep;* ~ kick *gemene trap;* ~ look *hatelijke/giftige blik;* ~ remarks *hatelijke opmerkingen, venijnige opmerkingen* **1.2** ~(-looking) knife *gevaarlijk (uitziend) mes* **1.5** ~ headache *gemene/scherpe hoofdpijn;* ~ weather *guur weer;* ~ winter *strenge winter* **1.7** ~ habits *verdorven gewoontes* **1.¶** ~ circle *vicieuze cirkel* ⟨ook fig.⟩; *kring/cirkelredenering;* ~ spiral *(niet/moeilijk te doorbreken) spiraal*.
vi·cis·si·tude [vɪ'sɪsɪtju:d‖-tu:d]⟨telb.zn.⟩ **0.1** ⟨vaak mv.⟩ ***wisselvalligheid*** ⇒*veranderlijkheid, onbestendigheid* **0.2** ⟨schr.⟩ ***afwisseling*** ⟨v.d. seizoenen⟩ ⇒*opeenvolging* ◆ **1.1** the ~s of fortune *de wisselvalligheden v.h. lot*.
vi·cis·si·tu·di·nar·y [vɪ'sɪsɪ'tju:dɪnri‖-'tu:dn·eri], **vi·cis·si·tu·di·nous** [-dɪnəs‖-dn·əs]⟨bn.⟩ **0.1** ***wisselvallig***.
vic·tim ['vɪktɪm]⟨f3⟩⟨telb.zn.⟩ **0.1** ***slachtoffer*** ⇒*offer, dupe* **0.2** ***offer*** ⟨mens, dier⟩ ⇒*slachtoffer, offerdier* ◆ **1.1** ~s of the flood *slachtoffers v.d. overstroming;* the ~ of a swindler *het slachtoffer v.e. oplichter* **3.1** fall ~ to s.o./sth. *aan iem./iets ten prooi/offer vallen, het slachtoffer worden v. iem./iets*.
vic·tim·i·za·tion, -i·sa·tion ['vɪktɪmaɪ'zeɪʃn‖-mə-]⟨f1⟩⟨n.-telb.zn.⟩ **0.1** ***slachtoffering*** **0.2** ***offering*** ⇒*slachting* ⟨v. offerdier⟩ **0.3** ***bedrog*** **0.4** ***rancunemaatregelen*** ⇒*represailles* ⟨bv. tegen enkele stakers⟩, *(onverdiende) straf* **0.5** ***vernietiging*** ⟨v. planten⟩.
vic·tim·ize, -ise ['vɪktɪmaɪz]⟨f1⟩⟨ov.ww.⟩ **0.1** ***slachtofferen*** ⇒*tot slachtoffer maken, doen lijden* **0.2** ***(op)offeren*** ⇒*slachten* **0.3** ***bedriegen*** **0.4** ***rancunemaatregelen/represailles nemen tegen*** ⟨bv. enkele stakers⟩ ⇒*(onverdiend) straffen* **0.5** ***vernietigen*** ⟨planten⟩ ◆ **1.3** ~ an old woman *een oud vrouwtje er in laten lopen*.
vic·tim·less ['vɪktɪmləs]⟨bn.⟩ **0.1** ***zonder slachtoffer(s)*** ◆ **1.1** ~ crimes *misdaden zonder slachtoffers* ⟨druggebruik, dronkenschap⟩.
vic·tim·ol·o·gist ['vɪktɪ'mɒlədʒɪst‖-'mɑ-]⟨telb.zn.⟩ **0.1** ***victimoloog***.
vic·tim·ol·o·gy ['vɪktɪ'mɒlədʒi‖-'mɑ-]⟨n.-telb.zn.⟩ **0.1** ***victimologie*** ⟨bestudeert de slachtoffers en hun rol bij de misdaad zelf⟩.
vic·tor[1] ['vɪktə‖-ər]⟨telb.zn.⟩⟨schr.⟩ **0.1** ***overwinnaar*** ⇒*winnaar*.
victor[2] ⟨bn., attr.⟩ **0.1** ***zegevierend***.

vic·to·ri·a [vɪk'tɔ:rɪə]⟨telb.zn.⟩ **0.1** *victoria* ⟨rijtuig⟩ **0.2** *toerauto* ⟨met kap alleen over de achterste zitplaatsen⟩ **0.3** ⟨dierk.⟩ *waaierduif* ⟨Goura victoria⟩ **0.4** ⟨plantk.⟩ *victoria regia* ⟨Victoria amazonica/regia⟩ **0.5** ⟨BE; inf.; plantk.⟩ *victoria* ⟨rode pruim; genus Prunus⟩.
Vic'toria 'Cross ⟨telb.zn.⟩ **0.1** *Victoriakruis* ⟨hoge militaire onderscheiding⟩.
Vic·to·ri·an[1] [vɪk'tɔ:rɪən]⟨telb.zn.⟩ **0.1** *Victoriaan* ⟨vnl. auteur⟩.
Victorian[2] ⟨f2⟩⟨bn.⟩ **0.1** *Victoriaans* **0.2** *Victoriaans* ⟨fig.⟩ ⇒⟨ong.⟩ *(overdreven) preuts; zeer conventioneel, oerdegelijk; hypocriet* **0.3** *uit Victoria.*
Vic·to·ri·a·na [vɪk'tɔ:ri'ɑ:nə‖-'ænə]⟨mv.⟩ **0.1** *Victoriaanse (kunst) voorwerpen.*
Vic·to·ri·an·ism [vɪk'tɔ:rɪənɪzm]⟨zn.⟩
I ⟨telb.zn.⟩ **0.1** *iets Victoriaans;*
II ⟨n.-telb.zn.⟩ **0.1** *Victoriaanse smaak/stijl/gewoonte/houding.*
vic'toria 'pigeon ⟨telb.zn.⟩⟨dierk.⟩ **0.1** *waaierduif* ⟨Goura victoria⟩.
vic'toria 'plum ⟨telb.zn.⟩⟨plantk.⟩ **0.1** *victoria* ⟨rode pruim; genus Prunus⟩.
vic·to·rine ['vɪktəri:n‖-'ri:n]⟨telb.zn.⟩ **0.1** *bontkraag voor dames* ⇒*boa.*
vic·to·ri·ous [vɪk'tɔ:rɪəs]⟨f2⟩⟨bn.; -ly; -ness⟩
I ⟨bn.⟩ **0.1** *zegevierend* ⇒*overwinnend, triomfantelijk* ◆ **3.1** be ~ *zegevieren;*
II ⟨bn., attr.⟩ **0.1** *overwinnings-* ◆ **1.1** ~ shout *overwinningskreet.*
vic·to·ry ['vɪktri]⟨f3⟩⟨telb. en n.-telb.zn.; →mv. 2⟩ **0.1** *overwinning* ⇒*zege, zegepraal, victorie* ◆ **3.1** gain/win a ~ over s.o. *over iem. zegevieren* **3.¶** snatch ~ (from/out of defeat) *nog net de overwinning behalen, net niet verslagen worden.*
'victory ceremony ⟨telb.zn.⟩⟨sport⟩ **0.1** *cérémonie protocolaire.*
'victory lap ⟨telb.zn.⟩⟨sport, i.h.b. atletiek⟩ **0.1** *ererondje.*
'victory platform, 'victory stand ⟨telb.zn.⟩⟨sport⟩ **0.1** *ereschavotje/podium.*
vic·tress ['vɪktrɪs]⟨telb.zn.⟩⟨schr.⟩ **0.1** *overwinnares* ⇒*winnares.*
vict·ual[1], ⟨soms ook⟩ **vit·tle** ['vɪtl]⟨zn.⟩⟨schr.⟩
I ⟨n.-telb.zn.⟩ **0.1** *voedsel;*
II ⟨mv.; ~s⟩ **0.1** *levensmiddelen* ⇒*mondvoorraad, proviand, leeftocht.*
victual[2] ⟨ww.; →ww. 7⟩
I ⟨onov.ww.⟩ **0.1** *proviand inslaan/opdoen* **0.2** ⟨zelden⟩ *eten;*
II ⟨ov.ww.⟩ **0.1** *provianderen* ⇒*v. levensmiddelen/mondvoorraad voorzien.*
vict·ual·ler, ⟨AE sp.⟩ **vict·ual·er** ['vɪtlə‖'vɪtlər]⟨telb.zn.⟩ **0.1** *leverancier v. levensmiddelen* **0.2** *proviandmeester* ⇒*victualiemeester* **0.3** *proviandschip* **0.4** ⟨vnl. BE⟩ *herbergier* ⇒*caféhouder* **0.5** ⟨gesch.⟩ *zoetelaar(ster)* ⇒*marketent(st)er* ◆ **3.4** licensed ~ *herbergier/caféhouder met vergunning.*
vict·ual·less ['vɪtlləs]⟨bn.⟩ **0.1** *zonder proviand.*
vi·cu·ña, vi·cu·na, vi·cug·na [vɪ'kju:n(j)ə‖-'ku:-]⟨zn.⟩
I ⟨telb.zn.⟩⟨dierk.⟩ **0.1** *vicuña* ⟨wilde lama; Lama vicugna⟩;
II ⟨n.-telb.zn.⟩ **0.1** *vicuña* ⇒*vicuñawol, vicuñaweefsel.*
vi·de ['vaɪdi, 'vi:di]⟨ov.ww.; alleen geb. w.⟩ **0.1** *zie* ⇒*sla op, raadpleeg, vide* ◆ **5.1** ~ ante *zie boven;* ~ infra *zie onder;* ~ supra *zie boven.*
vi·de·li·cet [vɪ'di:lɪset‖-'de-]⟨bw.⟩⟨schr.⟩ **0.1** *te weten* ⇒*namelijk.*
vid·e·o[1] ['vɪdioʊ]⟨f1⟩⟨zn.⟩
I ⟨telb.zn.⟩ **0.1** *video(film)* **0.2** *video(recorder)* **0.3** *video(cassette);*
II ⟨telb. en n.-telb.zn.⟩ **0.1** *beeld(signaal)* ⟨v. t.v.-uitzending⟩ **0.2** ⟨AE⟩ *t.v.* ⇒*televisie* ◆ **1.2** a star of ~ *een t.v.-ster.*
video[2] ⟨f2⟩⟨bn., attr.⟩ **0.1** *beeld-* ⇒*video-* ◆ **1.1** ~ cartridge/cassette *beeld/videocassette;* ~ frequency *beeld/videofrequentie* ⟨v. t.v.-uitzending⟩; ~ signal *beeldsignaal.*
video[3] ⟨ov.ww.⟩ **0.1** *op (de) video opnemen.*
vid·e·o- ['vɪdioʊ] **0.1** *video-* ⇒*beeld-, tele-* ◆ **¶.1** videogenic *telegeniek.*
'vid·e·o·book ⟨telb.zn.⟩ **0.1** *videoboek* ⟨video-opname alleen bestemd voor distributie⟩.
'video camera ⟨telb.zn.⟩ **0.1** *videocamera.*
'video cassette ⟨telb.zn.⟩ **0.1** *videocassette.*
'video cas'sette recorder ⟨telb.zn.⟩ **0.1** *videorecorder.*
'vid·e·o·clip ⟨telb.zn.⟩ **0.1** *videoclip* ⇒*liedjesfilm(pje).*
'vid·e·o·disc ⟨f1⟩⟨telb.zn.⟩ **0.1** *videoplaat* ⇒*beeldplaat.*
'vid·e·o·game ⟨f1⟩⟨telb.zn.⟩ **0.1** *videospel(letje)* ⇒*tv-spelletje.*
vid·e·o·ize, -ise ['vɪdioʊaɪz]⟨ov.ww.⟩ **0.1** *voor de t.v. aanpassen* ⇒*een t.v.-bewerking maken van.*
'video machine ⟨telb.zn.⟩ **0.1** *videorecorder.*
video nasties ['vɪdioʊ 'nɑ:stiz‖-'næstiz]⟨mv.⟩ **0.1** *gewelddadige en/of hard pornografische videofilms.*
'vid·e·o·phone, 'vid·e·o·'tel·e·phone, 'view·phone ⟨telb. en n.-telb.zn.⟩ **0.1** *videofoon* ⇒*beeldtelefoon.*
'vid·e·o·play·er ⟨f1⟩⟨telb.zn.⟩ **0.1** *videorecorder.*
'vid·e·o·re'cord ⟨ov.ww.⟩⟨vnl. BE⟩ **0.1** *op video/beeldband opnemen.*
'video recorder ⟨telb.zn.⟩ **0.1** *videorecorder.*
'vid·e·o·shop ⟨telb.zn.⟩ **0.1** *videotheek* ⇒*videozaak/shop.*
'vid·e·o·tape[1] ⟨f1⟩⟨telb. en n.-telb.zn.⟩ **0.1** *beeldband* ⇒*videoband.*
videotape[2] ⟨ov.ww.⟩ **0.1** *op beeld/videoband opnemen.*
'video tape recorder ⟨telb.zn.⟩ **0.1** *videorecorder.*
vid·e·o·tex ['vɪdioʊteks]⟨n.-telb.zn.⟩⟨comp.⟩ **0.1** *videotex* ⇒*viditel.*
vid·e·o·theque ['vɪdɪətek]⟨telb.zn.⟩ **0.1** *videotheek.*
'vid·e·o·trans'mis·sion ⟨n.-telb.zn.⟩ **0.1** *beeldoverbrenging.*
'vid·e·o·view·ing sa·lon ⟨telb.zn.⟩ **0.1** *videoscoop.*
vi·de post ['vaɪdi: 'poʊst]⟨tussenw.⟩ **0.1** *zie beneden* ⇒*zie verder.*
vi·de supra ['vaɪdi: 'su:prə]⟨tussenw.⟩ **0.1** *zie boven.*
vid·i·con ['vɪdɪkɒn‖-kɑn]⟨telb.zn.⟩⟨tech.⟩ **0.1** *vidicon* ⟨opneembuis v. t.v.-camera⟩.
vi·di·mus ['vaɪdɪməs‖'vɪdɪ-]⟨telb.zn.⟩ **0.1** *vidimus* ⇒*gelegaliseerd afschrift* **0.2** *inspectie* ⇒*controle* ⟨v. rekening e.d.⟩.
vie [vaɪ]⟨f1⟩⟨onov.ww.; →ww. 7⟩ **0.1** *wedijveren* ⇒*rivaliseren, (mede)dingen* ◆ **6.1** ~ **with** each other **in** quality *met elkaar in kwaliteit wedijveren;* ~ **with** one another **for** victory *met elkaar om de overwinning wedijveren.*
vielle ['vjel]⟨telb.zn.⟩⟨muz.⟩ **0.1** *(draai)lier.*
Vi·en·na [vi'enə]⟨eig.n.; ook attr.⟩ **0.1** *Wenen* ◆ **1.1** ~ sausage *Wener worst(je)* ⟨vaak als hors d'oeuvre⟩; ~ schnitzel *Wiener schnitzel;* ~ steak *rissole met gehakt.*
Vi·en·nese[1] ['vi:ə'ni:z]⟨telb.zn.; Viennese; →mv. 4⟩ **0.1** *Wener/Weense* ⟨inwoner/woonster v. Wenen⟩.
Viennese[2] ⟨bn.⟩ **0.1** *Weens* ⇒*Wener, Wiener.*
Viet[1] [vjet‖vi'et]⟨telb.zn.⟩⟨AE⟩ **0.1** *Viëtnamees* ⟨bewoner v. Viëtnam⟩.
Viet[2] ⟨bn., attr.⟩⟨AE⟩ **0.1** *Viëtnamees.*
Viet·nam [vjet'næm‖vi'et'nam]⟨eig.n., telb.zn.⟩ **0.1** *Vietnam* ◆ **1.1** Afghanistan a Russian ~? *Afghanistan een Russisch Vietnam?.*
Vi·et·nam·ese[1] ['vjetnə'mi:z‖vi'et-]⟨f1⟩⟨zn.; Viëtnamese; →mv. 4⟩
I ⟨eig.n.⟩ **0.1** *Viëtnamees* ⇒*de Viëtnamese taal;*
II ⟨telb.zn.⟩ **0.1** *Viëtnamees* ⟨bewoner v. Viëtnam⟩.
Vietnamese[2] ⟨f1⟩⟨bn.⟩ **0.1** *Viëtnamees.*
Vi·et·nam·i·za·tion, -sa·tion ['vjetnəmaɪ'zeɪʃn‖vi'etnəmə-]⟨n.-telb.zn.⟩⟨gesch.⟩ **0.1** *viëtnamisering.*
Vi·et·nam·ize, -ise ['vjetnəmaɪz‖vi'et-]⟨ov.ww.⟩⟨gesch.⟩ **0.1** *viëtnamiseren* ⟨mbt. de Viëtnamese oorlog, tot 1973⟩.
Viet·nik ['vjetnɪk‖vi'et-]⟨telb.zn.⟩⟨gesch.; sl.⟩ **0.1** *tegenstander v. Amerikaanse deelname in Vietnamese oorlog.*
view[1] [vju:]⟨f4⟩⟨zn.⟩(→sprw. 113)
I ⟨telb.zn.⟩ **0.1** *bezichtiging* ⇒*inspectie;* ⟨fig.⟩ *overzicht* **0.2** ⟨vaak mv.⟩ *zienswijze* ⇒*visie, kijk, denkbeeld, opvatting* **0.3** *uitzicht* ⇒*gezicht;* ⟨fig.⟩ *vooruitzicht, kans* **0.4** *gezicht* ⇒*afbeelding, ansicht;* ⟨fig.⟩ *beeld, voorstelling* **0.5** ⟨jur.⟩ *inspectie* ⇒⟨i.h.b.⟩ *gerechtelijke schouwing* **0.6** ⟨vero.⟩ *intentie* ⇒*bedoeling, oogmerk* **0.7** ⟨gew.⟩ *voorkomen* ⇒*uitzicht* ◆ **1.1** a general ~ of the subject *een algemeen overzicht v.h. onderwerp* **1.4** a book with many ~s *een boek met veel afbeeldingen* **2.2** ⟨inf.⟩ take a dim/poor ~ of s.o.'s conduct *iemands gedrag maar matig/nauwelijks waarderen* **2.3** what a magnificent ~! *wat een prachtig uitzicht!* **3.2** fall in with/meet s.o.'s ~s *iemands zienswijze delen, met iem. meegaan;* hold extreme ~s in politics *er extreme politieke ideeën op na houden;* take a different ~ on sth. *iets anders zien/bekijken* **3.¶** ⟨tech.⟩ exploded ~ *opengewerkte tekening, explosietekening, plofbeeld* **6.2** **in** my/our ~ *volgens mij/ons, mijns/ons inziens* **6.3** a superb ~ **of** the park *een schitterend uitzicht op het park;* this policy has no ~ **of** success *deze politiek biedt geen uitzicht op succes* **6.4** I cannot form a clear ~ **of** the situation *ik kan mij geen duidelijk beeld vormen v.d. situatie* **6.6** **with** a ~ **to** doing sth. *met de bedoeling iets te doen;* **with** a/the ~ **of** *met het oog op, ter wille van;*
II ⟨n.-telb.zn.⟩ **0.1** *zicht* ⇒*gezicht(svermogen), het zien* **0.2** *zicht* ⇒*uitzicht, gezichts(veld)* ◆ **2.2** in full ~ of *voor de ogen van* **3.2** come in ~ of sth. *iets in zicht/het oog krijgen;* come into ~ *in zicht komen;* ⟨scherts.⟩ heave in (to) ~ *zichtbaar worden, eraankomen, opdoemen* **3.¶** have in ~ *op het oog hebben;* keep in ~ *voor ogen houden* **6.2** be hidden **from** ~ *voor het gezicht/oog verborgen zijn;* be lost **to** one's ~ *uit het gezicht verdwenen/uit het oog zijn* **6.¶** **in** ~ **of** *met het oog op;* **in** ~ **of** his experience *gezien zijn ervaring;* **on** ~ *te zien, geëxposeerd;* **to** the ~ *in het openbaar, publiek(elijk);* **with** sth. **in** ~ *met iets voor ogen.*
view[2] ⟨f3⟩⟨ww.⟩
I ⟨onov.ww.⟩ **0.1** *t.v. kijken;*
II ⟨ov.ww.⟩ **0.1** *bekijken* ⇒*(be)zien, beschouwen* ⟨ook fig.⟩; *bezichtigen* **0.2** *inspecteren* ⇒*schouwen* ◆ **1.1** ~ a new house *een*

nieuw huis bezichtigen; an order to ~ *een schriftelijke toestemming voor bezichtiging* ⟨vnl. v. huis⟩.
view·da·ta ['vju:deɪt̬ə]⟨n.-telb.zn.⟩⟨comp.⟩ **0.1** ***viewdata*** ⇒*viditel.*
view·er ['vju:ə‖-ər]⟨f2⟩⟨telb.zn.⟩ **0.1** ***inspecteur/trice*** ⇒*opzichter (es); schouwer/ster* **0.2** ***bezichtiger/ster*** **0.3** ***kijker/ster*** ⇒⟨i.h.b.⟩ *t.v.-kijker/ster* **0.4** ***viewer*** ⟨voor het bekijken v. dia's⟩.
'view·er·ship ⟨mv.⟩ **0.1** ***kijkerspubliek*** ⟨v. televisie⟩ ⇒*aantal t.v.-kijkers.*
'view finder ⟨telb.zn.⟩⟨foto.⟩ **0.1** ***(beeld)zoeker.***
'view hal'loo ⟨telb.zn.⟩⟨jacht⟩ **0.1** ***hallogeroep bij het vinden v. vos.***
'viewing figures ⟨mv.⟩ **0.1** ***kijkcijfers.***
view·less ['vju:ləs]⟨bn.⟩ **0.1** ***zonder uitzicht*** **0.2** ⟨schr.⟩ ***onzichtbaar*** **0.3** ⟨vnl. AE⟩ ***zonder mening.***
'view·point ⟨f2⟩⟨telb.zn.⟩ **0.1** ***gezichtspunt*** ⇒*oogpunt, standpunt* ⟨ook fig.⟩.
view·y ['vju:i]⟨bn.; -er; →compar. 7⟩⟨inf.⟩ **0.1** ***met extravagante ideeën*** **0.2** ***opzichtig.***
vi·ges·i·mal [vaɪ'dʒesɪml]⟨bn., attr.⟩ **0.1** ***twintigdelig*** ⇒*twintigtallig.*
vig·il ['vɪdʒɪl]⟨telb. en n.-telb.zn.⟩ **0.1** ***waak*** ⇒*(nacht)wake, vigilie* **0.2** ⟨R.-K.⟩ ***vigilie*** ⇒*vooravond* ⟨v. viering⟩ **0.3** ⟨vaak mv.⟩⟨R.-K.⟩ ***vigilie*** ⇒*plechtigheid* ◆ **3.1** keep ~ *waken, de vigilie houden.*
vig·i·lance ['vɪdʒɪləns]⟨f1⟩⟨n.-telb.zn.⟩ **0.1** ***waakzaamheid*** ⇒*oplettendheid, alertheid* ◆ **3.1** exercise ~ *waakzaam blijven.*
'vigilance committee ⟨telb.zn.⟩⟨vnl. AE⟩ **0.1** ***waakzaamheidscomité*** ⇒*(niet-officiële) burgerwacht.*
vig·i·lant ['vɪdʒɪlənt]⟨f1⟩⟨bn.; -ly⟩ **0.1** ***waakzaam*** ⇒*oplettend, alert.*
vig·i·lan·te ['vɪdʒɪ'lænt̬i]⟨telb.zn.⟩ **0.1** ***(lid v.) burgerwacht*** ⇒*verontruste burger.*
'vigil light ⟨telb.zn.⟩ **0.1** ***godslamp*** ⇒*altaarlamp* ⟨altijd brandende lamp⟩ **0.2** ***kaars*** ⟨ontstoken door kerkganger⟩ **0.3** ***kaars/licht*** ⟨altijd brandend op heilige plaats⟩.
vi·gnette[1] [vɪ'njet]⟨telb.zn.⟩ **0.1** ***vignet*** ⟨als boekversiering⟩ **0.2** ***portret/foto met vervloeiende randen*** **0.3** ***karakterschets*** ⇒*woordschildering.*
vignette[2] ⟨ov.ww.⟩ **0.1** ***vignetteren*** ⟨portret, foto⟩.
vi·gnet·ter [vɪ'njetə‖vɪ'njet̬ər], ⟨in bet. 0.2 ook⟩ **vi·gnet·tist** [-'njet̬ɪst]⟨telb.zn.⟩ **0.1** ***vignet*** ⟨passe-partout voor het maken v. beelden met vervloeiende randen⟩ **0.2** ***vignettekenaar.***
vig·orish ['vɪgərɪʃ]⟨telb.zn.⟩⟨sl.⟩ **0.1** ***rente*** ⟨te betalen aan woekeraar⟩ **0.2** ***verloren inzet.***
vig·or·ous ['vɪgərəs]⟨f3⟩⟨bn.; -ly; -ness⟩ **0.1** ***krachtig*** ⇒*sterk, robuust* **0.2** ***krachtig*** ⇒*kernachtig, gespierd* ⟨taal⟩ **0.3** ***energiek*** ⇒*vitaal, levendig* **0.4** ***krachtdadig*** ⇒*beslist* **0.5** ***groeizaam*** ⇒*levenskrachtig, gezond* ⟨planten⟩.
vig ounce ['vɪg aʊns]⟨telb.zn.⟩⟨sl.⟩ **0.1** ***(financieel) voordeel.***
vig·our, ⟨AE sp.⟩ **vig·or** ['vɪgə‖-ər]⟨f2⟩⟨n.-telb.zn.⟩ **0.1** ***kracht*** ⇒*sterkte* **0.2** ***kracht*** ⇒*bloei* ⟨v. leven⟩ **0.3** ***energie*** ⇒*vitaliteit, levendigheid* **0.4** ***uitdrukkingskracht*** ⇒*kernachtigheid, gespierdheid* ⟨v. taal⟩ **0.5** ***krachtdadigheid*** ⇒*beslistheid* **0.6** ***groeikracht*** ⇒*groeizaamheid, levenskracht* ⟨v. planten, dieren⟩ **0.7** ***kracht*** ⇒*geldigheid* ⟨v. wet⟩ ◆ **1.2** in the ~ of his life *in de kracht/bloei v. zijn leven* **6.5** a law **in** ~ *een geldende/vigerende wet.*
Vi·king ['vaɪkɪŋ]⟨f2⟩⟨telb.zn.; ook v-⟩ **0.1** ***viking*** ⇒*Noorman.*
vile [vaɪl]⟨f2⟩⟨bn.; -er; -ly; -ness; →compar. 7⟩ **0.1** ***gemeen*** ⇒*laag, verachtelijk, smerig* **0.2** ***ellendig*** ⇒*armoedig, miserabel* **0.3** ***walgelijk*** ⇒*afschuwelijk* ⟨bv. voedsel⟩ **0.4** ⟨inf.⟩ ***gemeen*** ⇒*beroerd, heel slecht* ⟨weer⟩.
vil·i·fi·ca·tion ['vɪlɪfɪ'keɪʃn]⟨telb. en n.-telb.zn.⟩ **0.1** ***lasterpraat(je)*** ⇒*kwaadsprekerij.*
vil·i·fi·er ['vɪlɪfaɪə‖-ər]⟨telb.zn.⟩ **0.1** ***lasteraar*** ⇒*kwaadspreker.*
vil·i·fy ['vɪlɪfaɪ]⟨ov.ww.; →ww. 7⟩⟨schr.⟩ **0.1** ***belasteren*** ⇒*kwaadspreken over.*
vil·i·pend ['vɪlɪpend]⟨ov.ww.⟩⟨vero.⟩ **0.1** ***minachten*** ⇒*minachtend behandelen* **0.2** ***kleineren*** ⇒*beschimpen, afgeven op.*
vill [vɪl]⟨telb.zn.⟩⟨gesch.⟩ **0.1** ***kerspel*** ⇒*landgemeente* **0.2** ***dorp.***
vil·la ['vɪlə]⟨f2⟩⟨telb.zn.⟩ **0.1** ***villa*** ⟨ook gesch.⟩ ⇒*landhuis* **0.2** ⟨BE⟩ ***huis in betere buitenwijk.***
vil·la·dom ['vɪlədəm]⟨n.-telb.zn.⟩⟨BE⟩ **0.1** ***villabuurt*** ⇒*villawijk* **0.2** ***betere buitenwijk*** **0.3** ***villabewoners*** **0.4** ***bewoners v. betere buitenwijk.***
vil·lage ['vɪlɪdʒ]⟨f3⟩⟨zn.⟩
I ⟨telb.zn.⟩ **0.1** ***dorp*** **0.2** ⟨AE⟩ ***samengevoegde gemeente;***
II ⟨verz.n.⟩ **0.1** ***dorp*** ⇒*dorpelingen, dorpsbewoners.*
'village 'green ⟨telb.zn.⟩ **0.1** ⟨ong.⟩ ***dorpsplein*** ⇒*dorpsweide/veld.*
vil·lag·er ['vɪlɪdʒə‖-ər]⟨f2⟩⟨telb.zn.⟩ **0.1** ***dorpeling*** ⇒*dorpsbewoner.*
vil·lain ['vɪlən]⟨f2⟩⟨telb.zn.⟩ **0.1** ***boef*** ⇒*schurk, booswicht* **0.2** ⟨vaak inf.⟩ ***boosdoener*** ⇒*slechte(rik)* **0.3** ⟨inf.; scherts.⟩ ***rakker*** ⇒*deugniet* **0.4** ⟨vero.⟩ ***boerenknul*** **0.5** →villein ◆ **1.2** the ~ of the piece *de boosdoener* **4.2** ⟨pej.⟩ you ~! *slecht mens!* **4.3** you ~! *rakker!, deugniet!.*
villainage →villeinage.
vil·lain·ess ['vɪlənɪs]⟨telb.zn.⟩ **0.1** ***boosdoenster.***
vil·lain·ous ['vɪlənəs]⟨bn.; -ly; -ness⟩ **0.1** ***schurkachtig*** ⇒*gemeen, doortrapt, laag* **0.2** ⟨inf.⟩ ***gemeen*** ⇒*ellendig, heel slecht* ◆ **1.2** a ~ road *een ellendige weg.*
vil·lain·y ['vɪləni]⟨zn.; →mv. 2⟩
I ⟨telb.zn.⟩ **0.1** ***schurkenstreek;***
II ⟨n.-telb.zn.⟩ **0.1** ***schurkachtigheid*** ⇒*doortraptheid, laagheid.*
vil·la·nelle ['vɪlə'nel]⟨telb.zn.⟩⟨lit.⟩ **0.1** ***villanella*** ⟨negentienregelig gedicht⟩.
vil·lat·ic [vɪ'læt̬ɪk]⟨bn.⟩⟨schr.⟩ **0.1** ***landelijk*** ⇒*rustiek.*
-ville [vɪl]⟨vormt namen v. fictieve plaatsen⟩⟨vnl. AE; inf.⟩ **0.1** ***-stad*** ◆ **¶.1** it was dullsville *het was een saaie bedoening.*
vil·lein, vil·lain ['vɪlən]⟨telb.zn.⟩⟨gesch.⟩ **0.1** ***horige*** ⇒*lijfeigene.*
vil·lein·age, vil·lain·age, ⟨AE sp. ook⟩ **vil·len·age** ['vɪlənɪdʒ]⟨n.-telb.zn.⟩⟨gesch.⟩ **0.1** ***horigheid*** ⇒*lijfeigenschap.*
vil·li·form ['vɪlɪfɔ:m‖-fɔrm]⟨bn.⟩⟨anat., plantk.⟩ **0.1** ***haarvormig.***
vil·los·i·ty [vɪ'lɒsəti‖-lɑsət̬i]⟨zn.; →mv. 2⟩
I ⟨telb.zn.⟩ **0.1** ***ruigte*** ⇒*harig oppervlak* **0.2** ***villus*** ⇒*haarvormig uitsteeksel;*
II ⟨n.-telb.zn.⟩ **0.1** ***harigheid*** ⇒*ruigte, ruigheid.*
vil·lous ['vɪləs], **vil·lose** ['vɪloʊs]⟨bn.; -ly⟩ **0.1** ⟨anat.⟩ ***villusachtig*** ⇒*villus-; haarvormig; met villi bedekt* **0.2** ⟨plantk.⟩ ***harig*** ⇒*ruig.*
vil·lus ['vɪləs]⟨telb.zn.; villi ['vɪlaɪ]; →mv. 5⟩ **0.1** ⟨anat.⟩ ***villus*** ⟨haarvormig uitsteeksel, i.h.b. op darmvlokken⟩ **0.2** ⟨vaak mv.⟩ ⟨plantk.⟩ ***haar*** ⟨op vruchten, bloemen⟩.
vim [vɪm]⟨f1⟩⟨n.-telb.zn.⟩⟨inf.⟩ **0.1** ***fut*** ⇒*pit, energie* ◆ **1.1** ~ and vigour *uitbundige energie.*
vi·na ['vi:nə]⟨telb.zn.⟩⟨muz.⟩ **0.1** ***vina*** ⟨Indisch snaarinstrument⟩.
vi·na·ceous [vaɪ'neɪʃəs]⟨bn.⟩ **0.1** ***wijnrood*** ⇒*wijnkleurig.*
vin·ai·grette ['vɪnɪ'gret], ⟨in bet. 0.2 ook⟩ **'vinaigrette 'sauce** ⟨telb. en n.-telb.zn.⟩ **0.1** ***reukflesje*** **0.2** ***vinaigrette(saus).***
vin·ci·bil·i·ty ['vɪnsə'bɪlət̬i]⟨n.-telb.zn.⟩⟨schr.⟩ **0.1** ***overwin(ne)lijkheid*** ⇒*overkomelijkheid.*
vin·ci·ble ['vɪnsəbl]⟨bn.⟩⟨schr.⟩ **0.1** ***overwin(ne)lijk*** ⇒*te verslaan;* ⟨fig.⟩ *overkomelijk* ◆ **1.1** ~ ignorance *overkomelijke onwetendheid.*
vin·cu·lum ['vɪŋkjʊləm‖-kjə-]⟨telb.zn.; vincula [-lə]; →mv. 5⟩ **0.1** ⟨wisk.⟩ ***streep (boven symbolen)*** ⟨i.p.v. haken⟩ **0.2** ⟨anat.⟩ ***(gewrichts)band.***
vin·di·ca·ble ['vɪndɪkəbl]⟨bn.⟩ **0.1** ***verdedigbaar*** ⇒*te rechtvaardigen.*
vin·di·cate ['vɪndɪkeɪt]⟨f1⟩⟨ov.ww.⟩ **0.1** ***rechtvaardigen*** ⇒*steunen, staven* ⟨stelling e.d.⟩ **0.2** ***v. verdenking/blaam zuiveren*** ⇒*in het gelijk stellen, rehabiliteren* **0.3** ***bewijzen*** ⇒*aantonen* ⟨betrouwbaarheid, waarachtigheid e.d.⟩.
vin·di·ca·tion ['vɪndɪ'keɪʃn]⟨f1⟩⟨telb. en n.-telb.zn.; g. mv.⟩ **0.1** ***rechtvaardiging*** **0.2** ***rehabilitatie*** ⇒*vindicatie (v. eer)* **0.3** ***bewijs*** ◆ **6.1** **in** ~ **of** *ter rechtvaardiging v.* **6.2** **in** ~ **of** *ter verdediging v.* **6.3** **in** ~ **of** *ten bewijze v., om ... te bewijzen.*
vin·di·ca·tor ['vɪndɪkeɪtə‖-keɪt̬ər]⟨telb.zn.⟩ **0.1** ***verdediger*** **0.2** ***wreker.***
vin·di·ca·to·ry ['vɪndɪkətri‖-kətɔri], **vin·di·ca·tive** ['vɪndɪkətɪv‖'vɪndɪkeɪt̬ɪv]⟨bn.⟩ **0.1** ***rechtvaardigend*** ⇒*verdedigend* **0.2** ⟨jur.⟩ ***wrekend*** ⇒*straffend, vindicatief* ◆ **1.2** ~ justice *wrekende gerechtigheid.*
vin·dic·tive [vɪn'dɪktɪv]⟨f1⟩⟨bn.; -ly; -ness⟩ **0.1** ***wrekend*** ⇒*straffend;* ⟨bij uitbr.⟩ *wraakgierig, rancuneus, vindicatief, wraakzuchtig* ◆ **1.¶** ⟨jur.⟩ ~ damages *morele schadevergoeding, smartegeld.*
vine [vaɪn], ⟨in bet. I 0.1 ook⟩ **'grape·vine** ⟨f2⟩⟨zn.⟩
I ⟨telb.zn.⟩ **0.1** ⟨plantk.⟩ ***wijnstok*** ⇒*wingerd* ⟨genus Vitis⟩ **0.2** ***rank*** ⇒*stengel* ⟨v. klimplant⟩ **0.3** ⟨AE⟩ ***kruiper*** ⇒*klimplant* ◆ **3.¶** clinging ~ *klit* ⟨v. persoon⟩; wither on the ~ *oude vrijster;*
II ⟨mv.; ~s⟩⟨sl.⟩ **0.1** ***mooie kleren.***
'vine·dress·er ⟨telb.zn.⟩ **0.1** ***wijnbouwer*** ⇒*wijngaardenier.*
vin·e·gar[1] ['vɪnɪgə‖-ər]⟨f1⟩⟨n.-telb.zn.⟩ **0.1** ***azijn*** ⇒⟨fig.⟩ *zuur karakter/gedrag* ◆ **1.1** mother of ~ *azijnmoer.*
vinegar[2] ⟨ov.ww.⟩ **0.1** ***met azijn behandelen.***
'vinegar eel ⟨telb.zn.⟩⟨dierk.⟩ **0.1** ***azijnaaltje*** ⟨Anguillula aceti⟩.
vin·e·gar·roon ['vɪnɪgə'ru:n], **vin·e·ga·rone** ['vɪnɪgə'roʊn]⟨telb.zn.⟩⟨dierk.⟩ **0.1** ***azijnschorpioen*** ⟨Mastigoproctus giganteus⟩.
vin·e·gar·y ['vɪnɪgri], **vin·e·gar·ish** [-grɪʃ]⟨bn.⟩ **0.1** ***azijnachtig*** ⟨ook fig.⟩ ⇒*zuur, wrang, azijnig* ◆ **1.1** ~ remarks *zure opmerkingen.*
'vine louse, 'vine fretter ⟨telb.zn.⟩⟨dierk.⟩ **0.1** ***druifluis*** ⇒*phylloxera* ⟨Phylloxera vitifoliae⟩.
vin·er·y ['vaɪnəri]⟨telb.zn.; →mv. 2⟩ **0.1** ***druivenkas*** ⇒*druivenserre.*
vine·yard ['vɪnjəd‖-jərd]⟨f2⟩⟨telb.zn.⟩ **0.1** ***wijngaard*** **0.2** ⟨inf.⟩ ***werksfeer*** ⇒*werkterrein/gebied* ◆ **1.1** ⟨bijb.⟩ Naboth's ~ *de wijngaard v. Naboth;* ⟨fig.⟩ *begeerd bezit* ⟨1 Kon. 21⟩.

vingt-un ['væn'tœ], **vingt-et-un** ['vænteɪ'œ]⟨n.-telb.zn.⟩ **0.1** ***eenentwintigen*** ⟨kaartspel⟩.
vin·i- ['vɪni], **vi·no-** ['vi:noʊ], **vin-** [vɪn] **0.1** ***wijn-*** ◆ **¶.1** viniculturist *wijnbouwer/boer.*
vi·nic ['vɪnɪk]⟨bn.⟩ **0.1** ***van/mbt. wijn*** ⇒*wijn-.*
vin·i·cul·ture ['vɪnɪkʌltʃə|-ər]⟨n.-telb.zn.⟩ **0.1** ***wijnbouw.***
vin·i·cul·tur·ist ['vɪnɪ'kʌltʃərɪst]⟨telb.zn.⟩ **0.1** ***wijnbouwer.***
vin·i·fi·ca·tion ['vɪnɪfɪ'keɪʃn]⟨n.-telb.zn.⟩ **0.1** ***wijnbereiding.***
vin·i·fy ['vɪnɪfaɪ]⟨ov.ww.; →ww. 7⟩ **0.1** ***wijn maken van.***
vi·no ['vi:noʊ]⟨telb. en n.-telb.zn.; ook -es; →mv. 2⟩⟨inf.⟩ **0.1** ***(goedkope/gewone rode) wijn*** ⇒*rode tafelwijn.*
vi·nom·e·ter [vɪ'nɒmɪtə‖-'nɑmɪṭər]⟨telb.zn.⟩ **0.1** ***wijnmeter*** ⟨voor alcoholpercentage⟩.
vi·nos·i·ty [vɪ'nɒsəti‖-'nɑsəṭi]⟨n.-telb.zn.⟩ **0.1** ***karakteristieke wijnsmaak/kleur*** **0.2** ***verslaafdheid aan wijn.***
vi·nous ['vaɪnəs]⟨bn.⟩ **0.1** ***wijnachtig*** ⇒*wijn-* **0.2** ***wijnkleurig*** ⇒*wijnrood* **0.3** ***onder de invloed v. wijn*** ⇒*t.g.v. wijngebruik, door de wijn veroorzaakt* **0.4** ***aan wijn verslaafd*** ◆ **1.1** ~ flavour *wijnsmaak* **1.3** ~ eloquence *door de wijn geïnspireerde welbespraaktheid/losgemaakte tong.*
vint [vɪnt]⟨ov.ww.⟩ **0.1** ***bereiden*** ⟨wijn⟩.
vin·tage[1] ['vɪnṭɪdʒ]⟨f2⟩⟨zn.⟩
I ⟨telb.zn.; vnl. enk.⟩ **0.1** ***wijnoogst*** ⇒*wijnpluk, het wijnlezen* **0.2** ***wijnbereiding*** **0.3** ***wijntijd*** ⇒*(tijd v.d.) wijnoogst* ◆ **2.3** the ~ is early this year *de wijntijd valt vroeg dit jaar;*
II ⟨telb. en n.-telb.zn.⟩ **0.1** ***wijnoogst/opbrengst*** ⇒⟨bij uitbr.⟩ *oogstjaar, (goed) wijnjaar* **0.2** ***(kwaliteits)wijn*** ⇒*wijn v.e. goed jaar* **0.3** ⟨schr.⟩ ***wijn*** **0.4** ⟨inf.⟩ ***jaar(gang)*** ⇒*bouwjaar, lichting, type* **0.5** ***rijpheid*** ⇒*ervaring, leeftijd* ◆ **1.1** a wine of 1947 ~ /the ~ of 1947 *een wijn v. (het jaar) 1947, een 1947* **1.2** a bottle of ~ *een fles zeer goede wijn* ⟨v.e. bepaald (oud) jaar⟩ **1.4** a car of 1955 ~ *een auto v.h. jaar 1955/uit 1955;* a coat of last year's ~ *een jas v. vorig jaar* **3.4** they belong to the 1960 ~ *zij zijn v.d. lichting v. 1960.*
vintage[2] ⟨f1⟩⟨bn., attr.⟩ **0.1** ***uitstekend*** ⇒*voortreffelijk, van hoog gehalte, superieur, kwaliteits-* **0.2** ***oud*** ⇒*ouderwets, antiek, verouderd, gedateerd* ◆ **1.1** this is ~ Shakespeare *dit is Shakespeare op zijn best;* a ~ silent film *een klassieke stomme film;* ~ wine *zeer goede wijn* ⟨v.e. bepaald (oud) jaar⟩; ~ year *uitstekend jaar/wijnjaar* **1.2** ⟨BE⟩ ~ car *auto uit de periode 1916 - 1930.*
vintage[3] ⟨ww.⟩
I ⟨onov.ww.⟩ **0.1** ***wijnlezen*** ⇒*druiven plukken;*
II ⟨ov.ww.⟩ **0.1** ***lezen*** ⇒*plukken* ⟨druiven⟩.
vin·tag·er ['vɪntɪdʒə‖'vɪnṭɪdʒər]⟨telb.zn.⟩ **0.1** ***druivenplukker*** ⇒*druiven/wijnlezer.*
vint·ner ['vɪntnə‖-ər]⟨telb.zn.⟩ **0.1** ***wijnhandelaar*** ⇒*wijnkoper.*
vin·y ['vaɪni]⟨bn., attr.⟩ **0.1** ***wijnstok-*** ⇒*wingerd-* **0.2** ***met (wijn)ranken begroeid.***
vi·nyl ['vaɪnɪl]⟨telb. en n.-telb.zn.⟩ **0.1** ***vinyl.***
'vinyl group ⟨n.-telb.zn.; the⟩⟨schei.⟩ **0.1** ***vinylgroep.***
vi·ol ['vaɪəl]⟨telb.zn.⟩⟨muz.⟩ **0.1** ***viola*** **0.2** ***(viola da) gamba.***
vi·o·la[1] ['vaɪələ]⟨f1⟩⟨telb.zn.⟩⟨plantk.⟩ **0.1** ***viooltje*** ⟨genus Viola⟩.
viola[2] [vi'oʊlə]⟨telb.zn.⟩⟨muz.⟩ **0.1** ***altviool*** ⇒*alt* **0.2** ***alt*** ⇒*altist, altvioolspeler* **0.3** ***viola*** ⟨voorloper v.d. viool⟩ **0.4** ***viola*** ⟨orgelregister⟩.
vi·o·la·ble ['vaɪələbl]⟨bn.; -ly; -ness; →bijw. 3⟩ **0.1** ***schendbaar*** ⇒*kwetsbaar.*
vi·o·la·ceous ['vaɪə'leɪʃəs]⟨bn.⟩ **0.1** ⟨plantk.⟩ ***behorend tot de viooltjesachtigen*** ⟨fam. Violaceae⟩ ⇒*viooltjesachtig* **0.2** ***violet*** ⇒*paars.*
viola da brac·cio [vi'oʊlə də 'brætʃioʊ‖- 'brɑtʃoʊ]⟨telb.zn.⟩⟨muz.⟩ **0.1** ***viola da braccio*** ⟨voorloper v.d. altviool⟩.
viola da gam·ba [- də 'gæmbə‖- 'gɑmbə]⟨telb.zn.⟩⟨muz.⟩ **0.1** ***(viola da) gamba*** ⟨soort knieviool⟩.
viola d'a·mo·re [- dæ'mɔ:ri‖- dæ'mɔreɪ]⟨telb.zn.⟩⟨muz.⟩ **0.1** ***viola d'amore.***
vi·o·late ['vaɪəleɪt]⟨f2⟩⟨ov.ww.⟩ **0.1** ***overtreden*** ⇒*zich niet houden/storen aan, geweld aandoen, inbreuk maken op, met voeten treden* **0.2** ***schenden*** ⇒*ontwijden, ontheiligen* ⟨tempel, graf⟩ **0.3** ***verkrachten*** ⇒*schenden, onteren, aanranden* **0.4** ***(grof) verstoren*** ◆ **1.1** ~ one's conscience *zijn geweten geweld aandoen;* ~ a promise *een belofte breken;* ~ s.o.'s rights *inbreuk maken op iemands rechten;* ~ a treaty *een verdrag schenden* **1.4** ~ the peace *de vrede/rust verstoren.*
vi·o·la·tion ['vaɪə'leɪʃn]⟨f2⟩⟨telb. en n.-telb.zn.⟩ **0.1** ***overtreding*** ⟨ook sport⟩ ⇒*schending, inbreuk* **0.2** ***schending*** ⇒*ontwijding, schennis* **0.3** ***verkrachting*** ⇒*ontering, aanranding* **0.4** ***(grove) verstoring*** ◆ **1.1** ~ of a promise *het breken v.e. belofte* **1.4** ~ of civil order *verstoring v.d. openbare orde* **6.1** **in ~ of** *met schending van.*
vi·o·la·tor ['vaɪəleɪtə‖-leɪṭər]⟨telb.zn.⟩ **0.1** ***overtreder*** **0.2** ***schender*** ⇒*ontwijder* **0.3** ***verkrachter*** **0.4** ***(orde)verstoorder.***
vi·o·lence ['vaɪələns]⟨f3⟩⟨n.-telb.zn.⟩ **0.1** ***geweld*** **0.2** ***gewelddadigheid*** **0.3** ⟨jur.⟩ ***geweld*** ⇒*geweldpleging, daad v. geweld, dreiging met geweld* **0.4** ***hevigheid*** ⇒*heftigheid, wildheid, kracht* ◆ **1.1** acts of ~ *gewelddadigheden* **1.3** robbery with ~ *diefstal met geweldpleging* **3.1** do ~ to *geweld aandoen, schade berokkenen;* do ~ to the truth *de waarheid geweld aandoen;* do ~ to s.o.'s words *iemands woorden verdraaien* **3.3** die by ~ *een gewelddadige dood sterven.*
vi·o·lent ['vaɪələnt]⟨f3⟩⟨bn.; -ly⟩ **0.1** ***hevig*** ⇒*heftig, wild, krachtig, intens, geweldig* **0.2** ***gewelddadig*** **0.3** ***hel*** ⇒*schreeuwend* ⟨kleur⟩ **0.4** ***misleidend*** ⟨interpretatie⟩ ◆ **1.1** ~ contrast *schril contrast;* ~ storm *vliegende storm;* in a ~ temper *woest, woedend, driftig* **1.2** ~ death *gewelddadige/onnatuurlijke dood;* lay ~ hands on *geweld aandoen, geweld gebruiken tegen;* lay ~ hands on o.s. *de hand aan zichzelf slaan* **1.4** a ~ interpretation of the facts *een interpretatie die de feiten geweld aandoet/verdraait* **1.¶** ⟨sport⟩ ~ play *onnodig hard/keihard spel.*
vi·o·les·cent ['vaɪə'lesnt]⟨bn.⟩ **0.1** ***violetachtig*** ⇒*paarsachtig, naar violet/paars neigend.*
vi·o·let[1] ['vaɪəlɪt]⟨f2⟩⟨zn.⟩
I ⟨telb.zn.⟩ **0.1** ***viooltje*** **0.2** ***verlegen/bescheiden/stil persoon*** ◆ **3.2** blushing/shrinking ~ *verlegen persoon, stille(rd);*
II ⟨telb. en n.-telb.zn.⟩ **0.1** ***violet*** ⇒*paars(achtig blauw)* **0.2** ***violet*** ⇒*violette kleur/verfstof;*
III ⟨n.-telb.zn.⟩ **0.1** ***violet*** ⇒*violette kleding/stof.*
violet[2] ⟨f1⟩⟨bn.⟩ **0.1** ***violet*** ⇒*paars(achtig blauw).*
vi·o·lin ['vaɪə'lɪn]⟨f2⟩⟨telb.zn.⟩ **0.1** ***viool*** **0.2** ***viool(speler/speelster)*** ⇒*violist(e)* ◆ **7.2** the first/second ~ *de eerste/tweede viool.*
vi·o'lin-bow ⟨telb.zn.⟩ **0.1** ***strijkstok.***
vi·o·lin·ist ['vaɪə'lɪnɪst]⟨f2⟩⟨telb.zn.⟩ **0.1** ***violist(e)*** ⇒*vioolspeler/speelster.*
vi·o·list [vi'oʊlɪst]⟨telb.zn.⟩ **0.1** ***alt*** ⇒*altist, altvioolspeler/speelster* **0.2** ***violaspeler/speelster.***
vi·o·lon·cel·list ['vaɪələn'tʃelɪst‖'vi:ələn-]⟨telb.zn.⟩ **0.1** ***(violon)cellist.***
vi·o·lon·cel·lo [-'tʃeloʊ]⟨telb.zn.⟩ **0.1** ***(violon)cel*** ⇒*(violon)cello.*
vio·lo·ne ['vaɪəloʊn‖vɪə'loʊneɪ]⟨telb.zn.⟩⟨muz.⟩ **0.1** ***violone*** ⟨basinstrument⟩.
VIP ['vi:aɪ'pi:]⟨telb.zn.⟩⟨afk.⟩ very important person ⟨vnl. inf.⟩ **0.1** ***VIP*** ⇒*vooraanstaand/hooggeplaatst persoon, hoge piet, beroemdheid, coryfee.*
vi·per ['vaɪpə‖-ər]⟨f1⟩⟨telb.zn.⟩ **0.1** ⟨dierk.⟩ ***adder*** ⟨fam. Viperidae; ook fig.⟩ ⇒*slang, serpent, verrader* **0.2** ***(giftige) slang*** ◆ **1.1** generation of ~s *adderen(ge)broed* **1.¶** nourish/nurse/rear a ~ in one's bosom *een adder aan zijn borst/in zijn boezem koesteren* **2.1** common ~ *adder* ⟨Vipera berus⟩.
vi·per·ine ['vaɪpəraɪn, -rɪn]⟨bn.⟩ **0.1** ***mbt. /v.(e.) adder(s)*** **0.2** ***adderachtig.***
vi·per·ish ['vaɪpərɪʃ]⟨bn.⟩ **0.1** ***boosaardig*** ⇒*vals, verraderlijk, giftig, adderachtig.*
vi·per·ous ['vaɪprəs]⟨bn.⟩ **0.1** ***adderachtig*** ⟨ook fig.⟩ ⇒*verraderlijk, boosaardig, vals* **0.2** ***giftig*** ⟨ook fig.⟩.
'viper's 'bugloss ⟨telb. en n.-telb.zn.⟩⟨plantk.⟩ **0.1** ***(gewoon) slangekruid*** ⟨Echium vulgare⟩.
'viper's grass ⟨telb. en n.-telb.zn.⟩⟨plantk.⟩ **0.1** ***schorseneer*** ⟨Scorzonera hispanica⟩.
vi'p lounge ⟨telb.zn.⟩ **0.1** ***VIP-room.***
vi·ra·go [vɪ'rɑ:goʊ]⟨telb.zn.; ook -es; →mv. 2⟩ **0.1** ⟨pej.⟩ ***virago*** ⇒*manwijf, helleveeg, feeks* **0.2** ⟨vero.⟩ ***virago*** ⇒*vrouw met mannelijke eigenschappen/een mannelijk voorkomen, amazone.*
vi·ral ['vaɪərəl]⟨bn.⟩ **0.1** ***viraal*** ⇒*mbt. /v.e. virus, virus-.*
vir·e·lay ['vɪrɪleɪ]⟨telb.zn.⟩ **0.1** ***virelai*** ⟨middeleeuwse Franse dichtvorm⟩.
vir·e·o ['vɪrioʊ]⟨telb.zn.⟩⟨dierk.⟩ **0.1** ***vireo*** ⟨vogel; fam. Vireonidae⟩.
vires ⟨mv.⟩ →vis.
vi·res·cence [vɪ'resns]⟨n.-telb.zn.⟩ **0.1** ***groenheid*** **0.2** ⟨plantk.⟩ ***vergroening.***
vi·res·cent [vɪ'resnt]⟨bn.⟩ **0.1** ***groenend*** **0.2** ***groenig*** ⇒*groenachtig.*
vir·ga ['vɜ:gə‖'vɜrgə]⟨n.-telb.zn.⟩⟨meteo.⟩ **0.1** ***virga*** ⇒*valstreep.*
vir·gate[1] ['vɜ:gət‖'vɜr-]⟨telb.zn.⟩⟨gesch.⟩ **0.1** ⟨ong.⟩ ***12 hectare*** ⟨oude Engelse vlaktemaat⟩.
virgate[2] ⟨bn.⟩⟨biol.⟩ **0.1** ***roedevormig*** ⇒*recht, lang, dun.*
Vir·gil, Ver·gil ['vɜ:dʒɪl‖'vɜrdʒɪl]⟨eig.n.⟩ **0.1** ***Vergilius.***
Vir·gil·i·an [vɜ:'dʒɪlɪən‖vɜr-]⟨bn.⟩ **0.1** ***(als) v. /mbt. Vergilius.***
vir·gin[1] ['vɜ:dʒɪn‖'vɜr-]⟨f2⟩⟨zn.⟩
I ⟨eig.n.; V-; the⟩⟨astr., ster.⟩ **0.1** ***(de) Maagd*** ⇒*Virgo;*
II ⟨telb.zn.⟩ **0.1** ***maagd*** ⟨ook v. man⟩ **0.2** ***maagd*** ⇒*ongetrouwde/kuise vrouw, meisje* **0.3** ⟨relig.⟩ ***maagd*** ⇒*kloosterzuster* **0.4** ⟨R.-K.⟩ ***madonna*** ⇒*afbeelding/beeld v.d. Heilige Maagd* **0.5** ⟨dierk.⟩ ***ongedekt/onbevrucht vrouwtje*** **0.6** ⟨dierk.⟩ ***zich parthe-***

nogenetisch/ongeslachtelijk voortplantend (vrouwelijk) insekt ◆ **7.1** the (Blessed) Virgin (Mary) *de (Heilige) Maagd (Maria).*

virgin[2] ⟨f2⟩⟨bn.⟩ **0.1** ⟨ben. voor⟩ ***maagdelijk*** ⇒*(als) v.e. maagd/jonge vrouw, zedig, kuis, zuiver, rein, onbevlekt; ongerept, onontgonnen; (nog) niet bestudeerd, (nog) niet bewerkt/behandeld* **0.2** ***gedegen*** ⟨metaal⟩ ⇒*maagden-, zuiver* **0.3** ***ongepijnd*** ⟨honing⟩ ⇒*maagden-* **0.4** ⟨dierk.⟩ ***zich parthenogenetisch/ongeslachtelijk voortplantend*** ◆ **1.1** ~ birth *parthenogenese;* ⟨relig.⟩ *maagdelijke geboorte (v. Jezus);* ~ comb *(nog) niet voor broed gebruikte (honing)raat;* ~ forest *maagdelijk/onbetreden woud;* ~ paper *onbeschreven papier;* ~ queen *onbevruchte bijenkoningin;* the Virgin Queen *Koningin Elizabeth I;* ~ snow *maagdelijke/vers gevallen sneeuw;* ~ soil *onontgonnen grond* ⟨ook fig.⟩; the mind of a child is no ~ soil *de geest v.e. kind is geen onbeschreven blad;* ~ steps *eerste stappen;* ~ wool *scheerwol* **1.2** ~ gold *maagdengoud* **1.3** ~ honey *maagdenhoning, ongepijnde honing* **1.¶** ~ oil *maagdenolie, natuurolie* ⟨olijfolie⟩ **6.1** ~ **to** *niet gewend aan, vrij van.*

vir·gin·al[1] ['vɜ:dʒɪnl‖'vɜr-]⟨zn.⟩⟨muz.⟩
I ⟨telb.zn.⟩ **0.1** ***virginaal*** ⟨soort klavecimbel⟩;
II ⟨mv.; ~s⟩ **0.1** ***virginaal*** ◆ **1.1** a pair of ~s *een virginaal.*

virginal[2] ⟨bn.; -ly⟩ **0.1** ***maagdelijk*** ⇒*kuis, zuiver, rein, ongerept.*

vir·gin·hood ['vɜ:dʒɪnhʊd‖'vɜr-]⟨n.-telb.zn.⟩ **0.1** ***maagdelijkheid*** ⇒*het (nog) maagd zijn* **0.2** ***maagdelijkheid*** ⇒*maagdelijke/ongehuwde staat.*

Vir·gin·ia [və'dʒɪnɪə‖vər-], **Vir'ginia to'bacco** ⟨telb. en n.-telb.zn.⟩ **0.1** ***Virginia(tabak)*** ⇒*Virginische tabak.*

Vir'ginia 'creeper, Vir'ginian 'creeper ⟨telb. en n.-telb.zn.⟩ ⟨plantk.⟩ **0.1** ***wilde wingerd*** ⟨Parthenocissus quinquefolia⟩.

Vir'ginia 'deer ⟨telb.zn.⟩⟨dierk.⟩ **0.1** ***Virginiahert*** ⟨Odocoileus virginianus⟩.

Vir'ginia 'fence, Vir'ginia rail 'fence ⟨telb.zn.⟩ **0.1** ***zigzagvormige omheining/afrastering.***

Vir·gin·ian[1] [və'dʒɪnɪən‖vər-]⟨f1⟩⟨telb.zn.⟩ **0.1** ***bewoner v. Virginia.***

Virginian[2] ⟨f1⟩⟨bn.⟩ **0.1** ***Virginisch*** ⇒*v./mbt. Virginia.*

Vir'ginia 'stock, Vir'ginian 'stock ⟨telb. en n.-telb.zn.⟩⟨plantk.⟩ **0.1** ***zeeviolier*** ⟨Malcolmia maritima⟩.

vir·gin·i·ty [vɜ:'dʒɪnəti‖vɜr'dʒɪnəṭi]⟨f2⟩⟨n.-telb.zn.⟩ **0.1** ***maagdelijkheid*** ⇒*het (nog) maagd zijn;* ⟨fig.⟩ *ongereptheid* **0.2** ***kuisheid*** ⇒*zedigheid* **0.3** ***maagdelijkheid*** ⇒*maagdelijke/ongehuwde staat.*

'virgin's 'bower ⟨telb.zn.⟩⟨plantk.⟩ **0.1** ***bosrank*** ⇒*clematis* ⟨genus Clematis⟩.

Vir·go ['vɜ:goʊ‖'vɜr-]⟨zn.⟩
I ⟨eig.n.⟩⟨astr., ster.⟩ **0.1** ***(de) Maagd*** ⇒*Virgo;*
II ⟨telb.zn.⟩⟨astr.⟩ **0.1** ***maagd*** ⟨iem. geboren onder I⟩.

virgo in·tac·ta ['vɜ:goʊ ɪn'tæktə‖'vɜr-]⟨telb.zn.⟩ **0.1** ***virgo intacta*** ⇒*ongerepte maagd* ⟨met ongeschonden maagdenvlies⟩.

vir·gule ['vɜ:gju:l‖'vɜr-]⟨telb.zn.⟩ **0.1** ***schuine streep*** ⟨leesteken: /⟩.

vir·id ['vɪrɪd]⟨bn.⟩ **0.1** ***(helder) groen.***

vir·i·des·cence ['vɪrɪ'desns]⟨n.-telb.zn.⟩ **0.1** ***groen(ig)heid*** ⇒*groenachtigheid* **0.2** ***vergroening*** ⇒*het groen worden.*

vir·i·des·cent ['vɪrɪ'desnt]⟨bn.⟩ **0.1** ***groen(ig)*** ⇒*groenachtig* **0.2** ***groenend.***

vi·rid·i·an [vɪ'rɪdɪən]⟨telb. en n.-telb.zn.; ook attr.⟩ **0.1** ***chroomoxydehydraatgroen*** ⟨kleurpigment⟩ ⇒*chroomgroen, (blauw) groen.*

vi·rid·i·ty [vɪ'rɪdəṭi]⟨n.-telb.zn.⟩ **0.1** ***groenheid*** ⟨ook fig.⟩ ⇒*onervarenheid.*

vir·ile ['vɪraɪl‖'vɪrəl]⟨f2⟩⟨bn.⟩ **0.1** ***mannelijk*** ⇒*viriel, krachtig, manhaftig* **0.2** ***potent.***

vir·i·les·cence ['vɪrɪ'lesns]⟨n.-telb.zn.⟩ **0.1** ***vermannelijking.***

vir·il·ism ['vɪrɪlɪzm]⟨n.-telb.zn.⟩⟨med.⟩ **0.1** ***virilisatie*** ⟨ontstaan v. secundaire mannelijke geslachtskenmerken bij vrouw⟩.

vi·ril·i·ty [vɪ'rɪləṭi]⟨f2⟩⟨n.-telb.zn.⟩ **0.1** ***mannelijkheid*** ⇒*viriliteit, kracht, manhaftigheid, manbaarheid* **0.2** ***potentie.***

vi·ri·on ['vɪrɪɒn‖'vaɪrɪɑn]⟨telb.zn.⟩ **0.1** ***virion*** ⟨vrij virusdeeltje⟩.

vi·ro·log·i·cal ['vaɪərə'lɒdʒɪkl‖-'lɑ-]⟨bn.; -ly⟩ **0.1** ***virologisch.***

vi·rol·o·gist ['vaɪə'rɒlədʒɪst‖-'rɑ-]⟨telb.zn.⟩ **0.1** ***viroloog.***

vi·rol·o·gy ['vaɪə'rɒlədʒi‖-'rɑ-]⟨n.-telb.zn.⟩ **0.1** ***virologie*** ⟨leer der virussen/virusziekten⟩.

vi·rose ['vaɪroʊs]⟨bn.⟩ **0.1** ***giftig*** **0.2** ***kwalijk riekend*** ⇒*stinkend.*

vir·tu [vɜ:'tu:‖vɜr-]⟨zn.⟩
I ⟨n.-telb.zn.⟩ **0.1** ***kennis/verstand v. kunst*** ⇒*kunstsmaak, gevoel voor kunst, kunstliefde* **0.2** ***kunstwaarde*** ◆ **1.1** a man of ~ *een kunstkenner/liefhebber* **1.2** articles/objects of ~ *kunstvoorwerpen, antiquiteiten, curiosa, objets d'art;*
II ⟨verz.n.⟩ **0.1** ***kunstvoorwerpen*** ⇒*antiquiteiten, curiosa, objets d'art.*

vir·tu·al ['vɜ:tʃʊəl‖'vɜr-]⟨f2⟩⟨bn., attr.⟩ **0.1** ***feitelijk*** ⇒*eigenlijk, werkelijk, praktisch* **0.2** ⟨optiek⟩ ***virtueel*** **0.3** ⟨nat.⟩ ***virtueel*** ◆ **1.1** to them it was a ~ defeat *voor hen kwam het neer op/betekende het/was het zoveel als een nederlaag* **1.2** ~ focus *virtueel brandpunt;* ~ image *virtueel beeld.*

vir·tu·al·i·ty ['vɜ:tʃʊ'æləti‖'vɜrtʃʊ'æləṭi]⟨telb. en n.-telb.zn.⟩ **0.1** ***essentie*** ⇒*wezen* **0.2** ***virtualiteit*** ⇒*potentieel vermogen.*

vir·tu·al·ly ['vɜ:tʃəli‖'vɜr-]⟨f3⟩⟨bw.⟩ **0.1** →virtual **0.2** ***praktisch*** ⇒*feitelijk, in essentie, in de grond, vrijwel, virtualiter* ◆ **3.2** my work is ~ finished *mijn werk is zo goed als af.*

vir·tue ['vɜ:tʃu:‖'vɜr-]⟨f3⟩⟨zn.⟩⟨→sprw. 164, 553, 710⟩
I ⟨telb. en n.-telb.zn.⟩ **0.1** ***deugd*** ⇒*deugdzaamheid, rechtschapenheid* **0.2** ***kuisheid*** ⇒*zedelijkheid* **0.3** ***verdienste*** ⇒*goede eigenschap, sterk punt, kracht, fort* **0.4** ***(heilzame) werking*** ⇒*geneeskracht* ◆ **1.1** make a ~ of necessity *van de nood een deugd maken* **2.1** ⟨relig.⟩ cardinal ~s *kardinale deugden, hoofddeugden;* natural ~s *natuurlijke deugden;* theological ~s *theologische/goddelijke deugden* **6.¶** **by/in** ~ **of** *krachtens, ingevolge, op grond van;*
II ⟨mv.; ~s; ook V-⟩⟨relig.⟩ **0.1** ***Krachten*** ⟨vijfde der negen engelenkoren⟩.

vir·tue·less ['vɜ:tʃu:ləs‖'vɜr-]⟨bn.; -less⟩ **0.1** ***zonder deugden*** ⇒⟨bij uitbr.⟩ *verdorven, slecht.*

vir·tu·os·ic ['vɜ:tʃʊ'ɒsɪk‖'vɜrtʃʊ'ɑsɪk]⟨bn.⟩ **0.1** ***virtuoos*** ⇒*met virtuositeit.*

vir·tu·os·i·ty ['vɜ:tʃʊ'ɒsəti‖'vɜrtʃʊ'ɑsəṭi]⟨f1⟩⟨n.-telb.zn.⟩ **0.1** ***virtuositeit*** ⇒*meesterschap, grote bedrevenheid/vaardigheid* **0.2** ***kunstliefde.***

vir·tu·o·so ['vɜ:tʃʊ'oʊzoʊ‖'vɜtʃʊ'oʊsoʊ]⟨telb.zn.; ook virtuosi [-zi:‖-si:]; →mv. 5⟩ **0.1** ***virtuoos*** ⇒*virtuoze* **0.2** ***kunstkenner/liefhebber/verzamelaar*** ⇒*dilettant.*

vir·tu·ous ['vɜ:tʃʊəs‖'vɜr-]⟨f1⟩⟨bn.; -ly; -ness⟩ **0.1** ***deugdzaam*** ⇒*rechtschapen* **0.2** ***kuis*** ⇒*zedig* **0.3** ***werkzaam*** ⇒*heilzaam, effectief.*

vir·u·lence ['vɪrʊləns‖'vɪrə-], **vir·u·len·cy** [-si]⟨n.-telb.zn.⟩ **0.1** ***kwaadaardigheid*** ⟨ziekte⟩ ⇒*virulentie* **0.2** ***venijnigheid*** ⇒*kwaadaardigheid, bitterheid, rancune.*

vir·u·lent ['vɪrʊlənt‖'vɪrə-]⟨f1⟩⟨bn.; -ly⟩ **0.1** ***(zeer) giftig*** ⇒*dodelijk* ⟨gif⟩ **0.2** ***kwaadaardig*** ⟨ziekte⟩ ⇒*(zeer) schadelijk/gevaarlijk, virulent, hevig* **0.3** ***venijnig*** ⇒*kwaadaardig, giftig, bitter, heftig* **0.4** ***irriterend*** ⇒*aanstotelijk* ◆ **1.4** ~ colours *schreeuwende kleuren.*

vi·rus ['vaɪərəs]⟨f2⟩⟨telb.zn.⟩ **0.1** ***virus*** **0.2** ***smetstof*** ⇒*ziekteverwekker* **0.3** ***virusziekte.***

vis [vɪs]⟨telb. en n.-telb.zn.; vires ['vaɪri:z]; →mv. 5⟩ **0.1** ***vis*** ⇒*kracht, vermogen, macht.*

Vis ⟨afk.⟩ Viscount, Viscountess.

vi·sa[1] ['vi:zə], ⟨AE ook⟩ **vi·sé** ['vi:zeɪ]⟨f1⟩⟨telb.zn.⟩ **0.1** ***visum*** ⟨op document, pas⟩ ⇒*paraaf.*

visa[2], ⟨AE ook⟩ **visé** ⟨ov.ww.; ook visa'd ['vi:zəd], visé'd ['vi:zeɪd]⟩ **0.1** ***viseren*** ⇒*een visum plaatsen op, tekenen voor gezien* **0.2** ***ratificeren.***

vis·age ['vɪzɪdʒ]⟨telb.zn.⟩⟨schr.⟩ **0.1** ***gelaat*** ⇒*gelaatstrekken/uitdrukking, (aan)gezicht* **0.2** ***aanblik.***

-vis·aged ['vɪzɪdʒd]⟨schr.⟩ **0.1** ***met een... gelaat/gezicht*** ◆ **¶.1** dark-visaged *met een donker gelaat, met donkere gelaatstrekken;* sad-visaged *met een droevig gezicht.*

vis-à-vis[1] ['vi:zə'vi:]⟨f1⟩⟨telb.zn.; vis-à-vis; →mv. 5⟩ **0.1** ***vis-à-vis*** ⟨pers. die tgo. ander zit⟩ **0.2** ***tegenhanger*** **0.3** ⟨AE⟩ ***begeleider/ster*** ⇒*partner, metgezel(lin)* **0.4** ***vis-à-vis*** ⟨rijtuig met zitplaatsen tgo. elkaar⟩.

vis-à-vis[2] ⟨bw.⟩ **0.1** ***vis-à-vis*** ⇒*(recht) tegenover elkaar.*

vis-à-vis[3] ⟨vz.⟩ **0.1** ***vis-à-vis*** ⇒*(recht) tegenover* **0.2** ***tegenover*** ⇒*ten opzichte van, vergeleken met, in verhouding tot.*

Visc ⟨afk.⟩ Viscount, Viscountess.

vis·ca·cha, viz·ca·cha [vɪ'skætʃə]⟨telb.zn.⟩⟨dierk.⟩ **0.1** ***viscacha*** ⟨woelmuis; Lagostomus maximus⟩.

vis·cer·a ['vɪsərə]⟨mv.⟩⟨anat.⟩ **0.1** ***inwendige organen*** ⇒⟨i.h.b.⟩ *ingewanden.*

vis·cer·al ['vɪsərəl]⟨bn.⟩ **0.1** ⟨anat.⟩ ***visceraal*** ⇒*mbt./v.d. ingewanden, inwendig* **0.2** ***diepgeworteld*** ⇒*niet oppervlakkig* **0.3** ***instinctief*** ⇒*intuïtief* **0.4** ***lichamelijk*** ◆ **1.1** ~ nervous system *sympathisch zenuwstelsel, sympathicus.*

vis·cer·o·ton·ic ['vɪsərə'tɒnɪk‖'vɪsəroʊ'tɑnɪk]⟨bn.⟩⟨psych.⟩ **0.1** ***viscerotoon*** ⟨houdend v. gezelligheid⟩.

vis·cid ['vɪsɪd]⟨bn.; -ly; -ness⟩ **0.1** ***kleverig*** **0.2** ***taai*** ⇒*stroperig, dik (vloeibaar), viskeus* ⟨vloeistof⟩.

vis·cid·i·ty [vɪ'sɪdəṭi]⟨zn.; →mv. 2⟩
I ⟨telb.zn.⟩ **0.1** ***kleverige/taaie substantie;***
II ⟨n.-telb.zn.⟩ **0.1** ***kleverigheid*** **0.2** ***taaiheid*** ⇒*stroperigheid, viscositeit.*

vis·com·e·ter [vɪ'skɒmɪtə‖vɪ'skɑmɪṭər], **vis·co·sim·e·ter** ['vɪskə'sɪmɪtə‖-'sɪmɪṭər]⟨telb.zn.⟩ **0.1** ***viscosimeter*** ⇒*viscositeitsmeter.*

vis·cose[1] ['vɪskoʊs]⟨n.-telb.zn.⟩ **0.1** ***viscose*** ⟨grondstof⟩ **0.2** ***viscose (zijde).***

viscose[2] ⟨bn.⟩ **0.1** ***kleverig*** **0.2** ***taai*** ⟨ook fig.⟩ ⇒*stroperig, dik(vloeibaar), viskeus.*
'viscose 'rayon ⟨n.-telb.zn.⟩ **0.1** ***viscoserayon*** ⇒*viscosezijde.*
vis·cos·i·ty [vɪ'skɒsəṭi‖vɪ'skɑsəṭi]⟨f1⟩⟨zn.;→mv. 2⟩
I ⟨telb.zn.⟩ **0.1** ***kleverige/taaie substantie;***
II ⟨telb. en n.-telb.zn.⟩⟨nat.⟩ **0.1** ***viscositeit*** ⇒*inwendige wrijving* ◆ **2.1** dynamic ~ *dynamische/absolute viscositeit;* kinematic ~ *kinematische viscositeit;*
III ⟨n.-telb.zn.⟩ **0.1** ***kleverigheid*** **0.2** ***taaiheid*** ⇒*stroperigheid.*
vis·count ['vaɪkaʊnt]⟨f2⟩⟨telb.zn.⟩ **0.1** ***burggraaf*** ⟨Eng. titel tussen baron en earl⟩.
vis·count·cy ['vaɪkaʊntsi], **vis·count·ship** [-ʃɪp]⟨telb. en n.-telb.zn.; →mv. 2⟩ **0.1** ***burggraafschap*** ⇒*waardigheid v.e. burggraaf.*
vis·count·ess ['vaɪkaʊnṭɪs]⟨telb.zn.⟩ **0.1** ***burggravin.***
vis·count·y ['vaɪkaʊnṭi]⟨telb. en n.-telb.zn.;→mv. 2⟩ **0.1** ***burggraafschap*** ⇒*waardigheid v.e. burggraaf* **0.2** ***burggraafschap*** ⇒*rechtsgebied/rechtsbevoegdheid v.e. burggraaf.*
vis·cous ['vɪskəs]⟨f1⟩⟨bn.;-ly;-ness⟩ **0.1** ***kleverig*** **0.2** ***taai*** ⟨ook fig.⟩ ⇒*stroperig, dik(vloeibaar)* **0.3** ⟨nat.⟩ ***hoog viskeus*** ⇒*dikvloeibaar.*
Visct ⟨afk.⟩ Viscount, Viscountess.
vis·cum ['vɪskəm]⟨zn.⟩
I ⟨telb. en n.-telb.zn.⟩⟨plantk.⟩ **0.1** ***vogellijm*** ⇒*maretak, mistletoe* ⟨genus Viscum⟩;
II ⟨n.-telb.zn.⟩ **0.1** ***vogellijm*** ⟨bereid uit bessen v. I⟩.
vis·cus ['vɪskəs]⟨uitzonderlijk enk. v.⟩ →viscera.
vise[1] [vaɪs]⟨telb.zn.⟩⟨AE⟩ **0.1** ***bankschroef*** ⇒*hand/klem/spanschroef.*
vise[2] ⟨ov.ww.⟩⟨AE⟩ **0.1** ***klemmen*** ⇒*vastklemmen (in/als in een bankschroef).*
visé →visa.
viselike →vicelike.
Vish·nu ['vɪʃnu:]⟨eig.n.⟩ **0.1** ***Visjnoe*** ⟨Indische godheid⟩.
vis·i·bil·i·ty ['vɪzə'bɪləṭi]⟨f2⟩⟨zn.;→mv. 2⟩
I ⟨telb. en n.-telb.zn.⟩ **0.1** ***zicht*** ⟨vnl. meteo.⟩ ◆ **2.1** good/high ~ *goed zicht;* poor/low ~ *slecht zicht;*
II ⟨n.-telb.zn.⟩ **0.1** ***zichtbaarheid.***
vis·i·ble[1] ['vɪzəbəl]⟨telb.zn.; vaak mv.⟩⟨ec.⟩ **0.1** ***(handels)produkt*** ⇒⟨mv.⟩ *(handels)goederen.*
visible[2] ⟨f3⟩⟨bn.;-ly;-ness;→bijw. 3⟩
I ⟨bn.⟩ **0.1** ***zichtbaar*** ⇒*waarneembaar, merkbaar, duidelijk, opvallend* ◆ **1.1** ⟨ec.⟩ ~ balance *handelsbalans* ⟨mbt. goederen⟩; ⟨theol.⟩ the Visible Church, the Church Visible *de Zichtbare Kerk;* ⟨ec.⟩ ~ exports/reserve/supply *zichtbare uitvoer/reserve/voorraad;* ~ horizon *zichtbare/schijnbare/lokale horizon* **1.¶** ⟨taalk.⟩ ~ speech *visible speech* ⟨alfabet v. mondstanddiagrammen voor doven⟩ **3.1** it was diminishing visibly *het werd zienderogen minder* **5.1** the stain was barely ~ *de vlek was nauwelijks te zien;*
II ⟨bn., pred.⟩ **0.1** ***te spreken*** ◆ **6.1** I am not ~ **to** anyone *ik ben voor niemand te spreken/thuis.*
Vis·i·goth ['vɪzɪgɒθ‖-gɑθ]⟨telb.zn.⟩⟨gesch.⟩ **0.1** ***Wisi/Westgoot.***
Vis·i·goth·ic ['vɪzɪ'gɒθɪk‖-'gɑθɪk]⟨bn.⟩⟨gesch.⟩ **0.1** ***Wisi/Westgotisch.***
vis in·er·ti·ae ['vɪs ɪ'nɜ:ʃi:‖-'nɜr-]⟨n.-telb.zn.⟩⟨nat.⟩ **0.1** ***vis inertiae*** ⇒*werking der traagheid.*
vi·sion[1] ['vɪʒn]⟨f3⟩⟨zn.⟩
I ⟨telb.zn.⟩ **0.1** ***visioen*** ⇒*droom(beeld), wensbeeld, beeld* **0.2** ***(droom/geestes)verschijning*** ⇒*schim, fantoom* **0.3** ***(vluchtige) blik*** ⇒*glimp, aanblik, (uit)zicht* **0.4** ***droom*** ⇒*schoonheid, beeld* **0.5** ⟨t.v.⟩ ***beeld*** ◆ **1.3** what a ~ of dreariness that town looked! *wat bood die stad een troosteloze aanblik!* **2.1** he had a clear ~ of what was going to happen *hij zag duidelijk voor zich wat er ging gebeuren* **3.1** I had ~s of missing the train *ik zag het al helemaal voor me dat ik de trein zou missen;* see ~s *visioenen hebben, de zienersgave hebben* **3.3** catch a ~ of *een glimp opvangen van* **3.4** isn't she a ~? *is het geen plaatje?;*
II ⟨n.-telb.zn.⟩ **0.1** ***gezicht(svermogen)*** ⇒*het zien* **0.2** ***visie*** ⇒*inzicht, vooruitziende blik, kijk* ◆ **1.1** field of ~ *gezichtsveld* **1.2** a man of ~ *een man met visie.*
vision[2] ⟨ov.ww.⟩ **0.1** ***(als) in een droom/visioen zien*** ⇒*zich verbeelden, voor zich zien* **0.2** ***(als) in een droom/visioen tonen.***
vi·sion·al ['vɪʒnəl]⟨bn.;-ly⟩ **0.1** ***visionair*** ⇒*mbt./v./als (een) visioen(en), gezien in een visioen* **0.2** ***denkbeeldig*** ⇒*ingebeeld, onwerkelijk, droom-.*
vi·sion·a·ry[1] ['vɪʒənri‖-neri]⟨f1⟩⟨telb.zn.;→mv. 2⟩ **0.1** ***ziener*** ⇒*visionair, profeet* **0.2** ***dromer*** ⇒*idealist, fantast.*
visionary[2] ⟨f1⟩⟨bn.;-ness;→bijw. 3⟩ **0.1** ***visionair*** ⇒*visioenen hebbend* **0.2** ***dromerig*** ⇒*onpraktisch, idealistisch* ⟨persoon⟩ **0.3** ***onrealistisch*** ⇒*onverwezenlijkbaar, fantastisch, utopisch* ⟨plan⟩ **0.4** ***denkbeeldig*** ⇒*ingebeeld, onwerkelijk, droom-* **0.5** ***met visie*** ⇒*vooruitziend, inzicht hebbend* **0.6** ***visionair*** ⇒*mbt./v./als (een) visioen(en).*
vi·sion·ist ['vɪʒənɪst]⟨telb.zn.⟩ **0.1** ***ziener*** ⇒*visionair, profeet.*
'vi·sion-mix ⟨onov.ww.⟩⟨film., t.v.⟩ **0.1** ***beelden mixen*** ⇒*beelden/opnames elkaar laten afwisselen.*
vis·it[1] ['vɪzɪt]⟨f3⟩⟨telb.zn.⟩ **0.1** ***bezoek*** ⇒*visite* ⟨ook v. dokter⟩, *(tijdelijk) verblijf* **0.2** ***inspectie*** ⇒*onderzoek, doorzoeking, visitatie* **0.3** ⟨AE; inf.⟩ ***praatje*** ⇒*babbeltje* ◆ **3.1** go on a ~ to s.o. *op bezoek gaan bij iem.; gaan logeren bij iem.;* pay a ~ to s.o., pay s.o. a ~ *iem. een bezoek(je) brengen.*
visit[2] ⟨f3⟩⟨ww.⟩ →visiting
I ⟨onov.ww.⟩ **0.1** ***een bezoek/bezoeken afleggen*** ⇒*op bezoek/visite gaan* **0.2** ⟨AE⟩ ***logeren*** ⇒*verblijven* **0.3** ⟨AE; inf.⟩ ***een praatje maken*** ⇒*babbelen, kletsen* ◆ **6.1** ~ **with** *een bezoek brengen aan, op visite gaan bij* **6.3** ~ **with** *een praatje (gaan) maken met;*
II ⟨ov.ww.⟩ **0.1** ***bezoeken*** ⇒*een bezoek brengen aan, op visite gaan bij, langs gaan (bij)* **0.2** ⟨AE⟩ ***logeren bij*** ⇒*verblijven bij/in* **0.3** ***inspecteren*** ⇒*onderzoeken, visiteren* **0.4** ***bezoeken*** ⇒*treffen, teisteren* **0.5** ***overvallen*** ⇒*(plotseling) opkomen bij, zich meester maken van, bekruipen* ⟨v. gevoelens⟩ **0.6** ***doen neerkomen*** ⇒*toebrengen, toedienen* **0.7** ***straffen*** ⇒*wreken, bezoeken* ⟨vnl. bijb.⟩ **0.8** ***verzorgen*** ⇒*hulp verlenen, helpen* ◆ **1.1** there is enough time to ~ the bank *er is nog tijd genoeg om (even) langs de bank te gaan;* ~ a cathedral *een kathedraal bezoeken/bezichtigen* **1.7** I shall ~ their sins upon them *Ik zal aan hen hun zonde bezoeken* ⟨Exodus 32:34⟩ **1.8** ~ the sick *de zieken verzorgen* **6.4** the village was ~ed **by/with** the plague *het dorp werd bezocht/getroffen door/met de pest* **6.6** ~ one's wrath **(up)on** s.o. *zijn toorn doen neerkomen op iem., iem. de volle laag geven* **6.7** ~ **upon** *wreken op, bezoeken aan;* ~ **with** *straffen met.*
vis·it·a·ble ['vɪzɪṭəbl]⟨bn.⟩ **0.1** ***geschikt voor bezoek*** ⇒*een bezoek waard* **0.2** ***open (voor bezoek)*** ⟨museum⟩ **0.3** ***onderworpen aan inspectie*** ⇒*onder toezicht.*
vis·i·tant[1] ['vɪzɪṭənt]⟨telb.zn.⟩ **0.1** ⟨schr.⟩ ***bezoeker*** ⇒⟨i.h.b.⟩ *verschijning, geest, schim* **0.2** ⟨dierk.⟩ ***(dwaal/jaar/winter/zomer) gast*** ⇒*trekvogel.*
visitant[2] ⟨bn.⟩⟨vero.⟩ **0.1** ***bezoekend*** ⇒*op bezoek.*
vis·i·ta·tion ['vɪzɪ'teɪʃn]⟨f1⟩⟨zn.⟩
I ⟨telb.zn.⟩ **0.1** ***(officieel) bezoek*** ⇒*huisbezoek* ⟨v. geestelijke⟩; *inspectie(bezoek), (kerk)visitatie* **0.2** ⟨inf.⟩ ***onbehoorlijk/al te lang bezoek*** **0.3** ***bezoeking*** ⇒*beproeving, bestraffing, ramp, ongeluk* **0.4** ***zegening*** ⇒*beloning* **0.5** ⟨dierk.⟩ ***ongewone, massale trek*** ⟨v. vogels enz.⟩ ◆ **1.1** ~ of the sick *ziekenbezoek* ⟨v. geestelijke⟩ **1.3** a ~ of God *een bezoeking des Heren;*
II ⟨n.-telb.zn.; V-; the⟩ **0.1** ***Visitatie*** ⟨bezoek v. Maria aan Elizabeth⟩ **0.2** ***Onze-Lieve-Vrouwe Visitatie*** ⟨R.-K. feestdag⟩ **0.3** ***orde der Visitatie*** ⟨vrouwelijke kloosterorde⟩ ◆ **1.3** Nuns of the Visitation *zusters v.d. orde der Visitatie.*
vis·i·ta·to·ri·al ['vɪzɪṭə'tɔ:rɪəl], **vis·i·to·ri·al** ['vɪzɪ'tɔ:rɪəl]⟨bn.⟩ **0.1** ***inspectie-*** ⇒*toezicht-, visitatie-, bezoek-* ◆ **1.1** ~ authority/power *visitatierecht/bevoegdheid.*
vis·it·ing[1] ['vɪzɪṭɪŋ]⟨f1⟩⟨n.-telb.zn.; gerund v. visit; vnl. in samenstellingen met nw.⟩ **0.1** ***het bezoeken*** ⇒*het afleggen v. bezoeken, bezoek-, visite-* ◆ **1.1** have a ~ acquaintance with, be on ~ terms with *een goede kennis/goede kennissen zijn van, over de vloer komen bij.*
visiting[2] ⟨f1⟩⟨bn.; teg. deelw. v. visit⟩ **0.1** ***bezoekend*** ⇒*gast-* ◆ **1.1** ~ professor *gasthoogleraar;* ⟨sport⟩ the ~ team *de gasten* **1.¶** ⟨AE; inf.⟩ ~ fireman *hoge/invloedrijke gast, hoog bezoek, hoge piet* ⟨vnl. bij conferenties enz.⟩.
'visiting book ⟨telb.zn.⟩ **0.1** ***visiteboekje*** ⟨voor aantekenen v. visites⟩.
'visiting card ⟨f1⟩⟨telb.zn.⟩ **0.1** ***visitekaartje*** ⟨alleen lett.⟩.
'visiting hours ⟨f1⟩⟨mv.⟩ **0.1** ***bezoekuur*** ⇒*bezoektijd.*
vis·i·tor ['vɪzɪṭə‖'vɪzɪṭər]⟨f3⟩⟨telb.zn.⟩ **0.1** ***bezoeker*** ⇒*gast, logé; toerist* **0.2** ⟨dierk.⟩ ***(dwaal/jaar/winter/zomer)gast*** ⇒*trekvogel* **0.3** ***inspecteur*** **0.4** ⟨relig.⟩ ***visitatie*** ◆ **3.1** ⟨sport⟩ the ~s are leading *de gasten/bezoekers staan voor* **4.1** they had many ~s today *ze hadden vandaag veel bezoek.*
'visitor's book ⟨f1⟩⟨telb.zn.⟩ **0.1** ***gastenboek*** ⇒*naamboek* ⟨in museum⟩.
'vis 'ma·jor ⟨telb. en n.-telb.zn.⟩⟨jur.⟩ **0.1** ***vis major*** ⇒*overmacht.*
vi·son ['vaɪsn], **'vison weasel** ⟨telb.zn.⟩⟨dierk.⟩ **0.1** ***Amerikaanse nerts*** ⇒*mink* ⟨Mustela vison⟩.
vi·sor, vi·zor ['vaɪzə‖-ər]⟨f1⟩⟨telb.zn.⟩ **0.1** ***klep*** ⟨v. pet⟩ **0.2** ***zonneklep*** ⟨v. auto⟩ **0.3** ⟨gesch.⟩ ***vizier*** ⟨v. helm⟩ **0.4** ⟨vero.⟩ ***masker.***
vi·sored, vi·zored ['vaɪzəd‖-zərd]⟨bn.⟩ **0.1** ***met een (zonne)klep*** **0.2** ⟨gesch.⟩ ***met een vizier*** **0.3** ⟨vero.⟩ ***gemaskerd*** ⇒*vermomd.*
vis·ta ['vɪstə]⟨f1⟩⟨telb.zn.⟩ **0.1** ***uitzicht*** ⇒*doorkijk(je), (ver)gezicht* **0.2** ***laan*** **0.3** ***(lange) reeks*** ⇒*rij, aaneenschakeling* **0.4** ***perspectief*** ⇒*vooruitzicht* **0.5** ***terugblik*** ⇒*herinnering* ◆ **1.3** a ~ of arches

een (lange) reeks bogen; we saw a long ~ of hard years stretching out before us *we zagen een lange reeks v. moeilijke jaren voor ons in het verschiet liggen* **1.4** ~ of the future *toekomstperspectief* **3.4** open up new ~s / a new ~ *nieuwe perspectieven openen.*

vis·taed ['vɪstəd]⟨bn.⟩ **0.1** ***met uitzicht*** ⇒*een doorkijk biedend* **0.2** ***een laan / reeks vormend*** **0.3** ***(zichzelf) in het vooruitzicht gesteld.***

Vis·tu·la ['vɪstjʊlə‖-tʃələ]⟨eig.n.; the⟩ **0.1** ***Weichsel*** ⇒*Wisla* ⟨rivier in Polen⟩.

vi·su·al[1] ['vɪʒʊəl]⟨telb.zn.⟩ **0.1** ⟨vnl. mv.⟩ ⟨vnl. AE⟩ ***beeldmateriaal*** ⇒⟨i.h.b.⟩ *promotiefilm, reclamespot* **0.2** ⟨tech.⟩ ***advertentie-ontwerp.***

visual[2] ⟨f2⟩⟨bn.; -ly⟩

I ⟨bn.⟩ **0.1** ***visueel*** **0.2** ***zichtbaar*** **0.3** ***optisch*** ◆ **1.1** ⟨school.⟩ ~ aids *visuele hulpmiddelen;* ~ arts *beeldende kunsten;* ⟨comp.⟩ ~ display unit *(beeld)scherm, monitor;* ~ memory *visueel geheugen;* ~ pollution *visuele vervuiling* **1.3** ~ signal *optisch sein* **¶.1** ~ly that lamp is very nice but it's rather unpractical *die lamp ziet er heel aardig uit maar hij is niet erg praktisch;*

II ⟨bn., attr.⟩ **0.1** ***gezichts-*** ⇒*oog-* ◆ **1.1** ~ angle *gezichtshoek;* ~ beam / ray *gezichtslijn / straal;* ~ field *gezichtsveld;* ~ nerve *gezichtszenuw;* ~ purple *gezichtspurper* ⟨rood pigment in netvlies⟩.

vis·u·al·i·za·tion, -sa·tion [ˌvɪʒʊəlaɪ'zeɪʃn‖-lə-]⟨n.-telb.zn.⟩ **0.1** ***visualisatie*** ⇒*het zich voorstellen* **0.2** ***visualisatie*** ⇒*het zichtbaar maken, veraanschouwelijking.*

vis·u·al·ize, -ise ['vɪʒʊəlaɪz]⟨f2⟩⟨ww.⟩

I ⟨onov.ww.⟩ **0.1** ***zich een voorstelling maken*** **0.2** ***zichtbaar worden;***

II ⟨ov.ww.⟩ **0.1** ***zich voorstellen*** ⇒*zich een voorstelling maken van, visualiseren, zich een beeld vormen van, zich voor de geest halen* **0.2** ***visualiseren*** ⇒*zichtbaar maken, veraanschouwelijken.*

vis vi·va ['vɪs 'vaɪvə]⟨n.-telb.zn.⟩⟨nat.⟩ **0.1** ***vis viva*** ⇒*kinetische energie.*

vi·tal ['vaɪtl]⟨f3⟩⟨bn.; -ly; -ness⟩

I ⟨bn.⟩ **0.1** ***essentieel*** ⇒*vitaal, v. wezenlijk / primair belang, onmisbaar* **0.2** ***vitaal*** ⇒*levenskrachtig, dynamisch* **0.3** ***fataal*** ⇒*dodelijk* ◆ **1.1** your help is ~ for / to the scheme *het plan staat of valt met jouw hulp;* of ~ importance *v. vitaal belang, v. levensbelang;* a ~ question *een vitale kwestie, een levenskwestie* **1.3** ~ wound *fatale wond* **2.1** ~ly important *v. vitaal belang, v. levensbelang;*

II ⟨bn., attr.⟩ **0.1** ***levens-*** ⇒*vitaal, voor het leven kenmerkend / noodzakelijk* ◆ **1.1** ⟨fil.⟩ ~ force *levenskracht, élan vital* ⟨principe uit het vitalisme⟩; respiration is a ~ function *ademhalen is een levensverrichting;* ~ heat *vitale warmte;* ~ parts *edele delen, vitale delen;* ~ power *levenskracht;* ⟨fil.⟩ ~ principle *levensprincipe* ⟨principe uit het vitalisme⟩; ~ spirits *levensgeesten* **1.¶** ~ capacity *vitale capaciteit* ⟨maximale capaciteit v. longen⟩; ~ statistics *bevolkingsstatistiek;* ⟨inf.⟩ *belangrijkste feiten, interessantste gegevens; maten* ⟨v. vrouw⟩.

vi·tal·ism ['vaɪtlɪzm]⟨n.-telb.zn.⟩⟨fil.⟩ **0.1** ***vitalisme.***

vi·tal·ist ['vaɪtlɪst]⟨telb.zn.⟩⟨fil.⟩ **0.1** ***vitalist*** ⇒*aanhanger v.h. vitalisme.*

vi·tal·is·tic ['vaɪtl'ɪstɪk]⟨bn.⟩⟨fil.⟩ **0.1** ***vitalistisch.***

vi·tal·i·ty [vaɪ'tæləti]⟨f3⟩⟨n.-telb.zn.⟩ **0.1** ***vitaliteit*** ⇒*levenskracht, levendigheid, dynamiek, bezieling* **0.2** ***vitaliteit*** ⇒*levensvatbaarheid.*

vi·tal·ize, -ise ['vaɪtlaɪz]⟨ov.ww.⟩ **0.1** ***bezielen*** ⇒*leven geven aan;* ⟨fig.⟩ *activeren, tot leven wekken, (nieuw) leven inblazen.*

vi·tals ['vaɪtlz]⟨mv.⟩ **0.1** ***edele delen*** **0.2** ***vitale delen*** ⟨v. motor enz.⟩.

vi·ta·min ['vɪtəmɪn‖'vaɪtə-], ⟨zelden⟩ **vi·ta·mine** [-mi:n]⟨f3⟩⟨telb.zn.⟩ **0.1** ***vitamine*** ◆ **¶.1** ~ A / B *vitamine A / B* ⟨enz.⟩.

vi·ta·min·ize ['vɪtəmɪnaɪz‖'vaɪtə-]⟨ov.ww.⟩ **0.1** ***vitamin(is)eren*** ⇒*vitaminen toevoegen aan.*

'vitamin tablet ⟨f1⟩⟨telb.zn.⟩ **0.1** ***vitaminetablet.***

vi·tel·line [vɪ'telɪn, vaɪ-]⟨bn.⟩ **0.1** ***dooier-*** ⇒*mbt. / v.d. dooier* **0.2** ***eigeel*** ◆ **1.1** ~ membrane *dooierzak(je).*

vi·tel·lus [vɪ'teləs, vaɪ-]⟨telb.zn.; vitelli [-laɪ]; →mv. 5⟩ **0.1** ***dooier.***

vi·ti·ate ['vɪʃieɪt]⟨ov.ww.⟩ **0.1** ***schaden*** ⇒*tenietdoen, schenden, verzwakken* **0.2** ***bederven*** ⇒*verontreinigen, vervuilen;* ⟨ook fig.⟩ *corrumperen, aantasten* **0.3** ***ongeldig / nietig maken*** ⟨contract⟩ ◆ **1.1** this fact ~s your conclusion *dit feit doet jouw gevolgtrekking teniet;* ~ the truth *de waarheid geweld aandoen* **1.2** ~d air *verontreinigde / bedorven lucht.*

vi·ti·a·tion [ˌvɪʃi'eɪʃn]⟨n.-telb.zn.⟩ **0.1** ***schending*** ⇒*het schaden* **0.2** ***verontreiniging*** ⇒*bederf, aantasting* ⟨ook fig.⟩ **0.3** ***het ongeldig maken*** ⟨v. contract⟩.

vit·i·cul·ture ['vɪtɪkʌltʃə‖'vɪtɪkʌltʃər]⟨n.-telb.zn.⟩ **0.1** ***wijnbouw.***

vit·i·cul·tur·ist [-'kʌltʃərɪst]⟨telb.zn.⟩ **0.1** ***wijnboer*** ⇒*wijnbouwer.*

vi·ti·li·go [vɪtɪ'laɪgoʊ]⟨n.-telb.zn.⟩⟨med.⟩ **0.1** ***vitiligo.***

vit·re·os·i·ty ['vɪtri'ɒsəti‖-'ɑsəti]⟨n.-telb.zn.⟩ **0.1** ***glazigheid*** ⇒*glasachtigheid.*

vit·re·ous ['vɪtrɪəs]⟨bn.; -ly; -ness⟩ **0.1** ***glas-*** ⇒*glazen, v. glas* **0.2** ***glasachtig*** ⇒*glazig* **0.3** ⟨anat.⟩ ***mbt. / v.h. glaslichaam*** ⟨in het oog⟩ **0.4** ***glasgroen*** ◆ **1.1** ~ electricity *glaselektriciteit, positieve elektriciteit* **1.2** ⟨anat.⟩ ~ body / humour *glaslichaam, glasachtig lichaam* ⟨in het oog⟩; ~ enamel *email* ⟨op metaal⟩.

vi·tres·cence [vɪ'tresns]⟨n.-telb.zn.⟩ **0.1** ***verglazing.***

vi·tres·cent [vɪ'tresnt]⟨bn.⟩ **0.1** ***verglazend*** **0.2** ***verglaasbaar.***

vit·ri·fi·a·ble ['vɪtrɪfaɪəbl]⟨bn.⟩ **0.1** ***verglaasbaar.***

vit·ri·fi·ca·tion ['vɪtrɪfɪ'keɪʃn], **vit·ri·fac·tion** ['vɪtrɪ'fækʃn]⟨zn.⟩

I ⟨telb.zn.⟩ **0.1** ***verglaasd voorwerp;***

II ⟨telb. en n.-telb.zn.⟩ **0.1** ***verglazing.***

vit·ri·form ['vɪtrɪfɔ:m‖-fɔrm]⟨bn.⟩ **0.1** ***glasachtig*** ⇒*glazig.*

vit·ri·fy ['vɪtrɪfaɪ]⟨onov. en ov.ww.; →ww. 7⟩ **0.1** ***verglazen*** ⇒*in glas veranderen, glasachtig worden.*

vi·trine ['vɪtri:n‖vɪ'tri:n]⟨telb.zn.⟩ **0.1** ***vitrine.***

vit·ri·ol ['vɪtrɪəl]⟨zn.⟩⟨schei.⟩

I ⟨telb. en n.-telb.zn.⟩ **0.1** ***vitriool*** ⇒*sulfaat* ◆ **2.1** blue ~ *blauwe vitriool, kopersulfaat;*

II ⟨n.-telb.zn.⟩ **0.1** ***vitriool*** ⇒*zwavelzuur;* ⟨fig.⟩ *bijtende opmerking / kritiek, sarcasme, venijn* ◆ **1.1** oil of ~ *vitrioololie, geconcentreerd zwavelzuur.*

vit·ri·o·late ['vɪtrɪəleɪt]⟨ov.ww.⟩ **0.1** ***in vitriool veranderen*** **0.2** ***met vitriool behandelen / verwonden.***

vit·ri·ol·ic ['vɪtri'ɒlɪk‖-'ɑlɪk]⟨bn.⟩ **0.1** ***vitrioolachtig*** ⇒*vitriool-* **0.2** ***bijtend*** ⇒*sarcastisch, venijnig, giftig.*

vit·ri·ol·ize ['vɪtrɪəlaɪz]⟨ov.ww.⟩ **0.1** ***met vitriool behandelen / verwonden.***

'vit·ri·ol-throw·ing ⟨n.-telb.zn.⟩ **0.1** ***het gooien met vitriool*** ⟨in iemands gezicht⟩.

Vi·tru·vi·an [vɪ'tru:vɪən]⟨bn.⟩ **0.1** ***(als) v. Vitruvius*** ⟨Romeins architect⟩.

vit·ta ['vɪtə]⟨telb.zn.; ook vittae ['vɪti:]; →mv. 5⟩ **0.1** ⟨plantk.⟩ ***oliekanaal*** **0.2** ⟨biol.⟩ ***(kleur)streep*** ⇒*band.*

vi·tu·per·ate [vɪ'tju:pəreɪt‖vaɪ'tu:]⟨ov.ww.⟩ **0.1** ***hekelen*** ⇒*uitvaren tegen, beschimpen, tekeergaan tegen.*

vi·tu·per·a·tion [vɪˌtju:pə'reɪʃn‖vaɪˌtu:-]⟨telb. en n.-telb.zn.⟩ **0.1** ***hekeling*** ⇒*beschimping, verwensing, scheldpartij.*

vi·tu·per·a·tive [vɪ'tju:prətɪv‖vaɪ'tu:pəreɪtɪv]⟨bn.; -ly⟩ **0.1** ***hekelend*** ⇒*scherp, giftig.*

vi·tu·per·a·tor [vɪ'tju:pəreɪtə‖vaɪ'tu:pəreɪtər]⟨telb.zn.⟩ **0.1** ***hekelaar*** ⇒*beschimper.*

vi·va[1] ['vaɪvə], ⟨in bet. 0.1 ook⟩ **vi·vat** ['vaɪvæt]⟨f1⟩⟨telb.zn.⟩ **0.1** ***vivat*** ⟨uitroep⟩ ⇒*leve* **0.2** ⟨BE; inf.⟩ ***mondeling*** ⇒*mondeling(e) examen / test* ◆ **¶.1** ~ the king! *leve de koning!.*

viva[2] ⟨ov.ww.; ook viva'd ['vaɪvəd]⟩ ⟨BE; inf.⟩ **0.1** ***mondeling examineren / testen.***

vi·va·ce [vi'vɑ:tʃi]⟨bw.⟩⟨muz.⟩ **0.1** ***vivace*** ⇒*levendig, vlug.*

vi·va·cious [vɪ'veɪʃəs]⟨f1⟩⟨bn.; -ly; -ness⟩ **0.1** ***levendig*** ⇒*opgewekt, vrolijk.*

vi·vac·i·ty [vɪ'væsəti]⟨f1⟩⟨n.-telb.zn.⟩ **0.1** ***levendigheid*** ⇒*opgewektheid, vrolijkheid.*

vi·van·dière [vɪ'vɑ:ndi'eə‖vɪ'vɑndi'er]⟨telb.zn.⟩⟨gesch.⟩ **0.1** ***marketentster*** ⇒*zoetelaarster* ⟨in Frankrijk⟩.

vi·var·i·um [vaɪ'veərɪəm‖-'ver-]⟨telb.zn.; ook vivaria [-rɪə]; →mv. 5⟩ **0.1** ***vivarium*** ⇒*terrarium.*

vi·va vo·ce[1] ['vaɪvə 'voʊtʃi]⟨telb.zn.⟩ **0.1** ***mondeling(e) examen / test.***

viva voce[2] ⟨bn.; bw.⟩ **0.1** ***mondeling.***

'vi·va-'vo·ce ⟨ov.ww.⟩ **0.1** ***mondeling examineren / testen.***

vi·vax ['vaɪvæks]⟨telb.zn.⟩⟨dierk.⟩ **0.1** ***(Plasmodium) vivax*** ⟨malariaparasiet⟩.

vi·ver·rine ['vaɪ'veraɪn]⟨bn.⟩ **0.1** ***civetkatachtig*** ⇒*mbt. / v.d. civetkat.*

viv·id ['vɪvɪd]⟨f3⟩⟨bn.; -ly; -ness⟩ **0.1** ***helder*** ⟨kleur, licht⟩ ⇒*sterk, intens, scherp* **0.2** ***levendig*** ⇒*sterk, duidelijk* ◆ **1.2** a ~ imagination *een levendige fantasie;* a ~ portrayal of *een levensechte schildering v.;* I have a ~ recollection of ... *ik kan me ... nog levendig herinneren, ... staat me nog helder voor de geest.*

viv·i·fi·ca·tion ['vɪvɪfɪ'keɪʃn]⟨n.-telb.zn.⟩ **0.1** ***bezieling*** ⇒*het (weer) tot leven wekken, vivificatie* **0.2** ***verlevendiging.***

viv·i·fy ['vɪvɪfaɪ]⟨ov.ww.; →ww. 7⟩ **0.1** ***leven geven aan*** ⇒*bezielen, (weer) tot leven wekken* **0.2** ***verlevendigen*** ⇒*levendig maken.*

viv·i·par·i·ty ['vɪvɪ'pærəti]⟨n.-telb.zn.⟩⟨biol.⟩ **0.1** ***viviparie*** ⇒*het vivipaar / levendbarend zijn.*

vi·vip·a·rous [vɪ'vɪpərəs‖vaɪ-]⟨bn.; -ly; -ness⟩ **0.1** ⟨dierk.⟩ ***vivipaar*** ⇒*levendbarend* **0.2** ⟨plantk.⟩ ***vivipaar.***

viv·i·sect ['vɪvɪ'sekt]⟨f1⟩⟨ww.⟩

I ⟨onov.ww.⟩ **0.1** ***vivisectie bedrijven;***

II ⟨ov.ww.⟩ **0.1** ***vivisectie bedrijven / toepassen op*** ⇒*levend ontleden.*

viv·i·sec·tion ['vɪvɪ'sekʃn]⟨f1⟩⟨telb. en n.-telb.zn.⟩ **0.1** ***vivisectie*** ⟨ook fig.⟩ ⇒*ontleding, zeer kritisch onderzoek, het op de snijtafel leggen.*
viv·i·sec·tion·ist ['vɪvɪ'sekʃənɪst]⟨telb.zn.⟩ **0.1** ***vivisector*** ⟨iem. die vivisectie bedrijft⟩ **0.2** ***voorstander v. vivisectie.***
viv·i·sec·tor ['vɪvɪ'sektə‖-ər]⟨telb.zn.⟩ **0.1** ***vivisector.***
vix·en ['vɪksn]⟨f1⟩⟨telb.zn.⟩ **0.1** ***moervos*** ⇒*wijfjesvos* **0.2** ***feeks*** ⇒*kreng, kijfster, helleveeg.*
vix·en·ish ['vɪksənɪʃ], **vix·en·ly** [-li]⟨bn.⟩ **0.1** ***boosaardig*** ⟨v. vrouw⟩ ⇒*krengerig, kijfachtig, feeksachtig.*
viz [vɪz]⟨bw.; wordt vnl. gelezen als namely⟩⟨oorspr. afk.⟩ videlicet **0.1** ***namelijk*** ⇒*te weten, d.w.z..*
viz·ard ['vɪzəd‖'vɪzərd]⟨telb.zn.⟩⟨vero.⟩ **0.1** ***masker*** ⇒*vermomming.*
vizcacha →viscacha.
vi·zier, vi·zir [vɪ'zɪə‖-'zɪr]⟨telb.zn.⟩ **0.1** ***vizier*** ⟨minister in islamitisch land⟩ ◆ **2.1** ⟨gesch.⟩ grand ~ *grootvizier* ⟨eerste minister v.h. Turkse rijk⟩.
vi·zier·ate [vɪ'zɪərət‖-'zɪr-], **vi·zier·ship** [vɪ'zɪəʃɪp‖-'zɪr-]⟨telb. en n.-telb.zn.⟩ **0.1** ***waardigheid/ambt(speriode) v.e. vizier.***
vizor →visor.
vizored →visored.
V-'J Day ⟨n.-telb.zn.⟩⟨afk.⟩ Victory over Japan Day **0.1** ***dag v.d. overwinning op Japan*** ⟨15 augustus 1945 voor Eng.; 2 september 1945 voor Am.⟩.
vl ⟨afk.⟩ variant reading ⟨varia lectio⟩.
Vlach[1] [vla:k, vlæk]⟨telb.zn.⟩ **0.1** ***Walachijer*** ⇒*Walach* ⟨bewoner v. Walachije, streek in Roemenië⟩.
Vlach[2] ⟨bn.⟩ **0.1** ***Walachijs*** ⇒*mbt./v. Walachije.*
VLCC ⟨afk.⟩ very large crude carrier.
vlei, vlaie, vly [fleɪ]⟨telb.zn.⟩⟨Z. Afr. E⟩ **0.1** ***(moerassige) laagte.***
VLSI ⟨afk.⟩ Very Large Scale Integration.
'V-neck ⟨f1⟩⟨telb.zn.⟩ **0.1** ***V-hals.***
vo ⟨afk.⟩ verso.
VO ⟨afk.⟩ Royal Victorian Order ⟨BE⟩.
vo·cab ['voʊkæb]⟨telb.zn.⟩⟨verk.⟩ vocabulary ⟨inf.⟩ **0.1** ***woordenlijst*** ⇒*vocabulaire.*
vo·ca·ble[1] ['voʊkəbl]⟨telb.zn.⟩⟨taalk.⟩ **0.1** ***woord*** ⟨als vorm, niet als betekeniseenheid⟩ **0.2** ⟨vero.⟩ ***vocaal*** ⇒*klinker.*
vocable[2] ⟨bn.⟩ **0.1** ***uitspreekbaar.***
vo·cab·u·lar·y [və'kæbjʊləri‖-bjəleri]⟨f2⟩⟨telb.zn.; →mv. 2⟩ **0.1** ***woordenlijst*** ⇒*vocabulaire, woordenboek, lexicon* **0.2** ***woordenschat*** ⇒*vocabulaire, lexicon;* ⟨fig.⟩ *(geheel v.) uitdrukkingsvormen/stijlvormen, repertoire* ◆ **2.2** a limited ~ *een beperkte woordenschat;* the scientific ~ *het wetenschappelijke vocabulaire.*
vo·cal[1] [voʊkl]⟨f1⟩⟨telb.zn.⟩ **0.1** ***lied(je)*** ⇒*(pop)song* **0.2** ⟨vnl. mv.⟩ ***zang*** **0.3** ⟨R.-K.⟩ ***stemgerechtigde*** **0.4** ⟨taalk.⟩ ***vocaal*** ⇒*klinker* ◆ ¶.**2** ~s: Pete Miller *zang: Pete Miller.*
vocal[2] ⟨f2⟩⟨bn.; -ly; -ness⟩
I ⟨bn.⟩ **0.1** ***gesproken*** ⇒*mondeling, vocaal* **0.2** ⟨muz.⟩ ***vocaal*** ⇒*gezongen, zang-* **0.3** ***zich (gemakkelijk/duidelijk) uitend*** ⇒*welbespraakt, sprekend, luidruchtig* **0.4** ***gonzend*** ⇒*met veel geroezemoes, weerklinkend* **0.5** ⟨taalk.⟩ ***stemhebbend*** **0.6** ⟨taalk.⟩ ***mbt./v.(e.) klinker(s)*** ⇒*klinker-, vocaal-* **0.7** ⟨schr.⟩ ***met stem begiftigd*** ⇒*een stem hebbend, bespraakt;* ⟨fig.⟩ *murmelend, ruisend* ⟨beekje enz.⟩ ◆ **1.1** ~ communication *mondelinge communicatie;* ~ prayer *vocaal/gesproken gebed* **1.2** ~ concert *vocaal concert, zangconcert;* ~ group *zanggroep;* ~ music *vocale muziek;* ~ performer *vocalist(e), zanger(es)* **6.3** be ~ **about** sth. *ergens geen doekjes om winden, iets niet onder stoelen of banken steken, iets rondbazuinen, de mond vol hebben van iets* **6.4** ~ **with** *gonzend/weerklinkend van;*
II ⟨bn., attr.⟩ **0.1** ***stem-*** ⇒*mbt./v.d. stem* ◆ **1.1** ~ cords/chords/bands *stembanden* **1.¶** ⟨anat.⟩ ~ tract *aanzetstuk.*
vo·cal·ic [və'kælɪk]⟨bn.⟩ **0.1** ***mbt./v.(e.) klinker(s)*** ⇒*klinker-, vocaal-* **0.2** ***met veel klinkers*** ⇒*klinkerrijk* ◆ **1.1** ⟨taalk.⟩ ~ harmony *vocaalharmonie* ⟨in Turks enz.⟩.
vo·cal·ism ['voʊkəlɪzm]⟨zn.⟩
I ⟨telb.zn.⟩⟨taalk.⟩ **0.1** ***stemhebbende klank*** ⇒⟨i.h.b.⟩ *vocaal, klinker;*
II ⟨n.-telb.zn.⟩ **0.1** ***stemgebruik*** **0.2** ***zang(kunst)*** ⇒*het zingen* **0.3** ⟨taalk.⟩ ***vocalisme*** ⇒*klinkerstelsel, klinkersysteem.*
vo·cal·ist ['voʊkəlɪst]⟨f1⟩⟨telb.zn.⟩ **0.1** ***vocalist(e)*** ⇒*zanger(es).*
vo·cal·i·ty [və'kæləṭi]⟨n.-telb.zn.⟩ **0.1** ***stem*** ⇒*spraakvermogen* **0.2** ⟨taalk.⟩ ***het stemhebbend zijn.***
vo·cal·i·za·tion, -sa·tion ['voʊkəlaɪ'zeɪʃn‖-lə'zeɪʃn]⟨n.-telb.zn.⟩ **0.1** ***het uitspreken*** ⇒*uiting, stemgebruik* **0.2** ⟨taalk.⟩ ***vocalisatie.***
vo·cal·ize, -ise ['voʊkəlaɪz]⟨ww.⟩
I ⟨onov.ww.⟩ **0.1** ⟨muz.⟩ ***vocaliseren*** **0.2** ⟨ben. voor⟩ ***de stem gebruiken*** ⟨ook scherts.⟩ ⇒*spreken; zingen; schreeuwen; neuriën;*
II ⟨onov. en ov.ww.⟩⟨taalk.⟩ **0.1** ***vocaliseren*** ⇒*stemhebbend worden/maken* **0.2** ***vocaliseren*** ⇒*in een klinker veranderen;*
III ⟨ov.ww.⟩ **0.1** ⟨ben. voor⟩ ***(met de stem) uiten*** ⇒*laten horen; uitspreken; zingen; (uit)schreeuwen; neuriën* **0.2** ⟨taalk.⟩ ***vocaliseren*** ⇒*vocaaltekens aanbrengen in* ⟨Hebreeuwse tekst⟩.
vo·ca·tion [voʊ'keɪʃn]⟨f2⟩⟨zn.⟩
I ⟨telb.zn.⟩ **0.1** ***beroep*** ⇒*betrekking, baan* **0.2** ***taak*** ⇒*rol;*
II ⟨telb. en n.-telb.zn.⟩ **0.1** ***roeping*** ⟨ook relig.⟩ **0.2** ***aanleg*** ⇒*talent, geschiktheid* ◆ **3.1** feel no ~ for *geen roeping voelen tot, zich niet geroepen/aangetrokken voelen tot* **3.2** have a ~ for *aanleg/talent hebben voor, geknipt/in de wieg gelegd zijn voor.*
vo·ca·tion·al [voʊ'keɪʃnəl]⟨f2⟩⟨bn.; -ly⟩ **0.1** ***beroeps-*** ⇒*vak-* **0.2** ***mbt./v. zijn roeping/aanleg*** ◆ **1.1** ~ bureau/office *bureau voor beroepskeuze;* ⟨AE⟩ ~ clinic *beroepskeuzeadviesbureau;* ~ education/training *vak/beroepsonderwijs;* ~ guidance *beroepsvoorlichting;* ~ school *vakschool.*
voc·a·tive[1] ['vɒkətɪv‖'vɑkəṭɪv]⟨telb.zn.⟩⟨taalk.⟩ **0.1** ***vocatief*** ⇒*vocatiefvorm/constructie.*
vocative[2] ⟨bn.⟩ **0.1** ⟨taalk.⟩ ***in/mbt./v.d. vocatief*** ⇒*vocatief-* **0.2** ***(aan)roepend*** ⇒*aanspreek-* ◆ **1.1** the ~ case *de vocatief.*
vo·cif·er·ant[1] [və'sɪfərənt‖voʊ-], **vo·cif·er·a·tor** [-reɪtə‖-reɪṭər]⟨telb.zn.⟩ **0.1** ***schreeuwer.***
vociferant[2] ⟨bn.⟩ **0.1** ***schreeuwend*** ⇒*tierend, fulminerend.*
vo·cif·er·ate [və'sɪfəreɪt‖voʊ-]⟨onov. en ov.ww.⟩ **0.1** ***schreeuwen*** ⇒*uitroepen, fulmineren, heftig protesteren/uitvaren, tieren.*
vo·cif·er·a·tion [vəˈsɪfəˈreɪʃn‖voʊ-]⟨telb. en n.-telb.zn.⟩ **0.1** ***geschreeuw*** ⇒*getier, heftig protest.*
vo·cif·er·ous [və'sɪfərəs‖voʊ-]⟨f1⟩⟨bn.; -ly; -ness⟩ **0.1** ***schreeuwend*** ⇒*tierend, fulminerend* **0.2** ***lawaaierig*** ⇒*schreeuwerig, luidruchtig.*
vod [vɒd‖vɑd]⟨telb.zn.⟩⟨verk.⟩ vodka ⟨inf.⟩ **0.1** ***vodka*** ◆ **1.1** a ~ and ton *een vodka-tonic.*
vod·ka ['vɒdkə‖'vɑdkə]⟨f2⟩⟨telb. en n.-telb.zn.⟩ **0.1** ***wodka.***
voe [voʊ]⟨telb.zn.⟩ **0.1** ***kreek*** ⇒*inham, (smalle) baai* ⟨op Shetlandeilanden en Orkaden⟩.
vogue [voʊg]⟨f2⟩⟨telb. en n.-telb.zn.⟩ **0.1** ***mode*** **0.2** ***populariteit*** ⇒*geliefdheid* ◆ **2.2** ten years ago his songs had a great ~ *tien jaar geleden waren zijn liedjes erg populair* **6.1** there is a great ~ **for** records from the sixties at the moment *platen uit de jaren zestig zijn op het ogenblik erg in trek/populair;* be **in** ~ *in de mode zijn, in zwang/trek zijn, in zijn;* come **into** ~ *in de mode komen, opgang maken;* be **out of** ~ *uit de mode zijn* **7.1** be (all) the ~ *(erg) in de mode zijn, (bijzonder) populair zijn, het helemaal zijn.*
vogu(e)·ish ['voʊgɪʃ]⟨bn.⟩ **0.1** ***modieus*** ⇒*chic* **0.2** ***populair*** ⇒*in (de mode).*
'vogue word ⟨telb.zn.⟩ **0.1** ***modewoord/term.***
voice[1] [vɔɪs]⟨f4⟩⟨zn.⟩
I ⟨telb. en n.-telb.zn.⟩ **0.1** ⟨ben. voor⟩ ***stem*** ⇒*(stem)geluid; klank, toon; spraakvermogen; uitdrukking, uiting; stemrecht; mening, gevoelen; spreekbuis, spreker; zanger(es);* ⟨muz.⟩ *zangpartij/stem;* ⟨muz.⟩ *(orgel)register* **0.2** ⟨taalk.⟩ ***vorm*** ⇒*modus* ◆ **1.1** the soft ~ of a brooklet *het zachte gemurmel/geruis v.e. beekje;* the ~ of God *de stem v. God, Gods wil/gebod;* the ~ of nature *de stem der natuur;* he regarded himself as the ~ of the poor *hij beschouwde zichzelf als de spreekbuis v.d. armen* **2.1** speak in a low ~ *op gedempte toon spreken* **2.2** active/passive ~ *bedrijvende/lijdende vorm* **3.1** find one's ~ *woorden vinden* ⟨na met stomheid geslagen te zijn⟩; give ~ to *uitdrukking geven aan, uiten, luchten;* I have no ~ in this matter *ik heb niets te zeggen/geen zeggenschap/geen stem in deze aangelegenheid;* he has lost his ~ *hij is zijn stem kwijt;* raise one's ~ *zijn stem verheffen; protest aantekenen* **3.¶** give ~ *zingen* **6.1** **in** (good) ~ *goed bij stem;* **out of** ~ *niet bij stem;* ⟨schr.⟩ **with** one ~ *eenstemmig, unaniem;*
II ⟨n.-telb.zn.⟩ **0.1** ⟨taalk.⟩ ***stem*** **0.2** ***zang*** ⟨als studie, vak⟩ ◆ **6.1** **with** ~ *met stem, stemhebbend.*
voice[2] ⟨f2⟩⟨ov.ww.⟩ **0.1** ***uiten*** ⇒*uitdrukking/lucht geven aan, verwoorden, weergeven, vertolken* **0.2** ***stemmen*** ⟨orgel⟩ **0.3** ⟨taalk.⟩ ***met stem uitspreken*** ⇒*stemhebbend maken* ◆ **1.3** a ~d consonant *een stemhebbende medeklinker.*
'voice box ⟨telb.zn.⟩⟨inf.⟩ **0.1** ***strottehoofd.***
-voiced [vɔɪst] **0.1** ***met... stem*** ◆ ¶.**1** soft-voiced *met zachte stem.*
voice·ful ['vɔɪsfl]⟨bn.; -ness⟩⟨schr.⟩ **0.1** ***met (luide) stem*** **0.2** ***weerklinkend*** ⇒*gonzend, luidruchtig, bruisend.*
voice·less ['vɔɪsləs]⟨bn.; -ly; -ness⟩ **0.1** ***zonder stem*** ⇒*stemloos, stom, stil, zwijgend* **0.2** ⟨taalk.⟩ ***stemloos.***
'voice-o·ver ⟨telb. en n.-telb.zn.⟩ **0.1** ***commentaarstem*** ⟨bij film, documentaire⟩.
'voice part ⟨telb.zn.⟩⟨muz.⟩ **0.1** ***zangpartij/stem.***
'voice pipe, 'voice tube ⟨telb.zn.⟩⟨anat.⟩ **0.1** ***spreekbuis.***
'voice·print ⟨telb.zn.⟩ **0.1** ***grafische voorstelling v.d. stem*** ⟨elektronisch⟩ ⇒*grafische stem/spraakanalyse, stemafdruk.*

voic·er ['vɔɪsə‖-ər]⟨telb.zn.⟩ **0.1** ***(orgel)stemmer***.

void[1] [vɔɪd]⟨f2⟩⟨telb.zn.; vnl. enk.⟩ **0.1** ***leegte*** ⇒*(lege) ruimte, leemte, vacuüm, lacune* **0.2** ⟨bridge⟩ ***renonce*** ◆ **2.1** there was a painful ~ in his life *er was een pijnlijke leegte in zijn leven* **3.1** the spaceship disappeared into the ~ *het ruimteschip verdween in de (kosmische) ruimte* **6.2** I have a ~ **in** hearts *ik heb een renonce (in) harten*.

void[2] ⟨f1⟩⟨bn.; -ness⟩ **0.1** ***leeg*** ⇒*ledig, verlaten* **0.2** ***niet bezet*** ⇒*vrij* ⟨tijd⟩ **0.3** ***vacant*** ⇒*onbezet, opengevallen* ⟨post⟩ **0.4** ⟨jur.⟩ ***nietig*** ⇒*ongeldig, vervallen* **0.5** ⟨schr.⟩ ***nutteloos*** ⇒*zinloos, waardeloos* ◆ **1.1** ⟨kaartspel⟩ my hearts are ~ *ik heb geen* / ⟨bridge⟩ *een renonce harten* **2.4** null and ~ *ongeldig, van nul en gener waarde* **3.3** fall ~ *vacant raken, vrij komen* **3.5** render ~ *tenietdoen* **6.1** ⟨kaartspel⟩ ~ **in** hearts *geen* / ⟨bridge⟩ *een renonce harten;* ~ **of** *zonder, ontbloot van, vrij van;* the man was completely ~ **of** fear *de man had totaal geen angst;* wholly ~ **of** interest *v. geen enkel belang*.

void[3] ⟨ww.⟩ →voided

I ⟨onov.ww.⟩ **0.1** ***zich ontlasten*** ⇒*zijn gevoeg doen, urineren;*

II ⟨ov.ww.⟩ **0.1** ***ongeldig maken*** ⟨vnl. jur.⟩ ⇒*nietig verklaren, vernietigen* **0.2** ***legen*** ⇒*ledigen, leeggooien / maken, ontruimen* **0.3** ***lozen*** ⟨uitwerpselen⟩ ⇒*afscheiden, zich ontdoen van* ◆ **1.3** ~ urine *urineren*.

void·a·ble ['vɔɪdəbl]⟨bn.; -ness⟩⟨jur.⟩ **0.1** ***vernietigbaar***.

void·ance ['vɔɪdns]⟨n.-telb.zn.⟩ **0.1** ***lediging*** ⇒*ontruiming* **0.2** ***verwijdering*** **0.3** ***ontlasting*** **0.4** ***het vacant zijn***.

void·ed ['vɔɪdɪ̣d]⟨bn.; oorspr. volt. deelw. v. void⟩⟨heraldiek⟩ **0.1** ***geledigd***.

voile [vɔɪl]⟨n.-telb.zn.⟩ **0.1** ***voile*** ⟨dun weefsel⟩.

voir dire ['vwɑ:'dɪə‖'vwɑr 'dɪr]⟨telb.zn.⟩⟨jur.⟩ **0.1** ***(aan de rechtzaak) voorafgaande ondervraging*** ⟨v. getuige of jurylid door rechter⟩ **0.2** ***getuigeneed*** ⟨afgelegd bij 0.1⟩.

vol[1] [vɒl‖vɑl]⟨f1⟩⟨telb.zn.⟩⟨verk.⟩ volume **0.1** ***(boek)deel***.

vol[2] ⟨afk.⟩ **0.1** ⟨volume⟩ ***vol.*** **0.2** ⟨volunteer⟩ **0.3** ⟨volcano⟩.

vo·lant ['voʊlənt]⟨bn.⟩ **0.1** ***vliegend*** **0.2** ⟨schr.⟩ ***gezwind*** ⇒*snel, vlug, rap, kwiek*.

Vo·la·pük ['vɒləpʊk‖'voʊ-]⟨eig.n.⟩ **0.1** ***Volapük*** ⟨kunstmatige wereldtaal⟩.

vo·lar ['voʊlə‖-ər]⟨bn.⟩⟨anat.⟩ **0.1** ***mbt. / v.d. handpalm*** **0.2** ***mbt. / v.d. voetzool***.

VOLAR ⟨afk.⟩ volunteer army.

vol·a·tile[1] ['vɒlətaɪl‖'vɑlət̬l]⟨telb.zn.⟩ **0.1** ***vluchtige stof***.

volatile[2] ⟨f2⟩⟨bn.; -ness⟩ **0.1** ***vluchtig*** ⇒*(snel) vervliegend, in damp opgaand, etherisch* **0.2** ***levendig*** ⇒*opgewekt, monter, vrolijk* **0.3** ***veranderlijk*** ⇒*wispelturig, onzeker, onstabiel* **0.4** ***gevoelig*** ⇒*explosief, lichtgeraakt* **0.5** ***(snel) voorbijgaand*** ⇒*vergankelijk, kortstondig, ongrijpbaar* ◆ **1.1** ~ oil *vluchtige / etherische olie;* ~ salt, sal ~ *vlugzout, reukzout*.

vol·a·til·i·ty ['vɒlə'tɪləti‖'vɑlə'tɪlət̬i]⟨n.-telb.zn.⟩ **0.1** ***vluchtigheid*** **0.2** ***levendigheid*** ⇒*opgewektheid* **0.3** ***veranderlijkheid*** ⇒*wispelturigheid* **0.4** ***gevoeligheid*** **0.5** ***vergankelijkheid***.

vol·a·til·i·za·tion, -sa·tion [vɒ'lætɪ̣laɪ'zeɪʃn‖'vɑlət̬lə'zeɪʃn]⟨n.-telb.zn.⟩ **0.1** ***vervluchtiging*** ⇒*het (doen) vervliegen*.

vol·a·til·ize, -ise [vɒ'lætɪ̣laɪz‖'vɑlət̬laɪz]⟨ww.⟩

I ⟨onov.ww.⟩ **0.1** ***vervliegen*** ⇒*vervluchtigen, in damp opgaan;*

II ⟨ov.ww.⟩ **0.1** ***doen vervliegen*** ⇒*vluchtig maken, in damp doen opgaan, vaporiseren*.

vol-au-vent ['vɒloʊ'vɑ̃‖'vɑl-]⟨telb.zn.⟩⟨cul.⟩ **0.1** ***vol-au-vent*** ⟨pastei met ragoût⟩.

vol·can·ic [vɒl'kænɪk‖vɑl-], **vul·can·ic** [vʌl-]⟨f2⟩⟨bn.; -ally; →bijw. 3⟩ **0.1** ***vulkanisch*** ⟨ook fig.⟩ ⇒*zeer heftig, explosief* ◆ **1.1** ⟨geol.⟩ ~ bomb *vulkanische bom;* ~ eruption *vulkaanuitbarsting;* ~ glass *vulkanisch glas;* ~ temper *vulkanisch temperament*.

vol·can·ism ['vɒlkənɪzm‖'vɑl-], **vul·can·ism** ['vʌl-], **vol·ca·nic·i·ty** ['vɒlkə'nɪsəti‖'vɑlkə'nɪsət̬i], **vul·ca·nic·i·ty** ['vʌl-]⟨n.-telb.zn.⟩ **0.1** ***vulkanisme***.

vol·ca·no [vɒl'keɪnoʊ‖vɑl-]⟨f2⟩⟨telb.zn.; ook -es; →mv. 2⟩ **0.1** ***vulkaan*** ⟨ook fig.⟩ ⇒*explosieve situatie* ◆ **2.1** active ~ *werkzame vulkaan;* dormant ~ *sluimerende vulkaan;* extinct ~ *uitgedoofde vulkaan*.

vol·can·o·log·i·cal ['vɒlkənə'lɒdʒɪkl‖'vɑlkənə'lɑ-], **vul·can·o·log·i·cal** ['vʌl-]⟨bn.⟩ **0.1** ***vulcanologisch***.

vol·can·ol·o·gist ['vɒlkə'nɒlədʒɪst‖'vɑlkə'nɑ-], **vul·can·ol·o·gist** ['vʌl-]⟨telb.zn.⟩ **0.1** ***vulcanoloog***.

vol·can·ol·o·gy ['vɒlkə'nɒlədʒi‖'vɑlkə'nɑ-], **vul·can·ol·o·gy** ['vʌl-]⟨n.-telb.zn.⟩ **0.1** ***vulcanologie***.

vole [voʊl]⟨zn.⟩

I ⟨telb.zn.⟩⟨dierk.⟩ **0.1** ***woelmuis*** ⟨genus Microtus⟩;

II ⟨n.-telb.zn.⟩⟨vero.; kaartspel⟩ **0.1** ***vole*** ⟨alle slagen⟩ ◆ **3.¶** go the ~ *alles op het spel zetten / riskeren*.

vo·let ['vɒleɪ‖voʊ'leɪ]⟨telb.zn.⟩ **0.1** ***vleugel*** ⟨v. triptiek⟩ ⇒*luik, paneel*.

Vol·ga ['vɒlgə‖'vɑl-]⟨eig.n.⟩ **0.1** ***Wolga***.

vol·i·tant ['vɒlɪ̣tənt‖'vɑlɪ̣tənt]⟨bn.⟩ **0.1** ***vliegend*** ⇒*(rond)fladderend*.

vo·li·tion [və'lɪʃn‖voʊ-]⟨f1⟩⟨n.-telb.zn.⟩ **0.1** ***wil*** ⇒*het willen, wilsuiting* **0.2** ***(wils)besluit*** **0.3** ***wilskracht*** ◆ **1.1** freedom of ~ *wilsvrijheid* **6.1** **by / of** one's own ~ *uit eigen wil, vrijwillig*.

vo·li·tion·al [və'lɪʃnəl‖voʊ-]⟨bn.; -ly⟩ **0.1** ***mbt. / v.d. wil*** ⇒*wils-* **0.2** ***wilskrachtig***.

vol·i·tive ['vɒlɪ̣tɪv‖'vɑlɪ̣t̬ɪv]⟨bn.⟩ **0.1** ***mbt. / v.d. wil*** ⇒*wils-* **0.2** ***opzettelijk*** ⇒*gewild* **0.3** ⟨taalk.⟩ ***een wens / verlangen uitdrukkend*** ⇒*desideratief, optatief*.

vol·ley[1] ['vɒli‖'vɑli]⟨f1⟩⟨telb.zn.⟩ **0.1** ***salvo*** ⟨ook fig.⟩ ⇒*(stort) vloed, kanonnade, stroom, regen* **0.2** ⟨sport⟩ ***volley*** ⇒*omhaal* ⟨v. voetbal⟩ ◆ **1.1** a ~ of oaths / curses *een salvo v. verwensingen, een scheldkanonnade* **6.2** **at / on** the ~ *uit de lucht, ineens; in het wilde weg*.

volley[2] ⟨f1⟩⟨ww.⟩

I ⟨onov.ww.⟩ **0.1** ***(gelijktijdig) losbranden*** ⇒*een salvo afvuren* ⟨ook fig.⟩ **0.2** ***bulderen*** ⟨v. kanonnen; ook fig.⟩ ⇒*donderen, knallen* **0.3** ***in een salvo afgeschoten worden*** ⇒*(tegelijk) door de lucht vliegen* **0.4** ⟨sport⟩ ***volleren*** ⇒*een volley / volleys maken / slaan, omhalen;*

II ⟨ov.ww.⟩ **0.1** ***in een salvo afschieten*** ⟨ook fig.⟩ ⇒*een salvo geven van, bestoken met, uitstoten* **0.2** ⟨sport⟩ ***uit de lucht / ineens slaan / schieten*** ⟨bal, voordat deze de grond raakt⟩ ⇒ ⟨voetbal⟩ *omhalen, direct op de slof nemen* ⟨bal⟩ **0.3** ⟨tennis⟩ ***volleren*** ⇒*met een volley slaan*.

'vol·ley·ball ⟨f1⟩⟨telb. en n.-telb.zn.⟩ **0.1** ***volleybal*** ⟨balspel en bal⟩.

vols ⟨afk.⟩ volumes.

volt[1], ⟨in bet. 0.2 en 0.3 ook⟩ **volte** [voʊlt]⟨f1⟩⟨telb.zn.⟩ **0.1** ⟨elek.⟩ ***volt*** **0.2** ⟨paardesport, dressuur⟩ ***volte*** ⟨volle cirkeldraai⟩ **0.3** ⟨schermen⟩ ***volte*** ⇒*zwenking*.

volt[2] ⟨onov.ww.⟩⟨schermen⟩ **0.1** ***een volte maken*** ⇒*uitwijken, zwenken*.

volt·age ['voʊltɪdʒ]⟨f2⟩⟨telb. en n.-telb.zn.⟩⟨elek.⟩ **0.1** ***voltage***.

vol·ta·ic [vɒl'teɪɪk‖vɑl-]⟨bn.⟩⟨elek.⟩ **0.1** ***galvanisch*** **0.2** ***volta-*** ⇒*v. Volta* ◆ **1.1** ~ battery *galvanische batterij;* ~ cell *galvanisch element, elektrische cel* **1.2** ~ pile *voltazuil*.

Vol·tair·e·an[1], **Vol·tair·i·an** [vɒl'teərɪən‖voʊl'ter-]⟨telb.zn.⟩ **0.1** ***aanhanger v. Voltaire***.

Voltairean[2], **Voltairian** ⟨bn.⟩ **0.1** ***mbt. / (als) v. Voltaire*** ⇒*sceptisch*.

Vol·taire chair [vɒl'teə tʃeə‖voʊl'ter tʃer]⟨telb.zn.⟩ **0.1** ***voltaire*** ⟨fauteuil⟩.

vol·ta·ism [vɒl'tæɪzm‖'vɑl-]⟨n.-telb.zn.⟩⟨elek.⟩ **0.1** ***galvanisme***.

vol·tam·e·ter [vɒl'tæmɪ̣tə‖vɑl'tæmɪ̣t̬ər]⟨telb.zn.⟩⟨elek.⟩ **0.1** ***voltameter***.

volte-face ['vɒlt'fɑ:s‖'vɑlt'fɑs]⟨telb.zn.⟩ **0.1** ***volte face*** ⇒*algehele omzwenking, draai v. 180 graden* ⟨vnl. fig.⟩.

volt·me·ter ['voʊltmi:tə‖-mi:t̬ər]⟨telb.zn.⟩⟨elek.⟩ **0.1** ***voltmeter*** ⇒*spanningsmeter*.

vol·u·bil·i·ty ['vɒljʊ'bɪləti‖'vɑljə'bɪlət̬i]⟨f1⟩⟨n.-telb.zn.⟩ **0.1** ***welbespraaktheid*** ⇒*radheid v. tong, flux de bouche, spraakzaamheid*.

vol·u·ble ['vɒljʊbl‖'vɑljə-]⟨f1⟩⟨bn.; -ly; -ness; →bijw. 3⟩ **0.1** ***gemakkelijk / vlot / veel pratend*** ⇒*rad v. tong, spraakzaam;* ⟨vaak pej.⟩ *praatziek* **0.2** ⟨plantk.⟩ ***slingerend*** ⇒*kronkelend, klimmend* **0.3** ⟨vero.⟩ ***gemakkelijk draaiend / rollend*** ⇒*beweeglijk* ◆ **1.1** he is a ~ speaker *hij is goed v.d. tongriem gesneden; hij heeft een gladde tong*.

vol·ume ['vɒlju:m‖'vɑljəm]⟨f3⟩⟨zn.⟩

I ⟨telb.zn.⟩ **0.1** ***(boek)deel*** ⇒*boek, band, bundel* **0.2** ***jaargang*** **0.3** ⟨ook attr.⟩ ***hoeveelheid*** ⇒*omvang, volume, massa* **0.4** ⟨vnl. mv.⟩ ***ronding*** ⇒*(ge)rond(e) iets / massa* **0.5** ⟨gesch.⟩ ***rol*** ⟨perkament, papyrus⟩ ◆ **1.3** ~ carmakers *grote autoproducenten, massaproducenten v. auto's* **1.4** the factory belched out ~s of black smoke *de fabriek braakte grote zwarte rookkolommen uit* **3.1** speak ~s *boekdelen spreken;*

II ⟨n.-telb.zn.⟩ **0.1** ***volume*** ⇒*inhoud, grootte* **0.2** ***volume*** ⇒*(geluids)sterkte* ◆ **3.2** turn down the ~ *het geluid zachter zetten*.

'volume control ⟨telb.zn.⟩ **0.1** ***volumeregelaar / knop*** ⇒*sterkteregelaar* ⟨v. versterker⟩.

vol·umed ['vɒlju:md‖'vɑljəmd]⟨bn.⟩ **0.1** ***omvangrijk*** ⇒*kolossaal, lijvig, volumineus* **0.2** ***samengebald*** ⟨wolk⟩.

-vol·umed ['vɒlju:md‖'vɑljəmd] **0.1** ***in… delen*** ◆ **¶.1** three-volumed *in drie delen*.

vol·u·met·ric ['vɒljʊ'metrɪk‖'vɑljə-]⟨bn.; -ally; →bijw. 3⟩ **0.1** ***volumetrisch*** ◆ **1.1** ~ analysis *volumetrische analyse* **1.¶** ⟨scheep.⟩ ~ ton *registerton* ⟨100 kub. voet; 2,83 m^3⟩.

vo·lu·mi·nos·i·ty [və'lu:mɪ̣'nɒsəti‖-'nɑsət̬i]⟨telb. en n.-telb.zn.; →mv. 2⟩ **0.1** ***omvangrijkheid*** ⇒*voluminositeit, lijvigheid* **0.2** ***produktiviteit*** ⟨v. schrijver⟩.

vo·lu·mi·nous [və'lu:mɪ̣nəs]⟨f1⟩⟨bn.; -ly; -ness⟩ **0.1** ***omvangrijk***

⇒*volumineus, zeer groot, geweldig, lijvig, wijd* ⟨bv. kleding⟩ **0.2** ***produktief*** ⇒*vruchtbaar* ⟨schrijver⟩ **0.3** ***uit veel (boek)delen bestaand*** **0.4** ⟨vero.⟩ ***slingerend*** ⇒*kronkelend.*

vol·un·ta·rism ['vɒləntrɪzm‖'vɑ-], ⟨in bet. 0.2 en 0.3 ook⟩ **vol·un·tar·y·ism** ['vɒləntriɪzm‖'vɑlənteriɪzm]⟨n.-telb.zn.⟩ **0.1** ⟨fil.⟩ ***voluntarisme*** **0.2** ***vrijwilligheid(sprincipe)*** ⟨verwerping v. dwang⟩ **0.3** ***onafhankelijkheid(sprincipe)*** ⟨mbt. kerk en onderwijs: financiering onafhankelijk v.d. staat, d.m.v. vrijwillige giften⟩.

vol·un·tar·y[1] ['vɒləntri‖'vɑlənteri]⟨telb.zn.; →mv. 2⟩ **0.1** ***vrije improvisatie*** ⟨voor/tijdens/na kerkdienst⟩ ⇒*voor/tussen/naspel* **0.2** ***vrijwillig(e) gift/werk*** **0.3** ⟨vero.; muz.⟩ ***improvisatie*** ⇒*fantasie.*

voluntary[2] ⟨f3⟩⟨bn.; -ly; -ness; →bijw. 3⟩

I ⟨bn.⟩ **0.1** ***vrijwillig*** ⇒*uit vrije/eigen beweging, uit eigen wil, niet gedwongen, spontaan* **0.2** ***opzettelijk*** **0.3** ⟨biol.⟩ ***willekeurig*** ⟨spier⟩ ◆ **1.1** ⟨BE⟩ Voluntary Aid Detachment *organisatie v. vrijwilligers in de gezondheidszorg;* ~ confession *vrijwillige bekentenis;* ~ laughter *spontaan gelach;* ~ worker *vrijwilliger;*

II ⟨bn., attr.⟩ **0.1** ***vrijwilligers-*** **0.2** ***gefinancierd door vrijwillige giften*** ◆ **1.1** ~ body *vrijwilligersorganisatie;* ~ organization ⟨ong.⟩ *stichting.*

vol·un·teer[1] [vɒlən'tɪə‖vɑlən'tɪr]⟨f2⟩⟨telb.zn.⟩⟨→sprw. 544⟩ **0.1** ***vrijwilliger*** ⟨ook mil.⟩ **0.2** ⟨vnl. attr.⟩⟨plantk.⟩ ***spontaan/vanzelf opkomende plant*** ⟨v. cultuurgewas⟩ ⇒*in het wild groeiende plant.*

volunteer[2] ⟨f3⟩⟨ww.⟩

I ⟨onov.ww.⟩ **0.1** ***zich (vrijwillig) aanmelden/aanbieden*** ⇒*uit eigen beweging meedoen;* ⟨mil.⟩ *vrijwillig/als vrijwilliger dienst nemen* **0.2** ⟨plantk.⟩ ***spontaan/vanzelf opkomen*** ⟨v. cultuurgewas⟩ ⇒*in het wild groeien* ◆ **6.1** ~ **for** *zich (vrijwillig) aanmelden /opgeven voor;* as yet nobody has ~ed **for** the job *er hebben zich tot op heden nog geen vrijwilligers gemeld voor het karwei;*

II ⟨ov.ww.⟩ **0.1** ***(vrijwillig/uit eigen beweging) aanbieden*** **0.2** ***(ongevraagd) opperen*** ⇒*(spontaan) te berde brengen, ten beste geven, uit zichzelf zeggen* ⟨opmerking, informatie⟩.

volun'teer army ⟨telb.zn.⟩ **0.1** ***vrijwilligersleger.***

volunteer 'work ⟨n.-telb.zn.⟩ **0.1** ***vrijwilligerswerk.***

vo·lup·té ['vɒlʊpteɪ‖'vələp'teɪ]⟨n.-telb.zn.⟩⟨Fr.⟩ **0.1** ***zinnelijkheid*** ⇒*sensualiteit, wulpsheid, wellustigheid.*

vo·lup·tu·ar·y[1] [və'lʌptʃʊəri‖-tʃueri]⟨telb.zn.; →mv. 2⟩⟨schr.⟩ **0.1** ***wellusteling*** ⇒*zinnelijk/sensueel iem..*

voluptuary[2] ⟨bn.⟩⟨schr.⟩ **0.1** ***wellustig*** ⇒*zinnelijk, sensueel, wulps, voluptueus.*

vo·lup·tu·ous [və'lʌptʃʊəs]⟨f2⟩⟨bn.; -ly; -ness⟩ **0.1** ***zinnelijk*** ⇒*sensueel, wellustig, wulps, voluptueus, geil* **0.2** ***weelderig*** ⇒*rijk, overvloedig* **0.3** ***genietend*** ⇒*vol genot* ◆ **1.1** ~ life *zinnelijk leven;* ~ mouth *sensuele mond.*

vo·lute[1] ['vlju:t‖və'lu:t]⟨telb.zn.⟩ **0.1** ⟨bouwk.⟩ ***volute*** ⇒*voluut, krulversiering* ⟨v. Ionisch kapiteel⟩ **0.2** ***krul*** ⇒*spiraal* **0.3** ⟨ong.⟩ ***(schelp v.) kegel/rolslak*** ⇒*kegel/rolschelp, toot.*

volute[2] ⟨bn.⟩ **0.1** ***gekruld*** ⇒*krul/spiraalvormig* **0.2** ⟨plantk.⟩ ***opgerold.***

vo·lut·ed [və'lu:tɪd]⟨bn.⟩ **0.1** ***gekruld*** ⇒*krul/spiraalvormig* **0.2** ⟨bouwk.⟩ ***met voluten/krulversiering.***

vo·lu·tion [və'lu:ʃn]⟨telb.zn.⟩ **0.1** ***draai(beweging)*** ⇒*rollende beweging* **0.2** ***draai(ing)*** ⇒*kronkel(ing), (spiraalvormige) krul, wrong.*

vol·va ['vɒlvə‖'vɑlvə]⟨telb.zn.⟩⟨plantk.⟩ **0.1** ***schede*** ⟨v. paddestoel⟩.

vol·vu·lus ['vɒlvjʊləs‖'vɑlvjə-]⟨telb.zn.⟩⟨med.⟩ **0.1** ***darmkronkel.***

vo·mer ['voʊmə‖-ər]⟨telb.zn.⟩⟨anat.⟩ **0.1** ***ploegschaarbeen.***

vom·it[1] ['vɒmɪt‖'vɑ-]⟨f1⟩⟨zn.⟩

I ⟨telb.zn.⟩ **0.1** ***braking*** **0.2** ***braakmiddel;***

II ⟨n.-telb.zn.⟩ **0.1** ***braaksel*** ◆ **2.1** black ~ *zwart braaksel* ⟨bij gele koorts⟩.

vomit[2] ⟨f2⟩⟨ww.⟩

I ⟨onov.ww.⟩ **0.1** ***braken*** ⟨ook fig.⟩ ⇒*vomeren;*

II ⟨ov.ww.⟩ **0.1** ***(uit)braken*** ⟨ook fig.⟩ ⇒*overgeven, uitspuwen, (met kracht) uitstoten* ◆ **5.1** the tank's side ~ed **out** masses of oil *de zijkant v.d. tank braakte massa's olie uit;* she ~ed **up** all yesterday's food *zij gaf al het eten v. gisteren over.*

'vomiting gas ⟨telb. en n.-telb.zn.⟩ **0.1** ***braakgas*** ⟨chloropicrine, nitrochloroform⟩.

'vomiting nut ⟨telb.zn.⟩⟨plantk.⟩ **0.1** ***braaknoot*** ⟨Nux vomica⟩.

vom·i·tive[1] ['vɒmətɪv‖'vɑmət̬ɪv]⟨telb.zn.⟩ **0.1** ***braakmiddel*** ⇒*vomitief.*

vomitive[2] ⟨bn.⟩ **0.1** ***braakwekkend*** ⇒*braak-.*

vom·i·to·ri·um ['vɒmɪ'tɔ:rɪəm‖'vɑ-]⟨telb.zn.; vomitoria [-rɪə]; →mv. 5⟩⟨Romeinse gesch.⟩ **0.1** ***toegang*** ⟨v. amfitheater⟩.

vom·i·to·ry[1] ['vɒmɪtri‖'vɑmɪtɔri]⟨telb.zn.; →mv. 2⟩ **0.1** ***braakmiddel*** **0.2** ***braakmond*** ⇒*trechter, krater* **0.3** →vomitorium.

vomitory[2] ⟨bn.⟩ **0.1** ***braakwekkend*** ⇒*braak-.*

vom·i·tu·ri·tion ['vɒmɪtjʊ'rɪʃn‖'vɑmɪtʃə-]⟨telb.zn.⟩ **0.1** ***vruchteloze braakpoging(en)*** ⇒*loze braking(en).*

vom·i·tus ['vɒmɪtəs‖'vɑmɪt̬əs]⟨n.-telb.zn.⟩ **0.1** ***braaksel.***

voo·doo[1] ['vu:du:]⟨f1⟩⟨zn.⟩

I ⟨telb.zn.⟩ **0.1** ***voodoo-beoefenaar*** ⇒*tovenaar, heks* **0.2** ***magisch middel*** ⇒*tovermiddel, ban, vloek* ◆ **3.2** put a ~ on an enemy *een vloek uitspreken over een vijand;*

II ⟨n.-telb.zn.⟩ **0.1** ***voodoo*** ⟨magisch-religieuze cultus in West-Indië, i.h.b. Haïti⟩.

voodoo[2] ⟨ov.ww.⟩ **0.1** ***onder voodoo-betovering brengen*** ⇒*beheksen.*

voo·doo·ism ['vu:du:ɪzm]⟨n.-telb.zn.⟩ **0.1** ***voodoocultus*** ⇒*toverij.*

voo·doo·ist ['vu:du:ɪst]⟨telb.zn.⟩ **0.1** ***voodoo-aanhanger*** **0.2** ***voodoo-beoefenaar*** ⇒*tovenaar, heks.*

-vo·ra [v(ə)rə]⟨vormt mv. nw.⟩ **0.1** ***-eters*** ⇒*-etende dieren* ◆ ¶**.1** insectivora *insekteneters, insektenetende dieren.*

vo·ra·cious [və'reɪʃəs]⟨bn.; -ly; -ness⟩ **0.1** ***vraatzuchtig*** ⟨ook fig.⟩ ⇒*schrokkig, allesverslindend* ◆ **1.1** a ~ appetite *een gulzige honger;* a ~ reader *een alleslezer.*

vo·ra·ci·ty [və'ræsət̬i]⟨n.-telb.zn.⟩ **0.1** ***vraatzucht*** ⇒*schrokkigheid.*

-vore [vɔ:‖vɔr]⟨vormt nw.⟩ **0.1** ***-eter*** ⇒*-voor* ◆ ¶**.1** a herbivore *een planteneter/herbivoor/plantenetend dier.*

-vo·rous [v(ə)rəs]⟨vormt bijv. nw.⟩ **0.1** ***-etend*** ◆ ¶**.1** carnivorous *vleesetend.*

vor·tex ['vɔ:teks‖'vɔr-]⟨f1⟩⟨telb.zn.; ook vortices [-t̬ɪsi:z]; →mv. 5⟩ **0.1** ***werveling*** ⟨ook fig.⟩ ⇒*wervelwind, draaikolk, maalstroom* **0.2** ⟨meteo.⟩ ***(circulatie rond) lagedrukgebied*** ◆ **1.1** be drawn into the ~ of politics *meegesleurd worden in de maalstroom v.d. politiek.*

'vor·tex-ring ⟨telb.zn.⟩ **0.1** ***wervelring*** ⇒*(k)ringetje* ⟨bv. bij het roken⟩.

vor·ti·cal ['vɔ:tɪkl‖'vɔrt̬ɪkl], **vor·ti·cose** ['vɔ:tɪkoʊs‖'vɔrt̬ɪ-]⟨bn.; -ly⟩ **0.1** ***wervelend*** ⇒*dwarrelend, als een draaikolk/wervelwind.*

vor·ti·cel·la ['vɔ:tɪ'selə‖'vɔrt̬ɪ-]⟨telb.zn.; ook vorticellae [-li]; →mv. 5⟩⟨dierk.⟩ **0.1** ***vorticella*** ⟨protozoön v.h. genus Vorticella⟩.

vor·ti·cism ['vɔ:tɪsɪzm‖'vɔrt̬ɪ-]⟨n.-telb.zn.⟩⟨kunst⟩ **0.1** ***vorticisme*** ⟨Eng. variant v.h. futurisme in de jaren twintig⟩.

vor·tig·i·nous [vɔ:'tɪdʒənəs‖vɔr-]⟨bn.⟩ **0.1** ***draaiend*** ⇒*dwarrelend, wervelend.*

Vosges [voʊʒ], **'Vosges 'Mountains** ⟨eig.n.; the⟩ **0.1** ***de Vogezen.***

vo·ta·ress ['voʊtrɪs‖'voʊt̬ərɪs], **vo·tress** ['voʊtrɪs]⟨telb.zn.⟩ **0.1** ***volgelinge*** ⇒*aanbidster, aanhangster, vereerster* **0.2** ⟨vero.; relig.⟩ ***ordezuster.***

vo·ta·ry ['voʊtri‖'voʊt̬əri]⟨telb.zn.; →mv. 2⟩ **0.1** ***volgeling*** ⇒*aanbidder, vereerder, aanhanger* **0.2** ⟨vero.; relig.⟩⟨ben. voor⟩ ***iem. die zich door plechtige belofte toewijdt aan een godheid*** ⇒*ordebroeder, monnik* ◆ **1.1** ~ of music *muziekenthousiast;* ~ of peace *voorvechter v.d. vrede;* ~ of science *fervente beoefenaar v.d. wetenschap.*

vote[1] [voʊt]⟨f3⟩⟨telb.zn.⟩ **0.1** ***stem*** ⇒*uitspraak, votum* **0.2** ***stemming*** **0.3** ***(gezamenlijke) stemmen*** ⇒*stemmenaantal* **0.4** ***stemrecht*** **0.5** ***stemgerechtigde*** **0.6** ***stembriefje*** ⇒*stemballetje* **0.7** ⟨vnl. BE⟩ ***(door parlement gestemd) budget*** ⇒*(goedgekeurde) begroting, gelden* ◆ **1.2** ~ of censure *votum/motie v. afkeuring;* ~ of confidence/no-confidence *motie v. vertrouwen/wantrouwen;* he proposed a ~ of thanks to the guest-speaker *hij vroeg het publiek de gastspreker hun dank te betuigen* **1.3** Labour ~ *Labour-kiezers/stemmers;* capture the women's ~ *de stemmen v.d. vrouwelijke kiezers winnen* **1.7** the ~ for the army/army ~ *het budget voor landsverdediging* **2.1** dissentient ~ *tegenstem* **2.2** unanimous ~ *eenstemmigheid* **2.3** there was an immense ~ against the proposal *er was een enorm stemmenaantal tegen het voorstel* **3.1** cast/record one's ~ *zijn stem uitbrengen;* casting ~ *beslissende/doorslaggevende stem* ⟨vnl. v. voorzitter, bij staking v. stemmen⟩; give one's ~ to/for *zijn stem geven aan, stemmen voor;* split one's ~ *op kandidaten v. verschillende partijen stemmen;* ⟨B.⟩ *panacheren* **3.2** come/go to the ~ *in stemming komen; tot stemming overgaan;* put sth. to the ~ *iets in stemming brengen;* take a ~ on *(laten) stemmen over* **3.3** the floating ~ *de zwevende/onbesliste kiezers, de stemmen v.d. politiek kleurlozen;* ⟨vnl. BE⟩ A and B split the women's ~ *A en B kregen allebei stemmen v. vrouwen* ⟨zodat een anti-feminist wellicht won⟩ **3.4** not in all countries do women have the ~ *niet in alle landen bestaat het (algemeen) stemrecht voor vrouwen* **3.7** a ~ of £ 100,000 was passed *er werd 100.000 pond toegestaan* **6.1** the motion was carried **by** two ~s *de motie werd aangenomen met een meerderheid v. twee stemmen;* be **within** a ~ of *maar een stem schelen of* **6.2** chosen **by** ~ *bij stemming gekozen, verkozen.*

vote[2] ⟨f3⟩⟨ww.⟩

I ⟨onov.ww.⟩ **0.1** ***stemmen*** ⇒*een stemming houden* ◆ **1.1** ~ lib-

eral *stem liberaal, geef je stem aan de Liberalen* **6.1** ~ **against/for** a bill *tegen/voor een wetsontwerp stemmen;* let's ~ **on** it *laten we erover stemmen;*
II ⟨ov.ww.⟩ **0.1** ***bij stemming verkiezen*** **0.2** ***bij stemming bepalen*** ⇒*beslissen, goedkeuren, verklaren* **0.3** ***voteren*** ⇒*(geld) toestaan* **0.4** ⟨vnl. pass.⟩⟨inf.⟩ ***uitroepen tot*** ⇒*het ermee eens zijn dat* **0.5** ⟨inf.⟩ ***voorstellen*** ◆ **1.1** ~ Labour *op Labour stemmen;* the resolution was ~d by a large majority *de resolutie werd aanvaard met een grote meerderheid* **1.2** they ~d a petition to the President *zij besloten een petitie tot de president te richten* **1.3** Parliament has ~d the flooded region a large sum of money *het Parlement heeft een grote som geld toegewezen aan het overstroomde gebied* **1.4** he was ~d a failure *hij werd algemeen uitgeroepen tot een mislukkeling;* the play was ~d a success *het stuk werd algemeen als een succes beschouwd* **1.¶** ⟨sl.⟩ ~ with one's feet *'m peren* ⟨uit protest⟩ **3.5** I ~ we leave now *ik stel voor dat we nu weggaan* **5.2** ~ **away** *wegstemmen, stemmen voor het verlies van;* →vote **down**; →vote **in**; →vote **on**; →vote **out**; →vote **through** **6.2** the colony ~d itself **into** an independent state *de kolonie besliste bij stemming dat ze een onafhankelijke staat zou worden;* he was ~d **into** the presidency for a second time *hij werd voor een tweede keer tot president gekozen;* the expert was ~d **onto** the Council *de expert werd verkozen tot lid v.d. Raad;* Parliament ~d itself **out of** existence *het parlement besloot bij stemming zichzelf te ontbinden;* ~ s.o. **out of** office/power *bij stemming beslissen dat iemands ambtstermijn/bewind ten einde is, iem. wegstemmen.*

vot(e)·a·ble ['voʊt̬əbl]⟨bn.⟩ **0.1** ***stemgerechtigd*** **0.2** ***verkiesbaar.***

'vote buying ⟨n.-telb.zn.⟩ **0.1** ***geronsel v. stemmen.***

'vote 'down ⟨ov.ww.⟩ **0.1** ***(bij stemming) verwerpen*** ⇒*overstemmen* ◆ **1.1** ~ a proposal *een voorstel verwerpen.*

'vote 'in ⟨f1⟩⟨ov.ww.⟩ **0.1** ***verkiezen*** ◆ **1.1** the Conservatives were voted in again *de Conservatieven werden opnieuw verkozen.*

vote·less ['voʊtləs]⟨bn.⟩ **0.1** ***zonder stemrecht*** ⇒*niet stemgerechtigd* **0.2** ***zonder stem.***

'vote 'on ⟨f1⟩⟨ov.ww.⟩ **0.1** ***verkiezen*** ⟨tot lid⟩ ◆ **1.1** the Board needs experts, so we'll vote him on *de raad v. commissarissen heeft experts nodig, dus zullen we voor hem stemmen.*

'vote 'out ⟨f1⟩⟨ov.ww.⟩ **0.1** ***wegstemmen*** ⇒*door stemming uitsluiten* ◆ **4.1** they voted themselves out *ze besloten zichzelf weg te stemmen/zich af te scheiden.*

vot·er ['voʊtə‖'voʊt̬ər]⟨f2⟩⟨telb.zn.⟩ **0.1** ***kiezer*** **0.2** ***stemgerechtigde*** ◆ **3.1** floating/⟨Austr.E⟩ swinging ~ *zwevende kiezer.*

'vote 'through ⟨ov.ww.⟩ **0.1** ***(door stemming) goedkeuren*** ⇒*erdoor stemmen* ◆ **1.1** the House voted the Bill through *het parlement keurde het wetsontwerp goed.*

vot·ing ['voʊt̬ɪŋ]⟨n.-telb.zn.; gerund v. vote⟩ **0.1** ***het stemmen.***

'voting age ⟨n.-telb.zn.⟩ **0.1** ***stemgerechtigde leeftijd.***

'voting machine ⟨telb.zn.⟩ **0.1** ***stemmachine.***

'voting paper ⟨telb.zn.⟩ **0.1** ***stembriefje*** ⇒*stembiljet.*

'voting right ⟨telb.zn.⟩ **0.1** ***stemrecht.***

'voting stock ⟨n.-telb.zn.⟩⟨AE⟩ **0.1** ***aandelen met stemrecht.***

vo·tive ['voʊt̬ɪv]⟨bn.⟩⟨relig.⟩ **0.1** ***votief(-)*** ⇒*gelofte-* ◆ **1.1** ~ candle *votiefkaars;* ~ mass *votiefmis;* ~ offering *votiefgeschenk, geloftegift, ex-voto;* ~ tablet *votieftafel/steen.*

vouch [vaʊtʃ]⟨ww.⟩
I ⟨onov.ww.⟩ **0.1** ***instaan*** ⇒*garant staan, borg staan* **0.2** ***getuigen*** ◆ **6.1** ~ **for** *instaan voor, waarborgen, garanderen* **6.2** ~ **for** *getuigen v., bewijzen, bevestigen;* his behaviour ~ed **for** his cowardice *zijn gedrag bewees zijn lafheid;*
II ⟨ov.ww.⟩ **0.1** ***bevestigen*** ⟨met bewijs⟩ ⇒*staven, bewijzen* **0.2** ⟨vero.⟩ ***citeren*** ⟨als bewijs⟩ ⇒*aanhalen.*

vouch·er ['vaʊtʃə‖-ər]⟨f1⟩⟨telb.zn.⟩ **0.1** ⟨ben. voor⟩ ***bon*** ⇒*coupon; waardebon, cadeaubon; consumptiebon; reductiebon; vrijkaart* **0.2** ***getuige*** ⇒*borg, iem. die garant staat voor iem./iets* **0.3** ⟨jur.⟩ ***bewijsstuk*** ⇒*reçu, kwitantie.*

'voucher copy ⟨telb.zn.⟩ **0.1** ***bewijsnummer*** ⟨v. krant, blad⟩.

vouch·safe ['vaʊtʃ'seɪf]⟨ov.ww.⟩⟨schr.⟩ **0.1** ***(genadig) toestaan/verlenen*** **0.2** ***zich verwaardigen*** ◆ **1.1** not ~ s.o. an answer *zich niet verwaardigen iem. antwoord te geven;* favours ~d them *aan hen verleende gunsten* **3.2** ~ to help s.o. *zo goed zijn/zich verwaardigen om iem. te helpen.*

vous·soir [vu:'swɑ:‖vu:'swɑr]⟨telb.zn.⟩⟨bouwk.⟩ **0.1** ***boogsteen*** ⇒*gewelfsteen.*

vow[1] [vaʊ]⟨f2⟩⟨telb.zn.⟩⟨→sprw. 711⟩ **0.1** ***gelofte*** ⇒*eed, plechtige belofte* **0.2** ⟨zelden⟩ ***bede*** ◆ **1.1** ~ of chastity *kuisheidsgelofte* **3.1** break a ~ *een gelofte breken;* make/take a ~ *plechtig beloven, een eed afleggen;* perform a ~ *een gelofte houden;* take ~s *kloostergelofte afleggen* **6.1** be **under** a ~ *plechtig beloofd hebben.*

vow[2] ⟨f2⟩⟨ww.⟩
I ⟨onov.ww.⟩ **0.1** ***gelofte afleggen*** ⇒*plechtig beloven* **0.2** ***(plechtige) verklaring afleggen;***
II ⟨ov.ww.⟩ **0.1** ***(plechtig) beloven*** ⇒*gelofte afleggen v., zweren* **0.2** ⟨schr.⟩ ***wijden*** **0.3** ⟨vero.⟩ ***(plechtig) verklaren*** ⇒*beweren* ◆ **1.1** ~ obedience *gehoorzaamheid beloven, gelofte v. gehoorzaamheid afleggen;* ~ revenge *wraak zweren;* ~ a vow *een eed zweren* **4.2** ~ o.s. to God *zich aan God wijden* **8.1** he ~ed he'd never speak to him again *hij zwoer dat hij nooit meer een mond tegen hem zou open doen* **8.3** ~ that *verklaren dat.*

vow·el ['vaʊəl]⟨f3⟩⟨telb.zn.⟩⟨taalk.⟩ **0.1** ***klinker*** ⇒*vocaal.*

'vowel gradation ⟨n.-telb.zn.⟩⟨taalk.⟩ **0.1** ***ablaut.***

'vowel harmony ⟨n.-telb.zn.⟩⟨taalk.⟩ **0.1** ***vocaalharmonie.***

vow·el·ize, -ise ['vaʊəlaɪz]⟨ov.ww.⟩⟨taalk.⟩ **0.1** ***vocaliseren*** ⟨Arabisch, steno, enz.⟩ **0.2** ***tot klinker maken.***

vow·ell·ed, ⟨AE sp.⟩ **vow·el·ed** ['vaʊəld]⟨bn.⟩⟨taalk.⟩ **0.1** ***met klinkerindicatie*** ⇒*gevocaliseerd, met vocaaltekens.*

vow·el·less ['vaʊəlləs]⟨bn.⟩⟨taalk.⟩ **0.1** ***zonder klinker(s)*** ⇒*klankloos.*

vow·el·ly ['vaʊəli]⟨bn.⟩ **0.1** ***rijk aan klinkers*** ⇒*klankrijk.*

'vowel mutation ⟨n.-telb.zn.⟩⟨taalk.⟩ **0.1** ***umlaut.***

'vowel point ⟨telb.zn.⟩⟨taalk.⟩ **0.1** ***vocaalteken*** ⟨in Arabisch, Hebreeuws, enz.⟩.

vox an·gel·i·ca ['vɒks æn'dʒelɪkə‖'vɑks-]⟨telb.zn.⟩⟨muz.⟩ **0.1** ***engelenstem*** ⟨bep. orgelregister⟩ ⇒*vox angelica.*

vox hu·ma·na ['vɒks hju:'mɑ:nə‖'vɑks (h)ju:-]⟨telb.zn.⟩⟨muz.⟩ **0.1** ***vox humana*** ⟨bep. orgelregister⟩.

vox pop ['vɒks 'pɒp‖'vɑks 'pɑp]⟨telb.zn.⟩⟨inf.⟩ **0.1** ⟨ong.⟩ ***straatinterview*** ⇒*straatenquête, opiniepeiling op straat* ⟨door radio, t.v., krant⟩; ⟨bij uitbr.⟩ *mening v. op straat geïnterviewde.*

vox po·pu·li ['vɒks 'pɒpjʊlaɪ‖'vɑks 'pɑpjə-]⟨n.-telb.zn.; the⟩ **0.1** ***stem des volks*** ⇒*vox populi, publieke opinie.*

voy·age[1] ['vɔɪɪdʒ]⟨f2⟩⟨zn.⟩
I ⟨telb.zn.⟩ **0.1** ⟨ben. voor⟩ ***lange reis*** ⇒*zeereis, bootreis; luchtreis, vliegreis* ◆ **3.1** go on a ~ *op reis gaan* **5.1** ~ home *thuisreis, terugreis;* ~ **out** *heenreis;*
II ⟨mv.; ~s⟩ **0.1** ***reizen*** ⇒*reisverslag.*

voyage[2] ⟨ww.⟩
I ⟨onov.ww.⟩ **0.1** ***reizen;***
II ⟨ov.ww.⟩ **0.1** ***bereizen*** ⇒*bevaren, reizen door/over.*

voy·age·a·ble ['vɔɪɪdʒəbl]⟨bn.⟩ **0.1** ***bevaarbaar.***

'voyage charter ⟨telb. en n.-telb.zn.⟩⟨hand.⟩ **0.1** ***reisbevrachting (scontract)*** ⇒*reischarter.*

'voyage policy ⟨telb.zn.⟩ **0.1** ***polis v. reisverzekering.***

voy·ag·er ['vɔɪɪdʒə‖-ər]⟨telb.zn.⟩ **0.1** ***(ontdekkings)reiziger.***

vo·ya·geur ['vwɑ:jɑ:'ʒɜ:‖-'ʒɜr]⟨telb.zn.⟩ **0.1** ***Canadees schuitevoerder*** **0.2** ***pelsjager*** ⇒*trapper, woudloper.*

vo·yeur [vwɑ:'jɜ:‖-'jɜr]⟨telb.zn.⟩ **0.1** ***voyeur*** ⇒*gluurder.*

vo·yeur·ism [vwɑ:'jɜ:rɪzm]⟨n.-telb.zn.⟩ **0.1** ***voyeurisme*** ⇒*mixoscopie.*

vo·yeur·is·tic ['vwɑ:jɜ:'rɪstɪk]⟨bn.; -ally⟩ **0.1** ***voyeuristisch.***

VP ⟨afk.⟩ **0.1** ⟨verb phrase⟩ ⟨taalk.⟩ **0.2** ⟨vice president⟩ ***V.P..***

VR ⟨afk.⟩ variant reading, Victoria Regina ⟨Queen Victoria⟩.

vraic [vreɪk]⟨telb.zn.⟩⟨BE⟩ **0.1** ***kelp*** ⟨zeewier⟩.

VRD ⟨afk.⟩ Volunteer Reserve Decoration ⟨BE⟩.

VRI ⟨afk.⟩ Victoria Regina (et) Imperatrix ⟨Victoria, Queen and Empress⟩.

vroom [vrʊm, vru:m]⟨tussenw.⟩ **0.1** ***vrrroem*** ⇒*brrr* ⟨geluid v.e. (auto)motor⟩.

vs ⟨afk.⟩ **0.1** ⟨versus⟩ ***v., vs.*** **0.2** ⟨vide supra⟩.

VS ⟨afk.⟩ veterinary surgeon.

'V-sign ⟨f1⟩⟨telb.zn.⟩ **0.1** ***V-teken*** ⇒*victorie teken* **0.2** ⟨ong.⟩ ***vuist*** ⟨om woede/ongenoegen uit te drukken⟩.

VSO ⟨afk.⟩ Voluntary Service Overseas ⟨BE⟩.

VSOP ⟨afk.⟩ Very Special Old Pale.

VSTOL ['vi:stɒl‖'vi:stɑl]⟨afk.⟩ vertical or short takeoff and landing ⟨lucht.⟩.

Vt ⟨afk.⟩ Vermont.

VT ⟨afk.⟩ Vermont ⟨postcode⟩.

VTO ⟨afk.⟩ vertical takeoff ⟨lucht.⟩ **0.1** ***v.t.o..***

VTOL ['vi:tɒl‖'vi:tɑl]⟨afk.⟩ vertical takeoff and landing ⟨lucht.⟩ **0.1** ***VTOL.***

VTR ⟨afk.⟩ video tape recorder.

Vul ⟨afk.⟩ Vulgate.

Vul·can ['vʌlkən]⟨eig.n.⟩ **0.1** ***Vulcanus*** ⟨Romeinse god⟩.

vul·ca·ni·an [vʌl'keɪnɪən], ⟨in bet. 0.2 ook⟩ **Vulcanian, Vul·can·ic** [vʌl'kænɪk]⟨bn.⟩ **0.1** →volcanic **0.2** ***v. Vulcanus.***

vulcanic →volcanic.

vulcanicity →volcanism.

vulcanism →volcanism.

vul·can·ist ['vʌlkənɪst]⟨telb.zn.; ook V-⟩⟨geol.⟩ **0.1** ***aanhanger v.h. Plutonisme*** ⇒*vulkanist.*

vul·can·ite ['vʌlkənaɪt]⟨telb. en n.-telb.zn.⟩ **0.1** ***eboniet.***

vul·can·iz·a·ble, -is·a·ble ['vʌlkənaɪzəbl]⟨bn.⟩ **0.1** ***te vulcaniseren*** ⇒*vulcaniseerbaar.*

vul·can·i·za·tion, -sa·tion ['vʌlkənaɪ'zeɪʃn‖-nə-]⟨n.-telb.zn.⟩ **0.1** ***vulcanisatie***.
vul·can·ize, -ise ['vʌlkənaɪz]⟨ov.ww.⟩ **0.1** ***vulcaniseren***.
vul·can·iz·er, -is·er ['vʌlkənaɪzə‖-ər]⟨telb.zn.⟩ **0.1** ***vulcaniseerapparaat*** **0.2** ***vulcaniseerder***.
vulcanological →volcanological.
vulcanologist →volcanologist.
vulcanology →volcanology.
vulg ⟨afk.⟩ vulgar, vulgarly.
Vulg ⟨afk.⟩ Vulgate.
vul·gar ['vʌlgə‖-ər]⟨f2⟩⟨bn.; -ly; -ness⟩
I ⟨bn.⟩ **0.1** ***vulgair*** ⇒*plat, laag (bij de gronds), ordinair, grof* **0.2** ***alledaags*** ⇒*gewoon* ◆ **1.1** ~ girlie *ordinair grietje;* ~ joke *vulgaire grap;* ~ language *grove taal;* ~ taste *vulgaire smaak* **1.2** ~ paintings *gewone/alledaagse schilderijen;*
II ⟨bn., attr.⟩ **0.1** ***(al)gemeen (bekend/aangenomen)*** ⇒*volks(-), v.h. volk* **0.2** ***v./in de volkstaal*** ⇒*v./in de landstaal* ◆ **1.1** ~ error *algemene misvatting;* ~ herd *grote massa, vulgus;* Vulgar Latin *vulgairlatijn;* ~ law *vulgair recht;* ~ opinion *algemene opinie;* ~ superstition *volksbijgeloof;* ~ tongue *volkstaal, spreektaal* **1.2** ~ translation *een vertaling in de volkstaal* **1.¶** ~ era *christelijke jaartelling;* ⟨wisk.⟩ ~ fraction *gewone breuk* **7.1** the ~ *het vulgus, het plebs, het grauw*.
vul·gar·i·an[1] [vʌl'geərɪən‖-'ger-]⟨telb.zn.⟩ **0.1** ***ordinaire vent*** ⇒*patser*.
vulgarian[2] ⟨bn.⟩ **0.1** ***ordinair*** ⇒*proleterig, plat, grof*.
vul·gar·ism ['vʌlgərɪzm]⟨zn.⟩
I ⟨telb.zn.⟩ **0.1** ***vulgaire uitdrukking/opmerking*** ⇒*vulgarisme;*
II ⟨n.-telb.zn.⟩ **0.1** ***vulgariteit*** ⇒*platheid, alledaagsheid* **0.2** ***vulgair gedrag***.
vul·gar·i·ty [vʌl'gærəṭi]⟨f1⟩⟨zn.; →mv. 2⟩
I ⟨telb.zn.; vaak mv.⟩ **0.1** ***platte uitdrukking*** ⇒*grove opmerking* **0.2** ***vulgariteit*** ⇒*ordinaire daad* ◆ **3.1** utter vulgarities *vulgaire/grove taal uitslaan* **3.2** eating with your mouth open is a ~ *met je mond open eten getuigt v. slechte manieren;*
II ⟨n.-telb.zn.⟩ **0.1** ***platheid*** ⇒*alledaagsheid, vulgariteit* **0.2** ***vulgair gedrag***.
vul·gar·i·za·tion, -sa·tion ['vʌlgəraɪ'zeɪʃn‖-gərə-]⟨f1⟩⟨telb. en n.-telb.zn.⟩ **0.1** ***popularisatie*** ⇒*vulgarisatie* **0.2** ***verlaging*** **0.3** ***verruwing***.
vul·gar·ize, -ise ['vʌlgəraɪz]⟨f1⟩⟨ww.⟩
I ⟨onov.ww.⟩ **0.1** ***zich vulgair gedragen;***
II ⟨ov.ww.⟩ **0.1** ***populariseren*** ⇒*vulgariseren, gemeengoed maken* **0.2** ***verlagen*** ⇒*ontluisteren, vulgair/plat maken, in waarde doen dalen, afbreuk doen aan* **0.3** ***verruwen*** ⟨persoon, manieren⟩.
vul·gate ['vʌlgeɪt, -gət]⟨zn.⟩
I ⟨telb.zn.⟩ **0.1** ***volkstaal*** ⇒*omgangstaal, spreektaal* **0.2** ***erkende tekst;***
II ⟨n.-telb.zn.; V-; the⟩⟨bijb.⟩ **0.1** ***Vulgata*** ⇒*Vulgaat*.
vul·ne·ra·bil·i·ty ['vʌlnrə'bɪləṭi]⟨f1⟩⟨n.-telb.zn.⟩ **0.1** ***kwetsbaarheid*** ⟨ook fig.⟩ ⇒*zwakheid, gevoeligheid*.
vul·ner·a·ble ['vʌlnrəbl]⟨f2⟩⟨bn.; -ly; -ness; →bijw. 3⟩ **0.1** ***kwetsbaar*** ⟨ook fig.⟩ ⇒*zwak, gevoelig* **0.2** ⟨bridge⟩ ***kwetsbaar*** ◆ **1.1** s.o.'s ~ spot *iemands zwakke plek, iemands kwetsbare punt* **6.1** ~ to *kwetsbaar/gevoelig voor*.
vul·ner·ar·y[1] ['vʌlnərəri‖-reri]⟨telb.zn.; →mv. 2⟩⟨med.⟩ **0.1** ***heelmiddel*** ⇒*wondkruid, wondzalf*.
vulnerary[2] ⟨bn.⟩⟨med.⟩ **0.1** ***helend*** ⇒*geneeskrachtig* ◆ **1.1** ~ herbs *geneeskrachtige kruiden*.
vul·pi·cide ['vʌlpɪsaɪd]⟨zn.⟩
I ⟨telb.zn.⟩ **0.1** ***vossedoder;***
II ⟨n.-telb.zn.⟩ **0.1** ***het doden v.e. vos***.
vul·pine ['vʌlpaɪn]⟨bn.⟩ **0.1** ***vos(se)-*** ⇒*vosachtig* **0.2** ***sluw*** ⇒*listig, slim, vindingrijk*.
vul·pin·ism ['vʌlpɪnɪzm]⟨n.-telb.zn.⟩ **0.1** ***slimheid*** ⇒*sluwheid, listigheid*.
vul·ture ['vʌltʃə‖-ər]⟨f2⟩⟨telb.zn.⟩ **0.1** ⟨dierk.⟩ ***gier*** ⟨fam. Accipitridae of Cathartidae⟩ **0.2** ***aasgier*** ⟨alleen fig.⟩ ⇒*haai, gier*.
vul·tur·ine ['vʌltʃəraɪn], **vul·tur·ish** [-ɪʃ], **vul·tur·ous** [-əs]⟨bn.⟩ **0.1** ***mbt. een gier*** ⇒*gier-* **0.2** ***gierachtig*** **0.3** ***roofzuchtig*** ⇒*roofgierig*.
vul·va ['vʌlvə]⟨telb.zn.; ook vulvae [-vi:]; →mv. 5⟩⟨med.⟩ **0.1** ***schaamspleet*** ⇒*vulva*.
vul·var ['vʌlvə‖-ər]⟨bn.⟩⟨med.⟩ **0.1** ***mbt. de schaamspleet***.
vul·vi·tis [vʌl'vaɪṭɪs]⟨telb. en n.-telb.zn.⟩⟨med.⟩ **0.1** ***ontsteking v.d. vulva*** ⇒*vulvitis*.
vv ⟨afk.⟩ **0.1** ⟨verses⟩ **0.2** ⟨vice versa⟩ ***v.v.*** **0.3** ⟨volumes⟩.
vy·ing ['vaɪɪŋ]⟨teg. deelw.⟩ →vie.

w[1], **W** ['dʌblju:]⟨telb.zn.; w's, W's, zelden ws, Ws⟩ **0.1** ***(de letter) w, W***.
w[2], **W** ⟨afk.⟩ **0.1** ⟨Wales⟩ **0.2** ⟨warden⟩ **0.3** ⟨watt(s)⟩ ***W*** **0.4** ⟨Wednesday⟩ ***woens.*** ⇒*wns.* **0.5** ⟨week⟩ **0.6** ⟨weight⟩ **0.7** ⟨Welsh⟩ **0.8** ⟨west(ern)⟩ ***W*** **0.9** ⟨wicket⟩ **0.10** ⟨wide, width⟩ ***br.*** **0.11** ⟨wife⟩ **0.12** ⟨with⟩ ***m.*** **0.13** ⟨women's (size)⟩ **0.14** ⟨work⟩.
wa ⟨afk.⟩ wind-assisted.
WA ⟨afk.⟩ Washington, Western Australia, West Africa.
WAAA ⟨afk.⟩ Women's Amateur Athletic Association.
Waac [wæk]⟨zn.⟩⟨gesch.⟩
I ⟨eig.n.⟩⟨afk.⟩ Women's Army Auxiliary Corps **0.1** ⟨ong.⟩ ***Milva;***
II ⟨telb.zn.⟩ **0.1** ***lid v.h. Women's Army Auxiliary Corps*** ⇒⟨ong.⟩ *Milva*.
Waaf [wæf]⟨zn.⟩⟨gesch.⟩
I ⟨eig.n.⟩⟨afk.⟩ Women's Auxiliary Air Force **0.1** ⟨ong.⟩ ***Luva;***
II ⟨telb.zn.⟩ **0.1** ***lid v.d. Women's Auxiliary Air Force*** ⇒⟨ong.⟩ *Luva*.
wabble →wobble.
WAC [wæk]⟨zn.⟩⟨AE⟩
I ⟨eig.n.⟩⟨afk.⟩ Women's Army Corps **0.1** ⟨ong.⟩ ***Milva;***
II ⟨telb.zn.⟩ **0.1** ***lid v.d. Women's Army Corps*** ⇒⟨ong.⟩ *Milva*.
wack [wæk]⟨telb.zn.⟩⟨BE⟩ **0.1** ⟨gew.; vnl. in Liverpool⟩ ***gabber*** ⇒*kameraad, makker* **0.2** ⟨sl.⟩ ***halve gare*** ⇒*gek*.
wack·e ['wækə]⟨n.-telb.zn.⟩⟨geol.⟩ **0.1** ***wacke*** ⟨gesteente⟩.
wack·y, whack·y ['wæki]⟨bn.; -er; -ness; →bijw. 3⟩ **0.1** ***mesjogge*** ⇒*kierewiet*.
wad[1] [wɒd‖wɑd]⟨f1⟩⟨zn.⟩
I ⟨telb.zn.⟩ **0.1** ***prop*** ⟨watten, papier enz.; ook v. kanon⟩ ⇒*dot, (op)vulsel* **0.2** ***pak*** ⟨papieren, brieven, geld enz.⟩ ⇒⟨inf.⟩ *massa, hoop* ⟨tijd, publiciteit enz.⟩; ⟨AE; sl.⟩ *bom* ⟨duiten⟩ **0.3** ***pak(je)*** ⇒*rolletje* ⟨bankbiljetten⟩ **0.4** ⟨AE⟩ ***pruim*** ⟨tabak⟩ **0.5** ⟨BE; gew.⟩ ***pak hooi/stro*** **0.6** ⟨BE; sl.; mil.⟩ ***broodje*** ⇒*sandwich* ◆ **3.¶** ⟨AE; inf.⟩ shoot one's ~ *zijn kruit verschieten;* have shot one's ~ *uitgepraat zijn;*
II ⟨n.-telb.zn.⟩⟨AE⟩ **0.1** ***poen*** ⇒*duiten, geld(voorraad)*.
wad[2] ⟨f2⟩⟨ww.; →ww. 7⟩ →wadding
I ⟨onov.ww.⟩ **0.1** ***proppen*** ⇒*een prop vormen/veroorzaken;*
II ⟨ov.ww.⟩ **0.1** ***tot een prop maken*** ⇒*in een prop oprollen* **0.2** ***proppen*** ⇒*een prop steken/doen in, dichtstoppen, toestoppen, opproppen* **0.3** ***opvullen*** ⇒*watteren, met watten voeren*.
wad·a·ble, wade·a·ble ['weɪdəbl]⟨bn.⟩ **0.1** ***doorwaadbaar***.
wad·ding ['wɒdɪŋ‖'wɑ-]⟨n.-telb.zn.; gerund v. wad⟩ **0.1** ***opvulsel*** ⇒*prop, watten*.

wad·dle[1] ['wɒdl‖'wɑdl]⟨n.-telb.zn.⟩ 0.1 *waggelende/schommelende gang* ⇒*eendegang*.
waddle[2] ⟨f1⟩⟨onov.ww.⟩ 0.1 *waggelen* ⇒*schommelend lopen*.
wad·dy[1], ⟨in bet. 0.3 en 0.4 ook⟩ **wad·die** ['wɒdi‖'wɑdi]⟨telb.zn.; 1e variant; →mv. 2⟩ 0.1 ⟨Austr. E⟩ *strijdknots* ⇒*knuppel* 0.2 ⟨Austr. E⟩ *(wandel)stok* 0.3 ⟨AE⟩ *veedrijver* ⇒*cowboy*.
waddy[2] ⟨ov.ww.; →ww. 7⟩⟨Austr. E⟩ 0.1 *(neer)knuppelen*.
wade[1] [weɪd]⟨telb. en n.-telb.zn.⟩ 0.1 *het (door)waden* ◆ 7.1 go for a ~ *gaan waden*.
wade[2] ⟨f2⟩⟨ww.⟩
I ⟨onov.ww.⟩ 0.1 *waden* ◆ 5.¶ ⟨inf.⟩ ~ **in** *aanpakken, tussenbeide komen, zich mengen in* 6.1 ⟨inf.; fig.⟩ ~ **through** a boring book *een vervelend boek doorworstelen;* ~ **through** the water *door het water waden* 6.¶ ⟨inf.⟩ ~ **into** s.o./sth. *iem./iets (hard) aanpakken/te lijf gaan;*
II ⟨ov.ww.⟩ 0.1 *doorwaden*.
wadeable →wadable.
wad·er ['weɪdə‖-ər]⟨telb.zn.⟩ 0.1 *wader* 0.2 *waadvogel* 0.3 ⟨vnl. mv.⟩ *lieslaars* ⇒*waterlaars, baggerlaars*.
wadge [wɒdʒ‖wɑdʒ]⟨telb.zn.⟩⟨BE; inf.⟩ 0.1 *bundel* ⇒*pak* ⟨brieven, documenten⟩ 0.2 *stuk* ⟨taart⟩.
wa·di, wa·dy ['wɒdi‖'wɑdi]⟨telb.zn.; 2e variant; →mv. 2⟩ 0.1 *wadi* ⟨droge rivierbedding/ravijn in woestijnland⟩ 0.2 *rivier* ⟨die uitdroogt in het droge seizoen⟩ 0.3 *oase*.
'wad·ing bird ⟨telb.zn.⟩ 0.1 *waadvogel*.
'wading pool ⟨telb.zn.⟩ 0.1 *pierenbad/bak*.
wae [weɪ]⟨tussenw.⟩⟨BE; gew.⟩ 0.1 *wee* ⇒*diepe smart*.
waf ⟨afk.⟩ with all faults.
WAF [wæf]⟨zn.⟩⟨AE⟩
I ⟨eig.n.⟩⟨afk.⟩ Women in the Air Force 0.1 ⟨ong.⟩ *Luva;*
II ⟨telb.zn.⟩ 0.1 *lid v.d. Women in the Air Force* ⇒⟨ong.⟩ *Luva*.
Wafd [wɒft‖wɑft]⟨eig.n.⟩ 0.1 *Wafd* ⟨Egyptische politieke partij, 1924 - 1952⟩.
Wafdist ['wɒfdɪst‖'wɑf-]⟨telb.zn.⟩ 0.1 *wafdist* ⟨lid v.d. Wafd⟩.
wa·fer[1] ['weɪfə‖-ər]⟨f1⟩⟨telb.zn.⟩ 0.1 *wafel(tje)* ⇒*oblie(tje)* 0.2 ⟨R.-K.⟩ *hostie* 0.3 *ouwel* 0.4 *flentertje* 0.5 ⟨elektronica⟩ *wafel* ⇒*plakje silicium* ⟨wordt verwerkt tot aantal chips⟩ ◆ 3.2 the consecrated ~ *de gewijde/heilige hostie*.
wafer[2] ⟨ov.ww.⟩ 0.1 *met een ouwel dichtplakken/toemaken*.
'wafer biscuit ⟨telb.zn.⟩ 0.1 *wafeltje*.
'wafer iron ⟨telb.zn.⟩ 0.1 *wafelijzer*.
'wa·fer-'thin ⟨bn.⟩ 0.1 *wafeldun* ⇒*zeer dun* 0.2 *zeer klein*.
'wafer tongs ⟨mv.⟩ 0.1 *wafelijzer*.
wa·fer·y ['weɪfri]⟨bn.⟩ 0.1 *wafelachtig* ⇒*dun als een wafel*.
waff[1] [wɒf‖wæf, wɑf]⟨telb.zn.⟩⟨BE, Sch. E; gew.⟩ 0.1 *golfbeweging* 0.2 *vleugje* ⇒*windvlaag, windstoot* 0.3 *glimp*.
waff[2] ⟨ww.⟩
I ⟨onov.ww.⟩ 0.1 *golven* ⇒*fladderen;*
II ⟨ov.ww.⟩ 0.1 *doen golven/fladderen*.
waf·fle[1] ['wɒfl‖'wɑfl]⟨f1⟩⟨zn.⟩
I ⟨telb.zn.⟩ 0.1 *wafel;*
II ⟨n.-telb.zn.⟩⟨vnl. BE; inf.⟩ 0.1 *gewauwel* ⇒*gezwets, onzin, quatsch, blabla* ◆ ¶.1 there's too much ~ in your article *er staat te veel blabla in je artikel*.
waffle[2] ⟨onov.ww.⟩⟨vnl. BE; inf.⟩ 0.1 *wauwelen* ⇒*kletsen, onzin verkopen/neerpennen* ◆ 5.1 ~ **on** *voortwauwelen, voortkletsen*.
'waffle iron ⟨f1⟩⟨telb.zn.⟩ 0.1 *wafelijzer* 0.2 ⟨sl.⟩ *stoeprooster*.
'waf·fle-stomp·ers ⟨mv.⟩⟨sl.⟩ 0.1 *(zware) wandelschoenen* ⇒*stampers, klompen*.
waf·fly ['wɒfli‖'wɑfli]⟨bn.⟩⟨BE; inf.⟩ 0.1 *slap* ⇒*waardeloos*.
waft[1] [wɒft‖wɑft, wæft], ⟨in bet. I 0.3 ook⟩ **weft** [weft]⟨zn.⟩
I ⟨telb.zn.⟩ 0.1 ⟨schr.⟩ *vleugje* ⇒*(rook)wolkje, zuchtje, wasem, stroompje, lichte vlaag* 0.2 ⟨schr.⟩ *handwuif* 0.3 ⟨scheep.⟩ *seinvlag* ⇒*(vlag in) sjouw* ⟨als noodsein⟩;
II ⟨n.-telb.zn.⟩ 0.1 *gewaai* ⇒*gezweef* 0.2 *(hand)gewuif*.
waft[2] ⟨ww.⟩
I ⟨onov.ww.⟩⟨schr.⟩ 0.1 *zweven* ⇒*drijven, waaien;*
II ⟨ov.ww.⟩⟨schr.⟩ 0.1 *voeren* ⇒*dragen, doen zweven* 0.2 *zenden* ⇒*overbrengen; doen drijven*.
waft·age ['wɒftɪdʒ‖'wɑf-, 'wæf-]⟨n.-telb.zn.⟩⟨schr.⟩ 0.1 *gezweef* ⇒*gewaai* 0.2 *gewenk* ⇒*gewuif* 0.3 *overbrenging* ⇒*vervoer*.
waf·ture ['wɒftʃə‖'wɑftʃər, 'wæf-]⟨zn.⟩
I ⟨telb.zn.⟩ 0.1 *vleugje* ⇒*(rook)wolkje, wasem, zuchtje, stroompje;*
II ⟨n.-telb.zn.⟩ 0.1 *gewaai* 0.2 *gezweef* 0.3 *(hand)gewuif* ⇒*gewenk*.
wag[1] [wæg]⟨telb.zn.⟩ 0.1 *waggeling* ⇒*kwispeling, wiebeling, schuddende/waggelende/wiebelende/kwispelende beweging* 0.2 ⟨inf.⟩ *grappenmaker* ⇒*schalk, snaak* 0.3 ⟨BE; sl.⟩ *spijbelaar* 0.4 ⟨sl.⟩ *piemeltje* ◆ 3.3 play (the) ~ *spijbelen* 6.1 **with** a ~ of his head *hoofdschuddend*.
wag[2] ⟨f2⟩⟨ww.; →ww. 7⟩
I ⟨onov.ww.⟩ 0.1 *waggelen* ⇒*wiebelen, schommelen(d) lopen; zwaaien, heen en weer gaan/bewegen* 0.2 *kwispelen* ⇒*kwispelstaarten* 0.3 *bedrijvig zijn* ◆ 1.1 ⟨inf.⟩ beards/chins/jaws/tongues are ~ging *de tongen komen in beweging* 3.1 set the tongues ~ging *de tongen in beweging brengen;*
II ⟨ov.ww.⟩ 0.1 *schudden* ⟨hoofd⟩ ⇒*heen en weer bewegen* 0.2 *kwispelen* ⟨staart⟩ ◆ 1.1 ~ one's finger at s.o. *naar iem. de vinger /een vermanende vinger opsteken;* ~ one's head *zijn hoofd schudden* 1.2 the dog ~s its tail *de hond kwispelstaart*.
wage[1] [weɪdʒ]⟨f2⟩⟨zn.⟩
I ⟨telb.zn.; vnl. mv.⟩ 0.1 *loon* ⇒*arbeidsloon* ◆ 1.1 minimum ~ *minimumloon* 3.1 he gets good ~s *hij verdient goed* 6.1 **at** a ~/~s of £ 60 a week *tegen een weekloon van zestig pond;*
II ⟨n.-telb.zn.; ~s⟩ 0.1 ⟨ec.⟩ *loonmassa* 0.2 ⟨vero.⟩ *beloning* ⇒*vergelding* ◆ 1.2 ⟨bijb.⟩ the ~s of sin is death *het loon der zonde is de dood* ⟨Rom. 6:23⟩.
wage[2] ⟨f3⟩⟨ww.⟩
I ⟨onov.ww.⟩ 0.1 *aan de gang zijn* ⇒*bezig zijn, verlopen, voortduren;*
II ⟨ov.ww.⟩ 0.1 *voeren* ⟨oorlog, strijd, campagne⟩ ⇒*leveren* ⟨veldslag⟩ 0.2 ⟨vero.; BE, gew.⟩ *huren* ⇒*in dienst nemen* ◆ 6.1 ~ war **against/on** *oorlog/strijd voeren tegen*.
'wage bill ⟨telb.zn.⟩ 0.1 *loonstaat* ⇒*loonlijst*.
'wage board, 'wage(s) council ⟨verz.n.⟩ 0.1 *loonraad*.
'wage claim ⟨telb.zn.⟩ 0.1 *looneis*.
'wage-cut, ⟨BE⟩ **'wages cut** ⟨f1⟩⟨telb.zn.⟩ 0.1 *loonverlaging*.
'wage demand ⟨telb.zn.⟩ 0.1 *looneis*.
'wage determination ⟨n.-telb.zn.⟩ 0.1 *loonbepaling* ⇒*het vaststellen v. salarisschalen*.
'wage drift ⟨telb.zn.⟩ 0.1 *loonstijging* ⟨boven het nationale gemiddelde⟩.
'wage earner ⟨f1⟩⟨telb.zn.⟩ 0.1 *loontrekker* 0.2 *kostwinner*.
'wage freeze, ⟨BE⟩ **'wages freeze** ⟨f1⟩⟨telb.zn.⟩ 0.1 *loonstop* ⇒*het bevriezen v.d. lonen*.
'wage-fund ⟨telb.zn.⟩ 0.1 *loonfonds*.
'wage gap ⟨telb.zn.⟩ 0.1 *inkomenskloof*.
'wage hike, 'wage increase ⟨f1⟩⟨telb.zn.⟩ 0.1 *loonsverhoging*.
'wage packet ⟨telb.zn.⟩ 0.1 *loonpakket*.
'wage-push inflation ⟨n.-telb.zn.⟩ 0.1 *loonkosteninflatie*.
wa·ger[1] ['weɪdʒə‖-ər]⟨telb.zn.⟩⟨schr.⟩ 0.1 *weddenschap* 0.2 *inzet* 0.3 *gok* ⇒*waagstuk* 0.4 ⟨vero.; gesch.⟩ *tweegevecht* ◆ 1.4 ~ of battle *tweegevecht* 1.¶ ⟨jur.⟩ ~ of law *proces waarbij de onschuld v. beklaagde door getuigen onder ede wordt verklaard* 3.1 lay/make a ~ *een weddenschap aangaan;* take up a ~ *een weddenschap aannemen*.
wager[2] ⟨f1⟩⟨ww.⟩⟨schr.⟩
I ⟨onov.ww.⟩ 0.1 *een weddenschap aangaan;*
II ⟨ov.ww.⟩ 0.1 *verwedden* ⇒*wedden (om/met), op het spel zetten* ◆ 6.1 ~ money **on** a horse *geld op een paard verwedden;* I'll ~ my head **upon** it *ik verwed mijn hoofd erom* 6.¶ ⟨inf.⟩ I shouldn't ~ **on** that *daarop zou ik niet (te veel) rekenen* 8.1 I'll ~ (you £ 10) that he'll come *ik wed (tien pond met u) dat hij komt*.
'wage rate ⟨telb.zn.⟩ 0.1 *loonstandaard* ⇒*loontarief*.
wa·ger·er ['weɪdʒrə‖-ər]⟨telb.zn.⟩ 0.1 *wedder*.
'wage restraint ⟨telb.zn.⟩ 0.1 *loonmatiging*.
'wage scale ⟨telb.zn.⟩ 0.1 *loonschaal*.
'wage settlement ⟨telb.zn.⟩ 0.1 *loonakkoord*.
'wages floor ⟨telb.zn.⟩⟨ec.⟩ 0.1 *minimumloon*.
'wage slave ⟨telb.zn.⟩ 0.1 *loonslaaf*.
'wagestop ⟨telb.zn.⟩ 0.1 *loonstop* 0.2 ⟨BE⟩ *uitkeringslimiet*.
'wage structure ⟨telb.zn.⟩ 0.1 *loonstelsel*.
'wage·work·er ⟨telb.zn.⟩⟨AE⟩ 0.1 *loonarbeider* ⇒*loontrekker* 0.2 *kostwinner*.
wag·ger·y ['wægəri]⟨zn.; →mv. 2⟩
I ⟨telb.zn.⟩ 0.1 *kwajongensstreek* ⇒*grap, poets;*
II ⟨n.-telb.zn.⟩ 0.1 *grappenmakerij* ⇒*schelmenstreken, grappen*.
wag·gish ['wægɪʃ]⟨bn.; -ly; -ness⟩ 0.1 *guitig* ⇒*schalks, ondeugend*.
wag·gle[1] ['wægl]⟨telb.zn.⟩ 0.1 ⟨inf.⟩ *waggeling* ⇒*schommeling, wiebeling, kwispeling, waggelende/schommelende/kwispelende/wiebelende beweging* 0.2 ⟨golf⟩ *zwaai* ⟨voor het slaan⟩.
waggle[2] ⟨f1⟩⟨ww.⟩
I ⟨onov.ww.⟩ 0.1 *waggelen* ⇒*wiebelen, schommelen* ⟨bij het lopen⟩; *zwaaien, heen en weer gaan/bewegen* 0.2 *kwispelen* ⇒*kwispelstaarten* 0.3 *heupwiegen* 0.4 ⟨golf⟩ *zwaaien* ⟨voor het slaan⟩;
II ⟨ov.ww.⟩ 0.1 *schudden* ⟨hoofd⟩ ⇒*heen en weer bewegen* 0.2 *kwispelen (met)*.
wag·gly ['wægli]⟨bn.⟩ 0.1 *waggelend* ⇒*wankel* 0.2 *hobbelig* ⟨weg⟩ 0.3 *kwispelend*.
Wag·ne·ri·an[1] ['vɑːg'nɪərɪən‖'vɑg'nɪrɪən]⟨telb.zn.⟩ 0.1 *wagneriaan*.

Wagnerian[2] ⟨bn.⟩ **0.1** ***wagneriaans***.
wag·on[1], ⟨vnl. BE sp. ook⟩ **wag·gon** ['wægən]⟨f3⟩⟨telb.zn.⟩ **0.1** ***wagen*** ⇒*boerenwagen, vrachtwagen, vrachtkar* **0.2** ***dienwagen(tje)*** ⇒*theewagen* **0.3** ⟨vnl. AE⟩ ***speelgoedwagentje*** **0.4** ⟨vnl. AE⟩ ***stationcar*** ⇒*combi* **0.5** ⟨AE⟩ ***bestelwagen*** **0.6** ⟨AE⟩ ***wagentje*** ⇒*kar* ⟨met ijs, worstjes, e.d.⟩ **0.7** ⟨BE⟩ ***goederenwagon*** ⇒*spoorwagen, goederenwagen* **0.8** ⟨AE; vnl. the⟩ ***politiewagen*** ⇒*celwagen, gevangenwagen* **0.9** ⟨vero.⟩ ***triomfwagen*** ⇒*strijdwagen* ◆ **1.6** ice-cream ~ *ijskarretje* **1.¶** ⟨schr.⟩ hitch one's ~ to a star / the stars *hoog mikken* **3.¶** ⟨inf.; fig.⟩ climb / get / jump on / aboard the ~ *de huik naar de wind hangen;* ⟨AE; sl.⟩ fix s.o.'s ~ *een spaak in iemands wiel steken, iem. schaden / ruïneren* **6.¶** ⟨inf.⟩ be / go **off** the (water) ~ *weer aan de drank zijn;* be / go **on** the (water) ~ *geheelonthouder zijn / worden* **7.¶** ⟨ster.⟩ the Wag(g)on *de Grote Beer / Wagen*.
wagon[2] ⟨ww.⟩ ⟨AE⟩
I ⟨onov.ww.⟩ **0.1** ***in een wagen reizen*** ⇒*goederen transporteren in een wagen;*
II ⟨ov.ww.⟩ **0.1** ***in een wagen vervoeren***.
'wagon bed, 'wagon box ⟨telb.zn.⟩ **0.1** ***wagenbak***.
'wagon boiler ⟨telb.zn.⟩ **0.1** ***wagonketel*** ⟨v. locomotief⟩.
'wagon builder ⟨telb.zn.⟩ **0.1** ***wagenmaker***.
wag·on·er, ⟨vnl. BE sp. ook⟩ **wag·gon·er** ['wægənə‖-ər]⟨f1⟩ ⟨telb.zn.⟩ **0.1** ***vrachtrijder*** ⇒*voerman* **0.2** ⟨vero.⟩ ***wagenmenner*** **0.3** ⟨W-⟩ ⟨ster.⟩ ***Grote Beer*** **0.4** ⟨W-⟩ ⟨ster.⟩ ***Wagenman***.
wag·on·ette, ⟨vnl. BE sp. ook⟩ **wag·gon·ette** ['wægə'net]⟨telb.zn.⟩ **0.1** ***brik***.
'wagon jack ⟨telb.zn.⟩ **0.1** ***wagenwip***.
wa·gon-lit ['vægɔ̃'li:]⟨telb.zn.; ook wagons-lits [-'li:(z)]; →mv. 6⟩ **0.1** ***slaaprijtuig*** ⇒*wagon-lit*.
'wag·on·load ⟨telb.zn.⟩ **0.1** ***wagenvracht*** ⇒*wagenlading*.
'wagon roof, 'wagon vault ⟨telb.zn.⟩ **0.1** ***tongewelf***.
'wagon train ⟨telb.zn.⟩ ⟨AE⟩ **0.1** ***legertrein*** ⇒*legertros* **0.2** ***trein wagens*** ⟨bv. met kolonisten⟩.
'wag·tail ⟨f1⟩ ⟨telb.zn.⟩ ⟨dierk.⟩ **0.1** ***kwikstaart*** ⟨genus Motacilla⟩.
Wa(h)·ha·bi, Wah·ha·bee [wə'hɑ:bi], **Wah·ha·bite** [-baɪt]⟨telb.zn.⟩ **0.1** ***wahabiet*** ⟨aanhanger v.e. puriteinse mohammedaanse sekte⟩.
wa·hi·ne [wɑ:'hi:ni‖-neɪ], **va·hi·ne** [vɑ:-]⟨telb.zn.⟩ **0.1** ***vrouw*** ⟨in Polynesië⟩ **0.2** ***(strand)pop(petje)*** **0.3** ***surfster***.
waif [weɪf]⟨telb.zn.⟩ ⟨vnl. schr.⟩ **0.1** ***onbeheerd goed / ding / voorwerp / dier*** ⇒*strandgoed* **0.2** ***dakloze*** ⇒*zwerver, zwerveling, verschoppeling,* ⟨i.h.b.⟩ *verlaten / verwaarloosd kind* **0.3** ⟨scheep.⟩ ***(kleine) seinvlag*** ◆ **1.1** ~s and strays *brokstukken, rommel, stukken en brokken* **1.2** ~s and strays *daklozen, zwervers;* ⟨vnl.⟩ *dakloze / verwaarloosde kinderen / dieren*.
wail[1] [weɪl]⟨f2⟩⟨telb. en n.-telb.zn.⟩ **0.1** ***geweeklaag*** ⇒*jammerklacht, weeklacht, gejammer* **0.2** ***geloei*** ⇒*gehuil* ⟨v. sirene⟩.
wail[2] ⟨f2⟩ ⟨ww.⟩
I ⟨onov.ww.⟩ **0.1** ***klagen*** ⟨ook v. wind⟩ ⇒*weeklagen, jammeren, lamenteren* **0.2** ***loeien*** ⇒*huilen* ⟨v. sirene⟩;
II ⟨ov.ww.⟩ ⟨schr.⟩ **0.1** ***bejammeren*** ⇒*bewenen*.
wail·er ['weɪlə‖-ər]⟨telb.zn.⟩ **0.1** ***klager*** ⇒*jammeraar*.
wail·ful ['weɪlfl]⟨bn.; -ly⟩ **0.1** ***weeklagend*** ⇒*jammerend*.
wail·ing·ly ['weɪlɪŋli]⟨bw.⟩ **0.1** ***weeklagend*** ⇒*jammerend*.
Wailing Wall ['weɪlɪŋ wɔ:l]⟨eig.n.; the⟩ **0.1** ***Klaagmuur*** ⟨in Jeruzalem⟩.
wain [weɪn]⟨telb.zn.⟩ ⟨gew.; schr.⟩ **0.1** ***(grote) boerenwagen*** ◆ **7.¶** ⟨ster.⟩ the Wain *de Grote Beer*.
wain·scot[1] ['weɪnskət]⟨zn.⟩
I ⟨telb. en n.-telb.zn.⟩ **0.1** ***beschot*** ⇒*lambrizering* **0.2** ***plint;***
II ⟨n.-telb.zn.⟩ ⟨BE⟩ **0.1** ***wagenschot***.
wainscot[2] ⟨ov.ww.; →ww. 7⟩ →wainscotting **0.1** ***beschieten*** ⇒*lambrizeren, bekleden, betimmeren*.
wain·scot·ting, wain·scot·ing ['weɪnskətɪŋ‖'weɪnskoʊṭɪŋ]⟨zn.; (oorspr.) gerund v. wainscot⟩
I ⟨telb. en n.-telb.zn.⟩ **0.1** ***lambrizering*** ⇒*beschot;*
II ⟨n.-telb.zn.⟩ **0.1** ***wagenschot***.
wain·wright ['weɪnraɪt]⟨telb.zn.⟩ **0.1** ***wagenmaker***.
waist [weɪst]⟨f3⟩⟨telb.zn.⟩ **0.1** ***middel*** ⇒*taille* ⟨ook v. kledingstuk⟩ **0.2** ***leest*** **0.3** ***smal(ler) gedeelte*** ⇒*vernauwing, versmalling, verdunning* ⟨v. lichaam, viool, wesp, zandloper⟩ **0.4** ⟨scheep.⟩ ***kuil*** ⇒*middendek* **0.5** ⟨AE⟩ ***blouse*** ⇒*keursje, lijfje* ◆ **6.1** stripped **to** the ~ *met ontbloot bovenlijf*.
'waist·band, 'waist·belt ⟨telb.zn.⟩ **0.1** ***broeksband*** ⇒*rokband* **0.2** ***gordel*** ⇒*ceintuur, riem*.
'waist·cloth ⟨telb.zn.⟩ **0.1** ***lendendoek***.
waist·coat ['weɪskoʊt‖'weskət]⟨f1⟩⟨telb.zn.⟩ ⟨vnl. BE⟩ **0.1** ***vest***.
waist·coat·ed ['weɪskoʊtɪd‖'weskəṭɪd]⟨bn.⟩ ⟨vnl. BE⟩ **0.1** ***met een vest***.
waist·coat·ing ['weɪskoʊtɪŋ‖'weskəṭɪŋ]⟨n.-telb.zn.⟩ ⟨vnl. BE⟩ **0.1** ***veststof***.
'waist-'deep, 'waist-'high ⟨bn.; bw.⟩ **0.1** ***tot aan het middel (reikend)***.
waist·ed ['weɪstɪd]⟨bn.⟩ **0.1** ***getailleerd***.
'waist·line ⟨f1⟩⟨telb.zn.⟩ **0.1** ***middel*** ⇒*taille* ⟨ook v. kledingstuk⟩.
wait[1] [weɪt]⟨f3⟩⟨zn.⟩
I ⟨telb. en n.-telb.zn.⟩ **0.1** ***wachttijd*** ⇒*(het) wachten* **0.2** ***oponthoud*** ⇒*vertraging, uitstel, pauze* **0.3** ***hinderlaag*** ◆ **2.1** we had a long ~ for the train *we moesten lang op de trein wachten;* I hate these long ~s *ik heb een hekel aan dit lange wachten* **3.3** lay ~ *zich in hinderlaag leggen, op de loer liggen, loeren* **6.3** lie **in** ~ **for** s.o. *voor iem. op de loer liggen;*
II ⟨mv.; ~s⟩ ⟨BE⟩ **0.1** ⟨vero.⟩ ***straatzangers*** ⇒*straatmuzikanten* ⟨met Kerstmis⟩ **0.2** ⟨gesch.⟩ ***stadsmuzikanten*** ⇒*dorpsmuzikanten*.
wait[2] ⟨f4⟩ ⟨ww.⟩ →waiting ⟨→sprw. 170, 674, 685⟩
I ⟨onov.ww.⟩ **0.1** ***wachten*** ⇒*staan te wachten* **0.2** ***bedienen (aan tafel)*** ◆ **1.1** ⟨fig.⟩ dinner is ~ing *het eten is klaar, er is opgediend;* ~ a minute! *wacht even!;* they ~ed ten minutes *ze hebben tien minuten gewacht* **3.1** that can ~ *dat heeft de tijd, dat kan wachten;* he cannot ~ to go home *hij zit te springen om naar huis te gaan, hij weet niet hoe gauw hij naar huis moet gaan;* they kept me ~ing (for) an hour *ze lieten me een uur wachten* **3.¶** ~ and see *(de dingen) afwachten;* a ~-and-see plan *een afwachtend plan* **4.¶** you ~! *wacht maar (jij)!* **5.1** do not keep him ~ing **about / around** *laat hem niet staan wachten;* ~ **behind** *even blijven* ⟨wanneer anderen weg zijn⟩; ~ **on** *blijven wachten;* ⟨vnl. AE; inf.⟩ ~ **up** (for s.o.) *(op iem.) wachten, blijven (stil)staan* ⟨tot iem. bij is⟩ **5.¶** ~ **about / around** *rondhangen* **6.1** ~ **for** high water *op het hoogwater / de vloed wachten;* we had to ~ **for** ten minutes *we moesten tien minuten wachten;* ~ **for** sth. / s.o. *op iets / iem. wachten* **6.2** ~ **at /** ⟨AE⟩ **on** table(s) *tafeldienen;* ~ **(up)on** s.o. *iem. (be)dienen; op iem. wachten tot het hem schikt;* ~ **(up)on** s.o. hand and foot *iem. op zijn wenken bedienen* **6.¶** ⟨inf.⟩ ~ **for** it! *wil je wel eens wachten!, wacht!* ⟨op het geschikte moment⟩; ⟨BE⟩ *en nu komt het!;* ~ **for** me! *niet zo vlug!;* ⟨bijb.⟩ ~ **on** God *zijn hoop op God vestigen;* you needn't ~ **up for** me *je hoeft voor mij niet op te blijven;* ⟨schr.⟩ ~ **(up)on** sth. *met iets gepaard gaan, op iets volgen;* ⟨jacht⟩ ~ close **upon** *op de hielen volgen* ⟨ruiter⟩ **8.1** I'll do it while you ~ *het is direct klaar, u kunt erop wachten;*
II ⟨ov.ww.⟩ **0.1** ***afwachten*** ⇒*verbeiden, wachten op* **0.2** ⟨inf.⟩ ***uitstellen*** **0.3** ***bedienen*** ◆ **1.1** ~ one's chance / opportunity *wachten tot men zijn kans schoon ziet;* ~ one's turn *zijn beurt afwachten* **1.2** don't ~ dinner for me *wacht niet op mij met het eten* **1.3** ~ table *tafeldienen* **1.¶** ⟨vero.⟩ dinner is ~ing your pleasure *er is opgediend* **5.¶** we had to ~ it **out** *we moesten wachten tot het afgelopen was;* ~ **out** the storm *wachten tot de storm voorbij is*.
'wait-a-bit ⟨telb.zn.⟩ **0.1** ⟨ben. voor⟩ ***doornplant die aan de kleren haakt***.
wait·er ['weɪtə‖'weɪṭər]⟨f2⟩⟨telb.zn.⟩ **0.1** ***wachter*** ⇒*iem. die wacht* **0.2** ***kelner*** **0.3** ***serveerblad***.
wait·ing[1] ['weɪṭɪŋ]⟨f2⟩⟨n.-telb.zn.; gerund v. wait⟩ **0.1** ***het wachten*** ⇒*wachttijd* **0.2** ***het blijven staan*** ⇒*het stilstaan* ⟨v. auto⟩ **0.3** ***bediening*** **0.4** ***opwachting*** ⇒*dienst* ◆ **3.3** do the ~ *bedienen* **6.4** **in** ~ *dienstdoend, diensthebbend* **6.¶** ⟨BE; mil.⟩ **in** ~ *in stelling* **7.2** no ~ *verboden stil te staan*.
waiting[2] ⟨f2⟩ ⟨bn., attr.; teg. deelw. v. wait⟩ **0.1** ***(af)wachtend*** **0.2** ***bedienend*** **0.3** ***dienstdoend*** ⇒*diensthebbend* ◆ **1.1** a ~ attitude *een afwachtende houding;* adopt a ~ policy *de kat uit de boom kijken*.
'waiting game ⟨n.-telb.zn.⟩ **0.1** ***afwachtende houding*** ◆ **3.1** play a ~ *de kat uit de boom kijken*.
'waiting list ⟨f1⟩⟨telb.zn.⟩ **0.1** ***wachtlijst*** ◆ **3.1** put s.o. on the ~ *iem. op de wachtlijst plaatsen*.
'waiting man ⟨telb.zn.⟩ **0.1** ***kamerheer***.
'waiting room ⟨f1⟩⟨telb.zn.⟩ **0.1** ***wachtkamer***.
'waiting time ⟨f1⟩⟨n.-telb.zn.⟩ **0.1** ***wachttijd***.
wait·ress ['weɪtrɪs]⟨f2⟩⟨telb.zn.⟩ **0.1** ***serveerster*** ⇒*kelnerin*.
'waitress service ⟨n.-telb.zn.⟩ **0.1** ***bediening aan tafel***.
waive [weɪv]⟨f1⟩⟨ov.ww.⟩ ⟨vnl. schr.⟩ **0.1** ***afzien van*** ⇒*afstand doen van, laten varen, opgeven* ⟨rechten, eisen, privileges⟩ **0.2** ***het stellen zonder*** ⇒*zich weerhouden van, zich onthouden van* **0.3** ***uitstellen*** ⇒*verschuiven* ⟨naar later⟩, *opschorten, hangende laten* ⟨probleem⟩ **0.4** ***ontslaan*** ⇒*van zich afzetten, opzij zetten*.
waiv·er ['weɪvə‖-ər]⟨telb.zn.⟩ ⟨jur.⟩ **0.1** ***verklaring v. afstand***.
wake[1] [weɪk]⟨f2⟩⟨zn.⟩
I ⟨telb.zn.⟩ **0.1** ***kielwater*** ⇒*(kiel)zog, bellenbaan* ⟨v. torpedo⟩ **0.2** ***schroefwind*** ⇒*luchtverplaatsing* ⟨achter vliegtuig⟩ **0.3** ***lichtspoor*** ⟨v. hemellichaam, meteoor⟩ **0.4** ⟨vnl. fig.⟩ ***spoor*** ⇒*nasleep* **0.5** ***vigilie*** ⇒*vieravond, vooravond v.e. feestdag, wake* **0.6** ***dorpskermis*** **0.7** ***dodenwake*** ⟨vnl. in Ierland⟩ **0.8** ⟨gesch.⟩ ***jaarlijks herdenkingsfeest*** ⟨v.d. beschermheilige v.e. kerk⟩ **0.9** ⟨vnl. mv.⟩ ⟨BE⟩ ***jaarlijks verlof*** ⇒*jaarlijkse vakantie* ⟨vnl. in Noord-Enge-

land⟩ ◆ **6.4 in** the ~ **of** *in het spoor van, in de voetstappen van;* war brings misery **in** its ~ *ellende is de nasleep v.d. oorlog;* follow **in** the ~ **of** s.o. *iem. op de voet volgen, de voetstappen v. iem. drukken;*

II ⟨n.-telb.zn.⟩ **0.1** ***het waken*** ⇒*het wakker zijn, waak* ◆ **6.1 between** sleep and ~, **between** ~ and dream *tussen slapen en waken.*

wake[2] ⟨f3⟩ ⟨ww.; ook woke [wouk], woke(n)['wouk(ən)]⟩ ⟨→sprw. 712⟩

I ⟨onov.ww.⟩ **0.1** ⟨schr.⟩ ***ontwaken*** ⇒*wakker worden* ⟨ook fig.⟩ **0.2** ⟨vnl. vero., beh. als teg. deelw. en gerund⟩ ***waken*** ⇒*wakker zijn/liggen* **0.3** ***zich bewust worden*** **0.4** ***opstaan*** ⟨uit de dood⟩ **0.5** ⟨gew.⟩ ***bij een dode/zieke waken*** ⟨vnl. in Ierland⟩ ◆ **1.2** in his waking hours *wanneer hij wakker is* **5.1** ~ **up** *ontwaken, wakker worden;* ~ **up!** *word wakker!; luister!, let op!* **6.3** ~ **up to** sth. *zich v. iets bewust worden, iets gaan inzien, v. iets doordrongen raken* **6.4** ~ **from** the dead *uit het graf opstaan;*

II ⟨ov.ww.⟩ **0.1** ⟨schr.⟩ ***wekken*** ⇒*wakker maken/schudden* ⟨ook fig.⟩ **0.2** ***opwekken*** ⇒*veroorzaken, doen ontstaan, doen opvlammen* **0.3** ***bewust maken*** ⇒*doordringen* **0.4** ***doen opstaan*** ⟨uit de dood/het graf⟩ **0.5** ***verstoren*** ⇒*breken* ⟨vrede, stilte, rust⟩, *doen weergalmen/weerklinken* **0.6** ⟨gew.⟩ ***waken bij*** ⟨vnl. in Ierland⟩ ◆ **1.4** (loud) enough to ~ the dead *oorverdovend, zeer luidruchtig* **1.6** ~ a corpse *bij een lijk waken* **5.1** ~ **up** *wekken, wakker maken* **6.3** it ~d him **to** the facts *hij werd zich bewust van de feiten;* ~ s.o. **up to** sth. *iem. van iets doordringen/bewust maken.*

wake·ful ['weɪkfl]⟨f1⟩⟨bn.; -ly; -ness⟩ **0.1** ***wakend*** ⇒*wakker, waakzaam* **0.2** ***slapeloos*** ◆ **1.2** ~ nights *slapeloze nachten.*

wake·less ['weɪkləs]⟨bn.⟩ **0.1** ***vast*** ⇒*diep, ongestoord* ⟨slaap⟩.

wak·en ['weɪkən]⟨f2⟩⟨ww.⟩

I ⟨onov.ww.⟩ **0.1** ***ontwaken*** ⇒*wakker worden;*

II ⟨ov.ww.⟩ **0.1** ***wekken*** ⇒*wakker maken* **0.2** ***opwekken.***

'wake-rob·in ⟨telb.zn.⟩⟨plantk.⟩ **0.1** ⟨BE⟩ ***aronskelk*** ⟨genus Arum⟩ ⇒⟨i.h.b.⟩ *gevlekte aronskelk* ⟨A. maculatum⟩ **0.2** ⟨AE⟩ ***plant v.h. genus Trillium*** ⟨fam. Liliaceae⟩.

'Wakes Week ⟨eig.n.⟩⟨BE⟩ **0.1** ***jaarlijks verlof*** ⇒*jaarlijkse vakantie* ⟨vnl. in Noord-Engeland⟩.

wak·ey wak·ey ['weɪki 'weɪki]⟨tussenw.⟩⟨BE; scherts.; inf.⟩ **0.1** ***word wakker!*** ⇒*oogjes open!.*

'waking 'dream ⟨telb.zn.⟩ **0.1** ***dagdroom.***

Walachian →Wallachian.

Wal·den·ses [wɒl'densi:z‖wɑl-]⟨mv.⟩⟨gesch.⟩ **0.1** ***Waldenzen*** ⟨christelijke sekte⟩.

Wal·den·sian[1] [wɒl'densɪən‖wɑl-]⟨telb.zn.⟩⟨gesch.⟩ **0.1** ***Waldenzer.***

Waldensian[2] ⟨bn.⟩⟨gesch.⟩ **0.1** ***mbt./van de Waldenzen.***

wal·dorf salad ['wɔ:ldɔ:f 'sæləd‖'wɔldɔrf-]⟨telb. en n.-telb.zn.⟩ ⟨AE; cul.⟩ **0.1** ***waldorfsalade.***

wale[1] [weɪl]⟨telb.zn.⟩ **0.1** ***ribbel*** ⇒*ribbetje* ⟨bv. in ribfluweel⟩ **0.2** ***weefselstructuur*** ⇒*textuur* **0.3** ***boordsel*** ⇒⟨i.h.b.⟩ *versterkte rand v. gevlochten mand* **0.4** ⟨scheep.⟩ ***zware zijplank aan boot*** ⇒*berghout, dolboord* **0.5** ⟨vnl. AE⟩ ***striem*** ⇒*streep* ⟨v. zweepslag⟩.

wale[2] ⟨ov.ww.⟩ **0.1** ***striemen*** ⟨lett.⟩ **0.2** ***met boordsel versterken.***

Wales [weɪlz]⟨eig.n.⟩ **0.1** ***Wales.***

Walhalla →Valhalla.

walk[1] [wɔ:k]⟨f3⟩⟨zn.⟩

I ⟨telb.zn.⟩ **0.1** ***gang*** ⇒*stap, tred, loop, manier v. gaan* **0.2** ***stap*** ⇒*stapvoetse gang* ⟨v. paard⟩ **0.3** ***wandelpas/gang/tred*** ⇒*bedaarde tred;* ⟨fig.⟩ *langzaam tempo* **0.4** ***wandeling*** **0.5** ***levenswandel*** **0.6** ***wandelplaats*** ⇒*wandelgang; wandelweg, promenade; laan; voetpad* **0.7** ***ronde*** ⇒*wijk* ⟨bv. v. postbode⟩ **0.8** ***(werk)gebied/terrein*** ⇒*branche* **0.9** ***territorium*** ⇒*hanenren; loop voor jonge honden; schapenweide* **0.10** ***boswachterij*** **0.11** ⟨atletiek⟩ ***(het) snelwandelwedstrijd*** **0.12** ⟨honkbal⟩ ***vrije loop (naar eerste honk)*** ◆ **1.5** ~ of life *beroep, roeping; (maatschappelijke) rang/stand;* every ~/all ~s of life *elke rang en stand* **3.4** have/take a ~ *een wandeling (gaan) maken* **3.¶** ⟨vnl. AE; inf.⟩ take a ~! *ach, ga fietsen!, rot op!* **6.1** know s.o. **at** his ~ *iem. aan zijn loop herkennen* **6.3** go **at** ~ *met een wandelpas gaan; stapvoets gaan* ⟨v. paard⟩; win **in** a ~ *gemakkelijk/op zijn sloffen winnen* **6.4** go **for** a ~ *een wandeling (gaan) maken* **7.4** a ten-minute ~ *een wandeling v. tien minuten;*

II ⟨n.-telb.zn.⟩ **0.1** ***wandelafstand*** ⇒*gaans* **0.2** ⟨atletiek⟩ ***snelwandelen*** ◆ **1.1** it is ten minutes' ~ *het is op tien minuten gaans, het is tien minuten lopen* **1.2** 50-k ~ *50 km snelwandelen.*

walk[2] ⟨f4⟩⟨ww.⟩ →walking ⟨→sprw. 380⟩

I ⟨onov.ww.⟩ **0.1** ***lopen*** ⇒*gaan, wandelen, kuieren; te voet gaan* **0.2** ***stappen*** ⇒*stapvoets gaan* ⟨vnl. v. paard⟩ **0.3** ***(rond)waren*** ⇒*verschijnen, spoken* **0.4** ⟨vero.; bijb.⟩ ***leven*** ⇒*handelen, zich gedragen* **0.5** ⟨honkbal⟩ ***een vrije loop krijgen*** **0.6** ⟨basketbal⟩ ***lopen (met de bal)*** ⟨overtreding⟩ ◆ **1.1** ~ing dictionary/encyclopaedia *wandelende encyclopedie;* ⟨dierk.⟩ ~ing leaf *wandelend blad* ⟨genus Phyllium⟩; ~ing wounded *gewonden die nog kunnen lopen* **5.1** ~ **about** *rondlopen/wandelen;* ~ **in** *binnenlopen;* ~ **out** *naar buiten gaan;* ~ **up** *naar boven gaan* **5.¶** ⟨schr.⟩ ~ **abroad** *zich verspreiden* ⟨ziekte, misdaad⟩; ~ **away** from ⟨inf.⟩ *er ongedeerd afkomen bij;* ⟨sport⟩ *met gemak achter zich laten;* ⟨inf.⟩ ~ **away** with *er vandoor gaan met, stelen; gemakkelijk winnen;* ~ **off** *opstappen, er vandoor gaan;* ~ **off** with *er vandoor gaan met, stelen; gemakkelijk winnen;* ~ **on** *een figurantenrol spelen;* ~ **out** ⟨inf.⟩ *het werk onderbreken, staken; opstappen, weglopen* ⟨bv. bij overleg⟩; ⟨mil.⟩ *de kazerne verlaten;* ⟨inf.⟩ ~ **out** on s.o. *iem. in de steek laten/laten zitten;* ⟨BE⟩ ~ **out** with s.o. *met iem. uitgaan/verkering hebben;* ⟨sl.⟩ ~ soft *bescheiden handelen;* ~ tall *het hoofd hoog dragen, trots zijn;* ~ up! *kom erin!, komt dat zien!;* ~ **up** to s.o. *op iem. af gaan* **6.1** ~ **in** one's sleep *slaapwandelen* **6.4** ⟨bijb.⟩ ~ **in** darkness *in de duisternis wandelen* ⟨Joh. 8:12⟩; ⟨bijb.⟩ ~ **with** God *met God wandelen* ⟨naar Gen. 5:22⟩ **6.¶** ⟨inf.⟩ ~ **into** a right hook *een rechtse hoekslag moeten incasseren;* ⟨sl.⟩ ~ **into** a meal *toetasten;* ⟨inf.⟩ ~ **into** the trap *in de val lopen;* ⟨inf.⟩ ~ **over** *met gemak achter zich laten/overwinnen;* ⟨inf.⟩ ~ (all) **over** s.o. *met iem. de vloer aanvegen;* ~ **through** a course *een cursus oppervlakkig doornemen;* ~ **up** the street *langs de straat lopen;*

II ⟨ov.ww.⟩ **0.1** ***lopen*** ⇒*gaan, te voet afleggen* ⟨afstand⟩ **0.2** ***lopen over/door/langs/op*** ⇒*aflopen, bewandelen, betreden* **0.3** ***meelopen/gaan met*** **0.4** ***laten/doen lopen*** ⇒*geleiden, uitlaten* ⟨bv. hond⟩; *stapvoets laten lopen* ⟨paard⟩ **0.5** ⟨honkbal⟩ ***een vrije loop geven/toestaan*** **0.6** ⟨BE; gew.⟩ ***walken*** ⇒*vollen* ⟨wollen weefsel⟩ ◆ **1.1** ~ a minuet/quadrille *een menuet/quadrille dansen* **4.1** ~ it *te voet gaan, lopen; gemakkelijk/op zijn sloffen winnen* **5.1** ~ **off** one's fat *het buikje eraf lopen;* ~ one's legs **off** *zich de benen uit het lijf lopen* **5.3** ~ s.o. **home** *iem. naar huis brengen* **6.4** ⟨inf.⟩ ~ s.o. **off** his feet/legs *iem. de benen uit zijn lijf laten lopen/laten lopen tot hij erbij neervalt;* ~ an actor **through** a scene *een acteur een scène voorspelen.*

walk·a·ble ['wɔ:kəbl]⟨bn.⟩ **0.1** ***begaanbaar*** **0.2** ***te lopen*** ⟨afstand⟩.

'walk·a·bout ⟨telb. en n.-telb.zn.⟩ **0.1** ***rondgang te midden v.h. publiek*** ⟨bv. v. voornaam persoon⟩ **0.2** ⟨vnl. Austr. E⟩ ***periode waarin Australische inboorling door de wildernis trekt*** ⇒*zwerftocht;* ⟨bij uitbr.⟩ *wandeltocht* ◆ **3.1** ⟨BE⟩ go ~ *zich onder het publiek begeven* **3.2** go ~ *door de wildernis trekken.*

'walk·a·way ⟨telb.zn.⟩⟨AE; inf.⟩ **0.1** ***walk-over*** ⇒*gemakkelijke zege.*

walk·er ['wɔ:kə‖-ər]⟨f1⟩⟨telb.zn.⟩ **0.1** ***wandelaar*** ⇒*voetganger* **0.2** ***leurder*** ⇒*colporteur* **0.3** ***loophek*** **0.4** ***loopvogel*** **0.5** →race walker.

'walk·er-'on ⟨telb.zn.; walkers-on; →mv. 6⟩ **0.1** ***figurant(e).***

walk·ie-talk·ie, walk·y-talk·y ['wɔ:ki'tɔ:ki]⟨f1⟩⟨telb.zn.; 2e variant; →mv. 2⟩⟨inf.⟩ **0.1** ***walkie-talkie*** ⇒*portofoon.*

'walk-in[1] ⟨telb.zn.⟩⟨vnl. AE; inf.⟩ **0.1** ***iets waar een mens in gaat/kan*** **0.2** ***gemakkelijke (verkiezings)overwinning*** **0.3** ⟨tennis⟩ ***(eerste) vrije ronde*** ⇒*bye, vrijloting.*

walk-in[2] ⟨bn., attr.⟩⟨vnl. AE; inf.⟩ **0.1** ***waar een mens in gaat/kan*** **0.2** ***met directe toegang*** ⟨vanaf de straat, bv. flat⟩ ⇒*inloop-, vrij toegankelijk* **0.3** ***gemakkelijk*** ◆ **1.1** ~ refrigerator *manshoge ijskast, koelkamer/cel* **1.3** a ~ victory *een gemakkelijke (verkiezings)overwinning.*

walking →race walking.

'walk·ing papers ⟨mv.⟩⟨AE; inf.⟩ **0.1** ***ontslag(brief)*** ◆ **3.1** get one's ~ *zijn congé/de bons krijgen.*

'walking race ⟨telb.zn.⟩⟨atletiek⟩ **0.1** ***snelwandelwedstrijd.***

'walking stick ⟨f1⟩⟨telb.zn.⟩ **0.1** ***wandelstok*** **0.2** ⟨dierk.⟩ ***wandelende tak*** ⟨fam. Phasmidae⟩.

walk·man ['wɔ:kmən]⟨telb.zn.; →mv. 3⟩⟨(oorspr.) merknaam⟩ **0.1** ***walkman*** ⇒*straatcassette.*

'walk-on, ⟨in bet. 0.1 ook⟩ **walk-'on part, walking-'on part** ⟨telb.zn.⟩ **0.1** ***figurantenrol*** **0.2** ***figurant(e).***

'walk·out ⟨f1⟩⟨telb.zn.⟩ **0.1** ***staking*** ⇒*werkonderbreking* **0.2** ***het weglopen*** ⟨uit een vergadering, ten teken van protest⟩.

'walk·o·ver ⟨f1⟩⟨telb.zn.⟩⟨inf.⟩ **0.1** ***walk-over*** ⇒⟨fig.⟩ *gemakkelijke overwinning.*

'walk·up[1] ⟨telb.zn.⟩⟨AE; inf.⟩ **0.1** ***flat/kantoorgebouw zonder lift*** **0.2** ***flat/kantoor in gebouw zonder lift.***

walkup[2] ⟨bn., attr.⟩⟨AE; inf.⟩ **0.1** ***zonder lift*** ◆ **1.1** a ~ apartment *een flat in een gebouw zonder lift.*

'walk·way ⟨telb.zn.⟩ **0.1** ***gang*** ⇒*wandelgang, verbindingsgang* **0.2** ***wandelweg*** ⇒*promenade.*

Walkyrie →Valkyrie.

wall[1] [wɔ:l]⟨f4⟩⟨telb.zn.⟩⟨→sprw. 26, 713, 721⟩ **0.1** ***muur*** ⇒*wand;* ⟨sport, i.h.b. voetbal⟩ *muurtje* **0.2** ⟨biol.⟩ ***wand*** ⟨bv. v. ader⟩ **0.3** ⟨vaak mv.⟩ ***wal*** ⇒*stads/vestingwal, stadsmuur* **0.4** ***waterkering***

⇒*dijk, dam* **0.5** ⟨gesch.; mil.⟩ ***schans*** ⇒*verschansing* ◆ **1.1** ⟨fig.⟩ a writing on the ~ *een teken aan de wand* **2.1** a blank ~ *een lege muur; een blinde muur* **3.¶** drive/push s.o. to the ~ *iem. in het nauw drijven;* drive s.o. up the ~ *iem. razend maken;* driven up against the ~ *met de rug tegen de muur, tot wanhoop gedreven;* ⟨sl.⟩ go over the ~ *uit de gevangenis ontsnappen;* go to the ~ *in een hoek geduwd worden, het onderspit delven, het afleggen;* jump/leap over the ~ *de kap over de haag smijten/op de tuin hangen;* push/send s.o. up the ~ *iem. pisnijdig/razend maken, iem. doen steigeren* **6.¶ between** you, me and the ~ *onder ons gezegd (en gezwegen);* be/climb/go **up** the ~ *steigeren, razend zijn/worden* **7.1** the Wall *de (Berlijnse) muur; de Klaagmuur.*

wall[2] ⟨f1⟩ ⟨ov.ww.⟩ →walling **0.1** ***ommuren*** **0.2** ***dichtmetselen*** ◆ **5.1** a ~ed-**in** garden *een ingesloten/ingebouwde tuin;* ~ **up** a prisoner *een gevangene tussen vier muren/achter de tralies zetten* **5.2** ~ **off** part of a room *een gedeelte v.e. kamer met een muur afsluiten;* ~ **up** a door *een deur dichtmetselen.*

wal·la·by [ˈwɒləbi‖ˈwɑ-] ⟨f1⟩ ⟨zn.; →mv. 2⟩
I ⟨telb.zn.⟩ ⟨dierk.⟩ **0.1** ***wallaby*** ⟨genus Wallabia; kleine kangoeroesoort⟩ ◆ **6.¶ on** the ~ (track) *ronddolend, zonder werk;*
II ⟨telb. en n.-telb.zn.⟩ **0.1** ***wallabiebont;***
III ⟨mv.; wallabies⟩ ⟨inf.⟩ **0.1** ⟨ben. voor⟩ ***Australiërs*** ⇒⟨i.h.b.⟩ *Australisch rugbyteam.*

Wallach →Vlach.

Wal·la·chi·a, Wal·a·chi·a [wɒˈleɪkɪə‖wɑ-] ⟨eig.n.⟩ **0.1** ***Walachije.***

Wal·(l)a·chi·an[1] [wɒˈleɪkɪən‖wɑ-] ⟨telb.zn.⟩ **0.1** ***Walachijer.***

Wal(l)achian[2] ⟨bn.⟩ **0.1** ***Walachijs.***

wal·la(h) [ˈwɒlə‖ˈwɑlə] ⟨telb.zn.; vaak attr.⟩ ⟨Ind. E⟩ **0.1** ***persoon met bep. taak*** ⟨vnl. man⟩.

wal·la·roo [ˈwɒləˈruː‖ˈwɑ-] ⟨telb.zn.⟩ ⟨dierk.⟩ **0.1** ***wallaroe*** ⟨bergkangoeroe; Macropus robustus⟩.

ˈwall barley ⟨n.-telb.zn.⟩ ⟨plantk.⟩ **0.1** ***kruipertje*** ⇒*muizegerst* ⟨Hordeum murinum⟩.

ˈwall bars ⟨mv.⟩ ⟨gymnastiek⟩ **0.1** ***wand/klimrek.***

ˈwall·board ⟨telb. en n.-telb.zn.⟩ **0.1** ***bouwplaat*** ⟨voor beschieting⟩.

ˈwall·cov·er·ing ⟨telb. en n.-telb.zn.⟩ **0.1** ***muurverf.***

ˈwall creeper ⟨telb.zn.⟩ ⟨dierk.⟩ **0.1** ***rotskruiper*** ⟨Tichodroma muraria⟩.

ˈwall cress ⟨n.-telb.zn.⟩ ⟨plantk.⟩ **0.1** ***scheefkelk*** ⟨genus Arabis⟩.

wal·let [ˈwɒlɪt‖ˈwɑ-] ⟨f2⟩ ⟨telb.zn.⟩ **0.1** ***portefeuille*** **0.2** ***portefeuille*** ⇒*bergmap* **0.3** ⟨vero.⟩ ***knapzak*** ⇒*bedelzak.*

ˈwall·eye ⟨telb.zn.⟩ **0.1** ***glasoog*** ⟨met ongekleurde iris, vnl. bij paard⟩ **0.2** ⟨med.⟩ ***oog met glasachtig hoornvlies*** **0.3** ⟨med.⟩ ***divergent strabisme*** **0.4** ⟨dierk.⟩ ***Am. snoekbaars*** ⟨Stizostedium vitreum⟩.

ˈwall-ˈeyed ⟨bn.⟩ **0.1** ***met een glasoog/glasogen*** **0.2** ⟨med.⟩ ***met glasachtig hoornvlies*** **0.3** ⟨med.⟩ ***met divergent strabisme*** **0.4** ⟨AE⟩ ***met uitpuilende ogen*** **0.5** ⟨AE; sl.⟩ ***bezopen.***

ˈwall fern ⟨telb. en n.-telb.zn.⟩ ⟨plantk.⟩ **0.1** ***eikvaren*** ⟨Polypodium vulgare⟩.

ˈwall·flow·er ⟨f1⟩ ⟨telb.zn.⟩ **0.1** ⟨plantk.⟩ ***muurbloem*** ⟨Cheiranthus cheiri⟩ **0.2** ⟨plantk.⟩ ***Am. steenraket*** ⟨Erysimum asperum⟩ **0.3** ⟨inf.; fig.⟩ ***muurbloempje.***

ˈwall fruit ⟨telb. en n.-telb.zn.⟩ **0.1** ***vrucht(en) van leiboom/leibomen.***

ˈwall-game ⟨n.-telb.zn.⟩ **0.1** ***soort voetbal, gespeeld langs muur*** ⟨in Eton⟩.

ˈwall-hang·ing ⟨telb.zn.⟩ ⟨AE⟩ **0.1** ***wandkleed*** ⇒*wandtapijt.*

wall·ing [ˈwɔːlɪŋ] ⟨telb. en n.-telb.zn.; (oorspr.) gerund v. wall⟩ **0.1** ***muur(werk).***

wall-less [ˈwɔːlləs] ⟨bn.⟩ **0.1** ***zonder muren.***

Wal·lo·ni·a [wɒˈloʊnɪə‖wɑ-] ⟨eig.n.⟩ **0.1** ***Wallonië.***

Wal·loon[1] [wɒˈluːn‖wɑ-] ⟨f1⟩ ⟨zn.⟩
I ⟨eig.n.⟩ **0.1** ***Waals*** ⇒*de Waalse gewesttaal;*
II ⟨telb.zn.⟩ **0.1** ***Waal*** ⟨bewoner v. Wallonië⟩.

Walloon[2] ⟨f1⟩ ⟨bn.⟩ **0.1** ***Waals*** ⟨mbt. Wallonië/het Waals⟩.

wal·lop[1] [ˈwɒləp‖ˈwɑ-] ⟨f1⟩ ⟨zn.⟩
I ⟨telb.zn.⟩ ⟨inf.⟩ **0.1** ***dreun*** ⇒*mep, opduvel* **0.2** ⟨BE⟩ ***logge beweging*** **0.3** ***stootkracht*** **0.4** ***enorme inwerking*** ⇒*invloed;*
II ⟨n.-telb.zn.⟩ ⟨BE; sl.⟩ **0.1** ***bier.***

wallop[2] ⟨f1⟩ ⟨ww.⟩ →walloping
I ⟨onov.ww.⟩ **0.1** ***stommelen*** **0.2** ***bobbelen*** ⇒*borrelen* ⟨v. kokende vloeistof⟩;
II ⟨ov.ww.⟩ ⟨inf.⟩ **0.1** ***aframmelen*** ⇒*afranselen, inpeperen; hard slaan* ⟨i.h.b. honkbal⟩ **0.2** ***inmaken*** ⇒*klop geven* ⟨vnl. sport⟩ ◆ **6.2** ~ s.o. **at** tennis *iem. met tennis inmaken.*

wal·lop·ing[1] [ˈwɒləpɪŋ‖ˈwɑ-] ⟨telb.zn.; oorspr. gerund v. wallop⟩ ⟨inf.⟩ **0.1** ***aframmeling*** ⇒*afranseling* **0.2** ***zware nederlaag.***

walloping[2] ⟨bn.; (oorspr.) teg. deelw. v. wallop⟩ ⟨inf.⟩ **0.1** ***reusachtig*** ⇒*enorm, geweldig.*

wal·low[1] [ˈwɒloʊ‖ˈwɑ-] ⟨telb.zn.⟩ **0.1** ***wenteling*** **0.2** ***(modder)poel/plas*** ⟨bv. v. buffels/varkens; ook fig.⟩.

wallow[2] ⟨f2⟩ ⟨onov.ww.⟩ **0.1** ***(zich) wentelen*** ⇒*(zich) rollen, ploeteren* **0.2** ***rollen*** ⇒*slingeren* ⟨v. schip⟩ **0.3** ***aanzwellen*** ⇒*golven* ◆ **1.1** ⟨inf., fig.⟩ be ~ing in money/it *bulken v.h. geld;* ~ in the mud *zich in het slijk wentelen* ⟨vnl. fig.⟩; ⟨fig.⟩ ~ in pleasures *zwelgen in genot.*

ˈwall painting ⟨f1⟩ ⟨zn.⟩
I ⟨telb.zn.⟩ **0.1** ***muur/wandschildering*** ⇒*fresco;*
II ⟨n.-telb.zn.⟩ **0.1** ***muurschilderkunst.***

ˈwall·pa·per ⟨f2⟩ ⟨n.-telb.zn.⟩ **0.1** ***behang*** ⇒*behangsel(papier).*

ˈwallpaper music ⟨n.-telb.zn.⟩ ⟨BE⟩ **0.1** ***muzikaal behang*** ⇒*muzak, achtergrondmuziek.*

ˈwall pass ⟨telb.zn.⟩ ⟨voetbal⟩ **0.1** ***kort passje*** ⟨in een één-tweetje⟩.

ˈwall pellitory ⟨telb. en n.-telb.zn.⟩ ⟨plantk.⟩ **0.1** ***glaskruid*** ⟨genus Parietaria⟩ ⇒⟨i.h.b.⟩ *klein glaskruid* ⟨P. diffusa⟩.

ˈwall pepper ⟨n.-telb.zn.⟩ ⟨plantk.⟩ **0.1** ***muurpeper*** ⟨Sedum acre⟩.

ˈwall-piece ⟨telb.zn.⟩ ⟨gesch.; mil.⟩ **0.1** ***stuk geschut op vestingwal/oorlogsschip.***

ˈwall plate ⟨telb.zn.⟩ ⟨bouwk.⟩ **0.1** ***muurplaat.***

ˈwall plug ⟨telb.zn.⟩ ⟨elek.⟩ **0.1** ***stekker.***

ˈwall poster ⟨telb.zn.⟩ **0.1** ***muurkrant.***

ˈwall rocket ⟨telb. en n.-telb.zn.⟩ ⟨plantk.⟩ **0.1** ***zandkool*** ⟨genus Diplotaxis, i.h.b. D. tenuifolia⟩.

ˈwall rue ⟨n.-telb.zn.⟩ ⟨plantk.⟩ **0.1** ***muurvaren*** ⟨Asplenium ruta-muraria⟩.

Wall Street [ˈwɔːl striːt] ⟨eig.n.⟩ **0.1** ***Wall Street*** ⟨financieel centrum v. New York City⟩.

ˈwall tie ⟨telb.zn.⟩ ⟨bouwk.⟩ **0.1** ***muuranker*** ⇒*spouwanker.*

ˈwall-to-wall ⟨f1⟩ ⟨bn., attr.⟩ **0.1** ***kamerbreed*** ⟨bv. tapijt⟩ **0.2** ⟨inf.⟩ ***alles omvattend*** ⇒*volledig.*

ˈwall tree ⟨telb.zn.⟩ **0.1** ***leiboom.***

wall·wort [ˈwɔːlwɜːt‖ˈwɔlwɜrt] ⟨n.-telb.zn.⟩ ⟨plantk.⟩ **0.1** ***kruidvlier*** ⟨Sambucus ebulus⟩ **0.2** ***groot glaskruid*** ⟨Parietaria officinalis⟩.

wal·ly [ˈwɒli‖ˈwɑli] ⟨telb.zn.; →mv. 2⟩ ⟨BE; inf.⟩ **0.1** ***sul*** ⇒*sukkel, sufferd, stommeling, ei, domoor.*

wal·nut [ˈwɔːlnʌt], ⟨in bet. I 0.2 ook⟩ **ˈwalnut tree** ⟨f2⟩ ⟨zn.⟩ ⟨plantk.⟩ ⟨→sprw. 754⟩
I ⟨telb.zn.⟩ **0.1** ***walnoot*** ⟨genus Juglans⟩ ⇒⟨i.h.b.⟩ *okkernoot* ⟨J. regia⟩ **0.2** ***(wal)noteboom*** ⇒⟨B.⟩ *notelaar;* ⟨i.h.b.⟩ *okkernoteboom* ◆ **1.¶** crack/break a ~ with a sledgehammer *met een kanon op een mug schieten;*
II ⟨n.-telb.zn.⟩ **0.1** ***note(bome)hout*** ⇒⟨B.⟩ *notelaar* ⟨i.h.b. hout v.d. zwarte walnoteboom, Juglans nigra⟩.

wal·rus [ˈwɔːlrəs‖ˈwɔl-, ˈwɑl-] ⟨f1⟩ ⟨telb.zn.; ook walrus; →mv. 4⟩ ⟨dierk.⟩ **0.1** ***walrus*** ⟨Odobenus rosmarus⟩.

ˈwalrus mousˈtache ⟨telb.zn.⟩ **0.1** ***walrus(se)snor*** ⇒*(zware) hangsnor.*

Walt [wɔːlt] ⟨eig.n.⟩ **0.1** ***Wout.***

Wal·ter [ˈwɔːltə‖-ər] ⟨eig.n.⟩ **0.1** ***Wouter*** ⇒*Walter* ◆ **1.¶** a ~ Mitty *dagdromer* ⟨personage v. J. Thurber⟩.

walt·y [ˈwɔːlti] ⟨bn.⟩ ⟨scheep.⟩ **0.1** ***rank*** ⇒*onvast, wankel* ⟨schip⟩.

waltz[1] [wɔːls‖wɔlts] ⟨f1⟩ ⟨telb.zn.⟩ **0.1** ***wals*** ⟨dans (muziek)⟩ **0.2** ⟨sl.⟩ ***makkie.***

waltz[2] ⟨f1⟩ ⟨ww.⟩
I ⟨onov.ww.⟩ **0.1** ***walsen*** ⇒*de/een wals dansen;* ⟨fig.⟩ *(rond) dansen/huppelen/trippelen/dartelen* ◆ **1.1** ⟨dierk.⟩ ~ing mouse *dansmuis* ⟨soort huismuis die niet recht kan lopen⟩ **5.¶** ⟨inf.⟩ ~ **off** with *er vandoor gaan met;*
II ⟨ov.ww.⟩ **0.1** ***walsen met*** **0.2** ***meetronen*** ⇒*meelokken, meevoeren, leiden* ⟨persoon⟩.

waltz·er [ˈwɔːlsə‖ˈwɔltsər] ⟨telb.zn.⟩ **0.1** ***walser(es).***

wam·pee, wam·pi [ˈwɒmˈpiː‖ˈwɑm-] ⟨telb.zn.⟩ ⟨plantk.⟩ **0.1** ***wampiboom*** ⟨Clausena lansium⟩.

wam·pum [ˈwɒmpəm‖ˈwɑm-] ⟨n.-telb.zn.⟩ **0.1** ***wampoem*** ⟨schelpkralen, oorspr. bij N.-Am. Indianen⟩ **0.2** ⟨inf.⟩ ***geld.***

wan [wɒn‖wɑn] ⟨f1⟩ ⟨bn.; -er; -ly; -ness; →compar. 7⟩ **0.1** ***bleek*** ⇒*flets, mat* ⟨huidkleur⟩ **0.2** ***lusteloos*** ⇒*vermoeid, zwak* **0.3** ***flauw*** ⇒*zwak, verduisterd* ⟨licht, vnl. v. hemellichamen⟩.

wand [wɒnd‖wɑnd] ⟨f1⟩ ⟨telb.zn.⟩ **0.1** ***roede*** ⇒*(merk)stok; dirigeerstok; toverstokje/staf* **0.2** ***scepter*** ⇒*staf* **0.3** ***paal*** ⇒⟨B.⟩ *wip* ⟨voor het boogschieten⟩ ◆ **3.1** ⟨inf.; fig.⟩ wave one's (magic) ~ *zijn toverstokje te voorschijn halen.*

wan·der[1] [ˈwɒndə‖ˈwɑndər] ⟨zn.⟩
I ⟨telb.zn.⟩ **0.1** ***zwerftocht*** ⇒*(grote) wandeling* **0.2** ***wandelgang;***
II ⟨n.-telb.zn.⟩ **0.1** ***het (rond)zwerven.***

wander[2] ⟨f3⟩ ⟨ww.⟩ →wanderings
I ⟨onov.ww.⟩ **0.1** ***(rond)zwerven*** ⇒*(rond)dwalen/dolen/trekken* **0.2** ***kronkelen*** ⇒*(zich) slingeren* ⟨v. rivier, weg⟩ **0.3** ***verdwalen*** ⇒*op de verkeerde weg raken* ⟨ook fig.⟩ **0.4** ***afdwalen*** ⇒*afwijken* ⟨ook fig.⟩ **0.5** ***kuieren*** ⇒*wandelen* **0.6** ***ijlen*** ⇒*malen, raaskallen* ◆ **1.1** ~ing Jew *wandelende jood;* ⟨fig.⟩ *zwerver, zwerfkat;* ⟨med.⟩ ~ing kidney *wandelende nier* **5.1** ~ **about** *rondzwerven/*

dwalen **6.3** ⟨fig.⟩ ~ **from** the right way *van de rechte/goede weg afwijken* **6.4** ~ **from/off** one's subject *van zijn onderwerp afdwalen;*
II ⟨ov.ww.⟩ **0.1** ***doorkruisen*** ⇒*doorlopen, bereizen* ◆ **1.1** ~ the streets *door de straten dolen.*
wan·der·er ['wɒndrə‖'wɑndrər]⟨f1⟩⟨telb.zn.⟩ **0.1** ***zwerver*** **0.2** ***zwerfdier.***
wan·der·ings ['wɒndrɪŋz‖'wɑn-]⟨f1⟩⟨mv.; enk. oorspr. gerund v. wander⟩ **0.1** ***zwerftochten*** **0.2** ***wartaal*** ⇒*het ijlen.*
wan·der·lust ['wɒndəlʌst‖'wɑndər-]⟨n.-telb.zn.⟩ **0.1** ***wanderlust*** ⇒*trek/zwerflust.*
wan·der·oo [wɒndə'ru:‖'wɑn-]⟨telb.zn.⟩⟨dierk.⟩ **0.1** ***baardaap*** ⟨Macaca silenus⟩.
wane[1] [weɪn]⟨f1⟩⟨n.-telb.zn.⟩ **0.1** ***het afnemen*** ⇒*het verminderen* ⟨vnl. mbt. de maan⟩; ⟨fig.⟩ *het vervallen/achteruitgaan/tanen* **0.2** ***wankant*** ⇒*bleskant* ⟨v. hout⟩ ◆ **6.1 on** the ~ *aan het afnemen* ⟨ook fig.⟩.
wane[2] ⟨f2⟩⟨onov.ww.⟩ **0.1** ***afnemen*** ⇒*verminderen* ⟨vnl. mbt. de maan⟩; ⟨fig.⟩ *vervallen, achteruitgaan, tanen* ◆ **1.1** the waning glory of the Roman Empire *de tanende glorie v.h. Romeinse Rijk* **3.1** wax and ~ *toe- en afnemen, op en neer gaan.*
wan·gle[1] ['wæŋgl]⟨telb.zn.⟩⟨inf.⟩ **0.1** ***(slinkse) streek*** ⇒*truc, smoesje* ◆ **6.1** get sth. **by** a ~ *iets op slinkse wijze weten los te krijgen, iets versieren.*
wangle[2] ⟨f1⟩⟨ww.⟩⟨inf.⟩
I ⟨onov.ww.⟩ **0.1** ***konkelen*** ⇒*konkelfoezen, draaien, intrigeren* **0.2** ***zich eruit draaien*** ⇒*zich redden* ◆ **6.1** ~ (o.s.) **out of** a situation *zich uit een situatie weten te redden;*
II ⟨ov.ww.⟩ **0.1** ***weten los te krijgen*** ⇒*gedaan krijgen, klaarspelen, fiksen, bekonkelen* ◆ **6.1** ~ s.o. **into** doing sth. *iem. zover krijgen dat hij/zij iets doet;* ~ s.o. **into** a good job *een goede baan voor iem. weten te vinden;* ~ one's way **into** *zich indringen in;* ~ a well-paid job **out of** s.o. *een goed betaalde baan v. iem. weten los te krijgen.*
wang·ler ['wæŋglə‖-ər]⟨telb.zn.⟩ **0.1** ***konkelaar*** ⇒*draaier, kuiper, intrigant.*
wank[1] [wæŋk]⟨telb.zn.⟩⟨BE; vulg.⟩ **0.1** ***het aftrekken*** ⇒*rukpartij.*
wank[2] ⟨onov.ww.⟩⟨BE; vulg.⟩ **0.1** ***aftrekken*** ⇒*rukken* ◆ **5.1** ~ **off** *aftrekken.*
Wan·kel engine ['wæŋkl endʒɪn]⟨telb.zn.⟩⟨tech.⟩ **0.1** ***wankelmotor.***
wank·er ['wæŋkə‖-ər]⟨telb.zn.⟩⟨BE; vulg.⟩ **0.1** ***rukker*** ⇒*trekker* **0.2** ***dilettant.***
wan·na ['wɒnə‖'wɑnə]⟨f1⟩⟨samentr. v. want to⟩⟨inf.; gew.⟩.
wan·(n)i·gan ['wɒnɪgən‖'wɑ-], **wan·gan** ['wɒŋgən‖'wɑŋ-]⟨telb.zn.⟩⟨AE⟩ **0.1** ***proviandkist*** ⟨in houthakkerskamp⟩ **0.2** ***verplaatsbare barak*** ⟨in houthakkerskamp⟩.
want[1] [wɒnt‖wɑnt]⟨f3⟩⟨zn.⟩⟨→sprw. 210, 263, 714, 763⟩
I ⟨telb.zn.⟩ **0.1** ***behoefte*** ◆ **3.1** meet a long-felt ~ *in een lang gevoelde behoefte voorzien* **6.1** a man **of** few ~s *een man met weinig behoeften;*
II ⟨n.-telb.zn.⟩ **0.1** ***gebrek*** ⇒*gemis, afwezigheid* **0.2** ***tekort*** ⇒*nood* **0.3** ***armoede*** ⇒*behoeftigheid* ◆ **6.1** drink water **for/from** ~ of anything better *water drinken bij gebrek aan iets beters* **6.2** be **in** ~ of money *in geldnood zitten* **6.3** live **in** ~ *in armoede leven.*
want[2] ⟨f4⟩⟨ww.⟩ →wanting ⟨→sprw. 271, 328, 329, 472, 679, 715⟩
I ⟨onov.ww.⟩ **0.1** ***behoeftig/noodlijdend zijn*** ◆ **5.¶** ⟨Sch. E, AE; inf.⟩ ~ **in** *erin/naar binnen willen;* ⟨fig.⟩ *mee willen doen;* ~ **out** *eruit/naar buiten willen;* ⟨fig.⟩ *er vandoor willen, hem willen smeren* **6.¶** he does not ~ **for** anything/ ~s **for** nothing *hij komt niets te kort;*
II ⟨ov.ww.⟩ **0.1** ***te kort/niet hebben*** ⇒*missen, mankeren, zitten zonder* **0.2** ⟨→wilsuiting⟩ ***(graag) willen*** ⇒*wensen* **0.3** ***moeten*** ⇒*hoeven* **0.4** ***nodig hebben*** ⇒*vergen, vragen, vereisen* **0.5** ***zoeken*** ⇒*vragen* ⟨persoon⟩ ◆ **1.1** those people ~ food *die mensen hebben geen/te weinig voedsel;* ⟨fig.; vnl. schr.⟩ his reply ~ed tact *zijn antwoord miste tact* **1.4** the garden ~s manure *de tuin heeft mest nodig;* children ~ patience *kinderen vragen geduld;* the servants are no longer ~ed *de bedienden zijn geëxcuseerd* **1.5** ~ed, experienced mechanic *gevraagd: ervaren monteur* **3.2** I ~ it (to be) done today *ik wil dat het vandaag gedaan wordt;* I ~ you to do it *ik wil dat jij het doet* **3.3** the work ~s doing/to be done *het werk moet gedaan worden;* you ~ to see a psychiatrist *je moet naar een psychiater* **3.4** ⟨inf.⟩ it ~s some doing *het vergt veel inspanning/heeft veel voeten in de aarde* **4.2** ~ nothing to do with *niets te maken willen hebben met* **4.¶** it ~s two minutes to three (o'clock) *het is nog twee minuten voor drie;* ~ none of it *er niet van willen weten/horen* **5.2** I do **not** ~ to do it *ik wil het niet doen* **5.3** you do **not** ~ to do it *je hoeft het niet te doen* **6.5** ~ed **by** the police **(for** a crime) *gezocht door de politie (voor een misdaad).*
want·a·ble ['wɑntəbl‖'wɑnṭəbl]⟨bn.⟩ **0.1** ***aantrekkelijk*** ⇒*attractief.*
'wanted ad, ⟨AE⟩ **'want ad** ⟨telb.zn.⟩ **0.1** ***'gevraagd'-advertentie.***
'wanted column ⟨telb.zn.⟩ **0.1** ***'gevraagd'-advertenties.***
want·ing[1] ['wɒntɪŋ‖'wɑnṭɪŋ]⟨f2⟩⟨bn., pred.; teg. deelw. v. want⟩ **0.1** ***te kort*** ⇒*niet voorhanden* **0.2** ***onvoldoende*** ◆ **1.1** the future of 'can' is ~ *de toekomende tijd van 'can' bestaat niet;* a few pages of the report are ~ *er ontbreken een paar bladzijden v.h. rapport* **3.2** be found (to be) ~ *niet goed/onvoldoende bevonden worden* **6.2** be ~ **in** sth. *in iets te kort schieten; iets missen.*
wanting[2] ⟨vz.; oorspr. teg. deelw. v. want⟩ **0.1** ***zonder*** **0.2** ***min*** ⇒*minus* ◆ **1.1** ~ confidence nothing can be done about it *zonder vertrouwen is er niets aan te doen* **1.2** one hour ~ three minutes *een uur min(us) drie minuten.*
wan·ton[1] ['wɒntən‖'wɑntn]⟨telb.zn.⟩ **0.1** ***lichtzinnig persoon*** ⟨vnl. vrouw⟩ ⇒*lichtekooi* **0.2** ⟨vero.⟩ ***robbedoes*** ⇒*wild kind.*
wanton[2] ⟨f1⟩⟨bn.; -ly; -ness⟩ **0.1** ***lichtzinnig*** ⇒*losbandig, wulps* ⟨vnl. mbt. vrouw⟩ **0.2** ***baldadig*** ⇒*moedwillig, wreed, brooddronken* **0.3** ***buitensporig*** ⇒*ongecontroleerd, onverantwoord* **0.4** ***weelderig*** ⇒*welig* **0.5** ⟨vero.⟩ ***speels*** ⇒*dartel, grillig.*
wanton[3] ⟨ww.⟩
I ⟨onov.ww.⟩ **0.1** ***dartelen*** ⇒*stoeien, mallen* **0.2** ***flirten*** ⇒*lichtzinnig doen* ◆ **6.2** ~ **with** s.o. *met iem. flirten;*
II ⟨ov.ww.⟩ **0.1** ***verspillen*** ⇒*verkwisten.*
'want·wit ⟨telb.zn.⟩ **0.1** ***uilskuiken*** ⇒*domoor, dwaas.*
wap·en·take ['wæpənteɪk]⟨telb.zn.⟩⟨gesch.⟩ **0.1** ***gouw*** ⇒*district* ⟨v. graafschap, in Engeland⟩.
wap·i·ti ['wɒpəti‖'wɑpəṭi]⟨telb.zn.; ook wapiti; →mv. 4⟩⟨dierk.⟩ **0.1** ***wapiti*** ⟨hert; Cervus canadensis⟩.
war[1] [wɔ:‖wɔr]⟨f4⟩⟨zn.⟩⟨→sprw. 14, 329⟩
I ⟨telb. en n.-telb.zn.⟩ **0.1** ***oorlog*** ⇒*(gewapende) strijd* ⟨ook fig.⟩ ◆ **1.1** act of ~ *oorlogshandeling/daad;* art of ~ *krijgskunst/kunde, strategie;* ~ of attrition *uitputtingsoorlog, slijtageslag;* council of ~ *krijgsraad;* ⟨schr.⟩ dogs of ~ *oorlogsverwoestingen;* ~ of the elements *strijd der elementen;* ~ to the knife *strijd op leven en dood;* laws of ~ *oorlogswetten;* ~ of nerves *zenuw(en)oorlog;* prisoner of ~ *krijgsgevangene;* rights of ~ *oorlogsgebruiken/recht;* ⟨gesch.⟩ Wars of the Roses *Rozenoorlog* ⟨in Engeland; 16e eeuw⟩; ⟨gesch.⟩ War of Secession *Secessieoorlog, Am. Burgeroorlog;* ⟨gesch.⟩ War of the Spanish Succession *Spaanse Successieoorlog;* trade of ~ *beroep v. militair/soldaat* **2.1** civil ~ *burgeroorlog;* cold ~ *koude oorlog;* ⟨inf.⟩ a good ~ *een gezellige periode in oorlogstijd;* holy ~ *heilige oorlog;* hot ~ *hevige oorlog;* total ~ *totale oorlog;* ⟨gesch.⟩ Trojan War *Trojaanse Oorlog* **3.1** ⟨vnl. fig.⟩ carry the ~ into the enemy's camp/country *de strijd tot het vijandelijke kamp uitbreiden, tot de tegenaanval overgaan;* declare ~ on *de oorlog verklaren;* go to ~ *ten strijde trekken, een oorlog beginnen;* levy ~ against/(up)on *de oorlog verklaren aan; beoorlogen, oorlog voeren tegen;* make/wage ~ on/upon/against *oorlog voeren/strijden tegen* ⟨ook fig.⟩ **3.¶** ⟨inf.⟩ have been in the ~s *er gehavend uitzien* **6.1** the ~ **against** malnutrition *de strijd tegen de ondervoeding;* **at ~ with** *op de voet van/in oorlog met;*
II ⟨n.-telb.zn.⟩ **0.1** ***krijgskunst/kunde*** ⇒*strategie.*
war[2] ⟨f2⟩⟨ww.; →ww. 7⟩ →warring
I ⟨onov.ww.⟩⟨vero.⟩ **0.1** ***strijd/oorlog voeren*** ⇒*strijden* ⟨vaak fig.⟩ ◆ **6.1** ~ **against/for** *strijden tegen/voor;* ~ **with** *oorlog voeren met;*
II ⟨ov.ww.⟩ **0.1** ***bestrijden*** ⇒*strijd/oorlog voeren tegen* ◆ **5.1** ~ **down** *gewapenderhand overwinnen, met succes bestrijden.*
war[3] ⟨afk.⟩ warrant.
War [wɔ:‖wɔr]⟨afk.⟩ Warwickshire.
'war baby ⟨telb.zn.⟩ **0.1** ***oorlogskind(je).***
war·ble[1] ['wɔ:bl‖'wɔrbl]⟨f1⟩⟨zn.⟩
I ⟨telb.zn.⟩ **0.1** ***wijsje*** ⇒*lied(je)* ⟨ook v. vogel⟩ **0.2** ***verharding op rug v. paard door wrijving v.h. zadel*** **0.3** ***horzelbult*** ⟨op rug v. vee⟩ **0.4** ⟨dierk.⟩ ***horzellarve*** ⟨fam. Oestridae⟩;
II ⟨n.-telb.zn.⟩ **0.1** ***gekweel*** ⇒*gezang* **0.2** ⟨AE⟩ ***gejodel.***
warble[2] ⟨f1⟩⟨onov. en ov.ww.⟩ **0.1** ***kwelen*** ⇒*vibreren, trillen* **0.2** ⟨AE⟩ ***jodelen*** **0.3** ***slaan*** ⟨v. vogel⟩ **0.4** ***zingen*** ⟨vnl. v. vogel⟩.
'warble fly ⟨telb.zn.⟩⟨dierk.⟩ **0.1** ***horzel*** ⟨genus Hypoderma⟩.
war·bler ['wɔ:blə‖'wɔrblər]⟨telb.zn.⟩ **0.1** ***kweler*** ⇒*zanger* **0.2** ***nachtegaal*** ⇒*zangeres* **0.3** ⟨dierk.⟩ ***zanger*** ⟨subfam. Sylviinae⟩ **0.4** ⟨dierk.⟩ ***woudzanger*** ⟨fam. Parulidae⟩ **0.5** ⟨muz.⟩ ***triller*** ⟨op doedelzak⟩ ◆ **3.¶** ⟨dierk.⟩ barred ~ *sperwergrasmus* ⟨Sylvia nisoria⟩.
'war bride ⟨telb.zn.⟩ **0.1** ***oorlogsbruid(je).***
'war chest ⟨telb.zn.⟩ **0.1** ***oorlogs/krijgskas*** **0.2** ***strijdfonds/kas*** ⟨voor politieke strijd⟩.
'war cloud ⟨telb.zn.; vnl. mv.⟩ **0.1** ***oorlogswolk.***
'war correspondent ⟨telb.zn.⟩ **0.1** ***oorlogscorrespondent.***
'war·craft ⟨zn.; warcraft; →mv. 4⟩

I ⟨telb.zn.⟩ **0.1** ***oorlogsschip*** **0.2** ***gevechtsvliegtuig;***
II ⟨n.-telb.zn.⟩ **0.1** ***krijgskunst/kunde.***
'war crime ⟨f1⟩ ⟨telb.zn.⟩ **0.1** ***oorlogsmisdaad.***
'war criminal ⟨f1⟩ ⟨telb.zn.⟩ **0.1** ***oorlogsmisdadiger.***
'war cry ⟨telb.zn.⟩ **0.1** ***strijdkreet/leus/leuze*** ⟨ook fig.⟩ ⇒*oorlogskreet/leus.*
ward[1] [wɔ:d‖wɔrd] ⟨f3⟩ ⟨zn.⟩
I ⟨telb.zn.⟩ **0.1** ***(ziekenhuis)afdeling/zaal*** **0.2** ***(stads)wijk*** ⟨als onderdeel v. kiesdistrict⟩ **0.3** ***pupil*** ⟨vnl. minderjarige onder voogdij⟩ ⇒⟨fig.⟩ *beschermeling* **0.4** ***afdeling/blok v. gevangenis*** **0.5** ⟨vaak mv.⟩ ***inkeping in sleutelbaard*** **0.6** ⟨vaak mv.⟩ ***slotwerk*** ⟨waarin sleutelbaard past⟩ **0.7** ⟨vero.⟩ ***wacht*** **0.8** ⟨vero.⟩ ***binnenplein*** ⟨v. kasteel, burcht⟩ **0.9** ⟨BE; gesch.⟩ ***arm(en)huis*** **0.10** ⟨schermen⟩ ***het pareren*** ◆ **1.3** ⟨jur.⟩ ~ of court/in Chancery *onder bescherming v.h. gerecht staande minderjarige/zwakzinnige* **2.9** casual ~ *zwerversasiel, doorgangshuis* **3.1** walk the ~s *(als medisch student) kliniek lopen, co-schappen lopen;*
II ⟨n.-telb.zn.⟩ ⟨vero.⟩ **0.1** ***bewaking*** ⇒*(verzekerde) bewaring* **0.2** ***voogdij(schap)*** ⇒*hoede, curatele* ◆ **3.1** ⟨schr.⟩ keep watch and ~ over s.o. *iem. onder (voortdurend) toezicht houden* **6.1** child **in** ~ *kind onder voogdij, pupil;* put s.o. **in/under** ~ *iem. onder voogdij/curatele stellen.*
ward[2] ⟨f1⟩ ⟨ov.ww.⟩ **0.1** ***afweren*** ⇒*afwenden, pareren* **0.2** ⟨vero.⟩ ***bewaken*** ⇒*beschermen* ◆ **5.1** ~ **off** *afweren, afwenden, pareren;* ~ **off** one's despair by drinking *zijn wanhoop verdrinken* **6.2** ~ s.o. **from** sth. *iem. tegen iets beschermen.*
-ward [wəd‖wərd] **0.1** ⟨vormt bijv. nw.⟩ ***-waarts*** **0.2** ⟨vormt bijwoord⟩ ⟨vnl. AE⟩ ***-waarts*** **0.3** ⟨vormt richtingaanduidende nw. met windstreken⟩ ◆ **¶.1** on an earthward course *in een baan naar de aarde* **¶.2** eastward *oostwaarts, naar het oosten* **¶.3** to the eastward *in oostelijke richting, naar het oosten.*
'war damage ⟨n.-telb.zn.⟩ **0.1** ***oorlogsschade.***
'war dance ⟨telb.zn.⟩ **0.1** ***krijgsdans.***
'war dead ⟨telb.zn.⟩ **0.1** ***gesneuvelde*** ◆ **7.1** the ~ in the Falkland Islands *zij die op de Falkland Eilanden sneuvelden.*
war·den[1] ['wɔ:dn‖'wɔrdn] ⟨f2⟩ ⟨telb.zn.⟩ **0.1** ⟨BE⟩ ⟨ben. voor⟩ ***hoofd*** ⇒*beheerder, bestuurder* ⟨v. sommige colleges, scholen, ziekenhuizen, tehuizen⟩; *herbergvader/moeder; kerkvoogd* ⟨beheerder v. kerkelijke goederen⟩ **0.2** ⟨AE⟩ ***gevangenisdirecteur*** **0.3** ⟨ben. voor⟩ ***wachter*** ⇒*opzichter, bewaker* ⟨voor toezicht op naleving v.d. wet⟩; ⟨i.h.b.⟩ *havenmeester; marktopzichter/meester; huismeester, conciërge, portier; blokhoofd* ⟨bij luchtaanvallen⟩ **0.4** ⟨BE⟩ ***gildemeester*** ⟨i.h.b. v.e. Londense City-gilde⟩ **0.5** ***soort stoofpeer.***
warden[2] ⟨onov.ww.⟩ **0.1** ***als jachtopziener bewaken/beschermen.***
war·den·ship ['wɔ:dnʃɪp‖'wɔr-], **war·den·ry** [-ri] ⟨telb. en n.-telb.zn.; →mv.2⟩ **0.1** ***ambt/bevoegdheid v. beheerder/wachter.***
'war department ⟨telb.zn.⟩ **0.1** ***ministerie v. oorlog.***
ward·er ['wɔ:də‖'wɔrdər] ⟨f1⟩ ⟨telb.zn.⟩ **0.1** ⟨BE⟩ ***cipier*** ⇒*gevangenbewaarder* **0.2** ⟨AE⟩ ***schildwacht*** **0.3** ⟨gesch.⟩ ***bevelhebbersstaf.***
'ward heel·er ⟨telb.zn.⟩ ⟨AE; inf.⟩ **0.1** ***partijhandlanger.***
'ward-maid ⟨telb.zn.⟩ **0.1** ***werkster in ziekenhuis.***
'ward-mote ⟨telb.zn.⟩ ⟨BE; gesch.⟩ **0.1** ***vergadering v. burgers v.e. district*** ⇒*wijkvergadering* ⟨i.h.b. v.d. City v. Londen⟩.
'war dog ⟨telb.zn.⟩ **0.1** ***oorlogshond*** **0.2** ***vechtjas*** ⇒*ijzervreter* **0.3** ***oorlogsstoker.***
War·dour Street ['wɔ:də stri:t‖'wɔrdər-] ⟨eig.n.; ook attr.⟩ ⟨BE⟩ **0.1** ***antiek/filmhandel*** ⟨naar straat in Londen⟩.
'Wardour Street 'English ⟨n.-telb.zn.⟩ ⟨BE⟩ **0.1** ***ouderwets, geaffecteerd Engels.***
ward·ress ['wɔ:drɪs‖'wɔr-] ⟨telb.zn.⟩ **0.1** ***gevangenbewaarder.***
ward·robe ['wɔ:droʊb‖'wɔr-] ⟨f2⟩ ⟨telb.zn.⟩ **0.1** ***kleerkast*** ⇒*klerenkast, hangkast* **0.2** ***garderobe*** ⟨ook v. theater⟩ **0.3** ***(dienst voor de) koninklijke garderobe.***
'wardrobe bed ⟨telb.zn.⟩ **0.1** ***(in kleerkast) opvouwbaar bed.***
'wardrobe dealer ⟨telb.zn.⟩ **0.1** ***handelaar in oude kleren.***
'wardrobe master ⟨telb.zn.⟩ **0.1** ***costumier.***
'wardrobe mistress ⟨telb.zn.⟩ **0.1** ***costumière*** ⇒*kostuumnaaister.*
'wardrobe trunk ⟨telb.zn.⟩ **0.1** ***kleerkoffer*** ⟨die ook als hangkast kan dienen⟩.
'ward·room ⟨f1⟩ ⟨telb.zn.⟩ **0.1** ***officierenkajuit*** ⇒*officiersmess* ⟨op oorlogsschip⟩ **0.2** ⟨BE; mil.⟩ ***wachtlokaal.***
-wards [wədz‖wərdz] ⟨vormt bijwoord⟩ **0.1** ***-waarts*** ◆ **¶.1** eastwards *oostwaarts, naar het oosten.*
ward·ship ['wɔ:dʃɪp‖'wɔrd-] ⟨n.-telb.zn.⟩ **0.1** ***voogdij*** ⇒*hoede* ◆ **3.1** have the ~ of *de voogdij hebben over* **6.1** **under** ~ *onder voogdij.*
'ward-sis·ter ⟨telb.zn.⟩ ⟨BE⟩ **0.1** ***hoofdverpleegster.***
ware[1] [weə‖wer] ⟨f2⟩ ⟨zn.⟩
I ⟨telb.zn.; vnl. mv.⟩ **0.1** ***waar*** ⇒*waren, koopwaar, goederen;*
II ⟨n.-telb.zn.; vnl. met attribuut⟩ **0.1** ***aardewerk*** ◆ **1.1** Wedgwood ~ *Wedgwood aardewerk.*
ware[2] ⟨bn., pred.⟩ ⟨vero.⟩ **0.1** ***waakzaam*** ⇒*op zijn hoede.*
ware[3], **'ware** ⟨ov.ww.; vnl. geb. w.⟩ ⟨vero.⟩ **0.1** ***op zijn hoede zijn voor*** ⇒*oppassen voor, denken om* ◆ **1.1** ~ hounds! *pas op, honden!.*
'ware·house[1] ⟨f2⟩ ⟨telb.zn.⟩ **0.1** ***pakhuis*** ⇒*opslagplaats, magazijn* **0.2** ***meubelopslagplaats*** **0.3** ⟨BE⟩ ***groothandel*** ◆ **2.1** bonded ~ *entrepot.*
warehouse[2] ⟨f1⟩ ⟨ov.ww.⟩ **0.1** ***opslaan*** ⇒*bewaren.*
'warehouse charges ⟨mv.⟩ **0.1** ***opslagkosten.***
'warehouse company ⟨telb.zn.⟩ ⟨hand.⟩ **0.1** ***veem.***
ware·house·man ['weəhaʊsmən‖'wer-] ⟨telb.zn.; warehousemen [-mən]; →mv.3⟩ **0.1** ***pakhuisknecht*** **0.2** ***pakhuiseigenaar*** **0.3** ⟨BE⟩ ***groothandelaar in textiel.***
'warehouse receipt ⟨telb.zn.⟩ ⟨hand.⟩ **0.1** ***opslagbewijs.***
'war establishment ⟨n.-telb.zn.⟩ **0.1** ***oorlogssterkte.***
war·fare ['wɔ:feə‖'wɔrfer] ⟨f2⟩ ⟨n.-telb.zn.⟩ **0.1** ***oorlog(voering)*** ⇒*(gewapend) conflict, strijd* ⟨ook fig.⟩.
'war footing ⟨telb.zn.⟩ **0.1** ***voet v. oorlog*** ◆ **6.1** **on** a ~ *op voet van oorlog.*
'war game ⟨telb.zn.; vaak mv.⟩ **0.1** ***oorlogsspel/scenario*** ⟨theoretische manoeuvres⟩ **0.2** ***manoeuvre(s).***
war-gam·ing ['wɔ:geɪmɪŋ‖'wɔr-] ⟨n.-telb.zn.⟩ **0.1** ***het spelen v.e. oorlogsscenario.***
'war-god ⟨eig.n., telb.zn.⟩ **0.1** ***oorlogsgod*** ⇒⟨i.h.b.⟩ *Mars* ⟨bij de Romeinen⟩.
'war grave ⟨telb.zn.⟩ **0.1** ***oorlogsgraf.***
'war·head ⟨f1⟩ ⟨telb.zn.⟩ **0.1** ***kop v. raket/torpedo/bom*** ⇒⟨i.h.b.⟩ *kernkop.*
'war hero ⟨telb.zn.⟩ **0.1** ***oorlogsheld.***
'war-horse ⟨telb.zn.⟩ **0.1** ***oorlogspaard*** ⇒*strijdros* **0.2** ⟨inf.⟩ ***ijzervreter*** **0.3** ⟨inf.⟩ ***oude rot*** ⟨vnl. in de politiek⟩ ⇒*veteraan* **0.4** ⟨inf.; muz., dram.⟩ ***afgezaagd stuk.***
war·like ['wɔ:laɪk‖'wɔr-] ⟨f2⟩ ⟨bn.⟩
I ⟨bn.⟩ **0.1** ***krijgshaftig*** ⇒*strijdlustig, martiaal;*
II ⟨bn., attr.⟩ **0.1** ***militair*** ⇒*oorlog(s)-* ◆ **1.1** ~ preparations *militaire voorbereidselen.*
'war loan ⟨telb.zn.⟩ ⟨BE⟩ **0.1** ***oorlogslening.***
war·lock ['wɔ:lɒk‖'wɔrlɑk] ⟨telb.zn.⟩ ⟨vero.⟩ **0.1** ***tovenaar*** ⇒*heksenmeester.*
'war·lord ⟨telb.zn.⟩ **0.1** ***militair leider*** **0.2** ***militair machthebber*** ⟨i.h.b. tijdens Chinese Burgeroorlog, 1920 - 1930⟩ ⇒*warlord, krijgsheer.*
warm[1] [wɔ:m‖wɔrm] ⟨f1⟩ ⟨telb. en n.-telb.zn.⟩ **0.1** ***warmte*** ◆ **3.1** give your hands a ~! *warm je handen wat!;* come in and have a ~! *kom binnen en warm je wat!* **7.1** he likes the ~ of his office *hij houdt v.d. warmte van zijn kantoor.*
warm[2] ⟨f3⟩ ⟨bn.; -ly; -ness⟩ ⟨→sprw. 83⟩ **0.1** ***warm*** ⟨ook fig.⟩ ⇒*hartelijk, vriendelijk, innemend* **0.2** ***warm*** ⇒*vurig, hevig, enthousiast, gloedvol* **0.3** ***warm*** ⇒*liefdevol, verliefd, teder* **0.4** ***warmbloedig*** ⇒*hartstochtelijk, ontvlambaar; heet, pikant, prikkelend* ⟨mbt. seks⟩ **0.5** ***warm*** ⇒*verwarmend;* ⟨fig.⟩ *moeilijk* **0.6** ***verhit*** ⟨ook fig.⟩ ⇒*heet(gebakerd), opgewonden, geanimeerd, heftig* **0.7** ***te warm*** ⇒*gevaarlijk* **0.8** ***vers*** ⟨spoor⟩ **0.9** ⟨BE; inf.⟩ ***er warmpjes bij zittend*** ⇒*welgesteld, in goeden doen* ◆ **1.1** ~ blood *warm bloed;* ~ colours *warme kleuren;* ~ greetings *hartelijke groeten;* ~ reception *hartelijke ontvangst;* ⟨fig.; iron.⟩ *vijandige reactie;* a ~ smile *een vriendelijke glimlach;* they were sitting there (as) ~ as toast *ze zaten daar te bakken;* give a ~ welcome to *hartelijk welkom heten;* ⟨fig.; iron.⟩ *ongunstig onthalen, hevig weerstand bieden aan* **1.2** a ~ supporter *een vurig aanhanger* **1.3** she gave him a ~ glance *ze wierp hem een verliefde blik toe* **1.4** a ~ temper *een warmbloedig temperament* **1.5** ~ clothes *warme kleren;* a ~ walk *een moeilijke wandeltocht* **1.6** a ~ argument *een heftige ruzie;* a ~ discussion *een geanimeerde discussie;* ~ with wine *opgewonden door de wijn* **1.7** ~ work *gevaarlijk werk* **1.8** a ~ scent/smell/trail *een vers spoor* **3.1** keep a place ~ for s.o. *iemands stoel warm houden, een plaats voor iem. openhouden* **3.7** he left when it got ~ *hij vertrok toen het hem te warm/gevaarlijk werd;* make things ~ for s.o. *tegen iem. stemming maken, het iem. moeilijk maken; iem. straffen* **3.¶** you are getting ~/~er *je brandt je!, warm!* ⟨bij spel, bv. mbt. verstopt voorwerp⟩.
warm[3] ⟨f3⟩ ⟨ww.⟩ →warming
I ⟨onov.ww.⟩ **0.1** ***warm worden*** ⟨ook fig.⟩ ⇒*in de stemming (ge) raken* **0.2** ***zich (ver)warmen*** ◆ **5.¶** →warm **up** **6.1** ~ **to** sth. *geïnteresseerd (ge)raken/opgaan in iets, de smaak te pakken krijgen v. iets;* ~ **to/toward(s)** s.o. *iets gaan voelen voor iem., gaan houden v. iem.;*
II ⟨ov.ww.⟩ **0.1** ***warmen*** ⇒*verwarmen* **0.2** ***opwarmen*** ⟨ook fig.⟩ ⇒*warm maken* ◆ **1.1** ⟨sport⟩ ~ the bench *op de bank zitten* ⟨als

invaller⟩ **5.1** ⟨AE; vaak pej.⟩ ~ **over** *opwarmen* ⟨ook fig.⟩ **5.¶** →warm **up**.

'warm blood ⟨telb.zn.⟩ **0.1** ***warmbloedig dier*** **0.2** ***warmbloedpaard***.

'warm-'blood·ed ⟨f1⟩ ⟨bn.⟩ ⟨ook fig.⟩ **0.1** ***warmbloedig*** ⇒*vurig, hartstochtelijk*.

'warmed-o·ver ⟨bn., attr.⟩ ⟨fig.⟩ **0.1** ***opgewarmd*** ◆ **1.1** ~ ideas *opgewarmde kost*.

'war memorial ⟨telb.zn.⟩ **0.1** ***oorlogsmonument***.

warm·er-up·per ['wɔ:mə'rʌpə‖'wɔrmər'ʌpər] ⟨telb.zn.⟩ ⟨inf.⟩ **0.1** ***opwarmertje***.

'warm 'front ⟨f1⟩ ⟨telb.zn.⟩ ⟨meteo.⟩ **0.1** ***warmtefront***.

'warm-'heart·ed ⟨bn.⟩ **0.1** ***warmhartig*** ⇒*warm, hartelijk*.

warm·ing ['wɔ:mɪŋ‖'wɔr-] ⟨telb.zn.; oorspr. gerund v. warm⟩ **0.1** ***pak slaag*** ⇒*afstraffing* ⟨ook fig.⟩.

'warming pan ⟨telb.zn.⟩ **0.1** ***beddepan*** **0.2** ***plaatsvervanger / ster die voor iem. een baantje openhoudt***.

warm·ish ['wɔ:mɪʃ‖'wɔr-] ⟨bn.⟩ **0.1** ***enigszins warm*** ⇒*lauw*.

war·mon·ger ['wɔ:mʌŋgə‖'wɔrmɑŋgər] ⟨telb.zn.⟩ **0.1** ***oorlogs(aan)stoker***.

warmth [wɔ:mθ‖wɔrmθ] ⟨f3⟩ ⟨telb. en n.-telb.zn.⟩ ⟨ook fig.⟩ **0.1** ***warmte*** ⇒*hartelijkheid, gloed, vuur*.

'warm 'up ⟨f2⟩ ⟨ww.⟩

I ⟨onov.ww.⟩ **0.1** ***warm(er) worden*** ⟨ook fig.⟩ ⇒*opwarmen, op temperatuur komen*; ⟨fig.⟩ *in de stemming (ge)raken* **0.2** ⟨sport⟩ ***een warming-up doen*** ⇒*de spieren losmaken* ◆ **6.1** ~ **to** sth. *opgaan in / enthousiast worden over iets*;

II ⟨ov.ww.⟩ **0.1** ***opwarmen*** ⟨ook fig.⟩ ⇒*warm maken, in de stemming brengen* **0.2** ***verwarmen*** ⇒*warmen* ◆ **1.1** ⟨fig.⟩ warmed-up ideas *opgewarmde kost*.

'warm-up ⟨f1⟩ ⟨telb.zn.⟩ **0.1** ***opwarming(stijd)*** ⟨vnl. sport, tech.⟩.

warn [wɔ:n‖wɔrn] ⟨f3⟩ ⟨onov. en ov.ww.⟩ →warning **0.1** ***waarschuwen*** ⇒*opmerkzaam maken, inlichten, verwittigen* **0.2** ***waarschuwen*** ⇒*aanzeggen, aanmanen / sporen / zetten* **0.3** ***vermanen*** ⇒*waarschuwen, berispen* ◆ **3.2** ~ s.o. not to do sth. *iem. waarschuwen iets niet te doen* **5.2** ~ a warship **away** *een oorlogsschip verjagen*; ~ s.o. **off** *iem. de toegang ontzeggen, iem. weren / uitsluiten* **6.1** ~ **against** s.o. / sth. *voor iem. / iets waarschuwen*; ~ s.o. **of** sth. *iem. op iets opmerkzaam maken / voor iets waarschuwen* **6.2** ~ (s.o.) **against** doing sth. *(iem.) (ervoor) waarschuwen iets niet te doen / voor iets waarschuwen*; ~ a bookmaker **off** the races *een bookmaker de toegang tot de renbaan ontzeggen* **8.1** ~ (s.o.) that sth. might happen *(iem.) waarschuwen dat iets zou kunnen gebeuren* **8.3** ~ s.o. that he neglects his duty *iem. waarschuwen dat hij zijn plicht verwaarloost*.

warn·er ['wɔ:nə‖'wɔrnər] ⟨telb.zn.⟩ **0.1** ***waarschuwer / ster***.

warn·ing[1] ['wɔ:nɪŋ‖'wɔr-] ⟨f3⟩ ⟨telb. en n.-telb.zn.; (oorspr.) gerund v. warn⟩ ⟨→sprw. 589⟩ **0.1** ***waarschuwing*** ⇒*waarschuwingsteken, aanmaning, vermaning*; ⟨fig.⟩ *afschrikwekkend voorbeeld* **0.2** ⟨tech.⟩ ***voorslag*** ⟨tik v. klok voor het slaan⟩ **0.3** ⟨vero.⟩ ***opzegging*** ⇒⟨B.⟩ *opzeg* ◆ **3.1** give a ~ *een waarschuwing geven, waarschuwen*; take ~ *met een waarschuwing rekening houden* **3.3** give s.o. (a week's) ~ *iem. met een week opzeggen* **6.1** let this be a ~ **to us of** what could happen *laat dit (voor) ons een waarschuwing zijn voor wat er zou kunnen gebeuren*.

warning[2] ⟨f1⟩ ⟨bn.; teg. deelw. v. warn; -ly⟩ **0.1** ***waarschuwend*** ◆ **1.1** ~ shot *waarschuwingsschot*.

'warning coloration ⟨n.-telb.zn.⟩ ⟨dierk.⟩ **0.1** ***waarschuwingskleur***.

'warning shot ⟨telb.zn.⟩ **0.1** ***waarschuwingsschot***.

'warning strike ⟨telb.zn.⟩ **0.1** ***waarschuwingsstaking***.

'warning system ⟨telb.zn.⟩ ⟨mil.⟩ **0.1** ***waarschuwingssysteem***.

'War Office ⟨eig.n.; the⟩ ⟨BE; gesch.⟩ **0.1** ***Ministerie v. Oorlog***.

warp[1] [wɔ:p‖wɔrp] ⟨f1⟩ ⟨zn.⟩

I ⟨telb.zn.⟩ **0.1** ⟨geen mv.⟩ ***scheluwte*** ⇒*kromtrekking* ⟨vnl. in hout⟩ **0.2** ***(geestelijke) afwijking*** ⇒*perversiteit* **0.3** ⟨scheep.⟩ ***trektouw voor schip*** ⇒*boegseerlijn / tros; verhaaltouw / tros; werptros*;

II ⟨n.-telb.zn.⟩ **0.1** ***schering*** ⟨bij het weven⟩ **0.2** ***bezinksel*** ⇒*slib* ◆ **1.1** ~ and weft / woof *schering en inslag* **1.¶** ⟨AE⟩ ~ and woof *fundament, grondslag*.

warp[2] ⟨f2⟩ ⟨ww.⟩

I ⟨onov.ww.⟩ **0.1** ***scheluw / krom trekken*** ⟨vnl. v. hout⟩ **0.2** ***afwijken*** ⇒*deviëren*;

II ⟨ov.ww.⟩ **0.1** ***schweluw / krom trekken*** ⟨vnl. hout⟩ **0.2** ***scheeftrekken*** ⇒*verwringen, bevooroordelen* **0.3** ***bevloeien*** ⇒*beslibben* **0.4** ⟨scheep.⟩ ***verhalen*** ⇒*boegseren* **0.5** ⟨weverij⟩ ***scheren*** ◆ **1.2** his past has ~ed his judgment *zijn verleden heeft zijn oordeelsvermogen verwrongen* **5.3** a ~ed-**up** channel *een dichtgeslibd kanaal*.

'war paint ⟨n.-telb.zn.⟩ **0.1** ***oorlogsverf / opmaak*** ⟨i.h.b. bij Indianen⟩ **0.2** ⟨inf.⟩ ***pontificaal*** ⇒*vol ornaat, groot tenue* **0.3** ⟨scherts.⟩ ***make-up*** ⇒*opmaak*.

'war·path ⟨f1⟩ ⟨telb.zn.⟩ ⟨vnl. fig.⟩ **0.1** ***oorlogspad*** ◆ **6.1** be / go **on** the ~ *op het oorlogspad zijn / gaan*.

warp·er ['wɔ:pə‖'wɔrpər] ⟨telb.zn.⟩ ⟨weverij⟩ **0.1** ***scheerder*** **0.2** ***scheermachine***.

'war·plane ⟨telb.zn.⟩ **0.1** ***gevechtsvliegtuig***.

warragal →warrigal.

war·rant[1] ['wɒrənt‖'wɔ-, 'wɑ-] ⟨f2⟩ ⟨zn.⟩

I ⟨telb.zn.⟩ **0.1** ***bevel(schrift)*** ⇒*ceel, aanhoudingsbevel* **0.2** ***machtiging*** ⇒*volmacht, (betalings)mandaat, procuratie, sanctie* **0.3** ***(waar)borg*** ⇒*garantie, bewijs* **0.4** ***opslagbewijs*** ⇒*warrant, cedel* **0.5** ⟨mil.⟩ ***aanstelling*** **0.6** →warrant officer ◆ **1.1** ~ of apprehension *bevel(schrift) tot aanhouding*; ~ of arrest *bevel tot (voorlopige) inhechtenisneming, arrestatiebevel*; ~ of attorney *notariële volmacht* **3.1** ~ to arrest (s.o.) *bevel tot inhechtenisneming (v. iem.)*; issue a ~ against s.o. *een bevelschrift tot aanhouding uitvaardigen* **3.3** be s.o.'s ~ *borg staan voor iem.* **6.1** a ~ is **out against** him *er loopt een aanhoudingsbevel tegen hem*;

II ⟨n.-telb.zn.⟩ **0.1** ***rechtvaardiging*** ⇒*grond* ◆ **6.1** no ~ **for** *geen grond / reden tot*; there's no ~ **for** it *het valt niet te rechtvaardigen*.

warrant[2] ⟨f2⟩ ⟨ww.⟩

I ⟨onov. en ov.ww.⟩ **0.1** ***garanderen*** ⇒*instaan voor, waarborgen* **0.2** ⟨inf.⟩ ***verzekeren*** ◆ **2.1** ~ed pure *gegarandeerd zuiver* **4.2** I / I'll ~ (you) *dat kan ik je verzekeren, beslist*;

II ⟨ov.ww.⟩ **0.1** ***rechtvaardigen*** ⇒*billijken, wettigen* **0.2** ***machtigen*** ⇒*machtiging geven aan*.

war·rant·a·ble ['wɒrəntəbl‖'wɔrənṭəbl, 'wɑ-] ⟨bn.; -ly; -ness; →bijw. 3⟩ **0.1** ***verdedigbaar*** ⇒*gewettigd, te rechtvaardigen* **0.2** ***jaagbaar*** ⟨v. hert, 5 à 6 jaar oud⟩.

war·ran·tee ['wɒrən'ti:‖'wɔ-, 'wɑ-] ⟨telb.zn.⟩ **0.1** ***pers. aan wie iets gewaarborgd wordt***.

war·rant·er ['wɒrəntə‖'wɔrənṭər, 'wɑ-], **war·ran·tor** [-tɔ:‖-'tɔr] ⟨telb.zn.⟩ **0.1** ***waarborg*** ⟨pers.⟩ **0.2** ***volmachtgever***.

'warrant holder ⟨telb.zn.⟩ **0.1** ***hofleverancier*** ◆ **2.1** royal ~ *hofleverancier*.

war·rant·less ['wɒrəntləs‖'wɔ-, 'wɑ-] ⟨bn.⟩ **0.1** ***zonder bevel(schrift)***.

'warrant officer, ⟨inf.⟩ **warrant** ⟨telb.zn.⟩ **0.1** ***hogere onderofficier*** ⇒⟨marine⟩ *dekofficier*.

war·ran·ty ['wɒrənti‖'wɔrənṭi, 'wɑ-] ⟨zn.; →mv. 2⟩

I ⟨telb.zn.⟩ **0.1** ⟨jur.⟩ ***(schriftelijke) garantie*** ⇒*waarborg* **0.2** ***machtiging*** ◆ **6.1** it is still **under** ~ *het valt nog onder de garantie*;

II ⟨n.-telb.zn.⟩ **0.1** ***rechtvaardiging*** ⇒*grond* ◆ **6.1** ~ **for** sth. *rechtvaardiging voor iets*.

'war record ⟨telb.zn.⟩ **0.1** ***oorlogsverleden***.

war·ren ['wɒrən‖'wɔ-, 'wɑ-] ⟨f2⟩ ⟨telb.zn.⟩ **0.1** ***konijnenpark*** **0.2** ***dichtbevolkt gebied*** **0.3** ***mensenpakhuis*** ⇒*(huur)kazerne, konijnenhokken* **0.4** ***doolhof*** ⟨v. straatjes⟩ ⇒*wirwar* **0.5** ⟨vnl. BE⟩ ***broedplaats*** **0.6** ⟨gesch.⟩ ***wildpark***.

war·ren·er ['wɒrənə‖'wɔrənər, 'wɑ-] ⟨telb.zn.⟩ **0.1** ***opzichter v.e. wildpark*** **0.2** ***opzichter v.e. konijnenpark***.

war·ri·gal[1], **war·ra·gal, war·ra·gul** ['wɒrɪgl‖'wɔrɪgl] ⟨telb.zn.⟩ ⟨Austr. E⟩ **0.1** ⟨dierk.⟩ ***dingo*** ⟨Canis dingo⟩.

warrigal[2], **warragal, warragul** ⟨bn.⟩ ⟨Austr. E⟩ **0.1** ***wild*** ⇒*ongetemd* **0.2** ***ongeciviliseerd***.

war·ring ['wɔ:rɪŋ] ⟨bn., attr.; teg. deelw. v. war⟩ **0.1** ***strijdend*** ⇒*vijandig* **0.2** ***(tegen)strijdig*** ◆ **1.1** ~ parties *strijdende / vijandige partijen* **1.2** ~ opinions *(tegen)strijdige meningen*.

war·ri·or[1] ['wɒrɪə‖'wɔrɪər, 'wɑ-] ⟨f1⟩ ⟨telb.zn.⟩ **0.1** ***strijder*** ⇒*krijgsman, krijger* **0.2** ⟨schr.⟩ ***soldaat*** ◆ **2.2** unknown ~ *onbekende soldaat*.

warrior[2] ⟨f1⟩ ⟨bn., attr.⟩ **0.1** ***krijgshaftig*** ⟨v. volk⟩ ⇒*krijgsmans-*.

'warrior ant ⟨telb.zn.⟩ ⟨dierk.⟩ **0.1** ***bloedrode roofmier*** ⟨Formica sanguinea⟩.

'war risk ⟨telb.zn.⟩ ⟨verz.⟩ **0.1** ***oorlogsrisico***.

War·saw ['wɔ:sɔ:‖'wɔrsɔ] ⟨eig.n.⟩ **0.1** ***Warschau***.

'Warsaw Pact ⟨eig.n.; the⟩ **0.1** ***Warschaupact***.

'war·ship ⟨f1⟩ ⟨telb.zn.⟩ **0.1** ***oorlogsschip***.

'war·song ⟨telb.zn.⟩ **0.1** ***krijgslied***.

wart [wɔ:t‖wɔrt] ⟨f2⟩ ⟨telb.zn.⟩ **0.1** ***wrat*** ⟨ook plantk.⟩ ⇒*uitwas* **0.2** ⟨inf.⟩ ***onderkruipsel*** ⇒*onooglijk mannetje* ◆ **4.1** ~s and all *met alle gebreken*.

'wart disease ⟨telb. en n.-telb.zn.⟩ ⟨plantk.⟩ **0.1** ***wratziekte*** ⟨v. aardappelen; Synchytrium endobioticum⟩.

'wart grass ⟨n.-telb.zn.⟩ ⟨plantk.⟩ **0.1** ***kroontjeskruid*** ⟨Euphorbia helioscopia⟩.

'wart hog ⟨telb.zn.⟩ ⟨dierk.⟩ **0.1** ***wrattenzwijn*** ⟨Phacochoerus authiopicus⟩.

'war·time ⟨f2⟩ ⟨n.-telb.zn.⟩ **0.1** ***oorlogstijd***.

'wart·weed ⟨n.-telb.zn.⟩ ⟨plantk.⟩ **0.1** ***tuinwolfsmelk*** ⟨Euphorbia peplus⟩ **0.2** ***kroontjeskruid*** ⟨E. helioscopia⟩ **0.3** ***akkerkool*** ⟨Lapsana communis⟩ **0.4** ***stinkende gouwe*** ⟨Chelidonium majus⟩.

'wart·wort ['wɔ:twɜ:t‖'wɔrtwɜrt] ⟨telb.zn.⟩ ⟨plantk.⟩ **0.1** ***wrattenkruid*** ⟨genus Euphorbia⟩.

wart·y ['wɔ:ti||'wɔrṭi]⟨bn.;-er;→compar.7⟩ **0.1** ***wratachtig*** *⇒wratvormig* **0.2** ***wrattig*** *⇒vol wratten.*
'war victim ⟨telb.zn.⟩ **0.1** ***oorlogsslachtoffer.***
'war-wea·ry ⟨bn.;-ness;→bijw.3⟩ **0.1** ***oorlogsmoe(de)*** *⇒strijdensmoe(de).*
'war whoop ⟨telb.zn.⟩ **0.1** ***strijdkreet*** *⇒oorlogs/aanvalskreet* ⟨i.h.b. v. Indianen⟩.
'war-wid·ow ⟨telb.zn.⟩ **0.1** ***oorlogsweduwe.***
'war work ⟨n.-telb.zn.⟩ **0.1** ***oorlogswerk.***
war·y ['weəri||'weri]⟨f2⟩⟨bn.;-er;-ly;-ness;→bijw.3⟩ **0.1** ***omzichtig*** *⇒bedachtzaam, alert* **0.2** ***voorzichtig*** *⇒behoedzaam* ◆ **6.1** ~ **of** *op zijn hoede voor.*
was [wəz⟨sterk⟩wɒz||wəz⟨sterk⟩wɑz, wʌz]⟨1e en 3e pers. enk. verl.t.;→t2⟩ →be.
wash[1] [wɒʃ||wɔʃ, wɑʃ]⟨f3⟩⟨zn.⟩
I ⟨telb.zn.⟩ **0.1** ***was*** *⇒het wassen, het gewassen worden, wassing* **0.2** ⟨ben. voor⟩ ***water(tje)*** *⇒lotion, haarwater;* ⟨fig.⟩ *slootwater, drab, slappe thee;* ⟨sl.⟩ *bier, water* ⟨na sterke drank⟩ **0.3** ***laag(je)*** *⇒vernis(laag), laklaag* **0.4** ***waterverf*** **0.5** ***ondiepte*** *⇒zandbak* **0.6** ***aarde die edelmetalen of edelstenen bevat*** ⇒⟨i.h.b.⟩ *goudhoudende grond* **0.7** ***blad*** ⟨v. roeispaan⟩ ◆ **3.1** get a ~ *gewassen worden;* give sth. a ~ *iets wassen;* have a ~ *zich wassen;*
II ⟨telb. en n.-telb.zn.⟩ **0.1** ***was(goed)*** ◆ **2.1** a large ~ *veel wasgoed;*
III ⟨n.-telb.zn.⟩ **0.1** ⟨the⟩ ***was(inrichting)*** **0.2** ***golfslag*** *⇒deining* **0.3** ***zog*** *⇒kielwater, doodwater* **0.4** ***alluvie*** *⇒aangeslibde grond* **0.5** ***spoeling*** *⇒varkensdraf* **0.6** ***spoelwater*** **0.7** ***gegiste vloeistof*** **0.8** ***gebazel*** ◆ **3.1** send clothes to the ~ *kleren in de was doen* **3.¶** ⟨inf.⟩ it'll come out in the ~ *het zal wel loslopen* **6.1** **at** the ~ *bij de wasserij/in de was;* **in** the ~ *in de was.*
wash[2] ⟨bn., attr.⟩⟨AE;inf.⟩ **0.1** ***wasbaar.***
wash[3] ⟨f3⟩⟨ww.⟩ →washing
I ⟨onov.ww.⟩ **0.1** ***zich wassen*** *⇒zich opfrissen* **0.2** ***gewassen (kunnen) worden*** **0.3** ***(in de was) eruit gaan*** ⟨v. vuil⟩ **0.4** ⟨inf.⟩ ***geloofwaardig zijn*** *⇒overtuigend zijn* **0.5** ***breken*** ⟨v. golf⟩ **0.6** ***erts wassen*** ◆ **3.4** that argument won't ~ *dat argument gaat niet op* **5.3** that stain will ~ **off** *die vlek gaat er (in de was) wel uit* **5.¶** ~ ashore *aanspoelen;*→wash **out;**→wash **up** **6.1** ~ **with** soap *zich wassen met zeep* **6.4** it won't ~ **with** him *hij zal het niet geloven* **6.5** the waves ~ **against** the dykes *de golven slaan tegen de dijken;* ~ **along** *spoelen langs;* ~ **in(to)** *binnenspoelen in* **6.6** ~ **for** gold *grond wassen op zoek naar goud;*
II ⟨ov.ww.⟩ **0.1** ***wassen*** ⇒⟨fig.⟩ *zuiveren* **0.2** ***wassen*** *⇒de was doen* **0.3** ***afwassen*** *⇒de afwas doen* **0.4** ***wassen*** ⟨erts⟩ **0.5** ***bevochtigen*** **0.6** ***meesleuren*** ⟨v. water⟩ *⇒wegspoelen* **0.7** ***uitspoelen*** *⇒eroderen* **0.8** ***wassen*** ⟨tekening⟩ **0.9** ***bedekken*** ⟨metaal, met edeler metaal⟩ **0.10** ***witten*** *⇒kalken, sausen* ◆ **1.1** ~ me throughly from mine iniquity *was mij geheel v. mijn ongerechtigheid* ⟨Ps. 51:4⟩; ⟨euf.⟩ ~ one's hands *naar het toilet gaan* **2.1** ~ clean *schoonwassen* **5.1** ~ **off** *(eraf)wassen* **5.6** be ~ed overboard *overboord slaan* **5.8** ~ **in** *inkleuren* ⟨lucht⟩ **5.¶** →wash **away;**→wash **down;**→wash **out;**→wash **up** **6.1** ~ the dirt **out of** sth. *ergens het vuil uit wassen;* ~ **with** soap *met zeep wassen* **6.9** ~ **with** gold *vergulden.*
Wash ⟨afk.⟩ Washington.
wash·a·ble ['wɒʃəbl||'wɔʃəbl, 'wɑ-]⟨bn.⟩ **0.1** ***wasbaar*** *⇒wasecht.*
'wash-and-'wear ⟨bn.⟩ **0.1** ⟨ong.⟩ ***zelfstrijkend*** *⇒no iron.*
'wash a'way ⟨f1⟩⟨ov.ww.⟩ **0.1** ***afwassen*** *⇒afspoelen,* ⟨fig.⟩ *reinigen, zuiveren* **0.2** ***uitwassen*** ⟨vlekken⟩ **0.3** ***meesleuren*** ⟨v. water⟩ *⇒wegspoelen* ◆ **1.1** ~ s.o.'s sins *iem. reinigen v. zijn zonden.*
'wash·ba·sin, ⟨AE⟩ **'wash·bowl** ⟨f1⟩⟨telb.zn.⟩ **0.1** ***wasbak*** *⇒fonteintje.*
'wash·bear ⟨telb.zn.⟩⟨AE⟩ **0.1** ***wasbeer(tje).***
'wash·board ⟨telb.zn.⟩ **0.1** ***wasbord*** **0.2** ⟨scheep.⟩ ***zetbo(o)rd.***
'wash·boil·er ⟨telb.zn.⟩ **0.1** ***wasketel.***
'wash·bot·tle, 'wash·ing·bot·tle ⟨telb.zn.⟩⟨schei.⟩ **0.1** ***wasfles.***
'wash·cloth, ⟨in bet. 0.2 ook⟩ **'wash·rag** ⟨telb.zn.⟩ **0.1** ***droogdoek*** **0.2** ⟨AE⟩ ***washandje.***
'wash-day, 'wash·ing-day ⟨telb.zn.⟩ **0.1** ***wasdag.***
'wash dirt ⟨n.-telb.zn.⟩ **0.1** ***goudaarde*** *⇒goudhoudende aarde.*
'wash 'down ⟨f1⟩⟨ov.ww.⟩ **0.1** ***wegspoelen*** ⟨voedsel, met drank⟩ **0.2** ***(helemaal) schoonmaken*** ◆ **6.1** wash the bread down **with** milk *het brood wegspoelen met melk* **6.2** ~ **with** ammonia *schoonmaken met ammonia.*
'wash·draw·ing ⟨zn.⟩
I ⟨telb.zn.⟩ **0.1** ***gewassen tekening;***
II ⟨n.-telb.zn.⟩ **0.1** ***het maken v. gewassen tekeningen.***
'washed-'out ⟨f1⟩⟨bn.;oorspr. volt. deelw. v. wash out⟩ **0.1** ***verbleekt*** ⟨in de was⟩ **0.2** ***verzwakt*** *⇒uitgeput, bleek* **0.3** ⟨sport⟩ ***afgelast (wegens regen)*** **0.4** ***overstroomd.***
'washed-'up ⟨bn.;oorspr. volt. deelw. v. wash up⟩ **0.1** ⟨inf.⟩ ***verslagen*** *⇒geruïneerd, aan de grond.*

wash·er ['wɒʃə||'wɔʃər, 'wɑ-]⟨f1⟩⟨telb.zn.⟩ **0.1** ***wasser*** **0.2** ⟨tech.⟩ ***(sluit)ring*** *⇒onderlegplaatje, afdichtingsring* **0.3** ⟨tech.⟩ ***leertje*** **0.4** ***wasmachine*** *⇒wasautomaat* **0.5** ⟨verk.⟩ ⟨screenwasher⟩.
'wash·er·wom·an, ⟨AE ook⟩ **'wash·wom·an** ⟨telb.zn.⟩ **0.1** ***wasvrouw.***
wash·er·y ['wɒʃri||'wɔ-, 'wɑ-]⟨telb.zn.;→mv.2⟩ **0.1** ***(erts)wasserij*** **0.2** ⟨mijnw.⟩ ***zuiverhuis*** *⇒wasserij.*
wash·e·te·ri·a [wɒʃɪ'tɪərɪə||wɔʃ-, wɑʃɪ'tɪrɪə]⟨telb.zn.⟩ **0.1** ***wasserette.***
'wash-hand ⟨bn., attr.⟩⟨BE⟩ **0.1** ***voor het handen wassen*** ◆ **1.1** ~ stand *wastafel* ⟨voor wasgerei⟩.
'wash·house ⟨telb.zn.⟩ **0.1** ***washuis*** *⇒washok.*
wash·ing[1] ['wɒʃɪŋ||'wɔ-, 'wɑ-]⟨f1⟩⟨zn.;(oorspr.) gerund v. wash⟩
I ⟨n.-telb.zn.⟩ **0.1** ***was(goed)*** **0.2** ***wassing*** ◆ **3.¶** ⟨sl.⟩ get on with the ~ *laat je handen eens wapperen;*
II ⟨mv.;~s⟩ **0.1** ***waswater*** *⇒spoelwater.*
washing[2] ⟨bn., attr.; oorspr. teg. deelw. v. wash⟩ **0.1** ***wasecht.***
washingbottle →washbottle.
washing-day →wash-day.
'wash·ing-ma·chine ⟨f1⟩⟨telb.zn.⟩ **0.1** ***wasmachine*** *⇒wasautomaat.*
'wash·ing-pow·der ⟨f1⟩⟨n.-telb.zn.⟩ **0.1** ***waspoeder*** *⇒wasmiddel.*
'wash·ing-so·da ⟨n.-telb.zn.⟩ **0.1** ***soda*** *⇒natriumcarbonaat.*
Wash·ing·to·ni·an ['wɒʃɪŋ'tounɪən||'wɔ-, 'wɑ-]⟨telb.zn.⟩ **0.1** ***inwoner v. Washington.***
'wash·ing-'up ⟨f2⟩⟨n.-telb.zn.⟩ **0.1** ***afwas*** *⇒vaat.*
washing-'up liquid ⟨f1⟩⟨telb.zn.⟩ **0.1** ***afwasmiddel.***
washing-'up machine ⟨telb.zn.⟩ **0.1** ***afwasmachine*** *⇒vaatwasmachine.*
'wash·land ⟨telb.zn.⟩ **0.1** ***vlietland*** *⇒uiterwaarden.*
'wash-leath·er ⟨telb. en n.-telb.zn.⟩ **0.1** ***zeem(leer).***
'wash·out ⟨telb.zn.⟩ **0.1** ***uitspoeling*** *⇒erosie* **0.2** ***weggespoelde rails/weg*** **0.3** ⟨inf.⟩ ***flop*** *⇒fiasco, mislukking* **0.4** ⟨inf.⟩ ***mislukkeling*** **0.5** ⟨sport, i.h.b. ijshockey⟩ ***afgekeurd doelpunt.***
'wash 'out ⟨f1⟩⟨ww.⟩ →washed-out
I ⟨onov.ww.⟩ **0.1** ***(in de was) eruit gaan*** ⟨v. vlekken⟩ **0.2** ⟨sl.⟩ ***mislukken*** *⇒verslagen worden, verliezen* **0.3** ⟨sl.⟩ ***blut raken;***
II ⟨ov.ww.⟩ **0.1** ***uitwassen*** *⇒omwassen* **0.2** ***wegspoelen*** *⇒uitspoelen* **0.3** ***spuiten uit*** *⇒spoelen uit, gutsen uit* **0.4** ⟨inf.⟩ ***onmogelijk maken*** ⟨v. regen, de wedstrijd⟩ **0.5** ⟨sl.⟩ ***(per ongeluk) om zeep helpen/brengen*** ◆ **6.1** ~ **with** soap *uitwassen met zeep.*
'wash 'over ⟨onov.ww.⟩ **0.1** ***overspoelen*** ⟨ook fig.⟩ **0.2** ***vernissen*** *⇒lakken* ◆ **1.1** the noise washed over him *het geluid overspoelde hem.*
washrag →washcloth.
'wash·room ⟨f1⟩⟨telb.zn.⟩ **0.1** ***wasruimte/lokaal*** **0.2** ⟨AE;euf.⟩ ***toilet*** *⇒de toiletten.*
'wash 'sale ⟨telb.zn.⟩⟨AE;geldw.⟩ **0.1** ***gefingeerde verkoop*** ⟨v. aandelen⟩.
'wash·stand ⟨telb.zn.⟩ **0.1** ***wastafel*** ⟨voor wasgerei⟩.
'wash·tub ⟨telb.zn.⟩ **0.1** ***(was)tobbe.***
'wash 'up ⟨f1⟩⟨ww.⟩ →washed-up
I ⟨onov.ww.⟩ **0.1** ⟨AE⟩ ***zich opfrissen*** *⇒zich wassen* **0.2** ⟨BE⟩ ***afwassen*** *⇒de vaat doen;*
II ⟨ov.ww.⟩ **0.1** ***doen aanspoelen*** ⟨v. getij⟩ **0.2** ⟨sl.⟩ ***met succes voltooien*** *⇒beëindigen.*
washwoman →washerwoman.
wash·y ['wɒʃi||'wɔʃi, 'wɑʃi]⟨bn.;-er;-ly;-ness;→bijw.3⟩ **0.1** ***waterig*** ⟨v. vloeistof⟩ *⇒slap, dun* **0.2** ***bleek*** *⇒kleurloos, mat* **0.3** ***verwaterd.***
wasp [wɒsp||wɑsp, wɔsp]⟨f2⟩⟨telb.zn.⟩ **0.1** ⟨dierk.⟩ ***wesp*** ⟨genus Vespa⟩ **0.2** ***nijdas*** *⇒spin.*
WASP [wɒsp||wɑsp, wɔsp]⟨telb.zn.⟩⟨afk.⟩⟨vaak pej.; ook attr.⟩ White Anglo-Saxon Protestant ⟨burgerlijke, traditionele Amerikaan⟩.
'wasp-bee ⟨telb.zn.⟩⟨dierk.⟩ **0.1** ***wespbij*** ⟨genus Nomada⟩.
'wasp-beet·le ⟨telb.zn.⟩⟨dierk.⟩ **0.1** ***boktor*** ⟨fam. Cerambycidae⟩.
'wasp-fly ⟨telb.zn.⟩⟨dierk.⟩ **0.1** ***zweefvlieg*** ⟨genus Syrphus⟩.
wasp·ish ['wɒspɪʃ||'wɑs-, 'wɔs-]⟨bn.;-ly;-ness⟩⟨vaak pej.⟩ **0.1** ***wespachtig*** **0.2** ***opvliegend*** *⇒giftig, nijdig, humeurig* **0.3** ***dun*** *⇒slank* ⟨als een wesp⟩.
'wasp-waist ⟨telb.zn.⟩ **0.1** ***wespetaille.***
'wasp-'waist·ed ⟨bn.⟩ **0.1** ***met een wespetaille.***
was·sail[1] ['wɒseɪl||'wɑsl]⟨zn.⟩⟨vero.⟩
I ⟨telb.zn.⟩ **0.1** ***drinkgelag*** ◆ **¶.¶** ~! *prosit!;*
II ⟨telb. en n.-telb.zn.⟩ **0.1** ***gekruide drank*** ⟨bier, wijn⟩.
wassail[2] ⟨onov.ww.⟩⟨vero.⟩ **0.1** ***brassen*** *⇒drinken* ◆ **3.¶** go ~ing *langs de huizen gaan om kerstliederen te zingen.*
was·sail·er ['wɒsəɪlə||'wɑsl·ər]⟨telb.zn.⟩⟨vero.⟩ **0.1** ***drinkebroer*** *⇒drinker.*
'Was·ser·mann test ['wæsəmən test||'wɑsərmən-]⟨telb.zn.⟩⟨med.⟩ **0.1** ***Wassermannreactie.***

wast ⟨→t2⟩ →be.
wast·age ['weɪstɪdʒ]⟨f1⟩⟨telb. en n.-telb.zn.⟩ **0.1** ***verspilling*** ⇒*verbruik, slijtage, verlies* ⟨door lekkage⟩ **0.2** ***verloop*** ⟨v. personeel⟩ ⇒*achteruitgang* ◆ **2.2** natural ~ *natuurlijk verloop.*
waste[1] [weɪst]⟨f3⟩⟨zn.⟩⟨→sprw. 254⟩
I ⟨telb.zn.⟩⟨vaak mv.⟩ **0.1** ***woestenij*** ⇒*woestijn, woeste grond, wildernis* **0.2** ***verspilling*** **0.3** ***afvalprodukt*** **0.4** ***uitwerpselen*** **0.5** ***misdruk*** **0.6** →wastepipe ◆ **1.1** the ~ of waters *de onafzienbare watervlakte;*
II ⟨n.-telb.zn.⟩ **0.1** ***afval*** ⇒*puin, gruis, vuilnis* **0.2** ***achteruitgang*** ⇒*slijtage, verlies* **0.3** ⟨jur.⟩ ***verwaarlozing*** ⇒*verval* **0.4** ***katoenafval*** ◆ **3.1** go to ~ *verloren gaan, verspild worden;* run to ~ *verspild worden* ⟨v. vloeistof⟩; *verwilderen* ⟨v.e. tuin⟩.
waste[2] ⟨f2⟩⟨bn., attr.⟩ **0.1** ***woest*** ⇒*ledig, braak(liggend), verlaten, onvruchtbaar* **0.2** ***waardeloos*** **0.3** ***afval-*** ⇒*overtollig, afgewerkt* **0.4** ***ongebruikt*** ⇒⟨fig.⟩ *onbewogen* ⟨v. tijden⟩ ◆ **1.1** ~ land *woestenij* **3.1** lay ~ *verwoesten;* lie ~ *braak liggen.*
waste[3] ⟨f3⟩⟨ww.⟩ →wasted ⟨→sprw. 50, 715⟩
I ⟨onov.ww.⟩ **0.1** ***(ver)slijten*** **0.2** ***verspillend handelen*** **0.3** ***verspild worden*** ⇒*afnemen, slinken, verloren gaan* **0.4** ***wegteren*** ⇒*kwijnen, vermageren* **0.5** ***voorbijgaan*** ⟨v. tijd⟩ **0.6** ⟨sport⟩ ***intensief trainen*** ⟨om gewicht te halen⟩ ◆ **1.3** wasting asset *afnemend bezit* ⟨oliebron, kolenmijn enz.⟩ **5.4** ~ **away** *wegkwijnen, wegteren;*
II ⟨ov.ww.⟩ **0.1** ***verspillen*** ⇒*verkwisten, verkwanselen, vermorsen* **0.2** ⟨vaak pass.⟩ ***verwoesten*** **0.3** ***doen slijten*** **0.4** ⟨jur.⟩ ***verwaarlozen*** ⟨bezittingen⟩ **0.5** ⟨AE; sl.⟩ ***koud maken*** ⇒*om zeep helpen* **0.6** ⟨AE; sl.⟩ ***inmaken*** ◆ **1.1** ~ breath/words (on sth.) *vergeefs praten;* not ~ breath/words (on sth.) *(ergens) geen woorden (aan) vuil maken* **6.1** ~ time **on** sth. *tijd verspillen aan iets.*
'waste·bas·ket ⟨telb.zn.⟩⟨vnl. AE⟩ **0.1** ***afvalbak*** ⇒⟨i.h.b.⟩ *prullenmand.*
'waste·book ⟨telb.zn.⟩ **0.1** ***notitieboekje*** ⇒*opschrijfboekje.*
wast·ed ['weɪstɪd]⟨bn.; oorspr. volt. deelw. v. waste⟩⟨sl.⟩ **0.1** ***gebroken*** ⇒*kapot, op, in de vernieling* **0.2** ***onder de drugs/alcohol*** ⇒*dronken, high.*
'waste-dis·pos·al ⟨n.-telb.zn.⟩ **0.1** ***afvalverwerking.***
'waste e'conomy ⟨telb.zn.⟩ **0.1** ***wegwerp economie.***
waste·ful ['weɪstfl]⟨f2⟩⟨bn.; -ly; -ness⟩ **0.1** ***verspillend*** ⇒*verkwistend, spilziek.*
'waste·gate ⟨telb.zn.⟩ **0.1** ***afvoersluis.***
'waste 'heat ⟨n.-telb.zn.⟩ **0.1** ***afvalhitte.***
'waste·land ⟨telb. en n.-telb.zn.⟩ **0.1** ***woestenij*** ⇒*onbewoonbaar gebied* ◆ **1.1** ⟨fig.⟩ a cultural ~ *een cultureel onderontwikkeld gebied.*
waste·less ['weɪs(t)ləs]⟨bn.⟩ **0.1** ***onuitputtelijk*** **0.2** ***onverslijtbaar.***
'waste'pa·per ⟨f1⟩⟨n.-telb.zn.⟩ **0.1** ***scheurpapier*** ⇒*papierafval, misdruk.*
'waste·pa·per·bas·ket ⟨f1⟩⟨telb.zn.⟩ **0.1** ***prullenmand*** ⇒*papiermand.*
'waste·pipe ⟨f1⟩⟨telb.zn.⟩ **0.1** ***afvoer(buis)*** ⇒*loospijp.*
'waste product ⟨f1⟩⟨telb.zn.⟩ **0.1** ***afvalprodukt.***
wast·er ['weɪstə‖-ər]⟨telb.zn.⟩ **0.1** ***verspiller*** ⇒*verkwister, spilziek iem.* **0.2** ***mislukt artikel*** ⇒*misbaksel* **0.3** ⟨sl.⟩ ***nietsnut*** ⇒*mislukkeling.*
'waste·weir ⟨telb.zn.⟩⟨tech.⟩ **0.1** ***overlaat*** ⇒*overloop.*
wast·rel ['weɪstrəl]⟨telb.zn.⟩ **0.1** ***mislukkeling*** ⇒*nietsnut* **0.2** ***misbaksel*** ⟨produkt⟩ ⇒*misdruk, mislukt artikel* **0.3** ***verkwister*** ⇒*verspiller* **0.4** ***schooier*** ⇒*schoffie, verwaarloosd kind* **0.5** ***uitgemergeld beest*** ⇒*ziekelijk dier.*
watch[1] [wɒtʃ‖wɑtʃ]⟨f3⟩⟨zn.⟩
I ⟨telb.zn.⟩ **0.1** ***horloge*** ⇒*klokje* **0.2** ⟨vaak mv.⟩ ***(nacht)wake*** **0.3** ***bewaker*** ⇒*wachter, wachtpost,* ⟨i.h.b.⟩ *nachtwaker* **0.4** ⟨scheep.⟩ ***waaktijd*** ⇒*wachtkwartier, kwart* ◆ **1.2** in the ~es of the night *in de slapeloze uren 's nachts; 's nachts* **1.¶** pass as a ~ in the night *snel vergeten worden* **3.3** set a ~ *een wacht uitzetten;*
II ⟨telb. en n.-telb.zn.; g. mv.⟩ **0.1** ***wacht*** ⇒*het waken, waakzaamheid, oplettendheid, hoede* **0.2** ***wacht(dienst)*** ◆ **1.1** under ~ and ward *onder voortdurend toezicht;* ⟨vero.⟩ keep ~ and ward *dag en nacht in de gaten houden, goed in de gaten houden* **1.2** ⟨scheep.⟩ ~ and ~ *stuurboordswacht en bakboordswacht* **3.1** keep (a) ~ *(de) wacht houden;* keep ~ for s.o. *uitkijken naar iem., iem. opwachten;* keep (a)(close/careful) ~ on *(nauwlettend) in de gaten houden;* keep (a) good ~ *goed uitkijken* **3.2** be on the ~ *de wacht hebben;* keep/stand ~ *op wacht staan* **5.1** ~ **below** *wacht te kooi* **6.1** (be) **on** the ~ *op wacht/op de uitkijk (staan), op zijn hoede (zijn);* **on** the ~ **for** *wachtend op, op zijn hoede voor;* be **on** the ~ **for** pickpockets *pas op voor zakkenrollers;*
III ⟨verz.n.⟩ **0.1** ***wacht*** ⇒*bewaking, wachters, uitkijk* **0.2** ⟨scheep.⟩ ***wacht*** ⇒*kwartier* **0.3** ⟨gesch.⟩ ***nachtwacht*** **0.4** ⟨gesch.⟩ ***ongeregelde hooglandse troepen*** ⟨18e eeuw⟩ ◆ **3.1** keep ~ over *de wacht houden over, bewaken;* set a ~ (up)on s.o. *iem. laten bewaken, iem. in de gaten laten houden.*
watch[2] ⟨f4⟩⟨ww.⟩⟨→sprw. 716⟩
I ⟨onov.ww.⟩ **0.1** ***kijken*** ⇒*toekijken* **0.2** ***wachten*** **0.3** ***wacht houden*** ⇒*waakzaam zijn, uitkijken, opletten* **0.4** ***de wacht houden*** ⇒*op wacht staan* **0.5** ***waken*** ⇒*opblijven, wakker blijven* ◆ **3.5** ~ and pray *waak en bid* **5.3** ~ **out** *uitkijken, oppassen* **6.2** ~ **for** one's chance *zijn kans afwachten* **6.3** ~ (out) **for** *uitkijken naar, loeren op* **6.4** ⟨fig.⟩ ~ **over** *waken over, beschermen* **6.5** ~ **at/by** *waken bij;*
II ⟨ov.ww.⟩ **0.1** ***bekijken*** ⇒*kijken naar* **0.2** ***afwachten*** ⟨kans, gelegenheid⟩ ⇒*wachten op* **0.3** ***gadeslaan*** ⇒*letten op, in de gaten houden, (belangstellend/nauwlettend) volgen* **0.4** ***bewaken*** ⇒*hoeden* ⟨vee⟩ **0.5** ***verzorgen*** ⇒*zorgen voor* ◆ **1.1** ~ the telly *t.v. kijken* **1.2** ~ one's chance *zijn kans afwachten;* ~ one's time *zijn tijd afwachten* **1.3** ⟨jur.⟩ ~ a case *een rechtszaak volgen* ⟨v. advocaat voor belanghebbende cliënt⟩; I had the feeling of being ~ed all day *ik had het gevoel dat ik de hele dag gevolgd/geschaduwd werd;* ~ one's weight *zijn/haar gewicht in de gaten houden, op zijn/haar gewicht letten* **4.3** ~ it! *pas op!, voorzichtig!;* ~ yourself *pas op!* **5.3** ~ s.o. **in** *iem. volgen tot hij thuis is.*
'watch·band ⟨telb.zn.⟩ **0.1** ***horlogeband(je).***
'watch bill ⟨telb.zn.⟩⟨scheep.⟩ **0.1** ***wachtrol.***
'watch box ⟨telb.zn.⟩ **0.1** ***wachthuisje.***
'watch cap ⟨telb.zn.⟩⟨scheep.⟩ **0.1** ⟨ong.⟩ ***bivakmuts.***
'watch·case ⟨telb.zn.⟩ **0.1** ***horlogekast.***
'watch chain ⟨telb.zn.⟩ **0.1** ***horlogeketting.***
'Watch Committee ⟨verz.n.⟩⟨BE; gesch.⟩ **0.1** ***gemeenteraadscommissie voor politiezaken.***
'watch·cry ⟨telb.zn.⟩ **0.1** ***roep v. wachter*** **0.2** ***leuze*** ⇒*slogan.*
'watch crystal ⟨telb.zn.⟩⟨AE⟩ **0.1** ***horlogeglas.***
'watch·dog[1] ⟨f2⟩⟨telb.zn.⟩ **0.1** ***waakhond*** ⟨ook fig.⟩ ⇒*(be)waker.*
'watch·dog[2] ⟨ov.ww.⟩ **0.1** ***nauwgezet in het oog houden.***
'watchdog commission ⟨telb.zn.⟩ **0.1** ***controlecommissie*** ⇒*commissie v. toezicht.*
watch·er ['wɑtʃə‖'wɑtʃər]⟨f1⟩⟨telb.zn.⟩ **0.1** ***wachter*** ⇒*bewaker, oppasser* **0.2** ***waker*** ⇒*iem. die waakt* ⟨bij zieke⟩ **0.3** ***waarnemer.***
'watch face ⟨telb.zn.⟩ **0.1** ***wijzerplaat.***
'watch fire ⟨telb.zn.⟩ **0.1** ***wachtvuur*** ⇒*kampvuur, legervuur.*
watch·ful ['wɑtʃfl‖'wɑtʃ-]⟨f2⟩⟨bn.; -ly; -ness⟩ **0.1** ***waakzaam*** ⇒*wakend, oplettend* **0.2** ⟨vero.⟩ ***slapeloos*** ◆ **3.1** be ~ to do sth. *zich ervoor hoeden iets te doen* **6.1** ~ **about** *voorzichtig met;* ~ **against** *op zijn hoede voor;* be ~ **for** *uitzien naar;* be ~ **of** *in 't oog houden, in de gaten houden;* be ~ **over** *waken over.*
'watch glass ⟨telb.zn.⟩ **0.1** ***horlogeglas*** ⟨ook in laboratorium⟩.
'watch-guard ⟨telb.zn.⟩ **0.1** ***horlogeketting.***
'watch hand ⟨telb.zn.⟩ **0.1** ***horlogewijzer.***
'watch·house ⟨telb.zn.⟩ **0.1** ***wachthuis.***
'watching brief ⟨telb.zn.⟩⟨jur.⟩ **0.1** ***instructie voor advocaat een proces te volgen voor niet betrokken partij*** ◆ **3.1** ⟨fig.⟩ hold/have a ~ for sth. *iets (nauwkeurig) in de gaten houden.*
'watch key ⟨telb.zn.⟩ **0.1** ***horlogesleutel(tje).***
watch·less ['wɒtʃləs‖'wɑtʃ-]⟨bn.; -ness⟩ **0.1** ***niet waakzaam*** ⇒*onoplettend* **0.2** ***onbewaakt.***
'watch light ⟨telb.zn.⟩ **0.1** ***licht v. wachter*** **0.2** ***nachtlicht.***
'watch·mak·er ⟨f1⟩⟨telb.zn.⟩ **0.1** ***horlogemaker.***
watch·man ['wɒtʃmən‖'wɑtʃ-]⟨f2⟩⟨telb.zn.; watchmen [-mən]; →mv. 3⟩ **0.1** ***bewaker*** ⇒⟨i.h.b.⟩ *nachtwaker, wachter* **0.2** ⟨vero.; gesch.⟩ ***nachtwacht*** ⇒*waker.*
'watch night ⟨n.-telb.zn.⟩ **0.1** ***oudejaarsavond/nacht*** **0.2** ***oudejaarsavonddienst.***
'watch night service ⟨telb.zn.⟩ **0.1** ***oudejaarsavonddienst.***
'watch oil ⟨n.-telb.zn.⟩ **0.1** ***horlogeolie.***
'watch pocket ⟨telb.zn.⟩ **0.1** ***horlogezakje.***
'watch spring ⟨telb.zn.⟩ **0.1** ***horlogeveer.***
'watch-strap, 'watch·band ⟨telb.zn.⟩ **0.1** ***horlogebandje.***
'watch·tow·er ⟨telb.zn.⟩ **0.1** ***wachttoren.***
'watch·word ⟨telb.zn.⟩ **0.1** ***wachtwoord*** ⇒*parool* **0.2** ***leus*** ⇒*slogan, kreet.*
'watch·work ⟨n.-telb.zn.⟩ **0.1** ***uurwerk*** ⟨v.e. horloge⟩ ⇒*raderwerk.*
wa·ter[1] ['wɔ:tə‖'wɔtər, 'wɑ-]⟨f4⟩⟨zn.⟩⟨→sprw. 59, 457, 628, 717, 719, 764⟩
I ⟨n.-telb.zn.⟩ **0.1** ***water*** ⇒*watermassa;* ⟨schei.⟩ *aqua* ⟨H_2O⟩ **0.2** ***water*** ⇒*regen* **0.3** ***(oplossing in) water*** ⇒*watertje, eau* **0.4** ***water*** ⇒*waterstand* **0.5** ⟨ben. voor⟩ ***vochtig lichaamsprodukt*** ⇒*zweet; speeksel; urine; tranen* **0.6** ***water*** ⇒*doorzichtigheid, helderheid* ⟨v. edelsteen⟩ **0.7** ***water*** ⇒*golvende weerschijn* ⟨v. moiré stof⟩ **0.8** ⟨inf.⟩ ***waterverf*** **0.9** ⟨geldw.⟩ ***water*** ⟨obligatie, aandeel zonder onderpand⟩ ◆ **1.1** ⟨bijb.; fig.⟩ ~ of life *water des levens* ⟨Openb. 21:6⟩ **1.¶** ~ on the brain *waterhoofd;* that is ~ under the

bridge/over the dam *dat is verleden tijd;* a lot of ~ has flowed/gone/passed under/beneath the bridge *het is lang geleden;* be (just) like ~ off a duck's back *niet het minste effect hebben, iem. niet raken;* like a fish out of ~ *als een vis op het droge, niet in zijn element;* ~ on the knee *water in de knie;* bring the ~ to s.o.'s mouth *iem. doen watertanden* **2.1** the blue ~ *het ruime sop;* hard ~ *hard water;* open ~ *open water; volle zee;* soft ~ *zacht water* **2.4** at high ~ *bij hoogwater;* at low ~ *bij laagwater* **3.1** ⟨scheep.⟩ make/take ~ *water maken/inkrijgen;* running ~ *stromend water;* tread ~ *watertrappelen* **3.5** hold one's ~ *zijn water ophouden;* make/pass ~ *wateren, zijn water lozen* **3.¶** back ~ *(de riemen) strijken;* ⟨inf.; pej.⟩ ~ bewitched *slap brouwsel, slootwater* ⟨i.h.b. slappe thee⟩; hold ~ *steekhouden;* ⟨sl.⟩ turn off s.o.'s ~ *iem. op zijn nummer zetten; voorgoed afrekenen met iem.;* writ(ten) in ~ *vluchtig, voorbijgaand, zonder blijvende waarde* **6.1 across/over** the ~ *over het water;* travel **by** ~ *te water/per boot reizen;* ⟨inf.; fig.⟩ spend money like ~ *geld uitgeven als water;* be **under** ~ *onder (water) staan, overstroomd zijn* **6.¶ above** the ~ *boven Jan* **7.6** of the first ~ *v.h. eerste/zuiverste water* ⟨ook fig.⟩;

II ⟨mv.; ~s⟩ **0.1** ***(territoriale) wateren*** **0.2** ***water*** ⟨v.e. rivier⟩ ⇒*stroom; wetering, vliet* **0.3** ***mineraal water*** ⇒⟨fig.⟩ *(water)kuur* **0.4** ⟨schr.⟩ ***zeegebied*** ⇒*plas, zeeën* **0.5** ⟨inf.⟩ ***waterverfschilderijen*** ⇒*aquarellen* **0.6** ⟨the⟩ ***(vrucht)water*** ◆ **1.¶** ~s of forgetfulness *vergetelheid; dood* **2.1** in British ~s *in Britse wateren* **3.3** drink/take the ~s *een kuur doen* **3.4** cross the ~s *de zee/oceaan oversteken* **3.6** the ~s broke and soon the child was born *het water brak en het kind werd spoedig geboren* **3.¶** ⟨vero.⟩ fish in muddy/troubled ~s *in troebel water vissen;* muddy/stir the ~s *roet in het eten gooien, de boel in de war schoppen.*

water[2] ⟨f3⟩ ⟨ww.⟩

I ⟨onov.ww.⟩ **0.1** ***tranen*** ⇒*lopen, wateren* **0.2** ***watertanden*** **0.3** ***water drinken*** **0.4** ⟨scheep.⟩ ***water innemen*** **0.5** ***verwateren*** ⟨ook fig.⟩ ◆ **1.1** my eyes ~ed *mijn ogen traanden* **1.2** my mouth ~s after/for it *het water loopt me in de mond;* make the mouth ~ *doen watertanden* **1.3** the herd ~ed at the pool *de kudde ging drinken aan de poel;*

II ⟨ov.ww.⟩ **0.1** ***water geven*** ⇒*begieten, besprenkelen, bevochtigen* **0.2** ***aanlengen*** ⇒*verdunnen, wateren, water doen bij* **0.3** ***v. water voorzien*** ⇒*bewateren, bespoelen, besproeien* **0.4** ***drenken*** ⇒*wateren* **0.5** ⟨vnl. volt. deelw.⟩ ***moireren*** ⇒*vlammen, wateren* **0.6** ⟨geldw.⟩ ***verwateren*** ⟨kapitaal⟩ ◆ **1.1** ~ the plants *de planten water geven* **1.2** ~ milk *melk aanlengen* **1.3** London is ~ed by the Thames *door Londen stroomt de Theems* **1.4** ~ the horses *de paarden drenken* **1.5** ~ed silk *moiré* **1.6** ~ing of capital *kapitaalverwatering* **5.2** ~ **down** *aanlengen, verdunnen;* ⟨fig.⟩ *afzwakken, verzwakken;* a ~ed-down version of the original *een verwaterde versie v.h. origineel.*

wa·ter·age ['wɔ:tərɪdʒ||'wɔt̬ərɪdʒ, 'wɑ-] ⟨n.-telb.zn.⟩ ⟨BE⟩ **0.1** ***vervoer te water*** ⇒*watervervoer* **0.2** ***vracht(kosten) voor watervervoer.***

'water bailiff ⟨telb.zn.⟩ ⟨BE⟩ **0.1** ***douanebeambte in haven*** **0.2** ⟨gesch.⟩ ***waterschout*** ⇒*visserijopzichter, dijkgraaf, watergraaf.*

'water bath ⟨telb.zn.⟩ **0.1** ***waterbad*** ⟨ook schei.⟩ ⇒*bain-marie.*

'water bear ⟨telb.zn.⟩ ⟨dierk.⟩ **0.1** ***beerdiertje*** ⟨Tardigrada⟩.

'water bed ⟨telb.zn.⟩ **0.1** ***waterbed.***

'water beetle ⟨telb.zn.⟩ **0.1** ***waterkever*** ⇒*watertor.*

'water bird ⟨telb.zn.⟩ **0.1** ***watervogel.***

'water biscuit ⟨telb.zn.⟩ **0.1** ***kaakje.***

'water blister ⟨telb.zn.⟩ ⟨med.⟩ **0.1** ***waterspuit*** ⇒*waterblaas.*

'water bloom ⟨n.-telb.zn.⟩ **0.1** ***(water)kroos.***

'water boatman ⟨telb.zn.⟩ ⟨dierk.⟩ **0.1** ***bootsmannetje*** ⟨Notonecta glanca⟩.

'wa·ter·borne ⟨bn.⟩ **0.1** ***drijvend*** ⇒*vlot* **0.2** ***over water vervoerd*** ⇒*zee-* **0.3** ***door (drinken v.) water overgebracht*** ◆ **1.2** ~ trade *zeehandel* **1.3** a ~ disease *een door water overgebrachte ziekte.*

'water bottle ⟨telb.zn.⟩ **0.1** ***(water)karaf*** **0.2** ⟨mil.⟩ ***veldfles*** **0.3** ⟨wielrennen⟩ ***bidon*** ⇒⟨B.⟩ *drinkbus.*

'waterbottle cage ⟨telb.zn.⟩ ⟨wielrennen⟩ **0.1** ***bidon/*** ⟨B.⟩ ***drinkbushouder.***

'wa·ter-bound ⟨bn.⟩ **0.1** ***door water ingesloten*** **0.2** ***door water tegengehouden.***

'wa·ter·brain ⟨telb. en n.-telb.zn.⟩ **0.1** ***draaiziekte*** ⟨bij schapen⟩.

'water brash ⟨telb. en n.-telb.zn.⟩ **0.1** ***(het) zuur*** ⇒*hartwater.*

'water breaker ⟨telb.zn.⟩ ⟨scheep.⟩ **0.1** ***vaatje*** ⟨voor drinkwater⟩.

'wa·ter·buck ⟨telb.zn.⟩ ⟨dierk.⟩ **0.1** ***ellipswaterbok*** ⟨Kobus ellipsiprymnus⟩.

'water buffalo ⟨telb.zn.⟩ ⟨dierk.⟩ **0.1** ***waterbuffel*** ⟨Bubalus arnee⟩ ⇒⟨i.h.b.⟩ *karbouw* ⟨Bubalus (arnee) bubalis⟩.

'water bug ⟨telb.zn.⟩ ⟨dierk.⟩ **0.1** ***waterwants*** ⟨fam. Belostomatidae⟩.

'water bus ⟨telb.zn.⟩ **0.1** ***watertram.***

'water butt ⟨telb.zn.⟩ **0.1** ***regenton*** ⇒*waterton, watervat.*

'water cannon ⟨telb.zn.⟩ **0.1** ***waterkanon*** ⇒*waterwerper.*

'water carriage ⟨telb.zn.⟩ **0.1** ***vervoer te water*** ⇒*watertransport.*

'water carrier ⟨zn.⟩

I ⟨eig.n.; W- C-; the⟩ ⟨astr., ster.⟩ **0.1** ***(de) Waterman*** ⇒*Aquarius;*

II ⟨telb.zn.⟩ **0.1** ⟨W- C-⟩ ⟨astr.⟩ ***waterman*** ⟨iem. geboren onder I⟩ **0.2** ***waterdrager*** **0.3** ***vervoerder te water.***

'water cart, 'watering cart ⟨telb.zn.⟩ **0.1** ***sproeiwagen.***

'water chute ⟨telb.zn.⟩ **0.1** ***waterroetsjbaan.***

'water clock ⟨telb.zn.⟩ **0.1** ***waterklok.***

'water closet ⟨telb.zn.⟩ **0.1** ***watercloset.***

'water cock ⟨telb.zn.⟩ **0.1** ***waterkraan.***

'water colour ⟨f2⟩ ⟨zn.⟩

I ⟨telb.zn.⟩ **0.1** ***aquarel*** ⇒*waterverfschilderij;*

II ⟨n.-telb.zn.⟩ **0.1** ***het aquarelleren*** **0.2** ***waterverf*** ⇒*aquarelverf;*

III ⟨mv.; ~s⟩ **0.1** ***waterverf*** ⇒*aquarelverf.*

'water colourist ⟨telb.zn.⟩ **0.1** ***aquarellist.***

'water compress ⟨telb.zn.⟩ ⟨med.⟩ **0.1** ***kompres*** ⇒*natte omslag.*

'wa·ter-cooled ⟨bn.⟩ **0.1** ***watergekoeld.***

'water cooler ⟨bn.⟩ **0.1** ***koeltank*** ⟨voor drinkwater⟩.

'wa·ter·course ⟨telb.zn.⟩ **0.1** ***waterloop*** ⇒*stroom(pje)* **0.2** ***waterbedding*** **0.3** ⟨marine⟩ ***walmgat*** ⇒*zoggat.*

'water cracker ⟨telb.zn.⟩ **0.1** ***kaakje*** **0.2** ⟨tech.⟩ ***glastraan.***

'wa·ter·craft ⟨zn.; watercraft; →mv. 4⟩

I ⟨telb.zn.⟩ **0.1** ***vaartuig;***

II ⟨n.-telb.zn.⟩ **0.1** ***vaardigheid te water.***

'water crane ⟨telb.zn.⟩ **0.1** ***waterpomp*** ⟨voor stoomlocomotief⟩ **0.2** ***hydraulische kraan.***

'wa·ter·cress ⟨f1⟩ ⟨n.-telb.zn.⟩ ⟨plantk.⟩ **0.1** ***witte waterkers*** ⟨Nasturtium officinale⟩.

'water cure ⟨telb.zn.⟩ ⟨med.⟩ **0.1** ***waterkuur*** ⇒*watergeneeswijze.*

'water diviner ⟨telb.zn.⟩ **0.1** ***roedeloper*** ⇒*waterzoeker.*

'water dog ⟨telb.zn.⟩ **0.1** ***waterhond*** **0.2** ⟨fig.⟩ ***waterrot*** ⇒*ervaren zeeman.*

'wa·ter-drink·er ⟨telb.zn.⟩ **0.1** ***geheelonthouder.***

'wa·ter·drop ⟨telb.zn.⟩ **0.1** ***waterdrup(pel)*** **0.2** ***traan.***

'water 'dropwort ⟨telb.zn.⟩ ⟨plantk.⟩ **0.1** ***pijptorkruid*** ⟨Oenanthe fistulosa⟩.

'water engine ⟨telb.zn.⟩ **0.1** ***pompmachine*** **0.2** ***hydraulische machine.***

wa·ter·er ['wɔ:trə||'wɔt̬ərər, 'wɑ-] ⟨telb.zn.⟩ **0.1** ***gieter.***

'wa·ter·fall ⟨f2⟩ ⟨telb.zn.⟩ ⟨ook fig.⟩ **0.1** ***waterval.***

'wa·ter·find·er ⟨telb.zn.⟩ **0.1** ***roedeloper*** ⇒*waterzoeker.*

'water flag ⟨telb.zn.⟩ ⟨plantk.⟩ **0.1** ***gele lis*** ⟨Iris pseudacorus⟩.

'water flea ⟨telb.zn.⟩ ⟨dierk.⟩ **0.1** ***watervlo*** ⟨genera Cladocera, Cyclops, Daphnia⟩.

Wa·ter·ford glass ['wɔtəfəd 'glɑ:s||'wɔt̬ərfərd 'glæs, 'wɑ-] ⟨n.-telb.zn.⟩ **0.1** ***Waterford-glas*** ⟨zeer klaar flintglas⟩.

'wa·ter·fowl ⟨zn.; ook waterfowl; →mv. 4⟩

I ⟨telb.zn.⟩ **0.1** ***watervogel;***

II ⟨verz.n.⟩ **0.1** ***watergevogelte*** ⇒*watervogels, waterwild.*

'wa·ter·front ⟨f2⟩ ⟨telb.zn.; vnl. enk.⟩ **0.1** ***waterkant*** ⟨v. stadsdeel, enz.⟩ ⇒*waterzijde* ◆ **6.1 on** the ~ *aan de waterkant.*

'water furrow ⟨telb.zn.⟩ ⟨landb.⟩ **0.1** ***greppel.***

'wa·ter-fur·row ⟨ov.ww.⟩ ⟨landb.⟩ **0.1** ***draineren d.m.v. greppels.***

'water gap ⟨telb.zn.⟩ **0.1** ***bergkloof*** ⟨waar water door stroomt⟩.

'water garden ⟨telb.zn.⟩ **0.1** ***tuin met waterplanten*** **0.2** ***watertuin.***

'water gas ⟨n.-telb.zn.⟩ **0.1** ***watergas*** ⇒*blauwgas.*

'water gate ⟨telb.zn.⟩ **0.1** ***sluisdeur*** **0.2** ***toegang over water.***

'water gauge, 'water gage ⟨zn.⟩

I ⟨telb.zn.⟩ **0.1** ***(water)peilglas;***

II ⟨n.-telb.zn.⟩ **0.1** ***waterdruk*** ⟨als maat⟩.

'water glass ⟨zn.⟩

I ⟨telb.zn.⟩ **0.1** ***wateruurwerk*** ⇒*waterklok, klepsydra* **0.2** ***waterglas*** **0.3** ***peilglas*** **0.4** ***watertelescoop;***

II ⟨n.-telb.zn.⟩ ⟨schei.⟩ **0.1** ***waterglas*** ⟨$Na_2O.\times SiO_2$, natriumsilicaatoplossing⟩.

'water gruel ⟨n.-telb.zn.⟩ **0.1** ***watergruwel.***

'water hammer ⟨n.-telb.zn.⟩ **0.1** ***waterslag*** ⟨in leidingen⟩.

'water haul ⟨telb.zn.⟩ **0.1** ***mislukking*** ⇒*fiasco.*

'wa·ter·head ⟨telb.zn.⟩ **0.1** ***bron*** ⟨v.e. rivier⟩.

'water heater ⟨telb.zn.⟩ **0.1** ***boiler*** ⇒*heetwatertoestel/ketel* **0.2** ⟨vnl. AE⟩ ***geiser.***

'water hemlock ⟨telb.zn.⟩ ⟨plantk.⟩ **0.1** ***waterscheerling*** ⟨Cicuta virosa⟩.

'water hen ⟨telb.zn.⟩ ⟨dierk.⟩ **0.1** ***waterhoen*** ⟨Gallinula chloropus⟩.

'water hog ⟨telb.zn.⟩ ⟨dierk.⟩ **0.1** ***waterzwijn*** ⟨Hydrochoerus capybara⟩.

'water hole ⟨f1⟩ ⟨telb.zn.⟩ **0.1** ***waterpoel*** **0.2** ***bijt*** ⟨in ijs⟩.

'water hyacinth ⟨telb.zn.⟩ ⟨plantk.⟩ **0.1** ***waterhyacint*** ⟨Eichhornia crassipes⟩.

'water ice ⟨telb. en n.-telb.zn.⟩ **0.1** ***waterijs.***
'wa·ter·ing can, 'watering pot ⟨f1⟩ ⟨telb.zn.⟩ **0.1** ***gieter.***
watering cart →water cart.
'watering hole ⟨telb.zn.⟩ **0.1** ***waterpoel*** **0.2** ⟨sl.; scherts.⟩ ***kroeg.***
'watering place ⟨telb.zn.⟩ **0.1** ***waterplaats*** ⇒*wed, drenkplaats* **0.2** ***waterplaats*** ⟨voor waterinname⟩ **0.3** ***kuuroord*** ⇒*badplaats.*
'watering trough [-trɒf‖-trɔf]⟨telb.zn.⟩ **0.1** ***drinkbak*** ⇒*(water)trog.*
wa·ter·ish ['wɔ:tərɪʃ‖'wɔt̬ərɪʃ, 'wɑ-]⟨bn.; -ness⟩ **0.1** ***waterig*** ⇒*waterachtig.*
'water jacket ⟨telb.zn.⟩ ⟨tech.⟩ **0.1** ***watermantel*** ⇒*koelmantel* ⟨vnl. v. verbrandingsmotor⟩.
'water jump ⟨telb.zn.⟩ **0.1** ⟨paardesport⟩ ***sloot(sprong)*** **0.2** ⟨atletiek⟩ ***sloot*** ⇒*waterbak,* ⟨B.⟩ *beek.*
'water kelpie ⟨telb.zn.⟩ ⟨Sch. E⟩ **0.1** ***watergeest.***
'wa·ter-laid ⟨bn.⟩ **0.1** ***gedraaid uit drie drievoudige strengen*** ⟨touw⟩.
'water lane ⟨telb.zn.⟩ **0.1** ***vaargeul*** ⇒*doorgang.*
'water lens ⟨telb.zn.⟩ **0.1** ***waterlens*** ⇒*waterloep.*
wa·ter·less ['wɔ:tələs‖'wɔt̬ər-, 'wɑ-]⟨bn.⟩ **0.1** ***waterloos*** ⇒*zonder water, droog.*
'water level ⟨f1⟩ ⟨telb.zn.⟩ **0.1** ***waterstand*** ⇒*waterpeil, waterniveau* **0.2** ***grondwaterpeil*** **0.3** ***waterpas.***
'water lily ⟨f1⟩ ⟨telb.zn.⟩ **0.1** ***waterlelie*** ⟨genus Nymphaea⟩.
'water line ⟨telb.zn.⟩ **0.1** ***waterlijn*** ⟨v. schip⟩ **0.2** ***watermerk*** ⇒*waterlijn* ◆ **2.1** light ~ *waterlijn v. ongeladen schip.*
'wa·ter·log ⟨ov.ww.; →ww. 7⟩ **0.1** ***vol water doen lopen*** ⟨schip⟩ **0.2** ***met water doortrekken*** ⟨grond, hout⟩.
Wa·ter·loo ['wɔ:tə'lu:‖'wɔt̬ər'lu:, 'wɑ-]⟨f1⟩ ⟨telb.zn.; vnl. enk.⟩ **0.1** ***(verpletterende) nederlaag*** ⇒*beslissende slag* ◆ **3.1** meet one's ~ *verpletterend verslagen worden.*
'water main ⟨f1⟩ ⟨telb.zn.⟩ **0.1** ***hoofdleiding*** ⟨v. waterleiding⟩.
wa·ter·man ['wɔ:təmən‖'wɔt̬ər-, 'wɑ-]⟨telb.zn.; watermen [-mən]; →mv. 3⟩ **0.1** ***veerman*** ⇒*schuitevoerder, jolleman* **0.2** ***roeier*** **0.3** ***watergeest.***
wa·ter·man·ship ['wɔ:təmənʃɪp‖'wɔt̬ər-, 'wɑt̬ər-]⟨n.-telb.zn.⟩ ⟨roei- en zeilsport⟩ **0.1** ***roei/zeilvaardigheid*** ⇒*roeikunst, zeilkunst.*
'wa·ter·mark[1] ⟨telb.zn.⟩ **0.1** ***watermerk*** ⟨in papier⟩ **0.2** ***waterpeil*** **0.3** ***waterlijn.***
watermark[2] ⟨ov.ww.⟩ **0.1** ***watermerken*** ⇒*v. watermerk voorzien* ⟨papier⟩.
'water meadow ⟨telb.zn.⟩ **0.1** ***uiterwaarde.***
'wa·ter·mel·on ⟨telb. en n.-telb.zn.⟩ ⟨plantk.⟩ **0.1** ***watermeloen*** ⟨Citrullus vulgaris⟩.
'water meter ⟨telb.zn.⟩ **0.1** ***watermeter*** ⇒*hydrometer.*
'water mill ⟨telb.zn.⟩ **0.1** ***watermolen.***
'water mint ⟨n.-telb.zn.⟩ ⟨plantk.⟩ **0.1** ***watermunt*** ⇒*balsemkruid* ⟨Mentha aquatica⟩.
'water mocassin ⟨telb.zn.⟩ ⟨dierk.⟩ **0.1** ***watermocassinslang*** ⟨Agkistrodon piscivorus⟩.
'water mole ⟨telb.zn.⟩ ⟨Austr. E; dierk.⟩ **0.1** ***vogelbekdier*** ⟨Ornithorhynchus anatinus⟩.
'water monkey ⟨telb.zn.⟩ **0.1** ***koelkan*** ⇒*koelkruik.*
'water moth ⟨telb.zn.⟩ ⟨dierk.⟩ **0.1** ***kokerjuffer*** ⟨orde Trichoptera⟩.
'water nymph ⟨telb.zn.⟩ **0.1** ***waternimf*** ⇒*najade.*
'water ordeal ⟨telb.zn.⟩ **0.1** ***waterproef.***
'water ouzel [-u:zl]⟨telb.zn.⟩ ⟨dierk.⟩ **0.1** ***waterspreeuw*** ⟨Cinclus cinclus⟩.
'water parsnip ⟨n.-telb.zn.⟩ ⟨plantk.⟩ **0.1** ***grote watereppe*** ⟨Sium latifolium⟩.
water parting →watershed.
'water pepper ⟨telb.zn.⟩ ⟨plantk.⟩ **0.1** ***waterpepper*** ⇒*bitterplant, bittertong* ⟨Polygonum hydropiper⟩.
'water pheasant ⟨telb.zn.⟩ ⟨dierk.⟩ **0.1** ***grote zaagbek*** ⟨Mergus merganser⟩.
'water pipe ⟨f1⟩ ⟨telb.zn.⟩ **0.1** ***water(leiding)pijp*** **0.2** ***waterpijp*** ⇒*nargileh* ⟨Turks⟩; *hookah* ⟨Indisch⟩.
'water pipit ⟨telb.zn.⟩ ⟨dierk.⟩ **0.1** ***waterpieper*** ⟨Anthus spinoletta⟩.
'water pistol ⟨f1⟩ ⟨telb.zn.⟩ **0.1** ***waterpistool.***
'water plane ⟨telb.zn.⟩ **0.1** ***watervliegtuig*** ⇒*hydroplaan* **0.2** ***doorsnede v. schip*** ⟨langs waterlijn⟩.
'water plantain ⟨telb.zn.⟩ ⟨plantk.⟩ **0.1** ***waterweegbree*** ⟨genus Alisma⟩.
'water plate ⟨telb.zn.⟩ **0.1** ***warmwaterbord.***
'water platter ⟨telb.zn.⟩ **0.1** ***Victoria (regia)*** ⟨reuzenwaterlelie⟩.
'water polo ⟨f1⟩ ⟨n.-telb.zn.⟩ **0.1** ***waterpolo.***
'wa·ter·pot ⟨telb.zn.⟩ **0.1** ***waterkan*** **0.2** ***gieter.***
'wa·ter·pow·er ⟨n.-telb.zn.⟩ **0.1** ***waterkracht*** ⇒*hydraulische kracht.*
'wa·ter·proof[1] ⟨f1⟩ ⟨zn.⟩
I ⟨telb.zn.⟩ ⟨vnl. BE⟩ **0.1** ***(waterdichte) regenjas;***
II ⟨telb. en n.-telb.zn.⟩ **0.1** ***waterdicht materiaal.***
waterproof[2] ⟨f1⟩ ⟨bn.; -ness⟩ **0.1** ***waterdicht.***
waterproof[3] ⟨f1⟩ ⟨ov.ww.⟩ **0.1** ***waterdicht maken.***
'wa·ter·quake ⟨telb.zn.⟩ **0.1** ***zeebeving.***
'water rail ⟨telb.zn.⟩ ⟨dierk.⟩ **0.1** ***waterral*** ⟨Rallus aquaticus⟩.
'water ram ⟨telb.zn.⟩ **0.1** ***waterram*** ⇒*hydraulische ram/pers.*
water rat →water vole.
'water rate ⟨telb.zn.⟩ ⟨BE⟩ **0.1** ***waterleidingrekening.***
'wa·ter-re·pel·lent ⟨bn.⟩ **0.1** ***waterafstotend.***
'wa·ter-ret, 'wa·ter-rot ⟨ov.ww.; →ww. 7⟩ **0.1** ***roten*** ⟨in water⟩.
'water sail ⟨telb.zn.⟩ ⟨scheep.⟩ **0.1** ***waterzeil.***
'wa·ter·scape ⟨telb.zn.⟩ **0.1** ***watergezicht*** ⇒*zeegezicht.*
'water scorpion ⟨telb.zn.⟩ ⟨dierk.⟩ **0.1** ***waterschorpioen*** ⟨Nepa cinerea⟩.
'water seal ⟨telb.zn.⟩ **0.1** ***waterafsluiter*** ⇒*waterslot.*
'water set ⟨telb.zn.⟩ **0.1** ***waterstel.***
'wa·ter·shed, ⟨in bet. 0.1 ook⟩ **'water parting** ⟨f2⟩ ⟨telb.zn.⟩ **0.1** ***waterscheiding*** **0.2** ⟨fig.⟩ ***keerpunt*** **0.3** ⟨inf.⟩ ***neerslaggebied*** ⇒*stroomgebied.*
'wa·ter·shoot ⟨telb.zn.⟩ **0.1** ***waterafvoerbuis*** ⇒*watergoot.*
'wa·ter·side ⟨f1⟩ ⟨n.-telb.zn.; the⟩ **0.1** ***waterkant*** ⇒*wal(kant), oever* ◆ **6.1 along** the ~ *langs de waterkant;* **by** the ~ *aan de waterkant.*
'water skater, 'water strider ⟨telb.zn.⟩ ⟨dierk.⟩ **0.1** ***schaatsenrijder*** ⟨roofwants; fam. Gerridae⟩.
'wa·ter-ski[1] ⟨f1⟩ ⟨telb.zn.⟩ **0.1** ***waterski.***
water-ski[2] ⟨f1⟩ ⟨onov.ww.⟩ **0.1** ***waterskiën.***
'wa·ter·skin ⟨telb.zn.⟩ **0.1** ***(leren) waterzak.***
'water snake ⟨telb.zn.⟩ ⟨dierk.⟩ **0.1** ***ringslang*** ⟨genus Natrix⟩.
'water softener ⟨f1⟩ ⟨telb.zn.⟩ **0.1** ***wateronthardingsapparaat.***
'water soldier ⟨telb.zn.⟩ ⟨plantk.⟩ **0.1** ***krabbescheer*** ⇒*wateraloë, waterbitter, schepenmoerasaloë, waterster, ruiterkruid* ⟨Stratiotes aloides⟩.
'wa·ter-'sol·u·ble ⟨f1⟩ ⟨bn.⟩ **0.1** ***in water oplosbaar.***
'water souchy [-ˌsu:ʃi]⟨telb.zn.⟩ **0.1** ***waterzootje*** ⇒*waterbaars, waterbot, waterzalm.*
'water spaniel ⟨telb.zn.⟩ **0.1** ***waterhond.***
'water spider ⟨telb.zn.⟩ ⟨dierk.⟩ **0.1** ***waterspin*** ⟨Argyroneta aquatica⟩.
'wa·ter·splash ⟨telb.zn.⟩ **0.1** ***ondergelopen stuk weg.***
'wa·ter·spout ⟨telb.zn.⟩ **0.1** ***waterspuwer*** ⇒*spuier, gargouille* **0.2** ***waterhoos.***
'water sprite ⟨telb.zn.⟩ **0.1** ***watergeest.***
'water starwort ⟨telb.zn.⟩ ⟨plantk.⟩ **0.1** ***sterrekroos*** ⇒*haarsteng* ⟨genus Callitriche⟩.
'water station ⟨telb.zn.⟩ ⟨atletiek⟩ **0.1** ***waterpost*** ⟨bij marathon of snelwandelen⟩.
'water supply ⟨f1⟩ ⟨n.-telb.zn.⟩ **0.1** ***watervoorziening*** **0.2** ***wateraanvoer*** **0.3** ***watervoorraad.***
'water table ⟨telb.zn.⟩ **0.1** ***grondwaterspiegel*** **0.2** ***kroonlijst.***
'water thyme ⟨n.-telb.zn.⟩ ⟨plantk.⟩ **0.1** ***brede waterpest*** ⟨Elodea canadensis⟩.
'water tiger ⟨telb.zn.⟩ ⟨dierk.⟩ **0.1** ***larve v.d. waterroofkever*** ⟨genus Dytiscus⟩.
'wa·ter·tight ⟨f1⟩ ⟨bn.; -ness⟩ ⟨ook fig.⟩ **0.1** ***waterdicht*** ◆ **1.1** ~ agreement *waterdichte afspraak;* ~ compartment *waterdichte ruimte* ⟨bv. in schip⟩; ⟨fig.⟩ in ~ compartments *geïsoleerd, afgezonderd.*
'water torture ⟨telb.zn.⟩ **0.1** ***marteling*** ⟨door onophoudelijk geluid v. druipend water⟩.
'water tower ⟨f1⟩ ⟨telb.zn.⟩ **0.1** ***watertoren*** **0.2** ***uitschuifbare brandladder.***
'water treader ⟨telb.zn.⟩ ⟨dierk.⟩ **0.1** ***waterloper*** ⟨kever; fam. Mesoveliida⟩.
'water trefoil ⟨telb.zn.⟩ ⟨plantk.⟩ **0.1** ***waterdrieblad*** ⇒*waterklaver* ⟨Menyanthes trifoliata⟩.
'water vole, 'water rat ⟨f1⟩ ⟨telb.zn.⟩ ⟨dierk.⟩ **0.1** ***waterrat*** ⟨Arvicola amphibius⟩.
'water wagon ⟨telb.zn.⟩ **0.1** ***sproeiwagen*** ◆ **6.¶** go **on** the ~ *geheelonthouder worden.*
'water wagtail ⟨telb.zn.⟩ ⟨dierk.⟩ **0.1** ***rouwkwikstaart*** ⟨Motacilla alba yarrellii⟩.
wa·ter·ward, wa·ter·wards ['wɔ:təwəd(z)‖'wɔt̬ərwərd(z), 'wɑ-]⟨bw.⟩ **0.1** ***waterwaarts.***
'water wave ⟨telb.zn.⟩ **0.1** ***watergolf.***
'wa·ter·way ⟨f2⟩ ⟨telb.zn.⟩ **0.1** ***waterweg*** **0.2** ***vaarwater*** **0.3** ***watergang*** ⟨v. schip⟩.
'wa·ter·weed ⟨telb.zn.⟩ ⟨plantk.⟩ **0.1** ***waterpest*** ⟨genus Elodea⟩.
'water wheel ⟨telb.zn.⟩ **0.1** ***waterrad*** ⇒*molenrad, scheprad.*
'water wings ⟨mv.⟩ **0.1** ***(zwem)vleugels.***
'water witch ⟨telb.zn.⟩ ⟨AE⟩ **0.1** ***roedeloper*** **0.2** ***watergeest*** ⇒*nix(e).*
'wa·ter·works ⟨f1⟩ ⟨mv.⟩ **0.1** ***waterleiding(bedrijf)*** **0.2** ⟨inf.⟩ ***waterlanders*** ⇒*tranen* **0.3** ⟨inf.⟩ ***(werking v.d.) blaas*** ◆ **3.2** turn on the ~ *beginnen te blèren, in tranen uitbarsten.*

wa·ter·y ['wɔ:tri‖'wɔṭəri, 'wɑ-]⟨f2⟩⟨bn.; -er; -ness; →bijw. 3⟩ **0.1** ***waterachtig*** ⇒*water-* **0.2** ***nat*** ⇒*doorweekt, vol water* **0.3** ***waterig*** ⇒*smakeloos* **0.4** ***waterig*** ⇒*nat, vochtig, tranend* **0.5** ***(te sterk) verdund*** ⇒*waterig, slap* **0.6** ***slap*** ⇒*waterig, zwak, verwaterd, flauw, zonder pit* **0.7** ***verbleekt*** ⟨kleur⟩ ⇒*bleek* **0.8** ***regenachtig*** ⇒*regen-* ◆ **1.3** ~ vegetables *waterachtige groenten* **1.4** ~ eye *waterig oog, traanoog* **1.¶** ~ grave *zeemansgraf;* ~ waste *troosteloze watervlakte.*

Wat·son ['wɒtsn‖'wɑtsn]⟨eig.n., telb.zn.⟩ **0.1** ***Watson*** ⇒*sufferd* ⟨metgezel v. genie⟩.

wat·son·ia [wɒt'souniə‖'wɑt-]⟨telb.zn.⟩⟨plantk.⟩ **0.1** ***watsonia*** ⟨irisachtige; genus Watsonia⟩.

watt [wɒt‖wɑt]⟨f2⟩⟨telb.zn.⟩ **0.1** ***watt.***

wat·tage ['wɒtɪdʒ‖'wɑṭɪdʒ]⟨n.-telb.zn.⟩ **0.1** ***wattverbruik*** ⇒*wattage.*

Wat·teau back ['wɒtoʊ 'bæk‖'wɑṭoʊ-]⟨telb.zn.⟩ **0.1** ***geplooide rug à la Watteau*** ⟨v. japon⟩.

'Watteau 'bodice ⟨telb.zn.⟩ **0.1** ***lijfje à la Watteau*** ⟨met vierkante halsuitsnijding en pofmouwen⟩.

'Watteau 'hat ⟨telb.zn.⟩ **0.1** ***hoed à la Watteau*** ⟨met brede rand en bloemen⟩.

'watt-hour ⟨telb.zn.⟩ **0.1** ***wattuur.***

wat·tle[1] ['wɒtl‖'wɑṭl]⟨f1⟩⟨zn.⟩
I ⟨telb.zn.⟩ **0.1** ***lel*** ⇒*halskwab* ⟨vnl. v. vogels⟩ **0.2** ***baard*** ⟨v. vis⟩ **0.3** ⟨gew.⟩ ***(tenen) hindernis*** ⇒*horde, hek;*
II ⟨telb. en n.-telb.zn.⟩⟨plantk.⟩ **0.1** ***(Australische) acacia*** ⟨genus Acacia⟩;
III ⟨n.-telb.zn.⟩ **0.1** ***hordenwerk*** ⇒*gevlochten rijswerk* **0.2** ***twijgen*** ⇒*tenen* ⟨voor hordenwerk⟩ **0.3** ***acaciaschors*** ⟨looimiddel⟩ ◆ **1.1** ~ and da(u)b *met leem opgevuld vlechtwerk;*
IV ⟨mv.; ~s⟩ **0.1** ***twijgen*** ⇒*tenen* ⟨voor hordenwerk⟩.

wattle[2] ⟨ov.ww.⟩ **0.1** ***vlechten*** ⇒*dooreenstrengelen* **0.2** ***v. tenen/twijgen maken*** **0.3** ***met (tenen) vlechtwerk bedekken.***

'wat·tle-and-da(u)b ⟨bn., attr.⟩ **0.1** ***van tenen en leem*** ◆ **1.1** a ~ hut *een hut v. tenen en leem.*

wat·tled ['wɒtld‖'wɑṭld]⟨bn.⟩ **0.1** ***met een lel/halskwab*** ⟨vnl. v. vogels⟩ **0.2** ***met een baard*** ⟨v. vis⟩.

'wat·tle·work ⟨n.-telb.zn.⟩ **0.1** ***hordenwerk.***

'watt·me·ter ⟨telb.zn.⟩ **0.1** ***wattmeter.***

waul, wawl [wɔ:l]⟨onov.ww.⟩ **0.1** ***krollen*** ⇒*janken* ⟨v. kat⟩.

wave[1] [weɪv]⟨f3⟩⟨telb.zn.⟩ **0.1** ***golf*** ⟨ook fig.⟩ ⇒*baar, roller, waterberg, gulp, vloed;* ⟨fig.⟩ *opwelling* **0.2** ***(haar)golf*** ⇒*golving* **0.3** ***wuivend gebaar*** ⇒*gewuif* **0.4** ***golf(beweging)*** ⇒*verkeersgolf; aanvalsgolf* **0.5** ***golflijn*** ⇒*vlam* ⟨v. stof⟩ **0.6** ⟨tech.⟩ ***golf(lengte)*** **0.7** ⟨W-⟩⟨AE⟩ ***vrouwelijke vrijwilliger*** ⟨→WAVES⟩ ◆ **1.1** ~ of violence *golf/stroom v. geweld* **3.1** ⟨nat.⟩ travelling ~ *lopende golf* **3.¶** ⟨AE⟩ make ~s *moeilijkheden veroorzaken, problemen geven* **6.5** attack **in** ~s *in golven aanvallen* **7.¶** ⟨schr.⟩ the ~(s) *de zee/golven/baren.*

wave[2] ⟨f3⟩⟨ww.⟩
I ⟨onov.ww.⟩ **0.1** ***golven*** ⇒*wuiven, fluctueren* **0.2** ***wapperen*** ⟨v. vlag⟩;
II ⟨onov. en ov.ww.⟩ **0.1** ***wuiven*** ⇒*toewuiven, zwaaien* **0.2** ***krullen*** ⇒*onduleren, golven* ◆ **1.1** ~ s.o. goodbye *iem. uitwuiven;* ~ one's hand to s.o. *naar iem. zwaaien* **1.2** she ~d her hair *zij krulde haar haar* **5.1** ⟨fig.⟩ ~ sth. **aside** *iets v. tafel vegen;* ~ s.o. **away/off** *iem. gebaren weg te gaan;* ~ **down** a car *een auto gebaren te stoppen;* ~ s.o. **on** *iem. gebaren verder te gaan* **6.1** ~ **at** s.o. *naar iem. zwaaien;* ~ **to** s.o. *naar iem. wuiven/gebaren;*
III ⟨ov.ww.⟩ **0.1** ***doen golven*** **0.2** ***doen wapperen*** **0.3** ***wateren*** ⇒*moireren* ⟨zijde⟩.

'wave·band ⟨f1⟩⟨telb.zn.⟩⟨elek.⟩ **0.1** ***(golf)band.***

'wave equation ⟨telb.zn.⟩⟨nat., wisk.⟩ **0.1** ***golfvergelijking.***

'wave·form ⟨telb.zn.⟩ **0.1** ***golfvorm.***

'wave front ⟨telb.zn.⟩⟨nat.⟩ **0.1** ***golffront.***

'wave function ⟨telb.zn.⟩⟨nat.⟩ **0.1** ***golffunctie*** ⟨ψ⟩.

'wave-guide ⟨telb.zn.⟩⟨tech.⟩ **0.1** ***golfgeleider.***

'wave·length ⟨f2⟩⟨telb.zn.⟩⟨tech.⟩ **0.1** ***golflengte*** ⟨λ; ook fig.⟩ ◆ **6.1** be **on** the same ~ *op dezelfde golflengte zitten* ⟨vnl. fig.⟩.

wave·less ['weɪvləs]⟨bn.; -ly⟩ **0.1** ***rimpelloos*** ⇒*zonder golven, kalm, glad.*

wave·let ['weɪvlɪt]⟨telb.zn.⟩ **0.1** ***golfje*** ⇒*rimpel.*

'wave lift ⟨telb.zn.⟩⟨zweefvliegen⟩ **0.1** ***golfstijgwind.***

'wave mechanics ⟨mv.; ww. ook enk.⟩⟨nat.⟩ **0.1** ***golfmechanica.***

'wave number ⟨telb.zn.⟩⟨nat.⟩ **0.1** ***golfnummer.***

'wave power ⟨n.-telb.zn.⟩ **0.1** ***golfenergie.***

wa·ver[1] ['weɪvə‖-ər]⟨zn.⟩
I ⟨telb.zn.⟩ **0.1** ***wuiver*** **0.2** ***onduleerder*** **0.3** ***haarkruller*** **0.4** ⟨AE; sl.⟩ ***overdreven patriot*** **0.5** ⟨AE; sl.⟩ ***overdreven patriottisch boek/lied/toneelstuk;***
II ⟨telb. en n.-telb.zn.⟩ **0.1** ***wankeling*** **0.2** ***aarzeling*** ⇒*weifeling* **0.3** ***flikkering.***

waver[2] ⟨f2⟩⟨onov.ww.⟩ →wavering **0.1** ***wankelen*** ⇒*waggelen* **0.2** ***onzeker worden*** ⇒*zweven, beven* **0.3** ***weifelen*** ⇒*aarzelen, onvast worden* **0.4** ***wijken*** ⟨v. troepen⟩ **0.5** ***flikkeren*** ⟨v. licht⟩ ⇒*flakkeren* ⟨v. kaars⟩ **0.6** ***schommelen*** ⇒*variëren* ◆ **6.3** ~ **between** *aarzelen tussen.*

wa·ver·er ['weɪvrə‖-ər]⟨telb.zn.⟩ **0.1** ***weifelaar(ster).***

wa·ver·ing ['weɪvrɪŋ]⟨f1⟩⟨bn.; teg. deelw. v. waver; -ly⟩ **0.1** ***wankelend*** **0.2** ***weifelend.***

wa·ver·y ['weɪvri]⟨bn.⟩ **0.1** ***wankelend*** ⇒*onvast.*

WAVES [weɪvz]⟨afk.⟩ Women Accepted for Volunteer Emergency Service ⟨AE⟩.

'wave theory ⟨n.-telb.zn.⟩ **0.1** ***golftheorie*** ⟨ook taalk.⟩.

'wave train ⟨telb.zn.⟩⟨nat.⟩ **0.1** ***golftrein.***

wa·vy[1], **wa·vey** ['weɪvi]⟨telb.zn.; 1e variant; →mv. 2⟩⟨dierk.⟩ **0.1** ***ross-sneeuwgans*** ⟨Anser/Chen rossii⟩.

wavy[2] ⟨f1⟩⟨bn.; -er; -ly; -ness; →bijw. 3⟩ **0.1** ***golvend*** ⇒*deinend* ◆ **1.¶** ⟨BE; inf.; gesch.⟩ Wavy Navy *vrijwillige marinereserves.*

wa·wa ['wɑ:wɑ:]⟨telb.zn.⟩⟨muz.⟩ **0.1** ***sourdineklank*** ⟨v. trompet⟩.

wawl →waul.

wax[1] [wæks]⟨f2⟩⟨zn.⟩
I ⟨telb.zn.⟩ **0.1** ⟨inf.⟩⟨ong.⟩ ***zwarte schijf*** ⇒*(grammofoon)plaat* **0.2** ⟨sl.⟩ ***woedeaanval*** ⇒*slecht humeur* ◆ **3.2** get into a ~ *woedend worden;* put s.o. in a ~ *iem. woedend maken* **6.2** be **in** a ~ *woedend zijn;*
II ⟨n.-telb.zn.⟩ **0.1** ***(bijen)was*** **0.2** ***(boen)was*** ⇒*boenmiddel* **0.3** ***lak*** **0.4** ***oorsmeer*** ◆ **1.1** ⟨fig.⟩ be ~ in s.o.'s hands *als was in iemands handen zijn* **3.1** lost ~ *cire perdue;* mould s.o. like ~ *iem. vormen/kneden als was* **3.¶** ⟨inf.⟩ put on ~ *op de plaat zetten.*

wax[2] ⟨f1⟩⟨ww.⟩ →waxing
I ⟨onov.ww.⟩ **0.1** ***wassen*** ⇒*opkomen* ⟨v. water⟩ **0.2** ⟨schr.⟩ ***wassen*** ⇒*groeien, toenemen* ⟨vnl. v. maan⟩ **0.3** ⟨vero.⟩ ***worden*** ◆ **2.3** ~ angry/merry *kwaad/blij worden* **3.1** ⟨fig.⟩ ~ and wane *toenemen en afnemen;*
II ⟨ov.ww.⟩ **0.1** ***in de was zetten*** ⇒*met was behandelen, wrijven, boenen, wassen* **0.2** ***ontharen/epileren met was*** **0.3** ***opnemen*** ⟨voor grammofoonplaat⟩ **0.4** ⟨AE; sl.⟩ ***overtreffen*** **0.5** ⟨AE; sl.⟩ ***overwinnen*** ⇒*verpletterend verslaan, afmaken* ◆ **1.1** ~ one's moustache *zijn snor opstrijken met was;* ~ed end *wasdraad;* ~ed paper *waspapier.*

waxbean →waxpod bean.

wax·ber·ry ['wæksbri‖-beri]⟨telb.zn.; →mv. 2⟩⟨plantk.⟩ **0.1** ***vrucht v. wasboom*** **0.2** →wax myrtle.

'wax·bill ⟨telb.zn.⟩⟨dierk.⟩ **0.1** ***prachtvink*** ⟨genus Estrilda⟩.

waxbird →waxwing.

'wax 'candle ⟨telb.zn.⟩ **0.1** ***waskaars.***

'wax-chan·dler ⟨telb.zn.⟩ **0.1** ***kaarsenmaker*** **0.2** ***kaarsenverkoper.***

'wax cloth ⟨n.-telb.zn.⟩ **0.1** ***wasdoek*** ⇒*waslinnen.*

'wax 'doll ⟨telb.zn.⟩ **0.1** ***wassen pop*** ⇒*waspop.*

wax·en ['wæksn]⟨bn.⟩ **0.1** ***glad als was*** **0.2** ***week als was*** **0.3** ⟨vero.⟩ ***v. was*** ⇒*wassen.*

'wax 'end ⟨telb.zn.⟩ **0.1** ***wasdraad*** **0.2** ***pikdraad*** ⟨v. schoenmaker⟩.

'wax·flow·er ⟨telb.zn.⟩ **0.1** ***wasbloem*** ⇒*kunstbloem* **0.2** ⟨plantk.⟩ ***bruidsbloem*** ⇒*stephanotis* ⟨Stephanotis floribunda⟩.

wax·ing ['wæksɪŋ]⟨n.-telb.zn.; gerund v. wax⟩ **0.1** ***epilatie/ontharing met was.***

'wax insect ⟨telb.zn.⟩⟨dierk.⟩ **0.1** ***(was)schildluis*** ⟨Ericerus pela⟩.

'wax light ⟨telb.zn.⟩ **0.1** ***waslicht*** ⇒*waskaars.*

'wax myrtle, 'waxberry, 'wax tree ⟨telb.zn.⟩⟨plantk.⟩ **0.1** ***wasboom*** ⇒*wasgagel* ⟨Myrica cerifera⟩.

'wax painting ⟨n.-telb.zn.⟩ **0.1** ***wasschilderkunst.***

'wax palm ⟨telb.zn.⟩⟨plantk.⟩ **0.1** ***waspalm*** ⟨Ceroxylon andicola⟩ **0.2** ***carnaubapalm*** ⇒*waspalm* ⟨Copernica cerifera⟩.

'wax paper ⟨n.-telb.zn.⟩ **0.1** ***waspapier*** ⇒*vetvrij papier.*

'wax pocket ⟨telb.zn.⟩ **0.1** ***waskliertje*** ⟨v. bij⟩.

'waxpod, 'waxpod bean, 'wax bean ⟨telb.zn.⟩⟨plantk.⟩ **0.1** ***wasboon*** ⇒*gele boon* ⟨Phaseolus vulgaris⟩.

'wax tablet ⟨telb.zn.⟩ **0.1** ***wastafeltje.***

'wax tree ⟨telb.zn.⟩⟨plantk.⟩ **0.1** ***rhus*** ⇒*sumale* ⟨Rhus succedanea⟩ **0.2** →wax myrtle.

'wax vesta ⟨telb.zn.⟩ **0.1** ***waslucifer.***

'wax·wing, 'wax·bird ⟨telb.zn.⟩⟨dierk.⟩ **0.1** ***pestvogel*** ⟨Bombycilla garrulus⟩.

'wax·work ⟨zn.⟩
I ⟨telb.zn.⟩ **0.1** ***wassen beeld*** ⇒*wasmodel;*
II ⟨n.-telb.zn.⟩ **0.1** ***wassen beelden*** **0.2** ***wasboetseerkunst;***
III ⟨mv.; ~s⟩ **0.1** ***wassenbeeldententoonstelling/museum.***

'wax worker ⟨telb.zn.⟩ **0.1** ***wasboetseerder.***

wax·y ['wæksi]⟨bn.; -er; -ly; -ness; →bijw. 3⟩ **0.1** ***wasachtig*** **0.2** ***wasbleek*** **0.3** ***glazig*** ⟨v. aardappelen⟩ **0.4** ⟨sl.⟩ ***woedend*** ⇒*opvliegend.*

way[1] [weɪ]⟨f4⟩⟨zn.⟩⟨→sprw. 56, 415, 424, 568, 610, 633, 648, 649,

718,747⟩
I ⟨telb.zn.⟩ **0.1** ***weg*** ⟨ook in straatnamen; ook fig.⟩ ⇒*baan, pad, lijn, (normale) loop/gang* **0.2** ***route*** ⇒*weg* **0.3** ***manier*** ⟨v. doen enz.⟩ ⇒*wijze; vaste manier;* ⟨vaak mv.⟩ *gewoonte, gebruik;* ⟨pej.⟩ *hebbelijkheid* **0.4** ***richting*** ⇒*kant, zijde* **0.5** ***opzicht*** ⇒*aspect, punt* **0.6** ⟨alleen enk.⟩ ***afstand*** ⇒*eind, stuk* **0.7** ⟨alleen enk.⟩ ***toestand*** ⇒*gesteldheid, staat* ◆ **1.1** it's all in the ~ of business *dat hoort nu eenmaal bij zaken* **1.3** ~ of life *levenswijze;* ~ of thinking *denktrant, denkwijze;* to her ~ of thinking *naar haar mening, volgens haar* **1.4** ⟨inf.⟩ somewhere Reading ~ *ergens in de buurt v. Reading* **1.¶** ⟨AE; inf.⟩ that's the ~ the cookie crumbles *zo gaat het nu eenmaal;* the Way of the Cross *de kruisweg;* go the ~ of all the earth *de weg v. al het aardse gaan* ⟨Jozua 23:14⟩; *sterven;* go the ~ of all flesh *de weg v. alle vlees gaan, sterven;* ~s and means *financiën, geldmiddelen;* have ~s and means of getting sth. *de juiste wegen weten om iets (gedaan) te krijgen;* go the ~ of nature *sterven;* ⟨inf.⟩ he cannot punch his ~ out of a paper bag *hij is een slapjanus;* ⟨sl.⟩ forty ~s for/from/to Sunday *alle kanten op;* that's the ~ of the world *zo gaat het nu eenmaal (in de wereld)* **2.1** Appian Way *Via Appia* **2.3** in a big ~ *op grote schaal; grandioos; met enthousiasme;* fall into evil/bad ~s *slechte gewoonten krijgen;* the good old ~s *de goede oude gewoontes, de goede oude tijd;* go the right ~ about sth. *iets op de juiste wijze aanpakken;* go the wrong ~ about sth. *iets verkeerd aanpakken* **2.6** a long ~ away/off *een heel eind weg, ver weg;* your birthday is still a long ~ off *je bent nog lang niet jarig* **2.7** be in the same ~ *er net zo aan toe zijn* **3.2** ask the ~ *de weg vragen;* go s.o.'s ~ *met iem. oplopen;* ⟨fig.⟩ things are going his ~ *het gaat hem goed, het zit hem mee;* lead the ~ *de weg wijzen, voorgaan, een voorbeeld geven; leiden tot;* lose the/one's ~ *verdwalen, de weg kwijtraken;* pave the ~ (for sth./s.o.) *de weg banen/effenen, het mogelijk/gemakkelijk maken (voor iets/iem.)* ⟨ook fig.⟩; pay one's ~ *geen schulden maken, zonder verlies werken; zijn eigen kosten (kunnen) betalen;* pay one's ~ through college *zelf zijn universiteitsstudie (kunnen) betalen;* snake one's ~ (through) *zich kronkelend een weg banen (door);* wend one's ~ *gaan, lopen;* ⟨fig.⟩ work one's ~ *zich een weg banen, vooruitkomen;* work one's ~ through college *werkstudent zijn;* work one's ~ through a novel *zich door een roman heenwerken;* work one's ~ to Sweden *al werkend naar Zweden trekken* **3.3** do sth. a certain ~ *iets op een bepaalde manier doen;* the ~ to do sth. *de (beste) manier om iets te doen;* don't get into the ~ of spending too much money *maak er geen gewoonte v. om te veel geld uit te geven;* ⟨fig.⟩ find a ~ *een manier vinden, er raad op weten;* have a ~ of doing sth. *de gewoonte hebben/er een handje v. hebben iets te doen;* mend one's ~s *zijn leven beteren;* play it one's (own) ~ *het op z'n eigen manier doen, z'n eigen zin doen;* set in one's ~s *met vast(geroest)e gewoontes* **3.4** come/fall (in) s.o.'s ~ *iem. ten deel vallen;* that manuscript came his ~ *het manuscript viel hem in handen/kwam onder zijn ogen;* such opportunities don't often come/happen/pass your ~ *zulke kansen krijg je niet vaak, zulke kansen doen zich niet vaak voor;* drop in when you are our ~ *wip binnen als je in de/onze buurt bent;* look the other ~ *de andere kant opkijken, een oogje dichtdoen* ⟨ook fig.⟩; send s.o.'s ~ *in iemands richting sturen;* step this ~, please *komt u verder; hierheen, graag;* I don't know which ~ to turn *ik weet niet welke kant ik op moet, ik weet me geen raad* **3.6** go a long ~ to meet s.o. *iem. een heel eind tegemoet komen* ⟨ook fig.⟩; go a long ~ with s.o. *ver met iem. meegaan;* ⟨fig.⟩ *het in grote trekken met iem. eens zijn* **3.¶** ⟨sl.⟩ be that ~ about each other *verliefd op elkaar zijn;* eat one's ~ through *(helemaal) met moeite opeten;* cut both ~s *goede en slechte gevolgen hebben* ⟨v. daad⟩; *beide partijen steunen;* feel one's ~ *op de tast/het gevoel gaan;* ⟨fig.⟩ *aftasten, voorzichtig proberen, voorzichtig te werk gaan;* find its/one's/the ~ *aankomen* ⟨ter bestemming⟩; *bereiken, zijn bestemming vinden;* find one's ~ to *zijn weg vinden naar;* get one's (own) ~, have (it) one's (own) ~ *zijn zin krijgen, doen wat men wil;* let him have his own ~ *geef hem zijn zin, laat hem zijn zin doordrijven, laat hem zijn eigen gang gaan;* go one's ~/⟨gew.⟩ ~s *weggaan, zijns weegs gaan, opstappen;* ⟨fig.⟩ go one's own ~ *zijn eigen weg gaan;* go out of one's/the ~ *zijn (uiterste) best doen, moeite doen, zich uitsloven;* she's going out of her ~ to help/insult me *ze doet erg/flink haar best om me te helpen/beledigen;* have a ~ with one *met mensen om kunnen gaan, mensen voor zich in weten te nemen;* have a ~ with elderly people *met ouderen om weten te gaan;* have it both ~s *het een èn het ander zeggen/doen, v. beide kanten profiteren;* you can't have it both ~s *òf het een òf het ander;* have one's ~ with a woman *zijn zin krijgen bij een vrouw* ⟨met als resultaat: het bed⟩; put o.s. out of the ~ *zichzelf wegcijferen, zich moeite getroosten;* see one's ~ (clear) to doing sth. *wel een kans/mogelijkheid zien/zijn kans schoon zien om iets te doen;* I don't see my ~ to getting you that job *ik zie niet hoe ik jou dat baantje zou kunnen bezorgen;* ⟨sl.⟩ swing both ~s *biseksueel zijn;* take its/one's ~ (to/towards) *vertrekken/op weg gaan (naar);* take one's own ~ *zijn eigen weg gaan, zijn eigen zin doen;* wind one's ~ into s.o.'s affections *bij iem. in de gunst proberen te komen* **4.3** one ~ and another *alles bij elkaar (genomen), het een met het ander;* one ~ or another/the other *op de een of andere manier;* he does not care one ~ or another *het laat hem koud* **5.2** ~ **in** *ingang;* ~ home *thuisreis, weg naar huis;* ~ **out** *uitgang;* ⟨fig.⟩ *uitweg* **5.4** the other ~ **around/about** *andersom, omgekeerd* **5.¶** a ~ **around** *een omweg;* ⟨BE⟩ once **in** a ~ *hoogst zelden, zo af en toe* **6.1 across** the ~ *aan de overkant (v.d. weg);* ⟨fig.⟩ it is not **in** my ~ *het ligt niet op mijn weg;* **over** the ~ *aan de overkant (v.d. weg)* **6.2 by** the ~ *onderweg;* (go) **on** one's/the ~ (to) *op weg (gaan naar);* spring is **on** its ~ *de lente is in aantocht;* ⟨inf.⟩ our child is **on** the ~ *ons kind is op komst* ⟨ongeboren kind⟩; better weather is **on** the ~ *er is beter weer op komst;* we're **on** our/the ~ *we komen eraan, we zijn onderweg;* (be) **on** your ~! *wegwezen!;* **on** the ~ out *op weg naar buiten;* ⟨inf.; fig.⟩ *uit (de mode) rakend, minder in zwang; (uit)stervend;* **out of** the ~ *ver weg, afgelegen;* **out of** one's ~ *v.d. weg af(geraakt), niet op de route;* it won't take you far **out of** your ~ *je hoeft er niet ver voor om (te rijden)* **6.3 in** its ~ *in zijn soort;* **in** this ~ *op deze manier, zo* **6.5 in** a ~ *in zekere zin, tot op zekere hoogte;* **in** no ~ *helemaal niet* **6.6** a long ~ **off** perfection *verre v. volmaakt* **6.7** ⟨BE; inf.⟩ **in** a (great) ~ *opgewonden* **6.¶ by** the ~ *terloops, tussen haakjes, trouwens, overigens, à propos;* **out of** the ~ *bijzonder, speciaal, ongewoon; extreem; illegaal, immoreel, verkeerd; kwijt, verloren;* they had done nothing **out of** the ~ *zij hadden niets bijzonders/extreems/verkeerds gedaan* **7.1** that's the ~ *zo gaat het nu eenmaal* **7.3** the ~ I see it *zoals ik het zie;* the ~ John does it *zoals John het doet;* it's disgusting the ~ you eat this *het is afgrijselijk zoals je dit opeet;* it's not her ~ to lie *het is niet haar gewoonte om te liegen, zij liegt nooit;* it's only his ~ *zo is hij nu eenmaal;* ⟨inf.⟩ there are/is no two ~s about it *er is geen twijfel (over) mogelijk* **7.5** better every ~ *in alle opzichten beter;* no ~ better *geenszins/in geen enkel opzicht beter;* in more ~s than one *in meerdere opzichten* **7.6** all the ~ *de gehele weg, het hele stuk; helemaal, tot het (bittere) einde;* go all the ~ *het echt doen, met iem. neuken* **7.¶** any ~ *in ieder geval, hoe dan ook, toch;* both ~s *supertrio-* ⟨v. weddenschap op paard⟩; ⟨BE⟩ each ~ *supertrio-* ⟨v. weddenschap⟩; either ~ *hoe dan ook;* ⟨AE; inf.⟩ every which ~ *overal, in alle hoeken en gaten; verward, door elkaar;* ⟨AE; inf.⟩ no ~! *geen sprake van!;*
II ⟨n.-telb.zn.⟩ **0.1** ***(voort)gang*** ⇒*vooruitgang, snelheid, vaart* **0.2** ***ruimte*** ⟨ook fig.⟩ ⇒*ruim baan, plaats, gelegenheid* **0.3** ***(werk)gebied*** ⇒*branche, lijn,* ⟨in samenstelling vaak⟩ *-handel* **0.4** ⟨W-; the⟩ ***(juiste/enige) weg*** ⟨v.h. christelijk geloof⟩ ◆ **3.1** ⟨vnl. scheep.⟩ be under ~, have ~ on *onderweg zijn, onder stoom/zeil zijn, varen;* gather ~ *vaart krijgen* ⟨v. schip⟩; ⟨vnl. scheep.⟩ get under ~ *onder zeil gaan, vertrekken, afvaren, op gang komen;* ⟨scheep.⟩ lose ~ *vaart minderen, snelheid minderen* **3.2** clear the ~ *de weg banen/vrijmaken* ⟨ook fig.⟩; *ruim baan maken;* force one's ~ (through/to) *zich een weg banen (door/naar);* give ~ *toegeven, meegeven* ⟨ook fig.⟩; *wijken, voorrang geven/verlenen; doorzakken, bezwijken; bakzeil halen; opgeven;* give ~ to *toegeven aan, bezwijken voor, wijken voor;* make ~ for *plaats/ruimte maken voor;* put s.o. in the ~ of (doing) sth. *iem. op weg helpen (met iets), iem. in de gelegenheid stellen (iets te doen), het iem. mogelijk maken (iets te doen);* put s.o. in the ~ of a house *iem. aan een huis helpen;* put sth. (in) s.o.'s ~ *iem. helpen iets te bemachtigen, iem. aan iets helpen;* stand in the ~ *in de weg staan; tegenhouden* **3.3** be/come/fall/lie in one's ~ *in zijn lijn liggen, iets/interessant voor iem. zijn* **3.¶** give ~ *hard(er) roeien, uithalen;* make ~ *vooruitgang boeken, opschieten, vooruitkomen* ⟨ook fig.⟩; make one's (own) ~ (in life/the world) *zijn weg (door het leven) vinden, in de wereld vooruitkomen/succes hebben;* make one's ~ somewhere *ergens heen gaan;* ⟨fig.⟩ make/pay its ~ *zichzelf betalen/bedruipen/terug betalen* **6.1 under** ~ *in beweging, aan de gang;* ⟨scheep.⟩ *varend, onderweg;* negotiations are well **under** ~ *onderhandelingen zijn in volle gang* **6.2 in** one's ~ *in de weg;* get **in** the ~ (of sth./s.o.) *(iets/iem.) in de weg zitten;* **out of** the/one's ~ *uit de weg* ⟨ook fig.⟩; get sth. **out of** the ~ *iets uit de weg ruimen, iets afhandelen;* put s.o. **out of** the ~ *iem. uit de weg ruimen* **6.3** that's **out of** my ~ *dat is niets voor mij; dat is mijn vak niet;* oil is **out of** his ~ *hij zit niet in de oliehandel* **6.¶ by** ~ **of** *via; door middel v.; bij wijze v.; als; gewoonlijk;* she's **by** ~ **of** being very helpful *zij is altijd zeer hulpvaardig;* he's **by** ~ **of** being a musician *hij is in zekere zin een muzikant;* **by** ~ **of** Brighton *via Brighton;* **by** ~ **of** business *voor zaken;* **by** ~ **of** a change *voor de verandering;* **by** ~ **of** finding sth. *teneinde/om iets te vinden;* she's not **by** ~ **of** getting up early *zij staat gewoonlijk niet vroeg op;* **by**

~ **of** a joke *voor de grap, als grap;* use a piece of glass **by** ~ **of** knife *een stuk glas als mes gebruiken;* he's **by** ~ **of** reading a lot *hij geeft voor/pretendeert veel te lezen;* go somewhere **in** the ~ **of** business *ergens voor zaken heengaan;*

III ⟨mv.; ~s⟩ **0.1** ⟨scheep.⟩ ***stapel*** ⇒*helling* **0.2** ⟨AE; inf.⟩ ***afstand*** ⇒*eind* **0.3** ⟨AE⟩ ***gedeelten*** ⇒*stukken* **0.4** ⟨tech.⟩ ***geleidingen*** ⟨waarover iets beweegt⟩ ◆ **7.3** divide sth. four ~s *iets in vieren delen.*

way[2] ⟨f3⟩ ⟨bw.⟩ **0.1** ***ver*** ⇒*lang, een stuk/eind* **0.2** ⟨AE⟩ →away ◆ **5.1** ~ back *ver terug, (al) lang geleden;* ⟨AE⟩ s.o. from ~ **back** *iem. uit een afgelegen gebied;* ~ over yonder *daarginds helemaal.*

-way, -ways [weɪz] **0.1** ⟨vormt bijv. nw. en bijw. die richting/manier aangeven⟩ ◆ **¶.1** halfway *halverwege;* sideways *zijwaarts, zijdelings.*

'way-a'head ⟨bn.⟩ ⟨inf.⟩ **0.1** ***zijn tijd vooruit*** ⇒*blits, uiterst modern, te gek* ◆ **1.1** ~ art *avantgarde kunst.*

'way-'back ⟨bn.⟩ ⟨AE⟩ **0.1** ***afgelegen*** ⇒*uit het binnen/achterland.*

'way bent ⟨n.-telb.zn.⟩ ⟨plantk.⟩ **0.1** ***muizengerst*** ⇒*kruipertje* ⟨Hordeum murinum⟩.

'way·bill ⟨telb.zn.⟩ **0.1** ***vervoerbiljet*** ⇒*vrachtbrief* **0.2** ***passagierslijst.***

'way·bread ⟨n.-telb.zn.⟩ ⟨plantk.⟩ **0.1** ***grote weegbree*** ⟨Plantago major⟩.

'way·far·er ⟨telb.zn.⟩ ⟨schr.⟩ **0.1** ***trekker*** ⇒*(voet)reiziger.*

'way·far·ing ⟨bn.⟩ **0.1** ***trekkend*** ⇒*reizend* ◆ **1.¶** ⟨plantk.⟩ ~ tree *wollige sneeuwbal* ⟨Viburnum lantana⟩.

'way freight ⟨n.-telb.zn.⟩ ⟨AE⟩ **0.1** ***stukgoed*** ⇒*goederen* ⟨op tussenstation geladen/gelost⟩.

way·lay ['weɪleɪ‖'weɪleɪ] ⟨f1⟩ ⟨ov.ww.⟩ **0.1** ***belagen*** ⟨ook fig.⟩ ⇒*opwachten* **0.2** ***onderscheppen*** ◆ **1.1** she waylaid her husband on his way home from the pub *zij wachtte haar man op tijdens zijn tocht v.d. kroeg naar huis.*

'way·leave ⟨n.-telb.zn.⟩ ⟨jur.⟩ **0.1** ***recht v. overpad*** ⟨vnl. aan elektriciteitsbedrijf, mijnindustrie⟩.

way·less ['weɪləs] ⟨bn.⟩ **0.1** ***ongebaand*** ⇒*onbegaanbaar.*

'way·mark ⟨telb.zn.⟩ **0.1** ***wegwijzer*** ⇒*wegaanduiding.*

'way-'off ⟨bn.⟩ ⟨AE; gew.⟩ **0.1** ***afgelegen*** ⇒*ver.*

'way-'out ⟨bn.⟩ ⟨inf.⟩ **0.1** ***te gek*** ⇒*geavanceerd, excentriek* ◆ **7.1** a ~ *een te gekke vogel, een excentriekeling.*

'way passenger ⟨telb.zn.⟩ ⟨AE⟩ **0.1** ***treinreiziger die op tussenstation in/uitstapt.***

'way shaft ⟨telb.zn.⟩ ⟨tech.⟩ **0.1** ***tuimelas.***

'way·side ⟨f1⟩ ⟨n.-telb.zn.; the; ook attr.⟩ **0.1** ***kant v.d. weg*** ⇒*berm* ◆ **3.1** ⟨fig.⟩ fall by the ~ *afvallen, uitvallen;* ⟨fig.⟩ go by the ~ *terzijde/aan de kant geschoven worden* **6.1 by** the ~ *aan de kant v.d. weg, langs de weg.*

'wayside 'flower ⟨telb.zn.⟩ **0.1** ***bermbloem.***

'wayside 'inn, 'wayside 'restaurant ⟨telb.zn.⟩ **0.1** ⟨ong.⟩ ***wegrestaurant*** **0.2** ⟨ong.⟩ ***chauffeurscafé.***

'way station ⟨telb.zn.⟩ ⟨AE⟩ **0.1** ***tussenstation*** ⇒*spoorweghalte, stationnetje.*

'way train ⟨telb.zn.⟩ ⟨AE⟩ **0.1** ***stoptrein*** ⇒*boemeltrein.*

way·ward ['weɪwəd‖-wərd] ⟨f1⟩ ⟨bn.; -ly; -ness⟩ **0.1** ***eigenzinnig*** ⇒*nukkig, met een eigen wil, koppig* **0.2** ***grillig*** ⇒*onvoorspelbaar, onberekenbaar* ◆ **1.1** ~ child *onhandelbaar kind;* your daughter is ~ *je dochter heeft wel een willetje.*

'way·worn ⟨bn.⟩ **0.1** ***moe v.d. reis*** ⇒*moe v.h. reizen, verreisd.*

wayz·goose ['weɪzgu:s] ⟨telb.zn.⟩ **0.1** ⟨ong.⟩ ***kopperfeest*** ⇒*koppertjesmaandag.*

wa·za-a·ri [wɑ:'zɑ:ri:] ⟨telb.zn.⟩ ⟨vechtsport, i.h.b. judo⟩ **0.1** ***waza-ari*** ⟨een bijna-ippon; 7 punten⟩.

wb, WB ⟨afk.⟩ Water Board, waybill.

Wb ⟨afk.⟩ weber(s).

WbN ⟨afk.⟩ west by north.

WbS ⟨afk.⟩ west by south.

WC ⟨afk.⟩ **0.1** ⟨water closet⟩ ***W.C.*** **0.2** ⟨West Central⟩.

WCC ⟨afk.⟩ World Council of Churches.

W/Cdr ⟨afk.⟩ Wing Commander.

WD ⟨afk.⟩ War Department, Works Department ⟨BE⟩.

we [wi ⟨sterk⟩ wi:] ⟨f4⟩ ⟨p.vnw.; →naamval⟩ →us, ourselves, ourself **0.1** ***wij*** **0.2** ⟨verwijst naar 1e pers. enk.⟩ ⟨schr.⟩ ***wij*** **0.3** ⟨emfatisch gebruikt als acc.⟩ ⟨gew., vnl. BE⟩ ***ons*** ⇒*wij* ◆ **3.1** ~ voted for him *we hebben voor hem gestemd* **3.2** ~ have chosen ourself a royal bride *wij hebben ons een koninklijke bruid uitgezocht;* ~ do not wish to disregard the reader *wij willen de lezer niet voor het hoofd stoten* **3.3** he hated even ~, who had been his friends *hij haatte zelfs ons, die zijn vrienden waren geweest* **4.1** it is ~ who are responsible *wij zijn verantwoordelijk* **6.3** the likes **of** ~ *mensen zoals wij* **8.1** none but ~ can know *behalve wij, kan niemand het weten;* they worked harder than ~ *zij werkten harder dan wij* **¶.1** ~, cruel? *wij, wreed?.*

WEA ⟨afk.⟩ Workers' Educational Association ⟨BE⟩.

weak [wi:k] ⟨f3⟩ ⟨bn.; -er; -ly⟩ (→sprw. 625, 634, 721) **0.1** ***zwak*** ⟨ook fig.⟩ ⇒*slap, week* ⟨gestel⟩, *broos* **0.2** ***flauw*** ⇒*zwak, matig* ⟨aanbod, markt, beurs⟩ **0.3** ***niet overtuigend*** ⇒*zwak, aanvechtbaar, twijfelachtig* **0.4** ***waterig*** ⇒*aangelengd, dun, slap* **0.5** ***onderbezet*** ⟨v. bemanning⟩ ⇒*zwak, niet talrijk* **0.6** ***slordig*** ⟨v. stijl⟩ ⇒*zwak* **0.7** ⟨taalk.⟩ ***onbeklemtoond*** ⇒*zwak* **0.8** ⟨taalk.⟩ ***zwak*** ⟨v. ww.⟩ ◆ **1.1** ~ constitution *zwak gestel;* ~ eyes *slechte ogen;* ⟨nat.⟩ ~ force *zwakke wisselwerking;* ~ hand *slechte kaarten;* have a ~ head *zwakzinnig zijn;* ~ heart *zwak hart;* ⟨nat.⟩ ~ interaction *zwakke wisselwerking;* go ~ at the knees *slappe knieën krijgen* ⟨mbt. verliefdheid⟩; *op zijn benen staan te trillen* ⟨v. angst⟩; have a ~ mind *zwakzinnig zijn;* in a ~ moment *in een zwak ogenblik;* ~ mother *zwakke/te toegevende moeder;* ~ nerves *zwakke zenuwen;* ~ resistance *flauwe tegenstand;* ~ sight *zwak gezicht;* ~ stomach *zwakke maag;* ~ voice *zwakke stem* **1.2** a ~ demand (for) *weinig vraag (naar)* **1.3** ~ argument *zwak argument* **1.7** ~ ending *zwakke uitgang;* ~ grade *onbeklemtoonde ablaut-vorm* **1.8** ~ verb *zwak/regelmatig werkwoord* **1.¶** ~er brethren *zwakke broeders;* have ~ knees *besluiteloos/zonder ruggegraat zijn, bangelijk zijn;* ~ sister *stoethaspel;* have a ~ spot for *een speciaal plekje in zijn hart hebben voor;* ~ vessel *onbetrouwbaar persoon;* ~er vessel *zwak vat, vrouw* ⟨1 Pet. 3:7⟩; the ~est goes to the wall *de zwakste delft het onderspit;* as ~ as water/a kitten *zo slap als een vaatdoek* **6.1** ~ **at/in** physics *zwak/minder goed in natuurkunde.*

weak·en ['wi:kən] ⟨f2⟩ ⟨ww.⟩

I ⟨onov.ww.⟩ **0.1** ***toegeven*** ⇒*zwichten;*

II ⟨onov. en ov.ww.⟩ **0.1** ***verzwakken*** ⇒*verslappen, zwak(ker) worden/maken, verflauwen;*

III ⟨ov.ww.⟩ **0.1** ***verdunnen.***

'weak·er sex ⟨n.-telb.zn.; the⟩ **0.1** ***zwakke geslacht.***

'weak·fish ⟨telb.zn.; ook weakfish; →mv. 4⟩ ⟨AE⟩ **0.1** ***soort zeebaars*** ⟨genus Cynoscion⟩.

'weak 'form ⟨telb.zn.⟩ ⟨taalk.⟩ **0.1** ***zwakke vorm.***

'weak-'hand·ed ⟨bn.⟩ **0.1** ***met te weinig personeel*** ⇒*onderbezet.*

'weak'heart·ed ⟨bn.; -ly; -ness⟩ **0.1** ***flauwhartig*** ⇒*moedeloos.*

weak·ish ['wi:kɪʃ] ⟨bn.; -ly; -ness⟩ **0.1** ***vrij zwak*** ⇒*zwakkelijk, sukkelend.*

'weak-'kneed ⟨bn.; -ly; -ness⟩ **0.1** ***besluiteloos*** ⇒*zwak, slap, niet wilskrachtig* **0.2** ***bangelijk*** ⇒*timide, laf, verlegen* **0.3** ***met zwakke knieën.***

weak·ling ['wi:klɪŋ] ⟨f1⟩ ⟨telb.zn.⟩ **0.1** ***zwakkeling*** ⇒*slappeling.*

weak·ly ['wi:kli] ⟨f1⟩ ⟨bn.; -er; -ness; →bijw. 3⟩ **0.1** ***ziekelijk*** ⇒*zwak, slapjes, slap.*

'weak-'mind·ed, 'weak-'head·ed ⟨bn.; -ly; -ness⟩ **0.1** ***zwakzinnig*** ⇒*zwakbegaafd,* ⟨fig.⟩ *achterlijk, niet goed bij zijn/haar hoofd* **0.2** ***zwak*** ⟨v. wil/karakter⟩ ⇒*besluiteloos.*

weak·ness ['wi:knəs] ⟨f3⟩ ⟨zn.⟩

I ⟨telb.zn.⟩ **0.1** ***zwak punt*** ⇒*zwakke plaats* **0.2** ***zwakheid*** ⇒*zwakte, zonde, fout* **0.3** ***zwak*** ⇒*voorliefde, neiging* ◆ **2.2** drinking is my only ~ *drinken is mijn enige zonde/fout* **6.3** she has a ~ **for** blonde women *zij valt op blonde vrouwen;*

II ⟨n.-telb.zn.⟩ **0.1** ***zwakte*** ⇒*slapte, zwakheid.*

weal[1] [wi:l], ⟨in bet. I ook⟩ **wheal** [wi:l‖hwi:l] ⟨zn.⟩

I ⟨telb.zn.⟩ **0.1** ***striem*** ⇒*streep;*

II ⟨n.-telb.zn.⟩ ⟨vnl. schr.⟩ **0.1** ***wel(zijn)*** ⇒*voorspoed, geluk* ◆ **1.1** ~ and woe *wel en wee, voor- en tegenspoed* **2.1** for the general/public ~ *voor het algemeen welzijn.*

weal[2] ⟨ov.ww.⟩ **0.1** ***striemen*** ⇒*striemen slaan.*

weald [wi:ld] ⟨telb.zn.⟩ ⟨BE; schr.⟩ **0.1** ***beboste streek*** **0.2** ***open land.***

wealth [welθ] ⟨f2⟩ ⟨zn.⟩ (→sprw. 256)

I ⟨telb.zn.⟩ **0.1** ***overvloed*** ⇒*schat, grote hoeveelheid, rijkdom* ◆ **1.1** ~ of hair *dikke bos haar;* ~ of notes *een overvloed/massa noten;*

II ⟨telb. en n.-telb.zn.⟩ ⟨ec.⟩ **0.1** ***rijkdom*** ⟨totaal v. gebruiks- en kapitaalgoederen⟩;

III ⟨n.-telb.zn.⟩ **0.1** ***rijkdom(men)*** ⇒*bezit(tingen), vermogen.*

'wealth tax ⟨n.-telb.zn.⟩ **0.1** ***vermogensbelasting.***

wealth·y ['welθi] ⟨f3⟩ ⟨bn.; -er; -ly; -ness; →bijw. 3⟩ (→sprw. 132) **0.1** ***rijk*** ⇒*vermogend, kapitaalkrachtig.*

wean[1] [wi:n] ⟨telb.zn.⟩ ⟨Sch. E⟩ **0.1** ***kleine*** ⇒*kind.*

wean[2] ⟨f1⟩ ⟨ov.ww.⟩ **0.1** ***spenen*** ⟨kind, jong⟩ ◆ **6.¶** ~ s.o. (away) **from** sth. *iem. iets afnemen, iem. ergens van vervreemden/weghouden, iem. iets afleren/afwennen;* he tried to ~ her **from** coming home so late at night *hij probeerde haar te laten ophouden s'avonds zo laat thuis te komen.*

wean·er ['wi:nə‖-ər] ⟨telb.zn.⟩ **0.1** ***pas gespeend dier.***

wean·ling[1] ['wi:nlɪŋ] ⟨telb.zn.⟩ **0.1** ***pas gespeend kind/jong.***

weanling[2] ⟨bn.⟩ **0.1** ***pas gespeend.***

weap·on ['wepən] ⟨f3⟩ ⟨telb.zn.⟩ ⟨ook fig.⟩ **0.1** ***wapen*** ◆ **1.1** sarcasm was his favourite ~ *sarcasme was zijn favoriete wapen.*

weap·oned ['wepənd] ⟨bn.⟩ **0.1** ***gewapend.***

weap·on·less ['wepənləs]⟨bn.⟩ **0.1** ***ongewapend***.
weap·on·ry ['wepənri]⟨n.-telb.zn.⟩ **0.1** ***wapentuig*** ⇒*wapens, bewapening*.
wear[1] [weər‖wer]⟨f2⟩⟨n.-telb.zn.⟩ **0.1** ***dracht*** ⇒*het aanhebben, het dragen* ⟨kleding⟩ **0.2** ***het gedragen worden*** ⟨v. kleding⟩ ⇒*gebruik* **0.3** ***slijtage*** **0.4** ***sterkte*** ⇒*kwaliteit* **0.5** ⟨vnl. in samenst.⟩ ***(passende) kleding*** ⇒*(-)kleren, (-)tenue, (-)goed* ◆ **1.4** there's a great deal of ~ in it *het kan nog een tijdje mee* **1.¶** ~ and tear *slijtage;* ⟨ec.⟩ *afschrijving* **2.1** in general ~ *in de mode* **3.3** show (signs of) ~ *slijtageplekken vertonen* **6.1 in** ~ *regelmatig gedragen;* have sth. **in** ~ *iets regelmatig dragen*.
wear[2] ⟨f4⟩⟨ww.; wore [wɔ:‖wɔr], worn [wɔ:n‖wɔrn]⟩ →wearing ⟨→sprw. 87, 122, 319, 707⟩
I ⟨onov.ww.⟩ **0.1** ***goed blijven*** ⟨ook fig.⟩ ⇒*zich goed houden, lang duren* **0.2** ***voortkruipen*** ⟨v. tijd⟩ ⇒*voortduren* **0.3** ⟨scheep.⟩ ***halzen*** ⇒*overstag gaan* ◆ **1.¶** ~ through the day *de dag doorkomen* **5.1** ~ well *er nog goed uitzien* ⟨v. persoon⟩; *lang meegaan* ⟨v. kleding⟩ **5.2** ~ **on** *voortduren, omkruipen;* as the day wore **on** *naarmate de dag vorderde;* the meeting wore **on** *de vergadering ging maar door* **5.¶** →wear **away**; →wear **off**; →wear **out** **6.2** the week ~s **to** its end *de week loopt (langzaam) ten einde;*
II ⟨onov. en ov.ww.⟩ ⟨ook fig.⟩ **0.1** ***verslijten*** ⇒*(af)slijten, uitslijten* ◆ **1.1** worn book *stukgelezen boek;* worn clothes *afgedragen kleren;* you've worn holes in your elbows *je ellebogen zijn door;* worn joke *afgezaagde grap, oude mop;* a path was worn across the moors *een pad was uitgesleten dwars door de heidevelden;* worn to a shadow *nog maar een schim v. zichzelf* **2.1** ~ thin *dun worden, slijten, afnemen;* my patience is ~ing thin *mijn geduld raakt op* **5.¶** →wear **away**; →wear **down**; →wear **off**; →wear **out** **6.1** ~ sth. **into** holes *iets afdragen tot de gaten er in vallen, ergens gaten in krijgen;* his socks have been worn **into** holes *zijn sokken zitten vol gaten;*
III ⟨ov.ww.⟩ **0.1** ***dragen*** ⟨aan het lichaam⟩ ⇒*aan hebben* **0.2** ***vertonen*** ⇒*hebben, ten toon spreiden,* ⟨i.h.b.⟩ *voeren* ⟨kleur, vlag⟩ **0.3** ***uitputten*** ⇒*vermoeien, verzwakken, afmatten* **0.4** ⟨inf.; vaak met ontkenning⟩ ***aanvaarden*** ⇒*accepteren, tolereren, toestaan* **0.5** ***doorbrengen*** ⟨tijd⟩ ⇒*verslijten* **0.6** ***uitslijten*** ⟨v. water⟩ ⇒*eroderen, afslijten* **0.7** ⟨scheep.⟩ ***(over een andere boeg) wenden*** ◆ **1.1** worn clothes *gedragen kleding;* ~ one's age / years well *er nog goed uit zien, goed geconserveerd zijn;* ⟨sl.⟩ ~ two hats *twee petten op hebben* **1.2** he ~s a beard *hij heeft een baard;* ~ a smile *glimlachen* **4.4** they won't ~ it *zij nemen / pikken het niet (langer);* he wouldn't ~ it *hij trapte er niet in* **5.¶** →wear **away**; →wear **out** **6.3** worn **with** travel *verreisd*.
wear·a·ble ['weərəbl‖'wer-]⟨bn.⟩ **0.1** ***draagbaar*** ⇒*(geschikt om) te dragen*.
wear·a·bles ['weərəblz‖'wer-]⟨mv.⟩ **0.1** ***kleren*** ⇒*kleding, kledij*.
'wear a'way ⟨f1⟩⟨ww.⟩
I ⟨onov.ww.⟩ **0.1** ***(langzaam) voortkruipen*** ⇒*voortduren* ⟨v. tijd, dag e.d.⟩;
II ⟨onov. en ov.ww.⟩ **0.1** ***verslijten*** ⇒*(doen) verdwijnen, (doen) slijten, uitslijten, uithollen* ◆ **1.1** the names on the tomb had worn away *de namen op de graftombe waren uit / weggesleten;*
III ⟨ov.ww.⟩ **0.1** ***uitputten*** ⇒*afmatten* **0.2** ***doorbrengen*** ⇒*verslijten* ⟨tijd⟩.
'wear 'down ⟨f1⟩⟨onov. en ov.ww.⟩ **0.1** ***(af)slijten*** ⇒*verslijten* **0.2** ***verzwakken*** ⇒*verminderen, uitputten, afmatten* ◆ **1.2** ~ resistance *tegenstand (geleidelijk) overwinnen;* her will to leave home wore down *haar verlangen om uit huis te gaan nam af*.
wear·er ['weərə‖'werər]⟨telb.zn.⟩⟨→sprw. 545⟩ **0.1** ***drager*** **0.2** ***verslijter***.
wea·ried ['wɪərid‖'wɪrid]⟨bn.; oorspr. volt. deelw. v. weary; -ly; -ness⟩ **0.1** ***vermoeid*** ⇒*afgemat, uitgeput*.
wea·ries ['wɪərɪz‖'wɪriz]⟨mv.; the⟩⟨sl.⟩ **0.1** ***neerslachtigheid***.
wea·ri·less ['wɪəriləs‖'wɪr-]⟨bn.; -ly⟩ **0.1** ***onvermoeibaar*** **0.2** ***onvermoeid***.
wear·ing ['weərɪŋ‖'wer-]⟨bn.; oorspr. teg. deelw. v. wear; -ly⟩ **0.1** ***vermoeiend*** ⇒*uitputtend, slopend*.
'wear·ing apparel ⟨n.-telb.zn.⟩⟨schr.⟩ **0.1** ***kleding*** ⇒*kledij, kleren*.
wea·ri·some ['wɪərisəm‖'wɪr-]⟨f1⟩⟨bn.; -ly; -ness⟩ **0.1** ***vermoeiend*** **0.2** ***vervelend*** ⇒*saai, langdradig* ◆ **1.1** they've had a ~ week *zij hebben een zware / vermoeiende week gehad*.
'wear 'off ⟨f1⟩⟨ww.⟩
I ⟨onov.ww.⟩ **0.1** ***(geleidelijk) minder worden*** ⇒*verdwijnen, afslijten, verflauwen* ◆ **1.1** the drink wore off *de invloed v.d. drank werd minder;* the novelty will soon ~ *het nieuwtje zal er (wel) gauw af gaan;*
II ⟨onov. en ov.ww.⟩ **0.1** ***verslijten*** ⇒*afslijten, (doen) wegslijten* ◆ **1.1** the paint soon wore off *de verf sleet er al gauw af*.
'wear 'out ⟨f2⟩⟨ww.⟩ →worn-out
I ⟨onov.ww.⟩ **0.1** ***afgemat / uitgeput / vermoeid raken*** ◆ **1.1** his patience wore out *zijn geduld raakte op;*
II ⟨onov. en ov.ww.⟩ **0.1** ***verslijten*** ⇒*afdragen, (doen) slijten* ◆ **1.1** ~ three pairs of shoes in a year *drie stel schoenen in een jaar verslijten;*
III ⟨ov.ww.⟩ **0.1** ***uitputten*** ⇒*afmatten, vermoeien* **0.2** ***doorbrengen*** ⇒*verslijten* ◆ **1.2** ~ one's days in trifles *zijn dagen verslijten met onbenulligheden* **4.1** wear o.s. out *uitgeput raken, zich uitsloven, zich uit de naad werken*.
'wear·proof ⟨bn.⟩ **0.1** ***slijtvast*** ⇒*duurzaam on(ver)slijtbaar*.
wea·ry[1] ['wɪəri‖'wɪri]⟨f3⟩⟨bn.; -er; -ly; -ness; →bijw. 3⟩ **0.1** ***moe*** ⇒*vermoeid* **0.2** ***vermoeiend*** **0.3** ***mat*** ⇒*moe, lusteloos* **0.4** ***vervelend*** ⇒*saai* ◆ **1.2** a ~ walk *een vermoeiende wandeling* **1.¶** ⟨sl.⟩ ~ Willy *luiwammes, lijntrekker, landloper* **3.1** look ~ *er moe uit zien* **6.1** ~ **of** *moe van* ⟨ook fig.⟩; ~ **with** waiting *het wachten moe*.
weary[2] ⟨f2⟩⟨ww.; →ww. 7⟩ →wearied
I ⟨onov.ww.⟩ **0.1** ***moe worden*** **0.2** ***vervelend / eentonig worden*** **0.3** ⟨vnl. Sch. E⟩ ***(hevig) verlangen*** ⇒*smachten* ◆ **3.3** ~ to do sth. *ernaar verlangen iets te doen* **6.1** ~ **of** *moe worden, genoeg krijgen v.* **6.3** ~ **for** *smachten naar;*
II ⟨ov.ww.⟩ **0.1** ***vermoeien*** **0.2** ***vervelen*** ◆ **5.1** ~ **out** *afmatten, uitputten* **6.1** ~ s.o. **with** talk *iem. vermoeien met gepraat*.
wea·sand, wea·zand ['wi:znd]⟨telb.zn.⟩⟨vero. beh. gew.⟩ **0.1** ***luchtpijp***.
wea·sel[1] ['wi:zl]⟨f1⟩⟨telb.zn.; in bet. 0.1 ook weasel; →mv. 4⟩ **0.1** ⟨dierk.⟩ ***wezel*** ⟨genus Mustela, i.h.b. Mustela nivalis⟩ **0.2** ⟨inf.⟩ ***gluiperd*** ⇒*onderkruiper* **0.3** ***amfibievoertuig*** ⟨met rupsbanden⟩ ◆ **3.¶** pop goes the ~ *traditionele Engelse dans, kringdans*.
weasel[2] ⟨onov.ww.; →ww. 7⟩⟨AE⟩ **0.1** ***dubbelzinnig spreken*** **0.2** ⟨inf.⟩ ***zich drukken*** ⇒*zijn snor drukken, er tussenuit knijpen* ◆ **5.2** ~ **out** (of one's duty) *zich onttrekken (aan zijn plicht), zijn plicht uit de weg gaan*.
'wea·sel-faced ⟨bn.⟩ **0.1** ***met een spits gezicht***.
'weasel word ⟨telb.zn.⟩⟨AE⟩ **0.1** ***ontkrachtend woord*** ⟨bv.: 'perhaps' you're right⟩.
weath·er[1] [weðə‖-ər]⟨f3⟩⟨zn.⟩
I ⟨n.-telb.zn.⟩ **0.1** ***weer*** ⇒*weder* **0.2** ⟨AE⟩ ***slecht weer*** ⇒*storm, zwaar weer* **0.3** ⟨scheep.⟩ ***loefzijde*** ⇒*windzijde* ◆ **1.1** wet ~ *nat weer* **2.¶** ⟨scheep.⟩ the ship is making bad / good ~ of it *het schip houdt zich (niet) goed in de storm, het schip komt de storm (niet) goed door* **6.1** ⟨lucht.⟩ **above** the ~ *boven het weer* **6.¶** ⟨inf.⟩ (be / feel) **under** the ~ *(zich) niet lekker (voelen); dronken (zijn); katterig (zijn);* ⟨sl.⟩ *(pijnlijk) ongesteld (zijn);*
II ⟨mv.; ~s⟩ **0.1** ***weersomstandigheden*** ⇒*weersgesteldheid* ◆ **6.1** (a coat) **for** all ~s *(een jas) voor elk weer;* **in** all ~s *weer of geen weer, ongeacht de weersomstandigheden*.
weather[2] ⟨bn., attr.⟩⟨scheep.⟩ **0.1** ***loef-*** ⇒*aan de loef(zijde)* ◆ **1.1** on the ~ beam *te loever(t);* ~ ga(u)ge *loef;* get / have the ~ ga(u)ge of *te windvaart / loever(t) zijn van;* ⟨fig.⟩ *de loef afsteken;* carry ~ helm *loefgierig zijn;* ~ side *loef(zijde), windzijde*.
weather[3] ⟨f2⟩⟨ww.⟩ →weathering
I ⟨onov.ww.⟩ **0.1** ***verweren*** **0.2** ***verduren*** ⇒*goed blijven* ◆ **6.2** ~ **through** a crisis *een crisis doorstaan;*
II ⟨ov.ww.⟩ **0.1** ***aan weer en wind blootstellen*** ⇒*luchten, drogen* ⟨aan de lucht⟩ **0.2** ⟨vaak pass.⟩ ***doen verweren*** **0.3** ⟨scheep.⟩ ***te loever voorbij varen / omzeilen*** ⟨ook fig.⟩ **0.4** ***doorstaan*** ⟨storm; ook fig.⟩ ⇒*te boven komen* **0.5** ⟨bouwk.⟩ ***laten aflopen*** ⟨dak, kozijn enz.⟩ **0.6** ⟨bouwk.⟩ ***elkaar laten overlappen*** ⟨dakpannen, planken⟩ ◆ **1.2** ~ed oak *namaak-oud eikehout* **5.4** ~ **out** *doorstaan, te boven komen*.
'weath·er-beat·en ⟨bn.⟩ **0.1** ***(door storm) beschadigd / geteisterd*** **0.2** ***verweerd*** ⟨v. gezicht⟩.
'weath·er·board[1], ⟨in bet. II 0.1 ook⟩ **'weath·er·board·ing** ⟨zn.⟩
I ⟨telb.zn.⟩ **0.1** ***waterdorpel*** ⇒*onderdorpel;*
II ⟨n.-telb.zn.⟩ **0.1** ***houten buitenbekleding*** ⟨v. elkaar overlappende planken⟩ ⇒*beschot(werk)* **0.2** ⟨scheep.⟩ ***loef(zijde)*** ⇒*windzijde;*
III ⟨mv.; ~s⟩ **0.1** →II 0.1.
weatherboard[2] ⟨ov.ww.⟩⟨bouwk.⟩ **0.1** ***potdekselen*** ⟨buitenmuren; met elkaar overlappende planken⟩.
'weath·er-bound ⟨bn.⟩ **0.1** ***aan huis gebonden*** ⟨door slecht weer⟩ **0.2** ***opgehouden door slecht weer***.
'weather box, 'weather house ⟨telb.zn.⟩ **0.1** ***weerhuisje***.
'weather bureau ⟨n.-telb.zn.⟩ **0.1** ***meteorologisch instituut***.
'weather chart, 'weather map ⟨f1⟩⟨telb.zn.⟩ **0.1** ***weerkaart***.
'weather clerk ⟨telb.zn.⟩ **0.1** ***weermannetje***.
'weather cloth ⟨n.-telb.zn.⟩⟨scheep.⟩ **0.1** ***presenning*** ⇒*geteerd zeildoek*.
'weath·er·cock ⟨telb.zn.⟩ **0.1** ***weerhaan*** ⇒*windwijzer;* ⟨fig.⟩ *draaier, opportunist*.
'weather contact, 'weather cross ⟨telb.zn.⟩⟨tech.⟩ **0.1** ***kortsluiting*** ⟨door nat weer⟩.

'weather deck ⟨telb.zn.⟩ **0.1** ***bovenste dek***.
'weather eye ⟨telb.zn.⟩ ◆ **3.¶** keep a/one's ~ open (for) *op zijn hoede zijn (voor), oppassen (voor)*.
'weather forecast ⟨f1⟩⟨telb.zn.⟩ **0.1** ***weer(s)voorspelling*** *⇒weerbericht*.
'weather gall ⟨telb.zn.⟩ **0.1** ***bij-regenboog***.
'weath·er·glass ⟨telb.zn.⟩ **0.1** ***weerglas*** *⇒barometer*.
weather house →weather box.
weath·er·ing ['weðərɪŋ]⟨zn.; (oorspr.) gerund v. weather⟩
 I ⟨telb.zn.⟩ **0.1** ⟨ben. voor⟩ ***aflopend vlak*** ⟨ter afwatering⟩ *⇒lekdorpel* ⟨v. raam⟩; *aflopend dak; waterslag;*
 II ⟨n.-telb.zn.⟩⟨ook geol.⟩ **0.1** ***verwering***.
weath·er·ize ['weðəraɪz]⟨ov.ww.⟩ **0.1** ***weerbestendig maken***.
weath·er·ly ['weðəli‖'weðərli]⟨bn.; -ness⟩⟨scheep.⟩ **0.1** ***loefgierig***.
'weath·er·man ⟨f1⟩⟨telb.zn.⟩ **0.1** ***weerman*** *⇒meteoroloog* **0.2** ⟨AE; W-⟩ ***Weatherman*** *⇒militante revolutionair, guerrilla*.
weather map →weather chart.
weath·er·most ['weðəmoust‖-ðər-]⟨bn.⟩⟨scheep.⟩ **0.1** ***het meest naar loefzijde***.
'weather moulding ⟨telb.zn.⟩⟨bouwk.⟩ **0.1** ***druiplijst*** *⇒kranslijst* **0.2** ***(lood)slabbe***.
'weath·er·proof[1] ⟨bn.; -ness⟩ **0.1** ***weerbestendig*** *⇒waterdicht, winddicht, tegen weer en wind bestand*.
weatherproof[2] ⟨ov.ww.⟩ **0.1** ***weerbestendig maken***.
'weather prophet ⟨telb.zn.⟩ **0.1** ***weerprofeet*** *⇒weervoorspeller*.
'weather report ⟨telb.zn.⟩ **0.1** ***weerbericht*** *⇒weerrapport*.
'weather service ⟨telb.zn.⟩ **0.1** ***weerdienst*** *⇒meteorologische dienst*.
'weather ship ⟨telb.zn.⟩ **0.1** ***weerschip***.
'weather stain ⟨telb.zn.⟩ **0.1** ***weervlek*** *⇒verweerde plek*, ⟨mv.⟩ *weer*.
'weath·er-stained ⟨bn.⟩ **0.1** ***door het weer aangetast/verkleurd*** *⇒verweerd, met weervlekken*.
'weather station ⟨telb.zn.⟩ **0.1** ***weerstation*** *⇒meteorologisch station*.
'weather strip, 'weather stripping ⟨telb. en n.-telb.zn.⟩ **0.1** ***tochtstrip*** *⇒tochtlat(ten), tochtband*.
'weath·er·tight ⟨bn.; -ness⟩ **0.1** ***weervast*** *⇒weerbestendig*.
'weather tiles ⟨mv.⟩ **0.1** ***elkaar overlappende dakpannen***.
'weather vane ⟨telb.zn.⟩ **0.1** ***windwijzer*** *⇒windvaan(tje)*.
'weath·er-wise ⟨bn.⟩ **0.1** ***weerwijs*** *⇒met verstand v.h. weer* **0.2** ***ingewijd*** *⇒met inzicht in de situatie*.
'weath·er·worn ⟨bn.⟩ **0.1** ***verweerd***.
weave[1] [wi:v]⟨f1⟩⟨telb.zn.⟩ **0.1** ***weefsel*** **0.2** ***(weef)patroon***.
weave[2] ⟨f1⟩⟨ww.⟩
 I ⟨onov.ww.⟩ **0.1** ***zigzaggen*** *⇒(zich) slingeren;* ⟨verkeer⟩ *weven, van rijstrook wisselen* **0.2** ***waggelen*** *⇒schommelen, heen en weer gaan* **0.3** ⟨BE; sl.; mil., lucht.⟩ ***ontwijken*** *⇒ontwijkende beweging (en) maken* ◆ **5.1** if we go before the rush hour we don't have to ~ **in** and **out** among the cars *als we voor het spitsuur gaan, hoeven we niet tussen de auto's te zigzaggen/weven* **6.1** weaving **in** and **out of** the crowds *zigzaggend door de menigtes* **6.3** the Spitfires always ~d **around** that part of Belgium *de Spitfires vlogen altijd om dat gedeelte v. België heen;*
 II ⟨ov.ww.⟩ **0.1** ***zich slingerend/zigzaggend banen*** ◆ **6.1** they were weaving their way **through** the full hall *zij baanden zich zigzaggend een weg door de volle hal*.
weave[3] ⟨f2⟩⟨ww.; wove [woʊv], woven ['woʊvn]/⟨zelden⟩ wove⟩
 I ⟨onov. en ov.ww.⟩ **0.1** ***weven*** ◆ **1.1** ~ cotton *katoen weven* **5.1** ~ **up** a piece of cloth *een stuk stof weven;* ~ **up** the red wool *de rode wol opweven* **6.1** this dress was woven **from** India cotton *deze jurk werd van katoen uit India geweven;* he had woven **up** the wool **into** a very fine blanket *hij had van de wol een zeer mooie deken geweven;*
 II ⟨ov.ww.⟩ **0.1** ***vlechten*** *⇒weven* **0.2** ***verweven*** *⇒verwerken* **0.3** ***maken*** ⟨verhaal⟩ *⇒ophangen, vormen, weven* **0.4** ***bedenken*** *⇒beramen, smeden* **0.5** ***spinnen*** ⟨v. spin, rups⟩ ◆ **1.1** ~ a crown of flowers *een kroon v. bloemen vlechten* **1.4** they wove an ingenious plan to escape *zij bedachten een ingenieus plan om te ontsnappen* **6.2** ~ one's own ideas **into** a summary *zijn eigen ideeën in een samenvatting verwerken* **6.3** he had woven the different versions **into** his account of what had happened *hij had de verschillende versies verwerkt tot zijn versie v. wat er was gebeurd;* he started to ~ a strange story **round** her disappearance *hij begon een vreemd verhaal rondom haar verdwijning op te hangen*.
weav·er ['wi:və‖-ər]⟨f2⟩⟨telb.zn.⟩ **0.1** ***wever*** **0.2** ⟨dierk.⟩ ***wevervogel*** ⟨fam. Ploceidae⟩.
'weav·er·bird ⟨telb.zn.⟩⟨dierk.⟩ **0.1** ***wevervogel*** ⟨fam. Ploceidae⟩.
weaver's knot, 'weaver's hitch, 'weaver's bend ⟨telb.zn.⟩⟨scheep.⟩ **0.1** ***schootsteek*** *⇒weversknoop*.
'weav·ing loom ⟨telb.zn.⟩ **0.1** ***weefgetouw*** *⇒weefstoel*.
'weav·ing mill ⟨telb.zn.⟩ **0.1** ***weverij***.
weazand →weasand.
weazen →wizen.
weazened →wizened.
web[1] [web]⟨f2⟩⟨telb.zn.⟩ **0.1** ***web*** *⇒spinneweb, herfstdraad, spinrag, cocondraad* **0.2** ***web*** *⇒weefsel, netwerk, net;* ⟨ook fig.⟩ *ingewikkelde structuur* **0.3** ***val*** *⇒netten* **0.4** ***weefsel*** *⇒doek, stuk stof* ⟨op weefgetouw⟩ **0.5** ***vlies*** *⇒zwemvlies; vlieghuid* ⟨v. vleermuis⟩ **0.6** ***vlag*** *⇒baarden* ⟨v. vogelveer⟩ **0.7** ***papierrol*** *⇒rotatiedrukpapier* **0.8** ⟨ben. voor⟩ ***verbindingsstuk/plaat*** *⇒lijf v. I-/H-balk; baard* ⟨v. sleutel⟩; *zaagblad; velg* ⟨v. wiel⟩ **0.9** ⟨bouwk.⟩ ***gewelfkap*** *⇒gewelfkluis* ◆ **1.2** a ~ of lies *een web v. leugens;* ~ of roads *netwerk v. wegen*.
web[2] ⟨ww.; →ww. 7⟩
 I ⟨onov.ww.⟩ **0.1** ***een web spinnen*** *⇒een netwerk vormen;*
 II ⟨ov.ww.⟩ **0.1** ***met een web bedekken*** ⟨ook fig.⟩ *⇒met/als een netwerk bedekken, een netwerk leggen over* **0.2** ***in een web vangen*** *⇒in een web verstrikken* **0.3** ⟨vero.⟩ ***weven*** ◆ **1.1** bridleways ~bed the hills around Truleigh Hill *een netwerk v. ruiterpaden bedekte de heuvels rond Truleigh Hill*.
webbed [webd]⟨bn.⟩ **0.1** ***met (zwem)vliezen*** *⇒met een vlies* **0.2** ***met vlieghuid***.
web·bing ['webɪŋ]⟨f1⟩⟨n.-telb.zn.⟩ **0.1** ***singel(band)*** *⇒webbing, geweven band* **0.2** ***omboordsel*** *⇒stootkant* **0.3** ***(zwem)vlies*** **0.4** ***weefsel***.
we·ber ['veɪbə‖'webər]⟨telb.zn.⟩ **0.1** ***weber*** ⟨eenheid v. inductieflux⟩.
'web eye ⟨telb. en n.-telb.zn.⟩⟨med.⟩ **0.1** ***vleugelvel*** *⇒pterygium*.
'web-'fin·gered ⟨bn.⟩ **0.1** ***met (zwem)vliezen tussen de vingers/tenen***.
'web·foot ⟨telb.zn.⟩ **0.1** ***zwempoot***.
'web-'foot·ed, 'web-'toed ⟨f1⟩⟨bn.⟩ **0.1** ***met (zwem)vliezen tussen de tenen*** **0.2** ***met zwempoten***.
'web 'offset ⟨n.-telb.zn.⟩⟨druk.⟩ **0.1** ***offset met rotatiedruk-papier***.
'web wheel ⟨telb.zn.⟩ **0.1** ***blokrad*** *⇒blokwiel, schijfwiel* **0.2** ***uit een stuk bestaand wieltje/radertje***.
'web·worm ⟨telb.zn.⟩⟨AE⟩ **0.1** ***spinner*** *⇒rups*.
wed [wed]⟨f2⟩⟨ww.; volt. deelw. ook wed; →ww. 7⟩ →wedded
 I ⟨onov. en ov.ww.⟩ **0.1** ***trouwen*** *⇒huwen, in de echt verbinden/verbonden worden* ◆ **1.1** ~ded couple *getrouwd paar;* the old priest had ~ded our parents too *de oude priester heeft onze ouders ook getrouwd;* William ~ded his wife on December 26th *William trouwde zijn vrouw op 26 december;* Zelda and Frederic ~ded in the autumn of '23 *Zelda en Frederic trouwden in de herfst v. '23;*
 II ⟨ov.ww.⟩ **0.1** ***paren*** *⇒koppelen, verenigen* ◆ **6.1** ~ **to** *paren aan, koppelen aan, verenigen met;* the designer has ~ded simplicity **to** ample interior space in this car *de ontwerper heeft in deze auto eenvoud gekoppeld aan een zee v. binnenruimte*.
we'd [wid⟨sterk⟩wi:d]⟨hww.⟩⟨samentr. v. we had, we should, we would⟩.
Wed ⟨afk.⟩ Wednesday.
wed·ded ['wedɪd]⟨f1⟩⟨bn.; oorspr. volt. deelw. v. wed⟩
 I ⟨bn., attr.⟩ **0.1** ***huwelijks-*** *⇒v.h. huwelijk* **0.2** ***wettig*** ⟨v. huwelijk, e.d.⟩ ◆ **1.1** ~ happiness *huwelijksgeluk;* ~ life *huwelijksleven* **1.2** ~ husband *wettige echtgenoot;* ~ wife *wettige echtgenote;*
 II ⟨bn., pred.⟩ **0.1** ***verslingerd*** *⇒verknocht, verslaafd, getrouwd* ◆ **6.1** ~ **to** his job *getrouwd met zijn werk, verslingerd aan zijn werk;* be ~ **to** the idea of protectionism *zich blind staren op het idee v. protectionisme, niet kunnen loskomen v.h. idee v. protectionisme*.
wed·ding ['wedɪŋ]⟨f3⟩⟨telb.zn.⟩ **0.1** ***huwelijk(splechtigheid)*** *⇒bruiloft, trouwerij* **0.2** ***koppeling*** *⇒het samengaan*.
'wedding breakfast ⟨f1⟩⟨telb.zn.⟩ **0.1** ***bruiloftsmaal*** *⇒broodmaaltijd/lunch na trouwerij, déjeuner dinatoire*.
'wedding cake ⟨telb.zn.⟩ **0.1** ***bruidstaart*** *⇒bruiloftstaart*.
'wedding card ⟨telb.zn.⟩ **0.1** ***trouwkaart*** *⇒huwelijksaankondiging*.
'wedding ceremony ⟨f1⟩⟨telb.zn.⟩ **0.1** ***huwelijks/trouwplechtigheid***.
'wedding day ⟨f1⟩⟨telb.zn.⟩ **0.1** ***trouwdag*** ◆ **7.1** I hope they will not forget our (third) ~ *ik hoop dat ze onze (derde) trouwdag niet vergeten*.
'wedding dress ⟨telb.zn.⟩ **0.1** ***trouwjurk*** *⇒bruidsjapon, trouwjapon*.
'wedding garment ⟨telb.zn.⟩⟨bijb.⟩ **0.1** ***bruiloftskleed*** ⟨Matth. 22:11⟩.
'wedding gift ⟨telb.zn.⟩ **0.1** ***huwelijksgeschenk/cadeau***.
'wedding march ⟨telb.zn.⟩ **0.1** ***bruiloftsmars***.
'wedding register ⟨telb.zn.⟩ **0.1** ***huwelijkslijst***.
'wedding ring, ⟨vnl. AE⟩ **'wedding band** ⟨f1⟩⟨telb.zn.⟩ **0.1** ***trouwring***.
we·del ['veɪdl]⟨onov.ww.⟩ **0.1** ***met wedeln skiën***.
We·deln ['veɪdln]⟨telb.zn.; mv. ook Wedeln; →mv. 5; ook w-⟩ **0.1** ***wedeln*** ⟨bij skiën⟩.
wedge[1] [wedʒ]⟨f2⟩⟨telb.zn.⟩⟨→sprw. 677⟩ **0.1** ***wig*** ⟨ook fig.⟩

⇒*keg* **0.2** ***wigvorm*** ⇒*wigformatie, driehoeksformatie* **0.3** ***hoek*** ⇒*punt* ⟨v. kaas, taart⟩ **0.4** ***sleehak*** **0.5** ***schoen met sleehak*** **0.6** ***spijkerkop*** ⇒*driehoek* ⟨v. spijkerschrift⟩ **0.7** ⟨golf⟩ ***wedge*** ⟨om bal uit bunker te slaan⟩ **0.8** ⟨meteo.⟩ ***wig*** ◆ **1.2** ~ of tanks *tankwig* **1.3** ~ of cheese *hoekje kaas, puntje kaas* **3.1** drive a ~ between the parties *een wig drijven tussen de partijen, tweedracht zaaien tussen de partijen.*

wedge[2] ⟨f2⟩ ⟨ww.⟩
I ⟨onov.ww.⟩ **0.1** ***bekneld raken*** ⇒*vast komen te zitten;*
II ⟨ov.ww.⟩ **0.1** ***vastzetten*** ⇒*vastklemmen, inklemmen, vastwiggen* **0.2** ***duwen*** ⇒*dringen, proppen* **0.3** ***splijten*** ⇒*splitsen, klieven* ⟨met wig⟩ ◆ **1.1** ~ a door (open) *een deur vastzetten (zodat hij open blijft)* **1.2** he ~d his way through the crowded room *hij drong zich door de overvolle kamer heen* **5.2** ~ **away / off** *opzijduwen / dringen, wegduwen;* ~ **together** *samenpakken* **6.1** we were ~d (in) **between** the police and the rioters *we zaten ingeklemd tussen de politie en de relschoppers* **6.2** we ~d everything **in / into** the suitcase *we propten alles in de koffer;* the little girl was ~d **into** the corner *het meisje werd de hoek ingedrukt.*

'wedge 'heel ⟨telb.zn.⟩ **0.1** ***sleehak.***

'wedge-shaped ⟨bn.⟩ **0.1** ***wigvormig*** ⇒*v-vormig.*

wedge·wise ['wedʒwaɪz] ⟨bw.⟩ **0.1** ***wigsgewijs*** ⇒*wigswijze, als een wig.*

wed·lock ['wedlɒk‖-lɑk] ⟨f1⟩ ⟨n.-telb.zn.⟩ ⟨→sprw. 722⟩ **0.1** ***huwelijk(se staat)*** ◆ **3.¶** born in ~ *echt, wettig;* born out of ~ *buiten huwelijk geboren, onecht, onwettig, natuurlijk.*

Wed·nes·day ['we(d)nzdi, -deɪ] ⟨f3⟩ ⟨eig.n., telb.zn.⟩ **0.1** ***woensdag*** ◆ **3.1** he arrives (on) ~ *hij komt (op / a.s.) woensdag aan;* ⟨vnl. AE⟩ he works ~s *hij werkt woensdags / op woensdag / elke woensdag* **6.1 on** ~(s) *woensdags, op woensdag, de woensdag(en), elke woensdag* **7.1** ⟨BE⟩ he arrived on the ~ *hij kwam (de) woensdag / op woensdag aan.*

wee[1] [wiː], ⟨in bet. II en III ook⟩ **'wee-wee** ⟨f1⟩ ⟨zn.⟩
I ⟨telb.zn.⟩ ⟨Sch. E⟩ **0.1** ***tijdje*** ⇒*poosje* ◆ **3.1** bide a ~ *een tijdje blijven;*
II ⟨telb. en n.-telb.zn.; alleen enk.⟩ ⟨vnl. BE; inf.; kind.⟩ **0.1** ***plasje*** ◆ **3.1** do (a) ~, have a ~ *een plasje plegen / doen, piesen;*
III ⟨n.-telb.zn.⟩ ⟨vnl. BE; inf.; kind.⟩ **0.1** ***pies*** ⇒*plas.*

wee[2] ⟨f1⟩ ⟨bn., attr.; -er; →compar. 7⟩ ⟨Sch. E; inf.; kind.⟩ **0.1** ***klein*** ◆ **1.1** a ~ bit *een klein beetje, ietsje, een pietsje* ⟨ook iron.⟩; he was shouting he was just a ~ bit drunk *hij schreeuwde dat hij maar een pietsje dronken was;* I want a ~ drop of gin in my martini *ik wil een klein drupje gin in mijn martini* **1.¶** the ~ folk *het sprookjesvolk, de elfen, de feeën;* ⟨AE⟩ the ~ hours *de kleine uurtjes.*

wee[3], **'wee-wee** ⟨onov.ww.⟩ ⟨vnl. BE; inf.; kind.⟩ **0.1** ***een plasje doen.***

weed[1] [wiːd] ⟨f2⟩ ⟨zn.⟩ ⟨→sprw. 332, 435, 660⟩
I ⟨telb.zn.⟩ **0.1** ***onkruid*** **0.2** ⟨inf.⟩ ***sigaar*** **0.3** ⟨inf.⟩ ***sigaret*** ⇒⟨i.h.b.⟩ *stickie, joint* **0.4** ***(magere) knol*** **0.5** ***lange slapjanus*** ⇒*lange slungel, spriet* **0.6** ⟨vaak mv.⟩ ***kledingstuk*** **0.7** ***rouwband*** ◆ **3.1** his garden is running to ~s *zijn tuin wordt door onkruid overwoekerd;*
II ⟨n.-telb.zn.⟩ **0.1** ⟨the⟩ ***tabak*** ⇒*het kruid* **0.2** ***wier*** **0.3** ***kruid*** ⇒*groen* ⟨i.t.t. zaad v. kruiden⟩ **0.4** ⟨the⟩ ⟨sl.⟩ ***marihuana*** ⇒*hasj, hasjiesj, weed, wiet* ◆ **3.1** the soothing ~ *het kalmerende kruid, tabak;*
III ⟨mv.; ~s⟩ **0.1** ***rouwkleding*** ⇒*rouwkleed, rouwdracht, weduw(en)dracht.*

weed[2] ⟨f1⟩ ⟨ww.⟩
I ⟨onov. en ov.ww.⟩ **0.1** ***wieden*** ⇒*schoffelen* ◆ **1.1** she's ~ing (the garden) *zij is (de tuin) aan het wieden;*
II ⟨ov.ww.⟩ **0.1** ***verwijderen*** ⇒*wieden, schoffelen* **0.2** ***wieden*** ⟨alleen fig.⟩ ⇒*ontdoen, zuiveren* ◆ **1.1** they ~ed (out) all the flowers from / out of the garden *zij verwijderden alle bloemen uit de tuin* **5.2** ~ **out** *apart zetten / nemen, afscheiden; verwijderen, uithalen; (uit)dunnen;* the manager ~ed **out** the most troublesome employées *de manager zette de lastigste werknemers aan de kant;* ~ **out** the herd *de kudde (uit)dunnen.*

weed·er ['wiːdə‖-ər] ⟨telb.zn.⟩ **0.1** ***wied(st)er*** **0.2** ***wiedijzer*** ⇒*wiedvorkje, schoffel* **0.3** ***wiedmachine.***

'weed-grown ⟨bn.⟩ **0.1** ***met onkruid overwoekerd*** ⇒*vol met onkruid.*

'weed·head ⟨telb.zn.⟩ ⟨AE; sl.⟩ **0.1** ***pot / wietroker*** ⇒*marihuanaroker.*

'weed·hook ⟨telb.zn.⟩ **0.1** ***wiedijzer*** ⟨achter ploeg⟩.

'weed killer ⟨telb.zn.⟩ **0.1** ***onkruidverdelger*** ⇒*onkruidverdelgingsmiddel.*

weed·y ['wiːdi] ⟨f1⟩ ⟨bn.; -er; -ly; -ness; →bijw. 3⟩ **0.1** ***vol onkruid*** ⇒*overgroeid met onkruid* **0.2** ***onkruidachtig*** **0.3** ***slungelig*** ⇒*opgeschoten, spichtig* **0.4** ***zwak*** ⇒*slap* ⟨v. karakter⟩.

week [wiːk] ⟨f4⟩ ⟨telb.zn.⟩ **0.1** ***week*** **0.2** ***werkweek*** ◆ **1.1** what day of the ~ is it? *wat is het vandaag?;* ~ of Sundays, ~ of ~s *zeven weken;* ⟨fig.⟩ *een hele tijd, een eeuwigheid* **3.1** coming ~ *volgende week* **3.2** most people work a 40-hour ~ *de meeste mensen werken 40 uur per week, de meeste mensen hebben een 40-urige werkweek* **3.¶** make a ~ of it *het een week laten duren, het een week lang doen* **5.¶** ~ **in,** ~ **out** *week in, week uit, wekenlang* **6.1** a ~ **from** Wednesday *woensdag over een week* **6.2** I never go to the cinema **in** the ~ *door de week ga ik nooit naar de bioscoop* **¶.1** my sister will pay us a visit a ~ (on) Sunday *zondag over een week komt mijn zusje bij ons langs;* the accident happened three ~s last Thursday *het ongeluk vond afgelopen donderdag drie weken geleden plaats;* today / tomorrow / (on) Tuesday ~ *vandaag / morgen / dinsdag over een week;* yesterday ~ *gisteren een week geleden.*

'week·day ⟨f1⟩ ⟨telb.zn.⟩ **0.1** ***door-de-weekse dag*** ⇒*weekdag* **0.2** ***werkdag.***

'week'end[1] ⟨f3⟩ ⟨telb.zn.⟩ **0.1** ***weekend*** ⇒*weekeinde* ◆ **3.1** work at ~s, ⟨AE⟩ work (on) ~s *(in) de weekenden werken.*

weekend[2] ⟨onov.ww.⟩ **0.1** ***het weekend doorbrengen*** ⇒*weeke(i)nden* ◆ **6.1** I'm ~ing **at** my parents in London *ik ben het weekend bij mijn ouders in Londen.*

week·end·er ['wiːk'endə‖-ər] ⟨telb.zn.⟩ **0.1** ***weekendtas / koffer*** ⇒*reiskoffertje* **0.2** ***iem. die weekendtochtjes maakt*** ⇒*weekendgast.*

'weekend 'farmer ⟨telb.zn.⟩ **0.1** ***hobbyboer.***

'week-long ⟨bn.; bw.⟩ **0.1** ***een week lang*** ⇒*v.e. week* ◆ **1.1** a ~ rest *een week rust, een rust v.e. week.*

week·ly[1] ['wiːkli] ⟨f2⟩ ⟨telb.zn.; →mv. 2⟩ **0.1** ***weekblad*** **0.2** ***wekelijks verschijnend tijdschrift.***

weekly[2] ⟨f2⟩ ⟨bn., 5⟩ **0.1** ***wekelijks*** ◆ **1.1** a ~ visit *een wekelijks bezoek* **3.1** drop by ~ *eens per week binnenvallen;* she earns £ 150 ~ *zij verdient 150 pond in de week.*

'week·night ⟨telb.zn.⟩ **0.1** ***door-de-weekse avond / nacht*** ⇒*avond / nacht in de week* ◆ **3.1** Jane works on ~s, ⟨AE⟩ Jane works ~s *Jane werkt door de week 's avonds.*

'week-old ⟨bn.⟩ **0.1** ***al een week durend*** ◆ **1.1** a ~ strike *een staking die al een week duurt.*

ween [wiːn] ⟨ww.⟩ ⟨vero.⟩
I ⟨onov.ww.⟩ **0.1** ***verwachten*** ⇒*hopen;*
II ⟨ov.ww.⟩ **0.1** ***v. mening zijn*** ⇒*denken, menen* ◆ **8.1** I ~ that *ik ben v. mening dat, ik denk dat.*

wee·nie, wie·nie ['wiːni] ⟨telb.zn.⟩ ⟨AE; inf.⟩ **0.1** ***hot dog*** ⇒*worstje* **0.2** ***slappe (lul)*** ⟨penis⟩ **0.3** ***lul(letje)*** ⇒*trut, zak, idioot* **0.4** ***blokker*** ⇒*blokbeest* ⟨serieus student⟩.

wee·ny ['wiːni] ⟨bn.; -er; →compar. 7⟩ ⟨inf.⟩ **0.1** ***heel klein*** ⇒*piepklein.*

wee·ny-bop·per ['wiːnibɒpə‖-bɑpər] ⟨telb.zn.⟩ ⟨BE⟩ **0.1** ***vroegrijp schoolkind*** ⇒*discokind, klein meisje,* ⟨v. 9-12⟩ *dat a.d. jeugdcultuur meedoet.*

weep[1] [wiːp] ⟨f1⟩ ⟨telb.zn.⟩ **0.1** ***huilbui*** ◆ **3.1** ⟨AE; sl.⟩ put on the ~s *janken, huilen* **7.1** let them have their ~ *laat ze maar (uit)huilen.*

weep[2] ⟨f3⟩ ⟨ww.; wept, wept [wept]⟩ →weeping ⟨→sprw. 379⟩
I ⟨onov.ww.⟩ **0.1** ***wenen*** ⇒*schreien, tranen vergieten / storten, huilen* **0.2** ***treuren*** ⇒*rouwen* **0.3** ⟨ben. voor⟩ ***vocht afscheiden / verliezen*** ⇒*druppelen, regenen; dragen* ⟨v. wond⟩, *zweten, vloeien; nat / vochtig zijn* ◆ **1.1** ~ for / with joy *v. vreugde schreien / huilen;* ~ for / with pain *huilen v.d. pijn* **1.3** ⟨med.⟩ ~ing eczema *vochtig eczeem;* the wound keeps ~ing *de wond blijft vocht afscheiden* **6.1** everybody wept **at** his funeral *iedereen huilde bij zijn begrafenis;* ~ **for / over** s.o. *iem. bewenen, om iem. huilen* **6.2** you better stop ~ing **over** your failures *je kan beter ophouden je mislukkingen te betreuren;* no one will ~ **over** his resignation *niemand zal een traan laten om zijn vertrek, niemand zal rouwig zijn om zijn ontslag;*
II ⟨ov.ww.⟩ **0.1** ***betreuren*** ⇒*rouwen om, bewenen* **0.2** ***storten*** ⇒*vergieten, schreien* ⟨tranen⟩ **0.3** ***huilen*** ⇒*schreien* **0.4** ***druppelen*** ⇒*laten vallen, afscheiden* ⟨druppels⟩ ◆ **1.1** ~ one's miserable fate *zijn ellendige lot bewenen* **1.2** ~ many tears over a friend *veel tranen vergieten om een vriend;* ~ bitter tears *bittere tranen schreien* **4.3** ~ o.s. to sleep *zichzelf in slaap huilen* **5.3** ~ **away** one's sorrows *(zijn verdriet) uithuilen;* ~ **away** the time *de tijd huilend doorbrengen* **5.¶** ~ **out** *huilend uitbrengen, in tranen zeggen;* she could only ~ **out** a farewell to her lover *zij kon slechts in / onder tranen haar minnaar vaarwel zeggen.*

weep·er ['wiːpə‖-ər] ⟨telb.zn.⟩ **0.1** ***huiler*** ⇒*huilebalk* **0.2** ***schreier*** ⇒*rouwklager* ⟨bij begrafenis⟩ **0.3** ***rouwteken*** ⇒*rouwband* ⟨op hoed⟩; *rouwfloers, rouwsluier;* ⟨vnl. mv.⟩ *witte manchetten* ⟨v. weduwe⟩ **0.4** ***afvoer*** ⇒*afwateringsbuis / pijp / gat* ⟨door muur, wand⟩ **0.5** ***schreiersbeeldje*** ⟨op graftombe⟩ **0.6** ⟨dierk.⟩ ***kapucijnaap*** ⟨genus Cebus⟩ ⇒⟨i.h.b.⟩ *gewone kapucijnaap, witschouderkapucijnaap* ⟨Cebus capucinus⟩.

weephole →weeper 0.4.

weep·ing ['wi:pɪŋ]⟨f1⟩⟨bn.; oorspr. teg. deelw. v. weep⟩ **0.1** ***met hangende takken*** ⇒*treur-* ◆ **1.1** ~ ash *treures;* ~ birch *treurbeuk;* ~ willow *treurwilg.*

weep·y[1], **weep·ie** ['wi:pi]⟨telb.zn.; →mv. 2⟩⟨inf.⟩ **0.1** ***smartlap*** ⇒*tranentrekker, sentimentele draak, film/stuk/boek om bij te janken.*

weepy[2] ⟨bn.; -er; →compar. 7⟩ **0.1** ***huilerig*** ⇒*schreierig, snotterig* **0.2** ***sentimenteel.***

wee·ver ['wi:və‖-ər]⟨telb.zn.⟩⟨dierk.⟩ **0.1** ***pieterman*** ⟨vis; fam. Trachinidae⟩.

wee·vil ['wi:vl]⟨telb.zn.⟩⟨dierk.⟩ **0.1** ***snuitkever*** ⟨fam. Curculionidae⟩ **0.2** ***graanklander*** ⟨Sitophilus granarius⟩.

wee·vil·(l)y ['wi:vli], **wee·vil·(l)ed** ['wi:vld]⟨bn.⟩ **0.1** ***vol graanklanders*** ⇒*besmet met korenwormen.*

wee-wee →wee.

wef ⟨afk.⟩ with effect from.

weft [weft]⟨f1⟩⟨telb.zn.⟩ **0.1** ***inslag*** ⇒*inweefsel* **0.2** ***inslaggaren*** **0.3** ***weefsel*** **0.4** ***vlechtriet*** ⇒*vlechtrijs* **0.5** ***sliert*** ⇒*flard, wolkje* ⟨v. mist, rook⟩ **0.6** ⟨scheep.⟩ →waft.

Wehr·macht ['veəmæxt‖'vermɑkt]⟨n.-telb.zn.; the⟩⟨gesch.⟩ **0.1** ***Wehrmacht*** ⟨v.h. Derde Rijk⟩.

weigh[1] [weɪ]⟨telb. en n.-telb.zn.⟩ **0.1** ***weging*** ◆ **6.¶ under** ~ *in beweging, aan de gang, onderweg.*

weigh[2] ⟨f3⟩⟨ww.⟩

I ⟨onov.ww.⟩ **0.1** ***v. belang zijn*** ⇒*v. gewicht zijn, gewicht in de schaal leggen, invloed hebben* **0.2** ***drukken*** ⇒*een last zijn, bezwaren* **0.3** ⟨scheep.⟩ ***het anker lichten*** ⇒⟨bij uitbr.⟩ *uitvaren* ◆ **5.¶** ~ **in** *bijdragen, steunen;* the members ~ed **in** with ample donations *de leden droegen bij met ruime donaties* **6.1** economic considerations do ~ **with** us in our decision *economische overwegingen tellen wel mee in onze besluitvorming;* that didn't ~ **with** the judge *dat had geen invloed op de rechter* **6.2** his unemployment ~s **(up)on** him *hij gaat gebukt onder zijn werkloosheid;* at the moment I have too many things ~ing **(up)on** my mind *op het moment heb ik te veel dingen aan mijn hoofd* **6.¶** ~ **against** s.o./sth. *ten nadele v. iem./iets werken, v. nadelige invloed zijn op iem./iets;* ~ in **with** *(triomfantelijk) op de proppen komen met, aan komen zetten met;* to put an end to the discussion he ~ed in **with** the figures of last year's production *om een eind te maken aan de discussie kwam hij met de produktiecijfers v. h. afgelopen jaar op tafel;*

II ⟨onov. en ov.ww.⟩ **0.1** ***wegen*** ⇒*gewicht hebben (van), het gewicht vaststellen (van)* ◆ **1.1** ~ the baby *de baby wegen;* it ~s four pounds *het weegt vier pond* **5.1** ~ **in** *(laten) wegen* ⟨bagage enz. voor reis⟩; *wegen* ⟨bokser voor wedstrijd; jockey na race⟩; *zich laten wegen* ⟨v. bokser, jockey⟩; Rodriguo ~ed **in** at less than 200 lbs *Rodriguo woog voor de wedstrijd minder dan 91 kilo;* ~ **out** *afwegen; afmeten* **5.¶** the tree ~ed **down** to the water with the weight of the two boys *door het gewicht v.d. twee jongens boog de boom naar het water;*

III ⟨ov.ww.⟩ **0.1** ***overwegen*** ⇒*overdenken, overpeinzen, (met elkaar) vergelijken, afwegen* **0.2** ***lichten*** ⟨anker, schip⟩ ◆ **1.1** ~ various plans *de verschillende plannen overwegen/tegen elkaar afwegen;* ~ one's words *zijn woorden wegen* **5.1** ~ **up** *wikken en wegen, overwegen, naast elkaar leggen; schatten, taxeren, opnemen; zich een mening vormen over;* she ~ed **up** her chances to get a job *zij bekeek haar kansen op een baan;* I don't like to ~ **up** a newcomer at once *ik houd er niet van om direkt klaar te staan met een oordeel over een nieuwkomer;* ~ **up** the pros and cons *de voor- en de nadelen tegen elkaar afwegen;* ~ **up** the situation *de situatie opnemen* **5.¶** ~ **down** *beladen, naar beneden (doen) buigen;* ⟨fig.⟩ *deprimeren, (neer)drukken;* his marriage problems ~ him **down** *hij gaat gebukt onder zijn huwelijksproblemen;* the sherpa was ~ed **down** with food for three weeks *de sherpa werd beladen met eten voor drie weken;* ~ **up** *omhoogbrengen* ⟨tegengewicht⟩ **6.1** they ~ed their own proposals **against/with** ours *zij vergeleken hun eigen voorstellen met de onze.*

weigh·a·ble ['weɪəbl]⟨bn.⟩ **0.1** ***weegbaar.***

weigh·age ['weɪɪdʒ]⟨telb. en n.-telb.zn.⟩ **0.1** ***waaggeld*** ⇒*weegloon.*

'weigh·beam ⟨telb.zn.⟩ **0.1** ***unster*** ⇒*Romeinse waag.*

'weigh·bridge ⟨f1⟩⟨telb.zn.⟩ **0.1** ***weegbrug.***

weigh·er ['weɪə‖-ər]⟨telb.zn.⟩⟨ook sport⟩ **0.1** ***weger.***

'weigh·house ⟨telb.zn.⟩ **0.1** ***waag.***

'weigh-in ⟨telb.zn.⟩ **0.1** ***gewichtscontrole*** ⟨v. bokser voor wedstrijd; v. jockey na race⟩ ⇒*wegen na de wedren.*

weigh·ing machine ['weɪɪŋ mə,ʃi:n]⟨telb.zn.⟩ **0.1** ***weegtoestel.***

weigh·man ['weɪmən]⟨telb.zn.; weighmen [-mən]; →mv. 3⟩ **0.1** ***weger*** ⟨i.h.b. in mijnen⟩.

'weigh-out ⟨telb.zn.⟩ **0.1** ***gewichtscontrole*** ⟨v. jockey voor race⟩ ⇒*wegen voor de wedren.*

weight[1] [weɪt]⟨f3⟩⟨zn.⟩

I ⟨telb.zn.⟩ **0.1** ***gewicht*** ⟨voor weegschaal⟩ **0.2** ***gewicht*** ⇒*zwaar voorwerp; presse-papier;* ⟨tech.⟩ *gewicht* ⟨v. klok⟩; ⟨sport⟩ *gewicht* **0.3** ***(zware) last*** ⇒⟨fig.⟩ *druk, belasting* ◆ **1.1** ~s and measures *maten en gewichten;* a ~ of one pound *een gewicht v.e. pond* **3.2** you're still too weak to lift ~s *je bent nog te zwak om zware dingen te tillen;* put the ~ *kogelstoten* **3.3** these walls can never bear such a ~ *deze muren kunnen nooit zo'n gewicht dragen;* get the ~ off one's feet/legs *gaan zitten/liggen, zijn benen wat rust geven* **6.3** his departure is a ~ **off** my mind *zijn vertrek is een pak van mijn hart, zijn vertrek is een grote zorg minder;* the disappearance of his son was a ~ **on** his mind *de verdwijning v. zijn zoon lag hem als een loden last op het hart;*

II ⟨n.-telb.zn.⟩ **0.1** ***gewicht*** ⇒*zwaarte* **0.2** ***belang*** ⇒*gewicht(igheid), invloed, aanzien* **0.3** ***gewichtsstelsel*** **0.4** ***gewichtsklasse*** ⟨in boksen e.d.⟩ **0.5** ***stevigheid*** ⇒*dichtheid* ⟨v. textiel⟩ **0.6** ***grootste/hoofddeel*** ⇒*grootste nadruk, grootste klemtoon* **0.7** ***(relatieve) waarde*** **0.8** ⟨nat.⟩ ***neerwaartse kracht*** ⟨v. lichaam⟩ ⇒*zwaartekracht* **0.9** ⟨wisk.⟩ ***gewicht*** ⇒*wegingscoëfficiënt* ◆ **1.2** man of ~ *man v. aanzien/gewicht/invloed;* the ~ of this speech *het belang v. deze speech* **1.6** the ~ of evidence is against them *het grootste gedeelte v.h. bewijsmateriaal spreekt in hun nadeel* **1.¶** ⟨mil.⟩ ~ of metal *vuurkracht* ⟨v. schip⟩ **2.2** of great ~ *v. groot belang/gewicht;* have great ~ with s.o. *zwaar tellen bij iem., belangrijk zijn in iemands ogen;* worth one's ~ in gold *zijn gewicht in goud waard* **3.1** lose ~ *gewicht verliezen, afvallen, vermageren;* put on ~ *aankomen, zwaarder worden* **3.¶** carry ~ *gewicht in de schaal leggen, v. belang zijn;* give ~ to *versterken, extra bewijs leveren voor;* lay ~ on sth. *iets benadrukken/belangrijk vinden;* pull one's ~ *met volle kracht roeien;* ⟨fig.⟩ *(ieder) zijn steentje bijdragen, zijn aandeel leveren;* take the ~ off your feet *gaan zitten (uitrusten);* throw one's ~ about/around *zich laten gelden, doen alsof men heel wat is, gewichtig doen; de baas (proberen te) spelen* **6.1** sell **by** ~ *bij het gewicht verkopen;* **over** ~ *te zwaar;* **under** ~ *te licht* **7.1** what's your ~? *wat is jouw gewicht?, hoe zwaar ben jij?.*

weight[2] ⟨f2⟩⟨ov.ww.⟩ →weighted, weighting **0.1** ***verzwaren*** ⇒*zwaar(der) maken* **0.2** ***beladen*** ⟨ook fig.⟩ ⇒*belasten, gebukt doen gaan* **0.3** ***(met een gewicht) vervalsen*** ⇒⟨wisk.⟩ *wegen, met een bep. factor vermenigvuldigen* ⟨in stat.⟩ **0.4** ⟨sport⟩ ***met gewicht verzwaren*** ⟨paard; als handicap⟩ **0.5** ⟨wisk.⟩ ***wegen*** ⇒*vermenigvuldigen met een bep. factor* ⟨in stat.⟩ ◆ **1.1** ~ed silk *verzwaarde zijde* **1.3** the audience was ~ed with his supporters *het publiek zat vol supporters v. hem;* ~ed average *gewogen gemiddelde* **5.2** ~ed **down** with many parcels *beladen met/gebukt onder veel pakjes.*

'weight cloth ⟨telb.zn.⟩⟨paardesport⟩ **0.1** ***looddek*** ⟨dek onder zadel waarin loodgewichten gehangen kunnen worden⟩.

weight·ed ['weɪtɪd]⟨bn.; oorspr. volt. deelw. v. weight⟩ ◆ **6.¶** be ~ **against** s.o./sth. *iem./iets benadelen, in het nadeel werken v. iem./iets;* be ~ **in favour of** s.o./sth. *iem./iets bevoordelen, in het voordeel werken v. iem./iets.*

weight·ing ['weɪt̬ɪŋ]⟨telb. en n.-telb.zn.; (oorspr.) gerund v. weight; alleen enk.⟩⟨vnl. BE⟩ **0.1** ***standplaatstoelage*** ⇒*(extra) tegemoetkoming in de woonlasten.*

weight·less ['weɪtləs]⟨f1⟩⟨bn.; -ly; -ness⟩ **0.1** ***gewichtloos*** ⟨ook v. ruimtevaarder⟩ ⇒*zonder gewicht.*

'weight·lift·er ⟨f1⟩⟨telb.zn.⟩ **0.1** ***gewichtheffer.***

'weight·lift·ing ⟨f1⟩⟨n.-telb.zn.⟩ **0.1** ***gewichtheffen.***

'weight watcher ⟨f1⟩⟨telb.zn.⟩ **0.1** ***lijner*** ⇒*iem. die aan de lijn doet.*

weight·y ['weɪt̬i]⟨f1⟩⟨bn.; -er; -ly; -ness; →bijw. 3⟩ **0.1** ***zwaar*** **0.2** ***belangrijk*** ⇒*zwaarwegend, gewichtig, v. groot belang, het overwegen waard* **0.3** ***invloedrijk*** ⇒*gezaghebbend* **0.4** ***drukkend*** ⇒*bezwarend, benauwend* **0.5** ***weloverwogen*** **0.6** ***ernstig*** ⇒*gewichtig.*

Wei·mar·an·er ['vaɪmə'rɑ:nə‖-'rɑnər]⟨eig.n., telb.zn.⟩ **0.1** ***Weimaraner*** ⇒*Weimarse staande hond.*

weir [wɪə‖wɪr]⟨f1⟩⟨telb.zn.⟩ **0.1** ***(stuw)dam*** ⇒*waterkering* **0.2** ***(vis) weer.***

weird[1] [wɪəd‖wɪrd]⟨telb.zn.⟩⟨vero. beh. Sch. E; schr.⟩ **0.1** ***(nood) lot*** ⇒*beschikking* **0.2** ⟨vnl. W-⟩ ***schikgodin*** **0.3** ***waarzegger/ster*** ◆ **3.¶** dree one's ~ *zich schikken in zijn lot, tevreden zijn met zijn lot.*

weird[2] ⟨f3⟩⟨bn.; -er; -ly; -ness⟩ **0.1** ***geheimzinnig*** ⇒*bovennatuurlijk, griezelig, eng, akelig* **0.2** ⟨inf.⟩ ***raar*** ⇒*vreemd, ongewoon, gek, eigenaardig* **0.3** ⟨vero.⟩ ***v.h. noodlot*** ⇒*noodlottig, v.d. schikgodin(nen)* ◆ **1.2** the ~est clothes *de gekste kleding;* ~ ideas about marriage *vreemde ideeën over het huwelijk* **1.3** the ~ sisters *de schikgodinnen* **1.¶** the ~ sisters *heksen* **2.2** ~ and wonderful *nieuwerwets.*

weird·ie, weird·y ['wɪədi‖'wɪrdi], **weird·o** [-doʊ]⟨telb.zn.; weirdies, weirdoes; →mv. 2⟩⟨inf.⟩ **0.1** ***rare (snuiter)*** ⇒*vreemde vogel, excentriekeling, lijperik, gek* **0.2** ***rariteit*** ⇒*absurd geval/toestand, raar ding, gekke gebeurtenis.*

welch →welsh.
Welch →Welsh.
welcher →welsher.
wel·come[1] ['welkəm]⟨f2⟩⟨zn.⟩⟨→sprw. 122,723⟩
I ⟨telb.zn.⟩ **0.1** ***welkomstgroet*** ⇒*welkom, verwelkoming* ◆ **3.1** give a ~ to s.o. *iem. verwelkomen, iem. bij aankomst begroeten* **¶.¶** ~! *welkom!;*
II ⟨telb. en n.-telb.zn.⟩ **0.1** ***onthaal*** ⇒*ontvangst, verwelkoming* ◆ **2.1** his plan found an enthusiastic ~ *zijn plan vond een enthousiast onthaal, zijn plan werd enthousiast ontvangen;* they gave the speaker a hearty ~ *zij heetten de spreker hartelijk welkom, zij ontvingen de spreker hartelijk* **3.1** bid s.o. ~ *iem. welkom heten* **3.¶** outstay one's ~ *langer blijven dan men welkom is, blijven plakken;* wear out one's ~ *te vaak langskomen, de deur plat lopen; te lang blijven zitten, blijven plakken.*
welcome[2] ⟨f3⟩⟨bn.; -ly; -ness⟩⟨→sprw. 88,723⟩
I ⟨bn.⟩ **0.1** ***welkom*** ⇒*aangenaam, gelegen komend, gewenst* ◆ **1.1** a ~ change in tactics *een welkome verandering v. tactiek;* a ~ guest *een welkome gast;* every penny is ~ *elke penny is welkom* **1.¶** ⟨inf.⟩ be ~ as (the) flowers in May *met open armen ontvangen worden* **3.1** make s.o. ~ *iem. het gevoel geven dat hij welkom is* **¶.¶** ~ home, ~ back *welkom thuis;* ~ to this country *welkom in dit land;*
II ⟨bn., pred.⟩ **0.1** ⟨ong.⟩ ***vrij*** ⇒*zonder meer toegestaan* ◆ **3.1** you're ~ to live at my place *je mag gerust bij mij komen wonen;* ⟨iron.⟩ you're ~ to give it a try *van mij / voor mijn part mag je een gooi doen;* you're ~ to join her company *het staat je vrij haar gezelschap te houden;* ⟨iron.⟩ you're ~ to take my job *wat mij betreft, mag je mijn baantje overnemen* **6.1** you're ~ **to** the use of my books *je mag mijn boeken gerust gebruiken;* ⟨iron.⟩ he's ~ **to** this girl *van mij mag hij dit meisje hebben;* everyone is ~ **to** his own opinion *het staat iedereen vrij te denken wat hij wil* **¶.¶** 'thank you' 'you're ~' *'dank u' 'graag gedaan, geen dank, niets te danken, tot uw dienst';* ⟨vaak iron.⟩ and ~ *van harte, graag; wat mij betreft, van mij, voor mijn part.*
welcome[3] ⟨f3⟩⟨ov.ww.⟩ **0.1** ***verwelkomen*** ⇒*begroeten, welkom heten* **0.2** ***(gunstig) onthalen*** ⇒*(gunstig) ontvangen, verwelkomen, als een aanwinst begroeten* ◆ **1.2** we'd ~ a change *we zouden een verandering toejuichen / op prijs stellen;* his ideas were ~d by the majority *zijn ideeën vonden een goed onthaal bij de meerderheid;* ~ a new plan coldly *een nieuw plan koeltjes ontvangen / begroeten* **5.1** ~ **back** a team *een ploeg bij terugkomst begroeten;* ~ **in** the visitors *de visite binnenlaten, de visite welkom heten* **6.1** rich people used to ~ the poor **into** their homes at Christmas *rijke mensen haalden vroeger de armen in huis met kerstmis;* ~ s.o. **with** kisses *iem. met kussen begroeten.*
wel·com·er ['welkəmə‖-ər]⟨telb.zn.⟩ **0.1** ***verwelkomer.***
weld[1] [weld]⟨zn.⟩
I ⟨telb.zn.⟩ **0.1** ***las*** ⇒*lasnaad, welnaad* **0.2** ⟨plantk.⟩ ***wouw*** ⟨Reseda luteola⟩;
II ⟨n.-telb.zn.⟩ **0.1** ***welling*** ⇒*het lassen* **0.2** ***gele verfstof*** ⟨uit bloem v. wouw⟩.
weld[2] ⟨f2⟩⟨ww.⟩
I ⟨onov.ww.⟩ **0.1** ***zich laten wellen / lassen*** ⟨v. ijzer⟩ ⇒*lasbaar zijn, geschikt zijn om te lassen;*
II ⟨ov.ww.⟩ **0.1** ***lassen*** ⇒*wellen* **0.2** ***samenvoegen*** ⇒*aaneensmeden, nauw verbinden, versmelten* **0.3** ***solderen*** ◆ **1.1** ~ a pipe *een pijp lassen* **5.1** ~ **up / together** *aaneenlassen* **5.2** ~ the various parties **together** *de verschillende partijen tot een geheel smeden / tot één samenvoegen* **6.2** he had ~ed the different articles **into** one book *hij had de verschillende artikelen tot één boek gesmeed.*
weld·a·ble ['weldəbl]⟨bn.⟩ **0.1** ***lasbaar*** ⇒*welbaar.*
weld·er ['weldə‖-ər]⟨telb.zn.⟩ **0.1** ***lasser.***
weld·less ['weldləs]⟨bn.⟩ **0.1** ***zonder las(naad)*** ⇒*naadloos.*
wel·fare ['welfeə‖-fer]⟨f3⟩⟨n.-telb.zn.⟩ **0.1** ***welzijn*** ⇒*welvaart* **0.2** ***welvaart*** ⇒*voorspoed* **0.3** ***maatschappelijk werk*** ⇒*welzijnszorg, welzijnswerk, sociale zorg* **0.4** ***bijstand*** ⇒*steun* ◆ **6.4** be **on** ~ *v.d. bijstand leven, steun trekken.*
'welfare mother ⟨telb.zn.⟩ **0.1** ***bijstandsmoeder.***
'welfare shop ⟨telb.zn.⟩⟨BE⟩ **0.1** ***bijstandswinkel*** ⟨gemeentelijk adviesbureau waar bijstandtrekkers terecht kunnen voor het aanvragen v. eenmalige uitkeringen voor de aanschaf v. noodzakelijke, huishoudelijke apparaten⟩.
welfare state ['- '-‖'- -]⟨f1⟩⟨telb. en n.-telb.zn.; the; ook W- S-⟩ **0.1** ***verzorgingsstaat*** ⇒*welvaartsstaat.*
'welfare work ⟨f1⟩⟨n.-telb.zn.⟩ **0.1** ***maatschappelijk werk*** ⇒*welzijnszorg, welzijnswerk.*
'welfare worker, 'welfare officer ⟨f1⟩⟨telb.zn.⟩ **0.1** ***welzijnswerker / ster*** ⇒*agoog / oge, maatschappelijk werker / ster /,* ⟨B.⟩ *assistent (e).*
wel·far·ism ['welfeərɪzm‖-fer-]⟨n.-telb.zn.⟩ **0.1** ***(het voorstaan v.e.) politiek v. sociale voorzieningen.***
wel·far·ist ['welfeərɪst‖-fer-]⟨telb.zn.⟩ **0.1** ***aanhanger / voorstander v.d. verzorgingsstaat.***
wel·far·ite ['welfeəraɪt‖-fer-]⟨telb.zn.⟩⟨AE; bel.⟩ **0.1** ***steuntrekker*** ⇒*bijstandstrekker.*
wel·kin ['welkɪn]⟨n.-telb.zn.; the⟩⟨schr.⟩ **0.1** ***hemelgewelf*** ⇒*firmament, uitspansel* **0.2** ***zwerk*** ⇒*wolken.*
well[1] [wel]⟨f2⟩⟨zn.⟩⟨→sprw. 562,719⟩
I ⟨telb.zn.⟩ **0.1** ***put*** **0.2** ***boorput*** ⇒*oliebron* **0.3** ⟨ben. voor⟩ ***koker*** ⇒*schacht; liftkoker / schacht; luchtkoker, ventilatieschacht; trappehuis; lichtkoker* **0.4** ***inktpot*** **0.5** ***pomphuis*** ⇒*pompruimte* ⟨in schip⟩ **0.6** ***(vis)kaar*** ⇒*beun, bun* **0.7** ⟨ben. voor⟩ ***diepe ruimte*** ⇒*diepte, kuil; orkestbak, orkestruimte; bak, kofferruimte* ⟨v. auto⟩; *kuiltje, holte* ⟨in bord, voor jus e.d.⟩ **0.8** ⟨BE; jur.⟩ ***advocatenbank*** ⟨in rechtzaal⟩ **0.9** ⟨vero.⟩ ***bron*** ⟨ook fig.⟩ ⇒*wel* ◆ **1.9** ~ of inspiration *bron v. inspiratie* **3.1** drive / sink a ~ *een put boren / slaan;*
II ⟨n.-telb.zn.⟩ **0.1** ***het beste*** ⇒*het goede, succes* ◆ **3.1** wish s.o. ~ *iem. het beste / succes toewensen* **3.¶** leave / let ~ alone, ⟨AE⟩ leave / let ~ enough alone *laat maar zo, het is wel goed zo; het betere is de vijand v. het goede; een bevredigende situatie niet nodeloos (willen) verbeteren, niet veranderen wat al goed genoeg is;*
III ⟨mv.; ~s⟩ **0.1** ***badplaats*** ⟨met bronnen⟩ ⇒*kuuroord.*
well[2] ⟨f3⟩⟨bn.; better ['betə‖'beṭər], best [best]⟩ →better, best
I ⟨bn.⟩⟨vnl. AE⟩ **0.1** ***goed*** ⇒*gezond, wel* ◆ **1.1** a ~ man *een gezond mens* **7.1** the ~ *de gezonde mensen;*
II ⟨bn., pred.⟩ **0.1** ***gezond*** ⇒*goed, beter, wel* **0.2** ***goed*** ⇒*in orde, bevredigend, naar iemands zin, naar wens, juist* **0.3** ***raadzaam*** ⇒*verstandig, aanbevelenswaardig, wenselijk* **0.4** ***gelukkig*** ⇒*gunstig, goed* ◆ **2.¶** (all) ~ and good *prima; goed, nou goed dan;* if you accept that offer, ~ and good *als je dat bod aanneemt, goed* **3.1** she's feeling ~ again *zij voelt zich weer goed* **3.2** Alison told me she's ~ where she is now *Alison zei me dat ze het naar haar zin heeft waar ze nu is* **3.3** it would be ~ to contact them first *het zou raadzaam zijn om eerst contact met ze op te nemen* **3.4** it was ~ that we started early today *het was maar goed dat we vroeg begonnen waren vandaag* **5.2** ~ enough *goed genoeg, het kan er mee door, behoorlijk;* all is not quite ~ with him since he lost his wife *het gaat niet zo best met hem sinds hij zijn vrouw heeft verloren* **5.3** as ~ *goed, beter, raadzaam, verstandig(er);* it would be (just) as ~ to confess your little accident *je kan het beste je ongelukje maar opbiechten* **5.¶** all very ~ *alles goed en wel, allemaal erg leuk* ⟨maar⟩; *dat kan wel zijn* ⟨maar⟩; it's all very ~ for you to move to England, but what about me *het is natuurlijk leuk voor je dat je naar Engeland verhuist, maar heb je ook aan mij gedacht;* very ~ *goed dan, nou goed;* 'you better take a blanket with you' 'oh, very ~, if you think so' *'je kan beter een deken meenemen' 'o, nou goed, als je denkt dat het nodig is'* **6.¶** she's ~ in **with** my boss *zij staat in een goed blaadje bij mijn baas.*
well[3] ⟨f1⟩⟨ww.⟩
I ⟨onov.ww.⟩ **0.1** ***vloeien*** ⇒*stromen, (op)wellen, opborrelen* ◆ **5.1** blood ~ed **forth / out** (from the gash) *bloed stroomde eruit (uit de gapende wond);* ~ **over** *overstromen;* ~ **up** *opwellen, opborrelen, opkomen* ⟨v. tranen⟩; *opwellen, naar boven komen* ⟨v. gevoelens⟩; *aanzwellen, luider worden* ⟨v. geluid⟩; a feeling of pity ~ed **up** in him *een gevoel v. medelijden welde in hem op;*
II ⟨ov.ww.⟩ **0.1** ***doen vloeien*** ⇒*laten stromen.*
well[4] ⟨f4⟩⟨bw. v. good; better, best; →bijw. 2, compar. 6⟩ →better, best ⟨→sprw. 17,260,310,328,382,537,623,676,724⟩ **0.1** ***op de juiste / goede manier*** ⇒*goed, wel, juist, naar wens, bevredigend* **0.2** ***zorgvuldig*** ⇒*grondig, door en door, goed, helemaal* **0.3** ***ver*** ⇒*ruim, zeer, een heel stuk, een eind* **0.4** ***gunstig*** ⇒*vriendelijk, lovend, prijzend, goedkeurend* **0.5** ***redelijkerwijze*** ⇒*met recht, met reden, terecht, mogelijk* **0.6** ***verstandig*** ⇒*raadzaam, wijs(elijk)* **0.7** ***fortuinlijk*** ⇒*voordelig, gelukkig, goed* ◆ **1.3** ~ in advance *ruim v. te voren, ver vooruit* **2.3** ~ up in sth. *goed op de hoogte van iets;* she's ~ up in the computer technology *zij is goed thuis in de computertechniek;* his name is ~ up in the list *hij staat bijna bovenaan de lijst;* the exhibition was ~ worth visiting *de tentoonstelling was een bezoek ruimschoots / zeer waard* **3.1** behave ~ *zich goed gedragen;* ~ done! *goed gedaan!;* ~ painted *goed geschilderd;* ~ run! *goed gelopen!;* I don't speak Russian very ~ *ik spreek niet erg goed Russisch* **3.2** ~ cooked *door en door gekookt, goed gaar;* know s.o. ~ *iem. goed kennen, iem. van nabij kennen;* listen ~ to my words *luister goed naar mijn woorden;* think ~ before you answer *denk goed na voordat je antwoordt* **3.3** ~ pleased *zeer tevreden, zeer in haar / zijn sas* **3.4** speak ~ of s.o. *goedkeurend / lovend over iem. praten;* treat s.o. ~ *iem. vriendelijk behandelen* **3.5** I cannot very ~ refuse to help him *ik kan moeilijk weigeren om hem te helpen;* you may ~ wonder what they are doing *je kan je met recht afvragen wat ze aan het doen zijn;* it may ~ be that she is right *het is mogelijk / waarschijnlijk /*

het kan best zijn dat zij het bij het rechte eind heeft, mogelijk heeft ze gelijk; you may (just) as ~ go *je kunt net zo goed/voor het zelfde geld gaan* **3.6** you're acting ~ *je handelt verstandig* **3.7** marry ~ *goed trouwen, een goed huwelijk sluiten* **5.3** ~ **away** *een eind op weg, opgeschoten;* be ~ **away** on sth. *flink opschieten met iets, aardig ver zijn met iets* **5.¶** ⟨inf.⟩ ~ **away** *aangeschoten, ver heen, aardig dronken;* ~ **off** *rijk, welgesteld;* be ~ **off** *er warmpjes bijzitten, het goed hebben; geluk hebben;* she doesn't know when she's ~ **off** *ze weet niet hoe goed ze het heeft;* ~ and truly *helemaal;* he's ~ and truly drunk/beaten *hij is volslagen dronken/volkomen verslagen* **6.3** it's ~ **out of** the way *het is een eind uit de route;* she's ~ **over** sixty years of age, ~ **past** sixty *zij is ver over de zestig;* he made it ~ **within** the time *hij haalde het ruimschoots binnen de tijd* **6.¶** be ~ **out of** it *er goed van af komen;* you are ~ **out of** this affair *je mag van geluk spreken/je gelukkig prijzen dat je van de zaak af bent* **8.1** John did as ~ as you *John deed het net zo goed als jij* **8.¶** as ~ *ook, eveneens, evenzeer; net zo lief, net zo goed;* in theory as ~ as in practice *zowel in theorie als in praktijk*.

well[5] ⟨f4⟩ ⟨tussenw.⟩ **0.1** ***zo*** ⇒*nou, wel* **0.2** ***nou ja*** ⇒*goed dan, jawel* ⟨maar⟩ **0.3** ***goed*** ⇒*nu* ◆ **¶.1** ~, ~! she found herself a lover *nou nou!, zo zo!, wel wel! ze heeft een jongen op de kop getikt;* ~, what a surprise *zò, wat een verrassing;* ~, here we are *zo, we zijn er; nou we zijn er* **¶.2** ~, if she loves the boy *nou ja, als ze v.d. jongen houdt* **¶.3** ~, she continued with a long story about *goed/wel, ze ging verder met een lang verhaal over* **¶.¶** oh ~/ah ~, you can't win them all *nou ja/ach, je kan niet altijd winnen;* ~ then! *welnu;* ~ then? *wel?, nu?*.

we'll [wil⟨sterk⟩wi:l]⟨samentr. v. we shall, we will⟩.

'well-a'd·just·ed ⟨f1⟩⟨bn.⟩ **0.1** ***welgepast*** ⇒*goed (aan)gepast/geschikt* **0.2** ***goed geregeld*** ⇒*goed afgesteld*.

'well-ad'vised ⟨f1⟩⟨bn.; ook better-advised; →compar. 7⟩ **0.1** ***verstandig*** ⇒*raadzaam, wijs* **0.2** ***weldoordacht*** ⇒*goed doordacht* ⟨plan⟩.

'well-af'fect·ed ⟨bn.; ook better-affected; →compar. 7⟩ **0.1** ***welgezind*** ◆ **6.1** be ~ **to(wards)** s.o. *iem. welgezind zijn*.

'well-ap'point·ed ⟨bn.; ook better-appointed; →compar. 7⟩ **0.1** ***goed ingericht*** ⇒*goed uitgerust, goed voorzien*.

well·a·way[1] ['welə'weɪ], **well·a·day** [-'deɪ]⟨telb.zn.; ook welladay; →mv. 4⟩⟨vero.⟩ **0.1** ***jammerklacht*** ⇒*weeklacht*.

wellaway[2], **welladay** ⟨tussenw.⟩⟨vero., beh. scherts.⟩ **0.1** ***ach*** ⇒*wee, helaas*.

'well-'bal·anced ⟨f1⟩⟨bn.; ook better-balanced; →compar. 7⟩ **0.1** ***evenwichtig*** ⇒*verstandig, gezond* ⟨pers.⟩ **0.2** ***goed uitgebalanceerd*** ⇒*evenwichtig samengesteld* ⟨dieet e.d.⟩.

'well-be'hav·ed ⟨bn.; ook better-behaved; →compar. 7⟩ **0.1** ***welgemanierd*** ⇒*beschaafd* **0.2** ***oppassend*** ⇒*fatsoenlijk*.

'well-'be·ing ⟨f2⟩⟨n.-telb.zn.⟩ **0.1** ***welzijn*** ⇒*welvaart*.

well-be·lov·ed[1] ['welbɪ'lʌvɪd]⟨telb.zn.⟩ **0.1** ***geliefde*** ⇒*beminde, lieveling*.

well-beloved[2] ['welbɪ'lʌvd, -'lʌvɪd]⟨bn.; ook better-beloved; →compar. 7⟩ **0.1** ***welgeliefd*** ⇒*welbemind, zeer geliefd*.

'well-'born ⟨f1⟩⟨bn.⟩ **0.1** ***van goede huize*** ⇒*van goede komaf/familie*.

'well-'bred ⟨f1⟩⟨bn.; ook better-bred; →compar. 7⟩ **0.1** ***welopgevoed*** ⇒*beschaafd, welgemanierd* **0.2** ***v.e. goed ras*** ⟨v. dieren⟩.

'well-'cho·sen ⟨bn.; better-chosen, best-chosen; →compar. 7⟩ **0.1** ***welgekozen*** ⇒*treffend, passend* ◆ **1.1** in ~ words *in welgekozen bewoordingen*.

'well-con'di·tioned ⟨bn.; ook better-conditioned; →compar. 7⟩ **0.1** ***in goede conditie*** ⇒*in goede staat, gezond* **0.2** ***evenwichtig*** ⇒*verstandig*.

'well-con'duct·ed ⟨bn.; ook better-conducted; →compar. 7⟩ **0.1** ***goed geleid/bestuurd*** ⇒*goed georganiseerd* ⟨v. vergadering⟩ **0.2** ***welgemanierd*** ⇒*met goed gedag*.

'well-con'nect·ed ⟨bn.; ook better-connected; →compar. 7⟩ **0.1** ***met goede (familie)relaties***.

'well-con'ten·ted ⟨bn.⟩ **0.1** ***heel tevreden*** ⇒*gelukkig*.

'well·deck ⟨telb.zn.⟩⟨scheep.⟩ **0.1** ***kuil***.

'well-de'fined ⟨f1⟩⟨bn.; ook better-defined; →compar. 7⟩ **0.1** ***duidelijk omlijnd*** ⇒*scherp afgetekend, duidelijk zichtbaar* ⟨v. omtrek, grenzen⟩.

'well-de'vel·oped ⟨f1⟩⟨bn.⟩ **0.1** ***goed ontwikkeld***.

'well-dis'pos·ed ⟨bn.; ook better-disposed; →compar. 7⟩ **0.1** ***welwillend*** ⇒*welgezind, goedgunstig, hulpvaardig* ◆ **6.1** ~ **towards** *welwillend jegens, vriendelijk tegen*.

'well-'do·er ⟨telb.zn.⟩ **0.1** ***weldoener***.

'well-'do·ing ⟨n.-telb.zn.⟩ **0.1** ***het weldoen*** ⇒*weldadigheid, goede daden* **0.2** ***welvaart*** ⇒*welzijn*.

'well-'done ⟨bn.; voor 0.2 ook better-done; →compar. 7⟩ **0.1** ***goed doorbakken*** ⇒*goed gaar* ⟨v. vlees⟩ **0.2** ***goed uitgevoerd*** ⇒*goed gedaan, goed gemaakt*.

'well-'dressed ⟨bn.⟩ **0.1** ***goed gekleed***.

'well-'earned ⟨f1⟩⟨bn.; ook better-earned; →compar. 7⟩ **0.1** ***welverdiend*** ⟨rust⟩.

'well-'ed·u·ca·ted ⟨bn.⟩ **0.1** ***beschaafd*** ⇒*gecultiveerd*.

'well-en'dowed ⟨bn.⟩ **0.1** ***getalenteerd*** **0.2** ⟨inf.⟩ ***fors/weelderig geschapen*** ⟨v. man en vrouw⟩.

'well-es'tab·lished ⟨bn.; ook better-established; →compar. 7⟩ **0.1** ***voldoende bewezen*** ⟨v. principe, e.d.⟩ **0.2** ***reeds lang gevestigd*** ⟨firma⟩.

'well-'fa·voured ⟨bn.⟩⟨vero.⟩ **0.1** ***knap*** ⇒*aantrekkelijk, goed uitziend*.

'well-'fed ⟨f1⟩⟨bn.; ook better-fed; →compar. 7⟩ **0.1** ***goed gevoed*** **0.2** ***weldoorvoed*** ⇒*welgedaan, dik, gezet*.

'well-'formed ⟨bn.; -ness⟩⟨taalk.⟩ **0.1** ***welgevormd*** ⇒*grammaticaal correct*.

'well-'found ⟨bn.⟩ **0.1** ***goed uitgerust*** ⇒*volledig uitgerust* ⟨v. schip⟩.

'well-'found·ed ⟨bn.; ook better-founded; →compar. 7⟩ **0.1** ***gegrond*** ⇒*op feiten gebaseerd, goed gefundeerd*.

'well-'groomed ⟨bn.; ook better-groomed; →compar. 7⟩ **0.1** ***(wel) verzorgd*** ⟨v. paard, pers., tuin⟩ ⇒*gesoigneerd, goed onderhouden*.

'well-'ground·ed ⟨bn.; ook better-grounded; →compar. 7⟩
I ⟨bn.⟩ **0.1** ***gegrond*** ⇒*goed gefundeerd;*
II ⟨bn., pred.⟩ **0.1** ***goed onderlegd*** ◆ **6.1** ~ **in** sth. *goed onderlegd in iets*.

'well·head ⟨telb.zn.⟩ **0.1** ***bron*** ⇒*oorsprong* **0.2** ***hoofdbron*** **0.3** ***mond v.e. put*** ⇒*putrand*.

'well-'heeled ⟨bn.⟩⟨inf.⟩ **0.1** ***rijk*** ⇒*goed bij kas, in goeden doen*.

'well·hole ⟨telb.zn.⟩ **0.1** ***trappehuis*** **0.2** ***liftkoker*** ⇒*liftschacht*.

'well-'hung ⟨bn.; ook better-hung; →compar. 7⟩⟨sl.⟩ **0.1** ***fors/weelderig geschapen*** ⇒*met joekels* ⟨v. vrouw⟩; *met een joekel* ⟨v. man⟩.

wel·lies ['weliz]⟨mv.⟩⟨verk.⟩ Wellingtons ⟨inf.⟩ **0.1** ***rubberlaarzen***.

'well-in'formed ⟨f1⟩⟨bn.; ook better-informed; →compar. 7⟩ **0.1** ***goed op de hoogte*** ⇒*ontwikkeld, met goede algemene ontwikkeling,* ⟨i.h.b.⟩ *deskundig* **0.2** ***goed ingelicht*** ⇒*welingelicht* ⟨kring, persoon⟩.

Wel·ling·ton ['welɪŋtən], **'Wellington 'boot** ⟨f1⟩⟨telb.zn.⟩ **0.1** ***rubberlaars*** ⇒*regenlaars* **0.2** ***kaplaars*** ⇒*hoge laars* ⟨voor tot over de knie⟩.

wel·ling·to·nia ['welɪŋ'toʊnɪə]⟨telb.zn.⟩⟨plantk.⟩ **0.1** ***mammoet(s) boom*** ⟨Sequoiadendron giganteum⟩.

'well-in'ten·tioned ⟨bn.; ook better-intentioned; →compar. 7⟩ **0.1** ***goed bedoeld*** **0.2** ***welmenend*** ⇒*met de beste bedoelingen*.

'well-'judged ⟨bn.⟩ **0.1** ***goed beoordeeld*** ⇒*tactvol*.

'well-'knit ⟨bn.⟩ **0.1** ***stevig gebouwd*** ⇒*krachtig, goedgebouwd* ⟨v. lichaam bv.⟩.

'well-'known ⟨f3⟩⟨bn.; ook better-known; →compar. 7⟩ **0.1** ***bekend*** ⇒*algemeen bekend* ⟨pers.⟩ **0.2** ***vertrouwd*** ⇒*bekend* ⟨stem⟩.

'well-'lined ⟨bn.⟩⟨inf.⟩ **0.1** ***gespekt*** ⇒*welvoorzien, goedgevuld* ⟨beurs⟩ **0.2** ***goed gevuld*** ⇒*vol* ⟨maag⟩.

'well-'made ⟨f1⟩⟨bn.⟩ **0.1** ***goedgevormd*** ⟨pers.⟩ ⇒*goedgebouwd* **0.2** ***knap gemaakt***.

'well-'man·nered ⟨bn.; ook better-mannered; →compar. 7⟩ **0.1** ***welgemanierd*** ⇒*beschaafd, beleefd*.

'well-'marked ⟨bn.; ook better-marked; →compar. 7⟩ **0.1** ***scherp (omlijnd)*** ⇒*duidelijk, precies*.

'well-'matched ⟨bn.⟩ **0.1** ***goed bij elkaar passend*** ⇒*op elkaar afgestemd* **0.2** ***aan elkaar gewaagd*** ⇒*tegen elkaar opgewassen*.

'well-'mean·er ⟨telb.zn.⟩ **0.1** ***welmenend iem.*** ⇒*iem. die het goed bedoelt*.

'well-'mean·ing ⟨f1⟩⟨bn.; ook better-meaning; →compar. 7⟩ **0.1** ***goedbedoeld*** ⇒*welgemeend* **0.2** ***welmenend*** ⇒*goed bedoelend*.

'well-'meant ⟨f1⟩⟨bn.⟩ **0.1** ***goedbedoeld*** ⇒*met de beste bedoelingen*.

'well-nigh ⟨bw.⟩⟨schr.⟩ **0.1** ***bijna*** ⇒*bijkans, nagenoeg, vrijwel* ◆ **2.1** it's ~ impossible *het is vrijwel onmogelijk*.

'well-'off ⟨f1⟩⟨bn.; better-off, best-off; →compar. 7⟩ **0.1** ***rijk*** ⇒*welgesteld* ◆ **6.1** ~ **for** books *rijkelijk voorzien van boeken, met veel boeken;* ~ **for** money *goed in het geld zittend, met veel geld*.

'well-'oiled ⟨bn.⟩ **0.1** ***vleiend*** ⟨v. opmerking⟩ **0.2** ⟨sl.⟩ ***dronken*** ⇒*nat, zat, in de olie*.

'well-'or·dered ⟨bn.⟩ **0.1** ***goed geordend***.

'well-'paid ⟨bn.; ook better-paid; →compar. 7⟩ **0.1** ***goedbetaald***.

'well-'pleased ⟨bn.⟩ **0.1** ***zeer verheugd*** ⇒*erg in zijn schik*.

'well-pre'served ⟨bn.; ook better-preserved; →compar. 7⟩ **0.1** ***goed geconserveerd*** ⟨v. ouder iem.⟩.

'well-pro'por·tioned ⟨bn.⟩ **0.1** ***regelmatig gebouwd*** ⇒*goed gebouwd* **0.2** ***in de juiste verhouding*** ⇒*goed geproportioneerd*.

well-read ['wel'red]⟨f1⟩⟨bn.; ook better-read; →compar. 7⟩ **0.1** ***belezen***.

'well-'reg·u·lat·ed ⟨bn.⟩ **0.1** ***goed geregeld*** ⇒*goed geordend, ordelijk*.

'well-re'put·ed ⟨bn.⟩ **0.1** ***met/van goede naam.***

'well room ⟨telb.zn.⟩ **0.1** ***drinkhal*** ⇒*kuurzaal* ⟨in badplaats⟩.

'well-'round·ed ⟨bn.⟩ **0.1** ***veelzijdig*** ⇒*gevariëerd* ⟨opleiding enz.⟩ **0.2** ***volslank*** **0.3** ***afgerond*** **0.4** ***compleet*** ⇒*afgerond, zonder lacunes, totaal-* ⟨programma⟩ ◆ **1.3** a ~ sentence *een goede afgeronde zin.*

'well-'seem·ing ⟨bn.⟩ **0.1** ***schoonschijnend.***

'well-'set, ⟨in bet. 0.2 ook⟩ **'well-set-'up** ⟨bn.⟩ **0.1** ***bekwaam neergezet*** ⇒*vakkundig geplaatst,* ⟨i.h.b.⟩ *goed opgesteld* ⟨v. batsman⟩ **0.2** ***stevig gebouwd*** ⇒*krachtig gebouwd.*

'well-'shav·en ⟨bn.⟩ **0.1** ***gladgeschoren.***

Wells·ian ['welzɪən]⟨bn.⟩ **0.1** ***(als) v. H.G. Wells*** ⟨romanschrijver 1866-1946⟩.

'well-'spent ⟨bn.⟩ **0.1** ***goed besteed*** ⟨geld, tijd enz.⟩.

'well-'spo·ken ⟨bn.⟩ **0.1** ***treffend*** ⇒*juist, goed gekozen, goed gezegd* **0.2** ***welsprekend*** ⇒⟨i.h.b.⟩ ⟨vnl. BE⟩ *met beschaafde uitspraak.*

'well·spring ⟨telb.zn.⟩ **0.1** ***bron*** ⇒*oorsprong* ⟨ook fig.⟩.

'well-'stacked ⟨bn.⟩⟨inf.⟩ **0.1** ***fors/weelderig geschapen*** ⟨v. vrouw⟩ ⇒*met kanjers.*

'well staircase ⟨telb.zn.⟩ **0.1** ***wenteltrap.***

'well-'thought-of ⟨bn.; ook better-thought-of; →compar. 7⟩ **0.1** ***geacht*** ⇒*v. goede naam, in aanzien staand.*

'well-thought-'out ⟨bn.; ook better-thought-out; →compar. 7⟩ **0.1** ***goed doorgedacht*** ⇒*weldoordacht, weloverwogen.*

'well-'thumbed ⟨bn.⟩ **0.1** ***beduimeld.***

'well-'tim·bered ⟨bn.⟩ **0.1** ***goed getimmerd*** ⟨huis⟩ **0.2** ***houtrijk*** ⟨stuk land⟩.

'well-'timed ⟨bn.; ook better-timed; →compar. 7⟩ **0.1** ***op het juiste moment gedaan/gekomen/geplaatst/gezegd*** ⇒*goed getimed.*

'well-to-'do ⟨f1⟩⟨bn.⟩⟨inf.⟩ **0.1** ***rijk*** ⇒*bemiddeld, welgesteld.*

'well-'tried ⟨bn.⟩ **0.1** ***beproefd.***

'well-'trod·den, 'well-'trod ⟨bn.⟩ **0.1** ***druk begaan*** ⇒*druk bezocht, veel betreden* ⟨v. pad⟩.

'well-'turned ⟨bn.; ook better-turned; →compar. 7⟩ **0.1** ***goed uitgedrukt*** ⇒*goed geformuleerd,* ⟨i.h.b.⟩ *gelukkig gekozen* **0.2** ***welgevormd*** ⇒*goed gevormd* **0.3** ***mooi gerond*** ⟨v. boog⟩.

'well-up'hol·stered ⟨bn.⟩⟨scherts.⟩ **0.1** ***dik*** ⇒*vet, gezet, goed in het vlees zittend.*

'well-wish·er ⟨telb.zn.⟩ **0.1** ***iem. die iem. het beste toewenst*** ⇒*iem. die gelukwenst.*

'well-'worn ⟨f1⟩⟨bn.⟩ **0.1** ***afgezaagd*** ⇒*cliché, alledaags* **0.2** ***versleten*** ⇒*afgedragen* **0.3** ***op juiste wijze gedragen.***

welsh [welʃ], **welch** [weltʃ]⟨ww.⟩

I ⟨onov.ww.⟩ **0.1** ***zijn woord niet houden*** ⇒*verplichtingen niet nakomen, zich onttrekken aan verplichtingen* ◆ **6.1** ~ **on** debts *schulden niet (af)betalen;* ~ **on** a deal *zich niet aan een afspraak houden;* ~ **on** a promise *een belofte niet nakomen;*

II ⟨onov. en ov.ww.⟩ **0.1** ***verdwijnen zonder (uit) te betalen*** ⇒*met het geld er vandoor gaan, belazeren* ⟨v. gokker, bookmaker⟩ ◆ **1.1** ~ (on) people *er met het geld v.d. mensen vandoor gaan, de mensen belazeren.*

Welsh¹, ⟨zelden⟩ **Welch** [welʃ]⟨f2⟩⟨zn.; Welsh, Welch; →mv. 4⟩

I ⟨eig.n.⟩ **0.1** ***Wels*** ⇒*het Welsh* ⟨taal⟩;

II ⟨verz.n.; the⟩ **0.1** ***bewoners v. Wales.***

Welsh², ⟨zelden⟩ **Welch** ⟨f2⟩⟨bn.⟩ **0.1** ***Wels*** ⇒*van/uit Wales* **0.2** ***in het Wels*** ⇒*Wels* ◆ **1.¶** ~ corgi *Welsh corgi* ⟨kortbenige herdershond⟩; ⟨plantk.⟩ ~ onion *grof bieslook* ⟨Allium fistulosum⟩; ~ rabbit, ~ rarebit *Welsh rarebit, toast met gesmolten kaas;* the ~ Wizard *de tovenaar uit Wales* (⟨bijnaam v.⟩ D. Lloyd George).

welsh·er ['welʃə‖-ər], **welch·er** [-tʃə‖-tʃər]⟨telb.zn.⟩ **0.1** ***bedrieger*** ⇒*oplichter* ⟨v. bookmaker⟩.

Welsh·man ['welʃmən]⟨f1⟩⟨telb.zn.; Welshmen [-mən]; →mv. 3⟩ **0.1** ***bewoner v. Wales.***

'Welsh·wom·an ⟨telb.zn.⟩ **0.1** ***bewoonster v. Wales.***

welt¹ [welt]⟨telb.zn.⟩ **0.1** ***rand*** ⟨tussen bovenleer en zool v. schoen⟩ **0.2** ***striem*** ⇒*streep* **0.3** ***slag*** ⇒*harde klap, mep, loei* **0.4** ***boordsel*** ⇒*rand, stootband, stootkant.*

welt² ⟨ov.ww.⟩ **0.1** ***afzetten met boordsel*** ⇒*boorden* **0.2** ***aftuigen*** ⇒*slaan, ranselen* **0.3** ***striemen maken op.***

Welt·an·schau·ung ['veltɑ:nʃaʊʊŋ]⟨telb.zn.; ook Weltanschauungen [-ən]; →mv. 5⟩ **0.1** ***wereldbeeld*** ⇒*wereldbeschouwing* **0.2** ***levensopvatting*** ⇒*levensvisie, levensbeschouwing.*

wel·ter¹ ['weltə‖-ər]⟨f1⟩⟨zn.⟩

I ⟨telb.zn.⟩ **0.1** ***zware ruiter/jockey*** **0.2** ***(iem. uit het) weltergewicht*** **0.3** ⟨inf.⟩ ***harde klap*** ⇒*mep, oplawaai, dreun* **0.4** ⟨inf.⟩ ***gevaarte*** ⇒*kanjer, beer, reus;*

II ⟨n.-telb.zn.⟩ **0.1** ***het rollen*** ⇒*deining* ⟨v. zee⟩;

III ⟨verz.n.⟩ **0.1** ***verwarring*** ⇒*warboel, chaos, rotzooi* **0.2** ***mengelmoes*** ⇒*enorm aantal, enorme hoeveelheid* ◆ **1.2** a ~ of political beliefs is/are to be heard on this meeting *een mengelmoes v. politieke credo's is te horen op deze vergadering.*

welter² ⟨f1⟩⟨onov.ww.⟩ **0.1** ***zich rollen*** ⇒*zich wentelen, rondwoelen* **0.2** ***baden*** **0.3** ***slingeren*** ⇒*deinen, zwalken, op en neer gaan* ⟨v. zee, schipbreukeling⟩ ◆ **6.1** ~ **in** *zich wentelen in* **6.2** ~ **in** blood *baden in bloed.*

'welter race ⟨telb.zn.⟩ **0.1** ***race voor zware jockeys.***

'wel·ter·weight ⟨f1⟩⟨zn.⟩

I ⟨telb.zn.⟩ **0.1** ***zware ruiter/jockey*** **0.2** ***(bokser uit het) weltergewicht*** **0.3** ***extra gewicht*** ⇒*toegevoegd gewicht* ⟨als aanvulling op gewicht v. renpaard⟩;

II ⟨n.-telb.zn.⟩ **0.1** ***weltergewicht*** ⟨gewichtsklasse⟩.

Welt·schmerz ['veltʃmeəts‖-ʃmerts]⟨n.-telb.zn.⟩ **0.1** ***weltschmerz.***

wen [wen]⟨zn.⟩

I ⟨telb.zn.⟩ **0.1** ⟨med.⟩ ***uitwas*** ⇒*wen* **0.2** ***grote, overbevolkte stad*** **0.3** ***wen*** ⇒*runeteken voor w* ◆ **2.2** the great ~ *Londen;*

II ⟨telb. en n.-telb.zn.⟩⟨vero.⟩ **0.1** ***krop*** ⇒*struma.*

wench¹ [wentʃ]⟨telb.zn.⟩ **0.1** ⟨vero., beh. gew.⟩ ***meisje*** ⇒⟨i.h.b.⟩ *(boeren)deerne, wicht* **0.2** ⟨vero.⟩ ***lichtekooi*** ⇒*prostituée* **0.3** ⟨vero.⟩ ***(dienst)meid.***

wench² ⟨onov.ww.⟩⟨scherts.⟩ ◆ **¶.¶** he was out ~ing all night *hij is de hele nacht achter de meiden aan geweest.*

wench·er ['wentʃə‖-ər]⟨telb.zn.⟩⟨vero.⟩ **0.1** ***hoerenloper.***

wend [wend]⟨ww.⟩

I ⟨onov.ww.⟩⟨vero.⟩ **0.1** ***gaan*** ⇒*zich begeven naar;*

II ⟨ov.ww.⟩⟨schr.⟩ **0.1** ***gaan*** ◆ **1.1** ~ one's way *zich begeven, gaan; vertrekken.*

Wend [wend]⟨telb.zn.⟩ **0.1** ***Wend*** ⇒*Sorb.*

Wend·ish¹ ['wendɪʃ], **Wend·ic** [-dɪk]⟨eig.n.⟩ **0.1** ***Sorbisch*** ⇒*de taal v.d. Wenden/Sorben.*

Wendish², Wendic ⟨bn.⟩ **0.1** ***v.d. Wenden/Sorben*** **0.2** ***in het Sorbisch.***

'Wendy house ⟨telb.zn.⟩ **0.1** ***modelhuisje*** ⟨waarin kinderen kunnen spelen⟩.

Wens·ley·dale ['wenzlideɪl]⟨zn.⟩

I ⟨telb.zn.⟩ **0.1** ***Wensleydale (schaap)*** ⟨langwollig schaap⟩;

II ⟨n.-telb.zn.⟩ **0.1** ***Wensleydale (kaas)*** ⟨witte/blauwe kaas⟩.

went [went]⟨verl. t.⟩ →go.

wen·tle·trap ['wentltræp]⟨telb.zn.⟩⟨dierk.⟩ **0.1** ***wenteltrap*** ⟨schelpdier; genus Scalaria⟩.

wept [wept]⟨verl. t. en volt. deelw.⟩ →weep.

were [wə⟨sterk⟩wɜ:‖wər⟨sterk⟩wɜr]⟨2e pers. enk. en alle pers. mv. verl. t. aant. w., en alle pers. verl. t. aanv. w.; →t2⟩ →be.

we're [wɪə⟨sterk⟩'wi:ə‖wɪr⟨sterk⟩wi:r]⟨samentr. v. we are⟩.

wer·en't [wɜ:nt‖wɜrnt]; →t2⟩⟨samentr. v. were not⟩.

wer(e)·wolf ['weəwʊlf‖'wɪr-]⟨telb.zn.; wer(e)wolves [-wʊlvz]; →mv. 3⟩ **0.1** ***weerwolf.***

wer·geld ['wɜ:geld‖'wɜr-], **wer(e)·gild** [-gɪld]⟨n.-telb.zn.⟩⟨gesch.⟩ **0.1** ***weergeld.***

wert [wɜ:t‖wɜrt]⟨2e pers. enk. verl. t., vero. of relig.; →t2⟩ →be.

wer·the·ri·an [veə'tɪərɪən‖ver'tɪrɪən]⟨bn.⟩ **0.1** ***Wertherachtig*** ⇒*Wertheriaans* ⟨naar Goethe's Die Leiden des jungen Werthers⟩.

Wer·ther·ism ['veətərɪzm‖'vertər-]⟨n.-telb.zn.⟩ **0.1** ***ziekelijke sentimaliteit*** ⇒*Wertherachtige melancholie* ⟨naar Goethe's Die Leiden des jungen Werthers⟩.

Wes·ley·an¹ ['wezlɪən]⟨telb.zn.⟩⟨relig.⟩ **0.1** ***met(h)odist*** ⇒*volgeling v. Wesley.*

Wesleyan² ⟨bn.⟩⟨relig.⟩ **0.1** ***met(h)odistisch*** ⇒*volgens Wesley, v. Wesley.*

Wes·ley·an·ism ['wezlɪənɪzm]⟨n.-telb.zn.⟩ **0.1** ***met(h)odisme*** ⇒*leer v. Wesley.*

west¹ [west]⟨f3⟩⟨zn.⟩⟨→sprw. 742⟩

I ⟨eig.n.; W-; the⟩ **0.1** ***Westen*** ⟨i.t.t. het Oosten, Oostblok⟩ ⇒*Occident, avondland* **0.2** ***westelijk halfrond*** **0.3** ⟨AE⟩ ***Westen*** ⟨ten westen v.d. Mississippi⟩ **0.4** ⟨AE; gesch.⟩ ***Westen*** ⟨ten westen v.h. Allegheny gebergte⟩ **0.5** ⟨gesch.⟩ ***Westromeinse rijk*** ◆ **2.¶** West Central *West Central* ⟨Londens postdistrict⟩;

II ⟨n.-telb.zn.; the⟩ **0.1** ***westen*** **0.2** ⟨vaak W-⟩ ***westelijk gedeelte/gebied*** ⇒*westen* **0.3** ***westenwind*** **0.4** ⟨bridge⟩ ***west*** ◆ **1.2** in the ~ of England *in het westen v. Engeland* **6.1** to the ~ **of** *ten westen van, westelijk van.*

west² ⟨f3⟩⟨bn., attr.⟩ **0.1** ⟨vaak W-⟩ ***westelijk*** ⇒*west(en)-, in het westen gelegen* **0.2** ***uit het westen komend*** ⇒*westen-* ◆ **1.1** ~ coast *westkust;* West Germany *West-Duitsland, B.R.D.;* West Indies *West-Indië* **1.2** ~ wind *westenwind* **1.¶** the West End *West End* ⟨het uitgaanscentrum v. Londen⟩.

west³ ⟨f2⟩⟨bw.; vaak W-⟩⟨→sprw. 133⟩ **0.1** ***west*** ⇒*naar het westen, ten westen, westwaarts, westelijk* **0.2** ***uit het westen*** ⇒*westelijk, west* **0.3** ***in het westen*** ◆ **3.1** we were walking ~ *we liepen naar het westen* **6.1** ~ **by** north *west ten noorden;* ~ **by** south *west ten zuiden;* ~ **of** *ten westen van, westelijk van.*

'west·bound ⟨bn.⟩ **0.1** ***naar het westen gaand*** ⇒*westwaarts reizend* ◆ **1.1** a ~ ship *een schip dat naar het westen vaart.*

'West Country ⟨eig.n.; the⟩ **0.1** ***het zuidwesten v. Engeland.***
west·er[1] ['westə‖-ər]⟨telb.zn.⟩ **0.1** ***wester*** ⇒*westerstorm, westenwind.*
wester[2] ⟨onov.ww.⟩ **0.1** ***naar het westen gaan/draaien*** ⟨v. zon, maan, ster⟩ ⇒⟨i.h.b.⟩ *ondergaan* **0.2** ***westelijken*** ⇒*naar het westen draaien* ⟨v. wind⟩ ◆ **1.1** a ~ing sun *een ondergaande zon.*
west·er·ly[1] ['westəli‖-stər-]⟨telb.zn.; →mv. 2⟩ **0.1** ***westenwind*** ⇒*westerstorm* ◆ **7.1** ⟨meteo.⟩ the Westerlies *de (heersende) westenwinden.*
westerly[2] ⟨f1⟩ ⟨bn.⟩
I ⟨bn.⟩ **0.1** ***westelijk*** ⇒*westen-* ⟨v. wind⟩;
II ⟨bn., attr.⟩ **0.1** ***west-*** ⇒*westelijk* ◆ **1.1** the ~ coast of the island *de westkust v.h. eiland.*
westerly[3] ⟨f1⟩ ⟨bw.⟩ **0.1** ***west*** ⇒*westwaarts, in/naar het westen, westelijk* **0.2** ***westelijk*** ⇒*uit het westen, west.*
west·ern[1] ['westən‖'westərn]⟨f2⟩ ⟨telb.zn.⟩ **0.1** ⟨vaak W-⟩ ***western*** ⇒*wild-westfilm/roman* **0.2** ***westerling*** **0.3** ⟨AE⟩ ***iem. uit het westen/de westelijke staten v.d. U.S.A..***
western[2] ⟨f3⟩ ⟨bn.⟩ **0.1** ***westelijk*** ⇒*west(en)-* **0.2** ***in het westen wonend/liggend/groeiend*** **0.3** ***westwaarts*** **0.4** ***uit het westen*** ⟨v. wind⟩ **0.5** ⟨W-⟩ ***westers*** ⟨i.t.t. oosters en Oostblok-⟩ ⇒*occidentaal* **0.6** ⟨W-⟩ ***uit het westen/de westelijke staten v.d. U.S.A.*** ◆ **1.5** ⟨gesch.⟩ Western Church *westerse kerk;* Western civilization *westerse beschaving;* ⟨gesch.⟩ Western Empire *Westromeinse rijk;* Western Ghats *West-Ghats* ⟨bergketen in India⟩; Western Hemisphere *westelijk halfrond* **1.¶** Western roll *zijrol, Western roll* ⟨bij hoogspringen⟩.
west·er·ner ['westənə‖'westərnər]⟨f1⟩ ⟨telb.zn.⟩ **0.1** ***westerling*** **0.2** ⟨vaak W-⟩ ***iem. uit het westen/de westelijke staten v.d. U.S.A..***
west·ern·i·za·tion, -sa·tion ['westənaɪ'zeɪʃn‖-stərnə-]⟨n.-telb.zn.⟩ **0.1** ***verwestersing.***
west·ern·ize, -ise ['westənaɪz‖-stər-]⟨f1⟩ ⟨ov.ww.⟩ **0.1** ***verwestersen*** ⇒*westerse leefwijze opdringen, westers maken.*
west·ern·most ['westənmoust‖-stərn-]⟨bn.⟩ **0.1** ***westelijkst*** ⇒*meest westelijk gelegen.*
'West 'German[1] ⟨telb.zn.⟩ **0.1** ***Westduitser*** ⇒*inwoner/inwoonster v.d. B.R.D..*
West German[2] ⟨bn.⟩ **0.1** ***Westduits*** ⇒*van/uit de B.R.D..*
'West 'Indian[1] ⟨f1⟩ ⟨telb.zn.⟩ **0.1** ***in/bewoner v. West-Indië.***
West Indian[2] ⟨f1⟩ ⟨bn.⟩ **0.1** ***Westindisch.***
west·ing ['westɪŋ]⟨telb.zn.⟩ ⟨scheep.⟩ **0.1** ***(afgelegde) afstand westwaarts*** **0.2** ***westelijke richting/koers.***
West·min·ster ['wes(t)mɪnstə‖-ər]⟨f2⟩ ⟨zn.⟩ ⟨BE⟩
I ⟨telb.zn.⟩ **0.1** ***(ex-)leerling v. Westminster School;***
II ⟨n.-telb.zn.⟩ **0.1** ***parlement(sgebouwen).***
'west-north-'west[1] ⟨n.-telb.zn.⟩ **0.1** ***westnoordwesten.***
west-north-west[2] ⟨bn.; bw.⟩ **0.1** ***westnoordwestelijk.***
Wes·tra·lian[1] [we'streɪlɪən]⟨telb.zn.⟩ **0.1** ***iem. uit Westaustralië.***
Westralian[2] ⟨bn.⟩ **0.1** ***v./uit/m.b.t. Westaustralië.***
'west-south-'west[1] ⟨n.-telb.zn.⟩ **0.1** ***westzuidwesten.***
west-south-west[2] ⟨bn., 5⟩ **0.1** ***westzuidwestelijk.***
west·ward[1] ['westwəd‖-wərd]⟨n.-telb.zn.⟩ **0.1** ***westen*** **0.2** ***westelijk gedeelte/gebied.***
westward[2] ⟨f1⟩ ⟨bn.; -ly⟩ **0.1** ***westelijk*** ⇒*westwaarts.*
westward[3], **west·wards** ['westwədz‖-wərdz], **'west·a·bout** ⟨f1⟩ ⟨bw.⟩ **0.1** ***westwaarts*** ⇒*naar het westen.*
wet[1] [wet]⟨zn.⟩
I ⟨telb.zn.⟩ **0.1** ⟨alleen enk.; vnl. BE; inf.⟩ ***borrel*** ⇒*glaasje, slokje* **0.2** ⟨BE; inf.⟩ ***sukkel*** ⇒*sul, slappeling, doetje, slome duikelaar, duif* **0.3** ⟨AE; inf.⟩ ***voorstander v. vrije drankverkoop*** **0.4** ⟨BE; inf.; pol.⟩ ***gematigd conservatief*** ◆ **3.1** have a ~ *een glaasje nemen, er eentje achterover slaan;*
II ⟨n.-telb.zn.; the⟩ **0.1** ***nat weer*** ⇒*regen* **0.2** ***nattigheid*** ⇒*vocht (igheid)* ◆ **6.1** they were glad to come in **out of** the ~ *zij waren blij dat ze uit de regen konden binnenkomen.*
wet[2] ⟨f3⟩ ⟨bn.; -er; -ly; -ness; →compar. 7⟩ **0.1** ***nat*** ⇒*vochtig, nog niet droog, vloeibaar* **0.2** ***regenachtig*** ⇒*nat* **0.3** ***met behulp v. water/vocht*** ⇒*nat* ⟨v. methode⟩ **0.4** ⟨inf.⟩ ***dronken*** ⇒*aangeschoten, nat, zat* **0.5** ⟨inf.⟩ ***fout*** ⇒*verkeerd, mis* **0.6** ⟨inf.⟩ ***sentimenteel*** ⇒*klef* **0.7** ⟨BE; inf.⟩ ***slap*** ⇒*sullig, sloom* **0.8** ⟨BE; inf.; pol.⟩ ***(te) gematigd conservatief*** **0.9** ⟨vnl. AE; inf.⟩ ***met vrije drankverkoop*** ⇒*zonder alcoholverbod, niet drooggelegd* ◆ **1.1** ~ goods *natte waren;* ~ pack *natte omslag* ⟨om lichaam(sdeel)⟩; ~ paint *natte verf, nat, pas geverfd;* ~ road *natte weg;* be ~ to the skin *nat tot op de huid/doornat zijn, geen droge draad aan zijn lichaam hebben;* ~ steam *natte stoom* **1.2** Ireland is a ~ country *Ierland is een land met veel regen;* the ~ monsoon *de natte/kwade moesson, de zomermoesson;* it's going to be a ~ night *het wordt een natte nacht;* ~ weather *regenachtig weer, nat weer* **1.3** ⟨foto.⟩ ~ plate *natte plaat* **1.7** oh no, not him, he's such a ~ person *o nee, hem niet, hij is zo'n slome* **1.8** ~ state *niet drooggelegde staat, staat met vrije drankhandel* **1.¶** ~ bargain *koop onder/met een drankje beklonken;* ~ blanket *domper, koude douche; spelbreker;* put/throw a ~ blanket on *een domper zetten op, verpesten;* ~ dream *natte droom;* he's still ~ behind the ears *hij is nog niet droog achter de oren, hij is nog zeer jong en onervaren, hij komt pas kijken;* get one's feet ~ *meedoen, zich met de zaak inlaten, het spel meespelen;* ~ fish *verse vis;* ~ fly *natte (kunst)vlieg* ⟨bij sportvisserij⟩; ~ look *glans(laag), glimmend oppervlak* ⟨op plastic, leer⟩; ⟨inf.⟩ feel like a ~ rag *zich voelen als een dweil/vaatdoek;* ~ rot *bruine rot; kelderzwam* ⟨Coniophora puteana⟩; ⟨inf.⟩ look like a ~ weekend *treurig/sip kijken* **3.1** get ~ *nat worden* **3.¶** wringing ~ *drijf(nat), druipnat, kletsnat* **5.1** ~ **through** *door en door nat, kletsnat, helemaal doorweekt* **5.5** you're all ~ *je zit er helemaal naast, je hebt het totaal mis* **6.1** his moustache was ~ **with** beer *zijn snor was nat van het bier.*
wet[3] ⟨f2⟩ ⟨ww.; →ww. 7; BE in bet. II 0.2 wet, wet⟩ →wetting
I ⟨onov.ww.⟩ **0.1** ***nat worden;***
II ⟨ov.ww.⟩ **0.1** ***nat maken*** ⇒*bevochtigen* **0.2** ***plassen in/op*** ⟨bed, e.d.⟩ ◆ **1.1** he just ~s his fingers and his face in the morning *'s morgens maakt hij alleen zijn gezicht en vingers even nat* **1.2** ~ the bed *bedwateren.*
'wet·back ⟨telb.zn.⟩ ⟨AE⟩ **0.1** ***illegale Mexicaanse gastarbeider*** ⟨die bv. de Rio Grande is overgezwommen⟩.
'wet bob ⟨telb.zn.⟩ ⟨BE⟩ **0.1** ***roeier*** ⟨voor Eton⟩.
'wet-bulb ⟨bn., attr.⟩ **0.1** ***v./mbt. natte bol*** ⟨v. vochtigheidsmeter⟩ ◆ **1.1** ~ temperature *natte-boltemperatuur;* ~ thermometer *natte thermometer.*
'wet dock ⟨telb.zn.⟩ **0.1** ***nat dok*** ⟨als lig/los/laadplaats⟩.
weth·er ['weðə‖-ər]⟨telb.zn.⟩ **0.1** ***hamel.***
wet·land ['wetlənd, -lænd]⟨telb.zn.; vnl. mv.⟩ **0.1** ***moerasland*** ⇒*drassig land, watergebied.*
'wet nurse ⟨telb.zn.⟩ **0.1** ***min*** ⇒*zoogster* **0.2** ***iem. die verwent/vertroetelt*** ⇒*verzorger.*
'wet-nurse ⟨ov.ww.⟩ **0.1** ***zogen*** ⟨v. min⟩ **0.2** ***vertroetelen*** ⇒*in de watten leggen, verwennen.*
'wet suit ⟨telb.zn.⟩ ⟨sport⟩ **0.1** ***wetsuit*** ⇒*duikerspak.*
wet·ta·ble ['wetəbl]⟨bn.⟩ **0.1** ***bevochtigbaar.***
wet·ting ['wetɪŋ]⟨telb. en n.-telb.zn.; gerund v. wet⟩ **0.1** ***het nat (gemaakt) worden*** ◆ **3.1** get a ~ *doornat worden, een nat pak halen.*
'wetting agent ⟨telb.zn.⟩ **0.1** ***bevochtigingsmiddel.***
wet·tish ['wetɪʃ]⟨bn.⟩ **0.1** ***nattig*** ⇒*vochtig.*
wet·ware ['wetweə‖-wer]⟨n.-telb.zn.⟩ ⟨sl.⟩ **0.1** ***hersenen.***
WEU ⟨afk.⟩ Western European Union **0.1** ***W.E.U..***
we've [wiv⟨sterk⟩wi:v]⟨samentr. v. we have⟩.
wey [weɪ]⟨telb.zn.⟩ **0.1** ***wey*** ⟨oud gewicht, inhoudsmaat; 2 of 3 centenaar, of 40 schepel⟩.
wf ⟨afk.⟩ wrong fount.
WFTU ⟨afk.⟩ World Federation of Trade Unions.
wg ⟨afk.⟩ wire gauge.
whack[1] [wæk‖hwæk]⟨f1⟩ ⟨telb.zn.⟩ **0.1** ***klap*** ⇒*mep, slag* **0.2** ⟨inf.⟩ ***(aan)deel*** ⇒*portie* **0.3** ⟨inf.⟩ ***poging*** ◆ **1.2** I thought I'd had my ~ of bad luck *ik dacht dat ik mijn portie ongeluk wel had gehad* **3.2** stand one's ~ ⟨ong.⟩ *een rondje geven* **3.3** if you can't do it, you must let her have/take a ~ at it too *als jij het niet kan, moet je haar ook een kans geven* **6.¶** ⟨AE; inf.⟩ **out of** ~ *defect, kapot; niet passend, niet goed afgesteld; uit zijn fatsoen* **¶.¶** ~! *pats!, klets!.*
whack[2] ⟨f2⟩ ⟨ww.⟩ →whacked, whacking
I ⟨onov.ww.⟩ ⟨inf.⟩ **0.1** ***slaan*** ⇒*meppen, klappen* ◆ **5.¶** ⟨sl.⟩ ~ **off** *zich aftrekken, rukken, masturberen;*
II ⟨ov.ww.⟩ **0.1** ⟨inf.⟩ ***een mep/klap geven*** ⇒*slaan (op), een klap verkopen* **0.2** ***hakken*** **0.3** ⟨sl.⟩ ***(ver)delen*** **0.4** ⟨vnl. BE⟩ ***verslaan*** ⇒*klop geven* ◆ **1.1** he ~ the table with his walking stick *hij sloeg op tafel met zijn wandelstok* **5.3** ~ **up** *(gelijk) verdelen* **5.¶** ~ **up** *(snel) bij elkaar krijgen; (snel) in elkaar zetten; aanzetten tot, opjutten tot;* they had already ~ed **up** a church, though the first priest had yet to come *ze hadden al een kerk in elkaar gezet, hoewel de eerste priester er nog moest komen;* ~ **up** the necessary signatures *de nodige handtekeningen snel bij elkaar krijgen;* ~ **up** s.o. to work harder *iem. achter de vodden zitten.*
whacked [wækt‖hwækt], **'whacked 'out** ⟨f1⟩ ⟨bn., pred.; oorspr. volt. deelw. v. whack⟩ ⟨inf.⟩ **0.1** ***doodmoe*** ⇒*doodop, kapot, uitgepoept.*
whack·er ['wækə‖'hwækər]⟨telb.zn.⟩ **0.1** ***lel*** ⇒*kanjer, gevaarte, reus* **0.2** ***leugen van heb ik jou daar*** ⇒*leugen v. jewelste.*
whack·ing[1] ['wækɪŋ‖'hwæ-]⟨f1⟩ ⟨telb. en n.-telb.zn.; (oorspr.) gerund v. whack⟩ **0.1** ***afranseling*** ⇒*pak slaag* **0.2** ⟨sl.⟩ ***verdeling*** ◆ **3.1** get a ~ *een pak slaag/rammel krijgen.*
whacking[2] ⟨f1⟩ ⟨bn.; bw.; (oorspr.) teg. deelw. v. whack⟩ ⟨vnl. BE; inf.⟩ **0.1** ***enorm*** ⇒*reuze-, reusachtig, geweldig, kolossaal* ◆ **2.1** a ~ big car *een ontzettende grote wagen.*

whack·o ['wækou‖'hwæ-]⟨tussenw.⟩⟨BE;sl.⟩ **0.1** ***prachtig*** ⇒*te gek, jeetje.*
'whack-up ⟨telb.zn.⟩⟨sl.⟩ **0.1** ***verdeling*** ⟨v. buit enz.⟩.
whacky →wacky.
whale[1] [weɪl‖hweɪl]⟨f2⟩⟨telb.zn.; ook whale; →mv. 4⟩ **0.1** ***walvisachtige*** ⟨orde Cetacea⟩ ⇒⟨i.h.b.⟩ *walvis* **0.2** ⟨AE⟩ ***autoriteit*** ⟨op bep. gebied⟩ ⇒*hoge ome, beroemdheid, grote* ◆ **5.¶** ⟨iron.⟩ very like a ~ *precies, zo is het maar net, inderdaad* ⟨antwoord op onzinnige mededeling⟩ **6.¶** she's a ~ **at/on** history *zij is een ster/kei in geschiedenis;* a ~ **for/on** sth. *verzot/dol/gek op iets;* ⟨inf.⟩ a ~ **of** a... *een reusachtig/buitengewoon/geweldig/pracht-...;* a ~ **of** a film *een dijk v.e. film;* they invited a ~ **of** a lot of people *zij nodigden een massa mensen uit;* a ~ **of** a play *een reuzestuk, een prachtstuk;* they've had a ~ **of** a (good) time in Disneyland *zij hebben zich reuze vermaakt in Disneyland, zij hebben vreselijke lol gehad in Disneyland.*
whale[2] ⟨ww.⟩ →whaling
I ⟨onov.ww.⟩ **0.1** ***walvissen vangen*** ⇒*op walvis jagen, aan walvisvangst doen* **0.2** ⟨AE; inf.⟩ ***aanvallen*** ◆ **6.2** ~ **away at** sth./s.o. *iets/iem. scherp aanvallen, krachtig van leer trekken tegen iem./iets;*
II ⟨ov.ww.⟩⟨AE; inf.⟩ **0.1** ***afranselen*** ⇒*aftuigen, een pak slaag geven.*
'whale·back ⟨telb.zn.⟩ **0.1** ***schip met walvisdek.***
'whale·boat ⟨telb.zn.⟩ **0.1** ***(walvis)sloep.***
'whale·bone ⟨f1⟩⟨telb.en n.-telb.zn.⟩ **0.1** ***balein.***
'whale calf ⟨telb.zn.⟩ **0.1** ***walvisjong.***
'whale fin ⟨n.-telb.zn.⟩ **0.1** ***balein.***
'whale fishery, ⟨in bet. II ook⟩ **'whale fishing** ⟨zn.⟩
I ⟨telb.zn.⟩ **0.1** ***walvisvangstgebied;***
II ⟨n.-telb.zn.⟩ **0.1** ***walvisvangst.***
'whale head ⟨telb.zn.⟩⟨dierk.⟩ **0.1** ***schoenbekooievaar*** ⟨Balaeniceps rex⟩.
whale·man ['weɪlmən‖'hweɪl-]⟨telb.zn.; whalemen [-mən]; →mv. 3⟩ **0.1** ***walvisvaarder*** ⟨schip én schepeling⟩.
'whale oil ⟨n.-telb.zn.⟩ **0.1** ***(walvis)traan.***
whal·er ['weɪlə‖'hweɪlər]⟨telb.zn.⟩ **0.1** ***walvisvaarder*** ⇒*walvisjager* ⟨pers.⟩ **0.2** ***walvisvaarder*** ⟨schip⟩ **0.3** ***walvissloep*** **0.4** ⟨AE⟩ ***iets groots/buitengewoons*** ⇒*kanjer, lel, gevaarte; reus, beer, boom; pracht, juweel* **0.5** ⟨dierk.⟩ ***mensenhaai*** ⟨genus Carcharhinus⟩.
whal·er·y ['weɪləri‖'hweɪləri]⟨zn.; →mv. 2⟩
I ⟨telb.zn.⟩ **0.1** ***walvisstation*** **0.2** ***fabrieksschip*** ⟨voor walvisverwerking⟩;
II ⟨n.-telb.zn.⟩ **0.1** ***walvisvangst.***
'whale shark ⟨telb.zn.⟩⟨dierk.⟩ **0.1** ***walvishaai*** ⟨Rhincodon typus⟩.
whal·ing[1] ['weɪlɪŋ‖'hweɪ-]⟨zn.; (oorspr.) gerund v. whale⟩
I ⟨telb. en n.-telb.zn.⟩⟨AE; inf.⟩ **0.1** ***pak rammel*** ⇒*pak slaag;*
II ⟨n.-telb.zn.⟩ **0.1** ***walvisvangst.***
whaling[2] ⟨bn.⟩⟨AE; inf.⟩ **0.1** ***reusachtig*** ⇒*kolossaal, geweldig, reuze-.*
'whaling gun ⟨telb.zn.⟩ **0.1** ***harpoenkanon*** ⇒*walviskanon.*
'whaling master ⟨telb.zn.⟩ **0.1** ***kapitein v.e. walvisvaarder*** **0.2** ***hoofd v.e. walvisstation.***
'whaling station ⟨telb.zn.⟩ **0.1** ***walvisstation.***
wham[1] [wæm‖hwæm]⟨f1⟩⟨telb.zn.⟩ **0.1** ***klap*** ⇒*slag, dreun, knal* ◆ **2.1** we heard a loud ~ when his car hit the house *we hoorden een zware dreun toen zijn wagen tegen het huis vloog* **¶.¶** ~! *knal!, boem!.*
wham[2] ⟨ww.; →ww. 7⟩
I ⟨onov.ww.⟩ **0.1** ***knallen*** ⇒*dreunen, beuken;*
II ⟨ov.ww.⟩ **0.1** ***smijten*** ⇒*slaan, klappen.*
wham·my ['wæmi‖'hwæmi]⟨telb. en n.-telb.zn.; →mv. 2⟩⟨AE; sl.⟩ **0.1** ***vloek*** ⇒*vervloeking, boze oog, bezwering* ◆ **3.1** put the ~ on s.o. *iem. ongeluk toewensen/voorspellen, een vloek uitspreken over iem.;* ⟨ook fig.⟩ *iem. doen verstommen/verlammen.*
whang[1] [wæŋ‖hwæŋ]⟨telb.zn.⟩⟨inf.⟩ **0.1** ***slag*** ⇒*klap, dreun* **0.2** ***riem*** **0.3** ***zweep*** **0.4** ***zweepslag*** **0.5** ⟨BE⟩ ***homp*** ⇒*stuk, dikke snee* ⟨brood enz.⟩.
whang[2] ⟨ww.⟩⟨inf.⟩
I ⟨onov.ww.⟩ **0.1** ***dreunen*** ⇒*bonzend weerklinken;*
II ⟨ov.ww.⟩ **0.1** ***dreunen op*** ⇒*bonzen op, bonken op/tegen, met een dreun raken* **0.2** ***slaan*** ⇒*meppen, een beuk verkopen* **0.3** ***aftuigen*** ⇒*afranselen met riem/zweep* ◆ **1.1** he couldn't stop, so his head ~ed the wall *hij kon niet meer stoppen, zodat zijn hoofd met een dreun de muur raakte.*
whang[3] ⟨bw.⟩⟨inf.⟩ **0.1** ***precies*** ◆ **3.1** he threw it ~ in the bull's eye *hij gooide het precies in de roos.*
whang·ee [wæŋ'gi:‖'hwæŋ-]⟨zn.⟩
I ⟨telb.zn.⟩ **0.1** ***bamboerotting*** ⇒*bamboe(wandel)stok;*
II ⟨n.-telb.zn.⟩ **0.1** ***whangee*** ⟨bamboe uit Japan, China; genus Phyllostachys⟩.

whare ['wɒri]⟨telb.zn.⟩⟨Nieuwzeelands E⟩ **0.1** ***(Maori)huis/hut.***
wharf[1] [wɔ:f‖hwɔrf]⟨f2⟩⟨telb.zn.; ook wharves [wɔ:vz‖hwɔrvz]; →mv. 3⟩ **0.1** ***kaai*** ⇒*kade, aanlegsteiger, laad- en losplaats.*
wharf[2] ⟨ww.⟩ →wharfing
I ⟨onov.ww.⟩ **0.1** ***meren*** ⇒*aanleggen aan kade;*
II ⟨ov.ww.⟩ **0.1** ***aan kade meren*** ⇒*aan kade vastleggen* **0.2** ***uitladen*** ⇒*lossen op/aan de kade, aan wal brengen* **0.3** ***bekaden*** ⇒*van kaden voorzien, beschoeien.*
wharf·age ['wɔ:fɪdʒ‖'hwɔrfɪdʒ]⟨n.-telb.zn.⟩ **0.1** ***kadegebruik*** **0.2** ***kadegeld*** ⇒*liggeld, losgeld* **0.3** ***kaden*** ⇒*kaaien, kadecomplex.*
'wharf charges ⟨mv.⟩ **0.1** ***kaai/kadegeld*** ⇒*liggeld, losgeld.*
wharf·ing ['wɔ:fɪŋ‖'hwɔr-]⟨zn.; (oorspr.) gerund v. wharf⟩
I ⟨telb. en n.-telb.zn.⟩ **0.1** ***beschoeiing;***
II ⟨n.-telb.zn.⟩ **0.1** ***kaden*** ⇒*kaaien, kadecomplex.*
wharf·in·ger ['wɔ:fɪndʒə‖'hwɔrfɪndʒər]⟨telb.zn.⟩ **0.1** ***kademeester*** ⇒*kadebaas* **0.2** ***kadeeigenaar.***
'wharf·mas·ter ⟨telb.zn.⟩ **0.1** ***kademeester*** ⇒*kadebaas.*
'wharf rat ⟨telb.zn.⟩ **0.1** ⟨dierk.⟩ ***bruine rat*** ⟨Rattus norvegicus⟩ **0.2** ⟨sl.⟩ ***kaailoper*** ⇒*baliekluiver, straatslijper.*
what[1] [wɒt‖wɑt, wʌt⟨sterk⟩hwɑt, hwʌt]⟨f4⟩⟨vnw.⟩
I ⟨vr.vnw.; →vragend woord 3 en 4; ook in uitroep⟩ **0.1** ***wat*** ◆ **1.1** ~'s the English for gezellig? *wat is gezellig in het Engels?;* ~ the hell/devil/⟨enz.⟩ *wat voor de duivel/drommel/⟨enz.⟩;* ~ is John? *wat is John v. beroep?;* you know ~ Mary is *je weet hoe Mary is, je kent Mary wel/toch;* no matter ~ *hoe dan ook, wat er ook gebeure;* ⟨inf.⟩ ~'s his/her/⟨enz.⟩ name? *hoe heet hij/zij ⟨enz.⟩ ook weer?;* Mr What's his name *Meneer Dinges* **2.1** ~'s he the better for it? *wat heeft hij eraan?, wat koopt hij ervoor?, welk voordeel heeft hij ervan?;* ~ next? *wat is het volgende?;* ⟨inf.; pej.⟩ *wat zal het volgende wezen?, wat staat ons nog te wachten?* **3.1** ~ did he do? *wat heeft hij gedaan?;* you were going to do ~? *wát ging je doen?;* ~ do you usually give? *hoeveel geef je gewoonlijk?;* ~ must he have gone through! *wat moet hij niet allemaal hebben doorgemaakt!;* books, clothes, records and ~ have you *boeken, kleren, platen en wat nog allemaal;* ~ is left of it? *wat/hoeveel is er nog van over?;* ~ do you want? *wat wil je?* **4.1** ~ do you think I am? *wat denk je wel dat ik ben?;* ~ is it? *hoe heet het ook weer?;* ⟨schr.⟩ ~ of it? *en wat (zou dat) dan nog?, en dan?;* ⟨vraagt naar identiteit v. iem.⟩⟨vero.⟩ '~ is he?' 'Jack' *'wie is het?' 'Jack';* ~ is that to you *wat betekent dat voor jou?* **5.1** ⟨BE⟩ ~'s o'clock *hoe laat is het?;* with toys and sweets and ~ else *met speelgoed en snoep en wat nog allemaal;* ~ then? *wat dan?* **5.¶** ~ else! *zeker!;* ⟨inf.⟩ and ~ not *en wat al niet, enzovoorts enzovoorts;* so ~? *nou en?, en dan?, wat dan nog?; wel, wat nu?* **6.1** ~ **about** an ice-cream? *wat zou je denken van een ijsje?;* ~ **about** you *hoe gaat het met jou?;* ~ **about** that problem! *maar hoe los je dat probleem op?;* ~ did he do that **for?** *waarom deed hij dat?;* ~ do you use it **for?** *waarvoor gebruik je het?;* ~ is he/it **like?** *wat voor iem./iets is hij/het?;* ~ is it **like** to be 80 *wat voor gevoel is het/hoe voelt het om 80 te zijn?;* ~ **of** him? *wat nieuws heb je v. hem?;* ~ **of** this? *wat vind je hiervan?;* ~ **of** the weather? *hoe is het weer?;* ⟨sl.⟩ ~'s **with** the fuss? *waarom al die herrie?;* ⟨sl.⟩ ~'s **with** John? *wat is er met John aan de hand?* **8.1** ~ if, ⟨vero.⟩ ~ and if *wat als;* ~ if I die? *stel dat ik doodga, wat dan?;* she won't mind and ~ if she does? *ze zal het best vinden, en zo niet, wat dan nog?;* is it a blizzard or ~? *is het een sneeuwstorm of wat?;* ~ though he love(s) another *wat geeft het als hij van een ander(e) houdt;* is she a dancer or ~? *is ze een danseres of zo?* **¶.1** ⟨inf.⟩ ~? *wablief?;* ~? *ja, wat is er?;* ~, no meat! *wat, geen vlees!;* ~, a blue daffodil! *wat, een blauwe narcis;*
II ⟨betr.vnw.; →antecedent⟩ **0.1** ⟨in indirecte vraag niet te scheiden v.h. vragend vnw.⟩ ***wat*** ⇒*dat(gene) wat, hetgeen* **0.2** ⟨substandaard⟩ ***die/dat*** ◆ **1.1** John's still ~ he has been *John is nog altijd dezelfde;* times are not ~ they were *de tijden zijn veranderd* **2.1** ~'s more *bovendien, meer/erger nog* **3.1** come ~ may *wat er ook moge gebeuren;* say ~ you will *wat je ook zegt;* ~ was more surprising was her willingness to help *wat nog meer verbazing wekte/nog verbazingwekkender was haar bereidheid om te helpen* **3.2** the lad ~ sold it to me *de jongen die het mij verkocht heeft* **5.1** just ~ I need *net wat ik nodig heb* **6.1** I used ~ **of** my strength I had left *ik gebruikte al wat ik nog aan kracht over had* **8.¶** ⟨inf.⟩ not so bad but ~ it got a prize *niet zo slecht dat het geen prijs kreeg.*
what[2] ⟨f1⟩⟨det.⟩
I ⟨onb.det.; →onbepaald woord; soms moeilijk te scheiden v.d. vragende determinator⟩⟨schr.⟩ **0.1** ***welke (ook)*** ⇒*die/dat* ◆ **1.1** he brought ~ clothes he could find *hij bracht alle kleren mee die hij maar kon vinden;* eat ~ fruit you like *eet welk fruit je maar wilt;* he maintained ~ order he could *hij hield de boel zo goed mogelijk in orde;* ~ remarks he made insulted her *die opmerkingen die hij maakte beledigden haar;* ⟨vero.⟩ he wrote the note ~

time she did the dishes *hij schreef de brief, terwijl zij de vaat deed;* ~ work we did was worthwhile *het beetje werk dat we deden was de moeite waard* **4.1** ~ little I had I gave *het beetje dat ik had, gaf ik;*

II ⟨vr.det.;→vragend woord⟩ **0.1** ***welk(e)*** ◆ **1.1** ~ answer did you get? *welk antwoord kreeg je?;* ~ books do you read? *wat voor boeken lees je?;* who built ~ house? *wie heeft welk huis gebouwd?;* ~ price freedom? *hoeveel is de vrijheid ons waard?;*

III ⟨predet.; graadaanduidend; in uitroepen⟩ **0.1** ***wat (voor)*** ⇒*welk* ◆ **1.1** ~ colours and ~ sounds! *wat een kleuren en wat een klanken!;* think ~ a surprise it would be *denk je eens in wat een verrassing het zou zijn.*

what[3] ⟨f4⟩ ⟨tussenw.⟩ ⟨BE; vero.⟩ **0.1** ***niet waar*** ⇒*hé* ◆ **9.1** ~ ho! *hola!, hei daar!* **¶.1** a funny little fellow, ~ *een raar mannetje, vind je niet.*

'what·ev·er[1], ⟨schr.⟩ **'what'e'·er,** ⟨nadruksvorm, vero. in BE⟩ **'what·so·ev·er,** ⟨vero.⟩ **'what·so** ⟨f3⟩ ⟨vnw.⟩

I ⟨onb.vnw.⟩ **0.1** ⟨leidt relatieve bijzinnen in⟩ ***alles wat*** ⇒*wat ook* **0.2** ***om het even wat*** ⇒*wat dan ook* ◆ **3.1** eat ~ you like *eet wat je maar wil;* I'll stay ~ happens *ik blijf, wat er ook gebeurt* **3.2** have you found your scarf or gloves or ~ *heb je je sjaal of handschoen of wat je ook kwijt was gevonden;* ~ he may have said, don't believe him *wat hij ook beweerd moge hebben, geloof hem niet* **8.2** she suffers from rheumatism or ~ *ze lijdt aan reumatiek of zoiets;*

II ⟨vr.vnw.⟩ ⟨inf.⟩ **0.1** ***wat (toch)*** ◆ **3.1** ~ are you doing? *wat doe je daar toch?;* ~ happened *wat is er in 's hemelsnaam gebeurd?* **6.1** ~ **for?** *waarom toch?.*

whatever[2], ⟨schr.⟩ **what'e'er,** ⟨nadruksvorm, vero. in BE⟩ **whatsoever,** ⟨vero.⟩ **whatso** ⟨f3⟩ ⟨onb.det.⟩ **0.1** ***welke dan ook*** ⇒*om het even welke* **0.2** ⟨geplaatst na het nw.; in vraag of ontkenning⟩ ***helemaal*** ⇒*totaal, überhaupt* ◆ **1.1** any colour ~ *om het even welke kleur;* buy ~ meat you can find *koop het vlees dat je kunt krijgen;* in ~ place he had met this wonderful girl *in een of andere plaats had hij dit fantastische meisje ontmoet;* ~ skills he had I do not like him *welke vaardigheden hij ook heeft, ik mag hem niet* **1.2** no bread ~ *helemaal geen brood;* no hope left ~ *geen straaltje hoop meer* **4.2** no-one ~ *helemaal niemand.*

what·not ['wɒtnɒt‖'hwɑtnɑt, 'hwʌt-] ⟨f1⟩ ⟨zn.⟩

I ⟨telb.zn.⟩ **0.1** ***etagère*** **0.2** ***dingetje*** ⇒*gevalletje;*

II ⟨n.-telb.zn.⟩ **0.1** ***wat al niet*** ⇒*noem maar op* ◆ **3.1** she bought books, records and ~ *ze kocht boeken, platen en noem maar op.*

whatso →whatever.

whatsoever, whatsoe'er →whatever.

whaup [wɔ:p‖hwɑp] ⟨telb.zn.; ook whaup; →mv. 4⟩ ⟨Sch. E; dierk.⟩ **0.1** ***wulp*** ⟨Numenius arquata⟩.

wheal [wi:l‖hwi:l] ⟨telb.zn.⟩ **0.1** ⟨gew.; mijnw.⟩ ***mijn*** ⇒*groeve* **0.2** →weal.

wheat [wi:t‖hwi:t] ⟨f2⟩ ⟨zn.⟩ ⟨→sprw. 671⟩

I ⟨telb.zn.⟩ **0.1** ***tarwesoort;***

II ⟨n.-telb.zn.⟩ **0.1** ***tarwe*** ◆ **1.¶** separate the ~ from the chaff *het kaf van het koren scheiden;*

III ⟨mv.; ~s⟩ ⟨BE⟩ **0.1** ***tarweplanten.***

'wheat belt ⟨telb.zn.⟩ **0.1** ***tarwezone*** ⇒*tarwegordel, tarwegebied.*

'wheat·ear ⟨telb.zn.⟩ **0.1** ***tarweaar*** **0.2** ⟨dierk.⟩ ***tapuit*** ⟨Oenanthe oenanthe⟩.

wheat·en ['wi:tn‖'hwi:tn] ⟨f1⟩ ⟨bn.⟩ **0.1** ***tarwe-*** ⇒*v. tarwe(meel)* ◆ **1.1** ~ products *tarweprodukten;* ~ straw *tarwestro.*

'wheat·field ⟨telb.zn.⟩ **0.1** ***tarweveld.***

'wheat germ ⟨telb.zn.⟩ **0.1** ***tarwekiem.***

'wheat·grass ⟨n.-telb.zn.⟩ ⟨plantk.⟩ **0.1** ***kweek(gras)*** ⟨Agropyron repens⟩.

'wheat·meal ⟨n.-telb.zn.⟩ ⟨BE⟩ **0.1** ***tarwemeel*** ⇒⟨i.h.b.⟩ *volkoren tarwemeel.*

'wheat pit ⟨n.-telb.zn.⟩ ⟨AE⟩ **0.1** ***tarwehoek*** ⟨op beurs⟩.

Wheat·stone bridge ['wi:tstən brɪdʒ‖'wi:stoun-] ⟨telb.zn.⟩ ⟨elek., nat.⟩ **0.1** ***brug v. Wheatstone.***

whee [wi:‖hwi:] ⟨tussenw.⟩ **0.1** ***jee*** ⇒*jippie, hoera.*

whee·dle[1] ['wi:dl‖'hwi:dl] ⟨n.-telb.zn.⟩ **0.1** ***vleierij*** ⇒*geflikflooi.*

wheedle[2] ⟨f1⟩ ⟨ww.; →ww. 7⟩

I ⟨onov.ww.⟩ **0.1** ***flikflooien*** ⇒*vleien;*

II ⟨ov.ww.⟩ **0.1** ***met gevlei overhalen*** **0.2** ***aftroggelen*** ⇒*afvleien* ◆ **6.1** she ~d her husband **into** moving out of the city *met lieve woordjes wist zij haar man over te halen uit de stad te verhuizen;* he ~d her **into** a better mood *met vleierij bracht hij haar in een beter humeur* **6.2** ~ s.o. **out of** some money *iem. wat geld aftroggelen;* ~ a promise **out of** s.o. *iem. een belofte afvleien.*

whee·dler ['wi:dlə‖'hwi:dlər] ⟨telb.zn.⟩ **0.1** ***mooiprater*** ⇒*vleier.*

whee·dling·ly ['wi:dlɪŋli‖'hwi:d-] ⟨bw.⟩ **0.1** ***met gevlei/lieve woordjes.***

wheel[1] [wi:l‖hwi:l] ⟨f3⟩ ⟨zn.⟩ ⟨→sprw. 652⟩

I ⟨telb.zn.⟩ **0.1** ***wiel*** ⇒*rad* **0.2** ⟨ben. voor⟩ ***rad/wiel*** ⇒*draaischijf, pottenbakkersschijf/wiel; spinnewiel; zon, (vuur)rad* ⟨v. vuurwerk⟩; *waterrad, molenrad, scheprad; tredmolen; rad, draaischijf* ⟨v. roulette⟩; *rad v. avontuur, rad der fortuin* **0.3** ***zwenking*** ⇒*draai* ⟨v. troepen(bewegingen)⟩ **0.4** ***cirkel*** ⇒*rond, kring* **0.5** ***refrein*** ⟨v. gedicht⟩ **0.6** ⟨AE; inf.⟩ ***fiets*** **0.7** ⟨AE; sl.⟩ ***hoge ome*** ⇒*hoge piet, invloedrijk persoon, grote* **0.8** ⟨sport⟩ ***radslag*** ◆ **1.¶** ~ and axle *windas;* ~ of life *kringloop der wedergeboorten/v. existenties* ⟨in boeddhisme⟩ **2.3** left/right ~ *draai naar links/rechts* ⟨bevel tegen troepen⟩ **3.8** wheel a ~ *een radslag maken* **7.1** fifth ~ *vijfde wiel/rad aan de wagen* ⟨ook fig.⟩;

II ⟨telb. en n.-telb.zn.⟩ **0.1** ***draaiing*** ⇒*omwenteling* ⟨ook fig.⟩;

III ⟨n.-telb.zn.⟩ **0.1** ⟨the⟩ ***stuurwiel*** ⇒*stuurrad, stuur, roer* **0.2** ***rad*** ⟨martelwerktuig⟩ ◆ **1.1** the man at the ~ *bestuurder, chauffeur, roerganger* **3.1** ⟨fig.⟩ take the ~ *de leiding/het heft in handen nemen* **3.2** break on the ~ *radbraken* **3.¶** grease the ~s *alles vlot(jes) laten verlopen* ⟨i.h.b. door smeergeld⟩; put/set the ~s in motion, start the ~s turning *de zaak in beweging/aan het rollen brengen* **6.1 at/behind** the ~ *aan het roer/stuur, achter het stuur;* ⟨fig.⟩ *met de leiding belast, met de touwtjes in handen;* ⟨fig.⟩ be **at** the ~ *de leiding hebben, de baas zijn, de touwtjes in handen hebben;*

IV ⟨mv.; ~s⟩ **0.1** ***raderwerk*** ⇒*machine, inrichting, organisatie* **0.2** ⟨inf.⟩ ***auto*** ⇒*wagen, kar* ◆ **1.1** the ~s of life *het raderwerk v.h. leven* **3.¶** go on (oiled) ~s *op wieltjes/rolletjes lopen, (als) gesmeerd gaan;* oil the ~s *ervoor zorgen dat het gesmeerd gaat, vlekkeloos laten verlopen, smeren* **6.2 on** ~s *per auto, in de auto, met de wagen;* they're coming **on** ~s *zij komen met de wagen* **6.¶** ~s **within** ~s *ingewikkeld apparaat, gecompliceerd mechanisme;* ⟨fig.⟩ *ingewikkelde zaak;* there are ~s **within** ~s *het zit zeer ingewikkeld in elkaar.*

wheel[2] ⟨f3⟩ ⟨ww.⟩ →wheeled

I ⟨onov.ww.⟩ **0.1** ***rollen*** ⇒*rijden* **0.2** ***zich omkeren*** ⇒*zich omdraaien, ronddraaien, v. richting veranderen* **0.3** ***v. mening/gedachten veranderen*** **0.4** ***cirkelen*** ⇒*in rondjes vliegen* ⟨v. vogels⟩ **0.5** ***fietsen*** **0.6** ⟨mil.⟩ ***zwenken*** ⇒*draaien* ◆ **3.¶** ⟨AE⟩ ~ing and dealing *(het) ritselen, gesjacher, gesjoemel, gemarchandeer, gekonkel(foes)* **5.1** ~ **along** *voortrollen, voortsnorren, rijden* **5.2** ~ **about/around/round** *zich omdraaien, ronddraaien;* ~ **from** s.o. *zich afwenden van iem.* **5.3** ~ **about** *v. gedachten/mening veranderen;* in a short time he has completely ~ed **about** *in korte tijd is hij helemaal omgeslagen;*

II ⟨onov. en ov.ww.⟩ **0.1** ***(om)wentelen*** ⇒*(doen) draaien, ronddraaien;*

III ⟨ov.ww.⟩ **0.1** ***duwen/trekken*** ⟨iets op wieltjes⟩ ⇒*(ver)rijden, rollen* **0.2** ***v. wiel(en) voorzien*** ◆ **1.1** ~ a bicycle up the hill *een fiets de berg opduwen;* he ~ed her breakfast to her bedroom *hij reed haar ontbijt naar haar slaapkamer;* they ~ed the patient back to his room *ze reden de patiënt terug naar zijn kamer;* ~ the pram/wheelchair *achter de kinderwagen/rolstoel lopen, de kinderwagen/rolstoel duwen;* ~ a wheelbarrow *met een kruiwagen lopen, kruien* **5.1** they ~ed **in** the victims *zij reden de slachtoffers naar binnen* **5.¶** ~ **in** false arguments *met onjuiste argumenten komen aandragen;* please, could you ~ **in** the next applicant *kun je de volgende sollicitant binnenbrengen* **6.1** the nurse always ~s me **into** the garden after dinner *de zuster rijdt mij altijd de tuin in na het eten.*

'wheel animal, 'wheel animalcule ⟨telb.zn.⟩ ⟨dierk.⟩ **0.1** ***raderdiertje*** ⟨Rotifera, Rotatoria⟩.

'wheel·back ⟨telb.zn.⟩ **0.1** ***stoel met wielvormige leuning.***

'wheel·bar·row ⟨f1⟩ ⟨telb.zn.⟩ **0.1** ***kruiwagen.***

'wheel·base ⟨telb. en n.-telb.zn.⟩ ⟨tech.⟩ **0.1** ***wielbasis*** ⇒*radstand.*

'wheel boat ⟨telb.zn.⟩ **0.1** ***raderboot.***

'wheel brake ⟨telb.zn.⟩ **0.1** ***radrem.***

'wheel chain ⟨telb.zn.⟩ ⟨scheep.⟩ **0.1** ***stuurketting.***

'wheel·chair, 'wheel chair ⟨f1⟩ ⟨telb.zn.⟩ **0.1** ***rolstoel.***

'wheel clamp ⟨telb.zn.⟩ **0.1** ***parkeerklem*** ⇒*wielklem.*

'wheel drag ⟨telb.zn.⟩ ⟨tech.⟩ **0.1** ***remschoen.***

wheeled [wi:ld‖hwi:ld] ⟨f1⟩ ⟨bn.; volt. deelw. v. wheel⟩ **0.1** ***op/met wielen*** ⇒*verrijdbaar* ◆ **1.1** ~ bed *bed op wieltjes.*

wheel·er ['wi:lə‖'hwi:lər] ⟨telb.zn.⟩ **0.1** ***iem. die duwt*** **0.2** ***achterpaard*** **0.3** ***wielenmaker/smid*** ⇒*wagenmaker* **0.4** ***fietser*** ⇒*wielrijder* **0.5** ***voertuig*** ⇒⟨i.h.b.⟩ *rijwiel, fiets* **0.6** ⟨AE⟩ ***uitgekookte vent*** ⇒*sluwe vos.*

-wheel·er ['wi:lə‖'hwi:lər] **0.1** ***-wieler*** ◆ **¶.1** two-wheeler *tweewieler.*

'wheel·er-'deal·er[1] ⟨telb.zn.⟩ ⟨AE⟩ **0.1** ***sjacheraar*** ⇒*iem. die van alles ritselt, handige jongen, sluwe vos, gladakker.*

wheeler-dealer[2] ⟨onov.ww.⟩ ⟨AE; sl.⟩ **0.1** ***van alles ritselen*** ⇒*sjacheren, sjoemelen, marchanderen.*

'wheel flange ⟨telb.zn.⟩ **0.1** ***radkrans*** ⇒*flens.*

'wheel horse ⟨telb.zn.⟩ **0.1** ***achterpaard*** ⟨v. span paarden⟩ **0.2** ⟨AE⟩ ***werkezel*** ⇒*zwoeger, harde werker, werkpaard* ⟨i.h.b. in de politiek⟩.
'wheel house ⟨telb.zn.⟩ **0.1** ***stuurhut*** ⇒*stuurhuis*.
'wheelie bin, 'wheel(e)y bin ⟨telb.zn.⟩ **0.1** ***verrijdbare vuilnisbak***.
'wheel lock ⟨telb.zn.⟩ **0.1** ***radslot*** ⟨v. geweer⟩ **0.2** ***geweer met radslot*** **0.3** ***letterslot***.
wheel·man ['wi:lmən‖'hwi:l-]⟨telb.zn.; wheelmen [-mən]; →mv. 3⟩ **0.1** ***fietser*** ⇒*wielrijder* **0.2** ⟨AE⟩ ***roerganger*** ⇒*stuurman*.
'wheel rope ⟨telb.zn.⟩ ⟨scheep.⟩ **0.1** ***stuurreep***.
wheels·man ['wi:lzmən‖'hwi:lz-]⟨telb.zn.; wheelsmen [-mən]; →mv. 3⟩ ⟨AE⟩ **0.1** ***roerganger*** ⇒*stuurman*.
'wheel spin ⟨n.-telb.zn.⟩ **0.1** ***snelle draaiing v.h. wiel*** ⇒*rotatie v.h. wiel*.
'wheel·suck·er ⟨telb.zn.⟩ ⟨sl.; wielrennen⟩ **0.1** ***wieltjeszuiger*** ⇒*wieltjesplakker*.
'wheel suspension ⟨n.-telb.zn.⟩ **0.1** ***wielophanging***.
'wheel tread ⟨telb.zn.⟩ **0.1** ***loopvlak*** ⟨v. wiel⟩.
'wheel window ⟨telb.zn.⟩ **0.1** ***roosvenster*** ⇒*radvenster*.
'wheel·work ⟨telb.zn.⟩ **0.1** ***raderwerk*** ⇒*wielwerk*.
'wheel·wright ⟨telb.zn.⟩ **0.1** ***wielenmaker*** ⇒*wielensmid, wagenmaker*.
whee·ple ['wi:pl‖'hwi:pl]⟨onov. en ov.ww.; →ww. 7⟩ ⟨BE; gew.⟩ **0.1** ***fluiten*** ◆ **1.1** the curlew ~s *de wulp roept;* he ~ed an old tune *hij floot een oud wijsje*.
wheeze[1] [wi:z‖hwi:z]⟨f1⟩ ⟨telb.zn.⟩ **0.1** ***gepiep*** ⇒*gefluit, gehijg* ⟨v. ademhaling⟩ **0.2** ⟨sl.⟩ ***grap*** ⇒*geintje;* ⟨i.h.b.⟩ *grap, anekdote, gag* **0.3** ⟨sl.⟩ ***banaliteit*** ⇒*mop met een baard, afgezaagd verhaal, overbekend verhaal* **0.4** ⟨sl.⟩ ***plannetje*** ⇒*idee* **0.5** ⟨sl.⟩ ***snufje*** ⇒*handig dingetje, slim apparaatje*.
wheeze[2] ⟨f2⟩ ⟨ww.⟩
I ⟨onov.ww.⟩ **0.1** ***piepen*** ⇒*fluiten(d ademhalen)* **0.2** ***hijgen*** ⇒*puffen, zwaar ademen;*
II ⟨ov.ww.⟩ **0.1** ***hijgend voortbrengen*** ⇒*puffend zeggen* ◆ **5.1** at first he could only ~ **out** a few words *eerst kon hij slechts hijgend en puffend een paar woorden uitbrengen*.
wheez·y ['wi:zi‖'hwi:zi]⟨f1⟩ ⟨bn.; -er; -ly; -ness; →bijw. 3⟩ **0.1** ***hijgend*** ⇒*hijgerig, puffend, amechtig, kortademig* **0.2** ***piepend*** ⇒*fluitend* **0.3** ⟨inf.⟩ ***slim*** ⟨plan⟩.
whelk [welk‖hwelk]⟨telb.zn.⟩ **0.1** ***puist*** ⇒*pukkel* **0.2** ***striem*** ⇒*slag, streep* **0.3** ⟨dierk.⟩ ***wulk*** ⟨fam. Buccinidae⟩ ⇒⟨i.h.b.⟩ *wulk, kinkhoorn* ⟨Buccinum undatum⟩.
whelk·ed [welkt‖hwelkt]⟨bn.⟩ **0.1** ***gestriemd*** ⇒*met striemen/strepen* **0.2** ***puisterig*** ⇒*pukkelig* **0.3** ***gewonden*** ⇒*gedraaid* ⟨als wulk⟩.
whelm [welm‖hwelm]⟨ov.ww.⟩ ⟨schr.⟩ **0.1** ***overstromen*** ⇒*overspoelen, verzwelgen* **0.2** ***hullen*** ⇒*onderdompelen, bedekken* **0.3** ***overstelpen*** ⇒*overdonderen, overladen*.
whelp[1] [welp‖hwelp]⟨f1⟩ ⟨telb.zn.⟩ **0.1** ***jong*** ⇒*puppy, welp* **0.2** ***kind*** ⇒*jong* **0.3** ***kwajongen*** ⇒*brutale aap, vlegel, vlerk* **0.4** ⟨vnl. mv.⟩ ⟨scheep.⟩ ***kies*** ⟨v. kaapstander, spil⟩ **0.5** ⟨tech.⟩ ***tand*** ⟨v. kettingrad⟩ ⇒*rib, ribbel*.
whelp[2] ⟨ww.⟩
I ⟨onov. en ov.ww.⟩ **0.1** ***jongen*** ⇒*werpen* ⟨v. dieren⟩;
II ⟨ov.ww.⟩ **0.1** ***uitbroeden*** ⇒*beramen* ⟨boze plannen⟩ **0.2** ⟨bel.⟩ ***jongen*** ⇒*werpen, baren* ⟨v. vrouw⟩.
when[1] [wen‖hwen]⟨f1⟩ ⟨telb.zn.⟩ **0.1** ***wanneer*** ⇒*het ogenblik, tijd (stip)* ◆ **3.1** they told me the ~ and where *ze vertelden mij plaats en datum* **3.¶** ⟨bij 't inschenken⟩ say ~ *zeg maar als 't genoeg is*.
when[2] ⟨f2⟩ ⟨vnw.⟩
I ⟨vr.vnw.⟩ **0.1** ***wanneer*** ◆ **6.1** he left **after** ~? *hoe laat zei je dat hij vertrokken was?;* **since** ~ has he been here? *sinds wanneer/hoe lang is hij al hier?;* **until** ~ can you stay *tot wanneer kun je blijven?;*
II ⟨betr.vnw.⟩ ⟨schr.⟩ **0.1** ***welk ogenblik*** ◆ **6.1** they were last seen on March 3, **since** ~ they haven't been heard from *ze zijn het laatst gesignaleerd op 3 maart en sindsdien is er niets meer van hen vernomen*.
when[3] ⟨f4⟩ ⟨bw.⟩ **0.1** ⟨→vragend woord⟩ ***wanneer*** **0.2** ⟨→betrekkelijk voornaamwoord 6; als het antecedent ingesloten is, niet te scheiden v.h. vw.⟩ ***wanneer*** ⇒*waarop, dat* **0.3** ⟨onbepaalde tijdsaanduiding⟩ ***indertijd*** ◆ **1.2** I hate winter, ~ all is grey and sad *ik haat de winter, wanneer alles grijs en droevig is;* a year ~ my life changed completely *een jaar waarin mijn leven volledig veranderde* **3.1** ~ shall I see you? *wanneer zie ik je weer?* **3.3** ⟨inf.⟩ you should have known him way back ~ *je had hem indertijd moeten kennen*.
when[4] ⟨f3⟩ ⟨ondersch.vw.⟩ **0.1** ***wanneer*** ⇒*toen, als, op het ogenblik dat* **0.2** ***(telkens) wanneer*** ⇒*indien, terwijl, als* **0.3** ***aangezien dat*** ⇒*als (het zo is dat)* **0.4** ***hoewel*** ⇒*terwijl, ondanks (het feit) dat* **0.5** ***en toen*** ⇒*waarbij* ◆ **1.1** ⟨elliptisch⟩ ~ a boy *toen hij nog een jongen was* **2.2** ⟨elliptisch⟩ inflammable ~ dry *ontvlambaar als het droog is* **3.1** ⟨elliptisch⟩ ~ seeing me *toen hij me zag* **¶.1** ~ I was young *toen ik nog jong was;* ~ I whistle the game is over *op het ogenblik dat ik fluit is het spel afgelopen* **¶.2** ~ I awake so early I am grumpy *telkens als ik zo vroeg wakker word, heb ik een humeur om op te schieten;* I cannot travel ~ I have no money *ik kan niet reizen als ik geen geld heb;* ah, ~ I think of London! *ah, als ik aan Londen denk* **¶.3** why use gas ~ it can explode? *waarom gas gebruiken als je weet dat het kan ontploffen?* **¶.4** he wasn't interested ~ he could have made a fortune in it *hij was niet geïnteresseerd hoewel hij daarmee een fortuin had kunnen maken* **¶.5** he went for his opponent, ~ the audience cheered him on *hij ging recht op zijn tegenstander af, onder aanmoediging v.h. publiek*.
whence[1] [wens‖hwens]⟨telb.zn.⟩ ⟨vero.⟩ **0.1** ***oorsprong*** ◆ **1.1** man knows neither his ~ nor his whither *de mens weet niet v. waar hij komt noch waarheen hij gaat*.
whence[2] ⟨vnw.⟩ ⟨vero.⟩
I ⟨vr.vnw.⟩ ◆ **6.¶** **from** ~ could he deduce that …? *waaruit heeft hij kunnen afleiden dat …?;* **from** ~ do these strangers come? *waar komen deze vreemdelingen vandaan?;*
II ⟨betr.vnw.⟩ ◆ **6.¶** the land **from** ~ she comes *het land waar zij vandaan komt*.
whence[3] ⟨bw.⟩ ⟨vero.⟩ **0.1** ⟨vragend⟩ ***van waar*** ⇒*waarvandaan, waaruit* **0.2** ⟨→betrekkelijk voornaamwoord 6⟩ ***van waar*** ⇒*waar vandaan, waaruit* ⟨ook fig.⟩ ◆ **1.2** dreams ~ poetry springs *dromen waaruit dichtkunst ontspringt* **3.1** ~ rises your fear? *waaruit ontstaat je angst?* **¶.2** I heard a crash, ~ I assumed that Jill had fainted *ik hoorde een klap, waaruit ik afleidde dat Jill flauwgevallen was*.
'whence·so'ev·er, 'whenc'ev·er ⟨ondersch.vw.⟩ ⟨schr.⟩ **0.1** ***van waar ook*** ⇒*waar ook vandaan, waaruit ook* ◆ **¶.1** ~ they came they were all welcome *van waar zij ook kwamen zij waren allen welkom*.
'when'ev·er[1], ⟨schr. in bet. 0.1 ook⟩ **'when·'e'er, 'when·so·'ev·er, 'when·so·'e'er** ⟨f3⟩ ⟨bw.⟩ **0.1** ***om het even wanneer*** **0.2** ***wanneer (toch/in 's hemelsnaam)*** ◆ **3.1** come ~ *kom om het even wanneer* **¶.2** ~ did I say that? *wanneer in 's hemelsnaam heb ik dat gezegd?*.
whenever[2], ⟨in bet. 0.1 ook, schr.⟩ **whene'er, whensoever, whensoe'er** ⟨ondersch.vw.⟩ **0.1** ***telkens wanneer/als*** ⇒*wanneer ook, om het even wanneer* **0.2** ⟨vnl. Sch. E en IE⟩ ***zo gauw als*** ◆ **¶.1** ~ we meet he turns away *telkens als wij elkaar tegenkomen keert hij zich af* **¶.2** ~ he arrived home he started rebuilding the house *zo gauw hij thuiskwam begon hij het huis te herbouwen*.
where[1] [weə‖hwer]⟨f1⟩ ⟨telb.zn.; the⟩ **0.1** ***de plaats (waar)*** ◆ **1.1** have they fixed the ~ and when yet? *hebben ze plaats en datum al vastgelegd?;* wanted to know the ~ and when of the wedding *wilde weten waar en wanneer het huwelijk plaatshad*.
where[2] [weə‖wer⟨sterk⟩hwer]⟨f4⟩ ⟨bw.⟩ **0.1** ⟨→vragend woord⟩ ***waar*** ⇒*waar(heen/in/op/enz.)* ⟨ook fig.⟩ **0.2** ⟨→betrekkelijk voornaamwoord 6; zonder antecedent vaak niet te scheiden v. 0.1⟩ ***(al)waar*** ⇒*waarheen* ◆ **1.1** ⟨fig.⟩ and ~ will that idiot be then? *en wat zal die idioot dan beginnen?, en hoe zal die idioot er dan aan toe zijn?;* ⟨fig.⟩ ~'s the use? *wat baat het?, wat voor nut heeft het?* **1.2** Van Dale Lexicografie, ~ all inquiries about this dictionary should be sent *Van Dale Lexicografie, waar alle vragen om inlichtingen over dit woordenboek naar toe gestuurd moeten worden;* Rome, ~ once Caesar reigned *Rome, alwaar eens Caesar heerste* **3.1** ~ can I find him? *waar vind ik hem?, waar is hij?;* ~ are you going? *waar ga je naartoe?* **3.2** it was ~ the two rivers meet *het gebeurde waar de twee stromen samenvloeien;* take me ~ I can see better *breng me ergens naartoe waar ik beter kan zien* **6.1** ⟨inf.; fig.⟩ ~ does he come **in?** *wat heeft hij daarmee te maken?, wat is zijn rol in de zaak?;* ⟨inf.⟩ ~ do you come **from** and ~ are you going **to?** *waar kom je vandaan en waar ga je heen?* **6.2** ⟨inf.⟩ the Privilège, that's ~ it's **at** *de Privilège, dáár gebeurt het/daar moet je wezen/daar is het te doen*.
where[3] ⟨f1⟩ ⟨ondersch.vw.⟩ **0.1** ***terwijl*** ⇒*daar waar* **0.2** ⟨leidt een bepaling v. omstandigheid of voorwaarde in⟩ ***daar waar*** ⇒*in die omstandigheden waar, waarbij, zodanig dat* ◆ **¶.1** ~ she was shy her brother was very talkative *terwijl zij eerder verlegen was, was haar broer heel spraakzaam;* ~ you preach justice abroad you don't practise it at home *hoewel je elders rechtvaardigheid preekt pas je dit thuis niet toe* **¶.2** nothing has changed ~ Rita is concerned *er is niets veranderd ten opzichte van Rita;* ~ she feels confident she acts differently *in omstandigheden waar zij zich zeker voelt handelt zij anders;* we must agree ~ strategy is concerned *we moeten het eens worden wat de strategie betreft;* multiply y by x ~ x is the sum of a and b *vermenigvuldig y met x terwijl x de som is van a plus b*.

where·a·bouts[1] ['weərəbaʊts‖'hwer-]⟨f2⟩⟨mv.⟩ **0.1** ***verblijfplaats*** *⇒adres, plaats waar iem./iets zich bevindt* ◆ **3.1** his ~ is/are not known *zijn verblijfplaats is niet bekend, waar hij uithangt is niet bekend.*

'wherea'bouts[2] ⟨f2⟩⟨bw.⟩ **0.1** ***waar ergens*** *⇒waar ongeveer* ◆ **3.1** I can't remember ~ I saw your purse yesterday *ik kan me niet herinneren waar ik je portemonnee gisteren ergens heb gezien.*

where·as [weə'ræz‖we'ræz⟨sterk⟩hwe'ræz]⟨f3⟩⟨ondersch.vw.⟩ ⟨schr.⟩ **0.1** ⟨vnl. jur.⟩ ***aangezien*** *⇒in aanmerking genomen dat, daar, vermits* **0.2** ***hoewel*** *⇒daar waar, terwijl* ◆ **¶.1** ~ the accused has pleaded guilty and ~ said accused... we conclude that... *gezien de beschuldigde schuldig pleit en gezien voormelde beschuldigde... besluiten wij dat...* **¶.2** he went to study languages ~ he should actually have chosen something technical *hij is talen gaan studeren terwijl hij eigenlijk iets technisch had moeten kiezen.*

'where'by ⟨f2⟩⟨bw.⟩⟨schr.⟩ **0.1** ***waardoor.***

'where·fore ⟨f1⟩⟨telb.zn.; vnl. mv.⟩⟨→sprw. 169⟩ **0.1** ***reden*** *⇒doel.*

'where·for(e) ⟨f1⟩⟨ondersch.vw.⟩⟨schr.⟩ **0.1** ***waarom*** *⇒om welke reden* ◆ **¶.1** she had humiliated him, ~ he sought revenge *ze had hem vernederd en daarom wilde hij zich wreken.*

'where'in ⟨f1⟩⟨bw.⟩⟨schr., vero.⟩ **0.1** ⟨vragend; ook als →betrekkelijk vnw. gebruikt⟩ ***waarin*** ◆ **1.1** the idea ~ he is wrong *de gedachte waarin hij fout is* **3.1** ~ am I wrong? *waarin ben ik fout?.*

'where'in·to ⟨bw.⟩⟨vero.⟩ **0.1** ***waarin.***

'where'of ⟨f1⟩⟨bw.⟩⟨schr., vero.⟩ **0.1** ⟨vragend; ook als →betrekkelijk vnw. gebruikt⟩ ***waarvan*** ◆ **1.1** the things ~ he spoke *de dingen waarvan hij sprak* **3.1** ~ is he afraid? *waar is hij bang voor?.*

'where·u'p·on[1] ⟨bw.⟩⟨vero.⟩ **0.1** ⟨vragend; ook als →betrekkelijk vnw. gebruikt⟩ ***waarop*** ◆ **1.1** a hill ~ stands an old house *een heuvel waarop een oud huis staat* **3.1** ~ can she rely? *waar kan zij op vertrouwen?.*

whereupon[2] ⟨f2⟩⟨nevensch.vw.⟩ **0.1** ***waarna/op*** ◆ **3.1** he emptied his glass, ~ he came to me *hij dronk zijn glas leeg, waarna hij bij me kwam.*

wherev·er[1] [wə'revə‖-ər]⟨f1⟩⟨bw.⟩⟨inf.⟩ **0.1** ***waar (toch/in 's hemelsnaam)*** ◆ **1.1** ~ can John be? *waar in 's hemelsnaam mag John wel wezen?.*

wherever[2], ⟨schr.⟩ **'wher'e'er, where·so·ev·er, where·so·e'er** ⟨f2⟩ ⟨ondersch.vw.⟩ **0.1** ***waar ook*** *⇒overal waar, om het even waar* ◆ **¶.1** I'll think of you ~ you go *ik zal aan je denken waar je ook naartoe gaat.*

'where·with ⟨bw.⟩⟨vero.⟩ **0.1** ⟨vragend; ook als →betrekkelijk vnw. gebruikt⟩ ***waarmede.***

'where·with·al[1] ⟨f1⟩⟨n.-telb.zn.; the⟩ **0.1** ***de middelen*** *⇒het geld* ◆ **3.1** I'd like to buy a big house, but I don't have the ~ *ik zou graag een groot huis kopen, maar ik heb er het geld niet voor.*

wherewithal[2] →wherewith.

wher·ry[1] ['weri‖'hweri]⟨telb.zn.; →mv. 2⟩ **0.1** ***roeiboot*** *⇒jol, veerboot, overzetboot (aan het veer)* **0.2** ⟨BE⟩ ***sloep*** *⇒vissersvaartuig, schuit* **0.3** ⟨AE⟩ ***wherry*** ⟨lichte sportroeiboot⟩.

wherry[2] ⟨ov.ww.; →ww. 7⟩ **0.1** ***overzetten/vervoeren (in een roeiboot).***

wher·ry·man ['werimən‖'hweri-]⟨telb.zn.; wherrymen [-mən]; →mv. 3⟩ **0.1** ***veerman*** *⇒jolleman.*

whet[1] [wet‖hwet]⟨zn.⟩
I ⟨telb.zn.⟩ **0.1** ***prikkel*** *⇒stimulans* **0.2** ⟨gew.⟩ ***keer*** *⇒maal* **0.3** ⟨inf.⟩ ***borrel*** *⇒aperitief* ◆ **7.2** this ~ *deze keer;*
II ⟨n.-telb.zn.⟩ **0.1** ***het wetten*** *⇒het slijpen, het aanzetten, het scherpmaken.*

whet[2] ⟨f1⟩⟨ov.ww.; →ww. 7⟩ **0.1** ***wetten*** *⇒slijpen, aanzetten, scherpmaken* **0.2** ***prikkelen*** *⇒aanwakkeren, stimuleren, intensiveren.*

wheth·er ['weðə‖-ər⟨sterk⟩'hweðər]⟨f4⟩⟨ondersch.vw.⟩ **0.1** ⟨vragend⟩ ***of*** **0.2** ⟨met or; leidt alternatieven in⟩ ***of(wel)*** *⇒zij het, hetzij* ◆ **¶.1** he did not say ~ he liked it or not/~ or not he liked it *hij zei niet of hij het leuk vond of niet* **¶.2** ~ he be ill or not I shall tell him *of hij nu ziek is of niet, ik zal het hem zeggen;* she was saved, ~ by chance or by intent *ze werd gered, zij het toevallig of opzettelijk* **¶.¶** ~ or no(t) *in elk geval.*

'whet·stone ⟨f1⟩⟨telb.zn.⟩ **0.1** ***wetsteen*** *⇒slijpsteen.*

whet·ter ['wetə‖'hweţər]⟨telb.zn.⟩ **0.1** ***slijper*** **0.2** ***prikkel*** *⇒stimulans* ◆ **1.2** a ~ of the appetite *iets dat de eetlust opwekt, een aperitief;* ⟨fig.⟩ *iets dat naar meer doet verlangen.*

whew[1] [hju:, ʃju:]⟨telb.zn.⟩ **0.1** ***fluitend geluid*** ◆ **¶.¶** ~! *hé, tsst, tsjonge; pff, oef, hèhè!.*

whew[2] ⟨onov.ww.⟩ **0.1** ***een fluitend geluid maken*** **0.2** ***een uitroep van verbazing/opluchting slaken.***

whey [weɪ‖hweɪ]⟨n.-telb.zn.⟩ **0.1** ***wei*** *⇒hui.*

whey·ey ['weii‖'hweii], **whey·ish** [-ɪʃ]⟨bn.⟩ **0.1** ***weiachtig*** *⇒waterig, bleek.*

'whey'faced ⟨bn.⟩ **0.1** ***bleek*** ⟨gelaatskleur⟩ *⇒grauw.*

which[1] [wɪtʃ‖wɪtʃ⟨sterk⟩hwɪtʃ]⟨f4⟩⟨vnw.⟩
I ⟨onb.vnw.; →onbepaald woord⟩ **0.1** ***om het even welke*** *⇒welke (ook), die(gene) die/welke, wat* ◆ **3.1** wear skirts or trousers, ~ you like *draag rokken of broeken, wat je verkiest;*
II ⟨vr.vnw.; →vragend woord⟩ **0.1** ***welke (ervan)*** *⇒wie/wat* ◆ **3.1** he likes milk or custard, I've forgotten ~ *hij lust melk of vla, ik ben vergeten welk v.d. twee* **4.1** he could not tell ~ is ~ *hij kon ze niet uit elkaar houden* **6.1** ~ **of** the girls hit Sarah *welke v.d. meisjes heeft Sarah geslagen?;*
III ⟨betr.vnw.; →antecedent⟩ **0.1** ***die/dat*** *⇒welke, wat* **0.2** ⟨met zin als antecedent⟩ ***wat*** *⇒*⟨als die zin volgt⟩ *(iets) wat* **0.3** ⟨mbt. personen⟩ ***(iets) wat*** *⇒*⟨vero. of bijb.⟩ *die* ◆ **1.3** he longs for a strong father, ~ he hasn't got *hij verlangt naar een sterke vader (figuur), iets wat hij hard nodig heeft;* our Father ~ art in heaven *Onze Vader die in de hemelen zijt* **3.1** the dog ~ bit you *de hond die je gebeten heeft;* ⟨gew.⟩ he carried something ~ I couldn't see what it was *hij droeg iets waarvan ik niet kon zien wat het was;* that ~ she had seen *dat wat ze gezien had;* the clothes ~ you ordered *de kleren die je besteld hebt;* the hedge, ~ was growing thick *de haag, die dicht aan het groeien was* **6.1** the injustice **against** ~ we fight/~ we fight against *het onrecht waartegen wij vechten* **7.1** ⟨vero.⟩ the ~ *dewelke, hetwelk* **¶.2** he said they were spying on him, ~ is sheer nonsense *hij zei dat ze hem bespioneerden, wat zuivere onzin is.*

which[2] ⟨f4⟩⟨det.⟩
I ⟨onb.det.⟩ **0.1** ***welk(e)... ook*** *⇒om het even welk(e)* ◆ **1.1** have ~ dress you choose *neem de jurk die je verkiest;* ~ way you do it *hoe je het ook doet;*
II ⟨vr.det.; →vragend woord⟩ **0.1** ***welk(e)*** ◆ **1.1** ~ cities have you visited? *welke steden heb je bezocht?;* ~ colour do you prefer? *welke kleur verkies je?;*
III ⟨betr.det.; →antecedent⟩⟨schr.⟩ **0.1** ***welk(e)*** ◆ **1.1** she hated bottle-green, ~ colour reminded her of her school uniform *ze had een hekel aan flessegroen, een kleur die haar herinnerde aan haar schooluniform* **7.1** ⟨vero.⟩ he thought of himself as a soldier, from the ~ conviction he was led to volunteer *hij beschouwde zichzelf als een soldaat, vanuit welke overtuiging hij ertoe werd gebracht zich als vrijwilliger te melden.*

'which'ev·er[1], ⟨vero.⟩ **'which·so·'ev·er** ⟨onb.vnw.; →onbepaald woord⟩ **0.1** ***om het even welke*** *⇒welke (ook), die(gene) die/welke, wat* ◆ **3.1** wear skirts or trousers, ~ you like *draag rokken of broeken, wat je verkiest;* take ~ you prefer *neem degene die je het leukst vindt.*

whichever[2], ⟨vero.⟩ **whichsoever** ⟨onb.det.⟩ **0.1** ***welk(e) ... ook*** *⇒om het even welk(e)* ◆ **1.1** take ~ dress you prefer *neem de jurk die je het leukst vindt;* ~ way you do it *hoe je het ook doet.*

whick·er ['wɪkə‖-ər]⟨onov.ww.⟩ **0.1** ***hinniken.***

whid·ah, whyd·ah ['wɪdə‖'hwɪdə]⟨telb.zn.⟩⟨dierk.⟩ **0.1** ***wida*** ⟨vogel; genus Vidua⟩.

whiff[1] [wɪf‖hwɪf]⟨f1⟩⟨telb.zn.⟩ **0.1** ***zuchtje*** *⇒stroompje, tocht* ⟨v. lucht⟩ **0.2** ***vleug*** ⟨v. geur⟩ *⇒zweem;* ⟨ook fig.⟩ *spoor* **0.3** ***wolkje*** *⇒flard* ⟨v. rook⟩ **0.4** ***teug*** *⇒het opsnuiven, het inademen* **0.5** ***trek*** *⇒haal* ⟨aan sigaar enz.⟩ **0.6** ***sigaartje*** **0.7** ⟨dierk.⟩ ***scharretong*** ⟨Lepidorhombus megastoma⟩ **0.8** ⟨BE⟩ ***lichte roeiboot*** **0.9** ***schot*** ⟨hagel⟩.

whiff[2] ⟨ww.⟩
I ⟨onov.ww.⟩ **0.1** ***(onaangenaam) ruiken*** *⇒rieken;*
II ⟨onov. en ov.ww.⟩ **0.1** ***blazen*** *⇒uitblazen, puffen, waaien* **0.2** ***inhaleren*** *⇒inzuigen;*
III ⟨ov.ww.⟩ **0.1** ***opsnuiven.***

whif·fet ['wɪfɪt‖'hwɪ-]⟨telb.zn.⟩⟨AE⟩ **0.1** ***hondje*** **0.2** ***onderdeurtje*** *⇒kereltje, ventje* **0.3** ***wijsneus*** **0.4** ***broekje*** *⇒snotaap* **0.5** ***(rook) wolkje.***

whif·fle[1] ['wɪfl‖'hwɪfl]⟨zn.⟩
I ⟨telb.zn.⟩ **0.1** ***zuchtje*** *⇒briesje, luchtje* **0.2** ***fluitend geluid*** *⇒gefluit;*
II ⟨n.-telb.zn.⟩ **0.1** ***geflakker*** *⇒het flikkeren;* ⟨fig.⟩ *het weifelen, het voortdurend van mening veranderen* **0.2** ***gedraai*** *⇒het zoeken van uitvluchten.*

whiffle[2] ⟨ww.⟩
I ⟨onov.ww.⟩ **0.1** ***bij vlagen waaien*** **0.2** ***flakkeren*** *⇒flikkeren;* ⟨fig.⟩ *weifelen, voortdurend van mening veranderen* **0.3** ***draaien*** *⇒uitvluchten zoeken* **0.4** ***fluiten*** *⇒een fluitend geluid maken;*
II ⟨ov.ww.⟩ **0.1** ***wegblazen*** *⇒*⟨fig.⟩ *verstrooien, verspreiden.*

'whif·fle·tree ⟨telb.zn.⟩⟨AE⟩ **0.1** ***zwing*** *⇒zwenghout* ⟨dwarshout aan de dissel v.e. wagen waaraan de strengen vastgemaakt worden⟩.

whif·fy ['wɪfi]⟨bn., pred.⟩⟨inf.⟩ ◆ **¶.¶** it's a bit ~ here *het stinkt hier nogal.*

Whig [wɪg‖hwɪg]⟨telb.zn.; ook attr.⟩ **0.1** ⟨gesch.⟩ ***Schotse Presby-***

teriaan ⟨17de eeuw⟩ **0.2** ⟨BE; gesch.⟩ ***Whig*** ⟨lid v.d. partij die de voorloper was v.d. liberale partij; tegenstander v.d. Tories⟩ **0.3** ⟨AE; gesch.⟩ ***Whig*** ⟨lid v.d. partij 1834-1855 die later de Republikeinse partij werd⟩.

Whig·ger·ry ['wɪgəri‖'hwɪ-], **Whig·gism** ['wɪgɪzm‖'hwɪ-]⟨n.-telb.zn.⟩ **0.1** ***beginselen v.d. Whigs***.

Whig·gish ['wɪgɪʃ‖'hwɪ-]⟨bn.⟩ **0.1** ***neigend naar de beginselen v.d. Whigs***.

while[1] [waɪl‖hwaɪl]⟨f3⟩⟨telb.zn.; vnl. enk.⟩ **0.1** ***tijd(je)*** ⇒*poos(je), wijl(e)* ◆ **2.1** a great/good ~ *geruime tijd, een aardig poosje;* worth ~ *de moeite waard, geen tijdverspilling, welbesteed;* they will make it worth your ~ *je zult er geen spijt van hebben* **5.1** (every) **once** in a ~ *af en toe, bij tijd en wijle, een enkele keer* **6.1** **between** ~s *tussendoor;* we haven't seen her **for** a long ~ *wij hebben haar lang niet gezien;* **in** a little ~ *binnenkort, weldra, aanstonds* **7.1** (for) a ~ *een tijdje, een poosje, een ogenblik;* all the ~ *de hele tijd; al die tijd;* the ~ *onderwijl, ondertussen, inmiddels, terwijl*.

while[2], ⟨vnl. BE⟩ **whilst** [waɪlst‖waɪlst⟨sterk⟩hwaɪlst], ⟨vero.⟩ **whiles** [waɪlz‖waɪlz⟨sterk⟩hwaɪlz]⟨f4⟩⟨ondersch.vw.⟩ **0.1** ⟨tijd⟩ ***terwijl*** ⇒*zo lang als* **0.2** ⟨tegenstelling⟩ ***terwijl*** ⇒*hoewel, daar waar* **0.3** ⟨voor bijkomende informatie, zonder tegenstelling⟩ ***terwijl (ook)*** ⇒*en (bovendien)* ◆ **3.1** ⟨elliptisch⟩ he was seen ~ forcing a door *hij werd gezien terwijl hij een deur forceerde* **¶.1** ~ I cook the meal you can clean the bathroom *terwijl ik het eten maak kun jij de badkamer schoonmaken* **¶.2** ~ she has the talent she does not have the perseverance *hoewel ze het talent heeft zet ze echter niet door* **¶.3** the house was tidy ~ the garden was in perfect order *het huis was kraakhelder en de tuin was ook perfect in orde*.

'while a'way ⟨f1⟩⟨ov.ww.⟩ **0.1** ***verdrijven*** ⟨de tijd⟩.

whi·lom[1] ['waɪləm‖'hwaɪ-]⟨bn.⟩⟨vero.⟩ **0.1** ***voormalig*** ⇒*vroeger, gewezen*.

whilom[2] ⟨bw.⟩ **0.1** ***weleer*** ⇒*vroeger*.

whim [wɪm‖hwɪm]⟨f1⟩⟨telb.zn.⟩ **0.1** ***gril*** ⇒*kuur, luim, opwelling, bevlieging* **0.2** ⟨mijnw.⟩ ***kaapstander*** ⇒*windas* ◆ **3.1** the ~ struck her to buy a boat *zij kreeg het in haar hoofd om een boot te kopen*.

whim·brel ['wɪmbrəl‖'hwɪm-]⟨telb.zn.⟩⟨dierk.⟩ **0.1** ***regenwulp*** ⟨Numenius phaeopus⟩.

whimmy →whimsical.

whim·per[1] ['wɪmpə‖'hwɪmpər]⟨f1⟩⟨telb.zn.⟩ **0.1** ***zacht gejank*** ⇒*gejammer* **0.2** ***gedrens*** ⇒*gejengel* ◆ **6.1** **without** a ~ *zonder een kik te geven*.

whimper[2] ⟨f2⟩⟨ww.⟩

I ⟨onov.ww.⟩ **0.1** ***janken*** ⇒*jammeren* **0.2** ***drenzen*** ⇒*jengelen, dreinen* **0.3** ***ruisen*** ⟨v. wind⟩ ⇒*murmelen;*

II ⟨ov.ww.⟩ **0.1** ***jammerend uiten***.

whim·per·er ['wɪmprə‖'hwɪmprər]⟨telb.zn.⟩ **0.1** ***janker*** ⇒*jammeraar* **0.2** ***drens*** ⇒*drein(er)*.

whim·si·cal ['wɪmzɪkl‖'hwɪm-], **whim·my** ['wɪmi‖'hwɪmi]⟨f1⟩⟨bn.; -ly⟩ **0.1** ***grillig*** ⇒*capricieus, willekeurig, fantastisch* **0.2** ***eigenaardig*** ⇒*typisch, zonderling*.

whim·si·cal·i·ty ['wɪmzɪ'kæləti‖'hwɪmzɪ'kæləṭi]⟨zn.; →mv. 2⟩

I ⟨telb.zn.; vnl. mv.⟩ **0.1** ***gril*** ⇒*kuur, luim, caprice;*

II ⟨n.-telb.zn.⟩ **0.1** ***grilligheid*** ⇒*luimigheid*.

whim·sy, whim·sey ['wɪmzi‖'hwɪmzi]⟨zn.; 1e variant; →mv. 2⟩

I ⟨telb.zn.⟩ **0.1** ***gril*** ⇒*kuur, luim, opwelling, bevlieging;*

II ⟨n.-telb.zn.⟩ **0.1** ***eigenaardigheid*** ⇒*zonderlingheid*.

whin[1] [wɪn‖hwɪn]⟨n.-telb.zn.⟩⟨plantk.⟩ **0.1** ***gaspeldoorn*** ⇒*doornstruik, Franse brem, genst, ginster, steekbrem* ⟨Ulex europaeus⟩.

whin[2], **'whin·sill, 'whin·stone** ⟨zn.⟩

I ⟨telb.zn.⟩ **0.1** ***stuk basalt*** **0.2** ***stuk hoornsteen;***

II ⟨n.-telb.zn.⟩ **0.1** ***basalt*** **0.2** ***hoornsteen***.

whin·chat ['wɪntʃæt‖'hwɪn-]⟨telb.zn.⟩⟨dierk.⟩ **0.1** ***paapje*** ⟨zangvogel; Saxicola rubetra⟩.

whine[1] [waɪn‖hwaɪn]⟨f1⟩⟨telb.zn.⟩ **0.1** ***gejammer*** ⇒*gejank, gejengel* **0.2** ***gierend geluid*** ⇒*geloei* ⟨v. sirene⟩ **0.3** ***gezeur*** ⇒*geklaag, gezanik*.

whine[2] ⟨f2⟩⟨ww.⟩

I ⟨onov.ww.⟩ **0.1** ***janken*** ⇒*jammeren, jengelen* **0.2** ***gieren*** ⇒*loeien* **0.3** ***zeuren*** ⇒*klagen, zaniken, dreinen;*

II ⟨ov.ww.⟩ **0.1** ***jammeren*** ⇒*jammerend zeggen/uitbrengen*.

whin·er ['waɪnə‖'hwaɪnər]⟨telb.zn.⟩ **0.1** ***zanik*** ⇒*jammeraar, zeur*.

whin·(e)y ['waɪni‖'hwaɪni]⟨bn.; →compar. 7⟩ **0.1** ***zeurderig*** ⇒*klagend, kribbig*.

whinge [wɪndʒ]⟨onov.ww.⟩ **0.1** ***mopperen*** ⇒*klagen, zeuren*.

whin·ny[1] ['wɪni‖'hwɪni]⟨f1⟩⟨telb.zn.; →mv. 2⟩ **0.1** ***hinnikend geluid*** ⇒*gehinnik*.

whinny[2] ⟨f1⟩⟨onov.ww.; →ww. 7⟩ **0.1** ***hinniken***.

whip[1] [wɪp‖hwɪp]⟨f3⟩⟨zn.⟩

I ⟨telb.zn.⟩ **0.1** ***zweep*** ⇒*karwats, gesel* **0.2** ***zweepslag*** **0.3** ***striem*** **0.4** ⟨ben. voor⟩ ***met zweep vergelijkbaar iets*** ⇒*molenwiek; loot, scheut, rijs, twijg, teen; sprietantenne* **0.5** ***koetsier*** ⇒*menner, voerman* **0.6** ⟨jacht⟩ ***whip*** ⇒*hondenmeester* **0.7** ⟨pol.⟩ ***whip*** ⇒*fractielid dat zijn medeleden informeert en tot opkomst maant* **0.8** ⟨BE; pol.⟩ ***oproep tot aanwezigheid*** **0.9** ⟨scheep.⟩ ***wipper*** ⇒*hijstalie* **0.10** ⟨cul.⟩ ***dessert van stijf geklopte room of eiwit*** ⇒*mousse* **0.11** ⟨handwerken⟩ ***overhandse naad/steek*** **0.12** ⟨AE⟩ ***autobaan*** ⟨op kermis⟩ ⇒*autootjes* ⟨die vlug en sprongsgewijs rijden⟩ ◆ **2.8** a three-line ~ *een dringende* ⟨driemaal onderstreepte⟩ *oproep* **3.¶** ⟨inf.⟩ crack the ~ *het heft/de macht in handen hebben;*

II ⟨n.-telb.zn.⟩ **0.1** ***partijdiscipline*** ⇒*partij-instructies* **0.2** ***buigzaamheid*** ⇒*veerkracht, soepelheid* ⟨vnl. v. golfstok⟩.

whip[2] ⟨f3⟩⟨ww.; →ww. 7⟩ →whipping

I ⟨onov. en ov.ww.⟩ **0.1** ***snel bewegen*** ⇒*snellen, schieten, stuiven, wippen* ◆ **5.1** ~ **away** *wegnemen, afrukken, weggrissen;* ~ **back** *terugzwiepen;* ~ **off** *afnemen, wegrukken;* she ~ped **off** her coat *zij gooide haar jas uit;* the men ~ped **off** their caps *de mannen rukten zich de pet van het hoofd;* he ~ped **out** a knife *hij haalde plotseling een mes tevoorschijn;* he ~ped **round** *hij draaide zich vliegensvlug om;* ~ **up** *snel oppakken; in elkaar draaien, snel in elkaar zetten* **6.1** he ~ped **round** the corner *hij schoot de hoek om;* the teacher ~ped **through** the book *de leraar schoot door het boek heen;*

II ⟨ov.ww.⟩ **0.1** ***omwinden*** ⇒*omwoelen, takelen* **0.2** ***overhands naaien*** **0.3** ***zwepen*** ⇒*(met de zweep) slaan, ranselen, er van langs geven, geselen, striemen* **0.4** ***afvissen*** **0.5** ***kloppen*** ⟨slagroom, enz.⟩ ⇒*stijf slaan* **0.6** ***doen tollen*** ⟨zweeptol⟩ **0.7** ⟨sl.⟩ ***verslaan*** ⇒*kloppen, in de pan hakken* ◆ **1.3** the rain ~ped the windows *de regen striemde tegen de ramen* **1.5** ~ped cream *slagroom* **5.3** ~ **in** the hounds *de jachthonden bijeen jagen;* ~ **off** the hounds *de jachthonden van het spoor afjagen;* ~ **on** *voortdrijven;* he ~ped **up** his audience *hij zweepte zijn toehoorders op;* that ~ped **up** his anger *dat wekte zijn woede op*.

'whip·cord ⟨n.-telb.zn.⟩ **0.1** ***zweepkoord*** **0.2** ***whipcord*** ⟨soort stof⟩ **0.3** ***catgut*** ⇒*darmsnaar*.

whip·cord·y ['wɪpkɔ:di‖'hwɪpkɔrdi]⟨bn.⟩ **0.1** ***pezig*** ⇒*gespierd*.

'whip crane ⟨telb.zn.⟩ **0.1** ***takel*** ⇒*hijstoestel*.

'whip·fish ⟨telb.zn.; whipfish; →mv. 4⟩⟨dierk.⟩ **0.1** ***klipvis*** ⟨Chaetodontidae⟩.

'whip gin ⟨telb.zn.⟩⟨scheep.⟩ **0.1** ***wipper*** ⇒*hijstalie*.

'whip hand ⟨n.-telb.zn.; the⟩ **0.1** ***hand waarin de zweep wordt gehouden*** ⇒*rechterhand* ◆ **6.1** ⟨fig.⟩ have (got) the ~ **of/over** *beheersen, macht hebben over*.

'whip·han·dle ⟨telb.zn.⟩ **0.1** ***zweepsteel***.

'whip·lash ⟨f1⟩⟨telb.zn.⟩ **0.1** ***zweepkoord*** **0.2** ***zweepslag*** ⟨ook fig.⟩ **0.3** ⟨med.⟩ ***whiplash (injury)*** ⟨nekspierverrekking, bv. ten gevolge v. aanrijding v. achteren⟩ ⇒*zweepslag(kwetsuur)* **0.4** ⟨dierk.⟩ ***zweepdraad*** ⇒*flagellum*.

'whiplash injury ⟨telb.zn.⟩⟨med.⟩ **0.1** ***whiplash (injury)*** ⟨spierverrekking, bv. ten gevolge v. aanrijding v. achteren⟩ ⇒*zweepslag (kwetsuur)*.

whip·per-in ['wɪpər'ɪn‖'hwɪ-]⟨telb.zn.; whippers-in ['wɪpəz-‖'hwɪpərz-]; →mv. 6⟩ **0.1** ⟨jacht⟩ ***whip*** ⇒*hondenmeester* **0.2** ***whip*** ⇒*fractielid dat zijn medeleden tot opkomst maant* **0.3** ***paard dat als laatste aankomt***.

whip·per·snap·per ['wɪpəsnæpə‖'hwɪpərsnæpər], **whip·ster** ['wɪpstə‖'hwɪpstər]⟨telb.zn.⟩ **0.1** ***kereltje*** ⇒*broekje, snotjongen* **0.2** ***wijsneus***.

whip·pet ['wɪpɪt‖'hwɪ-], ⟨in bet. 0.2 ook⟩ **'whippet tank** ⟨telb.zn.⟩ **0.1** ***whippet*** ⟨kleine windhond⟩ **0.2** ⟨mil.⟩ ***kleine tank***.

whip·ping ['wɪpɪŋ‖'hwɪ-]⟨f1⟩⟨zn.; oorspr. gerund v. whip⟩

I ⟨telb.zn.⟩ **0.1** ***pak slaag*** ⇒*aframmeling;*

II ⟨n.-telb.zn.⟩ **0.1** ***takelgaren*** ⇒*takeling*.

'whipping boy ⟨telb.zn.⟩ **0.1** ⟨gesch.⟩ ***geselknaap*** ⇒*strafknaap* ⟨jongen die samen met een prins werd opgevoed en in diens plaats gestraft werd⟩; ⟨fig.⟩ *zondebok*.

'whipping post ⟨telb.zn.⟩ **0.1** ***geselpaal***.

'whipping top ⟨telb.zn.⟩ **0.1** ***zweeptol*** ⇒*drijftol*.

whip·ple·tree ['wɪpltri:‖'hwɪ-]⟨telb.zn.⟩ **0.1** ***zwing*** ⇒*zwenghout*.

whip·poor·will ['wɪpʊwɪl‖'hwɪpər-]⟨telb.zn.⟩⟨dierk.⟩ **0.1** ***whippoorwill*** ⟨Am. nachtzwaluw of geitemelker; Caprimulgus vociferus⟩.

whip·py ['wɪpi‖'hwɪpi]⟨bn.; -ness; →bijw. 3⟩ **0.1** ***als een zweep*** ⇒*zweep-* **0.2** ***veerkrachtig*** ⇒*buigzaam, zwiepend*.

'whip·ray ⟨telb.zn.⟩⟨dierk.⟩ **0.1** ***pijlstaartrog*** ⟨fam. Dasyatidae⟩.

'whip-round ⟨telb.zn.⟩ **0.1** ***inzameling*** ⇒*collecte* ◆ **3.1** have a ~ *de pet laten rondgaan*.

'whip·saw[1] ⟨bn.⟩ **0.1** ***trekzaag***.

whipsaw[2] ⟨ov.ww.⟩ **0.1** ***met een trekzaag bewerken*** **0.2** ⟨AE⟩ ***in de tang nemen*** ⟨vnl. bij het pokerspel⟩.

'whip scorpion ⟨telb.zn.⟩⟨dierk.⟩ **0.1** ***zweepschorpioen*** ⟨Pedipalpi⟩.
'whip snake ⟨telb.zn.⟩⟨dierk.⟩ **0.1** ***zweepslang*** ⟨Masticophus flagellum⟩.
'whip·sock·et ⟨telb.zn.⟩ **0.1** ***zweepkoker***.
whipster →whippersnapper.
'whip·stitch[1] ⟨telb.zn.⟩ **0.1** ***overhandse steek***.
whipstitch[2] ⟨ov.ww.⟩ **0.1** ***overhands naaien***.
'whip·stock ⟨telb.zn.⟩ **0.1** ***zweepsteel***.
'whip·tail ⟨telb.zn.⟩ **0.1** ⟨ben. voor⟩ ***dier met lange dunne staart*** ⇒*kleinste jager* ⟨meeuwachtige vogel; Stercorarius longicaudus⟩; *voshaai, zeevos* ⟨Alopias vulpinus⟩; *blauwgrijze kleine kangoeroe* ⟨Macropus parryi⟩; *zweepschorpioen* ⟨Pedipalpi⟩; *renhagedis* ⟨Cnemidophorus⟩.
whir →whirr.
whirl[1] [wɜ:l‖hwɜrl]⟨f1⟩⟨telb.zn.⟩ **0.1** ***werveling*** ⇒*ronddraaiende beweging, draaikolk* **0.2** ***verwarring*** ⇒*roes* **0.3** ***drukte*** ⇒*gewoel, maalstroom, tumult* **0.4** ***haspel*** **0.5** ***winding*** ⟨v. schelp⟩ **0.6** ⟨plantk.⟩ ***krans*** ⟨v. bladeren⟩ **0.7** ⟨AE; inf.⟩ ***poging*** ◆ **2.3** the social ~ *het drukke sociale leven* **3.7** give it a ~ *probeer het eens een keer* **6.2** my thoughts are **in** a ~ *mijn hoofd tolt, het duizelt mij* **6.3 in** a ~ of activity *met koortsachtige bedrijvigheid*.
whirl[2] ⟨f2⟩⟨ww.⟩
I ⟨onov.ww.⟩ **0.1** ***tollen*** ⇒*rondtuimelen* **0.2** ***stormen*** ⇒*snellen, stuiven, vliegen* ◆ **1.1** my head ~s *mijn hoofd tolt, het duizelt mij;*
II ⟨onov. en ov.ww.⟩ **0.1** ***ronddraaien*** ⇒*wervelen, (doen) dwarrelen, kolken, zich snel omdraaien* ◆ **5.1** he ~ed **round** *hij draaide zich vliegensvlug om;*
III ⟨ov.ww.⟩ **0.1** ***met een vaart(je) wegvoeren*** ◆ **5.1** the royal visitors were ~ed **away/off** *de koninklijke bezoekers werden snel weggereden*.
whirl·i·gig ['wɜ:lɪgɪg‖'hwɜr-]⟨telb.zn.⟩ **0.1** ***tol*** ⟨speelgoed⟩ ⇒*molentje* **0.2** ***mallemolen*** ⇒*draaimolen, carrousel;* ⟨fig.⟩ *maalstroom, snelle opeenvolging* **0.3** →whirligig beetle **0.4** ***wispelturig persoon*** ◆ **1.2** the ~ of time *het rad van avontuur, het rad der fortuin*.
'whirligig beetle ⟨telb.zn.⟩⟨dierk.⟩ **0.1** ***draaikever*** ⇒*schrijvertje* ⟨soort watertor; Gyrinidae⟩.
'whirl·pool ⟨f1⟩⟨telb.zn.⟩ **0.1** ***draaikolk*** ⇒*wieling, maalstroom* ⟨ook fig.⟩ **0.2** ***wervelbad*** ⇒*massagebad;* ⟨oneig.⟩ *bubbelbad*.
'whirl·wind[1] ⟨f2⟩⟨telb.zn.⟩⟨→sprw. 619⟩ **0.1** ***wervelwind*** ⇒*windhoos, stofhoos* **0.2** ***drukte*** ⇒*maalstroom, mallemolen* **0.3** ⟨AE⟩ ***stofhoos*** ◆ **3.¶** ride the ~ *de storm beteugelen*.
whirlwind[2] ⟨bn., attr.⟩ **0.1** ***bliksem-*** ⇒*zeer snel* ◆ **1.1** a ~ campaign *een bliksemcampagne*.
whirl·y·bird ['wɜ:libɜ:d‖'hwɜrlibɜrd]⟨telb.zn.⟩⟨sl.⟩ **0.1** ***helicopter*** ⇒*wentelwiek*.
'whirpool bath →whirlpool 0.2.
whirr[1], ⟨AE sp.⟩ **whir** [wɜ:‖hwɜr]⟨telb.zn.⟩ **0.1** ***gegons*** ⇒*gezoem, gesnor, gebrom* **0.2** ***geklapwiek***.
whirr[2], ⟨AE sp.⟩ **whir** ⟨f1⟩⟨onov.ww.; 2e variant; →ww. 7⟩ **0.1** ***gonzen*** ⇒*zoemen, snorren, brommen* **0.2** ***klapwieken***.
whish[1] [wɪʃ‖hwɪʃ]⟨telb.zn.⟩ **0.1** ***gesuis*** ⇒*geruis, gezoef* ◆ **¶.¶** ~! *stt, ssh, stil!*.
whish[2] ⟨onov.ww.⟩ **0.1** ***suizen*** ⇒*ruisen, zoeven* ◆ **5.1** ~ **past** *voorbijsuizen*.
whisht [wɪʃt‖hwɪʃt]⟨n.-telb.zn.⟩⟨vnl. Sch. E en IE⟩ **0.1** ***stilte*** ⇒*(stil)zwijgen* **0.2** →whist ◆ **¶.¶** ~! *sst, ssh, still!*.
whisk[1] [wɪsk‖hwɪsk]⟨f1⟩⟨telb.zn.⟩ **0.1** ***kwast*** ⇒*plumeau, stoffer, klerenborstel* **0.2** ⟨cul.⟩ ***garde*** ⇒*(eier)klopper* **0.3** ***vlugge beweging*** ⇒*zwaai, zwiep, veeg, slag, tik* ◆ **¶.¶** ~! *wip!, hup!*.
whisk[2] ⟨f2⟩⟨ww.⟩
I ⟨onov.ww.⟩ **0.1** ***vliegen*** ⇒*snellen, glippen, schieten, wippen;*
II ⟨ov.ww.⟩ **0.1** ***zwaaien*** ⇒*zwiepen, slaan, vegen* **0.2** ***snel vervoeren*** **0.3** ⟨cul.⟩ ***(op)kloppen*** ⇒*stijf slaan* ◆ **5.1** →whisk **away/off** **5.2** →whisk **away/off** **5.3** ~ **up** *kloppen, stijf slaan*.
'whisk a'way, 'whisk 'off ⟨f1⟩⟨ov.ww.⟩ **0.1** ***wegzwiepen*** ⇒*wegjagen, wegvegen, wegslaan* **0.2** ***snel wegvoeren*** ⇒*snel weghalen* ◆ **1.2** the children were whisked off to bed *de kinderen werden snel in bed gestopt*.
whis·ker ['wɪskə‖'hwɪskər]⟨f2⟩⟨zn.⟩
I ⟨telb.zn.⟩ **0.1** ***snorhaar*** ⇒*snorharen, snor* ⟨v. kat enz.⟩ **0.2** ⟨inf.⟩ ***(p)ietsje*** ⇒*haar(tje)* **0.3** ***haarfijn metaalkristal*** ◆ **6.¶** win by a ~ *met een neuslengte/net aan winnen;*
II ⟨mv.; ~s⟩ **0.1** ***bakkebaard(en)*** **0.2** ***snorharen*** ⇒*snor* ⟨v. kat enz.⟩.
whis·kered ['wɪskəd‖'hwɪskərd]⟨bn.⟩ **0.1** ***met bakkebaarden*** **0.2** ***met een snor*** ⇒*besnord* ⟨kat enz.⟩ ◆ **1.¶** ⟨dierk.⟩ ~ tern *witwangstern* ⟨Chlidonias hybrida⟩.
'whisk(e)y jack ⟨telb.zn.⟩⟨dierk.⟩ **0.1** ***Canadese gaai*** ⟨Perisoreus canadensis⟩.
'whiskey 'sour ⟨telb.zn.⟩ **0.1** ***whisky sour*** ⟨cocktail⟩.
whis·ki·fied ['wɪskifaɪd‖'hwɪ-]⟨bn., pred.⟩⟨scherts.⟩ **0.1** ***in de olie*** ⇒*aangeschoten, zat*.
whis·ky, ⟨AE/IE sp.⟩ **whis·key** ['wɪski‖'hwɪ-]⟨f3⟩⟨zn.; 1e variant; →mv. 2⟩
I ⟨telb.zn.⟩ **0.1** ***glas whisky*** **0.2** ⟨gesch.⟩ ***sjees*** ⇒*cabriolet;*
II ⟨n.-telb.zn.⟩ **0.1** ***whisky***.
whisp →wisp.
whis·per[1] ['wɪspə‖'hwɪspər]⟨f3⟩⟨zn.⟩
I ⟨telb.zn.⟩ **0.1** ***gefluister*** ⇒*geruis* **0.2** ***gefluisterde opmerking*** **0.3** ***gerucht*** ⇒*praatje, insinuatie* **0.4** ***vleugje*** ⇒*zweempje* ◆ **6.1 in** a ~, **in** ~s *fluisterend;*
II ⟨n.-telb.zn.⟩ **0.1** ***het fluisteren*** ⇒*fluistering*.
whisper[2] ⟨f3⟩⟨onov. en ov.ww.⟩ **0.1** ***fluisteren*** ⇒*lispelen, ruisen, bedekt zeggen, roddelen* ◆ **3.1** it is ~ed that *er wordt gefluisterd dat, het gerucht gaat dat* **5.1** ~ **about/around** that *het praatje rondstrooien dat*.
whis·per·er ['wɪsprə‖'hwɪsprər]⟨telb.zn.⟩ **0.1** ***fluisteraar***.
'whis·per·ing campaign ⟨telb.zn.⟩ **0.1** ***fluistercampagne***.
'whispering 'gallery ⟨telb.zn.⟩ **0.1** ***fluistergaanderij*** ⇒*fluistergalerij*.
whist[1], **whisht** [wɪst‖hwɪst]⟨n.-telb.zn.⟩⟨vnl. Sch. E en IE⟩ **0.1** ***whist*** ⟨kaartspel⟩.
whist[2] ⟨bn.⟩⟨BE; vero.⟩ **0.1** ***stil*** ⇒*rustig*.
'whist drive ⟨telb.zn.⟩ **0.1** ***whist drive*** ⟨whistwedstrijd met wisselende partners⟩.
whis·tle[1] ['wɪsl‖'hwɪsl]⟨f2⟩⟨telb.zn.⟩ **0.1** ***fluit*** ⇒*fluitje* **0.2** ***gefluit*** ⇒*getureluur, fluitend geluid* **0.3** ⟨inf.⟩ ***keel*** ◆ **3.3** wet one's ~ *de keel smeren* ⟨met drank⟩ **3.¶** ⟨inf.⟩ blow the ~ on *uit de school klappen over, een boekje opendoen over, erbij lappen; een eind maken aan, een halt toeroepen;* pay for one's ~ *ergens duur voor betalen, leergeld betalen/geven*.
whistle[2] ⟨f3⟩⟨onov. en ov.ww.⟩ **0.1** ***fluiten*** ⇒*gieren, een fluitend geluid maken, een fluitsignaal geven* ◆ **3.¶** they let him go ~ *zij hielden helemaal geen rekening met hem* **5.1** he ~d **up** a servant *hij floot een bediende* **5.¶** ~ **up** *tevoorschijn toveren, uit het niets tevoorschijn roepen* **6.1** ~ **for** a wind *door fluiten trachten een briesje te krijgen* ⟨bijgeloof v. matrozen⟩ **6.¶** he can ~ **for** it *hij kan ernaar fluiten, hij kan het wel vergeten*.
'whis·tle-blow·er ⟨telb.zn.⟩⟨inf.⟩ **0.1** ***fluiter*** ⇒⟨B.⟩ *fluitenier;* ⟨fig.⟩ *iem. die een einde maakt aan iets* **0.2** ***informant***.
whis·tler ['wɪslə‖'hwɪslər]⟨telb.zn.⟩ **0.1** ***fluiter/ster*** ⇒*fluitblazer, fluitist(e)* **0.2** ***fluitende vogel*** **0.3** ***dampig paard*** **0.4** ⟨dierk.⟩ ***grijze marmot*** ⟨Marmota caligata⟩ **0.5** ⟨radio⟩ ***fluittoon***.
'whis·tle·stop ⟨telb.zn.⟩⟨AE⟩ **0.1** ***klein stationnetje*** ⇒*klein plaatsje* **0.2** ***bliksembezoek*** ⟨i.h.b. v. politicus op verkiezingstoernee⟩.
'whis·tle-stop ⟨onov.ww.⟩⟨AE⟩ **0.1** ***een reeks bliksembezoeken afleggen*** ⟨i.h.b. v. politicus op verkiezingstoernee⟩.
'whistle-stop tour ⟨telb.zn.⟩⟨pol.⟩ **0.1** ***verkiezingstoernee door het platteland*** ⇒*verkiezingstoernee langs kleine plaatsjes*.
'whis·tling 'buoy ⟨telb.zn.⟩ **0.1** ***brulboei***.
'whis·tling 'kettle ⟨telb.zn.⟩ **0.1** ***fluitketel***.
whit [wɪt‖hwɪt]⟨telb.zn.; alleen enk.⟩⟨schr.⟩ **0.1** ***grein*** ⇒*zier, sikkepit, jota* ◆ **4.1** every ~ *in elk opzicht* **7.1** no/not a/never a ~ *geen haartje, geen zier, geen steek*.
Whit [wɪt‖hwɪt]⟨eig.n.; ook attr.⟩ **0.1** ***Pinkster(en)***.
white[1] [waɪt‖hwaɪt]⟨f3⟩⟨zn.⟩
I ⟨telb.zn.⟩ **0.1** ***witte kleurstof*** ⇒*witte verf, witte kleur* **0.2** ***oogwit*** ⇒*wit* **0.3** ***blanke*** **0.4** ***witje*** ⟨vlinder⟩ **0.5** ***wit dier*** **0.6** ***doelwit*** ⇒*wit* ◆ **2.3** ⟨AE; vnl. sl.; negers; bel.⟩ poor ~s *arme blanken in de zuidelijke staten;*
II ⟨telb. en n.-telb.zn.⟩ **0.1** ***eiwit*** ⇒*wit* **0.2** ***witte wijn;***
III ⟨n.-telb.zn.⟩ **0.1** ***wit*** ⟨ook schaken, dammen⟩ ⇒*het witte, witspeler* **0.2** ⟨typografie⟩ ***wit*** ⇒*interlinie* **0.3** ⟨the⟩⟨biljart⟩ ***witte bal*** ◆ **3.1** dressed in ~ *in het wit gekleed* **6.1 in** the ~ *ongeverfd, blank* ⟨v. hout⟩;
IV ⟨mv.; ~s⟩ **0.1** ***wit tenue*** ⇒*witte kleren, witte kleding* **0.2** ***bloem*** ⇒*meel* **0.3** ⟨the⟩⟨inf.; med.⟩ ***witte vloed*** ⟨leukorrhea⟩.
white[2] ⟨f4⟩⟨bn.; -er; -ness; →compar. 7⟩ **0.1** ***wit*** ⇒*albino, grijs, bleek, blank;* ⟨fig.⟩ *rein, onschuldig* **0.2** ***doorzichtig*** ⇒*kleurloos* **0.3** ***blank*** ⟨v. mens⟩ **0.4** ***antirevolutionair*** ⇒*reactionair, royalistisch* ◆ **1.1** ~ (blood) cell *wit bloedlichaampje, leukocyt;* a ~ Christmas *een witte Kerst;* ~ coal *witte steenkool;* ⟨BE⟩ ~ coffee *koffie met melk/room;* the White Continent *Antarctica;* ~ corpuscle *wit bloedlichaampje, leukocyt;* ~ currant *witte aalbes;* ⟨ster.⟩ ~ dwarf *witte dwerg;* ~ flag *witte vlag* ⟨ook fig.⟩; ~ ginger *witte gember;* ⟨BE; gesch.⟩ ~ gloves *witte handschoenen* ⟨aan een rechter v.h. Hof v. Assisen aangeboden als er geen zware delicten op de rol stonden⟩; ⟨fig.⟩ ~ hands *reine handen, onschuld;* ~ heat *witte gloeihitte;* ⟨fig.⟩ *kookpunt, toppunt;* at a ~ heat *in dolle drift, razend;* ~ leather *wit leder;* ~ magic *witte magie;* ⟨med.⟩ ~ matter *witte stof* ⟨in hersenen en ruggemerg⟩; ~ mustard *witte mosterd;* ⟨dierk.⟩ ~ pelican *witte pelikaan* ⟨Peleca-

nus onocrotalus⟩; ~ pepper *witte peper;* ⟨AE⟩ ~ ribbon *wit lintje, insigne v. afschaffingsgenootschap;* ⟨ong.⟩ *blauwe knoop, insigne v. zedelijkheidsapostel;* ~ rose *witte roos* ⟨embleem v.h. huis v. York in Rozenoorlogen⟩; ⟨cul.⟩ ~ sauce *witte saus, bloemsaus;* the ~ scourge *de witte dood* ⟨tuberculose⟩; ~ as a sheet *lijkbleek, wit als een doek;* ~ squall *witte bui* ⟨zonder onweer of zware bewolking⟩; ⟨cul.⟩ ~ stock *blanke bouillon;* ~ sugar *geraffineerde suiker;* ~ tie *wit strikje* ⟨v. rokkostuum⟩; *rokkostuum, avondkleding;* ~ whale *witte walvis;* ~ wine *witte wijn;* ⟨fig.⟩ ~ witch *goede heks* **1.3** ~ hunter *blanke jager/safarileider;* ~ slave *blanke slavin;* ~ slavery *handel in blanke slavinnen;* ~ supremacy *doctrine dat het blanke ras superieur is;* ⟨AE; bel.⟩ ~ trash *arme blanken uit de zuidelijke staten* **1.4** the ~ terror *de witte terreur* ⟨vervolging v.d. aanhangers v. Napoleon na de slag bij Waterloo⟩; ⟨bij uitbr.⟩ *antirevolutionaire acties* **1.¶** ~ alloy *witmetaal;* in a ~ anger *in dolle drift, woedend;* ~ ant *termiet;* ~ bear *ijsbeer;* ⟨AE⟩ *grizzlybeer;* ~ book *witboek;* ~ bronze *gietbrons* ⟨met een hoog tingehalte⟩; ⟨plantk.⟩ ~ bryony *heggerank* ⟨Bryonia dioica⟩; ⟨BE; gew.; landb.⟩ ~ corn *lichte graansoorten* ⟨gerst, haver, tarwe⟩; ⟨landb.⟩ ~ crop *(oogst v.) lichte graansoorten* ⟨gerst, rogge, haver, tarwe⟩; ~ crow *witte raaf* ⟨ook fig.⟩; *zeldzaamheid;* ⟨dierk.⟩ great ~ egret *grote zilverreiger* ⟨Egretta alba⟩; ~ elephant *witte olifant; kostbaar maar lastig bezit; onwelkom geschenk;* ~ ensign *Britse marinevlag;* the ~ feather *witte veer, teken v. lafheid;* show the ~ feather *zich lafhartig gedragen;* White Friar *karmeliet;* ~ frost *rijp;* ~ gold *witgoud;* ~ goods *witgoed, wit huishoudtextiel; witgoed, huishoudelijke apparaten* ⟨koelkasten enz.⟩; ~ grouse *sneeuwhoen;* ~ gum *Australische gomboom;* ⟨AE; med.⟩ *(soort) uitslag aan hals en armen bij kinderen;* ~ hope *iem. van wie men grote verwachtingen heeft;* ~ horses *witgekuifde golven;* ⟨BE⟩ ~ land *akkerland;* ~ lead *loodwit;* ⟨med.⟩ ~ leg *kraambeen;* ~ lie *leugentje om bestwil;* ~ light *daglicht;* ~ metal *witmetaal;* ~ monk *cisterciënzer (monnik), bernardijn;* ~ night *slapeloze nacht;* ⟨elek.⟩ ~ noise *witte ruis, geluidsgolven met een uniform frequentiespectrum;* ⟨BE⟩ ~ paper, White Paper *witboek;* in a ~ rage *in dolle drift, woedend;* White Russia *Wit-Rusland;* White Russian *Witrus; Witrussisch(e taal);* ~ sale *uitverkoop v. witgoed; witte week;* ⟨dierk.⟩ (great) ~ shark *witte haai* ⟨Charcharodon charcharias⟩; ~ sheet *boetekleed;* stand in a ~ sheet *zijn zonden belijden;* ~ spirit *terpentine;* ⟨dierk.⟩ ~ stork *ooievaar* ⟨Ciconia ciconia⟩; ⟨schei.⟩ ~ vitriol *zinksulfaat;* ⟨dierk.⟩ ~ wagtail *witte kwikstaart* ⟨Motacilla alba⟩; ~ war *economische oorlog;* ~ water *ondiep water; kolkend/schuimend water, branding* **3.¶** bleed s.o. ~ *iem. uitkleden/uitzuigen, iem. het vel over de oren halen;* go ~ about the gills *bleek/wit om de neus worden van schrik.*

white[3] ⟨f1⟩ ⟨ww.⟩
 I ⟨onov.ww.⟩ →white out;
 II ⟨ov.ww.⟩ **0.1** ⟨vero.⟩ ***wit maken*** ⇒*witten;* ⟨bij uitbr.⟩ *bleken, doen verbleken;* ⟨fig.⟩ *witwassen* **0.2** ⟨druk.⟩ ***wit invoegen in/tussen*** ◆ **1.1** ⟨bijb.⟩ ~d sepulchre *witgepleisterd graf* ⟨Matt. 23:27⟩; *schijnheilige, farizeeër.*

'white-'backed ⟨bn.⟩ ⟨dierk.⟩ ◆ **1.¶** ~ woodpecker *witrugspecht* ⟨Dendrocopos medius⟩.

'white·bait ⟨zn.⟩ ⟨dierk.⟩
 I ⟨telb. en n.-telb.zn.⟩ **0.1** ***inanga*** ⟨snoekforel die in Nieuw Zeeland voorkomt; Galaxiidae⟩;
 II ⟨mv.⟩ **0.1** ***zeebliek*** ⟨jonge haring⟩.

'white·beam ⟨telb.zn.⟩ ⟨plantk.⟩ **0.1** ***meelbes*** ⟨soort lijsterbes; Sorbus aria⟩.

'white·beard ⟨telb.zn.⟩ **0.1** ***grijsaard.***

'white-'billed ⟨bn.⟩ ⟨dierk.⟩ ◆ **1.¶** ~ diver *geelsnavelduiker* ⟨Gavia adamsii⟩.

White·boy ['waɪtbɔɪ‖'hwaɪt-] ⟨telb.zn.⟩ ⟨gesch.⟩ **0.1** ***Whiteboy*** ⟨lid v.d. illegale Ierse agrarische bond in de 19e eeuw⟩.

'white bread ⟨telb. en n.-telb.zn.⟩ **0.1** ***wittebrood*** ⇒*wit brood.*

'white·cap ⟨telb.zn.⟩ **0.1** ***witgekuifde golf*** ⇒*schuimkop* **0.2** ⟨dierk.⟩ ***ringmus*** ⟨Passer Montanus⟩ **0.3** ⟨dierk.⟩ ***grasmus*** ⟨Sylvia communis⟩ **0.4** ⟨AE⟩ ***whitecap*** ⇒*lid v.e. zgn. waakzaamheidscomité met terreurmethoden.*

White·chap·el ['waɪttʃæpl‖'hwaɪt-], ⟨voor bet. II 0.1 ook⟩ **'White-chapel cart** ⟨f1⟩ ⟨zn.⟩
 I ⟨eig.n.⟩ **0.1** ***Whitechapel*** ⟨beruchte Londense buurt⟩;
 II ⟨telb.zn.⟩ **0.1** ***tweewielig wagentje met veren*** **0.2** ⟨kaartspel⟩ ***het uitkomen met een singleton om later te kunnen introeven*** ⟨whist⟩.

'white·coat ⟨telb.zn.⟩ **0.1** ***jonge zeehond.***

'white-'col·lar ⟨f1⟩ ⟨bn., attr.⟩ **0.1** ***witte boorden-*** ⇒*hoofd-* ⟨arbeider(s)⟩ ◆ **1.1** ~ crime *witte-boordencriminaliteit;* ~ workers *kantoormensen, ambtenaren.*

'white-'crest·ed ⟨bn.⟩ **0.1** ***witgekuifd*** ⟨v. golven, vogels⟩.

'white-ear ⟨telb.zn.⟩ ⟨dierk.⟩ **0.1** ***tapuit*** ⟨zangvogel; Oenanthe oenanthe⟩.

'white-eye ⟨telb.zn.⟩ ⟨dierk.⟩ **0.1** ***brilvogel*** ⟨Zosterops⟩.

'white-'eyed ⟨bn.⟩ ⟨dierk.⟩ ◆ **1.¶** ~ pochard *witoogeend* ⟨Aythya nyroca⟩.

'white·face ⟨n.-telb.zn.⟩ **0.1** ***witte grime.***

'white-'faced ⟨bn.⟩ **0.1** ***bleek*** ⇒***met een bleek gezicht*** **0.2** ***met een bleke snuit*** ⟨mbt. dieren⟩ **0.3** ***met een witte façade*** **0.4** ***wit geschminkt*** ◆ **1.2** a ~ horse *(een paard met) een bles.*

'white·fish ⟨zn.; ook whitefish; →mv. 4⟩ ⟨dierk.⟩
 I ⟨telb.zn.⟩ **0.1** ***houting*** ⟨zalmachtige vis; Coregonus oxyrinchus⟩;
 II ⟨n.-telb.zn.⟩ ⟨BE⟩ **0.1** ***witvis*** ⟨kabeljauw, tong, heilbot enz.⟩.

'white·fly ⟨n.-telb.zn.; →mv. 2⟩ **0.1** ***motluis*** ⟨Aleurodidae⟩.

'white·foot ⟨telb.zn.; whitefeet; →mv. 3⟩ **0.1** ***witte voet*** **0.2** ***witvoet*** ⟨paard met witte voet⟩.

'white-'front·ed ⟨bn.⟩ ⟨dierk.⟩ ◆ **1.¶** ~ goose *kolgans* ⟨Anser albifrons⟩; lesser ~ goose *dwerggans* ⟨Anser erythropus⟩.

'white-'haired ⟨bn.⟩ **0.1** ***met witte haren*** ⇒*grijs, blond* ◆ **1.¶** the ~ boy *het lievelingetje.*

White·hall ['waɪthɔːl, waɪt'hɔːl] ⟨eig.n.⟩ **0.1** ***Whitehall*** ⇒*de (Britse) regering.*

'white-'hand·ed ⟨bn.⟩ **0.1** ***met blanke handen*** ⇒⟨fig.⟩ *rein, zuiver, onschuldig* **0.2** ***met witte voorpoten.***

'white·head ⟨telb.zn.⟩ **0.1** ***meeëter*** ⇒*comedo.*

'white-'head·ed ⟨f1⟩ ⟨bn.⟩ **0.1** ***met witte haren*** ⇒*grijs, blond, witgekuifd, met witte veren op de kop* ◆ **1.1** ⟨dierk.⟩ ~ duck *witkopeend* ⟨Oxyura leucocephala⟩ **1.¶** the ~ boy *het lievelingetje.*

'white-heart 'cherry ⟨telb.zn.; →mv. 2⟩ **0.1** ***knapkers*** ⟨grote, hartvormige kers⟩.

'white-'hot ⟨bn.⟩ **0.1** ***witheet/gloeiend.***

White House ['waɪt haʊs‖'hwaɪt-] ⟨f3⟩ ⟨eig.n.; the⟩ **0.1** ***het Witte Huis*** ⇒⟨fig.⟩ *de Amerikaanse president.*

'white-'lipped ⟨bn.⟩ **0.1** ***met bleke lippen*** ⟨vooral van angst⟩.

'white-'liv·ered ⟨bn.⟩ **0.1** ***laf(hartig).***

'white man ⟨f1⟩ ⟨telb.zn.⟩ **0.1** ***blanke*** **0.2** ⟨inf.⟩ ***eerlijke vent*** ◆ **1.1** the ~'s burden *de plicht v.h. blanke ras om de gekleurde rassen te ontwikkelen* ⟨naar een gedicht v. Kipling⟩.

'white meat ⟨n.-telb.zn.⟩ **0.1** ***wit vlees*** ⟨kalfsvlees, kip enz.⟩.

whit·en ['waɪtn‖'hwaɪtn] ⟨f1⟩ ⟨ww.⟩ →whitening
 I ⟨onov.ww.⟩ **0.1** ***wit/bleek worden*** ⇒*opbleken;*
 II ⟨ov.ww.⟩ **0.1** ***witten*** ⇒*bleken.*

whit·en·er ['waɪtnə‖'hwaɪtnər] ⟨telb. en n.-telb.zn.⟩ **0.1** ***bleekwater.***

whitening →whiting.

'white·out ⟨telb.zn.⟩ ⟨meteo.⟩ **0.1** ***white-out*** ⟨verschijnsel in vnl. polaire gebieden⟩.

'white 'out ⟨f1⟩ ⟨ww.⟩
 I ⟨onov.ww.⟩ **0.1** ***sneeuwblind/mistblind worden/zijn;***
 II ⟨ov.ww.⟩ ⟨druk.⟩ **0.1** ***wit invoegen in/tussen*** ⟨zetsel⟩.

'white-'rumped ⟨bn.⟩ ⟨dierk.⟩ ◆ **1.¶** ~ sandpiper *Bonapartes strandloper* ⟨Calidris fuscicollis⟩; ~ swift *witstuitgierzwaluw* ⟨Apus cafer⟩.

'white-'slave traffic ⟨n.-telb.zn.; the⟩ **0.1** ***handel in blanke slavinnen.***

'white·smith ⟨telb.zn.⟩ **0.1** ***blikslager*** **0.2** ***metaalwerker.***

'White's 'thrush ⟨telb.zn.⟩ ⟨dierk.⟩ **0.1** ***goudlijster*** ⟨Zootnera dauma⟩.

'white-'tailed ⟨bn.⟩ ⟨dierk.⟩ ◆ **1.¶** ~ eagle *zeearend* ⟨Haliaeetus albicilla⟩.

'white·thorn ⟨telb. en n.-telb.zn.⟩ **0.1** ***witte meidoorn.***

'white·throat ⟨telb.zn.⟩ ⟨dierk.⟩ **0.1** ***grasmus*** ⟨Sylvia communis⟩ ◆ **2.¶** lesser ~ *braamsluiper* ⟨Sylvia curruca⟩.

'white-'tie ⟨bn., attr.⟩ **0.1** ***in avondkleding*** ⇒*formeel* ◆ **1.1** a ~ affair *een formele aangelegenheid, waar men in avondkleding verschijnt.*

'white·wash[1] ⟨f1⟩ ⟨zn.⟩
 I ⟨telb. en n.-telb.zn.⟩ **0.1** ***vergoelijking*** ⇒*dekmantel* **0.2** ⟨BE; geldw.⟩ ***rehabilitatie;***
 II ⟨n.-telb.zn.⟩ **0.1** ***witkalk*** ⇒*witsel.*

whitewash[2] ⟨f1⟩ ⟨ov.ww.⟩ **0.1** ***witten*** **0.2** ***vergoelijken*** **0.3** ***van blaam zuiveren*** ⇒*schoonwassen* **0.4** ⟨BE; geldw.⟩ ***rehabiliteren*** **0.5** ⟨AE⟩ ***geen punt laten maken*** ⟨de tegenstander⟩.

'white·wash·er ⟨telb.zn.⟩ **0.1** ***witter.***

'white·wing ⟨telb.zn.⟩ **0.1** ⟨BE; dierk.⟩ ***vink*** ⟨Fringilla coelebs⟩ **0.2** ⟨AE; inf.⟩ ***straatveger*** ⟨in wit uniform, vnl. in New York⟩.

'white-'winged ⟨bn.⟩ **0.1** ***met witte vleugels*** ◆ **1.1** ⟨dierk.⟩ ~ black gull *witvleugelstern* ⟨Chlidonias leucopterus⟩; ⟨dierk.⟩ ~ lark *witvleugelleeuwerik* ⟨Melanocoryphas leucoptera⟩.

'white·wood ⟨n.-telb.zn.⟩ **0.1** ***without*** ⇒*blank hout.*

whit·ey ['waɪti‖'hwaɪṭi] ⟨f1⟩ ⟨zn.⟩
 I ⟨eig.n.; ook W-⟩ **0.1** ⟨AE; bel.⟩ ***de blanke(n);***
 II ⟨telb.zn.⟩ **0.1** ***witkop*** **0.2** ⟨AE; bel.⟩ ***bleekscheet*** ⟨blanke⟩.

whith·er[1] ['wɪðə||'wɪðər⟨sterk⟩'hwɪðər]⟨onb.vnw.⟩⟨vero.; ook fig.⟩ **0.1** ***daar waarheen*** ⇒*ergens waarheen, een plaats waarheen* ◆ **3.1** I do not have ~ to go *ik kan nergens naar toe*.

whither[2] ['wɪðə||'wɪðər⟨sterk⟩'hwɪðər], ⟨in bet. 0.3 ook⟩ **'whith·er·so·'ev·er** ⟨bw.⟩⟨vero.; ook fig.⟩ **0.1** ⟨vragend⟩ ***waarheen*** ⇒*waar naartoe, naar waar* **0.2** ⟨→betrekkelijk voornaamwoord⟩ ***naar daar waar*** ⇒*naar ergens waar, waarheen* **0.3** ***waarheen ook*** ◆ **3.1** ~ goest thou? *waar gaat gij heen?* **3.2** the house ~ he longed to travel *het huis waarnaar hij verlangde te reizen;* he went ~ she sent him *hij ging waarheen zij hem stuurde;* went I know not ~ *ging ik weet niet waar naartoe* **¶.1** ~ democracy? *waarheen met de democratie?* **¶.3** ~(soever) thou goest, thou shalt be alone *waarheen gij ook gaat, gij zult alleen zijn*.

whit·ing ['waɪtɪŋ||'hwaɪṭɪŋ], ⟨voor bet. II 0.1 ook⟩ **whit·en·ing** ['waɪtnɪŋ||'hwaɪt-]⟨f1⟩⟨zn.⟩
I ⟨telb.zn.⟩⟨dierk.⟩ **0.1** ***wijting*** ⟨Merlangus merlangus⟩;
II ⟨n.-telb.zn.; 2e variant oorspr. gerund v. whiten⟩ **0.1** ***witsel*** ⇒*witkrijt, witkalk*.

'whiting pout ⟨telb.zn.⟩⟨dierk.⟩ **0.1** ***steenbolk*** ⟨vis; Gadus luscus⟩.

whit·ish ['waɪtɪʃ||'hwaɪṭɪʃ]⟨f1⟩⟨bn.⟩ **0.1** ***witachtig***.

whit·leath·er ['wɪtleðə||'hwɪtleðər]⟨n.-telb.zn.; ook attr.⟩ **0.1** ***wit leder*** ◆ **1.1** ~ boots *witleren laarzen*.

Whit·ley Council ['wɪtli 'kaʊnsl||'hwɪtli-]⟨telb.zn.⟩⟨BE⟩ **0.1** ***Whitleyraad*** ⇒*bedrijfsraad* ⟨naar J.H. Whitley, voorzitter v.d. commissie die in 1916 de oprichting v. dergelijke raden aanbeval⟩.

whit·low ['wɪtloʊ||'hwɪt-]⟨telb.zn.⟩⟨med.⟩ **0.1** ***fijt*** ⇒*omloop* ◆ **3.1** have a ~ *(een) omloop hebben*.

'Whit 'Monday ⟨eig.n.⟩ **0.1** ***Pinkstermaandag*** ⇒*tweede Pinksterdag, Pinkster twee*.

'Whit 'Saturday ⟨eig.n.⟩ **0.1** ***(de)(zater)dag voor Pinkster(en)***.

Whit·sun[1] ['wɪtsn||'hwɪtsn]⟨f1⟩⟨eig.n.⟩ **0.1** ***Pinkster(en)***.

Whitsun[2] ⟨bn., attr.⟩ **0.1** ***Pinkster-*** ◆ **1.1** ~ week *Pinksterweek*.

'Whit 'Sunday, ⟨in bet. II vnl.⟩ **'Whit·'sun·day** ⟨zn.⟩
I ⟨eig.n.⟩ **0.1** ***Pinksterzondag*** ⇒*Pinkster(en), Pinkster één;*
II ⟨telb. en n.-telb.zn.⟩⟨Sch. E; gesch.⟩ **0.1** ***betaaldag*** ⇒*dag waarop pacht begint of eindigt* ⟨15 mei⟩.

'Whit·sun·tide ⟨eig.n.⟩ **0.1** ***Pinkstertijd***.

whit·tle ['wɪtl||'hwɪṭl]⟨f1⟩⟨ov.ww.⟩ **0.1** ***snijden*** ⟨hout⟩ ⇒*snippers afsnijden van, besnoeien* ⟨ook fig.⟩ ◆ **5.1** ~ **away** *stukjes afsnijden van, kleiner maken;* ~ **down** *besnijden* ⟨hout⟩; ⟨fig.⟩ *besnoeien, reduceren, beknibbelen* **6.1** ~ **at** a piece of wood *een stuk hout besnijden*.

whit·tler ['wɪtlə||'hwɪṭlər]⟨telb.zn.⟩ **0.1** ***iem. die hout besnijdt***.

'Whit'tues·day ⟨eig.n.⟩ **0.1** ***dinsdag na Pinksteren*** ⇒*Pinksterdinsdag, Pinkster drie*.

'Whit·week ⟨eig.n.⟩ **0.1** ***Pinksterweek***.

'Whit·week'end ⟨telb. en n.-telb.zn.⟩ **0.1** ***Pinksterweekend***.

whit·y ['waɪti||'hwaɪṭi]⟨bn.⟩ **0.1** ***witachtig*** ⇒*wit(te)-*.

whiz(z)[1] [wɪz||hwɪz]⟨f1⟩⟨telb.zn.; →mv. 2⟩ **0.1** ***gefluit*** ⇒*het zoeven, gesuis, gezoem, gesnor* **0.2** ⟨AE⟩ ***vliegensvlug tochtje*** ⇒*bliksembezoek* **0.3** ⟨inf.⟩ ***kei*** ⇒*kraan, bolleboos, wonder* ◆ **6.3** she is a ~ **at** physics *zij is steengoed in natuurkunde*.

whiz(z)[2] ⟨f2⟩⟨onov.ww.; →ww. 7⟩ **0.1** ***zoeven*** ⇒*fluiten, suizen, zoemen, snorren* ◆ **5.1** they ~ed **past** *zij zoefden voorbij*.

whiz(z)-bang[1] ['wɪz bæŋ||'hwɪz-]⟨telb.zn.⟩ **0.1** ***(soort) granaat/vuurpijl***.

whiz(z)-bang[2] ⟨bn., attr.⟩⟨inf.⟩ **0.1** ***briljant*** ⇒*eersteklas-*.

whiz·zer ['wɪzə||'hwɪzər]⟨telb.zn.⟩⟨tech.⟩ **0.1** ***hydro-extractor*** ⇒*droogmachine*.

'whiz(z)·kid ⟨telb.zn.⟩ **0.1** ***briljant jongmens*** ⇒*kei, wonderkind, whizz-kid*.

who [hu:⟨in bet. III⟩(h)ʊ⟨sterk⟩hu:]⟨f4⟩⟨vnw.; →naamval⟩ →whom, whose
I ⟨onb.vnw.⟩ **0.1** →whoever;
II ⟨vr.vnw.; →vragend woord⟩ **0.1** ***wie*** ◆ **3.1** ~ cares? *wat geeft het?;* ~ did she meet? *wie kwam zij tegen?;* ~ do you think I saw? *wie denk je dat ik gezien heb?;* ~ does he think he is? *wie denkt hij wel dat hij is?;* he hit ~? *hij sloeg wie?;* ~ should appear but John *tot onze verrassing verscheen John* **4.1** ~ is it? *hoe heet-ie ook weer?, dinges;* Who is Who? *Who is who?, Wie is dat?* ⟨titel v. biografische naslagwerken⟩; know ~'s ~ *weten wie/wat iedereen is, iedereen kennen* **6.1** ~ did you get it **from?** *v. wie heb je het gekregen?;*
III ⟨betr.vnw.; met ingesloten antecedent niet te scheiden v. I⟩ **0.1** ***die*** ⇒*wie* ◆ **3.1** anyone ~ disagrees *wie niet akkoord gaat;* ⟨als accusatief gebruikt; substandaard⟩ a philosopher of ~ I had never heard *een filosoof van wie ik nooit had gehoord;* such ~ look down on us *diegenen die op ons neerkijken;* my sister, ~ is a nurse *mijn zuster, die verpleegster is;* ⟨als acc. gebruikt⟩ the farmer ~ John met last year *de boer die John vorig jaar heeft ontmoet*.

WHO ⟨afk.⟩ World Health Organization.

whoa [woʊ||hwoʊ]⟨f2⟩⟨tussenw.⟩ **0.1** ***ho***.

who·dun·(n)it ['hu:'dʌnɪt]⟨telb.zn.⟩⟨inf.⟩ **0.1** ***detective (roman/film)***.

'who'ev·er, ⟨schr.⟩ **'who'e'er,** ⟨vero. in BE⟩ **'who·so·'ev·er,** ⟨vero.⟩ **'who·so,** ⟨in bet. I soms⟩ **who** ⟨f3⟩⟨vnw.⟩ →whomever, whosever
I ⟨onb.vnw.; →onbepaald woord⟩ **0.1** ***om het even wie*** ⇒*wie (dan) ook, al wie* ◆ **3.1** feed him, ~ he may be *geef hem te eten, wie hij ook mag zijn;* ~ he chooses is lost *diegene die/al wie hij uit kiest is verloren* **6.1** give it **to** ~ you like *geef het aan wie je ook wil;*
II ⟨vr.vnw.⟩⟨inf.⟩ **0.1** ***wie (toch)*** ◆ **3.1** ~ can that be? *wie kan dat toch zijn?*.

whole[1] [hoʊl]⟨f3⟩⟨telb. en n.-telb.zn.⟩ **0.1** ***geheel*** ⇒*eenheid, som, totaal* ◆ **1.1** (in) ~ or in parts *heel of in stukjes* **6.1** **as** a ~ *als geheel, in zijn geheel;* **on** the ~ *over het geheel genomen, alles bij elkaar; in het algemeen* **7.1** the ~ *het geheel, alles;* the ~ of Boston *heel Boston*.

whole[2] ⟨f4⟩⟨bn.⟩
I ⟨bn.⟩ **0.1** ***geheel*** ⇒*heel, totaal, volledig, gans* **0.2** ***geheel*** ⇒*gaaf, ongeschonden, gezond, volmaakt* ◆ **1.1** do sth. with one's ~ heart *iets v. ganser harte/met volledige inzet doen;* ~ holiday *hele vakantiedag;* ~ number *heel getal* **1.2** he got off with a ~ skin *hij kwam er heelhuids doorheen* **1.¶** ⟨AE; sl.⟩ the ~ ball of wax *het hele zoo(i)tje;* ~ cloth *stof zoals ze door de fabriek wordt afgeleverd;* ⟨AE⟩ out of ~ cloth *verzonnen, uit de lucht gegrepen;* ~ gale *zware storm* ⟨windkracht 10⟩; ⟨sl.⟩ go (the) ~ hog *tot het einde toe doorgaan, niet halverwege ophouden;* ⟨AE; sl.⟩ the ~ kit and caboodle *de hele santenkraam;* ~ life insurance *overlijdensverzekering, levensverzekering waarbij men gedurende het hele leven premie betaalt;* a ~ lot better *heel wat beter;* a ~ lof of people *een heleboel mensen;* ⟨BE; foto.⟩ ~ plate *plaat/film v. 16,5 bij 21,5 cm;* ⟨AE; inf.⟩ the ~ shebang *het hele zootje;* ⟨AE; muz.⟩ ~ step *seconde;* ⟨muz.⟩ ~ tone *seconde* **3.1** swallow sth. ~ *iets in zijn geheel doorslikken;* ⟨fig.⟩ *iets voor zoete koek aannemen* **3.2** come back ~ *ongedeerd terugkomen;* make ~ *herstellen, heel maken* **4.1** the ~ five *alle vijf;*
II ⟨bn., attr.⟩ **0.1** ***vol*** ◆ **1.1** ~ milk *volle melk*.

whole[3] ⟨bw.⟩ **0.1** ***totaal*** ⇒*geheel* ◆ **2.1** a ~ new life *een totaal nieuw leven*.

'whole-'col·oured ⟨bn.⟩ **0.1** ***éénkleurig*** ⇒*van één kleur*.

'whole·food ⟨n.-telb.zn.; soms ~s; vaak attr.⟩ **0.1** ***natuurvoeding*** ⇒*natuurlijke voeding/voedsel*.

'whole'foot·ed ⟨bn.⟩ **0.1** ***de voet plat neerzettend***.

'whole'heart·ed ⟨f1⟩⟨bn.; -ly⟩ **0.1** ***hartgrondig*** ⇒*onverdeeld, oprecht, van ganser harte*.

whole-hog·ger ['hoʊl'hɒgə||-'hɔgər, -'hɑ-]⟨telb.zn.⟩ **0.1** ***doorzetter***.

'whole-'hoofed ⟨bn.⟩ **0.1** ***éénhoevig***.

'whole-length ⟨bn., attr.⟩ **0.1** ***onverkort*** **0.2** ***de volle lengte beslaand*** ◆ **1.2** a ~ portrait *een portret ten voeten uit;* ~ mirror *passpiegel*.

'whole·meal ⟨f1⟩⟨bn., attr.⟩ **0.1** ***volkoren***.

whole·ness ['hoʊlnəs]⟨f1⟩⟨n.-telb.zn.⟩ **0.1** ***heelheid*** ⇒*volledigheid, gaafheid, ongeschondenheid*.

'whole note ⟨telb.zn.⟩⟨AE; muz.⟩ **0.1** ***hele noot***.

whole·sale[1] ['hoʊlseɪl]⟨f2⟩⟨n.-telb.zn.⟩ **0.1** ***groothandel*** ⇒*en-groshandel, grossierderij* ◆ **6.1** sell **by**/ ⟨AE⟩ **at** ~ *in het groot verkopen*.

wholesale[2] ⟨f2⟩⟨bn.⟩ **0.1** ***in het groot*** ⇒*groothandel-, grossiers-, engros-* **0.2** ***massaal*** ⇒*op grote schaal* **0.3** ***algemeen*** ⇒*alles insluitend, geheel* ◆ **1.1** ~ business *groothandelszaak;* ~ dealer *groothandelaar;* ~ prices *groothandelsprijzen* **1.2** ~ slaughter *massamoord*.

wholesale[3] ⟨f2⟩⟨ww.⟩
I ⟨onov.ww.⟩ **0.1** ***groothandel drijven*** **0.2** ***in het groot verkocht worden;***
II ⟨ov.ww.⟩ **0.1** ***in het groot verkopen***.

wholesale[4] ⟨bw.⟩ **0.1** ***in het groot*** **0.2** ***op grote schaal*** **0.3** ***zonder onderscheid*** ◆ **3.1** sell ~ *in het groot verkopen*.

whole·sal·er ['hoʊlseɪlə||-ər]⟨f1⟩⟨telb.zn.⟩ **0.1** ***groothandelaar*** ⇒*grossier*.

whole·some ['hoʊlsəm]⟨f2⟩⟨bn.; -ly; -ness⟩ **0.1** ***gezond*** ⇒*heilzaam* ◆ **1.1** ~ advice *nuttige raad;* a ~ complexion *een gezonde kleur;* ~ food *gezond voedsel*.

'whole-'souled ⟨bn.⟩ **0.1** ***hartgrondig*** ⇒*onverdeeld, oprecht, van ganser harte*.

'whole-time ⟨bn., attr.⟩ **0.1** ***vol*** ⇒*volledig* ⟨betrekking⟩ ◆ **1.1** ~ job *volledige betrekking*.

'whole-tone ⟨bn., attr.⟩⟨muz.⟩ **0.1** ***mbt. hele tonen*** ◆ **1.1** ~ scale *hele-toon-toonladder*.

'whole-wheat ⟨f1⟩⟨bn., attr.⟩ **0.1** ***volkoren*** ◆ **1.1** ~ flour *volkorenmeel*.

who'll [(h)ʊl⟨sterk⟩hu:l]⟨samentr. v. who will/shall⟩.
whol·ly ['hoʊli]⟨f3⟩⟨bw.⟩ **0.1** ***geheel*** *⇒geheel en al, totaal, compleet* **0.2** ***exclusief***.
whom [hu:m]⟨f3⟩⟨vnw.;→naamval⟩⟨vnl. schr.⟩ →who, whose
I ⟨onb.vnw.⟩ →whomever;
II ⟨vr.vnw.⟩ **0.1** ***wie*** *⇒wien* ◆ **3.1** ~ did you receive? *wie heb je ontvangen?;* there are ~ I cannot convince *er zijn er die ik niet kan overtuigen;* he wondered ~ John had invited *hij vroeg zich af wie John had uitgenodigd* **6.1 for** ~ did you buy it? *voor wie heb je het gekocht?;*
III ⟨betr.vnw.; met ingesloten antecedent niet te scheiden v. I⟩ **0.1** ***die*** *⇒wie, wien* ◆ **3.1** the clerk ~ you insulted *de bediende die je beledigde;* ⟨substandaard, nominatief gebruikt⟩ a child ~ she hoped would become a great actor *een kind dat, naar zij hoopte een groot acteur zou worden;* the girl, ~ he had seen before *het meisje, dat hij vroeger had gezien* **6.1** a plague **for** ~ he respects most *een pest voor degene die hij het meeste respecteert;* ⟨als nom. gebruikt⟩ **oblivious of** ~ nursed him *zonder te merken wie hem verpleegde*.
'whom'ev·er, ⟨vero. in BE⟩ **'whom·so·'ev·er**, ⟨vero.⟩ **'whom·so**, ⟨soms⟩ **whom** ⟨onb.vnw.⟩⟨schr.⟩ →whoever, whosever **0.1** ***wie (n) ook*** *⇒om het even wie* ◆ **3.1** ~ he helps he should care for himself too *wie hij ook helpt, hij zou ook voor zichzelf moeten zorgen;* tell ~ you meet *zeg het aan iedereen die je tegenkomt* **6.1** ⟨substandaard⟩ a biography **of** ~ had ended the war *een biografie van diegene die een einde had gemaakt aan de oorlog*.
whomp [wɒmp‖hwɑmp]⟨ov.ww.⟩⟨sl.⟩ **0.1** ***beslissend verslaan*** ◆ **5.¶** ~ **up** *in elkaar zetten, creëren, construeren*.
whomso ⟨accusatief v. whoso⟩ →whomever.
whomsoever ⟨accusatief v. whosoever⟩ →whomever.
whoo [wu:‖hwu:]⟨f1⟩⟨tussenw.⟩ **0.1** ***o!*** ⟨drukt opwinding, verbazing, opluchting enz. uit⟩ **0.2** ***(oe)hoe*** ⟨imitatie v.d. roep v. uil⟩.
whoop[1], hoop [wu:p‖hu:p]⟨f1⟩⟨telb.zn.⟩ **0.1** ***uitroep*** *⇒roep, schreeuw, kreet* ⟨v. verrukking, opwinding, vreugde⟩ **0.2** ***oorlogskreet*** *⇒krijgsgeschreeuw, jachtgeschreeuw* **0.3** ***krassend geluid*** *⇒gekras* ⟨v. vogels⟩ **0.4** ***haal*** ⟨bij kinkhoest⟩ **0.5** ⟨inf.⟩ ***zier*** *⇒sikkepit*.
whoop[2], hoop ⟨f1⟩⟨zn.⟩
I ⟨onov.ww.⟩ **0.1** ***schreeuwen*** *⇒roepen, een kreet slaken* ⟨v. verrukking, opwinding, vreugde⟩ **0.2** ***krassen*** ⟨v. vogels⟩ **0.3** ***hoesten*** ⟨bij kinkhoest⟩;
II ⟨ov.ww.⟩ **0.1** ***schreeuwen*** *⇒roepen* **0.2** ***toeschreeuwen*** *⇒toeroepen, toebrullen* **0.3** ***opjagen*** ⟨prijzen⟩ ◆ **5.¶** ⟨inf.⟩ ~ it **up** *keet maken, uitbundig feestvieren, brassen, fuiven;* ⟨AE⟩ *herrie schoppen;* ⟨AE⟩ *de trom roeren, enthousiasme/interesse wekken*.
whoop-de-do ['hu:pdi'du:‖'hwu:p-]⟨telb. en n.-telb.zn.⟩⟨sl.⟩ **0.1** ***uitbundigheid*** *⇒vertoon v. emoties/weelde* **0.2** ***luidruchtige verwarring*** **0.3** ***viering*** **0.4** ***gekrakeel*** *⇒ophef, publiciteit*.
whoop-de-doo·dle ['hu:pdi'du:dl‖'hwu:p-]⟨telb.zn.; vaak attr.⟩ ⟨sl.⟩ **0.1** ***overdreven lof*** **0.2** ***ophef*** *⇒publiciteit*.
whoop·ee[1] ['wʊpi‖'(h)wʊpi]⟨n.-telb.zn.⟩⟨AE; sl.⟩ **0.1** ***pret*** *⇒feest, fuif* ◆ **3.1** make ~ *keet/pret maken, fuiven, feestvieren, aan de zwier gaan, uitbundig feesten* **3.¶** make ~ *vrijen, wippen*.
whoopee[2] ['wʊ'pi:‖'(h)wʊ'pi:]⟨f1⟩⟨tussenw.⟩⟨AE; sl.⟩ **0.1** ***joepie***.
'whoop·ee water ⟨n.-telb.zn.⟩⟨sl.⟩ **0.1** ***drank*** **0.2** ***wijn*** *⇒*⟨i.h.b.⟩ *champagne*.
whoop·er ['wu:pə‖'hu:pər]⟨telb.zn.⟩ **0.1** ***schreeuwer*** *⇒roeper* **0.2** →whooper swan **0.3** →whooping crane.
whoop·er-doop·er[1] ['hu:pə'du:pə‖'hwu:pər'du:pər]⟨n.-telb.zn.⟩ ⟨sl.⟩ **0.1** ***drank***.
whooper-dooper[2] ⟨bn.⟩⟨sl.⟩ **0.1** ***uitstekend***.
whooper swan ['hu:pə swɒn‖'hu:pər swɑn], **whooper, whoop·ing swan** ['hu:pɪŋ-]⟨telb.zn.⟩⟨dierk.⟩ **0.1** ***wilde zwaan*** ⟨Cygnus cygnus⟩.
whooping cough ['hu:pɪŋ kɒf‖-kɔf]⟨f1⟩⟨n.-telb.zn.⟩ **0.1** ***kinkhoest***.
'whooping crane ⟨telb.zn.⟩⟨dierk.⟩ **0.1** ***trompetkraanvogel*** ⟨Grus americana⟩.
whoops [wʊps‖hwʊps]⟨f1⟩⟨tussenw.⟩⟨inf.⟩ **0.1** ***hupsakee*** *⇒hopla, daar gaat-ie*.
whoosh[1] [wʊʃ‖hwu:ʃ]⟨f1⟩⟨n.-telb.zn.⟩ **0.1** ***het gutsen*** *⇒het stromen* **0.2** ***gesuis*** *⇒geruis, gesis*.
whoosh[2] ⟨onov.ww.⟩ **0.1** ***gutsen*** *⇒stromen* **0.2** ***suizen*** *⇒ruisen, sissen* **0.3** ⟨sl.⟩ ***scheuren*** *⇒snel rijden/vliegen, suizen*.
whop[1], wop [wɒp‖hwɑp]⟨telb.zn.⟩⟨AE; sl.⟩ **0.1** ***bons*** *⇒slag, klap*.
whop[2], wop ⟨ov.ww.;→ww. 7⟩⟨sl.⟩ →whopping **0.1** ***afranselen*** *⇒klop geven, slaan;* ⟨fig.⟩ *verslaan, overwinnen*.
whop·per ['wɒpə‖'hwɑpər]⟨telb.zn.⟩⟨inf.⟩ **0.1** ***kanjer*** *⇒kokker (d), baas, prachtexemplaar* **0.2** ***grove/kolossale leugen***.
whop·ping[1] ['wɒpɪŋ‖'hwɑ-]⟨n.-telb.zn.; gerund v. whop⟩⟨inf.⟩ **0.1** ***pak ransel/slaag/rammel*** *⇒*⟨B.⟩ *rammeling*.
whopping[2] ⟨bn., attr.; teg. deelw. v. whop⟩⟨inf.⟩ **0.1** ***kolossaal*** *⇒reusachtig, geweldig* ◆ **1.1** a ~ lie *een kolossale/grove leugen*.
whopping[3] ⟨bw.; oorspr. teg. deelw. v. whop⟩⟨inf.⟩ **0.1** ***door en door*** *⇒zeer, enorm* ◆ **2.1** ~ big *enorm groot*.
whore[1] [hɔ:‖hɔr]⟨f2⟩⟨telb.zn.⟩ **0.1** ***hoer***.
whore[2] ⟨onov.ww.⟩ **0.1** ⟨vero.⟩ ***hoereren*** **0.2** ⟨fig.⟩ ***afgoderij bedrijven*** *⇒onrechtvaardigheid plegen* ◆ **3.2** ⟨bijb.⟩ when they go a whoring after their gods *wanneer zij hun goden overspelig nalopen* ⟨Exod. 34 : 15⟩.
whore·dom ['hɔ:dəm‖'hɔr-]⟨n.-telb.zn.⟩ **0.1** ***hoererij*** *⇒ontucht* **0.2** ⟨bijb.⟩ ***afgoderij*** *⇒afgodendienst*.
whore-hop·per ['hɔ:hɒpə‖'hɔrhɑpər]⟨bn.⟩⟨sl.⟩ **0.1** ***hoerenloper*** **0.2** ***neukhond***.
'whore·house[1] ⟨telb.zn.⟩ **0.1** ***bordeel*** *⇒hoerenkast,* ⟨B.⟩ *hoerenkot*.
whorehouse[2] ⟨bn.⟩⟨sl.⟩ **0.1** ***sensueel*** **0.2** ***opzichtig*** **0.3** ***passend in een bordeel***.
'whore·mas·ter, 'whore·mong·er ⟨telb.zn.⟩ **0.1** ⟨vero.⟩ ***hoereerder*** **0.2** ***ontuchtige***.
whore·son[1] ['hɔ:sn‖'hɔrsn]⟨telb.zn.⟩⟨vero.; pej.⟩ **0.1** ***hoerenzoon*** *⇒hoerenjong, bastaard*.
whoreson[2] ⟨bn., attr.⟩⟨vero.⟩ **0.1** ***afschuwelijk*** *⇒verschrikkelijk* **0.2** ***bastaard-***.
whor·ish ['hɔ:rɪʃ]⟨bn.; -ly; -ness⟩ **0.1** ***hoerachtig*** *⇒ontuchtig, wulps*.
whorl [wɜ:l‖hwɔrl]⟨telb.zn.⟩ **0.1** ***krans*** ⟨v. bladeren rond stam⟩ **0.2** ***spiraal*** ⟨v. schelp, vingerafdruk⟩ *⇒kronkel(ing), krul* **0.3** ***spiraalwinding*** **0.4** ⟨tech.⟩ ***spilwieltje*** **0.5** ⟨bouwk.⟩ ***voluut*** ⟨v. wijnranken/bladeren⟩.
whorled [wɜ:ld‖hwɔrld]⟨bn.⟩ **0.1** ***kransvormig*** *⇒gedraaid, kransgewijs geplaatst, spiraalvormig*.
whort [wɜ:t‖hwɜrt], **whor·tle** [wɜ:tl‖'hwɜrtl], **whor·tle·ber·ry** [-bri‖-beri]⟨telb.zn.;→mv. 2⟩⟨plantk.⟩ **0.1** ***blauwe bosbes*** *⇒blauwbes* ⟨Vaccinium myrtillus⟩.
who's [(h)ʊz⟨sterk⟩hu:z]⟨samentr. v. who is, who has, who does⟩.
whose [hu:z]⟨f4⟩⟨vnw.;→naamval⟩
I ⟨onb.vnw.⟩ →whosever;
II ⟨vr.vnw.;→vragend woord⟩ **0.1** ***wiens/wier*** *⇒v. wie/wat, waarvan* ◆ **1.1** ~ dress is this? *wiens jurk is dit?;* ~ sister are you? *wie zijn zus ben je?* **4.1** ~ is this? *v. wie is dit?;*
III ⟨betr.vnw.; met ingesloten antecedent niet te scheiden v. I⟩ **0.1** ***waarvan*** *⇒van wie/welke; wiens, wier* ◆ **1.1** a writer ~ books are read by all *een schrijver wiens boeken door iedereen worden gelezen;* a child ~ clothes are too small *een kind van wie de kleren te klein zijn;* a plan ~ development was delayed *een plan waarvan de uitwerking werd vertraagd;* (he) ~ heart is filled with spite *hij wiens hart met nijd is vervuld;* the rebels, ~ pursuit the soldiers had given up *de rebellen, waarvan de soldaten de achtervolging hadden opgegeven;* the judge, ~ verdict is respected *de rechter, wiens uitspraak geëerbiedigd wordt*.
whose(ever) →who, whoever.
whoseso ⟨genitief v. whoso⟩ →whosever.
whosesoever ⟨genitief v. whoever⟩ →whosever.
'whos'ever, ⟨soms⟩ **'whose·so·'ev·er, whose,** ⟨vero.⟩ **'whose·so** ⟨f1⟩ ⟨bez.vnw.⟩ **0.1** ***v. wie ook*** *⇒wiens ook* ◆ **1.1** ~ book this is, it is unreadable *van wie dit boek ook is, het is onleesbaar;* take ~ / whose coat fits you *draag een mantel die je past, van wie die ook is*.
who·sit ['hu:zɪt]⟨telb.zn.⟩⟨samentr. v. who's it⟩⟨sl.⟩ **0.1** ***dinges***.
whoso →whoever.
whosoever →whoever.
who've [(h)ʊv⟨sterk⟩hu:v]⟨samentr. v. who have⟩.
W-hr ⟨afk.⟩ watt-hour.
whs ⟨afk.⟩ warehouse.
whsle ⟨afk.⟩ wholesale.
whump[1] [wʌmp‖hwʌmp]⟨telb.zn.⟩ **0.1** ***bons*** *⇒plof, dreun*.
whump[2] ⟨onov.ww.⟩ **0.1** ***bonzen*** *⇒ploffen, dreunen*.
why[1] [waɪ‖hwaɪ]⟨f1⟩⟨telb.zn.⟩⟨→sprw. 169⟩ **0.1** ***waarom*** *⇒reden* **0.2** ***vraag*** *⇒mysterie* ◆ **1.1** the ~s and (the) wherefores of the arrangement *het hoe en waarom van de regeling* **6.2** concerning the ~s of existence *in verband met de vragen van ons bestaan*.
why[2] [waɪ‖waɪ⟨sterk⟩hwaɪ]⟨f4⟩⟨bw.;→do-operator⟩ **0.1** ⟨→vragend woord⟩ ***waarom*** *⇒om welke reden* **0.2** ⟨→betrekkelijk voornaamwoord 6; leidt betrekkelijke bijzinnen in met of zonder antecedent⟩ ***waarom*** *⇒om welke reden* ◆ **3.1** ~ not ask him? *waarom vraag je het (hem) niet gewoon?;* ~ did you hit her? *waarom heb je haar geslagen?* **¶.2** the reason ~ he did it *de reden waarom hij het deed;* that may be ~ he didn't come *dat is misschien de reden waarom hij niet gekomen is*.
why[3] [waɪ‖hwaɪ]⟨f2⟩⟨tussenw.⟩ **0.1** ⟨verrassing⟩ ***wel allemachtig*** *⇒wel verdraaid, verhip* **0.2** ⟨antwoord op domme vraag⟩ ***natuurlijk*** *⇒nogal wiedes, nou zeg* **0.3** ⟨als pauze⟩ ***wel eh...*** **0.4** ⟨voor protest⟩ ***nou en*** *⇒wel, en dan* **0.5** ⟨voor hoofdzin na voorwaardelijke bijzin⟩ ***wel*** ◆ **¶.1** ~, if it isn't Mr Smith *wel verdraaid, wie we daar hebben! Mr. Smith!* **¶.2** three plus five? ~,

eight *drie plus vijf? acht natuurlijk;* ~, a child could answer that *nou zeg, een kind zou op die vraag kunnen antwoorden* ¶.3 'Is she really fifty?' 'Why, she is, but I'm not supposed to tell you' *'Is ze echt vijftig?' 'Wel, eh, ja, maar eigenlijk mag ik je dat niet vertellen'* ¶.4 ~, what's the harm? *nou en? wat voor kwaad kan het?;* ~, it is easy *kom, het is gemakkelijk* ¶.5 if he refuses, ~ then let him refuse *als hij weigert, wel laat hem dan maar weigeren.*

whydah →whidah.

wi ⟨afk.⟩ when issued, wrought iron.

WI ⟨afk.⟩ West Indian, West Indies; Wisconsin; Women's Institute ⟨BE⟩.

WIA ⟨afk.⟩ wounded in action.

wick [wɪk]⟨f2⟩⟨telb.zn.⟩ **0.1** ***wiek*** ⇒*pit, lemmet, kousje* ⟨v. lamp⟩; *katoen* **0.2** ⟨med.⟩ ***tampon*** **0.3** ⟨vero.⟩ ***stad*** ⇒*dorp, gehucht, district* **0.4** ⟨gew.⟩ ***melkerij*** ⇒*zuivelboerderij* ◆ **3.**¶ ⟨sl.⟩ dip one's ~ *neuken;* ⟨BE; sl.⟩ get on s.o.'s ~ *iem. op de zenuwen werken.*

wick·ed ['wɪkɪd]⟨f3⟩⟨bn.; -er; -ly; -ness⟩⟨→sprw. 663⟩ **0.1** ***slecht*** ⇒*verdorven, zondig, goddeloos* **0.2** ***kwaadaardig*** ⇒*hatelijk, boosaardig, gemeen, giftig* ⟨tong⟩ **0.3** ***humeurig*** **0.4** ***verderfelijk*** ⇒*nadelig, schadelijk, kwalijk* ⟨hoest⟩, *gevaarlijk* ⟨storm⟩, *streng* ⟨winter⟩ **0.5** ***walgelijk*** ⇒*uiterst onaangenaam, weerzinwekkend* ⟨stank⟩ **0.6** ⟨inf.⟩ ***geweldig*** ⇒*verschrikkelijk, buitengewoon, formidabel* ◆ **1.1** Wicked Bible *bijbel uit 1632* ⟨waarin het woordje 'not' ontbreekt bij het zevende gebod⟩ **1.6** ~ prices *schandelijk hoge prijzen;* a ~ waste of money *een schandelijke geldverspilling* **1.**¶ ⟨sl.⟩ shake a mean/~ calf/hoof/leg *goed/graag dansen* **7.1** the ~ one *Satan, de boze.*

wick·er[1] ['wɪkə‖-ər]⟨f1⟩⟨zn.⟩
 I ⟨telb.zn.⟩ **0.1** ***rijs*** ⇒*teen, (wilge)takje;*
 II ⟨n.-telb.zn.⟩ **0.1** ***mandewerk*** ⇒*vlechtwerk.*

wicker[2] ⟨ov.ww.⟩⟨sl.⟩ **0.1** ***(in prullenmand) weggooien.***

'wicker 'basket ⟨telb.zn.⟩ **0.1** ***tenen mand.***

'wicker 'bottle, 'wicker 'flask ⟨telb.zn.⟩ **0.1** ***mandfles.***

'wicker 'chair ⟨telb.zn.⟩ **0.1** ***rieten stoel.***

'wicker 'cradle ⟨telb.zn.⟩ **0.1** ***mandewieg.***

'wicker 'furniture ⟨n.-telb.zn.⟩ **0.1** ***rieten meubelen.***

'wicker 'table ⟨telb.zn.⟩ **0.1** ***rieten tafel.***

'wick·er·work ⟨n.-telb.zn.⟩ **0.1** ***mandewerk*** ⇒*vlechtwerk.*

wick·et ['wɪkɪt]⟨f2⟩⟨telb.zn.⟩ **0.1** ***deurtje*** ⇒*hekje, poortje, klinket, deurraampje, sluisdeurtje,* ⟨AE⟩ *schuifdeurtje* **0.2** ⟨cricket⟩ ***wicket*** **0.3** ⟨cricket⟩ ***terrein om, bij en tussen de wickets*** ⇒*pitch* **0.4** ⟨cricket⟩ ***staat v.h. terrein/de pitch*** **0.5** ⟨AE⟩ ***hoepel(tje)*** ⇒*boogje, poortje* ⟨croquet⟩ ◆ **2.4** ⟨fig.⟩ bat/be on a sticky ~ *in een ongunstige positie zijn, zich in een moeilijk parket bevinden;* ⟨fig.⟩ on a good ~ *in een gunstige positie* **3.2** catch at the ~ *bij het wicket opvangen* ⟨door wicketkeeper⟩; ~ falls *batsman is out;* hit ~ *uit* ⟨doordat de batsman de wicket heeft aangeraakt⟩; keep ~ *het wicket verdedigen, wicketkeepen;* ~ is lost *batsman is out;* take a ~ *een batsman out maken;* ~ is taken *batsman is out;* win by two ~s *winnen met drie batsmen niet out* **3.**¶ ⟨BE⟩ defend one's ~ *voor eigen parochie preken, met zijn eigen winkel bezig zijn* **6.2** at the ~ *aan (de) slag;* ~ is **down** *batsman is out;* be four ~s **down** *vier batsmen zijn out* **7.2** third ~ *periode tussen tweede en derde keer wegsturen v. batsman.*

'wick·et-door, 'wick·et-gate ⟨telb.zn.⟩ **0.1** ***deurtje*** ⇒*hekje, poortje.*

'wick·et·keep·er ⟨eig.n.⟩⟨cricket⟩ **0.1** ***wicketkeeper*** ⟨veldspeler met beenbeschermers en handschoenen die achter het wicket staat⟩.

wick·ing ['wɪkɪŋ]⟨n.-telb.zn.⟩ **0.1** ***lampekatoen*** ⇒*materiaal voor kaarse/lampepitten/lemmeten/wieken.*

wick·i·up, wik·i·up ['wɪkiʌp]⟨telb.zn.⟩⟨AE⟩ **0.1** ***soort wigwam.***

widdershins →withershins.

wide[1] [waɪd]⟨n.-telb.zn.⟩ **0.1** ⟨honkbal⟩ ***wijd(bal)*** ⟨buiten slagzone⟩ **0.2** ⟨cricket⟩ ***wide*** ⇒*wijd* ⟨extra gescoord punt doordat bowl wijd/buiten slagbereik wordt gebowld⟩ ◆ **6.**¶ to the ~ *totaal, compleet, volledig;* broke to the ~ *totaal geruïneerd, bankroet* **7.**¶ the ~ *de wijde wereld.*

wide[2] ⟨f3⟩⟨bn.; -ly; -ness⟩ **0.1** ***wijd*** ⇒*breed* **0.2** ***ruim*** ⇒*uitgestrekt, breedvoerig, ampel, uitgebreid, omvangrijk, veelomvattend; (zeer) groot, aanzienlijk* ⟨verschil⟩; *rijk* ⟨ervaring⟩; *algemeen* ⟨kennis⟩; *rekbaar* ⟨begrip⟩ **0.3** ***vrij*** ⇒*los, onbelemmerd; onbevooroordeeld* **0.4** ***wijd open*** ⟨ogen, mond⟩ **0.5** ***ernaast*** ⇒*niet raak, ver naast* ⟨schot, gissing⟩ **0.6** ⟨BE; sl.⟩ ***pienter*** ⇒*glad, sluw, geslepen, schrander, uitgeslapen, handig, zonder scrupules* **0.7** ⟨taalk.⟩ ***breed*** ⟨klinker⟩ ◆ **1.1** ⟨fig.⟩ ~ margin *grote marge/speling;* ⟨AE; sl.; fig.⟩ a ~ place in the road *een plaatsje, een gehucht, een gat;* ⟨film.⟩ ~ screen *breed beeld;* the ~ world *de wijde wereld* **1.2** of ~ distribution *wijd verbreid;* of ~ fame *wijdbefaamd;* a ~ generalization *een sterke veralgemening;* a ~ guess *een ruwe gissing;* he has ~ interests *hij heeft een brede interesse;* a ~ public *een breed publiek;* take ~ views *een ruime blik hebben* **1.4** ~ eyes *wijd open ogen* **1.5** ⟨honkbal⟩ ~ ball *wijd(bal)* ⟨buiten slagzone⟩ **1.6** ~ boy *gladde jongen* **1.**¶ give s.o./sth. (a) ~ berth *iem./iets uit de weg blijven, met een grote boog om iem./iets heenlopen* **3.2** a man of ~ reading *een belezen man* **6.5** ~ **of** the mark/purpose *er vierkant naast, irrelevant;* his answer was ~ **of** the mark *hij sloeg de plank helemaal mis;* ~ **of** the truth *ver van de waarheid* **7.**¶ ⟨honkbal⟩ four ~ ones *vier wijd.*

wide[3] ⟨f3⟩⟨bw.⟩ **0.1** ***wijd*** ⇒*breed, wijduit, breeduit* **0.2** ***helemaal*** ⇒*volledig* **0.3** ***mis*** ⇒*verkeerd, (ver) ernaast* ◆ **6.3** the dart went ~ **of** the target *het pijltje ging ver naast het doel.*

'wide-an·gle ⟨bn., attr.⟩ **0.1** ***groothoek-*** ⇒*wijdhoek-* ◆ **1.1** ~ lens *groothoeklens.*

'wide-a·wake[1], **'wide-a·wake hat** ⟨telb.zn.⟩ **0.1** ***flambard*** ⇒*flaphoed.*

'wide-a'wake[2] ⟨f1⟩⟨bn.; -er; -ness; →compar. 7⟩ **0.1** ***klaar wakker*** ⇒⟨inf.; fig.⟩ *uitgeslapen, waakzaam, pienter, bijdehand, op zijn hoede.*

'wide-'eyed ⟨f1⟩⟨bn.; ook wider-eyed; →compar. 7⟩ **0.1** ***met wijd open ogen*** **0.2** ***verbaasd*** **0.3** ***onschuldig*** ⇒*naïef, lichtgelovig.*

'wide-'flung ⟨bn.⟩ **0.1** ***wijd geopend*** **0.2** ***wijd verspreid*** ⇒*ver verspreid.*

wide·ly ['waɪdli]⟨f2⟩⟨bw.⟩ **0.1** →wide **0.2** ***wijd*** ⇒*wijd uiteen, ver uit elkaar* **0.3** ***breed*** ⇒*wijd, over een groot gebied;* ⟨ook fig.⟩ *op vele gebieden* **0.4** ***sterk*** ⇒*zeer, heel, erg* ◆ **3.3** ~ known *wijd en zijd bekend;* ~ read *zeer belezen, erudiet* **3.4** differ ~ *sterk verschillen, zeer uiteenlopen.*

'wide'mouthed ⟨bn.⟩ **0.1** ***met een brede/grote mond*** **0.2** ***luid*** ⇒*klinkend.*

wid·en ['waɪdn]⟨f2⟩⟨onov. en ov.ww.⟩ **0.1** ***verwijden*** ⇒*wijder/breder/ruimer worden/maken, uitbreiden, verruimen, verbreden.*

'wide-'o·pen ⟨bn.⟩ **0.1** ***wijd open*** ⇒*ruim* **0.2** ***uiterst kwetsbaar*** ⇒*blootgesteld* ⟨aan aanval⟩ **0.3** ***onzeker*** ⟨afloop⟩ **0.4** ⟨AE; inf.⟩ ***laks*** ⇒*los* ⟨van zeden⟩; *vrij, open* ⟨stad, maatschappij⟩.

'wide-'rang·ing ⟨bn.⟩ **0.1** ***breed opgezet*** ⇒*van grote omvang.*

'wide-screen ⟨bn., attr.⟩⟨film.⟩ **0.1** ***breedbeeld-.***

'wide'spread, 'wide-'spread·ing ⟨f2⟩⟨bn.⟩ **0.1** ***wijdverspreid*** ⇒*wijdverbreid, wijdvertakt* **0.2** ***uitgespreid*** ⇒*uitgestrekt, uitgebreid, vérstrekkend* **0.3** ***algemeen verspreid/aanvaard/voorkomend.***

wid·geon, ⟨BE sp. ook⟩ **wig·eon** ['wɪdʒən]⟨telb.zn.; ook wi(d)geon; →mv. 4⟩⟨dierk.⟩ **0.1** ***smient*** ⟨Anas penelope⟩ **0.2** ***Amerikaanse smient*** ⟨Anas americana⟩.

wid·get ['wɪdʒɪt]⟨telb.zn.⟩⟨inf.⟩ **0.1** ***dingetje*** ⇒*apparaatje, een of ander iets/artikel* ⟨enz.⟩.

wid·ish ['waɪdɪʃ]⟨bn.⟩ **0.1** ***nogal wijd/breed/ruim.***

wid·ow[1] ['wɪdoʊ]⟨f3⟩⟨telb.zn.⟩ **0.1** ***weduwe*** **0.2** ***extra hand*** ⟨kaartspel⟩ **0.3** ⟨boek.⟩ ***hoerenjong*** ◆ **7.**¶ ⟨sl.⟩ the ~ *champagne* ⟨naar het merk Veuve Cliquot⟩.

widow[2] ⟨f2⟩⟨ov.ww.⟩ **0.1** ***tot weduwe/weduwnaar maken*** **0.2** ***beroven*** ◆ **1.1** her ~ed father *haar vader die weduwnaar is* **1.2** ⟨schr.⟩ her ~ed heart *haar eenzaam hart* **6.2** ~ **of** *beroven van, ontnemen.*

'widow bird ⟨eig.n.⟩⟨dierk.⟩ **0.1** ***wida*** ⟨vogel; genus Vidua⟩.

wid·ow·er ['wɪdoʊə‖-ər]⟨f1⟩⟨telb.zn.⟩ **0.1** ***weduwnaar.***

wid·ow·er·hood ['wɪdoʊəhʊd‖-doʊər-]⟨n.-telb.zn.⟩ **0.1** ***weduwnaarschap.***

wid·ow·hood ['wɪdoʊhʊd]⟨f1⟩⟨n.-telb.zn.⟩ **0.1** ***weduwstaat/schap.***

'widow's 'cruse ⟨n.-telb.zn.⟩ **0.1** ***klein lijkende, maar onuitputtelijke voorraad*** ⟨naar I Kon. 17:10-16⟩.

'widow's 'mite ⟨telb.zn.⟩ **0.1** ***penningske der weduwe*** ⟨Markus 12:42⟩.

'widow's 'peak ⟨telb.zn.⟩ **0.1** ***V-vormige haarlok in het midden v.h. voorhoofd.***

'widow's 'walk ⟨telb.zn.⟩ **0.1** ***uitkijkpost*** ⇒*platform* ⟨op het dak, om zeeschepen te observeren⟩.

'widow's 'weeds ⟨mv.⟩ **0.1** ***weduwendracht.***

width [wɪdθ]⟨f2⟩⟨zn.⟩
 I ⟨telb.zn.⟩ **0.1** ***baan*** ⟨v. rok, japon⟩;
 II ⟨telb. en n.-telb.zn.⟩ **0.1** ***wijdte*** ⇒*breedte;*
 III ⟨n.-telb.zn.⟩ **0.1** ***ruimheid*** ⟨v. opvattingen⟩ ◆ **1.1** ~ of mind *ruimdenkendheid.*

width-ways ['wɪdθweɪz], **width-wise** [-waɪz]⟨bw.⟩ **0.1** ***in de breedte.***

wield [wi:ld]⟨f1⟩⟨ov.ww.⟩ **0.1** ***uitoefenen*** ⇒*bezitten, gebruiken, handhaven* ⟨macht, invloed⟩ **0.2** ***hanteren*** ⇒*gebruiken* ⟨gereedschap; schr. ook: wapen⟩; *voeren* ⟨pen⟩; ⟨schr.⟩ *zwaaien* ⟨scepter⟩ ◆ **1.1** ⟨inf.; fig.⟩ ~ a big stick over s.o. *iem. eronder houden.*

wield·a·ble ['wi:ldəbl]⟨bn.⟩ **0.1** ***hanteerbaar*** ⇒*(goed) te hanteren.*

wield·er ['wi:ldə‖-ər]⟨telb.zn.⟩ **0.1** ***uitoefenaar*** ⇒*hanteerder.*

wield·y ['wi:ldi]⟨bn.; -er; →compar. 7⟩ **0.1** ***sterk*** ⇒*krachtig* **0.2** ***hanteerbaar*** ⇒*(goed) te hanteren.*

wie·ner·wurst ['vi:nəvəst‖'wi:nərwʊrst], ⟨AE⟩ **wie·ner** ['wi:nər]⟨telb.zn.⟩ **0.1** ***Wener worst.***

wienie →weenie.

wife [waɪf]⟨f4⟩⟨telb.zn.; wives [waɪvz]; →mv. 3⟩⟨→sprw. 235, 273⟩ **0.1** ***vrouw*** ⇒*echtgenote, huisvrouw, gade* **0.2** ⟨vero.; gew. behalve in samenstellingen⟩ ***vrouw*** ⇒*vrouwspersoon* **0.3** ⟨pej.⟩ ***wijf*** **0.4** ***wijfje*** ⟨vrouwelijk dier⟩ ◆ **2.1** wedded/lawful ~ *wettige echtgenote* **2.3** old wives' tale *oudewijvenpraat* **3.1** ⟨vero.⟩ have/take to ~ *tot vrouw hebben/nemen* **7.1** ⟨BE; inf.⟩ the ~ *vrouwlief, mijn vrouw*.

wife·dom ['waɪfdəm], **wife·hood** [-hʊd]⟨n.-telb.zn.⟩ **0.1** ***staat van getrouwde vrouw***.

wife·less ['waɪfləs]⟨bn.⟩ **0.1** ***ongetrouwd***.

wife·like ['waɪflaɪk], **wife·ly** [-li]⟨bn.⟩ **0.1** ***vrouwelijk*** ⇒*(als) van een vrouw, een vrouw passend/betamend*.

wife·li·ness ['waɪflinəs]⟨n.-telb.zn.⟩ **0.1** ***vrouwelijkheid***.

'wife-swap·ping ⟨n.-telb.zn.⟩⟨inf.⟩ **0.1** ***partnerruil***.

wif·ey, wif·ie ['waɪfi]⟨telb.zn.⟩⟨inf.⟩ **0.1** ***wijfje*** ⇒*vrouwtje*.

wig[1] [wɪg]⟨f2⟩⟨telb.zn.⟩ **0.1** ***pruik*** **0.2** ⟨AE; sl.⟩ ***bol*** ⇒*knikker, kop, geest* ◆ **3.¶** ⟨inf.⟩ keep your ~ on! *maak je niet druk, wind je niet op, blijf kalm!*.

wig[2] ⟨ov.ww.; →ww. 7⟩ →wigged, wigging **0.1** ⟨BE⟩ ***een uitbrander geven*** ⇒*hekelen, doorhalen, gispen, berispen* **0.2** ⟨AE; sl.⟩ ***irriteren*** ⇒*ergeren* **0.3** ⟨vero.⟩ ***van een pruik/pruiken voorzien*** ◆ **5.¶** ⟨AE; sl.⟩ ~ **out** *maf/kierewiet worden; door het dolle heen raken;* ⟨AE; sl.⟩ ~ **out** over the Beatles *dwepen met de Beatles;* ⟨AE; sl.⟩ ~ged **out** *high*.

Wig ⟨afk.⟩ Wigtownshire.

'wig block ⟨telb.zn.⟩ **0.1** ***pruikebol***.

wigeon →widgeon.

wigged [wɪgd]⟨bn.⟩ **0.1** ***gepruikt***.

wig·ger·y ['wɪgəri]⟨zn.; →mv. 2⟩
I ⟨telb.zn.⟩ **0.1** ***pruik(en)*** **0.2** ***pruikenwinkel;***
II ⟨n.-telb.zn.⟩ **0.1** ***het pruikdragen*** ⇒*pruikenmode*.

wig·ging ['wɪgɪŋ]⟨telb.zn.; oorspr. gerund v. wig⟩⟨BE⟩ **0.1** ***uitbrander*** ⇒*standje*.

wig·gle[1] ['wɪgl], **'wig·gle-wag·gle** ⟨f1⟩⟨telb. en n.-telb.zn.⟩⟨inf.⟩ **0.1** ***gewiegel*** ⇒*gewiebel, geschommel, gewaggel* ◆ **3.¶** ⟨AE; sl.⟩ get a wiggle on *zich reppen, opschieten*.

wiggle[2], ⟨in bet. I 0.1, 0.2 ook⟩ **'wiggle-waggle** ⟨f2⟩⟨ww.⟩⟨inf.⟩
I ⟨onov.ww.⟩ **0.1** ***wiegelen*** ⇒*wiebelen, waggelen, schommelen* **0.2** ***wriemelen*** ⇒*kronkelen* ◆ **6.2** wiggle **out of** sth. *zich naar buiten wurmen;*
II ⟨ov.ww.⟩ **0.1** ***doen wiegelen*** ⇒*doen wiebelen/waggelen/schommelen* ◆ **1.1** ~ one's eyebrows *zijn wenkbrauwen op en neer bewegen;* ~ one's toes *zijn tenen bewegen*.

wig·gler ['wɪglə‖-ər]⟨telb.zn.⟩ **0.1** ***iem. die wiebelt/wriemelt*** ⇒*wiebelaar, wriemelaar* **0.2** ***larve*** ⇒*pop* ⟨v. muskiet⟩ **0.3** ⟨hengelsport⟩ ***pilker*** ⇒*kunstaas*.

wig·gly ['wɪgli], **wig·gly-wag·gly** ['wɪgli'wægli]⟨bn.⟩ **0.1** ***wiggelend*** ⇒*wiebelend, waggelend, schommelend* **0.2** ***wriemelend*** ⇒*kronkelend*.

wig·gy ['wɪgi]⟨bn.⟩⟨AE; sl.⟩ **0.1** ***maf*** ⇒*raar, vreemd, bizar*.

wight[1] [waɪt]⟨telb.zn.⟩⟨vero., beh. scherts. of gew.⟩ **0.1** ***schepsel*** ⇒*wezen, mens;* ⟨vnl.⟩ *ellendeling*.

wight[2] ⟨bn.⟩⟨vero.⟩ **0.1** ***dapper*** ⇒*koen, moedig*.

wig·less ['wɪgləs]⟨bn.⟩ **0.1** ***zonder pruik***.

wig·let ['wɪglɪt]⟨telb.zn.⟩ **0.1** ***haarstukje***.

wig·wag[1] ['wɪgwæg]⟨zn.⟩
I ⟨telb.zn.⟩ **0.1** ***(vlag)signaal*** ⇒*(vlagge)sein* **0.2** ***boodschap*** **0.3** ***seinsysteem*** ⟨met vlaggen⟩;
II ⟨n.-telb.zn.⟩ **0.1** ***het wenken*** ⇒*gewenk*.

wigwag[2] ⟨onov. en ov.ww.; →ww. 7⟩⟨inf.⟩ **0.1** ***heen en weer bewegen*** ⇒*een teken/signaal geven, seinen, wenken*.

wig·wag·ger ['wɪgwægə‖-ər]⟨telb.zn.⟩ **0.1** ***seiner*** ⇒*seingever*.

wig·wam ['wɪgwæm‖-wɑm]⟨f1⟩⟨telb.zn.⟩ **0.1** ***wigwam*** ⇒*indianententent/hut* **0.2** ⟨AE; inf.⟩ ***hoofdkwartier/vergaderplaats v.e. politieke partij***.

wikiup →wickiup.

wil·co ['wɪlkoʊ]⟨tussenw.⟩⟨verk.⟩ will comply **0.1** ***wilco*** ⟨radio; duidt instemming/inwilliging aan⟩.

wild[1] [waɪld]⟨f1⟩⟨zn.⟩
I ⟨telb.zn.; the; vaak mv.⟩ **0.1** ***woestenij*** ⇒*wildernis, wilde streek* ◆ **6.1** ⟨inf.⟩ (out) **in** the ~s *in de wildernis, in de woeste/onbewoonde gebieden;*
II ⟨n.-telb.zn.⟩ **0.1** ***(vrije) natuur*** ⇒*natuurlijke staat* ◆ **6.1 in** the ~ *in het wild*.

wild[2] ⟨f3⟩⟨bn.; -er; -ly; -ness⟩
I ⟨bn.⟩ **0.1** ***wild*** ⇒*ongetemd, in het wild levend/voorkomend, niet gekweekt* ⟨v. plant⟩, *niet gedomesticeerd* ⟨v. dier⟩ **0.2** ***barbaars*** ⇒*onbeschaafd, ongeciviliseerd* ⟨v. volk⟩ **0.3** ***schuw*** ⇒*schichtig* ⟨v. dier⟩ **0.4** ⟨ben. voor⟩ ***onbeheerst*** ⇒*onbeteugeld, loszinnig, onstuimig, grillig, onberekenbaar, losbandig, bandeloos, woest, uitgelaten, uitbundig, ongeregeld, onconventioneel* **0.5** ***stormachtig*** ⇒*woelig, ruw, guur* ⟨v. weer, zee⟩ **0.6** ***woest*** ⇒*onherbergzaam, eenzaam, verlaten, onbebouwd, ongecultiveerd* ⟨v. streek⟩ **0.7** ***dol*** ⇒*gek, waanzinnig, buiten zichzelf, opgewonden* **0.8** ***woest*** ⇒*woedend, razend* **0.9** ***doldriest*** ⇒*overhaast, lukraak, overijld, dwaas, onbezonnen* **0.10** ***wanordelijk*** ⇒*onsamenhangend; slordig, verward, in de war, woest* ⟨v. haar⟩; *chaotisch* **0.11** ***fantastisch*** ⟨v. idee⟩ ⇒*buitensporig, extravagant, overdreven; excentriek* **0.12** ***roekeloos*** ⇒*vermetel, gedurfd, gewaagd* **0.13** ***verdwaald*** ⟨kogel⟩ **0.14** ⟨inf.⟩ ***prachtig*** ⇒*geweldig (goed), aangenaam* **0.15** ⟨spel⟩ ***wild*** ⇒*met een waarde naar keuze* ⟨v. speelkaart⟩ ◆ **1.1** ⟨dierk.⟩ ~ cat *wilde kat* ⟨Felis silvestris⟩; ~ flower *wilde bloem;* ⟨plantk.⟩ ~ hyacinth *wilde hyacint* ⟨Scilla non-scripta⟩; ⟨plantk.⟩ ~ marjoram *wilde marjolein* ⟨Origanum vulgare⟩; ⟨plantk.⟩ ~ rice *wilde rijst* ⟨Zizania aquatica⟩; ~ silk *wilde zijde;* ⟨plantk.⟩ ~ thyme *wilde tijm* ⟨Thymus serpyllum⟩; ⟨biol.⟩ ~ type *wilde/natuurlijke soort* ⟨plant, dier⟩ **1.2** ~ man *wildeman, wilde, barbaar;* the Wild West *het Wilde Westen* **1.4** a ~ youth *een losbandige jeugd* **1.5** a ~ night *een stormnacht;* ~ weather *guur weer* **1.7** the ~est nonsense *je reinste onzin* **1.9** a ~ guess *een lukrake gissing, zomaar een gok, een slag in de lucht;* ~ rumours *wilde geruchten;* ~ words *losse beweringen, praatjes* **1.11** the ~est dreams *de stoutste dromen;* a ~ idea *een fantastisch idee* **1.15** play poker with deuces ~ *pokeren met de tweeën als wilde kaart* **1.¶** ⟨plantk.⟩ ~ basil *borstelkrans* ⟨Satureja fistulosa⟩; ⟨dierk.⟩ ~ boar *wild zwijn, everzwijn* ⟨Sus scrofa⟩; ~ card ⟨tennis⟩ *wild card* ⟨recht/toestemming v. toernooileiding om speler zonder kwalificatie toe te laten⟩; ⟨comp.⟩ *wild card;* ⟨plantk.⟩ ~ celery *vallisneria* ⟨Vallisneria spiralis⟩; ⟨dierk.⟩ ~ goose *grauwe gans* ⟨Anser anser⟩; ~ horses wouldn't get/drag it from/out of me! *voor geen geld ter wereld vertel ik het;* ~ horses wouldn't make me go there again! *met geen stok krijg je me er nog heen!;* ~ horses couldn't stop us! *niets kan ons tegenhouden!;* ⟨pol.⟩ ~ man *extremist;* ~ man (of the woods) *orang-oetan(g);* ⟨plantk.⟩ ~ oat(s) *oot, wilde haver* ⟨Avena fatua⟩; ~ oats *jeugdzonden;* he has sown his ~ oats *hij is zijn wilde haren kwijt;* ⟨plantk.⟩ ~ olive *oleaster, wilde olijfboom* ⟨variant v.d. Olea europea⟩; *olijfachtige boom;* ⟨i.h.b.⟩ *olijfwilg* ⟨Elaeagnus angustifolia⟩; ⟨plantk.⟩ ~ pansy *driekleurig viooltje* ⟨Viola tricolor⟩; ⟨plantk.⟩ ~ pink *Am. soorten silene* ⟨i.h.b. Silene caroliniana⟩; ⟨plantk.⟩ ~ rye *grassoorten v.h. genus Elymus;* ⟨o.a.⟩ *zandhaver* ⟨E. arenarius⟩ **2.2** ~ and woolly *onverfijnd, barbaars, ongelikt* **3.1** run ~ *in het wild rondlopen* **3.2** run ~ *verwilderen* ⟨v. tuin, bv.⟩ **3.7** drive ~ *gek/dol/woest maken;* go ~ *gek/dol/woest worden* **3.8** it made him ~ to see it *hij werd razend toen hij het zag* **3.¶** ~ camping *vrij kamperen* **6.7** ~ **with** anger *razend van woede;* ~ **with** excitement *dol van opwinding;* ~ **with** joy *dol van vreugde;*
II ⟨bn., pred.⟩ **0.1** ***woest*** ⇒*enthousiast, dol, gek* ◆ **3.1** be ~ to do sth. *dol zijn om iets te doen* **6.1** she's ~ **about** him *ze is totaal weg van hem;* be ~ **about** sth. *wild enthousiast over iets zijn;* ~ **for** revenge *op wraak belust*.

wild[3] ⟨f3⟩⟨bw.⟩ **0.1** ***wild*** ⇒*in het wilde weg* ◆ **3.1** shoot ~ *in het wilde weg schieten*.

'wild card ⟨telb.zn.⟩⟨tennis⟩ **0.1** ***wild card*** ⟨recht v. toernooileiding om speler te plaatsen zonder kwalificatie⟩.

'wild·cat[1] ⟨f1⟩⟨telb.zn.; ook wildcat; →mv. 4⟩ **0.1** ⟨dierk.⟩ ***wilde kat*** ⇒*boskat* ⟨Felis silvestris⟩; *Nubische kat* ⟨F. lybica⟩ **0.2** ⟨vnl. AE; dierk.⟩ ***kleinere katachtigen*** ⇒⟨vnl.⟩ *moeraskat* ⟨Felis chaus⟩; *lynx* ⟨Lynx⟩; *ocelot* ⟨Felis pardalis⟩ **0.3** ⟨fig.; inf.⟩ ***heethoofd*** ⇒*kat* ⟨i.h.b. vrouw⟩ **0.4** ⟨vnl. AE⟩ ***onzekere/speculatieve/lukrake gas/petroleumboring*** **0.5** ***wilde staking*** **0.6** ***zwendelmaatschappij*** ⇒*financiële instelling van twijfelachtig allooi* **0.7** ⟨AE⟩ ***losse locomotief***.

wildcat[2] ⟨f1⟩⟨bn., attr.⟩ **0.1** ***onsolide*** ⟨bank, firma, bankpapier⟩ ⇒*zwendel-, (financieel) onbetrouwbaar, roekeloos* **0.2** ***clandestien*** ⟨v. brouwerij, luchtvaartlijn⟩ **0.3** ***onzeker*** ⇒*twijfelachtig, speculatief* ⟨v. gas- of petroleumboring⟩ **0.4** ***wild*** ⇒*onofficieel* ⟨v. staking⟩ ◆ **1.4** ~ rumours *uit de lucht gegrepen geruchten* **1.¶** ⟨AE⟩ ~ train *extra trein*.

wildcat[3] ⟨ww.; →ww. 7⟩ →wildcatting
I ⟨onov.ww.⟩ **0.1** ***op eigen houtje/speculatief proefboren*** ⟨gas, petroleum⟩ **0.2** ***wild/dwaas speculeren*** **0.3** ***een losse locomotief besturen;***
II ⟨ov.ww.⟩ **0.1** ***op eigen houtje/speculatief proefboren naar/in*** ⟨olie, gas; gebied⟩.

wild·cat·ter ['waɪldkætə‖-kæṭər]⟨telb.zn.⟩⟨AE⟩ **0.1** ***iem. die op eigen houtje/speculatief proefboringen doet*** ⟨naar gas/olie⟩ **0.2** ***wilde/dwaze speculant*** ⇒*zwendelaar*.

wild·cat·ting ['waɪldkæṭɪŋ]⟨n.-telb.zn.; gerund v. wildcat⟩⟨AE⟩ **0.1** ***speculatieve boring*** ⟨naar gas/olie⟩ **0.2** ***zwendelarij*** ⇒*wilde/dwaze speculatie*.

wil·de·beest ['wɪldɪbi:st]⟨telb.zn.; ook wildebeest; →mv.4⟩⟨Z. Afr. E; dierk.⟩ **0.1** ***gnoe*** ⟨Gonnochaetes⟩ ◆ **2.1** blue ~ *blauwe / gestreepte gnoe* ⟨G. tawinus⟩.

wil·der ['wɪldə‖-ər]⟨ww.⟩⟨vero.; schr.⟩
I ⟨onov.ww.⟩ **0.1** ***ronddwalen*** ⇒*de weg kwijtraken* **0.2** ***in de war geraken;***
II ⟨ov.ww.⟩ **0.1** ***op een dwaalspoor brengen*** ⇒*misleiden* **0.2** ***in de war brengen*** ⇒*verwarren, verbijsteren, van zijn stuk brengen.*

wil·der·ness ['wɪldənəs‖-dər-]⟨f2⟩⟨telb.zn.⟩ **0.1** ***wildernis*** ⇒*woestenij* ⟨ook fig.⟩ **0.2** ***massa*** ⇒*menigte* **0.3** ⟨the⟩⟨vero.; bijb.⟩ ***de woestijn*** ◆ **1.2** a ~ of people / voices / things *een massa / menigte mensen / stemmen / dingen* **1.3** ⟨vnl. schr.⟩ a voice (crying) in the ~ *een roepende in de woestijn* **6.¶** send s.o. **in(to)** the ~ *iem. de woestijn in sturen, iem. eruit gooien* ⟨i.h.b. in de politiek⟩.

'wild-'eyed ⟨bn.⟩ **0.1** ***met wilde blik*** **0.2** ***onberaden*** ⇒*onbezonnen, onmogelijk, onuitvoerbaar, fantastisch.*

'wild·fire ⟨f1⟩⟨telb.zn.⟩ **0.1** ***Grieks vuur*** **0.2** ***lopend vuurtje*** **0.3** ***weerlicht*** **0.4** ***dwaallichtje*** ◆ **6.2** run **like** ~ *als een lopend vuurtje (rondgaan);* sell **like** ~ *als warme broodjes over de toonbank gaan.*

'wild·flow·er, 'wild 'flower ⟨telb.zn.⟩ **0.1** ***wilde bloem.***

'wild·fowl ⟨verz.n.; ook wildfowl; →mv.4⟩ **0.1** ***wild gevogelte*** ⟨vnl. waterwild⟩.

'wild·fowl·er ⟨telb.zn.⟩ **0.1** ***jager op wild gevogelte / waterwild.***

wild-'goose chase ⟨telb.zn.⟩ **0.1** ***dwaze / hopeloze / vruchteloze onderneming*** ◆ **3.1** lead s.o. a ~ *iem. misleiden.*

wild·ing[1] ['waɪldɪŋ]⟨telb.zn.⟩ **0.1** ***wildeling*** ⇒*wilde appelboom* **0.2** ***wilde appel*** **0.3** ***wild dier*** **0.4** ***woesteling.***

wilding[2] ⟨bn., attr.⟩ **0.1** ***in het wild groeiend*** ⇒*onveredeld* **0.2** ***wild*** ⇒*ongetemd* ⟨v. dier⟩.

wild·ish ['waɪldɪʃ]⟨bn.; -ness⟩ **0.1** ***nogal / tamelijk wild.***

'wild·life ⟨f2⟩⟨n.-telb.zn.⟩ **0.1** ***dieren in het wild.***

'wildlife pre'serve ⟨telb.zn.⟩ **0.1** ***wildreservaat.***

wild·lif·er ['waɪld laɪfə‖-ər]⟨telb.zn.⟩ **0.1** ***natuurbeschermer*** ⟨vnl. van wilde dieren⟩.

wild·ling ['waɪldlɪŋ]⟨telb.zn.⟩ **0.1** ***wildling*** ⇒*zaailing* **0.2** ***wilde plant*** ⇒*wild dier.*

'wild-track ⟨bn., attr.⟩⟨film⟩ **0.1** ***afzonderlijk, los van het beeld opgenomen*** ⟨mbt. geluidsband⟩.

'wild·wa·ter ⟨telb. en n.-telb.zn.; vnl. attr.⟩ **0.1** ***wild stromend water*** ◆ **1.1** ⟨sport⟩ ~ racing *(het) wildwatervaren.*

'wild·wood ⟨telb.zn.⟩⟨schr.⟩ **0.1** ***oerwoud.***

wile[1] [waɪl]⟨f1⟩⟨telb.zn.; vnl. mv.⟩ **0.1** ***list*** ⇒*kneep, kunstgreep, (sluwe) streek* **0.2** ***sluwheid*** ⇒*bedriegerij, bedrog.*

wile[2] ⟨ov.ww.⟩ **0.1** ***(ver)lokken*** ⇒*verleiden* **0.2** ***verdrijven*** ⟨tijd⟩ ◆ **5.1** ~ s.o. **away** *iem. weglokken* **5.2** ~ **away** the time *de tijd verdrijven* **6.1** ~ s.o. **into** sth. *iem. tot iets verlokken.*

wil·ful, ⟨AE sp.⟩ **will·ful** ['wɪlfl]⟨f2⟩⟨bn.; -ly; -ness⟩
I ⟨bn.⟩ **0.1** ***eigenzinnig*** ⇒*halsstarrig, koppig, weerspannig, weerbarstig;*
II ⟨bn., attr.⟩ **0.1** ***opzettelijk*** ⇒*moedwillig, expres, weloverwogen* ◆ **1.1** ~ murder *moord met voorbedachten rade.*

wi·li·ness ['waɪlinəs]⟨n.-telb.zn.⟩ **0.1** ***sluwheid.***

will[1] [wɪl]⟨f3⟩⟨zn.⟩⟨→sprw. 642, 747⟩
I ⟨telb.zn.⟩ **0.1** ***testament*** ◆ **2.1** his last ~ (and testament) *zijn laatste wilsbeschikking* **3.1** make one's ~ *zijn testament maken* **6.1** **under** his ~ *krachtens zijn testament;*
II ⟨telb. en n.-telb.zn.⟩ **0.1** ***wil*** ⇒*wilskracht; begeerte, wens, verlangen* ◆ **1.1** freedom of the ~ *wilsvrijheid;* strength of the ~ *wilskracht* **2.1** free ~ *vrije wil;* full of good ~ *vol goede wil;* good / ill ~ *goede / slechte wil;* a strong / weak ~ *een sterke / zwakke wil* **3.1** break s.o.'s ~ *iemands wil(skracht) breken;* he had / got his ~ *hij kreeg zijn zin;* ⟨euf.⟩ she has a ~ of her own *ze weet wat ze wil, ze heeft een eigen willetje, ze is koppig;* take the ~ for the deed *de wil voor de daad nemen, met iemands goede wil tevreden zijn;* work one's ~ *zijn zin doordrijven, zijn wil opleggen* **6.1** **against** his ~ *tegen zijn wil / zin;* **at** her own sweet ~ *precies zoals ze wil;* he did it **of** his own free ~ *hij deed het uit vrije wil / uit eigen beweging;* **with** a ~ *resoluut, vastberaden, uit alle macht, energiek, enthousiast* **7.1** ⟨bijb.⟩ Thy ~ be done *Uw wil geschiede;*
III ⟨n.-telb.zn.⟩ **0.1** ***willekeur*** ⇒*goeddunken, welgevallen* ◆ **6.1** **at** ~ *naar goeddunken / willekeur / welgevallen;* ⟨jur.⟩ tenant **at** ~ *huurder die naar willekeur op straat kan worden gezet.*

will[2] ⟨f4⟩⟨ww.⟩ →willing
I ⟨onov. en ov.ww.⟩ **0.1** ***willen*** ⇒*de vaste wil hebben* ◆ **1.1** God ~ing *als / zo God het wil, als het God(e) behaagt / belieft;* God ~s / ⟨vero.⟩ willeth / willed that man should be eternal *God wil(de) dat de mens eeuwig leve;* he who ~s success is half-way to it *wie succes echt wil heeft het al half* **3.1** he ~s me to go *hij wil dat ik ga;* ~ing and wishing are not the same *willen en wensen zijn twee;*
II ⟨ov.ww.⟩ **0.1** ⟨jur.⟩ ***bij testament vermaken / nalaten*** **0.2** ***door wilskracht (af)dwingen*** ⇒*bevelen, verordenen, zijn wil opleggen aan, suggereren* **0.3** ***beslissen*** ⇒*besluiten, bepalen* ◆ **1.1** he ~ed his money to a hospital *hij vermaakte zijn geld aan een hospitaal* **1.2** the hypnotist ~ed his patient *de hypnotiseur legde de patiënt zijn wil op;* the sorcerer ~ed a genie into his presence *de tovenaar beval een geest voor hem te verschijnen* **3.3** he ~ed to depart *hij besloot te vertrekken* **4.2** can you ~ yourself into contentment? *kan jij jezelf tot tevredenheid dwingen?.*

will[3] ⟨f4⟩⟨ww.; →t2 voor onregelmatige vormen; →do-operator, modaal hulpwerkwoord, ww. 3⟩ →would ⟨→sprw. 432⟩
I ⟨onov.ww.⟩ **0.1** ⟨→wilsuiting; soms moeilijk te scheiden v.h. elliptisch gebruik v. II 0.1⟩ ***willen*** ⇒*wensen, verlangen, begeren* **0.2** ⟨vero.⟩ ***zullen / willen gaan*** ◆ **4.1** ⟨vero.⟩ ~ he, nill he *willens nillens, goed- of kwaadschiks;* ⟨vero.⟩ what wilt thou? *wat wilt gij?;* I could help in the kitchen, if you ~ *ik zou in de keuken kunnen helpen, als je dat wilt;* tell whatever lies you ~ *vertel maar zoveel leugens als je wil* **5.¶** the truth ~ **out** *de waarheid komt altijd aan het licht* **6.2** **to** Paris I ~ *naar Parijs wil / zal ik gaan;*
II ⟨hww.⟩ **0.1** ⟨→wilsuiting; ook emfatisch⟩ ***willen*** ⇒*zullen* **0.2** ⟨→gewoonte / herhaling; vaak onvertaald⟩ ***plegen*** ⇒*kunnen* **0.3** ⟨onvoltooid toekomende tijd, voltooid toekomende tijd⟩ ***zullen*** **0.4** ⟨geschiktheid e.d.⟩ ***kunnen*** ⇒*in staat zijn te, toelaten te, zullen, volstaan om te* **0.5** ⟨→onderstelling⟩ ***zullen*** **0.6** ⟨→gebod⟩ ***zullen*** ⇒*moeten* ◆ **3.1** we ~ be kind to her but will she respond? *we zijn bereid lief te zijn voor haar maar zal zij dat beantwoorden?;* ⟨emf.⟩ I said I would do it and I ~ *ik heb gezegd dat ik het zou doen en ik zal het ook doen;* he ~ not hear of it *hij wil er niet van horen;* ⟨schr.⟩ ~ you have some more tea? *wilt u nog meer thee?;* ~ you hurry up, please? *wil je opschieten, alsjeblieft?;* shut the door, ~ you / won't you? *doe de deur dicht, alsjeblieft;* ⟨emf.⟩ she ~ try it on her own *ze wil en ze zal het in haar eentje proberen* **3.2** boys ~ be boys *jongens zijn nu eenmaal jongens;* she ~ cry if you only frown at her *ze huilt al als je boos naar haar kijkt;* accidents ~ happen *ongelukken zijn niet te vermijden;* the cats ~ knock over the vases *de katten stoten altijd de vazen om;* he ~ spend hours drawing *hij pleegt uren achtereen te tekenen* **3.3** John ~ leave for Edinburgh tomorrow *Jan vertrekt morgen naar Edinburgh;* I ~ lend you a hand *ik zal je een handje helpen;* only time ~ tell *de tijd zal het leren* **3.4** this ~ do *zo is het genoeg;* this ~ get you nowhere *zo kom je nergens;* a cheap cotton ~ make pretty curtains *van een goedkoop katoentje kun je best mooie gordijntjes maken* **3.5** I expect you ~ appreciate the scenery *ik denk dat je het landschap wel zult waarderen;* that ~ be John *dat zal John wel zijn;* London ~ be twenty miles away *Londen moet tweeëndertig kilometers van hier liggen* **3.6** you ~ do as I say *je zult doen wat ik zeg;* candidates ~ produce their certificates *de kandidaten moeten hun getuigschriften overleggen.*

Will [wɪl]⟨eig.n.⟩ **0.1** ***Wim.***

'will-be ⟨bn.⟩ **0.1** ***toekomstig*** ◆ **1.1** ~ subscribers *toekomstige abonnees.*

-willed [wɪld] **0.1** ***met een... wil*** ◆ **2.1** strong~ *met een sterke wil.*

wil·lem·ite ['wɪləmaɪt]⟨n.-telb.zn.⟩ **0.1** ***willemiet*** ⟨soort zinkerts; $ZnSiO_4$⟩.

wil·let ['wɪlɪt]⟨telb.zn.⟩⟨dierk.⟩ **0.1** ***willet*** ⟨Am. strandvogel; Catoptrophorus semipalmatus⟩.

willful →wilful.

Wil·liam ['wɪlɪəm]⟨eig.n.⟩ **0.1** ***Willem*** ◆ **2.1** ~ the Silent *Willem de Zwijger.*

wil·lie, ⟨in bet. I ook⟩ **Wil·ly** ['wɪli]⟨f1⟩⟨zn.⟩
I ⟨eig.n.; W-⟩ **0.1** ***Willy*** ⇒*Wim;*
II ⟨telb.zn.⟩⟨BE; inf.; kind.⟩ **0.1** ***plasser*** ⇒*piemel(tje);*
III ⟨mv.; ~s; the⟩⟨sl.⟩ **0.1** ***kriebels*** ⇒*de zenuwen* ◆ **3.1** get the -s *de kriebels krijgen, het op zijn zenuwen krijgen;* it gives her the ~s *het werkt op haar zenuwen, ze krijgt er kippevel van.*

will·ing ['wɪlɪŋ]⟨f3⟩⟨bn.; -ly; -ness; oorspr. teg. deelw. v. will; →wilsuiting⟩⟨→sprw. 18, 489, 625⟩ **0.1** ***gewillig*** ⇒*bereid(willig)* ◆ **1.1** ~ hands *bereidwillige handen;* ⟨bijb.⟩ the spirit is ~, but the flesh is weak *de geest is wel gewillig, maar het vlees is zwak* ⟨Matth. 36:41⟩; ~ workers *werkwilligen* **1.¶** a ~ horse *een gewillig(e) werker / werkpaard;* ride a ~ horse to death, flog a ~ horse *het uiterste vergen van iemands goede wil* **3.1** I am ~ to admit that ... *ik geef grif toe dat ...;* he's quite ~ to do it *hij is wel bereid het te doen* **5.1** ~ or not ~ *willen of niet, goedschiks of kwaadschiks, willens nillens, of hij / zij het wil of niet.*

wil·li·waw ['wɪliwɔ:]⟨telb.zn.⟩⟨AE⟩ **0.1** ***koude zeewaartse rukwind*** ⇒*(koude) windvlaag.*

will-less ['wɪlləs]⟨bn.; -ly; -ness⟩ **0.1** ***willoos.***

will-o'-the-wisp ['wɪləðə'wɪsp]⟨f1⟩⟨telb.zn.⟩ **0.1** ***dwaallicht*** ⇒*stalkaarsje;* ⟨fig.⟩ *ongrijpbaar / onvatbaar / elusief persoon; bedrieglijke hoop, hersenschim* ◆ **3.1** chase the ~ *het onbereikbare najagen.*

wil·low[1] ['wɪloʊ], **'wil·low-tree** ⟨f2⟩ ⟨zn.⟩
I ⟨telb.zn.⟩ **0.1** ***wilg*** **0.2** ***slaghout*** ⇒*cricketbat, honkbalslaghout* **0.3** ⟨tech.⟩ ***wolf*** ⇒*duivel, snar* ⟨om wol, katoen te zuiveren⟩ **0.4** ⟨tech.⟩ ***lompenwolf*** ⟨voor papierfabricage⟩ ◆ **3.2** handle the ~ *het bat hanteren* **3.¶** ⟨vero.⟩ wear the ~ *om een verloren liefde treuren, liefdesverdriet hebben;*
II ⟨n.-telb.zn.⟩ **0.1** ***wilgehout.***
willow[2] ⟨ov.ww.⟩ ⟨tech.⟩ **0.1** ***wolven*** ⟨wol, katoen, lompen⟩.
'wil·low-gar·land, 'wil·low-wreath ⟨telb.zn.⟩ **0.1** ***wilgekrans.***
'wil·low-herb ⟨telb.zn.⟩ ⟨plantk.⟩ **0.1** ***basterdwederik*** ⇒*wilgeroosje* ⟨Epilobium angustifolium⟩.
'wil·low-ma·chine, 'wil·low·ing-ma·chine ⟨telb.zn.⟩ ⟨tech.⟩ **0.1** ***wolf*** ⇒*duivel, snar* ⟨om wol, katoen te zuiveren⟩ **0.2** ***lompenwolf*** ⟨papierfabricage⟩.
'willow oak ⟨telb.zn.⟩ ⟨AE; plantk.⟩ **0.1** ***wilge-eik*** ⟨Quercus phellos⟩.
'wil·low-pat·tern ⟨n.-telb.zn.⟩ **0.1** ***wilgemotief*** ⇒*wilgedessin/patroon/tekening* ⟨blauw motief op wit porselein⟩.
'willow 'tit ⟨telb.zn.⟩ ⟨dierk.⟩ **0.1** ***matkop*** ⟨Parus montanus⟩.
'wil·low-war·bler, 'wil·low-wren, 'wil·low-spar·row ⟨telb.zn.⟩ ⟨dierk.⟩ **0.1** ***fitis*** ⟨Phylloscopus trochilus⟩.
wil·low·ware ['wɪloʊweə‖-wer] ⟨n.-telb.zn.⟩ **0.1** ***porselein met wilgemotief.***
wil·low·y ['wɪloʊi] ⟨f1⟩ ⟨bn.⟩ **0.1** ***vol wilgen*** **0.2** ***met rijen wilgen beplant*** **0.3** ***wilgachtig*** ⇒⟨fig.⟩ *soepel, lenig, slank, elegant.*
'will power ⟨f1⟩ ⟨n.-telb.zn.⟩ **0.1** ***wilskracht.***
wil·ly ['wɪli] ⟨telb.zn.; →mv. 2⟩ **0.1** ⟨tech.⟩ ***wolf*** ⇒*duivel, snar* ⟨om wol/katoen te zuiveren⟩ **0.2** ⟨gew.⟩ ***mand.***
wil·ly-nil·ly[1] ['wɪli'nɪli] ⟨f1⟩ ⟨bn., attr.⟩ **0.1** ***ongewild*** ⇒*onvermijdelijk; tegen wil en dank, nillens willens* ◆ **1.1** a ~ confrontation *een onvermijdelijke confrontatie;* he became a ~ hero *hij werd een held tegen wil en dank.*
willy-nilly[2] ⟨f1⟩ ⟨bw.⟩ **0.1** ***willens nillens*** ⇒*willen of niet, willens of onwillens, goedschiks of kwaadschiks, of hij/zij het wil of niet.*
'wil·ly-wil·ly ⟨telb.zn.; →mv. 2⟩ ⟨Austr. E⟩ **0.1** ***wervelwind/storm.***
wil·so·ni·an [wɪl'soʊnɪən] ⟨bn.⟩ **0.1** ***wilsoniaans*** ⇒*in de geest van Wilson* ⟨28e president v.d. U.S.A.⟩.
'Wil·son's 'phalarope [wɪlsən] ⟨bn.⟩ ⟨dierk.⟩ **0.1** ***grote franjepoot*** ⟨Phalaropus tricolor⟩.
wilt[1] [wɪlt], ⟨in bet. 0.3 ook⟩ **'wilt disease** ⟨n.-telb.zn.⟩ **0.1** ***verwelking*** ⇒*verflensing* **0.2** ***verflauwing*** ⇒*vermindering, verzwakking* **0.3** ***verwelkingsziekte*** ◆ **1.2** ~ of enthusiasm *bekoeling v.h. enthousiasme.*
wilt[2] ⟨f2⟩ ⟨ww.⟩
I ⟨onov.ww.⟩ **0.1** ***verwelken*** ⇒*verflensen, verleppen, kwijnen, verdorren, verschrompelen* **0.2** ***hangerig worden*** ⇒*lusteloos/druilig/slap worden, verslappen, het hoofd laten hangen, de moed verliezen;*
II ⟨ov.ww.⟩ **0.1** ***doen verwelken*** ⇒*doen verflensen/verleppen/verdorren/verschrompelen* **0.2** ***lusteloos maken*** ⇒*hangerig/druilig maken, doen verslappen, de moed/kracht ontnemen, ontzenuwen.*
wilt[3] [wɪlt] ⟨2e pers. enk., vero. of relig.; →t2⟩ →will.
Wil·ton ['wɪltən‖-tn], **'Wilton 'carpet, 'Wilton 'rug** ⟨telb.zn.⟩ **0.1** ***wiltontapijt*** ⟨Engelse tapijtsoort met zachte, dikke pool⟩.
Wilts [wɪlts] ⟨afk.⟩ Wiltshire.
wi·ly ['waɪli] ⟨bn.; -er; -ly; -ness; →bijw. 3⟩ **0.1** ***sluw*** ⇒*listig, geslepen, slim, berekenend.*
wim·ble[1] ['wɪmbl] ⟨telb.zn.⟩ **0.1** ***handboor*** ⇒*fretboor, drilboor.*
wimble[2] ⟨ov.ww.⟩ **0.1** ***boren*** ⇒*drillen.*
wimp [wɪmp] ⟨telb.zn.⟩ ⟨inf.⟩ **0.1** ***sul*** ⇒*lulletje, slappe kerel, ei, doetje, slapjanus, labbekak.*
wimp·ish ['wɪmpɪʃ], **wimp·y** ['wɪmpi] ⟨bn.; -er; →compar. 7⟩ ⟨inf.⟩ **0.1** ***slap*** ⇒*sullig, bleekneuzig.*
wim·ple[1] ['wɪmpl] ⟨telb.zn.⟩ **0.1** ***kap*** ⇒*nonnenkap;* ⟨gesch. ook⟩ *vrouwenkap* **0.2** ***plooi*** ⇒*vouw* **0.3** ***rimpeling*** ⟨v. watervlak⟩ **0.4** ***kromming*** ⇒*bocht.*
wimple[2] ⟨ww.⟩
I ⟨onov.ww.⟩ **0.1** ***in plooien neervallen*** **0.2** ***rimpelen*** ⟨v. watervlak⟩;
II ⟨ov.ww.⟩ **0.1** ***met een kap bedekken*** ⇒*sluieren* **0.2** ***in plooien leggen*** **0.3** ***doen rimpelen*** ⟨watervlak⟩.
win[1] [wɪn] ⟨f1⟩ ⟨telb.zn.⟩ ⟨vnl. sport⟩ **0.1** ***overwinning*** ⇒*succes, gewonnen partij, triomf, (rit)zege.*
win[2] ⟨f4⟩ ⟨ww.; won, won [wʌn]⟩ →winning ⟨→sprw. 181, 236, 279⟩
I ⟨onov.ww.⟩ **0.1** ***zegevieren*** ⇒*de overwinning behalen, triomferen, (het) winnen, zijn zin krijgen* **0.2** ***slagen*** ⇒*succes hebben* ◆ **1.1** ~ hands down *op zijn sloffen winnen, gemakkelijk/op zijn gemak winnen* **2.2** ~ clear/free/loose *erin slagen zich los/vrij te maken* **3.1** ⟨inf.; vnl. scherts.⟩ you can't ~ (them all) *je kan niet altijd winnen, het is niet altijd rozegeur en maneschijn* **4.1** who won? *wie heeft er gewonnen?;* let those laugh who ~ *de winnaar heeft makkelijk lachen;* so you ~! *jij haalt het dus!* **5.2** ~ home ⟨inf.⟩ *thuis geraken;* ~ **out** *het winnen, erdoorheen geraken/komen, zijn doel bereiken, er zich doorslaan;* ~ **through** *erdoorheen komen, zijn doel bereiken, zich erdoorheen slaan* **5.¶** these theories are ~ning **through** *deze theorieën vinden langzamerhand ingang/winnen veld* **6.1** ~ **at** cards *bij het kaarten winnen;* ~ **by** a head/neck *met een koplengte/neklengte winnen;* ~ **by** two lengths *met twee lengten winnen;* ~ **in** a canter *op zijn sloffen/op één been winnen, gemakkelijk/op zijn gemak winnen;* ~ through **to** (the top) *erin slagen (de top te) bereiken, zegevieren, het halen, het redden* **6.¶** ~ **to** an ideal *een ideaal bereiken;* ~ **to** manhood *de mannelijke leeftijd bereiken;* ~ **to** power *de macht verkrijgen;* ~ **to** shore *de kust bereiken;* that theory won **upon** him *hij begon meer en meer te voelen voor die theorie;*
II ⟨ov.ww.⟩ **0.1** ***winnen*** ⟨race, weddenschap, verkiezing, partij, geld, prijs, toss⟩ **0.2** ***verkrijgen*** ⇒*verwerven, behalen* ⟨zege, prijs, roem, eer, positie, fortuin⟩; *winnen* ⟨vriendschap, vertrouwen⟩; *innemen* ⟨fort⟩; *ontginnen* ⟨mijn, ader⟩; *winnen* ⟨erts⟩; *krijgen, voor zich winnen* ⟨vrouw⟩ **0.3** ***overreden*** ⇒*overhalen, bewegen* **0.4** ⟨sl.⟩ ***gappen*** **0.5** ⟨vero.; schr.⟩ ***bereiken*** ◆ **1.2** ⟨vnl. schr.; fig.⟩ ~ the ear of s.o. *iem. voor zich innemen;* ⟨fig.⟩ ~ a name (for o.s.) *naam maken;* it won her the first price *hiermee behaalde zij de eerste prijs;* ⟨vero.; fig.⟩ ~ one's spurs *geridderd worden; zijn sporen verdienen;* ~ one's way *zich een weg banen* ⟨ook fig.⟩; ~ one's way with s.o. *iemands tegenstand overwinnen* **1.5** ~ the shore/top *de kust/top halen/bereiken* **1.¶** ⟨schr.⟩ ~ the day/field *overwinnen* **3.2** ~ s.o. to consent *iemands toestemming verkrijgen* **3.3** ~ s.o. to do sth. *iem. overreden iets te doen* **5.2** ~ **back** *terugwinnen, herwinnen;* she soon won her audience **over** *zij veroverde al spoedig de harten v. haar toehoorders* **5.3** ~ s.o. **over** *iem. overhalen* **6.1** ~ three seats **from** the Conservatives *drie zetels op de Conservatieven winnen;* ~ money **of** s.o. *v. iem. geld winnen* **6.3** ~ s.o. over **to** sth. *iem. voor iets winnen.*
'win·bet ⟨telb.zn.⟩ **0.1** ***weddenschap dat een paard als eerste zal eindigen.***
wince[1] [wɪns] ⟨f1⟩ ⟨telb.zn.⟩ **0.1** ***huivering*** ⟨v. pijn, angst⟩ ⇒*vertrekking, schok(je), ineenkrimping* **0.2** ⟨BE⟩ ***haspel*** ⇒*zeskanter* ⟨gebruikt bij het verven van stoffen⟩ ◆ **6.1 without** a ~ *zonder een spier te vertrekken.*
wince[2] ⟨f2⟩ ⟨onov.ww.⟩ **0.1** ***huiveren*** ⇒*ineenkrimpen, vertrekken,* ⟨v. pijn, enz.⟩ *terugdeinzen, een huivering/schok door zich heen voelen gaan, beven, rillen* ◆ **6.1** ~ **at** s.o.'s words *van iemands woorden huiveren;* ~ **under** the blow *ineenkrimpen onder de slag;* **without** wincing *zonder een spier te vertrekken.*
win·cey ['wɪnsi] ⟨n.-telb.zn.⟩ **0.1** ***hemdenstof*** ⇒*wol-katoenmengsel/wol-linnenmengsel.*
win·cey·ette ['wɪnsi'et] ⟨n.-telb.zn.⟩ ⟨BE⟩ **0.1** ***flanel.***
winch[1] [wɪntʃ] ⟨telb.zn.⟩ **0.1** ***kruk*** ⇒*handvat* ⟨v. wiel⟩; *zwengel, as, spil* **0.2** ***wins*** ⇒*lier, windas, winch* **0.3** ***haspel*** ⇒*zeskanter* ⟨gebruikt bij het verven van stoffen⟩ **0.4** ⟨BE⟩ ***reel*** ⇒*spoel, molen* ⟨v. hengelroede⟩.
winch[2] ⟨ov.ww.⟩ **0.1** ***opwinden met een windas*** ⇒*omhooghijsen met een wins.*
Win·ches·ter ['wɪntʃɪstə‖-tʃestər], ⟨in bet. 0.3 ook⟩ **'Winchester 'quart** ⟨telb.zn.⟩ **0.1** ⟨comp.⟩ ***winchester(schijf)*** ⇒*harde schijf, hard disk* **0.2** ***winchestergeweer/buks*** **0.3** ⟨BE⟩ ***inhoudsmaat v.*** $^{1}/_{2}$ ***gallon*** ⟨ong. 2,27 l⟩.
'Winchester disk →Winchester 0.1.
'winch launch ⟨telb.zn.⟩ ⟨zweefvliegen⟩ **0.1** ***lierstart.***
wind[1] [waɪnd] ⟨f2⟩ ⟨telb.zn.⟩ **0.1** ***slag*** ⇒*winding, wikkeling* **0.2** ***slag*** ⇒*(om)wenteling, draai* **0.3** ***bocht*** ⇒*draai, kronkel.*
wind[2] [wɪnd ⟨dicht. ook⟩ waɪnd] ⟨f3⟩ ⟨zn.⟩ ⟨→sprw. 228, 297, 619, 633⟩
I ⟨telb. en n.-telb.zn.⟩ **0.1** ***wind*** ⇒*luchtstroom, tocht* **0.2** ***wind*** ⇒*windstreek;* ⟨ook scheep.⟩ *windrichting* **0.3** ***wind(vlaag)*** ⇒*rukwind* ◆ **1.1** ⟨fig.⟩ ~(s) of change *andere wind;* in the ~'s eye *pal tegen de wind in;* ⟨fig.⟩ the ~ is in that quarter *de wind waait uit die hoek;* ⟨fig.⟩ take the ~ from/out of s.o.'s sails *iem. de wind uit de zeilen nemen;* ⟨fig.⟩ ~ and weather *weer en wind* **1.¶** between ~ and water *op een kwetsbare plek* **2.1** contrary ~ *tegenwind;* fair ~ *gunstige wind;* little ~ *weinig wind;* variable ~ *veranderlijke wind* **3.1** ⟨vnl. fig.⟩ get/have/take the ~ of s.o. *iem. de loef afsteken, de meerdere zijn v. iem., de overhand hebben op iem.;* the ~ is falling *de wind neemt af;* the ~ is rising *de wind neemt toe/wakkert aan* **3.¶** (see) how the ~ blows/lies *(kijken) uit welke hoek de wind waait/hoe de vlag erbij hangt;* fling/throw sth. to the ~s *iets in de wind slaan/veronachtzamen;* ⟨vulg.⟩ piss against/into the ~ *tegen wind in pissen* ⟨fig.⟩; ⟨vero.; inf.⟩ raise the ~ *(in één klap) aan geld komen;* sits the ~ there? *waait de*

wind uit die hoek?; whistle down the ~ ⟨valkerij⟩ *lossen;* ⟨fig.⟩ *laten vallen, in de steek laten* **5.¶** (sail) **close** to the / **near** the ~ ⟨scheep.⟩ *scherp (bij de wind) (zeilen);* ⟨fig.⟩ *de grens v.h. oirbare / toelaatbare (raken)* **6.2** (sail / run) **before** the ~ *voor de wind / met de wind mee (zeilen);* **down / into / on** the ~ *met de wind mee, in de richting v.d. wind;* ⟨scheep.⟩ **off** the ~ *van de wind;* ⟨scheep.⟩ **on** a ~ *tegen de wind in;* **up** the ~ *tegen de wind in* **6.¶** there's sth. **in** the ~ *er is iets op til / hangt iets in de lucht; er is iets gaande / aan de hand;* like the ~ *als de wind, vliegensvlug;* **on** the ~ *(gedragen / meegevoerd) met de wind;*

II ⟨n.-telb.zn.⟩ **0.1** ***(buik)wind*** ⇒*darmgas(sen), veest* **0.2** ***adem (haling)*** ⇒*lucht;* ⟨i.h.b.⟩ *regelmatige ademhaling;* ⟨bij uitbr.⟩ *maagstreek* **0.3** ***wind*** ⇒*klets / prietpraat, omhaal, loze woorden, holle frasen;* ⟨bij uitbr.⟩ ⟨inf.⟩ *kletsmeier(s)* **0.4** ***wind*** ⇒*lucht, tijdverspilling, boter aan de galg, nutteloze overpeinzing / inspanning* **0.5** ***lucht*** ⇒*door de wind meegevoerde geur;* ⟨bij uitbr.⟩ *vlaag geluid* ◆ **1.3** load of ~ *kletspraat* **2.¶** broken ~ *dampigheid, kortademigheid* ⟨v. paard⟩ **3.1** ⟨euf.⟩ break ~ *een wind laten* **3.2** get back / recover one's ~ *(weer) op adem komen;* lose one's ~ *buiten adem raken;* have lost one's ~ *buiten adem zijn;* have one's ~ taken *naar adem snakken* ⟨v.e. klap⟩ **3.¶** get ~ of sth. *ergens lucht van krijgen;* get / take ~ *uitlekken, ruchtbaar worden* **5.¶** ⟨inf.⟩ get / have the ~ **up** *hem knijpen, in de rats zitten, het in zijn broek doen;* ⟨inf.⟩ put the ~ **up** *de stuipen op het lijf jagen* **7.¶** second ~ *het weer op adem komen; (nieuwe) energie (voor tweede krachtsinspanning);* get one's second ~ *er weer tegenaan kunnen;*

III ⟨verz.n.; the⟩ ⟨muz.⟩ **0.1** ***blazerssectie*** ⇒*blaasinstrumenten* **0.2** ***blazerssectie*** ⇒*blazers;*

IV ⟨mv.; ~s⟩ **0.1** ***windstreek*** **0.2** ⟨the⟩ ***blazerssectie*** ⇒*blaasinstrumenten* **0.3** ⟨the⟩ ***blazerssectie*** ⇒*blazers* ◆ **6.¶** **to** (all) the (four) ~s *in het rond, alle kanten op.*

wind[3] [waɪnd] ⟨ov.ww.; ook wound, wound [waʊnd]⟩ **0.1** ***blazen (op)*** ⇒*doen schallen* ◆ **1.1** ~ a blast on the horn *een stoot op de hoorn geven;* ~ a horn *op een hoorn blazen.*

wind[4] [waɪnd] ⟨f3⟩ ⟨ww.; vnl. wound, wound [waʊnd]⟩ →winding

I ⟨onov.ww.⟩ **0.1** ***kronkelen*** ⇒*meanderen, zich slingeren* **0.2** ***spiralen*** ⇒*zich draaien / strengelen / wikkelen / winden* **0.3** ***draaien*** ⇒*kronkelen, (arg)listig te werk gaan* ◆ **1.1** ~ing path *kronkel / slingerpad;* the river ~s through the landscape *de rivier kronkelt door het landschap* **1.2** ~ing staircase / stairs *wenteltrap* **6.2** the plant ~s **round** the tree *de plant slingert zich om / rond de boom;*

II ⟨onov. en ov.ww.⟩ **0.1** ***winden*** ⇒*spoelen, draaien* ◆ **5.¶** →wind **down;** ~ **on** (a film) *(een filmpje) doorspoelen;* →wind **up;**

III ⟨ov.ww.⟩ **0.1** ***zich slingerend banen*** ⇒*door / indringen* **0.2** ***winden*** ⇒*wikkelen, (op)rollen* **0.3** ***omwinden*** ⇒*omwikkelen, omstrengelen;* ⟨bij uitbr.⟩ *omvatten* **0.4** ***(rond)draaien*** ⇒⟨i.h.b.⟩ *opwinden* ⟨horloge⟩ **0.5** ***ophalen*** ⇒*(op)hijsen / takelen;* ⟨scheep.⟩ *winden* **0.6** ***(ver)vlechten*** ⇒*sluw verwerken* ◆ **1.1** the river ~s its way through the landscape *de rivier kronkelt zich door het landschap* **1.2** ~ wool *wol op een kluwen winden;* ~ yarn on to a reel *garen op een klos winden* **1.3** ~ one's arms (a)round s.o. *zijn armen om iem. heen slaan;* ~ s.o. in one's arms *iem. in zijn armen nemen;* ~ a blanket (a)round o.s. *een deken om zich heen slaan, zich in een deken wikkelen* **1.4** ~ a handle *een hendel draaien;* ~ one's watch *zijn horloge opwinden* **1.5** ~ the anchor *het anker winden;* ~ a bucket *een emmer ophalen* **1.6** ~ a threat into a letter *een dreigement in een brief vervlechten* **5.2** ~ **back** *terugspoelen;* ~ **in** *binnen / inhalen* ⟨v. vis(lijn)⟩ **5.4** →wind **down;** →wind **up** **5.¶** →wind **up** **¶.¶** ~ o.s. / one's way into s.o.'s friendship / affections *erin slagen bij iem. in het gevlij te komen.*

wind[5] [wɪnd] ⟨f2⟩ ⟨ov.ww.⟩ **0.1** ***luchten*** ⇒*ventileren, laten doorwaaien* **0.2** ***(be)speuren*** ⇒*ruiken, lucht krijgen van* ⟨i.h.b. v. honden⟩; ⟨bij uitbr.⟩ *achtervolgen (door op de geur af te gaan)* **0.3** ***buiten adem brengen*** ⇒⟨i.h.b.⟩ *de adem benemen, naar adem laten snakken / happen* ⟨door een stomp⟩; *afrijden* ⟨paard⟩ **0.4** ***op adem laten komen*** ⇒*laten uitblazen* ⟨i.h.b. paard⟩ **0.5** ⟨inf.⟩ ***laten boeren*** ⇒*een boertje laten doen* ⟨baby⟩ ◆ **1.3** ~ed by a climb *buiten adem v.e. klim.*

wind·age [ˈwɪndɪdʒ] ⟨telb. en n.-telb.zn.⟩ **0.1** ***speelruimte*** ⟨v. projectiel in vuurwapen⟩ **0.2** ***windinvloed*** ⟨op projectiel⟩ **0.3** ***windcompensatie*** ⟨v. vizier v. vuurwapen⟩ **0.4** ***luchtturbulentie*** ⟨door snel bewegend voorwerp⟩ **0.5** ***luchtweerstand*** **0.6** ⟨scheep.⟩ ***loef(zijde)*** ⇒*windzijde.*

ˈwind-asˈsist·ed ⟨bn.⟩ ⟨atletiek⟩ **0.1** ***met (teveel) rugwind.***

wind·bag [ˈwɪn(d)bæg] ⟨telb.zn.⟩ ⟨inf.⟩ **0.1** ***zemel*** ⇒*ouwehoer.*

ˈwind band ⟨telb.zn.⟩ **0.1** ***blaasorkest*** **0.2** ***blazerssectie.***

ˈwind·bound ⟨bn.⟩ ⟨scheep.⟩ **0.1** ***verwaaid*** ⇒*door tegenwind opgehouden.*

ˈwind box, ˈwind-chest ⟨telb.zn.⟩ ⟨muz.⟩ **0.1** ***windkas(t)*** ⇒*windkamer* ⟨v. orgel⟩.

ˈwind·break, ˈwind-break ⟨telb.zn.⟩ **0.1** ***windbreking*** ⇒*beschutting tegen de wind.*

ˈwind·break·er ⟨telb.zn.; ook W-⟩ ⟨AE⟩ **0.1** ***windjek(ker)*** ⟨oorspr. merknaam⟩.

ˈwind·cheat·er ⟨telb.zn.⟩ ⟨BE⟩ **0.1** ***windjek(ker).***

ˈwind·chill ⟨telb.zn.⟩ **0.1** ***gevoelstemperatuur*** ⇒*windverkilling.*

ˈwindchill ˈfactor, ˈwindchill ˈindex ⟨telb.zn.⟩ **0.1** ***verkillingsfactor.***

ˈwind colic ⟨telb.zn.⟩ **0.1** ***windkoliek.***

wind cone →windsock.

wind down [ˈwaɪnd ˈdaʊn] ⟨ww.⟩

I ⟨onov.ww.⟩ **0.1** ***aflopen*** ⟨v. uurwerkveer⟩ ⇒*steeds langzamer gaan lopen* **0.2** ***teruglopen*** ⇒*achteruitgaan, af / wegzakken, verlopen* ◆ **1.2** the offensive wound down *de klad kwam in het offensief;*

II ⟨ov.ww.⟩ **0.1** ***omlaagdraaien*** **0.2** ***afbouwen*** ⇒*(geleidelijk) verminderen, terugschroeven* ◆ **1.1** ~ a car window *een portierraampje naar beneden draaien.*

ˈwind-egg ⟨telb.zn.⟩ **0.1** ***windei.***

ˈwind energy ⟨n.-telb.zn.⟩ **0.1** ***windenergie.***

wind·er [ˈwaɪndə‖-ər] ⟨f1⟩ ⟨telb.zn.⟩ **0.1** ***winder*** ⟨i.h.b. arbeider in textielfabriek⟩ **0.2** ***haspel*** ⇒*spoel, klos* **0.3** ***(opwind)sleutel*** **0.4** ***wenteltraptrede*** ⇒*bochttrede.*

ˈwind·fall[1] ⟨f1⟩ ⟨telb.zn.⟩ **0.1** ***afgewaaide vrucht*** ⇒*val, raap* **0.2** ***meevaller*** ⇒*mazzeltje, buitenkansje;* ⟨i.h.b.⟩ *erfenisje* ◆ **1.1** these apples are ~s *dit zijn valappelen.*

windfall[2] ⟨f1⟩ ⟨bn., attr.⟩ **0.1** ***afgewaaid*** **0.2** ***meegenomen*** ⇒*onverhoopt* ◆ **1.2** ~ profits *onverhoopte winst.*

ˈwind·fal·len ⟨bn., attr.⟩ **0.1** ***afgewaaid*** ◆ **1.1** ~ apples *valappelen.*

ˈwind farm, ˈwindmill farm ⟨telb.zn.⟩ **0.1** ***windmolenpark.***

ˈwind-flow·er ⟨telb.zn.⟩ **0.1** ***anemoon.***

ˈwind-force ⟨telb.zn.⟩ **0.1** ***windkracht*** ⟨i.h.b. op de schaal v. Beaufort⟩ **0.2** ***windkracht*** ⇒*windenergie.*

ˈwind furnace ⟨telb.zn.⟩ **0.1** ***windoven.***

ˈwind·gall ⟨telb.zn.⟩ **0.1** ***steengal*** ⇒*kootgezwel* ⟨bij paard⟩ **0.2** ***(gekleurde) zonhalo.***

wind-gauge, wind gauge [ˈwɪn(d)geɪdʒ] ⟨telb.zn.⟩ **0.1** ***windmeter*** ⇒*anemometer, anemograaf* **0.2** ⟨muz.⟩ ***windwaag*** ⇒*orgelwindmeter* **0.3** ***windvizier*** ⟨aan geweer⟩.

ˈwind harp ⟨telb.zn.⟩ ⟨muz.⟩ **0.1** ***windharp*** ⇒*eolusharp.*

ˈwind·hov·er ⟨telb.zn.⟩ ⟨BE⟩ **0.1** ***windwanner*** ⇒*torenvalk.*

wind·ing [ˈwaɪndɪŋ] ⟨zn.; oorspr. teg. deelw. v. wind⟩

I ⟨telb.zn.⟩ **0.1** ***winding*** ⇒*slag;* ⟨ook tech.⟩ *wikkeling* **0.2** ***spiraal*** **0.3** ***kronkel(ing)*** ⇒*bocht, draai;*

II ⟨n.-telb.zn.⟩ **0.1** ***winding*** ⇒*het winden.*

wind·ing·ly [ˈwaɪndɪŋli] ⟨bw.⟩ **0.1** ***kronkelend*** ⇒*slingerig, bochtig.*

winding sheet [ˈwaɪndɪŋ ʃiːt] ⟨telb.zn.⟩ **0.1** ***lijkwa(de)*** ⇒*lijkkleed.*

wind·ing-up [ˈwaɪndɪŋˈʌp] ⟨telb. en n.-telb.zn.⟩ ⟨hand.⟩ **0.1** ***liquidatie*** ⇒*opheffing.*

ˈwind instrument ⟨f1⟩ ⟨telb.zn.⟩ ⟨muz.⟩ **0.1** ***blaasinstrument*** ⇒⟨mv.⟩ *harmonieorkest* ◆ **1.1** an organ is also a ~ *een orgel is ook een blaasinstrument.*

wind·jam·mer [ˈwɪn(d)dʒæmə‖-ər] ⟨telb.zn.⟩ **0.1** ⟨scheep.⟩ ***windjammer*** **0.2** ⟨BE⟩ ***windjek(ker).***

wind·lass[1] [ˈwɪndləs] ⟨f1⟩ ⟨telb.zn.⟩ **0.1** ***windas*** ⇒*lier;* ⟨scheep.⟩ *ankerspil.*

windlass[2] ⟨ov.ww.⟩ **0.1** ***ophalen / hijsen met een windas*** ⇒⟨scheep.⟩ *winden.*

wind·less [ˈwɪndləs] ⟨f1⟩ ⟨bn.⟩ **0.1** ***windstil*** ⇒*wind(e)loos.*

win·dle·straw [ˈwɪndlstrɔː] ⟨zn.⟩

I ⟨telb.zn.⟩ **0.1** ⟨BE⟩ ***(oude) droge grashalm*** **0.2** ⟨Sch. E⟩ ***slungel;***

II ⟨n.-telb.zn.⟩ ⟨BE⟩ **0.1** ***(oud) droog gras*** ⟨i.h.b. met lange halmen⟩.

ˈwind machine ⟨telb.zn.⟩ ⟨dram.⟩ **0.1** ***windmachine.***

wind·mill [ˈwɪn(d)mɪl] ⟨f2⟩ ⟨telb.zn.⟩ **0.1** ***windmolen*** ⇒⟨i.h.b.⟩ *graan / meel / korenmolen* **0.2** ***(speelgoed)molentje*** **0.3** ***windturbine*** ⇒*windmolen* ◆ **3.¶** fight / tilt at ~s *tegen windmolens vechten;* throw one's cap over the ~ *zich nergens wat van aantrekken, maling hebben aan alles / iedereen.*

ˈwindmill farm →wind farm.

win·dow[1] [ˈwɪndoʊ] ⟨f4⟩ ⟨zn.⟩ (→sprw. 743)

I ⟨telb.zn.⟩ **0.1** ***raam*** ⇒*venster;* ⟨i.h.b.⟩ *ruit;* ⟨bij uitbr.⟩ *raamlijst / kozijn;* ⟨fig.⟩ *venster, informatiebron* **0.2** ***kijkgat*** ⇒*venster, (kijk)opening* **0.3** ***etalage*** **0.4** ***loket(ruitje / raampje)*** **0.5** ***venster*** ⟨v. envelop(pe)⟩ **0.6** ⟨nat.⟩ ***venster*** ⟨elektromagnetisch spectrumgedeelte dat een stof doorlaat⟩ **0.7** ⟨ruim.⟩ ***lanceervenster*** ⇒⟨fig.⟩ *kritieke periode* **0.8** ⟨windsurfen⟩ ***zeilvenster*** **0.9** ⟨mil.⟩ ***chaff*** ⟨metaalfoliewolk ter storing v. radar⟩ ◆ **1.1** ~ on the future / world *venster op de toekomst / wereld* **2.1** blank / blind / false ~ *blind / loos venster / raam* **6.¶** ⟨inf.⟩ **out of** the ~ *niet meer meetellend, afgedaan, afgeschreven;*

II ⟨mv.; ~s⟩ ⟨AE; sl.⟩ **0.1** ***brilleglazen*** ⇒*bril.*

window[2] ⟨ov.ww.⟩ 0.1 ***van een raam/ramen voorzien*** ◆ **¶.1** ~ed *voorzien v. een raam/ramen.*
'window-box, 'window box ⟨f1⟩⟨telb.zn.⟩ 0.1 ***bloembak*** ⟨in de buitenvensterbank⟩.
'win·dow-clean·er ⟨telb.zn.⟩ 0.1 ***glazenwasser.***
'window dresser, 'window trimmer ⟨telb.zn.⟩ 0.1 ***etaleur*** 0.2 ***opsmukker*** ⇒*iem. die iets geflatteerd voorstelt.*
'win·dow-dress·ing, 'window dressing ⟨f1⟩⟨n.-telb.zn.⟩ 0.1 ***het etaleren*** ⇒*etalage* 0.2 ***etalage(inrichting/materiaal)*** 0.3 ***lokmiddel*** ⇒*lokkertje* 0.4 ***etalage*** ⇒*(misleidende) gunstige voorstelling, flattering;* ⟨i.h.b. stat.⟩ *window dressing.*
'window envelope ⟨telb.zn.⟩ 0.1 ***vensterenvelop(pe).***
'window frame ⟨telb.zn.⟩ 0.1 ***(venster)kozijn*** ⇒*raamlijst.*
'window glass ⟨n.-telb.zn.⟩ 0.1 ***vensterglas.***
'win·dow-ledge ⟨telb.zn.⟩ 0.1 ***vensterbank*** ⇒*raamkozijn.*
win·dow·less ['wɪndoʊləs]⟨bn.⟩ 0.1 ***vensterloos*** ⇒*zonder ramen.*
'win·dow·pane, 'win·dow-pane ⟨f1⟩⟨telb.zn.⟩ 0.1 ***(venster)ruit*** 0.2 ⟨AE⟩ →Tattersall.
'win·dow-seat ⟨telb.zn.⟩ 0.1 ***stoel bij het raam*** ⇒*zitje in de vensternis.*
'window shade ⟨telb.zn.⟩⟨AE⟩ 0.1 ***(over)gordijn*** ⇒⟨i.h.b.⟩ *rolgordijn.*
'win·dow-shop ⟨f1⟩⟨onov.ww.;→ww. 7⟩ 0.1 ***etalage(s) kijken*** ◆ **3.1** go ~ping *etalages gaan kijken.*
'win·dow-shop·per ⟨f1⟩⟨telb.zn.⟩ 0.1 ***etalagekijker/ster.***
'window-shop·ping ⟨n.-telb.zn.⟩ 0.1 ***het etalages-kijken.***
'window shutter ⟨telb.zn.⟩ 0.1 ***blind*** ⇒*vensterluik.*
'win·dow·sill, 'win·dow-sill ⟨f1⟩⟨telb.zn.⟩ 0.1 ***vensterbank*** ⇒*raamkozijn.*
'win·dow-tax ⟨n.-telb.zn.⟩⟨gesch.⟩ 0.1 ***raambelasting*** ⇒*vensterbelasting.*
window trimmer →window dresser.
'wind·pipe ⟨telb.zn.⟩⟨anat.⟩ 0.1 ***luchtpijp.***
'wind-rode ⟨bn.⟩⟨scheep.⟩ 0.1 ***op de wind gezwaaid.***
'wind rose ⟨telb.zn.⟩⟨meteo.⟩ 0.1 ***windkaart.***
'wind·row[1] ⟨telb.zn.⟩ 0.1 ***(gras/hooi/koren)zwad(e)*** 0.2 ***turfwal*** ⟨die te drogen ligt⟩ 0.3 ***(door de wind gevormde) wal*** ⟨v. bladeren, sneeuw e.d.⟩.
windrow[2] ⟨ov.ww.⟩ 0.1 ***tot wallen/zwaden vormen.***
'wind·sail, 'wind-sail ⟨telb.zn.⟩ 0.1 ***(molen)wiek*** 0.2 ⟨scheep.⟩ ***koelzeil.***
'wind scoop ⟨telb.zn.⟩⟨scheep.⟩ 0.1 ***windhapper.***
'wind·screen ⟨f1⟩⟨telb.zn.⟩ 0.1 ⟨BE⟩ ***voorruit*** ⟨v. auto⟩ 0.2 ⟨AE⟩ ***windscherm*** ⇒*windschut.*
'windscreen washer, ⟨AE⟩ **'windshield washer** ⟨telb.zn.⟩ 0.1 ***ruitesproeier.***
'windscreen wiper ⟨f1⟩⟨telb.zn.⟩⟨BE⟩ 0.1 ***ruitewisser*** ⟨v. auto⟩.
'wind shake ⟨telb.zn.⟩ 0.1 ***windscheur*** ⇒*windbarst* ⟨in hout⟩.
'wind shear ⟨telb.zn.⟩ 0.1 ***windschering.***
'wind·shield ⟨f1⟩⟨telb.zn.⟩ 0.1 ***windscherm*** ⟨v. motor/scooter⟩ 0.2 ⟨AE⟩ ***voorruit*** ⟨v. auto⟩ 0.3 ⟨AE⟩ ***windscherm/schut.***
'windshield wiper ⟨f1⟩⟨telb.zn.⟩⟨AE⟩ 0.1 ***ruitewisser*** ⟨v. auto⟩.
'wind·shift ⟨telb.zn.⟩⟨meteo.⟩ 0.1 ***windsprong.***
'wind·sock, 'wind·sleeve, 'wind cone ⟨telb.zn.⟩ 0.1 ***windzak*** ⟨op vliegveld⟩.
Wind·sor ['wɪnzə‖-ər]⟨zn.⟩
I ⟨eig.n.⟩ 0.1 ***Windsor*** ◆ **1.1** House of ~ *Huis Windsor* ⟨(naam v.) Britse koninklijke familie (sinds 1917)⟩;
II ⟨telb.zn.⟩ →Windsor bean.
'Windsor bean ⟨telb.zn.⟩⟨plantk.⟩ 0.1 ***tuinboon*** ⇒*paardeboon, roomse boon, veldboon* ⟨Vicia faba⟩.
'Windsor 'chair ⟨telb.zn.⟩ 0.1 ***Windsorstoel.***
'Windsor 'soap ⟨n.-telb.zn.⟩ 0.1 ***Windsorzeep*** ⟨geparfumeerde zeep⟩.
'Windsor 'tie ⟨telb.zn.⟩ 0.1 ***Windsordas.***
'Windsor 'uniform ⟨telb.zn.⟩⟨BE⟩ 0.1 ***Windsoruniform.***
'wind sprint ⟨telb.zn.⟩⟨sport⟩ 0.1 ***intervalsprint*** ⇒*(kort) fel sprintje.*
'wind·storm ⟨telb.zn.⟩ 0.1 ***storm*** ⟨met weinig regen⟩.
'wind·suck·er ⟨telb.zn.⟩ 0.1 ***luchtzuiger/slikker*** ⇒*paard dat zijn adem inslikt.*
'wind·suck·ing ⟨n.-telb.zn.⟩ 0.1 ***luchtzuigen*** ⇒*luchtslikken* ⟨v. paard⟩.
'wind·surf ⟨onov.ww.⟩⟨sport⟩ 0.1 ***(wind)surfen*** ⇒*plankzeilen.*
'wind·surf·er ⟨telb.zn.⟩⟨sport⟩ 0.1 ***windsurfer*** ⇒*plankzeiler.*
'wind·surf·ing ⟨n.-telb.zn.⟩⟨sport⟩ 0.1 ***windsurfen*** ⇒*surfen, windsurfing.*
'wind·swept ⟨f1⟩⟨bn.⟩ 0.1 ***winderig*** ⇒*door de wind geteisterd, open;* ⟨i.h.b.⟩ *aan winderosie blootstaand* 0.2 ***verwaaid*** ⇒*verfomfaaid.*
'wind·tight ⟨bn.⟩ 0.1 ***winddicht.***
'wind tunnel ⟨telb.zn.⟩⟨tech.⟩ 0.1 ***windtunnel*** ⇒*luchttunnel.*
'wind turbine ⟨telb.zn.⟩ 0.1 ***windturbine*** ⇒*windgenerator.*
wind up ['waɪnd 'ʌp]⟨f1⟩⟨ww.⟩
I ⟨onov.ww.⟩ 0.1 ⟨inf.⟩ ***eindigen*** ⟨als⟩ ⇒*(nog eens) belanden* ⟨in⟩, *terechtkomen* ⟨in⟩, *worden* ⟨tot⟩ 0.2 ⟨hand.⟩ ***sluiten*** ⇒*liquideren, zich opheffen* ◆ **1.1** he'll ~ in prison *hij belandt nog eens in de gevangenis* **2.1** he wound up drunk *op het laatst was hij dronken* **3.1** she'll ~ running this place *zij schopt het nog eens tot directeur hier* **6.1** you'll ~ **with** an ulcer *jij loopt nog eens een maagzweer op;*
II ⟨onov. en ov.ww.⟩ 0.1 ***besluiten*** ⇒*beëindigen, afronden, afwikkelen* ◆ **1.1** ~ a conversation/project *een gesprek/project beëindigen;* when the project winds up *als het project eindigt/gestaakt wordt* **¶.1** winding up *tot besluit; resumerend;*
III ⟨ov.ww.⟩ 0.1 ***opwinden*** ⇒*opdraaien* ⟨v. veermechanisme⟩ 0.2 ***omhoogdraaien*** ⇒*ophalen/hijsen/draaien* 0.3 ⟨vnl. pass.⟩ ***opwinden*** ⇒*emotioneren, opzwepen* 0.4 ⟨sl.⟩ ***pesten*** ⇒*treiteren, op de kast jagen* ◆ **1.1** ~ an alarm *een wekker opwinden* **1.2** ~ a bucket *een emmer ophalen;* ~ a roller-blind *een rolgordijn ophalen* **1.3** expectation was wound up to a high pitch *de verwachting was hoog gespannen;* wound up to fury *opgezweept tot razernij* **4.3** wind o.s. up *zich opladen; zijn krachten verzamelen* **¶.3** be/get wound up *opgewonden zijn/raken.*
'wind-up[1] ⟨telb.zn.⟩ 0.1 ***afsluiting*** 0.2 ***einde*** 0.3 ⟨atletiek⟩ ***aanzwaai*** ⟨voorbereidende zwaai v. discuswerper en kogelslingeraar⟩ 0.4 ⟨honkbal⟩ ***vrije stand*** ⟨verplichte werppositie⟩.
'wind-'up[2] ⟨bn., attr.⟩ 0.1 ***slot-*** 0.2 ***opwindbaar*** ◆ **1.1** ~ speech *slotrede/woord* **1.2** a ~ toy car *een opwindautootje.*
wind·ward[1] ['wɪn(d)wəd‖-wərd]⟨f1⟩⟨n.-telb.zn.⟩ 0.1 ***loef(zijde)*** ⇒*windzijde* ◆ **6.¶ to** (the) ~ **of** *in een gunstige positie/gunstig gesitueerd ten opzichte van;* get **to** ~ **of** *de stank ontwijken van;* ⟨fig.⟩ *de loef afsteken.*
windward[2] ⟨f1⟩⟨bn.⟩ 0.1 ***loef-*** ⇒*wind-* 0.2 ***windwaarts*** ⇒*in de richting v.d. wind, tegen de wind (in)* ◆ **1.1** ~ side *loef/windzijde.*
windward[3] ⟨f1⟩⟨bw.⟩ 0.1 ***windwaarts*** ⇒*tegen de wind in, te loevert.*
Windward Islands ['wɪn(d)wəd ˌaɪlən(d)z‖-wərd-]⟨mv.⟩⟨aardr.⟩ 0.1 ***Windward Islands*** ⇒*Bovenwindse Eilanden, Zuidelijke Kleine Antillen* 0.2 ***Windward Islands*** ⇒*Bovenwindse Eilanden, Oostelijke Genootschaps/Society-Eilanden* ⟨o.m. Tahiti⟩.
wind·y ['wɪndi]⟨f2⟩⟨bn.;-er;-ly;-ness;→bijw. 3⟩ 0.1 ***winderig*** ⇒*door de wind geteisterd, open, onbeschut* 0.2 ***winderig*** ⇒*met veel wind* 0.3 ***winderig*** ⇒*gezwollen, opgeblazen, hol, leeg, wijdlopig* 0.4 ***winderig*** ⇒*flatulent* 0.5 ⟨vnl. BE; sl.⟩ ***benauwd*** ⇒*bang, schijterig* ◆ **1.¶** The Windy City *Chicago;* on the ~ side of *op veilige afstand van.*
wine[1] [waɪn]⟨f3⟩⟨zn.⟩⟨→sprw. 241, 523⟩
I ⟨telb. en n.-telb.zn.⟩ 0.1 ***wijn*** ⇒⟨bij uitbr.⟩ *iets bedwelmends/benevelends* ◆ **1.¶** ~, women and song *Wijntje en Trijntje; Wein, Weib und Gesang* **2.1** dry ~ *droge wijn;* red ~ *rode wijn;* sparkling ~ *mousserende wijn, schuimwijn;* still ~ *niet mousserende wijn;* sweet ~ *zoete wijn* **3.¶** ⟨vero.⟩ take ~ with s.o. *met iem. klinken/proosten* **6.¶** ⟨vero.⟩ **in** ~ *wijndronken;*
II ⟨n.-telb.zn.; ook attr.⟩ 0.1 ***wijnrood.***
wine[2] ⟨ww.⟩
I ⟨onov.ww.⟩ 0.1 ***wijn drinken*** ◆ **3.1** ~ and dine *uitgebreid dineren;*
II ⟨ov.ww.⟩ 0.1 ***op wijn onthalen*** ⇒*wijn schenken* ◆ **3.1** ~ and dine *op een diner trakteren.*
'wine-ap·ple ⟨telb.zn.⟩ 0.1 ***wijnappel.***
'wine-ber·ry ⟨telb.zn.⟩⟨plantk.⟩ 0.1 ***(Japanse) wijnbes*** ⟨Rubus phoenicolasius⟩ 0.2 ***makomako*** ⟨Aristotelia racemosa⟩.
wine·bib·ber ['waɪnbɪbə‖-ər]⟨telb.zn.⟩ 0.1 ***pimpelaar*** ⇒*drinkebroer.*
wine·bib·bing ['waɪnbɪbɪŋ]⟨n.-telb.zn.⟩ 0.1 ***(ge)pimpel*** ⇒*het pimpelen.*
'wine-bis·cuit ⟨telb.zn.⟩ 0.1 ***wijnkoekje.***
'wine·bot·tle ⟨f1⟩⟨telb.zn.⟩ 0.1 ***wijnfles.***
'wine cask ⟨telb.zn.⟩ 0.1 ***wijnvat.***
'wine cellar ⟨f1⟩⟨telb.zn.⟩ 0.1 ***wijnkelder*** ⇒⟨bij uitbr.⟩ *wijncollectie.*
'wine-col·oured ⟨bn.⟩ 0.1 ***wijnkleurig*** ⇒⟨i.h.b.⟩ *wijnrood.*
'wine-cool·er ⟨telb.zn.⟩ 0.1 ***wijnkoeler.***
'wine-cup ⟨telb.zn.⟩⟨plantk.⟩ 0.1 ***Callirhoë digitata.***
'wine-glass, ⟨in bet. 0.2 ook⟩ **'wine-glass·ful** ⟨f1⟩⟨telb.zn.⟩ 0.1 ***wijnglas*** ⇒*roemer* 0.2 ***wijnglas*** ⟨als (culinaire) maat⟩.
'wine-grow·er ⟨telb.zn.⟩ 0.1 ***wijnbouwer*** ⇒*wijnboer.*
'wine-grow·ing ⟨n.-telb.zn.⟩ 0.1 ***wijnbouw.***
'wine lees ⟨n.-telb.zn.⟩ 0.1 ***wijnmoer*** 0.2 ⟨ong.⟩ ***bordeauxrood.***
wine·less ['waɪnləs]⟨bn.⟩ 0.1 ***zonder wijn.***
'wine palm ⟨telb.zn.⟩ 0.1 ***wijnpalm(boom).***
'wine·press, 'wine presser ⟨telb.zn.⟩ 0.1 ***wijnpers*** ⇒*druivenpers.*
win·er·y ['waɪnəri]⟨telb.zn.;→mv. 2⟩ 0.1 ***wijnmakerij.***

'wine·sap ⟨telb.zn.; ook W-⟩ 0.1 *winesap* ⟨Amerikaanse winterappel⟩.
'wine·shop ⟨telb.zn.⟩ 0.1 *wijnlokaal* ⇒*wijnhuis, wijntapperij*.
'wine·skin ⟨telb.zn.⟩ 0.1 *wijnzak*.
'wine-stone ⟨n.-telb.zn.⟩ 0.1 *wijnsteen*.
'wine-tast·er ⟨telb.zn.⟩ 0.1 *wijnproever* 0.2 *wijnproefglas*.
'wine-tast·ing ⟨n.-telb.zn.⟩ 0.1 *wijnproef* ⇒*het wijnproeven*.
'wine-vault ⟨telb.zn.⟩ 0.1 *wijnkelder* 0.2 *wijnhandel*.
'wine-wait·er ⟨telb.zn.⟩ 0.1 *wijnkelner* ⇒*sommelier*.
wing[1] [wɪŋ]⟨f3⟩⟨zn.⟩⟨→sprw. 186⟩
I ⟨telb.zn.⟩ 0.1 *vleugel* ⟨v. vogel/insekt/vleermuis/vliegende vis⟩ ⇒*vlerk, wiek* 0.2 *(vliegtuig)vleugel* ⇒*draagvlak* 0.3 ⟨ben. voor⟩ *vleugelachtig/vormig object* ⇒⟨bouwk.⟩ *vleugel, zijstuk;* ⟨mil.⟩ *vleugel, flank;* ⟨plantk., anat.⟩ *vleugel;* ⟨pol.; fig.⟩ *(partij) vleugel;* ⟨sport; fig.⟩ *vleugel, vleugelspeler; vleugel, (wind)vaan; vleugel* ⟨v. vouwdeuren⟩; *(scheeps)zeil; (molen)wiek; oor* ⟨v. fauteuil⟩; ⟨AE⟩ *tochtraampje, vleugelraampje* ⟨v. autoportier⟩; ⟨fig.⟩ *dochteronderneming/organisatie;* ⟨fig.⟩ *(bedrijfs)poot/afdeling* 0.4 ⟨BE⟩ *(auto)spatbord* ⇒*autospatscherm* 0.5 ⟨inf.⟩ *vlerk* ⟨arm⟩ 0.6 ⟨mil.⟩ *luchtgevechtseenheid* ⟨v. twee of meer - meestal drie - escadrilles⟩ 0.7 ⟨vnl. mv.⟩ ⟨dram.⟩ *coulisse* ◆ 1.1 ⟨fig.⟩ (come) on the ~s of the wind *op de vleugels van de wind/zo snel als de wind/vliegensvlug (komen)* 3.1 ⟨fig.⟩ add/give/lend ~s to *vleugels geven (aan);* ⟨fig.⟩ spread/stretch/try one's ~s *zijn vleugels uitslaan, uitvliegen, op eigen benen gaan staan;* ⟨fig.⟩ take under one's ~s *onder zijn vleugels/hoede nemen* 3.¶ clip s.o.'s ~s *iem. kortwieken/vleugellam maken/beperken in zijn mogelijkheden;* singe one's ~s *zijn vingers branden, zich in de vingers snijden;* her ~s are sprouting *ze is te goed voor deze wereld;* take ~s *wegvliegen; ervandoor gaan;* take (to itself) ~s *vleugeltjes krijgen, (erdoor) vliegen, verdwijnen als sneeuw voor de zon* ⟨i.h.b. v. geld, tijd e.d.⟩; waiting in the ~s *paraat staand, zich gereedhoudend; op de loer (liggend)* 6.7 in the ~s *achter de coulissen* 6.¶ on the ~ *in de vlucht;*
II ⟨mv.; ~s⟩ ⟨BE⟩ 0.1 *vliegersinsigne* ⇒*vliegervink* ⟨bij de R.A.F.⟩.
wing[2] ⟨f2⟩ ⟨ww.⟩ →winged
I ⟨onov. en ov.ww.⟩ 0.1 *vliegen* ⇒*wieken, (als) op vleugels gaan* ◆ 1.1 the bird ~s (through) the air *de vogel wiekt door de lucht;* the plane ~s (its way) through the air *het vliegtuig doorklieft het luchtruim;*
II ⟨ov.ww.⟩ 0.1 *van vleugels voorzien* ⇒*een vleugel bouwen aan;* ⟨bij uitbr.⟩ ⟨fig.⟩ *vleugels geven, voortjagen* 0.2 *van veren voorzien* ⟨pijl⟩ 0.3 *vleugellam maken* ⇒*aan de vleugel verwonden;* ⟨scherts.⟩ *aan de arm verwonden* 0.4 *afschieten* ◆ 1.1 fear ~ed her steps *de angst gaf haar vleugels* 4.¶ ⟨dram.⟩ ~ it *improviseren, op de souffleur rekenen*.
'wing·back ⟨zn.⟩ ⟨sport⟩
I ⟨telb.zn.⟩ 0.1 *vleugelverdediger;*
II ⟨n.-telb.zn.⟩ 0.1 *vleugelverdediging* ◆ 3.1 play left ~ *linksachter staan/spelen*.
'wing-beat, 'wing-stroke ⟨telb.zn.⟩ 0.1 *vleugelslag* ⇒*wiekslag*.
'wing-case, 'wing-sheath ⟨telb.zn.⟩ ⟨dierk.⟩ 0.1 *vleugelschild* ⟨v. insekt⟩.
'wing chair ⟨telb.zn.⟩ 0.1 *oorfauteuil*.
'wing collar ⟨telb.zn.⟩ 0.1 *puntboord*.
'wing commander ⟨telb.zn.⟩ ⟨mil.⟩ 0.1 *commandant v. luchtgevechtseenheid* ⟨v. 2 of meer escadrilles; ong. luitenant-kolonel⟩.
'wing-cov·ert ⟨telb.zn.⟩ ⟨dierk.⟩ 0.1 *dekveer*.
wing·ding ['wɪŋdɪŋ]⟨telb.zn.⟩ ⟨AE; sl.⟩ 0.1 *knalfeest* 0.2 *toeval* ⟨door druggebruik/epilepsie, al dan niet voorgewend⟩ ◆ 3.¶ throw a ~ *in woede/emotie uitbarsten*.
wing·ed [wɪŋd ⟨dicht.⟩ 'wɪŋɪd]⟨f1⟩ ⟨bn.; oorspr. volt. deelw. v. wing⟩ 0.1 *gevleugeld* 0.2 ⟨vnl. schr.⟩ *(als) op vleugels* ⇒*vliegend;* ⟨fig.⟩ *snel, vlug* 0.3 ⟨vnl. schr.⟩ *hooggestemd* ⇒*verheven, subliem* ◆ 1.1 ~ god *Mercurius, Hermes;* ~ed horse *gevleugeld paard, Pegasus; dichterros;* ⟨bij uitbr.⟩ *dichtkunst;* Winged Victory *Nikè* ⟨gevleugelde godin der overwinning⟩; ⟨fig.⟩ ~ed words *gevleugelde woorden*.
wing·er ['wɪŋə‖-ər]⟨telb.zn.⟩ ⟨vnl. BE⟩ ⟨sport⟩ 0.1 *vleugelspeler* ⇒⟨i.h.b.⟩ *buitenspeler*.
-wing·er ['wɪŋə‖-ər] 0.1 ⟨pol.⟩ *lid v. extreme vleugel* 0.2 ⟨vnl. BE⟩ ⟨sport⟩ *-vleugelspeler* ⇒*-buiten(speler)* ◆ ¶.1 left-~ *links-radicaal* ¶.2 left-~ *linkervleugelspeler;* ⟨i.h.b.⟩ *linksbuiten*.
'wing flap ⟨telb.zn.⟩ ⟨lucht.⟩ 0.1 *vleugelklep*.
'wing-'foot·ed ⟨bn.⟩ ⟨schr.⟩ 0.1 *gezwind* ⇒*(als) op vleugels, rap, snel*.
'wing-game ⟨verz.n.⟩ ⟨BE⟩ 0.1 *vederwild* ⇒*gevleugeld wild*.
'wing 'half, 'wing 'half·back ⟨telb.zn.⟩ ⟨vero.; sport⟩ 0.1 *kanthalf*.
wing·less ['wɪŋləs]⟨bn.⟩ 0.1 *ongevleugeld* ⇒*zonder vleugels*.
wing·let ['wɪŋlɪt]⟨telb.zn.⟩ 0.1 *vleugeltje* ⇒*vlerkje*.
'wing nut ⟨telb.zn.⟩ 0.1 *vleugelmoer*.
'wing screw ⟨telb.zn.⟩ 0.1 *vleugelschroef* ⇒*vleugelbout*.
wing-sheath →wing-case.
'wing·span, 'wing·spread ⟨telb.zn.⟩ 0.1 *vleugelspanning* ⇒*vlucht;* ⟨i.h.b. lucht.⟩ *spanwijdte*.
wing-stroke →wing-beat.
'wing tip ⟨telb.zn.⟩ 0.1 *vleugelpunt* ⟨v. vogel/vliegtuig⟩.
wink[1] [wɪŋk]⟨f1⟩ ⟨telb.zn.⟩ ⟨→sprw. 508, 509⟩ 0.1 *knipperbeweging* ⟨met de ogen⟩ ⇒*ooggeknipper;* ⟨i.h.b.⟩ *knipoog(je)* 0.2 ⟨vnl. enk.⟩ *ogenblik* ⟨i.h.b. mbt. slaap⟩ ⇒*dutje, slaapje* 0.3 *(licht)signaal* ⇒*lichtgeknipper* ⟨v. auto⟩ ◆ 3.1 give s.o. a ~ *iem. een knipoog geven* 3.2 not get a ~ (of sleep)/not sleep a ~ *geen oog dichtdoen* 3.¶ ⟨inf.⟩ tip s.o. the ~ *iem. een hint/seintje/wenk geven, iem. (stiekem) informeren; naar iem. knipogen* 6.¶ in a ~ *in een oogwenk* 7.¶ forty ~s *dutje, hazeslaapje* ⟨i.h.b. overdag⟩.
wink[2] ⟨f2⟩ ⟨ww.⟩
I ⟨onov.ww.⟩ 0.1 *knipogen* 0.2 *twinkelen* ◆ 1.2 ~ing stars *twinkelende sterren* 6.1 ~ at s.o. *naar iem. knipogen* 6.¶ ~ at sth. *de ogen voor iets sluiten; iets door de vingers zien;* ⟨sl.⟩ like ~ing *pijlsnel, als de bliksem; uit alle macht;*
II ⟨onov. en ov.ww.⟩ 0.1 *knipperen (met)(de ogen)* 0.2 ⟨BE⟩ *knipperen (met)* ⇒*aan en uit doen/gaan* ⟨v. lampen⟩; *een lichtsignaal geven;* ⟨i.h.b.⟩ *zijn richtingaanwijzer(s) aan hebben/zetten* ◆ 1.1 ~ the eyes *met de ogen knipperen* 1.2 ~ one's lights *met zijn lichten knipperen;*
III ⟨ov.ww.⟩ 0.1 *(weg)pinken* ⇒*(weg)knipperen* 0.2 *door een knipoog te kennen geven* ◆ 1.1 ~ a tear away *een traan wegpinken*.
wink·er ['wɪŋkə‖-ər]⟨f1⟩ ⟨telb.zn.⟩ 0.1 *knipperaar* 0.2 ⟨vnl. mv.⟩ *oogklep* ⟨v. paard⟩ 0.3 ⟨vnl. mv.⟩ ⟨BE; inf.⟩ *richtingaanwijzer* ⇒*knipperlicht*.
'wink·ing light ⟨f1⟩ ⟨telb.zn.; vnl. mv.⟩ ⟨BE⟩ 0.1 *richtingaanwijzer* ⇒*knipperlicht*.
wink·le ['wɪŋkl]⟨telb.zn.⟩ ⟨dierk.⟩ 0.1 *alikruik* ⟨genus Littorina, i.h.b. L. littorea⟩.
'winkle 'out ⟨ov.ww.⟩ 0.1 *los/uitpeuteren* ⇒*uitpersen;* ⟨bij uitbr.⟩ *boven water krijgen* ◆ 1.1 winkle information out of s.o. *informatie van iem. lospeuteren;* ~ snipers from a place *een plek uitkammen op sluipschutters*.
'wink·le-pick·er ⟨telb.zn.⟩ ⟨sl.⟩ 0.1 *punter* ⇒*puntschoen*.
win·ner ['wɪnə‖-ər]⟨f3⟩ ⟨telb.zn.⟩ 0.1 *winnaar* ⇒*winner;* ⟨bij uitbr.⟩ *winnend doelpunt* 0.2 *favoriet* ⇒*grootste kanshebber* 0.3 *(kas)succes* ⇒*kas/successtuk* ◆ 3.1 tip the ~ *de winnaar voorspellen* ⟨v. paardenrennen⟩; *het welslagen v. iets voorspellen* 6.2 ⟨inf.⟩ be on to a ~ *een lot uit de loterij hebben*.
win·ning[1] ['wɪnɪŋ]⟨f1⟩ ⟨zn.; oorspr. gerund v. win⟩
I ⟨telb.zn.⟩ 0.1 *overwinning* ⇒*winst, victorie, het winnen* 0.2 ⟨mijnw.⟩ *nieuwe winplaats* ⇒*winning;*
II ⟨mv.; ~s⟩ 0.1 *(gok/speel)winst*.
winning[2] ⟨f2⟩ ⟨bn.; teg. deelw. v. win⟩ 0.1 *winnend* ⇒*zegevierend* 0.2 *winnend* ⇒*de winst/overwinning brengend* 0.3 *winstgevend* ⇒*lucratief, geslaagd, succesvol* 0.4 *innemend* ⇒*aantrekkelijk* ◆ 1.2 ~ hit *winnende slag;* ⟨kaartspel⟩ ~ trick *winnende slag, winner* 1.4 ~ smile/personality *innemende (glim)lach/persoonlijkheid*.
'winning post ⟨telb.zn.⟩ ⟨sport⟩ 0.1 *eindpaal* ⇒*finishpaal*.
win·now[1] ['wɪnoʊ]⟨zn.⟩
I ⟨telb.zn.⟩ 0.1 *wan* ⇒*wanmand/molen;*
II ⟨n.-telb.zn.⟩ 0.1 *het wannen*.
winnow[2] ⟨ww.⟩
I ⟨onov.ww.⟩ 0.1 *graan wannen* ⇒⟨fig.⟩ *het kaf v.h. koren scheiden;*
II ⟨ov.ww.⟩ 0.1 *wannen* ⇒*v. kaf ontdoen* 0.2 *wegblazen* ⟨kaf⟩ 0.3 *wegblazen* ⇒*uit elkaar slaan, verspreiden* 0.4 *blazen tegen* ⇒*laten vliegen, laten opwaaien* 0.5 *(uit)ziften* ⇒*schiften, sorteren, zuiveren, scheiden* 0.6 ⟨schr.⟩ *heftig beroeren* ⇒*wieken* ⟨door de lucht, v. vleugels⟩; *schudden* ⟨v. vacht⟩ ◆ 1.1 ~ wheat *tarwe wannen* 1.2 ~ the chaff (away/out)(from the grain) *het kaf (uit het koren) wannen* 1.6 ~ the air *door de lucht wieken;* bird ~ing its wings *klapwiekende vogel;* the dog ~s its hair *de hond schudt zijn vacht*.
win·now·er ['wɪnoʊə‖-ər]⟨telb.zn.⟩ 0.1 *wanner* 0.2 *wanmolen/machine*.
win·o ['waɪnoʊ]⟨telb.zn.; ook -es; →mv. 2⟩ ⟨sl.⟩ 0.1 *zuiplap* ⇒*dronkelap* ⟨i.h.b. v. wijn⟩.
win·some ['wɪnsəm]⟨bn.; -ly; -ness⟩ 0.1 *aantrekkelijk* ⇒*bekoorlijk, charmant, sprankelend, appetijtelijk* 0.2 *innemend* ⇒*sympathiek*.
win·ter[1] ['wɪntə‖'wɪnt̬ər]⟨f3⟩ ⟨zn.⟩ ⟨→sprw. 246⟩
I ⟨telb.zn.; vnl. mv.⟩ ⟨schr.⟩ 0.1 *levensjaar* ◆ 1.1 a man of sixty ~s *een man van zestig jaren;*
II ⟨telb. en n.-telb.zn.⟩ 0.1 *winter* ⇒⟨bij uitbr.⟩ *koude/barre/*

nare/doodse tijd ◆ 6.1 by ~ met/tegen de winter; in ~ 's winters, in de winter 7.1 last/this ~ van de winter, afgelopen/komende winter; the last few ~s de laatste paar winters.

winter² ⟨f1⟩⟨ww.⟩
I ⟨onov.ww.⟩ 0.1 overwinteren ⇒de winter doorbrengen ◆ 6.1 ~ in the south overwinteren in het zuiden;
II ⟨ov.ww.⟩ 0.1 overhouden ⇒laten overwinteren, gedurende de winter binnenhalen/onderbrengen/verzorgen ⟨i.h.b. v. planten/vee⟩.

'winter 'aconite ⟨telb.zn.⟩⟨plantk.⟩ 0.1 winterakoniet ⇒wolfswortel ⟨Eranthis hyemalis⟩.

'winter apple ⟨telb.zn.⟩ 0.1 winterappel.

'winter barley ⟨n.-telb.zn.⟩ 0.1 wintergerst.

'winter cherry ⟨telb.zn.⟩⟨plantk.⟩ 0.1 jodenkers ⇒winterkers ⟨Physalis alkekengi⟩.

'winter cress ⟨telb.zn.⟩⟨plantk.⟩ 0.1 barbarakruid ⟨genus Barbara⟩ ⇒⟨i.h.b.⟩ winterkers, gewoon barbarakruid ⟨B. vulgaris⟩.

'winter crop ⟨telb.zn.⟩ 0.1 wintergewas.

'win·ter-fal·low¹ ⟨n.-telb.zn.⟩ 0.1 halve braak ⇒'s winters braakliggende grond.

winter-fallow² ⟨bn., attr.⟩ 0.1 's winters braakliggend.

winter-fallow³ ⟨ov.ww.⟩ 0.1 's winters braak laten liggen.

'winter garden ⟨f1⟩⟨telb.zn.⟩ 0.1 wintertuin ⇒oranjerie.

'win·ter·green ⟨zn.⟩
I ⟨telb.zn.⟩⟨plantk.⟩ 0.1 Gaultheria van Canada ⟨Gaultheria procumbens⟩ 0.2 wintergroen ⟨genus Pyrola⟩ ⇒⟨i.h.b.⟩ klein wintergroen ⟨P. minor⟩ 0.3 schermdragend wintergroen ⟨Chimaphila umbellata⟩;
II ⟨n.-telb.zn.⟩ 0.1 wintergroenolie ⟨uit de Gaultheria procumbens⟩.

win·ter·ize, -ise ['wɪntəraɪz]⟨ov.ww.⟩ 0.1 klaarmaken/uitrusten voor de winter ⟨bv. auto/huis⟩.

'winter 'jasmine ⟨telb.zn.⟩⟨plantk.⟩ 0.1 winterjasmijn ⟨Jasminum nudiflorum⟩.

win·ter·less ['wɪntələs‖'wɪnt̬ər-]⟨bn.⟩ 0.1 zacht ⇒zonder (een) echte winter(s).

winterly ['wɪntəli‖'wɪnt̬ərli]⟨bn.⟩ 0.1 →wintry.

'Winter O'lympics ⟨mv.⟩ 0.1 Olympische winterspelen.

'winter quarters ⟨mv.; ww. ook enk.⟩ 0.1 ⟨vnl. mil.⟩ winterkwartier(en) 0.2 winterstandplaats ⟨v. circus⟩.

'winter sleep ⟨f1⟩⟨n.-telb.zn.⟩ 0.1 winterslaap.

'winter 'solstice ⟨telb.zn.⟩⟨ster.⟩ 0.1 winterpunt ⇒wintersolstitium 0.2 winterzonnestilstand.

'winter 'sports ⟨f1⟩⟨mv.⟩ 0.1 wintersporten ⇒ijs/sneeuwsporten.

'win·ter·time, ⟨schr. ook⟩ **'win·ter·tide** ⟨n.-telb.zn.⟩ 0.1 wintertijd ⇒winter(seizoen) ◆ 6.1 in (the) ~ 's winters, in de winter.

'win·ter-weight ⟨bn.⟩ 0.1 berekend op de winter ⇒dik/warm genoeg voor de winter ⟨kleding⟩.

'winter wheat ⟨n.-telb.zn.⟩ 0.1 wintertarwe.

win·try ['wɪntri], **win·ter·y** ['wɪntri‖'wɪnt̬əri], **win·ter·ly** ['wɪntəli‖'wɪnt̬ərli]⟨f1⟩⟨bn.; -er; -ly; -ness; →bijw. 3⟩ 0.1 winters ⇒winterachtig, winter-, guur 0.2 kil ⇒koud, trooste/vreugdeloos.

win·y ['waɪni]⟨bn.; -er; →compar. 7⟩ 0.1 wijn- ⇒wijnachtig 0.2 benevelend ⇒bedwelmend 0.3 koppig ⇒sterk ⟨v. drank⟩.

wipe¹ [waɪp]⟨f2⟩⟨telb.zn.⟩ 0.1 veeg 0.2 ⟨inf.⟩ lel ⇒mep, aai 0.3 ⟨sl.⟩ snotlap ⇒zakdoek 0.4 ⟨inf.⟩ veeg uit de pan ⇒sneer 0.5 ⟨tech.⟩ nok ⇒kam 0.6 ⟨AE; sl.⟩ moord ◆ 3.1 give a ~ even afvegen/nemen.

wipe² ⟨f3⟩⟨ww.⟩
I ⟨onov. en ov.ww.⟩ →wipe off; wipe up;
II ⟨ov.ww.⟩ 0.1 (af)vegen ⇒(weg)wrijven, (uit/weg)wissen 0.2 (af)drogen ⇒droog wrijven 0.3 ⟨sl.⟩ meppen ⇒rammen, afdrogen 0.4 uitsmeren ⟨in dunne laag⟩ ◆ 1.1 ~ one's eyes zijn tranen afvegen; ~ one's feet/shoes zijn voeten vegen 1.2 ~ dishes/one's hands borden/zijn handen afdrogen 5.1 ~ **away** wegvegen/wrijven; ~ **down/give** a wipe-down afnemen, (helemaal) droog/schoon wrijven; →wipe **out**; ~ **over/give** a wipe-over (even/oppervlakkig) afnemen 6.1 ~ a sentence **off** the board een zin op het bord uitvegen; my remark ~d the smile **off** his face mijn opmerking deed de glimlach v. zijn gezicht verdwijnen.

'wipe 'off ⟨f1⟩⟨ww.⟩
I ⟨onov.ww.⟩ 0.1 af/wegveegbaar zijn ⇒uitwisbaar zijn 0.2 van zijn surfplank vallen ◆ 1.1 paint won't ~ verf kun je niet wegvegen;
II ⟨ov.ww.⟩ 0.1 af/wegvegen ⇒uitwissen, uitvlakken 0.2 tenietdoen ⇒⟨i.h.b.⟩ delgen ⟨schuld e.d.⟩.

'wipe 'out ⟨f1⟩⟨ov.ww.⟩ 0.1 uitvegen ⇒uitdrogen, (van binnen) schoon/droogwrijven 0.2 vereffenen ⇒delgen, uitwissen 0.3 tenietdoen ⇒ongedaan maken, neutraliseren, uitschakelen 0.4 wegvagen ⇒met de grond gelijk maken 0.5 uitroeien ⇒vernietigen.

'wipe-out ⟨zn.⟩
I ⟨telb.zn.⟩ 0.1 val ⟨van surf/schaatsplank⟩;
II ⟨telb. en n.-telb.zn.⟩⟨elek.⟩ 0.1 het wegdrukken/weggedrukt worden ⟨v. radiosignaal⟩.

wip·er ['waɪpə‖-ər]⟨f1⟩⟨telb.zn.⟩ 0.1 veger ⇒wisser, droger 0.2 ruitewisser 0.3 ⟨tech.⟩ nok ⇒kam 0.4 ⟨elek.⟩ sleepcontact.

'wipe 'up ⟨f1⟩⟨ww.⟩
I ⟨onov. en ov.ww.⟩ 0.1 afdrogen ◆ 3.1 help to ~ (the dishes)/with the wiping-up helpen met afdrogen;
II ⟨ov.ww.⟩ 0.1 opnemen ⇒opdweilen.

WIPO ⟨afk.⟩ World Intellectual Property Organization.

wire¹ ['waɪə‖'waɪər]⟨f3⟩⟨zn.⟩
I ⟨telb.zn.⟩ 0.1 metaalkabel ⇒⟨i.h.b.⟩ telefoon/telegraafkabel/lijn 0.2 draadafrastering ⇒⟨i.h.b.⟩ prikkeldraadafrastering 0.3 telegraafdienst/net 0.4 ⟨vnl. AE⟩⟨inf.⟩ telegram 0.5 ⟨papierfabricage⟩ zeefdoek 0.6 ⟨AE; paardenrennen⟩ finishdraad 0.7 ⟨jacht⟩ strik 0.8 ⟨sl.⟩ zakkenroller 0.9 ⟨muz.⟩ snaar ⇒⟨bij uitbr.⟩ snaarinstrument ◆ 2.1 private ~ privé-lijn/-telefoon 3.4 send off a ~ een telegram verzenden 3.¶ get (in) under the ~ net op tijd komen; (iets) op het nippertje af hebben 6.4 by ~ telegrafisch, per telegram;
II ⟨telb. en n.-telb.zn.⟩ 0.1 metaaldraad ◆ 3.1 barbed ~ prikkeldraad 3.¶ get one's ~s crossed de draad kwijtraken, in verwarring raken; lay ~s for voorbereidingen treffen voor; pull (the) ~s achter de schermen ageren, machineren.

wire² ⟨f2⟩⟨ww.⟩ →wired, wiring
I ⟨onov. en ov.ww.⟩⟨vnl. AE⟩⟨inf.⟩ 0.1 telegraferen ◆ 1.1 ~ (to) s.o. iem. een telegram sturen 5.¶ ⟨vero.; BE; inf.⟩ ~ **in** aan de slag gaan;
II ⟨ov.ww.⟩ 0.1 met (een) dra(a)d(en) vastmaken/verbinden 0.2 (aan een draad) rijgen 0.3 ⟨elektriciteit⟩ bedraden 0.4 ⟨jacht⟩ strikken 0.5 ⟨croquet⟩ opsluiten ⟨bal zondanig spelen dat een poortje of het eindpaaltje voor de tegenspeler in de weg staat⟩ ◆ 6.3 ~ **for** sound geluidsbedrading aanbrengen (in).

'wire-bird ⟨telb.zn.⟩⟨dierk.⟩ 0.1 Sint-Helenaplevier ⟨Charadrius sanctaehelenae⟩.

'wire 'bridge ⟨telb.zn.⟩ 0.1 kabelbrug ⇒hangbrug.

'wire 'brush ⟨telb.zn.⟩ 0.1 staalborstel ⇒draadborstel.

'wire 'cloth ⟨n.-telb.zn.⟩ 0.1 (fijn) draadgaas ⇒draadweefsel ⟨voor zeven⟩.

'wire-cut·ter(s) ⟨telb.zn., mv.⟩ 0.1 draadschaar.

wired ['waɪə:d‖-ərd]⟨bn.; (oorspr.) volt. deelw. v. wire⟩ 0.1 (met draad) verstevigd ⟨v. kleding⟩ 0.2 op het alarmsysteem aangesloten 0.3 voorzien v. afluisterapparatuur 0.4 ⟨inf.⟩ (te) opgewonden 0.5 ⟨inf.⟩ gespannen ⇒zenuwachtig; ⟨bij uitbr.⟩ snel geïrriteerd, opgefokt 0.6 ⟨inf.⟩ high ⇒stoned 0.7 ⟨AE; inf.⟩ verslaafd ◆ 6.7 ~ **on** verslaafd aan.

'wired-on 'tyre ⟨telb.zn.⟩⟨wielrennen⟩ 0.1 draadband.

'wire-draw ⟨ov.ww.⟩ →wire-drawn 0.1 tot draad trekken ⟨metaal⟩ 0.2 uitrekken ⇒oprekken 0.3 verdraaien ⇒verwringen 0.4 uitspinnen ⇒langdradig maken, muggeziften.

'wire·draw·er ⟨telb.zn.⟩ 0.1 draadtrekker.

'wire-drawn ⟨bn.; oorspr. volt. deelw. v. wire-draw⟩ 0.1 uitgesponnen 0.2 spitsvondig.

'wire-edge ⟨telb.zn.⟩ 0.1 braam ⟨aan metaal, ook bij het graveren⟩.

'wire gauge ⟨telb.zn.⟩ 0.1 draadmaat ⇒draadkaliber, draaddikte 0.2 draadklink ⇒draadmaat.

'wire 'gauze ⟨telb. en n.-telb.zn.⟩ 0.1 draadgaas ⇒draadweefsel.

'wire glass ⟨n.-telb.zn.⟩ 0.1 draadglas ⇒gewapend glas.

'wire-grass ⟨telb.zn.⟩⟨plantk.⟩ 0.1 handjesgras ⇒bermuda-gras ⟨Cynodon dactylon⟩.

'wire-gun ⟨telb.zn.⟩ 0.1 (staal)draadkanon.

'wire·hair ⟨telb.zn.⟩ 0.1 ruw/draadharige fox-terriër.

'wire-'haired ⟨bn.⟩ 0.1 ruw/draadharig ⟨v. hond⟩.

wire·less¹ ['waɪələs‖waɪər-], ⟨in bet. I 0.2 ook⟩ **'wireless set** ⟨f1⟩⟨zn.⟩
I ⟨telb.zn.⟩ 0.1 radio(tele)gram 0.2 ⟨vero.; BE⟩ radio(toestel/ontvanger);
II ⟨n.-telb.zn.⟩ 0.1 radiotelegrafie/telefonie ⇒draadloze telegrafie/telefonie 0.2 ⟨the⟩⟨vero.; BE⟩ radio ◆ 6.1 (send a message) **by** ~ (een boodschap) radiotelefonisch/telegrafisch (verzenden) 6.2 **on/over** the ~ op/via de radio.

wireless² ⟨f1⟩⟨bn., attr.⟩ 0.1 draadloos ⇒⟨i.h.b.⟩⟨BE⟩ radio-, v./mbt. radio ◆ 1.1 ~ telegraphy draadloze telegrafie; ~ telephone radiotelefoon.

wireless³ ⟨ww.⟩
I ⟨onov.ww.⟩ 0.1 een draadloos bericht verzenden;
II ⟨ov.ww.⟩ 0.1 draadloos verzenden ⇒radiotelegrafisch/telefonisch verzenden 0.2 draadloos verwittigen ⇒radiotelegrafisch/telefonisch op de hoogte brengen.

'wire line ⟨telb.zn.⟩ 0.1 telefoon/telegraaflijn 0.2 →wire mark.

wire·man ['waɪəmən‖-ər-]⟨telb.zn.; wiremen [-mən]; →mv. 3⟩ 0.1 lijnwerker 0.2 ⟨ong.⟩ elektricien ⇒bedradingsdeskundige.

'wire mark ⟨telb.zn.⟩ ⟨papierfabricage⟩ **0.1** ***lijnwatermerk*** *⇒waterlijn.*
'wire 'mattress ⟨telb.zn.⟩ **0.1** ***draadmatras.***
'wire nail ⟨telb.zn.⟩ **0.1** ***draadnagel.***
'wire 'netting ⟨n.-telb.zn.⟩ **0.1** ***grof draadgaas.***
'wire·pull·er ⟨telb.zn.⟩ **0.1** ***machineerder*** *⇒iem. die achter de schermen ageert.*
'wire·pull·ing ⟨n.-telb.zn.⟩ **0.1** ***het machineren*** *⇒het ageren achter de schermen.*
wir·er ['waɪərə‖-ər]⟨telb.zn.⟩⟨i.h.b. jacht⟩ **0.1** ***jager met strikken.***
'wire 'rope ⟨telb.zn.⟩ **0.1** ***draadkabel*** *⇒staal(draad)kabel.*
'wire scape ⟨telb.zn.⟩ **0.1** ***door (hoogspannings)kabels ontsierd landschap.***
'wire stitch ⟨telb.zn.⟩ **0.1** ***rugnietje*** **0.2** ***hechtdraad*** ⟨v. boekrug⟩.
'wire·tap ⟨f1⟩⟨ov.ww.;→ww. 7⟩⟨vnl. AE⟩ →wiretapping **0.1** ***aftappen*** *⇒afluisteren* ⟨telefoon⟩.
'wire·tap·ping ⟨n.-telb.zn.; gerund v. wiretap⟩ **0.1** ***het afluisteren/tappen*** ⟨v. telefoon⟩.
'wire-walk·er ⟨telb.zn.⟩ **0.1** ***koorddanser.***
'wire 'wheel ⟨telb.zn.⟩ **0.1** ***spaakwiel.***
'wire 'wool ⟨f1⟩⟨zn.⟩
I ⟨telb.zn.⟩ **0.1** ***pannenspons*** ⟨v. staalwol⟩;
II ⟨n.-telb.zn.⟩ **0.1** ***staalwol.***
'wire·work·er ⟨telb.zn.⟩ **0.1** ***draadvlechter.***
'wire·worm ⟨telb.zn.⟩⟨dierk.⟩ **0.1** ***ritnaald*** ⟨kniptorlarve; genus Elateridae⟩ **0.2** ***miljoenpoot*** ⟨genus Diplopoda⟩ ⇒⟨i.h.b.⟩ *aardveelpoot* ⟨Julus terrestris⟩ **0.3** ***ingewandsworm*** ⟨Haemonchus contortus⟩.
'wire-wove ⟨bn., attr.⟩⟨papierfabricage⟩ **0.1** ***velijnen*** *⇒velijn-* **0.2** ***van geweven draad*** ◆ **1.1** ~ paper *velijnpapier.*
wir·ing ['waɪərɪŋ]⟨f1⟩⟨zn.; oorspr. gerund v. wire⟩
I ⟨telb.zn.⟩⟨elek.⟩ **0.1** ***bedrading;***
II ⟨n.-telb.zn.⟩ **0.1** ***het vastmaken/verbinden met draad*** **0.2** ⟨elek.⟩ ***bedrading*** *⇒het bedraden/aanbrengen v. bedrading.*
wir·y ['waɪəri]⟨f1⟩⟨bn.; -er; -ly; -ness; →bijw. 3⟩ **0.1** ***draad-*** *⇒van draad* **0.2** ***taai*** *⇒buigzaam/sterk als draad;* ⟨bij uitbr.⟩ *weerbarstig* ⟨haar⟩ **0.3** ***pezig*** **0.4** ***taai*** *⇒onvermoeibaar.*
Wis ⟨afk.⟩ Wisconsin.
Wisd ⟨afk.⟩ Wisdom of Solomon.
wis·dom ['wɪzdəm]⟨f3⟩⟨n.-telb.zn.⟩⟨→sprw. 177⟩ **0.1** ***wijsheid*** *⇒(gezond) verstand, wijze gedachten* **0.2** ***wijsheid*** *⇒geleerdheid* ◆ **1.¶** ⟨bijb.⟩ Wisdom of Jesus, the Son of Sirach *Het boek Jezus Sirach, Ecclesiasticus* ⟨apocrief boek⟩; ⟨bijb.⟩ Wisdom of Solomon *Wijsheid v. Salomo* ⟨apocrief boek⟩.
'Wisdom literature ⟨eig.n.⟩ **0.1** ⟨gesch.⟩ ***(Babylonische/Egyptische) wijsheidsliteratuur*** **0.2** ⟨bijb.⟩ ***wijsheidsliteratuur*** *⇒wijsheidsboeken.*
'wisdom tooth ⟨f1⟩⟨telb.zn.⟩ **0.1** ***verstandskies*** ◆ **3.¶** cut one's wisdom teeth *de jaren des onderscheids bereiken.*
wise[1] [waɪz]⟨n.-telb.zn.⟩⟨vero.⟩ **0.1** ***wijze*** *⇒manier* ◆ **2.1** in solemn ~ *op plechtige wijze* **7.1** in any ~ *op de een of andere/enigerlei wijze;* in no ~ *op generlei wijze;* in some ~ *op zeker wijze;* in/on this ~ *op deze wijze.*
wise[2] ⟨f3⟩⟨bn.; -er; -ly; →compar. 7⟩⟨→sprw. 132, 559, 617, 627, 746, 752⟩ **0.1** ***wijs*** *⇒verstandig, oordeelkundig* **0.2** ***wijs*** *⇒geleerd, ontwikkeld* **0.3** ***slim*** *⇒sluw* **0.4** ***geïnformeerd*** *⇒op de hoogte, zich bewust van* **0.5** ⟨sl.⟩ ***eigenwijs*** *⇒kapsones-* **0.6** ⟨vero.⟩ ***magisch*** *⇒occulte/bovenaardse macht bezittend* ◆ **1.6** ~ man *tovenaar;* ⟨i.h.b.⟩ *(een der) Wijze(n) uit het Oosten* **1.¶** ~ after the event *achteraf wetend hoe het moet;* it is easy to be ~ after the event *achteraf is het (altijd) makkelijk praten;* ~ man of Gotham *dwaas, onnozele hals;* ~ saw *wijze spreuk;* ⟨BE⟩ ~ woman *(tover)heks; waarzegster; vroedvrouw;* the ~ old world *algemene traditie en gewoonte* **3.1** he ~ly kept silent *hij zweeg wijselijk* **3.¶** ⟨sl.⟩ get ~ *kapsones krijgen;* put s.o. ~ (to s.o./sth.) *iem. (wat iem./iets betreft) uit de droom helpen* **5.1** be ~ enough not to do sth. *zo wijs zijn iets (na) te laten/niet te doen* **6.4** **without** anyone's being the ~r *onopgemerkt, zonder dat er een haan naar kraait* **6.¶** ⟨inf.⟩ be/get ~ **to** (s.o./sth.) *(iem./iets) door/in de gaten/in de peiling/in de smiezen hebben/krijgen* **7.4** (come away) no/none the ~r/not much ~r *niets/weinig wijzer (zijn geworden)* **8.4** (come away) as ~ as one went *niets wijzer (zijn geworden).*
-wise [waɪz]⟨vormt bijv. nw. en bijw.⟩ **0.1** ***-(ge)wijs*** *⇒op de wijze van, zoals, -lings, in de richting van* **0.2** ⟨inf.⟩ ***-technisch*** *⇒wat... aangaat, in... opzicht* ◆ **¶.1** clockwise *met de (wijzers v.d.) klok mee;* crosswise *kruislings;* lengthwise *in de lengterichting, overlangs* **¶.2** moneywise *wat geld aangaat, financieel;* saleswise *verkooptechnisch;* taxwise *fiscaal, belastingtechnisch.*
wise·a·cre ['waɪzeɪkə‖-ər], **'wise·head,** ⟨inf. ook⟩ **'wise guy** ⟨telb.zn.⟩ **0.1** ***wijsneus*** *⇒betweter, eigenwijze figuur.*
'wise·crack[1] ⟨f1⟩⟨telb.zn.⟩⟨inf.⟩ **0.1** ***geintje*** *⇒kwinkslag, gevatheid* **0.2** ***geintje*** *⇒mop, lolletje.*
wisecrack[2] ⟨f1⟩⟨onov.ww.⟩⟨inf.⟩ **0.1** ***een geintje maken.***
wise·crack·er ['waɪzkrækə‖-ər]⟨telb.zn.⟩⟨inf.⟩ **0.1** ***grappenmaker*** *⇒geinponem.*
wi·sent ['wi:znt]⟨telb.zn.⟩⟨dierk.⟩ **0.1** ***wisent*** *⇒Europese bizon* ⟨Bison bonasus⟩.
'wise 'up ⟨f1⟩⟨ww.⟩⟨vnl. AE⟩⟨inf.⟩
I ⟨onov.ww.⟩ **0.1** ***in de gaten/peiling/smiezen krijgen*** *⇒door krijgen, wakker worden* ◆ **6.1** ~ **to** what is going on *in de smiezen krijgen wat er gaande is;*
II ⟨ov.ww.⟩ **0.1** ***uit de droom helpen*** *⇒inseinen* ◆ **3.1** get wised up *uit de droom geholpen worden* **6.1** wise s.o. up **to** what is going on *iem. de ogen openen voor wat er gaande is.*
wish[1] [wɪʃ]⟨f3⟩⟨telb.zn.⟩⟨→sprw. 323, 753⟩ **0.1** ***verlangen*** *⇒begeerte, behoefte, zin* **0.2** ***wens*** ◆ **2.1** have a great ~ to go somewhere *een sterk verlangen hebben ergens heen te gaan, ergens heel graag heen willen* **2.2** best/good ~es *beste wensen, gelukwensen* **3.1** she had no/not much ~ to go there *ze had geen/weinig zin om erheen te gaan* **3.2** disregard s.o.'s ~es *geen rekening houden met/voorbijgaan aan iemands wensen;* express a ~ to *de wens te kennen geven te;* I have got my ~ *mijn wens is vervuld;* she couldn't grant my ~ *ze kon mijn wens niet inwilligen;* make a ~ *een wens doen* **6.1** I have no ~ **for** such remarks *ik heb geen behoefte aan dergelijke opmerkingen* **7.2** last ~ *laatste wens.*
wish[2] ⟨f4⟩⟨onov. en ov.ww.⟩⟨→sprw. 441⟩ **0.1** ⟨→wilsuiting⟩ ***wensen*** *⇒willen, verlangen, begeren* **0.2** ***(toe)wensen*** ◆ **1.1** ⟨alleen teg. t.⟩ I ~ I were/⟨BE ook⟩ was a cat *ik wou dat ik een kat was* **1.2** ~ s.o. good day *iem. goedendag/gedag zeggen;* ⟨iron.⟩ ~ s.o. joy of s.o./sth. *iem. veel plezier wensen met iem./iets* **3.1** it is to be ~ed *het is te wensen/wenselijk;* I ~ I knew *wist ik het maar* **5.2** ~ s.o. ill *iem. verwensen/niets goeds (toe)wensen;* ~ s.o. well *iem. het beste/alle goeds (toe)wensen* **5.¶** ~ **away** *wegwensen, wensen dat iets niet bestond;* ⟨inf.⟩ ~ s.o. further *willen dat iem. ophoepelt* **6.1** have everything one could (possibly) ~ **for** *alles hebben wat zijn hartje begeert;* what more can you ~ **for?** *wat wil je nog meer?* **6.¶** ~ **on(to),** ⟨schr.⟩ ~ **upon** *toewensen; opschepen met;* I wouldn't ~ that **on** my worst enemy *dat zou ik mijn ergste vijand nog niet toewensen;* don't ~ your kids **on** me again *scheep mij (nu) niet weer met je kinderen op.*
'wish·bone ⟨telb.zn.⟩ **0.1** ***vorkbeen*** ⟨v. vogel⟩.
wish·er ['wɪʃə‖-ər]⟨telb.zn.⟩ **0.1** ***wenser.***
wish·ful ['wɪʃfl]⟨f1⟩⟨bn.; -ly; -ness⟩ **0.1** ***wensend*** *⇒verlangend* ◆ **3.1** ~ thinking *wishful thinking;* ⟨ong.⟩ *vrome wens, ijdele hoop.*
'wish fulfilment ⟨telb. en n.-telb.zn.⟩⟨ook psych.⟩ **0.1** ***wensvervulling.***
'wish·ing-cap ⟨telb.zn.⟩ **0.1** ***wenshoedje*** *⇒toverhoed.*
'wish list ⟨f1⟩⟨telb.zn.⟩ **0.1** ***verlanglijst(je).***
'wish-wash ⟨n.-telb.zn.⟩⟨vnl. inf.⟩ **0.1** ***slootwater*** *⇒klap in je gezicht* ⟨slappe/dunne krachteloze soep, koffie, e.d.⟩ **0.2** ***slobber*** ⟨veevoer⟩ **0.3** ***geleuter*** *⇒slap geklets/geschrijf.*
wish·y-wash·y ['wɪʃiwɒʃi‖-wɔʃi, -wɑʃi]⟨f1⟩⟨bn.; -er; →compar. 7⟩ **0.1** ***waterig*** *⇒slap, dun* **0.2** ***krachteloos*** *⇒slap, armetierig, armzalig.*
wisp[1] [wɪsp]⟨f1⟩⟨telb.zn.⟩ **0.1** ***bosje*** *⇒bundeltje* **0.2** ***pluimpje*** *⇒plukje, kwastje, piek* **0.3** ***sliert*** *⇒kringel, (rook)pluim(pje)* **0.4** ***spriet(je)*** *⇒spichtig ding* **0.5** ***zweem*** **0.6** ***troep*** *⇒vlucht* ⟨i.h.b. snippen⟩ **0.7** ⟨verk.⟩ ⟨will-o'-the-wisp⟩ ***dwaallichtje*** *⇒stalkaars* ◆ **1.1** ~ of hay *bosje hooi* **1.2** ~ of hair *plukje haar, piek* **1.3** ~ of steam *sliert stoom* **1.4** ~ of a girl *spichtig meisje* **1.5** ~ of a smile *zweem v.e. glimlach.*
wisp[2] ⟨ww.⟩
I ⟨onov.ww.⟩ **0.1** ***(omhoog)kringelen;***
II ⟨ov.ww.⟩ **0.1** ***tot een bundeltje/bosje/plukje draaien*** **0.2** ⟨vnl. BE⟩ ***(met een bosje gras) afvegen*** **0.3** ***doen kringelen*** ◆ **1.3** a cigarette ~ing smoke *een sigaret waar rook vanaf kringelt.*
wisp·y ['wɪspi], **wisp·ish** ['wɪspɪʃ]⟨bn.; 1e variant -er; →compar. 7⟩ **0.1** ***in (een) bosje(s)*** *⇒plukkig, piekerig* **0.2** ***sliertig*** *⇒kringelend* **0.3** ***spichtig*** *⇒sprietig.*
wist ⟨verl. t. en volt. deelw.⟩ →wit.
wis·ter·i·a [wɪ'stɪərɪə‖-'stɪrɪə], **wis·tar·i·a** [wɪ'steərɪə‖-'stɪrɪə] ⟨telb.zn.⟩⟨plantk.⟩ **0.1** ***wisteria*** *⇒wistaria* ⟨klimplant v.h. genus Wisteria⟩; ⟨i.h.b.⟩ *blauweregen* ⟨W. sinensis⟩.
wist·ful ['wɪstfl]⟨f2⟩⟨bn.; -ly; -ness⟩ **0.1** ***weemoedig*** *⇒melancholiek, droef/naargeestig, treurig gestemd* **0.2** ***smachtend.***
wit[1] [wɪt]⟨f3⟩⟨zn.⟩⟨→sprw. 62, 550⟩
I ⟨telb.zn.⟩ **0.1** ***gevat/adrem/geestig iem.*** **0.2** ⟨vero.⟩ ***wijs man;***
II ⟨n.-telb.zn.⟩ **0.1** ***scherpzinnigheid*** *⇒vernuft, spitsheid* **0.2** ***esprit*** *⇒geestigheid, gevatheid* ◆ **2.2** (have a) ready ~ *gevat/geestig zijn* **3.1** have the ~ to realise sth. *zo scherpzinnig zijn iets te beseffen;*

III ⟨n.-telb.zn., mv.; ~s⟩ **0.1** ***verstand*** ⇒*benul, intelligentie* ◆ **1.¶** at one's ~'s/~s' end *ten einde raad* **2.1** have a nimble ~ *vlug v. geest zijn;* have quick/slow ~s *vlug/traag v. begrip zijn* **3.¶** have/keep one's ~s about one *alert/opmerkzaam zijn; bijdehand/pienter zijn;* live by/on one's ~s *scharrelen, op ongeregelde/bijdehante manier aan de kost komen;* set one's ~s to *aanpakken, te lijf gaan* ⟨probleem⟩; set one's ~s to another's *met iem. ruziën/bekvechten/redetwisten* **6.1** have enough ~/the ~(s) **to** say no *zo verstandig zijn nee te zeggen* **6.¶ out of** one's ~s *niet goed wijs/bij zinnen, gek, (door het) dol(le);* **past** the ~ of man *het menselijk verstand te boven gaand* **7.¶** ⟨vero.⟩ the five ~s *de vijf zinnen; het verstand, de geest.*

wit[2] ⟨ww.; wot [wɒt‖wɑt], wottest ['wɒt̬ɪst‖'wɑt̬ɪst], wist [wɪst]⟩ ⟨vero.; beh. in de uitdr. onder I ¶.1⟩ →witting
I ⟨onov.ww.⟩ **0.1** ***weten*** ◆ **1.1** I wot *ik weet (heel goed)* **¶.1** ⟨vnl. schr.; jur.⟩ to ~ *te weten, namelijk, dat wil zeggen;*
II ⟨ov.ww.⟩ **0.1** ***(gaan) beseffen*** ⇒*(te) weten (komen).*

witch[1] [wɪtʃ]⟨f3⟩⟨telb.zn.⟩ **0.1** ***heks*** ⇒*(tover)kol, tovenares* **0.2** ***ravissante vrouw*** **0.3** ***toverheks*** ⇒*lelijk oud wijf* **0.4** ⟨dierk.⟩ ***aalbot*** ⟨Glyptocephalis cynoglossus⟩.

witch[2] ⟨ov.ww.⟩ →witching **0.1** ***beheksen*** **0.2** ***door hekserij/toverkracht teweegbrengen*** **0.3** ***fascineren*** ⇒*betoveren.*

'witch·craft ⟨f1⟩⟨n.-telb.zn.⟩ **0.1** ***tove(na)rij*** ⇒⟨i.h.b.⟩ *hekserij.*

'witch doctor ⟨telb.zn.⟩ **0.1** ***medicijnman*** ⇒*toverdokter.*

witch elm →wych elm.

witch·er·y ['wɪtʃəri]⟨n.-telb.zn.⟩ **0.1** ***betovering*** ⇒*bekoring, charme* **0.2** →witchcraft.

'witch·es'-'broom ⟨telb.zn.⟩ **0.1** ***heksenbezem*** ⟨zwamwoekering⟩.

'witch·es' 'sabbath ⟨telb.zn.; ook W- S-⟩ **0.1** ***heksensabbat.***

witch·et·(t)y ['wɪtʃət̬i], **'witchetty grub** ⟨telb.zn.; →mv. 2⟩ ⟨Austr. E; dierk.⟩ **0.1** ***eetbare larve*** ⟨fam. Cossidae; geliefd voedsel v.d. Aborigenes⟩.

'witch·find·er ⟨telb.zn.⟩ **0.1** ***heksenziener.***

witch hazel →wych hazel.

'witch hunt ⟨f1⟩⟨telb.zn.⟩ **0.1** ***heksenjacht*** ⇒*hetze, ketterjacht* **0.2** ⟨gesch.⟩ ***heksenjacht*** ⇒*heksenvervolging.*

'witch-hunt·ing ⟨n.-telb.zn.⟩ **0.1** ***(het uitvoeren v.e.) heksen/ketterjacht.***

witch·ing[1] ['wɪtʃɪŋ]⟨n.-telb.zn.; oorspr. teg. deelw. v. witch⟩ **0.1** →witchcraft.

witching[2] ⟨bn.; teg. deelw. v. witch⟩
I ⟨bn.⟩ **0.1** ***betoverend*** ⇒*charmant, bekoorlijk, fascinerend;*
II ⟨bn., attr.⟩ **0.1** ***heks(en)-*** ⇒*spook-* ◆ **1.1** the ~ hour *het spookuur, middernacht;* the ~ time of night *het spookuur v.d. nacht* ⟨Shakespeare, 'Hamlet' III, ii 406⟩.

'witch-meal ⟨n.-telb.zn.⟩ **0.1** ***heksenmeel*** ⟨pollen v. wolfsklauw⟩.

wit·e·na·ge·mot ['wɪt̬nəgə'moʊt‖'wɪtn-], **wit·an** ['wɪtn‖'wɪtɑn] ⟨telb.zn.⟩⟨gesch.⟩ **0.1** ***witenagemot*** ⟨Oudengelse adviesraad v.d. kroon⟩.

with [wɪð, wɪθ]⟨f4⟩⟨vz.⟩ **0.1** ⟨betrokkenheid bij handelingtoestand⟩ ***met*** **0.2** ⟨richting⟩ ***mee met*** ⇒*overeenkomstig (met)* **0.3** ⟨begeleiding, samenhang, kenmerk⟩ ***(samen) met*** ⇒*bij, inclusief, hebbende, gekenmerkt door* **0.4** ⟨plaats; ook fig.⟩ ***bij*** ⇒*toevertrouwd aan* **0.5** ⟨tegenstelling⟩ ***niettegenstaande*** **0.6** ⟨middel of oorzaak⟩ ***met*** ⇒*met behulp v., door middel/toedoen v.* **0.7** ⟨tijd⟩ ***bij*** ⇒*tegelijkertijd/samen met* ◆ **1.1** he went into the matter ~ the boss *hij besprak de zaak met de baas;* it has no influence ~ the children *het heeft geen invloed op de kinderen;* he is on good terms ~ his colleagues *hij kan goed opschieten met zijn collega's;* got involved ~ that crowd *hij geraakte bij die bende betrokken;* the difference ~ Dublin is... *het verschil met Dublin is...;* compared ~ Mary *vergeleken bij Mary;* he started ~ Mary *hij begon bij Mary;* he was friendly ~ his neighbours *hij was vriendelijk tegen zijn buren;* I disagreed ~ his point *ik ging niet akkoord met zijn stelling;* identical ~ Sheila's *identiek aan die van Sheila* **1.2** I walked part of the way ~ the girl *ik wandelde een eindje met het meisje mee;* ⟨fig.⟩ sympathise ~ a person *met iem. meevoelen;* it changes ~ the seasons *het verandert met de seizoenen;* it will grow ~ time *het zal mettertijd groeien;* it varies ~ the weather *het wisselt met het weer* **1.3** he assumed, ~ the author, that... *hij nam, met de auteur, aan dat...;* he came ~ his books *hij bracht zijn boeken mee;* she can sing ~ the best of them *ze kan zingen als de beste;* he worked ~ Bayer *hij werkte bij Bayer;* this, ~ the library books, should do *met de boeken uit de bibliotheek, zou dit moeten volstaan;* he finished it ~ the boss *hij maakte het samen met de baas af;* three lectures ~ coffee breaks and lunch *drie lezingen, met koffiepauzen en lunch;* ~ certain conditions *op zekere voorwaarden;* he came ~ his daughter *hij kwam met zijn dochter;* ~ a gentle disposition *met een zacht karakter;* he did it ~ ease *hij deed het met gemak;* he watched ~ fear *hij keek toe vol angst;* take the bad ~ the good *het kwade met het goede nemen;* he walked ~ his hands in his pockets *hij liep met de handen in de zakken;* ⟨in refrein⟩ ~ a hey diddle diddle *van je tralderaldera;* lost ~ honour *eervol verloren;* ⟨brief⟩ ~ love *uw toegenegen;* get away ~ a few scratches *er met een paar schrammen vanaf komen;* heat the milk ~ the spices *verwarm de melk met de kruiden erin;* a man ~ many talents *een man met vele talenten;* ⟨in brief⟩ ~ thanks *dankbaar (de uwe);* it costs £6 ~ VAT *het kost £6, BTW inbegrepen* **1.4** she stayed ~ her aunt *ze verbleef bij haar tante;* he stands well ~ father *hij staat bij vader in een goed blaadje;* left it ~ Jill *vertrouwde het aan (de zorgen van) Jill toe;* the doctor is ~ John *de dokter is bij Jan;* ~ Mary it always fails *bij Mary mislukt het altijd;* things are different ~ poets *bij dichters liggen de zaken anders;* luck is ~ Sheila *Sheila heeft het geluk aan haar zijde* **1.5** a nice girl, ~ all her faults *een lief meisje, ondanks haar gebreken* **1.6** he arrived ~ his car *hij kwam met de auto;* threatened ~ extinction *bedreigd met uitroeiing;* ill ~ the 'flu *heeft de griep;* fix it ~ glue *repareer het met lijm;* bowed down ~ grief *gebukt onder droefenis;* they woke her ~ their noise *zij maakten haar wakker met hun lawaai;* she succeeded ~ patience *met geduld slaagde zij erin;* he ended ~ a poem *hij besloot met een gedicht;* separated ~ poplars *gescheiden door populieren;* pleased ~ the results *tevreden over de resultaten;* clouds heavy ~ snow *wolken vol sneeuw;* sick ~ worry *ziek van de zorgen* **1.7** ~ the economic crisis many emigrated *met de economische crisis weken velen uit;* rises ~ the dawn *staat op bij het ochtendkrieken;* ~ his death all changed *met zijn dood veranderde alles;* he arrived ~ Mary *hij kwam tegelijkertijd met Mary aan;* ~ these words she broke down *bij deze woorden barstte zij in tranen uit* **3.¶** →be with **4.2** come ~ me *kom met mij mee* **4.3** carried his guilt ~ him *droeg zijn schuld overal met zich mee;* he has a pleasing way ~ him *hij is een aangenaam persoon;* what's ~ him? *wat is er met hem (aan de hand)?;* spring is ~ us *het is lente;* peace be ~ you *vrede zij met u;* it's all right ~ me *ik vind het goed/mij is het om het even* **4.7** ~ that he left *dit gezegd zijnde vertrok hij;* she's not ~ it *ze heeft geen benul; ze is niet goed bij; ze is hopeloos ouderwets;* what ~ this, that and the other, I never finished it *met alles wat erbij kwam heb ik het nooit afgekregen* **4.¶** I'm ~ you there *dat ben ik met je eens* **5.6 down** ~ the flu *ziek met de griep* **5.¶ away/down** ~ him! *weg met hem!;* ⟨vnl. pej.⟩ he's **in** ~ some oddballs *hij gaat om/verkeert met enkele rare snuiters;* **off** ~ you *maak dat je wegkomt, scheer je weg;* it's all **over** ~ him *het is met hem afgelopen;* what's **up** ~ him? *wat heeft hij?, wat is er met hem aan de hand?* **¶.3** ⟨elliptisch⟩ she likes her coffee ~ *ze heeft haar koffie het liefst mèt (melk).*

with·al[1] [wɪ'ðɔ:l]⟨bw.⟩⟨vero.⟩ **0.1** ***bovendien*** ⇒*daarnaast, daarenboven* **0.2** ***desondanks*** ⇒*alles bij elkaar genomen* **0.3** ⟨middel⟩ ***daarmee*** ◆ **1.1** intelligent and a good son ~ *verstandig en bovendien een goede zoon* **1.2** friendly but a rogue ~ *vriendelijk maar desondanks toch een schurk* **1.3** took some water and rinsed his shirt ~ *nam water en spoelde zijn hemd ermee uit.*

withal[2] ⟨vz.; vnl. in vragende of betrekkelijke zinnen, en steeds achteraan⟩⟨vero.⟩ **0.1** ***met*** ⇒*bij* ◆ **4.1** who had he gone ~? *met wie was hij meegegaan?.*

with·draw [wɪð'drɔ:, wɪθ-]⟨f3⟩⟨ww.; withdrew [-'dru:], withdrawn [-'drɔ:n]⟩ →withdrawn
I ⟨onov.ww.⟩ **0.1** ***uit de weg gaan*** ⇒*opzij gaan/stappen* **0.2** ***zich terugtrekken*** **0.3** ***zich onttrekken aan*** ⇒*niet deelnemen, zich (verder) onthouden van* ◆ **1.2** the army withdrew *het leger trok terug* **6.1** ~ **against** a wall *zich tegen een muur drukken* **6.2** ~ **from** a room *zich uit een kamer terugtrekken;*
II ⟨ov.ww.⟩ **0.1** ***terugtrekken/nemen*** ⇒*opzij/onttrekken, wegnemen* **0.2** ***terugnemen*** ⇒*intrekken, herroepen* **0.3** ⟨geldw.⟩ ***opnemen*** ◆ **1.1** ~ an army *een leger terugtrekken;* ~ a curtain *een gordijn opzijschuiven;* ~ one's hand *zijn hand terugtrekken;* ⟨fig.⟩ ~ one's labour *in staking gaan* **1.2** ~ a(n) favour/offer/promise *een gunst/aanbod/belofte intrekken, op een gunst/aanbod/belofte terugkomen* **1.3** ~ $10 *tien dollar opnemen* **3.2** be forced to ~ a remark *gedwongen worden iets/een opmerking terug te nemen* **6.1** ~ **from** circulation *uit de circulatie nemen;* ~ one's team **from** a tournament *zijn ploeg uit een toernooi terugtrekken/niet aan een toernooi laten deelnemen;* ~ a child **from** school *een kind van school af halen.*

with·draw·al [wɪð'drɔ:əl, wɪθ-], **with·draw·ment** [-'drɔ:mənt]⟨f2⟩ ⟨telb. en n.-telb.zn.⟩ **0.1** ***terugtrekking*** ⇒*terugtocht, het (zich) terugtrekken;* ⟨bij uitbr.⟩ *vervreemding* **0.2** ***teruggetrokken toestand*** **0.3** ***opname*** ⟨v. bankrekening⟩ **0.4** ***onthouding*** ⇒*staking v.h. gebruik v.e. verslavend middel* **0.5** ***ontwenning*** ⟨v. verslavend middel⟩.

with'drawal symptom ⟨telb.zn.; vnl. mv.⟩ **0.1** ***ontwenningsverschijnsel.***

with'draw·ing-room ⟨telb.zn.⟩⟨vero.⟩ **0.1** ***salon*** ⇒*ontvangkamer.*

with·drawn [wɪð'drɔ:n, wɪθ-]⟨f1⟩⟨bn.; oorspr. volt. deelw. v. withdraw⟩ **0.1** ***teruggetrokken*** ⇒*op zichzelf (levend)* **0.2** ***(kop)schuw*** ⇒*bescheiden, verlegen* **0.3** ***afwezig***.

withe [wɪθ], **with·y** ['wɪði]⟨telb.zn.; tweede variant; →mv. 2⟩ **0.1** ***(wilge)twijg*** ⇒*teen, rijs*.

with·er ['wɪðə||-ər]⟨f2⟩⟨ww.⟩
I ⟨onov.ww.⟩ **0.1** ***verwelken*** ⇒*verleppen, verdorren, verschrompelen, uitdrogen/teren* **0.2** ***vergaan*** ⇒*ver/wegkwijnen, verbleken* ◆ **1.1** ~ed leaves *dorre bla(de)ren;* the leaves ~ed (up) *de bladeren verdorden* **1.2** my hopes ~ed (away) *mijn hoop vervloog;*
II ⟨ov.ww.⟩ **0.1** ***doen verwelken/verleppen/verdorren/verschrompelen*** **0.2** ***doen vergaan/verkwijnen/wegkwijnen/verbleken*** **0.3** ***vernietigen*** ⇒*wegvagen;* ⟨i.h.b.⟩ *het zwijgen opleggen* ◆ **1.3** ~ing look/remark *vernietigende blik/opmerking* **6.3** ~ s.o. **with** a look *iem. met een blik het zwijgen opleggen*.

with·ers ['wɪðəz||-ərz]⟨mv.⟩ **0.1** ***schoft*** ⟨v. paard⟩ ◆ **3.¶** my ~ are unwrung *beschuldigingen raken mij niet; mijn geweten is schoon* ⟨naar Shakespeare, 'Hamlet' III, ii 252⟩; wring s.o.'s ~ *op iemands gemoed werken*.

with·er·shins ['wɪðəʃɪnz||'wɪðər-], **wid·der·shins** ['wɪdə-||'wɪdər-]⟨bw.⟩⟨Sch. E⟩ **0.1** ***in tegengestelde richting*** ⇒*achteruit;* ⟨i.h.b.⟩ *tegen de draaiing v.d. zon/de (wijzers v.d.) klok in*.

with·hold [wɪð'hoʊld, wɪθ-]⟨f2⟩⟨ww.; withheld, withheld [-'held]⟩
I ⟨onov.ww.⟩ **0.1** ***zich ont/weerhouden*** ⇒*nalaten, achterwege laten* ◆ **6.1** ~ **from** sth. *iets achterwege laten;*
II ⟨ov.ww.⟩ **0.1** ***onthouden*** ⇒*niet geven/inwilligen/toestaan, inhouden* ◆ **1.1** ~ a visa/one's consent *een visum/zijn toestemming weigeren* **6.1** ~ one's support **from** s.o. *iem. zijn steun onthouden*.

with'hold·ing tax ⟨telb.zn.⟩ **0.1** ⟨AE⟩ ***voorheffing*** ⟨op inkomen⟩ ⇒*loonbelasting* **0.2** ⟨geldw.⟩ ***voorheffing op interesten en dividenden*** ⇒⟨B.⟩ *roerende voorheffing*.

with·in[1] [wɪ'ðɪn||wɪ'ðɪn, -'θɪn]⟨f3⟩⟨bw.; plaatsaanduidend⟩ **0.1** ⟨vero.⟩ ***binnen*** ⇒*aan de binnenkant, binnenshuis,* ⟨fig., v. gemoed, karakter enz.⟩ *inwendig* **0.2** ⟨dram.⟩ ***achter de coulissen*** ◆ **1.1** John was not ~ *John was niet thuis* **2.1** rotten without and ~ *rot van binnen en van buiten;* it is much warmer ~ *het is in huis veel warmer;* he was fuming ~ *inwendig kookte hij v. woede;* inquire ~ *binnen te bevragen;* the names mentioned ~ *de namen hierin vermeld* **3.2** trumpets sound ~ *achter de coulissen hoort men trompetten* **5.1** had enemies **without** and ~ *had vijanden buiten en binnen*.

within[2] ⟨f4⟩⟨vz.⟩ **0.1** ⟨plaats; ook fig.⟩ ***binnen in*** ⇒*in* **0.2** ⟨tijd⟩ ***binnen*** ⇒*vóór het einde v./het verstrijken v.* **0.3** ⟨benadering en beperking⟩ ***binnen de grenzen v.*** ⇒*binnen het bereik v.* **0.4** ⟨richting⟩ ***tot/naar binnen in*** ⇒*in ... in* ◆ **1.1** ~ doors *binnenshuis;* ~ the family *in de familiekring;* down ~ the ground *onder de grond;* a novel ~ a novel *een roman in een roman;* ~ the organization *binnen de organisatie;* ~ four walls *tussen vier muren* **1.2** returned ~ an hour *kwam binnen het uur terug* **1.3** ~ my allowance *binnen de mogelijkheden van mijn toelage;* ~ the given conditions *in de gegeven omstandigheden;* solved it to ~ five decimals *loste het op tot op vijf decimalen/cijfers na de komma;* came to ~ six feet from the goal *kwam tot op anderhalve meter v.h. doel;* stay ~ one's limits *binnen de grenzen van zijn mogelijkheden blijven;* ~ sight *zichtbaar;* ~ the time it takes to... *binnen de tijd die nodig is om te...;* ~ a few years *binnen een tijdsspanne v. enkele jaren* **1.4** dropped it ~ the dough *liet het in het deeg vallen;* fled ~ the ranks of the allies *vluchtte tot achter de linies van de geallieerden* **4.1** the traveller's instinct lived ~ him *de reislust leefde in hem;* wrapped ~ himself *in zichzelf opgesloten;* complete ~ itself *volledig in zichzelf besloten;* good ~ itself *goed op zich;* my heart sank ~ me *het hart zonk mij in de schoenen;* ~ o.s. *bij zichzelf* **4.3** I was ~ a little of losing my balance *het scheelde geen haartje of ik had mijn evenwicht verloren, ik kon mijn evenwicht maar net/op het nippertje behouden;* ~ o.s. *binnen (het bereik v.) zijn mogelijkheden, zonder zich overdreven in te spannen*.

with·out[1] [wɪ'ðaʊt||wɪ'ðaʊt, -'θaʊt]⟨bw.⟩ **0.1** ⟨vero.⟩ ***buiten*** ⇒*aan de buitenkant, uiterlijk, uitwendig* **0.2** ⟨eig. elliptisch gebruik v. vz.⟩ ***zonder*** ◆ **3.1** cleaned the house within and ~ *maakte het huis van binnen en van buiten schoon;* was nervous ~ *was zichtbaar zenuwachtig;* gazed through the window at the sky ~ *staarde door het venster naar de lucht daarbuiten* **3.2** he had to do/go ~ *hij moest het stellen zonder;* she has her coffee ~ *ze drinkt haar koffie zonder*.

without[2] ⟨f4⟩⟨vz.⟩ **0.1** ***zonder*** ⇒*bij ontbreken v., in afwezigheid v., niet vergezeld v.* **0.2** ***voorbij*** ⇒*buiten de grenzen v., buiten het bereik* **0.3** ⟨plaats; vero.⟩ ***buiten*** ⇒*aan de buitenkant van* ◆ **1.1** ~ a cure *zonder genezing;* I'll do it ~ fail *ik doe het zonder mankeren/zeker;* ~ hope *hopeloos;* he cannot do ~ his paper *hij kan niet zonder zijn krant;* left ~ a word *vertrok zonder een woord te zeggen* **1.2** ~ the wood's edge *voorbij de rand van het bos;* ~ my grasp *buiten mijn bereik/begrip;* ~ my reach *buiten mijn bereik* **1.3** ~ the family *buiten de familiekring;* stood ~ the house *stond buiten voor het huis* **3.1** ~ my knowing about it *zonder dat ik het wist;* it goes ~ saying *het hoeft geen betoog;* speak ~ thinking *spreken zonder nadenken* **4.3** voices ~ him *stemmen buiten hem*.

without[3] ⟨ondersch.vw.; vnl. na negatief⟩⟨vnl. gew.⟩ **0.1** ***tenzij*** ⇒*zonder dat* ◆ **8.1** he cannot know ~ that Sheila told him *hij kan het niet weten tenzij Sheila het hem verteld heeft* **¶.1** not ~ she give her permission *niet zonder dat zij haar toestemming geeft*.

with·stand [wɪð'stænd, wɪθ-]⟨f2⟩⟨ww.; withstood, withstood [-'stʊd]⟩
I ⟨onov.ww.⟩ **0.1** ***verzet/weerstand bieden*** ⇒*zich (met succes) verzetten;*
II ⟨ov.ww.⟩ **0.1** ***weerstaan*** ⇒*het hoofd bieden, weerstreven* **0.2** ***bestand zijn tegen*** ⇒*opgewassen zijn tegen, kunnen doorstaan/weerstaan* ◆ **1.1** ~ an attack *een aanval weerstaan/afslaan* **1.2** ~ wind and weather *bestand zijn tegen weer en wind*.

with·stand·ab·le [wɪð'stændəbl, wɪθ-]⟨bn.⟩ **0.1** ***te weerstaan***.

with·stand·er [wɪð'stændə, wɪθ-||-ər]⟨telb.zn.⟩ **0.1** ***tegenstrever*** ⇒*iem. die tegenstreeft, tegenstander* **0.2** ***iem. die zich verzet/weerstand biedt***.

with·wind ['wɪθwaɪnd]⟨telb.zn.⟩⟨plantk.⟩ **0.1** ***winde*** ⟨genus Convulvulus⟩.

withy →withe.

wit·less ['wɪtləs]⟨f1⟩⟨bn.; -ly; -ness⟩ **0.1** ***dwaas*** ⇒*achterlijk, stom, stupide, hersenloos*.

wit·ling ['wɪtlɪŋ]⟨telb.zn.⟩ **0.1** ***flauwe grappenmaker***.

wit·loof ['wɪtloʊf]⟨telb. en n.-telb.zn.⟩ **0.1** ***witlof***.

wit·ness[1] ['wɪtnɪs]⟨f3⟩⟨zn.⟩
I ⟨telb.zn.⟩ **0.1** ***(oog)getuige*** ⟨ook jur.⟩ **0.2** ***getuige*** ⇒*medeondertekenaar* ◆ **1.1** ~ for the defence *getuige à decharge* **1.2** ~ for the prosecution *getuige à charge* **3.2** call to ~ *tot getuige roepen;*
II ⟨n.-telb.zn.⟩ **0.1** ***getuigenis*** ⇒*getuigenverklaring* **0.2** ***getuigenis*** ⇒*(ken)teken, bewijs* ◆ **3.1** bear/give ~ (on behalf of s.o.) *getuigen/een getuigenverklaring afleggen (ten gunste v. iem.)* **3.¶** bear ~ of/to *staven, bewijzen; het opnemen voor* **6.2** **in** ~ **of** *ten getuige van, als blijk/bewijs van*.

witness[2] ⟨f3⟩⟨ww.⟩
I ⟨onov.ww.⟩ **0.1** ⟨ook jur.⟩ ***getuigen*** ⇒*getuigenis afleggen (van), als getuige verklaren/bevestigen* **0.2** ***getuigen*** ⇒*als bewijs dienen, pleiten* ◆ **6.1** ~ **against/for** s.o. *getuigen tegen/voor iem.;* ~ **to** sth. *getuige zijn van iets;* ~ **to** having seen sth. *getuigen/als getuige verklaren dat men iets gezien heeft* **6.2** ~ **against/for** s.o. *tegen/voor iem. pleiten;*
II ⟨ov.ww.⟩ **0.1** ***getuige zijn van*** **0.2** ***getuige zijn bij*** ⇒*als getuige ondertekenen* **0.3** ***getuigen van*** ⇒*aantonen, een teken/bewijs zijn van* ◆ **1.1** ~ an accident *getuige zijn v.e. ongeluk* **1.2** ~ a signature *(als getuige) medeondertekenen* **1.3** (as) ~ my poverty *waarvan mijn armoede moge getuigen* **¶.¶** ⟨schr.⟩ this is a dangerous stretch, ~ the number of accidents here *dit is een gevaarlijk stuk weg, getuige het aantal ongelukken hier*.

'witness box ⟨f1⟩⟨telb.zn.⟩⟨BE⟩ **0.1** ***getuigenbank***.

'witness stand ⟨f1⟩⟨telb.zn.⟩⟨AE⟩ **0.1** ***getuigenbank***.

-wit·ted ['wɪtɪd] **0.1** ***van verstand*** ⇒*van begrip* ◆ **¶.1** quick-witted *schrander, pienter, vlug v. begrip*.

'wit·ter 'on ['wɪtə||'wɪtər]⟨onov.ww.⟩⟨inf.⟩ **0.1** ***kletsen*** ⇒*wauwelen*.

wit·ti·cism ['wɪtɪsɪzm]⟨telb.zn.⟩ **0.1** ***kwinkslag*** ⇒*bon-mot, gevatte/geestige opmerking*.

wit·ting ['wɪtɪŋ]⟨f1⟩⟨bn.; -ly; oorspr. teg. deelw. v. wit⟩ **0.1** ***(doel/wel)bewust*** ⇒*willens en wetens, opzettelijk, voorbedachtelijk*.

wit·tol ['wɪtl]⟨telb.zn.⟩⟨vero.⟩ **0.1** ***hoorndrager*** ⇒*sukkel*.

wit·ty ['wɪti]⟨f2⟩⟨bn.; -er; -ly; -ness; →bijw. 3⟩ **0.1** ***gevat*** ⇒*geestig, snedig, ad rem*.

wive [waɪv]⟨ww.⟩⟨vero.⟩⟨→sprw. 197⟩
I ⟨onov. en ov.ww.⟩ **0.1** ***huwen*** ⇒*trouwen, een/tot vrouw nemen;*
II ⟨ov.ww.⟩ **0.1** ***een echtgenote verschaffen*** ⇒*aan de vrouw brengen*.

wivern →wyvern.

wives ⟨mv.⟩ →wife.

wiz [wɪz]⟨telb.zn.⟩⟨verk.⟩ wizard ⟨sl.⟩ **0.1** ***geweldenaar*** ⇒*fenomeen, wereldwonder, genie*.

wiz·ard[1] ['wɪzəd||-ərd]⟨f1⟩⟨telb.zn.⟩ **0.1** ***tovenaar*** ⇒*magiër* **0.2** ***fenomeen*** ⇒*genie, tovenaar* **0.3** ***goochelaar*** ⇒*jongleur* **0.4** ⟨vero.⟩ ***wijze*** ⇒*wijs man* ◆ **1.2** pinball ~ *flipperfenomeen, genie op de flipperkast* **1.¶** The Wizard of the North *De Tovenaar v.h. Noorden* ⟨bijnaam v. Sir Walter Scott⟩.

wizard[2] ⟨bn.⟩⟨BE; sl.⟩ **0.1** ***waanzinnig*** ⇒*te gek, eindeloos, fenomenaal* ◆ **5.1** absolutely ~ *helemaal te gek*.

wiz·ard·ry ['wɪzədri||-zər-]⟨n.-telb.zn.⟩ **0.1** ***tove(na)rij*** ⇒*magie* **0.2** ***genialiteit*** ⇒*buitengewone begaafdheid*.

wizen ⟨ww.⟩ →wizened

I ⟨onov.ww.⟩ **0.1** ***verschrompelen*** ⇒*rimpelen, uitdrogen, verdorren;*

II ⟨ov.ww.⟩ **0.1** ***doen verschrompelen/rimpelen/uitdrogen/verdorren***.

wiz·ened ['wɪznd], **wiz·en** ['wɪzn], **wea·zened** ['wi:znd], **wea·zen** ['wi:zn]⟨bn.; 1e variant volt. deelw. v. wizen⟩ **0.1** ***verschrompeld*** ⇒*gerimpeld, verweerd* ◆ **1.1** ~ apple/face *gerimpeld(e) appel/gezicht*.

WIZO ⟨afk.⟩ Women's International Zionist Organisation.

wk ⟨afk.⟩ weak, week, work.

wkly ⟨afk.⟩ weekly.

WL, wl ⟨afk.⟩ waterline, wave length.

Wm ⟨afk.⟩ William.

WM ⟨afk.⟩ Watermark, White Metal.

wmk ⟨afk.⟩ watermark.

WMO ⟨afk.⟩ World Meteorological Organization.

WNW ⟨afk.⟩ West-North-West.

wo[1] [woʊ]⟨tussenw.⟩ **0.1** ***ho***.

wo[2] ⟨afk.⟩ walk-over.

WO ⟨afk.⟩ Walkover, War Office, Warrant Officer.

wo(a) →whoa.

woad[1] [woʊd]⟨zn.⟩

I ⟨telb.zn.⟩⟨plantk.⟩ **0.1** ***wede*** ⟨Isatus tinctoria⟩;

II ⟨n.-telb.zn.⟩ **0.1** ***wedeblauw*** ⟨kleurstof⟩.

woad[2] ⟨ov.ww.⟩ **0.1** ***verven met wedeblauw***.

wob·ble[1], **wab·ble** ['wɒbl||'wɑbl]⟨telb.zn.⟩ **0.1** ***schommeling*** ⇒*afwijking, fluctuatie* **0.2** ***hapering*** **0.3** ***beving*** ⇒*trilling, vibratie*.

wobble[2], **wabble** ⟨f2⟩⟨ww.⟩

I ⟨onov.ww.⟩ **0.1** ***waggelen*** ⇒*wankelen, zwalken, zwaaien* **0.2** ***beven*** ⇒*trillen, vibreren* **0.3** ***weifelen*** ⇒*besluiteloos zijn, in dubio staan, dubben* ◆ **1.2** her hand/voice ~d *haar hand/stem beefde/trilde* **5.1** ~ **about** *waggelen, wankelen;*

II ⟨onov. en ov.ww.⟩ **0.1** ***wiebelen/schommelen (met)*** ◆ **1.1** ~ one's chair *met/op zijn stoel wiebelen;* the table ~s *de tafel wiebelt*.

wob·bler ['wɒblə||'wɑblər]⟨telb.zn.⟩ **0.1** ***waggelaar*** **0.2** ***wiebelaar*** **0.3** ***weifelaar*** **0.4** ***wankel voorwerp***.

wob·bly[1] ['wɒbli||'wɑbli]⟨telb.zn.; →mv. 2⟩ **0.1** ⟨BE; inf.⟩ ***ziektetje*** ⇒⟨ong.⟩ *griepje* **0.2** ⟨ook W-⟩⟨AE; inf.⟩ ***Wobbly*** ⟨lid v.d. Industrial Workers of the World⟩ ◆ **3.¶** ⟨BE; inf.⟩ throw a ~ *zich onvoorspelbaar gedragen*.

wobbly[2] ⟨f1⟩⟨bn.; -er; →compar. 7⟩ **0.1** ***wankel*** ⇒*onvast, wiebelig* **0.2** ***beverig*** ⇒*trillerig* **0.3** ***besluiteloos*** ⇒*onzeker, weifelend*.

Wo·den, Wo·dan ['woʊdn]⟨eig.n.⟩⟨mythologie⟩ **0.1** ***Wodan*** ⇒*Odin*.

wodge [wɒdʒ||wɑdʒ]⟨telb.zn.⟩⟨BE; inf.⟩ **0.1** ***homp*** ⇒*brok, hoop*.

woe, ⟨vero. ook⟩ **wo** [woʊ]⟨f2⟩⟨zn.⟩

I ⟨telb.zn.; vnl. mv.⟩ **0.1** ***ramp(spoed)*** ⇒*narigheid, wee, ellende* ◆ **¶.1** he told her all his ~s *hij vertelde haar al zijn rampspoed(en);*

II ⟨n.-telb.zn.⟩ **0.1** ***smart*** ⇒*wee* ◆ **1.1** tale of ~ *smartelijk verhaal* **3.1** ~ betide him (if) *wee hem (als)* **4.1** ~ is me *wee mij* **6.1** ~ **(un)to** the inhabitants of the earth and of the sea! *wee degenen die de aarde en de zee bewonen!* ⟨Openb. 12:12⟩.

wo(e)·be·gone ['woʊbɪgɒn||-gən, -gɑn]⟨bn.⟩ **0.1** ***treurig*** ⇒*somber, triest, naargeestig, ellendig* **0.2** ⟨vero.⟩ ***bezocht*** ⇒*getroffen, gekweld*.

wo(e)·ful ['woʊfl]⟨f1⟩⟨bn.; -ly⟩ **0.1** ***smartelijk*** ⇒*verdrietig, kommervol, diep treurig* **0.2** ***jammerlijk*** ⇒*ellendig, miserabel, intriest* **0.3** ***beklagenswaardig*** ⇒*rampzalig, deplorabel*.

wog [wɒg||wɑg]⟨f1⟩⟨zn.⟩

I ⟨telb.zn.⟩⟨BE; sl.; bel.⟩ **0.1** ***bruinjoekel*** ⇒*koffieboon, reep chocola, donkere buitenlander* ⟨i.h.b. oosterling⟩;

II ⟨n.-telb.zn.⟩⟨Austr. E; inf.⟩ **0.1** ***ziekte*** ◆ **3.1** get the ~ *ziek worden*.

woke [woʊk]⟨verl. t. en volt. deelw.⟩ →wake.

woken ['woʊkən]⟨volt. deelw.⟩ →wake.

wold [woʊld]⟨telb.zn.; vaak mv. met enk. bet.; als 2e lid v. samenst. vnl. W-⟩ **0.1** ⟨ong.⟩ ***heide*** ⇒*onbebost heuvelland* ⟨vgl. het Ned. achtervoegsel -wold(e)⟩ ◆ **7.1** the (Yorkshire) Wolds *de Yorkshire Wolds*.

wolf[1] [wʊlf]⟨f3⟩⟨zn.; wolves [wʊlvz]; in bet. I 0.1 ook wolf; →mv. 3, 4⟩⟨→sprw. 247, 743⟩

I ⟨telb.zn.⟩ **0.1** ***wolf*** ⟨ook dierk.; i.h.b. Canis lupus⟩ **0.2** ***haai*** ⇒*gier, inhalig/hebzuchtig iem.* **0.3** ⟨inf.⟩ ***casanova*** ⇒*vrouwenjager* **0.4** ⟨muz.⟩ ***wolf*** ⟨huilende bijtoon; vals interval⟩ ◆ **1.¶** keep the ~ from the door *(nog) brood op de plank hebben, de kost verdienen, de mond openhouden;* have/hold a ~ by the ears *een wolf bij de oren houden, in een lastig parket/netelige situatie verkeren;* ~ in sheep's clothing *wolf in schaapskleren* **3.¶** cry ~ (too often) *(te vaak) (lichtvaardig) loos alarm slaan;* throw to the wolves *voor de leeuwen gooien, genadeloos opofferen;*

II ⟨n.-telb.zn.⟩ **0.1** ***wolf(spels)***.

wolf[2] ⟨ov.ww.⟩ **0.1** ***(op)schrokken*** ⇒*buffelen, verslinden, (op)eten als een wolf* ◆ **1.1** ~ (down) one's food *zijn eten naar binnen schrokken*.

'wolf call ⟨telb.zn.⟩⟨AE⟩ **0.1** ***lokfluitje*** ⟨vnl. v. mannen naar vrouw⟩.

'wolf cub ⟨telb.zn.; in bet. 0.2 ook W- C-⟩ **0.1** ***wolfsjong*** ⇒*wolfje* **0.2** ⟨vero.; BE; padvinderij⟩ ***welp***.

'wolf dog ⟨telb.zn.⟩ **0.1** ***wolfshond*** ⟨hond voor de wolvejacht⟩ **0.2** ***wolfshond*** ⟨kruising v. hond en wolf⟩.

'wolf fish ⟨telb.zn.⟩⟨dierk.⟩ **0.1** ***zeewolf*** ⟨genus Anarhichas⟩.

'wolf·hound ⟨telb.zn.⟩ **0.1** ***wolfshond*** ⇒⟨i.h.b.⟩ *barzoi; Ierse wolfshond*.

wolf·ish ['wʊlfɪʃ]⟨bn.; -ly⟩ **0.1** ***wolfachtig*** ⇒*als een wolf, wolf-* ◆ **1.1** ~ appetite *honger als een paard/wolf*.

wolf·kin ['wʊlfkɪn]⟨telb.zn.⟩ **0.1** ***wolfje*** ⇒*jonge wolf, wolfsjong*.

wolf·ling ['wʊlflɪŋ]⟨telb.zn.⟩ **0.1** ***jonge wolf*** ⇒*wolfje, wolfsjong*.

'wolf pack ⟨telb.zn.⟩⟨mil.⟩ **0.1** ***wolfpack*** ⟨aanvalseenheid v. onderzeeërs of jachtvliegtuigen⟩.

wolf·ram ['wʊlfrəm], ⟨in bet. 0.1 ook⟩ **wolf·ram·ite** [-aɪt]⟨n.-telb.zn.⟩ **0.1** ***wolfra(a)merts*** ⇒*wolframiet* **0.2** ⟨schei.⟩ ***wolfra(a)m*** ⇒*wolframium* ⟨element 74⟩.

wolfs·bane ['wʊlfsbeɪn]⟨telb. en n.-telb.zn.⟩⟨plantk.⟩ **0.1** ***akoniet*** ⇒*monnikskap* ⟨genus Aconitum⟩; ⟨i.h.b.⟩ *gele monnikskap* ⟨A. lycoctonum⟩ **0.2** ***winterakoniet*** ⇒*wolfswortel* ⟨Eranthis hyemalis⟩.

'wolf's-claw, 'wolf's-foot ⟨telb.zn.⟩⟨plantk.⟩ **0.1** ***wolfsklauw*** ⟨genus Lycopodium⟩.

'wolf·skin ⟨telb.zn.⟩ **0.1** ***wolfspels***.

'wolf's-milk ⟨telb.zn.⟩⟨plantk.⟩ **0.1** ***wolfsmelk*** ⟨genus Euphorbia⟩ ⇒⟨i.h.b.⟩ *kroontjeskruid* ⟨E. helioscopia⟩, *heksenmelk* ⟨E. esula⟩.

'wolf spider ⟨telb.zn.⟩⟨dierk.⟩ **0.1** ***wolfsspin*** ⟨fam. Lycosidae⟩.

'wolf tone, 'wolf note ⟨telb.zn.⟩⟨muz.⟩ **0.1** ***wolf*** ⇒*wolfsnoot*.

'wolf tooth ⟨telb.zn.⟩ **0.1** ***extra premolaar*** ⟨bij paard⟩.

'wolf whistle ⟨telb.zn.⟩ **0.1** ***lokfluitje*** ⟨v. mannen naar een vrouw⟩.

wol·ver·ine, wol·ver·ene ['wʊlvəri:n||-'ri:n]⟨zn.⟩

I ⟨telb.zn.⟩⟨dierk.⟩ **0.1** ***veelvraat*** ⟨Gulo gulo⟩;

II ⟨n.-telb.zn.⟩ **0.1** ***wolverine*** ⟨pels v. veelvraat⟩.

'Wolverine State ⟨eig.n.⟩⟨AE; scherts.⟩ **0.1** ***Michigan***.

wolves ⟨mv.⟩ →wolf.

wom·an[1] ['wʊmən]⟨f4⟩⟨zn.; women ['wɪmɪn]; →mv. 3⟩⟨→sprw. 433, 453, 499, 754, 755⟩

I ⟨telb.zn.⟩ **0.1** ***vrouw*** **0.2** ***(vrouw)mens*** ⇒*vrouwspersoon, wijf* **0.3** ***werkster*** ⇒*(dienst)meid* **0.4** ***verwijfde man*** ⇒*wijf* **0.5** ***maîtresse*** **0.6** ***vrouw*** ⇒*echtgenote* ◆ **1.¶** ~ with a past *vrouw met een verleden;* ~ of the streets *tippelaarster, straatmadelief, prostituée;* ~ of the town *hoer, prostituée;* ~ of the world *vrouw v.d. wereld, mondaine vrouw* **2.1** single ~ *ongetrouwde vrouw* **3.5** kept ~ *maîtresse* **3.¶** play the ~ *huilen; angst tonen* **7.¶** the other ~ *de ander* ⟨met wie een man het houdt⟩; *de rivale, het liefje;*

II ⟨n.-telb.zn.⟩ **0.1** ***de vrouw*** ⇒*het vrouwelijke geslacht* **0.2** ***de vrouw*** ⇒*de vrouwelijke emoties/gevoelens, het vrouwelijke wezen* ◆ **3.1** ~ differs from man *de vrouw verschilt/onderscheidt zich v.d. man* **5.2** all the ~ in her rose in rebellion *al wat vrouwelijk in haar was/haar hele vrouwelijke wezen kwam in opstand*.

woman[2] ⟨ov.ww.⟩⟨vero.⟩ **0.1** ***voorzien v. vrouwelijk personeel/vrouwen*** **0.2** ***verwekelijken*** ⇒*vervrouwelijken, als vrouw doen gedragen, doen huilen e.d.*.

-wom·an [wʊmən] **0.1** ***-vrouw*** ⇒*-te, -ster, -es* ◆ **¶.1** countrywoman *landgenote;* gentlewoman *edelvrouw;* needlewoman *naaister*.

'woman 'author ⟨telb.zn.; women authors; →mv. 6⟩ **0.1** ***schrijfster***.

'wom·an-chas·er ⟨telb.zn.⟩ **0.1** ***rokken/vrouwenjager*** ⇒*Don Juan, charmeur*.

'woman 'doctor ⟨telb.zn.; women doctors; →mv. 6⟩ **0.1** ***vrouwelijke arts***.

'woman 'driver ⟨telb.zn.; women drivers; →mv. 6⟩ **0.1** ***chauffeuse*** ⇒*vrouw achter het stuur*.

'woman friend ⟨telb.zn.; women friends; →mv. 6⟩ **0.1** ***vriendin***.

'wom·an-hat·er ⟨telb.zn.⟩ **0.1** ***vrouwenhater***.

wom·an·hood ['wʊmənhʊd]⟨f1⟩⟨zn.⟩

I ⟨n.-telb.zn.⟩ **0.1** ***vrouwelijkheid*** ⇒*vrouwelijke staat, het (volwassen) vrouw-zijn* **0.2** ***vrouwelijkheid*** ⇒*vrouwelijk instinct;*

II ⟨verz.n.⟩ **0.1** ***de vrouwen*** ⇒*het vrouwelijk geslacht*.

wom·an·ish ['wʊmənɪʃ]⟨bn.; -ly; -ness⟩ **0.1** ***vrouwelijk*** ⇒*vrouw(en)-* **0.2** ⟨vnl. pej.⟩ ***verwijfd*** ◆ **1.1** ~ clothes *vrouwenkleren* **1.2** ~ walk *verwijfd loopje*.

wom·an·ize, -ise ['wʊmənaɪz]⟨ww.⟩

I ⟨onov.ww.⟩ **0.1** ***achter de vrouwen aan zitten*** ⇒*(altijd) op de versiertoer zijn;*
II ⟨ov.ww.⟩ **0.1** ***vervrouwelijken.***
wom·an·iz·er, -is·er ['wʊmənaɪzə‖-ər]⟨telb.zn.⟩ **0.1** ***vrouwenjager*** ⇒*rokkenjager, (ras)versierder.*
'wom·an'kind, 'wom·en·'kind ⟨verz.n.⟩ **0.1** ***de vrouwen*** ⇒*het vrouwelijke geslacht* ◆ **7.¶** one's ~ *het vrouwvolk, zijn vrouwelijke gezinsleden.*
wom·an·less ['wʊmənləs]⟨bn.⟩ **0.1** ***zonder vrouw.***
wom·an·like ['wʊmənlaɪk]⟨f1⟩⟨bn.⟩ **0.1** →womanly.
wom·an·ly ['wʊmənli]⟨f1⟩⟨bn.;-er;-ness;→bijw. 3⟩ **0.1** ***vrouwelijk*** ⇒*kenmerkend/passend voor een vrouw.*
'wom·an·pow·er ⟨n.-telb.zn.⟩ **0.1** ***vrouwelijke arbeidskracht(en).***
'woman's 'rights, 'women's 'rights ⟨f1⟩⟨mv.⟩ **0.1** ***gelijkberechtiging v.d. vrouw*** ⇒*vrouwenrechten, de rechten v.d. vrouw.*
'woman 'suffrage ⟨n.-telb.zn.⟩ **0.1** ***vrouwenkiesrecht.***
'woman's 'wit ⟨n.-telb.zn.⟩ **0.1** ***vrouwelijke intuïtie.***
womb [wu:m]⟨f1⟩⟨telb.zn.⟩ **0.1** ***baarmoeder*** ⇒⟨ook fig.⟩ *schoot* **0.2** ⟨vero.⟩ ***(onder)buik*** ◆ **1.¶** the ~ of time *de schoot der toekomst; het begin der tijden.*
wom·bat ['wɒmbæt‖'wɑm-]⟨telb.zn.⟩⟨dierk.⟩ **0.1** ***wombat*** ⟨Phascolomis ursinus⟩ **0.2** ***breedkopwombat*** ⟨Lasiorhinus latifrons⟩.
'womb-to-'tomb ⟨bn., attr.⟩⟨AE; inf.⟩ **0.1** ***van de wieg tot het graf*** ⇒*volledig.*
wom·en ⟨mv.⟩ →woman.
'wom·en·folk ⟨verz.n.⟩ **0.1** ***vrouwelijke gezinsleden*** ⇒*vrouwvolk* **0.2** ⟨inf.⟩ ***vrouwvolk*** ⇒*vrouwen.*
'wom·en·folks ⟨mv.⟩ **0.1** →womenfolk.
'women's group ⟨telb.zn.⟩ **0.1** ***vrouwengroep.***
Women's Institute ['wɪmɪnz 'ɪnstɪtju:t‖-tu:t]⟨eig.n.⟩⟨BE⟩ **0.1** ⟨ong.⟩ ***plattelandsvrouwenbeweging/vereniging.***
Women's Lib [- 'lɪb], **'Women's Libe'ration** ⟨f1⟩⟨n.-telb.zn.; ook w- l-⟩ **0.1** ***vrouwenemancipatiebeweging*** ⇒⟨ong.⟩ *Dolle Mina, Rooie Vrouwen, feminisme.*
Women's Libber [- 'lɪbə‖-ər]⟨telb.zn.; ook w- l-⟩ **0.1** ***lid v.d. vrouwenemancipatiebeweging*** ⇒⟨ong.⟩ *Dolle Mina, lid v.d. Rooie Vrouwen, feministe.*
women's magazine ['- '-]⟨telb.zn.⟩ **0.1** ***dames(week)blad*** ⇒*vrouwenblad.*
'women's movement ⟨n.-telb.zn.; the⟩ **0.1** ***vrouwenbeweging.***
'women's refuge, 'women's 'refuge centre, 'women's shelter ⟨f1⟩⟨telb.zn.⟩ **0.1** ***blijf-van-mijn-lijfhuis*** ⇒⟨B.⟩ *(vrouwen)vluchthuis, vrouwenhuis.*
'women's studies ⟨mv.; ww. ook enk.⟩ **0.1** ***vrouwenstudies.***
'women's suffrage ⟨n.-telb.zn.⟩ **0.1** ***stemrecht voor vrouwen.***
won [wʌn]⟨verl. t. en volt. deelw.⟩ →win.
won·der[1] ['wʌndə‖-ər]⟨f3⟩⟨zn.⟩⟨→sprw. 756, 757⟩
I ⟨telb.zn.⟩ **0.1** ***wonder*** ⇒*volmaakt voorwerp* **0.2** ***wonder*** ⇒*mirakel* **0.3** ⟨inf.⟩ ***wereldwonder*** ⇒*duivelskunstenaar* **0.4** ⟨AE⟩ ***knijpkoekje*** ⇒*knijpertje* ◆ **1.1** the seven Wonders of the World *de zeven wereldwonderen/wonderen der wereld* **3.2** ~s will never cease *de wonderen zijn de wereld nog niet uit;* ⟨fig.⟩ do/work ~s *wonderen doen/verrichten* **6.¶ for** a ~ *wonder boven wonder, zowaar; verrassend genoeg; onverwachts; bij uitzondering* **7.¶** what a ~! *wonderbaarlijk!; onvoorstelbaar!* **¶.1** it's a ~ (that) *het is een wonder/verbazingwekkend (dat);* the ~ is *het wonderlijke is;*
II ⟨n.-telb.zn.⟩ **0.1** ***ver/bewondering*** ⇒*(bewonderende) verbazing, ontzag* ◆ **2.1** look at sth. in open-mouthed/silent ~ *stomverwonderd/in stille verbazing naar iets kijken* **3.1** filled with ~ *vol bewondering;* look all ~ *een en al verbazing zijn* **7.¶** (it is/it's) little/no ~ (that) *(het is) geen wonder (dat);* what ~ *geen wonder, nogal logisch.*
wonder[2] ⟨f4⟩⟨ww.⟩
I ⟨onov.ww.⟩ **0.1** ***verbaasd staan*** ⇒*verrast zijn, zich verwonderen, zich verbazen, (vreemd) opkijken* **0.2** ***benieuwd zijn*** ⇒*zich iets afvragen* **0.3** ***iets betwijfelen*** ⇒*zich iets afvragen* ◆ **3.1** I don't ~ *geen wonder; (dat/het) verbaast me niet(s);* I ~ed to hear *tot mijn verbazing hoorde ik;* stand ~ing *vreemd opkijken, verbaasd staan* **3.2** I'm ~ing *ik ben benieuwd* **6.1** I don't ~ **at** her hesitation *haar aarzeling verbaast me niet;* it's not to be ~ed **at** *het is niet verwonderlijk;* ~ **at** sth. *verbaasd van iets staan, vreemd van iets opkijken* **¶.3** is that so? I ~ (about it) *o ja? Ik betwijfel het (ten zeerste)/moet het nog zien/vraag het me af;*
II ⟨ov.ww.⟩ **0.1** ***zich verbazen over*** ⇒*verrast zijn over/door, zich verwonderen over, vreemd opkijken van* **0.2** ***benieuwd zijn naar*** ⇒*zich afvragen* ◆ **4.2** I ~ what the time/who it is *hoe laat/wie zou het zijn?, ik ben benieuwd hoe laat/wie het is;* I ~ who sill win *ik ben benieuwd/het zal mij benieuwen wie er wint* **5.2** she was just ~ing how you were *ze vroeg zich net af hoe het met je ging* **8.1** I shouldn't ~ if... *het zou me niet verbazen als, het zit er dik in dat...; ik zou maar niet vreemd opkijken als...;* I ~ed he wasn't fined *tot mijn verbazing kreeg hij geen bekeuring;* ~ that *zich erover verbazen dat* **8.2** I ~ whether I might ask you sth. *zou ik u iets mogen vragen?;* I ~ whether she noticed *ik vraag me af of ze het gemerkt heeft.*
'wonder boy ⟨telb.zn.⟩ **0.1** ***wonderkind.***
'wonder drug ⟨telb.zn.⟩ **0.1** ***wondermiddel/medicijn.***
won·der·ful ['wʌndəfl‖-dər-]⟨f3⟩⟨bn.; -ly; -ness⟩ **0.1** ***verwonderlijk*** ⇒*verbazingwekkend, opzienbarend, bewonderenswaardig, wonderbaarlijk* **0.2** ***schitterend*** ⇒*geweldig, fantastisch, heerlijk* **0.3** ***prachtig*** ⇒*oogstrelend, wonderschoon.*
won·der·ing·ly ['wʌndrɪŋli]⟨bw.⟩ **0.1** ***verwonderd*** ⇒*verbaasd, bewonderend, met ontzag.*
'won·der·land ⟨f1⟩⟨zn.⟩
I ⟨telb.zn.; vnl. enk.⟩ **0.1** ***wonderland*** ⇒*wonderschoon/sprookjesachtig gebied;*
II ⟨n.-telb.zn.⟩ **0.1** ***wonderland*** ⇒*sprookjesland/wereld.*
won·der·ment ['wʌndəmənt‖-dər-]⟨zn.⟩
I ⟨telb.zn.⟩ **0.1** ***wonder*** ⇒*mirakel;*
II ⟨n.-telb.zn.⟩ **0.1** ***verwondering*** ⇒*verbazing, verrassing, ontzag* **0.2** ***verwondering*** ⇒*onbegrip, nieuwsgierigheid.*
'won·der·mon·ger ⟨telb.zn.⟩ **0.1** ***wonderdoener*** **0.2** ***verteller v. wonderen/wonderverhalen.***
'won·der-strick·en, 'won·der-struck ⟨bn.⟩ **0.1** ***stomverwonderd*** ⇒*perplex, met stomheid geslagen.*
'won·der·work·er ⟨telb.zn.⟩ **0.1** ***wonderdoener.***
'won·der·work·ing ⟨bn.⟩ **0.1** ***wonderdadig*** ⇒*wonderdoend, miraculeus.*
won·drous[1] ['wʌndrəs]⟨f1⟩⟨bn.; -ly; -ness⟩⟨schr.⟩ **0.1** ***wonder*** ⇒*verwonderlijk, wonderbaarlijk* ◆ **1.1** ~ tales *wondere vertellingen.*
wondrous[2] ⟨bw.; alleen in comb. met bijv. nw.⟩ **0.1** ***wonder*** ⇒*bovenmatig, buitengemeen* ◆ **2.1** ~ rare *buitengemeen zeldzaam.*
won·ky ['wɒŋki‖'wɑŋki]⟨bn.; ook -er; →compar. 7⟩⟨BE; sl.⟩ **0.1** ***krakkemikkig*** ⇒*wankel, wrak;* ⟨fig.⟩ *onzeker, slap, onvast, beverig, zwak.*
wont[1] [woʊnt]⟨n.-telb.zn.⟩⟨schr.⟩ **0.1** ***gewoonte*** ⇒*usance* ◆ **8.1** as is my ~ *zoals ik pleeg te doen/bij mij te doen gebruikelijk (is).*
wont[2] ⟨bn., pred.⟩⟨schr.⟩ **0.1** ***gewoon*** ⇒*gewend* ◆ **¶.1** be ~ to *plegen/gewoon zijn te.*
wont[3] ⟨ww.; verl. t. en volt. deelw. ook wont⟩⟨schr.⟩
I ⟨onov.ww.⟩ **0.1** ***plegen*** ⇒*gewoon/gewend zijn;*
II ⟨ov.ww.⟩ **0.1** ***(ge)wennen*** ⇒*vertrouwd maken* ◆ **6.1** ~ **to/with** *(ge)wennen aan, vertrouwd maken met.*
won't [woʊnt]⟨samentr. v. will not; →t2⟩ →will.
wont·ed ['woʊntɪd]⟨bn., attr.⟩ **0.1** ***gewoonlijk*** ⇒*gebruikelijk.*
woo [wu:]⟨f1⟩⟨ww.⟩
I ⟨onov.ww.⟩ **0.1** ***een vrouw het hof maken*** ⇒*(uit) vrijen (gaan);*
II ⟨ov.ww.⟩ **0.1** ***dingen naar (de gunst van)*** ⇒*voor zich trachten te winnen* **0.2** ***najagen*** ⇒*nastreven* **0.3** ***trachten over te halen*** ⇒*aansporen, aandringen, (ver)lokken* **0.4** ⟨schr.⟩ ***het hof maken*** ⇒*dingen naar de hand van* ◆ **1.1** ~ the voters *dingen naar de gunst v.d. kiezers* **1.2** ~ success *succes zoeken/nastreven* **1.4** ~ a woman *een vrouw het hof maken* **3.3** ~ s.o. to do sth. *iem. trachten over te halen iets te doen.*
wood[1] [wʊd]⟨f3⟩⟨zn.⟩⟨→sprw. 758⟩
I ⟨telb.zn.⟩ **0.1** ⟨vaak mv. met enkelvoudige bet.⟩ ***bos*** **0.2** ⟨bowls⟩ ***bowl*** ⟨eenzijdig verzwaarde bal⟩ **0.3** ***golfclub met houten kop*** ⇒*wood* **0.4** ***houten blaasinstrument*** **0.5** ***houtsoort*** **0.6** ⟨sl.⟩ ***bar*** ⇒*toog* ◆ **1.1** a walk in the ~s *een wandeling in het bos/de bossen* **2.5** a hard ~ *een harde houtsoort* **3.1** beat the ~s *wild uit het bos (op)drijven/jagen, de bossen afzoeken/uitkammen* **3.¶** he can't see the ~ for the trees *hij ziet door de bomen het bos niet meer* **6.¶ out of** the ~/⟨AE⟩ ~s *in veilige haven, de moeilijkheden te boven, uit de problemen/de gevarenzone, buiten gevaar;* don't halloo till you are **out of** the ~/⟨AE⟩ ~s *juich niet te vroeg, prijs de dag niet voor het avond is;*
II ⟨n.-telb.zn.⟩ **0.1** ***hout*** ◆ **2.¶** ⟨muz.⟩ the ~ is too loud *het hout is te luid* **3.1** made of ~ *van hout;* touch/⟨AE⟩ knock (on) ~ *het afkloppen* **3.¶** ⟨inf.⟩ saw ~ *ronken, snurken, slapen als een blok* **6.¶ from** the ~ *uit het vat/de tap, op fust.*
wood[2] ⟨bn.⟩ **0.1** ***houten.***
wood[3] ⟨zn.⟩ →wooded
I ⟨onov.ww.⟩ **0.1** ***hout innemen/verzamelen;***
II ⟨ov.ww.⟩ **0.1** ***bebossen*** **0.2** ***met hout vullen*** ⇒*van hout voorzien.*
'wood 'alcohol ⟨n.-telb.zn.⟩ **0.1** ***hout/methylalcohol.***
'wood anemone ⟨telb.zn.⟩⟨plantk.⟩ **0.1** ***bosanemoon*** ⇒*windroos* ⟨Anemone nemorosa⟩.
'wood ant ⟨telb.zn.⟩⟨dierk.⟩ **0.1** ***rode bosmier*** ⟨Formica rufa⟩.
'wood betony ⟨telb.zn.⟩⟨plantk.⟩ **0.1** ***kartelblad*** ⟨genus Pedicularis⟩.

wood·bine ['wʊdbaɪn], **wood·bind** ['wʊdbaɪnd]⟨telb.zn.⟩⟨plantk.⟩ **0.1** ***wilde kamperfoelie*** ⟨Lonicera periclymenum⟩ **0.2** ⟨AE⟩ ***wilde wingerd*** ⟨Parthenocissus quinquefolia⟩.
'wood·block ⟨telb.zn.⟩ **0.1** ⟨beeld.k.⟩ ***hout(snee)blok*** **0.2** ⟨AE; beeld.k.⟩ ***houtsnede*** **0.3** ⟨muz.⟩ ***woodblock*** **0.4** ⟨BE⟩ ***vloerdeel.***
'wood·bor·er ⟨telb.zn.⟩ **0.1** ***houtboorder*** ⟨insekt⟩.
'wood·bound ⟨bn.⟩ **0.1** ***door bos/houtgewas omgeven/ingesloten.***
'wood·carv·er ⟨telb.zn.⟩ **0.1** ***houtsnijder.***
'wood·carv·ing ⟨telb. en n.-telb.zn.⟩ **0.1** ***houtsculptuur*** ⇒*houtsnijwerk.*
'wood·chat, 'woodchat 'shrike ⟨telb.zn.⟩⟨dierk.⟩ **0.1** ***roodkopklauwier*** ⟨Lanius senator⟩.
'wood·chop·per ⟨telb.zn.⟩ **0.1** ***houthakker.***
'wood·chuck ⟨telb.zn.⟩⟨dierk.⟩ **0.1** ***bosmarmot*** ⟨Marmota monax⟩.
'wood coal ⟨n.-telb.zn.⟩ **0.1** ***houtskool.***
'wood·cock ⟨telb.zn.; ook woodcock; →mv. 4⟩⟨dierk.⟩ **0.1** ***houtsnip*** ⟨Scolopax rusticola⟩.
'wood·craft ⟨n.-telb.zn.⟩ **0.1** ***houtsnijkunst*** ⇒*houtbewerking* **0.2** ***boskennis*** ⇒*oriëntatievermogen, het vermogen zich te redden in een bos.*
'wood·cut ⟨telb.zn.⟩⟨beeld.k.⟩ **0.1** ***houtsnede*** **0.2** ***hout(snee)blok.***
'wood·cut·ter ⟨f1⟩⟨telb.zn.⟩ **0.1** ***houthakker*** **0.2** ***houtgraveur/snijder.***
'wood duck ⟨telb.zn.⟩⟨dierk.⟩ **0.1** ***carolinaeend*** ⟨Aix sponsa⟩.
wood·ed ['wʊdɪd]⟨bn.; volt. deelw. v. wood⟩ **0.1** ***bebost*** ⇒*bosrijk.*
wood·en ['wʊdn]⟨f3⟩⟨bn.; -ly; -ness⟩
I ⟨bn.⟩ **0.1** ***houterig*** ⇒*stijf, star, harkerig* **0.2** ***wezenloos*** ⇒*onaandoenlijk, apathisch;*
II ⟨bn., attr.⟩ **0.1** ***houten*** ◆ **1.1** ⟨gesch.⟩ ~ horse *houten/Trojaans paard;* ~ Indian *houten Indiaan* ⟨voor sigarenwinkels in U.S.A.⟩; ~ shoe *klomp* **1.¶** ⟨AE; sl.⟩ ~ kimono *doodkist;* ⟨BE; inf.⟩ the ~ spoon *de poedelprijs;* ~ walls *(kustverdedigings)schepen, vloot.*
'wood engraver ⟨telb.zn.⟩ **0.1** ***houtgraveur/snijder*** **0.2** ***houtkever*** ⇒⟨i.h.b.⟩ *bast/schorskever.*
'wood engraving ⟨telb. en n.-telb.zn.⟩ **0.1** ***houtgravure/graveerkunst.***
'wood·en·head ⟨telb.zn.⟩ **0.1** ***stomkop.***
'wood·en'head·ed ⟨bn.⟩ **0.1** ***dom*** ⇒*stom, bot, achterlijk.*
'wood·en·ware, 'wood·ware ⟨n.-telb.zn.⟩ **0.1** ***houtwaren*** ⇒*houten artikelen/spullen;* ⟨i.h.b.⟩ *houten keukengerei.*
'wood·fib·re ⟨telb. en n.-telb.zn.⟩ **0.1** ***houtvezel/slijp.***
'wood fretter ⟨telb.zn.⟩ **0.1** ***houtworm.***
'wood·gas ⟨n.-telb.zn.⟩ **0.1** ***houtgas.***
'wood·grain ⟨n.-telb.zn.; ook attr.⟩ **0.1** ***houtnerf.***
'wood·grouse ⟨telb.zn.⟩⟨dierk.⟩ **0.1** ***auerhoen*** ⟨Tetrao urogallus⟩.
'wood hyacinth ⟨telb.zn.⟩⟨plantk.⟩ **0.1** ***wilde hyacint*** ⟨Scilla non-scripta⟩.
'wood ibis ⟨telb.zn.⟩⟨dierk.⟩ **0.1** ***Am. nimmerzat*** ⟨Mycteria americana⟩.
wood·land ['wʊdlənd]⟨f2⟩⟨telb. en n.-telb.zn.; vaak attr.; vaak mv. met enkelvoudige bet.⟩ **0.1** ***bos(gebied/terrein)*** ⇒*bosrijke streek.*
'wood·lark ⟨telb.zn.⟩⟨dierk.⟩ **0.1** ***boomleeuwerik*** ⟨Lullula arborea⟩.
wood·less ['wʊdləs]⟨bn.⟩ **0.1** ***bosloos*** ⇒*onbebost* **0.2** ***houtloos/vrij.***
'wood lot ⟨telb.zn.⟩ **0.1** ***bosbouwgebied*** ⇒*houtkamp, stuk/perceel bos.*
'wood louse ⟨telb.zn.⟩ **0.1** ***pissebed*** **0.2** ***stofluis*** **0.3** ***termiet*** ⇒*witte mier.*
wood·man ['wʊdmən]⟨telb.zn.; woodmen; →mv. 3⟩⟨BE⟩ **0.1** ***houtvester*** **0.2** ***boswachter*** **0.3** ***houthakker.***
'wood mouse ⟨telb.zn.⟩⟨dierk.⟩ **0.1** ***bosmuis*** ⟨Apodemus sylvaticus⟩.
'wood·note ⟨telb.zn.; vnl. mv.⟩ **0.1** ***bosgeluid*** ⇒*wildzang* ⟨ook fig.⟩.
'wood nymph ⟨telb.zn.⟩ **0.1** ***bosnimf.***
'wood owl ⟨telb.zn.⟩⟨dierk.⟩ **0.1** ***bosuil*** ⟨Strix aluco⟩.
'wood paper ⟨n.-telb.zn.⟩ **0.1** ***hout(stof)papier.***
'wood·peck·er ⟨f1⟩⟨telb.zn.⟩⟨dierk.⟩ **0.1** ***specht*** ⟨fam. Picidae⟩ ◆ **2.1** great spotted ~ *grote bonte specht* ⟨Dendrocopos major⟩; lesser spotted ~ *kleine bonte specht* ⟨Dendrocopos minor⟩.
'wood pie ⟨telb.zn.⟩⟨BE⟩ **0.1** ***grote bonte specht.***
'wood pigeon ⟨telb.zn.⟩⟨dierk.⟩ **0.1** ***houtduif*** ⟨Columba palumbus⟩.
'wood·pile ⟨telb.zn.⟩ **0.1** ***houtmijt/stapel*** ⇒*stapel (brand)hout.*
'wood pimpernel ⟨telb.zn.⟩⟨plantk.⟩ **0.1** ***boswederik*** ⟨Lysimachia nemorum⟩.
'wood pulp ⟨n.-telb.zn.⟩ **0.1** ***houtpulp.***
'wood-push·er ⟨telb.zn.⟩⟨sl.⟩ **0.1** ***slechte schaker.***
wood·ruff ['wʊdrʌf]⟨telb.zn.⟩⟨plantk.⟩ **0.1** ***bedstro*** ⟨genus Asperula⟩ ⇒⟨i.h.b.⟩ *lievevrouwebedstro* ⟨Asperula odorata⟩.
'wood rush ⟨telb.zn.⟩⟨plantk.⟩ **0.1** ***veldbies*** ⟨genus Luzula⟩.
'wood sage ⟨telb.zn.⟩⟨plantk.⟩ **0.1** ***valse salie*** ⟨Teucrium scorodonia⟩.
'wood 'sandpiper ⟨telb.zn.⟩⟨dierk.⟩ **0.1** ***bosruiter*** ⟨Tringa glareola⟩.
'wood·scape ⟨telb.zn.⟩ **0.1** ***bosgezicht/landschap.***
'wood·screw ⟨telb.zn.⟩ **0.1** ***houtschroef.***
'wood·shed ⟨telb.zn.⟩ **0.1** ***houtschuur(tje)*** ⇒*houtloods, houthok.*
'wood·skin ⟨telb.zn.⟩ **0.1** ***(boom)schorskano*** ⇒*korjaal.*
woods·man ['wʊdzmən]⟨telb.zn.; woodsmen; →mv. 3⟩ **0.1** ***boswoner*** **0.2** ***woudloper*** **0.3** ***houtvester*** **0.4** ***boswachter*** **0.5** ***houthakker.***
'wood·smoke ⟨n.-telb.zn.⟩ **0.1** ***houtrook.***
'wood sorrel ⟨telb.zn.⟩⟨plantk.⟩ **0.1** ***klaverzuring*** ⟨genus Oxalis⟩.
'wood spirit(s) ⟨n.-telb.zn.⟩ **0.1** ***houtgeest*** ⟨onzuivere methylalcohol⟩.
'wood·spite ⟨telb.zn.⟩⟨dierk.⟩ **0.1** ***groene specht*** ⟨Picus viridis⟩.
'wood·stove, 'wood-burning stove ⟨f1⟩⟨telb.zn.⟩ **0.1** ***houtkachel.***
'wood sugar ⟨telb. en n.-telb.zn.⟩ **0.1** ***houtsuiker.***
woods·y ['wʊdsi]⟨f1⟩⟨bn.; -er; →compar. 7⟩⟨AE⟩ **0.1** ***(als) v.h. bos*** ⇒*bos-.*
'wood tar ⟨n.-telb.zn.⟩ **0.1** ***houtteer.***
'wood vinegar ⟨n.-telb.zn.⟩ **0.1** ***houtazijn/zuur.***
'wood·wall, wood·wale ['wʊdwɔ:l]⟨telb.zn.⟩⟨BE⟩ **0.1** ***groene specht*** ⇒*houtspecht* ⟨Picus viridis⟩.
'wood warbler ⟨telb.zn.⟩⟨dierk.⟩ **0.1** ***fluiter*** ⟨Phylloscopus sibilatrix⟩ **0.2** ***woudzanger*** ⟨fam. Parulidae⟩.
wood·ward ['wʊdwəd‖-wərd]⟨f1⟩⟨bw.⟩ **0.1** ***boswaarts.***
'wood·wasp ⟨telb.zn.⟩ **0.1** ***boswesp.***
'wood·wax·en ⟨telb.zn.⟩⟨plantk.⟩ **0.1** ***verfbrem*** ⟨Genista tinctoria⟩.
'wood·wind ⟨f1⟩⟨verz.n.; mv. met zelfde bet.⟩⟨muz.⟩ **0.1** ***hout*** ⟨houten blaasinstrumenten in orkest⟩.
'wood·wool ⟨n.-telb.zn.⟩ **0.1** ***bos/houtwol.***
'wood·work ⟨f2⟩⟨n.-telb.zn.⟩ **0.1** ***houtbewerking*** ⇒*timmermans/schrijnwerkerskunst* **0.2** ***houtwerk.***
'wood·worm ⟨f1⟩⟨telb. en n.-telb.zn.⟩ **0.1** ***houtworm.***
wood·y ['wʊdi]⟨f1⟩⟨bn.; -er; -ness; →bijw. 3⟩ **0.1** ***houtachtig*** ⇒*houtig, hout-, verhout* **0.2** ***boom/bosrijk*** ⇒*(dicht) bebost* ◆ **1.1** ⟨plantk.⟩ ~ nightshade *bitterzoet* ⟨Solanum dulcamara⟩.
'wood yard ⟨telb.zn.⟩ **0.1** ***houtopslag(plaats/terrein)*** ⇒*houttuin.*
woo·er ['wu:ə‖-ər]⟨telb.zn.⟩⟨schr.⟩ **0.1** ***vrijer*** ⇒*minnaar, geliefde.*
woof[1] [wʊf⟨in bet. II⟩wu:f‖wʊf]⟨zn.⟩
I ⟨telb.zn.⟩ **0.1** ***woef(geluid)*** ⇒*waf, blaf, geblaf;*
II ⟨n.-telb.zn.; the⟩ **0.1** ***inslag*** ⟨v. weefsel⟩ **0.2** ***weefwijze/structuur.***
woof[2] ⟨onov.ww.⟩ **0.1** ***waffen*** ⇒*blaffen.*
woof·er ['wu:fə‖'wʊfər]⟨telb.zn.⟩ **0.1** ***woofer*** ⇒*lagetonenconus/luidspreker.*
wool[1] [wʊl]⟨f3⟩⟨zn.⟩⟨→sprw. 475⟩
I ⟨telb.zn.⟩ **0.1** ***wolgaren/soort*** ⇒*sajet;*
II ⟨n.-telb.zn.⟩ **0.1** ***(scheer)wol*** ⇒⟨bij uitbr.⟩ *wolachtige substantie* **0.2** ***wol(len kleding)*** **0.3** ⟨scherts.⟩ ***(kroes)haar*** ⇒*haardos, ragebol* ◆ **1.1** ~ in the grease *ongezuiverde wol* **1.¶** pull the ~ over s.o.'s eyes *iem. voor het lapje houden/zand in de ogen strooien/in de boot nemen* **3.2** wear ~ *wol(len kleding) dragen* **3.¶** dyed in the ~ *door de wol geverfd;* keep your ~ on *maak je niet dik/druk, hou je in, laat je niet opnaaien;* ⟨inf.⟩ lose one's ~ *kwaad worden, uit zijn slof schieten, zijn geduld/zelfbeheersing verliezen.*
wool[2] ⟨bn.⟩ **0.1** ***wollen*** ⇒*van wol.*
'wool·ball ⟨telb.zn.⟩ **0.1** ***wolbal*** ⟨i.h.b. in schapemaag⟩.
'wool·card·er ⟨telb.zn.⟩ **0.1** ***wolkaarder.***
'wool·card·ing ⟨n.-telb.zn.⟩ **0.1** ***wolkaarden.***
'wool-clip ⟨telb.zn.⟩ **0.1** ***woloogst/opbrengst.***
'wool·comb·er ⟨telb.zn.⟩ **0.1** ***wolkammer.***
'wool·comb·ing ⟨n.-telb.zn.⟩ **0.1** ***wolkammen.***
woold [wʊld‖wu:ld]⟨ov.ww.⟩⟨scheep.⟩ **0.1** ***omwoelen.***
wool·dyed ['wʊl'daɪd]⟨bn.⟩ **0.1** ***in/door de wol geverfd.***
'wool fat ⟨n.-telb.zn.⟩ **0.1** ***wolvet*** ⇒*lanoline.*
'wool·fell ⟨telb.zn.⟩ **0.1** ***(schape)vacht.***
'wool·gath·er·ing[1] ⟨n.-telb.zn.⟩ **0.1** ***verstrooidheid*** ⇒*afwezigheid, dromerigheid, dagdromerij.*
woolgathering[2] ⟨bn.⟩ **0.1** ***verstrooid*** ⇒*afwezig, dromerig, met zijn gedachten elders, met zijn hoofd er niet bij, in hoger sferen.*
'wool·grow·er ⟨telb.zn.⟩ **0.1** ***wolschapenfokker*** ⇒*wolboer/fabrikant.*
woolled, ⟨AE sp. ook⟩ **wooled** [wʊld]⟨bn.⟩ **0.1** ⟨vnl. als 2e lid in samenstellingen⟩ ***wollig*** ⇒*harig* **0.2** ***woldragend.***
wool·len[1], ⟨AE sp. ook⟩ **wool·en** ['wʊlən]⟨zn.⟩
I ⟨telb.zn.⟩ **0.1** ***wollen weefsel*** ⇒*wolweefsel;*
II ⟨mv.; ~s⟩ **0.1** ***wollen kledingstukken*** ⇒*wolgoed.*
woollen[2], ⟨AE sp. ook⟩ **woolen** ⟨f1⟩⟨bn.⟩
I ⟨bn.⟩ **0.1** ***wollen*** ⇒*van wol;*

II ⟨bn., attr.⟩ **0.1** ***wol-*** ⇒*mbt. wol* ◆ **1.1** ~ merchant *wolhandelaar;* ~ mill *wolspinnerij/fabriek.*
'wool·len-drap·er ⟨telb.zn.⟩ ⟨BE; gesch.⟩ **0.1** ***wolgoedhandelaar/verkoper.***
wool·ly[1], ⟨AE sp. ook⟩ **wool·y** ['wʊli] ⟨f1⟩ ⟨telb.zn.; →mv. 2⟩ ⟨vnl. mv.⟩ **0.1** ***wolletje*** ⇒*trui, wollen kledingstuk/ondergoed* **0.2** ⟨sl.; bel.⟩ ***neger*** ⇒*kroeskop* **0.3** ⟨sl.⟩ ***schaap.***
woolly[2], ⟨AE sp. ook⟩ **wooly** ⟨f2⟩ ⟨bn.; -er; -ness; →bijw. 3⟩ **0.1** ***woldragend*** ⇒*met wol bedekt* **0.2** ***wolachtig*** ⇒*wollig, kroes* **0.3** ***wollig*** ⇒*onduidelijk, vaag, troebel, warrig, onscherp* **0.4** ***wollen*** ⇒*van wol* ◆ **1.¶** ~ bear *beerrups.*
'wool·ly-'head·ed ⟨bn.⟩ **0.1** ***warhoofdig*** **0.2** ***kroesharig.***
wool·man ['wʊlmən] ⟨telb.zn.; woolmen; →mv. 3⟩ **0.1** ***wolhandelaar.***
'wool oil ⟨n.-telb.zn.⟩ **0.1** ***wolvet.***
'wool·pack ⟨telb.zn.⟩ **0.1** ***(wol)baalzak*** **0.2** ***stapelwolk*** **0.3** ⟨gesch.⟩ ***baal wol*** ⇒*wolbaal.*
'wool·sack ⟨f1⟩ ⟨telb.zn.⟩ **0.1** ***wolzak*** ◆ **7.1** the ~ *de wolzak/woolsack* ⟨waarop de voorzitter v.h. Eng. Hogerhuis zit⟩; reach the ~ *Lord Chancellor/voorzitter v.h. Hogerhuis worden;* ⟨ong.⟩ *op het kussen geraken;* take seat on the ~ ⟨lett.⟩ *plaatsnemen op de wolzak; een zitting v.h. Hogerhuis openen.*
wool·sey →linsey-woolsey.
'wool·skin ⟨telb.zn.⟩ **0.1** ***(schape)vacht.***
'wool·sort·er ⟨telb.zn.⟩ **0.1** ***wolsorteerder.***
'woolsorter's disease ⟨telb. en n.-telb.zn.⟩ ⟨med.⟩ **0.1** ***miltvuur*** ⇒*koolzweer, anthrax, woolsorters disease* ⟨bij de mens⟩.
'wool-sta·pler ⟨telb.zn.⟩ **0.1** ***wolhandelaar/opkoper*** **0.2** ***wolsorteerder.***
'wool·work ⟨n.-telb.zn.⟩ **0.1** ***wolborduursel.***
wooz·y ['wu:zi] ⟨bn.; -er; -ly; -ness; →bijw. 3⟩ ⟨inf.⟩ **0.1** ***wazig*** ⇒*licht in het hoofd, ijl, onvast, suffig;* ⟨i.h.b.⟩ *aangeschoten, lichtelijk beneveld.*
wop →whop.
Wop [wɒp‖wɑp] ⟨f1⟩ ⟨telb.zn.; ook w-⟩ ⟨pej.⟩ **0.1** ***Italiaan*** ⇒*salamivolk, spaghettivreter.*
Worces·ter sauce ['wʊstə 'sɔ:s‖'wʊstər-], **Worces·ter·shire sauce** ['wʊstəʃə-‖'wʊstərʃər-] ⟨n.-telb.zn.⟩ **0.1** ***Worcester sauce/saus.***
Worcs ⟨afk.⟩ Worcestershire.
word[1] [wɜ:d‖wɜrd] ⟨f4⟩ ⟨zn.⟩ ⟨→sprw. 4, 100, 192, 253, 286, 299, 435, 438, 744, 759-761⟩
I ⟨telb.zn.⟩ **0.1** ***woord*** ⟨ook computer⟩ ⇒⟨bij uitbr.⟩ *(gesproken) uiting* **0.2** ⟨geen mv.⟩ ***(ere)woord*** ⇒*belofte* **0.3** ***(macht/wacht)woord*** ⇒*bevel* ◆ **1.1** ~ of command *commando, bevel, order;* in ~ and deed *met/in woord en daad;* have a ~ in s.o.'s ear *iem. iets toefluisteren;* ⟨relig.⟩ the Word of God, God's ~ *het Woord Gods;* by ~ of mouth *mondeling, van mond tot mond, via mondelinge overlevering;* put ~s in(to) s.o.'s mouth *iem. woorden in de mond leggen;* take the ~s out of s.o.'s mouth *iem. de woorden uit de mond halen;* a ~ to the wise *voor de goede verstaander* **1.2** his ~ is (as good as) his bond *je kunt hem op zijn woord vertrouwen, hij is een man v. zijn woord;* ~ of honour *woord v. eer, erewoord* **1.3** his ~ is law *zijn wil is wet* **1.¶** a ~ in season *een woordje op zijn tijd, een advies/raad op het juiste ogenblik/te rechter tijd* **2.1** a man of few ~s *een man v. weinig woorden;* of many ~s *spraakzaam, wijdlopig;* (not) in so many ~s *(niet) met zoveel woorden* **2.2** he's better than his ~ *hij komt zijn belofte(n) meer dan na;* he's as good as his ~ *wat hij belooft doet hij* **3.1** bandy ~s with s.o. *met iem. redetwisten/hoge woorden hebben;* ~s fail me *woorden schieten mij tekort;* right from the ~ go *vanaf het begin/de start/het startsein;* play (up)on ~s *(een) woordspeling(en) maken;* have a ~ to say *iets te zeggen/mee te delen hebben;* say a few ~s *een paar woorden zeggen, een toespraakje houden;* waste ~s *woorden verspillen* **3.2** break one's ~ *zijn woord breken/schenden;* I give you my ~ for it *ik verzeker het je op mijn erewoord;* give/pledge one's ~ *zijn woord geven;* go back on one's ~ *zijn woorden/belofte(n) terugnemen;* keep one's ~ *zijn woord nakomen, (zijn) woord houden;* take s.o.'s ~ for it *iem. op zijn woord geloven* **3.3** give the ~ before you pass *geef het wachtwoord voor je doorloopt;* say the ~ *een seintje geven;* say the ~, and I'll leave *als je liever hebt dat ik wegga, hoef je het alleen maar te zeggen* **3.¶** eat one's ~s *zijn woorden inslikken, iets terugnemen;* I could not get a ~ in edgeways/edgewise *ik kon er geen speld tussen krijgen;* hang (up)on s.o.'s ~s/every ~ *aan iemands lippen hangen;* not have a ~ to throw at a dog *boe noch ba zeggen, geen woord te missen hebben, hooghartig zwijgen;* the ~s stick in his throat *de woorden blijven hem in de keel steken;* weigh one's ~s *zijn woorden wegen* **6.1** take s.o. **at** his ~ *iem. aan zijn woord houden, iets dat iem. zegt letterlijk/woordelijk opvatten;* **beyond** ~s *niet in woorden uit te drukken; sprakeloos;* ~ **for** ~ *woord voor woord, woordelijk;* too... **for** ~s *te... om waar te zijn/voor woorden;* that is not the ~ **for** it *dat is het (juiste) woord niet, dat is te zwak uitgedrukt;* have no ~s **for** sth. *ergens geen woorden voor hebben;* **in** a/one ~ *kortom, kort en goed, in één woord;* **in** other ~s *met andere woorden, anders gezegd;* put **into** ~s *onder woorden brengen, verwoorden, formuleren;* I don't believe a ~ **of** it *ik geloof er geen woord/niets van;* have a ~ **with** s.o. *iem. (even) spreken;* ⟨euf.⟩ have ~s **with** s.o. *woorden hebben met iem.* **6.2 upon** my ~ *op mijn (ere)woord;* ⟨vero.⟩ my ~ **upon** it! *mijn woord erop!* **6.3 at** the general's ~ *op bevel v.d. generaal;* act **at** the ~ *(meteen) op het bevel in actie komen* **6.¶ at** a ~ *op afroep, direct opvraagbaar* **7.1** ⟨relig.⟩ the Word *het Woord;* the Word Made Flesh *het vleesgeworden Woord* ⟨Jezus⟩ **¶.2** (upon) my ~! *nee maar!, wat zeg je me daarvan!, mijn hemel!;*
II ⟨n.-telb.zn.⟩ **0.1** ***nieuws*** ⇒*bericht, boodschap* ◆ **3.1** when ~ came of his death *toen het bericht v. zijn overlijden arriveerde;* the ~ got round that *het bericht deed de ronde dat;* leave ~ that *bericht achterlaten dat;* leave ~ (with s.o.) (for s.o.) *een boodschap achterlaten (bij iem.) (voor iem.);* send ~ of *berichten, laten weten* **¶.1** ~ has it that *het verhaal/gerucht gaat dat;*
III ⟨mv.; ~s⟩ **0.1** ***tekst*** ⇒*woorden* **0.2** ***rol*** ◆ **1.1** the ~s of a song *de tekst v.e. lied(je).*
word[2] ⟨f2⟩ ⟨ov.ww.⟩ →wording **0.1** ***verwoorden*** ⇒*onder woorden brengen, formuleren.*
word·age ['wɜ:dɪdʒ‖'wɜr-] ⟨n.-telb.zn.⟩ **0.1** ⟨the⟩ ***aantal woorden*** ⇒*woord(en)bestand, woordental* **0.2** ***omslachtigheid*** ⇒*woordenvloed, woorddiarree* **0.3** ⟨the⟩ ***verwoording.***
'word-blind ⟨bn.⟩ **0.1** ***woordblind.***
'word blindness ⟨n.-telb.zn.⟩ **0.1** ***woordblindheid.***
'word·book ⟨telb.zn.⟩ **0.1** ***woordenboek*** ⇒*lexicon, woordenlijst.*
'word building ⟨n.-telb.zn.⟩ **0.1** ***woordvorming.***
'word-deaf ⟨bn.⟩ **0.1** ***woorddoof.***
'word deafness ⟨n.-telb.zn.⟩ **0.1** ***woorddoofheid.***
'word division ⟨f1⟩ ⟨n.-telb.zn.⟩ **0.1** ***woordsplitsing*** ⇒*afbreking.*
'word·game ⟨telb.zn.⟩ **0.1** ***woordenspel.***
word·ing ['wɜ:dɪŋ‖'wɜr-] ⟨f1⟩ ⟨telb.zn.; oorspr. gerund v. word⟩ **0.1** ***verwoording*** ⇒*formulering, woordkeus, redactie.*
'word-lead·er ⟨telb.zn.⟩ **0.1** ***(politiek) leider/staatshoofd v.e. grote mogendheid*** **0.2** ⟨ec.⟩ ***toonaangevend bedrijf.***
word·less ['wɜ:dləs‖'wɜr-] ⟨bn.; -ly; -ness⟩ **0.1** ***woordloos*** ⇒*onverwoord, onuitgedrukt, onuitgesproken, stil(zwijgend).*
'word-lore ⟨n.-telb.zn.⟩ **0.1** ***woordkennis/studie.***
'word monger ⟨telb.zn.⟩ **0.1** ***woordenkramer*** ⇒*woordknutselaar* **0.2** ⟨scherts.⟩ ***schrijver*** ⇒*penneridder.*
'word order ⟨telb. en n.-telb.zn.⟩ ⟨taalk.⟩ **0.1** ***woordvolgorde/schikking.***
'word painter ⟨telb.zn.⟩ **0.1** ***woordkunstenaar*** ⇒*woordschilder, beeldend woordgebruiker.*
'word painting ⟨n.-telb.zn.⟩ **0.1** ***woordkunst/schildering.***
'word-'per·fect ⟨f1⟩ ⟨bn.⟩ ⟨BE⟩ **0.1** ***woordgetrouw*** ⇒*letterlijk, correct tot in detail;* ⟨i.h.b. drama⟩ *rolvast.*
'word picture ⟨telb.zn.⟩ **0.1** ***woordschildering.***
'word play ⟨zn.⟩
I ⟨telb.zn.⟩ **0.1** ***woordspeling;***
II ⟨telb. en n.-telb.zn.⟩ **0.1** ***woord(en)spel.***
'word processing ⟨telb.zn.⟩ ⟨comp.⟩ **0.1** ***tekstverwerking.***
'word processor ⟨telb.zn.⟩ ⟨comp.⟩ **0.1** ***tekstverwerker.***
'word·smith ⟨telb.zn.⟩ **0.1** ***woordensmeder.***
'word spinning ⟨n.-telb.zn.⟩ **0.1** ***woordenkramerij.***
'word splitting ⟨f1⟩ ⟨n.-telb.zn.⟩ **0.1** ***het afbreken v. woorden.***
'word square ⟨telb.zn.⟩ **0.1** ***woord(en)vierkant.***
'word wrap, 'word wrapping ⟨n.-telb.zn.⟩ ⟨comp.⟩ **0.1** ***woordoverloop.***
word·y ['wɜ:di‖'wɜrdi] ⟨f1⟩ ⟨bn.; -er; -ly; -ness; →bijw. 3⟩ **0.1** ***omslachtig*** ⇒*omstandig, langdradig, wijdlopig, breedvoerig* **0.2** ***verbaal*** ⇒*woord(en)-* **0.3** ***praatziek*** ⇒*kwebbelig* ◆ **1.2** ~ war *woordentwist.*
wore [wɔ:‖wɔr] ⟨verl. t.⟩ →wear.
work[1] [wɜ:k‖wɜrk] ⟨f4⟩ ⟨zn.⟩ ⟨→sprw. 22, 106, 313, 439⟩
I ⟨telb. en n.-telb.zn.⟩ **0.1** ***werk(stuk)*** ⇒*arbeid* **0.2** ***borduur/hand/naaldwerk*** ◆ **1.1** a ~ of art *een kunstwerk* **1.¶** ⟨ec.⟩ ~ in progress *niet afgewerkte goederen* **2.¶** that was a good day's ~ *dat was een hele klus* **3.1** have one's ~ cut out for one *handen vol werk hebben, ergens de handen aan vol hebben, genoeg te doen hebben;* set to ~ *aan het werk gaan/zetten* **3.2** laid ~ *richelieu, Engels borduurwerk* **6.1** set **about** one's ~ in the wrong way *verkeerd te werk gaan, zijn werk verkeerd aanpakken;* **at** ~ *aan het werk, bezig, in werking, aan de gang; op het/zijn/haar werk;* men **at** ~ *werk in uitvoering;* be **in** (regular) ~ *(vast) werk hebben;* this must be the ~ **of** the cat *hier zit de kat achter;* the ~ **of** an hour/a day *een uur(tje)/dag werk;* the ~ **of** a moment *het werk v.e. ogen-*

blik; **out of** ~ *zonder werk, werkloos;* **past** ~ *niet meer in staat om te werken;*

II ⟨mv.; ~s⟩ **0.1** ***oeuvre*** ⇒*werken, verzameld werk* **0.2** ⟨relig.⟩ ***werken*** **0.3** ***(verdedigings/versterkings/vesting)werken*** **0.4** ***werk*** ⇒*mechanisme* **0.5** ⟨the; ww. vnl. enk.⟩ ⟨sl.⟩ ***zooi*** ⇒*bubs, bende, mikmak, zwik* **0.6** ⟨ww. vnl. enk.⟩ ***fabriek*** ⇒*bedrijf, werkplaats* **0.7** ***kunstwerken*** ⟨bruggen enz.⟩ ◆ **1.2** ~s of mercy *liefdewerk (en), werken v. barmhartigheid;* ~s of supererogation *opera supererogationis* **1.4** the ~s of a clock *het werk v.e. klok* **2.6** the ~s is closed *de fabriek is dicht* **3.¶** ⟨sl.⟩ give the (whole/entire) ~s *helemaal opknappen; volgens de regels v.d. kunst behandelen; de volle laag geven; het hele verhaal/alles vertellen;* ⟨i.h.b.⟩ *(iem.) om zeep helpen;* ⟨inf.⟩ gym up the ~s *de boel in de war sturen;* ⟨vnl. AE; inf.⟩ shoot the ~s *alles op alles zetten, alles riskeren* **6.1** the ~s **of** *het verzameld werk van* **6.¶** it's **in** the ~s *het zit in de molen, er wordt aan gewerkt.*

work² ⟨f4⟩ ⟨ww., /zn. ook, vero./bn. wrought, wrought [rɔ:t]⟩ →working, wrought ⟨→sprw. 742⟩

I ⟨onov.ww.⟩ **0.1** ***werken*** ⇒*functioneren* **0.2** ***uitwerking hebben*** **0.3** ***in werking/beweging zijn*** **0.4** ***bewerkbaar/hanteerbaar zijn*** ⇒*zich laten bewerken* **0.5** ***gisten*** ⇒*werken* **0.6** ***raken*** ⟨in een bep. toestand⟩ **0.7** ***werken*** ⟨v. hout, schip enz.⟩ **0.8** ***naaien*** ⇒*naaiwerk verrichten, handwerken* **0.9** ⟨scheep.⟩ ***opwerken*** ◆ **1.1** ~ to rule *een stiptheidsactie houden* **1.2** the scheme didn't ~ *het plan werkte niet* **1.3** her lips ~ed *haar lippen trilden/maakten krampachtige bewegingen;* the machine doesn't ~ *de machine doet het/loopt /werkt niet;* the ~ing of the water *het woelen v.h. water* **1.4** lead ~s easily *lood laat zich gemakkelijk be/verwerken* **5.1** ~ **away** *(druk) aan het werk zijn;* ~ **on** *doorwerken* **5.6** the boy's socks ~ed **down** *de sokken v.d. jongen waren afgezakt;* the screws ~ed loose *de schroeven zijn los geraakt;* your shirt ~ed **out** *je overhemd hangt uit je broek;* the wind has ~ed **round** (to the east) *de wind is (naar het oosten) gedraaid* **5.¶** →work **in**; →work **out**; →work **up** **6.1** ~ **against** *tegengaan/werken, belemmeren, ongunstig/negatief beïnvloeden;* ~ **at** *werken aan;* ~ **away at** *zijn best doen op, zich inzetten voor;* it ~s **by** electricity *het werkt/loopt op elektriciteit;* ~ **to** *werken volgens/aan de hand van, zich houden aan, zich laten leiden door;* ~ **towards** a common goal *een gemeenschappelijk doel nastreven;* ~ **with** *(samen)werken met* **6.2** ~ **(up)on** *van invloed zijn op, beïnvloeden, doorwerken in/ op; een beroep doen op* **6.3** the wheel ~s **on** a pivot *het wiel draait om een spil;* thoughts ~ing **within** s.o. *gedachten die doormalen in iemands hoofd/iem. niet loslaten* **6.6** ~ **round to** a certain point of view *toewerken naar/aansturen op een bepaald gezichtspunt;*

II ⟨ov.ww.⟩ **0.1** ***verrichten*** ⇒*tot stand brengen, bewerkstelligen, aanrichten* **0.2** ***laten werken*** ⇒*aan het werk hebben* **0.3** ***in werking zetten*** ⇒*aanzetten, bedienen, bewerken, gebruiken, in bedrijf houden* **0.4** ***zich banen*** ⟨een weg door iets⟩ **0.5** ***bewerken*** ⇒*kneden, vormen, werken met* **0.6** ***oppeppen/zwepen*** ⇒*aanzetten* **0.7** ***(op)naaien*** ⇒*stikken, borduren* **0.8** ***uitwerken*** ⇒*oplossen, uitrekenen* **0.9** ***aftuigen*** ⇒*onder handen nemen* ◆ **1.1** ~ miracles/ wonders *wonderen verrichten* **1.3** ~ a district *een district afwerken/afreizen/tot zijn rayon hebben;* ~ a farm *het boerenbedrijf uitoefenen;* ~ a mine *een mijn exploiteren;* ~ed by steam *met stoom aangedreven;* ~ a typewriter *typen, met een schrijfmachine werken* **1.5** ~ clay *in klei werken, kleien, boetseren* **4.1** ⟨sl.⟩ I'll ~ it if I can *ik zal het voor elkaar zien te krijgen/het zien te ritselen* **5.2** ~ s.o. hard *iem. hard laten werken* **5.¶** →work **in**; →work **off**; →work **out**; →work **over**; →work **up** **6.4** he ~ed a few jokes **into** his speech *hij verwerkte een paar grapjes in zijn rede;* he ~ed his knife **through** the wood *hij werkte/wrikte zijn mes door het hout;* ~ one's way **through** university *zelf zijn studies bekostigen* ⟨als werkstudent⟩; ~ one's way **to** the top *zich naar de top werken* **6.6** ~ s.o. **to** tears *iem. tot tranen toe bewegen/in huilen doen uitbarsten.*

-work [wɜ:k‖wɜrk] **0.1** ***-werk*** ◆ **¶.1** housework *huishoudelijk werk;* paintwork *schilderwerk;* piecework *stukwerk;* woodwork *houtwerk.*

work·a·bil·i·ty ['wɜrkə'bɪləti‖'wɜrkə'bɪləṭi] ⟨n.-telb.zn.⟩ **0.1** ***bruikbaarheid*** **0.2** ***uitvoerbaarheid*** **0.3** ***be/verwerkbaarheid*** **0.4** ***rendabiliteit.***

work·a·ble ['wɜ:kəbl‖'wɜr-] ⟨f1⟩ ⟨bn.; -ly; -ness; →bijw. 3⟩ **0.1** ***bedrijfs/gebruiksklaar*** ⇒*bruikbaar* **0.2** ***uitvoerbaar*** ⇒*doenlijk, haalbaar, werkbaar* **0.3** ***be/verwerkbaar*** ⇒*handelbaar, hanteerbaar* **0.4** ***exploitabel*** ⇒*rendabel.*

work·a·day ['wɜ:kədeɪ‖'wɜr-] ⟨bn., attr.⟩ **0.1** ***(alle)daags*** ⇒*door-de-weeks, prozaïsch.*

work·a·hol·ic ['wɜ:kə'hɒlɪk‖'wɜrkə'hɔlɪk, -'hɑ-] ⟨telb.zn.⟩ **0.1** ***werkidioot*** ⇒*werkverslaafde, arbeidsmaniak, workaholic.*

'work·bag ⟨telb.zn.⟩ **0.1** ***gereedschapstas/zak*** ⇒*naaizak(je).*

'work·bas·ket ⟨telb.zn.⟩ **0.1** ***werkmand*** ⇒*naaimand(je).*

'work·bench ⟨f1⟩ ⟨telb.zn.⟩ **0.1** ***werkbank/tafel.***

'work·book ⟨f1⟩ ⟨telb.zn.⟩ **0.1** ***werkboek(je)*** ⇒*opgavenboek* **0.2** ***handleiding*** ⇒*instructieboekje* **0.3** ***werkboekje.***

'work·box ⟨telb.zn.⟩ **0.1** ***gereedschapsbak/doos/kist*** ⇒⟨i.h.b.⟩ *naaidoos.*

'work·camp ⟨telb.zn.⟩ **0.1** ***werkkamp*** ⇒⟨i.h.b.⟩ *vrijwilligerskamp.*

'work·day ⟨f1⟩ ⟨telb.zn.⟩ **0.1** ***werkdag*** ⇒*arbeidsdag.*

work·er ['wɜ:kə‖'wɜrkər] ⟨f3⟩ ⟨telb.zn.⟩ **0.1** ***werker*** ⇒*arbeider, werkende, werknemer* **0.2** ***werkbij/mier.***

'worker partici'pation ⟨n.-telb.zn.⟩ **0.1** ***medezeggenschap (v.d. werknemers).***

'worker 'priest ⟨telb.zn.⟩ **0.1** ***priester-arbeider.***

'worker's compen'sation, 'workmen's compen'sation ⟨telb.zn.⟩ **0.1** ***ongevallenuitkering.***

'work ethic ⟨telb.zn.⟩ **0.1** ***arbeidsethos.***

work·fare ['wɜ:kfeə‖'wɜrkfer] ⟨n.-telb.zn.⟩ **0.1** ***tewerkstellingsbijstand*** ⟨bijstand met werkverplichting⟩.

'work·fel·low ⟨telb.zn.⟩ **0.1** ***maat*** ⇒*collega.*

'work·folk ⟨verz.n., mv.; ~s⟩ **0.1** ***werkvolk/lui*** ⇒⟨i.h.b.⟩ *landarbeiders.*

'work force ⟨f1⟩ ⟨telb.zn.⟩ **0.1** ***aantal arbeidskrachten*** ⇒*personeel (sbestand)* **0.2** ⟨the⟩ ***arbeidspotentieel*** ⇒*actieve bevolking, beroepsbevolking.*

'work·horse ⟨telb.zn.⟩ **0.1** ***werkpaard*** ⟨ook fig.⟩ ⇒*werkezel.*

'work·house ⟨f1⟩ ⟨telb.zn.⟩ **0.1** ***werkinrichting/huis*** **0.2** ⟨BE; gesch.⟩ ***arm(en)huis.***

'work·in ⟨f1⟩ ⟨telb.zn.⟩ **0.1** ***(bedrijfs/fabrieks)bezetting.***

'work 'in ⟨ww.⟩

I ⟨onov.ww.⟩ **0.1** ***door/binnendringen*** ◆ **1.1** the dust still worked in *het stof drong toch nog naar binnen* **6.¶** ~ **with** *(kunnen) samenwerken (met);*

II ⟨ov.ww.⟩ **0.1** ***(moeizaam) insteken*** **0.2** ***verwerken*** ◆ **1.2** try to ~ the needle *probeer de naald er (toch) in te krijgen* **¶.2** I'll try to work it in somewhere *ik zal het er nog ergens tussen proberen te prutsen.*

work·ing¹ ['wɜ:kɪŋ‖'wɜrkɪŋ] ⟨f2⟩ ⟨telb.zn.; oorspr. gerund v. work; vnl. mv.⟩ **0.1** ***uitgraving*** ⇒*mijn, bergwerk, groeve* **0.2** ***werking*** ⇒*functionering* **0.3** ***trekking*** ⇒*(verkrampte) beweging.*

working² ⟨f2⟩ ⟨bn., attr.; teg. deelw. v. work⟩ **0.1** ***werkend*** ⇒*werk-* ◆ **1.1** the ~ class *de werkende klasse/arbeidersklasse;* ~ man *arbeider;* ~ mother *buitenshuis werkende moeder.*

'working 'breakfast ⟨telb.zn.⟩ **0.1** ***werkontbijt.***

'working 'capital ⟨n.-telb.zn.⟩ **0.1** ***bedrijfs/werkkapitaal.***

'work·ing-'class ⟨f2⟩ ⟨bn.⟩ **0.1** ***van/mbt./typisch voor de werkende/ arbeidende/arbeidersklasse*** ◆ **1.1** a ~ hero *een held v.d. arbeidende klasse;* he is not quite ~ *hij is niet bepaald een type uit de arbeidende klasse.*

'work·ing-con·di·tions ⟨f1⟩ ⟨mv.⟩ **0.1** ***arbeidsvoorwaarden*** **0.2** ***arbeidsomstandigheden.***

'working 'day ⟨telb.zn.⟩ **0.1** ***werkdag.***

'working 'dinner ⟨telb.zn.⟩ **0.1** ***werkdiner.***

'working drawing ⟨telb.zn.⟩ **0.1** ***constructie/werktekening.***

'working hours ⟨mv.⟩ **0.1** ***werkuren*** **0.2** ***kantooruren.***

'working hypothesis ⟨telb.zn.⟩ **0.1** ***werkhypothese.***

'working 'knowledge ⟨f1⟩ ⟨telb.zn.; geen mv.⟩ **0.1** ***praktijkkennis*** ⇒*praktische beheersing* ◆ **1.1** a ~ of German *een voldoende beheersing v.h. Duits.*

'working 'lunch ⟨telb.zn.⟩ **0.1** ***werklunch.***

'working ma'jority ⟨telb.zn.⟩ **0.1** ***werkbare/regeerkrachtige/effectieve meerderheid.***

'working 'model ⟨telb.zn.⟩ **0.1** ***bedrijfs/schaalmodel.***

'working 'order ⟨n.-telb.zn.⟩ **0.1** ***bedrijf*** ◆ **6.1** **in** ~ *bedrijfsklaar; in bedrijf, goed/normaal functionerend.*

'work·ing-'out ⟨n.-telb.zn.⟩ **0.1** ***uitwerking*** **0.2** ***uitvoering.***

'working paper ⟨zn.⟩

I ⟨telb.zn.⟩ **0.1** ***discussienota/stuk*** **0.2** ***interimrapport;***

II ⟨mv.; ~s⟩ ⟨AE⟩ **0.1** ***werkvergunning.***

'working party ⟨verz.n.⟩ **0.1** ***onderzoeks/enquêtecommissie.***

'working plan ⟨telb.zn.⟩ **0.1** ***werkplan/tekening.***

'working session ⟨telb.zn.⟩ **0.1** ***werkzitting/bijeenkomst.***

'working 'visit ⟨telb.zn.⟩ **0.1** ***werkbezoek.***

'working 'week ⟨telb.zn.⟩ **0.1** ***werkweek.***

work·less ['wɜ:kləs‖'wɜrk-] ⟨bn.⟩ **0.1** ***werkloos.***

'work·load ⟨f1⟩ ⟨telb.zn.⟩ **0.1** ***arbeidstaak*** ⇒*werk(last), werkbelasting.*

work·man ['wɜ:kmən‖'wɜrk-] ⟨f2⟩ ⟨telb.zn.; workmen; →mv. 3⟩ ⟨→sprw. 33⟩ **0.1** ***werkman*** ⇒*arbeider, ambachts/handwerksman.*

work·man·like ['wɜ:kmənlaɪk‖'wɜrk-], **work·man·ly** [-mənli] ⟨bn.⟩ **0.1** ***ambachtelijk*** ⇒*vakbekwaam/kundig, degelijk.*

work·man·ship ['wɜ:kmənʃɪp‖'wɜrk-]⟨f1⟩⟨n.-telb.zn.⟩ **0.1** ***vakmanschap*** ⇒*vakkundigheid* **0.2** ***(hand)werk*** **0.3** ***uitvoering*** ⇒*afwerking*.
'work·mate ⟨telb.zn.⟩⟨vnl. BE⟩ **0.1** ***maat*** ⇒*collega*.
'work 'off ⟨ov.ww.⟩ **0.1** ***wegwerken*** ◆ **1.1** ~ steam *stoom afblazen* **6.1** ~ **against/on** *afreageren op*.
'work·out ⟨f1⟩⟨telb.zn.⟩ **0.1** ***training*** ⇒*trainingsperiode, oefenwedstrijd/partij* **0.2** ⟨sl.⟩ ***uitputtende klus***.
'work 'out ⟨f2⟩⟨ww.⟩
I ⟨onov.ww.⟩ **0.1** ***zich ontwikkelen*** ⇒*verlopen, (gunstig) uitpakken/uitvallen* **0.2** ***oplosbaar/uitwerkbaar/berekenbaar zijn*** ⇒*uitkomen* **0.3** ⟨sport⟩ ***trainen*** ⇒*sparren, de spieren losmaken, zich opwarmen* ◆ **6.¶** ~ **at/to** *uitkomen op, bedragen;*
II ⟨ov.ww.⟩ **0.1** ***uitwerken*** ⇒*opstellen* ⟨plan, enz.⟩ **0.2** ***uitrekenen/werken*** ⇒*berekenen, becijferen, oplossen, uitzoeken* **0.3** ⟨inf.⟩ ***hoogte krijgen van*** ⇒*doorgronden, doorzien, uitvlooien* **0.4** ⟨vnl. pass.⟩ ***uitputten*** ⟨mijn enz.⟩ ◆ **1.2** ⟨inf.⟩ work things out *problemen uit de weg ruimen, de dingen op een rijtje zetten;* ⟨inf.⟩ those things work themselves out *zulke dingen gaan vanzelf over/komen vanzelf goed*.
'work 'over ⟨ov.ww.⟩ **0.1** ⟨vnl. AE; sl.⟩ ***afrossen/tuigen*** ⇒*bewerken, onder handen nemen* **0.2** ***(grondig) nazien/controleren***.
'work·peo·ple ⟨mv.⟩ **0.1** ***werkmensen*** ⇒*werkenden, werkvolk/nemers*.
'work permit ⟨f1⟩⟨telb.zn.⟩ **0.1** ***werkvergunning***.
'work·piece ⟨telb.zn.⟩ **0.1** ***werkstuk***.
'work·place ⟨telb.zn.; the⟩ **0.1** ***werk(plek)*** ◆ **6.1** **at/in** the ~ *op het werk*.
'work placement ⟨telb.zn.⟩ **0.1** ***stage***.
'work practice ⟨telb.zn.⟩ **0.1** ***werkwijze***.
'work·room ⟨telb.zn.⟩ **0.1** ***werkruimte***.
'works council, 'works committee ⟨verz.n.⟩ **0.1** ***ondernemingsraad***.
'work·shad·ow·ing ⟨n.-telb.zn.⟩ **0.1** ***(het) in de praktijk meelopen*** ⇒*(het) snuffelstage (lopen)*.
'work·shar·ing ⟨f1⟩⟨n.-telb.zn.⟩ **0.1** ***deeltijdba(a)n(en)*** ⇒*deeltijdse arbeid*.
'work·sheet ⟨telb.zn.⟩ **0.1** ***kladje*** ⇒*kladblaadje/papiertje* **0.2** ***aantekenvel***.
'work·shop ⟨f2⟩⟨zn.⟩
I ⟨telb.zn.⟩ **0.1** ***werkplaats*** ⇒*atelier* **0.2** ***workshop;***
II ⟨verz.n.⟩ **0.1** ***werkgroep***.
'work·shy ⟨bn.⟩ **0.1** ***werkschuw***.
'work·stand, 'work·ta·ble ⟨telb.zn.⟩ **0.1** ***werktafel*** ⇒⟨i.h.b.⟩ *naaitafel*.
'work·sta·tion ⟨telb.zn.⟩ **0.1** ***werkplek*** **0.2** ⟨comp.⟩ ***werkstation***.
'work stoppage ⟨telb.zn.⟩ **0.1** ***het neerleggen v.h. werk***.
'work study ⟨n.-telb.zn.⟩ **0.1** ***arbeidsanalyse/studie***.
'work·top ⟨telb.zn.⟩ **0.1** ***werkblad*** ⇒*aanrecht*.
'work-to-'rule ⟨telb.zn.⟩⟨BE⟩ **0.1** ***stiptheidsactie***.
'work 'up ⟨f2⟩⟨ww.⟩
I ⟨onov.ww.⟩ **0.1** ***toewerken*** ◆ **6.1** ~ **to** *toewerken naar;*
II ⟨ov.ww.⟩ **0.1** ***op/uitbouwen*** **0.2** ***stimuleren*** **0.3** ***woedend/nerveus maken*** **0.4** ***op/omhoogwerken*** **0.5** ***(om)vormen*** ◆ **1.2** ~ an appetite *de eetlust opwekken;* ~ enthusiasm *enthousiasme opbrengen* **1.3** the referee worked the crowd up *de scheidsrechter wekte de woede van het publiek* **3.3** don't get worked up *maak je geen zorgen/niet druk, rustig nou maar* **4.¶** work s.o./o.s. up *iem./zichzelf oppeppen/opjuinen* **6.3** he feels worked up **about** the I.R.S. *hij zit in zijn rats vanwege de fiscus* **6.4** work one's way up **from** *zich omhoogwerken vanuit* **6.5** he's working up his notes **into** a book *hij is bezig zijn aantekeningenmateriaal uit te schrijven/werken tot een boek*.
'work·wear ⟨n.-telb.zn.⟩ **0.1** ***werkkleding/kleren***.
'work·week ⟨telb.zn.⟩⟨vnl. AE⟩ **0.1** ***werkweek***.
'work·wom·an ⟨telb.zn.⟩ **0.1** ***arbeidster***.
world [wɜ:ld‖wɜrld]⟨f4⟩⟨telb.zn.⟩⟨→sprw. 249, 251, 379⟩ **0.1** ***wereld*** **0.2** ⟨inf.⟩ ***massa*** ⇒*hoop, boel, menigte* ◆ **1.1** the ~ of the arts *de wereld der (beeldende) kunst;* the ~ of dreams *de wereld v.d. droom, de droomwereld;* the ~'s end *het einde v.d. wereld;* the ~, the flesh, and the devil *de wereld, het vlees en de duivel; de verleidingen waaraan de mens blootstaat* **1.2** make a ~ of difference *veel/een hoop verschil uitmaken;* it will do you a/the ~ of good *daar zul je reuze v. opknappen/veel baat bij hebben* **1.¶** ⟨relig.⟩ ~ without end *van eeuwig tot eeuwig, tot in de eeuwen der eeuwen, tot in der eeuwen eeuwigheid;* the ~'s his oyster *de wereld ligt aan zijn voeten, hij doet alles waar hij zin in heeft;* all the ~ and his wife *heel de beau monde; Jan en Alleman, iedereen, niemand uitgezonderd* **2.2** ~s/a ~ too big *veel/méters te groot* **3.1** bring into the ~ *ter wereld brengen; met zijn geboorte meekrijgen/meegekregen hebben;* carry the ~ before one *de wereld/de publiciteit stormenderhand veroveren, een overrompelend succes behalen;* come into the ~ *ter wereld komen, geboren worden;* the ~ to come *het hiernamaals, het leven na de dood;* forsake/renounce the ~ *der wereld afsterven, zich v.d. wereld afwenden;* give to the ~ *het licht doen zien, in het licht geven, publiceren;* all the ~ knows *de hele wereld/iedereen weet het; het is wijd en zijd bekend;* know/see the ~ *de wereld kennen/zien;* what will the ~ say? *wat zullen de mensen (wel niet) zeggen?;* take the ~ as it is/as one finds it *het leven nemen zoals het is;* tell the ~ *(iets/het) wereldkundig maken/goed laten merken* **3.2** I'd give the ~ to... *ik zou er alles (ter wereld) voor over hebben om...* **3.¶** begin the ~ *het echte leven beginnen;* ⟨inf.⟩ how goes the ~ with you?, how is the ~ using you? *hoe staat het leven?, hoe gaat het met jou?;* ⟨inf.⟩ set the ~ to rights *alles verbeteren/in orde maken;* set the ~ on fire *iets zeer opmerkelijks/bijzonders doen;* think the ~ of s.o. *een zeer hoge dunk van iem. hebben, hoog opgeven van iem., iem. hoog aanslaan; iem. op handen dragen* **5.2** are ~s apart *liggen ver uiteen, verschillen als dag en nacht* **6.1** nothing **in** the ~ *niets ter wereld;* why **in** the ~ did you do this? *waarom heb je dat in 's hemelsnaam/godsnaam gedaan?;* ⟨inf.⟩ **out of** this ~ *niet van deze wereld; te gek;* (all) the ~ **over** *over de hele wereld* **6.¶** not **for** (all) the ~ *voor niets ter wereld, voor geen goud/prijs;* is **for** all the ~ like/as if *lijkt sprekend/als twee druppels water/in alles op;* my car is all the ~ **to** me *mijn auto betekent alles voor me/is mijn lust en mijn leven;* tired/whacked **to** the ~ *doodop/moe, helemaal kapot* **7.1** the/this ~ *de(ze) wereld, het leven op aarde, het sterfelijk leven;* the other ~ *het hiernamaals, de andere wereld;* the Third World *de derde wereld*.
'World 'Bank ⟨eig.n.; the⟩ **0.1** ***wereldbank***.
'world-beat·er ⟨telb.zn.⟩ **0.1** ***superkampioen*** ⇒*wereldsucces/wonder*.
'world-'class ⟨bn.⟩ **0.1** ***v. wereldklasse***.
'World 'Court ⟨eig.n.; the⟩ **0.1** ***Internationaal Gerechtshof*** ⟨v.d. U.N.O.⟩ **0.2** ⟨gesch.⟩ ***Permanent Hof v. Arbitrage***.
World Cup ['- '-‖'- -]⟨f1⟩⟨eig.n.⟩⟨voetbal⟩ **0.1** ***wereldbeker/kampioenschap(pen)***.
'world e'conomy ⟨telb.zn.⟩ **0.1** ***wereldeconomie***.
'world-'fa·mous ⟨f1⟩⟨bn.⟩ **0.1** ***wereldberoemd/vermaard***.
'world 'language ⟨telb.zn.⟩ **0.1** ***wereldtaal***.
'world-line ⟨telb.zn.⟩⟨nat.⟩ **0.1** ***wereldlijn***.
world·ling ['wɜ:ldlɪŋ‖'wɜrld-]⟨telb.zn.⟩ **0.1** ***wereldling*** ⇒*werelds (gezind) iem.*.
world·ly ['wɜ:ldli‖'wɜr-]⟨f2⟩⟨bn.; -er; -ness; →bijw. 3⟩
I ⟨bn.⟩ **0.1** ***werelds*** ⇒*wereldlijk, wereldwijs; mondain* ◆ **1.1** ~ wisdom *wereldwijsheid;*
II ⟨bn., attr.⟩ **0.1** ***wereldlijk*** ⇒*werelds, aards, materieel, profaan* ◆ **1.1** ~ good *wereldse goederen*.
'world·ly-'mind·ed ⟨bn.⟩ **0.1** ***werelds(gezind)*** ⇒*aards*.
'world·ly-'wise ⟨bn.⟩ **0.1** ***wereldwijs***.
'world money ⟨n.-telb.zn.⟩ **0.1** ***internationale valuta***.
'world-'old ⟨bn.⟩ **0.1** ***oeroud*** ⇒*zo oud als de wereld*.
'world 'power ⟨f1⟩⟨telb.zn.⟩ **0.1** ***wereldmacht***.
'world-'rec·ord ⟨f1⟩⟨telb.zn.⟩ **0.1** ***wereldrecord***.
'World 'Series, 'world's 'series ⟨eig.n.; the⟩ **0.1** ***world series*** ⇒*Amerikaans kampioenschap honkbal*.
'world-shak·ing ⟨bn.⟩ **0.1** ***wereldschokkend***.
'world 'soul ⟨telb.zn.; vnl. enk.⟩ **0.1** ***wereldziel***.
'world's 'people ⟨verz.n.⟩ **0.1** ***niet-Quakers*** ⇒*de kinderen der wereld*.
'world 'view ⟨telb.zn.⟩⟨vnl. enk.⟩ **0.1** ***wereldbeeld/beschouwing*** **0.2** ***levensopvatting***.
'world 'war ⟨f2⟩⟨telb.zn.⟩ **0.1** ***wereldoorlog*** ◆ **7.1** First World War *Eerste Wereldoorlog;* Second World War *Tweede Wereldoorlog*.
'world-'wea·ry ⟨bn.; -er; -ness; →bijw. 3⟩ **0.1** ***levensmoe*** ⇒*de wereld moe*.
'world'wide[1] ⟨f2⟩⟨bn.⟩ **0.1** ***wereldomspannend/omvattend*** ⇒*mondiaal, universeel, wereldwijd*.
worldwide[2] ⟨f2⟩⟨bw.⟩ **0.1** ***over de hele wereld*** ⇒*mondiaal, universeel, wereldwijd*.
worm[1] [wɜ:m‖wɜrm]⟨f2⟩⟨zn.⟩⟨→sprw. 131, 147⟩
I ⟨telb.zn.⟩ **0.1** ***worm*** ⇒*aard/regen/houtworm, pier;* ⟨bij uitbr.⟩ ⟨dierk.⟩ *hazelworm* ⟨Anguis fragilis⟩ **0.2** ***worm*** ⇒*tor, dweil, verachtelijke figuur* **0.3** ***schroefdraad*** **0.4** ***(koel)spiraal*** **0.5** ***(tong) worm*** ⟨v. hond⟩ **0.6** ⟨mil.⟩ ***krasijzer*** ⇒*krasser* ⟨voor geweer e.d.⟩ ◆ **1.1** ⟨fig.⟩ the ~ of conscience *de (knagende) worm v.h. geweten* **3.1** ⟨fig.⟩ tread on a ~ and it will turn, even a ~ will turn when trodden on *zelfs een worm kronkelt zich als je erop trapt, zelfs de zachtzinnigste mens gaat protesteren als je hem te slecht behandelt;*
II ⟨mv.; ~s⟩⟨med.⟩ **0.1** ***wormen*** ⇒*herminthiasis*.
worm[2] ⟨f1⟩⟨ww.⟩
I ⟨onov.ww.⟩ **0.1** ***kronkelen*** ⇒*wriemelen, kruipen* **0.2** ***pieren***

⇒*pieren/wormen zoeken* ◆ **6.1** ~ed **through** the grass *kronkelde door het gras* **6.¶** ~ **into** s.o.'s confidence *slinks iemands vertrouwen weten te winnen;* ~ **out of** one's punishment *onder zijn straf uit weten te komen/kronkelen;*
II ⟨ov.ww.⟩ **0.1** ***ontwormen*** ⇒*v. wormen genezen/ontdoen/zuiveren* **0.2** ***wurmen*** **0.3** ***ontfutselen*** ⇒*ontlokken* **0.4** ***de worm wegsnijden v.*** ⟨hondetong⟩ ⇒*v.d. tongriem snijden* ⟨hond⟩ **0.5** ⟨scheep.⟩ ***trenzen*** **0.6** ⟨mil.⟩ ***met krasser/krasijzer schoonmaken*** ⟨geweer e.d.⟩ ◆ **6.2** ~ed himself **into** her heart *wist geleidelijk tot haar hart door te dringen;* ~ one's way **into** *zich naar binnen weten te wurmen in;* ~ o.s. **out of** sth. *zich ergens uit weten te wringen/draaien* **6.3** ~ a secret **out of** s.o. *een geheim uit iem. weten te krijgen/wurmen.*
WORM [æɜ:m‖wɜrm]⟨afk.⟩ Write-Once-Read-Many (times) ⟨comp.⟩ **0.1** ***WORM(-schijf)***.
'worm cast ⟨telb.zn.⟩ **0.1** ***wormhoop(je)***.
'worm-eat·en ⟨bn.⟩ **0.1** ***wormstekig*** ⇒*door houtworm aangetast, aangevreten;* ⟨bij uitbr.⟩ *versleten, aftands.*
worm·er·y ['wɜ:məri‖'wɜrməri]⟨telb.zn.⟩ **0.1** ***wormenkwekerij*** **0.2** ***wormenbak***.
'worm fence ⟨bn.⟩ **0.1** ***zigzaghek*** ⇒*Virginia-hek.*
'worm fever ⟨n.-telb.zn.⟩ **0.1** ***wormkoorts***.
'worm-fish·ing ⟨n.-telb.zn.⟩ **0.1** ***pieren*** ⇒*vissen met wormen.*
'worm gear ⟨telb.zn.⟩ **0.1** ***worm(wiel)inrichting/overbrenging*** ⇒*wormwerk* **0.2** →worm wheel.
'worm·grass ⟨telb.zn.⟩⟨plantk.⟩ **0.1** ***Spigelia marilandica***.
'worm·hole ⟨telb.zn.⟩ **0.1** ***wormgaatje/gat***.
'worm·holed ⟨bn.⟩ **0.1** ***wormstekig*** ⇒*met wormgaatjes.*
worm·like ['wɜ:mlaɪk‖'wɜrm-]⟨bn.⟩ **0.1** ***wormachtig/vormig***.
'worm powder ⟨telb. en n.-telb.zn.⟩ **0.1** ***wormpoeder***.
'worm·seed ⟨telb.zn.⟩ **0.1** ***wormzaad*** **0.2** ***wormkruid*** **0.3** ⟨plantk.⟩ ***welriekende ganzevoet*** ⟨Chenopodium ambrosioides⟩.
'worm's-eye 'view ⟨telb.zn.; vnl. enk.⟩⟨scherts.⟩ **0.1** ***wormperspectief***.
'worm wheel ⟨telb.zn.⟩ **0.1** ***wormwiel***.
'worm·wood ⟨zn.⟩
I ⟨telb.zn.⟩⟨plantk.⟩ **0.1** ***alsem*** ⟨genus Artemisia⟩ ⇒⟨i.h.b.⟩ *absint-alsem* ⟨Artemisia absinthium⟩;
II ⟨n.-telb.zn.⟩ **0.1** ***alsem*** ⇒*bittere smart.*
worm·y ['wɜ:mi‖'wɜrmi]⟨f1⟩⟨bn.; -er; -ness; →bijw. 3⟩ **0.1** ***wormachtig/vormig*** ⇒*wormig, worm-;* ⟨fig.⟩ *kruiperig, laag, gemeen* **0.2** ***wormstekig*** **0.3** ***vol wormen*** ⇒*verwormd.*
worn [wɔ:n‖wɔrn]⟨volt. deelw.⟩ →wear.
'worn-'out ⟨f1⟩⟨bn.; oorspr. volt. deelw. v. wear out⟩
I ⟨bn.⟩ **0.1** ***afgedragen*** ⇒*(tot op de draad) versleten* ◆ **1.1** a ~ shirt *een versleten hemd;*
II ⟨bn., pred.⟩ **0.1** ***uitgeput*** ⇒*afgemat, doodop/moe, bekaf, op.*
wor·ri·ed ['wʌrid‖'wɜrid]⟨f3⟩⟨bn.; volt. deelw. v. worry; -ly⟩ **0.1** ***bezorgd*** ⇒*ongerust, bekommerd, verontrust* ◆ **1.1** a ~ look *een zorgelijk gezicht;* wear a ~ look *bezorgd kijken* **7.1** is much/very ~ *is zeer/erg bezorgd, zit er erg over in.*
wor·ri·er ['wʌrɪə‖'wɜrɪər]⟨bn.⟩ **0.1** ***tobber*** **0.2** ***zorgenkind*** **0.3** ***lastpost*** ⇒*kwelgeest.*
wor·ri·less ['wʌriləs‖'wɜri-]⟨bn.⟩ **0.1** ***zorgeloos*** ⇒*onbezorgd, onbekommerd.*
wor·ri·ment ['wʌrimənt‖'wɜri-]⟨zn.⟩
I ⟨telb.zn.⟩⟨vnl. AE⟩ **0.1** ***(voorwerp v.) zorg*** ⇒*probleem;*
II ⟨n.-telb.zn.⟩ **0.1** ***zorg*** ⇒*bezorgdheid.*
wor·ri·some ['wʌrisəm‖'wɜri-]⟨bn.; -ly⟩ **0.1** ***zorgwekkend*** ⇒*onrustbarend, zorgelijk* **0.2** ***zorgelijk*** ⇒*zwaartillend, tobberig.*
wor·rit ['wʌrɪt‖'wɜrɪt]⟨gew.; inf.⟩ →worry.
wor·ry[1] ['wʌri‖'wɜri]⟨f3⟩⟨zn.; →mv. 2⟩
I ⟨telb.zn.⟩ **0.1** ⟨vnl. mv.⟩ ***(voorwerp v.) zorg*** ⇒*beslommering, kwelling* **0.2** ***zorgenkind*** ⇒*bron v. zorgen* ◆ **¶.1** it's a ~ to him having to sell his car *hij zit erover in dat hij zijn auto moet verkopen;*
II ⟨n.-telb.zn.⟩ **0.1** ***(be)zorg(dheid)*** ⇒*ongerustheid, verontrusting* **0.2** ***aanval*** ⇒*het bij de keel grijpen* ⟨v. hond⟩, *het zich vastbijten, het grijpen en heen en weer schudden.*
worry[2] ⟨f4⟩⟨ww.; →ww. 7⟩ →worried, worrying
I ⟨onov.ww.⟩ **0.1** ***zich zorgen/ongerust maken*** ⇒*inzitten, tobben, piekeren, zuchten* ◆ **3.1** don't you ~ *wees maar niet bang, maak je geen zorgen, rustig maar* **5.¶** ~ **along/through** *moeizaam vooruitkomen, voorttobben, aan/voortmodderen;* ⟨inf.⟩ not to ~ *geen nood, maak je geen zorgen, niks aan de hand* **6.1** ~ **about/over** *inzitten/zich zorgen maken over* **6.¶** ~ **at** *sleuren/trekken aan* ⟨v. hond⟩; *zich het hoofd breken over* ⟨probleem⟩; *aandringen bij;* she worried **at** her father to give her a new bicycle *zij bleef bij haar vader zeuren om een nieuwe fiets;* ~ **away at** (a problem) *zich het hoofd breken over (een probleem)* **¶.1** ⟨inf.⟩ I should ~ *(zal) mij een zorg (zijn), kan mij wat schelen;*
II ⟨ov.ww.⟩ **0.1** ***lastig vallen*** ⇒*hinderen, storen, zorgen baren, kwellen, plagen* **0.2** ***naar de keel vliegen*** ⟨v. hond⟩ ⇒*(herhaaldelijk) aanvallen, de tanden zetten in, bijten in/naar* **0.3** ***steeds aanraken*** ⇒*niet met rust laten* ◆ **1.1** his condition worries me *ik maak me ongerust over zijn toestand;* the rain doesn't ~ him *de regen deert hem niet/kan hem niet schelen* **1.3** he was ~ing the sore spot with his fingers *hij zat steeds met zijn vingers aan de zere plek, hij kon niet met zijn vingers v.d. zere plek afblijven* **4.1** ~ o.s. (about) *zich zorgen maken (om), bezorgd zijn (om);* you'll ~ yourself to death *je maakt je veel te druk* **5.¶** ~ **down** food *eten met moeite naar binnen krijgen;* ~ **out** a problem *een probleem met veel moeite weten op te lossen/de baas worden* **6.1** ~ s.o. **for** *bij iem. zeuren om.*
'worry beads ⟨mv.⟩ **0.1** ***friemelkettinkje*** ⇒*speelkransje, vingersnoer* ⟨kralenkettinkje om de vingers iets te doen te geven⟩.
wor·ry·ing ['wʌriɪŋ‖'wɜriɪŋ]⟨f1⟩⟨bn.; teg. deelw. v. worry; -ly⟩ **0.1** ***zorgwekkend*** ⇒*zorgelijk, verontrustend.*
wor·ry·wart ['wʌriwɔ:t‖'wɜriwɔrt], ⟨BE⟩ **'wor·ry·guts**, ⟨AE⟩ **'wor·ry-well** ⟨telb.zn.⟩⟨inf.⟩ **0.1** ***tobber*** ⇒*zwartkijker, pessimist, pietlut, zenuwelijer.*
worse[1] [wɜ:s‖wɜrs]⟨f3⟩⟨n.-telb.zn.⟩ **0.1** ***iets slechters/ergers*** ⇒*slechtere/ergere dingen* ◆ **1.¶** ⟨AE⟩ if ~ comes to worst *in het ergste/uiterste geval* **3.1** have/get the ~ *aan het kortste eind trekken, het onderspit delven;* ~ is to follow *het ergste komt nog* **6.1** a change **for** the ~ *een verandering ten kwade, een verslechtering, geen verbetering* **8.1** or ~ *of nog erger/slechter.*
worse[2] ⟨f3⟩⟨bn.⟩⟨→sprw. 238, 518, 572, 590, 638, 762⟩
I ⟨bn.; vergr. trap v. bad⟩ **0.1** ***slechter*** ⇒*erger, minder (goed)* ◆ **1.¶** ⟨scherts.⟩ a fate ~ than death *verkrachting;* the ~ for drink/liquor *aangeschoten, onder invloed;* ~ luck! *pech gehad!, jammer!, helaas!;* the ~ for wear *versleten, beschadigd, gehavend; er niet op vooruitgegaan* **3.1** you're making matters ~ *je verergert de zaak (nog);* this cheese is smelling ~ than ever *deze kaas stinkt erger dan ooit;* to make things ~ *tot overmaat van ramp* **5.1** is ~ **off** than … *is slechter af dan …;* ~ still *erger/sterker nog* **6.1** be ~ **at** Spanish than… *slechter in Spaans zijn dan…* **6.¶** is none the ~ **for** *is niet minder geworden van, ondervindt geen nadeel van, heeft niet geleden onder* **8.1** ~ and ~ *steeds erger/slechter;*
II ⟨bn., pred.; vergr. trap v. ill⟩ **0.1** ***zieker*** ⇒*zwakker, achteruit* ◆ **3.1** getting ~ every day *gaat met de dag/zienderogen achteruit.*
worse[3] →worsen.
worse[4] ⟨f3⟩⟨bw.⟩⟨→sprw. 229⟩ **0.1** ***slechter*** ⇒*erger* ◆ **3.1** she's been taken ~ *ze/haar toestand is achteruitgegaan;* I want the money ~ than you do *ik heb het geld harder nodig dan jij* **6.¶** I like him none the ~ **for** it *ik mag hem er niet minder om.*
wors·en ['wɜ:sn‖'wɜrsn], ⟨vero.⟩ **worse** ⟨f1⟩⟨onov. en ov.ww.⟩ **0.1** ***verergeren*** ⇒*verslechteren, slechter worden/maken, bemoeilijken.*
wor·ship[1] ['wɜ:ʃɪp‖'wɜr-]⟨f2⟩⟨n.-telb.zn.⟩ **0.1** ***verering*** ⇒*aanbidding, eerbied, verheerlijking* **0.2** ***godsdienstigheid*** ⇒*godsdienst (oefening), eredienst* **0.3** ⟨vero.⟩ ***waardigheid*** ⇒*achting, aanzien, verdienste* ◆ **3.2** do ~ *naar de kerk gaan, de eredienst/mis bijwonen* **3.3** have ~ *in achting staan, (hoog) in aanzien staan;* win ~ *in aanzien komen* **7.¶** ⟨BE⟩ His Worship *de Edelachtbare;* ⟨BE⟩ Your Worship *Edelachtbare, Uwe Edelachtbaarheid.*
worship[2] ⟨f2⟩⟨ww.; →ww. 7⟩
I ⟨onov.ww.⟩ **0.1** ***ter kerke gaan*** ⇒*een eredienst/mis bijwonen, zijn godsdienstplichten vervullen* **0.2** ***v. eerbied vervuld zijn/blijk geven*** ⇒*in aanbidding verzonken zijn;*
II ⟨ov.ww.⟩⟨ook fig.⟩ **0.1** ***aanbidden*** ⇒*vereren, eerbiedigen, eerbied betonen, toegewijd zijn aan, verheerlijken.*
wor·ship·ful ['wɜ:ʃɪpfl‖'wɜr-]⟨bn.; -ly; -ness⟩
I ⟨bn.⟩ **0.1** ***eerbiedig*** ⇒*devoot;*
II ⟨bn., attr.; vaak W-⟩⟨vero.; beh. in titels; BE⟩ **0.1** ***achtbaar*** ⇒*eerwaardig.*
wor·ship·per, ⟨AE sp.⟩ **wor·ship·er** ['wɜ:ʃɪpə‖'wɜrʃɪpər]⟨f1⟩⟨telb.zn.⟩ **0.1** ***kerkganger*** ⇒*gelovige, (aan)bidder* **0.2** ***aanbidder*** ⇒*vereerder, verheerlijker.*
worst[1] [wɜ:st‖wɜrst]⟨f3⟩⟨n.-telb.zn.⟩ **0.1** ***slechtst(e)*** ⇒*ergst(e)* ◆ **3.1** ⟨vnl. BE⟩ if the ~ comes to the ~ *in het ergste/uiterste geval;* do your ~ *doe maar wat je niet laten kan, kom maar op;* let him do his ~ *laat hem zijn gang maar gaan/hem maar tekeergaan, ik/we lust(en) hem rauw;* get/have the ~ of it, make the ~ of both worlds/the world *aan het kortste eind trekken, het onderspit delven, de nederlaag lijden* **6.1** **at** (the) ~ *in het slechtste/ergste/ongunstigste geval, op zijn slechtst/allerergst.*
worst[2] ⟨f3⟩⟨bn.⟩⟨→sprw. 303⟩
I ⟨bn.; overtr. trap v. bad⟩ **0.1** ***slechtst*** ⇒*ergst* ◆ **1.¶** ⟨AE; inf.⟩ he wants to be an actor the ~ way *hij wil het allerliefst/vurig/dolgraag toneelspeler worden;* be one's own ~ enemy *zichzelf/zijn eigen zaak schaden, (altijd) zijn eigen ruiten ingooien/in-*

slaan;
II ⟨bn., attr.; overtr. trap v. ill⟩ **0.1** ***ziekst*** ⇒*zwakst, er het slechts aan toe.*
worst[3] ⟨ov.ww.⟩ ⟨vero.⟩ **0.1** ***vellen*** ⇒*(ver)slaan, overwinnen.*
worst[4] ⟨f3⟩ ⟨bw.⟩ **0.1** ***slechtst*** ⇒*ergst* **0.2** ***ziekst*** ⇒*zwakst, er het slechtst aan toe* ◆ **3.1** come off ~ *aan het kortste eind trekken, de nederlaag lijden, het onderspit delven;* the ~ dressed man *de slechtst geklede man.*
'worst-case ⟨bn., attr.⟩ **0.1** ***(aller)slechtst*** ⇒*ongunstigst* ◆ **1.1** in the ~ scenario *in het allerslechtste geval.*
wor·sted ['wʊstɪd] ⟨n.-telb.zn.; ook attr.⟩ **0.1** ***kamgaren*** ⇒*wollen garen.*
wort [wɜ:t‖wɜrt] ⟨zn.⟩
I ⟨telb.zn.; vnl. in combinatie⟩ **0.1** ***kruid*** ⇒*mos, plant;*
II ⟨n.-telb.zn.⟩ **0.1** ***wort*** ⟨ter bereiding v. bier⟩.
worth[1] [wɜ:θ‖wɜrθ] ⟨f3⟩ ⟨telb. en n.-telb.zn.; alleen enk.⟩ ⟨→sprw. 763⟩ **0.1** ***waarde*** ⇒*waardigheid, kwaliteit, verdienste, allooi* **0.2** ***markt/tegenwaarde*** ◆ **1.2** 1000 dollar ~ of timber *voor 1000 dollar hout, hout ter waarde v. 1000 dollar* **3.1** know s.o.'s ~ *weten wat iem. waard is* **6.1** of great/little/no ~ *van grote/geringe/geen waarde.*
worth[2] ⟨f3⟩ ⟨bn., pred., bn., post.⟩ ⟨→sprw. 57, 305, 310, 406, 541, 544, 550, 556⟩ **0.1** ***waard*** ◆ **1.1** land ~ 100,000 dollars *land met een/ter waarde v. 100.000 dollar;* he died ~ a fortune *hij bezat bij zijn dood een fortuin/stierf schatrijk;* what's your old man ~? *hoeveel heeft jouw oudeheer?;* any biologist ~ the name *iedere bioloog van enige naam;* that is ~ notice *dat is opmerkenswaardig/verdient de aandacht;* it is ~ (one's) while *het is de moeite waard/loont de moeite* **1.¶** the game is not ~ the candle *het sop is de kool niet waard;* not ~ the paper it is printed/written on *zonde van het papier, waardeloos;* ⟨vero.⟩ not ~ (the) powder and shot *de moeite niet waard, niet waard ervoor te vechten;* not ~ a red cent *geen cent waard, waardeloos;* he is (not) ~ his salt *hij is de kost/zijn geld (niet) waard;* not ~ a tinker's cuss *geen moer waard, waardeloos;* a trick ~ two of that *een beter middel;* not ~ a tuppenny damn *volkomen waardeloos, geen rode rotcent waard;* make it ~ your while *het de moeite waard maken voor je* **3.1** it is sth. ~ praying for/having/⟨enz.⟩ *het is iets om voor te bidden/om te hebben/⟨enz.⟩;* ~ seeing *bezienswaardig* **6.1** **for** what it's ~ *voor wat het waard is* **6.¶** **for** all one is ~ *uit alle macht, met volle overgave* **¶.1** it's (well) ~ it *het loont ruimschoots de moeite, het is het/de moeite ruimschoots waard.*
worth[3] ⟨ov.ww.⟩ ⟨vero., beh. in de uitdr. onder 1.1⟩ **0.1** ***geworden*** ◆ **1.1** woe ~ (the day) *wee/vervloekt (de dag).*
worth·less ['wɜ:θləs‖'wɜrθ-] ⟨f2⟩ ⟨bn.; -ly; -ness⟩ **0.1** ***waardeloos*** **0.2** ***nietswaardig*** ⇒*onwaardig.*
'worth'while ⟨f3⟩ ⟨bn.⟩ **0.1** ***de moeite waard/lonend*** ⇒*waardevol, nuttig, dienstig.*
wor·thy[1] ['wɜ:ði‖'wɜrði] ⟨telb.zn.; →mv. 2⟩ ⟨vaak iron.⟩ **0.1** ***notabele*** ⇒*hoge heer, vooraanstaande/aanzienlijke figuur, waardigheidsbekleder, (plaatselijke) held/beroemdheid.*
worthy[2] ⟨f3⟩ ⟨bn.; -ly; -ness; →bijw. 3⟩ ⟨→sprw. 373⟩ **0.1** ***waardig*** ⇒*eervol/zaam, waardevol* **0.2** ***waard*** **0.3** ⟨vaak iron.⟩ ***achtenswaardig*** ⇒*braaf* ◆ **1.2** in clothes ~ of/⟨vero.⟩ ~ the occasion *in bij de gelegenheid passende kleding* **3.2** ~ to be mentioned *vermeldenswaard* **6.2** he isn't ~ **of** her *hij is haar niet waard;* nothing ~ **of** mention *niets noemenswaardigs;* ~ **of** praise *prijzenswaardig, loffelijk.*
-wor·thy ['wɜ:ði‖'wɜrði] ⟨vormt bijv. nw.⟩ **0.1** ⟨ong.⟩ ***-waardig*** ◆ **¶.1** blameworthy *laakbaar;* seaworthy *zeewaardig.*
wot[1] [wɒt‖wɑt] ⟨1e en 3e pers. enk. teg. t.⟩ ⟨vero.⟩ →wit.
wot[2] ⟨inf.⟩ →what.
wot·cher ['wɒtʃə‖'wɑtʃər] ⟨tussenw.⟩ ⟨BE; sl.⟩ **0.1** ***hoi*** ⇒*hé, hallo.*
wot·test ['wɒtɪst‖'wɑṭɪst] ⟨2e pers. enk. teg. t.⟩ ⟨vero.⟩ →wit.
would [(w)əd⟨sterk⟩wʊd⟨in bet. I steeds⟩wʊd] ⟨f4⟩ ⟨ww.; verl. t. v. will; →t2 voor onregelmatige vormen; →do-operator, modaal hulpwerkwoord, ww. 3⟩ →will
I ⟨ov.ww.⟩ ⟨vero., beh. in wenszin⟩ **0.1** ***willen*** ⇒*wensen* ◆ **1.1** he ~ a word with us *hij wilde ons spreken* **4.1** what ~ the queen of me? *wat wil de koningin van mij?* **8.1** he ~ that she returned *hij wenste dat zij terug zou komen;* ~ God/I ~ to heaven that he had died! *was hij in 's hemelsnaam toch maar gestorven!* **¶.1** ~ I were rich! *was ik maar rijk!;*
II ⟨hww.⟩ **0.1** ⟨→wilsuiting; ook emfatisch en voorwaardelijk⟩ ***willen*** ⇒*zullen, wensen, (ver)kiezen* **0.2** ⟨→gewoonte/herhaling⟩ ***placht*** ⇒⟨vnl. vertaald d.m.v. bw. als⟩ *gewoonlijk, steeds, altijd* **0.3** ⟨→voorwaarde⟩ ***zou(den)*** **0.4** ⟨in afhankelijke bijzinnen die een wens uitdrukken⟩ ***zou(den)*** **0.5** ⟨neutrale aanduiding v. toekomende tijd in verleden context⟩ ***zou(den)*** **0.6** ⟨→onderstelling⟩ ***moeten*** ⇒*zullen, zou(den), moest(en)* **0.7** ⟨geschiktheid⟩ ***kunnen*** ⇒*kon(den), volstaan, in staat zijn, toelaten* **0.8** ⟨→gebod; als vriendelijk verzoek⟩ ***zou(den)*** **0.9** ⟨twijfel of onzekerheid⟩ ***zou kunnen*** **0.10** ⟨→gebod; als onvriendelijk bevel⟩ ***moest(en)*** ◆ **3.1** though he knew the danger he ~ not be stopped *hoewel hij het gevaar kende liet hij zich niet tegenhouden;* even though it rained he ~ go to the seaside *hoewel het regende wilde hij toch/per se naar het strand;* she ~ have her way *ze moest en ze zou haar zin krijgen;* do unto others as you ~ have others do unto you *wat gij wilt dat u geschiedt, doe dat ook een ander;* she ~ have Mary go to college *ze zou willen dat Mary naar de universiteit ging;* I wish he ~ leave me alone *ik wilde/wou dat hij me met rust liet;* I ~ like to show you this *ik zou je dit graag laten zien;* if only he ~ listen *als hij maar wilde luisteren* **3.2** he ~ eat without speaking *hij at altijd zonder te spreken;* we ~ walk to school together *we liepen gewoonlijk samen naar school* **3.3** I ~ have finished it but for her interfering *ik zou het af hebben als zij er zich niet mee had bemoeid;* if she had come I ~ have had to get out the photos *als zij was gekomen, zou ik de foto's tevoorschijn hebben moeten halen;* I ~ try it anyway *ik zou het toch maar proberen (als ik jou was)* **3.4** she hoped that Mary ~ be happy *ze hoopte dat Mary gelukkig zou zijn;* I wish John ~ return *ik wilde dat John terugkwam* **3.5** he was writing the book that ~ bring him fame *hij was het boek aan het schrijven dat hem beroemd zou maken;* they promised that they ~ come *ze beloofden te zullen komen/dat ze zouden komen* **3.6** he ~ be in bed by now *hij zal nu wel in bed liggen;* you ~ be the man I need *jij zal waarschijnlijk de man zijn die ik zoek;* he thought John ~ have returned by then *hij dacht dat John tegen die tijd wel terug zou zijn* **3.7** you ~ not bend that bar *je zou die stang niet kunnen buigen;* this contraption ~ drive two hundred kilometers per hour *deze rare machine kon tweehonderd kilometer per uur rijden* **3.8** ~ you help me lift it? *wil je me helpen het op te tillen?;* ~ you please shut the door? *kun je de deur sluiten alsjeblieft?* **3.9** an impressive result, I ~ say *een indrukwekkend resultaat, zou ik zeggen;* the problem ~ seem to lie deeper *het leek of het probleem dieper zat;* we ~ suggest the following *we zouden het volgende willen voorstellen* **3.10** they ordered that all visitors ~ be searched *ze bevalen dat alle bezoekers gefouilleerd zouden worden* **5.1** I ~ rather/sooner starve than eat his food *ik zou nog liever verhongeren dan eten van hem aannemen.*
'would-be ⟨f1⟩ ⟨bn., attr.⟩ **0.1** ⟨pej.⟩ ***would-be*** ⇒*zogenaamd, pseudo-, zogeheten, beweerd; gewild, bedoeld* ⟨maar niet geslaagd⟩ **0.2** ***toekomstig*** ⇒*in de dop, met de wil... te worden/zijn* ◆ **1.1** ~ artist *would-be kunstenaar;* ~ idealism *zogeheten idealisme;* ~ humoristic remark *humoristisch bedoelde opmerking* **1.2** ~ lawyer *advocaat in de dop.*
would(e)st ['wʊd(ɪ)st] ⟨2e pers. enk., vero. of relig.; →t2⟩ →would.
wouldn't ['wʊd(ə)nt] ⟨samentr. v. would not; →t2⟩ →will.
Woulfe bottle, Woulff bottle ['wʊlf ˌbɒtl‖- ˌbɑṭl] ⟨telb.zn.⟩ ⟨schei.⟩ **0.1** ***woulfefles.***
wound[1] [wu:nd] ⟨f3⟩ ⟨telb.zn.⟩ **0.1** ***(ver)wond(ing)*** ⇒*kwetsuur;* ⟨fig.⟩ *krenking, belediging* ◆ **3.1** dress a ~ *een wond verbinden* **3.¶** lick one's ~s *zijn wonden likken* ⟨na de nederlaag⟩.
wound[2] ⟨f3⟩ ⟨ov.ww.⟩ **0.1** ***(ver)wonden*** ⇒*(een) wond(en) toebrengen aan, kwetsen;* ⟨fig.⟩ *grieven, krenken.*
wound[3] [waʊnd] ⟨verl. t. en volt. deelw.⟩ →wind.
'wound fever ⟨n.-telb.zn.⟩ **0.1** ***wondkoorts.***
wound·less ['wu:ndləs] ⟨bn.⟩ **0.1** ***ongewond*** ⇒*ongedeerd, heelhuids.*
'wound stripe ⟨telb.zn.⟩ ⟨in U.S.A.; gesch.⟩ **0.1** ***wondstreep*** ⟨mouwstreep v. in het gevecht gewonde militair⟩.
wound·wort ['wu:ndwɜ:t‖-wɜrt] ⟨telb.zn.⟩ **0.1** ***wondkruid*** ⇒⟨i.h.b.⟩ ⟨plantk.⟩ *wondklaver* ⟨Anthyllis vulneraria⟩ **0.2** ⟨plantk.⟩ ***andoorn*** ⟨genus Stachys⟩.
wove[1] [woʊv] ⟨bn., attr.⟩ **0.1** ***velijnen*** ◆ **1.1** ~ paper *velijnpapier.*
wove[2] ⟨verl. t. en, zelden, volt. deelw.⟩ →weave.
wo·ven ['woʊvən] ⟨volt. deelw.⟩ →weave.
wow[1] [waʊ] ⟨f2⟩ ⟨zn.⟩
I ⟨telb.zn.; alleen enk.⟩ ⟨inf.⟩ **0.1** ***klapper*** ⇒*wereldsucces, sensatie* ◆ **¶.¶** ~! *wau!, karamba!, jeetje, jeminee;*
II ⟨n.-telb.zn.⟩ **0.1** ***wow*** ⇒*janken* ⟨v. grammofoon enz.⟩.
wow[2] ⟨ov.ww.⟩ ⟨sl.⟩ **0.1** ***overweldigen*** ⇒*imponeren, een kick geven, achterover doen vallen, als een bom inslaan bij.*
wow·ser ['waʊzə‖-ər] ⟨telb.zn.⟩ ⟨Austr. E⟩ **0.1** ***godsdienstfanaat*** ⇒*strenggelovige, steile zeiker;* ⟨bij uitbr.⟩ *bekrompen persoon, kwezel* **0.2** ***spelbreker*** **0.3** ***geheelonthouder.***
WP ⟨afk.⟩ weather permitting, word processing, word processor.
WPB ⟨afk.⟩ Wastepaper Basket.
WPC ⟨afk.⟩ Woman Police Constable.
wpfl ⟨afk.⟩ worshipful.
wpm ⟨afk.⟩ words per minute.
WR ⟨afk.⟩ West Riding ⟨in Yorkshire⟩.
WRAC[1] [ræk] ⟨telb.zn.⟩ **0.1** ***lid v.h. WRAC*** ⇒*vrouwelijke militair,* ⟨ong.⟩ *Milva* ⟨in Engeland⟩.

WRAC[2] ⟨afk.⟩ Women's Royal Army Corps ⟨BE⟩.
wrack[1] [ræk]⟨zn.⟩
I ⟨telb.zn.⟩ **0.1** ***wrak*** ⇒*ravage* **0.2** ⟨alleen enk.⟩ ***zwerk*** ⇒*wolkendek/drift, voortdrijvende wolken* **0.3** ***spoortje*** ⇒*zweempje;*
II ⟨n.-telb.zn.⟩ **0.1** ***schipbreuk*** **0.2** ***verwoesting*** ⇒*verval, ondergang, ruïne* **0.3** ***(zee)wier*** ⟨als mest gebruikt⟩.
wrack[2] ⟨ww.⟩
I ⟨onov.ww.⟩ **0.1** ***ten onder/te gronde gaan*** ⇒*schipbreuk lijden;*
II ⟨ov.ww.⟩ **0.1** ***te gronde richten.***
WRAF ⟨afk.⟩ Women's Royal Air Force ⟨BE⟩.
wraith [reɪθ]⟨telb.zn.⟩ **0.1** ***(geest)verschijning*** ⇒*schim, spook(gestalte).*
wran·gle[1] ['ræŋgl]⟨telb. en n.-telb.zn.⟩ **0.1** ***ruzie*** ⇒*twist, herrie, bonje.*
wrangle[2] ⟨f1⟩⟨ww.⟩
I ⟨onov.ww.⟩ **0.1** ***ruzie maken*** ⇒*ruziën, twisten, kijven, bekvechten* ◆ **6.1** ~ **with** s.o. about/over sth. *met iem. over iets/om iets ruziën;*
II ⟨ov.ww.⟩ **0.1** ***ruziënd voor elkaar krijgen*** ⇒*met trammelant lospeuteren/gedaan krijgen* **0.2** ⟨AE, gew.⟩ ***hoeden*** ⇒*bijeendrijven* ⟨paarden, vee⟩.
wran·gler ['ræŋglə‖-ər]⟨telb.zn.⟩ **0.1** ***ruziemaker*** **0.2** ***wrangler*** ⟨student die bij het hoogste wiskunde-examen te Cambridge de eerste graad heeft behaald⟩ **0.3** ***cowboy*** ⇒⟨i.h.b.⟩ *paardenverzorger.*
wrap[1] [ræp]⟨f1⟩⟨telb.zn.; vnl. mv.⟩ **0.1** ***omslag(doek)*** ⇒*omgeslagen kledingstuk, sjaal, stola* **0.2** ***(reis)deken*** ⇒*overtrek, plaid* ◆ **3.¶** take the ~s off *onthullen, ten toon stellen, presenteren, vrijgeven* **6.¶** **under** ~s *geheim, buiten de publiciteit.*
wrap[2] ⟨f3⟩⟨ww.; verl.t. en volt.t. ook wrapt [ræpt]; →ww. 7⟩ →wrapping
I ⟨onov.ww.⟩ **0.1** ***zich wikkelen/winden*** ◆ **5.¶** ~ **over** *(over)bloezen* ⟨v. kleding⟩; →wrap up **6.1** vines ~ping **around** a pillar *zich om een pilaar slingerende wijnranken;*
II ⟨ov.ww.⟩ **0.1** ***in/verpakken*** **0.2** ***wikkelen*** ⇒*omslaan, vouwen* **0.3** ***(om/ver)hullen*** ⇒*bedekken* ◆ **5.¶** →wrap up **6.1** he ~ped his present (up) **in** paper *hij deed een papiertje om zijn cadeau* **6.2** she ~ped her arms **about** him *ze sloeg haar armen om hem heen;* he ~ped his coat **about** him *hij trok zijn jas om zich heen* **6.3** ~ped **in** mist *in nevelen gehuld.*
wrap·a·round ['ræpəraʊnd]⟨telb.zn.; vaak attr.⟩ **0.1** ***kledingstuk dat omgeslagen moet worden*** ⇒⟨i.h.b.⟩ *peignoir, bad/kamerjas* **0.2** ***hoes*** ◆ **1.1** ~ skirt *wikkel/overslagrok.*
'wraparound sunglasses ⟨telb.zn.⟩ **0.1** ***halfronde zonnebril*** ⟨die de ogen geheel omsluit⟩.
wrap·page ['ræpɪdʒ] →wrapping.
wrap·per[1] ['ræpə‖-ər]⟨f2⟩⟨telb.zn.⟩ **0.1** ⟨vnl. BE⟩ ***(stof)omslag*** ⇒*kaft* **0.2** ***banderol*** ⇒*kruisband, adresband(je)* **0.3** ***peignoir*** ⇒*huisjasje* **0.4** ***papiertje*** ⇒*pakpapier, wikkel* **0.5** ***dekblad*** ⟨v. sigaar⟩ **0.6** ***stoflaken*** **0.7** ***sjaal*** ⇒*omslagdoek* **0.8** ***inpakker/ster.***
wrapper[2] ⟨ov.ww.⟩ **0.1** ***verpakken*** ⇒*v.e. omslag/banderol voorzien.*
wrap·ping ['ræpɪŋ], **wrap·pings** [-pɪŋz]⟨f1⟩⟨n.-telb.zn.; oorspr. teg. deelw. v. wrap⟩ **0.1** ***verpakkingsmateriaal*** ⇒*bedekking, emballage, omkleedsel, windselen.*
'wrapping paper ⟨f1⟩⟨n.-telb.zn.⟩ **0.1** ***inpakpapier.***
wrapt [ræpt]⟨verl. t. en volt. t.⟩ →wrap.
'wrap 'up ⟨f2⟩⟨ww.⟩
I ⟨onov.ww.⟩ **0.1** ***zich (warm)(aan)kleden*** ⇒*zich (goed/stevig) inpakken* **0.2** ⟨sl.⟩ ***zijn mond houden*** ◆ **¶.2** ~! *hou je kop/harses!;*
II ⟨ov.ww.⟩ **0.1** ***verpakken*** ⇒*inpakken;* ⟨fig.⟩ *verhullen* **0.2** ***warm aankleden*** ⇒*(goed/stevig) inpakken* **0.3** ***afwikkelen*** ⇒*afronden, rond maken, sluiten* **0.4** ***in het kort weergeven*** ⇒*samenvatten* **0.5** ⟨sl.⟩ ***de beslissende slag slaan*** ◆ **1.3** ~ a deal *een overeenkomst sluiten* **6.¶** be wrapped up **in** *opgaan in, gebiologeerd/geboeid zijn door, verwikkeld/verdiept/verzonken zijn in* **¶.¶** wrap it up! *hou op!, schei uit!, hou je kop!.*
'wrap-up ⟨telb.zn.⟩⟨sl.⟩ **0.1** ***gemakkelijke verkoop*** **0.2** ***ingepakte/verzegelde rotzooi*** **0.3** ***fluitje v.e. cent*** **0.4** ***(samenvatting en) conclusie*** **0.5** ***kort nieuwsoverzicht*** ⇒*korte samenvatting v.h. nieuws.*
wrasse [ræs]⟨telb.zn.⟩⟨dierk.⟩ **0.1** ***lipvis*** ⟨fam. Labridae⟩.
wrath [rɒθ‖ræθ]⟨f2⟩⟨n.-telb.zn.⟩⟨schr.⟩⟨→sprw. 386, 615⟩ **0.1** ***toorn*** ⇒*gram(schap), woede* ◆ **1.1** the grapes of ~ *de druiven der gramschap.*
wrath·ful ['rɒθfl‖'ræθfl]⟨bn.; -ly; -ness⟩ **0.1** ***toornig*** ⇒*gramstorig, vergramd, woedend.*
wrath·y ['rɒθi‖'ræθi]⟨bn.; -er; -ly; →bijw. 3⟩⟨AE⟩ **0.1** →wrathful.
wreak [ri:k]⟨f1⟩⟨ov.ww.⟩ **0.1** ***uitstorten*** ⇒*loslaten, lucht geven aan, uiten* **0.2** ***veroorzaken*** ⇒*aanrichten* **0.3** ⟨vero.⟩ ***wraak nemen voor*** ⇒*wreken* ◆ **1.2** ~ damage *schade veroorzaken/aanrichten* **1.3** ~ wrongs *onrecht wreken* **6.1** ~ rage **(up)on** s.o. *zijn woede uitstorten over/koelen op;* ~ vengeance **(up)on** *wraak nemen op.*
wreath [ri:θ]⟨f2⟩⟨telb.zn.; wreaths [ri:ðz, ri:θs]; →mv. 3⟩ **0.1** ***(graf/lijk/rouw)krans*** **0.2** ***(ere/lauwer/haar)krans*** **0.3** ***bloemkrans*** ⇒*slinger, guirlande* **0.4** ***krans*** ⇒*ring, kronkel* ◆ **1.4** ~ of smoke *kringetje rook.*
wreathe [ri:ð]⟨f1⟩⟨ww.⟩
I ⟨onov.ww.⟩ **0.1** ***kringelen*** ⇒*kronkelen, slingeren;*
II ⟨ov.ww.⟩ **0.1** ***omkransen*** ⇒*om(k)ringen, omhullen, omkrullen, omhuiven* **0.2** ***(tot een krans) vlechten*** ⇒*verstrengelen* **0.3** ***(om)wikkelen/strengelen*** **0.4** ***(be)kransen*** ⇒*met een krans tooien* ◆ **6.1** ~d **in** *om(k)ringd door, gehuld in;* ⟨fig.⟩ a face ~d **in** smiles *een in glimlachen gehuld gelaat* **6.3** the snake ~d itself **(a)round** the branch *de slang wikkelde zich/kronkelde om de tak.*
wreck[1] [rek]⟨f2⟩⟨zn.⟩
I ⟨telb.zn.⟩ **0.1** ***wrak*** ⟨ook fig.⟩ ⇒*ruïne* ◆ **1.1** her husband is a ~ *haar man is een wrak/weinig meer;* their plan is a ~ *er is weinig over v. hun plan, hun plan is aan gruzelementen;*
II ⟨n.-telb.zn.⟩ **0.1** ***schipbreuk*** ⟨ook fig.⟩ ⇒*ondergang, verwoesting, vernietiging, vergaan* **0.2** ***wrakgoed/hout*** ⇒*strandgoed.*
wreck[2] ⟨f3⟩⟨ww.⟩ →wrecked
I ⟨onov.ww.⟩ **0.1** ***schipbreuk lijden*** ⇒*ten onder/te gronde gaan* **0.2** ⟨AE⟩ ***wrakken opruimen/slopen*** ⇒*bergen, een (auto)sloperij hebben* **0.3** ⟨AE⟩ ***strandjutten*** ⇒*wrakgoed zoeken/roven;*
II ⟨ov.ww.⟩ **0.1** ⟨vnl. pass.⟩ ***schipbreuk doen lijden*** ⇒*doen stranden, aan de grond doen lopen;* ⟨fig.⟩ *fnuiken, dwarsbomen, verijdelen, doen mislukken* **0.2** ***in de vernieling rijden*** **0.3** ***ruïneren*** ⇒*verwoesten, te gronde richten* **0.4** ***slopen*** ⇒*neerhalen, ontmantelen* **0.5** ⟨sl.⟩ ***klein maken*** ⇒*stuk slaan* ⟨bankbiljet⟩ **0.6** ⟨sl.⟩ ***verbrassen*** ◆ **1.1** ~ed goods *wrakgoederen, wrakgoed;* ~ed sailors *schipbreukelingen;* the ship was ~ed on the rocks *het schip liep/verging op de rotsen.*
wreck·age ['rekɪdʒ]⟨f2⟩⟨n.-telb.zn.⟩ **0.1** ***wrakgoed*** ⇒*wrak/brokstukken, restanten, overblijfselen, puin, ravage* **0.2** ***schipbreuk*** ⇒*ondergang, verwoesting.*
wrecked [rekt]⟨bn.; volt. deelw. v. wreck⟩⟨sl.⟩ **0.1** ***straalbezopen*** **0.2** ***zeer high.***
wreck·er ['rekə‖-ər]⟨telb.zn.⟩ **0.1** ***verwoester*** ⇒*vernieler, saboteur* **0.2** ***berger*** ⇒*bergingsmaatschappij* **0.3** ⟨vnl. gesch.⟩ ***strandjutter*** ⇒*stranddief* **0.4** ⟨vnl. AE⟩ ***sloper*** ⇒*sloopbedrijf* **0.5** ⟨vnl. AE⟩ ***takel/kraanwagen*** ⟨ook trein⟩ **0.6** ⟨vnl. AE⟩ ***bergingsschip/vaartuig.***
'wreck·ing bar ⟨telb.zn.⟩ **0.1** ***breekbeitel/ijzer.***
'wrecking company ⟨telb.zn.⟩ **0.1** ***bergingsmaatschappij.***
'wreck master, 'wreck commissioner ⟨telb.zn.⟩ **0.1** ***strandvonder/voogd/meester.***
wren [ren]⟨f1⟩⟨telb.zn.⟩⟨dierk.⟩ **0.1** ***winterkoning*** ⟨fam. Troglodytidae⟩.
Wren [ren]⟨telb.zn.⟩⟨BE; inf.⟩ **0.1** ***lid v.d. Women's Royal Navy Service*** ⇒⟨ong.⟩ *marva.*
wrench[1] [rentʃ]⟨f1⟩⟨telb.zn.⟩ **0.1** ***ruk*** ⇒*draai* **0.2** ***verrekking*** ⇒*verzwikking, verdraaiing, verstuiking, ontzetting, ontwrichting* **0.3** ***verdraaiing*** ⟨v. feiten e.d.⟩ **0.4** ***afscheidssmart*** **0.5** ⟨AE⟩ ***moersleutel*** ◆ **3.2** he gave his ankle a ~ *hij verdraaide/verzwikte zijn enkel* **3.4** it was a terrible ~ for the mother to leave her child alone *het deed de moeder pijn zich los te moeten scheuren van haar kind.*
wrench[2] ⟨f2⟩⟨ww.⟩
I ⟨onov.ww.⟩ **0.1** ***wringen/wrikken/rukken;***
II ⟨ov.ww.⟩ **0.1** ***(los)wringen/wrikken*** ⇒*rukken, een ruk geven aan, draaien* **0.2** ***verzwikken*** ⇒*verrekken/draaien/stuiken* **0.3** ***verwringen*** ⇒*verdraaien, verwrongen weergeven, vertekenen* **0.4** ***een pijnscheut geven*** ⇒*steken, pijn doen, aan het hart gaan, prangen* ◆ **2.1** ~ open *openwrikken/rukken* **5.1** ~ **away/off** *los/wegrukken, los/afwrikken, afdraaien* **6.1** ~ sth. **from** s.o. *iem. iets ontwringen/worstelen.*
wrest[1] [rest]⟨telb.zn.⟩ **0.1** ***ruk*** ⇒*draai* **0.2** ⟨vero.; muz.⟩ ***stemhamer (tje).***
wrest[2] ⟨f1⟩⟨ov.ww.⟩ **0.1** ***(los/weg)rukken*** ⇒*(los)wringen/wrikken* **0.2** ***zich meester maken v.*** ⇒*naar zich toe trekken, zich toeëigenen, opeisen* **0.3** ***verdraaien*** ⇒*verwringen, geweld aandoen* ◆ **1.1** ⟨fig.⟩ ~ a living from the soil *zijn levensonderhoud ontwoekeren aan de grond* **1.3** ~ the law/the meaning of a sentence *de wet/de betekenis v.e. zin geweld aandoen* **6.1** ⟨fig.⟩ ~ a confession **from** *een bekentenis persen uit;* he ~ed the key **out of** her hands *hij rukte de sleutel uit haar handen.*
'wrest block, 'wrest plank ⟨telb.zn.⟩ **0.1** ***stemblok*** ⟨v. piano⟩.
wres·tle[1] ['resl]⟨f1⟩⟨telb.zn.⟩ **0.1** ***worsteling*** ⇒*gevecht, strijd;* ⟨i.h.b.⟩ *worstelpartij/wedstrijd.*
wrestle[2] ⟨f2⟩⟨ww.⟩ →wrestling
I ⟨onov.ww.⟩ **0.1** ***worstelen*** ⟨ook fig.⟩ ◆ **6.1** ~ **with** one's con-

science *met zijn geweten worstelen;* ~ **with** problems *met problemen kampen;* ~ **with** s.o. *met iem. vechten/worstelen;*
II ⟨ov.ww.⟩ **0.1** ***worstelen met/tegen*** ⇒*in een worsteling gewikkeld zijn met* **0.2** ***deelnemen aan*** ⟨worstelwedstrijd⟩ ⇒*worstelen* ⟨partij⟩ **0.3** ⟨AE; gew.⟩ ***tegen de grond drukken*** ⟨kalf, enz., ter brandmerking⟩ ◆ **6.1** ~ s.o. **to** the ground *iem. tegen de grond werken.*

wres·tler ['reslə||-ər] ⟨f1⟩ ⟨telb.zn.⟩ **0.1** ***worstelaar.***

wres·tling ['reslıŋ] ⟨f1⟩ ⟨n.-telb.zn.; oorspr. teg. deelw. v. wrestle⟩ ⟨sport⟩ **0.1** ***worstelen.***

'wrest pin ⟨telb.zn.⟩ **0.1** ***stemschroef*** ⟨v. piano⟩.

wretch [retʃ] ⟨f1⟩ ⟨telb.zn.⟩ **0.1** ***stakker*** ⇒*stumper, sloeber, zielepoot* **0.2** ***ellendeling*** ⇒*beroerling, klier, smiecht, schooier* **0.3** ⟨scherts.⟩ ***schurk*** ⇒*boef, schooier, naarling.*

wretch·ed ['retʃıd] ⟨f3⟩ ⟨bn.; -ly⟩ **0.1** ***beklagenswaardig*** ⇒*zielig, arm, droevig* **0.2** ***ellendig*** ⇒*ongelukkig, miserabel, erbarmelijk, betreurenswaardig* **0.3** ***verachtelijk*** ⇒*laag, armzalig* **0.4** ***waardeloos*** ⇒*beroerd, rot-, vervloekt* ◆ **3.2** feel ~ *zich ellendig/hopeloos voelen.*

wrick →rick.

wrig·gle[1] ['rıgl] ⟨telb.zn.⟩ **0.1** ***kronkel/wriemelbeweging*** ⇒*gekronkel /wriemel.*

wriggle[2] ⟨f2⟩ ⟨ww.⟩
I ⟨onov.ww.⟩ **0.1** ***kronkelen*** ⇒*wriemelen, wriggelen;* ⟨fig.⟩ *zich in allerlei bochten wringen, draaien* ◆ **6.1** ~ **on** one's chair *heen en weer zitten schuiven op zijn stoel;* ~ **out of** sth. *ergens onderuit proberen/weten te komen, zich ergens uit proberen/weten te draaien/wriemelen;* ~ **through** the crowd *zich door de menigte heen wriemelen/kronkelen;*
II ⟨ov.ww.⟩ **0.1** ***wriemelen met*** ⇒*wriemelend heen en weer bewegen* **0.2** ***kronkelend afleggen*** ◆ **1.2** ~ one's way through sth. *zich ergens doorheen wurmen.*

wrig·gler ['rıglə||-ər] ⟨telb.zn.⟩ **0.1** ***kronkelaar*** ⇒*draaier* **0.2** ***muskietlarve.***

wright [raıt] ⟨telb.zn.⟩ ⟨vero. behalve in combinatie⟩ **0.1** ***maker*** ⇒*vervaardiger* ◆ **¶.1** wheelwright *wielenmaker/smid.*

wring[1] [rıŋ] ⟨telb.zn.⟩ **0.1** ***kneepje*** ⇒*draai, wrong* **0.2** ***kaaspers*** **0.3** ***cider/appelpers*** ◆ **3.1** give clothes a ~ *kleren (uit)wringen;* give s.o.'s hand a ~ *iem. de hand drukken.*

wring[2] ⟨f2⟩ ⟨ww.; wrung, wrung [rʌŋ]⟩
I ⟨onov.ww.⟩ **0.1** ***zich verwringen (v.d. pijn)*** ⇒*kronkelen, ineenkrimpen;*
II ⟨ov.ww.⟩ **0.1** ***omdraaien*** **0.2** ***(uit)wringen*** ⇒*door een wringer halen, mangelen* **0.3** ***uitpersen/wringen/knijpen*** **0.4** ***verwringen*** ⇒*verrekken* **0.5** ***wringen*** ⇒*drukken, persen, samenknijpen* **0.6** ***pijnlijk aandoen/treffen*** ⇒*prangen, kwellen, folteren, mangelen* **0.7** ***afpersen*** ⇒*afdwingen, ontwringen* ◆ **1.1** ~ a hen's neck *een kip de nek omdraaien* **1.2** ~ your wet shirt out *wring je natte hemd uit* **1.3** ~ the water out *wring het water eruit* **1.5** ~ one's hands *de handen wringen;* ~ s.o.'s hand *iem. stevig de hand drukken, in iemands hand knijpen* **6.7** ~ a confession **from/out of** s.o. *iem. een bekentenis afdwingen* **¶.¶** ⟨inf.⟩ ~ing *drijf, drijfnat, druipnat.*

wring·er ['rıŋə||-ər] ⟨telb.zn.⟩ **0.1** ***wringer*** ⇒*wringmachine, mangel* ◆ **3.1** ⟨sl.; fig.⟩ put s.o. through the ~ *iem. door de wringer halen; agressief optreden tegen iem..*

wring·ing machine ['rıŋıŋ mə͵ʃi:n] ⟨telb.zn.⟩ **0.1** ***wringer*** ⇒*wringmachine, mangel.*

wrin·kle[1] ['rıŋkl] ⟨f2⟩ ⟨telb.zn.⟩ **0.1** ***rimpel*** ⇒*plooi, vouwtje, kreuk* **0.2** ⟨inf.⟩ ***foefje*** ⇒*kunstje, handigheidje, kneep* **0.3** ⟨inf.⟩ ***tip*** ⇒*wenk, idee* **0.4** ⟨sl.⟩ ***schoonmoeder*** **0.5** ⟨sl.⟩ ***stijl*** ⇒*mode* **0.6** ⟨sl.⟩ ***slim idee*** ⇒*ongewone benadering* ⟨v. probleem⟩ ◆ **2.5** the latest ~ *de laatste mode* **2.6** that's a new ~ *dat is een frisse benadering.*

wrinkle[2] ⟨f2⟩ ⟨onov. en ov.ww.⟩ **0.1** ***rimpelen*** ⇒*rimpels (doen) krijgen, rimpelig worden/maken, kreuke(le)n, vouwen, plooien.*

wrin·kly ['rıŋkli] ⟨bn.⟩ **0.1** ***rimpelig*** ⇒*gerimpeld, kreukelig.*

wrist[1] [rıst] ⟨f3⟩ ⟨zn.⟩
I ⟨telb.zn.⟩ **0.1** ***pols(gewricht)*** **0.2** ***pols(stuk)*** ⟨v. kleding⟩ ⇒*manchet* **0.3** →wrist pin;
II ⟨n.-telb.zn.⟩ **0.1** ***pols(effect/werk).***

wrist[2] ⟨ov.ww.⟩ **0.1** ***vanuit de pols/met een polsbeweging gooien/slaan.***

'wrist·band ⟨telb.zn.⟩ **0.1** ***horlogebandje*** ⇒*pols(arm)band* **0.2** ***polsmofje*** ⇒*manchet.*

'wrist-drop ⟨n.-telb.zn.⟩ **0.1** ***pols/onderarmverlamming.***

wrist·er ['rıstə||-ər] ⟨telb.zn.⟩ **0.1** ***polsmofje.***

'wrist joint ⟨telb.zn.⟩ **0.1** ***polsgewricht.***

wrist·let ['rıstlıt] ⟨telb.zn.⟩ **0.1** ***horlogeband(je)*** **0.2** ***polsband(je)*** ⟨bij sport⟩ **0.3** ***armband(je)*** **0.4** ***polsmofje*** **0.5** ***handboei.***

'wristlet watch ⟨telb.zn.⟩ ⟨BE⟩ **0.1** ***polshorloge.***

'wrist pin ⟨telb.zn.⟩ ⟨AE⟩ **0.1** ***zuiger/pistonpen.***

'wrist-slap·per ⟨telb.zn.⟩ ⟨sl.⟩ **0.1** ***doetje*** ⇒*sul, kwezel.*

'wrist watch ⟨f1⟩ ⟨telb.zn.⟩ **0.1** ***polshorloge.***

'wrist work ⟨n.-telb.zn.⟩ **0.1** ***polswerk.***

wrist·y ['rısti] ⟨bn.; -er; →compar. 7⟩ ⟨vnl. sport⟩ **0.1** ***sterk in de pols (en)*** ⇒*vanuit de pols(en) spelend.*

writ[1] [rıt] ⟨f2⟩ ⟨zn.⟩
I ⟨telb.zn.⟩ **0.1** ***bevelschrift*** ⇒*dwangbevel, gerechtelijk schrijven, exploot, dagvaarding, akte* ◆ **1.1** ~ of election *bevelschrift tot het uitschrijven v. (tussentijdse) verkiezing;* ~ of error *bevelschrift tot vonnisherziening wegens vormfout;* ~ of execution *akte v. executie;* ~ of habeas corpus *habeas corpus-akte, bevelschrift tot voorleiding v.e. arrestant;* ~ of inquiry *bevelschrift tot vaststelling v.e. schadeloosstelling;* ~ of prohibition *bevelschrift tot staking van rechtsvervolging;* ~ of subpoena *dagvaarding;* ~ of summons *dagvaarding; oproeping* **3.1** serve a ~ on *een dagvaarding betekenen aan* **3.¶** our ~ doesn't run there *dat valt buiten ons ressort, ons gezag geldt daar niet;*
II ⟨n.-telb.zn.⟩ **0.1** ***de Schrift*** ⟨bijbel⟩.

writ[2] ⟨verl. t. en volt. deelw.⟩ ⟨vero.⟩ →write.

writ·a·ble ['raıṭəbl] ⟨bn.⟩ **0.1** ***(op)schrijfbaar*** ⇒*op schrift te zetten.*

write [raıt] ⟨f4⟩ ⟨ww.; wrote [rout] / ⟨vero.⟩ writ [rıt], written ['rıtn] / ⟨vero.⟩ writ⟩ →writing
I ⟨onov.ww.⟩ →write down, write in, write off;
II ⟨onov. en ov.ww.⟩ **0.1** ***schrijven*** ⇒*schrijfwerk verrichten, pennen, als schrijver werken, opmaken/stellen, op papier zetten, be/neer/onder/op/uitschrijven;* ⟨comp.⟩ *(weg)schrijven* ◆ **1.1** ~ a check *een cheque uitschrijven;* ⟨comp.⟩ ~ data on a disk *informatie op schijf zetten/wegschrijven;* ~ a form *een formulier invullen;* ~ a legible hand *een leesbare hand schrijven, een leesbaar handschrift hebben;* ~ one's life *zijn autobiografie schrijven;* ⟨vnl. AE; inf.⟩ ~ a person *iemand schrijven;* ~ a policy *een polis ondertekenen;* ~ two sheets *twee vel volschrijven;* ~ one's thoughts *zijn gedachten opschrijven/op papier zetten;* a wall written all over *een volgeschreven muur* **5.1** ~ **back** *terugschrijven, antwoorden;* ~ **together** *aaneenschrijven* ⟨woorden⟩ **5.¶** nothing to ~ home about *niet(s) om over naar huis te schrijven, niets bijzonders, niet veel soeps;* writ/written large *in hoofdletters, op grote(re) schaal; duidelijk (herkenbaar)* **6.1** ~ **about/on** a subject *over een onderwerp schrijven;* ~ away **for** *schrijven om, over de post bestellen;* ~ **in** ink/pencil *met inkt/potlood schrijven;* ~ a character **out of** a television series *een personage uit een televisieserie schrijven* **6.¶** envy was written on/all **over** his face *de jaloezie was van zijn gezicht te scheppen/stond hem op het gezicht te lezen;*
III ⟨ov.ww.⟩ **0.1** ⟨vero.⟩ ***beschrijven*** ⇒*afschilderen* **0.2** ⟨AE⟩ ***overmaken*** ⇒*verkopen* ⟨bv. huis⟩ ◆ **4.1** he wrote himself an honest man *hij beschreef zichzelf als een eerlijk man* **5.¶** →write **down;** →write **in;** →write **off;** →write **out;** →write **up.**

'write 'down ⟨f2⟩ ⟨ww.⟩
I ⟨onov.ww.⟩ **0.1** ***simpel schrijven*** ⇒*onnodig versimpelen* ◆ **6.1** ~ **to** children *naar kinderen toe schrijven, op de hurken gaan zitten;*
II ⟨ov.ww.⟩ **0.1** ***neer/opschrijven*** ⇒*op papier vastleggen* **0.2** ***beschrijven*** ⇒*uitmaken voor, afschilderen (als), beschouwen (als)* **0.3** ***in prijs verlagen*** ⇒*depreciëren, devalueren, terugbrengen* **0.4** ***afschrijven*** ⇒*in waarde verminderen* **0.5** ***neerhalen*** ⇒*afbreken/doen/kammen* ◆ **1.2** write s.o. down (as) a bore *iem. uitmaken voor een vervelende vent.*

'write-down ⟨telb.zn.⟩ ⟨vnl. BE⟩ **0.1** ***afschrijven*** ⇒*waardevermindering.*

'write 'in ⟨f1⟩ ⟨ww.⟩
I ⟨onov.ww.⟩ **0.1** ***schrijven*** ⇒*schriftelijk verzoeken* ◆ **6.1** ~ **for** a free catalogue *schrijven om een gratis catalogus, een gratis catalogus bestellen, de bon invullen voor een gratis catalogus;* ~ **to** a newspaper *een ingezonden brief schrijven, een brief sturen naar een krant;*
II ⟨ov.ww.⟩ **0.1** ***bijschrijven*** ⇒*in/toevoegen, inlassen* **0.2** ⟨AE⟩ ***stemmen op*** ⟨een niet op het stembiljet voorkomende kandidaat⟩ ⇒*toevoegen* ⟨naam v. niet-kandidaat⟩.

'write-in ⟨telb.zn.; ook attr.⟩ ⟨AE⟩ **0.1** ***stem voor niet-kandidaat*** ⇒⟨ong.⟩ *voorkeurstem.*

'write 'off ⟨f1⟩ ⟨ww.⟩
I ⟨onov.ww.⟩ **0.1** ***schrijven*** ⇒*over de post bestellen* ◆ **6.1** ~ **for** sth. *schrijven om iets te bestellen;*
II ⟨ov.ww.⟩ **0.1** ***afschrijven*** ⟨ook fig.⟩ ⇒*in waarde verminderen, afvoeren, schrappen* **0.2** ***(op)schrijven*** ⇒*in elkaar draaien, opmaken* ◆ **1.1** ~ losses/a car *verliezen/een auto afschrijven.*

'write-off ⟨telb.zn.⟩ **0.1** ***afschrijving*** **0.2** ***total-loss*** ⇒*weggooier* ⟨fig.⟩.

'write 'out ⟨f1⟩ ⟨ov.ww.⟩ **0.1** ***uitschrijven*** ⇒*geheel/voluit (op)schrij-*

ven **0.2** ***(uit)schrijven*** ⟨cheque e.d.⟩ **0.3** ***leegschrijven*** **0.4** ***schrappen*** ⇒*uitschrijven* ⟨rol in t.v.-serie⟩ ◆ **1.4** her part was written out *haar rol was geschrapt* **4.3** an author who has written himself out *een auteur die uitgeschreven is/niets (nieuws) meer te melden heeft.*

writ·er [ˈraɪtə‖ˈraɪt̬ər]⟨f3⟩⟨telb.zn.⟩ **0.1** ***schrijver, schrijfster*** ⇒*auteur, scribent* **0.2** ***schrijver*** ⇒*klerk* ◆ **1.¶** ⟨jur.⟩ Writer to the Signet *procureur* ⟨in Schotland⟩ **7.1** the (present) ~ *schrijver dezes, ondergetekende.*

ˈwriter's ˈcramp ⟨n.-telb.zn.⟩ **0.1** ***schrijfkramp.***

writ·er·ship [ˈraɪtəʃɪp‖ˈraɪt̬ər-]⟨telb. en n.-telb.zn.⟩ **0.1** ***schrijverschap*** **0.2** ***klerkschap.***

ˈwrite ˈup ⟨f1⟩⟨ov.ww.⟩ **0.1** ***bijwerken*** ⟨dagboek⟩ **0.2** ***uitwerken*** ⇒*uitschrijven* **0.3** ***recenseren*** ⇒*bespreken, een verslag schrijven v.;* ⟨i.h.b.⟩ *lovend/gunstig bespreken* **0.4** ***overwaarderen*** **0.5** ***opschrijven.***

ˈwrite-up ⟨zn.⟩
I ⟨telb.zn.⟩ **0.1** ***verslag*** ⇒*recensie;* ⟨i.h.b.⟩ *lovende bespreking;*
II ⟨n.-telb.zn.⟩ **0.1** ***overwaardering.***

writhe[1] [raɪð]⟨telb. en n.-telb.zn.⟩ **0.1** ***kronkeling*** ⇒*(ver)draaiing, siddering, trekking, rilling.*

writhe[2] ⟨f2⟩⟨onov. en ov.ww.; volt. t. ook, vero., writhen⟩ **0.1** ***wringen*** ⇒*kronkelen, (ineen)krimpen, sidderen* ◆ **6.1** ~ **at/under** insults *heftig aangegrepen worden door/ineenkrimpen onder beledigende opmerkingen;* ~ **with** pain *kronkelen van de pijn.*

writ·ing [ˈraɪt̬ɪŋ]⟨f2⟩⟨zn.; oorspr. gerund v. write⟩
I ⟨n.-telb.zn.⟩ **0.1** ***schrijven*** **0.2** ***(hand)schrift*** **0.3** ***schrift*** ⇒*schriftuur* ◆ **1.3** a piece of ~ *een stuk (tekst)* **1.¶** the ~ on the wall *het teken aan de wand, het mene tekel* **3.3** put sth. down in ~ *iets op schrift stellen* **6.1** **at** this (present) ~ *op het moment waarop ik dit schrijf;*
II ⟨mv.; ~s⟩ **0.1** ***werken*** ⇒*geschriften.*

ˈwriting case ⟨telb.zn.⟩ **0.1** ***schrijfbakje/cassette.***

ˈwriting desk ⟨telb.zn.⟩ **0.1** ***schrijfbureau*** ⇒*secretaire, schrijflessenaar.*

ˈwriting ink ⟨telb.zn.⟩ **0.1** ***schrijfinkt.***

ˈwriting master ⟨telb.zn.⟩ **0.1** ***schrijfleraar.***

ˈwriting materials ⟨mv.⟩ **0.1** ***schrijfbenodigdheden/gerei.***

ˈwriting pad ⟨telb.zn.⟩ **0.1** ***schrijfblok*** ⇒*blocnote.*

ˈwriting paper ⟨f1⟩⟨n.-telb.zn.⟩ **0.1** ***schrijfpapier*** **0.2** ***brief/postpapier.***

Writ·ings [ˈraɪt̬ɪŋz]⟨eig.n.; the; ww. mv.⟩⟨bijb.⟩ **0.1** ***hagiografen.***

ˈwriting skill ⟨telb. en n.-telb.zn.⟩ **0.1** ***schrijfvaardigheid.***

ˈwriting table ⟨telb.zn.⟩ **0.1** ***schrijftafel.***

writ·ten [ˈrɪtn]⟨volt. deelw.⟩ →write.

WRNS ⟨afk.⟩ Women's Royal Naval Service.

wrong[1] [rɒŋ‖rɔŋ]⟨f3⟩⟨zn.⟩⟨→sprw. 636, 706⟩
I ⟨telb.zn.⟩ **0.1** ***onrechtvaardigheid*** ⇒*onrecht, inbreuk, onbillijkheid* **0.2** ***misstand*** ⇒*wantoestand* **0.3** ⟨jur.⟩ ***onrechtmatige daad*** ◆ **1.1** two ~s don't make a right *vergeld kwaad niet met kwaad* **2.1** do s.o. a great ~ *iem. een groot onrecht aandoen;*
II ⟨n.-telb.zn.⟩ **0.1** ***kwaad*** ⇒*onrecht* ◆ **3.1** do ~ *onrecht doen, zondigen, ergens verkeerd aan doen, een misstap begaan;* the King can do no ~ *de koning is onschendbaar;* do s.o. ~ *iem. onrecht (aan)doen/onrechtvaardig behandelen* **3.¶** put s.o. in the ~ *iem. de zwartepiet toespelen/de schuld geven/in het ongelijk stellen* **6.¶** be **in** the ~ *het mis hebben, zich vergissen; de schuldige zijn, het gedaan hebben.*

wrong[2] ⟨f3⟩⟨bn.; -ly; -ness⟩⟨→sprw. 595⟩
I ⟨bn.⟩ **0.1** ***verkeerd*** ⇒*fout, onjuist, incorrect* **0.2** ⟨sl.⟩ ***onbetrouwbaar*** ⇒*oneerlijk* **0.3** ⟨sl.⟩ ***misdadig*** ◆ **1.1** the clock is ~ *de klok loopt niet gelijk;* ⟨boek.⟩ ~ fount *verkeerd corps, verkeerde letter (soort);* ~ in the head *niet goed bij zijn hoofd, gek;* ⟨fig.⟩ back the ~ horse *op het verkeerde paard wedden;* ~ number *verkeerd nummer/verbonden;* the ~ side *de binnenkant/keerzijde/verkeerde kant/averechtse kant* ⟨v. weefsel enz.⟩; ~ side out *binnenstebuiten;* on the ~ track *op het verkeerde spoor;* (the) ~ way round *andersom, achterstevoren, de verkeerde kant op;* go down the ~ way *in iemands verkeerde keelgat schieten/terechtkomen* ⟨v. eten⟩ **1.¶** be in the ~ box *in een lastig parket zitten; in het nadeel zijn;* find o.s. at the ~ end of the gun *een pistool op zich gericht zien, in de loop v.e. pistool kijken;* get hold of the ~ end of the stick *het bij het verkeerde eind hebben, er faliekant naast zitten;* begin/start at the ~ end *op de verkeerde manier/plaats beginnen;* on the ~ foot *in een ongunstige positie; op het verkeerde moment;* start on the ~ foot with s.o. *iem. bij het begin al tegen zich innemen;* be caught on the ~ foot *verrast/overvallen worden, verrast worden met de broek op de enkels, op het verkeerde been gezet worden;* bring one's eggs/hogs/pigs to the ~ market *op het verkeerde paard wedden, van een koude kermis thuiskomen;* ~ number *verkeerd idee; psychopaat; gevaarlijk persoon; onbetrouwbaar iem.;* ⟨sl.⟩ come to the ~ shop *aan het verkeerde adres (gekomen) zijn;* get on the ~ side of s.o. *iemands sympathie verliezen/verspelen, het bij iem. verbruien/verbruid hebben, iem. tegen zich innemen;* get out of bed on the ~ side *met zijn verkeerde been uit bed stappen;* he is laughing on the ~ side of his face/mouth now *het lachen is hem vergaan;* on the ~ side of sixty *de zestig gepasseerd;* ⟨AE⟩ the ~ side of the tracks *de achterbuurten/zelfkant, het arme gedeelte (v.e. stad);* ~ side out *binnenste buiten;* get the ~ sow by the ear *de verkeerde voor hebben/te pakken hebben; het bij het verkeerde eind hebben;* bark up the ~ tree *op het verkeerde spoor zijn; aan het verkeerde adres zijn, bij de verkeerde aankloppen;* stroke s.o.'s hair the ~ way *iem. tegen de haren in strijken/irriteren;* ⟨inf.⟩ rub (up) the ~ way *tegen de haren instrijken* **3.1** ~ly accused *valselijk/ten onrechte beschuldigd* **3.¶** you're ~ *je hebt ongelijk/vergist je* **4.¶** ⟨inf.⟩ ~'un *slechterik, smiecht, oplichter, kwaaie* **6.1** ⟨inf.⟩ **what's ~ with** ...? *wat is er mis/aan de hand met/fout aan...?; wat mankeert er aan...?;*
II ⟨bn., pred.⟩ **0.1** ***slecht*** ⇒*verkeerd, niet goed* ◆ **3.1** you're ~ to do this/it's ~ of you to do this *u doet hier verkeerd aan;* stealing is ~ *stelen is verkeerd/slecht.*

wrong[3] ⟨f2⟩⟨ov.ww.⟩ **0.1** ***onrecht/geen recht doen*** ⇒*onrechtvaardig behandelen, onredelijk/onbillijk zijn tegen, verongelijken* **0.2** ***onbillijk/verkeerd beoordelen*** ◆ **1.1** ~ a person *iem. tekort doen.*

wrong[4] ⟨f3⟩⟨bw.⟩ **0.1** ***foutief*** ⇒*verkeerd, onjuist* **0.2** ***in de verkeerde richting*** ⇒*de verkeerde kant op* ◆ **3.1** guess ~ *verkeerd gokken, misraden;* you told me ~ *je hebt het me verkeerd verteld, je hebt me verkeerd voorgelicht.*

wrong·do·er [ˈrɒŋduːə‖ˈrɔŋˈduːər]⟨telb.zn.⟩ **0.1** ***(wets)overtreder*** ⇒*misdadiger, crimineel, boos/kwaaddoener, onverlaat.*

wrong·do·ing [ˈrɒŋduːɪŋ‖rɔŋˈduːɪŋ]⟨f1⟩⟨zn.⟩
I ⟨telb.zn.⟩ **0.1** ***wandaad*** ⇒*overtreding, vergrijp;*
II ⟨n.-telb.zn.⟩ **0.1** ***wangedrag*** ⇒*misdadigheid, onrecht.*

wrong·er [ˈrɒŋə‖ˈrɔŋər]⟨telb.zn.⟩ **0.1** →wrongdoer.

ˈwrong-ˈfoot ⟨ov.ww.⟩⟨sport⟩ **0.1** ***op het verkeerde been zetten.***

wrong·ful [ˈrɒŋfl‖ˈrɔŋfl]⟨f1⟩⟨bn.; -ly; -ness⟩ **0.1** ***onterecht*** ⇒*ongerechtvaardigd, onbillijk* **0.2** ***onrechtmatig*** ⇒*wederrechtelijk, onwettig, illegitiem.*

ˈwrongˈhead·ed ⟨bn.; -ly; -ness⟩ **0.1** ***dwars(drijverig/liggerig)*** ⇒*obstinaat, eigenwijs, onverbeterlijk* **0.2** ***foutief*** ⇒*verkeerd, onjuist, dwaal-.*

wrote [roʊt]⟨verl. t.⟩ →write.

wroth [roʊθ, rɒθ‖rɔθ]⟨bn., pred.⟩⟨schr. of scherts.⟩ **0.1** ***vergramd*** ⇒*gramstorig, toornig.*

wroth·ful [ˈrɒθfl‖ˈrɔθfl], **wroth·y** [ˈrɒθi‖ˈrɔθi]⟨bn.⟩ **0.1** ***toornig*** ⇒*gramstorig, vergramd, woedend.*

wrought[1] [rɔːt]⟨bn.; oorspr. volt. deelw. v. work⟩⟨vero., behalve in 1.2⟩ **0.1** ***gewrocht*** ⇒*doorwrocht, (hecht) doortimmerd* **0.2** ***vervaardigd*** ⇒*gesmeed, geslagen* ◆ **1.2** ⟨ook attr.⟩ ~ iron *smeedijzer(en), welstaal* **6.2** ~ **by** hand *met de hand vervaardigd;* ~ **of** iron *van ijzer.*

wrought[2] ⟨verl. t. en volt. t.⟩⟨vero.⟩ →work.

ˈwrought ˈup ⟨bn.⟩ **0.1** ***gespannen*** ⇒*geprikkeld, nerveus, opgewonden, overspannen, opgefokt.*

wrung [rʌŋ]⟨verl. t. en volt. deelw.⟩ →wring.

wry[1] [raɪ]⟨f1⟩⟨bn.; wryer of wrier, wryest of wriest; -ly; -ness; →compar. 7⟩ **0.1** ***(ver)zuur(d)*** ⇒*wrang, wrokkig, gewrongen, grimmig, scheef* **0.2** ***(licht) ironisch*** ⇒*spottend; droog, laconiek* ⟨v. humor⟩ **0.3** ⟨zelden⟩ ***verdraaid*** ⇒*verkeerd, scheef* ⟨idee enz.⟩ ◆ **1.1** ~ face *zuur gezicht;* ~ mouth *zuinig mondje;* there was never a ~ word between us *er viel tussen ons nooit een onvertogen woord* **1.2** a ~ remark *een (licht) ironische/spottende opmerking;* ~ smile *spottend lachje.*

wry[2] ⟨ov.ww.; →ww. 7⟩ **0.1** ***(ver)wringen*** ⇒*(ver)draaien.*

ˈwry·bill ⟨telb.zn.⟩⟨dierk.⟩ **0.1** ***wrybill*** ⇒*scheefsnavelplevier* ⟨Anarhynchus frontalis; in Nieuw-Zeeland⟩.

ˈwryˈmouthed ⟨bn.⟩ **0.1** ***met een scheve mond*** **0.2** ***schamper*** ⇒*wrang, grimmig, bitter.*

ˈwry·neck ⟨zn.⟩
I ⟨telb.zn.⟩ **0.1** ⟨dierk.⟩ ***draaihals*** ⟨vogel; Jynx torquilla⟩ **0.2** ⟨dierk.⟩ ***scheefhals/nek*** ⇒*iem. met scheve nek;*
II ⟨telb. en n.-telb.zn.⟩⟨med.⟩ **0.1** ***scheefhals*** ⇒*torticollis.*

ˈwry-ˈnecked ⟨bn.⟩ **0.1** ***met scheve hals.***

WS ⟨afk.⟩ Writer to the Signet.

WSW ⟨afk.⟩ West-South-West.

wt ⟨afk.⟩ weight.

wuff[1] [wʌf, wʊf]⟨telb.zn.⟩ **0.1** ***geblaf.***

wuff[2] ⟨onov.ww.⟩ **0.1** ***blaffen.***

wul·fen·ite [ˈwʊlfənaɪt]⟨n.-telb.zn.⟩ **0.1** ***wulfeniet*** ⟨mineraal⟩.

wump [wʌmp], **wumph** [wʌmf]⟨telb.zn.⟩ **0.1** ***bons(geluid)*** ⇒*plof, doffe dreun.*

wun·der·kind ['vʊndəkɪnt‖-dər-]⟨telb.zn.⟩ **0.1** ***wonderkind.***
wurst [wɜ:st‖wɜrst]⟨telb. en n.-telb.zn.⟩ **0.1** ***worst.***
wur·zel ['wɜ:zl‖'wɜrzl]⟨verk.⟩ →mangelwurzel.
wuth·er ['wʌðə‖-ər]⟨onov.ww.⟩⟨BE; gew.⟩ **0.1** ***loeien*** ⟨v.d. wind⟩ ◆ **1.1** ~ing heights *omstormde hoogten;* ⟨als titel v. boek v. E. Brontë⟩ *de woeste hoogte.*
wuz·zy ['wʌzi]⟨bn.⟩ **0.1** ⟨sl.⟩ ***verward*** ⇒*versuft* **0.2** ***verzwakt.***
WV ⟨afk.⟩ West Virginia ⟨postcode⟩.
W Va ⟨afk.⟩ West Virginia.
WVS ⟨afk.⟩ Women's Volunteer Service.
WW I ⟨eig.n.⟩⟨afk.⟩ World War I **0.1** ***W.O.I.***
WW II ⟨eig.n.⟩⟨afk.⟩ World War II **0.1** ***W.O.II.***
WY ⟨afk.⟩ Wyoming ⟨postcode⟩.
Wy·an·dot ['waɪəndɒt‖-dɑt]⟨telb.zn.; ook Wyandot; →mv. 4⟩ **0.1** ***Wyandot*** ⇒*Huron(-Indiaan).*
Wy·an·dotte ['waɪəndɒt‖-dɑt]⟨telb.zn.⟩ **0.1** ⟨ook w-⟩ ***Wyandotte(-kip)*** **0.2** →Wyandot.
wych alder, wi(t)ch alder ['wɪtʃ ˌɔ:ldə‖-ər]⟨telb.zn.⟩⟨plantk.⟩ **0.1** ***fothergilla*** ⟨genus Fothergilla⟩.
wych elm, wi(t)ch elm ['wɪtʃ elm]⟨telb.zn.⟩⟨plantk.⟩ **0.1** ***ruwe iep*** ⇒*bergiep, olm* ⟨Ulmus glabra/scabra⟩.
wych hazel, wi(t)ch hazel ['wɪtʃ ˌheɪzl]⟨telb.zn.⟩⟨plantk.⟩ **0.1** ***Amerikaanse toverhazelaar*** ⟨Hamamelis virginiana; ook oplossing v. bast en bladeren, medicinaal gebruikt⟩ **0.2** →wych elm.
Wyc·lif(f)·ite ['wɪklɪfaɪt]⟨telb.zn.⟩⟨gesch.⟩ **0.1** ***volgeling v. Wyclif*** ⇒*lollard.*
wye [waɪ]⟨telb.zn.⟩ **0.1** ***letter y*** ⇒*ypsilon, i-grec, Griekse ij* **0.2** ***y-vormig iets*** ⇒*vork, gaffel.*
Wyke·ham·ist[1] ['wɪkəmɪst]⟨telb.zn.⟩ **0.1** ***Wykehamist*** ⇒*(oud-)leerling v. Winchester College.*
Wykehamist[2] ⟨bn., attr.⟩ **0.1** ***v./mbt. Winchester College betreffende*** ⇒*Winchester-.*
wynd [waɪnd]⟨telb.zn.⟩⟨Sch. E⟩ **0.1** ***steeg*** ⇒*straatje.*
Wyo ⟨afk.⟩ Wyoming.
WYSIWYG ['wɪzɪwɪg]⟨afk.⟩ What You See Is What You Get ⟨comp.⟩.
wy·vern, wi·vern ['waɪvən‖-vərn]⟨telb.zn.⟩⟨heraldiek⟩ **0.1** ***wyvern*** ⇒*tweepotige gevleugelde draak.*

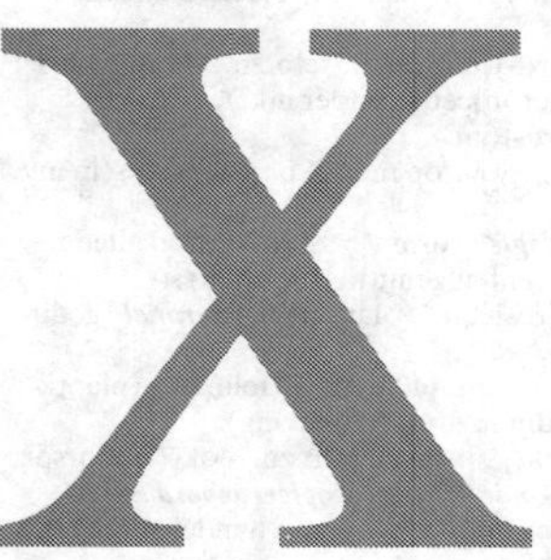

x[1], **X** [eks]⟨zn.; x's, X's, zelden xs, Xs⟩
I ⟨telb.zn.⟩ **0.1** ***(de letter) x, X*** **0.2** ***X*** ⇒*kruisje* ⟨als handtekening/symbool voor een kus of uitgebrachte stem⟩, *met een kruisje gemarkeerde plek* **0.3** ⟨wisk.⟩ ***x*** ⟨(eerste) onbekende/coördinaat⟩ ⇒⟨alg.⟩ *onbekende persoon/factor/grootheid* **0.4** ***X*** ⟨romeins getal 10⟩ **0.5** ⟨X-vorm(ig voorwerp/iets)⟩ **0.6** ⟨X⟩ ***Christus*** ⇒*christendom* **0.7** ⟨AE; inf.⟩ ***tiendollarbiljet*** ⇒*tientje* ◆ **3.2** ~ marks the spot *daar ligt/is het* **3.¶** a film rated X *een film voor boven de achttien;*
II ⟨mv.; ~s⟩ **0.1** ***atmosferische storingen.***
x[2] ⟨ov.ww.; x'd of xed, x-ing of x'ing, x's of xes⟩ **0.1** ***met een x markeren*** **0.2** ***(weg/uit-)iksen/x'en*** ⇒*met x'en doorhalen* ◆ **5.2** ~ **out** *met x'en doorhalen;* ⟨fig.⟩ *annuleren, schrappen.*
xan·thate ['zænθeɪt]⟨telb. en n.-telb.zn.⟩⟨schei.⟩ **0.1** ***xanthogenaat.***
Xan·thi·an ['zænθɪən]⟨bn.⟩ **0.1** ***v./mbt. Xanthos*** ◆ **1.1** the ~ marbles *het Harpijenmonument.*
xan·thic ['zænθɪk]⟨bn., attr.⟩⟨schei.⟩ **0.1** ***xanthogeen*** ◆ **1.1** ~ acid *xanthogeenzuur.*
xan·thine ['zænθi:n, -θɪn]⟨n.-telb.zn.⟩⟨schei.⟩ **0.1** ***xanthine.***
Xan·thip·pe [zæn'θɪpi]⟨eig.n., telb.zn.⟩ **0.1** ***Xantippe*** ⇒*helleveeg, kenau.*
xan·tho·ma [zæn'θoʊmə]⟨telb. en n.-telb.zn.; ook xanthomata [-mət̬ə]; →mv. 5⟩⟨med.⟩ **0.1** ***xanthoom.***
xan·tho·phyll ['zænθoʊfɪl]⟨telb. en n.-telb.zn.⟩⟨plantk.; schei.⟩ **0.1** ***xanthofyl*** ⇒*bladgeel.*
xan·thous ['zænθəs]⟨bn.⟩ **0.1** ***geel*** ⇒*gelig, geelachtig.*
'x-ax·is ⟨telb.zn.⟩⟨wisk.⟩ **0.1** ***x-as.***
xc, xcp ⟨afk.⟩ ex coupon.
'X-chro·mo·some ⟨telb.zn.⟩⟨biol.⟩ **0.1** ***X-chromosoom.***
xd, x-div ⟨afk.⟩ ex dividend **0.1** ***x.d..***
xe·bec, ze·bec(k) ['zi:bek]⟨telb.zn.⟩ **0.1** ***schebek*** ⇒*jabeque* ⟨zeilschip in de Middellandse Zee⟩.
xeno- ['zenoʊ] **0.1** ***xeno-*** ⇒*vreemd-, vreemdeling(en)-* ◆ **¶.1** xenolith *xenoliet;* xenophobe *xenofoob, vreemdelingenhater.*
xe·nog·a·my [ze'nɒgəmi‖zɪ'nɑ-]⟨n.-telb.zn.⟩⟨plantk.⟩ **0.1** ***xenogamie*** ⇒*kruisbevruchting/bestuiving.*
xen·o·graft ['zenəgrɑ:ft‖-græft]⟨telb. en n.-telb.zn.⟩⟨biol., med.⟩ **0.1** ***hetero/xenotransplantatie*** ⟨bv. met weefsel v. (ander) diersoort⟩.
xen·o·lith ['zenəlɪθ]⟨telb.zn.⟩⟨geol.⟩ **0.1** ***xenoliet.***
xen·o·ma·ni·a ['zenə'meɪnɪə]⟨n.-telb.zn.⟩ **0.1** ***xenomanie*** ⇒*voorliefde voor het vreemde/buitenlandse.*

xe·non ['zenɒn‖'zi:nɑn]⟨n.-telb.zn.⟩⟨schei.⟩ **0.1** ***xenon*** ⟨element 54⟩.
xen·o·phobe ['zenəfoʊb]⟨telb.zn.⟩ **0.1** ***xenofoob*** ⇒*vreemdelingenhater.*
xen·o·pho·bi·a ['zenə'foʊbɪə]⟨n.-telb.zn.⟩ **0.1** ***xenofobie*** ⇒*vreemdelingenangst/haat.*
xen·o·pho·bic ['zenə'foʊbɪk]⟨bn.⟩ **0.1** ***xenofobisch*** ⇒*afkerig v. buitenlanders.*
xe·ran·the·mum [zɪ'rænθɪməm]⟨n.-telb.zn.⟩ **0.1** ***xeranthemum*** ⟨plantengeslacht⟩.
xe·rog·ra·phy [zɪ'rɒgrəfi‖-'rɑ-]⟨telb. en n.-telb.zn.; →mv. 2⟩ **0.1** ***xerografie*** ⟨kopie/kopieerprocédé zonder inkt⟩.
xe·roph·a·gy [zɪ'rɒfədʒi‖-'rɑ-]⟨zn.⟩
I ⟨telb.zn.⟩ **0.1** ***vastendag*** ⟨waarop men II beoefent⟩ ⇒⟨in mv.⟩ *xerofagiën;*
II ⟨n.-telb.zn.⟩ **0.1** ***xerofagie*** ⟨vorm v. vasten waarbij alleen brood, zout, water en groenten genuttigd worden⟩.
xe·roph·i·lous [zɪ'rɒfɪləs‖-'rɑ-]⟨bn.⟩⟨plantk.⟩ **0.1** ***xerofiel*** ⟨gedijend in droge omgeving⟩.
xer·o·phyte ['zɪərəfaɪt‖'zɪr-], **xer·o·phile** [-faɪl]⟨telb.zn.⟩⟨plantk.⟩ **0.1** ***xerofyt*** ⟨plant die gedijt in droge omgeving⟩.
Xe·rox[1] ['zɪərɒks, 'ze-‖'zɪrɑks, 'zi:-]⟨f1⟩⟨telb.zn.; ook x-⟩⟨oorspr. handelsmerk⟩ **0.1** ***(foto)kopie*** **0.2** ***(foto)kopieerapparaat.***
Xerox[2] ⟨f1⟩⟨onov. en ov.ww.; ook x-⟩⟨oorspr. handelsmerk⟩ **0.1** ***(foto)kopiëren*** ⇒*xeroxen.*
X(h)o·sa ['kɔ:sə‖'koʊsə]⟨zn.; ook X(h)osa; →mv. 4⟩
I ⟨eig.n.⟩ **0.1** *Xosa* ⇒*taal der Xosa;*
II ⟨telb.zn.⟩ **0.1** ***Xosa*** ⟨Bantoevolk in Zuid-Afrika⟩.
xi[1] [saɪ‖zaɪ]⟨telb.zn.⟩ **0.1** ***xi*** ⟨14e letter v.h. Griekse alfabet⟩.
xi[2] ⟨afk.⟩ ex interest.
xiph·i·as ['zɪfɪəs]⟨telb.zn.; xiphias; →mv. 4⟩⟨dierk.⟩ **0.1** ***zwaardvis*** ⟨fam. Xiphiidae; i.h.b. Xiphias gladius⟩.
xiph·oid ['zɪfɔɪd]⟨telb.zn.⟩ **0.1** ***zwaardvormig*** ◆ **1.1** ⟨med.⟩ ~ process *zwaardvormig aanhangsel* ⟨processus xiphoideus; v. borstbeen⟩.
XL ⟨afk.⟩ extra large ⟨in kleding⟩.
X·mas ['krɪsməs]⟨eig.n.⟩⟨inf.⟩ **0.1** ***kerst*** ⇒*Kerstmis.*
xn ⟨afk.⟩ ex new shares ⟨hand.⟩.
Xn ⟨afk.⟩ Christian.
xo·a·non ['zoʊənɒn‖-nɑn]⟨telb.zn.; xoana [-nə]; →mv. 5⟩ **0.1** ***xoanon*** ⟨Grieks houten godsbeeld⟩.
'X-ra·di'a·tion ⟨n.-telb.zn.⟩ **0.1** ***röntgenstraling*** **0.2** ***röntgenbehandeling/bestraling/doorlichting.***
'X-rat·ed ⟨f1⟩⟨bn.⟩ **0.1** ***(voor) boven de achttien*** ⟨v. film⟩.
'x-rat·ing ⟨f1⟩⟨telb.zn.⟩ **0.1** ***keuring boven de 18*** ⇒⟨B.⟩ *voorbehouden* ◆ ¶.1 some erotic scenes earned the film an ~ *enkele erotische scènes zorgden ervoor dat de film als keuring boven de 18 meekreeg.*
'X ray, 'x ray ⟨f2⟩⟨telb.zn.⟩ **0.1** ⟨vnl. mv.⟩⟨ook attr.⟩ ***röntgenstraal*** **0.2** ***röntgenfoto*** **0.3** ***röntgenonderzoek*** ⇒*doorlichting* **0.4** ***röntgenapparaat.***
'X-ray, 'x-ray ⟨f2⟩⟨ov.ww.⟩ **0.1** ***doorlichten*** ⟨ook fig.⟩ ⇒*röntgenen, met röntgenstralen onderzoeken* **0.2** ***bestralen*** **0.3** ***een röntgenfoto maken v.*** ⇒*röntgenen.*
'x-ray astronomy ⟨n.-telb.zn.⟩ **0.1** ***röntgenastronomie/sterrenkunde.***
'x-ray diffraction ⟨n.-telb.zn.⟩ **0.1** ***röntgendiffractie.***
'x-ray examination ⟨telb.zn.⟩ **0.1** ***röntgenonderzoek.***
'x-ray scanning ⟨n.-telb.zn.⟩ **0.1** ***röntgenonderzoek*** ⟨v. materialen, enz.⟩.
'x-ray source, 'X-ray star ⟨telb.zn.⟩ **0.1** ***röntgenbron/ster.***
'x-ray therapy ⟨n.-telb.zn.⟩ **0.1** ***röntgentherapie.***
'x-ray tube ⟨telb.zn.⟩ **0.1** ***röntgenbuis.***
Xt ⟨afk.⟩ Christ, Christian.
Xtian ⟨afk.⟩ Christian.
Xty ⟨afk.⟩ Christianity.
XX ['dʌbl 'eks]⟨zn.⟩
I ⟨telb.zn.⟩⟨sl.⟩ **0.1** ***dubbelspel;***
II ⟨n.-telb.zn.⟩ **0.1** ***bier v. middelbare sterkte*** ⇒*middelbier.*
XXX ['trebl 'eks]⟨n.-telb.zn.⟩ **0.1** ***sterkste (soort) bier.***
xy·lem ['zaɪləm]⟨n.-telb.zn.⟩⟨plantk.⟩ **0.1** ***xyleem*** ⇒*houtweefsel.*
xy·lene ['zaɪli:n]⟨telb. en n.-telb.zn.⟩⟨schei.⟩ **0.1** ***xyleen.***
xy·lo- ['zaɪloʊ] **0.1** ***xylo-*** ⇒*hout-* ◆ ¶.1 →xylograph; →xylophagous.
xy·lo·graph ['zaɪləgrɑ:f‖-græf]⟨telb.zn.⟩ **0.1** ***xylografie*** ⇒*houtgravure/snede.*
xy·log·ra·pher [zaɪ'lɒgrəfə‖-'lɑgrəfər]⟨telb.zn.⟩ **0.1** ***xylograaf*** ⇒*houtgraveur/snijder.*
xy·lo·graph·ic ['zaɪlə'græfɪk]⟨bn.; -ally; →bijw. 3⟩ **0.1** ***xylografisch.***
xy·log·ra·phy [zaɪ'lɒgrəfi‖-'lɑ-]⟨telb. en n.-telb.zn.⟩ **0.1** ***xylografie*** ⇒*houtgravure/snede/snijkunst.*
xy·lo·nite ['zaɪlənaɪt]⟨n.-telb.zn.⟩ **0.1** ***celluloid.***
xy·loph·a·gous [zaɪ'lɒfəgəs‖-'lɑ-]⟨bn.⟩⟨dierk.⟩ **0.1** ***houtetend.***
xy·lo·phone ['zaɪləfoʊn]⟨f1⟩⟨telb.zn.⟩ **0.1** ***xylofoon.***
xy·lo·phon·ist ['zaɪləfoʊnɪst]⟨telb.zn.⟩ **0.1** ***xylofonist.***
xys·ter ['zɪstə‖-ər]⟨telb.zn.⟩⟨med.⟩ **0.1** ***xyster*** ⇒*raspatorium* ⟨botschraper⟩.
xys·tus ['zɪstəs]⟨telb.zn.; xysti ['zɪstaɪ]; →mv. 5⟩⟨gesch.⟩ **0.1** ***xystus.***

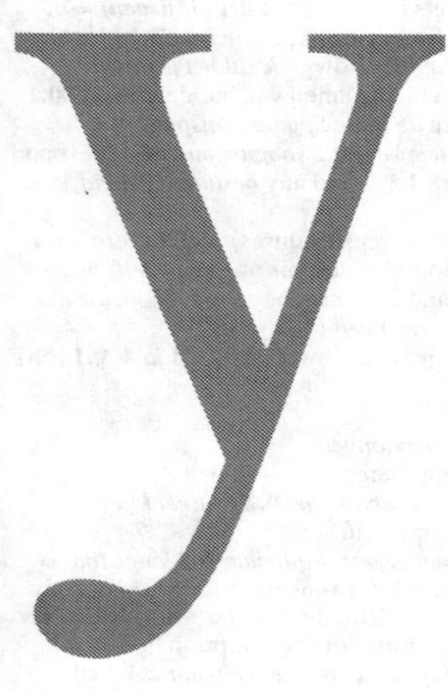

y¹, Y [waɪ]⟨telb.zn.; y's, Y's, zelden ys, Ys⟩ **0.1** ***(de letter) y, Y*** **0.2** ⟨wisk.⟩ ***y*** ⟨(tweede) onbekende/coördinaat⟩ **0.3** ***Y-vorm(ig iets/voorwerp).***

y², Y ⟨afk.⟩ year(s), yen, Yeomanry; Y.M.C.A. ⟨AE⟩; Y.W.C.A. ⟨AE⟩.

-y, ⟨in bet. 0.1 ook⟩ **-ey,** ⟨in bet. 0.2 ook⟩ **-ie** [i] **0.1** ⟨ong.⟩ ***-(er)ig*** ⇒*-achtig* **0.2** ⟨vormt →verkleinwoord⟩ ***-ie*** ⇒*-je* **0.3** ⟨vormt zelfst. nw.⟩ ◆ **¶.1** clayey *kleiig;* glassy *glazig;* gluey *plakkerig;* hairy *harig;* sleepy *slaperig;* windy *winderig;* wintry *winters* **¶.2** daddy *pappie;* granny *omaatje* **¶.3** army *leger;* glory *glorie;* inquiry *onderzoek;* remedy *remedie.*

yab·ber¹ ['jæbə‖-ər]⟨n.-telb.zn.⟩⟨Austr. E⟩ **0.1** ***gepraat*** ⇒*geklets, gewauwel, gebrabbel, gekakel.*

yabber² ⟨onov.ww.⟩⟨Austr. E⟩ **0.1** ***praten*** ⇒*kletsen, wauwelen, brabbelen, kakelen.*

yab·by, yab·bie ['jæbi]⟨telb.zn.; →mv. 2⟩⟨dierk.⟩ **0.1** ***yabby*** ⟨Parachaeraps bicarinatus; Australisch kreeftje, vaak als aas gebruikt⟩.

yac·ca ['jækə]⟨zn.⟩
I ⟨telb.zn.⟩⟨plantk.⟩ **0.1** ***podocarpus(boom)*** ⟨genus Podocarpus⟩;
II ⟨n.-telb.zn.⟩ **0.1** ***podo*** ⇒*podocarpushout.*

yacht¹ [jɒt‖jɑt]⟨f2⟩⟨telb.zn.⟩ **0.1** ***(wedstrijd/zeil/toer/motor/plezier)jacht*** **0.2** ***ijszeiljacht.***

yacht² ⟨onov.ww.⟩ →yachting **0.1** ***(met een jacht) zeilen.***

'yacht club ⟨telb.zn.⟩ **0.1** ***jachtclub*** ⇒*zeilvereniging.*

yacht·er ['jɒtə‖'jɑṭər]⟨telb.zn.⟩ **0.1** ***zeiler*** ⇒*jachteigenaar.*

'yacht·ie ['jɒti‖jɑṭi]⟨telb.zn.⟩⟨Austr. E, AE; inf.⟩ **0.1** ***zeiler*** ⇒*zeilgek, jachteigenaar.*

yacht·ing ['jɒtɪŋ‖'jɑṭɪŋ]⟨f2⟩⟨n.-telb.zn.; oorspr. gerund v. yacht⟩ **0.1** ***(wedstrijd)zeilen*** ◆ **3.1** go ~ *gaan zeilen.*

'yacht racer ⟨telb.zn.⟩⟨zeilsport⟩ **0.1** ***wedstrijdzeiler.***

yachts·man ['jɒtsmən‖'jɑts-]⟨f1⟩⟨telb.zn.; yachtsmen [-mən]; →mv. 3⟩ **0.1** ***zeiler*** ⇒*jachteigenaar.*

yachts·man·ship ['jɒtsmənʃɪp‖'jɑts-]⟨n.-telb.zn.⟩ **0.1** ***zeilkunst.***

'yachts·wom·an ⟨telb.zn.⟩ **0.1** ***zeilster*** ⇒*jachteigenares.*

ya(c)k, yock [jɒk‖jɑk], **yu(c)k** [jʌk]⟨telb.zn.⟩⟨sl.⟩ **0.1** ***stommeling*** **0.2** ***(diepe) lach*** **0.3** ***(prima) grap.***

yack·e·ty-yack¹ ['jækəṭi'jæk], **ya(c)k** [jæk]⟨n.-telb.zn.⟩⟨sl.⟩ **0.1** ***geouwehoer*** ⇒*gezeik, gelul, geleuter, geëmmer, geteut.*

yackety-yack², ya(c)k ⟨onov.ww.; →ww. 7⟩⟨sl.⟩ **0.1** ***ouwehoeren*** ⇒*lullen, zeiken, leuteren, emmeren, teuten.*

yaf·fle, yaf·fil ['jæfl], **yaf·fin·gale** ['jæfɪŋgeɪl]⟨telb.zn.⟩⟨BE, gew.; dierk.⟩ **0.1** ***groene specht*** ⟨Picus viridis⟩.

ya·gi ['jɑ:gi], **'yagi 'aerial** ⟨telb.zn.; soms Y-⟩⟨t.v., ster.⟩ **0.1** ***yagi-antenne.***

yah [jɑ:]⟨f1⟩⟨tussenw.⟩ **0.1** ***pf*** ⇒*hm, het zou wat* **0.2** ⟨AE⟩ ***ja.***

ya·hoo [jɑ:'hu:‖'jɑhu:]⟨telb.zn.⟩ **0.1** ***yahoo*** ⟨in 'Gulliver's Travels'⟩ ⇒⟨bij uitbr.⟩ *bruut, schoft, beest, buffel, ongelikte beer.*

Yah·weh, Jah·weh ['jɑ:weɪ], **Yah·veh, Jah·veh** [-veɪ]⟨eig.n.⟩ **0.1** ***Jahweh.***

Yah·wist, Jah·wist ['jɑ:wɪst], **Yah·vist, Jah·vist** [-vɪst]⟨eig.n.⟩ **0.1** ***Jahwist.***

yak [jæk]⟨telb.zn.⟩⟨dierk.⟩ **0.1** ***jak*** ⟨Bos grunniens⟩.

yak·ka, yak·ker, yack·er ['jækə‖-ər]⟨n.-telb.zn.⟩⟨Austr. E; inf.⟩ **0.1** ***werk.***

yak·ky ['jæki]⟨bn.⟩⟨sl.⟩ **0.1** ***praatziek*** **0.2** ***luidruchtig.***

yale [jeɪl]⟨telb.zn.⟩⟨heraldiek⟩ **0.1** ***yale*** ⟨fabeldier met hoorns en slagtanden⟩.

Yale lock ['jeɪl lɒk‖-lɑk]⟨f1⟩⟨telb.zn.⟩⟨merknaam⟩ **0.1** ***yaleslot.***

y'all, yall [jɔ:l]⟨verk.⟩ you-all.

yam [jæm]⟨telb. en n.-telb.zn.⟩ **0.1** ⟨plantk.⟩ ***yam*** ⟨genus Dioscorea⟩ ⇒⟨i.h.b.⟩ *bataat* ⟨Dioscorea batatas⟩ **0.2** ***yam/jam(swortel)*** **0.3** ⟨AE⟩ ***yam*** ⇒*bataat, zoete aardappel* ⟨Ipomoea batatas⟩.

ya·men, ya·mun ['jɑ:mən]⟨telb.zn.⟩ **0.1** ***mandarijnshof/woning.***

yam·mer¹ ['jæmə‖-ər]⟨telb. en n.-telb.zn.⟩⟨inf.⟩ **0.1** ***gejammer*** ⇒*jammerklacht, gemekker* **0.2** ***gekakel*** ⇒*woordenstroom, geklep.*

yammer² ⟨onov.ww.⟩⟨inf.⟩ **0.1** ***jammeren*** ⇒*mekkeren, janken, jengelen, drenzen* **0.2** ***kakelen*** ⇒*kleppen, snateren, zwetsen.*

yang [jæŋ]⟨zn.⟩
I ⟨telb.zn.⟩⟨sl.⟩ **0.1** ***lul*** ⇒*pik;*
II ⟨n.-telb.zn.; ook Y-⟩⟨fil.⟩ **0.1** ***yang.***

yank¹ [jæŋk]⟨f1⟩⟨telb.zn.⟩⟨inf.⟩ **0.1** ***ruk*** ⇒*sjor, hengst.*

yank² ⟨f1⟩⟨ww.⟩⟨inf.⟩
I ⟨onov.ww.⟩ **0.1** ***een ruk geven*** ⇒*sjorren, rukken, hengsten* ◆ **6.1** ~ **at** sth. *aan iets rukken/sjorren;*
II ⟨ov.ww.⟩ **0.1** ***een ruk geven aan*** ⇒*sjorren, trekken, weg/losrukken, loshengsten* ◆ **5.1** ~ **off** *afrukken, losrukken;* ~ **out** a tooth *een tand er uit rukken.*

Yank ⟨telb.zn.⟩⟨verk.⟩ Yankee ⟨inf.⟩.

Yan·kee ['jæŋki]⟨f2⟩⟨zn.⟩
I ⟨eig.n.⟩ **0.1** ***Amerikaans*** ⇒*Yankee-Engels,* ⟨i.h.b.⟩ *New England-dialect;*
II ⟨telb.zn.⟩ **0.1** ⟨vnl. AE⟩ ***yank(ee)*** ⇒*inwoner v. New England* **0.2** ⟨ook attr.⟩⟨vnl. BE⟩ ***yank(ee)*** ⇒*Amerikaan* **0.3** ⟨gesch.⟩ ***yank(ee)*** ⇒*Noorderling, soldaat v.h. Noordelijke leger.*

Yan·kee·dom ['jæŋkidəm]⟨n.-telb.zn.⟩ **0.1** ***noordelijke Verenigde Staten*** ⇒*yankee-land* **0.2** ***Amerika*** **0.3** ***yankees*** ⇒*Amerikanen.*

Yankee Doo·dle ['jæŋki 'du:dl]⟨zn.⟩
I ⟨eig.n.⟩ **0.1** ***Yankee Doodle*** ⟨een Am. volkslied⟩;
II ⟨telb.zn.⟩ →Yankee II.

Yan·kee·fy ['jæŋkifaɪ], **Yan·kee·ize** ['jæŋkiaɪz]⟨ov.ww.; →ww. 7⟩ **0.1** ***yankeeficeren*** ⇒*veramerikaansen, amerikaniseren.*

Yan·kee·ism ['jæŋkiɪzm]⟨telb.zn.⟩ **0.1** ***amerikanisme*** ⇒*Amerikaans(e) woord/gewoonte.*

yap¹ [jæp]⟨f1⟩⟨telb.zn.⟩ **0.1** ***kef(geluid)*** ⇒*gekef* **0.2** ⟨sl.⟩ ***schreeuwlelijk*** **0.3** ⟨sl.⟩ ***kwebbel*** ⇒*waffel, smoel, mond* **0.4** ⟨sl.⟩ ***(kwebbel/zeur/bedel)verhaal*** ⇒*klaaglitanie.*

yap² ⟨f1⟩⟨onov.ww.⟩ **0.1** ***keffen*** **0.2** ⟨sl.⟩ ***kleppen*** ⇒*kakelen, kwebbelen, tetteren* **0.3** ⟨sl.⟩ ***zijn scheur/bek/smoel opendoen/halen*** ⟨om te klagen/protesteren⟩.

ya·pok [jə'pɒk‖-'pɑk]⟨telb.zn.⟩⟨dierk.⟩ **0.1** ***yapok*** ⟨Chironectes minimus; buidelrat⟩.

yapp [jæp]⟨telb.zn.⟩ **0.1** ***bijbelband*** ⟨slappe leren boekband met over het boekblok stekende randen⟩.

yap·per ['jæpə‖-ər]⟨telb.zn.⟩ **0.1** ***keffer(tje)*** **0.2** ***kletsmeier.***

Yar·bor·ough ['jɑ:brə‖'jɑrbərə]⟨telb.zn.⟩⟨sl.; spel⟩ **0.1** ***waardeloze kaarten*** ⇒*klotekaarten* ⟨niet hoger dan de negen⟩.

yard¹ [jɑ:d‖jɑrd]⟨f3⟩⟨telb.zn.⟩ **0.1** ***yard*** ⟨0,914 m; →t1⟩ ⇒⟨ong.⟩ *meter* **0.2** ***yard*** ⟨0,765 m^3; →t1⟩ ⇒*kubieke yard;* ⟨ong.⟩ *kubieke meter, kuub* **0.3** ⟨scheep.⟩ ***ra*** **0.4** ⟨meest in samenstellingen⟩ ***(omheind) terrein*** ⇒*binnenplaats, erf, depot* **0.5** ⟨AE⟩ ***plaatsje*** ⇒*(achter)tuin, gazon* **0.6** ⟨vnl. AE⟩ ***(spoorweg)emplacement*** **0.7** ⟨AE⟩ ***winterkwartier*** ⟨voor dieren⟩ ◆ **1.¶** ⟨BE⟩ ~ of ale *yardglas;* ⟨ong.⟩ *fluit(glas);* ⟨BE⟩ ~ of clay *Goudse pijp, gouwenaar;* ⟨BE⟩ ~ of tin *koetsiershoorn* **3.3** man the ~s ⟨lett.⟩ *de ra's bemannen; een eresaluut brengen;* peak the ~s *de ra's toppen* **6.1** **by** the ~ *per yard;* ⟨fig.⟩ *bij de el, ellenlang* **7.¶** ⟨BE; inf.⟩ the Yard *de Yard, Scotland Yard.*

yard² ⟨ww.⟩
I ⟨onov.ww.⟩ **0.1** ***bijeenkomen in winterkwartier*** ⇒*het winterkwartier opzoeken* ⟨v. herten enz.⟩ **0.2** ⟨sl.⟩ ***vreemd gaan*** ⇒*een slippertje maken, een vreemd bed induiken* ◆ **6.2** she didn't like to ~ **on** her man *ze wilde haar man niet bedriegen;*

II ⟨ov.ww.⟩ **0.1** ***(op een afgesloten terrein) bijeendrijven*** ⟨vee⟩ **0.2** ***opslaan*** ⟨hout⟩.
yard·age ['jɑ:dɪdʒ‖'jɑr-]⟨zn.⟩
I ⟨telb.zn.⟩ **0.1** ***aantal yards*** **0.2** ***lengte in yards*** ⇒⟨ong.⟩ *ellemaat;*
II ⟨n.-telb.zn.⟩ **0.1** ***(per yard verkocht(e)) textiel/stoffen*** **0.2** ***gebruik v. veeterrein*** ⟨tijdens transport⟩ **0.3** ***stal(ling)kosten*** ⟨v. vee⟩ **0.4** ⟨Am. voetbal⟩ ***terreinwinst*** ⟨in yards uitgedrukt⟩.
'yardage chain ⟨telb.zn.⟩⟨Am. voetbal⟩ **0.1** ***meetketting*** ⟨gebruikt om terreinwinst in yards te meten⟩.
'yard·arm ⟨telb.zn.⟩⟨scheep.⟩ **0.1** ***ranok*** ⇒*nok v. ra.*
'yard·bird ⟨telb.zn.⟩⟨sl.⟩ **0.1** ***gevangene*** ⇒*veroordeelde.*
'yard bull ⟨telb.zn.⟩⟨sl.⟩ **0.1** ***bewaker*** ⇒*rechercheur* ⟨spoorwegen⟩.
'yard dog ⟨telb.zn.⟩⟨sl.⟩ **0.1** ***hufter.***
'yard goods ⟨mv.⟩ **0.1** ***ellegoed*** ⇒*(geweven) stukgoed, manufacturen, meterwaar.*
yard·man ['jɑ:dmən‖'jɑrd-]⟨telb.zn.; yardmen [-mən]; →mv. 6⟩ **0.1** ***rangeerder*** **0.2** ***terreinwerker*** **0.3** ⟨AE⟩ ***los werkman*** ⇒⟨i.h.b.⟩ *tuinman.*
'yard·mas·ter ⟨telb.zn.⟩ **0.1** ***rangeermeester*** ⇒*opzichter buitendienst.*
'yard measure ⟨telb.zn.⟩ **0.1** ***meetlat/lint*** ⟨v. 1 yard lang⟩.
'yard patrol ⟨zn.⟩⟨sl.⟩
I ⟨telb.zn.⟩ **0.1** ***gevangene*** ⇒*bajesklant* **0.2** ***bewaker*** ⇒*cipier;*
II ⟨verz.n.⟩ **0.1** ***gevangenen*** ⇒*bajesklanten* **0.2** ***smerissen*** ⇒*politie* ⟨in gevangenis⟩.
'yard·pig ⟨telb.zn.⟩⟨sl.⟩ **0.1** ***rangeerlocomotief*** **0.2** ***gevangene*** ⇒*veroordeelde.*
'yard·sale ⟨telb.zn.⟩⟨vnl. AE⟩ **0.1** ***rommelverkoop*** ⇒*straatverkoop, huismarkt* ⟨verkoop v. vnl. huisraad op het erf v.d. verkoper⟩.
'yard·stick, 'yard·wand ⟨f1⟩⟨telb.zn.⟩ **0.1** ***meetlat*** ⇒*ellestok* ⟨v. 1 yard lang⟩; ⟨fig.⟩ *maatstaf.*
'yard·tack·le ⟨telb.zn.⟩⟨scheep.⟩ **0.1** ***noktafel.***
yare [jeə‖jer]⟨bn.; -ly⟩⟨vero.⟩ **0.1** ***kwiek*** ⇒*vief, kittig, wakker, alert.*
yar·mul·ke, yar·mel·ke, yar·mul·ka ['jɑ:məlkə‖'jɑr-]⟨telb.zn.⟩ **0.1** ***(joods) gebedskapje*** ⇒*keppel.*
yarn[1] [jɑ:n‖jɑrn]⟨f2⟩⟨zn.⟩
I ⟨telb.zn.⟩⟨inf.⟩ **0.1** ***lang (reis)verhaal*** ⇒⟨vaak pej.⟩ *(langdradig/oeverloos) verhaal* ◆ **3.¶** spin a ~ *een lang verhaal houden, eindeloos doorkletsen/zeuren, een verhaal opdissen* ⟨als excuus⟩;
II ⟨n.-telb.zn.⟩ **0.1** ***garen*** ⇒*draad* ◆ **3.1** spun ~ *schiemansgaren.*
yarn[2] ⟨f1⟩⟨onov.ww.⟩⟨inf.; vnl. pej.⟩ **0.1** ***lange verhalen houden*** ⇒*oeverloos kletsen, op zijn praatstoel zitten.*
yar·row ['jærou]⟨telb. en n.-telb.zn.⟩⟨plantk.⟩ **0.1** ***duizendblad*** ⟨Achillea millefolium⟩.
yas(h)·mak, yash·mac ['jæʃmæk]⟨telb.zn.⟩ **0.1** ***yashmak*** ⇒*(gezichts)sluier* ⟨v. mohammedaanse vrouw⟩.
yat·a·g(h)an, at·a·ghan ['jæt̬əgən]⟨telb.zn.⟩ **0.1** ***jatagan*** ⟨soort dolk/zwaard⟩.
ya·ta·ta ya·ta·ta[1] ['jæt̬ətɑ: 'jæt̬ətɑ:]⟨n.-telb.zn.⟩⟨sl.⟩ **0.1** ***eentonig gepraat*** **0.2** ***geklets*** ⇒*gelul.*
yatata yatata[2] ⟨onov.ww.⟩⟨sl.⟩ **0.1** ***(langdurig) kletsen*** ⇒*leuteren, lullen.*
yat·ter ['jætə‖'jæt̬ər]⟨onov.ww.⟩ **0.1** ***kletsen*** ⇒*kleppen, leuteren.*
yaw[1] [jɔ:]⟨telb.zn.⟩ **0.1** ***giering*** ⇒*gier(slag), slinger(ing).*
yaw[2] ⟨ww.⟩
I ⟨onov.ww.⟩ **0.1** ***gieren*** ⇒*niet op koers blijven, (heen en weer) slingeren, zwalken;*
II ⟨ov.ww.⟩ **0.1** ***laten gieren*** ⇒*gieren met, niet op koers (kunnen) houden.*
yawl [jɔ:l]⟨telb.zn.⟩⟨scheep.⟩ **0.1** ***yawl*** **0.2** ***jol*** **0.3** ***sloep.***
yawn[1] [jɔ:n]⟨f2⟩⟨telb.zn.⟩ **0.1** ***geeuw*** ⇒*gaap* **0.2** ⟨inf.⟩ ***slaapverwekkende/duffe toestand*** ⇒*iets om bij in slaap te vallen* **0.3** ***gapende opening/afgrond.***
yawn[2] ⟨f2⟩⟨ww.⟩
I ⟨onov.ww.⟩ **0.1** ***geeuwen*** ⇒*gapen* **0.2** ***gapen*** ⟨fig.⟩ ⇒*wijd geopend zijn* ◆ **1.1** ~ing hole *gapend gat;*
II ⟨ov.ww.⟩ **0.1** ***geeuwen(d/gapend zeggen)*** ◆ **1.1** ~ one's head off *ontzettend gapen.*
yawn·y ['jɔ:ni]⟨bn.⟩ **0.1** ***geeuwerig*** ⇒*slaperig* **0.2** ***slaapverwekkend.***
yawp[1] [jɔ:p]⟨zn.⟩⟨AE⟩
I ⟨telb.zn.⟩ **0.1** ***blaf(geluid)*** ⇒*geblaf, gekef;*
II ⟨n.-telb.zn.⟩⟨sl.⟩ **0.1** ***gebral*** ⇒*geblaat.*
yawp[2] ⟨onov.ww.⟩⟨AE⟩ **0.1** ***krijsen*** **0.2** ***blaffen*** ⇒*keffen* **0.3** ⟨sl.⟩ ***brallen.***
yaws [jɔ:z]⟨n.-telb.zn.⟩⟨med.⟩ **0.1** ***framboesia*** ⇒*guineapokken, tonga, yaws* ⟨huidaandoening⟩.
'y-ax·is ⟨telb.zn.⟩⟨wisk.⟩ **0.1** ***y-as.***
YB ⟨afk.⟩ Yearbook.
YC ⟨afk.⟩ Yacht Club.
'Y-chro·mo·some ⟨telb.zn.⟩⟨biol.⟩ **0.1** ***Y-chromosoom.***
y·clept [ɪ'klept], **y·cleped** [ɪ'kli:pt]⟨bn., pred.⟩⟨vero.⟩ **0.1** ***genaamd*** ⇒*geheten.*
'Y-cross ⟨telb.zn.⟩ **0.1** ***y-kruis.***
yd ⟨afk.⟩ yard(s).
yds ⟨afk.⟩ yards.
ye[1] [ji:]⟨f1⟩⟨p.vnw.⟩⟨vero., gew. of scherts.⟩ **0.1** ***gij(lieden)*** ⇒*u, jullie, jij, jou* ◆ **1.1** arise, ~ maids *sta op, gij meisjes* **3.1** I love ~ all *ik hou van jullie allemaal;* I'll show ~ *ik zal het je tonen.*
ye[2] [ji:]⟨lidw.⟩⟨pseudo-oud; vnl. in namen van handelszaken⟩ **0.1** ***de*** ◆ **1.1** ~ olde Spanish inn *de oude Spaanse uitspanning.*
yea[1] [jeɪ]⟨f1⟩⟨telb.zn.⟩ **0.1** ***stem vóór*** **0.2** ***voorstemmer*** ◆ **1.1** ~s and nays *stemmen vóór en tegen* **1.¶** ~ and nay *besluiteloosheid, geaarzel, geen ja en geen nee.*
yea[2] ⟨bw.⟩ **0.1** ⟨vero., beh. bij stemprocedures⟩ ***ja*** **0.2** ⟨vero.⟩ ***(ja) zelfs*** ⇒*sterker nog* ◆ **1.2** doubt, ~ despair *twijfel, ja zelfs wanhoop* **¶.1** let your ~ be ~, and your nay, nay *uw ja zij ja, uw nee nee, laat ja bij u ja zijn, en neen neen* ⟨Jac. 5 : 12⟩.
yeah, yeh, ⟨AE sp. ook⟩ **yah** [jeə]⟨f4⟩⟨bw.⟩⟨inf.⟩ **0.1** ***ja*** ◆ **¶.1** (oh) ~? *(o) ja?.*
yean [ji:n]⟨ww.⟩
I ⟨onov.ww.⟩ **0.1** ***lammeren*** ⇒*jongen;*
II ⟨ov.ww.⟩ **0.1** ***werpen*** ⟨lammeren⟩.
yean·ling ['ji:nlɪŋ]⟨telb.zn.⟩ **0.1** ***lam(metje)*** **0.2** ***geit(ebok)je.***
year [jɪə, jɜ:‖jɪr]⟨f4⟩⟨zn.⟩⟨→sprw. 367⟩
I ⟨telb.zn.⟩ **0.1** ***jaar*** ⇒*kalenderjaar, studiejaar* **0.2** ***lange tijd*** ⇒⟨fig.⟩ *eeuw* **0.3** ⟨sl.⟩ ***dollar*** ◆ **1.1** ⟨vnl. jur.⟩ for a ~ and a day *gedurende een jaar en een dag;* ⟨BE; inf.⟩ in the ~ dot/one *in het jaar nul;* the ~ of grace/Our Lord/our redemption *in het jaar onzes Heren;* a ~ from today *vandaag over een jaar* **2.1** civil ~ *burgerlijk jaar* **5.1** ~ **in,** ~ **out** *jaar in, jaar uit;* all the ~ **round** *het hele jaar door* **6.1** ~ **after/by** ~ *jaar op jaar, van jaar tot jaar, ieder jaar;* **for** many ~s *sedert jaar en dag;* man **of** the ~ *man v.h. jaar;* **of** late ~s *(in) de laatste jaren;* **over** the ~s *met de jaren;*
II ⟨mv.; ~s⟩ **0.1** ***jaren*** ⇒*leeftijd* **0.2** ***eeuwigheid*** ⟨alleen fig.⟩ ⇒*eeuwen* ◆ **1.1** the ~s of discretion *de jaren des onderscheids,* ⟨B.⟩ *de jaren v. discretie en verstand* **3.2** it has been ~s *het is eeuwen geleden* **6.1 at** my ~s *op mijn leeftijd;* young **for** her ~s *jong voor haar jaren;* he is getting on **in** ~s *hij wordt een dagje ouder.*
'year·book ⟨telb.zn.⟩ **0.1** ***jaarboek.***
year·ling[1] ['jɪəlɪŋ, 'jɜ:-‖'jɪr-]⟨f1⟩⟨telb.zn.⟩ **0.1** ***jaarling*** ⇒*éénjarig dier,* ⟨i.h.b.⟩ *éénjarig renpaard* **0.2** ⟨AE⟩ ***tweedejaars*** ⟨op militaire academie⟩.
yearling[2] ⟨bn., attr.⟩ **0.1** ***éénjarig*** ⇒*één jaar oud, één jaar durend* ◆ **1.1** ~ bonds *obligaties met een looptijd v. één jaar;* ~ heifer *hokkeling* ⟨éénjarig kalf⟩.
'year'long ⟨bn.⟩ **0.1** ***één jaar durend.***
year·ly[1] ['jɪəli, 'jɜ:li‖'jɪrli]⟨f2⟩⟨bn.⟩ **0.1** ***jaarlijks*** ⇒*jaar-* ◆ **1.1** a ~ average *een jaargemiddelde;* a ~ income *een jaarinkomen;* the ~ meeting *de jaarlijkse bijeenkomst.*
yearly[2] ⟨f1⟩⟨bw.⟩ **0.1** ***jaarlijks*** ⇒*elk jaar, per jaar* ◆ **3.1** hired ~ *gehuurd per jaar.*
yearn [jɜ:n‖jɜrn]⟨f2⟩⟨onov.ww.⟩ →yearning **0.1** ***smachten*** ⇒*verlangen, zuchten, hunkeren* **0.2** ***genegenheid/tederheid/medelijden voelen*** ◆ **3.1** she ~ed to leave this unfamiliar town *zij verlangde er hevig naar deze onbekende stad te verlaten* **6.1** ~ **after/for** *smachten naar* **6.2** ~ **to(wards)** *v. genegenheid/tederheid/medelijden vervuld zijn t.o.v. iem..*
year·ning[1] ['jɜ:nɪŋ‖'jɜr-]⟨f1⟩⟨telb. en n.-telb.zn.; gerund v. yearn⟩ **0.1** ***sterk verlangen*** ⇒*het smachten, hunkering* **0.2** ***medelijden.***
yearning[2] ⟨bn.; -ly; teg. deelw. v. yearn⟩ **0.1** ***smachtend*** ⇒*hunkerend, hevig verlangend.*
'year-'round ⟨bn.⟩ **0.1** ***het hele jaar door lopend.***
yeast [ji:st]⟨f2⟩⟨n.-telb.zn.⟩ **0.1** ***gist*** ⇒*schimmel;* ⟨fig.⟩ *desem* **0.2** ***schuim*** ⟨op golven⟩.
'yeast·pow·der ⟨n.-telb.zn.⟩ **0.1** ***bakpoeder.***
yeast·y ['ji:sti]⟨bn.; -er; -ly; -ness; →bijw. 3⟩ **0.1** ***gistend*** ⟨ook fig.⟩ ⇒*gistig, schuimend, bruisend, woelig, turbulent* **0.2** ***luchtig*** ⇒*oppervlakkig, woordenrijk.*
yech [jex, jek]⟨tussenw.⟩ **0.1** ***bah*** ⇒*gatsie.*
yegg [jeg], **yegg·man** ['jegmən]⟨telb.zn.; yeggmen [-mən]; →mv. 6⟩ ⟨AE; sl.⟩ **0.1** ***kraker*** ⇒*inbreker, dief.*
yeh [jeə]⟨f2⟩⟨bw.⟩⟨AE⟩ **0.1** ***ja.***
yelk →yolk.
yell[1] [jel]⟨f2⟩⟨telb.zn.⟩ **0.1** ***gil*** ⇒*kreet, schreeuw, uitroep* **0.2** ⟨AE; vnl. school.⟩ ***yell*** ⟨om sporters aan te moedigen⟩ ⇒*supportersstrijdkreet.*
yell[2] ⟨f3⟩⟨onov. en ov.ww.⟩ **0.1** ***gillen*** ⇒*brullen, schreeuwen* ◆ **1.1** ~ one's head off *tekeergaan, tieren* **5.1** just ~ *geef maar een gil;* ~

out an order *een bevel schreeuwen;* ~ **out** in pain *het uitschreeuwen v.d. pijn* **6.1** ~ **for** help *om hulp schreeuwen;* ~ **with** delight *gillen v.d. pret.*

yell·er ['jelə‖-ər]⟨f1⟩⟨telb.zn.⟩ **0.1** ***schreeuwer*** ⇒*roeper* **0.2** ***yeller*** ⇒*aanmoediger.*

yel·low¹ ['jelou]⟨f2⟩⟨zn.⟩

I ⟨telb.zn.⟩ **0.1** ***gele kleur/verfstof*** **0.2** ***eigeel*** ⇒*dooier* **0.3** ***gele mot*** **0.4** ***gele vlinder*** **0.5** ***iem. v.h. gele ras*** **0.6** ⟨sl.⟩ ***neger met lichte huid;***

II ⟨n.-telb.zn.⟩ **0.1** ***geel*** **0.2** ⟨inf.⟩ ***laf(hartig)heid*** ◆ **3.1** dressed in ~ *in het geel gekleed;*

III ⟨mv.; ~s; the⟩ **0.1** ***geelzucht*** ⟨v. paard en vee⟩ **0.2** ⟨AE⟩ ***planteziekte waarbij het blad geel wordt*** ⟨veroorzaakt door de schimmel Fusarium⟩.

yellow² ⟨f3⟩⟨bn.; ook -er⟩ **0.1** ***geel*** ⇒*gouden, geelachtig* **0.2** ***met een gele huid*** ⇒*oosters* **0.3** ***jaloers*** ⇒*afgunstig* **0.4** ***wantrouwend*** ⇒*achterdochtig, argwanend* **0.5** ⟨sl.⟩ ***laf*** **0.6** ⟨sl.⟩ ***met een lichte huid*** ⟨negers⟩ ◆ **1.1** ⟨voetbal⟩ show s.o. a ~ card *iem. een gele kaart geven;* ~ fever *gele koorts;* ~ jack, ~ Jack *gele vlag, quarantainevlag;* ⟨bij uitbr.⟩ *gele koorts;* ⟨wielrennen⟩ the ~ jersey *de gele trui;* ~ lines *dubbele gele streep;* ~ spot *gele vlek* ⟨in het oog⟩ **1.2** the ~ peril *het gele gevaar* **1.5** she has a ~ streak in her *zij is laf* **1.6** ~ girl *(aantrekkelijke) mulattin* **1.¶** ~ dirt *goud;* ~ dog *straathond; lafaard, schoft;* ~ metal *messing, geelkoper* ⟨60% koper en 40% zink⟩; ~ pages *gele gids, gouden gids, beroepengids;* the ~ press *de sensatiepers, de boulevardpers;* ⟨plantk.⟩ ~ rattle *ratelaar, hanekam* ⟨Rhinantus crista galli⟩; ⟨plantk.⟩ ~ rocket *barbarakruid* ⟨Barbara vulgaris⟩; ~ soap *gele/groene zeep, huishoudzeep;* ⟨dierk.⟩ ~ wagtail *Engelse gele kwikstaart* ⟨Motacilla flava⟩.

yellow³ ⟨onov. en ov.ww.⟩ **0.1** ***vergelen*** ⇒*geel worden/maken.*

'yel·low·back ⟨telb.zn.⟩ **0.1** ***goedkope roman*** ⟨met gele kaft⟩ **0.2** ⟨sl.⟩ ***bankbiljet.***

'yel·low·bel·ly ⟨telb.zn.⟩ **0.1** ***lafaard*** **0.2** ***vis met gele buik*** **0.3** ***halfbloed*** **0.4** ⟨AE; vnl. pej.⟩ ***Mexicaan.***

'yel·low-'billed ⟨bn.⟩⟨dierk.⟩ ◆ **1.¶** ~ cuckoo *geelsnavelkoekoek* ⟨Coccyzus americanus⟩.

'yel·low·bird ⟨telb.zn.⟩⟨AE; dierk.⟩ **0.1** ⟨ben. voor⟩ ***(goud)geel zangvogeltje*** ⟨i.h.b. Dendroica petechia⟩.

'yel·low·boy ⟨telb.zn.⟩⟨BE; sl.⟩ **0.1** ***goudstuk*** ⇒*goudvink, geeltje.*

'yel·low-'breast·ed ⟨bn.⟩⟨dierk.⟩ ◆ **1.¶** ~ bunting *wilgengors* ⟨Emberiza aureola⟩.

'yel·low-'browed ⟨bn.⟩⟨dierk.⟩ ◆ **1.¶** ~ warbler *bladkoning* ⟨Phylloscopus inornatus⟩.

'yel·low-'bunt·ing ⟨telb.zn.⟩⟨dierk.⟩ **0.1** ***geelgors*** ⟨Emberiza citrinella⟩.

'yel·low-'dog ⟨bn., attr.⟩⟨AE⟩ **0.1** ***laf*** ⇒*gemeen* **0.2** ***anti-vakbond*** ◆ **1.2** a ~ contract *arbeidsovereenkomst waarbij de werknemer afziet v.h. lidmaatschap v.e. vakbond.*

'yel·low 'flag ⟨zn.⟩

I ⟨telb.zn.⟩⟨plantk.⟩ **0.1** ***gele lis*** ⟨Iris pseudacorus⟩;

II ⟨n.-telb.zn.; the⟩ **0.1** ***gele vlag*** ⟨quarantainevlag⟩ **0.2** ⟨autosport⟩ ***gele vlag*** ⟨ter aanduiding v. gevaar⟩.

'yel·low·gum ⟨telb. en n.-telb.zn.⟩⟨med.⟩ **0.1** ***geelzucht (bij pasgeborenen)*** ⇒*icterus neonatorum.*

'yel·low·ham·mer, yel·low·am·mer ['jelouæmə‖-ər]⟨telb.zn.⟩ ⟨dierk.⟩ **0.1** ***geelgors*** ⟨Emberiza citrinella⟩ **0.2** ⟨AE⟩ ***goudspecht*** ⟨Colaptus auratis⟩.

yel·low·ish ['jelouɪʃ]⟨f1⟩⟨bn.⟩ **0.1** ***geelachtig*** ⇒*gelig.*

'yel·low·legs ⟨telb.zn. of mv.⟩⟨AE; dierk.⟩ ◆ **2.¶** greater ~ *grote geelpootruiter* ⟨Tringa melanoleuca⟩; lesser ~ *kleine geelpootruiter* ⟨Tringa flavipes⟩.

yel·low·ness ['jelounəs]⟨n.-telb.zn.⟩ **0.1** ***geelheid*** **0.2** ***lafheid.***

'yellow pad ⟨telb.zn.⟩ **0.1** ***blocnote met geel papier.***

'yel·low·wood ⟨n.-telb.zn.⟩ **0.1** ***geelhout*** ⇒*cubahout, citroenhout, fisethout, fustiekhout.*

yel·low·y ['jeloui]⟨bn.⟩ **0.1** ***gelig*** ⇒*geelachtig.*

yelp¹ [jelp]⟨f1⟩⟨telb.zn.⟩ **0.1** ***gekef*** **0.2** ***gejank*** **0.3** ***gil.***

yelp² ⟨f1⟩⟨onov.ww.⟩ **0.1** ***keffen*** **0.2** ***janken*** **0.3** ***een gil geven*** ⇒*gillen.*

yelp·er ['jelpə‖-ər]⟨telb.zn.⟩ **0.1** ***keffer.***

yen¹ [jen]⟨telb.zn.; yen; →mv. 4⟩ **0.1** ***yen*** ⟨Japanse munt⟩ **0.2** ⟨g. mv.⟩⟨inf.⟩ ***verlangen.***

yen² ⟨onov.ww.; →ww. 7⟩⟨inf.⟩ **0.1** ***(vurig) verlangen.***

ye·nems ['jenəmz]⟨n.-telb.zn.⟩⟨sl.⟩ **0.1** ***wat anderen aanbieden*** ◆ **1.1** my brand of cigarettes is ~ *ik rook elk merk sigaretten (dat ik aangeboden krijg).*

yen·ta ['jentə]⟨telb.zn.⟩⟨AE; sl.⟩ **0.1** ***kletskous*** ⇒*roddeltante* **0.2** ***bemoeial.***

yentz [jents]⟨ov.ww.⟩⟨AE; sl.⟩ **0.1** ***belazeren*** ⇒*afzetten* **0.2** ***neuken.***

yeo·man ['joumən]⟨f1⟩⟨telb.zn.; yeomen [-mən]; →mv. 3⟩ **0.1** ***eigenerfde*** ⇒*vrijboer, kleine landeigenaar* **0.2** ⟨BE; gesch.⟩ ***yeoman*** ⟨iem. die grond bezat met een jaaropbrengst v. tenminste 40 shilling en daaraan bepaalde rechten ontleende⟩ **0.3** ⟨BE; gesch.⟩ ***bediende aan het hof/bij adellijke familie*** **0.4** ⟨BE⟩ ***lid v.d. vrijwillige bereden landmilitie*** **0.5** ⟨BE; scheep.⟩ ***onderofficier belast met het seinen*** **0.6** ⟨AE; scheep.⟩ ***onderofficier belast met administratieve werkzaamheden*** ◆ **1.5** ~ of signals *onderofficier belast met het seinen* **1.¶** ⟨BE⟩ Yeoman of the Guard *soldaat v.d. lijfwacht v.d. Engelse koningen, soldaat der koninklijke garde* ⟨bewaakt ook de Tower⟩.

yeo·man·ly ['joumənli]⟨bn.⟩ **0.1** ***zoals een yeoman*** ⇒*zoals een eigenerfde/vrijboer/kleine landeigenaar* **0.2** ***krachtig*** ⇒*stoer, sterk, trouw.*

yeo·man·ry ['joumənri]⟨verz.n.; the⟩⟨BE⟩ **0.1** ***de klasse v. kleine landeigenaren*** **0.2** ***vrijwillige bereden landmilitie uit kleine landeigenaren bestaand*** ⇒*bereden vrijwilligerskorpsen.*

'yeoman 'service, yeoman's service ['joumənz 'sɜ:vɪs‖-'sɜr-]⟨n.-telb.zn.⟩ **0.1** ***goede dienst*** ⇒*nuttig werk* ◆ **3.1** he has done ~ *hij heeft zich erg verdienstelijk gemaakt.*

'Yeoman 'Usher ⟨telb.zn.⟩⟨BE⟩ **0.1** ***onderceremoniemeester v.h. Hogerhuis.***

yep [jep], **yup** [jʌp]⟨f2⟩⟨bw.⟩⟨AE; inf.⟩ **0.1** ***ja.***

yer·ba ma·té ['jɜ:bə 'mɑ:teɪ‖'jɜr-]⟨n.-telb.zn.⟩ **0.1** ***maté*** ⟨Zuidamerikaanse groene thee⟩.

yes¹ [jes]⟨f2⟩⟨telb.zn.⟩ **0.1** ***ja*** ⇒*bevestigend antwoord* **0.2** ***ja-stem*** **0.3** ***voorstemmer*** ◆ **3.1** say ~ *ja zeggen, het jawoord geven* **7.2** there were ten ~es *er waren tien stemmen voor.*

yes² ⟨ww.; →ww. 7⟩

I ⟨onov.ww.⟩ **0.1** ***ja zeggen;***

II ⟨ov.ww.⟩ **0.1** ***instemmen met*** ⇒*ja zeggen tegen, beamen.*

yes³ ⟨f4⟩⟨bw.⟩ **0.1** ***ja*** ⇒*o ja?, wat is er van uw dienst?* ◆ **8.¶** I went, ~, and liked it *ik ben er heen gegaan en vond het zelfs leuk;* I could eat another one, ~, or even two *ik zou er nog wel een kunnen eten of zelfs wel twee* **9.1** More tea? Yes please. *Nog wat thee? Ja graag.*

'yes-girl ⟨telb.zn.⟩⟨sl.⟩ **0.1** ***seksueel inschikkelijke jonge vrouw.***

ye·shi·va(h) [jə'ʃi:və]⟨telb.zn.; ook yeshivoth [-vout]; →mv. 5⟩ **0.1** ***yeshiva*** ⟨traditionele Joodse school⟩.

'yes-man ⟨telb.zn.; g.mv.⟩⟨inf.⟩ **0.1** ***jaknikker*** ⇒*jabroer.*

yes·ter- ['jestə‖-ər]⟨schr.⟩ **0.1** ***v. gisteren*** ⇒*gister-* ◆ **¶.1** ~morn *gisterochtend.*

yes·ter·day¹ ['jestədi, -deɪ‖-stər-]⟨f3⟩⟨zn.⟩

I ⟨telb.zn.; zelden mv.⟩ **0.1** ***het (recente) verleden;***

II ⟨n.-telb.zn.⟩ **0.1** ***gisteren*** ◆ **1.1** ~'s weather was terrible *het weer v. gisteren was afgrijselijk.*

yesterday² ⟨f4⟩⟨bw.⟩⟨→sprw. 365⟩ **0.1** ***gisteren*** **0.2** ***onlangs*** ⇒*kort geleden* ◆ **1.1** where was he ~ morning? *waar was hij gisterochtend?;* I saw him ~ week *ik heb hem gisteren een week geleden gezien.*

'yesterday after'noon ⟨f2⟩⟨n.-telb.zn.⟩ **0.1** ***gisterenmiddag.***

'yesterday 'evening ⟨f2⟩⟨n.-telb.zn.⟩ **0.1** ***gisteravond.***

'yesterday 'morning ⟨f2⟩⟨n.-telb.zn.⟩ **0.1** ***gisterochtend.***

'yes·ter'eve¹, 'yester'evening ⟨telb.zn.⟩⟨schr.⟩ **0.1** ***gisteravond.***

yestereve², yesterevening ⟨bw.⟩⟨schr.⟩ **0.1** ***gisteravond.***

'yes·ter'morn·ing¹ ⟨telb.zn.⟩⟨schr.⟩ **0.1** ***gisterochtend*** ⇒*gistermorgen.*

yestermorning² ⟨bw.⟩⟨schr.⟩ **0.1** ***gisterochtend*** ⇒*gistermorgen.*

'yes·ter'night¹ ⟨telb.zn.⟩⟨schr.⟩ **0.1** ***gisternacht*** ⇒*gisteravond.*

yesternight² ⟨bw.⟩⟨schr.⟩ **0.1** ***gisternacht*** ⇒*gisteravond.*

'yes·ter'year¹ ⟨n.-telb.zn.⟩⟨schr.⟩ **0.1** ***vorig jaar*** ⇒*verleden jaar* **0.2** ***recent verleden.***

yesteryear² ⟨bw.⟩⟨schr.⟩ **0.1** ***verleden jaar*** **0.2** ***kort geleden*** ⇒*voorheen.*

yet¹ [jet]⟨f4⟩⟨bw.⟩ **0.1** ***nog*** ⇒*tot nu toe, nog altijd* **0.2** ⟨in vragende zinnen⟩ ***al*** **0.3** ***opnieuw*** ⇒*nog* **0.4** ***toch nog*** ⇒*uiteindelijk* **0.5** ***toch*** ⇒*nochtans* ◆ **2.1** a ~ uglier maid *een nog lelijkere dienstbode* **3.1** she has ~ to ring up *ze heeft nog steeds niet opgebeld;* ⟨sl.⟩ he's still sleeping ~ *die ligt nog steeds te ronken!* **3.4** he'll beat you ~ *hij zal jou nog wel verslaan* **5.1** as ~ *tot nu toe* **5.3** ~ once more *nog een keer;* ~ again *nog weer* **8.3** she won't listen to her mother nor ~ to her sister *zij wil niet naar haar moeder luisteren, en ook niet naar haar zuster* **8.5** and ~ she refused *maar toch weigerde zij het.*

yet² ⟨f4⟩⟨nevensch.vw.⟩ **0.1** ***maar (toch)*** ⇒*doch, echter, nochtans* ◆ **2.1** strange ~ true *raar maar waar* **¶.1** she seems shy, ~ she is not *ze lijkt verlegen maar is het toch niet;* I would like to, ~ something holds me back *ik zou graag maar toch houdt iets mij tegen.*

ye·ti ['jeti]⟨telb.zn.⟩ **0.1** ***yeti*** ⇒*verschrikkelijke sneeuwman.*

yew [ju:], ⟨in bet. I 0.1 ook⟩ **'yew tree** ⟨f1⟩⟨zn.⟩

I ⟨telb.zn.⟩ **0.1** ⟨plantk.⟩ ***taxus(boom)*** ⟨genus Taxus⟩ **0.2** ***boog***

⟨v. taxushout⟩;
II ⟨n.-telb.zn.⟩ **0.1** ***taxushout***.
Y-fronts ['waɪfrʌnts]⟨mv.⟩ **0.1** ***herenslip*** ⟨met gulp in vorm v. omgekeerde Y⟩.
YHA ⟨afk.⟩ Youth Hostels Association.
Yid [jɪd]⟨telb.zn.⟩⟨sl.; pej.⟩ **0.1** ***jood*** ⇒*jid, smous*.
Yid·dish[1] ['jɪdɪʃ]⟨eig.n.⟩ **0.1** ***Jiddisch*** ⇒*de Jiddische taal*.
Yiddish[2] ⟨f2⟩⟨bn.⟩ **0.1** ***Jiddisch***.
Yid·dish·er ['jɪdɪʃə‖-ər]⟨telb.zn.⟩⟨sl.⟩ **0.1** ***iem. die Jiddisch spreekt***.
yield[1] [ji:ld]⟨f2⟩⟨zn.⟩
I ⟨telb.zn.⟩ **0.1** ***opbrengst*** ⇒*produktie, oogst, rendement* **0.2** ***kracht*** ⟨v. kernexplosie⟩ ⇒*sterkte;*
II ⟨n.-telb.zn.⟩ **0.1** ***het meegeven***.
yield[2] ⟨f2⟩⟨ww.⟩ →yielding
I ⟨onov.ww.⟩ **0.1** ***vrucht dragen*** **0.2** ***zich overgeven*** ⇒*opgeven, bezwijken* **0.3** ***zwichten*** ⇒*toegeven, wijken, zich onderwerpen, zich neerleggen* **0.4** ***voorrang verlenen*** **0.5** ***meegeven*** ⇒*doorbuigen, geen weerstand bieden* **0.6** ***plaatsmaken*** ⇒*het veld ruimen* ◆ **5.1** ~ well *een goede oogst leveren, goed dragen* ⟨v. boom⟩ **6.3** I ~ **to** no one in my respect for his achievement *ik doe voor niemand onder in mijn respect voor zijn prestatie;* it ~s in quality **to** the red one *kwalitatief gezien is het minder dan de rode;* ~ **to** reason *naar rede luisteren;* ~ **to** temptation *voor de verleiding bezwijken;* that disorder ~s **to** treatment nowadays *die aandoening kan tegenwoordig heel goed behandeld worden* **6.4** ~ **to** the right *voorrang verlenen aan het verkeer v. rechts* **6.6** ⟨AE⟩ ~ **to** the senator from Wyoming *het woord gunnen aan de senator v. Wyoming;*
II ⟨ov.ww.⟩ **0.1** ***voortbrengen*** ⇒*opleveren, opbrengen, afwerpen, geven* **0.2** ***overgeven*** ⇒*opgeven, afstaan, overdragen, overleveren* **0.3** ***verlenen*** ⇒*gunnen, bieden, geven, schenken* **0.4** ***toegeven*** ◆ **1.2** ~ (up) one's position to the enemy *zijn positie aan de vijand prijsgeven* **1.3** ~ full justice to s.o. *iem. alle recht laten wedervaren;* ~ passage *doorgang verlenen* **5.1** ~ **up** *opbrengen, opleveren* **5.2** ~ **up** *overgeven, opgeven, afstaan;* ~ **up** secrets *geheimen prijsgeven*.
yield·er ['ji:ldə‖-ər]⟨telb.zn.⟩ **0.1** ***iem. die toegeeft*** ⇒*iem. die zwicht* **0.2** ***iets dat produktief is*** ⇒*iets dat vrucht afwerpt* ◆ **2.1** he is a hard ~ *hij zwicht niet gauw* **2.2** that tree is a good ~ *die boom draagt veel vruchten*.
yield·ing ['ji:ldɪŋ]⟨f1⟩⟨bn.; -ly; teg. deelw. v. yield⟩ **0.1** ***meegevend*** ⇒*buigzaam* **0.2** ***meegaand*** ⇒*toegevend, toegeeflijk, inschikkelijk, dociel* **0.3** ***produktief*** ⇒*vruchtbaar, voortbrengend, winstgevend* ◆ **1.3** ⟨plantk.⟩ high ~ varieties *variëteiten met een hoge opbrengst*.
'yield point ⟨telb.zn.⟩⟨nat., tech.⟩ **0.1** ***rekgrens*** ⇒*vloeigrens, vloeipunt*.
yike[1] [jaik]⟨telb.zn.⟩⟨Austr. E; inf.⟩ **0.1** ***ruzie*** ⇒*gevecht*.
yike[2] ⟨onov.ww.⟩⟨Austr. E; inf.⟩ **0.1** ***ruziën*** ⇒*vechten*.
yin[1] [jɪn]⟨n.-telb.zn.⟩⟨fil.⟩ **0.1** ***yin***.
yin[2] ⟨onb.vnw.⟩⟨Sch. E⟩ **0.1** ***een***.
yin[3] ⟨onb.det.⟩⟨Sch. E⟩ **0.1** ***een***.
ying-yang ['jɪŋ jæŋ]⟨telb.zn.⟩⟨sl.⟩ **0.1** ***snikkel*** ⇒*leuter, pik*.
yip[1] [jɪp]⟨zn.⟩
I ⟨telb.zn.⟩⟨AE⟩ **0.1** ***gekef*** ⟨v. hond⟩ **0.2** ***gil*** ⇒*gier, schreeuw;*
II ⟨mv.; the⟩⟨sport⟩ **0.1** ***zenuwen*** ⇒*druk* ⟨waardoor men slecht speelt⟩.
yip[2] ⟨ww.; →ww. 7⟩
I ⟨onov.ww.⟩⟨AE⟩ **0.1** ***keffen*** ⟨v. hond⟩ **0.2** ***huilen*** ⟨v. hond⟩ **0.3** ***krijsen*** ⇒*uitschreeuwen* ⟨van de pijn, plezier⟩;
II ⟨ov.ww.⟩⟨AE; sl.; golf⟩ **0.1** ***verknoeien*** ⟨put⟩ ⇒*slecht slaan*.
yip·pee [jɪ'pi:‖'jɪpi]⟨tussenw.⟩⟨inf.⟩ **0.1** ***joepie*** ⇒*hoera*.
yip·pie, yip·py ['jɪpi]⟨telb.zn.; →mv. 2⟩ **0.1** ***yippie*** ⇒*politieke hippie, lid v.d. Youth International Party,* ⟨ong.⟩ *kabouter*.
-yl [ɪl, i:l]⟨duidt radicaal aan⟩⟨schei.⟩ **0.1** ***-yl*** ◆ ¶**.1** ethyl *ethyl*.
y·lang-y·lang ['i:læŋ 'i:læŋ‖'i:lɑŋ 'i:lɑŋ]⟨zn.⟩
I ⟨telb.zn.⟩⟨plantk.⟩ **0.1** ***Cananga odorata*** ⟨uit bloesems wordt kananga-olie gehaald⟩;
II ⟨n.-telb.zn.⟩ **0.1** ***kananga-olie*** ⇒*ylang-ylang-olie*.
'Y-lev·el ⟨telb.zn.⟩⟨landmeetk.⟩ **0.1** ***waterpasinstrument***.
YMCA ⟨afk.⟩ Young Men's Christian Association.
'Y-moth ⟨telb.zn.⟩⟨dierk.⟩ **0.1** ***pistooltje*** ⇒*gamma-uil* ⟨Plusia gamma; vlinder⟩.
yob [jɒb‖jɑb], **yob·bo** ['jɒboʊ‖'jɑ-]⟨telb.zn.⟩⟨BE; sl.⟩ **0.1** ***vandaal*** ⇒*reltrapper, herrieschopper, onbeschofte vlerk, ruziezoeker;* ⟨mv.⟩ *straattuig, opgeschoten tuig*.
yob·bish ['jɒbɪʃ‖'jɑbɪʃ]⟨bn.⟩ **0.1** ***baldadig*** ⇒*vernielzuchtig, onbeschoft, hondsbrutaal*.
yob·bism ['jɒbɪzm‖'jɑ-]⟨n.-telb.zn.⟩ **0.1** ***baldadigheid*** ⇒*vernielzuchtigheid, vandalistisch gedrag, tuig-van-de-richelmentaliteit*.
yod [jɒd‖jɔd]⟨telb. en n.-telb.zn.⟩ **0.1** ***jôd*** ⟨tiende letter v.h. Hebreeuws⟩ **0.2** ***i/j*** ⟨als klank⟩.
yo·del[1] ['joʊdl]⟨f1⟩⟨telb. en n.-telb.zn.⟩ **0.1** ***gejodel*** ⇒*jodellied, jodelroep*.
yodel[2] ⟨f1⟩⟨onov. en ov.ww.; →ww. 7⟩ **0.1** ***jodelen***.
yo·del·ler, ⟨AE sp. ook⟩ **yo·del·er** ['joʊdlə‖-ər]⟨f1⟩⟨telb.zn.⟩ **0.1** ***jodeler*** **0.2** ⟨sl.⟩ ***verklikker***.
yo·ga ['joʊgə]⟨f1⟩⟨n.-telb.zn.; ook Y-⟩ **0.1** ***yoga*** ⇒⟨i.h.b.⟩ *hatha yoga*.
yogh [jɒx‖joʊk]⟨telb.zn.⟩ **0.1** ***yogh*** ⟨Middel-Eng. letter voor j/g⟩.
yo·g(h)urt, yo·ghourt ['jɒgət‖joʊgərt]⟨f1⟩⟨n.-telb.zn.⟩ **0.1** ***yoghurt*** ⇒⟨i.h.b.⟩ *Bulgaarse yoghurt*.
yo·gi ['joʊgi]⟨f1⟩⟨telb.zn.; ook yogin [-gɪn]; →mv. 5⟩ **0.1** ***yogi*** ⇒*yogaleraar, yogabeoefenaar*.
yo·gism ['joʊgɪzm]⟨n.-telb.zn.; vaak Y-⟩ **0.1** ***yoga***.
yo-heave-ho ['joʊhi:v'hoʊ]⟨tussenw.⟩⟨scheep.⟩ **0.1** ***een-twee-hup*** ⇒*hee-hup* ⟨bij hijsen e.d.⟩.
yo-ho[1] [joʊ'hoʊ], **yo-ho-ho** [-'hoʊ]⟨tussenw.⟩ **0.1** ***johoe*** ⇒*joho, joehoe, hallo, hé* **0.2** →yo-heave-ho.
yo-ho[2] ⟨onov.ww.⟩ **0.1** ***hallo/hee/joehoe roepen***.
yoick [jɔɪk]⟨ww.⟩⟨jacht⟩
I ⟨onov.ww.⟩ **0.1** ***tsa tsa roepen*** ⇒*pak ze schreeuwen;*
II ⟨ov.ww.⟩ **0.1** ***aan/ophitsen*** ⟨honden⟩.
yoicks [jɔɪks]⟨tussenw.⟩ **0.1** ***tsa*** ⇒*pak ze, grijp ze* ⟨tegen honden, bij vossenjacht⟩.
yoke[1] [joʊk]⟨f2⟩⟨telb.zn.; in bet. 0.2 ook yoke; →mv. 4⟩ **0.1** ***juk*** ⟨ook gesch., fig.⟩ ⇒*dwingelandij, heerschappij, slavernij* **0.2** ***koppel*** ⇒*span, paar, juk* **0.3** ***draagjuk*** ⇒*emmerjuk* **0.4** ***schouder/heupstuk*** ⟨v. kleding⟩ **0.5** ⟨vnl. enk.⟩ ***band*** ⇒*verbond, verbintenis, juk* ⟨v. huwelijk⟩ **0.6** ⟨elek.⟩ ***juk*** ⟨v. elektromagneet⟩ **0.7** ⟨scheep.⟩ ***juk*** ⟨v. roer⟩ **0.8** ⟨tech.⟩ ***traverse*** ⇒*juk* ◆ **1.2** three ~ of oxen *drie juk ossen, drie stel ossen* **3.1** bring under the ~ of s.o. *onder het juk v. iem. brengen, aan iem. onderwerpen;* pass/come under the ~ *onder het juk doorgaan, zich onderwerpen;* throw off the ~ *het juk afwerpen/afschudden, in opstand komen tegen de dwingelandij*.
yoke[2] ⟨f1⟩⟨ww.⟩
I ⟨onov.ww.⟩ **0.1** ***samengaan*** ⇒*verbonden zijn* **0.2** ***samenwerken*** ⇒*collega's zijn, partners zijn* **0.3** ***getrouwd zijn;***
II ⟨ov.ww.⟩ **0.1** ***onder een/het juk brengen*** ⇒*jukken, in/voorspannen* **0.2** ***(een) trekdier(en) voorspannen*** **0.3** ***koppelen*** ⇒*verbinden, paren, samenbrengen* **0.4** ⟨vero.⟩ ***onderwerpen*** ⇒*onder het juk brengen* ◆ **1.1** ~ the oxen to the cart *de ossen voor de kar spannen* **1.2** ~ the cart *de trekdieren voor de kar spannen* **6.3** ~d **in** marriage *in de echt verbonden;* ~ s.o. **to** another *iem. aan een ander koppelen;* be ~d **to** a life of hard work *vastzitten aan een leven v. hard werken*.
'yoke bone ⟨telb.zn.⟩ **0.1** ***jukbeen***.
'yoke elm ⟨telb.zn.⟩⟨plantk.⟩ **0.1** ***haagbeuk*** ⇒*steenbeuk, jukboom, wielboom* ⟨Carpinus betulus⟩.
'yoke·fel·low, 'yoke·mate ⟨telb.zn.⟩ **0.1** ***makker*** ⇒*kameraad, lotgenoot, collega* **0.2** ***levensgezel(lin)*** ⇒*partner, echtgeno(o)t(e)*.
yo·kel ['joʊkl]⟨telb.zn.⟩ **0.1** ***boerenkinkel*** ⇒*boer, heikneuter, pummel*.
'yoke line ⟨telb.zn.⟩ **0.1** ***stuurtouw*** ⇒*juklijn* ⟨v. boot⟩.
yo·kel·ish ['joʊkl·ɪʃ]⟨bn.⟩ **0.1** ***ruw*** ⇒*onbehouwen, lomp*.
'yoke-'toed ⟨bn.⟩ **0.1** ***met klimvoeten*** ⟨v. vogels⟩.
yold [joʊld]⟨telb.zn.⟩⟨sl.⟩ **0.1** ***sul*** ⇒*sukkel*.
yolk [joʊk], **yelk** [jelk]⟨f1⟩⟨zn.⟩
I ⟨telb. en n.-telb.zn.⟩ **0.1** ***dooier;***
II ⟨n.-telb.zn.⟩ **0.1** ***wolvet*** ⇒*wolwas*.
'yolk bag, 'yolk sac ⟨telb.zn.⟩ **0.1** ***dooiervlies*** ⇒*dooierzak, dooiermembraan*.
yolk·y ['joʊki]⟨bn.⟩ **0.1** ***dooier-*** **0.2** ***met dooier*** **0.3** ***dooierachtig*** **0.4** ***vettig*** ⟨v. wol⟩.
Yom Kip·pur ['jɒm kɪ'pʊə‖'jɔm 'kɪpər]⟨eig.n.⟩⟨jud.⟩ **0.1** ***Grote Verzoendag*** ⇒*Jom Kippoer*.
yomp ['jɒmp‖'jɑmp]⟨onov.ww.⟩⟨BE; sl.; mil.⟩ **0.1** ***zwoegen(d marcheren)*** ⟨zwaar beladen, over moeilijk terrein⟩ ⇒*ploeteren, ploegen, trekken*.
yon[1] [jɒn‖jɑn]⟨aanw.vnw.⟩⟨vero. of gew.⟩ **0.1** ***gene*** ⇒*die/dat (daar), gindse* ◆ **3.1** I like ~ better *die mag ik liever*.
yon[2] ⟨bw.⟩⟨vero. beh. gew.⟩ **0.1** ***ginder*** ⇒*ginds, daar*.
yon[3] ⟨aanw.det.⟩⟨vero. beh. gew.⟩ **0.1** ***ginds*** ⇒*gene*.
yond[1] [jɒnd‖jɑnd]⟨bw.⟩⟨schr.⟩ **0.1** ***daarginds*** ⇒*ginder*.
yond[2] ⟨aanw.det.⟩⟨schr.⟩ **0.1** ***ginds*** ⇒*die/dat daar*.
yon·der[1] ['jɒndə‖'jɑndər]⟨bw.⟩⟨schr.⟩ **0.1** ***ginder*** ⇒*ginds, daar, daarginds*.
yonder[2] ⟨aanw.det.⟩⟨schr.⟩ **0.1** ***ginds*** ⇒*daar ginder, die/dat daar*.
yo·ni ['joʊni]⟨telb.zn.⟩⟨relig.⟩ **0.1** ***yoni(beeldje)*** ⇒*(beeltenis v.d.) vrouwelijke geslachtsdelen* ⟨bij Shakti-verering⟩.
yonks [jɒŋks‖jɑŋks]⟨n.-telb.zn.⟩⟨BE; inf.⟩ **0.1** ***lange tijd*** ⇒*tijden, eeuwen* ◆ **6.1** we haven't been there **for** ~ *we zijn daar in geen tijden geweest*.

yoo-hoo ['ju:hu:]⟨tussenw.⟩ **0.1** ***joehoe*** *⇒joho, héé.*

yoot [ju:t]⟨telb.zn.⟩⟨sl.⟩ **0.1** ***jeugdige misdadiger.***

yore [jɔ:‖jɔr]⟨f1⟩⟨n.-telb.zn.; altijd met of⟩⟨schr.⟩ **0.1** ***vroeger*** ◆ **6.1 of** ~ *(van) vroeger, voorheen, uit voorbije tijden.*

york [jɔ:k‖jɔrk]⟨ov.ww.⟩⟨cricket⟩ **0.1** ***met een yorker uitschakelen*** ⟨batsman⟩.

York [jɔ:k‖jɔrk]⟨eig.n.⟩⟨gesch.⟩ **0.1** ***(het huis) York*** ◆ **1.1** ~ and Lancaster *(de huizen) York and Lancaster* ⟨in de Rozenoorlogen⟩.

york·er ['jɔ:kə‖'jɔrkər]⟨f1⟩⟨telb.zn.⟩ **0.1** ⟨cricket⟩ ***yorker*** ⟨bal die onder de bat doorgaat⟩ **0.2** ⟨Y-⟩ ***inwoner v. York*** **0.3** ⟨Y-⟩ ⟨gesch.⟩ ***inwoner v. New York.***

Yorkie →Yorkshire terrier.

York·ist[1] ['jɔ:kɪst‖'jɔr-]⟨telb.zn.⟩⟨gesch.⟩ **0.1** ***aanhanger v.(h. huis) York.***

Yorkist[2] ⟨bn.⟩⟨gesch.⟩ **0.1** ***v.(h. huis) York.***

'York 'rose, 'York and Lancaster 'rose ⟨telb.zn.⟩⟨plantk.⟩ **0.1** ***rood-witte Damascener roos*** ⟨Rosa damascena var. versicolor⟩.

Yorks [jɔ:ks‖jɔrks]⟨afk.⟩ Yorkshire.

'Yorkshire 'flannel ⟨n.-telb.zn.⟩ **0.1** ***ongeverfde flanel.***

'Yorkshire 'fog ⟨n.-telb.zn.⟩⟨plantk.⟩ **0.1** ***witbol*** ⟨Holcus Lanatus⟩.

York·shire·man ['jɔ:kʃəmən‖'jɔrkʃɪr-]⟨telb.zn.; Yorkshiremen [-mən]; →mv. 3⟩ **0.1** ***iem. uit York(shire).***

'Yorkshire 'pudding ⟨telb. en n.-telb.zn.⟩⟨cul.⟩ **0.1** ***Yorkshirepudding*** ⟨in roastbeef-jus gebakken beslag, met roastbeef gegeten⟩.

'Yorkshire 'relish ⟨n.-telb.zn.⟩ **0.1** ***Yorkshiresaus*** ⟨pikante saus⟩.

'Yorkshire 'terrier, York·ie ['jɔ:ki‖'jɔrki]⟨telb.zn.⟩ **0.1** ***Yorkshire-terriër*** ⟨dameshondje⟩.

'York·shire·wo·man ⟨telb.zn.⟩ **0.1** ***vrouw uit York(shire).***

Yo·ru·ba ['jɒrʊbə‖'jɔrəbə]⟨zn.; ook Yoruba; →mv. 5⟩
I ⟨eig.n.⟩ **0.1** ***Joruba*** *⇒Yoruba, Jaruba, taal v.d. Joruba;*
II ⟨telb.zn.⟩ **0.1** ***Joruba*** ⟨Soedanneger⟩.

you[1] [ju:]⟨f1⟩⟨telb.zn.⟩ **0.1** ***(persoon als) jij*** ◆ **2.1** poor ~! *arm schaap!;* find the real ~ *zoek jezelf zoals je werkelijk bent* **7.1** she is another ~ *ze is een evenbeeld van jou.*

you[2] [jʊ, jə⟨sterk⟩ju:]⟨f4⟩⟨vnw.⟩ →yourself, yourselves
I ⟨p.vnw.⟩ **0.1** ⟨enk.⟩ ***jij*** *⇒jou, je;* ⟨schr.⟩ *u* **0.2** ⟨mv.⟩ ***jullie, u*** ◆ **1.1** ~ brat *jij schooier* **3.1** where are ~ going? *waar ga je heen?;* I saw ~ chasing her *ik heb gezien hoe je haar achterna zat;* she will make ~ a good wife *ze zal een goede vrouw voor je zijn* **3.2** what are ~ two up to? *wat voeren jullie twee uit?;* I heard ~ quarreling *ik hoorde jullie ruziemaken* **4.1** 'You're a fool' 'You're another' *'Jij bent een stommeling' 'Jij ook'* **4.¶** →you-all **6.1** she ran away **from** ~ *ze liep van je weg;* here's **to** ~ *op jouw gezondheid;* I'm Sarah **to** ~ *voor jou heet ik Sarah* **6.2** the thief **among** ~ *de dief die zich onder jullie bevindt* **6.¶ to** ~ *in gewone taal;*
II ⟨onb.vnw.⟩⟨inf.⟩ **0.1** ***je*** *⇒men* ◆ **3.1** if ~ consider all these things *als men/je al deze dingen overweegt;* he'll dance ~ a dance *hij zal je eens een dansje tonen* **6.1** that's fame **for** ~ *dat noem ik nou nog eens beroemd zijn;* that's men **for** ~ *zo zijn de mannen;*
III ⟨wdk.vnw.⟩⟨vero. of gew.⟩ **0.1** ***jezelf, uzelf*** *⇒jullie zelf* ◆ **3.1** build ~ a castle *bouw uzelf een kasteel;* rest ~ a while *rust even uit.*

you-all [ju:'ɔ:l, jɔ:l]⟨p.vnw.; vnl. mv., soms ook enk.⟩⟨gew.; vnl. AE⟩ **0.1** ***jullie*** ◆ **3.1** what ~ don't know *wat jullie niet weten.*

you'd [jʊd, jəd⟨sterk⟩ju:d]⟨hww.⟩⟨samentr. v. you had, you would⟩.

'you-know-'what ⟨n.-telb.zn.⟩⟨inf.⟩ **0.1** ***je-weet-wel (-wat)*** *⇒dinges.*

'you-know-'who ⟨n.-telb.zn.⟩⟨inf.⟩ **0.1** ***je-weet-wel (-wie)*** *⇒dinges.*

you'll [jʊl, jəl⟨sterk⟩ju:l]⟨hww.⟩⟨samentr. v. you will, you shall⟩.

young[1] [jʌŋ]⟨f1⟩⟨verz.n.⟩ **0.1** ⟨the⟩ ***de jongelui*** *⇒de jeugd* **0.2** ***jongen*** ⟨v. dier⟩ ◆ **1.2** the ~ of a tiger *de jongen v.e. tijger* **6.2 with** ~ *drachtig, zwanger.*

young[2] ⟨f4⟩⟨bn.; -er ['jʌŋgə‖-ər], youngest ['jʌŋgɪst]; →compar. 2⟩ ⟨→sprw. 49, 684, 769⟩ **0.1** ⟨ben. voor⟩ ***jong*** *⇒pasgeboren, klein; jong, niet oud; nieuw, vers, fris* **0.2** ***vroeg*** *⇒net begonnen, jong* **0.3** ***junior*** *⇒jong(er)e* **0.4** ***jeugdig*** *⇒jong, (als) v.e. jeugdig persoon* **0.5** ***onervaren*** *⇒net beginnend, jong* **0.6** ⟨aardr., geol.⟩ ***jong*** ⟨v. laag, gebergte e.d.; in het eerste stadium v.d. erosiecyclus⟩ **0.7** ⟨vaak Y-⟩⟨pol.⟩ ***nieuw*** *⇒jong* ⟨op de jeugd gericht; vernieuwd⟩ ◆ **1.1** ~ carrots *jonge worteltjes;* ~ child *klein kind, kindje;* a ~ family *een jong gezin, een gezin met kleine kinderen;* ~ fry *klein grut, het jonge volkje/spul;* ~ girl *jong meisje;* ⟨schr.⟩ ~ lady *jongedame;* ~ lettuce *frisse sla, verse sla;* ⟨schr.⟩ ~ man *jongeman;* ⟨BE; jur.⟩ ~ person *jongere, jongeman* ⟨14-17 jaar⟩; you ~ rascal *jij kleine kwajongen, jij kleine rakker;* ~ thing *jong ding, jongmens,* ⟨vnl.⟩ *jong meisje;* ~ wine *jonge wijn;* Martin Luther: 500 years ~ *Martin Luther: 500 jaar jong* **1.2** the nineteenth century was still ~ *de negentiende eeuw was pas begonnen, het was nog in het begin v.d. negentiende eeuw;* the day is ~ *het is nog vroeg* **1.3** ⟨gesch.⟩ the Young Pretender *de jonge pretendent* ⟨kleinzoon v. Jacobus II⟩; ~ Smith *Smith junior, de jonge Smith;* the ~er Smith, Smith the ~er *de jongere/jongste Smith* **1.4** one's ~ day(s) *iemands jonge tijd, iemands jonge jaren/dagen, iemands jeugd;* with ~ élan *met jeugdig elan, met het elan v.d. jeugd;* John looks ~ for his years *John ziet er jong uit voor zijn leeftijd* **1.5** ~ doctor *jonge dokter;* this man is ~ in business *deze man zit pas in zaken;* ~ marrieds *pasgetrouwd stel* **1.7** ⟨gesch.⟩ Young Turks *Jong-Turken* **1.¶** ~ blood *nieuw bloed, vers bloed, nieuwe ideeën, nieuwe mensen;* the Younger Edda *de Snorra Edda, de proza-Edda;* ~ fustic *geelhout, fisethout, fustiekhout;* ⟨kaartspel⟩ ~er hand *achterhand, partner, maat* ⟨die laatst uitkomt⟩; Young Hopeful *belofte, veelbelovend jongmens* ⟨ook iron.⟩; the ~ idea *de gedachtenwereld v.h. kind;* ~ lady *schat, lieveling, meisje, vriendin;* ~ man *vriend, vrijer, schat, gozer;* ⟨scherts.⟩ ~ shaver *jochie;* ⟨pol.⟩ Young Turk *revolutionair, rebel, radicaal progressief iem.;* ~ turk *wildebras;* ~ woman *schat, vriendin, meisje, lieveling* **2.1** ~ and old *jong en oud, iedereen* **4.1** ⟨inf.⟩ ~ 'un *jongen, jochie, baasje, kereltje; jongmens.*

young·ish ['jʌŋɪʃ, 'jʌŋgɪʃ]⟨bn.⟩ **0.1** ***nogal jong*** *⇒vrij jong, jeugdig, aan de jonge kant.*

young·ling[1] ['jʌŋlɪŋ]⟨telb.zn.⟩ **0.1** ⟨ben. voor⟩ ***jong persoon*** *⇒jongeling, jongeman, jongmens; jong meisje, jongedame* **0.2** ***jong*** *⇒jong dier* **0.3** ***jonge plant.***

youngling[2] ⟨bn.⟩ **0.1** ***jong*** *⇒jeugdig.*

young·ster ['jʌŋstə‖-ər]⟨f3⟩⟨telb.zn.⟩ **0.1** ***jongmens*** *⇒jongeling, jongeman* **0.2** ***jochie*** *⇒kereltje, baasje, koter* **0.3** ***jong dier*** **0.4** ⟨AE; mil.⟩ ***tweedejaars marinekadet*** *⇒*⟨ong.⟩ *jong officiertje, jong broekje.*

youn·ker ['jʌŋkə‖-ər]⟨telb.zn.⟩⟨vero.⟩ **0.1** ***jongmens*** *⇒jongeman* **0.2** ***jochie*** *⇒kereltje, kind, koter, jong.*

your [jə⟨sterk⟩jʊə, jɔ:‖jər⟨sterk⟩jʊr, jɔr]⟨f4⟩⟨bez.det.⟩ **0.1** ***jouw/jullie*** *⇒je, uw, v. jou/jullie* **0.2** ⟨inf.; vnl. pej.⟩ ***zo'n (fameuze)*** *⇒een* ◆ **1.1** relieved at ~ safe arrival *opgelucht over je veilige aankomst;* this is ~ day *dit is jullie grote dag/geluksdag;* ~ man *de man over wie je 't had, de man in kwestie;* study ~ history *leer je geschiedenis* **1.2** ~ facetious bore *zo'n (fameuze) flauwe grappenmaker;* so this is ~ Hyde Park! *dit is dus dat (beroemde) Hyde Park van jullie!* **1.¶** where are ~ Pele's now? *waar zijn de Pele's nu?* **2.1** work ~ hardest *werken zo hard je kunt* **3.1** I was surprised at ~ leaving so hastily *ik was verbaasd dat je zo haastig vertrok.*

you're [jə⟨sterk⟩jʊə, jɔ:‖jər⟨sterk⟩jʊr]⟨kww.⟩⟨samentr. v. you are⟩.

yours [jɔ:z‖jʊrz, jɔrz]⟨f3⟩⟨bez.vnw.; →naamval⟩ **0.1** ⟨predikatief gebruikt⟩ ***van jou/jullie*** *⇒de/het jouwe, de/het uwe* **0.2** ***de/het jouwe/uwe*** ◆ **1.1** is this sock ~? *is deze sok van jou?* **3.2** take ~ *neem het uwe;* it is ~ to react *het is aan u/het is uw taak/het ligt op uw weg te reageren* **4.1** take what is ~ *neem wat van jou is* **4.2** you and ~ *u en de uwen;* ⟨scherts.⟩ what's ~? *wat neem jij?, wat wil je drinken?* **5.¶** (I remain) ~ faithfully *hoogachtend;* sincerely ~ *met vriendelijke groeten;* ~ truly *hoogachtend; uw dienaar;* ⟨scherts.⟩ *de ondergetekende, ik* **6.2** a friend **of** ~ *een vriend van jou, één v. je vrienden;* in reply to ~ **of** the 25th *in antwoord op uw brief van de 25ste* **6.¶** ⟨vulg.⟩ **up** ~! *krijg de klere!;* ⟨B.⟩ *kus mijn kloten!.*

yourself [jə'self‖jər-]⟨f4⟩⟨wdk.vnw.; enk.⟩ **0.1** ***je*** *⇒zich* **0.2** ⟨→-self/-selves als nadrukwoord⟩ ***je zelf*** *⇒zelf* ◆ **1.2** ~ an honest person you don't recognize deceit in others *omdat je zelf een eerlijke mens bent herken je het bedrog in anderen niet;* your son and ~ *uw zoon en uzelf* **3.1** allow ~ some rest *gun jezelf wat rust;* don't hurt ~ *kwets je/jezelf niet* **3.2** do it ~ *doe het zelf* **4.1** you are not ~ *je bent niet in je gewone doen* **4.2** you ~ told me *je hebt het me zelf gezegd* **5.2** ⟨als antwoord op⟩ 'How are you' ⟨sl.⟩ 'How's ~?' *'Hoe gaat het met je?' 'En met jou?'* **6.1** then you came **to** ~ *toen kwam je bij* **6.2** she's as bright **as** ~ *ze is zo slim als jij zelf bent;* a girl **like** ~ *een meisje zoals jij.*

your·selves [jə'selvz‖jər-]⟨f2⟩⟨wdk.vnw.; mv.⟩ **0.1** ***zich*** *⇒jullie* **0.2** ⟨→-self/-selves als nadrukwoord⟩ ***zelf*** ◆ **2.2** ~ still young consider the problems of the elderly *jullie die zelf nog jong zijn, denk eens aan de problemen van de ouden van dagen* **3.1** buy ~ some sweets *koop voor jezelf wat snoep;* dry ~ properly *droog jullie goed af* **3.2** ~ are to blame *jullie hebben zelf de schuld;* finish it ~ *maak het zelf af;* I told your teacher and ~ *ik heb het aan jullie leraar en aan jullie zelf gezegd* **4.1** you are not ~ today *jullie zijn vandaag niet in jullie gewone doen* **4.2** you ~ should know *jullie zouden het zelf moeten weten* **6.1** you ought to be ashamed **of** ~ *jullie zouden je moeten schamen;* keep it **for** ~ *hou het voor jullie zelf* **6.2** as good **as** ~ *zo goed als jullie zelf zijn.*

youth [ju:θ]⟨f3⟩⟨zn.; youths [ju:ðz‖ju:ðz, ju:θs]; →mv. 3⟩⟨→sprw. 247, 773, 774⟩
I ⟨telb.zn.⟩ **0.1** ***jongeman*** *⇒jongen, jonge vent, jongeling* **0.2**

⟨vnl. mv.⟩ *(ml. of vr.) teenager* ⇒⟨in mv.⟩ *jongelui, jongeren* ◆ **1.2** a couple of ~s were waiting for him *een paar jongelui stonden op hem te wachten;*
II ⟨telb. en n.-telb. zn.⟩ **0.1** ***jeugd*** ⇒*jeugdigheid, het jong-zijn, jonge jaren* **0.2** ***beginstadium*** ⇒*beginfase, vroege periode* ⟨v. project e.d.⟩ ◆ **2.1** he has had a happy ~ *hij heeft een gelukkige jeugd gehad* **3.1** the drink restored him to ~ *het drankje gaf hem zijn jeugd terug* **6.1 from** ~ onwards *van jongs af, van zijn jeugd af;*
III ⟨verz.n.⟩ **0.1** ***jeugd*** ⇒*jongeren* ◆ **1.1** he's always in the company of ~ *hij verkeert altijd onder de jeugd, hij trekt altijd met jongeren op.*

'youth centre, 'youth club ⟨telb.zn.⟩ **0.1** ***jeugdcentrum*** ⇒*jeugdclub, jeugdgebouw, jeugdhonk.*

'youth custody centre ⟨telb.zn.⟩ ⟨BE⟩ **0.1** ***jeugdgevangenis*** ⇒*opvoedingsgesticht, tuchtschool* ⟨voor jongeren van 15 tot 21⟩.

youth·ful ['ju:θfl] ⟨f2⟩ ⟨bn.; -ly; -ness⟩ **0.1** ***jeugdig*** ⇒*jong, v.d. jeugd, jeugd-* **0.2** ***jong*** ⇒*in de beginfase/een vroeg stadium verkerend* ⟨v. project e.d.⟩ **0.3** ***vitaal*** ⇒*vief, krachtig, fris, kras* **0.4** ⟨geol.⟩ ***jong*** ⟨uit Tertiair, Quartair⟩ ◆ **1.1** with ~ optimism *met jeugdig optimisme* **1.2** ~ trees *jonge boompjes* **1.3** ~ prose *krachtig proza.*

'youth hostel ⟨f1⟩ ⟨telb.zn.⟩ **0.1** ***jeugdherberg.***

'youth movement ⟨verz.n.⟩ **0.1** ***jeugdbeweging.***

you've [jəv ⟨sterk⟩ ju:v] ⟨hww.⟩ ⟨samentr. v. you have⟩.

yow [jaʊ] ⟨tussenw.⟩ **0.1** ***o*** ⟨v. pijn/verrassing⟩ ⇒*au.*

yowl[1] [jaʊl] ⟨telb.zn.⟩ **0.1** ***gehuil*** ⟨vnl. v. kat, hond⟩ ⇒*gejank, gekrol, gemiauw, geschreeuw.*

yowl[2] ⟨onov. en ov.ww.⟩ **0.1** ***huilen*** ⟨vnl. v. dieren⟩ ⇒*janken, schreeuwen, krollen, miauwen.*

yo-yo[1] ['joʊjoʊ] ⟨telb.zn.⟩ **0.1** ***jojo*** ⇒*klimtol* **0.2** ⟨sl.⟩ ***domkop*** ⇒*idioot, sufferd, simpel iem.* **0.3** ⟨sl.⟩ ***opportunist.***

yo-yo[2] ⟨onov.ww.⟩ **0.1** ***heen en weer gaan*** ⇒*heen en weer reizen, op en neer gaan* **0.2** ***schommelen*** ⇒*op en neer gaan* ⟨v. prijzen, e.d.⟩ **0.3** ***weifelen*** ⇒*aarzelen* ◆ **6.3** ~ **on** an issue *de ene keer zo, de andere keer zus over een zaak oordelen, nu eens dit, dan weer dat over een kwestie zeggen.*

y·per·ite ['i:pəraɪt] ⟨telb.zn.⟩ ⟨schei.⟩ **0.1** ***yperiet*** ⇒*mosterdgas.*

yr ⟨afk.⟩ **0.1** ⟨year⟩ ***j., J.*** **0.2** ⟨years⟩ **0.3** ⟨younger⟩ ***jr.*** **0.4** ⟨your⟩.

yrs ⟨afk.⟩ years, yours.

YTS ⟨afk.⟩ Youth Training Scheme.

yt·ter·bi·um [ɪ'tɜ:bɪəm‖ɪ'tɜr-] ⟨n.-telb.zn.⟩ ⟨schei.⟩ **0.1** ***ytterbium*** ⟨element 70⟩.

yt·tri·um ['ɪtrɪəm] ⟨n.-telb.zn.⟩ ⟨schei.⟩ **0.1** ***yttrium*** ⟨element 39⟩.

yu·an, yü·an ['ju:ɑ:n, 'ju:ən] ⟨telb.zn.; ook yuan, yüan; →mv. 4⟩ **0.1** ***yuan*** ⟨Chinese munt(eenheid)⟩ **0.2** ***nieuwe Taiwan-dollar.***

yuc·ca ['jʌkə] ⟨telb.zn.⟩ ⟨plantk.⟩ **0.1** ***yucca*** ⇒*adamsnaald* ⟨Yucca⟩.

yu(c)k [jʌk], **yuch** [jʌx] ⟨tussenw.⟩ ⟨inf.⟩ **0.1** ***bah*** ⇒*gatsie, get.*

yuck·y, yuk·ky ['jʌki] ⟨bn.; -er; →compar. 7⟩ ⟨inf.⟩ **0.1** ***smerig*** ⇒*afgrijselijk, vies, walgelijk.*

yuft [jʌft‖jʊft] ⟨n.-telb.zn.⟩ **0.1** ***juchtleer.***

Yu·go·slav[1], **Ju·go·slav** ['ju:goʊ'slɑ:v], **Yu·go·sla·vi·an, Ju·go·sla·vi·an** ['ju:goʊ'slɑ:vɪən] ⟨f1⟩ ⟨telb.zn.⟩ **0.1** ***Joegoslaaf.***

Yugoslav[2], **Jugoslav, Yugoslavian, Jugoslavian** ⟨f1⟩ ⟨bn.⟩ **0.1** ***Joegoslavisch*** ⇒*van/uit Joegoslavië.*

Yu·go·sla·vi·a, Ju·go·sla·vi·a ['ju:goʊ'slɑ:vɪə] ⟨eig.n.⟩ **0.1** ***Joegoslavië.***

yu·ko ['jʊkoʊ] ⟨telb.zn.⟩ ⟨vechtsport, i.h.b. judo⟩ **0.1** ***yuko*** ⟨halve ippon; 5 punten⟩.

yuk-yuk ['jʌk'jʌk] ⟨n.-telb.zn.⟩ ⟨sl.⟩ **0.1** ***blabla(bla)*** ⇒*geëmmer, gezeik.*

yule [ju:l] ⟨zn.⟩
I ⟨eig.n.; Y-⟩ **0.1** ***Kerst(mis);***
II ⟨telb.zn.⟩ **0.1** ***kerstfeest;***
III ⟨n.-telb.zn.⟩ **0.1** ***kersttijd*** ⇒*midwinter(tijd).*

'Yule Day ⟨eig.n.⟩ ⟨Sch. E⟩ **0.1** ***Kerstmis.***

'yule log ⟨telb.zn.⟩ **0.1** ***joelblok*** ⟨blok hout in kerst-haardvuur⟩ **0.2** ***joelblokcake.***

'yule·tide ⟨zn.⟩
I ⟨eig.n.; Y-⟩ **0.1** ***Kerst(mis);***
II ⟨n.-telb.zn.⟩ **0.1** ***kersttijd*** ⇒*midwinter(tijd).*

yum·my ['jʌmi] ⟨bn.; -er; →compar. 7⟩ ⟨sl.⟩ **0.1** ***lekker*** ⇒*heerlijk, zalig, smakelijk* **0.2** ***prachtig*** ⇒*verrukkelijk, fijn* ⟨bv. v. kleuren⟩ ◆ **1.1** the ~ flavour of olives *de heerlijke smaak v. olijven.*

yum-yum ['jʌm'jʌm] ⟨tussenw.⟩ **0.1** ***mm*** ⇒*lekker, heerlijk, dat is/wordt smullen.*

yup →yep.

yup·pie ['jʌpi] ⟨telb.zn.⟩ ⟨afk.⟩ young urban professional **0.1** ***yuppie.***

yurt [jʊət‖jʊrt] ⟨telb.zn.; yurta ['jʊətə‖'jʊrṭə]; →mv. 5⟩ **0.1** ***yoert(e)*** ⟨tent v. Aziatische nomaden⟩.

YWCA ⟨afk.⟩ Young Women's Christian Association.

y·wis [ɪ'wɪs] ⟨bw.⟩ ⟨vero.⟩ **0.1** ***zeker*** ⇒*stellig, gewis, waarlijk.*

Z

z¹, Z [zed‖zi:]⟨telb.zn.; z's, Z's, zelden zs, ZS⟩ **0.1** ***(de letter) z, Z*** **0.2** ⟨wisk.⟩ *z* ⟨derde onbekende/coördinaat⟩.
z², Z ⟨afk.⟩ zero.
za·ba·glio·ne ['zæbl'jouni‖'zɑ-]⟨n.-telb.zn.⟩⟨cul.⟩ **0.1** ***zabaglione*** ⟨nagerecht v. eierdooiers, suiker en (i.h.b.) marsalawijn⟩ ⇒*kandeel.*
zaf·fre, ⟨AE sp. ook⟩ **zaf·fer** ['zæfə‖-ər]⟨n.-telb.zn.⟩ **0.1** ***saffoer*** ⇒*saffloor, saffer, kobaltkalk* ⟨om glas blauw te kleuren⟩.
zaf·tig ['zɑ:ftɪg], **zof·tig** ['zɔ:f-], **zof·tic(k)** [-tɪk]⟨bn.⟩⟨sl.⟩ **0.1** ***met gevulde boezem*** ⇒*met flinke boezem* **0.2** ***gevuld*** ⇒*volslank, mollig, gezellig dik, lekker rond* ⟨v. figuur, lichaam⟩ **0.3** ***rijkgevuld*** ⇒*barok, sappig* ⟨taal⟩.
zag [zæg]⟨telb.zn.⟩ **0.1** ***scherpe bocht*** ⇒*haakse bocht, haakse hoek.*
za·ire [zɑ:'ɪə‖-'ɪr]⟨telb.zn.; ook zaires [-'ɪəz‖-'ɪrz]; →mv. 5⟩ **0.1** ***zaïre*** ⟨munt(eenheid) v. Zaïre⟩.
Za·ir·e·an [zɑ:'ɪərɪən‖-'ɪr-]⟨telb.zn.⟩ **0.1** ***Zaïrees.***
zam·bo ['zæmbou]⟨telb.zn.⟩ **0.1** ***zambo*** ⇒*halfbloed* ⟨neger-Indiaan /Europeaan⟩.
zam·bo·ni [zæm'bouni]⟨telb.zn.; ook Z-⟩⟨schaatssport⟩ **0.1** ***dweilmachine*** ⇒*zamboni.*
zamindar →zemindar.
zan·der ['zændə‖-ər]⟨telb.zn.⟩⟨dierk.⟩ **0.1** ***snoekbaars*** ⟨Lucioperca sandra, Stizostedium lucioperca⟩.
zan·te·wood ['zæntiwud]⟨n.-telb.zn.⟩ **0.1** ***fisethout*** ⇒*fustiekhout, geelhout.*
za·ny¹ ['zeɪni]⟨telb.zn.; →mv. 2⟩ **0.1** ***idioot*** ⇒*halve gare, rare snuiter* **0.2** ⟨gesch.⟩ ***hansworst*** ⇒*harlekijn, potsenmaker.*
zany² ⟨bn.; -er; →compar. 7⟩ **0.1** ***grappig*** ⇒*zot, leuk, komisch* **0.2** ⟨dram., gesch.⟩ ***idioot*** ⇒*waanzinnig, absurd, raar, gek.*
za·ny·ism ['zeɪniɪzm]⟨telb. en n.-telb.zn.⟩ **0.1** ***hansworsterij*** ⇒*potsenmakerij.*
Zan·zi·ba·ri ['zænzɪ'bɑ:ri]⟨telb.zn.⟩ **0.1** ***iem. uit Zanzibar*** ⇒*Zanzibari.*
zap¹ [zæp]⟨zn.⟩⟨sl.⟩
  I ⟨telb.zn.⟩ **0.1** ***confrontatie*** ⇒*botsing, discussie;*
  II ⟨n.-telb.zn.⟩ **0.1** ***pit*** ⇒*pep, fut, kracht.*
zap² ⟨ww.; →ww. 7⟩⟨vnl. AE; sl.⟩
  I ⟨onov.ww.⟩ **0.1** ***snel gaan*** ⇒*zoeven, vliegen, snellen, racen* **0.2** ***snel (heen en weer) schakelen*** ⟨tussen diverse t.v.-kanalen⟩ ◆ **5.1** he was ~ping **off** in his car to London *hij scheurde weg in zijn wagen naar Londen* **¶.1** ~! *zoef!, flits!, wam!;*
  II ⟨ov.ww.⟩ **0.1** ***neerschieten*** ⇒*neermaaien, neerhalen, afmaken* **0.2** ***raken*** ⇒*treffen;* ⟨fig.⟩ *diepe indruk maken op* **0.3** ***verslaan*** ⇒*klein krijgen, de baas worden* **0.4** ***zwaar onder vuur nemen*** ⇒*bestoken,* ⟨i.h.b.⟩ *bombarderen* **0.5** ***bestoken*** ⟨met vragen⟩ ⇒*lastig vallen, discussiëren met* **0.6** ***snel brengen*** ⇒*wegschieten, flitsen* **0.7** ***snel overschakelen van ... naar iets anders*** ◆ **1.5** they ~ped the prime minister until he gave his opinion on the matter *zij vielen de minister president lastig tot hij zijn mening over de zaak gaf* **1.6** his time machine ~ped us into the twenty-second century *zijn tijdmachine flitste ons naar de tweeëntwintigste eeuw* **1.7** ~ a programme *snel overschakelen van een programma naar een ander programma/kanaal* **5.¶** ~ **up** sth. *iets snel in elkaar flansen, iets in elkaar rammen.*
za·pa·te·a·do ['zɑ:pəteɪ'ɑ:dou]⟨telb.zn.⟩ **0.1** ***zapateado*** ⟨soort flamingo-dans⟩.
zap·per [zæpə‖-pər]⟨telb.zn.⟩⟨AE; sl.⟩ **0.1** ***afkraker*** **0.2** ***vernietigende kritiek.***
zappy →zippy.
zarape →serape.
Zarathustrian →Zoroastrian.
za·ri·ba, za·re·ba, za·ree·ba [zə'ri:bə]⟨telb.zn.⟩ **0.1** ***pallisade*** ⇒*omheining* ⟨in Soedan⟩ **0.2** ***omheind dorp*** ⇒*kamp met pallisade* ⟨in Soedan⟩.
zastruga →sastruga.
zax [zæks], **sax** [sæks]⟨telb.zn.⟩ **0.1** ***leidekkershamer.***
za·zoo [zæ'zu:]⟨telb.zn.⟩⟨sl.⟩ **0.1** ***kerel.***
zaz·zle ['zæzl]⟨n.-telb.zn.⟩⟨sl.⟩ **0.1** ***(veel) sex-appeal.***
zeal [zi:l]⟨f2⟩⟨n.-telb.zn.⟩⟨→sprw. 776, 867⟩ **0.1** ***ijver*** ⇒*geestdrift, vuur, graagte, enthousiasme* ◆ **3.1** show ~ for sth. *voor iets ijveren, enthousiast voor iets zijn.*
Zea·land ['zi:lənd]⟨eig.n.⟩ **0.1** ***Sjælland*** ⇒*Seeland* ⟨Deens eiland⟩ **0.2** →Zeeland.
zeal·ot ['zelət]⟨telb.zn.⟩ **0.1** ***dweper*** ⇒*fanatiekeling, zeloot, ijveraar* **0.2** ⟨Z-⟩⟨gesch.⟩ ***Zeloot.***
zea·lot·ic [zə'lɒtɪk‖zə'lɑtɪk]⟨bn.⟩ **0.1** ***dweepziek*** ⇒*zelotisch, fanatiek.*
zeal·ot·ry ['zelətri]⟨n.-telb.zn.⟩ **0.1** ***fanatisme*** ⇒*zelotisme, dweepzucht.*
zeal·ous ['zeləs]⟨f1⟩⟨bn.; -ly; -ness⟩ **0.1** ***ijverig*** ⇒*geestdriftig, vurig, enthousiast* **0.2** ***ijverend*** ⇒*verlangend, gretig, begerig* ◆ **3.2** be ~ to make it *erop gebrand zijn te slagen in het leven, graag succes willen hebben* **6.1** ~ **in** the pursuit of happiness *geestdriftig in de jacht op/naar geluk* **6.2** ~ **for** the Christian faith *ijverend voor het Christelijk geloof;* ~ **for** fame *verlangend naar roem.*
zebec(k) →xebec.
ze·bra ['zebrə‖'zi:brə]⟨f1⟩⟨telb.zn.⟩ **0.1** ***zebra*** **0.2** ⟨inf.⟩ ***zwart-wit gestreept iets*** **0.3** ⟨BE⟩ ***zebra(pad)*** ⇒*voetgangersoversteekplaats* **0.4** ⟨AE; sl.; sport⟩ ***scheidsrechter*** **0.5** ⟨AE; sl.; sport⟩ ***lijnrechter.***
'zebra 'crossing ⟨f1⟩⟨telb.zn.⟩⟨BE⟩ **0.1** ***zebra(pad)*** ⇒*voetgangersoversteekplaats.*
'zebra finch ⟨telb.zn.⟩⟨dierk.⟩ **0.1** ***zebravink*** ⟨Taeniopygia guttata⟩.
'zebra wolf ⟨telb.zn.⟩⟨dierk.⟩ **0.1** ***buidelwolf*** ⟨Thylacinus cynocephalus⟩.
ze·brine ['zebraɪn‖'zi:braɪn]⟨bn.⟩ **0.1** ***zebraächtig.***
ze·bu ['zi:bju:, -bu:]⟨telb.zn.⟩⟨dierk.⟩ **0.1** ***zeboe*** ⇒*bultrund* ⟨Bos indicus⟩.
zec·chi·no [ze'ki:nou], **zec·chin, zech·in** ['zekɪn]⟨telb.zn.; zecchini [ze'ki:ni]; →mv. 5⟩⟨gesch.⟩ **0.1** ***zecchino*** ⟨Venetiaanse munt⟩.
Zech ⟨eig.n.; afk.⟩ **0.1** ⟨Zechariah⟩ ***Zach..***
zed [zed]⟨telb.zn.⟩⟨BE⟩ **0.1** ***(de letter) z.***
zed·o·ar·y ['zeduəri‖'zeduerі]⟨n.-telb.zn.⟩⟨farm., vnl. gesch.⟩ **0.1** ***zedoarwortel*** ⟨i.h.b. v.d. Curcuma zedoaria⟩.
zee [zi:]⟨telb. en n.-telb.zn.⟩⟨AE⟩ **0.1** ***(de letter) z.***
Zee·land ['zi:lənd]⟨eig.n.⟩ **0.1** ***Zeeland.***
Zee·land·er ['zi:ləndə‖-ər]⟨telb.zn.⟩ **0.1** ***Zeeuw.***
Zee·man effect ['zi:mən ɪ,fekt‖'zeɪmɑn-]⟨n.-telb.zn.⟩⟨nat.⟩ **0.1** ***Zeemaneffect.***
ZEG ⟨afk.⟩ Zero Economic Growth.
ze·in ['zi:ɪn]⟨n.-telb.zn.⟩⟨schei.⟩ **0.1** ***zeïne*** ⟨proteïne in maïs⟩.
Zeit·geist ['tsaɪtgaɪst]⟨n.-telb.zn.; the⟩ **0.1** ***tijdgeest.***
ze·min·dar, za·min·dar ['zemɪndɑ:‖zə'mi:ndɑr]⟨telb.zn.⟩⟨gesch.⟩ **0.1** ***belastingpachter*** ⟨in India v.d. mogols⟩ **0.2** ***landpachter*** ⟨in Brits-Indië⟩.
Zen [zen], **'Zen 'Buddhism** ⟨f1⟩⟨n.-telb.zn.⟩ **0.1** ***Zen(boeddhisme).***
ze·na·na [ze'nɑ:nə], ⟨in bet. II ook⟩ **ze'nana 'cloth** ⟨zn.⟩
  I ⟨telb.zn.⟩⟨gesch.⟩ **0.1** ***vrouwenverblijf*** ⇒*harem* ⟨in India en Perzië⟩;
  II ⟨n.-telb.zn.⟩ **0.1** ***soort dunne stof.***
Zend [zend]⟨zn.⟩
  I ⟨eig.n.⟩ **0.1** ***Zend*** ⇒*Avestisch* ⟨oude Iraanse taal⟩;
  II ⟨telb.zn.⟩ **0.1** ***begeleidend commentaar*** ⇒*Zend* ⟨bij Avesta-teksten⟩;
  III ⟨n.-telb.zn.⟩ **0.1** ***Zend-Avesta.***

Zend-A·vest·a ['zendə'vestə]⟨n.-telb.zn.⟩ **0.1** ***Zend-Avesta*** ⟨boeken met leer v. Zarathustra⟩.
ze·ner diode ['zi:nə 'daɪoʊd‖-ər-]⟨telb.zn.⟩ **0.1** ***zenerdiode***.
ze·nith ['zenɪθ‖'zi:]⟨f1⟩⟨telb.zn.⟩ **0.1** ***toppunt*** ⇒*hoogste punt, top, piek, zenit* **0.2** ⟨the⟩ ***zenit*** ⇒*schedelpunt* **0.3** ⟨the⟩ ***hemelboog*** ⇒*hemelbol* ◆ **1.1** at the ~ of his fame *op het toppunt v. zijn roem, in het zenit v. zijn roem* **3.1** reach the ~ *het toppunt bereiken*.
ze·nith·al ['zenɪθl‖'zi:-]⟨bn.⟩ **0.1** ***zenit-*** ⇒*v.h. zenit* **0.2** ***hoogst*** ⇒*top-*.
'zenith distance ⟨telb.zn.⟩ **0.1** ***zenitsafstand***.
ze·o·lite ['zi:əlaɪt]⟨telb.zn.⟩ **0.1** ***zeoliet*** ⟨poreus mineraal⟩.
Zeph ⟨eig.n.; afk.⟩ **0.1** ⟨Zephaniah⟩ ***Zef.***.
zeph·yr ['zefə‖-ər]⟨zn.⟩
I ⟨eig.n.; Z⟩ **0.1** ***Zephyrus;***
II ⟨telb.zn.⟩ **0.1** ***zefier*** ⇒*koele westenwind* **0.2** ⟨ben. voor⟩ ***licht kledingstuk*** ⇒*lichte hoed; sjaaltje; dunne duster;* ⟨i.h.b.⟩ *sporttricot;*
III ⟨n.-telb.zn.⟩ **0.1** ***zefier*** ⟨stof⟩.
zep(p) [zep]⟨telb.zn.⟩⟨verk.⟩ zeppelin ⟨inf.⟩ **0.1** ***zeppelin***.
zep·pe·lin ['zepəlɪn]⟨telb.zn.; ook Z-⟩ **0.1** ***zeppelin*** ⇒*luchtschip*.
ze·ro[1] ['zɪəroʊ‖'zɪroʊ, 'zi:-]⟨bn.⟩⟨meteo.⟩ **0.1** ***weinig of geen*** ⟨v. zicht; 15 m verticaal, 50 m horizontaal⟩.
zero[2] ⟨f1⟩⟨onov.ww.⟩ **0.1** ***het vizier instellen*** ⇒*scherp stellen* ◆ **5.1** ~ **in** on ⟨mil.⟩ *zich inschieten op; het vuur richten op, bestoken;* ⟨fig.⟩ *zijn aandacht richten op, zich bezig houden met* ⟨probleem⟩; *inhaken op;* ~ **in** on a new market *inhaken op een nieuwe markt* **5.¶** ~ **in** on *zich samentrekken om, in/omsluiten, samendrommen rondom;* the boys ~ed **in** on the drunk *de jongens dromden samen om de dronkaard;* the police ~ed **in** on the hiding place *de politie vormde een steeds kleinere cirkel rond de schuilplaats*.
zero[3] ⟨f3⟩⟨telw.⟩ **0.1** ***nul*** ⇒*nul/beginpunt, laagste punt, nul-instelling* ⟨ook mil., v.e. operatie⟩; ⟨fig.⟩ *nul(liteit), onbelangrijk iem./iets, prul* ◆ **1.1** his chances of recovery were ~ *hij had geen enkele kans op herstel;* visibility is ~ *de zichtbaarheid is nul* **2.1** he is a real ~ *hij is een grote nul* **3.1** ~ was set for May 6 at 0500 hours *het begin v.d. operatie werd vastgesteld op 6 mei om 5 u. 's morgens* **6.1** ⟨fig.⟩ his mood was **at** ~ *zijn stemming was beneden peil;* temperatures **below** ~ *temperaturen onder nul/het vriespunt;* the device is set **to** ~ *het toestel is op nul afgesteld*.
'zero coupon bond ⟨telb.zn.⟩⟨geldw.⟩ **0.1** ***nulcouponobligatie***.
'zero economic 'growth, 'Zero 'growth ⟨n.-telb.zn.⟩ **0.1** ***nulgroei*** ⟨vnl. economisch⟩.
'ze·ro-'grav·i·ty, 'ze·ro-'g. ⟨n.-telb.zn.⟩⟨ruim.⟩ **0.1** ***gewichtloosheid*** ◆ **6.1** operate **at** ~ *werk uitvoeren bij gewichtloze toestand/een zwaartekracht v. nul*.
'zero hour ⟨n.-telb.zn.⟩ **0.1** ⟨mil.⟩ ***uur nul*** ⟨v. operatie⟩ **0.2** ***kritiek moment*** ⇒*beslissend tijdstip*.
'zero option ⟨n.-telb.zn.⟩ **0.1** ***nuloptie***.
'zero point ⟨n.-telb.zn.⟩ **0.1** ***nulpunt***.
'zero popu'lation growth ⟨n.-telb.zn.⟩ **0.1** ***stationaire bevolking*** ⇒*nulgroei v.d. bevolking*.
'ze·ro-rat·ed ⟨bn.⟩ **0.1** ***met nultarief belast***.
ze·roth ['zɪəroʊθ‖'zɪr-, 'zi:-]⟨telw.⟩ **0.1** ***nulde***.
zest[1] [zest]⟨f1⟩⟨telb. en n.-telb.zn.⟩ **0.1** ⟨alleen enk.⟩⟨ben. voor⟩ ***iets extra's*** ⇒*jeu, pit; extra genot; extra smaak; iets pikants* **0.2** ⟨alleen enk.⟩ ***animo*** ⇒*zin, vuur, spirit, enthousiasme* **0.3** ***(stukje) sinaasappel/citroenschil*** ⟨in drankje⟩ ⇒⟨bij uitbr.⟩ *sinaasappelschilsap, citroenschilsap* **0.4** ***smaakmaker*** ⇒*kruiderij* ◆ **1.2** ~ for life *levenslust, levensvreugde;* have a ~ for work *graag werken, er met zin tegen aangaan* **3.1** give/add ~ to *meer smaak geven aan, wat meer pit geven, extra jeu geven aan;* her presence gave ~ to the party *haar aanwezigheid maakte het feestje een stuk levendiger* **3.4** give ~ to *kruiden, meer smaak geven aan* **6.2** **with** ~ *vol vuur, met animo, enthousiast;* **with** a ~ that was unusual for him *met een voor hem ongewoon enthousiasme*.
zest[2] ⟨ov.ww.⟩ **0.1** ***meer smaak geven aan*** ⟨ook fig.⟩ ⇒*meer kleur geven aan, iets extra's geven aan, kruiden*.
zest·ful ['zestfl]⟨bn.⟩ **0.1** ***enthousiast*** ⇒*vol vuur*.
ze·ta ['zi:tə‖'zeɪṭə]⟨telb. en n.-telb.zn.⟩ **0.1** ***zèta*** ⟨6e letter v.h. Griekse alfabet⟩.
ze·tet·ic[1] [zi:'tetɪk‖zɪ'teṭɪk]⟨telb.zn.⟩ **0.1** ***onderzoeker*** ⇒*vorser, zoeker,* ⟨i.h.b. fil.⟩ *scepticus*.
zetetic[2] ⟨bn.⟩ **0.1** ***onderzoekend*** ⇒*vorsend, heuristisch*.
zeug·ma ['zju:gmə‖'zu:-]⟨telb.zn.⟩⟨taalk.⟩ **0.1** ***zeugma***.
Zeus [zju:s‖zu:s]⟨eig.n.⟩ **0.1** ***Zeus*** ◆ **6.¶** **by** ~! *wel verdorie!, drommels!*.
zex [zeks]⟨tussenw.⟩⟨sl.⟩ **0.1** ***hou op!*** **0.2** ***wegwezen!***.
zhlub [ʒlʌb], **zhlob** [ʒlɒb‖ʒlɑb]⟨telb.zn.⟩⟨sl.⟩ **0.1** ***pummel***.
zhlub·by [ʒlʌbi], **zhlob·by** ['ʒlɒ-‖'ʒlɑ-]⟨bn.⟩⟨sl.⟩ **0.1** ***vervelend*** **0.2** ***grof*** ⇒*ruw*.
zib·e·line, zib·el·line ['zɪbəlaɪn]⟨zn.⟩
I ⟨telb.zn.⟩⟨dierk.⟩ **0.1** ***sabel(dier)*** ⟨Martes zibellina⟩;
II ⟨n.-telb.zn.⟩ **0.1** ***zibeline*** ⟨zachte wol⟩ **0.2** ***sabelbont*** ⇒*zibeline*.
zib·et, ⟨AE sp. ook⟩ **zib·eth** ['zɪbɪt]⟨zn.⟩
I ⟨telb.zn.⟩⟨dierk.⟩ **0.1** ***Aziatische civetkat*** ⟨Viverra zibetha⟩;
II ⟨n.-telb.zn.⟩ **0.1** ***civeton*** ⟨reukstof v.d. civetkat⟩.
zidovudine [zɪ'doʊvjʊdaɪn]⟨n.-telb.zn.⟩ **0.1** ***AZT*** ⟨tegen AIDS⟩.
ziff [zɪf]⟨telb.zn.⟩⟨Austr. E; inf.⟩ **0.1** ***baard(je)***.
zig·a·bo(o), zig·ga·boo ['zɪgəbu:]⟨telb.zn.; ook attr.⟩⟨sl.⟩ **0.1** ***nikker*** ⇒*neger*.
zig·get·ty ['zɪgəṭi]⟨tussenw.⟩⟨sl.⟩ **0.1** ***goed zo!***.
zig·gu·rat ['zɪgʊræt‖'zɪgə-], **zik·ku·rat** ['zɪkʊ-‖'zɪkə-]⟨telb.zn.⟩⟨gesch.⟩ **0.1** ***zigurrat*** ⇒*ziq(q)uar(r)at* ⟨torentempel⟩.
zig·zag[1] ['zɪgzæg]⟨f1⟩⟨telb.zn.⟩ **0.1** ***zigzag*** ⇒*zigzagkoers/lijn/weg/loopgraaf* **0.2** ***scherpe bocht*** ⇒*haakse bocht, haakse hoek* **0.3** ⟨vnl. BE⟩ ***voetgangersoversteekplaats*** ⟨met zigzagstrepen en stoplichten⟩.
zigzag[2] ⟨f2⟩⟨ww.; →ww. 7⟩
I ⟨onov.ww.⟩ **0.1** ***zigzaggen*** ◆ **1.1** the road ~ged down to the valley *de weg zigzagde naar de vallei toe;*
II ⟨ov.ww.⟩ **0.1** ***laten zigzaggen*** ⇒*een zigzag doen volgen, een zigzagvorm geven aan*.
zigzag[3] ⟨f1⟩⟨bw.⟩ **0.1** ***zigzag*** ⇒*in een zigzaglijn*.
zig·zag·ge·ry ['zɪgzægəri]⟨telb.zn.; →mv. 2⟩ **0.1** ***zigzagbeweging/lijn/koers***.
zig·zag·gy ['zɪgzægi]⟨bn.⟩ **0.1** ***zigzag-*** ⇒*zigzagvormig*.
zilch [zɪltʃ]⟨zn.⟩⟨AE; sl.⟩
I ⟨telb.zn.⟩ **0.1** ***sul*** ⇒*eikel* **0.2** ***puist(je);***
II ⟨n.-telb.zn.⟩ **0.1** ***nul (komma nul)*** ⇒*niks, niets, nop(pes)* ◆ **2.1** the second place at a World Championship is worth ~ *de tweede plaats op een wereldkampioenschap is niks waard*.
zil·lion ['zɪlɪən]⟨f1⟩⟨telb.zn.⟩⟨inf.⟩ **0.1** ***onbepaald groot getal*** ⇒*eindeloos groot aantal, massa*.
zil·lion·aire ['zɪlɪə'neə‖-'ner]⟨telb.zn.⟩⟨inf.⟩ **0.1** ***onmetelijk rijk iem.*** ⇒*veelvoudig miljonair*.
zinc[1] [zɪŋk]⟨f2⟩⟨n.-telb.zn.⟩⟨schei.⟩ **0.1** ***zink*** ⟨element 30⟩.
zinc[2], **zinc·i·fy** ['zɪŋkɪfaɪ]⟨ov.ww.; eerste variant ook zincked, zinked; tweede variant; →ww. 7⟩ **0.1** ***verzinken*** ⇒*galvaniseren, met zink bedekken, met zink behandelen*.
'zinc blende ⟨n.-telb.zn.⟩ **0.1** ***(zink)blende*** ⇒*zinksulfide, sfaleriet*.
zinc·ic ['zɪŋkɪk], **zinc·ous** [-kəs]⟨bn.⟩ **0.1** ***zinkachtig*** **0.2** ***zinkhoudend*** **0.3** ***zink-***.
zinc·if·er·ous [zɪŋ'kɪfrəs]⟨bn.⟩ **0.1** ***zinkhoudend***.
zinc(k)y →zincy.
zin·co ['zɪŋkoʊ]⟨telb.zn.⟩⟨verk.⟩ zincograph.
zin·co·graph[1] ['zɪŋkəgrɑ:f‖-græf]⟨telb.zn.⟩ **0.1** ***zinko(grafie)*** ⇒*lijncliché in zink, zinkgravure* **0.2** ***afdruk v.e. zinkcliché/zinkgravure*** ⇒*zinko(grafie), zinkotype*.
zincograph[2] ⟨ww.⟩
I ⟨onov.ww.⟩ **0.1** ***etsen/graveren op zink;***
II ⟨ov.ww.⟩ **0.1** ***zinkografisch reproduceren/afdrukken***.
zin·co·gra·phy [zɪŋ'kɒgrəfi‖-'kɑ-]⟨n.-telb.zn.⟩ **0.1** ***zinkografie*** ⇒*zinkotypie*.
'zinc ointment ⟨telb. en n.-telb.zn.⟩⟨med.⟩ **0.1** ***zinkzalf***.
zincous →zincic.
'zinc 'oxyde ⟨n.-telb.zn.⟩ **0.1** ***zinkoxyde***.
'zinc 'white ⟨n.-telb.zn.⟩ **0.1** ***zinkwit*** ⇒*zinkoxyde* ⟨als pigment voor verf⟩.
zinc·y, zin(c)k·y ['zɪŋki]⟨bn.⟩ **0.1** ***zinkachtig*** **0.2** ***zinkhoudend*** **0.3** ***zink-***.
zing[1] [zɪŋ]⟨zn.⟩⟨inf.⟩
I ⟨telb. en n.-telb.zn.⟩ **0.1** ***kracht*** ⇒*vitaliteit, enthousiasme;*
II ⟨n.-telb.zn.; the⟩ **0.1** ***gefluit*** ⇒*gesuis, het vliegen, het zingen* ⟨v. kogels enz.⟩.
zing[2] ⟨ww.⟩
I ⟨onov.ww.⟩⟨inf.⟩ **0.1** ***fluiten*** ⇒*vliegen, zingen, snorren, suizen* ⟨v. kogels enz.⟩ **0.2** ***overlopen*** ⟨fig.⟩ ⇒*blaken, bruisen* ◆ **6.2** ~ **with** energy *bruisen van energie;*
II ⟨ov.ww.⟩ **0.1** ⟨vnl. AE⟩ ***overvallen*** ⟨fig.⟩ ⇒*treffen, teisteren* **0.2** ⟨vnl. AE⟩ ***aanvallen*** ⇒*kritiseren, uithalen naar* **0.3** →zing up.
zin·ga·ro ['zɪŋgəroʊ], ⟨vr.⟩ **zin·ga·ra** [-rə]⟨telb.zn.; zingari [-ri:], ⟨vr.⟩ zingare [-reɪ]; →mv. 5⟩ **0.1** ***zigeuner(in)***.
zing·er ['zɪŋə‖-ər]⟨telb.zn.⟩⟨sl.⟩ **0.1** ***iem. met pit/spirit*** ⇒*energiek iem.* **0.2** ***gevat(te) opmerking/antwoord*** ⇒*scherpe opmerking, snedigheid; scherp antwoord, lik op stuk; openingstreffer* **0.3** ***iets buitengewoons*** ⇒*iets bijzonders* ◆ **1.3** for a young actress she played a ~ of a part *voor een jonge actrice speelde zij een schitterende rol*.
'zing 'up ⟨ov.ww.⟩⟨sl.⟩ **0.1** ***oppeppen*** ⇒*weer leven geven, opkalefateren, oplappen*.

zing·y ['zɪŋi]⟨bn.; -er; →compar. 7⟩ **0.1** ***schitterend*** *⇒prachtig, flitsend, blits* ◆ **1.1** a ~ new suit *een flitsend nieuw pak.*
zin·ni·a ['zɪnɪə]⟨telb.zn.⟩⟨plantk.⟩ **0.1** ***zinnia*** ⟨geslacht v. Compositae⟩.
Zi·on ['zaɪən]⟨zn.⟩
I ⟨eig.n.⟩ **0.1** ***Zion*** *⇒Sion* ⟨tempelheuvel; joodse volk; Israel; oude Jeruzalem⟩ **0.2** ***hemel*** *⇒koninkrijk Gods, het nieuwe Jeruzalem, godsstad* **0.3** ***de Kerk;***
II ⟨telb.zn.⟩⟨BE⟩ **0.1** ***kerk v.d. non-conformisten.***
Zi·on·ism ['zaɪənɪzm]⟨n.-telb.zn.⟩ **0.1** ***Zionisme.***
Zi·on·ist[1] ['zaɪənɪst]⟨telb.zn.⟩ **0.1** ***zionist.***
Zionist[2], **Zi·on·is·tic** ['zaɪə'nɪstɪk]⟨bn.⟩ **0.1** ***zionistisch.***
Zi·on·ite ['zaɪənaɪt]⟨telb.zn.⟩ **0.1** ***sioniet*** *⇒inwoner v. Sion, uitverkorene.*
Zi·on·ward ['zaɪənwəd‖-wərd]⟨bw.⟩ **0.1** ***hemelwaarts*** *⇒naar Zion/Sion.*
zip[1] [zɪp], ⟨in bet. I 0.2 ook⟩ **'zip fastener** ⟨f2⟩⟨zn.⟩
I ⟨telb.zn.⟩ **0.1** ⟨ben. voor⟩ ***snerpend geluid*** *⇒gescheur* ⟨v. kleding⟩; *gesnerp; gefluit* ⟨v. kogels⟩, *gezoef, gesuis* **0.2** ⟨vnl. BE⟩ ***rits(sluiting)*** *⇒treksluiting* **0.3** ⟨AE; sl.⟩ ***Vietcong soldaat*** **0.4** →Zip code ◆ **1.1** he heard the ~ of an arrow *hij hoorde het zoeven v.e. pijl;*
II ⟨n.-telb.zn.⟩ **0.1** ⟨inf.⟩ ***pit*** *⇒fut, spirit, energie, leven* **0.2** ⟨AE; sl.; vnl. sport⟩ ***nul*** ◆ **2.1** even at the end of the day she's still full of ~ *zelfs tegen het eind v.d. dag zit zij nog vol leven/energie.*
zip[2] ⟨f1⟩⟨ww.; →ww. 7⟩
I ⟨onov.ww.⟩ **0.1** ***snerpen*** *⇒zoeven, scheuren, fluiten, suizen* **0.2** ***snel gaan*** *⇒snellen, schieten, vliegen* **0.3** ***vast/los/ingeritst worden*** **0.4** ⟨sl.⟩ ***zijn mond houden*** ◆ **1.1** bullets ~ped over them *kogels floten over hen heen* **1.2** people ~ped by without looking at the tramp *de mensen schoten voorbij zonder een blik op de zwerver te werpen* **1.3** this coat ~s easily *de rits v. deze jas gaat gemakkelijk* **5.2** the train ~ped **along** *de trein ging snel;*
II ⟨ov.ww.⟩ **0.1** ***ritsen*** **0.2** ***doen voortsnellen*** *⇒voortstuwen* **0.3** ***oppeppen*** *⇒extra leven inblazen* **0.4** ⟨sl.⟩ ***dicht doen*** *⇒houden* ⟨zijn mond⟩ **0.5** ⟨AE; sl.; vnl. sport⟩ ***op de nul(stand) houden*** *⇒niet laten scoren* ◆ **1.1** ~ a case open *een koffer openritsen;* ~ a case shut *een koffer dichtritsen* **5.1** ~ **up** a bag *een tas dichtritsen;* ~ **up** one's coat *zijn jas vastritsen, zijn jas dichtritsen;* ~ **up** s.o. *de rits bij iem. vastmaken* **5.3** ~ **up** an old play with some new dialogues *een oud stuk oppeppen met wat nieuwe dialogen.*
'zip bag ⟨telb.zn.⟩ **0.1** ***tas met ritssluiting*** *⇒ritstas.*
'zip-code ⟨ov.ww.⟩⟨AE⟩ **0.1** ***v.e. postcode voorzien*** *⇒een postcode zetten op,* ⟨B.⟩ *een postnummer zetten op.*
'Zip code, 'zip code, 'ZIP code ⟨f1⟩⟨telb.zn.⟩⟨AE⟩ **0.1** ***postcode/*** *⇒*⟨B.⟩ *postnummer.*
'zip fuel ⟨telb.zn.⟩⟨sl.⟩ **0.1** ***straaljagerbrandstof.***
zip·per ['zɪpə‖-ər]⟨f1⟩⟨telb.zn.⟩⟨vnl. AE⟩ **0.1** ***rits(sluiting).***
zip·py ['zɪpi], **zap·py** ['zæpi]⟨bn.; -er; →compar. 7⟩⟨inf.⟩ **0.1** ***energiek*** *⇒levendig, pittig, vitaal, vol energie, druk.*
zirc·al·loy [zɜ:k'ælɔɪ], ⟨AE⟩ **zir·ca(l)·loy** ['zɜrkəlɔɪ]⟨n.-telb.zn.⟩⟨schei.⟩ **0.1** ***zircaloy*** ⟨zirconium legering⟩.
zir·con ['zɜ:kɒn‖'zɜrkɑn]⟨telb. en n.-telb.zn.⟩ **0.1** ***zirkoon*** ⟨mineraal⟩.
zir·co·ni·a [zɜ:'koʊnɪə‖zɜr-]⟨n.-telb.zn.⟩⟨schei.⟩ **0.1** ***zirkonium(di) oxyde.***
zir·co·ni·um [zɜ:'koʊnɪəm‖zɜr-]⟨n.-telb.zn.⟩⟨schei.⟩ **0.1** ***zirconium*** *⇒zirkoon* ⟨element 40⟩.
zit [zɪt]⟨telb.zn.⟩⟨sl.⟩ **0.1** ***puist(je).***
zith·er ['zɪðə‖'zɪθər]⟨f1⟩⟨telb.zn.⟩ **0.1** ***citer*** *⇒zither.*
zith·er·ist ['zɪðərɪst‖'zɪθə-]⟨telb.zn.⟩ **0.1** ***citerspeler*** *⇒zitherspeler.*
zith·ern ['zɪðən‖-θərn]⟨telb.zn.⟩ **0.1** ***citer*** *⇒zither.*
zizz[1] [zɪz]⟨telb.zn.; alleen enk.⟩⟨BE; inf.⟩ **0.1** ***dutje*** *⇒tukje* ◆ **3.1** have/take a ~ *een tukje doen, een hazeslaapje doen.*
zizz[2] ⟨onov.ww.⟩⟨BE; inf.⟩ **0.1** ***een uiltje knappen.***
'Z-Latin ⟨n.-telb.zn.⟩⟨sl.⟩ **0.1** ***circus/kermisjargon.***
zlo·ty ['zlɒti‖'zlɔţi]⟨telb.zn.; ook złoty; →mv. 5⟩ **0.1** ***zloty*** ⟨Poolse munt(eenheid)⟩.
Zo·ar ['zoʊɑ:‖-ɑr]⟨eig.n., telb.zn.⟩⟨bijb.⟩ **0.1** ***Zoar*** *⇒toevluchtsoord, wijkplaats* ⟨Gen. 19:22-23⟩.
zo·di·ac ['zoʊdiæk]⟨f1⟩⟨zn.⟩
I ⟨eig.n., telb.zn.; als eig. n. the⟩⟨astr.⟩ **0.1** ***dierenriem*** *⇒zodiak;*
II ⟨telb.zn.⟩ **0.1** ***cirkel*** *⇒kringloop, cyclus, ronde.*
zo·di·a·cal [zoʊ'daɪəkl]⟨bn.⟩ **0.1** ***zodiakaal-*** *⇒in de/v.d. dierenriem* ◆ **1.1** ~ light *zodiakaallicht.*
zo·e·trope ['zoʊɪtroʊp]⟨telb.zn.⟩ **0.1** ***draaibare cilinder met schijnbaar bewegende afbeeldingen aan binnenkant.***
zoftic(k), zoftig →zaftig.
zo·ic ['zoʊɪk]⟨bn.⟩ **0.1** ***v. dieren afkomstig*** *⇒zoïsch.*
-zo·ic ['zoʊɪk] **0.1** ***-zoïsch*** ⟨duidt bestaanswijze aan⟩ **0.2** ⟨geol.⟩ ***-zoïsch*** ◆ ¶.**1** holozoic *holozoïsch* ⟨v. protozoa⟩ ¶.**2** Mesozoic *Mesozoïsch.*

Zo·i·lus ['zoʊɪləs]⟨eig.n., telb.zn.⟩ **0.1** ***Zoïlus*** *⇒kleingeestig/vitterig criticus, criticaster.*
zoll·ver·ein ['tsɒlfəraɪn‖'tsɔl-]⟨telb.zn.⟩ **0.1** ⟨vaak Z-⟩ ***tolverbond*** *⇒*⟨i.h.b. in Duitsland⟩ *Zollverein* **0.2** ***tolunie*** *⇒tolverbond.*
zom·bie, ⟨AE sp. ook⟩ **zom·bi** ['zɒmbi‖'zɑmbi]⟨f1⟩⟨telb.zn.⟩ **0.1** ⟨relig.; voodoo⟩ ***levend lijk*** *⇒herrezen dode* **0.2** ⟨relig.; voodoo⟩ ***toverkracht om iem. te laten herrijzen*** **0.3** ⟨relig.; voodoo⟩ ***slangengod*** **0.4** ⟨inf.⟩ ***levenloos iem.*** *⇒robot, automaat, wandelend lijk; zoutzak* **0.5** ⟨sl.⟩ ***vermeend sterke alcoholische mengdrank.***
zo·nal ['zoʊnl], **zo·na·ry** ['zoʊnəri]⟨f1⟩⟨bn.; zonally⟩ **0.1** ***zonaal*** *⇒zone-, gordel-* **0.2** ***in zones verdeeld*** *⇒zonair* **0.3** ***gordelvormig*** *⇒zoneachtig, ringvormig.*
zo·nate ['zoʊneɪt], **zo·nat·ed** ['zoʊneɪţɪd]⟨bn.⟩ **0.1** ⟨biol.⟩ ***met ringen/strepen/gordels*** *⇒geringd, gestreept* **0.2** ⟨plantk.⟩ ***in een strook/rij*** ⟨v. sporen⟩.
zon·da ['zɒndə‖'zɑndə]⟨telb.zn.⟩ **0.1** ***Zonda*** ⟨föhnwind in Argentinië⟩.
zone[1] [zoʊn]⟨f3⟩⟨telb.zn.⟩ **0.1** ***streek*** *⇒gebied, deel, terrein, zone* ⟨waar iets geldt/heerst/groeit⟩ **0.2** ***aardgordel*** *⇒zone, luchtstreek, strook, gordel* **0.3** ***ring*** *⇒kring, streep* **0.4** ***tijdzone*** **0.5** ⟨AE⟩ ***post/telefoon/treindistrict*** **0.6** ⟨geol.⟩ ***zone*** ⟨gesteenteniveau gekarakteriseerd door bep. fossielen⟩ **0.7** ⟨geol.⟩ ***metamorfe zone*** **0.8** ⟨wisk.⟩ ***zone*** **0.9** ⟨vero.⟩ ***gordel*** *⇒band, riem* ◆ **2.1** erogenous ~s *erogene zones;* industrial ~ *industriegebied* **3.1** demilitarized ~ *gedemilitariseerde zone.*
zone[2] ⟨f1⟩⟨ov.ww.⟩ →zoning **0.1** ***in zones/gebieden/districten onderverdelen*** **0.2** ***bestemmen*** *⇒aanwijzen, indelen* **0.3** ***omgorden*** ⟨ook fig.⟩ *⇒met een gordel omgeven* ◆ **5.**¶ ~ **off** *tot speciaal gebied verklaren, een aparte zone maken v.;* the shopping precinct has been ~d **off** for pedestrians *het winkelgebied is een aparte zone geworden voor voetgangers* **6.2** ~ a part of the town **as** residential *een deel v.d. stad voor bewoning bestemmen;* ~ an area **for** building cheap houses *een gebied aanwijzen voor de bouw v. goedkope huizen.*
'zone blocking, 'zone coverage ⟨n.-telb.zn.⟩⟨Am. voetbal⟩ **0.1** ***zonedekking.***
'zone defence ⟨n.-telb.zn.⟩⟨sport⟩ **0.1** ***ruimtedekking*** *⇒zonedekking.*
zon·ing ['zoʊnɪŋ]⟨n.-telb.zn.; gerund v. zone⟩ **0.1** ***zonering*** *⇒indeling in zones/gebieden/wijken;* ⟨i.h.b.⟩ *ruimtelijke ordening, (het maken v.(e).) bestemmingsplan(nen).*
zonked [zɒŋkt‖zɑŋkt]⟨bn.⟩⟨vnl. AE; sl.⟩ **0.1** ***zwaar onder invloed*** *⇒ladderzat, stomdronken, apelazerus; apestoned, helemaal weg.*
zonk·ers ['zɒŋkəz‖'zɑŋkərz]⟨bn., pred.⟩⟨sl.⟩ **0.1** ***woest*** *⇒krankzinnig, buiten zichzelf* ◆ **3.1** go ~ *door het dolle heen raken.*
zoo [zu:]⟨f3⟩⟨telb.zn.⟩⟨verk.⟩ zoological garden(s) ⟨inf.⟩ **0.1** ***dierentuin.***
zo(·o)- ['zoʊ(ə)] **0.1** ***dier(en)-*** *⇒zoo-* ◆ ¶.**1** zootherapy *dierengeneeskunde.*
zo·o·chem·is·try ['zoʊə'kemɪstri]⟨n.-telb.zn.⟩ **0.1** ***scheikunde der dierlijke stoffen.***
zo·o·ge·og·ra·phy ['zoʊədʒi'ɒgrəfi‖-'ɑgrəfi]⟨n.-telb.zn.⟩ **0.1** ***zoögeografie*** *⇒dierengeografie.*
zo·og·ra·pher [zoʊ'ɒgrəfə‖-'ɑgrəfər]⟨telb.zn.⟩ **0.1** ***zoögraaf*** *⇒dierenbeschrijver.*
zo·og·ra·phy [zoʊ'ɒgrəfi‖-'ɑgrəfi]⟨n.-telb.zn.⟩ **0.1** ***zoögrafie*** *⇒dierenbeschrijving.*
zo·oid ['zoʊɔɪd]⟨telb.zn.⟩ **0.1** ⟨biol.⟩ ***beweeglijke cel*** *⇒*⟨i.h.b.⟩ *beweeglijke gameet, spermatozoïde* **0.2** ⟨dierk.⟩ ***zoïde.***
zo·oi·dal [zoʊ'ɔɪdl]⟨bn.⟩⟨biol.⟩ **0.1** ***zoïde-*** *⇒v. zoïden, met zoïden.*
'zoo·keep·er ⟨telb.zn.⟩ **0.1** ***dierenverzorger.***
zool ⟨afk.⟩ zoological, zoology.
zo·ol·a·try [zoʊ'ɒlətri‖-'ɑlətri]⟨telb. en n.-telb.zn.; →mv. 2⟩ **0.1** ***dierenaanbidding*** *⇒zoölatrie.*
zoo·lo ['zu:loʊ]⟨telb.zn.⟩⟨sl.; bel.⟩ **0.1** ***nikker*** *⇒sambo, zoeloe.*
zo·o·log·i·cal ['zoʊə'lɒdʒɪkl‖-'lɑ-], **zo·o·log·ic** [-'lɒdʒɪk‖-'lɑdʒɪk]⟨f1⟩⟨bn.; -(al)ly; →bijw. 3⟩ **0.1** ***zoölogisch*** *⇒dierkundig* ◆ **1.1** ~ garden(s) *dierentuin, zoölogische tuin, diergaarde, dierenpark.*
zo·ol·o·gist [zoʊ'ɒlədʒɪst‖-'ɑlə-]⟨f2⟩⟨telb.zn.⟩ **0.1** ***zoöloog*** *⇒dierkundige.*
zo·ol·o·gy [zoʊ'ɒlədʒi‖-'ɑlə-]⟨f1⟩⟨zn.; →mv. 2⟩
I ⟨telb.zn.⟩ **0.1** ***dierkundeboek*** *⇒zoölogieboek, zoölogisch werk, dierkundestudie;*
II ⟨n.-telb.zn.⟩ **0.1** ***dierkunde*** *⇒zoölogie* **0.2** ***dierenleven*** *⇒fauna, dierenwereld* ⟨in bep. streek⟩.
zoom[1] [zu:m]⟨f1⟩⟨telb.zn.⟩ **0.1** ⟨alleen enk.⟩ ***gezoem*** **0.2** ⟨lucht.⟩ ***zoemvlucht*** *⇒zoemer* **0.3** ⟨foto.⟩ ***zoom.***
zoom[2] ⟨f1⟩⟨ww.⟩
I ⟨onov.ww.⟩ **0.1** ***zoemen*** *⇒snorren* **0.2** ⟨lucht.⟩ ***snel stijgen*** ⟨ook fig.⟩ *⇒de hoogte in schieten* **0.3** ⟨inf.⟩ ***zoeven*** *⇒hard rijden, pezen* **0.4** ⟨foto.⟩ ***zoomen*** ◆ **5.2** prices ~ed **up** *de prijzen*

schoten omhoog **5.3** ~ **across** *dwarsover schieten/zoeven;* ~ **along** *voortzoeven;* ~ **away** *wegzoeven/schieten;* ~ **past** *voorbijzoeven* **5.4** ~ **in** (on) *inzoomen (op);* ~ **out** *uitzoomen;*
II ⟨ov.ww.⟩ **0.1** ***doen zoemen/snorren*** **0.2** ⟨lucht.⟩ ***snel doen stijgen*** **0.3** ⟨foto.⟩ ***doen zoomen*** ⟨beeld⟩.

'zoom 'lens ⟨f1⟩ ⟨telb.zn.⟩ ⟨foto.⟩ **0.1** ***zoomlens*** ⇒*zoomobjectief*.

zo·o·morph ['zouəmɔ:f‖-mɔrf] ⟨telb.zn.⟩ **0.1** ***dier(en)afbeelding*** ⇒⟨i.h.b.⟩ *zoömorfe godenafbeelding*.

zo·o·mor·phic ['zouə'mɔ:fɪk‖-'mɔrfɪk] ⟨bn.⟩ **0.1** ***zoömorf*** ⇒*in dier (en)vorm, aan diergestalten ontleend* **0.2** ***met zoömorfe goden*** ⇒*met dieren als goden*.

zo·o·mor·phism ['zouə'mɔ:fɪzm‖-'mɔr-] ⟨n.-telb.zn.⟩ **0.1** ***zoömorfisme*** ⇒*voorstelling v. god als dier* **0.2** ***gebruik v. zoömorfe figuren*** ⟨in kunst e.d.⟩.

zo·o·phyte ['zouəfaɪt] ⟨telb.zn.⟩ **0.1** ***zoöfiet*** ⇒*plantdier* ⟨bv. zeeanemoon, spons⟩.

zo·o·phyt·ic ['zouə'fɪţɪk] ⟨bn.⟩ **0.1** ***zoöfiet-*** ⇒*v.e. zoöfiet* **0.2** ***zoöfietachtig*** ⇒*plantdierachtig*.

zo·o·plank·ton ['zouə'plæŋktən] ⟨n.-telb.zn.⟩ **0.1** ***dierlijk plankton*** ⇒*zoöplankton*.

zo·o·spore ['zouəspɔ:‖-spɔr] ⟨telb.zn.⟩ **0.1** ***zoöspore*** ⇒*zwemspore*.

zo·ot·o·my [zou'ɒtəmi‖-'ɑţəmi] ⟨n.-telb.zn.⟩ **0.1** ***zoötomie*** ⇒*dierenontleedkunde*.

zo·ri ['zɔ:ri] ⟨telb.zn.; zori; →mv. 4⟩ **0.1** ***Japanse (gevlochten) sandaal***.

zor·il(le) ['zɒrɪl, zə'rɪl‖'zɑrɪl, zə'rɪl] ⟨telb.zn.⟩ ⟨dierk.⟩ **0.1** ***gestreepte bunzing*** ⟨Ictonyx striatus⟩.

Zo·ro·as·tri·an[1] ['zɒrou'æstrɪən‖'zɔ-], **Za·ra·thus·tri·an** ['zærə'θu:strɪən] ⟨telb.zn.⟩ **0.1** ***volgeling v. Zarathoestra***.

Zoroastrian[2], **Zarathustrian** ⟨bn.⟩ **0.1** ***v./mbt. Zarathoestra*** **0.2** ***v./mbt. de leer v. Zarathoestra***.

Zo·ro·as·tri·an·ism ['zɒrou'æstrɪənɪzm‖'zɔ-] ⟨n.-telb.zn.⟩ **0.1** ***leer v. Zarathoestra***.

zos·ter ['zɒstə‖'zɑstər] ⟨zn.⟩
I ⟨telb.zn.⟩ **0.1** ***(Griekse) gordel;***
II ⟨telb. en n.-telb.zn.⟩ ⟨med.⟩ **0.1** ***(herpes) zoster*** ⇒*gordelroos, sint-antoniusvuur*.

zos·te·ra [zɒ'stɪərə‖zɑ'stɪrə] ⟨n.-telb.zn.⟩ ⟨plantk.⟩ **0.1** ***zeegras*** ⟨plantengeslacht; Zostera⟩.

Zou·ave [zu:'ɑ:v, zwɑ:v] ⟨telb.zn.⟩ **0.1** ***zoeaaf***.

zou'ave 'jack·et ⟨telb.zn.⟩ **0.1** ***zoeavenjakje*** ⟨v. vrouw⟩.

zounds [zaʊndz] ⟨tussenw.⟩ ⟨BE; vero.⟩ **0.1** ***sakkerloot!*** ⇒*verdraaid!, verduiveld!, drommels!*.

zow·ie ['zaʊi] ⟨n.-telb.zn.⟩ ⟨sl.⟩ **0.1** ***jen*** ⇒*joie de vivre*.

ZPG ⟨afk.⟩ zero population growth.

'z-score ⟨telb.zn.⟩ ⟨stat.⟩ **0.1** ***z-waarde***.

zuc·chet·ta [tsu:'ketə‖zu:'keţə], **zuc·chet·to** [-'keţou] ⟨telb.zn.⟩ ⟨R.-K.⟩ **0.1** ***kalot*** ⇒*solidee, pileolus, priestermutsje*.

zuc·chi·ni [zu:'kini] ⟨telb.zn., cul. ook n.-telb.zn.; ook zucchini; →mv. 4⟩ ⟨AE; cul.; plantk.⟩ **0.1** ***courgette*** ⟨fam. Cucurbitaceae⟩.

zug·zwang ['tsu:ktsvɑŋ] ⟨n.-telb.zn.⟩ ⟨schaken⟩ **0.1** ***zetdwang***.

Zu·lu[1] ['zu:lu:] ⟨f1⟩ ⟨zn.; ook Zulu; →mv. 4⟩
I ⟨eig.n.⟩ **0.1** ***Zoeloe*** ⇒*Zoeloe taal, Bantoe taal;*
II ⟨telb.zn.⟩ **0.1** ***Zoeloe*** **0.2** ⟨sl.; bel.⟩ ***nikker***.

Zulu[2] ⟨f1⟩ ⟨bn.⟩ **0.1** ***Zoeloes*** ⇒*v./mbt. de Zoeloes/Zoeloetaal, Zoeloe-*.

zwie·back ['zwi:bæk‖'zwaɪ-] ⟨telb.zn.; ook zwieback; →mv. 4⟩ **0.1** ***soort Duitse beschuit***.

Zwing·li·an[1] ['zwɪŋglɪən] ⟨telb.zn.⟩ ⟨relig.⟩ **0.1** ***zwingliaan***.

Zwinglian[2] ⟨bn.⟩ ⟨relig.⟩ **0.1** ***zwingliaans***.

zwit·ter·i·on ['tsvɪtəraɪən‖'tsvɪţə'raɪən] ⟨telb.zn.⟩ ⟨schei.⟩ **0.1** ***zwitterion*** ⇒*dipoolion*.

zy·gal ['zɪgl] ⟨bn.⟩ **0.1** ***H-vormig*** **0.2** ***jukvormig*** ⇒*juk-*.

zy·go- [zaɪgou, zɪgou], **zyg-** [zaɪg, zɪg] **0.1** ***zyg(o)-*** ◆ **¶.1** ⟨med.⟩ zygapophysis *zygapofyse;* ⟨plantk.⟩ zygomorphic, zygomorphous *zygomorf, tweezijdig symmetrisch;* ⟨plantk.⟩ zygospore *zygospore*.

zy·go·dac·tyl[1] ['zaɪgou'dæktɪl, 'zɪg-] ⟨telb.zn.⟩ ⟨dierk.⟩ **0.1** ***klimvogel***.

zygodactyl[2], **zy·go·dac·tyl·ous** ['zaɪgou'dæktələs, 'zɪg-] ⟨bn.⟩ ⟨dierk.⟩ **0.1** ***met klimpoten***.

zy·go·ma [zaɪ'goumə, zɪ-] ⟨telb.zn.; zygomata [-məţə]; →mv. 5⟩ ⟨med.⟩ **0.1** ***jukboog*** **0.2** ***jukbeen***.

zy·go·mat·ic ['zaɪgou'mæţɪk, zɪ-] ⟨bn.⟩ ⟨med.⟩ **0.1** ***zygomatisch*** ⇒*jukbeen-, jukboog-, jukvormig* ◆ **1.1** ~ bone *jukbeen*.

zy·go·sis [zaɪ'gousɪs, zɪ-] ⟨telb.zn.; zygoses [-si:z]; →mv. 5⟩ ⟨biol.⟩ **0.1** ***zygose*** ⟨versmelting v. twee geslachtscellen⟩.

zy·gote ['zaɪgout, 'zɪ-] ⟨telb.zn.⟩ ⟨biol.⟩ **0.1** ***zygote*** ⇒*zygoot*.

zy·mase ['zaɪmeɪs] ⟨telb.zn.⟩ **0.1** ***zymase*** ⟨gistingbevorderend ferment⟩.

zy·mo·sis [zaɪ'mousɪs] ⟨zn.; zymoses [-si:z]; →mv. 5⟩
I ⟨telb.zn.⟩ **0.1** ***zymose*** ⇒*gisting, fermentatie;*
II ⟨telb. en n.-telb.zn.⟩ ⟨med.⟩ **0.1** ***infectieziekte***.

zy·mot·ic [zaɪ'mɒtɪk‖-'mɑţɪk] ⟨bn.; -ally; →bijw. 3⟩ **0.1** ***zymotisch*** ⇒*gistings-, gistend* **0.2** ⟨med.⟩ ***v./mbt. een infectie*** ⇒*infectie-, besmettelijk, epidemisch* ◆ **1.2** ~ disease *infectieziekte, besmettelijke ziekte*.

zy·mur·gy ['zaɪmɜ:dʒi‖-mɜr-] ⟨n.-telb.zn.⟩ ⟨schei.⟩ **0.1** ***zymurgie***.

Grammaticaal compendium door prof. dr. Xavier Dekeyser

Inleiding – Grammaticaal compendium

Dit compendium bevat uitsluitend die grammaticale gegevens die bij het gebruik van het woordenboek onmisbaar zijn, met name:

a de morfologie of vormleer van het Engels (zoals het meervoud van de naamwoorden, onregelmatige werkwoorden, enz.) en de voornaamste spellingregels;
b de allernoodzaaklijkste syntactische regels, zoals het gebruik van *do*;
c enkele semantische ingangen met betrekking tot de betekenis van de grammaticale woorden, zoals hulpwerkwoorden en onbepaalde voornaamwoorden;
d verklaring van de woordsoorten en enkele grammaticale termen die in het compendium of het woordenboek zelf gebruikt worden.

Deze gegevens worden in alfabetisch geordende ingangen aangeboden; in het woordenboek wordt hiernaar met → verwezen.

Literatuur:

X.Dekeyser, B.Devriendt, G.A.J.Tops, S.Geukens (1987[3]). *Foundations of English Grammar: for university students and advanced learners.* Antwerpen: Inka.
G.Leech & J.Svartvik (1975). *A Communicative Grammar of English.* London: Longman.
R.Quirk, S.Greenbaum, G.Leech, J.Svartvik (1972). *A Grammar of Contemporary English.* London: Longman.
R.W.Zandvoort (1978[14]). *A Handbook of English Grammar.* Groningen: Wolters-Noordhoff.

Gebruikte symbolen:
→vóór een bepaalde term (b.v. → hulpwerkwoord) verwijst naar de rubriek waarin deze term wordt behandeld of verklaard.
* voor een uitdrukking duidt aan dat die uitdrukking ongrammaticaal is.

Aanvoegende wijs (subjunctive)

Vorm
De aanvoegende wijs in de tegenwoordige 'tijd' *(the present subjunctive)* is gelijk aan de →basisvorm van het werkwoord:

I work	I be
you work	you be
he/she work	he/she be
enz.	enz.

Er bestaan geen bijzondere vormen voor de verleden 'tijd', behalve voor *to be,* waar we voor alle personen *were* gebruiken (Ned. 'ware (n)').

Aanwijzend woord (demonstrative) en aanwijzing
De Engelse aanwijzende woorden zijn *this/these* en *that/those;* zij kunnen als →voornaamwoord en als →determinator gebruikt worden. *This* en *that* zijn de vormen van het enkelvoud, *these* en *those* van het meervoud. In tegenstelling met het Nederlands is er geen onderscheid naar het genus: *this man/woman/thing,* of *that man/woman/thing.*

Antecedent
Strikt genomen is een antecedent een →nominale constituent waarnaar wordt teruggewezen door een →betrekkelijk voornaamwoord, en die door een betrekkelijke bijzin wordt bepaald. In een zin als: *This is the student who fell asleep in the language lab,* is *the student* het antecedent, waarnaar het voornaamwoord *who* terugwijst: *(the student) fell asleep* ... Ook een hele zin, zoals in (1), kan antecedent zijn; in dit geval gebruikt het Engels steeds *which,* het Nederlands 'wat'; Nederlandstaligen zijn daarom geneigd ook *what* te gebruiken in het Engels.
(1) *John was ill, which explains why he did not turn up.*
Soms komt een betrekkelijke bijzin voor zonder een voorafgaand antecedent: dan spreekt men van een →betrekkelijk voornaamwoord met ingesloten antecedent.
(2) *What you are saying is wrong.*
→betrekkelijk voornaamwoord

Basisvorm (base)
De basisvorm is de onverbogen vorm van een woord, d.i. een vorm zonder een uitgang: morfologisch is zo'n vorm niet-gemarkeerd (→gemarkeerd). Het Engels (veel meer dan het Nederlands) wordt gekenmerkt door het frequent gebruik van basisvormen: het is een taal met een beperkt morfologisch systeem.

Bekwaamheid (ability)
1. Een bekwaamheid wordt in het Engels meestal uitgedrukt door middel van het →hulpwerkwoord *can* 'kunnen' of *be able to* (letterlijk: 'in staat zijn' ...).
(1) *Cyril can speak Dutch fluently. (... is able to speak ...)*
Andere (minder frequente) mogelijkheden zijn: *be capable of* 'in staat zijn', *manage + to*-inf. en *succeed in* 'het klaarspelen', 'erin slagen'.
(2) *She is capable of typing 5 letters an hour.*
(3) *We managed to answer all the letters before Christmas.*
(... succeeded in answering ...)
2. Voor de negatieve vorm heeft men o.m.: *can't* en *cannot,* ook *be unable to* en *be incapable of.*
3. In de →onvoltooid verleden tijd kunnen zowel *could* als *was/were able to* voorkomen, wanneer het om een bekwaamheid of vaardigheid in het algemeen gaat:
(4) *She could (was able to) type very fluently when she was only 15.*
Maar wanneer de betekenis beantwoordt aan Nederlands 'het klaarspelen' (d.i. een prestatie), dan kan men alleen
was (were) able to gebruiken, naast *manage* of eventueel *succeed in.*
(5) *We were able (managed) to answer all the letters.*
In (5) kan men *could* niet gebruiken.
4. Een bekwaamheid in de hypothetische vorm wordt door het modale preteritum (→modaliteit) *could* 'zou/zouden kunnen' uitgedrukt:
(6) *I could tell you everything, but I'm not going to.*
→hulpwerkwoord

Beperkend – uitbreidend (niet-beperkend) (restrictive – non-restrictive)
Het onderscheid tussen beperkende en uitbreidende bijvoeglijke bepalingen geldt vooral voor de betrekkelijke bijzin, maar is in feite toepasselijk op alle bijvoeglijke bepalingen. Laten we gemakshalve het verschil duidelijk maken aan de hand van een betrekkelijke bijzin. We noemen zo'n bijzin *beperkend,* wanneer hij de kwantiteit inperkt van wat in het →antecedent genoemd wordt. In een zin als:
(1) *I don't trust a person who admires Machiavelli.*
is de betrekkelijke bijzin een nadere bepaling of 'beperking' van *person.* Dit is duidelijk niet het geval in (2):
(2) *I don't trust my father, who admires Machiavelli.*
Hier is de bijzin *uitbreidend:* d.i. hij breidt de mededeling over *my father* uit; hij geeft alleen maar verdere informatie, maar hij beperkt de kwantiteit van het antecedent niet (dit is immers voldoende bepaald). De informatie van een uitbreidende bijzin kan daarom steeds weggelaten worden zonder dat dit de verstaanbaarheid van de zin zou schaden. De beperkende bijzin daarentegen is onmisbaar; denk maar even aan (1) zonder de betrekkelijke bijzin: *I don't trust a person.*
→betrekkelijk voornaamwoord

Betrekkelijk voornaamwoord (relative pronoun)
1. Het Engels heeft de volgende betrekkelijke voornaamwoorden:
(a) who – whom – whose
(1) *A person who steals is called a thief.*
(2) *This is the girl to whom I have given your handbag.*
(3) *Only those students whose parents live abroad can stay.*

(b) which
(4) *There is still a great deal of work which has to be done before the end of the week.*
(c) that
(5) *There is still a great deal of work that has to be done.*
(6) *This is the woman that we met in Amsterdam.*
(d) de zgn. **nul**-vorm
(7) *This is the woman we met in Amsterdam.*
(e) as en **but**
(8) *I want the same book as you gave me last year.*
(9) *There is no man but can drive a car.*
(f) de bijwoordelijke vormen: **where – when – why**
(10) *He flew to London the day when Alexandra arrived.*
Zie ook 9., infra.

2. De juiste keuze van deze betrekkelijke woorden (vooral (a), (b), (c) en (d)) wordt door drie factoren bepaald: 1) het soort betrekkelijke bijzin (→beperkend of uitbreidend), 2) het →antecedent (persoonlijk of niet-persoonlijk), en 3) meestal ook de functie van het voornaamwoord in de bijzin. Hun distributie op grond van deze factoren wordt in het schema hierna bondig voorgesteld.

3. Uit dit schema blijkt dat het voornaamwoord *that* en de nul-vorm alleen in beperkende bijzinnen kunnen voorkomen, terwijl de zgn. *wh*-vormen in beide types gebruikt kunnen worden. Welke *wh*-vorm gebruikt wordt, hangt af van het antecedent: *who* wordt gebruikt voor persoonlijke antecedenten, *which* voor niet-persoonlijke.

4. Voor het gebruik van *who* en *whom* →naamval. *Whose* (Ned. 'van wie', 'waarvan', 'wiens' en 'wier') is de genitief van *who* (→naamval); zie voorbeeldzin (3). *Whose* kan ook gebruikt worden als bezitsvorm bij een niet-persoonlijk antecedent, maar *of which* lijkt hier toch frequenter te zijn:
(11) *We gave her a present the value of which (of which the value) had never been estimated.*
(12) *We gave her a present whose value ...*

5. Wanneer het antecedent een zin is (of een deel ervan), gebruikt men *which* in het Engels, tegenover Nederlands 'wat' of 'hetgeen'.
(13) *Last year Paul decided to leave university, which his parents regretted very much.*

6. Wanneer het betrekkelijk voornaamwoord de functie heeft van een bijwoordelijke bepaling, gebruikt men vaak *where* (plaats), *when* (tijd), en *why* (reden); *how* kan echter nooit als een betrekkelijk woord gebruikt worden, evenmin als het Ned. 'hoe'.
(14) *This is the place where he was born.*

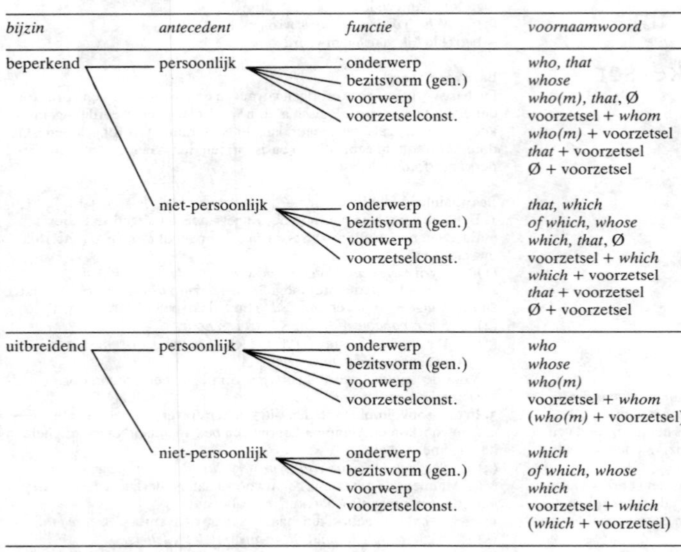

bijzin	*antecedent*	*functie*	*voornaamwoord*
beperkend	persoonlijk	onderwerp	*who, that*
		bezitsvorm (gen.)	*whose*
		voorwerp	*who(m), that*, Ø
		voorzetselconst.	voorzetsel + *whom* *who(m)* + voorzetsel *that* + voorzetsel Ø + voorzetsel
	niet-persoonlijk	onderwerp	*that, which*
		bezitsvorm (gen.)	*of which, whose*
		voorwerp	*which, that*, Ø
		voorzetselconst.	voorzetsel + *which* *which* + voorzetsel *that* + voorzetsel Ø + voorzetsel
uitbreidend	persoonlijk	onderwerp	*who*
		bezitsvorm (gen.)	*whose*
		voorwerp	*who(m)*
		voorzetselconst.	voorzetsel + *whom* (*who(m)* + voorzetsel)
	niet-persoonlijk	onderwerp	*which*
		bezitsvorm (gen.)	*of which, whose*
		voorwerp	*which*
		voorzetselconst.	voorzetsel + *which* (*which* + voorzetsel)

Opm. Ø stelt de nul-vorm voor.

(15) *I'll never forget the day when Rotterdam was bombed.*
(16) *This may be the reason why he didn't turn up.*
Naast *when* kan ook *that*, Ned. 'dat', voorkomen, b.v. in (15): *the day that ..., de dag dat ...*

7. Betrekkelijke →voornaamwoordelijke bijwoorden, zoals 'waarin', 'waarmee', 'waarover', enz., zijn in het Nederlands zeer gewoon. Het Engels kent ook zulke vormen (*whereby, wherein, whereat*, enz.), maar hun gebruik is eerder zeldzaam, en zeer vormelijke of archaïsch; alleen *whereby* wordt nog min of meer courant gebruikt:
(17) *This is a device whereby you can learn something.*
In de andere gevallen gebruikt men een voorzetsel + betrekkelijk voornaamwoord, b.v. *the day on which (=when) ...* = 'de dag waarop ...'.

8. Het betrekkelijk woord *as* is ook eerder vormelijk Engels: het kan gebruikt worden na een antecedent met *same* of *such;* zie voorbeeldzin (8), of ook:
(18) *John is a very lonely man, and such friends as he has are rather odd fellows.*
(18) Jan is een erg eenzame man, en de vrienden die hij heeft, zijn nogal rare kerels.
But (alweer vormelijk Engels) heeft een negatieve betekenis: *who ... not*, enz.
(19) *There is no Londoner but knows the Tower. (... who does not know ...)*
(19) Er is geen Londenaar of hij kent de Tower. (... die de Tower niet kent.)

9. Een betrekkelijk voornaamwoord kan ook zonder een antecedent voorkomen: in dit geval spreekt men van een 'betrekkelijk voornaamwoord met ingesloten antecedent'. Zulke relativa zijn de *wh*-vormen: *who*, 'wie', *what*, 'wat' of 'hetgeen', en *which* (beperkte keuze; →vragend woord). Daarnaast kent het Engels ook samenstellingen met *-ever* (in vormelijke taal ook *-soever*); deze hebben gewoonlijk een meer algemene betekenis (Ned. 'al wie', 'al wat', of 'wie ... ook', enz.). Hierbij moet nog opgemerkt worden dat *who* praktisch nooit zonder *-ever* voorkomt.
(20) *He gave me what I liked best.*
(21) *He gave me whatever he could spare.*
(22) *Whoever says this will be punished.*
Opm. In zeer archaïsche taal heeft men ook *thy*, 2de pers. enk. De keuze tussen *his/her/its* gebeurt in overeenstemming met het genus van de 'bezitter': *the man's house – his house, the mother's child – her child, the world's future – its future.*
Het Engels kent maar één vorm voor de tweede persoon: *your* 'jouw' ('je') of 'jullie'; ook is er geen speciale beleefdheidsvorm zoals Ned. 'uw'.
→bezittelijk voornaamwoord

Bezittelijke determinator (possessive determiner)
Het Engels heeft de volgende bezittelijke →determinatoren, d.i. bijvoeglijke of adnominale bezittelijke woorden.

persoon	*getal*	*genus*	
1ste	enk.		*my* mijn
	mv.		*our* ons/onze
2de			*your* jouw/je/uw jullie
3de	enk.	m.	*his* zijn
		v.	*her* haar
		o.	*its* zijn
	mv.		*their* hun

Bezittelijk voornaamwoord (possessive pronoun)
1. Naast de →bezittelijke determinatoren heeft het Engels overeenstemmende bezittelijke voornaamwoorden (in feite genitiefvormen van de →persoonlijke voornaamwoorden): *mine, yours, his, hers, ours, theirs;* archaïsch *thine.* Zij komen nooit met een bepaald lidwoord voor, terwijl dit in het Nederlands onmisbaar is: 'de/het mijne', enz. Het onzijdige bezittelijk voornaamwoord *its* komt vrijwel niet voor.
2. Bezittelijke voornaamwoorden kunnen ook gebruikt worden na *of* in de zgn. 'double genitive' (→genitief, 6.): *a friend of yours.*
→bezittelijke determinator

Bijvoeglijk naamwoord (adjective)
1. In tegenstelling met het Nederlands bijvoeglijk naamwoord is het bijvoeglijk naamwoord in het Engels steeds onveranderlijk.
2. De enige morfologische wijziging die het bijvoeglijk naamwoord in het Engels kan ondergaan, is de vorming van de vergrotende trap of comparatief met *-er: short – shorter,* en van de overtreffende trap of superlatief met *-est: shortest.* Daarnaast komt, juist zoals in het Nederlands, de omschreven vorm met de bijwoorden *more* en *most* voor. Voor de keuze tussen de verbogen en de omschreven vormen →comparatie – trappen van vergelijking

Bijwoord (adverb)
1. Het bijwoord fungeert in de allereerste plaats als een bijwoordelijke bepaling in de zin, en vormt dan de kern van een adverbiale constituent of ADV.
(1) *She read her speech very slowly.*
Daarnaast kan het bijwoord fungeren als bepaling bij:
(a) Een bijvoeglijk naamwoord (meestal versterkend): *extremely difficult,* 'uiterst moeilijk', *ethically wrong,* 'ethisch verkeerd', *a lot better,* 'veel beter'; ook →onbepaald woord 13.
(b) Een bijwoord (met versterkende betekenis):
(2) *She sang surprisingly well.*
(c) Bijwoorden van plaats en tijd kunnen na een naamwoord staan (en zijn dus deel van de nominale constituent); *the man here,* 'de man hier', *the title below,* 'de titel hieronder', *the night before,* 'de nacht voordien'. In eerder vormelijk Engels kunnen *then, above* en *now* ook vóór het naamwoord geplaatst worden: *the then Prime Minister,* 'de toenmalige Minister-President', *'the above example,* 'het voorbeeld hierboven', *the now generation,* 'de huidige generatie'. In dergelijke gevallen zijn *then, above* en *now* attributieve bijvoeglijke naamwoorden geworden.
2. *Morfologisch* kunnen we twee klassen van bijwoorden onderscheiden:
(a) Bijwoorden die niet van een bijvoeglijk naamwoord zijn afgeleid, zoals: *yesterday, sometimes, never, here,* enz.. Deze bijwoorden kunnen niet als bepaling optreden, behalve dan bij een naamwoord: *the man here* (zie 1 (c) hierboven).
Opm. 1. De partikels van de →werkwoorden met partikels horen in deze categorie van bijwoorden thuis. In het woordenboek worden werkwoorden met partikels dan ook altijd aangetroffen onder rubriek 5.x.
Opm. 2. Bijwoorden op *-s*, zoals *nowadays,* enz., zijn oorspronkelijk bijwoordelijke genitieven, zoals de Nederlandse vormen 'daags', ''s avonds', e.d. Het AE heeft meer van deze bijwoorden, met name *mornings,* '(geregeld) 's morgens', *evenings, days, nights, Saturdays,* enz. (*He works mornings* = 'Hij werkt 's morgens/in de ochtendploeg'.)
(b) Bijwoorden die afgeleid zijn van een bijvoeglijk naamwoord: *sincere – sincerely, true – truly,* enz.. In het Nederlands vormen deze bijwoorden een morfologisch niet-gemarkeerde klasse (→gemarkeerd); in het Engels zijn zij vaak (maar niet altijd) gekenmerkt door het suffix *-ly.*
3. *Morfologie van de bijwoorden afgeleid van bijvoeglijke naamwoorden*
3.1 De meeste bijwoorden krijgen het suffix *-ly: nice – nicely, surprising – surprisingly, extreme – extremely.* Hierbij moeten de volgende spellingregels in acht genomen worden:
(a) Eind *-y* wordt *-i-*, zelfs na een klinker: *happy – happily, dry – drily, gay – gaily.* Maar: *shyly* (ook wel *shily*), *slyly* (ook *slily*), *spryly* en *wryly.*
Opm. De *y/i* spellingregel werkt op dezelfde wijze vóór het suffix *-ness,* dat dient om abstracte naamwoorden van bijvoeglijke naamwoorden af te leiden: *happy – happiness,* enz. Bij de trappen van vergelijking echter werkt deze *y/i* regel alleen na een medeklinker; →comparatie 7.3.
(b) Eind *-e* wordt door *-y* vervangen bij adjectieven op *-le;* in de uitspraak wordt de syllabische [l] vervangen door [li]: *noble – nobly, idle – idly.* De eind *-e* valt echter weg bij *true (truly), due (duly),* en *whole (wholly);* maar *sole – solely.*
3.2 Bijvoeglijke naamwoorden op *-ical,* zoals *logical, musical,* hebben overeenkomstige bijwoorden op *-ly* volgens de algemene regel (in de uitspraak wordt de syllabische [l] vervangen door [li]: *logically, musically,* enz. Adjectieven op *-ic* krijgen *-ically* [ɪkli]: *basic – basically, drastic – drastically;* maar volgens de algemene regel: *public – publicly.*
3.3 Bijvoeglijke naamwoorden op *-ly,* zoals b.v. *friendly,* hebben in de regel geen afgeleide bijwoorden (maar wel b.v. *in a friendly way*). *Kindly, leisurely* en *early* kunnen wel als bijwoord gebruikt worden; dit geldt ook voor de afleidingen op *-ly* van naamwoorden, zoals *daily, weekly, yearly,* enz.
Het bijwoord voor *good* is *well;* en *difficult* heeft geen afgeleide vorm: hier kan men b.v. *with difficulty* gebruiken als vertaling van het Nederlandse bijwoord 'moeilijk'.
3.4 Bij de bijvoeglijke naamwoorden *high, low, easy, loud, near, far, fast, hard, quick, late, long, short,* en ook bij *much* en *little,* horen bijwoorden zonder het *-ly*-suffix:
(3) *He was working very hard*
Daarnaast komen voor sommige van deze adjectieven ook vormen op *-ly* voor, zoals *hardly, loudly, nearly,* enz., maar meestal met een verschil in betekenis: b.v. *hardly* = 'nauwelijks', *hard* = 'met veel inspanning', *near* = 'niet ver', *nearly* = 'bijna'. Voor deze betekenisverschillen raadplege men het woordenboek.

Comparatie (comparison) – trappen van vergelijking (degrees of comparison)
1. Evenals in het Nederlands kan men in het Engels de vergrotende en de overtreffende trap (comparatief en superlatief) op twee verschillende manieren vormen:
(a) door middel van de suffixen *-er* en *-est: short – shorter – shortest*
(b) door middel van de bijwoorden *more* en *most: surprising – more surprising – most surprising.*
De keuze tussen de verbogen en de omschreven vormen gebeurt op basis van het aantal lettergrepen van het bijvoeglijk naamwoord of bijwoord.
2. *Eénlettergrepig bijvoeglijk naamwoord en bijwoord*
Deze vormen bijna altijd hun trappen van vergelijking door toevoeging van [ə], geschreven *-er,* voor de vergrotende trap, en [ᵻst], *-est,* voor de overtreffende trap:
low – lower – lowest
cheap – cheaper – cheapest
De adjectieven *real, tired* en *pleased* hebben alleen omschreven vormen: *more real, most real,* enz.
Opm. Long, strong, young hebben een vergrotende en een overtreffende trap met [-gə||-gər] en [-gᵻst]: b.v. [lɒŋ||lɔŋ] – ['lɒŋgə||'lɔŋgər], ['lɒŋgᵻst||'lɔŋgᵻst] enz.
3. *Tweelettergrepig bijvoeglijk naamwoord en bijwoord*
3.1 De volgende bijvoeglijke naamwoorden hebben meestal een verbogen comparatief en superlatief:
(a) Bijvoeglijke naamwoorden die eindigen op: *-y, -le, -ow, -er:*
heavy – heavier – heaviest
simple – simpler – simplest
narrow – narrower – narrowest
clever – cleverer – cleverest
(b) Bijvoeglijke naamwoorden waarvan de tweede lettergreep beklemtoond is, zoals *polite – politer – politest.*
(c) De bijvoeglijke naamwoorden: *common, cruel, pleasant, quiet,* en het bijwoord *early,* ook *often* (zie echter opm. 2.).
Opm. 1. Soms wordt echter de omschreven vorm wel eens gebruikt: *more clever, more polite,* enz.
Opm. 2. Het bijwoord *often* heeft *-er* en *-est,* of de omschreven vorm: *more often/most often;* deze laatste lijkt gebruikelijker te zijn dan de vorm met het suffix.
3.2 Alle andere tweelettergrepige bijvoeglijke naamwoorden en bijwoorden hebben een omschreven comparatief en superlatief:
recent – more recent – most recent
careful – more careful – most careful
4. *Meerlettergrepig bijvoeglijk naamwoord en bijwoord*
Deze hebben alleen omschreven vormen:
difficult – more difficult – most difficult
easily – more easily – most easily
Uit wat voorafgaat in 3. en 4. kan men afleiden dat alle bijwoorden op *-ly,* behalve *early,* omschreven trappen van vergelijking hebben.
5. De volgende onregelmatige vormen op *-er* en *-(e)st* moeten vermeld worden:
far – farther/further – farthest/furthest
late – later/latter – latest/last
old – older/elder – oldest/eldest

Old heeft normaal *older* en *oldest;* maar men gebruikt *elder* en *eldest* wanneer het om een verwantschap gaat: *Susan is my eldest daughter;* deze vormen kunnen echter alleen bijvoeglijk gebruikt worden (dus nooit: **Susan is elder than her brother*).
Voor het onderscheid tussen *later/latter* verwijzen wij naar het woordenboek zelf.
6. Een klein aantal bijvoeglijke naamwoorden (ook bijwoorden) en →onbepaalde determinatoren heeft suppletieve (d.i. aanvullende) vormen voor comparatief en superlatief:

good/well – *better* – *best*
bad/ill – *worse* – *worst*
much/many – *more* – *most*
little – *less* – *least*

Few heeft de regelmatige vormen: *fewer* en *fewest.*
Opm. De comparatief *lesser* heeft dezelfde betekenis als *minor:* b.v. *the lesser evils.*
7. *Spellingalternanties*
7.1 Woorden die eindigen op *-e* hebben *-r* en *-st* als uitgang: b.v. *able – abler – ablest.*
7.2 De eindmedeklinker van een éénlettergrepig bijvoeglijk naamwoord wordt verdubbeld, wanneer deze door slechts één enkele (geschreven) klinker wordt voorafgegaan: *big – bigger – biggest;* maar: *greater – greatest* (→werkwoord, 7.4).
7.3 Eind *-y*, voorafgegaan door een medeklinker, wordt *-i-:* b.v. *dry – drier – driest,* of *handy – handier – handiest.* Na een klinker blijft de spelling met *-y-* behouden: *gay – gayer – gayest.*
Opm. Er bestaan vijf éénlettergrepige adjectieven op *-y*, met name: *dry, shy, sly, spry, wry.* Van deze volgt alleen *dry* de algemene regel; bij de andere wordt *-y-* meestal behouden: *shyer (shier) – shyest (shiest),* enz.

Deelwoord (participle)
Zoals in het Nederlands onderscheiden we een tegenwoordig deelwoord, dat in het Engels gevormd wordt door toevoeging van *-ing* aan de →basisvorm: *work – working,* en een verleden deelwoord, dat voor een regelmatig werkwoord gevormd wordt door toevoeging van een suffix geschreven als *-ed: play – played, work – worked, add – added.* De uitspraak is dezelfde als die van het *ed*-suffix van het preteritum; →werkwoord 6.1.
Voor de vorming van het verleden deelwoord van een onregelmatig werkwoord kunnen we geen algemene regel geven; →t2.

Determinator (determiner)
Determinatoren zijn bijvoeglijke (of adnominale) elementen die wat in de kern van de →nominale constituent genoemd wordt 'determineren'. Daar zij virtueel een gesloten klasse vormen, kan men ze exhaustief opsommen:
→lidwoorden: *the, a(n),* en het nul-lidwoord
→bezittelijke determinatoren: *my, your, his,* enz.
aanwijzende determinatoren: *this, that, these, those* (→aanwijzend woord)
onbepaalde determinatoren: *all, each, some, any, either, neither, several, little, few, much, many, what(ever), which(ever), enough,* enz. (→onbepaald woord)
vragende determinatoren: *which?, what?, whose?* (→vragend woord)
numerieke determinatoren: *one, two, three; first, second,* enz. (→telwoord en →kwantor)
→predeterminatoren: *all, both, half, many a, what, such*
Opm. Soms staat in het woordenboek het lidwoord ⟨the⟩ vóór de vertaling van een woord, b.v. *earth* ... ⟨*the*⟩ 'de aarde', om aan te geven dat in deze betekenis het bewuste woord steeds met het bepaald lidwoord (eventueel een andere bepaalde determinator, b.v. *this earth*) wordt gebruikt.

***Do*-operator**
1. In het Engels moet men een vorm van *do* gebruiken om bepaalde syntactische constructies van de →verbale constituent te kunnen opbouwen. Daarom noemen we het →hulpwerkwoord *do* in dit geval een 'operator'; soms spreekt men in de Engelse grammatica ook van '*do*-support', wat heel goed de functie van *do* aanduidt. Het gaat om de volgende structuren (zie ook 2. en 3.):
(**a**) In Engelse vraagzinnen wordt steeds *do/does/did* gebruikt, en wel vlak vóór het onderwerp, terwijl het werkwoord na dit onderwerp wordt geplaatst.
(1) *Did you meet John at the station?*
(2) *Who(m) did you meet at the station last night?*
Hierop moeten twee belangrijke uitzonderingen genoteerd worden: a) de *do*-operator kan niet gebruikt worden bij een vraagwoordvraag, wanneer het vragend woord het onderwerp van de zin is:
(3) *Who met her at the station last night?*
b) verder is er nooit *do*-support in een afhankelijke vraagzin:
(4) *I wonder who(m) you met at the station last night.*
(**b**) In een ontkennende zin met *not* wordt *do/does/did* onmiddellijk vóór dit partikel geplaatst:
(5) *I don't (do not) need your advice.*
Maar geen *do* in een ontkennende zin zonder het *not*-partikel:
(6) *I never need your advice.*
(**c**) In ontkennende vraagzinnen (meestal met *why?*): het negatief partikel komt onmiddellijk na *do* (7), behalve in vormelijke (schrijf)taal, waar het na het onderwerp wordt geplaatst (8):
(7) *Why don't you leave the baby at home?*
(8) *Why does the president not make a statement?*
(**d**) In zinnen met inversie (vormelijk Engels):
(9) *Only after a strenuous expedition did the explorer reach the Alaskan border.*
(**e**) In zinnen met nadruk op de verbale constituent:
(10) *Oh, but you do work hard when you're here!*
(10) Maar je werkt echt hard wanneer je hier bent!
(**f**) In allerlei korte antwoordzinnen en in de zgn. 'question tag' wordt het werkwoord nooit herhaald, maar vervangen door de *do*-operator.
(11) *Who read The Tempest last year? – We did.*
(12) *You read The Tempest last year, didn't you? – Yes, we did.*
2. De hierboven genoemde structuren worden echter zonder *do*-support gevormd, wanneer de verbale constituent een →hulpwerkwoord, of het →koppelwerkwoord *be,* of het werkwoord *dare* 'durven' bevat, en in het BE soms ook met *have = possess* (15) (zie 3.5).
(13) *Have you ever met him before?*
(14) *Is she a good student?*
(15) *Have you any money for me?* (BE)
3. Deze regel geldt steeds voor de hulpwerkwoorden *shall/ should, will/ would, can/could, may/might, must* en *ought to.* Voor een aantal andere 'ongewone' werkwoorden moeten de volgende bijzonderheden genoteerd worden:
3.1 *Be,* hulpwerkwoord en koppelwerkwoord, heeft in principe nooit *do*-support (14). De →gebiedende wijs van het koppelwerkwoord moet echter wel met *do* gevormd worden.
(16) *Don't be silly!*
Do wordt eveneens gebruikt wanneer het naamwoordelijk deel van het gezegde een tijdelijke eigenschap uitdrukt (17), of wanneer *be* de betekenis 'worden' heeft (18).
(17) *If you don't be good, I'll smack your bottom.*
(18) *Why don't you be a doctor?*
3.2 *Used to* wordt meer en meer met *do*-support gebruikt, vooral in antwoorden en 'question tags' (20):
(19) *He didn't use to live in Bern before the war. (He usedn't to live ...)*
(20) *He used to come here quite often, didn't he? (... usedn't he?)*
3.3 *Dare,* 'durven', kan zowel met als zonder *do*-support voorkomen:
(21) *Dare we run out?* of *Do we dare to run out?*
Opm. In de betekenis van 'uitdagen' is *dare* een gewoon werkwoord.
3.4 In de onvoltooid tegenwoordige tijd kan *need,* 'moeten', met of zonder *do* gebruikt worden:
(22) *He doesn't need to go home before midnight. / He needn't go ...*
(23) *Does she need to go home ...? / Need she go home ...?*
Maar in de onvoltooid verleden tijd steeds *do:*
(24) *Did she need to go home ...?*
Opm. Need is een gewoon werkwoord wanneer het met de betekenis 'nodig hebben' gebruikt wordt.
3.5 *Have*
(**a**) Steeds zonder *do* als hulpwerkwoord om de →perfectieve vorm van de verbale constituent te construeren:
(25) *Have you ever met her before?*
(**b**) Steeds met *do*-support, wanneer *have* een causatieve betekenis heeft (26), of wanneer het geparafraseerd kan worden als *take* of *experience* (27):
(26) *She doesn't have her hair permed every week, does she?*
(27) *Did you have a good time in Scotland last May?*
(**c**) Als →modaal hulpwerkwoord heeft *have do*-support, vooral, maar lang niet uitsluitend, in het AE:
(28) *When do you have to be at school?*
Daarnaast kan men ook *have got* gebruiken:
(29) *When have you got to be at school?*
Het gebruik van *have* zonder *do* is beperkt tot het BE, en lijkt meer en meer in gebruik te raken, zeker in de gewone omgangstaal:
(30) *When have you to be at school?*
Opm. In de onvoltooid verleden tijd is *do* steeds noodzakelijk:
(31) *When did you have to be at school last week?*
(**d**) Wanneer *have* een bezit aanduidt, gelden ongeveer dezelfde regels als onder (c):
(32) *Does your mother have two sisters?* (AE, meer en meer ook BE)
(33) *Has your mother got two sisters?* (vooral BE)
(34) *Have you any brothers or sisters?* (vormelijk BE, eerder ongebruikelijk)

Duratieve vorm (progressive form/continuous form)
1. De duratieve vorm van de →verbale constituent wordt gevormd door het →hulpwerkwoord *be* en het tegenwoordig →deelwoord van het →hoofdwerkwoord: *(I) am working, (I) was working, (I) shall be working,* enz.; *to be working.* Deze duratieve vorm kan met de →perfectieve gecombineerd worden: *(I) have been working,* enz.

Gebiedende wijs (imperative)
In het Engels is de gebiedende wijs steeds gelijk aan de →basisvorm van het werkwoord: *Write it down!* of *Come at once!* (→werkwoord, 2). Eventueel kan men hieraan een 'question tag' met *will* toevoegen: *Come at once, will you?*
Om nadruk te leggen op het gebod moet men *do* (→*do*-operator, 1.) gebruiken: *Do come at once!*
→gebod

Gebod (command)
1. Zinnen in de tweede persoon die een →verplichting uitdrukken, houden ook een gebod in, vooral met het hulpwerkwoord *must:*
(1) *You must take the glasses. (I order you to take ...)*
In deze rubriek zullen wij ons alleen inlaten met de constructies die meer specifiek een gebod weergeven. De meest voor de hand liggende vorm is hier wel de →gebiedende wijs van het werkwoord, al dan niet voorafgegaan door de persoon die de handeling moet uitvoeren:
(2) *Shut the door.*
(3) *You take the glasses, I shall see to the wine.*
2. In het Engels kan ook het hulpwerkwoord *be* + *to*-infinitief een gebod uitdrukken (4), vooral wanneer het om officiële instructies gaat (5):
(4) *You are to stay here as long as Bob is absent.*
(5) *All non-European passengers are to leave the plane. (These are the instructions)*
Deze constructie kan men ook in de verleden tijd gebruiken:
(6) *All non-European passengers were to leave the plane.*
3. Soms wordt een gebod uitgedrukt door middel van een beklemtoond *shall.* Dit is een vrij formele constructie, typisch voor teksten van wetten en profetieën; ze wijst op grote vastberadenheid van degene van wie het gebod uitgaat.
(7) *Congress shall make no law respecting an establishment of religion.*
(8) *He that rules over men shall be just.*
(8) Hij die heerst over de mensen moet rechtvaardig zijn.
4. In positieve zinnen drukt *will* een uiterst onprettige, dominerende, vaak beledigende vorm van gebod uit: de spreker voorspelt a.h.w. het gedrag van degene tot wie het gebod gericht is, en laat hem daardoor geen keuze het gebod te negeren. Ook het Nederlands kent deze constructie.
(9) *You will do as I tell you.*
(9) Je zult doen wat ik je zeg.
In vragende zinnen daarentegen drukt *will,* en a fortiori *would,* een vriendelijk gebod, een verzoek uit: de spreker verzacht zijn gebod door te informeren of de aangesprokene bereid is iets te doen.
(10) *Will/Would you move up a little?*
5. Vriendelijke geboden, in de vorm van adviezen, kunnen gegeven worden d.m.v. *should, ought to,* en *had better,* in het Nederlands te vertalen door 'zou moeten /moest' en door 'zou beter'.
(11) *You should/ought to/had better wear glasses.*
→modaal hulpwerkwoord
→verbod
→verplichting

Gemarkeerd (marked)
Een gemarkeerde vorm is een vorm die een bepaalde uitgang heeft gekregen, b.v. een meervoudsvorm als *cats,* tegenover de niet-gemarkeerde enkelvoudsvorm *cat.*
→basisvorm

Genitief (genitive)
1. De genitief enkelvoud wordt gevormd door toevoeging van een *s*-suffix aan de →basisvorm. Het wordt altijd geschreven als apostrof + *s.* De uitspraak is dezelfde als die van het *s*-suffix van het meervoud; hiervoor →meervoud van het naamwoord, 1.
Opm. In tegenstelling met naamwoorden op [f] (→meervoud, 3.1) waarbij [f] soms [v] wordt in het meervoud, wordt de fricatief hier niet stemhebbend: *wife* – genitief: *wife's* [waɪfs], meervoud: *wives* [waɪvz].
2. De genitief meervoud, die overigens weinig gebruikt wordt, is in de uitspraak niet →gemarkeerd; wel schrijft men een apostrof na de meervoudsuitgang: *a boys' school, a two hours' walk.* Enkele onregelmatige meervoudsvormen, zoals *men, women, children,* krijgen een uitgang zoals in het enkelvoud, geschreven *'s: men's, women's, children's.*
3. *Eigennamen* die op een sis-klank eindigen, hebben een genitief [ɪz] of een niet-gemarkeerde vorm; hierbij neemt men gewoonlijk de volgende regels in acht:
(a) Eigennamen die niet op [z] eindigen, krijgen [ɪz], geschreven *'s: Marx's, Yeats's, George's,* enz.
(b) Met eigennamen op [z] komt meestal [ɪz] *('s)* voor, maar ook de niet-gemarkeerde vorm, aangeduid met een apostrof: *Dickens's* [ɪz] of *Dickens', Rubens's* of *Rubens', James's* of *James'.*
Opm. Men schrijft zowel *Jesus's* als *Jesus',* maar in de uitspraak gebruikt men vrijwel altijd de niet-gemarkeerde vorm.
(c) Griekse eigennamen hebben meestal een niet-gemarkeerde genitief (met apostrof): *Socrates' philosophy,* enz.

4. De niet-gemarkeerde vorm wordt gebruikt in enkele vaste uitdrukkingen, zoals *for goodness' sake, for convenience' sake.*
5. Wanneer de genitiefconstructie uit meer dan één woord bestaat, wordt de uitgang aan het laatste woord van de groep gehecht: *the king of Belgium's influence, my father-in-law's second wife, John and Mary's bike.*
6. De zgn. 'double genitive' bestaat uit een combinatie van de genitief en de *of*-phrase: *a friend of John's.* Zo'n constructie heeft meestal een partitieve betekenis; in het Nederlands beantwoordt hieraan 'een van Jans vrienden', of minder expliciet: 'een vriend van Jan'.
Opm. De 'double genitive' komt ook voor met →bezittelijke voornaamwoorden: *a friend of hers.*

Gerund
Een gerund is een genominaliseerde werkwoordsvorm op *ing* (→werkwoord, 2. en 4.): d.i. een *ing*-vorm die als →nominale constituent fungeert, b.v. als onderwerp, lijdend voorwerp, voorzetselconstituent, enz.

Gewoonte/herhaling (habit and repeated activity)
1. Een gewoonte of een regelmatig weerkerende handeling wordt in het Engels doorgaans uitgedrukt door de onvoltooid tegenwoordige of verleden tijd, in de niet-duratieve vorm (→duratieve vorm), zo nodig met een bijwoord van frequentie: *usually, regularly, mostly, often, always,* enz.
(1) *He usually smokes a cigar after dinner. (He is in the habit of smoking ...)*
(2) *You take both milk and sugar in your coffee, don't you?*
Een gewoonte-in-het-verleden wordt ook dikwijls door *used to* (→do-operator, 3.2) aangeduid:
(3) *When she lived in Rotterdam, she used to go to the theatre once a week.*
Soms drukt *used to* alleen maar een tegenstelling uit tussen het heden en het verleden (Ned. 'vroeger'):
(4) *There used to be a house right in front of the church.*
2. In verband met 'gewoonte' en 'herhaling' moeten we ook op het gebruik van *will* en *would* wijzen:
(5) *She will chatter for hours and hours if she can get a hearing. (This is one of her (characteristic) habits.)*
(5) Zij zit soms (vaak) urenlang te kletsen, als zij iemand vindt die wil luisteren.
(6) *She would chatter for hours and hours ...*
(7) *When my grandfather was a young man, he would work all day without a break.*
(7) Toen mijn grootvader een jonge man was, werkte hij (vaak) de hele dag zonder een onderbreking. (Vormelijker: ... placht hij te werken ...)
Will en *would* worden hier niet alleen gebruikt om een gewoonte aan te duiden, maar vooral om een typische karaktertrek naar voren te brengen.

Herhaling
→gewoonte/herhaling

Hoofdwerkwoord (main verb)
Wanneer de →verbale constituent uit meer dan één element bestaat, is het zinvol van een hoofdwerkwoord te spreken, naast het →hulpwerkwoord (of de hulpwerkwoorden): *She has been working all day.*
→hulpwerkwoord
→verbale constituent

Hulpwerkwoord (auxiliary)
1. Hulpwerkwoorden zijn werkwoorden die in principe nooit alleen of zelfstandig kunnen voorkomen: samen met het hoofdwerkwoord vormen zij de →verbale constituent.
2. Morfo-syntactisch kunnen we drie klassen van hulpwerkwoorden onderscheiden op grond van de vorm van het hoofdwerkwoord:
Klasse I: hulpwerkwoord + →deelwoord:
1. have + verleden deelwoord: *He has worked.*
2. be + tegenwoordig deelwoord: *He is working.*
3. be + verleden deelwoord: *He is beaten.*
4. get + verleden deelwoord: *He got hurt.*
Hulpwerkwoorden 1. en 2. hebben betrekking op het aspect (perfectief en duratief) van de verbale constituent, 3. en 4. dienen om de →lijdende vorm te construeren.
Klasse II: hulpwerkwoord + →onbepaalde wijs zonder *to:*
1. shall/should
2. will/would
3. may/might
4. can/could
5. must
6. had (b.v. *He had better go now*)
Dit zijn allemaal →modale hulpwerkwoorden. Ook *do* hoort bij klasse II, wanneer het gebruikt wordt als operator (→do-operator) in bepaalde vragende en ontkennende zinnen, enz.: *Do you work here?*

Klasse III: hulpwerkwoord + onbepaalde wijs met *to:*
1. *used to: She used to live here before 1960.*
2. 'Equivalenten' van *must; ought to, have (got) to, be to, need (to).*
3. De samengestelde hulpwerkwoorden *be going to* als 'equivalent' van *shall/will*, en *be able to* als equivalent van *can* (→bekwaamheid).
→*do*-operator
→hoofdwerkwoord
→modaal hulpwerkwoord
→verbale constituent

Koppelwerkwoord (copula)
Een koppelwerkwoord verbindt het naamwoordelijk deel van het gezegde met het onderwerp van de zin. Het belangrijkste koppelwerkwoord is *be.* Daarnaast komen nog drie semantische klassen voor die nauw bij *be* aansluiten:
Klasse I: de inchoatieve werkwoorden, die aan het Nederlandse 'worden' beantwoorden: *become, get, come, fall, go, grow, run, turn, wear.* Van deze zijn *become* en *get* de meest frequente koppelwerkwoorden.
(1) *Jones became a reputed phonetician.*
(2) *He was getting better pretty soon.*
Het gebruik van de andere is zeer idiomatisch; zie de gecontextualiseerde voorbeelden in het woordenboek.
Klasse II: 'zintuiglijke' werkwoorden: *feel, taste, smell, sound:*
(3) *Ravel's Bolero sounds exotic.*
(4) *Penicillin tastes horrible.*
Klasse III: werkwoorden als *appear, look, prove, remain, seem, sound:*
(5) *He looked very unhappy after his failure.*
(6) *His arguments proved wrong.*
(7) *This sounds correct.*

Kwantor (quantifier)
Kwantoren zijn woorden die een hoeveelheid of aantal uitdrukken, i.h.b. de →onbepaalde woorden zoals *all, both, each, every, some, any, none,* enz., en de →telwoorden. Maar er zijn ook nominale kwantoren, b.v. *number, group, set, majority, class,* enz.. Constituenten als *a lot of, lots of, a great deal of, plenty of, a bit of* zijn oorspronkelijk nominale kwantoren, maar worden als onbepaalde voornaamwoorden beschouwd.

Lidwoord (article)
1. Het Engels heeft een bepaald en een onbepaald lidwoord. Het bepaald lidwoord is *the;* dit wordt als [ðə] uitgesproken, wanneer het volgende element van de →nominale constituent met een medeklinker, met inbegrip van [j] en[w], begint: *the ship, the university, the once famous city;* vóór een klinker is de uitspraak [ði], maar in GA ook vaak [ðə]: *the ancient town-hall, the island* (dus ook wanneer *h* niet wordt uitgesproken, als in *the hour*). In trage en emfatische stijl wordt de sterke vorm [ði:] vaak gebruikt, ook vóór medeklinkers; dit lijkt vooral in het GA gebruikelijk te zijn.
2. Het onbepaald lidwoord heeft twee vormen: *a* [ə] vóór een medeklinker: *a ship, a university, a once famous city; an* [ən] vóór een klinker: *an ancient town-hall.* In trage en emfatische stijl wordt *a* als [eɪ] uitgesproken, en *an* wel als [æn]; ook dit lijkt vooral in het GA gebruikelijk.
→determinator

Lijdende vorm (passive form)
1. De lijdende vorm van de Engelse →verbale constituent wordt gevormd door het →hulpwerkwoord *be* en het voltooid →deelwoord van het →hoofdwerkwoord. Hieraan beantwoordt in het Nederlands 'worden', wanneer het om een onvoltooide tijd gaat, en 'zijn' bij een voltooide tijd. Laten we dit even illustreren aan de hand van een eenvoudig zinnetje:

The book is read. – 'Het boek wordt gelezen'.
The book was read. – 'Het boek werd gelezen'.
The book has been read. – 'Het boek is gelezen'.
The book had been read. – 'Het boek was gelezen'.
The book will be read. – 'Het boek zal gelezen worden'.
The book will have been read. – 'Het boek zal gelezen zijn'.

2. Naast *be* komt, vooral in de omgangstaal, ook *get* voor, ongeveer zoals Nederlands 'raken'.
(1) *One hostage got wounded during the riots.*
(2) *That picture got damaged when we were moving.*
In een dergelijke zin zouden we ook *be* kunnen gebruiken, maar bij *get* is de betekenis eerder 'in een bepaalde toestand komen'; in zulke passieve zinnen zal men praktisch nooit een door-bepaling (Eng. *by*) aantreffen. Verder komt *get* + verleden deelwoord voor in enkele idiomatische uitdrukkingen zoals *get married* 'huwen', *get engaged* 'zich verloven', *get lost* 'verloren raken', enz.

Meervoud van het naamwoord (plural of noun)
1. *Hoofdregel*
Het meervoud van de regelmatige naamwoorden wordt gevormd door toevoeging van een *s*-suffix, dat als [s], [z]of [ɪz] uitgesproken wordt. De distributie van deze suffixen wordt bepaald door de laatste klank van de →basisvorm:
[s], geschreven als *-s,* wordt gebruikt na een stemloze medeklinker, behalve een sisklank:
lip lips oak oaks cat cats
[z], geschreven als *-s,* wordt gebruikt (**a**) na een stemhebbende medeklinker (alweer behalve na een sisklank) en (**b**) na een klinker:
(a) food foods (b) shoe shoes
[ɪz], komt voor na een sisklank, met name:
[s, z]: *kiss kisses rose roses*
[ʃ, ʒ]: *wish wishes garage garages*
[tʃ, dʒ]: *inch inches judge judges*
[ɪz] wordt geschreven als *-es,* b.v. *wish* en *wishes,* behalve indien het naamwoord reeds op een *-e* eindigt: *judge* en *judges.*
2. *Spellingalternanties*
2.1 Wanneer *-y* wordt voorafgegaan door een medeklinker, schrijven we *-ie* in het meervoud: *pony – ponies, city – cities,* enz. Maar *boy – boys* en *donkey – donkeys,* omdat een klinker voorafgaat. Deze regel geldt niet voor eigennamen: *3 Henrys and 4 Marys.*
2.2 Naamwoorden die eindigen op *-o,* kunnen op twee manieren geschreven worden in het meervoud: *-os* of *-oes.*
(**a**) Na klinkers is de spelling altijd *-os: folio – folios, embryo – embryos,* enz.
(**b**) Eigennamen hebben ook steeds *-os: Eskimos, Filipinos,* maar *negro – negroes.*
(**c**) Wanneer *-o* door een medeklinker wordt voorafgegaan, hebben sommige woorden *-os* of *-oes,* andere een van deze beide spellingen. Zie hiervoor het woordenboek zelf.
2.3 Enkele afzonderlijke gevallen:
bus, meervoud *buses,* AE ook met *-ss-: busses;*
gas meervoud BE steeds *gases,* AE soms *gasses;*
focus en *bias* hebben in het BE *-s-* of-*ss-: focus(s)es* (ook *foci;* zie 5.2) en *bias(s)es,* maar *-s-* in het AE;
plus heeft *-ss-* in het BE: *plusses,* maar alweer *-s-* in het AE; naamwoorden die op *-z* eindigen, hebben steeds *-zz-* in het meervoud: *quiz – quizzes, squiz – squizzes, whiz – whizzes.*
3. *Afwijkende meervoudsvormen*
Het meervoud van de *onregelmatige* naamwoorden wijkt op de ene of andere manier af van de onder 1. vermelde regels.
3.1 Twaalf naamwoorden die eindigen op [f] krijgen een stemhebbende [v] in het meervoud: [vz], *-ves.*

[f] *calf*	[vz] *calves*	[f] *self*	[vz] *selves*
half	*halves*	*sheaf*	*sheaves*
knife	*knives*	*shelf*	*shelves*
leaf	*leaves*	*thief*	*thieves*
life	*lives*	*wife*	*wives*
loaf	*loaves*	*wolf*	*wolves*

De andere naamwoorden op [f] hebben een regelmatige meervoudsvorm:
[f] *belief* [fs] *beliefs* [f] *proof* [fs] *proofs*
chief *chiefs* *staff* *staffs* etc.
Sommige hebben zowel een regelmatig als een onregelmatig meervoud:

[f] *dwarf*	[fs] *dwarfs*	[vz] *dwarves*
hoof	*hoofs*	*hooves*
scarf	*scarfs*	*scarves*
wharf	*wharfs*	*wharves*
(hand)kerchief	*kerchiefs*	*kerchieves*
[-tʃɪf, -tʃi:f]	[-tʃɪfs, -tʃi:fs]	[-tʃi:vz]

3.2 De meeste naamwoorden die eindigen op een dentale fricatief, [θ], hebben een regelmatig meervoud; dit is de algemene regel wanneer een geschreven medeklinker aan de fricatief voorafgaat:
[θ] *cloth* [θs] *cloths* [θ] *berth* [θs] *berths*
death *deaths* *depth* *depths* etc.
Bij een viertal naamwoorden wordt de fricatief stemhebbend in het meervoud in het BE; dit blijkt niet uit de spelling: [θ], *-th* wordt [ðz], geschreven *-ths.* In het AE komt ook een meervoud met [θs] voor.
[θ] *bath* [ðz], AE ook [θs] *baths*
path *paths*
mouth *mouths*
youth *youths*
De volgende woorden kunnen zowel [θs] als [ðz] hebben in het meervoud, ook in het BE:
[θ] *oath* [θs] of [ðz] *oaths*
truth *truths*
sheath *sheaths*
wreath *wreaths*
Opm. *Cloth* [klɒθ||klɔθ] – *cloths* [klɒθs||klɔθs], maar *clothes* [kloʊðz].
3.3 Bij één woord wordt de eind *-s* stemhebbend in het meervoud: *house* [haʊs] – *houses* ['haʊzɪz].
3.4 Een zevental naamwoorden heeft een andere klinker in het meervoud (vowel change):
(**a**) *foot* [fʊt] – *feet* [fi:t] (ook *forefeet*)
goose [gu:s] – *geese* [gi:s]
tooth [tu:θ] – *teeth* [ti:θ]
(**b**) *louse* [laʊs] – *lice* [laɪs]
mouse [maʊs] – *mice* [maɪs]

(**c**) *man* [mæn] – *men* [men]
woman ['wʊmən] – *women* ['wɪmɪn]
Opm. Samenstellingen op *-man/-men* hebben geen aparte meervoudsvorm in de uitspraak: *milkman* [-mən] *-milkmen* [-mən].

3.5 Het *-en* meervoud:
ox – oxen['ɒksn||'ɑksn]
child [tʃaɪld] – *children* ['tʃɪldrən] met klinkerverandering
brother ['brʌðə||-ər] – *brethren* ['breðrən] (met klinkerverandering).
Opm. Brother heeft normaal een regelmatig meervoud *brothers; brethren* wordt gebruikt in de betekenis: 'geloofsbroeders' of 'ambtsbroeders'.

3.6 *Pence* en *pennies:* het regelmatige *pennies* wordt gebruikt voor de afzonderlijke muntstukken: *I've got two pennies in my hand;* men gebruikt echter *pence* [pens] wanneer het gaat om een bedrag: *The book costs 75 pence* (of *75 p* [pi:]).

4. *Het zgn. nul-meervoud*

4.1 In tegenstelling met het Nederlands kan een groot aantal zelfstandige naamwoorden in het meervoud gebruikt worden zonder dat zij een meervoudsuitgang krijgen; b.v. *one sheep – ten sheep.* De voornaamste klassen zijn:

4.2 Eigennamen op *-ese* [i:z] die een nationaliteit aanduiden: *Chinese, Congolese, Japanese, Portugese,* enz.; ook *Swiss* moet hier vermeld worden. Voorbeelden: *A Chinese/Swiss was arrested,* en *Five Chinese/Swiss were arrested.*

4.3 Namen van dieren hebben meestal een regelmatig meervoud; enkele hebben een nul-meervoud, met name: *bass, carp, deer, grouse, plaice, pike, salmon, sheep, trout.* Voorbeelden: *Ten salmon were caught ... I've seen only one deer ... I've seen a great many deer.* Sommige namen van dieren hebben dit nul-meervoud alleen wanneer het gaat over jacht, visvangst, enz.; enkele voorbeelden: *buffalo(e)s* of *buffalo, bucks* of *buck, ducks* of *duck, fishes* of *fish, herrings* of *herring,* enz.. Men zal dus zeggen: *The angler has caught a lot of fish (herring),* maar: *The fishes of this lake are all dead.*

4.4 Nominale →kwantoren hebben een nul-meervoud wanneer zij door een telwoord of een onbepaalde →determinator worden voorafgegaan. Voorbeelden: *two dozen books – three dozen of these books,* maar *dozens of books, two million people,* maar *millions of people,* enz..
Opm. Men zegt zowel *ten pairs of ...* als *ten pair of ...* (maar in het Nederlands steeds: 'tien paar ...').

4.5 *Craft,* en afleidingen zoals *aircraft* en *spacecraft; people (persons), police (policemen), clergy (clergymen): Nine police hurt in West End,* of *Several spacecraft were launched.*

5. *Het meervoud van vreemde woorden*

5.1 De meeste vreemde woorden hebben een regelmatige Engelse meervoudsvorm; enkele hebben echter hun oorspronkelijk meervoud (min of meer aangepast) behouden, of hebben twee vormen, zoals *formulas* of *formulae.* Vaste regels kunnen niet gegeven worden, en wat hier volgt is slechts een bondig overzicht van de meest gebruikelijke woorden. Voor meer details raadplege men het woordenboek.

5.2 Naamwoorden op *-us* [əs]

	Engels mv:	Vreemd mv: *-i* [aɪ]
bonus	*bonuses*	
bus	*buses*	
campus	*campuses*	
focus	*focuses*	*foci* ['foʊsaɪ, 'foʊki:]
fungus	*funguses*	*fungi* ['fʌndʒi, 'fʌndʒaɪ]
syllabus	*syllabuses*	*syllabi*
stimulus		*stimuli*

5.3 Naamwoorden op *-um* [əm]

	Engels mv:	vreemd mv: *-a* [ə]
museum	*museums*	
ultimatum	*ultimatums*	*(ultimata)*
medium	*mediums*	*media*
curriculum	*(curriculums)*	*curricula*
erratum		*errata*
(datum)		*data*

Opm. Data = facts, things certainly known, is oorspronkelijk de meervoudsvorm van het Latijnse 'datum': *data were available;* het wordt echter ook, vooral in het AE, beschouwd als een enkelvoudsvorm: *data is available.*

5.4 Naamwoorden op *-a* [ə]
De meeste naamwoorden op *-a* hebben een regelmatige meervoudsvorm: *areas, dramas, ideas, quotas,* enz. Enkele vreemde vormen zijn:

	Engels mv:	vreemd mv: *-ae* [i:]
antenna	*antennas*	*antennae*
formula	*formulas*	*formulae*
alga		*algae* ['ældʒi:, 'ælʒi:]
alumna		*alumnae*

5.5 Naamwoorden op *-is* [ɪs]
De algemene regel is dat [ɪs] in het meervoud [i:z] wordt, geschreven als *-es.*

analysis [ɪs]	*analyses* [i:z]	*oasis* [ɪs]	*oases* [i:z]
basis	*bases*	*parenthesis*	*parentheses*
crisis	*crises*	*synthesis*	*syntheses*
hypothesis	*hypotheses*	*thesis*	*theses*

5.6 Naamwoorden op *-ex* en *-x*

	Engels mv:	vreemd mv: *ices* [ɪsi:z]
index	*indexes*	*indices*
codex		*codices*
appendix	*appendixes*	*appendices*
matrix	*matrixes*	*matrices*

5.7 Naamwoorden op *-on* [ən]
Deze naamwoorden hebben meestal een Engels meervoud: *electron – electrons,* enz.. *Criterion* en *phenomenon* hebben een Grieks meervoud op *a* [ə]: *criteria* en *phenomena.*

5.8 Naamwoorden op *-o* [oʊ]
De meeste van deze woorden op *-o* hebben een regelmatig Engels meervoud: [oʊz], geschreven als *-os* of *-oes;* zie **2.2**. Een paar woorden hebben een Italiaanse meervoudsvorm: *solo – solos* of *soli, tempo – tempos* of *tempi, virtuoso – virtuosos* of *virtuosi.*

5.9 Naamwoorden op *-ies* [i:z]
Al deze vreemde naamwoorden hebben een nul-meervoud: *series, species, superficies,* enz., zijn zowel enkelvoud als meervoud.

6. *Het meervoud van samengestelde naamwoorden*

6.1 De algemene regel is dat de laatste component van de samenstelling de meervoudsuitgang krijgt: *schoolboys, armchairs, bookcases,* enz. Deze regel geldt ook meestal voor de losse samenstellingen:

boy friend	*boy friends*
grown-up	*grown-ups*
forget-me-not	*forget-me-nots*
assistant lecturer	*assistant lecturers,* enz.

6.2 Uitzonderingen
(**a**) Enkele samenstellingen hebben de meervoudsvorm in de eerste component:

attorney general	*attorneys general* (ook *attorney generals)*
notary public	*notaries public*
court martial	*courts martial* (ook *court martials)*
looker-on	*lookers-on*
passer-by	*passers-by*

(**b**) Dit geldt ook voor samenstellingen waarvan de tweede component een voorzetselconstituent is: *fathers-in-law, jacks-in-the-box* (ook wel *jack-in-the-boxes*).
(**c**) Samenstellingen met *man* of *woman* als eerste lid hebben een dubbele meervoudsvorm: *gentleman farmer -gentlemen farmers, woman doctor – women doctors,* enz.

7. *Het meervoud van genominaliseerde adjectieven*
In tegenstelling met het Nederlands krijgen adjectieven die als naamwoord worden gebruikt, geen uitgang in het meervoud: *the blind* – de blinden, *the elderly* – de bejaarden, enz. In bepaalde gevallen echter kunnen sommige zelfstandig gebruikte bijvoeglijke naamwoorden wel een uitgang krijgen: ze zijn dan volledig genominaliseerd. De meest markante voorbeelden hebben te maken met rassenrelaties: *blacks,* 'zwarten', *whites,* 'blanken', *coloureds,* 'kleurlingen'. Andere voorbeelden zijn: *the reds,* 'de roden, de linksen', *17-year-olds,* 'zeventienjarigen', enz.

Modaal hulpwerkwoord (modal auxiliary)
Het Engels kent de volgende modale →hulpwerkwoorden:

	betekenis
can/could	→toelating →mogelijkheid →bekwaamheid
may/might	→toelating →mogelijkheid →verbod
must	→verplichting →verbod →onderstelling
shall	→gebod
will/ would	→wilsuiting →onderstelling
should	→verplichting →onderstelling
ought to	→verplichting →onderstelling
have to	→verplichting →onderstelling
need (to)	→verplichting
be to	→gebod →verbod

→hulpwerkwoord
→modaliteit

Modaliteit (modality)
1. Wij zullen eerst aan de hand van een eenvoudig voorbeeld duidelijk maken wat modaliteit is:
(1) *The President saves the Queen.*
(2) *God save the Queen!*
(3) *May God save the Queen!*
In (1) gaat het om een gewone mededeling; in (2) en (3) daarentegen wordt een bepaalde modaliteit uitgedrukt, namelijk een wens. 'Modaliteit' heeft betrekking op de verhouding tussen de spreker en de inhoud van wat hij zegt. Vaak is de modaliteit 'neutraal', zoals in (1). Daarnaast kan deze verhouding omvatten: →verplichting, →verbod, →mogelijkheid, →toelating, →onderstelling, →wilsuiting, enz.

2. In het Engels wordt modaliteit gewoonlijk door een →modaal hulpwerkwoord uitgedrukt, zoals in (3), of de →gebiedende wijs, zoals in:
(4) *Save the Queen!*
Ook de →aanvoegende wijs (2) heeft een modale functie.

3. Verder kan modaliteit nog op verscheidene andere manieren uitge-

drukt worden, zoals met de bijwoorden *possibly, hopefully, perhaps,* enz.; of ook met *It is possible ..., It is desirable ..., I want you to (go),* en dergelijke wendingen.
→aanvoegende wijs
→gebiedende wijs
→modaal hulpwerkwoord

Mogelijkheid (possibility)
1. Dat iets mogelijk is kan men uiteraard uitdrukken met bijwoorden zoals: *possibly,* 'misschien', 'mogelijk(erwijs)', *perhaps* 'misschien', *probably,* 'waarschijnlijk', enz.; verder ook met constructies als *to be possible* en *to be likely*:
(1) *He is likely to come this afternoon.*
(1) Hij komt waarschijnlijk vanmiddag.
'Mogelijkheid' wordt in het Engels ook heel dikwijls uitgedrukt door de →hulpwerkwoorden *can* en *may;* hieraan beantwoordt in het Nederlands alleen 'kunnen', maar meestal zal men een bijwoord gebruiken.
2. *Can* en *may* zijn in de regel niet verwisselbaar. Laten we gemakshalve uitgaan van een paar voorbeelden:
(2) *The dollar may be devalued next week.*
(3) *The dollar can be devalued.*
Voorbeeld (2) drukt een feitelijke of concrete mogelijkheid uit, terwijl in (3) de mogelijkheid louter theoretisch is. Dit betekenisverschil blijkt zeer goed uit de wijze waarop deze zinnen geparafraseerd kunnen worden: *The dollar will perhaps be devalued next week,* of *It is possible that the dollar will be devalued ...* (feitelijke mogelijkheid); tegenover: *The dollar is sometimes devalued,* of *It is possible for the dollar to be devalued* (theoretische mogelijkheid). Let vooral op de verschillende omschrijving met *possible.* In het eerste geval gebruikt het Nederlands gewoonlijk het bijwoord 'misschien', soms ook wel 'kunnen'; in het tweede geval is het hulpwerkwoord het juiste equivalent:
(2) De dollar wordt deze week misschien gedevalueerd. (De dollar kan ...)
(3) De dollar kan gedevalueerd worden. (Betekenis: dit is theoretisch mogelijk)
3. In ontkennende zinnen is er een ander belangrijk onderscheid tussen *may* en *can. May + not* (niet samentrekbaar tot *mayn't*) betekent: 'Het is mogelijk dat iets niet zal gebeuren'; het Nederlands gebruikt in dit geval 'misschien', nooit een hulpwerkwoord (4). *Cannot* of *can't* drukt een onmogelijkheid uit, al dan niet theoretisch (Ned. 'niet kunnen') (5).
(4) *The dollar may not be devalued next week.*
(4) Misschien wordt de dollar volgende week (toch) niet gedevalueerd.
(5) *The dollar can't be devalued (this week).*
(5) De dollar kan (deze week) niet gedevalueerd worden.
4. *Might* (Ned. 'zou kunnen') drukt een grotere onzekerheid uit dan *may,* maar dikwijls is er helemaal geen verschil in betekenis:
(6) *It might rain this afternoon.*
(6) Het zou vanmiddag (weleens) kunnen regenen.
Ook *could* kan zo gebruikt worden (zonder onderscheid tussen feitelijke en concrete mogelijkheid):
(7) *It could rain this afternoon.*
5. Een mogelijkheid in het verleden wordt weergegeven door *may (might) + have* + verleden deelwoord:
(8) *Sheila may have said this, but I don't know.*
(8) Misschien heeft Sheila dit gezegd (Het is mogelijk dat ...), maar ik weet het niet.
Wanneer het echter gaat om iets wat mogelijk was, maar niet plaatsvond, gebruiken we in het Nederlands 'had kunnen', in het Engels *might* of *could + have* + verleden deelwoord:
(9) *He might/could have been arrested when he was living in South Africa.*
(9) Hij had gearresteerd kunnen worden, toen hij (nog) in Zuid-Afrika woonde.
De constructie met *might have* kan ook een verwijtende betekenis inhouden:
(10) *You might have phoned me yesterday.*
(10) Je had me gisteren wel kunnen opbellen.
→modaal hulpwerkwoord
→onderstelling

Naamval (case)
1. Net als het in het Nederlands heeft het Engels →naamwoord slechts twee naamvallen: de →genitief *(father's, mother's, day's)* en de niet-gemarkeerde (→gemarkeerd) of gewone vorm: *father,* enz.
2. Het →persoonlijk voornaamwoord en *who* (→vragend woord en →betrekkelijk voornaamwoord) hebben drie naamvallen:
nominatief: *I, he, she, we, they; who*
accusatief: *me, him, her, us, them; whom*
genitief: *mine, his, hers, ours, theirs; whose*
Opm. You (2de pers. enk. en mv.) heeft geen accusatiefvorm, wel een genitief *yours;* ook onzijdig *it* heeft dezelfde vorm voor nominatief en accusatief (genitief *its* komt vrijwel niet voor als voornaamwoord, wel als →bezittelijke determinator: *its father*).
3. Voor het gebruik van de genitiefvorm van deze voornaamwoorden, →bezittelijk voornaamwoord en →betrekkelijk voornaamwoord, 4. Alleen willen wij er hier op wijzen dat *whose* als betrekkelijk voornaamwoord ook met niet-persoonlijke antecedenten gebruikt kan worden: *The book whose author ...* 'Het boek waarvan de schrijver ...'
4. *Nominatief en accusatief van het persoonlijk voornaamwoord*
In de standaardtaal wordt de nominatief gebruikt voor het onderwerp; de accusatief is de naamval van het lijdend voorwerp en meewerkend voorwerp, en de voorzetselconstituent. Daarnaast wordt de keuze tussen deze twee naamvallen bepaald door het soort Engels dat we willen spreken (schrijven), en ook door onze houding tegenover de traditionele (normatieve) grammatica. We kunnen drie gevallen onderscheiden:
(a) In de omgangstaal wordt de accusatiefvorm gebruikt als naamwoordelijk deel van het gezegde na *it's (was): It's me.* Een nominatief (*It is I,* enz.) is beperkt tot het vormelijk Engels en komt bij sommigen als pedant over. Ook in het zgn. 'identiteitsgezegde' is de accusatief de gebruikelijke vorm: *If I were her ...* 'Als ik haar was ...'
(b) In korte antwoorden zonder gezegde zijn *me, him,* enz. de meest natuurlijke vormen, zelfs al is het voornaamwoord volgens de strikte regels van de spraakkunst onderwerp van een verzwegen zin:
(1) *Who took my notes? – Me, sir!* (Ook: *I did*).
Een antwoord als: *I, sir!* klinkt zeer vormelijk.
(c) Na *as* en *than* moet men volgens de traditionele grammatica een vorm van het persoonlijk voornaamwoord gebruiken in overeenstemming met de functie van het voornaamwoord in de gereduceerde (bij) zin:
(2) *Her husband is a better teacher than she.*
(3) *He knows his wife better than her.* (i.e. *than he knows her*)
Maar in de omgangstaal bestaat er een sterke tendens om altijd de accusatief te gebruiken (*as* en *than* zijn dan eigenlijk →voorzetsels):
(4) *John likes Mary better than me.* (Of: *... than I do*)
Who wordt daarentegen vaak gebruikt waar we 'traditioneel' *whom* zouden verwachten:
(5) *Who did you meet yesterday?* (Vormelijker: *Whom ...*)
(6) *Who have you referred to in this book?* (Vormelijk: *To whom ...?*)
(7) *The author who you referred to ...* (Vormelijker: *... to whom ...*)

Naamwoord (noun)
Als woordklasse heeft het naamwoord de volgende morfo-syntactische kenmerken:
(a) een onderscheid tussen een enkelvouds- en een meervoudsvorm: *(one) house – (two) houses.*
(b) een onderscheid tussen een gemarkeerde (→genitief) en een niet-gemarkeerde vorm in het enkelvoud: *man's* en *man.*
(c) een drieledig genussysteem: mannelijk, vrouwelijk en onzijdig.
(d) naamwoorden kunnen met een →determinator (b.v. een lidwoord) geconstrueerd worden: *the/a/this* enz. *man.*
De belangrijkste functie van een naamwoord is de kern te vormen van een →nominale constituent; naamwoorden kunnen echter ook als bijvoeglijke bepaling gebruikt worden: *the arms race.*
→genitief
→meervoud van het naamwoord
→nominale constituent
→telbaar/niet-telbaar
→verzamelnaam

Nominale constituent (noun phrase)
Een nominale constituent heeft gewoonlijk een →naamwoord als kern. Deze kern kan door één of meer bijvoeglijke bepalingen (of adnominale elementen) omringd zijn: *all those pretty English/girls/with long hair.* Maar dit hoeft niet altijd zo te zijn:
(1) *Man is the polluter.*
Ook eigennamen komen gewoonlijk zonder een bijvoeglijke bepaling voor:
(2) *Yeats was an extravagant man.*
In de moderne grammatica worden ook de →voornaamwoorden als nominale constituenten beschouwd. Een nominale constituent fungeert in de zin als onderwerp, voorwerp, voorzetselconstituent, enz. Wanneer een bijzin de functie van een nominale constituent heeft, spreken we van een nominale bijzin.

Noodzakelijkheid (necessity)
→onderstelling
→verplichting en noodzakelijkheid

Onbepaalde determinator (indefinite determiner)
De meeste onbepaalde determinatoren kunnen ook als onbepaald →voornaamwoord gebruikt worden. Wij geven er de voorkeur aan de beide soorten van onbepaalde woorden samen te behandelen in één ingang (→onbepaald woord).

Onbepaalde wijs (infinitive)
De onbepaalde wijs (ook noemvorm of infinitief) is in het Engels niet-

gemarkeerd (→gemarkeerd): *work, eat,* enz. We maken een onderscheid tussen een infinitief met (1) en zonder (2) het partikel *to* (Nederlands 'te'):

(1) *She advised me to go away.*
(2) *We saw him creep across the road.*

Onbepaald woord (indefinite word)

'Onbepaalde woorden' bestaan uit twee subcategorieën: de onbepaalde →voornaamwoorden, en de →onbepaalde determinatoren.

1. Het voornaamwoord *all* beantwoordt aan het Nederlandse 'allemaal' (in de schrijftaal ook 'alle(n)' (1-2)) en 'alles'; het wordt vaak gebruikt met een of-phrase.

(1) *All (of them) agreed that Mary was wrong.*
(2) *I used to have four fountain-pens, but I've lost them all.*
(3) *She knows all about it.*

Als →predeterminator kan *all* gevolgd worden door het bepaald →lidwoord, een →bezittelijke determinator, of *this / that;* in deze gevallen vertaalt men het in het Nederlands gewoonlijk door 'al': *all the meat,* 'al het vlees', *all my books,* 'al mijn boeken', *all this rubbish,* 'al deze afval'; maar *all the men* 'alle mannen'. Wanneer *all* een zeer algemene betekenis heeft, dan komt het zonder een volgende determinator voor (Ned. 'alle'): *all theories,* 'alle theorieën', *all mammals,* 'alle zoogdieren'. Soms wordt *all* door 'heel' vertaald: *all day,* 'de hele dag', *all England,* 'heel Engeland'.

2. Semantisch staan *every* en de samenstellingen met *every-* dicht bij *all:* zij hebben ook steeds betrekking op meer dan twee, maar in tegenstelling met *all* verwijzen zij naar personen of zaken afzonderlijk genomen. *Every,* 'ieder, elk' kan alleen als determinator gebruikt worden: **every of us, *every of them,* e.d. komen dus nooit voor; maar wel *every student,* 'iedere (elke) student'. De voornaamwoorden zijn *everybody* en *everyone,* 'iedereen' *everything,* 'alles'. In het Nederlands kan men dus blijkbaar geen onderscheid maken dat aan het Engelse *all* en *everything* beantwoordt: *That's all / That's everything,* 'Dat is alles'. *Each,* 'ieder, elk' verschilt in menig opzicht van *every.* Het kan zowel determinator als voornaamwoord zijn: *each page* en *each of the pages;* het kan naar twee (maar ook naar meer) referenten verwijzen:

(4) *Sheila met her parents in High Street and kissed each of them.*
(5) *Sheila met some friends in High Street and kissed each of them.*

Naar twee wordt duidelijk verwezen in constituenten als: *each side of the road.* Bovendien legt *each* veel meer dan *every* de klemtoon op het feit dat men naar iemand of iets afzonderlijks verwijst, iets wat in het Nederlands niet expliciet uitgedrukt wordt; *every* daarentegen is eerder vergelijkbaar met *all* en *any* (zie 4.). Zo is er in het Engels duidelijk een verschil tussen *each page of the book,* 'iedere (elke) bladzijde van het boek (afzonderlijk)' en *every page of the book* 'iedere (elke) bladzijde van het boek'.

3. Zoals het Nederlandse 'beide(n)' en 'allebei' wordt *both* gebruikt om naar twee referenten te verwijzen; het betekent *the one as well as the other* (te vergelijken met *each* hierboven: *the one and the other taken separately*).

(6) *Britten and Bartok ... Both are outstanding representatives of modern music.*

Of nog: *the houses on both sides of the street,* 'de huizen aan beide kanten van de straat'.

In het Engels is het bijvoeglijk gebruikte *both* een →predeterminator; dit is ook zo voor 'allebei', maar niet voor 'beide': *both her parents,* 'haar beide ouders', 'allebei haar ouders', *both the windows,* 'de beide ramen', 'allebei de ramen'.

Either betekent meestal *one or the other of two,* 'een van beide(n)'. Soms betekent het ook *the one and the other,* 'beide(n)'.

(7) *Here are two books; you can have either of them.*
(7) Hier zijn twee boeken; je kunt een van beide hebben. (Of: je kunt beide hebben.)
(8) *You can follow either road.*
(8) Je kunt een van beide wegen (beide wegen) volgen.

In de tweede betekenis is het onderscheid tussen *either* en *both* of *each* eerder gering: *either (each) side of the street, both sides ... Neither* is de negatieve vorm van *either:* 'geen van beide(n): *neither of the authors* of *neither author,* 'geen van beide auteurs'.

4. Nauw verwant met *all* en *every-* zijn *any* en de samenstellingen *anybody, anyone* en *anything;* hun betekenis is parafraseerbaar als: *no matter which (who / what)* 'om het even wie / wat / welk(e)' of 'wie / wat / welk (e) dan ook'. Deze specifieke betekenis van de Engelse *any*-woorden komt in het Nederlands meestal niet goed uit de verf; zo zal men *any* gewoonlijk vertalen met 'ieder' of 'alle', *anybody* en *anyone* met 'iedereen', *anything* met 'alles'. Zie ook *some* in 5.

(9) *Any of them could have answered that question.*
(9) Ieder van hen (wie ook, om het even wie) had deze vraag kunnen beantwoorden.
(10) *Any food is better than none.*
(10) Alle voedsel (wat dan ook, om het even wat) is beter dan helemaal geen voedsel.
(11) *Anything may happen.*
(11) Alles kan gebeuren.

5. Gebruik en betekenis van het Engelse *some* zijn vrij ingewikkeld. *Some* is minder algemeen dan *any* in 4.; de betekenis is 'een zeker maar niet bepaald aantal', of niet-telbaar (→telbaar / niet-telbaar) 'een zekere hoeveelheid'. Als voornaamwoord stemt het overeen met het Nederlandse 'sommige(n)' (telbaar en meervoud) (12-13), of 'een deel van' (niet-telbaar) (14):

(12) *Some tend to believe he was a traitor.*
(13) *Some of the Italian tourists were badly hurt.*
(14) *Some of the money was lost.*

Als determinator heeft *some* de volgende betekenissen:

(**a**) Enkelvoud: 1) [sʌm]: 'de een of andere', 'een of ander' (15)
2) [səm⟨sterk⟩sʌm]: een zekere hoeveelheid, Ned. 'wat' of 'een beetje' (16); zie ook *a little* in sectie 8.

(15) *Some person told me ...*
(15) De ene of andere persoon (iemand) zei me ...
(16) *Give me some sugar, will you?*
(16) Geef me wat (een beetje) suiker.
(16a) *I've already got some* [sʌm].
(16a) Ik heb al.

(**b**) Meervoud: 1) [sʌm]: 'sommige' (17)
2) [səm⟨sterk⟩sʌm]: 'een paar', 'enige' of 'enkele', soms ook 'wat' (hoeveelheid) (18-19):

(17) *Some people believe in ghosts.*
(17) Sommige mensen geloven in geesten.
(18) *He had lived in America for some years.*
(18) Hij had een paar (enige) (enkele) jaren in Amerika gewoond.
(19) *Please have some (more) apples.*
(19) Neem (nog) wat appelen.
(19a) *I've already had some* [sʌm].
(19a) Ik heb er al een paar op.

Some [sʌm] kan in het Engels door een →telwoord gevolgd worden: *some twenty years ago,* 'ongeveer twintig jaar geleden' of 'een twintigtal jaren geleden'; in dergelijke constructies is *some* een bijwoord.

Some wordt zeer veel gebruikt in samenstellingen: *somebody,* 'iemand', *something,* 'iets', *someone,* 'iemand'.

In zinnen met een ontkennende betekenis (20-21), in vraagzinnen (22), en ook in voorwaardelijke bijzinnen (23), wordt meestal *any-* gebruikt i.p.v. *some-*:

(20) *I have not received any letters this morning.*
(21) *You'll hardly find any work that is better than Maugham's latest novel.*
(22) *Did anybody give you a lift from Paris to London?*
(23) *If anyone hits me, I'll hit back.*

Dit is echter geen absolute regel: wanneer de spreker een positief antwoord verwacht, dan wordt in een vraagzin *some-* gebruikt (24); dit is o.m. het geval in een beleefdheidsvraag of een verzoek (25). Ook in een voorwaardelijke bijzin kan *some-* voorkomen, wanneer de betekenis niet is 'iemand, wie dan ook', enz., maar 'een zekere persoon', 'iets' (26).

(24) *Did somebody give you a lift from London to Paris?*
(24) Ben je niet met iemand ...? (Ik geloof van wel)
(25) *Would you like to have some more wine?*
(26) *If someone hits me, I'll hit back.*

6. *Enough,* 'genoeg' of 'voldoende', kan met telbare en niet-telbare naamwoorden gebruikt worden, en is voornaamwoord of determinator. *Several,* ook voornaamwoord en determinator, betekent 'verscheidene' en wordt steeds met een telbaar naamwoord gebruikt:

(27) *I spoke to several of the refugees who had come back.*
(28) *Several refugees came back last week.*

7. *Much* en *many* duiden op een grote hoeveelheid of een groot aantal; zij kunnen zowel voornaamwoord (29, 31, 32) als determinator (30, 33) zijn. *Much* wordt gebruikt voor een niet-telbare referent (29, 30), en beantwoordt aan Ned. 'veel' of 'heel wat'; *many* gaat met telbare referenten in het meervoud (31-33); in het Ned. 'veel' of verbogen 'vele(n)', ook 'heel wat'. Dit belangrijk semantisch onderscheid tussen *much* en *many* kan men in het Nederlands niet weergeven, behalve dan misschien door het contrast 'veel' tegenover 'vele(n)'; maar zie b.v. (33).

(29) *Much of what he said was true.*
(30) *There isn't much food in the house.*
(31) *Many are called, but few are chosen.*
(32) *Thousands of demonstrators ... Many of them were shouting slogans against the government.*
(33) *Many demonstrators were shouting slogans against the government.*
(33) Veel (vele) (heel wat) betogers riepen slogans tegen de regering.

Many kan ook als →predeterminator gebruikt worden (voornamelijk in vormelijke taal): *many a year,* 'menig jaar' (noteer het naamwoord in het enk.); het kan ook door een andere determinator zoals *the, my, these,* enz., worden voorafgegaan: *the many books,* 'de vele boeken-'. *Many* kan door *great* versterkt worden in *a great many,* 'heel veel' of 'heel wat': *a great many demonstrators.*

Bij *much* en *many* horen de comparatief *more* en de superlatief *most* (→comparatie, 6.), die als voornaamwoord en als determinator gebruikt kunnen worden: *we want more,* 'wij willen (er) meer', *more food,* 'meer

eten', *most demonstrators,* 'de meeste betogers', *most of the demonstrators,* 'de meesten van de betogers'.
Het is van het grootste belang erop te wijzen dat *much* en *many* nagenoeg alleen voorkomen in ontkennende zinnen en in vraagzinnen. In een bevestigende zin zijn de gebruikelijke vormen de nominale kwantoren: *a lot of, plenty of* (beide telbaar en niet-telbaar), en *a great (good) deal of* (niet-telbaar); *lots of* is de geprefereerde vorm in de gewone omgangstaal, althans wanneer het om een telbare referentie in het meervoud gaat.
(34) *A lot of them were shouting slogans. (Lots of people were ...)*
(35) *She has plenty of time (a lot of, a great deal of).*
(36) *That 'll cost a great deal.*
Much en *many* kunnen wel als onderwerp (of in het onderwerp) van een bevestigende zin gebruikt worden; zie (29,31,33); of ook:
(37) *Many of us disagree.*
Na de bijwoorden *how, very, too* en *so* kunnen alleen *much* en *many* voorkomen: *how many?, how much?, very much, very many,* enz.
8. *Little* en *a little* worden gebruikt voor een niet-telbare referentie, *few* en *a few* voor telbare referenten in het meervoud; vgl. *much* en *many* hiervoor. Deze onbepaalde woorden zijn zowel voornaamwoord als determinator.
Little en *few* hebben een negatieve betekenis, die parafraseerbaar is als *not much,* Ned. 'weinig', en *not many,* Ned. 'weinig' of 'weinige(n)'.
(38) *I've got little to tell you.*
(39) *Many are called, but few are chosen.*
(40) *He has little money with him.*
(41) *Few people have survived the earthquake.*
A little, Ned. 'een beetje', 'wat', en vormelijk 'een weinig', en *a few,* Ned. 'enkele(n)', 'een paar', betekenen: *some (but not very much / many).*
(42) *Please give me a little, but not much.*
(43) *I've got a little milk for your cat.*
(44) *A few people have survived the earthquake.*
Opm. 1. Little kan ook als bijvoeglijk naamwoord gebruikt worden en betekent dan 'klein', maar is subjectief gekleurd: *my little boy* 'mijn kleine (lieve) jongen'; maar ook *the little finger* 'de pink'.
Opm. 2. De trappen van vergelijking van het onbepaald woord *little* zijn: *less* en *least,* en van *few: fewer, fewest* (→comparatie, 6.).
9. *No* is (naast *not any*) de negatieve determinator in het Engels, beantwoordend aan 'geen'; of met meer nadruk 'geen een' en 'geen enkel', wanneer de kern van de nominale constituent telbaar en enkelvoud is: *no wood,* 'geen hout', *no book,* 'geen (een, enkel) boek', *no books,* 'geen boeken'. Hiertegenover staat het voornaamwoord *none:* dit kan telbare (45-46) en niet-telbare referentie hebben (47), en het wordt zowel voor personen (45) als voor zaken gebruikt (46-47); in het Nederlands moeten we hier 'geen (een)', 'niemand' en 'niets' vermelden.
(45) *None (of her children) play(s) the piano.*
(46) *We have ordered lots of English books, but none has (have) arrived so far.*
(47) *You have a lot of money, but I have none.*
Verder komen nog de samenstellingen voor: *nobody* en *no one,* 'niemand', *nothing,* 'niets'. Voor *neither* zie sectie 3.
Naast deze *no*-vormen gebruikt het Engels vaak *not + any-* (sectie 5.) (behalve in de onderwerpsfunctie; zie (50)): *no = not any, none = not any, nobody = not anybody,* enz.
(48) *I have received no letters this morning / I haven't received any letters ...* (vgl. voorbeeld (20))
(49) *I've done nothing this morning / I haven't done anything.*
Maar alleen:
(50) *No man will believe what he has just said.*
Opm. In (korte) antwoorden komen alleen de *no*-vormen voor: *What have you done this morning? – Nothing.*
10. *One* heeft ten minste drie verschillende betekenissen in het Engels:
(a) *One = people in general,* Ned. 'men'
(51) *One would believe there is no crisis in Europe.*
Dit onbepaald voornaamwoord heeft als genitief *one's* (AE *his),* en als →wederkerend voornaamwoord *oneself* (AE *himself).* Dit gebruik van *one* is eerder beperkt tot de vormelijke taal; in de meer gewone taal zal men gewoonlijk *you, we* of *people* aantreffen. Vaak beantwoordt ons 'men' aan een passieve zin in het Engels.
(b) *One* (meerv. *ones)* wordt ook gebruikt in de plaats van een naamwoord en kan voorafgegaan worden door *the, this / these, that / those, each, every, any;* het onbepaald lidwoord *a(n)* kan alleen maar gebruikt worden indien er ook een bijvoeglijk naamwoord is: *a good one.*
(52) *I have got an American car, but my wife has got an English one.*
(53) *These books are from Russia, and the ones you see over there from Poland.*
(54) *Could you use this one?*
(c) *One* = 'één (een)'; in dit geval is *one* een telwoord.
(55) *One of the signatures was illegible.*
(56) *She is one of the richest women in the world.*
11. *Other* is zowel een onbepaalde determinator als een voornaamwoord (in deze laatste functie kan dit woord ook in het meervoud gebruikt worden): *your other hand,* 'je andere hand'; *one or other of us,* 'de een of ander', *(Where are) the others?* '(Waar zijn) de anderen'?
12. Ook *half* is zowel onbepaalde determinator als onbepaald voornaamwoord. Als onbepaalde determinator kan het staan na het lidwoord: *a half pint,* maar het kan ook als predeterminator fungeren: *half a pint.* Wanneer het voornaamwoord *half* als onderwerp fungeert, staat het werkwoord in het enkelvoud of meervoud, naar gelang van de betekenis.
(57) *That text? Half of it was illegible.*
(58) *The apples? Half of them were spoiled.*
(58) De appels? De helft ervan was / waren bedorven.
13. *Some-, any-* en *no-* worden niet alleen gebruikt om onbepaalde voornaamwoorden te vormen, men kan er ook 'onbepaalde' bijwoorden mee vormen: *somewhere,* 'ergens', *nowhere* en *not anywhere,* 'nergens'.
14. Sommige onbepaalde woorden kunnen als bijwoorden (meestal van graad) gebruikt worden:
a lot, a great deal, much: 'veel' + comparatief: *a lot easier.*
any: They didn't want to go any further.
none: My salary is none too high. (... volstrekt niet te hoog)
→**onbepaalde determinator**

Onderstelling (assumption)
1. In deze rubriek brengen we een paar betekenissen samen die we zouden kunnen omschrijven met: *I assume that ...*
Eerst zullen we het hebben over wat in sommige spraakkunsten met 'logical necessity' wordt aangeduid; hiervoor gebruikt het Engels gewoonlijk *must,* het Nederlands 'moeten', soms gecombineerd met het partikel 'wel'.
(1) *You must be hungry after such a long trip.*
(2) *Sheila must have missed the train.*
Op grond van bepaalde gegevens komt de spreker tot de conclusie, dat iets logischerwijs het geval is; vandaar de term 'logische noodzakelijkheid'. Deze betekenis wordt in het Engels soms ook weergegeven met *have (got) to:*
(3) *This war has (got) to stop some time.*
In de ontkennende vorm gebruiken we *need* of *have,* maar niet *must;* (Ned. 'hoeven'); ook →mogelijkheid 3.
(4) *There needn't (doesn't need to / doesn't have to / hasn't got to) be a motive for these riots.*
Minder categorisch dan *must* en *have (got) to* (→verplichting 4.) zijn *should* en *ought to:*
(5) *This is the place where the treasure should be.*
(6) *As the author is a well-known historian, his book should (ought to) be reliable.*
2. Uit het voorgaande blijkt dat *must, have to,* enz. inhouden dat de spreker op grond van een redenering tot een bepaalde conclusie komt: *Given this evidence there is no other conclusion possible.* Wanneer we nu zeggen:
(7) *The children will be very hungry after such a long trip.*
is de betekenis toch enigszins anders. *Will* ('zal / zullen') drukt hier uit dat we een onderstelling, eigenlijk een voorspelling, maken i.v.m. iets wat we niet zien.
We kunnen hier natuurlijk ook *must,* enz. gebruiken, maar dan met een (weliswaar gering) betekenisverschil.
→**mogelijkheid**

Onovergankelijk of intransitief werkwoord (intransitive verb)
1. Onovergankelijke werkwoorden zijn werkwoorden die zonder een lijdend voorwerp worden geconstrueerd zoals *play, belong,* enz. In het Engels kan een groot aantal werkwoorden zowel overgankelijk als onovergankelijk zijn; b.v. *fly, run, walk,* enz.
2. Werkwoorden die met een voorzetselvoorwerp voorkomen, worden in het woordenboek als onovergankelijk aangeduid: *look at, rely on,* enz.
→**overgankelijk werkwoord**

Onvoltooid tegenwoordige tijd (present tense)
De onvoltooid tegenwoordige tijd wordt gevormd door de →basisvorm van het werkwoord, behalve in de derde persoon enkelvoud, waar men een *s*-suffix gebruikt: *I, you, we, they work; he, she, it works* (→werkwoorden, 5.). De →duratieve vorm van deze tijd wordt gevormd met de tegenwoordige tijd van *be* en het tegenwoordig →deelwoord van het hoofdwerkwoord: *I am working,* enz.

Onvoltooid toekomende tijd (future tense)
1. De onvoltooid toekomende tijd wordt gevormd door de →hulpwerkwoorden *shall* en *will* en de →onbepaalde wijs van het →hoofdwerkwoord. Traditioneel gebruikt men in vormelijk BE *shall* [ʃ(ə)l] voor de eerste persoon enkelvoud en meervoud, en *will* [l, (w)əl] voor de andere personen, terwijl men in het AE steeds de *will*-vorm gebruikt. Onder invloed van het AE wordt in Engeland *shall* meer en meer vervangen door *will.*
In de gewone omgangstaal gebruikt men tegenwoordig voor alle personen de zwakke vorm [l], geschreven *'ll,* vooral wanneer het onderwerp een →persoonlijk voornaamwoord is: *I'll, you'll, he'll,* enz. Bij inversie

worden alleen de vormen [ʃəl ⟨sterk⟩ ʃæl] en [wəl ⟨sterk⟩ wɪl] gebruikt: *shall* [ʃəl] *I?* of *will* [wəl] *he?* Bij de ontkenning komen vaak de samengetrokken vormen *shan't* [ʃɑ:nt] en *won't* [woʊnt] voor.
2. De →duratieve vorm bestaat uit de onvoltooid toekomende tijd van *be* en het tegenwoordig →deelwoord van het hoofdwerkwoord: *I shall/will be working,* enz.

Onvoltooid verleden tijd (past tense)
Voor de vorming van de onvoltooid verleden tijd →werkwoord, 6. De →duratieve vorm van deze tijd bestaat uit de verleden tijd van *be* en het tegenwoordig →deelwoord van het hoofdwerkwoord: *I was working,* enz.

Overgankelijk of transitief werkwoord (transitive verb)
1. Een overgankelijk werkwoord is een werkwoord dat met een lijdend voorwerp wordt geconstrueerd: *She opened the door.* In het Engels kan een groot aantal werkwoorden zowel overgankelijk als onovergankelijk zijn, bijvoorbeeld: *run,* 'lopen' en *run,* 'beheren', of *walk,* 'wandelen' 'lopen', en *walk,* 'laten lopen', enz. in b.v. *walk the dog.*
2. Men maakt een onderscheid tussen monotransitieve werkwoorden, die alleen een lijdend voorwerp hebben, en ditransitieve werkwoorden, die ook een meewerkend voorwerp hebben: *They lent her some money.* Sommige werkwoorden noemen we pseudo-transitief: het lijdend voorwerp is semantisch vervat in het werkwoord: *dance a dance, dream a horrible dream, go one's way,* enz.
3. In het woordenboek worden werkwoorden met een specificerend complement als overgankelijk beschouwd: *This book costs 20 dollars.* Daarentegen worden werkwoorden die met een voorzetselvoorwerp worden geconstrueerd, zoals *look at* of *rely on,* als onovergankelijk gecodeerd.
→onovergankelijk werkwoord

Perfectieve vorm (perfect form)
De perfectieve vorm van de →verbale constituent wordt gevormd door het →hulpwerkwoord *have* ('hebben' of 'zijn') en het verleden →deelwoord van het hoofdwerkwoord: *(I) have worked,* enz. Een perfectieve vorm kan met een →duratieve vorm gecombineerd worden: *(I) have been working.* Een handeling of gebeurtenis in de perfectieve vorm kan met de tegenwoordige, toekomende of verleden tijd voorkomen.
→voltooid tegenwoordige tijd
→voltooid toekomende tijd
→voltooid verleden tijd

Persoonlijk voornaamwoord (personal pronoun)
Het Engels heeft de volgende persoonlijke voornaamwoorden:

persoon	*getal*	*genus*	*nominatief*	*accusatief*
1ste	enk.		*I* ik	*me* mij, me
	mv.		*we* wij	*us* ons
2de			*you* jij, je jullie u	*you* jou, je jullie u
3de	enk.	m.	*he* hij	*him* hem
		v.	*she* zij	*her* haar
		o.	*it* het	*it* het
	mv.		*they* zij ze	*them* hen hun, ze

In zeer archaïsche taal komt ook nominatief *thou* en accusatief *thee* voor in de tweede persoon, enkelvoud, en *ye* in de nominatief tweede persoon, meervoud.

Predeterminator (predeterminer)
Dit zijn →determinatoren die altijd helemaal vooraan in de →nominale constituent staan (en dus vóór de andere determinatoren zoals het lidwoord); vandaar ook hun benaming. Het Engels kent de volgende predeterminatoren: *all, both, half, many a, such* en *so, quite;* ook *what.* Enkele voorbeelden:
(1) *all the young women*
(2) *both (the) young women*
(3) *half the stolen plums*
(4) *many an interesting book*
(5) *such a (wise) man*
What (→betrekkelijk voornaamwoord, 9.,) wordt soms als predeterminator gebruikt in de betekenis *any ... that* (6) of *the ... that* (7):
(6) *Lend me what German books you have.*
(6) Leen me alle Duitse boeken die je hebt.
(7) *What few friends I have live in Italy.*
(7) De weinige vrienden die ik heb, wonen in Italië.
→determinator
→nominale constituent

Preteritum (preterite)
Dit is een vorm van het werkwoord om de →onvoltooid verleden tijd te vormen: *I worked.* Het preteritum kan ook in een modale betekenis (→modaliteit) gebruikt worden, b.v. in wenszinnen: *I wish I were a little older* 'Was ik maar wat ouder.'; in dit geval spreekt men van een modaalpreteritum.
→aanvoegende wijs
→werkwoord, 6.

Samengetrokken vorm (contracted form)
→zwakke en samengetrokken vorm

-self/-selves als nadrukwoord (self-emphasizer)
Woorden als *myself, yourself,* enz. zijn in de eerste plaats →wederkerende voornaamwoorden, maar daarnaast kunnen zij ook gebruikt worden om de identiteit te benadrukken van de referent(en) naar wie (waarnaar) de →nominale constituent verwijst (*self*-emphasizers); in het Nederlands gebruikt men hiervoor alleen 'zelf'.
Zo'n nadrukvorm wordt na de nominale constituent geplaatst:
(1) *Do we have to read the book itself?*
(2) *The old lady was able to speak to the president himself.*
Wanneer de nominale constituent onderwerp is, dan is het gebruikelijk *-self/-selves* naar het einde van de zin te verplaatsen; zie (3); een volgorde als in (4) is zeer emfatisch en eerder beperkt tot het geschreven Engels.
(3) *She wrote the report herself.*
(4) *She herself wrote the report.*
Opm. Soms komt *very* voor in dezelfde betekenis als *-self/-selves:*
(5) *The very language of the Church has become un-intelligible to many.*
→wederkerend voornaamwoord

Telbaar/niet-telbaar naamwoord (countable/uncountable noun)
Het onderscheid tussen telbare en niet-telbare naamwoorden berust op het feit dat sommige zaken die door een naamwoord worden aangeduid, telbaar zijn en andere niet. Of een naamwoord nu telbaar is of niet, kan men nagaan door er een →telwoord vóór te plaatsen; leidt dit tot een ongrammaticale constructie, dan heeft men met een niet-telbaar naamwoord te maken: *five books, three houses,* maar (niet-telbaar): **two advices,* of **ten furnitures.*
Evenals in het Nederlands kan een niet-telbaar naamwoord niet met een onbepaald →lidwoord voorkomen: *bread* maar **a bread, coal* maar **a coal.* Het semantisch onderscheid tussen telbare en niet-telbare naamwoorden weerspiegelt zich in het Engels ook in het gebruik van sommige →onbepaalde determinatoren: *many loaves,* 'veel broden', maar *much bread,* 'veel brood'.

Telwoord (number)
1. De Engelse hoofd- en rangtelwoorden:
- hoofdtelwoorden: 0 (nought/zero), 1 (one), 2 (two), 3 (three), enz.
- rangtelwoorden: 1rst (first), 2nd (second), 3rd (third), enz.
2. Wanneer we de telwoorden voluit in letters schrijven of ze uitspreken, dan plaatsen we *and* vóór het laatste element: 4,816 = *four thousand eight hundred and sixteen.* Bij getallen kleiner dan 100 schrijft men een verbindingsteken: *sixty-two, seventy-five,* niet **seventy and five* of **five and seventy.*
3. *Hundred, thousand* en *million* worden voorafgegaan door *one* of *a,* behalve indien er reeds een ander telwoord aan voorafgaat; dus *one/a hundred,* naast *two, three hundred,* enz.; *one/a thousand,* enz.; men vergelijke met het Nederlandse 'honderd', 'duizend', maar wel 'één miljoen'. Nog enkele voorbeelden: *a hundred undergraduates* (of *one* ...), *a (one) hundred and ten pages, one hundred and fifty coins.* In de gewone omgangstaal schijnt men *a* te verkiezen, hoewel *one* ook wel voorkomt; men gebruikt *one* vooral wanneer het om een exact getal gaat, b.v. in de wiskunde.
4. Traditioneel wordt de punt als decimaalteken gebruikt: 3.5 *(three point five);* en dient de komma om de duizendtallen aan te duiden. De *International Organization for Standardization* beveelt thans aan deze komma te vervangen door een kleine spatie, en dit komt ook vrij veel voor (100 000); maar in haar voorkeur voor een decimale komma i.p.v. een punt wordt zij in de Angelsaksische landen vrijwel niet gevolgd.
5. Alle rangtelwoorden, behalve *first, second* en *third,* zijn afgeleid van de overeenstemmende hoofdtelwoorden door middel van [θ], geschreven als *-th.* Wanneer het hoofdtelwoord eindigt op [i] wordt [ɪθ] toegevoegd, geschreven als *-eth,* terwijl *-y-* wordt vervangen door *-i-: twenty – twentieth,* enz. Bij samengestelde rangtelwoorden krijgt alleen het laatste element het kenmerk van het rangtelwoord: *twenty-fourth, hundred and fifth,* enz.
Let ook op de volgende onregelmatigheden: *five – fifth* [fɪfθ], *twelve –*

twelfth [twelfθ]; bij *nine* valt de-*e* weg: *ninth;* ten slotte *eight* en *eighth* [eɪtθ], met toevoeging in de spelling van *-h,* niet *-th.*

Tijdsaanduiding (time-when)

1. 'Tijd' kan aangeduid worden door:
(a) de tijden in de →verbale constituent:
(1) *We had a lot of fun in Greece.*
(b) bijwoorden en bijwoordelijke bepalingen van tijd (met of zonder voorzetsel):
(2) *We had a lot of fun yesterday/last week/during our stay in Berlin.*
(c) bijwoordelijke bijzinnen van tijd:
(3) *We went to the British Museum several times when we were in London.*
Voor de betekenis en het gebruik van de bijwoorden en voorzetsels gebruikt voor tijdsaanduidingen (*at, in, before,* enz.) raadplege men het woordenboek zelf. Eén punt willen we hier toch min of meer systematisch behandelen, namelijk betekenis en gebruik van *since, for* en *during.*
2. *Since* kan men best omschrijven als: 'vanaf een zeker ogenblik of een bepaalde periode in het verleden tot nu, of (eventueel) tot een ander ogenblik in het verleden'; een tijdsaanduiding met *since* legt er de nadruk op wanneer een handeling of toestand in het verleden begint. In het Nederlands beantwoordt hieraan: 'sedert', 'sinds', soms ook 'vanaf'; en net als 'sedert/sinds' kan *since* zowel voorzetsel (4-5) als voegwoord (6) zijn.
(4) *We have lived in Amsterdam since 1978.*
(4) Wij wonen sedert/sinds 1978 in Amsterdam.
(5) *There has not been a war in that country since the Middle Ages.*
(5) Dat land heeft sedert de middeleeuwen geen oorlog meer gekend.
(6) *She hasn't spoken Spanish since she left Peru in 1976.*
Opm. Since kan ook als bijwoord van tijd gebruikt worden: 'sindsdien' of 'sedertdien':
(7) *I have not met her since.*
3. In tegenstelling met *since* wordt *for* niet gebruikt om het begin van een handeling of toestand aan te duiden; het drukt 'tijdsduur-tot-nu (dan)' uit. In het Nederlands gebruiken we voor deze betekenis 'gedurende', of 'al ... lang'; maar ook weleens, en dit is de moeilijkheid voor ons, 'sedert/sinds'. *For* kan alleen als voorzetsel voorkomen, en net als de Nederlandse equivalenten is het in vele gevallen weglaatbaar.
(8) *We have lived here for two years.*
4. *During* wordt gebruikt om aan te duiden tijdens welke periode iets gebeurt of gebeurd is: Nederlands 'gedurende' of 'tijdens'. Het ietwat moeilijke onderscheid tussen *during* of *for* (beide 'gedurende' in het Nederlands) kan men bepalen door een vraag te stellen: *during* wordt gebruikt, wanneer men een vraag met *when?* kan stellen, *for* een vraag met *how long?*
(9) *My father was in hospital for three weeks during the summer.*
5. In een zin met *since* of *for* die op het 'nu' betrekking heeft, gebruikt het Engels de voltooid tegenwoordige tijd: het Nederlands echter de onvoltooid tegenwoordige tijd, soms ook wel de voltooid tegenwoordige tijd; zie vb. (4) en (5). Wanneer het gaat om een tijdsduur-in-het-verleden, wordt meestal de voltooid verleden tijd gebruikt (soms ook de onvoltooid verleden tijd);
(10) *We'd been waiting for two hours before the doctor was able to see us.*
Zie ook voorbeeldzin (9). Noteer echter het gebruik van de onvoltooid tegenwoordige tijd in de idiomatische constructie: *It's a long time since ...*
(11) *It's a long time (ten years) since we heard from Peter.*
(11) Het is lang (tien jaar) geleden, dat we van Peter gehoord hebben.
Opm. In een bijwoordelijke bijzin met *since* gebruiken we praktisch altijd de onvoltooid verleden tijd; zie voorbeeldzinnen (6) en (11).

Toelating (permission)

1. 'Toelating' kan in het Engels (en ook natuurlijk in het Nederlands) op diverse manieren uitgedrukt worden:
(1) *Are we allowed to use your bike today?*
(2) *Is it all right if we bring it back tomorrow?*
(3) *Are we permitted to use your Rover today?* (vormelijk)
We willen ook de aandacht vestigen op het frequent gebruik van het werkwoord *mind* + →gerund, of een bijzin met *if:*
(4) *Would you mind my opening this window? / ... if I open this window?*
(5) *No, I don't mind at all.*
2. Belangrijk in dit opzicht zijn vooral de →modale hulpwerkwoorden *can* en *may,* Nederlands 'mogen' of 'kunnen'. In de gewone omgangstaal is tegenwoordig *can* de meest natuurlijke vorm, terwijl *may* meestal alleen (nog) in vormelijk Engels voorkomt.
(6) *You can always use my electric shaver.*
(7) *Can I leave the table right now?*
(8) *May I borrow your toothbrush?* (vormelijk)
(9) *You may borrow three books a week, not more* (vormelijk, autoritaire ondertoon)
3. In de verleden tijd kan *could* gebruikt worden, naast *was/were allowed to,* enz.
(10) *I could use his phone als long as I was his secretary. (I was allowed to use ...)*
In de vragende vorm wordt *could,* minder vaak *might,* gebruikt voor een meer tactvol of beleefd verzoek:
(11) *Could (might) I borrow your toothbrush for a minute?*
4. 'Toelating' in de ontkennende vorm ('niet mogen') wordt onder →verbod behandeld.
→modaal hulpwerkwoord
→verbod

Trappen van vergelijking (degrees of comparison)
→comparatie

Uitbreidende bijzin (non-restrictive clause)
→beperkend – uitbreidend

Uitspraak

1. *De accenten* RP *en* GA
Het Engels is een taal die zich – evenals bijvoorbeeld het Nederlands – mag verheugen in een rijke regionale en sociale verscheidenheid. Meer dan op enig ander gebied – grammatica of woordenschat – komen deze verschillen tot uiting in de uitspraak. De talrijke uitspraakvarianten, of accenten, van het Engels verschillen dus niet alleen in regionale spreiding, maar ook in sociale status. Daarbij is het over het algemeen zo, dat een accent meer prestige geniet naarmate het minder specifiek regionale kenmerken bezit. De hoge status van een bepaald accent kan blijken uit het feit dat het veelvuldig op radio en televisie te horen is, door veel ontwikkelde sprekers gebruikt wordt en onderwezen wordt aan buitenlanders die Engels willen leren. Een dergelijk accent ontleent zijn hoge status overigens niet aan zijn soms ten onrechte veronderstelde taalkundige superioriteit, maar aan de toevallige, historisch bepaalde omstandigheden dat de streek waarmee zo'n accent geassocieerd kan worden op politiek, cultureel, sociaal en/of economisch gebied een vooraanstaande positie innam.
Het zijn ook overwegingen van deze aard, en geen taalkundige, die een rol hebben gespeeld bij de keuze van de twee accenten van het Engels die hier worden weergegeven. Deze accenten zijn:
1.1 *Een Brits accent:* RP. Dit is een afkorting van de term 'received pronunciation', waarin het woord 'received' wordt gebruikt in de betekenis 'algemeen aanvaard'. Het RP-accent is in oorsprong een accent uit het zuidoosten van Engeland, dat zich – aanvankelijk ten gevolge van de verspreiding door middel van de 'public schools', later vooral ook door het gebruik dat de BBC van dit accent ging maken – heeft ontwikkeld van een regionaal tot een supraregionaal accent, zodat het nu het standaardaccent van het Engels in Engeland genoemd kan worden. Het is echter ook vooral een sociaal accent, in die zin dat de sprekers van dit accent voornamelijk onder de hogere (midden-)klassen worden aangetroffen. Het RP-accent wordt ook wel aangeduid met termen als 'BBC English', 'The Queen's English' of 'Oxford English', zij het dat daarmee dan meestal niet uitsluitend op de uitspraak gedoeld wordt, maar tegelijkertijd ook op het vrijwel altijd in combinatie met RP gebezigde standaarddialect, *standard English.*
Het is overigens beslist niet zo dat alle standaardtaalsprekers in Engeland zich van het RP bedienen.
1.2 *Een Amerikaans accent:* GA. Dit is een afkorting van de term 'General American', die over het algemeen gebruikt wordt voor de uitspraak van die Amerikanen in wier accent geen duidelijke regionale, d.w.z. voornamelijk oostelijke of zuidelijke, kenmerken voorkomen. GA is dus niet zozeer één enkel, betrekkelijk eenvormig en duidelijk omschreven accent, als wel een verzameling van accenten die ondanks de uitgestrektheid van het gebied waarin ze worden gesproken, een vrij grote mate van overeenkomst vertonen. De positie van GA in de Verenigde Staten is dan ook geheel anders dan die van RP in Engeland, hetgeen ook tot uiting komt in het gegeven dat iemands uitspraak in de Verenigde Staten sociaal een veel minder belangrijke factor is dan in Engeland. Overigens geldt ook voor GA dat het vooral gesproken wordt door ontwikkelde sprekers die zich van het standaarddialect, standard English, bedienen. Deze combinatie wordt doorgaans aangeduid met de term 'Network English' vanwege het veelvuldig gebruik van deze variëteit door Amerikaanse omroepers en nieuwslezers.
Voor beide accenten geldt, dat ze – vooral door hun ruime toegankelijkheid – zowel voor alle Engelstaligen als voor hen die Engels als tweede taal gebruiken, goed verstaanbaar zijn.
2. *De transcriptie*
2.1 De uitspraak wordt genoteerd tussen vierkante haken [] in IPA (International Phonetic Alphabet)-symbolen. Voorzover mogelijk worden voor RP en GA dezelfde symbolen gebruikt. Dit betekent overigens niet dat in dergelijke gevallen de RP- en GA-klank volkomen identiek is. Voor een bespreking van de belangrijkste verschillen tusen RP, GA en het Nederlandse standaardaccent zie onder 4. Een dubbele verticale streep ‖ wordt gebruikt om de RP- en GA-transcriptie te scheiden.
2.2 In het Engels worden grote aantallen woorden ook door sprekers

van betrekkelijk uniforme accenten zoals RP op verschillende manieren uitgesproken. In zulke gevallen bestaan er dus verscheidene aanvaardbare varianten. Het is uiteraard niet mogelijk (of zelfs wenselijk) om in een algemeen woordenboek te streven naar descriptieve volledigheid op het punt van de uitspraak. Over het algemeen wordt daarom steeds de meest frequente uitspraak gegeven, en worden andere varianten alleen gegeven wanneer die even algemeen of bijna even algemeen in gebruik zijn.

2.3 Voor het onderscheid RP-GA geldt dat ook hier in principe maximaal twee varianten gegeven worden. Daarbij is het vaak zo dat de RP-variant ook voorkomt als minder frequente GA-variant, of de GA-variant als minder frequente RP-variant.
Dit wordt dan niet expliciet aangegeven. Zo kan
address [ə'dres||'ædres]
harass ['hærəs||hə'ræs]
betekenen dat de uitspraak [ə'dres] óók in GA gebruikelijk is en de uitspraak [hə'ræs] ook in RP voorkomt.

3. *De symbolen*

klinkers		*medeklinkers*			
		obstruenten		sonoranten	
	kort	explosieven		nasalen	
[ɪ]	als in pɪn	[p]	als in Pill	[m]	als in Pine
[e]	als in pEn	[b]	als in Bill	[n]	als in Nine
[æ]	als in pAn	[t]	als in Too	[ŋ]	als in siNG
[(ɒ)]	als in gone	[d]	als in Do		
[ʌ]	als in gUn	[k]	als in coal		lateraal
[ʊ]	als in pUll	[g]	als in Goal	[l]	als in Line
[ə]	als in AGO				
			fricatieven		approximanten
	lang	[f]	als in Few		
[i:]	als in SEA	[v]	als in view	[r]	als in Ray
[u:]	als in TOO	[θ]	als in THin	[j]	als in Yell
[ɑ:]	als in CALM	[ð]	als in THis	[w]	als in well
[ɔ:]	als in lAW	[s]	als in seal		
[(ɜ:)]	als in bɪRD	[z]	als in zeal		
		[ʃ]	als in fisH		
	diftongen	[ʒ]	als in measure		
[eɪ]	als in dAY	[h]	als in Half		
[aɪ]	als in bY				
[ɔɪ]	als in boY		affricaten		
[aʊ]	als in how	[tʃ]	als in CHin		
[oʊ]	als in home	[dʒ]	als in Gin		
[(ɪə)]	als in fEAR				
[(eə)]	als in fAIR				
[(ʊə)]	als in pOOR				

marginale klanken	*speciale symbolen*
[œ̃] ongeveer als in het Franse UN	[i] als in happY
[ɔ̃] ongeveer als in het Franse boN	[ɪ̣] als in pockEt
[ɛ̃] ongeveer als in het Franse VIN	[ṭ] als in maTTer
[ɑ̃] ongeveer als in het Franse blANC	[nṭ] als in wiNTer
[x] ongeveer als in Ned. daG, als in Schots loCH	

De tussen haakjes geplaatste klinkers komen niet voor in GA.

3.1 Een aantal symbolen en conventies verdient speciale aandacht:
|| Een dubbele verticale streep wordt gebruikt om de RP-transcriptie te scheiden van de GA-transcriptie in die gevallen waarin niet met één transcriptie kan worden volstaan. Hierbij kunnen identieke delen in de GA-transcriptie door een liggend streepje worden vervangen:
last [lɑ:st||læst]
job [dʒɒb||dʒɑb]
purpose ['pɜ:pəs||'pɜr-]
[:] Het lengteteken geeft aan dat de klinker relatief lang is.
Aangezien in GA ook de in RP typisch korte klinkers tamelijk lang wordt uitgesproken kan het lengteteken in GA-transcripties komen te vervallen, behalve in [i:] en [u:], die veel langer zijn dan hun Nederlandse equivalenten.
store [stɔ:||stɔr]
new [nju:||nu:]
Woorden waarvan de GA-transcriptie overigens hetzelfde zou zijn als die in RP krijgen slechts één transcriptie:
boring ['bɔ:rɪŋ]
jaw [dʒɔ:]
Hiervoor leze men dus
['bɔ:rɪŋ||'bɔrɪŋ] [dʒɔ:||dʒɔ]
[ɔ] Een steeds toenemend aantal (jonge) Amerikanen gebruikt [ɑ] in alle woorden waarin traditioneel [ɔ] voorkomt, behalve voor [r]. In hun uitspraak is *talk* dus [tɑk] en *jaw* [dʒɑ], en er is geen verschil tussen bijv. *sod* en *sawed:* [sɑd]; *horse* blijft echter [hɔrs]. De uitspraak met [ɑ] wordt niet expliciet aangegeven, maar is uiteraard af te leiden uit de aanwezigheid van het symbool [ɔ].
[(ɒ)] Woorden met RP [ɒ], hebben in GA [ɑ], zoals *on* [ɒn||ɑn] of [ɔ], zoals *off* [ɒf||ɔf].
[(ɜ:)] Woorden met RP [ɜ:] hebben in GA [ɜr], zoals *bird* [bɜ:d||bɜrd]. GA [ɜr] is overigens één klank, evenals [ər], die in onbeklemtoonde lettergrepen wordt getranscribeerd.
[(ɪə, eə, ʊə)]. Deze diftongen (tweeklanken) komen niet voor in GA:
fear [fɪə||fɪr]
fair [feə||fer]
poor [pʊə||pʊr]
Dit betekent dat er in gevallen als GA *merry, Mary* geen verschil in uitspraak is. Ze worden dus beide ['meri] getranscribeerd.
[oʊ] De GA-realisatie van deze klank ligt tamelijk dichtbij de standaard-Nederlandse [o:] in *loom.* In RP is het eerste element meestal niet gerond, maar een ongeronde [ə], en wordt de klinker dus [əʊ] uitgesproken.

3.2 *Marginale klanken*
Deze komen over het algemeen alleen in (recente) leenwoorden voor, zoals *embonpoint.*

3.3 *Speciale symbolen*
[i] komt voor in onbeklemtoonde lettergrepen, zoals in *happy* ['hæpi], *react* [ri'ækt]. RP-sprekers hebben hier vaak [ɪ], GA-sprekers meestal [i:]. In beide accenten komt echter ook vaak een gereduceerde variant van de [i:] voor, die aan het woordeinde vaak als tweeklank wordt gerealiseerd.
[ɪ̣] komt eveneens voor in onbeklemtoonde lettergrepen, zoals in *packet* ['pækɪ̣t], *represent* ['reprɪ̣'zent], maar nooit aan het woordeinde. RP-sprekers hebben hier [ɪ] of, in toenemende mate, [ə]; GA-sprekers meestal [ə].
[ṭ] komt voor in GA na klinkers mits gevolgd door een onbeklemtoonde klinker of syllabische [l]; zoals in *meeting, kettle* ['mi:ṭɪŋ, 'keṭl]. In deze context wordt de [t] veelal stemhebbend uitgesproken en lijkt daardoor op een in deze positie eveneens zwak gearticuleerde [d]. Er is dan ook doorgaans geen verschil te horen tussen GA *atom* ['æṭəm] en *Adam* ['ædəm], *latter* ['læṭər] en *ladder* ['lædər]. Het hier beschreven verschijnsel van 't-flapping' is overigens variabel en komt in meer formele spreekstijlen minder vaak voor. Ook in RP wordt [t] in deze context, wellicht onder invloed van GA, in toenemende mate stemhebbend gerealiseerd.
[nṭ] komt voor in GA in dezelfde context als [ṭ], bijv. in *winter, mental* ['wɪnṭər, 'menṭl]. De [t] wordt ook hier stemhebbend, en zwak gearticuleerd, waardoor het vaak lijkt alsof de klank helemaal wordt weggelaten. In feite wordt [nṭ] vaak geassimileerd tot één enkele nasale 'flap'. Er is dan ook vaak geen verschil te horen tussen GA *winter* ['wɪnṭər] en *winner* ['wɪnər]. Evenals 't-flapping' is de co-articulatie van [nṭ] variabel en vooral gebruikelijk in de meer formele spreekstijlen. In RP komt het verschijnsel niet voor.
Opm. De vier speciale symbolen moeten dus steeds op twee verschillende manieren worden geïnterpreteerd: er wordt ook maar één transcriptie gegeven wanneer er voor het overige geen verschillen zijn. Voor de transcripties
meeting ['mi:ṭɪŋ]
racket ['rækɪ̣t]
leze men daarom:
['mi:tɪŋ||'mi:ṭɪŋ]
['rækɪt||'rækət]
[-] Het liggende streepje wordt gebruikt om delen aan te geven die identiek zijn in de onmiddellijk voorafgaande transcriptie, bijv.:
binnen één artikel:
basis ['beɪsɪs] ... *bases* [-si:z];
hiervoor leze men dus ['beɪsi:z]
biographic ['baɪə'græfɪk] ... *biographical* [-ɪkl];
hiervoor leze men dus ['baɪə'græfɪkl]
in reeks artikelen:
orthodox ['ɔ:θədɒks||'ɔrθədɑks]
orthopaedist [-'pi:dɪst];
hiervoor leze men dus ['ɔ:θə'pi:dɪst||'ɔrθə'pi:dɪst]
[·] geeft aan dat de klanken aan weerszijden van het symbool tot verschillende lettergrepen behoren; wordt alleen gebruikt indien zulks anders niet duidelijk zou zijn. Zo betekent de notatie
cottony ['kɒtn·i||'kɑ-]
dat het woord uit drie lettergrepen bestaat: [kɒt], [n] en [i] en niet uit twee [kɒt], [ni].
[()] Ronde haken rond een symbool geven aan dat de betreffende klank in de normale conversatiestijl (vaak) wordt weggelaten. Voorbeelden:
[(t)] in *postman* ['poʊs(t)mən]
[(d)] in *landscape* ['læn(d)skeɪp]
[(ə)] in *memory* ['mem(ə)ri]
In het geval van [(j)] en [(h)] is de betekenis van de ronde haken anders:
[(j)] wordt gebruikt in RP transcripties wanneer de variant met [j] naast die zonder [j] nog vrij algemeen is, bijv.:
pursue [pə's(j)u:||pər'su:]
[(h)] komt voor in GA vóór [ju:] om aan te geven dat bijvoorbeeld *huge* zowel [hju:dʒ] als [ju:dʒ] wordt uitgesproken:
huge [hju:dʒ||(h)ju:dʒ]

waarbij in het eerste geval de combinatie [hj], net als in RP, gerealiseerd wordt als de Duitse *Ich*-klank.

3.4 *Woordaccent*

Alle meerlettergrepige woorden hebben in de transcriptie een accentteken. Wanneer een woord meer dan één beklemtoonbare lettergreep heeft, krijgt het een tweede accentteken (zie ook bij accentverschuiving), bijv.:

characteristic [ˈkærəktəˈrɪstɪk]

Samengestelde woorden worden niet getranscribeerd wanneer hun uitspraak identiek is aan die van de samenstellende delen; wel wordt het woordaccent aangegeven. Bijv.:

'town 'hall 'townhouse

'lay-out (z.nw.) *'lay 'out* (ww.)

3.5 *Accentverschuiving*

Veel meer dan in het Nederlands wordt het accentpatroon van een woord in het Engels bepaald door de context. Voor alle woorden die met twee accenttekens zijn gemarkeerd geldt, dat het woordaccent op de laatste beklemtoonbare lettergreep valt, wanneer het woord afzonderlijk wordt uitgesproken of wanneer het zinsaccent erin valt. Wordt het woord echter onmiddellijk gevolgd door een ander beklemtoond woord, dan verschuift het woordaccent in principe naar de eerste beklemtoonbare lettergreep. De notatie *campaign* [ˈkæmˈpeɪn] geeft dus aan dat in een context als *It was a good campaign* het woordaccent op de tweede lettergreep ligt, maar in een context als *a campaign issue* op de eerste [ə ˈkæmpeɪn ˈɪʃuː]. Terwijl in het Nederlands dergelijke accentverschuivingen meestal beperkt blijven tot samengestelde woorden als *eersteklas*, is deze regel in het Engels over het algemeen van toepassing op alle uit meer dan één beklemtoonbare lettergreep bestaande woorden. Bijvoorbeeld:

'week'end ~ a 'weekend re'turn

'fif'teen ~ 'fifteen 'women

as'soci'ation ~ As'sociation 'Football

'intro'duce ~ 'introduce 'Peter

'al'ready ~ he's 'already 'done it

'inter'national ~ an 'international 'athlete

'i'deal ~ an 'ideal oppor'tunity

'look 'up ~ 'look up the 'words

'abso'lutely ~ 'absolutely im'possible

'alto'gether ~ 'altogether 'different

3.6 *Sterke en zwakke vormen*

(**a**) Evenals in het Nederlands bestaat er in het Engels een kleine groep zeer frequente woorden, de zogenaamde grammaticale woorden of functiewoorden, die naast een *sterke vorm* één of meer *zwakke vormen* hebben. In de transcripties komen zwakke vormen, die het meest frequent zijn, altijd vóór de sterke vormen, welke laatste woorden voorafgegaan door ⟨sterk⟩. Bijv.:

can [kən ⟨sterk⟩ kæn]

at [ət ⟨sterk⟩ æt]

than [ðən ⟨sterk⟩ ðæn]

De sterke vorm wordt alleen gebruikt wanneer het woord beklemtoond is, of, bij een hulpwerkwoord als *can,* wanneer het zelfstandig werkwoord is weggelaten. Voorzetsels zijn ook sterk wanneer ze niet gevolgd worden door hun complement, bijv.:

Tommy can [kən] *swim but I'm not sure his sister can* [kæn]

Look at [ət] *Barbara! What is she looking at* [æt]?

Sterke vormen worden doorgaans ook gebruikt in meer formele stijlen. Niet-Engelstaligen gebruiken vaak in het Engels sterke vormen waar de moedertaalspreker zwakke zou gebruiken.

(**b**) Lijst van de voornaamste woorden met sterke/zwakke vormen (voor de uitspraak zie het woordenboek):

a, am, an, and, are, as, at, be, been, because, but, can, could, do, does, for, from, going to, had, has, have, he, her, him, his, is, must, my, not, of, shall, should, some, than, that, the, their, them, there, till, to, until, us, was, we, were, what, when, where, which, while, who, why, will, would, you, your.

3.7 *De verbindings-r*

Anders dan in GA, komt in RP de klank [r] alleen dan voor wanneer die onmiddellijk gevolgd wordt door een klinker. Een woord als *far* wordt dus [fɑː] uitgesproken, wanneer het gevolgd wordt door stilte of door een medeklinker. Volgt er echter een klinker dan wordt er meestal wel een [r] uitgesproken, bijv. *far away* [ˈfɑːr əˈweɪ]. Deze verbindings-r ('linking r') wordt in de transcriptie niet aangegeven. In de lopende spraak wordt ook veelvuldig een [r] ingevoegd na klinkers als [ə, ɑː, ɔː], ofschoon de spelling geen [r] heeft, zoals in *the idea* [r] *is ..., papa* [r] *is ..., law* [r] *and order.* Dit verdient, met uitzondering van het eerste voorbeeld, over het algemeen geen navolging.

Verbale constituent (verb phrase)

Alleen de onvoltooid tegenwoordige en de →onvoltooid verleden tijd (niet-progressieve vorm) bestaan uit één enkele vorm: de persoonsvorm, b.v. *(I) call* en *(I) called.* Alle andere verbale constituenten bestaan uit *omschreven vormen:* één of meer →hulpwerkwoorden en een →hoofdwerkwoord, b.v. *(I) have called* of *(I) have been called;* het eerste hulpwerkwoord is steeds de persoonsvorm.

Verbod (prohibition)

1. Naast de →gebiedende wijs in de ontkennende vorm: *Don't go away right now,* beschikt het Engels over een groot aantal →hulpwerkwoorden om een verbod uit te drukken, met name: *must + not* (meestal samengetrokken tot *mustn't*), *can + not,* samengetrokken vorm *can't* en *may + not* (geen samengetrokken vorm); Nederlands 'niet mogen', soms ook 'niet moeten'.

(1) *You mustn't smoke during my classes.*

(2) *You can't smoke here.*

(3) *You may not leave the classroom before 4 o'clock.*

Theoretisch is er een onderscheid tussen (1) en (2-3): het eerste voorbeeld wijst op een 'verplichting iets niet te doen', of een verbod, en kan omschreven worden als: *I oblige you not to ...;* de laatste twee voorbeelden betekenen zoveel als: *You are not permitted to ...*, d.i. een 'weigering om iets toe te laten'. In de praktijk drukt *mustn't* een sterker verbod uit dan *can't* en *may not.* Bovendien dient erop gewezen te worden dat *may not* in het hedendaags taalgebruik zeer vormelijk klinkt (3).

Opm. Mustn't heeft nooit de betekenis van 'niet hoeven'; →verplichting.

2. Net als voor een →verplichting worden *should* en *ought to* dikwijls gebruikt als mildere verbodsvormen (b.v. een goede raad om iets te laten of niet te doen):

(4) *You shouldn't smoke/oughtn't to smoke so much.*

(5) *He should not have said that.* (met betrekking tot het verleden)

Deze betekenis kunnen we ook met *had better not* weergeven:

(6) *You'd better not say that.*

3. Ten slotte moeten we nog de aandacht vestigen op het (toch eerder zeldzaam) gebruik van het hulpwerkwoord *be + to*-infinitief (→gebod, 2.):

(7) *My husband isn't to smoke in the drawing-room.*

En in de verleden tijd:

(8) *Diana wasn't to see her friend before his release.*

→gebod

→modaal hulpwerkwoord

→toelating

→verplichting

Verkleinwoord (diminutive)

1. Om 'kleinheid' weer te geven gebruikt het Engels meestal het bijvoeglijk naamwoord *small: a small street, garden,* enz., 'een (klein) straatje, tuintje', enz. Soms wordt *little* gebruikt, maar dan met een affectieve betekenis: *a pretty little house,* 'een aardig huisje', enz. Daarnaast maakt het Engels ook gebruik van verkleiningsuitgangen (of diminutiefsuffixen), zoals *-let* (zie 2. hieronder) om verkleinwoorden te vormen. In vergelijking met het zeer frequent voorkomen van woorden met *-je* (ook *-tje, -pje* en *-etje)* in het Nederlands is dit gebruik van verkleinwoorden in het Engels eerder ongewoon; vergelijk b.v. de Nederlandse naamwoorden hierboven met hun Engels equivalent. Typisch voor het Nederlands is ook, dat het suffix (met *-s)* aan een bijwoord gehecht kan worden, wat in het Engels totaal onmogelijk is: 'Zij schreef netjes ...' (*She was writing/ wrote neatly ...*).

2. De verkleiningsuitgangen in het Engels zijn:

(**a**) *-let,* bij namen die een zaak aanduiden: *a booklet,* 'een boekje', *a leaflet,* 'een blaadje', 'een brochure';

(**b**) *-ette,* ook bij zaaknamen, voornamelijk in recente vormen: *a kitchenette,* 'een keukentje' (in een moderne flat), *a maison(n)ette,* 'een huisje' (vooral in een nieuwe woonwijk), 'deel van een grotere woning met eigen ingang';

(**c**) *-ling* wordt gehecht aan namen van jonge dieren (soms ook bomen): *a duckling,* 'een jonge eend' of 'een eendje', *a catling,* 'een katje'; *a sapling,* 'een jonge boom', 'een boompje';

(**d**) *-ie/y* wordt gebruikt om troetelnamen (of naampjes) af te leiden van eigennamen of soortnamen: *Charlie, Kitty* (van Catherine), *Johnny,* enz.; *a doggie (doggy),* 'een hondje', *a piggy (piggie),* 'een varkentje', enz.

Verplichting en noodzakelijkheid (obligation and necessity)

1. In deze ingang gaat het voornamelijk om het begrip 'verplichting', maar de meeste voorbeelden die we aanhalen, kunnen in een bepaalde context ook omschreven worden met: *It is necessary ...* Omwille van de overlapping tussen 'verplichting' en 'noodzakelijkheid' (en de werkwoorden die men ervoor gebruikt) hebben we er de voorkeur aan gegeven deze twee begrippen samen te behandelen.

2. 'Verplichting' en 'noodzakelijkheid' worden meestal uitgedrukt door de →hulpwerkwoorden must en *have to/have got to,* in het Nederlands 'moeten', in bepaalde gevallen 'hoeven'.

(1) *He must be here on Saturdays before 9 a.m.*

(1) Hij moet hier op zaterdag vóór 9 's morgens zijn.

(2) *You've got (You have) to see your dentist today.*

(2) Je moet vandaag naar je tandarts.

Voor sommige Engelse taalgebruikers is er een onderscheid tussen deze twee hulpwerkwoorden: *must* drukt eerder een verplichting uit door de spreker opgelegd, terwijl *have (got) to* een algemene verplichting of

noodzakelijkheid inhoudt. Zo kan *You must sign the letter* omschreven worden met: *I want you to sign it/I insist on ...* Dezelfde zin met *have (got) to* zou als context kunnen hebben: *It is necessary ... otherwise the letter is not valid.* Let ook op de vragende vorm:
(3) *Must I come next Sunday?*
(4) *Have I got (Do I have) to come next Sunday?*
Voorbeeldzin (3) klinkt 'persoonlijker' dan (4). Maar over het algemeen zijn deze twee hulpwerkwoorden verwisselbaar. *Must* is echter een defectief werkwoord (→werkwoord, 3.), en kan alleen gebruikt worden voor een onmiddellijke of toekomstige verplichting. *Have* daarentegen kan in alle tijden voorkomen: *had to, will have to, has had to,* en ook in de onbepaalde wijs en de *ing*-vorm. In de gewone omgangstaal wordt in de tegenwoordige tijd bijna altijd *have got to* gebruikt i.p.v. *have to* (2); in de andere tijden, de onbepaalde wijs en de *ing*-vorm kan men alleen *have* gebruiken: *We had to hurry/we shall have to hurry/having to hurry ...*
3. Naast *must* en *have to/have got to* gebruikt men in het Engels soms ook *need to;* meestal beantwoordt in het Nederlands hieraan een betekenis als 'dienen te' of 'noodzakelijk moeten':
(5) *The letter needs to be written carefully.*
Dit hulpwerkwoord komt vooral in de vragende en de ontkennende vorm voor, met of zonder do-support; →do-operator (Ned. vaak 'hoeven'):
(6) *Need you (must you) work so hard?*
(7) *Do you need to work so hard on Sundays?*
Voor voorbeelden van ontkennend *need (to)* verwijzen we naar sectie 5.
4. *Should* en het minder gebruikelijke *ought to* betekenen 'eigenlijk moeten' of 'behoren te':
(8) *Charles should be ashamed of himself. (He ought to ...)*
Zij zijn minder dwingend dan *must* of *have (got) to* en worden daarom vaak gebruikt om een goede raad of een aanbeveling uit te drukken (Ned. 'moest, zou moeten'):
(9) *You should buy new shoes. (You ought to ...)*
Wanneer het gaat om een niet-vervulde verplichting, gebruiken we *should* (of *ought to*) + *have* + hoofdwerkwoord (Ned. 'had moeten'):
(10) *You should have come earlier.*
5. Om uit te drukken dat iets niet verplicht of noodzakelijk is (Ned. 'niet hoeven te') beschikt het Engels over een hele reeks constructies. Deze worden door de 'native speaker' weleens met verschillende nuances gebruikt, maar hierop kunnen we hier niet ingaan. De Engelse hulpwerkwoorden die aan 'niet hoeven te' beantwoorden zijn: *don't have to/haven't got to, don't need to/needn't;* echter niet *mustn't,* dat een →verbod inhoudt.
(11) *We haven't got (don't need,* enz. *)to answer all the questions.*
Let ook op het onderscheid tussen:
(12) *We didn't need to answer all the questions.*
(12) We hoefden niet alle vragen te beantwoorden.
(13) *We needn't have answered all the questions.*
(13) We hadden niet alle vragen hoeven te beantwoorden.
→*do*-operator
→gebod
→modaal hulpwerkwoord
→verbod

Verzamelnaam (collective noun)
1. Dit zijn naamwoorden, zoals *family, government, committee, audience, public, party, majority* enz. die een groep of verzameling aanduiden. Kenmerkend voor deze naamwoorden is dat zij in het BE met een werkwoord in het meervoud kunnen voorkomen, wanneer de taalgebruiker naar de referenten afzonderlijk wil verwijzen, eerder dan naar de groep: *The British Government have decided ...* 'de Britse regering' (d.i. de regeringsleden) heeft besloten ... Deze verzamelnamen zijn →telbaar en kunnen zoals de meeste andere naamwoorden in het meervoud gebruikt worden: *the Governments of the EEC countries, five families,* enz.
2. Daartegenover staat een kleine groep verzamelnamen die, althans in het BE, steeds met een werkwoord in het meervoud voorkomen; deze naamwoorden zijn meestal niet telbaar en hebben geen meervoudsvorm: *people, folk, police, clergy, youth, cattle, vermin,* en nog enkele andere.
→meervoud van het naamwoord, 4.5.

Voegwoord (conjunction)
Men maakt een onderscheid tussen nevenschikkende en onderschikkende voegwoorden. Nevenschikkende voegwoorden verbinden gelijkwaardige zinnen (1), constituenten (2), of zelfs woorden (3).
(1) *Sheila doesn't eat very much but looks very healthy.*
(2) *Joan and her son played the guitar at the Robinsons'.*
(3) *People young and old attended the jazz festival.*
Onderschikkende voegwoorden leiden een bijzin in:
(4) *Though Sheila doesn't eat very much she looks healthy.*
(5) *As he had overslept he was late for work.*

Voltooid tegenwoordige tijd (present perfect tense)
De voltooid tegenwoordige tijd wordt in het Engels gevormd door een vorm van *have* (Ned. 'hebben' of 'zijn') en het verleden →deelwoord van het →hoofdwerkwoord: *I have worked,* enz. De →duratieve vorm bestaat uit de voltooid tegenwoordige tijd van *be* en het tegenwoordig →deelwoord van het hoofdwerkwoord: *I have been working,* enz.
→perfectieve vorm

Voltooid toekomende tijd (future perfect tense)
Deze tijd wordt gevormd door de onvoltooid toekomende tijd van *have* en het verleden →deelwoord van het →hoofdwerkwoord: *I shall* of *will have worked,* enz. De →duratieve vorm bestaat uit de voltooid toekomende tijd van *be* en het tegenwoordig →deelwoord van het hoofdwerkwoord: *I shall* of *will have been working,* enz. Voor het gebruik van *shall, will* en *'ll* →onvoltooid toekomende tijd.
→perfectieve vorm

Voltooid verleden tijd (past perfect of pluperfect tense)
De voltooid verleden tijd wordt in het Engels gevormd door het →preteritum van *have: had* en het verleden →deelwoord van het →hoofdwerkwoord: *I had worked,* enz. De →duratieve vorm bestaat uit de voltooid verleden tijd van *be* en het tegenwoordig →deelwoord van het hoofdwerkwoord: *I had been working,* enz.
→perfectieve vorm

Voornaamwoord (pronoun)
1. Voornaamwoorden vormen een gesloten klasse van woorden die gebruikt kunnen worden als een →naamwoord (d.i. als onderwerp, voorwerp, enz.). Aangezien zij echter bijna nooit met een bijvoeglijk element voorkomen, is het juister te zeggen dat zij op zichzelf als →nominale constituent fungeren:
The old lady *gave me a precious ring.*
She *gave me a precious ring.*
2. Het Engels heeft de volgende voornaamwoorden:
(a) →persoonlijke voornaamwoorden
(b) bezittelijke voornaamwoorden (→determinatoren)
(c) aanwijzende voornaamwoorden (→determinatoren)
(d) onbepaalde voornaamwoorden (→determinatoren)
(e) vragende voornaamwoorden (→determinatoren)
(f) numerieke voornaamwoorden (→telwoorden)
(g) →betrekkelijke voornaamwoorden
(h) →wederkerende voornaamwoorden
(i) →wederkerige voornaamwoorden

Voornaamwoordelijk bijwoord (pronominal adverb)
Een voornaamwoordelijk bijwoord bestaat uit een combinatie van een van de bijwoorden 'er', 'daar', 'waar', 'hier', enz., en een ander bijwoord zoals 'op', 'in', 'door', 'mee': 'waarmee', 'hierin', 'daarover', enz. Deze elementen zijn in het Nederlands splitsbaar: 'De pen waar hij mee schreef ...' In het Nederlands vormen deze voornaamwoordelijke bijwoorden een zeer frequente klasse; zij kunnen fungeren als persoonlijke, aanwijzende, vragende en betrekkelijke voornaamwoorden.
Het Engels kent vragende en betrekkelijke voornaamwoordelijke bijwoorden: *whereby, wherein,* enz.; maar in tegenstelling tot het Nederlands behoren zij alle tot een min of meer archaïsch taalgebruik. Ook aanwijzende en persoonlijke voornaamwoordelijke bijwoorden komen in het Engels zeer weinig voor; de gebruikelijke constructie is een voorzetsel + aanwijzend/persoonlijk voornaamwoord: 'daarna' = *after this,* 'hiermee' = *with this,* 'erover' = *about it,* enz.
De bijwoorden *herewith/hereby* komen wel eens voor in (vormelijke) briefstijl: *We hereby inform you that ...*

Voorwaarde (condition)
1. 'Voorwaarde' wordt uitgedrukt door een bijwoordelijke bijzin van voorwaarde. Zo'n zin wordt ingeleid door voegwoorden als: *if,* 'zo', 'als', 'indien', 'wanneer'; *when,* 'wanneer', voor een meer algemene voorwaarde zoals in voorbeeldzin (5); *unless,* Ned. 'tenzij'; verder ook *provided/providing (that),* 'mits', enz.
2. Op semantische gronden kunnen we drie types van voorwaarde onderscheiden.
(I) *De open of neutrale voorwaarde:* in de bijzin wordt de onvoltooid tegenwoordige tijd (eventueel in de duratieve vorm) gebruikt, in de hoofdzin de onvoltooid toekomende tijd:
(1) *If you work (are working) hard, you'll succeed.*
(II) *De hypothetische voorwaarde:* de spreker stelt de voorwaarde als louter denkbeeldig voor (2), of als tegenstrijdig met de werkelijkheid (3):
(2) *If you worked hard, you would succeed.*
(2) Als je flink werkte (zou werken), zou je slagen.
(3) *If I knew him, I should (would) ask him his address. (But I don't know ...)*
(3) Indien ik hem kende (zou kennen), zou ik hem zijn adres vragen. (... vroeg ik ...)
In de bijzin gebruiken we in het Engels de onvoltooid verleden tijd, in

de hoofdzin de 'voorwaardelijke' wijs: *should/would* + →de onbepaalde wijs van het werkwoord.
(III) *De verworpen voorwaarde:* hier is de voorwaarde tegenstrijdig met feiten in het verleden. In de bijzin wordt dit uitgedrukt door de voltooid verleden tijd, in de hoofdzin door *should/would* + *have* + het verleden deelwoord van het werkwoord:
(4) *If you had worked harder, you would have succeeded. (But you didn't ...)*
(4) Als je harder gewerkt had (gewerkt zou hebben), zou je geslaagd zijn (was je geslaagd).
In het Engels is de scheiding tussen de vormen van de →verbale constituent in hoofd- en bijzin zeer strak; dus niet b.v.: **If you would have worked ...* In het Nederlands bestaat zo'n scherpe scheiding niet, zoals blijkt uit de varianten tussen haakjes voor (II) en (III); de Nederlandstalige moet daarom erop letten niet *should/would* te gebruiken na *if,* enz. *Opm. Would* = 'zou willen' is natuurlijk wel correct: *If you would help me, I should be able to leave before 9 o'clock.*
3. Afgezien van de beperking waarover we het zojuist gehad hebben, kent het Engels een groot aantal varianten, waarvan we nu de voornaamste bondig willen behandelen.
(**a**) *Varianten in de hoofdzin:*
De onvoltooid tegenwoordige tijd wordt gebruikt in type (I) i.p.v. de toekomende tijd, wanneer de zin een universele of algemene betekenis heeft:
(5) *Plants die if (when) they don't get any water.*
Ook de →gebiedende wijs kan in de hoofdzin voorkomen:
(6) *Phone me immediately if you are in trouble.*
(**b**) *Varianten in de bijzin:*
Zowel voor type (I) als (II) kan men *should,* 'mocht', gebruiken, waardoor de voorwaarde als meer hypothetisch wordt voorgesteld:
(7) *If he should come, tell him I don't want to see him.*
Een kenmerk van het AE is het gebruik van de →aanvoegende wijs in betogende en verklarende stijl; in het BE klinkt deze vorm eerder archaïsch:
(8) *If this be the reason for his misbehaviour, he will be sent to a strict boarding-school.*
Were, de aanvoegende wijs, verleden 'tijd', van *be,* wordt vaak gebruikt i.p.v. *was* in type (II), vooral wanneer de voorwaarde tegenstrijdig is met de werkelijkheid:
(9) *If I were you, I should (would) not do it.*
Tenslotte is er nog de mogelijkheid om inversie te gebruiken met *should* in (I) en (II), en *had* in (III):
(10) *Should he come, tell him I cannot see him.*
(11) *Had you worked harder, you would have succeeded.*
In het Engels is deze woordorde beperkt tot de vormelijke taal; echter niet in het Nederlands, waar inversie trouwens altijd gebruikt kan worden (dus niet alleen met de →hulpwerkwoorden *mocht* en *had/hadden*); vergelijk voorbeeldzin (I) met:
(12) Werk je flink, dan zul je (wel) slagen.
→aanvoegende wijs
→onbepaald woord, 5.

Voorzetsel (preposition)
Voorzetsels zijn woorden als *at, on, in, through,* enz., die we vóór een →nominale constituent plaatsen, wanneer deze als voorzetselvoorwerp *(He insisted on punctuality),* of als voorzetselcomplement *(She spent a lot of money on cosmetics)* fungeert. Ook bijwoordelijke bepalingen worden meestal door een voorzetsel ingeleid: *We met Daniel in the evening.* En tenslotte zijn er de nabepalingen: *a lovely cottage in Kent.* Constituenten met een voorzetsel, zoals *in the evening,* noemen we voorzetselconstituenten.

Vragend woord (interrogative)
1. De Engelse vragende woorden zijn *who, which* en *what;* zie ook 5. De *who*-vorm heeft een genitief *whose* en een accusatief *whom;* deze laatste komt in de gesproken taal vrij zelden voor (men denke aan de Ned. buigings-*n* in 'wien'); -*m* wordt echter wel geschreven, behalve dan in informele stijl; →naamval.
2. *Who* is alleen voornaamwoord; net als het Nederlandse 'wie' wordt het gebruikt om naar personen te vragen:
(1) *Who invented the steam engine?*
(2) *Who(m) did you meet the other day?*
(3) *Whose dog is this?*
3. *Which* en *what* kunnen zowel voornaamwoordelijk als bijvoeglijk gebruikt worden. In tegenstelling met *who* kan *which* naar personen of zaken vragen, maar het heeft altijd betrekking op een beperkt aantal:
(4) *Which of your sisters is the eldest? Mary or Jane?*
(5) *Which of the EEC countries (Which EEC country ...) has the weakest currency?*
Whose wordt als genitief bij *which* gebruikt:
(6) *Whose instrument are you using, Cyril's or Maisie's?*
What daarentegen hoort thuis in een meer algemene context; als voornaamwoord kan het niet voor personen gebruikt worden: **What of us ...?* (wel: *What are you? A lawyer?;* zie verder).
(7) *What is your opinion based on?*
(8) *What would you like to be?*
(9) *What people have applied for the job?*
(10) *What book are you reading for the moment?*
Naast het onderscheid 'algemeen' tegenover 'beperkt' kan men ook stellen dat *what* naar een beschrijving of classificatie vraagt, terwijl *which* identificerend is. Dit blijkt duidelijk uit voorbeelden als deze:
(11) *What are leap years?*
(12) *Which are leap years?*
Het antwoord op vraag (11) is een definitie, terwijl men op vraag (12) met een opsomming (dus een identificatie) zal antwoorden: 1956, 1960, enz. Of ook:
(13) *What books have you ordered for the library?*
(14) *Which books have you ordered for the library?*
Vraag (13) is meer algemeen en vraagt eigenlijk naar het soort boeken dat besteld werd ('Wat voor boeken'); (14) daarentegen vraagt eerder naar bepaalde titels ('Welke boeken'). Noteer ook het verschil tussen:
(15) *What are you?* (Een vraag i.v.m. beroep, enz.)
(16) *Who are you?* (identificatievraag)
4. De semantische en syntactische verschillen tussen *who/which/what* kunnen als volgt worden voorgesteld:

	personen	*niet-personen*	*beperkt*	*ident.*	*Nederlands*
voornaamwoordelijk gebruik:					
who	+	–	–	+	wie
which	+	+	+	+	wie, wat welk(e)
what	–	+	–	–	wat
bijvoeglijk gebruik:					
which	+	+	+	+	welk(e)
what	+	+	–	–	welk(e) wat voor (een)

Het specifieke onderscheid tussen *which* en *what* wordt in het Nederlands niet (zo) duidelijk gemaakt; zo kan men b.v. *What languages do you speak?* en *Which languages do you speak?* allebei vertalen met 'Welke talen spreekt u?'.
5. Naast de voornoemde vragende voornaamwoorden zijn er vragende bijwoorden: *where,* 'waar', *when,* 'wanneer', *why,* 'waarom' en *how,* 'hoe'.
6. In de gewone omgangstaal komen emfatische vormen met *ever* voor (b.v. om een gevoel van verrassing, ergernis, e.d. uit te drukken): *who ever, what ever, where ever,* enz. (soms ook *whoever,* enz.). Hetzelfde effect bereikt men in het Engels met *on earth.*
(17) *Who ever brought out this pamphlet? (Who on earth ...? Whoever ...?)*
(17) Wie in 's hemelsnaam heeft dit vlugschrift verspreid? (Wie toch ...?)
(18) *What ever is she talking about? (What on earth ...?)*
(18) Waar heeft zij het toch over?
7. Aan Nederlandse →voornaamwoordelijke bijwoorden zoals: 'waarvoor?', 'waarmee?', enz. beantwoordt in het Engels een →voorzetsel + vragend voornaamwoord:
(19) *What are you writing with?*
(19) Waarmee ben je aan het schrijven?

Wederkerend voornaamwoord (reflexive pronoun)
1. In het Engels worden de wederkerende voornaamwoorden (of reflexiva) gevormd door *-self* (enkelvoud) en *-selves* (meervoud), voorafgegaan door een →bezittelijke determinator in de eerste en tweede persoon, en de accusatief van het →persoonlijk voornaamwoord in de derde persoon:

persoon	enkelvoud	meervoud
1ste	*myself*	*ourselves*
2de	*yourself*	*yourselves*
3de	*himself* *herself* *itself*	*themselves*

Opm. Het onbepaald voornaamwoord *one* heeft *oneself* (maar AE meestal *himself*) als reflexivum; →onbepaald woord, 11.
2. Werkwoorden die een wederkerend voornaamwoord als lijdend voorwerp hebben noemen we wederkerende werkwoorden. Sommige zijn toevallig wederkerend, zoals *apply oneself (to a task)* naast *apply a*

method, of *hurt oneself* naast *hurt somebody*, enz. Andere werkwoorden zijn noodzakelijk wederkerend: *avail oneself (of an opportunity), pride oneself (on something)*, enz. Het Nederlands kent veel meer (noodzakelijk en toevallig) wederkerende werkwoorden dan het Engels. Zo zal men in het Engels *shave, wash* en *dress* meestal zonder reflexivum gebruiken.
(1) *He washed and shaved before going to the concert.*
→-self/-selves als nadrukwoord

Wederkerig voornaamwoord (reciprocal pronoun)
De Engelse wederkerige voornaamwoorden zijn *each other* en *one another*, Ned. 'elkaar' ('elkander'). Deze twee vormen kunnen meestal zonder enig onderscheid in betekenis door elkaar gebruikt worden (1); toch lijken sommige sprekers of schrijvers een voorkeur te hebben voor *one another* wanneer het om meer dan twee referenten gaat, zoals b.v. in (2).
(1) *The (two) artists admired each other/one another.*
(2) *All the children were very fond of one another (each other).*
De wederkerige voornaamwoorden hebben een genitief: *each other's* en *one another's:*
(3) *They trod on each other's (one another's) feet.*

Werkwoord (verb) – *Morfologie*
1. De morfologie van het Engelse werkwoord is eenvoudiger dan die van het Nederlands: theoretisch bestaan er vijf verschillende *hoofdvormen:*
(a) De →basisvorm of de niet →gemarkeerde vorm: *call, eat, may*
(b) De zgn. *s*-vorm: *calls, eats*
(c) Het →preteritum of de verleden tijd: *called, ate*
(d) De zgn. *ing*-vorm: *calling, eating*
(e) Het verleden →deelwoord: *called, eaten*
Eigenlijk heeft maar een beperkt aantal werkwoorden, zoals *eat, begin, write*, vijf morfologisch verschillende vormen; de overgrote meerderheid, de zgn. regelmatige klasse, heeft dezelfde vorm voor preteritum en verleden deelwoord (b.v. *called*), terwijl ook een aantal onregelmatige werkwoorden zoals *run* of *put* slechts vier of drie vormen heeft. Hieruit moge blijken dat bij de meeste werkwoorden de indeling in vijf hoofdvormen niet alleen berust op hun vorm maar ook op hun functie of gebruik (zie 2. hieronder).
2. *Gebruik van de hoofdvormen*
(a) De niet-gemarkeerde vorm wordt gebruikt voor:
1 de onvoltooid tegenwoordige tijd, behalve de derde persoon enkelvoud: *I/you/we/they call*
2 de →gebiedende wijs: *Come at once.*
3 de →aanvoegende wijs: *Long live the Queen!*
4 de →onbepaalde wijs (met of zonder *to*): *(to) call.*
(b) De *s*-vorm wordt gebruikt voor de onvoltooid tegenwoordige tijd, derde persoon enkelvoud: *he/she/it calls.*
(c) Het preteritum wordt gebruikt voor de vorming van de onvoltooid verleden tijd: *he called yesterday.*
(d) De *ing*-vorm wordt gebruikt:
1 als tegenwoordig deelwoord in de →duratieve vormen van het werkwoord: *He is calling*, en in zinnen zonder persoonsvorm: *Being ill, I sent for a doctor.*
2 als 'gerund': *I hate calling on Sunday.*
(e) Het verleden deelwoord wordt gebruikt bij de vorming van de voltooide tijden: *I have/had called*, en de →lijdende vorm: *He is called;* ook in niet-finiete zinnen: *Once published, the novel was sold all over Europe.*
3. Defectieve werkwoorden
Sommige werkwoorden noemen we defectief, omdat drie of zelfs vier hoofdvormen ontbreken:

basis	s-vorm	preteritum	ing-vorm	verl. deelw.
shall	x	should	x	x
will	x	would	x	x
can	x	could	x	x
may	x	might	x	x
must	x	x	x	x
ought	x	x	x	x
need	x	x	x	x
dare	x	dared	x	x
x	x	used [ju:st]	x	x

Opm. 1. Shall, will, can, enz. hebben geen *s*-vorm; voor deze werkwoorden gebruikt men de niet-gemarkeerde vorm in de derde persoon enkelvoud, onvoltooid tegenwoordige tijd: *he will, she can, she may*, enz.
Opm. 2. Need en *dare* zijn slechts defectief wanneer zij als →hulpwerkwoorden gebruikt worden.
4. *De morfologie van de ing-vorm*
De morfologie van de *ing*-vorm is uiterst eenvoudig: hij wordt gevormd door toevoeging van het suffix *ing* [ɪŋ] aan de basis: *call-ing, read-ing, sing-ing*, enz.

5. *De morfologie van de onvoltooid tegenwoordige tijd*
5.1 Zoals we reeds opmerkten in 2. zijn alle vormen van de onvoltooid tegenwoordige tijd gelijk aan de basis van het werkwoord. Alleen de derde persoon enkelvoud heeft een gemarkeerde vorm door middel van een *s*-suffix, dat op dezelfde manier wordt uitgesproken als de meervouds *-s*; →meervoud van het naamwoord, 1.
5.2 De volgende afwijkingen van deze regel moeten genoteerd worden:
(a) Voor de werkwoorden *be, do, have:* →t2
(b) De *s*-vorm van *say* [seɪ] is *says* [sez] (met klinkerwisseling).
6. *De morfologie van het preteritum en het voltooid deelwoord*
6.1 *Regelmatige werkwoorden*
Het preteritum en het voltooid deelwoord van de regelmatige werkwoorden wordt gevormd door toevoeging van het suffix *-ed* aan de basis; dit suffix heeft in de uitspraak drie verschillende vormen:
[ɪd] wanneer de basis eindigt op [t] of [d], bijv. *waited* ['weɪtɪd], *faded* ['feɪdɪd]
[t] wanneer de basis eindigt op een stemloze medeklinker, d.w.z. op [p, k; f, θ, s, ʃ], bijv. *picked* [pɪkt], *wished* [wɪʃt]
[d] in alle andere gevallen, d.w.z. na [b, g; v, ð, z, ʒ; m, n, ŋ, l], na alle klinkers en na [r] in GA, bijv. *combed* [koʊmd], *starred* [stɑ:d||stɑrd].
6.2 *Onregelmatige werkwoorden*
Een tweehonderdtal werkwoorden, de zgn. onregelmatige werkwoorden, hebben een preteritum en verleden deelwoord dat afwijkt van de regels onder 6.1; →t2.
6.3 Het Engels preteritum, of het nu regelmatig of onregelmatig is, heeft slechts één vorm voor enkelvoud en meervoud, en voor alle personen. Voor de onregelmatige vormen van *be*, t2
7. *Spellingalternanties*
7.1 Werkwoorden die eindigen op *-ie* krijgen *-y* vóór *-ing:*
die – dying; lie – lying; tie – tying
7.2 Eind *-y* voorafgegaan door een medeklinker, wordt als *-i-* geschreven in de tegenwoordige tijd, derde persoon enkelvoud, en ook in het preteritum en het verleden deelwoord van de regelmatige werkwoorden:
try – tries – tried *carry – carries – carried*
Na een klinker echter blijft -y gewoon behouden:
play – plays – played *obey – obeys – obeyed*
Opm. Het preteritum en het verleden deelwoord van *pay* en *lay* worden met *-i* geschreven: *paid* en *laid;* noteer eveneens *say – said* [sed], dat ook fonetisch onregelmatig is.
7.3 Werkwoorden die eindigen op *-o*, voorafgegaan door een medeklinker, krijgen *-es* in de tegenwoordige tijd, derde persoon enkelvoud: *goes* [goʊz] - *does* [dəz ⟨sterk⟩ dʌz] - *echoes;* maar *(he) radios, rodeos*, enz.
7.4 *Verdubbeling van de eindmedeklinker*
Bij de vorming van het tegenwoordig deelwoord, en ook van het preteritum en het verleden deelwoord van de regelmatige werkwoorden, wordt de eindmedeklinker van een eenlettergrepig woord steeds verdubbeld, wanneer deze door slechts één enkele (geschreven) klinker wordt voorafgegaan:
rub – rubbing – rubbed
pat – patting – patted
quiz – quizzing – quizzed
Maar: *look – looking – looked*, of *deem – deemed – deeming* wegens *oo* en *ee.*
Deze regel geldt ook voor meerlettergrepige werkwoorden indien de laatste lettergreep beklemtoond is:
admit – admitting – admitted
occur – occurring – occurred
Maar een onbeklemtoonde eindlettergreep:
gossip – gossiping – gossiped
differ – differing – differed
In het BE wordt eind *-l* steeds verdubbeld voor één enkele (geschreven) medeklinker, ongeacht de beklemtoning van de laatste syllabe; in het AE wordt *-l* alleen verdubbeld na een beklemtoonde lettergreep (dus in overeenstemming met de algemene regel van 7.4):

compel	BE *compelling*	AE *compelling*
	compelled	*compelled* (stressed)
travel	*travelling*	*traveling*
	travelled	*traveled* (unstressed)

Opm. 1. De werkwoorden *focus* en *bias* hebben meestal *-s-: focusing – focused*, enz., wat in overeenstemming is met regel 7.4, maar *-ss-* wordt ook soms geschreven: *focussing*, enz. Eveneens: *focus(s)es* en *bias(s)es* in de tegenwoordige tijd.
Opm. 2. Als verdubbeling van *c* geldt *ck:havoc – havocked.*
7.5 Indien het werkwoord eindigt op *-e*, valt deze weg vóór *ing: live – living, excite – exciting, continue – continuing.* De uitgang van het preteritum en van het voltooid deelwoord wordt normaal geschreven als *-ed* (zie 6.1), maar werkwoorden op *-e* of *-ee* hebben alleen *-d* als uitgang: *breathe – breathed, live – lived, agree – agreed.*

Werkwoord met bijwoordelijk partikel (particle/phrasal verb)
1. Het Nederlands heeft een groot aantal samengestelde werkwoorden, zoals (a) 'uitwijken', 'weglopen', 'afwerpen', 'wegdragen', 'meenemen', en (b) 'doorkruisen', 'onderhouden', enz. De werkwoorden in (a) zijn

syntactisch scheidbaar: 'ik week uit', die van (b) zijn onscheidbaar: 'ik doorkruiste'. In het Engels bestaan ook zulke samengestelde werkwoorden, echter veel minder dan in het Nederlands, en de elementen zijn nooit scheidbaar: *overtake, outnumber, upset*, enz.
2. Daarnaast komt een veel grotere (en produktieve) klasse van werkwoorden voor die met een (bijwoordelijk) partikel geconstrueerd worden: *look up (a word), take over (a business), call off (a meeting)*, enz. Wanneer deze werkwoordelijke groepen →overgankelijk zijn, gelden de volgende regels voor de plaatsing van het lijdend voorwerp:
(**a**) Een →voornaamwoord wordt steeds tussen het werkwoord en het partikel geplaatst: *Our landlady has put them up. (*Our landlady has put up them)*
(**b**) In andere gevallen heeft men meestal de keuze: *She turned down your interesting suggestions*, of *She turned your interesting suggestions down*. Wanneer het om een complexe →nominale constituent gaat, wordt deze steeds na het partikel geplaatst: *Ian has put up all the students of Darwin College;* verder: *I feel I should think over what you've just suggested.*
3. Indien het niet mogelijk is het voornaamwoord te plaatsen tussen het werkwoord en het volgend element, hebben we te maken met een werkwoord + →voorzetsel. Zo kan men alleen zeggen: *I was looking after (for) him* (niet: **I was looking him after (for)*), waaruit blijkt dat *after* en *for* voorzetsels zijn.
→werkwoord met voorzetsel

Werkwoord met voorzetsel (prepositional verb)
1. In het Engels kunnen talloze werkwoorden gevolgd worden door elementen als *in, after, through, over, off*, enz. Soms gaat het hier om een →werkwoord + (bijwoordelijk) partikel, namelijk wanneer we een →voornaamwoord kunnen inlassen tussen het werkwoord en het tweede element: *I have looked it up*. Zo niet beschouwen we de groep als werkwoord + →voorzetsel: *I was looking into it, She had taken to him, We had to live on it (a small salary)*, enz.
2. Soms bestaat een groep uit drie woorden: *come down for (something), put down to (bad conditions), live up to (somebody's expectations)*, enz.
Opm. Alle werkwoorden met voorzetsel worden in het woordenboek als ⟨onov.ww.⟩ beschreven.
→werkwoord met bijwoordelijk partikel

Wilsuiting (volition)
1. Om een wilsuiting uit te drukken maakt het Engels veelal gebruik van het werkwoord *want*, in vormelijke taal ook *wish*, en in ontkennende zinnen *refuse, decline*, enz.
(1) *I want to have this book right now.*
(2) *My wife wants me to change for dinner.*
(3) *The headmaster wishes to see you during lunch-time.*
(4) *They refused to listen to me.*
Een meer tactvolle variant is *should/would like* of *'d like:*
(5) *I'd like to have this book for the summer holidays.*
Daarnaast kan wilsuiting ook uitgedrukt worden door de hulpwerkwoorden *will/would* (Ned. 'willen', enz.), vooral in ontkennende en vragende zinnen; ook door *be willing* (bereidheid).
(6) *Who will lend me a cigarette? (Who is willing to lend ...)*
(7) *Tom won't come tomorrow. (Tom refuses to come ...)*
(8) *They wouldn't listen to me.*
2. *Shall I/we* (ook *should*) en *Do you want me/us* ... worden gebruikt om te vragen naar wat iemand verlangt; deze constructies hebben vaak de betekenis van een aanbod:
(9) *Shall I carry your suitcases upstairs? (Do you want me to carry ... ?)*
Ook in deze context is *would like* heel gebruikelijk:
(10) *Would you like me to carry ... ?*
3. *Going to* drukt een bedoeling uit:
(11) *Mary is going to be a teacher.*
(11) Mary is van plan (wil) lerares te worden.
(12) *I am not going to stay any longer.*
(12) Ik ben niet van plan (van zins) nog langer te blijven.
Noteer ook het gebruik van *determined* in:
(13) *I am determined to go.*

Zwakke en samengetrokken vorm (weak and contracted form)
1. Voor de zwakke vorm, →uitspraak.
2. Soms resulteert het gebruik van een zwakke vorm in een samentrekking met het voorafgaand beklemtoond element, wat men enclisis noemt: *do + not* wordt *don't*. Deze samengetrokken vormen zijn heel courant in de omgangstaal; men vindt ze ook terug in de spelling, behalve dan in de vormelijke schrijftaal. Voor de voornaamste samengetrokken vormen, →t2.

Tabel 1 Lijst van maten en gewichten:

herleiding van Angelsaksische eenheden tot eenheden van het internationale stelsel (SI) en omgekeerd

Lengte-eenheden

A - UK- en US-stelsel

mil	(milli-inch)			0,0254	mm
line				2,12	mm
inch	(in)	12	lines	25,4	mm
link		7.92	inches	0,201	m
span		9	inches	0,2286	m
foot	(ft)	12	inches	0,3048	m
yard	(yd)	3	feet	0,914	m
rod / pole / perch	(rd)	5½	yards	5,029	m
chain	(ch)	22	yards	20,12	m
furlong	(fur)	10	chains	201,16	m
(statute) mile	(mi)	8	furlongs	1609,34	m
(statute)league		3	miles	4828	m

B - Zeevaart UK- en US-stelsel

fathom	6 feet	1,82	m
cable ('s length)	100 fathoms	185,31	m
(international) nautical/sea mile	10 cables	1852	m
nautical/sea mile ⟨UK⟩		1853,18	m
international nautical/sea league	3 sea miles	5556	m
nautical/sea league ⟨UK⟩	3 sea miles	5559,55	m

C - SI-eenheden (metrisch)

millimetre	(mm)		0,039	in
centimetre	(cm)	10 mm	0,393	in
decimetre	(dm)	10 cm	3,937	in
metre	(m)	10 dm	39,37	in
decametre	(dam)	10 m	10,94	yd
hectometre	(hm)	10 dam	109,4	yd
kilometre	(km)	10 hm	1094	yd

Oppervlakte-eenheden

A - UK- en US-stelsel

square inch	(sq in of in^2)			6,452	cm^2
square foot	(sq ft of ft^2)	144	in^2	0,092	m^2
square yard	(sq yd of yd^2)	9	ft^2	0,836	m^2
square rod / square pole / square perch	(sq rd of rd^2)	30¼	yd^2	25,29	m^2
square chain	(sq ch of ch^2)	484	yd^2	404,618	m^2
rood		40	rd^2	1011,71	m^2
acre	(a of ac)	4840	yd^2	4046,86	m^2
square mile	(sq mi of mi^2)	640	acres	2,599	km^2
township		36	mi^2	93,24	km^2

B - SI-eenheden

square millimetre	(mm^2)		0,0015	in^2
square centimetre	(cm^2)	100 mm^2	0,155	in^2
square decimetre	(dm^2)	100 cm^2	15,49	in^2
square metre	(m^2)	100 dm^2	1,196	yd^2
square decametre / are	(dam^2)	100 m^2	119,59	yd^2
square hectometre	(hm^2)	100 dam^2	2,471	acres
hectare	(ha)	100 ares		
square kilometre	(km^2)	100 hm^2/100 ha	0,386	m^2 of
			247,1	acres

Volume-eenheden

A - UK- en US-stelsel

cubic inch (cu in of in^3)		16,39	cm^3
cubic foot (cu ft of ft^3)	1728 in^3	0,028	m^3
cubic yard (cu yd of yd^3)	27 ft^3	0,765	m^3

B - UK-stelsel

minim	(min)			0,059	ml
fluid drachm	(fl dr)	60	minims	3,55	ml
fluid ounce	(fl oz)	8	fluid drachms	28,41	ml
gill	(gi)	5	fluid ounces	0,142	l
pint	(pt)	4	gills	0,568	l
quart	(qt)	2	pints	1,136	l
gallon	(gal)	4	quarts	4,546	l
peck	(pk)	2	gallons	9,092	l
bushel	(bu)	4	pecks	36,369	l
hogshead	(hhd)	52½	of	238,5 of	
		54	gallons	245,5	l
quarter		8	bushels	290,94	l

C - US-stelsel

I *eenheden voor vloeistoffen*

minim	(min)		0,062	ml
fluid dram	(fl dr)	60 minims	3,70	ml
fluid ounce	(fl oz)	8 fluid drams	29,57	ml
gill	(gi)	4 fluid ounces	0,118	l
pint	(liq pt)	4 gills	0,473	l
quart	(liq qt)	2 pints	0,946	l
gallon	(gal)	4 quarts	3,785	l
barrel (petroleum)	(oil bll)	42 gallons	158,97	l
hogshead		63 gallons	238,46	l

II *eenheden voor droge waren*

pint	(dry pt)		0,550	l
quart	(dry qt)	2 pints	1,101	l
gallon	(dry gal)	4 quarts	4,405	l
peck		2 gallons	8,809	l
bushel		4 pecks	35,238	l
barrel	(dry bll)	105 quarts	115,6	l

D - SI-eenheden

cubic millimetre	(mm^3)		0,000061	in^3
cubic centimetre	(cm^3)	1000 mm^3	0,061	in^3
cubic decimetre	(dm^3)	1000 cm^3	61,024	in^3
cubic metre	(m^3)	1000 dm^3	1,308	yd^3

E - SI-eenheden voor vloeistoffen

millilitre	(ml)		0,00176	pint	⟨UK⟩
centilitre	(cl)	10 ml	0,0176	pint	⟨UK⟩
decilitre	(dl)	10 cl	0,176	pint	⟨UK⟩
litre	(l)	10 dl	1,76	pints	⟨UK⟩
decalitre	(dal)	10 l	2,20	gallons	⟨UK⟩
hecto- litre	(hl)	10 dal	22	gallons	⟨UK⟩
kilolitre	(kl)	10 hl	220	gallons	⟨UK⟩

Massa (gewichten)

A - UK- en US-stelsel voor 'avoirdupois'

grain	(gr)			0,0648	g
dra(ch)m	(dr of dr av)	27,34	grains	1,772	g
ounce	(oz of oz av)	16	drachms	28,349	g
pound	(lb of lb av)	16	ounces	0,454	kg
stone		14	pounds	6,35	kg
quarter ⟨UK⟩		2	stones	12,7	kg
quarter ⟨US⟩		25	pounds	11,34	kg
(long) hundredweight	(cwt) ⟨UK⟩	112	pounds	50,8	kg
(short) hundredweight	(cwt) ⟨US⟩	100	pounds	45,36	kg
(long) ton	(t of tn) ⟨UK⟩	20	(long) hundred- weights	1016	kg
(short) ton	(t of tn) ⟨US⟩	20	(short) hundred- weights	907,18	kg

B - UK- en US-stelsel voor troy massa-eenheden (voor edelstenen en edele metalen)

carat			0,205 g
pennyweight (dwt of pwt)		24 grains	1,555 g
ounce	(oz t)	20 pennyweights	31,103 g
pound	(lb t)	12 ounces	0,373 kg

C - UK- en US-stelsel voor apothecaries massa-eenheden (voor vervaardiging van farmaceutische produkten)

scruple	(s ap)	20 grains	1,296 g
dra(ch)m	(dr ap)	3 scruples	3,888 g
ounce	(oz ap)	8 drachms	31,103 g
pound	(lb ap)	12 ounces	0,373 kg

D - SI-eenheden

milligram	(mg)		0,015 grain
centigram	(cg)	10 mg	0,154 grain
decigram	(dg)	10 cg	1,543 grain
gram	(g)	10 dg	15,43 grain
decagram	(dag)	10 g	0,353 oz
hectogram	(hg)	10 dag	3,527 oz
kilogram	(kg)	10 hg	2,205 pounds
tonne / metric ton	(t)	1000 kg	2204,6 pounds (0,984 long ton)

Hoekeenheden

second	(″)		seconde
minute	(′)	60 seconds	minuut
degree	(°)	60 minutes	graad
sextant		60 degrees	60 graden
quadrant		90 degrees	kwadrant
circle		360 degrees	cirkel

SI-voorvoegsels

	symbool	factor
atto-	a	10^{-18}
femto-	f	10^{-15}
pico-	p	10^{-12}
nano-	n	10^{-9}
micro-	µ	10^{-6}
milli-	m	10^{-3}
centi-	c	10^{-2}
deci-	d	10^{-1}
deca-	da	10
hecto-	h	10^{2}
kilo-	k	10^{3}
mega-	M	10^{6}
giga-	G	10^{9}
tera-	T	10^{12}
peta-	P	10^{15}
exa-	E	10^{18}

Tabel 2: Lijst van onregelmatige werkwoorden

R *duidt aan dat ook de regelmatige vorm gebruikt kan worden*

onbepaalde wijs	*preteritum*	*verleden deelwoord*
abide	abode (R)	abode (R)
arise [ə'raɪz]	arose	arisen [ə'rɪzn]
awake	awoke (R)	awoken (R)
be	was/were	been
bear	bore	borne[1]
beat	beat	beaten
become	became	become
befall	befell	befallen
begin	began	begun
behold	beheld	beheld
bend	bent	bent[2]
bereave	bereft (R)	bereft (R)[3]
beseech	besought (R)	besought (R)
bet	bet (R)	bet (R)
bid[4]	bade	bidden
bind	bound	bound[5]
bite	bit	bitten
bleed	bled	bled
blend	R (blent)	R (blent)
blow	blew	blown
break	broke	broken[6]
breed	bred	bred
bring	brought	brought
broadcast	broadcast (R)	broadcast (R)
build	built	built
burn	burnt (R)	burnt (R)
burst	burst	burst
buy	bought	bought
can	could	–
cast	cast	cast
catch	caught	caught
chide	chid (R)	chid(den) (R)
choose [tʃu:z]	chose [tʃoʊz]	chosen ['tʃoʊzn]
cleave	cleft (clove)	cleft (cloven)[7]
cling	clung	clung
come	came	come
cost[8]	cost	cost
creep	crept	crept
crow	crowed (crew)	crowed
cut	cut	cut
deal	dealt [delt]	dealt [delt]
dig	dug	dug
do	did	done
draw [drɔ:]	drew [dru:]	drawn [drɔ:n]
dream	dreamt [dremt] (R)[9]	dreamt [dremt] (R)
drink	drank	drunk[10]
drive	drove	driven
dwell	dwelt (R)	dwelt (R)
eat	ate [et‖eɪt]	eaten
fall	fell	fallen
feed	fed	fed
feel	felt	felt
fight	fought	fought
find	found	found
flee[11]	fled	fled
fling	flung	flung
fly	flew	flown
forbear	forbore	forborne
forbid	forbade [fə'beɪd‖fər'bæd]	forbidden
forecast	forecast (R)	forecast (R)
forget	forgot	forgotten
forgive	forgave	forgiven
forgo	forwent	forgone
forsake	forsook	forsaken
freeze	froze	frozen
get	got	got/AE gotten[12]
gird	R (girt)	R (girt)
give	gave	given
go	went	gone
grind	ground	ground
grow	grew	grown
hang	hung[13]	hung[13]
have	had	had
hear	heard	heard
heave	R (hove)	R (hove)
hew	hewed	hewn (R)
hide	hid	hidden
hit	hit	hit
hold	held	held
hurt	hurt	hurt
keep	kept	kept
kneel	knelt (R)	knelt (R)
knit	knit (R)	knit (R)
know	knew	known
lay	laid	laid
lead	led	led
lean	leant [lent] (R)[9]	leant [lent] (R)[9]
leap	leapt [lept] (R)[9]	leapt [lept] (R)[9]
learn	learnt (R)[9]	learnt (R)[9]
leave	left	left
lend	lent	lent
let	let	let
lie[14]	lay	lain
light	lit (R)	lit (R)
lose	lost	lost
make	made	made
may	might	–
mean	meant [ment]	meant [ment]
meet	met	met
mow	mowed	mown (R)[15]
overcome	overcame	overcome
pay	paid	paid
put	put	put
quit	R (quit)[16]	R (quit)[16]
read [ri:d]	read [red]	read [red]
rend	rent	rent
ride	rode	ridden
ring	rang	rung
rise [raɪz]	rose	risen ['rɪzn]
rive	rived	riven
run	ran	run
saw	sawed	sawn (R)
say	said [sed]	said [sed]
see	saw	seen

1. In de betekenis 'dragen', maar *born* = 'geboren': *She was born in 1934*.
2. *Bend* = 'buigen', maar: *on his bended knees* = 'op zijn blote knieën'.
3. *Bereaved* wordt meestal gebruikt i.v.m. verwanten: *the bereaved parents* = 'de diepbedroefde ouders'; maar *bereft of hope* (beroofd), enz.
4. *Bid* is regelmatig in de betekenis 'bieden (op een veiling)'. Hier betekent het 'verzoeken, gebieden'.
5. Maar *bounden* in *It is my bounden duty* ('mijn dure plicht').
6. Maar *broke* = 'zonder geld', 'aan lager wal', b.v. *I am broke*.
7. Gewoonlijk gebruikt men *cleft*; maar b.v. *a cloven hoof*.
8. *Cost* is een regelmatig werkw. in de betekenis 'de kostprijs berekenen', 'kosten'.
9. In het AE gebruikt men meestal de regelmatige vorm van *dreamed;* dit geldt ook voor *leaned, leaped, learned, spelled* en *spoiled*.
10. Ook *drunk* = dronken: *He is drunk*, maar als bijvoeglijke voorbepaling *drunken: a drunken sailor*, 'een dronken zeeman'.
11. In plaats van *flee* gebruikt men thans overwegend *fly*, en dit in alle vormen, behalve het preteritum en het verleden deelwoord: *They are flying, they fled, they have fled.*
12. In het AE meestal *gotten* tegenover *got* in BE (maar in BE *illgotten gains* 'onrechtvaardig verkregen winsten').
13. Maar *hang* = 'ophangen' (als straf): *The murderer was hanged; they hanged him.*
14. In de betekenis 'liggen'; *lie* = 'liegen' is een regelmatig werkwoord.
15. Als bijvoeglijke voorbepaling steeds *mown: mown grass*.
16. De onregelmatige vormen komen vooral in AE voor.

onbepaalde wijs	*preteritum*	*verleden deelwoord*
seek	sought	sought
sell	sold	sold
send	sent	sent
set	set	set
sew [soʊ]	sewed [soʊd]	sewn [soʊn] (R)
shake	shook	shaken
shall	should	–
shear [ʃɪə‖ʃɪr]	sheared	shorn (R)
shed	shed	shed
shine[17]	shone [ʃɒn‖ʃoʊn]	shone [ʃɒn‖ʃoʊn]
shoe	shod	shod
shoot	shot	shot
show	showed	shown
shrink	shrank	shrunk[18]
shrive [ʃraɪv]	shrove (R)	shriven [ˈʃrɪvn] (R)
shut	shut	shut
sing	sang	sung
sink	sank	sunk[19]
sit	sat	sat
slay	slew	slain
sleep	slept	slept
slide	slid	slid
sling	slung	slung
slink	slunk	slunk
slit	slit	slit
smell	smelt (R)	smelt (R)
smite	smote	smitten
sow	sowed	sown (R)
speak	spoke	spoken
speed[20]	sped (R)	sped (R)
spell	spelt (R)[9]	spelt (R)[9]
spend	spent	spent
spill	spilt (R)	spilt (R)
spin	spun	spun
spit	spat	spat
split	split	split
spoil	spoilt (R)[9]	spoilt (R)[9]
spread [spred]	spread [spred]	spread [spred]
spring	sprang	sprung
stand	stood	stood
stave	stove (R)	stove (R)
steal	stole	stolen
stick	stuck	stuck
sting	stung	stung
stink	stank / stunk	stunk
strew	strewed	strewn (R)
stride	strode	stridden
strike	struck	struck[21]
string	strung	strung
strive [straɪv]	strove	striven [ˈstrɪvn]
swear	swore	sworn
sweat [swet]	sweat [swet] (R)	sweat [swet] (R)
sweep	swept	swept
swell	swelled	swollen [ˈswoʊlən] (R)[22]
swim	swam	swum
swing	swung	swung
take	took	taken
teach	taught	taught
tear	tore	torn
tell	told	told
think	thought	thought
thrive [θraɪv]	throve (R)[23]	thriven [ˈθrɪvn] (R)[23]
throw	threw	thrown
thrust	thrust	thrust
tread [tred]	trod	trodden

17. In de betekenis 'schijnen'. Regelmatig in de betekenis 'poetsen': *I have shined my shoes.*
18. Als bijvoeglijke voorbepaling *shrunken: a shrunken face* 'een verschrompeld gelaat'.
19. Alweer bijvoeglijk: *a sunken ship.*
20. In overgankelijke betekenissen is *speed* altijd regelmatig: *They have speeded up production/the engine/the train service*, enz.
21. *Stricken* wordt in figuurlijke betekenissen gebruikt: *poverty-stricken* 'door armoede getroffen'.
22. *Swelled* heeft een figuurlijke betekenis: *a swelled head* 'een verwaande kop', maar *a swollen head* 'een gezwollen hoofd'.
23. De regelmatige vormen zijn vooral AE.

onbepaalde wijs	*preteritum*	*verleden deelwoord*
understand	understood	understood
upset	upset	upset
wake	woke (R)	woke(n) (R)
wear	wore	worn
weave	wove	woven
wed	R (wed)[24]	R (wed)[24]
weep	wept	wept
wet	R (wet)[24]	R (wet)[24]
will	would	–
win	won [wʌn]	won [wʌn]
wind	wound	wound
withdraw	withdrew	withdrawn
withhold	withheld	withheld
withstand	withstood	withstood
wring	wrung	wrung
write	wrote	written

24. De onregelmatige vormen komen vooral in het AE voor.

Onregelmatige werkwoordsvormen[1]

Onregelmatige vormen van ***be*** [biː, bi]

	Normale vorm	Verk.	Ontk. samentr.	Vero. of relig.
⟨teg.t., aant.w.⟩				
⟨1e enk.⟩	am [æm, əm]	'm [m]	aren't [ɑːnt‖ɑrnt]	
⟨2e enk.⟩	are [ɑː‖ɑr]	're [-‖r]	aren't [ɑːnt‖ɑrnt]	art [ɑːt‖ɑrt]
⟨3e enk.⟩	is [ɪz]	's [z, s]	isn't [ɪznt]	
⟨alle pers. mv.⟩	are [ɑː‖ɑr]	're [-‖r]	aren't [ɑːnt‖ɑrnt]	
⟨NB: Alle pers.⟩ (1e enk. inf.; andere substandaard)			ain't [eɪnt]	
⟨verl.t., aant.w.⟩				
⟨1e & 3e enk.⟩	was [wɒz, wəz‖wɑz, wəz]		wasn't [wɒznt‖wɑznt]	
⟨2e enk.⟩	were [wɜː, wə‖wɜr, wər]		weren't [wɜːnt‖wɜrnt]	wast [wɒst‖wɑst]
⟨alle pers. mv.⟩	were [wɜː, wə‖wɜr, wər]		weren't [wɜːnt‖wɜrnt]	wert [wɜːt‖wɜrt]
⟨teg.t., aanvoegende wijs, alle pers.⟩	be [biː]			
⟨verl.t., aanvoegende wijs, alle pers.⟩	were [wɜː, wə‖wɜr, wər]			
⟨volt. deelw.⟩	been [biːn, bɪn‖bin, bɪn]			

Onregelmatige vormen van ***can*** [kæn, kn]

	Normale vorm	Ontkenning	Ontk. samentr.	Vero. of relig.
⟨teg.t.⟩				
⟨alle personen⟩	can [kæn, kn]	cannot ['kænɒt‖-ɑt]	can't [kɑːnt‖kænt]	
⟨2e enk.⟩				canst [kænst, k(ə)nst]
⟨verl.t.⟩				
⟨alle personen⟩	could [kʊd, kəd]		couldn't [kʊdn't]	
⟨2e enk.⟩				could(e)st [kʊd(ɪ)st]

Onregelmatige vorm van ***dare*** [deə‖deər]

	Normale vorm		Ontk. samentr.	Vero. of relig.
⟨teg.t.⟩				
⟨alle personen⟩	dare [deə‖deər]		daren't [deənt‖deərnt]	
⟨2e enk.⟩				darst [dɑːst‖dɑrst]
⟨3e enk. ook⟩	dares [deəz‖deərz]			
⟨verl.t.⟩				
⟨alle personen⟩	dared [deəd‖deərd]			durst [dɜːst‖dɜrst]

Onregelmatige vormen van ***do*** [duː]

	Normale vorm	Samentr.	Ontk. samentr.	Vero. of relig.
⟨aant.w., teg.t.⟩				
⟨alle p., beh. 3e⟩	do [duː]		don't [doʊnt]	
⟨2e enk.⟩				doest [duːɪst] dost [dʌst]
⟨3e enk.⟩	dœs [dʌz]	⟨zelden⟩ 's [z, s]	doesn't [dʌznt]	doth [dʌθ] doeth [duːɪθ]
⟨aant.w., verl.t.⟩				
⟨alle pers.⟩	did [dɪd]		didn't [dɪdnt]	
⟨2e enk.⟩				didst [dɪdst]
⟨volt. deelw.⟩	done [dʌn]			

Onregelmatige vormen van ***have*** [hæv, (h)əv]

	Normale vorm	Samentr.	Ontk. samentr.	Vero. of relig.
⟨aant.w., teg.t.⟩				
⟨alle p., beh. 3e⟩	have [hæv, (h)əv]	've [v]	haven't [hævnt]	
⟨2e enk.⟩				hast [hæst]
⟨3e enk.⟩	has [hæz, (h)əz]	's [z, s]	hasn't [hæznt]	hath [hæθ]
⟨NB: Alle pers., substandaard⟩			ain't [eɪnt]	
⟨aant.w., verl.t.⟩				
⟨alle pers.⟩	had [hæd, (h)əd]	'd [d]	hadn't [hædnt]	
⟨2e enk.⟩				hadst [hædst]
⟨aanv.w., verl.t., alle personen⟩	had [hæd]			
⟨volt. deelw.⟩	had [hæd]			

Onregelmatige vormen van ***may*** [meɪ]

	Normale vorm	Ontk. samentr.	Vero. of relig.
⟨teg.t.⟩			
⟨alle personen⟩	may [meɪ]	⟨inf.⟩ mayn't [meɪ(ə)nt]	
⟨2e enk.⟩			may(e)st [meɪ(ɪ)st]
⟨verl.t.⟩			
⟨alle personen⟩	might [maɪt]	mightn't [maɪtnt]	
⟨2e enk.⟩			mightst [maɪtst]
⟨id.⟩			mightest [maɪtɪst]

Onregelmatige vormen van ***shall*** [ʃæl, ʃ(ə)l]

	Normale vorm	Ontk. samentr.	Vero. of relig.
⟨teg.t.⟩			
⟨alle personen⟩	shall [ʃæl, ʃ(ə)l]	shan't [ʃɑ:nt‖ʃænt]	
⟨2e enk.⟩			shalt [ʃælt]
⟨verl.t.⟩			
⟨alle personen⟩	should [ʃʊd, ʃ(ə)d]	shouldn't [ʃʊdnt]	
⟨2e enk.⟩			shouldst [ʃʊdst]

Onregelmatige vormen van ***will*** [wɪl, wəl]

	Normale vorm	Samentr.	Ontk. samentr.	Vero. of relig.
⟨teg.t.⟩				
⟨alle personen⟩	will [wɪl, wəl]	'll [l]	won't [woʊnt]	
⟨2e enk.⟩				wilt [wɪlt]
⟨verl.t.⟩				
⟨alle personen⟩	would [wʊd, wəd]	'd [d]	wouldn't [wʊdnt]	
⟨2e enk.⟩				would(e)st [wʊd(ɪ)st]

1. Als er twee uitspraakvormen gegeven worden, is de eerste de sterke, de tweede de zwakke uitspraak.

Spreekwoordenlijst

Het vetgedrukte Engelse woord in elk spreekwoord duidt aan dat er op dat woord gealfabetiseerd is. Er is getracht de betekenis van de spreekwoorden door middel van een gelijkwaardig Nederlands spreekwoord, of althans een Nederlandse zegswijze weer te geven. In zulke gevallen is de Nederlandse tekst cursief gezet. Indien geen equivalent, maar wel een enigzins vergelijkbaar spreekwoord voorhanden was, is dat door middel van het symbool ± aangeduid. In een beperkt aantal gevallen was het alleen mogelijk de betekenis van het Engelse spreekwoord te verklaren. Zo'n Nederlandse verklaring is steeds romein gezet.

1 **Absence** makes the heart grow fonder.
Afwezigheid versterkt de liefde.
2 The **absent** party is always to blame.
De afwezigen hebben altijd ongelijk.
3 **Accidents** will happen (in the best regulated families).
± *Het beste paard struikelt wel eens.*
± *De beste breister laat wel eens een steek vallen.*
4 **Actions** speak louder than words.
± *Praatjes vullen geen gaatjes.*
± *Zeggen en doen is twee.*
± *'t Is met zeggen niet te doen.*
5 **Adam**'s ale is the best brew.
Water is de gezondste drank.
⇒ *Schoon water is heel goed gedronken, het kost niets en maakt niet dronken.*
6 **Adversity** makes strange bedfellows.
Algemene nood maakt vijanden tot vrienden.
⇒ *Het zijn vrienden als Herodes en Pilatus.*
7 **Advice** when most needed is least heeded.
± *Wie niet te raden is, is niet te helpen.*
8 **After** a storm comes a calm.
Na regen komt zonneschijn.
⇒ *Na lijden komt verblijden.*
9 **Age** before beauty.
± *Waar volwassenen staan, moeten kinderen gaan.*
10 **All** are not saints that go to church.
Zij zijn niet allen heilig, die gaarne/veel ter kerke gaan.
11 **All** are not thieves that dogs bark at.
't Zijn allemaal geen dieven, daar de honden tegen blaffen.
⇒ *'t Zijn niet allen koks, die lange messen dragen.*
12 **All** cats are grey in the dark.
Bij nacht zijn alle katjes grauw.
13 **All** good things come to an end.
± *Lekker is maar een vinger lang.*
± *Geluk en gras breekt even ras.*
14 **All** is fair in love and war.
In oorlog en liefde is alles geoorloofd.
15 **All** is fish that comes to the net.
± *Spiering is ook vis, als er niet anders is.*
16 **All** is grist that comes to the mill.
Alles komt van pas.
17 **All** is well that ends well.
Eind goed, al goed.
18 **All** lay loads on a willing horse.
± *Al te goed is buurmans gek.*
19 **All** roads lead to Rome.
Alle wegen leiden naar Rome.
20 **All** that glisters/glitters is not gold.
Het is niet al goud wat er blinkt.
21 **All** things are difficult before they are easy.
Alle begin is moeilijk.
22 **All** work and no play makes Jack a dull boy.
± *'t Is een slecht dorp waar het nooit kermis is.*
± *De boog kan niet altijd gespannen zijn.*
23 **Any** port in a storm.
± *Het naaste water dient als er brand is.*
± *Vuil water blust ook brand.*
24 An **apple** a day keeps the doctor away.
Een appel per dag houdt de dokter uit huis.
25 An **apple** never falls far from the tree.
De appel valt niet ver van de stam.
26 The **apples** on the other side of the wall are the sweetest.
± *Andermans schotels zijn altijd vet.*
± *Al wat onze buurman heeft, lijkt ons beter dan wat God ons geeft.*
27 **Art** is long, life is short.
De kunst is lang, het leven kort.
28 **Ask** no questions and be told no lies.
Vraag mij niet, dan lieg ik niet.
29 **As** you make your bed, so must you lie in it.
Men moet zijn bed maken zoals men slapen wil.
30 **As** you sow, so shall you reap.
Wat men zaait, zal men ook maaien.
± *Wie zaait zal oogsten.*
31 **Bad** news travels fast.
± *Slecht nieuws komt altijd te vroeg.*
32 A **bad** penny always turns up.
Het zwarte schaap van de familie komt altijd opdagen.
33 A **bad** workman always blames his tools.
Een slechte werkman beschuldigt altijd zijn getuig.
⇒ *Een kwaad werkman vindt nooit goed gereedschap.*
34 The **bait** hides the hook.
± *Er schuilt een addertje onder het gras.*
35 A **bargain** is a bargain.
± *Belofte maakt schuld.*
± *Beloofd is beloofd.*
36 **Barking** dogs seldom bite.
Blaffende honden bijten niet.
37 **Beauty** won't make the pot boil.
± *Wel zingen en schoon haar, profijteloze waar.*
38 **Be** just before you are generous.
Betaal je schulden voor je geschenken weggeeft.
39 The **beaten** road is safest.
± *Ga niet over één nacht ijs.*
± *De oude liedjes zijn de beste.*
40 **Beauty** is but skin deep.
± *Uiterlijk schoon is slechts vertoon.*
41 **Beauty** is in the eye of the beholder.
± *De schoonheid der vrijster ligt in 's vrijers oog.*
42 **Beggars** can't/mustn't be choosers.
± *Lieverkoekjes worden niet gebakken.*
43 The **best** fish swim near the bottom.
± *De grootste vissen vindt men in diep water.*
44 **Best** is cheapest.
Goedkoop is duurkoop.
46 **Better** a living coward than a dead lion.
Better blo Jan dan do Jan.
47 **Better** an egg today than a hen tomorrow.
Beter een half ei dan een lege dop.
⇒ *Beter één vogel in de hand dan tien in de lucht.*
48 **Better** be a fool than a knave.
Beter zot dan bot.
49 **Better** be an old man's darling than a young man's slave.
Beter het liefje van een oude man dan het slaafje van een jonge man.
50 **Better** belly bust than good meat wasted.
Beter buik geborsten dan goede spijs verloren.

51 Better be sure than sorry.
± *Beter hard geblazen dan de mond gebrand.*
± *Voorkomen is beter dan genezen.*
52 Better be the head of a dog than the tail of a lion.
± *Beter grote knecht dan kleine baas.*
53 Better late than never.
Beter laat dan nooit.
54 The **better** the day, the better the deed.
± *Wie spoedig helpt, helpt dubbel.*
± *Tijdige hulp is dubbele hulp.*
55 Better the devil you know than the devil you don't know.
± *Jaag een hond weg, je krijgt een rekel terug.*
± *Elke verandering is geen verbetering.*
56 Better to ask the way than go astray.
± *Men kan beter tweemaal vragen dan éénmaal het spoor bijster worden.*
57 A **bird** in the hand is worth two in the bush.
Beter één vogel in de hand dan tien in de lucht.
⇒ *Beter één turf in de keuken dan duizend op het veenland.*
58 Birds of a feather flock together.
Soort zoekt soort.
59 Blood is thicker than water.
± *Het hemd is nader dan de rok.*
± ⟨B.⟩ *Eerst oom en dan oompjes kinderen.*
60 Boys will be boys.
± *Kinderen zijn kinderen.*
61 Bread is the staff of life.
Men moet eten om te leven.
62 Brevity is the soul of wit.
Kortheid is het wezen van geestigheid.
63 A **bully** is always a coward.
Een bullebak is altijd een lafaard.
± *Blaffende honden bijten niet.*
64 A **burnt** child fears the fire.
Door schade en schande wordt men wijs.
± *Een gewaarschuwd man telt voor twee.*
65 Busiest men find the most time.
Die het meest te doen heeft, heeft de meeste tijd.
66 Call no man happy until he is dead.
± *Prijs de dag niet eer het avond is.*
67 Care killed the cat.
± *Te veel zorg breekt het glas.*
± *Onnodige zorgen maken visgraten.*
68 Cast ne'er/Don't shed a clout till May is out.
± *Het is een wenk, reeds lang verjaard, 't vriest even vaak in mei als in maart.*
± *De mei tot juichmaand uitverkoren, heeft toch de rijp nog achter de oren.*
± *'t Staartje van mei is het staartje van de winter.*
69 Catch not at the shadow and lose the substance.
Zijn en schijn is twee.
70 A **cat** has nine lives.
± *Een kat komt altijd op zijn pootjes terecht.*
71 A **cat** may look at a king.
De kat ziet de keizer wel aan.
72 Caveat emptor.
De koper zij op zijn hoede.
73 A **change** is as good as a rest.
± *Verandering van spijs doet eten.*
± *Verandering van werk is rust in de lenden.*
74 Charity begins at home.
± *Het hemd is nader dan de rok.*
75 Charity covers a multitude of sins.
De liefde dekt vele gebreken.
76 Cherchez la femme.
± *Er is een vrouw in het spel.*
77 The **child** is the father of the man.
Het kind is de vader van de man.
78 Children should be seen and not heard.
Kinderen moeten stil zijn en in de buurt blijven.
79 Claw me and I'll claw thee.
± *Als de ene hand de andere wast, worden ze beide schoon.*
± *De ene ezel schuurt de andere.*
80 Cleanliness is next to godliness.
Reinheid van de ziel begint met reinheid van het lichaam.
81 Clothes do not make the man.
Kleren maken de man niet.
82 Clubs are trumps.
± *Geweld gaat boven recht.*
± *Met een handvol geweld komt men verder dan met een zak vol recht.*
83 Cold hands warm heart.
± *Schijn bedriegt.*
84 Come day, go day, God send Sunday.
± *Als de zon is in de west, is de luiaard op zijn best.*
± *Hij is liever lui dan moe.*
85 Company in distress makes sorrow less.
Gedeelde smart is halve smart.
86 Comparisons are odious.
± *Elke vergelijking gaat mank.*
87 Constant dripping wears away the stone.
Gestadig druppelen holt de steen.
⇒ *Elke dag een draadje is een hemdsmouw in het jaar.*
88 A **constant** guest is never welcome.
± *Lange gasten, stinkende gasten.*
± *Gasten en vis blijven maar drie dagen fris.*
89 Courtesy costs nothing.
Beleefdheid kost geen geld.
90 Cowards die many times before their death.
± *IJdele vrees is zekere ellende.*
± *Elk mens lijdt vaak het meest door het lijden dat hij vreest.*
91 A **creaking** gate hangs long.
Krakende wagens lopen het langst.
92 Crime doesn't pay.
± *Gestolen goed gedijt niet.*
93 Cross the stream where it is shallowest.
± *Waarom moeilijk doen als het gemakkelijk kan.*
± *Het gemak dient de mens.*
94 Curiosity killed the cat.
± *De duivel heeft het vragen uitgevonden.*
95 Curses like chickens come home to roost.
± *Die een steen naar de hemel werpt, krijgt hem zelf op het hoofd.*
± *Die naar de hemel spuwt, spuwt in zijn eigen aangezicht.*
± *Je woorden worden je weer thuisgebracht.*
± *Wat je zegt, ben je zelf.*
96 Cut your coat according to your cloth.
± *De tering naar de nering zetten.*
± *Stel uw tering naar uw nering, of uw nering krijgt de tering.*
97 The **darkest** hour is that before dawn.
Als de nood het hoogst is, is de redding nabij.
98 Dead men tell no tales.
± *Dode honden bijten niet (al zien ze lelijk).*
99 Death is the great leveller.
± *Edel, arm en rijk maakt de dood gelijk.*
100 Deeds not words.
Geen woorden maar daden.
⇒ *Kallen is mallen, doen is een ding.*
101 Desert and reward seldom keep company.
± *De paarden die de haver verdienen krijgen ze niet.*
102 Desire is nourished by delay.
Uitstel versterkt het verlangen.
103 Despair gives courage to a coward.
± *Angst en vreze doen den oude lopen.*
± *Uit nood roert de kat haar poot.*
± *Angst geeft vleugels.*
104 Desperate diseases must have desperate remedies.
± *Een harde knoest heeft een scherpe bijl/beitel nodig.*
± *Tegen boze honden boze knuppels.*
± *Voor een felle hond behoeft men een scherpe band.*
105 The **devil** can cite/quote Scripture for his own purposes.
Elke ketter heeft zijn letter.
106 The **devil** finds work for idle hands.
Ledigheid is des duivels oorkussen.
107 The **devil** is not so black as he is painted.
De duivel is zo zwart niet als men hem schildert.
108 The **devil** looks after his own.
De duivel beschermt zijn vrienden.
109 The **die** is cast.
De teerling is geworpen.
110 Different strokes for different folks.
± *Zoveel hoofden, zoveel zinnen.*
± *Elk wat wils.*
111 Discontent is the first step to progress.
Vooruitgang begint met ontevredenheid.
112 Discretion is the better part of valour.
± *Voorzichtigheid is de moeder der wijsheid.*
113 Distance lends the enchantment to the view.
Op een afstand ziet alles er schitterend uit.
114 Do as I say, not as I do.
Let op mijn woorden, niet op mijn daden.
115 Do as most men do, then most men will speak well of you.
± *Men moet doen gelijk het gezelschap.*
± *Men moet huilen met de wolven in het bos.*
116 Do as you would be done by.
± *Wat u niet wilt dat u geschiedt, doe dat ook een ander niet.*
± *Doe met vreugd een ander aan, wat gij wenst aan u gedaan.*

117 Don't change horses in midstream.
Men moet niet halverwege de race van paard verwisselen.
118 Don't cross a bridge until you come to it.
± *Geen zorgen vóór de tijd.*
± *Heb geen zorgen voor de dag van morgen.*
± *Die dan leeft, die dan zorgt.*
119 Don't cry before you are hurt.
Men moet niet schreeuwen voor men geslagen wordt.
120 Don't meet trouble halfway.
Men moet een ongeluk geen bode zenden.
⇒ *Men moet geen vuur bij het stro brengen.*
121 Don't mix the grape with the grain.
Men moet de alsem niet bij de wijn mengen.
⇒ *Een os en een ezel dienen niet aan enen ploeg.*
⇒ *Ongelijke aard dient niet gepaard.*
122 Don't wear out your welcome.
Blijf niet plakken.
123 Dog does not eat dog.
Grote honden bijten elkaar niet.
⇒ *De ene duivel deert de andere niet.*
124 Do or die.
Pompen of verzuipen.
125 A **door** must be either open or shut.
Een deur moet open of dicht zijn.
126 A **drowning** man will clutch a straw.
Een drenkeling grijpt zelfs een strohalm vast.
127 A **drunken** man is always dry.
± *Een gulzige mond is zelden verzadigd.*
± *Duivels zak is nooit vol.*
128 A **dwarf** on a giant's shoulders sees the farther of the two.
Het is profijtelijk om gebruik te maken van de ervaring en de wijsheid van anderen.
129 Dying is as natural as living.
± *Alle vlees is als gras.*
± *Helaas de mens met al zijn pracht, en is maar ijs van ene nacht.*
± *Als met een kaars in open veld, zo is het met de mens gesteld.*
130 Dying men speak true.
Stervenden spreken de waarheid.
131 The **early** bird catches/gets the worm.
Een vroege vogel vangt veel wormen.
⇒ *De morgenstond heeft goud in de mond.*
⇒ *Vroeg begonnen, veel gewonnen.*
132 Early to bed and early to rise, makes a man healthy, wealthy and wise.
± *Vroeg op en vroeg naar bed te zijn, dat is de beste medicijn.*
± *Vroeg uit en vroeg onder dak, is gezond en groot gemak.*
133 East or west, home is best.
Oost west, thuis best.
134 Easy come, easy go.
Zo gewonnen, zo geronnen.
135 Eat to live, not live to eat.
Men eet om te leven, maar men leeft niet om te eten.
136 Elbow grease gives the best polish.
± *Arbeid verwarmt, luiheid verarmt.*
± *Arbeid adelt.*
137 An **elephant** never forgets.
Een geheugen hebben als een olifant.
138 An **empty** sack cannot stand upright.
± *Zonder water draait de molen niet.*
± *Een lege beurs staat moeilijk recht.*
139 Empty barrels/vessels make the most sound.
Holle vaten klinken het hardst.
140 The **end** justifies the means.
Het doel heiligt de middelen.
141 The **end** makes all equal.
± *Edel, arm en rijk maakt de dood gelijk.*
142 An **Englishman**'s home is his castle.
Een Engelsman is erg gesteld op privacy in zijn eigen huis.
143 Enough is as good as a feast.
± *Genoeg is meer dan overvloed.*
144 Enough is enough.
Genoeg is genoeg.
145 To **err** is human; to forgive divine.
± *Vergissen/dwalen is menselijk.*
146 Even a blind pig finds an acorn sometimes.
Een blind varken vindt wel een eikel.
± *Je weet nooit hoe een koe een haas vangt.*
147 Even a worm will turn.
Men kan een pad wel net zolang trappen dat hij kwaakt.
148 Even Homer sometimes nods.
Ook Homerus slaapt wel eens.
149 Everybody's business is nobody's business.
Allemans werk is niemands werk.
150 Every ass likes to hear himself bray.
± *Kreupel wil altijd voordansen.*
151 Every cloud has a silver lining.
Achter de wolken schijnt de zon.
152 Every cock crows on his own dunghill.
De haan kraait het hardst op zijn eigen mesthoop.
153 Every dog has his day.
Iedereen heeft wel eens geluk.
± *Elk diertje heeft zijn pleziertje.*
154 Every dog is allowed his first bite.
Iedereen moet een eerste kans krijgen.
155 Every family has a skeleton in the cupboard.
± *Overal vindt men gebroken potten.*
± *Onder het beste graan vindt men wel onkruid.*
156 Every flow has its ebb.
Na hoge vloeden, lage ebben.
157 Every horse thinks his own pack heaviest.
Ieder meent dat zijn pak het zwaarst is.
158 Every Jack must have his Jill.
± *Op elk potje past wel een dekseltje.*
⇒ ⟨B.⟩ *Elk potje vindt zijn scheeltje.*
159 Every law has a loophole.
In elke wet zitten mazen.
160 Every little helps.
Alle beetjes helpen.
161 Every man for himself, and God for us all, and the devil take the hindmost.
Ieder voor zich en God voor ons allen.
162 Every man has his faults.
± *Elke gek heeft zijn gebrek.*
163 Every man has his price.
Iedereen is te koop.
± *Alles heeft zijn prijs.*
164 Every man has the defects of his own virtues.
Iedereen heeft fouten die uit zijn deugden voortvloeien.
165 Every man must eat a pack of dirt before he dies.
± *Onze weg is met distels en doorns bezaaid.*
166 Every man to his trade.
± *Schoenmaker blijf bij je leest.*
167 Every medal has two sides.
Elke medaille heeft een keerzijde.
168 Every man to his taste.
± *Smaken verschillen.*
± *Ieder zijn meug.*
169 Every why has a wherefore.
Alle waarom heeft zijn daarom.
170 Everything comes to him who waits.
De aanhouder wint.
⇒ *Geduld overwint alles.*
171 Everything has an end.
Aan alles komt een einde.
172 Everything must have a beginning.
± *Zonder begin is er geen einde.*
± *Om hoog te bouwen moet men laag beginnen.*
173 Evil be to him who evil thinks.
Slechte gedachten leiden alleen maar tot kwaad.
174 Example is better than precept.
Een goed voorbeeld is beter dan een mooie preek.
175 The **exception** proves the rule.
De uitzondering bevestigt de regel.
176 Exchange is no robbery.
Ruil is geen diefstal.
177 Experience is the mother of wisdom.
± *Ondervinding is de beste leermeester.*
178 Experience is the teacher/mistress of fools.
Door schade en schande wordt men wijs.
179 Extremes meet.
De uitersten raken elkaar.
180 An **eye** for an eye and a tooth for a tooth.
Oog om oog en tand om tand.
181 Faint heart never won fair lady.
± *Wie niet waagt die niet wint.*
± *Jan-durft-niet doet zelden een goede markt.*
182 A **fair** face may hide a foul heart.
± *Schijn bedriegt.*
± *Al ziet men de lui, men kent ze niet.*
183 Familiarity breeds contempt.
± *Niet zo familiaar voor zo weinig kennis.*
184 The **fat** is in the fire.
De poppen zijn aan het dansen.
De bom is gebarsten.
185 A **fault** confessed is half redressed.
Die schuld bekent heeft half geboet.
⇒ *Beter ten halve gekeerd dan ten hele gedwaald.*
186 Fear lends/gives wings.
Angst geeft vleugels.
± *Angst en vreze doen de oude lopen.*

187 Fear the Greeks when bearing gifts.
Vrees de Grieken, ook al brengen zij geschenken.
± *Als de vos de passie preekt, boer pas op je kippen.*
188 Feast or famine.
Alles of niets.
189 Feed a cold, starve a fever.
Als je verkouden bent moet je veel eten, als je koorts hebt weinig.
190 Findings keepings/Finders keepers.
Wie wat vindt mag het houden.
191 Fine feathers make fine birds.
± *De kleren maken de man.*
192 Fine words butter no parsnips.
Schone woorden maken de kool niet vet.
⇒ *Woorden vullen geen zakken.*
⇒ *Praatjes vullen geen gaatjes.*
193 Fingers were made before forks.
Gebruik je handen maar.
194 The **first** blow is half the battle.
De eerste klap is een daalder waard.
195 First catch your hare (before trying to cook it).
Verkoop de huid van de beer niet, eer hij gevangen is.
196 First come, first served.
Die eerst komt, eerst maalt.
⇒ *Die eerst in de boot is, heeft keus van riemen.*
197 First thrive and then wive.
Eerst het kooitje klaar, dan het vogeltje erin.
198 The **fish** will soon be caught that nibbles at every bait.
± *Je moet je neus niet overal insteken.*
199 The **flock** follows the bell-wether.
± *Als één schaap over de dam is volgen er meer.*
200 Fling dirt enough and some will stick.
Wee de wolf die in een kwaad gerucht staat.
201 Follow the river and you'll get to the sea.
± *De aanhouder wint.*
202 A **fool** and his money are soon parted.
Een zot en zijn geld zijn haast gescheiden.
⇒ *Als de zotten geld hebben, hebben de kramers nering.*
203 A **fool** may give a wise man counsel.
± *Een wijze en een zot bijeen weten meer dan een wijze alleen.*
204 Fools rush in where angels fear to tread.
± *De meester in zijn wijsheid gist, de leerling in zijn waan beslist.*
± *Bezint eer gij begint.*
205 Forbidden fruit is sweet/sweetest.
Verboden vrucht smaakt het lekkerst.
206 Forewarned is forearmed.
Een gewaarschuwd man telt voor twee.
207 Fortune favours fools.
Het geluk is met de dommen.
⇒ *Hoe minder verstand, hoe gelukkiger hand.*
⇒ *De gekken krijgen de kaart.*
208 Fortune favours the bold.
Het geluk is met de stoutmoedigen.
⇒ *Wie waagt, (die) wint.*
209 Fortune knocks at least once at every man's door.
Iedereen heeft wel eens geluk.
210 For want of a nail the shoe was lost.
± *Men moet om een ei geen pannekoek bederven.*
211 A **friend** in need is a friend indeed.
In nood leert men zijn vrienden kennen.
212 A **friend** to everybody is a friend to nobody.
Vriend van allen, vriend van geen is meestal één.
213 From the sublime to the ridiculous is but a step.
Tussen het verhevene en het belachelijke ligt maar één stap.
214 Full of courtesy, full of craft.
Mensen die erg beleefd zijn voeren vaak iets in hun schild.
215 That is a **game** that two can play at.
Zo men doet, zo men ontmoet.
216 Gather ye rosebuds while ye may.
Men moet het ijzer smeden als het heet is.
217 Give a dog a bad name and hang him.
± *Wee de wolf die in een kwaad gerucht staat.*
218 Give a thief enough rope and he'll hang himself.
Het kwaad straft zichzelf.
219 Give credit where credit is due.
Ere wie ere toekomt.
220 Give him an inch and he'll take a yard/mile.
Als men hem een vinger geeft, neemt hij de hele hand.
221 Give the devil his due.
± *Ere wie ere toekomt.*
222 Gluttony kills more than the sword.
± *De veelvraat delft zijn eigen graf met mond en tanden tot zijn straf.*
223 God help the poor for the rich can help themselves.
God helpe de armen want de rijken kunnen zichzelf helpen.
224 God helps those who help themselves.
Help u zelf, zo helpt u God.
⇒ *Doe uw best, God doet de rest.*
225 God made the country and man made the town.
God maakte het land en de mens de stad.
226 God is always on the sight of might.
God staat altijd aan de kant van de machtigen.
227 God shapes the back for the burden.
God geeft kracht naar kruis.
228 God tempers the wind to the shorn lamb.
God geeft koude naar kleren.
229 (You could) **Go** further and fare worst.
Grijp de kans.
230 The **golden** age was never the present age.
Vroeger was alles beter.
231 A **golden** key opens every door.
Een zilveren hamer verbreekt ijzeren deuren.
⇒ *Geld vermag alles.*
231 Good company on the road is the shortest cut.
Goed gezelschap maakt korte mijlen.
233 Good counsel is never out of date.
Goede raad komt nooit te laat.
234 Good fences make good neighbours.
Buren zijn heel aardig als je ze niet te vaak ziet.
235 A **good** husband makes a good wife.
± *Die goed doet, goed ontmoet.*
236 A **good** name is sooner lost than won.
Eer is teer.
⇒ *Let op uw eer en houd ze net, het witste kleed is 't eerst besmet.*
⇒ *Verloren eer keert moeilijk weer.*
237 Good riddance to bad rubbish.
Opgeruimd staat netjes.
238 A **good** tale is none the worse for being told twice.
Goed nieuws mag best vaak verteld worden.
239 A **good** tree is a good shelter.
Wie tegen een goede boom leunt, heeft goede schaduw.
240 One **good** turn deserves another.
De ene dienst is de andere waard.
241 Good wine needs to bush.
Goede wijn behoeft geen krans.
242 Grasp all, lose all.
Die het onderste uit de kan wil hebben, krijgt het lid op de neus.
243 A **great** city, a great solitude.
Eenzaam, maar niet alleen.
244 The **great** fish eat up the small.
De grote vissen eten de kleine.
245 Great oaks from little acorns grow.
Eikels worden bomen.
⇒ *Een mosterdzaadje wordt welhaast een grote boom.*
246 A **green** winter makes a fat churchyard.
Zachte winters, vette kerkhoven.
247 A **growing** youth has a wolf in his belly.
Jongelui hebben een razende honger.
248 Half a loaf is better than no bread.
Beter een half ei dan een lege dop.
249 Half the world knows not how the other halve lives.
Mensen uit de ene sociale laag hebben er geen idee van hoe de mensen uit de andere leven.
250 Handsome is as handsome does.
Je uiterlijk is niet belangrijk, je gedrag daarentegen wel.
251 The **hand** that rocks the cradle rules the world.
Wie de wieg schommelt, schommelt de wereld.
⇒ *Wie de jeugd heeft, heeft de toekomst.*
252 Happy is the country that has no history.
Gelukkig het land zonder geschiedenis.
253 Hard words break no bones.
Schelden doet geen zeer (slaan zoveel te meer).
254 Haste makes waste.
± *Haastige spoed is zelden goed.*
255 Haste trips over its own heels.
± *Hardlopers zijn doodlopers.*
± *Al te ras breekt hals.*
256 Health is better than wealth.
± *Gezondheid is een grote schat.*
± *Een zieke koning is armer dan een gezonde bedelaar.*
257 Hear all, see all, say nowt/nothing.
Horen, zien en zwijgen.
258 Heaven helps those who help themselves.
Help u zelf, zo helpt u God.
259 (A) **Heavy** purse makes a light heart.
Het goud verlicht het hart.

260 He cannot speak well who cannot hold his tongue.
± *'t Is een goed spreken dat een goed zwijgen beteren zal.*
± *Waar klappen goed is, is zwijgen nog beter.*
± *Spreken is zilver, zwijgen is goud.*
261 (A) **Hedge** between keeps friendship green.
± *Wel goede vrienden, maar op een afstand.*
262 He **gives** twice who gives quickly.
Wie spoedig geeft, geeft dubbel.
263 He is rich that has few wants.
Hij is niet arm die weinig heeft, maar die met veel begeerten leeft.
± *Tevredenheid gaat boven rijkdom.*
264 He laughs best who laughs last.
Wie het laatst lacht, lacht het best.
265 Here today and gone tomorrow.
Heden gezond, morgen begraven.
⇒ *Heden rood, morgen dood.*
⇒ *Heden op het kussen, morgen in de grond.*
266 He should have a long spoon that sups with the devil.
Die met de duivel uit één schotel eten wil, moet een lange lepel hebben.
267 He that cannot obey cannot command.
Geen goed heer of hij was tevoren knecht.
Geen wijzer abt dan die eerst monnik is geweest.
268 He that commits a fault thinks everyone speaks of it.
± *Wie schuldig is droomt van de duivel.*
± *Die kwaad doet haat het licht.*
269 He that fights and runs away, lives to fight another day.
± *Beter blo Jan, dan do Jan.*
± *Een verloren veldslag is nog geen verloren oorlog.*
270 He that has a great nose thinks that everyone is speaking of it.
Als iemand een gebrek heeft denkt hij dat iedereen erover spreekt.
271 He that hath a full purse never wanted a friend.
De rijken hebben veel vrienden.
⇒ *Geld maakt vrienden.*
272 He that hath not silver in his purse should have silk in his tongue.
Arme mensen die om hulp vragen moeten zich hoffelijk gedragen.
± *Met de hoed in de hand komt men door het ganse land.*
273 He that hath wife and children hath given hostages to fortune.
± *Die zijn gemak moede is, neme een wijf.*
± *Trouwen is geen kinderspel, die getrouwd zijn weten het wel.*
± *Geen houwelijk of het heeft iets berouwelijk.*
274 He that hides can find.
Die het doet, moet het weten.
275 He that is down need fear no fall.
Als het erg slecht met je gaat, kan het alleen maar beter worden.
276 He that touched pitch shall be defiled.
± *Wie met pek omgaat wordt ermee besmet.*
± *Met honden in zijn bed gegaan, is met vlooien opgestaan.*
277 He that would eat the kernel must crack the nut.
Wie noten wil smaken, moet ze kraken.
278 He that would have eggs must endure the cackling of hens.
Die eieren vergaren wil, moet zich het kakelen der hennen getroosten.
⇒ *Die zich warmen wil, moet wat rook verdragen.*
279 He that would the daughter win, must with the mother first begin.
Die de dochter trouwen wil, moet de moeder vrijen.
280 He travels fastest who travels alone.
Als je alleen te werk gaat, schiet je het hardst op.
281 Hew not too high lest the chips fall in your eye.
Die boven zijn hoofd kapt, vallen de spaanders in de ogen.
282 He who begins many things finishes but few.
± *Twaalf ambachten, dertien ongelukken.*
283 He who denies all confesses all.
± *Die niet zwart is, moet zich niet wassen.*
± *Die niet besnot is, moet zijn neus niet vagen.*
284 He who excuses himself accuses himself.
Wie zich verontschuldigt, beschuldigt zich.
285 He who/that fights and runs away lives to fight another day.
Zie 269.
286 He who gives fair words feeds you with an empty spoon.
± *Een vleier is vriend in de mond, maar altijd vijand in de grond.*
287 He who handles a nettle tenderly is soonest stung.
Een gevaarlijke onderneming kan men het best voortvarend afhandelen.
288 He who hesitates is lost.
Wie aarzelt, is verloren.
± *Jan-durft-niet doet zelden een goede markt.*
± *Moed verloren, al verloren.*
289 He who makes no mistakes makes nothing.
± *Niet schieten is zeker mis.*
± *Waar gehakt wordt vallen spaanders.*
290 He who pays the piper calls the tune.
Wiens brood men eet, diens woord men spreekt.
291 He who peeps through a hole may see what will vex him.
± *Wie luistert aan de wand, hoort vaak zijn eigen schand.*
292 He who rides a tiger is afraid to dismount.
± *Die de duivel scheep heeft, moet hem overvaren.*
± *Wie in het schuitje zit, moet varen.*
293 He who would climb the ladder must begin at the bottom.
Wie de ladder beklimmen wil, moet van de onderste sport beginnen.
294 The **higher** the fool, the greater the fall.
± *Hoe hoger de boom, hoe zwaarder val.*
295 The **highest** branch is not the safest roost.
± *Donderstenen vallen op de hoogste bomen.*
296 History repeats itself.
De geschiedenis herhaalt zich.
297 Hoist your sail when the wind is fair.
Men moet zeilen als de wind waait.
± *Men moet het ijzer smeden als het heet is.*
298 Home is where the heart is.
Eigen haard is goud waard.
⇒ *Men smeekt gaarne zijn voeten onder een eigen tafel.*
⇒ *Zoals het klokje thuis tikt, tikt het nergens.*
299 An **honest** man's word is (as good as) his bond.
± *Een man een man, een woord een woord.*
300 Honesty is the best policy.
Eerlijk duurt het langst.
301 Honi soit qui mal y pense.
Schande over hem die er kwaad van denkt.
302 Hope deferred maketh the heart sick.
Als men in zijn verwachtingen teleurgesteld wordt, laat men het hoofd hangen.
± *Hoop doet leven.*
303 Hope for the best and fear/prepare for the worst.
Men moet het beste hopen, het ergste komt gauw genoeg.
304 Hope springs eternal in the human breast.
± *Hoop doet leven.*
± *Hoop is de staf van de wieg tot het graf.*
305 An **hour's** sleep before midnight is worth three after.
De uren slaap voor middernacht tellen dubbel.
306 A **house** divided against itself cannot stand.
Indien een huis in zichzelf verdeeld is, zal het ondergaan.
307 Hunger is the best sauce.
Honger maakt rauwe bonen zoet.
308 Idle folks have the least leisure.
Luie mensen hebben het druk met werk te ontlopen.
309 If a man deceives me once, shame on him; if he deceives me twice, shame on me.
± *Een ezel stoot zich geen tweemaal aan dezelfde steen.*
310 If a thing is worth doing, it's worth doing well/badly.
Als je iets doet, doe het dan goed.
311 If at first you don't succeed, try, try, try again.
De aanhouder wint.
⇒ *Met veel slagen valt de boom.*
⇒ *Met vallen en opstaan leert men lopen.*
312 If each would sweep before his own door, we should have a clean city.
Als elk voor zijn huis veegt, dan zijn alle straten schoon.
⇒ *Als ieder zijn vloer keert, dan is 't in alle huizen schoon.*
313 If 'ifs' and 'ans' were pots and pans, there'd be no work for tinkers.
As is verbrande turf.
⇒ *Als de hemel valt, hebben we allemaal blauwe hoedjes.*
⇒ *Als de hemel valt, zijn alle mussen dood.*
314 If it were not for hope, the heart would break.
Hoop doet leven.
⇒ *De hoop is de staf van de wieg tot het graf.*
315 If March comes in like a lion, it goes out like a lamb.
± *Of als hij komt of als hij scheidt, heeft de oude maart zijn gift bereid.*
316 If ever tha does owt for nowt, do it for thisen.
Als je iets voor niets doet, doe het dan voor jezelf.
317 If one sheep leaps over the ditch, all the rest will follow.
Als één schaap over de dam is, volgen er meer.
318 If the blind lead the blind, both shall fall in the ditch.
Als de ene blinde de andere leidt, vallen ze beide in de gracht.
319 If the cap/shoe fits, wear it.
Wie de schoen past, trekke hem aan.
320 If the mountain won't come to Mahomet, Mahomet must go to the mountain.
Als de berg niet tot Mohammed wil komen, dan moet Mohammed naar de berg gaan.
321 If the oak is out before the ash, you will only get a splash; If the ash is out before the oak, you will surely get a soak.
Als de eik bladeren heeft voor de es zover is, krijgen we een mooie zomer, maar als de es groen is voor de eik, een natte.
322 If two men ride on a horse, one must ride behind.
± *Twee meesters onder hetzelfde dak geeft altijd moeite en ongemak.*
± *Geen twee kapiteins op één schip.*

323 If wishes were horses, then beggars would ride.
Als wensen paarden waren, hoefden bedelaars niet te lopen.
324 If you cannot bite, don's show your teeth,
Als je iets niet wil doen, moet je er ook niet mee dreigen.
325 If you don't like it, then lump it.
Doe het toch maar, of je het nu leuk vindt of niet.
± *Bijt nu maar door de zure appel heen.*
326 If you run after two hares, you will catch neither.
Die twee hazen najaagt, vangt er gemeenlijk geen.
327 If you sing before breakfast, you will cry before night/supper.
Die vandaag lacht zal morgen wenen.
± *Vogeltjes die vroeg zingen zijn voor de poes.*
328 If you want a thing well done, do it yourself.
Geen boodschap is zo goed als die men zelve doet.
⇒ *De beste bode is de man zelf.*
329 If you want peace, prepare for war.
Die vrede wil, bereide zich ten oorlog.
330 Ill-gotten gains never prosper.
Gestolen goed gedijt niet.
331 Ill news comes apace.
Slecht nieuws komt altijd te vroeg.
332 Ill weeds grow apace.
Onkruid vergaat niet.
333 Imitation is the sincerest form of flattery.
± *Goed voorgaan doet goed volgen.*
334 In a calm sea every man is a pilot.
Op een stille zee kan iedereen stuurman zijn.
335 In for a penny, in for a pound.
We staan er voor en moeten er door.
⇒ *Wie in het schuitje zit, moet varen.*
⇒ *Wie A zegt, moet ook B zeggen.*
336 In the country of the blind the one-eyed man is king.
In het land der blinden is éénoog koning.
337 It's a foolish bird that soils its own nest.
Het is een slechte vogel, die zijn eigen nest bevuilt.
338 It's a foolish sheep that makes the wolf his confessor.
Alleen dwazen gaan bij de duivel te biecht.
339 It's a good horse that never stumbles.
Het beste paard struikelt wel eens.
340 It's a long lane/road that has no turning.
't Is een lange laan die geen bochten heeft.
341 It's an ill wind that blows nobody any good.
Er waait geen wind of hij is iemand gedienstig.
342 It's a poor/sad heart that never rejoices.
Hij heeft het leven nooit begrepen, die treurig blijft en steeds benepen.
343 It's as well to know which way the wind blows.
Het is goed om te weten uit welke hoek de wind waait.
344 It is best to be off with the old love before you are on with the new.
Twee op ene tijd vrijen, ziet men zelden wel gedijen.
345 It is more blessed to give than to receive.
Het is zaliger te geven dan te ontvangen.
346 It's better to wear out than to rust out.
Het is beter te slijten dan te roesten.
347 It is dogged that does it.
De aanhouder wint.
⇒ *Volharding leidt tot het doel.*
348 It's easy to be wise after the event.
Als het kleed gemaakt is ziet men de fouten.
349 It is easy to bear the misfortunes of others.
Buurmans leed troost.
350 It is ill jesting with edged tools.
Die met messen speelt, snijdt zich.
351 It is ill striving against the stream.
Tegen stroom is het kwaad roeien.
352 It is ill waiting for dead men's shoes.
Met naar de schoen van een dode te wachten kan men lang bloots-voets lopen.
⇒ *Hopedoden leven lang.*
353 It is love that makes the world go round.
Liefde laat de wereld draaien.
354 It is never to late to mend.
Het is nooit te laat om je leven te beteren.
355 It's no use spoiling the ship for ha'p'orth of tar.
± *Men moet om een ei geen pannekoek bederven.*
± *Wat men aan het zaad spaart verliest men aan de oogst.*
356 It's the unexpected that always happens.
Een ongeluk zit in een klein hoekje.
357 It's too late to lock the stable door after the horse has bolted.
't Is te laat de stal gesloten, als 't paard gestolen is.
⇒ *Als het kalf verdronken is, dempt men de put.*
358 It never rains but it pours.
Een ongeluk komt zelden alleen.
359 It takes all sorts to make the world.
Op de wereld vind je allerlei soorten mensen.
360 It takes two to make a bargain.
Voor een afspraak zijn er twee nodig.
361 It takes two to make a quarrel.
Waar twee kijven hebben beiden schuld.
362 It will be all the same in a hundred years.
Over honderd jaar zijn we allemaal dood.
⇒ *Wie dan leeft, die dan zorgt.*
363 Jack is as good as his master.
In wezen zijn alle mensen gelijk.
364 Jack of all trades and master of none.
Twaalf ambachten, dertien ongelukken.
365 Jam tomorrow and jam yesterday, but never jam today.
De regel is: morgen jam en gisteren jam, maar nooit vandaag jam.
366 Judge not, that ye not be judged.
Oordeelt niet, opdat gij niet geoordeeld wordt.
367 Keep a thing seven years and you will find a use for it.
Wie wat bewaart, heeft wat.
368 Keep your breath to cool your broth.
Beter hard geblazen dan de mond verbrand.
369 Kind hearts are more than coronets.
Edel van hart is beter dan hoog van afkomst.
370 Kindle not a fire that you cannot extinguish.
Die zijn vuurke maakt te groot, brengt zichzelve in de nood.
⇒ *Men moet niet teveel hooi op zijn vork nemen.*
371 Know your own faults before blaming others for theirs.
Eigen tekortkomingen ziet men niet, wel die van een ander.
± *De pot verwijt de ketel dat hij zwart ziet.*
372 Knowledge is power.
Kennis is macht.
373 The **labourer** is worthy of his hire.
Een arbeider is zijn loon waard.
374 The **last** drop makes the cup run over.
De laatste druppel doet de emmer overlopen.
375 The **last** shall be the first.
De laatsten zullen de eersten zijn.
376 The **last** straw breaks the camel's back.
De laatste druppel doet de emmer overlopen.
377 The **later** the hour, the greater the honour.
Hoe later op de avond hoe schoner het volk.
378 Laugh and grow fat.
± *Geniet van het leven.*
± *Lachen is gezond.*
379 Laugh and the world laughs with you; cry/weep and you cry/weep alone.
Vrolijke mensen hebben altijd veel vrienden om zich heen; treurige mensen worden gemeden.
380 Learn to walk before you run.
Loop niet vóórdat gij gaan kunt.
⇒ *Vlieg niet eer gij vleugels hebt.*
381 Least said, soonest mended.
Wie veel zegt, heeft veel te verantwoorden.
⇒ *Zwijgen en denken kan niemand krenken.*
⇒ *Spreken is zilver, zwijgen is goud.*
382 Leave well alone.
± *Het betere is vaak de vijand van het goede.*
383 Lend your money and lose your friend.
Vrienden moeten elkaar uit de beurs blijven.
384 The **leopard** cannot change his spots.
± *Een vos verliest wel zijn haren maar niet zijn streken.*
± *Voor ingeworteld kwaad is al heel weinig raad.*
385 Let bygones be bygones.
Men moet geen oude koeien uit de sloot halen.
386 Let not the sun go down on your wrath.
Laat de zon niet ondergaan over uw toorn.
387 Let not thy left hand know what thy right hand doeth.
Laat uw linkerhand niet weten wat uw rechterhand doet.
388 Let sleeping dogs lie.
Men moet geen slapende honden wakker maken.
389 Let the buyer beware.
Die verkoopt heeft maar één oog nodig, maar die koopt heeft er hon-derd van node.
⇒ *Ge moet uw ogen of uw beurs opendoen.*
390 Let the cobbler stick to his last.
Schoenmaker blijft bij je leest.
391 A liar is not believed when he tells the truth.
Een leugenaar wordt niet geloofd, al zweert hij bij zijn ziel en hoofd.
392 Liars have need of good memories.
Een leugenaar moet een goed geheugen hebben.
393 Life is not all beer and skittles.
± *Het is niet alle dagen kermis.*
394 Life is short and time is swift.
Het leven is kort en de tijd vliegt.
395 Light not a candle to the sun.
± *Je moet geen water naar de zee dragen.*

396 A **light** purse makes a heavy heart.
± *Platte beurzen maken kranke zinnen.*
± *Berooide beurs, berooide zinnen.*
397 **Lightly** come, lightly go.
Zo gewonnen, zo geronnen.
398 **Lightning** doesn't strike twice in the same place.
± *De duivel danst niet altijd voor één mans deur.*
399 **Like** father, like son.
Zo vader, zo zoon.
400 **Like** master, like man.
Zo meester, zo knecht.
⇒ *Goede meesters maken goede knechten.*
401 **Like** will to like.
Soort zoekt soort.
402 A **lion** may come to be beholden to a mouse.
Soms kunnen de zwakken de sterken helpen.
403 **Listeners** hear no good of themselves.
Wie luistert aan de wand, hoort vaak zijn eigen schand.
404 **Little** and often fills the purse.
Voeg bij het kleine dikwijls wat, dan wordt het eens een grote schat.
405 **Little** by little, and bit by bit.
Voetje voor voetje en beetje bij beetje.
± *Langzaam aan, dan breekt het lijntje niet.*
406 A **little** help is worth a deal of pity.
± *Een beetje hulp is meer waard dan een lange preek.*
± *Een lepel vol daad is beter dan een schepel vol raad.*
407 A **little** learning is a dangerous thing.
± *De meester in zijn wijsheid gist, de leerling in zijn waan beslist.*
408 **Little** pitchers/pigs have long/big ears.
Kleine potjes hebben grote oren.
409 **Little** strokes fell great oaks.
Kleine houwen vellen grote eiken.
410 **Little** things please little minds.
Kleine mensen, kleine wensen.
411 **Live** and learn.
Het leven is een leerschool.
⇒ *Men is nooit te oud om te leren.*
412 **Live** and let live.
Men moet leven en laten leven.
413 The **longer** we live the more we learn.
Verstand komt met de jaren.
⇒ *Een mens leert net zo vlug tot zijn vingers even lang zijn.*
414 The **longest** day must have an end.
De langste dag heeft ook een avond.
415 The **longest** way round is the nearest/shortest way home.
Een goed pad krom loopt niet om.
416 **Look** before you leap.
Bezint eer gij begint.
417 **Lookers-on** see most of the game.
De toeschouwers zien beter wat er gebeurt dan de deelnemers.
418 **Losers** seekers, finders keepers.
Wie zoekt, die vindt.
419 **Love** is blind.
Liefde is blind.
420 **Love** laughs at locksmiths.
± *Liefde schiet pijlen over honderd mijlen.*
421 **Love** me little, love me long.
Min mij niet te veel, maar min mij lang.
422 **Love** me, love my dog.
Als je echt van mij houdt, accepteer je ook mijn fouten.
423 The **love** of money is the root of all evil.
Geld/bezit is de wortel van alle kwaad.
424 **Love** will find a way.
Liefde zoekt list.
425 **Love** your neighbour, yet pull not down your fence.
± *Het is goed een hek rond je erf te hebben.*
± *Wel goede vrienden, maar op een afstand.*
426 **Lucky** at cards, unlucky at love.
Ongelukkig in het spel, gelukkig in de liefde.
427 **Make** haste slowly.
Haast u langzaam.
428 **Make** hay while the sun shines.
Men moet het ijzer smeden als het heet is.
⇒ *Men moet hooien als de zon schijnt.*
429 **Make** yourself all honey and the flies will devour you.
Die zich schaap maakt wordt door de wolf gevreten.
430 A **man** can die but only once.
Je sterft maar éénmaal.
Wie niet waagt, die niet wint.
431 **Man** cannot live by bread alone.
Van brood alleen kan de mens niet leven.
432 **Man** does what he can, and God what he will.
De mens wikt, God beschikt.
433 A **man** is as old as he feels, and a woman as old as she looks.
Een man is net zo oud als hij zich voelt en een vrouw is zo oud als ze eruit ziet.
434 **Manners** maketh man.
± *Met de hoed in de hand komt men door het ganse land.*
435 A **man** of words and not of deeds is like a garden full of weeds.
Kakelen is nog geen eieren leggen.
⇒ *'t Is met zeggen niet te doen.*
436 **Man** proposes, God disposes.
De mens wikt, God beschikt.
437 **Many** a little makes a mickle/Many a mickle makes a muckle.
Veel kleintjes maken een grote.
438 **Many** a true word is spoken in jest.
Al gekkende en mallende zeggen de boeren de waarheid.
Tussen boert en ernst zegt de zot zijn mening.
439 **Many** hands make light work.
Veel handen maken licht werk.
440 **Many** kiss the child for the nurse's sake.
Uit liefde voor de ridder kust de vrouw de schildknaap.
441 **Many** kiss the hand they wish to cut off.
± *Wacht u voor de katten die likken vóór en achter krabben.*
± *Velen hebben honing in de mond en het scheermes aan de riem.*
442 **Many** would be cowards if they had courage enough.
Veel mensen zouden als ze durfden lafaards zijn.
443 **March** winds and April showers bring forth May's flowers.
De stormen in maart en de buien in april zorgen voor de bloemen in mei.
444 **Marriage** is a lottery.
Het huwelijk is een gok.
445 **Marriages**/matches are made in heaven.
Huwelijken worden in de hemel gesloten.
446 **Marry** in haste, repent at leisure.
Haastig getrouwd, lang berouwd.
447 **May** God defend me from my friends, I can defend myself from my enemies.
Voor mijn vrienden hoede mij God, voor mijn vijanden zal ik mijzelf wel hoeden.
448 **Measure** for measure.
Leer om leer (sla je mij en ik sla je weer).
449 **Men** are blind in their own cause.
± *Elk ziet door zijn eigen bril.*
450 **Men** are known by the company they keep.
Zeg mij wie je vrienden zijn en ik zal zeggen je wie je bent.
451 **Men** are not to be measured in inches.
De lichaamslengte van een mens zegt niets over zijn capaciteiten.
452 **Mend** or end.
Pompen of verzuipen.
453 **Men** make houses, woman make homes.
De man bouwt een huis, de vrouw maakt er een thuis van.
454 **Men** strain at gnats and swallow camels.
± *De een mag een koe stelen en de ander mag niet over het hek kijken.*
455 **Mercy** tempers justice.
Door genadig te zijn versterkt men het recht.
456 **Might** is right.
Macht gaat boven recht.
457 A **mill** cannot grind with water that is past.
Met verlopen water maalt geen molen.
⇒ *De molen gaat niet om met wind die voorbij is.*
458 The **mills** of God grind slowly, but they grind exceeding small/fine.
Gods molens malen langzaam.
459 **Misfortunes** never come singly.
Een ongeluk komt zelden alleen.
460 A **miss** is as good as a mile.
Mis is mis.
461 **Moderation** in all things.
Alles met mate.
462 **Money** begets money.
Geld zoekt geld.
⇒ *Waar geld is, wil geld zijn.*
463 **Money** burns a hole in the pocket.
Hij heeft een gat in zijn hand.
464 **Money** is a good servant, but a bad master.
Geld is een goede dienaar, maar een slechte meester.
465 **Money** is the root of all evil.
Geld is de wortel van alle kwaad.
466 **Money** makes the mare go.
± *Het geld is de ziel der negotie.*
± *Geld doet alle deuren open.*
467 **Money** talks.
Geld regeert de wereld.
468 **More** haste, less speed.
Hoe meer haast, hoe minder spoed.
Haastige spoed is zelden goed.

469 **More** know Tom Fool than Tom Fool knows.
Je bent bekender dan je denkt.
470 **More** than enough is too much.
Meer dan genoeg is teveel.
471 The **more** the merrier.
Hoe meer zielen, hoe meer vreugd.
472 The **more** you have, the more you want.
Hoe meer men heeft, hoe meer men wil hebben.
473 The **mouse** that has but one hole is quickly taken.
De muis die maar één gat en kent, is van de kat haast overrend.
474 **Much** ado about nothing.
Veel leven om niets.
⇒ *Veel geschreeuw en weinig wol.*
475 **Much** cry and little wool.
Veel geschreeuw en weinig wol.
476 **Much** would have more.
Menig heeft te veel, niemand heeft genoeg.
477 **Muck** and money go together.
± *Schoon geld kan veel vuil dekken.*
± *Het geld dat stom is, maakt recht wat krom is.*
478 **Murder** will out.
Een moord komt altijd aan het licht.
479 **Nature** abhors a vacuum.
Horror vacui (De afschuw der natuur van het ledige).
480 The **nearer** the church, the farther from God.
Hoe dichter bij de kerk, hoe groter geus.
⇒ *Hoe dichter bij Rome/de paus, hoe slechter christen.*
481 **Necessity** is the mother of invention.
Nood zoekt list.
⇒ *Nood doet wonderen.*
482 **Necessity** knows no law.
Nood breekt wet.
483 **Needs** must when the devil drives.
Met geweld kan de kat de kerk ompissen.
484 **Neither** a borrower nor a lender be.
Die leent heeft schade of schande.
485 **Never** ask pardon before you are accused.
Wie zich verontschuldigt, beschuldigt zich.
486 **Never** do evil that good may come of it.
Wie kwaad doet, kwaad ontmoet.
⇒ *Wie goed doet, goed ontmoet.*
487 **Never** put off till tomorrow what can be done today.
Stel niet uit tot morgen wat gij heden doen kunt.
488 **Never** spend your money before you have it.
Verkoop de huid van de beer niet, eer hij gevangen is.
489 **Never** spur a willing horse.
Gewillige paarden hoeft men niet met sporen te steken.
490 **Never** swap horses while crossing the stream.
Men moet niet halverwege de race van paard verwisselen.
491 **Never** tell your enemy that your foot aches.
± *Ga nooit bij de duivel te biecht.*
492 **Never** trouble trouble until trouble troubles you.
± *Men moet de duivel niet aan de wand schilderen.*
493 A **new** broom sweeps clean.
Nieuwe bezems vegen schoon.
⇒ *Nieuwe messen snijden scherp.*
494 **New** love drives out the old.
Een nieuw liefje is de beste medicijn voor een gebroken hart.
495 **No** answer is also an answer.
Wie zwijgt, stemt toe.
496 **Noblesse** oblige.
Adeldom legt verplichtingen op.
497 **No** cross, no crown.
Zonder strijd geen overwinning.
498 **No** gain without pain.
Wie maaien wil, moet zaaien.
499 **No** kitchen is large enough to hold two women.
± *Twee vrouwen in één huis, twee katten aan één muis.*
500 **No** man can serve two masters.
Niemand kan twee heren dienen.
501 **No** man is a hero to his valet.
Niemand is voor zijn kamerdienaar een held.
502 **No** man is an island.
Niemand kan het helemaal alleen klaren in het leven.
503 **No** man is content with his lot.
Niemand is tevreden met zijn lot.
⇒ *Ieder meent dat zijn pak het zwaarst is.*
504 **No** man is indispensable.
Niemand is onmisbaar.
505 **No** man is infallible.
Niemand is onfeilbaar.
506 **No** names, no pack drill.
Niemand genoemd, niemand gelasterd.
507 **No** news is good news.
Geen nieuws is goed nieuws.
508 A **nod** is as good as a wink.
Soms is het beter je gevoelens niet in woorden uit te drukken.
509 A **nod** is as good as a wink to a blind horse.
Een goed verstaander heeft maar een half woord nodig.
510 **None** but the brave deserve the fair.
Alleen helden verdienen het mooie vrouwen te krijgen.
± *Den stouten is Venus gunstig.*
511 **No** pleasure without pain.
Geen lusten zonder lasten.
512 **No** rose without a thorn.
Geen rozen zonder doornen.
513 **Nothing** is as good as it seems.
Het is niet al goud wat er blinkt.
⇒ *Schijn bedriegt.*
514 **Nothing** is certain but death (and the taxes).
Iedereen moet sterven en belastingen betalen.
515 **Nothing** is given so freely as advice.
± *Veel raad weinig baat.*
516 **Nothing** is so certain as the unexpected.
Je kunt er zeker van zijn dat er iets onverwachts gebeurt.
517 **Nothing** seek, nothing find.
Die zoekt, die vindt.
518 **Nothing** so bad but might have been worse.
Het had altijd nog erger kunnen zijn.
519 **Nothing** stake, nothing draw.
Wie waagt, die wint.
520 **Nothing** succeeds like success.
Als men eenmaal succes heeft, ligt de weg naar meer succes open.
522 **Nothing** ventured, nothing gained.
Wie waagt, die wint.
523 **Old** friends and old wine are best.
Oude vrienden en oude wijn zijn de beste.
524 An **old** poacher makes the best keeper.
Ex-stropers zijn de beste boswachters.
525 **Once** a thief, always a thief.
Eens een dief, altijd een dief.
526 **Once** bitten, twice shy.
± *Door schade en schande wordt men wijs.*
527 **One** beats the bush, and another catches the birds.
De een klopt op de haag, maar de ander krijgt de vogel.
⇒ *Ezels dragen de haver en de paarden eten ze.*
528 **One** cannot be in two places at once.
Men kan niet op twee plaatsen tegelijk zijn.
529 **One** cannot have one's cake and eat it.
Je kunt niet het midden en tegelijk beide einden hebben.
⇒ *Men kan niet het laken hebben en het geld houden.*
530 **One** foot is better than two crutches.
Beter één kwaad been dan geen.
⇒ *Beter een blind paard dan een lege halster.*
⇒ *Beter scheel dan blind.*
531 **One** good turn deserves another.
De ene dienst is de andere waard.
532 **One** is never too old to learn.
Je bent nooit te oud om te leren.
533 **One** law for the rich and another for the poor.
De armen en de rijken worden door de rechters niet gelijk behandeld.
534 **One** lie makes many.
Van één leugen komen er veel.
535 **One** man's meat is another man's poison.
Wat de een niet lust, daar eet de ander zich dik aan.
536 **One** man sows and another reaps.
± *Die de meeste hazen schiet, eet er het minst.*
± *De een slaat de nagel en de ander hangt de hoed er aan.*
537 **One** might as well be hanged for a sheep as a lamb.
Als je toch moet hangen, kan je beter iets uithalen waardoor je die straf echt verdient.
538 **One** must draw back in order to leap further.
Men moet een klein voordeel opgeven om later een groter te verwerven.
539 **One** must draw the line somewhere.
Ergens paal en perk aan stellen.
540 **One** of these days is none of these days.
Van uitstel komt afstel.
541 **One** pair of heels is often worth two pairs of hands.
± *Het is beter te buigen dan te barsten.*
± *Beter blo Jan dan do Jan.*
542 **One** rotten apple will infect the whole barrel. / The rotten apple injures its neighbours.
Eén rotte appel bederft de hele mand.
⇒ *Eén rotte appel in de mand maakt al het gave fruit te schand.*

543 One swallow doesn't make a summer.
Eén zwaluw maakt nog geen zomer.
544 One volunteer is worth two pressed men.
± *Met onwillige honden is het kwaad hazen vangen.*
± *Met onwillige paarden is het kwaad rijden.*
545 Only the wearer knows where the shoe pinches.
Ieder voelt het best waar hem de schoen wringt.
546 Open confession is good for the soul.
± *Je moet van je hart geen moordkuil maken.*
547 Opportunity makes the thief.
De gelegenheid maakt de dief.
548 Opportunity seldom knocks twice.
± *Men moet het ijzer smeden als het heet is.*
± *Het geluk staat niet stil voor iemands deur.*
549 Other times, other manners.
Andere tijden, andere zeden.
550 An **ounce** of discretion is worth a pound of wit.
Wees niet grappig ten kosten van anderen.
Gezond verstand is meer waard dan grote intelligentie.
551 Out of debt, out of danger.
± *Mij dunkt hij is in goede staat, die zonder schuld te bedde gaat.*
552 Out of sight, out of mind.
Uit het oog, uit het hart.
553 Patience is a virtue.
Geduld is een schone zaak.
554 Pay your money and take your choice.
Aan u de keus.
555 Peace makes plenty.
Vrede brengt welvaart.
556 A **peck** of dust in March is worth a king's ransom.
Stof in maart is goud waard.
⇒ *Een droge maart is goud waard, als 't in april maar regenen wil.*
557 The **pen** is mightier than the sword.
De pen is machtiger dan het zwaard.
558 A **penny** saved is a penny gained/earned/got.
Een stuivertje gespaard is een stuivertje gewonnen.
559 Penny wise, pound foolish.
Sommige mensen zijn zuinig als het om kleine bedragen gaat, terwijl ze grote bedragen over de balk gooien.
560 Physician, heal thyself.
Geneesheer, genees uzelf.
561 Pigs might fly if they had wings (but they are very unlikely birds).
Met sint-juttemis, als de kalveren op het ijs dansen.
⇒ *Als de de katten ganzeëieren leggen.*
562 The **pitcher** goes so often to the well that it is broken at last.
De kruik gaat zolang te water tot zij breekt.
563 Pity is akin to love.
Medelijden is nauw verwant met de liefde.
564 A **place** for everything and everything in its place.
± *Opgeruimd staat netjes.*
565 Pleasant hours fly fast.
± *Gezelligheid kent geen tijd.*
566 Possession is nine points of the law.
± *Hebben is hebben en krijgen is de kunst.*
567 The **pot** calls the kettle black.
De pot verwijt de ketel dat hij zwart ziet.
568 Pouring oil on fire is not the way to quench it.
Men moet geen olie op het vuur gooien.
569 Poverty is no sin.
Armoede is geen schande.
570 Practice makes perfect.
Oefening baart kunst.
571 Practise what you preach.
Doe zelf ook wat je anderen opdraagt.
572 Praise makes good men better and bad men worse.
Lof maakt goede mensen beter en slechte mensen slechter.
573 Praise no man until he is dead.
± *Prijs de dag niet voor het avond is.*
574 Praise without profit puts little in the pot.
Het is beter iemand te helpen dan hem te prijzen.
575 Prevention is better than cure.
Voorkomen is beter dan genezen.
576 Pride goes before a fall.
Hoogmoed komt voor de val.
577 Procrastination is the thief of time.
Uitstel is de dief van de tijd.
578 Promises are like pie crust, made to be broken.
± *Op grote beloften volgen dikwijls kleine giften.*
± *In 't land van belofte sterft men van armoede.*
± *Beloven en doen is twee.*
579 The **proof** of the pudding is in the eating.
In de praktijk zal blijken of het goed is.
580 A **prophet** is not without honour, save in his own country.
Een profeet wordt niet geëerd in eigen land.
581 Prosperity makes friends, adversity tries them.
In het geluk wel broodvrienden, in de armoede geen noodvrienden.
⇒ *Als de pot kookt dan bloeit de vriendschap.*
⇒ *Als de hond in de pot is vlieden de vrienden.*
582 Providence is always on the side of the big/strongest battalions.
Het geluk is altijd met de sterksten.
± *De winnaar heeft altijd gelijk.*
583 Punctuality is the politeness of princes/kings.
Het is beleefd om stipt op tijd te zijn.
584 Put the saddle on the right horse.
Wees er zeker van dat de persoon die je beschuldigt ook de schuldige is.
585 Quality, not quantity.
Kwaliteit is belangrijker dan kwantiteit.
586 Rain before seven, fine before eleven.
Regen vóór acht uren zal de hele dag niet duren.
587 Raise no more devils than you can lay.
Men moet niet te veel hooi op zijn vork nemen
588 The **receiver** is as bad as the thief.
Helers zijn stelers.
589 Red sky at night, shepherd's/sailor's delight.
Red sky in the morning, sherperd's/sailor's warning.
Des avonds rood, des morgens goed weer aan boord.
⇒ *Morgenrood, water in de sloot.*
590 The **remedy** may be worse than the disease.
Het middel is erger dan de kwaal.
591 Render unto Caesar the things that are Caesar's.
Geef de keizer wat de keizer toekomt en God wat God toekomt.
592 Respect is greater from a distance.
Men heeft meer respect voor iemand die zich op een afstand houdt.
593 Revenge is sweet.
Wraak is zoet.
594 A **rich** man's joke is always funny.
Rijkaards worden altijd omringd door vleiers.
595 Right or wrong my country.
Of het juist is of niet, voor het nationale belang sluit men de rijen.
596 The **road** to hell is paved with good intentions.
De weg naar de hel is met goede voornemens geplaveid.
597 A **rolling** stone gathers no moss.
Een rollende steen vergaart geen mos/begroeit niet.
598 Rome was not built in a day.
Keulen en Aken zijn niet op één dag gebouwd.
599 A **rose** by any other name would smell as sweet.
Hoe men een roos ook zou noemen, ze blijft altijd even heerlijk ruiken.
600 Save your breath to cool your porridge.
Beter hard geblazen dan de mond gebrand.
601 Saying is one thing and doing another.
Zeggen en doen is twee.
602 Second thoughts are best.
± *Kort beraad, lang berouw.*
603 Secure is not safe.
Veiligheid is relatief.
604 Seeing is believing.
Zien is geloven.
605 Self-praise is no recommendation.
Eigen roem stinkt.
606 Self-preservation is nature's first law.
Zelfbehoud gaat voor alles.
607 Set a beggar on horseback and he'll ride to the devil.
Als men een bedelaar te paard helpt, wordt hij een trotse jonker.
608 Set a thief to catch a thief.
Met dieven vangt men dieven.
609 Share and share alike.
Eerlijk delen.
610 The **shortest** way round is the longest way home.
De kortste omweg is de langste weg naar huis.
611 Shrouds haven't any pockets.
Een doodshemd heeft geen zakken.
⇒ *Wat iemand rooft of vindt of erft, hij laat het al wanneer hij sterft.*
612 Silence gives/lends consent.
Wie zwijgt stemt toe.
613 Slow but sure (wins the race).
Langzaam maar zeker.
614 Small profits, quick returns.
Grote omzet, kleine winst.
615 A **soft** answer turneth away wrath.
Een zacht woord stilt de toorn.
616 So many countries, so many customs.
's Lands wijs, 's lands eer.
617 Some are wise and some are otherwise.
± *De ene mens is de andere niet.*
± *Je hebt mensen en potloden.*

618 **Soon** learnt, soon forgotten.
Vlug geleerd, vlug vergeten.
619 **Sow** the wind and reap the whirlwind.
Die wind zaait, zal storm oogsten.
620 **Spare** the rod and spoil the child.
Wie zijn kind liefheeft, spaart de roede niet.
621 **Speak** fair and think what you like.
Denk wat u wil, maar pas op wat u zegt.
622 **Speak** the truth and shame the devil.
Vecht tegen de verleiding om te liegen en spreek de waarheid.
623 **Speak** well of the dead.
Van de doden niets dan goeds.
624 **Speech** is silver, silence is golden.
Spreken is zilver, zwijgen is goud.
625 The **spirit** is willing but the flesh is weak.
De geest is gewillig maar het vlees is zwak.
626 **Sticks** and stones may break my bones, but names/words will never hurt me.
Schelden doet geen zeer.
627 A **still** tongue makes a wise head.
Het is vaak verstandig om je mond te houden.
± *Spreken is zilver, zwijgen is goud.*
628 **Still** waters run deep.
Stille waters hebben diepe gronden.
629 The **sting** is in the tail.
Het venijn zit in de staart.
630 The **sting** of a reproach is the truth of it.
Hoe meer een verwijt op waarheid berust, hoe harder het aankomt.
631 A **stitch** in time saves nine.
Werk op tijd maakt wel bereid.
632 **Stolen** pleasures are sweet(est).
± *Gestolen drank is zoet.*
± *Gestolen beten smaken het best.*
633 A **straw** will show which the wind blows.
Ogenschijnlijk onbelangrijke dingen kunnen aangeven wat er gaat gebeuren.
634 The **strength** of the chain is in its weakest link.
De keten is zo sterk als de zwakste schakel.
635 **Stretch** your legs according to your coverlets.
± *Je moet niet verder springen dan je stok lang is.*
636 **Submitting** to one wrong brings on another.
± *Al te goed is buurmans gek.*
637 **Sufficient** unto the day is the evil thereof.
Elke dag heeft genoeg aan zijn eigen kwaad.
638 The **sun** is never the worse for shining on a dunghill.
Goede mensen worden niet gecorrumpeerd door een slechte omgeving.
639 **Sweet** are the uses of adversity.
± *Men moet van de nood een deugd maken.*
640 The **tailor** makes the man.
De kleren maken de man.
641 **Take** care of the pence and the pounds will take care of themselves.
Die het kleine niet eert, is het grote niet weerd.
642 **Take** the will for the deed.
Ook de goede wil is te prijzen.
643 A **tale** never loses in the telling.
Hoe vaker een verhaal wordt verteld, hoe mooier het wordt.
644 **Talk** of the devil and he is sure to appear.
Als men van de duivel spreekt, trapt men op zijn staart.
645 **Tastes** differ.
Smaken verschillen.
646 **There** are as good fish in the sea as ever came out of it.
Er komen nog genoeg kansen om je doel te bereiken/om een vrouw te vinden.
647 **There** are lies, damned lies and statistics.
Er zijn leugens, grote leugens en statistieken.
648 **There** are more ways of killing a cat than by choking it with cream.
Men kan de kat wel dood krijgen, al hangt men hem niet op.
649 **There** are more ways of killing a dog than hanging him.
Men kan de hond wel dood krijgen, al hangt men hem niet op.
650 **There** are tricks in every trade.
De knepen van het vak.
651 **There** are two sides to every question/an argument.
Men moet de zaak steeds van twee kanten bekijken.
652 **There** are wheels within wheels.
De zaak is ingewikkelder dan zo op het eerste gezicht lijkt.
653 **There** is a black sheep in every flock/family.
In elke kudde/familie is een zwart schaap.
654 **There** is always a next time.
Er komt altijd een volgende kans.
655 **There** is honour among thieves.
Dieven stelen niet van elkaar.
656 **There** is many a good tune played on an old fiddle.
Iemands leeftijd zegt vaak niets over wat hij nog kan presteren.
657 **There's** many a slip 'twixt the cup and the lip.
Tussen lepel en mond valt veel pap op de grond.
⇒ *Tussen neus en lippen kan een goede kans ontglippen.*
658 **There's** no better manure than the farmer's foot.
De beste mest hangt aan de zolen van de boer.
659 **There's** no fool like an old fool.
Hoe ouder hoe gekker.
660 **There's** no garden without its weeds.
Elk heeft in zijn tuintje genoeg te wieden.
661 **There's** none so blind as those who won't see.
Wat baten kaars en bril, als de uil niet zien en wil.
662 **There's** none so deaf as those who won't hear.
Er zijn geen erger doven dan die niet horen willen.
663 **There** is no peace for the wicked.
Het zijn altijd dezelfden die ervoor moeten opdraaien.
± *Eens een dief, altijd een dief.*
664 **There's** no place like home.
Zoals het klokje thuis tikt, tikt het nergens.
665 **There** is no royal road to learning.
Kennis waait niet vanzelf aan.
666 **There** is no smoke without fire.
Geen rook zonder vuur.
± *Men noemt geen koe bont of er zit een vlekje aan.*
667 **There** is nothing new under the sun.
Er is geen/niets nieuws onder de zon.
668 **There** is nothing permanent except change.
Niets is blijvend, alles verandert.
669 **There** is nothing that costs less than civility.
Beleefdheid kost geen geld.
670 **There** is no time like the present.
Pluk de dag.
± *Stel nooit uit tot morgen wat ge heden doen kunt.*
671 **There** is no wheat without chaff.
Geen koren zonder kaf.
672 **There** is nowt so queer as folks.
Niets veranderlijker dan de mens.
673 **There** is safety in numbers.
Opgaan in de massa biedt voordelen.
± *In het donker zijn alle katjes grauw.*
674 **They** also serve who only stand and wait.
De mensen die de onbelangrijke klusjes opknappen zijn ook onmisbaar.
675 **They** brag most who can do least.
De grootste klappers zijn de minste doeners.
± *Eigen roem stinkt.*
676 **They** die well that live well.
± *Tegen de dood is geen schild, leef dan gelijk gij sterven wilt.*
677 The **thin** end of the wedge is dangerous.
± *Alle begin is moeilijk.*
678 A **thing** of beauty is a joy forever.
Mooie dingen blijven bekoren.
679 A **thing** you don't want is dear at any price.
Iets nutteloos is nooit zijn geld waard.
680 **Things** are never as black/bad as they seem/look.
De duivel is nooit zo zwart als hij geschilderd wordt.
⇒ *De soep wordt nooit zo heet gegeten als ze wordt opgediend.*
681 **Things** are seldom what they seem.
Schijn bedriegt.
682 **Think** not on what you lack as much as on what you have.
Veel klagen er waar het nog te vroeg is, nooit is er weinig waar genoeg is.
683 **Those** who live in glass houses should not throw stones.
Wie in een glazen huisje zit, moet niet met stenen gooien.
684 **Those** whom the gods love die young.
Wie de goden liefhebben, sterft jong.
685 **Time** and tide wait for no man.
De tijd en het tij wachten op niemand.
686 **Time** flies.
De tijd vliegt (snel, gebruik hem wel).
687 **Time** is money.
Tijd is geld.
688 **Time** is the great healer.
De tijd heelt alle wonden.
689 **Times** change.
De tijden veranderen.
690 **To** be or not to be; that is the question.
Zijn of niet zijn, daar gaat het om.
691 **Tomorrow** is another day.
Morgen komt er weer een dag.
692 **Tomorrow** never comes.
Van uitstel komt afstel.
693 The **tongue** ever turns to the aching tooth.
Je gedachten draaien altijd in een cirkel om de problemen.

694 The **tongue** is not steel, yet it cuts.
± *Niets snijdt dieper dan een scherpe tong.*
± *Een goed woord baat, een kwaad woord schaadt.*
695 **Too** many cooks spoil the broth.
Te veel koks bederven de brij.
696 **Too** much of a good thing is good for nothing.
Overdaad schaadt.
697 A **tree** is known by its fruit.
Aan de vruchten kent men de boom.
698 A **trouble** shared is a trouble halved.
Gedeelde smart is halve smart.
699 **Truth** is stranger than fiction.
De werkelijkheid is vaak vreemder dan de verbeelding.
700 The **truth** will out.
De waarheid komt altijd aan het licht.
701 **Two** blacks do not make a white.
Dat iemand anders een fout maakt, is geen excuus om ook die fout te maken.
702 **Two** dogs fight for a bone, and a third runs away with it.
Als twee honden vechten om een been, loopt een derde er mee heen.
703 **Two** heads are better than one.
Twee weten meer dan een.
704 **Two** is company, three is crowd/three is none.
Drie is te veel.
705 **Two** of a trade can never agree.
Al doen twee hetzelfde, dan is het nog niet hetzelfde.
706 **Two** wrongs do not make a right.
Dat iemand anders een fout maakt, is geen excuus om ook die fout te maken.
707 **Uneasy** lies the head that wears a crown.
Daar is geen kroon of er staat een kruisje op.
708 **United** we stand, divided we fall.
Eendracht maakt macht, tweedracht breekt kracht.
709 **Variety** is the spice of life.
Verandering van spijs doet eten.
710 **Virtue** is its own reward.
Deugd beloont zichzelf.
711 **Vows** made in storms are forgotten in calms.
Een belofte in dwang en duurt niet lang.
712 **Wake** not a sleeping lion.
Men moet geen slapende honden wakker maken.
713 **Walls** have ears.
De muren hebben oren.
714 **Want** is the mother of industry.
Nood zoekt brood.
715 **Waste** not, want not.
± *Wie steeds koopt wat hij niet nodig heeft, heeft weldra nodig wat hij niet kopen kan.*
± *Verteert vandaag niet wat u morgen kan ontbreken.*
716 A **watched** pot never boils.
Aan wachten komt geen eind.
717 **Water** is a boon in the desert, but a drowning man curses it.
Water is onmisbaar maar niet voor een drenkeling.
± *Ik lust wel bonen, maar niet met bakken vol.*
718 The **way** to a man's heart is through his stomach.
De weg naar het hart van de man gaat door de maag.
719 **We** never miss the water till the well runs dry.
Wanneer de put droog is weet men wat het water kost.
Als er geen water meer is kent men de waarde van de put.
720 **We** soon believe what we desire.
De wens is de vader van de gedachte.
721 The **weakest** goes to the wall.
De sterken verdringen de zwakken.
722 **Wedlock** is a padlock.
± *Trouwen is houwen.*
± *Geen houwelijk of het heeft iets berouwelijk.*
723 **Welcome** is the best cheer.
Een welkome gast wordt warm onthaald.
724 **Well** begun is half done.
Een goed begin is het halve werk.
725 **What** all men speak, no man hears.
Niemand luistert naar wat iedereen zegt.
726 **What** can't be cured must be endured.
Wat men niet kan verhelpen, moet men verdragen.
727 **What** costs little is little esteemed.
Wat niet kost, deugt niet.
728 **What's** bred in the bone will never come out of the flesh.
De natuur verloochent zich niet.
⇒ *De natuur is een vast kleed.*
729 **What's** done cannot be undone.
Gedane zaken nemen geen keer.
730 **What's** done is done.
Gedane zaken nemen geen keer.
731 **What's** sauce for the goose is sauce for the gander.
± *Gelijke monniken, gelijke kappen.*
732 **What** may be done at any time is done at no time.
Van uitstel komt afstel.
733 **What** must be must be.
± *Moeten is een bitter kruid.*
734 **What** one loses on the swings one makes up on the roundabouts.
De winsten moeten de verliezen compenseren.
735 **What** soberness conceals, drunkenness reveals.
± *Dronkemans mond spreekt 's harten grond.*
736 **What** the eye doesn't see the heart doesn't grieve over.
Wat niet weet, wat niet deert.
⇒ *Wat ik niet weet, maakt mij niet heet.*
737 **When** Greek meets Greek then comes the tug-of-war.
Als twee gelijkwaardige vijanden vechten, duurt de strijd lang.
738 **When** in doubt do nowt.
Bij twijfel kan men beter niets doen.
739 **When** in Rome do as the Romans do.
Men moet huilen met de wolven in het bos.
740 **When** one door shuts another opens.
Er komt altijd weer een nieuwe kans.
± *Wat in het vat zit verzuurt niet.*
741 **When** the cat is away the mice will play.
Als de kat van huis is, dansen de muizen op tafel.
742 **When** the sun is in the west, lazy people work the best.
Als de zon is in 't west, zijn de luiaards op hun best.
743 **When** the wolf comes in the door, love creeps/leaps out of the window.
Als de armoede binnen komt, vliegt de liefde het venster uit.
744 **When** the word is out it belongs to another.
Eens gezegd, blijft gezegd.
745 **When** thieves fall out honest men come into their town.
Als de dieven ruziën zijn de eerlijke mensen veilig.
746 **Where** ignorance is bliss, 'tis folly to be wise.
± *Wat niet weet, wat niet deert.*
747 **Where** there is a will there's a way.
Waar een wil is, is een weg.
748 **Where** there is muck there's brass.
Je kan rijk worden, als je bereid bent vuile zaakjes aan te pakken.
749 **While** there is life there is hope.
Zolang er leven is, is er hoop.
750 **Who** goes a-borrowing goes a-sorrowing.
Borgen brengt zorgen.
751 **Why** keep a dog and bark yourself.
Waarom zou je werk doen waarvoor je andere mensen in dienst hebt.
752 **Wise** men learn from other's mistakes.
Verstandige mensen leren van andermans fouten.
753 The **wish** is the father to the thought.
De wens is de vader van de gedachte.
754 A **woman**, a dog and a walnut tree, the more you beat them the better they be.
Straffen helpt vaak.
755 A **woman's** work is never done.
De huisvrouw is nooit klaar met werken.
756 A **wonder** lasts but nine days.
Geen praatje zo groot, 't bloedt in acht dagen dood.
757 **Wonders** never cease.
De wonderen zijn de wereld (nog) niet uit.
758 **Wood** half-burnt is easily kindled.
Eens gebrand, haast gevlamd.
759 A **word** is enough to the wise.
Een goed verstaander heeft maar een half woord nodig.
760 **Words** cut more than swords.
Het woord is een scherp snijdend zwaard.
± *Een goed woord baat, een kwaad woord schaadt.*
761 A **word** spoken is past recalling.
Eens gezegd, blijft gezegd.
762 **Worse** things happen at sea.
Het kon erger.
763 The **worth** of a thing is best known by the want of it.
Men kent verloren geld en goed, maar eerst wanneer men 't missen moet.
764 **You** can lead a horse to the water but you can't make it drink.
Men kan een paard wel in 't water trekken, maar het niet dwingen te drinken.
765 **You** cannot get blood out of a stone.
Men kan van een kikker geen veren plukken.
⇒ *Waar niets is, verliest de keizer zijn recht.*
766 **You** cannot make a silk purse out of a sow's ear.
Men kan van een varkensoor geen fluwelen beurs maken.
767 **You** cannot make an omelette without breaking eggs.
Men kan geen eiers eten zonder doppen.

768 You cannot miss what you never had.
Onbekend, onbemind.
⇒ *Onbezien, onberouwd.*

769 You cannot put old heads on young shoulders.
± *Grijze haren groeien op geen zotte bollen.*
± *Het verstand komt met de jaren.*

770 You cannot sell the cow and drink the milk.
Men kan niet het laken hebben en het geld houden.

771 You cannot teach/It's hard to teach an old dog new tricks.
Oude beren dansen leren is zwepen verknoeien.

772 You scratch my back and I'll scratch yours.
Als de ene hand de andere wast, dan zijn ze beide schoon.
⇒ *De ene ezel schuurt de andere.*

773 Youth and age will never agree.
Jong en oud zijn het nooit eens.

774 Youth must have its fling.
De jeugd moet haar tijd hebben.

775 Youth will be served.
Laat jonge mensen van het leven genieten.

776 Zeal without knowledge is a runaway horse/a fire without light.
IJver zonder verstand is schade voor de hand.

Symbolen

[...] tussen deze haken staat de uitspraak van een trefwoord

(...) ronde haken geven een facultatief element aan

⟨...⟩ al het lexicografisch commentaar, inclusief de gestandaardiseerde afkortingen, staat tussen punthaken

⟨f4⟩ ⟨f3⟩ ⟨f2⟩ ⟨f1⟩ markeren de frequentie

⇒ dubbelschachtige pijl: scheidt hoofdvertaling van de bijbehorende varianten

→ enkelschachtige pijl: verwijst naar een andere ingang van het eigenlijke woordenboek, naar een ingang van het grammaticaal compendium of naar een spreekwoord

◆ 'dropje': scheidt vertaalprofiel van de vertaalequivalenten in contexten

~ tilde: staat (bij de voorbeelden) in de plaats van het trefwoord als het de exacte weergave van dit trefwoord is

¶ 'vlag' (middeleeuws paragraafteken): wordt gebruikt om aan te geven (a) dat de betekenis van een uitdrukking niet uit die van de samenstellende delen is af te leiden of (b) dat het meest kenmerkende woord uit de context van een trefwoord niet kon worden bepaald. In geval (a) vervangt de vlag het tweede cijfer van de cijfer-punt-cijfercode, in geval (b) vervangt hij het eerste cijfer

/ 'of'-teken: scheidt alternatieve delen van een uitdrukking, te onderscheiden van een komma die volledige alternatieven scheidt

. punt; gebruikt als afkortingsteken en ter afsluiting van een artikel

; puntkomma: gebruikt als scheidingsteken tussen Romeinse-cijferrubrieken en om ongelijksoortige informatie te scheiden, bv. chronologische van stilistische markeringen

, komma: gebruikt om gelijksoortige informatie te scheiden

Afkortingen

1e	eerste
2e	tweede
3e	derde
aand.	aanduiding
aant. w.	aantonende wijs
aanv. w.	aanvoegende wijs
aanw.	aanwijzend
aardr.	aardrijkskunde
abstr.	abstract
act.	actief
adm.	administratie
AE	Amerikaans-Engels
afk.	afkorting
alch.	alchemie
alg.	algemeen
Am.	Amerika(ans)
amb.	ambacht(elijk)
anat.	anatomie
antr.	antropologie
astr.	astrologie
attr.	attributief
Austr. E	Australisch-Engels
B.	in België
BE	Brits-Engels
beeld. k.	beeldende kunsten
beh.	behalve
bel.	beledigend
ben. voor	benaming voor
bep.	bepaald
bet.	betekenis
betr.	betrekkelijk
bez.	bezittelijk
bijb.	bijbel
bij uitbr.	bij uitbreiding
bijz.	bijzonder
bioch.	biochemie
biol.	biologie
bn.	bijvoeglijk naamwoord
boek.	boekwezen
bouwk.	bouwkunst
bv.	bij voorbeeld
bw./bijw.	bijwoord
Can. E	Canadees-Engels
cm	centimeter
com.	communicatie (media)
compar.	comparatie
comp.	computer(wetenschap)
concr.	concreet
conf.	confectie
cul.	culinaria
cyb.	cybernetica
dansk.	danskunst
deelw.	deelwoord
det.	determinator
dierk.	dierkunde
dipl.	diplomatie
d.m.v.	door middel van
dram.	dramatiek, dramaturgie, theater
druk.	drukwezen, drukkunst
Dui.	Duits